ITALIAN– ENGLISH
Dictionary

Dizionario
ITALIANO–INGLESE

SECOND EDITION

BARRON'S
FOREIGN LANGUAGE GUIDES

ITALIAN–ENGLISH
Dictionary

Dizionario
ITALIANO–INGLESE

SECOND EDITION

Barron's Foreign Language Guides
Italian-English Dictionary
Dizionario Italiano-Inglese

Second edition for the United States and Canada published in 2016
by Kaplan, Inc., d/b/a Barron's Educational Series. First edition for the
United States and Canada published in 2007 by Kaplan, Inc., d/b/a Barron's
Educational Series.

© Copyright 2016, 2007 by Ernst Klett Sprachen GmbH, Stuttgart, Germany
and Kaplan, Inc., d/b/a Barron's Educational Series

Editorial Management: Ursula Martini
Contributors: Francesco Cucinotta, Dr. Christiane Wirth
Typesetting: Dörr + Schiller, Stuttgart, Germany
Data Processing: Andreas Lang, conTEXT AG für Informatik und
Kommunikation, Zürich, Switzerland

Published by Kaplan, Inc., d/b/a Barron's Educational Series
750 Third Avenue
New York, NY 10017
www.barronseduc.com

ISBN: 978-1-4380-0710-6
Library of Congress Control No.: 2014953542

Printed in China
9 8 7 6

Kaplan, Inc., d/b/a Barron's Educational Series print books are available at
special quantity discounts to use for sales promotions, employee premiums, or
educational purposes. For more information or to purchase books, please call
the Simon & Schuster special sales department at 866-506-1949.

Indice

Contents

Introduction

Introduzione

This is a new bilingual dictionary designed to meet the needs of people in a time of ever-expanding communication among English and Italian speakers. It has been written and edited by a large team of native speakers of both languages so that it constitutes an updated, comprehensive, and most useful linguistic tool.

This dictionary provides accurate coverage of current vocabulary in English and Italian, as well as abundant examples of words used in context to illustrate idiomatic usage. To facilitate self-expression, pronunciation is provided in both languages, so that the users may express themselves correctly and idiomatically — both orally and in writing.

In addition, attention is given to small but mean-ingful features that include alphabet tabs for ease of use, maps and cultural boxes to enrich the process of language acquisition, and useful explanatory sections.

Il Barron's Italian-English Dictionary (Dizionario Italiano-Inglese) è un nuovo dizionario bilingue concepito per far fronte alle crescenti necessità di comunicazione tra i parlanti in inglese e in italiano. Compilato e rivisto da un'équipe di redattori di entrambe le lingue, costituisce un utile strumento linguistico, aggiornato e completo.

Il dizionario include il vocabolario dell'inglese e dell'italiano correnti ed è ricco di esempi contestualizzati che illustrano l'uso idiomatico delle parole. Per facilitare l'espressione autonoma è stata fornita la pronuncia inglese e italiana, in modo da consentire a tutti di esprimersi in modo corretto e idiomatico sia oralmente che per iscritto.

Grande attenzione è stata data a piccoli ma importanti dettagli come gli identificatori alfabetici che agevolano la consul-tazione, le cartine e le voci di approfondimento culturale che arricchiscono il processo di acquisi-zione della lingua, e le utili sezioni esplicative.

La trascrizione fonetica dell'italiano
Italian phonetic symbols

Vocali
Vowels

[a]	baco		[o]	onda
[e]	mela		[ɔ]	oasi
[ɛ]	elica		[u]	muro
[i]	dito			

Dittonghi
Diphtongs

[ja]	piatto		[wa]	guaio
[je]	pieno		[wo]	fuorilegge
[jo]	fionda		[wɔ]	fuori
[ju]	fiume			

Consonanti
Consonants

[b]	bello		[ɲɲ]	degno
[d]	dama		[p]	pagina
[dʒ]	giorno, gelo		[r]	regola
[dz]	zeta		[s]	sale
[f]	fune		[ʃ]	sciare
[g]	gola, ghiro		[t]	timbro
[k]	come, chino, che		[ts]	zio
[l]	loro		[tʃ]	cinese, cera
[ʎ]	aglio		[v]	vapore
[m]	mercato		[z]	slegare
[ŋ]	natura			

English phonetic symbols
La trascrizione fonetica dell'inglese

Vowels
Vocali

[ɑ]	farm, father, not		[ɪ]	it, near, wish
[æ]	man, plant, sad		[ɔ]	all, law, long
[e]	bed, get, hair		[u]	do, soon, you
[ə]	actor, ago, better		[ʊ]	look, push, sure
[ə]	nation, sudden, wonderful		[ʌ]	but, son
[ɜ]	bird, her		[ã]	croissant, denouement
[i]	beat, bee, belief, me			

Diphthongs
Dittonghi

[aɪ]	buy, by, life		[ɔɪ]	boy, oil
[aʊ]	growl, house		[oʊ]	road, rope, show
[eɪ]	lame, name		[ju]	abuse, pupil

Consonants
Consonanti

[b]	been, blind		[ŋ]	long, prank, string
[d]	do, had		[p]	happy, paper
[ð]	father, this		[r]	dry, red
[dʒ]	jam, object		[s]	sand, stand, yes
[f]	father, wolf		[ʃ]	fish, ship, station
[g]	beg, go		[t]	fat, tell
[h]	house		[t̜]	butter, water
[j]	youth		[θ]	death, thank
[ʒ]	pleasure		[tʃ]	catch, church
[k]	keep, milk		[v]	live, voice
[l]	ill, lamp, oil		[w]	water, we, which
[m]	am, man		[z]	gaze, these, zeal
[n]	manner, no			

Signs
Segni

'	primary stress
ˌ	secondary stress
·	syllable division

Aa

A, a [a] <-> *f* A, a; **dall'~ alla zeta** from A to Z; **~ come Ancona** A as in Apple

a *abbr di* anno yr.

a [a] <**al, allo, all'**, **alla, ai, agli, alle**> *prep* **1.** (*stato in luogo*) at; **al mare** at the beach; **al mercato** at the market; **sono ~ casa** I am at home; **~ Trieste** in Trieste; **~ 20 chilometri da Torino** 20 kilometers from Turin; **~ pagina cinque** on page five; **alla televisione** on television **2.** (*moto a luogo*) to; **andare al mare** to go to the beach; **andare al mercato** to go to the market; **andare ~ Trieste** to go to Trieste **3.** (*tempo*) at; (*riferito a mese, stagione*) in; (*fino*) till; **~ mezzogiorno** at noon; **alle sette** at seven; **~ marzo** in March; **~ domani** see you tomorrow; **al venerdì** on Fridays; **due volte al giorno** twice a day; **dall'oggi al domani** from one day to the next **4.** (*con prezzo*) at; **~ 2 euro al chilo** (at) 2 euros a kilo **5.** (*complemento di termine*) to; **lo regalo ~ Giuseppe** I'm giving it to Giuseppe **6.** (*età*) **~ vent'anni** at the age of twenty **7.** (*proposizione finale*) **andare ~ sciare** to go skiing **8.** (*modo*) **fatto ~ mano** handmade; **gnocchi alla romana** gnocchi Roman-style **9.** (*mezzo*) **~ cavallo** on horseback; **~ piedi** on foot **10.** (*velocità*) **viaggiare ~ 120 chilometri l'ora** to travel at 120 kilometers an hour **11.** MAT **due al quadrato** two squared **12.** (*loc*) **~ uno ~ uno** one by one; **~ due ~ due** in pairs

A 1. *abbr di* **Austria** A **2.** *abbr di* **autostrada** M **3.** *abbr di* **ampère** A

AAST *abbr di* **Azienda Autonoma di Soggiorno e Turismo** Local Convention and Visitors Bureau

AA.VV. *abbr di* **Autori Vari** various authors

abate [a·'ba:·te] *m* abbot

abat-jour [a·ba·'ʒu:r] <-> *m* **1.** (*paralume*) lampshade **2.** (*lampada*) lamp

abbacchiato [ab·ba·k'kia:·to] *adj* depressed

abbacinamento [ab·ba·tʃi·na·'men·to] *m fig* (*inganno, illusione*) deception

abbacinare [ab·ba·tʃi·'na:·re] *vt* **1.** (*abbagliare*) to dazzle **2.** *fig* (*illudere*) to deceive

abbagliamento [ab·ba·ʎʎa·'men·to] *m fig* (*sbaglio*) deception

abbagliante [ab·ba·ʎ'ʎan·te] *adj* (*luce*) dazzling

abbaglianti [ab·ba·ʎ'ʎan·ti] *mpl* AUTO high beams

abbagliare [ab·ba·ʎ'ʎa:·re] *vt essere* **1.** (*luce*) to dazzle **2.** *fig* (*ingannare*) to deceive

abbaglio [ab·'ba·ʎʎo] <-gli> *m* blunder; **prendere un ~** to blunder

abbaiare [ab·ba·'ia:re] *vi* to bark

abbaino [ab·ba·'i:no] *m* dormer; (*soffitta*) attic

abbandonare [ab·ban·do·'na:·re] **I.** *vt* **1.** (*lasciare: famiglia, paese*) to abandon; (*non aiutare: amico*) to let down **2.** (*trascurare: casa, giardino*) to neglect **3.** (*rinunciare a: progetto, speranza*) to give up **4.** (*reclinare: capo*) to drop **5.** (*allentare*) **~ la presa** to let go **II.** *vr:* **-rsi** *a. fig* to let oneself go; **-rsi a un vizio** to indulge a bad habit

abbandonato, -a [ab·ban·do·'na:·to] *adj* (*bambino*) abandoned; (*trascurato: casa*) neglected; **~ a se stesso** left to one's own resources

abbandono [ab·ban·'do:·no] *m* **1.** (*di famiglia, coniuge*) abandonment **2.** (*trascuratezza*) neglect; **cadere in ~** (*casa*) to become dilapidated; (*giardino*) to become overgrown **3.** (*rinuncia: a progetto*) giving up; (*a gara*) withdrawal **4.** (*rilassamento*) abandon

abbarbicarsi [ab·bar·bi·'ka:r·si] *vr* **~ a** to cling to

abbassamento [ab·bas·sa·'men·to] *m* **1.** (*di prezzi*) reduction **2.** (*di temperatura, pressione*) drop **3.** (*d'intensità*) lowering; **avere un ~ di voce** to have a croaky voice

abbassare [ab·bas·'sa:·re] **I.** *vt* **1.** (*mettere più in basso*) to lower; (*finestrino dell'auto*) to wind down **2.** (*prezzo, temperatura*) to reduce; (*voce*) to keep down; (*radio*) to turn down; (*tasto*) to push down; (*bandiera*) to lower; **~ i fari** to dim the headlights; **~ gli occhi** to lower one's eyes; **~ le armi** *fig* to lay down one's arms; **~ la cresta** *fig* to back down **II.** *vr:* **-rsi 1.** (*chinarsi*) to bend down **2.** *fig* (*umiliarsi*) to demean oneself **3.** (*calare: barometro, temperatura*) to drop; (*sole*) to go down

abbasso [ab·'bas·so] *adv* **~ qc!** down with sth!

abbastanza [ab·bas·'tan·tsa] **I.** *adv* **1.** (*a sufficienza*) enough; **averne ~ di qu/qc** to be fed up with sb/sth **2.** (*alquanto*) pretty **II.** <inv> *adj* (*a sufficienza*) enough; **non ho ~ tempo** I do not have enough time

abbattere [ab·'bat·te·re] **I.** *vt* **1.** (*alberi*) to cut down; (*muri*) to pull down **2.** (*uccidere*) to kill; (*bestie al macello*) to slaughter; (*selvaggina*) to shoot **3.** (*aereo*) to down **4.** *fig* (*prostrare*) to depress; (*soggetto: malattia*) to lay low **5.** *fig* (*rovesciare: governo*) to overthrow **II.** *vr:* **-rsi 1.** (*cadere di schianto*) **~ su qu/qc** to hit sb/sth **2.** *fig* (*deprimersi*) to get depressed

abbattimento [ab·bat·ti·'men·to] *m* **1.** (*di alberi*) felling; (*di case*) demolition **2.** (*di bestie al macello*) slaughter; (*di selvaggina*) shooting **3.** (*di aereo*) downing **4.** *fig* (*prostrazione*) depression; (*da malattia*) exhaustion **5.** *fig* (*di governo*) overthrow

abbazia [ab·ba·'tsi:a] <-ie> *f* abbey

A

abbellimento [ab·bel·li·'men·to] *m* **1.** (*ornamento*) embellishment **2.** MUS grace note

abbellire [ab·bel·'li:·re] <abbellisco> **I.** *vt* **1.** (*rendere più bello*) to make more attractive **2.** (*stanza*) to decorate **3.** (*racconto*) to embellish **II.** *vr:* **-rsi** to become more attractive

abbeverare [ab·be·ve·'ra:·re] **I.** *vt* to water **II.** *vr:* **-rsi** to drink

abbeveratoio [ab·be·ve·ra·'to:·io] <-oi> *m* drinking trough

abbia ['ab·bia] *1., 2. e 3. pers sing conj pr di* avere[1]

abbiccì [ab·bit·'tʃi] <-> *m* **1.** (*alfabeto*) ABC **2.** (*sillabario*) ABC book **3.** *fig* (*primi elementi*) ABCs

abbiente [ab·'biɛn·te] **I.** *adj* well-off **II.** *mf* **gli -i** the well-to-do; **i non -i** the needy

abbigliamento [ab·bi·ʎʎa·'men·to] *m* clothing; (*indumenti*) clothes

abbigliare [ab·bi·ʎ'ʎa:·re] **I.** *vt* to dress up **II.** *vr:* **-rsi** to dress up

abbinamento [ab·bi·na·'men·to] *m* (*di colori, abiti*) combination

abbinare [ab·bi·'na:·re] *vt* (*unire*) to join; (*colori, abiti*) to match; **un vino da ~ ai dolci** a wine to be served with desserts; **una giacca da ~ a questi pantaloni** a jacket to go with these pants

abbindolare [ab·bin·do·'la:·re] *vt* to trick

abbioccato, -a [ab·biok·'ka:·to] *adj* sleepy

abbiocco [ab·'biɔk·ko] <-cchi> *m inf* **avere l'~** to feel dozy

abbisognare [ab·bi·zo·ɲ'na:·re] *vi* **~ di qc** to need sth

abboccamento [ab·bok·ka·'men·to] *m* meeting

abboccare [ab·bok·'ka:·re] **I.** *vt* TEC to join **II.** *vi* **1.** *a. fig* (*pesce*) to bite **2.** TEC (*combaciare*) to fit together **III.** *vr:* **-rsi** to have a meeting

abboccato, -a [ab·bok·'ka:·to] *adj* (*vino*) medium sweet

abboccatura [ab·bok·ka·'tu:·ra] *f* (*di recipienti*) opening

abbonamento [ab·bo·na·'men·to] *m* **1.** (*a giornale*) subscription; (*a teatro*) season ticket; **fare l'~ a qc** (*giornale*) to subscribe to sth; (*teatro*) to buy a season ticket for sth **2.** (*ferroviario, tranviario*) season pass

abbonare [ab·bo·'na:·re] **I.** *vt* **1.** (*debito*) **~ qc a qu** to let sb off sth **2.** *fig* (*perdonare*) **~ qc a qu** to forgive sb sth **3.** (*fare un abbonamento*) **~ qu a qc** to take out a subscription to sth for sb **II.** *vr* **-rsi a un giornale** to subscribe to a newspaper

abbonato, -a [ab·bo·'na:·to] **I.** *adj* **essere ~** (*a giornale*) to be a subscriber; (*alla televisione*) to be a license holder; (*all'autobus*) to be a season pass holder **II.** *m, f* (*a teatro*) season ticket holder; (*al telefono*) subscriber; (*alla televisione*) license holder

abbondante [ab·bon·'dan·te] *adj* (*pasto*) generous; (*vestito*) large; **tre metri -i** well over three meters

abbondanza [ab·bon·'dan·tsa] *f* abundance; **abbiamo verdura in ~** we have plenty of vegetables

abbondare [ab·bon·'da:·re] *vi* **1.** (*essere in grande quantità*) to be plentiful **2.** (*eccedere*) **~ in generosità** to be very generous; **~ di** to be full of

abbordabile [ab·bor·'da:·bi·le] *adj* **1.** (*spesa*) affordable **2.** (*persona*) approachable

abbordaggio [ab·bor·'dad·dʒo] <-ggi> *m* **1.** NAUT boarding **2.** *fig* (*approccio: di persona*) hooking up

abbordare [ab·bor·'da:·re] *vt* **1.** NAUT to board **2.** *inf* (*persona*) to hook up with **3.** *fig* (*affrontare: problema*) to tackle

abbordo [ab·'bor·do] *m* NAUT boarding

abborracciare [ab·bor·rat·'tʃa:·re] *vt* to botch up

abbottonare [ab·bot·to·'na:·re] **I.** *vt* to button up **II.** *vr:* **-rsi** *fig, inf* to clam up

abbottonatura [ab·bot·to·na·'tu:·ra] *f* **1.** (*chiusura*) fastening **2.** (*serie di bottoni*) buttons

abbozzare [ab·bot·'tsa:·re] *vt* **1.** (*disegno, romanzo*) to sketch **2.** *fig* (*accennare: sorriso*) to give a hint of

abbozzo [ab·'bɔt·tso] *m* sketch; **~ di legge** GIUR draft bill

abbracciare [ab·brat·'tʃa:·re] **I.** *vt* **1.** (*con le braccia*) to hug **2.** *fig* (*contenere: paesaggio, periodo*) to include **II.** *vr:* **-rsi** to hug

abbraccio [ab·'brat·tʃo] <-cci> *m* hug

abbrancare [ab·braŋ·'ka:·re] **I.** *vt* to grab **II.** *vr* **-rsi a qc** to cling to sth

abbreviare [ab·bre·'via:·re] *vt* **1.** (*percorso*) to shorten **2.** (*parola*) to abbreviate

abbreviazione [ab·bre·viat·'tsio:·ne] *f* (*di parola*) abbreviation

abbronzante [ab·bron·'dzan·te] **I.** *adj* tanning **II.** *m* suntan lotion

abbronzare [ab·bron·'dza:·re] **I.** *vt* (*epidermide*) to tan **II.** *vr:* **-rsi** to tan

abbronzato, -a [ab·bron·'dza:·to] *adj* tan

abbronzatura [ab·bron·dza·'tu:·ra] *f* tan

abbrustolire [ab·brus·to·'li:·re] <abbrustolisco> **I.** *vt* (*pane*) to toast; (*verdure*) to broil **II.** *vr:* **-rsi** *scherz* **~ al sole** to roast in the sun

abbrutimento [ab·bru·ti·'men·to] *m* mindless state; **l'~ causato dalla televisione** the stupefying effect of television

abbruttire [ab·brut·'ti:·re] <abbruttisco> **I.** *vt avere* to make ugly **II.** *vi essere* to become ugly

abbuffarsi [ab·buf·'far·si] *vr inf* to stuff oneself (with food)

abbuffata [ab·buf·'fa:·ta] *f* **fare un'~** to stuff oneself (with food)

abbuiare [ab·bu·'ia:·re] **I.** *vt* **1.** (*lampada*) to dim; (*strada*) to make dark **2.** *fig* (*fatto, motivo*) to obscure **II.** *vr:* **-rsi** to get dark

abbuonare [ab·buo·'na:·re] *v.* abbonare

A

abbuono [ab·'buɔ:·no] *m* (*di prezzo*) discount

abdicare [ab·di·'ka:·re] *vi* to abdicate

abdicazione [ab·di·kat·'tsio:·ne] *f* abdication

aberrazione [ab·ber·rat·'tsio:·ne] *f* aberration; ~ **mentale** MED mental aberration

abete [a'be:·te] *m* fir; ~ **bianco** silver fir; ~ **rosso** spruce

abietto, -a [a'biɛt·to] *adj* despicable

abiezione [abiet·'tsio:·ne] *f* vileness

abile ['a:bi·le] *adj* 1. (*idoneo*) MIL fit; **essere ~ al lavoro** to be fit for work 2. (*esperto*) skillful; **un ~ oratore** a skillful communicator 3. (*accorto*) clever; ~ **negli affari** with a good business sense

abilità [abi·li·'ta] <-> *f* 1. (*idoneità*) fitness; ~ **al lavoro** fitness for work 2. (*capacità*) skill 3. (*accortezza*) cleverness

abilitante [abi·li·'tan·te] *adj* qualifying; **esame ~** qualifying examination

abilitare [abi·li·'ta:·re] I. *vt* to qualify II. *vr:* **-rsi** to qualify

abilitato, -a [abi·li·'ta:·to] I. *adj* qualified II. *m, f* qualified teacher

abilitazione [abi·li·tat·'tsio:·ne] *f* qualification; ~ **all'insegnamento** qualification to teach

abissale [abis·'sa:·le] *adj* 1. (*degli abissi marini*) deep-sea 2. *fig* (*profondo: differenza*) profound

abisso [a'bis·so] *m a. fig* abyss

abitabile [abi·'ta:·bi·le] *adj* habitable

abitabilità <-> *f* habitability; **permesso di ~** certificate of occupancy

abitacolo [abi·'ta:·ko·lo] *m* (*di auto*) interior; (*di camion*) driver's cab; (*di aereo*) cockpit

abitante [abi·'tan·te] *mf* (*di paese*) inhabitant; (*di casa, appartamento*) occupant

abitare [abi·'ta:·re] I. *vt* (*paese, mondo*) to inhabit; (*casa, appartamento*) to live in II. *vi* to live; ~ **a Firenze** to live in Florence; ~ **in campagna** to live in the country

abitato [abi·'ta:·to] *m* built-up area

abitato, -a *adj* inhabited; (*popolato*) populated

abitatore, -trice [abi·ta·'to:·re] *m, f* inhabitant

abitazione [abi·tat·'tsio:·ne] *f* (*appartamento*) apartment; (*casa*) house; ~ **popolare** public housing unit; ~ **di proprietà** owner-occupied apartment

abito ['a:bi·to] *m* 1. (*da donna*) dress; (*da uomo*) suit; ~ **da cerimonia** formal dress 2. *pl* (*vestiti*) clothes *pl;* **in -i borghesi** in civilian clothes 3. **l'~ non fa il monaco** *prov* you can't judge a book by its cover *prov*

abituale [abi·tu'a:·le] *adj* usual; **cliente ~** regular customer

abitualmente [abi·tual·'men·te] *adv* usually

abituare [abi·tu·'a:re] I. *vt* ~ **qu a qc** to get sb used to sth II. *vr:* **-rsi a qc** to get used to sth

abituato, -a [abi·tu·'a:to] *adj* **essere ~ a qc** to be used to sth

abitudinario, -a [abi·tu·di·'na:·rio] <-i, -ie>

I. *adj* of habit II. *m, f* creature of habit; (*cliente*) regular customer

abitudine [abi·'tu:·di·ne] *f* 1. (*consuetudine*) habit; **d'~** usually 2. (*assuefazione*) **fare l'~ a qc** to get used to sth

abiura [a·'biu:·ra] *f* 1. (*rinuncia*) renunciation 2. (*ritrattazione*) recantation

abiurare [a·biu·'ra:·re] *vt* ~ **qc** to renounce sth

ablativo [ab·la·'ti:·vo] *m* LING ablative

ablazione [ab·lat·'tsio:·ne] *f* 1. MED removal 2. GEO ablation

abnegazione [ab·ne·gat·'tsio:·ne] *f* self-denial

abnorme [ab·'nɔr·me] *adj* abnormal

abolire [a·bo·'li:·re] <abolisco> *vt* to abolish

abolizione [a·bo·lit·'tsio:·ne] *f* abolition

abominevole [a·bo·mi·'ne:·vo·le] *adj* 1. (*mostro*) appalling 2. (*esecrabile: azione*) dreadful

abominio [a·bo·'mi:·nio] <-i> *m* 1. (*disprezzo*) revulsion 2. (*cosa, atto*) dreadful thing

aborigeno, -a [a·bo·'ri:·dʒe·no] I. *adj* aboriginal II. *m, f* Aboriginal

aborrire [a·bor·'ri:·re] <aborrisco *o* aborro> I. *vt* to abhor II. *vi* to be disgusted; ~ **da qc** to be disgusted by sth

abortire [a·bor·'ti:·re] <abortisco> *vi* 1. *avere* MED to have an abortion; (*involontariamente*) to have a miscarriage 2. *essere fig* (*fallire*) to fail

abortista [a·bor·'tis·ta] <-i *m,* -e *f*> I. *mf* abortionist II. *adj* pro-abortion

aborto [a·'bɔr·to] *m* 1. (*procurato*) abortion 2. (*spontaneo*) miscarriage 3. *fig* (*persona*) freak; (*opera d'arte*) monstrosity

abrasione [a·bra·'zio:·ne] *f* 1. A. GEO abrasion 2. TEC grinding

abrasivo [a·bra·'zi:·vo] *m* abrasive

abrogare [ab·ro·'ga:·re] *vt* to abrogate

abrogazione [ab·ro·gat·'tsio:·ne] *f* abrogation

abruzzese [a·brut·'tse:·se] I. *adj* from the Abruzzi II. *mf* (*abitante*) inhabitant of the Abruzzi III. *m* (*dialetto*) dialect of the Abruzzi

Abruzzi [a·'brut·tsi] *pl* Abruzzo

ABS *m abbr di* **Antiblockiersystem** ABS

abside ['ab·si·de] *f* ARCHIT apse

abusare [a·bu·'za:·re] *vi* ~ **di** (*sessualmente*) to abuse; (*approfittare*) to take advantage of; ~ **di alcolici** to drink too much

abusivismo [a·bu·zi·'viz·mo] *m* illegal activity; ~ **edilizio** illegal building

abusivista [a·bu·zi·'vis·ta] <-i *m,* -e *f*> *mf* *person who engages in unauthorized activities*

abusivo, -a [a·bu·'zi:·vo] I. *adj* illegal II. *m, f* *person who engages in unauthorized activities*

abuso [a·'bu:·zo] *m* abuse; ~ **di autorità** abuse of power; **fare ~ di alcolici** to drink too much; ~ **di sostanze stupefacenti** drug abuse

a.C. *abbr di* **avanti Cristo** BC

A

acacia [a·'ka:·tʃa] <-cie> *f* acacia

acattolico, -a [a·kat·'tɔ:·li·ko] <-ci, -che> I. *adj* non-Catholic II. *m, f* non Catholic

acca ['ak·ka] <-> *f* **1.** (*lettera*) letter H **2.** *fig, inf* **non ... un'**~ not ... a thing

accaddi [ak·'kad·di] *1. pers sing pass rem di* accadere

accademia [ak·ka·'dɛ:·mia] <-ie> *f* academy; ~ **di Belle Arti** art school; ~ **musicale** conservatory of music

The **Accademia della Crusca** (Crusca Academy – *crusca* means "bran") was founded in Florence in 1583 with the aim of compiling a dictionary of pure Italian. Various editions of the Crusca Dictionary were published over the centuries, the first being printed in Venice in 1612. These dictionaries have helped to set the standard for written Italian.

accademico, -a [ak·ka·'dɛ:·mi·ko] <-ci, -che> I. *adj* academic II. *m, f* academic

accademismo [ak·ka·de·'miz·mo] *m* academicism

accademista [ak·ka·de·'mi·sta] <-i , -e> *mf* MIL cadet

accadere [ak·ka·'de:·re] <irr> *vi essere* to happen; **accada quel che accada** whatever happens

accaduto [ak·ka·'du:·to] *m* event

accagliare [ak·ka·ʎ'ʎa:·re] I. *vt* to curdle II. *vr:* **-rsi** to curdle

accalappiacani [ak·ka·lap·pia·'ka:·ni] <-> *m* dogcatcher

accalappiare [ak·ka·lap·'pia:·re] *vt* (*catturare*) to catch

accalappiatore, -trice [ak·ka·lap·pia·'to:·re] *m, f* **1.** (*accalappiacani*) dogcatcher **2.** *fig* ~ **di clienti** person touting for business

accalcare [ak·kal·'ka:·re] I. *vt* to crowd II. *vr:* **-rsi** to crowd

accaldarsi [ak·kal·'dar·si] *vr* **1.** (*riscaldarsi*) to get hot **2.** *fig* (*infervorarsi*) to get heated

accalorarsi [ak·ka·lo·'rar·si] *vr* to get heated

accampamento [ak·kam·pa·'men·to] *m* camp

accampare [ak·kam·'pa:·re] I. *vt* **1.** MIL to encamp **2.** *fig* (*ragioni*) to put forward; (*diritti*) to assert; ~ **scuse** to make excuses II. *vr:* **-rsi** (*in tende*) to camp; MIL to pitch camp

accanimento [ak·ka·ni·'men·to] *m* **1.** (*tenacia*) tenacity; (*odio*) ferocity **2.** doggedness **3.** MED ~ **terapeutico** therapeutic obstinacy

accanirsi [ak·ka·'ɲir·si] <mi accanisco> *vr* **1.** (*infierire*) ~ (**contro qu/qc**) to rage (against sb/sth) **2.** (*ostinarsi*) ~ (**in qc**) to persist (in doing sth)

accanito, -a [ak·ka·'ni:·to] *adj* **1.** (*discussione*) heated **2.** (*lavoratore*) tireless; (*sostenitore, lettore*) keen; (*giocatore*) hardened; **fumatore** ~ chain smoker

accanto [ak·'kan·to] I. *adv* nearby; **abitano qui** ~ they live next door II. *prep* ~ **a** next to III. <inv> *adj* next

accantonare [ak·kan·to·'na:·re] *vt* **1.** (*merci*) to put aside **2.** COM (*utili*) to set aside **3.** MIL (*truppe*) to billet **4.** *fig* (*progetto*) to shelve

accaparramento [ak·ka·par·ra·'men·to] *m* (*di merce*) buying up; (*di generi razionati*) stockpiling

accaparrare [ak·ka·par·'ra:·re] I. *vt* (*merce*) to buy up; (*generi razionati*) to stockpile II. *vr* **1.** **-rsi qc** (*merce*) to buy sth up; (*generi razionati*) to stockpile sth; (*biglietto, posto*) to grab sth **2.** **-rsi la fiducia di qu** to gain sb's trust

accapigliarsi [ak·ka·pi·ʎ'ʎar·si] *vr* to come to blows

accapo [ak·'ka:·po] *adv* **andare** ~ to begin a new paragraph

accappatoio [ak·kap·pa·'to:·io] <-oi> *m* bathrobe

ac·cap·po·na·re [akkappo'na:re] *vt* **mi fa accapponare la pelle** it makes my flesh creep; **mi si accappona la pelle** I get goose bumps

accarezzare [ak·ka·re·'tsa:·re] *vt* **1.** (*con la mano*) to stroke **2.** *fig* ~ **qu con lo sguardo** to look at sb fondly **3.** *fig* (*progetto, idea*) to toy with; (*speranza*) to cherish

accartocciare [ak·kar·tot·'tʃa:·re] I. *vt* to crumple up II. *vr:* **-rsi** to curl up

accasare [ak·ka·'sa:·re] I. *vt* to marry off II. *vr:* **-rsi** to get married

accasciamento [ak·kaʃ·ʃa·'men·to] *m* (*fisico*) exhaustion; (*morale*) downheartedness

accasciarsi [ak·kaʃ·'ʃa:r·si] *vr* **1.** (*lasciarsi cadere*) to collapse **2.** *fig* (*avvilirsi*) to become disheartened

accasciato, -a [ak·kaʃ·'ʃa:·to] *adj* **1.** (*spossato*) exhausted **2.** *fig* (*demoralizzato*) disheartened

accatastabile [ak·ka·tas·'ta:·bi·le] *adj* **1.** (*ammucchiabile*) stackable **2.** (*registrabile al catasto*) **bene** ~ property that can be registered at the land office

accatastamento [ak·ka·tas·ta·'men·to] *m* **1.** (*l'ammucchiare*) stacking **2.** (*pila*) stack **3.** (*registrazione al catasto*) registering at the land office

accatastare [ak·ka·tas·'ta:·re] *vt* **1.** (*disporre a catasta*) to stack **2.** *fig* (*ammucchiare*) to accumulate **3.** (*registrare al catasto*) to register at the land office

accattivante [ak·kat·ti·'van·te] *adj* captivating; **un sorriso** ~ a captivating smile; **una proposta** ~ an attractive proposal

accattivare [ak·kat·ti·'va:·re] *vt, vr:* **-rsi** (*pubblico*) to captivate; (*attenzione*) to capture; (*fiducia*) to gain

accattonaggio [ak·kat·to·'nad·dʒo] <-ggi> *m* begging

accavallamento [ak·ka·val·la·'men·to] *m* (*di fasi, fotogrammi*) overlapping

accavallare [ak·ka·val·'la:·re] I. *vt* (*gambe*) to cross II. *vr:* **-rsi** *fig* (*pensieri, avvenimenti*) to overlap

accecamento [at·tʃe·ka·'men·to] *m* 1. (*perdita della vista*) loss of sight 2. *fig* (*offuscamento*) blindness

accecare [at·tʃe·'ka:·re] I. *vt avere* 1. *a. fig* (*persone*) to blind 2. (*finestre*) to brick up 3. (*abbagliare*) to dazzle II. *vi essere* to become blind

accedere [at·'tʃɛː·de·re] <accedo, accedei *o* accedetti, accesso> *vi* 1. *essere* ~ **a qc** (*arrivare*) to get to sth; (*entrare*) to enter sth 2. *avere fig* ~ **a qc** (*università*) to be admitted to sth; (*partito, servizio diplomatico*) to join sth 3. (*aderire a*) to accede to

acceleramento [at·tʃe·le·ra·'men·to] *m* acceleration

accelerare [at·tʃe·le·le·'ra:·re] I. *vt* to accelerate II. *vi* to speed up

accelerato [at·tʃe·le·'ra:·to] *m* FERR slow train

accelerato, -a *adj* (*polso, passo, ritmo*) quick

acceleratore [at·tʃe·le·ra·'to:·re] *m* MOT, FIS accelerator

accelerazione [at·tʃe·le·le·rat·'tsio:·ne] *f* acceleration

accendere [at·'tʃɛn·de·re] <accendo, accesi, acceso> I. *vt* 1. (*fuoco, sigaretta*) to light; **mi fai |o hai da| ~?** do you have a light? 2. (*conto*) to open; (*ipoteca*) to take out 3. (*apparecchio, luce*) to switch on; (*gas*) to turn on; (*motore*) to start 4. *fig* (*animo, cuore*) to arouse; (*sentimenti*) to inflame II. *vr:* **-rsi** 1. (*prender fuoco*) to catch fire 2. (*luce, stufa*) to come on 3. *fig* (*discussione*) to flare up

accendigas [at·tʃen·di·'gas] <-> *m* kitchen lighter

accendino [at·tʃen·'di:·no] *m* lighter

accennare [at·tʃen·'na:·re] I. *vt* 1. (*canzone*) to sing a few notes of; (*melodia*) to play a few notes of 2. (*sorriso, smorfia*) to give a hint of; ~ **un saluto con la mano** to give half a wave II. *vi* 1. (*fare un cenno*) to make a sign; ~ **di sì** to nod 2. (*dare indizio*) to make as if; **accennò ad alzarsi** he made as if to get up; **accennava a nevicare** it looked as if it was going to snow; **non accennava a finire** it showed no signs of letting up 3. (*alludere*) ~ **a qc** to mention sth

accenno [at·'tʃen·no] *m* 1. (*cenno, indizio*) hint 2. (*allusione*) **fare ~ a qc** to mention sth

accensione [at·tʃen·'sio:·ne] *f* 1. (*avvio*) switching on 2. (*di motore*) ignition

accentare [at·tʃen·'ta:·re] *vt* (*parlando*) to stress; (*scrivendo*) to put an accent on

accento [at·'tʃen·to] *m* 1. LING accent, stress; ~ **acuto** acute accent; ~ **circonflesso** circumflex accent; ~ **grave** grave accent; **porre l'~ su qc** *fig* to stress sth 2. (*intonazione*) accent

accentramento [at·tʃen·tra·'men·to] *m* 1. (*concentrazione*) concentration 2. POL (*centralizzazione*) centralization

accentrare [at·tʃen·'tra:·re] *vt* 1. (*riunire*) to

concentrate 2. POL to centralize 3. *fig* (*accumulare*) to accumulate 4. *fig* (*attirare*) to attract

accentuare [at·tʃen·tu·'a:·re] I. *vt* 1. (*dare rilievo*) to stress 2. (*aumentare: disagio*) to make worse II. *vr:* **-rsi** 1. (*aumentare*) to increase 2. (*peggiorare*) to get worse; **la crisi si è accentuata** the crisis has got worse

accentuazione [at·tʃen·tu·at·'tsio:·ne] *f* 1. (*messa in rilievo*) emphasis 2. (*recrudescenza*) worsening

accerchiamento [at·tʃer·kia·'men·to] *m* 1. (*assedio*) encirclement 2. *a. fig* surrounding

accerchiare [at·tʃer·'kia:·re] *vt* 1. (*assediare*) to encircle 2. *a. fig* to surround

accertabilità [at·tʃer·ta·bi·li·'ta] <-> *f* verifiability

accertamento [at·tʃer·ta·'men·to] *m* 1. (*verifica*) check 2. ADMIN investigation; ~ **fiscale** tax investigation

accertare [at·tʃer·'ta:·re] I. *vt* 1. (*verificare*) to check 2. ADMIN to assess II. *vr:* **-rsi** to make sure

accesi [at·'tʃe:·si] *1. pers sing pass rem di* **accendere**

acceso, -a [at·'tʃe:·so] I. *pp di* **accendere** II. *adj* 1. (*fuoco*) lit 2. (*luce, gas*) on; (*motore*) running 3. (*colore*) bright; **rosso ~** bright red 4. *fig* heated; ~ **d'ira** enraged

accessibile [at·tʃes·'si:·bi·le] *adj* 1. (*raggiungibile: luogo*) accessible 2. (*comprensibile: testo*) comprehensible 3. (*alla mano: persona*) approachable 4. (*prezzo*) affordable

accessibilità [at·tʃes·si·bi·li·'ta] <-> *f* 1. (*l'essere accessibile*) accessibility 2. (*comprensibilità: di testo*) comprehensibility 3. *fig* (*di persone*) approachability 4. *fig* (*di prezzi*) affordability

accessione [at·tʃes·'sio:·ne] *f* 1. POL accession 2. (*in biblioteca*) acquisition; **recenti -i** recent accessions

accesso¹ [at·'tʃɛs·so] *pp di* **accedere**

accesso² *m* 1. (*possibilità di entrare*) access; **divieto di ~** no admittance 2. (*porta*) entrance 3. MED fit; ~ **di tosse** coughing fit 4. *fig* fit of rage 5. COMPUT access; ~ **a Internet** Internet access

accessori [at·tʃes·'sɔ:·ri] *mpl* accessories

accessoriato, -a [at·tʃes·so·'ria:·to] *adj* with optional extras; **automobile perfettamente -a** fully-loaded car

accessorio, -a <-i, -ie> *adj* (*secondario*) secondary; **spese -e** incidental expenses

accessoristica [at·tʃes·so·'ri·sti·ka] <-che> *f* 1. (*insieme degli accessori*) accessories; AUTO automotive components 2. (*industria*) accessories industry; AUTO automotive supply industry

accetta [at·'tʃet·ta] *f* hatchet; **tagliato con l'~** *fig* uncouth; **darsi l'~ sui piedi** *fig* to cut off one's nose to spite one's face *prov*

accettabile [at·tʃet·'ta:·bi·le] *adj* acceptable

accettare [at·tʃet·'ta:·re] *vt* to accept; ~ **una scommessa** to accept a bet; ~ **una sfida** to accept a challenge

A

accettazione [at·tʃet·tat·'tsio:·ne] *f* **1.** (*di proposta, persona*) GIUR acceptance **2.** (*ufficio*) reception **3.** (*presa in consegna*) receipt; ~ **merci** goods inward; ~ **bagagli** check-in

accetto, -a [at·'tʃɛt·to] *adj* welcome; **persona ben -a** well-liked person

accezione [at·tʃet·'tsio:·ne] *f* meaning

acchiappafarfalle [ak·kiap·pa·far·'fal·le] <-> *m* butterfly net

acchiappamosche [ak·kiap·pa·'mos·ke] <-> *m* **1.** (*per mosche*) flytrap; (*schiacciamosche*) fly swatter **2.** *fig* (*fannullone*) lazybones

acchiappare [ak·kiap·'pa:·re] *vt* to catch

acchito [ak·'ki:·to] *m fig* **di primo** ~ offhand

acciaccare [at·tʃak·'ka:·re] *vt* **1.** (*ammaccare*) to dent **2.** (*schiacciare*) to crush **3.** *inf* (*debilitare*) to weaken

acciaccato, -a [at·tʃak·'ka:·to] *adj* **1.** (*ammaccato: cappello*) battered **2.** *inf* (*indebolito*) full of aches and pains

acciaccatura [at·tʃak·ka·'tu:·ra] *f* **1.** (*ammaccatura*) dent **2.** (*contusione*) bruise

acciacco [at·'tʃak·ko] <-cchi> *m* ailment; **piena di -chi** full of aches and pains

acciaieria [at·tʃa·ie·'ri:·a] <-ie> *f* steelworks

acciaio [at·'tʃa:·io] <-ai> *m* steel; **avere nervi d'**~ to have nerves of steel; **occhi d'**~ steely glare; **una tempra d'**~ *fig* an iron constitution

accidempoli [at·tʃi·'dɛm·po·li] *interj inf* damn (it)!

accidentaccio [at·tʃi·den·'tak·kio] I. *interj* goddamn II. <-> *m* mess; **un** ~ **di situazione** a goddamn awful situation

accidentale [at·tʃi·den·'ta:·le] *adj* **1.** (*casuale*) accidental **2.** (*accessorio*) secondary

accidentalità [at·tʃi·den·ta·li·'ta] <-> *f* **1.** (*casualità*) accidental nature **2.** (*del terreno*) bumpiness

accidentato, -a [at·tʃi·den·'ta:·to] *adj* (*terreno, strada*) bumpy

accidente [at·tʃi·'dɛn·te] *m* **1.** (*evento fortuito*) accident **2.** (*disgrazia*) mishap; **gli venisse un** ~! *inf* damn him! **3.** MED stroke **4.** (*loc*) **non ... un** ~ *inf* not a damn; **non m'importa un** ~ *inf* I don't give a damn!; **-i!** *inf* damn it!

acciderba [at·tʃi·'dɛr·ba] *interj inf* damn it!

accigliarsi [at·tʃiʎ·'ʎar·si] *vr* to frown

accingersi [at·'tʃin·dʒer·si] <irr> *vr* ~ **a fare qc** to get ready to do sth

acciottolato [at·tʃot·to·'la:·to] *m* cobbles *pl*

accipicchia [at·tʃi·'pik·kia] *interj inf* shoot!

acciuffare [at·tʃuf·'fa:·re] I. *vt* to catch II. *vr:* -**rsi** to come to blows

acciuga [at·'tʃu:·ga] <-ghe> *f* **1.** (*alice*) anchovy; **stare pigiati come -ghe** to be packed like sardines in a can **2.** *fig* (*persona magra*) skinny person; **secco come un'**~ as thin as a rail

acclamare [ak·kla·'ma:·re] I. *vt* **1.** (*applaudire*) to applaud; ~ **qu** to applaud sb **2.** (*eleggere*) to acclaim II. *vi* ~ **a** to applaud

acclimatarsi [ak·kli·ma·'ta:r·si] *vr* to become acclimated

acclimatazione [ak·kli·ma·tat·'tsio:·ne] *f* acclimation

accludere [ak·'klu:·de·re] <accludo, acclusi, accluso> *vt* to enclose

accluso, -a [ak·'klu:·zo] *adj* enclosed; ~ **alla lettera invio ...** please find enclosed ...

accoccolarsi [ak·kok·ko·'lar·si] *vr* to crouch down

accodare [ak·ko·'da:·re] I. *vt* to line up II. *vr:* -**rsi 1.** (*disporsi in fila*) to line up **2.** *fig* (*seguire passivamente*) -rsi a, to follow

accogliente [ak·koʎ·'ʎɛn·te] *adj* (*casa, gesto*) welcoming

accoglienza [ak·koʎ·'ʎɛn·tsa] *f* welcome

accogliere [ak·'kɔʎ·ʎe·re] <irr> *vt* **1.** (*persone*) to welcome **2.** (*consiglio, richiesta*) to accept **3.** (*contenere*) to hold

accollare [ak·kol·'la:·re] I. *vt* ~ **qc a qu** *fig* to saddle sb with sth II. *vr:* -**rsi** to shoulder

accollato, -a [ak·kol·'la:·to] *adj* (*abito*) high-necked; (*scarpe*) high-fronted

accolsi [ak·'kɔl·si] *1. pers sing pass rem di* **accogliere**

accolta [ak·'kɔl·ta] *f* gathering

accoltellare [ak·kol·tel·'la:·re] *vt* to stab

accolto [ak·'kɔl·to] *pp di* **accogliere**

accomandante [ak·ko·man·'dan·te] *m* GIUR, COM limited partner

accomandatario [ak·ko·man·da·'ta:·rio] <-i> *m* fully liable partner in a limited partnership

accomandita [ak·ko·'man·di·ta] *f* limited partnership

accomiatare [ak·ko·mia·'ta:·re] I. *vt* to see off II. *vr:* -**rsi** to say goodbye

accomodamento [ak·ko·mo·da·'men·to] *m* GIUR settlement; **venire** [*o* **giungere**] **ad un** ~ to reach a settlement

accomodante [ak·ko·mo·'dan·te] *adj* accommodating

accomodare [ak·ko·mo·'da:·re] I. *vt* **1.** (*aggiustare*) to fix **2.** (*riordinare*) to arrange **3.** *fig* (*debito, lite*) to settle II. *vr:* -**rsi 1.** (*mettersi a proprio agio*) to settle down; (*sedersi*) to sit down; **prego, si accomodi!** (*si sieda*) please take a seat!; (*entri*) come in! **2.** (*accordarsi*) to reach a settlement

accompagnamento [ak·kom·paɲ·na·'men·to] *m* **1.** (*seguito*) company **2.** (*aggiunta*) **lettera di** ~ cover letter **3.** GIUR **ordine di** ~ production warrant **4.** MUS **musica d'**~ accompaniment **5.** ADMIN (*pensione*) **indennità d'**~ home care benefit

accompagnare [ak·kom·pa·'ɲa:·re] I. *vt* **1.** (*andare insieme*) to go with; ~ **un bambino a scuola** to take a child to school; ~ **qu alla porta** to see sb off; **essere accompagnato da qu** to have sb with one **2.** (*seguire*) ~ **qu con lo sguardo** to follow sb with one's eyes **3.** (*unire*) to enclose; **il curriculum che accompagnava la sua lettera** the résumé enclosed with his letter **4.** MUS ~ **qu al** [*o* **con il**]

violino to accompany sb on the violin **II.** *vr:* **-rsi 1.** MUS to accompany oneself **2.** (*armonizzare*) **questo vino si accompagna ai dolci** this wine goes well with desserts **3.** (*prendere come compagno*) **-rsi a qu** to associate with sb

accompagnatore, -trice [ak·kom·pa·ɲa·ˈtoː·re] *m, f* **1.** (*corteggiatore*) companion; **~ turistico** courier **2.** (*call-girl, gigolo*) escort **3.** MUS accompanist

accompagnatoria [ak·kom·pa·ɲa·ˈtɔː·ria] <-ie> *f* ADMIN cover letter

accompagnatorio, -a [ak·kom·pa·ɲa·ˈtɔː·rio] <-i, -ie> *adj* accompanying

accompagnatrice *f v.* accompagnatore

accomunare [ak·ko·mu·ˈnaː·re] *vt* to unite

acconciare [ak·kon·ˈtʃaː·re] *vt* (*capelli*) to do sb's hair

acconciatura [ak·kon·tʃa·ˈtuː·ra] *f* **1.** (*pettinatura*) hairstyle **2.** (*ornamento*) headdress

accondiscendere [ak·kon·diʃ·ˈʃen·de·re] <irr> *vi* **~ a qc** to consent to sth

acconsentimento [ak·kon·sen·ti·ˈmen·to] *m* agreement

acconsentire [ak·kon·sen·ˈtiː·re] *vi* **~** (**a qc**) to agree (to sth); **~ a un progetto** to approve a plan

acconsenziente [ak·kon·sen·ˈtsiɛn·te] *adj* **~** (**a qc**) in agreement with sth

accontentare [ak·kon·ten·ˈtaː·re] **I.** *vt* to please **II.** *vr:* **-rsi** to be content with what one has; **-rsi di qc** to content oneself with sth

acconto [ak·ˈkon·to] *m* deposit; **ritenuta d'~** advance tax deduction; **in ~** as a deposit

accoppare [ak·kop·ˈpaː·re] **I.** *vt* to do in **II.** *vr:* **-rsi** *inf* to do oneself in

accoppiamento [ak·kop·pia·ˈmen·to] *m* **1.** (*di colori, abiti*) combination **2.** TEC coupling **3.** (*tra persone*) sexual intercourse; (*tra animali*) mating

accoppiare [ak·kop·ˈpiaː·re] **I.** *vt* **1.** (*accostare*) to combine **2.** *fig* TEC to couple up **3.** (*animali*) to mate **II.** *vr:* **-rsi** (*unirsi in coppia*) to pair off; (*animali*) to mate

accoppiato, -a [ak·kop·ˈpiaː·to] *adj* TEC coupling; **quei due sono bene -i** those two are a good match

accorato, -a [ak·ko·ˈraː·to] *adj* heartfelt

accorciamento [ak·kor·tʃa·ˈmen·to] *m* shortening

accorciare [ak·kor·ˈtʃaː·re] **I.** *vt* to shorten **II.** *vr:* **-rsi** (*giornate*) to grow shorter; (*abito*) to shrink

accordare [ak·kor·ˈdaː·re] **I.** *vt* **1.** (*concedere*) to grant **2.** (*mettere d'accordo*) to reconcile **3.** *fig* (*armonizzare*) to harmonize; (*colori*) to match **4.** MUS to tune **II.** *vr:* **-rsi 1.** (*persone*) to come to an agreement **2.** *fig* (*colori*) to match

accordo [ak·ˈkɔr·do] *m* **1.** agreement; **andare d'~** to get on well; **come d'~** as agreed; **d'~!** OK!; **di comune ~** by mutual consent; **essere d'~** to agree; **mettersi d'~** to reach an agree-

ment; **venire a un ~** to reach an agreement **2.** MUS chord

accorgersi [ak·ˈkɔr·dʒer·si] <mi accorgo, mi accorsi, accorto> *vr* **~ di qc** to notice sth

accorgimento [ak·kor·dʒi·ˈmen·to] *m* (*espediente*) trick

accorpamento [ak·kor·pa·ˈmen·to] *m* ADMIN putting together

accorpare [ak·kor·ˈpaː·re] *vt* ADMIN to put together

accorrere [ak·ˈkor·re·re] <irr> *vi essere* to rush up

accorsi [ak·ˈkɔr·si] *1. pers sing pass rem di* accorgersi

accortezza [ak·kor·ˈtet·tsa] *f* good sense

accorto, -a [ak·ˈkɔr·to] **I.** *pp di* accorgersi **II.** *adj* (*prudente*) cautious; (*astuto*) smart

accostamento [ak·ko·sta·ˈmen·to] *m* (*di colori*) combination

accostare [ak·kos·ˈtaː·re] **I.** *vt* (*mettere vicino*) to move nearer; **lasciare la porta accostata** to leave the door ajar; **~ qu** to approach sb **II.** *vr:* **-rsi 1.** (*avvicinarsi*) **-rsi a qu** to go closer to sb; **-rsi a qc** (*auto*) to draw up to sth **2.** *fig* **-rsi a qc** to turn to sth; **-rsi ai Sacramenti** to receive the sacrament

account [əˈkaunt] *m* COMPUT user account

account executive [əˈkaunt igˈzeːkjuːtiv] <-o accounts executive> *mf* account executive

accovacciarsi [ak·ko·vat·ˈtʃar·si] *vr* to crouch down

accozzaglia [ak·kot·ˈtsaʎ·ʎa] <-glie> *f* (*di cose*) hodgepodge

accozzamento [ak·kot·tsa·ˈmen·to] *m* (*di cose*) hodgepodge

accozzare [ak·kot·ˈtsaː·re] *vt* to throw together

accrebbi [ak·ˈkreb·bi] *1. pers sing pass rem di* accrescere

accreditamento [ak·kre·di·ta·ˈmen·to] *m* **1.** COM crediting; **~ in conto** crediting to an account **2.** (*di diplomatico*) accreditation **3.** (*avvaloramento: di ipotesi*) confirmation

accreditare [ak·kre·di·ˈtaː·re] *vt* **1.** COM to credit **2.** (*diplomatico*) to accredit **3.** (*ipotesi*) to confirm

accredito [ak·ˈkreː·di·to] *m* credit

accrescere [ak·ˈkreʃ·ʃe·re] <irr> *vt* to increase

accrescimento [ak·kreʃ·ʃi·ˈmen·to] *m* **1.** (*aumento*) increase **2.** BIOL (*crescita, sviluppo*) growth

accrescitivo [ak·kreʃ·ʃi·ˈtiː·vo] *m* LING augmentative

accrescitivo, -a *adj* augmentative

accresciuto [ak·kreʃ·ˈʃuː·to] *pp di* accrescere

accudire [ak·ku·ˈdiː·re] <accudisco> **I.** *vt* (*anziano*) to take care of; (*bambino*) to look after **II.** *vi* **~ a qc** to attend to sth

acculturare [ak·kul·tu·ˈraː·re] **I.** *vt* to help adjust to a new culture **II.** *vr:* **-rsi** to adjust to a new culture

accumulare [ak·ku·mu·ˈlaː·re] **I.** *vt* (*soldi,*

A

punti) to accumulate; (*energia*) to store **II.** *vr:* **-rsi** to accumulate

accumulatore [ak·ku·mu·la·'to:·re] *m* accumulator

accumulazione [ak·ku·mu·lat·'tsio:·ne] *f* accumulation

accumulo [ak·'ku:·mu·lo] *m* accumulation

accuratezza [ak·ku·ra·'tet·tsa] *f* accuracy

accurato, -a [ak·ku·'ra:·to] *adj* **1.** (*lavoro, traduzione, controllo*) accurate **2.** (*artigiano*) careful

accusa [ak·'ku:·za] *f* **1.** (*attribuzione di colpa*) accusation **2.** GIUR charge **3.** GIUR prosecution; **pubblica** ~ the prosecution

accusare [ak·ku·'za:·re] *vt* **1.** (*incolpare*) to accuse; ~ **qu di qc** to accuse sb of sth **2.** GIUR to charge; ~ **qu di qc** to charge sb with sth **3.** (*dolore*) to complain of; (*fatica*) to show sings of; ~ **mal di testa** to have a headache **4.** ADMIN to confirm

accusativo [ak·ku·za·'ti:·vo] *m* LING accusative

accusato, -a [ak·ku·'za:·to] **I.** *adj* accused **II.** *m, f* accused

accusatore, -trice [ak·ku·za·'to:·re] *m, f* **1.** (*chi accusa*) accuser **2.** GIUR prosecutor

acerbo, -a [a·'tʃɛr·bo] *adj* **1.** (*immaturo*) unripe **2.** (*aspro*) sour

acero ['a:·tʃe·ro] *m* maple

acetato [a·tʃe·'ta:·to] *m* acetate

acetilene [a·tʃe·ti·'lɛː·ne] *m* CHIM acetylene

aceto [a·'tʃe:·to] *m* vinegar; **cetriolini sott'**~ pickled gherkins; **mettere sott'**~ to pickle

acetone [a·tʃe·'to:·ne] *m* nail polish remover

acetosa [a·tʃe·'to:·sa] *f* sorrel

acetosella [a·tʃe·to·'sɛl·la] *f* wood sorrel

acetoso, -a [a·tʃe·'to:·so] *adj* sour

ACI ['a:·tʃi] *m* **1.** *abbr di* **Automobile Club d'Italia** ≈ AAA **2.** *abbr di* **Azione Cattolica Italiana** Italian Catholic Action

acidificare [a·tʃi·di·fi·'ka:·re] **I.** *vt* to acidify **II.** *vi* to acidify

acidificazione [a·tʃi·di·fi·kat·'tsio:·ne] *f* acidification

acidità [a·tʃi·di·'ta] <-> *f* **1.** A. CHIM (*asprezza*) acidity **2.** *fig* (*mordacità*) sharpness **3.** MED ~ **di stomaco** heartburn

acido ['a:·tʃi·do] *m* acid; **resistente agli -i** acid-resistant

acido, -a *adj* **1.** (*aspro*) sour **2.** *fig* (*mordace*) sharp

acidulo, -a [a·'tʃi:·du·lo] *adj* slightly sour

acino ['a:·tʃi·no]. *m* (*chicco d'uva*) grape

acme ['ak·me] *f fig* MED crisis

acne ['ak·ne] *f* MED acne

aconfessionale [a·kon·fes·sio·'na:·le] *adj* nondenominational

acostituzionale [a·kos·ti·tut·tsio·'na:·le] *adj* unconstitutional

acqua ['ak·kua] *f* **1.** water; ~ **alta** high tide; ~ **benedetta** holy water; ~ **corrente** running water; ~ **dolce** fresh water; ~ **minerale** mineral water; ~ **morta** stagnant water; ~ **ossigenata** hydrogen peroxide; ~ **potabile** drinking water; ~ **salata** salt water; ~ **tonica** tonic water; ~ **da bere** drinking water; ~ **di Colonia** eau de Cologne; ~ **e sapone** *fig* natural **2.** *pl* (*massa*) waters; (*termale*) the waters; **-e bianche** rainwater; **-e nere** sewage; **-e territoriali** territorial waters; **fare la cura delle -e** to take the waters; **intorbidare le -e** *fig* to muddy the waters; **navigare in cattive -e** *fig* to be hard up **3.** *fig* **calmare le -e** to calm things down; **fare un buco nell'**~ to draw a blank; **tirare l'**~ **al proprio mulino** to feather one's nest; ~ **in bocca!** don't say a word!; **è ~ passata** it's all water under the bridge; **sentirsi come un pesce fuor d'**~ to feel like a fish out of water; **fare** ~ **da tutte le parti** (*barca*) to be leaky; *fig* (*argomento*) to be full of holes **4.** *prov* ~ **cheta rovina i ponti** still waters run deep *prov*

acquacoltura [ak·kua·kol·'tu:·ra] *f* aquaculture

acquaforte [ak·kua·'fɔr·te] <acqueforti> *f* etching

acquaio [ak·'kua:·io] <-quai> *m* (kitchen) sink

acquamarina [ak·kua·ma·'ri:·na] <acquemarine> *f* aquamarine

acquapark [ak·kua·'park] <-> *m* water park

acquaplano [ak·kua·'pla:·no] *m* aquaplane

acquaragia [ak·kua·'ra:·dʒa] <-ge> *f* turpentine

acquario [ak·'kua:·rio] <-i> *m* **1.** (*edificio*) aquarium **2.** ASTR Aquarius; **sono (dell' [o un])** **Acquario** I am an Aquarius

acquasanta [ak·kua·'san·ta] *f* holy water; **essere come il diavolo e l'**~ to be like oil and water

acquasantiera [ak·kua·ʃan·'tiɛ:·ra] *f* stoup

acquascivolo [ak·kua·'ʃi:·vo·lo] *m* waterslide

acquatico, -a [ak·'kua:·ti·ko] <-ci, -che> *adj* aquatic

acquattarsi [ak·kuat·'tar·si] *vr* to crouch down

acquavite [ak·kua·'vi:·te] *f* spirit; ~ **di vino** ≈ brandy; ~ **di mele** apple brandy

acquazzone [ak·kuat·'tso:·ne] *m* cloudburst

acquedotto [ak·kue·'dɔt·to] *m* aqueduct

acqueforti *pl di* **acquaforte**

acquemarine *pl di* **acquamarina**

acqueo, -a ['ak·kueo] <-ei, -ee> *adj* aqueous; **vapore** ~ steam

acquerello [ak·kuer·'rɛl·lo] *m* watercolor

acquiescente [ak·kuieʃ·'ʃɛn·te] *adj* acquiescent

acquiescenza [ak·kuieʃ·'ʃɛn·tsa] *f* acquiescence

acquietare [ak·kuie·'ta:·re] **I.** *vt* (*dolore, ira*) to soothe; (*desiderio*) to appease **II.** *vr:* **-rsi** to calm down

acquifero, -a [ak·'kui:·fe·ro] *adj* aquiferous; **falda -a** aquifer

acquirente [ak·kui·'rɛn·te] *mf* buyer

acquisire [ak·kui·'zi:·re] <acquisisco> *vt* to acquire

acquisito, -a [ak·kui·'zi:·to] *adj* **1.** (*diritto*) acquired **2.** (*parente*) related by marriage

acquisizione [ak·kui·zit·'tsio:·ne] *f* acquisition; **~ ostile** hostile takeover

acquistare [ak·kuis·'ta:·re] I. *vt* **1.** COM to buy **2.** *fig* (*diritto*) to acquire II. *vi* **~ in qc** to improve in sth; **~ in bellezza** to become more beautiful

acquistato, -a [ak·kuis·'ta:·to] *adj* (*oggetto, prodotto*) bought

acquisto [ak·'kuis·to] *m* **1.** COM purchase; **~ in contanti** cash purchase; **~ a rate** purchase on installments; **fare -i** to shop; **potere d'~** purchasing power **2.** *fig* (*persona*) new entrant

acquitrino [ak·kui·'tri:·no] *m* swamp

acquitrinoso, -a [a·kui·tri·'no:·so] *adj* swampy

acquolina [ak·kuo·'li:·na] *f* **far venire a qu l'~ in bocca** to make sb's mouth water; **mi viene l'~ in bocca** my mouth is watering

acquoso, -a [ak·'kuo:·so] *adj* watery

acre ['a:k·re] <più acre, acerrimo> *adj* **1.** (*sapore, odore*) pungent; (*fumo*) acrid **2.** *fig* (*critica*) harsh

acredine [a·'krε:·di·ne] *f* **1.** (*asprezza*) acridity **2.** *fig* (*di critica*) harshness

acrilico, -a [a·'kri:·li·ko] <-ci, -che> *adj* acrylic

acrimonia [a·kri·'mɔ:·nia] <-ie> *f* acrimony

acrimonioso, -a [a·kri·mo·'nio:·so] *adj* acrimonious

acriticità [a·kri·ti·tʃi·'ta] <-> *f* uncritical attitude

acritico, -a [a·'kri:·ti·ko] <-ci, -che> *adj* uncritical

acrobata [a·'krɔ:·ba·ta] <-i *m*, -e *f*> *mf* acrobat

acrobatico, -a [a·kro·'ba:·ti·ko] <-ci, -che> *adj* acrobatic; **volo ~** acrobatic flight

acrobatismo [a·kro·ba·'tiz·mo] *m* acrobatics

acrobazia [a·kro·bat·'tsi:a] <-ie> *f* **1.** (*ginnastica*) acrobatic feat **2.** *fig* (*espediente*) acrobatics

action movie ['æk·ʃən 'mu:·vi] <- *o* action movies> *m* action movie

acuire [a·ku·'i:re] <acuisco> I. *vt* **1.** (*crisi*) to make worse **2.** *a. fig* (*ingegno*) to sharpen II. *vr:* **-rsi** (*situazione, dolore*) to become worse

aculeo [a·'ku:·leo] *m* **1.** ZOOL sting **2.** BOT prickle

acume [a·'ku:·me] *m* perspicacity

acustica [a·'kus·ti·ka] <-che> *f* acoustics

acustico, -a [a·'kus·ti·ko] <-ci, -che> *adj* **1.** FIS acoustic **2.** ANAT **apparecchio ~** hearing aid; **nervo ~** auditory nerve

acustoelettricità [a·kus·to·e·let·tri·tʃi·'ta] *f* electroacoustics

acutangolo [a·ku·'taŋ·go·lo] *adj* acute-angled

acutezza [a·ku·'tet·tsa] *f* **1.** (*di problema*) acuteness **2.** (*di suono*) shrillness; **~ visiva** keenness of sight **3.** *fig* (*perspicacia*) (mental) sharpness

acuto [a·'ku:·to] *m* MUS high note

acuto, -a *adj* **1.** (*punta*) sharp **2.** (*dolore, accento, angolo*) acute **3.** (*vista, udito*) keen; (*suono*) shrill **4.** (*intelligenza*) keen; (*osservazione*) acute **5.** (*freddo*) sharp; (*odore*) pungent **6.** (*desiderio, rimorso*) strong **7.** ARCHIT **arco a sesto ~** Gothic arch

ad [ad] *prep* = **a** *davanti a vocale; v.* **a**

adagiare [a·da·'dʒa:·re] I. *vt* to lay down II. *vr:* **-rsi 1.** (*distendersi*) to lie down **2.** *fig* to take things easy; **-rsi in qc** (*ozio*) to give oneself up to sth; (*routine*) to fall into sth

adagio[1] [a·'da:·dʒo] *adv* **1.** (*lentamente*) slowly **2.** (*con cautela*) gently **3.** MUS adagio

adagio[2] <-gi> *m* MUS adagio

adattabile [a·dat·'ta:·bi·le] *adj* adaptable

adattabilità [a·dat·ta·bi·li·'ta] <-> *f* adaptability

adattamento [a·dat·ta·'men·to] *m* **1.** BIOL, TEAT adaptation **2.** (*di edificio*) conversion **3.** *fig* (*adeguamento*) spirito di ~ adaptability

adattare [a·dat·'ta:·re] I. *vt* **1.** (*modificare: comportamento, metodo, opera teatrale*) to adapt; **~ un abito a qu** to alter a dress to fit sb **2.** (*edificio*) to convert **3.** (*applicare*) to fit; **~ una presa a qc** to fit a plug to sth II. *vr:* **-rsi 1.** (*stare bene*) to suit; **si adatta molto a lei** it suits her beautifully **2.** (*adeguarsi*) **-rsi (a qc)** to adapt (to sth)

adattatore *m* COMPUT adaptor

adatto, -a [a·'dat·to] *adj* (*giusto*) right; (*appropriato*) suitable; **essere ~ per qu** to be suitable for sb

addebitamento [ad·de·bi·ta·'men·to] *m* debiting

addebitare [ad·de·bi·'ta:·re] *vt* **1.** COM **~ qc in conto a qu** to debit sb's account with sth **2.** *fig* (*incolpare*) **~ qc a qu** to blame sb for sth

addebito [ad·'de:·bi·to] *m* **1.** COM debit; **nota di ~** debit note **2.** *fig* (*accusa*) blame

addendo [ad·'dεn·do] *m* MAT addend

addensamento [ad·den·sa·'men·to] *m* (*di salsa*) thickening; (*di nuvole*) gathering

addensare [ad·den·'sa:·re] I. *vt* (*rendere denso: salsa*) to thicken II. *vr:* **-rsi 1.** (*salsa*) to thicken **2.** (*folla, nubi*) to gather

addentare [ad·den·'ta:·re] *vt* (*cibo*) to bite into

addentellato [ad·den·tel·'la:·to] *m fig* (*nesso*) link

addentrarsi [ad·den·'trar·si] *vr* **1.** (*inoltrarsi: nel bosco*) to go into **2.** *fig* (*in materia, discussione*) to go into in more depth

addentro [ad·'den·tro] *adv* deeply; **essere ~ in qc** *fig* to be well-versed in sth

addestramento [ad·des·tra·'men·to] *m* (*di persone, animali*) training; (*di cavalli*) dressage

addestrare [ad·des·'tra:·re] I. *vt* to train II. *vr:* **-rsi -rsi in qc** to practice sth

addestrativo, -a [ad·des·tra·'ti:·vo] *adj* training; **corso ~** training course

addestratore, -trice [ad·des·tra·'to:·re] *m, f* trainer

addetto, -a [ad·'det·to] I. *adj* (*responsabile*) responsible; **essere ~ a qc** to be in charge of

A

II. *m, f* 1. (*responsabile*) person in charge; 'vietato l'ingresso ai non -i ai lavori' 'authorized personnel only'; **gli -i alla manutenzione** the maintenance crew; ~ **alle vendite** salesperson; ~ **alla reception** receptionist; ~ **stampa** press officer 2. (*di corpo diplomatico*) attaché; ~ **culturale/militare** commercial/military attaché

addice 3. *pers sing pr di* **addirsi**

addietro [ad·'diɛː·tro] *adv* (*tempo*) before; **anni** ~ years before; **tempo** ~ previously

addio¹ [ad·'diːo] *interj* goodbye; ~ **serata tranquilla!** *fig* you can say goodbye to a quiet evening!

addio² <-ii> *m* goodbye; **dare l'ultimo** ~ **a qu** to pay one's last respects to sb

addirittura [ad·di·rit·'tuː·ra] *adv* 1. (*perfino*) even 2. (*veramente*) ~! really!

addirsi [ad·'dir·si] <si **addice**> *vr* **qc si addice a qu** sth suits sb; **un comportamento del genere non si addice a giovanotto** such behavior hardly suits a young man

additare [ad·di·'taː·re] *vt* (*mostrare con il dito*) to point at

additivare [ad·di·ti·'vaː·re] *vt* to put additives into

additivazione [ad·di·ti·vat·'tsioː·ne] *f* addition of additives

additivo [ad·di·'tiː·vo] *m* CHIM additive

additivo, -a *adj* additive

addizionale [ad·dit·tsio·'naː·le] *adj* additional

addizionare [ad·dit·tsio·'naː·re] *vt* to add

addizione [ad·dit·'tsioː·ne] *f* addition

addobbare [ad·dob·'baː·re] *vt* to decorate

addobbo [ad·'dɔb·bo] *m* decoration; **-i natalizi** Christmas decorations

addolcire [ad·dol·'tʃiː·re] <**addolcisco**> **I.** *vt* 1. (*caffè*) to sweeten 2. (*acciaio*) to temper 3. *a. fig* (*acqua*) to soften **II.** *vr:* **-rsi** 1. (*carattere*) to soften 2. (*tempo*) to become milder

addolcitore [ad·dol·tʃi·'toː·re] *m* water softener

addolorare [ad·do·lo·'raː·re] **I.** *vt* to sadden **II.** *vr* **-rsi per qc** to be saddened by sth

addome [ad·'dɔː·me] *m* abdomen

addomesticare [ad·do·mes·ti·'kaː·re] *vt* to tame

addomesticato, -a [ad·do·mes·ti·'kaː·to] *adj* (*animale*) tame

addominale [ad·do·mi·'naː·le] *adj* abdominal

addormentare [ad·dor·men·'taː·re] **I.** *vt* 1. A. MED (*far dormire*) to put to sleep 2. *fig* (*intorpidire*) to send to sleep **II.** *vr:* **-rsi** to fall asleep; **mi si è addormentata la mano** my arm has gone to sleep; **-rsi in piedi** *fig* to be dead tired

addormentato, -a [ad·dor·men·'taː·to] *adj* 1. (*immerso nel sonno*) asleep 2. MED (*con narcotico*) drugged 3. *fig* (*sonnacchioso*) dopey 4. *fig* (*gambe, braccia*) numb

addossare [ad·dos·'saː·re] **I.** *vt* 1. (*accostare*) ~ **qc a qc** to move sth nearer to sth; (*appoggiare*) to lean sth against sth 2. *fig* ~ **qc a qu** (*debiti*) to encumber sb with sth; (*colpa*) to put the blame for sth onto sb **II.** *vr:* **-rsi** 1. (*appoggiarsi*) **-rsi a qc** to lean against sth 2. (*accalcarsi*) to crowd together 3. *fig* (*accollarsi*) **-rsi la colpa di qc** to take the blame for sth; **-rsi le spese di qc** to take on the cost of sth

addosso [ad·'dɔs·so] **I.** *adv* on; **avere** ~ (*vestito*) to be wearing; (*denaro, carta d'identità*) to carry; **mettere** ~ to put on; **avere il diavolo** ~ *fig* to be fidgety; **piangersi** ~ to feel sorry for oneself; **avere la rabbia** ~ *fig* to seethe with anger; **farsela** ~ *vulg* to shit oneself; **levarsi qu d'**~ *fig* to get sb off one's back **II.** *prep* (*sopra*) on; (*contro*) against; (*vicino*) very close to; **mettere le mani** ~ **a qu** to lay hands on sb; **dare** ~ **a qu** *fig* to jump down someone's throat; **stare** ~ **a qu** *fig* to be one someone's back; **tagliare i panni** ~ **a qu** *fig* to speak ill of sb

addurre [ad·'dur·re] <**adduco, addussi, addotto**> *vt* (*scuse, motivazioni*) to put forward

adeguamento [a·de·gua·'men·to] *m* adjustment

adeguare [a·de·'guaː·re] **I.** *vt* to bring sth into line; ~ **gli stipendi al costo della vita** to adjust salaries to the cost of living **II.** *vr:* **-rsi -rsi a qc** to adapt to sth; **non capisco ma mi adeguo** I do not understand but I go along with it

adeguato, -a [a·de·'guaː·to] *adj* (*stipendio*) adequate; (*momento*) appropriate; (*sistemazione*) suitable

adempiere [a·'dem·pie·re] <**adempio** *o* **adempisco, adempii, adempiuto** *o* **adempito**> **I.** *vt* (*dovere, desiderio*) to fulfill; (*promessa*) to keep **II.** *vi* ~ **a** (*dovere, desiderio*) to fulfill **III.** *vr:* **-rsi** to come true

adempimento [a·dem·pi·'men·to] *m* fulfillment

adempire [a·dem·'piː·re] *v.* **adempiere**

adenotomia [a·de·no·to·'miː·a] <-ie> *f* removal of adenoids

adepto, -a [a·'dɛp·to] *m, f* follower

aderente [a·de·'rɛn·te] **I.** *adj* (*vestito*) close-fitting **II.** *mf* supporter

aderenza [a·de·'rɛn·tsa] *f* 1. TEC, MED adhesion; (*di pneumatico*) grip 2. *gener al pl* (*conoscenze*) connections

aderire [a·de·'riː·re] <**aderisco**> *vi* 1. ~ **a** (*rimanere a contatto*) to stick to; ~ **alla strada** (*pneumatico*) to grip the road; (*automobile*) to hold the road 2. ~ **a** *fig* (*proposta, richiesta*) to agree to; (*iniziativa*) to support 3. ~ **a** *fig* (*partito*) to join

adescare [a·desk·'kaː·re] *vt a. fig* (*pesci, uccelli*) to lure

adesione [a·de·'zioː·ne] *f* 1. FIS adhesion 2. *fig* (*a richiesta*) agreement; (*a iniziativa*) support 3. (*a partito*) membership

adesività [a·de·zi·vi·'ta] <-> *f* adhesiveness

adesivo [a·de·'ziː·vo] *m* 1. (*collante*) glue 2. (*autoadesivo*) sticker

adesivo, -a *adj* sticky; **nastro** ~ adhesive tape

A

adesso [a·'dɛs·so] *adv* **1.** (*in questo momento, ora*) now **2.** (*poco fa*) just now **3.** (*tra poco*) any minute now

ad honorem [ad o·'nɔː·rem] *adv* honorary; **laurea** ~ honorary degree

adiacente [a·dia·'tʃɛn·te] *adj* adjacent

adiacenze [a·dia·'tʃɛn·tse] *fpl* vicinity; **nelle** ~ **dello stabilimento** in the vicinity of the factory

adibire [a·di·'biː·re] <adibisco> *vt* **1.** (*usare*) ~ **qc a qc** to use sth as sth; ~ **una stanza a ufficio** to use a room as an office **2.** (*destinare*) ~ **qu a qc** to assign sb to sth

Adige ['aː·di·dʒe] *m* **l'**~ the Adige; **Alto** ~ South Tyrol

adiposità [a·di·po·si·'ta] <-> *f* adiposity

adiposo, -a [a·di·'poː·so] *adj* adipose; **tessuto** ~ adipose tissue

adirarsi [a·di·'rar·si] *vr* ~ **con qu** to get angry with sb

adirato, -a [a·di·'raː·to] *adj* angry

adire [a·'diː·re] <adisco> *vt* (*tribunale*) to lodge a claim with; (*eredità*) to claim; ~ **le vie legali** to take legal action

adito ['aː·di·to] *m fig* **dare** ~ **a qc** to give rise to sth

adocchiare [ad·dok·'kiaː·re] *vt* **1.** (*trovare*) to spot **2.** (*con compiacenza, desiderio*) to eye

adolescente [a·do·leʃ·'ʃɛn·te] **I.** *adj* teenage **II.** *mf* teenager

adolescenza [a·do·leʃ·'ʃɛn·tsa] *f* adolescence; **ha trascorso l'**~ **in Italia** she spent her teenage years in Italy

adolescenziale [a·do·leʃ·ʃen·'tsiaː·le] *adj* **problemi -i** teenage [*o* adolescent] problems

adombrare [a·dom·'braː·re] **I.** *vt* **1.** (*oscurare*) to veil **2.** (*ombreggiare*) to shade **II.** *vr:* -**rsi** (*aversene a male*) to feel resentful

adone [a·'doː·ne] *m* Adonis

adontarsi [a·don·'tar·si] *vr* to be offended

adop(e)rabile [a·do·'praː·bi·le (a·do·pe·'raː·bi·le)] *adj* usable

adop(e)rare [a·do·'praː·re (a·do·pe·'raː·re)] **I.** *vt* to use; ~ **le mani** to be ready with one's fists **II.** *vr* -**rsi per qu** to give sb a hand

adorabile [a·do·'raː·bi·le] *adj* adorable

adorare [a·do·'raː·re] *vt* **1.** (*divinità*) to worship **2.** (*persona*) to adore **3.** (*arte, cibo*) to love

adoratore, -trice [a·do·ra·'toː·re] *m, f* **1.** (*di divinità, persona*) worshipper **2.** (*ammiratore*) admirer

adorazione [a·do·rat·'tsioː·ne] *f* **1.** (*di divinità*) worship **2.** (*amore*) adoration

adornare [a·dor·'naː·re] **I.** *vt* ~ (**di qc**) to adorn (with sth) **II.** *vr:* -**rsi** ~ (**di qc**) to adorn oneself (with sth)

adorno, -a [a·'dor·no] *adj* ~ (**di qc**) adorned (with sth)

adottare [a·dot·'taː·re] *vt* to adopt; ~ **provvedimenti contro** to take measures against; ~ **un nuovo stile di vita** to embark on a new lifestyle

adottivo, -a [a·dot·'tiː·vo] *adj* **1.** (*figlio, padre*) adoptive **2.** *fig* (*patria*) adopted

adozione [a·dot·'tsioː·ne] *f* adoption; **patria di** ~ country of adoption; **onde evitare l'**~ **di provvedimenti** in order to avoid taking measures

adrenalina [a·dre·na·'liː·na] *f* adrenalin

Adriatico [a·dri·'aː·ti·ko] *m* **l'**~ the Adriatic

adriatico, -a <-ci, -che> *adj* Adriatic; **il Mare Adriatico** the Adriatic Sea

adroterapia [a·dro·te·ra·'pi·a] *f* MED hadrotherapy

ADSL *abbr di* **Asymmetric Digital Subscriber Line** ADSL

adulare [a·du·'laː·re] *vt* to flatter

adulatore, -trice [a·du·la·'toː·re] *m, f* flatterer

adulterare [a·dul·te·'raː·re] *vt* **1.** (*vino, cibo*) to adulterate **2.** *fig* (*realtà*) to misrepresent

adulterino, -a [a·dul·te·'riː·no] *adj* GIUR (*relazione*) adulterous; (*figlio*) illegitimate

adulterio [a·dul·'tɛː·rio] <-i> *m* adultery

adultero, -a [a·'dul·te·ro] **I.** *adj* adulterous **II.** *m, f* adulterer *m*, adulteress *f*

adulto, -a [a·'dul·to] **I.** *adj* **1.** (*persona*) adult **2.** (*animale*) fully-grown **3.** *fig* (*maturo*) mature **II.** *m, f* adult *m*

adunanza [a·du·'nan·tsa] *f* assembly

adunare [a·du·'naː·re] **I.** *vt* to assemble **II.** *vr:* **adunarsi** to assemble

adunata [a·du·'naː·ta] *f* **1.** MIL muster **2.** (*persone riunite*) gathering

adunco, -a [a·'duŋ·ko] <-chi, -che> *adj* (*becco*) curved; (*naso*) hooked

adunghiare [a·duŋ·'giaː·re] *vt* ~ **qc** (*animale*) to dig its claws into sth; (*persona*) to claw at sth

advertising, advertizing [æd·və·'tai·ziŋ/ad·ver·'tai·zin(g)] *m* advertising

aerare [a·e·'raː·re] *vt* to air

aerazione [a·e·rat·'tsioː·ne] *f* ventilation

aereo [a·'ɛː·re·o] <-ei> *m* **1.** (*aeroplano*) airplane **2.** (*antenna*) aerial

aereo, -a <-ei, -ee> *adj* **1.** air; **biglietto** ~ plane ticket; **foto -a** aerial photograph; **linea -a** AERO airline; ELETT, TEL overhead cable; **rotta -a** flight path; **spazio** ~ airspace; **per via -a** by airmail **2.** *fig* (*leggero*) ethereal

aeriforme [a·e·ri·'for·me] *adj* gaseous

aeroacustica [a·e·ro·a·'kus·ti·ka] *f* aeroacoustics

aerobico, -a [a·e·'rɔː·bi·ko] <-ci, -che> *adj* aerobic; **ginnastica -a** aerobics

aerobus ['a·e·ro·bus] <-> *m* airbus

aerocisterna [a·e·ro·tʃis·'tɛr·na] *f* air tanker

aeroclub [a·e·ro·'klub] <-> *m* flying club

aerodinamica [a·e·ro·di·'naː·mi·ka] *f* aerodynamics

aerodinamico, -a [a·e·ro·di·'naː·mi·ko] <-ci, -che> *adj* aerodynamic; (*carrozzeria*) streamlined; **linea -a** streamlined design; **resistenza -a** air resistance

aerodromo [a·e·'rɔː·dro·mo] *m* airfield

A

aerofotografia [a·e·ro·fo·to·gra·'fi:·a] *f* aerial photograph

aerografo [a·e·'rɔ:·gra·fo] *m* airbrush

aerogramma [a·e·ro·'gram·ma] <-i> *m* air-mail letter

aerolinea [a·e·ro·'li:·nea] *f* airline

aeromobile [a·e·ro·'mɔ:·bi·le] *m* aircraft

aeromodello [a·e·ro·mo·'dɛl·lo] *m* model aircraft

aeromoto [a·e·ro·'mɔ:·to] *m* shock wave

aeronautica [a·e·ro·'na:u·ti·ka] *f* aeronautics; ~ **civile** civil aviation; ~ **militare** air force

aeronautico, -a [a·e·ro·'na:u·ti·ko] <-ci, -che> *adj* aeronautical

aeroplano [a·e·ro·'pla:·no] *m* airplane; ~ **da caccia** fighter; ~ **da ricognizione** reconnaisance plane; ~ **da turismo** private plane

aeroporto [a·e·ro·'pɔr·to] *m* airport

aeroportuale [a·e·ro·por·tu·'a:·le] I. *mf* airport staff II. *adj* airport; **tassa** ~ airport tax

aeropostale [a·e·ro·pos·'ta:·le] I. *adj* air mail II. *m* mail plane

aeroscivolante [a·e·ro·ʃi·vo·'lan·te] *m* hovercraft

aerosoccorso [a·e·ro·sok·'kor·so] *m* air ambulance

aerosol [a·e·ro·'sɔl] <-> *m* **1.** (*sistema*) aerosol **2.** (*contenitore*) inhaler

aerospaziale [a·e·ro·spat·'tsia·le] *adj* aerospace

aerospazio [a·e·ro·'spat·tsio] <-zi> *m* airspace

aerostatico, -a [a·e·ro·'sta:·ti·ko] <-ci, -che> *adj* aerostatic; **pallone** ~ (hot-air) balloon

aerostato [a·e·'rɔ·sta·to] *m* (hot-air) balloon; (*fisso*) captive balloon; (*dirigibile*) airship

aerostazione [a·e·ro·stat·'tsio:·ne] *f* (airport) terminal

aerotermo [a·e·ro·'tɛr·mo] *m* hot air heating

aerotrasporto [a·e·ro·tras·'pɔr·to] *m* air transportation

afa ['a:·fa] *f* mugginess; **c'è** ~ it's muggy

affabile [af·'fa:·bile] *adj* friendly

affabilità [af·fa·bi·li·'ta] <-> *f* friendliness

affabulare [af·fa·bu·'la:·re] *vt* to invent [*o* make up] stories

affaccendarsi [af·fat·tʃen·'dar·si] *vr* ~ **a fare qc** to be busy doing sth

affaccendato, -a [af·fat·tʃen·'da:·to] *adj* busy

affacciarsi [af·fat·'tʃa:r·si] *vr* ~ **alla finestra** to look out of the window; ~ **alla mente** *fig* to come to one's mind

affamare [af·fa·'ma:·re] *vt* to starve

affamato, -a [af·fa·'ma:·to] I. *adj a. fig* hungry; **essere** ~ **di qc** to be hungry for sth II. *m, f* hungry person

affannare [af·fan·'na:·re] I. *vt* **1.** (*dare affanno*) to make breathless **2.** *fig* (*procurare pena*) to worry II. *vr:* **-rsi 1.** (*provare affanno*) to pant **2.** *fig* (*affaticarsi*) **-rsi a fare qc** to go to the trouble of doing sth **3.** *fig* (*preoccuparsi*) to worry

affannato, -a [af·fan·'na:·to] *adj* short of breath

affanno [af·'fan·no] *m* **1.** (*difficoltà di respiro*) breathlessness **2.** *fig* (*preoccupazione*) worry

affannoso, -a [af·fan·'no:·so] *adj* **1.** (*respiro*) labored **2.** *fig* frantic

affare [af·'fa:·re] *m* **1.** (*faccenda*) business, matter; ~ **da nulla** trivial matter; **bell'~ hai combinato!** you've really made a mess there!; **non è** ~ **tuo!** it's none of your business!; ~ **di stato** affair of state; **ne ha fatto un** ~ **di stato** he made a great issue of it; **sono ·i miei** it's my business **2.** COM deal; **concludere un** ~ **con qu** to make a deal with sb; **essere in ·i con qu** to be doing business with sb; **parlare d'·i** to talk business; **uomo d'·i** businessman; **viaggio d'·i** business trip **3.** occasione, bargain; **fare un** ~ to get a bargain **4.** GIUR case **5.** *inf* (*cosa, utensile*) thing majig **6.** *pl* affairs; **Ministero degli Affari esteri** Department of State

affarismo [af·fa·'riz·mo] *m* wheeling and dealing

affarista [af·fa·'ris·ta] <-i , -e> *mf pej* wheeler-dealer

affarone [af·fa·'ro:·ne] *m inf* very good deal

affascinante [af·faʃ·ʃi·'nan·te] *adj* attractive

affascinare [af·faʃ·ʃi·'na:·re] *vt* (*attrarre, sedurre*) to charm

affaticamento [af·fa·ti·ka·'men·to] *m* tiredness

affaticare [af·fa·ti·'ka:·re] I. *vt* to tire II. *vr:* **-rsi** to tire oneself out

affatto [af·'fat·to] *adv* **niente** [*o* **non**] ~ not at all

afferire [af·fe·'ri:·re] <afferisco> *vi form* GIUR, ADMIN (*concernere*) ~ (**a qc**) to pertain (to sth)

affermare [af·fer·'ma:·re] I. *vt* **1.** (*dire di sì*) to answer in the affirmative **2.** (*sostenere*) to claim **3.** GIUR (*innocenza*) to protest; (*diritto*) to assert II. *vr:* **-rsi** (*persona*) to establish oneself; (*moda*) to become popular

affermativo, -a [af·fer·ma·'ti:·vo] *adj* affirmative

affermazione [af·fer·mat·'tsio:·ne] *f* **1.** (*sì*) **rispondere con un'**~ to answer in the affirmative **2.** (*asserzione*) statement **3.** (*conferma*) confirmation **4.** (*di diritti*) assertion **5.** (*di persona, squadra*) success; (*di moda*) establishment

afferrare [af·fer·'ra:·re] I. *vt* **1.** (*prendere*) to grab **2.** *fig* (*occasione*) to seize **3.** *fig* (*senso, idea*) to grasp II. *vr:* **-rsi** *a. fig* **-rsi a qc** to cling to sth

Aff. Est. *abbr di* (**Ministero degli**) **Affari Esteri** Department of State

affettare [af·fet·'ta:·re] *vt* **1.** (*tagliare a fette*) to slice **2.** (*ostentare*) to affect

affettato [af·fet·'ta:·to] *m* cold cuts

affettato, -a *adj* affected

affettatrice [af·fet·ta·'tri:·tʃe] *f* slicer

affettazione [af·fet·tat·'tsio:·ne] *f pej* affectation

affettivo, -a [af·fet·'ti:·vo] *adj* emotional; **ha solo valore ~** it's only of sentimental value

affetto [af·'fɛt·to] *m* fondness; **provare ~ per qu** to be fond of sb; **'con ~'** (*nelle lettere*) 'with love'

affetto, -a *adj* **essere ~ da qc** to suffer from sth

affettuoso, -a [af·fet·tu·'o:·so] *adj* (*persona*) affectionate; (*parole*) fond; **'un saluto ~'** (*nelle lettere*) 'love'

affezionarsi [af·fet·tsio·'na:r·si] *vr* **~ a qu** to grow fond of sb; **~ a qc** to take a liking to sth

affezionato, -a [af·fe·zio·'na:·to] *adj* **1.** **essere ~ a qu** to be fond of sb **2.** (*cliente*) regular

affezione [af·fet·'tsio:·ne] *f* **1.** (*sentimento*) affection **2.** MED ailment

affiancare [af·fiaŋ·'ka:·re] I. *vt* **1.** (*mettere a lato*) to place side by side **2.** MIL to flank **3.** *fig* (*sostenere*) to support II. *vr* **-rsi a qu** to draw level with sb

affiatamento [af·fia·ta·'men·to] *m* understanding; (*nello sport*) team spirit; **non c'è ~ tra di noi** we don't get on well

affiatare [af·fia·'ta:·re] I. *vt* (*creare accordo tra: gruppo, squadra*) to bind together II. *vr:* **-rsi** (*coppia, gruppo*) to get on well together; (*squadra*) to play well together

affibbiare [af·fib·'bia:·re] *vt* **~ qc a qu** (*compito*) to saddle sb with sth; (*nomignolo, colpa*) to pin sth on sb; (*multa*) to slap sth on sb; **~ un colpo a qu** to give sb a slap

affidabile *adj* reliable; **è una persona ~** he's/she's very reliable

affidabilità [af·fi·da·bi·li·'ta] <-> *f* reliability

affidamento [af·fi·da·'men·to] *m* **1.** (*fiducia*) trust; **dare ~** to seem reliable; **fare ~ su qu** to rely on sb **2.** GIUR (*di minori*) fostering; **ottenere l'~ di un minore** to foster a child

affidare [af·fi·'da:·re] I. *vt* **~ qc a qu** (*bambino, casa, cane*) to entrust sth to sb; (*incarico, compito, mansione*) to entrust sb with sth II. *vr:* **-rsi -rsi a qu** to put oneself in sb's hands

affido [af·'fi:·do] *m* fostering; **dare un bambino in ~** to give a child to a foster family; **prendere un bambino in ~** to foster a child

affievolire [af·fie·vo·'li:·re] <affievolisco> I. *vt* (*interesse, slancio*) to weaken II. *vr:* **-rsi** (*fuoco*) to die down; (*luce, suono, ricordo, speranza*) to fade

affiggere [af·'fid·dʒe·re] <affiggo, affissi, affisso> *vt* (*manifesti, cartelloni*) to stick up

affilare [af·fi·'la:·re] I. *vt* **1.** (*coltello, lama*) to sharpen **2.** *fig* (*lineamenti*) to make thinner II. *vr:* **-rsi** (*dimagrire*) to get thinner

affilato, -a [af·fi·'la:·to] *adj* **1.** (*coltello, lama*) sharp **2.** *fig* (*lingua*) sharp **3.** (*naso*) pointed; (*volto, lineamenti*) thin

affiliare [af·fi·'lia:·re] I. *vt* (*associare*) to link; **~ a qc** to link to sth II. *vr:* **-rsi -rsi a qc** to join sth

affiliata *f* FIN (*società*) affiliated

affiliazione [af·fi·li·at'tsio:·ne] *f* (*ad associazione, sindacato*) affiliation

affinare [af·fi·'na:·re] I. *vt* **1.** (*perfezionare: tecnica*) to polish **2.** (*far maturare: vino*) to mature **3.** *fig* (*migliorare: gusto*) to refine **4.** *fig* (*aguzzare: vista, ingegno*) to sharpen II. *vr:* **-rsi** **1.** (*perfezionarsi: tecnica*) to become polished **2.** (*maturare: vino*) to mature **3.** *fig* (*migliorare: gusto*) to become refined

affinché [af·fiŋ·'ke] *conj* so that

affine [af·'fi:·ne] I. *adj* (*prodotto, pianta*) related; (*materia, popolazioni*) similar; (*lingua*) cognate II. *mf* (*parente del coniuge*) in-law

affinità [af·fi·ni·'ta] <-> *f* A, CHIM (*somiglianza*) affinity; **~ elettiva** attraction

affioramento [af·fio·ra·'men·to] *m* **1.** (*l'affiorare*) surfacing **2.** GEO outcrop

affiorare [af·fio·'ra:·re] *vi* **essere 1.** (*spuntare, emergere*) **~ da** to stick (up) out of; **~ in superficie** (*subacqueo*) to surface; (*balena, petrolio*) to come to the surface **2.** GEO to crop out **3.** *fig* (*problema, dettaglio*) to emerge; **~ alla mente** (*dubbio, pensiero, ricordo*) to come to mind

affissi [af·'fis·si] *1. pers sing pass rem di* **affiggere**

affissionale [af·fis·sio·'na:·le] *adj* **pubblicità ~** street advertising

affissione [af·fis·'sio:·ne] *f* (*di manifesti, cartelli*) billposting; **divieto d'~** post no bills

affisso[1] [af·'fis·so] *pp di* **affiggere**

affisso[2] *m* **1.** (*avviso*) notice **2.** LING affix

affittabile [af·fit·'ta:·bi·le] *adj* rentable

affittacamere [af·fit·ta·'ka:·me·re] <-> *mf* landlord, landlady

affittare [af·fit·'ta:·re] *vt* **1.** (*dare in affitto*) to rent (out); **"affittasi alloggio ammobiliato"** "furnished house for rent" **2.** (*prendere in affitto*) to rent

affitto [af·'fit·to] *m* rental; **dare in ~** to rent (out); **prendere in ~** to rent

affittuario, -a [af·fit·tu·'a:·ri·o] <-i, -ie> *m, f* (*di immobile*) tenant; (*di terreno*) tenant farmer

affliggere [af·'flid·dʒe·re] <affliggo, afflissi, afflitto> I. *vt* to trouble II. *vr:* **-rsi** to worry

afflizione [af·flit·'tsio:·ne] *f* **1.** (*tristezza*) sadness **2.** (*tristezza*) trouble

afflosciare [af·floʃ·'ʃa:·re] I. *vt* (*render floscio: muscolo*) to make flabby II. *vr:* **-rsi** (*sgonfiarsi*) **1.** (*vela, tessuto*) to become limp; (*pallone*) to go down; (*muscolo*) to become flabby; (*sformato, torta*) to collapse; (*fiore*) to wilt **2.** (*persona, animale, capanna*) to collapse

affluente [af·flu·'ɛn·te] *m* tributary

affluenza [af·flu·'ɛn·tsa] *f* (*di persone*) influx; (*di traffico, di liquidi*) flow; **~ alle urne** turnout; **grande ~ di pubblico per la prima della Scala** there was a capacity audience for the first night at La Scala

affluire [af·flu·'i:·re] <affluisco> *vi* **essere 1.** (*persone*) to pour in **2.** (*liquidi, gas, merci*) to flow

A

afflusso [af·'flus·so] *m* **1.**(*di persone*) influx **2.**(*di liquidi*) flow

affogare [af·fo·'ga:·re] **I.** *vt avere* to drown; ~ **i dispiaceri nell'alcol** to drown one's sorrows **II.** *vi essere* to drown; ~ **in un bicchier d'acqua** *fig* to be unable to cope with the smallest problem; ~ **nell'oro** *fig* to be filthy rich **III.** *vr:* **-rsi** to drown oneself

affogato, -a [af·fo·'ga:·to] **I.** *adj* **1.**(*annegato*) drowned; **morire** ~ to drown **2.** CULIN **gelato** ~ **al caffè** hot coffee with ice cream; **uova -e** poached eggs **II.** *m, f* body of a drowned person

affollamento [af·fol·la·'men·to] *m* crowding

affollare [af·fol·'la:·re] **I.** *vt* **1.**(*gremire: sala, teatro*) to crowd **2.** *fig* (*opprimere*) to crowd; ~ **la mente** (*pensieri, problemi*) to crowd sb's mind **II.** *vr:* **-rsi** (*accalcarsi*) to crowd around

affollato, -a *adj* (*cinema, spiaggia, strada*) crowded

affondare [af·fon·'da:·re] **I.** *vt avere* **1.**(*nave*) to sink **2.**(*nella neve, nell'acqua*) ~ **qc in qc** to plunge sth into sth **II.** *vi essere* **1.**(*nave*) to sink **2.** ~ **in qc** (*nella neve, nell'acqua*) to sink into sth

affossamento [af·fos·sa·'men·to] *m* (*fosso*) dip

affossato, -a [af·fos·'sa:·to] *adj fig* (*accantonato: progetto*) killed off

affrancare [af·fraŋ·'ka:·re] **I.** *vt* **1.**(*posta*) to frank **2.**(*liberare: schiavo*) to free **II.** *vr:* **affrancarsi affrancarsi dalla schiavitù** to free oneself from slavery; **affrancarsi dalla schiavitù di qc** (*fumo, droga, gioco*) to free oneself from dependence on sth

affrancatura [af·fraŋ·ka·'tu:·ra] *f* **1.**(*operazione*) franking **2.**(*tassa*) postage

affranto, -a [af·'fran·to] *adj* **1.**(*prostrato dal dolore*) overcome **2.**(*spossato, logorato*) exhausted

affratellare [af·fra·tel·'la:·re] *vr:* **-rsi** to unite

affrescare [af·fres·'ka:·re] *vt* to decorate with frescoes

affreschista [af·fres·'kis·ta] <-i , -e> *mf* artist who works in fresco

affresco [af·'fres·ko] <-schi> *m* fresco

affrettare [af·fret·'ta:·re] **I.** *vt* **1.**(*sveltire*) ~ **il passo** to hurry up **2.**(*anticipare: arrivo, partenza*) to bring forward; ~ **i tempi** to hurry things along **II.** *vr:* **-rsi** to hurry (up); **-rsi a fare qc** to hurry to do sth

affrettato, -a [af·fret·'ta:·to] *adj* **1.**(*veloce: passo*) quick **2.** *pej* (*mal fatto: lavoro*) rushed **3.**(*frettoloso: decisione*) hasty

affrontare [af·fron·'ta:·re] **I.** *vt* **1.**(*andare incontro a: pericolo, morte, nemico, avversario*) to face; ~ **il pubblico** to face the public; (*paura, disgrazia*) to confront; (*situazione*) to face up to **2.**(*discutere: problema, questione*) to tackle **3.**(*sostenere: spesa*) to incur **4.**(*iniziare: salita*) to embark on **II.** *vr:* **-rsi 1.**(*scontrarsi: eserciti*) to clash **2.** SPORT (*pugili, squadre*) to face up to one another

affronto [af·'fron·to] *m* (*offesa*) insult; **fare un** ~ **a qu** to offend sb

affumicare [af·fu·mi·'ka:·re] *vt* **1.**(*riempire di fumo: ambiente*) to fill with smoke **2.**(*pesce, carne, prosciutto*) to smoke

affumicato, -a [af·fu·mi·'ka:·to] *adj* **1.**(*pieno fumo: ambiente*) smoky **2.**(*pesce, carne, prosciutto*) smoked **3.**(*colorato di bruno: vetri, lenti, occhiali*) tinted

affusolato, -a [af·fu·so·'la:·to/af·fu·zo·'la:·to] *adj* **1.**(*magro: dita, mano, gambe*) slender **2.**(*pantaloni*) tapered; (*corpo, forma*) tapering

Afganistan [af·ga·nis·'tan] *m* l'~ Afghanistan

afgano, -a [af·'ga:·no] **I.** *adj* Afghan **II.** *m, f* Afghan

afoso, -a [a·'fo:·so] *adj* (*tempo, giornata, pomeriggio*) muggy

Africa ['a:·fri·ka] *f* Africa

africano, -a [a·fri·'ka:·no] **I.** *adj* African **II.** *m, f* African

afrodisiaco [a·fro·di·'zi:a·ko] <-ci> *m* aphrodisiac

afta ['af·ta] *f* MED (mouth) ulcer; ~ **epizootica** foot-and-mouth disease

afterhour [a:fte·'aʊe] *m* late night club

aftershave <-> *m* aftershave

agata ['a:·ga·ta] *f* agate

agenda [a·'dʒɛn·da] *f* **1.**(*libretto*) diary **2.**(*elenco di argomenti*) agenda **3.** COMPUT ~ **elettronica** personal organizer

agente [a·'dʒɛn·te] **I.** *mf* **1.** A. COM agent; ~ **segreto** secret agent; ~ **di assicurazione** insurance agent; ~ **di cambio** stockbroker; ~ **di commercio** sales representative; ~ **immobiliare** realtor **2.**(*guardia*) (police) officer; ~ **di pubblica sicurezza** police officer; ~ **investigativo** detective **II.** *m* **1.** MED, LING, CHIM agent; **-i cancerogeni** carcinogens; ~ **inquinante** pollutant **2.** *pl* METEO **-i atmosferici** weather

agenzia [a·dʒen·'tsi:·a] <-ie> **1.**(*ufficio*) agency; ~ **di cambio** bureau de change; ~ **d'investigazione** detective agency; ~ **di stampa** press agency; ~ **(di) viaggi** travel agency **2.**(*filiale*) branch **3.**(*comunicato*) agency dispatch

agevolare [a·dʒe·vo·'la:·re] *vt* **1.**(*render facile: compito, lavoro, lettura*) to facilitate **2.**(*favorire: commercio, investimenti*) to make easier **3.**(*aiutare: utenti, investitori*) to help

agevolazione [a·dʒe·vo·lat·'tsio:·ne] *f* **-i** special terms; **-i bancarie** credit facilities; **-i fiscali** tax relief

agevole [a·'dʒe:·vo·le] *adj* **1.**(*comodo: strada*) smooth **2.**(*facile: lavoro, viaggio*) easy

agganciare [ag·gan·'tʃa:·re] *vt* **1.**(*unire: vagone, rimorchio*) to couple **2.**(*riappendere: telefono*) to hang up **3.** *fig* (*per parlare: persona*) to get talking to

aggancio [ag·'gan·tʃo] <-ci> *m* **1.**(*collegamento*) attachment **2.** *fig* (*conoscenze*) contact; **avere degli -i** to have contacts

aggeggio [ad·'dʒed·dʒo] <-ggi> *m* (*cosa sconosciuta*) thing(amajig)

aggettivo [ad·dʒet·'ti:·vo] *m* LING adjective
agghiacciante [ag·giat·'tʃa:n·te] *adj* (*scena, film, racconto*) chilling; (*urlo, lamento*) blood-curdling
agghiacciare [ag·giat·'tʃa:·re] **I.** *vt avere fig* (*far inorridire: storia, scena*) to make sb's blood run cold **II.** *vr:* **-rsi** to freeze
agghindare [ag·gin·'da:·re] **I.** *vt* (*vestire con cura: persona*) to dress up **II.** *vr:* **-rsi** (*vestirsi con troppa cura*) to get dressed up
aggio ['ad·dʒo] <-ggi> *m* **1.** FIN premium **2.** (*compenso*) remuneration
aggiogare [ad·dʒo·'ga:·re] *vt fig* (*soggiogare*) to subjugate
aggiornamento [ad·dʒor·na·'men·to] *m* **1.** (*perfezionamento: di docenti*) in-service training; **corsi di ~** refresher courses **2.** (*revisione: di testo, sito internet, programma*) updating; **~ dati** data updating **3.** (*rinvio: di seduta, processo*) adjournment **4.** (*appendice di un'enciclopedia*) supplement
aggiornare [ad·dʒor·'na:·re] **I.** *vt avere* **1.** (*attualizzare: testo, sito internet, programma*) to update **2.** (*adeguare: prezzi*) to revise **3.** (*mettere al corrente: persona*) to bring up to date **4.** (*rinviare: seduta, processo*) to adjourn **II.** *vr:* **-rsi** (*mettersi al corrente*) to keep up to date; **ci aggiorniamo?** (*ci risentiamo*) let's keep in touch
aggirare [ad·dʒi·'ra:·re] **I.** *vt* **1.** (*circondare*) to go around **2.** MIL (*nemico*) to outflank **3.** *fig* (*evitare: ostacolo*) to get around **4.** *fig* (*ingannare*) to con **II.** *vr:* **-rsi** **1.** (*andare in giro*) to wander around **2.** (*approsimarsi*) to be around; **-rsi intorno a** [*o* **su**] **qc** to be around sth; **il prezzo s'aggira intorno ai duemila euro** the price is around two thousand euros
aggiudicare [ad·dʒu·di·'ka:·re] **I.** *vt* **1.** (*assegnare: premio, appalto*) to award; **~ qc** (**a qu**) to award sth (to sb) **2.** (*nelle aste: quadro*) to sell **II.** *vr:* **-rsi** **1.** (*ottenere: premio, posto, appalto*) to win **2.** (*nelle aste: quadro*) to buy
aggiudicazione [ad·dʒu·di·kat·'tsio:·ne] *f* **1.** (*in gara d'appalto: di lavori, forniture, licenze*) assignment **2.** (*nelle aste: di oggetti*) sale
aggiungere [ad·'dʒun·dʒe·re] <irr> **I.** *vt* **1. ~ qc a qc** to add sth to sth **2.** (*soggiungere*) to add **II.** *vr:* **-rsi** (*unirsi*) to be added
aggiunta [ad·'dʒun·ta] *f* **1.** (*aumento*) addition; **con l'~ di qc** with added sth; **senza ~ di qc** without added sth **2.** (*in libri*) **-e al testo** additions to the text
aggiuntare [ad·dʒun·'ta:·re] *vt* (*congiungere*) to splice
aggiuntatura [ad·dʒun·ta·'tu:·ra] *f* (*attaccatura, giuntura*) splice
aggiunto, -a [ad·'dʒun·to] **I.** *pp di* **aggiungere II.** *adj* (*personale, medico, insegnante*) assistant **III.** *m, f* (*sostituto*) assistant; **~ giudiziario** magistrate who is at the first stage of a judicial career
aggiustamento [ad·dʒus·ta·'men·to] *m*

1. (*adeguamento: di dati, prezzi, dose di medicina*) adjustment **2.** *fig* (*accomodamento: di malinteso*) settlement **3.** *fig* (*pareggio*) settling; **~ di conti** settling of accounts
aggiustare [ad·dʒus·'ta:·re] **I.** *vt* **1.** (*riparare: motore, televisione*) to repair; (*vestito*) to alter **2.** (*mettere in ordine: capelli*) to tidy; (*abiti*) to straighten **3.** MIL (*regolare bene: mira*) to adjust; **~ il tiro** *fig* to cover a mistake **4.** *pej* FIN (*conti*) to fiddle **5.** (*loc*) **~ qu per le feste** *fig* to beat sb up **II.** *vr:* **-rsi** *inf* (*adattarsi*) to get by
aggiustatura [ad·dʒus·ta·'tu:·ra] *f* (*riparazione*) repair
agglomerato [ag·glo·me·'ra:·to] *m* **1.** (*centro abitato*) built-up area **2.** GEO agglomerate
aggradare [ag·gra·'da:·re] *vi poet* to please
aggrapparsi [ag·grap·'pa:r·si] *vr* **-rsi** (**a qu/qc**) **1.** *a. fig* (*salvagente, muro*) to hold onto **2.** (*illusione, speranza, ricordo*) to cling onto
aggravamento [ag·gra·va·'men·to] *m* **1.** (*peggioramento: di malattia, di crisi*) worsening **2.** GIUR **~ della pena** increase in the sentence
aggravante [ag·gra·'van·te] **I.** *adj* GIUR **circostanza ~** aggravating circumstance **II.** *f* GIUR aggravating circumstance
aggravare [ag·gra·'va:·re] **I.** *vt* GIUR (*pena*) to increase **II.** *vr:* **-rsi** (*malattia, crisi*) to get worse
aggravio [ag·'gra:·vio] <-i> *m* increase; **~ fiscale** tax increase
aggraziato, -a [ag·gra·'tsia:·to] *adj* **1.** (*grazioso: corpo, viso, forme*) graceful **2.** (*gentile: modi*) pleasing; (*gesto*) gracious
aggredire [ag·gre·'di:·re] <aggredisco> *vt* **1.** (*persona, organi, mercato*) to attack **2.** (*affrontare: problema*) to tackle
aggreditrice *f v.* **aggressore**
aggregare [ag·gre·'ga:·re] **I.** *vt* (*riunire: gruppo, comunità*) to get together **II.** *vr* (*unirsi*) **-rsi a qu/qc** to join sb/sth
aggregato [ag·gre·'ga:·to] *m* **1.** (*complesso*) grouping **2.** MAT, GEO aggregate
aggregato, -a *adj* **1.** (*aggiunto: socio*) associate **2.** (*distaccato provvisoriamente: giudice, funzionario*) attached
aggressione [ag·gres·'sio:·ne] *f* **1.** (*assalto*) assault; **~ a mano armata** armed assault **2.** MIL aggression; **patto di non ~** non-aggression pact
aggressive [ə·'gre·siv] *adj sl* (*terapia, formula*) aggressive
aggressività [ag·gres·si·vi·'ta] <-> *f* aggressiveness
aggressivo [ag·gres·'si:·vo] *m* **~ chimico** chemical weapon
aggressivo, -a *adj* **1.** (*violento*) aggressive **2.** (*scattante: auto, linee, modo di sciare*) dynamic **3.** (*che attacca: squadra*) attacking; (*pugile*) aggressive; (*sciatore*) daring **4.** CHIM (*corrosivo: prodotto*) corrosive
aggressore, aggreditrice [ag·gres·'so:·re,

A

ag·gre·di·'tri:·t∫e] I. adj aggressor; **stato ~** aggressor state **II.** m, f attacker

aggrinzire [ag·grin·'tsi:·re] **I.** vt (pelle) to wrinkle **II.** vr: **-rsi** (pelle) to wrinkle (up)

aggrottare [ag·grot·'ta:·re] vt **~ la fronte** to frown, to knit one's (eye)brows

aggrovigliamento [ag·gro·viʎ·ʎa·'men·to] m (di fili, cavi, tubi) tangle

aggrovigliare [ag·gro·viʎ·'ʎa:·re] **I.** vt (fili, cavi, tubi) to tangle **II.** vr: **-rsi 1.** (fili, cavi, tubi) to become tangled **2.** fig (situazione) to become complicated; (pensieri) to become confused

aggrumarsi [ag·gru·'mar·si] vr (sangue) to clot

agguantare [ag·guan·'ta:·re] **I.** vt **1.** (afferrare: ladro, preda) to catch **2.** (raggiungere: vittoria, risultato) to grasp **II.** vr: **-rsi** (aggrapparsi) **-rsi a qc** to grab (hold of)

agguato [ag·'gua:·to] m ambush; **stare in ~** to lie in wait; **tendere un ~ a qu** to set a trap for sb

agguerrire [ag·guer·'ri:·re] <agguerrisco> **I.** vt fig (temprare) to toughen (up) **II.** vr: **-rsi** (temprarsi) **~ contro qc** to become hardened against sth

aghiforme [a·gi·'for·me] adj needle-shaped

agiatezza [a·dʒa·'tet·tsa] f **1.** (ricchezza: finanziaria, economica) prosperity; **vivere nell'~** to be prosperous **2.** (comodità) comfort

agiato, -a [a·'dʒa:·to] adj **1.** (benestante) well-off **2.** (vita, casa, situazione) comfortable

agibile [a·'dʒi:·bi·le] adj (edificio) habitable; (strada) passable

agile ['a:·dʒi·le] adj **1.** a. fig (persona, animale, ingegno) agile **2.** (veloce: corsa, gioco, movimento) speedy **3.** (semplice: libro) easy-to-read

agilità [a·dʒi·li·'ta] <-> f a. fig (di persona, animale) agility

agio ['a:·dʒo] <-gi> m **1.** (comodo) comfort; **trovarsi a proprio ~** to feel comfortable; **mettiti a tuo ~!** make yourself comfortable! **2.** (opportunità) chance; **dare ~ a qu di fare qc** to enable sb to do sth **3.** pl (comodità del vivere) comforts

AGIP ['a:·dʒip] f acró de **Azienda Generale Italiana Petroli** Italian Gas Company

agire [a·'dʒi:·re] <agisco> vi **1.** (operare) to act **2.** (avere effetto: veleno, medicina) to act **3.** (comportarsi) to behave; **~ bene/male** to behave well/badly **4.** GIUR **~** (contro qu) to take action (against sb)

agitare [a·dʒi·'ta:·re] **I.** vt **1.** (scuotere: bottiglia) to shake; (braccia, fazzoletto) to wave; (coda) to wag; **~ prima dell'uso** shake before use **2.** fig (eccitare: animo, gente) to agitate **3.** (loc) **~ le acque** fig to stir things up **II.** vr: **-rsi 1.** (rigirarsi) to toss and turn **2.** (mare) to get rough **3.** fig (turbarsi) to get upset **4.** POL (entrare in lotta) to agitate

agitato, -a [a·dʒi·'ta:·to] adj **1.** (mare) rough

2. (discussione) animated **3.** (eccitato, turbato: persona) worried

agitazione [a·dʒi·tat·'tsio:·ne] f **1.** (turbamento) unrest; **mettere in ~** to upset **2.** POL (protesta) protest; **essere in ~** to protest; **stato di ~ sindacale** industrial action

agli ['aʎ·ʎi] prep = **a + gli** v. **a**

aglio ['aʎ·ʎo] <-gli> m garlic

agnello [aɲ·'nɛl·lo] m lamb; **~ arrosto** roast lamb

agnolotti [aɲ·ɲo·'lɔt·ti] mpl type of round or square filled pasta

ago ['a:·go] <-ghi> m needle; (di bilancia) pointer; (da maglia) (knitting) needle; **cercare un ~ in un pagliaio** fig to look for a needle in a haystack

agonia [a·go·'ni:·a] <-ie> f **1.** MED death throes **2.** fig (angoscia) torture

agonismo [a·go·'niz·mo] m competitiveness

agonistico, -a [a·go·'nis·ti·ko] <-ci, -che> adj SPORT (stagione, attività, calendario) competitive; **spirito ~** competitive spirit

agonizzare [a·go·nid·'dza:·re] vi **1.** (essere in agonia) to be dying **2.** fig (languire) to be in a bad way

agopressione [a·go·pres·'sio:·ne] f acupressure

agopuntura [a·go·pun·'tu:·ra] f acupuncture

agorafobia [a·go·ra·fo·'bi:·a] f agoraphobia

agosto [a·'gos·to] m August; v.a. **aprile**

agraria [a·'gra:·ria] f agriculture

agrario, -a [a·'gra:·rio] <-i, -ie> adj agricultural

agretto m BOT garden cress

agricolo, -a [a·'gri:·ko·lo] adj (azienda, macchina, attrezzi, prodotto) agricultural

agricoltore [a·gri·kol·'to:·re] m farmer

agricoltura [a·gri·kol·'tu:·ra] f agriculture

agrifoglio [a·gri·'fɔʎ·ʎo] m holly

Agrigentino (zona) Agrigento area; **nell' ~** in the Agrigento area

agrigentino, -a [a·gri·dʒen·'ti:·no] **I.** adj from Agrigento **II.** m, f (abitante) person from Agrigento

Agrigento f Agrigento, city in Sicily

agrimensore [a·gri·men·'so:·re] m land surveyor

agrimensura [a·gri·men·'su:·ra] f land surveying

agriturismo [a·gri·tu·'riz·mo] m **1.** (attività) agritourism **2.** (azienda) agritourism farm

agriturista [a·gri·tu·'ris·ta] <-i m, -e f> mf agritourist

agrituristico, -a [a·gri·tu·'ris·ti·ko] <-ci, -che> adj (ristorante, centro, operatore) agritourist; **azienda -a** agritourist business

agro ['a:·gro] m **1.** (sapore aspro) sharpness; **all'~** CULIN with lemon or vinegar **2.** (campagna) countryside

agro, -a ['a:·gro] adj **1.** (sapore) sharp; **in ~** CULIN with lemon or vinegar **2.** fig (pungente: parole) bitter

agroalimentare [a·gro·ali·men·'ta:·re] adj

A

(*azienda, settore, prodotto*) food and agriculture

agrobiologo, -a [a·gro·'biɔ:·lo·go] <-gi, -ghe> *m, f* agrobiologist

agrochimico, -a [a·gro·'ki:·mi·ko] <-ci, -che> *m, f* agrochemist

agrodolce [a·gro·'dol·tʃe] *adj* bittersweet; **in ~** CULIN (*petti di pollo, carote*) sweet-and--sour

agroindustria *f* (*industria agroalimentare*) agribusiness

agronica [a·'grɔ:·ni·ka] *f* AGR agro electronics

agronomia [a·gro·no·'mi:·a] <-ie> *f* agronomy

agronomo, -a [a·'grɔ:·no·mo] *m, f* 1. (*esperto*) agronomist 2. (*laureato*) person with a degree in agronomy

agrosistema [a·gro·sis·'tɛ:·ma] <-i> *m* system of agriculture

agrotecnico, -a [a·gro·'tɛk·ni·ko] <-ci, -che> I. *adj* (*cultura, personale*) agro-technical II. *m, f* agricultural technician

agrume [a·'gru:·me] *m* 1. (*frutto*) citrus fruit 2. (*pianta*) citrus

aguzzare [a·gut·'tsa:·re] *vt a. fig* (*rendere appuntito, affilare*) to sharpen; **~ l'ingegno** to sharpen one's wits; **~ le orecchie** to listen carefully; **~ la vista** to look carefully

aguzzino [a·gud·'dzi:·no] *m fig* (*tormentatore*) torturer

aguzzo, -a [a·'gut·tso] *adj* 1. (*acuminato: denti*) sharp 2. (*a punta: naso, mento*) pointed 3. *fig* (*intenso, penetrante: occhi, sguardo*) piercing

ah [a] *interj* oh

ahi ['a:i] *interj* ow

ahia ['a·ia] *interj* ow

ahimè [ai·'mɛ] *interj* alas; **~ non c'è più niente da fare!** unfortunately there's nothing more we can do

ai ['a:i] *prep* = **a + i** *v.* **a**

aia ['a:·ia] <aie> *f* farmyard; **menare il can per l'~** *fig* to beat around the bush

AIDO *f acró de* **Associazione Italiana Donatori Organi** *Italian Association of Organ Donors*

AIDS *m acró de* **Acquired Immune Deficiency Syndrome** AIDS

aie *pl di* **aia**

AIG ['a:ig] *f acró de* **Associazione Italiana Alberghi per la Gioventù** *Italian Association of Youth Hostels*

AIIP *f acró de* **Associazione Italiana Internet Providers** *Italian Association of Internet Providers*

aiola [a·'iɔ:·la] *f* (*mista, fiorita, erbosa*) flowerbed; **~ spartitraffico** traffic island

air bag [ɛə bæg] <- *o* air bags> *m* MOT air bag; **~ laterale** side airbag

airbus ['ɛə·bʌs] <-> *m* AERO Airbus®

AIRC *f abbr di* **Associazione Italiana per la Ricerca sul Cancro** *Italian Association for Cancer Research*

airone [ai·'ro:·ne] *m* heron

air-show [er·'ʃo] <-> *m* air show

AISM *f abbr di* **Associazione Italiana per la Sclerosi Multipla** *Italian Multiple Sclerosis Association*

aitante [ai·'tan·te] *adj* (*atletico: giovanotto, uomo*) vigorous

aiuola [a·'iu·ɔ:·la] *v.* **aiola**

aiutante [a·iu·'tan·te] *mf* 1. (*collaboratore*) assistant 2. MIL adjutant

aiutare [a·iu·'ta:·re] I. *vt* 1. (*assistere*) **~ qu** (**a fare qc**) to help sb (do sth) 2. (*favorire*) to aid II. *vr:* **-rsi** to try hard; **aiutati che Dio** [*o* **il ciel**] **t'aiuta** *prov* God helps those who help themselves *prov*

aiuto [a·'iu:·to] *m* 1. (*assistenza, soccorso*) help; **~!** help!; **correre in ~ a qu** to go to sb's aid; **essere di ~ a qu** to help sb; **invocare ~** to cry for help 2. (*collaboratore*) assistant; **~ medico** ≈ resident (*relatively junior hospital doctor*); **~ regista** assistant director 3. *pl* aid

aizzare [ait·'tsa:·re] *vt* (*folla*) to incite; **~ i cani contro qu** to set the dogs on sb

al [al] = **a + il** *v.* **a**

ala ['a:·la] <-i> *f* A. ARCHIT, SPORT (*di uccello, aereo*) wing; **~ destra/sinistra** right/left wing; **in un batter d'-i** *fig* as quick as a flash; **sotto le -i di qu** *fig* under sb's wing; **mettere le -i ai piedi** *fig* to shake a leg; **tarpare le -i a qu** *fig* to clip sb's wings

alabastro [a·la·'bas·tro] *m* alabaster

à la coque [a la 'kɔk] <inv> *adj* **uovo ~** soft--boiled egg

alacre ['a:·lak·re] *adj* 1. (*sollecito: impiegato, scrittore*) eager 2. *fig* (*fervido: mente, fantasia*) lively

alacrità [a·lak·ri·'ta] <-> *f* 1. (*sveltezza: di impiegato, scrittore*) speed 2. *fig* (*vivacità: di mente*) liveliness

alambicco [a·lam·'bik·ko] <-cchi> *m* still

alano [a·'la:·no] *m* Great Dane

alare [a·'la:·re] *adj* (*carico, profilo*) wing; **apertura ~** wingspan

alato, -a [a·'la:·to] *adj* 1. (*fornito di ali: cavallo, leone, drago*) winged; **formiche -e** flying ants 2. *fig* (*sublime, elevato: parole, vittorie*) sublime

alba ['al·ba] *f* dawn; **all'~** at dawn

albanese [al·ba·'ne:·se] I. *adj* Albanian II. *mf* Albanian

Albania [al·ba·'ni:·a] *f* Albania

albatro ['al·bat·ro] *m* albatross

albeggiare [al·bed·'dʒa:·re] <albeggia> *vi essere* to dawn; **stava albeggiando** dawn was breaking

alberato, -a [al·be·'ra:·to] *adj* (*viale, piazza, zona*) tree-lined

alberatura [al·be·ra·'tu:·ra] *f* NAUT masts

albergare [al·ber·'ga:·re] I. *vt* 1. (*alloggiare*) to stay 2. *fig* (*sentimenti*) to nurse II. *vi* to stay

albergatore, -trice [al·ber·ga·'to:·re] *m, f* hotel owner

alberghiero, -a [al·ber·giɛ:·ro] *adj* (*istituto,*

A

settore) hotel; **l'industria -a** the hotel industry

albergo [al·'bɛr·go] <-ghi> *m* (*hotel*) hotel; **~ per la gioventù** youth hostel; **~ diurno** *public baths that offer various services*

albero ['al·be·ro] *m* 1. BOT tree; **~ di Natale** Christmas tree 2. NAUT mast 3. TEC shaft; **~ motore** crankshaft 4. (*loc*) **~ della cuccagna** *greased pole with prizes at the top;* **~ genealogico** family tree

albicocca [al·bi·'kɔk·ka] <-cche> *f* apricot

albicocco [al·bi·'kɔk·ko] <-cchi> *m* apricot (tree)

albinismo [al·bi·'niz·mo] *m* albinism

albino, -a [al·'biː·no] I. *adj* albino II. *m*, *f* albino

albo ['al·bo] *m* 1. (*bacheca*) bulletin board 2. (*registro*) register; **~ dei medici** medical register; **l'~ d'oro** honor roll 3. (*libro illustrato*) album

albori [al·'boː·ri] *mpl* dawn

album ['al·bum] <-> *m* album

albume [al·'buː·me] *m* egg white

albumina [al·bu·'miː·na] *f* albumin

alcalino, -a [al·ca·'liː·no] *adj* (*sostanza, soluzione, batteria*) alkaline

alce ['al·tʃe] *f* moose

alchimia [al·'kiː·mia/al·ki·'miː·a] <-ie> *f* alchemy

alchimista [al·ki·'mis·ta] *mf* alchemist

alco(o)l ['al·kol ('alkool)] <-> *m* A. CHIM alcohol

alco(o)lico [al·'kɔː·li·ko (alko'ɔːliko)] <-ci> *m* (*bevanda*) alcohol; **"non si servono -ci"** "we do not serve alcohol"

alco(o)lico, -a <-ci, -che> *adj* (*bevanda, sostanza*) alcoholic

alco(o)lismo [al·ko·'liz·mo (al·ko·'ɔ·liz·mo)] *m* alcoholism

alco(o)lizzare [al·ko·lid·'dza:·re (al·ko·ɔ·lid·'dza:·re)] I. *vt* to get drunk II. *vr:* **-rsi** to drink (to excess)

alco(o)lizzato, -a [al·ko·lid·'dza:·to (al·ko·ɔ·lid·'dza:·to)] I. *adj* drunk II. *m*, *f* alcoholic

alco(o)ltest [al·kol·'tɛst (alko·ɔːl·'tɛst)] <-> *m* Breathalyzer®

alcova [al·'kɔː·va] *f* (*parte di una camera*) alcove

alcun, alcun' [al·'kun] *v.* alcuno

alcuno, -a [al·'kuː·no] I. *adj* 1. (*nessuno*) no; **non c'è alcun problema** there's no problem; **senza alcun riguardo** without any consideration 2. *pl* (*qualche*) some; **devo fare -e cose** I have to do a few things; **-i consigli utili** some useful advice; **abbiamo solo -e foto** we have only a few photos II. *pron indef* 1. (*nessuno*) (not) any; **non ne ho visto ~** I haven't seen any of them; **senza che ~ mi udisse** without anyone hearing me 2. *pl* (*qualche*) some (of them); **-i ci danno la mano** some of them help us; **-e se le inventa** (*storie*) he makes some of them up

aldilà [al·di·'la] <-> *m* afterlife

alé [a·'le] *interj inf* come on; **~ Juve!** come on Juve!

aleatorio, -a [a·lea·'tɔː·rio] <-i, -ie> *adj* (*dubbio: ipotesi, discorso*) dubious

aleggiare [a·led·'dʒa:·re] *vi* 1. (*profumo, aroma*) to float in the air 2. *fig* (*silenzio, paura*) to be in the air

aletta [a·'let·ta] *f* (*di pesce*) fin; (*di freccia*) feather; (*di tasca*) flap; **~ parasole** AUTO visor; **~ (della copertina)** (*risvolto*) (inside) flap

alfa ['al·fa] <-> *f* (*lettera*) alpha

alfabetico, -a [al·fa·'bɛː·ti·ko] <-ci, -che> *adj* (*elenco, indice*) alphabetical; **in ordine ~** in alphabetical order

alfabetizzare [al·fa·be·tid·'dza:·re] *vt* (*alunni, adulti*) to teach to read

alfabetizzazione [al·fa·be·tid·dzat·'tsio:·ne] *f* (*di alunni stranieri, adulti*) literacy

alfabeto [al·fa·'bɛː·to] *m* alphabet

alfanumerico, -a [al·fa·nu·'mɛː·ri·ko] <-ci, -che> *adj* COMPUT (*sigla, tastiera, display*) alphanumeric

alfiere [al·'fiɛː·re] *m* 1. (*portabandiera*) standard-bearer 2. (*negli scacchi*) bishop

alfine [al·'fi:·ne] *adv liter* finally

alga ['al·ga] <-ghe> *f* alga; **alghe marine** seaweed

algebra ['al·dʒe·bra] *f* algebra

algebrico, -a [al·'dʒɛː·bri·ko] <-ci, -che> *adj* (*calcolo, numero, metodo*) algebraic

Algeria [al·dʒe·'riː·a] *f* Algeria

algerino, -a [al·dʒe·'ri:·no] I. *adj* Algerian II. *m*, *f* Algerian

algocoltura [al·go·kol·'tu:·ra] *f* cultivation of algae

aliante [a·'li·an·te] *m* glider

alibi ['a:·li·bi] <-> *m* alibi

alice [a·'li:·tʃe] *f* anchovy

alienare [a·lie·'na:·re] I. *vt* A. GIUR (*vendere*) to alienate II. *vr* **-rsi qu** to alienate sb

alienato, -a [a·lie·'na:·to] I. *adj* 1. MED (*malato di mente*) insane 2. GIUR (*venduto*) alienated II. *m*, *f* (*malato di mente*) insane person

alienazione [a·lie·nat·'tsio:·ne] *f* 1. PSIC **~ mentale** insanity 2. GIUR, FILOS alienation

alieno, -a [a·'liɛ:·no] *adj* **essere ~ da qc** (*privo di*) to be free from sth

alimentare¹ [a·li·men·'ta:·re] *adj* (*prodotto, additivo*) food; **generi -i** foodstuffs; **paste -i** pasta; **scienza ~** nutrition

alimentare² I. *vt* 1. (*nutrire: persona, animale*) to feed 2. (*motore, computer, caldaia*) to power 3. *fig* (*mantenere vivo: interesse, sospetti*) to fuel II. *vr:* **-rsi** to eat

alimentari [a·li·men·'ta:·ri] <-> *m* (*negozio*) grocery store

alimentazione [a·li·men·tat·'tsio:·ne] *f* 1. (*con cibo*) diet; **scienza dell'~** nutrition 2. TEC (*fornitura*) **~ elettrica** electricity supply; **auto ad ~ elettrica** electrically-powered vehicle; **~ del carburante** fuel supply

alimento [a·li·'men·to] *m* 1. (*cibo*) food 2. *pl* GIUR (*mezzi di sussistenza*) alimony

aliquota [a·'li:·kuo·ta] *f* **1.** MAT (*quota*) aliquot **2.** FIN rate

aliscafo [a·lis·'ka:·fo] *m* NAUT hydrofoil

alitare [a·li·'ta:·re] *vi* **1.** (*respirare*) to breathe **2.** *fig* (*soffiare: vento*) to blow

alito ['a:·li·to] *m a. fig* (*fiato*) breath; **aver l'~ cattivo** to have bad breath

all. *abbr di* allegato, -i attached

all', alla [all, 'al·la] *prep* = **a + l', la** *v.* a

allacciamento [al·lat·tʃa·'men·to] *m* **1.** TEC (*elettrico, telefonico, del gas*) connection **2.** FERR ~ **ferroviario** rail link

allacciare [al·la·'tʃa:·re] **I.** *vt* **1.** (*scarpe*) to lace; (*cappotto, cintura*) to do up **2.** TEC (*collegare*) to connect **3.** *fig* (*stringere: amicizia*) to make **II.** *vr* (*cappotto, cintura*) to do up; (*scarpe*) to lace; **-rsi la cintura (di sicurezza)** to fasten one's seat belt

allagamento [al·la·ga·'men·to] *m* flooding

allagare [al·la·'ga:·re] *vt* to flood

allampanato, -a [al·lam·pa·'na:·to] *adj* (*alto e magro*) lanky

allargamento [al·lar·ga·'men·to] *m* **1.** (*di strada, carreggiata, marciapiede*) widening **2.** (*estensione*) enlargement

allargare [al·lar·'ga:·re] **I.** *vt* **1.** (*rendere più largo*) to make wider; (*strada, stanza*) to widen; (*vestito*) to let out **2.** (*braccia, dita*) to spread **3.** *fig* (*estendere*) to widen; **mi si allarga il cuore** I feel so happy **II.** *vr:* **-rsi 1.** (*diventare più largo: strada, apertura*) to get wider **2.** *fig* (*ampliarsi: gruppo, famiglia, gamma*) to expand **3.** *fig* (*estendersi: protesta, crisi, ipotesi*) to spread

allarmare [al·lar·'ma:·re] **I.** *vt* **1.** (*dare l'allarme a*) to alert **2.** *fig* (*mettere in agitazione*) to alarm **II.** *vr:* **-rsi** to become alarmed

allarme [al·'lar·me] *m* alarm; ~ **antifurto** burglar alarm; **dare l'~** to raise the alarm

allarmismo [al·lar·'miz·mo] *m* **1.** (*tendenza ad allarmare*) scaremongering, alarmism **2.** (*stato di allarme*) alarm, panic

allarmistico, -a [al·lar·'mis·ti·ko] <-ci, -che> *adj* (*tendenze, toni, messaggi*) alarmist

allattamento [al·lat·ta·'men·to] *m* (*di bambini, animali*) feeding

allattare [al·lat·'ta:·re] *vt* (*bambini, animali*) to feed

alle ['al·le] *prep* = **a + le** *v.* a

alleanza [al·le·'an·tsa] *f* alliance; **stringere un'~** to make an alliance

allearsi [al·le·'ar·si] *vr* ~ **a** [*o* **con**] **qu** to ally oneself with sb

alleato, -a [al·le·'a:·to] **I.** *adj* allied; HIST Allied **II.** *m, f* ally; **gli -i** HIST the Allies

allegare [al·le·'ga:·re] *vt* (*accludere: documenti*) to attach; ~ **qc a qc** to attach sth to sth

allegato [al·le·'ga:·to] *m* attachment; **in ~** attached

allegato, -a *adj* attached; **qui ~** attached herewith

alleggerire [al·led·dʒe·'ri:·re] <alleggerisco>

I. *vt* **1.** (*rendere leggero: carico, peso*) to make lighter **2.** *fig* (*rendere tollerabile: fatica, compito, dolore*) to lighten **3.** *scherz* (*derubare*) ~ **qu di qc** to relieve sb of sth **II.** *vr:* **-rsi** (*diventare leggero*) to become lighter; **-rsi di qc** (*peso*) to relieve oneself of sth

allegoria [al·le·go·'ri:·a] <-ie> *f* allegory

allegorico, -a [al·le·'gɔ:·ri·ko] <-ci, -che> *adj* (*simbolo, significato*) allegorical; **figure -che** allegorical figures

allegria [al·le·'gri:·a] <-ie> *f* cheerfulness; **mettere ~ a qu** to cheer sb up

allegro, -a *adj* (*carattere, persona, colore*) cheerful; **c'è poco da stare -i** there's not much to be cheerful about; **essere un po' ~** *inf* (*essere ubriaco*) to be merry

alleluia [al·le·'lu:·ia] <-> *m* hooray

allenamento [al·le·na·'men·to] *m* training; **esser fuori ~** to be out of shape; **tenersi in ~** to keep in shape

allenare [al·le·'na:·re] **I.** *vt* **1.** (*atleta, squadra, memoria*) to train **2.** (*cuore, muscoli*) to strengthen **II.** *vr* **-rsi** to train; **-rsi (per [*o* a] qc)** to train for sth

allenatore, -trice [al·le·na·'to:·re] *m, f* (*tecnico*) coach

allentare [al·len·'ta:·re] **I.** *vt* **1.** (*rendere meno stretto: presa, nodo*) to loosen **2.** (*diminuire: pressioni, sanzioni*) to slacken **3.** (*loc*) ~ **un ceffone a qu** *inf* to whack sb; ~ **i cordoni della borsa** *fig* to loosen the purse strings **II.** *vr:* **-rsi 1.** (*divenire lento: presa, nodo*) to come loose **2.** (*diminuire d'intensità: tensione*) to slacken

allergia [al·ler·'dʒi:·a] <-gie> *f* allergy

allergico, -a [al·'lɛr·dʒi·ko] <-ci, -che> *adj a. fig, scherz* **essere ~ (a qc)** to be allergic (to sth)

allergologo, -a [al·ler·'gɔ:·lo·go] <-gi, -ghe> *m, f* MED allergist

allerta [al·'ler·ta] **I.** *adv* **stare ~** to be alert **II.** *f* **essere in stato di ~** to be in a state of alert

allestimento [al·les·ti·'men·to] *m* **1.** (*approntamento*) preparation **2.** FILM, TEAT production

allestire [al·les·'ti:·re] <allestisco> *vt* **1.** (*pranzo, cena, festa*) to hold **2.** (*vetrina*) to dress **3.** TEAT (*spettacolo*) to put on

allettamento [al·let·ta·'men·to] *m* enticement

allettare [al·let·'ta:·re] *vt* to entice

allevamento [al·le·va·'men·to] *m* **1.** (*di bestiame, cavalli*) rearing; (*di polli, pesci*) farming; (*di piante*) growing **2.** (*luogo*) farm **3.** (*di bambini*) raising

allevare [al·le·'va:·re] *vt* **1.** (*bestiame, cavalli*) to rear; (*polli, pesci*) to farm; (*piante*) to grow **2.** (*bambini*) to raise

allevatore, -trice [al·le·va·'to:·re] *m, f* (*di bestiame, cavalli, polli, pesci*) farmer; (*di piante*) grower

alleviare [al·le·'vi:a:·re] *vt* (*pressione, peso*) to alleviate; (*dolore, fatica*) to relieve

allibire [al·li·'bi:·re] <allibisco> *vi essere* to be appalled

A

allibito, -a [al·li·'bi:·to] *adj* appalled

allibratore [al·li·bra·'to:·re] *m* bookmaker

allietare [al·lie·'ta:·re] *vt* (*ospiti*) to delight; (*giornata, vita*) to brighten

allievo, -a [al·'liɛ:·vo] *m, f* (*scolaro*) student; ~ **ufficiale** cadet

alligatore [al·li·ga·'to:·re] *m* alligator

allineamento [al·li·ne·a'men·to] *m* **1.** A. COMPUT, POL alignment **2.** (*di stipendi, contratti*) adjustment **3.** (*di testi*) justification

allineare [al·li·ne·'a:·re] **I.** *vt* **1.** (*disporre in linea: oggetti, libri, atleti*) to line up **2.** (*adeguare: stipendi, ricavi, contratti*) to adjust **3.** COMPUT (*testi, punti*) to align **II.** *vr:* **-rsi 1.** (*mettersi in linea*) to line up **2.** (*conformarsi*) to align oneself with

allineato, -a *adj* **1.** COMPUT (*testo*) justified; ~ **a sinistra/destra** left/right justified **2.** POL aligned; **i paesi non -i** the nonaligned countries

allo ['al·lo] *prep* = **a** + **lo** *v.* **a**

allocco [al·'lɔk·ko] <-cchi> *m* ZOOL tawny owl

allocco, -a <-cchi, -cche> *m, f* (*sciocco*) idiot

allocuzione [al·lo·cut·'tsio:·ne] *f* (*discorso*) address

allodola [al·'lɔ:·do·la] *f* (sky)lark

allogeno, -a [al·'lɔ:·dʒe·no] **I.** *adj* (*cultura, gruppo*) ethnic minority **II.** *m, f* person from an ethnic minority

alloggiare [al·lod·'dʒa:·re] **I.** *vi* **1.** (*dimorare: permanentemente*) to live; (*temporaneamente*) to stay **2.** MIL to be quartered **II.** *vt avere* **1.** (*dare ospitalità a*) to put up **2.** (*contenere*) to contain **3.** MIL to accommodate

alloggio [al·'lɔd·dʒo] <-ggi> *m* **1.** A. MIL (*dimora*) accommodations; **vitto e** ~ room and board **2.** (*appartamento*) apartment

allontanamento [al·lon·ta·na·'men·to] *m* **1.** (*distacco*) separation **2.** (*espulsione: dalla scuola*) expulsion; (*dal posto di lavoro*) dismissal **3.** *fig* (*estraniamento*) estrangement

allontanare [al·lon·ta·'na:·re] **I.** *vt* **1.** (*collocare lontano*) to move away **2.** (*dal posto di lavoro*) to dismiss; (*dalla scuola*) to expel **3.** (*suscitare avversione*) to drive away **4.** *fig* (*scongiurare: pericolo, sospetto*) to avert; (*ricordo*) to put out of one's mind **II.** *vr:* **-rsi** to move away; ~ **dalla retta via** *fig* to stray

allora [al·'lo:·ra] **I.** *adv* then; **da** ~ **in poi** from then on; **fino** ~ until then **II.** *conj* **1.** (*in questo caso*) then **2.** (*ebbene*) well; **Non ti piace? E** ~**?** You don't like it? so what?

alloro [al·'lɔ:·ro] *m* laurel; **dormire** [*o* **riposare**] **sugli -i** to rest on one's laurels

alluce ['al·lu·tʃe] *m* big toe

allucinante [al·lu·tʃi·'nan·te] *adj* (*incredibile: viaggio, storia, situazione*) terrible

allucinazione [al·lu·tʃi·nat·'tsio:·ne] *f* hallucination

alludere [al·'lu:·de·re] <alludo, allusi, alluso> *vi* ~ **a** qc to refer to sth

alluminio [al·lu·'mi:·nio] <-i> *m* aluminum

allunaggio [al·lu·'nad·dʒo] <-ggi> *m* moon landing

allunare [al·lu·'na:·re] *vi* to land on the moon

allungamento [al·luŋ·ga·'men·to] *m* **1.** (*di percorso, capelli*) extension; (*di tessuto*) stretching; **un** ~ **dei tempi** an extension of the time limit **2.** LING lengthening

allungare [al·luŋ·'ga:·re] **I.** *vt* **1.** (*accrescere di lunghezza: storia, libro, film*) to make longer; (*abito*) to lengthen; (*capelli*) to have extensions in; (*tavolo*) to extend; ~ **il percorso** to go the long way round; ~ **la strada** to take a detour; ~ **il passo** to hurry up **2.** (*accrescere di durata: vita, riunione*) to extend **3.** (*diluire: vino*) to water down **4.** LING (*vocale*) to lengthen **5.** (*loc*) ~ **un ceffone a qu** *inf* to whack sb; **allungare le mani su qc** *fig* (*per rubare*) to steal sth; **allungare le mani su qu** (*per toccare*) to touch sb; ~ **le orecchie** *fig* to prick one's ears **II.** *vr:* **-rsi 1.** (*farsi più lungo: giornate*) to get longer **2.** (*crescere*) to get taller **3.** (*sdraiarsi*) to stretch out

allupato [al·lu·'pa:·to] *adj sl* horny

allusi [al·'lu:·zi] *1. pers sing pass rem di* **alludere**

allusione [al·lu·'zio:·ne] *f* allusion

allusivo, -a [al·lu·'zi:·vo] *adj* (*discorso, parole*) **fare discorsi -i** (**su**) to hint (at)

alluso [al·'lu:·zo] *pp di* **alludere**

alluvionale [al·lu·vio·'na:·le] *adj* alluvial; **deposito** ~ alluvium; **pianura** ~ flood plain

alluvionato, -a [al·lu·vio·'na:·to] **I.** *adj* (*zona, città*) flooded **II.** *m, f* flood victim

alluvione [al·lu·'vio:·ne] *f a. fig* flood

almanacco [al·ma·'nak·ko] <-cchi> *m* almanac

almeno [al·'me:·no] **I.** *adv* at least **II.** *conj* if only

aloe ['a:·loe] <-> *f o m* aloe

alogeno [a·'lɔ:·dʒe·no] *m* CHIM halogen

alogeno, -a *adj* halogen; **lampada -a** halogen lamp

alone [a·'lo:·ne] *m* **1.** A. FOTO (*di astri*) halo **2.** *fig* (*aura*) air

alpe ['al·pe] *f* alp

alpeggio [al·'ped·dʒo] <-ggi> *m* mountain pasture

alpestre [al·'pɛs·tre] *adj* (*zona, paesaggio, pascolo*) alpine

Alpi ['al·pi] *fpl* Alps; **nelle** ~ in the Alps

alpinismo [al·pi·'niz·mo] *m* climbing

alpinista [al·pi·'nis·ta] <-i *m*, -e *f*> *mf* climber

alpinistico, -a [al·pi·'nis·ti·ko] <-ci, -che> *adj* (*sci, scalate*) alpine

alpino [al·'pi:·no] *m* member of the Italian Alpine troops

alpino, -a *adj* (*paesaggio, fauna, flora*) alpine; **sci** ~ alpine skiing; **soccorso** ~ mountain rescue

alquanto [al·'kuan·to] **I.** *adv* (*piuttosto*) rather **II.** *adj* quite a few **III.** *pron indef* quite a few

alt¹ [alt] *interj* stop

alt² <-> *m* halt; **dare l'**~ to call a halt

altalena [al·ta·'le:·na] *f* **1.** (*in bilico*) seesaw **2.** (*con le funi*) swing **3.** *fig* (*vicenda alterna*) roller coaster

altamente [al·ta·'men·te] *adv* highly

altare [al·'ta:·re] *m* altar; ~ **maggiore** high altar

altarino [al·ta·'ri:·no] *m* small altar; **scoprire gli -i** *fig, scherz* to reveal sb's guilty secrets

alterabile [al·te·'ra:·bi·le] *adj* **1.** (*che può cambiare: cibo, colore, tessuto*) unstable **2.** (*documento, password*) able to be changed **3.** *fig* (*irritabile: persona*) irritable

alterare [al·te·'ra:·re] **I.** *vt* **1.** (*modificare: clima, metabolismo, mente*) to change **2.** (*far guastare: vino, prodotto*) to spoil **3.** (*falsificare: documento, password, verità*) to falsify **II.** *vr:* **-rsi 1.** (*modificarsi: metabolismo, mente*) to change **2.** (*guastarsi: cibo, vino, prodotto*) to be spoiled **3.** *fig* (*turbarsi: persona*) to get angry

alterazione [al·te·rat·'tsio:·ne] *f* **1.** (*modifica: di valori, materiali, ritmi*) alteration **2.** (*falsificazione: di password, documento*) falsification **3.** (*deterioramento: di frutta, prodotto*) deterioration **4.** MED (*di cellule, mucose, funzioni vitali*) change **5.** MUS change of pitch **6.** *fig* (*turbamento*) irritation

alternanza [al·ter·'nan·tsa] *f* (*di fenomeni, stagioni*) alternation; (*di colture*) rotation; ~ **scuola-lavoro** alternation of school and work

alternare [al·ter·'na:·re] **I.** *vt* (*medicine, attività*) to alternate; (*colture*) to rotate **II.** *vr:* **-rsi** to alternate; **-rsi alla guida** to take turns driving

alternativa [al·ter·na·'ti:·va] *f* **1.** (*possibilità di scegliere*) choice **2.** (*scelta*) alternative

alternativo, -a [al·ter·na·'ti:·vo] *adj* (*medicina, musica, stampa,turismo*) alternative

alternato, -a [al·ter·'na:·to] *adj* (*colori, segni*) alternate; ~ **a** alternating with; **corrente -a** alternating current

alternatore [al·ter·na·'to:·re] *m* alternator

alterno, -a [al·'tɛr·no] *adj* (*turni, giorni, colori*) alternate; **a settimane -e** every other week; **targhe -e** alternating license plates, *system of allowing only vehicles with either odd or even license plate numbers to travel on a particular day*

altero, -a [al·'tɛ:·ro] *adj* proud

altezza [al·'tet·tsa] *f* **1.** (*gener*) height **2.** MUS pitch **3.** (*livello*) **essere all'~** to be up to it **4.** (*vicinanza*) proximity; **all'~ di** near **5.** (*larghezza di tessuti*) width **6.** (*titolo nobiliare*) **Sua Altezza** His/Her/Your Highness

altezzosità [al·tet·tso·si·'ta] <-> *f* hauteur

altezzoso, -a [al·tet·'tso:·so] *adj* haughty

alticcio, -a [al·'tit·tʃo] <-cci, -cce> *adj* (*ubriaco*) tipsy

altiforni *pl di* altoforno

altipiani *pl di* altopiano

altisonante [al·ti·so·'nan·te] *adj* **1.** (*sonoro: voce*) ringing **2.** (*nome, titolo*) aristocratic

altitudine [al·ti·'tu:·di·ne] *f* altitude

alto¹ ['al·to] *m* (*parte più elevata*) top; **guardare in** ~ to look up; **mettere in** ~ to put sth high up; **rivolto verso l'~** turned upwards; **mani in** ~! hands up!; **gli -i e i bassi** the highs and lows; **guardare qu dall'~ in basso** to look down on sb

alto² *adv* **mirare** ~ to aim high

alto, -a <più alto *o* superiore, altissimo *o* supremo *o* sommo> *adj* **1.** (*sviluppato in altezza: edificio, albero*) tall; (*montagna, muro*) high **2.** (*statura*) tall; **quanto sei ~?** how tall are you? **3.** (*elevato: prezzo, stipendio*) high **4.** (*allegro: morale*) high **5.** GEO (*in luogo elevato*) upper; **l'~ Isonzo** (*vicino alla sorgente*) the upper reaches of the Isonzo; (*settentrionale*) northern **6.** (*profondo: acqua, mare*) deep **7.** (*tessuto*) wide **8.** (*acuto: suono, voce*) high **9.** *fig* (*eminente: carica, ufficiale*) high; **-a società** high society; **-a moda** high fashion; **avere un** ~ **concetto di sé** to have a high opinion of oneself **10.** (*loc*) **-a stagione** high season; **-a finanza** high finance

Alto Adige ['al·to 'a:·di·dʒe] *m* Alto Adige; **Trentino** ~ Trentino-Alto-Adige

altoatesino, -a [al·to·a·te·'zi:·no] **I.** *adj* from the Alto Adige **II.** *m, f* (*abitante*) person from the Alto Adige

altoforno [al·to·'for·no] <altiforni> *m* blast furnace

altolocato, -a [al·to·lo·'ka:·to] *adj* (*amico, persona*) highly placed

altoparlante [al·to·par·'lan·te] *m* loudspeaker

altopiano [al·to·'pia:·no] <altipiani> *m* plateau

altrettanto [al·tret·'tan·to] *adv* equally

altrettanto, -a I. *adj* as much, as many **II.** *pron indef* as much, as many; **grazie** ~! thanks, and the same to you!

altri ['al·tri] <inv, solo al sing> *pron indef* **1.** (*altra persona*) someone else **2.** *liter* (*qualcuno*) others

altrimenti [al·tri·'men·ti] *adv* **1.** (*in caso contrario*) otherwise **2.** (*in modo diverso*) differently

altro ['al·tro] *m* something else; **che** ~ **vuoi?** what else do you want?; **ci vuol ben** ~! that won't do it at all!; **dell'~** more; **desidera** ~? would you like anything else?; **per** ~ moreover; **più che** ~ above all; **se non** ~ at least; **senz'~** of course; **tra l'~** among other things; **tutt'~** quite the contrary; **l'un l'~** each other; **non fare** ~ **che studiare** she does nothing but study

altro, -a I. *adj* **1.** (*distinto*) different; **in un** ~ **modo** differently; **sarà per un'-a volta** we'll do it another time **2.** (*ulteriore*) another; **un** ~ **caffè, per favore!** another coffee please!; **un'-a volta** again **3.** (*passato*) last; **l'-a settimana** last week; **l'-a volta** last time; **l'~ giorno** the other day; **l'~ ieri** the day before yesterday **4.** (*prossimo*) next; **domani l'~** the day after tomorrow; **quest'altr'anno** next year **II.** *pron*

A

indef another; **un giorno o l'~** one day or another; **da un momento all'~** from one moment to the next; **non avere ~ da fare** to have nothing else to do; **noi -i/voi -i** us/you

altroché [al·tro·'ke] *interj* and how

altronde [al·'tron·de] *adv* **d'~** on the other hand

altrove [al·'tro:·ve] *adv* somewhere else

altrui [al·'tru:i] <inv> *adj* other people's

altruismo [al·tru·'iz·mo] *m* altruism

altruista [al·tru·'is·ta] <-i , -e> *mf* altruist

altura [al·'tu:·ra] *f* **1.** (*luogo elevato*) high ground **2.** (*alto mare*) deep sea

alunno, -a [a·'lun·no] *m, f* (*scolaro*) student

alveare [al·ve·'a:·re] *m* **1.** (*arnia*) beehive **2.** *fig* (*caseggiato*) rabbit warren

alveo ['al·veo] *m* riverbed

alzabandiera [al·tsa·ban·'diɛ:·ra] <-> *m* flag-raising ceremony

alzare [al·'tsa:·re] **I.** *vt* **1.** (*gener*) to raise; (*peso*) to lift; (*bandiera, vela*) to hoist; **~ il bicchiere** to raise one's glass; **~ le carte** to cut the cards; **~ i tacchi** *fig* to take to one's heels; **~ gli occhi al cielo** to roll one's eyes; **~ le spalle** to shrug; **~ la cresta** *fig* to get too big for one's britches; **~ il gomito** *fig* to drink too much; **~ le mani su qu** *fig* to raise one's hand to sb; **non ~ un dito** *fig* to not lift a finger; **~ la voce** to raise one's voice **2.** (*edificio, palizzata, muro*) to increase the height of **II.** *vr:* **-rsi** **1.** (*levarsi*) to get up; **-rsi in volo** to take off **2.** (*sorgere: sole, luna*) to rise **3.** (*aumentare: vento, mare*) to get up

alzata [al·'tsa:·ta] *f* (*sollevamento*) raising; **~ di spalle** shrug; **~ di scudi** outcry; **votare per ~ di mano** to vote by a show of hands

AM 1. *abbr di* **Aeronautica Militare** ≈ USAF **2.** *abbr di* **Modulazione d'Ampiezza** AM

amabile [a·'ma:·bi·le] *adj* **1.** (*persona*) likable **2.** (*vino*) sweet

amabilità [a·ma·bi·li·'ta] <-> *f* amiability

amaca [a·'ma:·ka] <-che> *f* hammock

amalgama [a·'mal·ga·ma] <-i> *m* (*lega*) amalgam

amalgamare [a·mal·ga·'ma:·re] **I.** *vt* **1.** (*unire in lega: metalli*) to amalgamate **2.** (*colori, ingredienti*) to mix **II.** *vr:* **-rsi** (*ingredienti*) to mix; (*musiche*) to combine

amante [a·'man·te] **I.** *adj* **essere ~ di qc** to be fond of sth **II.** *mf* lover; **è un ~ della buona tavola** he loves good food

amare [a·'ma:·re] **I.** *vt* to love; **non ~ la musica** to not like music **II.** *vr:* **-rsi** to love each other

amareggiare [a·ma·red·'dʒa:·re] **I.** *vt* to make sb bitter **II.** *vr:* **-rsi** to get upset

amarena [a·ma·'rɛ:·na] *f* sour black cherry

amaretto [a·ma·'ret·to] *m* **1.** (*biscotto*) amaretto (*almond-flavored cookie*) **2.** (*liquore*) amaretto (*almond-flavored liqueur*)

amarezza [a·ma·'ret·tsa] *f fig* (*dolore misto a rancore*) bitterness

amaro [a·'ma:·ro] *m* **1.** (*sapore*) bitter taste **2.** (*liquore*) aromatic liqueur usually drunk after a meal **3.** *fig* (*rancore*) bitterness

amaro, -a *adj* **1.** (*bibita, sapore, sconfitta, risata*) bitter; **cioccolato ~** dark chocolate; **rimanere con la bocca -a** *fig* to feel bitter **2.** (*senza zucchero: caffè, tè*) without sugar

amarone [a·ma·'ro:·ne] *m* Amarone (*a dry red wine obtained from withered grapes from the Valpolicella area*)

amatoriale [a·ma·to·'ria:·le] *adj* amateur; **teatro ~** amateur dramatics; **cinema ~** home movies; **sport ~** amateur sports

amazzone [a·'mad·dzo·ne] *f* amazon

ambasciata [am·baʃ·'ʃa:·ta] *f* **1.** (*luogo*) embassy **2.** (*messaggio*) message; **fare un'~** to pass on a message

ambasciatore, -trice [am·baʃ·ʃa·'to:·re] *m, f* **1.** (*diplomatico*) ambassador **2.** (*messaggero*) messenger; **ambasciator non porta pena** *prov* don't shoot the messenger

ambedue [am·be·'du:·e] **I.** <inv> *adj* both **II.** *pron* both

ambidestro, -a [am·bi·'dɛs·tro] *adj* (*guanto, tastiera, manovella*) that can be used with either hand

ambientale [am·bien·'ta:·le] *adj* environmental; **danni -i** environmental damage; **impatto ~** environmental impact; **tutela ~** environmental protection

ambientalismo [am·bien·ta·'liz·mo] *m* environmentalism

ambientalista [am·bien·ta·'lis·ta] <-i *m*, -e *f*> **I.** *mf* environmentalist **II.** *adj* (*associazione, politica, tematica*) environmental

ambientamento [am·bien·ta·'men·to] *m* (*adeguamento*) **periodo di ~** settling-in period

ambientare [am·bien·'ta:·re] **I.** *vt* LIT, FILM, TEAT to set **II.** *vr:* **-rsi** to settle in

ambientazione [am·bien·tat·'tsio:·ne] *f* FILM, TEAT setting

ambiente [am·'biɛn·te] *m* **1.** (*spazio*) place; **a temperatura ~** at room temperature **2.** BIOL environment; **tutela dell'~** protection of the environment **3.** (*stanza*) room **4.** (*politico, internazionale*) circle; **sentirsi nel proprio ~** to feel at home

ambiguità [am·bi·gui·'ta] <-> *f* **1.** (*di testo, parole, affermazioni*) ambiguity **2.** *pej* (*di comportamento*) duplicity

ambiguo, -a [am·'bi:·guo] <-i, -ie> *adj* **1.** (*testo, parole, affermazioni*) ambiguous **2.** *pej* (*comportamento*) dishonest

ambire [am·'bi:·re] <ambisco> **I.** *vt* to desire **II.** *vi* **~ (a qc)** to aspire (to sth)

ambito [am·bi·to] *m* field

ambivalente [am·bi·va·'lɛn·te] *adj* (*concetto, politica, parola*) with more than one possible meaning

ambivalenza [am·bi·va·'lɛn·tsa] *f* (*di atteggiamento, sentimento, termine*) ambivalence

ambizione [am·bit·'tsio:·ne] *f* (*aspirazione*) ambition

A

ambizioso, -a [am·bi·'tsio:·so] *adj* ambitious

ambo ['am·bo] *m* (*nel gioco*) double

ambo, -a <inv *o* -i, -e> *adj* both; ~ [*o* -i] **i lati** both sides

ambosessi [am·bo·'sɛs·si] <inv> *adj* of either sex

ambra ['am·bra] *f* amber; ~ **grigia** ambergris

ambrato, -a [am·'bra:·to] *adj* **1.**(*colore*) amber **2.**(*profumo*) musky

ambrosiano, -a [am·bro·'zia:·no] *adj* Milanese

ambulante [am·bu·'lan·te] **I.** *adj* (*venditore, commercio*) traveling **II.** *mf* street vendor

ambulanza [am·bu·'lan·tsa] *f* ambulance

ambulatorio [am·bu·la·'tɔ:·rio] <-i> *m* (*medico, dentistico*) surgery

amen ['a:·men] *m* **1.**REL amen **2.**inf (*pazienza*) never mind

amenità [a·me·ni·'ta] <-> *f* **1.**(*attrattiva: di luogo*) pleasantness **2.**(*facezia*) witticism

ameno, -a [a·'mɛ:·no] *adj* **1.**(*attraente: luogo, paesaggio, giardino*) pleasant **2.**(*piacevole: immagine*) enjoyable; **letteratura -a** light reading

America *f* America; ~ **Latina** Latin America; ~ **Centrale** Central America; ~ **del Nord/ Sud** North/South America

americanità [a·me·ri·ka·ni·'ta] <-> *f* Americanness

americano, -a [a·me·ri·'ka:·no] **I.** *adj* American **II.** *m, f* American

ametista [a·me·'tis·ta] *f* amethyst

amianto [a·'mian·to] *m* asbestos

amichetto, -a [a·mi·'ket·to] *m, f* iron (*innamorato*) boyfriend, girlfriend

amichevole [a·mi·'ke:·vo·le] *adj* **1.**(*trattamento, parita*) friendly **2.**(*accordo*) amicable

amicizia [a·mi·'tʃit·tsia] <-ie> *f* **1.**(*affetto*) friendship; **fare ~ con qu** to make friends with sb **2.** *pl* fig (*relazioni*) friends

amico, -a [a·'mi:·ko] <-ci, -che> **I.** *m, f* **1.**(*conoscente*) friend; ~ **intimo** [*o* del **cuore**] close friend; ~ **di famiglia** family friend; **essere -ci per la pelle** to be great friends **2.**(*amante*) lover **II.** *adj* (*persona, squadra, parole*) friendly

amido ['a:·mi·do] *m* starch

ammaccare [am·mak·'ka:·re] **I.** *vt* (*auto*) to dent **II.** *vr:* **-rsi** (*parti del corpo*) to bruise

ammaccatura [am·mak·ka·'tu:·ra] *f* **1.**(*deformazione: di auto*) dent **2.**(*contusione, di frutta*) bruise

ammaestramento [am·ma·es·tra·'men·to] *m* **1.**(*insegnamento*) teaching **2.**(*di animali*) training

ammaestrare [am·ma·es·'tra:·re] *vt* **1.**(*istruire*) to teach **2.**(*animali, soldati*) to train

ammainare [am·mai·'na:·re] *vt* (*vela, bandiera*) to lower

ammalarsi [am·ma·'la:r·si] *vr:* **-rsi** to get sick; **-rsi di ...** to fall sick with ...

ammalato, -a [am·ma·'la:·to] **I.** *adj* sick **II.** *m, f* sick

ammaliare [am·ma·'lia:·re] *vt* to bewitch

ammanettare [am·ma·net·'ta:·re] *vt* to handcuff

ammanicarsi [am·ma·ni·'kar·si] *vr* ~ (**con qu**) to get in (with sb)

ammansire [am·man·'si:·re] *vt* (*animali*) to tame; (*persone*) to calm

ammantare [am·man·'ta:·re] **I.** *vt* poet **1.**(*velare*) to shroud **2.**(*coprire*) to cloak **II.** *vr:* **-rsi** fig **-rsi di qc** to wrap oneself in sth

ammassare [am·mas·'sa:·re] **I.** *vt* **1.**(*oggetti*) to pile up **2.**(*raccogliere: truppe*) to mass **3.**(*accumulare: ricchezze, denaro*) to amass **II.** *vr:* **-rsi 1.**(*radunarsi*) to mass **2.**(*accumularsi*) to pile up

ammasso [am·'mas·so] *m* (*mucchio*) heap

ammattire [am·mat·'ti:·re] <ammattisco> *vi* essere to go crazy

ammazzare [am·mat·'tsa:·re] **I.** *vt* **1.**(*uccidere*) to kill **2.** fig (*affaticare*) to exhaust **3.**(*loc*) ~ **la noia** to stave off boredom; ~ **il tempo** to kill time **II.** *vr:* **-rsi** *a.* fig (*suicidarsi*) to kill oneself

ammenda [am·'mɛn·da] *f* **1.**(*multa*) fine **2.** fig (*riparazione*) **far ~ di qc** to make amends for sth

ammesso, -a [am·'mes·so] **I.** *adj* (*imprese, attività*) permitted; ~ **che** +*conj* supposing **II.** *m, f* (*candidato*) **gli -i agli esami** candidates who are allowed to take the exams

ammettere [am·'met·te·re] <irr> *vt* **1.**(*supporre*) to suppose **2.**(*riconoscere, accogliere*) to admit **3.**(*permettere*) to accept **4.**(*accettare*) ~ **a qc** to be allowed to do sth

ammiccare [am·mik·'ka:·re] *vi* ~ **a qu** to wink at sb

amministrare [am·mi·nis·'tra:·re] *vt* **1.**ADMIN (*patrimonio, denaro pubblico*) to administer; (*azienda, condominio*) to run; ~ **un sito Internet** to run a website; ~ **la giustizia** to administer justice; ~ **i sacramenti** to administer the sacraments **2.** fig (*tempo*) to organize

amministrativo, -a [am·mi·nis·tra·'ti:·vo] *adj* (*personale, direttore, segreteria*) administrative

amministratore, -trice [am·mi·nis·tra·'to:·re] *m, f* (*di azienda, condominio, ospedale*) manager; ~ **delegato** CEO

amministrazione [am·mi·nis·trat·'tsio:·ne] *f* **1.**(*gestione*) administration; ~ **della giustizia** the administration of justice; **cose di ordinaria** ~ fig daily life **2.**(*organi*) board; ~ **comunale** local government; ~ **pubblica** public administration **3.**(*ufficio: di condominio, ospedale*) office

ammiraglia [am·mi·'raʎ·ʎa] <-glie> *f* MOT, NAUT flagship

ammiraglio [am·mi·'raʎ·ʎo] <-gli> *m* admiral

ammirare [am·mi·'ra:·re] *vt* to admire

ammiratore, -trice [am·mi·ra·'to:·re] *m, f* admirer

A

ammirazione [am·mi·rat·'tsio:·ne] *f* admiration

ammirevole [am·mi·'re:·vo·le] *adj* admirable

ammisi [am·'mi:·zi] *1. pers sing pass rem di* **ammettere**

ammissibile [am·mis·'si:·bi·le] *adj (spesa, investimento, carico)* allowable; **non è ~ (fare) qc** sth is not allowed

ammissione [am·mis·'sio:·ne] *f* admission

ammobiliare [am·mo·bi·'lia:·re] *vt (appartamento, camera)* to furnish

ammobiliato, -a *adj (appartamento, camera)* furnished

ammodernamento [am·mo·der·na·'men·to] *m (di edificio, impianto, sistema)* modernization

ammodernare [am·mo·der·'na:·re] *vt (edificio, impianto, strada)* to modernize

ammodo [am·'mɔ:·do] <inv> **I.** *adj* nice **II.** *adv* well

ammogliare [am·moʎ·'ʎa:·re] **I.** *vt* to marry (off) **II.** *vr:* **-rsi** to get married

ammollare [a·mol·'la:·re] **I.** *vt (biancheria, biscotti)* to soak **II.** *vr:* **-rsi** *(pane, biscotti)* to get soaked

ammollo [am·'mɔl·lo] *m (di biancheria)* soaking; **lasciare in ~** to soak

ammoniaca [am·mo·'ni:·a·ka] <-che> *f* ammonia

ammonimento [am·mo·ni·'men·to] *m* **1.** *(avvertimento)* warning **2.** *(rimprovero)* reprimand

ammonire [am·mo·'ni:·re] <ammonisco> *vt* **1.** *(mettere in guardia)* to warn **2.** SPORT *(calciatore)* to book

ammonizione [am·mo·nit·'tsio:·ne] *f* **1.** *(avvertimento)* warning **2.** SPORT *(di calciatore)* booking

ammontare[1] [am·mon·'ta:·re] *vi essere* **~ a qc** to add up to sth

ammontare[2] *m (totale)* total amount

ammorbidente [am·mor·bi·'dɛn·te] *m* fabric softener

ammorbidire [am·mor·bi·'di:·re] <ammorbidisco> **I.** *vt avere a. fig* to soften **II.** *vr:* **-rsi** to soften

ammortamento [am·mor·ta·'men·to] *m* **1.** *(ammortizzazione)* amortization **2.** GIUR, FIN *(estinzione)* redemption

ammortizzare [am·mor·tid·'dza:·re] *vt* **1.** *(investimento, spesa)* to amortize **2.** TEC *(attutire: colpo)* to cushion

ammortizzatore [am·mor·tid·dza·'to:·re] *m* AUTO shock absorber

ammucchiare [am·muk·'kia:·re] **I.** *vt (oggetti, libri)* to pile up **II.** *vr:* **-rsi** *(raccogliersi)* to crowd

ammucchiata [am·muk·'kia:·ta] *f* **1.** *(orgia)* group sex **2.** *fig (insieme confuso di persone o cose)* jumble **3.** SPORT *(nel rugby)* scrum

ammuffire [am·muf·'fi:·re] <ammuffisco> *vi essere* **1.** *(fare la muffa: frutta, pane, pareti)* to go moldy **2.** *fig (sciuparsi)* to molder (away)

ammutinamento [am·mu·ti·na·'men·to] *m* mutiny

ammutinarsi [am·mu·ti·'nar·si] *vr* to mutiny

ammutolire [am·mu·to·'li:·re] <ammutolisco> *vi essere* to be struck dumb

amnesia [am·ne·'zi:·a] <-ie> *f* amnesia

amniocentesi [am·nio·'tʃen·te·si] <-> *f* MED amniocentesis

amnioscopia [am·nio·sko·'pi:·a] <-ie> *f* MED amnioscopy

amniotico, -a [am·ni·'ɔ:·ti·ko] <-ci, -che> *adj* ANAT amniotic; **liquido ~** amniotic fluid

amnistia [am·nis·'ti:·a] <-ie> *f* amnesty

amo ['a:·mo] *m* hook

amorale [a·mo·'ra:·le] *adj (discorso, lettura, insegnamento)* amoral

amore [a·'mo:·re] *m* **1.** *(sentimento)* love; **~ del prossimo** love for one's neighbor; **~ materno** motherly love; **amor patrio** love of one's country; **amor proprio** self esteem; **~ per lo studio** love of study; **un ~ di casetta/di bambino** a delightful house/child; **far l'~** *[o* **all'~]** **con qu** to make love with sb; **vivere d'~ e d'accordo** to get on like a house on fire; **per ~ di qu** for sb's sake; **per ~ o per forza** willy-nilly; **per amor di Dio!** for God's sake!; **l'~ è cieco** *prov* love is blind *prov* **2.** *(persona)* love

amoreggiare [a·mo·red·dʒa:·re] *vi* to flirt

amorevole [a·mo·'re:·vo·le] *adj (padre, madre, sguardo, cure)* loving

amorfo, -a [a·'mɔr·fo] *adj* **1.** *(senza forma)* shapeless **2.** FIS *(non cristallino: ghiaccio)* amorphous **3.** *(senza carattere: persona)* dull

amorino [a·mo·'ri:·no] *m* cupid

amoroso, -a [a·mo·'ro:·so] **I.** *adj* **1.** *(frase, dubbio)* amorous **2. vita ~** love life; **relazione ~** love affair **II.** *m, f (innamorato)* boyfriend, girlfriend

amovibile [a·mo·'vi:·bi·le] *adj (che si può spostare)* removable

amperaggio [am·pe·'rad·dʒo] <-ggi> *m* amperage

ampere [am·'pɛr] <-> *m* amp

amperometro [am·pe·'rɔ:·met·ro] *m* ammeter

amperora [am·pe·'ro:·ra] <-> *f* ampere hour

ampiezza [am·'piet·tsa] *f* **1.** *(larghezza: di strada)* width; *(di locale)* size **2.** *(estensione: di fenomeno, epidemia)* scale **3.** *fig (abbondanza: di particolari)* wealth **4.** FIS *(di onda, marea)* range

ampio, -a ['am·pio] <-i, -ie, amplissimo> *adj* **1.** *(spazioso: strada)* wide; *(locale)* large **2.** *(abbondante: abito)* loose **3.** *(esauriente: spiegazione)* full **4.** *(esteso: garanzia)* ample **5.** *(loc)* **una persona di -e vedute** a broad-minded person

amplesso [am·'plɛs·so] *m* **1.** *(coito)* intercourse **2.** *liter (abbraccio)* embrace

ampliamento [am·pli·a·'men·to] *m* **1.** *(di edificio)* extension; *(di strada)* widening **2.** COMPUT *(di memoria)* expansion

ampliare [am·pli·'a:·re] **I.** *vt* **1.** (*edificio*) to extend; (*strada*) to widen **2.** COMPUT (*memoria*) to expand **3.** (*conoscenze, attività sociale*) to broaden **II.** *vr: -rsi* (*prestazioni, attività*) to expand

amplificare [am·pli·fi·'ka:·re] *vt* **1.** (*fatti, notizie*) to broadcast **2.** TEC (*suono*) to amplify

amplificatore [am·pli·fi·ka·'to:·re] *m* TEC amplifier

amplificazione [am·pli·fi·kat·'tsio:·ne] *f* TEC (*di suono, segnale*) amplification

amplissimo [am·'plis·si·mo] *superlativo di* **ampio**

ampolla [am·'pol·la] *f* **1.** (*per olio, aceto*) cruet **2.** MED ampoule

ampolloso, -a [am·pol·'lo:·so] *adj* (*discorso*) pompous

amputare [am·pu·'ta:·re] *vt* **1.** MED (*arto*) to amputate **2.** *fig* (*eliminare una parte di: scritto*) to cut

amputazione [am·pu·tat·'tsio:·ne] *f* **1.** MED amputation **2.** *fig* (*di scritto*) cutting

amuleto [a·mu·'lɛ:·to/a·mu·'le:·to] *m* amulet

AN *f abbr di* **Alleanza Nazionale** National Alliance, *right-wing party*

anabbagliante [a·nab·baʎ·'ʎan·te] **I.** *adj* (*faro, luce*) dimmed **II.** *mpl* dimmed headlights *pl*

anacronismo [a·na·kro·'niz·mo] *m* anachronism

anacronistico, -a [a·na·kro·'nis·ti·ko] <-ci, -che> *adj* (*idea, affermazione*) anachronistic

anafora [a·'na·fo·ra] *f* LING anaphora

anagrafe [a·'na:·gra·fe] *f* **1.** (*registro*) register **2.** (*ufficio*) office of vital statistics

anagrafico, -a [a·na·'gra:·fi·ko] <-ci, -che> *adj* (*elenco* ~) register; **dati -i** personal data

anagramma [a·na·'gram·ma] <-i> *m* anagram

analcolico [an·al·'kɔ:·li·ko] <-ci> *m* non-alcoholic drink

analcolico, -a <-ci, -che> *adj* (*bevanda*) non-alcoholic

anale [a·'na:·le] *adj* (*orifizio, sesso*) anal

analfabeta [an·al·fa·'bɛ:·ta] <-i *m*, -e *f*> **I.** *mf* illiterate person **II.** *adj* (*adulto, popolazione*) illiterate

analfabetismo [an·al·fa·be·'tiz·mo] *m* illiteracy

analgesico [an·al·'dʒɛ:·zi·ko] <-ci> *m* analgesic

analgesico, -a <-ci, -che> *adj* (*efficacia, azione*) analgesic

analisi [a·'na:·li·zi] <-> *f* analysis; **fare l'~ della situazione** to analyze the situation; **~ di mercato** market analysis; **in ultima ~** in the final analysis

analista [a·na·'lis·ta] <-i *m*, -e *f*> *mf* PSIC, CHIM analyst; **~ finanziario** financial analyst; **~ di sistemi** COMPUT systems analyst

analizzare [a·na·lid·'dza:·re] *vt* (*dati, situazione, mercato*) to analyze

analizzatore [a·na·lid·dza·'to:·re] *m* (*strumento per analisi*) analyzer

anallergico, -a [an·al·'lɛr·dʒi·ko] *adj* (*che non genera allergie: crema, metallo, tessuto*) hypoallergenic

analogico, -a [a·na·'lɔ:·dʒi·ko] <-ci, -che> *adj* **1.** (*metodo*) analogical **2.** (*orologio, telefono, videocamera*) analog

analogo, -a [a·'na:·lo·go] <-ghi, -ghe> *adj* (*simile: compito, circostanza, caso*) similar

ananas ['a:·na·nas/a·na·'nas] <-> *m* pineapple

anarchia [a·nar·'ki:·a] <-chie> *f* anarchy

anarchico, -a [a·'nar·ki·ko] <-ci, -che> **I.** *adj* (*idea, teoria, movimento, spirito*) anarchic **II.** *m, f* anarchist

anarchismo [a·nar·'kiz·mo] *m* anarchism

ANAS ['a:·nas] *f abbr di* **Azienda Nazionale Autonoma delle Strade** *National Highway Department*

anatema [a·na·'tɛ:·ma] <-i> *m* **1.** (*maledizione*) curse **2.** (*scomunica*) excommunication

anatomia [a·na·to·'mi:·a] <-ie> *f* **1.** (*scienza*) anatomy **2.** *fig* (*analisi minuziosa*) detailed analysis

anatomico, -a [a·na·'tɔ:·mi·ko] <-ci, -che> *adj* (*relativo all'anatomia*) anatomical; **tavola -a** dissecting table; **sedile ~** orthopedic chair; **plantare ~** arch support

anatra ['a:·na·tra] *f* duck

anca ['aŋ·ka] <-che> *f* hip

anche ['aŋ·ke] *conj* **1.** (*pure*) too **2.** (*inoltre*) as well **3.** (*perfino*) even; **~ se ...** +*conj* even if; **quand'~ ...** +*conj* even if

ancheggiare [aŋ·ked·'dʒa:·re] *vi* to wiggle one's hips

ancia ['an·tʃa] <-ce> *f* MUS reed

Ancona [aŋ·'ko:·na] *f* Ancona, *city on the east coast of Italy*

anconetano, -a **I.** *adj* from Ancona **II.** *m, f* (*abitante*) person from Ancona

ancora¹ [aŋ·'ko:·ra] *adv* **1.** (*tuttora*) still **2.** (*fino ad ora*) **non ~** not ... yet **3.** (*un'altra volta*) again **4.** (*in aggiunta*) (some) more; **~ più bella** even more beautiful

ancora² ['aŋ·ko:·ra] *f* anchor; **essere all'~** to be at anchor; **gettare/levare** [*o* **salpare**] **l'~** to drop/raise anchor; **~ di salvezza** *fig* sheet anchor

ancoraggio [aŋ·ko·'rad·dʒo] <-ggi> *m* anchorage

ancorare [aŋ·ko·'ra:·re] **I.** *vt* A. NAUT (*nave*) to anchor **II.** *vr: -rsi* **1.** NAUT to drop anchor **2.** (*aggrapparsi: ipotesi, illusione, affetto*) *-rsi* (**a qc**) to cling (onto sth)

andai [an·'da:i] *1.pers sing pass rem di* **andare¹**

andamento [an·da·'men·to] *m* **1.** (*di produzione, malattia*) progress; (*di mercato*) trend; **l'~ dei prezzi** price trends; **~ scolastico** academic progress **2.** MUS progression

andante [an·'dan·te] **I.** *adj* **1.** (*scadente: abito, prodotto*) cheap **2.** MUS andante **II.** *m* MUS andante

andare¹ [an·'da:·re] <vado, andai, andato>

A

I. *vi essere* **1.**(*a piedi, con mezzo, recarsi*) to go; ~ **a piedi** to walk; ~ **avanti** to go forward; ~ **a zonzo** to stroll around; ~ **di fretta** to hurry; ~ **via** to leave; **andiamo!** let's go!; ~ **in treno** to go by train; ~ **in macchina** to drive; ~ **in aereo** to fly; ~ **a cavallo** to ride; ~ **a scuola in bicicletta** to go to school by bike; ~ **a fare la spesa** to go shopping; ~ **a mangiare** to go out to eat; ~ **a prendere** to go and get; ~ **a sciare** to go skiing; ~ **a trovare** to visit **2.**(*recarsi*) to go; ~ **a Roma** to go to Rome; ~ **in Germania** to go to Germany **3.**(*strada*) to go; **questa strada va a Milano** this road goes to Milan **4.**(*venir messo*) to go; **dove vanno i piatti?** where do the plates go? **5.** *fig* (*svolgersi*) to go; **com'è andata?** how did it go?; **è andata bene** it went well **6.**(*vestiario*) to fit; **i pantaloni non mi vanno più** the pants don't fit me any more **7.**(*essere di moda*) to be in; **quest'anno vanno le gonne corte** short skirts are in this year **8.**(*funzionare*) to work; **la macchina non va?** won't the car start? **9.**(*piacere*) **ti va di andare a ballare?** do you want to go dancing?; **quel tipo non mi va proprio** I can't stand that guy **10.**(*procedere*) **come va? — bene grazie!** how are things? — good, thanks; **come vanno gli affari?** how's business? **11.**(*loc*) ~ **a monte** to come to nothing; ~ **a genio a qu** to be to sb's liking; ~ **di mezzo** to get involved; ~ **pazzo per qc** to be crazy about sth; ~ **all'aria** to come to nothing; ~ **a male** to go bad; ~ **in fumo** to go up in smoke; **questa camicia va lavata** this shirt needs washing; **vai al diavolo!** *inf* go to hell! **II.** *vr* **andarsene** to go away; (*sparire*) to disappear; **andarsene all'altro mondo** to die; **me ne vado subito** I'm off

andare² *m* **a lungo** ~ in the long run; **con l'andar del tempo** with the passing of time

andata [an·'da:·ta] *f* **1.**(*percorso*) outward journey **2.**(*biglietto*) **biglietto di** (**sola**) ~ one-way ticket; **biglietto di** ~ **e ritorno** roundtrip ticket **3.**(*partenza*) journey **4.** SPORT leg

andatura [an·da·'tu:·ra] *f* **1.**(*modo di andare*) walk **2.**(*di auto*) speed **3.** SPORT pace **4.** NAUT tack

andazzo [an·'dat·tso] *m* **di questo** ~ the way things are going; **le cose hanno preso un brutto** ~ things have taken a turn for the worse

Ande ['an·de] *fpl* Andes

andirivieni [an·di·ri·'viɛː·ni] <-> *m* (*viavai*) coming and going

andito ['an·di·to] *m* corridor

Andorra [an·'dɔr·ra] *f* Andorra

androgino, -a [an·'drɔ:·dʒi·no] *adj* (*donna, fattezze, mente*) androgynous

andrologia [an·dro·lo·'dʒi:·a] <-ie> *f* MED study of men's diseases

andrologo, -a [an·'drɔ:·lo·go] <-gi, -ghe> *m, f* specialist in men's diseases

androne [an·'dro:·ne] *m* entrance hall

aneddoto [an·'nɛ:·do·to] *m* anecdote

anelare [a·ne·'la:·re] *vi fig* ~ **a qc** to long for/ to do sth

anelito [a·'nɛ:·li·to] *m* (*brama*) ~ (**di qc**) longing (for sth)

anello [a·'nɛl·lo] *m* **1.**(*gioiello, forma*) ring; ~ **di fidanzamento** engagement ring; ~ **stradale** beltway **2.** SPORT (*pista*) circuit **3.**(*di catena*) link

anemia [a·ne·'mi:·a] <-ie> *f* anemia

anemico, -a [a·'nɛ:·mi·ko] <-ci, -che> *adj* MED (*paziente, soggetto*) anemic

anemone [a·'nɛ:·mo·ne] *m* anemone

anestesia [a·nes·te·'zi:·a] <-ie> *f* anesthetic; ~ **generale** general anesthetic; ~ **locale** local anesthetic

anestesista [a·nes·te·'zis·ta] <-i , -e> *mf* anesthesiologist

anestetico, -a <-ci, -che> *adj* (*pomata, soluzione, sostanza*) anesthetic

anestetizzare [a·nes·te·tid·'dza:·re] *vt* (*paziente, zona*) to anesthetize

aneto [a·'nɛ:·to/a·'ne:·to] *m* dill

anfetamina [an·fe·ta·'mi:·na] *f* MED amphetamine

anfibi [an·'fi:·bi] *mpl* ZOOL amphibia

anfibio [an·'fi:·bio] *m* A. MOT, AERO amphibian

anfiteatro [an·fi·te·'a:t·ro] *m* **1.**(*edificio*) amphitheater **2.**(*aula*) lecture hall

anfora ['an·fo·ra] *f* amphora

angariare [aŋ·ga·'ria:·re] *vt* to torment

angelico, -a [an·'dʒɛ:·li·ko] <-ci, -che> *adj* angelic

angelo ['an·dʒe·lo] *m* angel; ~ **custode** *a. scherz* guardian angel

angheria [aŋ·ge·'ri:·a] <-ie> *f* tyranny

angina [an·'dʒi:·na] *f* MED angina

anglicano, -a [aŋ·gli·'ka:·no] **I.** *adj* Anglican **II.** *m, f* Anglican

angli(ci)smo [aŋ·'gli·zmo (aŋ·gli·'tʃiz·mo)] *m* LING anglicism

anglista [aŋ·'glis·ta] <-i , -e> *mf* scholar of English

anglistica [aŋ·'glis·ti·ka] <-che> *f* English

anglofono, -a [aŋ·'glɔː·fo·no] **I.** *adj* English-speaking **II.** *m, f* English speaker

anglosassone [aŋ·glo·'sas·so·ne] **I.** *adj* Anglo-Saxon **II.** *mf* Anglo Saxon

angolare [aŋ·go·'la:·re] *adj* (*velocità, distanza*) angular; **pietra** ~ ARCHIT cornerstone

angolazione [aŋ·go·lat·'tsio:·ne] *f a. fig* FILM, SPORT angle

angoliera *f* corner cupboard

angolo ['aŋ·go·lo] *m* **1.**(*in geometria*) angle **2.** A. SPORT (*di strada, stanza, fazzoletto, mobile*) corner; **calcio d'**~ corner **3.**(*loc*) **starsene in un** ~ to stay by oneself; ~ **cottura** kitchen area

angoloso, -a [aŋ·go·'lo:·so] *adj* **1.**(*ossuto*) angular **2.** *fig* (*poco affabile*) prickly

angora ['aŋ·go·ra] *f* **d'**~ angora

angoscia <-sce> *f* **1.**(*stato di ansia*) angst **2.** MED anxiety

angosciare [aŋ·goʃ·'ʃa:·re] I. *vt* ~ **qu** to upset sb II. *vr* to become upset; **-rsi** (**per qu/qc**) to get upset (about sb/sth)

angoscioso, -a [aŋ·goʃ·'ʃo:·so] *adj* 1.(*che genera angoscia: attesa, silenzio*) agonizing; (*sogno*) upsetting 2.(*di angoscia: grido*) agonized

anguilla [aŋ·'guil·la] *f* eel; **viscido come un'**~ *fig* (as) slippery as an eel

anguillesco, -a [aŋ·guil·'les·ko] <-schi, -sche> *adj* (*ambiguità, politica, comportamento*) slimy

anguria [aŋ·'gu:·ria] <-ie> *f* sett watermelon

angustia [aŋ·'gus·tia] <-ie> *f* 1.(*ristrettezza*) hardship 2.(*angoscia*) distress

angustiare [aŋ·gus·'tia:·re] I. *vt* to bother II. *vr* **-rsi** (**per qc**) to worry (about sth)

angusto, -a [aŋ·'gus·to] *adj* 1.(*stretto: sentiero, passaggio, locale*) narrow 2.*fig* (*meschino: logica, pensiero*) narrow-minded

anice ['a:·ni·tʃe] *m* (*pianta*) anise; (*frutto*) aniseed

anima ['a:·ni·ma] *f* 1.(*principio vitale, persona*) soul; **dedicarsi** ~ **e corpo a qc** to dedicate oneself to sth heart and soul; **essere un** ~ **in pena** to never be satisfied; **l'**~ **gemella di qu** sb's soulmate; **romper l'**~ **a qu** *inf* to pester sb 2.(*nucleo centrale*) core 3.(*elemento essenziale*) vital spirit

animale [a·ni·'ma:·le] I. *m* 1.(*essere animato, bestia*) animal; ~ **domestico** pet 2.*fig* (*persona violenta*) brute; (*persona stupida*) idiot II. *adj a. fig* animal

animalesco, -a [a·ni·ma·'les·ko] <-schi, -sche> *adj* (*istinto, fattezze, ritmo*) animal

animare [a·ni·'ma:·re] I. *vt* 1.(*render più vivo: discussione, serata*) to liven up 2.(*spingere*) ~ **qu** (**a fare qc**) to encourage sb (to do sth) II. *vr:* **-rsi** 1.(*vivacizzarsi: discussione, serata*) to become lively; (*luogo*) to come to life 2.*fig* (*accalorarsi*) to become animated

animato, -a [a·ni·'ma:·to] *adj* 1.(*vivace: discussione, serata, luogo*) animated 2.(*vivente*) animate; **esseri** **-i** living things 3.(*loc*) **disegni** [*o* **cartoni**] **-i** cartoons

animatore, -trice [a·ni·ma·'to:·re] *m, f* 1.(*di villaggio turistico*) tour guide; (*di serata*) life and soul; ~ **socioculturale** coordinator of social and cultural activities (*in a particular area*) 2.(*tecnico di cartoni animati*) animator

animazione [a·ni·mat·'tsio:·ne] *f* 1.A. FILM animation; **film d'**~ animated film 2.(*folla*) bustle; **c'era molta** ~ **in giro** there were a lot of people about

animo ['a:·ni·mo] *m* 1.(*spirito, anima, mente*) mind; **stato d'**~ state of mind; **mettersi l'**~ **in pace** to set one's mind at rest; **leggere nell'**~ **di qu** to read sb's mind 2.(*coraggio*) courage; **farsi** ~ to pluck up one's courage; **perdersi d'**~ to lose heart 3.(*intendimento*) **di buon/mal** ~ willingly/unwillingly; **aver in** ~ **di far qc** to be thinking of doing sth

animoso, -a [a·ni·'mo:·so] *adj* (*ostile: persona, azione*) hostile

anitra ['a:·ni·tra] *v.* anatra

ANLAIDS *f acró de* **Associazione Nazionale per la Lotta all'AIDS** *National Association for Combating AIDS*

ANMIC *f acró de* **Associazione Nazionale Mutilati e Invalidi Civili** *National Association for the Disabled*

annacquare [an·nak·'kua:·re] *vt* 1.(*diluire: vino*) to water down 2.*fig* (*mitigare: verità*) to soften

annacquato, -a [an·nak·'kua:·to] *adj* 1.*a. fig* (*bevanda, vino, minestra*) watered down 2.(*sguardo, occhi*) watery

annaffiare [an·naf·'fia:·re] *vt* 1.(*orti, fiori, strade*) to water 2.(*spruzzare: vivanda*) to sprinkle 3.*fig* (*pasto*) to wash down with

annaffiatoio [an·naf·fia·'to:·io] <-oi> *m* watering can

annaffiatura [an·naf·fia·'tu:·ra] *f* watering

annali [an·'na:·li] *mpl* annals

annaspare [an·nas·'pa:·re] *vi* 1.(*dibattersi*) to flounder 2.*fig* (*nel parlare*) to stumble 3.(*loc*) ~ **nel buio** *a. fig* to grope around in the dark

annata [an·'na:·ta] *f* 1.(*durata di un anno*) year 2.(*produzione*) vintage; **vini d'**~ vintage wines 3.(*di giornale*) year's worth (of copies)

annebbiamento [an·neb·bia·'men·to] *m* 1.(*banco di nebbia*) fog patch 2.*fig* (*offuscamento: di vista, mente, sensi*) clouding

annebbiare [an·neb·'bia:·re] I. *vt* 1.(*velare di nebbia: cielo*) to cloud 2.*fig* (*ottundere: vista*) to blur; (*mente, sensi*) to cloud II. *vr:* **-rsi** 1.(*riempirsi di nebbia: orizzonte*) to become foggy 2.(*offuscarsi: vista*) to become blurred

annegare [an·ne·'ga:·re] I. *vt avere* to drown II. *vi* to drown III. *vr:* **-rsi** (*uccidersi*) to drown oneself

annerire [an·ne·'ri:·re] <annerisco> I. *vt avere* (*foglie, pentole*) to turn black; (*caselle*) to fill in II. *vi essere* to turn black

annessi[1] [an·'nɛs·si] *I. pers sing pass rem di* **annettere**

annessi[2] *mpl* 1.ARCHIT (*di edificio*) annex 2.(*cose*) **gli** ~ **e connessi** one thing and another

annessione [an·nes·'sio:·ne] *f* POL annexation

annesso, -a [an·'nɛs·so] *adj* 1.(*edificio, documento*) attached 2.POL (*Stato*) annexed

annettere [an·'nɛt·te·re] <annetto, annettei *o* annessi, annesso> *vt* 1.POL (*Stato*) to annex 2. *a. fig* (*allegare: documento*) to attach

annichilare, annichilire [an·ni·ki·'la:·re, an·ni·ki·'li:·re] *vt* 1.(*annientare*) to annihilate 2.(*prostrare: persona*) to destroy II. *vr:* **-rsi** to be destroyed

annidarsi [an·ni·'da:r·si] *vr* 1.(*fare il nido*) to nest 2.*fig* (*albergare*) to take root 3.(*nascondersi*) to hide

annientamento [an·nien·ta·'men·to] *m* (*di nemico*) destruction

annientare [an·nien·'ta:·re] *vt* to destroy

A

anniversario [an·ni·ver·'sa:·rio] <-i> *m* (*ricorrenza*) anniversary; ~ **di matrimonio** wedding anniversary

anniversario, -a <-i, -ie> *adj* anniversary

anno ['an·no] *m* **1.** (*di calendario*) year; ~ **accademico** academic year; ~ **bisestile** leap year; ~ **civile** calendar year; ~ **commerciale** business year; ~ **corrente** this year; ~·**luce** light year; ~ **nuovo** new year; ~ **scolastico** school year; **buon ~!** happy new year!; **capo d'~** *v.* **capodanno 2.** (*età*) year; **il bambino ha un** ~ the baby's one; **ha tre -i** he [*o* she] is three; **compiere gli -i** to have one's birthday; **quanti -i hai?** how old are you?

annodare [an·no·'da:·re] *vt* **1.** (*stringere: corde, cravatta*) to tie **2.** *fig* (*relazioni*) to form

annoiare [an·no·'ia:·re] **I.** *vt* to bore **II.** *vr:* **-rsi** to get bored

annotare [an·no·'ta:·re] *vt* **1.** (*idee, dati, fatti*) to note; ~ **qc** to note sth (down) **2.** (*testo*) to annotate

annotazione [an·no·tat·'tsio:·ne] *f* **1.** (*registrazione: di idee, dati, fatti*) noting down **2.** (*postilla*) note

annottare [an·not·'ta:·re] *vi essere* (*impersonale*) **annotta** night is falling

annoverare [an·no·ve·'ra:·re] *vt* to number; ~ **tra ...** to number among ...

annuale [an·nu·'a:·le] *adj* annual

annualità [an·nua·li·'ta] <-> *f* (*somma*) annual installment

annuario [an·nu·'a:·rio] <-i> *m* yearbook

annuire [an·nu·'i:·re] <annuisco> *vi* to nod

annullamento [an·nul·la·'men·to] *m* **1.** (*di risultato, prenotazione, ordine*) cancellation **2.** (*di contratto, di matrimonio*) annulment

annullare [an·nul·'la:·re] **I.** *vt* **1.** (*risultato, volo, prenotazione, francobollo*) to cancel **2.** (*rendere nullo: contratto, matrimonio*) to annul; (*sentenza*) to quash **3.** (*vanificare: sforzi, lavoro*) to undo **4.** (*eliminare: effetti, conseguenze*) to eliminate **5.** COMPUT undo; '**annulla e ripristina**' 'undo and redo' **II.** *vr:* **-rsi 1.** (*punti, forze*) to cancel each other out **2.** (*annichilirsi*) to immerse oneself

annunciare [an·nun·'tʃa:·re] **I.** *vt* **1.** A. RADIO, TV (*notizia, persona*) to announce **2.** (*predire*) to foretell **3.** (*far prevedere*) to be a sign of **II.** *vr:* **-rsi** to be on the horizon

annunciatore, -trice [an·nun·tʃa·'to:·re] *m, f* TV, RADIO announcer

Annunciazione [an·nun·tʃat·'tsio:·ne] *f* REL Annunciation

annuncio [an·'nun·tʃo] <-ci> *m* **1.** (*comunicazione: di matrimonio, nascita, candidatura*) announcement **2.** (*nel giornale*) advertisement; **mettere un ~ sul giornale** to place an advertisement in the paper; **-ci economici** classified ads; **-ci mortuari** death notices

annunziare [an·nun·'tsia:·re] *v.* **annunciare**

annuo, -a [an·'nuo] *adj* annual

annusare [an·nu·'sa:·re] *vt* **1.** *a. fig* (*fiutare*) to sniff **2.** ~ **tabacco** to take snuff

annuvolarsi [an·nu·vo·'la:·r·si] *vr* (*coprirsi di nuvole*) to cloud over

ano ['a:·no] *m* anus

anodizzato, -a [a·no·did·'dza:·to] *adj* (*alluminio*) anodized

anomalia [a·no·ma·'li:·a] <-ie> *f* **1.** MED abnormality **2.** (*irregolarità*) anomaly

anomalo, -a [a·'nɔ:·ma·lo] *adj* A. MED abnormal

anonimato [a·no·ni·'ma:·to] *m* anonymity; **conservare l'~** to remain anonymous

anonimo [a·'nɔ:·ni·mo] *m* unknown person

anonimo, -a *adj* **1.** (*gener*) anonymous **2.** (*insignificante: stile, cerimonia, colorazione*) colorless

anoressante [a·no·res·'san·te] **I.** *mf* appetite suppressant **II.** *adj* (*farmaco, prodotto*) appetite suppressing

anoressia [a·no·res·'si:·a] <-ie> *f* anorexia

anoressico, -a [a·no·'res·si·ko] <-ci, -che> **I.** *m, f* anorexic **II.** *adj* anorexic

anoressizzante [a·o·res·sit·'tsa:n·te] *m* appetite suppressant

anormale [a·nor·'ma:·le] **I.** *adj* A. MED abnormal **II.** *mf* MED person with learning disabilities

ANPA *f* acró *de* **Associazione Nazionale per la Protezione dell'Ambiente** *National Association for the Protection of the Environment*

ansa ['an·sa] *f* A. ANAT loop

ANSA ['an·sa] *f abbr di* **Agenzia Nazionale Stampa Associata**

ansia ['an·sia] <-ie> *f* A. PSIC anxiety; **essere in ~ per qu** to worry about sb; **aspettare qc con ~** to be looking forward to sth

ansietà [an·sie·'ta] <-> *f* anxiety

ansimare [an·si·'ma:·re] *vi* to pant

ansioso, -a [an·'sio:·so] *adj* anxious; ~ **di fare qc** anxious to do sth

anta ['an·ta] *f* **1.** (*sportello: di armadio*) door **2.** (*battente: di finestra, porta*) shutter

antagonismo [an·ta·go·'niz·mo] *m* rivalry

antagonista[1] [an·ta·go·'nis·ta] <-i *m*, -e *f*> *mf* (*rivale*) opponent

antagonista[2] <-i> *m* (*muscolo*) antagonist

antalgico [an·'tal·dʒi·ko] <-ci> *m* MED (*analgesico*) analgesic

antalgico, -a <-ci, -che> *adj* MED (*terapia, ginnastica*) for pain relief

antartico [ant·'ar·ti·ko] <-ci> *m* Antarctic

antartico, -a <-ci, -che> *adj* (*calotta, clima, spedizione*) Antarctic

Antartide [an·'tar·ti·de] *f* Antarctica

antecedente [an·te·tʃe·'dɛn·te] **I.** *adj* (*giorno, data*) preceding **II.** *mpl fig* history

antefatto [an·te·'fat·to] *m* background

anteguerra [an·te·'guɛr·ra] **I.** <inv> *adj* (*periodo, anni*) pre-war **II.** <-> *m* pre-war period

antenato, -a [an·te·'na:·to] *m, f* ancestor

antenna [an·'ten·na] *f* RADIO, TV, ZOOL antenna; ~ **parabolica** (satellite) dish

anteporre [an·te·'por·re] <irr> *vt* to put before; ~ **qc a qc** to put sth before sth

anteprima [an·te·'pri:·ma] *f* preview

A

anteriore [an·te·'rio:·re] *adj* **1.** (*davanti: routa, sedile*) front **2.** (*precedente: data*) previous

anti- [an·ti] **1.** (*indica anteriorità*) ante- **2.** (*indica avversione*) anti-

antiabbaglianti [an·ti·ab·baʎ·'ʎan·ti] *mpl* AUTO (*anabbaglianti*) dimmed headlights *pl*

antiabortista [an·ti·a·bor·'tis·ta] <-i , -e> *mf* pro-lifer

antiacne [an·ti·'ak·ne] <inv> *adj* (*prodotto, crema, lozione*) anti-acne

antiaereo, -a [an·ti·a·'ɛː·reo] *adj* (*difesa, rifugio*) anti-aircraft

antibatterico, -a [an·ti·bat·'tɛː·ri·ko] <-ci, -che> *adj* (*terapia, prodotto, proprietà*) anti bacterial

antibiotico [an·ti·bi·'ɔː·ti·ko] <-ci> *m* antibiotic

antibiotico, -a <-ci, -che> *adj* (*terapia, crema, proprietà*) antibiotic

antibloccante [an·ti·blok·'kan·te] *adj* **sistema** ~ antilock braking system

antiblocco [an·ti·'blɔk·ko] **I.** <-> *m* antilock braking system **II.** <inv> *adj* MOT (*sistema*) antilock

anticalcare [an·ti·kal·'ka:·re] *m* (*prodotto, sistema, trattamento*) anti-limescale

anticamera [an·ti·'ka:·me·ra] *f* hall; **fare** ~ *fig* to cool one's heels; **non mi passa neppure per l'~ del cervello** *inf* in your dreams!

anticancro [an·ti·'kaŋ·kro] <inv> *adj* (*vaccino, farmaco*) cancer; (*cibo*) cancer-preventing; **terapia** ~ cancer treatment

anticarie [an·ti·'ka:·rie] <inv> *adj* (*dentifricio, colluttorio*) that fights decay

anticellulite [an·ti·tʃel·lu·'li:·te] <inv> *adj* (*dieta, massaggio, crema*) anti-cellulite

antichità [an·ti·ki·'ta] <-> *f* **1.** (*qualità*) (great) age **2.** (*età, oggetto*) antiquity

anticiclone [an·ti·tʃi·'klo:·ne] *m* anticyclone

anticipare [an·ti·tʃi·'pa:·re] *vt* **1.** (*fare prima: azione*) to bring forward **2.** (*dire prima: notizia*) to reveal in advance **3.** (*dare prima: somma*) to advance

anticipazione [an·ti·tʃi·pat·'tsio:·ne] *f* **1.** (*notizia in anteprima*) preview **2.** FIN advance

anticipo [an·'ti:·tʃi·po] *m* **1.** (*di tempo*) advance notice; **in** ~ early **2.** COM (*somma*) advance

antico [an·'ti:·ko] <-chi> *m* **1.** (*antichità*) **abbinare** ~ **e moderno** to combine (the) old and (the) new **2.** *pl* (*popoli dell'antichità*) ancients *pl*

antico, -a <-chi, -che> *adj* **1.** HIST (*epoca, popolo, arte*) ancient; **storia -a** ancient history **2.** (*non recente: mobile, oggetto, quadro*) antique **3.** (*tradizionale*) former

anticoncezionale [an·ti·kon·tʃet·tsio·'na:·le] **I.** *adj* (*pillola, metodo*) contraceptive **II.** *m* contraceptive

anticoncorrenziale [an·ti·kon·kor·ren·'tsia:·le] *adj* **1.** (*contro la concorrenza: intesa, pro-*

gramma) anti-competitive **2.** (*sleale: comportamento*) dishonest

anticonformismo [an·ti·kon·for·'miz·mo] *m* nonconformism

anticonformista [an·ti·kon·for·'mis·ta] <-i , -e> **I.** *adj* (*idee, atteggiamento*) nonconformist **II.** *mf* nonconformist

anticongelante [an·ti·kon·dʒe·'lan·te] **I.** *adj* (*liquido, miscela*) antifreeze **II.** *m* antifreeze

anticorpo [an·ti·'kɔr·po] *m* antibody

anticostituzionale [an·ti·kos·ti·tut·tsio·'na:·le] *adj* (*riforma, legge, decreto*) unconstitutional

anticrimine [an·ti·'kri:·mi·ne] <inv> *adj* (*tecnica, piano*) crime-fighting; **squadra** ~ crime prevention unit

anticrittogamico, -a <-ci, -che> *adj* (*sostanza, protezione*) fungicidal

antidatare [an·ti·da·'ta:·re] *vt* (*lettera, certificato*) to predate

antideficit [an·ti·'dɛː·fi·tʃit] <inv> *adj* (*misure, decreto*) anti-deficit

antidepressivo [an·ti·de·pres·'si:·vo] *m* antidepressant

antidepressivo, -a *adj* MED (*farmaco, massaggio, terapia*) antidepressant

antidolorifico [an·ti·do·lo·'ri:·fi·ko] <-ci> *m* MED painkiller

antidoping [an·ti·'dɔ·pin(g)] **I.** <-> *m* drug test **II.** <inv> *adj* (*commissione, campagna, normativa*) drug testing

antidoto [an·'ti:·do·to] *m a. fig* antidote

antidroga [an·ti·'drɔː·ga] <inv> *adj* (*legge, operazione, prevenzione*) anti-narcotics; **cane** ~ sniff dog; **squadra** ~ (anti-)narcotics unit

antiemorragico [an·ti·e·mor·'ra:·dʒi·ko] <-ci> *m* MED hemostatic

antiemorragico, -a <-ci, -che> *adj* (*proprietà, azione*) hemostatic

antifame [an·ti·'fa:·me] *adj* **farmaco** ~ appetite suppressant

antifascismo [an·ti·faʃ·'ʃiz·mo] *m* antifascism

antifecondativo [an·ti·fe·kon·da·'ti:·vo] *m* contraceptive

antifecondativo, -a *adj* (*farmaco, pillola, metodo*) contraceptive

antifemminismo [an·ti·fem·mi·'niz·mo] *m* anti-feminism

antifona [an·'ti:·fo·na] *f* **1.** *fig* (*allusione*) hint; **capire l'~** *inf* to get the message **2.** *fig* (*discorso noioso*) lecture; **la solita** ~ *inf* the usual blah blah

antiforfora [an·ti·'for·fo·ra] <inv> *adj* **shampoo** ~ antidandruff shampoo

antifumo [an·ti·'fu:·mo] <inv> *adj* (*centro, legge, pillola*) antismoking; **campagna** ~ antismoking campaign

antifurto [an·ti·'fur·to] **I.** <inv> *adj* (*allarme, sistema*) anti-theft **II.** <-> *m* alarm

antigas [an·ti·'gas] <inv> *adj* (*allarme, filtro*) gas; **maschera** ~ gas mask

antigelo [an·ti·'dʒɛː·lo] **I.** <inv> *adj* (*fluido,*

dispositivo, termostato) antifreeze II. <-> *m* antifreeze

antiglobal [an·ti·'glou·bəl] <-> *mf* anti-globalization protestors

antigovernativo, -a [an·ti·go·ver·na·'ti:·vo] *adj* (*protesta, attività, politica*) anti-government; **giornale** ~ anti-government newspaper

antigraffio [an·ti·'graf·fio] <inv> *adj* (*vernice, trattamento*) scratch-resistant; **superficie** ~ scratch-resistant surface

anti(i)gienico, -a [an·ti·(i)·'dʒɛ:·ni·ko] <-ci, -che> *adj* (*alloggio, locali*) unhygienic

anti(i)nfiammatorio [an·ti·(i)n·fiam·ma·'tɔ:·rio] <-i> *m* MED anti-inflammatory

anti(i)nfiammatorio, -a <-i, -ie> *adj* (*farmaco, sostanza*) anti-inflammatory

Antille [an·'til·le] *fpl* **andare alle** ~ to go to the Antilles; **nelle** ~ in the Antilles

antilope [an·'ti:·lo·pe] *f* antelope

antimafia [an·ti·'ma:·fia] <inv> *adj* anti-Mafia; **squadra** ~ anti-Mafia squad; **commissione** ~ anti-Mafia commission; **legge** ~ anti-Mafia law

antimeridiano, -a [an·ti·me·ri·'dia:·no] *adj* (*seduta, colloquio*) morning; **nelle ore -e** in the morning

antimissile [an·ti·'mis·si·le] <inv> *adj* (*sistema, armi*) antimissile; **difesa** ~ antimissile defense; **scudo** ~ antimissile shield

antimuffa [an·ti·'muf·fa] <inv> *adj* (*pittura, additivo*) anti-mold

antincendio [an·tin·'tʃɛn·dio] I. <inv> *adj* (*allarme*) fire; (*impianto*) fire safety II. <-> *m* fire extinguisher

antinebbia [an·ti·'neb·bia] I. <inv> *adj* (*fari*) fog II. <-> *m* fog lights

antinflazionistico, -a [an·tin·fla·tsio·'nis·ti·ko] <-ci, -che> *adj* (*misura, politica*) anti-inflation; **provvedimento** ~ anti-inflation measure

antinfluenzale [an·tin·flu·en·'tsa:·le] I. *m* flu vaccine II. *adj* **vaccino** ~ flu vaccine

antinomia [an·ti·no·'mi:·a] <-ie> *f* antinomy

antinquinamento [an·tiŋ·kui·na·'men·to] <inv> *adj* (*azione, barriera, norma*) antipollution; **misure** ~ antipollution measures

antinquinante [an·tiŋ·kui·'na:n·te] *adj* ECOL (*prodotto*) non-polluting; **motore** ~ low-emission engine

antinucleare [an·ti·nu·kle·'a:·re] *mf* antinuclear campaigner

antiorario, -a [an·ti·o·'ra:·rio] <-i, -ie> *adj* (*rotazione*) counterclockwise; **in senso** ~ counterclockwise

antiparassitario [an·ti·pa·ras·si·'ta:·rio] <-i, -ie> *m* insecticide

antiparassitario, -a *adj* (*prodotto, sostanza*) insecticidal

antipasto [an·ti·'pas·to] *m* antipasto (*cold food served at the start of an Italian meal*); ~ **misto** mixed antipasto

antipatia [an·ti·pa·'ti:·a] <-ie> *f* dislike; **provare** ~ **per qu** to dislike sb

antipatico, -a [an·ti·'pa:·ti·ko] <-ci, -che>

I. *adj* 1. (*persona*) not likable; **essere** ~ to be disliked; **stare** ~ **a qu** to be disliked by sb 2. (*problema, malessere*) unpleasant II. *m, f* unpleasant person

antiplacca [an·ti·'plak·ka] <inv> *adj* (*colluttorio, dentifricio*) anti-plaque

antipodi [an·'ti:·po·di] *mpl* antipodes; **essere agli** ~ *fig* to be poles apart

antipolio [an·ti·'pɔ:·lio] <inv> *adj* anti-polio; **vaccino** ~ polio vaccine

antiproiettile [an·ti·pro·'iet·ti:·le] <inv> *adj* **giubbotto** ~ bulletproof vest; **cristallo** ~ bulletproof glass

antiquariato [an·ti·kua·'ria:·to] *m* antiques business; **pezzo d'**~ antique

antiquario, -a [an·ti·'kua:·rio] <-i, -ie> I. *adj* (*fiera, commercio*) antiques; **libreria -a** antiquarian bookshop II. *m, f* antiquarian

antiquato, -a [an·ti·'kua:·to] *adj* (*idea, termine*) obsolete; (*abbigliamento, equipaggiamento, software*) antiquated

antirabbico, -a [an·ti·'rab·bi·ko] <-ci, -che> *adj* (*vaccino*) rabies

antiracket [an·ti·'ra·ket] <inv> *adj* (*associazione, iniziativa, legge*) against organized crime

antirazzismo [an·ti·rat·'tsiz·mo] *m* anti-racism

antirazzista [an·ti·rat·'tsis·ta] I. *mf* anti-racist II. *adj* (*appello, commissione, movimento*) anti-racist

antireumatico, -a [an·ti·reu·'ma:·ti·ko] <-ci, -che> I. *m, f* anti-rheumatic drug II. *adj* MED (*farmaco, terapia*) anti-rheumatic

antiriciclaggio [an·ti·ri·tʃi·'klad·dʒo] <inv> *adj* (*disciplina, normativa, norma*) anti-laundering

antiruggine [an·ti·'rud·dʒi·ne] I. <inv> *adj* (*vernice, fluido*) anti-rust II. <-> *m* anti-rust paint

antirughe [an·ti·'ru:·ge] I. <-> *m* anti-wrinkle cream II. <inv> *adj* (*iniezioni, trattamento, crema*) anti-wrinkle

antisala [an·ti·'sa:·la] *f* hall

antisatellite [an·ti·sa·'tɛl·lite] <inv> *adj* MIL (*armi*) anti-satellite

antiscippo [an·ti·'ʃip·po] <inv> *adj* (*borsa, valigia*) theft-resistant

antisdrucciolevole [an·ti·sdrut·tʃo·le·'vo:·le] *adj* (*rivestimento, superficie, scarpe*) nonslip; **pavimento** ~ nonslip floor

antisemita [an·ti·se·'mi:·ta] <-i *m*, -e *f*> I. *mf* anti-Semite II. *adj* (*persecuzione, razzismo, legge*) anti-Semitic

antisemitico, -a [an·ti·se·'mi:·ti·ko] <-ci, -che> *adj* (*propaganda, persecuzione, materiale*) anti-Semitic

antisemitismo [an·ti·se·mi·'tiz·mo] *m* anti-Semitism

antisequestro [an·ti·se·'kuɛs·tro] <inv> *adj* (*operazione, servizio di scorta, squadra*) anti-kidnapping

antisettico [an·ti·'sɛt·ti·ko] <-ci> *m* antiseptic

A

antisettico, -a <-ci, -che> *adj* (*soluzione, azione, liquido*) antiseptic

antisfondamento [an·ti·sfon·da·'men·to] <inv> *adj* shatterproof; **cristallo ~** shatter-proof glass

antisismico, -a [an·ti·'siz·mi·ko] <-ci, -che> *adj* (*costruzione, fondamenta*) earthquake-proof

antismog [an·ti·zmɔg] <inv> *adj* (*misura, piano*) anti-smog; **blocco ~** *regulations designed to prevent smog from forming or getting worse*

antisolare [an·ti·so·'la:·re] *adj* (*vetro*) tinted; **crema ~** sunblock

antispam [an·ti'·spam] <inv> *adj* INET **filtro ~** spam filter

antistaminico [an·ti·sta·'mi:·ni·ko] <-ci> *m* antihistamine

antistaminico, -a <-ci, -che> *adj* (*collirio, pomata, terapia*) anithistamine

antistante [an·tis·'tan·te] *adj* **~ qc** [*o* **a qc**] in front of sth

antistatico, -a [an·tis·'ta:·ti·ko] <-ci, -che> *adj* (*tessuto, scarpe, spazzola*) antistatic

antistrappo [an·ti·'strap·po] <inv> *adj* (*tessuto, materiale*) tear-resistant

antistress [an·ti·'stres] <inv> *adj* (*massaggio, dieta*) stress-reducing

antistupro [an·ti·'stu:·pro] <inv> *adj* **legge ~** anti-rape law

antisudorifero [an·ti·su·do·'ri:·fe·ro] *m* (*proprietà*) sweat-reducing

antitarlo [an·ti·'tar·lo] <inv> *adj* (*trattamento, spray*) anti-woodworm

antitartaro [an·ti·'tar·ta·ro] <inv> *adj* (*dentifricio, filo interdentale*) anti-tartar

antitermico, -a [an·ti·'tɛr·mi·ko] <-ci, -che> *adj* (*rivestimento, scudo, vetro*) heatproof

antiterrorismo [an·ti·ter·ro·'riz·mo] I.<-> *m* anti-terrorism II.<inv> *adj* (*blitz, misure, reparto*) anti-terrorist

antitesi [an·'ti:·te·zi] *f* antithesis

antitetanico, -a [an·ti·te·'ta:·ni·ko] <-ci, -che> *adj* (*vaccino*) anti-tetanus

antitetico, -a [an·ti·'tɛ:·ti·ko] <-ci, -che> *adj* antithetical

antitraspirante [an·ti·tras·pi·'ran·te] *adj* (*deodorante*) antiperspirant

antitrust [æn·ti·'trʌst] I.<inv> *adj* (*legge, sentenza*) antitrust II.<-> *m* FIN competition authority

antitumorale [an·ti·tu·mo·'ra:·le] *adj* (*vaccino, terapia*) cancer

antiurto [an·ti·'ur·to] <inv> *adj* (*imbottitura, profilo*) shockproof

antivigilia [an·ti·vi·'dʒi:·lia] *f* **l'~ di Natale** the day before Christmas Eve

antivivisezione [an·ti·vi·vi·set·'tsio:·ne] <inv> *adj* (*campagna, iniziativa, lega*) anti-vivisection

antologia [an·to·lo·'dʒi:·a] <-gie> *f* (*raccolta: di scritti, testi*) anthology; (*di canzoni, brani musicali*) collection

antonomasia [an·to·no·ma·'zi:·a] *f* LING antonomasia; **per ~** par excellence

antracite¹ [an·tra·'tʃi:·te] <inv> *adj* charcoal

antracite² *f* (*carbon fossile*) anthracite

antro ['an·tro] *m* (*caverna*) cave

antropofago, -a [an·tro·'pɔ:·fa·go] <-gi, -ghe> *m, f* (*popolazione, pratica, rito*) cannibal

antropologia [an·tro·po·lo·'dʒi:·a] <-gie> *f* anthropology

antropologo, -a [an·tro·'pɔ:·lo·go] <-gi, -ghe> *m, f* anthropologist

anulare [a·nu·'la:·re] I. *adj* (*strada, circuito*) circular; **Grande Raccordo Anulare** *beltway around Rome* II. *m* (*dito*) ring finger

Anversa [an·'vɛr·sa] *f* Antwerp

anzi ['an·tsi] *adv* **1.**(*invece*) on the contrary **2.**(*o meglio*) or rather

anzianità [an·tsia·ni·'ta] <-> *f* **1.**(*condizione*) old age **2.** ADMIN length of service

anziano, -a [an·'tsia:·no] I. *adj* **1.**(*non giovane*) elderly **2.** ADMIN (*funzionario, ufficiale*) senior II. *m, f* senior (citizen); **gli -i** senior citizens

anziché, anzi che [an·tsi·'ke] *conj* **1.**(*invece di*) instead of **2.**(*piuttosto che*) rather than

anzidetto, -a [an·tsi·'det·to] *adj* aforementioned

anzitempo [an·tsi·'tɛm·po] *adv* prematurely

anzitutto [an·tsi·'tut·to] *adv* first of all

aorta [a·'ɔr·ta] *f* aorta

Aosta [a·'ɔs·ta] *f* Aosta, *city in northwest of Italy;* **Valle d'~** Valle d'Aosta

Aostano (*zona*) Aosta area; **nell'~** in the Aosta area

aostano, -a [a·os·'ta:·no] I. *adj* from Aosta II. *m, f* (*abitante*) person from Aosta

apartheid [a·'part·hɛit] <-> *f* apartheid

apatia [a·pa·'ti:·a] <-ie> *f* apathy

apatico, -a [a·'pa:·ti·ko] <-ci, -che> *adj* (*persona*) apathetic

a.p.c. *abbr di* **a pronta cassa** collect on delivery

ape ['a:·pe] *f* bee; **~ domestica** honeybee; **~ maschio** drone; **~ operaia** worker bee; **~ regina** queen bee

apericena [a·pe·ri·'tʃe:·na] <-> *f* aperitif accompanied by hot and cold appetizers, which give the customers the option to make it a light dinner

aperitivo [a·pe·ri·'ti:·vo] *m* aperitif

In many Italian cities, when people leave the office around 6:30 P.M. they make their way to a bar for an **aperitivo** (aperitif): *aperol®, bellini®, pink gin, campari®, campari®* and orange, *negroni*, or even just a tomato juice, accompanied by potato chips, peanuts, and olives. In recent years bars have competed to offer their customers ever more delicious and inventive aperitifs accompanied by snacks such as tart-

A

lets, mini pizzas, *bruschette* and *crostini* (toasted bread seasoned with oil and garlic or with various savory toppings), crudités and dips. In Padua, Treviso, and Venezia, on the other hand, the custom is to have a glass of wine known as an *ombra. Ombra* means "shadow" and it seems this custom derives its name from the fact that the wine was drunk in the shadow of the bell towers.

apersi [aˈpɛr·si] *1. pers sing pass rem di* **aprire**

aperto [aˈpɛr·to] *m* **all'~** outdoors; **cinema/teatro all'~** open-air cinema/theater

aperto, -a I. *pp di* **aprire** II. *adj* 1. (*gener*) open; **essere ~ a qc** to be open to sth; **città -a** open city; **lettera -a** open letter; **all'aria -a** in the open air; **in -a campagna** in the country; **in mare ~** on the high seas 2. (*gas*) on; (*rubinetto*) running 3. (*loc*) **a braccia -e** with open arms; **rimanere a bocca -a** to be astounded

apertura [a·per·ˈtu:·ra] *f* 1. (*gener*) opening; **articolo di ~** editorial; **discorso di ~** opening speech; **~ delle scuole** beginning of term 2. *fig* openness; **~ mentale** open-mindedness 3. (*ampiezza*) width; **~ alare** wingspan

API [ˈa:·pi] *f acró de* **Anonima Petroli Italiana** *Italian Gas Company*

apice [ˈa:·pi·tʃe] *m* 1. (*culmine*) peak; **all'~ di qc** at the peak of sth 2. ANAT, BOT apex 3. ASTR zenith

apicoltore, -trice [a·pi·kol·ˈto:·re] *m, f* beekeeper

apicoltura [a·pi·kol·ˈtu:·ra] *f* beekeeping

apocalisse [a·po·ka·ˈlis·se] *f* 1. REL Apocalypse 2. (*disastro*) catastrophe

apocalittico, -a [a·po·ka·ˈlit·ti·ko] <-ci, -che> *adj* 1. A. REL (*pessimista: previsione*) apocalyptic 2. (*spaventoso: catastrofe*) catastrophic

apogeo [a·po·ˈdʒɛ:·o] *m* 1. ASTR apogee 2. *fig* (*culmine*) zenith

apolide [aˈpɔ:·li·de] I. *adj* (*individuo*) stateless II. *mf* stateless person

apolitico, -a [a·po·ˈli:·ti·ko] <-ci, -che> *adj* (*associazione, magistrato*) non-political

apollo [aˈpɔl·lo] *m* Adonis

apologia [a·po·lo·ˈdʒi:·a] <-gie> *f* (*esaltazione*) glorification; **~ di reato** glorification of a crime

apoplettico, -a [a·po·ˈplɛt·ti·ko] <-ci, -che> I. *adj* apoplectic; **colpo ~** stroke II. *m, f* stroke patient

apostolico, -a [a·pos·ˈtɔ:·li·ko] <-ci, -che> *adj* 1. (*del Papa: benedizione, visita*) papal 2. (*degli apostoli: predicazione*) apostolic

apostolo [aˈpɔs·to·lo] *m* apostle

apostrofare [a·pos·tro·ˈfa:·re] *vt* 1. (*rivolgersi duramente a*) to speak angrily to 2. LING (*parola*) to write with an apostrophe

apostrofe [aˈpɔs·tro·fe] *f* (*figura retorica*) apostrophe

apostrofo [aˈpɔs·tro·fo] *m* (*segno*) apostrophe

apoteosi [a·po·te·ˈɔː·zi] <-> *f* (*esaltazione*) apotheosis

app. *abbr di* **appendice** appendix

app [app] <-> *m* INET app

appagamento [ap·pa·ga·ˈmen·to] *m* satisfaction

appagare [ap·pa·ˈga:·re] I. *vt* to satisfy II. *vr* **-rsi di qc** to be satisfied with sth

appaio [apˈpa·io] *1. pers sing pr di* **apparire**

appallottolare [ap·pal·lot·to·ˈla:·re] I. *vt* (*carta, biglietto, foglio*) to roll up II. *vr:* **-rsi** (*gatto, bambino*) to curl up

appaltare [ap·pal·ˈta:·re] *vt* (*dare in appalto: lavori, opere, servizi*) to contract out

appaltatore, -trice [ap·pal·ta·ˈto:·re] I. *adj* (*azienda, ente*) contracting II. *m, f* contractor

appalto [apˈpal·to] *m* (*contratto*) contract; **dare in ~** to contract out

appannaggio [ap·pan·ˈnad·dʒo] <-ggi> *m* 1. POL (*somma*) annuity 2. *fig* (*prerogativa*) prerogative

appannare [ap·pa·ˈna:·re] I. *vt* 1. (*vetro, lente, finestra*) to steam up 2. *fig* (*offuscare: mente, pensieri, riflessi*) to cloud II. *vr:* **-rsi** 1. (*vetro, lente*) to steam up 2. (*memoria, bellezza*) to fade

apparato [ap·pa·ˈra:·to] *m* 1. ADMIN, ANAT apparatus; **~ circolatorio** circulatory system; **~ digerente** digestive system 2. TEC (*impianto*) (piece of) equipment 3. TEAT set; **l'~ scenico** the set 4. MIL machinery; **l'~ bellico** the war machine 5. (*sfoggio*) display

apparecchiare [ap·pa·rek·ˈkia:·re] *vt* to set the table; **puoi ~ per favore** could you set the table, please?

apparecchiatura [ap·pa·rek·kia·ˈtu:·ra] *f* TEC (*strumento*) equipment

apparecchio [ap·pa·ˈrek·kio] <-cchi> *m* 1. TEC (*strumento*) piece of equipment 2. (*aereo*) aircraft

apparente [ap·pa·ˈrɛn·te] *adj* apparent

apparenza [ap·pa·ˈrɛn·tsa] *f* 1. (*aspetto*) appearance; **l'~ inganna** appearances can be deceptive 2. *pl* (*forma*) appearances; **salvare le -e** to keep up appearances 3. (*loc*) **in ~** apparently

apparire [ap·pa·ˈri:·re] <appaio *o* apparisco, apparvi *o* apparii *o* apparsi, apparso> *vi essere* to appear

appariscente [ap·pa·riʃ·ˈʃɛn·te] *adj* (*persona*) glamorous; (*abito*) showy

apparizione [ap·pa·rit·ˈtsio·ne] *f* appearance

apparsi [apˈpar·si] *1. pers sing pass rem di* **apparire**

apparso [apˈpar·so] *pp di* **apparire**

appartamento [ap·par·ta·ˈmen·to] *m* apartment

appartarsi [ap·par·ˈtar·si] *vr* to go off

appartenente [ap·par·te·ˈnɛn·te] I. *adj* belonging; **~ a qc** belonging to sth II. *mf* member

appartenenza [ap·par·te·'nɛn·tsa] *f* membership; ~ **a qc** membership of sth

appartenere [ap·par·te·'ne:·re] <irr> *vi essere o avere* **1.** (*essere di proprietà*) ~ **a qu** to belong to sb **2.** (*far parte*) ~ **a qc** to belong to sth

apparvi [ap·'par·vi] *1. pers sing pass rem di* **apparire**

appassimento [ap·pas·si·'men·to] *m* (*di pianta, foglia*) wilting

appassionare [ap·pas·sio·'na:·re] **I.** *vt* to grip **II.** *vr* -**rsi** (**a qc**) to become very interested in sth

appassionato, -a [ap·pas·sio·'na:·to] **I.** *adj* **1.** (*giocatore, musicista*) enthusiastic; **essere ~ di qc** to love sth **2.** (*parole, appello, sguardo*) passionate **II.** *m, f* enthusiast

appassire [ap·pas·'si:·re] <appassisco> *vi essere* (*fiore*) to wilt; (*pelle*) to age

appellare [ap·pel·'la:·re] **I.** *vt* GIUR ~ **una sentenza** to appeal a sentence **II.** *vr:* -**rsi 1.** -**rsi a qu/qc** to appeal to sb/sth **2.** GIUR to appeal; -**rsi contro una sentenza** to appeal against a sentence

appellativo [ap·pel·la·'ti:·vo] *m* **1.** LING name **2.** (*soprannome*) nickname

appello [ap·'pɛl·lo] *m* **1.** (*chiamata*) roll-call; **fare l'~** to call the roll **2.** A. GIUR (*invocazione*) appeal; **fare ~ a qc** to appeal to sth; **corte d'~** court of appeal; **ricorrere in ~** to go to appeal **3.** UNIV (*sessione d'esami*) exam session

appena [ap·'pe:·na] **I.** *adv* **1.** (*soltanto*) only just; **sono ~ le dieci** it's only just 10 **2.** (*da poco*) just; **sono ~ partite** they've just left **3.** (*a stento*) hardly; **ha parlato ~** he [*o* she] hardly spoke **II.** *conj* as soon as

appendere [ap·'pɛn·de·re] <appendo, appesi, appeso> **I.** *vt* (*cappotto, giacca, quadro, lampada*) to hang (up); ~ **alla parete** to hang (up) on the wall; ~ **al soffitto** to hang from the ceiling; ~ **nell'armadio** to hang (up) in the cupboard **II.** *vr:* -**rsi** to hang

appendice [ap·pen·'di:·tʃe] *f* **1.** A. ANAT (*aggiunta: di libro, enciclopedia*) appendix **2.** (*nei giornali*) supplement; **romanzo d'~** serial novel (*published in a newspaper*)

appendicite [ap·pen·di·'tʃi:·te] *f* appendicitis

Appennino [ap·pen·'ni:·no] *m* Appennine; **gli -i** the Appennines

appesantire [ap·pe·san·'ti:·re] <appesantisco> **I.** *vt* **1.** (*auto, barca, gambe*) to weigh down **2.** (*stomaco*) to overload **3.** (*pagine*) to overcrowd **II.** *vr:* -**rsi** *iron* (*ingrassare*) to put on weight

appesi [ap·'pe:·si] *1. pers sing pass rem di* **appendere**

appeso [ap·'pe:·so] *pp di* **appendere**

appestare [ap·pes·'ta:·re] *vt* **1.** MED (*contagiare*) to infect **2.** (*ammorbare: aria, locale*) to stink up

appestato, -a [ap·pes·'ta:·to] *m, f* person suffering from plague

appetibile [ap·pe·'ti:·bi·le] *adj* (*proposta, lavoro, prezzo*) attractive

appetito [ap·pe·'ti:·to] *m* (*fame*) appetite; **buon ~!** enjoy your meal!; **l'~ vien mangiando** *prov* eating makes you hungry, *said to encourage sb to eat*

appetitoso, -a [ap·pe·ti·'to:·so] *adj* (*pranzo, pietanza, insalata*) appetizing

appezzamento [ap·pet·tsa·'men·to] *m* plot; ~ **di terreno** piece of land

appianare [ap·pia·'na:·re] *vt* **1.** (*terreno*) to level **2.** *fig* (*difficoltà*) to smooth out; (*lite, controversia*) to settle

appiattarsi [ap·piat·'tar·si] *vr* to flatten oneself

appiattire [ap·pi·at·'ti:·re] <appiattisco> **I.** *vt* (*superficie, terreno*) to flatten **II.** *vr:* -**rsi 1.** (*divenire piatto*) to become flat **2.** (*farsi piatto*) to flatten oneself

appiccare [ap·pik·'ka:·re] *vt* ~ **fuoco a qc** to set fire to sth

appiccicare [ap·pit·tʃi·'ka:·re] **I.** *vt* **1.** (*attaccare: etichetta, adesivo*) to stick; ~ **qc su qc** to stick sth on(to) sth **2.** *fig* (*attribuire: nomignolo*) to give; ~ **un nomignolo a qu** to give sb a nickname **II.** *vr:* -**rsi** to stick

appiccicaticcio, -a [ap·pit·tʃi·ka·'tit·tʃo] <-cci, -cce> *adj* **1.** (*attaccaticcio: mani*) sticky **2.** *fig* (*persona*) clingy

appiccicoso, -a [ap·pit·tʃi·'ko:·so] *adj* **1.** (*vischioso*) sticky **2.** *fig* (*persona*) clingy

appieno [ap·'piɛ:·no] *adv* fully

appigliarsi [ap·piʎ·'ʎar·si] *vr* **1.** (*aggrapparsi*) ~ **a qu/qc** to grab hold of sb/sth **2.** *fig* ~ **a qc** (*speranza, cavillo, pretesto*) to cling onto sth

appiglio [ap·'piʎ·ʎo] <-gli> *m* **1.** (*punto di appoggio*) handhold **2.** *fig* (*pretesto*) pretext

appiombo [ap·'piom·bo] *m* (*di giacca, cappotto*) line; (*di muro*) perpendicularity

appioppare [ap·piop·'pa:·re] *vt inf* ~ **uno schiaffo a qu** to whack sb; ~ **un nomignolo a qu** to pin a nickname on sb

appisolarsi [ap·pi·zo·'lar·si] *vr* to doze off

applaudire [ap·plau·'di:·re] <applaudo *o* applaudisco> *vt, vi* ~ (**a**) **qu/qc** to applaud sb/sth

applauso [ap·'pla:u·zo] *m* **1.** (*battendo le mani*) applause **2.** (*approvazione*) approval

applicabile [ap·pli·'ka:·bi·le] *adj* **essere ~ (a qc**) to be applicable (to sth)

applicare [ap·pli·'ka:·re] **I.** *vt* **1.** (*attaccare: cucendo*) to sew on; (*cerrotto, etichetta*) to stick on **2.** (*crema, legge, mente*) to apply **3.** (*far pagare: multa*) to impose **II.** *vr:* -**rsi** (*nello studio*) to apply oneself

applicativo, -a *adj* **programma ~** application

applicato, -a [ap·pli·'ka:·to] *adj* (*matematica, diritto*) applied

applicazione [ap·pli·kat·tsio:·ne] *f* **1.** A. COMPUT application **2.** (*l'utilizzare: di multa*) imposition **3.** (*decorazione*) appliqué

applique [a·'plik] <-> *f* wall light

appoggiacapo [ap·pod·dʒa·'ka:·po] <-> *m* headrest

appoggiare [ap·pod·'dʒa:·re] **I.** *vt* **1.** (*posare*)

A

to place; ~ **qc su qc** to place sth on sth **2.** (*accostare*) to lean; ~ **qc a qc** to lean sth against sth **3.** *fig* (*sostenere*) to support **II.** *vr:* **-rsi 1.** (*sostenersi, reggersi*) **-rsi a qc** to lean against sth; **-rsi a qu** to lean on sb **2.** *fig* (*ricorrere*) **-rsi a qc** to rely on sth

appoggiatesta [ap·pod·dʒa·'tɛs·ta] <-> *m* headrest

appoggio [ap·'pɔd·dʒo] <-ggi> *m* support

appollaiarsi [ap·pol·la·'iar·si] *vr* ~ **su qc** to perch on sth

appollaiato, -a [ap·pol·la·'ia:·to] *adj* (*uccello, persona, paese*) perched

apporre [ap·'por·re] <irr> *vt* ~ **qc a qc** (*timbro, firma*) to append sth to sth

apportare [ap·por·'ta:·re] *vt* **1.** (*effettuare: modifica, variazione*) to carry out **2.** (*causare: danni*) to cause

apporto [ap·'pɔr·to] *m* (*contributo*) contribution

apposi [ap·'po:·zi] *1. pers sing pass rem di* **apporre**

appositamente [ap·po·zi·ta·'men·te] *adv* specially

apposito, -a [ap·'pɔ:·zi·to] *adj* appropriate

apposizione [ap·po·zit·'tsio:·ne] *f* **1.** LING apposition **2.** (*collocazione*) application

apposta [ap·'pɔs·ta] **I.** *adv* specially; **non l'ho fatto ~** I didn't do it on purpose **II.** <inv> *adj* special

appostamento [ap·pos·ta·'men·to] *m* **1.** (*agguato*) ambush **2.** MIL post **3.** (*a caccia*) blind

appostare [ap·pos·'ta:·re] **I.** *vt* ~ **qu 1.** (*piazzare*) to station sb **2.** (*fare la posta a*) to lie in wait for sb **II.** *vr:* **-rsi** to lie in wait

apposto [ap·'pɔs·to] *pp di* **apporre**

apprendere [ap·'prɛn·de·re] <irr> *vt* to learn

apprendimento [ap·pren·di·'men·to] *m* learning; **capacità d'~** ability to learn

apprendista [ap·pren·'dis·ta] <-i *m*, -e *f*> *mf* apprentice

apprendistato [ap·pren·dis·'ta:·to] *m* apprenticeship

apprensione [ap·pren·'sio:·ne] *f* anxiety; **essere in ~** to be worried

apprensivo, -a [ap·pren·'si:·vo] *adj* (*madre, genitori*) anxious

appresi [ap·'pre:·zi] *1. pers sing pass rem di* **apprendere**

appreso [ap·'pre:·zo] *pp di* **apprendere**

appresso [ap·'prɛs·so] **I.** *adv* **1.** (*vicino*) **portarsi ~ qc/qu** to take sth/sb with oneself **2.** *form* (*in seguito*) below; **come ~ indicato** as indicated below **II.** *prep* (*dietro*) behind; **andare ~ a qu** (*seguire*) to follow sb; (*corteggiare*) to chase after sb; **stare ~ a qu** to stay close to sb **III.** <inv> *adj* (*dopo*) after

apprestare [ap·pres·'ta:·re] **I.** *vt* (*servizio, assistenza*) to prepare **II.** *vr* **-rsi a fare qc** to get ready to do sth

appretto [ap·'prɛt·to] *m* starch; **dare l'~ a qc** to starch sth

apprezzabile [ap·pret·'tsa:·bi·le] *adj* **1.** (*pregevole: sforzo, impegno*) admirable **2.** (*notevole: somma*) significant

apprezzamento [ap·pret·tsa·'men·to] *m* **1.** (*commento*) remark **2.** FIN (*di investimento*) appreciation

apprezzare [ap·pret·'tsa:·re] *vt* to appreciate

approccio [ap·'prɔt·tʃo] <-cci> *m* **1.** (*primo contatto*) encounter **2.** (*metodo, corteggiamento*) approach

approdare [ap·pro·'da:·re] *vi essere o avere* **1.** NAUT to land **2.** (*arrivare*) to arrive **3.** (*ottenere*) to arrive at; **non ~ a nulla** *fig* to come to nothing

approdo [ap·'prɔ:·do] *m* **1.** (*manovra*) landing **2.** (*luogo*) landing place

approfittare [ap·pro·fit·'ta:·re] **I.** *vi* **1.** (*trarre vantaggio*) ~ **di qc** to take advantage of sth; ~ **dell'occasione** to take the opportunity **2.** (*sfruttare*) ~ **di qu** to take advantage of sb **II.** *vr* **-rsi di qu/qc** to take advantage of sb/sth

approfondimento [ap·pro·fon·di·'men·to] *m* (*di materia, tecnica, studio*) study in greater depth

approfondire [ap·pro·fon·'di:·re] <approfondisco> **I.** *vt* **1.** *fig* (*rendere* (*più*) *profondo: divario*) to deepen **2.** *fig* (*studiare a fondo: materia, tecnica*) to go into in greater depth **II.** *vr:* **-rsi** *fig* (*divario*) to deepen

approntare [ap·pron·'ta:·re] *vt* (*bilancio, relazione, sito*) to prepare

appropriarsi [ap·pro·'pri·ar·si] *vr* ~ (**di**) **qc** to appropriate sth

appropriatezza [ap·pro·pria·'tet·tsa] *f* (*del vestito*) appropriateness; (*di una risposta, di un termine*) appropriateness

appropriato, -a [ap·pro·'pria:·to] *adj* (*termine, titolo, scelta*) appropriate

appropriazione [ap·pro·pri·at·'tsio:·ne] *f* appropriation; ~ **indebita** embezzlement

approssimarsi [ap·pros·si·'mar·si] *vr* ~ (**a qc**) to approach (sth)

approssimativo, -a [ap·pros·si·ma·'ti:·vo] *adj* **1.** (*non preciso: calcolo, cifra, dati, misura*) approximate **2.** (*vago: lettura, risposta*) vague

approssimazione [ap·pros·si·mat·'tsio:·ne] *f* MAT approximation; **per ~** approximately

approvare [ap·pro·'va:·re] *vt* to approve

approvazione [ap·pro·vat·'tsio:·ne] *f* approval

approvvigionamento [ap·prov·vi·dʒo·na·'men·to] *m* **1.** (*rifornimento*) supply **2.** *pl* (*provvista*) supplies *pl*

approvvigionare [ap·prov·vi·dʒon·'na:·re] *vt* A. MIL to supply

appuntamento [ap·pun·ta·'men·to] *m* **1.** (*di piacere*) date; **darsi (un) ~** to arrange a date; ~ **al buio** blind date **2.** (*d'affari, dal medico*) appointment; **prendere un'~** to make an appointment

appuntare [ap·pun·'ta:·re] *vt* **1.** (*matita*) to

A

sharpen 2. (*decorazione, spilla*) to pin **3.** (*prendere appunti*) to take notes of

appuntato [ap·pun·'ta:·to] *m* (*di carabinieri, guardia di finanza*) corporal

appuntire [ap·pun·'ti:·re] <appuntisco> *vt* (*matita*) to sharpen

appuntito, -a [ap·pun·'ti:·to] *adj* **1.** (*matita*) sharp **2.** (*naso, mento, lancia*) pointed

appunto¹ [ap·'pun·to] *adv* **1.** just; **volevo per l'~ proporre ...** I was just going to suggest ... **2.** (*nelle risposte*) exactly

appunto² *m* **1.** (*nota*) note **2.** (*rimprovero*) reproach

appurare [ap·pu·'ra:·re] *vt* (*controllare: verità, causa*) to ascertain; (*fatto*) to check

apribile [a·'pri:·bi·le] *adj* (*tavolo, divano*) that can be opened; **tettuccio ~** sunroof

apribottiglie [a·pri·bot·'tiʎ·ʎe] <-> *m* bottle opener

aprii [a·'pri:·i] *1. pers sing pass rem di* **aprire**

aprile [a·'pri:·le] *m* April; **in ~** [*o* **nel mese di**] ~ in April; **alla fine di ~** at the end of April; **a fine ~** at the end of April; **a metà ~** in mid-April; **ai primi di ~** in early April; **~ ha 30 giorni** there are 30 days in April; **Firenze, (il) 15 ~ 2005** Florence, April 15, 2005; **oggi è il primo (di) ~** today is the first of April; **l'undici/il venti/il ventun ~** April eleventh/twentieth/twenty-first

aprire [a·'pri:·re] <apro, apersi *o* aprii, aperto> I. *vt* **1.** (*gener*) to open; **~ le braccia** to open one's arms; **~ un conto** to open an account; **~ il fuoco** to open fire **2.** (*gas, acqua, rubinetto*) to turn on **3.** (*creare un'apertura: varco, passaggio*) to clear **4.** (*corteo*) to lead **5.** (*loc*) **non ~ bocca** (*non parlare*) to not say a word; (*mantenere un segreto*) to keep mum; **~ gli occhi** (*rendersi conto*) to open one's eyes (to sth); **~ le orecchie** (*prestare attenzione*) to listen carefully; **~ il cuore a qu** (*confidarsi*) to open one's heart to sb II. *vr:* **-rsi 1.** (*porta, mostra*) to open **2.** (*confidarsi*) **-rsi con qu** to open up to sb

apriscatole [a·pris·'ka:·to·le] <-> *m* can opener

aquagym [a·kua·'dʒi:m] *f* aquarobics

aquila ['a:·kui·la] *f* eagle; **~ selvaggia** *fig* (*sciopero*) wild eagle (*name given in the press to striking airline pilots*)

Aquilano (*zona*) Aquila area; **nell'~** in the Aquila area

aquilano, -a [a·kui·'la:·no] I. *adj* from Aquila II. *m, f* (*abitante*) person from Aquila

aquilino, -a [a·kui·'li:·no] *adj* **naso ~** aquiline nose

aquilone [a·kui·'lo:·ne] *m* kite

arabesco [a·ra·'bes·ko] <-schi> *m* (*decorazione*) arabesque

arabesco, -a <-schi, -sche> *adj* (*abito, scritta*) Arab

Arabia [a·'ra:·bia] *f* Arabia; **~ Saudita** Saudi Arabia

arabo ['a:·ra·bo] *m* Arabic; **parlare ~** *fig* to be incomprehensible

arabo, -a I. *adj* **1.** (*paese, cavallo*) Arab **2.** (*lingua*) Arabic II. *m, f* Arab

arachide [a·'ra:·ki·de] *f* peanut

aragosta [a·ra·'gos·ta] *f* lobster

araldica [a·'ral·di·ka] <-che> *f* heraldry

araldo [a·'ral·do] *m* A. HIST herald

aranceto [a·ran·'tʃe:·to] *m* orange grove

arancia [a·'ran·tʃa] <-ce> *f* orange

aranciata [a·ran·'tʃa:·ta] *f* orange soda

arancino [a·ran·'tʃi:·no] *m* CULIN *croquette made of rice*

arancio¹ [a·'ran·tʃo] <inv> *adj* orange

arancio² <-ci> *m* **1.** (*albero*) orange tree **2.** (*frutto*) orange **3.** (*colore*) orange

arancione [a·ran·'tʃo:·ne] <inv *o* -i> *adj* orange

arare [a·'ra:·re] *vt, vi* to plow

aratro [a·'ra:·tro] *m* plow

arazzo [a·'rat·tso] *m* tapestry

arbitraggio [ar·bi·'trad·dʒo] <-ggi> *m* **1.** GIUR arbitration **2.** COM arbitrage **3.** SPORT (*nel calcio, nel pugilato*) refereeing; (*nel tennis*) umpiring

arbitrale [ar·bi·'tra:·le] *adj* **1.** COM (*camera, collegio, decisione*) arbitration **2.** SPORT **decisione ~** (*nel calcio, nel pugilato*) referee's decision; (*nel tennis*) umpire's decision; **terna ~** referee and linesmen (*in soccer*)

arbitrare [ar·bi·'tra:·re] *vt* **1.** (*controversia*) to arbitrate **2.** (*incontro: nel calcio, nel pugilato*) to referee; (*nel tennis*) to umpire

arbitrarietà [ar·bi·tra·rie·'ta] <-> *f* (*di giudizio, decisione*) arbitrariness

arbitrario, -a [ar·bi·'tra:·rio] <-i, -ie> *adj* (*giudizio, decisione, scelta*) arbitrary

arbitrio [ar·'bi:·trio] <-i> *m* (*facoltà di scelta*) will; **libero ~** free will; **prendersi l'~ di fare qc** to take the liberty of doing sth

arbitro ['ar·bi·tro] *m* **1.** SPORT (*nel calcio, nel pugilato*) referee; (*nel tennis*) umpire **2.** GIUR arbitrator

arbusto [ar·'bus·to] *m* shrub

arca ['ar·ka] <-che> *f* **1.** (*cassa di legno*) chest **2.** (*sepolcro*) sarcophagus **3.** (*nella Bibbia*) ark; **l'~ di Noè** Noah's ark

arcaico, -a [ar·'ka:·i·ko] <-ci, -che> *adj* (*civiltà, rito, valori*) archaic

arcangelo [ar·'kan·dʒe·lo] *m* archangel

arcano [ar·'ka:·no] *m* mystery

arcano, -a *adj* (*magia, poteri*) occult

arcata [ar·'ka:·ta] *f* **1.** ANAT, ARCHIT arch **2.** MUS bow

archeologia [ar·keo·lo·'dʒi:·a] <-ie> *f* archeology

archeologico, -a [ar·keo·'lɔ:·dʒi·ko] <-ci, -che> *adj* (*museo, sito, scavo*) archeological

archeologo, -a [ar·ke·'ɔ:·lo·go] <-gi, -ghe> *m, f* archeologist

archetipico, -a [ar·ke·'ti:·pi·ko] <-ci, -che> *adj* (*modello, forma*) archetypal

archetipo [ar·'kɛ:·ti·po] *m* archetype

archetto [ar·'ket·to] *m* MUS bow

A

architettare [ar·ki·tet·'ta:·re] *vt* (*piano*) to plot

architetto, -a [ar·ki·'tet·to] *m, f* architect

architettonico, -a [ar·ki·tet·'tɔ:·ni·ko] <-ci, -che> *adj* (*progetto, forme, restauro*) architectural

architettura [ar·ki·tet·'tu:·ra] *f* architecture

architrave [ar·ki·'tra:·ve] *m* architrave

archiviare [ar·ki·'via:·re] *vt* 1. ADMIN (*documento, caso*) to file; **~ una pratica** to put a file away 2. *fig* (*non occuparsi più di*) to forget about

archivio [ar·'ki:·vio] <-i> *m* A. COMPUT archive

ARCI ['ar·tʃi] *m* acró de **Associazione Ricreativa Culturale Italiana** *Italian Association for Cultural Recreation*

arci- [ar·tʃi] (*in parole composte*) mega-

arciere [ar·'tʃɛ:·re] *m* archer

arcigno, -a [ar·'tʃiɲ·ɲo] *adj* (*persona*) severe; (*volto, espressione*) frowning

arcinoto, -a [ar·tʃi·'nɔ:·to] *adj inf* extremely well-known; **personaggio ~** celeb

arcipelago [ar·tʃi·'pɛ:·la·go] <-ghi> *m* archipelago

arciricco, -a [ar·tʃi·'rik·ko] <-cchi, -cche> *adj inf* mega-rich

arcistufo, -a [ar·tʃi·'stu:·fo] *adj inf* **essere ~ di qc** to be sick to death of sth

arcivescovo [ar·tʃi·'ves·ko·vo] *m* archbishop

arco ['ar·ko] <-chi> *m* 1. ARCHIT arch; **~ a sesto acuto** pointed arch 2. (*periodo*) period; **~ di tempo** period of time 3. MUS (*arma*) bow; **strumenti ad ~** stringed instruments; **gli -chi** the strings 4. arc

arcobaleno [ar·ko·ba·'le:·no] *m* rainbow

arcuare [ar·ku·'a:·re] *vt* (*sopracciglia, schiena*) to arch

ardente [ar·'dɛn·te] *adj* 1. (*sole*) blazing; (*clima*) blazing hot 2. (*passione, desiderio*) burning 3. (*loc*) **camera ~** funeral parlor

ardere ['ar·de·re] <ardo, arsi, arso> I. *vt avere* (*legna*) to burn II. *vi essere o avere* to burn

ardesia¹ [ar·'dɛ:·zia] <inv> *adj* slate gray

ardesia² <-ie> *f* slate

ardimento [ar·di·'men·to] *m* (*coraggio*) daring

ardire¹ [ar·'di:·re] <ardisco> *vi* **~ fare qc** to dare (to) do sth

ardire² *m* (*impudenza*) impudence

ardito, -a *adj* 1. (*originale: paragone, idea*) bold 2. (*insolente: complimento*) impertinent

ardore [ar·'do:·re] *m* heat; **con ~** (*desiderare, discutere*) passionately

arduo, -a ['ar·duo] *adj* (*difficile: decisione, impresa, percorso*) difficult

area ['a:·rea] *f* 1. (*gener*) area; **~ di lavoro** COMPUT area; **~ ciclonica** low pressure area; **~ fabbricabile** building land; **~ linguistica** linguistic area; **~ di rigore** SPORT penalty area; **~ di servizio** rest area; **~ sismica** earthquake zone 2. *fig* POL (*raggruppamento*) grouping

arena¹ [a·'re:·na] *f* (*sabbia*) sand

arena² [a·'rɛ:·na] *f* (*stadio*) arena

arenarsi [a·re·'nar·si] *vr* 1. NAUT to run aground 2. *fig* (*bloccarsi*) to come to a standstill

areo- [a·reo] *v.* aero-

aretino, -a [a·re·'ti:·no] I. *adj* from Arezzo II. *m, f* (*abitante*) person from Arezzo; **L'Aretino** (*per antonomasia, narratore del Cinquecento*) Pietro Aretino

Arezzo *f* Arezzo, *town in southern Tuscany*

argentare [ar·dʒen·'ta:·re] *vt* (*metallo, posate*) to silver-plate

argenteo, -a [ar·'dʒɛn·teo] *adj* (*foglia, capelli, veste*) silver

argenteria [ar·dʒen·te·'ri:·a] <-ie> *f* silver; **~ da tavola** silverware

argentiere [ar·dʒen·'tiɛ:·re] *m* silversmith

Argentina [ar·dʒen·'ti:·na] *f* Argentina; **abitare in ~** to live in Argentina; **andare in ~** to go to Argentina

argentino, -a [ar·dʒen·'ti:·no] I. *adj* 1. (*suono, voce*) silvery 2. (*dell'Argentina*) Argentinian II. *m, f* (*abitante*) Argentinian

argento [ar·'dʒɛn·to] *m* silver; **~ vivo** mercury; **carta d'~** FERR *card giving discounts on rail travel for senior citizens;* **nozze d'~** silver wedding

argilla [ar·'dʒil·la] *f* clay

argilloso, -a [ar·dʒil·'lo:·so] *adj* (*terreno*) clay; (*roccia*) clay-rich

arginamento [ar·dʒi·na·'men·to] *m* 1. (*di fiume, acque*) embankment 2. *fig* (*di problema, conseguenze, spese*) limiting

arginare [ar·dʒi·'na:·re] *vt* 1. (*fiume, acque*) to embank 2. *fig* (*problema, conseguenze, spese*) to limit

argine ['ar·dʒi·ne] *m* 1. (*di fiume*) bank; **rompere gli -i** to break the banks 2. *fig* check

argomentare [ar·go·men·'ta:·re] *vi* to argue

argomentazione [ar·go·men·tat·'tsio:·ne] *f* argument

argomento [ar·go·'men·to] *m* 1. (*tema*) subject 2. (*prova*) argument

arguire [ar·gu·'i:·re] <arguisco> *vt* **~ qc da qc** to deduce sth from sth

arguto, -a [ar·'gu:·to] *adj* 1. (*persona*) witty 2. (*osservazione, risposta, stratagemma*) clever 3. (*ingegno, sguardo*) keen

arguzia [ar·'gut·tsia] <-ie> *f* 1. (*vivacità d'ingegno: di persona*) intelligence 2. (*spirito*) wit 3. (*facezia*) witticism

aria ['a:·ria] <-ie> *f* A. MUS air; **~ di mare/ montagna** sea/mountain air; **all'~ aperta** in the open air; **~ compressa** compressed air; **~ condizionata** air conditioning; **corrente d'~** draft; **non c'è un filo d'~** there isn't a breath of air; **prendere una boccata d'~** to get a breath of fresh air; **vuoto d'~** (*in aereo*) air pocket; **cambiare l'~** to have a change of scene; **prendere un colpo d'~** to get a chill; **vivere d'~** *fig* (*non mangiare*) to live on fresh air; **guardare in ~** to look up; **saltare in ~** (*esplodere*) to blow up; **sparare in ~** to fire into the air; **andare all'~** *fig* (*progetto, matrimonio*) to come to nothing; **avere la testa**

per ~ *fig* to have one's head in the clouds; **campato in** ~ *fig* (*discorso, idea*) unsound; **mandare qc all'**~ *fig* (*progetto, matrimonio*) to mess sth up; **c'è qc nell'**~ *fig* there's sth in the air; **non tira** ~ **buona qui** *fig* I don't like the look of things; **avere un'**~ **stanca** (*espressione*) to look tired; **darsi delle -e** (*vantarsi*) to show off

aridità [a·ri·di·'ta] <-> *f* **1.** (*siccità*) aridity **2.** *fig* (*mancanza di sentimento*) lack of feeling

arido, -a ['a:·ri·do] *adj* **1.** (*campagna, deserto*) arid **2.** *fig* (*povero di sentimenti: persona*) unfeeling

arieggiare [a·ri·ed·'dʒa:·re] *vt* **1.** (*cambiare l'aria a: materasso, stanza*) to air **2.** (*imitare: forma, modello*) to have the air of

ariete [a·'riɛ:·te] *m* **1.** zool ram **2.** mil battering ram **3.** astr **Ariete** Aries; **sono** (**dell'** [*o* un]) **Ariete** I'm (an) Aries

aringa [a·'riŋ·ga] <-ghe> *f* herring

arioso, -a *adj* **1.** (*spazioso: sala, piazza*) airy **2.** mus arioso

arista ['a:·ris·ta] *f* culin pork chine (*for roasting*)

aristocratico, -a [a·ris·to·'kra:·ti·ko] <-ci, -che> I. *adj* aristocratic II. *m, f* aristocrat

aristocrazia [a·ris·to·krat·'tsi:·a] <-ie> *f* **1.** (*nobiltà*) A. pol aristocracy **2.** *fig* (*comportamento raffinato*) refinement

aritmetica [a·rit·'mɛ:·ti·ka] <-che> *f* arithmetic

aritmetico, -a [a·rit·'mɛ:·ti·ko] <-ci, -che> *adj* (*problema, media, operatori*) arithmetic(al)

aritmia [a·rit·'mi:·a] <-ie> *f* med arrhythmia

arlecchino[1] [ar·lek·'ki:·no] *m* harlequin

arlecchino[2] <inv> *adj* (*pigiama, tessuto, disegno*) diamond-patterned

arma ['ar·ma] <-i> *f* **1.** (*strumento di difesa*) weapon; **-i a medio raggio** medium-range weapons; ~ **automatica** automatic weapon; ~ **azzurra** the Italian air force; **fatto d'-i** feat of arms; **deporre le -i** to lay down one's weapons; ~ **a doppio taglio** *fig* double-edged sword; **essere alle prime -i** *fig* to be a beginner; **partire con -i e bagagli** *fig* to leave with bag and baggage **2.** (*esercito*) army; **andare sotto le -i** to join the armed forces

armadillo [ar·ma·'dil·lo] *m* armadillo

armadio [ar·'ma:·dio] <-i> *m* wardrobe; ~ **blindato** armored closet; ~ **guardaroba** closet; ~ **a muro** built-in closet

armaiolo [ar·ma·'iɔ:·lo] *m* **1.** (*fabbricante*) armorer **2.** (*venditore*) arms dealer

armamento [ar·ma·'men·to] *m* **1.** mil weapons *pl* **2.** naut (*attrezzatura*) fitting out **3.** *pl* (*armi*) arms; **corsa agli -i** arms race

armare [ar·'ma:·re] I. *vt* **1.** mil (*fornire di armi: esercito*) to arm **2.** archit (*rinforzare: parete, trave*) to reinforce **3.** naut (*nave, barca*) to fit out II. *vr:* **-rsi -rsi di qc** *a. fig* to arm oneself with sth

armata [ar·'ma:·ta] *f* army

armato, -a *adj* **1.** mil (*fornito di armi: esercito*) armed; **carro** ~ tank; **a mano -a** armed **2.** *fig* ~ **di qc** (*coraggio, pazienza, buona volontà*) armed with sth **3.** archit (*rinforzato*) reinforced; **cemento** ~ reinforced concrete **4.** naut (*nave, barca*) fitted out

armatore, -trice [ar·ma·'to:·re] I. *adj* shipping; **società -trice** shipping company II. *m, f* shipowner

armatura [ar·ma·'tu:·ra] *f* **1.** hist armor **2.** (*struttura*) reinforcement

armeggiare [ar·med·'dʒa:·re] *vi* to mess around; ~ **con qc** to mess around with sth; ~ **intorno a qc** to mess around sth

armeria [ar·me·'ri:·a] <-ie> *f* **1.** (*magazzino*) armory **2.** (*negozio*) gun store **3.** (*collezione*) collection of weapons

armistizio [ar·mis·'tit·tsio] <-i> *m* armistice

armonia [ar·mo·'ni:·a] <-ie> *f* **1.** (*concordia*) harmony; **vivere in** ~ **con qu/qc** to live in harmony with sb/sth **2.** mus harmony

armonica [ar·'mɔ:·ni·ka] <-che> *f* harmonica; ~ **a bocca** mouth organ

armonico, -a [ar·'mɔ:·ni·ko] <-ci, -che> *adj* **1.** (*convivenza, sviluppo*) harmonious **2.** (*sapore*) balanced **3.** mus harmonic; **cassa -a** sound box

armonioso, -a [ar·mo·'nio:·so] *adj* **1.** (*proporzionato: corpo, forma*) well-proportioned **2.** (*dotato di armonia: danza, movimento, svolgimento*) graceful

armonium [ar·'mɔ:·ni·um] <-> *m* harmonium

armonizzare [ar·mo·nid·'dza:·re] I. *vt* (*far accordare: norme, programmi, rapporti*) to harmonize II. *vi* to go well together

armonizzazione [ar·mo·nid·dzat·'tsio:·ne] *f* harmonization; ~ **fiscale** tax harmonization

arnese [ar·'ne:·se] *m* **1.** (*attrezzo*) tool **2.** (*oggetto*) thing

arnia ['ar·nia] <-ie> *f* beehive

aroma [a·'rɔ:·ma] <-i> *m* **1.** (*sapore*) aroma **2.** *pl* (*erbe*) herbs

aromaterapia [a·rɔ·ma·te·ra·'pi:·a] *f* aromatherapy

aromatico, -a [a·ro·'ma:·ti·ko] <-ci, -che> *adj* (*sapore, vino*) aromatic; **erbe -che** herbs; **piante -che** herbs; **oli -ci** flavored oils

aromatizzare [a·ro·ma·tid·'dza:·re] *vt* (*bevanda, cibo, vino*) to flavor

arpa ['ar·pa] *f* harp

arpeggio [ar·'ped·dʒo] <-ggi> *m* mus arpeggio

arpia [ar·'pi:·a] <-ie> *f fig* (*donna sgradevole*) harpy

arpione [ar·'pio:·ne] *m* **1.** (*gancio*) hook **2.** (*da pesca*) harpoon

arrabattarsi [ar·ra·bat·'tar·si] *vr* to struggle to get by; ~ **a fare qc** to struggle to do sth

arrabbiare [ar·rab·'bia:·re] I. *vt* **far** ~ **qu** to make sb angry II. *vr* **-rsi** (**con qu**) to get angry (with sb)

arrabbiato, -a [ar·rab·'bia:·to] *adj* **1.** (*irato*) angry; **essere** ~ (**con qu**) to be angry with sb **2.** (*accanito: musicista*) fanatical **3.** culin **all'-a** in a spicy sauce

A

arrabbiatura [ar·rab·bia·'tu:·ra] *f* fury; **prendersi un'**~ to get very angry

arraffare [ar·raf·'fa:·re] *vt* 1.(*afferrare: oggetto*) to snatch 2.(*rubare: soldi*) to steal

arrampicarsi [ar·ram·pi·'kar·si] *vr* to climb; ~ **sugli specchi** *fig* to grasp at straws

arrampicata [ar·ram·pi·'ka:·ta] *f* (*scalata*) climb

arrampicatore, -trice [ar·ram·pi·ka·'to:·re] *m, f a. fig* climber; ~ **sociale** social climber

arrancare [ar·raŋ·'ka:·re] *vi* 1.(*camminare a fatica*) to hobble 2.*fig* (*avanzare a fatica*) to limp along

arrangiamento [ar·ran·dʒa·'men·to] *m* MUS arrangement

arrangiare [ar·ran·'dʒa:·re] I. *vt* 1.(*aggiustare: cosa, faccenda*) to settle 2.*inf* (*rimediare alla meglio: pranzetto, cena*) to rustle up 3.MUS (*pezzo, brano*) to arrange II. *vr:* **-rsi** (*industriarsi*) to manage; **ci arrangiamo da soli, grazie!** we can manage, thank you!

array [ə·'rei] <-> *m* COMPUT array

arrecare [ar·re·'ka:·re] *vt* (*causare: danno, dolore*) to cause; ~ **disturbo** to bother

arredamento [ar·re·da·'men·to] *m* 1.(*mobili: moderno, d'epoca*) furniture 2.(*attività*) furnishing

arredare [ar·re·'da:·re] *vt* (*casa, ufficio*) to furnish

arredatore, -trice [ar·re·da·'to:·re] *m, f* interior designer

arredo [ar·'rɛ:·do] *m* 1.(*arredamento*) furnishing 2. *pl* (*mobili*) furniture

arrembaggio [ar·rem·'bad·dʒo] <-ggi> *m* boarding; **buttarsi all'**~ **di qc** *fig* to scramble for sth

arrendersi [ar·'ren·der·si] <irr> *vr* 1.(*darsi vinto*) ~ (**a qu**) to surrender (to sb) 2.*fig* (*desistere*) ~ (**a qc**) to give in (to sth); ~ **all'evidenza dei fatti** to accept the evidence

arrendevole [ar·ren·'de:·vo·le] *adj* (*carattere, persona*) soft

arrestare [ar·res·'ta:·re] I. *vt* 1.(*catturare: rapinatore, omicida*) to arrest 2.(*fermare*) to stop II. *vr:* **-rsi** (*fermarsi*) to stop

arresto [ar·'rɛs·to] *m* 1.(*cattura*) arrest; **mandato d'**~ arrest warrant; **-i domiciliari** house arrest 2.(*interruzione*) ~ **cardiaco** cardiac arrest 3.TEC (*fermata*) **non aprire fino al completo** ~ **del motore** do not open until the engine has come to a complete stop 4.*pl* MIL arrest

arretrare [ar·re·'tra:·re] I. *vi essere* to withdraw II. *vt avere* (*spostare indietro: giocatore, oggetto*) to move back

arretratezza [ar·ret·ra·'tet·tsa] *f* underdevelopment

arretrati [ar·re·'tra:·ti] *mpl* 1.(*di stipendio*) back pay; (*di affitto*) arrears *pl* 2.*fig* (*faccende in sospeso*) unfinished business

arretrato, -a [ar·re·'tra:·to] *adj* 1.(*in ritardo: pagamento*) back; **del lavoro** ~ a backlog of

work 2.(*sottosviluppato: Paese*) underdeveloped 3.(*antiquato: mentalità*) backward

arricchimento [ar·rik·ki·'men·to] *m* 1.(*incremento dei beni*) (the fact of) becoming rich; **il suo improvviso** ~ his sudden wealth 2.A. TEC (*linguistico, culturale, personale*) enrichment 3.(*valorizzazione: di servizio, verde*) enhancement

arricchire [ar·rik·'ki:·re] <arricchisco> I. *vt avere* 1.A. TEC (*rendere ricco*) to enrich 2.*a. fig* (*valorizzare*) to enhance II. *vr:* **-rsi** to get rich; **-rsi alle spalle** [*o* **a spese**] **di qu** to get rich at sb else's expense

arricchito, -a [ar·rik·'ki:·to] *m, f pej* nouveau riche

arricciacapelli [ar·rit·tʃa·ka·'pel·li] <-> *m* curling tongs *pl*

arricciare [ar·rit·'tʃa:·re] *vt* 1.(*capelli, labbra*) to curl 2.(*manica, nastro, tessuto*) to roll up 3. ~ **il naso** *a. fig* to turn up one's nose

arricciato, -a [ar·rit·'tʃa:·to] *adj* 1.(*capelli*) curly 2.(*manica, nastro, tessuto*) rolled up

arridere [ar·'ri:·de·re] <irr> *vi* (*vita, fortuna*) to smile on

arringa [ar·'riŋ·ga] <-ghe> *f* 1.GIUR address 2.(*discorso*) speech

arringare [ar·riŋ·'ga:·re] *vt* (*folla, pubblico*) to address

arrischiare [ar·ris·'kia:·re] I. *vt* (*bilancio, giudizio, proposta*) to hazard II. *vr:* **-rsi** **-rsi a fare qc** to dare to do sth

arrischiato, -a [ar·ris·'kia:·to] *adj* 1.(*pericoloso: sorpasso, manovra*) hazardous 2.(*avventato: bilancio, giudizio, proposta*) rash

arrisi [ar·'ri:·zi] *1.pers sing pass rem di* **arridere**

arriso [ar·'ri:·zo] *pp di* **arridere**

arrivare [ar·ri·'va:·re] *vi essere* 1.(*giungere*) to arrive; ~ **primo/secondo** SPORT to come first/second 2.(*raggiungere*) ~ **a ...** to reach; ~ **ad un accordo** to reach an agreement; ~ **a buon punto** to reach a good point 3.(*affermarsi*) to succeed 4.(*osare*) to dare 5.**arrivarci** (*riuscire a toccare*) to reach; **io non ci arrivo** I can't reach (it); (*capire*) to get it; **non ci arriva** he [*o* she] doesn't get it

arrivato, -a [ar·ri·'va:·to] I. *adj* (*socialmente*) successful II. *m, f* (*socialmente*) person who has made it

arrivederci [ar·ri·ve·'der·tʃi] *interj* (good)bye; ~ (**a**) **presto** see you soon

arrivederLa [ar·ri·ve·'der·la] *interj* goodbye

arrivismo [ar·ri·'viz·mo] *m* social climbing

arrivista [ar·ri·'vis·ta] <-i *m*, -e *f*> *mf* social climber

arrivo [ar·'ri:·vo] *m* 1.(*venuta*) arrival; **posta in** ~ incoming mail; **il treno è in** ~ **sul quarto binario** the train is arriving at platform four 2.SPORT (*traguardo*) finishing line; **punto d'**~ culmination 3. *pl* (*merce*) **i nuovi -i** the new stock 4. *pl* (*in aeroporto*) arrivals

arrogante [ar·ro·'gan·te] *adj* arrogant

arroganza [ar·ro·'gan·tsa] *f* arrogance

arrogarsi [ar·ro·'gar·si] *vr* ~ **qc** (*merito*) to claim sth; (*diritto*) to assume sth

arrossare [ar·ros·'sa:·re] *vi essere* to blush

arrostire [ar·ros·'ti:·re] <arrostisco> I. *vt* (*al forno: carne, patate*) to roast; (*ai ferri: carne, verdura*) to grill; (*allo spiedo: pollo*) to spit-roast; (*sulla graticola: castagne*) to roast II. *vi essere fig* (*al sole*) to roast

arrosto [ar·'rɔs·to] *m* roast

arrotare [ar·ro·'ta:·re] *vt* **1.** (*affilare: coltello, lama*) to sharpen **2.** *inf* (*investire*) to run over **3.** *fig* (*sfregare*) ~ **i denti** to grind one's teeth

arrotolare [ar·ro·to·'la:·re] *vt* (*filo, carta, nastro*) to roll up

arrotolatore [ar·ro·to·la·'to:·re] *m* AUTO (*per cinture di sicurezza*) roller

arrotondare [ar·ro·ton·'da:·re] *vt* **1.** MAT (*cifra, somma*) ~ **per eccesso** to round up; ~ **per difetto** to round down **2.** (*integrare: stipendio, pensione*) to supplement **3.** (*oggetto, forma*) to make round

arrovellarsi [ar·ro·vel·'lar·si] *vr* (*affannarsi*) ~ **il cervello** to rack one's brains

arroventare [ar·ro·ven·'ta:·re] I. *vt* (*ferro, pentola, lamiera*) to make red hot II. *vr:* **-rsi 1.** (*ferro, pentola, lamiera*) to become red hot **2.** (*clima*) to become very hot; (*polemica*) to rage

arruffare [ar·ruf·'fa:·re] *vt* (*piume, penne, capelli*) to ruffle

arruffianarsi [ar·ruf·fia·'na:r·si] *vr* ~ (**qu**) *inf* to suck up (to sb)

arrugginire [ar·rud·dʒi·'ni:·re] <arruginisco> *vr:* **-rsi 1.** (*ricoprirsi di ruggine: metallo*) to rust **2.** *fig* (*perdere elasticità: cervello*) to become rusty; (*muscoli*) to become stiff

arruolamento [ar·ruo·la·'men·to] *m* MIL, NAUT enlistment

arruolare [ar·ruo·'la:·re] I. *vt* MIL, NAUT to enlist II. *vr:* **-rsi** MIL, NAUT (*soldati*) to enlist

arsenale [ar·se·'na:·le] *m* **1.** NAUT dockyard **2.** MIL (*deposito*) arsenal

arsenico [ar·'sɛː·ni·ko] *m* arsenic

arsi ['ar·si] *1. pers sing pass rem di* ardere

arso, -a ['ar·so] I. *pp di* ardere II. *adj* **1.** (*bruciato: terreno, campo, erba*) burned **2.** (*secco: labbra, gola*) dry

arsura [ar·'su:·ra] *f* **1.** (*calore*) burning heat **2.** (*aridità, siccità*) drought **3.** (*per sete, febbre*) raging thirst

art. *abbr di* **articolo** Art.

arte ['ar·te] *f* **1.** (*gener*) art; ~ **poetica** poetry; **-i grafiche** graphic arts; **-i meccaniche** mechanical arts; **le belle -i** the fine arts; **le -i figurative** the visual arts; **nome d'**~ stage name; **opera d'**~ work of art; **a regola d'**~ perfectly; **storia dell'**~ history of art **2.** (*mestiere*) craft; **non avere né** ~ **né parte** *fig* to be neither use nor ornament; **impara l'**~ **e mettila da parte** *prov* learn a trade for a rainy day **3.** (*artificio*) artifice; **ad** ~ deliberately **4.** HIST (*corporazione*) guild

artefatto, -a [ar·te·'fat·to] *adj* **1.** (*non genuino:* *vino*) full of additives **2.** (*innaturale: posa, movenze*) artificial

artefice [ar·'te:·fi·tʃe] *mf* (*autore: di successo, sconfitta, trasformazione*) author

arteria [ar·'tɛː·ria] <-ie> *f* **1.** ANAT artery **2.** (*strada*) arterial road

arteriosclerosi [ar·te·rio·skle·'rɔː·zi] <-> *f* arteriosclerosis

arteriosclerotico, -a [ar·te·rio·skle·'rɔː·ti·ko] <-ci, -che> I. *adj* **1.** MED (*paziente, lesione, patologia, placca*) arteriosclerotic **2.** *inf* (*rimbambito*) senile II. *m, f* person suffering from arteriosclerosis

arterioso, -a [ar·te·'rio:·so] *adj* (*pressione, sistema*) arterial

artico, -a ['ar·ti·ko] <-ci, -che> *adj* (*calotta, regione, spedizione*) Arctic

articolare[1] [ar·ti·ko·'la:·re] *adj* (*dolore, disturbo, protesi*) of the joints

articolare[2] *vt* **1.** (*pronunciare: parole, sillabe*) to articulate **2.** (*suddividere: corso, discorso, relazione*) to divide up

articolazione [ar·ti·co·lat·'tsio:·ne] *f* **1.** ANAT, TEC joint **2.** LING articulation **3.** (*suddivisione*) division

articolo [ar·'ti:·ko·lo] *m* **1.** A. GIUR, LING (*di giornale*) article; ~ **di fondo** leading article; **l'**~ **determinativo/indeterminativo** the definite/indefinite article **2.** COM (*merce, di bilancio*) item

Artide ['ar·ti·de] *f* Arctic

artificiale [ar·ti·fi·'tʃa:·le] *adj* **1.** (*allattamento, lago, seta*) artificial **2.** (*sorriso*) forced

artificio [ar·ti·'fi:·tʃo] <-ci> *m* **1.** (*espediente*) device; ~ **scenico** dramatic device **2.** (*ricercatezza*) artificiality **3.** (*loc*) **fuochi d'**~ fireworks

artificioso, -a [ar·ti·fi·'tʃo:·so] *adj* (*non spontaneo*) unnatural; (*sorriso*) forced

artigianale [ar·ti·dʒa·'na:·le] *adj* (*non industriale*) by hand; (*gioielleria, falegnameria, forno*) craftsman-made; (*gelato, prodotto*) handmade

artigianato [ar·ti·dʒa·'na:·to] *m* **1.** (*attività*) craftsmanship **2.** (*categoria*) craftspeople **3.** (*prodotti*) craft item; ~ **artistico** arts and crafts

artigiano, -a [ar·ti·'dʒa:·no] I. *adj* (*attività, impresa, prodotto*) craft; (*lavorazione, produzione*) by hand; (*gioielleria, falegnameria, forno*) craftsman-made; (*gelato, prodotto*) handmade II. *m, f* craftsman *m*, craftswoman *f*

artigliere [ar·tiʎ·'ʎɛː·re] *m* artilleryman

artiglieria [ar·tiʎ·ʎe·'ri:·a] <-ie> *f* artillery

artiglio [ar·'tiʎ·ʎo] <-gli> *m a. fig* (*di animale*) claw; **tirar fuori gli -gli** to show one's claws

artista [ar·'tis·ta] <-i *m*, -e *f*> *mf* **1.** (*attore, musicista, pittore, scultore*) artist; ~ **cinematografico** film actor; ~ **lirico** (*opera*) singer **2.** (*di circo*) artiste

artistico, -a [ar·'tis·ti·ko] <-ci, -che> *adj* **1.** artistic **2.** (*loc*) **direttore** ~ artistic director;

A

liceo ~ *high school specializing in art;* **pattinaggio** ~ figure skating

arto ['ar·to] *m* limb

artrite [ar·'tri:·te] *f* arthritis

artritico, -a [ar·'tri:·ti·ko] <-ci, -che> *adj* arthritic

artrosi [ar·'trɔ:·zi] <-> *f* osteoarthritis

ARVA ['ar·va] *f acró de* **Apparecchio di Ricerca in VAlanga** *electronic device used for finding people caught by avalanches*

arzigogolare [ar·dzi·go·go·'la:·re] *vi* (*cavillare*) to quibble

arzillo, -a [ar·'dzil·lo] *adj* (*persona, bambino, vecchio*) lively

asce ['aʃ·ʃe] *pl di* **ascia**

ascella [aʃ·'ʃɛl·la] *f* ANAT armpit

ascendente [aʃ·ʃen·'dɛn·te] **I.** *adj* **1.**(*flusso, parabola, movimento*) upward **2.** MUS ascending **3.** LING (*intonazione*) rising **II.** *m* **1.**(*parente*) ancestor **2.** *fig* (*influsso*) influence **3.** ASTR ascendant

ascendenza [aʃ·ʃen·'dɛn·tsa] *f* (*parenti*) ancestry

ascendere [aʃ·'ʃen·de·re] <irr> *vi essere* (*salire*) to ascend; ~ **al trono** to ascend the throne; ~ **al soglio pontificio** to become Pope

ascensione [aʃ·ʃen·'sio:·ne] *f* **1.**(*scalata*) ascent **2.**(*al cielo*) ascension; **l'Ascensione** the Ascension

ascensore [aʃ·ʃen·'so:·re] *m* elevator

ascesa [aʃ·'ʃe:·sa] *f* ascent

ascesi[1] [aʃ·'ʃe:·zi] *1. pers sing pass rem di* **ascendere**

ascesi[2] [aʃ·'ʃɛ:·zi] <-> *f* asceticism

asceso [aʃ·'ʃe:·zo] *pp di* **ascendere**

ascesso [aʃ·'ʃɛs·so] *m* abscess

asceta [aʃ·'ʃɛ:·ta] <-i, -e> *mf* ascetic

ascetico [aʃ·'ʃɛ:·ti·ko] <-ci, -che> *adj* (*percorso, esperienza, vita*) ascetic

ascetismo [aʃ·ʃe·'tiz·mo] *m* asceticism

ascia ['aʃ·ʃa] <asce> *f* ax

ASCII *m acró de* **American Standard Code for Information Interchange codice standard** ~ standard ASCII code

asciugacapelli [aʃ·ʃu·ga·ka·'pel·li] <-> *m* hairdryer

asciugamano [aʃ·ʃu·ga·'ma:·no] *m* towel; ~ **di spugna** terry towel

asciugare [aʃ·ʃu·'ga:·re] **I.** *vt* to dry **II.** *vr:* -rsi **1.**(*detergersi*) to dry oneself; -rsi le mani/i capelli to dry one's hands/hair **2.**(*tergersi*) -rsi la fronte to wipe one's forehead **3.**(*diventare asciutto*) to dry (out)

asciugatoio [aʃ·ʃu·ga·'to:·io] <-oi> *m* (*nell'industria tessile*) dryer

asciugatore [aʃ·ʃu·ga·'to:·re] *m* (*per le mani*) hand dryer

asciugatrice [aʃ·ʃu·ga·'tri:·tʃe] *f* (*per biancheria*) dryer

asciutto [aʃ·'ʃut·to] *m* dry; **rimanere** [*o* restare] **all'**~ *fig* to be broke

asciutto, -a *adj* **1.** dry; **restare a bocca -a** *fig* to be disappointed **2.**(*prosciugato: pozzo*) dried-up **3.** *fig* (*magro: persona, figura*) lean **4.**(*brusco: commento, risposta*) curt

Ascolano (*zona*) the Ascoli area; **nell'**~ in the Ascoli area

ascolano, -a [as·ko·'la:·no] **I.** *adj* from Ascoli; **olive all'-a** *stuffed green olives fried in breadcrumbs* **II.** *m, f* (*abitante*) person from Ascoli

Ascoli Piceno *f* Ascoli, *city in eastern central Italy*

ascoltare [as·kol·'ta:·re] **I.** *vt* **1.**(*udire: radio, musica*) to listen to **2.**(*dar retta a*) ~ **qu/qc** (*persona, consiglio*) to listen to sb/sth **3.**(*esaudire: desiderio*) to grant **II.** *vi* to listen

ascoltatore, -trice [as·kol·ta·'to:·re] *m, f* listener

ascolto [as·'kol·to] *m* **1.**(*l'ascoltare*) **apparecchiature per l'**~ **di brani musicali** equipment for listening to music **2.** RADIO, TV **indice di** ~ audience ratings **3.**(*attenzione*) hearing; **dare** ~ **a qu** to listen to sb **4.**(*origliare*) **stare in** ~ to eavesdrop

ascrivere [as·'kri:·ve·re] <irr> *vt* (*attribuire*) to attribute

asessuato, -a [a·ses·su·'a:·to] *adj* BIOL asexual

asettico, -a [as·'sɛt·ti·ko] <-ci, -che> *adj* **1.** MED aseptic **2.** *fig* (*freddo, sterile: stile, arredamento*) clinical

asfaltare [as·fal·'ta:·re] *vt* (*strada*) to asphalt

asfalto [as·'fal·to] *m* asphalt

asfissia [as·fis·'si:·a] <-ie> *f* asphyxia

asfissiare [as·fis·'sia:·re] **I.** *vt avere* **1.** MED to asphyxiate **2.** *fig, inf* (*molestare*) to suffocate **II.** *vi essere* to suffocate

Asia ['a:·zia] *f* Asia; ~ **Minore** Asia Minor

asiatica [a·'zia:·ti·ka] <-che> *f* MED Asian flu

asiatico, -a [a·'zia:·ti·ko] <-ci, -che> **I.** *adj* (*civiltà, città, popolazione*) Asian **II.** *m, f* Asian

asilo [a·'zi:·lo] *m* **1.**(*rifugio*) shelter **2.** POL asylum; **diritto di** ~ right of asylum; **richiesta di** ~ (**politico**) request for (political) asylum **3.**(*scuola materna*) nursery; ~ **d'infanzia** nursery school; ~ **nido** day nursery

asimmetria [a·sim·me·'tri:·a] *f* asymmetry

asimmetrico, -a [a·sim·'mɛ:·tri·ko] <-ci, -che> *adj* (*struttura, faro, vela*) asymmetric

asinino, -a [a·si·'ni:·no] *adj* **tosse -a** whooping cough

asino, -a ['a:·si·no] *m, f* (*animale, persona*) donkey; **a schiena d'**~ (*strada*) saddle-backed; **qui casca l'**~**!** there's the rub!; **essere un** ~ to be thick; **legare l'**~ **dove vuole il padrone** *prov* to tie up the donkey where the master wants, *to do what the boss says;* **meglio un** ~ **vivo che un dottore morto** *prov* better a live donkey than a dead doctor, *said as a warning not to study too much*

asintomatico, -a [a·sin·to·'ma:·ti·ko] <-ci, -che> *adj* (*malattia, persona*) asymptomatic

ASL *f abbr di* **Azienda Sanitaria Locale** *local health center*

asma ['az·ma] *f* asthma

A

asmatico, -a [az·'ma:·ti·ko] <-ci, -che> I. *adj* (*paziente, bronchite*) asthmatic II. *m, f* asthmatic

asociale [a·so·'tʃa:·le] *adj* (*comportamento, persona*) antisocial

asola ['a:·zo·la] *f* buttonhole

asparagicoltura [as·pa·ra·dʒi·kol·'tu:·ra] *f* asparagus growing

asparago [as·'pa:·ra·go] <-gi> *m* asparagus

asperità [as·pe·ri·'ta] <-> *f* 1. (*di terreno, strada, roccia*) roughness 2. (*difficoltà*) difficulty; **le ~ della vita** the trials of life

aspettare [as·pet·'ta:·re] I. *vt* 1. (*telefonata, ospite, accoglienza, dono*) to expect; **~ un bambino** to be expecting a baby 2. (*treno, autobus*) to wait for; **farsi ~** to keep people waiting; **chi la fa l'aspetti** *prov* what goes around comes around II. *vi* (*attendere*) to wait III. *vr:* **-rsi** to expect

aspettativa [as·pet·ta·'ti:·va] *f* 1. (*speranza*) expectation 2. ADMIN leave

aspetto [as·'pɛt·to] *m* 1. (*apparenza*) appearance; **avere un bell'~** to be nice-looking 2. (*punto di vista*) aspect; **sotto questo ~** in this regard 3. (*attesa*) wait; **sala d'~** waiting room

aspirante [as·pi·'ran·te] I. *adj* (*forza, pompa*) suction II. *mf* candidate

aspirapolvere [as·pi·ra·'pol·ve·re] <-> *m* vacuum cleaner

aspirare [as·pi·'ra:·re] I. *vt* 1. (*respirare: aria*) to breathe (in) 2. TEC (*liquido, gas*) to suck up II. *vi* **~ (a qc)** to aspire (to sth)

aspiratore [as·pi·ra·'to:·re] *m* 1. (*per gas*) extractor 2. A. MED (*per liquidi*) aspirator

aspirazione [as·pi·rat·'tsio:·ne] *f* 1. *fig* (*desiderio*) ambition 2. TEC extraction 3. MOT suction

aspirina® [as·pi·'ri:·na] *f* aspirin

asportabile [as·por·'ta:·bi·le] *adj* (*antenna, fodera*) removable

asportare [as·por·'ta:·re] *vt* to remove

asportazione [as·por·tat·'tsio:·ne] *f* removal

asprezza [as·'pret·tsa] *f* 1. (*di sapore*) sharpness 2. (*di terreno*) roughness 3. *a. fig* (*di inverno, clima, persona*) harshness 4. *fig* (*di battaglia, lotta, polemica*) bitterness

asprigno, -a [as·'priɲ·ɲo] *adj* (*gusto*) rather sharp

aspro, -a ['as·pro] <più aspro, asperrimo *o* asprissimo> *adj* 1. (*acre: sapore*) sharp; (*odore*) pungent 2. (*acuto: suono, voce*) shrill 3. (*malagevole: terreno*) rough 4. (*freddo: clima*) harsh 5. (*spigoloso: carattere*) spiky 6. (*severo: tono, rimprovero, risposta*) severe 7. (*duro: battaglia, lotta, polemica*) bitter

Ass. *abbr di* **Assicurazione** Insurance

ass. *abbr di* **assegno** check

assaggiare [as·sad·'dʒa:·re] *vt* 1. (*provare*) to try 2. (*mangiare una piccola quantità di*) to taste; (*bere una piccola quantità di*) to sip

assaggio [as·'sad·dʒo] <-ggi> *m* 1. (*degusta-*

zione) tasting 2. (*piccola quantità*) taste 3. (*prova*) sample

assai [as·'sa:·i] I. *adv* 1. (*molto*) very 2. (*molto*) a lot; **m'importa ~ di lui!** *iron, inf* what do I care about him! II. <inv> *adj* (*parecchio*) a lot of

assale [as·'sa:·le] *m* axle

assalire [as·sa·'li:·re] <irr> *vt* 1. to attack; **~ qu alle spalle** to attack sb from behind 2. *fig* (*sopraffare*) to overcome

assaltare [as·sal·'ta:·re] *vt* (*banca*) to raid; (*convoglio, treno*) to attack; (*fortezza*) to storm

assalto [as·'sal·to] *m* 1. MIL assault 2. (*azione violenta*) attack; **prendere d'~ qc** (*biglietteria, treno, buffet*) to rush 3. SPORT (*nella scherma*) bout

assaporare [as·sa·po·'ra:·re] *vt* to savor

assassinare [as·sas·si·'na:·re] *vt* (*uccidere*) to murder; POL to assassinate

assassinio [as·sas·'si:·nio] <-ii> *m* (*omicidio*) murder; POL assassination

assassino, -a [as·sas·'si:·no] I. *adj a. fig* murderous II. *m, f* (*omicida*) killer

assatanato, -a [as·sa·ta·'na:·to] *adj* 1. (*indemoniato*) possessed 2. *fig* (*sessualmente*) randy

asse ['as·se] I. *f* (*tavola di legno*) board; **l'~ del gabinetto** toilet seat; **~ di equilibrio** beam; **~ da stiro** ironing board II. *m* 1. A. MAT axis 2. TEC (*organo portante*) axle

assecondare [as·se·kon·'da:·re] *vt* 1. (*favorire*) to encourage 2. (*soddisfare*) **~ qc** to go along with sth; **~ qu in qc** to support sb in sth

assediare [as·se·'dia:·re] *vt* 1. *a. fig* MIL to besiege 2. (*bloccare*) to cut off

assedio [as·'sɛ:·dio] <-i> *m a. fig* MIL siege

assegnamento [as·seɲ·ɲa·'men·to] *m* reliance; **fare ~ su qc/qu** to rely on sth/sb

assegnare [as·seɲ·'ɲa:·re] *vt* 1. (*dare*) **~ qc a qu** (*premio, borsa di studio*) to award sth to sb; (*compiti scolastici*) to give sth to sb; (*incarico*) to allocate sth to sb 2. (*destinare*) to assign; **~ qu a qc** to assign sb to sth 3. (*stabilire: scadenza*) to set

assegnazione [as·seɲ·ɲat·'tsio:·ne] *f* 1. (*di premio, borsa di studio*) award; (*di prestito, alloggio*) allocation; (*di compiti scolastici*) setting 2. (*di incarico*) assignment 3. (*di persona*) posting

assegno [as·'seɲ·ɲo] *m* 1. COM, FIN check; **~ in bianco** blank check; **~ postale** postal order; **~ sbarrato** crossed check; **~ scoperto** [*o a* **vuoto**] bad check 2. (*sussidio*) welfare payment; **~ di maternità** maternity pay; **-i familiari** family welfare benefits

assemblaggio [as·sem·'blad·dʒo] <-ggi> *m* 1. (*montaggio: di automobili, computer, componenti*) assembly 2. (*di brani, sigle musicali*) compilation

assemblare [as·sem·'bla:·re] *vt* 1. (*montare: automobili, computer, componenti*) to assemble 2. (*brani, sigle musicali*) to compile

assemblatore, -trice [as·sem·bla·'to:·re] I. *m, f* assembly worker II. *adj* COMPUT (*programma ~*) assembler

assemblea [as·sem·'blɛ:·a] *f* 1. (*riunione*) meeting; **~ plenaria** plenary meeting 2. (*organo*) assembly

assembramento [as·sem·bra·'men·to] *m* gathering

assennato, -a [as·sen·'na:·to] *adj* wise

assenso [as·'sɛn·so] *m* 1. (*approvazione*) approval 2. ADMIN (*autorizzazione*) consent

assentarsi [as·sen·'tar·si] *vr* **~ (da un luogo)** to be absent (from a place)

assente [as·'sɛn·te] I. *adj* 1. (*non presente: da scuola*) absent; (*per lavoro*) away 2. (*inesistente*) non-existent 3. (*distratto: aria, sguardo*) distracted II. *mf* absent person

assenteismo [as·sen·te·'iz·mo] *m* (*dal lavoro*) absenteeism

assenteista [as·sen·te·'is·ta] <-i , -e> *mf* absentee

assenteistico, -a [as·sen·te·'is·ti·ko] <-ci, -che> *adj* (*comportamento, fenomeno*) being frequently absent

assentire [as·sen·'ti:·re] *vi* to agree; **~ a qc** to agree to sth

assenza [as·'sɛn·tsa] *f* 1. (*da luogo*) absence; **~ giustificata/ingiustificata** (*a scuola*) authorized/unauthorized absence 2. (*mancanza*) lack; **l'~ di qc** the lack of sth

assenziente [as·sen·'tsiɛn·te] *adj* (*sguardo, risposta*) consenting; **essere ~** to be in agreement

assenzio [as·'sɛn·tsio] <-i> *m* 1. BOT wormwood 2. (*liquore*) absinthe

asserire [as·se·'ri:·re] <asserisco> *vt* to maintain

asservimento [as·ser·vi·'men·to] *m* enslavement; **~ a qc** (*potere, politica, padrone, interesse*) subservience to sth

asservire [as·ser·'vi:·re] <asservisco> I. *vt* **~ qc a qc** to subordinate sth to sth II. *vr:* **-rsi -rsi a qc** (*potere, politica, padrone, interesse*) to be subordinated to sth

asserzione [as·ser·'tsio:·ne] *f* (*dichiarazione*) assertion

assessorato [as·ses·so·'ra:·to] *m* (*ufficio*) department

assessore [as·ses·'so:·re] *m* councilor; **~ comunale** local councilor

assestamento [as·ses·ta·'men·to] *m* 1. ARCHIT, GEO (*di edificio, trave, terreno*) settlement 2. (*sistemazione*) settling down

assestare [as·ses·'ta:·re] I. *vt* (*affibbiare*) **~ un colpo** to deal a blow II. *vr:* **-rsi** 1. (*terreno, valore, dato*) to settle 2. *fig* (*situazione*) to settle down

assestata [as·ses·'ta:·ta] *f* (*sistemata*) tidying up

assetare [as·se·'ta:·re] *vt* to deprive of water

assetato, -a [as·se·'ta:·to] I. *adj a. fig* thirsty; **~ di qc** (*sapere, giustizia, vendetta*) thirsty for

sth; **~ di sangue** bloodthirsty II. *m, f* **gli -i** the thirsty

assettare [as·set·'ta:·re] I. *vt* (*stanza*) to tidy up II. *vr:* **-rsi** to tidy oneself up

assetto [as·'sɛt·to] *m* 1. (*ordinamento*) organization 2. (*equipaggiamento*) gear; **~ di combattimento** action stations 3. AERO, NAUT trim 4. AUTO stability

assiale [as·'sia:·le] *adj* axial

assicurare [as·si·ku·'ra:·re] I. *vt* 1. (*contro rischi: casa, auto, pacco*) to insure; **~ (contro qc)** (*furto, rischio, incendio*) to insure (against sth) 2. (*garantire, fissare*) to secure 3. (*affermare*) **~ qc a qu** to assure sb of sth; **~ a qu che** to assure sb that II. *vr:* **-rsi** 1. (*fare un assicurazione*) to get insurance; **-rsi (contro qc)** (*furto, rischio, incendio*) to insure oneself (against sth) 2. (*garantirsi*) to secure 3. (*accertarsi*) to make sure

assicurato, -a [as·si·ku·'ra:·to] *m, f* policyholder

assicuratore, -trice [as·si·ku·ra·'to:·re] I. *adj* (*società, ente*) insurance II. *m, f* insurance agent

assicurazione [as·si·ku·rat·'tsio:·ne] *f* 1. (*contratto*) insurance; **~ casco/contro tutti i rischi** comprehensive insurance; **~ contro la responsabilità civile** third party insurance; **~ sulla vita** life insurance 2. (*affermazione*) assurance

assideramento [as·si·de·ra·'men·to] *m* exposure

assiderare [as·si·de·'ra:·re] I. *vt* (*mani*) to freeze; (*pianta*) to frost II. *vi:* **-rsi** to suffer from exposure

assiduità [as·si·dui·'ta] <-> *f* 1. (*abituale*) regularity; **con ~** regularly 2. (*perseveranza*) diligence

assiduo, -a [as·'si:·duo] *adj* 1. (*regolare: cliente, lettore, visitatore*) regular 2. (*costante: visita, attività, cura, interesse*) constant 3. (*diligente: studente, lavoratore*) hardworking

assieme [as·'siɛ:·me] I. *adv* together II. *prep* **~ a** (together) with III. <-> *m* 1. (*complesso*) whole; **un quadro d'~** an overall picture 2. MUS, TEAT ensemble

assillare [as·sil·'la:·re] *vt* (*soggetto: problemi, preoccupazioni*) to nag at

assillo [as·'sil·lo] *m* (*problema*) worry

assimilabile [as·si·mi·'la:·bi·le] *adj* 1. (*digeribile: alimento, medicinale*) digestible 2. (*paragonabile*) **~ a qc** comparable to sth

assimilare [as·si·mi·'la:·re] *vt* 1. BIOL (*assorbire: alimento, medicinale, sostanza*) to absorb 2. *fig* (*far proprio*) to take in 3. LING to assimilate

assimilazione [as·si·mi·lat·'tsio:·ne] *f* A. BIOL, LING (*di alimento, medicinale, sostanza*) assimilation

assioma [as·'siɔ:·ma] <-i> *m* axiom

assiomatico, -a [as·sio·'ma:·ti·ko] <-ci, -che> *adj* (*teoria, metodo*) axiomatic

assisano, -a [as·si·'za:·no] **I.** *adj* from Assisi **II.** *m, f* (*abitante*) person from Assisi

assise [as·'si:·ze] *fpl* **1.** GIUR **Corte d'Assise** ≈ district court **2.** (*riunione plenaria*) meeting

Assisi *f* Assisi, *city in central Italy*

assistei [as·sis·'te:·i] *1. pers sing pass rem di* **assistere**

assistente [as·sis·'tɛn·te] **I.** *adj* assistant **II.** *mf* assistant; **~ di bordo** flight attendant; **~ alla regia** assistant director; **~ sociale** social worker; **~ universitario** ≈ instructor

assistenza [as·sis·'tɛn·tsa] *f* assistance; **~ sanitaria** health care; **~ sociale** welfare; **~ tecnica** technical support; **~ legale** legal aid

assistenziale [as·sis·ten·'tsia:·le] *adj* (*attività, ente, servizio*) welfare

assistenzialismo [as·sis·ten·tsia·'liz·mo] *m* welfarism

assistere [as·'sis·te·re] <assisto, assistei *o* assistetti, assistito> **I.** *vi* **~ a qc** (*spettacolo, lezione*) to attend sth; (*incidente*) to witness sth **II.** *vt* **1.** (*curare*) **~ qu** (*anziano, ferito, malato*) to care for **2.** (*aiutare*) to help **3.** (*cliente*) to assist

assistibile [as·sis·'ti:·bi·le] *adj* (*paziente, soggetto*) able to be cared for

asso ['as·so] *m* **1.** A. SPORT (*di carte da gioco*) ace; (*di dado*) one; **avere l'~ nella manica** *fig* to have an ace up one's sleeve; **un ~ del volante** an ace driver; **un ~ dello sport** a sporting champion **2.** (*loc*) **piantare** [*o* **lasciare**] **qu in ~** to leave sb in the lurch

associare [as·so·'tʃa:·re] **I.** *vt* **1.** (*unire: idee, caratteristiche, prestazioni*) to associate **2.** (*a circolo, partito*) to enroll **3.** (*mettere insieme*) to bring together **II.** *vr:* **-rsi 1.** (*unirsi*) **-rsi con qu** to join sb **2.** **-rsi a qc** (*circolo, partito*) to join sth **3. -rsi a qc** (*protesta, brindisi*) to join in sth **4.** (*accompagnarsi*) to be associated with

associativo, -a [as·so·tʃa·'ti:·vo] *adj* (*quota*) membership

associazione [as·so·tʃat·'tsio:·ne] *f* association; **~ di categoria** trade association; **~ di idee** association of ideas; **per ~** by association

assodare [as·so·'da:·re] *vt* to ascertain

assoggettabilità [as·sod·dʒet·ta·bi·li·'ta] <-> *f* liability, *for tax*

assoggettamento [as·sod·dʒet·ta·'men·to] *m* **1.** (*sottomissione: di Stato, popolazione*) subjection **2.** (*a tassa, controllo*) liability

assoggettare [as·sod·dʒet·'ta:·re] **I.** *vt* **1.** (*sottomettere: Stato, popolazione*) to subjugate **2.** (*sottoporre*) **~ a qc** (*a tassa, controllo*) to subject to sth **II.** *vr:* **-rsi -rsi a qc 1.** (*sottomettersi: nemico*) to submit to sth **2.** (*sottoporsi: tassa, controllo*) to comply with sth **3.** (*adattarsi*) to adapt to sth

assolato, -a [as·so·'la:·to] *adj* (*regione, isola, casa*) sunny

assoldare [as·sol·'da:·re] *vt* **1.** MIL (*mercenari*) to recruit **2.** (*killer, interprete, guida*) to hire

assolsi [as·'sɔl·si] *1. pers sing pass rem di* **assolvere**

assolto [as·'sɔl·to] *pp di* **assolvere**

assolutamente [as·so·lu·ta·'men·te] *adv* **1.** (*senz'altro*) definitely **2.** (*del tutto*) absolutely

assolutismo [as·so·lu·'tiz·mo] *m* absolutism

assolutistico, -a [as·so·lu·'tis·ti·ko] <-ci, -che> *adj* (*mire, potere, dominio*) absolutist

assolutizzazione [as·so·lu·tid·dzat·'tsio:·ne] *f* making absolute

assoluto, -a [as·so·'lu:·to] *adj* **1.** A. POL (*generale: verità*) absolute; **in ~** absolutely **2.** (*totale: novità, silenzio*) complete **3.** SPORT (*campione, record*) undisputed **4.** (*urgente: bisogno*) urgent

assoluzione [as·so·lut·'tsio:·ne] *f* **1.** GIUR (*di imputato*) acquittal **2.** REL absolution

assolvere [as·'sɔl·ve·re] <assolvo, assolsi, assolto> *vt* **1.** GIUR (*imputato*) to acquit **2.** A. REL (*liberare*) to absolve; **~ qu da qc** to absolve sb of sth **3.** (*eseguire: compito, dovere*) to carry out

assomigliare [as·so·miʎ·'ʎa:·re] **I.** *vi* **~ a qu/qc** to resemble sb/sth **II.** *vr:* **-rsi** to look alike; **-rsi come due gocce d'acqua** to be like two peas (in a pod)

assonanza [as·so·'nan·tsa] *f* **1.** LING assonance **2.** *fig* (*di colori, immagini*) harmony

assonnato, -a [as·so·'na:·to] *adj a. fig* sleepy

assopirsi [as·so·'pir·si] <mi assopisco> *vr* (*addormentarsi*) to doze off

assorbente [as·sor·'bɛn·te] **I.** *adj* (*carta, tessuto, sostanza*) absorbent **II.** *m* **~ igienico** sanitary towel; **~ interno** tampon

assorbire [as·sor·'bi:·re] *vt* **1.** (*gener*) to absorb **2.** (*incorporare: azienda, quota*) to swallow up **3.** (*consumare: tempo*) to take up

assordante [as·sor·'dan·te] *adj* (*rumore, musica*) deafening

assordare [as·sor·'da:·re] *vt* avere (*render sordo*) to deafen

assortimento [as·sor·ti·'men·to] *m* (*di prodotti, articoli*) range

assortire [as·sor·'ti:·re] <assortisco> *vt* **1.** (*combinare: colori*) to mix **2.** COM (*rifornire*) to supply

assortito, -a [as·sor·'ti:·to] *adj* **1.** (*misto: cioccolatini, pasticcini, colori*) assorted **2.** (*che armonizza: coppia, gruppo*) **ben ~** well-matched

assorto, -a [as·'sɔr·to] *adj* **~ nei pensieri** lost in thought

assottigliare [as·sot·tiʎ·'ʎa:·re] **I.** *vt* **1.** (*render sottile: caviglie, fianchi, gambe*) to slim down **2.** (*ridurre: scorte, viveri, vantaggio*) to reduce; (*gruppo, numero, guadagno*) to reduce the size of **II.** *vr:* **-rsi 1.** (*diventar sottile: caviglie, fianchi, gambe*) to become slimmer **2.** (*ridursi: scorte, viveri*) to dwindle; (*gruppo, numero, guadagno*) to get smaller; (*vantaggio*) to narrow **3.** (*dimagrire*) to slim down

assuefare [as·sue·'fa:·re] <irr> **I.** *vt* **~ qc a qc**

A

to accustom sth to sth **II.** *vr* **-rsi a qc** to get used to sth

assuefazione [as·sue·fat·'tsio:·ne] *f* addiction; **l'~ a qc** addiction to sth

assumere [as·'su:·me·re] <assumo, assunsi, assunto> **I.** *vt* **1.** (*responsabilità, impegno, personale, operaio*) to take on **2.** (*colpa, merito, farmaco*) to take **3.** (*fare proprio: atteggiamento*) to put on **4.** (*ingerire: cibo*) to eat **5.** (*procurarsi: informazioni*) to obtain **II.** *vr:* **-rsi 1.** (*prendersi: responsabilità, impegno*) to take on **2.** (*attribuirsi: colpa, merito*) to take

Assunta [as·'sun·ta] *f* **1.** (*Maria Vergine*) the Virgin Mary **2.** (*festa*) the feast of the Assumption

assunto¹ [as·'sun·to] *m* (*tesi*) argument

assunto² *pp di* **assumere**

assunzione [as·sun·'tsio:·ne] *f* **1.** (*di impiegato*) employment **2.** (*di farmaco*) taking **3.** REL **l'Assunzione (della Vergine)** the Assumption (of the Virgin Mary)

assurdità [as·sur·di·'ta] <-> *f* **1.** (*caratteristica*) absurdity **2.** (*cosa assurda*) stupid thing

assurdo [as·'sur·do] *m* ridiculous thing

assurdo, -a *adj* (*comportamento, idea, storia*) ridiculous

asta ['as·ta] *f* **1.** A. SPORT (*bastone*) pole; **salto con l'~** pole vault; (*di compasso, occhiali*) arm; (*di bandiera*) flagpole; **a mezz'~** (*bandiera*) at half mast **2.** (*lancia*) lance **3.** (*nella scrittura*) stroke **4.** (*vendita all'incanto*) auction; **mettere all'~** to auction (off)

astemio, -a [as·'tɛ:·mio] <-i, -ie> **I.** *adj* (*persona*) teetotal **II.** *m, f* teetotaler

astenersi [as·te·'ner·si] <irr> *vr* to abstain; **~ da qc** (*fumo, bere*) to abstain from sth; **~ (dal voto)** to abstain (from voting); **~ dal fare qc** to refrain from doing sth

astensione [as·ten·'sio:·ne] *f* **1.** (*non votante*) abstention **2.** (*sciopero*) **~ dal lavoro** withdrawal of labor

astenuto, -a [as·te·'nu:·to] **I.** *pp di* **astenersi II.** *m, f* (*non votante*) abstainer

asterisco [as·te·'ris·ko] <-schi> *m* TYPO asterisk

asteroide [as·te·'rɔ:·i·de] *m* asteroid

Asti *f* Asti, *town in northern Italy*

astice ['as·ti·tʃe] *m* lobster

asticella [as·ti·'tʃɛl·la] *f* SPORT bar

Astigiano (*zona*) **nell'~** in the Asti area

astigiano, -a [as·ti·'dʒa:·no] **I.** *adj* from Asti **II.** *m, f* (*abitante*) person from Asti

astigmatico, -a [a·stig·'ma:·ti·ko] <-ci, -che> **I.** *adj* (*paziente, lente*) astigmatic **II.** *m, f* person with astigmatism

astinente [a·sti·'nɛn·te] *adj* (*da droga, alcol, nicotina*) abstinent

astinenza [a·sti·'nɛn·tsa] *f* (*da droga, alcol, nicotina*) abstinence

astio ['as·tio] <-i> *m* resentment

astioso, -a [as·'tio:·so] *adj* **1.** (*parola*) hostile **2.** (*persona*) resentful

astrarre [as·'trar·re] <irr> **I.** *vt* **1.** (*distogliere: sguardo, mente*) to detach **2.** FILOS to abstract **II.** *vi* **~ da qc** to disregard sth **III.** *vr:* **-rsi** to detach oneself

astratto [as·'trat·to] *m* abstract

astratto, -a I. *pp di* **astrarre II.** *adj* (*concetto, rappresentazione*) abstract

astringente [as·trin·'dʒɛn·te] **I.** *adj* (*lozione*) astringent **II.** *m* astringent

astro ['as·tro] *m* A. ASTR star

astrofisica [as·tro·'fi:·zi·ka] <-che> *f* astrophysics

astrologia [as·tro·lo·'dʒi:·a] <-gie> *f* astrology

astrologico, -a [as·tro·'lɔ:·dʒi·ko] <-ci, -che> *adj* (*consulenza, previsione*) astrological

astrologo, -a [as·'trɔ:·lo·go] <-gi, -ghe> *m, f* ASTR astrologer

astronauta [as·tro·'na:·u·ta] <-i *m*, -e *f*> *mf* astronaut

astronautica [as·tro·'na:·u·ti·ka] <-che> *f* astronautics

astronautico, -a [as·tro·'na:·u·ti·ko] <-ci, -che> *adj* (*attività, missione, ricerca*) space

astronave [as·tro·'na:·ve] *f* spaceship

astronomia [as·tro·no·'mi:·a] <-ie> *f* astronomy

astronomico, -a [as·tro·'nɔ:·mi·ko] <-ci, -che> *adj* astronomical

astronomo, -a [as·'trɔ:·no·mo] *m, f* astronomer

astrusità [as·tru·zi·'ta] <-> *f* **1.** (*caratteristica*) obscurity **2.** (*cosa assurda*) to talk nonsense

astruso, -a [as·'tru:·zo] *adj* (*calcolo, concetto, sistema*) obscure

astuccio [as·'tut·tʃo] <-cci> *m* case

astuto, -a [as·'tu:·to] *adj* (*persona, ragionamento, idea*) smart

astuzia [as·'tut·tsia] <-ie> *f* **1.** (*furbizia*) cunning **2.** (*trucco*) trick

AT 1. *abbr di* **Antico Testamento** OT **2.** *abbr di* **Alta Tensione** HT

ateismo [a·te·'iz·mo] *m* atheism

atelier [a·ta·'lje] <-> *m* (*di pittore, fotografo, sarto*) studio

Atene [a·'tɛ:·ne] *f* Athens

ateo, -a ['a:·te·o] **I.** *adj* (*persona, pensiero*) atheist **II.** *m, f* atheist

atesino, -a [a·te·'zi:·no] **I.** *adj* from Alto Adige **II.** *m, f* person from Alto Adige

ATI ['a:·ti] *f abbr di* **Aereo Trasporti Italiani** *Italian Air Transport Company*

atipico, -a [a·'ti:·pi·ko] <-ci, -che> *adj* (*comportamento, sviluppo, caso*) atypical

atlante [at·'lan·te] *m* atlas

atlantico, -a [at·'lan·ti·ko] <-ci, -che> *adj* (*traversata, sommergibile, onda*) Atlantic; **l'Oceano Atlantico** the Atlantic (Ocean)

atleta [at·'lɛ:·ta] <-i *m*, -e *f*> *mf* athlete

atletica [at·'lɛ:·ti·ka] *f* athletics; **~ leggera** track and field

atletico, -a [at·'lɛ:·ti·ko] <-ci, -che> *adj* (*corpo, persona, prestazioni*) athletic

atmosfera [at·mos·'fɛ:·ra] *f a. fig* atmosphere

atmosferico, -a [at·mos·'fɛ:·ri·ko] <-ci, -che>

A

adj (*inquinamento, fenomeno, pressione*) atmospheric; **condizioni atmosferiche** weather conditions

atomico, -a [a·'tɔ·mi·ko] <-ci, -che> *adj* **1.** CHIM, FIS atomic **2.** (*nucleare*) **bomba atomica** atom bomb; **centrale atomica** nuclear power station

atomizzare [a·to·mid·'dza·re] *vt* (*nebulizzare*) to spray

atomizzatore [a·to·mid·dza·'to:·re] *m* (*nebulizzatore*) atomizer

atomo ['a:·to·mo] *m* atom

atrio ['a:·trio] <-ii> *m* lobby

atroce [a·'tro:·tʃe] *adj* **1.** (*crudele: delitto, morte*) appalling **2.** (*raccapricciante: scena, spettacolo*) dreadful **3.** (*terribile: dolore, frastuono*) awful **4.** (*angoscioso: dubbio*) terrible

atrocità [a·tro·tʃi·'ta] <-> *f* **1.** (*caratteristica*) awfulness **2.** (*cosa atroce*) atrocity

atrofia [a·tro·'fi:·a] <-ie> *f* atrophy

atrofizzare [a·tro·fid·'dza·re] **I.** *vt* (*muscolo*) to atrophy **II.** *vr:* **atrofizzarsi** (*muscolo*) atrophy

attaccabottoni [at·tak·ka·bot·'to:·ni] <-> *mf inf* gasbag

attaccabrighe [at·tak·ka·'bri:·ge] <-> *mf inf* quarrelsome person

attaccamento [at·tak·ka·'men·to] *m* attachment

attaccante [at·tak·'kan·te] **I.** *adj* (*squadra*) attacking **II.** *mf* SPORT forward

attaccapanni [at·tak·ka·'pan·ni] <-> *m* (*a muro*) hook; (*a stelo*) coatstand

attaccare [at·tak·'ka:·re] **I.** *vt* **1.** (*fissare*) to attach **2.** (*con colla: etichetta, manifesto*) to stick **3.** (*cucire*) to sew **4.** (*appendere*) to hang; **~ al chiodo** *fig* (*guanti da box, bicicletta*) to hang up **5.** (*agganciare*) to hook up **6.** (*alla corrente*) to connect up **7.** A. CHIM, SPORT (*assalire, criticare*) to attack **8.** MED (*malattia*) **~ qc a qu** to give sb sth **9.** (*iniziare*) **~ discorso** to start a conversation **II.** *vi* **1.** (*avere azione adesiva*) to stick **2.** (*muovere all'assalto*) to attack **3.** *fig* (*attecchire*) to work; **con me non attacca!** *inf* that doesn't work with me! **4.** (*impersonale*) to start; **attacca a piovere** it's starting to rain **III.** *vr:* **attaccarsi 1.** A. CULIN (*restare aderente*) to stick **2.** MED to be catching **3.** (*aggrapparsi*) **attaccarsi a qu/qc** to catch on to sb/sth; **attaccarsi alla bottiglia** to take to drink **4.** (*affezionarsi*) **attaccarsi a qu** to become attached to sb

attaccaticcio [at·ta·ka·'tit·tʃo] <-cci> *m* **sapere di ~** to taste burned

attaccato, -a [at·tak·'ka:·to] *adj* (*legato*) attached; **essere ~ ai soldi/alla famiglia** to be fond of money/one's family

attaccatura [at·tak·ka·'tu:·ra] *f* (*di capelli*) hairline

attaccatutto [at·tak·ka·'tut·to] *m* (*colla*) superglue

attacchinaggio [at·tak·ki·'nad·dʒo] <-gi> *m* posting

attacchinare [at·tak·ki·'na:·re] *vi* to post bills

attacco [at·'tak·ko] <-cchi> *m* **1.** (*giunzione*) connection **2.** (*per sci*) binding **3.** *a. fig* MED, MIL, SPORT attack **4.** (*avvio, inizio*) beginning

attanagliare [at·ta·naʎ·'ʎa:·re] *vt a. fig* to grip

attardarsi [at·tar·'dar·si] *vr* to stay behind

attecchire [at·tek·'ki:·re] <attecchisco> *vi* **1.** BOT to take root **2.** *fig* (*moda*) to catch on

atteggiamento [at·ted·dʒa·'men·to] *m* attitude

atteggiare [at·ted·'dʒa:·re] **I.** *vt* **~ qc** (*labbra, corpo, mani*) to fix sth; **~ il volto a sofferenza** to put on a suffering face **II.** *vr:* **atteggiarsi a qc** (*vittima, primadonna*) to pose as sth

attempato, -a [at·tem·'pa:·to] *adj* elderly

attendarsi [at·ten·'dar·si] *vr* to camp

attendere [at·'tɛn·de·re] <irr> **I.** *vt* to wait (for) **II.** *vi* **~ a qc** to attend to sth

attendibile [at·ten·'di:·bi·le] *adj* (*giornale, fonte, notizia, testimone*) credible

attendista [at·ten·'dis·ta] *adj* wait-and-see

attenere [at·te·'ne:·re] <irr> **I.** *vi* essere **~ a qc** to be relevant to sth **II.** *vr* **attenersi a qc** to stick to sth

attentare [at·ten·'ta:·re] *vi* **~ alla vita di qu** to make an attempt on sb's life

attentato [at·ten·'ta:·to] *m* attack; **-i dinamitardi terroristici** terrorist bomb attacks; **~ kamikaze** kamikaze attack

attentatore, -trice [at·ten·ta·'to:·re] *m, f* attacker

attenti [at·'tɛn·ti] **I.** *interj* **1.** (*attenzione*) be careful; **~ al cane!** beware of the dog! **2.** MIL attention! **II.** <-> *m* attention; **mettere qu sull'~** *fig* to call sb to order

attento, -a [at·'tɛn·to] **I.** *adj* **1.** (*concentrato: interlocutore, ascolto*) attentive **2.** (*diligente: scolaro*) diligent **3.** (*accurato: analisi*) careful **II.** *interj* be careful!

attenuante [at·te·nu·'an·te] **I.** *adj* GIUR **circostanze -i** extenuating circumstances **II.** *f* GIUR extenuating circumstances

attenuare [at·te·nu·'a:·re] **I.** *vt* (*dolore*) to ease; (*rumore*) to deaden; (*colpo*) to soften **II.** *vr:* **-rsi** (*dolore*) to ease; (*maltempo*) to improve

attenuto [at·te·'nu:·to] *pp di* **attenere**

attenzione¹ [at·ten·'tsio:·ne] *f* **1.** A. COM (*concentrazione*) attention; **fare ~** to be careful; **alla cortese ~ di ...** for the attention of ... **2.** *pl* attentions *pl*

attenzione² *interj* be careful!

atterraggio [at·ter·'rad·dʒo] <-ggi> *m* AERO, SPORT landing; **campo d'~** landing strip; **~ di fortuna** crash landing

atterrare [at·ter·'ra:·re] **I.** *vt* (*avversario*) to floor **II.** *vi* AERO, SPORT to land

atterrire [at·ter·'ri:·re] <atterrisco> **I.** *vt* to terrify; **~ qu** to terrify sb **II.** *vr:* **-rsi** to become terrified

A

attesa [at·'te:·sa] *f* wait; **sala d'~** waiting room; **lista d'~** waiting list; **essere in ~ di qu/qc** to be waiting for sb/sth; **nell'~ della Sua risposta** awaiting your reply

attesi [at·'e:·si] *1. pers sing pass rem di* **attendere**

atteso, -a I. *pp di* **attendere** II. *adj* long--awaited

attestare [at·tes·'ta:·re] *vt* 1. (*testimoniare*) to state 2. (*certificare*) to certify 3. *fig* (*dimostrare*) to attest to

attestato [at·tes·'ta:·to] *m* (*certificato*) certificate; **rilasciare un ~** to issue a certificate

attestazione [at·tes·tat·'tsio:·ne] *f* 1. (*testimonianza*) proof 2. (*certificato*) declaration 3. *fig* (*dimostrazione*) demonstration

attico ['at·ti·ko] <-ci> *m* (*appartamento*) penthouse

attiguo, -a [at·'ti:·guo] *adj* (*appartamento, stanza*) adjoining; **~ a qc** next to sth

attillato, -a [at·til·'la:·to] *adj* (*abito*) tight

attimino [at·ti·'mi:·no] *m inf* (*breve istante*) second

attimo ['at·ti·mo] *m* moment; **in un ~** in a moment; **tra un ~** in a moment; **non ho un ~ di tempo** I don't have a spare minute

attinente [at·ti·'nɛn·te] *adj* **~ a qc** relating to

attinenza [at·ti·'nɛn·tsa] *f* (*connessione*) connection

attingere [at·'tin·dʒe·re] <irr> *vt* 1. (*acqua*) to draw 2. *fig* (*informazioni, dati*) to obtain; FIN (*risorse finaziarie*) to draw on

attirare [at·ti·'ra:·re] I. *vt* 1. *a. fig* (*tirare a sé*) to attract 2. *fig* (*allettare*) to appeal to II. *vr:* **-rsi** to attract one another

attitudinale [at·ti·tu·di·'na:·le] *adj* aptitude; **test ~** aptitude test

attitudine [at·ti·'tu:·di·ne] *f* (*capacità*) aptitude; **l'~ a qc** a tendency toward sth; **l'~ per qc** aptitude for sth

attivare [at·ti·'va:·re] *vt* 1. (*mettere in azione: motore di ricerca, leva*) to start 2. A. CHIM, FIS (*mettere in funzione: servizio, telefono, abbonamento*) to activate

attivazione [at·ti·vat·'tsio:·ne] *f* 1. (*messa in azione: di meccanismo*) starting 2. A. CHIM, FIS (*di servizio, telefono*) activation

attivismo [at·ti·'viz·mo] *m* activism

attivista [at·ti·'vis·ta] <-i , -e> *mf* activist

attività [at·ti·vi·'ta] <-> *f* 1. (*operosità*) activeness 2. (*lavoro*) business; **~ primaria** agriculture; **~ secondaria** industry; **~ terziaria** commerce 3. occupazione; **~ sportiva** sporting activity 4. *pl* COM asset 5. (*funzionamento, azione*) **essere in ~** to be in operation 6. GEO **in ~** active

attivo [at·'ti:·vo] *m* 1. COM assets *pl;* **essere in ~** to be profitable 2. LING active 3. (*loc*) **avere al proprio ~** to have to one's credit

attivo, -a *adj* 1. (*vita, mente, lavoratore, persona*) active 2. (*determinante*) **principio ~** active ingredient; **prendere parte -a a qc** to

take an active part in sth 3. (*in funzione*) TEC in operation 4. GEO, LING active 5. COM credit

attizzare [at·tit·'tsa:·re] *vt* 1. (*fiamma, fuoco*) to fan 2. *fig* (*odio*) to stir up

atto ['at·to] *m* 1. (*gesto*) act; (*azione*) action; **essere in ~** to be underway; **mettere in ~ qc** to put sth into action; **all'~ di** at the moment of; **nell'~ di** in the act of 2. FILOS, TEAT act; **~ unico** one-act play 3. (*documento*) document; **~ di accusa** indictment; **~ di matrimonio** marriage certificate; **~ di nascita** birth certificate; **~ giuridico** instrument 4. *pl* (*documentazione*) proceedings; **passare agli -i** *fig* to be placed on record 5. REL **~ di fede** act of faith 6. (*loc*) **dare ~ di qc** to give credit for sth; **fare ~ di presenza** to put in an appearance; **prendere ~ di qc** to take note of sth; **all'~ pratico** in practice

atto, -a *adj* 1. (*idoneo: persona*) **~ a qc** able to do sth 2. (*adatto: mezzo*) **~ a qc** suitable for sth

attonito, -a [at·'tɔ:·ni·to] *adj* 1. (*sconvolto*) dumbfounded 2. (*sorpreso*) amazed

attorcigliare [at·tor·tʃiʎ·'ʎa:·re] I. *vt* to twist II. *vr:* **-rsi** to become twisted

attore, attrice [at·'to:·re] *m, f* 1. (*in spettacoli*) actor; **~ cinematografico** movie actor; **~ comico** comic actor 2. *fig* (*protagonista*) central figure 3. GIUR plaintiff

attorniare [at·tor·'nia:·re] I. *vt* (*circondare*) to surround II. *vr* **-rsi di qc** to surround oneself with sth; **-rsi di qu** to surround oneself with sb

attorno [at·'tor·no] I. *adv* around; **guardarsi ~** to look around II. *prep* 1. **~ a** around; **stare ~ a qu** to be around sb 2. (*circa*) about

attraente [at·tra·'ɛn·te] *adj* attractive

attrarre [at·'trar·re] <irr> *vt* 1. (*tirare a sé*) to attract 2. *fig* (*allettare: proposta, idea*) to appeal

attrattiva [at·trat·'ti:·va] *f* 1. (*fascino*) attraction 2. *pl* (*cose che attraggono*) attractions

attraversamento [at·tra·ver·sa·'men·to] *m* crossing; **~ pedonale** pedestrian crossing

attraversare [at·tra·ver·'sa:·re] *vt* 1. (*passare attraverso*) to cross; **~ la strada** to cross the road; **~ il confine** to cross the border 2. *fig* (*trascorrere: periodo*) to go through

attraverso [at·tra·'vɛr·so] *prep* 1. (*da parte a parte*) across 2. (*mediante*) through

attrazione [at·trat·'tsio:·ne] *f* attraction; **provare ~ per qu** to be attracted to sb

attrezzare [at·tret·'tsa:·re] I. *vt* to fit out; **~ qc (con qc)** to fit sth out with sth II. *vr:* **-rsi** to equip oneself

attrezzato, -a [at·tret·'tsa:·to] *adj* equipped; **~ con qc** equipped with sth; **verde ~** green spaces, *with facilities*

attrezzatura [at·tret·tsa·'tu:·ra] *f* 1. equipment; **-e sportive** sporting facilities 2. NAUT rigging

attrezzo [at·'tret·tso] *m* tool

attribuire [at·tri·bu·'i:·re] <attribuisco> I. *vt* 1. (*assegnare*) **~ qc a qu** to award sth to sb

A

2. (*ascrivere*) to give; ~ **qc a qu/qc** to give sth to sb/sth **II.** *vr:* **-rsi** to claim

attributo [at·tri·'bu:·to] *m* A. LING attribute

attribuzione [at·tri·but·'tsio:·ne] *f* **1.** (*assegnazione*) award **2.** *pl* (*mansioni, funzioni*) duties

attrice *f v.* **attore**

attrito [at·'tri:·to] *m a. fig* FIS (*contrasto*) friction

attuabile [at·tu·'a:·bi·le] *adj* feasible

attuale [at·tu·'a:·le] *adj* **1.** (*odierno*) present **2.** (*presente, tuttora valido*) current

attualità [at·tua·li·'ta] <-> *f* **1.** (*modernità*) topicality; **tornare di** ~ to come to the fore again **2.** (*avvenimento*) current affairs; **settimanale/programma di** ~ current affairs magazine/program

attualmente [at·tu·al'·men·te] *adv* currently

attuare [at·tu·'a:·re] **I.** *vt* to carry out **II.** *vr:* **-rsi** (*realizzarsi*) to be carried out

attuazione [at·tu·at·'tsio:·ne] *f* execution

attutire [at·tu·'ti:·re] <attutisco> *vt* (*dolore*) to ease; (*rumore*) to deaden; (*colpo*) to soften

audace [au·'da:·tʃe] *adj* **1.** (*coraggioso*) daring **2.** (*arrischiato: impresa, decisione*) bold **3.** (*provocante: scollatura*) plunging

audacia [au·'da:·tʃa] <-cie> *f* **1.** (*coraggio*) daring **2.** (*atto arrischiato*) daring act **3.** (*insolenza*) impudence

audience ['ɔː·djens] <- *o* audiences> *f* audience, *for a TV show*

audio ['a:u·dio] <-> *m* sound

audiocassetta [au·dio·kas·'set·ta] *f* cassette

audiofrequenza [au·dio·fre·'kuɛn·tsa] *f* frequency

audioguidato, -a [au·dio·gu·i'·da:·to] *adj* **visita -a** audio guide tour

audioleso, -a [au·dio·'le:·zo] *adj* hearing-impaired

audiovisivo, -a [au·dio·vi·'zi:·vo] *adj* audiovisual

audiovisuale [au·dio·vi·zu·'a:·le] *adj* audiovisual

AUDITEL *m acró de* **AUDI**ence **TEL**evisiva AUDITEL, *system for monitoring the size of TV audiences;* **indice di ascolto** ~ ratings *pl*

auditivo, -a [au·di·'ti:·vo] *adj* hearing

auditorio [au·di·'tɔ:·rio] <-i> *m* auditorium

audizione [au·dit·'tsio:·ne] *f* **1.** (*provino: di cantante, musicista*) audition **2.** GIUR (*di testimoni*) hearing

auge ['a:u·dʒe] *f fig* top; **essere in** ~ to be at the top

augurale [au·gu·'ra:·le] *adj* **cartolina** ~ greeting card

augurare [au·gu·'ra:·re] **I.** *vt* to wish; ~ **buon viaggio** to wish sb a good trip **II.** *vi* to wish **III.** *vr:* **-rsi** to hope

augurio [au·'gu:·rio] <-i> *m* **1.** (*voto di felicità, benessere*) greeting; **fare** [*o* **porgere**] **gli -i a qu** to give sb one's best wishes; **tanti -i di buon compleanno!** happy birthday! **2.** (*pre-*

sagio) omen; **essere di buon** ~ to be a good omen

aula ['a:u·la] *f* **1.** (*di tribunale*) courtroom; (*di parlamento*) chamber **2.** (*di scuola*) classroom; (*di università*) lecture hall

aumentare [au·'men·'ta:·re] **I.** *vt avere a. fig* to increase **II.** *vi essere* **1.** (*numero, prezzi, salari*) to rise **2.** (*quantità*) to increase; ~ **di peso** to put on weight **3.** *inf* (*diventare più caro*) to go up

aumento [au·'men·to] *m* **1.** (*crescita, incremento*) increase; ~ **di peso** weight gain; ~ **salariale** raise; ~ **di temperatura** rise in temperature; **essere in** ~ to be going up **2.** (*rincàro*) increase in price

aureo, -a ['a:u·reo] *adj* **1.** (*d'oro*) gold **2.** (*colore, periodo*) golden

aureola [au·'rɛː·o·la] *f* REL halo

auricolare [au·ri·ko·'la:·re] **I.** *adj* MED ear; **padiglione** ~ outer ear **II.** *m* earphone

aurora [au·'rɔ:·ra] *f a. fig* dawn; ~ **australe** Southern Lights; ~ **boreale** Northern Lights; ~ **polare** aurora

ausiliare [au·zi·'lia:·re] **I.** *adj* auxiliary **II.** *m* LING auxiliary **III.** *mf* auxiliary

ausiliario, -a [au·zi·'lia:·rio] <-i, -ie> **I.** *adj* A. MIL auxiliary **II.** *m, f* auxiliary

auspicare [au·spi·'ka:·re] *vt avere* to hope for

auspicio [aus·'pi:·tʃo] <-ci> *m* **1.** (*pronostico*) omen; **essere di buon** ~ to be a good omen **2.** (*desiderio*) hope

austerità [aus·te·ri·'ta] <-> *f* A. COM austerity; **misure di** ~ austerity measures

austero, -a [aus·'tɛ:·ro] *adj* **1.** (*rigido*) strict **2.** (*senza superfluità*) austere

australe [aus·'tra:·le] *adj* southern

Australia [aus·'tra:·lia] *f* Australia

australiano, -a [aus·tra·'lia:·no] **I.** *adj* Australian **II.** *m, f* Australian

Austria ['a:us·tria] *f* Austria

austriaco, -a [aus·'tri:a·ko] <-ci, -che> **I.** *adj* Austrian **II.** *m, f* Austrian

autarchia [au·tar·'ki:·a] <-chie> *f* autonomy

autarchico, -a [au·'tar·ki·ko] <-ci, -che> *adj* **1.** COM self-sufficient **2.** GIUR autonomous

aut aut ['a:ut 'a:ut] <-> *m* ultimatum

autentica [au·'tɛn·ti·ka] <-che> *f* authentication

autenticare [au·ten·ti·'ka:·re] *vt* GIUR, ADMIN to authenticate

autenticità [au·ten·ti·tʃi·'ta] <-> *f* **1.** (*di documento, firma, opera d'arte*) authenticity **2.** (*veridicità: di parole, risposte, intenzioni*) truthfulness

autentico, -a [au·'tɛn·ti·ko] <-ci, -che> *adj* **1.** (*firma, documento, mobile, opera d'arte*) genuine **2.** (*fatto, notizia*) true **3.** (*genuino, puro: sentimento*) sincere

autismo [au·'tiz·mo] *m* PSIC autism

autista [au·'tis·ta] <-i *m,* -e *f*> **I.** *mf* **1.** (*conducente*) driver **2.** PSIC person with autism **II.** *adj* PSIC autistic

autistico, -a [au·'tis·ti·ko] <-ci, -che> *adj* autistic

auto ['a:u·to] <-> *f* car; ~ **civetta** unmarked car; ~ **d'epoca** vintage car; ~ **pubblica** taxi

autoabbronzante [au·to·ab·bron·'dzan·te] **I.** *adj* self-tanning **II.** *m* self-tanning cream

autoaccensione [au·to·at·tʃen·'sio:·ne] *f* MOT autoignition

autoaccessorio [au·to·at·tʃes·'sɔ:·rio] *m* MOT car accessory

autoadesivo [au·to·ade·'zi:·vo] *m* sticker

autoadesivo, -a *adj* sticky

autoambulanza [au·to·am·bu·'lan·tsa] *f* ambulance

autoapprendimento [au·to·ap·pren·di·'men·to] *m* **1.** COMPUT **scanner con funzione di ~** scanner with a self-learning function; **programma con la funzione di ~** self-learning program **2.** (*senza insegnante*) self study

autobiografia [au·to·bi·o·gra·'fi:·a] *f* autobiography

autobiografico, -a [au·to·bi·o·'gra:·fi·ko] <-ci, -che> *adj* autobiographical

autoblinda, autoblindata [au·to·'blin·da, au·to·blin·'da:·ta] *f* armored car

autoblindato, -a [au·to·blin·'da:·to] *adj* armored

autobloccante [au·to·blok·'kan·te] *adj* TEC self-locking

autobomba [au·to·'bom·ba] <-> *f* car bomb

autobotte [au·to·'bot·te] *f* (*per trasporto liquidi*) tanker

autobus ['a:u·to·bus] <-> *m* bus

autocaravan [au·to·'ka:·ra·van] <-> *m o f* camper

autocarro [au·to·'kar·ro] *m* truck

autocensura [au·to·tʃen·'su:·ra] *f* self-censorship

autocertificazione [au·to·tʃer·ti·fi·kat·'tsio:·ne] *f* self-certification

autocisterna [au·to·tʃis·'tɛr·na] *f* tanker

autocitarsi [au·to·tʃi·'tar·si] *vr* to quote oneself

autoclave [au·to·'kla:·ve] *f* autoclave

autocolonna [au·to·ko·'lon·na] *f* convoy

autocommiserarsi [au·to·kom·mi·ze·'rar·si] *vr* to feel sorry for oneself

autocompiacimento [au·to·kom·pia·tʃi·'men·to] *m* self-satisfaction

autoconcessionario [au·to·kon·tʃes·sio·'na:·rio] <-ri> *m* car dealership

autocontrollo [au·to·kon·'trɔl·lo] *m* self-control

autoconvocazione [au·to·kon·vo·kat·'tsio:·ne] *f* POL unofficial action, *by workers or a labor union*

autoconvoglio [au·to·kon·'vɔʎ·ʎo] *m* convoy

autocoscienza [au·to·koʃ·'ʃɛn·tsa] *f* FILOS self-awareness; **gruppo di ~** encounter group

autocritica [au·to·'kri:·ti·ka] *f* self-criticism

autocritico, -a [au·to·'kri:·ti·ko] <-ci, -che> *adj* self-critical

autocross [au·to·'krɔs] <-> *m* autocross

autoctono, -a [au·'tɔk·to·no] *m, f* native

autodefinirsi [au·to·de·fi·'nir·si] <mi autodefinisco> *vr* to proclaim oneself; ~ **un genio** *iron* to proclaim oneself a genius

autodemolitore [au·to·de·mo·li·'to:·re] *m* wrecker

autodenuncia [au·to·de·'nun·tʃa] <-ce *o* -cie> *f* **1.** (*di errori*) admission **2.** GIUR self-accusation

autodeterminazione [au·to·de·ter·mi·nat·'tsio:·ne] *f* self-determination

autodidatta [au·to·di·'dat·ta] <-i , -e> *mf* autodidact

autodidattico, -a [au·to·di·'dat·ti·ko] <-ci, -che> *adj* self-study

autodifesa [au·to·di·'fe:·sa] *f* self-defense

autodisciplina [au·to·diʃ·ʃi·'pli:·na] *f* self-discipline

autodistruggersi [au·to·dis·'trud·dʒer·si] <irr> *vr* to destroy oneself

autodistruzione [au·to·dis·trut·'tsio:·ne] *f a. fig* (*di missile*) self-destruction

autodromo [au·'tɔ:·dro·mo] *m* racetrack

autoescludersi [au·to·es·klu·'der·si] <irr> *vr* to exclude oneself

autoferrotranviario, -a [au·to·fer·ro·tran·'via:·rio] <-i, -ie> *adj* public transportation

autofficina [au·to·of·fi·'tʃi:·na] *f* garage

autofilotranviario, -a [au·to·fi·lo·tran·'via:·rio] <-i, -ie> *adj* road transportation

autofinanziamento [au·to·fi·nan·tsia·'men·to] *m* self financing

autofinanziarsi [au·to·fi·nan·'tsiar·si] *vr* to finance oneself

autoflagellazione [au·to·fla·dʒel·lat·'tsio:·ne] *f fig* (*autocritica*) self-criticism

autofocus [au·to·'fɔ·kus] **I.** <-> *m* FOTO autofocus **II.** <inv> *adj* **obiettivo ~** lens with autofocus **III.** <-> *f* (*macchina fotografica*) camera with autofocus

autofurgone [au·to·fur·'go:·ne] *m* van

autogeno, -a [au·'tɔ:·dʒe·no] *adj* autogenic

autogestione [au·to·dʒes·'tio:·ne] *f* worker management

autogestire [au·to·dʒes·'ti:·re] <autogestisco> **I.** *vt* to run, *by workers themselves* **II.** *vr:* **-rsi** to run itself

autogestito, -a [au·to·dʒes·'ti:·re] *adj* worker-run

autogol [au·to·'gɔl] *m* own goal

autogovernarsi [au·to·go·ver·'nar·si] *vr* to govern itself

autogoverno [au·to·go·'vɛr·no] *m* (*di enti, gruppi, Stati*) self-government

autografo [au·'tɔ:·gra·fo] *m* (*firma*) autograph

autogrill® [au·to·'gril] <-> *m* service area, *on a freeway*

autogru [au·to·'gru] <-> *m o f* tow truck

autoguida [au·to·'gui:·da] *f* homing device

autoincensarsi [au·to·in·tʃen·'sar·si] *vr* to praise oneself

autoinvitarsi [au·to·in·vi·'tar·si] *vr* to invite oneself

autoironia [au·to·i·ro·'ni:·a] *f* self-mockery

A

autoironico, -a [au·to·i·'rɔː·ni·ko] <-ci, -che> *adj* self-mocking

autolavaggio [au·to·la·'vad·dʒo] <-ggi> *m* carwash

autolesione [au·to·le·'zio:·ne] *f* PSIC self harm

autolettiga [au·to·let·'ti:·ga] <-ghe> *f* ambulance

autolinea [au·to·'li:·nea] *f* bus route

automa [au·'tɔː·ma] <-i> *m a. fig* automaton

automatico [au·to·'ma:·ti·ko] <-ci> *m* 1.(*bottone*) snap 2.(*fucile*) automatic

automatico, -a <-ci, -che> *adj* automatic; **pilota** ~ automatic pilot

automatismo [au·to·ma·'tiz·mo] *m* 1.(*attrezzatura*) remote control device 2.PSIC automatism

automatizzare [au·to·ma·tid·'dza:·re] *vt* to automate

automazione [au·to·mat·'tsio:·ne] *f* automation

automezzo [au·to·'mɛd·dzo] *m* motor vehicle

automobile [au·to·'mɔː·bi·le] *f* car; ~ **da corsa** racing car

automobilismo [au·to·mo·bi·'liz·mo] *m* 1.(*delle auto*) motoring 2.SPORT (motor) racing

automobilista [au·to·mo·bi·'lis·ta] <-i *m*, -e *f*> *mf* driver

automobilistico, -a [au·to·mo·bi·'lis·ti·ko] <-ci, -che> *adj* (*industria*) automotive; (*sport*) racing; (*incidente, traffico*) road; **patente -a** driver's license

automodellismo [au·to·mo·del·'liz·mo] *m* model making

automodellista [au·to·mo·del·'lis·ta] <-i , -e> *mf* model maker

automotrice [au·to·mo·'tri:·tʃe] *f* railcar

autonoleggiatore, -trice [au·to·no·led·dʒa·'to:·re] *m, f* owner [*o* manager] of a car rental company

autonoleggio [au·to·no·'led·dʒo] <-ggi> *m* car rental

autonomia [au·to·no·'mi:·a] <-ie> *f* 1.(*indipendenza*) POL autonomy 2.TEC range

autonomismo [au·to·no·'mis·mo] *m* autonomism

autonomo, -a [au·'tɔː·no·mo] *adj* 1.(*ente, regione*) autonomous 2.(*persona, sindacato*) independent 3.(*lavoro*) freelance

autoparco [au·to·'par·ko] <-chi> *m* parking lot

autopattuglia [au·to·pat·tuʎ·'ʎi:·a] *f* patrol car

autopilota [au·to·pi·'lɔː·ta] *m* autopilot

autopista [au·to·'pis·ta] *f* 1.(*per automobili*) track 2.(*nei parchi di divertimento*) bumper car track 3.(*giocattolo*) electric car track

autopompa [au·to·'pom·pa] *f* fire engine

autoporto [au·to·'pɔr·to] *m* (*parcheggio per camion*) truck park; ~ **doganale** *truck park with customs facilities*

autopsia [au·top·'si:·a] <-ie> *f* autopsy

autopulente [au·to·pu·'lɛn·te] *adj* TEC (*forno, filtro, vetro*) self-cleaning

autopullman [au·to·'pul·man] <-> *m* bus

autopunizione [au·to·pu·nit·'tsio:·ne] *f* PSIC self-punishment

autoradio [au·to·'ra:·dio] <-> *f* 1.(*radio*) car radio 2.(*auto*) radio car

autoraduno [au·to·ra·'du:·no] *m* auto racing meeting

autore, -trice [au·'to:·re] *m, f* 1.A. LIT (*esecutore*) author 2.(*compositore*) composer 3.(*pittore*) painter; (*scultore*) sculptor

autoreggente [au·to·red·'dʒɛn·te] *adj* **calze -i** hold-up tights

autorete [au·to·'re:·te] *f* own goal

autoreverse [au·to·re·'vers] <-> *m* autoreverse

autorevole [au·to·'re:·vo·le] *adj* 1.(*potente: scienziato*) authoritative 2.(*competente: giudizio, parere*) definitive

autoriale [au·to·'ria:·le] *adj* (*stile, profilo, ricerca, attività*) authorial; **opera** ~ authored work

autoricambio [au·to·ri·'kam·bio] <-bi> *m* car parts *pl;* **negozio di -i** car parts store

autoriflessivo, -a [au·to·rif·les·'si:·vo] *adj* PSIC reflex

autorimessa [au·to·ri·'mes·sa] *f* garage

autorità [au·to·ri·'ta] <-> *f* 1.A. ADMIN, GIUR authority 2. *pl* (*titolari di cariche*) authorities

autoritario, -a [au·to·ri·'ta:·rio] <-i, -ie> *adj* authoritarian

autoritratto [au·to·ri·'trat·to] *m* self-portrait

autorizzare [au·to·rid·'dza:·re] *vt* 1.(*permettere*) to authorize; ~ **qu a fare qc** to authorize sb to do sth 2.(*giustificare*) justify

autorizzazione [au·to·rid·dzat·'tsio:·ne] *f* 1.(*permesso*) authorization 2.(*documento*) license

autosalone [au·to·sa·'lo:·ne] *m* car showroom

autoscontro [au·tos·'kon·tro] *m* bumper cars *pl*

autoscuola [au·to·'skuɔː·la] <-> *f* driving school

autoservizio [au·to·ser·'vit·tsio] *m* (*trasporto pubblico*) bus service

autosilo [au·to·'si:·lo] *m* parking garage

autosnodato [au·toz·no·'da:·to] *m* articulated bus

autosoccorso [au·to·sok·'kor·so] *m* 1.(*veicolo*) tow truck 2.(*servizio*) towing and recovery service

autostazione [au·to·stat·'tsio:·ne] *f* 1.(*stazione di servizio*) service station 2.(*di autolinee*) bus station

autostima [au·to·'sti:·ma] *f* self-esteem

autostop [au·to·'stɔp] *m* hitchhiking; **fare (l')~** to hitchhike

autostoppista [au·to·stop·'pis·ta] <-i *m*, -e *f*> *mf* hitchhiker

autostrada [au·to·'stra:·da] *f* expressway; ~ **a pedaggio** turnpike; ~ **del Sole** *expressway linking Milan to the south of Italy*

autostradale [au·to·stra·'da:·le] *adj* (*di auto-*

A

strade) expressway; **casello** ~ turnpike; **raccordo** ~ access road; **svincolo** ~ junction

autosufficiente [au·to·suf·fi·'tʃɛn·te] *adj* self-sufficient

autosuggestionarsi [au·to·sud·dʒes·tio·'nar·si] *vr* to get oneself into a state

autosuggestione [au·to·sud·dʒes·'tio:·ne] *f* autosuggestion

autotassazione [au·to·tas·sat·'tsio:·ne] *f* self-assessment

autotelaio [au·to·te·'la:·io] *m* chassis

autotelefono [au·to·te·'lɛ:·fo·no] *m* car phone

autotrasportatore, -trice [au·to·tras·por·ta·'to:·re] *m, f* **1.** (*impresario*) hauler **2.** (*camionista*) truck driver

autotrasporto [au·to·tras·'pɔr·to] *m* trucking

autotreno [au·to·'trɛ:·no] *m* tractor-trailer

autoveicolo [au·to·ve·'i:·ko·lo] *m* motor vehicle

autovelox® [au·to·'vɛ:·loks] <-> *m o f* speed trap

autovettura [au·to·vet·'tu:·ra] *f* car

autrice *f v.* **autore**

autunnale [au·tun·'na:·le] *adj* fall

autunno [au·'tun·no] *m* fall; **d'~** in fall

avallare [a·val·'la:·re] *vt* **1.** (*progetto, cambiale*) to endorse **2.** *fig* (*confermare: ipotesi*) to confirm

avallo [a·'val·lo] *m a. fig* (*di cambiale*) endorsement

avambraccio [a·vam·'brat·tʃo] <-cci> *m* forearm

avamposto [a·vam·'pos·to] *m* outpost

avances [a·'vans] *fpl* **fare delle ~ a qu** to hit on sb

avancorpo [a·vaŋ·'kɔr·po] *m the projecting parts of a building*

avanguardia [a·vaŋ·'guar·dia] *f* **1.** MIL vanguard **2.** (*nell'arte, nella letteratura*) avant-garde; **essere all'~** *fig* to be on the cutting edge

avanguardismo [a·vaŋ·guar·'diz·mo] *m* avant-gardism

avanscoperta [a·van·sko·'pɛr·ta] *f* reconnaissance

avanti [a·'van·ti] **I.** *adv* **1.** (*stato in luogo*) ahead **2.** (*avvicinamento*) forward; **andare ~** to move forward; **farsi ~** to step forward; **venire ~** to come forward; **~ e indietro** backward and forward; **lasciar passare ~** to allow to go in front; **mettere le mani ~** *fig* to come clean **3.** (*allontanamento*) ahead **4.** (*tempo: successivamente*) **d'ora in ~** from now on; **l'orologio va ~** the watch is fast **5.** (*loc*) **essere ~ negli studi** to be ahead in one's studies; **tirare ~** to manage; **tirare ~ la famiglia** to keep the family going **II.** *prep* **1.** (*moto*) ahead **2.** (*tempo*) before; **lo vidi ~ che partisse** I saw him before he left **III.** <inv> *adj* (*di tempo*) before; **il giorno ~** the day before **IV.** <-> *m* SPORT forward **V.** *interj* **1.** (*moto*) ~**!** **entrate pure** come in!; ~**!** **muovetevi** go on! hurry up!; ~ **marsc!** MIL forward, march!

2. (*esortazione*) come on; ~ **tutta!** NAUT full speed ahead!

avantieri, avant'ieri [a·van·'tiɛ:·ri] *adv* the day before yesterday

avantreno [a·van·'trɛ:·no] *m* front chassis

avanzamento [a·van·tsa·'men·to] *m* **1.** (*promozione*) promotion **2.** (*progresso*) progress; **stato di ~** (**dei lavori**) state of progress (of the work)

avanzare [a·van·'tsa:·re] **I.** *vi* essere **1.** (*andare avanti*) to advance **2.** *fig* (*progredire: lavoro*) to progress **3.** (*essere promosso*) to be promoted **4.** (*sporgere in fuori*) to stick out **5.** (*rimanere come resto*) to be (left) over **6.** (*essere sovrabbondante*) to be left over **7.** **avere** MIL to advance **II.** *vt* avere **1.** (*spostare in avanti*) to move forward **2.** (*promuovere*) to promote **3.** (*presentare: proposta*) to put forward **4.** (*essere creditore*) ~ **qc** (**da qu**) to be owed sth (by sb)

avanzata [a·van·'tsa:·ta] *f* MIL advance

avanzato, -a [a·van·'tsa:·to] *adj* **1.** advanced **2.** (*residuo*) leftover

avanzo [a·'van·tso] *m* **1.** MAT (*resto*) remainder **2.** COM (*eccedenza*) surplus **3.** (*di cibo*) leftover; **mangiare gli -i** to eat leftovers **4.** (*di stoffa*) remnant

avaria [a·va·'ri:·a] <-ie> *f* **1.** (*guasto*) breakdown **2.** NAUT damage

avariare [a·va·'ria:·re] **I.** *vt* to spoil **II.** *vr:* **-rsi** to spoil

avariato, -a [a·va·'ria:·to] *adj* (*cibo, merce*) spoiled

avarizia [a·va·'rit·tsia] <-ie> *f* avarice

avaro, -a [a·'va:·ro] **I.** *adj* **1.** (*persona*) cheap; ~ **di elogi** *fig* sparing with praise; ~ **di parole** *fig* of few words **2.** (*terreno*) poor **II.** *m, f* miser

avellinese [a·vel·li·'ne:·se] **I.** *adj* from Avellino **II.** *mf* (*abitante*) person from Avellino

Avellinese area around Avellino

Avellino *f* Avellino

avem(m)aria [a·ve·m(m)a·'ri:·a] <-ie> *f* Hail Mary; **sapere qc come l'~** to know sth by heart

avena [a·'ve:·na] *f* oats *pl;* **fiocchi d'~** oat flakes

avere¹ [a·'ve:·re] <ho, ebbi, avuto> *vt* **1.** (*possedere, tenere*) to have; **non ho soldi** I don't have any money; **ha gli occhi neri** she has dark eyes; **non ha i genitori** he doesn't have any parents; ~ **un bambino** to have a child; **ce l'aveva in mano** I had it in my hand; **ce l'hai tu la chiave?** do you have the key? **2.** (*portare*) to wear; **aveva il cappello?** was he wearing a hat? **3.** (*ricevere*) to receive; **l'ho avuto in dono** I was given it **4.** (*età*) to be; ~ **vent'anni** she's twenty **5.** (*provare*) to be; ~ **freddo** to be cold; ~ **sete** to be thirsty **6.** (*impegno*) **ho da fare** I have things to do; **abbiamo ospiti a cena** we are having people to dinner **7.** (*loc*) ~ **a che fare** [*o* **vedere**] **con qu** to have sth to do with sb; **avercela con qu**

to be angry with sb; **~ un bambino** to have a baby; **~ molto di qu** *fig* (*assomigliargli*) to take after sb

avere[2] *m* **1.** (*patrimonio*) property; **tutti i suoi -i** all his possession **2.** COM credit; **il dare e l'~** debit and credit

aviatore, -trice [a·via·'to:·re] *m, f* aviator

aviazione [a·viat·'tsio:·ne] *f* aviation; **~ civile** civil aviation; **~ militare** air force

avicoltura [a·vi·kol·'tu:·ra] *f* poultry farming

avidità [a·vi·di·'ta] <-> *f* avidity; **leggere con ~** to read avidly; **mangiare con ~** to eat hungrily; **~ di sapere** thirst for knowledge

avido, -a ['a:·vi·do] *adj* greedy; **~ di denaro** avaricious; **~ di sapere** thirsty for knowledge

aviogetto [a·vio·'dʒɛt·to] *m* jet

aviorimessa [a·vio·ri·'mes·sa] *f* hangar

aviotrasporto [a·vio·tras·'pɔr·to] *m* air transport

avo, -a ['a:·vo] *m, f* ancestor

avocado [a·vo·'ka:·do] *m* avocado

avorio [a·'vɔ:·rio] <-i> *m* **1.** (*sostanza, colore*) ivory **2.** GEO **Costa d'Avorio** Ivory Coast

avuto [a·'vu:·to] *pp di* **avere**[1]

avvalersi [av·va·'ler·si] <irr> *vr* **~ di qc** to make use of sth

avvallamento [av·val·la·'men·to] *m* hollow

avvalorare [av·va·lo·'ra:·re] *vt* to support

avvampare [av·vam·'pa:·re] *vi essere* **1.** (*fiamma*) to blaze up **2.** (*arrossire per la vergogna*) to blush **3.** *fig* (*di rabbia*) to flare up

avvantaggiare [av·van·tad·'dʒa:·re] **I.** *vt* **1.** (*favorire*) to favor **2.** (*far progredire*) to benefit **II.** *vr:* **-rsi 1.** (*avvalersi con profitto*) to benefit; **~ di qc** to benefit from sth **2.** (*guadagnar tempo*) to get ahead **3.** (*prevalere*) **-rsi su qu** to get ahead of sb

avvantaggiato, -a [av·van·tad·'dʒa·to] *adj* **partire -i** to have a head start

avvedersi [av·ve·'der·si] <irr> *vr* **~ di qc** to notice sth

avvedutezza [av·ve·du·'tet·tsa] *f* shrewdness

avveduto, -a [av·ve·'du:·to] *adj* shrewd

avvelenamento [av·ve·le·na·'men·to] *m* poisoning

avvelenare [av·ve·le·'na:·re] **I.** *vt* to poison **II.** *vr:* **-rsi 1.** (*con veleno*) to take poison **2.** *fig* (*amareggiarsi*) to become bitter

avvenente [av·ve·'nɛn·te] *adj* attractive

avvenenza [av·ve·'nɛn·tsa] *f* attractiveness

avvenimento [av·ve·ni·'men·to] *m* event

avvenire[1] [av·ve·'ni:·re] **I.**<-> *m* future **II.**<inv> *adj* future

avvenire[2] <irr> *vi essere* to become; **che è avvenuto di lui?** what became of him?

avventare [av·ven·'ta:·re] **I.** *vt* (*scagliare addosso*) to hurl **II.** *vr* **-rsi** (**su qu/qc**) to hurl oneself on sth

avventatezza [av·ven·ta·'tet·tsa] *f* recklessness

avventato, -a [av·ven·'ta:·to] *adj* **1.** (*giudizio, atto*) rash **2.** (*persona*) reckless

avventizio, -a [av·ven·'tit·tsio] <-i, -ie> **I.** *adj*

1. (*provvisorio: personale*) temporary **2.** (*occasionale: lavoro*) occasional **II.** *m, f* occasional laborer

avvento [av·'vɛn·to] *m* **1.** (*venuta*) coming **2.** REL **l' Avvento** Advent

avventore, -a [av·ven·'to:·re] *m, f* regular

avventura [av·ven·'tu:·ra] *f* adventure

avventurarsi [av·ven·tu·'ra:r·si] *vr a. fig* (*esporsi a rischi*) to venture; **~ in qc** to venture into sth; **~ a fare qc** to venture to do sth

avventuriero, -a [av·ven·tu·'riɛ:·ro] *m, f* adventurer

avventuroso, -a [av·ven·tu·'ro:·so] *adj* **1.** (*storia, viaggio, persona*) adventurous **2.** *fig* (*rischioso: impresa*) risky

avvenuto [av·ve·'nu:·to] *pp di* **avvenire**[2]

avverare [av·ve·'ra:·re] **I.** *vt* to fulfill **II.** *vr:* **-rsi** to come true

avverbiale [av·ver·'bia:·le] *adj* adverbial

avverbio [av·'vɛr·bio] <-i> *m* adverb

avversare [av·ver·'sa:·re] *vt* to oppose

avversario, -a [av·ver·'sa:·rio] <-i, -ie> **I.** *adj* rival **II.** *m, f* opponent; MIL (*nemico*) adversary

avversione [av·ver·'sio:·ne] *f* aversion; **avere un'~ per qu/qc** to loathe sb/sth

avversità [av·ver·si·'ta] <-> *f* **1.** (*ostilità*) loathing **2.** *pl* (*disgrazia*) adversities

avverso, -a *adj* (*sorte, fortuna, condizioni atmosferiche*) adverse

avvertenza [av·ver·'tɛn·tsa] *f* **1.** (*cautela*) good sense; **avere l'~ di fare qc** to take care to do sth **2.** (*avviso*) warning **3.** *pl* (*istruzioni per l'uso*) instructions

avvertimento [av·ver·ti·'men·to] *m* warning

avvertire [av·ver·'ti:·re] *vt* **1.** (*avvisare*) **~ qu (di qc)** to let sb know (about sth) **2.** (*ammonire, minacciare*) to warn **3.** (*percepire: freddo, stanchezza*) to feel

avvezzo, -a [av·'vet·tso] *adj* accustomed; **essere ~ a qc** to be accustomed to sth

avviamento [av·via·'men·to] *m* **1.** (*formazione*) training; **l'~ a qc** training for sth **2.** COM (*di negozio*) opening **3.** TEC (*messa in moto*) starting; **motorino d'~** starter

avviare [av·vi·'a:·re] **I.** *vt* **1.** *fig* (*indirizzare*) **~ qu a qc** to direct sb toward sth **2.** TEC (*mettere in moto*) to start **3.** (*dare inizio a: attività*) to start up **II.** *vr:* **-rsi 1.** (*dirigersi, incamminarsi*) to set off **2.** *fig* (*stare per*) **-rsi a fare qc** to be about to do sth

avvicendamento [av·vi·tʃen·da·'men·to] *m* **1.** (*di personale*) turnover; **~ alla presidenza** alternation of the presidency; **~ ai comandi** alternation of leadership **2.** (*di colture*) rotation

avvicendare [av·vi·tʃen·'da:·re] **I.** *vt* to alternate **II.** *vr:* **-rsi** to alternate

avvicinamento [av·vi·tʃi·na·'men·to] *m* MIL, AERO approach; **marcia di ~** approach march; **rotta di ~** approach route

avvicinare [av·vi·tʃi·'na:·re] **I.** *vt* **1.** (*mettere vicino*) **~ qc a qu/qc** to bring sth close to sb/sth **2.** (*entrare in rapporti con qu*) **~ qu** to approach sb **II.** *vr:* **-rsi 1.** (*farsi vicino*) **-rsi (a qu/**

A

qc) to come closer (to ab/sth); **l'inverno si avvicina** winter is coming **2.** (*essere simile*) to resemble

avvilente [av·vi·'lɛn·te] *adj* (*degradante*) degrading; (*scoraggiante*) disheartening

avvilire [av·vi·'li:·re] <avvilisco> I. *vt* (*scoraggiare*) to discourage II. *vr:* **-rsi** (*perdersi d'animo*) to become discouraged

avvilito, -a [av·vi·'li:·to] *adj* (*scoraggiato*) discouraged

avviluppare [av·vi·lup·'pa:·re] I. *vt* **1.** (*avvolgere*) to wrap **2.** (*aggrovigliare*) to entangle II. *vr:* **-rsi 1.** (*avvolgersi*) to wrap oneself up **2.** (*aggrovigliarsi*) to become tangled

avvinazzato, -a [av·vi·nat·'tsa:·to] I. *adj* drunk II. *m, f* drunkard

avvincente [av·vin·'tʃɛn·te] *adj* (*racconto, spettacolo*) gripping

avvincere [av·'vin·tʃe·re] <irr> *vt* *fig* (*racconto, spettacolo*) to captivate

avvinghiare [av·viɲ·'gia:·re] I. *vt* to clutch II. *vr* **-rsi a qu/qc** to cling to sb/sth

avvio [av·'vi:·o] <-ii> *m* **1.** (*inizio*) start; **dare (l')~ a qc** to start sth **2.** (*computer*) start

avvisaglia [av·vi·'zaʎ·ʎa] <-glie> *fpl* (*primi sintomi*) symptoms

avvisare [av·vi·'za:·re] *vt* **1.** (*informare*) to inform **2.** (*ammonire*) to warn

avvisatore [av·vi·za·'to:·re] *m* (*dispositivo*) alarm; **~ acustico** horn; **~ d'incendio** fire alarm

avviso [av·'vi:·zo] *m* **1.** A. GIUR (*informazione, notizia, cartello*) notice; **dare ~** to give notice; **~ di sfratto** eviction order **2.** (*sul giornale*) advertisement **3.** (*consiglio, ammonimento*) warning; **metter qu sull'~** to put sb on their guard **4.** (*parere, opinione*) opinion; **a mio ~** in my opinion

avvistare [av·vis·'ta:·re] *vt* to sight

avvitare [av·vi·'ta:·re] I. *vt* to screw II. *vr:* **-rsi** AERO to go into a spin

avvitatrice [av·vi·ta·'tri:·tʃe] *f* (electric) screwdriver

avviticchiare [av·vi·tik·'kia:·re] I. *vt* to twine II. *vr* **-rsi** (**a qc**) to twist (around sth)

avvizzire [av·vi·'tsi:·re] <avvizzisco> I. *vi* *essere* to wither II. *vt* *avere* to wither

avvocato, -essa [av·vo·'ka:·to] *m, f* **1.** (*professionista*) lawyer; **~ difensore** defense lawyer; **~ dello Stato** prosecutor; **~ penale** criminal lawyer; **parlare come un ~** *fig, inf* to be very persuasive **2.** *fig* (*patrocinatore*) advocate; **~ del diavolo** devil's advocate

avvolgere [av·'vɔl·dʒe·re] <irr> I. *vt* **~ qu/qc** (*matassa, filo, cassetta*) to wind; **~ qc attorno a qu/qc** to wind sth around sb/sth II. *vr:* **-rsi** to wind

avvolgibile [av·vol·'dʒi:·bi·le] I. *m* roller shutter II. *adj* (*persiana*) roller

avvolgitore, -trice *adj* (*dispositivo*) winding

avvolsi *1. pers sing pass rem di* **avvolgere**

avvolto *pp di* **avvolgere**

avvoltoio [av·vol·'to:·io] <-oi> *m a. fig* ZOOL vulture

ayatollah [a·ja·tol·'la] <-> *m* ayatollah

azalea [ad·dza·'lɛ:a] *f* azalea

azienda [ad·'dziɛn·da] *f* firm

aziendale [ad·dzien·'da:·le] *adj* business; **economia ~** UNIV business studies

aziendalizzare [ad·dzien·da·lid·'dza:·re] *vt* to privatize

azionabile [at·tsio·'na:·bi·le] *adj* **1.** (*macchina*) that can be operated **2.** GIUR legally enforceable

azionamento [at·tsio·na·'men·to] *m* (*di macchina, pompa*) activation

azionare [at·tsio·'na:·re] *vt* (*leva, interruttore, tasto*) to activate

azionario, -a [at·tsio·'na:·rio] <-i, -ie> *adj* share; **mercato ~** stock market

azionatore, -trice [at·tsio·na·'to:·re] I. *m, f* **1.** (*operatore*) operator **2.** (*dispositivo*) activation mechanism II. *adj* activation; **dispositivo ~** activation mechanism

azione [at·'tsio:·ne] *f* **1.** (*l'agire, operato, effetto*) action; **passare all'~** to go into action; **avere il coraggio delle proprie -i** to have the courage of one's convictions; **l'~ erosiva dell'acqua** the eroding action of water; **l'~ del vento sulle vele** the action of wind on sails; **l'~ delle piante utili alla salute** the action of plants that are beneficial to health **2.** TEC (*funzionamento*) working; **essere in ~** to be working; **entrare in ~** to start working **3.** **~ dimostrativa** demonstration **4.** (*di romanzo, film*) story **5.** GIUR action; **intraprendere un'~ legale contro qu** to start legal action against sb **6.** MIL operation **7.** FIN share **8.** FILM **~!** action!

azionista [at·tsio·'nis·ta] <-i *m*, -e *f*> *mf* shareholder; **grande/piccolo ~** major/minor shareholder

azoto [ad·'dzɔ:·to] *m* nitrogen

azzannare [at·tsan·'na:·re] *vt* to bite

azzardare [ad·dzar·'da:·re] I. *vt* (*arrischiare*) to take a risk II. *vr:* **-rsi** to dare; **non ti ~ a rispondermi così!** don't you dare speak to me like that!

azzardato, -a [ad·dzar·'da:·to] *adj* **1.** (*imprudente*) rash; **mossa -a** rash move; **fare un sorpasso ~** to pass dangerously **2.** (*avventato: paragone, scelta*) daring **3.** (*rischioso*) risky; **investimento ~** risky investment

azzardo [ad·'dzar·do] *m* **1.** (*rischio*) risk **2.** (*atto sconsiderato, temerario*) gamble; **giocatore d'~** gambler

azzardoso, -a [ad·dzar·'do:·so] *adj* **1.** (*persona*) rash **2.** (*impresa, metodo*) risky

azzeccagarbugli [at·tsek·ka·gar·'buʎ·ʎi] <-> *m pej* quibbler

azzeccare [at·tsek·'ka:·re] *vt* **1.** (*colpire nel segno*) to hit **2.** *fig* (*indovinare*) to guess right

azzeccato, -a [at·tsek·'ka:·to] *adj* perfect; (*risposta*) correct

azzerare *vt* to reset (to zero)

azzoppare [at·tsop·ˈpaː·re] I. *vt* to lame II. *vr:* **-rsi** to become lame

Azzorre [ad·ˈdzɔr·re] *fpl* Azores

azzuffarsi [at·tsuf·ˈfar·si] *vr* to fight

azzurro [ad·ˈdzur·ro] *m* 1. (*colore*) blue 2. SPORT **gli -i** the Italian national team

azzurro, -a *adj* blue; **principe ~** Prince Charming

azzurrognolo, -a [ad·dzur·ˈroɲ·ɲo·lo] *adj* bluish

B

Bb

B, b [bi] <-> *f* B, b; **~ come Bologna** B as in Boy

babbeo, -a [bab·ˈbɛː·o] I. *adj* stupid II. *m, f* fool

babbo [ˈbab·bo] *m inf* dad; **~ Natale** Santa Claus

babbuccia [bab·ˈbut·tʃa] <-cce> *f* slipper

babbuino, -a [bab·buˈiː·no] *m, f* 1. ZOOL baboon 2. *fig* (*persona sciocca*) idiot

babele [ba·ˈbɛː·le] *f* mess

Babele [ba·ˈbɛː·le] *f* Babel

babordo [ba·ˈbor·do] *m* port side; **a ~** to port

baby [ˈbei·bi] I. <-> *m* baby II. <inv> *adj* children's

baby-banda [ˈbɛ·bi·ˈban·da] *f* teen gang

baby-doll [ˈbei·bi·dɔl] <-> *m* babydoll

baby-gang [ˈbɛ·bi·ˈgɛng] <-> *f v.* teen gang

baby-pensionato, -a *m, f* early retiree

baby-sitter [ˈbei·bi·ˈsi·tə] <-> *mf* babysitter

babysitteraggio [ba·bi·sit·te·ˈrad·dʒo] <-ggi> *m* babysitting; **servizio di ~** daycare

bacato, -a [ba·ˈkaː·to] *adj* 1. (*frutta*) rotten 2. *fig, pej* (*corrotto*) crooked 3. (*file, programma, computer*) COMPUT corrupt

bacca [ˈbak·ka] <-cche> *f* berry

baccalà [bak·ka·ˈla] <-> *m* CULIN dried cod

baccano [bak·ˈkaː·no] *m* racket; **fare un ~ infernale** to make a dreadful racket

bacchetta [bak·ˈket·ta] *f* (*asticciola*) stick; (*di direttore d'orchestra*) baton; (*per tamburo*) drumstick; (*di mago, fata*) wand; **~ magica** magic wand; **comandare qu a ~** to rule sb with a rod of iron

bacheca [ba·ˈkɛː·ka] <-che> *f* 1. (*per affissione*) notice board 2. (*di museo*) display case

bachelite [ba·ke·ˈliː·te] *f* bakelite®

baciamano [ba·tʃa·ˈmaː·no] <-o -i> *m* **fare il ~ a qu** to kiss sb's hand

baciare [ba·ˈtʃaː·re] I. *vt* to kiss II. *vr:* **-rsi** to kiss each other

bacillo [ba·ˈtʃil·lo] *m* germ

bacinella [ba·tʃi·ˈnɛl·la] *f* bowl

bacino [ba·ˈtʃiː·no] *m* 1. (*recipiente*) basin 2. ANAT pelvis 3. MIN (*giacimento*) bed 4. GEO basin; **~ idrografico** catchment basin; **~ idroelettrico** hydroelectric basin 5. NAUT dock; **~ di carenaggio** dry dock

bacio [ˈbaː·tʃo] <-ci> *m* kiss; **~ di Giuda** Judas kiss; **al ~** *fig, inf* fab

background [ˈbæk·graund] <-> *m* background

back office [ˈbæk·ɔfis] <-> *m* back office

backup [ˈbæk·ʌp] <-> *m* COMPUT backup; **fare un ~ dei dati** to backup data

baco [ˈbaː·ko] <-chi> *m* ZOOL, COMPUT (*verme*) worm; **~ da seta** silk worm

bacon [ˈbei·kən] <-> *m* bacon

bacucco, -a [ba·ˈkuk·ko] <-cchi, -cche> *adj inf* senile

bada [ˈbaː·da] *f* **tenere a ~ qu** to keep sb at bay; (*bambino*) to keep an eye on sb

badante [ba·ˈdan·te] *mf* (*per malati, anziani*) carer

badare [ba·ˈdaː·re] *vi* 1. (*accudire*) **~ a qu/qc** to look after sb/sth; **~ alla casa/ai bambini** to look after the house/the children 2. (*stare attento*) to mind; **bada a come ti comporti** mind how you behave!; **bada a quello che fai!** mind what you're doing! 3. (*dedicarsi*) to think of; **~ solo a divertirsi** to think only of enjoying oneself; **bada ai fatti tuoi!** mind your own business! 4. (*dare importanza*) to mind; **non ~ a spese** to spare no expense

badessa [ba·ˈdes·sa] *f* abbess

badge [bædʒ] <-o badges> *m* badge; **~ magnetico** swipe card

badia [ba·ˈdiː·a] <-ie> *f* abbey

badile [ba·ˈdiː·le] *m* shovel

baffo [ˈbaf·fo] *m* (*di persona*) moustache; (*di animale*) whisker; **ridere sotto i -i** to snigger; **una cosa da leccarsi i -i** a mouthwatering thing; **me ne faccio un ~ di ...** *vulg* I don't give a damn about ...

baffuto, -a [baf·ˈfuː·to] *adj* (*...: uomo, donna*) with a moustache

bagagliaio [ba·gaʎ·ˈʎaː·io] <-ai> *m* 1. MOT (*di auto*) trunk 2. FERR (*carrozza ferroviaria*) baggage car

bagaglio [ba·ˈgaʎ·ʎo] <-gli> *m* 1. (*valigie*) luggage; **assicurazione (dei) -gli** luggage insurance; **deposito -gli** luggage room; **disfare i -gli** to unpack; **fare i -gli** to pack; **~ a mano** carryon luggage; **partire con armi e -gli** to pack up and leave 2. *fig* (*formazione*) background; **~ culturale** cultural background

bagattella [ba·gat·ˈtɛl·la] *f* 1. (*bazzecola*) trifle 2. MUS bagatelle

baggianata [bad·dʒa·ˈnaː·ta] *f pej, inf* nonsense; **non dire -e** don't talk nonsense

B

bagliore [baʎ·'ʎo·re] m 1.(di lampo) flash; (di faro) glare; (di fuoco, tramonto, lampada) glow 2.fig (manifestazione) sign

bagnante [baɲ·'ɲan·te] mf swimmer

bagnare [baɲ·'ɲa:·re] I.vt 1.(con liquido) to wet 2.(annaffiare: erba, fiori) to water 3.(inumidire: fronte, labbra) to moisten 4.(fiume) to flow through; (mare) to wash; **Roma è bagnata dal Tevere** the Tiber flows through Rome II.vr: -**rsi** 1.(fare il bagno) to go for a swim 2.(con pioggia, acqua) to get soaked

bagnato [baɲ·'ɲa:·to] m wet surface

bagnato, -a adj 1.(con liquido) wet; ~ **fradicio** soaked 2.(umido) damp

bagnino, -a [baɲ·'ɲi:·no] m, f lifeguard

bagno ['baɲ·ɲo] m 1.(stanza) bathroom; **andare in** ~ to go to the bathroom; **-i pubblici** public baths; ~ **turco** Turkish bath 2.(immersione in acqua) bathing; **costume da** ~ (da donna) swimming costume; (da uomo) trunks pl; **fare il** ~ (nella vasca) to have a bath; (in piscina, nel mare) to go swimming; **essere in un** ~ **di sudore** to be drenched in sweat 3.(lavaggio) **mettere qc a** ~ to leave sth to soak 4.FOTO, CHIM bath 5.pl (stazione termale) springs; (stabilimento balneare) lido; **fare la cura dei -i** to take the waters

bagnomaria [baɲ·ɲo·ma·'ri:·a] <-> m **a** ~ in a bain-marie

bagnoschiuma [baɲ·ɲo·'ʃu:·ma] <-> m bubble bath

baia ['ba:·ia] <-aie> f GEO bay

baionetta [ba·io·'net·ta] f bayonet

baita ['ba:·i·ta] f mountain hut

balaustra [ba·la·'us·tra] f balustrade

balbettare [bal·bet·'ta:·re] I.vi 1.(tartagliare) to stammer 2.(bambino) to gibber II.vt 1.(scusa) to mumble 2.(lingua straniera) to not be very fluent in; **balbetta un po' di inglese** he [o she]'s not very fluent in English

balbettio [bal·bet·'ti:·o] <-ii> m 1.stammering 2.(bambini) gibbering

balbuzie [bal·'but·tsi·e] <-> f stammer; **essere affetto da** ~ to have a stammer

balbuziente [bal·but·'tsi·ɛn·te] I.adj stammering II.mf stammerer

Balcani [bal·'ka:·ni] mpl Balkans; **i** ~ the Balkans; **nei** ~ in the Balkans

balcanico, -a [bal·'ka:·ni·ko] <-ci, -che> adj (popolazione, paese) Balkan; **la penisola -a** the Balkan peninsula

balconata [bal·ko·'na:·ta] f balcony

balcone [bal·'ko:·ne] m balcony

baldacchino [bal·dak·'ki:·no] m canopy; **letto a** ~ four-poster bed

baldanzoso, -a [bal·dan·'tso:·so] adj 1.(giovane, ragazza) cocky 2.(passo, aria) confident

baldoria [bal·'dɔ:·ria] <-ie> f fun; **fare** ~ to have fun

balena [ba·'le:·na] f 1.ZOOL whale 2.fig, scherz (donna grassa) lump of lard

balenare [ba·le·'na:·re] vi essere 1.METEO to lighten 2.(apparire improvvisamente) to flash; **mi è balenata un'idea** I've just had an idea

baleno [ba·'le:·no] m 1.(lampo) flash of lightning 2.(attimo) **in un** ~ fig in a flash

balera [ba·'lɛ:·ra] f dance hall

balia¹ ['ba:·lia] <-ie> f (donna) wet nurse; ~ **asciutta** child minder

balia² [ba·'li:·a] f (mercè) mercy; **essere in** ~ **di qu/qc** to be at the mercy of sb/sth

balla ['bal·la] f 1.inf (frottola) lie; **non raccontare -e!** don't tell lies! 2.COM (di cotone) bale

ballabile [bal·'la:·bi·le] I.adj (musica) good for dancing II.m dance music

ballare [bal·'la:·re] I.vt (tango, valzer) to dance II.vi 1.MUS (danzare) to dance; ~ **dalla** [o per la] **gioia** to dance for joy 2.NAUT (barca, nave) to toss 3.(abiti) ~ **addosso a qu** (abito, cappotto) to be too big for sb

ballata [bal·'la:·ta] f ballad

ballerina [bal·le·'ri:·na] f 1.(scarpa) ballet shoe 2.ZOOL wagtail

ballerino, -a [bal·le·'ri:·no] I.m, f dancer; **prima -a** prima ballerina II.adj (mutevole) changeable; **terre -e** earthquake zones

balletto [bal·'let·to] m ballet

ballo ['bal·lo] m 1.(il ballare) dancing; **corpo di** ~ corps de ballet; **festa da** ~ ball; **scuola di** ~ dancing school 2.(movimenti, giro di danza) dance; **mi permette questo** ~? may I have this dance? 3.(festa) ball 4.fig **essere in** ~ to be involved; **tirare in** ~ **qu/qc** to bring sb/sth into play; **quando si è in** ~, **bisogna ballare** prov there's no turning back

ballottaggio [bal·lot·'tad·dʒo] <-ggi> m 1.POL second ballot 2.SPORT playoff

balneare [bal·ne·'a:·re] adj (località, stabilimento) seaside; **stagione** ~ swimming season; **stazione** ~ seaside resort

balneazione [bal·ne·at·'tsio:·ne] f swimming; **'divieto di** ~' 'no swimming'

balocco [ba·'lɔk·ko] <-cchi> m (per bambini) toy

balordo, -a [ba·'lor·do] I.adj stupid II.m, f fool

balsamico, -a [bal·'sa:·mi·ko] <-ci, -che> adj 1.MED (unguento) balsamic 2.(salubre: aria) balmy 3.(loc) **aceto** ~ balsamic vinegar

balsamo ['bal·sa·mo] m 1.(per capelli) conditioner 2.MED balm 3.fig (per la mente) relief

baltico, -a ['bal·ti·ko] <-ci, -che> adj (paese, popolazione) Baltic; **il** (Mar) **Baltico** the Baltic (Sea)

balza ['bal·tsa] f 1.(di vestito) flounce 2.GEO crag

balzare [bal·'tsa:·re] vi essere 1.(saltare di scatto) to leap; ~ **giù da qc** to leap down from sth; ~ **giù da cavallo** to dismount; ~ **giù dal letto** to leap out of bed; **è riuscita a** ~ **giù dall'auto** she managed to leap out of the car; ~ **in piedi** to leap to one's feet; **le balzò il cuore in gola** her heart leapt 2.fig (risaltare) to stand out; ~ **agli occhi** to be obvious

balzo ['bal·tso] *m* **1.**(*salto*) leap; **prendere** [*o* **cogliere**] **la palla al** ~ *fig* to seize the opportunity **2.**(*avanzamento*) step

bambagia [bam·'ba:·dʒa] <-gie> *f* (*cotone*) absorbent cotton; **allevare** [*o* **tenere**] qu **nella** ~ *fig* to mollycoddle sb; **stare** [*o* **vivere**] **nella** ~ *fig* to be mollycoddled

bambinaia [bam·bi·'na:·ia] <-aie> *f* nanny

bambinata [bam·bi·'na:·ta] *f* **1.**(*cosa di scarsa importanza*) trifle **2.**(*atto puerile*) childish thing

bambino, -a [bam·'bi:·no] *m, f* **1.**(*bimbo: maschio*) little boy; (*femmina*) little girl; **aspettare un** ~ *inf* to be pregnant **2.***fig, scherz*(*adulto ingenuo*) child; **non fare il** ~! don't be such a child!

bamboccio [bam·'bɔt·tʃo] <-cci> *m inf* **1.**(*pupazzo*) rag doll **2.***fig*(*semplicione*) fool

bambola ['bam·bo·la] *f* doll

bambolotto [bam·bo·'lɔt·to] *m* (*bambola*) doll

bambù [bam·'bu] <-> *m* bamboo

banale [ba·'na:·le] *adj* **1.**(*insignificante: persona, tipo*) ordinary; (*osservazione, domanda*) banal **2.**(*poco importante: equivoco, incidente, caduta*) mere

banalità [ba·na·li·'ta] <-> *f* banality

banalizzare [ba·na·lid·'dza:·re] *vt* to trivialize

banalizzazione [ba·na·lid·dzat·'tsio:·ne] *f* trivialization

banana [ba·'na:·na] *f* (*frutto*) banana

banano [ba·'na:·no] *m* banana tree

banca ['baŋ·ka] <-che> *f* COM, COMPUT, MED bank; **andare in** [*o* **alla**] ~ to go to the bank; **Banca centrale europea** EU European Central Bank; ~ **dati** data bank; ~ **del sangue** blood bank

bancarella [baŋ·ka·'rɛl·la] *f* stall

bancario, -a [baŋ·'ka:·rio] <-i, -ie> **I.** *adj* (*estratto, operazione, saldo*) bank; **coordinate -ie** bank details; **sistema** ~ banking system **II.** *m, f* **1.**(*impiegato*) bank employee **2.** FIN (*titolo*) bank share

bancarotta [baŋ·ka·'rot·ta] *f* bankruptcy; **fare** ~ to go bankrupt; ~ **fraudolenta** fraudulent bankruptcy

banchetto [baŋ·'ket·to] *m* **1.**(*bancarella*) stall **2.**(*pranzo*) banquet

banchiere, -a [baŋ·'kiɛ:·re] *m, f* FIN (*proprietario di banca*) banker

banchina [baŋ·'ki:·na] *f* **1.** NAUT wharf; ~ **di carico/di scarico** loading/unloading wharf **2.** FERR (*in stazione*) platform **3.**(*per ciclisti*) cycle lane; (*per pedoni*) footpath; ~ **spartitraffico** median strip

banco ['baŋ·ko] <-chi> *m* **1.**(*sedile*) bench; ~ **degli imputati** [*o* **accusati**] dock; ~ **della giuria** jury box **2.**(*di scuola*) desk; **scaldare i -chi** *fig* to pay no attention at school **3.**(*di bar*) bar; (*di negozio*) counter; **vendere qc sotto** ~ *fig* to sell sth under the counter **4.**(*al mercato*) stall **5.** FIN (*banca, a. nei giochi d'azzardo*) bank; ~ **del lotto** lottery outlet **6.** TEC bench;

~ **di prova** testing bench **7.** GEO, ZOOL layer; ~ **di nebbia** fog bank; ~ **di corallo** coral reef; ~ **di ghiaccio** ice floe; ~ **di pesci** shoal of fish

bancogiro [baŋ·ko·'dʒi:·ro] *m* credit transfer

bancomat [baŋ·ko·'mat/'baŋ·ko·mat] <-> *m* **1.**(*servizio*) automated banking **2.**(*sportello*) automated teller machine/ ATM; **prelevare soldi al** ~ to get money out of the ATM **3.**(*tessera*) cash card

bancone [baŋ·'ko:·ne] *m* (*di bar*) bar; (*di banca*) counter; (*di biglietteria*) ticket counter

banconota [baŋ·ko·'nɔ:·ta] *f* bill

bancoposta [baŋ·ko·'pɔs·ta] <-> *m* post office bank

banda ['ban·da] *f* **1.** MUS band **2.**(*di malviventi, sfruttatori, truffatori*) gang **3.**(*striscia*) stripe **4.** RADIO, COMPUT, FIS band

banderuola [ban·de·'ru·ɔ:·la] *f* METEO weathervane

bandiera [ban·'diɛ:·ra] *f* flag; ~ **bianca** white flag; **cambiare** [*o* **mutare**] ~ *fig* to change sides

bandierina [ban·die·'ri:·na] *f* **1.**(*piccola bandiera*) small flag **2.**(*nel calcio*) corner flag; **tiro dalla** ~ (*calcio d'angolo*) corner kick

bandire [ban·'di:·re] <bandisco> *vt* **1.**(*indire*) to announce **2.**(*eliminare*) to ban

bandito [ban·'di:·to] *m* (*fuorilegge*) outlaw

banditore, -trice [ban·di·'to:·re] *m, f* (*alle aste*) auctioneer

bando ['ban·do] *m* **1.**(*pubblico annuncio*) announcement; ~ **di concorso** (*di lavoro*) announcement of job vacancies; (*di premio*) announcement of competition **2.**(*divieto*) ban; **mettere al** ~ RHET...: **a. fig** to ban; ~ **a** ... that's enough ...

bandolo ['ban·do·lo] *m* end of a piece of wool; **perdere il** ~ **della matassa** *fig* to lose the plot; **trovare il** ~ **della matassa** *fig* to find the solution

bang [baŋg] **I.** *interj* bang **II.** <-> *m* ~ **sonico** sonic boom

banketing manager ['bæŋ·ke·tiŋ 'mæ·ni·dʒə] <-> *m* banquet manager

BANKITALIA *f acró de* **BANCA d'ITALIA** *the Italian State Bank*

banner ['ban·ner] <-> *m* COMPUT banner; **campagna** ~ banner campaign

baobab [bao·'bab] <-> *m* baobab

bar [bar] <-> *m* **1.**(*con licenza per alcolici*) bar; (*senza licenza per alcolici*) coffee shop; **andiamo al** ~ **a prendere un caffè** let's go to the coffee shop and have a coffee **2.** FIS bar

bara ['ba:·ra] *f* (*feretro*) coffin; **avere un piede nella** ~ *fig* to have one foot in the grave

baracca [ba·'rak·ka] <-cche> *f* **1.**(*catapecchia*) hut **2.**(*nelle fiere*) booth **3.***fig, inf* piece of junk; **mandare avanti la** ~ *inf* to keep things going; **piantare** ~ **e burattini** *fig* to pack up everything

baraccato, -a [ba·rak·'ka:·to] **I.** *adj* (*famiglie, cittadini*) living in a shantytown **II.** *m, f* shantytown dweller

B

baraccone [ba·rak·'ko:·ne] *m* (*nelle fiere*) booth

baraccopoli [ba·rak·'ko:·po·li] <-> *f* shanty--town

baraonda [ba·ra·'on·da] *f* 1.(*movimento*) hubub 2.(*caos*) din

barare [ba·'ra:·re] *vi* 1.(*al gioco*) to cheat 2.(*imbrogliare su qc*) to lie about sth

baratro ['ba:·rat·ro] *m* 1.(*precipizio*) chasm 2.*fig* (*abisso*) abyss; **essere sul ~ di qc** to be on the point of sth; **siamo sul ~ del fallimento economico** we're on the brink of economic collapse

barattare [ba·rat·'ta:·re] *vt* **~ qc** (**con qc**) to trade sth (for sth)

baratto [ba·'rat·to] *m* trade; **fare un ~** to trade

barattolo [ba·'rat·to·lo] *m* (*di latta*) can; (*di vetro*) jar

barba ['bar·ba] *f* 1.(*peli*) beard; **farsi la ~** to shave 2.*fig* (*noia*) bore; **che ~ quel tipo!** *fig* what a bore that guy is!; **che ~!** *fig, inf* what a pain! 3.(*loc*) **farla in ~ a qu** *fig* to make sb look like an idiot; **in ~ a qu/qc** *fig* in spite of sb/sth

barbabietola [bar·ba·'bjε:·to·la] *f* beet; **~ da zucchero** sugar beet

barbaresco [bar·ba·'res·ko] <-schi> *m* Barbaresco, *a red wine from the Piedmont region*

barbarico, -a [bar·'ba:·ri·ko] <-ci, -che> *adj* (*invasione, regno, dominazione*) barbarian

barbarie [bar·'ba:·ri·e] <-> *f* act of barbarism

barbaro ['bar·ba·ro] *m* 1.HIST Barbarian 2.*fig* barbarian

barbaro, -a *adj* 1.HIST (*dei barbari: popolo, capo*) barbarous 2.*fig* (*spietato: assassinio, tortura*) barbaric 3.*fig* (*rozzo: modi, gusti*) uncouth

barbecue ['ba:·bik·ju:] <-> *m* barbecue

barbera [bar·'bε:·ra] *m* Barbera, *a red wine from the Piedmont region*

barbie® ['bar·bi] <- *o* barbies> *f* 1.(*tipo di bambola*) Barbie® 2.*fig* doll

barbiere [bar·'bjε:·re] *m* barber; **andare dal ~** to go to the barber's

barbiturico [bar·bi·'tu:·ri·ko] <-ci> *m* barbiturate

barbone [bar·'bo:·ne] *m* 1.(*lunga barba*) long beard 2.*pej* (*vagabondo*) tramp 3.ZOOL poodle

barboso, -a [bar·'bo:·so] *adj fig* (*film, giornata, conferenza*) boring

barbuto, -a [bar·'bu:·to] *adj* (*signore, donna*) bearded

barca ['bar·ka] <-che> *f* 1.NAUT boat; **~ a motore** motorboat; **~ a remi** rowing boat; **~ a vela** sailboat; **andare in ~** (*non a piedi*) to go by boat; (*fare vela*) to go sailing; **la ~ fa acqua da tutte le parti** *fig, inf* we [*o* you] [*o* they] 've had it 2.*fig, inf* (*famiglia, lavoro*) **mandare avanti la ~** to keep things afloat; **è stata lei a mandare avanti la ~ facendo delle traduzioni** she kept things afloat by doing translations; **siamo tutti nella [*o* sulla] stessa ~** *fig* (*condizione*) we're all in the

same boat 3.*fig, inf* (*mucchio*) **una ~ di** loads of; **avere una ~ di soldi** *fig, inf* to have loads of money

barcamenarsi [bar·ka·me·'nar·si] *vr* to manage

barcata [bar·'ka:·ta] *f fig, inf* (*mucchio*) **una ~ di** loads of; **una ~ di tempo** loads of time

barcollare [bar·kol·'la:·re] *vi* 1.(*vacillare*) to stagger 2.*fig* (*perdere autorità, stabilità*) to totter

barcone [bar·'ko:·ne] *m* barge

bardare [bar·'da:·re] I. *vt* (*cavallo*) to harness II. *vr:* **-rsi** *scherz* to dress up

bardolino [bar·do·'li:·no] *m* Bardolino, *a red wine from the Verona region*

barella [ba·'rεl·la] *f* stretcher; **in ~** on a stretcher

barese [ba·'re:·se] I. *adj* from Bari II. *mf* (*abitante*) person from Bari

Barese *m* (*zona*) Bari area; **nel ~** in the Bari area

Bari *f* Bari, *city in Southern Italy*

baricentro [ba·ri·'tʃεn·tro] *m* center of gravity

barile [ba'·ri·le] *m* barrel

barista [ba·'ris·ta] <-i *m*, -e *f*> *mf* 1.(*cameriere*) barman *m*, barmaid *f* 2.(*proprietario*) landlord *m*, landlady *f*

baritonale [ba·ri·to·'na:·le] *adj* (*voce, canto*) baritone

baritono [ba·'ri:·to·no] *m* MUS baritone

baritono, -a *adj* LING baritone

barlume [bar·'lu:·me] *m* glimmer; **~ di speranza** glimmer of hope

barocco [ba·'rɔk·ko] *m* Baroque

barocco, -a <-cchi, -cche> *adj* 1.(*del barocco*) baroque 2.*fig, pej* (*fastoso: gusto, stile*) over-the-top

barolo [ba·'rɔ:·lo] *m* Barolo, *a red wine from the Piedmont region*

barometro [ba·'rɔ:·met·ro] *m* barometer

barone, -essa [ba·'ro:·ne, ba·ro·'nes·sa] *m, f* 1.(*titolo*) baron *m*, baroness *f* 2.*fig* top dog; **i -i della finanza** the top dogs of finance

barra ['bar·ra] *f* 1.(*asta*) rod; (*di metallo*) bar 2.TEC, MOT, COMPUT bar; **~ dei menu** menu bar; **~ di navigazione** navigation bar; **~ di stato** status bar; **~ dei task** task bar; **~ del titolo** title bar; **~ di scorrimento** scroll bar; **codice a -e** bar code 3.NAUT helm 4.(*segno grafico*) slash; **~ inversa** backslash

barricare [bar·ri·'ka:·re] I. *vt* to barricade II. *vr:* **-rsi** to barricade oneself; **-rsi in casa** to barricade oneself in one's house; **-rsi in un silenzio assoluto** to not utter a single word

barricata [bar·ri·'ka:·ta] *f* barricade; **andare sulle -e** *fig* to go on the front line

barriera [bar·'riε:·ra] *f* 1.(*sbarramento*) barrier; **~ architettonica** access-limiting architectural feature; **~ doganale** trade barrier; **le -e sociali** the social barriers 2.GEO reef; **~ corallina** coral reef 3.SPORT (*nel calcio*) wall

baruffa [ba·'ruf·fa] *f* 1.(*zuffa*) brawl 2.(*litigio*) row; **far ~** to have a row

barzelletta [bar·dzel·'let·ta] *f* joke; **raccontare -e** to tell jokes

basamento [ba·za·'men·to] *m* **1.** ARCHIT (*di edificio, monumento*) base **2.** MOT, TEC bed **3.** (*di mobile*) bottom

basare [ba·'za:·re] I. *vt fig* (*fondare*) ~ **qc su qc** to base sth on sth II. *vr:* **-rsi** *fig* to base oneself; **-rsi su qc** (*argomento, valutazione*) to be based on sth; **mi baso su ...** I base my arguments on ...

basco ['bas·ko] <-schi> *m* (*cappello*) beret

basco, -a <-schi, -sche> I. *adj* (*lingua, paese*) Basque II. *m, f* (*abitante*) Basque

base ['ba:·ze] *f* **1.** (*parte inferiore*) base **2.** (*principio, fondamento*) basis; **gettare** [*o* **porre**] **le -i di qc** to lay the basis for sth; **in ~ a** according to; **privo di -i** unsound **3.** CULIN basic ingredient(s); **minestra a ~ di carote** carrot soup; **piatto a ~ di carne** meat-based dish **4.** MIL, MAT, CHIM, SPORT base; **~ aerea** air base; **~ navale** naval base **5.** ASTR station; **~ spaziale** space station **6.** POL rank-and-file

basetta [ba·'zet·ta] *f* sideburn

basilare [ba·zi·'la:·re] *adj* (*principio, elemento, regola*) basic

basilica [ba·'zi:·li·ka] <-che> *f* basilica

Basilicata [ba·zi·li·'ka:·ta] *f* Basilicata, *a region in Southern Italy*

basilico [ba·'zi:·li·ko] *m* basil

bassezza [bas·'set·tsa] *f* **1.** *fig* (*viltà*) vileness; **~ d'animo** meanness of spirit **2.** (*azione vile*) vile action

bassifondi *pl di* **bassofondo**

bassipiani *pl di* **bassopiano**

basso ['bas·so] *m* **1.** (*parte inferiore*) bottom; **in ~** at the bottom; **più in ~** further down; **clicca in ~ alla pagina** click at the bottom of the page; **cadere in ~** *fig* to come down in the world **2.** MUS bass; **chiave di ~** bass key

basso, -a <più basso *o* inferiore, bassissimo *o* infimo> I. *adj* **1.** (*di statura*) short **2.** (*edificio, muro, tacco*) low; **scarpe con i tacchi -i** low-heeled shoes **3.** (*inferiore: ripiano, parte, livello*) lower **4.** (*abbassato*) down, to keep one's eyes down **5.** (*d'intensità: pressione, temperatura*) low **6.** (*non profondo: acqua*) shallow **7.** (*prezzi*) cheap **8.** (*debole: voce*) soft; **parlare a voce -a** to speak quietly **9.** MUS (*nota*) bass **10.** HIST late; **il ~ Medioevo** the late Middle Ages **11.** (*ricorrenza, stagione*) early; **-a stagione** low season; **quest'anno la Pasqua è -a** Easter is early this year **12.** SOCIOL (*ceti, classi*) lower **13.** *fig* (*vile*) base **14.** GEO lower; **Bassa Italia** Southern Italy; **i Paesi Bassi** the Netherlands II. *adv* **1.** (*in basso*) low **2.** (*a bassa voce*) quietly

bassofondo [bas·so·'fon·do] <bassifondi> *m* **1.** *pl* SOCIOL (*quartieri*) slums **2.** NAUT shallows *pl*

bassopiano [bas·so·'pia:·no] <-i *o* bassipiani> *m* lowland

bassorilievo [bas·so·ri·'liɛ:·vo] *m* bas-relief

bassotto [bas·'sɔt·to] *m* ZOOL dachshund

basta ['bas·ta] *interj* that's enough; **punto e ~** period; *v.a.* **bastare**

bastardo, -a [bas·'tar·do] I. *adj* **1.** (*illeggittimo*) illegitimate **2.** ZOOL (*animale*) crossbred; **cane ~** mongrel **3.** *fig* (*maledetto: domande*) damn **4.** *fig* (*cattivo: professore, politico*) dreadful II. *m, f* **1.** *pej, inf* (*persona*) bastard **2.** ZOOL (*animale*) crossbreed; (*cane*) mongrel

bastare [bas·'ta:·re] *vi essere* **1.** (*essere sufficiente*) to be enough; **~ a se stesso** to be self-sufficient; **basta poco per essere felici** it doesn't take much to be happy; **come se non bastasse** as if that wasn't enough; **basta che ... +** *conj* you [*o* we] [*o* they] [*o* he] [*o* she] just have to ...; **basta con** [*o* **di**] **...** that's enough of ...; **basta con queste menzogne** that's enough of these lies; **basta così** that's enough; **punto e basta!** period! **2.** (*durare*) to last

bastian contrario [bas·'ti·aŋ kon·'tra:·rio] <- -i> *m inf* awkward so-and-so; **fare il ~** to be an awkward so-and-so

bastimento [bas·ti·'men·to] *m* **1.** (*nave*) ship **2.** (*carico*) load

bastonare [bas·to·'na:·re] I. *vt* to beat; **avere l'aria da cane bastonato** *fig* to look sorry for oneself II. *vr:* **-rsi** to beat each other up

bastonata [bas·to·'na:·ta] *f* blow (with a stick); **prendere qu a -e** *inf* to beat sb

bastoncino [bas·ton·'tʃi:·no] *m* **1.** (*piccolo bastone*) small stick **2.** SPORT (*da sci*) ski stick **3.** CULIN **~ di pesce** fish finger

bastone [bas·'to:·ne] *m* **1.** (*di legno*) stick; **~ da montagna** staff; **~ da passeggio** walking stick; **mettere il ~ tra le ruote a qu** *fig* to cause sb problems **2.** SPORT (*nel golf*) club **3.** *pl* (*di carte da gioco*) suit in Italian playing cards **4.** *fig* (*sostegno*) support; **essere il ~ della vecchiaia di qu** *fig* to be a support in sb's old age

batch processing [bætʃ 'prou·se·siŋ] <-> *m* COMPUT batch processing

batosta [ba·'tɔs·ta] *f fig* (*sconfitta*) slap in the face

battaglia [ba·'taʎ·ʎa] <-glie> *f* **1.** *a. fig* MIL battle; **campo di ~** *a. fig* battle field; **~ campale** open warfare; **dare ~ a qu/qc** to declare war on sb/sth **2.** (*campagna*) fight; **una ~ per** [*o* **contro**] **qc** a campaign for sth; **~ elettorale** electoral campaign

battagliero, -a [bat·taʎ·'ʎɛ:·ro] *adj* (*spirito, temperamento, tono*) aggressive

battaglione [bat·taʎ·'ʎo:·ne] *m* battalion

battello [bat·'tɛl·lo] *m* boat; **~ a vapore** steamboat; **~ pneumatico** (*gommone*) dinghy

battente [bat·'tɛn·te] *m* (*di porta*) wing; (*di finestra*) shutter; **chiudere i -i** *fig* to close up shop

battere ['bat·te·re] I. *vt* **1.** (*dar colpi*) to beat; **~ le ali** to beat one's wings; **~ i denti** (*per il freddo*) to chatter; **battevo i denti** my teeth were chattering; **~ le mani** to clap (one's hands); **~ le ore** to strike the hour; **~ i piedi**

B

fig to stamp one's feet; **non so dove ~ il capo** [*o* **la testa**] *fig* I don't know what to do; **non ~ ciglio** to not bat an eyelid; **in un batter d'occhio** in a flash **2.** (*grano*) to thresh; (*carne*) to pound **3.** MUS, SPORT (*tempo, primato*) to beat **4.** SPORT (*tirare: rigore, calcio d'angolo*) to kick; **~ una punizione** to take a penalty **5.** FIN (*moneta*) to mint **6.** (*metallo, ferro*) to beat; **~ il ferro finché è caldo** *prov* to strike while the iron is hot *prov* **7.** (*dattilografare*) to type; **~ una lettera a macchina** to type a letter **8.** *inf* (*prostituirsi*) **~ il marciapiede** to be on the game **II.** *vi* **1.** (*pioggia, sole, cuore*) to beat; (*orologio*) to tick **2.** (*bussare*) to knock; **~ alla porta** to knock on the door **3.** MOT, TEC to knock **4.** (*insistere*) to go on about sth; **~ sempre sullo stesso tasto** *fig* to always go on about the same thing **III.** *vr:* **-rsi 1.** *a. fig* MIL to fight; **-rsi per qc** to fight for sth **2.** *fig* to beat one's breast; **battersela** *inf* to beat it

batteria [bat·te·'ri:·a] <-ie> *f* **1.** MOT, ELETT (*di orologio, telefonino, motore*) battery **2.** (*insieme di cose: di pentole*) set **3.** MUS drums *pl* **4.** SPORT heat

battericida[1] [bat·te·ri·'tʃi:·da] <-i, -e> *adj* (*prodotto, azione*) bactericidal

battericida[2] <-i> *m* bactericide

batterio [bat·'tɛ:·rio] <-i> *m* bacterium

batteriologico, -a [bat·te·rio·'lɔ:·dʒi·ko] <-ci, -che> *adj* (*esame, armi, guerra*) biological

batterista [bat·te·'ris·ta] <-i *m*, -e *f*> *mf* MUS drummer

battesimo [bat·'te:·zi·mo] *m* **1.** REL baptism; **nome di ~** christian name; **tenere a ~ qu** to be godfather [*o* godmother] to sb **2.** (*cerimonia, rito*) christening; **il ~ dell'aria** first flight

battezzare [bat·ted·'dza:·re] **I.** *vt* **1.** REL to baptize **2.** (*denominare*) to christen **II.** *vr:* **-rsi** REL to be baptized

battibaleno [bat·ti·ba·'le:·no] *adv* **in un ~** in a flash

battibecco [bat·ti·'bek·ko] <-chi> *m* squabble

batticarne [bat·ti·'kar·ne] <-> *m* meat hammer

batticuore [bat·ti·'kuɔ:·re] *m* palpitations *pl*

battimani [bat·ti·'ma:·ni] *mpl* applause

battipanni [bat·ti·'pan·ni] <-> *m* (*per tappeti*) carpet beater

battiscopa [bat·tis·'ko:·pa] <-> *m* baseboard

battista [bat·'tis·ta] <-i *m*, -e *f*> **I.** *mf* Baptist; **San Giovanni Battista** Saint John the Baptist **II.** *adj* Baptist; **chiesa ~** Baptist Church

battistero [bat·tis·'tɛ:·ro] *m* baptistry

battistrada [bat·tis·'tra:·da] <-> *m* **1.** MOT thread **2.** SPORT pacemaker

battitappeto [bat·ti·tap·'pe:·to] <- *o* -i> *m* vacuum cleaner

battito ['bat·ti·to] *m* (*del cuore*) beat; (*dell'orologio*) tick; (*della pioggia*) patter

battitore, -trice [bat·ti·'to:·re] *m*, *f* SPORT (*nel baseball*) batter

battona [bat·'to:·na] *f dial, vulg* whore

battuta [bat·'tu:·ta] *f* **1.** (*percossa*) beating

2. *scherz* (*frase spiritosa*) quip; **~ di spirito** witty remark; **avere la ~ pronta** to never be lost for words **3.** MUS bar; **~ d'arresto** (*insuccesso*) bar rest; **alle prime -e** *a. fig* at the beginning **4.** (*di macchina da scrivere, stampante*) stroke **5.** TEAT (*frase*) cue **6.** SPORT (*nel baseball*) strike **7.** (*caccia*) beat **8.** (*di polizia*) search operation

battuto, -a *adj* **1.** (*rame, ferro*) wrought; **di ferro ~** of wrought iron **2.** (*strada*) used **3.** (*sconfitto*) beaten

bau bau ['ba:·u 'ba:·u] *interj* woof woof

baule [ba·'u:·le] *m* **1.** (*da viaggio*) trunk **2.** MOT (*di auto*) boot

bava ['ba:·va] *f* **1.** (*saliva: di persona*) dribble; (*di animale*) slobber; **avere la ~ alla bocca** *fig* to be foaming at the mouth **2.** (*del baco da seta*) silk filament **3.** (*alito*) breath; **~ di vento** breath of wind

bavaglino [ba·vaʎ·'ʎi:·no] *m* bib

bavaglio [ba·'vaʎ·ʎo] <-gli> *m* gag; **mettere il ~ a qu** *fig* to gag sb

bavagliolo [ba·vaʎ·'ʎɔ:·lo] *m* bib

bavarese [ba·va·'re:·se] *f* CULIN bavarois

bavero ['ba:·ve·ro] *m* collar; **afferrare qu per il ~** to grab sb by the collar

bazar [bad·'dzar] <-> *m* **1.** (*mercato orientale*) bazaar **2.** COM (*negozio, sito*) emporium

bazzecola [bad·'dzɛ:·ko·la] *f* trifle

bazzicare [bad·tsi·'ka:·re] **I.** *vi* to hang out; **~ con qc/qu** to hang out with sb/sth; **bazzicano con l'informatica** they know a bit about computers; **in questo locale bazzicano molti artisti** lots of artists hang out in this bar **II.** *vt* (*ambiente, luogo, bar*) to hang out in

BCE *f abbr di* Banca Centrale Europea ECB

be' [bɛ] *interj* **e ~ sì** well, yes; **va ~, non esageriamo** okay, let's not exaggerate

bè [bɛ] *interj* (*della pecora*) baa

beach volley [bitʃ 'vɔ·li] <-> *m* beach volleyball

beatitudine [be·a·ti·'tu:·di·ne] *f* **1.** REL beatitude **2.** (*felicità*) happiness

beato, -a [be·'a:·to] **I.** *adj* **1.** (*felice*) happy **2.** (*fortunato*) lucky; **~ te!** *inf* lucky you!; **~ tra le donne** *scherz* lucky so-and-so **3.** REL blessed; **il Beatissimo Padre** God **II.** *m*, *f* REL soul in Paradise

bebè [be·'bɛ] <-> *m* baby

beccare [bek·'ka:·re] **I.** *vt* **1.** ZOOL (*colpire con il becco*) to peck **2.** *inf* (*buscarsi: raffreddore*) to catch; **beccati questa!** *inf* take that! **3.** *fig, inf* (*sorprendere*) to nab; **~ qu sul fatto** to catch sb in the act **II.** *vr:* **-rsi 1.** ZOOL to peck (at) each other **2.** *inf* (*bisticciarsi*) to snipe at each other

beccheggiare [bek·ked·'dʒa:·re] *vi* NAUT, AERO to pitch

becchime [bek·'ki:·me] *m* birdseed

becchino [bek·'ki:·no] *m* gravedigger

becco ['bek·ko] <-cchi> *m* **1.** ZOOL beak **2.** *fig, inf* (*bocca umana*) mouth; **chiudi il ~!** *inf* shut up!; **mettere il ~ dapper-**

B

tutto *inf* (*immischiarsi*) to stick one's nose in everywhere **3.** ZOOL (*caprone*) billy goat **4.** CHIM burner; **~ di Bunsen** Bunsen burner **5.** *inf* (*marito cornuto*) cuckold **6.** (*loc*) **non avere il ~ d'un quattrino** *inf* to be broke

bee [bɛ] *v.* **bè**

beeper ['biː·pə] <- *o* beepers> *m* pager

befana [be'faː·na] *f* **1.** (*Epifania*) *Italian national holiday on January 6th* **2.** (*vecchia che porta doni*) *a witch who brings sweets to good children and coal to bad children on January 6th* **3.** *fig, inf* (*donna vecchia e brutta*) old hag

beffa ['bɛf·fa] *f* hoax, farsi -e di qu to make a fool of sb; **restare col danno e con le -e** to have salt rubbed in the wound

beffardo, -a [bef·'far·do] *adj* (*sguardo, risata*) mocking

beffare [bef·'faː·re] **I.** *vt* (*raggirare*) to laugh at **II.** *vr* **-rsi di qu/qc** to laugh at sb/sth; **-rsi della legge** to laugh at the law

beffeggiare [bef·fed·'dʒaː·re] *vt* to laugh at

bega ['bɛː·ga] <-ghe> *f inf* **1.** (*noia*) problem **2.** (*litigio*) quarrel

begli ['bɛʎ·ʎi] *v.* **bello, -a**

begonia [be·'gɔː·nia] <-ie> *f* begonia

beh [bɛ] *interj inf* well; **e ~ non importa** oh well, it doesn't matter

bei ['bɛː·i] *v.* **bello, -a**

beige [bɛːʒ] **I.** <inv> *adj* (*maglione, pantaloni*) beige **II.** <-> *m* beige

bel [bɛl] *v.* **bello, -a**

belare [be·'laː·re] *vi a. fig* ZOOL to bleat

belato [be·'laː·to] *m* ZOOL (*di pecora, capra*) bleating

belga ['bɛl·ga] <-gi *m*, -ghe *f*> **I.** *adj* **1.** (*popolo, persona, città*) Belgian **2.** (*insalata*) endive **II.** *mf* Belgian

Belgio ['bɛl·dʒo] *m* **il ~** Belgium

Belgrado [bel·'graː·do] *f* Belgrade

bell' [bɛll] *v.* **bello, -a**

bella ['bɛl·la] *f* **1.** (*donna bella*) beauty; **la ~ addormentata nel bosco** Sleeping Beauty **2.** (*innamorata*) girlfriend **3.** (*copia*) fair copy; **ricopiare in ~** to copy out again **4.** (*finale*) final

belladonna [bel·la·'dɔn·na] *f* deadly nightshade

bellezza [bel·'let·tsa] *f* **1.** (*qualità, persona*) beauty; **istituto di ~** beauty parlor; **prodotti di ~** beauty products; **per ~** to look good; **le -e di Siena** the sights of Siena; **le -e della natura** the beauties of nature; **concorso di ~** beauty competition **2.** (*loc*) **che ~!** wonderful!; **per finire in ~** *fig* to round (sth) off nicely; **la ~ di tremila euro** *inf* the princely sum of three thousand euros

bellicismo [bel·li·'tʃiz·mo] *m* warmongering

bellico, -a <-ci, -che> *adj* (*materiale, residuato, produzione*) war; **industria -a** war industry

bellicoso, -a [bel·li·'koː·so] *adj* **1.** (*guerrafon-* *daio: popolo, paese*) warmongering **2.** (*battagliero: carattere, persona*) belligerent

belligerante [bel·li·dʒe·'ran·te] **I.** *adj* (*gruppo, paese*) belligerent **II.** *mf* belligerent

bellimbusto [bel·lim·'bus·to] *m inf* dandy

bello ['bɛl·lo] *m* **1.** (*bellezza*) beauty; **che c'è di ~ alla televisione?** *inf* what's good on TV?; **che fai di ~?** what are you up to?; **ora viene il ~** *inf* now for the best bit; **il ~ è che ... ** *iron, inf* best of all ...; **questo è il ~** *inf* the great thing is; **sul più ~** *inf* at that very moment **2.** METEO good weather; **oggi fa ~** it's fine today; **il tempo s'è rimesso al ~** the weather has turned nice again

bello, -a **I.** *adj* **1.** (*carino: auto, casa, donna, bambino*) beautiful; (*uomo*) handsome; **il bel mondo** high society; **le -e arti** fine arts **2.** (*piacevole: camminata, viaggio*) lovely **3.** (*buono: idea, libro, film, voto*) good; **che -a idea!** what a good idea!; **prende sempre bei voti** he [*o* she] always gets good grades **4.** (*sereno: tempo*) fine **5.** (*nobile: gesto*) kind **6.** (*considerevole: somma*) large; **una -a somma** *inf* a lot of money **7.** (*rafforzativo*) **ha un bel dire** *inf* despite what he or she says; **un bel giorno te lo dirò** *inf* I'll tell you some day; **nel bel mezzo** *inf* bang in the middle; **un bel pasticcio!** a real mess!; **mi sono preso una -a paura** *inf* I was really scared; **sei un bel cretino** *inf* you're a real idiot; **non valere un bel nulla** *inf* to be worthless **8.** *iron* (*brutto*) fine; **questa è -a!** *inf* that's nice! **9.** (*loc*) **fare la -a vita** to lead an easy life; **l'ha fatta/detta -a!** *inf* that's done it!; **ne hai fatte delle -e** *inf* you've made a mess of that; **bell'e fatto** *inf* done and dusted; **bell'e buono** *inf* real; **alla bell'e meglio** *inf* somehow or other; **un bel niente** absolutely nothing; **bel ~** *inf* slowly; **tante -e cose!** (*nelle lettere*) best wishes! **II.** *m, f* boyfriend *m*, girlfriend *f*

bellunese [bel·lu·'neː·se] **I.** *adj* from Belluno **II.** *mf* (*abitante*) person from Belluno

Bellunese *m* (*zona*) Belluno area; **nel ~** in the Belluno area

Belluno *f* Belluno, *city in the Veneto*

bel paese® [bɛl pa·'eː·ze] <-> *m* (*formaggio*) bel paese®, *an Italian cheese, also available as a spread*

belva ['bel·va] *f* **1.** (*animale*) wild beast **2.** *fig* (*persona*) animal

belvedere [bel·ve·'deː·re] <-> *m* (*luogo*) lookout

benaccetto, -a [be·nat·'tʃɛt·to] *adj poet* welcome

benamato, -a [be·na·'maː·to] *adj poet* beloved

benché [ben·'ke] *conj* although

benda ['bɛn·da] *f* **1.** MED bandage **2.** (*per occhi*) blindfold

bendare [ben·'daː·re] *vt* **1.** MED (*ferita, testa, arto*) to bandage **2.** (*occhi*) to blindfold; **avere gli occhi bendati** *fig* to be blinkered

B

bendisposto, -a [ben·dis·'pos·to] *adj* well-
-disposed

bene¹ ['bɛ:·ne] <meglio, benissimo *o* ottima-
mente> *adv* **1.**(*in modo giusto, soddisfacente, in salute*) well; **comportarsi** ~ to behave well; **prenderla** ~ to take sth well; **è
andata** ~ it went well; **star** ~ (**di salute**) to be
well; **non mi sento** ~ **oggi** I don't feel well today **2.**(*a proprio agio*) **trovarsi** ~ **con qu/qc**
to get on well with sb/sth; **ti trovi** ~ **in Italia?**
do you like being in Italy?; **con loro non mi
trovo** ~ I don't get on with them; **non mi
trovo** ~ **con il nuovo computer** I'm having
problems with the new compuer **3.**(*elegante-
mente*) **essere vestito** ~ to be well-dressed;
gente per ~ respectable people; **quel cappello ti sta** ~ that hat suits you; **sta proprio** ~
con quegli occhiali he [*o* she] looks great
with those glasses **4.**(*addirittura*) at least; **ben
tremila euro m'è costato!** *inf* it cost me over
three thousand euros! **5.**(*loc*) **di** ~ **in meglio**
a. iron better and better; ~ **o male** (*comunque
sia*) whatever happens; **ben** ~ *inf* (*accuratamente*) well; (*a fondo*) thoroughly; **lo
credo** ~ *inf* I can well believe it; **ben gli sta!,
gli sta** ~! *inf* serves him right!; **ben detto!** *inf*
well put!; **va** ~! *inf* okay!; **tutto è** ~ **quel che
finisce** ~ *prov* all's well that ends well *prov*

bene² *interj* good; ~, **basta così** good, that's
enough; ~! **bravo! bis!** well done! bravo! encore!

bene³ *m* **1.**(*ciò che è buono*) good **2.**(*amore,
affetto*) affection; **voler** ~ **a qu** to love sb
3.(*opera buona*) good deed; **opere di** ~ charitable works **4.**(*benificio*) good; **per il tuo** ~
for your own good; **lo dico per il tuo** ~ I'm
telling you for your own good; **fare qc a fin
di** ~ to do sth for a good reason **5.**(*benessere*)
welfare; **far** ~ (**alla salute**) to be good (for
one's health); **ti auguro ogni** ~ I wish you all
the best **6.** COM, GIUR goods *pl;* **-i culturali** cultural heritage; **-i di consumo** consumer goods;
-i immobili real estate; **-i mobili** personal
property **7.** *pl* (*averi*) goods *pl*

benedettino, -a I. *adj* (*abbazia, monastero*)
Benedictine II. *m, f* REL Benedictine

benedetto, -a [be·ne·'det·to] *adj* **1.** REL (*santo:
acqua*) holy; (*ostia*) consecrated; (*persona*)
blessed; **Dio sia** ~ praise the Lord **2.** *fig* (*maledetto*) damned

benedire [be·ne·'di:·re] <benedico, benedis-
si *o* benedii, benedetto> *vt* (*chiesa, campana, fedeli*) to bless; **mandare qu a farsi** ~
inf to tell sb to go to hell

benedizione [be·ne·dit·'tsio:·ne] *f* **1.** REL
(*atto*) blessing **2.** REL (*funzione*) benediction
3. *fig* (*fonte di bene, di gioia*) boon

beneducato, ben educato, -a [be·ne·du·'ka:·
to] *adj* polite

benefattore, -trice [be·ne·fat·'to:·re] *m, f*
benefactor *m*, benefactress *f*

beneficenza [be·ne·fi·'tʃɛn·tsa] *f* charity; **fiera
di** ~ charity event

beneficiare [be·ne·fi·'tʃa:·re] *vi* ~ **di qc** to
benefit from sth

beneficiario, -a [be·ne·fi·'tʃa:·rio] <-i, -ie>
m, f **1.** GIUR (*di eredità, di lascito*) beneficiary
2. COM (*di assegno, bonifico*) recipient

beneficio [be·ne·'fi:·tʃo] <-ci> *m* A. GIUR (*giovamento*) benefit; **a** ~ **di qc/qu** for the benefit
of sb/sth; **trarre** ~ **da qc** to benefit from sth

benefico, -a [be·'nɛ:·fi·ko] <-ci, -che> *adj*
1.(*clima, cura, effetto*) beneficial **2.**(*persona,
ente, iniziativa*) charitable

benefit ['be·ni·fit] <- *o* benefits> *m* benefit

beneplacito [be·ne·'pla:·tʃi·to] *m* (*approvazione*) consent

benessere [be·'nɛs·se·re] *m* **1.**(*di salute*)
well-being **2.** COM (*economico, sociale*) affluence; **società del** ~ affluent society

benestante [ben·es·'tan·te] I. *adj* (*famiglia,
ceto, classe*) well-off II. *mf* well-off person; **i -i**
the well-off

benestare [be·nes·'ta:·re] <-> *m* ADMIN consent

benevolenza [be·ne·vo·'lɛn·tsa] *f* benevo-
lence

benevolo, -a [be·'nɛ:·vo·lo] *adj* **essere** ~ (**con**
[*o* verso] qu) to be kind (to sb)

benfatto, ben fatto, -a [ben·'fat·to] *adj* **1.**(*figura, corpo*) shapely **2.**(*lavoro, cosa*) good

beniamino, -a [be·nia·'mi:·no] *m, f* favorite

benigno, -a [be·'niɲ·ɲo] *adj* **1.**(*benevolo:
sguardo*) kind **2.** *fig* (*favorevole: sorte*) be-
nevolent **3.** MED (*tumore*) benign **4.** METEO
(*clima*) mild

beninformato, ben informato, -a [ben·in·
for·'ma:·to] I. *adj* (*pubblico, persona*) well-informed II. *m, f* person in the know

benintenzionato, -a [ben·in·ten·tsio·'na:·to]
adj well-meaning; **essere** ~ **nei confronti di
qu** to be well-meaning towards sb

beninteso [ben·in·'te:·so] *adv* of course; ~,
sei invitato anche tu of course you're also
invited

benissimo [be·'nis·si·mo] *superlativo di*
bene¹

benpensante, ben pensante [ben·pen·'san·
te] I. *mf* conformist II. *adj* conformist

benservito [ben·ser·'vi:·to] *m* reference; **dare
il** ~ **a qu** to sack sb; *iron* to send sb packing

bensì [ben·'si] *conj* but

bentornato, ben tornato [ben·tor·'na:·to] *m*
welcome back; **dare il** ~ **a qu** to welcome sb
back

benvenuto, ben venuto [ben·ve·'nu:·to] *m*
welcome; **dare il** ~ **a qu** to welcome sb

benvenuto, ben venuto, -a I. *adj* welcome
II. *interj* welcome III. *m, f* **essere il** ~ **in un
luogo** to be welcome in a place

benvisto, ben visto, -a [ben·'vis·to] *adj* well
thought of

benvolere, ben volere¹ [ben·vo·'le:·re]
<benvoluto> *vt* to like; **farsi** ~ **da qu** to win
sb's affection; **prendere a** ~ **qu** to take a liking
to sb

B

benvolere, ben volere[2] *m* affection

benvoluto, -a [ben·vo·'lu:·to] *adj* well-liked

benzina [ben·'dzi:·na] *f* gas; ~ **normale** normal grade gasoline; ~ **senza piombo**/**verde** unleaded gasoline; ~ **super** premium gasoline; **serbatoio della** ~ gas tank; **fare** ~ to get gas

benzinaio, -a [ben·dzi·'na:·io] <-ai, -aie> *m, f* gas pump attendant

bere[1] ['be:·re] <bevo, bevvi *o* bevetti, bevuto> I. *vt* 1.(*acqua, vino, caffè*) to drink; ~ **dalla bottiglia** to drink from the bottle; ~ **alla salute di qu** to drink to sb's health 2.(*consumare*) to be heavy on; **la mia macchina beve benzina**/**olio** my car is heavy on petrol/gas 3.(*credere*) to swallow; **darla a** ~ **a qu** *fig, inf* to get sb to swallow sth II. *vi* to drink; ~ **come una spugna** to drink like a fish; ~ **per dimenticare** to drink to forget

bere[2] *m* (*vizio*) drink; **darsi al** ~ to turn to drink

bergamasco [ber·ga·'mas·ko] *m* (*dialetto*) *the dialect of Bergamo*

Bergamasco *m* (*zona*) Bergamo area; **nel** ~ in the Bergamo area

bergamasco, -a <-chi, -che> I. *adj* from Bergamo II. *m, f* (*abitante*) person from Bergamo

Bergamo *f* Bergamo, *city in Lombardy*

bergamotto [ber·ga·'mɔt·to] *m* bergamot

berlina [ber·'li:·na] *f* 1.AUTO sedan 2.HIST (*antica pena*) pillory 3.(*loc*) **mettere alla** [*o* in] ~ *fig* to ridicule sb

Berlino [ber·'li:·no] *f* Berlin

bermuda [ber·'mu:·da] *mpl* Bermuda shorts *pl*

Berna ['bɛr·na] I. *f* (*città*) Bern(e) II. *m* (*cantone*) Bern(e)

bernoccolo [ber·'nɔk·ko·lo] *m* 1.(*in testa*) bump 2.*fig* (*inclinazione*) bent; **avere il** ~ **di qc** to have a talent for sth

berretto [ber·'ret·to] *m* cap

bersagliare [ber·saʎ·'ʎa:·re] *vt* 1.*fig* (*colpire, perseguitare*) to bombard; ~ **qu di domande** to bomard sb with questions 2.MIL (*nemico*) to fire on

bersagliere [ber·saʎ·'ʎɛ:·re] *m* MIL bersagliere, *member of the artillery corps of the Italian army*

bersaglio [ber·'saʎ·ʎo] <-gli> *m a. fig* MIL, SPORT target; **tiro al** ~ target practice

besciamella [beʃ·ʃa·'mɛl·la] *f* bechamel sauce

bestemmia [bes·'tem·mia] <-ie> *f* swearword; REL blasphemy

bestemmiare [bes·tem·'mia:·re] I. *vi* to swear; REL to blaspheme; ~ **contro la squadra avversaria** to swear at the opposing team; ~ **come uno scaricatore di porto** to swear like a trooper II. *vt* to swear; REL to blaspheme

bestia ['bes·tia] <-ie> *f* (*animale*) beast; **una** ~ **rara** *fig* a rare breed; **brutta** ~ *fig* horrible thing; **andare in** ~ to fly into a rage; **lavorare come una** ~ *inf* to work like a mule; **sudare come una** ~ *inf* to sweat like a pig

bestiale [bes·'tia:·le] *adj* 1.*fig* (*crudele:*

delitto) brutal 2.*fig, inf* (*intenso: caldo, fame*) terrible; **fa un caldo bestiale** it's terribly hot 3.*fig, inf* (*incredibile*) incredible

bestialità [bes·tia·li·'ta] <-> *f* 1.*fig* (*sproposito*) nonsense; **ha detto una** ~ *inf* he talked nonsense 2.(*brutalità*) brutality

bestiame [bes·'tia:·me] *m* livestock; (*mucche*) cattle *pl*

beta ['bɛ:·ta] I.<-> *f* (*lettera greca*) beta II.<inv> *adj* (*raggi, particelle, elettroni*) beta

betabloccante [be·ta·blok·'kan·te] I. *adj* MED betablocker II. *m* MED betablocker

Betlemme [be·'tlɛm·me] *f* Bethlehem

bettola ['bet·to·la] *f pej, inf* dive

betulla [be·'tul·la] *f* birch

bevanda [be·'van·da] *f* (*gassata, alcolica, rinfrescante*) drink

bevetti [be·'vɛt·ti] *1.pers sing pass rem di* **bere**[1]

bevitore, -trice [be·vi·'to:·re] *m, f* drinker; **gran** ~ heavy drinker

bevo ['be:·vo] *1.pers sing pr di* **bere**[1]

bevuta [be·'vu:·ta] *f* drink

bevuto [be·'vu:·to] *pp di* **bere**[1]

bevvi ['bev·vi] *1.pers sing pass rem di* **bere**[1]

BI *abbr di* **Banca d'Italia** Bank of Italy, *Italian State Bank*

biadesivo [bi·a·de·'zi:·vo] *m* double-sided adhesive tape

biadesivo, -a *adj* **nastro** ~ double-sided adhesive tape

biancheria [biaŋ·ke·'ri:·a] <-ie> *f* linen; ~ **intima** underwear; ~ **da letto** night clothes *pl*; ~ **da tavola** table linen

bianchetto [biaŋ·'ket·to] *m* (*per muri*) whitewash; (*per correggere*) whiteout

bianco ['biaŋ·ko] <-chi> *m* 1.(*colore*) white; **foglio in** ~ blank sheet of paper; **vestirsi di** ~ to dress in white; **sposarsi in** ~ to have a white wedding; **in** ~ **e nero** in black and white; **film in** ~ **e nero** black and white film; **mettere nero su** ~ to write down; **dare il** ~ **a qc** to whitewash sth 2.(*parte bianca*) white; ~ **dell'uovo** egg-white 3.COM **assegno in** ~ blank check 4.CULIN **mangiare in** ~ to eat bland food 5.(*loc*) **di punto in** ~ suddenly; **notte in** ~ sleepless night

bianco, -a <-chi, -che> I. *adj* 1.(*colore, chiaro: pane, vino, pelle, capelli*) white; **carni -che** white meat 2.(*non scritto: foglio*) blank 3.(*pallido: carnagione, viso*) pale; **essere** ~ **come un cencio lavato** to be as white as a sheet 4.(*pulito: lenzuola, camicia*) clean 5.(*invernale*) **settimana -a** winter sports holiday 6.(*di bambino*) **voce -a** child's voice II. *m, f* white person

biancoscudato, -a [biaŋ·kos·ku·'da:·to] *adj* POL member of the Christian Democrat political party

biancospino [biaŋ·kos·'pi:·no] *m* hawthorn

biascicare [biaʃ·ʃi·'ka:·re] *vt fig* (*lingua, parola*) to mumble; **biascica un po' d'inglese** he or she knows a couple of words of English

B

biasimare [bia·zi·'ma:·re] *vt* to criticize
biasimo ['bia:·zi·mo] *m* criticism
biat(h)lon [bi·a·'tlon] <-> *m* SPORT biathlon
bibagno [bi·'baɲ·ɲo] <inv> *adj* with two bath-rooms; **vendesi appartamenti** ~ apartments with two bathrooms for sale
Bibbia ['bib·bia] <-ie> *f* Bible
biberon [bi·be·'rɔn] <-> *m* baby's bottle
bibita ['bi:·bi·ta] *f* (*analcolica, gassata*) soft drink
biblico, -a ['bi:·bli·ko] <-ci, -che> *adj* **1.** REL (*personaggio, episodio, testo*) biblical **2.** *fig* (*imponente*) huge; **un'impresa** -a a huge task
bibliografia [bi·bli·o·gra·'fi:·a] <-ie> *f* bibliography
bibliografico, -a [bi·bli·o·'gra:·fi·ko] <-ci, -che> *adj* (*archivio, ricerca*) bibliographical
bibliografo, -a [bi·'bliɔ·gra·fo] *m, f* bibliographer
biblioteca [bi·bli·o·'tɛː·ka] <-che> *f* **1.** (*edificio, stanza*) library **2.** (*raccolta*) collection **3.** (*mobile*) bookshelf **4.** COMPUT ~ **di programmi** program library
bibliotecario, -a [bi·bli·o·te·'ka:·rio] <-i, -ie> *m, f* librarian
bicamerale [bi·ka·me·'ra:·le] *adj* POL (*sistema*) bicameral
bicameralismo [bi·ka·me·ra·'li:z·mo] *m* bicameral system
bicamere, bicamera [bi·'ka:·me·re, bi·'ka:·me·ra] <inv> *adj* two-roomed
bicarbonato [bi·kar·bo·'na:·to] *m* bicarbonate; ~ **di sodio** bicarbonate of soda
bicchierata [bik·kie·'ra:·ta] *f* drink
bicchiere [bik·'kiɛ:·re] *m* glass; ~ **da vino/ acqua** wine/water glass; **un** ~ **di vino/ d'acqua** a glass of wine/water; **fondo di** ~ fake diamond; **alzare il** ~ (**a**) to raise one's glass (to)
bicchierino [bik·kie·'ri:·no] *m* **1.** (*bicchiere piccolo*) small glass **2.** (*quantità di liquido*) tot
bichini [bi·'ki:·ni] <-> *m* bikini
bici ['bi:·tʃi] <-> *f inf* bike; **in** ~ by bike; **andare in** ~ to ride a bike
bicicletta [bi·tʃi·'klet·ta] *f* bicycle; ~ **da corsa** bicycle race; **andare in** ~ to ride a bicycle; ~ **elettrica** electric bicycle, e-bike
bicipite [bi·'tʃi:·pi·te] **I.** *m* bicep(s) *sg o pl* **II.** *adj* (*in araldica*) two-headed; **aquila** ~ two-headed
bicolore [bi·ko·'lo:·re] *adj* **1.** (*a due colori: tessuto*) two-tone **2.** *fig* POL (*governo*) two-party
bicromatico, -a [bi·kro·'ma:·ti·ko] <-ci, -che> *adj* (*a due colori: tela, tavola*) two-tone; **stampa** -a a two-tone print; **emulsione** -a two--tone emulsion
bidè [bi·'dɛ] <-> *m* bidet
bidello, -a [bi·'dɛl·lo] *m, f* (*di una scuola*) janitor
bidimensionale [bi·di·men·sio·'na:·le] *adj* (*immagine, disegno*) two-dimensional
bidirezionale [bi·di·ret·tsio·'na:·le] *adj*

(*antenna*) bidirectional; **segnale** ~ COMPUT bi-directional signal
bidonare [bi·do·'na:·re] *vt inf* **1.** (*fregare*) to rip off **2.** (*piantare qc in asso*) to stand sb up
bidonata [bi·do·'na:·ta] *f inf* **1.** (*fregatura*) rip--off **2.** (*cosa scadente*) letdown; **questo film è una** ~ this film is a letdown
bidone [bi·'do:·ne] *m* **1.** (*recipiente*) drum; **il** ~ **della spazzatura** garbage can **2.** *inf* (*imbroglio*) swindle **3.** *inf* (*appuntamento mancato*) missed date; **mi ha fatto il** ~ *inf* he stood me up **4.** *pej, inf* (*apparecchio, veicolo*) no-hoper
bidonvia [bi·don·'vi:·a] <-ie> *f* cable car
bidonville [bi·don·'vil] <-> *f* shantytown
bieco, -a ['biɛ:·ko] <-chi, -che> *adj* **1.** (*sguardo*) menacing **2.** (*proposito*) sinister
biella ['biɛl·la] *f* connecting rod
Bielorussia [bie·lo·'rus·sia] *f* Belarus
bielorusso, -a [bie·lo·'rus·so] **I.** *adj* (*cultura, cittadinanza*) Belarussian **II.** *m, f* (*abitante*) Belarussian **III.** *m* (*lingua*) Belarussian
biennale [bien·'na:·le] **I.** *adj* **1.** (*che dura due anni*) two-year **2.** (*ogni due anni*) biannual **II.** *f* biennial

The **Venice Biennale** is an international festival of modern art. Since 1895 it has taken place every two years in the **Giardini** public park in Venice. The Biennale Committee also organizes the international Film Festival. Held annually in September it is the second biggest film festival in Europe after Cannes.

biennio [bi·'ɛn·nio] <-i> *m* **1.** (*periodo*) two--year period **2.** (*corso universitario*) two-year foundation course **3.** (*nella scuola*) *the first two years of secondary school*
bierre [bi·'ɛr·re] **I.** <-> *m* (*brigatista*) *member of the Red Brigades terrorist group* **II.** *fpl* (*organizzazione*) Red Brigades **III.** <inv> *adj* Red Brigades
bietola ['biɛ:·to·la] *f* beet
bifamiliare [bi·fa·mi·'lia:·re] *adj* (*casa*) for two families; **villetta** ~ small house for two families
bifase [bi·'fa:·ze] *adj* (*motore*) two-phase
bifocale [bi·fo·'ka:·le] *adj* (*lente, occhiali*) bi-focal
bifolco, -a [bi·'fol·ko] <-chi, -che> *m, f pej* (*persona rozza, ignorante*) lout
biforcarsi [bi·for·'ka:r·si] *vr: -rsi a. fig* (*strade, fiumi, arterie*) to divide
biforcazione [bi·for·kat·'tsio:·ne] *f a. fig* (*strade, fiumi, arterie*) fork
biforcuto, -a [bi·for·'ku:·to] *adj* (*lingua, ramo, piede*) forked; **avere una lingua** -a *fig, pej* to be a nasty piece of work
big [big] <-> *m* major player
bigamia [bi·ga·'mi:·a] <-ie> *f* bigamy
bigamo, -a ['bi:·ga·mo] **I.** *adj* (*moglie, marito, coppia*) bigamous **II.** *m, f* bigamist

B

bigemino, -a [bi·'dʒɛː·mi·no] *adj* (*gravidanza, parto*) bigeminal

bighellonare [bi·gel·lo·'na:·re] *vi* to loaf around

bighellone, -a [bi·gel·'lo:·ne] *m, f inf* layabout

bigiotteria [bi·dʒot·te·'ri:·a] <-ie> *f* 1. (*articoli*) costume jewelry 2. (*negozio*) shop selling costume jewelry

bigiù [bi·'ʒu] <-> *m* gem

bigliettaio, -a [biʎ·ʎet·'ta:·io] <-ai, -aie> *m, f* (*su tram, treno, autobus*) ticket collector; (*di cinema*) box office clerk

biglietteria [biʎ·ʎet·te·'ri:·a] <-ie> *f* (*di ferrovie, autobus*) ticket office; (*di cinema, teatro*) box office

biglietto [biʎ·'ʎet·to] *m* 1. (*cartoncino*) card; ~ **d'auguri** greeting card; ~ **da visita** business card 2. (*di treno, autobus, teatro, lotteria*) ticket; ~ **di andata e ritorno** roundtrip ticket; **fare il** ~ to buy a ticket; ~ **della lotteria** lottery ticket 3. FIN bill; ~ **di banca** bill 4. (*foglietto*) note; **lasciare un** ~ to leave a note

Bignami® [big·'na:·mi] <-> *m paperback study guide*

bignè [biɲ·'ɲɛ] <-> *m* cream puff

bigodino [bi·go·'di:·no] *m* roller

bigotto, -a [bi·'gɔt·to] I. *adj* 1. REL overly pious 2. (*ipocrita*) hypocritical II. *m, f* bigot

bijou [bi·'ʒu] *v.* bigiù

bikini [bi·'ki:·ni] *v.* bichini

bilabiale [bi·la·'bia:·le] *adj* LING bilabial

bilama [bi·'la:·ma] <inv> *adj* double-bladed; **rasoio** ~ double-bladed razor

bilancia [bi·'lan·tʃa] <-ce> *f* 1. scales *pl;* ~ **automatica/romana** automatic/lever scales; **porre qc sul piatto della** ~ *fig* to weigh sth up; **essere l'ago della** ~ *fig* to be the deciding factor 2. ASTR **Bilancia** Libra; **sono (della** [*o* **una**]**) Bilancia** I'm Libra 3. COM balance; ~ **commerciale** balance of trade; ~ **dei pagamenti** balance of payments

bilanciare [bi·lan·'tʃa:·re] I. *vt* 1. *a. fig* (*carico*) to distribute 2. (*dieta, gomme, spese*) to balance; **saper** ~ **le entrate con le spese** to be able to balance income and expenditure 3. *fig* (*valutare: argomenti*) to weigh up II. *vr:* -**rsi** 1. (*equilibrarsi*) to be balanced 2. (*equivalersi*) to balance each other out

bilanciere [bi·lan·'tʃɛ:·re] *m* 1. (*di orologio*) balance 2. NAUT outrigger 3. TEC (*asta*) rod 4. SPORT bar

bilancio [bi·'lan·tʃo] <-ci> *m* 1. COM (*budget*) balance; ~ **consolidato** consolidated balance; ~ **consuntivo** final balance; ~ **preventivo/pubblico** budget; **deficit di** ~ budget deficit 2. *fig* (*valutazione*) assessment; **fare il** ~ **della propria vita** *fig* to take stock of one's own life

bilaterale [bi·la·te·'ra:·le] *adj* (*accordo, incontro*) bilateral

bilateralismo [bi·la·te·ra·'liz·mo] *m* bilateralism

bile ['bi:·le] *f* 1. ANAT bile 2. *fig* (*collera*) anger; **essere verde dalla** ~ *fig* to be absolutely livid

bilia ['bi:·li·a] <-ie> *f* 1. (*gioco*) marble; **giocare a -ie** to play marbles 2. (*palla da biliardo*) billiard ball; (*buca*) pocket

biliardo [bi·'liar·do] *m* 1. (*gioco*) pool, billiards 2. (*tavolo*) pool table

biliare [bi·'lia:·re] *adj* (*malattia*) bile

bilico ['bi:·li·ko] <-chi> *m* **in** ~ in the balance; **tenere in** ~ to balance; **tenere in** ~ **qu** to keep sb in suspense; **essere in** ~ **tra la vita e la morte** to fight for one's life

bilingue [bi·'liŋ·gue] I. *adj* (*educazione, dizionario, persona*) bilingual II. *mf* bilingual person

bilinguismo [bi·liŋ·'guiz·mo] *m* bilingualism

bilione [bi·'lio:·ne] *m* (*mille milioni*) billion; (*un milione di milioni*) trillion

bilocale [bi·lo·'ka:·le] I. *m* two-roomed apartment II. *adj* (*appartamento, mansarda*) two-roomed

bimbo, -a ['bim·bo] *m, f* child

bimensile [bi·men·'si:·le] *adj* (*ogni due settimane*) semimonthly

bimestrale [bi·mes·'tra:·le] *adj* 1. (*che dura due bimestri*) two-month 2. (*ogni due bimestri*) bimonthly

bimestre [bi·'mɛs·tre] *m* A. COM (*periodo*) two month period

binario [bi·'na:·ri·o] <-i> *m* FERR platform; ~ **morto** dead-end track; **il treno per Pisa parte dal** ~ **16** the train for Pisa leaves from platform 16

binocolo [bi·'nɔ:·ko·lo] *m* binoculars *pl*

binomio [bi·'nɔ:·mi·o] <-i> *m* 1. MAT binomial 2. *fig* (*coppia*) combination

bioagricoltore [bi·o·a·gri·kol·'to:·re] *m* organic farmer

bioagricoltura [bi·o·a·gri·kol·'tu:·ra] *f* organic farming

bioalimento [bi·o·a·li·'men·to] *m* biofood

biocarburante [bi·o·kar·bu·'ran·te] *m* biofuel

biochimica [bi·o·'ki:·mi·ka] <-che> *f* biochemistry

biochimico, -a [bi·o·'ki:·mi·ko] <-ci, -che> I. *adj* (*laboratorio, operatore*) biochemical II. *m, f* biochemist

biochip [ba·io·'tʃip] <- *o* biochips> *m* COMPUT biochip

biocida¹ [bi·o·'tʃi:·da] <-i> *m* biocide

biocida² <-i, -e> *adj* (*prodotto, medicinale, sostanza*) biocidal

biocompatibile [bi·o·kom·pa·'ti:·bi·le] *adj* (*prodotto, edificio, rivestimento*) biocompatibile

biodegradabile [bi·o·de·gra·'da:·bi·le] *adj* (*detersivo, shampoo, rifiuti*) biodegradable

biodegradabilità [bi·o·de·gra·'da:·bi·li·ta] <-> *f* (*di detergente, prodotto, rifiuti*) biodegradability

biodegradare [bi·o·de·gra·'da:·re] *vt* ECOL (*rifiuti, cellulosa, petrolio*) to biodegrade

biodiesel ['bi·o·di:·zel] <-> *m* biodiesel

biodinamico, -a [bi·o·di·'na:·mi·ko] <-ci, -che> *adj* 1.BIOL biodynamical 2.AGR (*cibo, prodotto, produttore*) biodynamic

bioenergetica [bi·o·e·ner·'dʒɛː·ti·ka] <-che> *f* BIOL bioenergetics

bioenergetico, -a [bi·o·e·ner·'dʒɛː·ti·ko] <-ci, -che> *adj* BIOL (*terapia, esercizio*) bioenergetic

bioenergia [bi·o·e·ner·'dʒi:·a] *f* bioenergy

bioetica [bi·o·'ɛː·ti·ka] <-che> *f* bioethics

biofabbrica [bi·o·'fab·bri·ka] <-che> *f* biofactory

biofarmaceutica [bi·o·far·ma·'tʃɛːu·ti·ka] <-che> *f* biopharmaceutics

biofeedback [bi·o·fid·'bɛk] <-> *m* MED biofeedback

biofisica [bi·o·'fi:·zi·ka] <-che> *f* biophysics

biofisico, -a [bi·o·'fi:·zi·ko] <-ci, -che> I. *adj* (*fenomeno, scienze, profilo*) biophysical II. *m, f* biophysicist

biogas [bi·o·'gas] <-> *m* biogas

biogenesi [bi·o·'dʒɛː·ne·zi] *f* biogenesis

biogenetica [bi·o·dʒe·'nɛː·ti·ka] <-che> *f* biogenetics

biogenetico, -a [bi·o·dʒe·'nɛː·ti·ko] *adj* biogenetic

biografia [bi·o·gra·'fi:·a] *f* biography

biografico, -a [bi·o·'gra:·fi·ko] <-ci, -che> *adj* (*film, romanzo, episodio*) biographical

biografo, -a [bi·'ɔː·gra·fo] *m, f* biographer

bioindicatore, -trice [bi·o·in·di·ka·'to:·re] *m, f* bioindicator; ~ **ambientale** environmental bioindicator

bioingegnere [bi·o·in·dʒeɲ·'ɲɛː·re] *m* bioengineer

bioingegneria [bi·o·in·dʒeɲ·'ɲe·'ri:·a] *m* bioengineering

bioinsetticida[1] [bi·o·in·set·ti·'tʃi:·da] <-i, -e> *adj* (*prodotto, polvere*) bioinsecticide

bioinsetticida[2] <-i> *m* bioinsecticide

biologia [bi·o·lo·'dʒi:·a] <-ie> *f* biology

biologico, -a [bi·o·'lɔː·dʒi·ko] *adj* 1.(*cibo, coltura, produzione*) organic 2.(*ciclo, scienza, arma, bomba*) biological

biologo, -a [bi·'ɔː·lo·go] <-gi, -ghe> *m, f* biologist

biomanipolazione [bi·o·ma·ni·po·lat·'tsio:·ne] *f* biomanipulation

biomassa [bi·o·'mas·sa] *f* biomass

biomateriale [bi·o·ma·te·'ria:·le] *m* biomaterial

biomeccanica [bi·o·mek·'ka:·ni·ka] *f* biomechanics

biondo ['bion·do] *m* (*colore*) blond color

biondo, -a I. *adj* 1.(*donna*) blonde; (*uomo*) blond 2.(*capelli*) blond; ~ **cenere** ash blond; ~ **come l'oro** golden blond II. *m, f* (*donna*) blonde; (*uomo*) fair-haired

bionica ['biɔː·ni·ka] <-che> *f* bionics

bioparco [bi·o·'par·ko] <-chi> *m* ECOL zoo, a zoo in which the animals live in more humane conditions

biopatia [bi·o·pa·'ti:·a] <-ie> *f* biopathy

biopsia [bi·o·'psi:·a] <-ie> *f* biopsy

biorario, -a [bi·o·'ra:·ri·o] *adj* dual hourly; **tariffa -a** dual hourly rate

bioreattore [bi·o·re·at·'to:·re] *m* bioreactor

bioritmo [bi·o·'rit·mo] *m* biorhythm

biosfera [bi·os·'fɛ:·ra] *f* biosphere

biosistema [bi·o·sis·'tɛː·ma] <-i> *m* BIOL biosystem

biosociologia [bi·o·so·tʃo·lo·'dʒi:·a] <-gie> *f* biosociology

biossido [bi·'ɔs·si·do] *m* dioxide

biostatistica [bi·o·sta·'tis·ti·ka] <-che> *f* biostatistics

biotecnica [bi·o·'tɛk·ni·ka] <-che> *f* biotechnics

biotecnologia [bi·o·tɛk·no·lo·'dʒi:·a] *f* biotechnology

bioterapia [bi·o·te·ra·'pi:·a] *f* MED biotherapy

biotopo [bi·'ɔː·to·po] *m* biotope

bipartisan [bi·'par·ti·zan] <inv> *adj* POL bipartisan

bipartitico, -a [bi·par·'ti:·ti·ko] *adj* two-party; **governo ~** two-party government

bipede ['bi:·pe·de] I. *m* ZOOL biped II. *adj* two-footed

biplano [bi·'pla:·no] *m* biplane

bipolare [bi·po·'la:·re] *adj* bipolar

bipolarismo [bi·po·la·'riz·mo] *m* POL bipolarism

bipolarità [bi·po·la·ri·'ta] <-> *f* FIS bipolarism

bipolarizzazione [bi·po·la·rid·dzat·'tsio:·ne] *f* POL bipolarization

biposto [bi·'pos·to] <inv> *adj* two-seater; **automobile/aereo ~** two-seater car/plane

birba ['bir·ba] *f scherz, inf* rascal

birbante [bir·'ban·te] *mf* 1.*scherz, inf* (*monello*) rascal 2. *pej* (*mascalzone*) rogue

birbone, -a [bir·'bo:·ne] *m, f scherz, inf* terror

bireattore [bi·re·at·'to:·re] *m* twin-engined aircraft

birichino, -a [bi·ri·'ki:·no] *inf* I. *adj* (*sguardo, aria*) mischievous II. *m, f* rascal

birillo [bi·'ril·lo] *m* pin

biro® ['bi:·ro] <-> *f* ballpoint pen

birra ['bir·ra] *f* beer; **lievito di ~** brewer's yeast; **~ alla spina** draft beer; **a tutta ~** *inf* flat out

birraio [bir·'ra:·io] <-ai> *m* (*fabbricante*) brewer; (*venditore*) pub manager

birreria [bir·re·'ri:·a] <-ie> *f* 1.(*locale*) pub 2.(*fabbrica*) brewery

bis [bis] I. *interj* encore! II. <-> *m* encore; **chiedere il ~** to call for an encore; **concedere il ~** to give an encore; **fare il ~ di qc** to give an encore of sth; (*nel mangiare*) to have a second helping III. <inv> *adj* (*supplementare*) additional; **treno ~** additional train

bisavolo, -a [bi·'za:·vo·lo] *m, f* great-grandfather *m*, great-grandmother *f*; **i miei -i vengono dall'Italia** my ancestors were from Italy

bisbetico, -a [biz·'bɛː·ti·ko] <-ci, -che> I. *adj* (*vecchio, donna*) cantankerous II. *m, f pej* cantankerous person

bisbigliare [biz·biʎ·'ʎa:·re] I. *vt* (*orazione,*

parole) to whisper; ~ **qc nell'orecchio a qu** to whisper sth in sb's ear **II.** *vi* to whisper

bisbiglio[1] [biz·'biʎ·ʎo] <-gli> *m* (*sussurro*) whisper

bisbiglio[2] [biz·biʎ·'ʎi:·o] <-glii> *m* (*chiacche-rio*) murmuring

bisca ['bis·ka] <-sche> *f pej* gambling den; ~ **clandestina** illegal gambling den

biscia ['biʃ·ʃa] <-sce> *f* grass snake

biscione [biʃ·'ʃo:·ne] *m* **1.**(*stemma di Milano*) coat of arms, featuring a large snake, of the city of Milan; **la TV del ~** television compa-nies based in Milan which form part of the Mediaset group; **il ~ dell'Inter** the snake em-blem of Inter football club **2.**(*dolce emiliano*) almond-flavored cake in the form of a snake, a delicacy of Emilia-Romagna

biscottato, -a [bis·kot·'ta:·to] *adj* (*pane, torta*) crisp

biscottiera [bis·kot·'tiɛ:·ra] *f* cookie can

biscottificio [bis·kot·ti·'fi:·tʃo] <-ci> *m* cookie factory

biscotto [bis·'kɔt·to] *m* CULIN cookie

bisessuale [bi·ses·su·'a:·le] *adj* bisexual

bisestile [bi·zes·'ti:·le] *adj* **anno ~** leap year

bisettimanale [bi·set·ti·ma·'na:·le] **I.** *adj* (*due volte alla settimana*) twice weekly **II.** *m* (*gior-nale*) biweekly newspaper

bisex [bi·'seks] **I.**<inv> *adj* **1.**(*persona*) bisex-ual **2.**(*capo di vestiario*) unisex **II.** <-> *mf* bi-sexual

bisillabico, -a [bi·sil·'la:·bi·ko] <-ci, -che> *adj* LING bisyllabic; **sostantivo ~** bisyllabic noun

bisillabo [bi·'sil·la·bo] *m* LING bisyllable

bisillabo, -a *adj* bisyllabic

bislacco, -a [bi·'zlak·ko] <-cchi, -cche> *adj* *inf* (*idea*) weird

bislungo, -a [bi·'zluŋ·go] <-ghi, -ghe> *adj* (*figura, oggetto*) oblong

bisnipote [biz·ni·'po:·te] *mf* **1.**(*di nonno*) great-grandson *m*, great-granddaughter *f* **2.**(*di zio*) great-nephew *m*, great-niece *f*

bisnonno, -a [biz·'nɔn·no] *m*, *f* great-grandfa-ther *m*, great-grandmother *f*

bisognare [bi·zoɲ·'ɲa:·re] <bisogna, biso-gnano> *vi essere* (*essere necessario*) to be necessary; **bisogna che ... +***conj*, **bisogna ...** to have to; **bisogna che tu lo faccia** you must[*o* have to] do it; **non bisogna crederci** you [*o* we] mustn't believe it; **bisogna farlo subito!** you [*o* we] [*o* he] [*o* she] must do it right away!

bisognino [bi·zoɲ·'ɲi:·no] *m inf* **fare un ~** to go to the bathroom

bisogno [bi·'zoɲ·ɲo] *m* **1.**(*necessità*) need; **avere ~ di qc/qu** to need sb/sth; **in caso di ~** if necessary; **secondo il ~** as necessary; **al ~** when necessary; **non c'è ~ che ... +***conj* there's no need for ...; **non c'è ~ che tu venga** there's no need for you to come; **non c'è ~ di ...** there's no need to ...; **non c'è ~ di alzare la voce** there's no need to raise your voice; **sentire il ~ di fare qc** to feel the need

to do sth **2.**(*mancanza di mezzi*) want; **vivere nel ~** to live in poverty **3.** *pl inf* (*corporali*) **fare i propri -i** to go to the toilet

bisognoso, -a [bi·zoɲ·'ɲo:·so] **I.** *adj* needy; **~ di aiuto/cura** in need of help/care **II.** *m, f* needy person

bisonte [bi·'zon·te] *m* (*europeo*) bison; (*ame-ricano*) buffalo

bistecca [bis·'tek·ka] <-cche> *f* steak; **~ alla fiorentina** T-bone steak

bistecchiera [bis·tek·'kiɛ:·ra] *f* grill

bisticciare [bis·tit·'tʃa:·re] *inf* **I.** *vi* to squabble **II.** *vr:* **-rsi** to squabble

bisticcio [bis·'tit·tʃo] <-cci> *m inf* squabble

bistrattare [bis·trat·'ta:·re] *vt* to mistreat

bistrò, bistrot [bis·'trɔ, bis·'tro] <-> *m* bistro

bisturi ['bis·tu·ri] <-> *m* scalpel

bisunto, -a [bi·'zun·to] *adj inf* greasy; **unto e ~** *inf* completely filthy

bitume [bi·'tu:·me] *m* bitumen

biturbo [bi·'tur·bo] *m* twin-turbo

bivalente [bi·va·'lɛn·te] *adj* **1.** CHIM bivalent **2.** *fig* with two possibilities

bivio ['bi:·vio] <-i> *m* **1.**(*biforcazione*) fork **2.** *fig* (*svolta*) crossroads; **essere** (**giunto**) **a un ~** to be at a crossroads

bizantino, -a [bid·dzan·'ti:·no] *adj* **1.** HIST (*chiesa, icona*) Byzantine **2.** *fig, pej* (*pedante: ragionamento*) pedantic

bizza ['bid·dza] *f* (*collera*) tantrum; **fare le -e** to have a temper tantrum

bizzarro, -a [bid·'dzar·ro] *adj* **1.**(*persona, idea*) weird **2.**(*cavallo*) high spirited

bizzeffe [bid·'dzɛf·fe] *adv* **a ~** galore; **avere denaro a ~** to have money galore

bla bla [bla 'bla] <-> *m* babble

blando, -a ['blan·do] *adj* **1.**(*leggero: medici-nale*) mild **2.**(*parole*) soothing

blasfemo, -a [blas·'fɛ:·mo] **I.** *adj* (*afferma-zione, imprecazione*) blasphemous **II.** *m, f* blasphemer

blaterare [bla·te·'ra:·re] *vi inf* to babble on about

blindato, -a [blin·'da:·to] *adj* armored; **ca-mera ~** strong room; **carro ~** tank; **auto -a** ar-mored car; **vetro ~** bulletproof glass

blitz [blits] <-> *m* **1.**(*guerra*) blitz **2.**(*opera-zione a sorpresa*) raid

bloccabile [blok·'ka:·bi·le] *adj* (*forcella, ruota, sospensione*) blockable

bloccaggio [blok·'kad·dʒo] <-ggi> *m* **1.** TEC locking **2.** SPORT (*nel rugby*) two-man tackle

bloccare [blok·'ka:·re] **I.** *vt* **1.**(*fissare: porta, finestra*) to block **2.** TEC (*motore*) to block; (*sterzo*) to lock **3.**(*paziente, criminale, traf-fico*) to stop **4.**(*con posto di blocco*) to block off **5.**(*interrompere: comunicazioni, strada, paese*) to cut off **6.**(*intralciare: città, binari*) to immobilize **7.**(*prezzi, salari, licenziamenti*) to freeze **8.** FIN **~ un assegno** to stop a check; **~ un conto** to freeze an account **9.** SPORT (*avversario, pallone*) to stop **10.**(*inibire*) to in-hibit **II.** *vr:* **-rsi 1.**(*fermarsi: computer*) to freeze; (*tastiera, freni*) to jam; (*motore*) to stall **2.** *fig* (*inibirsi*) to freeze

bloccaruota, bloccaruote [blok·ka·'ruɔː·ta, blok·ka·'ruɔː·te] <-> I. *m* wheel clamp II. <inv> *adj* clamping; **ceppo ~** wheel clamp

bloccasterzo [blok·kas·'tɛr·tso] *m* steering lock

blocco ['blɔk·ko] <-cchi> *m* **1.** (*pezzo*) block **2.** (*notevole quantità: di libri*) load; **vendere/comprare in ~** (*tessuto*) to sell/buy in bulk **3.** TEC lock; **~ dello sterzo** steering lock; **~ motore** engine block **4.** (*per appunti*) notepad **5.** NAUT, MIL blockade; **~ navale** naval blockade; **~ stradale** roadblock; **posto di ~** (*alla frontiera*) checkpoint; (*per strada*) roadblock **6.** GIUR, FIN (*sospensione: a. di lavoro, attività*) freeze; **~ dei fitti** rent freeze; **~ delle riforme** reform freeze; **~ dei salari** salary freeze **7.** (*arresto: di congegno*) jamming **8.** MED **~ renale** kidney failure; **~ cardiaco** cardiac arrest **9.** PSIC (*di personalità, coscienza*) block; (*di memoria*) mental block

bloc-notes [blɔk·'nɔt] <-> *m* notepad

blog [blɔg] <-> *m* INET blog

blogger ['blɔg·ger] <-> *m* INET blogger

blogosfera [blo·go'·sfɛː·ra] <-> *f* INET blogosphere

blu [blu] I. <inv> *adj* blue; **avere il sangue ~** to have blue blood II. <-> *m* (*colore*) blue; **~ di Prussia** Prussian blue

blue-jeans ['blu: 'dʒiːnz] *mpl* jeans

bluffare [bluf·'faː·re] *vt* to bluff

blusa ['bluː·za] *f* (*camicetta*) blouse

BNL *f abbr di* **Banca Nazionale del Lavoro** *an Italian bank*

boa[1] ['bɔː·a] <-> *m* **1.** ZOOL boa constrictor **2.** (*sciarpa*) feather boa

boa[2] *f* NAUT buoy

boato [bo·'aː·to] *m* rumbling

bob [bɔb] <-> *m* (*sport*) bobsled

bobbista [bob·'bis·ta] <-i *m*, -e *f*> *mf* (*sport*) bobsled rider

bobina [bo·'biː·na] *f* **1.** (*rotolo: di filo*) reel **2.** ELETT coil

bocca ['bok·ka] <-cche> *f* **1.** ANAT mouth; **~ di leone** BOT snapdragon; **a ~ piena** with one's mouth full; **mettere ~ in qc** *fig* to interfere in sth; **restare a ~ aperta** *a. fig* to be speechless; **tenere la ~ chiusa** *a. fig* to keep one's mouth shut; **restare a ~ asciutta** *fig* to be left empty-handed; **essere di ~ buona** *fig* to be easily satisfied; **essere la ~ della verità** *fig* to be a truthful person; **essere sulla ~ di tutti** *fig* to be on everybody's lips; **in ~ al lupo!** *inf* good luck! **2.** *fig* (*apertura*) opening; (*di cannone*) mouth; (*di forno*) stokehole **3.** GEO (*di fiume*) mouth; (*di mare: stretto*) strait

boccaccia [bok·'kat·tʃa] <-cce> *f* **1.** (*smorfia*) grimace; **fare le -cce** to make a face **2.** *fig, pej* (*persona maldicente*) foul-mouthed person

boccale [bok·'kaː·le] *m* **1.** (*recipiente*) jug; (*per bere*) mug **2.** (*quantità*) jugful

boccata [bok·'kaː·ta] *f* (*d'aria, acqua*) mouth-ful; (*di sigaretta*) puff; **andare a prendere una ~ d'aria** *fig* to go and get some air

boccetta [bot·'tʃet·ta] *f* **1.** (*per inchiostro, medicinali*) small bottle **2.** *pl* (*al biliardo*) billiards

boccheggiante [bok·ked·'dʒan·te] *adj* **1.** (*per il caldo, la fatica*) gasping **2.** *fig* (*moribondo*) dying

boccheggiare [bok·ked·'dʒaː·re] *vi* to gasp

bocchino [bok·'kiː·no] *m* **1.** (*per sigaretta*) cigarette holder **2.** MUS mouthpiece

boccia ['bɔt·tʃa] <-cce> *f* **1.** (*per gioco*) bowl; **gioco delle -cce** bowls; **giocare alle -cce** to play bowls **2.** (*recipiente*) jug; (*per vino*) carafe

bocciare [bot·'tʃaː·re] *vt* **1.** (*agli esami*) to fail **2.** (*proposta, idea*) to reject **3.** (*alle bocce*) to hit

bocciatura [bot·tʃa·'tuː·ra] *f* **1.** (*agli esami*) failure **2.** (*di proposta, idea*) rejection

boccio ['bɔt·tʃo] <-cci> *m* BOT bud; **in ~** bud

bocciodromo [bot·'tʃɔː·dro·mo] *m* (*lawn*) bowling ground

bocciofila [bot·tʃo·'fiː·la] *f* lawn bowler

bocciolo [bot·'tʃɔː·lo] *m* bud

boccolo ['bok·ko·lo] *m* curl

bocconcino [bok·kon·'tʃiː·no] *m* **1.** (*piccolo pezzo*) bite-sized piece **2.** (*polpettina*) morsel **3.** (*piatto prelibato*) delicacy **4.** (*piccola mozzarella*) small mozzarella cheese

boccone [bok·'koː·ne] *m* **1.** (*piccolo pezzo*) mouthful **2.** (*pasto*) light meal; **mangiare un ~** to have a bite to eat; **col ~ in gola** *fig, inf* with one's mouth full **3.** (*loc*) **un ~ amaro** bitter pill

bocconi [bok·'koː·ni] *adv* face down; **stare ~** to lie face down

body ['bɔ·di] <-> *m* (*intimo*) body; (*per ginnastica*) leotard

bodyguard ['bɔ·di·ga:d] <-> *mf* bodyguard

bofonchiare [bo·foŋ·'kiaː·re] *vi inf* to mutter

boia ['bɔ·ia] I. <-> *m* (*carnefice*) executioner II. *interj vulg* **~ d'un mondo!** damn it! III. <inv> *adj* (*terribile*) dreadful; **che tempo ~!** *inf* what awful weather!; **ho una sete ~** I'm terribly thirsty

boiata [bo·'ia:·ta] *f* (*malriuscito: spettacolo, libro*) garbage

boicottaggio [boi·kot·'tad·dʒo] <-ggi> *m* boycott

boicottare [boi·kot·'taː·re] *vt* **1.** COM to boycott **2.** (*ostacolare*) to sabotage

boiler ['bɔi·lə/'bɔi·ler] <-> *m* water heater

bolgia ['bɔl·dʒa] <-ge> *f fig* (*baraonda*) bedlam; **è una ~** it's bedlam

bolide ['bɔː·li·de] *m* **1.** ASTR meteor **2.** AUTO racing car

bolla ['bol·la] *f* **1.** bubble; **finire in una ~ di sapone** *fig* to come to nothing **2.** MED blister **3.** REL bull; **~ papale** papal bull **4.** COM (*documento*) bill; **~ di accompagnamento** waybill; **~ di consegna** delivery note

B

bollare [bol·'la:·re] *vt* **1.** ADMIN to stamp **2.** *fig* (*marchiare*) to brand

bollato, -a [bol·'la:·to] *adj* **1.** ADMIN stamped; **carta -a** stamped paper **2.** *fig* (*marchiato*) branded

bollente [bol·'lɛn·te] *adj* **1.** (*acqua, caffè*) boiling **2.** *fig* (*temperamento, carattere*) fiery

bolletta [bol·'let·ta] *f* (*fattura*) bill; **essere in ~** *inf* to be broke

bollettino [bol·let·'ti:·no] *m* **1.** (*pubblicazione*) bulletin; **~ medico** medical bulletin; **~ meteorologico** weather report; **Bollettino Ufficiale** gazette **2.** (*documento*) form; **~ di versamento** paying-in slip

bolllatte [bol·li·'lat·te] <-> *m* milk pan

bollino [bol·'li:·no] *m* (*tagliando*) coupon; **~ blu** AUTO ≈ Reduced Pollution Certificate

bollire [bol·'li:·re] I. *vi* FIS, CULIN to boil; **~ di rabbia** *fig* to seethe with rage; **cosa bolle in pentola** *fig* what's going on? II. *vt* to boil

bollito [bol·'li:·to] *m* (*pietanza*) boiled meat

bollito, -a *adj* boiled

bollitore [bol·li·'to:·re] *m* **1.** (*per acqua*) kettle **2.** TEC boiler

bollo ['bol·lo] *m* **1.** (*marchio, strumento*) stamp; **carta da ~** stamped paper; **marca da ~** revenue stamp; **~** (**di circolazione**) road tax **2.** *inf* (*francobollo*) postage stamp

bollore [bol·'lo:·re] *m* **1.** CULIN, FIS boiling; **dare un ~ a qc** to bring sth to a boil **2.** *fig* (*caldo intenso*) boiling heat **3.** *fig* (*agitazione*) intensity

Bologna *f* Bologna, *a city in Emilia-Romagna*

bolognese [bo·loɲ·'ɲe:·se] I. *adj* from Bologna; **spaghetti alla ~** spaghetti bolognese II. *m* (*abitante*) person from Bologna III. *m* (*dialetto*) Bolognese dialect

Bolognese *m* (*zona*) Bologna area

bolscevico, -a [bol·ʃe·'vi:·ko] <-chi, -che> I. *adj* POL Bolshevik II. *m, f* POL Bolshevik

bolzanino, -a [bol·tsa·'ni:·no] I. *adj* from Bolzano II. *m, f* (*abitante*) person from Bolzano

Bolzano [bol·'tsa:·no] *f* Bolzano, *a city in the Trentino region*

bomba ['bom·ba] *f* MIL bomb; **~ a idrogeno/orologeria** hydrogen/time bomb; **~ a mano** hand grenade; **~ atomica** atomic bomb; **~ vulcanica** [*o* **lavica**] volcanic bomb; **una notizia ~** *fig* a bombshell; **fare scoppiare la ~** *fig* to let the fox into the chicken coop; **a prova di ~** watertight

bombardamento [bom·bar·da·'men·to] *m* **1.** MIL, FIS (*con bombe aeree*) air raid; (*con artiglieria pesante*) bombardment; **~ a tappeto** carpet bombing; (*con artiglieria*) heavy fire **2.** *fig* (*di domande*) storm

bombardare [bom·bar·'da:·re] *vt a. fig* MIL, FIS (*città*) to bombard; **~ qu di domande** to bombard sb with questions

bombardiere [bom·bar·'diɛ:·re] *m* **1.** (*pilota*) bombardier **2.** (*aereo*) bomber

bomber ['bɔm·bə/'bɔm·ber] <- *o* bombers> *m* **1.** SPORT (*cannoniere*) striker **2.** (*giubbotto*) bomber jacket

bombetta [bom·bet·'ta] *f* (*cappello*) bowler

bombing ['bɔm·bing] <-> *m* (*con bombolette spray*) **fare ~** to bomb

bombola ['bom·bo·la] *f* (*contenitore*) cylinder; **-e da sub** oxygen cylinders; **~ del gas** gas cylinder; **~ ad ossigeno** oxygen cylinder

bomboletta [bom·bo·'let·ta] *f* aerosol

bombolone [bom·bo·'lo:·ne] *m* cream puff

bomboniera [bom·bo·'niɛ:·ra] *f* box of candy, *given as a present to guests at weddings and baptisms*

bonaccia [bo·'nat·tʃa] <-cce> *f* NAUT (*calma di mare e di vento*) dead calm

bonaccione, -a [bo·nat·'tʃo:·ne] *inf* I. *adj* good-natured II. *m, f* good-natured person

bonario, -a [bo·'na:·ri·o] <-i, -ie> *adj* good-natured

bonifica [bo·'ni:·fi·ka] <-che> *f* **1.** (*operazione: di palude*) drainage; (*di terreno*) land reclamation **2.** MIL clearing

bonificare [bo·ni·fi·'ka:·re] *vt* **1.** (*palude*) to drain; (*terreno*) to reclaim **2.** MIL to clear **3.** FIN to credit

bonifico [bo·'ni:·fi·ko] <-ci> *m* FIN credit transfer

bontà [bon·'ta] <-> *f* **1.** (*di persona*) goodness; **abbia la ~ di dirmelo** be so kind as to tell me **2.** (*di prodotto*) high quality; **che ~ questa torta!** this cake is fabulous!

bonus ['bɔ·nus] <-> *m* bonus

bonus-malus ['bɔ·nus·'ma·lus] <-> *m* no claims bonus

bora ['bɔ:·ra] *f* bora

borbottare [bor·bot·'ta:·re] *vi, vt inf* **1.** (*parlare in modo indistinto*) to mutter **2.** (*brontolare*) to grumble

borchia ['bɔr·kia] <-chie> *f* stud

bordare [bor·'da:·re] *vt* (*tovaglia, vestito*) to hem

bordello [bor·'dɛl·lo] *m* **1.** (*postribolo*) brothel **2.** *fig* (*disordine*) mess **3.** *fig* (*fracasso*) din

bordo ['bor·do] *m* **1.** (*di vestito*) hem; (*guarnizione*) border **2.** (*di tavolo, sedia*) edge; (*di strada*) side; **sul ~ della strada** at the roadside **3.** NAUT (*fiancata della nave*) ship's side; **virare di ~** (*in prua*) to tack; (*in poppa*) to jibe **4.** (*nave, aero, auto*) **salire a ~** to get on board; **prendere qu a ~** to take sb on board; **a ~** on board; **a ~ della macchina** in the car

bordura [bor·'du:·ra] *f* **1.** (*di aiuola, abito*) border **2.** CULIN garnish

boreale [bo·re·'a:·le] *adj* northern; **aurora ~** northern lights

borgata [bor·'ga:·ta] *f* **1.** (*piccolo centro*) village **2.** (*rione*) working-class suburb

borghese [bor·'ge:·se] I. *adj* **1.** SOCIOL (*della borghesia: famiglia*) middle-class **2.** *fig, pej* (*conservatore: mentalità*) bourgeois **3.** ADMIN (*civile*) civilian; **abito ~** civilian clothes; **poliziotto in ~** plain-clothes policeman II. *mf* mid-

B

dle-class person; **piccolo** ~ lower middle-class person; *pej* petty bourgeois **III.** *m* civilian

borghesia [bor·ge·'zi:·a] <-ie> *f* bourgeoisie; **alta** ~ upper middle class; **media** ~ middle class; **piccola** ~ lower middle class

borgo ['bor·go] <-ghi> *m* (*centro abitato*) village

borgomastro [bor·go·'mas·tro] *m* burgomaster

boria ['bɔː·ria] <-ie> *f* arrogance

borotalco® [bo·ro·'tal·ko] *m* talcum powder

borraccia [bor·'rat·tʃa] <-cce> *f* (*recipiente*) water bottle

borsa ['bor·sa] *f* **1.** (*sacco*) bag; (*da donna*) handbag; ~ **da viaggio** travelling bag; ~ **dell'acqua calda** hot water bottle; ~ **del ghiaccio** ice bag; ~ **della spesa** shopping bag; **o la** ~ **o la vita!** your money or your life! **2.** FIN Stock Market; **giocare in** ~ to play the Stock Market **3.** *fig* (*denaro*) purse; ~ **di studio** grant **4.** ANAT bursa; **avere le -e sotto gli occhi** to have bags under one's eyes

borsaiolo, -a [bor·sa·'iɔː·lo] *m*, *f* pickpocket

borsanera [bor·sa·'neː·ra] <borsenere> *f* black market

borseggiatore, -trice [bor·sed·dʒa·'toː·re] *m*, *f* pickpocket

borseggio [bor·'sed·dʒo] <-ggi> *m* pickpocketing

borsellino [bor·sel·'liː·no] *m* purse

borsello [bor·'sɛl·lo] *m* (*da uomo*) handbag

borsenere *pl di* **borsanera**

borsetta [bor·'set·ta] *f* (*da donna*) handbag

borsista [bor·'sis·ta] <-i *m*, -e *f*> *mf* (*chi ha una borsa di studio*) grant holder

boscaglia [bos·'kaʎ·ʎa] <-glie> *f* undergrowth

boscaiolo, -a [bos·ka·'iɔː·lo] *m*, *f* **1.** (*spaccalegna*) lumberjack **2.** (*guardaboschi*) forester

bosco ['bɔs·ko] <-schi> *m* wood; ~ **da taglio** timber wood

boscosità [bos·ko·si·'ta] <-> *f* woodland density

boscoso, -a [bos·'koː·so] *adj* (*montagne, terreno*) wooded

Bosforo ['bɔs·fo·ro] *m* Bosphorous

Bosnia *f* Bosnia

bosniaco, -a [bos·'nia:·ko] <-ci, -che> **I.** *adj* Bosnian **II.** *m*, *f* (*abitante*) Bosnian

bossolo ['bɔs·so·lo] *m* MIL shell

bostik® ['bɔs·tik] <-> *m* bostik®

BOT, bot <-> *m acró de* **Buono Ordinario del Tesoro** Treasury bill

botanica [bo·'ta:·ni·ka] <-che> *f* botany

botanico, -a [bo·'ta:·ni·ko] <-ci, -che> **I.** *adj* botanical; **orto** [*o* giardino] ~ botanical garden **II.** *m*, *f* botanist

botola ['bɔː·to·la] *f* (*trabocchetto*) trap door

botta ['bɔt·ta] *f* **1.** (*percossa, colpo*) blow; **un sacco di -e** to a thorough beating; **fare a -e** to come to blows; **è stata una bella ~ per lei** *fig* it was a bad blow for her **2.** (*rumore*) bang

3. *fig* (*battuta pungente*) sarcastic remark; **fare a ~ e risposta** to give as good as one gets

botte ['bot·te] *f* **1.** (*di vino*) cask; **essere in una ~ di ferro** *fig* to be as safe as houses; **nella botte piccola sta** [*o* c'è] **il vino buono** *prov* (*persona*) good things come in small packages *prov*; **non si può avere la ~ piena e la moglie ubriaca** *prov* you can't have your cake and eat it too **2.** *a. fig, inf* barrel; **volta a ~** barrel vault

bottega [bot·'te:·ga] <-ghe> *f* **1.** (*negozio*) shop **2.** (*officina: di fabbro, falegname*) workshop **3.** POL **le Botteghe Oscure** headquarters of the Italian left wing political party the Democratici di Sinistra

bottegaio, -a [bot·te·'ga:·io] <-ai, -aie> *m*, *f* shopkeeper

botteghino [bot·te·'gi:·no] *m* TEAT, FILM box office; (*di stadio*) ticket office

bottiglia [bot·'tiʎ·ʎa] <-glie> *f* bottle

bottiglione [bot·tiʎ·'ʎo:·ne] *m* large bottle

bottino [bot·'ti:·no] *m* MIL booty; (*di furto*) loot

botto ['bɔt·to] *m* **1.** (*colpo*) bang; (*di sparo*) crack; **di** ~ all of a sudden; **in un** ~ all at once **2.** (*fuochi d'artificio*) fire cracker

bottone [bot·'to:·ne] *m* **1.** (*per indumenti*) button; ~ **automatico** snapper **2.** BOT ~ **d'oro** buttercup **3.** TEC (*interruttore*) switch; **stanza dei -i** *fig* control room **4.** (*loc*) **attaccare** ~ (**con qu**) *fig, inf* to strike up a conversation (with sb); **attaccare un** ~ (**a qu**) *fig, inf* to buttonhole sb

botulismo [bo·tu·'liz·mo] *m* MED botulism

bouquet [bu·'kɛ] <-> *m* bouquet

boutique [bu·'tik] <-> *f* boutique

bovini [bo·'vi:·ni] *mpl* cattle

bovino [bo·'vi:·no] *adj* **1.** (*carne, razza*) bovine **2.** (*allevamento*) cattle; **occhi -i** protuberant eyes

bowling ['bou·liŋ] <-> *m* **1.** (*gioco*) tenpin bowling **2.** (*luogo*) bowling alley

box [bɔks] <-> *m* **1.** (*recinto: per bambini*) playpen **2.** (*comparto: per animali*) stall **3.** (*garage*) garage **4.** (*di corse automobilistiche*) pit; **sosta ai** ~ pit stop

boxare [bok·'sa:·re] *vi* to box

boxe [bɔks] <-> *f* boxing; **incontro di** ~ boxing match

boxer ['bɔk·sə/'bɔk·ser] <-> *m* **1.** ZOOL (*cane*) boxer **2.** *pl* (*mutande a calzoncino*) boxer shorts *pl*

boxeur [bɔk·'sœːr] <-> *m* SPORT boxer

boyfriend ['bɔi·frend] <- *o* boyfriends> *m* boyfriend

boy-scout ['bɔi·skaut] *m* scout

bozza ['bɔt·tsa] *f* **1.** TYPO proof; **correzione di -e** proofreading; **-e di stampa** proofs **2.** (*di contratto, progetto*) draft

bozzetto [bot·'tset·to] *m* **1.** (*disegno*) sketch **2.** (*modello*) scale model

bozzolo ['bɔt·tso·lo] *m* ZOOL cocoon; **uscire dal** ~ ZOOL to emerge from the cocoon; *fig* to come out of one's shell

BR *fpl abbr di* **Brigate Rosse** Red Brigades

braccare [brak·'ka:·re] *vt* **1.**(*selvaggina*) to hunt **2.**(*malviventi*) to hunt down

braccetto [brat·'tʃet·to] *m* a ~ arm in arm; **prendere qu a** ~ to take sb's arm

braccia ['brat·tʃa] *f pl di* **braccio**[1]

bracciale [brat·'tʃa:·le] *m* **1.**(*ornamento*) bracelet **2.**(*fascia*) armband **3.**(*per nuotare*) water wing

braccialetto [brat·tʃa·'let·to] *m* (*ornamento*) bracelet; ~ **elettronico** electronic tag

bracciante [brat·'tʃan·te] *mf* (*lavoratore*) ~ **agricolo** farm hand

braccio[1] ['brat·tʃo] <**braccia**> *m* **1.**ANAT arm; **accogliere qu a braccia aperte** to welcome sb with open arms; **agitare le braccia** (*in cerca di aiuto*) to wave one's arms; (*in segno di saluto*) to wave; **portare un bambino in** ~ to carry a child (in one's arms); **prendere qu per un** ~ to grab sb by the arm; **offrire il** ~ **a qu** to offer one's arm to sb; ~ **di ferro** arm-wrestling; *fig* I arm-wrestled my brother and won; **un** ~ **di ferro tra sindacati e governo** a tug of war between the unions and the government; **incrociare le braccia** *fig* to down tools, to have one's arms crossed; **far cadere le braccia a qc** *fig* to make sb weep; **essere il** ~ **destro di qu** *fig* to be sb's right--hand man; **gettare le braccia al collo di qu** to thrown one's arms around sb's neck **2.** *pl fig* (*manodopera*) manpower **3.**NAUT (*misura di profondità*) fathom

braccio[2] <-cci> *m* GEO ~ **di fiume** arm of the river; ~ **di mare** strait; ~ **di terra** stretch of land

bracciolo [brat·'tʃɔ:·lo] *m* arm

brace ['bra·tʃe] *f* embers *pl;* **una bistecca alla** ~ a grilled steak

braciere [bra·'tʃɛ:·re] *m* brazier

braciola [bra·'tʃɔ:·la] *f* chop; ~ **di maiale** pork chop

brainstorming ['brein·'stɔ:·miŋ] <-> *m* brainstorming

brain trust ['brein 'trʌst] <-> *m* brain trust

brama ['bra·ma] *f poet* longing; ~ **di sapere** thirst for knowledge

bramare [bra·'ma:·re] *vt poet* to long for

bramosia [bra·mo·'si:·a] <-ie> *f* longing

bramoso, -a [bra·'mo:·so] *adj* longing; **essere** ~ **di qc** to be longing for sth

branca ['braŋ·ka] <-che> *f* (*ramo: di industria, scienza*) branch

branchiato, -a *adj* (*pesce, creatura*) gilled

branchie ['braŋ·kie] *fpl* (*di pesce*) gills

branco ['braŋ·ko] <-chi> *m* **1.**ZOOL (*di lupi, cani*) pack; (*di uccelli, pecore*) flock; (*di pesci, delfini, foche*) school **2.** *fig, pej* (*di persone*) gang

brancolare [braŋ·ko·'la:·re] *vi a. fig* to grope; ~ **nel buio** *fig* to grope in the dark

branda ['bran·da] *f* camp bed

brandello [bran·'dɛl·lo] *m* scrap; **fare a -i** to tear into shreds

brandina [bran·'di:·na] *f* camp bed

brandire [bran·'di:·re] <**brandisco**> *vt* (*spada, pugnale, coltello*) to brandish

brano ['bra:·no] *m* **1.**MUS piece **2.**(*di libro*) passage

branzino [bran·'tsi:·no] *m* sea bass

brasato [bra·'za:·to] *m* braised beef

Brasile [bra·'zi:·le] *m il* ~ Brazil

brasiliano, -a [bra·zi·'lia:·no] **I.** *adj* Brazilian **II.** *m, f* Brazilian

bravata [bra·'va:·ta] *f* (*azione rischiosa*) act of bravado

bravo, -a ['bra:·vo] **I.** *adj* **1.**(*abile: artigiano, dottore*) capable; **essere** ~ **in qc** [*o* **a fare qc**] to be good at sth [*o* at doing sth] **2.**(*per bene: ragazza*) nice **3.**(*buono: marito, padre, bambino*) good; **fare il** ~ to be good; **su, da** ~, **vieni qua** *inf* good boy **4.**(*loc*) **si è fatto i suoi bravi calcoli** he made his own plans; **la sua brava pizza ogni tanto se la mangia** every now and again he'll eat a pizza; **si fanno le loro brave litigate** they will have their differences **II.** *interj* bravo; **-i bis!** bravo encore!

bravura [bra·'vu:·ra] *f* **1.**(*abilità*) skill **2.**MUS bravura; **con** ~ con bravura

break ['breik/'brɛk] <-> *m* **1.**(*pausa, intervallo*) break; **un** ~ **per il caffè** a coffee break **2.**(*interruzione pubblicitaria*) advertising break **3.**SPORT (*nel tennis*) break **4.**MUS (*breve improvvisazione jazz*) improv

breccia ['bret·tʃa] <-cce> *f* **1.**(*ghiaia*) gravel **2.** *a. fig* MIL (*apertura*) breach **3.**(*loc*) **essere sulla** ~ to be at the top; **far** ~ *fig* to be a hit

Brennero ['brɛn·ne·ro] *m* Brenner; **Passo del** ~ Brenner Pass

bresaola [bre·'za:·o·la] *f sliced dried beef*

bretella [bre·'tɛl·la] *f* **1.** *pl* (*per pantaloni, gonne*) braces **2.** *fig* (*raccordo*) access road

brev. *abbr di* **brevetto** license

breve ['brɛ:·ve] *adj* short; **-i parole** a few words; **essere** ~ *fig* to be brief; **a farla** ~ in short; **a** ~ **termine** short-term; **a** ~ shortly; **in** ~ in short; **fra** ~ shortly

brevettare [bre·vet·'ta:·re] *vt* (*prodotto, sistema, scoperta*) to patent

brevetto [bre·'vet·to] *m* **1.**(*su invenzione, prodotto*) patent **2.**(*patente*) license; ~ [*o* **di**] [*o* **da**] **sub** diving license; ~ **da pilota** pilot's license

breviario [bre·'via·ri·o] <-i> *m* REL (*libro*) breviary

brevità [bre·vi·'ta] <-> *f* (*di testo, periodo*) brevity

brezza ['bred·dza] *f* breeze

bricco ['brik·ko] <-cchi> *m* jug, coffeepot

briccone, -a [brik·'ko:·ne] *m, f inf* rascal

briciola ['bri:·tʃo·la] *f* **1.**(*di pane*) crumb **2.** *fig* (*quantità minima*) tiniest bit; **andare in -e** *fig* to be smashed to smithereens; **ridurre in -e** *fig* to smash to smithereens

briciolo ['bri:·tʃo·lo] *m fig* (*quantità minima*) tiniest bit; **avere un** ~ **di cervello** *fig* to have an ounce of common sense

B

bricolage [bri·ko·'laʒ] <-> *m* do-it-yourself

bridge [bridʒ] <-> *m* bridge; **il circolo del ~** the bridge club

briefing ['bri:·fiŋ] <-> *m* (*di piloti, skipper, turisti*) briefing; **fare ~** to hold a briefing

briga ['bri:·ga] <-ghe> *f* **1.** (*problema*) trouble; **prendersi la ~ di fare qc** to take the trouble to do sth **2.** (*lite*) quarrel; **attaccar ~ con qu** to start a quarrel with sb

brigadiere [bri·ga·'diɛ:·re] *m* (*di Carabinieri, Guardia di Finanza*) sergeant

brigante, -essa [bri·'gan·te, bri·gan·'tes·sa] *m, f* **1.** (*bandito*) bandit **2.** *scherz, inf* (*briccone*) rascal

brigare [bri·'ga:·re] *vi inf* **~ per avere qc** to pull some strings to get sth

brigata [bri·'ga:·ta] *f* **1.** *inf* (*gruppo*) group **2.** MIL brigade; **~ aerea** air brigade; **le Brigate Rosse** the Red Brigades

brigatista [bri·ga·'dis·ta] <-i *m*, -e *f*> *mf* **~ nero** member of the Black Brigades; **~ rosso** member of the Red Brigades

briglia ['briʎ·ʎa] <-glie> *f* **1.** (*per cavalli*) bridle; **a ~ sciolta** *fig* quickly **2.** (*di torrente*) dyke

brillantante [bril·lan·'tan·te] *m* (*per lavastoviglie*) dishwasher rinse agent, *especially designed to make dishes shine*

brillante [bril·'lan·te] **I.** *adj* **1.** *a. fig* (*che spicca: persona, ingegno, idea*) brilliant; **avere la ~ idea di fare qc** *a. iron* to have the brilliant idea of doing sth **2.** (*mondano: vita*) full **3.** (*che brilla: occhi, vetro, pavimento*) shining **4.** (*vivace: colore*) bright **II.** *m* (*gioiello*) diamond

brillantina [bril·lan·'ti:·na] *f* brilliantine

brillare [bril·'la:·re] **I.** *vi* **1.** (*stella, sole, occhi*) to shine **2.** *fig* (*spiccare*) to stand out; **~ per qc** to be outstanding in sth; **dirigenti che brillano per intelligenza** managers who are outstandingly intelligent; **i giornalisti brillavano per la loro assenza** the journalists were conspicuous by their absence **3.** (*esplodere: mina*) to explode **II.** *vt* **1.** (*bomba, mina*) to explode **2.** (*riso*) to husk

brillo, -a ['bril·lo] *adj* tipsy

brina ['bri:·na] *f* frost

brindare [brin·'da:·re] *vi* **~ a qu/qc** to toast sb/sth; **brindiamo alla tua promozione** let's drink to your promotion

brindisi ['brin·di·zi] <-> *m* toast; **fare un ~ (a qu)** to toast (to sb)

Brindisi *f* Brindisi, *a city in the Puglia region*

Brindisino *m* (*zona*) Brindisi area

brindisino, -a [brin·di·'zi:·no] **I.** *adj* from Brindisi **II.** *m, f* (*abitante*) person from Brindisi

brio ['bri:·o] *m* **1.** (*allegria*) verve **2.** (*vivacità espressiva*) zest

brioche [bri·'ɔʃ] <-> *f* (*cornetto*) brioche

brioso, -a [bri·'o:·so] *adj* **1.** (*allegro: persona*) bubbly **2.** (*racconto, commedia*) joyful

briscola ['bris·ko·la] *f* **1.** (*gioco*) briscola, *a type of card game* **2.** (*carta*) trump card; **conta**

quanto il due di briscola he counts for nothing

bristol ['bris·tol] <-> *m* colored card

brivido ['bri:·vi·do] *m* **1.** (*tremore: per freddo, febbre*) shiver; **mi vengono i -i** it gives me the shivers **2.** (*emozione*) thrill; **il ~ della velocità** the thrill of speed; **racconto del ~** suspense story; **sentire un ~ di piacere** to feel a thrill of pleasure

brizzolato, -a [brit·tso·'la:·to] *adj* **1.** (*persona*) gray-haired **2.** (*barba, capelli*) graying

brocca ['brɔk·ka] <-cche> *f* jug

broccato [brok·'ka:·to] *m* brocade

broccoli ['brɔk·ko·li] *mpl* CULIN broccoli

broche [brɔʃ] <-> *f* brooch

broda ['brɔ:·da] *f fig, pej* **1.** (*minestra*) thin soup **2.** (*acqua sporca*) dishwater

brodetto [bro·'det·to] *m* **~ di pesce** fish soup

brodo ['brɔ:·do] *m* broth; **~ ristretto** consommé; **~ di verdura** vegetable broth; **tortellini in ~** tortellini in a broth; **lasciar cuocere** [*o* **bollire**] **qu nel proprio ~** *fig* to let sb stew; **andare in ~ di giuggiole per qc** *fig* to go into raptures about sth; **tutto fa ~** *fig* every bit helps

broglio ['brɔʎ·ʎo] <-gli> *m* (*frode*) **~ elettorale** election rigging

broker ['brou·kə/'brɔ·ker] <-> *mf* FIN (*mediatore*) broker; **~ finanziario** financial broker; **~ di assicurazioni** insurance broker

bronchite [bron·'ki:·te] *f* bronchitis

broncio ['bron·tʃo] <-ci> *m inf* sulky face; **fare** [*o* **tenere**] **il ~** to sulk

bronco ['bron·ko] <-chi> *m* bronchial tube

brontolare [bron·to·'la:·re] *vi* **1.** (*persona*) to grumble; (*borbottare*) to mutter **2.** (*stomaco*) to rumble

brontolio [bron·to·'li:o] <-ii> *m* **1.** (*di persona*) grumbling; (*borbottio*) muttering **2.** (*di tuono, motore, di stomaco*) rumbling

brontolone, -a [bron·to·'lo:·ne] **I.** *adj* grumbling **II.** *m, f* grumbler

bronx [brɔŋks] *m fig* (*quartiere malfamato*) hood

bronzo ['bron·dzo] *m* bronze; **età del ~** Bronze Age; **faccia di ~** *fig* nerve; **che faccia di ~!** what nerve!; **ha avuto la faccia di ~ di dirmi che ...** he had the nerve to tell me that ...

brossura [bros·'su:·ra] *f* **in ~** paperback

browser ['brau·zə] <- *o* browsers> *m* COMPUT browser

brrr [br] *interj* brrr

brucare [bru·'ka:·re] *vt* to nibble

bruciapelo [bru·tʃa·'pe:·lo] *adv* **a ~** (*all'improvviso*) out of the blue

bruciare [bru·'tʃa:·re] **I.** *vt avere* **1.** (*carta, legna, pentola*) to burn; (*casa*) to burn down **2.** (*con ferro da stiro*) to scorch **3.** (*sole, vento, freddo*) to burn; (*gelo*) to blacken **II.** *vi essere* **1.** (*fuoco, carta, rami*) to burn **2.** (*casa, bosco*) to be on fire **3.** (*sole, sabbia*) to be burning **4.** (*cibi*) to be hot **5.** *fig* (*ardere*) to be burning;

~ **dal desiderio di fare qc** to be burning with desire to do sth; ~ **di febbre** to be burning with fever **III.** *vr:* **-rsi 1.** (*scottarsi*) to burn oneself **2.** (*arrosto, risotto, sugo*) to be burnt

bruciato [bru·'tʃa:·to] *m* **1.** CULIN **il sugo sa di bruciato** the sauce tastes burnt **2.** (*odore*) burning

bruciato, -a *adj* **1.** (*dal fuoco, ustionato, troppo cotto*) burnt **2.** (*dal sole: capelli, pelle*) sunburnt **3.** (*inaridito: campo*) scorched **4.** (*precocemente finito*) wasted; **gioventù -a** wasted youth

bruciatore [bru·tʃa·'to:·re] *m* burner

bruciatura [bru·tʃa·'tu:·ra] *f* (*scottatura*) burn

bruciore [bru·'tʃo:·re] *m* **1.** MED burning; ~ **di stomaco** stomach acid **2.** *fig* (*ardore*) sting

bruco ['bru:·ko] <-chi> *m* grub

brufolo ['bru:·fo·lo] *m* spot

brughiera [bru·'giɛ:·ra] *f* heath

brûlé [bry·'le] <inv> *adj* **vino** ~ mulled wine

brulicare [bru·li·'ka:·re] *vi* to be swarming; **il centro brulicava di gente** it was swarming with people downtown

brullo, -a ['brul·lo] *adj* (*campagna, paesaggio*) barren

bruma ['bru:·ma] *f* mist

Brunico [bru·'ni:·ko] *f* Bruneck

bruno ['bru:·no] *m* (*colore*) brown

bruno, -a I. *adj* (*capelli, occhi*) brown; (*carnagione*) dark; (*persona*) dark-haired **II.** *m, f* (*persona*) dark-haired person

brusco, -a ['brus·ko] <-schi, -sche> *adj* **1.** (*maniere, modi, tono*) brusque **2.** (*frenata, movimento*) abrupt

bruscolo ['brus·ko·lo] *m* speck

brusio [bru·'zi:·o] <-ii> *m* (*di voci*) buzzing

brutale [bru·'ta:·le] *adj* **1.** (*crudele: gesto*) brutal **2.** (*spietato: domanda*) blunt

brutalità [bru·ta·li·'ta] <-> *f* **1.** (*ferocia*) brutality **2.** (*spietatezza*) bluntness

bruto, -a ['bru:·to] **I.** *adj* (*animalesco*) brute; **forza -a** brute strength **II.** *m, f* brute

brutta ['brut·ta] *f inf* (*brutta copia*) rough copy

bruttezza [brut·'tet·tsa] *f* (*di città, edificio, film, persona*) ugliness

brutto ['brut·to] **I.** *m* **1.** ugliness; **il ~ è che ...** the problem is that ...; **ha di ~ che ...** (*persona, cosa*) his [*o* her] [*o* its] problem is that ...; **Laura ha di ~ che non si sa vestire** Laura's problem is that she dresses badly **2.** (*tempo*) bad weather; **il tempo si mette al ~** the weather is taking a turn for the worse **II.** *adv* **di ~** badly; **qui nevica di ~** it's snowing heavily here

brutto, -a I. *adj* **1.** (*non bello: persona, quadro, spettacolo,*) ugly; **essere ~ come il peccato** to be as ugly as sin **2.** (*abitudine, momento*) bad; **attraversare un ~ momento** to have a bad time **3.** (*nuvoloso: tempo, giornata*) horribile; **fa ~ tempo** the weather is horrible **4.** (*pesante: scherzo, tiro*) nasty; **un ~ tiro** a mean trick **5.** (*forte: raffreddore*) heavy; (*tosse*) bad; **un ~ male** cancer **6.** (*loc*) **-a**

copia rough copy; **fare una -a figura** *fig* to create a bad impression; **fare una -a fine** *fig* to come to a bad end; **se l'è vista -a** he [*o* she] has had a bad time of it; **passarne delle -e** to go through a bad patch; ~ **ignorante!** *pej, inf* pig! **II.** *m, f* ugly person

Bruxelles [bru·'ksɛl·le] *f* Brussels

BSE *f abbr di* **Bovine Spongiform Encephalopathy** BSE

bua ['bu:·a] *f* (*linguaggio infantile*) pain; **farsi la** ~ *inf* to hurt oneself; **hai la** ~ **al pancino?** *inf* does your tummy ache?

buca ['bu:·ka] <-che> *f* **1.** (*fossa*) pit **2.** SPORT (*nel golf*) hole **3.** (*nel biliardo*) pocket **4.** (*loc*) ~ **delle lettere** letterbox; ~ **del suggeritore** prompter's box

bucaneve [bu·ka·'ne:·ve] <-> *m* snowdrop

bucare [bu·'ka:·re] **I.** *vt* **1.** (*forare: biglietto, lamiera, legno*) **bucare qc** to make a hole in sth; ~ (**una gomma**) to get a puncture **2.** (*pungere: pelle, naso, orecchie*) to pierce **II.** *vr:* **-rsi 1.** (*pungersi*) to prick oneself **2.** (*pneumatico*) to puncture **3.** *sl* (*drogati*) to mainline

Bucarest [bu·ka·'rɛst/'bu:·ka·rest] *f* Bucharest

bucatini [bu·ka·'ti:·ni] *mpl* bucatini, *large spaghetti*

bucato [bu·'ka:·to] *m* washing; **fare il** ~ to do the washing; **fresco di** ~ freshly washed

bucato, -a *adj* with holes; (*metallo, pelle*) pierced; **avere le mani -e** *fig* to be a spendthrift

buccia ['but·tʃa] <-cce> *f* (*di frutta, verdura, salume*) skin; (*di agrumi, patate*) peel

buco ['bu:·ko] <-chi> *m* **1.** (*foro, debito, piercing*) hole **2.** (*apertura*) opening; ~ **della chiave** keyhole **3.** (*bugigattolo*) pokey space **4.** (*intervallo*) gap **5.** *sl* (*di eroina*) fix **6.** (*loc*) **tappare un** ~ *a. fig* to fill in a gap

Budapest ['bu:·da·pest/bu·da·'pɛst] *f* Budapest

buddismo [bud·'diz·mo] *m* Buddhism

buddista [bud·'dis·ta] <-i *m*, -e *f*> **I.** *adj* Buddhist **II.** *mf* Buddhist

budello [bu·'dɛl·lo] *m* **1.** ANAT bowel **2.** (*materiale*) gut **3.** (*locale lungo e stretto*) oblong

budget ['bʌ·dʒit/'ba·dʒət] <-> *m* budget

budino [bu·'di:·no] *m* pudding

bue ['bu:·e] <buoi> *m* **1.** ZOOL ox; **lavorare come un** ~ to work like a slave; ~ **muschiato** musk ox **2.** *fig, inf* (*uomo ignorante*) ignoramus

bufala ['bu:·fa·la] *f* **1.** (*femmina del bufalo*) cow buffalo **2.** (*errore*) howler; **fare una** ~ to make a howler **3.** (*nel giornalismo: notizia falsa*) invented story

bufalo ['bu:·fa·lo] *m* buffalo; **mangiare come un** ~ to tuck in

bufera [bu·'fɛ:·ra] *f* **1.** (*tempesta*) storm; ~ **di neve** snowstorm **2.** (*agitazione*) upset

buffet [by·'fɛ] <-> *m* **1.** (*mobile*) sideboard **2.** (*pranzo*) buffet; ~ **freddo** cold buffet

buffetto [buf·'fet·to] *m* tap

B

buffo ['buf·fo] *m* 1.TEAT comedian 2.(*cosa*) funny thing

buffo, -a *adj* 1.(*cosa, persona*) funny 2.TEAT comic; **opera -a** comic opera

buffonata [buf·fo·'na:·ta] *f* (*cosa poca seria*) joke; **fare -e** to play a prank

buffone, -a [buf·'fo:·ne] *m, f* 1.*inf* (*pagliaccio*) clown; **fare il ~** to play the clown 2.HIST (*di corte*) jester

bug [bʌg] <- *o* bugs> *m* COMPUT bug

bugia [bu·'dʒi:·a] <-gie> *f* (*menzogna*) lie; **dire le -gie** to tell lies; **le -gie hanno le gambe corte** *prov* truth will out *prov*

bugiardo, -a [bu·'dʒar·do] I. *adj* (*persona*) lying II. *m, f* liar

bugigattolo [bu·dʒi·'gat·to·lo] (*locale piccolo*) cubbyhole

buio ['bu:·io] *m* dark; **al ~** in the dark; **~ pesto** pitch dark; **farsi ~** to become dark; **prima del ~** before dark; **brancolare** [*o* brancicare] **nel ~** *fig* to grope in the dark; **fare un salto nel ~** *fig* to take a leap into the unknown

buio, -a <bui, buie> *adj* 1.(*non illuminato: notte, finestra, stanza*) dark 2.(*periodo*) bad

bulbo ['bul·bo] *m* 1.BOT bulb 2.(*di lampadina, di termometro*) light bulb 3.ANAT **~ oculare** [*o* dell'occhio] eyeball

Bulgaria [bul·ga·'ri:·a] *f* Bulgaria

bulgaro ['bul·ga·ro] *m* (*lingua*) Bulgarian

bulgaro, -a *adj* Bulgarian II. *m, f* Bulgarian

bullo ['bul·lo] *m* 1.(*gradasso*) **fare il ~** to act tough 2.(*teppista*) boor

bumerang ['bu:·me·raŋg] *v.* **boomerang**

bungalow ['bʌŋ·gə·lou/'bun·ga·lov] <-> *m* chalet

bungee-jumping ['ban·dʒi·'dʒam·ping] <-> *m* SPORT bungee jumping; **fare il ~** to go bungee jumping

buoi ['buɔ:·i] *pl di* **bue**

buon, buon' [buɔn] *v.* **buono, -a**

buonafede, buona fede [buo·na·'fe:·de] *f* **in ~** in good faith

buonanima, buon'anima [buo·'na:·ni·ma] *f* late lamented; **la ~ del nonno** grandpa, God rest his soul

buonanotte, buona notte [buo·na·'nɔt·te] I. *interj* good night; ... **e ~!** *inf* ... and that's that! II.<-> *f* **dare** [*o* augurare] **la ~ a qu** to say good night to sb

buonasera, buona sera [buo·na·'se:·ra] I. *interj* good evening II.<-> *f* **dare** [*o* augurare] **la ~ a qu** to wish sb good evening

buoncostume, buon costume [buoŋ·kos·'tu:·me] <-> *m* public decency; **squadra del ~** vice squad

buondì [buon·'di] *interj* hello

buongiorno, buon giorno [buon·'dʒor·no] I. *interj* good morning II.<-> *m* **dare** [*o* augurare] **il ~ a qu** to wish sb good morning

buongoverno, buon governo [buoŋ·go·'vɛr·no] <-> *m* good government

buongrado [buoŋ·'gra:·do] *adv* **di ~** willingly

buongustaio, -a [buoŋ·gus·'ta:·io] <-ai, -aie> *m, f* CULIN gourmet

buongusto, buon gusto [buoŋ·'gu·sto] *m* 1.(*raffinatezza*) good taste; **con ~** tastefully 2.(*tatto*) tact

buono ['buɔ:·no] *m* 1.COM (*documento*) voucher; **un ~ per l'acquisto di libri** book token; **~ del Tesoro** Treasury bill 2. *sing* (*ciò che è buono*) good thing; **sapere di ~** to smell nice; **c'è di ~ che ...** at least

buono, -a <più buono *o* migliore, buonissimo *o* ottimo> I. *adj* 1.(*albergo, libro, voto*) good 2.(*gentile: persona, animo*) kind; **un'anima -a** a kind soul; **è -a gente** they're nice people; **essere ~ con qu** to be nice to sb; **essere ~ come il pane** to have a heart of gold 3.(*calmo: bambino, cane*) good 4.(*abile: medico, avvocato, artigiano*) good; **un buon medico** a good doctor; **un buon falegname** a good carpenter; **essere in -e mani** to be in good hands 5.(*utilizzabile: attrezzatura, auto*) good; **una -a macchina fotografica** a good camera 6.(*propizio: momento*) right; **il momento ~ per cambiare auto** the right time to buy a new car 7.(*vantaggioso: affare*) **fare un buon affare** to get a bargain 8.(*giusto: ragione*) valid 9.(*gradevole: odore*) nice; **c'è un buon odore qui** there's a nice smell 10.(*delizioso: pranzo, vino*) delicious 11.(*valido: biglietto*) valid; (*bancanote*) genuine; **questa moneta è ancora -a** this coin is still accepted; **a buon mercato** cheap(ly) 12.(*temperato: clima*) temperate 13.(*sano, robusto*) healthy 14.(*socialmente elevato*) high; **l'ingresso nella -a società** entry into high society 15.(*adatto: maniere*) good; **con le -e** nicely 16.(*loc*) **alla -a** simple; **ti ho aspettato un'ora -a** I waited a good hour for you 17.(*espressioni esclamative*) **buon anno!** Happy New Year!; **buon appetito!** enjoy your meal!; **buon divertimento!** have a good time!; **buon giorno!** good morning!; **buon riposo!** sleep well!; **buon viaggio!** have a good journey!; **-a fortuna!** good luck!; **-a notte!** good night!; **-a sera!** good evening!; **Dio ~!** good God! II. *m, f* (*persona*) good person; **un ~ a nulla** a good-for-nothing; **essere un poco di ~** to be a nasty piece of work; **fare il ~** to be good

buonomini *pl di* **buonuomo**

buonora, buon'ora [buo·'no:·ra] <-> *f* **di ~** early; **alla ~!** about time!

buonsenso, buon senso [buoŋ·'sɛn·so] <-> *m* common sense

buontempone, -a [buoŋ·tem·'po:·ne] *m, f* *inf* cheerful person

buonumore, buon umore [buoŋ·u·'mo:·re] <-> *m* good mood; **essere di ~** to be in a good mood

buonuomo, buon uomo [buo·'nuɔ:·mo] <buon(u)omini> *m* (*uomo buono*) a good guy

buonuscita, buona uscita [buon·uʃ·'ʃi:·ta,

'buɔː·na uʃ·'ʃiː·ta] *f* **1.**(*per un appartamento*) *money paid when sb gives up a rented property* **2.**(*per un impiego*) golden handshake

burattinaio, -a [bu·rat·ti·'naː·io] <-ai> *m, f* puppet master

burattino [bu·rat·'tiː·no] *m* **1.** TEAT puppet; (*con fili*) marionette; **teatro dei -i** puppet theater **2.** *fig* (*persona manovrata da altri*) puppet; **piantare baracca e -i** *fig* to pack up and leave

burbero, -a ['bur·be·ro] *adj* (*aria, sguardo, tono*) surly

burla ['bur·la] *f* prank; **mettere in ~ qc** to make fun of sth; **per ~** for a joke

burlarsi [bur·'laːr·si] *vr* **-rsi di qu/qc** to make fun of sb/sth

burlone, -a [bur·'loː·ne] **I.** *m, f inf* joker **II.** *adj inf* jokey

burocrate [bu·'rɔ·kra·te] *mf* **1.** ADMIN bureaucrat **2.** *fig, pej* (*persona pedante*) pedant

burocratese [bu·ro·kra·'teː·se] *m* bureaucratese

burocratico, -a [bu·ro·'kraː·ti·ko] <-ci, -che> *adj* bureaucratic

burocrazia [bu·ro·krat·'tsiː·a] <-ie> *f* **1.** ADMIN bureaucracy **2.** *pej* (*pedanteria, lungaggine*) pedantry

burrasca [bur·'ras·ka] <-sche> *f* **1.**(*tempesta*) storm; **il mare è in ~** the sea is stormy **2.**(*litigio*) **aria di ~** trouble brewing

burrascoso, -a [bur·ras·'koː·so] *adj* stormy

burrata [bur·'raː·ta] *f a full-fat soft cheese*

burro ['bur·ro] *m* butter; **al ~** in butter; **pane e ~** bread and butter

burrone [bur·'roː·ne] *m* ravine

bus [bʌs] <-> *m* **1.**(*autobus*) bus **2.** COMPUT transfer speed of data

buscare [bus·'kaː·re] *vt, vr:* **-rsi** *inf* to catch; **-rsi l'influenza** to catch flu; **buscarne** [*o* **buscarle**] to catch it

business ['biz·nis] <-> *m* **1.** **fare ~** to do business **2.**(*azienda*) business

bussare [bus·'saː·re] *vi* to knock; **~ alla porta** to knock on the door

busse ['bus·se] *fpl inf* blows; **prendere le ~** to get a thrashing

bussola ['bus·so·la] *f* NAUT compass; **perdere la ~** *fig* to lose one's bearings; (= *confondersi*)

bussolotto ['bus·so·'lɔt·to] *m* dice shaker

busta ['bus·ta] *f* **1.**(*per lettera*) envelope; **~ paga** pay packet **2.**(*custodia: per occhiali*) case **3.**(*borsa: per generi alimentari*) bag

bustarella [bus·ta·'rɛl·la] *f* bribe

busto ['bus·to] *m* **1.** ANAT, ART (*tronco*) bust **2.** MED (*a. da donna*) corset

buttafuori [but·ta·'fuɔː·ri] <-> *m* bouncer

buttare [but·'taː·re] **I.** *vt* **1.**(*gettare*) to throw; **buttare qc a qu** to throw sth at sb **2.**(*loc*) **~ all'aria** (*cassetto*) to turn inside out; (*piano, progetto*) to give up on; **~ giù un edificio** to knock down a building; **~ giù due righe** to jot down a couple of lines; **~ giù un boccone** to have a quick bite; **~ giù una bottiglia di cognac** to down a bottle of brandy; **~ (via)** (*nella spazzatura*) to throw away; (*sprecare*) to waste; **~ la pasta** to put the pasta on **II.** *vr:* **-rsi** to throw oneself; **-rsi dalla finestra** to throw oneself out of the window; **-rsi nelle braccia di qu** to throw oneself into sb's arms; **-rsi in mare** to dive into the sea; **-rsi nel fuoco per qu** *fig* to walk through fire for sb; **-rsi giù** *fig* to get depressed

bypass ['bai·'paːs] <- *o* bypasses> *m* A. MED bypass

bypassare [bai·pas·'saː·re] *vt* to bypass

byte [bait] <-> *m* COMPUT byte

B

Cc

C, c [tʃi] <-> *f* C; ~ **come Catania** C for Charlie

c. *abbr di* **circa** c.

c.a. *abbr di* **corrente anno** current year

cabala ['ka:·ba·la] *f* **1.**(*nel misticismo ebraico*) Kabbalah **2.**fig (*tecnica*) *method of predicting the future using letters, symbols, or dreams*

cabaret [ka·ba·'rɛ] <-> *m* cabaret

cabina [ka·'bi:·na] *f* **1.**(*vano*) booth; ~ **elettrica** substation; ~ **di proiezione** projection booth; ~ **di registrazione** recording booth; ~ **telefonica** telephone booth **2.**(*di automezzo*) cab; ~ **della funicolare** cable car; ~ **di guida** driver's cab **3.**(*di nave, velivolo*) cabin; ~ **di pilotaggio** cockpit; ~ **passeggeri** AERO passenger compartment **4.**(*al mare*) beach hut

cabinato [ka·bi·'na:·to] *m* NAUT (*barca*) cabin cruiser

cabotaggio [ka·bo·'tad·dʒo] <-ggi> *m* NAUT (*navigazione costiera*) coastal navigation

cabriolet [ka·bri·o·'lɛ] <-> *m* (*automobile scoperta*) convertible

cacao [ka·'ka:o] <-> *m* **1.**(*pianta*) cacao **2.**(*sostanza*) cocoa

cacare [ka·'ka:·re] **I.** *vi, vt vulg* to shit *vulg;* **ma va a ~!** just fuck off! **II.** *vr vulg* **cacarsi sotto** *fig* to shit oneself *vulg*

cacarella [ka·ka·'rɛl·la] *f* **1.** *vulg* shits *pl vulg* **2.** *fig* (*paura*) **avere la ~** to be shitting oneself

cacata [ka·'ka:·ta] *f vulg* **1.**(*atto*) shit *vulg* **2.** *fig* (*cosa brutta*) piece of shit *vulg*

cacca ['kak·ka] <-cche> *f inf* poo *inf;* **fare la ~** to go poo

cacchio ['kak·kio] <-cchi> *m vulg* dick *vulg;* **che ~ vuoi?** what the hell do you want?; **non vale un ~** it's not worth a damn

caccia¹ ['kat·tʃa] <-cce> *f* **1.**(*arte venatoria*) hunting; ~ **alla lepre** open field coursing; ~ **grossa** big game hunting; **cane da ~** hunting dog; **andare a ~** to go hunting **2.**(*inseguimento*) hunt; **aereo da ~** fighter (plane); **dare la ~ a qu** to hunt sb **3.**(*ricerca*) search; **a ~ di guai** looking for trouble

caccia² <-> *m* **1.** AERO fighter (plane) **2.** NAUT destroyer

cacciabombardiere [kat·tʃa·bom·bar·'diɛ:·re] *m* fighter-bomber

cacciagione [kat·tʃa·'dʒo:·ne] *f* game

cacciare [kat·'tʃa:·re] **I.** *vt* **1.** SPORT (*animali*) to hunt **2.** *fig* (*mettere*) to put; **dove ho cacciato l'orologio?** *inf* where have I put my watch? **3.**(*mandar via*) to throw out **4.**(*tirare fuori*) to get out; ~ **i soldi** *inf* to fork out money *inf;* ~ **fuori la lingua** to stick out one's tongue **5.** *inf* (*emettere*) to let out; ~ **un urlo** to let out a yell **II.** *vr:* **-rsi 1.** *inf* (*nascondersi*) to hide (oneself); **dove si è cacciato?** *inf* where's

he gotten to? *inf* **2.**(*introdursi*) to get; **-rsi nei pasticci** *fig* to get into trouble

cacciatora [kat·tʃa·'to:·ra] *f* **1.**(*giacca*) hunting jacket **2.** CULIN **alla ~** chasseur

cacciatore, -trice *m, f* hunter; ~ **di frodo** poacher; ~ **di teste** headhunter *a. fig*

cacciavite [kat·tʃa·'vi:·te] <-> *m* screwdriver

caccola ['kak·ko·la] *m* **1.** *inf* (*di naso*) booger *inf* **2.**(*di occhi*) eye-gum **3.**(*cacca: di animale*) dropping

cache [kæʃ] **I.**<inv> *adj* COMPUT cache; **memoria ~** cache memory **II.**<-> *f* COMPUT cache

cache-cœur [kaʃ'kœːʀ] <-> *m* (*di una bimba*) wrap-over top

cachemire [kaʃ·'miːr] <-> *m* cashmere

cachet [ka·'ʃɛ] <-> *m* **1.** MED (*compressa*) tablet **2.** TEAT, FILM (*compenso*) fee

cachi ['ka:·ki] **I.**<inv> *adj* (*colore*) khaki **II.**<-> *m* **1.**(*colore cachi*) khaki **2.**(*albero, frutto*) persimmon

cacio ['ka:·tʃo] <-ci> *m* cheese; **una forma di ~** a cheese; **come il ~ sui maccheroni** *fig* at just the right time

caciocavallo [ka·tʃo·ka·'val·lo] <caci(o)cavalli> *m mer: pear-shaped cheese from Southern Italy*

caciotta [ka·'tʃot·ta] *f small flat cheese from Central Italy*

cacofonia [ka·ko·fo·'ni:·a] <-ie> *f* cacophony

cactus ['kak·tus] <-> *m* cactus

CAD COMPUT *abbr di* **Computer Aided Design** CAD

cadavere [ka·'da:·ve·re] *m* corpse

cadaverico, -a [ka·da·'vɛː·ri·ko] <-ci, -che> *adj* **1.**(*del cadavere*) cadaveric; **rigidità -a** rigor mortis **2.** *fig* (*simile ai cadaveri*) deathly

caddi ['kad·di] *1. pers sing pass rem di* **cadere¹**

cadente [ka·'dɛn·te] *adj* **1.**(*edificio*) crumbling **2.** *fig* (*persona*) decrepit **3.**(*astro*) **stella ~** shooting star

cadenza [ka·'dɛn·tsa] *f* **1.** LING (*intonazione*) intonation **2.** MUS cadenza

cadenzare [ka·den·'tsa:·re] *vt* **1.**(*ritmare*) to mark the rhythm of; ~ **il passo** to walk at a fixed pace **2.** LIT (*modulare*) to modulate; ~ **la voce** to modulate one's voice

cadere¹ [ka·'de:·re] <cado, caddi, caduto> *vi essere* **1.**(*cascare: persona*) to fall; (*aereo*) to crash; ~ **lungo e disteso** to fall flat on one's face; ~ **morto** to drop dead; ~ **in piedi** *a. fig* to land on one's feet; ~ **dalle nuvole** *fig* to be shocked; **far ~ qc dall'alto** *fig* to flaunt sth **2.**(*staccarsi: capelli*) to fall out; (*foglie, frutta*) to fall **3.**(*abito*) to hang; **quest'abito cade bene** *fig* this suit hangs well **4.**(*trovarsi in difficoltà*) ~ **ammalato** to fall sick; ~ **in disgrazia** to fall out of favor; ~ **in miseria** to fall on

hard times; ~ **nell'oblio** to be completely forgotten **5.** *fig* (*morire: in battaglia*) to fall *fig*
6. (*crollare: edificio*) to fall down **7.** POL (*governo*) to fall; **far ~ un governo** to bring down
a government **8.** (*venir giù: pioggia*) to fall
9. (*finire: vento*) to drop **10.** (*capitare*) **~ a
proposito** to come at the right time **11.** (*loc*)
~ nel ridicolo to make a fool of oneself; **~ nel
volgare** to descend into vulgarity; **~ dalla
padella nella brace** *fig* to jump out of the frying pan into the fire

cadere[2] *m* **al ~ del sole** at sunset

cadetto [ka·ˈdet·to] *m* **1.** (*figlio non primogenito*) younger son **2.** MIL cadet **3.** SPORT junior

cadetto, -a *adj* **1.** (*di figlio non primogenito*)
younger **2.** SPORT junior

cadmio [ˈkad·mio] *m* cadmium

caduco, -a [ka·ˈdu:·ko] <-chi, -che> *adj* **1.** BOT
(*foglie, bosco*) deciduous **2.** *fig* (*effimero: pensiero*) fleeting; (*valore*) transitory; **mal ~** *inf*
epilepsy

caduta [ka·ˈdu:·ta] *f* (*il cadere*) fall; '**~ massi**'
'falling rocks'; **~ della temperatura** drop in
temperature

caduto [ka·ˈdu:·to] *m* MIL fallen soldier; **i -i** the
fallen

caduto, -a *pp di* **cadere**[1]

caffè [kaf·ˈfɛ] <-> *m* **1.** CULIN coffee;
~ espresso espresso; **~ corretto** liqueur coffee; **~ macchiato** coffee with a dash of milk;
~ in chicchi coffee beans *pl;* **~ in polvere**
coffee powder; **macchinetta del ~** coffee machine **2.** (*locale*) café; **~ concerto** *café with
live music* **3.** BOT coffee bush

The first coffee house in Europe opened in
Venice in 1647. Since that time the drinking of coffee (**caffè**) has spread throughout Italy. Italians enjoy drinking several
different varieties of coffee: **espresso**
(small, strong black coffee), **cappuccino**
(coffee with frothy milk), **caffellatte** (coffee with a lot of milk), **caffè macchiato**
(espresso with a drop of hot milk), **latte
macchiato** (hot milk with a drop of coffee),
caffè corretto (black coffee with alcohol in
it), and so on.

caffeina [kaf·fe·ˈi:·na] *f* caffeine; **caffè
senza ~** decaffeinated coffee

caffel(l)atte [kaf·fe·ˈlat·te (kaffel'latte)] <-> *m*
white coffee

caffetteria [kaf·fet·te·ˈri:·a] <-ie> *f* (*bar: di
museo*) coffee bar

caffettiera [kaf·fet·ˈtiɛː·ra] *f* **1.** (*macchina*) cof-
fee-maker **2.** (*bricco*) coffeepot

cafone, -a [ka·ˈfo:·ne] I. *adj* boorish II. *m, f*
boor

cagare [ka·ˈga:·re] *v.* cacare

cagionare [ka·dʒo·ˈna:·re] *vt* to cause

cagionevole [ka·dʒo·ˈne:·vo·le] *adj* delicate;
essere di salute ~ to have delicate health

cagliare [kaʎ·ˈʎa:·re] *vi, vr:* **-rsi** (*latte*) to curdle

Cagliari *f* Cagliari, *capital of Sardinia*

Cagliaritano Cagliari area; **nel ~** in the Cagliari
area

cagliaritano, -a [caʎ·ʎa·ri·ˈta:·no] I. *adj* from
Cagliari II. *m, f* (*abitante*) person from Cagliari

cagna [ˈkaɲ·ɲa] *f* **1.** ZOOL bitch **2.** *pej, inf*
(*sgualdrina*) slut *inf*

cagnara [kaɲ·ˈna:·ra] *f pej, inf* racket *inf*

cagnesco, -a [kaɲ·ˈnes·ko] <-schi, -sche>
adj hostile; **guardare qu in ~** *fig* to look
daggers at sb

CAI [ˈka:·i] *m acró de* **Club Alpino Italiano**
Italian mountaineering organization

Cairo [ˈka:i·ro] *m* **Il ~** Cairo

cal *abbr di* (**piccola**) **caloria** cal.

cala [ˈka:·la] *f* (*insenatura*) inlet

calabrese [ka·la·ˈbre:·se] I. *adj* Calabrian
II. *mf* (*abitante*) Calabrian III. *sing* (*dialetto*)
Calabrian

Calabria [ka·ˈla:·bri·a] *f* Calabria; **abitare in ~**
to live in Calabria; **andare in ~** to go to Calabria

calabrone [ka·la·ˈbro:·ne] *m* ZOOL hornet

calamaio [ka·la·ˈma:·io] <-ai> *m* inkpot

calamaro [ka·la·ˈma:·ro] *m* ZOOL squid

calamita [ka·la·ˈmi:·ta] *f* magnet

calamità [ka·la·mi·ˈta] <-> *f* disaster

calamitare [ka·la·mi·ˈta:·re] *vt* **1.** (*ferro,
acciaio*) to magnetize **2.** *fig* (*attirare*) to attract

calante [ka·ˈlan·te] *adj* **1.** (*luna*) waning;
(*marea*) outgoing **2.** (*moneta, peso*) falling

calare [ka·ˈla:·re] I. *vt avere* **1.** (*abbassare: reti*)
to cast; (*sipario*) to bring down **2.** (*buttare:
pasta*) to add **3.** (*diminuire: maglie*) to decrease **4.** (*nei giochi a carte*) to lay down II. *vi
essere* **1.** (*scendere: sipario, notte, nebbia*) to
fall **2.** (*invadere*) to descend **3.** (*diminuire:
vento*) to drop; (*acqua*) to subside; (*vista*) to
get worse; (*prezzo*) to come down; **~ di peso**
to lose weight; **~ di tono** *fig* to decline III. *vr:*
-rsi to lower oneself

calca [ˈkal·ka] <-che> *f* crowd

calcagno [kal·ˈkaɲ·ɲo] *m* heel; **avere qu alle
-a** *fig* to have sb at one's heels

calcare[1] [kal·ˈka:·re] *vt* **1.** (*con i piedi*) to
tread; **~ le scene** to tread the boards **2.** (*con la
voce: parole*) to emphasize **3.** (*disegno*) to
trace **4.** (*premere*) to press down; **~ la mano**
fig (*esagerare*) to overdo it

calcare[2] *m* MIN limestone

calcareo, -a [kal·ˈka:·reo] <-ei, -ee> *adj* cal-
careous

calce[1] [ˈkal·tʃe] *f* lime; **bianco di ~** ART whitewash

calce[2] <-> *m* **in ~** ADMIN at the bottom; **in ~
alla pagina** at the foot of the page

calcestruzzo [kal·tʃes·ˈtrut·tso] *m* concrete

calcetto [kal·ˈtʃet·to] *m* **1.** SPORT five-a-side soccer **2.** (*gioco da tavolo*) foosball

calciare [kal·ˈtʃa:·re] I. *vi* (*tirar calci: persona,
animale*) to kick II. *vt* to kick

C

calciatore, -trice [kal·tʃa·'toː·re] *m, f* soccer player

calcificare [kal·tʃi·fi·'kaː·re] *vt, vr:* **-rsi** BIOL to calcify

calcificazione [kal·tʃi·fi·ka·'tsioː·ne] *f* calcification

calcina [kal·'tʃiː·na] *f* lime mortar

calcinaccio [kal·tʃi·'nat·tʃo] <-cci> *m* 1.(*pezzo di intonaco*) piece of plaster 2.(*rovine*) rubble

calcio ['kal·tʃo] <-ci> *m* 1.(*pedata, zampata*) kick; **prendere qu a -ci** to give sb a kicking; **tirare -ci** (*persona, animale*) to kick 2.SPORT soccer; ~ **d'angolo** corner (kick); ~ **d'inizio** kick-off; ~ **di punizione** free kick; ~ **di rigore** penalty (kick); ~ **di rinvio** goal kick; **giocare a** ~ to play soccer 3.(*impugnatura: di pistola, fucile*) butt 4.CHIM calcium

---

Calcio (soccer) is the most popular sport in Italy. The teams in **Serie A** (the top league) have competed for the **scudetto** (trophy) since 1898. Italians are wellknown for being soccer-crazy. Soccer is simply a part of life all over the Peninsula, with its own rigid customs and rituals, whether one plays the game or is simply a spectator or supporter. The greatest Italian players are known throughout the world. What foreigners are often not aware of is the Sunday afternoon rituals of the *mondo del calcio*, the soccer world. Those with an *abbonamento* (season ticket) go to the stadium almost every Sunday to support their favorite team. If one is out and about, one must at least carry a radio in order to follow the halftime and final results. On Sunday evening, soccer mania rules on all possible TV channels, but the same goes for Monday, Tuesday, Wednesday, and sometimes Thursday evenings too. Every single game will be dissected and every detail examined and analysed.

---

calciobalilla [kal·tʃo·ba·'lil·la] <-> *m* foosball, table soccer

calciomercato [kal·tʃo·mer·'kaː·to] <-> *m* transfer market

calcioscommesse [kal·tʃos·kom·'mes·se] <-> *m illegal betting on the results of soccer games*

calcistico, -a <-ci, -che> *adj* (*tifo, risultati, società, stagione*) soccer

calco ['kal·ko] <-chi> *m* 1.(*copia: di scultura*) cast 2.TYPO plate

calcolabile [kal·ko·'laː·bi·le] *adj* (*costo, danno, distanza*) calculable

calcolare [kal·ko·'laː·re] *vt* 1.MAT (*dimensioni, differenza, durata, valore*) to calculate 2.*fig* (*valutare*) to assess 3.(*tenere conto*) to take into account

calcolatore [kal·ko·la·'toː·re] *m* ~ **elettronico** COMPUT computer

calcolatore, -trice I. *adj* 1.MAT **regolo** ~ slide rule; **macchina -trice** calculator 2.*fig* (*persona, mente*) calculating II. *m, f fig* (*persona*) calculating person

calcolatrice [kal·ko·la·'triː·tʃe] *f* TEC calculator; ~ **tascabile** pocket calculator

calcolo ['kal·ko·lo] *m* 1.MAT calculation; **fare i -i** to do the calculations; ~ **delle probabilità** probability theory; **agire per** ~ *fig* to act out of self-interest; ~ **dei costi** costing 2.MED calculus; ~ **renale** kidney stone

caldaia [kal·'daː·ia] <-aie> *f* (*per riscaldamento*) boiler

caldamente [kal·da·'men·to] *adv* highly

caldarrosta [kal·dar·'rɔs·ta] *f* roast chestnut

caldeggiare [kal·ded·'dʒaː·re] *vt* (*candidatura, progetto*) to back

calderone [kal·de·'roː·ne] *m* cauldron; **mettere tutto nello stesso** ~ *fig* to lump everything together

caldo ['kal·do] *m* warmth; (~ *intenso*) heat; **fa** ~ it's hot; **ho** [*o* **sento**] ~ I'm hot; **mettere** [*o* **tenere**] **le vivande in** ~ to keep the food warm; **a** ~ *fig* in the heat of the moment; **non mi fa né** ~ **né freddo** *fig* I don't care either way

caldo, -a *adj* 1.(*clima, giornata, fronte*) warm; (*molto* ~) hot 2.(*acqua, cibo*) hot; **pane** ~ (*appena sfornato*) warm bread 3.(*che tiene caldo: cappotto, sciarpa*) warm 4.(*colore, voce*) warm 5.(*di conflitto: zona, città, anni*) turbulent 6.(*passionale*) passionate; **essere una testa -a** *fig* to be a hothead; **avere il sangue** ~ *fig* to be hot-blooded

caleidoscopio [ka·lei·dos·'kɔː·pio] <-i> *m* OPT kaleidoscope

calendario [ka·len·'daː·rio] <-i> *m* calendar

calende [ka·'lɛn·de] *fpl* **rimandare qc alle** ~ **greche** to postpone sth indefinitely

calesse [ka·'lɛs·se] *m* gig

calibro ['kaː·li·bro] *m* 1.(*di armi*) caliber; **di grosso** ~ (*arma*) large-caliber; *fig* (*importante*) prominent 2.(*strumento*) calipers *pl*

calice ['kaː·li·tʃe] *m* 1.(*bicchiere*) goblet 2.REL chalice

califfo [ka·'lif·fo] *m* caliph

caligine [ka·'liː·dʒi·ne] *f* 1.(*nebbia*) fog 2.(*fumo denso*) smog

calle ['kal·le] *f* (*a Venezia*) narrow street

callifugo [kal·'liː·fu·go] <-ghi> *m* corn plaster

calligrafia [kal·li·gra·'fiː·a] *f* 1.(*bella scrittura*) calligraphy 2.(*scrittura*) handwriting

callista [kal·'lis·ta] <-i *m*, -e *f*> *mf* podiatrist

callo ['kal·lo] *m* corn; ~ **osseo** callus; **fare il** ~ **a qc** *fig* to get used to sth; **pestare i -i a qu** *fig, inf* to tread on sb's toes

calma ['kal·ma] *f* 1.(*quiete*) quietness 2.(*tranquillità*) quiet; **periodo di** ~ peaceful period 3.(*autocontrollo*) calm; ~ **e sangue freddo!** keep calm! 4.(*flemma*) calmness; **prendersela con** ~ to take it easy 5.METEO

C

calm(ness); ~ **di vento** lack of wind; ~ **di mare** calmness of the sea

calmante [kal·'man·te] I. *adj* 1.(*rilassante, che calma i nervi*) calming 2.(*che calma il dolore*) soothing II. *m* 1.(*del sistema nervoso*) sedative 2.(*contro il dolore*) painkiller

calmare [kal·'ma:·re] I. *vt* 1.(*persona*) to calm (down) 2.(*ira, rabbia*) to reduce; (*pianto*) to stop 3.(*dolore*) to alleviate II. *vr:* **-rsi** 1.(*persona*) to calm down 2.(*dolore*) to ease 3.(*vento*) to drop

calmata [kal·'ma:·ta] *f inf* **darsi una** ~ to calm down

calmierare [kal·mie·'ra:·re] *vt* ~ **qc** (*affitti, costi, prezzi*) to control

calmiere [kal·'miɛ:·re] *m* ceiling price

calmo, -a ['kal·mo] *adj* 1.(*posto, giornata*) quiet 2.(*persona, mare*) calm

calo ['ka:·lo] *m* 1.(*di mercato, prezzo, produzione*) fall 2.(*di peso, vista*) loss; (*di qualità*) reduction 3.(*di temperatura, pressione*) drop; ~ **di potenza** loss of power

calore [ka·'lo:·re] *m* 1.(*energia, calura*) heat 2.(*affetto*) warmth; ~ **familiare** familial warmth 3.(*di animali*) **essere/andare in** ~ to be in/go into heat

caloria [ka·lo·'ri:·a] <-ie> *f* calorie; **grande** ~ large calorie

calorico, -a [ka·'lɔ:·ri·ko] <-ci, -che> *adj* caloric; **apporto** ~ caloric intake

caloroso, -a [ka·lo·'ro:·so] *adj* 1.(*persona*) not feeling the cold 2.*fig* (*cordiale: accoglienza, applauso*) warm

calotta [ka·'lɔt·ta] *f* 1.GEO ice cap; ~ **artica/ antartica** Arctic/Antarctic ice cap 2.ANAT ~ **cranica** skullcap 3.(*semisfera*) cap; (*di paracadute*) canopy; ~ **dello spinterogeno** AUTO distributor cap

calpestare [kal·pes·'ta:·re] *vt* 1.(*con i piedi*) to tread on; **'(è) vietato ~ l'erba'** 'keep off the grass' 2.*fig* (*sentimenti*) to trample on

Caltanissetta *f* Caltanissetta, *province in the south of Sicily*

calumet [ka·ly·'mɛ] <-> *m* peace pipe; **fumare il ~ della pace** *fig* to smoke the peace pipe

calunnia [ka·'lun·nia] <-ie> *f* 1.(*accusa infondata*) slander 2.(*bugia*) lie

calunniare [ka·lun·'nia:·re] *vt* to slander

calunniatore, -trice [ka·lun·nia·'to:·re] *m, f* slanderer

calvario [kal·'va:·rio] <-i> *m* 1.REL Calvary 2.*fig* ordeal

calvinismo [kal·vi·'niz·mo] *m* Calvinism

calvizie [kal·'vit·tsie] <-> *f* baldness

calvo, -a ['kal·vo] I. *adj* (*senza capelli*) bald II. *m, f* bald person

calza ['kal·tsa] *f* 1.(*calzettone*) sock; **ferri da** ~ knitting needles; **fare la** ~ to knit 2.(*da donna*) stocking; ~ **elastica** support stocking

calzamaglia [kal·tsa·'maʎ·ʎa] *f* leotard

calzare [kal·'tsa:·re] I. *vt avere* (*scarpe, guanti*) to wear II. *vi* 1.*avere* (*scarpe, guanti*) to fit

2.*essere fig* (*essere appropriato: esempio*) to be apt

calzascarpe [kal·tsas·'kar·pe] <-> *m* shoehorn

calzatura [kal·tsa·'tu:·ra] *f* footwear

calzaturificio [cal·tsa·tu·ri·'fi:·tʃo] <-ci> *m* shoe factory

calzetta [kal·'tset·ta] *f* ankle sock; **mezza** ~ (*persona mediocre*) lightweight

calzettone [kal·tset·'to:·ne] *m* knee-high sock

calzino [kal·'tsi:·no] *m* ankle sock

calzolaio, -a [kal·tso·'la:·io] <-ai, -aie> *m, f* 1.(*che fa le scarpe*) shoemaker 2.(*che aggiusta le scarpe*) shoe repairer

calzoleria [kal·tso·le·'ri:·a] <-ie> *f* 1.(*negozio*) shoemaker's shop 2.(*bottega del calzolaio*) shoe repair shop

calzoncini [kal·tson·'tʃi:·ni] *mpl* shorts *pl;* ~ **da bagno** trunks

calzone [kal·'tso:·ne] *m* 1.(*indumento*) pants; **portare i -i** *fig, inf* (*comandare*) to wear the pants *fig* 2.(*parte*) pants leg 3.CULIN (*pizza*) calzone

camaleonte [ka·ma·le·'on·te] *m* chameleon

cambiale [kam·'bia:·le] *f* bill of exchange; ~ **a vista** demand note

cambiamento [kam·bia·'men·to] *m* change; ~ **d'aria** change of air; ~ **di stagione** change of season

cambiare [kam·'bia:·re] I. *vt avere* 1.(*gener*) to change; ~ **casa** to move; ~ **idea** to change one's mind; ~ **marcia** to change gears; ~ **treno/aereo** to change trains/planes; ~ **euro in dollari** to change euros into dollars; **mi cambia cento euro?** can you give me change for a hundred euro bill? 2.(*scambiare*) to exchange; ~ **qc con qc** to exchange sth for sth II. *vi essere* (*trasformarsi*) to change III. *vr:* **-rsi** (*d'indumento*) to change

cambiavalute [kam·bia·va·'lu:·te] <-> *mf* foreign exchange dealer

cambio ['kam·bio] <-i> *m* 1.(*sostituzione: di pneumatico*) changing 2.(*modifica, acquisto, indumenti*) change; ~ **di casa** house move 3.MOT (*dispostivo*) gears *pl;* ~ **a cloche** stick shift; ~ **automatico** automatic transmission; ~ **manuale** manual transmission 4.(*turno*) relief; **dare il ~ a qu** to take over from sb 5.(*di merce*) exchange; **in ~ di qc** in exchange for sth 6.FIN exchange rate; **agente di ~** stockbroker

cambusa [kam·'bu:·za] *f* storeroom

camcorder ['kæm·kɔ:·də] <-> *m* TEC camcorder

camelia [ka·'mɛ:·lia] <-ie> *f* camellia

camera ['ka:·me·ra] *f* 1.(*locale d'abitazione*) room; ~ **da letto** bedroom; ~ **da pranzo** dining room; ~ **degli ospiti** guest room; ~ **matrimoniale** double room; ~ **singola** single room; ~ **ad un letto/a due letti** single/twin-bedded room; **prenotare/disdire una** ~ to book/to cancel a room 2.(*mobilia*) bedroom suite 3.POL, ADMIN chamber; **Camera di Commer-**

C

cio Chamber of Commerce **4.** (*locale chiuso*) ~ **blindata** strongroom; ~ **iperbarica** decompression chamber; ~ **mortuaria** mortuary; ~ **oscura** camera obscura; ~ **a gas** gas chamber **5.** MOT (*di pneumatico*) ~ **d'aria** inner tube **6.** MUS **musica da** ~ chamber music

> The **Camera dei deputati** (Chamber of Deputies) is the lower house of the Italian Parliament and has law-making powers. It is chaired by the **Presidente della Camera** (Speaker), who is chosen from among the 630 deputies. Since the electoral reform, members of parliament have been elected through a mixture of majority and proportional voting. Elections are generally held every five years.

cameraman ['kæ·mə·rə·mən/'ka·me·ra·mɛn] *m* cameraman
camerata[1] [ka·me·'ra:·ta] *f* (*di collegio*) dormitory; (*di caserma*) barrack room
camerata[2] *mf* **1.** MIL, HIST comrade **2.** (*di collegio, università*) friend
cameratismo [ka·me·ra·'tiz·mo] *m* cameraderie
cameriera [ka·me·'riɛ:·ra] *f* **1.** (*di casa privata*) maid **2.** (*di locale*) waitress **3.** (*di albergo*) (chamber)maid
cameriere [ka·me·'riɛ:·re] *m* **1.** (*di casa privata*) servant **2.** (*di locale*) waiter; ~**, (mi porti il conto,) per favore!** waiter, (check,) please! **3.** (*di albergo*) busboy
camerino [ka·me·'ri:·no] *m* TEAT dressing room
camice ['ka:·mi·tʃe] *m* **1.** MED (*di medico, chimico*) white coat; **-i bianchi** doctors **2.** REL alb
camicetta [ka·mi·'tʃet·ta] *f* blouse
camicia [ka·'mi:·tʃa] <-cie> *f* **1.** (*da uomo*) shirt; (*da donna*) blouse; ~ **da notte** (*da uomo*) nightshirt; (*da donna*) nightdress; ~ **di forza** straightjacket; **in maniche di** ~ in one's shirt sleeves; **essere nato con la** ~ *fig* to be born lucky; **giocarsi la** ~ *fig* to bet one's life; **perdere anche la** ~ *fig* to lose one's shirt; **sudare sette -cie** *fig* to sweat blood; **si toglierebbe la** ~ **di dosso** *fig* he [*o* she] would give the shirt off his [*o* her] back; **-cie nere** HIST blackshirts; ~ **verde** POL green shirt, *Northern League* militant **2.** MOT, TEC (*rivestimento: di caldaia, motore*) jacket
caminetto [ka·mi·'net·to] *m* fireplace
camino [ka·'mi:·no] *m* **1.** (*focolare*) fireplace **2.** (*canna fumaria*) chimney
camion ['ka:·mion] <-> *m* truck
camionabile, camionale [ka·mio·'na:·bi·le, ka·mio·'na:·le] **I.** *adj* (*strada*) open to heavy traffic **II.** *f* road open to heavy traffic
camioncino [ka·mion·'tʃi:·no] *m* van
camionista [ka·mio·'nis·ta] <-i *m*, -e *f*> *mf* truck driver
camma ['kam·ma] *f* MOT cam; **albero a -e** camshaft

cammello[1] [kam·'mɛl·lo] *m* **1.** ZOOL camel **2.** (*tessuto*) camelhair
cammello[2] <inv> *adj* (*colore*) camel
camminare [kam·mi·'na:·re] *vi* **1.** (*andare a piedi*) to walk; ~ **a quattro zampe** to go on all fours; **cammina!** (*affrettati*) come on!; (*vattene*) go away!; ~ **sulle uova** *fig, inf* to walk on eggshells; ~ **sul filo del rasoio** to be on a razor's edge **2.** TEC (*funzionare*) to work
camminata [kam·mi·'na:·ta] *f* **1.** (*passeggiata*) walk **2.** (*modo di camminare*) gait
cammino [kam·'mi:·no] *m* **1.** (*viaggio*) walk; **mettersi in** ~ to set off; **ci sono tre ore di** ~ it's a three-hour walk **2.** (*strada*) way; **cammin facendo** *a. fig* on the way
camomilla [ka·mo·'mil·la] *f* **1.** (*pianta*) chamomile **2.** (*infuso*) chamomile tea
camorra [ka·'mɔr·ra] *f* (*associazione a delinquere*) Neapolitan mafia
camorrista [ka·mor·'ris·ta] <-i *m*, -e *f*> *mf* (*chi fa parte della camorra*) member of the Neapolitan mafia
camoscio [ka·'mɔʃ·ʃo] <-sci> *m* **1.** ZOOL chamois **2.** (*pelle*) suede
campagna [kam·'paɲ·ɲa] *f* **1.** AGR, GEO country; **abitare in** ~ to live in the country **2.** MIL, POL, COM campaign; ~ **elettorale** election campaign; ~ **promozionale** COM promotion; ~ **pubblicitaria** advertising campaign
campagnola [kam·paɲ·'ɲɔ:·la] *f* AUTO (*fuoristrada*) off-road vehicle
campagnolo, -a [kam·paɲ·'ɲɔ:·lo] **I.** *adj* (*origini, usanza, specialità*) peasant **II.** *m, f* peasant
campale [kam·'pa:·le] *adj* field; **scontro** [*o* **battaglia**] ~ pitched battle; **giornata** ~ *fig* hard day
campana [kam·'pa:·na] *f* bell; ~ **per la raccolta del vetro** bottle bank; ~ **pneumatica** diving bell; **a** ~ bell-shaped; **pantaloni a** ~ bell bottoms; **sordo come una** ~ deaf as a post; **sentire tutte e due le -e** *fig* to hear both sides; **vivere/tenere sotto una** ~ **di vetro** *fig* to be mollycoddled/to mollycoddle
campanaccio [kam·pa·'nat·tʃo] <-cci> *m* cowbell
campanella [kam·pa·'nɛl·la] *f* **1.** (*a scuola*) bell **2.** BOT campanula
campanello [kam·pa·'nɛl·lo] *m* (*della porta*) bell; ~ **d'allarme** *fig* alarm bell
Campania [kam·'pa:·nia] *f* Campania; **abitare in** ~ to live in Campania; **andare in** ~ to go to Campania
campanile [kam·pa·'ni:·le] *m* **1.** ARCHIT bell tower **2.** *fig* (*paese nativo*) hometown
campanilismo [kam·pa·ni·'liz·mo] *m* parochialism
campano, -a [kam·'pa:·no] **I.** *adj* from Campania **II.** *m, f* (*abitante*) person from Campania
campanula [kam·'pa:·nu·la] *f* campanula
campare [kam·'pa:·re] *vi* essere *inf* to live; ~ **alla giornata** to live from day to day; ~ **di qc** to live on sth; ~ **di aria** *fig* to live on noth-

ing; **tirare a** ~ to get by; **campa, cavallo (che l'erba cresce)** *prov* you'll have to wait a long time

campato, -a [kam·'pa:·to] *adj* ~ **in aria** unrealistic

campeggiare [kam·ped·'dʒa:·re] *vi* 1. (*far campeggio*) to camp 2. (*spiccare*) to stand out

campeggiatore, -trice [kam·ped·dʒa·'to:·re] *m, f* camper

campeggio [kam·'ped·dʒo] <-ggi> *m* 1. (*terreno*) campground 2. (*turismo*) camping; **fare** ~ to go camping

camper ['kæm·pə/'kam·per] *m* camper

campestre [kam·'pɛs·tre] *adj* country; **corsa** ~ cross-country race

camping ['kæm·piŋ/'kam·piŋ] *m v.* **campeggio**

campionario [kam·pio·'na:·rio] <-i> *m* set of samples

campionario, -a <-i, -ie> *adj* **fiera -a** trade fair

campionato [kam·pio·'na:·to] *m* championship; ~ **mondiale di calcio** World Cup

campioncino [kam·pion·'tʃi:·no] *m* 1. (*di prodotto*) sample 2. *inf* (*persona*) budding champion

campione¹ [kam·'pio:·ne] <inv> *adj* 1. SPORT championship-winning 2. (*per indagini*) sample 3. FIS standard

campione² *m* 1. (*di merce, materiale, test, sondaggio*) sample; ~ **senza valore** sample only 2. FIS standard

campione, -essa *m, f* 1. SPORT champion 2. *fig* (*chi eccelle in un'attività*) ace; **essere un ~ in qc** to be an expert at sth; **essere ~ di qc** to be the epitome of sth

campisanti *pl di* **camposanto**

campo ['kam·po] *m* 1. (*gener*) field; ~ **giochi** play area; ~ **sportivo** sports field; ~ **da gioco** playing field; ~ **da golf** golf course; ~ **da tennis** tennis court; ~ **di calcio** soccer field; **abbandonare il** ~ *a. fig* to leave the field; **scendere in** ~ to join the fray; **scendere in** ~ **contro qu** *a. fig* to join the fray against sb; ~ **di forze** force field; ~ **visivo** field of vision; ~ **facoltativo** optional field; ~ **obbligatorio** required field 2. (*area*) area; **avere** ~ **libero** *fig* to have a free hand; ~ **d'aviazione** airfield; ~ **di concentramento** concentration camp; ~ **profughi** refugee camp 3. (*nell'arte: sfondo*) background 4. TV, FILM shot 5. *fig* (*ambito*) domain; ~ **d'azione** field of activity; **esula dal** ~ **delle mie competenze** it's outside my area of responsibility

Campobassano *m* Campobasso area; **nel** ~ in the Campobasso area

campobassano, -a [kam·po·bas·'sa:·no] I. *adj* from Campobasso II. *m, f* (*abitante*) person from Campobasso

Campobasso *f* Campobasso, *city in Central Italy*

camposanto [kam·po·'san·to] <campisanti> *m* cemetery

camuffare [ka·muf·'fa:·re] I. *vt* 1. (*travestire*) to disguise; ~ **qu da qc** to disguise sb as sth 2. *fig* (*nascondere*) to hide II. *vr:* **-rsi** to disguise oneself; **-rsi da qc** to disguise oneself as sth

Canada ['ka:·na·da] *m* **il** ~ Canada; **abitare in** ~ to live in Canada; **andare in** ~ to go to Canada

canadese¹ [ka·na·'de:·se] I. *adj* Canadian II. *mf* Canadian

canadese² [ka·na·'de:·se] *f* (*tenda*) ridge tent

canaglia [ka·'naʎ·ʎa] <-glie> *f* 1. *pej* (*persona malvagia*) scoundrel 2. *scherz* (*birbante*) rascal

canale [ka·'na:·le] *m* 1. (*artificiale*) canal; **il Canal Grande** the Grand Canal 2. GEO (*tratto di mare*) channel 3. ANAT canal 4. (*tubo, condotto*) pipe 5. TV, RADIO, TEL, COMPUT, COM channel; ~ **di musica** music channel; ~ **telematico** data communications channel

canalizzare [ka·na·lid·'dza:·re] *vt a. fig* to channel

canalizzazione [ka·na·lid·dzat·'tsio:·ne] *f a. fig* (*di attività*) channelling

canapa ['ka:·na·pa] *f* hemp

canapè [ka·na·'pɛ] <-> *m* CULIN canapé

Canarie [ka·'na:·rie] *fpl* **le** ~ the Canaries; **abitare alle** ~ to live in the Canaries; **andare alle** ~ to go to the Canaries

canarino¹ [ka·na·'ri:·no] *m* ZOOL canary

canarino² <inv> *adj* (*colore*) canary yellow

canasta [ka·'nas·ta] *f* (*gioco di carte*) canasta

cancan [kaŋ·'kan] <-> *m* cancan

cancellare [kan·tʃel·'la:·re] *vt* 1. (*con la gomma*) to erase; (*con la penna*) to cross out; (*sulla lavagna*) to wipe off; COMPUT to delete 2. *fig* (*appuntamento, prenotazione, volo*) to cancel 3. *fig* (*ricordo*) to erase

cancellatura [kan·tʃel·la·'tu:·ra] *f* crossing-out

cancellazione [kan·tʃel·lat·'tsio:·ne] *f* (*di prenotazione, volo, debito*) cancellation

cancelleria [kan·tʃel·le·'ri:·a] <-ie> *f* 1. POL (*ufficio del cancelliere*) chancellery 2. GIUR (*di tribunale*) clerk of the court's office 3. (*materiale per scrivere*) stationery

cancelletto [kan·tʃel·'let·to] *m* TEL, COMPUT pound sign

cancelliere [kan·tʃel·'liɛ:·re] *m* 1. POL (*primo ministro*) chancellor 2. GIUR (*impiegato di tribunale*) clerk

cancello [kan·'tʃɛl·lo] *m* gate

cancerogeno [kan·tʃe·'rɔ:·dʒe·no] *m* carcinogen

cancerogeno, -a *adj* (*agente, sostanza*) carcinogenic

cancrena [kaŋ·'krɛ:·na] *f* gangrene; **andare in** ~ to become gangrenous

cancro ['kaŋ·kro] *m* 1. MED cancer 2. ASTR **Cancro** Cancer; **sono (del [o un])** **Cancro** I'm (a) Cancer 3. *fig, pej* (*male incurabile*) cancer

candeggiante [kan·ded·'dʒan·te] I. *adj* bleaching II. *m* bleach

candeggiare [kan·ded·'dʒa:·re] *vt* (*bucato, biancheria*) to bleach

candeggina® [kan·ded·'dʒi:·na] *f* bleach

candeggio [kan·'ded·dʒo] <-ggi> *m* bleaching

candela [kan·'de:·la] *f* 1.(*di cera*) candle; **a lume di ~** by candlelight; **tenere** [*o* **reggere**] **la ~ a qu** *fig* to be a fifth wheel; **il gioco non vale la ~** *fig* the game's not worth the candle 2.MOT spark plug 3.ELETT candela; **una lampadina da 60 -e** a 60-watt bulb

candelabro [kan·de·'la:·bro] *m* candelabra

candeliere [kan·de·'liɛ:·re] *m* candlestick

candelotto [kan·de·'lɔt·to] *m* **~ di dinamite** stick of dynamite; **~ fumogeno** smoke bomb; **~ lacrimogeno** tear gas canister

candidare [kan·di·'da:·re] **I.** *vt* 1.(*presentare come candidato*) to put forward as a candidate 2.(*proporre come candidato*) to nominate **II.** *vr:* **-rsi** to run as a candidate

candidato, -a [kan·di·'da:·to] *m*, *f* candidate

candidatura [kan·di·da·'tu:·ra] *f* 1.(*per lavoro, borsa di studio*) application; **presentare la propria ~** to put in an application 2.POL, ADMIN candidacy; **presentare la propria ~** to put oneself forward as a candidate

candid camera ['kæn·did 'kæ·mə·rə] <-> *f* candid camera

candido, -a ['kan·di·do] *adj* 1.(*pulito: biancheria, bucato*) snow-white 2.(*splendente: neve, denti*) pure white 3.(*colore*) pure 4.*fig* (*ingenuo*) naive; (*sincero*) candid

canditi [kan·'di:·ti] *mpl* candied fruit

candito, -a *adj* candied; **zucchero ~** rock candy

candore [kan·'do:·re] *m* 1.(*biancore*) whiteness 2.*fig* (*ingenuità*) naivety; (*innocenza*) innocence

cane ['ka:·ne] *m* 1.ZOOL dog; **~ da caccia** hunting dog; **~ da guardia** guard dog; **figlio d'un ~** *inf* son of a bitch *vulg*; **vita da -i** dog's life; **lavoro da -i** botched job; **mondo ~!** *inf* damn it! *inf*; **solo come un ~** all alone; **tempo da -i** awful weather; **menare il can per l'aia** to beat around the bush; **come un ~ bastonato** like a whipped dog; **fa un freddo ~** *inf* it's freezing cold *inf*; **non c'era un ~** *fig*, *inf* there wasn't a living soul; **essere come ~ e gatto** to fight like cats and dogs; **can che abbaia non morde** *prov* his [*o* her] bark is worse than his [*o* her] bite 2.(*di arma da fuoco*) hammer

canestro [ka·'nɛs·tro] *m* basket; **fare ~** (*nella pallacanestro*) to shoot a basket

canfora ['kan·fo·ra] *f* camphor

canguro [kaŋ·'gu:·ro] *m* kangaroo

canile [ka·'ni:·le] *m* 1.(*cuccia*) kennel 2.(*luogo*) pound

canino [ka·'ni:·no] *m* canine

canino, -a *adj* 1.(*di cani*) canine; **mostra -a** dog show 2.MED **tosse -a** whooping cough 3.ANAT **dente ~** canine 4.BOT **rosa -a** dog rose

canna ['kan·na] *f* 1.BOT reed; **~ da zucchero** sugar cane; **essere povero in ~** *fig* to be as poor as a church mouse 2.(*bastone*) stick; **~ da pesca** fishing rod 3.(*di organo*) pipe 4.(*di fucile*) barrel 5.(*di bicicletta*) crossbar 6.*sl* (*di marijuana, hascisc*) joint; **farsi una ~** to roll oneself a joint 7.(*parte del camino*) **~ fumaria** flue

cannare [kan·'na:·re] **I.** *vt sl* to flunk *inf* **II.** *vi sl* (*fallire*) to get it wrong

cannella [kan·'nɛl·la] *f* 1.CULIN cinnamon 2.(*tubo*) spout; (*di botte*) spigot

cannello [kan·'nɛl·lo] *m* 1.TEC blowtorch 2.(*di pipa*) stem

cannelloni [kan·nel·'lo:·ni] *mpl* cannelloni

cannibale [kan·'ni:·ba·le] *mf* cannibal

cannocchiale [kan·nok·'kia:·le] *m* telescope

cannonata [kan·no·'na:·ta] *f* 1.MIL cannon shot 2.*fig*, *inf* (*cosa eccezionale*) knockout

cannone [kan·'no:·ne] *m* 1.MIL gun; **~ spara-neve** snow cannon 2.*fig*, *inf* (*asso*) ace *inf*

cannoniere [kan·no·'niɛ:·re] *m* 1.(*bombardiere*) gunner 2.(*nel calcio*) scorer

cannuccia [kan·'nut·tʃa] <-cce> *f* (*per bibite*) straw

canoa [ka·'nɔ:·a] *f* canoe

canone [ka·'no:·ne] *m* 1.(*norma*) canon 2.(*schema di riferimento*) ideal 3.(*pagamento*) rent; **~ d'affitto** rent; **~ di abbonamento** RADIO, TV license fee 4.MUS canon 5.REL canon

canonica [ka·'nɔ:·ni·ka] <-che> *f* presbytery

canonico [ka·'nɔ:·ni·ko] <-ci> *m* REL canon

canonico, -a <-ci, -che> *adj* 1.(*regolare*) standard 2.REL canonical

canonizzare [ka·no·nid·'dza:·re] *vt* 1.(*indicare come norma*) to standardize 2.REL to canonize

canoro, -a [ka·'nɔ:·ro] *adj* 1.(*per cantanti: concorso, qualità*) singing; (*serata*) of song 2.(*di cantante: qualità*) vocal; **uccelli -i** songbirds

canotta [ka·'not·ta] *f* (*maglietta*) undershirt

canottaggio [ka·not·'tad·dʒo] <-ggi> *m* rowing

canottiera [ka·not·'tiɛ:·ra] *f* undershirt

canottiere [ka·not·'tiɛ:·re] *m* rower

canotto [ka·'nɔt·to] *m* 1.(*piccola barca*) dinghy; **~ di salvataggio** lifeboat 2.(*di gomma*) (rubber) dinghy

canovaccio [ka·no·'vat·tʃo] <-cci> *m* 1.(*da cucina*) dishcloth 2.(*tessuto*) canvas 3.TEAT (*trama*) plot

cantante [kan·'tan·te] *mf* singer; **~ lirico** opera singer

cantare [kan·'ta:·re] **I.** *vi* 1.MUS to sing; **~ da tenore** to sing tenor; **canta che ti passa** *prov* don't worry and it'll be all right 2.ZOOL (*gallo*) to crow; (*uccello*) to sing; (*grillo*) to chirp 3.*fig* (*fare la spia*) to squeal **II.** *vt* 1.(*canzone*) to sing 2.(*persone, fatti*) to sing of; **~ le lodi di qu** to sing sb's praises; **cantar vittoria** to claim victory; **cantarne quattro a qu** *inf* to give sb a piece of one's mind

cantastorie [kan·tas·'tɔː·rie] <-> *mf* ballad singer

cantata [kan·'taː·ta] *f* **1.** MUS cantata **2.** *inf* (*canto*) sing-along

cantautore, -trice [kan·tau·'toː·re] *m, f* singer-songwriter

canterellare [kan·te·rel·'laː·re] *vt, vi* to hum

canticchiare [kan·tik·'kiaː·re] *vt, vi* to hum

cantico ['kan·ti·ko] <-ci> *m* canticle; **il ~ dei -ci** the Song of Songs

cantiere [kan·'tiɛː·re] *m* site; **~ edile** construction site; **~ navale** shipyard; **mettere qc in ~** *fig* to get started on sth

cantilena [kan·ti·'lɛː·na] *f* **1.** (*ninnananna*) lullaby **2.** (*cadenza*) singsong **3.** *fig* (*discorso noioso*) boring speech; **sempre la stessa ~** always the same old story **4.** MUS psalmody

cantina [kan·'tiː·na] *f* **1.** ARCHIT (*di edificio*) cellar; (*per il vino*) (wine) cellar **2.** (*produzione e vendita di vino*) vineyard; **~ sociale** winegrowers' cooperative

canto ['kanto] *m* **1.** MUS (*il cantare*) singing **2.** (*canzone*) song; **~ popolare** folksong **3.** ZOOL (*di gallo*) crowing; (*di uccelli*) singing; (*di cicala, grillo*) chirping; **al ~ del gallo** at cockcrow **4.** *poet* canto **5.** (*parte*) part; **d'altro ~** on the other hand; **dal ~ mio/loro** for my/their part **6.** (*angolo*) corner

cantonale [kan·to·'naː·le] *adj* (*in Svizzera*) cantonal

cantonata [kan·to·'naː·ta] *f* (*errore*) blunder; **prendere una ~** to make a blunder

cantone [kan·'toː·ne] *m* **1.** (*angolo*) corner; **il gioco dei quattro -i** the game of puss in the corner **2.** (*in Svizzera*) canton

cantoniera [kan·to·'niɛː·ra] *adj* **casa ~** roadman's house

cantore [kan·'toː·re] *m* **1.** REL chorister **2.** LIT bard

cantuccio [kan·'tut·tʃo] <-cci> *m inf* (*angolo*) corner; **stare in un ~** to stand apart

canuto, -a [ka·'nuː·to] *adj* **1.** (*capelli*) white **2.** (*persona*) white-haired

canzonare [kan·tso·'naː·re] *vt* to tease

canzone [kan·'tsoː·ne] *f* **1.** MUS song; **~ popolare** folksong **2.** LIT canzone

canzonetta [kan·tso·'net·ta] *f* MUS pop song

canzoniere [kan·tso·'niɛː·re] *m* **1.** LIT (*raccolta di poesie*) poetry collection **2.** MUS (*raccolta di canzoni*) songbook

caos ['kaː·os] <-> *m* **1.** FILOS (*disordine*) chaos **2.** (*rumore*) noise

caotico, -a [ka·'ɔː·ti·ko] <-ci, -che> *adj* chaotic

cap. *abbr di* **capitolo** ch.

CAP [kap] *m acró de* **Codice di Avviamento Postale** zip code

capace [ka·'paː·tʃe] *adj* **1.** (*in grado di*) capable; **essere ~ di fare qc** to be capable of doing sth; **~ d'intendere e di volere** GIUR of sound mind **2.** (*abile*) able **3.** (*spazioso: ambiente*) spacious; (*borsa, valigia*) capacious

capacità [ka·pa·tʃi·'ta] <-> *f* **1.** (*di contenere*)

capacity **2.** (*abilità*) ability **3.** GIUR capacity; **~ giuridica** [*o di agire*] legal capacity

capacitarsi [ka·pa·tʃi·'tar·si] *vr* (*rendersi conto*) **non riuscire a ~ di qc** to be unable to understand sth

capanna [ka·'pan·na] *f* hut

capannello [ka·pan·'nɛl·lo] *m* (*di persone*) knot

capanno [ka·'pan·no] *m* (*in spiaggia: cabina*) hut

capannone [ka·pan·'noː·ne] *m* (*deposito*) shed; (*fabbrica*) warehouse

caparbietà [ka·par·bie·'ta] <-> *f* stubbornness

caparbio, -a [ka·'par·bio] <-i, -ie> *adj* stubborn

caparra [ka·'par·ra] *f* (*cauzione*) deposit

capatina [ka·pa·'tiː·na] *f* quick visit; **fare una ~** to make a quick visit

capeggiare [ka·ped·'dʒaː·re] *vt* to lead

capellini [ka·pel·'liː·ni] *mpl* angel hair pasta

capello [ka·'pel·lo] *m* hair; **-i d'angelo** angel hair pasta; **portare i -i lunghi/corti** to have long/short hair; **averne fin sopra i -i** to have had it up to here; **tirato per i -i** *fig* far-fetched; **non torcere neppure un ~ a qu** not to touch [*o harm*] a hair on sb's head; **cose da far rizzare i -i** *fig* it'd make your hair stand on end; **mettersi le mani nei -i** *fig* to tear one's hair out; **mi fai venire i -i bianchi** *fig* you're giving me gray hair; **prendersi per i -i** *fig* to quarrel; **spaccare un ~ in quattro** *fig* to split hairs

capellone, -a [ka·pel·'loː·ne] **I.** *m, f inf* (*hippy*) hippie **II.** *adj* hippie

capelluto, -a [ka·pel·'luː·to] *adj* **cuoio ~** scalp

capezzale [ka·pet·'tsaː·le] *m* **1.** (*capo del letto*) bolster **2.** *fig* (*letto di un malato*) bedside

capezzolo [ka·'pet·tso·lo] *m* nipple

capi- [ka·pi] (*in compounds*) *v.a.* **capo-**

capiarea *pl di* **capoarea**

capibanda *pl di* **capobanda**

capicronisti *pl di* **capocronista**

capicuochi *pl di* **capocuoco**

capidivisione *pl di* **capodivisione**

capiente [ka·'piɛn·te] *adj* (*recipiente, valigia*) capacious; (*sala*) spacious

capienza [ka·'piɛn·tsa] *f* (*di sala, recipiente*) capacity

capifabbrica *pl di* **capofabbrica**

capifamiglia *pl di* **capofamiglia**

capigliatura [ka·piʎ·ʎa·'tuː·ra] *f* hair; **~ folta** thick hair

capigruppo *pl di* **capogruppo**

capilinea *pl di* **capolinea**

capilista *pl di* **capolista**[1]

capillare [ka·pil·'laː·re] **I.** *adj* **1.** ANAT **vasi -i** capillary **2.** (*minuzioso: indagine*) detailed **3.** (*diffuso: organizzazione*) widespread **II.** *m* capillary

capimafia *pl di* **capomafia**

capimastri *pl di* **capomastro**

capinera [ka·pi·'neː·ra] *f* blackcap

C

capire [ka·'pi:·re] <capisco> I. *vt avere* to understand; **far ~ qc a qu** to make sth clear to sb; **~ fischi per fiaschi** to get the short end of the stick *inf* II. *vi essere* to understand; **farsi ~** to make oneself understood; **~ al volo** to be quick on the uptake; **si capisce** of course; **si capisce che ti telefono** of course I'll call you III. *vr:* **-rsi** to understand each other

capiredattori *pl di* **caporedattore**

capireparto *pl di* **caporeparto**

capirosso [ka·pi·'ros·so] *m* goldfinch

capisala *pl di* **caposala**

capisaldi *pl di* **caposaldo**

capiservizio *pl di* **caposervizio**

capisettore *pl di* **caposettore**

capisezione *pl di* **caposezione**

capisquadra *pl di* **caposquadra**

capistazione *pl di* **capostazione**

capitale [ka·pi·'ta:·le] I. *adj* 1.(*principale: importanza, punto*) fundamental; **errore ~** major 2. GIUR capital; **sentenza ~** death sentence; **condannare alla pena ~** to condemn to death 3. REL deadly; **i peccati -i** the deadly sins II. *f* (*città*) capital; **Capitale Europea della Cultura** European Capital of Culture III. *m* (*patrimonio*) capital; **~ a rischio** risk capital; **~ sociale** (capital) stock; **~ proprio** owner's equity; **fare ~ di qc** *a. fig* to capitalize on sth

capitalismo [ka·pi·ta·'liz·mo] *m* capitalism

capitalista [ka·pi·ta·'lis·ta] <-i *m*, -e *f*> I. *mf* capitalist II. *adj* capitalist

capitanare [ka·pi·ta·'na:·re] *vt* to lead; **~ una squadra di calcio** SPORT to captain

capitaneria [ka·pi·ta·ne·'ri:·a] <-ie> *f* **~ (di porto)** port authority

capitano [ka·pi·'ta:·no] *m* captain

capitare [ka·pi·'ta:·re] *vi essere* 1.(*giungere*) to come; **capiti proprio a proposito!** you've come at just the right time!; **~ bene/male** to have good luck/bad luck; **~ nelle mani di qu** to fall into sb's hands 2.(*succedere*) to happen; **capita a tutti** it happens to everyone; **sono cose che capitano anche nelle migliori famiglie** these things happen even to the best families; **dove capita** anywhere

capitavola *pl di* **capotavola**

capitello [ka·pi·'tɛl·lo] *m* capital

capitolare [ka·pi·to·'la:·re] *vi* 1. MIL to capitulate 2. *fig* to give in

capitolazione [ka·pi·to·lat·'tsio:·ne] *f* 1. MIL capitulation 2. *fig* surrender

capitolo [ka·'pi:·to·lo] *m* 1.(*di libro*) REL chapter 2.(*loc*) **avere voce in ~** to have a say in the matter; **comincia un nuovo ~ della mia vita** a new chapter in my life is starting

capitombolo [ka·pi·'tom·bo·lo] *m* 1.(*caduta*) tumble 2. *fig* (*crollo*) collapse

capitone [ka·pi·'to:·ne] *m* eel

capitreno *pl di* **capotreno**

capi ufficio *pl di* **capo ufficio**

capo ['ka:·po] I. *m* 1. ANAT head; **chinare il ~** *fig* to bow one's head; **lavata di ~** *fig, inf*

telling-off *inf*; **rompersi il ~** *fig* to rack one's brains; **non avere né ~ né coda** to make no sense; **capitare fra ~ e collo** *fig* to come out of the blue 2.(*persona: di azienda, istituto, organizzazione*) head; (*di associazione a delinquere*) boss; (*di tribù*) chief; **~ del governo** leader of the government; **~ dello Stato** head of state; **comandante in ~** commanderinchief; **essere a ~ di qu/qc** to head sb/sth; **fare ~ a qu/qc** to be the responsibility of sb/sth 3. GEO cape 4.(*singolo oggetto*) item 5.(*capitolo*) chapter; **per sommi -i** briefly 6.(*estremità*) end; **in ~ al letto** at the head of the bed; **andare in ~ al mondo** to go to the ends of the earth 7.(*principio*) **cominciare da ~** to start again; **andare a ~** to start a new paragraph; **punto e a ~** period, new paragraph 8.(*fine, conclusione*) **in ~ ad un mese** in a month; **venire a ~ di qc** to get to the end of sth II. <inv> *adj* chief; **ispettore ~** chief inspector; **redattore ~** editor-in-chief

capoarea [ka·po·a·'re:·a] *mf* area manager

capobanda [ka·po·'ban·da] <capibanda> *m* 1. MUS bandmaster 2. *pej* (*caporione*) gang leader

capocchia [ka·'pɔk·kia] <-cchie> *f* (*di spillo, fiammifero, chiodo*) head

capoccia[1] [ka·'pɔt·tʃa] <-> *m* 1.(*di famiglia*) head 2. *scherz* (*di azienda*) boss 3.(*caporione*) gang leader

capoccia[2] <-cce> *f dial, fam* (*testa*) nut *inf*

capocomico, -a [ka·po·'kɔ:·mi·ko] <-ci, -che> *m, f* manager of a theater company

capocronista [ka·po·kro·'nis·ta] *mf* news editor

capocuoco, -a [ka·po·'kuɔ:·ko] <-chi, -che> *m, f* head chef

capodanno, capo d'anno [ka·po·'dan·no] *m* New Year

capodivisione [ka·po·di·vi·'zio:·ne] *mf* 1. MIL division commander 2. ADMIN (*di azienda*) head of department

capofabbrica [ka·po·'fab·bri·ka] *mf* works manager

capofamiglia [ka·po·fa·'miʎ·ʎa] *mf* head of the family

capofitto [ka·po·'fit·to] *adv* **a ~** headlong; **buttarsi a ~ in qc** *fig* to throw oneself into sth

capogiro [ka·po·'dʒi:·ro] *m* dizziness; **prezzi da ~** *fig* exorbitant prices

capogruppo [ka·po·'grup·po] *mf* group leader; POL leader

capolavoro [ka·po·la·'vo:·ro] *m* masterpiece

capolinea [ka·po·'li:·nea] <capilinea> *m* terminus

capolino [ka·po·'li:·no] *m* **far ~** to peep out

capolista[1] [ka·po·'lis·ta] *mf* POL (*candidato*) top candidate

capolista[2] *f* top team

capolista[3] <inv> *adj* **candidato ~** POL top candidate; **squadra ~** SPORT top team

capoluogo [ka·po·'luɔ:·go] <capoluoghi *o*

capiluoghi> *m* ADMIN (*di regione, provincia*) capital

capomacchinista [ka·po·mak·ki·'nis·ta] *mf* chief engineer

capomafia [ka·po·'ma:·fia] <capimafia> *m* mafia boss

capomastro [ka·po·'mas·tro] <-i *o* capimastri> *m* (*capocantiere*) master builder; (*imprenditore*) contractor

capoofficina [ka·po·of·fi·'tʃi:·na] *mf* shop foreman *m*, shop forewoman *f*

caporale [ka·po·'ra:·le] *m* private first class

caporalmaggiore, caporal maggiore [ka·po·ral·mad·'dʒo:·re] *m* corporal

caporedattoro, trioc [ka·po·re·dat·'to:·re] *m*, *f* editor-in-chief

caporeparto [ka·po·re·'par·to] *mf* foreman *m*, forewoman *f*

caporione, -a [ka·po·'rio:·ne] *m*, *f* leader

caposala [ka·po·'sa:·la] *mf* (*in ospedale*) head nurse

caposaldo [ka·po·'sal·do] <capisaldi> *m* 1. *fig* (*punto fondamentale*) cornerstone 2. MIL stronghold 3. (*topografia*) datum point

caposervizio [ka·po·ser·'vit·tsio] *mf* 1. (*di giornale*) senior editor 2. ADMIN department head

caposettore [ka·po·set·'to:·re] *m* ADMIN divisional head

caposezione [ka·po·set·'tsio:·ne] *mf* ADMIN section head

caposquadra¹ [ka·pos·'kua:·dra] *mf* 1. (*di operai, tecnici, vigili*) foreman *m*, forewoman *f* 2. SPORT (team) captain

caposquadra² <capisquadra> *m* MIL squad leader

capostazione [ka·pos·ta·'tsio:·ne] *mf* station master

capostipite [ka·pos·'ti:·pi·te] *mf* founder

capotavola <capitavola> *m* head of the table; **sedersi a ~** to sit at head of the table

capote [ka·'pɔt] <-> *f* top

capotreno [ka·po·'trɛ:·no] *mf* conductor

cap(o)ufficio, capo ufficio [ka·p(o)·uf·'fi:·tʃo] *mf* office manager

capoverso [ka·po·'vɛr·so] *m* paragraph

capovolgere [ka·po·'vɔl·dʒe·re] <irr> I. *vt* 1. (*rovesciare: barca*) to capsize; (*rovesciare: auto*) to overturn; (*immagine, oggetto*) to turn upside down 2. *fig* (*situazione, risultato*) to reverse II. *vr:* **-rsi** 1. (*barca*) to capsize; (*macchina*) to overturn 2. *fig* (*cambiare radicalmente*) to be reversed

capovolgimento [ka·po·vol·dʒi·'men·to] *m* 1. (*ribaltamento: di barca*) capsizing; (*di macchina*) overturning; (*di oggetti, immagini*) turning upside down 2. *fig* (*rovesciamento*) reversal

cappa¹ ['kap·pa] *f* 1. (*indumento*) cloak; **una ~ di piombo** *fig* a dead weight 2. (*di camino, cucina*) hood

cappa² <-> *m o f* (*lettera*) *v.* **k**

cappella [kap·'pɛl·la] *f* 1. REL chapel 2. MUS choir 3. (*di fungo*) cap

cappellano [kap·pel·'la:·no] *m* chaplain

cappelliera [kap·pel·'liɛ:·ra] *f* hatbox

cappello [kap·'pɛl·lo] *m* 1. (*copricapo*) hat; **avere il ~ in testa** to have one's hat on one's head; **tanto di ~!** congratulations! 2. (*introduzione: di scritto, discorso*) preamble

capperi ['kap·pe·ri] *interj inf* wow!

cappero ['kap·pe·ro] *m* CULIN, BOT caper

cappio [kap·pio] <-i> *m* noose; **il ~ al collo** *fig* a millstone around one's neck

cappone [kap·'po:·ne] *m* capon

cappotto [kap·'pɔt·to] *m* (*mantello*) coat

cappuccino [kap·put·'tʃi:·no] *m* 1. CULIN cappuccino 2. REL Capuchin 3. ZOOL capuchin (monkey)

cappuccio [kap·'put·tʃo] <-cci> I. *m* 1. (*copricapo*) hood 2. (*di penna, biro, tubo*) cap; (*di fiala, rossetto*) top 3. *inf* CULIN cappuccino II. *adj* **cavolo ~** spring cabbage

capra ['ka:·pra] *f* ZOOL goat; **arrampicarsi come una ~** to climb like a mountain goat; **salvare ~ e cavoli** *fig* to have the best of both worlds

caprese [ka·'pre:·se] I. *adj* from Capri II. *mf* (*abitante*) person from Capri III. *f* CULIN mozzarella, tomato and basil salad

capretto [ka·'pret·to] *m* kid; **guanti di ~** kid gloves

Capri *f* Capri; **abitare a ~** to live in Capri; **andare a ~** to go to Capri

capriccio [ka·'prit·tʃo] <-cci> *m* 1. (*voglia*) whim; **fare i -cci** to have a temper tantrum 2. MUS caprice

capriccioso, -a [ka·prit·'tʃo:·so] *adj* 1. (*bambino*) naughty; (*ragazza*) capricious 2. (*tempo*) changeable

Capricorno [ka·pri·'kɔr·no] *m* ASTR Capricorn; **sono (del [*o* un]) Capricorno** I'm (a) Capricorn

caprifoglio [ka·pri·'fɔʎ·ʎo] *m* honeysuckle

caprino [ka·'pri:·no] *m* CULIN (*formaggio*) goat's cheese

capriola [ka·pri·'ɔ:·la] *f* 1. (*salto*) somersault; **fare le -e** to do somersaults 2. ZOOL roe deer

capriolo [ka·pri·'ɔ:·lo] *m* ZOOL roe deer

capro ['ka:·pro] *m* (he-)goat; **~ espiatorio** *fig* scapegoat

caprone [ka·'pro:·ne] *m* 1. ZOOL (he-)goat 2. *fig, pej* lout *pej*

capsula ['kapsula] *f* capsule

captare [kap·'ta:·re] *vt* 1. TEL, RADIO to pick up 2. *fig* (*cogliere: pensiero*) to read; (*intuire: desiderio*) to guess

capufficio [ka·puf·'fi:·tʃo] *v.* **cap(o)ufficio**

capzioso, -a [kap·'tsio:·so] *adj* (*ragionamento, scusa*) specious

CAR *m* acró *de* **Centro Addestramento Reclute** boot camp

carabina [ka·ra·'bi:·na] *f* rifle

C

carabiniere [ka·ra·bi·'niɛː·re] *m* carabiniere, *member of Italian military police force*

> The **Carabinieri** make up the fourth branch of the Italian armed forces along with the army – **Esercito** – navy – **Marina** – and air force – **Aviazione**. Working alongside the national police – **Polizia di Stato** – they perform both military and civil duties, such as the maintenance of public order.

caraffa [ka·'raf·fa] *f* carafe

caramba [ka·'ram·ba] <-> *m sl* carabiniere, *member of Italian military police force*

carambola [ka·'ram·bo·la] *f* 1. (*nel biliardo: gioco, tiro*) carom 2. (*collisione*) pileup

caramella [ka·ra·'mɛl·la] *f* 1. CULIN piece of candy 2. *fig, inf* (*monocolo*) monocle

caramello [ka·ra·'mɛl·lo] *m* caramel

carato [ka·'raː·to] *m* 1. (*di oro*) karat 2. (*di pietre preziose*) carat

carattere [ka·'rat·te·re] *m* 1. (*indole*) character; **mancare di ~** to lack character 2. (*natura*) character 3. TYPO (*segno*) character; **~ corsivo** italic; **~ grassetto** bold; **-i a stampatello** capital letters 4. (*di scrittura*) character 5. COMPUT character; **mappa dei -i** character map; **stringa di -i** character string 6. BIOL characteristic

caratteriale [ka·rat·te·'ria:·le] I. *adj* disturbed II. *mf* disturbed child

caratterino [ka·rat·te·'ri:·no] *m iron* difficult character

caratteristica [ka·rat·te·'ris·ti·ka] <-che> *f* characteristic

caratteristico, -a [ka·rat·te·'ris·ti·ko] <-ci, -che> *adj* 1. (*particolare*) characteristic 2. (*tipico*) typical 3. (*pittoresco*) picturesque

caratterizzare [ka·rat·te·rid·'dza:·re] *vt* to characterize

caratterizzato, -a [ka·rat·te·rid·'dza:·to] *adj* characterized; **essere ~ da qc** to be characterized by sth

caratterizzazione [ka·rat·te·rid·dzat·'tsio:·ne] *f* characterization

caratura [ka·ra·'tu:·ra] *f* 1. (*di oro*) weighing in karats 2. (*di diamanti*) weighing in carats 3. (*valore*) caliber

caravan [kæ·rə·'væn] <-> *m* trailer

caravella [ka·ra·'vɛl·la] *f* (*nave*) caravel

carboidrato [kar·bo·i·'dra:·to] *m* carbohydrate

carbonaio, -a [kar·bo·'na:·io] <-ai, -aie> *m, f* 1. (*lavoratore*) charcoal burner 2. (*venditore*) coal merchant

carbonaro [kar·bo·'na:·ro] *m* 1. HIST (*della Carboneria*) member of the Carbonari, *19th-century secret political organization* 2. (*carbonaio: lavoratore*) charcoal burner; (*venditore*) coal merchant

carbonaro, -a *adj* 1. HIST (*della Carboneria*) of the Carbonari, *19th-century secret political or-*

ganization 2. CULIN **alla -a** carbonara, *made with eggs, bacon, and pecorino cheese*

carboncino [kar·bon·'tʃi:·no] *m* 1. (*per disegnare*) charcoal 2. (*disegno*) charcoal drawing

carbone [kar·'bo:·ne] *m* 1. MIN coal; **nero come il ~** black as pitch; **essere** [*o* **stare**] **sui -i accesi** *fig* to be like a cat on a hot tin roof 2. BOT (*malattia*) smut

carbonella [kar·bo·'nɛl·la] *f* slack

carbonico [kar·'bɔː·ni·ko] <-ci> *m* Carboniferous period

carbonico, -a <-ci, -che> *adj* carbonic; **anidride -a** carbon dioxide

carbonifero [kar·bo·'ni:·fe·ro] *m* Carboniferous period

carbonifero, -a *adj* coal; **bacino ~** coalfield

carbonio [kar·'bɔː·nio] *m* carbon; **ossido di ~** carbon monoxide

carbonizzare [kar·bo·nid·'dza:·re] I. *vt* to reduce to ashes II. *vr:* **-rsi** to be reduced to ashes; (*automobile*) to burn out

carbonizzazione [kar·bo·nid·dzat·'tsio:·ne] *f* carbonization

carburante [kar·bu·'ran·te] *m* fuel

carburare [kar·bu·'ra:·re] *vi* (*motore*) to fire; **oggi proprio non carburo** *sl* I'm not really firing on all cylinders today

carburatore [kar·bu·ra·'to:·re] *m* MOT carburetor

carcassa [kar·'kas·sa] *f* 1. (*di animale*) carcass 2. TEC (*ossatura: di nave*) hulk 3. *fig, pej* (*macchina*) jalopy

carcerato, -a [kar·tʃe·'ra:·to] *m, f* prisoner

carcerazione [kar·tʃe·rat·'tsio:·ne] *f* imprisonment

carcere ['kar·tʃe·re] 1. (*luogo*) prison 2. (*pena*) imprisonment; **~ preventivo** remand

carcinoma [kar·tʃi·'nɔː·ma] <-i> *m* carcinoma

carciofino [kar·tʃo·'fi:·no] *m* small artichoke

carciofo [kar·'tʃɔː·fo] *m* BOT artichoke

card [ka:d] <-> *f* (*tessera, carta di credito*) card

cardanico, -a [kar·'da:·ni·ko] <-ci, -che> *adj* -; **albero ~** drive shaft; **giunto ~** universal joint

cardellino [kar·del·'li:·no] *m* ZOOL goldfinch

cardiaco, -a [kar·'di:·a·ko] <-ci, -che> *adj* (*del cuore: attacco, battito*) heart; (*insufficienza*) cardiac

cardinale [kar·di·'na:·le] I. *adj* 1. (*fondamentale*) cardinal; **numero ~** cardinal number 2. GEO cardinal; **punti -i** cardinal points II. *m* cardinal

cardine ['kar·di·ne] *m* 1. (*di porta, finestra*) hinge 2. *fig* (*fondamento, base*) cornerstone

cardiochirurgia [kar·dio·ki·rur·'dʒi·a] <-gie> *f* heart surgery

cardiochirurgico, -a [kar·dio·ki·'rur·dʒi·ko] <-ci, -che> *adj* (*intervento*) heart; (*reparto*) cardiology

cardiochirurgo, -a [kar·dio·ki·'rur·go] <-gi *o* -ghi, -ghe> *m, f* heart surgeon

cardiogramma [kar·dio·'gram·ma] <-i> *m* cardiogram

cardiologia [kar·dio·lo·'dʒi:·a] <-gie> *f* cardiology

cardiologo, -a [kar·'diɔ:·lo·go] <-gi, -ghe> *m*, *f* cardiologist

cardiopatico, -a [kar·dio·'pa:·ti·ko] <-ci, -che> I. *adj* (*paziente*) heart II. *m*, *f* heart patient

cardiotelefono [kar·kio·te·'lɛ:·fo·no] *m* MED *cardiophone*

cardo ['kar·do] *m* 1. BOT thistle 2. CULIN cardoon

carena [ka·'rɛ:·na] *f* NAUT bottom

carente [ka·'rɛn·te] *adj* lacking, **essere ~ di qc** to be lacking in sth

carenza [ka·'rɛn·tsa] *f* lack; **la ~ di qc** the lack of sth; **per ~ di prove** GIUR because of a lack of evidence

carestia [ka·res·'ti:·a] <-ie> *f* 1. (*carenza di cibo*) famine 2. (*scarsità*) scarcity; **~ di qc** scarcity of sth

carezza [ka·'ret·tsa] *f* caress; **fare una ~ a qu** to caress sb

carezzare [ka·ret·'tsa:·re] *vt* to stroke

cargo ['kar·go] <- *o* -ghi> *m* 1. NAUT cargo ship 2. AERO cargo plane

cariare [ka·'ria:·re] I. *vt* (*denti*) to rot II. *vr*: **-rsi** (*denti*) to rot

cariatide [ka·'ria:·ti·de] *f* ARCHIT caryatid; **starsene immobile come una ~** *fig* to stand there like a statue

caribico, -a [ka·'ri:·bi·ko] <-ci, -che> *adj* Caribbean

carica ['ka·ri·ka] <-che> *f* 1. ADMIN (*lavoro*) post; **in ~** in office 2. (*di meccanismo*) winding 3. ELETT, FIS charge 4. MIL (*attacco*) charge; **tornare alla ~** *fig* to try again 5. SPORT tackle 6. *fig* (*slancio*) drive; **dare la ~ a qu** *fig* to give sb a lift

caricabatteria [ka·ri·ka·bat·te·'ri:·a] <-> *m* (*per auto, notebook, telefono cellulare*) battery charger

caricamento [ka·ri·ka·'men·to] *m* 1. (*di merce*) loading 2. INET loading

caricare [ka·ri·'ka:·re] I. *vt* 1. (*macchina, camion, nave, merce*) to load 2. (*passeggeri*) to pick up 3. (*batterie*) to charge 4. (*fucile, pistola, macchina fotografica*) to load 5. (*orologio*) to wind (up) 6. MIL (*assaltare*) to charge 7. SPORT to tackle 8. COMPUT (*programma*) to load 9. *fig* (*oberare*) to overload; **~ qu di qc** to overload sb with sth 10. (*aumentare*) to increase; **~ il prezzo di qc** to put up the price of sth; **~ la dose** to increase the dose; *fig* (*esagerare*) to lay it on thick II. *vr*: **-rsi** 1. **-rsi di qc** (*di pacchi*) to load oneself with sth; (*di lavoro*) to overload oneself with sth 2. *fig* (*gasarsi*) to psych oneself up

caricatore [ka·ri·ka·'to:·re] *m* 1. (*di arma*) magazine; (*di macchina fotografica*) cartridge; (*di telefono cellulare*) charger 2. (*operaio*) loader

caricatura [ka·ri·ka·'tu:·ra] *f* caricature

carico ['ka:·ri·ko] <-chi> *m* 1. (*operazione*) loading 2. (*merce*) load; NAUT cargo 3. (*portata: di veicolo, ascensore*) load 4. ELETT charge 5. *fig* (*onere*) burden; **persone a ~** dependents; **avere la famiglia a ~** to have a dependent family; **a ~ di** payable by 6. FIN **~ fiscale** [*o* **tributario**] tax burden

carico, -a <-chi, -che> *adj* 1. *a. fig* (*pieno*) loaded; **~ di qc** loaded with sth 2. (*persona*) laden; **~ di qc** (*pacchetti*) laden with sth; (*compiti, lavoro*) overloaded with sth 3. (*pistola*) loaded; (*batteria*) charged; (*orologio, sveglia*) wound up

carie ['ka:·rie] <-> *f* decay

carillon [ka·ri·'jɔn] <-> *m* music box

carino, -a [ka·'ri:·no] *adj* 1. (*grazioso*) nice 2. (*gentile*) kind

carisma [ka·'riz·ma] <-i> *m* charisma

carismatico, -a [ka·ris·'ma:·ti·ko] <-ci, -che> *adj* (*personaggio, capo*) charismatic

carità [ka·ri·'ta] <-> *f* 1. REL charity 2. (*elemosina*) charity; **chiedere la ~** to ask for charity 3. *inf* (*favore*) favor; **fammi la ~ di spegnere la radio** please turn off the radio; **per ~!** for heaven's sake!

carlona [kar·'lo:·na] *f* **alla ~** *inf* carelessly

carminio [kar·'mi:·nio] <-i> *m* carmine

carnagione [kar·na·'dʒo:·ne] *f* complexion

carnale [kar·'na:·le] *adj* 1. (*sensuale: piaceri, peccato*) carnal; **violenza ~** rape 2. (*fratello*) blood; (*cugino*) first

carne ['kar·ne] *f* 1. (*cibo*) meat; **~ bianca** white meat; **~ rossa** red meat; **~ tritata** ground meat; **~ in scatola** canned meat; **mettere troppa ~ al fuoco** *fig* to have too many irons in the fire; **non essere né ~ né pesce** *fig* to be neither fish nor fowl 2. (*muscoli*) flesh; **~ viva** living flesh; **bene in ~** plump; **in ~ ed ossa** in the flesh 3. (*corpo*) flesh; **peccati della ~** sins of the flesh

carnefice [kar·'ne:·fi·tʃe] *m* 1. (*boia*) executioner 2. *fig* (*tormentatore*) torturer

carneficina [kar·ne·fi·'tʃi:·na] *f* 1. (*strage*) massacre 2. *fig* (*disastro*) disaster

carnet [kar·'nɛ] <-> *m* book; **~ di ballo** dance card; **~ degli assegni** checkbook

carnevale [kar·ne·'va:·le] *m* (*periodo festivo*) carnival; **veglione di ~** carnival masked ball; **a [*o* di] ~ ogni scherzo vale** *prov* during carnival anything goes

---

Carnevale (Carnival) is the period before the beginning of Lent when people celebrate with parties, processions, firework displays, and costumed balls. The high point of Carnival is **Martedì grasso** (Mardi Gras). The most famous Carnival processions in Italy are held in Venice and Viareggio.

---

carniere [kar·'niɛ:·re] *m* game bag

C

carnivori [kar·'ni:·vo·ri] *mpl* carnivores *pl*

carnivoro, -a [kar·'ni:·vo·ro] *adj* (*animale, pianta*) carnivorous

carnoso, -a [kar·'no:·so] *adj* 1.(*labbra*) full 2.(*foglie, petali*) fleshy

caro, -a ['ka:·ro] I. *adj* 1.(*amato*) dear 2.(*gentile*) kind; (*tanti*) **-i saluti** best wishes; **sono stati molto -i con me** they were very kind to me 3.(*pregiato*) precious; **tenersi ~ qu/qc** to cherish sb/sth; **questo quadro mi è molto ~** this painting means a lot to me 4.(*costoso: negozio, prodotto*) expensive; **pagare qc a ~ prezzo** a. *fig* to pay a high price for sth II. *adv* a lot; **pagare ~ qc** to pay a lot for sth; **pagarla -a** *inf* to pay dearly III. *m, f* darling

carogna [ka·'roɲ·ɲa] *f* 1.ZOOL carcass 2.*fig, pej*(*persona vile*) swine

carognata [ka·'roɲ·'ɲa:·ta] *f inf* dirty trick

carosello [ka·ro·'zɛl·lo] *m* (*torneo, giostra*) carousel

carota [ka·'rɔ:·ta] *f* BOT carrot; **pel di ~** *fig, inf* carrot top *inf*

carotene [ka·ro·'tɛ:·ne] *m* carotene

carotide [ka·'rɔ:·ti·de] *f* carotid

carovana [ka·ro·'va:·na] *f* 1.(*convoglio*) caravan 2.(*colonna*) convoy

carovaniere [ka·ro·va·'niɛ:·re] *m* caravaneer

carovita [ka·ro·'vi:·ta] <-> *m* high cost of living; **indennità di ~** cost of living allowance

carpa ['kar·pa] *f* ZOOL carp

carpentiere [kar·pen·'tiɛ:·re] *m* carpenter

carpire [kar·'pi:·re] <carpisco> *vt* **~ qc a qu** (*segreto, denaro*) to get sth out of sb

carpo ['kar·po] *m* wrist joint

carponi [kar·'po:·ni] *adv* on all fours

carrabile [kar·'ra:·bi·le] *adj* suitable for vehicles; **passo ~** driveway

carraio, -a [kar·'ra:·io] <-ai, -aie> *adj* **passo ~** driveway

carré [ka·'re] <-> *m* 1.(*di abito*) yoke 2.CULIN loin; **pan ~** sliced loaf

carreggiata [kar·red·'dʒa:·ta] *f* 1.(*strada*) highway 2.MOT (*di veicolo*) track 3.*fig* (*retta via*) straight and narrow; **rimettere qu in ~** *fig* to put sb back on the straight and narrow

carrellata [kar·rel·'la:·ta] *f* 1.CINE tracking shot 2.*fig* (*ricapitolazione*) roundup; **fare una ~ su qc** to take a quick look at sth

carrello [kar·'rɛl·lo] *m* 1.(*per bagagli*) (baggage) cart; (*al supermercato*) (shopping) cart 2.(*per cibi e bevande*) cart 3.AERO landing gear 4.TEC truck 5.(*di macchina da scrivere*) carriage 6.FILM dolly 7.MIN bogie

carretta [kar·'ret·ta] *f* 1.(*piccolo carro*) cart; **tirare la ~** *fig* to plod along 2.*pej* (*auto*) jalopy; **~ del mare** tub

carriera [kar·'riɛ:·ra] *f* (*professione*) career; **far ~** to get on in one's career

carrierista [kar·rie·'ris·ta] <-i, -e> *m* careerist

carriola [kar·ri·'ɔ:·la] *f* 1.(*piccola carretta*) wheelbarrow 2.(*quantità*) barrow load

carrista [kar·'ris·ta] <-i> *m* MIL tank crew member

carro ['kar·ro] *m* 1.(*veicolo*) cart; **~ armato** tank; **~ attrezzi** tow truck; **~ bestiame** stock car; **~ ferroviario** rail car; **~ funebre** hearse; **~ merci** freight car; **il Gran/Piccolo Carro** ASTR the Big/Little Dipper; **mettere il ~ davanti** [*o* **innanzi**] **ai buoi** *fig* to put the cart before the horse 2.(*contenuto*) cartload

carroccio [kar·'rɔ·tʃo] <-cci> *m* Northern League

carrozza [kar·'rɔt·tsa] *f* 1.(*vettura*) carriage 2.FERR car; **~ ristorante** dining car; **signori, in ~!** all aboard!

carrozzella [kar·rot·'tsɛl·la] *f* 1.(*per bambini*) baby carriage 2.MED wheelchair

carrozzeria [kar·rot·tse·'ri:·a] <-ie> *f* 1.MOT bodywork 2.(*officina*) body shop

carrozziere [kar·rot·'tsiɛ:·re] *m* body shop worker

carrozzina [kar·rot·'tsi:·na] *f* (*per bambini*) baby carriage

carrozzone [kar·rot·'tso:·ne] *m* (*di circo*) wagon; **salire sul ~ di qc** to jump on the bandwagon of sth

carrucola [kar·'ru:·ko·la] *f* pulley

carta ['kar·ta] *f* 1.(*materiale*) paper; **~ assorbente** blotting paper; **~ da lettere** writing paper; **~ da pacchi** brown paper; **~ da regalo** wrapping paper; **~ igienica** toilet paper; **~ oleata** waxed paper; **~ millimetrata** graph paper; **~ vetrata** sandpaper; **~ velina** tissue paper; **dare ~ bianca a qu** *fig* to give sb carte blanche 2.GIUR, ADMIN paper; **~ bancomat** ATM card; **~ bollata** [*o* **da bollo**] stamped paper; **~ costituzionale** constitution; **~ d'identità** identity card; **la ~ delle Nazioni Unite** the Charter of the United Nations; **avere le -e in regola** to have one's papers in order; *fig* to have what it takes; **~ di credito** credit card; **~ di credito telefonica** phone card; **~ d'imbarco** boarding card; **~ di soggiorno** GIUR residence permit 3.(*geografica*) map; **~ stradale** street map 4.CULIN menu; **mangiare alla ~** to eat à la carte 5.(*da gioco*) card; **cambiare le -e in tavola** *fig* to move the goalposts; **farsi fare le -e** to have one's fortune read in the cards; **giocare a -e** to play (at) cards; **giocare a -e scoperte** *fig* to lay one's cards on the table; **giocare l'ultima ~** *fig* to play one's last card; **leggere le -e a qn** to read sb's fortune in the cards; **mettere le -e in tavola** *fig* to lay one's cards on the table; **chi è fortunato in amor non giochi a -e** *prov* lucky in love, unlucky at cards *prov*

cartacarbone [kar·ta·kar·'bo:·ne] <cartecarbone> *f* carbon paper

cartaceo, -a [kar·'ta:·tʃeo] *adj* FIN paper; **circolazione -a** paper currency; **moneta -a** paper money

cartamodello [kar·ta·mo·'dɛl·lo] *m* paper pattern

cartamoneta [kar·ta·mo·'ne:·ta] *f* paper money

cartapecora [kar·ta·'pɛ:·ko·ra] *f* parchment

cartapesta [kar·ta·'pes·ta] *f* papier mâché

cartastraccia [kar·tas·'trat·tʃa] <cartestrac­ce> *f* waste paper

cartecarbone *pl di* **cartacarbone**

carteggio [kar·'ted·dʒo] <-ggi> *m* 1.(*corrispondenza*) correspondence 2. NAUT charting

cartella [kar·'tɛl·la] *f* 1.(*scheda*) card; ~ clinica medical records *pl;* ~ della tombola tombola card 2. TYPO page 3. FIN ~ delle tasse tax form; ~ esattoriale tax statement; ~ pazza wrong tax demand 4.(*custodia: di plastica, di cartone*) folder 5.(*borsa: per la scuola*) schoolbag

cartellino [kar·tel·'li·no] *m* 1.(*etichetta*) tag; ~ dei prezzi price tag 2.(~ *di presenza*)) time card; **timbrare il** ~ (*all'entrata*) to clock in; (*all'uscita*) to clock out; (*lavorare come dipendente*) to work as an employee 3. SPORT (*nel calcio*) card; ~ giallo/rosso yellow/red card

cartello [kar·'tɛl·lo] *m* 1.(*avviso*) notice; ~ (stradale) road sign 2.(*insegna*) sign 3. COM (*accordo*) cartel

cartellone [kar·tel·'lo:·ne] *m* 1.(*per pubblicità*) poster 2.(*della tombola*) board 3. TEAT (*programma*) bill; **tenere il** ~ to run

carter ['kar·ter] <-> *m* 1.(*di motocletta, bicicletta*) chain guard 2.(*dell'olio*) oil reservoir

cartesiano, -a [kar·te·'sia:·no] *adj* MAT Cartesian; **coordinate -e** Cartesian coordinates

cartestracce *pl di* **cartastraccia**

cartevalori, carte-valori [kar·te·va·'lo:·ri] *fpl* paper money

cartiera [kar·'tiɛː·ra] *f* paper mill

cartilagine [kar·ti·'laː·dʒi·ne] *f* cartilage

cartina [kar·'tiː·na] *f* 1. GEO map 2.(*per sigarette*) cigarette paper 3.(*di aghi*) pack 4. CHIM ~ al tornasole litmus paper

cartoccio [kar·'tɔt·tʃo] <-cci> *m* 1.(*involucro di carta*) paper cone 2.(*contenuto*) paper coneful 3. CULIN al ~ in foil

cartografia [kar·to·gra·'fiː·a] *f* cartography

cartolaio, -a [kar·to·'la:·io] <-ai, -aie> *m, f* (*cartoleria*) stationery store

cartoleria [kar·to·le·'riː·a] <-ie> *f* (*negozio*) stationery store

cartolibreria [kar·to·li·bre·'riː·a] <-ie> *f* (*negozio*) book and stationery store

cartolina [kar·to·'liː·na] *f* postcard; ~ illustrata picture postcard; ~ postale stamped postcard; ~ precetto [*o* rosa *inf*] draft card

cartomante [kar·to·'man·te] *mf* fortune-teller

cartoncino [kar·ton·'tʃi:·no] *m* 1.(*cartone leggero*) cardboard 2.(*biglietto*) card; ~ d'auguri greeting card

cartone [kar·'to:·ne] *m* 1.(*carta consistente*) cardboard 2.(*disegno*) cartoon; i -i animati cartoons

cartongesso [kar·ton·'dʒɛs·so] *m* drywall; parete di ~ drywall walls

cartonista [kar·to·'nis·ta] <-i , -e> *mf* CINE cartoonist

cartoon [ka:·'tu:·n] <-> *m* FILM cartoon

cartotecnica [kar·to·'tɛk·ni·ka] <-che> *f* 1.(*tecnica*) paper-making 2.(*produzione*) paper products *pl*

cartotecnico, -a [kar·to·'tɛk·ni·ko] <-ci, -che> *adj* (*industria, settore*) paper-making

cartuccia [kar·'tut·tʃa] <-cce> *f* (*di arma da fuoco, penna*) cartridge; **sparare l'ultima** ~ *fig* to play one's last card; **essere una mezza** ~ *fig* (*di statura*) to be a midget; (*valere poco*) to be a nobody

casa ['kaː·sa] *f* 1.(*edificio*) house 2.(*luogo in cui si vive*) home; ~ popolare public housing unit; **a** ~ mia at my place; **andare a** ~ to go home; **essere a** ~ to be (at) home; **essere fuori** (di) ~ to be out; **uscire di** ~ to go out; **essere di** ~ *fig* to be at home; **cercare/trovare** ~ to look for/to find a house; **faccende** [*o* lavori] **di** ~ housework; **spese per la** ~ household expenditure; **mandare avanti la** ~ *fig* to support one's family; **metter su** ~ *fig* to set up home 3. CULIN homemade; **fare gli onori di** ~ to be the host; **passare di** ~ **in** ~ to go from door to door 4.(*istituto*) home; ~ di cura nursing home; ~ di correzione reformatory; ~ di pena detention center; ~ di ricovero per anziani (*old people's home*), ~ da gioco casino; ~ dello studente dormitory; ~ chiusa [*o* di tolleranza] whorehouse 5. COM (*ditta*) company; ~ editrice publishing house 6.(*casato*) house 7. SPORT giocare in/fuori ~ to play at home/away

casacca [ka·'zak·ka] <-cche> *f* coat

casaccio [ka·'zat·tʃo] *m* **a** ~ *pej* at random

casalinghi [ka·sa·'liŋ·gi] *mpl* housewares *pl*

casalingo, -a [ka·sa·'liŋ·go] <-ghi, -ghe> I. *adj* 1.(*vita*) home; (*persona*) homeloving 2. CULIN homemade; **pane** ~ homemade bread; **alla -a** made simply 3. SPORT home II. *m, f* homeloving person

casato [ka·'saː·to] *m* (*stirpe*) family

cascamorto [kas·ka·'mɔr·to] *m inf* lovesick Romeo; **fare il** ~ **con qu** *inf* to play the lovesick Romeo with sb

cascante [kas·'kan·te] *adj* (*floscio: guance, seno*) sagging; (*camicia*) loose-fitting

cascare [kas·'kaː·re] *vi essere inf* to fall; ~ dalla fame to be fainting with hunger; ~ dal sonno to be falling asleep on one's feet; ~ bene/male *fig* to be lucky/unlucky; far ~ qc dall'alto a qu *fig* to rub sb's nose in sth *fig;* cascarci to fall for it; caschi pure il mondo, io ci vado! no matter what happens, I'm going!

cascata [kas·'kaː·ta] *f* GEO waterfall

cascina [kaʃ·'ʃi:·na] *f* (*fattoria*) farm

cascinale [kaʃ·ʃi·'naː·le] *m* 1.(*gruppo di case*) farmstead 2.(*cascina*) farmhouse

casco[1] ['kas·ko] <-schi> *m* 1.(*per bicicletta*) helmet; (*per motocicletta*) (crash) helmet; (*per equitazione*) (riding) hat; **-schi blu** MIL blue berets; ~ coloniale pith helmet 2.(*di parrucchiere*) (hair)dryer

casco² <inv> *adj* **assicurazione** ~ comprehensive insurance

caseggiato [ka·sed·'dʒaː·to] *m* **1.** (*gruppo di case*) block of houses **2.** (*singolo edificio*) apartment building

caseificio [ka·zei·'fiː·tʃo] <-ci> *m* dairy

caseina [ka·ze·'iː·na] *f* casein

casella [ka·'sɛl·la] *f* **1.** (*scomparto: di mobile*) compartment; ~ **postale** post office box **2.** (*riquadro: di foglio*) box; (*di scacchiera*) square **3.** COMPUT box; ~ **di dialogo** dialog box

casellante [ka·sel·'lan·te] *mf* **1.** FERR railroad crossing keeper **2.** MOT (*di austostrada*) toll collector

casellario [ka·sel·'laː·rio] <-i> *m* **1.** (*per documenti*) filing cabinet; ~ **postale** set of post office boxes **2.** GIUR files *pl*; ~ **giudiziale** court records *pl*

casello [ka·'sɛl·lo] *m* **1.** MOT (*di austostrada*) tollbooth **2.** FERR signal tower

casereccio, -a [ka·se·'ret·tʃo] <-cci, -cce> *adj* (*pane, pasta, salumi*) homemade

caserma [ka·'sɛr·ma/ka·'zɛr·ma] *f* barracks

casermone [ka·zer·'moː·ne] *m* barracks

Caserta *f* Caserta, *town in Campania, southern Italy*

Casertano [ka·zer·'taː·no] *m* (*zona*) Caserta area; **nel** ~ in the Caserta area

casertano, -a I. *adj* from Caserta **II.** *m, f* (*abitante*) person from Caserta

cash [kæʃ] <-> *m* cash; **pagare in** ~ to pay (in) cash

cash-and-carry ['kæʃ·ən(d)·'kæ·ri] <-> *m* COM cash-and-carry store

cash flow ['kæʃ flou] <-> *m* FIN, COM (*flusso di cassa*) cash flow

cashmere [kæʃ·'miə] <-> *m v.* **cachemire**

casinista [ka·si·'nis·ta] <-i, -e> *mf inf* bungler

casino [ka·'siː·no] *m* **1.** *inf* (*confusione*) mess **2.** *inf* (*chiasso*) racket *inf* **3.** *inf* (*pasticcio*) screw-up *inf* **4.** *inf* (*mucchio*) ton *inf* **5.** *vulg* (*bordello*) brothel **6.** (*di caccia*) lodge

casinò [ka·zi·'nɔ] <-> *m* casino

casistica [ka·'zis·ti·ka] <-che> *f* record of cases

caso ['kaː·zo] *m* **1.** (*avvenimento fortuito*) chance; **per** ~ by chance; **per puro** ~ by sheer chance; **a** ~ at random **2.** (*ipotesi*) case; **in** [*o* **nel**] ~ **contrario** otherwise; **in qualunque** ~ in any case; **in tal** ~ in that case; **in ogni** ~ in any case; **in nessun** ~ in no case; **nel peggiore dei** -**i** if (the) worst comes to (the) worst; **nel** ~ **che** [*o* **in cui**] ... +*conj* in case; **mettiamo** [*o* **poniamo**] **il** ~ **che** ... +*conj* let's suppose that ...; **si dà** (**il**) ~ **che** ... +*conj* it so happens that ...; **i** -**i sono due** there are two possibilities; **non è il** ~ +*conj* (*opportuno*) there's no need; **in** ~ **di morte/ malattia** in case of death/illness **3.** (*fatto*) case; ~ **limite** borderline case; **un** ~ **disperato** a desperate case; **il** ~ **Dreyfus** the Dreyfus Affair **4.** LING case

casolare [ka·so·'laː·re] *m* cottage

casomai, caso mai [ka·zo·'maː·i, 'kaː·zo 'maː·i] *conj* (*eventualmente*) in case

caspita ['kas·pi·ta] *interj inf* heavens!; **ma che** ~ **vuoi!** *inf* what the heck do you want! *inf*

cassa ['kas·sa] *f* **1.** (*recipiente*) crate; ~ **da morto** coffin **2.** MUS ~ **acustica** speaker **3.** (*di orologio*) case **4.** (*somma*) cash; ~ **comune** kitty **5.** (*banca*) bank; ~ **di risparmio** savings bank; **batter** ~ *inf* to ask for money; **pagamento** (**a**) **pronta** ~ cash payment **6.** (*di negozio*) cash desk; (*di supermercato*) checkout; **registratore di** ~ cash register **7.** (*istituzione previdenziale*) fund; ~ **integrazione** layoff fund; ~ **malattia** health insurance program **8.** ANAT ~ **toracica** ribcage

cassaforte [kas·sa·'fɔr·te] <casseforti> *f* safe

cassapanca [kas·sa·'paŋ·ka] <-che *o* cassepanche> *f* chest

cassata [kas·'saː·ta] *f* cassata

cassazione [kas·sat·'tsioː·ne] *f* **1.** ((*Corte di*) *Cassazione* ≈) Court of Appeals **2.** (*annullamento*) annulment by a higher court

casseforti *pl di* **cassaforte**

cassepanche *pl di* **cassapanca**

casseruola [kas·se·'ruɔː·la] *f* casserole

cassetta [kas·'set·ta] *f* **1.** (*piccola cassa*) box; ~ **delle lettere** mailbox; ~ **postale elettronica** COMPUT electronic mailbox; ~ **di distribuzione** TEL junction box; ~ **di sicurezza** safe-deposit box **2.** (*di registratore, video*) cassette **3.** CINE box-office receipts *pl*; **film di** ~ box-office success **4.** (*di carrozza*) box

cassetto [kas·'set·to] *m* (*di mobile*) drawer

cassettone [kas·set·'toː·ne] *m* **1.** (*mobile*) chest of drawers **2.** ARCHIT coffer; **soffitto a -i** coffered ceiling

cassiere, -a [kas·'siɛː·re] *m, f* (*di banca*) cashier; (*di supermercato*) checkout clerk

cassintegrato, -a [kas·sin·te·'graː·to] **I.** *m, f* laid-off worker **II.** *adj* laid-off; **operaio** [*o* **lavoratore**] ~ laid-off worker

cassone [kas·'soː·ne] *m* **1.** (*grande cassa*) large box **2.** (*mobile*) chest

cassonetto [kas·so·'net·to] *m* (*per rifiuti*) trashcan

cast [kaːst] <-> *m* cast

casta ['kas·ta] *f* **1.** (*ceto*) caste **2.** (*elite*) class

castagna [kas·'taɲ·ɲa] *f* chestnut; **prendere qu in** ~ *fig* to catch sb in the act

castagnata [kas·ta·ɲ·'naː·ta] *f a chestnut festival where a wide variety of chestnut-based products are eaten*

castagneto [kas·taɲ·'ɲeː·to] *m* chestnut (wood)

castagno [kas·'taɲ·ɲo] *m* chestnut

castano, -a [kas·'taː·no] *adj* (*capelli*) chestnut; (*occhi*) hazel

castellano [kas·tel·'laː·no] *m* lord of the manor

castello [kas·'tɛl·lo] *m* **1.** (*gener*) castle; **fare -i in aria** to build castles in the air **2.** (*impalcatura*) **letto a** ~ bunk bed

castigare [kas·ti·'gaː·re] *vt* (*punire*) to punish

castigato, -a [kas·ti·'ga:·to] *adj* (*abiti*) sober; (*vita*) chaste

castigo [kas·'ti:·go] <-ghi> *m* punishment; **essere in** ~ *inf* to be being punished; **mettere qn in** ~ *inf* to punish sb

castità [kas·ti·'ta] <-> *f* chastity; **cintura di** ~ chastity belt; **fare voto di** ~ to take a vow of chastity

casto, -a ['kas·to] *adj* (*ragazza*) chaste; (*pensieri, parole*) sober

castorino [kas·to·'ri:·no] *m* **1.** (*pelliccia*) nutria **2.** ZOOL coypu

castoro [kas·'tɔ:·ro] *m* (*animale, pelliccia*) beaver

castrante [kas·'tran·te] *adj fig* (*che blocca*) inhibiting

castrare [kas·'tra:·re] *vt* (*animale, uomo*) to castrate

castrazione [kas·tra·'tsio:·ne] *f* castration

castronaggine [kas·tro·'nad·dʒi·ne] *f inf* nonsense

castroneria [kas·tro·ne·'ri:·a] <-ie> *f inf* nonsense

casual ['kæ·ʒuəl] **I.** <inv> *adj* (*abiti, look*) casual; **abbigliamento** ~ casual clothes *pl* **II.** *adv* casually; **vestirsi** ~ to dress casually **III.** <-> *m* casual wear

casuale [ka·zu·'a:·le] *adj* (*dovuto al caso: incontro, episodio*) chance

casualità [ca·zua·li·'ta] <-> *f* (*di eventi, incontri*) chance nature

casupola [ka·'su:·po·la] *f* small house

cataclisma [ka·ta·'kliz·ma] <-i> *m a. fig* cataclysm

catacomba [ka·ta·'kom·ba] *f* catacomb

catafalco [ka·ta·'fal·ko] <-chi> *m* **1.** (*impalcatura funebre*) catafalque **2.** (*struttura ingombrante*) monster

catafascio [ka·ta·'faʃ·ʃo] *m* **andare a** ~ to go completely wrong; (*in rovina*) to go to rack and ruin; (*rapporto*) to go to the dogs; **mandare a** ~ to ruin completely

catalitico, -a [ka·ta·'li:·ti·ko] <-ci, -che> *adj* MOT catalytic; **marmitta -a** catalytic converter

catalizzare [ka·ta·lid·'dza:·re] *vt* **1.** CHIM to catalyze **2.** *fig* (*attirare*) to capture

catalizzato, -a [ka·ta·lid·'dza:·to] *adj* MOT (*dotato di catalizzatore: auto*) fitted with a catalytic converter

catalizzatore [ka·ta·lid·dza·'to:·re] *m* MOT catalytic converter

catalogare [ka·ta·lo·'ga:·re] *vt* **1.** (*registrare: opere d'arte, pubblicazioni*) to catalog **2.** (*elencare*) to list

catalogo [ka·'ta:·lo·go] <-ghi> *m* **1.** (*di libri, oggetti*) catalog **2.** *fig* (*elencazione*) list

catanese [ka·ta·'ne:·se] **I.** *adj* from Catania **II.** *mf* (*abitante*) person from Catania

Catanese (*zona*) Catania area; **nel** ~ in the Catania area

Catania *f* Catania, *port in eastern Sicily*

catanzarese [ka·tan·tsa·'re:·se] **I.** *adj* from

Catanzaro II. *mf* (*abitante*) person from Catanzaro

Catanzarese (*zona*) Catanzaro area; **nel** ~ in the Catanzaro area

Catanzaro *f* Catanzaro, *city in Calabria, southern Italy*

catapecchia [ka·ta·'pek·kia] <-cchie> *f* hovel

catapulta [ka·ta·'pul·ta] *f* catapult

catapultare [ka·ta·pul·'ta:·re] *vt* **1.** (*scagliare*) to catapult **2.** *fig* (*far arrivare*) to throw

catarifrangente [ka·ta·ri·fran·'dʒɛn·te] *m* MOT reflector

catarro [ka·'tar·ro] *m* catarrh

catasta [ka·'tas·ta] *f* **1.** (*di legna*) pile **2.** *fig* (*mucchio*) stack

catasto [ka·'tas·to] *m* **1.** (*registro*) land register **2.** (*ufficio*) land office

catastrofe [ka·'tas·tro·fe] *f* **1.** (*sciagura*) catastrophe; ~ **ecologica** ecological disaster **2.** *fig* (*disastro*) disaster

catastrofico, -a [ka·tas·'trɔ:·fi·ko] <-ci, -che> *adj* **1.** (*disastroso: inondazione*) catastrophic **2.** (*pessimista: previsioni*) pessimistic **3.** (*sulle catastrofi: film*) disaster

catechismo [ka·te·'kiz·mo] *m* REL catechism; **andare a** ~ to go to catechism

catechizzare [ka·te·kid·'dza:·re] *vt* **1.** REL to catechize **2.** *fig* (*indottrinare*) to indoctrinate

categoria [ka·te·go·'ri:·a] <-ie> *f* **1.** (*classe*) category; ~ **a rischio** at-risk group; ~ **di prezzo** price bracket; ~ **di reddito** income bracket; ~ **professionale** professional group; **associazione di** ~ trade association **2.** (*di albergo*) class **3.** SPORT class

categorico, -a [ka·te·'gɔ:·ri·ko] <-ci, -che> *adj* categorical; **imperativo** ~ categorical imperative

catena [ka·'te:·na] *f* **1.** (*serie di anelli*) chain; **la** ~ **dell'ancora** the anchor chain; **-e** (*da neve*) snow chains **2.** (*collana*) chain **3.** (*gruppo di imprese*) chain; ~ **di alberghi** hotel chain; ~ **di negozi** chain of stores **4.** (*serie*) chain; ~ **di montaggio** assembly line; **reazione a** ~ *a. fig* FIS, BIOL chain reaction; **una** ~ **di avvenimenti** *fig* a chain of events

catenaccio [ka·te·'nat·tʃo] <-cci> *m* **1.** (*spranga*) bolt **2.** SPORT defensive game

cateratta [ka·te·'rat·ta] *f* MED, GEO cataract

catering ['kei·tə·riŋ] <-> *m* **1.** (*servizio*) catering **2.** (*azienda*) catering company

caterpillar® [ka·ter·'pil·lar] <-> *m* (*veicolo*) Caterpillar®

caterva [ka·'tɛr·va] *f* (*mucchio*) pile

catetere [ka·te·'tɛ:·re] *m* catheter

cateto [ka·'tɛ:·to] *m* cathetus

catinella [ka·ti·'nɛl·la] *f* basin; **piove a -e** it's raining cats and dogs

catino [ka·'ti:·no] *m* **1.** (*recipiente*) basin **2.** (*quantità*) basinful

catodico, -a [ka·'tɔ:·di·ko] <-ci, -che> *adj* (*tubo*) cathode-ray; (*raggi*) cathode

catodo ['ka·to·do] *m* cathode

catorcio [ka·'tɔr·tʃo] <-ci> *m pej, inf* (*oggetto, veicolo*) wreck

catramare [ka·tra·'ma:·re] *vt* (*strada, marciapiede, tetto*) to tar

catrame [ka·'tra:·me] *m* tar

cattedra ['kat·te·dra] *f* 1.(*tavolo di scuola*) (teacher's) desk; **stare in ~** *fig, scherz* to pontificate 2.(*incarico*) chair 3. REL throne

cattedrale [kat·te·'dra:·le] cathedral

cattedratico, -a [kat·te·'dra:·ti·ko] <-ci, -che> I. *adj* (*corso, lezione*) university II. *m, f* professor

cattiveria [kat·ti·'vɛ:·ria] <-ie> *f* 1.(*qualità*) nastiness 2.(*azione*) nasty things 3.(*frase*) nasty thing

cattivo [kat·'ti:·vo] *m* (*non buono*) bad

cattivo, -a <più cattivo *o* peggiore, cattivissimo *o* pessimo> I. *adj* 1.(*gener*) bad; **essere di ~ umore** to be in a bad mood; **essere in ~ stato** to be in a bad state; **fa ~ tempo** the weather's bad; **essere** [*o* **navigare**] **in -e acque** *fig* to be in difficulty 2.(*irrequieto: bambino*) naughty II. *m, f* 1.(*malvagio: persona*) bad guy 2.(*irrequieto: bambino*) naughty child; **fare il ~** to be naughty

cattolicesimo [kat·to·li·'tʃe:·zi·mo] *m* (Roman) Catholicism

cattolico, -a [kat·'tɔ:·li·ko] <-ci, -che> I. *adj* (*chiesa, fede, persona*) (Roman) Catholic II. *m, f* (Roman) Catholic

cattura [kat·'tu:·ra] *f* (*di persona, animale*) capture; **mandato** [*o* **ordine**] **di ~** arrest warrant

catturare [kat·tu·'ra:·re] *vt* (*persona, animale*) to capture

cauccù [kaut·'tʃu] <-> *m* India rubber

causa ['ka:u·za] *f* 1.(*origine*) cause; **~ ed effetto** cause and effect; **essere ~ di qc** to be the cause of sth 2. GIUR (*processo*) case; **~ civile** civil case; **~ penale** criminal case; **far ~ a qu** to take legal action against sb; **fare** [*o* **muovere**] **~** to take legal action 3. *fig* (*ideale*) cause; **perorare una ~** to plead a cause 4. *fig* (*interessi*) cause; **fare ~ comune** to make common cause 5.(*motivo*) reason; **a** [*o* **per**] **~ di qc** because of sth

causale [kau·'za:·le] I. *adj* causal II. *f* LING causal clause

causare [kau·'za:·re] *vt* (*danni, dolore, problemi*) to cause

caustico, -a ['ka:us·ti·ko] <-ci, -che> *adj a. fig* CHIM caustic

cautela [kau·'tɛ:·la] *f* 1.(*prudenza*) caution 2.(*precauzione*) precaution

cautelare[1] [kau·te·'la:·re] *adj* GIUR precautionary

cautelare[2] I. *vt* (*proteggere: persona, interessi*) to protect II. *vr:* **-rsi -rsi contro qc** (*assicurarsi*) to protect oneself against sth; **-rsi da qc** (*proteggersi*) to protect oneself from sth

cauterizzazione [kau·te·rid·dza·'tsio:·ne] *f* (*di ferita, vaso sanguigno*) cauterization

cauto, -a ['ka:u·to] *adj* (*persona, parole, sorriso*) cautious

cauzionale [kau·tsio·'na:·le] *adj* **deposito ~** deposit

cauzione [kau·'tsio:·ne] *f* deposit

Cav. *abbr di* **Cavaliere** *Kt*

cava ['ka:·va] *f* (*di pietre*) quarry

cavalcare [ka·val·'ka:·re] I. *vt* (*cavallo, asino*) to ride II. *vi* to ride

cavalcata [ka·val·'ka:·ta] *f* (*di cavallo*) ride

cavalcavia [ka·val·ka·'vi:·a] <-> *m* (*ponte*) overpass

cavalcioni [ka·val·'tʃo:·ni] *adv* **a ~** astride

cavaliere [ka·va·'liɛ:·re] *m* 1. HIST knight 2. SPORT rider 3.(*accompagnatore*) escort 4.(*persona cortese*) gentleman 5.(*onorificenza*) Knight

cavalla [ka·'val·la] *f* mare

cavalleresco, -a [ka·val·le·'res·ko] <-schi, -sche> *adj* 1. LIT, HIST chivalric; **letteratura -a** chivalric literature; **poemi -schi** poems of chivalry 2. *fig* (*nobile: gesto*) chivalrous

cavalleria [ka·val·le·'ri:·a] <-ie> *f* 1. MIL cavalry 2. *fig* (*raffinata cortesia*) chivalry

cavallerizzo, -a [ka·val·le·'rit·tso] *m, f* 1.(*chi cavalca*) rider; **pantaloni alla -a** riding breeches *pl* 2.(*acrobata di circo*) circus rider

cavalletta [ka·val·'let·ta] *f* ZOOL grasshopper

cavalletto [ka·val·'let·to] *m* 1. TEC (*per piani da lavoro, tavole*) trestle 2.(*da pittore*) easel 3. FOTO, FILM, MIL (*treppiede*) tripod

cavallina [ka·val·'li:·na] *f* 1. ZOOL filly 2. SPORT (*attrezzo ginnico*) (vaulting) horse 3.(*gioco dei bambini*) leapfrog; **correre la ~** *fig* to sow one's wild oats

cavallo [ka·'val·lo] *m* 1. ZOOL, SPORT horse; **~ a dondolo** rocking horse; **~ baio** bay (horse); **~ bianco** gray (horse); **~ sauro** chestnut (horse); **~ da corsa** racehorse; **~ da sella** saddle horse; **~ di battaglia** *fig* forte; (*di artista*) signature piece; **coda di ~** ponytail; **ferro di ~** horseshoe; **andare a ~** to go riding; **montare** [*o* **salire**] **a ~** to mount; **scendere da ~** to dismount; **a ~** astride; **essere a ~** *fig a. iron* to be home free; **a caval donato non si guarda in bocca** *prov* don't look a gift horse in the mouth 2.(*di scacchi*) knight 3.(*di calzoni, mutande*) crotch

cavallone [ka·val·'lo:·ne] *m* (*onda*) breaker

cavalluccio [ka·val·'lut·tʃo] <-cci> *m* **~ marino** seahorse; **portare a ~** (**sulle spalle**) to carry piggyback

cavare [ka·'va:·re] *vt* 1.(*estrarre, tirare fuori*) to take out; (*dente*) to pull; (*marmo*) to quarry; (*liquidi*) to draw; **-rsi gli occhi** *fig* to ruin one's eyesight; **non ~ un ragno dal buco** *fig* to get nowhere 2.(*levarsi di dosso: vestiti*) to take off; **-rsi la fame** to satisfy one's hunger; **-rsi la sete** to quench one's thirst; **-rsi la voglia di far qc** to satisfy one's desire to do sth 3. **cavarsela** *inf* to get by; **come te la cavi?** *inf* how are you getting along?

cavatappi [ka·va·'tap·pi] <-> *m* corkscrew

cavaturaccioli [ka·va·tu·'rat·tʃo·li] <-> *m* corkscrew

caverna [ka·'vɛr·na] *f* 1.(*grotta*) cave 2. MED cavity

cavernicolo, -a [ka·ver·'ni:·ko·lo] I. *adj* (*animali, fauna*) cave II. *m, f* caveman *m*, cavewoman *f*

cavernoso, -a [ka·ver·'no:·so] *adj* 1.*fig* (*cupo: voce, risata*) deep 2. MED cavernous

cavia ['ka:·via] <-ie> *f a. fig* guinea pig

caviale [ka·'via:·le] *m* caviar

caviglia [ka·'viʎ·ʎa] <-glie> *f* (*di persona, animale*) ankle; (*malleolo*) ankle bone

cavigliera [ka·viʎ·'ʎɛː·ra] *f* ankle bandage

cavillo [ka·'vil·lo] *m* (*pretesto*) loophole

cavilloso, -a [ka·vil·'lo:·so] *adj* quibbling

cavità [ka·vi·'ta] <-> *f* 1.(*incavo*) hollow 2.(*grotta*) cave 3. MED cavity

cavo ['ka:·vo] *m* 1.(*cavità*) hollow; **nel ~ della mano** in the hollow of the hand 2. ANAT cavity; **~ orale** oral cavity 3. ELETT cable; **televisione via ~** cable televsion; **~ a fibbre ottiche** fiber-optic cable 4.(*corda*) cable

cavo, -a *adj* (*vuoto*) hollow

cavolata [ka·vo·'la:·ta] *f fig, inf* stupid thing

cavolfiore [ka·vol·'fio:·re] <-> *m* cauliflower

cavolo ['ka:·vo·lo] *m* cabbage; **~ cappuccio** spring cabbage; **~ di Bruxelles** Brussels sprout; **~ rapa** kohlrabi; **~ verzotto** savoy cabbage; **testa di ~** *fig, inf* moron *inf*; **non capire un ~** *inf* not to understand a thing; **non fare un ~** *inf* not to do a damn thing *inf*; **non me ne importa un ~** *inf* I don't give a damn *inf*; **col ~** *inf* no way *inf*; **sono -i tuoi** *inf* that's your problem; **entrarci come il ~ a merenda** to have nothing to do with it; **che ~ vuoi?** *inf* what the hell do you want? *inf*

cazzata [kat·'tsa:·ta] *f vulg* fucking stupid thing *vulg*; **non dire -e!** don't talk crap! *inf*

cazzo ['kat·tso] *m vulg* (*pene*) dick *vulg*; **testa di ~** *vulg* dickhead *vulg*; **non me ne importa un ~** *vulg* I don't give a fuck *vulg*; **non capisce un ~** *vulg* he doesn't understand a fucking thing *vulg*

cazzotto [kat·'tsɔt·to] *m inf* (*pugno*) punch; **fare a -i** (**con qu**) to have a fight (with sb)

cazzuola [kat·'tsu·ɔː·la] *f* trowel

cazzuto, -a [kat·'tsu:·to] *adj vulg* 1.(*scaltro, imbattibile*) badass *vulg* 2.(*noioso, faticoso, sgradevole*) fucking *vulg*

CC *abbr di* **Carabinieri** Carabinieri, *Italian military police*

C.C. 1. *abbr di* **Codice Civile** civil code 2. *abbr di* **Corte Costituzionale** Constitutional Court 3. *abbr di* **Corte di Cassazione** ≈ Court of Appeals 4. *abbr di* **Corte dei Conti** *court auditing public finances*

c/c *abbr di* **conto corrente** checking account

CCD *m abbr di* **Centro Cristiano Democratico** *Christian Democratic Center*

CCT, cct *m abbr di* **Certificato di Credito del Tesoro** ≈ Treasury bill

CD <-> *m abbr di* **Compact Disc** CD; **lettore ~** CD player

CD-RAM *m abbr di* **Compact Disc Random Access Memory** COMPUT CD-RAM

CD-ROM, cd-rom *m abbr di* **Compact Disc Read Only Memory** COMPUT CD-ROM; **lettore ~** CD-ROM drive

C.d.S. *abbr di* **Codice della Strada** ≈ rules of the road

CDU *m abbr di* **Classificazione Decimale Universale** UDC

ce [tʃe] *pron pers* (*davanti a lo, la, li, le, ne*) *v.* **ci** I., II., III.

cecchino [tʃek·'ki:·no] *m* sniper

cece ['tʃe:·tʃe] *m* chickpea

cecità [tʃe·tʃi·'ta] <-> *f* blindness

ceco ['tʃɛ·ko] *m* (*lingua*) Czech

ceco, -a <-chi, -che> I. *adj* Czech II. *m, f* (*abitante*) Czech

Cecoslovacchia [tʃe·koz·lo·'vak·kia] *f* (**la**) ~ HIST Czechoslovakia

cecoslovacco, -a [tʃe·koz·lo·'vak·ko] <-chi, -che> I. *adj* HIST Czechoslovakian II. *m, f* HIST Czechoslovakian

cedere ['tʃɛ:·de·re] I. *vi* 1. MIL to yield 2.*fig* (*darsi per vinto*) to give in; **~ a qc** to give in to sth 3.(*pilastri, fondazioni*) to give way II. *vt* 1.(*lasciare*) to give up; **~ il passo a qu** to let sb go first; **~ il passo a qc** *fig* to give way to sth; **~ le armi** *a. fig* to surrender; **~ terreno** *fig* to give ground 2. COM, GIUR (*vendere*) to sell

cedevole [tʃe·'de:·vo·le] *adj* 1.(*molle: terreno*) soft 2.*fig* (*docile: carattere*) amenable

cedibile [tʃe·'di:·bi·le] *adj* (*diritto, biglietto*) transferable

cedimento [tʃe·di·'men·to] *m* 1.(*di terreno, edificio, ponte*) subsidence 2.*fig* MED (*momento di debolezza*) breakdown

cedola ['tʃɛ:·do·la] *f* 1.(*tagliando*) voucher 2. FIN (*di azioni*) coupon

cedro ['tʃɛ:·dro] *m* 1.(*conifera*) cedar; (*albero da frutto*) citron (tree) 2.(*frutto*) citron 3.(*legno*) cedar(wood) 4.(*candito*) candied citron

cefalea [tʃe·fa·'lɛː·a] *f* headache

cefalo ['tʃɛ:·fa·lo] *m* mullet

ceffo ['tʃɛf·fo] *m* 1.*fig, pej* (*faccia*) mug *pej* 2.(*persona*) troll

ceffone [tʃef·'fo:·ne] *m* slap

celare [tʃe·'la:·re] I. *vt poet* (*significato, tristezza, verità*) to conceal II. *vr:* **-rsi** to be concealed

celeberrimo, -a [tʃe·le·'bɛr·ri·mo] *adj superlativo di* **celebre** very famous

celebrare [tʃe·le·'bra:·re] *vt* 1.(*festeggiare: vittoria, festa*) to celebrate 2.(*ufficiare: messa*) to celebrate; (*nozze*) to officiate at 3.(*glorificare*) to celebrate

celebrazione [tʃe·le·brat·'tsio:·ne] *f* 1.(*festeggiamento*) celebration 2.(*svolgimento: di messa*) celebration; (*di matrimonio*) officiation; (*di processo*) hearing

C

celebre ['tʃɛ:·le·bre] <più celebre, celeberrimo> *adj* (*scrittore, fatto, prodotto*) famous

celebrità [tʃe·le·bri·'ta] <-> *f* 1.(*fama*) fame 2.(*persona*) celebrity

celere ['tʃɛ:·le·re] *adj* (*servizio, spedizione*) express

celeste [tʃe·'lɛs·te] I. *adj* 1.ASTR celestial; **corpi -i** celestial bodies 2.REL (*divino*) heavenly 3.(*occhi, cielo, tessuto*) light blue II. *m* (*colore*) light blue

celibato [tʃe·li·'ba:·to] *m* celibacy

celibe ['tʃɛ:·li·be] I. *adj* (*uomo*) single II. *m* bachelor

cella ['tʃɛl·la] *f* 1.(*gener*) cell 2.(*vano*) **~ frigorifera** cold store

cellofanare [se·lo·fa·'na:·re] *vt* TEC (*prodotti, CD, libri*) to wrap in cellophane®

cellophane® [se·lo·'fan] <-> *m* cellophane®

cellula ['tʃɛl·lu·la] *f* BIOL, TEC, POL cell; **-e staminali** stem cells; **~ fotoelettrica** photoelectric cell

cellulare [tʃel·lu·'la:·re] I. *adj* 1.BIOL cell; **struttura ~** cell structure 2.(*telefono*) cellular 3.(*carcere*) with one prisoner per cell; (*furgone*) police II. *m* 1.(*telefono*) cell phone; **~ GSM** GSM phone 2.(*furgone*) police van

cellulite [tʃel·lu·'li:·te] *f* cellulite

celluloide [tʃel·lu·'lɔːi·de] *f* celluloid; **mondo della ~** world of movies; **divi della ~** stars of the big screen

cellulosa [tʃel·lu·'lo:·sa] *f* cellulose

cembalo ['tʃem·ba·lo] *m* harpsichord

cementare [tʃe·men·'ta:·re] *vt a. fig* to cement

cemento [tʃe·'men·to] *m* 1.(*nell'edilizia*) cement; **~ armato** reinforced concrete 2.(*per denti*) amalgam

cena ['tʃe:·na] *f* dinner; **l'ultima ~** the Last Supper

cenacolo [tʃe·'na:·ko·lo] *m* 1.(*nell'arte*) Last Supper 2.*fig* (*di artisti e letterati*) coterie

cenare [tʃe·'na:·re] *vi* to have dinner

cencio ['tʃen·tʃo] <-ci> *m* (*straccio, abito*) rag; **bianco come un ~** *fig* white as a sheet

cenere[1] ['tʃe:·ne·re] *f* ash; (**mercoledì del)le -i** Ash Wednesday; **ridurre in ~** to reduce to ashes; **covare sotto la ~** *a. fig* to smolder

cenere[2] <inv> *adj* ash

cenerentola [tʃe·ne·'rɛn·to·la] *f* Cinderella

cenno ['tʃen·no] *m* 1.(*gesto*) signal; **~ di riscontro** reply; **salutare qu con un ~ della mano** to give sb a wave; **fare ~ di sì/no** (*con il capo*) to nod (in agreement)/to shake one's head (in disagreement) 2.(*indizio*) sign 3.(*informazione*) mention

cenone [tʃe·'no:·ne] *m* dinner; **~ di San Silvestro** New Year's Eve dinner

censimento [tʃen·si·'men·to] *m* (*di popolazione, fabbricati, documenti*) census

censire [tʃen·'si:·re] <censisco> *vt* (*popolazione, animali, alberi, edifici*) to census

censura [tʃen·'su:·ra] *f* 1.(*controllo*) censorship 2.(*ufficio*) censor's office

censurare [tʃen·su·'ra:·re] *vt* (*film, opera, libro*) to censor

centauro [tʃen·'ta:u·ro] *m* 1.(*nella mitologia*) centaur 2.ASTR Centaurus 3.SPORT motorcyclist

centellinare [tʃen·tel·li·'na:·re] *vt* 1.(*bevanda, vino*) to sip 2.(*dosare*) to ration

centenario [tʃen·te·'na:·rio]<-i> *m* centennial

centenario, -a <-i, -ie> I. *adj* 1.(*che ha cent'anni*) hundred-year-old 2.(*che ricorre ogni cento anni*) centennial II. *m, f* centenarian

centennale[1] [tʃen·ten·'na:·le] *adj* 1.(*che ha cent'anni*) hundred-year-old 2.(*che ricorre ogni cento anni*) centennial

centennale[2] [tʃen·ten·'na:·le] *m* (*anniversario*) centennial

centesimale [tʃen·te·zi·'ma:·le] *adj* (*cifra, sistema*) centesimal

centesimo [tʃen·'tɛ:·zi·mo] *m* 1.(*frazione*) hundredth 2.(*moneta*) cent 3.*fig, inf* (*denaro*) **non avere un ~ in tasca** to not have a cent; **non valere un ~** to not be worth a dime

centesimo, -a I. *adj* hundredth II. *m, f* hundredth

centigrado, -a [tʃen·'ti:·gra·do] *adj* centigrade; **grado ~** degree centigrade

centigrammo [tʃen·ti·'gram·mo] *m* centigram

centilitro [tʃen·'ti:·lit·ro] *m* centiliter

centimetro [tʃen·'ti:·met·ro] *m* centimeter

centimilionesimo, -a [tʃen·ti·mil·io·'nɛ:·zi·mo] *adj* hundred-millionth

centinaio [tʃen·ti·'na:·io] *m* hundred; **un ~ (di...)** about a hundred (...); **a -aia** by the hundred

centista [tʃen·'tis·ta] <-i , -e> *mf* hundred-meter runner

cento ['tʃɛn·to] I. *num* 1.(*dieci decine*) a [*o* one] hundred 2.(*moltissimi*) a hundred; **~ di questi giorni!** many happy returns! II. <-> *m* a [*o* one] hundred; **per ~** per cent; *v.a.* **cinque**

centometrista [tʃen·to·me·'tris·ta] <-i , -e> *mf* hundred-meter runner

centomila [tʃen·to·'mi:·la] I. *num* a [*o* one] hundred thousand II. <-> *m* a [*o* one] hundred thousand

centomillesimo, -a [tʃen·to·mil·'lɛ:·zi·mo] *adj* hundred-thousandth

centone [tʃen·'to:·ne] *m scherz* (*banconota da cento*) hundred

centopiedi [tʃen·to·'piɛ:·di] <-> *m* centipede

centotredici [tʃen·to·'tre·di·tʃi] <-> *m* 1.(*numero di telefono*) 113, emergency telephone number 2.(*gruppo di pronto intervento*) emergency services *pl;* **chiamare il ~** to call the emergency services

centrale [tʃen·'tra:·le] I. *adj* 1.(*parte, appartamento, tema*) central; **riscaldamento ~** central heating; **Italia ~** central Italy 2.ADMIN (*sede, ufficio*) head II. *f* head office; **~ elettrica** power plant; **~ telefonica** telephone exchange; ~ **nucleare** [*o* **atomica**] nuclear power plant

centralinista [tʃen·tra·li·'nis·ta] <-i *m*, -e *f*> *mf* switchboard operator

centralino [tʃen·tra·'li:·no] *m* switchboard

centralismo [tʃen·tra·'liz·mo] *m* centralism

centralizzare [tʃen·tra·lid·'dza:·re] *vt* (*attività, servizi*) to centralize

centralizzazione [tʃen·tra·lid·dza·'tsio:·ne] *f* (*di attività, servizi*) centralization

centrare [tʃen·'tra:·re] *vt* **1.** (*bersaglio, canestro*) to hit in the center; (*canestro*) to score **2.** COMPUT, FOTO, SPORT to center **3.** *fig* (*argomento, tema*) to pinpoint **4.** TEC, MOT (*asse, ruote*) to balance

centrato, -a *adj* **1.** COMPUT, FOTO (*testo*) centered **2.** *fig* (*domanda, intervento*) pertinent

centrattacco [tʃen·trat·'tak·ko] <-cchi> *m* center-forward

centravanti [tʃen·tra·'van·ti] <-> *m* center-forward

centrifuga [tʃen·'tri·fu·ga] <-ghe> *f* **1.** TEC centrifuge **2.** (*per frutta*) juicer **3.** (*per insalata*) salad spinner **4.** (*di lavatrice*) dryer

centrifugare [tʃen·tri·fu·'ga:·re] *vt* **1.** TEC (*soluzioni*) to centrifuge **2.** (*frutta*) to juice **3.** (*insalata*) to spin **4.** (*biancheria*) to dry

centrifugo, -a [tʃen·'tri:·fu·go] <-ghi, -ghe> *adj* () centrifugal; **forza -a** centrifugal force

centrino [tʃen·'tri:·no] *m* doily

centritavola *pl di* **centrotavola**

centro ['tʃɛn·tro] *m* **1.** MAT, POL, ANAT center **2.** (*punto di mezzo*) center **3.** (*di bersaglio*) bull's eye; **far ~** *a. fig* to hit a bull's eye **4.** (*di città*) downtown; **andare in ~** to go downtown; **~ storico** old town **5.** (*insediamento*) **~ abitato** built-up area; **~ balneare** seaside resort **6.** (*servizio*) **~ commerciale** shopping center; **~ estetico** beauty parlor; **~ profughi** refugee hostel **7.** (*istituto di studi*) center; **~ meccanografico** [*o* **elettronico**] COMPUT data-processing center; **~ trapianti** transplant center **8.** *fig* (*punto fondamentale: di tema, questione*) core; **essere al ~ dell'attenzione** to be the center of attention **9.** (*baricentro*) **~ di gravità** center of gravity

Centroamerica [tʃen·tro·a·'mɛ:·ri·ka] *f* Central America

centrocampista [tʃen·tro·kam·'pis·ta] <-i *m*, -e *f*> *mf* midfielder

centrocampo [tʃen·tro·'kam·po] *m* midfield

centrodestra [tʃen·tro·'dɛs·tra] <-> *m* POL center-right

centrosinistra [tʃen·tro·si·'nis·tra] <-> *m* POL center-left

centrotavola [tʃen·tro·'ta:·vo·la] <centritavola> *m* centerpiece

centuplicare [tʃen·tu·pli·'ka:·re] *vt* **1.** (*fatturato, prezzi*) to increase a hundredfold **2.** *fig* (*accrescere di molto*) to increase greatly

centuplo, -a ['tʃɛn·tu·plo] **I.** *adj* hundredfold **II.** *m, f* a hundred times as much

ceppo ['tʃep·po] *m* **1.** BOT (*di albero*) stump

2. (*da ardere*) log **3.** (*stirpe*) stock **4.** *pl* (*di prigioniero*) shackles

cera¹ ['tʃe:·ra] *f* **1.** (*sostanza*) wax **2.** (*per lucidare*) polish; **~ da scarpe** shoe polish; **~ per pavimenti** floor polish; **~ per mobili** furniture polish; **dare la ~** to give a polish **3.** (*modello*) waxwork; **museo delle -e** waxwork museum

cera² ['tʃe:·ra/'tʃɛ:·ra] *f* (*aspetto: del viso*) **avere una bella/brutta ~** to look well/sick

ceralacca [tʃe·ra·'lak·ka] <-cche> *f* sealing wax

ceramica [tʃe·'ra:·mi·ka] <-che> *f* **1.** (*oggetto*) ceramic **2.** (*arte*) ceramics **3.** (*impasto*) ceramic

ceramista [tʃe·ra·'mis·ta] <-i, -e> *mf* ceramist

cerata [tʃe·'ra:·ta] *f* oilskins *pl*

cerato, -a [tʃe·'ra:·to] *adj* waxed; **tela -a** oilcloth

cerbiatto, -a [tʃer·'biat·to] *m, f* fawn

cerbottana [tʃer·bot·'ta:·na] *f* blowpipe

cerca ['tʃer·ka] <-che> *f* **in ~ di** looking for

cercamine [tʃer·ka·'mi:·ne] <-> *m* mine detector

cercapersone [tʃer·ka·per·'so:·ne] <-> *m* (*beeper*) pager

cercare [tʃer·'ka:·re] **I.** *vt* **1.** (*tentare di trovare*) to look for; (*in un libro*) to look up; **~ marito/moglie/** to look for a husband/wife; **~ guai** to look for trouble; **'cercasi ...'** '... wanted' **2.** (*tentare di ottenere: gloria, fama, potere*) to seek **3.** (*desiderare: affetto, serenità, tranquillità*) to want **II.** *vi* (*sforzarsi*) to try; **cercherò di sbrigarmi** I'll try to be quick; **chi cerca trova** *prov* seek and ye shall find

cercatore, -trice I. *adj* **cannocchiale ~** finder **II.** *m, f* searcher

cerchia ['tʃer·kia] <-chie> *f* (*di mura, montagne*) circle; **~ di amici** *fig* circle of friends

cerchiare [tʃer·'kia:·re] *vt* **1.** (*ruota*) to rim; (*botte*) to hoop **2.** (*evidenziare*) to ring

cerchiato, -a [tʃer·'kia:·to] *adj* (*ruota*) rimmed; (*botte*) hooped; **con gli occhi -i** with bags under one's eyes

cerchietto [tʃer·'kiet·to] *m* **1.** (*per capelli*) hairband **2.** (*anello*) band; (*braccialetto*) bracelet

cerchio ['tʃer·kio] <-chi> *m* **1.** MAT circle **2.** (*di botte*) hoop; **dare un colpo al ~ ed uno alla botte** *fig* to try to have it both ways **3.** (*di ruota*) rim; **-chi in lega** alloy wheels **4.** (*di persone*) circle; **disporsi in ~** to form a circle **5.** (*gioiello*) band **6.** (*loc*) **avere un ~ alla testa** *fig* to have a headache

cerchione [tʃer·'kio:·ne] *m* rim

cereale [tʃe·re·'a:·le] *adj* (*piante, farine*) cereal

cereali [tʃe·re·'a:·li] *mpl* cereals

cerebrale [tʃe·re·'bra:·le] *adj* **1.** ANAT (*malattia, materia*) brain **2.** *fig* (*persona, artista, opera*) cerebral

cereo, -a ['tʃɛ:·reo] <-ei, -ee> *adj* **1.** (*aspetto, volto*) wan **2.** (*di cera*) wax

C

ceretta [tʃe·'ret·ta] *f* wax

cerimonia [tʃe·ri·'mɔ:·nia] <-ie> *f* **1.**(*rito, festeggiamento*) ceremony; **abito da ~** formal dress **2.** *pl* (*complimenti*) ceremony

cerimoniale [tʃe·ri·mo·'nia:·le] *m* **1.**(*regole*) etiquette **2.**(*libro*) book of etiquette

cerino [tʃe·'ri:·no] *m* wax match

cerniera [tʃer·'niɛ:·ra] *f* **1.**(*di borsa, abito*) zipper; **~ lampo** zipper **2.**(*cardine: di porta, finestra*) hinge

cernita [tʃer·'ni:·ta] *f* (*scelta*) selection

cero ['tʃe:·ro] *m* (*candela*) candle; **~ pasquale** Pascal candle

cerone [tʃe·'ro:·ne] *m* (*cosmetico per attori*) greasepaint

cerotto [tʃe·'rɔt·to] *m* MED Band-Aid®

certamente [tʃer·ta·'men·te] *adv* certainly

certezza [tʃer·'tet·tsa] *f* certainty

certificare [tʃer·ti·fi·'ka:·re] *vt* (*qualità, conformità*) to certify; **~ che** to certify that

certificato [tʃer·ti·fi·'ka:·to] *m* ADMIN (*attestato*) certificate; **~ di garanzia** guarantee; **~ di morte** death certificate; **~ di nascita** birth certificate; **~ di proprietà** proof of ownership; **~ di residenza** proof of residence; **~ medico** doctor's certificate

certo ['tʃer·to] *adv* certainly; **~ che vengo!** of course I'll come!; **ma ~!** of course; **~ che sì/no!** yes of course!/of course not!; **lei, ~, lo nega** she, of course, denies it

certo, -a I. *adj* **1.**(*indubbio, sicuro*) definite **2.**(*garantito, sicuro*) certain **3.**(*convinto*) sure **4.**(*vero*) **dare qc per ~** to be sure that **5.**(*qualche*) certain; **-i giorni** certain days **6.**(*alquanto*) **avere una -a fame** to be rather hungry **7.**(*non definito*) certain; **in un ~ senso** in a sense; **quel ~ non so che** that certain something **8.**(*di tale genere*) such; **hai -e occhiaie oggi!** you've got such bags under your eyes today! **9.**(*tale*) certain; **ha telefonato un ~ Davide** someone called Davide phoned II. *pron indef* (*alcuni*) some (people)

certosa [tʃer·'to:·za] *f* **1.**REL, ARCHIT (*convento*) charterhouse **2.**CULIN (*formaggio*) *soft cheese from Lombardy*

certosino [tʃer·to·'zi:·no] *m* **1.**REL (*monaco*) Carthusian (monk) **2.**CULIN (*formaggio*) *soft cheese from Lombardy* **3.**(*liquore*) chartreuse **4.**(*loc*) **pazienza da** [*o* **di un**] **~** patience of Job; **lavoro da ~** painstaking work

certuno [tʃer·'tu:·no] *pron indef* certain person

cerume [tʃe·'ru:·me] *m* wax

cervelletto [tʃer·vel·'let·to] *m* cerebellum

cervello [tʃer·'vɛl·lo] *m* **1.** ANAT brain; **lavaggio del ~** brainwashing; **avere il ~ di una gallina** *fig* to be a birdbrain *inf;* **farsi saltare le cervella** to blow one's brains out **2.**COMPUT brain; **~ elettronico** electronic brain **3.** *fig* (*intelletto*) brains *pl;* **agire senza ~** to act stupidly; **usare il ~** to use one's head; **uscire di ~** *fig* to go out of one's mind; **gli ha dato di volta il ~** *fig* he's gone off his head; **lambiccarsi il ~** *fig*

to rack one's brains **4.**(*persona*) brains; **la fuga dei ~** the brain drain

cervellone, -a [tʃer·vel·'lo:·ne] *m*, *f* brain

cervellotico, -a [tʃer·vel·'lɔ:·ti·ko] <-ci, -che> *adj* (*ragionamento*) tortuous; (*gioco*) complicated

cervicale [tʃer·vi·'ka:·le] *adj* (*arteria, muscoli, vertebre*) cervical

Cervino [tʃer·'vi:·no] *m* Matterhorn

cervo ['tʃɛr·vo] *m* deer; **~ volante** ZOOL stag beetle; (*giocattolo*) kite

cesareo [tʃe·'za:·reo] *adj* MED cesarean; **parto ~** cesarean birth; **taglio ~** cesarean section

cesellare [tʃe·zel·'la:·re] *vt* **1.**(*gioiello, metallo*) to chisel **2.**(*testo, scritto, stile*) to polish

cesello [tʃe·'zɛl·lo] *m* (*per incisioni*) chisel; **lavorare di ~** *a. fig* to polish

cespite ['tʃɛs·pi·te] *m* source of income

cespo ['tʃɛs·po] *m* tuft; **~ d'insalata** head of lettuce

cespuglio [tʃes·'puʎ·ʎo] <-gli> *m* bush

cessare [tʃes·'sa:·re] I. *vi* essere *o* avere to stop; **~ di fare qc** to stop doing sth II. *vt* avere to stop

cessate il fuoco [tʃes·'sa:·te il 'fuɔ:·ko] <-> *m* ceasefire

cessazione [tʃes·sa·'tsio:·ne] *f* (*di attività, rapporto di lavoro*) suspension; **~ delle ostilità** cessation of hostilities; **~ di un contratto** expiration of a contract

cessione [tʃes·'sio:·ne] *f* (*di azienda*) sale; (*di diritto*) assignment

cesso ['tʃɛs·so] *m inf* john *inf*

cesta ['tʃes·ta] *f* **1.**(*recipiente*) basket **2.**(*contenuto*) basket(ful)

cestello [tʃes·'tɛl·lo] *m* **1.**(*piccola cesta*) little basket; (*per bottiglie*) crate **2.**(*di lavatrice*) drum; (*di lavastoviglie*) rack

cestinare [tʃes·ti·'na:·re] *vt* **1.**(*gettare*) to throw away **2.** *fig* (*rifiutare, non considerare*) to reject

cestino [tʃes·'ti:·no] *m* basket; **~ da lavoro** work basket; **~ da viaggio** lunchbox; **~ della carta** wastebasket

cesto ['tʃes·to] *m* **1.**(*recipiente*) basket; **~ regalo** gift basket **2.**(*contenuto*) basket(ful)

cesura [tʃe·'zu:·ra] *f* **1.**(*nella metrica*) caesura **2.**(*pausa, interruzione*) pause

cetaceo [tʃe·'ta:·tʃeo] *m* cetacean

ceto ['tʃɛ:·to] *m* (*classe*) class

cetra ['tʃe:·tra/'tʃɛ:·tra] *f* MUS zither

cetriolo [tʃe·tri·'ɔ:·lo] *m* cucumber

cf., cfr. *abbr di* **confronta** cf.

CFC *mpl abbr di* **clorofluorocarburo** CFC

CGIL *f abbr di* **Confederazione Generale Italiana del Lavoro** *left-wing Italian labor union assocation*

CH *abbr di* **Confoederatio Helvetica** CH

cha cha cha [tʃa tʃa 'tʃa] <-> *m* cha-cha

chalet [ʃa·'lɛ] <-> *m* chalet

champagne [ʃam·ˈpaɲ] **I.**<-> *m* CULIN champagne **II.**<inv> *adj* (*colore*) champagne

champignon [ʃam·pi·ˈɲon] <- *o* champignons> *m* CULIN mushroom

chance [ʃans] <-> *f* chance

chantilly [ʃan·ti·ˈji] <-> *f* CULIN (**crema**) ~ whipped cream

charme [ʃarm] <-> *m* charm

charter [ˈtʃa·tə] **I.**<-> *m* AERO charter **II.**<inv> *adj* charter; **volo** ~ charter flight

chat [tʃæt] <-> *f* INET chat

chat-line [tʃæt·ˈlain] <-> *f* INET chat line

chat-room [tʃæt·ruːm] <-> *f* INET chat room

chattare [tʃat·ˈta·re] *vi* COMPUT to chat

chatting [ˈtʃɛt·ting] <-> *m* COMPUT chat

chauffeur [ʃo·ˈfœːr] <-> *m* chauffeur

che [ke] **I.** *pron* **1.** (*soggetto*) who; (*cosa, animale*) which **2.** (*complemento: persona*) who(m); (*cosa, animale*) which **3.** (*la qual cosa*) which **4.** (*temporale: in cui*) that **II.** *pron inter* what?; ~ (**cosa**) what?; ~ **cosa vuoi da bere?** what do you want to drink?; ~ **ne dici?** what do you say?; ~ (**cosa**) **ne pensi?** what do you think?; **a** ~ (**cosa**) **stai pensando?** what are you thinking about?; **di** ~ (**cosa**) **ti lamenti?** what are you complaining about?; **non so** ~ (**cosa**) **dire** I don't know what to say **III.** *pron* what!; ~ **vedo!** what am I seeing!; ~, **sei già in piedi!** what, you're up already! **IV.** *pron indef* **ha un certo non so** ~ **di curioso** there's something rather curious about him [*o* her] [*o* it]; **il libro non è un gran** ~ the book isn't much good **V.**<inv> *adj* (*interrogativo*) what?; **a** ~ **pagina siamo arrivati?** what page are we on?; **con** ~ **diritto?** what right have you?; **in** ~ **mese andate in vacanza?** which month did you go on vacation?; ~ **uomo sei?** what sort of man are you? **VI.**<inv> *adj* (*esclamativo*) what!; ~ **bello!** how lovely!; ~ **stupido sono stato!** how stupid I've been! **VII.** *conj* **1.** (*dichiarativa*) that; **è ora** ~ **tu vada** it's time (that) you went; **spero** ~ **si fermi qualche giorno** I hope (that) you'll stay a few days **2.** (*causale*) that; **c'era un'afa** ~ **non si respirava** it was so close (that) you couldn't breathe; **era così triste** ~ **non voleva uscire dalla sua camera** she was so sad (that) she wouldn't come out of her room **3.** (*consecutiva*) that; **siediti in modo** ~ **ti veda** sit down so (that) I can see you **4.** (*temporale*) that; **prima** ~ **arrivi** before she arrives; **ogni volta** ~ **lo vedo** every time (that) I see him; **sono ore** ~ **lo aspetto** I've been waiting for him for hours **5.** (*concessiva*) ~ **si comportino pure come vogliono** they can behave as they want; **sempre** ~ **si decida a farlo** provided that he decides to do it **6.** (*eccettuativa*) **nonostante** ~ **sia tardi** even though it's late **7.** (*in comparazioni*) than; **è andata meglio** ~ **non credessi** it went better than I thought **8.** (*limitativa*) ~ **io sappia non è ancora arrivato** as far as I know, he's not arrived yet; **non fa altro** ~ **brontolare** she

does nothing but complain **9.** (*nelle alternative*) ~ **tu lo voglia o no, è lo stesso** it doesn't matter whether you want to or not; **sia** ~ **...**, **sia** ~ **...** whether ... or ...; ~ **mi sia sbagliato?** or am I mistaken? **10.** (*imperativa*) ~ **vada!** let him go!; ~ **nessuno osi entrare!** no one should dare come in!

checca [ˈkek·ka] <-cche> *f pej, sl* queen *pej*

checché [kek·ˈke] *pron*, *pron indef* whatever

check-in [ˈtʃek·ˈin] <-> *m* **1.** (*sportello*) check-in (desk) **2.** (*operazione*) check-in; **fare il** ~ to check in

checkpoint [ˈtʃek·ˈpoint] <-> *m* checkpoint

check-up [ˈtʃe·kʌp/tʃe·ˈkap] <-> *m* MED check-up

chef [ʃɛf] <-> *m* (*cuoco*) chef

chemioterapia [ke·mio·te·ra·ˈpiː·a] <-ie> *f* chemotherapy

chèque [ʃɛk] <-> *m* check

cherosene [ke·ro·ˈzɛː·ne] *m* kerosene

cherubino [ke·ru·ˈbiː·no] *m* REL cherub

chetare [ke·ˈta·re] **I.** *vt* (*persona*) to calm; (*discussione*) to calm; (*fame*) to appease **II.** *vr:* -**rsi** (*persona*) to calm down; (*vento*) to drop; (*rumore*) to quiet down

chetichella [ke·ti·ˈkɛl·la] *f* **alla** ~ on the quiet

cheto, -a [ˈkeː·to] *adj* quiet; **acqua -a** *fig* wolf in sheep's clothing; **acqua -a rompe i ponti** *prov* still waters run deep *prov*

chewing gum [ˈtʃuː·iŋ·gʌm] <-> *m* chewing gum

chi [ki] **I.** *pron* **1.** (*soggetto*) who; **si salvi** ~ **può** every man for himself **2.** (*oggetto*) who(m); **parlane a** ~ **vuoi** tell who you like; **il portale di** ~ **viaggia** the portal for travelers **II.** *pron indef* some; ~ **dice una cosa**, ~ **un'altra** some say one thing; others say another **III.** *pron inter* **1.** (*soggetto*) who?; ~ **c'è** who is it? **2.** (*oggetto*) who(m)?; ~ **hai incontrato al cinema?** who did you meet at the movie theater? **3.** (*complemento*) who(m)?; **a** ~ **hai dato le chiavi?** who did you give the keys to?; **con** ~ **esci?** who are you going out with?; **con** ~ **vieni alla festa?** who are you coming to the party with?; **di** ~ **hai paura?** who are you afraid of?; **di** ~ **è questo giornale?** whose is this newspaper?; **di** ~ **state parlando?** who were you talking about?; **su** ~ **vuoi far colpo stasera?** who are you out to impress tonight? **IV.** *pron* **1.** (*soggetto*) who **2.** (*oggetto*) who(m); ~ **si vede!** look who it is!

chiacchiera [ˈkiak·kie·ra] *f* **1.** *pl* (*conversazione*) chat; **fare quattro -e** *inf* to have a chat **2.** (*notizia infondata*) rumor; **tutte -e!** it's just gossip! **3.** *pl* CULIN *fried sweet pastry typically eaten at carnival time*

chiacchierare [kiak·kie·ˈra·re] *vi* **1.** (*parlare*) to chat **2.** *pej* (*spettegolare*) to gossip

chiacchierata [kia·kie·ˈra·ta] *f* chat

chiacchierio [kia·kie·ˈri·o] <-ii> *m* (*mormorio*) chatter

chiacchierone, -a [kia·kie·ˈro:·ne] **I.** *adj*

C

1. (*che chiacchiera molto*) chatty **2.** (*pettegolo*) gossipy **II.** *m, f* **1.** (*chi chiacchiera molto*) chatterbox **2.** (*pettegolo*) gossip
chiamare [kia·'ma:·re] **I.** *vt* **1.** (*rivolgersi a*) to call; ~ **qu per nome** to call sb by name **2.** (*far venire: medico, polizia, taxi*) to call; **mandare a** ~ **qu** to send for sb **3.** (*telefonare a*) to call **4.** (*svegliare*) to call **5.** (*radunare*) ~ **a raccolta** to gather together; ~ **alle armi** (*al servizio di leva*) to call to arms **6.** (*mettere nome a*) to call; **lo hanno chiamato Davide** they called him Davide **7.** (*definire*) to call; ~ **le cose col loro** (**vero**) **nome** to call a spade a spade **8.** GIUR (*citare*) to call; ~ **in giudizio** to summons; ~ **in causa** *fig* to involve **9.** (*nominare: a carica*) to appoint **II.** *vr:* **-rsi** (*aver nome*) to be called; **come ti chiami?** what's your name?; **mi chiamo Davide** my name's Davide; **come si chiama questo fiore?** what's this flower called?
chiamata [kia·'ma:·ta] *f* **1.** (*telefonata*) call; ~ **interurbana** long-distance call **2.** MIL ~ **alle armi** draft
chianti ['kian·ti] <-> *m* Chianti, *red wine from Tuscany*
chiappa ['kiap·pa] *f vulg* buttock; **-e ass** *inf*
chiara ['kia:·ra] *f inf* (egg) white
chiarezza [kia·'ret·tsa] *f* **1.** (*comprensibilità*) clarity **2.** (*precisione*) clearness; **fare** ~ **su qc** to find out the truth about sth
chiarificare [kia·ri·fi·'ka:·re] *vt a. fig* to clarify
chiarimento [kia·ri·'men·to] *m* clarification
chiarire [kia'ri:re] *vt* **1.** <chia·ris·co> **I.** *vt* **1.** (*spiegare: concetto*) to clarify; (*dubbio*) to clear up **2.** (*risolvere: problema, faccenda*) to sort out **II.** *vr:* **-rsi** (*diventare chiaro*) to be cleared up
chiaro ['kia:·ro] **I.** *m* **1.** (*luminosità*) light; **quando fa** ~ when it gets light; **al** ~ **di luna** by moonlight; **mettere in** ~ **una questione** *fig* to clear a matter up **2.** (*colore*) **vestirsi di** ~ to wear light colors **II.** *adv* clearly; **parlar** ~ to speak frankly; **vederci** ~ **in qc** to get to the bottom of sth; ~ **e tondo** straight
chiaro, -a *adj* **1.** (*delicato: colore, legno, birra, occhi*) light; (*pelle, capelli*) fair; **blu/verde** ~ light blue/green **2.** (*luminoso: giorno, luce*) bright; ~ **come la luce del sole** *fig* clear as day **3.** (*limpido: cielo, acqua*) clear **4.** *fig* (*comprensibile: stile*) clear **5.** *fig* (*netto, deciso: rifiuto*) flat; **un no** ~ **e tondo** a definite no
chiarore [kia·'ro:·re] *m* (*luce debole*) glimmer
chiaroscuro [kia·ros·'ku:·ro] *m* (*tecnica*) chiaroscuro
chiaroveggente [kia·ro·ved·'dʒɛn·te] **I.** *adj* clairvoyant **II.** *mf* clairvoyant
chiasso ['kias·so] *m* (*rumore*) din; **fare un** ~ **del diavolo** *inf* to make a hell of a racket *inf;* **la cosa ha fatto** ~ *fig* the matter caused a stir
chiassoso, -a [kias·'so:·so] *adj* **1.** (*persone, luoghi*) noisy **2.** (*colore*) loud
chiatta ['kiat·ta] *f* (*per trasporto merci*) barge
chiavare [kia·'va:·re] *vt vulg* to screw *vulg*

chiave¹ ['kia:·ve] *f* **1.** (*di armadio, casa, auto*) key; **chiudere a** ~ to lock; **mettere sotto** ~ to put under lock and key; **-i in mano** (*prodotto*) turnkey; **prezzo -i in mano** (*casa*) price with immediate occupation; (*auto*) sticker price **2.** TEC (*attrezzo*) wrench; ~ **inglese** monkey wrench **3.** *fig* (*cardine*) key **4.** *fig* (*tono*) viewpoint **5.** COMPUT ~ **di ricerca** search term **6.** ARCHIT ~ **di volta** keystone **7.** MUS clef
chiave² <inv> *adj* ·; **personaggio** ~ key
chiavistello [kia·vis·'tɛl·lo] *m* (*spranga*) bolt
chiazza ['kiat·tsa] *f* **1.** (*macchia: d'olio*) patch **2.** (*su pelo*) patch; (*su pelle*) blotch
chiazzare [kiat·'tsa:·re] *vt* (*macchiare*) to stain
chic [ʃik] **I.** <inv> *adj* (*abito, casa, persona*) chic **II.** <-> *m* chic
chicchessia [kik·kes·'si:·a] <inv> *pron indef* anybody
chicchirichì [kik·ki·ri·'ki] <-> *m* (*verso del gallo*) cock-a-doodle-doo
chicco ['kik·ko] <-cchi> *m* **1.** BOT (*di grano, riso*) grain; (*di caffè*) bean; **un** ~ **d'uva** a grape **2.** (*di grandine*) hailstone
chiedere ['kiɛ·de·re] <chiedo, chiesi, chiesto> **I.** *vt* **1.** (*per sapere*) to ask; ~ **qc a qu** to ask sb for sth; ~ **il prezzo di qc** to ask the price of sth; ~ **notizie di qu** to ask after sb **2.** (*per avere*) to ask for; ~ **a qu di fare qc** to ask sb to do sth; ~ **un favore a qu** to ask sb a favor; ~ **la mano di una ragazza** to ask for a girl's hand **II.** *vi* to ask; ~ **di qu** (*computarsi*) to ask about sb; (*al telefono*) to ask for sb
chierichetto [kie·ri·'ket·to] *m* altar boy
chiesa ['kiɛ:·za] *f* church
chiesi ['kiɛ:·si/'kiɛ:·zi] *1. pers sing pass rem di* **chiedere**
chiesto ['kiɛs·to] *pp di* **chiedere**
Chieti *f* Chieti, *city and province in central Italy*
chietino, -a [kie·'ti:·no] **I.** *adj* from Chieti **II.** *m, f* (*abitante*) person from Chieti
chiffon [ʃif·'fon] <-> *m* chiffon
chiglia ['kiʎ·ʎa] <-glie> *f* keel
chignon [ʃi·'njon] <-> *m* chignon
chilo ['ki:·lo] *m abbr di* **chilogrammo** kilo
chilogrammo [ki·lo·'gram·mo] *m* kilogram
chilohertz [ki·lo·'ɛrts] *m* kilohertz
chilometraggio [ki·lo·me·'trad·dʒo] <-ggi> *m* =mileage
chilometrico, -a [ki·lo·'mɛ:·tri·ko] <-ci, -che> *adj* **1.** (*in chilometri*) kilometric; **percorso** ~ distance in kilometers; **rimborso** ~ =mileage allowance **2.** *fig* (*interminabile*) endless
chilometro [ki·'lɔ:·met·ro] *m* kilometer
chilowatt [ki·lo·'vat/'ki:·lo·vat] *m* kilowatt
chilowattora [ki·lo·vat·'to:·ra] <-> *m* kilowatt-hour
chimera [ki·'mɛ:·ra] *f* **1.** *fig* (*fantasticheria*) pipe-dream **2.** (*in mitologia*) chimera
chimica ['ki:·mi·ka] <-che> *f* chemistry
chimico, -a ['ki:·mi·ko] <-ci, -che> **I.** *adj* (*analisi, processo, reazione*) chemical; **concime** ~ chemical fertilizer **II.** *m, f* chemist

chimono [ki·'mɔ:·no] <-> *m* kimono

china[1] ['ki:·na] <-> *f* (*inchiostro*) India ink

china[2] *f* (*pendio*) slope; **risalire la ~** *fig* to get back on one's feet

chinare [ki·'na:·re] I. *vt* (*testa, volto*) to bow; (*sguardo, occhi*) to lower; **~ il capo** *fig* (*sottomettersi*) to bow one's head II. *vr:* **-rsi** to bend down

chincaglieria [kiŋ·ka·ʎ·ʎe·'ri:·a] <-ie> *f* 1. (*oggetti*) knick-knacks *pl* 2. (*negozio*) fancy goods store

chinino [ki·'ni:·no] *m* quinine

chino, -a ['ki:·no] *adj* (*persona, schiena, testa*) bent

chinotto [ki·'nɔt·to] *m* 1. CULIN *sour orange soft drink* 2. BOT sour orange

chioccia ['kiɔt·tʃa] <-cce> *f* ZOOL broody hen

chiocciola ['kiɔt·tʃo·la] *f* 1. ZOOL snail 2. (*forma*) spiral; **scala a ~** spiral staircase 3. COMPUT at (sign)

chiodato, -a [kio·'da:·to] *adj* spiked

chiodo ['kiɔ:·do] *m* 1. (*per legno, metallo*) nail; **~ da roccia** piton; **attaccare la bicicletta al ~** *fig* to give up cycling; **attaccare i guantoni al ~** *fig* to hang up one's gloves; **magro come un ~** *fig* (as) thin as a rake 2. *fig* (*idea fissa*) obsession 3. BOT **-i di garofano** cloves

chioma ['kiɔ:·ma] *f* 1. (*capigliatura*) (head of) hair 2. BOT foliage

chiosco ['kiɔs·ko] <-schi> *m* (*padiglione*) kiosk

chiostro ['kiɔs·tro] *m* cloister

chip [tʃip] <-> *m* COMPUT chip

chiromante [ki·ro·'man·te] *mf* palm reader

chiromanzia [ki·ro·man·'tsi:·a] <-ie> *f* palm reading

chirurgia [ki·rur·'dʒi:·a] <-gie> *f* surgery; **~ plastica** plastic surgery

chirurgico, -a [ki·'rur·dʒi·ko] <-ci, -che> *adj* (*strumenti, operazione*) surgical; **intervento ~** surgical operation

chirurgo, -a [ki·'rur·go] <-gi *o* -ghi, -ghe> *m, f* surgeon

chissà [kis·'sa] *adv* who knows; **~ chi verrà** who knows who'll come; **~ quando/dove** who knows when/where; **~ mai** heaven knows

chitarra [ki·'tar·ra] *f* guitar; **suonare la ~** to play the guitar

chitarrista [ki·tar·'ris·ta] <-i *m*, -e *f*> *mf* guitarist

chiudere ['kiu:·de·re] <chiudo, chiusi, chiuso> I. *vt* 1. (*finestra, libro, valigia, occhi*) to shut; (*ombrello*) to take down; (*mano*) to clench; **~ qc a chiave** to lock sth; **~ la bocca** *fig* to shut one's mouth; **~ un occhio** *fig* to turn a blind eye; **non ~ occhio tutta la notte** not to sleep a wink all night 2. (*spegnere: acqua, gas*) to turn off 3. (*delimitare: strada, passaggio*) to close 4. (*bloccare: buco, falla*) to plug 5. (*cessare l'attività di: fabbrica, negozio*) to close down 6. (*terminare: lettera*) to end;

(*comando*) **chiudi** COMPUT close (command) 7. (*rinchiudere*) to shut; **~ qu sotto chiave** to lock sb up II. *vi* 1. (*porta, finestra*) to close 2. (*rubinetto*) to turn off 3. (*scuola, locale*) to close 4. COM (*cessare l'attività: fabbrica, negozio*) to close down; **~ in perdita** to show a loss III. *vr:* **-rsi** (*rinchiudersi*) to shut oneself; **-rsi in se stesso** to withdraw into oneself

chiunque [ki·'uŋ·kue] <inv, solo al sing> *pron* 1. (*relativo*) whoever 2. (*indefinito*) anybody

chiusa ['kiu:·sa] *f* 1. (*di fiume, canale*) lock 2. (*di lettera, discorso, poesia*) ending

chiusi ['kiu:·si] *1. pers sing pass rem di* **chiudere**

chiuso ['kiu:·so] *m* (*luogo riparato*) **al ~** indoors; **puzza di ~** musty smell

chiuso, -a I. *pp di* **chiudere** II. *adj* 1. (*finestra, libro, ombrello, occhi*) closed; **tenere la bocca -a** *fig* to keep one's mouth shut; **avere il naso ~** to have a blocked nose; **~ a chiave** locked 2. (*acqua, gas*) turned off 3. (*strada, passaggio*) closed 4. (*non più attivo: fabbrica, negozio*) closed down 5. (*temporaneamente: scuola, museo*) closed 6. (*concluso: capitolo*) closed 7. (*riservato: persona*) reserved

chiusura [kiu·'su:·ra] *f* 1. (*interruzione*) closing; **orario di ~** closing time 2. (*cessazione: di attività*) closing down 3. (*di strada*) closure 4. (*abbottonatura*) fastener; **~ lampo** zipper 5. (*serratura*) lock; **~ automatica** [*o a scatto*] latch; **~ centralizzata** central locking

ci [tʃi] I. *pron* 1. (*oggetto: noi*) us 2. (*complemento: a noi*) (to) us II. *pron 1. pers pl* ourselves; **~ siamo divertiti** we enjoyed ourselves; **~ siamo lavate le mani** we washed our hands; **~ volevamo fermare per visitare il monastero** we wanted to stop to visit the monastery; **~ vediamo!** see you! III. *pron dem* 1. (*a quella cosa*) it; **non ~ pensare più** don't think about it anymore; **non ~ credo** I don't believe it 2. (*a quella persona*) him [*o her*] [*o them*]; **lo faccio perchè ~ tengo alla famiglia** I do it because I care about my family IV. *pron* **~ si diverte** it's fun V. *adv* 1. (*qui*) here; **c'è** [*o ci*] **sono ...** there is [*o there are*] ... 2. (*lì*) there 3. (*per quel luogo*) that way

C.ia *abbr di* **compagnia** Co.

ciabatta [tʃa·'bat·ta] *f* 1. (*pantofola*) mule 2. (*tipo di pane*) ciabatta

ciac [tʃak] I. <-> *m* FILM clapperboard II. *interj* **~, si gira!** action!

cialda ['tʃal·da] *f* (*wafer*) wafer

cialtrone, -a [tʃal·'tro:·ne] *m, f* 1. (*persona incapace*) incompetent 2. (*persona trasandata*) slob 3. (*briccone*) scoundrel

ciambella [tʃam·'bɛl·la] *f* 1. CULIN (*dolce*) doughnut; **non tutte le -e riescono col buco** *prov* you can't win them all 2. (*salvagente*) lifebelt

ciancia ['tʃan·tʃa] <-ce> *f inf* (*pettegolezzo*) gossip

cianciare [tʃan·'tʃa:·re] *vi inf* to gossip

cianfrusaglia [tʃan·fru·'zaʎ·ʎa] <-glie> *f inf* knick-knack

cianidrico, -a [tʃa·'ni:d·ri·ko] <-ci, -che> *adj* hydrocyanic; **acido** ~ hydrocyanic acid

cianuro [tʃa·'nu:·ro] *m* cyanide

ciao ['tʃa:·o] *interj* 1. (*nell'incontrarsi*) hi! 2. (*nel lasciarsi*) bye!

ciarla ['tʃar·la] *f* (*chiacchiere*) chatter

ciarlare [tʃar·'la:·re] *vi inf* (*chiacchierare*) to chatter

ciarlatano [tʃar·la·'ta:·no] *m* quack

ciarliero, -a [tʃar·'liɛ:·ro] *adj* chatty

ciarpame [tʃar·'pa:·me] *m* 1. (*roba vecchia*) junk 2. (*film, libro*) garbage

ciascuno, -a [tʃas·'ku:·no] <-sing> I. *adj* each II. *pron indef* each (person); **a ~ il suo** to each his own

cibarsi [tʃi·'ba:r·si] *vr* to eat; ~ **di qc** to live on sth

cibernetica [tʃi·ber·'nɛ:·ti·ka] <-che> *f* cybernetics

cibo ['tʃi:·bo] *m* food; **non toccare** ~ to eat nothing

cicala [tʃi·'ka:·la] *f* ZOOL cicada

cicatrice [tʃi·ka·'tri:·tʃe] *f* (*sulla pelle*) scar

cicatrizzare [tʃi·ka·trid·'dza:·re] I. *vi* to heal II. *vr:* **-rsi** to heal

cicca ['tʃik·ka] <-cche> *f* 1. (*mozzicone di sigaretta*) butt 2. (*sigaretta*) cigarette 3. (*da masticare*) chewing gum 4. (*loc*) **non valere una** ~ *fig* to be worthless

cicchetto [tʃik·'ket·to] *m* 1. (*di vino, liquore*) shot; **farsi un** ~ to have a drink 2. (*ramanzina*) telling-off *inf*

ciccia ['tʃit·tʃa] <-cce> *f inf* 1. (*carne*) meat 2. (*grasso*) flab *inf*

ciccione, -a [tʃit·'tʃo:·ne] *m, f inf* fatty *inf*

cicciotto, -a [tʃit·'tʃot·to] *adj* (*bambino*) chubby

cicerone [tʃi·tʃe·'ro:·ne] *m* (*guida*) guide

cicisbeo [tʃi·tʃiz·'bɛ:·o] *m* 1. HIST gallant 2. (*damerino*) ladies' man

ciclabile [tʃi·'kla:·bi·le] *adj* bicycle; **pista** ~ bicycle lane

ciclamino[1] [tʃi·kla·'mi:·no] *m* cyclamen

ciclamino[2] <inv> *adj* (*colore*) cyclamen

ciclico, -a ['tʃi:·kli·ko] <-ci, -che> *adj* 1. (*andamento, fenomeno, evento*) cyclical 2. LIT (*romanzo*) cyclic

ciclismo [tʃi·'kliz·mo] *m* cycling

ciclista [tʃi·'klis·ta] <-i *m*, -e *f*> *mf* cyclist; **pista riservata ai -i** cycle lane

ciclistico, -a [tʃi·'klis·ti·ko] <-ci, -che> *adj* (*evento, giro*) cycling; (*gara*) cycle; **lo sport** ~ the sport of cycling

ciclo ['tʃi:·klo] *m* 1. (*gener*) cycle; ~ **biologico** life cycle; ~ **mestruale** menstrual cycle; ~ **di vita** life cycle 2. (*serie*) series; ~ **di trasmissioni** series of programs

ciclomotore [tʃi·klo·mo·'to:·re] *m* moped

ciclone [tʃi·'klo:·ne] *m* METEO cyclone .

ciclonico, -a [tʃi·'klɔ:·ni·ko] <-ci, -che> *adj*

1. METEO cyclonic 2. *fig* (*esuberante*) high-spirited

ciclope [tʃi·'klɔ:·pe] *m* Cyclops

ciclopico, -a [tʃi·'klɔ:·pi·ko] <-ci, -che> *adj* (*gigantesco: opera, mangiata*) huge

ciclostilare [tʃi·klos·ti·'la:·re] *vt* (*volantino, documento*) to mimeograph

ciclostile [tʃi·klos·'ti:·le] *m* mimeograph

cicloturismo [tʃi·klo·tu·'riz·mo] *m* cycling vacations *pl*

cicloturista [tʃi·klo·tu·'ris·ta] <-i , -e> *mf* person on a cycling vacation

cicogna [tʃi·'koɲ·ɲa] *f* stork

cicoria [tʃi·'kɔ:·ria] <-ie> *f* chicory

cicuta [tʃi·'ku:·ta] *f* hemlock

cieco, -a ['tʃɛ:·ko] <-chi, -che> I. *adj* blind; **diventare** ~ to go blind; **essere** ~ **da un occhio** to be blind in one eye; **alla -a** *fig* blindly; **ubbidienza -a** *fig* blind obedience; **vicolo** ~ *fig* dead end II. *m, f* blind person

cielo ['tʃɛ:·lo] I. *m* 1. sky; **essere al settimo** ~ *fig* to be in seventh heaven; **toccare il** ~ **con un dito** *fig* to be walking on air; **non sta né in** ~ **né in terra** *fig* it's absolutely ludicrous; **sotto altri -i** *fig* in other climes; **per l'amore del** ~! for heaven's sake; ~ **a pecorelle, acqua a catinelle** *prov* mackerel sky, rain is nigh *prov* 2. REL (*paradiso*) heaven II. *interj inf* heavens!

cifra ['tʃi:·fra] *f* 1. MAT figure; **un numero di tre -e** a three-figure number 2. (*somma*) amount; **quel quadro costa una** ~ *fig, inf* that painting costs a fortune *fig* 3. *pl* (*monogramma*) initials 4. (*scrittura segreta*) code

cifrare [tʃi·'fra:·re] *vt* (*messaggio, testo*) to encode

ciglio[1] ['tʃiʎ·ʎo] <-gli> *m* (*orlo*) edge

ciglio[2] *m* ANAT, ZOOL eyelash; **senza batter** ~ *fig* without batting an eye(lid)

cigno ['tʃiɲ·ɲo] *m* swan

cigolare [tʃi·go·'la:·re] *vi* to squeak

cigolio [tʃi·go·'li:·o] <-ii> *m* squeaking

Cile ['tʃi:·le] *m* **il** ~ Chile

cilecca [tʃi·'lek·ka] *f* **far** ~ (*fucile*) to misfire; (*sessualmente*) not be able to get it up; *fig* to fail

cileno, -a [tʃi·'lɛ:·no] I. *adj* Chilean II. *m, f* Chilean

cilicio [tʃi·'li:·tʃo] <-ci> *m* (*cintura*) hair shirt

ciliegia [tʃi·'liɛ:·dʒa] <-ge *o* -gie> *f* cherry

ciliegio [tʃi·'liɛ:·dʒo] <-gi> *m* 1. (*albero*) cherry (tree) 2. (*legno*) cherry

cilindrata [tʃi·lin·'dra:·ta] *f* (cubic) capacity; **auto di grossa** ~ car with a powerful engine

cilindrico, -a [tʃi·'lin·dri·ko] <-ci, -che> *adj* (*rullo, vaso, costruzione*) cylindrical

cilindro [tʃi·'lin·dro] *m* 1. MAT, MOT, TEC cylinder 2. (*cappello*) top hat

cima ['tʃi:·ma] *f* 1. (*vertice: di edificio, albero, gru*) top; (*di montagna*) peak; -**e di rapa** turnip tops; **da ~ a fondo** from top to bottom; **essere in ~ a qc** (*montagna*) to be on the top of sth; *fig* (*classifica, lista*) to be at the top of sth **2.** *iron, inf* (*campione*) genius

cimelio [tʃiˈmɛːlio] <-i> *m* **1.** (*reliquia*) relic **2.** (*ricordo*) heirloom

cimentarsi [tʃiˈmenˈtaːrsi] *vr* **1.** (*impegnarsi*) ~ **in qc** to try one's hand at sth **2.** (*misurarsi*) ~ **con qu** to compete with sb

cimice [ˈtʃiːmiˈtʃe] *f* ZOOL bug

ciminiera [tʃiˈmiˈniɛːra] *f* smokestack

cimitero [tʃiˈmiˈtɛːro] *m* cemetery; ~ **delle automobili** scrapyard

cimurro [tʃiˈmurˈro] *m* ZOOL distemper

Cina [ˈtʃiːna] *f* China; **la** ~ China; **abitare in** ~ to live in China; **andare in** ~ to go to China

cincilla [tʃinˈtʃilˈla] <-> *m* chinchilla

cincin, cin cin [tʃinˈtʃin] *interj inf* cheers!

cine [ˈtʃiːne] <-> *m inf* movies *pl*

cineamatore, -trice [tʃiˈneˈaˈmaˈtoːre] *m, f* amateur filmmaker

cineasta [tʃiˈneˈasˈta] <-i *m*, -e *f*> *mf* filmmaker

Cinecittà [tʃiˈneˈtʃitˈta] <-> *f* Cinecittà, *movie and TV studios in Rome*

Cinecittà, the Italian city of cinema, is a completely self-sufficient complex nine km outside Rome with streets, squares, parks, studios, and all the technical departments needed for making movies. It was built in 1937 and covers an area of 40 hectares. There are 22 studios, 280 dressing rooms and offices, 21 make-up rooms, and a 7,000 square meter swimming pool. Movies filmed wholly or partly at Cinecittà include "Quo vadis?" "Ben Hur", and "The Name of the Rose."

cineclub [tʃiˈneˈklub] *m* movie club

cineforum [tʃiˈneˈfɔːrum] <-> *m* movie club

cinegiornale [tʃiˈneˈdʒorˈnaːle] *m* newsreel

cinema [ˈtʃiːneˈma] <-> *m* **1.** (*locale*) movie theater **2.** (*arte*) movies *pl* **3.** (*produzione*) cinema

cinematica [tʃiˈneˈmaːtiˈka] *f* kinematics

cinematografia [tʃiˈneˈmaˈtoˈgraˈfiːa] *f* **1.** (*arte*) cinematography **2.** (*produzione*) film-making

cinematografico, -a [tʃiˈneˈmaˈtoˈgraːfiˈko] <-ci, -che> *adj* (*genere, produzione, sala*) movie

cinematografo [tʃiˈneˈmaˈtɔːgraˈfo] *m* **1.** (*locale*) movie theater **2.** (*arte*) movies *pl*

cinepresa [tʃiˈneˈpreːsa] *f* movie camera

cinese [tʃiˈneːze] **I.** *adj* Chinese **II.** *mf* Chinese man *m*, Chinese woman *f* **III.** *m* (*lingua*) Chinese; **per me è** ~ *fig* it's all Greek to me

cinesiologia [tʃiˈneˈzioˈloˈdʒiːa] <-ie> *f* MED kinesiology

cinesiterapia [tʃiˈneˈziˈteˈraˈpiːa] *f* kinesi-therapy

cineteca [tʃiˈneˈtɛːka] <-che> *f* **1.** (*raccolta*) movie collection **2.** (*locale*) movie library

cinetica [tʃiˈnɛːtiˈka] <-che> *f* kinetics

cingere [ˈtʃinˈdʒeˈre] <cingo, cinsi, cinto> **I.** *vt* **1.** (*circondare*) to surround; ~ **d'assedio** MIL to besiege **2.** (*avvolgere*) to go around **3.** (*con le braccia*) ~ **qc con un braccio** to put an arm around sth **II.** *vr:* **-rsi** -rsi **il collo con qc** to put sth around one's neck

cinghia [ˈtʃinˈgia] <-ghie> *f* **1.** (*cintura*) belt; **tirare** [*o* **stringere**] **la** ~ *fig* to tighten one's belt **2.** (*di zaino*) strap; (*di sella*) girth **3.** TEC belt; ~ **trapezoidale** fan belt

cinghiale [tʃinˈgiaːle] *m* **1.** ZOOL (wild) boar **2.** (*pelle*) pigskin

cinguettare [tʃinˈguetˈtaːre] *vi* (*uccelli*) to chirp

cinguettio [tʃinˈguetˈtiːo] <-ii> *m* (*di uccelli*) chirping

cinico, -a [ˈtʃiːniko] <-ci, -che> **I.** *adj* (*persona, osservazione*) cynical **II.** *m, f* (*persona*) cynic

cinismo [tʃiˈnizˈmo] *m* cynicism

cinofilia [tʃiˈnoˈfiˈliːa] *f* dog lover

cinquanta [tʃinˈkuanˈta] **I.** *num* fifty **II.** <-> *m* fifty; **gli anni** ~ the Fifties; **essere sui** ~ to be about fifty (years old)

cinquantenario [tʃinˈkuanˈteˈnaːrio] <-i> *m* fiftieth anniversary

cinquantenne [tʃinˈkuanˈtɛnˈne] **I.** *adj* fifty-year-old **II.** *mf* fifty-year-old

cinquantennio [tʃinˈkuanˈtɛnˈnio] <-i> *m* period of fifty years

cinquantesimo [tʃinˈkuanˈtɛːziˈmo] *m* (*frazione*) fiftieth

cinquantesimo, -a **I.** *adj* fiftieth **II.** *m, f* fiftieth; *v.a.* **quinto**

cinquantina [tʃinˈkuanˈtiːna] *f* **una** ~ (**di ...**) about fifty ...; **essere sulla** ~ to be about fifty (years old)

cinque [ˈtʃinˈkue] **I.** *num* five; **capitolo/pagina** ~ chapter/page five; **tre più due fa** ~ three plus two makes five; **siamo in** ~ there are five of us; **a** ~ **a** ~ in fives; **ho** ~ **anni** I'm five (years old); **di** ~ **anni** five-year-old; **ogni** ~ **anni** every five years; ~ **volte** five times **II.** <-> *m* **1.** (*numero*) five; **abita al** (**numero**) ~ he lives at number five; **il** (**tram numero**) ~ the number five streetcar **2.** (*nelle date*) fifth; **oggi è il** ~ **agosto** today is August fifth; **arriverò il** ~ I'm arriving on the fifth; **arriverò il** ~ **maggio** I'm arriving on May fifth; **Roma,** (**il**) ~ **dicembre 2000** Rome, December fifth, 2000 **3.** (*voto scolastico*) =D; **prendere un** ~ =to get a D **4.** (*nei giochi a carte*) **il** ~ **di cuori** the five of hearts **III.** *fpl* five (o'clock); **alle** ~ at five (o'clock); **sono le** ~ (**del mattino/pomeriggio**) it's five (in the morning/evening); **sono le** ~ **in punto** it's five (o'clock) exactly; **sono le quattro meno** ~ it's five to four; **sono le** ~ **e mezzo** it's half past five

cinquecentesco, -a [tʃinˈkueˈtʃenˈteˈsko] <-schi, -sche> *adj* **1.** (*castello, mura*) sixteenth-century **2.** (*nell'arte italiana*) of the Cinquecento

C

cinquecento [tʃiŋ·kue·'tʃɛn·to] I. *num* five hundred II. <-> *m* il **Cinquecento** (*secolo*) the sixteenth century; (*nell'arte italiana*) the Cinquecento

cinquemila [tʃiŋ·kue·'mi:·la] I. *num* five thousand II. <-> *m* five thousand

cinquina [tʃiŋ·'kui:·na] *f* (*al lotto, alla tombola*) set of five winning numbers

cinsi [tʃin·si] *1. pers sing pass rem di* **cingere**

cinta ['tʃin·ta] *f* 1. (*cerchia*) ~ **muraria** city walls *pl* 2. (*recinzione*) wall; **muro di ~** boundary wall

cinto ['tʃin·to] *pp di* **cingere**

cintola ['tʃin·to·la] *f* 1. ANAT waist; **dalla ~ in su** from the waist up 2. *inf* (*cintura*) belt

cintura [tʃin·'tu:·ra] *f* belt; **allacciare le -e di sicurezza** to fasten seatbelts; ~ **verde** (*di una città*) green belt

cinturino [tʃin·tu·'ri:·no] *m* (*dell'orologio*) strap

ciò [tʃɔ] <solo *sing*> *pron dem* that, this; ~ **che ...** what ...; ~ **non di meno** nonetheless; **con tutto ~** for all that

ciocca ['tʃɔk·ka] <-cche> *f* (*ciuffo*) lock

ciocco ['tʃɔk·ko] <-cchi> *m* (*pezzo di legno*) log

cioccolata [tʃok·ko·'la:·ta] *f* 1. (*liquida*) hot chocolate 2. (*solida*) chocolate; **una tavoletta di ~** a bar of chocolate

cioccolatino [tʃok·ko·la·'ti:·no] *m* chocolate

cioccolato [tʃok·ko·'la:·to] *m* chocolate

cioè [tʃo·'ɛ] *adv* 1. (*vale a dire*) that is 2. (*o meglio*) or rather

ciondolare [tʃon·do·'la:·re] *vi* 1. (*dondolare*) to sway 2. (*pendere*) to dangle 3. *fig* (*aggirarsi oziosamente*) to loaf around

ciondolo ['tʃon·do·lo] *m* pendant

ciondoloni [tʃon·do·'lo:·ni] *adv* dangling; **con le gambe ~** with one's legs dangling

ciononostante, ciò nonostante [tʃo·no·nos·'tan·te, tʃɔ no·nos·'tan·te] *adv* nevertheless

ciotola ['tʃɔ:·to·la] *f* 1. (*recipiente*) bowl 2. (*contenuto*) bowl(ful)

ciottolo ['tʃɔt·to·lo] *m* pebble

cip [tʃip] <-> *m* (*nel poker*) chip

cipolla [tʃi·'pol·la] *f* onion

cipollina [tʃi·pol·'li:·na] *f* 1. (*piccola cipolla*) small onion 2. (*erba cipollina*) (**erba**) ~ chives *pl*

cippo ['tʃip·po] *m* 1. (*funerario*) gravestone 2. (*di confine*) boundary stone

cipresso [tʃi·'prɛs·so] *m* (*albero, legno*) cypress

cipria ['tʃi:·pri·a] <-ie> *f* (face) powder

cipriota [tʃi·pri·'ɔ:·ta] <-i , -e> I. *adj* Cypriot II. *mf* Cypriot

Cipro ['tʃi:·pro] *f* Cyprus

circa ['tʃir·ka] I. *adv* about II. *prep* (*a proposito*) about

circense [tʃir·'tʃen·se] *adj* (*arte, spettacolo, vita*) circus

circo ['tʃir·ko] <-chi> *m* circus

circolante [tʃir·ko·'lan·te] *adj* circulating

circolare¹ [tʃir·ko·'la:·re] *vi* essere *o* avere 1. (*veicoli, traffico*) to be on the roads; ~! move along! 2. (*sangue*) to circulate 3. FIN (*capitale*) to be in circulation 4. (*idee, notizie, voce, virus*) to go around

circolare² I. *adj* 1. (*figura, stadio, tracciato*) circular 2. FIN **assegno ~** bank draft II. *f* 1. ADMIN (*lettera*) circular 2. (*linea di autobus*) circle line

circolatorio, -a [tʃir·ko·la·'tɔ:·rio] <-i, -ie> *adj* circulatory

circolazione [tʃir·ko·lat·'tsio:·ne] *f* 1. BIOL circulation; **disturbi di ~** circulation problems 2. MOT traffic; **carta di ~** registration 3. (*di moneta, libro*) circulation; **mettere in ~** (*moneta*) to put into circulation; *fig* (*notizie, voce*) to spread; **togliere dalla ~** (*moneta*) to withdraw from circulation; (*libri, video*) to withdraw; (*persona*) to take off the streets

circolo ['tʃir·ko·lo] *m* 1. MAT, GEO circle 2. (*associazione*) club 3. ADMIN district 4. (*loc*) ~ **vizioso** *fig* vicious circle

circoncidere [tʃir·kon·'tʃi:·de·re] <circoncido, circoncisi, circonciso> *vt* to circumcise

circoncisione [tʃir·kon·tʃi·'zio:·ne] *f* circumcision

circondare [tʃir·kon·'da:·re] I. *vt* 1. (*accerchiare, contornare*) to surround 2. *fig* (*colmare*) ~ **qu di qc** (*attenzioni, affetto*) to lavish sth on sb II. *vr*: ~**rsi** ~**rsi di qu/qc** to surround oneself with sb/sth

circondario [tʃir·kon·'da:·rio] <-i> *m* 1. GIUR, ADMIN district 2. (*dintorni*) surrounding area

circonferenza [tʃir·kon·fe·'rɛn·tsa] *f* 1. MAT circumference 2. (*di tronco, torace*) measurement; ~ (**della**) **vita** waist measurement

circonflesso, -a [tʃir·kon·'flɛs·so] *adj* **accento ~** circumflex accent

circonvallazione [tʃir·kon·val·la·'tsio:·ne] *f* beltway

circoscritto, -a [tʃir·kos·'krit·to] I. *pp di* **circoscrivere** II. *adj* 1. MAT (*figura geometrica*) circumscribed 2. (*delimitato: ambiente, luogo*) limited

circoscrivere [tʃir·kos·'kri:·ve·re] <irr> *vt* 1. MAT to circumscribe 2. *fig* (*delimitare*) to limit

circoscrizione [tʃir·kos·kri·'tsio:·ne] *f* ADMIN district; ~ **elettorale** constituency

circospetto, -a [tʃir·kos·'pɛt·to] *adj* circumspect

circospezione [tʃir·kos·pe·'tsio:·ne] *f* circumspection

circostante [tʃir·kos·'tan·te] *adj* (*area, territorio*) surrounding; (*persone*) nearby

circostanti [tʃir·kos·'tan·ti] *mpl* (*persone*) bystander

circostanza [tʃir·kos·'tan·tsa] *f* 1. (*condizione*) circumstance; **-e attenuanti/aggravanti** GIUR mitigating/aggravating circumstances 2. (*occasione*) occasion; **aria di ~** fitting air

circuire [tʃir·ku·'i:·re] <circuisco> *vt* (*ragazza, minore*) to take in

circuito [tʃir·'ku:i·to] *m* **1.** SPORT, ELETT circuit **2.** (~ *elettrico*) wiring; **corto** ~ short circuit

circumnavigare [tʃir·kum·na·vi·'ga:·re] *vt* to sail around

circumnavigazione [tʃir·kum·na·vi·ga·'tsio:·ne] *f* circumnavigation

cirillico, -a [tʃi·'ril·li·ko] <-ci, -che> *adj* (*carattere*) Cyrillic

cirrosi [tʃir·'rɔ:·zi] <-> *f* cirrhosis; ~ **epatica** cirrhosis of the liver

cisalpino, -a [tʃi·zal·'pi:·no] *adj* (*territorio, regione*) cisalpine

CISL [tʃizl] *f acró de* **Confederazione Italiana Sindacati Lavoratori** *center-right Italian labor union association*

CISNAL ['tʃiz·nal] *f acró de* **Confederazione Italiana Sindacati Nazionali dei Lavoratori** *right-wing Italian labor union association*

cispadano, -a [tʃis·pa·'da:·no] *adj* (*territorio, regione*) cispadane

cistercense [tʃis·ter·'tʃɛn·se] **I.** *adj* (*abbazia, monastero, monaco*) Cistercian **II.** *m* Cistercian

cisterna [tʃis·'tɛr·na] **I.** *f* (*serbatoio*) tank **II.** <inv> *adj* (*aereo, camion, nave*) tanker

cisti ['tʃis·ti] <-> *f* MED cyst

cistifellea [tʃis·ti·'fɛl·lea] *f* MED gall bladder

cistite [tʃis·'ti:·te] *f* MED cystitis

CIT [tʃit] *f acró de* **Compagnia Italiana Turismo** *Italian tourism company*

cit. *abbr di* **citato, -a** cited

citare [tʃi·'ta:·re] *vt* **1.** (*indicare*) to cite; ~ **ad esempio** to cite as an example **2.** (*testo, discorso*) to quote **3.** GIUR ~ **qu in giudizio** to take sb to court

citazione [tʃi·ta·'tsio:·ne] *f* **1.** GIUR summons **2.** LIT quotation **3.** (*menzione*) mention; **una ~ al merito** an honorable mention

citofonare [tʃi·to·fo·'na:·re] **I.** *vi* to call on the entrance phone **II.** *vt* to call on the entrance phone

citofono [tʃi·'tɔ:·fo·no] *m* entrance phone

citologia [tʃi·to·lo·'dʒi:·a] <-gie> *f* cytology

citologico, -a [tʃi·to·'lɔ:·dʒi·ko] <-ci, -che> *adj* (*esame, screening*) cytological

citrico, -a ['tʃi:·tri·ko] <-ci, -che> *adj* citric; **acido** ~ citric acid

citrullo, -a [tʃi·'trul·lo] *m, f inf* idiot

città [tʃit·'ta] <-> *f* city; ~ **nuova** new town; ~ **vecchia** old town; ~ **satellite** satellite town; ~ **degli studi** campus; ~ **dei ragazzi** boys' town; ~ **universitaria** university campus; **Città del Vaticano** Vatican City; **Città del Capo** Cape Town; **abitare in** ~ to live in town

cittadella [tʃit·ta·'dɛl·la] *f* **1.** MIL citadel **2.** *fig* (*roccaforte*) stronghold

cittadina [tʃit·ta·'di:·na] *f* small town

cittadinanza [tʃit·ta·di·'nan·tsa] *f* **1.** GIUR citizenship; **diritto di** ~ right of citizenship; ~ **onoraria** freedom of the city **2.** (*insieme di cittadini*) town

cittadino, -a [tʃit·ta·'di:·no] **I.** *adj* (*infrastrutture, monumento, museo*) city **II.** *m, f* **1.** GIUR citizen **2.** (*di città*) inhabitant; **primo** ~ mayor

citycar ['si·ti·car] *f* small car

ciucca ['tʃuk·ka] <-cche> *f inf* **s'è preso una bella** ~ he got plastered *inf*

ciucciare [tʃut·'tʃa:·re] *vt inf* to suck; ~ **il dito** to suck one's thumb

ciuccio ['tʃut·tʃo] <-cci> *m inf* (*tettarella*) pacifier

ciuco, -a ['tʃu:·ko] <-chi, -che> *m, f inf* **1.** ZOOL ass **2.** *fig, pej* (*stupido*) idiot **3.** *fig* (*ubriaco*) drunk

ciuffo ['tʃuf·fo] *m* **1.** (*di capelli*) lock **2.** (*d'erba*) clump

civetta¹ [tʃi·'vet·ta] *f* **1.** ZOOL owl **2.** *fig, pej* (*donna frivola*) flirt; **fare la** ~ **con qu** to flirt with sb

civetta² <inv> *adj* **auto** ~ unmarked police car

civettare [tʃi·vet·'ta:·re] *vi* to flirt

civico, -a ['tʃi:·vi·ko] <-ci, -che> *adj* **1.** (*di città: museo*) town; **numero** ~ house number **2.** (*dovere, sentimento*) civic; **senso** ~ public spirit; **educazione** -a civics

civile [tʃi·'vi:·le] **I.** *adj* **1.** (*del cittadino*) civil; **diritti** -i civil rights; **guerra** ~ civil war; **stato** ~ marital status **2.** (*non militare: abiti*) civilian **3.** (*non ecclesiastico*) civil; **matrimonio** ~ civil wedding **4.** (*civilizzato: nazione, popolo*) civilized **5.** (*educato: persona, maniere*) civil **II.** *m* (*non militare*) civilian; **essere vestito in** ~ to be in civilian clothes

civilizzare [tʃi·vi·lid·'dza:·re] **I.** *vt* (*popolo*) to civilize **II.** *vr:* -**rsi** (*popolo, persona*) to become civilized

civilizzazione [tʃi·vi·lid·dza·'tsio:·ne] *f* civilization

civilmente [tʃi·vil·'men·te] *adv* **1.** (*educatamente*) civilly **2.** ADMIN in a civil ceremony; **sposarsi** ~ to get married in a civil ceremony

civiltà [tʃi·vil·'ta] <-> *f* **1.** (*cultura, progresso*) civilization **2.** (*cortesia*) civility

civismo [tʃi·'viz·mo] *m* civic-mindedness

CL *abbr di* **Comunione e Liberazione** *lay Roman Catholic organization*

clacson ['klak·son] <-> *m* horn; **suonare il** ~ to sound one's horn

clamore [kla·'mo:·re] *m* **1.** *fig* (*scalpore*) uproar; **suscitare** [*o* **destare**] ~ cause an uproar **2.** (*chiasso*) din

clamoroso, -a [kla·mo·'ro:·so] *adj* (*successo, sconfitta*) resounding; (*notizia, novità*) sensational

clan [klan] <-> *m* clan

clandestinità [klan·des·ti·ni·'ta] <-> *f* (*illegalità*) secrecy

clandestino, -a [klan·des·'ti:·no] **I.** *adj* illegal; **passeggero** ~ stowaway **II.** *m, f* stowaway

clarinettista [kla·ri·net·'tis·ta] <-i, -e> *mf* clarinetist

clarinetto [kla·ri·'net·to] *m* clarinet

clarino [kla·'ri:·no] *m* clarinet

classe ['klas·se] *f* **1.** (*servizio*) class; **viaggiare**

C

in prima ~ to travel first class **2.** (*corso scolastico*) class; (*aula*) class(room) **3.** MIL ~ (**di leva**) class **4.** *fig* (*ceto*) class; **lotta di** ~ class struggle; **la** ~ **dirigente** the ruling class **5.** *fig* (*qualità*) class; **un uomo di** ~ a classy man; **avere** ~ to have class

classica ['klas·si·ka] <-che> *f* SPORT classic

classicismo [klas·si·'tʃiz·mo] *m* classicism

classico ['klas·si·ko] <-ci> *m* **1.** (*autore*) classical author **2.** (*romanzo*) classic

classico, -a <-ci, -che> *adj* classical; **danza -a** classical dance; **musica -a** classical music

classifica [klas·'si·fi·ka] <-che> *f* **1.** SPORT placings *pl*; **ultimo in** ~ in last place; **essere in testa alla** ~ to be in first place **2.** (*graduatoria: di concorso*) list **3.** (*di dischi*) charts *pl*; (*di libri*) list

classificare [klassifi'ka:re] **I.** *vt* **1.** (*ordinare: materiale, libri*) to classify **2.** (*valutare: scolaro, compito*) to grade **3.** (*inquadrare*) to categorize **II.** *vr:* **-rsi 1.** (*arrivare*) to come; **-rsi bene** to be highly placed; **-rsi terzo** to come third **2.** (*qualificarsi*) to qualify

classificatore [klas·si·fi·ka·'to:·re] *m* **1.** (*raccoglitore*) loose-leaf file **2.** (*mobile*) filing cabinet

classificazione [klas·si·fi·ka·'tsio:·ne] *f* **1.** (*ordinazione per classi*) classification **2.** (*valutazione*) categorization

classismo [klas·'siz·mo] *m* POL classism

classista [klas·'sis·ta] <-i , -e> **I.** *mf* classist **II.** *adj* classist; **lotta** ~ class struggle

clausola ['kla:u·zo·la] *f* (*di contratto, trattato*) clause

claustrofobia [klaus·tro·fo·'bi:·a] *f* claustrophobia

clausura [klau·'zu:·ra] *f* **1.** REL enclosure; **una monaca di** ~ a nun belonging to a closed order **2.** *fig* (*luogo appartato*) seclusion

clava ['kla:·va] *f* club

clavicembalo [kla·vi·'tʃem·ba·lo] *m* harpsichord

clavicola [kla·'vi:·ko·la] *f* collarbone

clear [klia] <-> *m* COMPUT (*tasto*) clear key

clemente [kle·'mɛn·te] *adj* **1.** (*clima, tempo*) mild **2.** (*persona*) lenient

clemenza [kle·'mɛn·tsa] *f* **1.** (*di clima*) mildness **2.** (*di persona*) leniency

cleptomane [klep·'tɔ:·ma·ne] **I.** *adj* (*persona*) kleptomaniac **II.** *mf* kleptomaniac

cleptomania [klep·to·ma·'ni:·a] *f* kleptomania

clericale [kle·ri·'ka:·le] **I.** *adj* (*abito*) clerical; (*potere*) of the clergy **II.** *mf* clericalist

clericalismo [kle·ri·ka·'liz·mo] *m* clericalism

clero ['klɛ:·ro] *m* clergy; ~ **regolare/secolare** regular/secular clergy

clessidra [kles·'si:·dra] *f* (*a sabbia*) hourglass; (*ad acqua*) water clock

clic [klik] <-> *m* COMPUT click; ~ **del mouse** mouse click; **fare** (**doppio**) ~ **su qc** to (double-)click on sth

cliccare [klik·'ka:·re] **I.** *vt* (*icona, punto*) to click on **II.** *vi* ~ **su qc** to click on sth

cliché [kli·'ʃe] <-> *m fig* (*modello*) cliché

cliente [kli·'ɛn·te] *mf* (*di negozio, ristorante, bar*) customer; (*di albergo*) guest; (*di avvocato*) client; ~ **fisso** [*o* **abituale**] regular

clientela [klien·'tɛ:·la] *f* (*di negozio, ristorante, bar*) clientele; (*di albergo*) guests *pl*; (*di avvocato*) clients *pl*

clima ['kli:·ma] <-i> *m a. fig* climate

climatico, -a [kli·'ma:·ti·ko] <-ci, -che> *adj* (*cambiamento, zona*) climate; **stazione -a** health resort

climatizzare [kli·ma·tid·'dza:·re] *vt* (*ambiente, abitazione*) to air-condition

climatizzatore [kli·ma·tid·dza·'to:·re] *m* air conditioner

climatizzazione [kli·ma·tid·dza·'tsio:·ne] *f* air conditioning; **impianto di** ~ air conditioning system

climatologo, -a [kli·ma·'tɔ:·lo·go] <-gi, -ghe> *m, f* climatologist

clinica ['kli:·ni·ka] <-che> *f* clinic

clinico ['kli:·ni·ko] <-ci> *m* **1.** (*medico*) clinician **2.** (*docente*) professor of clinical medicine

clinico, -a <-ci, -che> *adj* clinical; **cartella -a** medical records *pl*; **avere l'occhio** ~ *fig* to have an expert eye

clip [klip] <-> *f* (*orecchino*) clip

CLIP [klɪp] *m* TEL caller ID

clipboard <-> *m* COMPUT clipboard

CLIR [klɪr] *m* TEL withhold number

clistere [klis·'tɛ:·re] *m* enema

clitoride [kli·'tɔ:·ri·de] *m o f* clitoris

cloaca [klo·'a:·ka] <-che> *f* **1.** (*canale, fogna*) sewer **2.** *fig* (*luogo corrotto*) cesspool **3.** *fig* (*persona*) pig

clonare [klo·na:·re] *vt* BIO, COMPUT to clone

clonazione [klo·na·'tsio:·ne] *f* BIO, COMPUT cloning

clone ['klɔ·ne] *m* BIO, COMPUT clone

cloridrico, -a [klo·'ri:d·ri·ko] <-ci, -che> *adj* hydrochloric; **acido** ~ hydrochloric acid

cloro ['klɔ:·ro] *m* chlorine

clorofilla [klo·ro·'fil·la] *f* chlorophyll

clorofilliano, -a [klo·ro·fil·'lia:·no] *adj* **sintesi -a** photosynthesis

cloroformio [klo·ro·'fɔr·mio] <-i> *m* chloroform

cloruro [klo·'ru:·ro] *m* chloride

clown [klaun] <-> *m* clown

club [klub] <-> *m* (*circolo*) club

cm *abbr di* **centimetro** cm.

c.m. *abbr di* **corrente mese** inst.

CNR *m abbr di* **Consiglio Nazionale delle Ricerche** *national research council*

c/o *abbr di* **care of** (*presso*) c/o

coabitare [ko·a·bi·'ta:·re] *vi* to live together

coabitazione [ko·a·bi·ta·'tsio:·ne] *f* cohabitation

coacervo [ko·a·'tʃɛr·vo] *m* (*di stili*) hodgepodge

coadiuvante [ko·ad·iu·'van·te] **I.** *adj* adjuvant **II.** *m* adjuvant

coagulante [ko·a·gu·'lan·te] **I.** *adj* (*fattore,*

prodotto, sostanza) clotting **II.** *m* clotting agent

coagulare [ko·a·gu·'la:·re] **I.** *vt* **1.** MED (*sangue*) to clot **2.** (*latte*) to curdle **II.** *vi* **1.** MED (*sangue*) to clot **2.** (*latte*) to curdle **III.** *vr:* **-rsi 1.** MED (*sangue*) to clot **2.** (*latte*) to curdle

coagulazione [ko·a·gu·la·'tsio:·ne] *f* **1.** MED (*di sangue*) clotting; **la ~ del sangue** blood clotting **2.** (*di latte*) curdling

coagulo [ko·'a:·gu·lo] *m* **1.** MED clot **2.** (*caglio*) curd

coalizione [koa·li·'tsio:·ne] *f* (*di partiti*) coalition

coalizzare [koa·lid·'dza:·re] **I.** *vt* (*unire: forze, sforzi*) to unite **II.** *vr:* **-rsi** (*unirsi: persone, partiti, Stati*) to form a coalition

coatto, -a [ko·'at·to] *adj* (*imposto*) compulsory

coautore, -trice [ko·au·'to:·re] *m, f* (*di libro, film, progetto*) coauthor

cobalto [ko·'bal·to] *m* **1.** CHIM cobalt **2.** (*colore*) cobalt blue

cobaltoterapia [ko·bal·to·te·ra·'pi:·a] *f* cobalt radiotherapy

cobas *m acrò de* **Comitato di Base** *labor union organization functioning as an alternative to the main unions*

Coblenza [ko·'blɛn·tsa] *f* Koblenz

cobra ['kɔ:·bra] <-> *m* cobra

coca ['kɔ:·ka] <-che> *f* **1.** BOT coca **2.** *sl* (*cocaina*) coke **3.** *inf* (*bevanda*) Coke®

cocaina [ko·ka·'i:·na] *f* cocaine

cocainomane [ko·kai·'nɔ:·ma·ne] *mf* cocaine addict

coccarda [kok·'kar·da] *f* cockade

cocchiere, -a [kok·'kiɛ:·re] *m, f* coachman

cocchio ['kɔk·kio] <-cchi> *m* carriage

coccige [kot·'tʃi:·ge] *m* coccyx

coccinella [kot·tʃi·'nɛl·la] *f* ladybug

coccio ['kɔt·tʃo] <-cci> *m* **1.** (*terracotta*) earthenware **2.** (*frammento*) shard

cocciutaggine [kot·tʃu·'tad·dʒi·ne] *f* (*di persona*) pigheadedness

cocciuto, -a [kot·'tʃu:·to] **I.** *adj* (*persona*) pigheaded; (*speranza, pretesa*) stubborn **II.** *m, f* pigheaded person

cocco ['kɔk·ko] <-cchi> *m* **1.** BOT (*albero*) coconut palm; **noce di ~** coconut **2.** BIOL coccus

cocco, -a <-cchi, -cche> *m, f scherz, inf* darling; **essere il ~ di mamma** to be mom's little darling; **povero ~!** *iron* poor dear!

coccodè [kok·ko·'dɛ] *interj* (*di gallina*) cluck; **fare ~** to cluck

coccodrillo [kok·ko·'dril·lo] *m* **1.** ZOOL crocodile; **lacrime di ~** *fig* crocodile tears *pl* **2.** (*pelle*) crocodile skin

coccola [kok·'ko·la] *f* cuddle; **fare le -e a qu** to cuddle sb

coccolare [kok·ko·'la:·re] *vt inf* (*bambino, animale*) to cuddle

coccolone, -a [kok·ko·'lo:·ne] *m, f inf* liking being cuddled

coccoloni [kok·ko·'lo:·ni] *adv* squatting; **stare ~** to be squatting

cocente [ko·'tʃɛn·te] *adj* **1.** (*ardente: sole*) scorching **2.** *fig* (*delusione, sconfitta*) bitter

cocker ['kɔ·kə/'kɔ·ker] <-> *m* cocker spaniel

cocktail ['kɔk·teil/'kɔk·tel] <-> *m* **1.** CULIN cocktail; **~ di scampi** shrimp cocktail **2.** (*trattenimento*) cocktail party; **abito da ~** cocktail dress

cocomero [ko·'ko:·me·ro] *m* (*anguria*) watermelon

cocooning [kə·'ku:·niŋ] *sing* cocooning

cocuzzolo [ko·'kut·tso·lo] *m* (*di montagna*) summit

cod. *abbr di* **codice** code

coda ['ko:·da] *f* **1.** (*di animale*) tail; **~ di cavallo** (*acconciatura*) ponytail **2.** CULIN oxtail; **~ in umido** stewed oxtail; **~ di rospo** (*pesce*) angler fish **3.** ASTR (*di cometa*) tail **4.** (*di abito femminile*) train; (*di abito maschile*) tail **5.** (*di aereo*) tail; (*di treno*) rear; **vettura di ~** FERR rear car **6.** (*fila: di auto*) backup; (*di persone*) line; **fare la ~** to stand in line; **mettersi in ~** to get in line **7.** (*appendice*) **titoli di ~** FILM, TV credits **8.** (*loc*) **con la ~ dell'occhio** out of the corner of one's eye

codardo, -a [ko·'dar·do] **I.** *adj* (*persona, gesto*) cowardly **II.** *m, f* coward

codazzo [ko·'dat·tso] *m pej* pack *pej*

code [koud] <- *o* codes> *m* TEL, COMPUT password

codesto, -a [ko·'des·to] *pron dem, tosc, poet* this, that

codice ['kɔ:·di·tʃe] *m* **1.** (*gener*) code; **~ civile** civil code; **~ penale** penal code; **~ di procedura civile** code of civil procedure; **~ di procedura penale** code of criminal procedure; **~ della strada** ≈ rules of the road *pl;* **~ a barre** bar code; **~ ASCII** ASCII code; **~ di avviamento postale** zip code; **~ fiscale** tax code; **~ genetico** genetic code **2.** LIT (*manoscritto*) codex

codificare [ko·di·fi·'ka:·re] *vt* **1.** (*dati, messaggio segreto*) to encode **2.** GIUR to codify

codificatore [ko·di·fi·ka·'to:·re] *m* COMPUT encoder

coeditore, -trice [ko·e·di·'to:·re] *m, f* copublisher

coedizione [ko·e·di·'tsio:·ne] *f* coedition

coefficiente [ko·ef·fi·'tʃɛn·te] *m* coefficient

coerente [ko·e·'rɛn·te] *adj fig* (*persona*) consistent; (*argomento, discorso, ragionamento*) coherent

coerenza [ko·e·'rɛn·tsa] *f* (*di persona*) consistency; (*di argomento, discorso, ragionamento*) coherence

coesione [ko·e·'zio:·ne] *f fig* (*di opera*) cohesion; (*di gruppo*) cohesiveness

coesistente [ko·e·zis·'tɛn·te] *adj* (*condizione, fenomeno*) coexistent

coesistere [ko·e·'zis·te·re] <irr> *vi essere* to coexist

coetaneo, -a [ko·e·'ta:·neo] **I.** *adj* (*della stessa* *età*) of the same age; **essere ~ (di qu)** to be the same age (as sb) **II.** *m, f* (*della stessa età*) person of the same age

cofanetto [ko·fa·'net·to] *m* **1.** (*cassetta*) box; (*per gioielli*) jewel box **2.** (*per libri, CD, DVD*) boxed set

cofano ['kɔː·fa·no] *m* MOT hood

cofirmatario, -a [ko·fir·ma·'taː·rio] <-i, -ie> **I.** *adj* cosignatory **II.** *m, f* cosignatory

cofondatore, -trice [ko·fon·da·'toː·re] *m, f* cofounder

cogestione [ko·dʒes·'tioː·ne] *f* joint management

cogli ['koʎ·ʎi] *prep* = con + gli *v.* **con**

cogliere ['kɔʎ·ʎere] <colgo, colsi, colto> *vt* **1.** (*fiore, frutto*) to pick **2.** *fig* (*occasione*) to take; (*offerta*) to accept; **~ qc al volo** (*occasione, offerta*) to jump at sth **3.** (*sorprendere*) to catch; **~ qu in fallo** to catch sb out; **~ qu in flagrante** to catch sb redhanded **4.** *fig* (*significato, problema*) to understand **5.** (*colpire*) to strike; **~ nel segno** to hit the nail on the head

coglionata [koʎ·ʎo·'naː·ta] *f vulg* (*cosa fatta*) screw-up *vulg;* (*cosa detta*) bullshit *vulg*

coglione, -a [koʎ·'ʎoː·ne] *m, f vulg* (*idiota*) dickhead *vulg*

coglioni [koʎ·'ʎoː·ni] *mpl vulg* balls *vulg;* **rompere** [*o* **far girare**] **i ~ a qu** *vulg* to get on sb's nerves

cognac [kɔ·'ɲak/koɲ·'ɲak] <- *o* cognacs> *m* cognac

cognato, -a [koɲ·'ɲaː·to] *m, f* brother-in-law *m,* sister-in-law *f*

cognizione [koɲ·ɲi·'tsioː·ne] *f* **1.** (*nozione*) knowledge; **con ~ di causa** with full knowledge of the facts **2.** (*competenza*) cognizance

cognome [koɲ·'ɲoː·me] *m* surname; **nome e ~** first and last name; **~ da nubile** maiden name

coi ['koː·i] *prep* = con + i *v.* **con**

coiffeur, coiffeuse [kwa·'fœr] <- *o* coiffeurs, coiffeuses> *m, f* hairdresser

coincidenza [ko·in·tʃi·'dɛn·tsa] *f* **1.** (*avvenimento*) coincidence **2.** (*di mezzi di trasporto*) connection **3.** (*corrispondenza*) correspondence

coincidere [ko·in·'tʃiː·de·re] <irr> *vi* **1.** (*accadere insieme*) to coincide; **~ con qc** to coincide with sth **2.** (*corrispondere*) to concur; **~ con qc** to concur with sth **3.** MAT (*essere la stessa cosa*) to coincide

coinquilino, -a [ko·in·kui·'liː·no] *m, f* (*di palazzo*) fellow tenant

cointestatario, -a [ko·in·tes·ta·'taː·rio] <-i, -ie> **I.** *adj* GIUR having a joint account **II.** *m, f* GIUR joint account holder

coinvolgente [ko·in·vol·'dʒɛn·te] *adj* (*legame*) serious; (*libro, spettacolo*) engrossing

coinvolgere [ko·in·vol·'dʒeː·re] <irr> *vt* **~ qu in qc** to involve sb in sth

coinvolgimento [ko·in·vol·dʒi·men·to] *m* involvement

coinvolto, -a [ko·in·'vɔl·to] **I.** *pp di* **coinvolgere II.** *adj* involved; **essere ~ in qc** to be involved in sth

coiote [ko·'iɔː·te] <-> *m* coyote

coito ['kɔː·i·to] *m* coitus

coke [kouk] <-> *m* coke

col [kol] *prep* = con + il *v.* **con**

colabrodo [ko·la·'brɔː·do] <-> *m* colander; **essere un ~** *fig* (*sistema, difesa*) to leak like a sieve

colapasta [ko·la·'pas·ta] <-> *m* colander

colare [ko·'laː·re] **I.** *vt avere* **1.** (*liquido, brodo*) to strain; **~ la pasta** to drain the pasta **2.** (*metallo*) to cast **II.** *vi* **1.** *essere o avere* (*gocciolare: liquido*) to run; (*cera*) to drip; **mi cola il naso** my nose is running **2.** (*recipiente*) to leak **3.** *essere* (*nave*) **~ a picco** to sink to the bottom; *fig* to be in free fall

colata [ko·'laː·ta] *f* **1.** GEO flow; **~ lavica** lava flow **2.** (*di metallo, cemento*) casting

colazione [ko·la·'tsioː·ne] *f* **1.** (*prima ~*) breakfast; **fare ~** to have breakfast **2.** (*seconda ~*) lunch; **~ di lavoro** working lunch

cold boot [kold 'but] <-> *m* COMPUT cold boot

COLDIRETTI [kol·di·'rɛt·ti] *f abbr di* **Confederazione Nazionale Coltivatori Diretti** *Italian farmers' federation*

colei *f v.* **colui**

coleottero [ko·le·'ɔt·te·ro] *m* beetle

colera [ko·'lɛː·ra] <-> *m* cholera

colerico, -a [ko·'lɛː·ri·ko] <-ci, -che> *adj* (*epidemia, disturbo*) cholera

colesterina [ko·les·te·'riː·na] *f* cholesterol

colesterolo [ko·les·te·'rɔː·lo] *m* cholesterol

colf [kɔlf] <-> *f* home help

colgo ['kɔl·go] *1. pers sing pr di* **cogliere**

colibrì [ko·li·'bri] <-> *m* hummingbird

colica ['kɔː·li·ka] <-che> *f* (*renale, intestinale, di fegato*) colic

colino [ko·'liː·no] *m* strainer

colite [ko·'liː·te] *f* MED colitis

colla¹ ['kɔl·la] *f* glue

colla² ['kɔl·la] *prep* = con + la *v.* **con**

collaborare [kol·la·bo·'raː·re] *vi* **1.** (*cooperare*) to work together; **~ a un progetto** to be part of a project; **~ con qu** to work together with sb **2.** (*dare il proprio contributo a*) to contribute **3.** (*confessare*) to cooperate **4.** POL to collaborate

collaboratore, -trice [kol·la·bo·ra·'toː·re] *m, f* **1.** (*aiutante*) coworker; **-trice domestica** home help **2.** (*a giornale*) contributor; **~ esterno** freelancer **3.** (*pentito*) **~ della giustizia** informer

collaborazione [kol·la·bo·ra·ra·'tsioː·ne] *f* **1.** (*partecipazione*) collaboration; **~ ad un progetto** collaboration on a project **2.** (*a giornale*) contribution

collage [ko·'laʒ] <-> *m* collage

collana [kol·'laː·na] *f* **1.** (*di perle, oro, coralli*) necklace **2.** (*di libri*) series

collant [kɔl·'lan(t)] <-> *m* pantyhose

C

collare [kol·'la:re] *m* **1.**(*per cani*) collar **2.** REL (*di prete*) dog collar

collasso [kol·'las·so] *m* collapse; ~ **cardiaco** heart failure

collaterale [kol·la·te·'ra:·le] *adj* collateral; **effetti -i** side effects

collaudare [kol·lau·'da:·re] *vt* (*auto, motore, sistema*) to test

collaudatore, -trice [kol·lau·da·'to:·re] *m, f* (*di auto*) test driver; (*di aereo*) test pilot

collaudo [kol·'la:u·do] *m* (*di aereo, auto, impianto, edificio*) test; **volo di** ~ test flight

colle¹ ['kɔl·le] *m* **1.**(*rilievo*) hill **2.**(*passo*) pass

colle² ['kol·le] *prep* = **con** + **le** *v.* **con**

collega [kol·'lɛ:·ga] <-ghi *m*, -ghe *f*> *mf* colleague

collegamento [kol·le·ga·'men·to] *m* **1.**(*connessione*) connection; ~ **ferroviario** rail link **2.** COMPUT, TEL, RADIO, TV (*connessione*) link; ~ **Internet** Internet connection; ~ **radiofonico** radio link; ~ **telefonico** telephone link; **in** ~ **con Madrid, vi trasmettiamo ...** TV, RADIO live from Madrid we bring you ...; **icona di** ~ link **3.** ELETT connection; ~ **in serie/parallelo** series/parallel connection **4.** MIL liaison; **ufficiale di** ~ liaison officer

collegare [kol·le·'ga:·re] I. *vt* (*fili, cavi, computer*) to connect II. *vr:* **-rsi** to connect; **-rsi a qc** to connect to sth; **-rsi con qu/qc** to get a connection to sb/sth

collegato, -a [kol·le·'ga:·to] *adj* (*persona, telefono, computer*) connected; **essere** ~ **a qc** to be connected to sth; **questo computer è** ~ **a Internet** this computer has an Internet connection

collegiale [kol·le·'dʒa:·le] I. *adj* (*collettivo: organo, seduta*) collegiate; (*seduta*) joint II. *mf* **1.**(*allievo*) boarder **2.** *fig* (*giovane inesperto*) schoolboy *m*, schoolgirl *f*

collegio [kol·'lɛː·dʒo] <-gi> *m* **1.**(*istituto*) boarding school **2.**(*professionale*) college **3.**(*circoscrizione*) ~ **elettorale** constituency

collera ['kɔl·le·ra] *f* (*rabbia*) anger; **andare/essere in** ~ to get/be angry; **essere in** ~ **con qu** to be angry with sb

collerico, -a [kol·'lɛː·ri·ko] <-ci, -che> I. *adj* (*persona, carattere*) quick-tempered II. *m, f* quick-tempered person

colletta [kol·'lɛt·ta] *f* (*raccolta*) collection

collettività [kol·let·ti·vi·'ta] <-> *f* community

collettivo [kol·let·'ti:·vo] *m* collective

collettivo, -a *adj* collective

colletto [kol·'let·to] *m* **1.**(*di camicia, abito*) collar; ~ **bianco** *fig* white-collar worker **2.** ANAT (*di dente*) neck **3.** BOT collar

collettore [kol·let·'to:·re] *m* **1.** TEC manifold **2.** ELETT collector

collezionare [kol·le·tsio·'na:·re] *vt* **1.**(*francobolli, monete, oggetti*) to collect **2.**(*delusioni, successi*) to notch up

collezione [kol·le·'tsio:·ne] *f* collection; **fare** ~ **di qc** to collect sth

collezionista [kol·le·tsio·'nis·ta] <-i *m*, -e *f*> *mf* collector

collier [kɔ·'lje] <-> *m* necklace

collimare [kol·li·'ma:·re] *vi* to agree

collina [kol·'li:·na] *f* hill

collirio [kol·'li:·rio] <-i> *m* eyedrops *pl*

collisione [kol·li·'zio:·ne] *f* collision; **entrare in** ~ to collide

collo¹ ['kɔl·lo] *m* **1.**(*anat*) neck; ~ **del piede** instep; ~ **dell'utero** neck of the womb; **avere/portare al** ~ to have/wear around one's neck; **allungare il** ~ to crane one's neck; **con la testa sul** ~ with a good head on one's shoulders; **tirare il** ~ **ad un pollo** to wring a chicken's neck; **essere nei debiti fino al** ~ *fig* to be up to one's ears in debt; **prendere qu per il** ~ *fig* to put the squeeze on sb *inf*; **rompersi l'osso del** ~ to break one's neck; **rimetterci l'osso del** ~ *fig* to lose everything **2.**(*di bottiglia, fiasco*) neck **3.**(*di abito*) neck; **a** ~ **alto** (*maglione*) high-necked **4.** TEC **albero a** ~ **d'oca** crankshaft **5.** COM (*pacco*) package

collo² ['kol·lo] = **con** + **lo**

collocamento [kol·lo·ka·'men·to] *m* **1.**(*in lavoro*) employment; **agenzia** [*o* **ufficio**] **di** ~ employment agency **2.**(*disposizione*) placing

collocare [kol·lo·'ka:·re] I. *vt* to place II. *vr:* **-rsi** (*posizionarsi*) to be placed

collocazione [kol·lo·ka·'tsio:·ne] *f* **1.**(*sistemazione, lavoro, posizione politica*) position **2.**(*di libro*) classification **3.** LING collocation

colloquiale [kol·lo·'kui·a:·le] *adj* colloquial; **linguaggio** ~ informal language; **tono** ~ informal tone

colloquio [kol·'lɔ:·kui·o] <-qui> *m* **1.**(*conversazione*) talk **2.**(*incontro*) interview; ~ **di lavoro** job interview **3.**(*esame*) oral exam

colloso, -a [kol·'lo:·so] *adj* (*particelle, liquidi*) sticky

collusione [kol·lu·'zio:·ne] *f* collusion

collut(t)orio [kol·lu·'tɔ:·rio (kol·lut·'tɔ:·rio)] <-i> *m* mouthwash

colmare [kol·'ma:·re] *vt* **1.**(*recipiente, lacuna*) to fill; ~ **di qc** to fill with sth **2.** *fig* (*dare in abbondanza*) ~ **qu di qc** to shower sb with sth

colmo ['kol·mo] *m* **1.**(*di cima, colle*) top **2.** *fig* (*apice*) height; **ma è il** ~**!** *inf* that beats everything! *inf*

colmo, -a *adj a. fig* full; ~ **fino all'orlo** filled to the brim; **essere** ~ **di qc** (*dolore, bile, amarezze*) to be full of sth

colomba [ko·'lom·ba] *f* dove; **la** ~ **pasquale** (*dolce*) caked shaped like a dove, eaten at Easter

A typical symbol of Easter in Italy is a cake in the shape of a dove – **colomba**. The Easter dove – **colomba pasquale** – has its roots in the distant past. Around the middle of the sixth century a raised ring-shaped loaf was offered to Alboin, the

C

king of the Lombards, who was besieging the city of Pavia. The ingredients (eggs, flour, and yeast) were simple compared to those of today, which include butter, sugar, and candied fruit.

colombo [ko·'lom·bo] *m* pigeon; **tubano come due -i** *inf* (*innamorati*) they're like a pair of lovebirds

colon ['kɔ·lon] <-> *m* ANAT colon

colonia [ko·'lɔ:·nia] <-ie> *f* 1. POL, BIOL colony 2. (*per le vacanze*) summer camp 3. (*profumo*) cologne

Colonia [ko·'lɔ:·nia] *f* Cologne; **acqua di ~** cologne

coloniale [ko·lo·'nia:·le] I. *adj* colonial II. *mf* colonist

colonialismo [ko·lo·nia·'liz·mo] *m* colonialism

colonialista [ko·lo·nia·'lis·ta] <-i , -e> I. *mf* colonialist II. *adj* (*politica, teorie*) colonialist

colonico, -a [ko·'lɔ:·ni·ko] <-ci, -che> *adj* (*rurale*) farm; **casa -a** farmhouse

colonizzare [ko·lo·nid·'dza:·re] *vt* HIST, POL (*Paese, Stato*) to colonize

colonna [ko·'lon·na] *f* 1. (*gener*) column 2. (*di automobili: nel traffico*) backup; (*di veicoli militari*) convoy 3. ANAT **~ vertebrale** spinal column 4. *fig* (*sostegno*) mainstay 5. CINE **~ sonora** soundtrack

colonnato [ko·lon·'na:·to] *m* (*portico*) colonnade

colonnello [ko·lon·'nɛl·lo] *m* colonel

colonnina [ko·lon·'ni:·na] *f* (*piccola colonna*) small column; **~ di mercurio** thermometer; **~ della benzina** gas pump; **~ di soccorso** emergency telephone

colonnista [ko·lon·'nis·ta] <-i , -e> *mf* (*columnist*) columnist

colono [ko·'lɔ:·no] *m* 1. AGR farmer 2. HIST colonist

colorante [ko·lo·'ran·te] I. *adj* (*sostanza, shampoo*) coloring II. *m* coloring; **-i alimentari** food coloring

colorare [ko·lo·'ra:·re] I. *vt* (*capelli, tessuti*) to color; (*disegno*) to color in II. *vr:* **-rsi di verde/rosso** to turn green/red

colorazione [ko·lo·'ra·'tsio:·ne] *f* color

colore [ko·'lo:·re] *m* 1. (*tinta*) color; **scatola di -i** paintbox; **uomo di ~** man of color; **-i a olio/tempera/dita** oil/tempera/finger paints *pl;* **dare una mano di ~ a qc** to give sth a coat of paint; **a -i** (*illustrazione, rivista*) color; **senza ~** colorless; **dirne di tutti i -i a qu** *fig* to lay into sb; **farne di tutti i -i** *fig* to get up to all sorts; **diventare di mille** [*o* **di tutti i**] **-i** *fig* (*vergognarsi*) to turn bright red 2. (*folclore*) color; **il ~ locale** local color

colorificio [ko·lo·ri·'fi:·tʃo] <-ci> *m* paint factory

colorire [ko·lo·'ri:·re] <colorisco> *vt* 1. (*colorare: disegno*) to color in 2. *fig* (*racconto*) to embellish

colorito [ko·lo·'ri:·to] *m* (*della pelle*) complexion

colorito, -a *adj* 1. (*viso, guance*) rosy 2. *fig* (*linguaggio, parole, racconto*) colorful

coloro [ko·'lo:·ro] *pron dem pl di* **colui**

colossale [ko·los·'sa:·le] *adj a. fig* huge

colosso [ko·'lɔs·so] *m* 1. (*statua*) colossus 2. *fig* (*personalità*) giant; **un ~ dello schermo** a screen giant

colpa ['kol·pa] *f* fault; **dare la ~ a qu** to blame sb; **sentirsi in ~** to feel guilty; **per ~ di qu/qc** because of sb/sth; **non è ~ mia** it's not my fault

colpevole [kol·'pe:·vo·le] I. *adj* guilty; **~ di furto** guilty of theft II. *mf* culprit

colpevolizzare [kol·pe·vo·lid·'dza:·re] *vt* **~ qu** (*far sentire colpevole*) to make sb feel guilty

colpire [kol·'pi:·re] <colpisco> *vt* 1. (*avversario, bersaglio*) to hit; **~ qu con un pugno** to punch sb; **~ nel segno** *fig* to hit the nail on the head 2. (*danneggiare: città, zona*) to strike 3. *fig* (*impressionare*) to make an impression on

colpo ['kol·po] *m* 1. (*botta*) blow; **~ basso** (*nel pugilato*) blow below the belt; *fig* low blow 2. (*sparo, detonazione*) shot; **~ di grazia** *a. fig* coup de grâce; **al primo ~** *fig* at the first attempt; **andare a ~ sicuro** *fig* not to be able to go wrong; **sul ~** instantly 3. (*rumore*) knock 4. (*suono: di tosse*) fit; **dare un ~ di telefono a qu** *inf* to give sb a call 5. *fig* (*movimento improvviso: d'ali*) flap; **a ~ d'occhio** at a glance; **~ di testa** *fig* impulse 6. *fig* (*manifestazione improvvisa*) **~ di fortuna** stroke of luck; **un ~ di fulmine** *fig* love at first sight; **~ di vento** gust of wind; **~ di scena** CINE, TEAT coup de théâtre; *fig* unexpected turn of events; **di ~** suddenly 7. (*malore*) stroke; **~ (apoplettico)** stroke; **gli è venuto un ~** he's had a stroke; **~ d'aria** chill; **prendere un ~ di sole** to get sunstroke; **-i di sole** (*dal parrucchiere*) highlights 8. *fig* (*spavento*) shock 9. *fig* (*impressione*) impression; **la notizia ha fatto ~** *fig* the news caused a sensation 10. *fig* (*azione sleale*) job; **fare un ~ in banca** to do a bank raid; **~ di Stato** coup (d'état)

colposo, -a [kol·'po:·so] *adj* GIUR **omicidio ~** manslaughter

colsi ['kɔl·si] *1. pers sing pass rem di* **cogliere**

coltellata [kol·tel·'la:·ta] *f* (*colpo*) stab wound

coltello [kol·'tɛl·lo] *m* knife; **avere il ~ dalla parte del manico** *fig* to have the whip hand

coltivare [kol·ti·'va:·re] *vt* 1. (*campo, terreno*) to cultivate 2. (*patate, rape*) to grow 3. *fig* (*amicizia, mente*) to cultivate; (*scienze, arti*) to go in for

coltivatore, -trice [kol·ti·va·'to:·re] *m, f* farmer; **~ diretto** small farmer

coltivazione [kol·ti·va·'tsio:·ne] *f* 1. (*di*

campo) cultivation **2.** (*di prodotto*) growing **3.** (*piantagione*) crop

colto ['kɔl·to] *pp di* **cogliere**

colto, -a ['kol·to] *adj* (*persona*) cultured; (*libro*) learned

coltre ['kol·tre] *f* (*strato*) blanket

coltura [kol·'tu:·ra] *f* **1.** AGR cultivation **2.** BIOL culture

colui, colei [ko·'lu:·i, ko·'lɛ:·i] <coloro> *pron dem* ~ **che ...** the one who ...

columnist ['kɔ·ləm·nist] <-> *mf* columnist

coma ['kɔ:·ma] <-> *m* coma; **essere in** ~ to be in a coma

comandamento [ko·man·da·'men·to] *m* commandment

comandante [ko·man·'dan·te] *m* **1.** MIL commander **2.** AERO, NAUT captain

comandare [ko·man·'da:·re] **I.** *vt* **1.** MIL (*reggimento, nave*) to command **2.** (*ordinare*) to order; **comandi!** yes, sir! **II.** *vi* to be in command; ~ **a qu di fare qc** to order sb to do sth

comando [ko·'man·do] *m* **1.** (*ordine*) command **2.** (*comput*) command; **riga di** ~ command line; ~ **vocale** voice command **3.** TEC control; **leva di** ~ control lever; ~ **a distanza** remote control **4.** (*guida, potere*) charge **5.** MIL (*organo responsabile*) command; (*caserma*) headquarters **6.** SPORT (*prima posizione*) lead

comare [ko·'ma:·re] *f* (*donna pettegola*) gossip

Comasco [ko·'mas·ko] *m* Como area; **nel** ~ in the Como area

comasco, -a <-schi, -sche> **I.** *adj* from Como **II.** *m, f* (*abitante*) person from Como

combaciare [kom·ba·'tʃa:·re] *vi* **1.** (*aderire: pezzi, tubi*) to fit together **2.** *fig* (*coincidere: idee*) to agree

combattente [kom·bat·'tɛn·te] **I.** *adj* (*esercito, popolazione*) combatant **II.** *mf* combatant

combattere [kom·'bat·te·re] **I.** *vi a. fig* to fight; ~ **contro il nemico** to fight (against) the enemy; ~ **contro qc** to fight (against) sth; ~ **per qc** to fight for sth **II.** *vt* **1.** MIL (*nemico, guerra*) to fight **2.** *fig* (*malattia, ignoranza, delinquenza*) to combat

combattimento [kom·bat·ti·'men·to] *m* **1.** MIL combat **2.** SPORT match; **mettere fuori** ~ to knock out; *fig* to see off

combattuto, -a [kom·bat·'tu:·to] *adj* **1.** (*confuso: persona*) undecided; (*decisione*) difficult; **essere** ~ **fra due possibilità** to be torn between two possibilities **2.** (*contrastato: partita*) hard-fought

combinare [kom·bi·'na:·re] **I.** *vt* **1.** (*unire: elementi, tecnologie, colori, sapori*) to combine **2.** (*organizzare: cena, gita, incontro, matrimonio*) to arrange **3.** (*concludere: affare*) to conclude **4.** *inf* (*fare*) to do; ~ **un guaio** *inf* to mess up *inf*; **ne ha combinata un'altra delle sue** *inf* he's done it again *inf* **II.** *vr:* **-rsi 1.** CHIM to combine **2.** *inf* (*conciarsi*) to get oneself up;

ma come ti sei combinato oggi? *inf* what have you got on today?

combinazione [kom·bi·na·'tsio:·ne] *f* **1.** (*caso fortuito*) coincidence; **per** (**pura**) ~ by (sheer) chance **2.** (*di colori, idee, elementi*) combination **3.** (*numerica, di cassaforte*) combination

combriccola [kom·'brik·ko·la] *f* (*gruppo*) crowd

combustibile [kom·bus·'ti:·bi·le] **I.** *adj* (*materiale*) combustible **II.** *m* fuel

combustione [kom·bus·'tio:·ne] *f* CHIM combustion; **camera di** ~ combustion chamber; **motore a** ~ **interna** internal combustion engine

combutta [kom·'but·ta] *f pej* gang; **essere in** ~ **con qu** to be in league with sb

come ['ko:·me] **I.** *adv* **1.** (*nei paragoni*) as; **intelligenti** ~ **noi** as intelligent as us; **ridere** ~ **una matta** to split one's sides laughing; **un uomo buono** ~ **il pane** a man with a heart of gold **2.** (*interrogativo*) how?; ~ **stai?** how are you?; ~ **mai?** how come?; ~ **no?** of course!; ~ **hai detto?** what did you say? **3.** (*esclamativo*) how!; ~ **è cara!** how kind she is!; **ma** ~**!** what! **4.** (*correlativo*) **ora** ~ **ora** right now; ~ **viene viene** *inf* any old how *inf* **5.** (*in qualità di*) as; **lavora** ~ **giornalista** he works as a reporter **II.** *conj* **1.** (*dichiarativo*) how; **guarda** ~ **li hai ridotti** look what you've done to them **2.** (*modale*) as; **si comporta** ~ **se non sapesse nulla** he acts as if he knew nothing **3.** (*temporale*) as soon as; ~ **mi ha visto, se n'è andata** as soon as she saw me, she left **4.** (*comparativo*) as ... as; **non sei buono** ~ **pensavo** you're not as good as I thought **III.** <-> *m* how; **raccontami il** ~ **e il perché** tell me the whys and wherefores

COMECON ['kɔ:·me·kon] *m* COMECON

cometa [ko·'me:·ta] *f* comet

comfort ['kʌm·fət] <-> *m* comfort

comic ['kɔ·mik] <- *o* comics> *m* comic

comica ['kɔ:·mi·ka] <-che> *f* **1.** FILM silent comedy **2.** *fig* (*situazione farsesca*) farce

comicità [ko·mi·tʃi·'ta] <-> *f* (*di situazione*) funny side; (*di battuta*) comicality

comico ['kɔ:·mi·ko] <-ci> *m* **1.** (*attore*) comedian **2.** (*comicità*) funny side

comico, -a <-ci, -che> *adj* **1.** (*della commedia: attore*) comic **2.** (*buffo: scena, film*) funny

comignolo [ko·'mip·po·lo] *m* chimney

cominciare [ko·min·'tʃa:·re] **I.** *vi essere* to start; **comincia a piovere** it's starting to rain; ~ **col dire ...** to start by saying ...; **a che ora cominciano le lezioni?** what time do lectures start?; **a** ~ **da oggi** starting from today; **ha cominciato a suonare la chitarra** she's started to play the guitar; **una parola che comincia per elle** a word that starts with 'l' **II.** *vt avere* (*lavoro, studi, discorso, libro*) to start

comitato [ko·mi·'ta:·to] *m* committee; **Comitato delle regioni** EU Committee of the Regions; **Comitato economico e sociale** EU Economic and Social Committee

comitiva [ko·mi·'ti:·va] *f* group

comiziante [ko·mi·'tsian·te] *mf* speaker

comizio [ko·'mi·tsio] <-i> *m* rally

commedia [kom·'mɛː·dia] <-ie> *f* comedy; ~ **musicale** musical; ~ **a soggetto** improvised comedy; ~ **dell'arte** commedia dell'arte; ~ **d'intreccio** situation comedy; **fare la** ~ *fig* to play-act

commediante [kom·me·'dian·te] *mf* 1. TEAT comedian 2. *fig, pej* (*simulatore*) fake

commediografo, -a [kom·me·'diɔː·gra·fo] *m, f* comedy writer

commemorare [kom·me·mo·'raː·re] *vt* (*ricordare: evento, persona*) to commemorate

commemorativo, -a [kom·me·mo·ra·'ti:·vo] *adj* (*concerto, francobollo, targa, medaglia*) commemorative

commemorazione [kom·me·mo·ra·'tsio:·ne] *f* 1. (*celebrazione*) commemoration 2. (*cerimonia*) remembrance ceremony

commendatore [kom·men·da·'to:·re] *m* knight commander

commensale [kom·men·'sa:·le] *mf* fellow diner

commentare [kom·men·'ta:·re] *vt* 1. (*passo, poesia*) to comment on 2. (*evento*) to commentate on

commentatore, -trice [kom·men·ta·'to:·re] *m, f* RADIO, TV commentator

commento [kom·'men·to] *m* 1. LIT, RADIO, TV commentary 2. (*osservazione, giudizio*) comment 3. FILM ~ **musicale** background music

commerciale [kom·mer·'tʃa:·le] *adj* commercial

commercialista [kom·mer·tʃa·'lis·ta] <-i *m*, -e *f*> *mf* 1. (*consulente*) accountant 2. (*esperto in diritto commerciale*) commercial lawyer

commercializzare [kom·mer·tʃa·lid·'dza:·re] *vt* 1. COM (*vendere: prodotto*) to market 2. *fig, pej* (*rendere commerciale*) to commercialize

commerciante [kom·mer·'tʃan·te] *mf* 1. (*negoziante*) storekeeper; ~ **all'ingrosso** wholesaler 2. (*mercante*) dealer

commerciare [kom·mer·'tʃa:·re] *vi* to trade; ~ **in qc** to deal in sth

commercio [kom·'mɛr·tʃo] <-ci> *m* 1. (*settore*) commerce; **essere nel** ~ to be in business 2. (*attività*) trade; ~ **all'ingrosso** wholesale trade; ~ **al minuto** retail trade; ~ **elettronico** e-commerce 3. (*distribuzione: prodotto, libro*) **essere in** ~ to be on sale

commessa [kom·'mes·sa] *f* 1. (*di negozio*) sales clerk 2. (*ordine*) order

commesso, -a [kom·'mes·so] I. *pp di* **commettere** II. *m, f* (*di negozio*) sales clerk; ~ **viaggiatore** traveling salesman

commestibile [kom·mes·'ti:·bi·le] *adj* edible

commettere [kom·'met·te·re] <irr> *vt* (*delitto, imprudenza*) to commit; (*errore*) to make

commiato [kom·'mia:·to] *m* (*congedo*) fare-

well; **prendere** ~ **da qu** to take one's leave of sb

commiserare [kom·mi·ze·'ra:·re] *vt* 1. (*avere compassione per: persona, sorte*) to feel sorry for 2. (*disprezzare*) to pity

commiserazione [kom·mi·ze·ra·'tsio:·ne] *f* sympathy

commisi [kom·'mi:·zi] *1. pers sing pass rem di* **commettere**

commissariato [kom·mis·sa·'ria:·to] *m* ~ **di polizia** police station

commissario, -a [kom·mis·'sa:·rio] <-i, -ie> *m, f* 1. ADMIN (*funzionario*) captain; ~ **di pubblica sicurezza** police captain; **Commissario europeo** (*Unione europea*) European Commissioner 2. (*membro di commissione*) commissioner; ~ **d'esame** examiner 3. SPORT steward; ~ **tecnico** team manager

commissionare [kom·mis·sio·'na:·re] *vt* (*lavoro, ricerca, traduzione*) to commission

commissione [kom·mis·'sio:·ne] *f* 1. COM (*ordine*) order; **prodotto su** ~ made to order 2. (*somma*) commission; **spese di** ~ commission 3. (*faccenda*) **fare una** ~ to run an errand; **fare -i** to do the shopping 4. (*comitato*) commission; ~ **direttiva** executive committee; ~ **esaminatrice** [*o* **d'esami**] board of examiners; **Commissione europea** EU European Commission; ~ **d'inchiesta** committee of inquiry; ~ **interna** shop committee

committente [kom·mit·'tɛn·te] *mf* customer

commossi *1. pers sing pass rem di* **commuovere**

commosso *pp di* **commuovere**

commovente [kom·mo·'vɛn·te] *adj* moving

commozione [kom·mo·'tsio:·ne] *f* 1. (*turbamento*) emotion 2. MED ~ **cerebrale** MED concussion

commuovere [kom·'muɔ:·ve·re] <irr> I. *vt* (*momento, storia, cerimonia*) to move II. *vr:* **-rsi** to be moved

commutare [kom·mu·'ta:·re] *vt* 1. (*scambiare: pena, sanzione*) to commute 2. ELETT to switch

commutatore [kom·mu·ta·'to:·re] *m* ELETT, TEL switch

comò [ko·'mɔ] <-> *m* dresser

Como ['kɔː·mo] *f* Como; **il lago di** ~ Lake Como

comoda ['kɔː·mo·da] *f* MED (*sedia*) commode

comodare [ko·mo·'da:·re] *vi* **essere** *inf* to suit; **fai come ti comoda** do as you like

comodino [ko·mo·'di:·no] *m* bedside table

comodità [ko·mo·di·'ta] <-> *f* 1. (*agio*) ease 2. (*comfort*) comfort

comodo ['kɔː·mo·do] *m* 1. (*agio*) comfort 2. (*convenienza*) convenience; **con** ~ at one's leisure; **fare** [*o* **tornare**] ~ **a qu** to come in handy for sb; **fare il proprio** ~ to do as one pleases

comodo, -a *adj* 1. (*agiato: vita*) easy 2. (*confortevole: divano, scarpe*) comfortable 3. (*pratico: tavolo, indumento*) practical 4. (*conveniente: ora, momento) convenient **5.** (a proprio agio) comfortable; **state -i!** don't get up!

compact disc [kəm·'pækt dısk/'kɔm·pakt dısk] <-> m (disco) compact disc

compaesano, -a [kom·pae·'za:·no] m, f person from the same town

compagnia [kom·paɲ·'ɲi:·a] <-ie> f **1.** (lo stare insieme) company; **essere di** ~ to be good company; **fare** [o **tenere**] ~ **a qu** to keep sb company **2.** (gruppo) group **3.** TEAT company **4.** REL society **5.** MIL company **6.** COM company; ~ **aerea** airline; ~ **di assicurazione** insurance company; ~ **di navigazione** shipping company; ~ **low-cost** budget airline

compagno, -a [kom·'paɲ·ɲo] m, f **1.** (persona amica) companion; (di sport) partner; ~ **di classe** classmate; ~ **di gioco** playmate; ~ **di scuola** schoolfriend; ~ **di stanza** roommate; ~ **di sventura** companion in misfortune **2.** (partner) partner **3.** POL comrade

compaio [kom·'pa:·io] 1. pers sing pr di **comparire**

comparare [kom·pa·'ra:·re] vt to compare

comparativo, -a adj **1.** (studio, metodo) comparative **2.** LING comparative; **grado** ~ comparative degree

comparativo, -a m, f LING comparative

comparazione [kom·pa·ra·'tsio:·ne] f comparison

compare [kom·'pa:·re] m **1.** (amico) comrade **2.** pej (in azioni disoneste) accomplice

comparire [kom·pa·'ri:·re] <comparisco o compaio, comparvi o comparii, comparso> vi essere to appear

comparizione [kom·pa·ri·'tsio:·ne] f appearance; **mandato** [o **ordine**] **di** ~ GIUR summons

comparsa [kom·'par·sa] f **1.** TEAT walk-on; FILM extra; **fare la** ~ to be a walk-on [o an extra] **2.** (apparizione) appearance

comparso [kom·'par·so] pp di **comparire**

compartecipe [kom·par·'te:·tʃi·pe] **I.** adj participating **II.** mf participant

compartimento [kom·par·ti·'men·to] m **1.** (suddivisione) compartment **2.** FERR compartment **3.** ADMIN (circoscrizione) district

comparvi [kom·'par·vi] 1. pers sing pass rem di **comparire**

compassione [kom·pas·'sio:·ne] f **1.** (pietà) compassion; **avere** ~ **di** [o **per**] [o **verso**] qu to feel pity for sb; **far** ~ **a qu** to arouse sb's pity **2.** (disprezzo) pity

compasso [kom·'pas·so] m (strumento) compasses pl

compatibile [kom·pa·'ti:·bi·le] adj compatible; **essere** ~ **con qc** to be compatible with sth

compatibilità [kom·pa·ti·bi·li·'ta] <-> f compatibility

compatibilmente [kom·pa·ti·bil·'men·te] adv ~ **con ...** depending on sth

compatimento [kom·pa·ti·'men·to] m **1.** (compassione) compassion **2.** (disprezzo) pity

compatire [kom·pa·'ti:·re] <compatisco> vt **1.** (avere compassione di) to feel sorry for **2.** (disprezzare) to pity

compatriota [kom·pa·tri·'ɔ:·ta] <-i , -e> mf compatriot

compattezza [kom·pat·'tet·tsa] f **1.** (solidità) solidity **2.** fig (di gruppo) unity

compatto, -a [kom·'pat·to] adj **1.** (solido, denso: materiale) solid **2.** (piccolo: auto, videocamera) compact **3.** (unitario: gruppo) close-knit

compendio [kom·'pɛn·dio] <-i> m compendium

compensare [kom·pen·'sa:·re] vt **1.** (dare un compenso a) to remunerate; ~ **qu to** remunerate sb for sth **2.** (ricompensare) to make up for; ~ **qu di qc** to be compensation to sb for sth **3.** (bilanciare: differenza) to make up for

compensato m plywood

compensazione [kom·pen·sa·'tsio:·ne] f compensation

compenso [kom·'pɛn·so] m **1.** COM (retribuzione) remuneration **2.** COM (risarcimento) compensation **3.** (loc) **in** ~ on the other hand

compera ['kom·pe·ra] f purchase; **fare -e** to go shopping

competente [kom·pe·'tɛn·te] adj **1.** (esperto: medico) qualified **2.** ADMIN (giudice) with jurisdiction; (ufficio) appropriate

competenza [kom·pe·'tɛn·tsa] f **1.** (preparazione) competence **2.** ADMIN (autorità) jurisdiction **3.** ADMIN (pertinenza) responsibility; **non è di sua** ~ it's not his [o her] responsibility **4.** pl COM (onorario) fees

competere [kom·'pɛ:·te·re] <competo, competei> manca il pp vi **1.** (gareggiare) to compete; ~ **per qc** to compete for sth **2.** ADMIN **qc compete a qu** sth is sb's responsibility

competitività [kom·pe·ti·ti·vi·'ta] <-> f competitiveness

competitivo, -a [kom·pe·ti·'ti:·vo] adj competitive

competizione [kom·pe·ti·'tsio:·ne] f (rivalità, gara) competition

compiacente [kom·pia·'tʃɛn·te] adj (accomodante) amenable

compiacenza [kom·pia·'tʃɛn·tsa] f (cortesia) courtesy; **avere la** ~ **di fare qc** to have the courtesy to do sth

compiacere [kom·pia·'tʃe:·re] <irr> **I.** vi (assecondare) to please **II.** vr: **-rsi** to be pleased; **-rsi con qu per qc** to congratulate sb on sth

compiacimento [kom·pia·tʃi·'men·to] m satisfaction

compiangere [kom·'pian·dʒe·re] <irr> vt (commiserare) to feel sorry for

compianto [kom·'pian·to] m mourning

compianto, -a adj (defunto) late

compiere ['kom·pie·re] <compio, compii o compiei, compiuto> **I.** vt **1.** (concludere: missione, studi) to complete; ~ **gli anni** to have one's birthday; **ha compiuto 10 anni giovedì** he had his 10th birthday on Thursday **2.** (*fare*) to carry out II. *vr:* **-rsi** (*avverarsi*) to take place

compilare [kom·pi·'la:·re] *vt* **1.** (*riempire: modulo, questionario*) to fill out **2.** (*redigere: lista*) to draw up; (*vocabolario*) to compile

compilatore [kom·pi·la·'to:·re] *m* COMPUT compiler

compilazione [kom·pi·la·'tsio:·ne] *f* **1.** (*di modulo, questionario*) filling out **2.** (*di lista*) drawing up; (*di vocabolario*) compilation

compimento [kom·pi·'men·to] *m* (*fine*) end; **portare a ~ qc** to see sth through to the end

compire [kom·'pi:·re] *v.* **compiere**

compitare [kom·pi·'ta:·re] *vt* to spell out

compito ['kom·pi·to] *m* **1.** (*di scuola*) test; **~ in classe** (**d'italiano**) class test (in Italian); **-i a casa** homework; **-i delle vacanze** vacation homework **2.** (*incarico*) duty

compito, -a [kom·'pi:·to] *adj* (*persona, aria*) polite

compiutamente [kom·piu·ta·'men·te] *adv* (*descrivere, esprimere, realizzare*) fully

compiuto, -a [kom·'piu:·to] I. *pp di* **compiere** II. *adj* completed; **un fatto ~** a fait accompli

compleanno [kom·ple·'an·no] *m* birthday; **tanti auguri di buon ~!** happy birthday!

complementare [kom·ple·men·'ta:·re] *adj* complementary

complemento [kom·ple·'men·to] *m* LING complement; **~ di causa/tempo** adverbial phrase of reason/time; **~ di specificazione** possessive phrase; **~ di termine** indirect object

complessato, -a [kom·ples·'sa:·to] I. *adj* (*persona*) hung-up *inf* II. *m, f* person with hang-ups *inf*

complessità [kom·ples·si·'ta] <-> *f fig* complexity

complessivamente [kom·ples·si·va·'men·te] *adv* altogether

complessivo, -a [kom·ples·'si:·vo] *adj* (*quadro, valutazione*) overall; (*reddito*) total; **visione -a** overview

complesso [kom·'plɛs·so] *m* **1.** PSIC complex; **~ d'inferiorità** inferiority complex **2.** (*architettonico, industriale, ospedaliero, residenziale*) complex **3.** MUS (*gruppo*) group **4.** (*insieme*) whole; **in** [*o* **nel**] **~** altogether

complesso, -a *adj* **1.** (*di più elementi*) complex **2.** (*complicato: situazione, persona*) complicated

completamente [kom·ple·ta·'men·te] *adv* completely

completamento [kom·ple·ta·'men·to] *m* completion

completare [kom·ple·'ta:·re] *vt* to complete

completezza [kom·ple·'tet·tsa] *f* (*di opera, trattazione, computazione*) completeness

completo [kom·'plɛ:·to] *m* **1.** (*accessori*) set **2.** (*abito*) suit **3.** (*loc*) **al ~** (*con tutti i partecipanti*) at full strength; (*teatro*) sold out; (*albergo*) full

completo, -a *adj* **1.** (*dettagliato, totale*) com-

plete **2.** (*pieno: cinema, teatro*) sold out; (*albergo*) full

complicare [kom·pli·'ka:·re] I. *vt* (*vita, situazione, scenario*) to complicate II. *vr:* **-rsi** (*situazione, trama*) to become complicated; **la malattia si è complicata** MED there have been complications

complicato, -a [kom·pli·'ka:·to] *adj* complicated

complicazione [kom·pli·ka·'tsio:·ne] *f* **1.** MED complication **2.** (*difficoltà*) problem

complice ['kɔm·pli·tʃe/'kom·pli·tʃe] *mf* GIUR accomplice

complicità [kom·pli·tʃi·'ta] <-> *f* **1.** (*l'essere complice*) complicity **2.** (*intesa*) understanding

complimentarsi [kom·pli·men·'ta:r·si] *vr* **~ con qu** (**per qc**) to compliment sb (on sth)

complimento [kom·pli·'men·to] *m* **1.** (*lode*) compliment; **-i!** (*per azione, laurea, successo*) congratulations! **2. -i** (*convenevoli*) ceremony; **non fare -i!** be my guest!; **no grazie, senza -i!** no, but thanks all the same!

complotto [kom·'plɔt·to] *m* plot; **un ~ contro qu** a plot against sb

componente [kom·po·'nɛn·te] *m* (*ingrediente, pezzo*) component

compongo *1. pers sing pr di* **comporre**

componibile [kom·po·'ni:·bi·le] *adj* (*mobili*) modular; **cucina ~** fitted kitchen

componimento [kom·po·ni·'men·to] *m* **1.** (*scolastico*) composition **2.** LIT work **3.** MUS composition

comporre [kom·'por·re] <irr> *vt* **1.** (*formare*) to create; (*numero telefonico*) to dial **2.** LIT, MUS to compose **3.** TYPO to typeset **4.** ADMIN to settle

comportamento [kom·por·ta·'men·to] *m* behavior

comportare [kom·por·'ta:·re] I. *vt* (*implicare*) to involve II. *vr:* **-rsi** to behave

composi *1. pers sing pass rem di* **comporre**

compositore, -trice [kom·po·zi·'to:·re] *m, f* MUS composer

composizione [kom·po·zi·'tsio:·ne] *f* **1.** (*struttura*) composition **2.** (*sistemazione*) arrangement **3.** MUS composition **4.** (*a scuola*) composition **5.** TYPO typesetting

compostaggio [kɔm·pɔs·'tad·dʒo] <-ggi> *m* composting

compostezza [kom·pos·'tet·tsa] *f* composure

compostiera [kom·pɔs·'tiɛː·ra] *f* compost bin

composto [kom·'pos·to] *m* (*mescolanza*) mixture

composto, -a [kom·'pɔs·to] I. *pp di* **comporre** II. *adj* **1.** (*formato da più elementi*) composed **2.** (*posizione*) **stare ~** to keep still

comprare [kom·'pra:·re] *vt* **1.** (*acquistare*) to buy **2.** (*corrompere: persona*) to bribe

compratore, -trice [kom·pra·'to:·re] *m, f* buyer

compravendita [kom·pra·'ven·di·ta] *f* COM buying and selling

comprendere [kom·'prɛn·de·re] <irr> I. vt
1. (capire) to understand 2. (contenere) to
consist of II. vr: -rsi (capirsi) to understand
each other

comprendonio [kom·pren·'dɔ:·nio] <-i> m
scherz, inf wits pl; **essere duro di** ~ to be
slow on the uptake

comprensibile [kom·pren·'si:·bi·le] adj (linguaggio, ragione, timore) understandable

comprensione [kom·pren·'sio:·ne] f understanding

comprensivo, -a [kom·pren·'si:·vo] adj
1. (indulgente: persona) understanding 2. COM
inclusive; ~ **di qc** inclusive of sth; **prezzo ~ di**
I.V.A. price inclusive of VAT

compresi [kom·'pre:·si] 1. pers sing pass rem
di **comprendere**

compreso, -a [kom·'pre:·so] I. pp di **com-**
prendere II. adj 1. (capito: persona) understood 2. (incluso) included; **tutto** ~ all inclusive; **I.V.A. -a** including VAT

compressa [kom·'prɛs·sa] f 1. (pastiglia) tablet 2. (garza) compress

compressi [kom·'prɛs·si] 1. pers sing pass
rem di **comprimere**

compressione [kom·pres·'sio:·ne] f compression; ~ **dati** COMPUT data compression

compresso, -a [kom·'prɛs·so] I. pp di **com-**
primere II. adj 1. (sottoposto a pressione:
aria, gas) compressed 2. COMPUT (file) zipped

compressore [kom·pres·'so:·re] I. adj com-
pressing II. m compressor

comprimere [kom·'pri:·me·re] <comprimo,
compressi, compresso> vt 1. (sottoporre a
pressione: aria, gas, fluido) to compress
2. COMPUT (file, dati, testo) to zip

compromesso [kom·pro·'mɛs·so] m 1. fig
(accomodamento) compromise; **arrivare**
[o **scendere**] **ad un** ~ to reach a compromise
2. GIUR (per l'acquisto di un immobile) preliminary contract

compromesso, -a I. pp di **compromettere**
II. adj pej (persona, reputazione) compro-
mised

compromettente [kom·pro·met·'tɛn·te] adj
(dichiarazione, foto, lettera) compromising

compromettere [kom·pro·'met·te·re] <irr>
I. vt (impresa, reputazione, salute) to compromise II. vr: -rsi (mettersi in cattiva luce) to
compromise oneself

comproprietà [kom·pro·prie·'ta] f joint ownership

comproprietario, -a [kom·pro·prie·'ta:·rio]
m, f joint owner

comprovare [kom·pro·'va:·re] vt (requisito,
diritto, capacità) to prove

compunto, -a [kom·'pun·to] adj (persona,
volto, espressione) contrite

computare [kom·pu·'ta:·re] vt 1. (contare) to
count 2. COM (mettere in conto) to charge

computazionale [kom·pu·ta·tsio·'na:·le] adj
(chimica, fisica, meccanica) computational; **la**
linguistica ~ computational linguistics

computer [kəm·'pju:·tə/kom·'pju·ter] <-> m
computer; ~ **portatile** laptop (computer);
~ **tascabile** pocket computer

computeristico, -a [kom·pju·te·'ris·ti·ko]
<-ci, -che> adj (scienza, sistema, terminolo-
gia) computer

computerizzabile [kom·pju·te·rid·'dza:·bi·le]
adj (documenti, pratiche) computerizable

computerizzare [kom·pu·te·rid·'dza:·re] vt
(dati, documenti, sistema, impianto) to computerize

computerizzato, -a [kom·pju·te·rid·'dza:·to]
adj (sistema, impianto, macchinario) computerized

computerizzazione [kom·pju·te·rid·dza·
'tsio:·ne] f (di sistema, impianto, macchinario) computerization

computista [kom·pu·'tis·ta] <-i m, -e f> mf
bookkeeper

computisteria [kom·pu·tis·te·'ri:·a] <-ie> f
bookkeeping

comunale [ko·mu·'na:·le] adj 1. ADMIN (del
comune: ufficio, servizio, consiglio, giunta)
town; (biblioteca, teatro) municipal;
(imposte) local; **palazzo** ~ HIST town hall
2. HIST (dei comuni) of the city states; **l'età** ~
the age of the city states

comune [ko·'mu:·ne] I. adj 1. (di tutti) common; **bene** ~ common good; **il Mercato**
Comune the Common Market 2. (di due o
più persone: interessi) common; (amico) mutual 3. (diffuso: opinione, uso) common
4. (medio, normale) ordinary; ~ **mortale** ordinary mortal 5. (ordinario: sale) common
6. (non raffinato: gente) ordinary 7. LING
(generico) common II. m 1. ADMIN (ente) city
council; (sede) city hall; **sposarsi in** ~ to
get married at city hall 2. HIST city state
3. (insieme) **avere qc in** ~ to have sth in common 4. (ordinario) **fuori dal** ~ out of the ordinary

The **Comune** (municipality) is the smallest
autonomous political unit. It keeps the reg-
isters of births, marriages, and deaths and
has the power to raise taxes and to approve
public works. The **Comune** is run by the
Giunta comunale (governing group) whose
members come from the **Consiglio comu-**
nale (city council). Both groups report to
the Mayor (**Sindaco**). The **Campidoglio**
(Capitol), one of the Seven Hills of Rome, is
the seat of the **Comune di Roma**, the Rome
city council.

comunella [ko·mu·'nɛl·la] f (accordo) **fare** ~
to band together

comunicabile [ko·mu·ni·'ka:·bi·le] adj (sapere, computazioni) communicable

comunicante [ko·mu·ni·'kan·te] adj (camere)
communicating; **vasi -i** communicating vessels

comunicare [ko·mu·ni·'ka:·re] I. vt (notizia,

C

data, dati, nomi, sentimenti) to communicate; ~ **qc a qu** to inform sb of sth **II.** *vi* to communicate; ~ **con qc** to communicate with sth

comunicativa [ko·mu·ni·ka·'ti:·va] *f* communicativeness

comunicativo, -a [ko·mu·ni·ka·'ti:·vo] *adj* (*persona*) communicative

comunicato [ko·mu·ni·'ka:·to] *m* communiqué; ~ **stampa** press release

comunicazione [ko·mu·ni·ka·'tsio:·ne] *f* **1.** (*collegamento*) connection; **-i ferroviarie/ marittime/stradali** rail/sea/road connections; **essere in** ~ to be connected; **mettersi in** ~ (**con qu**) to get in contact (with sb) **2.** (*informazione*) message **3.** (*trasmissione*) communication; ~ **telefonica/interurbana** telephone/long-distance call; **mezzi di** ~ means of communication

comunione [ko·mu·'nio:·ne] *f* **1.** REL communion; **prima** ~ first communion **2.** GIUR community; ~ **dei beni** GIUR community property **3.** *fig* (*di interessi*) community; (*di idee*) similarity

comunismo [ko·mu·'niz·mo] *m* communism

comunista [ko·mu·'nis·ta] <-i *m*, -e *f*> **I.** *mf* communist **II.** *adj* (*partito, ideologia*) communist

comunità [ko·mu·ni·'ta] <-> *f* **1.** (*collettività*) community **2.** (*di lavoro, terapeutica*) center **3.** (*organizzazione*) group; **Comunità Europea** European Community

comunitario, -a [ko·mu·ni·'ta:·rio] <-i, -ie> *adj* **1.** (*della comunità*) community **2.** (*della Comunità Europea*) Community

comunque [ko·'muŋ·kue] **I.** *adv* (*in ogni modo*) anyway **II.** *conj* **1.** (*in qualunque modo*) however; ~ **vada** whatever happens **2.** (*tuttavia*) nevertheless

con [kon] <col, collo, colla, coi, cogli, colle> *prep* **1.** (*compagnia, relazione*) with **2.** (*verso*) to; **essere gentile** ~ **qu** to be nice to sb **3.** (*unione*) with; **caffè col latte** coffee with milk; **un uomo coi capelli bianchi** a man with white hair **4.** (*mezzo, strumento*) with; **l'ho aperto** ~ **un coltello** I opened it with a knife; **viaggiare con treno/con la macchina** to travel by train/by car **5.** (*modo, maniera*) with; ~ **tutto il cuore** with all one's heart **6.** (*causa*) with; ~ **questo** with; ~ **questo caldo non si può uscire** you can't go out in this heat **7.** (*avversativo*) despite; ~ **tutti i suoi difetti, mi piace** despite all his faults, I like him; ~ **tutto che ...** despite all that ...

conca ['koŋ·ka] <-che> *f* **1.** (*recipiente*) bowl **2.** GEO valley

concatenare [kon·ka·te·'na:·re] *vt* (*idee, computazioni*) to link

concatenazione [kon·ka·te·na·'tsio:·ne] *f* chain

concavo, -a ['kɔŋ·ka·vo] *adj* (*recipiente, lente, specchio*) concave

concedere [kon·'tʃɛ:·de·re] <concedo, con-

cessi *o* concedei *o* concedetti, concesso> **I.** *vt* (*grazia, prestito, proroga*) to grant **II.** *vr:* **-rsi** (*permettersi: lusso, vacanza*) to allow oneself

concentramento [kon·tʃen·tra·'men·to] *m* (*ammassamento*) concentration; (*di truppe*) build-up; **campo di** ~ concentration camp

concentrare [kon·tʃen·'tra:·re] **I.** *vt* **1.** MIL (*truppe*) to mass **2.** *fig* (*energie, risorse*) to concentrate; ~ **qc su qc** to concentrate sth on sth **II.** *vr* **-rsi su qc** to concentrate on sth

concentrato [kon·tʃen·'tra:·to] *m* **1.** CULIN concentrate; ~ **di pomodoro** tomato purée **2.** *fig* (*cumulo: di musica, tecnologia, comfort*) collection

concentrato, -a *adj* **1.** (*assorto: persona*) absorbed **2.** (*condensato: liquido*) concentrated

concentrazione [kon·tʃen·tra·'tsio:·ne] *f* (*raccoglimento*) concentration

concentrico, -a [kon·'tʃɛn·tri·ko] <-ci, -che> *adj* (*cerchio*) concentric

concepibile [kon·tʃe·'pi:·bi·le] *adj* conceivable; **non è** ~ **che ...** +*conj* it is inconceivable that ...

concepimento [kon·tʃe·pi·'men·to] *m* **1.** BIOL (*di bambino*) conception **2.** *fig* (*ideazione*) conception

concepire [kon·tʃe·'pi:·re] <concepisco> *vt* **1.** BIOL (*bambino*) to conceive **2.** *fig* (*comprendere*) to understand **3.** (*ideare: strategia, struttura*) to conceive

concernente [kon·tʃer·'nɛn·te] *adj* ~ **qc** concerning sth

concernere [kon·'tʃɛr·ne·re] *mancano pass rem e pp vt* to concern

concertista [kon·tʃer·'tis·ta] <-i *m*, -e *f*> *mf* concert performer

concerto [kon·'tʃɛr·to] *m* MUS concert

concessi [kon·'tʃɛs·si] *1. pers sing pass rem di* **concedere**

concessionaria [kon·tʃes·sio·'na:·ria] <-ie> *f* dealership

concessionario [kon·tʃes·sio·'na:·rio] <-i> *m* **1.** (*rivenditore*) dealer **2.** (*destinatario di una concessione*) agent

concessionario, -a <-i, -ie> *adj* **1.** (*di vendita*) **agente** ~ agent **2.** (*destinatario di una concessione*) **società/ditta -a** agency

concessione [kon·tʃes·'sio:·ne] *f* **1.** (*di prestito, mutuo, pensione*) granting **2.** COM (*licenza*) franchise **3.** ADMIN (*appalto*) contract

concessiva [kon·tʃes·'si:·va] *f* LING concessive clause

concessivo, -a [kon·tʃes·'si:·vo] *adj* (*congiunzione, proposizione*) concessive

concesso [kon·'tʃɛs·so] *pp di* **concedere**

concetto [kon·'tʃɛt·to] *m* **1.** (*nozione*) concept **2.** (*opinione*) opinion; **farsi un** ~ **di qc** to form an opinion of sth

concettuale [kon·tʃet·tu·'a:·le] *adj* (*analisi, metafora*) conceptual; **mappa** ~ conceptual map

concezione [kon·tʃe·'tsio:·ne] *f* **1.** (*concetto,*

idea) concept **2.** (*ideazione: di piano, progetto*) conception

conchiglia [koŋ·ˈkiʎ·ʎa] <-glie> *f* **1.** ZOOL shell **2.** *pl* CULIN *pasta shell*

concia [ˈkon·tʃa] <-ce> *f* **1.** (*di pelli*) tanning **2.** (*di tabacco*) curing **3.** (*sostanza*) tan

conciare [kon·ˈtʃa:·re] **I.** *vt* **1.** (*pelli*) to tan **2.** (*tabacco*) to cure **3.** *fig, inf* (*ridurre in cattivo stato*) to make a mess of; ~ **qu per le feste** *inf* to beat sb up **II.** *vr:* **-rsi** *pej* **1.** (*ridursi male*) to get in a mess **2.** (*vestirsi male*) to dress badly

conciliante [kon·tʃi·ˈlian·te] *adj* (*persona, tono, saluto*) conciliatory

conciliare [kon·tʃi·ˈlia:·re] **I.** *vt* **1.** ADMIN (*pagare: multa*) to pay on the spot **2.** (*sonno*) to be conducive to **3.** (*controversia*) to settle **4.** *fig* (*attività, interessi, passioni*) to reconcile **II.** *vr:* **-rsi** (*armonizzare*) to become reconciled

conciliatore, -trice [kon·tʃi·lia·ˈto:·re] **I.** *adj* **1.** (*commissione*) conciliation; **giudice** ~ justice of the peace **2.** *fig* (*figura, posizione*) conciliatory **II.** *m, f* **1.** (*intermediario*) conciliator **2.** GIUR (*giudice di pace*) justice of the peace

conciliazione [kon·tʃi·lia·ˈtsio:·ne] *f* GIUR (*di avversari*) conciliation

concilio [kon·ˈtʃi:·lio] <-i> *m* **1.** REL council **2.** *scherz* (*riunione*) conference

concimare [kon·tʃi·ˈma:·re] *vt* (*con prodotti chimici*) to put fertilizer on; (*con prodotti naturali*) to put manure on

concime [kon·ˈtʃi:·me] *m* (*chimico*) fertilizer; (*naturale*) manure

concisione [kon·tʃi·ˈzio:·ne] *f* (*di discorso, scritto*) conciseness

conciso, -a [kon·ˈtʃi:·zo] *adj* (*discorso, testo*) concise

concitazione [kon·tʃi·ta·ˈtsio:·ne] *f* excitement

concittadino, -a [kon·tʃit·ta·ˈdi:·no] *m, f* fellow citizen

conclave [koŋ·ˈkla:·ve] *m* REL conclave

concludente [koŋ·klu·ˈdɛn·te] *adj* conclusive

concludere [koŋ·ˈklu:·de·re] <concludo, conclusi, concluso> **I.** *vt* **1.** (*condurre a termine: discorso, viaggio*) to end; (*lavoro*) to finish **2.** (*affare, trattato, vertenza, patto, pace*) to conclude **3.** (*dedurre*) to conclude **II.** *vr:* **-rsi** to end

conclusione [koŋ·klu·ˈzio:·ne] *f* **1.** (*fine: di conflitto, partita, discorso, libro*) end **2.** (*deduzione*) conclusion; **giungere alla ~ che ...** to come to the conclusion that ...; **in ~** in conclusion

conclusivo, -a [kon·klu·ˈzi:·vo] *adj* (*osservazione, frase*) concluding

concluso, -a [kon·ˈklu:·zo] **I.** *pp di* **concludere** **II.** *adj* **1.** (*affare, pace*) concluded **2.** (*lavoro*) finished

concomitante [koŋ·ko·mi·ˈtan·te] *adj* (*circostanza*) concomitant

concomitanza [koŋ·ko·mi·ˈtan·tsa] *f* combination; **in ~ con qc** in conjunction with sth

concordanza [koŋ·kor·ˈdan·tsa] *f* **1.** LING agreement **2.** (*di opinioni, idee, fatti*) concordance

concordare [koŋ·kor·ˈda:·re] **I.** *vt* **1.** LING to make agree **2.** (*data, prezzo*) to agree on **II.** *vi* ~ **con qc** to agree with sth; ~ **con qu su qc** to agree with sb on sth

concordato [koŋ·kor·ˈda:·to] *m* **1.** GIUR (*accordo*) composition **2.** REL concordat

concorde [koŋ·ˈkɔr·de] *adj* in agreement

concordia [koŋ·ˈkɔr·dia] <-ie> *f* **1.** (*accordo*) agreement **2.** (*armonia*) harmony

concorrente [koŋ·kor·ˈrɛn·te] **I.** *adj* **1.** COM (*azienda*) competing **2.** MAT (*retta*) concurrent **II.** *mf* **1.** SPORT, COM competitor **2.** (*di concorso*) candidate

concorrenza [koŋ·kor·ˈrɛn·tsa] *f* **1.** (*competizione*) competition; **fare ~ a qu** to compete with sb **2.** COM competition; ~ **libera/sleale** free/unfair competition **3.** COM (*concorrenti*) competition

concorrenziale [koŋ·kor·ren·ˈtsia:·le] *adj* (*prezzo, prodotto*) competitive

concorrere [koŋ·ˈkor·re·re] <irr> *vi* **1.** (*competere*) to compete; ~ **a una gara** to compete in a race **2.** (*contribuire*) ~ **a fare qc** to contribute to doing sth; ~ **alle spese** to contribute to expenses

concorso [koŋ·ˈkor·so] *m* **1.** (*gara*) contest; ~ **di bellezza** beauty contest; ~ **a premi** prize competition; **fuori** ~ out of competition **2.** SPORT competition; ~ **ippico** horse show

concretezza [koŋ·kre·ˈtet·tsa] *f* concreteness

concretizzare [koŋ·kre·tid·ˈdza:·re] **I.** *vt* (*realizzare: idea, proposta*) to put into action **II.** *vr:* **-rsi** (*realizzarsi: piano, progetto*) to be put into action

concreto [koŋ·ˈkrɛ:·to] *m* **venire al** ~ to get to the crux of the matter; **in** ~ in reality

concreto, -a *adj* **1.** (*materiale: oggetto*) concrete **2.** (*reale: esempio, ipotesi*) solid **3.** (*pratico: persona*) practical

concussione [koŋ·kus·ˈsio:·ne] *f* extortion

condanna [kon·ˈdan·na] *f* **1.** GIUR sentence **2.** *fig* (*disapprovazione*) condemnation

condannare [kon·dan·ˈna:·re] *vt* **1.** GIUR to sentence; ~ **qu a qc** to sentence sb to sth **2.** *fig* (*disapprovare*) to condemn

condensa [kon·ˈdɛn·sa] *f* condensation

condensamento [kon·den·sa·ˈmen·to] *m* (*di umidità*) condensation

condensare [kon·den·ˈsa:·re] **I.** *vt* **1.** FIS (*aria, gas*) to condense **2.** *fig* (*riassumere*) to summarize **II.** *vr:* **-rsi** **1.** FIS (*aria, gas*) to condense **2.** *fig* (*concentrarsi*) to be concentrated

condensato, -a *adj* **1.** (*latte*) condensed **2.** FIS condensed **3.** (*libro, racconto*) summarized

condensatore [kon·den·sa·ˈto:·re] *m* ELETT condenser

condensazione [kon·den·sa·ˈtsio:·ne] *f* condensation

condimento [kon·di·ˈmen·to] *m* CULIN (*per insalata*) dressing; (*per pasta*) sauce

condire [kon·'di:·re] <condisco> *vt* **1.** CULIN (*insalata*) to dress; (*pasta*) to put the sauce on **2.** *fig* to spice up

condiscendente [kon·diʃ·ʃen·'dɛn·te] *adj* (*cedevole*) indulgent

condiscendere [kon·diʃ·'ʃen·de·re] <irr> *vi* (*cedere*) to agree; ~ **a qc** to agree to sth

condividere [kon·di·'vi:·de·re] <irr> *vt* (*opinioni, idee*) to share; (*scelta*) to agree with

condivisibile [kon·di·vi·'zi:·bi·le] *adj* (*opinione, idea, punto di vista*) able to be shared; (*decisione*) able to be agreed with

condivisione [kon·di·vi·'zio:·ne] *f* **1.** (*di idee, speranze*) sharing; **la** ~ **di qc** sharing in sth **2.** COMPUT (*di dati, stampante*) sharing; **la** ~ **di qc** sharing of sth

condizionale [kon·di·tsio·'na:·le] **I.** *adj* **1.** LING (*tempo, proposizione*) conditional **2.** GIUR **sospensione** ~ **della pena** suspended sentence **II.** *m* LING conditional (mood) **III.** *f* **1.** LING conditional (clause) **2.** GIUR suspended sentence

condizionamento [kon·di·tsio·na·'men·to] *m* **1.** (*climatizzazione*) air conditioning **2.** PSIC conditioning

condizionare [kon·di·tsio·'na:·re] *vt* **1.** (*climatizzare*) to air-condition **2.** PSIC to condition **3.** (*subordinare*) ~ **qc a qc** to make sth conditional on sth

condizionatore [kon·di·tsio·na·'to:·re] *m* (~ *d'aria*) air-conditioner

condizione [kon·di·'tsio:·ne] *f* **1.** (*requisito*) condition; **porre delle -i** to lay down conditions; **a** ~ **che ...** +*conj* on condition that ... **2.** *pl* COM conditions *pl* **3.** (*stato*) condition; **-i finanziarie** financial position; **-i di salute** state of health; **essere in** ~ **di fare qc** to be in a position to do sth

condoglianze [kon·doʎ·'ʎan·tse] *fpl* condolences; **fare le** ~ **a qu** to offer one's condolences to sb; **'sentite** ~ **'** 'with deepest sympathy'

condominio [kon·do·'mi:·nio] <-i> *m* (*casa*) condominium

condomino, -a [kon·'dɔ:·mi·no] *m, f* condominium owner

condonare [kon·do·'na:·re] *vt* (*pena, debito*) to remit

condono [kon·'do:·no] *m* remission; ~ **fiscale** tax amnesty; ~ **edilizio** *amnesty for infringing building regulations*

condor ['kɔn·dor] <-> *m* condor

condotta [kon·'dot·ta] *f* **1.** (*comportamento*) conduct; **voto di** ~ grade for conduct **2.** SPORT ~ **di gioco** play **3.** TEC (*tubazione*) pipe

condottiero [kon·dot·'tiɛ:·ro] *m* HIST, MIL leader

condotto [kon·'dɔt·to] *m* **1.** ANAT duct; ~ **uditivo** auditory canal; ~ **lacrimale** tear duct **2.** TEC (*tubazione*) pipe

condotto, -a **I.** *pp di* **condurre II.** *adj* **medico** ~ *local authority country doctor*

conducente [kon·du·'tʃɛn·te] *mf* (*di veicolo*) driver

condurre [kon·'dur·re] <conduco, condussi, condotto> **I.** *vt* **1.** (*veicolo, treno*) to drive; (*nave*) to steer; ~ **in porto** *fig* (*affare, vittoria*) to pull off **2.** (*accompagnare*) to take **3.** (*azienda*) to run **4.** (*trattative*) to hold **5.** (*vita*) to lead **6.** SPORT ~ **la gara** to lead **7.** *fig* (*portare*) ~ **a termine qc** to complete sth **II.** *vi* **1.** SPORT to lead; ~ **per due a zero** to lead two to nothing **2.** (*strada*) to lead

conduttivo, -a [kon·dut·'ti:·vo] *adj* (*materiale, metallo*) conductive

conduttore [kon·dut·'to:·re] *m* FIS conductor

conduttore, -trice **I.** *adj* leading; **filo** ~ *fig* leit-motif **II.** *m, f* **1.** FERR (*bigliettaio*) guard **2.** MOT (*di auto da corsa*) driver **3.** ADMIN (*di contratto*) lessee **4.** TV, RADIO (*di trasmissione*) host

conduttura [kon·dut·'tu:·ra] *f* (*di scarico*) pipe; (*elettrica, idrica*) main

conduzione [kon·du·'tsio:·ne] *f* **1.** (*gestione*) management; **ristorante a** ~ **familiare** family-run restaurant **2.** FIS conduction **3.** TV, RADIO (*presentazione: di trasmissione*) hosting

confabulare [kon·fa·bu·'la:·re] *vi scherz* to talk

confarsi [kon·'far·si] *vr* **1.** (*addirsi*) ~ **a qu** to be suitable for sb **2.** (*giovare*) ~ **a qu** to be good for sb

CONFARTIGIANATO [kon·far·ti·dʒa·'na:·to] *f acró de* **Confederazione Generale dell'Artigianato Italiano** *Italian crafts confederation*

CONFCOMMERCIO [konf·kom·'mɛr·tʃo] *f acró de* **Confederazione Generale del Commercio** *Italian trade confederation*

confederale [kon·fe·de·'ra:·le] *adj* (*ente, organizzazione, sindacato*) confederal

confederato, -a [kon·fe·de·'ra:·to] **I.** *adj* **1.** (*ente, organizzazione, sindacato*) confederate **2.** (*della guerra di secessione*) Confederate **II.** *m, f* (*della guerra di secessione*) Confederate

confederazione [kon·fe·de·ra·'tsio:·ne] *f* (*di Stati, organizzazioni, enti*) confederation; **la Confederazione Elvetica** the Swiss Confederation

conferenza [kon·fe·'rɛn·tsa] *f* **1.** (*discorso*) lecture; **tenere una** ~ **su qc** to give a lecture on sth; ~ **stampa** press conference **2.** (*riunione*) conference; ~ **al vertice** summit conference

conferimento [kon·fe·ri·'men·to] *m* (*di medaglia, premio, titolo*) awarding; (*di incarico*) assignment

conferire [kon·fe·'ri:·re] <conferisco> **I.** *vt* (*premio, titolo*) to award; (*incarico*) to assign **II.** *vi* (*colloquiare*) to confer

conferma [kon·'fer·ma] *f* confirmation; **trovare** [*o* **avere**] ~ to get confirmation

confermare [kon·fer·'ma:·re] **I.** *vt* to confirm **II.** *vr:* **-rsi 1.** (*rafforzarsi: sospetto, dubbio*) to be confirmed **2.** (*affermarsi: come artista, autore*) to establish oneself

CONFESERCENTI [kon·fe·zer·'tʃɛn·ti] *f acró de* **Confederazione degli Esercenti Attività**

Commerciali e Turistiche *Italian confederation for people working in commerce and tourism*

confessare [kon·fes·'sa:·re] **I.** *vt* **1.** REL (*peccato*) to confess **2.** REL (*fedeli*) ~ **qn** to hear sb's confession **3.** (*a persona amica*) to confess **4.** (*delitto*) to confess to **5.** (*ammettere: colpa, errori*) to admit **II.** *vr:* **-rsi** REL to go to confession

confessionale [kon·fes·sio·'na:·le] **I.** *m* confessional **II.** *adj* confessional; **segreto** ~ secrecy of the confessional

confessione [kon·fes·'sio:·ne] *f* REL, GIUR confession

confessore [kon·fes·'so:·re] *m* REL confessor

confetto [kon·'fɛt·to] *m* CULIN sugared almond

confettura [kon·fet·'tu:·ra] *f* (*marmellata*) jam

confezionamento [kon·fe·tsio·na·'men·to] *m* packaging; **data di** ~ date of packaging

confezionare [kon·fe·tsio·'na:·re] *vt* **1.** (*vestito*) to make **2.** (*incartare: merci, regali*) to wrap **3.** (*imballare: pacco*) to package

confezionatrice [kon·fe·tsio·na·'tri:·tʃe] *f* (*macchina*) packaging machine

confezione [kon·fe·'tsio:·ne] *f* **1.** (*pacco*) pack; ~ **regalo** gift pack; ~ **di cioccolatini** box of chocolates **2.** (*vestiti*) clothes *pl*

conficcare [kon·fik·'ka:·re] **I.** *vt* **1.** (*ficcare: chiodo, palo*) to drive in **2.** *fig* (*nella mente*) to put in **II.** *vr:* **-rsi** **1.** (*penetrare*) to lodge **2.** (*nella mente*) **quel film mi si è conficcato in testa!** I can't get that movie out of my head!

confidare [kon·fi·'da:·re] **I.** *vt* to confide; ~ **qc a qu** to confide sth to sb **II.** *vi* (*aver fiducia*) to have confidence; ~ **in qu** to have confidence in sb **III.** *vr* **-rsi con qu** to confide in sb

confidente [kon·fi·'dɛn·te] *mf* **1.** (*persona amica*) confidant *m*, confidante *f* **2.** (*informatore: di polizia*) informer

confidenza [kon·fi·'dɛn·tsa] *f* **1.** (*familiarità*) familiarity; **essere in** ~ **con qu** to be friends with sb; **prendere** ~ **con qc** to become confident with sth; **prendersi la** ~ **di fare qc** to take the liberty of doing sth **2.** (*segreto*) confidence; **fare una** ~ **a qu** to share a confidence with sb

configurare [kon·fi·gu·'ra·re] **I.** *vt* COMPUT to configure **II.** *vr:* **-rsi** **-rsi come qc** to look like being sth

configurazione [kon·fi·gu·ra·'tsio:·ne] *f* **1.** COMPUT configuration **2.** (*aspetto, forma*) shape **3.** GEO (*di terreno*) contour

confinante [kon·fi·'nan·te] *adj* (*stanza, terreno*) adjacent; **paese** ~ neighboring country

confinare [kon·fi·'na:·re] **I.** *vi* to be adjacent; ~ **con qc** to be adjacent to sth **II.** *vt* **1.** HIST to intern **2.** *fig* (*relegare*) to confine

confinato, -a [kon·fi·'na:·to] *m, f* HIST internee

CONFINDUSTRIA [kon·fin·'dus·tria] *f acró de* **Confederazione Generale dell'Industria Italiana** *Italian employers' confederation*

confine [kon·'fi:·ne] *m* border; **ai -i del mondo** *fig* to the ends of the earth

confino [kon·'fi:·no] *m* HIST internment

confisca [kon·'fis·ka] <-sche> *f* GIUR (*di beni, terreni*) confiscation

confiscare [kon·fis·'ka:·re] *vt* GIUR (*beni, terreni*) to confiscate

conflitto [kon·'flit·to] *m* conflict; ~ **a fuoco** firefight; ~ **mondiale** world war; ~ **d'interessi** conflict of interests; **essere in** ~ to be in conflict

confluenza [kon·flu·'ɛn·tsa] *f* confluence

confluire [kon·flu·'i:·re] <confluisco> *vi* **1.** GEO (*fiumi*) to meet **2.** *fig* (*convergere: persone, contributi, idee*) to come together

confondere [kon·'fon·de·re] <irr> **I.** *vt* to confuse **II.** *vr:* **-rsi** **1.** (*mescolarsi*) to mingle; **-rsi tra la folla** to mingle with the crowd **2.** (*immagini, suoni, colori*) to merge **3.** (*sbagliarsi*) to get confused **4.** (*turbarsi*) to get flustered

conformare [kon·for·'ma:·re] **I.** *vt* (*adeguare*) ~ **qc a qc** to adapt sth to sth **II.** *vr* **-rsi a qc** to comply with sth

conforme [kon·'for·me] *adj* **essere** ~ **a qc** to conform to sth; **essere** ~ **alle norme** to comply with the regulations

conformismo [kon·for·'miz·mo] *m* conformism

conformista [kon·for·'mis·ta] <-i , -e> *mf* conformist

conformità [kon·for·mi·'ta] <-> *f* conformity; **in** ~ **a** [*o* **con**] in conformity with

confort [kon·'fɔr(t)] <-> *m* comfort

confortante [kon·for·'tan·te] *adj* (*parole, pensiero*) comforting

confortare [kon·for·'ta:·re] **I.** *vt* **1.** (*consolare*) to comfort **2.** (*tesi, assunto*) to support **II.** *vr:* **-rsi** **1.** (*farsi animo*) to console oneself **2.** (*consolarsi*) to comfort each other

confortevole [kon·for·'te:·vo·le] *adj* **1.** (*comodo: ambiente, auto*) comfortable **2.** (*consolante: parole, pensiero*) comforting

conforto [kon·'fɔr·to] *m* **1.** (*consolazione*) comfort; **portare** ~ **a qu** to give comfort to sb **2.** (*sostegno*) support

confraternita [kon·fra·ter·ni·'ta] *f* brotherhood

confrontare [kon·fron·'ta:·re] *vt* (*offerte, prezzi, tariffe*) to compare

confronto [kon·'fron·to] *m* **1.** (*paragone*) comparison; **fare un** ~ (**fra**) to make a comparison (between); **mettere a** ~ to compare; **in** ~ **a** in comparison with; **reggere al** ~ **con qu/qc** to stand in comparison with sb/sth; **senza -i** incomparable; **non c'è** ~! there's no comparison! **2.** GIUR (*contraddittorio*) confrontation **3.** (*loc*) **nei -i di** toward

confusi [kon·'fu:·zi] *1. pers sing pass rem di* **confondere**

confusionario, -a [kon·fu·zio·'na:·rio] <-i, -ie> **I.** *adj* (*pensieri, ricordi*) jumbled; (*persona*) muddle-headed **II.** *m, f* muddlehead

confusione [kon·fu·'zio:·ne] *f* **1.** (*disordine*)

C

mess **2.**(*agitazione*) confusion **3.**(*imbarazzo*) embarrassment

confuso, -a [kon·'fu:·zo] **I.** *pp di* **confondere II.** *adj* (*discorso, situazione, persona*) confused

confutare [kon·fu·'ta:·re] *vt* (*tesi, teoria*) to refute

congedare [kon·dʒe·'da:·re] **I.** *vt* **1.** *geh* (*accomiatare: ospiti*) to say goodbye to **2.** MIL to dismiss **II.** *vr:* **-rsi** (*accomiatarsi*) to say goodbye

congedo [kon·'dʒɛ:·do] *m* leave; **prendere ~ da** to take one's leave of; **essere in ~** to be on leave; **~ parentale** parental leave

congegno [kon·'dʒeɲ·ɲo] *m* (*apparecchio*) device

congelamento [kon·dʒe·la·'men·to] *m* **1.**(*raffreddamento, blocco*) freezing **2.** MED frostbite

congelare [kon·dʒe·'la:·re] **I.** *vt* (*alimenti, embrioni, credito, finanziamento*) to freeze **II.** *vr:* **-rsi** FIS, MED to freeze

congelatore [kon·dʒe·la·'to:·re] *m* freezer

congeniale [kon·dʒe·'nia:·le] *adj* (*clima, luogo, lavoro*) congenial

congenito, -a [kon·'dʒɛ:·ni·to] *adj* (*malformazione, malattia*) congenital

congestionare [kon·dʒes·tio·'na:·re] *vt* to congest

congestione [kon·dʒes·'tio:·ne] *f* congestion

congettura [kon·dʒet·'tu:·ra] *f* (*ipotesi*) conjecture

congiungere [kon·'dʒun·dʒe·re] <irr> **I.** *vt* (*tubi, linee, punti, mani*) to join; **~ in matrimonio** to join in matrimony **II.** *vr* **1.**(*strade, linee*) to join **2.** *fig* **-rsi in matrimonio** to be joined in matrimony

congiuntivite [kon·dʒun·ti·'vi:·te] *f* conjunctivitis

congiuntivo [kon·dʒun·'ti:·vo] *m* LING subjunctive

congiunto, -a [kon·'dʒun·to] **I.** *adj* (*comunicato, divorzio*) joint **II.** *m, f* relative

congiuntura [kon·dʒun·'tu:·ra] *f* COM situation

congiunturale [kon·dʒun·tu·'ra:·le] *adj* (*analisi, crisi*) economic

congiunzione [kon·dʒun·'tsio:·ne] *f* LING, ASTR conjunction

congiura [kon·'dʒu:·ra] *f* conspiracy

congiurare [kon·dʒu·'ra:·re] *vi* to conspire; **~ contro qu/qc** to conspire against sb/sth

conglomerare [kon·glo·me·'ra:·re] *vt* COM (*imprese*) to conglomerate

conglomerato [kon·glo·me·'ra:·to] *m* conglomerate

congratularsi [kon·gra·tu·'lar·si] *vr* **~ con qu per qc** to congratulate sb on sth

congratulazione [kon·gra·tu·la·'tsio:·ne] *f* congratulation; **fare le -i a qu per qc** to congratulate sb on sth; **-i!** congratulations! *pl*

congrega [kon·'grɛ:·ga] <-ghe> *f* **1.** *pej* (*combriccola*) bunch *pej* **2.** REL congregation

congregazione [kon·gre·ga·'tsio:·ne] *f* REL congregation

congressista [kon·gres·'sis·ta] <-i , -e> *mf* conference attendee

congresso [kon·'grɛs·so] *m* conference

congruente [kon·gru·'ɛn·te] *adj* **1.**(*rispondente*) **~ a** [*o* **con**] **qc** consistent with sth **2.** MAT congruent

congruenza [kon·gru·'ɛn·tsa] *f* **1.**(*corrispondenza*) consistency **2.** MAT congruence

congruo, -a ['kɔŋ·gruo] *adj* **1.**(*adeguato: assegno, compenso*) adequate **2.** MAT congruent

conguaglio [kon·'guaʎ·ʎo] <-gli> *m* **1.**(*pareggio*) balancing; **~ salariale** salary adjustment; **~ fiscale** tax adjustment **2.**(*somma*) balance

coniare [ko·'nia:·re] *vt* **1.** FIN (*moneta*) to mint **2.** *fig* (*parola*) to coin

conico, -a ['kɔ:·ni·ko] <-ci, -che> *adj* (*bicchiere, vaso, valvola*) conical

conifera [ko·'ni:·fe·ra] *f* BOT conifer

coniglio [ko·'niʎ·ʎo] <-gli> *m* **1.** ZOOL rabbit **2.** *fig* (*persona paurosa*) chicken

coniugare [kon·iu·'ga:·re] **I.** *vt* **1.** LING (*verbo*) to conjugate **2.** *fig* (*unire*) to combine **II.** *vr:* **-rsi** (*combinarsi*) to combine

coniugazione [kon·iu·ga·'tsio:·ne] *f* LING conjugation

coniuge ['kɔn·iu·dʒe] *mf* spouse

connazionale [kon·na·tsio·'na:·le] **I.** *adj* (*persona, cittadino*) from the same country **II.** *mf* fellow countryman *m*, fellow countrywoman *f*

connection [kə·'nɛk·ʃən] <-> *f* (*relazione*) connection altolocate; **~ tra …** connection between …

connessi [kon·'nɛs·si] *mpl* **con tutti gli annessi e i ~** with all that goes with it

connessione [kon·nes·'sio:·ne] *f* connection; **~ a banda larga** broadband connection

connesso, -a [kon·'nɛs·so] *adj* connected

connettere [kon·'nɛt·te·re] <connetto, connettei, connesso> **I.** *vt* to connect **II.** *vi* (*pensare*) to think straight; **non riesco a ~** I can't think straight **III.** *vr:* **-rsi** (*collegarsi*) to connect

connettivo, -a *adj* MED **tessuto ~** connective tissue

connivente [kon·ni·'vɛn·te] **I.** *adj* conniving **II.** *mf* conniving person

connotato [kon·no·'ta:·to] *m* **cambiare i -i a qu** *scherz, inf* to beat sb up

connotazione [kon·no·ta·'tsio:·ne] *f* connotation

connubio [kon·'nu:·bio] <-i> *m fig* (*unione*) marriage *fig*

cono ['kɔ:·no] *m* MAT cone; **~ gelato** ice-cream cone; **a ~** cone-shaped

conobbi [ko·'nob·bi] *1. pers sing pass rem di* **conoscere**

conoscente [ko·noʃ·'ʃen·te] *mf* acquaintance

conoscenza [ko·noʃ·'ʃen·tsa] *f* **1.**(*apprendimento*) knowledge; **avere ~ di qc** to have knowledge of sth; **essere a ~ di qc** to know sth; **per ~** for information; **venire a ~ di qc** to find out about sth; **prendere ~ di qc** ADMIN to take cognizance of sth **2.** MED consciousness; **perdere la ~** to lose consciousness; **privo di ~** unconscious **3.** (*persona*) acquaintance; **avere molte -e** to have many acquaintances; **fare la ~ di qu** to make sb's acquaintance; **"piacere di fare la sua ~"** "pleased to meet you"; **una vecchia ~** an old acquaintance

conoscere [ko·'noʃ·ʃe·re] <conosco, conobbi, conosciuto> I. *vt* **1.** (*persona, metodo, ristorante, lingua*) to know; **~ qu di vista/personalmente** to know sb by sight/personally; **ti faccio ~ mio fratello** I'll introduce you to my brother; **conosco i miei polli** *scherz* I know who I'm dealing with **2.** (*incontrare*) to meet II. *vr:* **-rsi 1.** (*incontrarsi*) to meet **2.** (*essere amici*) to know each other

conoscitore, -trice [ko·noʃ·ʃi·'to:·re] *m, f* (*di musica, vini*) connoisseur

conosciuto, -a [ko·noʃ·'ʃu:·to] I. *pp di* **conoscere** II. *adj* (*albergo, personaggio, libro*) well-known

conosco [ko·'nos·ko] *1. pers sing pr di* **conoscere**

conquista [koŋ·'kuis·ta] *f* **1.** (*ottenimento: di diritto, potere, libertà*) gaining **2.** MIL conquest **3.** (*progresso: scientifico*) achievement **4.** *fig* (**~** *amorosa*) conquest

conquistare [koŋ·kuis·'ta:·re] *vt* **1.** (*ottenere: diritto, potere, libertà*) to gain **2.** MIL to conquer **3.** *fig* (*persona*) to win over; (*amicizia, amore, simpatia*) to win

conquistatore, -trice [koŋ·kuis·ta·'to:·re] *m, f* **1.** MIL conqueror **2.** *fig* (*seduttore*) ladykiller

consacrare [kon·sa·'kra:·re] I. *vt* **1.** REL (*sacerdote*) to ordain **2.** (*re, imperatore*) to anoint **3.** (*dedicare: vita*) to devote II. *vr:* **-rsi** to devote oneself

consacrazione [kon·sak·ra·'tsio:·ne] *f* **1.** REL (*destinazione al culto*) consecration **2.** REL (*durante la messa*) Consacration

consanguineo, -a [kon·saŋ·'gui:·neo] <-ei, -ee> I. *adj* (*donatore*) related by blood II. *m, f* blood relative

consapevole [kon·sa·'pe:·vo·le] *adj* (*persona*) aware; **essere ~ di qc** to be aware of sth

consapevolizzare [kon·sa·pe·vo·lid·'dza:·re] I. *vt* to make aware; **~ qu circa** [*o* **rispetto a**] **qc** to make sb aware of sth II. *vr* **-rsi di qc** to become aware of sth

conscio, -a ['kɔnʃ·ʃo] <-sci, -sce> *adj* conscious; **essere ~ di qc** to be conscious of sth

consecutiva [kon·se·ku·'ti:·va] *f* LING consecutive clause

consecutivo, -a [kon·se·ku·'ti:·vo] *adj* **1.** (*seguente: giorno*) next **2.** (*che si sussegue: numeri, ore, risultati*) consecutive **3.** (*traduzione, interprete, congiunzione, proposizione*) consecutive

consegna [kon·'seɲ·ɲa] *f* **1.** (*di merci*) delivery; **pagamento alla ~** cash on delivery **2.** ADMIN **passare le -e a qu** to hand over to sb **3.** (*custodia*) care; **ricevere in ~** to be entrusted with

consegnare [kon·seɲ·'ɲa:·re] *vt* **1.** (*recapitare: posta, merce*) to deliver **2.** (*affidare*) to hand over

conseguente [kon·se·'guɛn·te] *adj* **1.** (*danno, disturbi*) consequent **2.** (*ragionamento, deduzione*) consistent

conseguenza [kon·se·'guɛn·tsa] *f* (*effetto*) consequence; **in ~ di qc** as a consequence of sth; **agire di ~** to act accordingly

conseguimento [kon·se·gui·'men·to] *m* obtaining

conseguire [kon·se·'gui:·re] I. *vt* (*patente, diploma, qualifica, diritto*) to obtain; (*obiettivo*) to achieve II. *vi* to follow; **ne consegue che …** it follows that …

consenso [kon·'sɛn·so] *m* consent; **il ~ a qc** consent to sth; **dare il ~ a qc** to give one's consent to sth; **tacito ~** tacit consent

consensuale [kon·sen·su·'a:·le] *adj* (*separazione, accordo*) by mutual consent

consentire [kon·sen·'ti:·re] *vt* to allow

consenziente [kon·sen·'tsiɛn·te] *adj* consenting

conserva [kon·'sɛr·va] *f* (*di frutta*) preserve; **~ di pomodoro** canned tomato sauce; **carciofi in ~** canned artichokes; **tonno/carne in ~** canned tuna/meat

conservabile [kon·ser·'va:·bi·le] *adj* (*cibo, vernice*) able to be kept

conservante [kon·ser·'van·te] *m* preservative

conservare [kon·ser·'va:·re] I. *vt* **1.** CULIN (*frutta, carne, pesce*) to preserve **2.** (*custodire*) to keep **3.** *fig* (*mantenere*) to hold II. *vr:* **-rsi 1.** CULIN (*frutta, carne, pesce*) to keep **2.** (*mantenersi: persona*) **-rsi in salute** to keep (oneself) healthy; **-rsi bene** to be well preserved

conservatore, -trice [kon·ser·va·'to:·re] I. *adj* (*partito, idee, teorie*) conservative II. *m, f* conservative

conservatorio [kon·ser·va·'tɔ:·rio] <-i> *m* MUS conservatory

conservazione [kon·ser·va·'tsio:·ne] *f* **1.** (*gener*) preservation; **istinto di ~** instinct for self-preservation **2.** (*di edificio, quadro*) conservation

considerare [kon·si·de·'ra:·re] *vt* **1.** (*tenere conto, ritenere*) to consider; **tutto considerato** all things considered; **considerata la sua età** considering his [*o* her] age **2.** (*esaminare*) to examine **3.** (*stimare*) **~ qu molto** to think highly of sb

considerazione [kon·si·de·ra·'tsio:·ne] *f* **1.** (*osservazione*) observation **2.** (*esame*) consideration; **prendere in ~** to take into consideration; **in ~ di qc** in consideration of sth **3.** (*stima*) esteem; **essere tenuto in gran ~** to be held in high esteem

considerevole [kon·si·de·'re:·vo·le] *adj* (*somma, numero, sforzo, interesse*) considerable

consigliabile [kon·siʎ·'ʎa:·bi·le] *adj* advisable

consigliare [kon·siʎ·'ʎa:·re] I. *vt* to recommend; ~ **a qu di fare qc** to advise sb to do sth II. *vr:* **-rsi** to get advice

consigliere, -a [kon·siʎ·'ʎɛ:·re] *m, f* 1. (*chi dà consigli*) adviser 2. ADMIN councilor; ~ **d'amministrazione** member of the board; ~ **di Stato** member of the Council of State

consiglio [kon·'siʎ·ʎo] <-gli> *m* 1. (*suggerimento*) advice; **chiedere un ~ a qu** to ask sb for advice; **dare un ~ a qu** to give sb advice; **la notte porta ~** *prov* it's best to sleep on it 2. ADMIN (*organo, riunione*) council; **il ~ d'amministrazione** [*o* **direttivo**] the board of directors; **Consiglio Europeo** EU Council of Europe; ~ **di fabbrica** works committee; **Consiglio dei Ministri** Cabinet; **Consiglio di Stato** Council of State; **sala del ~** council chamber

The **Consiglio dei Ministri** is the Italian cabinet. It is chaired by the **Presidente del Consiglio** (Prime Minister) and its members are taken from among the government ministers.

consistente [kon·sis·'tɛn·te] *adj* 1. (*materiale, tessuto, sabbia*) firm 2. *fig* (*notevole: somma, richiesta, aumento*) substantial

consistenza [kon·sis·'tɛn·tsa] *f* 1. (*di crema*) consistency; (*di materiale, tessuto*) texture 2. *fig* (*fondatezza*) substance; **prendere ~** to gain substance

consistere [kon·'sis·te·re] <consisto, consistei *o* consistetti, consistito> *vi essere* 1. (*basarsi su*) ~ **in qc** to consist in sth 2. (*essere composto di*) ~ **di qc** to consist of sth

consociata [kon·so·'tʃa:·ta] *f* associated company

consociato, -a I. *adj* (*azienda*) associated II. *m, f* associate

consocio, -a [kon·'sɔ:·tʃo] *m, f* associate; ~ **in affari** business associate

consolare [kon·so·'la:·re] I. *vt* (*bambino*) to console II. *vr* **-rsi di qc** to console oneself with sth

consolato [kon·so·'la:·to] *m* consulate

consolatore, -trice [kon·so·la·'to:·re] *adj* (*parole, mano*) consoling

consolazione [kon·so·la·'tsio:·ne] *f* consolation; **premio di ~** consolation prize

console ['kɔn·so·le] *m* consul

consolidamento [kon·so·li·da·'men·to] *m* 1. (*di struttura, terreno*) consolidation 2. *fig* (*rinsaldamento: di amicizia, rapporti*) strengthening

consolidare [kon·so·li·'da:·re] I. *vt* 1. (*rendere solido*) to consolidate 2. *fig* (*rinsaldare:*

amicizia, conoscenza, posizione) to strengthen II. *vr:* **-rsi** 1. (*diventare solido*) to consolidate 2. (*amicizia, conoscenza*) to strengthen

consolidato [kon·so·li·'da:·to] *m* funded debt

consolidato, -a *adj* 1. COM (*bilancio*) consolidated 2. *fig* (*rinsaldato: tradizione*) well-established

consolle [kon·'sɔl·le] <-> *f* (*tastiera*) console

consommé [kon·sɔ·'me] <-> *m* consommé

consonante [kon·so·'nan·te] *f* consonant

consono, -a ['kɔn·so·no] *adj* ~ **a qc** in keeping with sth

consorte [kon·'sɔr·te] *mf* consort

consorzio [kon·'sɔrt·sio] <-i> *m* GIUR consortium

constare [kons·'ta:·re] *vi essere* 1. (*essere costituito*) ~ **di qc** to consist of sth 2. (*risultare*) **a quanto mi consta** as far as I know

constatare [kons·ta·'ta:·re] *vt* to note

constatazione [kons·ta·ta·'tsio:·ne] *f* observation

consueto, -a *adj* usual

consuetudine [kon·sue·'tu:·di·ne] *f* 1. (*abitudine*) habit; **avere la ~ di fare qc** to be in the habit of doing sth 2. (*costume*) custom

consulente [kon·su·'lɛn·te] *mf* consultant; ~ **legale/tributario** legal/tax consultant

consulenza [kon·su·'lɛn·tsa] *f* (*legale, tecnica*) advice

consulta [kon·'sul·ta] *f* (*Corte Costituzionale*) Constitutional Court

consultare [kon·sul·'ta:·re] I. *vt* (*medico, avvocato, libro*) to consult II. *vr:* **-rsi** to get advice; **-rsi con qu** to consult sb

consultazione [kon·sul·ta·'tsio:·ne] *f* (*dare consigli, ricerca*) consultation; **opere di ~** reference works

consultivo, -a [kon·sul·'ti:·vo] *adj* consultative

consultorio [kon·sul·'tɔ:·rio] <-i> *m* clinic; ~ **familiare** family planning clinic

consumare [kon·su·'ma:·re] I. *vt* 1. (*rovinare: scarpe, cinturino, gomme*) to wear out 2. (*mangiare: pasti, cibo*) to consume 3. (*matrimonio*) to consummate; (*delitto*) to commit II. *vr:* **-rsi** (*logorarsi: scarpe, gomme*) to wear out; **-rsi la vista** to ruin one's eyesight

consumato, -a [kon·su·'ma:·to] *adj* 1. (*consunto: vestiti, scarpe*) worn-out 2. (*matrimonio*) consummated

consumatore, -trice [kon·su·ma·'to:·re] *m, f* consumer

consumazione [kon·su·ma·'tsio:·ne] *f* (*bevanda*) beverage; (*spuntino*) snack

consumismo [kon·su·'miz·mo] *m* consumerism

consumistico, -a [kon·su·'mis·ti·ko] <-ci, -che> *adj* (*società, logica, abitudini*) consumer

consumo [kon·'su:·mo] *m* (*uso*) consumption; **civiltà dei -i** consumer society; **beni di ~** consumer goods

consunto, -a [kon·'sun·to] *adj* 1. (*consumato:*

scarpe, indumenti) worn-out **2.** (volto) haggard

consuocero, -a [kon·'suɔ:·tʃe·ro] m, f son's m father-in-law [o daughter's], son's f mother-in-law [o daughter's]

conta ['kon·ta] f **fare la ~** (nei giochi) to decide who's to be "it"

contabile [kon·'ta:·bi·le] I. adj (operazione, revisione) accounting II. mf accountant

contabilità [kon·ta·bi·li·'ta] <-> f **1.** (operazioni contabili) accounting; **tenere la ~** to do the bookkeeping; **ufficio ~** accounts department **2.** (ragioneria) accountancy

contachilometri [kon·ta·ki·'lɔ:·met·ri] <-> m odometer

contacopie [kon·ta·'kɔ:·pie] <-> m TEC sheet counter

contadino, -a [kon·ta·'di:·no] I. m, f **1.** AGR farmer; **~, scarpe grosse e cervello fino** prov he [o she] is not as stupid as he [o she] looks **2.** pej (persona dai modi grossolani) boor II. adj (cultura, usanza) peasant; **casa -a** country cottage

contagiare [kon·ta·'dʒa:·re] vt a. fig to infect

contagio [kon·'ta:·dʒo] <-gi> m infection

contagioso, -a [kon·ta·'dʒo:·so] adj a. fig infectious

contagiri [kon·ta·'dʒi:·ri] <-> m AUTO tachometer

contagocce [kon·ta·'got·tʃe] <-> m dropper; **con il ~** scherz little by little

container [kən·'tei·nə/kon·'tɛi·ner] <-> m container

contaminare [kon·ta·mi·'na:·re] vt (acqua, aria, cibo, ferita) to contaminate

contaminazione [kon·ta·mi·na·'tsio:·ne] f (di acqua, aria, cibo, ferita) contamination

contaminuti [kon·ta·mi·'nu:·ti] <-> m timer

contante [kon·'tan·te] I. adj **denaro** [o **moneta**] **~** cash II. m cash; **pagare in -i** to pay (in) cash

contare [kon·'ta:·re] I. vt **1.** (numerare, calcolare) to count; **~ i giorni/le ore/i minuti** fig to count the days/the hours/the minutes fig; **senza ~** not counting **2.** (proporsi) **~ di fare qc** +inf to think of doing sth II. vi **1.** (numeri) to count; **~ fino a trenta** to count up to thirty **2.** (valere) to count **3.** (fare assegnamento) **~ su qu/qc** to count on sb/sth

contascatti [kon·ta·'skat·ti] <-> m TEL unit counter

contasecondi [kon·ta·se·'kon·di] <-> m stopwatch

contato, -a [kon·'ta:·to] adj **avere i soldi -i** (pochi) to have very little money; (giusti) to have the right money; **ha le ore -e** his [o her] [o its] days are numbered; **avere i minuti -i** not to have a minute to spare

contatore [kon·ta·'to:·re] m (di gas, acqua) meter

contattare [kon·tat·'ta:·re] vt (persona, azienda, ufficio) to contact

contatto [kon·'tat·to] m contact; **mantenere i** -i con qu to keep in contact with sb; **prendere ~ con qu** to get in contact with sb; **essere in ~ con qu** to be in contact with sb; **venire a ~ con** to come into contact with; **lenti a ~** contact lenses

conte, -essa ['kon·te, kon·'tes·sa] m, f count m [o countess] f

conteggio [kon·'ted·dʒo] <-ggi> m count; **~ alla rovescia** countdown

contegno [kon·'teɲ·ɲo] m **1.** (compostezza) composure; **darsi un ~** to compose oneself **2.** (comportamento) behavior

contemplare [kon·tem·'pla:·re] vt **1.** (ammirare: quadro, paesaggio, tramonto) to gaze at **2.** (prevedere) to provide for

contemplativo, -a [kon·tem·pla·'ti:·vo] adj contemplative

contemplazione [kon·tem·pla·'tsio:·ne] f contemplation

contempo [kon·'tɛm·po] m **nel ~** in the meantime

contemporaneamente [kon·tem·po·ra·nea·'men·te] adv simultaneously

contemporaneità [kon·tem·po·ra·nei·'ta] <-> f contemporaneousness

contemporaneo, -a [kon·tem·po·'ra:·neo] <-ei, -ee> I. adj **1.** (simultaneo) simultaneous **2.** HIST contemporary; **storia -a** contemporary history II. m, f contemporary

contendente [kon·ten·'dɛn·te] I. adj competing II. mf adversary

contendere [kon·'tɛn·de·re] <irr> I. vt to compete for; **~ qc a qu** to compete with sb for sth II. vr **-rsi qc** to compete for sth

contenere [kon·te·'ne:·re] <irr> I. vt **1.** (accogliere: persone, cose) to contain **2.** fig (trattenere: lacrime) to hold back; (sdegno) to keep in check; (entusiasmo) to contain; **~ la piena di un fiume** to hold back a river in flood II. vr: **-rsi** (moderarsi) to contain oneself

contenitore [kon·te·ni·'to:·re] m container

contentare [kon·ten·'ta:·re] I. vt to satisfy II. vr **-rsi di qc** to content oneself with sth; **chi si contenta gode** prov enough is as good as a feast/ prov

contentezza [kon·ten·'tet·tsa] f happiness

contentino [kon·ten·'ti:·no] m inf sop

contento, -a [kon·'tɛn·to] adj **1.** (soddisfatto) pleased; **essere ~ di qc** to be pleased with sth; **fare ~ qu** to please sb **2.** (lieto) happy; **essere ~ di qc** to be happy about sth; **sono ~ per te** I'm happy for you

contenuto [kon·te·'nu:·to] m **1.** (di pacco, valigia) contents pl **2.** (di libro, film) content

contenuto, -a I. pp di **contenere** II. adj (misurato: gioia, allegria) restrained

contesa [kon·'te:·sa] f fight

contesi [kon·'te:·si] 1. pers sing pass rem di **contendere**

conteso [kon·'te:·so] pp di **contendere**

contessa f v. countess

contestabile [kon·tes·'ta:·bi·le] adj questionable

C

contestare [kon·tes·'ta:·re] *vt* **1.** (*negare: tesi, teoria*) to contest **2.** GIUR ~ **un infrazione a qu** to charge sb with an offense **3.** POL, SOCIOL (*protestare*) to protest against

contestatore, -trice [kon·tes·ta·'to:·re] *m, f* POL, SOCIOL protester

contestazione [kon·tes·ta·'tsio:·ne] *f* **1.** POL, SOCIOL protest **2.** GIUR (*di infrazione*) notification **3.** (*contrasto*) contesting

contesto [kon·'tɛs·to] *m a. fig* context

contestuale [kon·tes·tu·'a:·le] *adj* ADMIN (*contemporaneo*) contemporary

contestualizzare [kon·tes·tua·lid·'dza:·re] *vt* (*avvenimento, parola*) to contextualize

contiguità [kon·ti·gui·'ta] <-> *f* (*vicinanza*) proximity

contiguo, -a [kon·'ti:·guo] *adj* (*vicino: ambiente, edificio, terreno*) adjoining

continentale [kon·ti·nen·'ta:·le] **I.** *adj* (*clima, massa*) continental **II.** *mf* mainlander

continente [kon·ti·'nɛn·te] *m* **1.** (*terre emerse*) continent; ~ **antico/nuovo** Old/New World **2.** (*terraferma*) mainland

contingente [kon·tin·'dʒen·te] *m* **1.** MIL contingent **2.** COM quota

contingenza [kon·tin·'dʒen·tsa] *f* **1.** (*circostanza*) contingency **2.** (**indennità di**) ~ cost-of-living allowance

continuare [kon·ti·nu·'a:·re] **I.** *vt* (*studi, lavori, indagini*) to continue **II.** *vi* (*durare*) to continue; ~ **a fare qc** to continue to do sth; ~ **a dormire** to keep on sleeping

continuativo, -a [kon·ti·nua·'ti:·vo] *adj* (*lavoro*) permanent; (*attività*) continuous; **orario** ~ all-day opening; **impiego a carattere** ~ permanent job; **6 mesi -i** six consecutive months

continuazione [kon·ti·nua·'tsio:·ne] *f* (*di progetto*) continuation; (*di film, opera*) sequel; **in** ~ continuously

continuità [kon·ti·nui·'ta] <-> *f* continuity

continuo, -a [kon·'ti:·nuo] *adj* (*rumore*) continuous; (*lamentele*) continual; **di** ~ nonstop

conto ['kon·to] *m* **1.** MAT count **2.** COM (*di bar, ristorante*) check; **a -i fatti** *fig* all things considered; **fare i -i senza l'oste** *fig* to forget the most important thing **3.** FIN (*in banca*) account **4.** (*stima*) **tenere da** ~ **qc** to take great care of sth; **tenere in gran** ~ **qu/qc** to hold sb/sth in high regard **5.** (*valutazione*) **tenere** ~ **di qc** to take account of sth **6.** (*affidamento*) **far** ~ **su qu/qc** to count on sb/sth **7.** (*interesse*) **per** ~ **di qu** on behalf of sb; **per** ~ **mio/tuo/suo** on my/your/his [*o* her] own **8.** (*loc*) **fare i -i con qu** to sort things out with sb; **rendere** ~ **a qu di qc** to be accountable to sb for sth; **dire qc sul** ~ **di qu** to say sth about sb; **rendersi** ~ **di qc** to realize sth; **alla fin(e) dei -i** all things considered

contorcere [kon·'tɔr·tʃe·re] <irr> **I.** *vt* to twist **II.** *vr:* **-rsi** to twist

contorno [kon·'tor·no] *m* **1.** CULIN side order **2.** (*di disegno, volto*) outline

contorsi *1. pers sing pass rem di* **contorcere**

contorsione [kon·tor·'sio:·ne] *f* contortion

contorsionista [kon·tor·sio·'nis·ta] <-i , -e> *mf* contortionist

contorto, -a [kon·'tɔr·to] **I.** *pp di* **contorcere** **II.** *adj* **1.** (*storto: tronco, rami*) twisted **2.** *fig* (*pensiero, mente*) tortuous

contrabbandare [kon·trab·ban·'da:·re] *vt* to smuggle

contrabbandiere, -a [kon·trab·ban·'diɛ:·re] *m, f* smuggler

contrabbando [kon·trab·'ban·do] *m* smuggling; **di** ~ contraband

contrabbasso [kon·trab·'bas·so] *m* double bass

contraccambiare [kon·trak·kam·'bia:·re] *vt* (*amore, simpatia*) to reciprocate

contraccambio [kon·trak·'kam·bio] *m* reciprocation; **in** ~ in return

contraccettivo [kon·trat·tʃet·'ti:·vo] *m* contraceptive

contraccettivo, -a *adj* (*metodo, pillola*) contraceptive

contraccolpo [kon·trak·'kol·po] *m* **1.** (*urto*) recoil **2.** *fig* (*ripercussione*) repercussion

contraddire [kon·trad·'di:·re] <irr> **I.** *vt* to contradict **II.** *vr:* **-rsi** to contradict oneself

contraddistinguere [kon·trad·dis·'tiŋ·gue·re] <irr> **I.** *vt* to mark out **II.** *vr* **-rsi per qc** to stand out because of sth

contraddittorio, -a <-i, -ie> *adj* contradictory

contraddizione [kon·trad·di·'tsio:·ne] *f* contradiction; **spirito di** ~ argumentativeness; **cadere in** ~ to contradict oneself

contraereo, -a *adj* (*armi, fuoco, postazione*) antiaircraft

contraffare [kon·traf·'fa:·re] <irr> *vt* (*falsificare: firma, documento*) to forge

contraffazione [kon·traf·fa·'tsio:·ne] *f* (*falsificazione: di firma, documento*) forgery

contraggo [kon·'trag·go] *1. pers sing pr di* **contrarre**

contralto [kon·'tral·to] **I.** *m* **1.** (*voce*) contralto **2.** (*persona*) contralto **II.** <inv> *adj* MUS contralto; **sassofono** ~ alto saxophone

contrappeso [kon·trap·'pe:·so] *m* **1.** TEC counterweight **2.** *fig* (*compensazione*) counterbalance

contrapporre [kon·trap·'por·re] <irr> **I.** *vt fig* (*opporre*) to counter **II.** *vr:* **-rsi** (*essere in contrasto*) to contrast

contrapposizione [kontrappozit'tsio:ne] *f* contrast

contrapposto, -a **I.** *pp di* **contrapporre** **II.** *adj* opposing

contrappunto [kontrap'punto] *m* MUS counterpoint

contrariamente [kon·tra·ria·'men·te] *adv* ~ **a ...** contrary to ...

contrariare [kon·tra·'ria:·re] *vt* **1.** (*contraddire*) to contradict **2.** (*infastidire*) to annoy

contrarietà [kon·tra·rie·'ta] <-> *f* (*impedimento*) misfortune

contrario [kon·'tra:·rio] <-i> *m* opposite; **al ~** on the contrary; **in caso ~** otherwise; **avere qualcosa in ~** to have an objection; **non avere nulla in ~** to have no objection

contrario, -a <-i, -ie> *adj* **1.** (*avverso*) opposing; **essere ~ a ...** to be against ... **2.** (*opposto*) opposite

contrarre [kon·'trar·re] <irr> I. *vt* **1.** (*patto*) to enter into; **~ matrimonio** to get married **2.** (*malattia, debito, muscoli*) to contract II. *vr:* **-rsi** to contract

contrassegnare [kon·tras·seɲ·'ɲa:·re] *vt* (*prodotto, periodo*) to mark

contrassegno [kon·tras·'seɲ·ɲo] *m* **1.** (*distintivo*) mark **2.** (*modalità di pagamento*) cash on delivery

contrastare [kon·tras·'ta:·re] I. *vt* (*impedire*) to hinder II. *vi* (*essere in disaccordo*) **~ con qc** to contrast with sth

contrasto [kon·'tras·to] *m* **1.** (*diverbio*) dispute **2.** (*di colori*) contrast

contrattaccare [kon·trat·tak·'ka:·re] *vt* to mount a counterattack against

contrattacco [kon·tra·'tak·ko] <-cchi> *m* counterattack

contrattare [kon·trat·'ta:·re] I. *vt* (*acquisto, retribuzione, prezzo*) to negotiate II. *vi* to negotiate

contrattazione [kon·trat·ta·'tsio:·ne] *f* negotiation

contrattempo [kon·trat·'tɛm·po] *m* (*impedimento*) hitch

contratto[1] [kon·'trat·to] *m* contract; **~ d'affitto** lease; **~ (collettivo) di lavoro** collective agreement; **~ a termine** foward contract; **~ a tempo determinato** fixed-term contract; **~ a tempo indeterminato** permanent contract

contratto[2] *pp di* **contrarre**

contrattuale [kon·trat·tu·'a:·le] *adj* (*norme, condizioni, rapporti*) contractual

contravvenire [kon·trav·ve·'ni:·re] <irr> *vi* **~ a qc** to contravene sth

contravventore, -trice [kon·trav·ven·'to:·re] *m, f* offender

contravvenzione [kon·trav·ven·'tsio:·ne] *f* **1.** (*violazione*) contravention **2.** (*multa*) fine

contrazione [kon·tra·'tsio:·ne] *f* **1.** (*spasmo: di muscolo*) contraction **2.** (*riduzione: di prezzi, mercato, vendite*) fall

contribuente [kon·tri·bu·'ɛn·te] *mf* taxpayer

contribuire [kon·tri·bu·'i:·re] <contribuisco> *vi* **~ a qc** to contribute to sth

contributo [kon·tri·'bu:·to] *m* contribution; **dare un ~ a qc**, **-i previdenziali** welfare contributions *pl;* **-i sociali** social security contributions

contrito, -a [kon·'tri:·to] *adj* (*faccia, aria, espressione, voce*) contrite

contrizione [kon·tri·'tsio:·ne] *f* contrition

contro ['kon·tro] I. *prep* against; **sbattere ~ qc** to bump into sth; **sparare ~ qu** to shoot at sb; **~ di me/te/lei** against me/you/her; **~ natura** contrary to nature; **~ assegno** cash

on delivery; **~ ricevuta/pagamento** on receipt/payment II. *adv* against; **votare/essere ~** to vote/to be against III. <-> *m* **i pro ed i ~** the pros and cons

contro- [kon·tro] (*in parole composte*) counter-

controbattere [kon·tro·'bat·te·re] *vt fig* (*ribattere*) to rebut

controbilanciare [kon·tro·bi·lan·'tʃa:·re] I. *vt* **1.** (*carico, pesi*) to counterbalance **2.** *fig* (*compensare*) to make up for II. *vr:* **-rsi** (*pesi, pressioni*) to counterbalance each other

controcorrente [kon·tro·kor·'rɛn·te] *adv* against the current; **andare ~** to go against the current; *fig* to swim against the tide

controcultura [kon·tro·kul·'tu:·ra] *f* counterculture

controdado [kon·tro·'da:·do] *m* locknut

controdomanda [kon·tro·do·'man·da] *f* counterquestion

controffensiva [kon·trof·fen·'si:·va] *f* **1.** MIL counteroffensive **2.** *fig* (*replica*) counterattack; **passare alla ~** to go on the counterattack

controfferta [kon·trof·'fɛr·ta] *f* COM counteroffer

controfigura [kon·tro·fi·'gu:·ra] *f* CINE double

controfinestra [kon·tro·fi·'nɛs·tra] *f* double-pane window

controfirma [kon·tro·'fir·ma] *f* countersignature

controfirmare [kon·tro·fir·'ma:·re] *vt* (*diagnosi, decreto, dichiarazione*) to countersign

controindicazione [kon·tro·in·di·ka·'tsio:·ne] *f* MED contraindication

controllabilità [kon·trol·la·bi·li·'ta] <-> *f* (*di teoria, sistema*) verifiability

controllare [kon·trol·'la:·re] I. *vt* **1.** (*documenti, biglietti, risposta*) to check **2.** (*attività*) to keep a watch on **3.** (*mercato, avversario, gesti, emozioni*) to control II. *vr:* **-rsi** to control oneself; **non riuscire a -rsi** not to be able to control oneself; **-rsi nel mangiare** to watch what one eats

controllo [kon·'trɔl·lo] *m* **1.** (*verifica*) check; **~ (dei) bagagli** baggage check; **~ dei biglietti** ticket inspection; **visita di ~** MED chekup; **~ di gestione** COM management control **2.** *fig* (*di gesti, emozioni*) control; **perdere il ~** to lose control **3.** TEC control

controllore [kon·trol·'lo:·re] *m* **1.** FERR guard **2.** AERO **-i di volo** [*o* **del traffico aereo**] air traffic controller

controluce [kon·tro·'lu:·tʃe] *adv* **fotografia in ~** backlit photograph; **guardare qc** [*o* **in**] **~** to look at sth against the light; **in ~** against the light

contromano [kon·tro·'ma:·no] *adv* on the wrong side of the road

contromarca [kon·tro·'mar·ka] <-che> *f* token

contromisura [kon·tro·mi·'zu:·ra] *f* countermeasure

controparte [kon·tro·'par·te] *f* opposing party

contropartita [kon·tro·par·'ti:·ta] f compensation

contropelo [kon·tro·'pe:·lo] I. adv against the nap; **prendere qu ~** fig to rub sb the wrong way II. m **fare (il pelo ed) il ~ a qu** fig to tear into sb

contropiede [kon·tro·'piɛ:·de] m **prendere** [o **cogliere**] **qu in ~** fig to wrong-foot sb

controproducente [kon·tro·pro·du·'tʃɛn·te] adj (affermazioni) counterproductive

controproposta [kon·tro·pro·'pos·ta] f counterproposal

controprova [kon·tro·'prɔ:·va] f counter-evidence

contrordine [kon·'tror·di·ne] m counter-order

controriforma [kon·tro·ri·'for·ma] f HIST Counter-Reformation

controrivoluzione [kon·tro·ri·vo·lu·'tsio:·ne] f counter-revolution

controsenso [kon·tro·'sɛn·so] m contradiction in terms

controsoffitto [kon·tro·sof·'fit·to] m false ceiling

controspionaggio [kon·tro·spio·'nad·dʒo] <-ggi> m counterespionage

controsterzare [kon·tro·ster·'tsa:·re] vi to countersteer

controtendenza [kon·tro·ten·'dɛn·tsa] f opposing trend; **in ~** against the trend

controvalore [kon·tro·va·'lo:·re] m equivalent

controvento [kon·tro·'vɛn·to] adv against the wind; **navigare ~** to sail into the wind

controversia [kon·tro·'vɛr·sia] <-ie> f controversy

controverso, -a [kon·tro·'vɛr·so] adj (storia, situazione, tema) controversial

controvoglia [kon·tro·'vɔʎ·ʎa] adv reluctantly

contumacia [kon·tu·'ma:·tʃa] <-cie> f GIUR default

contundente [kon·tun·'dɛn·te] adj (arma) blunt

contusione [kon·tu·'zio:·ne] f bruise

contuso, -a [kon·'tu:·zo] adj (persona, arto, occhio) bruised

convalescente [kon·va·leʃ·'ʃɛn·te] I. adj (paziente, malato) convalescent II. mf convalescent

convalescenza [kon·va·leʃ·'ʃɛn·tsa] f convalescence; **essere in ~** (paziente, malato) to be convalescing

convalida [kon·'va:·li·da] f 1. (di biglietto) stamping 2. ADMIN (riprova) confirmation

convalidare [kon·va·li·'da:·re] vt 1. (biglietto) to stamp 2. GIUR (atto, provvedimento) to confirm

convegno [kon·'veɲ·ɲo] m (incontro: di medici, giuristi) conference

convenevoli [kon·ve·'ne:·vo·li] mpl pleasantries pl

conveniente [kon·ve·'niɛn·te] adj 1. (vantaggioso: prezzo) low; (economico: prodotto) inexpensive 2. (adatto: atteggiamento) suitable

convenienza [kon·ve·'niɛn·tsa] f 1. (cortesia)

visita di ~ courtesy visit 2. (economicità: di prodotto) inexpensiveness; (di prezzo) lowness; **matrimonio di ~** marriage of convenience

convenire [kon·ve·'ni:·re] <irr> I. vi essere o avere 1. (tornare utile) to be worthwhile; **ci conviene tentare** it's worth our while trying 2. (impersonale: essere opportuno) it is advisable 3. (concordare) **~ su qc** to agree on sth; **~ con qu** to agree with sb 4. (riunirsi) to gather II. vt avere **~ un prezzo** to agree on a price

convento [kon·'vɛn·to] m convent; **contentarsi di quello che passa il ~** fig, scherz to take potluck

convenuto, -a I. pp di **convenire** II. adj (somma, cifra, luogo) agreed; **come ~** as agreed III. m, f 1. GIUR defendant 2. pl (a riunione) people present pl

convenzionale [kon·ven·tsio·'na:·le] adj 1. (comune: metodo, medicina) conventional 2. pej (banale: storia) conventional 3. (stabilito: penale) agreed

convenzione [kon·ven·'tsio:·ne] f 1. (accordo) agreement 2. pl (regole tradizionali) conventions pl

convergente [kon·ver·'dʒɛn·te] adj 1. (strade, linee) converging 2. fig (coincidente: opinioni, indizi) convergent 3. FIS (lenti) convergent

convergenza [kon·ver·'dʒɛn·tsa] f 1. a. fig (di propositi, idee) convergence 2. AUTO (di ruote) toe-in

convergere [kon·'vɛr·dʒe·re] <convergo, conversi, converso> I. vi essere to converge II. vt avere 1. FIS to converge 2. fig (indirizzare) **far ~ qc su qc** to concentrate sth on sth

conversare [kon·ver·'sa:·re] vi to talk; **~ con qu** to talk with sb

conversazione [kon·ver·sa·'tsio:·ne] f conversation

conversi [kon·'vɛr·si] 1. pers sing pass rem di **convergere**

conversione [kon·ver·'sio:·ne] f conversion; **~ monetaria** currency conversion

converso, -a [kon·'vɛr·so] pp di **convergere**

convertire [kon·ver·'ti:·re] I. vt 1. (trasformare) **~ qc in qc** to convert sth into sth 2. REL, POL **~ qu a qc** to convert sb to sth 3. COMPUT, TEL, FIN to convert II. vr 1. (trasformarsi) **-rsi in qc** to be converted into sth 2. REL, POL **-rsi a qc** to convert to sth

convertito, -a [kon·ver·'ti:·to] I. adj (amico, fedele, popolo) converted II. m, f convert

convertitore [kon·ver·ti·'to:·re] m converter; **~ di frequenza** MOT frequency changer; **~ di coppia** MOT torque converter

convesso, -a [kon·'vɛs·so] adj (lente) convex; (angolo) salient

convettore [kon·vet·'to:·re] m convector

convincere [kon·'vin·tʃe·re] <irr> I. vt **~ qu** (di qc) to convince sb (of sth); **mi hanno convinto a venire** they convinced me to come II. vr **-rsi (di qc)** to be convinced (of sth)

convinto, -a [kon·'vin·to] *adj* (*assertore, sostenitore*) convinced; **essere ~ di qc** to be convinced of sth

convinzione [kon·vin·'tsio:·ne] *f* conviction

convitto [kon·'vit·to] *m* boarding school

convivenza [kon·vi·'vɛn·tsa] *f* 1.(*di persone*) living together 2.(*di popoli*) coexistence

convivere [kon·'vi:·ve·re] <irr> *vi essere o avere* 1.(*persone*) to live together 2.(*popoli, idee, dialetti*) to coexist

convocare [kon·vo·'ka:·re] *vt* 1.POL, ADMIN (*indire: riunione*) to call; (*seduta*) to convene 2.(*invitare: parti, contendenti, dipendenti*) to summon

convocazione [kon·vo·ka·'tsio:·ne] *f* 1.POL, ADMIN (*di riunione*) calling; (*di seduta*) convening 2.(*invito, in tribunale*) summons

convogliare [kon·voʎ·'ʎa:·re] *vt* (*traffico*) to direct; (*soccorsi, risorse*) to channel

convoglio [kon·'vɔʎ·ʎo] <-gli> *m* 1.(*di navi, veicoli*) convoy 2.FERR ~ **ferroviario** train

convulsione [kon·vul·'sio:·ne] *f* MED convulsion

convulso, -a *adj* 1.MED convulsive; **tosse -a** whooping cough 2.(*pianto, riso*) convulsive 3.*fig* (*lavoro, attività*) feverish 4.*fig* (*parole, discorso*) confused

cookie ['kʊ·kɪ] <-s> *m* COMPUT cookie

coop <-> *f acró de* **cooperativa** co-op

cooperare [ko·o·pe·'ra:·re] *vi* (*collaborare*) to cooperate; ~ **con qu/qc** to cooperate with sb/sth; ~ **a qc** to cooperate in sth

cooperativa [ko·o·pe·ra·'ti:·va] *f* cooperative

cooperazione [ko·o·pe·ra·'tsio:·ne] *f* cooperation

coordinamento [ko·or·di·na·'men·to] *m* (*di attività, servizi, progetti*) coordination

coordinare [ko·or·di·'na:·re] *vt* (*attività, servizi, progetti, movimenti*) to coordinate

coordinata [ko·or·di·'na:·ta] *f* coordinate; **-e cartesiane** Cartesian coordinates; **mandami le tue -e** send me your details; **-e bancarie** bank details

coordinato, -a *adj* 1.(*armonioso: movimento*) coordinated 2.LING (*proposizione*) coordinate

coordinatore, -trice [ko·or·di·na·'to:·re] *m, f* (*di attività, programma, progetto*) coordinator

coordinazione [ko·or·di·na·'tsio:·ne] *f* (*di movimenti, muscoli, progetto*) coordination

Copenaghen [ko·pe·'na:·gen] *f* Copenhagen

coperchio [ko·'per·kio] <-chi> *m* (*di pentola, barattolo, contenitore, cofanetto, scatola*) lid; (*di flacone*) top

copersi [ko·'pɛr·si] *1. pers sing pass rem di* **coprire**

coperta [ko·'pɛr·ta] *f* 1.(*panno*) blanket 2.NAUT (*ponte*) deck

copertina [ko·per·'ti:·na] *f* (*di libro, quaderno, rivista*) cover; (*di disco*) sleeve

coperto [ko·'pɛr·to] *m* 1.(*in tavola*) cover charge 2.(*luogo riparato*) **stare al ~** to be under cover

coperto, -a I. *pp di* **coprire** II. *adj* 1.(*strut-*

tura) covered; (*luogo*) indoor 2.FIN (*assegno, rischio*) covered 3.METEO (*cielo, tempo*) overcast 4.(*cosparso*) **essere ~ di qc** to be covered with sth

copertone [ko·per·'to:·ne] *m* MOT tire

copertura [ko·per·'tu:·ra] *f* 1.(*rivestimento*) cover 2.*fig* (*di attività illegale*) cover 3.FIN, TV coverage; ~ **assicurativa** insurance coverage 4.MIL cover; **fuoco di ~** covering fire

copia ['kɔ:·pia] <-ie> *f* 1.(*trascrizione*) copy; **bella ~** fair copy; **brutta ~** rough copy; ~ **di sicurezza** COMPUT backup copy; ~ **conforme** ADMIN certified copy 2.(*riproduzione: di chiavi*) duplicate

copiare [ko·'pia:·re] *vt* to copy

copilota [ko·pi·'lɔ:·ta] <-i, -e> *mf* AERO copilot

copione [ko·'pio:·ne] *m* TEAT, FILM script

coppa ['kɔp·pa/'kop·pa] *f* 1.(*recipiente*) cup; ~ **da gelato** ice-cream bowl; ~ **da spumante** sparkling wine glass 2.(*contenuto*) cup(ful); ~ **di gelato** bowl of ice cream; ~ **di spumante** glass of sparkling wine 3.SPORT (*trofeo*) cup 4.(*di reggiseno*) cup 5.MOT ~ **dell'olio** oil pan 6. *pl* (*di carte da gioco*) cups *pl, suit of deck of Neapolitan cards*

coppetta [kop·'pet·ta] *f* 1.(*contenitore: per gelato*) small bowl 2.(*contenuto*) small bowl(ful)

coppia ['kɔp·pia] <-ie> *f* 1.A. SPORT pair; **a -ie, in ~** in pairs; **gara a -ie** pairs competition 2.(*due persone*) couple

copriauto [ko·pri·'au·to] <-> I. *m* car cover II. *adj* <inv> **telo ~** car cover

copricapo [ko·pri·'ka:·po] *m* hat

copricostume [ko·pri·kos·'tu:·me] <-> *m* beach robe

copridivano [kɔ·pri·di·'va:·no] *m* sofa cover

coprifuoco [ko·pri·'fuɔ:·ko] *m* curfew

coprii [ko·'pri:·i] *1. pers sing pass rem di* **coprire**

copriletto [ko·pri·'lɛt·to] <-> *m* bedspread

coprimaterasso [ko·pri·ma·te·'ras·so] <-> *m* mattress cover

copripiumone [ko·pri·piu·'mo:·ne] <-> *m* comforter cover

copriradiatore [ko·pri·ra·dia·'to:·re] <-> *m* MOT (*per auto, moto*) radiator cover

coprire [ko·'pri:·re] <copro, coprii *o* copersi, coperto> I. *vt* 1.(*gener*) to cover 2.(*riempire*) ~ **qu di baci** to shower sb with kisses; ~ **qu di insulti** to hurl abuse at sb 3.*fig* (*carica*) to hold II. *vr:* **-rsi** 1.FIN to cover oneself 2.(*cielo*) to become overcast 3.(*colmarsi*) **-rsi di qc** to cover oneself with sth 4.(*con vestiti*) to wrap up; **-rsi bene** to wrap up well

coprocessore [ko·pro·tʃes·'so:·re] *m* COMPUT coprocessor

coproduzione [ko·pro·du·'tsio:·ne] *f* FILM coproduction

copy ['kɔ·pi] <-> *mf* (*copywriter*) copywriter

copyright ['kɔ·pi·rait] <-> *m* copyright

coque [kɔk] <-> *f* **uovo alla ~** soft-boiled egg

coraggio [ko·'rad·dʒo] *m* 1.(*forza d'animo*)

C

courage; **avere il ~ di fare qc** to have the courage to do sth; **fare ~ a qu** to cheer sb up **2.** (*sfacciataggine*) nerve

coraggioso, -a [ko·rad·ˈdʒoː·so] *adj* (*eroe, persona, decisione, scelta*) brave

corale [ko·ˈraː·le] **I.** *adj* MUS choral; **canto ~** choral singing; **musica ~** choral music **II.** *m* MUS chorale

corallino, -a [ko·ral·ˈliː·no] *adj* GEO coral; **barriera -a** coral reef

corallo [ko·ˈral·lo] *m* coral

corano [ko·ˈraː·no] *m* Koran

corazza [ka·ˈrat·tsa] *f* **1.** MIL armor **2.** ZOOL shell

corazzare [ko·rat·ˈtsaː·re] **I.** *vt* **1.** MIL to armor **2.** *fig* (*difendere*) to protect **II.** *vr:* **-rsi 1.** MIL to put on armor **2.** (*difendersi*) to protect oneself

corazzato, -a [ko·rat·ˈtsaː·to] *adj* **1.** MIL armored **2.** (*rinforzato: vetro*) toughened **3.** (*protetto: persona*) hardened

corda [ˈkɔr·da] *f* **1.** (*fune*) rope; **dare ~ a qu** *fig* to encourage; **essere giù di ~** *fig* to be feeling down; **tagliare la ~** *fig* to slip off; **tenere qu sulla ~** *fig* to keep sb on tenterhooks; **tirar troppo la ~** *fig* to push it *inf* **2.** (*per pacchi*) string **3.** SPORT rope **4.** MUS string; **strumenti a ~** string(ed) instruments; **essere teso come le -e di un violino** *fig* to be on edge **5.** (*di arco*) string **6.** ANAT **-e vocali** vocal cords

cordata [kor·ˈdaː·ta] *f* **1.** SPORT (*nell'alpinismo*) roped party **2.** COM (*alleanza*) consortium

cordiale [kor·ˈdiaː·le] *adj* (*accoglienza*) warm; (*atmosfera*) friendly; **"-i saluti"** (*nelle lettere*) "kind regards"

cordialità [kor·dia·li·ˈta] <-> *f* **1.** (*affabilità*) friendliness; **accogliere qu con ~** to give sb a warm welcome **2.** *pl* (*saluti*) best wishes *pl*

cordialmente [kor·dial·ˈmen·te] *adv* **1.** (*accogliere, salutare*) warmly; **'~'** (*nelle lettere*) "best wishes" *pl* **2.** (*antipatico, odioso*) intensely

cordless [ˈkɔːd·les] **I.** <inv> *adj* TEL cordless **II.** <-> *m* cordless phone

cordoglio [kor·ˈdɔʎ·ʎo] <-gli> *m* grief

cordone [kor·ˈdoː·ne] *m* **1.** (*di tenda*) rope; (*di cappello, saio*) cord **2.** ANAT **~ ombelicale** umbilical cord **3.** ELETT cord **4.** (*sbarramento*) cordon; **~ sanitario** cordon sanitaire

coreografia [ko·reo·gra·ˈfiː·a] *f* choreography

coreografico, -a [ko·reo·ˈgraː·fi·ko] <-ci, -che> *adj* **1.** TEAT choreographic **2.** *fig* (*cerimonia, manifestazione*) spectacular

coreografo, -a [ko·re·ˈɔː·gra·fo] *m, f* choreographer

coriaceo, -a [ko·ˈriaː·tʃeo] *adj* **1.** (*duro*) leathery **2.** *fig* (*insensibile*) hard

coriandolo [ko·ˈrian·do·lo] *m* **1.** BOT cilantro **2.** *pl* (*di carnevale*) confetti

coricare [ko·ri·ˈkaː·re] **I.** *vt* (*distendere, mettere a letto*) to lay down **II.** *vr:* **-rsi** to go to bed

corista [ko·ˈris·ta] <-i , -e> *mf* choir member

cornacchia [kor·ˈnak·kia] <-cchie> *f* crow

cornamusa [kor·na·ˈmuː·za] *f* MUS bagpipes *pl*

cornea [ˈkɔr·nea] *f* MED cornea

corner [ˈkɔr·ner] <-> *m* SPORT corner

cornetta [kor·ˈnet·ta] *f inf* (*di telefono*) receiver; **mettere giù la ~** to put the receiver down

cornetto [kor·ˈnet·to] *m* **1.** (*amuleto*) horn-shaped amulet **2.** CULIN croissant

cornice [kor·ˈniː·tʃe] *f* **1.** (*di quadro, specchio*) frame **2.** (*ambientazione*) setting

corniciaio [kor·ni·ˈtʃaː·io] <-ai> *m* frame-maker

cornicione [kor·ni·ˈtʃoː·ne] *m* ARCHIT cornice

cornificare [kor·ni·fi·ˈkaː·re] *vt scherz* (*moglie, marito*) to cheat on

corno[1] [ˈkɔr·no] <-e, -a> *m* **1.** ZOOL (*di toro*) horn; (*di cervo, dell'alce*) antler; **prendere il toro per le -a** *fig* to take the bull by the horns *fig*; **rompere** [o **spezzare**] **le -a a qu** *inf* to beat sb up *inf* **2.** *pl fig, inf* (*tradimento*) **fare le -a alla moglie/al marito** to cheat on one's wife/one's husband **3.** *inf* (*niente*) **non me ne importa un ~** I don't give a damn *inf* **4.** *inf* (*scongiuro*) **fare le -a** to cross one's fingers

corno[2] *m* **1.** (*sostanza*) horn **2.** (*da scarpe*) shoehorn **3.** MUS horn

cornuto, -a [kor·ˈnuː·to] **I.** *adj* **1.** ZOOL (*animale*) horned **2.** *fig, inf* (*persona*) cheated on **II.** *m, f* **1.** *fig, inf* (*persona tradita*) man [o woman] who has been cheated on **2.** *vulg* (*insulto*) bastard *vulg*

corografia [ko·ro·gra·ˈfiː·a] *f* topography

corolla [ko·ˈrɔl·la] *f* corolla

corona [ko·ˈroː·na] *f* **1.** (*di metallo prezioso*) crown **2.** *fig* (*potere*) crown **3.** (*oggetto*) wreath; **~ funebre** funeral wreath; **~ di alloro** laurel wreath; **~ di spine** crown of thorns; **~ del rosario** rosary **4.** ASTR corona; **~ solare** solar corona

coronamento [ko·ro·na·ˈmen·to] *m* (*di sogni*) fulfillment; (*di carriera*) crowning achievement

coronare [ko·ro·ˈnaː·re] *vt* **1.** *fig* (*sogno*) to fulfill; (*carriera*) to be the crowning achievement of **2.** (*cingere*) to ring

coronaria [ko·ro·ˈnaː·ria] <-ie> *f* ANAT coronary artery

corpetto [kor·ˈpet·to] *m* (*di abito*) bodice

corpo [ˈkɔr·po] *m* **1.** (*materia*) substance; **-i celesti** heavenly bodies **2.** (*oggetto*) object; **~ del reato** GIUR corpus delicti **3.** (*umano e animale*) body; **guardia del ~** bodyguard; **avere qc in ~** to be consumed with sth; **avere il diavolo in ~** not to be able to stay still; **anima e ~** body and soul; **combattere ~ a ~** to grapple **4.** (*cadavere*) body **5.** (*forma*) substance; **dare ~ a qc** to give substance to sth; **prendere ~** to take shape **6.** (*insieme di persone*) body; **~ insegnante** ADMIN teachers *pl*; **~ di ballo** corps de ballet **7.** MUS (*cassa*) body **8.** (*loc*) **andare di ~** *inf* to have a bowel movement

corporale [kor·po·ˈraː·le] *adj* (*bisogni*) bodily; (*punizione*) corporal

C

corporation [kɔː·pə·'rei·ʃən] <-> *f* corporation

corporatura [kor·po·ra·'tuː·ra] *f* physique

corporazione [kor·po·ra·'tsioː·ne] *f* **1.** COM, ADMIN association **2.** HIST guild

corporeo, -a [kor·'pɔː·reo] <-ei, -ee> *adj* (*del corpo umano: peso, grasso*) body

corposo, -a [kor·'poː·so] *adj* **1.** (*voluminoso*) fat **2.** (*vino*) full-bodied

corpulento, -a [kor·pu·'lɛn·to] *adj* stout

corpulenza [kor·pu·'lɛn·tsa] *f* stoutness

corpuscolo [kor·'pus·ko·lo] *m* FIS corpuscle

Corpus Domini ['kɔr·pus 'dɔː·mi·ni] <-> *m* Corpus Christi

corredare [kor·re·'daː·re] *vt* to equip; ~ **qc di qc** to equip sth with sth

corredo [kor·'rɛː·do] *m* **1.** (*di sposa*) trousseau **2.** (*di laboratorio*) equipment

correggere [kor·'rɛd·dʒe·re] <irr> I. *vt* (*compiti, difetto, errore*) to correct II. *vr* **-rsi di qc** to break oneself of sth

correlazione [kor·re·la·'tsioː·ne] *f* **1.** (*rapporto*) correlation **2.** LING sequence of tenses

corrente [kor·'rɛn·te] I. *adj* **1.** (*acqua*) running **2.** (*mese, anno*) current **3.** FIN **conto** ~ checking account II. *m* **essere al** ~ **di qc** to know about sth; **mettere al** ~ **di qc** to inform about sth; **mettersi al** ~ **di qc** to find out about sth; **tenere qu al** ~ (**di** [*o* **su**] **qc**) to keep sb informed (about sth) III. *f* **1.** (*di fiume, mare*) current **2.** (~ (*d'aria*)) draft **3.** ELETT current; ~ **alternata** alternating current; ~ **continua** direct current; **presa di** ~ socket **4.** *fig* (*moda, tendenza*) trend; **seguire la** ~ *fig* to follow the trend; **andare contro** ~ *fig* to swim against the tide

correntemente [kor·ren·te·'men·te] *adv* **1.** (*bene*) fluently **2.** (*comunemente*) commonly

correre ['kor·re·re] <corro, corsi, corso> I. *vi* *essere o avere* **1.** (*persona*) to run; ~ **dietro a qu** *fig* to chase after sb; **lasciar** ~ *fig* to let it go; ~ **a gambe levate** to run as fast as one's legs can carry one; ~ **ai ripari** *fig* to take remedial action **2.** (*in auto, moto*) to drive fast **3.** SPORT (*gareggiare*) to race **4.** *fig* (*strade*) to run **5.** (*tempo*) to fly II. *vt avere* **1.** SPORT (*distanza*) to run; (*gara*) to race in **2.** (*rischio*) to run

corresponsabile [kor·res·pon·'saː·bi·le] *adj* jointly responsible

corressi [kor·'rɛs·si] *1. pers sing pass rem di* **correggere**

correttezza [kor·ret·'tet·tsa] *f* (*rettitudine*) correctness

correttivo, -a *adj* corrective

corretto, -a [kor·'rɛt·to] I. *pp di* **correggere** II. *adj* **1.** (*affermazione, risposta, persona, comportamento*) correct **2.** (*compito, bozza*) corrected **3.** (*caffè*) laced; **un caffè** ~ **alla grappa** a coffee laced with grappa

correttore, -trice [kor·ret·'toː·re] *m, f* ~ **di bozze** proofreader

correzione [kor·re·'tsioː·ne] *f* (*di difetto, compiti*) correction; ~ **di bozze** proofreading

corrida [kor·'riː·da] *f* bullfight

corridoio [kor·ri·'doː·io] <-oi> *m* **1.** (*di edificio, treno*) corridor; **voci di** ~ backstairs gossip **2.** (*di aereo*) aisle **3.** POL ~ **aereo** air corridor **4.** SPORT (*nel tennis*) alley

corridore, -trice [kor·ri·'doː·re] *m, f* (*automobilista*) race car driver; (*ciclista*) racing cyclist; (*podista*) runner

corriera [kor·'riɛː·ra] *f* bus

corriere [kor·'riɛː·re] *m* **1.** (*spedizioniere*) courier **2.** (*titolo di giornale*) Courier

corrimano [kor·ri·'maː·no] *m* (*di scala, barca*) handrail

corrispettivo [kor·ris·pet·'tiː·vo] *m* compensation

corrispettivo, -a *adj* (*corrispondente*) corresponding

corrispondente [kor·ris·pon·'dɛn·te] I. *adj* corresponding; ~ **a qc** corresponding to sth II. *mf* (*di giornale*) correspondent; ~ **di guerra** war correspondent; ~ **dall'estero** foreign correspondent

corrispondenza [kor·ris·pon·'dɛn·tsa] *f* **1.** (*lettere*) correspondence; ~ **commerciale** business correspondence; ~ **epistolare** personal correspondence; **essere in** ~ **con qu** to be in correspondence with sb **2.** (*coincidenza*) connection

corrispondere [kor·ris·'pon·de·re] <irr> I. *vi* **1.** (*equivalere*) ~ **a qc** to correspond to sth **2.** (*soddisfare: requisiti, aspettative*) ~ **a qc** to meet sth **3.** (*per lettera*) to correspond II. *vt* **1.** (*pagare: somma, ammontare*) to pay **2.** (*sentimenti*) to reciprocate

corrodere [kor·'roː·de·re] <irr> I. *vt* (*metalli*) to corrode; (*rocce*) to erode II. *vr:* **-rsi** (*metalli*) to corrode; (*rocce*) to erode

corrompere [kor·'rom·pe·re] <irr> I. *vt* **1.** *fig* (*con denaro*) to bribe **2.** (*moralmente*) to corrupt **3.** (*acqua, aria*) to contaminate **4.** COMPUT (*file*) to corrupt II. *vr:* **-rsi 1.** (*depravarsi*) to be corrupted **2.** COMPUT (*file*) to become corrupted

corrosi *1. pers sing pass rem di* **corrodere**

corrosione [kor·ro·'zioː·ne] *f* (*di metallo*) corrosion; (*di rocce*) erosion

corrosivo, -a *adj* corrosive

corroso *pp di* **corrodere**

corrotto *pp di* **corrompere**

corrucciarsi [kor·rut·'tʃaːr·si] *vr* to get upset

corrugare [kor·ru·'gaː·re] I. *vt* (*fronte*) to wrinkle; ~ **le sopracciglia** to frown II. *vr:* **-rsi** to wrinkle

corruppi [kor·'rup·pi] *1. pers sing pass rem di* **corrompere**

corruttore, -trice [kor·rut·'toː·re] I. *adj* (*azione, funzione*) corrupting II. *m, f* **1.** (*di giudici*) briber **2.** (*seduttore: di giovani*) corrupter

corruzione [kor·ru·'tsioː·ne] *f* **1.** (*con denaro*) bribery **2.** (*seduzione*) corruption

corsa ['kor·sa] *f* **1.** (*il correre*) running; **di** ~ in a hurry; **fare una** ~ (*gara*) to have a race; **ho fatto una** ~ **e sono sudato** I've been running and I'm all sweaty; **fare una** ~ **da qualche parte** to dash somewhere **2.** SPORT (*gara*) race; **automobile da** ~ racecar; **cavallo da** ~ racehorse **3.** (*di mezzo pubblico*) trip; **l'ultima** ~ **è alle 23:00** the last bus is at 11 o'clock **4.** (*movimento*) motion

corsaro, -a [kor·'sa:·ro] I. *m, f* (*pirata*) corsair II. *adj* (*nave, azione*) pirate

corsetto [kor·'set·to] *m* corset

corsi ['kor·si] *1. pers sing pass rem di* **correre**

corsia [kor·'si:·a] <-ie> *f* **1.** MED (*di ospedale*) ward **2.** (*di strada*) lane; ~ **di emergenza** shoulder; ~ **di sorpasso** passing lane **3.** SPORT lane

Corsica ['kɔr·si·ka] *f* Corsica; **abitare in** ~ to live in Corsica; **andare in** ~ to go to Corsica

corsivo [kor·'si:·vo] *m* italics *pl*

corsivo, -a *adj* (*scrittura, testo*) italic

corso¹ ['kor·so] *m* **1.** (*andamento*) course; **nel** ~ **dei secoli** in the course of the centuries; **seguire** [*o* **fare**] **il suo** ~ to take its course; **in** ~ **di stampa** at the printers; ~ **d'acqua** waterway **2.** (*insegnamento*) course; ~ **di sci** skiing course **3.** (*studente*) **fuori** ~ to have failed to finish one's course by the deadline **4.** FIN circulation; **aver** ~ to be legal tender; **moneta fuori** ~ money that is no longer in circulation **5.** (*strada*) main street **6.** ASTR course

corso² *pp di* **correre**

corso, -a ['kɔr·so] I. *adj* (*della Corsica*) Corsican II. *m, f* (*abitante della Corsica*) Corsican

corte ['kor·te] *f* **1.** (*reggia*) court **2.** ARCHIT (*cortile*) courtyard **3.** GIUR court; ~ **d'appello** appeals court; **Corte di Cassazione** ≈ Court of Appeals; **Corte dei Conti** *court auditing public finances;* **Corte Costituzionale** Constitutional Court; ~ **di giustizia dell'Unione europea** European Court of Justice **4.** (*corteggiamento*) courtship; **fare la** ~ **a qu** to court sb

corteccia [kor·'tet·tʃa] <-cce> *f* **1.** (*di albero*) bark **2.** MED cortex; ~ **cerebrale** cerebral cortex

corteggiare [kor·ted·'dʒa:·re] *vt* (*persona*) to court

corteggiatore, -trice [kor·ted·dʒa·'to:·re] *m, f* suitor

corteo [kor·'tɛ:·o] *m* **1.** (*di matrimonio, funerale*) procession **2.** (*manifestazione*) march

cortese [kor·'te:·ze] *adj* (*garbato: parola, gesto*) polite; (*gentile: persona*) kind

cortesia [kor·te·'zi:·a] <-ie> *f* **1.** (*gentilezza*) politeness; **per** ~ please **2.** (*favore*) favor; **fammi la** ~ **di uscire** would you mind leaving?

cortigiano, -a [kor·ti·'dʒa:·no] *m, f* HIST courtier

cortile [kor·'ti:·le] *m* (*di edificio*) courtyard; (*di casa colonica*) farmyard

cortina [kor·'ti:·na] *f* **1.** (*tenda*) curtain **2.** *fig*

(*strato*) ~ **di nebbia** blanket of fog; ~ **di fumo** pall of smoke; *fig* smokescreen

cortisone [kor·ti·'zo:·ne] *m* cortisone

corto, -a ['kor·to] I. *adj* short; **settimana -a** five-day week; **essere a** ~ **di soldi** to be short of money; **per farla -a** in short II. *adv* **tagliar** ~ to get straight to the point

cortocircuito [kor·to·tʃir·'ku:·ito] *m* short circuit

cortometraggio [kor·to·me·'trad·dʒo] <-ggi> *m* short

corvé [kor·'ve] <-> *f* **1.** MIL **essere di** ~ to be on fatigues **2.** *fig* (*lavoro ingrato e gravoso*) chore

corvino, -a [kor·'vi:·no] *adj* (*capelli*) jet-black

corvo ['kɔr·vo] *m* crow; **nero come un** ~ as black as a crow

cosa ['kɔ:·sa] *f* **1.** (*entità*) thing; **arrivare a -e fatte** to arrive when it's all over; **credersi chissà che** ~ to think one is somebody; **è fatta** it's a done deal; **non è una gran** ~ it's nothing special; **è la stessa** ~ it's all the same thing; **è tutt'altra** ~ it's quite another matter; **ho le mie -e** *inf* (*mestruazioni*) I've got my period; **una** ~ **tira l'altra, da** ~ **nasce** ~ one thing leads to another; **dimmi una** ~ tell me something; **sai una** ~? **...** do you know something? **...**; **per prima** ~ first of all; **sopra ogni** ~ more than anything; **fra le altre -e** among other things; **tante (belle) -e!** (*auguri*) all the best!; **qualche** ~ something; **qualsiasi** ~ **succeda** whatever happens **2.** (*nelle interrogative*) (*che*) ~? what?; **a che** ~ **serve?** what's it for?; **a (che)** ~ **pensi?** what are you thinking about?; ~ **vuoi, sono bambini!** what do you expect? they're children! **3.** (*situazione*) thing; **le -e si mettono male** things are turning out badly; **raccontami come sono andate le -e** tell me how things went

cosca ['kɔs·ka] <-sche> *f* clan

coscia ['kɔʃ·ʃa] <-sce> *f* **1.** ANAT thigh **2.** CULIN (*di pollo, maiale*) leg

cosciente [koʃ·'ʃɛn·te] *adj* **1.** (*consapevole*) aware **2.** MED (*lucido: paziente*) conscious

coscienza [koʃ·'ʃɛn·tsa] *f* **1.** (*consapevolezza*) awareness **2.** MED (*lucidità*) consciousness; **perdere/riacquistare la** ~ to lose/to regain consciousness **3.** (*valori morali*) conscience; **avere la** ~ **pulita/sporca** to have a clear/guilty conscience; **avere qc sulla** ~ to have sth on one's conscience; **caso di** ~ matter of conscience; **esame di** ~ soul-searching; **mettersi una mano sulla** ~ to put one's hand on one's heart **4.** (*senso del dovere*) conscientiousness; **agire con** ~ to act conscientiously **5.** (*onestà*) honesty

coscienzioso, -a [koʃ·ʃen·'tsio:·so] *adj* (*persona, opera, lavoro*) conscientious

coscrizione [kos·kri·'tsio:·ne] *f* conscription

coseno [ko·'se:·no] *m* MAT cosine

Cosentino [ko·sen·'ti:·no] *m* (*zona*) Cosenza area; **nel** ~ in the Cosenza area

cosentino, -a I. *adj* from Cosenza II. *m*, *f* (*abitante*) person from Cosenza

Cosenza *f* Cosenza

così [ko·'si] I. *adv* 1. (*in questo modo*) like this; **come va?** — ~ ~ how's it going? — so-so; **non devi fare** ~ you shouldn't do it like that; **per** ~ **dire** so to speak; **e** ~ **via** and so on; **è proprio** ~ it's exactly like that 2. (*tanto*) so 3. (*correlativo di come*) ~ ... **come** both ... **and** II.<inv> *adj* (*siffatto*) like that III. *conj* 1. (*perciò*) so 2. (*nel modo*) ~ ... **come** as ... as; ~ **sia** amen

cosicché [ko·sik·'ke] *conj* so

cosiddetto, -a [ko·sid·'det·to] *adj* so-called

cosmesi [koz·'mɛ:·zi] <-> *f* cosmetics

cosmetico [kos·'mɛ:·ti·ko] <-ci> *m* cosmetic

cosmetico, -a <-ci, -che> *adj* (*prodotto, cura, azienda*) cosmetic

cosmico, -a ['kɔz·mi·ko] <-ci, -che> *adj* 1. ASTR cosmic 2. *fig* (*di tutti*) universal

cosmo ['kɔz·mo] *m* cosmos

cosmologia [koz·mo·lo·'dʒi:·a] <-gie> *f* cosmology

cosmonauta [koz·mo·'na:u·ta] <-i *m*, -e *f*> *mf* astronaut

cosmonautico, -a [koz·mo·'na:u·ti·ko] <-ci, -che> *adj* (*scienza, progetto, programma*) astronautical

cosmonave [koz·mo·'na:·ve] *f* spaceship

cosmopolita [koz·mo·po·'li:·ta] <-i *m*, -e *f*> I. *mf* cosmopolitan II. *adj* (*persona, città*) cosmopolitan

coso ['kɔ:·so] *m inf* thingy *inf*

cospargere [kos·'par·dʒe·re] <irr> *vt* to sprinkle; ~ **qc di qc** to sprinkle sth with sth

cospetto [kos·'pɛt·to] *m* **al** ~ **di qu** in the presence of sb

cospicuo, -a [kos·'pi:·kuo] *adj* (*somma, risorsa*) considerable

cospirare [kos·pi·'ra:·re] *vi* to conspire; ~ **contro qu/qc** to conspire against sb/sth

cospiratore, -trice [kos·pi·ra·'to:·re] *m*, *f* conspirator

cospirazione [kos·pi·ra·'tsio:·ne] *f* conspiracy

cossi ['kɔs·si] *1. pers sing pass rem di* **cuocere**

Cost. *abbr di* **Costituzione** Constitution

costa ['kɔs·ta] *f* 1. GEO coast 2. BOT (*nervatura*) rib 3. (*di libro*) spine 4. (*di coltello*) back 5. (*di tessuto*) ribbing; **velluto a -e** corduroy

costante [kos·'tan·te] I. *adj* 1. (*continuo: moto, suono, vento*) constant 2. (*stabile: tempo*) unchanging 3. (*persona*) persevering 4. (*sentimenti, desideri*) constant II. *f* 1. (*caratteristica*) constant feature 2. MAT, FIS constant

costanza [kos·'tan·tsa] *f* 1. (*di persona*) perseverance 2. TEC, SCIENT constancy

Costanza [kos·'tan·tsa] *f* Constance; **Lago di** ~ Lake Constance

costare [kos·'ta:·re] *vi, vt essere* 1. (*avere il prezzo di*) to cost; ~ **caro** to be expensive; ~ **poco** to be inexpensive; **quanto costa?** how much is it?; **costi quel che costi** no matter

what 2. (*essere caro*) to be expensive 3. (*richiedere*) to cost; ~ **fatica a qu** to be hard for sb

costata [kos·'ta:·ta] *f* (*bistecca*) chop

costato [kos·'ta:·to] *m* side

costeggiare [kos·ted·'dʒa:·re] *vt* 1. NAUT to sail along 2. (*strada, sentiero*) to run along the side of

costei *v.* **costui**

costellazione [kos·tel·la·'tsio:·ne] *f* 1. ASTR constellation 2. (*segno zodiacale*) sign

costernazione [kos·ter·na·'tsio:·ne] *f* dismay

costì [kos·'ti] *adv* LIT (*lì*) there; (*qui*) here

costiera [kos·'tiɛ·ra] *f* coast

costiero, -a [kos·'tiɛ:·ro] *adj* (*strada, zona*) coastal

costipare [kos·ti·'pa:·re] *vt* 1. (*terreno*) to pack 2. MED to cause constipation in

costituente [kos·ti·tu·'ɛn·te] I. *adj* (*elemento, fattore*) constituent; **assemblea** ~ constituent assembly II. *f* POL (*assemblea*) constituent assembly III. *m* 1. POL (*persona*) constituent assembly member 2. CHIM constituent

costituire [kos·ti·tu·'i:·re] <costituisco> I. *vt* 1. (*fondare: società*) to set up 2. (*rappresentare*) to constitute 3. (*formare*) to make up; **essere costituito da** to consist of II. *vr:* **-rsi** 1. GIUR (*consegnarsi alla giustizia*) to turn oneself in; **-rsi parte civile** to sue for damages; **-rsi in giudizio** to appear before the court 2. (*formarsi*) to be formed

costituito, -a [kos·ti·tu·'i:·to] *adj* 1. (*formato*) composed 2. (*stabilito per legge: autorità, ordine*) constituted

costituzionale [kos·ti·tu·tsio·'na:·le] *adj* POL, GIUR, MED constitutional; **governo/monarchia** ~ constitutional government/monarchy; **Corte Costituzionale** Constitutional Court

costituzione [kos·ti·tu·'tsio:·ne] *f* 1. GIUR, MED constitution 2. (*di società*) setting-up; (*di società, giuria*) formation

costo ['kɔs·to] *m a. fig* cost; **-i di nolo** freight costs; **a prezzo di** ~ at cost (price); **sotto** ~ for less than cost price; **il** ~ **della vita** the cost of living; **a qualunque** [*o* **ogni**] ~, **a tutti i -i** at all costs

costola ['kɔs·to·la] *f* ANAT, BOT rib; **stare alle -e di qu** to be hot on sb's heels

costoletta [kos·to·'let·ta] *f* CULIN (*di vitello, maiale*) cutlet

costoro [kos·'to:·ro] *v.* **costui**

costoso, -a [kos·'to:·so] *adj* (*caro*) expensive

costringere [kos·'trin·dʒe·re] <irr> *vt* to force; ~ **qu a fare qc** to force sb to do sth; **la febbre lo costringe a letto** he's laid up with a fever

costrizione [kos·tri·'tsio:·ne] *f* constraint

costruire [kos·tru·'i:·re] <costruisco> *vt* 1. ARCHIT (*edificare: casa, muro*) to build 2. TEC (*assemblare: motore, macchinario*) to construct 3. *fig* (*società, vita*) to build

costruttore, -trice [kos·trut·'to:·re] *m*, *f* (*imprenditore edile*) builder

costruzione [kos·tru·'tsio:·ne] *f* 1. (*edificio*)

building **2.** (*fabbricazione, assemblaggio*) construction; **essere in** ~ to be under construction **3.** *fig* (*di società, vita*) building **4.** LING construction

costui, costei [kos·'tu:·i, kos·'tɛ:·i] <costoro> *pron dem* he *m*, she *f*

costume [kos·'tu:·me] *m* **1.** TEAT costume **2.** (*foggia di vestire*) dress; ~ **da bagno** (*da donna*) bathing suit; (*da uomo*) trunks *pl* **3.** (*usanze*) custom **4.** (*abitudine*) habit **5.** (*condotta morale*) morality; **una donna di facili -i** a woman of easy virtue; **squadra del buon** ~ vice squad

cotechino [ko·te·'ki:·no] *m* pork and bacon sausage, boiled and served with lentils

cotenna [ko·'ten·na] *f* bacon rind

cotogna [ko·'toɲ·ɲa] *f* quince

cotogno [ko·'toɲ·ɲo] *m* quince (tree)

cotoletta [ko·to·'let·ta] *f* CULIN (*di maiale*) chop; (*di vitello*) cutlet

cotonare [ko·to·'na:·re] I. *vt* (*capelli*) to tease II. *vr:* **-rsi -rsi i capelli** to tease one's hair

cotone [ko·'to:·ne] *m* cotton; ~ (**idrofilo**) cotton

cotonificio [ko·to·ni·'fi:·tʃo] <-ci> *m* cotton mill

cotta ['kɔt·ta] *f inf* (*passione*) crush; **avere una** ~ **per qu** to have a crush on sb; **prendersi una** ~ **per qu** to get a crush on sb

cottage ['kɔ·tidʒ] <-> *m* cottage

cottimo ['kɔt·ti·mo] *m* piecework; **lavorare a** ~ to do piecework

cotto ['kɔt·to] *m* brickwork

cotto, -a I. *pp di* **cuocere** II. *adj* **1.** CULIN (*pronto*) done **2.** (*bollito*) boiled; (*preparato: al forno*) roast; (*in padella*) fried; (*in umido*) stewed; **ben** ~ well done; **farne di -e e di crude** *fig* to get up to all kinds of tricks **3.** *inf* (*innamorato*) **essere** ~ **di qu** to be smitten with sb **4.** *inf* (*sfinito*) done in *inf*

cotton fioc® ['kɔ·tn fi·'ɔk] <-> *m* Q-tip®

cottura [kot·'tu:·ra] *f* CULIN cooking; (*bollitura: in acqua*) boiling; (*in padella*) frying; (*in umido*) stewing; (*in forno*) baking; **raggiungere il punto di** ~ to be done

coupé [ku·'pe] <-> *f* (*mot*) coupe

coupon [ku·'pɔn] <-> *m* coupon

cova ['ko:·va] *f* brooding

covare [ko·'va:·re] I. *vt* **1.** ZOOL (*uova*) to sit on **2.** *fig* (*malattia*) to go down with **3.** *fig* (*odio, sospetto*) to nurture II. *vi* **1.** ZOOL to sit on its eggs **2.** *fig* (*stare celato*) to smolder; **il fuoco cova sotto la cenere** it's not what it seems; **qui gatta ci cova** there's something fishy going on here

covata [ko·'va:·ta] *f* clutch

cover story ['kʌ·və 'stɔ:·ri] <- *o* cover stories> *f* cover story

covo ['ko:·vo] *m* **1.** ZOOL (*tana*) lair **2.** *fig* (*nascondiglio*) den; ~ **di ladri** den of thieves

covone [ko·'vo:·ne] *m* sheaf

coyote [ko·'jo·te] *v.* **coyote**

cozza ['kɔt·tsa] *f* mussel

cozzare [kot·'tsa:·re] *vi* **1.** (*sbattere*) ~ **contro qu/qc** to bang into sb/sth **2.** *fig* (*mettersi in contrasto*) ~ **con qc** to clash with sth; ~ **contro qc** to come up against sth

CP *mpl abbr di* **Cattolici Popolari** *Catholic student group*

C.P. *abbr di* **Casella Postale** P.O. box

CPU *f abbr di* **Central Processing Unit** COMPUT CPU

crac [krak] <-> *m* **1.** (*rumore*) crack **2.** *fig* COM (*fallimento*) crash

cracker ['kræ·kə/'krɛ·ker] <-> *m* **1.** (*galletta*) cracker **2.** COMPUT (*pirata*) cracker

Cracovia *f* Kracow

cracoviano, -a [kra·ko·'via:·no] I. *adj* Kracovian II. *m*, *f* (*abitante*) Kracovian

crampo ['kram·po] *m* cramp

cranico, -a ['kra:·ni·ko] <-ci, -che> *adj* (*frattura, nevralgia*) cranial; **scatola -a** cranium; **trauma** ~ head injury

cranio ['kra:·nio] <-i> *m* skull

crash [kræʃ] <-> *m* **1.** (*rumore*) crash **2.** COMPUT crash; **avere un** ~ to crash **3.** *fig* COM (*fallimento*) crash

crash test [kræʃ test] <- *o* crash tests> *m* crash test

cratere [kra·'tɛ:·re] *m* GEO (*di vulcano*) crater; ~ **lunare** lunar crater

crauti ['kra:·u·ti] *mpl* CULIN sauerkraut

cravatta [kra·'vat·ta] *f* tie

crawl [krɔːl] <-> *m* crawl; **nuotare a** ~ to swin the crawl

creanza [kre·'an·tsa] *f* (*buone maniere*) manners *pl*

creare [kre·'a:·re] *vt* **1.** (*gener*) to create **2.** (*nella moda*) to design **3.** COM (*società*) to set up **4.** (*nominare*) to appoint

creatività [kre·a·ti·vi·'ta] <-> *f* creativity

creativo, -a [kre·a·'ti:·vo] I. *adj* creative II. *m*, *f* (*in pubblicità*) copywriter

creatore, -trice [kre·a·'to:·re] I. *adj* creative II. *m*, *f* **1.** (*autore, ideatore*) creator **2.** (*di moda, di profumi*) designer **3.** REL (*Dio*) **il Creatore** the Creator

creatura [kre·a·'tu:·ra] *f* **1.** (*essere umano*) creature **2.** (*bambino*) baby **3.** *fig* (*cosa creata: programma, progetto*) creation

creazione [kre·a·'tsio:·ne] *f* **1.** (*il creare*) creation **2.** (*fondazione, realizzazione*) setting-up **3.** (*nella moda*) design

crebbi ['kreb·bi] *1. pers sing pass rem di* **crescere**

credei [kre·'de:·i] *1. pers sing pass rem di* **credere**[1]

credente [kre·'dɛn·te] I. *adj* believing II. *mf* REL believer

credenza [kre·'dɛn·tsa] *f* **1.** (*mobile*) hutch **2.** (*tradizione*) belief; **-e popolari** popular belief

credenziale [kre·den·'tsia:·le] I. *adj* **lettere -i** letters of credence II. *pl* credentials *pl*

credere[1] ['kre:·de·re] <credo, credetti *o* credei, creduto> I. *vt* **1.** (*ritenere vero*) to believe; **io non ci credo** I don't believe it; **lo credo bene!** *inf* I should think so! **2.** (*ritenere*) to think; **lo credo capace di tutto** I think he's capable of anything; **credo che ...** *+conj* I think (that) ... **3.** (*ritenere opportuno*) to think; **fa come credi** do as you like **II.** *vi* to believe; **~ in qu/qc** to believe in sb/sth; **~ a qu** to believe sb; **non potevo ~ ai miei occhi** I couldn't believe my eyes **III.** *vr:* **-rsi** to think oneself; **-rsi furbo/intelligente** to think one is smart/intelligent; **ma chi ti credi di essere?** who do you think you are?

credere² *m* (*opinione*) opinion

credibilità [kre·di·bi·li·'ta] <-> *f* credibility

creditizio, -a [kre·di·'ti·tsio] <-i, -ie> *adj* (*politica, mediazione*) credit; **stretta -a** credit squeeze

credito ['kre:·di·to] *m* **1.** COM, FIN credit; **comprare/vendere a ~** to buy/sell on credit; **essere in ~** to be in credit; **fare ~ a qu** to give sb credit; **~ d'imposta** tax credit **2.** (*voto, valutazione*) credit; **~ formativo** extra credit; **~ scolastico** school credit **3.** *fig* (*attendibilità*) credit; **godere di molto ~** to be held in high esteem

creditore, -trice [kre·di·'to:·re] **I.** *adj* (*azienda, ente*) creditor **II.** *m, f* creditor

credo ['krɛ:·do] *m* **1.** REL creed **2.** (*convinzione*) credo

credulone, -a [kre·du·'lo:·ne] *inf* **I.** *adj* (*persona, gente*) gullible **II.** *m, f* gullible person

crema ['krɛ:·ma] **I.** *f* **1.** (*panna*) cream; **gelato alla ~** vanilla ice cream; **la ~ della società** *fig* the cream of society **2.** CULIN (*passato*) purée; **~ di pomodoro** tomato purée; (*per dolci*) cream; **~ pasticcera** pastry cream **3.** (*cosmetico*) cream; **~ antietà** antiaging cream; **~ per le mani** handcream; **~ da giorno/notte** day/night cream; **~ da barba** shaving cream; **~ solare** suntan lotion **4.** (*per scarpe*) polish; **~ da scarpe** shoe polish **II.** <inv> *adj* (*color*) **~** cream(-colored)

cremare [kre·'ma:·re] *vt* (*defunto*) to cremate

crematorio [kre·ma·'tɔ:·rio] <-i> *m* crematorium

cremazione [kre·ma·'tsio:·ne] *f* cremation

crème [krɛm] <-> *f fig* cream; **la ~ della società** the cream of society

Cremlino [krem·'li:·no] *m* Kremlin

Cremona [kre·'mo:·na] *f* Cremona, *city in northern Italy*

cremonese [kre·mo·'ne:·se] **I.** *adj* Cremonese **II.** *mf* (*abitante*) Cremonese

Cremonese (*zona*) Cremona area; **nel ~** in the Cremona area

cren [krɛn] <-> *m* CULIN horseradish sauce

crepa ['krɛ:·pa] *f* crack

crepaccio [kre·'pat·tʃo] <-cci> *m* (*di ghiacciaio*) crevasse

crepacuore [kre·pa·'kuɔ:·re] *m* (*dolore*) heartbreak; **morire di ~** to die of a broken heart

crepapelle [kre·pa·'pɛl·le] *adv* **ridere a ~** *inf* to split one's sides laughing

crepare [kre·'pa:·re] **I.** *vi essere fig, inf* (*morire*) to kick the bucket *inf;* **~ dal caldo/dalla sete/fame** to be dying from the heat/of thirst/of hunger; **~ di paura** to be scared to death; **~ dalle risa** to kill oneself laughing; **~ di rabbia** to be consumed with anger; **in bocca al lupo! — crepi (il lupo)!** *inf* good luck! — thanks! **II.** *vr:* **-rsi** (*muro, terra, pelle*) to crack

crêpe [krɛp] <-> *f* CULIN pancake

crepitare [kre·pi·'ta:·re] *vi* (*fuoco*) to crackle; (*pioggia*) to patter

crepitio [kre·pi·'ti:·o] <-ii> *m* (*di fuoco*) crackling; (*di pioggia*) pattering

crepuscolare [kre·pus·ko·'la:·re] *adj* (*cielo*) twilight; **luce ~** twilight

crepuscolo [kre·'pus·ko·lo] *m a. fig* twilight

crescendo [kre·'ʃɛn·do] *m a. fig* crescendo

crescente [kreʃ·'ʃɛn·te] *adj* **1.** (*luna*) waxing; (*marea*) rising **2.** (*attenzione, partecipazione, malcontento*) growing

crescenza [kreʃ·'ʃɛn·tsa] *f* CULIN *soft cheese from Lombardy*

crescere ['kreʃ·ʃe·re] <cresco, crebbi, cresciuto> **I.** *vi essere* **1.** (*svilupparsi: persona, pianta*) to grow; **farsi ~ i capelli** to grow one's hair; **come sei cresciuto!** how you've grown! **2.** (*spuntare: denti*) to come through **3.** (*aumentare*) to increase; **~ di peso/volume** to increase in weight/volume **4.** (*diventare adulto*) to grow up **II.** *vt avere* (*allevare: figli*) to raise

crescione [kreʃ·'ʃo:·ne] *m* watercress

crescita ['kreʃ·ʃi·ta] *f* **1.** (*sviluppo*) growth **2.** (*aumento*) increase; **~ zero** COM zero growth

cresciuto [kreʃ·'ʃu:·to] *pp di* **crescere**

cresco ['kres·ko] *1. pers sing pr di* **crescere**

cresima ['krɛ:·zi·ma] *f* REL confirmation

cresimare [kre·zi·'ma:·re] **I.** *vt* REL to confirm **II.** *vr:* **-rsi** REL to be confirmed

crespella [kres·'pɛl·la] *f* CULIN *stuffed pancake*

crespo ['kres·po] *m* crêpe

crespo, -a *adj* (*capelli*) frizzy

cresta ['kres·ta] *f* ZOOL, GEO crest; **alzare la ~** *fig* to get cocky; **essere sulla ~ dell'onda** *fig* to be on the crest of a wave

creta ['kre:·ta] *f* **1.** GEO clay **2.** (*oggetto, statuetta*) clay object

cretinata [kre·ti·'na:·va] *f inf* **1.** (*sciocchezza*) stupid thing **2.** (*cosa di poca importanza*) trifle

cretino, -a [kre·'ti:·no] **I.** *adj inf* (*domanda, risposta*) stupid **II.** *m, f inf* (*stupido*) fool

CRI *f abbr di* **Croce Rossa Italiana** Italian Red Cross

cric [krik] <-> *m* MOT jack

cricca ['krik·ka] <-cche> *f* clique

cricco ['krik·ko] <-cchi> *m v.* **cric**

criceto [kri·'tʃɛ:·to] *m* ZOOL hamster

cricket ['kri·kit] <-> *m* cricket

C

criminale [kri·mi·'na:·le] I. *adj* criminal II. *mf* criminal

criminalità [kri·mi·na·li·'ta] <-> *f* 1.(*delinquenza*) crime; ~ **organizzata** organized crime 2.(*caratteristica*) criminality

crimine ['kri:·mi·ne] *m* crime; **-i di guerra** war crimes

criminologia [kri·mi·no·lo·'dʒi:·a] <-gie> *f* criminology

criminologo, -a [kri·mi·'nɔ:·lo·go] <-gi, -ghe> *m, f* criminologist

crine ['kri:·ne] *m* 1.(*di cavallo*) horsehair 2.BOT fiber; ~ **vegetale** vegetable fiber

criniera [kri·'niɛ:·ra] *f* (*di cavallo*) mane

cripta ['krip·ta] *f* (*di chiesa*) crypt

criptare [krip·'ta:·re] *vt* COMPUT (*messaggio, file, email*) to encrypt; ~ **un programma televisivo** to encrypt a TV program

criptato, -a [krip·'ta:·to] *adj* COMPUT encrypted; **programma televisivo** ~ encrypted TV program

crisantemo [kri·zan·'tɛ:·mo] *m* BOT chrysanthemum

crisi ['kri:·zi] <-> *f* 1.(*periodo difficile*) crisis; ~ **congiunturale** economic crisis; ~ **coniugale** marital crisis; ~ **economica** economic crisis; ~ **di governo** government crisis; **essere in** ~ (*persona*) to be going through a crisis; (*coppia*) to be in crisis 2.MED (*attacco*) attack; ~ **epilettica** epileptic fit; ~ **di nervi** attack of nerves; ~ **di pianto** fit of tears

crisma ['kriz·ma] <-i> *m* REL (*olio consacrato*) chrism; **con tutti i -i** *fig* in strict accordance with the rules

cristallino [kris·tal·'li:·no] *m* ANAT crystalline lens

cristallino, -a *adj* 1.*fig* (*voce, acqua*) crystal clear 2.MIN crystalline

cristallizzare [kris·tal·lid·'dza:·re] I. *vt* 1.CHIM (*minerale, sale*) to crystallize 2.*fig* (*fissare*) to preserve permanently II. *vr:* **-rsi** 1.CHIM (*minerale, sale*) to crystallize 2.*fig* (*situazione*) to remain unchanged

cristallizzazione [kris·tal·lid·dza·'tsio:·ne] *f* 1.CHIM (*di minerale, sale*) crystallization 2.*fig* (*di situazione*) maintaining

cristallo [kris·'tal·lo] *m* 1.MIN crystal 2.(*vetro*) glass 3.(*lastra di vetro*) window

cristianesimo [kris·tia·'ne:·zi·mo] *m* REL Christianity

cristianità [kris·tia·ni·'ta] <-> *f* 1.(*qualità*) Christianity 2.(*tutti i cristiani*) Christendom

cristianizzare [kris·tia·nid·'dza:·re] *vt* (*popolo*) to convert to Christianity; (*festa*) to Christianize

cristiano, -a [kris·'tia:·no] I. *adj* REL (*fede, religione, chiesa*) Christian II. *m, f* 1.REL Christian 2.*fig, inf* (*essere umano*) human being; **da** ~ *inf* in a civilized manner; **essere un buon** ~ *inf* to be a decent human being

cristo ['kris·to] *m* 1.REL **Cristo** Christ; **avanti/dopo Cristo** before Christ/Anno Domini 2.*inf* (*poveraccio*) **un povero** ~ a poor thing

criterio [kri·'tɛ:·rio] <-i> *m* 1.(*norma*) criterion 2.(*senno*) (common) sense; **fare qc con** ~ to show common sense in doing sth

critica ['kri:·ti·ka] <-che> *f* 1.(*giudizio negativo*) criticism; **rivolgere -che a qu** to criticize sb 2.(*valutazione*) criticism; ~ **storica/letteraria** historical/literary criticism 3.(*recensione*) review 4.(*critici*) critics *pl*

criticare [kri·ti·'ka:·re] *vt* 1.(*disapprovare: azioni, persona*) to criticize 2.LIT, FILM, TEAT, MUS (*valutare*) to review

critico, -a ['kri:·ti·ko] <-ci, -che> I. *adj* critical II. *m, f* LIT, FILM, TEAT, MUS critic; ~ **letterario/ musicale** literary/music critic

criticone [kri·ti·'ko:·ne] *m* fault-finder

croato, -a [kro·'a:·to] I. *adj* Croat(ian) II. *m, f* (*abitante*) Croat(ian) III. *m* (*lingua*) Croat(ian)

Croazia *f* Croatia; **abitare in** ~ to live in Croatia; **andare in** ~ to go to Croatia

croccante [krok·'kan·te] I. *adj* (*biscotto, pane*) crunchy II. *m* CULIN brittle

crocchetta [krok·'ket·ta] *f* CULIN croquette

crocchia ['krɔk·kia] <-cchie> *f* (*di capelli*) bun

crocchio ['krɔk·kio] <-cchi> *m* (*gruppo*) cluster

croce ['kro:·tʃe] *f* 1.REL (*di Gesù*) cross; **farsi il segno della** ~ to cross oneself 2.(*oggetto, onorificenza, segno*) cross; **in** ~ (*braccia*) crossed; **fare una** ~ **sopra qc** *fig* to forget about sth 3.(*organizzazione*) **Croce Rossa/Verde** Red/Green Cross 4.(*pena*) **ciascuno ha la sua** ~ *fig* we each have our cross to bear 5.(*di moneta*) tails; **testa o** ~? heads or tails?

crocerossina [kro·tʃe·ros·'si:·na] *f* Red Cross nurse

crocevia [kro·tʃe·'vi:·a] <-> *m* crossroads

crociata [kro·'tʃa:·ta] *f* crusade

crociato [kro·'tʃa:·to] *m* crusader

crociato, -a *adj* 1.(*incrociato*) **parole -e** crossword (puzzle) 2.(*con la croce*) marked with a cross; **scudo** ~ shield with a cross on it

crocicchio [kro·'tʃik·kio] <-cchi> *m* crossroads

crociera [kro·'tʃɛ:·ra] *f* 1.NAUT cruise 2.AERO **velocità di** ~ cruising speed

crocifiggere [kro·tʃi·'fid·dʒe·re] <crocifiggo, crocifissi, crocifisso> *vt a. fig* to crucify

crocifissione [kro·tʃi·fis·'sio:·ne] *f* crucifixion

crocifisso[1] [kro·tʃi·'fis·so] *m* REL (*immagine di Gesù*) crucifix

crocifisso[2] *pp di* **crocifiggere**

croco ['krɔ:·ko] <-chi> *m* BOT crocus

crogiolarsi [kro·dʒo·'la:r·si] *vr* (*bearsi: al sole*) to bask; (*nel dolore*) to wallow

crogiolo [kro·'dʒɔ:·lo] *m* 1.(*per fusioni*) crucible 2.*fig* (*di etnie, culture*) melting pot

crollare [krol·'la:·re] *vi essere* 1.(*costruzione*) to collapse 2.(*persona*) to break down; (*Stato*) to fall 3.(*prezzi, azioni*) to fall; (*borsa*) to crash

crollo ['krɔl·lo] *m* 1.(*di casa, ponte*) collapse 2.COM (*di prezzi, azioni*) fall; (*di* *borsa*) crash; **~ delle nascite** fall in the birthrate **3.** *fig* (*di persona*) breakdown; (*di Stato*) fall

croma ['krɔ:·ma] *f* MUS eighth note

cromare [kro·'ma:·re] *vt* (*metallo, plastica*) to chrome

cromatico, -a [kro·'ma:·ti·ko] <-ci, -che> *adj* (*dei colori*) of colors

cromatura [kro·ma·'tu:·ra] *f* (*di metallo, plastica*) chroming

cromo ['krɔ:·mo] *m* CHIM chromium

cromosoma [kro·mo·'sɔ:·ma] <-i> *m* MED chromosome

cromosomico, -a [kro·mo·'sɔ:·mi·ko] <-ci, -che> *adj* MED (*corredo, patrimonio, danno*) chromosome

cronaca ['krɔ:·na·ka] <-che> *f* **1.** (*reportage*) commentary **2.** (*notizie*) news; **~ bianca** general news; **~ nera** crime news; **~ politica** political column; **~ rosa** [*o* **mondana**] gossip column; **fatti di ~** news items; **per la ~** *fig* for the record **3.** (*resoconto*) account

cronico, -a ['krɔ:·ni·ko] <-ci, -che> **I.** *adj* (*malattia, dolore, malato*) chronic **II.** *m, f* chronic invalid

cronista [kro·'nis·ta] <-i *m*, -e *f*> *mf* columnist

cronologia [kro·no·lo·'dʒi:·a] <-gie> *f* chronology

cronologico, -a [kro·no·'lɔ:·dʒi·ko] <-ci, -che> *adj* (*ordine, tavole*) chronological

cronometraggio [kro·no·me·'trad·dʒo] <-ggi> *m* (*di gara*) timing

cronometrare [kro·no·me·'tra:·re] *vt* (*gara, corsa*) to time

cronometro [kro·'nɔ:·met·ro] *m* **1.** (*orologio*) chronometer **2.** SPORT stopwatch

cross [krɔs] <-> *m* **1.** (*motociclismo*) motocross **2.** (*nel calcio*) cross

crossare [kros·'sa:·re] *vi* SPORT (*nel calcio*) to cross

crossista [kros·'sis·ta] <-i , -e> *mf* (*motociclista*) motocross rider

crosta ['krɔs·ta] *f* **1.** (*di pane*) crust; (*di formaggio*) rind **2.** MED scab; **~ lattea** cradle cap **3.** GEO crust; **~ terrestre** Earth's crust

crostacei [kros·'ta:·tʃei] *mpl* shellfish

crostino [kros·'ti:·no] *m* CULIN canapé

crucciare [krut·'tʃa:·re] **I.** *vt* (*preoccupazioni, pensieri*) to trouble **II.** *vr:* **-rsi** to worry

cruccio ['krut·tʃo] <-cci> *m* (*problema*) worry

crucco, -a ['kruk·ko] <-cchi, -cche> *m, f pej, inf* Kraut *pej*

cruciale [kru·'tʃa:·le] *adj* (*decisivo: momento, partita*) crucial

cruciverba [kru·tʃi·'vɛr·ba] <-> *m* crossword

crudele [kru·'de:·le] *adj* cruel

crudeltà [kru·del·'ta] <-> *f* **1.** (*di persona, animo, tortura*) cruelty **2.** (*azione*) act of cruelty

crudo, -a ['kru:·do] *adj* **1.** (*non cotto: carne, verdura*) raw **2.** (*poco cotto*) undercooked **3.** *fig* (*verità*) stark

cruento, -a [kru·'ɛn·to] *adj* (*battaglia, film, immagine*) bloody

crumiro, -a [kru·'mi:·ro] *m, f* scab

cruna ['kru:·na] *f* (*di ago*) eye

crusca ['krus·ka] <-sche> *f* brab; **l'Accademia della Crusca** national academy that monitors the Italian language

cruscotto [krus·'kɔt·to] *m* AUTO dashboard

c.s. *abbr di* **come sopra** as above

cubatura [ku·ba·'tu:·ra] *f* cubic capacity

cubettatrice [ku·bet·ta·'tri:·tʃe] *f* (*per alimenti, mangimi*) dicer

cubetto [ku·'bet·to] *m* (*di ghiaccio, di lievito*) cube

cubico, -a ['ku:·bi·ko] <-ci, -che> *adj* cubic; **centimetri -ci** cubic centimeters; **radice -a** cube root

cubismo [ku·'biz·mo] *m* ART cubism

cubista [ku·'bis·ta] <-i , -e> **I.** *mf* ART cubist **II.** *adj* ART (*quadro, pittore*) cubist

cubito ['ku:·bi·to] *m* ANAT ulna

cubo ['ku:·bo] **I.** *m* cube **II.** *adj* cubic; **metro ~** cubic meter

cuccagna [kuk·'kaɲ·ɲa] *f* plenty; **il paese della ~** the land of plenty; **l'albero della ~** the greasy pole

cuccare [kuk·'ka:·re] **I.** *vt inf* **1.** (*prendere*) to catch **2.** *fig* (*rimorchiare*) to pick up **II.** *vr:* **-rsi** *inf* **1.** (*prendersi*) to catch **2.** (*sorbirsi*) to put up with

cuccetta [kut·'tʃet·ta] *f* NAUT (*di nave*) berth; FERR (*di treno*) couchette

cucchiaiata [kuk·kia·'ia:·ta] *f* spoonful

cucchiaino [kuk·kia·'i:·no] *m* **1.** (*posata*) teaspoon; **essere da raccattare con il ~** *inf* to be pooped *inf* **2.** (*quantità*) teaspoonful

cucchiaio [kuk·'kia:·io] <-ai> *m* **1.** (*posata*) spoon **2.** (*quantità*) spoonful

cuccia ['kut·tʃa] <-cce> *f* (*di cane*) dog basket; **a ~!** down!

cucciolata [kut·tʃo·'la:·ta] *f* litter

cucciolo, -a ['kut·tʃo·lo] *m, f* (*di cane*) puppy; (*di gatto*) kitten; (*di balena, elefante*) calf

cucco ['kuk·ko] <-cchi> *m* (*cuculo*) cuckoo; **vecchio come il ~** *inf* from out of the ark *inf*

cucina [ku·'tʃi:·na] *f* **1.** (*luogo, mobili*) kitchen; **~ componibile** [*o* **all'americana**] fitted kitchen **2.** (*arte, modo*) cooking; **libro di ~** cookbook **3.** (*apparecchio*) stove; **~ a gas** gas stove; **~ elettrica** electric stove

cucinare [ku·tʃi·'na:·re] **I.** *vt* (*carne, pesce*) to cook **II.** *vi* to cook

cucinino [ku·tʃi·'ni:·no] *m* kitchenette

cucire [ku·'tʃi:·re] *vt* **1.** (*orlo, abito*) to sew; **macchina da ~** sewing machine **2.** (*ferita*) to sew up

cucito [ku·'tʃi:·to] *m* (*tecnica*) sewing

cucito, -a *adj* sewn; **~ a mano** hand-stitched; **avere le labbra -e** *fig* to know when to keep one's mouth shut

cucitrice [ku·tʃi·'tri:·tʃe] *f* (*spillatrice*) stapler

cucitura [ku·tʃi·'tu:·ra] *f* (*di tessuto*) seam

C

cucù [ku·'ku] I. <-> *m* 1. ZOOL cuckoo 2. **orologio a ~** cuckoo clock II. *interj* peekaboo!

cuculo [ku·'ku:·lo] *m* ZOOL cuckoo

cuffia ['kuf·fia] <-ie> *f* 1. (*di lana*) hat; (*per neonati*) bonnet 2. (*impermeabile*) cap; **~ (da bagno)** (*per piscina*) swimming cap; **~ (da doccia)** shower cap 3. TEL, RADIO headphones *pl*

cugino, -a [ku·'dʒi:·no] *m, f* cousin

cui ['ku:·i] *pron* 1. (*con preposizioni*) **a ~** (*persona*) to whom; (*cosa*) to which; **con ~** (*persona*) with whom; (*cosa*) with which; **di ~** (*persona*) of whom; (*cosa*) of which; **in ~** in which; **per ~** (*persona*) for whom; (*cosa*) for which 2. (*a cui*) to whom; (*cosa*) to which 3. (*di cui*) whose

culat(t)one [ku·la(t)·'to:·ne] *m vulg* faggot *pej*

culinaria [ku·li·'na:·ria] <-ie> *f* (*arte*) cooking

culinario, -a [ku·li·'na:·rio] <-i, -ie> *adj* (*doti, capacità, tradizioni*) culinary; **arte -a** cooking

culla ['kul·la] *f* cradle

cullare [kul·'la:·re] I. *vt* 1. (*bambino*) to rock 2. *fig* (*speranza*) to cherish II. *vr:* **-rsi** 1. (*dondolarsi*) to be rocked 2. *fig* (*abbandonarsi*) to indulge

culminante [kul·mi·'nan·te] *adj* (*fase, punto, momento*) culminating

culminare [kul·mi·'na:·re] *vi essere* 1. *fig* (*arrivare all'apice*) **~ in qc** to culminate in sth 2. ASTR to reach its highest point

culmine ['kul·mi·ne] *m* 1. *fig* (*apice: di carriera*) peak; (*apice: di stupidità, potenza*) height 2. (*di monte*) top

culo ['ku:·lo] *m vulg* ass *vulg;* **avere ~** to be lucky; **prendere qu per il ~** to take sb for a ride *inf;* **farsi il ~** [*o* **un ~ così**] to work one's ass off *vulg;* **va a fare in ~!** fuck off! *vulg*

culto ['kul·to] *m* 1. REL (*di reliquie, anime, morti*) cult 2. (*religione*) religion; **libertà di ~** religious freedom 3. *fig* (*venerazione*) cult; **avere il ~ della propria persona** to be vain about one's appearance

cultura [kul·'tu:·ra] *f* 1. (*conoscenze*) culture; **un uomo di ~** an educated man; **farsi una ~** to get an education 2. AGR crop

culturale [kul·tu·'ra:·le] *adj* cultural

culturismo [kul·tu·'riz·mo] *m* bodybuilding

culturista [kul·tu·'ris·ta] <-i *m*, -e *f*> *mf* bodybuilder

cumino [ku·'mi:·no] *m* cumin

cumulare [ku·mu·'la:·re] *vt* (*contributi, ore lavorative, sconti*) to accumulate

cumulativo, -a [ku·mu·la·'ti:·vo] *adj* (*biglietto, sconto, prezzo*) inclusive

cumulo ['ku:·mu·lo] *m* 1. (*mucchio: di macerie, terra, pietre*) heap 2. METEO cumulus

cuneense [ku·ne·e·'ɛn·se] I. *adj* from Cuneo II. *mf* (*abitante*) person from Cuneo

Cuneense *m* (*zona*) Cuneo area; **nel ~** in the Cuneo area

cuneiforme [ku·nei·'for·me] I. *adj* cuneiform; **caratteri -i** cuneiform characters *pl* II. *m* (*scrittura*) cuneiform

cuneo ['ku:·neo] *m* wedge

Cuneo *f* Cuneo

cunetta [ku·'net·ta] *f* 1. (*canaletto*) gutter 2. (*dosso*) dip

cunicolo [ku·'ni:·ko·lo] *m* tunnel

cuocere ['ku:ɔ·tʃe·re] <cuocio, cossi, cotto> I. *vt avere* 1. to cook; (*bollire*) to boil; (*in padella*) to fry; (*in umido*) to stew; (*in forno*) to bake; **~ alla griglia** to broil; **~ sulla brace** to grill 2. (*ceramiche, mattoni, calcina*) to fire II. *vi essere* CULIN to cook; **il riso sta cuocendo** the rice is cooking

cuoco, -a ['ku:ɔ·ko] <-chi, -che> *m, f* 1. (*chi cucina*) cook 2. (*di ristorante*) chef

cuoio ['ku:ɔ·io] *m* 1. (*pelle conciata*) leather 2. ANAT (*pelle dell'uomo*) **~ capelluto** scalp 3. *fig, inf* (*pelle dell'uomo*) skin; **tirare** [*o* **lasciarci**] **le -a** *fig* to kick the bucket *inf*

cuore ['ku:ɔ·re] *m* 1. ANAT heart 2. *fig* (*sede dei sentimenti*) heart; **affari di ~** affairs of the heart; **gente di ~** kind-hearted people *pl;* **amica del ~** bosom friend; **avere buon ~** to have a big heart; **stare a ~** to be important; **prendersi a ~ qc** to take sth to heart; **ridere di ~** *fig* to laugh heartily; **spezzare il ~ a qu** *fig* to break sb's heart; **senza ~** heartless; **con tutto il ~** with all one's heart; **a (forma) di ~** heart-shaped; **mi si stringe il ~** *fig* my heart aches; **due -i e una capanna** love in a cottage; **~ contento il ciel l'aiuta** *prov* God helps those who help themselves *prov* 3. (*di carte da gioco*) hearts *pl* 4. *fig* (*punto centrale*) heart; **~ del carciofo** artichoke heart; **nel ~ della notte** in the dead of night

cupo, -a ['ku:·po] *adj* 1. (*colore*) dark 2. (*notte, foresta*) pitch-black 3. (*voce*) deep 4. *fig* (*volto, sguardo*) sullen

cupola ['ku:·po·la] *f* dome

cura ['ku:·ra] *f* 1. (*interessamento*) care; **prendersi ~ di qu** to take care of sb; **avere ~ della propria salute** to take care of one's health 2. (*accuratezza*) care; **a ~ di ... (*libro*) edited by ...** 3. MED (*terapia*) treatment; **casa di ~** nursing home; **luogo di ~ termale** thermal spa; **essere in ~ da qu** to be a patient of sb

curare [ku·'ra:·re] I. *vt* 1. (*malato, malattia*) to treat 2. (*occuparsi di: aziani, malati, affari, interessi*) to take care of 3. (*testo*) to edit II. *vr:* **-rsi** 1. (*prendersi cura*) to take care of oneself 2. MED (*sottoporsi a una terapia*) to get treatment 3. (*preoccuparsi*) **-rsi di qc** to care about sth

curato [ku·'ra:·to] *m* REL parish priest

curia ['ku:·ria] <-ie> *f* REL curia

curiosare [ku·rio·'sa:·re] *vi* 1. (*guardare*) to browse 2. (*ficcare il naso*) to nose around; **~ in qc** to stick one's nose into sth

curiosità [ku·rio·si·'ta] <-> *f* curiosity; **mostrare ~ per qc** to be curious about sth

curioso, -a [ku·'rio:·so] I. *adj* 1. (*interessato*) curious 2. (*indiscreto*) nosy 3. (*bizzarro: oggetto, fatto*) curious II. *m, f* onlooker

curriculum (**vitae**) [kur·'ri:·ku·lum ('vi:·te)] <-> *m* résumé

curry ['kʌ·ri] <-> *m* (*polvere*) curry powder

cursore *m* COMPUT cursor

cursorio, -a [kur·'sɔː·rio] <-i, -ie> *adj* (*veloce*) cursory

curva ['kur·va] *f* 1. (*su diagramma*) curve 2. (*stradale*) bend; **doppia ~** double bend

curvare [kur·'vaː·re] I. *vi* 1. (*auto*) to turn 2. (*strada*) to bend II. *vt* 1. (*sbarra, ramo*) to bend 2. (*capo, fronte*) to bow; (*schiena*) to make bent III. *vr:* **-rsi** (*ramo*) to bend; (*persona*) to bend down

curvo, -a ['kur·vo] *adj* (*linea, legno*) curved; (*spalle, persona*) bent

cuscinetto[1] [kuʃ·ʃi·'net·to] *m* 1. TEC bearing; **~ a sfere** ball bearing 2. (*per spilli*) pincushion 3. (*per timbri*) pad

cuscinetto[2] <inv> *adj* **stato ~** buffer state; **zona ~** buffer zone

cuscino [kuʃ·'ʃiː·no] *m* 1. (*guanciale*) pillow 2. (*per poltrona, divano*) cushion

cuscus ['kus·kus] <-> *m* CULIN couscous

cuspide ['kus·pi·de] *f* ARCHIT spire

custode [kus·'tɔː·de] I. *mf* 1. (*di museo*) at-tendant; (*di palazzo*) superintendent; (*di scuola*) janitor 2. *fig* (*di valore, bene ideale*) guardian II. *adj* **angelo ~** guardian angel

custodia [kus·'tɔː·dia] <-ie> *f* 1. (*cura*) care; **dare qu/qc in ~ a qu** to entrust sb/sth to sb's care 2. GIUR **~ cautelare** custody 3. (*astuccio: di occhiali, violino*) case

custodire [kus·to·'diː·re] <custodisco> *vt* (*conservare: casa, bambini*) to take care of; (*segreto*) to keep

customizing ['kʌs·tə·ai·ziɲ] *m* COM customiz-ing

cutaneo, -a [ku·'taː·neo] *adj* skin; **eruzione -a** rash

cute ['kuː·te] *f* skin

CV 1. *abbr di* **Cavallo Vapore** h.p. 2. *abbr di* **curriculum vitae** résumé

cybercafé [sai·ber·ka·'fe] <-> *m* Internet café

cybernauta [sai·ber·'nau·ta] <-i , -e> *mf v.* **internettista**

cybersesso *m* COMPUT cybersex

cyberspazio [tʃi·ber·'spa·zio] <-i> *m* COMPUT cyberspace

cyclette® [si·'klɛt] <- *o* cyclettes> *f* exercise bike; **fare ~** to ride an exercise bike

D

Dd

D, d [di] <-> *f* D, d; **~ come Domodossola** D as in dog

d' *prep =* **di** *used before a vowel; v.* **di**

D 1. *abbr di* **Diretto** Dir. 2. *abbr di* **Deutsch-land** DE

da [da] <dal, dallo, dall', dalla, dai, dagli, dalle> *prep* 1. (*stato in luogo*) at; (*moto da luogo*) from; (*moto a luogo: con persone*) to; (*attraverso*) through; (*distanza*) from; **abito ~ mio zio** I live with my uncle; **andare ~ To-rino a Stoccarda** to go from Turin to Stuttgart; **vado ~ un amico** I'm going to a friend's house; **vengo ~ casa** I've come from home; **verrò ~ Firenze** I'll be coming from Florence; **trattoria "~ Giovanni"** "Giovan-ni's"; **~ dove** where from 2. (*con verbi pas-sivi*) by 3. (*causa*) with; **tremare dal freddo** to shiver with cold 4. (*tempo*) **~ principio** from the beginning; **~ domani** from tomor-row; **~ oggi in poi** from today on; **dal lunedì al venerdì** from Monday to Friday; (*fin*) **~ bambino** since childhood; **~ allora** since then; **~ cinque anni** for five years; **~ molto/poco** for a long/short time; **~ quanto tempo** how long 5. (*fine, scopo*) **auto ~ corsa** race-car; **cane ~ caccia** hunting dog 6. (*modo*) like; **comportarsi ~ vero amico** to behave like a true friend; **mi ha risposto ~ maledu-cato** he answered me very rudely; **ho fatto tutto ~ me** I did it all by myself; **~ solo** alone 7. (*qualità*) with; **una ragazza dai capelli rossi** a redheaded girl 8. (*valore*) between; **ci vorranno dai due ai tre giorni** it will take two to three days; **un gelato ~ due euro** an ice cream for two euros 9. (*con inf*) **essere così stanchi ~ non poter stare in piedi** to be so tired you can't stand up; **qualcosa ~ bere** something to drink; **non c'è niente ~ fare** there's nothing to be done

dabbasso [dab·'bas·so] *adv* downstairs

dabbenaggine [dab·be·'nad·dʒi·ne] *f* sim-ple-mindedness

dabbene [dab·'bɛː·ne] <inv> *adj* decent

daccapo [dak·'ka:·po] *adv* again; **ricomin-ciare ~** to start again

dado ['da:·do] *m* 1. (*cubetto*) dice; **giocare ai -i** to shoot dice 2. CULIN bouillon cube 3. (*per bulloni*) nut

daffare [daf·'fa:·re] <-> *m* work; **avere un gran ~** to be very busy; **darsi un gran ~** to put oneself out

dagli, dai ['daʎ·ʎi, 'da:·i] *prep =* **da + gli, i** *v.* **da**

daino ['da:i·no] *m* 1. (*animale*) (fallow) deer 2. (*pelle*) buckskin

dal [dal] *prep =* **da + il** *v.* **da**

dalia ['da:·lia] <-ie> *f* dahlia

dall', dalla, dallo, dalle [dall, 'dal·la, 'dal·lo, 'dal·le] *prep =* **da + l', la, lo, le** *v.* **da**

daltonico, -a [dal·'tɔː·ni·ko] <-ci, -che> I. *adj* colorblind II. *m, f* colorblind person

dama ['da:·ma] *f* 1. HIST lady in waiting

2. (*gioco*) checkers; (*scacchiera*) checker-board; **giocare a ~** to play checkers

damasco [da·'mas·ko] <-schi> *m* damask

damigella [da·mi·'dʒɛl·la] *f* HIST young woman, *of high social standing;* **~ d'onore** bridesmaid

damigiana [da·mi·'dʒa:·na] *f* demijohn

dammeno [dam·'me:·no] <inv> *adj* **essere ~ di qu** to be outdone by sb; **è molto intelligente, ma sua sorella non è ~** he's very intelligent, but so's his sister

DAMS [dams] *m acró de* **Discipline delle Arti, della Musica e dello Spettacolo** *degree in performing arts*

danaro [da·'na:·ro] *v.* **denaro**

danaroso, -a [da·na·'ro:·so] *adj* wealthy

dancing ['da:n·siŋ/'dɛn·sin(g)] <-> *m* dance hall

danese [da·'ne:·se] **I.** *adj* Danish **II.** *mf* (*persona*) Dane **III.** *m* (*cane*) Great Dane

Danimarca [da·ni·'mar·ka] *f* Denmark; **abitare in ~** to live in Denmark; **andare in ~** to go to Denmark

dannare [dan·'na:·re] **I.** *vt* **far ~ qu** to drive sb crazy; **-rsi l'anima per qc** to move heaven and earth for sth **II.** *vr:* **-rsi** to fret

dannato, -a [dan·'na:·to] **I.** *adj inf* damn **II.** *m, f* **i -i** the damned

dannazione [dan·nat·'tsio:·ne] **I.** *f* **1.** (*dell'anima*) damnation **2.** *fig* (*tormento*) torment **II.** *interj* **~!** damn!

danneggiare [dan·ned·'dʒa:·re] *vt* **1.** (*oggetto*) to damage **2.** (*nuocere a*) to harm

danno ['dan·no] *m* damage; **far -i** to cause damage; **arrecare ~ a qc** to harm sth; **pagare i -i** to pay damages; **a ~** [*o* **ai -i**] **di qu** to the detriment of sb; **rimanere** [*o* **restare**] **col ~ e con le beffe** to suffer twice over

dannoso, -a [dan·'no:·so] *adj* **essere ~** (**per** [*o* **a**] **qu/qc**) harmful

dantesco, -a [dan·'tes·ko] <-schi, -sche> *adj* (*inferno, personaggio, stile, linguaggio*) Dantesque

Danubio [da·'nu:·bio] *m* Danube

danza ['dan·tsa] *f* dance; **~ classica** classical ballet; **~ popolare** folk dancing

danzare [dan·'tsa:·re] *vi, vt* to dance

danzatore, -trice [dan·tsa·'to:·re] *m, f* dancer

Danzica ['dan·tsi·ka] *f* Danzig

dappertutto [dap·per·'tut·to] *adv* everywhere

dappoco [dap·'pɔː·ko] <inv> *adj* **1.** (*inetto: medico, tipo*) useless **2.** (*di poca importanza: ferita, problema*) trivial

dapprima [dap·'pri:·ma] *adv* at first

dare¹ ['da:·re] <do, diedi *o* detti, dato> **I.** *vt* **1.** (*gener*) **~ qc a qu** to give sb sth; **~ una notizia a qn** to give sb some news; **~ un consiglio a qn** to give sb some advice; **~ peso a qc** to give weight to sth; **~ a qu il permesso di fare qc** to give sb permission to do sth; (**~ fuoco a qc**) to set sth on fire; (**~ uno sguardo a qc**) to look at sb; **darsi delle arie** to show off; **~ una multa a qu** to fine sb; **non darsi pace**

to not be able to stop thinking about sth **2.** (*produrre: frutti*) to produce **3.** (*causare*) **~ preoccupazioni a qu** to worry sb; **~ un dispiacere a qu** to upset sb **4.** (*fare: lezione*) to give; **~ un esame** to take an exam; **~ una conferenza** to give a lecture; **~ una festa** to have a party **5.** (*dire*) to call; **~ del Lei/tu a qu** to call sb Lei/tu; **~ dell'imbecille a qu** to call sb an idiot **6.** (*augurare*) **~ il buongiorno/ la buonanotte a qu** to say hello/goodnight to sb **7.** (*pagare*) to pay **II.** *vi* **1.** (*guardare*) **~ su qc** to overlook sth; **la finestra dà sul cortile** the window overlooks the courtyard **2.** (*prorompere*) **~ in escandescenze** to go mad **3.** (*battere*) **~ in qc** to hit sth **4.** (*fare effetto*) **~ nell'occhio** to stick out; **~ alla testa** to go to one's head **5.** (*tendere a*) **~ sul rosso** to tend toward red **III.** *vr:* **-rsi 1.** (*dedicarsi*) to devote oneself to; **darsi alla pittura** to take up painting **2.** (*reciproco*) **si sono dati una mano l'un l'altro** they held hands; **ci siamo dati solo un bacio** we only kissed **3.** (*loc*) **si dà il caso che ...** +*conj* it so happens that ...; **può darsi che ...** +*conj* perhaps ...; **darsela a gambe** to run away; **-rsi per vinto** to give in

dare² <-> *m* debits *pl*; **il ~ e l'avere** debits and credits

dark [da:k/dark] **I.** <inv> *adj* Goth **II.** <-> *mf* Goth

darsena ['dar·se·na] *f* dock

DAT ['dat] *m acró de* **Digital Audio Tape** DAT

data ['da:·ta] *f* date; **~ di nascita** date of birth; **~ di scadenza** expiration date; **rimandare qc a ~ da destinarsi** to postpone sth indefinitely; **un amico di lunga/vecchia ~** an old friend

datare [da·'ta:·re] **I.** *vt* **avere** to date **II.** *vi* **essere** to date; **la nostra amicizia data dal 1998** our friendship dates back to 1998; **a ~ da oggi** ADMIN dating from today

datario [da·'ta:·rio] *m* **1.** (*timbro*) date stamp **2.** (*di orologio*) date window

dativo [da·'ti:·vo] *m* dative

dato ['da:·to] *m* datum; **-i anagrafici** personal data; **~ di fatto** fact; **banca -i** COMPUT data bank; **trasmissione** (**di**) **-i** COMPUT data transmission; **elaborazione elettronica dei -i** electronic data processing

dato, -a **I.** *pp di* **dare¹** **II.** *adj* **1.** (*determinato*) certain **2.** (*considerato*) given; **~ che ...** since; **-e le circostanze** under the circumstances

datore, -trice [da·'to:·re] *m, f* **~ di lavoro** employer

dattero ['dat·te·ro] *m* **1.** (*frutto*) date **2.** (*pianta*) date palm

dattilografare [dat·ti·lo·gra·'fa:·re] *vt* to type

dattilografia [dat·ti·lo·gra·'fi:·a] *f* typing

dattilografo, -a [dat·ti·'lɔː·gra·fo] *m, f* typist

dattilogramma [dat·ti·lo·'gram·ma] <-i> *m* fingerprint

dattiloscritto, -a *adj* typewritten

dattorno [dat·'tor·no] **I.** *adv* around **II.** *prep* **~ a** around **III.** <inv> *adj* neighboring

davanti [da·'van·ti] **I.** *adv* (*di fronte*) opposite;

(*nella parte anteriore*) in front **II.** *prep* ~ **a**
1. (*di fronte a*) in front of **2.** (*dirimpetto*) opposite **III.** <inv> *adj* front **IV.** *m* front
davanzale [da·van·'tsa:·le] *m* windowsill
davanzo, d'avanzo [da·'van·tso] *adv* more
than enough
davvero [dav·'ve:·ro] *adv* really; **per** ~ really
and truly
dazio ['dat·tsio] <-i> *m* duty
d.C. *abbr di* **dopo Cristo** A.D.
DC *f abbr di* **Democrazia Cristiana** HIST *for-*
mer Italian centrist party
dea ['dɛ:·a] *f* goddess
deambulazione [de·am·bu·lat·'tsio:·ne] *f*
walking
deamplificare [de·map·li·fi·'ka:·re] *vt* TEC to
decrease, *in size*
deamplificazione [de·amp·li·fi·kat·'tsio:·ne]
f TEC decrease, *in size*
débâcle [de·'ba·kl] <-> *f* debacle
debbo ['dɛb·bo] *1. pers sing pr di* **dovere**[1]
debellare [de·bel·'la:·re] *vt form* (*malattia,*
corruzione) to overcome
debilitante [de·bi·li·'tan·te] *adj* (*malattia,*
clima, attività) debilitating
debilitare [de·bi·li·'ta:·re] *vt* to debilitate
debilitazione [de·bi·li·tat·'tsio:·ne] *f* weakness
debitamente [de·bi·ta·'men·te] *adv* duly
debito ['de:·bi·to] *m* A. FIN debt; **avere un** ~
con qu to be in debt to sb; **annullare un** ~ to
write off a debt; ~ **pubblico** public debt; **sen-**
tirsi in ~ **verso qu** to be in sb's debt
debito, -a *adj* **1.** (*doveroso*) due **2.** (*oppor-*
tuno) proper; **a tempo** ~ at the right time
debitore, -trice [de·bi·'to:·re] *m, f* **1.** FIN debt-
or **2.** *fig* **ti sono** ~ I'm in your debt
debitorio, -a [de·bi·'tɔ:·rio] <-ri, -rie> *adj* GIUR
debt
debitrice *f v.* **debitore**
debole ['de:·bo·le] **I.** *adj* weak **II.** *m* **avere un**
~ **per qc/qu** to have a weakness for sth/sb;
avere il ~ **del gioco** to have a weakness for
gambling
debolezza [de·bo·'let·tsa] *f* weakness
debug [di'·bʌg] <-> *m* COMPUT debug
debugging [di:·'bʌ·giŋ] <-> *m* COMPUT debugging
debuttante [de·but·'tan·te] **I.** *adj* TEAT young
II. *mf* TEAT *actor/singer who is just starting*
out
debuttare [de·but·'ta:·re] *vi* to make one's debut
debutto [de·'but·to] *m* debut
decade ['dɛ·ka·de] *f* (*dieci giorni*) ten days
decadente [de·ka·'dɛn·te] *adj* decadent
decadentismo [de·ca·den·'tiz·mo] *m* LIT
Decadence
decadentista [de·ka·den·'tis·ta] <-i *m*, -e *f*>
mf LIT Decadent
decadentistico, -a [de·ka·den·'tis·ti·ko] <-ci,
-che> *adj* LIT Decadent
decadenza [de·ca·'dɛn·tsa] *f* **1.** (*declino*)

decadence **2.** GIUR ~ **dei termini** expiration of
deadline
decadere [de·ka·'de:·re] <irr> *vi essere* (*decli-*
nare) to fall into decline
decadimento [de·ka·di·'men·to] *m* decline
decaduto, -a [de·ka·'du:·to] *adj* **1.** (*impove-*
rito) impoverished; **nobiltà -a** decayed nobility; **antiche civiltà -e** ancient civilizations that
fell into decline **2.** GIUR expired
decaedro [de·ka·'ɛ:d·ro] *m* MAT decahedron
decaffeinato [de·kaf·fei·'na:·to] *m* decaffeinated coffee
decaffeinato, -a *adj* decaffeinated
decagono [de·'ka:·gọ·no] *m* MAT decagon
decagrammo [de·ka·'gram·mo] *m* decagram
decalcificare [de·kal·tʃi·fi·'ka:·re] *vt* CHIM, MED
to decalcify
decalcomania [de·kal·ko·ma·'ni:·a] <-ie> *f*
decal
decalitro [de·'ka:·lit·ro] *m* decaliter
decalogo [de·'ka:·lo·go] <-ghi> *m* **1.** (*di*
Mosè) Decalogue **2.** (*norme*) rulebook
decano [de·'ka:·no] *m* **1.** (*per anzianità*) doy-
en **2.** (*titolo*) dean
decantare[1] [de·kan·'ta:·re] *vt* (*lodare*) to sing
the praises of
decantare[2] [de·kan·'ta:·re] **I.** *vt* **1.** CHIM to
leave to settle **2.** (*vino*) to decant **II.** *vi* **1.** CHIM
to settle **2.** (*vino*) to decant
decapitare [de·ka·pi·'ta:·re] *vt* to decapitate
decapitazione [de·ka·pi·tat·'tsio:·ne] *f* decapitation
decappottabile [de·kap·po·'ta:·bi·le] **I.** *adj*
auto ~ convertible **II.** *f* convertible
decasillabo [de·ka·'sil·la·bo] *m* decasyllable
decathlon ['dɛ:·kat·lon] <-> *m* decathlon
decedere [de·'tʃɛ:·de·re] <decedo, decessi *o*
decedetti, deceduto> *vi essere* LIT to die
deceduto, -a [de·tʃe·'du:·to] *form* **I.** *adj* deceased **II.** *m, f* deceased
decelerare [de·tʃe·le·'ra:·re] *vt* to slow down
decelerazione [de·tʃe·le·rat·'tsio:·ne] *f* slow-
ing down
decennale [de·tʃen·'na:·le] **I.** *adj* **1.** (*che dura*
10 anni) ten-year **2.** (*ogni 10 anni*) ten-year-
ly **II.** *m* **1.** (*anniversario*) tenth anniversary
2. (*cerimonia*) tenth anniversary celebration
decenne [de·'tʃɛn·ne] *adj* ten-year-old
decennio [de·'tʃɛn·nio] <-i> *m* decade
decente [de·'tʃɛn·te] *adj* decent
decentralizzare [de·tʃen·tra·lid·'dza:·re] *vt* to
decentralize
decentralizzazione [de·tʃen·tra·lid·dzat·
'tsio:·ne] *f* decentralization; ~ **amministra-**
tiva devolution; ~ **produttiva** outsourcing
decentramento [de·tʃen·tra·'men·to] *m* decentralization
decentrare [de·tʃen·'tra:·re] *vt* to decentralize
decentrato, -a [de·tʃen·'tra:·to] *adj* decentralized; **servizi/uffici -i** decentralized services/
offices
decenza [de·'tʃɛn·tsa] *f* **1.** (*pudore, dignità*)
decency **2.** (*convenienza*) suitability

D

D

decesse [de·'tʃɛs·si] *3. pers sing pass rem di* **decedere**

decesso [de·'tʃɛs·so] *m form* death

decibel [de·tʃi·'bɛl/'dɛː·tʃi·bel] <-> *m* PHYS decibel; **scala in ~** decibel scale; **~ acustico** acoustic decibel

decidere [de·'tʃiː·de·re] <decido, decisi, deciso> I. *vt* (*stabilire*) to decide; (*scegliere*) to choose; **~ di fare qc** to decide to do sth II. *vi* to decide; **~ di qc** to decide about sth III. *vr:* **-rsi** to make up one's mind; **-rsi a fare qc** to make up one's mind to do sth

decifrabile [de·tʃi·'fraː·bi·le] *adj* (*codice, documento, scrittura*) decipherable

decifrare [de·tʃi·'fraː·re] *vt* (*scrittura*) to decipher; (*codice*) to work out; (*enigma*) to find the key to

decigrammo [de·tʃi·'gram·mo] *m* decigram

decilitro [de·'tʃiː·lit·ro] *m* deciliter

decima ['dɛː·tʃi·ma] *f* MAT, MUS tenth; **7 alla ~** 7 to the tenth

decimale [de·tʃi·'maː·le] *adj* decimal

decimare [de·tʃi·'maː·re] *vt* to decimate

decimazione [de·tʃi·mat·'tsioː·ne] *f* decimation

decimetro [de·'tʃiː·met·ro] *m* decimeter

decimilionesimo [de·tʃi·mi·lio·'nɛː·zi·mo] *m* (*in frazioni*) ten millionth

decimilionesimo, -a I. *adj* ten millionth II. *m, f* ten millionth

decimillesimo [de·tʃi·mil·'lɛː·zi·mo] *m* ten thousandth; **un ~ di secondo** a millisecond

decimillesimo, -a I. *adj* ten thousandth II. *m, f* ten thousandth

decimilligrammo [de·tʃi·mil·li·'gram·mo] *m* decimilligram

decimillimetro [de·tʃi·mil·'liː·met·ro] *m* decimillimeter

decimo ['dɛː·tʃi·mo] *m* (*in frazione*) tenth

decimo, -a I. *adj* tenth II. *m, f* tenth; *v.a.* **quinto**

decina [de·'tʃiː·na] *f* MAT ten or so *pl;* **una ~ (di ...)** ten or so ...; **a -e** by the dozen

decisamente [de·tʃi·za·'men·te] *adv* 1. (*veramente*) really 2. (*con risolutezza*) decidedly

decisi [de·'tʃiː·zi] *1. pers sing pass rem di* **decidere**

decisionale [de·tʃi·zio·'naː·le] *adj* decision-making

decisione [de·tʃi·'zioː·ne] *f* 1. (*risolutezza*) decisiveness 2. (*deliberazione*) A. GIUR decision; **prendere una ~** to make a decision

decisionistico, -a [de·tʃi·zio·'nis·ti·ko] <-ci, -che> *adj* (*modi, piglio*) making decisions without consulting others

decisivo, -a [de·tʃi·'ziː·vo] *adj* decisive

deciso, -a [de·'tʃiː·zo] I. *pp di* **decidere** II. *adj* 1. (*convinto*) decided 2. (*risoluto*) determined 3. (*colore*) strong

decisorio, -a [de·tʃi·'zoː·rio] <-i, -ie> *adj* GIUR decisive; **giuramento ~** decisive judgment; **parere ~** deciding opinion

declamare [de·kla·'maː·re] I. *vt* to declaim II. *vi* to recite

declamazione [de·kla·mat·'tsioː·ne] *f* (*discorso*) declamation

declassamento [de·klas·sa·'men·to] *m* relegation

declassare [de·klas·'saː·re] *vt* to downgrade

declinante [de·kli·'nan·te] *adj* 1. (*strada, terreno*) sloping 2. (*civiltà, impero*) declining

declinare [de·kli·'naː·re] I. *vt* A. LING to decline II. *vi* 1. (*essere in pendenza*) to slope downwards 2. (*diminuire: febbre*) to drop; (*tendenza*) to decline 3. (*sole*) to set; (*giorno*) to draw to an end

declinazione [de·kli·nat·'tsioː·ne] *f* LING declination

declino [de·'kliː·no] *m* 1. (*decadenza*) decline 2. LIT (*di bellezza, gioventù*) waning

declivio [de·'kliː·vio] <-i> *m* LIT slope; **in ~** sloping

decoder [di·'kou·də/de·co·der] *m* decoder

decodificabile [de·ko·di·fi·'kaː·bi·le] *adj* decodable

decodificare [de·ko·di·fi·'kaː·re] *vt* to decode

decodificatore [de·ko·di·fi·ka·'toː·re] *m* (*apparecchio*) decoder

decodificazione [de·ko·di·fi·kat·'tsioː·ne] *f* decoding

decollare [de·kol·'laː·re] *vi* to take off

décolleté [de·kɔl·'te] I. <inv> *adj* (*abito*) low-cut; (*scarpe ~*) pumps II. <-> *m* 1. (*scarpa*) pumps 2. (*di abito*) low neckline 3. (*di donna*) cleavage

decolorante [de·ko·lo·'ran·te] I. *adj* (*crema, gel*) bleaching II. *m* bleach

decolorare [de·ko·lo·'raː·re] *vt* (*peli, capelli*) to bleach

decompongo *1. pers sing pr di* **decomporre**

decomporre [de·kom·'por·re] <irr> I. *vt* 1. MAT to break down 2. CHIM to decompose II. *vr:* **-rsi** CHIM to decompose

decomposizione [de·kom·po·zit·'tsioː·ne] *f* 1. (*scomposizione*) breaking down 2. (*di cadavere*) decomposition

decomposto, -a [de·kom·'pɔs·to] I. *pp di* **decomporre** II. *adj* (*corpo*) decomposed

decompressione [de·kom·pres·'sioː·ne] *f* decompression

deconcentrato, -a [de·kon·tʃen·'tra·to] *adj* distracted

decongelamento [de·kon·dʒe·la·'men·to] *m* 1. (*di alimenti*) defrosting 2. FIN **~ di un credito** unfreezing

decongelare [de·kon·dʒe·'laː·re] *vt* 1. (*alimento*) to defrost 2. (*credito*) to unfreeze

decongestionamento [de·kon·dʒes·tio·na·'men·to] *m* decongestion

decongestionante [de·kon·dʒes·tio·'nan·te] I. *adj* decongestant II. *m* decongestant

decongestionare [de·kon·dʒes·tio·'naː·re] *vt* to decongest

decontaminare [de·kon·ta·mi·'naː·re] *vt* to decontaminate

D

decontaminazione [de·kon·ta·mi·nat·'tsio:·ne] *f* decontamination

decontrarre [de·kon·'trar·re] <irr> *vt* to relax

decontrazione [de·kon·trat·'tsio:·ne] *f* relaxation

decorare [de·ko·'ra:·re] *vt* to decorate

decorativo, -a [de·ko·ra·'ti:·vo] *adj* decorative; **arte -a** decorative art

decorato, -a [de·ko·'ra:·to] *adj* decorated

decoratore, -trice [de·ko·ra·'to:·re] *m, f* (*d'interno*) decorator; (*in teatro*) set designer

decorazione [de·ko·rat·'tsio:·ne] *f* decoration

decoro [de·'kɔ:·ro] *m* **1.**(*dignità*) decorum **2.**(*onore, prestigio*) honor

decoroso, -a [de·ko·'ro:·so] *adj* **1.**(*dignitoso: atteggiamento, discorso*) dignified; (*stipendio*) decent **2.**(*di prestigio*) desirable

decorrenza [de·kor·'rɛn·tsa] *f* con ~ **da** with effect from

decorrere [de·'kor·re·re] <irr> *vi essere* (*avere effetto*) to have effect; **a ~ da domani** from tomorrow

decorso [de·'kor·so] *m* **1.**(*del tempo*) passage **2.**(*di malattia*) course

decotto [de·'kɔt·to] *m* (*impacco*) decoction

decrebbi *1. pers sing pass rem di* **decrescere**

decremento [de·kre·'men·to] *m* decrease

decrepito, -a [de·'krɛ:·pi·to] *adj* **1.**(*rafforzativo*) decrepit **2.**(*idee, mentalità*) obsolete

decrescente [de·kreʃ·'ʃɛn·te] *adj* decreasing; **serie ~ di numeri** a falling sequence of numbers; **la fase ~ della luna** the waning of the moon; **costi -i** COM falling costs

decrescere [de·'kreʃ·ʃe·re] <irr> *vi essere* to fall

decretare [de·kre·'ta:·re] *vt* (*stabilire*) to order

decreto [de·'krɛ:·to] *m* decree; **~ di citazione** summons; **~ legge** *decree passed by the Italian government without the consent of parliament;* **~ legislativo** *decree passed by the Italian government with the consent of parliament;* **~ ministeriale** *ministerial decree*

decretone [de·kre·'to:·ne] *m decree containing several provisions, especially financial ones*

decriminalizzare [de·kri·mi·na·lid·'dza:·re] *vt* to decriminalize

decriminalizzazione [de·kri·mi·na·lid·dzat·'tsio:·ne] *f* decriminalization

decriptare [de·krit·'ta:·re] *vt* to decrypt

decubito [de·'ku:·bi·to] *m* MED **piaghe da ~** bedsores

decuplicare [de·kup·li·'ka:·re] *vt* to increase tenfold

decuplo ['dɛ:·kup·lo] *m* factor of ten

decuplo, -a *adj* tenfold

decurtare [de·kur·'ta:·re] *vt* to reduce

dedica ['dɛ:·di·ka] <-che> *f* dedication

dedicare [de·di·'ka:·re] I. *vt* to dedicate II. *vr:* **-rsi** to dedicate oneself

dedito, -a ['dɛ:·di·to] *adj* dedicated; **~ ai vizi** addicted to vice

dedizione [de·dit·'tsio:·ne] *f* dedication; **~ al dovere** devotion to duty

dedotto [de·'dot·to] *pp di* **dedurre**

deducibile [de·du·'tʃi:·bi·le] *adj* **1.**(*concetto*) deducible **2.** COM (*spese*) deductible

dedurre [de·'dur·re] <deduco, dedussi, dedotto> *vt* **1.**(*concetto*) **~ da qc** to deduce from sth **2.** COM (*spese*) to deduct; **~ le spese dalle tasse** to deduct expenses from taxes

deduzione [de·dut·'tsio:·ne] *f* deduction

deejay [di:·'dʒei] <-> *mf* deejay

de facto [de 'fak·to] *adv* GIUR de facto; **riconoscimento ~ di uno Stato** de facto recognition of a state

defalcare [de·fal·'ka:·re] *vt* to deduct; **~ le spese dalle tasse** to deduct expenses from taxes

defecare [de·fe·'ka:·re] *vi form* to defecate

defecazione [de·fe·kat·'tsio:·ne] *f form* defecation

defedato, -a [de·fe·'da:·to] *adj* MED weakened; **individuo ~** person who is in a weakened state; **organismo ~** body that is in a weakened state

defenestrare [de·fe·nes·'tra:·re] *vt destituire: presidente, ministro* to remove from office

deferente [de·fe·'rɛn·te] *adj* **1.**(*rispettoso: atteggiamento, saluto, discorso*) deferential **2.** ANAT **canale ~** vas deferens

deferire [de·fe·'ri:·re] *vt* **1.** GIUR **~ qu all'autorità giudiziaria** to prefer charges against sb **2.** *form* (*consegnare*) to send

defezione [de·fet·'tsio:·ne] *f* defection

deficiente [de·fi·'tʃɛn·te] I. *adj* (*scarso: risorse, scorte*) insufficient II. *mf* (*imbecille*) idiot

deficienza [de·fi·'tʃɛn·tsa] *f* **1.**(*scarsità*) shortage **2.**(*lacuna*) weakness

deficit ['dɛ:·fi·tʃit] <-> *m* FIN deficit

deficitario, -a [de·fi·tʃi·'ta:·rio] <-i, -ie> *adj* **1.** FIN (*bilancio, gestione*) in deficit **2.**(*carente*) deficient

defilare [de·fi·'la:·re] I. *vt* MIL to defilade; **~ le truppe** to defilade troops II. *vr:* **-rsi** *fig* to sneak off

défilé [de·fi·'le] <-> *m* fashion show

definibile [de·fi·'ni:·bi·le] *adj* definable

definire [de·fi·'ni:·re] <definisco> *vt* **1.**(*stabilire*) to decide **2.**(*spiegare: concetto, parola*) to define **3.**(*risolvere: questione*) to settle

definitivo, -a [de·fi·ni·'ti:·vo] *adj* definitive; **in -a** (*in conclusione*) in the end; (*tutto sommato*) all things considered

definito, -a [de·fi·'ni:·to] *adj* **1.**(*determinato: risposta*) definite **2.**(*nitido: contorni, colore, immagine*) clear

definizione [de·fi·nit·'tsio:·ne] *f* **1.**(*determinazione*) establishment **2.**(*di parola*) definition; **per ~** by definition **3.**(*soluzione: di questione, lite*) settlement

defiscalizzare [de·fis·ka·lid·'dza:·re] *vt* FIN to make exempt from tax

D

deflagrazione [de·fla·grat·'tsio:·ne] *f* **1.** GEO deflagration **2.** (*esplosione*) explosion

deflazione [de·flat·'tsio:·ne] *f* ECON deflation

deflazionistico, -a [de·flat·tsio·'nis·ti·ko] <-ci, -che> *adj* deflationary

deflettere [de·'flɛt·te·re] <irr> *vi* to deviate

deflettore [de·flet·'to:·re] *m* AUTO quarter window

defluire [de·flu·'i:·re] <defluisco> *vi essere* **1.** (*liquidi, capitale*) to flow **2.** (*folla*) to stream

deflusso [de·'flus·so] *m* **1.** (*di marea*) ebb **2.** (*di folla*) flow **3.** (*di onde*) ebbing

defogliante [de·foʎ·'ʎan·te] **I.** *adj* defoliant **II.** *m* defoliant

deforestazione [de·fo·res·tat·'tsio:·ne] *f* deforestation

deformabile [de·for·'ma:·bi·le] *adj* deformable

deformante [de·for·'man·te] *adj* deforming; **specchio** ~ distorting mirror

deformare [de·for·'ma:·re] *vt* **1.** (*corpo, mani, piedi*) to deform; (*maglione*) to put out of shape; (*lamiera, plastica*) to warp **2.** (*verità, fatti*) to distort

deformato, -a [de·for·'ma:·to] *adj* **1.** (*dita, corpo*) deformed; (*oggetto*) misshapen; (*carrozzeria, pneumatico*) warped **2.** (*verità, fatto*) distorted

deformazione [de·for·mat·'tsio:·ne] *f* **1.** (*di oggetto, corpo*) deformation **2.** (*di fatti, verità*) distortion; ~ **professionale** *the tendency to see everything in the light of one's job*

deforme [de·'for·me] *adj* (*corpo, mani, testa*) deformed

deformità [de·for·mi·'ta] <-> *f* (*di corpo, mani*) deformity

defraudare [de·frau·'da:·re] *vt* ~ **qu di qc** to cheat sb (out) of sth

defunto, -a [de·'fun·to] *form* **I.** *adj* (*morto*) deceased **II.** *m, f* deceased

degenerare [de·dʒe·ne·'ra:·re] *vi* (*cellule, tessuto, situazione*) to degenerate; ~ **in qc** to degenerate into sth

degenerativo, -a [de·dʒe·ne·ra·'ti:·vo] *adj* (*processo, fenomeno*) degenerative

degenerato, -a [de·dʒe·ne·'ra:·to] **I.** *adj* **1.** MED, BIOL degenerate **2.** (*depravato*) unnatural **II.** *m, f* degenerate

degenerazione [de·dʒe·ne·rat·'tsio:·ne] *f* **1.** MED, BIOL degeneration **2.** (*di costumi*) degeneracy

degenere [de·'dʒɛ:·ne·re] *adj* unnatural

degente [de·'dʒɛn·te] **I.** *adj* inpatient **II.** *mf* inpatient

degenza [de·'dʒɛn·tsa] *f* stay in bed; ~ **ospedaliera** stay in the hospital

degli ['deʎ·ʎi] *prep* = **di + gli** *v.* **di**

deglutire [de·glu·'ti:·re] <deglutisco> *vt* to swallow

degnare [deɲ·'ɲa:·re] **I.** *vt* **non mi ha neanche degnato di una risposta** he didn't even deign to answer me; **non** ~ **qu di uno**

sguardo to not deign to look at sb **II.** *vr:* **-rsi -rsi di fare qc** to deign to do sth

degno, -a ['deɲ·ɲo] *adj* **1.** (*meritevole*) ~ **di qc** worthy of sth; ~ **di nota** worthy of note **2.** (*adatto*) suitable; **una -a ricompensa** a suitable reward

degradabile [de·gra·'da:·bi·le] *adj* CHIM degradable

degradabilità [de·gra·da·bi·li·'ta] <-> *f* degradability

degradante [de·gra·'dan·te] *adj* (*lavoro, ruolo*) degrading

degradare [de·gra·'da:·re] **I.** *vt* **1.** (*ufficiale*) to demote **2.** (*avvilire*) to degrade **II.** *vr:* **-rsi 1.** (*peggiorare*) to deteriorate **2.** (*umiliarsi*) to demean oneself

degradazione [de·gra·dat·'tsio:·ne] *f* **1.** MIL demotion **2.** (*avvilimento morale*) degradation

degrado [de·'gra:·do] *m* decay

degustare [de·gus·'ta:·re] *vt* to taste

degustazione [de·gus·tat·'tsio:·ne] *f* **1.** (*assaggio*) taste **2.** (*locale*) *store or bar where you can try specialties*

dei¹ ['dɛ:·i] *m pl di* **dio**

dei² ['de:·i] *prep* = **di + i** *v.* **di**

deidratare [de·id·ra·'ta:·re] *vt* to dehydrate

deidratazione [de·id·ra·tat·'tsio:·ne] *f* dehydration

deificare [de·i·fi·'ka:·re] *vt* **1.** (*divinizzare*) to deify **2.** (*esaltare: attore, cantante*) to adulate

deificazione [de·i·fi·kat·'tsio:·ne] *f* **1.** REL deification **2.** (*esaltazione*) adulation

deindicizzare [de·in·di·tʃid·'dza:·re] *vt* COM, COMPUT to deindex; ~ **i salari/l'economia** to deindex salaries/the economy

deindicizzazione [de·in·di·tʃid·dzat·'tsio:·ne] *f* COM, COMPUT deindexing

deindustrializzare [de·in·dus·tria·lid·'dza:·re] *vt* to deindustrialize

deindustrializzazione [de·in·dus·tria·lid·dzat·'tsio:·ne] *f* deindustrialization

déjà vu [de·'ʒa 'vy] **I.** <inv> *adj* hackneyed **II.** <-> *m* PSIC déjà vu

del [del] *prep* = **di + il** *v.* **di**

delatore, -trice [de·la·'to:·re] *m, f* informer

delatorio, -a [de·la·'tɔ:·rio] <-i, -ie> *adj* denunciatory

delazione [de·lat·'tsio:·ne] *f* informing

delega ['dɛ:·le·ga] <-ghe> *f* proxy; **per** ~ by proxy

delegare [de·le·'ga:·re] *vt* **1.** to delegate; ~ **qc a qu** to delegate sth to sb **2.** GIUR to nominate

delegato, -a [de·le·'ga:·to] **I.** *adj* nominated **II.** *m, f* delegate

delegazione [de·le·gat·'tsio:·ne] *f* delegation

delegittimare [de·le·dʒit·ti·'ma:·re] *vt* to delegitimize

deleterio, -a [de·le·'tɛ:·rio] <-i, -ie> *adj* harmful

delfino [del·'fi:·no] *m* dolphin; **nuoto a** ~ butterfly

delibera [de·'li:·be·ra] *f* decision

deliberante [de·li·be·'ran·te] *adj* deci-

D

sion-making; **tribunale** ~ decision-making court; **potere** ~ decision-making power

deliberare [de·li·be·'ra:·re] I. *vt* **1.** (*decidere*) to rule **2.** (*nelle aste*) to knock down II. *vi* ~ **su qc** to rule on sth

deliberatamente [de·li·be·ra·ta·'men·te] *adv* deliberately

deliberato [de·li·be·'ra:·to] *m* decision

deliberato, -a *adj* deliberate

deliberazione [de·li·be·rat·'tsio:·ne] *f* **1.** (*decisione*) decision **2.** (*intenzione*) **con** ~ deliberately

delicatezza [de·li·ka·'tet·tsa] *f* **1.** (*finezza: di colore, lineamenti*) delicacy **2.** (*di sentimenti*) thoughtfulness **3.** (*tatto*) tact **4.** (*cibo, bevanda*) delicacy

delicato, -a [de·li·'ka:·to] *adj* **1.** (*fine, fragile*) delicate **2.** (*argomento, problema*) tricky **3.** (*cibo, bevanda*) subtle

delimitabile [de·li·mi·'ta:·bi·le] *adj* subject to limits

delimitare [de·li·mi·'ta:·re] *vt* **1.** (*terreno, zona*) to mark **2.** *fig* (*definire*) to define

delimitazione [de·li·mi·tat·'tsio:·ne] *f* **1.** (*di confini*) marking **2.** *fig* (*di competenze*) definition

delineamento [de·li·ne·a·'men·to] *m fig* (*descrizione essenziale*) outline; ~ **di un problema** outline of a problem

delineare [de·li·ne·'a:·re] I. *vt* (*descrivere*) to outline II. *vr:* **-rsi** to take shape; (*presentarsi*) crook

delinquente [de·lin·'kuɛn·te] *mf* **1.** GIUR criminal **2.** *fig, scherz* crook

delinquenza [de·lin·'kuɛn·tsa] *f* crime; ~ **minorile** juvenile delinquency

delinquere [de·'lin·kue·re] *vi* to commit crimes; **associazione per** [*o* a] ~ criminal syndicate

delirante [de·li·'ran·te] *adj* (*irragionevole: affermazioni, idee*) crazy

delirare [de·li·'ra:·re] *vi* **1.** MED to be delirious **2.** *fig* (*dire assurdità*) to rave

delirio [de·'li:·rio] <-i> *m* **1.** MED delirium **2.** *fig* (*follia*) madness **3.** (*entusiasmo*) frenzy; **andare in** ~ to go wild; **la folla in delirio** the wildly cheering crowd

delitto [de·'lit·to] *m* **1.** (*reato*) crime; ~ **colposo** criminal negligence; **corpo del** ~ corpus delicti **2.** (*omicidio*) murder

delittuoso, -a [de·lit·tu·'o:·so] *adj* criminal

delizia [de·'lit·tsia] <-ie> *f* (*cosa piacevole*) delight; **la** ~ **di qu** sb's delight

delizioso, -a [de·lit·'tsio:·so] *adj* **1.** (*cibo, bevanda*) delicious **2.** (*persona, cosa*) delightful

dell', della, delle, dello [dell, 'del·la, 'del·le, 'del·lo] *prep* = **di** + **l', la, le, lo** *v.* **di**

delta ['dɛl·ta] <-> I. *m o f* (*lettera greca*) delta II. *m* (*di fiume*) delta

deltaplanista [del·ta·pla·'nis·ta] <-i *m*, -e *f*> *mf* hang glider

deltaplano [del·ta·'pla:·no] *m* hang glider; **fare** ~ to go hang gliding

delucidare [de·lu·tʃi·'da:·re] *vt* (*chiarire*) to clarify

delucidazione [de·lu·tʃi·dat·'tsio:·ne] *f* clarification

deludente [de·lu·'dɛn·te] *adj* disappointing

deludere [de·'lu:·de·re] <deludo, delusi, deluso> *vt* to disappoint

delusione [de·lu·'zio:·ne] *f* disappointment

deluso, -a [de·'lu:·zo] I. *pp di* **deludere** II. *adj* disappointed

demagogia [de·ma·go·'dʒi:·a] <-gie> *f* demagogy

demagogico, -a [de·ma·'gɔ:·dʒi·ko] <-ci, -che> *adj* demagogic

demandare [de·man·'da:·re] *vt form* (*affidare*) to refer

demaniale [de·ma·'nia:·le] *adj* **bene** ~ state property

demanio [de·'ma:·nio] <-i> *m* state property

demarcare [de·mar·'ka:·re] *vt* (*confini, limiti*) to demarcate

demarcazione [de·mar·kat·'tsio:·ne] *f* demarcation; **linea di** ~ demarcation line

demente [de·'mɛn·te] I. *adj* **1.** MED demented **2.** (*idiota*) crazy II. *mf* **1.** MED person with dementia **2.** (*idiota*) crazy person

demenza [de·'mɛn·tsa] *f* **1.** MED dementia **2.** *fig* (*stupidità*) insanity

demenziale [de·men·'tsia:·le] *adj* **1.** MED (*stato, comportamento*) demented **2.** (*assurdo: discorso, atteggiamento*) crazy; (*comicità, umorismo*) off-the-wall

demenzialità [de·men·tsia·li·'ta] <-> *f* (*di umorismo, film*) wackiness

demerito [de·'mɛ:·ri·to] *m* **andare a** ~ **di qu** to reflect badly on sb; **nota di** ~ demerit

demilitarizzare [de·mi·li·ta·rid·'dza:·re] *vt* to demilitarize

demilitarizzazione [de·mi·li·ta·rid·dzat·'tsio:·ne] *f* demilitarization

demistificante [de·mis·ti·fi·'kan·te] *adj* demystifying

demistificare [de·mis·ti·fi·'ka:·re] *vt* to demystify

demistificazione [de·mis·ti·fi·kat·'tsio:·ne] *f* demystification

demitizzare [de·mi·tid·'dza:·re] *vt* to debunk

demmo ['dem·mo] *1. pers pl pass rem di* **dare**[1]

democraticità [de·mo·kra·ti·tʃi·'ta] *f* (*di regime, decisione*) democratic nature

democratico, -a [de·mo·'kra:·ti·ko] <-ci, -che> I. *adj* **1.** POL (*regime, elezioni, principio*) democratic **2.** (*alla mano*) approachable II. *m, f* democrat; **Democratici di Sinistra** Democrats of the Left, *Italian center-left party*

democratizzare [de·mo·kra·tid·'dza:·re] *vt* to democratize

democratizzazione [de·mo·kra·tid·dzat·'tsio:·ne] *f* democratization

democrazia [de·mo·krat·'tsi:·a] <-ie> *f* democracy; **Democrazia Cristiana** HIST Christian Democrat Party, *former Italian governing party*

demografia [de·mo·gra·'fiː·a] *f* demography

demografico, -a [de·mo·'graː·fi·ko] <-ci, -che> *adj* demographic

demolire [de·mo·'liː·re] <demolisco> *vt* 1. (*distruggere: edificio*) to demolish; (*auto, nave*) to break up 2. *fig* (*teoria*) to tear to pieces; (*reputazione*) to destroy; (*opera*) to savage

demolizione [de·mo·lit·'tsio:·ne] *f* (*distruzione: di edificio, teoria*) demolition; (*di auto, nave*) breakup

demone ['dɛː·mo·ne] *m* demon

demoniaco, -a [de·mo·'niː·a·ko] <-ci, -che> *adj* demonic

demonio [de·'mɔː·nio] <-i> *m* (*ragazzo vivace*) devil; **fare il ~** to behave like a little devil

demonizzare [de·mo·nid·'dzaː·re] *vt* to demonize

demoralizzante [de·mo·ra·lid·'dzan·te] *adj* demoralizing

demoralizzare [de·mo·ra·lid·'dzaː·re] I. *vt* to demoralize II. *vr:* **-rsi** to get demoralized

demoralizzato, -a [de·mo·ra·lid·'dzaː·to] *adj* demoralized

demoralizzazione [de·mo·ra·lid·dzat·'tsio:·ne] *f* demoralization

demoscopia [de·mos·ko·'piː·a] <-ie> *f* market research

demoscopico, -a [de·mos·'kɔː·pi·ko] <-ci, -che> *adj* market research; **indagine -a** opinion poll

demotivare [de·mo·ti·'vaː·re] *vt* to demotivate

demotivato, -a [de·mo·ti·'vaː·to] *adj* demotivated; **sentirsi ~** to feel demotivated

denaro [de·'naː·ro] *m* 1. (*soldi*) money; **~ contante** cash; **~ spicciolo** change; **avere il ~ contato** *fig* to have just enough money; **il ~ è una chiave che apre tutte le porte** *prov* money is a key that opens every door 2. *pl* (*di carte da gioco*) diamonds

denaturare [de·na·tu·'raː·re] *vt* (*alcol, cloruro di sodio*) to denature

denaturato, -a [de·na·tu·'raː·to] *adj* denatured

denazionalizzare [de·nat·tsio·na·lid·'dzaː·re] *vt* (*privatizzare*) to denationalize

denigrare [de·ni·'graː·re] *vt* to denigrate

denigratore, -trice [de·ni·gra·'toː·re] *m, f* denigrator

denigratorio, -a [de·ni·gra·'tɔː·rio] <-i, -ie> *adj* denigratory

denigrazione [de·ni·grat·'tsio:·ne] *f* denigration

denim ['de·nim] <-> *m* denim

denocciolare [de·not·tʃo·'laː·re] *vt* (*ciliegie, albicocche, olive*) to pit

denocciolato, -a [de·not·tʃo·'laː·to] *adj* pitted; **olive -e** pitted olives

denocciolatrice [de·not·tʃo·la·'triː·tʃe] *f* pitter

denominare [de·no·mi·'naː·re] I. *vt* to name greco-romane II. *vr:* **-rsi** to be named

denominativo, -a [de·no·mi·na·'tiː·vo] *adj* denominative

denominatore [de·no·mi·na·'toː·re] *m* MAT denominator

denominazione [de·no·mi·nat·'tsio:·ne] *f* 1. (*attribuzione di un nome*) naming 2. (*nome*) **vino a ~ di origine controllata** AOC wine, *wine whose origin is guaranteed*

denotare [de·no·'taː·re] *vt* to show

densità [den·si·'ta] <-> *f* 1. (*gener*) density; **~ della popolazione** population density; **~ assoluta** absolute density; **~ relativa** relative density 2. (*compattezza: di nebbia, sugo*) thickness

denso, -a ['dɛn·so] *adj* 1. (*spesso: nebbia, fumo, salsa*) thick 2. (*ricco*) **~ di** full of; **una settimana -a di avvenimenti** an eventful week

dentale [den·'taː·le] I. *adj* dental II. *f* LING dental

dentario, -a [den·'taː·rio] <-i, -ie> *adj* dental; **carie -a** dental caries

dentata [den·'taː·ta] *f* bite

dentato, -a [den·'taː·to] *adj* TEC toothed; **ruota -a** toothed wheel

dentatura [den·ta·'tuː·ra] *f* 1. ANAT teeth *pl* 2. TEC (*di ruota, meccanismo*) serration

dente ['dɛn·te] *m* 1. ANAT, TEC tooth; **~ canino** canine; **~ incisivo** incisor; **~ molare** molar; **~ del giudizio** wisdom tooth; **~ di latte** baby tooth; **avere mal di -i** to have a toothache; **batteva i -i** his teeth were chattering; **avere il ~ avvelenato contro qu** to bear a grudge contro la critica *fam;* **mettere qc sotto i -i** *fig* to eat sth; **= mangiare qc, mostrare i -i a qu** *fig* to show one's teeth to sb; **= essere aggressivo con qu, restare a -i asciutti** *fig* to remain empty-handed a -i asciutti; **stringere i -i** *fig* to grit one's teeth mettiti in marcia 2. CULIN **al ~** (*spaghetti, pasta, riso*) al dente, *still firm* 3. BOT **~ di leone** dandelion

dentellato, -a [den·tel·'laː·to] *adj* (*lama, coltello, bordo*) serrated

dentice ['dɛn·ti·tʃe] *m* ZOOL (common) dentex

dentiera [den·'tiɛː·ra] *f* 1. (*protesi*) dentures *pl* 2. (*cremagliera*) rack

dentifricio [den·ti·'friː·tʃo] <-ci> *m* toothpaste

dentifricio, -a <-ci, -cie> *adj* **pasta -a** toothpaste

dentista [den·'tis·ta] <-i *m*, -e *f*> *mf* dentist

dentistico, -a [den·'tis·ti·ko] <-ci, -che> *adj* (*studio, gabinetto*) dentist's

dentizione [den·tit·'tsio:·ne] *f* dentition

dentro ['den·tro] I. *adv* (*stato, moto*) inside; **essere ~** *fam* (*in carcere*) to be inside; **mettere ~** *fam* to lock up II. *prep* **~ (a)** (*stato*) inside; (*moto*) in; **~ casa** in the house; **~ di me** in my heart of hearts

denuclearizzare [de·nu·kle·a·tid·'dzaː·re] *vt* to denuclearize

denuclearizzato, -a [de·nu·kle·a·rid·'dza:·to] *adj* denuclearized

denuclearizzazione [de·nu·kle·a·rid·dzat·'tsio:·ne] *f* denuclearization

denudare [de·nu·'da:·re] **I.** *vt* **1.** (*parte del corpo*) to bare **2.** *fig* (*ambiente, testo*) to strip **II.** *vr:* **-rsi** to strip

denuncia [de·'nun·tʃa] <-ce *o* -cie, -ie> *f* **1.** GIUR **sporgere ~** to report to the police **2.** (*accusa*) accusation **3.** ADMIN (*di nascita, decesso, matrimonio*) registration; **~ dei redditi** tax return

denunciare [de·nun·'tʃa:·re] *vt* **1.** GIUR to report to the police **2.** ADMIN (*nascita, decesso, matrimonio*) to register **3.** (*smascherare: scandalo, malasanità*) to criticize **4.** *fig* (*dimostrare*) to demonstrate

denutrito, -a [de·nu·'tri:·to] *adj* undernourished

denutrizione [de·nu·trit·'tsio:·ne] *f* malnutrition

deodorante [de·o·do·'ran·te] **I.** *adj* deodorant **II.** *m* deodorant; **~ per ambienti** room deodorant

deodorare [de·o·do·'ra:·re] *vt* to deodorize

deodorazione [de·o·do·rat·'tsio:·ne] *f* deodorizing

deorbitare [de·or·bi·'ta:·re] *vt* ASTR to take out of orbit; **~ un satellite** to take a satellite out of orbit

deossiribonucleico [de·os·si·ri·bo·nu·'klɛ:·i·ko] *adj* **acido ~** deoxyribonucleic acid

depauperare [de·pau·pe·'ra:·re] *vt* LIT to impoverish

depauperato, -a [de·pau·pe·'ra:·to] *adj* LIT impoverished

depenalizzare [de·pe·na·lid·'dza:·re] *vt* GIUR to decriminalize

depennamento [de·pen·na·'men·to] *m* crossing out

depennare [de·pen·'na:·re] *vt* to cross out

deperibile [de·pe·'ri:·bi·le] *adj* perishable

deperimento [de·pe·ri·'men·to] *m* **1.** MED wasting away **2.** (*deterioramento: di alimenti, medicinali*) deterioration

deperire [de·pe·'ri:·re] <deperisco> *vi essere* **1.** (*di salute*) to waste away **2.** (*deteriorarsi: frutta*) to deteriorate

deperito, -a [de·pe·'ri:·to] *adj* (*persona, organismo*) weak

depilante [de·pi·'la:n·te] *adj* (*crema, gel*) depilatory

depilare [de·pi·'la:·re] *vt* (*gambe*) to depilate; **~ le sopracciglia** to pluck one's eyebrows

depilatore [de·pi·la·'to:·re] *m* (*apparecchio*) depilator

depilatorio [de·pi·la·'tɔ:·rio] *m* depilatory

depilatorio, -a <-i, -ie> *adj* (*crema, rasoio*) depilatory

depilazione [de·pi·lat·'tsio:·ne] *f* depilation

depistaggio [de·pis·'tad·dʒo] <-ggi> *m* (*di indagine, inquirenti*) putting off the scent

depistare [de·pis·'ta:·re] *vt* (*indagine, inquirenti*) to put off the scent

dépliant [de·pli·'jan] <-> *m* leaflet

deplorabile [de·plo·'ra:·bi·le] *adj* **1.** (*triste: morte, disgrazia*) terrible **2.** (*riprovevole: fatto, condotta*) disgraceful

deplorare [de·plo·'ra:·re] *vt* **1.** (*biasimare: condotta, azione*) to deplore **2.** (*compiangere: disgrazia, morte*) to lament

deplorevole [de·plo·'re:·vo·le] *adj* (*riprovevole*) deplorable

depoliticizzare [de·po·li·ti·tʃid·'dza:·re] *vt* to depoliticize

deporre [de·'por·re] <irr> **I.** *vt* **1.** (*oggetto*) to put down; **~ le armi** *fig* to lay down one's arms **2.** (*uova*) to lay **3.** (*testimoniare*) **~ il vero** to tell the truth; **~ il falso** to give false evidence **4.** *fig* (*rinunciare a: idea, intenzione*) to give up; (*corona*) to renounce **II.** *vi* **1.** (*testimoniare*) to give evidence; **~ a favore di/contro qu** to give evidence for/against sb **2.** *fig* **~ a favore di qu** to work in sb's favor

deportare [de·por·'ta:·re] *vt* to deport

deportato, -a [de·por·'ta:·to] *m, f* deportee

deportazione [de·por·tat·'tsio:·ne] *f* deportation

deposi *1. pers sing pass rem di* **deporre**

depositare [de·po·zi·'ta:·re] **I.** *vt* **1.** (*gener*) to deposit **2.** (*collocare*) to put **3.** (*in custodia*) to leave **II.** *vr:* **-rsi** (*materiale sedimento*) to settle

depositario, -a [de·po·zi·'ta:·rio] <-i, -ie> *m, f* custodian

deposito [de·'pɔ:·zi·to] *m* **1.** (*di denaro*) deposit **2.** (*luogo*) warehouse; **~ bagagli** luggage room **3.** (*oggetti*) collection **4.** (*di liquidi*) deposit

deposizione [de·po·zit·'tsio:·ne] *f* **1.** (*in tribunale*) deposition **2.** (*da una carica*) removal **3.** REL Deposition

deposto *pp di* **deporre**

depotenziare [de·po·ten·'tsia:·re] *vt* to weaken

depravato, -a [de·pra·'va:·to] **I.** *adj* depraved **II.** *m, f* degenerate

depravazione [de·pra·vat·'tsio:·ne] *f* depravity

deprecabile [de·pre·'ka:·bi·le] *adj* deplorable

deprecare [de·pre·'ka:·re] *vt* to deplore

depredare [de·pre·'da:·re] *vt* **1.** (*saccheggiare*) to loot **2.** (*derubare*) to rob; **~ qu di qc** to rob sb of sth

depressi [de·'prɛs·si] *1. pers sing pass rem di* **deprimere**

depressione [de·pres·'sio:·ne] *f* depression

depressivo, -a [de·pres·'si:·vo] *adj* (*stato, comportamento*) depressive

depresso, -a [de·'prɛs·so] **I.** *pp di* **deprimere** **II.** *adj* depressed **III.** *m, f* MED person with depression

deprezzamento [de·pret·tsa·'men·to] *m* depreciation

D

D

deprezzare [de·pret·'tsa:·re] **I.** *vt* to reduce the value of **II.** *vr:* **-rsi** to depreciate

deprimente [de·pri·'mɛn·te] *adj* depressing

deprimere [de·'pri:·me·re] <deprimo, depressi, depresso> **I.** *vt fig* (*avvilire*) to depress **II.** *vr:* **-rsi** (*avvilirsi*) to get depressed

depurare [de·pu·'ra:·re] *vt* to purify

depurativo [de·pu·ra·'ti:·vo] *m* depurative

depurativo, -a *adj* purifying

depuratore [de·pu·ra·'to:·re] *m* (*apparecchio: di aria, acqua*) purifier

depuratore, -trice *adj* purifying

depurazione [de·pu·rat·'tsio:·ne] *f* purification

deputato, -a [de·pu·'ta:·to] *m, f* POL deputy

dequalificare [de·kua·li·fi·'ka:·re] *vt* to deskill

deragliamento [de·raʎ·ʎa·'men·to] *m* (*di treno*) derailment

deragliare [de·raʎ·'ʎa:·re] *vi essere* (*treno, vagone*) to derail

derattizzante [drat·tid·'dzan·te] **I.** *adj* CHIM **prodotto ~** rat poison **II.** *m* CHIM rat poison

derattizzazione [de·rat·tid·dzat·'tsio:·ne] *f* disinfestation

derby ['dɛr·bi] <-> *m* (*partita*) derby

deregolamentare [de·re·go·la·men·'ta:·re] *vt* ADMIN to deregulate

deregolamentazione [de·re·go·la·men·tat·'tsio:·ne] *f* ADMIN deregulation

derelitto, -a [de·re·'lit·to] **I.** *adj* (*edificio, città*) derelict **II.** *m, f* (*persona*) derelict

deresponsabilizzare [de·res·pon·sa·bi·lid·'dza:·re] *vt* to relieve of responsibilities

deretano [de·re·'ta:·no] *m̩* backside

deridere [de·'ri:·de·re] <irr> *vt* to mock; **~ qu per qc** to mock sb about sth

derisione [de·ri·'zio:·ne] *f* derision

derisorio, -a [de·ri·'zɔ:·rio] <-i, -ie> *adj* **1.** (*atteggiamento: discorso, parole, gesto*) derisive **2.** (*somma, compenso*) derisory

deriva [de·'ri:·va] *f* **1.** (*spostamento*) drift; **~ dei continenti** continental drift; **andare alla ~** *a. fig* to drift **2.** NAUT (*imbarcazione*) dinghy **3.** NAUT (*chiglia*) centerboard **4.** AERO (*stabilizzatore*) vertical stabilizer

derivare [de·ri·'va:·re] **I.** *vi essere* **1.** (*aver origine*) **~ da** to derive from; (*fiumi*) to spring from **2.** *fig* (*essere causato*) **~ da** to be caused by; **ciò deriva da ...** the reason for that is ... **II.** *vt avere* **1.** (*canale*) to divert **2.** *fig* (*dedurre*) to conclude

derivata [de·ri·'va:·ta] *f* derivative

derivato [de·ri·'va:·to] *m* derivative

derivazione [de·ri·vat·'tsio:·ne] *f* **1.** (*di acqua*) diversion **2.** TEL extension **3.** ELETT shunt; **in ~** shunt-wound **4.** LING, MAT derivation

dermatite [der·ma·'ti:·te] *f* dermatitis

dermatologia [der·ma·to·lo·'dʒi:·a] <-gie> *f* dermatology

dermatologo, -a [der·ma·'tɔ:·lo·go] <-gi, -ghe> *m, f* dermatologist

dermatoplastica [der·ma·to·'plas·ti·ka] <-che> *f* MED dermatoplasty

dermatosi [der·ma·'tɔ:·zi] <-> *f* dermatosis

deroga ['dɛ:·ro·ga] <-ghe> *f* **in ~ a** contrary to

derrata [der·'ra:·ta] *f* agricultural product; **-e alimentari** foodstuffs

derubare [de·ru·'ba:·re] *vt* to rob; **~ qu di qc** to steal sth from sb

derubato, -a [de·ru·'ba:·to] *adj* robbed; **~ di ogni dignità** robbed of all dignity

deruralizzare [de·ru·ra·lid·'dza:·re] *vt* ADMIN to depopulate the countryside

desacralizzare [de·za·kra·lid·'dza:·re] *vt* to deconsecrate

desacralizzazione [de·zak·ra·lid·dzat·'tsio:·ne] *f* deconsecration

desalinizzare [de·za·li·nid·'dza:·re] *vt* to desalinate

desalinizzazione [de·sa·li·nid·dzat·'tsio:·ne] *f* desalination

desaparecido, -a [de·sa·pa·re·'tʃi:·do] <- *o* desaparecidos *m*, desaparecidas *f*> *m, f* (*in America Latina*) disappeared person

desco ['des·ko] <-schi> *m poet* table

descrissi *1. pers sing pass rem di* **descrivere**

descrittivo, -a [des·krit·'ti:·vo] *adj* (*romanzo, quadro*) descriptive

descrittore, -trice [des·krit·'to:·re] *m, f person who describes something*

descrivere [des·'kri:·ve·re] <irr> *vt* to describe; **~ un cerchio** to describe a circle

descrivibile [des·kri·'vi:·bi·le] *adj* describable

descrizione [des·krit·'tsio:·ne] *f* description

desensibilizzare [de·sen·si·bi·lid·'dza:·re] *vt* to desensitize

desensibilizzazione [de·zen·si·bi·lid·dzat·'tsio:·ne] *f* FOTO desensitization

desertico, -a [de·'zɛr·ti·ko] <-ci, -che> *adj* (*zona, paesaggio*) desert

desertificazione [de·zer·ti·fi·kat·'tsio:·ne] *f* desertification

deserto [de·'zɛr·to] *m* desert

deserto, -a *adj* (*strada, locale, casa*) deserted

déshabillé [de·za·bi·'je] <-> *m* **in ~** not dressed

desiderabile [de·si·de·'ra:·bi·le] *adj* desirable

desiderare [de·si·de·'ra:·re] *vt* to want; (*sessualmente*) to desire; **~ un figlio** to want a child; **~ fare qc** to want to do sth; **farsi ~** to play hard to get; **lasciare a ~** to leave a lot to be desired; **ti desiderano al telefono** you're wanted on the phone

desiderio [de·si·'dɛ:·rio] <-i> *m* **1.** (*aspirazione*) wish **2.** (*forte, sessuale*) desire; **~ di qc** desire for sth

desideroso, -a [de·si·de·'ro:·so] *adj* desirous; **essere ~ di qc** *form* to long for sth

designabile [de·ziɲ·'ɲa:·bi·le] *adj* designatable

designare [de·siɲ·'ɲa:·re] *vt* **1.** (*indicare*) to appoint **2.** (*significare*) to designate

designato, -a [de·ziɲ·'ɲa:·to] *adj* designated

designazione [de·siɲ·nat·'tsio:·ne] *f* **1.**(*per incarico*) appointment **2.**(*denotazione*) designation

desinenza [de·zi·'nɛn·tsa] *f* ending

desistenza [de·zis·'tɛn·tsa] *f* **1.**(*rinuncia*) **non dà nessun segno di** ~ he shows no signs of giving up **2.** ADMIN *agreement to give up criminal activity in return for a reduction in sentence* **3.** POL *agreement by a political party to withdraw its own candidates in order to benefit candidates from an allied party*

desistere [de·'sis·te·re] <desisto, desistei *o* desistetti, desistito> *vi* **1.**(*rinunciare*) ~ (**da qc**) to give (sth) up; ~ **da un progetto** to withdraw from a project **2.** ADMIN ~ **dalla causa** to withdraw from a case; ~ **dalla querela** to withdraw a legal suit

desolante [de·zo·'lan·te] *adj* depressing

desolare [de·zo·'la:·re] *vt* (*addolorare*) to upset

desolato, -a [de·zo·'la:·to] *adj* **1.**(*squallido*) desolate **2.**(*dispiaciuto*) **essere** ~ **di** ... to be sorry that ...

desolazione [de·zo·lat·'tsio:·ne] *f* **1.**(*squallore*) desolation **2.**(*dolore*) sorrow

despota ['dɛs·po·ta] <-i *m*, -e *f*> *mf* despot

dessert [de·'sɛːr] <-> *m* dessert

dessi ['des·si] *1. e 2. pers sing conj imp di* **dare**[1]

destabilizzante [des·ta·bi·lid·'dzan·te] *adj* destabilizing

destabilizzare [des·ta·bi·lid·'dza:·re] *vt* to destabilize

destabilizzatore [des·ta·bi·lid·dza·'to:·re] *m* destabilizing influence

destabilizzatore, -trice *adj* destabilizing

destabilizzazione [des·ta·bi·lid·dzat·'tsio:·ne] *f* destabilization

destare [des·'ta:·re] I. *vt* **1.** *poet* (*svegliare*) to waken **2.**(*suscitare: curiosità, stupore*) to cause; (*sospetto*) to arouse II. *vr:* **-rsi** *poet* to awaken

deste ['des·te] *2. pers pl pass rem, 2. pers pl conj imp di* **dare**[1]

desti ['des·ti] *2. pers sing pass rem di* **dare**[1]

destinare [des·ti·'na:·re] *vt* ~ **qc a qu/qc** to set sth aside for sb/sth; **destinato al fallimento** destined to fail; **essere destinato a fare qc** to be destined to do sth

destinatario, -a [des·ti·na·'ta:·rio] <-i, -ie> I. *adj* **banca -a** receiving bank; **paese** ~ receiving country II. *m, f* (*di lettera, iniziativa*) addressee; (*di iniziativa*) recipient

destinazione [des·ti·nat·'tsio:·ne] *f* **1.**(*scopo, fine*) purpose **2.**(*di viaggio, treno*) destination; **giungere a** ~ to arrive

destino [des·'ti:·no] *m* destiny

destituire [des·ti·tu·'i:·re] <destituisco> *vt* to remove; ~ **qu da qc** to remove sb from sth

destituito, -a [des·ti·tu·'i:·to] *adj* lacking

destituzione [des·ti·tut·'tsio:·ne] *f* destitution

desto, -a ['des·to] *adj* **1.** LIT (*sveglio*) awake **2.**(*pronto*) lively

destra ['dɛs·tra] *f* **1.**(*mano*) right hand **2.**(*lato*) A. POL right; **a** ~ right; **alla mia** ~ on my right

destreggiarsi [des·tred·'dʒar·si] *vr* to cope; ~ **con qu/qc** to handle sb/sth; ~ **in qc** to cope with sth

destrezza [des·'tret·tsa] *f* skill; ~ **di mano** manual dexterity; **gioco di** ~ game of skill

destrismo [des·'triz·mo] *m* **1.** POL right-wing leanings **2.** MED right-handedness

destro ['dɛs·tro] *m* SPORT right

destro, -a ['dɛs·tro] *adj* **1.**(*lato, parte*) right; **il braccio** ~ **di qu** sb's right-hand man **2.**(*abile*) skillful

destrorso, -a [des·'trɔr·so] *adj* rightist

destrutturato, -a [des·trut·tu·'ra:·to] *adj* unstructured

desumere [de·'su:·me·re] <desumo, desunsi, desunto> *vt* ~ **qc** (**da qc**) to deduce sth (from sth)

desumibile [de·su·'mi:·bi·le] *adj* **è** ~ **che** ... presumably ...

desunsi [de·'sun·si] *1. pers sing pass rem di* **desumere**

desunto [de·'sun·to] *pp di* **desumere**

detassazione [de·tas·sat·'tsio:·ne] *f* exemption from tax

detective [di·'tek·tiv/de·'tɛk·tiv] <-> *m* (*investigatore privato*) private detective

deteinato, -a [de·tei·'na:·to] *adj* decaffeinated

detenere [de·te·'ne:·re] <irr> *vt* **1.**(*possedere*) to hold **2.**(*in prigione*) to detain

detentivo, -a [de·ten·'ti:·vo] *adj* **pena -a** prison sentence

detentore, -trice [de·ten·'to:·re] I. *adj* **il** ~ **del primato** the record holder II. *m, f* holder; ~ **di un titolo** SPORT title holder

detenuto, -a [de·te·'nu:·to] *m, f* detainee

detenzione [de·ten·'tsio:·ne] *f* **1.**(*possesso: di bene*) holding; (*possesso illecito: di armi, esplosivi*) possession; ~ **di stupefacenti** possession of narcotics **2.**(*pena*) detention; ~ **preventiva** remand

detergente [de·ter·'dʒɛn·te] I. *adj* cleansing; **latte** ~ cleansing milk II. *m* (*detersivo*) detergent; (*cosmetico*) cleanser

detergere [de·'tɛr·dʒe·re] <irr> *vt* (*pulire: pavimento, ferita*) to clean; (*viso, volto, pelle grassa*) to cleanse

deteriorabile [de·te·rio·'ra:·bi·le] *adj* perishable

deterioramento [de·te·rio·ra·'men·to] *m* deterioration

deteriorare [de·te·rio·'ra:·re] I. *vt* **1.**(*danneggiare: oggetti*) to damage; (*cibi*) to spoil **2.**(*peggiorare: situazione, rapporti*) to cause to deteriorate II. *vr:* **-rsi** **1.**(*cibi*) to go bad; (*oggetti*) to get damaged **2.**(*situazione, rapporti, edifici*) to deteriorate

deteriorato, -a [de·te·rio·'ra:·to] *adj* worsening; **rapporti -i** worsening relations

deteriore [de·te·'rio:·re] *adj* (*scadente*) second-rate

D

determinabile [de·ter·mi·'na:·bi·le] *adj* that can be determined

determinabilità [de·ter·mi·na·bi·li·'ta] <-> *f* ability to be determined

determinante [de·ter·mi·'nan·te] *adj* (*decisivo*) deciding; **essere** ~ **per qc** to be decisive for sth

determinare [de·ter·mi·'na:·re] *vt* **1.**(*stabilire*) to establish **2.**(*causare*) to cause

determinato, -a [de·ter·mi·'na:·to] *adj* **1.**(*stabilito*) certain; **in -i casi** in certain cases **2.**(*risoluto*) determined

determinazione [de·ter·mi·nat·'tsio:·ne] *f* **1.**(*definizione*) fixing **2.**(*decisione*) decision **3.**(*fermezza*) determination

deterrenza [de·ter·'rɛn·tsa] *f* deterrence

detersi *1. pers sing pass rem di* **detergere**

detersivo [de·ter·'si:·vo] *m* (*per pavimenti*) floor cleaner; (*per panni*) laundry detergent; (*per stoviglie*) dishwashing liquid

detersivo, -a *adj* detergent

deterso *pp di* **detergere**

detestabile [de·tes·'ta:·bi·le] *adj* (*persona, atteggiamento*) odious; (*sapore, odore*) disgusting

detestare [de·tes·'ta:·re] *vt* to detest

detonante [de·to·'nan·te] **I.** *adj* explosive **II.** *m* explosive

detonare [de·to·'na:·re] *vi* to detonate

detonatore [de·to·na·'to:·re] *m* detonator

detonazione [de·to·nat·'tsio:·ne] *f* **1.**(*scoppio*) detonation **2.**(*in motori*) firing

detraggo *1. pers sing pr di* **detrarre**

detraibile [de·tra·'i:·bi·le] *adj* deductible; **spese -i** deductible expenses

detraibilità [de·trai·bi·li·'ta] <-> *f* deductibility

detrarre [de·'trar·re] <irr> *vt* to deduct; ~ **le spese dall'incasso** to deduct expenditure from receipts

detrazione [de·trat·'tsio:·ne] *f* (*sottrazione*) deduction

detrimento [de·tri·'men·to] *m* detriment; **a ~ di qu/qc** to the detriment of sb/sth

detritico, -a [de·'tri:·ti·ko] <-ci, -che> *adj* alluvial; **depositi -i** alluvial deposits

detrito [de·'tri:·to] *m* **1.**(*frammento*) fragment **2.** GEO deposit

detronizzare [de·tro·nid·'dza:·re] *vt* **1.**(*sovrano*) to dethrone **2.** *fig* (*campione, presidente*) to unseat

detta ['det·ta] *f* **a ~ di ...** according to ...; **a ~ sua** by his/her own account

dettagliante [det·taʎ·'ʎan·te] *mf* retailer

dettagliato, -a [det·taʎ·'ʎa:·to] *adj* (*resoconto, descrizione*) detailed

dettaglio [det·'taʎ·ʎo] <-gli> *sing* **1.**(*particolare*) detail; **nei -i** in detail; **entrare nei -i** to go into detail **2.**(*piccola quantità*) retail; **al ~** retail

dettare [det·'ta:·re] *vt* to dictate; ~ **legge** *fig* to rule the roost

dettato [det·'ta:·to] *m* (*testo*) dictation

dettatura [det·ta·'tu:·ra] *f* dictation; **scrivere sotto** ~ to write at sb's dictation

detti ['dɛt·ti] *1. pers sing pass rem di* **dare**[1]

detto ['det·to] *m* (*motto*) saying; ~ **popolare** popular saying

detto, -a I. *pp di* **dire**[1] **II.** *adj* **1.**(*soprannominato*) nicknamed **2.**(*suddetto*) above-mentioned **3.**(*loc*) ~ **fatto** no sooner said than done; **come non** ~ forget it

deturpare [de·tur·'pa:·re] *vt* to disfigure

deturpatore, -trice [de·tur·pa·'to:·re] *adj* disfiguring

deumidificatore [de·u·mi·di·fi·ka·'to:·re] *m* dehumidifier

devastare [de·vas·'ta:·re] *vt* **1.**(*rovinare*) to ruin **2.**(*scolvolgere*) to devastate

devastatore, -trice [de·vas·ta·'to:·re] **I.** *adj* destructive **II.** *m, f* destroyer

devastazione [de·vas·tat·'tsio:·ne] *f* devastation

deviante [de·'vian·te] *adj* deviant; **comportamento** ~ deviant behavior

deviare [de·vi·'a:·re] **I.** *vi* **1.**(*cambiare direzione*) to take a detour; (*strada*) to come off **2.** *fig* (*divagare*) to deviate **II.** *vt* to divert; ~ **il discorso** to change the subject

deviazione [de·viat·'tsio:·ne] *f* **1.**(*spostamento*) deflection **2.**(*del traffico*) detour; (*strada*) turnoff **3.**(*allontanamento dalla norma*) deviation; (*comportamento anomalo*) deviance

devitalizzare [de·vi·ta·lid·'dza:·re] *vt* MED to kill; ~ **un molare** to kill a molar

devitaminizzante [de·vi·ta·mi·nid·'dzan·te] *adj* vitamin-reducing

devo ['dɛ:·vo] *1. pers sing pr di* **dovere**[1]

devolvere [de·'vɔl·ve·re] <devolvo, devolvei *o* devolvetti, devoluto> *vt* **1.**(*bene, diritto*) to transfer **2.**(*somma*) to donate

devoto, -a [de·'vɔ:·to] **I.** *adj* **1.** REL devout; **un cattolico molto** ~ a very devout Catholic; **essere** ~ **alla Madonna** to be devoted to the Madonna **2.**(*affezionato*) devoted **II.** *m, f* **1.** REL devout person **2.**(*seguace*) follower

devozione [de·vot·'tsio:·ne] *f* **1.**(*religiosità*) devoutness **2.**(*deferenza*) devotion; ~ **a qu** devotion to sb; **la** ~ **alla Madonna** devotion to the Madonna

di [di] <d', del, dello, dell', della, dei, degli, delle> *prep* **1.**(*specificazione*) of; **una donna** ~ **trent'anni** a woman of thirty; **un litro** ~ **latte** a liter of milk; **la città** ~ **Torino** the city of Turin; **il mese** ~ **gennaio** the month of January; **il presidente della Repubblica** the president of the Republic; **un libro** ~ **Calvino** a book by Calvino **2.**(*materia*) **un tavolo** ~ **legno** a wooden table; **un anello d'oro** a gold ring **3.**(*possessivo*) **la casa dei miei genitori** my parents' house; **il libro di Paolo** Paolo's book **4.**(*argomento*) about; **un libro** ~ **geografia** a book about geography; **parlare** ~ **qc/qu** to speak about sth/sb **5.**(*causa*) **gridare** ~ **gioia** to shout for joy **6.**(*modo, mezzo*) venire ~ **corsa** to come running; **mangiare ~ gusto** to eat heartily; **fermarsi ~ colpo** to stop dead **7.**(*fine, scopo*) **una camicia ~ riserva** a spare shirt; **pezzi ~ ricambio** spare parts; **uscita ~ emergenza** emergency exit **8.**(*origine*) from; **essere ~ Trieste** to be from Trieste **9.**(*luogo*) **uscire ~ casa** to leave the house; **andiamo via ~ qui** let's leave; **passiamo ~ qui** let's go this way **10.**(*tempo*) **~ mattina/sera** in the morning/evening; **d'estate/d'inverno** in summer/in winter; **~ giorno/notte** by day/night **11.**(*paragone*) than; **sono più alto ~ te** I'm taller than you **12.**(*partitivo*) some; **vorrei del pane** I'd like some bread; **alcuni ~ noi** some of us; **non c'è niente ~ meglio** there's nothing better **13.**(*con infinito*) **mi sembra ~ capire** it seems to me; **tentare ~ fuggire** to try to escape **14.**(*loc*) **invece ~ lui** instead of him; **dopo/prima ~ me** before/after me

dia ['di:·a] *1., 2. e 3. pers sing conj pr di* **dare**[1]

diabete [dia·'bɛː·te] *m* diabetes

diabetico, -a [dia·'bɛː·ti·ko] <-ci, -che> I. *adj* diabetic II. *m, f* diabetic

diabolico, -a [dia·'bɔː·li·ko] <-ci, -che> *adj* devilish

diacronia [dia·kro·'niː·a] <-ie> *f* diachrony

diacronico, -a [dia·'krɔː·ni·ko] <-ci, -che> *adj* diachronic

diadema [dia·'dɛː·ma] <-i> *m* (*corona*) diadem

diafano, -a [di·'aː·fa·no] *adj* **1.**(*trasparente*) diaphanous **2.**(*delicato: mani, pelle*) transparent

diaframma [dia·'fram·ma] <-i> *m* **1.**(*elemento divisorio*) screen **2.** ANAT, FOTO (*contraccettivo*) diaphragm

diagnosi [di·'aɲ·ɲo·zi] <-> *f* diagnosis; **fare una ~** to make a diagnosis

diagnosticare [di·aɲ·ɲos·ti·'kaː·re] *vt* to diagnose

diagnostico, -a [di·aɲ·'ɲɔs·ti·ko] <-ci, -che> I. *adj* diagnostic II. *m, f* diagnostician

diagonale [di·a·go·'naː·le] I. *adj* diagonal II. *m* **1.**(*stoffa*) twill **2.** SPORT (*nel calcio*) cross; (*nel tennis*) crosscourt shot III. *f* diagonal

diagramma [di·a·'gram·ma] <-i> *m* diagram; **~ di flusso** COMPUT flow chart

dialettale [di·a·let·'taː·le] *adj* dialectal

dialettica [di·a·'lɛt·ti·ka] <-che> *f* dialectic

dialettico, -a [di·a·'lɛt·ti·ko] <-ci, -che> *adj* dialectical; **abilità -a** dialectical ability

dialettismo [di·a·let·'tiz·mo] *m* dialect word

dialetto [di·a·'lɛt·to] *m* dialect; **parlare in ~** to speak in dialect

dialisi [di·'aː·li·zi] <-> *f* dialysis

dialogare [di·a·lo·'gaː·re] *vi* to open a dialog

dialogo [di·'aː·lo·go] <-ghi> *m* dialog

diamante [di·a·'man·te] *m* (*gemma*) diamond; **nozze di ~** diamond wedding

diametralmente [di·a·me·tral·'men·te] *adv* diametrically; **~ opposto** diametrically opposed

diametro [di·'aː··met·ro] *m* diameter

diamine ['di·aː·mi·ne] *interj fam* good grief; **che ~ stai dicendo?** what the heck are you saying?

diapason [di·'aː··pa·zon] <-> *m* **1.**(*strumento*) tuning fork **2.**(*registro*) diapason

diapositiva [di·a·po·zi·'tiː·va] *f* slide

diaproiettore [di·a·pro·iet·'toː·re] *m* slide projector

diaria [di·'aː·ria] <-ie> *f* daily allowance, *for expenses;* **~ parlamentare** parliamentary expense allowance

diario [di·'aː·rio] <-i> *m* diary; **~ di bordo** log; **~ (scolastico)** planner; **tenere un ~** to keep a diary

diarrea [di·ar·'rɛː·a] *f* diarrhea

diaspora [di·'as·po·ra] *f* diaspora

diatriba [di·'aː·tri·ba] *f* **1.**(*discussione*) debate **2.**(*invettiva*) diatribe

diavola ['di·aː·vo·la] *f* **pollo alla ~** split roast chicken

diavoleria [dia·vo·le·'riː·a] <-ie> *f* **1.**(*azione perfida*) piece of deviltry **2.** *fam* (*oggetto strano*) contraption

diavoletto, -a [dia·vo·'let·to] *m, f scherz* little devil

diavolo ['dia··vo·lo] *m* devil; **fare l'avvocato del ~** to play devil's advocate; **un povero ~** *fam* a poor devil; **avere il ~ addosso** to have ants in one's pants; **avere un ~ per capello** to be in a (bad) mood; **mandare qu al ~** to tell sb to get lost; **mandare tutto al ~** to throw up everything; **saperne una più del ~** to be very cunning; **che ~ vuoi adesso?** what the hell do you want now?; **come/dove/perché ~?** how/where/why the hell?; **abitare a casa del ~** *scherz* to live at the ends of the earth; **il ~ fa le pentole, ma non i coperchi** *prov* the devil makes the pots but not the lids, *you can do bad things but you can't hide them*

dibattere [di·'bat·te·re] I. *vt* (*discutere*) to debate II. *vr:* **-rsi** to struggle; (*divincolarsi*) to thrash around

dibattito [di·'bat·ti·to] *m* debate; **un ~ su qc** a debate about sth

dibattuto, -a [di·bat·'tuː·to] *adj* (*decisione, soggetto*) much-discussed

diboscamento [di·bos·ka·'men·to] *m* deforestation

dicembre [di·'tʃɛm·bre] *m* December; *v.a.* **aprile**

diceria [di·tʃe·'riː·a] <-ie> *f* piece of gossip

dichiarante [di·kia·'ran·te] *mf* ADMIN declarant

dichiarare [di·kia·'raː·re] I. *vt* to declare; **~ guerra a qu** to declare war on sb; **~ aperta la seduta** to declare the session open; **~ colpevole qu** to declare sb guilty; **~ le proprie generalità** ADMIN to give one's details; **vi dichiaro marito e moglie** I pronounce you man and wife; **~ qu in arresto** to formally arrest sb II. *vr:* **-rsi** (*a innamorato*) to declare oneself; **-rsi innocente** to declare one's innocence; **-rsi favorevole** to come out in favor

D

dichiaratamente [di·kia·ra·ta·'men·te] *adv* avowedly

dichiarativo, -a [di·kia·ra·'tiː·vo] *adj* (*nota*) declarative

dichiarazione [di·kia·rat·'tsioː·ne] *f* declaration; ~ **dei redditi** tax return; ~ **d'amore** declaration of love

diciannove [di·tʃan·'nɔː·ve] I. *num* nineteen II. <-> *m* 1. (*numero*) nineteen 2. (*nelle date*) nineteenth III. *fpl* (*ore*) nineteen hundred (hours); *v.a.* **cinque**

diciannovenne [di·tʃan·no·'vɛn·ne] I. *adj* nineteen-year-old II. *mf* nineteen year old

diciannovesimo [di·tʃan·no·'vɛː·zi·mo] *m* (*in frazione*) nineteenth

diciannovesimo, -a I. *adj* nineteenth II. *m, f* nineteenth; *v.a.* **quinto**

diciassette [di·tʃas·'sɛt·te] I. *num* seventeen II. <-> *m* 1. (*numero*) seventeen 2. (*nelle date*) seventeenth III. *fpl* (*ore*) seventeen hundred (hours); *v.a.* **cinque**

diciassettenne [di·tʃas·set·'tɛn·ne] I. *adj* seventeen-year-old II. *mf* seventeen year old

diciassettesimo [di·tʃas·set·'tɛː·zi·mo] *m* (*in frazione*) seventeenth

diciassettesimo, -a I. *adj* seventeenth II. *m, f* seventeenth; *v.a.* **quinto**

diciottenne [di·tʃot·'tɛn·ne] I. *adj* eighteen-year-old II. *mf* eighteen year old

diciottesimo, -a [di·tʃot·'tɛː·zi·mo] I. *adj* eighteenth II. *m, f* eighteenth III. *m* (*in frazione*) eighteenth; *v.a.* **quinto**

diciotto [di·'tʃot·to] I. *num* eighteen II. <-> *m* 1. (*numero*) eighteen 2. (*nelle date*) eighteenth III. *fpl* (*ore*) eighteen hundred (hours); *v.a.* **cinque**

dicitura [di·tʃi·'tuː·ra] *f* (*scritta*) wording

dico ['diː·ko] *1. pers sing pr di* **dire**[1]

didascalia [di·das·ka·'liː·a] <-ie> *f* 1. (*di immagine*) caption 2. (*di film*) subtitle 3. TEAT supertitle

didascalico, -a [di·das·'kaː·li·ko] <-ci, -che> *adj* didactic

didatta [di·'dat·ta] <-i *m*, -e *f*> *mf* (*insegnante*) teacher

didattica [di·'dat·ti·ka] <-che> *f* teaching methodology

didattico, -a [di·'dat·ti·ko] <-ci, -che> *adj* teaching

didietro [di·'diɛː·t·ro] I. <inv> *adj* back II. <-> *m* 1. (*parte posteriore*) bottom 2. *scherz* (*sedere*) backside

dieci ['diɛː·tʃi] I. *num* ten II. <-> *m* 1. (*numero*) ten; (*nelle date*) tenth 2. (*voto scolastico*) ten (out of ten) III. *fpl* (*ore*) ten o'clock; *v.a.* **cinque**

diecimila [die·tʃi·'miː·la] I. *num* ten thousand II. <-> *m* ten thousand

diecina [die·'tʃiː·na] *f v.* **decina**

diedi ['diɛː·di] *1. pers sing pass rem di* **dare**[1]

dieresi [di·'ɛː·re·zi] <-> *f* (*segno diacritico*) dieresis

diesis [di·'ɛː·zis] <-> *m* MUS sharp; **do** ~ C sharp

dieta ['diɛː·ta] *f* diet; **essere a** ~ to be on a diet

dietetica [die·'tɛː·ti·ka] <-che> *f* dietetics

dietetico, -a [die·'tɛː·ti·ko] <-ci, -che> *adj* diet

dietista [die·'tis·ta] <-i *m*, -e *f*> *mf* dietician

dietologia [die·to·lo·'dʒiː·a] <-gie> *f* dietetics

dietologo, -a [die·'tɔː·lo·go] <-gi, -ghe> *m, f* dietician

dietro ['diɛː·t·ro] I. *prep* 1. ~ (**a**) (*stato, moto*) behind; ~ **di me** behind me 2. (*appresso*) **portarsi** ~ **qu** to take sb with one 3. *fig* (*alle spalle*) **tutti gli ridono** ~ behind sb's back 4. (*temporale*) after; **un guaio** ~ **l'altro** one problem after another; ~ **consegna** on delivery; ~ **ricevuta** on receipt; ~ **ricetta medica** on prescription II. *adv* (*stato, moto*) behind III. *m* back

dietrofront, dietro-front ['diɛː·t·ro 'front] I. <-> *m a. fig* about-face; **fare** ~ to turn around II. *interj* about-face

difatti [di·'fat·ti] *conj* in fact

difendere [di·'fɛn·de·re] <difendo, difesi, difeso> I. *vt* 1. (*gener*) A. ADMIN to defend 2. (*prendere le parti di*) to take the part of II. *vr* 1. (*da pericolo*) **-rsi da qu/qc** to protect oneself from sb/sth 2. (*cavarsela*) to get by

difenditrice *f v.* **difensore**

difensiva [di·fen·'siː·va] *f* defensive; **stare sulla** ~ *fig* to be on the defensive

difensivo, -a [di·fen·'siː·vo] *adj* defensive

difensore, difenditrice [di·fen·'soː·re, di·fen·di·'triː·tʃe] *m, f* 1. (*protettore*) A. SPORT defender 2. (*avvocato*) defense lawyer

difesa [di·'feː·sa] *f* (*protezione*) A. ADMIN, MIL, SPORT defense; **la** ~ **da** [*o* **contro**] **qu/qc** defense against sb/sth; **la** ~ **di qc** the defense of sth; **legittima** ~ self-defense; ~ **antiaerea** anti-aircraft defenses

difesi [di·'feː·si] *1. pers sing pass rem di* **difendere**

difeso [di·'feː·so] *pp di* **difendere**

difettare [di·fet·'taː·re] *vi* (*mancare*) to lack; ~ **di qc** to lack sth; **gli difetta la pazienza** he lacks patience

difetto [di·'fɛt·to] *m* 1. (*mancanza*) lack; **far** ~ to lack 2. (*imperfezione*) defect; ~ **di fabbricazione** manufacturing defect 3. (*di carattere*) fault

difettoso, -a [di·fet·'toː·so] *adj* faulty

diffamare [dif·fa·'maː·re] *vt* (*dire male di*) to slander; (*per iscritto*) to libel

diffamatore, -trice [dif·fa·ma·'toː·re] *m, f* (*a parole*) slanderer; (*per iscritto*) libeller

diffamatorio, -a [dif·fa·ma·'tɔː·rio] <-i, -ie> *adj* (*affermazioni*) slanderous; (*lettera, scritto*) libelous; **campagna -a** defamation campaign

diffamatrice *f v.* **diffamatore**

diffamazione [dif·fa·mat·'tsioː·ne] *f* defamation; GIUR libel

differente [dif·fe·'rɛn·te] *adj* different

differentemente [dif·fe·ren·te·'men·te] *adv* differently

differenza [dif·fe·'rɛn·tsa] *f* difference; ~ **di**

opinioni difference of opinion; **a ~ di** unlike; **per me non fa ~** it's all the same to me

differenziare [dif·fe·ren·'tsia:·re] I. *vt* to distinguish II. *vr* **-rsi da qu/qc** to be different from sb/sth

differenziazione [dif·fe·ren·tsiat·'tsio:·ne] *f* differentiation

differire [dif·fe·'ri:·re] <differisco> I. *vt avere* (*rinviare*) to postpone; **~ qc di un mese** to delay sth by a month II. *vi essere o avere* to be different; **~ da qu/qc** to be different from sb/sth

difficile [dif·'fi:·tʃi·le] I. *adj* 1.(*gener*) difficult; **essere di gusti -i** to be fussy 2.(*improbabile*) unlikely, **è ~ che venga ...** he's unlikely to come II. *m* (*momento, fase*) difficult part III. *mf* (*persona*) **fare il** [*o* **la**] **~** to be difficult

difficilmente [dif·fi·tʃil·'men·te] *adv* 1.(*con fatica*) with difficulty 2.(*con poca probabilità*) it's unlikely that

difficoltà [dif·fi·kol·'ta] <-> *f* 1.(*complessità, problema*) difficulty; **con ~** with difficulty; **incontrare delle ~** to run into difficulty; **ad ogni/alla minima ~** at the slightest difficulty 2.(*obiezione*) **fare ~** to make objections

difficoltoso, -a [dif·fi·kol·'to:·so] *adj* difficult

diffida [dif·'fi:·da] *f* warning (not to)

diffidare [dif·fi·'da:·re] I. *vi* **~ di qu** to not trust sb II. *vt* **~ qu dal fare qc** to warn sb not to do sth

diffidente [dif·fi·'dɛn·te] *adj* distrustful

diffidenza [dif·fi·'dɛn·tsa] *f* distrust

diffondere [dif·'fon·de·re] <irr> I. *vt* to spread II. *vr*: **-rsi** 1.(*luce, profumo, notizia, moda*) to spread 2.(*dilungarsi*) **-rsi troppo su una questione** to spend too long on a question

difforme [dif·'for·me] *adj a. fig* different

diffrazione [dif·frat·'tsio:·ne] *f* FIS diffraction

diffusi *1. pers sing pass rem di* **diffondere**

diffusione [dif·fu·'zio:·ne] *f* 1.(*di luce, calore*) A. FIS diffusion 2.(*di notizia, moda*) spread 3.(*di giornale*) circulation

diffusività [dif·fu·zi·vi·'ta] <-> *f* FIS diffusiveness

diffuso, -a [dif·'fu:·zo] I. *pp di* **diffondere** II. *adj* widespread

diffusore [dif·fu·'zo:·re] *m* (*apparecchio*) diffuser; **~ sonoro** speaker

difilato, -a [di·fi·'la:·to] *adv* (*subito*) straight; (*di seguito*) running; **tre giorni ~** three days running

difronte [di·'fron·te] I. <inv> *adj* opposite II. *adv* in front of; **me lo sono trovato ~ all'improvviso** he suddenly appeared in front of me; **~ alle difficoltà** in the face of difficulty; **abito ~ alla stazione** I live opposite the station

difterite [dif·te·'ri:·te] *f* diphtheria

diga ['di:·ga] <-ghe> *f* dam; **~ di ritenuta** retaining dam; **~ marittima** seawall

digerente [di·dʒe·'rɛn·te] *adj* digestive

digeribile [di·dʒe·'ri:·bi·le] *adj* digestible

digerire [di·dʒe·'ri:·re] <digerisco> *vt* 1. MED

(*cibo*) to digest 2.(*accettare: sconfitta*) to accept 3. *fig* (*sopportare: modi, persona*) to stomach

digestione [di·dʒes·'tio:·ne] *f* digestion

digestivo [di·dʒes·'ti:·vo] *m* (*bevanda*) after-dinner liqueur

digestivo, -a *adj* digestive

digicam ['di·dʒi·kam] <-> *f* digicam

digitale [di·dʒi·'ta:·le] *adj* 1.(*delle dita*) **impronta ~** fingerprint 2. COMPUT digital

digitalizzare *vt* COMPUT to digitize

digitalizzato, -a [di·dʒi·ta·lid·'dza:·to] *adj* TEC, INFORM digitized

digitare [di·dʒi·'ta:·re] *vt* to key in

digiunare [di·dʒu·'na:·re] *vi* to fast

digiuno [di·'dʒu:·no] *m* (*astensione da alimenti*) fast; **a ~** on an empty stomach

digiuno, -a *adj* (*senza cibo*) **essere ~** to have an empty stomach; **essere (a) ~ di qc** *fig* (*non conoscere*) to know nothing about sth

dignità [diɲ·ɲi·'ta] <-> *f* dignity

dignitoso, -a [diɲ·ɲi·'to:·so] *adj* 1.(*pieno di contegno*) dignified 2.(*decoroso*) decent

DIGOS ['di:·gos] *f acró de* **Divisione Investigazioni Generali e Operazioni Speciali** *police department that deals with security matters*

digradare [di·gra·'da:·re] *vi* LIT (*diminuire*) to decrease

digressione [di·gres·'sio:·ne] *f* (*divagazione*) digression

digrignare [di·griɲ·'ɲa:·re] *vt* **~ i denti** (*persona*) to grind one's teeth; (*animale*) to bare one's teeth

dilagare [di·la·'ga:·re] *vi essere* 1.(*fiume*) to flood 2.(*diffondersi*) to spread

dilaniare [di·la·'nia:·re] *vt* 1.(*leone, cane*) to tear to pieces 2. *fig* (*rimorso, gelosia*) to rack

dilapidare [di·la·pi·'da:·re] *vt* (*patrimonio*) to squander

dilatabile [di·la·'ta:·bi·le] *adj* dilatable

dilatare [di·la·'ta:·re] I. *vt* to cause to expand II. *vr*: **-rsi** 1.(*ampliarsi: pupille*) to dilate 2.(*gas, liquido, spazio*) to expand; (*tempo*) to stretch (out) 3.(*stomaco*) to distend 4. *fig* (*fenomeno*) to spread

dilatazione [di·la·tat·'tsio:·ne] *f* 1.(*di pupille*) dilation 2.(*di gas, liquido, spazio*) expansion 3.(*di stomaco*) distension 4. *fig* (*di tempo*) stretching (out)

dilazionabile [di·lat·tsio·'na:·bi·le] *adj* **pagamento ~ in rate mensili** payment that can be made by monthly installments

dilazionare [di·lat·tsio·'na:·re] *vt* (*pagamento*) to delay

dilazione [di·lat·'tsio:·ne] *f* (*proroga*) delay; **senza ~** without delay

dileggio [di·'led·dʒo] <-ggi> *m* mockery

dileguare [di·le·'gua:·re] I. *vt avere* LIT to disperse II. *vr*: **-rsi** to vanish

dilemma [di·'lɛm·ma] <-i> *m* 1.(*scelta*) dilemma 2.(*problema difficile*) puzzler

dilettante [di·let·'tan·te] I. *adj* 1.(*non profes-*

D

D

sionista) amateur; **fotografo** ~ amateur photographer; **pittore** ~ amateur painter **2.** *pej* (*non competente*) amateurish **II.** *mf a. pej* (*non professionista*) amateur; **compagnia di -i** TEAT amateur theater company

dilettantismo [di·let·tan·'tiz·mo] *m* **1.** SPORT amateurism **2.** *pej* (*incapacità*) amateurishness

dilettare [di·let·'ta:·re] **I.** *vt* LIT to delight **II.** *vr:* **-rsi** to enjoy; **-rsi di qc** to have sth as a hobby

dilettevole [di·let·'te:·vo·le] **I.** *adj* enjoyable **II.** *m* **unire l'utile al** ~ to mix business and pleasure

diletto [di·'lɛt·to] *m* pleasure; **fare qc per** ~ to do sth for pleasure

diligente [di·li·'dʒɛn·te] *adj* (*persona*) diligent; (*lavoro*) careful

diligenza [di·li·'dʒɛn·tsa] *f* **1.** (*accuratezza*) A. ADMIN care **2.** HIST (*carrozza*) diligence

diluente [di·lu·'ɛn·te] *m* diluent

diluire [di·lu·'i:·re] <diluisco> *vt* **1.** (*sostanze*) to dilute; (*sciogliere*) to dissolve **2.** *fig* (*concetto, pensiero*) to water down

dilungare [di·luŋ·'ga:·re] *vr* **-rsi in qc** to go into great detail about sth; ~ **nelle spiegazioni/descrizioni** to explain/describe sth at length

diluviare [di·lu·'via:·re] *vi essere o avere* to pour

diluvio [di·'lu:·vio] <-i> *m* **1.** METEO downpour; ~ **universale** the Flood **2.** *fig* (*di parole, insulti*) torrent

dimagramento [di·mag·ra·'men·to] *m* **1.** MED weight loss **2.** AGR exhaustion

dimagrante [di·ma·'gran·te] *adj* **cura** ~ diet

dimagrare [di·ma·'gra:·re] *vt avere* AGR to exhaust

dimagrimento [di·mag·ri·'men·to] *m* weight loss

dimagrire [di·ma·'gri:·re] <dimagrisco> *vi essere* to lose weight

dimenare [di·me·'na:·re] **I.** *vt* (*braccia*) to wave; (*coda*) to wag **II.** *vr:* **-rsi** to struggle mettergli le manette; (*nel letto*) to toss and turn dormire

dimensione [di·men·'sio:·ne] *f* dimension; **-i** (*misure*) measurements

dimenticanza [di·men·ti·'kan·tsa] *f* **1.** (*omissione*) oversight; (*cosa dimenticata*) omission **2.** (*mancanza di memoria*) forgetfulness

dimenticare [di·men·ti·'ka:·re] **I.** *vt* **1.** (*gener*) to forget tempo **2.** (*lasciare*) to leave **II.** *vr* **-rsi di** to forget

dimenticatoio [di·men·ti·ka·'to:·io] <-oi> *m scherz* **finire nel** ~ to be forgotten

dimesso, -a [di·'mes·so] **I.** *pp di* **dimettere II.** *adj* **1.** (*modesto: atteggiamento, tono*) modest **2.** *pej* (*trascurato: abbigliamento, tenuta*) shabby

dimestichezza [di·mes·ti·'ket·tsa] *f a. fig* familiarity; **avere** ~ **con qc** to be familiar with sth

dimettere [di·'met·te·re] <irr> **I.** *vt* (*da ospedale*) to discharge **II.** *vr:* **-rsi** to resign

dimezzare [di·med·'dza:·re] *vt* **1.** (*in due*) to halve **2.** (*ridurre*) to slash

diminuendo [di·mi·nu·'ɛn·do] *m* MUS diminuendo

diminuire [di·mi·nu·'i:·re] <diminuisco> **I.** *vt avere* to reduce **II.** *vi essere* to decrease; ~ **di qc** to decrease by sth; **sono diminuito di cinque chili** I've lost five kilos; ~ **di prezzo** to go down in price

diminutivo [di·mi·nu·'ti:·vo] *m* LING diminutive

diminutivo, -a *adj* diminutive

diminuzione [di·mi·nut·'tsio:·ne] *f* reduction; ~ **dei costi** cost-cutting; ~ **delle esportazioni** reduction in exports; ~ **del personale** reduction of staff; ~ **di peso** weight loss; ~ **di temperatura** fall in temperature; ~ **del valore** fall in value

dimisi *1. pers sing pass rem di* **dimettere**

dimissioni [di·mis·'sio:·ni] *fpl* resignation; **dare le** ~ to resign; **lettera di** ~ notice

dimora [di·'mɔ:·ra] *f* residence; **senza fissa** ~ homeless

dimostrante [di·mos·'tran·te] *mf* demonstrator

dimostrare [di·mos·'tra:·re] **I.** *vt* **1.** (*mostrare*) to show; **non dimostra affatto i suoi sessant'anni** she doesn't look sixty **2.** (*provare*) to prove **II.** *vi* (*in corteo*) to demonstrate **III.** *vr:* **-rsi** to turn out to be; **la notizia si è dimostrata falsa** the news turned out to be false

dimostrativo, -a [di·mos·tra·'ti:·vo] *adj* LING demonstrative

dimostrazione [di·mos·trat·'tsio:·ne] *f* demonstration

dinamica [di·'na:·mi·ka] <-che> *f* **1.** FIS dynamics **2.** (*di fatti, incidente*) dynamic

dinamicità [di·na·mi·tʃi·'ta] <-> *f* (*di persona, azienda*) dynamism

dinamico, -a [di·'na:·mi·ko] <-ci, -che> *adj* (*persona, azienda*) dynamic

dinamismo [di·na·'miz·mo] *m* dynamism

dinamitardo, -a [di·na·mi·'tar·do] **I.** *adj* **attentato** ~ bomb attack **II.** *m, f* bomber

dinamite [di·na·'mi:·te] *f* dynamite

dinamo ['di:·na·mo] <-> *f* dynamo

dinamoelettrico, -a [di·na·mo·e·'lɛt·tri·ko] <-ci, -che> *adj* **macchina -a** dynamoelectric machine

dinanzi [di·'nan·tsi] **I.** *adv* (*guardare, stare, mettere*) ahead **II.** *prep* ~ **a** in front of **III.** <inv> *adj* **1.** (*anteriore*) in front **2.** (*precedente*) before

dinastia [di·nas·'ti:·a] <-ie> *f* dynasty

dinastico, -a [di·'nas·ti·ko] <-ci, -che> *adj* dynastic

dindin, din din [din·'din] **I.** <-> *m* ringing **II.** *interj* ding-dong

dindon, din don [din·'dɔn] **I.** <-> *m* ringing **II.** *interj* bong

diniego [di·'niɛ:·go] <-ghi> *m* (*rifiuto*) refusal

dinoccolato, -a [di·nok·ko·'la:·to] *adj* lanky

dinosauro [di·no·'sa:u·ro] *m* dinosaur

dintorni [din·'tor·ni] *mpl* surrounding area; **nei ~ di** close to

dintorno [din·'tor·no] **I.** *adv* around **II.** *prep* **~ a** around

dio ['di:·o] <dei> *m* god; **cantare come un ~** to sing beautifully

Dio *m* God; **la pioggia viene giù che ~ la manda** it's pouring; **grazie a ~** thank God; **~ me ne guardi!** God forbid!; **~ ce la mandi buona!** let's hope for the best!; **~ sia lodato** thank God pericolo; **se ~ vuole** God willing; **non voglia!** God forbid!, **per l'amor di ~!** for God's sake!

diocesi [di·'ɔ:·tʃe·zi] <-> *f* dioceses

dionisiaco, -a [dio·ni·'zi:·a·ko] <-ci, -che> *adj* Dionysiac

diossina [di·os·'si:·na] *f* dioxin

diottria [di·ot·'tri:·a] <-ie> *f* OPT diopter

dipanare [di·pa·'na:·re] *vt* **1.** (*lana*) to wind (into a ball) **2.** *fig* to disentangle

dipartimento [di·par·ti·'men·to] *m* **1.** (*gener*) department **2.** (*ministero*) Department

dipartita [di·par·'ti:·ta] *f* (*morte*) passing

dipendente [di·pen·'dɛn·te] **I.** *adj* **~ da qu** dependent on sb **II.** *mf* employee

dipendenza [di·pen·'dɛn·tsa] *f* **1.** (*subordinazione*) dependence; **in ~ di ciò** therefore; **alle -e di qu** in sb's employ **2.** MED addiction

dipendere [di·'pɛn·de·re] <dipendo, dipesi, dipeso> *vi* **essere ~ da qu/qc** to depend on sb/sth; **dipende** it depends

dipingere [di·'pin·dʒe·re] <dipingo, dipinsi, dipinto> *vt* **1.** (*gener*) to paint; **~ su qc** to paint on sth; **~ ad acquerello** to paint in watercolors; **~ ad olio** to paint in oils **2.** *fig* (*descrivere*) to portray

dipinto, -a **I.** *pp di* dipingere **II.** *adj* painted; **non voler vedere qu neanche ~** to not have the slightest desire to see sb

dipl. *abbr di* diploma dip.

diploma [di·'plɔ:·ma] <-i> *m* diploma

diplomare [dip·lo·'ma:·re] **I.** *vt* to graduate **II.** *vr:* **-rsi** to graduate

diplomatico [dip·lo·'ma:·ti·ko] <-ci> *m* POL diplomat

diplomatico, -a <-ci, -che> *adj* diplomatic

diplomato, -a [dip·lo·'ma:·to] **I.** *adj* qualified **II.** *m, f* graduate; **~ in agraria** graduate in agriculture

diplomazia [dip·lo·mat·'tsi:·a] <-ie> *f a. fig* diplomacy; **entrare nella ~** to enter the diplomatic service

dipoi, di poi [di·'pɔ:·i] <inv> *adj* following

diporto [di·'pɔr·to] *m* SPORT **imbarcazione da ~** pleasure boat

diradare [di·ra·'da:·re] **I.** *vt* **1.** (*rendere meno fitto: piante*) to thin out; (*nebbia*) to disperse **2.** *fig* (*visite*) to spread out **II.** *vr:* **-rsi** (*piante, capelli*) to become thinner; (*nebbia, folla*) to disperse

diramare [di·ra·'ma:·re] **I.** *vt* (*diffondere: comunicato, ordine*) to circulate **II.** *vr:* **-rsi** **1.** (*strada*) to branch off **2.** (*notizia*) to spread

diramazione [di·ra·mat·'tsio:·ne] *f* **1.** (*ramificazione*) branch; **~ di un fiume** branch of a river **2.** (*diffusione: di comunicato, ordine, notizia*) circulation

dire[1] ['di:·re] <dico, dissi, detto> *vt* **1.** (*affermare, recitare*) to say; **dice di essere ammalato** he says he's sick; **si dice che sia molto ricco** people say he's very rich; **~ di sì/no** to say yes/no; **~ messa** to say mass **2.** (*chiedere, raccontare*) to tell; **~ bugie** to tell lies; **~ la propria** to have one's say; **dirle grosse** *fam* to talk nonsense; **dir male di qu** to speak ill of sb; **avere da ~ su qu** to have sth to say about sb; **lasciar ~** to let sth go; **a ~ il vero** to tell the truth; **per meglio ~** or rather; **lo dicevo io!** I told you ...; **dico bene?** am I right?; **come si dice in inglese?** what's the English for ...; **~ pane al pane e vino al vino** to call a spade a spade; **dico sul serio** I mean it; **un film che non dice nulla** *fig* a nothing kind of movie; **così dicendo, ...** and with this, ...; **diciamo, ...** suppose, ...; **(mi) dica** can I help you?; **è facile a dirsi** it's easy for you to say **3.** (*significare*) **come sarebbe a ~?** what does that mean?; **voler ~** to mean; **vale a ~** that is **4.** (*pensare*) **che ne dici del mio abito nuovo?** what do you think of my new dress?; **che ne dici di uscire a cena?** shall we go out for dinner? **5.** (*chiamare*) to call

dire[2] *m* **hai un bel ~** that's easy for you to say; **tra il ~ e il fare c'è di mezzo il mare** *prov* it's easier said than done

directory [di·'rek·t(ə)·ri] <- *o* directories> *f* COMPUT directory

diressi [di·'rɛs·si] *1. pers sing pass rem di* dirigere

diretta [di·'rɛt·ta] *f* TV **in -a** live

direttamente [di·ret·ta·'men·te] *adv* **1.** (*senza tappe*) straight **2.** (*senza intermediari*) directly

direttissima [di·ret·'tis·si·ma] *f* **1.** GIUR processo per **~** summary trial **2.** (*linea ferroviaria*) high-speed railway line

direttiva [di·ret·'ti:·va] *f* (*istruzione*) directive; **~ comunitaria** European Union directive

direttivo [di·ret·'ti:·vo] *m* leadership

direttivo, -a *adj* (*organo, comitato*) executive

diretto [di·'rɛt·to] *m* **1.** (*treno*) local train **2.** SPORT (*nel pugilato*) jab

diretto, -a **I.** *pp di* dirigere **II.** *adj* **1.** (*senza deviazioni, soste*) direct **2.** (*rivolto*) **~ a qu** directed at sb **3.** (*destinato*) **il treno ~ a Roma** the train for Rome **4.** LING **complemento ~** direct object; **discorso ~** direct speech

direttore, -trice [di·ret·'to:·re] *m, f* director; **~ di produzione** CINE producer; **~ d'orchestra** conductor; **~ artistico** TEAT artistic director; **~ (didattico)** principal; **~ tecnico** SPORT coach; **~ responsabile** editor; **~ delle vendite** sales director

D

direttrice [di·ret·'tri:·tʃe] *f* 1. *v.* **direttore** 2. (*mat*) directrix 3. POL, MIL line

direzionale [di·ret·tsio·'na:·le] *adj* 1. (*della direzione: attività, norme, responsabilità*) managerial; **centro** ~ business center 2. (*di direzione*) directional; **microfono** ~ directional microphone

direzione [di·ret·'tsio:·ne] *f* 1. (*di azienda, partito*) management; ~ **amministrativa** administration 2. (*senso*) direction; **in** ~ **di** toward

dirigente [di·ri·'dʒɛn·te] I. *adj* managerial; **classe** ~ ruling class II. *mf* manager; ~ **sindacale** union leader

dirigenza [di·ri·'dʒɛn·tsa] *f* management

dirigere [di·'ri:·dʒe·re] <dirigo, diressi, diretto> I. *vt* 1. (*essere a capo di: azienda*) to manage; (*lavori, scuola*) to run; MUS (*orchestra*) to conduct 2. (*indirizzare*) to direct; ~ **qu/qc a** [*o* **verso**] **qu/qc** to direct sb/sth to sb/sth II. *vr:* **-rsi** to make one's way; **-rsi verso qu** to make one's way toward sb; **-rsi verso** [*o* **a**] **qc** to make one's way toward sth

dirigibile [di·ri·'dʒi:·bi·le] *m* airship

dirimere [di·'ri:·me·re] <dirimo, *obs* dirimei *o* dirimetti, *manca il pp*> *vt form* (*lite, controversia*) to settle

dirimpettaio, -a [di·rim·pet·'ta:·io] <-ai, -aie> *m, f fam* neighbor living opposite

dirimpetto [di·rim·'pɛt·to] I. *adv* opposite II. *prep* ~ **a te** opposite you III. <inv> *adj* **la casa** ~ the house opposite

diritto [di·'rit·to] I. *m* 1. (*complesso di norme, scienza*) law; ~ **civile** civil law; ~ **penale** criminal law; ~ **privato** private law; ~ **pubblico** public law 2. (*interesse*) right; **avere** ~ **a qc** to have a right to sth; ~ **di proprietà** property right; ~ **di sciopero** right to strike; ~ **di voto** right to vote; **-i d'autore** copyright; **-i dell'uomo** human rights; **rivendicare un** ~ to demand a right; **di** ~ by right; **a buon** ~ quite rightly 3. *pl* (*tassa*) fees; **avanzare dei -i** to claim fees 4. (*di maglia, stoffa*) right side 5. SPORT forehand II. *adv* 1. (*in linea retta*) straight (on) 2. (*direttamente*) straight assenza; **tirar** ~ **per la propria strada** *fig* to go one's own way; **rigare** [*o* **filare**] ~ to go straight

diritto, -a *adj* straight

dirittura [di·rit·'tu:·ra] *f* SPORT ~ **d'arrivo** home stretch; **essere in** ~ **d'arrivo** *fig* to be in the home stretch

diroccato, -a [di·rok·'ka:·to] *adj* (*edificio*) tumbledown

dirottamento [di·rot·ta·'men·to] *m* (*di nave, aereo*) hijacking

dirottare [di·rot·'ta:·re] I. *vt* 1. (*far deviare*) to reroute 2. (*con la forza*) to hijack II. *vi* (*cambiare rotta*) to change course

dirottatore, -trice [di·rot·ta·'to:·re] *m, f* hijacker

dirotto, -a [di·'rot·to] *adj* **scoppiare in un pianto** ~ to burst into tears; **piovere a** ~ to pour down rain

disabile [di·'za:·bi·le] I. *adj* disabled II. *mf* disabled person; **posti riservati ai -i** places reserved for the disabled

disabilità [di·za·bi·li·'ta] <-> *f* (*handicap*) disability

disabilitare [di·za·bi·li·'ta:·re] *vt* (*programma, macchina, funzione*) to disable

disabilitato, -a [di·za·bi·li·'ta:·to] *adj* disabled

disabitato, -a [di·za·bi·'ta:·to] *adj* uninhabited

disabituare [di·za·bi·tu·'a:·re] I. *vt* ~ **qu a qc** to break sb of a habit II. *vr* **-rsi a qc** to break oneself of a habit

disaccordo [di·zak·'kɔr·do] *m* 1. MUS discord 2. (*contrasto*) disagreement; **essere in** ~ **su qc** to disagree about sth

disadattamento [di·za·dat·ta·'men·to] *m* alienation

disadattato, -a [di·za·dat·'ta:·to] I. *adj* alienated II. *m, f* alienated person

disadatto, -a [di·za·'dat·to] *adj* unsuitable; **essere** ~ **a** [*o* **per**] **qc** to be unsuitable for sth

disadorno, -a [di·za·'dor·no] *adj* (*stile, abbigliamento, muri*) unadorned

disagevole [di·za·'dʒe·vo·le] *adj* 1. (*scomodo: sistemazione, viaggio*) uncomfortable 2. (*difficile: situazione, compito*) awkward

disaggregare [di·zag·gre·'ga:·re] I. *vt* to break up II. *vr:* **-rsi** to break up

disaggregazione [di·zag·gre·gat·'tsio:·ne] *f* breakup

disagiato, -a [di·za·'dʒa:·to] *adj* 1. (*scomodo: sistemazione, viaggio*) uncomfortable 2. (*povero: ceto, famiglia*) needy; **condizione -a** need

disagio [di·'za:·dʒo] *m* 1. (*mancanza di comodità*) discomfort 2. (*imbarazzo*) unease; **sentirsi a** ~ to feel awkward; **mettere a** ~ **qu** to make sb feel awkward

disambientato, -a [di·zam·bien·'ta:·to] *adj* disoriented

disamorarsi [di·za·mo·'ra:r·si] *vr* ~ **di qc** to lose interest in sth; ~ **del lavoro** to lose interest in one's job; ~ **di qu** to fall out of love with sb

disancorare [di·zan·ko·'ra:·re] I. *vt* to raise the anchor of II. *vr:* **-rsi** (*liberarsi*) to free oneself; **-rsi dai pregiudizi** to free oneself of one's prejudices

disappetenza [di·zap·pe·'tɛn·tsa] *f* lack of appetite

disapprovare [di·zap·pro·'va:·re] *vt* to disapprove of

disapprovazione [di·zap·pro·vat·'tsio:·ne] *f* disapproval

disappunto [di·zap·'pun·to] *m* disappointment

disarmare [di·zar·'ma:·re] *vt* 1. (*bandito, nemico, avversario*) to disarm 2. (*pistola, fucile*) to put the safety on

disarmato, -a [di·zar·'ma:·to] *adj* 1. (*senza armi*) unarmed 2. (*indifeso*) defenseless

disarmo [di·'zar·mo] *m* **1.** (*di nazione*) disarmament **2.** (*di persone*) disarming

disarmonia [di·zar·mo·'ni:·a] *f* disharmony

disarticolato, -a [di·zar·ti·ko·'la:·to] *adj fig* (*suono*) disjointed

disassortito, -a [di·zas·sor·'ti:·to] *adj* unmatched; **scarpe -e** odd shoes

disastrato, -a [di·zas·'tra:·to] **I.** *adj* (*zona, paese*) devastated **II.** *m, f* victim

disastro [di·'zas·tro] *m* **1.** (*gener*) disaster **2.** (*caos*) disaster area

disastroso, -a [di·zas·'tro:·so] *adj* disastrous

disattento, -a [di·zat·'tɛn·to] *adj* inattentive

disattenzione [di·zat·ten·'tsio:·ne] *f* **1.** (*mancanza di attenzione*) carelessness **2.** (*svista*) oversight

disattivare [di·zat·ti·'va:·re] *vt* **1.** (*bomba*) to defuse **2.** (*macchina, impianto*) to deactivate

disavanzo [di·za·'van·tso] *m* deficit; **-i pubblici** public deficit

disavveduto, -a [di·zav·ve·'du:·to] *adj* (*gesto, affermazioni*) thoughtless

disavventura [di·zav·ven·'tu:·ra] *f* misadventure

disavvertenza [di·zav·ver·'tɛn·tsa] *f* **1.** (*mancanza di attenzione*) carelessness **2.** (*svista*) oversight

disbrigo [diz·'bri:·go] <-ghi> *m* ~ ·**di faccende** dealing with jobs; ~ **di lavori di casa** dealing with chores

discapito [dis·'ka:·pi·to] *m* **a ~ di qu** to the detriment of sb

discarica [dis·'ka:·ri·ka] <-che> *f* (*per rifiuti: pubblica, abusiva*) dump

discarico [dis·'ka:·ri·ko] <-chi> *m* **a ~** (**di qu**) in sb's defense; **testimone a ~** defense witness

discendente [diʃ·ʃen·'dɛn·te] **I.** *adj* descending **II.** *mf* descendant

discendenza [diʃ·ʃen·'dɛn·tsa] *f* **1.** (*origine*) descent **2.** (*discendenti*) descendants *pl*

discendere [diʃ·ʃen·de·re] <irr> **I.** *vi essere* **1.** (*provenire*) ~ **da qu** to descend from sb; ~ **da qc** to come from sth **2.** (*scendere*) to descend; (*da macchina*) to get out; (*da cavallo, bicicletta, treno, aereo*) to get off **3.** *fig* (*abbassarsi: prezzi, temperatura*) to fall **II.** *vt avere* ~ **le scale** to go downstairs

discensionale [diʃ·ʃen·sio·'na:·le] *adj* FIS downward

discepolo, -a [diʃ·'ʃe:·po·lo] *m, f* **1.** *poet* (*allievo*) pupil; (*seguace*) follower **2.** REL disciple

discernere [diʃ·'ʃɛr·ne·re] <discerno, discernei, *manca il pp*> *vt* **1.** (*distinguere*) to distinguish **2.** (*scorgere*) to make out

discernimento [diʃ·ʃer·ni·'men·to] *m* (*giudizio*) discernment

discesa [diʃ·'ʃe:·sa] *f* **1.** (*azione*) descent **2.** (*pendenza*) slope; **in ~** downward sloping **3.** (*invasione*) invasion **4.** SPORT ~ **libera** downhill race

discesi *1. pers sing pass rem di* **discendere**

discesista [diʃ·ʃe·'sis·ta] <-i *m*, -e *f*> *mf* (*nello sci*) downhill racer

disceso *pp di* **discendere**

dischetto [dis·'ket·to] *m* COMPUT diskette; **drive per -i** floppy drive

dischiudere [dis·'kiu:·de·re] <irr> *vt* **1.** (*aprire*) to open **2.** (*rivelare: segreto*) to disclose

disciogliere [diʃ·'ʃɔʎ·ʎe·re] <irr> *vt* **1.** (*liquefare: neve*) to melt **2.** (*diluire*) to dissolve

disciplina [diʃ·ʃi·'pli:·na] *f* **1.** (*ordine*) discipline **2.** (*materia di studio*) subject

disciplinare¹ [diʃ·ʃi·pli·'na:·re] *adj* (*provvedimento, misura*) disciplinary; **sanzioni -i** disciplinary measures

disciplinare² *vt* (*regolare*) to regulate

disciplinato, -a [diʃ·ʃi·pli·'na:·to] *adj* (*alunno, traffico*) disciplined

disc-jockey ['disk 'dʒɔ·ki/dis 'dʒɔ·ki] <-> *mf* disc jockey

disco¹ [dis·ko] <-schi> *m* **1.** (*piastra rotonda*) A. ANAT disk; ~ **volante** flying saucer; ~ **orario** parking disk; **zona ~** restricted parking area, *where a parking disk must be displayed* **2.** SPORT discus **3.** MUS record; **cambiare ~** *fig* change the subject **4.** COMPUT (~ *magnetico*) magnetic disk; ~ **fisso** COMPUT hard disk **5.** FERR signal; ~ **rosso** red light **6.** MOT ~ **del freno** brake disk; ~ **della frizione** clutch plate

disco² <-> *f* (*discomusic*) disco

discobolo [dis·'kɔ:·bo·lo] *m* discus thrower

disco dance ['dis·kou 'da:ns] <-> *f* MUS disco dancing

discografia [dis·ko·gra·'fi:·a] *f* **1.** (*tecnica*) recording **2.** (*elenco*) discography

discografico, -a [dis·ko·'gra:·fi·ko] <-ci, -che> **I.** *adj* (*casa, mercato, produttore*) record **II.** *m, f* record producer

discolo, -a ['dis·ko·lo] *m, f* rascal

discolpa [dis·'kol·pa] *f* (*giustificazione*) excuse; **a ~ di qu** in sb's defense

discolpare [dis·kol·'pa:·re] **I.** *vt* (*giustificare*) to excuse; (*da accusa*) to prove innocent **II.** *vr:* **-rsi** (*giustificarsi*) to justify oneself

disco-mix ['dis·kou·miks/'dis·co·miks] <-> *m* disco album

disconoscere [dis·ko·'noʃ·ʃe·re] <irr> *vt* (*figlio, scrittura*) to disown

discontinuità [dis·kon·ti·nui·'ta] *f* discontinuity; **con ~** with interruptions

discontinuo, -a [dis·kon·'ti:·nuo] *adj* **1.** (*non continuo: linea*) broken **2.** (*non costante: sforzo, allievo, rendimento*) erratic

discordante [dis·kor·'dan·te] *adj* (*opinioni, suoni*) discordant; (*colori*) clashing

discordanza [dis·kor·'dan·tsa] *f* (*di opinioni*) difference; (*di suoni*) discord; (*di colori*) clash

discordare [dis·kor·'da:·re] *vi* to conflict

discorde [dis·'kɔr·de] *adj* (*opinioni, versioni*) conflicting

discordia [dis·'kɔr·dia] <-ie> *f* discord

discorrere [dis·'kor·re·re] <irr> *vi* ~ **di qc** to talk about sth

D

discorsivo, -a [dis·kor·'si:·vo] *adj* **1.** (*relativo al discorso*) discursive **2.** (*scorrevole: testo, linguaggio*) flowing

discorso [dis·'kor·so] **I.** *pp di* **discorrere** **II.** *m* **1.** (*discussione*) conversation; **cambiare ~** to change the subject; **attaccar ~** (**con qu**) to start a conversation (with sb); **il ~ cadde su di te** your name was mentioned; **questo è un altro ~** that's another matter; **un ~ campato in aria** a load of nonsense **2.** (*esposizione orale*) speech; **~ inaugurale** opening speech; **pronunciare un ~** to give a speech **3.** LING **~ diretto/indiretto** direct/indirect speech

discosto, -a [dis·'kɔs·to] *adv* away; **~ da qc** away from sth

discoteca [dis·ko·'tɛː·ka] <-che> *f* club; **andare in ~** to go clubbing

discount ['dis·kaunt] <-> *m* discount store

discreditare [dis·kre·di·'ta:·re] *vt* to discredit

discredito [dis·'kre:·di·to] *m* discredit

discrepanza [dis·kre·'pan·tsa] *f* **1.** (*differenza: di opinioni, mentalità*) difference **2.** (*discordia*) discord

discretamente [dis·kre·ta·'men·te] *adv* **1.** (*con discrezione*) discreetly **2.** (*abbastanza*) quite **3.** (*abbastanza bene*) quite well

discreto, -a [dis·'kre:·to] *adj* **1.** (*moderato*) modest **2.** (*riservato*) discreet **3.** (*abbastanza buono*) fair **4.** (*non importuno: domanda*) modest; (*ospite*) undemanding

discrezione [dis·kret·'tsio:·ne] *f* **1.** (*tatto*) tact; **con ~** tactfully **2.** (*moderazione*) moderation; **senza ~** excessively **3.** (*volontà*) **a ~ di qu** at sb's discretion

discriminante [dis·kri·mi·'nan·te] **I.** *adj* (*trattamento, politica*) discriminatory; (*fattore*) determining **II.** *m* MAT discriminant **III.** *f* GIUR extenuating circumstances *pl*

discriminare [dis·kri·mi·'na:·re] *vt* **1.** (*differenziare*) to distinguish **2.** (*penalizzare: donne, immigrati, ceti meno abbienti*) to discriminate

discriminazione [dis·kri·mi·nat·'tsio:·ne] *f* (*trattamento inuguale*) discrimination; **~ razziale** racial discrimination

discussi [dis·'kus·si] *1. pers sing pass rem di* **discutere**

discussione [dis·kus·'sio:·ne] *f* **1.** (*dibattito*) discussion hanno espresso il loro parere; **essere in ~** to be in doubt; **mettere qc in ~** to doubt sth; **essere fuori ~** to be out of the question **2.** (*litigio*) argument

discusso, -a [dis·'kus·so] **I.** *pp di* **discutere** **II.** *adj* (*decisione, scelta*) controversial

discutere [dis·'ku:·te·re] <discuto, discussi, discusso> **I.** *vt* **1.** (*dibattere*) to discuss **2.** (*contestare*) to doubt **II.** *vi* **1.** (*parlare*) **~ di** [o **su**] **qc** to discuss sth **2.** (*litigare*) to argue

discutibile [dis·ku·'ti:·bi·le] *adj* (*soggetto a critiche: opinione, scelta*) dubious

disdegnare [diz·deɲ·'ɲa:·re] *vt* to scorn

disdegno [diz·'deɲ·ɲo] *m* scorn

disdegnoso, -a [diz·deɲ·'ɲo:·so] *adj poet* (*sprezzante*) scornful

disdetta [diz·'det·ta] *f* **1.** (*sfortuna*) bad luck **2.** (*di contratto*) cancellation; **dare la ~** to cancel

disdettare [diz·det·'ta:·re] *vt* GIUR (*contratto*) to cancel; (*appartamento*) to give up

disdicevole [diz·di·'tʃe:·vo·le] *adj* (*comportamento, affermazioni*) improper

disdire [diz·'di:·re] <irr> *vt* **1.** (*annullare: appuntamento, prenotazione*) to cancel **2.** (*sciogliere: contratto, società*) to dissolve

diseconomia [di·ze·ko·no·'mi:·a] <-ie> *f* (*squilibrio economico*) diseconomy

diseducativo, -a [di·ze·du·ka·'ti:·vo] *adj* (*atteggiamento, programma tv*) harmful

disegnare [di·seɲ·'ɲa:·re] *vt* **1.** (*immagine, piantina*) to draw **2.** (*progettare: veicolo, edificio*) to design **3.** (*descrivere*) to outline **4.** LIT (*avere intenzione*) **~ di fare qc** to intend to do sth

disegnatore, -trice [di·seɲ·ɲa·'to:·re] *m, f* designer

disegno [di·'seɲ·ɲo] *m* **1.** (*immagine*) drawing; **~ animato** cartoon **2.** (*motivo*) pattern **3.** *fig* (*intenzione*) plan **4.** GIUR **~ di legge** bill

disequilibrio [di·ze·kui·li·'bri:·o] <-ri> *m* imbalance

diserbante [di·zer·'ban·te] *m* herbicide

diserbare [di·zer·'ba:·re] *vt* to weed

diseredare [di·ze·re·'da:·re] *vt* to disinherit

disertare [di·zer·'ta:·re] **I.** *vi* **1.** MIL to desert **2.** *fig* (*abbandonare*) **~ da qc** to leave sth **II.** *vt* to leave

disertore [di·zer·'to:·re] *m a. fig* MIL deserter

diserzione [di·zer·'tsio:·ne] *f a. fig* MIL desertion

disfacimento [dis·fa·tʃi·'men·to] *m* **1.** (*decomposizione*) decay; (*di cadavere*) decomposition **2.** GEO degradation **3.** *fig* (*sfacelo: di società, famiglia*) breakdown

disfare [dis·'fa:·re] <irr> **I.** *vt* (*scomporre: nodo*) to undo; (*letto*) to strip; (*cucitura, orlo*) to unpick; (*bagagli, valigie*) to unpack **II.** *vr:* **-rsi 1.** (*nodo*) to come undone; (*cucitura, orlo*) to come unstitched; (*cibo*) to disintegrate **2.** *fig* (*famiglia, società*) to fall apart **3.** (*liberarsi*) **-rsi di qc/qu** to get rid of sth/sb

disfatta [dis·'fat·ta] *f* (*di esercito, squadra, partito*) crushing defeat

disfattismo [dis·fat·'tiz·mo] *m* defeatism

disfattista [dis·fat·'tis·ta] <-i *m*, -e *f*> **I.** *adj* defeatist **II.** *mf* defeatist

disfatto *pp di* **disfare**

disfeci *1. pers sing pass rem di* **disfare**

disfunzione [dis·fun·'tsio:·ne] *f* A. MED dysfunction

disgelare [diz·dʒe·'la:·re] **I.** *vt avere* to thaw **II.** *vr:* **-rsi** to thaw

disgelo [diz·'dʒɛː·lo] *m* METEO, POL thaw

disgiungere [dis·'dʒun·dʒe·re] <irr> *vt poet* to separate

disgrazia [diz·'grat·tsia] *f* **1.** (*sfortuna*) misfortune; **per mia/tua** ~ unfortunately for me/you **2.**(*avvenimento*) **è successa una** ~ something terrible has happened **3.**(*sfavore*) **cadere in** ~ to fall out of favor

disgraziatamente [diz·grat·tsia·ta·'men·te] *adv* unfortunately

disgraziato, -a [diz·grat·'tsia·to] **I.** *adj* **1.**(*persona*) unfortunate **2.**(*evento*) unlucky **II.** *m, f* **1.**(*persona sfortunata*) poor soul **2.**(*sciagurato*) jerk

disgregamento [diz·gre·ga·'men·to] *m* (*di partito, famiglia, società*) breakup

disgregare [diz·gre·'ga:·re] **I.** *vt* **1.**(*frantumare*) to shatter **2.** *fig* (*partito, famiglia, società*) to break up **II.** *vr:* **-rsi 1.**(*andare in pezzi*) to shatter **2.** *fig* (*partito, famiglia, società*) to break up

disgregatore, -trice [diz·gre·ga·'to:·re] **I.** *adj* (*elemento, fattore*) disruptive **II.** *m, f* disruptive element

disgregazione [diz·gre·gat·'tsio:·ne] *f* **1.**(*di rocce, materia, cellule*) disintegration; ~ **meteorica** weathering **2.**(*di partito, famiglia, società*) breakup

disguido [diz·'gui:·do] *m* **1.**(*errore: burocratico, tecnico*) error; (*postale*) postal error **2.**(*svista*) mistake

disgustare [diz·gus·'ta:·re] **I.** *vt* **1.**(*nauseare*) ~ **qu** to make sb feel sick **2.** *fig* (*infastidire*) to disgust **II.** *vr:* **-rsi -rsi di qc** to grow sick of sth

disgusto [diz·'gus·to] *m a. fig* disgust

disgustoso, -a [diz·gus·'to:·so] *adj* disgusting

disidratare [di·zi·dra·'ta:·re] *vt* (*alimenti, organismo*) to dehydrate; (*pelle*) to dry out

disidratato, -a [di·zi·dra·'ta:·to] *adj* (*alimenti, organismo*) dehydrated; (*pelle*) dry

disidratazione [di·zi·dra·tat·'tsio:·ne] *f* (*di alimenti, organismo*) dehydration; (*di pelle*) drying out

disilludere [di·zil·'lu:·de·re] <irr> **I.** *vt* to disillusion; ~ **le speranze di qu** to disappoint sb's hopes **II.** *vr:* **-rsi** to lose one's illusions

disillusione [di·zil·lu·'zio:·ne] *f* disillusion

disimparare [di·zim·pa·'ra:·re] *vt* to forget

disimpegnare [di·zim·peɲ·'ɲa:·re] **I.** *vt* **1.**(*gioiello, oggetto, somma*) to redeem **2.** *fig* (*da impegno, promessa*) to release **II.** *vr:* **-rsi 1.**(*liberarsi*) to free oneself **2.** SPORT (*nel calcio*) to run with the ball

disimpegnato, -a [di·zim·peɲ·'ɲa:·to] *adj* POL uncommitted

disimpegno [di·zim·'peɲ·ɲo] *m* **1.**(*verso obbligo*) freedom **2.** POL lack of commitment **3.**(*locale*) access room **4.** SPORT (*nel calcio*) jink

disimpiego [di·zim·'piɛ:·go] <-ghi> *sing* (*non uso*) disuse

disincagliare [di·ziŋ·kaʎ·'ʎa:·re] **I.** *vt* **1.** NAUT (*barca, nave*) to refloat **2.** *fig* (*negoziati, trattativa*) to restart **II.** *vr:* **-rsi 1.** NAUT (*barca, nave*) to get afloat again **2.** *fig* (*negoziati, trattativa*) to restart

disincantato, -a [di·ziŋ·kan·'ta:·to] *adj* (*disilluso*) disenchanted

disincentivare [di·zin·tʃen·ti·'va:·re] *vt* to discourage

disincentivo [di·zin·tʃen·'ti:·vo] *m* disincentive

disincrostante [di·zin·kros·'tan·te] **I.** *adj* descaling **II.** *m* descaler

disindustrializzare [di·zin·dus·tria·lid·'dza:·re] *vt* to deindustrialize

disinfestare [di·zin·fes·'ta:·re] *vt* (*da insetti, topi, erbacce*) to disinfest

disinfestazione [di·zin·fes·tat·'tsio:·ne] *f* (*da insetti, topi, erbacce*) disinfestation

disinfettante [di·zin·fet·'tan·te] **I.** *adj* disinfectant **II.** *m* disinfectant

disinfettare [di·zin·fet·'ta:·re] **I.** *vt* to disinfect; ~ **una ferita** to disinfect a wound **II.** *vr:* **-rsi** to disinfect

disinfezione [di·zin·fet·'tsio:·ne] *f* disinfection

disinformato, -a [di·zin·for·'ma:·to] *adj* ignorant; ~ **su qc** ignorant of sth

disinformazione [di·zin·for·mat·'tsio:·ne] *f* misinformation

disingannare [di·ziŋ·gan·'na:·re] **I.** *vt* **1.**(*togliere dall'errore*) to undeceive **2.**(*disilludere*) to disillusion **II.** *vr:* **-rsi** to become disillusioned

disinibito, -a [di·zi·ni·'bi:·to] *adj* (*persona, atteggiamento*) uninhibited

disinnescare [di·zin·nes·'ka:·re] *vt* (*bomba, mina*) to defuse

disinnesco [di·zin·'nes·ko] <-schi> *m* (*di bomba, mina*) defusing

disinnestare [di·zin·nes·'ta:·re] *vt* AUTO ~ **la marcia** to disengage

disinnesto [di·zin·'nɛs·to] *m* AUTO (*disinserimento*) declutching

disinquinamento [di·ziŋ·kui·na·'men·to] *m* cleanup

disinquinare [di·ziŋ·kui·'na:·re] *vt* to clean up

disinserire [di·zin·se·'ri:·re] <disinserisco> *vt* to disconnect

disinserito, -a [di·zin·se·'ri:·to] **I.** *adj* socially excluded **II.** *m, f* socially excluded person

disinstallare [di·zins·tal·'la:·re] *vt* COMPUT to uninstall

disintegrare [di·zin·te·'gra:·re] **I.** *vt* **1.**(*ridurre in frammenti*) to blow to pieces **2.** FIS (*atomo*) to split **II.** *vr:* **-rsi 1.**(*ridursi in frammenti*) to disintegrate **2.** FIS to split

disintegrazione [di·zin·te·grat·'tsio:·ne] *f* **1.**(*distruzione*) disintegration **2.** FIS decay

disinteressamento [di·zin·te·res·sa·'men·to] *m* lack of interest; **il** ~ **per qc** lack of interest in sth

disinteressare [di·zin·te·res·'sa:·re] **I.** *vt* ~ **qu a qc** to make sb uninterested in sth **II.** *vr* **-rsi di qu/qc** (*non interessarsi*) to be uninterested in sb/sth; (*smettere di interessarsi*) to lose interest in sb/sth

D.

D

disinteressato, -a [di·zin·te·res·'sa:·to] *adj* **1.**(*privo di interesse*) **essere ~** (**a qc**) to be uninterested (in sth) **2.**(*senza fini personali*) disinterested

disinteresse [di·zin·te·'rɛs·se] *m* **1.**(*indifferenza*) lack of interest; **mostrare ~ per qc** to show a lack of interest in sth **2.**(*generosità*) disinterest

disintossicante [di·zin·tos·si·'kan·te] **I.** *adj* detoxifying **II.** *m* detoxifier

disintossicare [di·zin·tos·si·'ka:·re] **I.** *vt* (*organismo, tossicodipendente*) to detox **II.** *vr:* **-rsi** to detox

disintossicazione [di·zin·tos·si·kat·'tsio:·ne] *f* (*di organismo, tossicodipendente*) detox

disinvolto, -a [di·zin·'vɔl·to] *adj* **1.**(*non timido*) confident **2.** *pej* (*sfacciato*) familiar

disinvoltura [di·zin·vol·'tu:·ra] *f* **1.**(*naturalezza*) ease **2.** *pej* (*sfacciataggine*) insolence **3.**(*superficialità*) flippancy

dislivello [diz·li·'vɛl·lo] *m* **1.**(*differenza di altezza*) difference in height **2.** *fig* (*divario*) gap; **~ tra classi sociali** inequality between social classes

dislocamento [diz·lo·ka·'men·to] *m* **1.** NAUT displacement **2.** MIL (*di truppe*) stationing

dislocazione [diz·lo·kat·'tsio:·ne] *f* **1.**(*collocazione*) distribution **2.** MIL (*di truppe*) movement

dismisura [diz·mi·'zu:·ra] *f* **a ~** beyond measure

disneyano, -a [diz·ne·'ia:·no] *adj* Disney; **personaggi -i** Disney characters

disobbediente [di·zob·be·'diɛn·te] *adj v.* **disubbidiente**

disobbligarsi [di·zob·bli·'ga:r·si] *vr* **~ con qu per qc** to repay sb for sth

disoccupato, -a [di·zok·ku·'pa:·to] **I.** *adj* **1.**(*senza lavoro*) unemployed **2.** *poet* (*ozioso: periodo, vita*) leisurely **II.** *m, f* unemployed person; **~ di lunga durata** long-term unemployed person

disoccupazione [di·zok·ku·pat·'tsio:·ne] *f* unemployment; **~ giovanile** youth unemployment

disomogeneità [di·zo·mo·dʒe·nei·'ta] <-> *f* lack of homogeneity

disomogeneo, -a [di·zo·mo·'dʒɛ:·neo] <-ei, -ee> *adj* (*distribuzione, situazione*) unequal; (*conoscenze, forze, informazioni*) disparate

disonestà [di·zo·nes·'ta] *f* dishonesty

disonesto, -a [di·zo·'nɛs·to] *adj* (*privo di onestà: persona, negoziante, politico*) dishonest

disonorare [di·zo·no·'ra:·re] **I.** *vt* to disgrace **II.** *vr:* **-rsi** to disgrace oneself

disonore [di·zo·'no:·re] *m* **1.**(*perdita dell'onore*) dishonor **2.**(*persona*) disgrace

disonorevole [di·zo·no·'re:·vo·le] *adj* dishonorable

disopra, di sopra [di·'so:p·ra] **I.** *adv* upstairs **II.** <inv> *adj* upstairs **III.** <-> *m* (*parte superiore*) top; **essere al ~ di ogni cosa** to believe oneself superior; **essere al ~ di ogni sospetto** to be above suspicion

disordinato, -a [di·zor·di·'na:·to] **I.** *adj* **1.**(*stanza*) untidy **2.**(*idea, racconto*) incoherent **3.**(*vita, alimentazione*) disorderly **II.** *m, f* untidy person

disordine [di·'zor·di·ne] *m* **1.**(*scompiglio*) mess; **in ~** in a mess **2.**(*situazione confusa*) disorder **3.**(*sregolatezza: nel mangiare, bere*) irregularity **4.** *pl* (*tumulti*) trouble

disorganico, -a [di·zor·'ga:·ni·ko] <-ci, -che> *adj* disorganized

disorganizzato, -a [di·zor·ga·nid·'dza:·to] *adj* disorganized

disorganizzazione [di·zor·ga·nid·dzat·'tsio:·ne] *f* disorganization

disorientamento [di·zo·rien·ta·'men·to] *m* disorientation

disorientare [di·zo·rien·'ta:·re] **I.** *vt* **1.**(*nella direzione*) to disorient **2.** *fig* (*confondere*) to confuse **II.** *vr:* **-rsi** **1.**(*nella direzione*) to become disoriented **2.** *fig* (*confondersi*) to become confused

disorientato, -a [di·zo·rien·'ta:·to] *adj* (*confuso*) confused

disossare [di·zos·'sa:·re] *vt* (*pollo, coniglio*) to bone

disossidante [di·zos·si·'dan·te] **I.** *adj* deoxidizing **II.** *m* deoxidizer

disossidare [di·zos·si·'da:·re] *vt* to deoxidize

disossidazione [di·zos·si·dat·'tsio:·ne] *f* deoxidation

disotto, di sotto [di·'sot·to] **I.** *adv* downstairs **II.** <inv> *adj* (*piano, camere*) downstairs **III.** <-> *m* (*parte inferiore*) bottom; **al ~ del livello del mare** below sea level; **al ~ di qu** (*dipendente*) below sb; **al ~ di qc** (*inferiore a*) below sth

dispaccio [dis·'pat·tʃo] <-cci> *m* (*comunicazione*) dispatch; **~ telegrafico** telegram

disparato, -a [dis·pa·'ra:·to] *adj* varied

dispari ['dis·pa·ri] <inv> *adj* MAT odd

disparità [dis·pa·ri·'ta] *f* difference

disparte [dis·'par·te] *adv* **lasciare qc in ~** to set sth aside; **tenersi** [*o* **starsene**] **in ~** to stay by oneself

dispendio [dis·'pɛn·dio] <-i> *m* (*spesa eccessiva*) expense; (*consumo eccessivo*) waste; **~ di energie** expenditure of energy

dispendioso, -a [dis·pen·'dio:·so] *adj* (*acquisto, vita*) extravagant; (*sport*) expensive

dispensa [dis·'pɛn·sa] *f* **1.**(*fascicolo*) part; **~ universitaria** lecture notes **2.**(*esonero*) dispensation **3.**(*mobile*) sideboard **4.**(*stanzino*) pantry

dispensare [dis·pen·'sa:·re] *vt* **1.** *iron* (*distribuire*) to hand out **2.**(*esonerare: da tassa, servizio militare*) **~ qu da qc** to exempt sb from sth

disperare [dis·pe·'ra:·re] **I.** *vt* **~ di fare qc** to despair of doing sth **II.** *vi* to despair; **~ di qc** to despair of sth; **far ~ qu** to drive sb crazy **III.** *vr:*

-rsi to despair; **-rsi per qc** to be in despair about sth

disperato, -a [dis·pe·'ra:·to] **I.** *adj* **1.** (*persona*) in despair **2.** (*situazione*) desperate; **caso** ~ hopeless case **II.** *m, f* **un** (**povero**) ~ *fam* a poor wretch; **lavorare come un** ~ *fam* to work like crazy

disperazione [dis·pe·rat·'tsio:·ne] *f* **1.** (*sconforto*) despair **2.** (*che fa disperare*) **essere una** ~ to drive sb to distraction

disperdere [dis·'pɛr·de·re] <irr> **I.** *vt* **1.** (*far allontanare: folla*) to disperse **2.** (*consumare: averi*) to squander **II.** *vr:* **-rsi 1.** (*allontanarsi*) to disperse **2.** (*andare sprecato*) to be lost **3.** *fig* (*distrarsi*) **-rsi in qc** to get distracted by sth

dispersione [dis·per·'sio:·ne] *f* **1.** (*allontamento: di folla, esercito*) dispersal **2.** *fig* (*spreco: di energia, forze*) waste **3.** FIS (*di elettricità, suono*) dispersion; ~ **di calore** heat loss

dispersività [dis·per·si·vi·'ta] <-> *f* A. PSIC dispersiveness

dispersivo, -a [dis·per·'si:·vo] **I.** *adj* dispersive **II.** *m, f* dispersive person

disperso, -a [dis·'pɛr·so] **I.** *adj* **1.** (*sparso*) scattered **2.** (*perso*) lost; **dare qu per** ~ to report sb missing **II.** *m, f* missing person

dispetto [dis·'pet·to] *m* **1.** (*azione*) piece of spite; **fare un** ~ **a qu** to spite sb; **a** ~ **di qu** in spite of sb's opposition **2.** (*irritazione*) **provare** ~ **per qc** to find sth annoying

dispettoso, -a [dis·pet·'to:·so] *adj* **1.** (*che fa dispetti*) spiteful **2.** (*fastidioso: tempo, vento*) unpleasant

dispiacere[1] [dis·pia·'tʃe:·re] *m* (*afflizione*) sorrow; **dare un** ~ **a qu** to upset sb

dispiacere[2] <irr> *vi* **essere 1.** (*causare dispiacere*) to upset; **mi dispiace** (**che ...**) I'm sorry (that ...); **ti dispiace posare il libro sul tavolo?** would you mind putting the book on the table?; **se non ti dispiace ...** if you don't mind ... **2.** (*non piacere*) **il film non mi è dispiaciuto** I really liked the movie; **non mi dispiacerebbe vederlo** I wouldn't mind seeing him/it

dispiaciuto, -a [dis·pia·'tʃu:·to] *adj* sorry; **essere** ~ **di dover fare qc** to be sorry to have to do sth

dispongo *1. pers sing pr di* **disporre**

disponibile [dis·po·'ni:·bi·le] *adj* **1.** (*a disposizione*) available; **non c'è più un posto** ~ there are no more seats **2.** (*libero da impegni*) free; **questo pomeriggio sono** ~ I'm free this afternoon **3.** (*gentile*) helpful

disponibilità [dis·po·ni·bi·li·'ta] <-> *f* **1.** (*gener*) availability **2.** (*gentilezza*) helpfulness **3.** (*denaro*) available funds

disporre [dis·'por·re] <irr> **I.** *vt* **1.** (*sistemare*) to arrange **2.** (*preparare*) to prepare **3.** (*prescrivere: legge*) to lay down; (*giudice*) to order **II.** *vi* **1.** (*avere a disposizione*) ~ **di qc** to have (available) **2.** (*decidere*) to decide **3.** (*possed-*

ere) to have **III.** *vr:* **-rsi 1.** (*sistemarsi: in fila, in cerchio*) to arrange oneself **2.** (*prepararsi*) **-rsi a fare qc** to get ready to do sth

dispositivo [dis·po·zi·'ti:·vo] *m* **1.** (*congegno*) device; ~ **di sicurezza** safety device **2.** GIUR operative part

dispositivo, -a *adj* regulating; ADMIN, GIUR regulatory

disposizione [dis·po·zit·'tsio:·ne] *f* **1.** (*sistemazione*) arrangement; **la** ~ **degli invitati a tavola** the seating of the guests **2.** (*inclinazione*) bent; **avere** ~ **a** [*o* **per**] **qc** to have a bent for sth **3.** (*stato d'animo*) mood **4.** (*prescrizione*) instruction **5.** (*servizio*) **essere a** ~ **di qu** to be at sb's disposal; **mettere qc a** ~ **di qu** to put sth at sb's disposal; **tenersi a** ~ to make oneself available

disposto [dis·'pos·to] *m* provision

disposto, -a I. *pp di* **disporre II.** *adj* **1.** (*sistemato*) arranged **2.** (*pronto*) **essere** ~ **a fare qc** to be disposed to do sth **3.** (*psicologicamente*) **ben/mal** ~ **verso qu** well/ill disposed toward sb

dispotico, -a [dis·'pɔ:·ti·ko] <-ci, -che> *adj* **1.** POL despotic **2.** *fig* tyrannical

dispotismo [dis·po·'tiz·mo] *m* **1.** POL despotism **2.** *fig* tyranny

dispregiativo, -a [dis·pre·dʒa·'ti:·vo] *adj* LING pejorative

disprezzabile [dis·pret·'tsa:·bi·le] *adj* contemptible

disprezzare [dis·pret·'tsa:·re] *vt* **1.** (*non stimare*) to despise **2.** (*disdegnare: offerta*) to scorn **3.** (*non tener conto di: pericolo, ordini*) to disregard

disprezzo [dis·'prɛt·tso] *m* **1.** (*mancanza di stima*) contempt **2.** (*noncuranza: di pericolo, tradizioni*) disregard

disputa ['dis·pu·ta] *f* **1.** (*discussione*) discussion **2.** (*lite*) dispute **3.** SPORT **la** ~ **del campionato** the championship game

disputare [dis·pu·'ta:·re] **I.** *vt* SPORT (*partita, gara*) to take part in **II.** *vr* **-rsi qc** (*primo posto, premio, vittoria*) to compete for sth

disquisire [dis·kui·'zi:·re] <disquisisco> *vi* ~ (**su qc**) to hold forth (about sth)

disquisizione [dis·kui·zit·'tsio:·ne] *f* detailed discussion

dissacrante [dis·sa·'kran·te] *adj* debunking

dissacratore, -trice [dis·sa·kra·'to:·re] **I.** *adj* debunking **II.** *m, f* debunker

dissalare [dis·sa·'la:·re] *vt* to desalinate

dissalazione [dis·sa·lat·'tsio:·ne] *f* desalination

dissanguamento [dis·saŋ·gua·'men·to] *m* MED loss of blood

dissanguare [dis·saŋ·'gua:·re] **I.** *vt* **1.** MED to cause to lose blood **2.** *fig* (*spremere*) to bleed dry **II.** *vr:* **-rsi 1.** MED to lose blood **2.** *fig* (*rovinarsi*) to bankrupt oneself

dissanguatore, -trice [dis·saŋ·gua·'to:·re] **I.** *adj fig* bloodsucking **II.** *m, f fig* bloodsucker

dissapore [dis·sa·'po:·re] *m* disagreement

D

disseminare [dis·se·mi·'na:·re] *vt* **1.** (*spargere: oggetti*) to scatter **2.** *fig* (*diffondere*) to spread

disseminazione [dis·se·mi·nat·'tsio:·ne] *f* **1.** BOT dispersal **2.** (*diffusione: di idee, dottrine*) dissemination

dissennato, -a [dis·sen·'na:·to] *adj* foolish

dissenso [dis·'sɛn·so] *m* **1.** (*contrasto: di idee, opinioni*) disagreement **2.** (*disapprovazione*) disapproval **3.** POL, REL dissent

dissenteria [dis·sen·te·'ri:·a] <-ie> *f* dysentery

dissentire [dis·sen·'ti:·re] *vi* ~ **da qu su qc** to disagree with sb about sth

dissenziente [dis·sen·'tsiɛn·te] I. *adj* dissenting II. *mf* dissenter

disseppellire [dis·sep·pel·'li:·re] <disseppellisco> *vt* **1.** (*rovine*) to excavate **2.** (*cadavere*) to exhume

dissertare [dis·ser·'ta:·re] *vi* ~ **su** [*o* di] **qc** (*parlare*) to speak about sth; (*scrivere*) to write about sth

dissertazione [dis·ser·tat·'tsio:·ne] *f* dissertation; ~ **di laurea** dissertation, *for a first degree*

disservizio [dis·ser·'vit·tsio] *m* (*cattivo funzionamento*) inefficiency

dissesto [dis·'sɛs·to] *m fig* (*economico*) difficulty; (*sociale*) disorder; **azienda in** ~ failing company; ~ **finanziario** financial difficulties

dissetante [dis·se·'tan·te] I. *adj* thirst-quenching II. *m* thirst-quenching drink

dissetare [dis·se·'ta:·re] I. *vt* to quench the thirst of II. *vr:* **-rsi** to quench one's thirst

dissi ['dis·si] *1. pers sing pass rem di* **dire**[1]

dissidente [dis·si·'dɛn·te] I. *adj* dissident II. *mf* dissident

dissidenza [dis·si·'dɛn·tsa] *f* dissidence

dissidio [dis·'si:·dio] <-i> *m* (*politico, religioso*) disagreement

dissimile [dis·'si:·mi·le] *adj* dissimilar

dissimulare [dis·si·mu·'la:·re] *vt* **1.** (*sentimento, pensiero*) to hide **2.** (*fingere*) to pretend

dissimulatore, -trice [dis·si·mu·la·'to:·re] *m, f* deceiver

dissimulazione [dis·si·mu·lat·'tsio:·ne] *f* deceit

dissipare [dis·si·'pa:·re] I. *vt* **1.** (*nebbia, fumo, nubi*) to disperse **2.** (*dubbi, sospetti*) to dispel **3.** (*patrimonio*) to squander II. *vr:* **-rsi 1.** (*nebbia*) to clear **2.** (*dubbi*) to disappear

dissipatezza [dis·si·pa·'tet·tsa] *f* (*corruzione: di vita, costumi*) dissipation

dissipato, -a [dis·si·'pa:·to] I. *adj* dissolute II. *m, f* degenerate

dissipatore, -trice [dis·si·pa·'to:·re] *m, f* wastrel

dissipazione [dis·si·pat·'tsio:·ne] *f* **1.** (*spero*) waste **2.** (*condotta sregolata*) dissipation **3.** FIS (*di calore, energia*) dissipation

dissociare [dis·so·'tʃa:·re] I. *vt* A. CHIM to separate II. *vr:* **-rsi -rsi da qc** to dissociate oneself from sth

dissodamento [dis·so·da·'men·to] *m* tilling

dissodare [dis·so·'da:·re] *vt* (*terra*) to till

dissolsi [dis·'sɔl·si] *1. pers sing pass rem di* **dissolvere**

dissolto [dis·'sol·to] *pp di* **dissolvere**

dissolubile [dis·so·'lu:·bi·le] *adj* (*matrimonio, legame*) that can be dissolved

dissolutezza [dis·so·lu·'tet·tsa] *f* (*corruzione*) dissoluteness

dissoluto, -a [dis·so·'lu:·to] I. *adj* (*vita, persona*) dissolute II. *m, f* dissolute person

dissoluzione [dis·so·lut·'tsio:·ne] *f* **1.** (*disfacimento: di famiglia, istituzioni, società*) collapse **2.** (*corruzione*) dissolution

dissolvenza [dis·sol·'vɛn·tsa] *f* FILM ~ **in apertura** fade-in; ~ **in chiusura** fade-out; ~ **incrociata** cross fading

dissolvere [dis·'sɔl·ve·re] <dissolvo, dissolsi, dissolto> I. *vt* **1.** (*compressa, legame*) to dissolve **2.** (*nebbia*) to dispel II. *vr:* **-rsi** (*sciogliersi*) to dissolve

dissonante [dis·so·'nan·te] *adj* **1.** MUS dissonant **2.** (*opinioni*) discordant

dissonanza [dis·so·'nan·tsa] *f* **1.** MUS dissonance **2.** (*di opinioni*) clash

dissotterrare [dis·sot·ter·'ra:·re] *vt* **1.** (*rovine*) to excavate **2.** (*cadavere*) to exhume

dissuadere [dis·sua·'de:·re] <dissuado, dissuasi, dissuaso> *vt* to dissuade; ~ **qu da qc/ dal fare qc** to dissuade sb from doing sth

dissuasione [dis·sua·'zio:·ne] *f* dissuasion

dissuaso [dis·su·'a:·zo] *pp di* **dissuadere**

distaccare [dis·tak·'ka:·re] I. *vt* **1.** (*separare*) to separate **2.** (*trasferire*) to transfer **3.** SPORT (*gruppo, concorrenti*) to outstrip II. *vr:* **-rsi 1.** (*allontanarsi*) to detach oneself **2.** (*distinguersi*) to stand out

distaccato, -a [dis·tak·'ka:·to] *adj* (*freddo: atteggiamento, tono, espressione*) detached

distacco [dis·'tak·ko] <-chi> *m* **1.** (*rimozione: di parti, componenti*) removal **2.** *fig* (*allontanamento*) separation **3.** (*freddezza*) detachment **4.** SPORT **ha vinto con un ~ di dieci secondi** he won by ten seconds; **avere un ~ di cinque metri/dieci secondi su qu** to have a five-meter/a ten-second lead over sb; **ridurre il ~** to close the gap

distante [dis·'tan·te] I. *adj* **1.** (*lontano*) faraway **2.** (*opinioni*) different **3.** *fig* (*freddo*) distant II. *adv* far away

distanza [dis·'tan·tsa] *f* **1.** (*spazio*) distance; ~ **di sicurezza** braking distance; **comando a** ~ remote control; **tenere le -e** *fig* to keep one's distance; **prendere le -e da qu/qc** to distance oneself from sb/sth **2.** (*tempo*) time; **a** ~ **di dieci anni** after ten years **3.** *fig* (*differenza*) gulf

distanziare [dis·tan·'tsia:·re] *vt* **1.** (*disporre a distanza*) to move away from **2.** SPORT to outstrip

distare [dis·'ta:·re] <disto, *mancano pass rem e pp*> *vi* ~ (**da qc**) to be far away (from sth)

distendere [dis·'tɛn·de·re] <irr> I. *vt* **1.** (*co-*

perta, vele) to spread; (*braccia, mani, gambe*) to stretch **2.**(*sdraiare*) to lay down **3.**(*nervi, muscoli*) to relax **4.**(*vernice, colore*) ~ **qc su qc** to apply sth to sth **II.** *vr:* **-rsi 1.**(*rilassarsi*) to relax **2.**(*sdraiarsi*) to stretch out

distensione [dis·ten·'sio:·ne] *f* **1.**(*di muscoli, corda*) stretching **2.**(*rilassamento*) relaxation **3.**(*di rapporti*) improvement

distensivo, -a [dis·ten·'si:·vo] *adj* **1.**(*rilassante*) relaxing **2.**(*pacificatore: fase, misura*) conciliatory; **politica -a** policy of conciliation

distesa [dis·'te:·sa] *f* **1.**(*estensione*) expanse **2.**(*quantità*) collection

distooi *1. pers sing pass rem di* **distendere**

disteso, -a [dis·'te:·so] **I.** *pp di* **distendere** **II.** *adj* **1.**(*sdraiato, allungato*) stretched out **2.**(*rapporti*) improved **3.**(*rilassato*) relaxed

distillare [dis·til·'la:·re] **I.** *vt avere* **1.** to distill **2.**(*mandar fuori*) to secrete **II.** *vi essere* to drip

distillato [dis·til·'la:·to] *m* distillate

distillato, -a *adj* distilled

distillatore [dis·til·la·'to:·re] *m* distiller

distillatore, -trice *m, f* distiller

distillazione [dis·til·lat·'tsio:·ne] *f* distillation

distilleria [dis·til·le·'ri:·a] <-ie> *f* distillery

distinguere [dis·'tiŋ·gue·re] <distinguo, distinsi, distinto> **I.** *vt* **1.**(*differenziare*) to tell **2.**(*vedere, sentire*) to make out **3.**(*rendere riconoscibile: bagagli*) to identify; (*person*) to distinguish **II.** *vr* **-rsi da qu** (**per qc**) to be distinguished from sb (by sth)

distintivo [dis·tin·'ti:·vo] *m* badge

distintivo, -a *adj* (*carattere, tratto*) distinctive

distinto, -a [dis·'tin·to] **I.** *pp di* **distinguere** **II.** *adj* **1.**(*differente*) distinct **2.**(*chiaro*) clear **3.**(*elegante: uomo, portamento, modi*) distinguished **4.** *form* (*nelle lettere*) **-i saluti** yours truly

distinzione [dis·tin·'tsio:·ne] *f* distinction; **senza** ~ without distinction

distogliere [dis·'tɔʎ·ʎe·re] <irr> *vt* to remove; (*attenzione*) to distract; ~ **lo sguardo** to look away; ~ **qu da qc** to dissuade sb from sth

distorcere [dis·'tɔr·tʃe·re] <irr> **I.** *vt* **1.**(*torcere, contorcere*) to twist **2.** TEC, FIS to distort **II.** *vr:* **-rsi** to twist; **-rsi il polso** to sprain one's wrist

distorsione [dis·tor·'sio:·ne] *f* **1.**(*gener*) distortion **2.** MED sprain

distrarre [dis·'trar·re] <irr> **I.** *vt* **1.**(*deconcentrare*) to distract **2.**(*divertire*) to entertain **3.**(*somma*) to subtract **II.** *vr:* **-rsi 1.**(*deconcentrarsi*) to get distracted **2.**(*divertirsi*) to enjoy oneself

distratto, -a [dis·'trat·to] **I.** *adj* **1.**(*deconcentrato*) **ero** ~ I wasn't paying attention **2.**(*sbadato*) absent-minded **II.** *m, f* absent-minded person

distrazione [dis·trat·'tsio:·ne] *f* **1.**(*disattenzione*) inattention **2.**(*divertimento*) amusement

distretto [dis·'tret·to] *m* (*circoscrizione*) district; ~ **di polizia** precinct

distribuire [dis·tri·bu·'i:·re] <distribuisco> *vt* **1.**(*assegnare: compiti, premi, ruoli*) to give out **2.**(*ripartire: peso*) to distribute **3.**(*diffondere: posta, giornali, pubblicità*) to deliver; (*acqua, elettricità*) to supply

distributore [dis·tri·bu·'to:·re] *m* TEC pump; ~ **di benzina** gas pump; ~ **di sigarette** cigarette machine; ~ **automatico** (*bancomat*) ATM

distribuzione [dis·tri·but·'tsio:·ne] *f* **1.**(*assegnazione: di compiti, regali, ruoli, prodotti*) distribution **2.**(*consegna: di posta, giornali, acqua*) delivery **3.** AUTO (*in un motore*) distributor

districare [dis·tri·'ka:·re] **I.** *vt* **1.**(*groviglio, capelli, fili*) to untangle **2.**(*questione*) to sort out **II.** *vr:* **-rsi 1.**(*da rovi*) to free oneself **2.**(*trarsi d'impaccio*) to extricate oneself

distruggere [dis·'trud·dʒe·re] <irr> *vt a. fig* to destroy

distruttivo, -a [dis·trut·'ti:·vo] *adj* destructive

distrutto [dis·'trut·to] *pp di* **distruggere**

distruttore [dis·trut·'to:·re] *m* ~ **di documenti** shredder

distruttore, -trice **I.** *adj* destructive **II.** *m, f* destroyer

distruzione [dis·trut·'tsio:·ne] *f a. fig* destruction

disturbare [dis·tur·'ba:·re] **I.** *vt* to disturb **II.** *vr:* **-rsi** to put oneself out; **non si disturbi** please don't get up; **grazie, ma non doveva -rsi** thank you, but you shouldn't have

disturbo [dis·'tur·bo] *m* **1.**(*fastidio*) trouble; **togliere il** ~ to leave **2.** MED problem; ~ **di stomaco** upset stomach **3.**(*malfunzionamento*) interference

disubbidiente [di·zub·bi·'diɛn·te] *adj* disobedient

disubbidienza [di·zub·bi·'diɛn·tsa] *f* disobedience

disubbidire [di·zub·bi·'di:·re] <disubbidisco> *vi* ~ **a qu** to disobey sb; ~ **a un ordine** to disobey an order

disuguaglianza [di·zu·guaʎ·'ʎan·tsa] *f* **1.** A. MAT inequality; **-e sociali** social differences **2.**(*irregolarità*) unevenness

disuguale [di·zu·'gua:·le] *adj* **1.**(*diverso*) unequal **2.**(*irregolare: rendimento, umore*) uncertain; (*terreno*) uneven

disumano, -a [di·zu·'ma:·no] *adj* inhuman

disunione [di·zu·'nio:·ne] *f* (*discordia*) disharmony

disunire [di·zu·'ni:·re] <disunisco> *vt* **1.**(*separare*) to separate **2.** *fig* (*famiglia, amici, partito*) to divide

disuso [di·'zu:·zo] *m* **cadere in** ~ (*usanza, espressione*) to fall into disuse

disutile [di·'zu:·ti·le] *m* (*danno*) damage

ditale [di·'ta:·le] *m* thimble

ditata [di·'ta:·ta] *f* **1.**(*colpo*) poke **2.**(*impronta*) fingerprint

D

dito ['di:·to] <nel loro insieme: -a *f*, considerati separatamente: -i *m*> *m* **1.** (*della mano, guanto*) finger; (*del piede*) toe; **sapere qc sulla punta delle -a** *fig* to have sth at one's fingertips; **si contano sulle -a** they can be counted on the fingers of one hand; **leccarsi le -a** *fig* to enjoy sth a lot, *food;* **mettere il ~ sulla piaga** *fig* to put one's finger on a sore point; **mordersi le -a** *fig* to regret sth; **non muovere un ~ in favore di qu** to not lift a finger to help sb; **mostrare a ~ qu** *fig* to point the finger at sb; **toccare il cielo con un ~** to be in seventh heaven; **legarsi qc al ~** *fig* to not forget a wrong **2.** (*misura, quantità*) inch; (*di bevande*) drop

ditta ['dit·ta] *f* firm

dittatore [dit·ta·'to:·re] *m* dictator

dittatoriale [dit·ta·to·'ria:·le] *adj* dictatorial

dittatura [dit·ta·'tu:·ra] *f* dictatorship

dittongo [dit·'tɔŋ·go] <-ghi> *m* LING diphthong

diuresi [diu·'rɛ:·zi] <-> *f* MED diuresis

diuretico [diu·'rɛ:·ti·ko] <-ci> *m* diuretic

diuretico, -a <-ci, -che> *adj* diuretic

diurno, -a [di·'ur·no] *adj* daily; **albergo ~** *public restroom in a station where passengers can shower, shave etc.;* **servizio ~ e notturno** 24-hour service

diva ['di:·va] *f* star

divagare [di·va·'ga:·re] I. *vi* to digress; **~ da qc** (*argomento, tema*) to stray from sth II. *vr:* **-rsi** to enjoy oneself

divagazione [di·va·gat·'tsio:·ne] *f* (*digressione*) digression

divampare [di·vam·'pa:·re] *vi essere* **1.** (*incendio, fuoco*) to flare up **2.** *fig* (*rivolta, guerra*) to break out; **~ d'ira** (*persone*) to fly into a rage

divano [di·'va:·no] *m* sofa; **~ letto** sofa bed

divaricare [di·va·ri·'ka:·re] *vt* **1.** (*braccia, gambe*) to open wide **2.** (*allargare*) to widen

divario [di·'va:·rio] *m* gap; **~ nord-sud** north-south divide

divenire [di·ve·'ni:·re] <irr> *vi essere* to become; **~ qc** to become sth amico

diventare [di·ven·'ta:·re] *vi essere* to become; **~ qc** to become sth; **~ vecchio** to grow old; **il bambino è diventato uomo** the child became a man; **mi fai ~ nervoso** you're getting on my nerves

diverbio [di·'vɛr·bio] <-i> *m* quarrel

divergente [di·ver·'dʒɛn·te] *adj* **1.** (*in direzione diversa: strade, linee*) diverging **2.** (*discordante: opinioni, mentalità*) divergent **3.** OPT **lente ~** diverging lens

divergenza [di·ver·'dʒɛn·tsa] *f* **1.** (*di due strade, linee*) divergence **2.** (*di opinioni, giudizi, mentalità*) difference

divergere [di·'vɛr·dʒe·re] <divergo, mancano pass rem e pp> *vi* **1.** (*andare in direzioni diverse: strade, binari*) to diverge **2.** (*opinioni*) to differ

diversamente [di·ver·sa·'men·te] *adv* **1.** (*in maniera diversa*) differently **2.** (*altrimenti*) otherwise

diversificare [di·ver·si·fi·'ka:·re] I. *vt* **1.** (*variare: attività, interessi, letture*) to vary **2.** COM (*produzione*) to diversify II. *vr:* **-rsi** **1.** (*differenziarsi*) to differ **2.** COM to diversify

diversificazione [di·ver·si·fi·kat·'tsio:·ne] *f* **1.** (*cambiamento*) change **2.** COM diversification

diversione [di·ver·'sio:·ne] *f* MIL diversion

diversità [di·ver·si·'ta] <-> *f* **1.** (*differenza*) difference **2.** (*varietà*) diversity

diversivo [di·ver·'si:·vo] *m* (*distrazione*) distraction

diversivo, -a *adj* **manovra -a** diversion

diverso, -a [di·'vɛr·so] I. *adj* **1.** (*differente*) different; **~ da qc/qu** different from sth/sb **2.** *pl* (*vari*) various II. *pron pl* several

divertente [di·ver·'tɛn·te] *adj* (*buffo*) entertaining; (*piacevole*) enjoyable

divertimento [di·ver·ti·'men·to] *m* **1.** (*piacere*) pleasure; **buon ~!** have a good time! **2.** (*cosa che diverte*) pastime **3.** MUS divertimento

divertire [di·ver·'ti:·re] I. *vt* to entertain II. *vr:* **-rsi** (*svagarsi*) to enjoy oneself; (*ridere*) to laugh; **-rsi un mondo** to have a great time; **-rsi a fare qc** to enjoy doing sth; **-rsi alle spalle di qu** to laugh at sb behind their back

divertito, -a [di·ver·'ti:·to] *adj* amused

dividendo [di·vi·'dɛn·do] *m* FIN, MAT dividend

dividere [di·'vi:·de·re] <divido, divisi, diviso> I. *vt* **1.** (*gener*) to divide; **~ in quattro** to divide into four; **~ 9 per 3** to divide 9 by 3 **2.** (*separare*) to separate **3.** (*distribuire, condividere*) to share II. *vr:* **-rsi** (*in gruppi, categorie*) to divide; (*tra attività*) to divide one's time; **-rsi tra casa e ufficio** to divide one's time between home and work

divieto [di·'viɛ:·to] *m* prohibition; **il ~ di fumare in locali pubblici** the ban on smoking in public places; **'~ di parcheggio'** 'No parking'; **'~ di sosta'** 'No waiting'; **'~ di transito'** 'No entry'

divincolamento [di·viŋ·ko·la·'men·to] *m* struggling free

divincolarsi [di·viŋ·ko·'lar·si] *vr* to struggle free

divinità [di·vi·ni·'ta] <-> *f* divinity

divino, -a *adj* **1.** (*di Dio, di divinità*) divine **2.** (*eccellente*) heavenly

divisa [di·'vi:·za] *f* **1.** (*uniforme*) uniform; **essere in ~** to be in uniform **2.** FIN currency; **~ estera** foreign currency

divisi [di·'vi:·zi] *1. pers sing pass rem di* **dividere**

divisibile [di·vi·'zi:·bi·le] *adj* divisible

divisibilità [di·vi·zi·bi·li·'ta] <-> *f* divisibility

divisione [di·vi·'zio:·ne] *f* **1.** (*gener*) division; **~ in sillabe** syllable division; **~ dei beni** GIUR division of assets **2.** (*separazione*) separation; **~ dei poteri** separation of powers **3.** SPORT league

diviso, -a [di·'vi:·zo] I. *pp di* **dividere** II. *adj* **1.** (*separato: coniugi*) separated **2.** (*distinto: zone, locali, unità*) separate

divisore [di·vi·'zo:·re] *m* **1.** MAT divisor; **~ comune** common denominator **2.** TEC divider

divisorio [di·vi·'zɔ:·rio] *m* partition

divisorio, -a <-i, -ie> *adj* (*elemento, muro, siepe*) dividing; **parete -a** dividing wall

divo, -a ['di:·vo] *m, f* star

divorare [di·vo·'ra:·re] *vt* (*preda, piatto, libro*) to devour; **~ la strada** to eat up the miles

divoratore, -trice [di·vo·ra·'to:·re] *m, f* **~ di dolciumi** lover of desserts; **~ di gialli** great reader of thrillers

divorziare [di·vor·'tsia:·re] *vi* GIUR to get divorced; **~ da qu** to divorce sb

divorzio [di·'vɔr·tsio] <-i> *m a. fig* GIUR divorce; **chiedere il ~** to seek a divorce

divulgare [di·vul·'ga:·re] I. *vt* (*notizie, informazioni*) to divulge; (*idee*) to popularize II. *vr:* **-rsi** to spread

divulgativo, -a [di·vul·ga·'ti:·vo] *adj* (*articolo, testo, seminario*) popularizing

divulgazione [di·vul·gat·'tsio:·ne] *f* (*di idee*) popularization; (*di notizie*) disclosure

dizionario [dit·tsio·'na:·rio] <-i> *m* dictionary; **~ monolingue/bilingue** monolingual/bilingual dictionary; **~ tecnico** technical dictionary; **consultare il ~** to look in a dictionary

dizione [dit·'tsio:·ne] *f* (*locuzione*) expression

dl *abbr di* **decilitro** dl

D.L. *abbr di* **Decreto legge** *decree passed by the Italian government without the consent of parliament*

dm *abbr di* **decimetro** dm

D.M. *abbr di* **Decreto Ministeriale** *ministerial decree*

DNA *m abbr di* **Deoxyribonucleic acid** (*acido deossiribonucleico*) DNA

do[1] [dɔ] <-> *m* MUS C; **~ maggiore/minore** C major/minor; **chiave di ~** key of C

do[2] *1. pers sing pr di* **dare**[1]

dobbiamo [dob·'bia:·mo] *1. pers pl pr di* **dovere**[1]

DOC [dɔk] *acró de* **Denominazione di Origine Controllata** AOC, *mark guaranteeing the origin of a wine*

doccia ['dot·tʃa] <-cce> *f* **1.** (*nel bagno*) shower; **fare la ~** to take a shower; **una ~ fredda** *fig* a slap in the face **2.** (*grondaia*) gutter **3.** MED douche

docciacrema [dot·tʃa·'krɛ:·ma] *m* shower gel

docente [do·'tʃɛn·te] I. *adj* teaching; **personale ~** teaching staff II. *mf* teacher; **~ universitario** professor

docenza [do·'tʃɛn·tsa] *f* (*incarico*) teaching position; (*insegnamento*) teaching

docile ['dɔ:·tʃi·le] *adj* **1.** (*persona, carattere, animale*) docile **2.** (*strumento*) manageable; (*materiale*) easy to work

docilità [do·tʃi·li·'ta] <-> *f* **1.** (*di persona,*

animale) docility **2.** (*di strumenti*) manageability

documentare [do·ku·men·'ta:·re] I. *vt* to document II. *vr* **-rsi** (**su qc**) to find out (about sth)

documentario [do·ku·men·'ta:·rio] <-i> *m* documentary

documentazione [do·ku·men·tat·'tsio:·ne] *f* documentation

documento [do·ku·'men·to] *m* **1.** (*personale*) **~ (di identità)** ID **2.** ADMIN document; **~ contabile** COM accounting record **3.** (*testimonianza storica*) evidence

dodecafonia [do·de·ka·fo·'ni:·a] *f* twelve-tone system

dodecagono [do·de·'ka:·go·no] *m* dodecagon

dodicenne [do·di·'tʃɛn·ne] I. *adj* twelve-year-old II. *mf* twelve year old

dodicennio [do·di·'tʃɛn·nio] <-i> *m* period of twelve years

dodicesimo [do·di·'tʃɛ:·zi·mo] *m* (*in frazione*) twelfth

dodicesimo, -a I. *adj* twelfth II. *m, f* twelfth; *v.a.* **quinto**

dodici ['do:·di·tʃi] I. *num* twelve II. <-> *m* **1.** (*numero*) twelve; **essere in ~** to be twelve **2.** (*nelle date*) twelfth III. *fpl* (*ore*) twelve o'clock; *v.a.* **cinque**

doga ['do:·ga] <-ghe> *f* stave

dogana [do·'ga:·na] *f* **1.** (*ufficio*) customs *pl;* **operazioni di ~** customs operations; **passare la ~** to go through customs **2.** (*impiegati*) customs officers

doganale [do·ga·'na:·le] *adj* customs

doganiere [do·ga·'niɛ:·re] *mf* customs officer

doge ['dɔ:·dʒe] *m* doge

doglia ['dɔʎ·ʎa] <-glie> *f* **1.** *poet* sorrow **2.** *pl* (*del parto*) labor; **avere le -glie** to have labor pains

dogma ['dɔg·ma] <-i> *m* dogma

dogmatica [dog·'ma:·ti·ka] *f* dogmatics

dogmatico [dog·'ma:·ti·ko] <-ci> *m* dogmatic person

dogmatico, -a <-ci, -che> *adj* dogmatic

dogmatismo [dog·ma·'tiz·mo] *m* dogmatism

dogmatizzare [dog·ma·tid·'dza:·re] *vi* to dogmatize

dolby® ['dɔl·bi] <-> *m* Dolby®

dolce ['dol·tʃe] I. *adj* sweet; **~ come il miele** as sweet as honey; **acqua ~** freshwater II. *m* **1.** (*dessert*) dessert **2.** (*torta*) cake

dolceamaro, -a [dol·tʃe·a·'ma:·ro] *adj* sweet and sour

dolcetto [dol·'tʃet·to] *m* **1.** (*piccolo dolce*) small cake **2.** (*vino*) dolcetto, *red wine from Piedmont*

dolcezza [dol·'tʃet·tsa] *f* sweetness; **le -e della vita** the sweet things in life

dolciario, -a [dol·'tʃa:·rio] <-i, -ie> *adj* **industria -a** cakemaking industry

dolciastro, -a [dol·'tʃas·tro] *adj* **1.** (*sapore*) sickly sweet **2.** *fig* (*persona, maniera*) ingratiating

D

D

dolcificante [dol·tʃi·fi·'kan·te] I. *adj* sweetening II. *m* sweetener

dolcificare [dol·tʃi·fi·'ka:·re] *vt* 1. (*rendere dolce*) to sweeten 2. (*acqua*) to soften

dolciume [dol·'tʃu:·me] *m* 1. (*sapore troppo dolce*) sickly sweetness 2. *pl* (*prodotti*) sweet things

dolente [do·'lɛn·te] *adj* 1. (*dolorante: testa, braccio*) painful 2. *form* (*dispiaciuto*) sorry; **sono ~ per quanto è successo** I am sorry about what happened

dolere [do·'le:·re] <dolgo, dolsi, doluto> I. *vi essere o avere* 1. LIT (*far male*) to ache; **mi duole la testa** I have a headache 2. *form* (*dare dispiacere*) to be (very) sorry; **mi duole di non potervi aiutare** I'm very sorry I can't help you II. *vr:* **-rsi** LIT (*lamentarsi*) to complain; **-rsi con qu di qc** to complain to sb about sth; **-rsi di qc** to complain about sth

dollaro ['dɔl·la·ro] *m* dollar

dolo ['dɔ:·lo] *m* GIUR malice

dolomite [do·lo·'mi:·te] *f* dolomite; **le Dolomiti** GEO the Dolomite Alps

dolorante [do·lo·'ran·te] *adj* aching

dolore [do·'lo:·re] *m* 1. MED pain; **~ di testa** headache; **~ alla schiena** backache 2. (*afflizione*) grief; **con mio grande ~** to my sorrow

dolorifico, -a [do·lo·'ri:·fi·ko] <-ci, -che> *adj* (*stimolo*) painful

doloroso, -a [do·lo·'ro:·so] *adj* 1. MED (*ferita, intervento*) painful 2. (*triste: avvenimento, perdita*) sad

dolosità [do·lo·si·'ta] <-> *f* GIUR malice

doloso, -a [do·'lo:·so] *adj* GIUR malicious

dolsi ['dɔl·si] *1. pers sing pass rem di* **dolere**

doluto [do·'lu:·to] *pp di* **dolere**

domabile [do·'ma:·bi·le] *adj* 1. (*animale*) tamable 2. *fig* (*rivolta, incendio*) able to be controlled

domanda [do·'man·da] *f* 1. (*interrogazione, quesito*) question; **fare una ~** to ask a question; **punto di ~** question mark 2. (*richiesta: di rimborso, iscrizione*) request; **~ di lavoro** application; **~ di matrimonio** proposal 3. COM demand

domandare [do·man·'da:·re] I. *vt* 1. (*per sapere*) to ask; **~ qc a qu** to ask sb sth; **~ un consiglio a qu** to ask sb for advice; **~ notizie di qu** to ask sb for news; **~ il prezzo di qc** to ask the price of sth 2. (*per ottenere*) to ask for; **~ un favore a qu** to ask sb for a favor; **~ la parola** to ask for permission to speak; **~ scusa** to say sorry II. *vr:* **-rsi** to wonder

domani [do·'ma:·ni] I. *adv* tomorrow; **~ mattina** tomorrow morning; **~ pomeriggio** tomorrow afternoon; **a ~!** see you tomorrow! II. *m* (*futuro*) **il ~** the future

domare [do·'ma:·re] *vt* 1. (*animali*) to tame 2. *fig* (*passione*) to master; (*popolo, rivolta*) to subdue; **~ un incendio** to bring a fire under control

domatore, -trice [do·ma·'to:·re] *m, f* 1. (*di cavalli*) horsebreaker 2. (*di belve*) tamer

domattina [do·mat·'ti:·na] *adv* tomorrow morning

domenica [do·'me:·ni·ka] <-che> *f* Sunday; **la** [*o* **di**] **~** on Sundays; **l'ho visto ~** I saw him on Sunday; **~ scorsa/prossima** last/next Sunday; **tutta la ~** all day Sunday; **ogni ~, tutte le -che** every Sunday; **una ~ sì, una ~ no** on alternate Sundays; **una ~** one Sunday; **~ mattina/pomeriggio/sera** Sunday morning/afternoon/evening; **di ~ mattina/pomeriggio/sera** on Sunday morning/afternoon/evening; **oggi è ~** it's Sunday today

domenicale [do·me·ni·'ka:·le] *adj* Sunday

domestico, -a [do·'mɛs·ti·ko] <-ci, -che> I. *adj* domestic; **pianta -ca** houseplant; **lavori -ci** housework; **per uso ~** for home use II. *m, f* servant

domiciliare [do·mi·tʃi·'lia:·re] *adj* house; **arresti -i** house arrest; **perquisizione ~** house search

domicilio [do·mi·'tʃi:·lio] <-i> *m* 1. (*abitazione*) home; **consegna a ~** home delivery; **lavoro a ~** home working; **violazione di ~** breaking and entering 2. ADMIN residence; **~ fiscale** residence for tax purposes

dominante [do·mi·'nan·te] *adj* dominant

dominare [do·mi·'na:·re] I. *vi* 1. (*avere il controllo*) **~ (su qc/qu)** to control (sth/sb) 2. *fig* (*primeggiare*) **~ su qu** to excel sb II. *vt* (*mercato, situazione*) to dominate; (*lingua*) to master III. *vr:* **-rsi** to control oneself

dominatore, -trice [do·mi·na·'to:·re] *m, f* ruler

dominazione [do·mi·nat·'tsio:·ne] *f* domination

dominio [do·'mi:·nio] <-i> *m* 1. (*padronanza*) control; **avere il ~ di qc** to have control of sth 2. (*controllo*) **~ di sé** self control 3. (*proprietà*) property; **essere di ~ pubblico** *fig* to be common knowledge 4. (*territorio*) colony 5. (*in Internet*) domain

domino ['dɔ:·mi·no] <-> *m* 1. (*costume*) domino, *hooded cloak worn at Carnival* 2. (*persona mascherata*) person dressed in a domino 3. (*gioco*) dominoes

donare [do·'na:·re] I. *vt* 1. (*regalo, sangue*) to give 2. (*organi*) to donate II. *vi* (*star bene: abito, taglio di capelli*) **~ a qu** to suit sb III. *vr:* **-rsi** LIT to dedicate oneself

donatore, -trice [do·na·'to:·re] *m, f* (*di sangue, organo*) donor

donazione [do·nat·'tsio:·ne] *f* donation; GIUR gift

dondolare [don·do·'la:·re] I. *vt* (*piedi, gambe*) to swing; (*culla, sedia, bambino*) to rock; (*corda*) to dangle; (*testa*) to nod II. *vr:* **-rsi** 1. (*muoversi oscillando: su una sedia*) to rock; (*sull'altalena*) to swing 2. *fig* (*oziare*) to laze around

dondolio [don·do·'li:·o] <-ii> *m* rocking

dondolo ['don·do·lo] *m* **cavallo a ~** rocking horse; **sedia a ~** rocking chair

dondoloni [don·do·'lo:·ni] *adv* **camminare ~** *fig* to stroll around

dongiovanni [don·dʒo·'van·ni] <-> *m* Don Juan

donna ['dɔn·na] *f* **1.**(*gener*) woman; **~ di casa** housewife; **~ di strada** prostitute; **bicicletta da ~** woman's bicycle **2.**(*nelle carte*) queen **3.**(*domestica*) **~** (**di servizio**) cleaner

donnaiolo [don·na·'iɔ:·lo] *m* womanizer

donnina [don·'ni:·na] *f* young woman; **non è più una bambina, è già una ~** she's not a girl anymore, she's a young woman; **~ allegra** slut

donnola ['dɔn·no·la] *f* weasel

dono ['do:·no] *m* (*regalo*) gift; **in ~** as a gift; **~ di natura** natural gift

donzella [don·'dzɛl·la] *f poet* maiden

dopaggio [do·'pad·dʒo] <-ggi> *m* doping

dopante [do·'pan·te] *adj* performance-enhancing; **sostanza ~** performance-enhancing drug

dopato, -a [do·'pa:·to] *adj* **atleta ~** athlete who has taken performance-enhancing drugs

doping ['dou·piŋ/'dɔ·piŋ(g)] <-> *m* doping

dopo ['do:·po] **I.** *adv* **1.**(*tempo*) afterwards; **poco ~** shortly afterwards; **due anni ~** two years later; **a ~** see you later **2.**(*luogo*) next **II.** *prep* **1.**(*tempo*) after; **~ pranzo/cena** after lunch/supper **2.**(*luogo*) past **III.** *conj* after **IV.**<inv> *adj* next; **il giorno ~** the next day

dopobarba [do·po·'bar·ba] <-> *m* aftershave

dopocena [do·po·'tʃe:·na] <-> *m* (*serata*) evening; (*trattenimento*) evening party

dopodiché, dopo di che [do·po·di·'ke, 'do:·po di 'ke] *adv* after which

dopodomani [do·po·do·'ma:·ni] *adv* the day after tomorrow

dopofestival [do·po·'fes·ti·val] <-> *m* TV show broadcast in the evenings after the Sanremo Festival

dopoguerra [do·po·'guɛr·ra] <-> *m* postwar period

dopolavoro [do·po·la·'vo:·ro] <-> *m* recreational club for employees

dopopranzo [do·po·'pran·dzo] **I.** <-> *m* afternoon **II.** *adv* this afternoon

doposci [do·poʃ·'ʃi] *mpl* (*scarponi*) après-ski boots

dopotutto, dopo tutto [do·po·'tut·to, 'do:·po 'tut·to] *adv* after all

dopovoto [do·po·'vo:·to] <-> *m* post-election period

doppiaggio [dop·'piad·dʒo] <-ggi> *m* FILM dubbing

doppiare [dop·'pia:·re] *vt* **1.**NAUT to round **2.**SPORT to lap **3.**FILM to dub

doppiatore, -trice [dop·pia·'to:·re] *m, f* dubbing artist

doppietta [dop·'piet·ta] *f* **1.**(*fucile*) double-barreled shotgun **2.**SPORT (*nel pugilato*) one-two; (*nel calcio*) double **3.**MOT **fare la ~** to double-clutch

doppiezza [dop·'piet·tsa] *f* (*falsità*) duplicity

doppifondi *pl di* **doppiofondo**

doppio ['dop·pio] **I.** *m* **1.**(*di quantità, numero, misura*) double **2.**SPORT doubles; **~ femminile/maschile** women's/men's doubles; **~ misto** mixed doubles **II.** *adv* **vederci ~** to see double

doppio, -a <-i, -ie> *adj* **1.**(*gener*) double; **un caffè ~** a double espresso; **filo ~** two-ply; **chiudere a -a mandata** to double-lock; **in -a copia** in duplicate; **fare il ~ gioco** to play a double game **2.**(*falso: atteggiamento, discorso, individuo*) deceitful

doppiofondo [dop·pio·'fon·do] <doppifondi> *m* (*di valigia, cassetto*) false bottom

doppione [dop·'pio:·ne] *m* duplicate

doppiopetto [dop·pio·'pɛt·to] <-> *m* double-breasted jacket

doppiovetro [dop·pio·'ve:t·ro] <doppivetri> *m fam* (*vetrocamera*) double glazing

doppista [dop·'pis·ta] <-i *m*, -e *f*> *mf* SPORT doubles player

dorare [do·'ra:·re] *vt* **1.**(*con oro*) to gild **2.**CULIN (*rosolare*) to brown **3.***fig* (*rendere accettabile*) **~ la pillola** to sugarcoat the pill

dorato, -a [do·'ra:·to] *adj* **1.**(*rivestito d'oro*) gilt **2.**(*color dell'oro*) golden **3.**CULIN browned

doratura [do·ra·'tu:·ra] *f* **1.**(*rivestimento*) gilding **2.**(*ornamento*) gilt

dorico, -a ['dɔ:·ri·ko] <-ci, -che> *adj* ARTE Doric

dormicchiare [dor·mik·'kia:·re] *vi* to doze

dormiglione, -a [dor·miʎ·'ʎo:·ne] *m, f* sleepyhead

dormire [dor·'mi:·re] **I.** *vi* **1.**(*essere addormentato*) to sleep; **~ come un ghiro** to sleep like a log; **dormirci sopra** to sleep on it; **~ in piedi** to be dead tired **2.***fig* **qui dorme in pace ...** (*su tombe*) here lies ...; **~ sugli allori** to rest on one's laurels **II.** *vt* **~ sonni tranquilli** to sleep soundly; **~ il sonno del giusto** to sleep the sleep of the just

dormita [dor·'mi:·ta] *f* sleep

dormitina [dor·mi·'ti:·na] *f* nap

dormitorio [dor·mi·'tɔ:·rio] <-i> *m* **1.**(*stanza*) dormitory; **~** (**pubblico**) shelter, *for homeless people* **2.**(*città, quartiere*) commuter town

dormiveglia [dor·mi·'veʎ·ʎa] <-> *m* **essere nel ~** to be half asleep

dorsale [dor·'sa:·le] **I.** *adj* MED back; **spina ~** spine **II.** *m* **1.**(*di letto*) headboard **2.**(*di poltrona*) back **III.** *f* ridge, range

dorsista [dor·'sis·ta] <-i *m*, -e *f*> *mf* SPORT backstroke swimmer

dorso ['dɔr·so] *m* **1.**(*gener*) back; **a ~ nudo** barebacked; **~ della mano** back of the hand **2.**SPORT backstroke

dosacaffè [do·sa·kaf·'fe] <-> *m* coffee measure

dosaggio [do·'zad·dʒo] <-ggi> *m* dosage

dosare [do·'za:·re] *vt* **1.**(*misurare*) to measure out **2.***fig* (*parole*) to measure; (*forze*) to husband

dosaspaghetti [do·sas·pa·'get·ti] <-> *m* spaghetti measure

D

dosatura [do·za·'tuː·ra] *f* dosage

dosazucchero [do·sa·'tsuk·ke·ro] <-> *m* sugar pourer

dose ['dɔː·ze] *f* 1.(*quantità*) amount; **una buona ~ di** a lot of 2. MED dose 3.*fig, scherz* ration *fam;* **rincarare la ~** to compound the felony

dossier [do·'sje] <-> *m* dossier

dosso ['dɔs·so] *m* 1.(*dorso*) **levarsi qc di ~** to get rid of sth 2.(*~ stradale*) speed bump

dotare [do·'ta:·re] *vt* 1.(*dare la dote a*) to give a dowry to 2.(*corredare*) **~ qc di qc** to provide sth with sth

dotato, -a [do·'ta:·to] *adj* 1.(*di talento: attore, musicista, allievo*) gifted 2.(*provvisto*) **~ di qc** equipped with sth

dotazione [do·tat·'tsio:·ne] *f* 1.(*rendita*) endowment 2.(*mezzi e materiali*) equipment

dote ['dɔː·te] *f* 1.(*della sposa*) dowry; **cacciatore di ~** fortune hunter; **portare in ~** to bring as one's dowry 2.*fig* (*pregio*) quality

Dott. *abbr di* **Dottore** Dr., *title given to medical doctors and to all university graduates*

dotto, -a ['dɔt·to] I. *adj* learned II. *m, f* scholar

dottorato [dot·to·'ra:·to] *m* doctorate; **fare il ~ di ricerca** to do a PhD

dottore, -essa [dot·'to:·re, dot·to·'res·sa] *m, f* 1.(*laureato*) **~ in legge/medicina** graduate in law/medicine 2.*fam* (*medico*) doctor

dottrina [dot·'tri:·na] *f* 1.(*gener*) doctrine 2.(*cultura*) learning 3. GIUR law

Dott.ssa *abbr di* **Dottoressa** Dr., *title given to medical doctors and to all university graduates*

double-face [dub·le·'fa:s] *adj* (*giacca, impermeabile*) reversible

dove ['do:·ve] I. *adv* where; **da ~, ~ vai?** where are you going?; **la via ~ abito** the street where I live II. *m* where; **per ogni ~** everywhere

dovere[1] [do·'ve:·re] <devo *o* debbo, dovei *o* dovetti, dovuto> I. *vi* 1.(*obbligo, necessità*) to have to; **devo essere a casa per le otto** I have to be home by eight; **sono dovuto andare** I had to go; **ho dovuto dirglielo** I had to tell him; **devo andare in bagno** I have to go to the bathroom; **devi dirlo alla polizia** you must tell the police; **fare qc come si deve** to do sth properly; **una persona come si deve** a respectable person; **grazie, ma non dovevi disturbarti** thanks, but you shouldn't have bothered 2.(*probabilità*) **devono essere già le otto** it must be eight o'clock by now; **deve essere successo qc** something must have happened; **strano, dovrebbe essere già qui** strange, he should be here by now II. *vt* (*essere debitore*) to owe; **essere dovuto a** to be due to

dovere[2] *m* duty; **farsi un ~ di qc** to undertake to do sth; **sentirsi in ~ di fare qc** to feel obliged to do sth; **fare le cose a ~** to do things properly

dovunque [do·'vuŋ·kue] *conj* 1.(*in qualunque luogo*) wherever; **~ tu sia** wherever

you are; **~ tu vada** wherever you go 2.(*dappertutto*) everywhere

dovuto [do·'vu:·to] *m* due; **mi aspetto solo il ~** I only want what is due to me; **ho aspettato più del ~** I waited longer than I should have

dovuto, -a *adj* 1.(*necessario*) due 2.(*causato*) **~ a** due to

download ['daʊn·ləʊd] *m* COMPUT download, downloading

dozzina [dod·'dzi:·na] *f* **una ~ (di ...)** a dozen (...); **a -e** by the dozen

dozzinale [dod·dzi·'na:·le] *adj pej* second-rate; **prodotti -i** shoddy goods

D.P. *abbr di* **Decreto Presidenziale** *presidential decree*

Dr. *abbr di* **Dottore, Dottoressa** Dr., *title given to medical doctors and to all university graduates*

dracma ['drak·ma] *f* drachma

draga ['dra:·ga] <-ghe> *f* (*macchina*) dredger

dragaggio [dra·'gad·dʒo] <-ggi> *m* dredging

dragamine [dra·ga·'mi:·ne] <-> *m* minesweeper

dragare [dra·'ga:·re] *vt* 1.(*porto, fiume*) to dredge 2.(*da mine*) to sweep

dragata [dra·'ga:·ta] *f* dredging

drago ['dra:·go] <-ghi> *m* dragon

dragone [dra·'go:·ne] *m* (*mostro*) dragon

dramma ['dram·ma] <-i> *m* 1. TEAT drama 2.(*vicenda dolorosa*) tragedy; **fare un ~ di qc** to make a drama out of sth

drammatica [dram·'ma:·ti·ka] <-che> *f* TEAT theater

drammaticità [dram·ma·ti·tʃi·'ta] <-> *f* drama

drammatico, -a [dram·'ma:·ti·ko] <-ci, -che> *adj* 1. TEAT dramatic; **attore ~** theater actor 2.(*doloroso*) terrible; **una situazione -a** a terrible situation

drammatizzare [dram·ma·tid·'dza:·re] *vt* 1.(*esagerare*) to (over)dramatize 2.(*opera*) to make into a play

drammaturgia [dram·ma·tur·'dʒi:·a] <-gie> *f* drama

drammaturgico, -a [dram·ma·'tur·dʒi·ko] <-ci, -che> *adj* dramatic

drammaturgo, -a [dram·ma·'tur·go] <-ghi, -ghe> *m, f* playwright

drappello [drap·'pɛl·lo] *m* MIL platoon; (*gruppo*) group

drappo ['drap·po] *m* (*tessuto*) cloth

drastico, -a ['dras·ti·ko] <-ci, -che> *adj* (*misure, decisione, soluzione*) drastic

drenaggio [dre·'nad·dʒo] <-ggi> *m* 1.(*sistema*) drainage 2. A. MED draining

drenare [dre·'na:·re] *vt* to drain

dribblare [drib·'bla:·re] *vi* to dribble

drindrin, drin drin [drin·'drin] I. <-> *m* ringing II. *interj* ding-dong

drink [driŋk/drink] <-> *m* (alcoholic) drink

dritto, -a ['drit·to] *m, f fam* smart cookie

drive-in ['drai·vin] I. <inv> *adj* drive-in;

D

cinema ~ drive-in movie theater; **risto-rante** ~ drive-in restaurant II. <-> *m* drive-in

drizzare [drit·'tsa:·re] I. *vt* 1. (*raddrizzare*) to straighten; ~ **le orecchie** *fig* to listen carefully 2. (*innalzare*) to erect II. *vr:* -**rsi** to stand up

droga ['drɔ:·ga] <-ghe> *f* 1. (*gener*) drug; -**ghe leggere/pesanti** soft/hard drugs 2. (*in cucina*) spice

drogare [dro·'ga:·re] I. *vt* (*dare una droga a*) to drug; SPORT to dope II. *vr:* -**rsi** (*prendere droga*) to take drugs

drogato, -a [dro·'ga:·to] *m, f* drug addict

drogheria [dro·ge·'ri:·a] <-ie> *f* grocery store

droghiere, -a [dro·'giɛ:·re] *m, f* grocer

dromedarlo [dro·me·'da:·rio] <-i> *m* drom-edary

DS *m abbr di* **Democratici di Sinistra** *Italian center-left party*

duale [du·'a:·le] *m* dual

dualismo [dua·'liz·mo] *m* dualism

dubbio ['dub·bio] *m* doubt; **essere in ~ su qc** to be doubtful about sth; **senza ~** without (a) doubt; **in caso di ~** if in doubt; **avere dei -i su qu** to have doubts about sb; **mi sorge un ~** I'm doubtful

dubbio, -a <-i, -ie> *adj* 1. (*incerto: esito*) un-certain 2. (*equivoco: reputazione*) dubious

dubbiosità [dub·bio·si·'ta] <-> *f* doubtfulness

dubbioso, -a [dub·'bio:·so] *adj* 1. (*pieno di dubbi: espressione, sguardo*) doubtful 2. (*motivo di dubbio*) dubious

dubitare [du·bi·'ta:·re] *vi* 1. (*non credere*) to doubt; ~ **di qu/qc** to be doubtful about sb/sth 2. (*essere incerto*) ~ **di qc** to doubt sth; **dubito assai che tu venga** I doubt very much you'll come

dubitativo, -a [du·bi·ta·'ti:·vo] *adj* (*tono*) doubtful

Dublino [du·'bli:·no] *f* Dublin

duca ['du:·ka] <-chi> *m* duke

ducale [du·'ka:·le] *adj* ducal

ducato [du·'ka:·to] *m* 1. POL duchy 2. (*moneta d'oro*) ducat

duce ['du:·tʃe] <-ci> *m* commander; **il Duce** (*Mussolini*) the Duce

duchessa [du·'kes·sa] *f* duchess

duchessina [du·kes·'si:·na] *f* duke's daughter

duchino [du·'ki:·no] *m* duke's son

due ['du:·e] I. *num* two; (*pochi*) a few; **non poter dividersi in ~** *fig* to not be able to be in two places at once; **fare ~ passi** *fig* to have a walk; **scambiare ~ chiacchiere** to have a chat; **a ~ a ~** two by two; **su ~ piedi** *fig* on the spot II. <-> *m* 1. (*numero*) two; **lavorare/mangiare per ~** *fig* to work/eat enough for two 2. (*nelle date*) second 3. (*voto scolastico*) a flunk 4. SPORT (*nel canottaggio*) ~ **con/senza** coxed/uncoxed pair III. *fpl* (*ore*) two o'clock; *v.a.* **cinque**

duecentesco, -a [du·e·tʃen·'tes·ko] <-schi, -sche> *adj* thirteenth-century

duecento [du·e·'tʃɛn·to] I. *num* two hundred II. <-> *m* two hundred; **il Duecento** the thir-teenth century

duellare [du·el·'la:·re] *vi* to duel; ~ **con qu** to fight a duel with sb

duello [du·'ɛl·lo] *m* duel; **battersi a ~** to fight a duel; **sfidare a ~** to challenge to a duel

duemila [due·'mi:·la] I. *num* two thousand II. <-> *m* two thousand; **il ~** the year 2000

duepezzi, due pezzi [du·e·'pɛt·tsi, 'du:·e 'pɛt·tsi] <-> *m* (*giacca e gonna*) suit; (*costume da bagno*) bikini

duetto [du·'et·to] *m* 1. MUS duet 2. *scherz* rack-et, *made by two people arguing*

duna ['du:·na] *f* dune

dunque ['duŋ·kue] I. *conj* 1. (*perciò*) so 2. (*allora*) well 3. (*rafforzativo*) well then II. *m* **essere al ~** to arrive at the moment of truth; **veniamo al ~** let's get to the point

duo ['du:·o] <-> *m* duo

duodeno [du·o·'dɛ:·no] *m* duodenum

duomo ['du·ɔ:·mo] *m* cathedral

duplicare [du·pli·'ka:·re] *vt* to duplicate

duplicato [dup·li·'ka:·to] *m* (*di documento*) duplicate, copy

duplicazione [dup·li·kat·'tsio:·ne] *f* duplica-tion

duplice ['du:p·li·tʃe] *adj* 1. (*in due parti*) dou-ble 2. (*doppio*) **in ~ copia** in duplicate

duplicità [dup·li·tʃi·'ta] <-> *f* duplicity

durante [du·'ran·te] *prep* during; ~ **la guerra** during the war; **vita natural ~** for life

durare [du·'ra:·re] *vi essere o avere* 1. (*conti-nuare*) to last; **così non può ~** things can't go on like this 2. (*mantenersi*) to keep 3. *prov* **chi la dura la vince** slow and steady wins the race *prov*

durata [du·'ra:·ta] *f* duration; ~ **d'ascolto** (*di cassette*) playing time; **di lunga ~** long-lasting

duraturo, -a [du·ra·'tu:·ro] *adj* lasting

durevole [du·'re:·vo·le] *adj* durable

durezza [du·'ret·tsa] *f* 1. (*qualità*) hardness 2. *fig* (*severità*) harshness

duro ['du:·ro] *m* hard part

duro, -a I. *adj* 1. (*gener*) hard; **grano ~** strong flour; **è un osso ~** he's a tough cookie; **è ~ farlo ragionare** it's hard to make him see sense; **tempi -i** hard times; ~ **di comprendo-nio** slow; ~ **d'orecchi** hard of hearing 2. (*osti-nato*) stubborn; **più ~ di un mulo** stubborn as a mule 3. (*freddo*) harsh II. *m, f* tough cookie; **fare il ~** to act tough III. *adv* **tener ~** to stand firm; **lavorare ~** to work hard

durone [du·'ro:·ne] *m* hard skin

duttile ['dut·ti·le] *adj* 1. (*materiale, metallo*) malleable 2. *fig* (*carattere*) flexible

duttilità [dut·ti·li·'ta] <-> *f* 1. (*di materiale, metallo*) malleability 2. (*di carattere*) flexibil-ity

DVD [di·vud·'di] <-> *m abbr di* **Digital Video Disc** DVD; **lettore ~** DVD player

Ee

E, e [e] <-> *f* E, e; ~ **come Empoli** E for Echo; **vitamina** ~ vitamin E

e [e] *conj* 1.(*correlativa*) and; **tutti** ~ **tre** all three of them; **e ... e ...** both ... and ... 2.(*ma, invece*) but 3.(*ebbene*) well

E *abbr di* **est** E

è [ɛ] *3. pers sing pr di* **essere**[1]

EAD *abbr di* **elaborazione automatica dei dati** ADP, *automatic data processing*

ebanite [e·ba·'ni:·te] *f* ebonite

ebano ['ɛ·ba·no] *m* 1.BOT (*albero*) ebony (tree) 2.(*legno*) ebony

ebbe ['ɛb·be] *3. pers sing pass rem di* **avere**[1]

ebbene [eb·'bɛː·ne] *conj* 1.(*dunque*) so 2.(*interrogativo*) well

ebbi ['ɛb·bi] *1. pers sing pass rem di* **avere**[1]

ebbrezza [eb·'bret·tsa] *f* 1.(*ubriachezza*) drunkenness; **guidare in stato di** ~ drunk driving 2.*fig* (*euforia*) thrill; **l'~ della velocità** the thrill of speed

ebbro, -a ['ɛb·bro] *adj* 1.*fig* (*euforico*) elated 2.LIT (*ubriaco*) drunk

ebete ['ɛ·be·te] I. *adj* idiotic II. *mf* idiot

ebetismo [e·be·'tiz·mo] *m* idiocy

ebollizione [e·bol·lit·'tsio:·ne] *f* boiling; **punto di** ~ boiling point

e-book ['i·buk] <inv> *m* COMPUT e-book

e-book reader ['i·buk'·ri·də] <-> *m* COMPUT e-book reader

ebraico, -a [e·'bra:·i·ko] <-ci, -che> *adj* (*religione, festa, comunità*) Jewish

ebraismo [e·bra·'iz·mo] *m* REL Judaism

ebreo, -a [e·'brɛː·o] <-ei, -ee> I. *adj* (*popolazione, tradizione*) Jewish II. *m, f* Jew *m*, Jewess *f*

EC *abbr di* **EuroCity** FERR *European intercity train*

ecatombe [e·ka·'tom·be] *f* 1.REL (*sacrificio*) hecatomb 2.*fig* (*strage*) massacre

ecc. *abbr di* **eccetera** etc.

eccedente [et·tʃe·'dɛn·te] I. *adj* (*quantità, materiale*) surplus; (*bagaglio*) excess II. *m* excess

eccedenza [et·tʃe·'dɛn·tsa] *f* surplus; ~ **di qc** surplus of sth; **bagaglio in** ~ excess baggage

eccedere [et·'tʃɛː·de·re] I. *vt* (*superare: limiti, numero, peso*) to exceed II. *vi* to go too far; ~ **nel bere/nel mangiare** to drink/eat too much

eccellente [ettʃel'lɛnte] *adj* (*cibo, ristorante, risultato*) excellent

eccellenza [et·tʃel·'lɛn·tsa] *f* 1.(*qualità*) excellence; **per** ~ par excellence 2.(*titolo*) Excellency

eccellere [et·'tʃɛl·le·re] <eccello, eccelsi, eccelso> *vi* essere o avere to excel; ~ **in qc** to excel at sth

eccelso, -a [et·'tʃɛl·so] *adj* 1.*fig* (*mente, qualità*) excellent 2.(*altissimo: vetta*) lofty

eccentricità [et·tʃen·tri·tʃi·'ta] <-> *f* 1.*fig* (*stranezza*) eccentricity 2.MAT, ASTR eccentricity

eccentrico, -a [et·'tʃɛn·tri·ko] <-ci, -che> *adj* 1.*fig* (*stravagante: personaggio, abbigliamento*) eccentric 2.MAT, ASTR eccentric

eccepire [et·tʃi·'pi:·re] <eccepisco> *vt* (*obiettare*) to object

eccessivo, -a [et·tʃes·'si:·vo] *adj* (*esagerato: prezzo, temperatura*) excessive; (*caldo, freddo*) extreme

eccesso [et·'tʃɛs·so] *m* 1.(*superamento*) excess; ~ **di velocità** speeding; **per** ~ **di zelo** due to over-zealousness; **bagaglio in** ~ excess baggage 2.(*sfrenatezza*) excess 3. *pl* (*comportamento smodato*) extremes; **dare in -i** to burst into a rage

eccetera [et·'tʃɛː·te·ra] *adv* etcetera

eccetto [et·'tʃɛt·to] I. *prep* except for II. *conj* ~ **che ...** (*tranne*) except ...; (*a meno che*) unless ...

eccettuare [et·tʃet·tu·'a:·re] *vt* to exclude; **eccettuati i presenti** present company excepted

eccezionale [et·tʃet·tsio·'na:·le] *adj* exceptional; **in via** ~ as an exception

eccezione [et·tʃet·'tsio:·ne] *f* 1.(*deroga*) exception; **fare** ~ to be an exception; **fare un** ~ to make an exception; **senza -i** without exception; **d'**~ celebrity; **ad** ~ **di** apart from; **l'~ conferma la regola** *prov* the exception proves the rule 2.GIUR plea

eccì [et·'tʃi] *interj* kerchoo

eccidio [et·'tʃi:·dio] <-i> *m* (*strage*) massacre

eccitabile [et·tʃi·'ta:·bi·le] *adj* (*carattere, persona*) excitable

eccitabilità [et·tʃi·ta·bi·li·'ta] <-> *f* (*di carattere, persona*) excitability

eccitamento [et·tʃi·ta·'men·to] *m* 1.(*nervoso*) excitement 2.(*sessuale*) arousal

eccitante [et·tʃi·'tan·te] I. *adj* 1.(*sostanza*) stimulating 2.(*elettrizzante: atmosfera*) exciting 3.(*sessualmente*) sexy II. *m* stimulant

eccitare [et·tʃi·'ta:·re] I. *vt* 1.(*rendere nervoso*) to excite 2.*fig* (*stimolare: curiosità, fantasia*) to stimulate 3.(*sessualmente*) to arouse II. *vr:* **-rsi** 1.(*innervosirsi*) to get worked up 2.(*sessualmente*) to become aroused

eccitazione [et·tʃi·tat·'tsio:·ne] *f* 1.(*agitazione*) excitement 2.(*sessuale*) arousal 3.TEC, FIS excitation

ecclesiastico [ek·kle·'zias·ti·ko] <-ci> *m* clergyman

ecclesiastico, -a <-ci, -che> *adj* (*abito, privilegio, istituzione*) ecclesiastical

ecco ['ɛk·ko] I. *adv* here; **eccomi** here I am; ~ **il libro** here's the book; ~ **perché ...** that's why ...; ~ **fatto** that's that; ~ **tutto** that's all II. *interj* there

eccome [ek·'koː·me] *adv* of course
ECG *abbr di* **elettrocardiogramma** ECG
echeggiare [e·ked·'dʒaː·re] *vi avere o essere* to echo
echi *pl di* **eco**
eclatante [e·kla·'tan·te] *adj* (*strepitoso: esempio, notizia*) sensational; **un successo** ~ a resounding success
eclettico, -a [e·'klɛt·ti·ko] <-ci, -che> *adj* (*persona, studioso*) versatile
eclettismo [e·klet·'tiz·mo] *m* versatility
eclissare [e·klis·'saː·re] I. *vt* **1.** ASTR to eclipse **2.** *fig* (*far sfigurare*) to outshine II. *vr:* -**rsi** **1.** ASTR to be eclipsed **2.** *fig* (*sparire*) to disappear
eclisse [e·'klis·se] *f* ASTR eclipse; ~ **di luna** lunar eclipse; ~ **di sole** solar eclipse
eco ['ɛː·ko] <echi *m*> *f o m* **1.** (*di suono, parole*) echo **2.** *fig* (*di notizia*) impact
ecocardiografia [e·ko·kar·dio·gra·'fiː·a] <-ie> *f* MED echocardiography
ecocardiografo [e·ko·kar·'diɔː·gra·fo] *m* MED echocardiographer
ecocatastrofe [e·ko·ka·'tas·tro·fe] *f* ECOL environmental disaster
ecocertificazione [e·ko·tʃer·ti·fi·ka·'tsioː·ne] *f* environmental certification
ecocompatibile [e·ko·kom·pa·'tiː·bi·le] *adj* (*turismo, agricoltura, prodotto*) environmentally-friendly
ecocontributo [ɛ·ko·kon·tri·'buː·to] *m* ECOL eco-tax
ecodiesel [ɛ·ko·'diː·zel] <-> *m o f* AUTO biodiesel
ecografia [e·ko·gra·'fiː·a] <-ie> *f* MED ultrasound scan
ecografico, -a [e·ko·'graː·fi·ko] <-ci, -che> *adj* MED (*esame*) ultrasound
ecografo [e·'kɔː·gra·fo] *m* ultrasonographer
ecogramma [e·ko·'gram·ma] <-i> *m* ultrasound photo
ecologia [e·ko·lo·'dʒiː·a] <-gie> *f* ecology
ecologico, -a [e·ko·'lɔ·dʒi·ko] <-ci, -che> *adj* **1.** (*sistema*) ecological **2.** (*prodotto*) eco-friendly
ecologista [e·ko·lo·'dʒis·ta] <-i *m*, -e *f*> *mf* ecologist
ecologo, -a [e·'kɔː·lo·go] <-gi, -ghe> *m, f* ecologist
e-commerce [i·'kɔ·mers] <-> *m* COM e-commerce
economato [e·ko·no·'maː·to] *m* (*di collegio, università*) bursar's office
economia [e·ko·no·'miː·a] <-ie> *f* **1.** (*scienza*) economics **2.** (*sistema*) economy; ~ **di mercato** market economy; ~ **politica** political economy **3.** (*risparmio*) saving; **fare** ~ [*o* -**ie**] to economize; **in** ~ cheaply **4.** *pl* (*risparmi*) savings
economico, -a [e·ko·'nɔː·mi·ko] <-ci, -che> *adj* **1.** (*dell'economia: crisi, criterio, settore*) economic **2.** (*poco costoso: albergo, vacanze, volo*) cheap; **classe** -**a** economy class

economista [e·ko·no·'mis·ta] <-i *m*, -e *f*> *mf* economist
economizzare [e·ko·no·mid·'dzaː·re] I. *vt* to save II. *vi* to economize
economizzatore [e·ko·no·mid·dza·'toː·re] *m* TEC economizer
economo, -a [e·'kɔː·no·mo] *m, f* (*amministratore: di collegio, università*) bursar
ecopacifismo [e·ko·pa·tʃi·'fiz·mo] <*sing*> *m* ecopacifism
ecopacifista [e·ko·pa·tʃi·'fis·ta] <-i *m*, -e *f*> *mf* ecopacifist
ecoreato [ɛ·ko·re·'a:·to] *m* ECOL environmental crime
ecoscandaglio [e·ko·skan·'daʎ·ʎo] <-gli> *m* NAUT echo sounder
ecosfera [e·ko·'sfɛː·ra] *f* ECO, GEO biosphere
ecosistema [e·ko·sis·'tɛː·ma] *m* ecosystem
ecosolidale [e·ko·so·li·'daː·le] *adj* (*prodotto*) eco-friendly; (*progetto*) ecologically sustainable
ecotassa [ɛ·ko·'tas·sa] *f* ECOL eco-tax
ecoturismo [ɛ·ko·tu·'riz·mo] *m* ECOL ecotourism
ecru [e·'kry] <inv> *adj* **1.** (*greggio: tessuto*) raw **2.** (*naturale: colore*) fawn
ecumenico, -a [e·ku·'mɛː·ni·ko] <-ci, -che> *adj* REL ecumenical
eczema [ek·'dzɛː·ma] <-i> *m* eczema
ed. *abbr di* **edizione** ed.
ed *conj* = **e** *davanti a vocale*
edelweiss ['eː·dəl·vais] <-> *f* edelweiss
edema [e·'dɛː·ma] <-i> *m* edema
eden ['ɛː·den] <-> *m* **1.** REL Eden **2.** *fig* paradise
edera ['eː·de·ra] *f* ivy
edicola [e·'diː·ko·la] *f* **1.** (*del giornalaio*) newsstand **2.** ARCHIT (*piccola cappella*) edicule, column with a niche containing a statue
edicolante [e·di·ko·'lan·te] *mf* newsdealer
edificabile [e·di·fi·'kaː·bi·le] *adj* (*area, terreno*) suitable for building
edificante [e·di·fi·'kan·te] *adj* (*esempio, storia*) uplifting
edificare [e·di·fi·'kaː·re] *vt* **1.** ARCHIT (*palazzo, ponte*) to build **2.** *fig* (*stato, società*) to build
edificio [e·di·'fiː·tʃo] <-ci> *m* **1.** ARCHIT building **2.** *fig* (*struttura*) structure
edile [e·'diː·le] I. *adj* (*cantiere, imprenditore, industria*) building II. *m* (*operaio*) construction worker
edilizia [e·di·'lit·tsia] <-ie> *f* **1.** (*costruzioni*) building **2.** (*settore*) construction industry
edilizio, -a [e·di·'lit·tsio] <-i, -ie> *adj* (*condono, regolamento, speculazione*) building
editing ['e·di·tiŋ] <-> *m* **1.** (*in editoria*) editing **2.** COMPUT editing
edito, -a ['ɛː·di·to] *adj* (*pubblicato*) published
editor <-> *m* COMPUT editor
editore, -trice [e·di·'toː·re] I. *adj* **casa** -**trice** publishing house II. *m, f* publisher
editoria [e·di·to·'riː·a] <-ie> *f* **1.** (*settore*) publishing industry **2.** (*attività*) publishing; ~ **elettronica** electronic publishing

E

editoriale [e·di·to·'ria:·le] I. *adj* (*dell'editoria: attività*) editorial; **direttore** ~ publishing manager II. *m* (*articolo di fondo*) editorial

editorialista [e·di·to·ria·'lis·ta] <-i *m*, -e *f*> *mf* editorialist

editrice *f v.* **editore**

edizione [e·dit·'tsio:·ne] *f* 1.(*pubblicazione*) publication; ~ **economica** paperback; ~ **originale** original edition 2.(*libro*) edition; ~ **antica** old edition 3.(*tiratura*) print run; ~ **straordinaria** (*di giornale*) special edition 4. TV, RADIO program 5.(*di manifestazione*) edition; **la quinta** ~ **del concorso** the fifth year of the competition

edonismo [e·do·'niz·mo] *m* hedonism

edonista [e·do·'nis·ta] <-i *m*, -e *f*> *mf* hedonist

edonistico, -a [e·do·'nis·ti·ko] <-ci, -che> *adj* (*atteggiamento, piacere*) hedonistic

EDP *f abbr di* **Electronic Data Processing** EDP

educanda [e·du·'kan·da] *f* (*collegiale*) convent girl

educare [e·du·'ka:·re] *vt* 1.(*giovani*) to bring up; ~ **qu a fare qc** to bring sb up to do sth; ~ **i giovani al rispetto per gli altri** to teach young people to respect others 2.(*cane, gatto*) to train 3. *fig* (*affinare: mente, voce*) to train 4.(*allenare: corpo*) to train

educativo, -a [e·du·ka·'ti:·vo] *adj* (*metodo, progetto, problematica*) educational

educato, -a [e·du·'ka:·to] *adj* polite

educatore, -trice [e·du·ka·'to:·re] *m, f* (*professore*) teacher; (*studioso, teorico*) educationalist

educazione [e·du·kat·'tsio:·ne] *f* 1.(*di giovani*) education; ~ **fisica** physical education; ~ **stradale** road safety 2.(*buone maniere*) good manners *pl;* **gente senza** ~ ill-mannered people

EED *abbr di* **elaborazione elettronica dei dati** EDP, *electronic data processing*

EEG *abbr di* **elettroencefalogramma** MED EEG, *electroencephalogram*

effem(m)inato, -a *adj* effeminate

efferatezza [ef·fe·ra·'tet·tsa] *f* (*di delitto*) brutality

efferato, -a [ef·fe·'ra:·to] *adj* (*delitto*) brutal

efferente [ef·fe·'ren·te] *adj* (*condotto, via*) efferent

effervescente [ef·fer·veʃ·'ʃen·te] *adj* 1.(*frizzante: acqua, bibita*) fizzy; (*pasticca*) effervescent 2. *fig* (*carattere, persona*) bubbly; (*atmosfera*) exciting

effervescenza [ef·fer·veʃ·'ʃen·tsa] *f* 1.(*di pasticca*) effervescence; (*di acqua, vino*) bubbliness 2. *fig* (*vivacità*) effervescence

effettivamente [ef·fet·ti·va·'men·te] *adv* 1.(*in effetti*) indeed 2.(*realmente*) actually

effettivo, -a *m* 1. ADMIN, COM (*personale*) staff 2. SPORT (*di squadra*) member 3. MIL (*forze*) strength; **gli -i dell'esercito** the army's numbers

effettivo, -a *adj* 1.(*reale: costo, miglioramento, valore*) real; (*danno*) actual 2.(*socio, professore*) permanent; **personale** ~ permanent staff 3. MIL regular; **ufficiale** ~ regular officer

effetto [ef·'fɛt·to] *m* 1.(*risultato*) effect; ~ **ottico** optical illusion; ~ **serra** ECOL greenhouse effect; **causa ed** ~ cause and effect; **avere** ~ to take effect; **ottenere l'** ~ **voluto** to achieve the desired result 2. *fig* (*impressione*) impression; **fare** ~ to cause an impression 3.(*loc*) **in -i** indeed; **-i collaterali** side-effects; **-i personali** personal belongings

effettuare [ef·fet·tu·'a:·re] *vt* (*controllo*) to carry out; (*pagamento, vendita*) to make; ~ **una fermata** to stop

efficace [ef·fi·'ka:·tʃe] *adj* 1.(*metodo, medicina, risposta*) effective 2.(*descrizione, racconto*) vivid

efficacia [ef·fi·'ka:·tʃa] <-cie> *f* 1.(*di metodo, medicina*) effectiveness 2.(*di descrizione, racconto*) vividness

efficiente [ef·fi·'tʃen·te] *adj* efficient

efficientismo [ef·fi·tʃen·'tiz·mo] *m* over-efficiency

efficienza [ef·fi·'tʃen·tsa] *f* efficiency

effigie [ef·'fi:·dʒe] <- *o* -gi> *f poet* (*ritratto*) portrait; (*scultura*) effigy

effimero, -a [ef·'fi:·me·ro] *adj* (*fugace: moda, momento, gloria*) fleeting

efflusso [ef·'flus·so] *m* (*di gas, liquido*) outflow

effluvio [ef·'flu:·vio] <-i> *m* 1. LIT (*profumo*) scent 2. *iron* (*puzza*) stink

effusione [ef·fu·'zio:·ne] *fpl fig* (*affettuosità*) effusions

egemone [e·'dʒɛ:·mo·ne] *adj* (*potenza, mira*) hegemonic

egemonia [e·dʒe·mo·'ni:·a] <-ie> *f* hegemony

egemonico, -a [e·dʒe·'mɔ:·ni·ko] <-ci, -che> *adj* (*mira, piano*) hegemonic

egemonizzare [e·dʒe·mo·nid·'dza:·re] *vt* (*politica, cultura*) to dominate

Egeo [e·'dʒɛ:·o] *m* l'~ the Aegean; **il Mar** ~ the Aegean Sea

Egitto [e·'dʒit·to] *m* l'~ Egypt

egittologia [e·dʒit·to·lo·'dʒi:·a] <-ie> *f* Egyptology

egittologo, -a [e·dʒit·'tɔ:·lo·go] <-gi, -ghe> *m, f* Egyptologist

egiziano, -a [e·dʒit·'tsia:·no] I. *adj* Egyptian II. *m, f* Egyptian

egizio, -a [e·'dʒit·tsio] <-i, -ie> I. *adj* (*dinastia, museo, piramide*) (ancient) Egyptian II. *m, f* (ancient) Egyptian

egli ['eʎ·ʎi] *pron 3. pers sing m* he

ego ['ɛ:·go] <-> *m, adj* ego

egocentrico, -a [e·go·'tʃɛn·tri·ko] <-ci, -che> I. *adj* (*carattere, persona*) self-centered II. *m, f* self-centered person

egocentrismo [e·go·tʃɛn·'triz·mo] *m* egocentricity

egoismo [e·go·'iz·mo] *m* selfishness

egoista [e·go·'is·ta] <-i *m*, -e *f*> I. *mf* selfish person II. *adj* selfish

egoistico, -a [e·go·'is·ti·ko] <-ci, -che> *adj* (*bisogno, ragioni, motivazioni, scelta*) selfish

Egr. *abbr di* **egregio** Dear

egregio, -a [e·'grε:·dʒo] <-gi, -gie> *adj* 1. (*eccellente: lavoro, qualità*) excellent 2. (*nelle lettere*) Dear

eguaglianza [e·guaʎ·'ʎan·tsa] *f v.* **uguaglianza**

egualitario, -a [e·gua·li·'ta:·rio] <-i, -ie> *adj* (*dottrina, spirito, società*) egalitarian

egualitarismo [e·gua·li·ta·'riz·mo] *m* egalitarianism

eh [ε/e] *interj fam* 1. (*richiamo*) hey 2. (*compatimento*) well; ~, **cosa ci vuoi fare?** well, what do you want to do about it? 3. (*sorpresa*) wow 4. (*domanda*) **niente male, ~?** not bad, is it?

ehi ['e:·i] *interj fam* (*richiamo*) hey

ehm [m] *interj fam* (*con esitazione*) er

E.I. *abbr di* **Esercito Italiano** *Italian army*

eiaculare [e·ia·ku·'la:·re] *vi* to ejaculate

eiaculazione [e·ia·ku·lat·'tsio:·ne] *f* ejaculation

eidomatica® [ei·do·'ma:·ti·ka] <-che> *f* COMPUT computer imaging

eiettabile [e·iet·'ta:·bi·le] *adj* **sedile** ~ ejector seat

elaborare [e·la·bo·'ra:·re] *vt* 1. (*tesi, piano*) to devise; (*sistema*) to create 2. COMPUT (*dati*) to process 3. (*digerire*) to digest

elaborato [e·la·bo·'ra:·to] *m* 1. (*a scuola, concorso: scritto, trattazione*) essay 2. COMPUT (*tabulato*) printout

elaborato, -a *adj* 1. (*ricercato: stile*) ornate; (*piatto, ricetta*) elaborate 2. (*potente: motore*) modified

elaboratore [e·la·bo·ra·'to:·re] *m* COMPUT ~ (**elettronico**) processor

elaborazione [e·la·bo·rat·'tsio:·ne] *f* 1. COMPUT (*di dati*) processing 2. (*di progetto, piano, teoria, modello*) creation

elargire [e·lar·'dʒi:·re] <elargisco> *vt* (*distribuire: fondi, soldi, sussidi*) to give out; (*regali, favori*) to lavish

elargizione [e·lar·dʒit·'tsio:·ne] *f* (*assegnazione*) donation

elasticità [e·las·ti·tʃi·'ta] <-> *f* 1. (*di molle, gomma*) elasticity 2. (*agilità: di persona*) agility 3. *fig* (*apertura*) flexibility; ~ **mentale** mental agility

elasticizzato, -a [e·las·ti·tʃid·'dza:·to] *adj* (*tessuto, indumento*) elasticized

elastico [e·'las·ti·ko] <-ci> *m* 1. (*tessuto*) elastic 2. (*per fissare*) rubber band

elastico, -a <-ci, -che> *adj* 1. (*tessuto*) elastic; (*pelle*) supple 2. (*agile: persona, passo, mente*) nimble 3. (*flessibile: orario*) flexible 4. (*morale*) flexible

Elba *f* (*isola toscana*) Elba; **l'**~ Elba

elbano, -a [el·'ba:·no] *m, f* (*abitante dell'isola d'Elba*) person from Elba

eldorado [el·do·'ra:·do] *m* El Dorado

elefante [e·le·'fan·te] *m* elephant

elegante [e·le·'gan·te] *adj* elegant

eleganza [e·le·'gan·tsa] *f* elegance

eleggere [e·'lεd·dʒe·re] <irr> *vt* to elect

elegia [e·le·'dʒi:·a] <-gie> *f* elegy

elegiaco, -a [e·le·'dʒi:·a·ko] <-ci, -che> *adj* (*atmosfera, melodia*) elegiac

elementare [e·le·men·'ta:·re] I. *adj* 1. (*semplice: concetto*) basic 2. (*di base: regola*) basic 3. (*scuola*) elementary; **scuola** ~ elementary school II. *fpl* (*scuole*) elementary school

elemento [e·le·'men·to] *m* 1. (*sostanza*) element 2. CHIM element 3. (*parte: di macchina, cucina, frase*) part 4. *fig* (*ambiente*) element 5. (*dato*) fact 6. *fig, pej* (*individuo*) individual 7. *pl* (*nozione*) rudiments

elemosina [e·le·'mɔ:·zi·na] *f* charity; **chiedere l'**~ to beg; **fare l'**~ to give charity

elemosinare [e·le·mo·zi·'na:·re] I. *vt a. fig* to beg for II. *vi* to beg

elencare [e·leŋ·'ka:·re] *vt* 1. (*registrare: nomi, articoli*) to list 2. (*enumerare: pregi, difetti*) to count

elencazione [e·leŋ·kat·'tsio:·ne] *f* 1. (*registrazione: di nomi, articoli*) listing 2. (*enumerazione: di pregi, difetti*) counting

elenco [e·'lεŋ·ko] <-chi> *m* list; ~ **telefonico** phone book

elessi *1. pers sing pass rem di* **eleggere**

elettivo, -a [e·let·'ti:·vo] *adj* 1. (*carica, monarchia*) elected 2. (*scelto: domicilio, patria*) chosen

eletto, -a [e·'lεt·to] I. *pp di* **eleggere** II. *adj* 1. POL (*nominato*) elected 2. REL chosen; **il popolo** ~ the chosen people 3. *fig* select III. *m, f* (*a parlamento, camera, consiglio*) elected member

elettorale [e·let·to·'ra:·le] *adj* electoral

elettorato [e·let·to·'ra:·to] *m* (*elettori*) electorate

elettore, -trice [e·let·'to:·re] *m, f* voter

elettrauto [e·let·'tra:·u·to] <-> *m* 1. (*persona*) car electrician 2. (*officina*) electrical repair shop, *for cars*

elettrice *f v.* **elettore**

elettricista [e·let·tri·'tʃis·ta] <-i *m*, -e *f*> *mf* electrician

elettricità [e·let·tri·tʃi·'ta] <-> *f* FIS electricity

elettrico, -a [e·'lεt·tri·ko] <-ci, -che> I. *adj* 1. FIS (*carica*) electric; **centrale -a** power station; **energia -a** electric power 2. (*auto, scaldabagno, bollitore, pianola*) electric II. *m, f* electricity worker

elettrificare [e·let·tri·fi·'ka:·re] *vt* 1. (*luogo*) to supply with electricity 2. (*ferrovia*) to electrify

elettrificazione [e·let·tri·fi·kat·'tsio:·ne] *f* (*di ferrovia*) electrification

elettrizzante [e·let·trid·'dzan·te] *adj* (*atmosfera, esperienza, novità*) electrifying

elettrizzare [e·let·trid·'dza:·re] I. *vt* 1. FIS (*corpo*) to electrify 2. *fig* (*entusiasmare*) to

E

electrify **II.** *vr:* **-rsi 1.** FIS (*corpo*) to be electrified **2.** *fig* (*entusiasmarsi*) to become electric

elettro- [e·let·tro] (*in parole composte*) elettro-

elettrocalamita [e·let·tro·ka·la·'mi:·ta] *f* elettromagnet

elettrocardiogramma [e·let·tro·kar·dio·'gram·ma] *m* electrocardiogram

elettrochimica [e·let·tro·'ki:·mi·ka] <-che> *f* electrochemistry

elettrochimico, -a [e·let·tro·'ki:·mi·ko] <-ci, -che> **I.** *adj* (*settore, impianto*) electrochemical **II.** *m, f* electrochemist

elettrochoc [e·let·troʃ·'ʃɔk] *m* electroshock

elettrodo [e·'lɛt·tro·do] *m* electrode

elettrodomestico [e·let·tro·do·'mɛs·ti·ko] *m* electrical appliance; **negozio di -ci** electrical appliance store

elettroencefalogramma [e·let·tro·en·tʃe·fa·lo·'gram·ma] *m* electroencephalogram

elettrofisica [e·let·tro·'fi:·zi·ka] <-che> *f* electrophysics

elettrolisi [e·let·'trɔ:·li·zi] <-> *f* electrolysis

elettrolitico, -a [e·let·tro·'li:·ti·ko] <-ci, -che> *adj* (*cella, conduzione*) electrolytic; **zincatura -a** electro-galvanizing

elettromagnetico, -a [e·let·tro·maɲ·'ɲɛ:·ti·co] <-ci, -che> *adj* (*campo, onda, inquinamento*) electromagnetic

elettromeccanica [e·let·tro·mek·'ka:·ni·ka] <-che> *f* electromechanics

elettromeccanico, -a [e·let·tro·mek·'ka:·ni·ko] <-ci, -che> **I.** *adj* (*pompa, componente, ricambio*) electromechanical **II.** *m, f* electrical mechanic

elettromotrice [e·let·tro·mo·'tri:·tʃe] *f* (*di treno*) electric locomotive

elettrone [e·let·'tro:·ne] *m* electron

elettronica [e·let·'trɔ:·ni·ka] <-che> *f* electronics

elettronico, -a [e·let·'trɔ:·ni·ko] <-ci, -che> *adj* **1.** FIS electronic **2.** COMPUT (*giornale, rivista*) online; (*cartolina*) electronic; **posta -a** email; **commercio ~** e-commerce

elettroscopio [e·let·tros·'kɔ:·pio] <-i> *m* electroscope

elettroshock [e·let·tro·'ʃɔk] <-> *m* electroshock

elettrosmog [e·lɛt·tro·'zmɔg] <-> *m* ECOL electrosmog

elettrostatica [e·let·tro·'sta:·ti·ka] <-che> *f* FIS electrostatics

elettrotecnica [e·let·tro·'tɛk·ni·ka] <-che> *f* electrical engineering

elettrotecnico, -a [e·let·tro·'tɛk·ni·ko] <-ci, -che> **I.** *adj* (*apparecchiatura, disciplina, azienda*) electrotechnical **II.** *m, f* electrical engineer

elevare [e·le·'va:·re] **I.** *vt* **1.** (*edificio*) to erect; **~ un edificio di un piano** to add a floor to a building **2.** *fig* (*migliorare*) to raise **3.** (*aumentare*) to increase **4.** ADMIN **~ una multa** to im-

pose a fine **5.** MAT **~ un numero al quadrato** to square a number **II.** *vr:* **-rsi** to rise

elevato, -a [e·le·va:·to] *adj* **1.** (*alto: montagna, prezzo*) high **2.** (*nobile: sentimenti*) noble

elevatore [e·le·va·'to:·re] *m* TEC elevator

elevatore, -trice *adj* TEC elevatory; **carrello ~** forklift

elezione [e·let·'tsio:·ne] *f* **1.** POL election **2.** ADMIN (*scelta*) choice

eliambulanza [e·li·am·bu·'lan·tsa] *f* AERO medevac

elica ['ɛ:·li·ka] <-che> *f* (*di nave, aereo*) propellor

elicoidale [e·li·koi·'da:·le] *adj* (*a elica: corpo, scala*) spiral

elicottero [e·li·'kɔt·te·ro] *m* helicopter

elidere [e·'li:·de·re] <elido, elisi, eliso> *vt* LING (*vocale*) to elide

eliminare [e·li·mi·'na:·re] *vt* **1.** (*togliere: macchia, ostacolo, errore*) to remove **2.** *fig* (*scartare: dubbio, ipotesi*) to eliminate **3.** (*estromettere: avversario, squadra*) to knock out **4.** *inf* (*uccidere*) to rub out **5.** (*espellere: tossine*) to eliminate

eliminatoria [e·li·mi·na·'tɔ:·ria] <-ie> *f* (*gara*) preliminary round

eliminazione [e·li·mi·nat·'tsio:·ne] *f* **1.** SPORT (*esclusione: di avversario, squadra*) elimination **2.** (*rimozione: di errore, ostacolo*) removal **3.** *inf* (*uccisione*) killing **4.** (*di tossine*) elimination

elio ['ɛ:·lio] *m* helium

eliocentrico, -a [e·lio·'tʃɛn·tri·ko] <-ci, -che> *adj* (*sistema*) heliocentric

eliografia [e·lio·gra·'fi:·a] *f* heliograph

eliporto [e·li·'pɔr·to] *m* heliport

elisi [e·'li:·zi] *1. pers sing pass rem di* **elidere**

elisione [e·li·'zio:·ne] *f* LING (*di vocale*) elision

elisir [e·li·'zir] <-> *m* elixir

eliso [e·'li:·zo] *pp di* **elidere**

elitario, -a [e·li·'ta:·rio] <-i, -ie> *adj* elite

élite [e·'lit] <-> *f* elite; **d'~** (*scuola, albergo*) elite

ella ['el·la] *pron 3. pers sing f* she

ellenico, -a [el·'lɛ:·ni·ko] <-ci, -che> *adj* (*bandiera, popolo*) Greek

ellenismo [el·le·'niz·mo] *m* HIST, LIT Hellenism

ellisse [el·'lis·se] *f* MAT ellipsis

ellittico, -a [el·'lit·ti·ko] <-ci, -che> *adj* (*ovale: tubo, cono*) elliptic

elmetto [el·'met·to] *m* (*per soldati, minatori, ciclisti*) helmet

elmo ['el·mo] *m* (*nelle antiche armature*) helmet

elogiare [e·lo·'dʒa:·re] *vt* (*persona, opera*) to praise

elogio [e·'lɔ:·dʒo] <-gi> *m* **1.** (*orazione*) eulogy; **~ funebre** funeral oration **2.** (*lode*) praise

eloquente [e·lo·'kuɛn·te] *adj* **1.** (*oratore, discorso*) eloquent **2.** (*sguardo, silenzio*) meaningful

eloquenza [e·lo·'kuɛn·tsa] *f a. fig* eloquence

eludere [e·'lu:·de·re] <eludo, elusi, eluso> *vt* ~ **qc** (*confronto*) to avoid sth; (*controllo*) to evade sth

elusivo, -a [e·lu·'zi:·vo] *adj* (*evasivo: discorso, parole*) evasive

eluso [e·'lu·zo] *pp di* **eludere**

elvetico, -a [el·'vɛ:·ti·ko] <-ci, -che> *adj* (*autorità, confederazione, cittadini*) Swiss

emaciato, -a [e·ma·'tʃa:·to] *adj* (*volto, guance, corpi*) emaciated

E-mail [i·'meil] <-> *f* e-mail

emanare [e·ma·'na:·re] *vt avere* 1. (*luce, calore, profumo*) to give out; (*gas*) to give off 2. GIUR (*leggi*) to issue 3. *fig* (*simpatia*) to exude

emanazione [e·ma·nat·'tsio:·ne] *f* 1. (*di luce, calore, gas*) emission 2. GIUR (*di leggi*) enactment

emancipare [e·man·tʃi·'pa:·re] I. *vt* 1. (*popolazione, cultura, paese*) to liberate 2. (*donna, minore*) to emancipate II. *vr:* **-rsi** 1. (*popolazione, paese*) to be liberated 2. (*donna*) to be emancipated

emancipato, -a [e·man·tʃi·'pa:·to] *adj* 1. (*popolazione, paese*) free 2. (*donna*) emancipated

emancipazione [e·man·tʃi·pat·'tsio:·ne] *f* (*di popolazione, paese*) liberation; ~ **della donna** women's liberation

emarginare [e·mar·dʒi·'na:·re] *vt fig* (*escludere: minoranza*) to marginalize

emarginati [e·mar·dʒi·'na:·ti] *mpl* outcasts *pl*

emarginato, -a [e·mar·dʒi·'na:·to] I. *adj* (*escluso: quartiere, gruppo, bambino*) outcast II. *m, f* (*persona*) outcast

ematico, -a [e·'ma:·ti·ko] <-ci, -che> *adj* MED blood; **controllo/prelievo** ~ blood test/sample

ematoma [e·ma·'tɔ:·ma] <-i> *m* (*livido*) bruise; MED hematoma

embargo [em·'bar·go] <-ghi> *m* embargo

emblema [em·'blɛ:·ma] <-i> *m* (*simbolo*) emblem

emblematico, -a [em·ble·'ma:·ti·ko] <-ci, -che> *adj* 1. (*simbolico: personaggio, figura*) emblematic 2. (*rappresentativo: caso, esperienza*) typical

embolia [em·bo·'li:·a] <-ie> *f* MED embolism

embrionale [em·bri·o·'na:·le] *adj* BIOL (*sviluppo*) embryonic; **cellula** ~ embryo cell

embrione [em·bri·'o:·ne] *m* 1. BIOL embryo 2. *fig* **essere in** ~ (*progetto, idea*) to be embryonic

emendamento [e·men·da·'men·to] *m* 1. (*correzione*) correction 2. GIUR (*di legge*) amendment

emendare [e·men·'da:·re] *vt* 1. (*correggere*) to correct 2. GIUR (*legge*) to amend

emergente [e·mer·'dʒɛn·te] *adj* (*cantante, autore*) up-and-coming; (*mercato*) emerging; **paesi -i** emerging countries

emergenza [e·mer·'dʒɛn·tsa] *f* (*situazione critica*) emergency; **stato di** ~ state of emergency; **freno di** ~ (*di treno*) emergency brake

emergere [e·'mɛr·dʒe·re] <emergo, emersi, emerso> *vi essere* 1. (*venire a galla*) to emerge 2. (*risultare*) to come out 3. *fig* (*eccellere*) to stand out

emerito, -a [e·'mɛ:·ri·to] *adj* 1. (*professore*) emeritus 2. (*insigne: studioso, statista*) eminent 3. *fig, a. scherz* absolute; **sei un** ~ **stupido** you're an absolute fool

emersi [e·'mɛr·si] *1. pers sing pass rem di* **emergere**

emersione [e·mer·'sio:·ne] *f* 1. (*di sommergibile, subacqueo*) surfacing 2. (*regolarizzazione: di lavoratore*) regularization

emerso [e·'mɛr·so] *pp di* **emergere**

emetico [e·'mɛ:·ti·ko] <-ci> *m* emetic

emetico, -a <-ci, -che> *adj* emetic

emettere [e·'met·te·re] <irr> *vt* 1. (*mandare fuori: luce, radiazione, calore*) to emit; (*grido, sibilo, suono*) to let out 2. FIN (*azioni, titoli, assegno*) to issue 3. GIUR (*sentenza*) to pass; (*mandato*) to issue

emiciclo [e·mi·'tʃi:·klo] *m* semicircle

emicrania [e·mi·'kra:·nia] <-ie> *f* MED migraine

emigrante [e·mi·'gran·te] *m* emigrant

emigrare [e·mi·'gra:·re] *vi essere o avere* 1. (*espatriare*) to emigrate 2. ZOOL (*migrare*) to migrate

emigrato, -a [e·mi·'gra:·to] I. *adj* (*persona*) emigrant II. *m, f* emigrant

emigrazione [e·mi·grat·'tsio:·ne] *f* 1. (*espatrio*) emigration 2. FIN (*di capitali*) flight

Emilia *f* (*regione*) l'~ **Romagna** Emilia-Romagna

emiliano [e·mi·'lia:·no] <sing> *m* (*dialetto*) dialect spoken in the Emilia region

emiliano, -a I. *adj* from Emilia II. *m, f* (*abitante*) person from Emilia

Emilia-Romagna [e·'mi:·lia ro·'maɲ·ɲa] *f* Emilia-Romagna

eminente [e·mi·'nɛn·te] *adj fig* (*importante*) eminent

eminentemente [e·mi·nen·te·'men·te] *adv* (*soprattutto*) fundamentally

eminenza [e·mi·'nɛn·tsa] *f* 1. REL (*titolo*) Eminence 2. (*persona*) **eminent person** ~ **grigia**, éminence grise

emirato [e·mi·'ra:·to] *m* emirate

emiro [e·'mi:·ro] *m* emir

emisferico, -a [e·mis·'fɛ:·ri·ko] <-ci, -che> *adj* hemispherical

emisfero [e·mis·'fɛ:·ro] *m* 1. GEO hemisphere; ~ **australe/boreale** southern/northern hemisphere 2. ANAT ~ **cerebrale** cerebral hemisphere 3. MAT hemisphere

emisi *1. pers sing pass rem di* **emettere**

emissario [e·mis·'sa:·rio] <-i> *m* 1. GEO (*di fiume*) outlet 2. (*rappresentante*) emissary

emissione [e·mis·'sio:·ne] *f* 1. (*fuoriuscita: di gas, radiazioni, suoni*) emission 2. FIN (*di azioni, titoli, francobolli*) issue

emittente [e·mit·'tɛn·te] I. *adj* 1. RADIO (*an-*

E

tenna, stazione radio) broadcasting **2.** FIN (*società*) issuing **II.** *f* TV, RADIO broadcast

emittenza [e·mit·'ten·tsa] *f* TV, RADIO broadcasting

emodialisi [e·mo·dia·'li:·zi] <-> *f* MED hemodialysis

emofilia [e·mo·fi·'li:·a] <-ie> *f* MED hemophilia

emofiliaco [e·mo·fi·'li:·a·ko] <-ci> *m* hemophiliac

emoglobina [e·mo·glo·'bi:·na] *f* hemoglobin

emolliente [e·mol·'liɛn·te] **I.** *adj* (*cosmetico, crema, sapone*) emollient **II.** *m* MED (*per la tosse, crema*) emollient

emorragia [e·mor·ra·'dʒi:·a] <-gie> *f* MED hemorrhage

emorroidi [e·mor·'rɔ:·i·di] *fpl* hemorrhoids

emostatico [e·mos·'ta:·ti·ko] <-ci> *m* hemostatic

emostatico, -a <-ci, -che> *adj* (*cotone, laccio, matita*) hemostatic

emoteca [e·mo·'tɛ:·ka] *f* blood bank

emotività [e·mo·ti·vi·'ta] <-> *f* emotionality

emotivo, -a [e·mo·'ti:·vo] **I.** *adj* (*coinvolgimento, reazione, persona*) emotional **II.** *m, f* emotional person

emozionale [e·mot·tsio·'na:·le] *adj* (*equilibrio, disagio, sviluppo*) emotional

emozionante [e·mot·tsio·'nan·te] *adj* (*storia, vita*) inspiring

emozionare [e·mot·tsio·'na:·re] **I.** *vt* (*film, storia, paesaggio*) to thrill **II.** *vr:* **-rsi ~ per qc** to get excited by sth

emozione [e·mot·'tsio:·ne] *f* **1.** (*agitazione*) emotion **2.** (*impressione*) emotion; **provare una forte ~** to feel strong emotions

empatia [em·pa·'ti:·a] <-ie> *f* PSIC empathy

empietà [em·pie·'ta] <-> *f* (*spietatezza*) ruthlessness

empii [em·'pi:·i] *1. pers sing pass rem di* **empire**

empio, -a ['em·pio] <-i, -ie> *adj* (*spietato: guerra, persona*) cruel

empirico, -a [em·'pi:·ri·ko] <-ci, -che> *adj* (*rimedio, metodo*) empirical

emporio [em·'pɔ:·rio] <-i> *m* (*negozio*) general store

emù [e·'mu] <-> *m* ZOOL emu

emulare [e·mu·'la:·re] *vt* **1.** (*imitare: personaggio, gesta*) to emulate **2.** COMPUT to emulate

emulazione [e·mu·lat·'tsio:·ne] *f* **1.** (*imitazione*) emulation **2.** COMPUT emulation

emulsionare [e·mul·sio·'na:·re] *vt* (*acqua e olio*) to emulsify

emulsionatore [e·mul·sio·na·'to:·re] *m* TECH (*apparecchio*) emulsifier

emulsione [e·mul·'sio:·ne] *f* (*di acqua e olio*) emulsion

Enalotto [e·na·'lɔt·to] *m* state lottery

encefalo [en·'tʃɛ:·fa·lo] *m* encephalon

encefalopatia [en·tʃe·fa·lo·pa·'ti:·a] <-ie> *f* MED encephalopathy

enciclica [en·'tʃi:·kli·ka] <-che> *f* encyclical

enciclopedia [en·tʃik·lo·pe·'di:·a] <-ie> *f* encyclopedia

enciclopedico, -a [en·tʃik·lo·'pɛ:·di·ko] <-ci, -che> *adj* (*dizionario, opera, sapere*) encyclopedic

encomio [eŋ·'kɔ:·mio] <-i> *m* (*lode*) tribute; **degno di ~** praiseworthy

endemico, -a [en·'dɛ:·mi·ko] <-ci, -che> *adj* (*specie, malattia*) endemic

endocardio [en·do·'kar·dio] <-i> *m* ANAT endocardium

endocrino, -a [en·'dɔ:·kri·no] *adj* ANAT (*ghiandola*) endocrine

endogeno, -a [en·'dɔ:·dʒe·no] *adj* (*interno*) endogenous

endoscopio [en·dos·'kɔ:·pio] <-i> *m* endoscope

endovenosa [en·do·ve·'no:·sa] *f* MED (*iniezione*) intravenous injection

endovenoso, -a [en·do·ve·'no:·so] *adj* MED (*iniezione, infusione*) intravenous

ENEL ['ɛ:·nel] *m abbr di* **Ente Nazionale per l'Energia Elettrica** *state electricity company*

energetico, -a [e·ner·'dʒɛ:·ti·ko] <-ci, -che> *adj* **1.** (*consumi, settore, titolo, risparmio*) energy; **fonti -che** electricity sources **2.** (*cibo*) high-energy

energia [e·ner·'dʒi:·a] <-gie> *f* **1.** FIS energy; **~ atomica** [*o* **nucleare**] nuclear power; **~ elettrica** electric power; **~ rinnovabile** renewable energy; **~ solare** solar power **2.** (*vigore*) energy; **con ~** energetically; **senza ~** apathetically

energico, -a [e·'nɛr·dʒi·ko] <-ci, -che> *adj* (*persona, protesta*) energetic; (*passo*) determined

energizzare [e·ner·dʒid·'dza:·re] *vt* **~ qc** to energize sth

energumeno, -a [e·ner·'gu:·me·no] *m, f* wild man *m*, wild woman *f*

enfant prodige [ɑ̃·'fɑ̃ prɔ·'di:ʒ] <-> *m* golden boy

enfant terrible [ɑ̃·'fɑ̃ te·'ri·bl] <-> *m* enfant terrible

enfasi ['ɛn·fa·zi] <-> *f* **1.** (*foga*) emphasis; **con ~** (*parlare*) enthusiastically **2.** (*rilievo*) stress

enfatico, -a [en·'fa:·ti·ko] <-ci, -che> *adj* emphatic

enfatizzare [en·fa·tid·'dza:·re] *vt* **1.** (*parole*) to emphasize **2.** (*esagerare: racconto, notizia*) to dramatize

enfatizzazione [en·fa·tid·dzat·'tsio:·ne] *f* (*esagerazione*) dramatization

ENI ['ɛ:·ni] *m abbr di* **Ente Nazionale Idrocarburi** *state hydrocarbon agency*

enigma [e·'nig·ma] <-i> *m* **1.** (*indovinello*) riddle **2.** (*mistero*) mystery

enigmatico, -a [e·nig·'ma:·ti·ko] <-ci, -che> *adj* (*persona, comportamento, sorriso*) enigmatic

enigmistico, -a [e·nig·'mis·ti·ko] <-ci, -che> *adj* **gioco ~** puzzle; **giornale ~** puzzle magazine

Enna *f* Enna

ennese [en·'ne:·se] **I.** *adj* from Enna **II.** *mf* (*abitante*) person from Enna

Ennese <*sing*> *m* (*zona*) Enna region; **nell'~** in the Enna region

ennesimo, -a [en·'nɛ:·zi·mo] *adj* **1.** *fam* umpteenth; **per l'~a volta** for the umpteenth time **2.** MAT nth

enologia [e·no·lo·'dʒi:·a] <-gie> *f* enology

enologo, -a [e·'nɔ:·lo·go] <-gi, -ghe> *m, f* enologist

enorme [e·'nor·me] *adj* **1.** (*oggetto, edificio*) enormous **2.** (*fortuna, gioia*) great

enormità [e·nor·mi·'ta] <-> *f* **1.** (*grandezza: di scoperta, aspettative, richiesta*) enormity **2.** (*eccesso*) **costa un'~!** *fam* it costs a fortune! **3.** (*stupidaggine*) nonsense; **dire un'~** to talk nonsense

enoteca [e·no·'tɛ:·ka] *f* **1.** (*raccolta*) (wine) cellar **2.** (*locale*) wine bar

enoturismo [e·no·tu·'riz·mo] *m* wine tourism

en passant [am pas·'san] *adv* in passing

en plein [ɑ̃ plɛ̃] <-> *m* **1.** (*alla roulette*) en plein **2.** *fig* **fare un ~** to make a clean sweep

ensemble [an·'sam·bl] <-> *m* MUS (*complesso*) ensemble

ente ['ɛn·te] *m* **1.** (*istituzione*) body **2.** FILOS (*cosa*) being

entità [en·ti·'ta] <-> *f* **1.** (*importanza*) extent **2.** FILOS entity

entomologia [en·to·mo·lo·'dʒi:·a] <-gie> *f* entomology

entomologo, -a [en·to·'mɔ:·lo·go] <-gi, -ghi> *m, f* entomologist

entraîneuse [an·trɛ·'nø:z] <-> *f* hostess

entrambi, -e [en·'tram·bi] *adj, pron* (*tutti e due*) both; **entrambe le parti** ADMIN both parties

entrante [en·'tran·te] *adj* (*anno, mese*) coming

entrare [en·'tra:·re] *vi essere* **1.** (*in un luogo*) to enter, to go in; **~ in acqua** to get into the water; **~ in casa** to go indoors; **~ dalla porta/finestra** to go in through the door/window; **entrate pure!** please come in; **fare ~ qu** to bring sb in **2.** *fig* (*in un gruppo*) to join; **~ nell'esercito** to join the army; **~ in convento** (*frate*) to enter a monastery; (*suora*) to enter a convent **3.** (*vestito*) to fit; **la gonna non mi entra più** the skirt doesn't fit me anymore **4.** (*trovare posto*) to fit; **qui non c'entra più nessuno** *fam* there's no room for anyone else **5.** (*avere a che vedere*) to be relevant; **la politica non c'entra** *fig, fam* politics has nothing to do with it **6.** *fig* (*iniziare*) **~ in contatto con qu** to get in touch with sb; **~ in carica** to take office; **~ in guerra** to go to war

entrata [en·'tra:·ta] *f* **1.** (*ingresso*) entrance **2.** (*l'entrare*) entry; **~ in carica** appointment; **~ in vigore** (*di legge*) coming into force **3.** *pl* COM (*guadagno*) income

entrecôte [en·trə·'ko:t] <-> *f* entrecôte

entro ['en·tro] *prep* within; **~ e non oltre il**

30 ottobre ADMIN no later than October 30; **si sposano ~ l'anno** they're getting married this year

entroterra [en·tro·'tɛr·ra] <-> *m* inland region; **nell'~** inland

entusiasmare [en·tuz·iaz·'ma:·re] **I.** *vt* to excite **II.** *vr:* **-rsi -rsi per qc** to become excited about sth

entusiasmo [en·tu·'ziaz·mo] *m* enthusiasm

entusiasta [en·tu·'zias·ta] <-i *m*, -e *f*> **I.** *adj* (*persona, discorso, applauso*) enthusiastic; **essere ~ di qc** to be enthusiastic about sth **II.** *mf* enthusiast

entusiastico, -a [en·tu·'zias·ti·ko] <-ci, -che> *adj* (*applauso, partecipazione, parole*) enthusiastic

enucleare [e·nu·kl·'a:·re] *vt* (*chiarire: concetto, principio*) to explain

enumerare [e·nu·me·'ra:·re] *vt* (*qualità, difficoltà*) to list

enumerazione [e·nu·me·rat·'tsio:·ne] *f* (*di qualità, difficoltà*) list

enunciare [e·nun·'tʃa:·re] *vt* (*principio, teoria*) to state

enunciato [e·nun·'tʃa:·to] *m* statement

enunciazione [e·nun·tʃat·'tsio:·ne] *f* (*di principio, teoria*) statement

enzima [en·'dzi:·ma] <-i> *m* enzyme

eolico, -a [e·'ɔ:·li·ko] <-ci, -che> *adj* (*del vento*) wind; **energia -a** wind power; **motore ~** wind generator

epatico, -a [e·'pa:·ti·ko] <-ci, -che> *adj* (*del fegato*) liver; **cirrosi -a** cirrhosis

epatite [e·pa·'ti:·te] *f* hepatitis

epica ['ɛ:·pi·ka] <-che> *f* epic

epicentro [e·pi·'tʃɛn·tro] *m a. fig* epicenter

epico, -a ['ɛ:·pi·ko] <-ci, -che> *adj* (*saga, avventure, film*) epic; **poema ~** epic poem

epicureo, -a [e·pi·ku·'rɛ:·o] **I.** *adj* Epicurean **II.** *m, f* FILOS Epicurean

epidemia [e·pi·de·'mi:·a] <-ie> *f a. fig* epidemic

epidemico, -a [e·pi·'dɛ:·mi·ko] <-ci, -che> *adj* MED (*malattia, focolaio, infezione*) epidemic

epidermico, -a [e·pi·'dɛr·mi·ko] <-ci, -che> *adj* **1.** ANAT (*cellule, tumore*) epidermal **2.** (*superficiale: simpatia, sensazione*) superficial

epidermide [e·pi·'dɛr·mi·de] *f* ANAT epidermis

epifania [e·pi·fa·'ni:·a] <-ie> *f* epiphany

Epifania, Epiphany, the Feast of the Three Kings at the end of the Christmas period, is a statutory holiday in Italy. According to tradition, on the night of January 6 the **Befana**, an old woman from fairy tales, comes down the chimney, bringing gifts for good children and pieces of coal for bad ones.

---

epigrafe [e·'pi:·gra·fe] *f* epigraph

E

epilazione [e·pi·lat·'tsio:·ne] *f* depilation

epilessia [e·pi·les·'si:·a] <-ie> *f* epilepsy

epilettico, -a [e·pi·'lɛt·ti·ko] <-ci, -che> I. *adj* (*paziente, crisi*) epileptic II. *m, f* epileptic

epilogo [e·'pi:·lo·go] <-ghi> *m* 1. LIT (*di romanzo*) epilogue 2. *fig* (*di storia, avvenimento*) end

episcopale [e·pis·ko·'pa:·le] *adj* episcopal

episcopato [e·pis·ko·'pa:·to] *m* 1. (*ufficio di vescovo*) bishopric 2. (*vescovi*) bishops *pl*

episodico, -a [e·pi·'zɔ:·di·ko] <-ci, -che> *adj* 1. (*film, romanzo*) episodic 2. *fig* (*fenomeno*) occasional

episodio [e·pi·'zɔ:·dio] <-i> *m* 1. (*avvenimento*) episode 2. (*di sceneggiato televisivo*) episode; (*di romanzo*) instalment

epistolare [e·pis·to·'la:·re] *adj* epistolary; **romanzo ~** epistolary novel; **scambio ~** correspondence

epitaffio [e·pi·'taf·fio] <-i> *m* epitaph

epiteto [e·'pi:·te·to] *m* 1. LING (*denominazione*) epithet 2. *pej* (*insulto*) insult

epoca ['ɛ:·po·ka] <-che> *f* 1. (*periodo storico*) epoch; **auto d'~** vintage car 2. (*tempo*) time; **a quell'~** at that time

epopea [e·po·'pɛ:·a] *f* 1. LIT epic poem 2. *fig* (*impresa*) epic achievement

epos ['ɛ:·pos] <-> *m* LIT epic poetry

eppure [ep·'pu:·re] *conj* (and) yet

epurare [e·pu·'ra:·re] *vt* POL (*mandar via*) to purge

epurazione [e·pu·rat·'tsio:·ne] *f* POL (*allontanamento*) purge

equanime [e·'kua:·ni·me] *adj* (*giudizio*) unbiased; (*giudice*) impartial

equanimità [e·kua·ni·mi·'ta] <-> *f* impartiality

equatore [e·kua·'to:·re] *m* equator

equatoriale [e·kua·to·'ria:·le] *adj* (*foresta, clima*) equatorial

equazione [e·kuat·'tsio:·ne] *f* equation

equestre [e·'kuɛs·tre] *adj* (*sport*) equestrian; **circo ~** horse show

equiangolo, -a [e·kui·'aŋ·go·lo] *adj* equiangular

equidistante [e·kui·dis·'tan·te] *adj* (*punto*) equidistant

equidistanza [e·kui·dis·'tan·tsa] *f* equidistance

equilatero, -a [e·kui·'la:·te·ro] *adj* equilateral

equilibrare [e·kui·li·'bra:·re] I. *vt* 1. (*tenere in equilibrio: piatti della bilancia, pesi*) to balance 2. MOT (*ruote*) to balance II. *vr:* **-rsi** (*pesi, forze*) to balance (each other)

equilibrato, -a [e·kui·li·'bra:·to] *adj fig* (*persona, giudizio*) balanced

equilibratura [e·kui·li·bra·'tu:·ra] *f* MOT **~ delle ruote** wheel balancing

equilibrio [e·kui·'li:·bri·o] <-i> *m* 1. (*stabilità*) balance; **perdere/mantenere l'~** to lose/keep one's balance; **stare in ~** to be balanced 2. (*di situazione, mercato*) balance 3. (*interiore: di persona*) equilibrium

equilibrismo [e·kui·li·'briz·mo] *m* 1. (*arte*) tightrope walking 2. *fig* balancing act

equilibrista [e·kui·li·'bris·ta] <-i *m*, -e *f*> *mf* tightrope walker

equilizzatore [e·kui·lid·dza·'to:·re] *m* MUS equalizer

equini [e·'kui:·ni] *mpl* horses *pl*

equino, -a *adj* horse; **allevamento ~** horse breeding

equinozio [e·kui·'nɔt·tsio] <-i> *m* ASTR equinox; **~ di primavera/d'autunno** spring/autumnal equinox

equipaggiamento [e·kui·pad·dʒa·'men·to] *m* (*da sci, escursionismo, pesca*) equipment

equipaggiare [e·kui·pad·'dʒa:·re] I. *vt* (*esercito, nave*) to equip II. *vr:* **-rsi** to equip oneself

equipaggio [e·kui·'pad·dʒo] <-ggi> *m* (*di nave, aereo*) equipment

equiparare [e·kui·pa·'ra:·re] *vt* 1. (*uguagliare*) to equalize 2. (*comparare*) to compare

équipe [e·'kip] <-> *f* team; **lavoro d'~** teamwork

equipollente [e·kui·pol·'lɛn·te] *adj* (*laurea, servizio*) equivalent

equità [e·kui·'ta] <-> *f* (*giustizia*) fairness; **~ sociale** social justice

equitazione [e·kui·tat·'tsio:·ne] *f* horseback riding

equivalente [e·kui·va·'lɛn·te] I. *adj* equivalent II. *m* equivalent

equivalenza [e·kui·va·'lɛn·tsa] *f a. fig* equivalence

equivalere [e·kui·va·'le:·re] <irr> I. *vi* essere o avere to be equivalent; **~ a qc** to be equivalent to sth II. *vr:* **-rsi** to be equivalent (to each other)

equivocare [e·kui·vo·'ka:·re] *vi* to misunderstand; **~ su qc** to misunderstand sth

equivoco [e·'kui:·vo·ko] <-ci> *m* (*malinteso*) misunderstanding

equivoco, -a <-ci, -che> *adj* 1. (*ambivalente: frase, risposta*) ambiguous 2. *fig* (*losco: persona, luogo*) dubious

equo, -a ['ɛ:·kuo] *adj* 1. (*imparziale: persona, giudice*) impartial 2. COM (*giusto: pagamento, condizioni, distribuzione*) fair

era[1] ['ɛ:·ra] *f* age; **l'~ atomica** the nuclear age; **l'~ cristiana/maomettana** the Christian/Islamic era; **le -e geologiche** the geological eras

era[2] 3. *pers sing imp di* **essere**[1]

erariale [e·ra·'ria:·le] *adj* tax

erario [e·'ra:·rio] <-i> *m* treasury

erba ['ɛr·ba] *f* 1. BOT grass; **un filo d'~** a blade of grass; **fare d'ogni ~ un fascio** *fig* to lump everyone/everything together 2. CULIN herb; **-e aromatiche** mixed herbs; **~ cipollina** chives 3. *sl* (*marijuana*) grass

erbaceo, -a [er·'ba:·tʃe·o] <-ei, -ee> *adj* (*colture, piante*) herbaceous

erbicida[1] [er·bi·'tʃi:·da] <-i *m*, -e *f*> *adj* herbicidal

erbicida[2] <-i> *m* weedkiller

erbivendolo, -a [er·bi·'ven·do·lo] *m, f* fruit and vegetable seller

erbivoro, -a [er'bi:·voro] I. *adj* (*animale*) herbivorous II. *m, f* 1. (*animale*) herbivore 2. *scherz* (*vegetariano*) herbivore

erborista [er·bo·'ris·ta] <-i *m*, -e *f*> *mf* 1. (*negozio*) herbalist shop 2. (*esperto*) herbalist

erboristeria *f* 1. (*negozio*) herbalist shop 2. (*disciplina*) herbal medicine

erboso, -a [er·'bo:·so] *adj* (*d'erba*) grassy; **tappeto** [*o* **manto**] ~ lawn

Ercolano [er·ko·'la:·no] *f* Herculaneum

erede [e·'rɛ:·de] *mf* heir

eredità [e·re·di·'ta] <-> *f* inheritance; **lasciare qc in** ~ to bequeath sth; **ricevere qc in** ~ to inherit sth

ereditare [e·re·di·'ta:·re] *vt* to inherit; ~ **qc da qu** to inherit sth from sb

ereditarietà [e·re·di·ta·rie·'ta] <-> *f* (*di malattia, titolo*) heritability

ereditario, -a [e·re·di·'ta:·rio] <-i, -ie> *adj* 1. (*principe*) hereditary 2. GIUR (*bene, debiti, diritti*) inherited; **asse** ~ estate 3. BIOL (*malattia, caratteri*) hereditary

ereditiera [e·re·di·'tiɛ:·ra] *f* heiress

eremita [e·re·'mi:·ta] <-i> *m* hermit

eremitaggio [e·re·mi·'tad·dʒo] <-ggi> *m* hermitage

eremo ['ɛ:·re·mo] *m* hermitage

eresia [e·re·'zi:·a] <-ie> *f* 1. REL heresy 2. (*assurdità*) nonsense

eressi [e·'rɛs·si] *1. pers sing pass rem di* **erigere**

eretico, -a [e·'rɛ:·ti·ko] <-ci, -che> I. *adj* REL heretical II. *m, f* 1. REL heretic 2. *fam* (*ateo*) atheist

eretto, -a [e·'rɛt·to] I. *pp di* **erigere** II. *adj* (*andatura, capo*) erect

erezione [e·ret·'tsio:·ne] *f* 1. ARCHIT (*di edificio, monumento*) raising 2. BIOL erection

ergastolano, -a [er·gas·to·'la:·no] *m, f* prisoner serving a life sentence

ergastolo [er·'gas·to·lo] *m* (*pena*) life sentence

ergersi ['ɛr·dʒer·si] <ergo, ersi, erto> *vr:* -**rsi** (*innalzarsi*) to rise; ~ **a qc** *fig* (*difensore, paladino*) to set oneself up as sth

ergo ['ɛr·go] *conj scherz* ergo

ergonomia [er·go·no·'mi:·a] <-ie> *f* ergonomics

ergonomico, -a [er·go·'nɔ:·mi·ko] <-ci, -che> *adj* (*sedile, impugnatura*) ergonomic

ergonomo, -a *m, f* ergonomist

eri ['ɛ:·ri] *2. pers sing imp di* **essere**[1]

erica ['ɛ:·ri·ka] <-che> *f* BOT heather

erigere [e·'ri:·dʒe·re] <erigo, eressi, eretto> I. *vt* 1. ARCHIT (*edificio, città, monumento*) to build 2. *fig* (*barriera, ostacolo*) to erect II. *vr:* -**rsi** to rise; -**rsi a qc** *fig* (*difensore, paladino*) to set oneself up as sth

eritema [e·ri·'tɛ:·ma] <-i> *m* erythema; ~ **solare** sunburn

ermafrodito [er·ma·fro·'di:·to] *m* hermaphrodite

ermellino [er·mel·'li:·no] *m* 1. ZOOL (*animale*) ermine 2. (*pelliccia*) ermine

ermeneutica [er·me·'neːu·ti·ka] <-che> *f* hermeneutics

ermetico, -a [er·'mɛ:·ti·ko] <-ci, -che> *adj* 1. (*stagno*) hermetic 2. LIT (*poesie, letteratura*) obscure 3. *fig* (*persona, frase*) enigmatic

ernia ['ɛr·nia] <-ie> *f* MED hernia; ~ **al** [*o* **del**] **disco** slipped disc; ~ **inguinale** hernia of the groin

erniario, -a [er·'nia:·rio] <-i, -ie> *adj* (*strozzamento, sacco*) hernial; **cinto** ~ truss

ero ['ɛ:·ro] *1. pers sing imp di* **essere**[1]

erodere [e·'ro:·de·re] <irr> *vt a. fig* to erode

eroe, eroina [e·'rɔ:·e, e·ro·'i:·na] *m, f* hero

erogare [e·ro·'ga:·re] *vt* 1. (*gas, luce, acqua*) to supply 2. (*denaro*) to distribute

erogatore [e·ro·ga·'to:·re] *m* (*per subacqueo*) supply

erogatore, -trice *adj* (*ente, azienda*) distributor; **società** -**trice del gas** gas supply company

erogazione [e·ro·ga·'tsio:·ne] *f* 1. (*di gas, luce, acqua*) supply 2. (*di denaro*) distribution

eroico, -a [e·'rɔ:·i·ko] <-ci, -che> *adj* (*atto, impresa, avventura*) heroic

eroina[1] [e·ro·'i:·na] *f* heroine

eroina[2] [e·ro·'i:·na] *f* (*droga*) heroin

eroinomane [e·roi·'nɔ:·ma·ne] I. *mf* heroin addict II. *adj* (*persona*) addicted to heroin

eroismo [e·ro·'iz·mo] *m* (*qualità*) heroism

erompere [e·'rom·pe·re] <irr> *vi* (*gas*) to burst out; ~ **in qc** to break out into sth

eros ['ɛ:·ros] <-> *m* PSIC (*erotismo*) eros

erosi *1. pers sing pass rem di* **erodere**

erosione [e·ro·'zio:·ne] *f a. fig* erosion

erosivo, -a [e·ro·'zi:·vo] *adj* (*azione, fenomeno*) erosive

eroso *pp di* **erodere**

erotico, -a [e·'rɔ:·ti·ko] <-ci, -che> *adj* erotic

erotismo [e·ro·'tiz·mo] *m* eroticism

erpice ['er·pi·tʃe] *m* AGR harrow

errante [er·'ran·te] *adj* (*cavaliere, ebreo*) wandering

errare [er·'ra:·re] *vi* 1. (*sbagliare*) to make a mistake; **se non erro** if I'm not mistaken 2. (*vagare*) to wander

errata corrige [er·'ra:·ta 'kɔr·ri·dʒe] <-> *m* TYPO errata *pl*

errato, -a [er·'ra:·to] *adj* (*sbagliato: risposta, binario, indirizzo*) wrong

erroneità [er·ro·nei·'ta] <-> *f* (*di metodo, sentenza*) incorrectness

erroneo, -a [er·'rɔ:·ne·o] *adj* (*sbagliato: giudizio, scelta, definizione*) wrong

errore [er·'ro:·re] *m* error; ~ **di battitura** typo; ~ **di calcolo** miscalculation; ~ **d'ortografia** spelling mistake; **per** ~ by mistake

ersi ['ɛr·si] *1. pers sing pass rem di* **ergere**

erta ['er·ta] *f* **stare all'**~ to be alert

erto ['er·to] *pp di* **ergere**

erudire [e·ru·'di:·re] <erudisco> *vt* 1. (*edu-*

E

care: studenti) to educate **2.**(*illuminare*) to enlighten

erudito, -a [e·ru·'di:·to] I. *adj* (*persona, commento*) scholarly II. *m, f* scholar

erudizione [e·ru·dit·'tsio:·ne] *f* (*cultura*) erudition

eruttare [e·rut·'ta:·re] *vt* to eject

eruttivo, -a [e·rut·'ti:·vo] *adj* GEO eruptive; **rocce -e** eruptive rock

eruzione [e·rut·'tsio:·ne] *f* **1.** GEO (*di vulcano*) eruption **2.** MED ~ **cutanea** rash

es. *abbr di* **esempio** e.g.

esacerbare [e·za·tʃer·'ba:·re] *vt poet* (*aggravare*) to exacerbate

esaedro [e·za·'ɛ:·dro] *m* hexahedron

esagerare [e·za·dʒe·'ra:·re] I. *vt* to exaggerate II. *vi* to exaggerate; ~ **con qc** to go too far with sth; ~ **in qc** to overdo sth

esagerato, -a [e·za·dʒe·'ra:·to] I. *adj* (*richiesta, tassa, spesa*) excessive II. *m, f person who exaggerates*

esagerazione [e·za·dʒe·rat·'tsio:·ne] *f* **1.** (*forzatura*) exaggeration **2.** excessive amount

esagitato, -a [e·za·dʒi·'ta:·to] *adj* (*persona, reazione*) frantic

esagonale [e·za·go·'na:·le] *adj* (*forma*) hexagonal

esagono [e·'za:·go·no] *m* hexagon

esalare [e·za·'la:·re] I. *vt avere* (*respiro*) to exhale; (*profumo*) to give off II. *vi essere* to be given off

esalazione [e·za·lat·'tsio:·ne] *f* emission

esaltare [e·zal·'ta:·re] I. *vt* **1.**(*infervorare: folla*) to stir up **2.**(*evidenziare: pregio, difetto*) to bring out II. *vr:* -**rsi** (*entusiasmarsi*) to get excited

esaltato, -a [e·zal·'ta:·to] I. *adj* (*discorso, persona*) excited II. *m, f* (*fanatico*) hothead

esame [e·'za:·me] *m* **1.**(*nell'insegnamento*) exam; ~ **orale** oral exam; ~ **scritto** written exam; ~ **di guida** driving test; ~ **di laurea** finals; -**i di maturità** school exit exam; **dare un** ~ to take an exam; **passare un** ~ to pass an exam **2.** MED examination; ~ **del sangue** blood test

esametro [e·'za:·met·ro] *m* hexameter

esaminando, -a [e·za·mi·'nan·do] *m, f* candidate

esaminare [e·za·mi·'na:·re] *vt* **1.**(*studenti*) to test **2.**(*analizzare: situazione, cause*) to study **3.** MED to examine **4.** GIUR (*testimone*) to question

esaminatore, -trice [e·za·mi·na·'to:·re] I. *adj* **commissione** -**trice** board of examiners II. *m, f* examiner

esangue [e·'zaŋ·gue] *adj* **1.**(*pallido: volto*) pallid **2.** MED (*dissanguato: corpo*) bloodless

esanime [e·'za:·ni·me] *adj* lifeless

esasperante [e·zas·pe·'ran·te] *adj* (*attesa, lentezza, timidezza*) infuriating

esasperare [e·zas·pe·'ra:·re] I. *vt* **1.**(*stressare: persona*) to exasperate **2.**(*aggravare:*

pena, sofferenza) to aggravate II. *vr:* -**rsi** (*arrabbiarsi*) to become exasperated

esasperazione [e·zas·pe·rat·'tsio:·ne] *f* (*irritazione*) exasperation; **portare qu all'**~ to drive sb crazy

esattezza [e·zat·'tet·tsa] *f* **1.**(*di calcolo, metodo, risposta*) accuracy **2.**(*precisione: di descrizione*) precision

esatto [e·'zat·to] I. *pp di* **esigere** II. *adj* **1.**(*corretto: calcolo, risposta*) correct **2.**(*preciso: descrizione*) precise

esattore, -trice [e·zat·'to:·re] *m, f* (*di crediti*) collector

esattoria [e·zat·to·'ri:·a] <-ie> *f* (tax) collector's office

esattrice *f v.* **esattore**

esaudire [e·zau·'di:·re] <esaudisco> *vt* (*desiderio, richiesta*) to fulfill

esauriente [e·zau·ri·'ɛn·te] *adj* (*spiegazione, chiarimento*) thorough

esaurimento [e·zau·ri·'men·to] *m* **1.** MED exhaustion; ~ **nervoso** nervous exhaustion **2.**(*consumo*) depletion; **fino ad** ~ **della merce** while stocks last

esaurire [e·zau·'ri:·re] <esaurisco> I. *vt* (*finire: merce*) to sell off II. *vr:* -**rsi 1.**(*finire: sorgente, miniera*) to be used up **2.** MED (*indebolirsi*) to become exhausted

esaurito, -a [e·zau·'ri:·to] *adj* **1.**(*libri, merce*) out of stock; (*biglietti, posti*) sold out; **far registrare il tutto** ~ to sell out **2.**(*miniera*) worked out; (*sorgente*) dry **3.** MED (*indebolito*) exhausted

esaustivo, -a [e·zau·'sti:·vo] *adj* (*completo: articolo, guida*) exhaustive

esausto, -a [e·'za:us·to] *adj* (*sfinito*) exhausted

esautorare [e·zau·to·'ra:·re] *vt* (*governo, Parlamento, potere*) to deprive of authority

esca ['es·ka] <esche> *f* (*per pescare*) bait

escandescenza [es·kan·deʃ·'ʃɛn·tsa] *f* **dare in** -**e** to fly into a rage

escavatore, -trice [es·ka·va·'to:·re] *m, f* (*macchina*) digger

escavazione [es·ka·vat·'tsio:·ne] *f* **1.**(*di pozzo*) excavation **2.**(*di marmo*) mining

eschimese [es·ki·'me:·se] I. *adj* (*lingua, popolazione*) Eskimo II. *mf* Eskimo

eschimo ['ɛs·ki·mo] *m v.* **eskimo**

esclamare [es·kla·'ma:·re] *vt* to exclaim

esclamativo, -a [es·kla·ma·'ti:·vo] *adj* (*frase, pronome*) exclamatory; **punto** ~ exclamation mark

esclamazione [es·kla·mat·'tsio:·ne] *f* exclamation

escludere [es·'klu:·de·re] <escludo, esclusi, escluso> *vt* **1.**(*eliminare: da gara, concorso*) to eliminate; (*da lista*) to exclude **2.**(*dubitare*) to rule out **3.**(*eccettuare*) to exclude

esclusione [es·klu·'zio:·ne] *f* exclusion; **a** ~ **di** apart from; **andare per** ~ to work by process of elimination

esclusiva [es·klu·'zi:·va] *f* (*diritti*) exclusive

right; **dare l'~ a qu** (*di intervista*) to grant sb an exclusive (interview); (*di prodotto*) to grant sb exclusive rights; **in ~** (*intervista*) exclusive; (*prodotto*) exclusively

esclusivamente [es·klu·zi·va·'men·te] *adv* exclusively

esclusivista [es·klu·zi·'vis·ta] <-i *m*, -e *f*> *mf* COM exclusive distributor

esclusività [es·klu·zi·vi·'ta] <-> *f* **1.** (*per pochi*) exclusivity **2.** COM (*diritti*) exclusiveness

esclusivo, -a [es·klu·'zi:·vo] *adj* exclusive

escluso, -a [es·'klu:·zo] **I.** *pp di* **escludere II.** *adj* **1.** (*eccetto*) excluded; **-i i presenti** present company excluded; **fino al 24 maggio ~** up to and excluding May 24 **2.** (*impossibile*) impossible; **non è ~ che ... +**conj it's not impossible that ... **III.** *m*, *f* unsuccessful candidate

esco ['ɛs·ko] *1. pers sing pr di* **uscire**

escogitare [es·ko·dʒi·'ta:·re] *vt* (*piano, metodo, sistema*) to come up with

escoriazione [es·ko·ri·at·'tsio:·ne] *f* graze

escrementi [es·kre·'men·ti] *mpl* (*feci*) excrement

escrescenza [es·kreʃ·'ʃɛn·tsa] *f* MED (*rigonfiamento*) outgrowth

escrezione [es·kret·'tsio:·ne] *f* MED (*espulsione*) excretion

escursione [es·kur·'sio:·ne] *f* **1.** (*gita: in auto, battello*) trip; (*a piedi*) walk; **fare un'~ a** to go on a trip to **2.** METEO (*differenza*) range; **~ termica** temperature range

escursionista [es·kur·sio·'nis·ta] <-i *m*, -e *f*> *mf* (*in auto, battello*) excursionist; (*a piedi*) walker

esecrabile [e·ze·'kra:·bi·le] *adj form* (*atto, comportamento*) disgraceful

esecrare [e·ze·'kra:·re] *vt* (*atto, comportamento*) to abhor

esecutivo [e·ze·ku·'ti:·vo] *m* (*comitato*) executive

esecutivo, -a *adj* **1.** GIUR (*potere*) executive **2.** (*progetto, fase*) executive

esecutore, -trice [e·ze·ku·'to:·re] *m*, *f* **1.** GIUR (*di delitto*) perpetrator; **~ testamentario** executor of a will **2.** MUS performer

esecuzione [e·ze·ku·'tsio:·ne] *f* **1.** (*realizzazione: di lavoro*) performance **2.** GIUR (*di testamento*) execution **3.** (*uccisione*) killing **4.** (*interpretazione*) performance; **un'ottima ~ del pianista cileno** an excellent performance of the Chilean pianist

eseguire [e·ze·'gui:·re] *vt* **1.** (*fare: operazione, manovra*) to perform; (**comando**) **esegui** COMPUT run (command) **2.** (*realizzare: lavoro*) to perform **3.** (*effettuare: pagamento*) to make **4.** (*mettere in atto: ordine*) to carry out **5.** GIUR (*sentenza*) to implement **6.** MUS (*brano*) to perform

esempio [e·'zɛm·pio] <-i> *m* example; **dare il buon/cattivo ~** to give a good/bad example; **fare un ~** to give an example; **seguire l'~ di qu** to follow sb's example; **per ~** for example; **che ti serva d'~!** let that be a lesson for you!

esemplare [e·zem·'pla:·re] **I.** *adj* (*comportamento, punizione, persona*) exemplary **II.** *m* **1.** (*copia*) copy **2.** (*campione*) specimen **3.** (*esempio*) model

esemplificare [e·zem·pli·fi·'ka:·re] *vt* (*processo, metodo*) to exemplify

esentare [e·zen·'ta:·re] *vt* **~ qu da qc** (*tasse, servizio militare*) to exempt sb from sth

esentasse [e·zen·'tas·se] <inv> *adj* (*credito, incentivo, utile*) tax-exempt

esente [e·'zɛn·te] *adj* exempt; **essere ~ da qc** (*da tasse*) to be exempt from sth; (*da difetti, colpe*) to be free of sth

esequie [e·'ʒɛ:·kɪɪ·e] *f form* funeral *sing*

esercente [e·zer·'tʃɛn·te] *mf* (*operatore*) storekeeper

esercitare [e·zer·tʃi·'ta:·re] **I.** *vt* **1.** (*professione*) to practice **2.** (*corpo, memoria*) to train **3.** (*potere, diritto*) to exercise **II.** *vr* **-rsi** (**in qc**) to practice (sth)

esercitazione [e·zer·tʃi·ta·'tsio:·ne] *f* **1.** (*allenamento*) training **2.** (*lezione*) exercise

esercito [e·'zɛr·tʃi·to] *m* army

esercizio [e·zer·'tʃi·tsio] <-i> *m* **1.** (*esercitazione*) exercise **2.** (*pratica*) practice; **essere fuori ~** to be out of practice **3.** (*sport*) practice; **fare ~** to train **4.** (*albergo, bar*) business **5.** COM (*gestione*) (fiscal) year

esibire [e·zi·'bi:·re] <esibisco> **I.** *vt* **1.** (*passaporto, documento*) to show **2.** (*bravura*) to demonstrate **3.** (*nudità*) to display **II.** *vr*: **-rsi 1.** (*attore, musicista*) to perform; **~ in pubblico** to perform in public **2.** (*mettersi in mostra*) to show off

esibizione [e·zi·bi·'tsio:·ne] *f* **1.** TEAT performance **2.** SPORT (*di squadre, atleti*) exhibition **3.** (*di documenti*) presentation **4.** (*sfoggio*) display **5.** (*mostra*) exhibition

esibizionismo [e·zi·bi·tsio·'niz·mo] *m* **1.** (*protagonismo*) exhibitionism **2.** (*sessuale*) indecent exposure

esibizionista [e·zi·bi·tsio·'nis·ta] <-i *m*, -e *f*> *mf* **1.** (*megalomane*) exhibitionist **2.** (*sessuale*) exhibitionist, flasher *inf*

esigei [e·zi·'dʒe:·i] *1. pers sing pass rem di* **esigere**

esigente [e·zi·'dʒɛn·te] *adj* (*persona, cliente, pubblico*) demanding

esigenza [e·zi·'dʒɛn·tsa] *f* (*bisogno*) requirement

esigere [e·'zi:·dʒe·re] <esigo, esigei *o* esigetti, esatto> *vt* **1.** (*richiedere*) to demand **2.** (*riscuotere: somma*) to collect **3.** *fig* (*necessitare: concentrazione, attenzione*) to require

esiguo, -a [e·'zi:·guo] *adj* (*piccolo*) meager

esilarante [e·zi·la·'ran·te] *adj* (*comicità, racconto, attore*) hilarious; **gas ~** laughing gas

esile ['ɛ:·zi·le] *adj* **1.** (*persona, gambe, arbusto*) slender **2.** (*tenue: speranza*) slender

esiliare [e·zi·'lia:·re] *vt* (*criminale, detenuto politico*) to exile

esiliato, -a [e·zi·'lia:·to] **I.** *adj* (*criminale, detenuto politico*) exiled **II.** *m*, *f* exile

E

E

esilio [e·'zi:·lio] <-i> *m* POL exile

esimere [e·'zi:·me·re] <esimo, *mancano pass rem e pp*> *vt* ~ **qu da qc** to exempt sb of sth

esimio, -a [e·'zi:·mio] <-i, -ie> *adj* (*insigne*) eminent; (*nelle lettere*) dear

esistei [e·zis·'te:·i] *1. pers sing pass rem di* **esistere**

esistente [e·zis·'tɛn·te] *adj* (*persona, prodotto*) existing

esistenza [e·zis·'tɛn·tsa] *f* **1.** (*vita*) life **2.** (*presenza*) existence

esistenziale [e·zis·ten·'tsia:·le] *adj* (*problemi, angoscia, disagio*) existential

esistere [e·'zis·te·re] <esisto, esistei *o* esistetti, esistito> *vi essere* **1.** (*essere*) to exist **2.** (*esserci*) to exist; **esistono diversi tipi di carta** there are various types of paper

esitare [e·zi·'ta:·re] *vi* to hesitate; ~ **a fare qc** to be hesitant about doing sth

esitazione [e·zi·ta·'tsio:·ne] *f* hesitation

esito ['ɛ:·zi·to] *m* (*risultato*) outcome

eskimo ['ɛs·ki·mo] <-> *m* parka

esodo ['ɛ:·zo·do] *m* REL, LIT exodus

esofago [e·'zɔ:·fa·go] <-gi> *m* esophagus

esogeno, -a [e·'zɔ:·dʒe·no] *adj* MED (*agente*) exogenous

esonerare [e·zo·ne·'ra:·re] *vt* to exonerate; ~ **qu da qc** to exonerate sb of sth

esonero [e·'zɔ:·ne·ro] *m* exemption; ~ **da qc** exemption from sth

esorbitante [e·zor·bi·'tan·te] *adj* (*prezzo, cifre*) exorbitant

esorcismo [e·zor·'tʃiz·mo] *m* exorcism

esorcista [e·zor·'tʃis·ta] <-i *m*, -e *f*> *mf* exorcist

esorcizzare [e·zor·tʃid·'dza:·re] *vt* **1.** REL to exorcize **2.** (*scacciare*) to drive away

esordiente [e·zor·'diɛn·te] **I.** *adj* (*cantante, attore, squadra, atleta*) budding **II.** *mf* beginner

esordio [e·'zɔr·dio] <-i> *m* **1.** (*inizio*) beginning **2.** TEAT, SPORT debut

esordire [e·zor·'di:·re] <esordisco> *vi* **1.** (*iniziare*) to start off **2.** SPORT, TEAT to make one's debut

esortare [e·zor·'ta:·re] *vt* to exhort; ~ **qu a fare qc** to urge sb to do sth

esortazione [e·zor·ta·'tsio:·ne] *f* exhortation

esoso, -a [e·'zɔ:·zo] *adj* (*eccessivo: prezzo, richiesta*) exorbitant

esoterico, -a [e·zo·'tɛ:·ri·ko] <-ci, -che> *adj* (*dottrina, disciplina, pratica*) esoteric

esotico, -a [e·'zɔ:·ti·ko] <-ci, -che> *adj* (*luogo, frutto*) exotic

espandere [es·'pan·de·re] <espando, espansi *o* espandetti, espanso> **I.** *vt* (*attività, rete, confini, orizzionti*) to expand **II.** *vr:* -**rsi 1.** (*ingrandirsi: macchia*) to spread **2.** (*aumentare: volume*) to expand **3.** *fig* (*diffondersi: notizia*) to spread **4.** COM (*azienda*) to grow

espandibile [es·pan·'di:·bi·le] *adj* **1.** COMPUT (*aumentabile: memoria*) expandable **2.** FIS (*volume*) expansible

espansione [es·pan·'sio:·ne] *f* **1.** (*aumento di volume*) expansion **2.** COMPUT (*ingrandimento*) expansion **3.** (*diffusione*) spread

espansivo, -a [es·pan·'si:·vo] *adj* (*affettuoso*) affectionate

espanso, -a [es·'pan·so] **I.** *pp di* **espandere** **II.** *adj* (*polistirolo, resina, argilla*) expanded

espatriare [es·pa·tri·'a:·re] *vi essere* to emigrate

espatrio [es·'pa:·trio] <-i> *m* (*emigrazione*) authorization to travel abroad

espediente [es·pe·'diɛn·te] *m* (*accorgimento*) dodge

espellere [es·'pɛl·le·re] <espello, espulsi, espulso> *vt* **1.** (*allievo*) to expel; (*giocatore*) to send off; (*immigrato*) to deport **2.** MED (*tossine*) to expel

esperanto [es·pe·'ran·to] *m* LING Esperanto

esperienza [es·pe·'riɛn·tsa] *f* **1.** (*gener*) experience; **per** ~ from experience; **senza** ~ inexperienced **2.** SCIENT (*esperimento*) experiment

esperimento [es·pe·ri·'men·to] *m* experiment

esperto, -a [es·'pɛr·to] **I.** *adj* **1.** (*pratico*) experienced **2.** (*conoscitore*) expert **3.** (*abile: mani*) capable **II.** *m, f* expert

espiare [es·pi·'a:·re] *vt* **1.** GIUR (*pena*) to serve **2.** REL (*peccato*) to atone for

espiatorio, -a [es·pia·'tɔ:·rio] <-i, -ie> *adj* **capro** ~ *fig* scapegoat

espiazione [es·pia·'tsio:·ne] *f* **1.** GIUR (*di pena*) serving **2.** REL (*di peccato*) expiation

espirare [es·pi·'ra:·re] *vt* to breathe out

esplicare [es·pli·'ka:·re] *vt* (*esercitare: attività, funzione*) to perform

esplicito, -a [es·'pli:·tʃi·to] *adj* (*chiaro: parole, ordine*) explicit

esplodere [es·'plɔ:·de·re] <esplodo, esplosi, esploso> **I.** *vi essere o avere* **1.** (*bomba, dinamite*) to explode **2.** *fig* (*applauso, scandalo*) to break out; (*temporale*) to break **II.** *vt avere* (*colpo*) to fire

esplorare [es·plo·'ra:·re] *vt* **1.** (*scoprire: terra, giungla, mare*) to explore **2.** *fig* (*indagare: possibilità, scenario*) to investigate **3.** MED (*organo*) to explore

esploratore, -trice *m, f* explorer

esplorazione [es·plo·ra·'tsio:·ne] *f* **1.** (*di terra, giungla, mare*) exploration **2.** MED (*di organo*) exploration

esplosi [es·'plɔ:·zi] *1. pers sing pass rem di* **esplodere**

esplosione [es·plo·'zio:·ne] *f* **1.** (*di mina, bomba*) explosion **2.** *fig* (*di rabbia*) outburst

esplosivo [es·plo·'zi:·vo] *m* explosive

esplosivo, -a *adj* **1.** (*sostanza, miscela*) explosive **2.** *fig* (*intervista, scandalo*) dramatic

esploso [es·'plɔ:·zo] *pp di* **esplodere**

esponente [es·po·'nɛn·te] **I.** *mf* (*rappresentante: di partito, governo*) representative **II.** *m* MAT exponent

esponenziale [es·po·nen·'tsia:·le] MAT **I.** *adj* **1.** MAT (*curva, funzione*) exponential **2.** *fig* (*sviluppo, crescita*) dramatic **II.** *f* MAT exponential

esporre [es·'por·re] <irr> **I.** *vt* **1.** (*esibire: opera d'arte, merce*) to exhibit **2.** (*pelle*) to expose **3.** (*a rischio*) to expose **4.** (*spiegare*) to set out **II.** *vr:* **-rsi 1.** (*al sole*) to expose oneself **2.** (*a rischio*) to expose oneself **3.** (*compromettersi*) to leave oneself open

esportare [es·por·'ta:·re] *vt* **1.** COM (*prodotto*) to export **2.** COMPUT to export

esportatore, -trice [es·por·ta·'to:·re] **I.** *m, f* exporter **II.** *adj* (*azienda, paese*) exporting

esportazione [es·por·ta·'tsio:·ne] *f* export

esposi *1. pers sing pass rem di* **esporre**

esposimetro [es·po·'zi:·met·ro] *m* FOTO light meter

esposizione [es·po·zi·'tsio:·ne] *f* **1.** (*di opere d'arte*) exhibition; (*di prodotti*) display; **in ~** on display **2.** (*a luce, sole, vento*) exposure **3.** FOTO (*di pellicola*) exposure **4.** (*di edifici, terreni*) orientation **5.** (*narrazione: di fatto, brano*) presentation

esposto, -a [es·'pos·to] **I.** *pp di* **esporre II.** *adj* **1.** (*opera d'arte*) on display **2.** (*edificio, terreno*) **essere ~ a nord/sud** to face north/south

espressamente [es·pres·sa·'men·te] *adv* expressly

espressi [es·'prɛs·si] *1. pers sing pass rem di* **esprimere**

espressione [es·pres·'sio:·ne] *f* **1.** (*aspetto: di occhi, volto*) expression **2.** (*manifestazione*) expression **3.** LING (*termine, frase*) expression

espressionismo [es·pres·sio·'niz·mo] *m* ART, LIT, MUS expressionism

espressionista [es·pres·sio·'nis·ta] <-i *m*, -e *f*> **I.** *adj* (*pittore, tecnica, opera*) expressionist **II.** *mf* expressionist

espressionistico, -a [es·pres·sio·'nis·ti·ko] <-ci, -che> *adj* (*tecnica, opera*) expressionist

espressivo, -a [es·pres·'si:·vo] *adj* expressive

espresso [es·'prɛs·so] *m* **1.** (*caffè*) espresso **2.** FERR express (train) **3.** (*lettera*) express

espresso, -a I. *pp di* **esprimere II.** *adj* **1.** (*consenso*) express **2.** (*lettera, treno*) express **3. caffè ~** espresso

esprimere [es·'pri:·me·re] <esprimo, espressi, espresso> **I.** *vt* (*approvazione, giudizio, pensiero*) to express **II.** *vr:* **-rsi** (*parlare, manifestarsi*) to express oneself

espropriare [es·pro·'pria:·re] *vt* (*terreno*) to expropriate

esproprio [es·'prɔ:·pio] <-i> *m* (*di terreno*) expropriation

espugnare [es·puɲ·'ɲa:·re] *vt* MIL (*fortezza, città*) to take

espulsi [es·'pul·si] *1. pers sing pass rem di* **espellere**

espulsione [es·pul·'sio:·ne] *f* **1.** (*di allievo, socio*) expulsion; (*di giocatore*) sending off; (*di immigrato*) deportation **2.** MED (*di tossine, feci*) expulsion

espulso [es·'pul·so] *pp di* **espellere**

esquimese [es·kui·'me:·se] *mf v.* **eschimese**

essa ['es·sa] *pron 3. pers sing f* **1.** (*soggetto: persona*) she; (*animale, cosa*) it **2.** (*complemento: persona*) her; (*animale, cosa*) it

essai [e·'sɛ] <-> *m* **cinema d'~** arthouse cinema

esse ['es·se] *pron 3. pers pl f* **1.** (*soggetto*) they **2.** (*complemento*) them

essenza [es·'sɛn·tsa] *f* **1.** (*di discorso, problema*) essence **2.** CHIM essence; **~ di rose** rose oil

essenziale [es·sen·'tsia:·le] **I.** *adj* **1.** (*fondamentale: elemento, fattore*) essential **2.** (*scarno: stile, arredamento*) minimalist **3.** CHIM essential; **oli -i** essential oils **II.** *m* **l'~** the basics

essenzialmente [es·sen·tsial·'men·te] *adv* (*fondamentalmente*) essentially

essere¹ ['ɛs·se·re] <sono, fui, stato> *vi* **essere 1.** (*gener*) to be; **c'è** there is; **ci sono** there are; **c'è odore di ...** there's a smell of ...; **c'era una volta ...** once upon a time there was ...; **c'eri anche tu?** were you there too?; **ci siamo!** (*siamo arrivati*) we're here!; *fig* (*è arrivato il momento*) the time has come; **~ di qu** to belong to sb; **è Natale** it's Christmas; **sono loro** it's them; **sono ore che t'aspetto** I've been waiting for you for hours; **chi è?** (*alla porta*) who is it?; **che ora è?, che ore sono?** what's the time?; **come sarebbe a dire?** what do you mean? **2.** (*trovarsi*) to be **3.** *fam* (*costare*) to cost; **quant'è?** *fam* (*al bar*) how much is it? **4.** (*provenire*) to be; **sono di Padova** I'm from Padua

essere² *m* **1.** (*esistenza*) existence **2.** (*creatura*) being; **gli -i viventi** living beings **3.** *fam* (*persona*) person

essi ['es·si] *pron 3. pers pl m* **1.** (*soggetto*) they **2.** (*complemento*) them

essiccare [es·sik·'ka:·re] **I.** *vt* **1.** (*palude*) to drain **2.** (*foglie, frutta, carne*) to dry **II.** *vr:* **-rsi** (*frutta, carne, legno*) to dry up

esso ['es·so] *pron 3. pers sing m* **1.** (*soggetto: persona*) he; (*animale, cosa*) it **2.** (*complemento: persona*) him; (*animale, cosa*) it

est [ɛst] <-> *m* east; **ad ~** east; **ad ~ di** (to the) east of; **verso ~** eastward

estasi ['ɛs·ta·zi] <-> *f* ecstasy; **andare in ~** to go into raptures

estasiare [es·ta·'zia:·re] **I.** *vt* to thrill **II.** *vr:* **-rsi** to go into raptures

estate [es·'ta:·te] *f* summer; **in** [*o* **d'**] **~ in** summer

estatico, -a [es·'ta:·ti·ko] <-ci, -che> *adj* (*rapito: sguardo, espressione*) ecstatic

estendere [es·'tɛn·de·re] <irr> **I.** *vt* **1.** (*allungare: braccia, gambe*) to stretch **2.** *fig* (*ampliare: attività, struttura*) to expand **3.** (*comunicare*) to extend; **~ un invito a qu** to extend an invitation to sb **II.** *vr:* **-rsi** (*pianura, mare*) to extend

estensione [es·ten·'sio:·ne] *f* **1.** (*superficie*)

E

E

extent 2.(*di servizio, garanzia*) extension 3.(*di arto*) stretching

estensivo, -a [es·ten·'si:·vo] *adj* (*allevamento, coltura*) extensive

estenuante [es·te·nu·'an·te] *adj* (*attesa, lavoro, negoziati*) lengthy

estenuare [es·te·nu·'a:·re] I. *vt* (*attesa, fatica*) to exhaust II. *vr:* **-rsi** to become exhausted

esteriore [es·te·'rio:·re] *adj* (*aspetto, qualità, doti*) external

esternare [es·ter·'na:·re] *vt* (*manifestare: sentimento, disagio*) to display

esterno [es·'tɛr·no] *m* 1.(*di contenitore*) outside 2.(*di edificio*) exterior 3. TEAT outdoor scene

esterno, -a I. *adj* 1.(*fuori: lato*) outer; **per uso ~** (*farmaco*) for external use 2.(*fuori casa: parete, porta, pavimentazione*) outdoor; (*da fuori: nemico, pericolo*) external II. *m, f* (*di collegio*) day student

estero ['ɛs·te·ro] *m* **all'~** abroad; **andare all'~** to go abroad

estero, -a *adj* (*paese, politica, valuta*) foreign; **ministero degli affari -i** ministry of foreign affairs; **commercio ~** foreign trade

esterrefatto, -a [es·ter·re·'fat·to] *adj* (*sbalordito*) astonished

estesi *1. pers sing pass rem di* **estendere**

esteso, -a [es·'te:·so] I. *pp di* **estendere** II. *adj* 1.(*terreno, superficie*) extensive 2.(*testo*) full; **per ~** in full

esteta [es·'tɛː·ta] <-i *m*, -e *f*> *mf* aesthete

estetica [es·'tɛː·ti·ka] <-che> *f* 1.(*scienza*) aesthetics 2.(*bellezza*) beauty

estetico, -a [es·'tɛː·ti·ko] <-ci, -che> *adj* 1.(*aspetto, gusto*) aesthetic 2.(*medicina, chirurgia, trattamento, centro*) cosmetic

estetista [es·te·'tis·ta] <-i *m*, -e *f*> *mf* aesthetician

estinguere [es·'tiŋ·gue·re] <estinguo, estinsi, estinto> I. *vt* 1.(*incendio*) to put out 2.(*debito*) to settle II. *vr:* **-rsi** 1.(*incendio*) to go out 2.(*debito, diritto*) to expire; (*rapporto di lavoro*) to be terminated 3.(*specie*) to become extinct

estinto, -a [es·'tin·to] I. *adj* 1.(*vulcano*) extinct; (*incendio*) extinguished 2.(*diritto*) expired; (*debito*) settled; (*rapporto di lavoro*) terminated II. *m, f* (*defunto*) deceased

estintore [es·tin·'to:·re] *m* (*fire*) extinguisher

estinzione [es·tin·'tsio:·ne] *f* 1. BIOL (*di specie*) extinction 2.(*di incendio*) extinction 3.(*di debito*) settlement; (*di rapporto*) termination

estirpare [es·tir·'pa:·re] *vt* 1.(*sradicare: erbacce*) to uproot 2. MED (*dente*) to pull out; (*tumore*) to remove 3. *fig* (*debellare: odio, corruzione*) to eradicate

estivo, -a [es·'ti:·vo] *adj* (*giornata, caldo, vacanze, abito*) summer

estone ['ɛs·to·ne] I. *adj* (*cittadino, città*) Estonian II. *mf* Estonian

Estonia [es·'tɔː·nia] *f* Estonia

estorcere [es·'tɔr·tʃe·re] <estorco, estorsi, estorto> *vt* **~ qc a qu** (*denaro*) to extort sth from sb; (*confessione*) to wring sth from sb

estorsione [es·tor·'sio:·ne] *f* extortion

estradizione [es·tra·dit·'tsio:·ne] *f* (*di imputato, criminale*) extradition

estraneità [es·tra·nei·'ta] <-> *f* (*non partecipazione*) non-involvement

estraneo, -a [es·'tra:·neo] <-ei, -ee> I. *adj* 1.(*non conosciuto*) unknown 2.(*esterno*) external 3.(*non coinvolto*) uninvolved II. *m, f* 1.(*sconosciuto*) stranger 2. ADMIN unauthorized person; **'vietato l'ingresso agli -i'** 'authorized individuals only'

estraniare [es·tra·'nia:·re] I. *vt* (*allontanare*) to alienate; **~ qu da qc** to alienate sb from sth II. *vr:* **-rsi da qc** (*mondo, realtà, famiglia*) to become alienated from sth

estrapolazione [es·tra·po·lat·'tsio:·ne] *f* MAT extrapolation

estrarre [es·'trar·re] <irr> *vt* 1.(*tirare fuori*) to pull out; **~ qc a sorte** to draw sth out of a hat 2.(*dente, carbone*) to extract 3. MAT (*radice*) to extract

estratto [es·'trat·to] *m* 1. CULIN (*di carne, pomodori*) extract 2. COM statement; **~ conto** bank statement 3. ADMIN certificate; **~ di nascita** birth certificate

estrazione [es·trat·'tsio:·ne] *f* 1.(*gener*) extraction 2.(*sorteggio*) draw 3. *fig* (*origine*) origins *pl*

estremismo [es·tre·'miz·mo] *m* extremism

estremista [es·tre·'mis·ta] <-i *m*, -e *f*> *mf* extremist

estremistico, -a [es·tre·'mis·ti·ko] <-ci, -che> *adj* (*organizzazione, dottrina*) extremist

estremità [es·tre·mi·'ta] <-> *f* 1.(*parte: di bastone, tavolo*) end 2. *pl* (*mani e piedi*) extremities *pl*

estremo [es·'trɛː·mo] *m* 1.(*punto estremo*) extreme 2. *pl, fig* extremes *pl* 3. *pl* ADMIN particulars *pl*

estremo, -a *adj* extreme; **l'Estremo Oriente** GEO the Far East; **a mali -i, -i rimedi** *prov* desperate times call for desperate measures; **l'-a destra/sinistra** the extreme right/left

estrinsecare [es·trin·se·'ka:·re] I. *vt* (*dubbio, pensiero*) to express II. *vr:* **-rsi** to express oneself

estro ['ɛs·tro] *m* (*ispirazione*) inspiration; **~ creativo** creativity

estrogeno [es·'trɔː·dʒe·no] *m* estrogen

estroso, -a [es·'tro:·so] *adj* 1.(*originale: abiti, stile, libro*) creative 2.(*capriccioso: persona, carattere*) whimsical

estroverso, -a [es·tro·'vɛr·so] I. *adj* (*persona, carattere*) extrovert II. *m, f* extrovert

estuario [es·tu·'a:·r·io] <-i> *m* estuary

esuberante [e·zu·be·'ran·te] *adj* 1.(*sovrabbondante: raccolto, scorte*) overabundant 2.(*vivace: persona, carattere*) exuberant

esuberanza [e·zu·be·'ran·tsa] *f* 1.(*sovrabbondanza: di capitale, scorte*) overabundance

2. (*vivacità: di persona, temperamento*) exuberance

esule ['ɛ·zu·le] *mf* exile

esultare [e·zul·'ta:·re] *vi* to rejoice; ~ **per qc** to rejoice over sth

età [e·'ta] <-> *f* **1.** (*anni*) age; **maggiore** ~ majority **2.** (*periodo*) age; **l'~ del bronzo/ferro** the bronze/iron age

etc. *abbr di* **eccetera** etc.

etere ['ɛ·te·re] *m* ether

eternit® [e·ter·'nit/ɛ:·ter·nit] <-> *m* asbestos cement

eternità [e·ter·ni·'ta] <-> *f a. fig* eternity

eterno [e·'tɛr·no] *m* eternity; **in** ~ forever

eterno, -a *adj* **1.** (*illimitato*) eternal **2.** (*interminabile: attesa*) interminable **3.** *inf* (*perenne: ragazzina, giovanotto*) eternal

etero ['ɛ·te·ro] <inv> *adj v.* **eterosessuale**

eterogeneo, -a [e·te·ro·'dʒɛ:·neo] *adj* (*gruppo, pubblico, risorse*) heterogeneous

eterosessuale [e·te·ro·ses·su·'a:·le] **I.** *adj* heterosexual **II.** *mf* heterosexual

etica ['ɛ:·ti·ka] <-che> *f* (*scienza, morale*) ethics; ~ **professionale** professional ethics

etichetta [e·ti·'ket·ta] *f* **1.** COM (*su prodotto*) label; ~ **del prezzo** price tag **2.** (*cerimoniale*) etiquette

etico, -a ['ɛ:·ti·ko] <-ci, -che> *adj* (*morale: codice, questione, problema*) ethical

etilato, -a [e·ti·'la:·to] *adj* **benzina -a** ethylbenzine

etilico, -a [e·'ti:·li·ko] <-ci, -che> *adj* **alcool** ~ ethyl alcohol

etilismo [e·ti·'liz·mo] *m* (*alcolismo*) alcoholism

etilometro [e·ti·'lɔ:·me·tro] *m* drunkometer

etilotest [e·ti·lo·'tɛst] <-> *m* Breathalyzer; **sottoporsi all'~** to take a Breathalyzer test

etimologia [e·ti·mo·lo·'dʒi:·a] <-gie> *f* (*etimo: di vocabolo*) etymology

etimologico, -a [e·ti·mo·'lɔ:·dʒi·ko] <-ci, -che> *adj* (*dizionario, radice*) etymological

Etna ['ɛt·na] *m* Etna

etnico, -a ['ɛt·ni·ko] <-ci, -che> *adj* ethnic

etnocidio [et·no·'tʃi:·dio] <-di> *m* ethnocide

etnologia [et·no·lo·'dʒi:·a] <-gie> *f* ethnology

etnologo, -a [et·'nɔ:·lo·go] <-gi, -ghe> *m, f* ethnologist

etologia [e·to·lo·'dʒi:·a] <-gie> *f* ethology

etologo, -a [e·'tɔ:·lo·go] <-gi, -ghe> *m, f* ethologist

ETR 500 *m abbr di* **Elettrotreno** FERR *Italian high-speed train*

etrusco, -a [e·'trus·ko] <-schi, -sche> **I.** *adj* (*tomba, vaso*) Etruscan **II.** *m, f* Etruscan

ettaedro [et·ta·'ɛ:·dro] *m* heptahedron

ettaro ['ɛt·ta·ro] *m* hectare

etto ['ɛt·to] *m* one hundred grams

ettolitro [et·'tɔ:·lit·ro] *m* hectoliter

eucalipto [eu·ka·'lip·to] *m* eucalyptus

eucarestia, eucaristia [eu·ka·res·'ti:·a, eu·ka·ris·'ti:·a] <-ie> *f* REL Eucharist

eufemismo [eu·fe·'miz·mo] *m* euphemism

eufemistico, -a [eu·fe·'mis·ti·ko] <-ci, -che> *adj* (*espressione, valore*) euphemistic

euforia [eu·fo·'ri:·a] <-ie> *f* euphoria

euforico, -a [eu·'fɔ:·ri·ko] <-ci, -che> *adj* euphoric

eunuco [eu·'nu:·ko] <-chi> *m* eunuch

eureka [eu·'rɛ:·ka] *interj* eureka

euro <-> *m* euro

eurobbligazioni [eu·rob·bli·ga·'tsio:·ni] *fpl* FIN Eurobond

eurobond ['jua·rou·bɔnd/eu·ro·'bɔnd] <-> *m* FIN (*eurobbligazione*) Eurobond

euroccidentale [eu·rot·tʃi·den·'ta:·le] *adj* (*poesia, cinematografia*) western European

eurocent <-> *m* (*moneta*) eurocent

eurocheque [eu·ro·'ʃɛk] <-> *m* Eurocheck

eurocity [eu·ro·'si·ti] <-> *m* FERR *European intercity train*

eurocomunismo [eu·ro·ko·mu·'niz·mo] *m* Eurocommunism

eurocomunista [eu·ro·ko·mu·'nis·ta] <-i *m*, -e *f*> **I.** *adj* (*politica, strategia*) Eurocommunist **II.** *mf* Eurocommunist

eurocrate [eu·'rɔ:·kra·te] *mf* POL Eurocrat

eurodeputato, -a [eu·ro·de·pu·'ta:·to] *m, f* POL MEP, *Member of the European Parliament*

eurodestra [ɛu·ro·'dɛs·tra] *f* POL European right

eurodivisa [eu·ro·di·'vi:·za] *f* FIN European currency

eurodollaro [eu·ro·'dɔl·la·ro] *m* Eurodollar

eurofilo, -a [eu·'rɔ·fi·lo] *m, f* Europhile

Eurolandia [ɛu·ro·'lan·dia] *f iron* (*Europa unita*) Euroland

euromercato [eu·ro·mer·'ka:·to] *m* FIN Euro zone

euromissile [eu·ro·'mis·si·le] *m* Euromissile

euromoneta [eu·ro·mo·'ne:·ta] *f* FIN (*eurodivisa*) European currency

euronight [eu·ro·'nait] <-> *m* FERR *European intercity night train*

Europa [eu·'rɔ:·pa] *f* Europe

europarlamentare [eu·ro·par·la·men·'ta:·re] *mf* MEP, *Member of the European Parliament*

europarlamento [eu·ro·par·la·'men·to] *m* (*Parlamento*) European Parliament

europeismo [eu·ro·pe·'iz·mo] *m* Europeanism

europeista [eu·ro·pe·'is·ta] <-i *m*, -e *f*> **I.** *mf* pro-European **II.** *adj* pro-European

europeistico, -a [eu·ro·pe·'is·ti·ko] <-ci, -che> *adj* pro-European

europeizzare [eu·ro·peid·'dza:·re] *vt* to Europeanize

europeizzazione [eu·ro·peid·dza·'tsio:·ne] *f* Europeanization

europeo, -a [eu·ro·'pɛ:·o] <-ei, -ee> **I.** *adj* European; **il mercato comune** ~ the European Common Market **II.** *m, f* European

Europol [ɛu·ro·'pɔl] *m acró de* **European Police** Europol

europoliziotto, -a [ɛu·ro·po·li·'tsiɔt·to] *m, f* (*agente dell'Europol*) Europol agent

E

euroseggio [eu·ro·'sɛd·dʒo] <-ggi> *m seat in the European Parliament*

eurosinistra [ɛu·ro·si·'nis·tra] *f* POL European left

eurosocialismo [eu·ro·so·tʃa·'liz·mo] *m* European socialism

Eurostar [ɛu·ro·'sta:r] <-> *m* FERR Eurostar

eurotassa [eu·ro·'tas·sa] *f tax to ensure compliance with European budgetary requirements*

euroterrorismo [eu·ro·ter·ro·'riz·mo] *m* Euroterrorism

euroterrorista [eu·ro·ter·ro·'ris·ta] <-i *m*, -e *f*> *mf* Euroterrorist

eurovaluta [eu·ro·va·'lu:·ta] *f* European currency

eurovisione [eu·ro·vi·'zio:·ne] *f* Eurovision; **collegamento in ~** Eurovision link

eutanasia [eu·ta·na·'zi:·a] <-ie> *f* euthanasia

E.V. *abbr di* **Vostra Eccellenza** Your Excellency

evacuare [e·va·ku·'a:·re] **I.** *vt* **1.** (*città, territorio*) to evacuate **2.** (*feci*) to evacuate **II.** *vi* **1.** (*luogo*) to evacuate; **~ da una città** to evacuate from a city **2.** (*defecare*) to defecate

evacuazione [e·va·ku·a·'tsio:·ne] *f* **1.** (*di territorio, piazza*) evacuation **2.** (*di feci*) evacuation

evadere [e·'va:·de·re] <evado, evasi, evaso> **I.** *vi essere* (*scappare*) to escape; **~ dalla prigione** to escape from prison **II.** *vt avere* **1.** ADMIN (*pratica, corrispondenza*) to deal with **2.** GIUR **~ le tasse** to evade taxes

evanescente [e·va·neʃ·'ʃɛn·te] *adj* (*immagine, suono*) fading

evangelico, -a [e·van·'dʒɛ:·li·ko] <-ci, -che> *adj* evangelical; (*chiesa, dottrina*) Protestant

evangelizzare [e·van·dʒe·lid·'dza:·re] *vt* (*convertire*) to evangelize

Evangelo [e·van·'dʒɛ:·lo] *m v.* **Vangelo**

evaporare [e·va·po·'ra:·re] *vi essere o avere* to evaporate

evaporazione [e·va·po·ra·'tsio:·ne] *f* evaporation

evasi [e·'va:·zi] *1. pers sing pass rem di* **evadere**

evasione [e·va·'zio:·ne] *f* **1.** (*fuga: da carcere*) escape **2.** *fig* (*distrazione*) escape; **romanzo d' ~** escapist novel **3.** ADMIN (*di posta, pratiche*) dispatch **4.** (*mancato pagamento*) avoidance; **~ fiscale** tax evasion

evasivo, -a [e·va·'zi:·vo] *adj* (*vago: risposta*) evasive

evaso, -a [e·'va:·zo] **I.** *pp di* **evadere II.** *m, f* escapee

evasore [e·va·'zo:·re] *m* **~** (**fiscale**) tax evader

evenienza [e·ve·'niɛn·tsa] *f* eventuality; **all'~** if required; **nell'~ che ... +conj** in the event that ...

evento [e·'vɛn·to] *m* (*fatto*) event; **lieto ~** happy event

eventuale [e·ven·tu·'a:·le] **I.** *adj* (*possibile*) possible **II.** *fpl* **varie ed -i** any other business

eventualità [e·ven·tu·a·li·'ta] <-> *f* **1.** (*circostanza*) eventuality; **nell'~ che ... +conj** in the event that ...; **per ogni ~** for all eventualities **2.** (*possibilità*) possibility

eventualmente [e·ven·tual·'men·te] *adv* (*in caso*) if necessary

eversivo, -a [e·ver·'si:·vo] *adj* (*sovversivo: attività, movimento*) subversive

evidente [e·vi·'dɛn·te] *adj* **1.** (*visibile*) clear **2.** (*indubitabile*) evident

evidenza [e·vi·'dɛn·tsa] *f* **1.** (*indiscutibilità*) clarity **2.** (*risalto*) **mettere in ~ qc** to highlight sth; **mettersi in ~** to draw attention to oneself

evidenziare *vt* **1.** (*sottolineare*) to stress **2.** (*con evidenziatore*) to highlight

evidenziatore *m* (*pennarello*) highlighter

evirare [e·vi·'ra:·re] *vt* MED to castrate

evirazione [e·vi·ra·'tsio:·ne] *f* MED castration

evitare [e·vi·'ta:·re] *vt* (*scansare:* pericolo, ostacolo*) to avoid; **~ di fare qc** to avoid doing sth

evo ['ɛ:·vo] *m* (*periodo*) era; **medio ~** Middle Ages

evocare [e·vo·'ka:·re] *vt* **1.** (*spiriti*) to evoke **2.** (*richiamare: ricordo, avventura, fatto*) to recall

evolutivo, -a [e·vo·lu·'ti:·vo] *adj* (*processo, fase, psicologia*) developmental

evoluto, -a [e·vo·'lu:·to] **I.** *pp di* **evolvere II.** *adj* **1.** (*civiltà, nazione, persona, specie*) developed **2.** (*sistema, tecnologia*) advanced

evoluzione [e·vo·lut·'tsio:·ne] *f* **1.** (*sviluppo: di tecnologia, situazione, malattia*) development **2.** BIOL (*trasformazione: di specie*) evolution **3.** *gener al pl* AERO (*picchiata*) evolutions *pl* **4.** SPORT (*acrobazia*) evolutions *pl*

evoluzionismo [e·vo·lut·tsio·'niz·mo] *m* (*teoria*) evolutionism

evolvere [e·'vɔl·ve·re] <evolvo, evolvei *o* evolvetti, evoluto> **I.** *vt* to evolve **II.** *vr:* **-rsi** to evolve

evviva [ev·'vi:·va] *interj fam* hurrah!; **~ gli sposi!** three cheers for the bride and groom!

ex [ɛks] **I.** *prep* (*moglie, presidente*) ex-; (*paese*) former **II.** <-> *mf* (*amante, moglie*) ex

executive [ig·'ze·kju·tiv] **I.** <-> *mf* executive **II.** <-> *m* (*aereo*) private jet

expo [ɛks·'po] <-> *f* (international) exhibition

extra ['ɛks·tra] **I.** <inv> *adj* **1.** (*speciale: qualità*) top-quality **2.** COM (*spese*) additional **II.** <-> *m* (*spese*) additional expenses *pl* **III.** *prep* (*fuori*) extra

extracee [eks·tra·'tʃɛ:·e] <-> *adj* (*cittadino, paese, imprenditore*) non-EU; **commercio ~** trade with non-EU countries; **mercato ~** non-EU market

extracomunitario, -a [eks·tra·ko·mu·ni·'ta:·rio] <-i, -ie> **I.** *adj* non-EU **II.** *m, f* non-EU citizen

extraconiugale [eks·tra·kon·iu·'ga:·le] *adj* (*amore, relazione*) extramarital

extracontrattuale [eks·tra·kon·trat·tu·'a:·le]

adj **1.** (*fuori dal contratto*) extra-contractual **2.** (*non da rapporto contrattuale*) non-contractual

extracurricolare [eks·tra·kur·ri·ko·'la:·re] *adj* (*corso, esame*) extracurricular

extraeuropeo, -a [eks·tra·eu·ro·'pɛ:·o] <-ei, -ee> *adj* (*paese, cittadino*) non-European

extragalattico, -a [eks·tra·ga·'lat·ti·ko] <-ci, -che> *adj* (*astronomia, nebulosa*) extragalactic

extragiudiziale [eks·tra·dʒu·dit·'tsia:·le] *adj* GIUR extrajudicial

extramurale [eks·tra·mu·'ra:·le] *adj* (*università, corso, professione*) extramural

extranazionale [eks·tra·na·tsio·'na:·le] *adj* (*provenienza, territorio*) foreign

extraorario, -a [eks·tra·o·'ra:·rio] <-i, -ie> *adj* (*prestazione, servizio*) out-of-hours

extraparlamentare [eks·tra·par·la·men·'ta:·re] **I.** *adj* (*opposizione, politica*) extra-parliamentary **II.** *mf member of an extra-parliamentary group*

extraprocessuale [eks·tra·pro·tʃes·su·'a:·le] *adj* GIUR **1.** (*fuori dal processo*) out of court **2.** (*extragiudiziale: spese*) extrajudicial

extraprofitto [eks·tra·pro·'fit·to] *m* FIN (*eccedenza di profitto*) excess profit

extrarapido, -a [eks·tra·'ra:·pi·do] *adj* **1.** FOTO

lastra fotografica -a high-speed film **2.** TEC **acciaio** ~ high-speed steel

extrascolastico, -a [eks·tra·sko·'las·ti·ko] <-ci, -che> *adj* (*attività, formazione*) after-school

extrasensoriale [eks·tra·sen·so·'ria:·le] *adj* (*percezione, potere, esperienza*) extrasensory

extrasistole [eks·tra·'sis·to·le] *f* MED extrasystole

extrasottile [eks·tra·sot·'ti:·le] *adj* (*apparecchio, materiale*) ultra-thin

extrastrong ['eks·trə·'strɔŋ] **I.** <-> *f* (*tipo di carta*) high-strength paper **II.** <inv> *adj* (*carta*) high-strength

extraterrestre [eks·tra·ter·'rɛs·tre] **I.** *adj* (*forme di vita*) extraterrestrial **II.** *mf* extraterrestrial

extraterritoriale [eks·tra·ter·ri·to·'ria:·le] *adj* (*zona, organismo*) extraterritorial

extraterritorialità [eks·tra·ter·ri·to·ri·a·li·'ta] <-> *f* (*privilegio*) extraterritoriality

extraurbano, -a [eks·tra·ur·'ba:·no] *adj* (*trasporti, tariffe, biglietti*) out-of-town

extravergine [eks·tra·'ver·dʒi·ne] <inv> *adj* extra-virgin; **olio di oliva** ~ extra-virgin olive oil

ex voto [ɛks 'vɔ:·to] <-> *m* (*oggetto, quadro*) ex voto

Ff

F, f ['ɛf·fe] <-> *f* F, f; ~ **come Firenze** F for Fox

fa¹ [fa] <-> *m* MUS fa; ~ **maggiore/minore** F major/minor

fa² **I.** *3. pers sing pr di* **fare¹** **II.** *adv* (*nel passato*) ago; **tre anni** ~ three years ago

fabbisogno [fab·bi·'zoɲ·ɲo] *m* requirements *pl;* ~ **di energia** energy requirements *pl*

fabbrica ['fab·bri·ka] <-che> *f* factory; **comprare a prezzo di** ~ to buy at factory prices

fabbricabile [fab·bri·'ka:·bi·le] *adj* (*edificabile: area, terreno*) building

fabbricante [fab·bri·'kan·te] *mf* (*produttore: di scarpe, di orologi*) maker

fabbricare [fab·bri·'ka:·re] *vt* **1.** (*costruire: muro, palazzo*) to build **2.** (*produrre: mobili, scarpe*) to make

fabbricato [fab·bri·'ka:·to] *m* (*edificio*) building

fabbricazione [fab·bri·ka·'tsio:·ne] *f* (*produzione*) manufacture; ~ **in serie** mass production; **difetto di** ~ manufacturing defect

fabbro ['fab·bro] *m* smith

faccenda [fat·'tʃɛn·da] *f* **1.** (*cosa da fare*) thing **2.** *pl* (*lavori domestici*) housework **3.** (*questione*) business

facchino [fak·'ki:·no] *m* **1.** (*di stazione, albergo*) porter **2.** *fig, pej* roughneck *pej;* **sgobbare come un** ~ to work like a dog

faccia ['fat·tʃa] <-cce> *f* **1.** (*volto, espressione*) face; ~ **tosta** [*o* **di bronzo**] *fig* nerve; (*persona*) person with a lot of nerve; ~ **a** ~ face to face; **non guardare in** ~ **nessuno** not to look anyone in the face; **dire le cose in** ~ **a qu** to tell sb to their face; **alla** ~! *fam* good God!; **perdere la** ~ to lose face; **salvare la** ~ to save face **2.** (*aspetto*) look **3.** (*lato: di medaglia, cubo, poliedro*) face; (*di luna*) side

facciale [fat·'tʃa:·le] *adj* (*lifting*) face; (*chirurgia, nervo*) facial

facciata [fat·'tʃa:·ta] *f* **1.** ARCHIT (*di edificio*) façade **2.** (*di pagina*) side **3.** *fig* (*aspetto esteriore*) appearances *pl*

faccina [fat·tʃi:·na] *f* COMPUT emoticon

faccio ['fat·tʃo] *1. pers sing pr di* **fare¹**

faceto, -a [fa·'tʃɛ:·to] *adj* witty; **parlare tra il serio e il** ~ to be half joking

facezia [fa·'tʃɛt·tsia] <-ie> *f* witticism

fachiro [fa·'ki:·ro] *m* fakir

facile ['fa:·tʃi·le] *adj* **1.** (*lavoro, esercizio, testo, guadagno*) easy **2.** (*incline*) **essere** ~ **al pianto/al riso** to cry/laugh easily **3.** (*probabile*) likely; **è** ~ **che nevichi** it's probably going to snow **4.** (*poco serio*) easy; **donna di -i costumi** woman of easy virtue

facilità [fa·tʃi·li·'ta] <-> *f* **1.** (*d'uso, di manutenzione*) easiness **2.** (*predisposizione*) apti-

F

tude; **avere ~ a fare qc** to have an aptitude for doing sth; **con ~** (*senza sforzo*) with ease

facilitare [fa·tʃi·li·'ta:·re] *vt* 1. (*lavoro, compito*) to make easier 2. COM (*pagamento*) to make easy

facilitazione [fa·tʃi·li·tat·'tsio:·ne] *f* (*agevolazione*) facility; **-i di pagamento** easy terms *pl*

facilone, -a [fa·tʃi·'lo:·ne] *m, f* (*superficiale*) cavalier person

faciloneria [fa·tʃi·lo·ne·'ri:·a] <-ie> *f* (*superficialità*) cavalier attitude

facoltà [fa·kol·'ta] <-> *f* 1. (*capacità*) faculty; **~ di intendere e di volere** GIUR sound mind 2. (*potere*) power 3. (*possibilità: di scegliere, andarsene*) right 4. (*universitaria*) faculty

facoltativo, -a [fa·kol·ta·'ti:·vo] *adj* (*non obbligatorio*) optional; **fermata -a** flag stop

facoltoso, -a [fa·kol·'to:·so] *adj* (*persona, famiglia*) well-off

façon [fa·'son] <-> *f* **lavorazione a ~** mass production

facsimile [fak·'si:·mi·le] <-> *m* (*riproduzione*) facsimile

factor ['fæk·tə] <-> *m* FIN factoring company

factoring ['fæk·tə·riŋ/'fak·to·rin(g)] *m* FIN factoring

factotum [fak·'tɔ:·tum] <-> *mf* factotum

faenza [fa·'ɛn·tsa] *f* faience

faggio ['fad·dʒo] <-ggi> *m* beech

fagiano [fa·'dʒa:·no] *m* pheasant

fagiolino [fa·dʒo·'li:·no] *m* green bean

fagiolo [fa·'dʒɔ:·lo] *m* bean; **andare a ~ a qu** *inf* to be to sb's liking; **capitare a ~** *inf* to come at the right time

fagocitare [fa·go·tʃi·'ta:·re] *vt* 1. BIOL to phagocytize 2. *fig* (*assorbire*) to swallow up

fagocito [fa·go·'tʃi:·to] *m* BIOL phagocyte

fagotto [fa·'gɔt·to] *m* 1. MUS bassoon 2. (*involto*) bundle; **far ~** *fig* to pack one's bags

faida ['fa:i·da] *f* (*vendetta*) feud

faidaté, fai da te ['fa:i·da·'te] <-> *m* (*bricolage*) do-it-yourself

faina [fa·'i:·na] *f* ZOOL stone marten

falange [fa·'lan·dʒe] *f* MIL, ANAT phalanx

falangetta [fa·lan·'dʒɛt·ta] *f* ANAT (*di dito*) terminal phalanx

falangina [fa·lan·'dʒi:·na] *f* ANAT (*di dito*) middle phalanx

falcata [fal·'ka:·ta] *f* (*di podista*) stride

falce ['fal·tʃe] *f* scythe

falciare [fal·'tʃa:·re] *vt* 1. (*tagliare: erba*) to mow; (*grano*) to reap 2. *fig* (*uccidere: vittime, vite*) to take 3. SPORT (*atterrare*) to bring down

falco ['fal·ko] <-chi> *m* hawk

falconiere [fal·ko·'niɛ:·re] *m* falconer

falda ['fal·da] *f* 1. GEO stratum; **~ acquifera** aquifer; **~ freatica** water table 2. (*di monte*) lower slope 3. (*di cappello*) brim

falegname [fa·leɲ·'ɲa:·me] *m* carpenter

falegnameria [fa·leɲ·ɲa·me·'ri:·a] <-ie> *f* carpentry

falena [fa·'lɛ:·na] *f* moth

falesia [fa·'lɛ:·zia] <-ie> *f* GEO cliff

falla ['fal·la] *f* 1. NAUT leak; **tamponare una ~** to plug a leak 2. *fig* (*difetto*) failing 3. MIL (*rottura nello schieramento*) breach

fallace [fal·'la:·tʃe] *adj* LIT 1. (*ingannevole: discorso*) deceptive 2. (*illusorio: promessa*) false; (*speranza*) vain

fallacia [fal·'la:·tʃa] <-cie> *f* LIT (*falsità: prova*) falseness

fallico, -a ['fal·li·ko] <-ci, -che> *adj* phallic; **fase -a** phallic stage

fallimentare [fal·li·men·'ta:·re] *adj* 1. GIUR (*procedimento, asta*) bankruptcy 2. *fig* (*gestione, politica*) disastrous

fallimento [fal·li·'men·to] *m* 1. GIUR (*bancarotta*) bankruptcy; **dichiarare ~** to declare bankruptcy 2. *fig* (*risultato, persona*) failure

fallire [fal·'li:·re] <fallisco> I. *vi* essere 1. (*azienda*) to go bankrupt 2. *fig* (*non riuscire*) **~ in qc** to fail in sth II. *vt avere fig* (*mancare*) **~ il colpo** [*o* **il bersaglio**] to miss

fallito, -a [fal·'li:·to] I. *adj* 1. GIUR (*azienda*) bankrupt 2. *fig* (*tentativo, impresa, attore*) failed II. *m, f* 1. (*bancarottiere*) bankrupt 2. *fig* (*chi non si è affermato*) failure

fallo ['fal·lo] *m* 1. (*errore*) fault; **cogliere qu in ~** to catch sb out 2. SPORT foul 3. ANAT (*pene*) phallus

falloso, -a [fal·'lo:·so] *adj* SPORT (*gioco, intervento*) illegal

fall-out [fɔ:l·'aut] <-> *m* fallout

falò [fa·'lɔ] <-> *m* bonfire

falsare [fal·'sa:·re] *vt* 1. (*distorcere: fatti, dati*) to falsify 2. (*alterare: voce*) to distort

falsariga [fal·sa·'ri:·ga] <-ghe> *f* 1. (*foglio*) lined page 2. *fig* (*esempio, modello*) model; **sulla ~ di qu** following sb's example

falsario [fal·'sa:·rio] *m* 1. (*di quadri*) forger; (*di monete*) counterfeiter

falsetto [fal·'set·to] *m* MUS falsetto

falsificabile [fal·si·fi·'ka:·bi·le] *adj* (*firma, documento*) forgeable

falsificare [fal·si·fi·'ka:·re] *vt* 1. (*firma, banconota, quadro*) to forge 2. (*notizia*) to distort

falsificazione [fal·si·fi·kat·'tsio:·ne] *f* (*di firma, quadro*) forgery; (*di banconota*) counterfeiting

falsità [fal·si·'ta] <-> *f* 1. (*non autenticità, ipocrisia*) falseness 2. *pl* (*bugia*) lie

falso¹ ['fal·so] *m* 1. (*cosa non vera*) falsehood; **giurare il ~** to commit perjury 2. GIUR (*reato*) forgery; **~ in bilancio** false accounting

falso² ['fal·so] I. *adj* 1. (*non vero: notizia, indizio*) false 2. (*errato: idea, sospetto*) mistaken 3. (*non sincero: sorriso, lacrime*) fake 4. (*falsificato: denaro*) counterfeit; (*quadro, gioielli*) fake 5. (*loc*) **~ allarme** false alarm; **fare un passo ~** to slip up; **-a partenza** false start; **-a testimonianza** perjured evidence; **sotto ~ nome** under a false name II. *m* (*ipocrita*) hypocrite

fama ['fa:·ma] *f* 1. (*reputazione*) reputation 2. (*celebrità*) fame

fame ['fa:·me] *f* 1. hunger; **avere poca ~** to be

not very hungry; **mi viene** ~ I feel hungry; **avere una** ~ **da lupi** *inf* to be starving; **morire di** ~ to starve to death; *fig* to be starving; **prendere uno stipendio da** ~ to get starvation wages; **essere un morto di** ~ *pej* to be a down-and-out **2.** *fig* (*avidità: di denaro, potere*) hunger; (*desiderio: di giustizia, affetto*) desire

famelico, -a [fa·'mɛː·li·ko] <-ci, -che> *adj* **1.** (*affamato: animale*) ravenous **2.** *fig* (*avido: sguardo, espressione*) eager

famigerato, -a [fa·mi·dʒe·'ra:·to] *adj* notorious

famiglia [fa·'miʎ·ʎa] <-glie> *f* **1.** (*nucleo*) family; ~ **allargata** extended family; **essere uno di** ~ to be one of the family; **essere di buona** ~ to come from a good family; **stato di** ~ *certificate giving details of the members of one's family;* **metter su** ~ to start a family; **sentirsi in** ~ to feel at home; **essere tutto casa e** ~ to be devoted to one's family; **la Sacra Famiglia** the Holy Family **2.** (*specie*) BIOL, BOT, MIN family

familiare [fa·mi·'lia:·re] **I.** *adj* **1.** (*vita, nucleo*) family **2.** (*consueto: viso, linguaggio*) familiar **3.** (*affabile: modi, tono*) familiar; (*semplice: pensione, trattamento*) friendly **4.** LING informal; **linguaggio** ~ informal language **II.** *mf* (*parente*) family member **III.** *f* AUTO station wagon

familiarità [fa·mi·lia·ri·'ta] <-> *f* (*confidenza, pratica*) familiarity

familiarizzare [fa·mi·lia·rid·'dza·re] *vi* ~ **con qu/qc** (*persone, ambiente*) to get to know sb/sth

familiarizzarsi [fa·mi·lia·rid·'dzar·si] *vr* (*impratichirsi*) to familiarize oneself

famoso, -a [fa·'mo:·so] *adj* famous

fan [fæn/fan] <-> *mf* fan

fanale [fa·'na:·le] *m* (*di automobile, bicicletta*) light; ~ **antinebbia** fog light

fanalino [fa·na·'li:·no] *m* light; ~ **di coda** AUTO tail light; *fig* (*ultimo in classifica*) tail-end Charlie *inf*

fanatico, -a [fa·'na:·ti·ko] <-ci, -che> **I.** *adj* **1.** *pej* (*intollerante*) fanatical **2.** (*appassionato*) **essere** ~ **di** [*o* **per**] **qc** to be mad about sth **II.** *m, f* fanatic

fanatismo [fa·na·'tiz·mo] *m* fanaticism

fanciullezza [fan·tʃul·'let·tsa] *f* LIT childhood

fanciullo, -a [fan·'tʃul·lo] *m, f* LIT child

fanculo [fan·'ku:·lo] *interj vulg* (*vaffanculo*) fuck off!; **mandare qu a** ~ to tell sb to fuck off; **andare a** ~ to fuck off

fandonia [fan·'dɔ:·nia] <-ie> *f* lie

fanfara [fan·'fa:·ra] *f* **1.** (*banda*) brass band **2.** (*musica*) fanfare

fanfarone, -a [fan·fa·'ro:·ne] *m, f* boaster

fanghiglia [faŋ·'giʎ·ʎa] <-glie> *f* mud

fango ['faŋ·go] <-ghi> *m* **1.** (*melma*) mud **2.** *fig* (*infamia*) mire; **gettare** ~ **addosso a qu** to sling mud at sb **3.** *pl* MED (*termali*) mud baths *pl*

fannullone, -a [fan·nul·'lo:·ne] *m, f* layabout

fantapolitico, -a [fan·ta·po·'ti:·ti·ko] <-ci, -che> *adj* political-fantasy

fantascientifico, -a [fan·ta·ʃen·'ti:·fi·ko] <-ci, -che> *adj* science-fiction

fantascienza [fan·taʃ·'ʃɛn·tsa] *f* science fiction

fantasia [fan·ta·'zi:·a] <-ie> *f* **1.** (*immaginazione*) imagination **2.** (*capriccio*) whim **3.** (*tessuto*) pattern **4.** MUS fantasia

fantasioso, -a [fan·ta·'zio:·so] *adj* imaginative

fantasista [fan·ta·'zis·ta] <-i, -e> *mf* **1.** (*artista*) variety artist **2.** (*calciatore*) genius

fantasma[1] [fan·'taz·ma] <-i> *m* **1.** (*apparizione*) ghost **2.** PSIC (*desiderio inconscio*) fantasy **3.** *pl* (*ossessione, incubo*) specters *pl*

fantasma[2] <-inv> *adj* (*apparente: governo*) shadow; (*abbandonato: nave, città*) ghost; **scrittore** ~ ghost writer

fantasmagoria [fan·taz·ma·go·'ri:·a] <-ie> *f* phantasmagoria

fantasmagorico, -a [fan·tas·ma·'gɔ:·ri·ko] <-ci, -che> *adj* phantasmagorical

fantasticare [fan·tas·ti·'ka:·re] **I.** *vt* to fantasize about **II.** *vi* to fantasize; ~ **su qc** to fantasize about sth

fantasticheria [fan·tas·ti·ke·'ri:·a] <-ie> *f* daydream; **perdersi in** -e to daydream

fantastico, -a [fan·'tas·ti·ko] <-ci, -che> *adj* **1.** (*irreale*) imaginary **2.** (*straordinario*) fantastic; ~ **!** fantastic!

fante ['fan·te] *m* **1.** MIL infantryman **2.** (*nelle carte*) jack

fanteria [fan·te·'ri:·a] <-ie> *f* infantry

fantino [fan·'ti:·no] *m* jockey

fantoccio [fan·'tɔt·tʃo] <-cci> *m a. fig* puppet

fantomatico, -a [fan·to·'ma:·ti·ko] <-ci, -che> *adj* (*misterioso*) mysterious

farabutto, -a [fa·ra·'but·to] *m, f* crook

faraglione [fa·raʎ·'ʎo:·ne] *m* stack

faraona [fa·ra·'o:·na] *f* ZOOL guinea fowl

faraone [fa·ra·'o:·ne] *m* HIST pharaoh

farcire [far·'tʃi:·re] <farcisco> *vt* **1.** CULIN to stuff **2.** *fig* (*di errori, citazioni*) to pepper

farcitura [far·tʃi·'tu:·ra] *f* (*ripieno*) stuffing

fard [far(d)] <-> *m* (*cosmetico, belletto*) blusher

fardello [far·'dɛl·lo] *m* **1.** (*fagotto*) bundle **2.** *fig* (*di preoccupazioni*) burden

fare[1] ['fa:·re] <faccio, feci, fatto> **I.** *vt* **1.** (*compiere azioni*) to do; ~ **il bagno** to take a bath; ~ **colazione** to have lunch; ~ **un sonnellino** to have a nap; ~ **un favore a qu** to do sb a favor; ~ **del bene** to do good **2.** (*creare: quadro*) to paint; (*poesia*) to write **3.** (*ideare: progetto, programma*) to make **4.** (*suscitare*) **mi fa pena** I feel sorry for him; ~ **rabbia a qu** to annoy sb **5.** (*esercitare: mestiere*) to do; (*professione*) to follow; ~ **il medico/l'insegnante** to be a doctor/teacher; **che lavoro fai?** what do you do? **6.** (*ammontare*) to be; **tre più due fa cinque** three plus two is five; **quanto fa?** how much is it? **fa 6 euro?** it's 6 euros? **7.** SPORT (*praticare*) ~ **sport** to do sport;

F

F

~ vela to sail; **il lago non è il luogo ideale per ~ vela** the lake isn't ideal for sailing; **~ una partita a tennis** to have a game of tennis **8.** CULIN (*preparare: minestra, frittata*) to make **9.** (*comportamento*) **~ lo scemo** to play the fool; **~ il furbo** to try to be smart; **non ~ la sciocca!** don't play dumb!; **~ buon viso a cattivo gioco** to make the best of it **10.** (*loc*) **~ sapere qc a qu** to inform sb of sth; **~ vedere** to show; **~ a meno di qc** to do without sth; **~ tardi** to be late; **farcela** to succeed; **farla finita con qu/qc** to have done with sb/sth; **strada facendo** on the way; **chi la fa l'aspetti** *prov* what goes around comes around *prov*; **far da sé** to do it oneself; **si è fatto da sé** *fig* he's a self-made man; **chi fa da sé fa per tre** *prov* if you want something done well, do it yourself *prov* **II.** *vi* **1.** (*agire*) to act; **darsi da ~** to get a move on *inf* **2.** (*essere adatto*) to do; **questo lavoro non fa per me** this job isn't for me **3.** (*loc*) **fa bello** it's nice; **fa caldo/freddo** it's hot/colld; **~ in tempo** to be in time; **faccia pure!** go ahead!; **non mi fa né caldo né freddo** I don't care either way; **~ a botte** to come to blows **III.** *vr:* **-rsi** (*loc*) **-rsi avanti** to step forward; **-rsi da parte** to move aside; **-rsi notare** to get oneself noticed; **-rsi pregare** to play hard to get; **farsela addosso** *inf* to wet oneself; **-rsi in quattro** to put oneself out; **-rsi strada** to make one's way; **si è fatto tardi** it's late; **farsene una ragione** to resign oneself; **-rsi** *inf* (*drogarsi*) to do drugs

fare² *m* **1.** (*lavoro*) doing; **tra il dire e il ~ c'è di mezzo il mare** *prov* there's many a slip 'twixt cup and lip *prov* **2.** (*atteggiamento: gentile, distaccato*) manner **3.** (*inizio*) **sul far del giorno** at daybreak

faretto [fa·'ret·to] *m* (*lampada*) spotlight

farfalla [far·'fal·la] *f* **1.** ZOOL, SPORT butterfly **2.** (*cravatta*) bow tie **3.** *pl* CULIN (*tipo di pasta*) bows *pl*

farfallone [far·fal·'lo:·ne] *m fig* philanderer

farfugliare [far·fuʎ·'ʎa:·re] *vi* to mutter

farina [fa·'ri:·na] *f* flour; **~ gialla** (*di mais*) corn flour; **~ di pesce** fish meal; **non è ~ del tuo sacco** *fig* that isn't your own idea

farinacei [fa·ri·'na:·tʃei] *mpl* starchy foods

farinaceo, -a *adj* farinaceous

faringe [fa·'rin·dʒe] *f* ANAT pharynx

faringite [fa·rin·'dʒi:·te] *f* pharyngitis

farinoso, -a [fa·ri·'no:·so] *adj* (*patata*) floury; (*neve*) powdery

fariseo, -a [fa·ri·'zɛ:·o] *m, f* Pharisee; *fig* pharisee

farmaceutico, -a [far·ma·'tʃɛ:u·ti·ko] <-ci, -che> *adj* (*industria, prodotto*) pharmaceutical

farmacia [far·ma·'tʃi:·a] <-cie> *f* (*scienza, negozio*) pharmacy; **~ di turno** duty farmacy; **da vendersi solo in ~** available only on prescription

farmacista [far·ma·'tʃis·ta] *mf* pharmacist

farmaco ['far·ma·ko] <-ci *o* -chi> *m* drug; **~ generico** generic drug

farmacodipendente [far·ma·ko·di·pen·'dɛn·te] **I.** *mf* drug addict **II.** *adj* drug-addicted

farmacodipendenza [far·ma·ko·di·pen·'dɛn·tsa] *f* drug addiction

farmacologia [far·ma·ko·lo·'dʒi:·a] <-gie> *f* pharmacology

farmacologo, -a [far·ma·'kɔ:·lo·go] <-gi, -ghe> *m, f* pharmacologist

farmacopea [far·ma·ko·'pɛ:·a] *f* (*elenco ufficiale*) pharmacopoeia

Farnesina [far·ne·'zi:·na] <*sing*> *f* (*Ministero degli Affari Esteri italiano*) **la ~** = the State Department

farneticare [far·ne·ti·'ka:·re] *vi* **1.** (*delirare*) to rave **2.** (*dire assurdità*) to talk nonsense

faro ['fa:·ro] *m* **1.** (*torre*) lighthouse **2.** (*di veicolo*) headlight; **-i antinebbia** fog lights *pl;* **-i anabbaglianti** low beams *pl*

farsa ['far·sa] *f a. fig* farce

farsesco, -a [far·'ses·ko] <-schi, -sche> *adj* farcical

fasc. *abbr di* **fascicolo** vol.

fascetta [faʃ·'ʃet·ta] *f* **1.** (*per libro*) wrapper **2.** TEC strap

fascia ['faʃ·ʃa] <-sce> *f* **1.** (*striscia di tessuto*) sash; **~ tricolore** tricolor sash **2.** MED (*benda*) bandage; **~ elastica** elastic bandage; **bambino in -sce** baby in diapers **3.** (*di territorio*) strip **4.** SPORT **~ laterale** wing **5.** *fig* (*settore, gruppo*) group

fasciare [faʃ·'ʃa:·re] *vt* **1.** (*ferita*) to bandage **2.** (*neonato*) to put a diaper on **3.** (*aderire: abito*) to cling to

fasciatoio [faʃ·ʃa·'to:·io] <-oi> *m* changing table

fasciatura [faʃ·ʃa·'tu:·ra] *f* bandage

fascicolo [faʃ·'ʃi:·ko·lo] *m* **1.** (*di enciclopedia*) volume; (*di rivista*) issue **2.** (*dossier personale*) file **3.** GIUR (*di processo*) case file

fascina [faʃ·'ʃi:·na] *f* faggot

fascino [faʃ·'ʃi·no] *m* charm

fascio ['faʃ·ʃo] <-sci> *m* **1.** (*di erba, fieno*) sheaf; (*di banconote*) wad; **far d'ogni erba un ~** (*loc*) to make generalizations **2.** ANAT (*nervoso, muscolare*) bundle **3.** POL, HIST (*partito fascista*) Fascist Party **4.** (*emblema*) fasces

fascismo [faʃ·'ʃiz·mo] *m* fascism

fascista [faʃ·'ʃis·ta] <-i *m*, -e *f*> **I.** *adj* fascist **II.** *mf* fascist

fase ['fa:·ze] *f* **1.** (*di processo, malattia, lavoro*) stage; (*di motore*) stroke; **~ di sviluppo** development stage; **essere fuori ~** *fig* to feel out of sorts **2.** *pl* (*lunare, di Mercurio*) phases

fastello [fas·'tɛl·lo] *m* (*di legna, canne*) bundle

fasti ['fas·ti] *mpl* (*fatti memorabili*) glories *pl*

fastidio [fas·'ti:·dio] <-i> *m* **1.** (*molestia*) trouble; **dare ~ a qu** to annoy sb; **Le dà ~ il fumo?** is the smoke bothering you? **2.** (*insofferenza*) irritation **3.** (*seccatura, problema*) problem

fastidioso, -a [fas·ti·'dio:·so] *adj* **1.** (*irritante:*

persona, rumore) annoying **2.**(*sgradevole: lavoro, questione*) difficult

fasto ['fas·to] *m* pomp

fastoso, -a [fas·'to:·so] *adj* sumptuous

fasullo, -a [fa·'zul·lo] *adj* **1.**(*moneta*) counterfeit; (*oro*) fake **2.** *fig* (*persona*) bogus

fata ['fa:·ta] *f* **1.**(*di fiaba*) fairy; **avere mani di ~** *fig* to have nimble fingers **2. ~ morgana** (*miraggio*) Fata Morgana

fatale [fa·'ta:·le] *adj* **1.**(*fatidico: evento, incontro*) fateful **2.**(*letale: malattia, incidente*) fatal **3.**(*seducente: sguardo, donna*) irresistible; **donna ~** femme fatale

fatalismo [fa·ta·'liz·mo] *m* fatalism

fatalista [fa·ta·'lis·ta] <-l, -e> *m f mf* tatalist

fatalità [fa·ta·li·'ta] <-> *f* **1.**(*inevitabilità*) inevitability **2.**(*sorte*) fate; **una tragica ~** a tragic fate

fatica [fa·'ti:·ka] <-che> *f* **1.**(*sforzo*) effort **2.**(*affaticamento*) exhaustion **3.**(*pena, difficoltà*) difficulty; **a ~** with difficulty; **fare ~ a fare qc** to have a hard time doing sth **4.**(*lavori pesanti*) labor

faticare [fa·ti·'ka:·re] *vi* **1.**(*affaticarsi*) to work hard; **~ dalla mattina alla sera** to work from morning till night **2.**(*incontrare difficoltà*) to have trouble

faticoso, -a [fa·ti·'ko:·so] *adj* **1.**(*stancante: lavoro, viaggio*) exhausting **2.**(*difficile: respirazione*) labored

fatiscente [fa·tiʃ·'ʃɛn·te] *adj* **1.**(*edificio*) dilapidated **2.** *fig* (*organizzazione, sistema*) collapsing

fato ['fa:·to] *m* fate

Fatt. *abbr di* **fattura** inv.

fattezze [fat·'tet·tse] *fpl* features

fattibile [fat·'ti:·bi·le] *adj* feasible

fattispecie [fat·tis·'pɛ:·tʃe] <-> *f* **nella ~** in this case

fattivo, -a [fat·'ti:·vo] *adj* (*efficace: intervento*) effective

fatto ['fat·to] *m* **1.**(*azione*) fact; **cogliere qu sul ~** to catch sb in the act; **dato di ~** fact; **i fatti parlano chiaro** the facts speak for themselves; **il ~ è che ...** the fact is that ...; **~ sta che ...** the fact is that ...; **mettere qu davanti al ~ compiuto** to present sb with a fait accompli **2.** GIUR (*reato*) deed **3.**(*avvenimento*) event; **~ di cronaca** news item **4.**(*loc*) **badare ai** [*o* **farsi i**] **fatti propri** to mind one's own business; **sapere il ~ proprio** to know what one is doing; **impicciarsi dei fatti altrui** to stick one's nose into other people's business

fatto, -a I. *pp di* **fare**[1] II. *adj* **1.**(*fabbricato*) made; **~ a macchina** machine-made; **~ a mano** handmade; **~ di legno/di plastica** made of wood/plastic; **pasta fatta in casa** home-made pasta; **ben ~!** well done!; **a conti fatti** all things considered; **detto ~** no sooner said than done **2.**(*maturo: uomo, donna*) grown; **a giorno ~** (*inoltrato*) in broad daylight; **a notte fatta** after dark **3.**(*conformato*)

ben/mal ~ with a good/poor body **4.**(*adatto*) **essere** [*o* **non essere**] **~ per qu/qc** to be made/not to be made for sb/sth **5.** *inf* (*sfinito*) done in *inf* **6.** *inf* (*drogato*) stoned

fattore[1] [fat·'to:·re] *m* factor

fattore[2] [fat·'to:·re/fat·to·'res·sa] *m* farm manager

fattoria [fat·to·'ri:·a] <-ie> *f* farm

fattorino [fat·to·'ri:·no] *m* (*per consegne*) delivery man

fattrice [fat·'tri:·tʃe] *f* ZOOL brood mare

fattura [fat·'tu:·ra] *f* **1.**(*documento*) invoice; **rilasciare una ~** to send out an invoice; **~ pro forma** pro forma invoice **2.**(*foggia: di abito*) tailoring; (*di mobile*) craftsmanship **3.** *inf* (*maleficio*) spell

fatturare [fat·tu·'ra:·re] *vt* **1.**(*merce, prestazione*) to invoice for **2.**(*volume d'affari*) to have a turnover of

fatturato [fat·tu·'ra:·to] *m* turnover

fatturatrice [fat·tu·ra·'tri:·tʃe] *f* invoicing machine

fatturazione [fat·tu·rat·'tsio:·ne] *f* invoicing

fatuo, -a ['fa:·tuo] *adj* **1.** fatuous; **fuoco ~** will-o'-the-wisp **2.** *fig* (*illusione*) illusion

fauci ['fa:·u·tʃi] *fpl* jaws *pl*

fauna ['fa:·u·na] *f* fauna

fausto, -a ['fa:us·to] *adj* (*evento, ricorrenza*) auspicious

fautore, -trice [fau·'to:·re] *m, f* (*sostenitore*) supporter

fava ['fa:·va] *f* (*legume*) fava bean; **prendere due piccioni con una ~** *prov* to kill two birds with one stone *prov*

favella [fa·'vɛl·la] *f* **1.**(*parola*) speech; **perdere l'uso della ~** to lose the power of speech **2.** LIT (*linguaggio*) language

favilla [fa·'vil·la] *f* (*scintilla*) spark; **far -e** *fig* to shine; **sprizzare -e dagli occhi** *fig* to have sparkling eyes

favola ['fa:·vo·la] *f* **1.**(*fiaba*) fable; **le -e di Esopo** Aesop's fables; **la morale della ~** the moral of the story; **vivere nel mondo delle -e** to live in a dream world **2.**(*fandonia*) fairy tale **3.**(*oggetto di chiacchiere*) **diventare la ~ del paese** to become the talk of the town **4.**(*persona o cosa stupenda*) dream

favoloso, -a [fa·vo·'lo:·so] *adj* **1.**(*fiabesco*) fabulous **2.**(*straordinario: serata, spettacolo*) amazing

favore [fa·'vo:·re] *m* **1.**(*benevolenza, cortesia*) favor; **per ~** please; **fare un ~ a qu** to do sb a favor **2.**(*aiuto*) **a ~ di qu** in aid of sb; **col ~ delle tenebre** under cover of darkness; **testimoniare a ~ di qu** to give evidence for sb; **trattamento di ~** preferential treatment

favoreggiamento [fa·vo·re·dschia·'men·to] *m* GIUR aiding and abetting

favorevole [fa·vo·'re:·vo·le] *adj* **1.**(*benevolo: voto, giudizio*) in one's favor; **essere ~ a qu/qc** to be in favor of sb/sth **2.**(*propizio: situazione, vento*) favorable

favorire [fa·vo·'ri:·re] <favorisco> *vt* **1.**(*av-

F

vantaggiare) to favor **2.**(*sostenere: iniziativa, commercio*) to encourage **3.** (*in espressioni di cortesia*) **favorisca il biglietto** may I see your ticket, please?; **vuole ~?** (*offrendo da mangiare*) would you like some?

favorita [fa·vo·'ri:·ta] *f* (*amante*) mistress; (*negli harem*) favorite wife

favoritismo [fa·vo·ri·'tiz·mo] *m* favoritism

favorito, -a [fa·vo·'ri:·to] **I.** *adj* favorite **II.** *m, f* favorite

fax [faks] <-> *m* fax; **via** [*o* **per**] ~ by fax

faxare [fa·'ksa:·re] *vt* to fax

fazione [fat·'tsio:·ne] *f* faction

fazioso, -a [fat·'tsio:·so] **I.** *adj* partisan **II.** *m, f* partisan

fazzoletto [fat·tso·'let·to] *m* **1.**(*per il naso*) handkerchief; ~ **di carta** paper handkerchief **2.**(*foulard*) headscarf

febbraio [feb·'bra:·io] *m* February; *v.a.* **aprile**

febbre ['fɛb·bre] *f a. fig* fever; **avere la** ~ to have a temperature; ~ **dell'oro** gold fever

febbricitante [feb·bri·tʃi·'tan·te] *adj* feverish

febbrifugo [feb·'bri:·fu·go] <-ghi> *m* febrifuge

febbrifugo, -a <-ghi, -ghe> *adj* febrifugal

febbrile [feb·'bri:·le] *adj* **1.** MED (*stato*) feverish **2.***fig* (*inquieto: attesa*) anxious; (*convulso: attività*) feverish

fecale [fe·'ka:·le] *adj* fecal

feccia ['fɛt·tʃa] <-cce> *f a. fig, pej* dregs *pl*

feci[1] ['fɛː·tʃi] *fpl* feces *pl*

feci[2] ['fɛː·tʃi] *1. pers sing pass rem di* **fare[1]**

fecola ['fɛː·ko·la] *f* starch

fecondare [fe·kon·'da:·re] *vt* to fertilize

fecondazione [fe·kon·dat·'tsio:·ne] *f* fertilization; ~ **artificiale** artificial insemination; ~ **in vitro** in vitro fertilization

fecondità [fe·kon·di·'ta] <-> *f a. fig* fertility

fecondo, -a [fe·'kon·do] *adj* **1.**(*persona, terreno*) fertile **2.***fig* (*creativo: mente*) fertile; (*scrittore*) prolific

fede ['fe:·de] *f* **1.** A. REL faith **2.**(*anello*) wedding ring **3.**(*loc*) **far** ~ to be proof; **in** ~ ADMIN in witness whereof; **in buona** ~ in good faith; **in mala** ~ in bad faith

fedele [fe·'de:·le] **I.** *adj* faithful **II.** *mf* **1.**(*credente*) believer **2.**(*seguace*) follower

fedelissimo, -a [fe·de·'lis·si·mo] *m, f* acolyte

fedeltà [fe·del·'ta] <-> *f* **1.**(*gener*) faithfulness **2.** MUS **alta** ~ high fidelity

federa ['fɛː·de·ra] *f* pillowcase

federale [fe·de·'ra:·le] *adj* federal

federalismo [fe·de·ra·'liz·mo] *m* federalism

federato, -a [fe·de·'ra:·to] *adj* (*Stato*) federated

federazione [fe·de·rat·'tsio:·ne] *f* federation

FEDERCALCIO [fe·der·'kal·tʃo] *f abbr di* **Federazione Italiana Gioco Calcio** *Italian soccer association*

FEDERMECCANICA [fe·der·mek·'ka:·ni·ka] *f abbr di* **Federazione Sindacale dell'Industria Metalmeccanica Italiana** *Italian engineering industry federation*

fedina [fe·'di:·na] *f* ~ **penale** criminal record

feedback ['fi:d·bæk/'fid·bɛk] *m a. fig* feedback

feeling ['fi:·liŋ/'fi·liŋ(g)] *m* connection; **non c'è** ~ **all'interno del gruppo** they have no team spirit

fegato ['fe:·ga·to] *m* ANAT liver; **avere** ~ *fig* to have guts *inf;* **rodersi il** ~ *fig* to sulk

felce ['fel·tʃe] *f* fern

felice [fe·'li:·tʃe] *adj* happy

felicità [fe·li·tsi·'ta] <-> *f* happiness

felicitarsi [fe·li·tʃi·'tar·si] *vr* **1.**(*rallegrarsi*) ~ **di qc** to rejoice at sth **2.**(*complimentarsi*) ~ **con qu per qc** to congratulate sb on sth

felicitazione [fe·li·tʃi·tat·'tsio:·ne] *f* **vivissime -i!** warmest congratulations!

felino [fe·'li:·no] *m* feline

felino, -a [fe·'li:·no] *adj* (*razza, sguardo*) feline

felliniano, -a [fel·li·'nia:·no] *adj* Fellinian

felpa ['fel·pa] *f* (*indumento*) sweatshirt

felpato, -a [fel·'pa:·to] *adj* (*indumento*) brushed-cotton; **con passo** ~ *fig* stealthily

feltro ['fel·tro] *m* (*tessuto*) felt

feluca [fe·'lu:·ka] <-che> *f* **1.** NAUT felucca **2.**(*cappello*) cocked hat

femmina ['fem·mi·na] *f* **1.**(*bambina, ragazza*) girl **2.** ZOOL, TEC female

femminile [fem·mi·'ni:·le] **I.** *adj* **1.**(*abbigliamento, squadra*) women's; (*scuola*) girls' **2.**(*astuzia, grazia*) feminine **3.** LING feminine; **genere** ~ feminine gender **II.** *m* LING feminine

femminilità [fem·mi·ni·li·'ta] *f* femininity

femminilizzare [fem·mi·ni·lid·'dza:·re] *vt* to feminize

femminismo [fem·mi·'niz·mo] *m* feminism

femminista [fem·mi·'nis·ta] <-i, -e> *m f mf* feminist

femminuccia [fem·mi·'nut·tʃa] <-cce> *f* **1.**(*bambina*) baby girl **2.***fig, pej* (*uomo debole*) sissy *pej*

femore ['fɛː·mo·re] *m* thighbone

fendere ['fɛn·de·re] <fendo, fendei *o* fendetti, fenduto> *vt* **1.**(*spaccare: roccia, testa*) to split **2.**(*solcare: aria, onde*) to slice through; ~ **la folla** (*farsi largo*) to push one's way through the crowd

fendinebbia [fen·di·'neb·bia] <-> *m* fog light

fenditura [fen·di·'tu:·ra] *f* (*fessura*) crack

fenice [fe·'ni:·tʃe] *f* phoenix

fenicottero [fe·ni·'kɔt·te·ro] *m* flamingo

fenolo [fe·'nɔː·lo] *m* CHIM phenol

fenomenale [fe·no·me·'na:·le] *adj* (*straordinario: memoria, successo*) phenomenal

fenomeno [fe·'nɔː·me·no] *m* phenomenon

feretro ['fɛː·re·tro] *m* coffin

feriale [fe·'ria:·le] *adj* weekday; **giorni -i** workdays

ferie ['fɛː·rie] *fpl* vacation; **andare in** ~ to go on vacation; **essere in** ~ to be on vacation; **prendere le** ~ to take one's vacation

ferimento [fe·ri·'men·to] *m* wounding

ferire [fe·'ri:·re] <ferisco> *vt* **1.** to injure; ~ **qu con qc** to wound sb with sth; **senza colpo** ~

without striking a blow **2.** *fig* (*offendere*) to hurt

ferita [fe·'ri:·ta] *f* injury; **riaprire una ~** *fig* to open an old wound

ferito, -a [fe·'ri:·to] I. *adj* injured II. *m, f* casualty

feritoia [fe·ri·'to:·ia] <-oie> *f* **1.** MIL embrasure **2.** (*in ambienti*) opening

ferma ['fer·ma] *f* MIL service

fermacarte [fer·ma·'kar·te] <-> *m* paperweight

fermacravatta [fer·ma·kra·'vat·ta] <-e> *m* tie tack

fermaglio [fer·'maʎ·ʎo] <-gli> *m* **1.** (*borchia, fibbia*) clasp **2.** (*fermacapelli*) barrette

fermaporte [fer·ma·'por·te] <-> *m* doorstop

fermare [fer·'ma:·re] I. *vt* **1.** (*bloccare: motore*) to switch off; (*emorragia*) to stop **2.** (*trattenere: palla*) to trap **3.** (*per strada: persona, auto*) to stop **4.** (*interrompere: lavoro, discorso*) to stop **5.** GIUR (*arrestare*) to arrest **6.** (*fissare: bottone, persiana*) to sew on **7.** *fig* (*sguardo*) to fix II. *vr:* **-rsi** to stop; **senza -rsi** without stopping

fermata [fer·'ma:·ta] *f* (*di treno, metropolitana, autobus*) stop; **~ facoltativa** [*o* **a richiesta**] flag stop; **~ obbligatoria** compulsory stop

fermentare [fer·men·'ta:·re] I. *vi a. fig* to ferment II. *vt* to ferment

fermentazione [fer·men·tat·'tsio:·ne] *f* fermentation

fermento [fer·'men·to] *m* **1.** (*enzima*) enzyme; **-i lattici** lactobacilli *pl* **2.** (*lievito*) yeast **3.** *fig* (*agitazione*) ferment

fermezza [fer·'met·tsa] *f* firmness

fermo ['fer·mo] *m* **1.** (*chiusura: di porta, persiana*) catch **2.** GIUR custody

fermo, -a *adj* **1.** (*immobile: persona*) still; (*veicolo*) stationary; **stai ~!** keep still! **2.** (*non funzionante: orologio, macchina*) stopped **3.** (*stagnante: acqua*) stagnant **4.** *fig* (*risoluto*) **avere il polso ~** [*o* **la mano -a**] to take a firm hand **5.** (*costante*) firm; **~ restando che ...** it being understood that ...

fermoposta [fer·mo·'pɔs·ta] I. <inv> *adj* (*lettera, pacco*) general-delivery II. *adv* (*spedire, ricevere*) general delivery III. <-> *m* general delivery

feroce [fe·'ro:·tʃe] *adj* **1.** (*bestia*) ferocious **2.** (*crudele: tiranno, battaglia, vendetta*) fierce **3.** *fig* (*occhiata*) fierce

ferocia [fe·'rɔ:·tʃa] <-cie> *f* **1.** (*crudeltà: di persona, animale*) ferocity **2.** (*atti di crudeltà*) **-ie** barbarities

ferodo [fe·'rɔ:·do] *m* TEC **~ per freni** brake lining

Ferr. *abbr di* **ferrovia** railroad

ferraglia [fer·'raʎ·ʎa] <-glie> *f* scrap iron

ferragosto [fer·ra·'gos·to] *m* **1.** (*festa*) Feast of the Assumption **2.** (*periodo*) August 15 national holiday

August 15 is a statutory holiday in Italy. This is the day on which Jesus' mother Mary was taken up into heaven and it is popularly known as **Ferragosto** (the height of August). Around the 15th, most Italians go on vacation, leaving the major Italian cities almost empty of people or populated almost exclusively by tourists.

ferramenta [fer·ra·'men·ta] *fpl* hardware; **negozio di ~** hardware store

Ferrara *f* Ferrara

ferrare [fer·'ra:·re] *vt* (*cavallo*) to shoe

ferrarese [fer·ra·'re:·se] I. *adj* from Ferrara II. *mf* (*abitante*) person from Ferrara

Ferrarese <*sing*> *m* (*zona*) Ferrara area; **nel ~** in the Ferrara area

ferrarista [fer·ra·'ris·ta] <-i, -e> *mf* **1.** (*pilota*) Ferrari driver **2.** (*sostenitore*) Ferrari fan

ferrato, -a [fer·'ra:·to] *adj* **1.** (*cavallo*) shod; (*scarpa*) hobnailed **2.** *fig* (*esperto*) **essere ~ in qc** to be hot on sth *inf*

ferreo, -a ['fɛr·reo] <-ei, -ee> *adj fig* **1.** (*volontà, disciplina, regola*) iron; **salute -a** iron constitution **2.** (*memoria*) tenacious

ferro ['fɛr·ro] *m* **1.** MIN, CHIM iron; **~ battuto** wrought iron; **di ~** (*robusto: stomaco*) strong; (*salute*) iron; (*inattaccabile: alibi*) cast-iron **2.** (*oggetto*) **~ da stiro** iron; **~ da calza** knitting needle; **~ di cavallo** horseshoe **3.** *pl* (*strumenti di lavoro*) tools; **i -i del mestiere** the tools of the trade **4.** CULIN (*alla griglia*) **ai -i** grilled **5.** (*loc*) **battere il ~ finché è caldo** *fig* to strike while the iron's hot; **toccare ~** *fig* to touch wood; **sentirsi in una botte di ~** *fig* to be safe as houses; **ai -i corti** *fig* at daggers drawn

ferroso, -a [fer·'ro:·so] *adj* ferrous

FERROTRANVIERI [fer·ro·tran·'viɛ:·ri] *mpl abbr di* **Federazione Nazionale Lavoratori Autoferrotranvieri e Internavigatori** *transportation workers' union*

ferrovecchio [fer·ro·'vɛk·kio] *m* <ferrivecchi> (*rigattiere*) junk dealer

ferrovia [fer·ro·'vi:·a] *f* **1.** (*strada ferrata, amministrazione*) railroad; **~ a scartamento ridotto** narrow-gauge railroad; **Ferrovie dello Stato** *Italian state-owned railroad company* **2.** (*sistema di trasporto*) rail; **per ~** by rail

ferroviario, -a [fer·ro·'via:·rio] *adj* railroad; **linea -a** railroad line

ferroviere, -a [fer·ro·'viɛ:·re] *m, f* railroad worker

fertile ['fɛr·ti·le] *adj* **1.** (*terreno, zona*) fertile **2.** *fig* (*creativo: fantasia*) fertile; (*scrittore*) prolific

fertilizzante [fer·ti·lid·'dzan·te] *m* fertilizer

fertilizzare [fer·ti·lid·'dza:·re] *vt* to fertilize

fervente [fer·'vɛn·te] *adj* **1.** (*sentimento: odio, amore*) burning **2.** (*zelante: persona*) devout

fervere ['fɛr·ve·re] <fervo, fervei *o* fervetti,

F

manca il pp> *vi* (*preparativi*) to be in full swing

fervido, -a ['fɛr·vi·do] *adj fig* **1.** (*intenso: attività*) frantic **2.** (*caloroso: augurio*) warm **3.** (*creativo: fantasia*) vivid

fervore [fer·'vo:·re] *m* **1.** (*passione*) fervor; **fare qc con ~** to do sth with fervor **2.** *fig* (*momento culminante*) heat

fesseria [fes·se·'ri:·a] <-ie> *f fam* **1.** (*idiozia*) stupid thing **2.** (*inezia*) trifle

fesso, -a ['fes·so] **I.** *pp* **di fendere II.** *adj fam* (*tonto*) dumb *inf;* **fare ~ qu** to take sb for a ride

fessura [fes·'su:·ra] *f* **1.** (*spaccatura: in terreno, muro*) crack **2.** (*spiraglio: di porta, finestra*) chink

festa ['fɛs·ta] *f* **1.** (*ricorrenza civile*) holiday; (*religiosa*) feast day; **~ del Santo Patrono** patron saint's day; **~ della mamma** [*o* **del papà**] Mother's [*o* Father's] Day; **l'otto marzo è la ~ della donna** March 8 is International Women's Day; **~ nazionale** national holiday; **Buone Feste!** Happy holidays! **2.** (*cerimonia, ricevimento*) party; **una ~ di compleanno** a birthday party; **invitare qu a una ~** to invite sb to a party **3.** (*dimostrazione gioiosa*) **far ~ a qu** to give sb a warm welcome; **fare la ~ a qu** *fig* (*uccidere*) to do sb in *inf* **4.** (*vacanza*) vacation

festeggiamenti [fes·ted·dʒa·'men·ti] *mpl* celebrations

festeggiare [fes·ted·'dʒa:·re] *vt* **1.** (*anniversario*) to celebrate **2.** (*persona*) to hold a celebration for

festino [fes·'ti:·no] *m* party

festival [fes·ti·'val/'fɛs·ti·val] *m* festival

The first time a music festival was held in the Ligurian port of San Remo was in 1951. Over the course of more than half a century the **Festival of Sanremo**, which takes place at the end of February, has become essential viewing, followed by up to twenty million television viewers every year. Many of the best-known Italian songs and singers of the past sixty years became known through San Remo, from Domenico Modugno's worldwide hit "Nel blu dipinto di blu" (Volare) to the hits of Eros Ramazzotti.

festività [fes·ti·vi·'ta] <-> *f* (*giorno di festa*) holiday

festivo, -a [fes·'ti:·vo] *adj* holiday; **giorno ~** holiday; **orario ~** timetable for Sundays and public holidays; **riposo ~** Sunday rest

festone [fes·'to:·ne] *m* festoon

festoso, -a [fes·'to:·so] *adj* (*accoglienza*) warm; (*atmosfera*) festive

feticcio [fe·'tit·tʃo] <-cci> *m* fetish

feticismo [fe·ti·'tʃiz·mo] *m* fetishism

feticista [fe·ti·'tʃis·ta] <-i *m*, -e *f*> **I.** *mf* fetishist **II.** *adj* fetishistic

fetido, -a ['fɛ:·ti·do] *adj* fetid

feto ['fɛ:·to] *m* fetus

fetore [fe·'to:·re] *m* stench

fetta ['fet·ta] *f* **1.** (*di pane, torta, prosciutto, formaggio*) slice; **tagliare a -e** to slice; **-e biscottate** crackers *pl* **2.** (*striscia: di cielo, terra*) strip

fettina [fet·'ti:·na] *f* **1.** (*piccola fetta*) small slice **2.** (*carne*) minute steak

fettuccia [fet·tut·'tʃa] <-ce> *f* tape

fettuccine [fet·tut·'tʃi:·ne] *fpl* (*pasta*) fettuccine

feudale [feu·'da:·le] *adj* **1.** (*del feudo*) feudal **2.** (*dispotico: regime*) despotic **3.** (*antiquato: mentalità*) medieval

feudatario [feu·da·'ta:·rio] <-i> *m* HIST feudal lord

feudo ['fɛu·do] *m* **1.** HIST fief **2.** (*proprietà terriera*) estate

FF.AA. *fpl abbr di* **Forze Armate** Armed Forces

FI *f abbr di* **Forza Italia** Italian center-right political party

fiaba ['fia:·ba] *f* fairy tale

fiabesco, -a [fia·'bes·ko] <-schi, -sche> *adj* fairy-tale

fiacca ['fiak·ka] *f* **1.** (*stanchezza*) weariness **2.** (*svogliatezza*) listlessness; **battere la ~** to slack off

fiaccare [fiak·'ka:·re] *vt* (*spossare*) to weary

fiacco, -a ['fiak·ko] <-cchi, -cche> *adj* **1.** (*persona*) listless **2.** *fig* (*discorso, serata*) dull

fiaccola ['fiak·ko·la] *f* torch; **la ~ olimpica** SPORT the Olympic torch

fiaccolata [fiak·ko·'la:·ta] *f* torchlight procession

fiala ['fia:·la] *f* (*di medicinale*) vial; (*di profumo*) bottle

fiamma ['fiam·ma] *f* **1.** (*lingua di fuoco*) flame; **~ ossidrica** oxyhydrogen flame; **cuocere alla ~** to flambé; **andare in fiamme** to go up in flames; **fare fuoco e fiamme** *fig* (*strepitare*) to go all out **2.** *fig* (*sentimento intenso*) flames *pl;* **una mia vecchia ~** (*persona amata*) an old flame of mine **3.** (*rosso vivo: cielo, tramonto*) red; **diventare di ~** (*arrossire*) to go bright red

fiammante [fiam·'man·te] *adj* (*colore*) bright red; **nuovo ~** brand-new

fiammata [fiam·'ma:·ta] *f* **1.** (*fiamma*) blaze **2.** *fig* burst

fiammifero [fiam·'mi:·fe·ro] *m* match; **~ da cucina** kitchen match; **~ svedese** safety match

fiammingo, -a [fiam·'miŋ·go] <-ghi, -ghe> **I.** *adj* Flemish **II.** *m*, *f* Fleming **III.** *m* (*lingua*) Flemish

fiancata [fiaŋ·'ka:·ta] *f* (*di vettura, edificio*) side; (*di nave*) broadside

fiancheggiare [fiaŋ·ked·'dʒa:·re] *vt* **1.** (*stare a*

lato: alberi) to line; (*persone*) to flank **2.** MIL
(*proteggere*) to protect the flank of **3.** *fig* (*sostenere*) to back

fianco ['fiaŋ·ko] <-chi> *m* **1.** ANAT hip **2.** (*lato*)
side; ~ **a** ~ *a. fig* side by side; **di** ~ from the
side; **di** ~ **a** next to; **stare al** ~ **di qu** *fig* (*esser-
gli solidale*) to stand by sb

Fiandra ['fian·dra] *f* Flanders

fiasco ['fias·ko] <-schi> *m* **1.** (*recipiente*) bottle **2.** *fig* (*insuccesso: esame, spettacolo*) fiasco; **fare** ~ to flop; (*a un esame*) to fail

FIAT *f acró de* **Fabbrica Italiana Automobili
Torino** FIAT

fiatare [fia·'ta:·re] *vi fig* (*parlare*) to say a word;
senza ~ without saying a word

fiato ['fia·to] *m* **1.** (*alito*) breath; **avere il** ~
grosso to pant; **trattenere il** ~ to hold one's
breath **2.** (*energia*) stamina **3.** MUS (*strumenti*)
wind instruments *pl* **4.** *fig* (*loc*) **rimanere
senza** ~ to be speechless; ~ **sprecato** a waste
of breath; **col** ~ **sospeso** with bated breath
tensione; **in un** [*o* **d'un**] ~ in one gulp; **prendere** ~ to stop to catch one's breath; **a perdi~**
(*urlare*) at the top of one's voice; (*correre*) as
fast as one's legs can carry one

fibbia ['fib·bia] <-ie> *f* buckle

fibra ['fi:b·ra] *f* **1.** (*gener*) fiber **2.** *pl* fiber; -**e
alimentari** dietary fiber **3.** *fig* (*costituzione
fisica*) constitution

fibroso, -a [fi·'bro:·so] *adj* fibrous

fica ['fi:·ka] <-che> *f vulg* (*vulva*) cunt *vulg*

ficcanaso [fik·ka·'na:·so] <-i *o - m*, *- f*> *mf
fam* nosy parker *inf*

ficcare [fik·'ka:·re] I. *vt* **1.** (*conficcare*) to
knock **2.** *inf* (*mettere*) to put; ~ **il naso in qc**
fig to stick one's nose into sth II. *vr:* -**rsi** *inf*
1. (*infilarsi*) -**rsi a letto** to get into bed; -**rsi le
mani in tasca** to stick one's hands in one's
pockets; -**rsi le dita nel naso** to pick one's
nose **2.** *fig* (*cacciarsi*) to get to; -**rsi nei guai** to
get into trouble; -**rsi qc in testa** to get sth into
one's head

fichidindia *pl di* ficodindia

fico ['fi:·ko] <-chi> *m* **1.** (*albero*) fig (tree)
2. (*frutto*) fig; **non me n'importa un** ~ *inf* I
don't give a damn; **non valere un** ~ **secco** *inf*
no to be worth a damn

fico, -a <-chi, -che> I. *adj inf* cool *inf* II. *m, f
inf* cool person *inf*; **che** ~! he' so cool!

ficodindia [fi·ko·'din·dia] <fichidindia> *m*
(*pianta, frutto*) prickly pear

fidanzamento [fi·dan·tsa·'men·to] *m* engagement

fidanzarsi [fi·dan·'tsar·si] *vr* to get engaged

fidanzato, -a [fi·dan·'tsa:·to] *m, f* fiancé *m*, fiancée *f*

fidarsi [fi·'da:r·si] *vr* -**rsi di qu/qc** to trust sb/
sth; **non** -**rsi a uscire da soli** not to dare go
out alone; -**rsi è bene, non** -**rsi è meglio**
prov better safe than sorry *prov*

fidato, -a [fi·'da:·to] *adj* trusted

fido ['fi:·do] *m* FIN credit; ~ **bancario** bank
credit

fido, -a *adj* LIT faithful

fiducia [fi·'du:·tʃa] <-cie> *f* trust; **avere** ~ **in
qu/qc** to have faith in sb/sth; **di** ~ (*persona*)
reliable; (*medico*) good; (*delicato: incarico*)
responsible; **ispirare** ~ to inspire confidence

fiduciaria [fi·du·tʃa·'ri:·a] <-ie> *f* COM trust
company

fiduciario, -a [fi·du·'tʃa:·rio] <-i, -ie> I. *adj* fiduciary II. *m, f* fiduciary

fiducioso, -a [fi·du·'tʃo:·so] *adj* confident;
essere ~ **in qc** to be confident of sth

fiele ['fiɛ:·le] *m a. fig* bile

fienile [fie·'ni:·le] *m* hayloft

fieno ['fiɛ:·no] *m* hay; **febbre** [*o* **raffreddore**]
da ~ hay fever

fiera ['fiɛ:·ra] *f* **1.** (*mostra*) fair; ~ **del libro**
book fair; ~ **campionaria** trade fair; ~ **di
beneficenza** charity bazaar **2.** (*sagra*) festival
3. LIT (*belva*) wild beast

fierezza [fie·'ret·tsa] *f* pride

fiero, -a ['fiɛ:·ro] *adj* **1.** (*orgoglioso*) proud;
essere ~ **di qu/qc** to be proud of sb/sth
2. (*austero: portamento, sguardo*) haughty

fievole ['fie:·vo·le] *adj* (*voce, suono*) faint

fifa ['fi:·fa] *f fam* fear; **avere una** ~ **blu** to be
scared stiff *inf*

fifo ['fi:·fo] <-> *m* COM FIFO

fifone, -a [fi·'fo:·ne] *m, f fam* wuss *inf*

fig. *abbr di* **figura** fig.

figata [fi·'ga:·ta] *f sl* beaut *inf*; **che** ~! what a
beaut!

figg. *abbr di* **figure** figs

figlia ['fiʎ·ʎa] <-glie> *f* daughter

figliare [fiʎ·'ʎa:·re] *vt* to give birth to

figliastro, -a [fiʎ·'ʎas·tro] *m, f* stepchild

figliata [fiʎ·'ʎa:·ta] *f* litter

figlio ['fiʎ·ʎo] <-gli> *m* **1.** son; ~ **unico** only
child, ~ **naturale**, love child; ~ **di nessuno**
foundling; ~ **di mammà** *fam* mama's boy *inf*;
~ **di papà** *fam* spoiled rich young man; ~ **di
puttana** *vulg* son of a bitch *vulg* **2.** *pl* (*prole*)
children *pl*; **essere senza** -**gli** to be childless

figlioccio, -a [fiʎ·'ʎɔt·tʃo] <-cci, -cce> *m, f* (*di
battesimo, di cresima*) godchild

figo ['fi:·go] <-ghi> *m sett v.* **fico 2**

figo, -a <-ghi, -ghe> *adj sett v.* **fico, -a**

figura [fi·'gu:·ra] *f* **1.** (*gener*) figure **2.** (*apparenza*) appearance **3.** (*loc*) **fare (una) bella/
brutta** ~ to make a good/bad impression;
che ~! *iron* how embarrassing!

figurare [fi·gu·'ra:·re] I. *vi* to appear II. *vr:* -**rsi**
(*immaginarsi*) to imagine; **figurati!** of course
not!; **ma si figuri!** not at all!

figurativo, -a [fi·gu·ra·'ti:·vo] *adj* (*stile: di pittura, di artista*) figurative; **arti** -**e** figurative arts

figurato, -a [fi·gu·'ra:·to] *adj* (*linguaggio, uso,
significato*) figurative; **in senso** ~ in a figurative sense

figurina [fi·gu·'ri:·na] *f* **1.** (*statuina*) figurine
2. (*su cartoncino*) picture card

figurino [fi·gu·'ri:·no] *m* (*disegno*) fashion
sketch

figuro [fi·'gu:·ro] *m* (*tipo losco*) character

F

F

fila ['fiː·la] *f* 1. (*allineamento, coda*) line; **camminare in ~ indiana** to walk in single file; **far la ~** to stand in line 2. *fig* (*serie continua*) series; **di ~** in a row

filamento [fi·la·'men·to] *m* filament

filanca® [fi·'laŋ·ka] *f stretch material*

filanda [fi·'lan·da] *f* spinning mill

filantropia [fi·lan·tro·'piː·a] *f* philanthropy

filantropo, -a [fi·'lan·tro·po] *m*, *f* philanthropist

filare¹ [fi·'laː·re] *m* (*di piante*) row

filare² I. *vt avere* 1. (*fibre tessili*) t spin 2. NAUT (*lasciar scorrere: fune, catena*) to pay out 3. *fig, inf ~* [*o* **-rsi**] **qu** (*interessarsi a*) to show interest in sb II. *vi essere o avere* 1. (*ragno, baco da seta*) to spin 2. (*formaggio*) to go stringy 3. *fig* (*discorso, ragionamento*) to hang together 4. *fam* (*andare veloce*) to zoom along *inf*; (*andarsene*) to make oneself scarce; **-rsela all'inglese** to take French leave 5. *scherz* (*amoreggiare*) to go out 6. (*loc*) **~ liscio** to go smoothly

filarmonica [fi·lar·'mɔː·ni·ka] <-che> *f* philharmonic

filarmonico, -a [fi·lar·'mɔː·ni·ko] <-ci, -che> I. *adj* philharmonic II. *m*, *f* philharmonic member

filastrocca [fi·las·'trɔk·ka] <-cche> *f* 1. (*per bambini*) nursery rhyme 2. *fig* (*tiritera*) litany

filato [fi·'laː·to] *m* yarn

filatura [fi·la·'tuː·ra] *f* 1. (*lavorazione*) spinning 2. (*opificio*) spinning mill

file [fail] <-> *m* COMPUT file; **~ attuale** current file; **~ immagine** image file; **~ di testo** text file

filettare [fi·let·'taː·re] *vt* TEC (*vite*) to thread

filettatura [fi·let·ta·'tuː·ra] *f* TEC (*di vite*) thread

filetto [fi·'let·to] *m* CULIN fillet

filiale [fi·'liaː·le] *f* branch

filibustiere [fi·li·bus·'tiɛː·re] *m fig* (*mascalzone*) scoundrel

filiforme [fi·li·'for·me] *adj* threadlike

filigrana [fi·li·'graː·na] *f* 1. (*in oreficeria*) filigree 2. (*sulla carta*) watermark

filisteo, -a [fi·lis·'tɛː·o] I. *adj* 1. HIST Philistine 2. *fig* (*gretto*) conformist II. *m*, *f* 1. HIST Philistine 2. *fig* (*conformista*) conformist

film [film] <-> *m* 1. (*pellicola*) film 2. (*opera cinematografica*) movie; **~ d'animazione** animated movie; **~ giallo** thriller; **girare un ~** to shoot a movie

filmare [fil·'maː·re] *vt* (*riprendere*) to film

filmato [fil·'maː·to] *m* short

filmina [fil·'miː·na] *f* FILM filmstrip

filo ['fiː·lo] *m* 1. (*per cucire*) thread; **~ di Scozia** lisle; **un ~ di perle** a string of pearls 2. (*di erba*) blade; (*di paglia*) piece 3. (*di ferro, rame*) wire; **~ spinato** barbed wire 4. (*cavo: luce, telefono*) wire 5. *fig* (*di speranza*) glimmer; **con un ~ di voce** in a whisper 6. <fila> **tenere** [*o* **reggere**] **le -a** to pull the strings 7. (*loc*) **~ conduttore** thread; **essere legato a**

~ doppio con qu to be hand in glove with sb; **dar del ~ da torcere a qu** to make things difficult for sb; **essere appeso a un ~** to be hanging by a thread; **fare il ~ a qu** to be after sb; **perdere il ~** to lose the thread; **per ~ e per segno** word for word

filoamericano, -a [fi·lo·a·me·ri·'kaː·no] *adj* pro-American

filoarabo, -a [fi·lo·'aː·ra·bo] *adj* pro-Arab

filobus ['fiː·lo·bus] *m* trolley bus

filocinese [fi·lo·tʃi·'neː·se] *adj* pro-Chinese

filocomunista [fi·lo·ko·mu·'nis·ta] <-i *m*, -e *f*> *adj* procommunist

filodendro [fi·lo·'dɛn·dro] *m* philodendron

filodiffusione [fi·lo·dif·fu·'zioː·ne] *f* cable radio

filodrammatico, -a [fi·lo·dram·'maː·ti·ko] <-ci, -che> I. *adj* amateur-dramatic II. *m*, *f* amateur actor *m o f*, amateur actress *f*

filofascista [fi·lo·faʃ·'ʃis·ta] <-i *m*, -e *f*> *adj* profascist

filogenesi [fi·lo·'dʒɛː·ne·zi] *f* BIOL phylogenesis

filoisraeliano, -a [fi·lo·iz·ra·e·'liaː·no] *adj* pro-Israeli

filologia [fi·lo·lo·'dʒiː·a] <-gie> *f* philology; **~ classica** classical philology

filologico, -a [fi·lo·'lɔː·dʒi·ko] <-ci, -che> *adj* philological

filologo, -a [fi·'lɔː·lo·go] <-gi, -ghe> *m*, *f* philologist

filonazista [fi·lo·na·'tsis·ta] <-i *m*, -e *f*> *adj* pronazi

filoncino [fi·lon·'tʃiː·no] *m* (*di pane*) baguette

filone [fi·'loː·ne] *m* 1. (*di giacimento*) vein 2. *fig* (*di cultura*) tradition

filonucleare [fi·lo·nuk·le·'aː·re] *adj* pronuclear

filooccidentale [fi·lo·ot·tʃi·den·'taː·le] *adj* pro-Western; **politica ~** pro-Western policy

filorientale [fi·lo·rien·'taː·le] *adj* pro-Eastern; **politica ~** pro-Eastern policy

filosofale [fi·lo·zo·'faː·le] *adj* **pietra ~** philosopher's stone

filosofare [fi·lo·so·'faː·re] *vi iron* to philosophize

filosofeggiare [fi·lo·so·fed·'dʒaː·re] *vi iron* to philosophize

filosofia [fi·lo·zo·'fiː·a] <-ie> *f* 1. (*dottrina, orientamento, concezione*) philosophy 2. *fig* (*serenità*) **con ~** philosophically

filosofico, -a [fi·lo·'zɔː·fi·ko] <-ci, -che> *adj* philosophical

filosofo, -a [fi·'lɔː·zo·fo] *m*, *f* philosopher

filovia [fi·lo·'viː·a] *f* trolley bus line

filtrare [fil·'traː·re] I. *vt avere a. fig* to filter II. *vi essere a. fig* to filter

filtro¹ ['fil·tro] *m* 1. filter; **~ dell'aria** air filter; **~ dell'olio** oil filter 2. INET **~ antispam** spam filter

filtro² ['fil·tro] *m* (*pozione magica*) philtre

filza ['fil·tsa] *f a. fig* string

fimosi [fi·'mɔː·zi] <-> *f* MED phimosis

fin [fin] *prep v.* **fine, fino**

finale [fi·'naː·le] I. *adj* final II. *m* (*conclusione:*

di commedia) ending; (*di gara*) end; (*di sinfonia*) finale **III.** *f* SPORT (*di calcio, tennis, pugilato*) final; **entrare in ~** to reach the final

finalissima [fi·na·'lis·si·ma] *f* championship final

finalista [fi·na·'lis·ta] <-i *m*, -e *f*> *mf* finalist

finalità [fi·na·li·'ta] <-> *f* (*scopo*) aim

finalizzare [fi·na·lid·'dza:·re] *vt* (*indirizzare*) **~ qc a qc** to aim sth at sth

finalmente [fi·nal·'men·te] *adv* finally

finanza [fi·'nan·tsa] *f* **1.** (*gener*) finance **2.** *pl* (*mezzi economici*) finance; **ministero delle Finanze** Department of the Treasury **3.** MIL **Guardia di Finanza** *branch of the military dealing with tax evasion and customs crimes such as smuggling*

finanziamento *m* financing

finanziare [fi·nan·'tsia:·re] *vt* to finance

finanziaria [fi·nan·'tsia:·ria] <-ie> *f* **1.** (*società*) investment company **2.** (*legge*) finance act

finanziario, -a [fi·nan·'tsia:·rio] <-i, -ie> *adj* (*economico*) financial

finanziatore, -trice [fi·nan·tsia·'to:·re] *m*, *f* backer

finanziere [fi·nan·'tsiɛ:·re] *m* **1.** (*banchiere*) financier **2.** (*di Guardia di Finanza*) *member of the military dealing with tax evasion and customs crimes such as smuggling*

finché [fiŋ·'ke] *conj* **1.** (*fino a quando*) until **2.** (*per tutto il tempo che*) as long as

fine[1] ['fi:·ne] *adj* **1.** (*sottile: capello, tessuto*) fine **2.** *fig* (*acuto: vista, udito*) sharp **3.** (*astuto: espediente*) shrewd **4.** (*intelligente: ironia, mente*) subtle **5.** *fig* (*raffinato: persona, ambiente, palato*) refined **6.** (*delicato: lineamenti*) fine **7.** *fig* (*preciso: ricamo, meccanica*) delicate

fine[2] ['fi:·ne] **I.** *f* (*conclusione, morte*) end; **alla ~** in the end; **alla fin ~** at the end of the day; **senza ~** endless; **a ~ mese** at the end of the month; **che ~ ha fatto?** what's become of him?; **fare una brutta ~** to come to a bad end **II.** *m* **1.** (*scopo*) aim; **secondo ~** ulterior motive; **a fin di bene** with the best of intentions; **il ~ giustifica i mezzi** the end justifies the means **2.** (*esito*) end; **lieto ~** happy ending; **andare a buon ~** to be successful; **salvo buon ~** COM subject to collection

finesettimana ['fi:·ne set·ti·'ma:·na] <-> *m o f* weekend

finestra [fi·'nɛs·tra] *f* (*di edificio, busta*) COMPUT window; **affacciarsi alla ~** to appear at the window; **buttare i soldi dalla ~** *fig* to throw money down the drain *fig*; **uscire dalla porta e rientrare dalla ~** *fig* to be impossible to get rid of

finestrino [fi·nes·'tri:·no] *m* (*di automobile, treno, autobus*) window

finezza [fi·'net·tsa] *f* **1.** (*acume: di udito, intelletto*) sharpness **2.** (*raffinatezza: di gusto, modi*) refinement **3.** (*precisione*) delicacy **4.** (*premura*) subtleness; **conoscere le -e di**

qc (*essere esperto*) to know the subtleties of sth

fingere ['fin·dʒe·re] <fingo, finsi, finto> **I.** *vt* (*gioia, dolore*) to feign *form* **II.** *vi* to pretend; **~ di fare qc** to pretend to do sth **III.** *vr* **-rsi malato/pazzo** to pretend to be sick/crazy

finimenti [fi·ni·'men·ti] *mpl* (*bardatura*) harness

finimondo [fi·ni·'mon·do] *m inf* (*confusione*) pandemonium

finire [fi·'ni:·re] <finisco> **I.** *vt avere* **1.** (*portare a compimento: libro, lavoro*) to finish; **~ di fare qc** to finish doing sth; **~ di mangiare** to finish eating **2.** (*smettere*) to stop; **finiscila!** stop it!; **finiamola!** let's be done with it! **3.** (*esaurire: scorte, soldi*) to get through **II.** *vi essere* **1.** (*concludersi*) to finish; **ho finito** I've finished **2.** (*esaurirsi*) **è finita la benzina** to run out **3.** (*terminare*) to end **4.** (*cacciarsi: persona, cosa*) to get to **5.** (*capitare*) to end up **6.** (*loc*) **com'è andata a ~?** what happened in the end?; **~ bene/male** to have a happy/unhappy ending; **~ in carcere** to end up in prison; **~ sui giornali** to end up in the papers; **finirai con l'ammalarti** you'll end up making yourself sick

finito, -a [fi·'ni:·to] *adj* **1.** (*concluso*) finished; **farla -a con qu** to finish with sb; **farla -a con qc** to stop sth **2.** *fam* (*rovinato*) finished **3.** COM (*prodotto*) finished

finlandese [fin·lan·'de:·se] **I.** *adj* Finnish **II.** *mf* (*abitante*) Finn **III.** *m* (*lingua*) Finnish

Finlandia [fin·'lan·dia] *f* Finland; **abitare in ~** to live in Finland; **andare in ~** to go to Finland

fino ['fi:·no] <*davanti a consonante*: fin> *prep* **1.** (*tempo*) **~ a** until; **~ a domani** up until tomorrow; **~ a quando** until when; **~ a tardi** until late; **~ alle tre** until three o'clock; **andare ~ in fondo a qc** *fig* to get to the bottom of sth **2.** (*spazio, quantità*) as far as; **~ a qui** up to here; **~ a casa** all the way home; **~ in cima** right to the top; **~ all'ultimo centesimo** down to one's last penny **3.** (*loc*) **averne fin sopra ai capelli** to have had it up to here; **~ a un certo punto** up to a point; **fin da piccolo** since childhood; **fin troppo** more than enough

fino, -a *adj* **1.** (*minuto: sale*) fine **2.** (*puro: oro, argento*) pure **3.** (*astuto: cervello*) sharp

finocchio [fi·'nɔk·kio] <-cchi> *m* **1.** BOT fennel **2.** *vulg* faggot *vulg*

finora [fi·'no:·ra] *adv* so far

finsi ['fin·si] *1. pers sing pass rem di* **fingere**

finta ['fin·ta] *f* **1.** (*simulazione*) pretense; **fare ~** to pretend; **fare ~ di niente** to pretend not to notice; **fare ~ di non sentire** to pretend not to hear **2.** SPORT feint

fintantoché [fin·tan·to·'ke] *conj v.* **finché**

finto, -a ['fin·to] **I.** *pp di* **fingere** **II.** *adj* **1.** (*nome, persona, denti*) false; (*gioiello, quadro*) fake; (*fiori*) artificial **2.** (*lacrime, cortesia*) feigned; (*attacco, battaglia*) pretend

finzione [fin·'tsio:·ne] *f* **1.** (*simulazione*) pretense **2.** (*doppiezza*) duplicity **3.** TEAT (*scenica, teatrale*) illusion

fioccare [fiok·'ka:·re] *vi essere* **1.** (*neve*) to fall **2.** *fig* (*applausi, proteste, multe*) to come thick and fast

fiocco ['fiɔk·ko] <-cchi> *m* **1.** (*di nastro*) bow; **coi -cchi** *fig* (*eccellente*) first-rate **2.** (*batuffolo: lana, cotone*) flock **3.** (*di neve, cereale*) flake; **-cchi d'avena** oat flakes

fiocina ['fiɔ:·tʃi·na] *f* harpoon

fioco, -a ['fiɔ:·ko] <-chi, -che> *adj* (*voce, luce*) faint

fionda ['fion·da] *f* slingshot

fiondarsi [fion·'dar·si] *vr inf* (*precipitarsi*) to dash

fioraio, -a [fio·'ra:·io] <-ai, -aie> *m, f* florist

fiordaliso [fior·da·'li:·zo] *m* **1.** BOT cornflower **2.** HIST (*giglio*) fleur-de-lys

fiordilatte [fior·di·'lat·te] <-> *m* **1.** (*mozzarella*) cow's milk mozzarella **2.** (*gelato*) plain ice cream

fiordo ['fiɔr·do] *m* fjord

fiore ['fio:·re] *m* **1.** BOT flower; (*di albero*) blossom; **un mazzo di -i** a bunch of flowers; **a -i** (*tessuto, tappezzeria*) flowery; **i -i di Bach** Bach flower remedies **2.** **il (fior)** ~ *fig* (*il meglio*) the cream; **un fior di mascalzone** *iron* a real bad apple *inf* **3.** (*apice*) **nel ~ degli anni** in one's prime **4.** *pl* (*di carte da gioco*) clubs *pl* **5.** (*loc*) **avere i nervi a fior di pelle** to be on edge; **a fior d'acqua** on the surface of the water; **a fior di labbra** in a whisper; **il ~ all'occhiello di qc** the pride of sth

fiorentino [fio·ren·'ti:·no] <*sing*> *m* (*dialetto*) Florentine

Fiorentino <*sing*> *m* (*zona*) Florence area; **nel ~** in the Florence area

fiorentino, -a I. *adj* Florentine; **bistecca alla -a** T-bone steak II. *m, f* (*abitante*) person from Florence

fioretto¹ [fio·'ret·to] *m* SPORT foil

fioretto² [fio·'ret·to] *m* **1.** (*motto*) **i -i di San Francesco** the Little Flowers of St Francis **2.** (*rinuncia*) small sacrifice; **fare un ~** to make a small sacrifice

fioriera [fior·'iɛ:·ra] *f* (*cassetta*) planter

fiorino [fio·'ri:·no] *m* HIST (*moneta*) florin

fiorire [fio·'ri:·re] <fiorisco> *vi essere* **1.** (*germogliare*) to flower **2.** *fig* (*prosperare*) to flourish; **se sono rose fioriranno** *prov* time will tell *prov*

fiorista [fio·'ris·ta] <-i *m*, -e *f*> *mf* florist

fiorito, -a [fio·'ri:·to] *adj* **1.** (*pianta*) in flower; (*prato, giardino*) in bloom **2.** *fig* (*stile*) flowery

fioritura [fio·ri·'tu:·ra] *f* **1.** (*di pianta*) flowering **2.** (*di iniziative, arte*) flourishing

Firenze [fi·'rɛn·tse] *f* Florence

firma ['fir·ma] *f* **1.** (*autografo*) signature; ~ [*o* elettronica] **digitale** digital signature; **autenticare una ~** to verify a signature; **mettere la ~ su qc** to put one's signature to sth; **ci metterei subito la ~!** *iron* I wouldn't say no to that!; **raccogliere -e** to collect signatures;

portare la ~ di qu *fig* to bear sb's signature; **una grande ~** (*di giornalismo, moda*) a big name **2.** (*marchio, griffe*) label

firmamento [fir·ma·'men·to] *m a. fig* firmament

firmare [fir·'ma:·re] *vt* to sign

firmatario, -a [fir·ma·'ta:·rio] <-i, -ie> I. *adj* (*paese, ministro*) signatory II. *m, f* signatory

fisarmonica [fi·zar·'mɔ:·ni·ka] <-che> *f* accordion

fiscale [fis·'ka:·le] *adj* **1.** (*sistema, politica*) tax; **codice ~** tax code; **scontrino ~** cash-register receipt; **medico ~** *doctor who checks up on employees on sick leave* **2.** *fig* (*intransigente*) rigid; (*pignolo*) nitpicking

fiscalismo [fis·ka·'liz·mo] *m* **1.** (*sistema fiscale*) oppressive tax system **2.** *fig* (*intransigenza*) rigidity; (*pignoleria*) nitpicking

fiscalista [fis·ka·'lis·ta] <-i *m*, -e *f*> *mf* **1.** (*esperto*) tax adviser **2.** *fig* (*intransigente*) rigid person; (*pignolo*) nitpicker

fiscalizzare [fis·ka·lid·'dza:·re] *vt* to exempt from taxes

fiscalizzazione [fis·ka·lid·dzat·'tsio:·ne] *f* tax exemption

fischiare [fis·'kia:·re] I. *vi* (*persona, merlo, vento, treno, sirena*) to whistle; **mi fischiano le orecchie** *fig* my ears are burning II. *vt* **1.** (*zufolare*) to whistle **2.** (*per disapprovare*) to boo **3.** SPORT (*rigore, fallo*) to blow the whistle for

fischietto [fis·'kiet·to] *m* whistle

fischio ['fis·kio] <-schi> *m* (*di persona, merlo, vento, sirena, treno*) whistle; **prendere -schi per fiaschi** *fig* (*fraintendere*) to get hold of the wrong end of the stick

fisco ['fis·ko] *m* (*amministrazione*) =IRS

fisica ['fi:·zi·ka] <-che> *f* (*scienza*) physics; **~ nucleare** nuclear physics

fisico ['fi:·zi·ko] <-ci> *m* (*corporatura*) physique

fisico, -a <-ci, -che> I. *adj* physical; **educazione -a** physical education II. *m, f* physicist

fisima ['fi:·zi·ma] *f* (*mania*) fixation

fisiocinesiterapia [fi·sio·tʃi·ne·zi·te·ra·'pi:·a] <-ie> *f* physical therapy

fisiologia [fi·zio·lo·'dʒi:·a] *f* physiology

fisiologico, -a [fi·zio·'lɔ:·dʒi·ko] *adj* <-ci, -che> physiological

fisiologo, -a [fiz·'io·lo·go] <-gi, -ghe> *m, f* physiologist

fisionomia [fi·zio·no·'mi:·a] <-ie> *f* **1.** (*di persona*) physiognomy **2.** (*di città, paesaggio*) physical appearance

fisioterapia [fi·zio·te·ra·'pi:·a] *f* physical therapy

fisioterapista [fi·zio·te·ra·'pis·ta] <-i *m*, -e *f*> *mf* physical therapist

fissaggio [fis·'sad·dʒo] <-ggi> *m* FOTO fixing; **bagno di ~** fixing bath

fissamaiuscole [fis·sa·ma·'ius·ko·le] <-> *m* (*di computer, macchina da scrivere*) shift lock

fissare [fis·'sa:·re] I. *vt* **1.** (*chiodo*) to hammer

in; (*imposta*) to fasten; (*foglio*) to pin
2.(*capelli*) to keep in place; (*colore*) to make
fast; (*pellicola*) to fix **3.***fig* (*sguardo, attenzione*) to focus **4.**(*guardare intensamente*) to
stare at **5.**(*imprimere*) to fix; ~ **qc nella
mente** (*imprimere*) to fix sth firmly in one's
mind **6.**(*stabilire: data, prezzo*) to fix; (*appuntamento*) to arrange; (*domicilio*) to establish
7.*fig* (*prenotare: camera, tavolo*) to reserve
II. *vr:* **-rsi 1.**(*stabilirsi in un luogo*) to settle
2.(*ostinarsi*) **-rsi di fare qc** to get it into one's
head to do sth

fissativo [fis·sa·'ti:·vo] *m* CHIM fixative; FOTO
fixer

fissato, -a [fis·'sa:·to] *m, f* (*maniaco*) obsessive

fissatore [fis·sa·'to:·re] *m* **1.** CHIM fixative; FOTO
fixer **2.**(*per capelli*) setting lotion

fissazione [fis·sat·'tsio:·ne] *f* **1.**(*di data, di aliquota*) fixing **2.**(*ossessione*) fixation

fissile ['fis·si·le] *adj* FIS fissile

fissionare [fis·sio·'na:·re] *vt* FIS to fission

fissione [fis·'sio:·ne] *f* FIS fission

fissità [fis·si·'ta] <-> *f* steadiness

fisso, -a *adj* **1.**(*gener*) fixed; **prezzo** ~ fixed
price; **avere un chiodo** ~ *fig* to have an obsession **2.**(*invariabile: regola*) hard-and-fast;
(*impiego*) permanent

fistola ['fis·to·la] *f* MED fistula

fitness ['fit·nis] <-> *f* SPORT fitness; **fare** ~ to
work out

fitocosmesi [fi·to·kos·'mɛ:·zi] <-> *f* plant-
-based cosmetics *pl*

fitoterapia [fi·to·te·ra·'pi:·a] *f* MED herbal
medicine

fitta ['fit·ta] *f* (*dolore*) sharp pain; **sentire una
** ~ **al cuore** *fig* (*angoscia*) to feel an ache in
one's heart

fittavolo, -a [fit·'ta:·vo·lo] *m, f* tenant

fittile ['fit·ti·le] *adj* fictile

fittizio, -a [fit·'tit·tsio] <-i, -ie> *adj* **1.**(*falso:
nome*) fictitious; (*contratto*) bogus **2.**(*illusorio: immagine*) illusory

fitto I. *adj* **1.**(*folto: bosco*) dense; (*pelo*) thick
2.(*compatto: pettine, rete*) fine **3.**(*denso:
pioggia*) heavy; (*buio*) pitch; (*nebbia*) dense
4.*fig* (*mistero*) impenetrable **II.** *adv* **piove**
[*o* **nevica**] **fitto** (*intensamente*) it's raining
[*o* snowing] hard **III.** *m* **nel** ~ **del bosco** in the
depths of the forest

fiumana [fiu·'ma:·na] *f* **1.**(*piena*) torrent
2.*fig* (*massa: di gente*) stream; (*di parole*) torrent

fiume[1] ['fiu:·me] *m* **1.**(*corso d'acqua*) river
2.*fig* (*grande quantità: di lacrime*) flood; (*di
parole*) torrent; **a -i** by the bucketful

fiume[2] <inv> *adj* long-drawn-out; **un
romanzo** ~ a roman-fleuve

fiutare [fiu·'ta:·re] *vt* **1.**(*annusare*) to sniff
2.(*aspirare: tabacco, cocaina*) to snort **3.***fig*
(*intuire: inganno, affare*) to smell

fiuto ['fiu:·to] *m* **1.**(*odorato*) sense of smell
2.*fig* (*intuito*) nose

fix [fiks] <-> *f* (*dose di eroina*) fix

fixing ['fik·siŋ/'fik·sin(g)] *m* FIN fixing

flaccido, -a [a ['flat·tʃi·do] *adj* (*pelle*) saggy;
(*seno, corpo*) flabby

flacone [fla·'ko:·ne] *m* bottle

flagellare [fla·dʒel·'la:·re] *vt* **1.**(*fustigare*) to
flog **2.**(*grandine, tempesta*) to beat against
3.*fig* (*censurare*) to censure

flagello [flad·'dʒel·lo] *m* **1.**(*frusta*) whip **2.***fig*
(*calamità*) scourge

flagrante [fla·'gran·te] *adj* (*evidente*) flagrant;
cogliere qu in ~ to catch sb red-handed

flanella [fla·'nɛl·la] *f* flannel

flash [flaʃ/flɛʃ] **I.** <inv> *adj* (*breve*) **notizia** ~
newsflash; **telegiornale** ~ news summary
II. <-> *m* **1.** FOTO flash **2.**(*notizia*) newsflash

flat [flæt] *adj* <inv> flat; **tariffa** ~ flat rate

flatulenza [fla·tu·'lɛn·tsa] *f* MED flatulence

flautista [flau·'tis·ta] <-i *m*, -e *f*> *mf* flutist

flauto ['fla:u·to] *m* flute; ~ **dolce** recorder;
~ **traverso** transverse flute

flebile ['flɛ:·bi·le] *adj* (*voce, suono*) faint

flebite [fle·'bi:·te] *f* MED phlebitis

flebo ['flɛ:·bo] <-> *f fam* (*fleboclisi*) drip

fleboclisi [fle·bo·'kli:·zi] <-> *f* drip

flemma ['flɛm·ma] *f* calm

flemmatico, -a [flem·'ma:·ti·ko] <-ci, -che>
adj calm

flessibile [fles·'si:·bi·le] *adj* **1.**(*materiale*) flexible; **orario di lavoro** ~ flextime **2.***fig* (*carattere*) adaptable

flessione [fles·'sio:·ne] *f* **1.**(*nella ginnastica*)
bend **2.**(*curvatura: di arco, sbarra*) bending
3. LING inflection **4.** COM (*calo*) drop

flesso ['flɛs·so] *pp di* **flettere**

flessometro [fles·'sɔ:·met·ro] *m* tape measure

flessore [fles·'so:·re] *m* (*muscolo*) flexor

flessuoso, -a [fles·su·'o:·so] *adj* (*corpo*) lithe

flettere ['flɛt·te·re] <fletto, fletei *o* flessi,
flesso> **I.** *vt* **1.**(*membra*) to bend **2.** LING to inflect **II.** *vr:* **-rsi** (*curvarsi*) to bend; **-rsi sulle
ginocchia** to squat

flicorno [fli·'kor·no] *m* MUS flugelhorn

flipper ['flip·per] <-> *m* pinball machine; **giocare a** ~ to play pinball

flirt [flə:t] <-> *m* fling

flirtare [flir·'ta:·re] *vi* to flirt

F.lli *abbr di* **fratelli** Bros

FLM *f abbr di* **Federazione Lavoratori Metal-
meccanici** *Italian Engineering Workers Federation*

flora ['flɔ:·ra] *f* flora

floreale [flo·re·'a:·le] *adj* **1.**(*decorazione*) floral **2.**(*stile*) Art Nouveau

floricoltore, -trice [flo·ri·kol·'to:·re] *m, f* flow-
er-grower

floricoltura [flo·ri·kol·'tu:·ra] *f* flower-growing

floridezza [flo·ri·'det·tsa] *f* **1.**(*di vegetazione*)
healthiness **2.**(*di commercio, nazione*) pros-
perousness

florido, -a ['flɔ:·ri·do] *adj* **1.**(*aspetto*) healthy
2.(*commercio*) flourishing

floscio, -a ['flɔʃ·ʃo] <-sci, -sce> *adj* **1.**(*flac-

F

F

cido: muscoli) flabby **2.** (*non rigido: tessuto, cappello*) soft

flotta ['flɔt·ta] *f* fleet

fluente [flu·'ɛn·te] *adj* **1.** (*chioma, barba*) flowing **2.** (*lingua*) fluent

fluido ['flu·ido] *m* **1.** FIS fluid **2.** (*di medium, guaritore*) mystical power

fluido, -a *adj a. fig* fluid

fluire [flu·'i:·re] <fluisco> *vi essere a. fig* to flow

fluorescente [fluo·reʃ·'ʃɛn·te] *adj* fluorescent; **lampada** ~ fluorescent light

fluorite [fluo·'ri:·te] *f* MIN fluorite

fluoro [flu·'ɔ:·ro] *m* CHIM fluorine

fluoruro [fluo·'ru:·ro] *m* fluoride

flusso ['flus·so] *m* **1.** (*gener*) flow; ~ **mestruale** menstrual flow; ~ **e riflusso** ebb and flow **2.** FIS (*elettrico, magnetico*) flux; ~ **luminoso** luminous flux

flûte [flyt] <-> *m* flute

fluttuare [flut·tu·'a:·re] *vi* **1.** (*ondeggiare: in acqua, nell'aria*) to float **2.** *fig* (*oscillare: stato d'animo, opinione*) to waver **3.** ECON, FIN (*valuta, titolo*) to fluctuate

fluttuazione [flut·tu·at·'tsio:·ne] *f* ECON, FIN (*cambio, valuta*) fluctuation

fluviale [flu·'via:·le] *adj* **1.** (*bacino, navigazione, vegetazione*) river **2.** (*pesci*) freshwater

fly and drive ['flai ən 'draiv] <-> *m* (*biglietto, tour*) fly-drive

f.m. *abbr di* **fine mese** end of month

FMI *m abbr di* **Fondo Monetario Internazionale** IMF

fobia [fo·'bi:·a] <-ie> *f* PSIC phobia

foca ['fɔ:·ka] <-che> *f* seal

focaccia [fo·'kat·tʃa] <-cce> *f* **1.** (*salata*) foccaccia **2.** (*dolce*) bun **3.** (*loc*) **rendere pan per** ~ to get one's own back

> Focaccia is a flat bread rather like a pizza but thicker. It is made with dough similar to that used for making bread, but with the addition of salt and extra virgin olive oil. Both **focaccia** and the smaller *focaccine* are good eaten warm on their own; they can also be cut in half and filled with cold cuts or cheese. They are eaten as a mid-morning or afternoon snack, or for a quick lunch or supper. The Ligurian version is made with cheese.

focale [fo·'ka:·le] **I.** *adj* focal; **distanza** ~ focal length; **punto** ~ *fig* (*essenziale*) focal point **II.** *f* focal length

focalizzare [fo·ka·lid·'dza:·re] *vt* **1.** (*obiettivo*) to focus; (*immagine*) to get into focus **2.** *fig* (*inquadrare: situazione*) to get into perspective **3.** *fig* (*concentrare: attenzione*) to focus

foce ['fo:·tʃe] *f* mouth

fochista [fo·'kis·ta] <-i *m*, -e *f*> *mf* stoker

focolaio [fo·ko·'la:·io] <-ai> *m* **1.** MED focus **2.** *fig* (*di rivolta*) breeding ground

focolare [fo·ko·'la:·re] *m* (*camino*) hearth; **il** ~ **domestico** *fig* hearth and home

focoso, -a [fo·'ko:·so] *adj* (*temperamento*) fiery

fodera ['fɔ:·de·ra] *f* **1.** (*di cuscino*) cover **2.** (*di abito*) lining **3.** (*di libro*) jacket

foderare [fo·de·'ra:·re] *vt* **1.** (*abiti, cassetti*) to line **2.** (*libri*) to cover

fodero ['fɔ:·de·ro] *m* scabbard

foga ['fo:·ga] *f* (*impeto*) ardor; **nella** ~ **del discorso** in the heat of the discussion

foggia ['fɔd·dʒa] <-gge> *f* (*forma*) form; (*di abito*) style; **a** ~ **di** in the shape of

Foggia *f* Foggia

Foggiano [fod·'dʒa:·no] <*sing*> *m* (*zona*) Foggia area; **nel** ~ in the Foggia area

foggiano, -a I. *adj* from Foggia **II.** *m, f* (*abitante*) person from Foggia

foglia ['fɔʎ·ʎa] <-glie> *f* leaf; **mangiare la** ~ *fig* to smell a rat; **tremare come una** ~ to shake like a leaf

fogliame [foʎ·'ʎa:·me] *m* (*di pianta*) foliage

foglio ['fɔʎ·ʎo] <-gli> *m* **1.** (*di carta*) sheet; ~ **a righe/a quadretti** sheet of lined/squared paper; ~ **protocollo** foolscap; ~ **illustrativo** instructions *pl* **2.** (*documento, modulo*) form; ~ **rosa** AUTO learner's permit; ~ **complementare** AUTO registration **3.** (*banconota*) bill **4.** (*lamina*) sheet

fogna ['foɲ·ɲa] *f* **1.** (*discarica*) sewer **2.** *fig, pej* (*ambiente sporco*) pigsty

fognatura [foɲ·ɲa·'tu:·ra] *f* sewers *pl*

föhn [fø:n] <-> *m* (*vento caldo*) föhn, warm Alpine wind

folata [fo·'la:·ta] *f* (*di vento*) gust

folclore [folk·'lo:·re] *m* folklore

folcloristico, -a [fol·klo·'ris·ti·ko] <-ci, -che> *adj* folk

folgorante [fol·go·'ran·te] *adj* **1.** (*luce*) dazzling **2.** *fig* (*ardente: amore, passione*) intense **3.** (*brillante: idea*) brilliant **4.** (*intenso: sguardo*) withering

folgorare [fol·go·'ra:·re] *vt* **1.** (*fulmine*) to strike **2.** (*scarica elettrica*) to electrocute; ~ **qu con lo sguardo** *fig* to give sb a withering look

folgorazione [fol·go·rat·'tsio:·ne] *f* **1.** (*scarica elettrica*) electrocution **2.** *fig* (*della mente*) brainstorm

folgore ['fol·go·re] *f liter* thunderbolt

folk [fouk/fɔlk] **I.** <inv> *adj* (*musica, canzone*) folk **II.** <-> *m* (*genere musicale*) folk (music)

folla ['fol·la/'fɔl·la] *f* crowd

folle ['fɔl·le] **I.** *adj* **1.** (*persona, idea, spesa*) crazy **2.** MOT neutral; **in** ~ in neutral **II.** *mf* madman *m*, madwoman *f*

folleggiare [fol·led·'dʒa:·re] *vi* (*spassarsela*) to paint the town red

folletto [fol·'let·to] *m* (*nelle fiabe*) elf

follia [fol·'li:·a] <-ie> *f* madness; **alla** ~ madly; **fare -ie per qu** to be crazy about sb

follicolo [fol·'li:·ko·lo] *m* ANAT, BOT follicle

folto ['fol·to] *m* **1.** (*di bosco*) depths *pl* **2.** *fig* (*di mischia*) thick

folto, -a *adj* (*bosco, schiera*) dense; (*chioma*) thick

fomentare [fo·men·'ta:·re] *vt* (*istigare: odio, passioni, rivolta*) to stir up

fomentatore, -trice [fo·men·ta·'to:·re] *m, f* agitator

fonda ['fon·da] *f* NAUT anchorage; **essere alla ~** to be at anchor

fondaco ['fon·da·ko] <-chi> *m* HIST (*magazzino*) warehouse

fondale [fon·'da:·le] *m* 1. (*di mare*) bottom 2. TEAT backdrop

fondamentale [fon·da·men·'ta:·le] *adj* fundamental

fondamento[1] [fon·da·'men·to] <le fondamenta> *m* ARCHIT foundation; **gettare le -a** to lay the foundations

fondamento[2] *m* *fig* (*principio base*) foundation; **notizie prive di ~** (*non vere*) news that has no foundation

fondare [fon·'da:·re] **I.** *vt* 1. (*città*) to found 2. (*società, ordine religioso*) to establish 3. (*teoria, accusa*) to base **II.** *vr* **-rsi su qc** (*basarsi: ipotesi, sospetto*) to be based on sth

fondatezza [fon·da·'tet·tsa] *f* soundness

fondatore, -trice [fon·da·'to:·re] *m, f* (*di città, società, ordine religioso*) founder

fondazione [fon·dat·'tsio:·ne] *f* foundation; (*la ~ Cini si occupa della salvaguardia di beni culturali*)

fondello [fon·'dɛl·lo] *m* 1. (*di bossolo*) bottom 2. (*di calzoni*) seat; **prendere qu per i -i** *fig* to pull sb's leg

fondente [fon·'dɛn·te] *adj* **cioccolato ~** dark chocolate

fondere ['fon·de·re] <fondo, fusi, fuso> **I.** *vt* 1. (*metallo, ghiaccio*) to melt 2. (*statua, campana*) to cast; **~** (*il motore*) AUTO to burn out the bearings 3. *fig* (*unire: aziende, partiti, gruppi*) to merge **II.** *vi* to melt **III.** *vr:* **-rsi** 1. (*sciogliersi: neve, cera*) to melt 2. *fig* (*unirsi: aziende, partiti, gruppi*) to merge; (*le due aziende si sono fuse*)

fonderia [fon·de·'ri:·a] <-ie> *f* foundry

fondiario, -a [fon·'dia:·rio] <-i, -ie> *adj* (*proprietà*) landed; (*rendita*) from land

fondista [fon·'dis·ta] <-i *m*, -e *f*> *mf* 1. SPORT long-distance runner 2. (*di giornale*) editorial writer

fondivalle *pl di* **fondovalle**

fondo ['fon·do] *m* 1. (*base: di pentola, valigia, pozzo,*) bottom; **avere uno stomaco senza ~** *fig* to have a bottomless stomach 2. (*fondale: di mare, lago, fiume*) bottom; **incagliarsi sul ~** to run aground; **andare a ~** to go to the bottom 3. (*bordo inferiore: di pagina, calzoni*) bottom 4. (*estremità: di strada*) end; (*di campo*) bottom; (*di scena*) back; **in ~ alla stanza** at the back of the room; **andare in ~ a qc** *fig* to get to the bottom of sth; **da cima a ~** from top to bottom 5. (*parte più interna: di cassetto*) back; **in ~ al cuore** *fig* deep in one's heart; **in ~** *fig* after all 6. SPORT **gara di ~** (*corsa*) distance race; **sci di ~** cross-country skiing 7. (*strato*) **~ tinta** foundation; **~ stradale** roadbed 8. (*deposito: di vino, aceto*) lees *pl;* **-i di caffè** grounds *pl;* **-i di magazzino** *fig* old stock 9. (*terreno*) estate 10. **articolo di ~** editorial 11. ECON (*denaro*) fund; **-i d'investimento** investment funds *pl;* **-i neri** slush fund; **~ pensioni** pension fund; **~ di cassa** float; **~ pubblico** public fund; **a ~ perduto** without security

fondo, -a *adj* (*profondo*) deep; **piatto ~** soup plate; **a notte -a** at dead of night

fondocampo [fon·do·'kam·po] <·> *m* SPORT back court

fondoschiena [fon·do·'skiɛ:·na] <·> *m* *inf* (*deretano*) backside

fondovalle [fon·do·'val·le] <fondivalle> *m* valley floor

fonduta [fon·'du:·ta] *f* CULIN fondue

fonema [fo·'nɛ:·ma] <-i> *m* LING phoneme

fonetica [fo·'nɛ:·ti·ka] <-che> *f* phonetics

fonetico, -a [fo·'nɛ:·ti·ko] <-ci, -che> *adj* (*scrittura, alfabeto*) phonetic

fonico ['fɔ:·ni·ko] <-ci> *m* FILM (*tecnico*) sound engineer

fonico, -a <-ci, -che> *adj* (*segnale, frequenza*) phonic

fonocassetta [fo·no·kas·'set·ta] *f* music cassette

fonografo [fo·'nɔ:·gra·fo] *m* MUS phonograph

fonogramma [fo·no·'gram·ma] <-i> *m* LING, FIS phonogram

fonokit [fo·no·'kit] <·> *m* voice recognition system

fonologia [fo·no·lo·'dʒi:·a] <-gie> *f* LING phonology

fonometro [fo·'nɔ:·me·tro] *m* FIS phonometer

fonomontaggio [fo·no·mon·'tad·dʒo] <-ggi> *m* edited recording

fonoriproduttore [fo·no·ri·pro·dut·'to:·re] *m* sound reproduction device

fonoriproduzione [fo·no·ri·pro·dut·'tsio:·ne] *f* sound reproduction

font [fɔnt] <·> *m o f* font

fontana [fon·'ta:·na] *f* fountain

fontanella [fon·ta·'nɛl·la] *f* 1. (*piccola fontana*) drinking fountain 2. ANAT fontanelle

fonte ['fon·te] **I.** *f* 1. (*sorgente*) spring 2. *fig* (*di guadagno, guai, informazioni*) source; **-i energetiche** energy sources *pl;* **-i scritte** written sources *pl* **II.** *m* **~ battesimale** font

footing ['fu·tiŋ] <·> *m* SPORT jogging; **fare ~** to go jogging

foraggiare [fo·rad·'dʒa:·re] *vt* 1. (*cavalli*) to provide fodder for 2. *fig, iron* (*mantenere*) to bankroll

foraggio [fo·'rad·dʒo] <-ggi> *m* fodder

forare [fo·'ra:·re] **I.** *vt* 1. (*parete, lamiera*) to make a hole in 2. (*biglietti*) to punch 3. (*pneumatico*) to burst **II.** *vi* (*pneumatico*) to burst

foratura [fo·ra·'tu:·ra] *f* 1. (*di legno, lamiera*) piercing 2. (*di pneumatico*) bursting

F

forbici ['fɔr·bi·tʃi] *fpl* scissors *pl;* **un paio di ~** a pair of scissors

forbito [for·'bi:·to] *adj fig* (*raffinato: linguaggio, stile*) elegant

forca ['for·ka] <-che> *f* 1. AGR pitchfork 2. (*patibolo*) gallows

forcella [for·'tʃɛl·la] *f* (*di carrucola, di bicicletta, di ramo*) fork

forchetta [for·'ket·ta] *f* fork; **essere una buona ~** *fig* to like one's food; **parlare in punta di ~** *fig* to speak affectedly

forchettata [for·ket·'ta:·ta] *f* forkful; **una ~ di spaghetti** a forkful of spaghetti; **ne assaggio una ~** I'll just have a little

forcina [for·'tʃi:·na] *f* hairpin

forcipe ['fɔr·tʃi·pe] *m* MED forceps *pl*

forcone [for·'ko:·ne] *m* pitchfork

forense [fo·'rɛn·se] *adj* forensic

foresta [fo·'rɛs·ta] *f* forest; **~ vergine** virgin forest

forestale [fo·res·'ta:·le] *adj* forest; **guardia ~** forest ranger; **Corpo ~ dello Stato** = Forest Service

foresteria [fo·res·te·'ri:·a] <-ie> *f* (*di collegio, convento*) guest room; **uso ~** for guest use

forestiero, -a [fo·res·'tiɛ:·ro] I. *adj* foreign II. *m, f* foreigner

forfait [fɔr·'fɛ] <-> *m* 1. ECON (*prezzo fisso*) fixed price; **a ~** for a fixed price; **lavoro a ~** piecework 2. SPORT (*ritiro*) default; **vincere per ~** to win by default; **dichiarare ~** *fig* to give in

forfettario, -a [for·fe·'ta:·rio] <-i, -ie> *adj* ECON fixed-price

forfora ['for·fo·ra] *f* dandruff

forgia ['fɔr·dʒa] <-ge> *f* (*fucina*) forge

forgiare [for·'dʒa:·re] *vt* 1. (*metallo*) to forge 2. *fig* (*plasmare: carattere*) to mold

Forlì *f* Forlì

forlivese [for·li·'ve:·se] I. *adj* from Forlì II. *mf* (*abitante*) person from Forlì

forma ['for·ma] *f* 1. (*aspetto*) form; **prendere ~** to take shape; **a ~ di ...** in the shape of ... 2. *pl* (*fattezze*) figure 3. (*condizione psicofisica*) form; **essere in ~** to be in shape; **essere giù di ~** to be feeling down; **peso ~** ideal weight 4. (*per calzature*) last; (*per dolci*) mold; **una ~ di formaggio** a whole cheese 5. *fig* (*di governo, di ente*) form 6. (*modalità*) **in ~ privata** privately 7. (*convenzione*) convention

formaggiera [for·mad·'dʒɛ:·ra] *f* cheese bowl

formaggino [for·mad·'dʒi:·no] *m* processed cheese triangle

formaggio [for·'mad·dʒo] <-ggi> *m* cheese; **~ fresco** fresh cheese; **~ stagionato** mature cheese; **~ pecorino** pecorino; **~ molle** soft cheese

formaldeide [for·mal·'dɛ:·ide] *f* formaldehyde

formale [for·'ma:·le] *adj* formal

formalina [for·ma·'li:·na] *f* formalin

formalismo [for·ma·'liz·mo] *m* formalism

formalista [for·ma·'lis·ta] <-i *m*, -e *f*> *mf* formalist

formalità [for·ma·li·'ta] <-> *f* formality; **per ~** as a formality

formalizzare [for·ma·lid·'dza:·re] I. *vt* (*rendere formale*) to formalize II. *vr* **-rsi per qc** (*risentirsi*) to take offense at sth

formare [for·'ma:·re] I. *vt* 1. (*modellare: statua*) to make 2. (*corteo, cerchio, famiglia, partito*) to form 3. (*addestrare: ufficiali, tecnici, atleti*) to train 4. *fig* (*carattere*) to mold 5. TEL (*numero*) to dial II. *vr:* **-rsi** 1. (*prodursi*) to form 2. (*svilupparsi*) to develop

format ['fɔ:·mæt] <-> *m* TV format

formato [for·'ma:·to] *m* format; **~ tascabile** pocket size; **in ~ ridotto** small-sized; **fotografia ~ tessera** passport-size photo

formato, -a *adj* 1. (*sviluppato*) fully developed 2. (*costituito*) formed

formattare [for·mat·'ta:·re] *vt* COMPUT to format; **~ un dischetto** to format a disk

formattato, -a *adj* COMPUT formatted

formattazione [for·mat·tat·'tsio:·ne] *f* COMPUT formatting

formazione [for·mat·'tsio:·ne] *f* 1. (*gener*) formation 2. (*sviluppo*) development 3. (*addestramento*) training; **contratto di ~** (*professionale*) (vocational) training contract

formella [for·'mɛl·la] *f* ARCHIT (*motivo ornamentale*) tile

formica ~ rossa red ant; **avere un cervello di ~** to be a bird-brain

formicaio [for·mi·'ka:·io] <-ai> *m* 1. (*nido di formiche*) anthill 2. *fig* (*luogo*) **essere un ~** to be swarming with people

formichiere [for·mi·'kiɛ:·re] *m* anteater

formico, -a ['fɔr·mi·ko] <-ci, -che> *adj* CHIM formic; **acido ~** formic acid

formicolare [for·mi·ko·'la:·re] *vi* 1. *avere* (*brulicare*) **~ di ...** to swarm with ... 2. *essere* (*essere intorpidito*) **mi formicola il braccio** I've got pins and needles in my arm

formicolio [for·mi·ko·'li:·o] <-ii> *m* 1. (*brulichio di gente*) swarming 2. (*intorpidimento*) pins and needles

formidabile [for·mi·'da:·bi·le] *adj* 1. (*fortissimo*) powerful 2. (*eccezionale*) amazing

formoso, -a [for·'mo:·so] *adj* (*donna, fianchi, petto*) shapely

formula ['fɔr·mu·la] *f* 1. (*di giuramento, liturgica*) form 2. (*frase: di commiato, augurio*) formula 3. MAT, CHIM formula; **~ magica** magic spell 4. (*metodo*) formula 5. SPORT **Formula 1** Formula 1

formulare [for·mu·'la:·re] *vt* to formulate

formulario [for·mu·'la:·rio] <-i> *m* (*modulo*) form

formulazione [for·mu·lat·'tsio:·ne] *f* 1. (*di domanda, ipotesi*) formulation 2. (*testo: di legge*) phrasing

fornace [for·'na:·tʃe] *f* 1. TEC kiln 2. *fig* (*luogo caldo*) oven

fornaio, -a [for·'na:·io] <-ai, -aie> *m, f*
1. (*operaio*) baker 2. (*negozio*) bakery

fornello [for·'nɛl·lo] *m* (*cucina*) stova; (*fuoco*)
burner; ~ **a gas** gas stove; ~ **elettrico** electric
stove

fornicare [for·ni·'ka:·re] *vi poet* to fornicate
form

fornire [for·'ni:·re] <fornisco> I. *vt* 1. (*provvedere*) to supply; ~ **qu di qc** to supply sb
with sth; ~ **qc a qu** to supply sth to sb
2. (*informazioni, prova*) to provide II. *vr* **-rsi
di qc** to provide o.s. with sth

fornito, -a [for·'ni:·to] *adj* provided; **un negozio ben** ~ a well-stocked store

fornitore, -trice [for·ni·'to:·re] *m, f* supplier;
~ **ufficiale** SPORT official supplier

fornitura [for·ni·'tu:·ra] *f* supply; **-e per ufficio** office supplies

forno ['for·no] *m* 1. (*per cuocere*) oven; **pasta
al** ~ baked pasta; **patate al** ~ baked potatoes;
~ **a microonde** microwave oven 2. TEC furnace 3. (*panetteria*) bakery

foro[1] ['fo:·ro] *m* (*buco*) hole

foro[2] ['fɔ:·ro] *m* 1. HIST forum 2. GIUR (*tribunale*) court

forra ['for·ra] *f* ravine

forse ['for·se] I. *adv* perhaps II. *m* **essere in** ~
to be doubtful

forsennato, -a [for·sen·'na:·to] *m, f* madman *m*, madwoman *f*

forte[1] ['fɔr·te] *adv* 1. (*a voce alta*) loud
2. (*velocemente*) fast

forte[2] I. *adj* 1. (*robusto*) strong 2. (*determinato: persona, carattere*) strong 3. (*elevato:
somma*) large 4. (*acuto: dolore*) intense
5. (*intenso: colore*) bright; (*sapore, odore*)
strong 6. (*abile*) good; **essere ~ in qc** to be
good at sth 7. *inf* (*simpatico*) great 8. (*loc*)
dare man ~ a qu to come to sb's aid; **farsi ~
di qc** to make use of sth II. *m* 1. (*persona*) **i -i**
the strong 2. (*specialità*) forte; **la matematica
non è il suo** ~ math is not his forte 3. MIL fort

fortezza [for·'tet·tsa] *f* MIL fortress

fortificare [for·ti·fi·'ka:·re] *vt* 1. MIL (*mura,
città*) to fortify 2. (*corpo*) to strengthen

fortificazione [for·ti·fi·kat·'tsio:·ne] *f* (*luogo
fortificato*) fortification

fortilizio [for·ti·'lit·tsio] <-i> *m* fortalice

fortino [for·'ti:·no] *m* fort

fortuito, -a [for·'tu:·i·to] *adj* (*coincidenza,
incontro, incidente*) chance; **per un caso** ~
by chance

fortuna [for·'tu:·na] *f* 1. (*destino*) fortune
2. (*buona sorte*) luck; **un colpo di** ~ a stroke
of luck; **avere ~ in qc** to be lucky in sth; **per** ~
luckily 3. (*patrimonio*) fortune; **fare** ~ to make
one's fortune 4. (*loc*) **atterraggio di** ~ emergency landing; **timone di** ~ jury rudder

fortunato, -a [for·tu·'na:·to] *adj* lucky

fortunoso, -a [for·tu·'no:·so] *adj* (*fortuito:
coincidenza*) chance

foruncolo [fo·'run·ko·lo] *m* boil

forviare [for·vi·'a:·re] *vt, vi v.* **fuorivare**

forwardare *vt* COMPUT (*mail*) to forward

forza ['fɔr·tsa] *f* 1. (*fisica, morale*) strength;
con ~ hard; **con tutte le -e** with all one's
might; **farsi** ~ to draw on one's reserves of
courage 2. (*violenza*) force; ~ **bruta** brute
force; ~ **maggiore** force majeure; **con la** ~ by
force; **per** ~ (*controvoglia*) against one's will;
(*naturalmente*) of course 3. (*efficacia*) force;
in ~ **di** as provided by 4. *pl* MIL forces; **-e
(armate)** (armed) forces; **arrivare in** ~ *a. fig*
to arrive in force 5. FIS, NAUT force 6. (*loc*) **a** ~
di ... by dint of ...; **a** ~ **di gridare** through
shouting

forzare [for·'tsa:·re] I. *vt* 1 (*porta*) to break
down; (*serratura*) to force; (*blocco stradale*) to
break through 2. (*accelerare*) ~ **il passo** to
speed up; *fig* to force the pace 3. (*costringere*)
to force II. *vi* (*porta, cassetto*) to stick

forzato, -a [for·'tsa:·to] I. *adj* 1. (*sorriso,
assenza, rinuncia*) forced 2. GIUR (*esproprio*)
compulsory; **lavori -i** forced labor II. *m, f* convict

forziere [for·'tsiɛ:·re] *m* strongbox

forzista [fort·'tsis·ta] <-i *m*, -e *f*> *mf* supporter
of the Forza Italia party

forzuto, -a [for·'tsu:·to] *adj* brawny

foschia [fos·'ki:·a] <-schie> *f* mist

fosco, -a ['fos·ko] <-schi, -sche> *adj*
1. (*cupo: cielo*) overcast 2. (*incerto: previsione, futuro*) gloomy 3. *fig* (*minaccioso:
sguardo*) menacing

fosfato [fos·'fa:·to] *m* phosphate

fosforescente [fos·fo·reʃ·'ʃɛn·te] *adj* phosphorescent

fosforescenza [fos·fo·reʃ·'ʃɛn·tsa] *f* phosphorescence

fosforo ['fɔs·fo·ro] *m* CHIM phosphorus

fossa ['fɔs·sa] *f* 1. (*buca*) hole 2. (*tomba*)
grave; ~ **comune** mass grave; **scavarsi la** ~
con le proprie mani *fig* to dig one's own
grave *fig* 3. GEO graben

fossato [fos·'sa:·to] *m* ditch

fosse ['fos·se] *3. per sing conj imp di* **essere**[1]

fossetta [fos·'set·ta] *f* (*su guance*) dimple

fossi ['fos·si] *1. e 2. pers sing conj imp di*
essere[1]

fossile ['fɔs·si·le] I. *adj* (*di epoca remota: reperto, foresta*) fossil II. *m* fossil

fosso ['fɔs·so] *m* (*fossa*) ditch; **saltare il** ~ *fig*
to take the plunge

foste ['fos·te] *2. pers pl conj imp di* **essere**[1]

fosti ['fos·ti] *2. pers sing pass rem di* **essere**[1]

foto ['fɔ:·to] <-> *f* photo

foto- [fo·to] (*in parole composte*) photo-

fotocellula [fo·to·'tʃɛl·lu·la] *f* photoelectric cell

fotochimica [fo·to·'ki:·mi·ka] <*sing*> *f* photo-
chemistry

fotocolor [fo·to·'ko·lor] <-> *f* FOTO color photography

fotocomposizione [fo·to·kom·po·zit·'tsio:·
ne] *f* TYPO photocomposition

fotocopia [fo·to·'kɔ:·pia] *f* photocopy

fotocopiare [fo·to·ko·'pia:·re] *vt* to photocopy

F

F

fotocopiatore [fo·to·ko·'pia:·re] *m* photocopier

fotocopiatrice [fo·to·ko·pia·'tri:·tʃe] *f* photocopier

fotocronaca [fo·to·'krɔ:·na·ka] <-che> *f* photojournalism

fotocronista [fo·to·kro·'nis·ta] <-i *m*, -e *f*> *mf* photojournalist

fotoelettrico, -a [fo·to·e·'lɛt·tri·ko] <-ci, -che> *adj* TEC (*barriera, cellula*) photoelectric; **effetto** ~ photoelectric effect

fotofit [fo·to·'fit] <-> *m* (*identikit*) composite

fotogenico, -a [fo·to·'dʒɛ:·ni·ko] <-ci, -che> *adj* photogenic

fotogiornale [fo·to·dʒor·'na:·le] *m* illustrated magazine

fotografare [fo·to·gra·'fa:·re] *vt* FOTO to photograph

fotografia [fo·to·gra·'fi:·a] *f* 1.(*tecnica*) photography 2.(*immagine*) photograph; ~ **a colori** color photograph; ~ **in bianco e nero** black-and-white photograph; ~ **formato tessera** passport-size photograph; ~ **aerea** aerial photograph

fotografico, -a [fo·to·'gra:·fi·ko] <-ci, -che> *adj* FOTO photographic; **macchina** -a camera; **studio** ~ photographer's studio

fotografo, -a [fo·'tɔ:·gra·fo] *m, f* photographer

fotogramma [fo·to·'gram·ma] <-i> *m* FOTO, FILM frame

fotokit [fo·to·'kit] <-> *m v.* **fotofit**

fotomeccanico, -a [fo·to·mek·'ka:·ni·ko] <-ci, -che> *adj* (*laboratorio, procedimento*) photomechanical

fotometria [fo·to·me·'tri:·a] <-ie> *f* (*scienza*) photometry

fotomodella [fo·to·mo·'dɛl·la] *f* model

fotomontaggio [fo·to·mon·'tad·dʒo] <-ggi> *m* photomontage

fotoreportage [fo·to·rə·por·'taʒ] <-> *m* photoreportage

fotoreporter [fo·to·re·'pɔr·ter] <-> *mf* news photographer

fotoriproduzione [fo·to·ri·pro·dut·'tsio:·ne] *f* FOTO photographic reproduction

fotoromanzo [fo·to·ro·'man·dzo] *m* photo story

fotosafari [fo·to·sa·'fa:·ri] <-> *m* photo safari

fotosensibile [fo·to·sen·'si:·bi·le] *adj* photosensitive

fotoservizio [fo·to·ser·'vi:·tsio] <-zi> *m* photoreportage

fotosintesi [fo·to·'sin·te·zi] <-> *f* BOT photosynthesis

fotosub [fo·to·'sub] <-> *mf* underwater photographer

fototeca [fɔ·to·'tɛ:·ka] <-che> *f* picture library

fototessera [fo·to·'tɛs·se·ra] *f* FOTO passport photo

fottere ['fot·te·re] I. *vt* 1. *vulg* to fuck; **va a farti** ~! *vulg* fuck off! 2. *fam* (*imbrogliare*) to screw *vulg* 3. *fam* (*rubare*) to steal II. *vr* fot-

tersene di qu/qc *vulg* not to give a fuck about sb/sth

foulard [fu·'lar] <-> *m* (*fazzoletto*) scarf

fra [fra] *prep v.* **tra**

frac [frak] <-> *m* tails *pl*

fracassare [fra·kas·'sa:·re] I. *vt* (*frantumare*) to smash II. *vr:* -**rsi** (*frantumarsi*) to smash

fracasso [fra·'kas·so] *m* (*chiasso*) din

fradicio, -a <-ci, -ce> *adj* (*bagnato*) soaked; ~ **di sudore** soaked in sweat; **bagnato** ~ soaking wet

fragile ['fra:·dʒi·le] *adj* 1.(*vetro, oggetto*) fragile; (*capelli*) brittle; '~' (*su pacchi*) 'fragile' 2.(*salute, costituzione*) delicate

fragilità [fra·dʒi·li·'ta] <-> *f* 1.(*di vetro*) fragility; (*di capelli*) brittleness 2.(*gracilità: di persona, costituzione*) delicacy 3.(*insicurezza psicologica*) fragility

fragola ['fra:·go·la] *f* strawberry

fragore [fra·'go:·re] *m* (*di tuono*) rumble; (*di cascata, torrente*) roar; (*di motore*) noise

fragoroso, -a [fra·go·'ro:·so] *adj* (*tonfo, risata*) loud; (*applauso, esplosione*) deafening

fragrante [fra·'gran·te] *adj* (*aroma, profumo*) fragrant

fragranza [fra·'gran·tsa] *f* (*di pane, pulito*) fragrance

fraintendere [fra·in·'tɛn·de·re] <irr> *vt* to misunderstand; **ti prego di non fraintendermi** please don't misunderstand me

frammentare [fram·men·'ta:·re] *vt* 1.(*frantumare*) to break up 2. *fig* (*mercato*) to fragment; (*racconto*) to dissect; (*unità*) to shatter

frammentario, -a [fram·men·'ta:·rio] <-i, -ie> *adj fig* (*informazioni, racconto*) fragmentary

frammento [fram·'men·to] *m* 1.(*pezzo: di affresco, muro*) fragment 2. LIT (*di discorso, romanzo*) passage

frammettere [fram·'met·te·re] <irr> I. *vt* (*mettere in mezzo*) to interpose II. *vr:* -**rsi** 1.(*mettersi in mezzo*) to be interposed 2. *fig* (*immischiarsi*) to intervene

frammisi 1. *pers sing pass rem di* **frammettere**

frana ['fra:·na] *f* 1.(*di terreno*) landslide 2. *scherz, fam* (*persona*) disaster

franare [fra·'na:·re] *vi* essere *a. fig* to collapse

francamente [fraŋ·ka·'men·te] *adv* frankly

francescano [fran·tʃes·'ka:·no] *m* Franciscan

francescano, -a *adj* (*monastero, spirito*) Franciscan

francese [fran·'tʃe:·se] I. *adj* French II. *mf* Frenchman *m*, Frenchwoman *f*

francesismo [fran·tʃe·'ziz·mo] *m* LING Gallicism

francesista [fran·tʃe·'sis·ta] <-i *m*, -e *f*> *mf* French specialist

franchezza [fraŋ·'ket·tsa] *f* (*schiettezza*) frankness; **con** ~ (*apertamente*) frankly

franchigia [fraŋ·'ki:·dʒa] <-gie> *f* 1.(*esenzione*) exemption; ~ **fiscale** tax exemption 2.(*nelle assicurazioni*) franchise; ~ (**assicurativa**) insurance franchise

franchising [fræn·'tʃai·ziŋ/fran·'tʃai·sin(g)] *m* franchising

Francia ['fran·tʃa] *f* France; **abitare in** ~ to live in France; **andare in** ~ to go to France

franco ['fraŋ·ko] <-chi> *m* (*moneta*) franc

franco, -a <-chi, -che> **I.** *adj* **1.**(*sincero*) frank **2.**COM free; **porto** ~ free port **3.**(*mil*) ~ **tiratore** (*cecchino*) sniper; *fig* (*al parlamento*) rebel **4.**(*loc*) **farla -a** *fig* to get away with it; **lingua -a** lingua franca **II.** *adv* **1.**(*apertamente*) frankly **2.**COM ~ **domicilio** carriage free; ~ **fabbrica** ex works; ~ **magazzino** ex warehouse

francobollo [fraŋ·ko·'bol·lo] *m* stamp

francofilo, -a [fraŋ·'kɔː·fi·lo] *adj* Francophile

Francoforte [fraŋ·ko·'fɔr·te] *f* Frankfurt

frangente [fran·'dʒɛn·te] *m* **1.**(*onda*) breaker **2.** *fig* (*momento grave*) situation

frangere ['fran·dʒe·re] <frango, fransi, franto> **I.** *vt* (*olive*) to press **II.** *vr:* **-rsi** (*onde*) to break

frangetta [fran·'dʒet·ta] *f* bangs *pl*

frangia ['fran·dʒa] <-ge> *f* **1.**(*di stoffa, tenda, sciarpa*) fringe **2.**(*di capelli*) bangs *pl* **3.**POL fringe

frangiflutti [fran·dʒi·'flut·ti] <-> *m* (*molo*) breakwater

frangitura [fran·dʒi·'tuː·ra] *f* pressing

frangivento [fran·dʒi·'vɛn·to] <-> *m* windbreak

fransi ['fran·si] *1. pers sing pass rem di* **frangere**

franto ['fran·to] *pp di* **frangere**

frantoio [fran·'toː·io] <-oi> *m* **1.**(*macina: per olive*) olive press **2.**(*oleificio*) crusher

frantumare [fran·tu·'maː·re] **I.** *vt* (*spezzare: bicchiere, vaso*) to smash **II.** *vr:* **-rsi 1.**(*spezzarsi: bicchiere, vaso*) to smash **2.** *fig* (*speranza*) to be dashed; (*diritti*) to be lost

frantumi [fran·'tuː·mi] *mpl* pieces; **andare in** ~ to smash to pieces; *fig* (*speranza*) to be dashed

frappé [frap·'pɛ] <-> *m* milk shake

frapporre [frap·'por·re] <irr> **I.** *vt* **1.**(*oggetti*) to interpose **2.** *fig* (*ostacoli*) to put in the way; ~ **indugi** to delay **II.** *vr:* **-rsi 1.**(*barriera, oggetto*) to come; (*persona*) to stand **2.** *fig* (*ostacoli*) to be put in the way

frasario [fra·'zaː·rio] <-i> *m* **1.**(*gergo*) language **2.**(*libro*) phrasebook

frasca ['fras·ka] <-sche> *f* (*fronda*) branch; **saltare di palo in** ~ *fig* to jump from one subject to another

frascati [fras·'kaː·ti] <-> *m* Frascati

frase ['fraː·ze] *f* **1.**LING sentence **2.**(*espressione*) expression; ~ **fatta** cliché **3.**MUS phrase

fraseggio [fra·'zed·dʒo] <-ggi> *m* MUS phrasing

fraseologia [fra·zeo·lo·'dʒiː·a] <-gie> *f* phraseology

frassino ['fras·si·no] *m* **1.**(*albero*) ash (tree) **2.**(*legno*) ash

frastagliato, -a [fras·taʎ·'ʎaː·to] *adj* (*contorni,*

foglio, tessuto) indented; (*terreno*) rugged; (*costa*) jagged

frastornato, -a [fras·tor·'naː·to] *adj* dazed

frastuono [fras·'tuɔː·no] *m* (*di motore, musica, cascata*) noise

frate ['fraː·te] *m* REL monk; **farsi** ~ to become a monk

fratellanza [fra·tel·'lan·tsa] *f* **1.**(*tra fratelli*) brotherliness **2.**(*solidarietà*) brotherhood

fratellastro [fra·tel·'las·tro] *m* stepbrother

fratello [fra·'tɛl·lo] *m* brother

fraternità [fra·ter·ni·'ta] <-> *f fig* (*amicizia*) fraternity

fraternizzare [fra·ter·nid·'dza·re] *vi* to make friends

fraterno, -a [fra·'tɛr·no] *adj* **1.**(*di, tra fratelli: amore, relazione*) brotherly **2.**(*di amico: amicizia*) fraternal

fratricida [fra·tri·'tʃiː·da] <-i *m*, -e *f*> *mf* (*di fratello*) fratricide; **guerra** ~ civil war

frattaglie [frat·'taʎ·ʎe] *fpl* (*di pollo*) giblets; (*di agnello*) offal

frattale [frat·'taː·le] *m* MAT fractal

frattanto [frat·'tan·to] *adv* meanwhile

frattempo [frat·'tɛm·po] *m* **nel** ~ in the meantime

frattura [frat·'tuː·ra] *f* **1.**(*di ossa*) fracture **2.** *fig* (*contrasto*) split

fraudolento, -a [frau·do·'lɛn·to] *adj* (*azione, operazione, comportamento*) fraudulent

frazionare [frat·tsio·'naː·re] *vt* (*dividere*) to divide up

frazionario, -a [frat·tsio·'naː·rio] <-i, -ie> *adj* (*equazione, sistema*) fractional

frazione [frat·'tsio·ne] *f* **1.**(*gener*) fraction **2.**(*borgata*) hamlet

freatico, -a [fre·'aː·ti·ko] <-ci, -che> *adj* (*falda, livello*) water; **acqua -a** groundwater

freccia ['fret·tʃa] <-cce> *f* arrow

frecciata [fret·'tʃaː·ta] *f* (*frase*) cutting remark

freddare [fred·'daː·re] *vt* **1.**(*cibi*) to cool **2.**(*entusiasmo*) to dampen **3.**(*uccidere*) to kill

freddezza [fred·'det·tsa] *f* **1.**(*indifferenza*) coldness **2.**(*sangue freddo*) cold-bloodedness

freddo ['fred·do] *m* cold; **a** ~ in cold water; *fig* (*decidere*) in cold blood; **avere** ~ to be cold; **fa** ~ it's cold; **fa un** ~ **cane** *fam* it's freezing cold; **far venir** ~ **a qn** *fig* to give sb the creeps; **non mi fa né caldo né** ~ it leaves me cold

freddo, -a *adj* **1.**(*acqua, vento, mani*) cold; **a sangue** ~ (*uccidere*) in cold blood; **animali a sangue** ~ cold-blooded animals; **guerra -a** cold war; **piatto** ~ cold meal **2.** *fig* (*distaccato*) cold; **essere** ~ **con qu** to be cool with sb

freddoloso, -a [fred·do·'loː·so] *adj* sensitive to the cold

freddura [fred·'duː·ra] *f* (*battuta*) quip

free lance ['friː·'læns] **I.** <inv> *adj* (*giornalista, collaboratore*) freelance **II.** <-> *mf* freelance(r)

freestyle ['friː·stail] <-> *m* SPORT (*nello sci*) freestyle

F

F

freezer ['fri:·zə/'fri·zer] *m* freezer

fregare [fre·'ga:·re] I. *vt* 1.(*strofinare: pavimento*) to wipe 2. *fam* (*imbrogliare*) to rip off 3. *fam* (*rubare*) to swipe II. *vr:* -rsi *fam* **fregarsene di qu/qc** not to give a damn about sb/sth

fregata [fre·'ga:·ta] *f* NAUT frigate

fregatura [fre·ga·'tu:·ra] *f fam* rip-off; **dare una ~ a qu** to rip sb off; **prendere una ~** to get ripped off

fregio ['fre:·dʒo] <-gi> *m* frieze

fregola ['fre:·go·la] *f* 1. ZOOL (*di animale*) heat 2. *fig* (*smania*) passion

fremere ['frɛ:·me·re] <fremo, fremei *o* fremetti, fremuto> *vi* ~ **per qc** to quiver with sth

fremito ['frɛ:·mi·to] *m* (*di paura*) shudder; (*di rabbia*) wave

frenare [fre·'na:·re] I. *vi* (*veicolo*) to brake II. *vt* 1.(*veicolo*) to slow down 2.(*trattenere: lacrime, riso*) to hold back 3.(*contenere: immigrazione, inflazione*) to curb III. *vr:* -rsi (*dominarsi*) to control oneself

frenata [fre·'na:·ta] *f* braking

frenesia [fre·ne·'zi:·a] <-ie> *f* (*agitazione*) frenzy

frenetico, -a [fre·'nɛ:·ti·ko] <-ci, -che> *adj* (*attività, ritmo*) frenetic

frenico, -a ['frɛ:·ni·ko] <-ci, -che> *adj* ANAT (*nervo, arteria*) phrenic

frenista [fre·'nis·ta] <-i *m*, -e *f*> *mf* brake specialist

freno ['fre:·no] *m* 1. TEC brake; ~ **a mano** emergency brake 2. *fig* (*inibizione*) restraint; **mettere un ~ a qc** to restrain; **tenere a ~ qc** to keep in check; **senza -i** unrestrainedly

frequentare [fre·kuen·'ta:·re] *vt* 1.(*persone*) to see; (*ambiente*) to go to; ~ **cattive compagnie** to be in with a bad crowd 2.(*scuola, università*) to be in; (*corso*) to be on

frequentato, -a [fre·kuen·'ta:·to] *adj* (*locale, strada, porto*) busy

frequente [fre·'kuɛn·te] *adj* (*malattia, problema*) common; (*visita*) frequent; **di ~** frequently

frequenza [fre·'kuɛn·tsa] *f* 1.(*di incidenti, fatti*) frequency 2.(*di scuola, università*) attendance; **obbligo di ~** compulsory attendance 3.(*di cuore, polso*) rate 4. FIS frequency 5. COMPUT rate; ~ **di refresh** refresh rate

fresatrice [fre·za·'tri:·tʃe] *f* TEC mill

freschezza [fres·'ket·tsa] *f* freshness

fresco ['fres·ko] *m* 1.(*temperatura*) coolness; **fa ~** it's cool; **al ~** outdoors; **conservare al ~** store in a cool place; **mettere al ~** *fig, fam* to put sb in the slammer *inf* 2.(*tessuto*) light wool

fresco, -a <-schi, -sche> *adj* 1.(*gradevole: aria, acqua*) fresh; (*clima*) cool 2.(*appena fatto: latte, pane, caffè*) fresh 3.(*appena colto: fiori, frutta*) fresh 4.(*giovane: pelle*) young 5.(*spontaneo: sorriso*) bright 6.(*recente*) recent; **un dottore ~ di studi** a new graduate

7.(*riposato*) refreshed 8.(*loc*) **stare ~** *fig, fam* to be in for it *inf*

frescura [fres·'ku:·ra] *f* coolness

fretta ['fret·ta] *f* hurry; **aver ~** to be in a hurry; **far ~ a qu** to hurry sb; **non c'è ~** there's no hurry; **in ~** in a hurry; **in ~ e furia** in a terrible hurry

frettoloso, -a [fret·to·'lo:·so] *adj* 1.(*rapido: passo*) hurried 2.(*sommario: lavoro*) rushed

friabile [fri·'a:·bi·le] *adj* (*biscotti, pasta frolla*) crumbly; (*terreno, roccia*) friable

fricassea [fri·kas·'sɛ:·a] *f* CULIN fricassee

fricchettone [frik·ket·'to:·ne] *m sl* hippie

friggere ['frid·dʒe·re] <friggo, frissi, fritto> I. *vt* to fry; **andare a farsi ~** *inf* to get lost; **mandare qu a farsi ~** *inf* to tell sb to get lost II. *vi* 1.(*crepitare*) to sizzle 2.*fig* (*fremere*) to tremble

friggitoria [frid·dʒi·to·'ri:·a] <-ie> *f store* selling fried food

frigidità [fri·dʒi·di·'ta] <-> *f* MED frigidity

frigido, -a ['fri:·dʒi·do] *adj* MED frigid

frignare [friɲ·'ɲa:·re] *vi* to whine

frigo ['fri:·go] <-> *m fam* fridge

frigobar [fri·go·'bar] <-> *m* minibar

frigorifero [fri·go·'ri:·fe·ro] *m* refrigerator

frigorifero, -a *adj* (*impianto*) refrigeration; **cella -a** cold store

fringuello [friŋ·'guɛl·lo] *m* chaffinch

frinire [fri·'ni:·re] <frinisco> *vi* (*cicala*) to chirp

frissi ['fris·si] *1. pers sing pass rem di* **friggere**

frittata [frit·'ta:·ta] *f* omelette

frittella [frit·'tɛl·la] *f* CULIN fritter

fritto ['frit·to] *m* ~ **misto** mixed fried fish

fritto, -a I. *pp di* **friggere** II. *adj* 1. CULIN fried 2.*fig, inf* (*spacciato*) done for

frittura [frit·'tu:·ra] *f* fried food; ~ **di pesce** fried fish

friulano [fri·u·'la:·no] <*sing*> *m* (*lingua*) Friulian

friulano, -a I. *adj* Friulian II. *m, f* (*abitante*) Friulian

Friuli [fri·'u:·li] *m* Friuli

frivolezza [fri·vo·'let·tsa] *f* 1.(*superficialità*) frivolousness 2.(*discorso frivolo*) triviality

frivolo, -a ['fri:·vo·lo] *adj* (*argomento, discorso, giornale*) frivolous

frizionare [frit·tsio·'na:·re] *vt* (*corpo, pelle, cuoio capelluto*) to massage

frizione [frit·'tsio:·ne] *f* 1. MOT clutch; **innestare la ~** to engage the clutch; **disinnestare la ~** to disengage the clutch 2.*fig* (*dissenso*) friction 3.(*massaggio*) massage

frizzante [frid·'dzan·te] *adj* 1.(*bibita*) fizzy; (*vino*) sparkling 2.(*aria*) crisp

frocio ['frɔ·tʃo] <-i> *m vulg* (*omosessuale*) faggot

frodare [fro·'da:·re] *vt* 1.(*derubare*) to defraud; ~ **il fisco** to evade tax 2.(*ingannare*) to cheat

frode ['frɔ:·de] *f* fraud; ~ **fiscale** tax fraud

frodo ['frɔ:·do] *m* **cacciare di ~** to poach

frogia ['frɔ:·dʒa] <-gie *o* -ge> *f* (*di cavallo*) nostril

frollare [frol·'la:·re] **I.** *vt avere* (*carne, selvaggina*) to hang **II.** *vi essere* to become high

frollatura [frol·la·'tu:·ra] *f* (*di carne, selvaggina*) hanging

frollo, -a ['frɔl·lo] *adj* CULIN **pasta -a** pie crust

fronda ['fron·da] *f pl* (*fogliame*) foliage

frondoso, -a [fron·'do:·so] *adj* (*albero*) leafy

frontale [fron·'ta:·le] *adj* **1.** ANAT, LING frontal **2.** (*anteriore: pagina, vista*) front **3.** (*scontro*) head-on **4.** *fig* (*attacco*) frontal

frontaliero, -a [fron·ta·'liɛ:·ro] *m, f* cross-border worker

frontalino [tron·ta·'li:·no] *m* (*di autoradio*) front panel

fronte ['fron·te] **I.** *f* ANAT forehead; **a ~ alta/bassa** *fig* with one's head held high/bowed; **di ~** opposite **II.** *m* **1.** MIL, POL front **2.** (*loc*) **far ~ a qc** (*difficoltà*) to face; (*impegni*) to keep; (*spese*) to meet

fronteggiare [fron·ted·'dʒa:·re] *vt* to face

frontespizio [fron·tes·'pit·tsio] <-i> *m* (*di libro*) title page

frontiera [fron·'tiɛ:·ra] *f* **1.** (*confine: tra Stati*) border; **passare la ~** to cross the border **2.** (*di tecnologia, comunicazioni*) frontier

frontone [fron·'to:·ne] *m* ARCHIT pediment

fronzolo ['fron·dzo·lo] *m a. fig* frill

Frosinone *f* Frosinone, *province in central Italy*

frotta ['frɔt·ta] *f* (*di persone*) crowd; (*di pesci*) shoal; (*di animali*) herd; **a -e** in droves

frottola ['frɔt·to·la] *f* lie

frugale [fru·'ga:·le] *adj* (*cibo, pasto*) frugal

frugalità [fru·ga·li·'ta] <-> *f* (*di cibo, pasto*) frugality

frugare [fru·'ga:·re] **I.** *vi* to search **II.** *vt* to search

fruire [fru·'i:·re] <fruisco> *vi* **~ di qc** to enjoy sth

frullare [frul·'la:·re] **I.** *vt avere* (*con frullatore: frutta, verdura*) to blend; (*con frullino: uova*) to whisk **II.** *vi essere o avere fig* to go on

frullato [frul·'la:·to] *m* shake

frullatore [frul·la·'to:·re] *m* blender; **~ a immersione** hand-held mixer

frullino [frul·'li:·no] *m* whisk

frumento [fru·'men·to] *m* wheat

fruscio [fruʃ·'ʃi:o] <-scii> *m* **1.** (*di carta, seta, vento*) rustle **2.** (*di telefono, registratore*) hiss

frusinate [fru·zi·'na:·te] **I.** *adj* from Frosinone **II.** *mf* (*abitante*) person from Frosinone

frusta ['frus·ta] *f* **1.** (*sferza*) whip **2.** (*da cucina*) whisk

frustare [frus·'ta:·re] *vt* (*con la frusta*) to whip

frustata [frus·'ta:·ta] *f* lash

frustino [frus·'ti:·no] *m* riding crop

frustrante [frus·'tran·te] *adj* frustrating

frustrare [frus·'tra:·re] *vt* (*persona, tentativi, speranze*) to frustrate

frustrazione [frus·trat·'tsio:·ne] *f* frustration

frutta ['frut·ta] <*sing*> *f* fruit; **~ candita** candied fruit; **~ secca** dried fruit; **essere alla ~** *fig, fam* to be at the end of one's tether

fruttare [frut·'ta:·re] *vt* to bring in

frutteto [frut·'te:·to] *m* orchard

frutticoltura [frut·ti·kol·'tu:·ra] *f* fruit growing

fruttiera [frut·'tiɛ:·ra] *f* fruit bowl

fruttifero, -a [frut·'ti:·fe·ro] *adj* **1.** BOT (*albero*) fruit-bearing **2.** FIN (*capitale, deposito*) interest-bearing

fruttivendolo, -a [frut·ti·'ven·do·lo] *m, f* **1.** (*venditore*) produce dealer **2.** (*negozio*) produce store

frutto ['frut·to] *m* **1.** BOT fruit; **-i di bosco** berries; **mettere a ~ l'esperienza** to put one's experience to good use **2.** *fig* (*risultato*) fruit **3.** ZOOL **-i di mare** seafood

fruttosio [frut·'tɔ:·zio] <-i> *m* fructose

fruttuoso, -a [frut·tu·'o:·so] *adj* (*attività, collaborazione, periodo*) fruitful

FS *fpl abbr di* **Ferrovie dello Stato** *Italian state railroad*

f.to *abbr di* **firmato** signed

fu [fu] **I.** *3. pers sing pass rem di* **essere**[1] **II.** <inv> *adj* late; **il ~ Gino Martignon** the late Gino Martignon; **Martignon Davide ~ Gino** Davide Martignon, son of the late Gino

fucilare [fu·tʃi·'la:·re] *vt* to shoot

fucilata [fu·tʃi·'la:·ta] *f* shot

fucilazione [fu·tʃi·lat·'tsio:·ne] *f* shooting

fucile [fu·'tʃi:·le] *m* gun; **~ da caccia** shotgun; **~ mitragliatore** submachine gun

fuciliere [fu·tʃi·'liɛ:·re] *m* rifleman

fucina [fu·'tʃi:·na] *f* **1.** (*di fabbro*) forge **2.** *fig* (*di idee*) crucible

fuco ['fu:·ko] <-chi> *m* ZOOL drone

fuga ['fu:·ga] <-ghe> *f* **1.** (*atto del fuggire*) escape; **darsi alla ~** to flee; **mettere in ~** to put to flight **2.** (*fuoriuscita: di gas, liquidi*) leak; **~ di notizie** leak; **~ di cervelli** brain drain; **~ di capitali** flight of capital **3.** MUS fugue

fugace [fu·'ga:·tʃe] *adj* (*bellezza, incontro, momento*) fleeting

fugacità [fu·ga·tʃi·'ta] <-> *f* (*di bellezza, sensazione*) fleetingness

fuggiasco, -a [fud·'dʒas·ko] <-schi, -sche> **I.** *adj* runaway **II.** *m, f* fugitive

fuggifuggi [fud·dʒi·'fud·dʒi] <-> *m* stampede

fuggire [fud·'dʒi:·re] **I.** *vi essere* **1.** (*scappare*) to escape; **~ via** to get away **2.** (*passare*) fly; **il tempo fugge** time flies **II.** *vt avere* to avoid

fuggitivo, -a [fud·dʒi·'ti:·vo] **I.** *adj* (*persona*) runaway **II.** *m, f* fugitive

fui *1. pers sing pass rem di* **essere**[1]

fulcro ['ful·kro] *m* **1.** TEC fulcrum **2.** *fig* (*di commercio*) hub; (*di conflitto*) nub

fulgido, -a ['ful·dʒi·do] *adj* **1.** (*splendente: stelle*) bright **2.** (*esempio*) shining; (*periodo*) brilliant

fulgore [ful·'go:·re] *m* **1.** (*di astri*) brightness **2.** (*di bellezza*) radiance

fuliggine [fu·'lid·dʒi·ne] *f* soot

fuligginoso, -a [fu·lid·dʒi·'no:·so] *adj* sooty

F

full immersion [ful iˈməːˌʃən] <-> *f* full immersion; **fare un corso** ~ to do a full-immersion course

full-time [fulˈtaim] I.<inv> *adj* full-time II. *adv* full time III.<-> *m* full-time work

fulminante [fulˈmiˈnanˈte] *adj* **1.**(*sguardo*) withering **2.**(*malattia*) fulminating

fulminare [fulˈmiˈnaːˈre] I. *vt* **1.**(*folgorare*) to strike with lightning **2.**(*uccidere: malattia, scarica elettrica, arma da fuoco*) to strike down **3.** *fig* ~ **qn con lo sguardo** to look daggers at sb II. *vi* to be lightning III. *vr:* **-rsi** (*lampadina*) to go

fulmine [ˈfulˈmiˈne] *m* lightning; **un** ~ **a ciel sereno** a bolt from the blue; **un colpo di** ~ *fig* love at first sight; **come un** ~ like greased lightning

fulmineo, -a [fulˈmiːˈneo] <-ei, -ee> *adj* **1.**(*veloce: carriera*) rapid; (*riflessi*) lightning **2.**(*improvviso: decisione, cambiamento*) sudden

fulvo, -a [ˈfulˈvo] *adj* (*capelli, criniera*) tawny

fumaiolo [fuˈmaˈˈiɔːˈlo] *m* (*di nave*) funnel

fumare [fuˈmaːˈre] I. *vi* **1.**(*persona*) to smoke **2.**(*minestra, asfalto*) to steam II. *vt* (*sigarette, sigaro, pipa*) to smoke

fumata [fuˈmaːˈta] *f* **1.**(*segnale*) smoke; ~ **nera/bianca** black/white smoke **2.**(*di tabacco*) smoke

fumatore, -trice [fuˈmaˈˈtoːˈre] *m, f* smoker

fumetto [fuˈmetˈto] *m* **1.**(*nuvoletta*) bubble **2.**(*giornalino*) comic book; **a -i** cartoon

fummo [ˈfumˈmo] *1. pers pl pass rem di* essere[1]

fumo [ˈfuːˈmo] *m* **1.**(*prodotto di combustione*) smoke; **andare in** ~ *fig* to fall through; **mandare in** ~ **qc** *fam* to scupper sth; **vendere** ~ to be a phony; **molto** ~ **e poco arrosto** *fig* all show **2.**(*vapore*) steam **3.**(*di tabacco*) smoking

fumogeno, -a [fuˈmɔːˌdʒeˈno] *adj* (*granata, razzo*) smoke; **cortina -a** smokescreen

fumoso, -a [fuˈmoːˌso] *adj* **1.**(*pieno di fumo: ambiente*) smoky **2.** *fig* (*oscuro: storia, parole, proposta*) vague

funambolo, -a [fuˈnamˈboˈlo] *m, f* tightrope walker

fune [ˈfuːˈne] *f* **1.**(*corda*) rope; **tiro alla** ~ tug-of-war **2.**(*cavo d'acciaio*) cable

funebre [ˈfuːˈneˈbre] *adj* **1.**(*cerimonia, rito*) funeral; **veglia** ~ wake; **impresa di pompe -i** funeral home **2.** *fig* (*lugubre: aspetto, aria*) gloomy

funerale [fuˈneˈˈraːˈle] *m* funeral; **faccia da** ~ *fig* long face

funerario, -a [fuˈneˈˈraːˈrio] <-i, -ie> *adj* (*arte, monumento*) funerary; (*rito*) funeral

funereo, -a [fuˈnɛːˈreo] <-ei, -ee> *adj fig* (*lugubre: atmosfera, aspetto*) funereal

funestare [fuˈnesˈtaːˈre] *vt* to ravage

funesto, -a [fuˈnɛsˈto] *adj* (*triste: giorno, notizia*) sad

fungere [ˈfunˈdʒeˈre] <fungo, funsi, funto> *vi*

~ **da** (*fare le veci: persona*) to act as; (*servire da: oggetto*) to function as

fungo [ˈfunˈgo] <-ghi> *m* mushroom; ~ **porcino** cep; ~ **prataiolo** field mushroom; ~ **velenoso** toadstool; **spuntare come -ghi** *fig* to spring up

funicolare [fuˈniˈkoˈˈlaːˈre] *f* funicular

funivia [fuˈniˈˈviːˈa] <-ie> *f* cablecar

funsi [ˈfunˈsi] *1. pers sing pass rem di* **fungere**

funto [ˈfunˈto] *pp di* **fungere**

funzionale [funˈtsioˈˈnaːˈle] *adj* functional

funzionalizzare [funˈtsioˈnaˈlidˈdzaːˈre] *vt* (*rendere funzionale*) to make functional

funzionamento [funˈtsioˈnaˈˈmenˈto] *m* (*di macchina, sistema, organo*) functioning

funzionante [funˈtsioˈˈnanˈte] *adj* (*meccanismo, sistema, relazione*) functioning

funzionare [funˈtsioˈˈnaːˈre] *vi* (*meccanismo, sistema, relazione*) to work; **come funziona?** how does it work?; **far** ~ **qc** to make sth work

funzionario, -a [funˈtsioˈˈnaːˈrio] <-i, -ie> *m, f* (*impiegato*) official

funzione [funˈtsioːˈne] *f* **1.**(*gener*) function; **entrare in** ~ to start operating **2.**(*ufficio*) post; **nell'esercizio delle proprie -i** while carrying out one's duties **3.**(*cerimonia, rito*) service; ~ **funebre** funeral service; ~ **religiosa** religious service

fuoco [ˈfuɔːˈko] <-chi> *m* **1.** *gener* fire; **-chi d'artificio** fireworks; **dar** ~ **a qc** to set fire to sth; **prendere** ~ to catch fire; **andare a** ~ to go up in flames; **scherzare col** ~ *fig* to play with fire; **mettere la mano sul** ~ **per qc** *fig* to stake one's life on sth; **al** ~**!** fire! **2.**(*fornello*) burner **3.** FOTO, FIS focus **4.** MIL fire; **fare** ~ to fire; **aprire/cessare il** ~ to open/cease fire

fuorché [fuorˈke] I. *conj* except for II. *prep* except for

fuori [fuˈɔːˈri] I. *adv* **1.**(*all'esterno*) outside; **sporgersi in** ~ to lean out; ~**!** get out!; ~ **i soldi!** hand over the money! **2.**(*di casa*) out **3.**(*da città*) away **4.**(*loc*) **essere** ~ **strada** *fig* to be way out; **far** ~ *inf* (*uccidere*) to rub out; **ha fatto** ~ **il patrimonio di famiglia** he squandered his inheritance; **buttar** ~ (*persona*) to throw out; **tagliar** ~ **qu** to exclude sb II. *prep* out of; ~ **da** out (of); ~ **di** out of; ~ **di sé** beside oneself; ~ **di testa** off one's head; ~ **concorso** out of competition; ~ **luogo** out of place; ~ **mano** out of the way; ~ **orario** out of hours; ~ **pericolo** out of danger; ~ **tempo** not in time; ~ **tiro** out of range; ~ **uso** not in use III. *m* **dal di** ~ from the outside

FUORI [ˈfuɔːˈri] *m abbr di* **Fronte Unitario Omosessuale Rivoluzionario Italiano** *Italian gay rights group*

fuoribordo [fuoˈriˈˈborˈdo] <-> *m* NAUT (*motore*) outboard motor

fuoribusta [fuoˈriˈˈbusˈta] I.<-> *m* off-the-books payment II.<inv> *adj* off-the-books

fuoricampo [fuoˈriˈkamˈpo] I.<inv> *adj* FILM **voce** ~ off-screen voice II.<-> *m* **1.** FILM (*suono, voce*) off-screen **2.** SPORT (*nel baseball*) home run

fuoriclasse [fuo·ri·'klas·se] <-> *mf* superstar

fuori combattimento [fuo·ri·kom·bat·ti·'men·to] **I.**<inv> *adj* out of action; **mettere qu ~** to knock sb out **II.**<-> *m* knockout

fuoricorso [fuo·ri·'kor·so] **I.**<inv> *adj* **studente ~** student who has not completed his or her course within the prescribed time **II.**<-> *mf* student who has not completed his or her course within the prescribed time

fuorigioco [fuo·ri·'dʒɔ:·ko] <-> *m* offside

fuorilegge [fuo·ri·'led·dʒe] <-> *mf* outlaw

fuorimano [fuo·ri·'ma:·no] **I.** *adv* off the beaten track; **abitare ~** |*o* **vivere**| to live off the beaten track **II.**<inv> *adj* (*strada*) out-of-the-way

fuori misura, fuorimisura [fu·'ɔ:·ri mi·'zu:·ra] <inv> *adj* (*giacca, armadio*) non-standard-size

fuorimoda [fuo·ri·'mo:·da] <inv> *adj* (*acconciatura, abito*) unfashionable

fuoripasto [fuo·ri·'pas·to] *adv* between meals; **non mangio mai ~** I don't eat between meals

fuoripista [fuo·ri·'pis·ta] <-> *m* SPORT (*nello sci*) off-piste skiing; **fare un ~** to ski off piste

fuoriporta [fuo·ri·'pɔr·ta] **I.** *adv* outdoors **II.**<inv> *adj* outdoor; **ristorante ~** open-air restaurant

fuoriprogramma [fuo·ri·pro·'gram·ma] <-> *m* unscheduled program; **trasmettere un ~** to broadcast an unscheduled program

fuoriquota [fuo·ri·'kuɔ:·ta] <-> *mf* SPORT extra player

fuorisede [fuo·ri·'sɛ:·de] **I.**<inv> *adj* from out of town **II.**<-> *mf* out-of-towner

fuoriserie [fuo·ri·'sɛ:·rie] **I.**<inv> *adj* (*auto, modello*) custom-built **II.**<-> *f* custom-built model

fuoristrada [fuo·ri·'stra:·da] **I.**<-> *m* AUTO off-road vehicle **II.**<inv> *adj* (*moto, auto*) off-road

fuoriuscire [fuo·ri·uʃ·'ʃi:·re] <irr> *vi* **~ da** to leak from

fuor(i)uscita [fuo·r(i)·uʃ·'ʃi:·ta] *f* (*di liquido, gas*) leak

fuor(i)uscito, a [fuo·r(i)·uʃ·'ʃi:·to] *m* exile

fuorviante [fuor·'vian·te] *adj* (*affermazione, ipotesi, proposta*) misleading

fuorviare [fuor·vi·'a:·re] *vt* (*sviare*) to mislead

furbacchione, -a [fur·bak·'kio:·ne] *m, f fam* cunning devil

furberia [fur·be·'ri:·a] <-ie> *f* **1.** (*qualità*) cunning **2.** (*atto*) trick

furbizia [fur·'bit·tsia] <-ie> *f* **1.** (*qualità*) cunning **2.** (*atto*) trick

furbo, -a ['fur·bo] **I.** *adj* smart **II.** *m, f* cunning person

furente [fu·'rɛn·te] *adj* furious

furetto [fu·'ret·to] *m* ZOOL ferret

furfante [fur·'fan·te] *m* rascal

furgone [fur·'go:·ne] *m* van

furia ['fu:·ria] <-ie> *f* **1.** (*collera*) rage; **andare su tutte le -ie** to fly into a rage **2.** (*persona*) fury **3.** (*di vento, mare*) fury **4.** (*fretta*) hurry; **in fretta e ~** in a real hurry **5.** (*loc*) **a ~ di fare qu** by doing sth

furibondo, -a [fu·ri·'bon·do] *adj* (*persona, lotte*) furious

furiere [fu·'riɛ:·re] *m* MIL quartermaster

furioso, -a [fu·'rio:·so] *adj* (*persona, lotta, tempesta*) furious

furono ['fu:·ro·no] *3. pers pl pass rem di* essere[1]

furore [fu·'ro:·re] *m* (*rabbia, veemenza*) fury; **far ~** *fig* to be a great success

furoreggiare [fu·ro·red·'dʒa:·re] *vi* to be very popular

furtivo, -a [fur·'ti:·vo] *adj* (*sguardo*) furtive

furto ['fur·to] *m* (*azione*) theft

fusa ['fu:·sa] *fpl* **far le ~** to purr

fuscello [fuʃ·'ʃɛl·lo] *m* (*ramoscello*) twig

fuseaux [fy·'zo] <-> *mpl* leggings *pl*

fusi ['fu:·zi] *1. pers sing pass rem di* fondere

fusibile [fu·'zi:·bi·le] *m* ELETT fuse

fusilli [fu·'sil·li/fu·'zil·li] *m* fusilli

fusione [fu·'zio:·ne] *f* **1.** (*di metalli, cera*) melting; **punto di ~** melting point; **~ nucleare** nuclear fusion **2.** (*di colori, suoni*) blending **3.** COM (*di aziende*) merger

fuso ['fu:·zo] **I.** *pp di* fondere **II.** *m* **1.** (*in filatura*) spindle **2.** GEO **~ orario** time zone

fusoliera [fu·zo·'liɛ:·ra] *f* AERO fuselage

fustagno [fus·'taɲ·ɲo] *m* moleskin

fustella [fus·'tɛl·la] *f* (*di medicinali*) price tag

fustigare [fus·ti·'ga:·re] *vt* **1.** (*percuotere*) to flog **2.** *fig* (*criticare*) to criticize

fustigazione [fus·ti·gat·'tsio:·ne] *f* (*flagellazione*) flogging

fustino [fus·'ti:·no] *m* (*di detersivo*) box

fusto ['fus·to] *m* **1.** BOT (*di pianta*) stem **2.** (*recipiente: di benzina*) drum **3.** *fig* (*tronco umano*) trunk **4.** *inf* (*giovane aitante*) hunk

futile ['fu:·ti·le] *adj* futile

futilità [fu·ti·li·'ta] <-> *f* futility

futuribile [fu·tu·'ri:·bi·le] *adj* feasible

futurismo [fu·tu·'riz·mo] *m* ARTE futurism

futurista [fu·tu·'ris·ta] <-i *m*, -e *f*> **I.** *adj* futurist **II.** *mf* futurist

futuro [fu·'tu:·ro] *m* future; **~ anteriore** future perfect

futuro, -a *adj* future

futurologia [fu·tu·ro·lo·'dʒi:·a] <-ie> *f* futurology

Gg

G, g [dʒi] <-> *f* g; **~ come Genova** G for George

g *abbr di* **grammo** g

gabardina, gabardine [ga·bar·'di:·na, ga·bar·'din] <-> *f* (*tessuto*) gabardine

gabbana [gab·'ba:·na] *f fig* **voltar ~** to change sides

gabbia ['gab·bia] <-ie> *f* **1.** ZOOL (*per animali*) cage; (*per uccelli*) bird cage **2.** MED (*~ toracica*) rib cage **3.** (*di tribunale*) dock **4.** *fig, fam* (*prigione*) jail; **mettere qu in ~** to send sb to jail **5.** *fig, fam* **~ di matti** (*manicomio*) madhouse

gabbiano [gab·'bia:·no] *m* (sea)gull

gabinetto [ga·bi·'net·to] *m* **1.** (*toilette*) restroom; **andare al ~** to go to the restroom **2.** (*studio*) study; **~ medico** surgery **3.** (*laboratorio*) laboratory; **~ di fisica** physics laboratory **4.** POL (*ministri*) cabinet

gadget ['ga·dʒit] <-> *m* **1.** (*accessorio*) gadget **2.** (*omaggio*) free gift

gaffe [gaf] <-> *f* blunder; **fare una ~** to put one's foot in it

gag [gæg/gag] *f* joke

gagà [ga·'ga] <-> *m pej* fop

gagliardetto [gaʎ·ʎar·'det·to] *m* pennant

gagliardo, -a [gaʎ·ʎar·do] *adj* (*robusto*) strong; (*vivace*) lively

gaio, -a ['ga:·io] <-ai, -aie> *adj* (*allegro: persona, carattere*) cheerful

gala ['ga:·la] *f* (*sfarzo*) **abito di ~** formal dress; **in gran ~** in one's glad rags; **mettersi in gran ~** to put one's glad rags on

galà [ga:·'la] *m* (*ricevimento*) gala; **serata di ~** gala performance

galante [ga·'lan·te] *adj* (*persona, gesto*) gallant

galanteria [ga·lan·te·'ri:·a] <-ie> *f* gallantry

galantina [ga·lan·'ti:·na] *f* CULIN galantine

galantuomo [ga·lan·'tuɔ:·mo] <galantuomini> *m* gentleman

galassia [ga·'las·sia] <-ie> *f* ASTR galaxy

galateo [ga·la·'tɛ:·o] *m* etiquette

galattico, -a [ga·'lat·ti·ko] <-ci, -che> *adj* **1.** ASTR (*distanza, nucleo, ammassi*) galactic **2.** *fig* (*eccezionale*) incredible

galeone [ga·le·'o:·ne] *m* (*nave*) galleon

galeotto [ga·le·'ɔt·to] *m* (*carcerato*) convict

galera [ga·'lɛ:·ra] *f* **1.** HIST (*nave*) galley **2.** (*prigione*) prison; **avanzo di ~** (*delinquente*) crook

galla ['gal·la] *f* (*loc*) **a ~** on the surface; **stare a ~** to float; **tenersi a ~** *fig* to keep one's head above water; **venire a ~** *fig* to come out

galleggiamento [gal·led·dʒa·'men·to] *m* FIS flotation; (**linea di**) **~** water line

galleggiante [gal·led·'dʒan·te] **I.** *adj* (*ancora, materiale, piattaforma*) free-floating **II.** *m* **1.** (*per la pesca*) float **2.** (*del serbatoio della benzina*) carburetor float; (*dello sciacquone del WC*) ball cock **3.** (*boa*) buoy

galleggiare [gal·led·'dʒa:·re] *vi* to float

galleria [gal·le·'ri:·a] <-ie> *f* **1.** MOT, AERO, MIN (*tunnel*) tunnel; **~ del vento** wind tunnel **2.** ARCHIT arcade **3.** (*per esposizioni*) gallery **4.** (*di cinema, teatro*) circle

gallerista [gal·le·'ris·ta] <-i *m*, -e *f*> *mf* (*proprietario*) art gallery owner; (*direttore*) art gallery manager *m*, art gallery manageress *f*

galletta [gal·'let·ta] *f* (*biscotto secco*) dry biscuit

galletto [gal·'let·to] *m* **1.** ZOOL cockerel **2.** *fig, fam* cock of the roost; **fare il ~** to play Casanova

gallicismo [gal·li·'tʃiz·mo] *m* LING French word/expression

gallico, -a ['gal·li·ko] <-ci, -che> *adj* HIST (*guerre, invasioni*) Gallic

gallina [gal·'li:·na] *f* hen; **avere il cervello di una ~** *fam* to be bird-brained; **andare a letto con le ~e** to go to bed early; **~ vecchia fa buon brodo** *prov, scherz* there's life in the old bird yet

gallinacei [gal·li·'na:·tʃei] *mpl* gallinaceans

gallio ['gal·lio] *m* CHIM gallium

gallismo [gal·'liz·mo] *m fig* cock of the roost attitude

gallo¹ ['gal·lo] *m* **1.** ZOOL cock; **al canto del ~** at daybreak **2.** *fig, fam* **fare il ~** to play Casanova

gallo² <inv> *adj* SPORT (*nel pugilato*) bantam; **peso ~** bantamweight

gallone [gal·'lo:·ne] *m* **1.** MIL stripe **2.** (*misura*) gallon

galoppante [ga·lop·'pan·te] *adj* (*veloce: epidemia, inflazione*) galloping

galoppare [ga·lop·'pa:·re] *vi* **1.** (*cavallo*) to gallop **2.** *fig* (*persona*) to race around

galoppata [ga·lop·'pa:·ta] *f* gallop

galoppino [ga·lop·'pi:·no] *m* errand boy; **~ elettorale** canvasser

galoppo [ga·'lɔp·po] *m* gallop; **andare al ~** to gallop

galvanico, -a [gal·'va:·ni·ko] <-ci, -che> *adj* (*procedimento, corrente, coppia*) galvanic

galvanizzare [gal·va·nid·'dza:·re] *vt* A. TEC to galvanize

galvanizzazione [gal·va·nid·dzat·'tsio:·ne] *f* TEC galvanization

gamba ['gam·ba] *f* (*di persona, animale, mobile*,) leg; **andare a -e all'aria** to fall flat on one's back; *fig* (*fallire*) to fall through; **camminare a quattro -e** to crawl; **darsela a -e levate** to run away; **essere in ~** *fig* to be on the ball; **prendere qc sotto ~** *fig* to take sth too lightly; **sedere a -e incrociate** to sit cross-legged; (*di tavolo, sedia*)

gambale [gam·'ba:·le] *m* (*di stivale*) leg

gamberetto [gam·be·'ret·to] *m* shrimp

gambero ['gam·be·ro] *m* prawn; **diventare rosso come un ~** to turn as red as a tomato

gambo ['gam·bo] *m* (*di fiore*) stem; (*di frutta, fungo*) stalk

gamma¹ ['gam·ma] *f* 1. (*serie: di colori, prodotti*) range 2. RADIO ~ (**di lunghezza**) **d'onda** waveband

gamma² <inv> *adj* FIS (*raggi*) gamma

ganascia [ga·'naʃ·ʃa] <-sce> *f* 1. ANAT jaw 2. MOT (*di freno*) brake shoes *pl*

gancio ['gan·tʃo] <-ci> *m* hook; ~ (**di traino**) AUTO tow hook

ganga ['gan·ga] *f fam* gang

ganghero ['gan·ge·ro] *m* (*di porte, finestre*) hinge; **uscire dai -i** to fly off the handle; **essere fuori dai -i** to be absolutely livid

ganglio ['gan·glio] <-gli> *m* ANAT (*linfatico, nervoso*) ganglion

gangrena [gan·'grɛː·na] *f v.* **cancrena**

ganimede [ga·ni·'mɛː·de] *m* cock of the roost

ganzo, -a ['gan·dzo] I. *adj fam* drop dead gorgeous II. *m, f fam* (*in gamba*) smart person; (*figo*) stunner

gara ['gaː·ra] *f* 1. (*competizione*) competition; (*di velocità*) race; ~ **di solidarietà** charity match; **fare una ~** to compete; **fare a ~ con qu** to compete with sb; **essere fuori ~** to be out of the running 2. (*concorso*) competition; ~ **d'appalto** tender for bids

garagista [ga·ra·'dʒis·ta] <-i *m*, -e *f*> *mf* (*meccanico*) auto mechanic; (*proprietario*) garage owner; (*direttore*) garage manager *m*, garage manageress *f*

garante [ga·'ran·te] I. *adj* **farsi ~ di qc** to vouch for sth II. *mf* (*ente, persona*) guarantor

garantire [ga·ran·'tiː·re] <garantisco> I. *vt* 1. (*assicurare*) to ensure 2. A. COM, GIUR to guarantee; ~ **qc a qu** to guarantee sb sth II. *vr:* **-rsi -rsi contro qc** to insure oneself against sth

garantito, -a [ga·ran·'tiː·to] *adj* (*prodotto*) guaranteed; **l'automobile è -a per un anno** the car is under warranty for one year; **quei soldi, ~, non li rivedi più!** *fam* you'll never see that money again, that's for sure!

garanzia [ga·ran·'tsiː·a] <-ie> *f* 1. A. COM guarantee; **in ~** under warranty; ~ **di serietà** guarantee of reliability 2. (*impegno: su finanziamento*) security 3. GIUR **avviso di ~** *written warning given to a suspect that he/she is under investigation*

garbare [gar·'baː·re] *vi essere fam* to like; **il suo comportamento non mi garba** I don't like his [o her] behavior

garbatamente [gar·ba·ta·'men·te] *f* (*gentilmente*) kindly; (*educatamente*) politely

garbato, -a [gar·'baː·to] *adj* (*gentile*) kind; (*educato*) polite

garbo ['gar·bo] *m* (*educazione*) politeness; **con ~** politely

garbuglio [gar·'buʎ·ʎo] <-gli> *m* (*di cavi, fili*) tangle

garçonne [gar·'sɔn] <-> *f* **capelli alla ~** butch haircut

garçonnière [gar·sɔ·'njɛːr] <-> *f* love nest

Garda ['gar·da] *f* **il Lago di ~** Lake Garda

Gardena [gar·'deː·na] *f* **la Val ~** Val Gardena; **andare in Val ~** to go to Val Gardena; **abitare in Val ~** to live in Val Gardena

gardenia [gar·'dɛː·nia] <-ie> *f* gardenia

gardesano, -a [gar·de·'zaː·no] *adj* (*del Lago di Garda*) of Lake Garda

gareggiare [ga·red·'dʒaː·re] *vi* (*fare a gara*) to compete; ~ **in qc con qc** to compete in sth with sth

garganella [gar·ga·'nɛl·la] *f* **bere a ~** to drink from the bottle

gargarismo [gar·ga·'riz·mo] *m* (*azione, colluttorio*) gargle; **fare i -i** to gargle

garofano [ga·'rɔː·fa·no] *m* carnation

garrese [gar·'reː·se] *m* withers *pl*

garrire [gar·'riː·re] <garrisco> *vi* (*uccelli*) to chirp

garrito [gar·'riː·to] *m* (*di uccelli*) chirping

garrotta [gar·'rɔt·ta] *f* garrote

garrulo, -a ['gar·ru·lo] *adj* (*uccelli*) chirping

garza [gar·dza] *f* 1. (*tessuto*) gauze 2. MED (*per fasciare*) gauze bandage

garzone, -a [gar·'dzoː·ne] *m, f* (*di macellaio, panettiere*) boy

gas [gas] <-> *m* gas; **a tutto ~** (*veloce*) at full speed; ~ **di scarico** exhaust gas; ~ **asfissiante** asphyxiating gas; ~ **esilarante** laughing gas; ~ **lacrimogeno** tear gas; ~ **nobile** inert gas; ~ **serra** greenhouse gas; **bolletta del ~** gas bill

gasare [ga·'zaː·re] *v.* **gassare**

gasarsi [ga·'sar·si] *vr fig, fam* (*esaltarsi*) to get excited; (*montarsi*) to get big-headed

gasato, -a [ga·'saː·to] I. *adj* (*gassato: acqua, bibita*) fizzy II. *m, f fig, fam* (*esaltato*) excited person; (*montato*) big head

gasdotto [gaz·'dot·to] *m* gas pipeline

gasolio [ga·'zɔː·lio] *m* diesel

gasometro [ga·'zɔː·me·tro] *m* gasometer

gassare [gas·'saː·re] *vt* to make fizzy

gassato, -a [gas·'saː·to] *adj* (*bevanda*) fizzy

gassometro [gas·'sɔː·me·tro] *v.* **gasometro**

gassosa [gas·'soː·sa] *f* gassosa, *a clear fizzy drink*

gassoso, -a [gas·'soː·so] *adj* (*emissione, inquinante*) gaseous

gastrico, -a ['gas·tri·ko] <-ci, -che> *adj* (*dello stomaco: succo, ulcera, disturbo*) gastric; **lavanda -a** stomach pumping

gastrite [gas·'triː·te] *f* MED gastritis

gastroenterite [gas·tro·en·te·'riː·te] *f* MED gastroenteritis

gastrointestinale [gas·tro·in·tes·ti·'naː·le] *adj* MED (*disturbo, malattia*) gastrointestinal

gastronomia [gas·tro·no·'miː·a] <-ie> *f* (*arte culinaria*) cuisine

gastronomico, -a [gas·tro·'nɔː·mi·ko] <-ci, -che> *adj* (*prodotto, turismo, cultura*) gastronomic

G

gastronomo, -a [gas·'trɔ:·no·mo] *m, f* (*intenditore*) gourmet

gastropatia [gas·tro·pa·'ti:·a] <-ie> *f* MED gastropathy

gastroscopia [gas·tros·ko·'pi:·a] <-ie> *f* MED gastroscopy

gastroscopio [gas·tros·'kɔ:·pio] <-i> *m* MED gastroscope

gatta ['gat·ta] *f* (female) cat; **una ~ da pelare** (*problema*) a thorny problem; **qui ~ ci cova!** there's something fishy going on!; **la ~ frettolosa fa i gattini ciechi** *prov* more haste, less speed *prov*

gattabuia [gat·ta·'bu:·ia] <-ie> *f fam* nick

gattinara [gat·ti·'na:·ra] <-> *m* Gattinara, *a red wine from the Piedmont region*

gatto ['gat·to] *m* (*animale*) cat; (*maschio*) tomcat; **~ selvatico** wild cat; **~ delle nevi** snowcat; **il ~ con gli stivali** Puss in Boots; **c'erano quattro -i** *fig* there weren't many people; **quando il ~ non c'è i topi ballano** *prov* when the cat's away the mice will play *prov*

gattoni [gat·'to:·ni] *adv* on all fours; **andare a ~** to crawl

gattopardo [gat·to·'par·do] *m* ZOOL leopard; **~ africano** serval; **~ americano** ocelot

gavetta [ga·'vet·ta] *f* 1. (*portavivande*) mess kit 2. (*apprendistato*) **fare la ~** to start at the bottom; **venire dalla ~** to come up through the ranks

gavettone [ga·vet·'to:·ne] *m* (*scherzo*) water-filled bag

gay ['gei] I. <-> *mf* gay person II. <inv> *adj* gay; **locale ~** gay bar; **matrimonio ~** gay marriage

gazza ['gad·dza] *f* ZOOL magpie; **~ ladra** magpie

gazzarra [gad·'dzar·ra] *f fam* din

gazzella [gad·'dzɛl·la] *f* 1. ZOOL gazelle; **occhi da ~** doe eyes 2. *sl* (*dei carabinieri*) police car

gazzetta [gad·'dzet·ta] *f* (*nome di giornale*) gazette; **la Gazzetta Ufficiale** the Official Gazette, *newspaper published by the government containing all new laws*

gazzettino [gad·dzet·'ti:·no] *m* 1. (*nome di giornale*) gazette 2. (*notiziario*) section

gazzosa [gad·'dzo:·sa] *v.* gassosa

Gazz. Uff. *abbr di* **Gazzetta Ufficiale** Official Gazette *newspaper published by the government containing all new laws*

GB *abbr di* **gigabyte** GB

gelare [dʒe·'la:·re] I. *vi* 1. *essere* (*acqua, lago*) to freeze 2. *essere o avere* (*impersonale*) METEO to freeze II. *vt avere* 1. (*dita, mani*) to freeze 2. *fig* (*sangue*) to run cold; **mi gelava il sangue nelle vene** my blood ran cold III. *vr:* **-rsi** to freeze

gelata [dʒe·'la:·ta] *f* frost

gelataio, -a [dʒe·la·'ta:·io] <-ai, -aie> *m, f* (*chi vende gelati*) ice-cream seller; (*chi fa gelati*) ice-cream maker

gelateria [dʒe·la·te·'ri:·a] <-ie> *f* ice-cream parlor

gelatiera [dʒe·la·'tiɛ:·ra] *f* ice-cream maker

gelatina [dʒe·la·'ti:·na] *f* CULIN, CHIM gelatine; **~ di frutta** fruit jelly

gelato [dʒe·'la:·to] *m* ice-cream

Many regions claim to be the home of **gelato** (ice cream), but in fact it seems to have spread from Sicily, after being introduced there by the Arabs. Indeed ice cream is believed to have originated from the ancient sorbet – from the Arabic word "sherbet" – which was invented by them to combat the searing heat of their desert home and taken by them to Sicily, where local ingredients were added. Sicilian ice cream is still renowned today, both for the exotic flavors ranging from mulberry to prickly pear and for the way in which it is served, in cones or cups but also sandwiched in the middle of a brioche. Throughout Italy, ice cream is served not in scoops but with a spatula, with the result that the size of the portions varies and depends on the whim of the person who is serving.

---

gelato, -a *adj* (*mani, piedi*) frozen; **cono ~** ice-cream cone

gelido, -a ['dʒɛ:·li·do] *adj* 1. (*acqua, aria, stanza*) freezing 2. *fig* (*persona, sguardo, accoglienza*) cold

gelo ['dʒɛ:·lo] *m* 1. METEO cold weather 2. *fig* (*ostilità*) chill

gelone [dʒe·'lo:·ne] *m* chilblain

gelosia [dʒe·lo·'si:·a] <-ie> *f* 1. (*stato d'animo*) jealousy; **fare una scenata di ~** to throw a jealous fit 2. (*cura attenta*) great care; **custodire qc con ~** to look after sth very carefully 3. (*di finestra*) shutter

geloso, -a [dʒe·'lo:·so] *adj* (*marito, moglie*) jealous; **~ di qu** jealous of sb

gelso ['dʒɛl·so] *m* BOT mulberry tree

gelsomino [dʒel·so·'mi:·no] *m* BOT jasmine

gemellaggio [dʒe·mel·'lad·dʒo] <-ggi> *m* (*di città, scuole*) twinning

gemellare¹ [dʒe·mel·'la:·re] *adj* twin; **parto ~** twin birth

gemellare² [dʒe·mel·'la:·re] *vt* (*città, scuole*) to twin

gemelli [dʒe·'mɛl·li] *mpl* 1. ASTR **Gemelli** Gemini; **sono (dei) Gemelli** I'm Gemini 2. (*bottoni*) cufflinks

gemello, -a [dʒe·'mɛl·lo] I. *adj* (*fratello, letto*) twin II. *m, f* twin

gemere ['dʒɛ:·me·re] *vi* (*lamentarsi*) to groan; **~ di** to groan with

gemito ['dʒɛ:·mi·to] *m* (*lamento: di ferito, ammalato*) groan

gemma ['dʒɛm·ma] *f* 1. BOT bud 2. *a. fig* gem

gemmazione [dʒem·mat·'tsio:·ne] *f* BOT budding

gemmologia [dʒem·mo·lo·'dʒi:·a] <-gie> *f* gemology

gendarme [dʒen·'dar·me] *m* MIL (*guardia*) policeman

gendarmeria [dʒen·dar·me·'ri:·a] <-ie> *f* (*polizia*) police force

gene ['dʒɛ:·ne] *m* BIO gene

genealogia [dʒe·ne·a·lo·'dʒi:·a] <-gie> *f* genealogy

genealogico, -a [dʒe·ne·a·'lɔ:·dʒi·ko] <-ci, -che> *adj* (*ricerca, tavola*) genealogical; **albero** ~ family tree

generale [dʒe·ne·'ra:·le] I. *adj* 1.(*fatti, principi, norma*) general 2.(*comune a tutti: sciopero, lutto*) national; (*sorpesa*) widespread; (*opinione*) public; **in** ~ in general 3.(*direttore, ispettore, segretario*) general II. *m* MIL general; ~ **di brigata** brigadier; ~ **di corpo d'armata** lieutenant general

generalessa [dʒe·ne·ra·'les·sa] *f fig, pej* (*di carattere*) battle-ax

generalità [dʒe·ne·ra·li·'ta] <-> *f* 1. *pl* ADMIN (*nome, cognome*) personal details 2.(*maggioranza*) majority 3.(*di discorso, concetto*) generality

generalizzare [dʒe·ne·ra·lid·'dza:·re] I. *vt* 1.(*diffondere*) to spread 2.(*uniformare*) to generalize II. *vi* (*uniformare*) to generalize

generalizzazione [dʒe·ne·ra·lid·dzat·'tsio:·ne] *f* generalization

generalmente [dʒe·ne·ral·'men·te] *adv* generally

generare [dʒe·ne·'ra:·re] *vt* 1.(*figlio*) to give birth to 2. *a. fig* (*produrre, causare*) to generate

generatore [dʒe·ne·ra·'to:·re] *m* (*gruppo elettrogeno*) generator

generatrice [dʒe·ne·ra·'tri:·tʃe] *f* MAT generatrix

generazionale [dʒe·ne·rat·tsio·'na:·le] *adj* (*differenza, conflitto*) generational

generazione [dʒe·ne·rat·'tsio:·ne] *f* generation; **tramandare di ~ in ~** to pass on from generation to generation

genere ['dʒɛ:·ne·re] *m* 1. LING gender 2. LIT (*letterario, rosa, poliziesco*) genre 3. BOT, ZOOL genus 4.(*insieme di persone*) **il ~ umano** mankind 5.(*tipo*) type 6. *pl* COM goods; **-i alimentari** foodstuffs; **-i di consumo** consumer goods; **-i di prima necessità** staple commodities 7.(*loc*) **in** ~ in general

genericità [dʒe·ne·ri·tʃi·'ta] <-> *f* (*indeterminatezza*) vagueness

generico [dʒe·'nɛ:·ri·ko] *m* general; **restare nel** ~ to be non-specific

generico, -a <-ci, -che> *adj* 1.(*discorso, significato*) generic 2. MED **medico** ~ general practicioner; **medicinali -ci** generic drugs

genero ['dʒɛ:·ne·ro] *m* son-in-law

generosità [dʒe·ne·ro·si·'ta] <-> *f* generosity

generoso, -a [dʒe·ne·'ro:·so] *adj* generous

genesi ['dʒɛ:·ne·zi] <-> I. *f* (*origine*) genesis; (*di opera d'arte*) birth II. *f o m* REL **Genesi** Genesis

genetica [dʒe·'nɛ:·ti·ka] <-che> *f* genetics

genetico, -a [dʒe·'nɛ:·ti·ko] <-ci, -che> *adj* (*evoluzione, patrimonio, malattia*) genetic; **ingegneria -a** genetic engineering

genetista [dʒe·ne·'tis·ta] <-i *m*, -e *f*> *mf* geneticist

gengiva [dʒen·'dʒi:·va] *f* gum

gengivite [dʒen·dʒi·'vi:·te] *f* (*med*) gingivitis

genia [dʒe·'ni:·a] <-ie> *f* 1.(*stirpe*) line 2.(*banda*) gang

geniale [dʒe·'nia:·le] *adj* (*persona, idea, trovata, invenzione*) brilliant

genialità [dʒen·ia·li·'ta] <-> *f* (*di persona, idea, trovata, invenzione*) brilliance

genio ['dʒɛ:·nio] <-i> *m* 1.(*talento, persona*) genius; **un uomo di ~** a genius; **Leonardo da Vinci era un ~** Leonardo da Vinci was a genius; **lampo di ~** brainwave 2.(*folletto*) genie 3. ADMIN (*organismo*) ~ **civile** civil engineers *pl*; **il ~ militare** the corps of engineers 4.(*loc*) **non mi va a ~** I don't like it [*o* him] [*o* her]

genitale [dʒe·ni·'ta:·le] *adj* (*apparato, organo, malattia*) genital

genitali [dʒe·ni·'ta:·li] *mpl* genitals

genitivo [dʒe·ni·'ti:·vo] *m* LING genitive

genitivo, -a *adj* LING (*forma, desinenza*) genitive; **caso** ~ genitive case

genitore [dʒe·ni·'to:·re] *m* 1.(*padre, madre*) parent 2. *pl* (*padre e madre*) parents

genitrice [dʒe·ni·'tri:·tʃe] *f poet* mother

gennaio [dʒen·'na:·io] *m* January; *v.a.* **aprile**

genocidio [dʒe·no·'tʃi:·dio] <-i> *m* genocide

genotipo [dʒe·no·'ti:·po/dʒe·'nɔ:·ti·po] *m* genotype

Genova ['dʒɛ:·no·va] *f* Genoa, *the capital of the Liguria region*

genovese [dʒe·no·'ve:·se] I. *adj* Genoese; **pesto alla** ~ pesto, *a sauce for pasta consisting of basil, olive oil and pine nuts* II. *mf* (*abitante*) Genoese III. <*sing*> *m* (*dialetto*) Genoese dialect

Genovese <*sing*> *m* (*zona*) Genoa area; **nel** ~ in the Genoa area

gentaglia [dʒen·'taʎ·ʎa] <-glie> *f pej* riffraff

gente ['dʒɛn·te] *f* <*sing*> (*persone*) people *pl*; ~ **di campagna** country folk; ~ **di teatro** people from the theater world; **la ~ dice ...** word has it that ...; **abbiamo ~ a cena** *fam* we've got guests for dinner

gentildonna [dʒen·til·'dɔn·na] *f* (*nobildonna*) lady

gentile [dʒen·'ti:·le] *adj* 1.(*persona*) kind; (*maniere*) courteous 2.(*sentimenti, animo*) gentle; **il gentil sesso** the fair sex 3.(*nelle lettere*) ~ **signora** dear madam

gentilezza [dʒen·ti·'let·tsa] *f* 1.(*di persona*) kindness; (*di modi*) courtesy 2.(*piacere*) favor; **per** ~ please; **fammi la ~ di ...** +*inf* please just ...; **fare una ~ a qu** to do sb a favor

gentiluomo [dʒen·ti·'lu:ɔ·mo] <gentiluomi-

G

ni> *m* (*nobile*) gentleman; **comportarsi da ~** to behave like a gentleman

genuflessione [dʒe·nu·fles·ˈsioː·ne] *f* genuflection; **fare una ~** to genuflect

genuflettersi [dʒe·nu·ˈflɛt·ter·si] <irr> *vr* to genuflect

genuinità [dʒe·nui·ni·ˈta] <-> *f* **1.** (*di prodotto*) naturalness **2.** (*di affermazione, notizia, fonte*) authenticity

genuino, -a [dʒe·nu·ˈiː·no] *adj* natural

genziana [dʒen·ˈtsiaː·na] *f* BOT gentian

geocentrico, -a [dʒe·o·ˈtʃɛn·tri·ko] <-ci, -che> *adj* (*sistema, teoria*) geocentric

geocentrismo [dʒe·o·tʃen·ˈtriz·mo] *m* geocentricism

geochimica [dʒe·o·ˈkiː·mi·ka] <-che> *f* geochemistry

geodesia [dʒe·o·de·ˈziː·a] <-ie> *f* geodesy

geodinamica [dʒe·o·di·ˈnaː·mi·ka] <-che> *f* geodynamics

geofisica [dʒe·o·ˈfiː·zi·ka] <-che> *f* geophysics

geofisico, -a [dʒe·o·ˈfiː·zi·ko] <-ci, -che> I. *adj* (*osservatorio, metodo*) geophysical II. *m, f* (*studioso*) gephysicist

geografia [dʒe·o·gra·ˈfiː·a] *f* geography

geografico, -a [dʒe·o·ˈgraː·fi·ko] <-ci, -che> *adj* geographical; **atlante ~** atlas; **carta -a** map

geografo, -a [dʒe·ˈɔː·gra·fo] *m, f* geographer

geolinguistica [dʒe·o·liŋ·ˈguis·ti·ka] <-che> *f* geolinguistics

geologia [dʒe·o·lo·ˈdʒiː·a] <-gie> *f* geology

geologico, -a [dʒe·o·ˈlɔː·dʒi·ko] <-ci, -che> *adj* (*materiale, fenomeno, era*) geological

geologo, -a [dʒe·ˈɔː·lo·go] <-gi, -ghe> *m, f* geologist

geomagnetismo [dʒe·o·maɲ·ɲe·ˈtiz·mo] *m* geomagnetism

geometra [dʒe·ˈɔː·met·ra] <-i *m*, -e *f*> *mf* surveyor

geometria [dʒe·o·me·ˈtriː·a] <-ie> *f* MAT geometry

geometrico, -a [dʒe·o·ˈmɛː·tri·ko] *adj* a. *fig* geometric(al)

geomorfologia [dʒe·o·mor·fo·lo·ˈdʒiː·a] *f* geomorphology

geopolitica [dʒe·o·po·ˈliː·ti·ka] <-che> *f* geopolitics

geopolitico, -a [dʒe·o·po·ˈliː·ti·ko] <-ci, -che> *adj* (*atlante, carta*) geopolitical

geotermica [dʒe·o·ˈtɛr·mi·ka] <-che> *f* geothermics

geotermico, -a [dʒe·o·ˈtɛr·mi·ko] <-ci, -che> *adj* (*energia, gradiente*) geothermal

geotropico, -a [dʒe·o·ˈtrɔː·pi·ko] <-ci, -che> *adj* (*andamento, inclinazione*) geotropic

geotropismo [dʒe·o·tro·ˈpiz·mo] *m* (*di radice*) geotropism

geranio [dʒe·ˈraː·nio] <-i> *m* BOT geranium

gerarca [dʒe·ˈrar·ka] <-chi> *m* HIST party official

gerarchia [dʒe·rar·ˈkiː·a] <-chie> *f* hierarchy

gerarchico, -a [dʒe·ˈrar·ki·ko] <-ci, -che> *adj* hierarchical

gerbera [dʒe·ˈbɛː·ra] *f* BOT gerbera

gerente [dʒe·ˈrɛn·te] *mf* (*di società, negozio*) manager *m*, manageress *f*

gergale [dʒer·ˈgaː·le] *adj* (*di slang*) slang; (*di linguaggio professionale*) jargon; **espressione ~** slang expression

gergo [ˈdʒɛr·go] <-ghi> *m* (*linguaggio informale*) slang; (*linguaggio professionale*) jargon; **~ giornalistico** newspaper jargon

geriatra [dʒe·ˈriaː·tra] <-i *m*, -e *f*> *mf* geriatrician

geriatria [dʒe·ria·ˈtriː·a] <-ie> *f* geriatrics

geriatrico, -a [dʒe·ˈriaː·tri·ko] <-ci, -che> *adj* (*malattia, ambulatorio*) geriatric; **clinica -a** geriatric clinic

gerla [ˈdʒɛr·la] *f* cone-shaped wicker basket carried on the back

Germania [dʒer·ˈmaː·nia] *f* Germany; **la ~** Germany; **abitare in ~** to live in Germany; **andare in ~** to go to Germany

germanico, -a [dʒer·ˈmaː·ni·ko] <-ci, -che> *adj* HIST (*popolazioni, impero*) Germanic

germanista [dʒer·ma·ˈnis·ta] <-i *m*, -e *f*> *mf* Germanist

germanofilia [dʒer·ma·no·fi·ˈliː·a] *f* germanophile

germanofobia [dʒer·ma·no·fo·ˈbiː·a] *f* Germanophobia

germanofono, -a [dʒer·ma·ˈnɔː·fo·no] *adj* (*popolazione, comunità, gruppo*) German-speaking

germe [ˈdʒɛr·me] *m* BIOL germ

germicida¹ [dʒer·mi·ˈtʃiː·da] <-i, -e> *adj* (*apparecchio, prodotto, sapone*) germicidal

germicida² <-i> *m* germicide

germinale [dʒer·mi·ˈnaː·le] *adj* germinal

germinare [dʒer·mi·ˈnaː·re] *vi* essere *o* avere BOT to germinate

germinazione [dʒer·mi·nat·ˈtsioː·ne] *f* BOT germination

germogliare [dʒer·moʎ·ˈʎaː·re] *vi* essere *o* avere **1.** (*seme*) to germinate **2.** (*albero, ramo*) to bud

germoglio [dʒer·ˈmoʎ·ʎo] <-gli> *m* **1.** (*di seme*) shoot **2.** (*di albero, ramo*) bud

geroglifico, -a [dʒe·ro·ˈgliː·fi·ko] *m* a. *fig* LING hieroglyphic

geroglifico, -a <-ci, -che> *adj* LING (*scrittura, iscrizione*) hieroglyphic

gerontologia [dʒe·ron·to·lo·ˈdʒiː·a] <-gie> *f* gerontology

gerontologo, -a [dʒe·ron·ˈtɔː·lo·go] <-gi, -ghe> *m, f* gerontologist

gerundio [dʒe·ˈrun·dio] <-i> *m* LING gerund

gerundivo, -a [dʒe·run·ˈdiː·vo] *adj* LING gerundive

Gerusalemme [dʒe·ru·za·ˈlɛm·me] *f* Jerusalem; **abitare a ~** to live in Jerusalem; **andare a ~** to go to Jerusalem

gessato [dʒes·ˈsa·to] *m* (*abito*) pinstripe suit

gessato, -a *adj* (*abito, pantaloni*) pin-stripe

gessetto [dʒes·'set·to] *m* piece of chalk
gesso ['dʒɛs·so] *m* **1.** (*per lavagna*) chalk **2.** MIN gypsum **3.** MED, ART plaster cast
gesta ['dʒɛs·ta] *fpl* LIT feats
gestante [dʒes·'tan·te] *f* pregnant woman
gestazione [dʒes·tat·'tsio:·ne] *f* MED (*gravidanza*) pregnancy
gesticolare [dʒes·ti·ko·'la:·re] *vi* to gesticulate
gestionale [dʒes·tio·'na:·le] *adj* (*analisi, processi, software*) management
gestione [dʒes·'tio:·ne] *f* (*di albergo, azienda, negozio, fondi*) management; ~ **dei costi** cost management; ~ **del motore** AUTO running; ~ **fondi** FIN fund management; **società di** ~ FIN management trust; ~ **prestiti** FIN loan management
gestire [dʒes·'ti:·re] <gestisco> *vt* (*amministrare: albergo, azienda, negozio*) to run; (*fondi*) to manage; (*tempo*) to organize
gesto ['dʒɛs·to] *m* gesture
gestore, -trice [dʒes·'to:·re] *m, f* **1.** (*di albergo, azienda, negozio*) manager *m*, manageress *f* **2.** (*fornitore di servizio*) supplier; **il** ~ **della rete elettrica** the electricity network supplier
gestuale [dʒes·tu·'a:·le] *adj* **linguaggio** ~ sign language
Gesù [dʒe·'zu] *m* Jesus
gesuita [dʒe·zu·'i:·ta] <-i> *m* REL Jesuit
gesuitico, -a [dʒe·zu·'i:·ti·ko] <-ci, -che> *adj* REL Jesuitical
gettare [dʒet·'ta:·re] **I.** *vt* **1.** (*lanciare*) to throw; ~ **via qc** to throw sth away; ~ **le braccia al collo a qu** to throw one's arms around sb's neck **2.** NAUT (*ancora*) to drop; (*reti*) to cast **3.** ARCHIT (*fondamenta*) to lay **II.** *vi* BOT to sprout **III.** *vr:* -**rsi 1.** (*buttarsi*) -**rsi a terra** to throw oneself down on the ground; -**rsi ai piedi di qu** to throw oneself at sb's feet; -**rsi contro qu** to attack sb; -**rsi dalla finestra** to throw oneself out of the window; -**rsi in acqua** to jump into the water **2.** (*fiume*) to flow into
gettata [dʒet·'ta:·ta] *f* (*di cemento*) casting
gettito ['dʒet·ti·to] *m* (*introiti*) revenue
getto ['dʒet·to] *m* **1.** BOT shoot **2.** (*di liquido*) jet; **stampanti a** ~ **d'inchiostro** ink-jet printers **3.** (*di metallo, calcestruzzo*) casting **4.** *fig* **a** ~ **continuo** continuously; **di** ~ straight off
gettonato, -a [dʒet·to·'na:·to] *adj fam* (*cantante, canzone*) popular
gettone [dʒet·'to:·ne] *m* token; ~ **del telefono** [*o* **telefonico**] telephone token; **telefono a** -**i** telephone which operates with tokens
gettoniera [dʒet·to·'niɛ:·ra] *f* (*di telefono*) slot
ghepardo [ge·'par·do] *m* cheetah
gheriglio [ge·'riʎ·ʎo] <-gli> *m* (*di noce*) kernel
ghermire [ger·'mi:·re] *vt* (*afferrare: preda*) to seize
ghetta ['get·ta] *f* (*gambale*) gaiter

ghettizzare [get·tid·'dza:·re] *vt* (*minoranze*) to segregate
ghettizzazione [get·tid·dzat·'sio:·ne] *f* (*di minoranze*) segregation
ghiacciaia [giat·'tʃa:·ia] <-aie> *f* icebox
ghiacciaio [giat·'tʃa:·io] <-ai> *m* glacier
ghiacciare [giat·'tʃa:·re] **I.** *vt avere* (*gelare*) to freeze **II.** *vr:* -**rsi** to freeze
ghiacciato, -a [giat·'tʃa:·to] *adj* frozen
ghiaccio ['giat·tʃo] <-cci> *m* ice; ~ **secco** dry ice; **pattinaggio sul** ~ ice skating; **rompere il** ~ *a. fig* to break the ice; **rimanere di** ~ *fig* to be astounded; **essere un pezzo di** ~ *fig* to be as cold as ice
ghiacciolo [giat·'tʃɔ:·lo] *m* **1.** (*pezzo di ghiaccio*) icicle **2.** CULIN popsicle
ghiaia ['gia:·ia] <-aie> *f* gravel
ghiaione [gia·'io:·ne] *m* scree
ghiaioso, -a [gia·'io:·so] *adj* (*superficie, spiagge*) gravelly
ghianda ['gian·da] *f* BOT (*di quercia*) acorn
ghiandola ['gian·do·la] *f* ANAT gland
ghiandolare [gian·do·'la:·re] *adj* (*tessuto, febbre*) glandular
ghigliottina [giʎ·ʎot·'ti:·na] *f* guillotine
ghigliottinare [giʎ·ʎot·ti·'na:·re] *vt* (*decapitare*) to guillotine
ghignare [giɲ·'ɲa:·re] *vi* to snicker
ghignata [giɲ·'ɲa:·ta] *f* snicker
ghigno ['giɲ·ɲo] *m* sneer
ghingheri ['giɲ·ge·ri] *adv* **mattersi in** ~ *scherz, fam* to put on one's finery
ghiotto, -a ['giot·to] *adj* **1.** (*persona*) greedy; **è** ~ **di dolci** he's [*o* she's] a glutton for cakes **2.** (*cibo*) delicious
ghiottone, -a [giot·'to:·ne] *m, f* (*persona*) glutton
ghiottoneria [giot·to·ne·'ri:·a] <-ie> *f* **1.** (*golosità*) gluttony **2.** (*leccornia*) delicacy
ghiribizzo [gi·ri·'bid·dzo] *m fam* (*capriccio*) whim
ghirigoro [gi·ri·'gɔ:·ro] *m* scribble
ghirlanda [gir·'lan·da] *f* (*di fiori, foglie*) garland
ghiro ['gi:·ro] *m* ZOOL dormouse; **dormire come un** ~ to sleep like a log
ghisa ['gi:·za] *f* cast iron
già [dʒa] *adv* **1.** (*fatto compiuto*) already; **sono** ~ **partiti** they've already left; **hai** ~ **fatto i compiti?** have you already done your homework? **2.** (*prima d'ora*) before; **l'ho** ~ **fatto** I've done it before; (*in frasi interrogative*) yet; **hai** ~ **fatto i compiti?** have you done your homework yet? **3.** (*ormai*) by now **4.** (*sin d'ora*) right; ~ **da ora** right now; ~ **da oggi** from today **5.** (*sin da alllora*) ever since **6.** (*ex*) formerly **7.** (*rafforzativo*) quite; ~ **tanto** quite something **8.** (*loc*) ~ **che** while
giacca ['dʒak·ka] <-cche> *f* (*indumento*) jacket; ~ **a vento** windbreaker; ~ **ad un petto** single-breasted jacket; ~ **a doppio petto** double-breasted jacket
giacché [dʒak·'ke] *conj* (*poiché*) since

G

giacchetta [dzak·'ket·ta] *f* jacket

giaccio ['dʒat·tʃo] *1.pers sing pr di* **giacere**

giacente [dʒa·'tʃɛn·te] *adj* **1.**(*posta normale*) unclaimed; (*posta elettronica*) unopened **2.**(*pratica*) pending

giacenza [dʒa·'tʃɛn·tsa] *f* (*deposito*) **in** ~ in abeyance; **posta in** ~ unclaimed mail; **capitale in** ~ uninvested capital; **-e di magazzino** (*resti*) unsold stock

giacere [dʒa·'tʃe:·re] <giaccio, giacqui, giaciuto> *vi* essere **1.**(*essere disteso*) to lie; ~ **bocconi** to lie on one's face; ~ **sul fianco** to lie on one's side; ~ **supino** to lie on one's back **2.**(*essere sepolto*) to be buried; **qui giace ...** (*sulle tombe*) here lies ... **3.**(*essere inattivo*) to lie idle

giaciglio [dʒa·'tʃiʎ·ʎo] <-gli> *m* (*letto*) pallet

giacimento [dʒa·tʃi·'men·to] *m* (*di petrolio, di gas*) deposit

giacinto [dʒa·'tʃin·to] *m* BOT hyacinth

giaciuto [dʒa·'tʃu:·to] *pp di* **giacere**

giacomo giacomo ['dʒa:·ko·mo 'dʒa:·ko·mo] **far** ~ ~ *fam* to tremble

giacqui ['dʒak·kui] *1.pers sing pass rem di* **giacere**

giada¹ ['dʒa:·da] *f* jade

giada² <inv> *adj* **verde** ~ jade green

giaggiolo [dʒad·'dʒɔ:·lo] *m* BOT iris

giaguaro [dʒa·'gua:·ro] *m* ZOOL jaguar

giallastro, -a [dʒal·'las·tro] *adj* yellowish

giallino, -a [dʒal·'li:·no] *adj* light yellow

giallista [dʒal·'lis·ta] <-i *m*, -e *f*> *mf* crime writer

giallo ['dʒal·lo] *m* **1.**(*colore*) yellow; **il ~ dell'uovo** the egg yolk; **passare col** ~ to go through a yellow light **2.**LIT detective story; CINE thriller

giallo, -a *adj* **1.**(*colore*) yellow; **farina -a** corn flour; **febbre -a** yellow fever; **Pagine -e®** Yellow Pages® **2.**(*romanzo*) detective story; (*film*) thriller

giallognolo, -a [dʒal·'loɲ·ɲo·lo] *adj* yellowish

giallorosa [dʒal·lo·'rɔ:·za] <inv> *adj* (*film, commedia*) romantic thriller

giammai [dʒam·'ma:·i] *adv poet* never

gianduia [dʒan·'du:·ia] <-> *m* CULIN nut chocolate

Giappone [dʒap·'po:·ne] *m* Japan; **il** ~ Japan; **abitare in** ~ to live in Japan; **andare in** ~ to go to Japan

giapponese [dʒap·po·'ne:·se] **I.** *adj* Japanese **II.** *mf* Japanese **III.**<sing> *m* (*lingua*) Japanese

giara ['dʒa:·ra] *f* (*recipiente*) earthenware jar

giardinaggio [dʒar·di·'nad·dʒo] <-ggi> *m* gardening

giardinetta® [dʒar·di·'net·ta] *f* station wagon

giardiniera [dʒar·di·'niɛ:·ra] *f* CULIN (*sottaceti*) pickled vegetables

giardiniere, -a [dʒar·di·'niɛ:·re] *m, f* gardener

giardino [dʒar·'di:·no] *m* garden; **in** ~ in the garden; ~ **botanico** botanic garden; **da** ~ gar-

den; **mobili da** ~ garden furniture; **-i pubblici** public gardens; ~ **zoologico** zoo

giarrettiera [dʒar·ret·'tiɛ:·ra] *f* garter

giavellottista [dʒa·vel·lot·'tis·ta] <-i *m*, -e *f*> *mf* javelin thrower

giavellotto [dʒa·vel·'lɔt·to] *m* SPORT javelin

gibbone [dʒib·'bo:·ne] *m* ZOOL gibbon

gibbosità [dʒib·bo·si·'ta] <-> *f* (*di terreno, superficie*) unevenness

giberna [dʒi·'bɛr·na] *f* (*per cartucce, munizioni*) cartridge box

Gibilterra [dʒi·bil·'tɛr·ra] *f* Gibraltar; **la** ~ Gibraltar; **abitare a** ~ to live in Gibraltar; **andare a** ~ to go to Gibraltar

gigabyte [gi·ga·bait] <-> *m* COMPUT gigabyte

gigante [dʒi·'gan·te] **I.** *adj* (*confezione, scatola, formato*) giant-size **II.** *m* (*titano*) giant; **fare passi da** ~ *fig* to make great leaps forward

gigantesco, -a [dʒi·gan·'tes·ko] <-schi, -sche> *adj* gigantic

gigantismo [dʒi·gan·'tiz·mo] *m* MED gigantism

giglio ['dʒiʎ·ʎo] <-gli> *m* BOT lily

gilè [dʒi·'lɛ] <-> *m* vest

gillette® [dʒi·'let] *m* (*rasoio*) razor

gimcana [dʒim·'ka:·na] *v.* **gincana**

gincana [dʒiŋ·'ka:·na] *f* **1.**(*gara*) obstacle race **2.**(*percorso a zig zag*) **fare la** ~ to zigzag

ginecologia [dʒi·ne·ko·lo·'dʒi:·a] <-gie> *f* gynecology

ginecologico, -a [dʒi·ne·ko·'lɔ:·dʒi·ko] <-ci, -che> *adj* (*malattia, reparto, visita*) gynecological

ginecologo, -a [dʒi·ne·'kɔ:·lo·go] <-gi, -ghe> *m, f* gynecologist

ginepro [dʒi·'ne:·pro] *m* BOT juniper

ginestra [dʒi·'nɛs·tra] *f* BOT broom

Ginevra [dʒi·'ne:v·ra] *f* (*città*) Geneva; **abitare a** ~ to live in Geneva; **andare a** ~ to go to Geneva

gingillarsi [dʒin·dʒil·'lar·si] *vr* **1.**(*giocherellare*) ~ **con qc** to fiddle with sth **2.**(*perdere tempo*) to loaf around

gingillo [dʒin·'dʒil·lo] *m* **1.**(*ninnolo*) trinket **2.**(*gadget*) gadget **3.**(*balocco*) plaything

ginnasiale [dʒin·na·'zia:·le] **I.** *adj* (*classe, studi*) of the first and second years of a high school which specializes in Latin and Greek (*the Liceo Classico*) **II.** *mf* first and second-year students in the the Liceo Classico

ginnasio [dʒin·'na:·zio] <-i> *m* the first and second years of a high school which specializes in Latin and Greek (*the Liceo Classico*); **quarta** ~ the first year of the Liceo Classico; **quinta** ~ the second year of the Liceo Classico

ginnasta [dʒin·'nas·ta] <-i *m*, -e *f*> *mf* gymnast

ginnastica [dʒin·'nas·ti·ka] <-che> *f* **1.**(*esercizio*) gymnastics; ~ **correttiva** [*o* medica] therapeutic gymnastics **2.***fig* (*materia scolastica*) physical education

ginnico, -a ['dʒin·ni·ko] <-ci, -che> *adj*

(*attrezzo, attrezzature*) gymnastic; **percorso** ~ training

ginocchiera [dʒi·nok·'kiɛː·ra] *f* **1.** (*per sport*) knee pad **2.** (*fascia elastica*) knee bandage

ginocchio [dʒi·'nɔk·kio] <-cchi *m o* -cchia *f*> *m* knee; **stare in** ~ to kneel; **mettersi in** ~ to kneel down

ginocchioni [dʒi·nok·'kio:·ni] *adv* on one's knees; **andare** ~ to crawl

giocare [dʒo·'ka:·re] **I.** *vi* **1.** A. SPORT (*divertirsi, trastullarsi*) to play; ~ **a carte** to play cards; ~ **a palla** to play ball; ~ **con qc** to play with sth; ~ **a rugby** to play rugby; **gioca nell'Inter** he plays for Inter; ~ **con la propria vita** to risk one's life **2.** (*scommettere*) to bet, ~ **al lotto** to play the lottery; ~ **al totocalcio** to bet the pools **3.** FIN to speculate; ~ **in borsa** to play the Stock Market **II.** *vt* **1.** (*partita, carta*) to play **2.** (*scommettere: somma*) to bet **3.** *fig* (*ingannare*) to fool; ~ **un tiro mancino a qu** to play a dirty trick on sb **III.** *vr:* **-rsi** *fig* **-rsi l'anima** to risk one's neck; **-rsi anche la camicia** to lose the shirt off one's back

giocata [dʒo·'ka:·ta] *f* **1.** (*puntata*) bet **2.** (*partita*) game

giocatore, -trice [dʒo·ka·'to:·re] *m, f* **1.** (*a carte, pallone, tennis*) player; ~ **d'azzardo** gambler **2.** (*in borsa*) speculator

giocattolo [dʒo·'kat·to·lo] *m* toy

giocherellare [dʒo·ke·rel·'la:·re] *vi* to play

giocherellone, -a [dʒo·ke·rel·'lo:·ne] *adj* playful

giochetto [dʒo·'ket·to] *m* **1.** (*divertimento*) game **2.** (*scherzo*) joke **3.** (*lavoro facile*) piece of cake

gioco ['dʒɔː·ko] <-chi> *m* **1.** (*divertimento*) game; ~ **d'azzardo** game of chance; ~ **di parole** pun; ~ **di società** parlor game; ~ **degli scacchi** chess; ~ **del lotto** lottery; ~ **da bambini** children's game; *fig* child's play; **i -chi olimpici** the Olympic Games; **campo da** ~ pitch; **fare il** ~ **di qu** *fig* to play sb's game; **fare il doppio** ~ *fig* to double-cross; **esserci in** ~ *fig* to be at stake; **mettere in** ~ **qc** *fig* to risk sth; **cambiar** ~ *fig* to change tack; **prendersi** ~ **di qu** *fig* to make fun of sb; **il** ~ **non vale la candela** *prov* the game is not worth the candle *prov;* **ogni bel** ~ **dura poco** *prov* don't take the joke too far **2.** (*giocattolo*) toy **3.** (*lavoro facile*) child's play

giocoliere, -a [dʒo·ko·'liɛː·re] *m, f* juggler

Gioconda [dʒo·'kon·da] *f* **La** ~ the Mona Lisa

giocoso, -a [dʒo·'ko:·so] *adj* (*bambini, cuccioli*) playful

giogo ['dʒɔː·go] <-ghi> *m* (*attrezzo*) yoke

gioia ['dʒɔː·ia] <-ie> *f* **1.** (*emozione*) joy; **darsi alla pazza** ~ to live things up **2.** (*gioiello*) jewel **3.** (*persona*) darling

gioielleria [dʒo·iel·le·'ri:·a] <-ie> *f* **1.** (*negozio*) jeweler's shop **2.** (*arte*) jeweler's craft **3.** (*goielli*) jewelry

gioielliere, -a [dʒo·iel·'liɛː·re] *m, f* **1.** (*persona*) jeweler **2.** (*negozio*) jeweler's

gioiello [dʒo·'iɛl·lo] *m* **1.** (*monile*) jewel **2.** *fig* (*cosa, persona*) gem

gioioso, -a [dʒo·'io:·so] *adj* (*persona, musica, momento*) joyful

gioire [dʒo·'i:·re] <gioisco> *vi* to delight; ~ **di** [*o* **per**] **qc** to delight in sth

giornalaio, -a [dʒor·na·'la:·io] <-ai, -aie> *m, f* newsdealer

giornale [dʒor·'na:·le] *m* **1.** (*quotidiano*) newspaper **2.** RADIO, TV news bulletin; ~ **radio** radio news **3.** (*registro*) journal; ~ **di bordo** ship's log

giornalese [dʒor·na·'le:·se] <-> *m iron, pej* newsspeak

giornaletto [dʒor·na·'let·to] *m fam* comic

giornaliero, -a [dʒor·na·'liɛː·ro] *adj* (*quotidiano: biglietto, servizio, volo*) daily

giornalino [dʒor·na·'li:·no] *m fam* comic

giornalismo [dʒor·na·'liz·mo] *m* journalism

giornalista [dʒor·na·'lis·ta] <-i *m*, -e *f*> *mf* journalist

giornalistico, -a [dʒor·na·'lis·ti·ko] <-ci, -che> *adj* (*stile, gergo, notizie*) journalistic

giornalmente [dʒor·nal·'men·te] *adv* on a daily basis

giornata [dʒor·'na:·ta] *f* **1.** (*giorno*) day; **uova di** ~ freshly-laid egg; **in** ~ by the end of the day; **andare a -e** to be up and down; **vivere alla** ~ to live from day to day **2.** (*lavoro*) day's work; (*paga*) day's pay

giorno ['dʒor·no] *m* **1.** (*24 ore*) day; ~ **feriale** weekday; ~ **festivo** holiday; ~ **lavorativo** work day; ~ **libero** day off; **piatto del** ~ today's specialty; **al** ~ per day; **di** ~ **in** ~ from day to day; **da un** ~ **all'altro** suddenly; **un** ~ **o l'altro** one of these days; ~ **per** ~ day by day; **a -i alterni** on alternate days; **uno di questi -i** one of these days **2.** (*ore di luce*) daylight; **di** ~ by day; **in pieno** ~ in broad daylight; **sul far del** ~ at daybreak **3.** (*ricorrenza*) **il** ~ **dei morti** All Souls' Day **4.** (*loc*) **al** ~ **d'oggi** nowadays; **ai nostri -i** in our time; **buon** ~ *v.* **buongiorno**

giostra ['dʒɔs·tra] *f* (*al luna park*) merry-go-round

giostrarsi [dʒos·'tra:r·si] *vr* to hold one's own

giovamento [dʒo·va·'men·to] *m* benefit

giovane ['dʒoː·va·ne] **I.** *adj* **1.** (*persona, animale*) young **2.** (*moda, letteratura*) youth; **festival internazionale del cinema** ~ international youth film festival **II.** *mf* (*ragazzo*) young man; (*ragazza*) young woman; **da** ~ as a young man [*o* woman]; **Plinio il** ~ Pliny the Younger

giovanetto, -a [dʒo·va·'net·to] *m, f* (*ragazzo*) lad; (*ragazza*) girl

G

G

giovanile [dʒo·va·'niː·le] *adj* **1.**(*amore, delusione*) youthful **2.**(*movimento, politica*) youth

giovanotto [dʒo·va·'nɔt·to] *m* young man

giovare [dʒo·'vaː·re] I. *vi* avere o essere **1.**(*essere utile*) to be useful; **non giova ...** +*inf* it's no use ...; **a che giova ... ?** what's the point of ...? **2.**(*fare bene*) to do good; **un bicchiere di vino ti gioverà** a glass of wine will do you good II. *vr* **-rsi di qu/qc** to take advantage of sb/sth

Giove ['dʒɔ:·ve] *m* Jupiter; **per ~!** *fam* by Jove!

giovedì [dʒo·ve·'di] <-> *m* Thursday; **~ grasso** last Thursday before Lent; **~ santo** Thursday before Easter; *v.a.* **domenica**

giovenca [dʒo·'vɛŋ·ka] <-che> *f* heifer

gioventù [dʒo·ven·'tu] <-> *f* **1.**(*età*) youth; **errori di ~** errors of youth; **in ~** in one's youth **2.**(*giovani*) young people *pl*

gioviale [dʒo·'via:·le] *adj* (*accoglienza*) hearty; (*persona, clima*) jovial

giovialità [dʒo·via·li·'ta] <-> *f* (*di persona*) joviality

giovinastro [dʒo·vi·'nas·tro] *m* young hoodlum

giovinetto [dʒo·vi·'net·to] *v.* **giovanetto**

giovinezza [dʒo·vi·'net·tsa] *f* youth; **la seconda ~** the golden years

GIP ['dʒip] <-> *mf abbr di* **giudice per le indagini preliminari** *the magistrate appointed to supervise the initial police investigation into a case*

giradischi [dʒi·ra·'dis·ki] <-> *m* record player

giraffa [dʒi·'raf·fa] *f* **1.** ZOOL giraffe **2.** FILM, TV, RADIO boom

giramento [dʒi·ra·'men·to] *m* **~ di testa** *fam* dizzy spell; **questo lavoro è un ~ di scatole** *fam* this job is a pain

giramondo [dʒi·ra·'mon·do] <-> *mf* globetrotter

giranastri [dʒi·ra·'nas·tri] <-> *m* tape recorder

girandola [dʒi·'ran·do·la] *f* **1.**(*giocattolo*) pinwheel **2.**(*per fuochi d'artificio*) catherine wheel **3.**(*di avvenimenti*) whirl

girante [dʒi·'ran·te] *f* TEC (*di pompa*) impeller; (*di motore*) rotor

girante [dʒi·'ran·te] *mf* FIN endorser

girare [dʒi·'ra:·re] I. *vt* **1.**(*chiave, testa, occhi*) to turn **2.** *fig* (*domanda, lettera*) to pass on **3.**(*film*) to shoot **4.**(*assegno*) to endorse **5.**(*città, isola*) to go around; **~ il mondo** to travel around the world **6.** *fam* (*mescolare: sugo*) to stir II. *vi* **1.**(*ruotare*) to revolve; **mi girano le scatole** *fam* I'm fed up; **mi girano per la testa un sacco di idee** *fam* I'm bursting with lots of ideas; **mi gira la testa** I feel dizzy; **far ~ la testa a qu** (*fare innamorare*) to turn sb's head; **~ alla larga** to keep clear; **gira e rigira** which ever way you look at it; **se mi gira vengo** *fam* if I feel like it, I'll come **2.**(*camminare*) to go around **3.**(*voltare*) to turn **4.**(*notizie, dicerie*) to circulate III. *vr:*

-rsi (*voltarsi*) to turn; **-rsi nel letto** to turn over in bed; **-rsi dall'altra parte** to turn away

girarrosto [dʒi·rar·'rɔs·to] *m* spit

girasole [dʒi·ra·'so:·le] *m* BOT sunflower

girata [dʒi·'ra:·ta] *f* **1.**(*passeggiata*) stroll **2.** *fam* (*mescolata*) stir **3.** FIN (*di assegno*) endorsement

giratario, -a [dʒi·ra·'ta:·rio] <-i, -ie> *m, f* FIN endorsee

girato, -a [dʒi·'ra:·to] *adj* **1.**(*persona*) turned **2.** FIN endorsed

giratubi [dʒi·ra·'tu:·bi] <-> *m* TEC pipe wrench

giravolta [dʒi·ra·'vɔl·ta] *f* (*piroetta*) pirouette

girellare [dʒi·rel·'la:·re] *vi* **~ per** to wander around

girello [dʒi·'rɛl·lo] *m* **1.**(*per bambini*) baby walker **2.** CULIN bottom round

giretto [dʒi·'ret·to] *m fam* (*a piedi*) stroll; (*in macchina, bicicletta*) ride

girevole [dʒi·'re:·vo·le] *adj* (*porta, ponte, piastra*) revolving

girgentino, -a [dʒir·dʒen·'ti:·no] *adj v.* **agrigentino**

girino [dʒi·'ri:·no] *m* ZOOL tadpole

girl [gəːl] <-> *f* chorus dancer

giro ['dʒi:·ro] *m* **1.**(*circonferenza: di collo*) circumference **2.**(*rotazione: di astro, motore*) revolution; **su di -i** (*motore*) revved-up; *fig* (*persona*) high-spirited; **~ di valzer** waltz **3.**(*passeggiata*) stroll; (*in macchina, bicicletta*) ride; (*percorso*) trip; **~ turistico** sightseeing tour; **essere in ~ per lavoro/affari** to be out and about on work/business; **esserci in ~** to be around; **andare in ~** to go around; **lasciare in ~** (*abiti, libri*) to leave lying around; **mettere in ~** (*voci, dicerie*) to spread **4.** SPORT (*di pista*) lap **5.** SPORT (*gara*) tour; **il ~ di Francia** the Tour de France **6.**(*periodo di tempo*) course; **nel ~ di un mese/anno** in a month's/year's time **7.**(*cerchia*) circle; (*ambiente*) scene **8.** COM **~ d'affari** turnover **9.**(*loc*) **prendere in ~ qu** to make fun of sb; **fare un ~ d'orizzonte** to make general inquiries; **~ di parole** long-winded expression

The **Giro d'Italia** took place for the first time in 1909. This cycle race comprises both climbs and flat stages and the route passes through many of the major Italian cities.

girocollo [dʒi·ro·'kɔl·lo] *m* **1.**(*collana*) choker **2.**(*maglione*) crewneck sweater

giroconto [dʒi·ro·'kon·to] *m* credit transfer

girone [dʒi·'ro:·ne] *m* **1.** SPORT leg; **~ d'andata** away leg; **~ di ritorno** return leg **2.** LIT circle

gironzolare [dʒi·ron·dzo·'la:·re] *vi fam* to wander about; **~ intorno a qu/qc** to hang around sb/sth

girotondo [dʒi·ro·'ton·do] *m* ring-around-the-rosey

girovagare [dʒi·ro·va·'ga:·re] *vi* to wander around

girovago, -a [dʒi·'rɔ:·va·go] <-ghi, -ghe> I. *adj* (*attori, suonatori*) traveling II. *m, f* wanderer

girovita [dʒi·ro·'vi:·ta] <-> *m* waist measurement; **prendere il ~** to measure sb's waist

gita ['dʒi:·ta] *f* trip; **andare in ~ a ...** to go on a trip to ...

gitano, -a [dʒi·'ta:·no] I. *adj* (*popolazioni, famiglie*) gypsy II. *m, f* gypsy

gitante [dʒi·'tan·te] *mf* tripper

gittata [dʒit·'ta:·ta] *f* (*di cannone, missile*) range; **missile a ~ intermedia** medium-range missile

giù [dʒu] *adv* (*in basso*) down; (*dabbasso*) downstairs; **ti aspetto ~** I'll wait for you downstairs; **andare su e ~** to go up and down; **mandare ~** *a. fig* to swallow; **mettere ~** to put down; **essere ~** *fig* to be depressed; **essere ~ di morale** to be down in the dumps; **quella storia non mi va ~** I don't like that story; **la notizia l'ha buttato ~** the news depressed him; **i prezzi sono andati ~** prices have gone down; **su per ~** more or less; **~ di lì** thereabouts; **in ~** down(wards); **scendi ~** get down; **~ le mani!** get your hands off!

giubba ['dʒub·ba] *f* (*da militare*) tunic

giubbetto [dʒub·'bet·to] *m* jacket; **~ salvagente** life jacket

giubbino [dʒub·'bi:·no] *m* (*di pelle, jeans*) jacket

giubbotto [dʒub·'bɔt·to] *m* (*di pelle*) jacket; **~ antiproiettile** bulletproof vest; **~ salvagente** life jacket

giubilare [dʒu·bi·'la:·re] *vi poet* **~ per qc** to rejoice at sth

giubileo [dʒu·bi·'lɛ:·o] *m* REL Jubilee

giubilo ['dʒu·bi·lo] *m poet* rejoicing

giuda ['dʒu:·da] <-> *m pej* (*traditore*) traitor

giudaico, -a [dʒu·'da:·i·ko] <-ci, -che> *adj* (*calendario, tradizione, rito*) Judaic

giudaismo [dʒu·da·'iz·mo] *m* Judaism

giudicare [dʒu·di·'ka:·re] *vt* 1. A. GIUR (*persona*) to judge; **fu giudicato colpevole** he was found guilty; **non ~ dalle apparenze** don't judge by appearances 2. (*ritenere*) to consider; **giudicò opportuno tacere** he [*o* she] considered it advisable to keep quiet

giudicato [dʒu·di·'ka:·to] *m* GIUR (*sentenza*) sentence; **passare in ~** to be the final verdict

giudicatore, -trice [dʒu·di·ka·'to:·re] *adj* (*commissione*) judging

giudice ['dʒu:·di·tʃe] *mf* GIUR 1. judge; **~ conciliatore** magistrate; **~ costituzionale** Constitutional Court judge; **giudice per le indagini preliminari** *the magistrate appointed to supervise the initial police investigation into a case;* **~ penale** criminal judge; **~ popolare** juror 2. SPORT judge; **~ di gara** (*tennis*) umpire; (*calcio, rugby*) referee

giudiziale [dʒu·dit·'tsia:·le] *adj* (*separazione, conciliazione*) judicial

giudiziario, -a [dʒu·dit·'tsia:·rio] <-i, -ie> *adj* (*attività, atto*) judicial; **carcere ~** prison; **ufficiale ~** bailiff

giudizio [dʒu·'dit·tsio] <-i> *m* 1. (*senno*) judgment 2. opinion; **rimettersi al ~ di qu** to accept sb's decision; **farsi un ~ su qu/qc** to form an opinion about sb/sth; **a mio/tuo/suo ~** in my/your/his/her opinion 3. GIUR (*processo*) trial; **comparire in ~** to appear before the court; **trascinare qu in ~** to take sb to court; **rinviare qu a ~** to commit sb for trial 4. GIUR (*sentenza*) verdict; **~ di assoluzione** acquittal; **~ di condanna** guilty verdict 5. REL **il ~ universale** the Last Judgement

giudizioso, -a [dʒu·dit·'tsio:·so] *adj* (*persona,*) sensible; (*soluzione, scelta*) judicious

giuggiola ['dʒud·dʒo·la] *f* BOT jujube; **andare in brodo di -e per qu/qc** *fig* to be nuts about sb/sth

giugno ['dʒuɲ·ɲo] *m* June; *v.a.* **aprile**

giuliano, -a [dʒu·'lia:·no] I. *adj* 1. (*del Venezia Giulia*) from Venezia Giulia 2. (*di Giulio Cesare*) Julian; **calendario ~** Julian calendar II. *m, f* (*abitante del Venezia Giulia*) person from Venezia Giulia

giulivo, -a [dʒu·'li:·vo] *adj* happy; **oca -a** silly goose

giullare [dʒul·'la:·re] *m* jester

giumenta [dʒu·'men·ta] *f* ZOOL mare

giunco ['dʒuŋ·ko] <-chi> *m* BOT rush

giungere ['dʒun·dʒe·re] <giungo, giunsi, giunto> I. *vi* essere to reach; **mi giunge nuovo** it's news to me; **~ all'orecchio di qu** to reach sb's ears II. *vt* avere *poet* to join

giungla ['dʒuŋ·gla] *f* jungle

giunsi ['dʒun·si] *1. pers sing pass rem di* **giungere**

giunta ['dʒun·ta] *f* 1. ADMIN (*consiglieri*) council 2. (*per indumenti*) extra piece 3. (*loc*) **per ~** what's more

giuntare [dʒun·'ta:·re] *vt* (*fare una giunta*) to join

giuntatrice [dʒun·ta·'tri:·tʃe] *f* FILM splicer

giunto ['dʒun·to] *m* MOT joint; **~ cardanico** universal joint; **~ rotante** rotating joint

giunto *pp di* **giungere**

giuntura [dʒun·'tu:·ra] *f* A. ANAT joint

giunzione [dʒun·'tsio:·ne] *f* connection

giuocare [dʒuo·'ka:·re] *v.* **giocare**

giuoco ['dʒuɔ:·ko] *v.* **gioco**

giuramento [dʒu·ra·'men·to] *m* oath; **prestare ~** to swear an oath

giurare [dʒu·'ra:·re] I. *vt* to swear; **~ il falso** to commit perjury II. *vi* **~ su qc** to swear on sth

giurato, -a [dʒu·'ra:·to] I. *adj* (*nemico, perito*) sworn; **guardia ~** security guard II. *m, f* GIUR juror

giureconsulto [dʒu·re·kon·'sul·to] *m* jurist

giurì [dʒu·'ri] <-> *m* jury

giuria [dʒu·'ri:·a] <-ie> *f* jury

giuridicità [dʒu·ri·di·tʃi·'ta] <-> *f* legality

G

giuridico, -a [dʒu·'ri:·di·ko] <-ci, -che> *adj* (*ordinamento, consulenza*) legal

giurisdizionale [dʒu·riz·dit·tsio·'na:·le] *adj* (*organo, sede*) jurisdictional

giurisdizione [dʒu·riz·dit·'tsio:·ne] *f* A. GIUR jurisdiction

giurisprudenza [dʒu·ris·pru·'dɛn·tsa] *f* (*scienza*) law

giurista [dʒu·'ris·ta] <-i *m*, -e *f*> *mf* jurist

giustapporre [dʒus·tap·'por·re] <irr> *vt* to juxtapose

giustapposizione [dʒus·tap·po·zit·'tsio:·ne] *f* juxtaposition

giustapposto *pp di* **giustapporre**

giustezza [dʒus·'tet·tsa] *f* 1. (*esattezza*) accuracy 2. (*equità*) justness 3. TYPO justification

giustificare [dʒus·ti·fi·'ka:·re] I. *vt* to justify II. *vr:* **-rsi** (*scusarsi*) to justify oneself

giustificativo [dʒus·ti·fi·ka·'ti:·vo] *m* receipt

giustificativo, -a *adj* (*documento, pezza*) justificatory; **pezza -a** receipt

giustificazione [dʒus·ti·fi·kat·'tsio:·ne] *f* 1. (*spiegazione*) justification 2. (*a scuola*) absence note; **libretto delle -i** absences' book

giustizia [dʒus·'tit·tsia] <-ie> *f* 1. (*equità*) justice; **rendere ~ a qu** to do sb justice 2. GIUR (*autorità giudiziaria*) law; **ricorrere alla ~** to take legal steps

giustiziare [dʒus·tit·'tsia:·re] *vt* (*condannato, prigioniero*) to execute

giustiziato, -a [dʒus·tit·'tsia:·to] *m, f* executed person

giustiziere [dʒus·tit·'tsiɛ:·re] *m* 1. (*boia*) executioner 2. (*vendicatore*) avenger

giusto¹ ['dʒus·to] *m* right; **essere nel ~** to be in the right; **chiedere il ~** to ask for one's due

giusto² I. *adv* 1. (*esattamente*) correctly 2. (*proprio*) exactly; **arrivare ~ in tempo** to arrive just in time 3. (*appena*) just II. *interj* (*in risposta*) right

giusto, -a I. *adj* 1. (*equo: persona, causa, punizione*) just 2. (*vero: osservazione, informazioni*) true 3. (*adeguato: salario, prezzo, momento*) right 4. (*corretto: risposta, conto*) correct; **essere ~ di sale** to not be too salty II. *m, f* just person

glabro, -a ['gla:·bro] *adj* (*guance, viso*) hairless

glaciale [gla·tʃa:·le] *adj* 1. (*gelato*) frozen 2. *fig* (*accoglienza, persona, sguardo*) icy

glaciazione [gla·tʃat·'tsio:·ne] *f* glaciation

gladiatore [gla·dia·'to:·re] *m* gladiator

gladiolo [gla·'di:·o·lo] *m* BOT gladiolus

glande ['glan·de] *m* ANAT glans

glassa ['glas·sa] *f* (*per torte*) icing

glassare [glas·'sa:·re] *vt* (*torta*) to ice

glaucoma [glau·'kɔ:·ma] <-i> *m* MED glaucoma

gli [ʎi] I. *art det m pl* (*davanti a s impura, gn, pn, ps, x, z*) the II. *pron pers* 3. *pers m sing* 1. (*a lui, persona*) (to) him; (*a esso, animale*) (to) it [*o* him]; **~ ho detto che venivi** I told him you were coming 2. (*unito a la, le, li, lo,*

ne: a lei, a lui, a loro ecc.) **non glielo dare** don't give it to him [*o* her] [*o* it] [*o* them]; **dagliele subito** give them to him [*o* her] [*o* it] [*o* them] immediately; **diglielo tu** you tell him [*o* her] [*o* it] [*o* them] it; **faglielo tu** you do it to him [*o* her] [*o* it] [*o* them]; **prendiglieli tu dallo scaffale** take them down from the shelf for him [*o* her] [*o* it] [*o* them]; **gliene parlerò domani** I'll talk to him [*o* her] [*o* it] [*o* them] about it tomorrow; **gliene ho dato un pezzo** I gave him a piece [*o* her] [*o* it] [*o* them] of it 3. (*unito a la, le, li, lo, ne: forma di cortesia: Lei*) (to) [*o* for] you; **gliele metto da parte** I'll put them on one side for you

glicemia [gli·tʃe·'mi:·a] <-ie> *f* MED glycemia

glicemico, -a [gli·'tʃɛ:·mi·ko] <-ci, -che> *adj* MED (*contenuto, tasso*) glycemic

gliceride [gli·'tʃɛ:·ri·de] *m* glyceride

glicerina [gli·tʃe·'ri:·na] *f* glycerine

glicine ['gli:·tʃi·ne] *m* BOT wisteria

gliela, gliele, glieli, glielo, gliene ['ʎe:·la, 'ʎe:·le, 'ʎe:·li, 'ʎe:·lo, 'ʎe:·ne] = **gli/le + la, le, li, lo, ne**

glissare [glis·'sa:·re] *vi* **~ su qc** to skate over sth

globale [glo·'ba:·le] *adj* 1. (*totale: costo*) total 2. (*mondiale: economia, mercato*) global

globalità [glo·ba·li·'ta] <-> *f* entirety

globalizzare [glo·ba·lid·'dza:·re] *vt* (*mercato, linguaggio*) to globalize

globalizzazione [glo·ba·lid·dzat·'tsio:·ne] *f* (*di mercato, linguaggio*) globalization

globo ['glɔ:·bo] *m* 1. (*sfera*) globe 2. ASTR **~ celeste** celestial globe; **~ terrestre** Earth 3. ANAT **~ oculare** eyeball

globulare [glo·bu·'la:·re] *adj* 1. ASTR globular; **ammasso ~** globular cluster 2. MED corpuscular

globulina [glo·bu·'li:·na] *f* MED globulin

globulo ['glɔ:·bu·lo] *m* 1. (*sferetta*) capsule 2. MED corpuscle

gloria¹ ['glɔ:·ria] <-ie> *f* glory; **farsi ~ di qc** to take pride in sth

gloria² <-> *m* (*preghiera*) Gloria

gloriarsi [glo·'riar·si] *vr* **~ di qc** (*vantarsi*) to take pride in sth

glorificare [glo·ri·fi·'ka:·re] *vt* to glorify

glorioso, -a [glo·'rio:·so] *adj* glorious

glossa ['glɔs·sa] *f* (*nota*) gloss

glossare [glos·'sa:·re] *vt* to gloss

glossario [glos·'sa:·rio] <-i> *m* glossary

glottide ['glɔt·ti·de] *f* ANAT glottis

glottologia [glot·to·lo·'dʒi:·a] <-gie> *f* linguistics

glottologico, -a [glot·to·'lɔ:·dʒi·ko] <-ci, -che> *adj* (*analisi, studio*) linguistic

glottologo, -a [glot·'tɔ:·lo·go] <-gi, -ghe> *m, f* linguist

glucide [glu·'tʃi:·de] *m* glucide

glucosio [glu·'kɔ:·zio] <-i> *m* glucose

glutammato [glu·tam·'ma:·to] *m* glutamate

glutammico, -a [glu·'tam·mi·ko] <-ci, -che> *adj* glutamic; **acido ~** glutamic acid

gluteo ['glu:·teo] *m* gluteus; **i -i** buttocks

glutine ['glu:·ti·ne] *m* gluten

gnao, gnau ['ɲa:·o, 'ɲa:·u] *interj* meow, meow

gnaulare [ɲau·'la:·re] *vi* (*gatto*) to meow

gnocco ['ɲɔk·ko] <-cchi> *m* CULIN gnocco, *small potato dumpling eaten with pasta sauce;* -cchi al pomodoro gnocchi in tomato sauce

gnomo ['ɲɔ:·mo] *m* gnome

gnorri ['ɲɔr·ri] *m* fare lo ~ *fam* to look blank

gnoseologia [ɲo·ze·o·lo·'dʒi:·a] <-gie> *f* gnoseology

gnosi ['ɲɔ:·zi] <-> *f* gnosis

gnosticismo [ɲos·ti·'tʃiz·mo] *m* gnosticism

gnostico, -a ['ɲɔs·ti·ko] <-ci, -che> I. *adj* gnostic II. *m, f* gnostic

gnu [ɲu] <-> *m* ZOOL gnu

goal [goul/gɔl] <-> *m* goal; fare [*o* segnare] un ~ to score a goal

gobba ['gɔb·ba] *f* 1.*a. fam* (*sulla schiena, di camello, dromedario*) hump; avere la ~ *fam* to be hunch-backed 2.(*di naso*) bump

gobbo, -a ['gob·bo] I. *adj* 1.(*che ha la gobba*) hunch-backed 2.(*con le spalle curve*) round-shouldered; diventare ~ to become round-shouldered; stare ~ to be bent over 3.*fig, scherz* colpo ~ stab in the back II. *m, f* hunchback

goccia ['got·tʃa] <-cce> *f* drop; somigliarsi come due -cce d'acqua to be like two peas in a pod; la ~ che fa traboccare il vaso *fig* the straw that broke the camel's back; fino all'ultima ~ to the last drop; a ~ a ~ drop by drop; a ~ drop-shaped; orecchini a ~ drop-earrings

goccio ['got·tʃo] <-cci> *m fam* (*piccola quantità*) drop

gocciola ['got·tʃo·la] *f* drop

gocciolare [got·tʃo·'la:·re] I. *vt* avere (*acqua, sudore, sangue*) to drip II. *vi* essere *o* avere 1.(*rubinetto, liquido*) to drip 2.(*naso*) to run

gocciolio [got·tʃo·'li:·o] <-ii> *m* dripping

godere [go·'de:·re] <godo, godei *o* godetti, goduto> I. *vi* 1.(*provare piacere*) to enjoy; ~ nel fare qc to enjoy doing sth 2.(*sessualmente*) to come 3.(*beneficiare*) ~ di qc to benefit from sth; ~ della fiducia di qu to enjoy sb's trust II. *vt* to enjoy; ~ ottima salute to enjoy excellent health; -rsi la vita/le vacanze to enjoy life/ one's holidays; godersela *fam* to have a good time

godereccio, -a [go·de·'ret·tʃo] <-cci, -cce> *adj fam* pleasure-loving

godibile [go·'di:·bi·le] *adj* (*lettura, musica*) enjoyable

godimento [go·di·'men·to] *m* 1.A. GIUR (*diletto, uso*) enjoyment 2.(*sessuale*) pleasure

godurioso, -a [ga·du·'riɔ:·so] *adj scherz* blissful

goffaggine [gof·'fad·dʒi·ne] *f* awkwardness

goffo, -a ['gɔf·fo] *adj* 1.(*impacciato: persona*) awkward 2.(*sgraziato: movimento*) clumsy

gogò [go·'gɔ] <-> *m* a ~ endless; andare a ~ (*macchina, attrezzo*) to go wild

gol [gɔl] *v.* goal

gola ['go:·la] *f* 1.ANAT (*collo*) throat; aver il mal di ~ to have a sore throat; prendere qu per la ~ to tempt sb; avere l'acqua alla ~ *fig* to be up to one's neck in problems 2.(*vizio*) gluttony; peccati di ~ sins of gluttony; sono ingrassata per i troppi peccati di ~ I've put on weight because I can't resist food; far ~ a qu *fig* to tempt sb 3.GEO gorge

golf [gɔlf] <-> *m* 1.SPORT golf; giocare a ~ to play golf 2.(*maglione*) sweater

golfista [gol·'fis·ta] <-i *m*, -e *f*> *mf* golfer

golfistico, -a [gol·'fis·ti·ko] <-ci, -che> *adj* (*turismo, percorso*) golfing

golfo ['gol·fo] *m* gulf; guerra del Golfo Gulf War

goliardia [go·liar·'di:·a] <-ie> *f* 1.(*spirito universitario*) student spirit 2.(*insieme dei goliardi*) student body

goliardico, -a [go·'liar·di·ko] <-ci, -che> *adj* (*spirito, canzone*) student

golosità [go·lo·si·'ta] <-> *f* 1.(*ghiottoneria*) gluttony 2.(*leccornia*) delicacy

goloso, -a [go·'lo:·so] I. *adj* 1.(*ghiotto: persona*) greedy, I'm a glutton for pizza 2.(*appetitoso: cibo*) delicious II. *m, f* glutton

golpe ['gɔl·pe] <-> *m* (*colpo di Stato*) coup

golpista [gol·'pis·ta] <-i *m*, -e *f*> *mf* member of a coup

golpistico, -a [gol·'pis·ti·ko] <-ci, -che> *adj* (*macchinazione, intenzione*) of a coup; tentativo ~ coup attempt

gomena ['go:·me·na] *f* NAUT hawser

gomitata [go·mi·'ta:·ta] *f* shove with the elbow; fare a -e to elbow; *fig* to fight tooth and nail

gomito ['go:·mi·to] *m* 1.ANAT elbow; alzare il ~ *fig* to drink a lot 2.(*di fiume, tubazioni*) bend

gomitolo [go·'mi:·to·lo] *m* (*di lana*) ball

gomma ['gom·ma] *f* 1.(*materiale*) rubber; ~ naturale natural rubber; ~ americana [*o* da masticare] chewing gum 2.*fam* (*pneumatico: di auto, moto*) tire; cambiare una ~ to change a tire; forare una ~ to have a flat 3.(*per cancellare*) eraser; ~ da matita pencil eraser

gommapiuma® [gom·ma·'piu:·ma] *f* foam rubber

gommato, -a [gom·'ma:·to] *adj* (*tela*) rubberized; (*carta*) gummed; nastro ~ adhesive tape

gommatura [gom·ma·'tu:·ra] *f* MOT set of tires

gommino [gom·'mi:·no] *m* rubber washer

gommista [gom·'mis·ta] <-i *m*, -e *f*> *mf* tire specialist

gommone [gom·'mo:·ne] *m* NAUT rubber dinghy

gommoso, -a [gom·'mo:·so] *adj* (*simile a gomma: caramella, sostanza, torta*) rubbery

gonade ['gɔ:·na·de] *f* gonad

gondoliere [gon·do·'liɛ:·re] *m* gondolier

gonfalone [gon·fa·'lo:·ne] *m* (*insegna*) banner

G

gonfaloniere [gon·fa·lo·'niɛ:·re] *m* (*portabandiera*) banner bearer

gonfiabile [gon·'fia:·bi·le] *adj* (*materassino, pallone, piscina*) inflatable

gonfiare [gon·'fia:·re] I. *vt* 1.(*pallone, materassino*) to inflate; (*gomma*) to pump up; (*vele*) to fill; (*guance*) to puff out 2.(*dilatare: stomaco*) to bloat 3. *fig* (*notizia*) to blow out of proportion II. *vr:* **-rsi** 1.(*diventare gonfio: mani, piedi, occhi*) to swell (up); (*occhi*) to puff up 2.(*dilatarsi*) to get bloated

gonfiato, -a [gon·'fia:·to] *adj* (*pallone, materassino*) inflated; **un pallone ~** *fig, pej* a big-head

gonfio, -a ['gon·fio] <-i, -ie> *adj* 1.(*mani, piedi*) swollen; (*occhi*) puffy 2.(*stomaco, pancia*) bloated 3.(*vela*) full; **andare a -ie vele** (*progetto*) to go really well

gonfiore [gon·'fio:·re] *m* swelling

gongolare [gon·go·'la:·re] *vi* **~ per qc** to be very pleased about sth; **~ di gioia per qc** to be overjoyed with sth

gonna ['gon·na/'gɔn·na] *f* skirt; **~ a pieghe** pleated skirt; **~ pantalone** culottes *pl*

gonnella [gon·'nɛl·la] *f* skirt; **attaccato alle -e della mamma** *fam* tied to his mother's apron-strings; **correre dietro alle -e** *fam* to chase skirts

gonorrea [go·nor·'rɛ:·a] *f* gonorrhea

gonzo, -a ['gon·dzo] *m, f pej, fam* idiot

googlare [gu·g'la:·re] <googlo, googli> *vt* to google

google® ['gu·gel] *m* INET Google® *n;* **fare una ricerca su ~** to do research at Google®; **cercare qu/qc su ~** to google sb/sth

gorgheggiare [gor·ged·'dʒa:·re] *vi* 1.(*uccello*) to warble 2.(*cantante*) to trill

gorgheggio [gor·'ged·dʒo] <-ggi> *m* 1.(*di uccello*) warbling 2.(*di cantante*) trill

gorgo ['gor·go] <-ghi> *m* (*mulinello*) whirlpool

gorgogliare [gor·go·ʎ·'ʎa:·re] *vi* (*liquido*) to gurgle

gorgoglio¹ [gor·'go·ʎ·ʎo] <-gli> *m* (*di liquido*) gurgle

gorgoglio² [gor·go·ʎ·'ʎi:·o] <-glii> *m* (*di liquido*) gurgling

gorgonzola [gor·gon·'dzɔ:·la] *m* gorgonzola, a blue-veined cheese

gorilla [go·'ril·la] <-> *m* 1.ZOOL gorilla 2.*fig* bodyguard

Gorizia *f* Gorizia, a town in the Friuli Venezia Giulia region

Goriziano [go·ri·'tsia:·no] <*sing*> *m* (*zona*) Gorizia area

goriziano, -a I. *adj* from Gorizia II. *m, f* (*abitante*) person from Gorizia

gotico *m* Gothic

gotico, -a ['gɔ:·ti·ko] <-ci, -che> *adj* (*chiesa, cattedrale*) Gothic

goto ['gɔ:·to] *m* HIST Goth

gotta ['got·ta] *f* MED gout

governante [go·ver·'nan·te] I. *mf* POL ruler

II. *f* 1.(*bambinaia*) nanny 2.(*di casa, albergo*) housekeeper

governare [go·ver·'na:·re] I. *vt* 1.(*amministrare: Paese, Stato, comune, regione*) to govern 2.(*guidare: famiglia, azienda*) to run 3.(*regolare: organizzazione, rapporti*) to regulate 4.(*nave, veicolo*) to handle II. *vr:* **-rsi** to govern oneself

governativo, -a [go·ver·na·'ti:·vo] *adj* (*del governo: associazione, decreto, provvedimento*) government

governatorato [go·ver·na·to·'ra:·to] *m* 1.(*territorio*) protectorate 2.(*periodo*) governorship

governatore, -trice [go·ver·na·'to:·re] *m, f* governor

governatrice *f v.* **governatore**

governissimo [go·ver·'nis·si·mo] *m* POL multi-party alliance

governo [go·'vɛr·no] *m* 1.POL government; **~ fantasma** shadow cabinet; **~ fantoccio** puppet government; **~ federale** federal government; **~ monocolore** single party government; **~ ponte** caretaker government; **~ di coalizione** coalition government 2.(*di azienda*) running 3.(*di nave, veicolo*) handling

gozzo ['got·tso] *m* MED goiter; **stare sul ~** *fig* to annoy

gozzovigliare [got·tso·viʎ·'ʎa:·re] *vi* to have a good time

GR *m abbr di* **Giornale Radio** (radio) news bulletin; **il ~ 1** the news bulletin on Radio 1

gracchiare [grak·'kia:·re] *vi* 1.(*corvo*) to caw; (*rana*) to croak 2.(*disco, giradischi*) to crackle

gracchio ['grak·kio] <-cchi> *m* (*di corvo*) caw; (*di rana*) croak

gracidare [gra·tʃi·'da:·re] *vi* (*rana*) to croak

gracidio [gra·tʃi·'di:·o] <-ii> *m* (*di rana*) croak

gracile ['gra:·tʃi·le] *adj* 1.(*esile*) slender 2.(*debole*) frail

gracilità [gra·tʃi·li·'ta] <-> *f* 1.(*esilità*) slenderness 2.(*debolezza*) frailty

gradasso [gra·'das·so] *m pej* braggart; **fare il ~** to bluster

gradatamente [gra·da·ta·'men·te] *adv* gradually

gradazione [gra·dat·'tsio:·ne] *f* 1.(*di vino, liquore*) percent; **~ alcolica** alcohol content 2.(*di colori, luci*) shade

gradevole [gra·'de:·vo·le] *adj* (*piacevole: sensazione, temperatura, suono*) pleasant

gradevolezza [gra·de·vo·'let·tsa] *f* (*di immagine, suono*) pleasantness

gradimento [gra·di·'men·to] *m* 1.(*soddisfacimento*) liking; **la temperatura non è di suo ~** the temperature is not to his [*o* her] liking 2.(*accettazione*) (customer) satisfaction; **sondaggio di ~** customer satisfaction survey; **indice di ~** TV, RADIO popularity rating

gradinata [gra·di·'na:·ta] *f* (*scalinata*) flight of stairs; (*di stadio*) terraces *pl*; (*tiers*)

gradino [gra·'di:·no] *m* step

gradire [gra·'diː·re] <gradisco> *vt* **1.** (*apprezzare*) to appreciate; **voglia ~ i più sentiti auguri** please accept my best wishes **2.** (*desiderare*) to like; **gradisci un caffè?** would you like a coffee?

gradito, -a [gra·'diː·to] *adj* (*apprezzato: dono, sorpresa*) welcome; (*ricordo*) pleasant; **è ~ l'abito scuro** black-tie only

grado ['gra:·do] *m* **1.** MAT, FIS, GEO degree **2.** (*in una graduatoria*) place; **interrogatorio di terzo ~** the third degree; **ustioni di terzo ~** third-degree burns **3.** (*di alcolici, vino*) percent; **~ alcolico** alcohol content **4.** (*di parentela*) **una cugina di primo/secondo ~** a first/second cousin **5.** (*stadio*) phase; **andare per -i** to proceed step by step; **a ~ a ~** step by step; **al massimo ~** to the highest degree **6.** (*rango*) MIL rank **7.** LING form; **~ comparativo** comparative form; **~ superlativo** superlative form **8.** (*loc*) **essere in ~ di fare qc** to be able to do sth; **di buon ~** *poet* willingly

graduale [gra·du·'aː·le] *adj* (*aumento, processo*) gradual

gradualmente [gra·dual·'men·te] *adv* gradually

graduare [gra·du·'aː·re] *vt* **1.** TEC (*termometro, righello*) to graduate **2.** (*ordinare per gradi*) to grade; **~ le priorità** to prioritize

graduato [gra·du·'aː·to] *m* MIL non-commissioned officer

graduato, -a *adj* (*lente, scala*) graduated; (*esercizio*) graded

graduatoria [gra·dua·'tɔː·ria] <-ie> *f* (*classifica*) list

graduazione [gra·duat·'tsio:·ne] *f* (*di scala*) ranking

graffa ['graf·fa] *f* **1.** (*metallica*) bracket **2.** (*parentesi*) braces

graffetta [graf·'fet·ta] *f* (*per fogli*) paper clip

graffettatrice [graf·fet·ta·'triː·tʃe] *f* stapler

graffiante [graf·'fian·te] *adj fig* (*critica, ironia, satira*) biting

graffiare [graf·'fiaː·re] **I.** *vt* to scratch **II.** *vr:* **-rsi** to scratch oneself

graffiata [graf·'fiaː·ta] *f* (*atto*) scratch

graffio ['graf·fio] <-i> *m* scratch

graffitaro, -a [graf·fit·'taː·ro] *m, f* graffiti artist

graffito [graf·'fiː·to] *m* graffito; **i -i** graffiti

grafia [gra·'fiː·a] <-ie> *f* **1.** (*modo di scrivere*) handwriting **2.** (*ortografia*) spelling

grafica ['gra:·fi·ka] <-che> *f* **1.** A. COMPUT (*arte*) graphics; **~ computerizzata** computerized graphics **2.** (*opera*) graphic work

grafico ['gra:·fi·ko] <-ci> *m* (*diagramma*) graph

grafico, -a <-ci, -che> **I.** *adj* (*rappresentazione, punto*) graphic **II.** *m, f* (*tecnico*) graphic designer

grafite [gra·'fiː·te] *f* graphite

grafologia [gra·fo·lo·'dʒiː·a] <-gie> *f* graphology

grafologico, -a [gra·fo·'lɔː·dʒi·ko] <-ci, -che> *adj* (*analisi, perizia, scienza*) handwriting

grafologo, -a [gra·'fɔː·lo·go] <-gi, -ghe> *m, f* handwriting expert

gramaglie [gra·'maʎ·ʎe] *fpl* **in ~** in mourning

gramigna [gra·'miɲ·ɲa] *f* BOT Bermuda grass; **crescere come la ~** *fig* to grow like weeds

graminacee [gra·mi·'naː·tʃee] *fpl* grasses

grammatica [gram·'ma:·ti·ka] <-che> *f* grammar

grammaticale [gram·ma·ti·'ka:·le] *adj* (*analisi, regola*) grammatical; **errore ~** grammatical error

grammo ['gram·mo] *m* (*unità di misura*) gram

grammofono [gram·'mɔː·fo·no] *m* gramophone

gramo, -a ['gra:·mo] *adj* (*vita*) miserable

gran [gran] *v.* grande **I.**

grana¹ ['gra:·na] *f* **1.** *sl* (*denaro*) dough **2.** *fig, fam* (*guaio*) problem; **piantare una ~** to cause problems; **un sacco di -e** a load of problems; **avere ~ con la giustizia** to have trouble with the law **3.** FOTO grain; **pellicola a ~ grossa** coarse-grained film

grana² <-> *m* CULIN grana, *a cheese similar to Parmesan*

granaglie [gra·'naʎ·ʎe] *fpl* corn

granaio [gra·'naː·io] <-ai> *m* **1.** (*deposito*) barn; (*per il grano*) granary **2.** *fig* (*regione*) granary

granata [gra·'naː·ta] *f* **1.** (*bomba*) grenade **2.** BOT (*melagrana*) pomegranate

granatiere [gra·na·'tiɛː·re] *m* **1.** MIL grenadier **2.** *fig* (*persona alta e robusta*) giant

granato [gra·'naː·to] *m* (*pietra preziosa*) garnet

granato, -a *adj* garnet red; **mela -a** red apple; **rosso ~** garnet red

Gran Bretagna ['gram bre·'taɲ·ɲa] *f* Great Britain; **la ~** Great Britain; **abitare in ~** to live in Great Britain; **andare in ~** to go to Great Britain

grancassa [graɲ·'kas·sa] *f* (*tamburo*) bass drum

granchio ['graɲ·kio] <-chi> *m* **1.** ZOOL crab **2.** *fig* (*sbaglio*) mistake; **prendere un ~** to make a mistake

grand' [grand] *v.* grande **I.**

grandangolare [gran·daɲ·go·'laː·re] **I.** *m* FOTO wide-angle lens **II.** *adj* FOTO **obiettivo ~** wide-angle lens

grande [gran·de] <più grande *o* maggiore, grandissimo *o* massimo *o* sommo> **I.** *adj* **1.** (*vasto*) big; (*largo*) wide **2.** (*alto: persona*) tall; **come ti sei fatto ~!** you've really grown!; (*montagna*) high **3.** (*di età*) big; (*adulto*) grown-up; **sono piu ~ di lui** I'm older than him **4.** *fig* (*bravo*) brilliant **5.** (*intenso*) great **6.** (*rafforzativo*) **una gran bella donna** a really good-looking woman; **un gran bevitore/fumatore** a heavy drinker/smoker; **avere una gran fame** *fam* to be starving; (**una**) **gran cosa** *fam* a wonderful thing; **non è un gran che** it's not up to much **II.** *mf* **1.** (*adulto*) grown-up **2.** (*chi eccelle*) great person **3.** HIST

Federico il Grande Frederick the Great **III.** *m* (*grandezza*) greatness; **fare le cose in** ~ to do things on a grand scale

grandezza [gran·'det·tsa] *f* **1.** FIS, MAT quantity **2.** (*dimensione*) size; **a** ~ **naturale** life-size **3.** *fig* (*nobiltà*) greatness; ~ **d'animo** magnanimity **4.** *fig* (*sfarzo*) grandeur; **mania di** ~ delusions of grandeur *pl*

grandinare [gran·di·'na:·re] *vi essere o avere* METEO to hail; **grandina** it's hailing

grandinata [gran·di·'na:·ta] *f* METEO hailstorm

grandine ['gran·di·ne] *f* METEO hail

grandiosità [gran·dio·si·'ta] <-> *f* (*imponenza*) grandeur

grandioso, -a [gran·'dio:·so] *adj* (*imponente*) grandiose; (*grosso*) huge

grandissimo [gran·'dis·si·mo] *superlativo di* **grande**

granduca, -duchessa [gran·'du:·ka] *m, f* grand duke *m,* grand duchess *f*

granducato [gran·du·'ka:·to] *m* (*territorio*) grand duchy

granduchessa *f v.* **granduca**

granello [gra·'nɛl·lo] *m a. fig* (*di sale, sabbia*) grain; (*di polvere*) speck; **un** ~ **di pepe** a peppercorn; **un** ~ **di buon senso** an ounce of common sense

granita [gra·'ni:·ta] *f a kind of crushed ice drink which can be of different flavors*

granitico, -a [gra·'ni:·ti·ko] <-ci, -che> *adj* **1.** MIN (*rocce, formazioni*) granite **2.** *fig* (*carattere, fede, volontà*) rock-like

granito [gra·'ni:·to] *m* MIN granite

gran maestro ['gram ma·'ɛs·tro] *m* (*di Massoneria*) Grand Master

grano ['gra:·no] *m* **1.** BOT (*frumento*) wheat; ~ **saraceno** buckwheat **2.** (*chicco*) grain; **un** ~ **di pepe** a peppercorn; **un** ~ **di caffè** a coffee bean **3.** (*di rosario*) bead **4.** *fig* (*quantità minima*) ounce; **un** ~ **di buon senso** an ounce of common sense; **un** ~ **di sale** *fig* a pinch of salt

gran(o)turco [gran(o)·'tur·ko] <-chi> *m* corn

granulare [gra·nu·'la:·re] *adj* (*in grani: brodo, concime, insetticida*) granular

granulato [gra·nu·'la:·to] *m* (*materiale in granuli*) ~ **di gomma/marmo** rubber/marble granules *pl*

granulato, -a *adj* **1.** (*ridotto in granuli*) granulated **2.** (*ruvido*) raised

granulo ['gra:·nu·lo] *m* (*di polline*) granule; (*di polvere*) speck

granulosità [gra·nu·lo·si·'ta] <-> *f* (*di superficie*) granulosity; (*di pellicola*) graininess

granuloso, -a [gra·nu·'lo:·so] *adj* (*cellula, materiale. superficie*) granular

grappa ['grap·pa] *f* CULIN grappa, *a spirit distilled from wine residues*

grappino [grap·'pi:·no] *m fam* (*bicchierino*) tot of grappa

grappolo ['grap·po·lo] *m* bunch; **un** ~ **d'uva** a bunch of grapes; **fiori a** ~ clusters of flowers

grassaggio [gras·'sad·dʒo] <-ggi> *m* greasing

grassetto [gras·'set·to] *m* bold

grasso ['gras·so] *m* **1.** A. CULIN (*adipe, di animale*) fat; ~ **animale/vegetale** animal/vegetable fat **2.** (*sostanza untuosa*) grease; ~ **per lubrificare** lubricating grease

grasso, -a *adj* **1.** (*persona*) fat **2.** (*pelle, capelli*) greasy **3.** (*carne, formaggio, brodo*) fatty; (*cucina, cibo*) rich **4.** (*fertile: terreno*) fertile; **piante -e** succulent plants **5.** *fig* (*ricco: guadagno*) rich **6.** (*di carnevale*) **martedì** ~ Shrove Tuesday

grassoccio, -a [gras·'sɔt·tʃo] <-cci, -cce> *adj* (*bambino, ragazzina*) plump

grassone, -a [gras·'so:·ne] *m, f* fat person

grata ['gra:·ta] *f* grating

gratella [gra·'tɛl·la] *f* CULIN grill; **bistecca in** ~ grilled steak

graticcio [gra·'tit·tʃo] <-cci> *m* **1.** (*stuoia*) mat **2.** (*per proteggere*) screen; (*per sostenere*) trellis

graticola [gra·'ti:·ko·la] *f* **1.** CULIN grill; **pesce in** ~ grilled fish **2.** (*di confessionale*) grille

gratifica [gra·'ti:·fi·ka] <-che> *f* COM (*compenso*) bonus; ~ **natalizia** Christmas bonus

gratificante [gra·ti·fi·'kan·te] *adj* (*esperienza, lavoro, stipendio*) rewarding

gratificare [gra·ti·fi·'ka:·re] *vt* (*dare soddisfazione a*) to reward; **uno sport che lo gratifica** a sport he finds rewarding

gratificazione [gra·ti·fi·kat'tsio:·ne] *f* (*soddisfazione*) reward

gratin [gra·'tɛ̃] <-> *m* CULIN gratin; **al** ~ au gratin

gratinare [gra·ti·'na:·re] *vt* to cook au gratin

gratis ['gra:·tis] *adv* free of charge

gratitudine [gra·ti·'tu:·di·ne] *f* gratitude

grato, -a ['gra:·to] *adj* (*riconoscente*) grateful; **essere** ~ **a qu per** [*o* **di**] **qc** to be grateful to sb for sth; **ti sono -a dell' aiuto** I'm grateful for your help

grattacapo [grat·ta·'ka:·po] *m fam* (*preoccupazione*) headache

grattacielo [grat·ta·'tʃɛ:·lo] *m* skyscraper

gratta e vinci ['grat·ta e 'vin·tʃi] <-> *m* scratchcard

grattare [grat·'ta:·re] **I.** *vt* **1.** (*pelle*) to scratch **2.** (*grattugiare: formaggio*) to grate **3.** (*raschiare*) to scrape **4.** *sl* (*rubare*) to nick **II.** *vi* **1.** (*produrre rumore metallico*) to screech **2.** *fam* to grind **III.** *vr:* **-rsi** to scratch oneself

grattata [grat·'ta:·ta] *f* **1.** *fam* MOT grinding of the gears **2.** CULIN (*di tartufo, formaggio*) shaving

grattugia [grat·'tu:·dʒa] <-gie> *f* grater

grattugiare [grat·tu·'dʒa:·re] *vt* (*pane, tartufo, formaggio*) to grate

gratuito, -a [gra·tu:·i·to/gra·tu·'i:·to] *adj* **1.** (*gratis*) free; **biglietto** ~ free ticket **2.** *fig* (*arbitrario: offesa, critica*) gratuitous

gravare [gra·'va:·re] **I.** *vt* **1.** (*caricare*) ~ **il peso di qc su qc** to rest the weight of sth on sth **2.** *fig* (*di tasse, costi*) ~ **qu/qc di qc** to burden sb/sth with sth **II.** *vi* ~ **su qu/qc**

(*pesare*) to weigh on sb/sth; *fig* to lie on sb/sth

grave ['gra:·ve] *adj* **1.**(*importante: errore*) grave **2.**(*serio: situazione, caso, malattia, malato*) serious **3.**(*solenne: atteggiamento, tono*) solemn **4.**MUS (*suono, nota*) low **5.**LING (*accento*) grave

gravidanza [gra·vi·'dan·tsa] *f* pregnancy

gravido, -a ['gra:·vi·do] *adj* pregnant

gravimetria [gra·vi·me·'tri:·a] <-ie> *f* gravimetry

gravità [gra·vi·'ta] <-> *f* **1.**FIS **forza di ~** force of gravity **2.**fig (*di situazione, malattia*) seriousness

gravitare [gra·vi·'ta:·re] *vi* **1.**ASTR to gravitate; **~ intorno a qc** to gravitate around sth **2.**fig **~ intorno a qc** to be found around sth; **~ verso qc** to gravitate towards sth

gravitazionale [gra·vi·tat·tsio·'na:·le] *adj* (*attrazione, energia, forza*) gravitational

gravitazione [gra·vi·tat·'tsio:·ne] *f* gravitation; **la legge di ~** the law of gravitation

gravoso, -a [gra·'vo:·so] *adj a. fig* (*compito, lavoro, onere*) heavy

grazia ['grat·tsia] <-ie> *f* **1.**(*armonia, delicatezza*) grace **2.**(*gentilezza*) graciousness; **con ~** graciously **3.**(*benevolenza*) favor; **essere nelle -ie di qu** to be in sb's good books **4.**(*nella mitologia*) Grace; **le tre -ie** the three Graces **5.**REL grace; **per ~ di Dio** *fam* thank God; **nell'anno di ~ ...** in the year of grace ...; **troppa ~ Sant'Antonio!** *fam* when it rains it pours!; **colpo di ~** *fam* last straw **6.**GIUR pardon; **concedere la ~ a qu** to pardon sb

graziare [grat·'tsia:·re] *vt* GIUR (*condannato*) to pardon

graziato, -a [grat·'tsia:·to] **I.** *adj* **1.**GIUR pardoned person **2.**REL blessed **II.** *m, f* **1.**GIUR pardoned person **2.**REL blessed person

grazie ['grat·tsie] *interj* thank you; **tante ~!** thank you very much!; **~ mille!, mille ~!** thank you very much indeed!; **sì/no, ~** yes/no thanks; **~ a** thanks to; **~ a Dio/al cielo** thank God/heavens; **~ per l'ospitalità** thank you for your hospitality

graziosità [grat·tsio·si·'ta] <-> *f* (*di lineamenti, modi, movimenti*) gracefulness

grazioso, -a [grat·'tsio:·so] *adj* **1.**(*bello*) beautiful **2.**(*piacevole*) charming

greca ['grɛ:·ka] <-che> *f* (*motivo ornamentale*) fret

Grecia ['grɛ:·tʃa] *f* Greece; **la ~** Greece; **abitare in ~** to live in Greece; **andare in ~** to go to Greece

grecismo [gre·'tʃiz·mo] *m* Greek word/expression

greco ['grɛ:·ko] <*sing*> *m* LING Greek; **~ antico/moderno** ancient/modern Greek

greco, -a <-ci, -che> **I.** *adj* (*della Grecia: civiltà, tragedia*) Greek; **~-ortodosso** Greek Orthodox; **~-romano** Greco-Roman **II.** *m, f* Greek

gregario [gre·'ga:·rio] <-i> *m* **1.**(*di partito, organizzazione*) supporter **2.**(*ciclista*) support rider

gregario, -a <-i, -ie> *adj* **1.**(*mentalità, spirito*) herd **2.**ZOOL (*animale, tendenza*) gregarious

gregge ['gred·dʒe] <*pl*: -i *f*> *m* **1.**ZOOL (*di pecore*) flock **2.**fig (*di persone*) herd; **uscire dal ~** fig to stand out from the crowd

greggio ['gred·dʒo] *m* (*petrolio*) crude oil

greggio, -a <-ggi, -gge> *adj* (*materiali, prodotti*) raw; (*petrolio*) crude; (*diamante*) uncut; (*tessuto*) unbleached; **allo stato ~** untreated

grembiale, grembiule [grem·'biai·le, grem·'biu:·le] *m* **1.**(*per cucina*) apron **2.**(*camice*) coveralls; (*per bambini*) smock

grembo ['grɛm·bo/'grem·bo] *m* **1.**(*ventre materno*) womb **2.**(*incavo*) lap; **in grembo** on one's lap

gremire [gre·'mi:·re] <gremisco> **I.** *vt* to pack **II.** *vr* **-rsi di** to be packed with

greppia ['grep·pia] <-ie> *f* (*mangiatoia*) manger

greto ['gre:·to] *m* (*di fiume*) exposed part of the river bed

grettezza [gret·'tet·tsa] *f* (*meschinità*) meanness

gretto, -a ['gret·to] *adj fig* (*meschino*) mean; **animo ~** mean spirit

greve ['grɛ:·ve] *adj* oppressive

grezzo ['gred·dzo] *adj* **1.**(*materiali, prodotti*) raw; (*petrolio*) crude; (*diamante*) uncut; (*tessuto*) unbleached; **allo stato ~** untreated **2.**(*grossolano*) rough

gridare [gri·'da:·re] **I.** *vi* (*urlare*) to shout; (*strillare*) to scream; **~ a squarcia gola** to shout at the top of one's lungs **II.** *vt* (*dire ad alta voce*) to shout; **~ aiuto** to cry for help

grido¹ ['gri:·do] <*pl*: -a *f*> *m* **1.**(*urlo*) shout; (*strillo*) scream **2.**fig (*moda*) fashion; **di ~** fashionable; **essere l'ultimo ~** to be the latest thing

grido² <*pl*: -i *m*> *m* (*di animali*) call

griffe [grif] <-> *f* (*marchio*) designer label; (*stilista*) designer

grifone [gri·'fo:·ne] *m* (*uccello*) griffon

grigiastro, -a [gri·'dʒas·tro] *adj* grayish

grigio ['gri:·dʒo] <-gi> *m* gray

grigio, -a <-gi, -gie> *adj* **1.**(*colore*) gray; **~ cenere** ash gray; **~ perla** pearl gray **2.**fig (*scialbo*) drab

grigiore [gri·'dʒo:·re] *m* **1.**(*di paesaggio*) grayness **2.**fig (*di situazione*) dreariness

grigioverde [gri·dʒo·'ver·de] **I.** *adj* gray-green **II.** *m* gray-green; MIL the uniform of the Italian army

griglia ['griʎ·ʎa] <-glie> *f* **1.**CULIN grill; **pollo/bistecca alla ~** grilled chicken/steak **2.**MOT (*grata*) grille; **~ del radiatore** radiator grille

grill [gril] <-> *m* **1.**(*griglia*) grill **2.**fam (*ristorante*) highway restaurant

grilletto [gril·'let·to] *m* (*di pistola, fucile*) trigger; **premere il ~** to pull the trigger

G

grillo ['gril·lo] *m* **1.**ZOOL cricket **2.***fig* (*capriccio*) whim; **avere -i per la testa** *fam* to have some strange ideas

grinfia ['grin·fia] <-ie> *f fam* **cadere** [*o* **finire**] **nelle -ie di qu** *fig, fam* to fall into sb's clutches

grinta ['grin·ta] *f fig* (*di persona: energia*) determination; (*di motore*) acceleration

grinza ['grin·tsa] *f* **1.**(*di vestito*) crease; (*di calze, pelle*) wrinkle **2.***fig* **non fare una ~** (*ragionamento, discorso, logica*) to be faultless; (*vestito*) to fit like a glove; **il mio maglione non fa una ~** my sweater fits me like a glove

grinzoso, -a [grin·'tso:·so] *adj* (*vestito*) creased; (*pelle, volto*) wrinkled

grippare [grip·'pa:·re] **I.***vi* MOT to jam **II.***vr:* **-rsi** MOT (*motore, moto*) to jam

grisou [gri·'zu] <-> *m* firedamp

grissino [gris·'si:·no] *m* CULIN breadstick; **è magro come un ~** *fig* he's as thin as a lathe

groenlandese [gro·en·lan·'de:·se] **I.***adj* Greenland **II.** *mf* Greenlander

Groenlandia [gro·en·'lan·dia] *f* Greenland; **la ~** Greenland; **abitare in ~** to live in Greenland; **andare in ~** to go to Greenland

grondaia [gron·'da:·ia] <-aie> *f* gutter

grondare [gron·'da:·re] **I.***vi* to pour; **~ di sudore** to drip with sweat **II.***vt* to pour

groppa ['grɔp·pa] *f* (*dorso*) back; **salire in ~ a un cavallo** to mount a horse

groppo ['grɔp·po] *m fig* (*nodo*) **un ~ alla gola** a lump in one's throat

groppone [grop·'po:·ne] *m scherz, fam* back; **restare sul ~ a qu** to be left with; **ti restano sul groppone** you'll be left with them; **un po' di anni ce li ho sul ~** I'm getting on a bit

grossa ['grɔs·sa] *f fig fam* **dormire della ~** to sleep like a log

Grossetano [gros·se·'ta:·no] <*sing*> *m* (*zona*) Grosseto area

grossetano, -a **I.***adj* from Grosseto **II.** *m, f* (*abitante*) person from Grosseto

Grosseto *f* Grosseto, *a town in Tuscany*

grossista [gros·'sis·ta] <-i *m*, -e *f*> *mf* wholesaler

grosso ['grɔs·so] *m* (*maggior parte*) majority; **sbagliarsi di ~** *fam* to be very wrong

grosso, -a *adj* **1.**(*grande: sasso, pesce, recipiente*) big **2.**(*spesso: muro, filo*) thick; **sale ~** coarse salt **3.**(*robusto: persona, mani*) big; **avere le spalle -e** *fig* to have wide shoulders **4.***fig* (*autorevole: persona*) important; **un pezzo ~** a big shot; **un ~ industriale** an important industrialist **5.**(*notevole: somma, guadagno*) large; (*affare, successo, occasione*) big **6.**(*grave: errore*) serious; **questa sì che è -a!** *fam* that's a good one!; **spararle -e** *fam* to talk big; **farla -a** *fam* to land oneself in it **7.**(*tonante: voce*) loud; **fare la voce -a** to raise one's voice **8.**(*agitato*) **mare ~** rough sea **9.**(*affannato*) **fiato ~** out of breath

grossolano, -a [gros·so·'la:·no] *adj* **1.**(*rozzo:* *persona, modi*) coarse **2.**(*grande: errore*) huge

grossomodo [gros·so·'mɔ:·do] *adv* more or less

grotta ['grɔt·ta] *f* cave

grottesco [grot·'tes·ko] *m* **cadere nel ~** to become ridiculous

grottesco, -a <-schi, -sche> *adj* (*ridicolo*) ridiculous

groviera [gro·'viɛː·ra] <-> *m o f* CULIN gruyère cheese

groviglio [gro·'viʎ·ʎo] <-gli> *m* **1.**(*di fili, cavi, tubi*) tangle **2.**(*di emozioni, bugie, idee*) muddle

gru [gru] <-> *f* ZOOL, TEC crane

gruccia ['grut·tʃa] <-cce> *f* **1.**(*stampella*) crutch; **camminare con le -cce** to walk with crutches **2.**(*per abiti*) hanger

grufolare [gru·fo·'la:·re] *vi* (*maiale*) to root

grugnire [gruɲ·'ɲi:·re] <grugnisco> *vi* (*maiale*) to grunt

grugnito [gruɲ·'ɲi:·to] *m* (*di maiale*) grunt

grugno ['gruɲ·ɲo] *m* **1.**ZOOL (*muso*) snout **2.***pej* (*faccia*) face; **spaccare il ~ a qu** to smash sb's face in

grumo ['gru:·mo] *m* (*di sangue*) clot; (*di farina*) lump

gruppo ['grup·po] *m* **1.**A. POL, MUS (*di persone*) group; **lavoro di ~** teamwork **2.**SPORT pack **3.**BIO group; **~ sanguigno** blood type **4.**COM (*di aziende*) group; **~ finanziario** financial group **5.**MOT **~ elettrogeno** generating set

gruppuscolo [grup·'pus·ko·lo] *m* POL small political group

gruviera [gru·'viɛː·ra] *v.* **groviera**

gruzzolo ['grut·tso·lo] *m fam* tidy sum of money

GSM *m abbr di* **Global System for Mobile communication** GSM

G.U. *v.* **Gazzetta Ufficiale** Official Gazette, *newspaper published by the government containing all new laws*

guadagnare [gua·daɲ·'na:·re] **I.***vt* **1.**(*denaro*) to earn; **tanto di guadagnato** *fig* so much the better **2.***a. fig* to gain; **~ tempo** to gain time; **~ terreno** to gain ground **3.**(*raggiungere: cima, vetta*) to reach **II.** *vi* **1.**(*ricevere uno stipendio*) to earn; **~ per vivere** to have to work for a living **2.**(*risaltare*) to look better

guadagno [gua·'daɲ·ɲo] *m* (*profitto*) profit; **~ lordo/netto** gross/net profit

guadare [gua·'da:·re] *vt* (*fiume, torrente*) to wade

guado ['gua:·do] *m* (*passaggio*) ford

guai ['gua:·i] *interj* woe betide; **~ a te se ci riprovi!** woe betide you if you try that again!

guaina [gua·'i:·na] *f* sheath

guaio ['gua:·io] <-ai> *m* **1.**(*disgrazia*) trouble; **ficcarsi nei -ai** *fam* to get into trouble; **passare un ~** to go through a rough patch **2.**(*fastidio*) nuisance; **che ~!** what a nuisance!

guaire [gua·'iː·re] *vi* (*cane*) to whine

guaito [gua·'iː·to] *m* (*di cane*) whine

guancia ['guan·tʃa] <-ce> *f* ANAT cheek

guanciale [guan·'tʃaː·le] *m* (*cuscino*) pillow; **dormire fra due -i** *fig* to sleep easy

guanto ['guan·to] *m* glove; **trattare qu coi -i** to handle sb with kid gloves

guantone [guan·'toː·ne] *m* (*da pugilato*) boxing glove

guardaboschi [guar·da·'bos·ki] <-> *m* forester

guardacaccia [guar·da·'kat·tʃa] <-> *m* gamekeeper

guardacoste [guar·da·'kɔs·te] <-> *m* coastguard

guardalinee [guar·da·'liː·nee] <-> *m* SPORT (*nel calcio*) assistant referee

guardare [guar·'daː·re] **I.** *vt* **1.**(*vedere*) to look at; **guarda!** look!; ~ **la televisione** to watch television; ~ **un film** to watch a film; ~ **qu/qc con la coda dell'occhio** to look at sb/sth out of the corner of one's eye; ~ **qu dall'alto in basso** to look sb up and down; ~ **qu di sbieco** to look askance at sb; **stare a ~** to stand and stare **2.**(*cercare: parola*) to look up **3.**(*vigilare su: bambino, condannato*) to look after; **Dio ce ne guardi!** *fam* God forbid! **II.** *vi* **1.**(*badare*) ~ **a qc** to mind sth; **non ~ a spese** he [*o* she] doesn't bother about the expense **2.**(*fare in modo*) ~ **di fare qc** to try to do sth **3.**(*edificio, finestra*) ~ **su qc** to look onto sth; **le finestre guardano a sud** the windows face South **III.** *vr:* **-rsi 1.**(*osservarsi*) to look at oneself; (*reciproco*) to look at each other; **non si guardano più in faccia** they cut each other dead **2.**(*stare in guardia*) **-rsi da qc** to be wary of sth

guardaroba [guar·da·'rɔː·ba] <-> *m* **1.**(*armadio, indumenti*) wardrobe **2.**(*stanza*) coatroom

guardarobiere, -a [guar·da·ro·'biɛ·re] *m, f* (*in teatro*) coatroom attendant

guardata [guar·'daː·ta] *f* look; **dare una ~ a qc** to have a look at sth

guardia ['guar·dia] <-ie> *f* **1.**(*attività*) guard duty; **cane da ~** guard dog; **essere di ~** (*soldato*) to be on guard duty; (*medico*) to be on call; **fare la ~** to keep watch; **corpo di ~** guard; ~ **medica** first-aid station; **medico di ~** doctor on call **2.**(*sentinella*) guard; **cambio della ~** *a. fig* changing of the guard **3.**(*persona*) guard; ~ **forestale** forest ranger; ~ **giurata** security guard; ~ **del corpo** bodyguard; **giocare a -ie e ladri** to play cops and robbers **4.**(*corpo armato*) guard; ~ **di finanza** Customs, *a military body which investigates financial crimes* **5.** SPORT guard; **in ~!** on guard!; **mettere qu in ~** to put sb on their guard; **mettersi/stare in ~** to put sb/be on one's guard **6.**(*limite*) **livello di ~** safety limit; (*di fiume*) high-water mark; **segnale di ~** (*di fiume*) high-water mark

guardiano, -a [guar·'diaː·no] *m, f* **1.**(*di edificio*) caretaker **2.**(*di zoo*) keeper

guardina [guar·'diː·na] *f* cell; **in ~** in the cells

guardingo, -a [guar·'diŋ·go] <-ghi, -ghe> *adj* wary

guardone [guar·'doː·ne] *m* peeping Tom

guarigione [gua·ri·'dʒoː·ne] *f* recovery

guarire [gua·'riː·re] <guarisco> **I.** *vt avere* **1.**(*ferita*) to heal; (*malattia*) to cure **2.**(*persona, animale*) to cure; ~ **qu da qc** *a. fig* to cure sb of sth **II.** *vi essere* **1.**(*ferita*) to heal; (*malattia*) to disappear **2.**(*persona, animale*) to recover; ~ **da qc** to recover from sth; *fig* (*da vizio, noia*) to be cured of sth

guaritore, -trice [gua·ri·'toː·re] *m, f* healer

guarnigione [guar·ni·'dʒoː·ne] *f* (*distaccamento*) garrison

guarnire [guar·'niː·re] <guarnisco> *vt* **1.**(*indumento, tovaglia*) to trim **2.** CULIN (*piatto, pietanza*) to garnish

guarnizione [guar·nit·'tsioː·ne] *f* **1.** TEC washer **2.** MOT gasket; (*dei freni*) lining **3.**(*di indumento, tenda*) trimming **4.** CULIN garnish

guastafeste [guas·ta·'fɛs·te] <-> *mf* spoilsport

guastare [guas·'taː·re] **I.** *vt* **1.**(*rovinare: meccanismi, strada*) to damage **2.**(*corrompere: persona*) to change for the worse **3.**(*turbare: equilibrio, serata, vacanza*) to spoil **4.**(*disturbare*) to do harm **II.** *vr:* **-rsi 1.**(*tempo*) to change for the worse **2.**(*computer, meccanismo*) to go wrong **3.**(*cibi*) to go off **4.**(*rapporti*) to break down

guasto ['guas·to] *m* TEC, MOT breakdown; ~ **al motore** engine failure

guasto, -a *adj* **1.**(*rotto*) broken; **il motore è ~** the engine has failed; **l'ascensore è ~** the elevator is out of order **2.**(*frutta, uova*) rotten **3.**(*dente*) decayed

guazzabuglio [guat·tsa·'buʎ·ʎo] <-gli> *m* (*confusione*) muddle

guercio, -a ['guɛr·tʃo] <-ci, -ce> *adj* (*occhio*) cross-eyed

guerra ['guɛr·ra] *f* **1.** *a. fig* MIL, POL, COM (*conflitto*) war; ~ **civile** civil war; ~ **fredda** Cold War; ~ **atomica** atomic war; **-e stellari** star wars; **la prima/seconda ~ mondiale** the First/Second World War; **entrare in ~** to go to war; **essere in ~ con qu** to be at war with sb; ~ **d'interessi** clash of interests; **la ~ contro la droga/criminalità** the war on drugs/crime **2.**(*tecnica*) warfare; ~ **aerea** air warfare; ~ **batteriologica** germ warfare; ~ **chimica**

G

chemical warfare; ~ **lampo** blitzkrieg; ~ **psicologica** psychological warfare

guerriero, -a [guer·'riɛː·ro] *m, f* warrior

guerriglia [guer·'riʎ·ʎa] <-glie> *f* guerilla (warfare)

guerrigliero, -a [guer·riʎ·'ʎɛː·ro] *m, f* guerrilla

gufare [gu·'faː·re] *vt sl* ~ **qu/qc** (*portare sfortuna*) to put a jinx on sb/sth

gufata [gu·'faː·ta] *f sl* (*iettatura*) jinx

gufo ['guː·fo] *m* ZOOL owl; ~ **reale** eagle-owl; ~ **comune** long-eared owl

guglia ['guʎ·ʎa] <-glie> *f* 1. ARCHIT spire 2. GEO needle

gugliata [guʎ·'ʎaː·ta] *f* (*di filo*) piece of thread

guida ['gui·da] *f* 1. MOT driving; **scuola** ~ driving school; **patente di** ~ driver's license; **posto di** ~ driving seat 2. (*libro*) guide; ~ **telefonica** telephone directory; ~ **turistica** guidebook; (*persona*) guide 3. (*persona*) guide; **fare da** ~ **a qu** (*la strada*) to show sb the way; (*un posto*) to show sb the sights; ~ **turistica** (*persona*) guide 4. TEC (*traccia*) runner

guidare [gui·'daː·re] *vt* 1. (*veicolo*) to drive; **non sa** ~ he [*o* she] can't drive 2. ~ **qu** (*far da guida a*) to show sb around 3. (*indirizzare*) to guide 4. SPORT (*classifica*) to head 5. (*capeggiare: gruppo, rivolta*) to lead

guidatore, -trice [gui·da·'toː·re] *m, f* driver

guinness® <-> *m* the Guinness Book of Records®

guinzaglio [guin·'tsaʎ·ʎo] <-gli> *m* leash

guizzare [guit·'tsaː·re] *vi essere* 1. *a. fig* (*pesce, serpente, persona*) to dart; (*fiamme*) to flicker 2. (*lampi*) to flash

guizzo ['guit·tso] *m a. fig* (*di pesce, serpente, persona*) dart; (*di fiamme*) flicker

guscio ['guʃ·ʃo] <-sci> *m* 1. *a. fig* ZOOL shell; **chiudersi nel** ~ to retreat into one's shell; **uscire dal** ~ to come out of one's shell 2. BOT (*di piselli*) pod; (*di noce*) nutshell

gustare [gus·'taː·re] I. *vt* 1. CULIN (*provare*) to taste 2. (*assaporare*) to enjoy II. *vr:* **-rsi** to enjoy

gustativo, -a [gus·ta·'tiː·vo] *adj* (*impatto, analisi, sensazione*) taste; **papille -e** taste buds

gusto ['gus·to] *m* 1. (*sapore*) flavor; **al** ~ **di lampone** raspberry-flavored 2. (*senso*) taste 3. (*piacere*) pleasure; **mangiare/ridere di** ~ to eat/laugh heartily; **prenderci** ~ to get a taste for sth 4. (*eleganza*) taste; **avere buon** ~ to have good taste; **vestire con** ~ to dress tastefully; **uno scherzo di pessimo** ~ a joke in the worst possible taste 5. (*preferenza*) taste; **è questione di -i** it's a question of tastes; **non è di mio** ~ it's not to my taste; **i -i son -i** *prov* there's no accounting for taste *prov*

gustoso, -a [gus·'toː·so] *adj* 1. CULIN (*ricette, piatti*) tasty 2. *fig* (*che diverte: scherzo, racconto*) amusing

gutturale [gut·tu·'raː·le] *adj* (*suono, consonante*) guttural

Hh

H, h ['akka] <-> *f* H, h; ~ **come hotel** H for hotel; **bomba H** H-bomb

h 1. *abbr di* **ora** h, hour 2. *abbr di* **etto** *100 g.*

ha *abbr di* **ettaro** hectare

ha [a] *3. pers sing pr di* **avere**[1]

habitat ['aː·bi·tat] <-> *m* 1. BIOL habitat 2. *fig* (*ambiente adatto*) setting

habitué [a·bi·'tve] <-> *mf* regular

hacker ['hæ·kə, 'ha·ker] <-> *mf* COMPUT hacker

hackeraggio [a·ke·'rad·dʒo] *m* (*pirateria informatica*) hacking

hai ['aː·i] *2. pers sing pr di* **avere**[1]

hall [hɔːl] <-> *f* (*di albergo*) lobby

hamburger [am·'bur·ger] <-> *m* hamburger

hamburg(h)eria [am·bur·ge·'riː·a] <-ie> *f* burger bar

handheld <-> *m* COMPUT handheld

handicap ['hæn·di·kæp, 'ɛn·di·kap] <-> *m* 1. MED disability 2. SPORT handicap

handicappare [an·di·kap·'paː·re] *vt* to handicap

handicappato, -a [an·di·kap·'paː·to] I. *adj* MED disabled II. *m, f* MED disabled person

hangar [an·'gar] <-> *m* hangar

hanno ['an·no] *3. pers pl pr di* **avere**[1]

happening ['hæ·pə·niŋ, 'ɛp·pe·nin(g)] <-> *m* event

happy end [hæ·pi 'end, ɛp·pi 'ɛnd] <-> *m* happy ending

happy hour ['ɛp·pi 'au·ar] <-> *f* happy hour

hard discount [ard dis·'kaunt] <-> *m* discount store

hard disk [ha:d disk] <-> *m* COMPUT hard disk

hard top [ha:d tɔp, ard top] <-> *m* hardtop

hardware ['ha:d·wɛ·ə, 'ard·wer] <-> *m* COMPUT hardware

hardwarista [ard·we·'ris·ta] <-i *m*, -e *f*> *mf* COMPUT hardware engineer

harem [a·'rem, 'a·rem] <-> *m* harem

harmonium [ar·mo·'njom, ar·'mo·ni·um] <-> *m* harmonium

hascisc [aʃ·'ʃiʃ] <-> *m* hashish

HDTV *abbr di* **high definition television** HDTV

head hunter [hed 'hʌn·tə, ɛd 'an·ter] <-> *m* headhunter

heavy metal ['he·vi 'met(a)l] I. <-> *m* MUS (*rock duro*) heavy metal II. *adj* MUS heavy metal; **gruppo** ~ heavy metal group

help [help, ɛlp] <-> *m* COMPUT help

Helsinki ['hɛl·siŋ·ki] *f* Helsinki
henna ['ɛn·na] *f* **1.**(*tintura*) henna **2.** BOT henna
herpes ['ɛr·pes] <-> *m* herpes
hertz [(h)ɛrts] <-> *m* hertz
hg *abbr di* **ettogrammo** 100 g.
hi-fi ['hai·fai, 'ai·fai] *m abbr di* **high-fidelity** hi-fi
hippy ['hi·pi, 'ip·pi] **I.** <-> *mf* hippie **II.** *adj* hippie
hit [hit, it] <-> *m* hit
hit-parade ['(h)it pə·'reid] <-> *f* MUS charts *pl;* **entrare nella ~** to hit the charts
hl *abbr di* **ettolitro** hectoliter
ho ⌊ɔ⌋ *1. pers sing pr di* **avere**[1]
hobby ['hɔ·bi, 'ɔb·bi] <-> *m* hobby
hockey ['hɔ·ki, 'ɔ·kei] <-> *m* hockey; **~ su prato** field hockey; **~ sul ghiaccio** ice hockey

holding ['houl·diŋ, 'ɔl·din(g)] <-> *f* holding company
Hong Kong [xoŋ·'kɔŋ] *f* Hong Kong
horror ['ɔr·ror] <-> *m* **1.**(*genere*) horror **2.**(*film*) horror movie
hostaria [os·ta·'ri:·a] <-ie> *f* tavern
hostess ['ɔs·tes] <-> *f* **1.**(*assitente di volo*) flight attendant **2.**(*accompagnatrice*) hostess
hot dog ['(h)ɔt dɔg] <-> *m* **1.**(*panino*) hot dog **2.** SPORT hot dog
hotel [o·'tɛl] <-> *m* hotel
hot line ['hɔt 'lain] <- *o* hot lines> *f* hotline
HTML *abbr di* **Hypertext Markup Language** COMPUT HTML; **codice ~** HTML code
humour ['hju:·mə, 'ju·mor] <-> *m* humor; **avere senso dello ~** to have a sense of humor
humus ['um·us] <-> *m* **1.** BOT humus **2.** *fig* soil
Hz *abbr di* **hertz** Hz

I i

I, i [i] <-> *f* I; **~ come Imola** I for item; **~ lunga** j
i *art m pl* (*dav a consonante, che non sia a s+consonante, gn, ps, x, y, z*) the
I *abbr di* **Italia**
IA *abbr di* **Intelligenza Artificiale** AI
IAL ['i·al] *m acró de* **Istituto Addestramento Lavoratori** Vocational Training Institute
iato [i·'a:·to] *m a. fig* LING hiatus
ib., ibid. *abbr di* **ibidem**
iberico, -a [i·'bɛ:·ri·ko] <-ci, -che> *adj* (*territorio*) Iberian; **penisola -a** Iberian peninsula
ibernazione [i·ber·nat·'tsio:·ne] *f* ZOOL, MED hibernation
ibidem ['i·bi·dem] *adv* (*in bibliografia*) ibidem
ibisco [i·'bis·ko] <-schi> *m* (*pianta*) hibiscus
ibrido[1] ['i:·bri·do] *adj a. fig* ZOOL, BOT hybrid; **animale ~** hybrid animal
ibrido[2] *m a. fig* ZOOL, BOT hybrid
IC *abbr di* **InterCity** FERR Intercity
ICE ['i·'tʃi·'e] *m abbr di* **InterCity Express** Intercity Express
ICI ['i:·tʃi] *f acró de* **Imposta Comunale sugli Immobili** property tax
icona [i·'kɔ:·na] *f a. fig* COMPUT, REL icon
iconografia [i·ko·no·gra·'fi:·a] *f* ART iconography
iconografico [i·ko·no·'gra·fi·ko] <-ci, -che> *adj* (*studio, ricerca*) iconographical
ics [iks] <-> *f v.* **X, x**
ictus ['ik·tus] *m* MED ictus
id. *abbr di* **idem**
Iddio [id·'di:·o] *m* God; **Santo ~!** Good God!; **Signore ~!** Good Lord!
idea [i·'dɛ:·a] <-ee> *f* **1.**(*pensiero*) thought; **associazione di -ee** association of ideas; **neanche per ~!** not on your life! **2.**(*nozione*) idea; **non avere la minima** [*o* **la più pallida**]

~ di qc to not have the slightest idea about sth **3.**(*opinione*) idea; **cambiare ~** to change one's mind; **essere dell'~ che ...** +*cong* to think that ...; **essere dell'~ di ...** +*inf* to be thinking of ...; **essere di -ee liberali/conservatrici** to have liberal/conservative tendencies; **farsi un'~ di qc/qu** to form an opinion about sth/sb; **~ fissa** fixation **4.**(*intenzione, progetto*) idea; **avere una mezza ~ di ...** *inf* to have half a mind to ... **5.**(*trovata*) idea; **che ~!** what an idea!; **m'è venuta** [*o* **ho**] **un'~!** I've had an idea! **6.** *inf* (*piccola quantità*) touch
ideale [i·de·'a:·le] **I.** *adj* (*perfetto*) ideal **II.** *m* **1.**(*modello*) ideal **2.**(*cosa migliore*) ideal thing **3.**(*valore, idea*) ideal
idealista [i·de·a·'lis·ta] <-i *m*, -e *f*> *mf* (*sognatore*) idealist
idealizzare [i·de·a·lid·'dza:·re] *vt* to idealize
idealizzazione [i·de·a·lid·dzat·'tsio:·ne] *f* idealization
idealmente [i·de·al·'men·te] *adv* ideally
ideare [i·de·'a:·re] *vt* (*inventare*) to think up
ideatore, -trice [i·de·a·'to:·re] *m, f* (*inventore*) inventor
ideazione [i·de·at·'tsio:·ne] *f* (*invenzione*) invention
idem ['i:·dem] <-> **I.** *pron* (*in bibliografia*) idem **II.** *adv inf* likewise; **~ come sopra** just the same
identico, -a [i·'dɛn·ti·ko] <-ci, -che> *adj* (*uguale*) identical; **~ a qc** identical to sth; **essere ~ a qu** to be just like sb; **lo stesso ~** the very same
identificabile [i·den·ti·fi·'ka:·bi·le] *adj* (*impronta, persona*) identifiable
identificare [i·den·ti·fi·'ka:·re] **I.** *vt* to identify **II.** *vr:* **-rsi -rsi con qu** to identify with sb

identificazione [i·den·ti·fi·kat·'tsio:·ne] *f* identification; **processo di** ~ identification

identità [i·den·ti·'ta] <-> *f* **1.**(*di persona*) identity; **carta d'**~ identity card; **crisi d'**~ identity crisis **2.**(*uguaglianza*) identical nature

ideogramma [i·de·o·'gram·ma] <-i> *m* ideogram

ideologia [i·de·o·lo·'dʒi:·a] <-gie> *f* ideology

ideologico, -a [i·de·o·'lɔ:·dʒi·ko] <-ci, -che> *adj* ideological

ideologo, -a [i·de·'ɔ:·lo·go] <-gi, -ghe> *m, f* ideologue

idilliaco, -a [i·dil·'li:·a·ko] <-ci, -che> *adj* (*romantico*) idyllic

idillico, -a [i·'dil·li·ko] <-ci, -che> *adj v.* **idilliaco**

idillio [i·'dil·lio] <-i> *m* **1.**fig (*vita felice*) idyll **2.**fig (*amore*) romance **3.**fig (*armonia*) idyll

idioma [i·'diɔ:·ma] <-i> *m* (*lingua*) idiom

idiomatico, -a [i·dio·'ma:·ti·ko] <-ci, -che> *adj* idiomatic; **frase/locuzione** -a idiomatic phrase/expression

idiota [i·'diɔ:·ta] <-i *m*, -e *f*> **I.** *adj* (*stupido*) idiotic **II.** *mf* (*persona*) idiot

idiozia [i·diot·'tsi:·a] <-ie> *f* **1.**(*stupidità*) idiocy **2.**(*cosa stupida*) idiotic thing

idolatrare [i·do·la·'tra:·re] *vt* **1.**REL to worship **2.**fig (*amare, ammirare*) to idolize

idolatria [i·do·la·'tri:·a] <-ie> *f* **1.**REL idolatry **2.**fig (*amore, ammirazione*) passion; ~ **di** [*o* **per**] **qc/qu** love of [*o* for] sb/sth

idolo ['i:·do·lo] *m a. fig* REL idol

idoneità [i·do·nei·'ta] <-> *f* (*a lavoro, funzione*) suitability; ~ **a qc** fitness for [*o* to] sth; **esami di** ~ qualifying exam

idoneo, -a [i·'dɔ:·neo] <-ei, -ee> *adj* **1.**(*persona*) fit; **essere** ~ **a qc** to be fit for sth; ~ **al servizio militare** fit for military service **2.**(*cosa*) suitable

idrante [i·'dran·te] *m* (*per incendi*) fire hydrant

idratante [i·dra·'tan·te] *adj* (*crema, lozione*) moisturizing

idratare [i·dra·'ta:·re] *vt* (*pelle, viso*) to moisturize

idrato [i·'dra:·to] *m* CHIM hydrate

idraulica [i·'dra:u·li·ka] <-che> *f* (*scienza*) hydraulics

idraulico, -a [i·'dra:u·li·ko] <-ci, -che> **I.** *adj* (*freno, pompa*) hydraulic; **energia** -a hydraulic energy; **impianto** ~ plumbing **II.** *m, f* (*artigiano*) plumber

idrico, -a ['i:·dri·ko] <-ci, -che> *adj* (*bacino, fornitura*) water

idrocarburo [i·dro·kar·'bu:·ro] *m* CHIM hydrocarbon

idroelettrico, -a [i·dro·e·'lɛt·tri·ko] <-ci, -che> *adj* (*centrale, bacino*) hydroelectric

idrogeno [i·'drɔ:·dʒe·no] *m* CHIM hydrogen

idrografia [i·dro·gra·'fi:·a] *f* GEO hydrography

idrolisi [i·'drɔ:·li·zi] <-> *f* CHIM hydrolisis

idromassaggio [i·dro·mas·'sad·dʒo] <-ggi> *m* **1.**(*massaggio*) hydromassage **2.**(*impianto*) jacuzzi; **vasca** (**da** [*o* **con**]) ~ jacuzzi

idrorepellente [i·dro·re·pel·'lɛn·te] *adj* (*materiale, sostanza*) waterproof

idroscalo [i·dro·'ska:·lo] *m* AERO, MAR hydroport

idrossido [i·'drɔs·si·do] *m* CHIM hydroxide

idrovolante [i·dro·vo·'lan·te] *m* AERO seaplane

iella ['i·ɛl·la] *f inf* (*sfortuna*) bad luck; **avere** ~ to be jinxed; **che** ~**!** what bad luck!; **portare** ~ to bring bad luck

iellato, -a [iel·'la:·to] *adj inf* jinxed; **essere** ~ to be jinxed

iena ['iɛ:·na] *f* **1.**(*animale*) hyena **2.**fig (*persona*) nasty piece of work

ieri ['iɛ:·ri] **I.** *adv* yesterday; ~ **l'altro** the day before yesterday; ~ **mattina/pomeriggio/sera** yesterday morning/afternoon/evening; ~ **notte** last night; ~ **a mezzogiorno** midday yesterday; **nato** ~ fig born yesterday **II.** <-> *m* (*giorno precedente*) yesterday

igiene [i·'dʒɛ:·ne] *f* (*pulizia*) cleanliness; ~ **dentale** dental hygiene; ~ **intima** personal hygiene; ~ **orale** oral hygiene; ~ **personale** personal hygiene; **ufficio d'**~ public health office; ~ **mentale** mental health

igienico, -a [i·'dʒɛ:·ni·ko] <-ci, -che> *adj* **1.**(*della salute*) healthy **2.**(*della pulizia*) hygienic; **assorbente** ~ sanitary napkin; **carta** -a toilet paper; **impianto** ~ -**sanitario** sanitary fittings *pl*

igienista [i·dʒe·'nis·ta] <-i *m*, -e *f*> *mf* **1.**(*studioso*) hygienist **2.**(*salutista*) health freak

ignaro, -a [iɲ·'na:·ro] *adj* **essere** ~ **di qc** to be unaware of sth

ignifugo, -a [iɲ·'ni:·fu·go] <-ghi, -ghe> *adj* (*materiale, tessuto*) fireproof

ignobile [iɲ·'nɔ:·bi·le] *adj* despicable

ignominia [iɲ·no·'mi:·nia] <-ie> *f* **1.**(*disonore*) disgrace **2.**(*cosa, azione*) disgraceful deed

ignorante [iɲ·no·'ran·te] **I.** *adj* **1.**(*incolto*) ignorant **2.**(*senza nozioni*) ignorant; **essere** ~ **in qc** to be ignorant about sth **3.**(*incompetente*) incompetent **4.** *inf* (*maleducato*) rude **II.** *mf* **1.**(*incolto*) ignoramus **2.**(*maleducato*) hood

ignoranza [iɲ·no·'ran·tsa] *f* **1.**(*mancanza d'istruzione*) ignorance **2.**(*mancanza di nozioni*) ignorance **3.** *inf* (*maleducazione*) rudeness

ignorare [iɲ·no·'ra:·re] **I.** *vt* **1.**(*non sapere*) to not know **2.**(*non considerare*) to ignore **II.** *vr*: -**rsi** to ignore each other

ignorato, -a [iɲ·no·'ra:·to] *adj* (*trascurato*) ignored

ignoto¹ [iɲ·'nɔ:·to] <*sing*> *m* **l'**~ the unknown

ignoto² **I.** *adj* (*sconosciuto*) unknown; **cause** -e unknown causes; **di autore** ~ anonymous **II.** *m* (*persona*) unknown person; **sporgere denuncia contro** -**i** to make a complaint against unknown persons

il [il] *art m sing* (*dav a consonante, che non sia a s+consonante, gn, ps, x, y, z*) the; ~ **ragazzo**

the boy; ~ **Lussemburgo** Luxembourg; **preferisco** ~ **caffé** I prefer coffee; **ha** ~ **naso grande** he [o she] has a big nose; **Mario vive con** ~ **fratello** Mario lives with his brother

ilarità [i·la·ri·'ta] <-> f (*risata*) laughter; **suscitare l'~ generale** to make everybody laugh

ill. *abbr di* **illustrazione**

illecito[1] [il·'le:·tʃi·to] *adj* (*comportamento, guadagno*) unlawful; **relazione -a** illicit affair

illecito[2] *m* GIUR offense; ~ **amministrativo** misdemeanor; ~ **civile/penale** civil/criminal offense

illegale [il·le·'ga:·le] *adj* (*attività, operazione*) illegal

Illegalltà [il·le·ga·li·'ta] f (*atto*) illegal act; (*condizione*) illegality

illeggibile [il·led·'dʒi:·bi·le] *adj* (*firma, scrittura*) illegible

illegittimità [il·le·dʒit·ti·mi·'ta] f a. fig GIUR illegitimacy

illegittimo, -a [il·le·'dʒit·ti·mo] *adj a.* fig GIUR illegitimate

illeso, -a [il·'le:·zo] *adj* 1.(*persona*) unharmed 2.(*cosa*) intact

illiberale [il·li·be·'ra:·le] *adj* (*legge, provvedimento*) illiberal

illimitato, -a [il·li·mi·'ta:·to] *adj* 1.(*spazio, tempo, risorsa*) unlimited 2.(*fiducia*) infinite

Ill.mo *abbr di* **illustrissimo** (*nelle lettere*) Mr.

illogico, -a [il·'lɔ:·dʒi·ko] <-ci, -che> *adj* (*ragionamento, discorso*) illogical

illudere [il·'lu:·de·re] <illudo, illusi, illuso> I. *vt* ~ **qu** (**con qc**) to deceive sb (with sth) II. *vr:* -**rsi** to deceive oneself; -**rsi su qc** to be mistaken about sth; -**rsi di ...** *inf* to kid oneself that ...; -**rsi che ...** +*cong* to mistakenly believe that ...

illuminante [il·lu·mi·'nan·te] *adj* illuminating

illuminare [il·lu·mi·'na:·re] I. *vt* 1.(*luce, lampada*) to light up; ~ **qc a giorno** to floodlight sth 2.*fig* (*occhi, sguardo, viso*) to light up 3.*fig* (*mente, persona*) to enlighten 4.*fig* (*informare*) to update; ~ **qu su qc** to update sb about sth II. *vr:* -**rsi** 1.(*ambiente, luogo*) to light up 2.*fig* (*persona*) to light up; -**rsi di contentezza/gioia** to light up with happiness/joy

illuminato, -a [il·lu·mi·'na:·to] *adj* 1.(*ambiente, luogo*) lit (up) 2.*a. fig* HIST, POL enlightened

illuminazione [il·lu·mi·nat·'tsio:·ne] f 1.(*di ambiente, luogo*) lighting 2.*fig, inf* (*intuizione, idea*) bright idea

illuminismo [il·lu·mi·'niz·mo] *m* HIST, FILOS Enlightenment

illuminista [il·lu·mi·'nis·ta] <-i *m*, -e f> HIST, FILOS I. *adj* (*filosofo, opera*) Enlightenment II. *mf* (*pensatore*) follower of the Enlightenment

illusi [il·'lu:·zi] *1. pers sing pass rem di* **illudere**

illusione [il·lu·'zio:·ne] f illusion; **farsi/non farsi -i** to deceive/not deceive oneself; **vivere**

nell'~ che ... +*cong* to deludingly hope that ...

illusionismo [il·lu·zio·'niz·mo] *m* (*arte*) conjuring

illusionista [il·lu·zio·'nis·ta] <-i *m*, -e f> *mf* (*artista*) conjurer

illuso, -a [il·'lu:·zo] I. *pp di* **illudere** II. *m, f* (*sognatore*) dreamer

illusorio, -a [il·lu·'zɔ:·rio] <-i, -ie> *adj* 1.(*parole, promesse*) deceptive 2.(*benessere, felicità*) illusory

illustrare [il·lus·'tra:·re] *vt* to illustrate

illustrativo, -a [il·lus·tra·'ti:·vo] *adj* (*materiale, foglio*) illustrative; **nota -a** explanatory note

illustrato, -a [il·lus·'tra:·to] *adj* (*libro, rivista*) illustrated; **cartolina -a** picture postcard

illustratore, -trice [il·lus·tra·'to:·re] *m, f* (*persona*) illustrator

illustrazione [il·lus·trat·'tsio:·ne] f illustration

illustre [il·'lus·tre] *adj* (*celebre*) famous; **un** ~ **sconosciuto** *scherz* a nobody

illustrissimo, -a [il·lus·'tris·si·mo] *adj a. scherz* (*titolo*) most illustrious; (*nelle lettere*) Mr.

imballaggio [im·bal·'lad·dʒo] <-ggi> *m* 1.(*operazione*) packing 2.(*contenitore*) pack

imballare [im·bal·'la:·re] *vt* (*merce, mobile*) to pack

imbandito [im·ban·'di:·toe] *adj* (*tavola*) lavishly laid

imbarazzante [im·ba·rat·'tsan·te] *adj* (*domanda, situazione*) embarrassing

imbarazzato, -a [im·ba·rat·'tsa:·to] *adj* embarrassed

imbarazzo [im·ba·'rat·tso] *m* (*disagio*) embarrassment; **essere** [o **trovarsi**] [o **sentirsi**] **in** ~ to be embarrassed; **mettere qu in** ~ to embarrass sb; **avere l'~ della scelta** to be spoiled for choice

imbarcadero [im·bar·ka·'dɛ:·ro] *m* (*pontile*) pier

imbarcare [im·bar·'ka:·re] I. *vt* 1.(*merce*) to load 2.(*passeggeri*) to embark; ~ **acqua** MAR to ship water II. *vr:* -**rsi** 1.(*passeggero*) to embark; -**rsi su qc** to board sth; (*equipaggio*) to sign on 2.-**rsi in qc** fig (*in avventura, impresa*) to embark on sth

imbarcazione [im·bar·kat·'tsio:·ne] f boat; ~ **a motore** motorboat; ~ **a vela** sailing boat; ~ **da diporto** pleasure boat

imbarco [im·'bar·ko] <-chi> *m* 1.(*di merci, passeggeri*) boarding; **carta d'~** boarding card 2.(*luogo*) departure point; (*in aeroporto*) boarding gate

imbastire [im·bas·'ti:·re] <imbastisco> *vt* (*abito*) to tack

imbattersi [im·'bat·ter·si] *vr* 1. ~ **in qu** to run into sb 2. ~ **in qc** fig (*difficoltà*) to run up against sth

imbattibile [im·bat·'ti:·bi·le] *adj* unbeatable

imbattuto, -a [im·bat·'tu:·to] *adj* (*campione, record*) unbeaten

imbecille [im·be·'tʃil·le] *mf pej, inf* idiot

imbecillità [im·be·tʃil·li·'ta] <-> *f* **1.** (*caratteristica*) idiocy **2.** (*comportamento, discorso*) idiotic thing

imbevuto [im·be·'vu:·to] *adj* ~ **di qc** (*liquido*) soaked in sth

imbiancatura [im·bian·ka·'tu:·ra] *f* (*di parete*) painting; (*di muro*) whitewashing

imbianchino [im·bian·'ki:·no] *m* (*operaio*) decorator

imboccare [im·bok·'ka:·re] *vt* **1.** (*persona*) to feed **2.** (*strada, uscita*) to take

imboccatura [im·bok·ka·'tu:·ra] *f* **1.** (*di bottiglia, tubo,*) mouth; (*di galleria, porto*) entrance **2.** (*di strumento*) mouthpiece

imbocco [im·'bok·ko] <-cchi> *m* (*di autostrada, tunnel*) entrance

imboscata [im·bos·'ka:·ta] *f* (*di guerriglieri*) ambush

imbottigliamento [im·bot·tiʎ·ʎa·'men·to] *m* **1.** (*di liquido*) bottling **2.** *fig* (*di veicoli*) build-up

imbottigliato, -a [im·bot·tiʎ·'ʎa:·to] *adj* **1.** (*vino*) bottled **2.** *fig* (*veicolo*) trapped

imbottito, -a [im·bot·'ti:·to] *adj* **1.** (*divano*) upholstered **2.** (*abito, materasso*) padded **3.** (*panino*) filled **4.** (*persona*) stuffed full of

imbottitura [im·bot·ti·'tu:·ra] *f* **1.** (*lavoro su divano*) upholstery work; (*su abito*) padding **2.** (*materiale per divano*) upholstery; (*per abito*) padding

imbranato, -a [im·bra·'na:·to] *inf* I. *adj* awkward II. *m, f* hopeless case

imbrattare [im·brat·'ta:·re] I. *vt* (*sporcare*) to dirty; ~ **qc** (**di qc**) to dirty sth (with sth); **gli hai imbrattato la camicia di sugo!** you've got sauce on his shirt! II. *vr:* **-rsi** (*sporcarsi*) to get dirty; **-rsi di qc** to get sth on oneself; **-rsi la camicia di sugo** to get sauce on one's shirt

imbrigliare [im·briʎ·'ʎa:·re] *vt* **1.** (*cavallo, mulo*) to harness **2.** *fig* (*persona, fantasia*) to bridle

imbrogliare [im·broʎ·'ʎa:·re] *vt* (*truffare*) to swindle

imbroglio [im·'brɔʎ·ʎo] *m* (*truffa*) swindle

imbroglione, -a [im·broʎ·'ʎo:·ne] *m, f* (*truffatore*) swindler

imbrunire¹ [im·bru·'ni:·re] <imbrunisco> *vi* essere (*farsi sera*) to get dark

imbrunire² <*sing*> *m* (*tramonto*) dusk; **all'**~ at dusk

imbucare [im·bu·'ka:·re] *vt* **1.** (*lettera*) to mail **2.** (*nascondere*) to hide

imburrato, -a [im·bur·'ra:·to] *adj* (*pane*) buttered; (*teglia*) greased

imbustamento [im·bus·ta'·men·to] *m* enveloping

imbuto [im·'bu:·to] *m* (*utensile*) funnel; **a** ~ funnel-shaped

IME ['i:·me] *m acró de* **Istituto Monetario Europeo** European Monetary Institute

imene [i·'mɛ:·ne] *m* ANAT hymen

imitare [i·mi·'ta:·re] *vt* **1.** (*modello, stile*) to imitate **2.** (*suono, voce, gesto*) to mimic; (*come caricatura*) to impersonate **3.** (*firma, scrittura*) to forge

imitatore, -trice [i·mi·ta·'to:·re] *m, f* (*attore*) mimic

imitazione [i·mi·tat·'tsio:·ne] *f* **1.** (*di modello, stile*) imitation **2.** (*di suono, voce, gesto*) mimicry; (*come caricatura*) impersonation **3.** (*oggetto, prodotto*) forgery

immacolato, -a [im·ma·ko·'la:·to] *adj* (*coscienza, vita*) clean; **l'Immacolata** REL the Immaculate Conception

immagazzinaggio [im·ma·gad·dzi·'nad·dʒo] *m v.* **immagazzinamento**

immagazzinamento [im·ma·gad·dzi·na·'men·to] *m* (*di merce*) storing

immagazzinare [im·ma·gad·dzi·'na:·re] *vt* **1.** (*merce, grano*) to store **2.** *fig* (*esperienze, nozioni*) to harbor **3.** COMPUT (*dati*) to store

immaginabile [im·ma·dʒi·'na:·bi·le] *adj* (*pensabile*) conceivable; **tutte le cure possibili e -i** all possible cures

immaginare [im·ma·dʒi·'na:·re] *vt* **1.** (*raffigurarsi*) to imagine **2.** *inf* (*enfatico*) to imagine; **puoi** ~ **come mi sono sentito** you can just imagine how I felt; **è la cosa più bella che si possa** ~ it's the most beautiful thing you can imagine; **s'immagini!** (*come risposta*) not at all!; **Grazie! — S'immagini!** Thanks! — Don't mention it! **3.** (*ideare*) to think up **4.** (*credere, supporre*) to suppose

immaginario¹ [im·ma·dʒi·'na:·rio] <-i, -ie> *adj* (*mondo, paura*) imaginary; (*personaggio*) fictitious; **malato** ~ hypochondriac

immaginario² *m* PSIC imagination; ~ **collettivo** collective imagination

immaginazione [im·ma·dʒi·nat·'tsio:·ne] *f* **1.** (*facoltà*) imagination **2.** (*cosa immaginata*) figment of one's imagination

immagine [im·'ma:·dʒi·ne] *f* **1.** (*percepita*) image **2.** (*mentale*) memory **3.** (*disegno, foto*) image; ~ **sacra** holy image **4.** (*incarnazione, simbolo*) symbol; **essere l'**~ **della salute** to be the picture of health; **essere l'**~ **di qu** to be the image of sb **5.** (*di azienda, prodotto*) image; **curare la propria** ~ to look after one's own image

immancabile [im·man·'ka:·bi·le] *adj* **1.** (*solito*) inevitable **2.** (*inevitabile*) certain

immane [im·'ma:·ne] *adj* (*fatica, lavoro*) huge

immanente [im·ma·'nɛn·te] *adj* FILOS (*causa, principio*) immanent

immangiabile [im·man·'dʒa·bi·le] *adj* (*cibo*) inedible

immateriale [im·ma·te·'ria:·le] *adj* (*forma, bellezza*) immaterial; **beni -i** GIUR intangible assets

immatricolare [im·ma·tri·ko·'la:·re] *vt* (*veicolo*) to register

immatricolazione [im·ma·tri·ko·lat·'tsio:·ne] *f* (*di veicolo*) registration

immaturità [im·ma·tu·ri·'ta] <-> *f* (*di persona*) immaturity

immaturo, -a [im·ma·'tuː·ro] *adj* (*persona*) immature; **essere ~ per qc** to be too young for sth

immedesimarsi [im·me·de·zi·'maːr·si] *vr* **~ in qu** to identify with sb; **~ nella situazione di qu** to put oneself in sb's shoes

immediatamente [im·me·dia·ta·'men·te] *adv* immediately

immediatezza [im·me·dia·'tet·tsa] *f* **1.** (*di atto, decisione*) immediacy **2.** *fig* (*di poesia, stile*) spontaneity

immediato¹ [im·me·'dia:·to] *adj* **1.** (*contatto, soccorso, reazione*) immediate; **pagamento ~** immediate payment **2.** *fig* (*stile*) spontaneous

immediato² *sing* **nell'~** immediately; **per l'~** at the moment

immemorabile [im·me·mo·'ra:·bi·le] *adj* **da tempo ~** from time immemorial

immemore [im·'mɛː·mo·re] *adj* **~ di qc** forgetful of sth

immensità [im·men·si·'ta] <-> *f* **1.** (*di spazio*) immensity **2.** (*grande quantità*) load

immenso, -a [im·'mɛn·so] *adj* **1.** (*spazio*) vast **2.** (*ricchezza*) immense; (*folla*) huge **3.** *fig* (*amore, dolore*) immense

immergere [im·'mɛr·dʒe·re] <immergo, immersi, immerso> **I.** *vt* **~ qc in qc** (*liquido*) to dip sth in sth **II.** *vr:* **-rsi 1.** (*in liquido, vasca*) to plunge **2.** (*in profondità*) to dive **3.** *fig* (*in pensieri, attività*) to immerse oneself

immersi [im·'mɛr·si] *1. pers sing pass rem di* **immergere**

immersione [im·mer·'sio:·ne] *f* **1.** (*atto, sport*) submersion; **corso di ~** diving course; **~ subacquea** scuba diving **2.** *fig* immersion; **~ totale** total immersion

immerso [im·'mɛr·so] *pp di* **immergere**

immesso [im·'mes·so] *pp di* **immettere**

immettere [im·'met·te·re] <immetto, immisi, immesso> *vt* **1.** (*liquido, gas*) to introduce **2.** COMPUT (*dati*) to enter **3.** (*prodotto, denaro*) **~ qc sul mercato** to introduce sth into the market **4.** (*strada, corridoio*) to lead

immigrato, -a [im·mi·'gra:·to] *m, f* immigrant

immigrazione [im·mi·grat·'tsio:·ne] *f* (*fenomeno, atto*) immigration

imminente [im·mi·'nɛn·te] *adj* (*pericolo, evento*) imminent

imminenza [im·mi·'nɛn·tsa] *f* (*di pericolo, evento*) imminence; **nell'~ di qc** with sth on the doorstep

immisi [im·'mi:·zi] *1. pers sing pass rem di* **immettere**

immissione [im·mis·'sio:·ne] *f* **1.** (*di acqua, gas*) introduction **2.** COMPUT (*di dati*) entering **3.** ADMIN (*di personale*) intake; **~ in ruolo** (*di insegnanti, precari*) intake of permanent staff

immobile [im·'mɔ:·bi·le] **I.** *adj* **1.** (*persona, cosa*) motionless **2. bene ~** GIUR real estate **II.** *m* **1.** (*edificio*) property **2.** *pl* GIUR (*beni*) real estate

immobiliare [im·mo·bi·'lia:·re] **I.** *adj* (*mercato, patrimonio*) property; **agenzia/società ~** realtor; **proprietà ~** real estate **II.** *f* (*agenzia, società*) realtor

immobiliarista [im·mo·bi·lia·'ris·ta] <-i *m*, -e *f*> *mf* (*professionista*) realtor

immobilismo [im·mo·bi·'liz·mo] *m* POL, ECON inactivity

immobilità [im·mo·bi·li·'ta] <-> *f* **1.** (*di persona, cosa*) immobility **2.** *fig* (*di situazione*) inactivity

immobilizzare [im·mo·bi·lid·'dza:·re] *vt* **1.** *a. fig* MED to immobilize **2.** FIN (*capitale*) to lock up

immobilizzato, -a [im·mo·bi·lid·'dzaɪ·to] *adj* **1.** *a. fig* MED immobilized **2.** FIN (*capitale*) locked up

immodificabile [im·mo·di·fi·'ka:·bi·le] *adj* (*dato, elemento*) unchangeable

immondizia [im·mon·'dit·tsia] <-ie> *f* (*rifiuti*) garbage

immondo, -a [im·'mon·do] *adj* **1.** LIT (*animale*) dirty **2.** *fig* (*colpa, individuo*) foul

immorale [im·mo·'ra:·le] *adj* immoral

immoralità [im·mo·ra·li·'ta] <-> *f* **1.** (*di persona, dottrina*) immorality **2.** (*atto*) immoral act

immortalare [im·mor·ta·'la:·re] *vt a. scherz* to immortalize

immortale [im·mor·'ta:·le] *adj* **1.** (*anima*) immortal **2.** (*sentimento*) undying; (*artista, fama, opera*) immortal

immortalità [im·mor·ta·li·'ta] <-> *f* immortality

immotivato, -a [im·mo·ti·'va:·to] *adj* (*senza motivo*) unjustified

immune [im·'mu:·ne] *adj* **1.** MED immune; **essere ~ a** [*o* **da**] **qc** to be immune to sth **2.** (*privo*) **essere ~ da qc** to have no sth

immunità [im·mu·ni·'ta] <-> *f* MED, GIUR immunity; **~ parlamentare** parliamentary immunity

immunitario, -a [im·mu·ni·'ta:·rio] <-i, -ie> *adj* MED immune; **sistema ~** immune system

immunizzazione [im·mu·nid·dza·'tʃio:·ne] *f* MED immunization

immunodeficienza [im·mu·no·de·fi·'tʃɛn·tsa] *f* MED immunodeficiency; **sindrome da ~ acquisita** acquired immunodeficiency syndrome, *AIDS*

immunologia [im·mu·no·lo·'dʒi:·a] *f* MED immunology

immunologico, -a [im·mu·no·'lɔ:·dʒi·ko] <-ci, -che> *adj* MED immunological

immutabile [im·mu·'ta:·bi·le] *adj* (*legge, decisione*) unchangeable; (*amore*) unchanging

immutabilità [im·mu·ta·bi·li·'ta] <-> *f* (*di legge, decisione*) immutability

immutato, -a [im·mu·'ta:·to] *adj* unchanged

impacciato, -a [im·pat·'tʃa:·to] *adj a. fig* awkward

impaccio [im·'pat·tʃo] <-cci> *m* **1.** (*oggetto, persona*) hindrance; **essere d'~ (a qu)** to be in the way (of sb) **2.** (*situazione*) awkward situation; **trarre qu d'~** to get sb out of an awkward situation; **trarsi d'~** to get oneself out of an awkward situation

impacco [im·'pak·ko] <-cchi> m (con panno, garza) compress

impadronirsi [im·pa·dro·'nir·si] <m'impadronisco> vr ~ **di qc** (denaro, potere) to take possession of sth; fig (materia, mestiere) to become proficient in sth

impagabile [im·pa·'ga:·bi·le] adj 1. (favore, servizio) incomparable 2. (persona) invaluable

impaginare [im·pa·dʒi·'na:·re] vt TYPO to make up

impaginazione [im·pa·dʒi·nat·'tsio:·ne] f TYPO making-up

impalcatura [im·pal·ka·'tu:·ra] f 1. (nel cantiere) scaffolding 2. (portante) framework

impallidire [im·pal·li·'di:·re] <impallidisco> vi essere 1. (in volto) to grow pale 2. fig (per importanza) to fade

impalpabile [im·pal·'pa:·bi·le] adj (tessuto, polvere) fine

impanato, -a [im·pa·'na:·to] adj CULIN in breadcrumbs

imparare [im·pa·'ra:·re] vt 1. (con studio) to learn; ~ **a fare qc** to learn to do sth; ~ **qc a memoria** to learn sth by heart 2. (con esperienza) to learn; ~ **la lezione** fig to learn one's lesson; ~ **qc a proprie spese** fig to learn sth at one's own expense; **così impari!** that'll teach you!; **sbagliando s'impara** prov you learn from your mistakes

impareggiabile [im·pa·red·'dʒa:·bi·le] adj 1. (bellezza, eleganza) incomparable 2. (amico, artista) unique

imparentato, -a [im·pa·ren·'ta:·to] adj (famiglia, persona) related; **essere ~ con qu** to be related to sb

impari ['im·pa·ri] <inv> adj (forze, lotta) unequal

impartire [im·par·'ti:·re] <impartisco> vt ~ **qc a qu** (ordine, lezione) to give sb sth [o to give sth to sb]

imparziale [im·par·'tsia:·le] adj (arbitro, giudice) unbiased; (valutazione, giudizio) impartial

imparzialità [im·par·tsia·li·'ta] <-> f impartiality

impassibile [im·pas·'si:·bi·le] adj impassive

impastare [im·pas·'ta:·re] vt (pane) to knead; (farina, colori, cemento) to mix

impasto [im·ˠpas·to] m (amalgama) mixture; (di pasta di pane) dough

impatto [im·'pat·to] m 1. (di veicolo) collision 2. fig ~ **con qc** (con realtà) impact of sth; ~ **su qc/qu** (su ambiente, persona) impact on sth/sb; ~ **ambientale** impact on the environment

impaurito, -a [im·pau·'ri:·to] adj (spaventato) frightened

impavido, -a [im·'pa:·vi·do] adj (sguardo, comportamento) fearless

impaziente [im·pat·'tsiɛn·te] adj 1. (per nervosismo) impatient 2. **essere ~ di fare qc** (per l'attesa) to be anxious to do sth

impazienza [im·pat·'tsiɛn·tsa] f 1. (nervosismo) impatience 2. (per l'attesa) anxiety

impazzata [im·pat·'tsa:·ta] f **all'~** wildly

impazzire [im·pat·'tsi:·re] <impazzisco> vi essere (ammattire) to go crazy; **cosa dici, sei impazzito?** what are you saying, have you gone crazy?; **mi sembra di ~** I think I'm going crazy; **c'è da ~** it's enough to drive you crazy!; ~ **dal mal di schiena** to have a horrible backache; **fare ~ qu** to drive sb crazy; **da ~** inf incredible; **ho un mal di testa da ~** I've got an incredible headache; ~ **di qc** fig (gioia, gelosia) to be mad with sth; ~ **per qc/qu** fig to be crazy about sth/sb

impeccabile [im·pek·'ka:·bi·le] adj impeccable

impedimento [im·pe·di·'men·to] m (ostacolo) problem; **essere d'~ a qc/qu** to be in the way of sb/sth

impedire [im·pe·'di:·re] <impedisco> vt 1. (vietare) to prevent; ~ **a qu di fare qc** to prevent sb from doing sth 2. (evitare) to stop 3. (vista, passaggio) to block; (movimenti) to restrict

impegnare [im·peɲ·'ɲa:·re] I. vt 1. (gioiello, oggetto) to pawn 2. ~ **qu a fare qc** (contratto, onore) to oblige sb to do sth 3. (lavoro, studio) to keep busy II. vr: **-rsi** 1. **-rsi (con qu) a fare qc** to agree to do sth (with sb) 2. **-rsi in qc** (studio, lavoro) to work hard at sth; (lotta) to commit oneself to sth

impegnativo, -a [im·peɲ·ɲa·'ti:·vo] adj 1. (lavoro, compito) demanding 2. (cena, abito) formal 3. (firma, promessa) binding

impegnato, -a [im·peɲ·'ɲa:·to] adj 1. (occupato) busy; **essere ~** (fidanzato) to be going steady 2. (militante) politically committed

impegno [im·'peɲ·ɲo] m 1. (obbligo) undertaking; **senza ~** no strings attached 2. (incombenza) commitment; **avere un ~** to have a prior commitment; **liberarsi da un ~** to get out of a commitment 3. (dedizione) enthusiasm 4. (militanza) political commitment

impellente [im·pel·'lɛn·te] adj (bisogno, motivo) urgent

impenetrabile [im·pe·ne·'tra:·bi·le] adj 1. (foresta, buoi, nebbia) impenetrable 2. fig (sguardo, occhi) inscrutable; (persona) mysterious

impenitente [im·pe·ni·'tɛn·te] adj (fumatore, donnaiolo) diehard

impennarsi [im·pen·'nar·si] vr 1. (cavallo, moto) to rear up 2. AERO, MAR to zoom up

impennata [im·pen·'na:·ta] f 1. (di cavallo, moto) rearing up; (di aereo) zoom 2. (di prezzo, valore) upsurge

impensabile [im·pen·'sa:·bi·le] adj (inimmaginabile, assurdo) inconceivable; **essere ~ ...** +inf to be out of the question ...; **essere ~ che ...** +cong to be inconceivable that ...

impensierire [im·pen·sie·'ri:·re] <impensier-isco> *vt* ~ **qu** to worry sb

imperante [im·pe·'ran·te] *adj fig* (*moda, malcostume*) prevailing

imperativo[1] [im·pe·ra·'ti:·vo] *adj* 1. (*tono, esigenza*) authoritative 2. **modo** ~ LING imperative

imperativo[2] *m* LING, FILOS imperative

imperatore, -trice [im·pe·ra·'to:·re] *m, f* emperor *m*, empress *f*

impercettibile [im·per·tʃet·'ti:·bi·le] *adj* 1. (*movimento, suono*) imperceptible 2. (*molto piccolo*) very slight

imperdonabile [im·per·do·'na:·bi·le] *adj* (*errore, mancanza*) unforgivable

imperfetto[1] [im·per·'fɛt·to] *adj* 1. (*funzionamento, meccanismo*) faulty 2. **tempo** ~ LING imperfect

imperfetto[2] *m* LING imperfect

imperfezione [im·per·fet·'tsio:·ne] *f* 1. (*caratteristica*) imperfection 2. (*difetto*) flaw; ~ **fisica** physical imperfection

Imperia [im·pe·'ri:·a] *f* Imperia, *a city in the Liguria region*

imperiale [im·pe·'ria:·le] *adj* (*dell'imperatore*) imperial

imperialismo [im·pe·ria·'liz·mo] *m* (*espansionismo*) imperialism

imperialista [im·pe·ria·'lis·ta] <-i *m*, -e *f*> I. *adj* (*politica, governo*) imperialist II. *mf* (*fautore*) imperialist

imperioso, -a [im·pe·'rio:·so] *adj* (*tono, sguardo*) imperious

impermeabile [im·per·me·'a:·bi·le] I. *adj* 1. (*tessuto, terreno*) waterproof; (*orologio*) water-resistant 2. *fig* (*persona*) impervious II. *m* (*soprabito*) raincoat

impermeabilità [im·per·me·a·bi·li·'ta] <-> *f* (*di tessuto, materiale*) impermeability

impermeabilizzante [im·per·me·a·bi·lid·'dzan·te] I. *adj* (*sostanza, materiale*) waterproofing II. *m* (*prodotto*) waterproofer

imperniato, -a [im·per·'nia:·to] *adj* (*film, discorso, racconto*) ~ **su qc** based on sth

impero[1] [im·'pɛ:·ro] *m a. fig* empire; ~ **coloniale** colonial Empire

imperscrutabile [im·per·skru·'ta:·bi·le] *adj* (*disegno, ragione*) inscrutable

impersonale [im·per·so·'na:·le] *adj* 1. (*non mirato*) general 2. (*stile, tono*) impersonal 3. LING (*verbo, forma*) impersonal

impersonare [im·per·so·'na:·re] *vt* 1. (*concetto, caratteristica*) to personify 2. (*personaggio*) to play

impersonificare [im·per·so·ni·fi·'ka:·re] *vt forb* impersonate

imperterrito, -a [im·per·'tɛr·ri·to] *adj* (*impassibile*) calm; **continuare** ~ **a fare qc** to calmly carry on doing sth; **rimanere** ~ [*o* restare] to be unperturbed

impertinente [im·per·ti·'nɛn·te] I. *adj* (*persona, domanda*) impertinent II. *mf* (*persona*) impertinent person

imperturbabile [im·per·tur·'ba:·bi·le] *adj* 1. (*persona, carattere*) impassive 2. (*calma, serenità*) undisturbed

impervio, -a [im·'per·vio] (*sentiero, strada, terreno*) impassable

impeto ['im·pe·to] *m* 1. (*di onda, vento*) force; (*di nemico, attacco*) onslaught; (*di discorso, ragionamento*) heat; **con** ~ forcefully 2. *fig* (*di passione, collera*) outburst; **agire/reagire d'**~ to act/react on impulse

impetuoso, -a [im·pe·'tuo:·zo] 1. (*vento, corrente*) violent 2. (*uomo, carattere*) impetuous

impiantare [im·pian·'ta:·re] *vt* 1. (*palo, antenna*) to erect 2. MED (*dente, protesi*) to implant; (*pace-maker*) to implant 3. (*attività, azienda*) to set up

impianto [im·'pian·to] *m* 1. (*allestimento*) installation 2. (*attrezzature*) plant; ~ **di risalita** lifts; ~ **di riscaldamento** heating; ~ **sportivo** sports facility; ~ **stereo** stereo 3. MED implant

impiccagione [im·pik·ka·'dʒo:·ne] *f* (*pena*) hanging

impiccato, -a [im·pik·'ka:·to] I. *adj* hanged II. *m, f* 1. (*persona*) hanged person 2. (*gioco*) hangman

impiccio [im·'pit·tʃo] <-cci> *m* (*ostacolo*) hindrance; **essere d'**~ to be in the way

impiegare [im·pie·'ga:·re] *vt* 1. (*strumento, oggetto*) to use; (*capacità, energie*) to employ 2. (*tempo*) to take 3. (*denaro*) to spend 4. (*esperto, specialista*) to employ

impiegatizio, -a [im·pie·ga·'tit·tsio] <-i, -ie> *adj* (*lavoro, settore*) white-collar

impiegato, -a [im·pie·'ga:·to] *m, f* (*dipendente*) employee; ~ **statale** civil servant

impiego [im·'piɛ:·go] <-ghi> *m* 1. (*di strumento, attrezzo*) use; (*di manodopera*) employment; (*di forze, energie*) expending; (*di tempo, denaro*) spending 2. (*lavoro*) job; ~ **fisso** permanent job; ~ **a tempo determinato/indeterminato** temporary/permanent job; ~ **a tempo parziale/pieno** part-time/full-time job; ~ **pubblico** public sector post

impietoso, -a [im·pie·'to:·so] *adj* merciless

implacabile [im·pla·'ka:·bi·le] *adj* (*odio, vendetta*) implacable; (*giudice, insegnante*) cruel

implementare [im·ple·men·'ta:·re] *vt* TEC, COMPUT (*programma, sistema*) to implement

implicare [im·pli·'ka:·re] *vt* 1. (*come conseguenza*) to mean 2. (*coinvolgere*) ~ **qu in qc** to involve sb in sth

implicato, -a [im·pli·'ka:·to] *adj* **essere/rimanere** ~ **in qc** to be involved in sth

implicazione [im·pli·kat·'tsio:·ne] *f* 1. (*conseguenza*) implication 2. (*di persona*) involvement

implicito, -a [im·'pli:·tʃi·to] *adj* 1. (*sottinteso*) implicit 2. **frase** [*o* proposizione] -a LING implicit clause 3. **funzione** -a MAT implicit function

implorare [im·plo·'ra:·re] *vt* 1. (*aiuto, perdono*) to beg for 2. ~ **qn per qc/di fare qc** to beg sb for sth/to do sth

imponente [im·po·'nɛn·te] *adj* impressive

imponenza [im·po·'nɛn·tsa] *f* 1.(*di edificio, statura, aspetto*) impressiveness 2.(*di persona*) stateliness

impongo [im·'po·ŋo] *1. pers sing pr di* **imporre**

imponibile [im·po·'ni:·bi·le] ADMIN, FIN I. *adj* (*reddito, patrimonio*) taxable II. *m* taxable income

impopolare [im·po·po·'la:·re] *adj* unpopular

imporre [im·'por·re] <impongo, imposi, imposto> I. *vt* 1.*fig* (*obbligo, ordine, legge*) to impose; (*condizione*) to set; (*tassa, tributo*) to levy 2.~ **qc a qu** to impose sth on sb; ~ **a qu di fare qc** to make sb do sth 3.(*sacrifici, impegno*) to demand II. *vr:* -**rsi** 1.(*persona*) to assert oneself; -**rsi all'attenzione di qu** to attract sb's attention 2.(*moda, prodotto*) to become popular 3.-**rsi su qu** to dominate sb 4.(*essere necessario*) to be required 5.-**rsi qc** to impose sth on oneself; -**rsi di fare qc** to make oneself do sth

importante [im·por·'tan·te] I. *adj* 1.(*rilevante*) important 2.(*persona*) high-ranking 3.(*pranzo, vestito*) important 4.(*naso, cappello*) large II.<*sing*> *m* l'~ the important thing

importanza [im·por·'tan·tsa] *f* 1.(*rilevanza*) importance; **avere** ~ to matter; **di una certa** ~ of some importance; **non dare** ~ **a qc/qu** not to bother about sth/sb 2.(*di persona*) importance; **darsi** ~ to put on airs

importare [im·por·'ta:·re] I. *vt avere* ECON to import II. *vi essere* (*interessare*) to matter; **non importa** (*a. come risposta*) it doesn't matter; **non gli importa niente di lei** he doesn't care about her at all; **non me ne importa niente** I don't care about it

importatore, -trice [im·por·ta·'to:·re] I. *adj* (*paese*) importing II. *m, f* importer

importazione [im·por·tat·'tsio:·ne] *f* 1.(*di merce*) import; **merce d'**~ import goods 2.*pl* **le -i** (*merci*) imports

importo [im·'pɔr·to] *m* (*di fattura*) amount; (*somma*) sum

imposi [im·'po:·zi] *1. pers sing pass rem di* **imporre**

imposizione [im·po·zit·'tsio:·ne] *f* 1.(*di divieto, obbligo*) enforcement 2.(*con la forza*) imposition 3. FIN (*di tassa, tributo*) levy

impossessarsi [im·pos·ses·'sar·si] *vr* ~ **di qc** to get hold of sth

impossibile [im·pos·'si:·bi·le] I. *adj* 1.(*irrealizzabile*) impossible; **è** ~ **continuare così** it can't go on like this; ~ **a dirsi** impossible to say; ~ **a farsi** impossible to do; **sembra** [*o* **pare**] ~ it seems incredible 2.(*persona, situazione, traffico*) impossible; (*cibo, bevanda*) disgusting; (*freddo, caldo*) unbelievable; **c'era un caldo** ~ it was unbelievably hot II.<*sing*> *m* l'~ the impossible; **fare** [*o* **tentare**] l'~ to do [*o* try] everything possible

impossibilità [im·pos·si·bi·li·'ta] <-> *f* impos-

sibility; **essere** [*o* **trovarsi**] **nell'**~ **di fare qc** to be unable to do sth

impossibilitato, -a [im·pos·si·bi·li·'ta:·to] *adj* (*persona*) unable; **essere** ~ **a fare qc** to be unable to do sth

imposta [im·'pɔs·ta] *f* 1.(*di finestra, porta*) shutter 2. FIN (*tassa*) tax; ~ **diretta/indiretta** direct/indirect tax; **esente da** ~ tax free; ~ **patrimoniale** property tax; ~ **sul reddito delle persone fisiche** income tax; **soggetto a** ~ taxable; **ufficio delle -e** Internal Revenue Service; ~ **sul valore aggiunto** value-added tax

impostare [im·pos·'ta:·re] *vt* 1.(*edificio, mura*) to build 2.*fig* (*lavoro*) to set up; (*progetto, problema, questione*) to set out; (*opera, dipinto, romanzo*) to plan out 3. MAT to formulate 4. TYPO (*pagina, giornale*) to lay out 5. MUS (*voce*) to pitch 6.(*lettera, cartolina*) to mail

impostato, -a [im·po·'sta:·to] *adj* 1. *a. fig* (*gioco, questione*) formulated 2.(*atleta, cantante*) technically prepared 3. MUS (*voce*) pitched

impostazione [im·pos·tat·'tsio:·ne] *f* 1.(*di edificio*) building 2.*fig* (*di lavoro*) setting up; (*di opera, dipinto, romanzo*) planning out; (*di problema, questione, progetto*) setting out 3. MAT (*di operazione, problema*) formulation 4. TYPO (*di pagina, giornale*) layout 5. MUS (*di voce*) pitch 6.*fig* (*preparazione*) training

imposto, -a [im·'pos·to] I. *pp di* **imporre** II. *adj* **prezzo** ~ fixed retail price

impostore, -a [im·pos·'to:·re] *m, f* (*ciarlatano*) charlatan

impotente [im·po·'tɛn·te] *adj* 1.(*persona*) powerless; (*governo, legge*) impotent 2.*fig* (*dolore, rabbia*) impotent 3. MED impotent

impotenza [im·po·'tɛn·tsa] *f* 1.(*di persona*) powerlessness; (*di governo, legge*) impotence 2. MED impotence

impoverimento [im·po·ve·ri·'men·to] *m* impoverishment

impoverire [im·po·ve·'ri:·re] <impoverisco> I. *vt avere* 1.(*persona, territorio*) to impoverish 2. AGR (*terreno*) to impoverish II. *vi* (*persona*) to become poor(er) III. *vr:* -**rsi** 1.(*persona*) to become poor(er) 2. AGR (*terreno*) to become impoverished

impraticabile [im·pra·ti·'ka:·bi·le] *adj* 1.(*strada, sentiero*) impassable; (*campo da gioco*) unplayable 2.(*ipotesi, piano*) infeasible

impraticabilità [im·pra·ti·ka·bi·li·'ta] <-> *f* 1.(*di strada, sentiero*) impassable nature; (*di campo da gioco*) unplayable condition 2.(*di ipotesi, piano*) infeasibility

imprecare [im·pre·'ka:·re] *vi* to curse; ~ **contro qc/qu** to curse sb/sth

imprecazione [im·pre·kat·'tsio:·ne] *f* (*parola, frase*) curse; **lanciare un'**~ to curse

imprecisato, -a [im·pre·tʃi·'za:·to] *adj* unspecified

imprecisione [im·pret·tʃi·'zio:·ne] *f* 1.(*ap-*

prossimazione) imprecision **2.**(*errore*) inaccuracy

impreciso, -a [im·pre·'tʃiː·zo] *adj* **1.**(*lavoro, calcolo*) imprecise; (*strumento*) inaccurate **2.**(*persona*) careless

impregnato, -a [im·preɲ·'ɲaː·to] *adj* ~ **di qc** (*liquido*) soaked in sth; *fig* thick with sth

imprendibile [im·pren·'diː·bi·le] *adj* **1.**(*palla, giocatore, corridore*) uncatchable **2.**(*ladro, assassino*) elusive

imprenditore, -trice [im·pren·di·'toː·re] *m, f* entrepreneur

imprenditoriale [im·pren·di·to·'riaː·le] *adj* entrepreneurial

improparato, a [im·pre·pa·'raː·to] *adj* **1.**(*a scuola*) essere ~ **in qc** to not have studied sth properly **2.**(*non competente*) badly trained **3.**(*non pronto*) unprepared; **essere ~ a qc** to be unprepared for sth

impreparazione [im·pre·pa·ra·'zioː·ne] *f* **1.**(*di studente*) lack of preparation **2.**(*di professionista*) lack of training **3.**(*mancanza di prontezza*) lack of preparation; **~ a qc** unreadiness for sth

impresa [im·'preː·za] *f* **1.**(*azione*) enterprise; **essere un'~** *inf* to be hard work **2.**(*ditta*) company; **~ edile** construction company; **~ familiare** family firm; **~ pubblica** public company **3.** *pl* (*di eroe*) feats

impresario, -a [im·pre·'zaː·rio] <-i, -ie> *m, f* **1.**(*di ditta*) director; **~ edile** building contractor **2.**(*di teatro*) producer

imprescindibile [im·preʃ·ʃin·'diː·bi·le] *adj* (*bisogno, dovere*) unavoidable

impressi [im·'prɛs·si] *1. pers sing pass rem di* **imprimere**

impressionante [im·pres·sio·'nan·te] *adj* **1.**(*incidente, delitto, scena*) shocking **2.**(*eccezionale*) incredible; **faceva un caldo ~** it was incredibly hot

impressionare [im·pres·sio·'naː·re] **I.** *vt* **1.**(*turbare*) to upset **2.**(*fare buona impressione*) to impress **II.** *vr:* **-rsi** (*turbarsi*) to get upset

impressione [im·pres·'sioː·ne] *f* **1.**(*sensazione*) sensation **2.**(*idea, opinione*) impression; **fare buona/cattiva ~** (a qu) to make a good/bad impression (on sb); **prima ~** first impression; **avere l'~ di ... +***inf* to have the impression that ...; **avere l'~ che ... +***ind, cong* to have the impression that ... **3.**(*turbamento*) **che ~!** it was dreadful!; **fare ~** (a qu) to upset (sb)

impressionismo [im·pres·sio·'niz·mo] *m* ART, LIT, MUS Impressionism

impressionista [im·pres·sio·'nis·ta] <-i *m,* -e *f*> ART **I.** *adj* (*opera, pittore*) Impressionist **II.** *mf* (*artista*) Impressionist

impresso [im·'prɛs·so] *pp di* **imprimere**

imprevedibile [im·pre·ve·'diː·bi·le] *adj* **1.**(*circostanza, motivo*) unforeseeable **2.**(*persona, carattere*) unpredictable

imprevisto [im·pre·'vis·to] *adj* (*ritardo, spesa*) unforeseen

imprevisto² *m* (*contrattempo*) unforeseen event; **salvo -i** unless something happens

impreziosire [im·pret·tsio·'siː·re] <impreziosisco> *vt a. fig* to embellish

imprigionare [im·pri·dʒo·'naː·re] *vt* **1.**(*ladro, malvivente*) to imprison; (*animale*) to cage **2.** *fig* (*bloccare*) to trap

imprimere [im·'priː·me·re] <imprimo, impressi, impresso> **I.** *vt* **1.** *a. fig* (*segno*) to stamp; (*orma*) to leave **2.** *fig* (*concetto, ricordo*) to fix **3.** FIS (*movimento, velocità*) to give **II.** *vr:* **-rsi** **1.** *a. fig* (*segno*) to be stamped; (*orma*) to be left **2.** *fig* (*concetto, ricordo*) to fix oneself

improbabile [im·pro·'baː·bi·le] *adj* **1.**(*quasi escluso*) unlikely **2.**(*inverosimile*) improbable

improduttivo, -a [im·pro·dut·'tiː·vo] *adj* **1.**(*terreno*) infertile **2.** *fig* (*investimento, sforzo*) unprofitable **3.**(*persona*) unproductive

impronta [im·'pron·ta] *f* **1.**(*segno*) mark; (*di mano, piede, zampa*) print; **-e digitali** fingerprints; **~ del piede** footprint; **lasciare le -e** to leave prints **2.** *fig* mark; **lasciare un'~ indelebile** to leave an indelible mark **3.** MED cast

improntare [im·pron·'taː·re] *vt* **~ qc a qc** (*sentimento, principio*) to endow sth with sth; **~ qc su qc** (*argomento*) to base sth around sth

improprio, -a [im·'prɔː·prio] <-i, -ie> *adj* **1.**(*inesatto*) improper; **uso ~** improper use; (*termine, parola*) incorrect **2.**(*inadatto*) unsuitable

improrogabile [im·pro·ro·'gaː·bi·le] *adj* (*impegno, termine*) binding; (*decision*) that cannot be delayed

improvvisamente [im·prov·vi·za·'men·te] *adv* suddenly

improvvisare [im·prov·vi·'zaː·re] *vt* **1.**(*discorso, canzone*) to improvise **2.**(*pranzo, festa*) to throw together; (*risposta, scusa*) to think up

improvvisata [im·prov·vi·'zaː·ta] *f inf* (*visita*) surprise visit; **fare un'~ a qu** to pay sb a surprise visit

improvvisato, -a [im·prov·vi·'zaː·to] *adj* **1.**(*canzone, cena*) improvised; (*visita*) surprise; **discorso ~** improvised speech **2.** *pej* (*raffazzonato: lavoro*) makeshift

improvvisazione [im·prov·vi·zat·'tsioː·ne] *f a. fig* MUS, LIT, TEAT improvisation

improvviso¹ [im·prov·'viː·zo] *adj* sudden; (*cambiamento del tempo*) unexpected

improvviso² *m* **all'~** suddenly

imprudente [im·pru·'dɛn·te] **I.** *adj* (*persona*) rash; (*guidatore*) careless **II.** *mf* rash person

imprudenza [im·pru·'dɛn·tsa] *f* **1.**(*caratteristica*) rashness; (*di guidatore*) carelessness **2.**(*azione*) rash action; **commettere un'~** to do sth rash

impugnabile [im·puɲ·'ɲaː·bi·le] *adj* GIUR (*sen-*

tenza) subject to appeal; (*testamento*) contestable

impugnare [im·puɲ·'ɲaː·re] *vt* **1.** (*fucile, racchetta*) to grip **2.** GIUR (*sentenza, testamento*) to contest

impugnatura [im·puɲ·ɲa·'tuː·ra] *f* (*manico*) handle

impugnazione [im·puɲ·ɲat·'tsioː·ne] *f* GIUR (*di sentenza, testamento*) contestation

impulsività [im·pul·si·vi·'ta] <-> *f* (*di gesto, risposta*) impulsiveness

impulsivo, -a [im·pul·'siː·vo] **I.** *adj* **1.** (*persona, carattere*) impulsive **2.** (*atto, gesto*) instinctive **II.** *m, f* (*persona*) impulsive person

impulso [im·'pul·so] *m* **1.** ELETT impulse; ~ **di corrente** electrical impulse; ~ **telefonico** (*scatto*) unit **2.** *fig* (*stimolo*) impetus; **dare ~ a qc** to boost sth **3.** *fig* (*istinto*) impulse; **d'~** impulsively

impunemente [im·pu·ne·'men·te] *adv* with impunity

impunità [im·pu·ni·'ta] <-> *f* (*di persona*) impunity

impunito, -a [im·pu·'niː·to] *adj* unpunished

impurità [im·pu·ri·'ta] *f* **1.** (*stato: di aria, acqua*) impurity **2.** *pl* (*particelle*) impurities **3.** REL impurity

impuro, -a [im·'puː·ro] *adj a. fig* REL impure

imputabile [im·pu·'taː·bi·le] *adj* **1. essere ~ a qc/qu** (*attribuibile*) to be due to sth/sb **2.** GIUR (*accusabile*) chargeable

imputabilità [im·pu·ta·bi·li·'ta] <-> *f* GIUR liability

imputare [im·pu·'taː·re] *vt* **1.** ~ **qc a qc/qu** (*attribuire*) to attribute sth to sth/sb **2.** GIUR ~ **qu di qc** (*accusare*) to charge sb with sth

imputato, -a [im·pu·'taː·to] *m, f* GIUR defendant; **banco degli -i** dock

imputazione [im·pu·tat·'tsioː·ne] *f* GIUR charge

in¹ [in] <nel, nello, nell', nella, nei, negli, nelle> *prep* **1.** (*stato in luogo*) in; **essere ~ casa** to be at home; **abitare ~ campagna/città/montagna** to live in the countryside/city/mountains; **abitare ~ via Garibaldi** to live in via Garibaldi; **vivere ~ Francia** to live in France; **lavorare ~ Sicilia** to work in Sicily; **lavorare ~ fabbrica** to work in a factory; **giocare ~ strada** to play in the street; **dormire ~ albergo** to sleep in a hotel; **dormire ~ un letto comodo** to sleep in a comfortable bed; **tenere un oggetto ~ mano/nella borsa** to keep sth in one's hand/bag; **avere un bambino ~ braccio** to have a child in one's arms; **avere un conto ~ banca** to have a bank account **2.** (*moto a luogo*) to; **andare ~ campagna/città/montagna** to go to the countryside/into the city/to the mountains; **entrare ~ casa** to go into the house; **andare ~ cucina** to go into the kitchen; **scendere ~ piazza** to take to the streets; **andare ~ Spagna** to go to Spain; **trasferirsi negli Stati Uniti** to move to the United States; **versare il vino nel bic-**

chiere to pour the wine into the glass **3.** (*moto per luogo*) in; **passeggiare nel parco** to walk in the park; **viaggiare ~ Australia** to travel around Australia **4.** (*tempo determinato*) in; **nel 2007** in 2007; ~ **primavera/estate/autunno/inverno** in Spring/Summer/Fall/Winter; ~ **gennaio** in January; **nel pomeriggio** in the afternoon; ~ **gioventù** in one's youth; ~ **tempo di guerra/pace** in times of war/peace **5.** (*durata: entro*) within [*o* in]; **finirò il lavoro ~ due mesi** I'll finish the work within two months; ~ **tre giorni/settimane/mesi/anni** within three days/weeks/months/years; ~ **un attimo** in a moment; **ho terminato tutto ~ poco tempo** I finished everything quickly; ~ **giornata** before the end of the day **6.** (*modo*) in; **parlare ~ fretta** to talk quickly; **ascoltare ~ silenzio** to listen silently; **mettersi ~ cerchio/fila** to get into a circle/line; **stare ~ piedi/~ ginocchio** to be standing/kneeling; **essere ~ vacanza** to be on vacation; **andare ~ vacanza** to go on vacation; **vivere ~ miseria/nel benessere** to live in poverty/prosperously; **vivere ~ pace** to live in peace; **essere ~ servizio/congedo/pensione** to be on duty/on leave/retired; **colorare ~ rosso** to color red; **trasmettere ~ diretta** to transmit live; **mettersi ~ abito da sera** to wear evening dress; **uscire ~ pigiama** to go out in one's pyjamas; **parlare ~ tedesco** to speak German; **donna ~ carriera** career woman; **casa ~ vendita** house for sale; **carne ~ umido** stewed meat; **riso ~ bianco** boiled rice **7.** (*mezzo*) by; **viaggiare ~ aereo/macchina/treno** to travel by plane/car/train; **pagare ~ contanti** to pay cash **8.** (*materia*) in; **pilastro ~ cemento armato** pillar in reinforced concrete; **mobile ~ legno** wooden piece of furniture **9.** (*fine, scopo*) to; **correre ~ aiuto** to run to help; **dare ~ omaggio** to give away free; **festa ~ onore di qu** party in sb's honor; **ricevere ~ premio** to receive as a prize; **dare ~ prestito** to lend; **un patrimonio ~ libri** a lot of valuable books **10.** (*quantità, distribuzione*) in; **essere ~ pochi** to be only a few; **giocare ~ sei** to play amongs six people; **spettacolo ~ tre atti** show in three acts; **tagliare ~ due** to cut into two; ~ **tutto sono dieci euro** that's ten euros in total **11.** (*area di competenza*) in; **dottore ~ legge** doctor of law; **essere bravo ~ matematica** to be good in math; **laurearsi ~ medicina** to get a degree in medicine; **commerciare ~ gioielli** to trade in jewels **12.** (*trasformazione*) into; **cambiare gli euro ~ dollari** to change euros into dollars; **tradurre dal francese ~ italiano** to translate from French into Italian; **l'acqua si trasforma ~ vapore** the water is transformed into steam

in² [in] **I.** *adv* **essere ~** to be front page news; **fare ~** to be very popular **II.** <inv> *adj* (*locale, personaggio*) in

INA ['iː·na] *m acró de* **Istituto Nazionale**

delle Assicurazioni National Insurance Service

inabile [iˈnaːbiˑle] *adj* **essere ~ a qc** to be unfit for sth; **~ al lavoro** unfit for work; **~ al servizio militare** unfit for military service

inabilità [inˑaˑbiˑliˑˈta] <-> *f* unfitness; (*per infortunio*) disability

inabitabile [inˑaˑbiˑˈtaːbiˑle] *adj* uninhabitable

inaccessibile [inˑatˑtʃesˈsiːbiˑle] *adj* 1. (*luogo*) inaccessible 2. *fig* (*persona*) unapproachable 3. *fig* (*prezzo*) unaffordable

inaccettabile [inˑatˑtʃetˈtaːbiˑle] *adj* unacceptable

inadatto, -a [inˑaˈdatˑto] *adj* **~ (a qc)** (*abito, strumento*) unsuited (for sth); (*persona*) unfit (for sth)

inadeguatezza [inˑaˑdeˑguaˈtetˑtsa] *f* 1. (*di cosa*) inadequacy; (*di comportamento*) unsuitability 2. (*di persona*) unfitness

inadeguato, -a [inˑaˑdeˈguaːto] *adj* 1. (*mezzo, compenso, capacità*) inadequate 2. (*persona*) unfit

inadempiente [inˑaˑdemˈpiɛnˑte] *adj* GIUR defaulting

inadempienza [inˑaˑdemˈpiɛnˑtsa] *f* GIUR default

inadempimento [inˑaˑdemˑpiˈmenˑto] *m v.* **inadempienza**

inafferrabile [inˑafˑferˈraːbiˑle] *adj* 1. (*ladro, evaso, preda*) elusive 2. (*suono, parole*) inaudible 3. *fig* (*concetto, significato*) incomprehensible

inagibile [inˑaˈdʒiːbiˑle] *adj* (*edificio*) unfit for use; (*strada*) impassable

INAIL [ˈinˑail] *m acró de* **Istituto Nazionale per l'Assicurazione contro gli Infortuni sul Lavoro** National Institute for Insurance against Occupational Injuries

inalazione [inˑaˑlatˈtsioːne] *f a. fig* MED inhalation

inalienabile [inˑaˑlieˈnaːbiˑle] *adj a. fig* GIUR inalienable

inalterato, -a [inˑalˑteˈraːto] *adj* 1. (*materiale*) fresh 2. *fig* (*programma*) unchanged; (*sentimento, interesse*) constant

inammissibile [inˑamˑmisˈsiːbiˑle] *adj* (*opinione*) inadmissible; (*errore, comportamento*) unjustifiable

inanimato, -a [inˑaˑniˈmaːto] *adj* 1. (*cosa*) inanimate 2. (*corpo*) lifeless

inappellabile [inˑapˑpelˈlaːbiˑle] *adj* 1. GIUR (*sentenza, giudizio*) not subject to appeal 2. (*decisione, parere*) final

inapplicabile [inˑapˑpliˈkaːbiˑle] *adj* (*norma, legge*) inapplicable; (*metodo, sistema*) unappliable

inappropriato, -a [inˑapˑproˈpriaːto] *adj* inappropriate

inarrestabile [inˑarˑresˈtaːbiˑle] *adj* 1. (*aumento, crescita*) unstoppable 2. (*pianto, discorso*) never ending

inarrivabile [inˑarˑriˈvaːbiˑle] *adj* (*qualità*) unattainable; (*persona*) incomparable

inaspettato, -a [inˑasˑpetˈtaːto] *adj* (*evento, notizia, ospite*) unexpected

inasprimento [inˑasˑpriˈmenˑto] *m* (*di conflitto, rapporti*) worsening; (*di pena*) increase; (*di carattere*) souring

inasprire [inˑasˈpriːre] <inasprisco> I. *vt* 1. (*conflitto, rapporti*) to worsen 2. (*pena*) to increase 3. (*carattere*) to embitter II. *vr:* **-rsi** 1. (*vino*) to turn bitter 2. (*conflitto, rapporti*) to worsen 3. (*persona, carattere*) to become embittered

inattaccabile [inˑatˑtakˈkaːbiˑle] *adj* 1. (*città, fortezza*) impregnable 2. (*metallo*) proofed 3. *fig* (*persona, reputazione*) unassailable; (*fede, principio*) solid

inattendibile [inˑatˑtenˈdiːbiˑle] *adj* unreliable

inatteso, -a [inˑatˈteːso] *adj* (*notizia, ospite*) unexpected

inattività [inˑatˑtiˑviˑˈta] <-> *f* 1. (*di persona, di impianto*) inactivity 2. (*di vulcano*) dormancy

inattivo, -a [inˑatˈtiːvo] *adj* 1. (*persona, impianto*) inactive; **capitale ~** unemployed capital 2. (*vulcano*) dormant

inaudito, -a [inˑauˈdiːto] *adj* 1. (*fatto, ferocia*) unheard-of 2. (*esclamativo*) outrageous

inaugurale [inˑauˑguˈraːle] *adj* (*cerimonia, discorso*) inaugural

inaugurare [inˑauˑguˈraːre] *vt* 1. (*ospedale, stadio*) to inaugurate; (*negozio, mostra*) to open; (*anno accademico*) to begin 2. *inf* (*vestito, automobile*) to christen 3. *fig* (*era*) to usher in; (*metodo*) to introduce

inaugurazione [inˑauˑguˑratˈtsioːne] *f* (*di ospedale, stadio*) inauguration; (*di negozio, mostra*) opening; (*di anno accademico*) start; **discorso di ~** opening speech

inavvertitamente [inˑavˑverˑtiˑtaˈmenˑte] *adv* (*involontariamente*) inadvertently

inca [ˈinˑka] I. *adj* (*degli Inca*) Inca II. <-> *mf* Inca; **gli Inca** the Incas

incalcolabile [inˑkalˑkoˈlaːbiˑle] *adj* 1. (*distanza*) incalculable 2. (*danno, vantaggio*) inestimable

incallito, -a [inˑcalˈliːto] *adj* (*fumatore, bevitore*) inveterate

incalzante [inˑkalˈtsanˑte] *adj* (*domande, richieste*) urgent; (*ritmo*) insistent

incalzare [inˑkalˈtsaːre] I. *vt* 1. (*nemico, avversario*) to pursue 2. to pressure II. *vi fig* (*tempo*) to press; (*pericolo*) to be imminent

incamerare [inˑcaˑmeˈraːre] *vt* GIUR (*beni*) to expropriate

incamminarsi [inˑkamˑmiˈnarˑsi] *vr:* **-rsi** *a. fig* to set off; **-rsi verso qc** to set off toward sth

incanalare [inˑkaˑnaˈlaːre] I. *vt* 1. (*acqua*) to canalize 2. (*folla, traffico*) to channel II. *vr* 1. (*acqua*) to canalize 2. (*folla, traffico*) to flow

incancellabile [inˑkanˑtʃelˈlaːbiˑle] *adj fig* (*ricordo, immagine*) indelible

incandescente [iŋ·kan·deʃ·'ʃɛn·te] *adj* **1.**(*metallo*) incandescent **2.***fig* (*atmosfera*) heated

incandescenza [iŋ·kan·de·'ʃɛn·tsa] *f* FIS incandescence; **lampada a ~** incandescent lamp

incantare [iŋ·kan·'ta:·re] **I.** *vt* **1.***fig* (*affascinare*) to enchant **2.***fig* (*abbindolare*) to get around **3.**(*serpente*) to charm **II.***vr:* **-rsi 1.**(*restare assorto*) to fall under a spell **2.**(*restare affascinato*) to be spellbound **3.**(*meccanismo*) to get stuck

incantato, -a [iŋ·kan·'ta:·to] *adj* **1.**(*castello, giardino*) enchanted **2.**(*paesaggio, aspetto*) enchanting **3.**(*persona: assorto*) in a daze; (*affascinato*) enchanted

incantatore, -trice [iŋ·kan·ta·'to:·re] *m, f* (*mago*) sorceror *m*, sorceress *f;* **~ di serpenti** snake charmer

incantesimo [iŋ·kan·'te:·zi·mo] *m* (*magia*) spell; **fare un ~** to make a spell; **rompere l'~** to break the spell

incantevole [iŋ·kan·'te:·vo·le] *adj* (*persona, luogo*) enchanting

incanto [iŋ·'kan·to] *m* **1.**(*magia*) spell; **come per ~** as if by magic **2.***fig* (*fascino*) enchantment; **d'~** (*a meraviglia*) wonderfully; (*all'improvviso*) suddenly; **questo giardino è un ~** this garden is a wonder **3.**(*asta*) auction; **mettere qc all'~** to put sth up for auction

incapace [iŋ·ka·'pa:·tʃe] **I.** *adj* **1. ~ di fare qc** incapable of doing sth; **~ di intendere e di volere** GIUR not in full possession of one's faculties **2.**(*nella professione*) incompetent **II.** *mf* (*nella professione*) incompetent

incapacità [iŋ·ka·pa·tʃi·'ta] <-> *f* **1. ~ di fare qc** inability to do sth; **~ d'intendere e di volere** GIUR incapacity **2.**(*nella professione*) incompetency

incappare [iŋ·kap·'pa:·re] *vi essere* **~ in qu** to run into sb; **~ in qc** to fall into sth

incappucciato, -a [iŋ·kap·put·'tʃa:·to] (*persona, testa*) hooded

incarcerare [iŋ·kar·tʃe·'ra:·re] *vt* (*persona*) to imprison

incaricare [iŋ·ka·ri·'ka:·re] **I.** *vt* **~ qu di qc** to entrust sb with sth; **~ qu di fare qc** to give sb the job of doing sth **II.** *vr* **-rsi di fare qc** to see about doing sth

incaricato, -a [iŋ·ka·ri·'ka:·to] **I.** *adj* **~ di qc** responsible for sth **II.** *m, f* (*addetto*) employee

incarico [iŋ·'ka:·ri·ko] <-chi> *m* **1.**(*compito*) task; **avere l'~ di fare qc** to have the job of doing sth; **per** [*o* **su**] **~ di qu** on behalf of sb **2.**(*funzione*) position; (*di insegnante*) temporary teaching position

incarnare [iŋ·kar·'na:·re] *vt* **1.**(*ideale, concetto*) to embody **2.**(*personaggio*) to play

incarnato, -a [iŋ·kar·'na:·to] *adj a. fig* REL incarnate

incarnazione [iŋ·kar·nat·'tsio:·ne] *f a. fig* REL incarnation

incartare [iŋ·kar·'ta:·re] *vt* (*merce, regalo*) to wrap (up)

incasinato, -a [in·ka·zi·'na:·to] *adj inf* **1.**(*cosa*) topsy turvy **2.**(*persona: disordinato*) disorganized; **oggi sono incasinata** today I have a lot to do

incassare [iŋ·kas·'sa:·re] *vt* **1.**(*mobile, elettrodomestico*) to set **2.**(*contante*) to take; (*assegno*) to cash **3.***fig* (*critica, offesa*) to take; **~ il colpo** to suffer the blow **4.**SPORT (*pugilato: colpi*) to take; (*calcio: reti, gol*) to let in

incasso [iŋ·'kas·so] *m* **1.**(*di contante*) collection; (*di assegno*) cashing; **all'~** for collection **2.**(*somma*) takings *pl*

incastonato, -a [iŋ·kas·to·'na:·to] *adj* (*gemma, pietra*) mounted

incastrare [iŋ·kas·'tra:·re] **I.** *vt* **1.**(*pezzi, elementi*) to fit together; **~ qc in qc** to fit sth in sth **2.***fig* (*persona*) to trap; *scherz, inf* to catch out **II.** *vr:* **-rsi 1.**(*combinarsi*) to fit **2.**(*bloccarsi*) to get stuck

incastro [in·'kas·tro] *m* **1.**(*operazione*) fitting **2.**(*punto*) joint; **a ~** jointed

incauto, -a [iŋ·'ka:u·to] *adj* unwise

incavo [iŋ·'ka:·vo] *m* (*di pietra, stampo*) groove; (*di parete*) hollow

incazzarsi [iŋ·kat·'tsar·si] *vr vulg* (*arrabbiarsi*) to get pissed off

incazzato, -a [in·kat·'tsa:·to] *adj vulg* (*arrabbiato*) pissed off; **sono ~ nero** I'm really pissed off

incazzatura [iŋ·kat·tsa·'tu:·ra] *f vulg* (*arrabbiatura*) **prendersi un'~** to get pissed off

incedere [in·'tʃɛ:·de·re] <*sing*> (*andatura*) gait

incendiare [in·tʃen·'dia:·re] **I.** *vt* **1.**(*bosco, casa*) to set fire to **2.***fig* (*animi, cuori*) to inflame **II.** *vr:* **-rsi** (*prendere fuoco*) to catch fire

incendiario, -a [in·tʃen·'dia:·rio] <-i, -ie> **I.** *adj* (*materiale, sostanza*) incendiary **II.** *m, f* (*persona*) arsonist

incendio [in·'tʃɛn·dio] <-i> *m* (*fuoco*) fire; **~ doloso** arson

incenerimento [in·tʃe·ne·ri·'men·to] *m* (*di rifiuti*) incineration

inceneritore [in·tʃe·ne·ri·'to:·re] *m* (*impianto*) incinerator

incenso [in·'tʃɛn·so] *m* (*resina*) incense

incensurato, -a [in·tʃen·su·'ra:·to] GIUR **I.** *adj* **essere ~** to have a clean record **II.** *m, f* first-time offender

incentivante [in·tʃen·ti·'van·te] *adj* (*premio, compenso*) motivating

incentivare [in·tʃen·ti·'va:·re] *vt* **1.**ECON to boost **2.**(*persona*) to motivate

incentivazione [in·tʃen·ti·vat·'tsio:·ne] *f* ECON boosting

incentivo [in·tʃen·'ti:·vo] *m* **1.**(*a studio, lavoro*) incentive **2.**ECON boost; **-i alle assunzioni** employment incentives; **-i fiscali** tax incentives

incentrato, -a [in·tʃen·'tra:·to] **~ su qc/qu** (*basato*) based on sth/sb

inceppare [in·tʃep·'pa:·re] **I.** *vt* **1.***fig* (*anda-*

mento, sviluppo) to hamper **2.** (*meccanismo*) to jam **II.** *vr:* **-rsi** (*meccanismo*) to jam

incertezza [in·tʃer·'tet·tsa] *f* **1.** (*di notizia, fonte*) doubtful nature **2.** (*di condizione, sviluppi*) uncertainty **3.** (*titubanza*) uncertainty

incerto[1] [in·'tʃɛr·to] *adj* **1.** (*notizia, attribuzione*) doubtful **2.** (*esito, sviluppi, data*) uncertain **3.** (*persona*) uncertain **4.** (*luce*) feeble; (*suono*) indistinct; (*confine*) unclear **5.** (*passo, scrittura*) hesitant **6.** (*tempo*) variable

incerto[2] I. <*sing*> *m* **l'**~ the unknown **II.** *m* **gli -i** the risks

incessante [in·tʃes·'san·te] *adj* **1.** (*pioggia, pianto*) incessant **2.** (*impegno, pensiero*) constant

incesto [in·'tʃɛs·to] *m* incest

incetta [int·'ʃet·ta] *f* **fare** ~ **di** qc (*merce, prodotto*) to stockpile sth

inchiesta [in·'kiɛs·ta] *f* **1.** (*ricerca*) investigation; (*giornalistica*) report; ~ **di mercato** market survey **2.** ADMIN, GIUR inquiry; **commissione d'**~ commission of inquiry

inchinarsi [in·ki·'na:r·si] *vr* (*per riverenza*) to bow; ~ **davanti a** qc/qu to bow down before sb/sth

inchino [iŋ·'ki:·no] *m* (*atto*) bow; **fare un** ~ to bow

inchiodare [iŋ·kio·'da:·re] *vt* **1.** (*con chiodi*) to nail **2.** *fig* (*persona*) to keep; (*con la forza*) to hold **3.** *fig* (*veicolo, ruote*) to stall

inchiodata [iŋ·kio·'da:·ta] *f inf* (*frenata*) **fare un'**~ to brake hard

inchiodato, -a [iŋ·kio·'da:·to] *adj* (*persona*) glued; **prezzi -i** prices kept low

inchiostro [iŋ·'kiɔs·tro] *m* **1.** (*per scrivere*) ink; ~ **di china** Indian ink; ~ **simpatico** invisible ink; **nero come l'**~ as black as ink; **versare fiumi d'**~ **su** qc *fig* to write volumes about sth **2.** (*di seppia*) cuttlefish ink

inciampare [in·tʃam·'pa:·re] *vi* essere o avere (*col piede*) to trip; ~ **in** qc to trip over sth

incidentale [in·tʃi·den·'ta:·le] *adj* **1.** (*casuale*) accidental **2.** (*secondario*) incidental

incidente [in·tʃi·'dɛn·te] *m* **1.** (*disgrazia*) accident; ~ **sul lavoro** occupational accident; ~ **stradale** traffic accident **2.** *fig* (*fatto spiacevole*) incident; ~ **diplomatico** diplomatic incident; ~ **di percorso** hitch

incidenza [in·tʃi·'dɛn·tsa] *f* **1.** *fig* (*peso: di spese*) effect **2.** *fig* (*frequenza: di malattia*) frequency

incidere [in·'tʃi:·de·re] <incido, incisi, inciso> **I.** *vi* avere ~ **su** qc (*pesare*) to have an effect on sth **II.** *vt* **1.** (*tagliare*) to carve; MED (*ascesso*) to lance; (*cute*) to cut into **2.** (*scolpire*) to engrave; ~ **il legno** to carve wood; ~ **la pietra/ il rame** to engrave stone/copper **3.** (*disco, canzone*) to record

incinta [in·'tʃin·ta] *adj* pregnant; **è** ~ **di cinque mesi** she's five months pregnant

incipiente [in·tʃi·'piɛn·te] *adj* (*malattia*) incipient

incirca [in·'tʃir·ka] *adv* **all'**~ about

incisi [in·'tʃi:·zi] *1. pers sing pass rem di* **incidere**

incisione [in·tʃi·'zio:·ne] *f* **1.** (*taglio*) carving; MED (*di ascesso*) lancing; (*della cute*) incision **2.** (*tecnica, quadro*) engraving **3.** (*di disco, canzone*) recording; **sala d'**~ recording studio

incisività [in·tʃi·zi·vi·'ta] <-> *f* (*di discorso, stile*) incisiveness

incisivo[1] [in·tʃi·'zi:·vo] *adj fig* (*discorso, stile*) incisive

incisivo[2] *m* ANAT incisor

inciso[1] [in·'tʃi:·zo] *pp di* **incidere**

inciso[2] *m* LING parenthesis; **per** ~ in passing

incisore [in·tʃi·'zo:·re] *m* (*artigiano*) engraver

incitamento [in·tʃi·ta·'men·to] *m* **1.** (*esortazione*) incitement **2.** (*stimolo*) incentive

incitare [in·tʃi·'ta:·re] *vt* to urge

inciucio [in·'tʃu·tʃo] <-ci> *m pej* POL deal

incivile [in·tʃi·'vi:·le] **I.** *adj* **1.** (*popolo, legge*) uncivilized **2.** (*comportamento, persona*) rude **II.** *mf* (*persona*) peasant

inciviltà [in·tʃi·vil·'ta] *f* **1.** (*di popolo, legge*) barbarity **2.** (*di persona, comportamento*) rudeness **3.** (*azione*) barbarism

inclassificabile [iŋ·klas·si·fi·'ka:·bi·le] *adj* **1.** (*minerale, pianta*) unclassifiable **2.** *fig* (*atto, gesto*) disgraceful

inclinabile [iŋ·kli·'na:·bi·le] *adj* (*sedile, piano*) reclining

inclinare [iŋ·kli·'na:·re] **I.** *vt* (*corpo, oggetto, test*) to tilt; (*schienale*) to tilt back **II.** *vi* (*schienale*) to tilt

inclinato, -a [in·kli·'na:·to] *adj* (*corpo, oggetto*) tilted; (*retta, superficie*) sloping; **piano** ~ inclined plane

inclinazione [iŋ·kli·nat·'tsio:·ne] *f* **1.** (*di corpo, piano, superficie*) slope **2.** *fig* (*predisposizione*) inclination

incline [iŋ·'kli:·ne] *adj* **essere** ~ **a** qc to be inclined to sth

includere [iŋ·'klu:·de·re] <includo, inclusi, incluso> *vt* **1.** (*comprendere*) to include **2.** (*in busta, lettera*) to enclose

inclusione [iŋ·klu·'zio:·ne] *f* inclusion

inclusivo, -a [iŋ·klu·'zi:·vo] *adj* (*prezzo*) ~ **di** qc including sth

incluso, -a [iŋ·'klu:·zo] **I.** *pp di* **includere** **II.** *adj* (*servizio, spese*) included; **saremo in sette, inclusi noi** *inf* there will be seven including us

incoerente [iŋ·ko·e·'rɛn·te] *adj* **1.** (*persona, comportamento*) inconsistent **2.** (*discorso, testo*) incoherent

incoerenza [iŋ·ko·e·'rɛn·tsa] *f* **1.** (*caratteristica*) inconsistency **2.** (*cosa incoerente*) incoherency

incognita [iŋ·'kɔɲ·ni·ta] *f a. fig* MAT unknown quantity

incognito [iŋ·'kɔɲ·ni·to] *m* **in** ~ incognito

incollare [iŋ·kol·'la:·re] **I.** *vt* to stick; **incolla** COMPUT paste **II.** *vr* **1.** (*francobollo*) to stick **2.** **-rsi a** qc/qu *fig* to stick to sth/sb like glue

incolmabile [iŋ·kol·'ma:·bi·le] *adj* **1.** (*lacuna, vuoto*) unbridgeable; (*dolore*) overwhelming **2.** SPORT (*distacco*) irretrievable

incolore [iŋ·ko·'lo:·re] *adj* **1.** (*liquido, sostanza*) colorless **2.** *fig* dull

incolpare [iŋ·kol·'pa:·re] *vt* **1.** (*persona*) to blame; ~ **qu di qc** to accuse sb of sth **2.** (*destino, circostanze*) to blame

incolto, -a [iŋ·'kol·to] *adj* **1.** (*terreno*) uncultivated **2.** *fig* (*barba, capelli*) unkempt **3.** *fig* (*persona*) uneducated

incolumità [iŋ·ko·lu·mi·'ta] <-> *f* (*di persona*) safety

incombente [iŋ·kom·'bɛn·te] *adj* (*pericolo, rischio*) imminent

incombenza [iŋ·kom·'bɛn·tsa] *f* (*incarico*) task

incombere [iŋ·'kom·be·re] <incombo, incombei *o* incombetti, *manca il pp*> *vi* (*pericolo, rischio*) to threaten

incominciare [iŋ·ko·min·'tʃa:·re] **I.** *vt* (*dare inizio*) to start [*o* to begin]; ~ **a fare qc** to start [*o* begin] to do sth; **incomincia a piovere** it's starting [*o* beginning] to rain **II.** *vi essere* (*avere inizio*) to start [*o* begin]

incommensurabile [iŋ·kom·men·su·'ra:·bi·le] *adj* (*spazio, distanza*) immeasurable; (*bene, valore*) incalculable; (*sentimento*) boundless

incomodo, -a *adj* **terzo ~** (*persona inopportuna*) gooseberry

incomparabile [iŋ·kom·pa·'ra:·bi·le] *adj* (*eccezionale*) incomparable

incompatibile [iŋ·kom·pa·'ti:·bi·le] *adj* (*inconciliabile*) incompatible

incompatibilità [iŋ·kom·pa·ti·bi·li·'ta] <-> *f* (*inconciliabilità*) incompatibility; ~ **di carattere** mutual incompatibility

incompetente [iŋ·kom·pe·'tɛn·te] **I.** *adj* incompetent; **essere ~ in qc** to know nothing about sth **II.** *mf* **1.** (*in una materia*) ignoramus **2.** (*nella professione*) incompetent

incompetenza [iŋ·kom·pe·'tɛn·tsa] *f* **1.** (*in una materia*) lack of knowledge **2.** (*nella professione*) incompetence

incompiuto, -a [iŋ·kom·'piu:·to] *adj* (*progetto, opera*) unfinished

incompleto, -a [iŋ·kom·'plɛ:·to] *adj* (*informazione, raccolta*) incomplete

incomprensibile [iŋ·kom·pren·'si:·bi·le] *adj* (*discorso, scrittura, comportamento*) incomprehensible; (*persona*) hard to understand

incomprensione [iŋ·kom·pren·'sio:·ne] *f* **1.** (*caratteristica*) incomprehension **2.** (*malinteso*) misunderstanding

incompreso, -a [iŋ·kom·'pre:·so] **I.** *adj* misunderstood **II.** *m, f* (*persona*) misunderstood person; **sono un ~!** nobody understands me!

incomunicabilità [iŋ·ko·mu·ni·ka·bi·li·'ta] <-> *f* (*tra persone*) lack of communication

inconcepibile [iŋ·kon·tʃe·'pi:·bi·le] *adj* (*assurdo, incredibile*) inconceivable

inconciliabile [iŋ·kon·tʃi·'lia:·bi·le] *adj* (*punto di vista, tesi*) irreconcilable

inconcludente [iŋ·koŋ·klu·'dɛn·te] *adj* **1.** (*sforzo, discorso*) inconclusive **2.** (*persona*) ineffectual

incondizionato, -a [iŋ·kon·dit·tsio·'na:·to] *adj* unconditional; **resa -a** unconditional surrender

inconfondibile [iŋ·kon·fon·'di:·bi·le] *adj* (*voce, stile*) unmistakable

inconfutabile [iŋ·kon·fu·'ta:·bi·le] *adj* (*prova, teoria*) irrefutable

incongruenza [iŋ·koŋ·gru·'ɛn·tsa] *f* **1.** (*caratteristica*) contradictory nature **2.** (*contraddizione*) inconsistency

incongruo, -a [iŋ·'kɔŋ·gruo] *adj* (*compenso, retribuzione*) inadequate

inconsapevole [iŋ·kon·sa·'pe:·vo·le] *adj* **1.** (*persona*) unaware **2.** (*gesto*) unconscious

inconscio¹ [iŋ·'kɔn·ʃo] <-sci, -sce> *adj* (*atto, desiderio*) unconscious

inconscio² <*sing*> *m* PSIC **l'~** the unconscious; **l'~ collettivo** the collective unconscious

inconsistente [iŋ·kon·sis·'tɛn·te] *adj* **1.** (*tessuto, materiale*) flimsy **2.** *fig* (*accusa, prova*) unfounded; (*discorso, tesi*) groundless **3.** *fig* (*persona*) shallow

inconsistenza [iŋ·kon·sis·'tɛn·tsa] *f* **1.** (*di tessuto, materiale*) flimsiness **2.** *fig* (*di accusa, prova*) lack of foundation; (*di discorso, tesi*) groundlessness

inconsueto, -a [iŋ·kon·su·'ɛ:·to] *adj* (*insolito*) unusual

incontaminato, -a [iŋ·kon·ta·mi·'na:·to] *adj* (*luogo*) uncontaminated

incontenibile [in·kon·te·'ni:·bi·le] *adj* (*impeto, avanzata*) unstoppable; (*riso, pianto*) uncontrollable

incontestabile [iŋ·kon·tes·'ta:·bi·le] *adj* indisputable

incontinenza [iŋ·kon·ti·'nɛn·tsa] *f* MED incontinence

incontrare [iŋ·kon·'tra:·re] **I.** *vt* **1.** (*per appuntamento*) to meet; (*per caso*) to bump into **2.** (*difficoltà, problema*) to come up against; (*favore*) to win over **3.** SPORT (*avversario, squadra*) to meet **II.** *vr:* **-rsi** **1.** (*per appuntamento*) to meet each other; (*per caso*) to bump into each other; **-rsi con qu** to meet with sb **2.** SPORT to meet each other **3.** (*strade, fiumi*) to meet up

incontrastato, -a [iŋ·kon·tras·'ta:·to] *adj* (*successo, dominio*) undisputed

incontro¹ [iŋ·'kon·tro] *m* **1.** (*casuale*) encounter; **fare un brutto ~** to have a nasty encounter; (*per appuntamento*) meeting; ~ **di lavoro** work meeting; ~ **al vertice** summit; (*convegno*) conference **2.** SPORT match

incontro² *prep* **1.** ~ **a qu/qc** (*in direzione di*) toward sb/sth; **andare ~ a qc/qu** to go toward sth/sb; **venire ~ a qc/qu** to come toward sth/sb **2. andare ~ a qc** *fig* (*pericoli, difficoltà*) to come up against sth; **andare/**

venire ~ **a qu** *fig* (*aiutarlo*) to meet sb half-way

incontrollabile [iŋ·kon·trol·'la:·bi·le] *adj* **1.** (*desiderio, impulso*) uncontrollable **2.** (*notizia, dato*) unverifiable

incontrollato, -a [iŋ·kon·trol·'la:·to] *adj* **1.** (*gesto, reazione*) uncontrolled **2.** (*notizia, fonte*) unverified

incontrovertibile [iŋ·kon·tro·ver·'ti:·bi·le] *adj* (*diritto, prova*) incontrovertible

inconveniente [iŋ·kon·ve·'niɛn·te] *m* **1.** (*ostacolo*) difficulty **2.** (*svantaggio*) drawback

incoraggiamento [iŋ·ko·rad·dʒa·'men·to] *m* (*incitamento, esortazione*) encouragement; **parole di** ~ words of encouragement; **premio di** ~ consolation prize

incoraggiante [in·ko·rad·'dʒan·te] *adj* (*parole, notizie, risultato*) encouraging

incoraggiare [iŋ·ko·rad·'dʒa:·re] *vt* to encourage

incorniciare [iŋ·kor·ni·'tʃa:·re] *vt* (*foto, quadro*) to frame; **da** ~ (*memorabile: vittoria, trionfo*) memorable

incoronazione [iŋ·ko·ro·nat·'tsio:·ne] *f* (*di re, vincitore*) coronation

incorporare [iŋ·kor·po·'ra:·re] *vt* **1.** (*elementi, sostanze*) to mix (in) **2.** *fig* (*provincia, azienda*) to incorporate

incorrere [iŋ·'kor·re·re] <incorro, incorsi, incorso> *vi essere* ~ **in qc** (*errore, sanzione*) to incur sth; ~ **in un pericolo** to run into danger

incorruttibile [iŋ·kor·rut·'ti:·bi·le] *adj* (*persona*) incorruptible

incorsi [iŋ·'kor·si] *1. pers sing pass rem di* **incorrere**

incorso [iŋ·'kor·so] *pp di* **incorrere**

incosciente [iŋ·koʃ·'ʃɛn·te] **I.** *adj* **1.** (*svenuto*) unconscious **2.** (*irresponsabile*) irresponsible **II.** *mf* (*irresponsabile*) irresponsible person; **agire da** ~ to behave irresponsibly

incoscienza [iŋ·ko·'ʃɛn·tsa] *f* **1.** (*stato*) unconsciousness **2.** (*irresponsabilità*) irresponsibility

incostante [iŋ·kos·'tan·te] *adj* **1.** (*persona, carattere*) fickle; **essere** ~ **in qc** to be inconsistent in sth **2.** (*impegno, rendimento*) inconsistent

incostituzionale [iŋ·kos·ti·tut·tsio·'na:·le] *adj* GIUR (*provvedimento, norma*) unconstitutional

incredibile [iŋ·kre·'di:·bi·le] *adj* incredible

incredulità [iŋ·kre·du·li·'ta] <-> *f* incredulity

incredulo, -a [iŋ·'krɛ:·du·lo] *adj* (*persona, sguardo*) incredulous

incrementare [iŋ·kre·men·'ta:·re] *vt* to increase

incremento [iŋ·kre·'men·to] *m* (*di produzione, consumo*) increase; ~ **della popolazione** population growth

increscioso, -a [iŋ·kreʃ·'ʃo:·so] *adj* (*episodio, incidente*) regrettable

incriminato, -a [iŋ·kri·mi·'na:·to] *adj* GIUR (*persona, arma*) indicted

incriminazione [iŋ·kri·mi·nat·'tsio:·ne] *f* GIUR indictment

incrinare [iŋ·kri·'na:·re] **I.** *vt* **1.** (*bicchiere, piatto*) to crack **2.** *fig* (*rapporto, amicizia*) to spoil **II.** *vr:* **-rsi 1.** (*bicchiere, piatto, voce*) to crack **2.** *fig* (*rapporto, amicizia*) to worsen

incrociare [iŋ·kro·'tʃa:·re] **I.** *vt* **1.** (*assi, bastoni, gambe*) to cross; ~ **le braccia** *fig* to strike; ~ **le dita** *fig* to cross one's fingers **2.** (*strada*) to cut across **3.** (*persona, veicolo*) to meet **4.** BIOL to cross **II.** *vr:* **-rsi 1.** (*strade*) to cross **2.** (*persone, veicoli*) to meet **3.** BIOL to cross

incrocio [iŋ·'kro:·tʃo] <-ci> *m* **1.** (*di assi, travi*) crossing **2.** (*di strade*) junction **3.** BIOL cross

incrollabile [iŋ·krol·'la:·bi·le] *adj* **1.** (*edificio, muro*) indestructible **2.** *fig* (*fede, volontà*) unwavering

incubatrice [iŋ·ku·ba·'tri:·tʃe] *f* (*per neonati*) incubator

incubazione [iŋ·ku·bat·'tsio:·ne] *f* (*di malattia*) incubation

incubo ['iŋ·ku·bo] *m a. fig* nightmare

incudine [iŋ·'ku:·di·ne] *f* (*attrezzo*) anvil; **tra l'**~ **e il martello** *fig* between the devil and the deep blue sea

incurabile [iŋ·ku·'ra:·bi·le] *adj* (*malattia, malato*) incurable; **male** ~ (*cancro*) cancer

incurante [iŋ·ku·'ran·te] *adj* ~ **di qc** (*pericolo, critiche*) indifferent to sth

incuria [iŋ·'ku:·ria] *f* (*negligenza*) neglect

incuriosire [iŋ·ku·rio·'si:·re] <incuriosisco> **I.** *vt* to intrigue **II.** *vr:* **-rsi** to become curious; **-rsi di qc** to become curious about sth

incursione [iŋ·kur·'sio:·ne] *f* **1.** (*di soldati, polizia, ladri*) raid **2.** *inf* (*di ospiti*) invasion; (*in cucina, dispensa*) foray

incustodito, -a [iŋ·kus·to·'di:·to] *adj* (*macchina, bagaglio*) unattended; (*parcheggio, passaggio a livello*) unmanned

indaco ['in·da·ko] **I.** *m* (*colore*) indigo **II.** <inv> *adj* indigo

indaffarato, -a [in·daf·fa·'ra:·to] *adj* busy; **essere** ~ **in qc** to be busy with sth

indagare [in·da·'ga:·re] *vi* to investigate; ~ **su qc** GIUR to investigate sth

indagato, -a [in·da·'ga:·to] **I.** *adj* (*persona*) investigated **II.** *m, f* person under investigation; **registro degli -i** *list of people under investigation by the police*

indagine [in·'da:·dʒi·ne] *f* **1.** (*ricerca*) research; ~ **di mercato** market research **2.** GIUR investigation; **giudice per le -i preliminari** [*o* GIP] *the magistrate appointed to supervise the initial police investigation into a case*

indebitamento [in·de·bi·ta·'men·to] *m* indebtedness

indebito, -a [in·'de:·bi·to] *adj* (*illecito*) illegal

indebolimento [in·de·bo·li·'men·to] *m* (*di persona*) weakening; (*di udito, vista*) failing

indebolire [in·de·bo·'li:·re] <indebolisco> **I.** *vt avere* **1.** (*persona*) to weaken; (*vista, udito*) to worsen **2.** *fig* (*autorità, capacità*) to weaken **II.** *vr:* **-rsi** (*persona, autorità, capacità*) to grow weak; (*vista, udito*) to worsen

indecente [in·de·'tʃɛn·te] *adj* **1.**(*scollatura, proposta*) indecent **2.**(*indecoroso*) dreadful

indecenza [in·de·'tʃɛn·tsa] *f* **1.**(*caratteristica*) indecency **2.**(*cosa vergognosa*) disgrace; **è un'~!** it's a disgrace!

indecifrabile [in·de·tʃi·'fra:·bi·le] *adj* **1.**(*scrittura, messaggio*) indecipherable **2.** *fig* (*persona, sguardo*) unreadable

indecisione [in·de·tʃi·'zio:·ne] *f* indecision

indeciso, -a [in·de·'tʃi:·zo] **I.** *adj* (*persona, carattere*) undecided **II.** *m, f* wobbler

indecoroso, -a [in·de·ko·'ro:·so] *adj* (*comportamento, condizioni*) unseemly

indefinibile [in·de·fi·'ni:·bi·le] *adj* (*colore, odore, sapore*) nondescript; (*sentimento, sensazione*) indefinable

indefinito, -a [in·de·fi·'ni:·to] *adj* **1.**(*quantità*) indefinite; (*sensazione, idea*) vague **2.**(*questione*) unresolved **3.** LING (*modo, pronome*) indefinite

indegno, -a [in·'deɲ·ɲo] *adj* (*persona, comportamento*) shameful; **essere ~ di qc/qu** to be unworthy of sth/sb

indelebile [in·de·'lɛ:·bi·le] *adj a. fig* indelible

indelicato, -a [in·de·li·'ka:·to] *adj* (*persona, comportamento, domanda*) tactless

indenne [in·'dɛn·ne] *adj* **1.**(*da incidente*) unharmed **2.**(*da malattia*) uncontaminated

indennità [in·den·ni·'ta] <-> *f* **1.**(*compenso*) allowance; **~ parlamentare** parliamentary salary; **~ di trasferta** travel expenses *pl* **2.**(*sussidio*) benefit

indennizzare [in·den·nid·'dza:·re] *vt* GIUR to compensate; **~ qu di qc** to compensate sb for sth

indennizzo [in·den·'nid·dzo] *m* GIUR compensation

inderogabile [in·de·ro·'ga:·bi·le] *adj* (*principio*) binding; (*impegno*) unavoidable

indescrivibile [in·des·kri·'vi:·bi·le] *adj* indescribable

indesiderato, -a [in·de·si·de·'ra:·to] *adj* **1.**(*persona, ospite*) unwanted **2.**(*effetto, conseguenza*) undesired

indeterminatezza [in·de·ter·mi·na·'tet·tsa] *f* vagueness

indeterminato, -a [in·de·ter·mi·'na:·to] *adj* (*quantità, luogo, tempo*) undetermined; **contratto a tempo ~** permanent employment contract

indetto [in·'det·to] *pp di* **indire**

indi ['in·di] *adv* LIT (*dopo*) then

India ['in·dia] *f* **l'~** India; **abitare in ~** to live in India; **andare in ~** to go to India

indiano, -a [in·'dia:·no] **I.** *adj* **1.**(*dell'India*) Indian; **Oceano Indiano** Indian Ocean **2.**(*d'America*) Native American; **in fila -a** single file **II.** *m, f* **1.**(*dell'India*) Indian **2.**(*d'America*) Native American

indiavolato, -a [in·dia·vo·'la:·to] *adj* (*bambino*) unruly; (*ritmo, chiasso*) frenzied

indicare [in·di·'ka:·re] *vt* **1.**(*con parole*) to show; (*con gesto*) to point out **2.**(*strumento, segnale*) to indicate; (*orologio*) to say; (*etichetta, istruzioni*) to explain **3.**(*consigliare*) to recommend **4.**(*rivelare*) to indicate; (*vocabolo*) to indicate

indicativo¹ [in·di·ka·'ti:·vo] *adj* **1.**(*rivelatore*) indicative **2.**(*cifra, prezzo*) approximate **3. modo ~** LING indicative

indicativo² *m* LING indicative

indicato, -a [in·di·'ka:·to] *adj* (*adatto*) suitable

indicatore¹ [in·di·ka·'to:·re] *adj* (*cartello, tabella*) explanatory

indicatore² *m* **1.**(*dispositivo*) gauge; **~ di direzione** indicator; **~ di velocità** speedometer **2.** ECON indicator

indicazione [in·di·kat·'tsio:·ne] *f* **1.**(*informazione*) information **2.**(*suggerimento*) recommendation **3.** *pl* (*istruzioni*) instructions

indice ['in·di·tʃe] *m* **1.**(*dito*) index finger **2.**(*di libro*) index; **~ analitico** index **3.**(*di strumento*) needle **4.**(*rapporto*) index; **~ d'ascolto** ratings *pl;* **~ di gradimento** popularity rating; **~ di natalità** birth rate; **~ del costo della vita** cost of living index **5.** *fig* (*indizio*) indication

indicibile [in·di·'tʃi:·bi·le] *adj* unspeakable

indicizzare [in·di·tʃid·'dza:·re] *vt* ECON to index

indicizzato, -a [in·di·tʃid·'dza:·to] *adj* ECON indexed

indicizzazione [in·di·tʃid·dzat·'tsio:·ne] *f* ECON indexing

indico [in·'di:·ko] *1. pers sing pr di* **indire**

indietro [in·'die:·tro] *adv* **1.**(*luogo*) back; **rimanere ~** to be left behind; **tornare ~** to turn back; **voltarsi ~** to turn around; **all'~** backwards **2.**(*tempo*) **essere ~ col lavoro** to be behind with one's work **3.**(*orologio*) **essere ~** to be slow; **il mio orologio va ~ di cinque minuti** my watch is five minutes slow **4.**(*paese, agricoltura*) backward

indifeso, -a [in·di·'fe:·so] *adj* **1.**(*luogo, postazione*) undefended **2.**(*persona*) defenseless

indifferente [in·dif·fe·'rɛn·te] **I.** *adj* **1.**(*persona*) indifferent; **lasciare qu ~** to leave sb cold **2.**(*non importante*) **qc/qu è ~ a qu** to not care less about sth/sb; **quel ragazzo mi è ~** I couldn't care less about that boy **3.**(*scelta, questione*) **essere ~** to be all the same; **non ~** (*notevole: somma*) considerable **II.** *m* (*persona*) indifferent person; **fare l'~** to pretend not to care

indifferenza [in·dif·fe·'rɛn·tsa] *f* indifference

indigeno, -a [in·'di:·dʒe·no] **I.** *adj* (*popolazione*) indigenous; (*prodotto*) local **II.** *m, f* (*persona*) native

indigenza [in·di·'dʒɛn·tsa] *f* (*povertà*) poverty

indigestione [in·di·dʒes·'tio:·ne] *f* **1.**(*di cibo*) indigestion; **fare un'~ di dolci** to eat too much cake **2.** *fig* (*di libri, film*) **ho fatto un'~ di latino** I've had more than enough of Latin

indignarsi [in·diɲ·'naːr·si] *vr* to get indignant; **-rsi per qc** to get indignant about sth

indignato, -a [in·diɲ·'naː·to] *adj* (*persona, reazione*) indignant; ~ (**contro qu**) (**per qc**) indignant (with sb) (about sth)

indignazione [in·diɲ·nat·'tsioː·ne] *f* indignation; **suscitare** ~ to cause indignation

indimenticabile [in·di·men·ti·'kaː·bi·le] *adj* (*fatto, persona*) unforgettable

indipendente [in·di·pen·'dɛn·te] *adj* 1.(*persona, gruppo, nazione*) independent; **essere** ~ **da qu/qc** to be independent of sb/sth 2.(*fatto, evento*) unrelated; **essere** ~ **da qu/qc** to have nothing to do with sb/sth

indipendenza [in·di·pen·'dɛn·tsa] *f* (*di persona, gruppo, nazione*) independence

indire [in·'diː·re] <indico, indissi, indetto> *vt* (*concorso*) to announce; (*elezioni*) to call

indiretto, -a [in·di·'rɛt·to] *adj* 1.(*causa, conseguenza*) indirect; **per vie -e** indirectly 2.LING **complementi -i** indirect; **discorso** ~ indirect speech

indirizzare [in·di·rit·'tsaː·re] *vt* 1.(*persona*) to send; ~ **i passi** [*o* **il cammino**] **verso un luogo** to set off toward a place; ~ **qu da qu** to send sb to sb; ~ **qu a qc** *fig* to direct sb toward sth 2.(*posta*) to address

indirizzario [in·di·rit·'tsaː·rio] *m* mailing list

indirizzo [in·di·'rit·tso] *m* 1.(*di persona*) address; ~ **di posta elettronica** e-mail address 2.*fig* (*orientamento*) **a indirizzo umanistico** humanistically oriented

indisciplinato, -a [in·di·ʃi·pli·'naː·to] *adj* (*persona, comportamento*) undisciplined

indiscreto, -a [in·dis·'kreː·to] *adj* 1.(*persona*) intrusive; **se non sono** ~ (*formula di cortesia*) if you don't mind me asking 2.(*domanda*) indiscreet; (*sguardo*) prying

indiscrezione [in·dis·kret·'tsioː·ne] *f* 1.(*atto indelicato*) impertinence 2.(*notizia segreta*) gossip

indiscriminato, -a [in·dis·kri·mi·'naː·to] *adj* (*uso, aumento*) indiscriminate

indiscusso, -a [in·dis·'kus·so] *adj* (*fama, competenza*) undisputed

indiscutibile [in·dis·ku·'tiː·bi·le] *adj* unquestionable

indispensabile [in·dis·pen·'saː·bi·le] **I.** *adj* 1.(*necessario*) essential; (*firma, consenso*) indispensable 2.(*persona*) indispensable **II.** *sing* **l'~** the necessities *pl;* **lo stretto** ~ the bare necessities *pl*

indisponibile [in·dis·po·'niː·bi·le] *adj* 1.(*cosa*) unavailable 2.(*persona, non pronto*) unwilling; (*non libero*) unavailable; ~ **a** [*o* **per**] **qc** (*non pronto*) to not be open to sth; (*non libero*) to be unavailable for sth 3.GIUR (*bene, diritto*) inalienable

indissi [in·'dis·si] *1.pers sing pass rem di* **indire**

indissolubile [in·dis·so·'luː·bi·le] *adj* (*legame, patto*) indissoluble

indistinto, -a [in·dis·'tin·to] *adj* 1.(*figura,*

suono) indistinct 2.(*insieme, massa*) amorphous

indistruttibile [in·dis·trut·'tiː·bi·le] *adj* 1.(*materiale, macchina*) indestructible 2.(*fede, principio*) unwavering

indisturbato, -a [in·dis·tur·'baː·to] *adj* undisturbed

indivia [in·'diː·via] <-ie> *f* endive

individuale [in·di·vi·du·'aː·le] *adj* individual

individualismo [in·di·vi·dua·'liz·mo] *m* (*egoismo*) individualism

individualista [in·di·vi·dua·'lis·ta] <-i *m*, -e *f*> *mf* (*egoista*) individualist

individualità [in·di·vi·dua·li·'ta] <-> *f* individuality

individuare [in·di·vi·du·'aː·re] *vt* 1.(*colpevole*) to identify; (*obiettivo*) to locate; ~ **qu tra la folla** to pick sb out of the crowd 2.(*causa, guasto*) to identify

individuazione [in·di·vi·duat·'tsioː·ne] *f* 1.(*di colpevole*) identification; (*di obiettivo*) location 2.(*di causa, guasto*) identification

individuo [in·di·'vi·duo] *m a. pej* individual

indivisibile [in·di·vi·'ziː·bi·le] *adj* (*entità, numero*) indivisible

indiziato, -a [in·dit·'tsia·to] **I.** *adj* suspected **II.** *m, f* suspect

indizio [in·'dit·tsio] <-i> *m* 1.(*sintomo*) sign 2.GIUR evidence

Indocina [in·do·'tʃiː·na] *f* **l'~** Indochina; **vivere in** ~ to live in Indochina; **andare in** ~ to go to Indochina

indoeuropeo, -a [in·do·eu·ro·'pɛː·o] <-ei, -ee> *adj* (*lingua, popolazione*) Indo-European

indole ['in·do·le] *f* (*temperamento*) temperament

indolente [in·do·'lɛn·te] *adj* (*persona, carattere*) indolent

indolenza [in·do·'lɛn·tsa] *f* (*di persona, carattere*) indolence

indolore [in·do·'loː·re] *adj a. fig* painless

indomabile [in·do·'maː·bi·le] *adj* 1.(*cavallo*) unbreakable 2.*fig* (*incendio*) uncontrollable; (*carattere, volontà*) indomitable

indomani [in·do·'maː·ni] *m* **l'~** the next day

indomito, -a [in·'do·mi·to] *adj fig* LIT (*cuore, spirito*) indomitable

Indonesia [in·do·'neː·zia] *f* **l'~** Indonesia; **abitare in** ~ to live in Indonesia; **andare in** ~ to go to Indonesia

indonesiano¹ [in·do·ne·'zia·no] <-sing> *sing* (*lingua*) Indonesian

indonesiano² **I.** *adj* (*dell'Indonesia*) Indonesian **II.** *m* (*abitante*) Indonesian

indossare [in·dos·'saː·re] *vt* 1.(*portare*) to wear 2.(*mettersi*) to put on

indossatore, -trice [in·dos·sa·'toː·re] *m, f* (*uomo*) male model; (*donna*) model

indosso [in·'dɔs·so] *adv* **avere/mettersi** ~ **qc** to have/put sth on

indotto¹ [in·'dɔt·to] **I.** *pp di* **indurre II.** *adj* 1.(*fatto, fenomeno*) caused 2.FIS (*carica, corrente*) induced

indotto² <sing> *m* ECON supplier industry; ~ **automobilistico** automotive supplier industry

indovinare [in·do·vi·'na:·re] *vt* **1.** (*intuire*) to guess; (*risultato, gusti*) to predict; (*soluzione, risposta*) to get right; **tirare a** ~ to have a guess **2.** (*scegliere bene*) to choose well; **non indovinarne una** to get nothing right

indovinato, -a [in·do·vi·'na:·to] *adj* (*regalo, scelta*) successful

indovinello [in·do·vi·'nɛl·lo] *m* (*quesito*) puzzle

indovino, -a [in·do·'vi:·no] *m, f* (*mago*) fortuneteller

indù [in·'du] **I.** <inv> *adj* (*dell'India, dell'induismo*) Hindu **II.** <-> *mf* (*abitante*) Hindu

indubbio, -a [in·'dub·bio] <-i, -ie> *adj* undeniable

indubitabile [in·du·bi·'ta:·bi·le] *adj* unquestionable

induco [in·'du:·ko] *1. pers sing pr di* **indurre**

indugiare [in·du·'dʒa:·re] *vi* (*tardare*) to delay; ~ **a fare qc** to hesitate to do sth

indugio [in·'du:·dʒo] <-gi> *m* (*ritardo*) delay; **senza** ~ without delay

induismo [in·du·'iz·mo] *m* REL Hinduism

induista [in·du·'is·ta] <-i *m*, -e *f*> *mf* (*seguace*) Hindu

indulgente [in·dul·'dʒɛn·te] *adj* **1.** (*persona, sguardo, sorriso*) indulgent **2.** (*giudizio, critica*) lenient

indulgenza [in·dul·'dʒɛn·tsa] *f* (*comprensione*) leniency

indumento [in·du·'men·to] *m* (*abito*) garment; **-i intimi** underwear

indurimento [in·du·ri·'men·to] *m a. fig* MED hardening

indurre [in·'dur·re] <induco, indussi, indotto> *vt* **1.** *fig* (*spingere*) to persuade; ~ **qu a fare qc** to persuade sb do sth; ~ **qu in errore** to mislead sb; ~ **qu in tentazione** to tempt sb **2.** (*medicinale*) to cause

indussi [in·'dus·si] *1. pers sing pass rem di* **indurre**

industria [in·'dus·tri·a] <-ie> *f* **1.** (*attività*) industry; ~ **leggera** light industry; ~ **pesante** heavy industry **2.** (*fabbrica*) factory

industriale [in·dus·'tria:·le] **I.** *adj* industrial; **zona** ~ industrial area **II.** *mf* (*imprenditore*) industrialist

industrializzato [in·dus·tria·lid·'dza:·to] *adj* (*paese, regione*) industrialized

industrializzazione [in·dus·tria·lid·dzat·'tsio:·ne] *f* (*di paese, settore*) industrialization

induttivo, -a [in·dut·'ti:·vo] *adj* (*procedimento, ragionamento*) inductive

induzione [in·dut·'tsio:·ne] *f* **1.** (*supposizione*) deduction **2.** FIS, GIUR induction

inebriante [in·e·bri·'an·te] *adj* (*profumo, bevanda*) intoxicating

ineccepibile [in·et·tʃe·'pi:·bi·le] *adj* **1.** (*ragionamento*) unassailable **2.** (*persona, comportamento*) exemplary

inedia [i·'ne:·dia] *f* **1.** (*digiuno*) starvation **2.** *fig* (*noia*) boredom

inedito¹ [i·'nɛ:·di·to] *adj* (*scritto, autore*) unpublished

inedito² *m* (*testo*) unpublished work

inefficace [in·ef·fi·'ka:·tʃe] *adj* ineffective

inefficacia [in·ef·fi·'ka:·tʃa] *f* ineffectiveness

inefficiente [in·ef·fi·'tʃɛn·te] *adj* inefficient

inefficienza [in·ef·fi·'tʃɛn·tsa] *f* inefficiency

ineguagliabile [in·e·guaʎ·'ʎa:·bi·le] *adj* (*artista, atleta*) incomparable; (*record, talento*) unbeatable

ineguale [in·e·'gua:·le] *adj* **1.** (*altezza, forza, valore*) unequal **2.** (*terreno, stile*) uneven

ineleggibilità [in·e·led·dʒi·bi·li·'ta] <-> *f* ineligibility

ineluttabile [in·e·lut·'ta:·bi·le] *adj* (*destino, sorte*) inevitable

ineluttabilità [in·e·lut·ta·bi·li·'ta] <-> *f* (*di destino, evento*) inevitability

inequivocabile [in·e·kui·vo·'ka:·bi·le] *adj* (*atteggiamento, risposta*) unequivocal

inerente [in·e·'rɛn·te] *adj* ~ **a qc** regarding sth

inerme [i·'nɛr·me] *adj* **1.** (*senza armi*) unarmed **2.** *fig* (*senza difese*) defenseless

inerte [i·'nɛr·te] *adj* **1.** (*persona*) motionless **2.** (*corpo, arto*) lifeless **3.** CHIM, FIS inert

inerzia [i·'nɛr·tsia] <-ie> *f a. fig* FIS inertia; **fare qc per** ~ *fig* to do sth by force of habit

inesattezza [in·e·zat·'tet·tsa] *f* **1.** (*caratteristica*) inaccuracy **2.** (*errore*) mistake

inesatto, -a [in·e·'zat·to] *adj* (*calcolo, risposta*) inaccurate

inesauribile [in·e·zau·'ri:·bi·le] *adj* **1.** (*fonte, risorsa*) inexhaustible **2.** *fig* (*fantasia, argomento*) endless

inesistente [in·e·zis·'tɛn·te] *adj* inexistent

inesistenza [in·e·zis·'tɛn·tsa] *f* inexistence

inesorabile [in·e·zo·'ra:·bi·le] *adj* **1.** (*giudice*) harsh; (*vendetta*) relentless **2.** (*destino, malattia*) relentless

inesperienza [in·es·pe·'riɛn·tsa] *f* inexperience

inesperto, -a [in·es·'pɛr·to] *adj* inexperienced; **essere** ~ **di qc** to have no experience of sth

inesplorato, -a [in·es·plo·'ra:·to] *adj* **1.** (*luogo*) unexplored **2.** *fig* untouched

inespugnabile [in·es·puɲ·'ɲa:·bi·le] *adj* (*città, fortezza*) impregnable

inestimabile [in·es·ti·'ma:·bi·le] *adj* (*bene, valore*) inestimable

inestricabile [in·es·tri·'ka:·bi·le] *adj a. fig* inextricable

inettitudine [in·et·ti·'tu:·di·ne] *f* (*incapacità*) incompetency

inetto, -a [i·'nɛt·to] **I.** *adj* (*persona*) incompetent **II.** *m, f* incompetent

inevitabile¹ [in·e·vi·'ta:·bi·le] *adj* **1.** (*errore, danno*) unavoidable **2.** (*risultato, conseguenza*) inevitable

inevitabile² <sing> *m* l'~ the inevitable

in extremis [in eks·'trɛ:·mis] *adv* at the last moment

inezia [i·'nɛt·tsia] <-ie> f (*piccolezza*) trifle; **costare/pagare un'~** to cost/pay next to nothing

infallibile [in·fal·'li:·bi·le] *adj* **1.**(*persona*) infallible **2.**(*mira*) unerring; (*metodo, sistema*) foolproof

infamante [in·fa·'man·te] *adj* (*accusa*) defamatory

infame [in·'fa:·me] **I.** *adj* **1.**(*persona*) heinous **2.**(*tradimento, accusa*) vile **3.** *inf* (*tempo, viaggio*) foul; (*fatica*) dreadful **II.** *mf* (*persona*) wicked person

infamia [in·'fa:·mia] <-ie> f **1.**(*condizione*) infamy; **senza ~ e senza lode** nothing special **2.**(*cosa vergognosa*) disgraceful deed

infanticidio [in·fan·ti·'tʃi:·dio] <-i> m GIUR infanticide

infantile [in·fan·'ti:·le] *adj* **1.**(*di bambino*) childrens'; **asilo ~** nursery school **2.** *fig* (*persona, atteggiamento*) childish

infanzia [in·'fan·tsia] <-ie> f **1.**(*periodo*) childhood; **prima ~** infancy **2.**(*bambini*) children

infarto [in·'far·to] m MED heart attack; **da ~** *fig, inf* (*velocità, partita*) frightening

infastidire [in·fas·ti·'di:·re] <infastidisco> **I.** *vt* to bother **II.** *vr* **-rsi per qc** to get annoyed with sth

infaticabile [in·fa·ti·'ka:·bi·le] *adj* (*persona*) untiring

infatti [in·'fat·ti] *conj* in fact; (*come risposta*) indeed

infatuazione [in·fa·tua·'tsio:·ne] f infatuation; **avere un'~ per qu/qc** to be infatuated with sb/sth

infausto, -a [in·'faus·to] *adj* (*luogo, giorno*) unhappy; (*presagio*) unfavorable

infedele [in·fe·'de:·le] *adj* (*amico*) disloyal; (*amante*) unfaithful

infedeltà [in·fe·del·'ta] f (*caratteristica*) disloyalty; (*di un coniuge*) infidelity

infelice [in·fe·'li:·tʃe] **I.** *adj* **1.**(*persona, infanzia, vita*) unhappy; **amore ~** unhappy love story **2.**(*scelta, frase*) unfortunate **3.**(*clima, posto*) poor **II.** *mf* (*persona*) wretch

infelicità [in·fe·li·tʃi·'ta] <-> f (*di persona*) unhappiness

inferiore [in·fe·'rio:·re] *comp di* **basso** lower **I.** *adj* **1.**(*per posizione*) lower **2.**(*per dimensioni, quantità*) smaller; **~ a qc** below sth **3.** *fig* (*per qualità*) inferior; **~ a qu/qc** inferior to sb/sth **4.** *fig* (*per grado*) lower **II.** *mf* inferior

inferiorità [in·fe·rio·ri·'ta] <-> f inferiority

inferire [in·fe·'ri:·re] <inferisco, infersi, inferto> *vt* (*danni*) to inflict; **~ un colpo** to strike

infermeria [in·fer·me·'ri:·a] <-ie> f (*ambulatorio*) sick bay

infermiere, -a [in·fer·'miɛ:·re] m, f male nurse m, nurse f

infermieristico, -a [in·fer·mie·'ris·ti·ko] <-ci, -che> *adj* nursing

infermità [in·fer·mi·'ta] <-> f (*malattia*) illness; **~ mentale** mental illness

infermo, -a [in·'fer·mo] **I.** *adj* (*malato*) ill **II.** m, f sick person

infernale [in·fer·'na:·le] *adj* **1.**(*piano, macchinazione*) infernal; **macchina ~** *fig* infernal device **2.**(*rumore, caldo, giornata*) hellish; (*danza, ritmo*) frenetic **3.**(*creatura, fuoco*) infernal

inferno [in·'fɛr·no] m a. *fig* REL hell; **mandare qu all'~** *fig* to tell sb to go to hell; **d'~** hellish; **questa casa è un ~** this house is bedlam; **durante la rissa si è scatenato l'~** during the fight all hell broke loose

inferriata [in·fer·'ria:·ta] f (*di finestra*) grating

infersi [in·'fɛr·si] *1. pers sing pass rem di* **inferire**

inferto [in·'fɛr·to] *pp di* **inferire**

infettare [in·fet·'ta:·re] **I.** *vt* **1.**(*ferita*) to infect **2.**(*acqua, aria*) to pollute **3.**(*persona, territorio*) to infect **II.** *vr:* **-rsi 1.**(*ferita*) to become infected **2.**(*persona*) to infect oneself

infettivo, -a [in·fet·'ti:·vo] *adj* (*malattia*) infectious

infetto, -a [in·'fɛt·to] *adj* **1.**(*ferita, persona*) infected **2.**(*acqua, aria*) polluted

infezione [in·fet·'tsio:·ne] f MED infection; **fare ~** to become infected

infiammabile [in·fiam·'ma:·bi·le] *adj* (*liquido, gas*) inflammable

infiammabilità [in·fiam·ma·bi·li·'ta] <-> f (*di sostanza*) inflammability

infiammato, -a [in·fiam·'ma:·to] *adj* MED inflamed

infiammatorio, -a [in·fiam·ma·'tɔ:·rio] <-i, -ie> *adj* MED inflammatory

infiammazione [in·fiam·mat·'tsio:·ne] f MED inflammation

inficiare [in·fit·'ʃa:·re] *vt* **1.** ADMIN, GIUR to nullify **2.**(*ragionamento, tesi*) to invalidate

infido, -a [in·'fi:·do] *adj* **1.**(*persona, comportamento*) unreliable **2.**(*mare, sentiero*) treacherous

infierire [in·fie·'ri:·re] <infierisco> *vi* (*accanirsi*) **~ su** to turn on; *fig* to rage at

infilare [in·fi·'la:·re] **I.** *vt* **1.**(*ago, perle*) to thread **2.** **~ qc in qc** to put sth in sth **3.**(*indumento*) to put on **II.** *vr:* **-rsi 1.**(*indumento*) to put on **2.** **-rsi in qc** to get into sth; **-rsi sotto le coperte** to get under the covers; **-rsi tra qu** to mingle with sb

infiltrarsi [in·fil·'trar·si] *vr* **1.**(*umidità, fumo*) to seep **2.** *fig* (*spia*) to infiltrate

infiltrato, -a [in·fil·'tra:·to] m, f (*spia*) infiltrator

infiltrazione [in·fil·trat·'tsio:·ne] f **1.**(*di acqua, gas*) leak **2.** *fig* (*di spia*) infiltration

infimo, -a ['in·fi·mo] *adj superl di* **basso** (*grado, qualità, valore*) lowest

infine [in·'fi:·ne] *adv* **1.**(*alla fine*) finally **2.**(*insomma*) in short

infinità [in·fi·ni·'ta] <-> f **un'~ di qc** (*enorme quantità*) a mass of sth

infinitamente [in·fi·ni·ta·'men·te] *adv* (*immensamente*) infinitely; **vi ringrazio** ~ thank you very much indeed

infinitesimale [in·fi·ni·te·zi·'ma:·le] *adj* 1.(*piccolissimo*) tiniest 2. MAT infinitesimal

infinito[1] [in·fi·'ni:·to] *adj* 1.(*spazio, tempo*) infinite; (*quantità*) countless; **grazie -e** many thanks 2. LING infinitive

infinito[2] *m* 1.(*spazio, tempo illimitato*) infinity; **all'~** endlessly 2. MAT infinity 3. LING infinitive

infisso [in·'fis·so] *m* (*di porta, finestra*) frame

inflazione [in·flat·'tsio:·ne] *f* 1. ECON inflation; ~ **galoppante** runaway inflation 2.*fig* (*eccessiva diffusione*) proliferation

inflessibile [in·fles·'si:·bi·le] *adj* (*persona, carattere*) inflexible

inflessione [in·fles·'sio:·ne] *f* (*cadenza*) inflection

infliggere [in·'flid·dʒe·re] <infliggo, inflissi, inflitto> *vt* 1.(*condanna, punizione*) to impose 2.(*sconfitta*) to inflict

inflissi [in·'flis·si] *1. pers sing pass rem di* **infliggere**

inflitto [in·'flit·to] *pp di* **infliggere**

influente [in·flu·'ɛn·te] *adj* (*persona*) influential

influenza [in·flu·'ɛn·tsa] *f* 1.(*influsso, prestigio*) influence 2. MED flu

influenzale [in·flu·en·'tsa:·le] *adj* MED flu

influenzare [in·flu·en·'tsa:·re] *vt* to influence; **lasciarsi** [*o* **farsi**] ~ **da qu/qc** to be influenced by sb/sth

influenzato, -a [in·flu·en·za·'to] *adj* (*ammalato*) with the flu; **essere** ~ to have the flu

influire [in·flu·'i:·re] <influisco> *vi* ~ **su qu/qc** to influence sb/sth

influsso [in·'flus·so] *m* (*di persona, cosa, pianeta*) influence

infondatezza [in·fon·da·'tet·tsa] *f* (*di accusa, teoria*) groundlessness

infondato, -a [in·fon·'da:·to] *adj* (*accusa, notizia*) unfounded; (*dubbio, sospetto*) groundless

infondere [in·'fon·de·re] <infondo, infusi, infuso> *vt* (*coraggio, fiducia*) to give

informale [in·for·'ma:·le] *adj* (*invito, colloquio*) informal

informare [in·for·'ma:·re] I. *vt* (*con notizie*) to tell; ~ **qu** (**di** [*o* **su**] **qc**) to tell sb (about sth) II. *vr* to keep oneself up-to-date; **-rsi su** [*o* **di**] **qc** to inquire about sth

informatica [in·for·'ma:·ti·ka] <-che> *f* (*disciplina*) computer science

informatico, -a [in·for·'ma:·ti·ko] <-ci, -che> I. *adj* (*sistema, linguaggio*) computer II. *m, f* (*studioso*) computer scientist; (*tecnico*) computer technician

informativa [in·for·ma·'ti:·va] *f* ADMIN office memorandum

informativo, -a [in·for·ma·'ti:·vo] *adj* (*articolo, foglio*) informative; **prospetto** ~ prospectus; **a titolo** ~ for information only

informatizzazione [in·for·ma·tid·dzat·'tsio:·ne] *f* computerization

informato, -a [in·for·'ma:·to] *adj* informed; ~ **su qc** knowledgeable about sth; **tenere qu** ~ (**su qc**) to keep sb informed (about sth); **tenersi** ~ to keep oneself well-informed

informatore, -trice [in·for·ma·'to:·re] *m, f* (*di polizia*) informant; ~ **medico** [*o* **scientifico**] pharmaceutical representative

informazione [in·for·mat·'tsio:·ne] *f* 1.(*scambio*) information 2.(*notizia*) information; **ufficio/sportello -i** information office/desk 3. COMPUT **scienza dell'~** information science 4. BIOL ~ **genetica** genetic code

informe [in·'for·me] *adj* 1.(*massa, materia*) shapeless 2.(*idea, progetto*) undeveloped

infornare [in·for·'na:·re] *vt* (*pane, torta*) to put in the oven

infortunato, -a [in·for·tu·'na:·to] I. *adj* (*lavoratore, atleta*) injured II. *m, f* injured person

infortunio [in·for·'tu:·nio] <-i> *m* (*incidente*) accident; ~ **sul lavoro** occupational accident

infortunistica [in·for·tu·'nis·ti·ka] *f* (*disciplina*) study of occupational accidents

infradito [in·fra·'di:·to] I. <inv> *adj* (*sandali*) thong II. <-> *m o f* thong

infrangere [in·'fran·dʒe·re] <infrango, infransi, infranto> I. *vt* 1.(*vetro, vaso*) to smash 2.*fig* (*resistenza, sogno*) to destroy 3.*fig* (*divieto, legge*) to break II. *vr:* -rsi 1.(*vaso*) to smash; (*onde*) to break 2.*fig* (*sogno*) to be destroyed

infrangibile [in·fran·'dʒi:·bi·le] *adj* (*vetro, bicchiere*) unbreakable

infransi [in·'fran·si] *1. pers sing pass rem di* **infrangere**

infranto, -a [in·'fran·to] I. *pp di* **infrangere** II. *adj* 1.(*vaso*) smashed 2.*fig* (*sogno*) unfulfilled; **cuore** ~ broken heart

infrarosso, -a [in·fra·'ros·so] *adj* FIS (*raggi, radiazioni*) infrared

infrasettimanale [in·fra·set·ti·ma·'na:·le] *adj* (*chiusura, festività*) midweek

infrastruttura [in·fra·strut·'tu:·ra] *f* infrastructure

infrazione [in·frat·'tsio:·ne] *f* (*di norma, regolamento*) violation; ~ **al codice stradale** traffic violation

infrequente [in·fre·'kuɛn·te] *adj* (*caso, fenomeno*) infrequent

infruttuoso, -a [in·frut·tu·'o:·so] *adj* 1.(*terreno, stagione*) poor 2.*fig* (*capitale, investimento*) unprofitable 3.*fig* (*tentativo, ricerca*) unfruitful

infuori [in·'fuɔ:·ri] I. *adv* **all'~** outwards II. *prep* **all'~ di** (*tranne*) except

infuriare [in·fu·'ria:·re] I. *vi* (*vento, tempesta*) to rage II. *vr:* -rsi (*persona*) to fly into a rage

infusi [in·'fu:·zi] *1. pers sing pass rem di* **infondere**

infusione [in·fu·'zio:·ne] *f* 1.(*macerazione*) infusion; **lasciare in** ~ to let soak 2.(*bevanda*) infusion

infuso[1] [in·'fu:·zo] *pp di* **infondere**

infuso² *m* (*bevanda*) infusion

ing. *abbr di* **ingegnere**

ingaggiare [iŋ·gad·'dʒaː·re] *vt* **1.**(*operaio, attore*) to hire; (*soldato*) to recruit **2.**SPORT (*giocatore*) to sign **3.**MAR to sign on

ingaggio [iŋ·'gad·dʒo] <-ggi> *m* **1.**(*di operaio, attore*) hiring; (*di soldato*) recruitment **2.**SPORT (*di giocatore*) signing **3.**(*somma*) fee

ingannare [iŋ·gan·'naː·re] **I.** *vt* **1.**(*indurre in errore*) to deceive; **l'apparenza inganna** *prov* don't judge a book by its cover *prov* **2.**(*cliente, amico*) to deceive; (*marito, moglie*) to cheat on **3.** *fig* (*speranza, fiducia*) to betray **4.** *fig* (*attesa, noia*) to while away; ~ **il tempo** to pass the time **II.** *vr:* **-rsi** (*sbagliarsi*) to be mistaken

ingannevole [iŋ·gan·'neː·vo·le] *adj* (*parole, apparenza*) deceptive; **consiglio** ~ misleading advice

inganno [iŋ·'gan·no] *m* **1.**(*imbroglio*) fraud **2.**(*errore*) **cadere in** ~ to be mistaken; **trarre qu in** ~ to mislead sb

ingegnere [in·dʒeɲ·'ɲɛː·re] *m* engineer

ingegneria [in·dʒeɲ·ɲe·'riː·a] <-ie> *f* (*disciplina*) engineering; ~ **civile** civil engineering; ~ **genetica** BIOL genetic engineering

ingegno [in·'dʒeɲ·ɲo] *m* (*intelligenza*) intelligence

ingegnoso, -a [in·dʒeɲ·'ɲoː·so] *adj* (*persona, macchina, risposta*) ingenious

ingente [in·'dʒɛn·te] *adj* (*danno, somma*) huge

ingenuità [in·dʒe·nui·'ta] <-> *f* **1.**(*innocenza*) innocence **2.**(*sprovvedutezza*) ingenuousness **3.**(*atto*) ingenuous thing

ingenuo, -a [in·'dʒɛː·nuo] **I.** *adj* **1.**(*innocente*) innocent **2.**(*sprovveduto*) ingenuous **3.**(*sorriso, domanda*) ingenuous **II.** *m, f* (*persona*) ingenuous person; **fare l'**~ to play the innocent

ingerenza [in·dʒe·'rɛn·tsa] *f* interference

ingerire [in·dʒe·'riː·re] <ingerisco> *vt* (*cibo, medicina*) to swallow

ingessato, -a [in·dʒes·'saː·to] *adj* (*braccio, gamba*) in a cast

ingestione [in·dʒes·'tioː·ne] *f* (*di cibo, farmaco*) swallowing

Inghilterra [iŋ·gil·'tɛr·ra] *f* l'~ England; **abitare in** ~ to live in England; **andare in** ~ to go to England

inghiottire [iŋ·giot·'tiː·re] <inghiottisco *o* inghiotto> *vt a. fig* to swallow

inghippo [iŋ·'gip·po] *m* catch

inginocchiarsi [in·dʒi·nok·'kiar·si] *vr* (*piegarsi*) to kneel down

ingiù [in·'dʒu] *adv* **all'**~ downward

ingiuntivo, -a [in·dʒun·'tiː·vo] *adj* GIUR **decreto** ~ injunction

ingiunzione [in·dʒun·'tsioː·ne] *f* GIUR injunction; ~ **di pagamento** order to pay

ingiuria [in·'dʒuː·ria] *f* **1.**(*offesa*) affront **2.**(*insulto*) insult

ingiustificabile [in·dʒus·ti·fi·'kaː·bi·le] *adj* inexcusable

ingiustificato, -a [in·dʒus·ti·fi·'kaː·to] *adj* **1.**(*assenza*) unexplained **2.**(*dubbio, sospetto*) unwarranted

ingiustizia [in·dʒus·'tit·tsia] *f* injustice

ingiusto, -a [in·'dʒus·to] *adj* **1.**(*persona*) unfair **2.**(*condanna, critica, tassa*) unjust

inglese¹ [iŋ·'gleː·se] <sing> *m* (*lingua*) English

inglese² **I.** *adj* English **II.** *mf* (*abitante*) Englishman *m*, Englishwoman *f*

inglobare [iŋ·glo·'baː·re] *vt* to absorb

ingoiare [iŋ·go·'iaː·re] *vt* **1.**(*cibo, medicina*) to gulp down **2.** *fig* (*amarezze, umiliazioni*) to swallow; ~ **il rospo** to bite the bullet

ingombrante [iŋ·gom·'bran·te] *adj* **1.**(*mobile*) cumbersome **2.** *fig* (*personaggio, ospite*) difficult

ingombro¹ [iŋ·'gom·bro] *adj* ~ **di qc** cluttered with sth

ingombro² *m* **1.**(*impaccio*) encumbrance; **essere d'**~ to be in the way **2.**(*spazio occupato*) size

ingordigia [iŋ·gor·'diː·dʒa] <-gie> *f a. fig* greed; ~ **di qc** greed for sth

ingordo, -a [iŋ·'gor·do] *adj* greedy; ~ **di qc** greedy for sth

ingorgo [iŋ·'gor·go] <-ghi> *m* **1.**(*di tubatura*) blockage **2.**(*di traffico*) traffic jam

ingranaggio [iŋ·gra·'nad·dʒo] <-ggi> *m* **1.**(*di motore*) gear; (*di orologio*) cog **2.** *fig* mechanism

ingrandimento [in·gran·di·'men·to] *m* **1.**(*di edificio*) extension; (*di attività, azienda*) expansion **2.**FOTO, OPT enlargement; **lente d'**~ magnifying glass

ingrandire [in·gran·'diː·re] <ingrandisco> **I.** *vt avere* **1.**(*edificio*) to extend; (*attività, azienda*) to expand **2.**FOTO, OPT to enlarge **3.** *fig* (*problemi, difficoltà*) to exaggerate **II.** *vr:* **-rsi** (*città*) to increase; (*attività, azienda*) to expand

ingrassare [iŋ·gras·'saː·re] **I.** *vt avere* **1.**(*animale*) to fatten **2.**(*persona*) to make fat **3.**(*ingranaggio, motore*) to grease **II.** *vi essere* (*diventare grasso*) to put on weight **III.** *vr:* **-rsi** (*diventare grasso*) to put on weight

ingratitudine [iŋ·gra·ti·'tuː·di·ne] *f* (*caratteristica*) ingratitude

ingrato, -a [iŋ·'graː·to] **I.** *adj* **1.**(*persona*) ungrateful **2.**(*compito, lavoro*) thankless **II.** *m, f* (*persona*) ingrate

ingrediente [iŋ·gre·'diɛn·te] *m a. fig* ingredient

ingresso [iŋ·'grɛs·so] *m* **1.**(*atto*) entry **2.**(*facoltà di entrare*) admission; ~ **libero** free admission; ~ **a pagamento** admission by ticket only **3.**(*porta, cancello*) entrance; (*atrio*) hallway

ingrossamento [iŋ·gros·sa·'men·to] *m* swelling

ingrossare [iŋ·ros·'saː·re] **I.** *vt avere*

1. (*fiume*) to swell **2.** (*aspetto*) to make look bigger **3.** (*quantità, volume*) to increase **II.** *vi essere* **1.** (*fiume*) to swell **2.** (*aspetto*) to put on weight **3.** (*quantità, volume*) to increase **III.** *vr:* **-rsi 1.** (*fiume*) to swell; (*mare*) to get rough **2.** (*numero, quantità*) to increase **3.** (*muscoli*) to develop **4.** (*in peso*) to put on weight

ingrosso [iŋ·'grɔs·so] *adv* **all'~** COM wholesale

inguaribile [iŋ·gua·'riː·bi·le] *adj* **1.** (*malattia*) incurable **2.** *fig* (*vizio, bevitore, giocatore*) hardened; *scherz* (*romantico, sognatore*) incurable

inguine ['iŋ·gui·ne] *m* ANAT groin

inibire [i·ni·'biː·re] <inibisco> PSIC **I.** *vt* to inhibit **II.** *vr:* **-rsi 1.** (*frenarsi*) to be inhibited **2.** (*intimidirsi*) to become inhibited

inibito, -a [i·ni·'biː·to] *adj* (*intimidito*) inhibited

inibitore, -trice [i·ni·bi·'toː·re] **I.** *adj* BIOL, CHIM, PSIC inhibitory; **freni -i** inhibitory reflexes **II.** *m, f* BIOL, CHIM inhibitor

inibizione [i·ni·bit·'tsioː·ne] *f* PSIC inhibition

iniettare [in·iet·'taː·re] **I.** *vt* (*vaccino, farmaco*) to inject **II.** *vr:* **-rsi 1.** (*sostanza*) to inject oneself **2.** (*loc*) **-rsi di sangue** (*occhi*) to become bloodshot

iniezione [in·iet·'tsioː·ne] *f* MED, TEC injection; **motore a ~** fuel injection engine

inimicizia [i·ni·mi·'tʃit·tsia] <-ie> *f* enmity

inimitabile [i·ni·mi·'taː·bi·le] *adj* (*esecuzione, stile*) inimitable

inimmaginabile [i·nim·ma·dʒi·'naː·bi·le] *adj* unimaginable

ininterrotto, -a [in·in·ter·'rot·to] *adj* (*serie, flusso*) uninterrupted

iniquità [i·ni·kui·'ta] <-> *f* **1.** (*caratteristica*) iniquity **2.** (*atto*) wicked act

iniquo, -a [i·'ni·kuo] *adj* (*legge, governo*) iniquitous

iniziale [i·nit·'tsia·le] **I.** *adj* **1.** (*momento, fase*) initial; **stipendio ~** starting salary **2.** (*lettera, sillaba*) initial **II.** *f* (*lettera*) initial; **le -i** (*di nome*) the initials; **firmare con le -e** to initial

iniziare [i·nit·'tsia·re] **I.** *vt avere* **1.** (*attività, studio*) to start [*o* begin]; **~ a fare qc** to start [*o* begin] to do sth **2. ~ qu a qc** (*rito*) to initiate sb into sth; (*vizio, attività*) to introduce sb to sth **II.** *vi* (*avere inizio*) to begin [*o* start]

iniziativa [i·nit·tsia·'tiː·va] *f* **1.** (*decisione*) initiative; **di propria ~** on one's own iniative **2.** (*attitudine*) enterprise; **essere ricco** [*o* **pieno**] **di ~** to be enterprising; **spirito di ~** enterprising spirit **3.** (*opera, attività*) initiative; **~ privata** ECON private enterprise

iniziatore, -trice [i·nit·tsia·'toː·re] *m, f* (*di movimento, ideologia*) initiator

iniziazione [i·nit·tsiat·'tsioː·ne] *f* (*cerimonia*) initiation

inizio [i·'nit·tsio] <-i> *m* **1.** (*atto, momento*) start [*o* beginning]; **avere ~** to start [*o* begin]; **dare ~ a qc** to start [*o* begin] sth; **all'~** at the start [*o* beginning] **2.** (*prima parte*) start [*o* beginning]; **gli -i** the beginning [*o* start]

innalzamento [in·nal·tsa·'men·to] *m* **1.** (*di livello, temperatura*) rise **2.** *fig* (*di tenore di vita*) increase

innalzare [in·nal·'tsaː·re] **I.** *vt* **1.** (*calice, bandiera*) to raise **2.** (*antenna, palo*) to erect **3.** (*livello, temperatura*) to raise **II.** *vr:* **-rsi** to rise

innamoramento [in·na·mo·ra·'men·to] *m* passion

innamorare [in·na·mo·'raː·re] **I.** *vt* **far ~ qu** to make sb fall in love **II.** *vr:* **-rsi** (*reciproco*) to fall in love with each other; **-rsi di qu/qc** to fall in love with sb/sth

innamorato, -a [in·na·mo·'raː·to] **I.** *adj* in love; **essere ~ di qu** to be in love with sb; **essere ~ cotto** [*o* **pazzo**] **(di qu)** to be madly in love (with sb); **essere ~ di qc** to be mad about sth **II.** *m, f* (*fidanzato*) boyfriend *m,* girlfriend *f*

innanzi [in·'nan·tsi] LIT **I.** *adv* **1.** (*avanti*) forward; **farsi ~** to step forward **2.** (*prima*) previously **3.** (*poi, in seguito*) later; **d'ora ~** from now on **II.** *prep* **~ a qu/qc** (*davanti a*) in front of sb/sth **III.** <inv> *adj* (*precedente*) previous

innanzitutto [in·nan·tsi·'tut·to] *adv* above all

innato, -a [in·'naː·to] *adj* **1.** (*istinto, difetto*) inborn; (*talento*) natural **2.** (*gentilezza, eleganza*) innate

innaturale [in·na·tu·'raː·le] *adj* (*gesto, recitazione*) unnatural

innegabile [in·ne·'gaː·bi·le] *adj* (*principio, verità*) undeniable; **essere ~** to be true

inneggiare [in·ned·'dʒaː·re] *vi* **~ a qc** to extol sth

innervosire [in·ner·vo·'siː·re] <innervosisco> **I.** *vt* to get on sb's nerves **II.** *vr:* **-rsi** to get annoyed

innescare [in·nes·'kaː·re] *vt* **1.** (*amo*) to bait **2.** (*bomba, mina*) to prime **3.** *fig* (*reazione, rivolta*) to set off

innesco [in·'nes·ko] <-schi> *m* (*di bomba*) primer

innestare [in·nes·'taː·re] *vt* **1.** AGR, MED to graft **2.** TEC (*spina*) to insert; (*marcia*) to go into

innesto [in·'nɛs·to] *m* **1.** AGR, MED graft **2.** TEC (*attacco*) joint; ELETT (*presa*) socket

innevamento [in·ne·va·'men·to] *m* snowfall; **~ artificiale** artificial snow

innevato, -a [in·ne·'vaː·to] *adj* (*montagna, cima*) covered in snow

inno ['in·no] *m a. fig* hymn; **~ nazionale** national anthem

innocente [in·no·'tʃɛn·te] **I.** *adj* **1.** (*non colpevole*) not guilty; (*ingenuo*) innocent **2.** (*domanda, scherzo*) innocent **II.** *mf* **1.** (*non colpevole*) innocent person **2.** (*bambino*) innocent

innocenza [in·no·'tʃɛn·tsa] *f* innocence

innocuo, -a [in·'nɔː·kuo] *adj* **1.** (*sostanza, farmaco*) innocuous **2.** (*persona, animale, scherzo*) harmless; *pej* innocuous

innovare [in·no·'va:·re] *vt* (*modernizzare*) to update

innovativo, -a [in·no·va·'ti:·vo] *adj* (*idea, proposta, persona*) innovative

innovatore, -trice [in·no·va·'to:·re] **I.** *adj* innovative **II.** *m, f* (*persona*) innovator

innovazione [in·no·vat·'tsio:·ne] *f* **1.** (*cambiamento*) change **2.** (*elemento nuovo*) innovation

innumerevole [in·nu·me·'re:·vo·le] *adj* countless

inodore, -a [i·no·'do:·re] *adj* (*sostanza, gas*) odorless

inoffensivo, -a [in·of·fen·'si:·vo] *adj* **1.** (*parole, frasi*) inoffensive **2.** (*persona, animale*) harmless

inoltrare [in·ol·'tra:·re] **I.** *vt* **1.** ADMIN (*domanda, pratica*) to submit **2.** (*posta*) to forward **II.** *vr:* **-rsi -rsi in qc** (*in luogo*) to go into sth

inoltrato, -a [in·ol·'tra:·to] *adj* (*nel tempo*) late; **a notte/a sera -a** late at night/in the evening

inoltre [i·'nol·tre] *adv* furthermore

inoltro [i·'nol·tro] *m* ADMIN (*di domanda, pratica*) submission

inondare [in·on·'da:·re] *vt* **1.** (*acque*) to flood; (*lacrime, luce*) to bathe **2.** *fig* (*folla*) to flood into; (*merce*) to flood

inondazione [in·on·dat·'tsio:·ne] *f* **1.** (*di acque*) flooding **2.** *fig* (*di turisti, film*) flood

inopportunità [in·op·por·tu·ni·'ta] <-> *f* (*di atto, comportamento*) untimeliness

inopportuno, -a [in·op·por·'tu:·no] *adj* untimely

inoppugnabile [in·op·puɲ·'ɲa:·bi·le] *adj* **1.** (*verità, teoria*) incontrovertible **2.** GIUR (*sentenza*) not open to appeal

inorganico, -a [in·or·'ga:·ni·ko] <-ci, -che> *adj* CHIM (*elemento, sostanza*) inorganic

inospitale [in·os·pi·'ta:·le] *adj* **1.** (*persona, paese*) unfriendly **2.** (*casa, regione*) inhospitable

inosservanza [in·os·ser·'van·tsa] *f* (*di norma, regolamento*) non-observance

inosservato, -a [in·os·ser·'va:·to] *adj* (*non notato*) unobserved; **passare** ~ to escape notice

inossidabile [in·os·si·'da:·bi·le] *adj* **1.** (*metallo*) rustproof; **acciaio** ~ stainless steel **2.** *fig* (*persona, rapporto*) indestructible

INPS [imps] *m acró de* **Istituto Nazionale Previdenza Sociale** *Italian social security system*

input ['in·put] <-> *m* **1.** COMPUT input **2.** (*impulso*) start

inquadramento [iɲ·kua·dra·'men·to] *m* ADMIN, MIL (*di lavoratore, soldato*) placement

inquadrare [iɲ·kua·'dra:·re] **I.** *vt* **1.** FOTO to frame **2.** *fig* (*opera*) to place; (*problema, situazione*) to identify **3.** ADMIN, MIL (*lavoratore, soldato*) to place **II.** *vr:* **-rsi** (*collocarsi*) to be part of

inquadratura [iɲ·kua·dra·'tu:·ra] *f* FOTO, FILM, TV shot

inquietante [iɲ·kui·e·'tan·te] *adj* **1.** (*silenzio, atmosfera*) worrying **2.** (*film, libro, sogno*) disturbing

inquieto, -a [iɲ·'kui·ɛ:·to] *adj* **1.** (*agitato*) restless **2.** (*preoccupato*) worried

inquietudine [iɲ·kui·e·'tu:·di·ne] *f* (*stato d'animo*) worry

inquilino, -a [iɲ·kui·'li:·no] *m, f* (*affittuario*) tenant; (*abitante*) resident

inquinamento [iɲ·kui·na·'men·to] *m* **1.** ECOL pollution; ~ **acustico** noise pollution; ~ **ambientale** environmental pollution; ~ **atmosferico** air pollution **2.** GIUR ~ **delle prove** tampering with the evidence

inquinante [iɲ·kui·'nan·te] *adj* (*agente, sostanza*) polluting

inquinare [iɲ·kui·'na:·re] *vt* **1.** ECOL to pollute **2.** GIUR ~ **le prove** to tamper with the evidence

inquinato, -a [iɲ·kui·'na:·to] *adj* (*ambiente*) polluted

inquirente [iɲ·kui·'rɛn·te] *adj* (*magistrato, giudice*) examining

inquirenti [iɲ·kui·'rɛn·te] *mpl* **gli -i** the investigating authorities

inquisito, -a [iɲ·kui·'zi:·to] **I.** *adj* GIUR under investigation **II.** *m, f* person under investigation

inquisitore, -trice [iɲ·kui·zi·'to:·re] *adj* (*occhio, sguardo*) inquiring

inquisizione [iɲ·kui·zit·'tsio:·ne] *f* HIST Inquisition

insaccati [in·sak·'ka:·ti] *mpl* (*salumi*) sausages

insalata [in·sa·'la:·ta] *f* salad; **in** ~ in a salad; ~ **di mare** seafood salad; ~ **russa** Russian salad

insalatiera [in·sa·la·'tiɛ:·ra] *f* salad bowl

insalubre [in·sa·'lu:·bre] *adj* (*aria, clima*) unhealthy

insanabile [in·sa·'na:·bi·le] *adj* **1.** *fig* (*danno, errore*) irreparable **2.** *fig* (*contrasto*) permanent; (*odio, rancore*) undying

insanguinato, -a [in·saŋ·gui·'na:·to] *adj* (*corpo, mani*) covered in blood

insano, -a [in·'sa:·no] *adj* (*gesto, sentimento*) mad

insaporire [in·sa·po·'ri:·re] <insaporisco> *vt* CULIN to flavor

insaputa [in·sa·'pu:·ta] *f* **all'**~ **di qu** without sb's knowledge

insaziabile [in·sat·'tsia:·bi·le] *adj a. fig* (*persona, fame, appetito*) insatiable

inscindibile *adj* (*legame, cosa*) inseparable

insediamento [in·se·dia·'men·to] *m* **1.** (*in carica*) swearing in **2.** GEO settlement

insediare [in·se·'dia:·re] **I.** *vt* **1.** (*in carica*) to swear in **2.** (*in luogo*) to settle **II.** *vr:* **-rsi 1.** (*in carica*) to take up office **2.** (*in luogo*) to settle

insegna [in·'seɲ·ɲa] *f* **1.** (*di negozio, locale*) sign; ~ **stradale** road sign **2.** (*di città, partito*) banner **3.** (*di carica, ordine*) insignia *pl;* **all'**~ **di** *fig* characterized by

insegnamento [in·seɲ·ɲa·'men·to] *m* **1.** (*atti-*

vità, professione) teaching **2.**(*precetto*) lesson; **trarre ~ da qc** to learn from sth

insegnante [in·seɲ·'ɲan·te] **I.** *adj* (*corpo, personale*) teaching **II.** *mf* (*professore*) teacher; **~ di sostegno** support teacher

insegnare [in·seɲ·'na:·re] **I.** *vt* **1.**(*materia, attività*) to teach; **~ qc a qu** to teach sb sth [*o* to teach sth to sb]; **~ a qu a fare qc** to teach sb how to do sth **2.**(*comportamento, valori*) to teach **3.**(*storia, esperienza*) to show **II.** *vi* (*come professione*) to teach

inseguimento [in·se·gui·'men·to] *m* **1.**(*atto*) pursuit **2.**(*corsa*) chase

inseguire [in·se·'gui:·re] *vt a. fig* (*persona, animale, successo*) to chase after

inseguitore, -trice [in·se·gui·'to:·re] *m, f* (*persona*) pursuer

inseminazione [in·se·mi·nat·'tsio:·ne] *f* BIOL insemination; **~ artificiale** artificial insemination

insenatura [in·se·na·'tu:·ra] *f* inlet

insensatezza [in·sen·sa·'tet·tsa] *f* **1.**(*caratteristica*) foolishness **2.**(*atto*) foolish thing

insensato, -a [in·sen·'sa:·to] *adj* **1.**(*persona*) foolish **2.**(*idea, gesto, discorso*) senseless

insensibile [in·sen·'si:·bi·le] *adj* **1.**(*arto*) numb; **essere ~ a qc** (*al freddo, dolore*) to not be susceptible to sth **2.***fig* **essere ~ a qc** (*a fascino, lusinghe, musica*) to be indifferent to sth **3.**(*crescita, calo*) minute

insensibilità [in·sen·si·bi·li·'ta] <-> *f* **1.**(*fisica*) numbness **2.***fig* (*affettiva*) indifference

inseparabile [in·se·pa·'ra:·bi·le] *adj* inseparable

inserimento [in·se·ri·'men·to] *m* **1.**(*di moneta, chiave, spina*) insertion; (*di marcia*) setting **2.**(*di foglio, nominativo*) inclusion; (*di dati*) entry **3.***fig* (*di persona*) integration

inserire [in·se·'ri:·re] <inserisco> **I.** *vt* **1.**(*moneta, chiave, spina*) to insert; (*marcia*) to go into **2.**(*foglio, nominativo*) to put; (*dati*) to enter **3.***fig* (*persona*) to integrate **4.**(*sul giornale: annuncio*) to place **5.**(*audio, corrente*) to switch on **II.** *vr:* **-rsi 1.**(*meccanismo, congegno*) to fit **2.**(*riforma, progetto, opera*) to be part of **3.***fig* (*persona: in ambiente*) to fit in **4.**(*entrare: in una discussione*) to enter

inserto [in·'sɛr·to] *m* **1.**(*di giornale, rivista*) supplement **2.**(*di film*) clip; **~ pubblicitario** commercial **3.**(*di abito, accessorio*) inlay

inservibile [in·ser·'vi:·bi·le] *adj* useless

inserviente [in·ser·'viɛn·te] *mf* (*in ospedale, istituto*) attendant

inserzione [in·ser·'tsio:·ne] *f* (*annuncio*) advert

inserzionista [in·ser·tsio·'nis·ta] <-i *m*, -e *f*> *mf* advertiser

insetticida[1] [in·set·ti·'tʃi:·da] <-i *m*, -e *f*> *adj* (*prodotto, sostanza*) insecticidal

insetticida[2] <-i> *m* insecticide

insetto [in·'sɛt·to] *m* (*animale*) insect

insicurezza [in·si·ku·'ret·tsa] *f* (*di situazione, persona*) insecurity

insicuro, -a [in·si·'ku:·ro] **I.** *adj* **1.**(*persona, carattere*) insecure **2.**(*voce, andatura*) faltering **3.**(*luogo, strada, scala*) unsafe; (*lavoro*) precarious **4.**(*notizia*) unconfirmed **II.** *m, f* (*persona*) insecure person

insidia [in·'si:·dia] <-ie> *f* **1.**(*agguato*) ambush; (*di corteggiatore*) machination **2.**(*pericolo*) hidden danger

insidiare [in·si·'dia:·re] *vt* **1.**(*nemico*) to ambush **2.**(*onore, reputazione*) to sully

insidioso, -a [in·si·'dio:·so] *adj* (*percorso, arma*) dangerous

insieme [in·'siɛ:·me] **I.** *adv* **1.**(*in compagnia, associazione*) together; (*di comune accordo*) as a body; **tutti** [*o* **tutti quanti**] **~** all together; **si sono messi ~** they started dating each other **2.**(*unitamente*) together; **tutto** [*o* **tutto quanto**] **~** everything at once; **mettere ~** to put together **3.**(*contemporaneamente*) at the same time **II.** *prep* **~ a** (*compagnia*) with; (*contemporaneità*) at the same time as **III.** *m* **1.**(*complesso*) whole; **nell'~** on the whole; **visione d'~** overall view **2.** MAT set

insigne [in·'siɲ·ɲe] *adj* **1.**(*persona*) eminent **2.**(*monumento, opera*) outstanding

insignificante [in·siɲ·ɲi·fi·'kan·te] *adj* **1.**(*banale*) insignificant; (*parole, gesti*) meaningless **2.**(*particolare, differenza*) trifling

insindacabile [in·sin·da·'ka:·bi·le] *adj* (*giudizio, decisione*) final

insinuare [in·si·nu·'a:·re] **I.** *vt* **1.**(*dubbio, sospetto*) to instil **2.**(*sottintendere*) to insinuate; **cosa vorresti ~?** what are you insinuating? **II.** *vr:* **-rsi 1.**(*infilarsi*) to slip **2.** *a. fig* (*in un gruppo*) to insinuate oneself **3.** *fig* (*dubbio, sospetto*) to creep

insinuazione [in·si·nu·at·'tsio:·ne] *f* (*allusione*) insinuation

insipido, -a [in·'si:·pi·do] *adj* **1.**(*cibo*) tasteless **2.** *fig* (*persona, faccia*) insipid; (*film, storia*) dull

insistente [in·sis·'tɛn·te] *adj* **1.**(*persona, domande, richieste*) insistent **2.**(*pioggia*) persistent

insistenza [in·sis·'tɛn·tsa] *f* **1.**(*ostinazione*) insistence; **con ~** insistently **2.** *pl* (*richieste*) insistent requests

insistere [in·'sis·te·re] <insisto, insistei *o* insistetti, insistito> *vi* **1. ~ su qc** (*argomento*) to insist on sth; **non insisto!** I won't insist! **2. ~ in qc** to persist in sth; **~ nel** [*o* **a**] **fare qc** to persist in doing sth

insito, -a ['in·si·to] *adj* **~ in qc/qu** inherent to sth/sb

insoddisfacente [in·sod·dis·fat·'ʃen·te] *adj* (*risultato, prestazione*) unsatisfactory

insoddisfatto, -a [in·sod·dis·'fat·to] *adj* **1.**(*persona*) dissatisfied; **essere/rimanere ~ di qc** to be unhappy about sth **2.**(*bisogno, desiderio*) not met

insoddisfazione [in·sod·dis·fat·'tsio:·ne] *f* dissatisfaction

insofferente [in·sof·fe·'rɛn·te] *adj* (*persona,*

carattere) impatient; **essere ~ a qc** to not be able to stand sth

insofferenza [in·sof·fe·'rɛn·tsa] *f* (*di persona, carattere*) impatience; **~ a qc** lack of tolerance of sth

insolazione [in·so·lat·'tsio:·ne] *f* MED sunstroke

insolente [in·so·'lɛn·te] *adj* (*persona, modo, tono*) insolent

insolenza [in·so·'lɛn·tsa] *f* 1. (*caratteristica*) insolence; **con ~** insolently 2. (*parola, frase*) insolent remark

insolito, -a [in·'sɔ:·li·to] I. *adj* unusual II. *m, f* **qualcosa d'~** something unusual

inoolubile [in·so·'lu:·bi·le] *adj* 1. *fig* (*caso, problema*) unsolvable 2. CHIM insoluble

insoluto, -a [in·so·'lu:·to] *adj* 1. (*caso, problema*) unsolved 2. (*debito*) outstanding

insolvente [in·sol·'ven·te] *adj* GIUR insolvent

insolvenza [in·sol·'ven·tsa] *f* GIUR insolvency

insomma [in·'som·ma] I. *adv* 1. (*in conclusione*) in short 2. (*così così*) so, so II. *interj* right; **ma ~** ! well really!

insonne [in·'sɔn·ne] *adj* (*persona*) awake; (*notte*) sleepless

insonnia [in·'sɔn·nia] <-ie> *f* 1. (*disturbo*) insomnia 2. (*stato*) sleeplessness

insonorizzazione [in·so·no·rid·dzat·'tsio:·ne] *f* TEC soundproofing

insopportabile [in·sop·por·'ta:·bi·le] *adj* 1. (*dolore, caldo, persona*) unbearable 2. (*affronto, prepotenza*) intolerable

insopprimibile [in·sop·pri·'mi:·bi·le] *adj* insuppressible

insorgenza [in·sor·'dʒɛn·tsa] *f* (*di malattia, sintomo*) onset

insorgere [in·'sor·dʒe·re] <insorgo, insorsi, insorto> *vi essere* 1. **~ contro qu/qc** to rebel against sb/sth 2. (*malattia, difficoltà*) to arise

insormontabile [in·sor·mon·'ta:·bi·le] *adj* (*ostacolo, difficoltà*) insurmountable

insorsi *1. pers sing pass rem di* **insorgere**

insorto, -a [in·'sor·to] I. *pp di* **insorgere** II. *adj* 1. (*popolazione*) rebellious 2. (*difficoltà*) manifested III. *m, f* rebel

insospettabile [in·sos·pet·'ta:·bi·le] *adj* 1. (*persona*) above suspicion 2. (*qualità*) unsuspected

insospettire [in·sos·pet·'ti:·re] <insospettisco> I. *vt avere* **~ qu** to make sb suspicious II. *vr:* **-rsi** to become suspicious

insostenibile [in·sos·te·'ni:·bi·le] *adj* 1. (*spesa, sforzo*) unsustainable; (*situazione*) intolerable 2. (*argomento, tesi*) untenable

insostituibile [in·sos·ti·tu·'i:·bi·le] *adj* irreplaceable

insperato, -a [in·spe·'ra:·to] *adj* unexpected

inspiegabile [in·spie·'ga:·bi·le] *adj* inexplicable

inspirazione [in·spi·rat·'tsio:·ne] *f* (*di aria*) inhaling

instabile [ins·'ta:·bi·le] *adj* 1. (*carico, ponte, sedia, passo*) unsteady; **equilibrio ~** *a. fig* unstable equilibrium 2. *fig* (*tempo, clima*) changeable; (*prezzo*) variable; (*situazione, governo*) unstable; (*persona, carattere*) unstable

instabilità [in·sta·bi·li·'ta] <-> *f* 1. (*di costruzione, scala*) instability 2. *fig* (*di tempo, clima*) changeability; (*di prezzo*) variability; (*di situazione*) instability 3. *fig* (*di persona*) instability

installare [in·stal·'la:·re] I. *vt* 1. (*apparecchio, impianto*) to install 2. COMPUT (*programma*) to install II. *vi:* **-rsi -rsi in qc** (*in luogo*) to settle in sth

installatore, -trice [in·stal·la·'to:·re] *m, f* (*tecnico*) installer

installazione [in·stal·lat·'tsio:·ne] *f* 1. (*di apparecchio, impianto*) installation 2. (*impianto: sportivo, portuale*) facilities *pl* 3. COMPUT installation

instancabile [in·staŋ·'ka:·bi·le] *adj* tireless

instaurare [in·stau·'ra:·re] I. *vt* 1. (*regime*) to institute 2. (*metodo, tendenza*) to introduce 3. (*amicizia, rapporto*) to establish II. *vr:* **-rsi** (*regime*) to be instituted; (*clima, atmosfera, rapporto*) to be established

instaurazione [in·stau·rat·'tsio:·ne] *f* (*di ordinamento, metodo*) institution

insù [in·'su] *adv* **all'~** upwards; **naso all'~** snub nose

insubordinazione [in·sub·or·di·na·'tsio:·ne] *f a. fig* MIL insubordination; **atto di ~** act of insubordination

insuccesso [in·sut·'tʃɛs·so] *m* (*di impresa, progetto*) failure; **essere un ~** to be a failure

insufficiente [in·suf·fi·'tʃɛn·te] I. *adj* 1. (*per quantità, qualità*) insufficient 2. (*a scuola: compito*) below standard II. *m* (*voto*) fail

insufficienza [in·suf·fi·'tʃɛn·tsa] *f* 1. (*per quantità, qualità*) shortage; **~ di prove** GIUR lack of evidence 2. (*incapacità*) inability 3. (*a scuola*) fail 4. MED insufficiency; **~ cardiaca** cardiac insufficiency

insulare [in·su·'la:·re] *adj* island

insulina [in·su·'li:·na] *f* BIOL, MED insulin

insulso, -a [in·'sul·so] *adj* 1. (*discorso, comportamento, film*) silly 2. (*persona*) dull

insultare [in·sul·'ta:·re] *vt* (*offendere*) to insult

insulto [in·'sul·to] *m* insult; **coprire qu di -i** to hurl insults at sb; **essere un ~ a qc** to be an insult to sth

insuperabile [in·su·pe·'ra:·bi·le] *adj* 1. (*montagna, distanza, difficoltà*) insuperable 2. *fig* (*persona*) unequalled 3. (*qualità, modello, prodotto*) unbeatable

insurrezione [in·sur·ret·'tsio:·ne] *f* insurrection

intaccare [in·tak·'ka:·re] *vt* 1. (*acido, ruggine*) to corrode 2. (*malattia*) to attack 3. (*risparmi, patrimonio*) to eat into 4. *fig* (*onore, amicizia*) to sully

intagliato, -a [in·taʎ·'ʎa:·to] *adj* carved

intaglio [in·'taʎ·ʎo] *m* 1. (*lavorazione*) intaglio 2. (*opera, figura*) intaglio

intangibile [in·tan·'dʒi:·bi·le] *adj* 1.(*eredità, patrimonio*) untouchable 2.*fig* (*diritto, norma*) inviolable

intanto [in·'tan·to] I. *adv* 1.(*temporale*) in the meantime 2.(*avversativo*) yet; **e ~ devo pagare io!** and yet I'll end up paying! II. *conj* **~ che … +** *ind* while …

intarsiato, -a [in·tar·'sia:·to] *adj* (*mobile, pavimento*) inlaid

intarsio [in·'tar·sio] <-i> *m* 1.(*tecnica*) intarsia 2.(*opera*) intarsia

intasamento [in·ta·za·'men·to] *m* 1.(*di tubo, canale*) blockage 2.(*di strada*) traffic jam; **~ del traffico** traffic jam

intasare [in·ta·'za:·re] I. *vt* 1.(*tubo, canale*) to block 2.(*strada, traffico*) to block II. *vr:* **-rsi** (*tubo, canale, naso*) to become blocked

intasato, -a [in·ta·'za:·to] *adj* blocked

intatto, -a [in·'tat·to] *adj* 1.(*neve*) untouched 2.(*serratura, edificio*) intact 3.(*patrimonio, eredità*) untouched 4.*fig* (*onore, reputazione*) unsullied

intavolare [in·ta·vo·'la:·re] *vt* (*argomento, discussione*) to broach

integrale [in·te·'gra:·le] I. *adj* 1.(*intero*) complete; **edizione ~** unabridged edition 2.(*farina, pane*) wholewheat 3. MAT integral II. *m* MAT integral

integralismo [in·te·gra·'liz·mo] *m* integralism

integralista [in·te·gra·'lis·ta] <-i *m*, -e *f*> I. *adj* (*movimento, posizione*) integralist II. *m* (*fautore*) integralist

integrante [in·te·'gran·te] *adj* (*elemento, parte*) integral; **essere parte ~ di qc** to be an integral part of sth

integrare [in·te·'gra:·re] I. *vt* 1.(*completare*) to supplement 2.(*persona*) **~ qu in qc** to integrate sb into sth II. *vr:* **-rsi** 1.(*persona*) to fit in 2.(*reciproco*) to complement one another

integrativo, -a [in·te·gra·'ti:·vo] *adj* (*contratto, norma, quota*) supplementary; (*anno, esame*) extra

integrato, -a [in·te·'gra:·to] *adj* 1.(*persona*) integrated 2.(*ciclo, processo*) built-in

integratore [in·te·gra·'to:·re] *m* vitamin supplement; **~ alimentare** nutritional supplement

integrazione [in·te·grat·'tsio:·ne] *f* 1.(*gener*) integration 2.(*completamento: di stipendio, alimentazione*) supplement; **cassa ~** fund for workers who are temporarily laid-off

integrità [in·te·gri·'ta] <-> *f a. fig* integrity; **~ fisica e mentale** physical and mental well-being

integro, -a ['in·te·gro] <più integro, integerrimo> *adj* 1.(*intatto*) intact; (*energie, facoltà*) unimpaired 2.*fig* (*persona*) upright

intelaiatura [in·te·la·ia·'tu:·ra] *f* (*di finestra, costruzione*) framework

intelletto [in·tel·'lɛt·to] *m* intellect

intellettuale [in·tel·let·tu·'a:·le] I. *adj* 1.(*dotí, lavoro*) mental 2.(*luogo, ambiente, persona*)

intellectual II. *mf* (*persona*) intellectual; **fare l'~** *iron, pej* to act highbrow

intelligente [in·tel·li·'dʒɛn·te] *àdj* 1.(*pensante*) thinking 2.(*acuto: persona, osservazione*) intelligent; **vacanze -i** *planned vacation including excursions/visits*

intelligenza [in·tel·li·'dʒɛn·tsa] *f* 1.(*facoltà*) mind; **~ artificiale** COMPUT artificial intelligence 2.(*acutezza*) intelligence; **quoziente d'~** intelligence quotient

intellighenzia [in·tel·li·'gen·tsia] *f* (*di nazione, partito*) intelligentsia

intelligibile [in·tel·lid·'ʒi:·bi·le] *adj* (*comprensibile*) intelligible

intemperanza [in·tem·pe·'ran·tsa] *f* 1.(*caratteristica*) lack of moderation 2.(*atto*) excess

intemperie [in·tem·'pɛ:·rie] *fpl* inclement weather

intendente [in·ten·'dɛn·te] *m* ADMIN (*funzionario*) official; **~ di finanza** internal revenue officer

intendenza [in·ten·'dɛn·tsa] *f* ADMIN office; **~ di finanza** internal revenue office

intendere [in·'tɛn·de·re] <intendo, intesi, inteso> I. *vt* 1.(*capire*) to understand; **dare a ~ qc a qu** to give sb to understand sth; **lasciare** [*o* **fare**] **~ qc** to make sb understand; **~ qc al volo** to immediately grasp sth; **s'intende** of course 2.(*udire*) to hear 3.(*accettare*) to listen to; **non ~ ragioni** to not listen to reason 4.(*volere*) to wish; **non intendevo offenderti** I didn't mean to offend you 5.(*voler dire*) to mean II. *vr:* **-rsi** 1.(*andare d'accordo*) to get along; **intendersela con qu** *inf* to have an affair with sb 2.(*accordarsi, capirsi*) to understand each other; **~rsi su qc** to agree on sth; **tanto per intenderci** just to be clear 3.(*essere esperto di*) **-rsi di qc** (*argomento, materia*) to know sth about sth; **non m'intendo di quadri/di politica** I don't know anything about paintings/politics

intenditore, -trice [in·ten·di·'to:·re] *m, f* (*esperto*) connoisseur; **a buon intenditor poche parole** *prov* a word to the wise *prov*

intensificare [in·ten·si·fi·'ka:·re] I. *vt* 1.(*colore*) to intensify 2.(*controlli, sforzi, produzione*) to increase II. *vr:* **-rsi** (*rumore, traffico*) to intensify; (*produzione*) to increase

intensificazione [in·ten·si·fi·kat·'tsio:·ne] *f* (*di traffico, sforzi*) increase

intensità [in·ten·si·'ta] <-> *f a. fig* FIS intensity

intensivo, -a [in·ten·'si:·vo] *adj* (*corso, cura*) intensive; **terapia -a** MED intensive care

intenso, -a [in·'tɛn·so] *adj* 1.(*suono, dolore, desiderio*) intense; (*nebbia, pioggia*) heavy; (*odore, sapore*) overpowering; (*colore*) deep; (*luce*) bright 2.(*giornata, vita*) busy; (*lavoro, studio*) demanding; **traffico ~** heavy traffic

intentare [in·ten·'ta:·re] *vt* GIUR (*causa, processo*) to initiate

intentato¹ [in·ten·'ta:·to] *adj* (*impresa, esperimento*) untried

intentato² <*sing*> *m* **non lasciare nulla d'~** to leave no stone unturned

intento¹ [in·'tɛn·to] *adj* (*concentrato*) intent; **essere ~ a qc** to be absorbed in sth; **essere ~ a fare qc** to be busy doing sth

intento² *m* (*scopo*) aim; **riuscire/fallire nell'~** to achieve/not achieve one's aim; **con l'** [*o* **nell'**] **~ di ... +***inf* with the aim of ...

intenzionale [in·ten·tsio·'na:·le] *adj* (*offesa, errore*) intentional

intenzionato, -a [in·ten·tsio·'na:·to] *adj* **essere ~ a fare qc** to intend to do sth; **essere bene/male ~** to have good/bad intentions

intenzione [in·ten·'tsio:·ne] *f* (*proposito*) intention; **avere (l')~ di fare qc** to intend to do sth; **avere buone/cattive -i** to have good/bad intentions; **con/senza ~** intentionally/unintentionally

interagire [in·te·ra·'dʒi:·re] <interagisco> *vi* **~ con qc/qu** (*fenomeni, elementi, persone*) to interact with sth/sb

interattività [in·ter·at·ti·vi·'ta] <-> *f* (*di sistema, fenomeno*) interactivity

interattivo, -a [in·ter·at·'ti:·vo] *adj a. fig* COMPUT interactive

interazione [in·ter·at·'tsio:·ne] *f* interaction

interbancario, -a [in·ter·baŋ·'ka:·rio] <-i, -ie> *adj* (*accordo, rapporti*) interbank

intercalare¹ [in·ter·ka·'la:·re] *m* (*parola, frase*) pet phrase

intercalare² *vt* (*parola, frase*) to insert; **~ qc a qc** (*testo*) to insert sth into sth; *fig* to alternate sth with sth

intercambiabile [in·ter·kam·'bia:·bi·le] *adj* (*pezzi, elementi, ruoli*) interchangeable

intercapedine [in·ter·ka·'pɛ:·di·ne] *f* **1.** (*contro infiltrazioni*) cofferdam **2.** (*per isolamento*) gap

intercedere [in·ter·'tʃɛː·de·re] *vi* **avere ~ presso qu** (**per qu/qc**) (*intervenire*) to intercede with sb (on behalf of sb/sth)

intercessione [in·ter·tʃes·'sio:·ne] *f* (*intervento*) intercession

intercettare [in·ter·tʃet·'ta:·re] *vt* (*aereo, lettera, telefonata*) to intercept

intercettazione [in·ter·tʃet·tat·'tsio:·ne] *f* **1.** (*di aereo*) interception **2.** (*di telefonata*) tapping; **~ telefonica** phone tapping

intercity [in·ter·'si·ti] <-> *m* FERR intercity train

intercomunale [in·ter·ko·mu·'na:·le] *adj* intermunicipal

intercomunicante [in·ter·ko·mu·ni·'kan·te] *adj* (*stanze, impianti*) intercommunicating

interconfederale [in·ter·kon·fe·de·'ra:·le] *adj* (*patto, accordo*) inter-union

interconnessione [in·ter·kon·nes·'sio:·ne] *f* *a. fig* TEC interconnection

intercontinentale [in·ter·kon·ti·nen·'ta:·le] *adj* (*telefonata, volo*) intercontinental

intercorrere [in·ter·'kor·re·re] <intercorro, intercorsi, intercorso> *vi* **essere 1.** (*tempo*) to elapse **2.** *fig* (*rapporto, colloquio*) to exist

intercorso, -a [in·ter·'kor·so] **I.** *pp di* **intercorrere II.** *adj* (*colloquio, corrispondenza*) past

interculturale [in·ter·kul·tu·'ra:·le] *adj* intercultural

interdetto, -a I. *pp di* **interdire II.** *adj* **1.** (*sconcertato*) disconcerted **2.** GIUR (*persona*) banned

interdipendenza [in·ter·di·pen·'dɛn·tsa] *f* (*tra fatti, fenomeni*) interdependence

interdire [in·ter·'di:·re] <interdico, interdissi, interdetto> *vt* GIUR **~ qu** (**da qc**) to ban sb (from sth)

interdisciplinare [in·ter·diʃ·ʃi·pli·'na:·re] *adj* interdisciplinary

interdissi [in·ter·'dis·si] *1. pers sing pass rem di* **interdire**

interdizione [in·ter·dit·'tsio:·ne] *f* GIUR disqualification; **~ dai pubblici uffici** ban from holding public office

interessamento [in·te·res·sa·'men·to] *m* (*intervento*) intervention

interessante [in·te·res·'san·te] *adj* interesting

interessare [in·te·res·'sa:·re] **I.** *vt* **avere 1.** (*incuriosire*) to interest; **~ qu a qc** to interest sb in sth **2.** (*riguardare*) to affect **II.** *vi* **essere** (*importare*) **~ a qu** to matter to sb; **non gli interessa vincere** he's not interested in winning **III.** *vr:* **-rsi 1. -rsi a qc** (*incuriosirsi*) to be interested in sth **2. -rsi di qu/qc** (*occuparsi*) to take an interest in sb/sth; (*intervenire*) to intervene

interessato, -a [in·te·res·'sa:·to] **I.** *adj* **1.** (*incuriosito*) interested; **~ a qc** interested in sth **2.** (*calcolatore*) interested; (*amicizia, proposta*) selfish **3.** (*in causa*) concerned **II.** *m, f* (*persona in causa*) person concerned

interesse [in·te·'rɛs·se] *m* **1.** (*curiosità*) interest **2.** (*rilevanza*) interest; **di grande ~** of great interest **3.** *pl* (*attività*) interests *pl*; **avere molti -i** to have a lot of interests **4.** FIN interest; **tasso d'~** interest rate; **~ attivo/passivo** interest received/charged; **~ composto** compound interest **5.** (*vantaggio*) self-interest; **nell'~ di qu** in sb's interest

interezza [in·te·'ret·tsa] *f* (*totalità*) entirety

interfaccia [in·ter·'fat·tʃa] <-cce> *f* COMPUT interface; **~ utente** user interface

interfacciare [in·ter·fat·'tʃa:·re] *vt* COMPUT to interface

interfacoltà [in·ter·fa·kol·'ta] <inv> *adj* (*regolamento, assemblea*) joint faculty

interferenza [in·ter·fe·'rɛn·tsa] *f* **1.** FIS, TEL interference **2.** *fig* (*intromissione*) meddling

interferire [in·ter·fe·'ri:·re] <interferisco> *vi* **1.** *a. fig* FIS (*elementi, fattori*) to interfere; **~ in** [*o* **con**] **qc** to interfere with sth **2.** *fig* (*persona*) to interfere

interferone [in·ter·fe·'ro:·ne] *m* BIOL interferon

interfono [in·ter·'fɔ:·no] <-> *m* TEL intercom

intergalattico, -a [in·ter·ga·'lat·ti·ko] <-ci, -che> *adj* (*spazio*) intergalactic

intergenerazionale [in·ter·dʒe·ne·rat·tsio·'na:·le] *adj* intergenerational

interiezione [in·te·ri·et·'tsio:·ne] *f* LING interjection

interim ['in·te·rim] <-> *m* interim; **ad ~** temporary

interinale [in·te·ri·'na:·le] *adj* temporary; **lavoro ~** temporary job

interiora [in·te·'rio:·ra] *fpl* innards *pl*

interiore [in·te·'rio:·re] *adj* 1.(*parte, lato*) internal 2.(*spirituale*) inner; **mondo/vita ~** interior world/life

interiorità [in·te·rio·ri·'ta] <-> *f fig* (*di persona*) inner life

interiorizzazione [in·te·rio·rid·dzat·'tsio:·ne] *f* (*di valore, norma*) interiorization

interista [in·te·'ris·ta] <-i *m*, -e *f>* SPORT **I.** *adj* (*dell'Inter*) Inter **II.** *mf* (*giocatore*) Inter player; (*tifoso*) Inter fan

interlinea [in·ter·'li:·nea] *f* (*spazio*) line spacing

interlocutore, -trice [in·ter·lo·ku·'to:·re] *m*, *f* 1.(*conversatore*) speaker 2.(*controparte*) counterpart

intermediario, -a [in·ter·me·'dia:·rio] <-i, -ie> **I.** *adj* (*funzione, attività*) intermediary **II.** *m*, *f* (*persona*) intermediary; **fare da ~** to act as an intermediary

intermediazione [in·ter·me·diat·'tsio:·ne] *f* COM, FIN mediation

intermedio, -a [in·ter·'mɛ:·dio] *adj* 1.(*periodo, punto, condizione*) intermediate 2.*fig* (*soluzione*) compromise

intermezzo [in·ter·'mɛd·dzo] *m* 1.(*intervallo*) interlude 2.MUS intermezzo

interminabile [in·ter·mi·'na:·bi·le] *adj* (*troppo lungo*) interminable

interministeriale [in·ter·mi·nis·te·'ria:·le] *adj* POL, ADMIN interdepartmental

intermittente [in·ter·mit·'tɛn·te] *adj* (*segnale, luce, pioggia*) intermittent

intermittenza [in·ter·mit·'tɛn·tsa] *f* 1.(*di segnale, allarme*) intermittency 2.ELETT (*dispositivo*) intermittence

internamento [in·ter·na·'men·to] *m* (*di malato*) confinement; (*di prigioniero*) internment

internazionale [in·ter·nat·tsio·'na:·le] *adj* international

internazionalismo [in·ter·nat·tsio·na·'liz·mo] *m* POL, ECON internationalism

internazionalità [in·ter·nat·tsio·na·li·'ta] <-> *f* (*di iniziativa, organismo*) internationality

internazionalizzare [in·ter·nat·tsio·na·lid·'dza:·re] *vt* (*aeroporto, provvedimento*) to internationalize

internazionalizzazione [in·ter·nat·tsio·na·lid·dzat·'tsio:·ne] *f* (*di istituzione, organizzazione*) internationalization

Internet [in·ter·'net] <-> *f* COMPUT Internet; **essere in** [*o* su] **~** to be on the Internet; **navigare in** [*o* su] **~** to go on the Internet; **sito ~** website

internettista *mf* Internet user

interni [in·'tɛr·ni] *mpl* 1.FILM interior shots 2.ART interiors 3.**gli Interni** POL, **ministero/ministro degli Interni** Minister of the Interior

interno¹ [in·'tɛr·no] **I.** *adj* 1.(*parte, lato*) inner 2.(*regolamento, membro*) internal 3.(*politica, affari*) national; (*volo*) domestic 4.GEO inland; **acque -e** inland waters 5.*fig* (*interiore*) inner **II.** *m* (*allievo, candidato*) internal candidate

interno² <*sing*> *m* 1.(*di struttura*) inside; (*di indumento*) lining; **all'~** inside; **all'~ di qc** inside sth; **dall'~** from the inside; **dall'~ di qc** from inside sth 2.(*di territorio*) interior 3.(*telefono*) extension; (*abitazione*) apartment number 4.*fig* (*animo*) inner being 5.(*di stato*) home; **notizie dall'~** national news; **l'Interno** Minister of the Interior

intero¹ [in·'te:·ro] *adj* 1.(*completo*) whole; **prezzo ~** full price; **biglietto ~** full fare ticket; **costume ~** bathing suit; **latte ~** full fat milk 2.(*intatto*) whole

intero² *m* whole; **per ~** in full

interpellanza [in·ter·pel·'lan·tsa] *f* POL question; **~ parlamentare** parliamentary question

interpellare [in·ter·pel·'la:·re] *vt* 1.(*persona, medico, avvocato*) to consult 2.POL to question

interpellato, -a [in·ter·pel·'la:·to] **I.** *adj* (*persona*) questioned; (*medico, avvocato*) consulted **II.** *m*, *f* ADMIN person questioned

interpersonale [in·ter·per·so·'na:·le] *adj* (*rapporto, relazione*) interpersonal

interporre [in·ter·'por·re] <interpongo, interposi, interposto> **I.** *vt* (*ostacolo, difficoltà*) to put **II.** *vr:* **-rsi** 1.(*ostacolo*) to be 2.*fig* (*persona*) to intervene

interposi [in·ter·'po:·zi] *1. pers sing pass rem di* interporre

interposto, -a [in·ter·'pos·to] **I.** *pp di* **interporre II.** *adj* (*difficoltà, ostacolo*) intervening; **per -a persona** via a third party

interpretabile [in·ter·pre·'ta:·bi·le] *adj* (*testo*) interpretable

interpretare [in·ter·pre·'ta:·re] *vt a. fig* FILM, TEAT, MUS to interpret

interpretariato [in·ter·pre·ta·'ria:·to] *m* (*attività*) interpreting

interpretativo, -a [in·ter·pre·ta·'ti:·vo] *adj* 1.(*metodo, modello*) acting 2.GIUR (*norma*) interpretative

interpretazione [in·ter·pre·tat·'tsio:·ne] *f a. fig* FILM, TEAT, MUS interpretation

interprete [in·'tɛr·pre·te] *mf* 1.(*di testo, opera*) interpreter 2.(*traduttore*) interpreter; **~ simultaneo** simultaneous interpreter 3.(*attore, musicista*) performer 4.(*portavoce*) spokesperson; **farsi ~ di qc** to act as spokesperson for sth

interprovinciale [in·ter·pro·vin·'tʃa:·le] *adj* interprovincial

interramento [in·ter·ra·'men·to] *m* 1.(*di tubo*) laying; (*di bulbo*) planting 2.(*di canale, palude*) filling in

interrato, -a [in·ter·'ra:·to] *adj* **piano** ~ base-ment

interregionale [in·ter·re·dʒo·'na:·le] I. *adj* interregional II. *m* (*treno*) *stopping train which travels through different regions*

interrogare [in·ter·ro·'ga:·re] *vt* 1.(*testimone, sospetto*) to question 2.(*a scuola*) to test

interrogativo[1] [in·ter·ro·ga·'ti:·vo] *adj* 1.(*sguardo, espressione*) questioning 2.LING interrogative; **punto** ~ question mark

interrogativo[2] *m* (*dubbio*) question

interrogato, -a [in·ter·ro·'ga:·to] I. *adj* (*testimone*) questioned; (*studente*) tested II. *m, f* (*testimone*) person questioned; (*studente*) student tested

interrogatorio [in·ter·ro·ga·'tɔ:·rio] <-i> *m* GIUR questioning

interrogazione [in·ter·ro·gat·'tsio:·ne] *f* 1.(*a scuola*) test 2.POL ~ **parlamentare** parliamen-tary question

interrompere [in·ter·'rom·pe·re] <inter-rompo, interruppi, interrotto> I. *vt* 1.(*lavoro, trattativa, persona*) to interrupt 2.(*strada, passaggio, linea, corrente*) to cut off II. *vr:* -**rsi** 1.(*in attività*) to break off; (*nel parlare*) to stop talking 2.(*trattativa*) to be interrupted 3.(*linea, corrente, strada*) to be cut off

interrotto [in·ter·'rot·to] *pp di* **interrompere**

interruppi [in·ter·'rup·pi] *1. pers sing pass rem di* **interrompere**

interruttore [in·ter·rut·'to:·re] *m* (*dispositivo*) switch

interruzione [in·ter·rut·'tsio:·ne] *f* 1.(*sospensione*) suspension; (*di linea, corrente*) inter-ruption; (*di strada*) break; **senza** ~ without stopping; ~ **di gravidanza** termination of a pregnancy 2.(*pausa*) break; ~ **pubblicitaria** advertising break 3.(*intervento*) interruption

interscambio [in·ters·'kam·bio] *m* exchange

intersettoriale [in·ter·set·to·'ria:·le] *adj* inter-sectorial

intersezione [in·ter·set·'tsio:·ne] *f* (*di linee, strade*) intersection; **punto di** ~ junction

intersindacale [in·ter·sin·da·'ka:·le] *adj* in-ter-union

interurbana [in·ter·ur·'ba:·na] *f* (*telefonata*) long-distance call

interurbano, -a [in·ter·ur·'ba:·no] *adj* 1.(*linea ferroviaria, trasporto*) interurban 2.(*telefonata, tariffa*) long distance

intervallo [in·ter·'val·lo] *m* 1.(*di spazio*) in-terval 2.(*di tempo*) interval; **a** -**i** at intervals 3.(*pausa*) break; (*di spettacolo, conferenza*) interval; (*a scuola*) break 4.SCIENT, MUS inter-val

intervenire [in·ter·ve·'ni:·re] <intervengo, intervenni, intervenuto> *vi* **essere** 1.(*intromettersi*) to intervene 2.SPORT ~ **su qu/qc** to get sb/sth 3.(*partecipare*) ~ **a qc** to take part in sth 4.(*parlare*) to intervene 5.MED to oper-ate

intervenni [in·ter·'ven·ni] *1. pers sing pass rem di* **intervenire**

interventismo [in·ter·ven·'tiz·mo] *m* HIST, POL interventionism

intervento [in·ter·'vɛn·to] *m* 1.(*intromissione*) intervention 2.SPORT tackle 3.(*partecipazione*) participation 4.(*discorso*) interven-tion 5.MED operation; ~ **chirurgico** heart surgery

intervenuto, -a [in·ter·ve·'nu:·to] I. *pp di* **intervenire** II. *adj* (*persona, pubblico*) pres-ent III. *m, f* those present

intervista [in·ter·'vis·ta] *f* interview

intervistare [in·ter·vis·'ta:·re] *vt* to interview

intervistatore, -trice [in·ter·vis·ta·'to:·re] *m, f* interviewer

intesa [in·'te:·sa] *f* 1. *a. fig* POL agreement 2.(*affiatamento*) understanding

intesi [in·'te:·zi] *1. pers sing pass rem di* **inten-dere**

inteso, -a [in·'te:·zo] I. *pp di* **intendere** II. *vt* restare [*o* rimanere] ~ **che ...** to agree that ...; (**siamo**) **intesi?** agreed?

intessere [in·'tɛs·se·re] *vt* 1.(*cesto, stuoia*) to weave 2. *fig* ~ **lodi a qu** to sing sb's praise

intestare [in·tes·'ta:·re] *vt* 1.(*lettera, pagina*) to head 2. GIUR ~ **qc a qu** (*bene, casa*) to regis-ter sth in sb's name; (*assegno*) to make out sth in sb's name

intestatario, -a [in·tes·ta·'ta:·rio] <-i, -ie> *m, f* 1.(*di lettera*) sender 2. GIUR (*di bene*) owner, di conto, holder

intestato, -a [in·tes·'ta:·to] *adj* 1. GIUR ~ **a qu** (*bene, conto*) registered in sb's name 2.(*lettera, foglio*) headed; **carta** -**a** letterhead

intestazione [in·tes·tat·'tsio:·ne] *f* 1.(*di foglio*) heading; (*di libro, articolo*) title 2. GIUR (*di bene*) registration; (*di conto*) holding

intestinale [in·tes·ti·'na:·le] *adj* ANAT intestinal

intestino[1] [in·tes·'ti:·no] *adj* (*guerra, lotta*) in-ternal

intestino[2] *m* ANAT intestine; ~ **crasso/tenue** large/small intestine

intiepidire [in·tie·pi·'di:·re] <intiepidisco> I. *vt* **avere** 1. CULIN (*riscaldare*) to warm up; (*far raffreddare*) to cool down 2. *fig* (*sentimento*) to dampen II. *vi* 1. CULIN (*riscaldare*) to warm up; (*raffreddarsi*) to cool down 2. *fig* (*sentimento*) to cool

intimare [in·ti·'ma:·re] *vt* 1.(*alt, silenzio*) to order; ~ **a qu di fare qc** to order sb to do sth 2.(*pagamento*) to order; (*sfratto*) to serve

intimazione [in·ti·mat·'tsio:·ne] *f* 1.(*ordine*) order; ~ **di fare qc** order to do sth 2.(*di pagamento*) order; ~ **di sfratto** eviction order

intimidatorio, -a [in·ti·mi·da·'to:·rio] *adj* (*atto, parole*) intimidatory

intimidazione [in·ti·mi·dat·'tsio:·ne] *f* intimi-dation

intimidire [in·ti·mi·'di:·re] <intimidisco> *vt* **avere** 1.(*imbarazzare*) to make shy 2.(*minacciare*) to intimidate

intimità [in·ti·mi·'ta] <-> *f* 1.(*ambito privato*) privacy; **nell'**~ (*in casa, in famiglia*) in private; (*nella vita amorosa*) at intimate moments

2. (*confidenza*) familiarity; **essere in ~ con qu** to be on close terms with sb

intimo¹ ['in·ti·mo] I. *adj* **1.** *fig* (*amico, amicizia*) close; **avere rapporti -i con qu** to have sex with sb; **ambiente ~** intimate atmosphere; **cenetta -a** romantic meal; **cerimonia -a** private ceremony **2.** *fig* (*convinzione, gioia*) inner; (*ragioni, significato*) innermost **3.** (*nascosto*) hidden; **parti -e** private parts; **biancheria -a** underwear; **igiene -a** personal hygiene II. *m* (*persona*) close friend

intimo² <sing> *m* **1.** (*interiorità*) heart **2.** (*biancheria*) underwear

intimorire [in·ti·mo·'ri:·re] <intimorisco> I. *vt* to frighten II. *vr:* **-rsi** to get frightened

intitolare [in·ti·to·'la:·re] I. *vt* **1.** (*libro, film*) to give a title to **2.** (*strada, edificio*) to name; **~ qc a qu** to name sth after sb II. *vr:* **-rsi** (*libro, film*) to be called

intoccabile [in·tok·'ka:·bi·le] I. *adj* **1.** (*oggetto, patrimonio*) untouchable **2.** *fig* (*argomento*) indisputable **3.** *fig* (*persona*) unassailable II. *mf* **1.** (*persona*) person with powerful backing **2.** (*in India*) untouchable

intollerabile [in·tol·le·'ra:·bi·le] *adj* **1.** (*sopruso, offesa*) intolerable **2.** (*caldo, dolore*) unbearable

intollerante [in·tol·le·'ran·te] *adj* (*persona, carattere*) intolerant

intolleranza [in·tol·le·'ran·tsa] *f* intolerance

intonaco [in·'tɔ:·na·ko] <-ci *o* -chi> *m* (*per muro*) plaster

intonare [in·to·'na:·re] I. *vt* **1.** MUS (*strumento, voce*) to tune up; (*canzone, nota*) to intone **2.** (*colori, indumenti*) to match II. *vr:* **-rsi** (*colori, indumenti*) to match; **-rsi a qc** to go with sth

intonato, -a [in·to·'na·to] *adj* **1.** (*strumento, voce*) tuneful **2.** (*persona*) **essere ~** to be able to sing in tune **3.** (*colori, indumenti*) matched

intonazione [in·to·nat·'tsio:·ne] *f* **1.** MUS tuning; (*della voce*) pitch **2.** LING intonation; (*inflessione*) inflection

intoppo [in·'tɔp·po] *m* (*ostacolo*) hitch

intorno [in·'tor·no] I. *adv* around; **guardarsi ~** to look around; **qui ~ non ci sono bar** there aren't any bars around here; **tutto ~** all around; **togliersi qu d'~** to get rid of sb II. *prep* **1. ~ a** around; (*spazio*) round **2.** (*tempo, quantità*) around about **3.** (*argomento*) on III. <inv> *adj* surrounding; **ho comprato la casa e il terreno ~** I've bought the house and the surrounding land

intossicazione [in·tos·si·kat·'tsio:·ne] *f* MED poisoning

intralciare [in·tral·'tʃa:·re] *vt* **1.** (*traffico*) to hold up; (*movimento*) to hamper **2.** *fig* (*attività, progetto*) to hinder

intralcio [in·'tral·tʃo] <-ci> *m* (*ostacolo*) hindrance

intramontabile [in·tra·mon·'ta:·bi·le] *adj* (*celebrità, fama*) timeless; (*attore, cantante*) immortal

intramuscolare [in·tra·mus·ko·'la:·re] MED I. *adj* (*iniezione*) intramuscular II. *f* intramuscular injection

Intranet [in·tra·'net] <-> *f* COMPUT Intranet

intransigente [in·tran·si·'dʒɛn·te] *adj* **1.** (*giudice, insegnante*) harsh **2.** (*politico, corrente*) intransigent **3.** (*atteggiamento*) intolerant

intransigenza [in·tran·si·'dʒɛn·tsa] *f* intransigence

intrappolare [in·trap·po·'la:·re] *vt* **1.** (*topo, ladro*) to trap **2.** *fig* (*raggirare*) to catch out

intrappolato, -a [in·trap·po·'la:·to] *adj* trapped

intraprendente [in·tra·pren·'dɛn·te] *adj* (*persona*) enterprising; (*in amore*) forward

intraprendenza [in·tra·pren·'dɛn·tsa] *f* enterprise

intraprendere [in·tra·'prɛn·de·re] <intraprendo, intrapresi, intrapreso> *vt* (*attività, viaggio*) to undertake; (*carriera, studi*) to start

intrapresi [in·tra·'pre:·zi] *1. pers sing pass rem di* **intraprendere**

intrapreso [in·tra·'pre:·zo] *pp di* **intraprendere**

intrattabile [in·trat·'ta:·bi·le] *adj* (*persona, carattere*) impossible

intrattenere [in·trat·te·'ne:·re] <intrattengo, intrattenni, intrattenuto> I. *vt* **1.** (*ospite, pubblico*) to entertain **2.** *fig* (*rapporti, corrispondenza*) to have II. *vr* **1. -rsi con qu** to stop with sb **2. -rsi su qc** to concentrate on sth

intrattenimento [in·trat·te·ni·'men·to] *m* entertainment

intrattenni [in·trat·'ten·ni] *1. pers sing pass rem di* **intrattenere**

intravedere [in·tra·ve·'de:·re] <intravedo, intravidi, intravisto> *vt* **1.** (*persona, cosa*) to glimpse **2.** *fig* (*soluzione, possibilità*) to see

intravidi [in·tra·'vi:·di] *1. pers sing pass rem di* **intravedere**

intravisto [in·tra·'vis·to] *pp di* **intravedere**

intrecciare [in·tret·tʃa:·re] I. *vt* **1.** (*capelli, paglia*) to pleat **2.** *fig* (*rapporti*) to establish II. *vr:* **-rsi** (*fili, rami*) to become interwined; (*capelli*) to be pleated; (*strade*) to intersect

intreccio [in·'tret·tʃo] <-cci> *m* **1.** (*azione*) weaving **2.** (*di fili*) interlacing; (*di capelli*) pleating **3.** (*di tessuto*) weave **4.** *fig* (*di fatti, fenomeni*) interweaving; (*di storia*) plot

intrepido, -a [in·'trɛ:·pi·do] *adj* (*passo, sguardo*) intrepid; (*soldato, animo*) fearless

intricato, -a [in·tri·'ka:·to] *adj* **1.** (*nodo, bosco*) tangled **2.** *fig* (*vicenda, questione*) complicated

intrico [in·'tri:·ko] <-chi> *m* **1.** (*di rami, fili*) tangle; (*di strade*) jumble **2.** *fig* jumble

intrigante [in·tri·'gan·te] I. *adj* **1.** (*invadente*) meddlesome **2.** (*interessante*) intriguing II. *mf* (*persona invadente*) meddler

intrigo [in·'tri:·go] <-ghi> *m* **1.** (*macchinazione*) plot **2.** (*situazione confusa*) difficult situation

intrinseco, -a [in·'trin·se·ko] <-ci, -che> *adj*

(*proprio, interno*) intrinsic; **valore ~ di** qc intrinsic value of sth

intriso, -a *adj* ~ **di** qc (*liquido*) soaked in [*o* with] sth; *fig* (*sentimento*) steeped in sth

introdurre [in·tro·'dur·re] <introduco, introdussi, introdotto> I. *vt* 1. (*chiave, moneta, scheda*) to put 2. (*prodotto, moda, uso*) to introduce; (*legge, riforma*) to bring in 3. (*discorso, tema*) to start 4. (*persona*) to show; ~ **qu in** qc (*ambiente*) to introduce sb into sth; ~ **qu a** qc (*disciplina*) to introduce sb to sth 5. LING to introduce II. *vr* **-rsi in** qc (*luogo*) to enter sth; (*ambiente*) to join sth

introduttivo, -a [in·tro·dut·'ti:·vo] *adj* (*discorso, capitolo*) introductory

introduzione [in·tro·dut·'tsio:·ne] *f* 1. (*gener*) introduction 2. (*di moneta, scheda, disco*) insertion

introito [in·'trɔ:·i·to] *m* (*incasso*) income

intromissione [in·tro·mis·'sio:·ne] *f* (*ingerenza*) interference

introspettivo, -a [in·tro·spet·'ti:·vo] *adj* (*esame, metodo, atteggiamento*) introspective

introspezione [in·tro·spet·'fio:·ne] *f* PSIC introspection

introvabile [in·tro·'va:·bi·le] *adj* 1. (*libro, francobollo*) untraceable 2. (*persona*) nowhere to be found

introverso, -a [in·tro·'vɛr·so] I. *adj* (*persona, carattere*) introverted II. *m, f* introvert

intrusione [in·tru·'zio:·ne] *f* (*di persona*) intrusion

intruso, -a [in·'tru:·zo] *m, f* (*persona*) intruder

intuibile [in·tu·'i:·bi·le] *adj* (*conseguenza, motivo*) imaginable

intuire [in·tu·'i:·re] <intuisco> *vt* (*percepire*) to perceive

intuitivo, -a [in·tui·'ti:·vo] *adj* 1. (*facoltà, conoscenza*) intuitive 2. (*verità, giudizio*) obvious 3. (*persona*) intuitive

intuito [in·'tu:·i·to] *m* (*attitudine*) intuition

intuizione [in·tuit·'tsio:·ne] *f* 1. (*presentimento*) intuition 2. (*trovata*) insight 3. (*intuito*) intuition

inumano, -a [i·nu·'ma:·no] *adj* inhumane

inutile [i·'nu:·ti·le] *adj* 1. (*oggetto, attrezzo*) useless; (*spesa, consiglio, discorso*) worthless; (*lavoro, sforzo*) pointless 2. (*persona*) useless

inutilità [i·nu·ti·li·'ta] <-> *f* 1. (*di oggetto*) uselessness 2. (*di rimedio, sforzo*) pointlessness

inutilizzabile [i·nu·ti·lid·'dza:·bi·le] *adj* (*oggetto, attrezzo*) unusable

inutilizzato, -a [i·nu·ti·lid·'dsa:·to] *adj* (*attrezzo, impianto*) unused; (*energie, forze*) unspent

invadente [in·va·'dɛn·te] I. *adj* (*persona*) intrusive II. *mf* busybody

invadenza [in·va·'dɛn·tsa] *f* intrusiveness

invadere [in·'va:·de·re] <invado, invasi, invaso> *vt* 1. (*territorio, paese*) to invade 2. (*folla*) to invade; (*animali, piante*) to take over; (*acque*) to flood 3. *fig* (*malattia*) to infect; (*prodotto, moda*) to flood

invalicabile [in·va·li·'ka:·bi·le] *adj* (*passo, monte*) impassable; **limite** ~ no access allowed

invalidare [in·va·li·'da:·re] *vt* GIUR, ADMIN (*atto, documento*) to invalidate

invalidità [in·va·li·di·'ta] <-> *f* (*fisica*) disability; ~ **permanente** permanent disability; **pensione di** ~ disability benefit

invalido, -a [in·'va:·li·do] I. *adj* (*disabile*) disabled II. *m, f* disabled person; ~ **di guerra** disabled veteran; ~ **del lavoro** occupationally injured person

invano [in·'va:·no] *adv* in vain

invariabile [in·va·'ria:·bi·le] *adj* 1. (*grandezza, tempo*) constant; (*comportamento*) invariable 2. LING indeclinable

invariato, -a [in·va·'ria:·to] *adj* unchanged

invasi [in·'va:·zi] 1. *pers sing pass rem di* **invadere**

invasione [in·va·'zio:·ne] *f* 1. (*di truppe*) invasion 2. (*di persone*) invasion; ~ **di campo** SPORT field invasion 3. (*di animali, piante*) invasion; (*di malattia*) spreading; (*di acque*) flooding 4. *fig* (*di prodotto*) flood

invaso [in·'va:·zo] *pp di* **invadere**

invasore, invaditrice [in·va·'zo:·re, in·va·di·'tri:·tʃe] I. *adj* (*esercito*) invading II. *m, f* invader

invecchiamento [in·vek·kia·'men·to] *m* 1. (*di organismo*) aging; ~ **della pelle** aging of the skin 2. (*di vino*) maturing process

invecchiare [in·vek·'kia:·re] I. *vi* essere 1. (*diventare vecchio*) to grow old 2. (*vino, formaggio*) to mature 3. *fig* (*moda, opera*) to go out of date II. *vt* avere 1. (*persona*) to age 2. (*vino, formaggio*) to mature

invece [in·'ve:·tʃe] I. *adv* instead II. *prep* ~ **di** instead of

inveire [in·ve·'i:·re] <inveisco> *vi* ~ **contro** qu/qc to rail against sb/sth

inventare [in·ven·'ta:·re] *vt* 1. (*oggetto, fiaba*) to invent 2. (*notizia, scuse*) to make up; (*bugia*) to tell; **inventarne di tutti i colori** to tell tall tales

inventario [in·ven·'ta:·rio] <-i> *m* 1. COM stocktaking 2. (*elenco*) inventory; **fare l'~** (**di** qc) to draw up an inventory (of sth)

inventiva [in·ven·'ti:·va] *f* (*fantasia*) invention

inventore, -trice [in·ven·'to:·re] *m, f* (*ideatore*) inventor

invenzione [in·ven·'tsio:·ne] *f* 1. (*di oggetto, fiaba*) invention 2. (*di notizia, bugia, scuse*) lie 3. (*capacità, atto*) invention

invernale [in·ver·'na:·le] *adj* (*stagione, clima*) wintry; (*vacanze, sport, abbigliamento*) winter

inverno [in·'vɛr·no] *m* winter; **d'~** in winter

inverosimile [in·ve·ro·'si:·mi·le] I. *adj* 1. (*improbabile*) unlikely 2. (*enorme, straordinario*) incredible II. <sing> *m* improbability; **una storia che ha dell'~** an unlikely story; (**fino**) **all'~** incredibly

inversione [in·ver·'sio:·ne] *f* 1. (*di direzione*)

reverse; **fare** ~ to make a U-turn; ~ **a U** U-turn **2.** (*di ordine*) inversion **3.** *fig* (*di parti, ruoli*) reversal; ~ **di campo** SPORT changing of goals

inverso[1] [in·'vɛr·so] *adj* **1.** (*direzione, ordine*) reverse; (*ragionamento, situazione, caso*) opposite **2.** CHIM, FIS reverse

inverso[2] <*sing*> *m* (*contrario*) opposite; **all'**~ the wrong way around

invertebrato[1] [in·ver·te·'bra:·to] *adj* ZOOL invertebrate

invertebrato[2] *m* ZOOL invertebrate; **gli Invertebrati** the Invertebrates

invertire [in·ver·'ti:·re] *vt* **1.** (*direzione*) to reverse **2.** (*ordine, posizione*) to invert **3.** (*parti, ruoli*) to swap

invertito, -a [in·ver·'ti:·to] *m*, *f* homosexual

investigare [in·ves·ti·'ga:·re] **I.** *vt* (*cause, ragioni*) to investigate **II.** *vi* ~ **su qc** to investigate sth

investigativo, -a [in·ves·ti·ga·'ti:·vo] *adj* (*attività, lavoro*) investigatory; (*ufficio, squadra*) detective

investigatore, -trice [in·ves·ti·ga·'to:·re] *m, f* investigator; ~ **privato** private detective

investigazione [in·ves·ti·gat·'tsio:·ne] *f* investigation

investimento [in·ves·ti·'men·to] *m* **1.** ECON, FIN investment **2.** *fig* (*di energie, risorse*) investment **3.** (*incidente*) traffic accident

investire [in·ves·'ti:·re] *vt* **1.** ECON, FIN to invest **2.** *fig* (*energie, risorse*) to invest **3.** (*bufera, ondata, valanga*) to hit **4.** (*veicolo*) to crash into; (*pedone*) to run over **5.** ~ **qu di qc** (*carica, titolo*) to give sb sth

investitore, -trice [in·ves·ti·'to:·re] *m, f* **1.** (*in incidente*) driver responsible **2.** ECON, FIN investor

investitura [in·ves·ti·'tu:·ra] *f* investiture

invettiva [in·vet·'ti:·va] *f* invective; **lanciare delle -e contro qu** to hurl abuse at sb

inviare [in·vi·'a:·re] *vt* (*lettera, merce, persona*) to send; **le invio i miei migliori saluti** best wishes

inviato, -a [in·vi·'a:·to] *m, f* **1.** (*delegato*) envoy **2.** (*giornalista*) correspondent; ~ **speciale** special correspondent; **dal nostro** ~ from our correspondent

invidia [in·'vi:·dia] <-ie> *f* **1.** (*astio*) envy **2.** (*enfatico*) envy; **hai un giardino splendido, che** ~**!** you have a marvelous garden, I really envy you!; **ha una casa che è l'**~ **di tutti** his [*o* her] house is the envy of everybody

invidiabile [in·vi·'dia:·bi·le] *adj* enviable

invidiare [in·vi·'dia:·re] *vt* **1.** (*persona*) to envy; ~ **qu per qc** to envy sb sth **2.** (*cosa*) to envy; ~ **qc a qu** to envy sb's sth; **non avere nulla** [*o* **niente**] **da** ~ **a qu/qc/nessuno** to be the equal of sb/sth/anybody

invidioso, -a [in·vi·'dio:·so] **I.** *adj* envious **II.** *m, f* (*persona*) envious person

invincibile [in·vin·'tʃi:·bi·le] *adj* **1.** (*avversario, nemico*) invincible **2.** *fig* (*ostacolo, difficoltà*) insurmountable **3.** *fig* (*desiderio, sensazione*) irrepressible

invio [in·'vi:·o] <-ii> *m* **1.** (*di lettera, pacco, persona*) sending; (*di merce*) dispatch **2.** (*oggetto, merce*) consignment **3.** COMPUT (*tasto*) return

inviolabile [in·vio·'la:·bi·le] *adj* (*patto, segreto*) unbreakable; (*diritto, principio*) inviolable

inviolabilità [in·vio·la·bi·li·'ta] <-> *f* inviolability

invischiato, -a [in·vis·'kia:·to] *adj* (*persona*) caught up

invisibile [in·vi·'zi:·bi·le] *adj* **1.** (*non visibile*) invisible **2.** (*piccolissimo*) tiny

invisibilità [invizibili'ta] <-> *f* invisibility

invitante [in·vi·'tan·te] *adj* **1.** (*piatto, proposta*) inviting **2.** (*sguardo, sorriso*) alluring

invitare [in·vi·'ta:·re] *vt* **1.** (*a cena, festa*) to invite **2.** (*esortare*) to ask **3.** *fig* (*invogliare*) to tempt

invitato, -a [in·vi·'ta:·to] *m, f* (*persona*) guest

invito [in·'vi:·to] *m* **1.** (*a cena, festa*) invitation; (*biglietto*) invitation; ~ **a nozze** *fig* wedding invitation **2.** (*esortazione*) request **3.** *fig* (*richiamo*) temptation

in vitro [in 'vi:·tro] BIOL, MED **I.** *adj* in vitro **II.** *adv* in vitro

invivibile [in·vi·'vi:·bi·le] *adj* (*ambiente, clima*) unbearable

invocare [in·vo·'ka:·re] *vt* **1.** (*Dio, persona*) to call upon **2.** (*aiuto, grazia*) to ask for; (*pace, riforme*) to call for

invocazione [in·vo·kat·'tsio:·ne] *f* **1.** (*preghiera*) prayer **2.** (*richiesta*) request

invogliare [in·voʎ·'ʎa:·re] *vt* to entice

involontario, -a [in·vo·lon·'ta:·rio] *adj* (*errore, gesto, offesa*) involuntary

involtino [in·vol·'ti:·no] *m* CULIN roulade; ~ **primavera** spring roll

involucro [in·'vɔ:·lu·kro] *m* (*confezione*) wrapping; (*per protezione*) casing

involuzione [in·vo·lut·'tsio:·ne] *f* (*di fenomeno, società*) decline

invulnerabile [in·vul·ne·'ra:·bi·le] *adj* (*eroe, fortezza*) unassailable

io ['i:·o] **I.** *pron* *1. pers sing* I; **sono** ~ it's me; ~ **stesso/stessa** I personally; **neanch'**~ me neither; **neach'**~ **sono stato invitato** I haven't been invited either; **proprio** ~ I **II.** <-> *m* **1.** (*se stesso*) self **2. l'Io** PSIC the ego

iodato, -a *adj* **sale** ~ iodized salt

iodio ['iɔ:·dio] *m* CHIM iodine

ione ['io:·ne] *m* CHIM ion

ionico, -a ['iɔ:·ni·ko] <-ci, -che> *adj* **1.** HIST, ARCHIT Ionic **2.** GEO Ionian

Ionio ['io:·nio] *m* **il Mar(e)** ~**/lo** ~ the Ionian Sea

iosa ['iɔ:·za] *adv* **a** ~ galore

iperattività [i·pe·rat·ti·vi·'ta] <-> *f* (*di persona, bambino*) hyperactivity

iperattivo, -a [i·pe·rat·'ti:·vo] *adj* (*persona, bambino*) hyperactive

iperbole [i·'pɛr·bo·le] *f* MAT hyperbola; LING hyperbole

ipercalorico, -a [i·per·ka·'lɔː·ri·ko] <-ci, -che> *adj* (*cibo, dieta*) high in calories

ipercritico, -a [i·per·'kriː·ti·ko] <-ci, -che> *adj* hypercritical

iperglicemia [i·per·gli·tʃe·'miː·a] <-ie> *f* MED hyperglycemia

ipermercato [i·per·mer·'kaː·to] *m* superstore

ipersensibilità [i·per·sen·si·bi·li·'ta] <-> *f a. fig* MED hypersensitivity

ipertensione [i·per·ten·'sioː·ne] *f* MED hypertension

iportooto [i per 'tɛs to] *m* COMPUT hypertext

ipertestuale [i·per·tes·tu·'aː·le] *adj* COMPUT hypertextual

ipnosi [ip·'nɔː·zi] <-> *f* PSIC hypnosis

ipnotico, -a [ip·'nɔː·ti·ko] <-ci, -che> *adj* hypnotic

ipnotizzare [ip·no·tid·'dza·re] *vt a. fig* to hypnotize

ipoallergenico, -a [i·po·al·ler·'dʒɛː·ni·ko] <-ci, -che> *adj* (*cosmetico, alimento*) hypoallergenic

ipocalorico, -a [i·po·ka·'lɔː·ri·ko] <-ci, -che> *adj* (*alimento, dieta*) low-calorie

ipocondria [i·po·kon·'driː·a] <-ie> *f* PSIC, MED hypochondria

ipocrisia [i·po·kri·'ziː·a] <-ie> *f* hypocrisy

ipocrita [i·'pɔː·kri·ta] <-i *m*, -e *f*> I. *adj* hypocritical II. *mf* (*persona*) hypocrite

ipofisi [i·'pɔː·fi·zi] <-> *f* ANAT pituitary gland

ipoglicemia [i·po·gli·tʃe·'miː·a] *f* MED hypoglycemia

ipoteca [i·po·'tɛː·ka] <-che> *f* GIUR mortgage

ipotecare [i·po·te·'kaː·re] *vt* 1. GIUR (*casa, terreno*) to mortgage 2. *fig* (*vittoria, promozione*) to believe sth is in the bag; ~ **il futuro** to count one's chickens before they hatch

ipotecario, -a [i·po·te·'kaː·rio] <-i, -ie> *adj* (*mutuo, cambiale*) mortgage

ipotensione [i·po·ten·'sioː·ne] *f* MED hypotension

ipotesi [i·'pɔː·te·zi] <-> *f* 1.(*supposizione*) hypothesis; **per** ~ supposing 2.(*teoria*) theory 3.(*eventualità*) eventuality; **nell'~ che ...** +*cong* should ...; **nella migliore/peggiore delle** ~ at best/worst

ipotetico, -a [i·po·'tɛː·ti·ko] <-ci, -che> *adj* 1.(*caso, ragionamento, successo*) hypothetical 2. LING **periodo** ~ conditional clause

ipotizzare [i·po·tid·'dza·re] *vt* (*caso, situazione*) to imagine; ~ **che ...** +*cong* to suppose that ...; ~ **di ...** +*inf* to suppose that ...

ippica ['ip·pi·ka] <-che> *f* (*sport*) horse racing; **darsi all'**~ *scherz, inf* to get a new life

ippico, -a ['ip·pi·ko] <-ci, -che> *adj* (*gara, concorso*) horse

ippocampo [ip·po·'kam·po] *m* ZOOL sea horse

ippocastano [ip·po·kas·'taː·no] *m* (*albero*) horse chestnut tree

ippodromo [ip·'pɔː·dro·mo] *m* (*impianto*) racetrack

ippopotamo [ip·po·'pɔː·ta·mo] *m* (*animale*) hippopotamus

IPZS *m abbr di* **Istituto Poligrafico e Zecca dello Stato** State Printing Office and Mint

IR *abbr di* **InterRegionale** FERR Interregional (train)

ira ['iː·ra] *f* (*collera*) anger; **in** (**preda ad**) **uno scatto d'**~ in a fit of anger; **fare l'~ di Dio** *fig* to wreak havoc; **costare l'~ di Dio** *fig* to cost an arm and a leg

iracheno, -a [i·ra·'kɛː·no] I. *adj* (*dell'Iraq*) Iraqi II. *m, f* (*abitante*) Iraqi

Iran [i·'ran] *m* **l'**~ Iran; **abitare in** ~ to live in Iran; **andare in** ~ to go to Iran

iraniano, -a [i·ra·'niaː·no] I. *adj* (*dell'Iran*) Iranian II. *m, f* (*abitante*) Iranian

Iraq, Irak [i·'rak] *m* **l'**~ Iraq; **abitare in** ~ to live in Iraq; **andare in** ~ to go to Iraq

irascibile [i·raʃ·'ʃiː·bi·le] *adj* (*persona, carattere*) irascible

IRI ['iː·ri] *m acró de* **Istituto per la Ricostruzione Industriale** Institute for Industrial Reconstruction

iride ['iː·ri·de] *f* 1.(*arcobaleno*) rainbow 2. ANAT iris

iridescente [i·ri·deʃ·'ʃɛn·te] *adj* (*riflesso, cristallo*) iridescent

IRL *abbr di* **IRLanda**

Irlanda [ir·'lan·da] *f* **l'**~ Ireland; **l'**~ **del Nord** Northern Ireland; **abitare in** ~ to live in Ireland; **andare in** ~ to go to Ireland

irlandese [ir·lan·'deː·se] I. *adj* (*dell'Irlanda*) Irish II. *mf* (*abitante*) Irishman *m*, Irishwoman *f*

ironia [i·ro·'niː·a] <-ie> *f* irony; **fare dell'**~ (**su qc**) to be ironic (about sth); ~ **della sorte** irony of fate

ironico, -a [i·'rɔː·ni·ko] <-ci, -che> *adj* ironic

ironizzare [i·ro·nid·'dza·re] *vi* ~ **su qc/qu** to be ironic about sth/sb

IRPEF ['ir·pef] *f acró de* **Imposta sul Reddito delle PErsone Fisiche** Personal Income Tax

IRPEG ['ir·peg] *f acró de* **Imposta sul Reddito delle PErsone Giuridiche** Corporate Tax

Irpinia [ir·'piː·nia] *f* **l'**~ Irpinia, *part of the Campania region;* **abitare in** ~ to live in Irpinia; **andare in** ~ to go to Irpinia

irpino, -a [ir·'piː·no] I. *adj* (*dell'Irpinia*) from Irpinia II. *m, f* (*abitante*) person from Irpinia

irradiare [ir·ra·'diaː·re] I. *vt avere* 1.(*luce*) to light up; (*calore*) to give off 2. *fig* (*felicità, gioia*) to radiate 3. MED to irradiate II. *vi essere* (*propagarsi*) to radiate III. *vr:* **-rsi** (*calore, dolore*) to spread; (*strade*) to radiate

irradiazione [ir·ra·diat·'tsioː·ne] *f* 1.(*di luce, calore*) radiation 2.(*di dolore*) spread 3. MED irradiation

irraggiamento [ir·rad·dʒa·'men·to] *m* radiation

irraggiungibile [ir·rad·dʒun·'dʒiː·bi·le] *adj* 1.(*meta, luogo*) inaccessible 2. *fig* (*traguardo, risultato*) unattainable

irragionevole [ir·ra·dʒo·'neː·vo·le] *adj* 1.(*persona, comportamento, opinione*) unreasonable 2.(*paura, sospetto*) irrational; (*prezzo, punizione*) unreasonable

irrazionale [ir·rat·tsio·'naː·le] *adj* 1.(*creatura, essere*) irrational 2.(*persona, gesto, reazione*) irrational 3.(*abitazione, metodo*) impractical

irrazionalità [ir·rat·tsio·na·li·'ta] <-> *f* 1.(*di comportamento, gesto*) irrationality 2.(*di abitazione, metodo*) impracticality

irreale [ir·re·'aː·le] *adj* (*atmosfera, immagine, luogo*) unreal

irrealizzabile [ir·re·a·lid·'dzaː·bi·le] *adj* (*desiderio, sogno*) unattainable; (*impresa, progetto*) unworkable

irrealtà [ir·re·al·'ta] <-> *f* (*di ipotesi, racconto, sogno*) fantastic nature

irrecuperabile [ir·re·ku·pe·'raː·bi·le] *adj* 1.(*denaro, perdita*) lost 2.(*distanza, ritardo*) irrecoverable 3.(*macchinario, elettrodomestico*) dead 4.(*malato, delinquente*) irredeemable

irrefrenabile [ir·re·fre·'naː·bi·le] *adj* (*impulso, slancio*) uncontrollable

irregolare [ir·re·go·'laː·re] *adj* 1.(*procedura, documento*) irregular; **unione** ~ unlawful union 2.(*forma, dimensione*) irregular 3.(*andamento, funzionamento*) erratic; (*persona*) inconsistent 4.MED (*polso, respiro*) intermittent 5.LING (*nome, verbo*) irregular

irregolarità [ir·re·go·la·ri·'ta] <-> *f* 1.(*di procedura, documento*) irregularity 2.(*di forma, dimensione*) irregularity 3.(*di andamento, funzionamento*) erratic nature 4.(*violazione*) unlawful act 5.SPORT foul

irremovibile [ir·re·mo·'viː·bi·le] *adj* 1.(*carattere, opinione*) inflexible 2.(*persona*) adamant

irreparabile [ir·re·pa·'raː·bi·le] *adj* (*danno, errore, offesa*) irreparable

irreperibile [ir·re·pe·'riː·bi·le] *adj* 1.(*prodotto, documento*) untraceable 2.(*persona*) unable to be found; **rendersi** ~ to make oneself scarce

irreprensibile [ir·re·pren·'siː·bi·le] *adj* 1.(*persona*) irreproachable 2.(*comportamento, vita*) faultless

irrequietezza [ir·re·kuie·'tet·tsa] *f* (*di persona, gesto*) restlessness

irrequieto, -a [ir·re·'kuiː·ɛ·to] *adj* (*persona, animo, sguardo*) restless; (*bambino*) lively

irresistibile [ir·re·sis·'tiː·bi·le] *adj* irresistible

irrespirabile [ir·res·pi·'raː·bi·le] *adj* 1.(*aria, esalazione*) unbreathable 2.*fig* (*atmosfera, clima*) stifling

irresponsabile [ir·res·pon·'saː·bi·le] I. *adj* irresponsible II. *mf* (*persona*) irresponsible person

irresponsabilità [ir·res·pon·sa·bi·li·'ta] <-> *f* (*di persona, atto*) irresponsibility

irreversibile [ir·re·ver·'siː·bi·le] *adj a. fig* MED, CHIM irreversible

irrevocabile [ir·re·vo·'kaː·bi·le] *adj* (*decisione, scelta*) irrevocable

irriconoscibile [ir·ri·ko·noʃ·'ʃiː·bi·le] *adj* (*persona, voce*) unrecognizable

irriducibile [ir·ri·du·'tʃiː·bi·le] *adj* 1.(*volontà, tenacia*) unshakeable 2.(*fumatore, giocatore*) die-hard

irrigare [ir·ri·'gaː·re] *vt* 1.(*terreno, campo*) to water 2.(*fiume, canale*) to irrigate

irrigazione [ir·ri·gat·'tsioː·ne] *f a. fig* MED irrigation

irrigidimento [ir·ri·dʒi·di·'men·to] *m* 1.(*di arto, corpo*) stiffening 2.*fig* (*di pena*) increase; (*di clima*) fall

irrigidire [ir·ri·'diː·re] <irrigidisco> I. *vt* 1.(*arto, corpo*) to stiffen 2.*fig* (*pena*) to increase II. *vr:* **-rsi** 1.(*arto, corpo*) to stiffen 2.(*temperatura*) to drop 3.*fig* (*ostinarsi*) **-rsi su** [*o* **in**] qc to cling doggedly to sth

irrilevante [ir·ri·le·'van·te] *adj* (*danno, problema*) insignificant

irrilevanza [ir·ri·le·'van·tsa] *f* (*di danno, problema*) insignificance

irrimediabile [ir·ri·me·'diaː·bi·le] *adj* (*danno*) irreparable; (*errore*) unrectifiable

irrinunciabile [ir·ri·nun·'ciaː·bi·le] *adj* (*bene, diritto*) inalienable

irripetibile [ir·ri·pe·'tiː·bi·le] *adj* 1.(*momento, esperienza*) one-time 2.(*frase, insulto*) unrepeatable

irrisolto, -a [ir·ri·'sol·to] *adj* (*questione, problema*) unresolved

irrisorio, -a [ir·ri·'zɔː·rio] <-i, -ie> *adj* (*prezzo, compenso*) derisory

irrispettoso, -a [ir·ris·pet·'toː·so] *adj* (*persona, comportamento*) disrespectful

irritabile [ir·ri·'taː·bi·le] *adj a. fig* MED irritable

irritabilità [ir·ri·ta·bi·li·'ta] <-> *f a. fig* MED irritability

irritante [ir·ri·'tan·te] *adj* 1.(*persona, comportamento*) irritating 2.(*sostanza, liquido*) irritant

irritare [ir·ri·'taː·re] I. *vt a. fig* MED to irritate II. *vr:* **-rsi** 1.(*persona*) to get irritated 2.MED (*pelle*) to become irritated

irritazione [ir·ri·tat·'tsioː·ne] *f a. fig* MED irritation

irriverente [ir·ri·ve·'rɛn·te] *adj* (*persona, gesto*) irreverent

irriverenza [ir·ri·ve·'rɛn·tsa] *f* (*di gesto, parole*) irreverence

irrobustire [ir·ro·bus·'tiː·re] <irrobustisco> I. *vt* (*corpo*) to make stronger II. *vr:* **-rsi** (*persona*) to become stronger

irrogare [ir·ro·'gaː·re] *vt* GIUR (*sanzione, pena*) to impose

irrogazione [ir·ro·ga·'tsioː·ne] *f* GIUR (*di sanzione, pena*) imposition

irrompere [ir·'rom·pe·re] <irrompo, irruppi, irrotto> *vi essere* ~ **in** qc to flood into sth

irrotto [ir·'rot·to] *pp di* **irrompere**

irruenza [ir·ru·'ɛn·tsa] *f* (*di persona, carattere*) impetuousness

irruppi [ir·'rup·pi] *1. pers sing pass rem di* **irrompere**

irruzione [ir·rut·'tsio:·ne] *f* **1.** (*di polizia, ladri*) raid **2.** (*entrata*) irruption; **fare ~ in** qc to burst into sth

irto, -a ['ir·to] *adj* **1.** (*capelli, barba, baffi*) bristly **2.** ~ **di** qc (*superficie*) bristling with sth **3.** *fig* (*pieno*) full

Ischia ['is·kia] *f* Ischia, *island off the coast of the region of Campania;* **l'isola d'~** the isle of Ischia; **abitare a ~** to live on Ischia; **andare a ~** to go to Ischia

iscrissi [is·'kris·si] *1. pers sing pass rem di* **iscrivere**

iscritto¹ [is·'krit·to] **I.** *pp di* **iscrivere II.** *adj* **1.** (*a corso, partito, circolo, università*) enrolled; (*a gara*) entered **2.** (*in registro*) listed; **~ nel registro degli indagati** GIUR named in the list of people under investigation by the police **III.** *m* **1.** (*a corso*) pupil **2.** (*a gara*) competitor **3.** (*a partito, circolo*) member; (*all'università*) student

iscritto² *m* **per ~** in writing

iscrivere [is·'kri:·ve·re] <iscrivo, iscrissi, iscritto> **I.** *vt* **1.** ~ **qu (a** qc) (*a corso*) to enrol sb (in sth); (*a gara*) to enter sb (for sth) **2.** (*in registro*) to enter **II.** *vr* **-rsi (a** qc) (*all'università, a corso*) to enroll (in sth); (*a gara*) to enter oneself (for sth); (*a partito, circolo*) to join (sth)

iscrizione [is·krit·'tsio:·ne] *f* **1.** (*a corso, all'università*) enrollment; (*a gara*) entry; (*a partito*) subscription; **quota d'~** subscription fee **2.** (*in registro*) registration **3.** (*su pietra, metallo*) inscription

ISEF ['i:·zef] *m acró de* **Istituto Superiore di Educazione Fisica** Physical Education College

Isernia [i·'zer·nia] *f* Isernia, *city in the Molise region*

Islam [iz·'lam] <-> *m* (*religione*) Islam

islamico, -a [iz·'la:·mi·ko] <-ci, -che> *adj* (*dell'Islam*) Islamic

islamismo [iz·la·'miz·mo] *v.* Islam

islamista [iz·la·'mis·ta] <-i *m*, -e *f*> *mf* (*studioso*) Islamicist

Islanda [iz·'lan·da] *f* **l'~** Iceland; **abitare in ~** to live in Iceland; **andare in ~** to go to Iceland

islandese¹ [iz·lan·'de:·se] <*sing*> *m* (*lingua*) Icelandic

islandese² **I.** *adj* (*dell'Islanda*) Icelandic **II.** *mf* (*abitante*) Icelander

isola ['i:·zo·la] *f* **1.** GEO island; **~ deserta** desert island; **le Isole** Sicily and Sardinia **2.** (*area staccata*) island; **~ pedonale** pedestrian area **3.** *fig* (*oasi*) little world

isolamento [i·zo·la·'men·to] *m* **1.** (*solitudine*) solitude **2.** (*di popolo, nazione*) isolation **3.** (*di malato, detenuto*) isolation; **cella di ~** solitary confinement **4.** FIS insulation; **~ acustico** soundproofing; **~ termico** thermal insulation

isolano, -a [i·zo·'la:·no] **I.** *adj* (*dell'isola*) island **II.** *m, f* (*abitante*) islander

isolante [i·zo·'lan·te] FIS, TEC **I.** *adj* (*materiale, sostanza*) insulating; **nastro ~** insulating tape **II.** *m* insulation

isolare [i·zo·'la:·re] **I.** *vt* **1.** (*zona*) to screen; (*per sicurezza*) to isolate **2.** (*malato, detenuto*) to isolate; (*da amici, contatti*) to cut off **3.** FIS, TEC (*filo, stanza*) to insulate **II.** *vr:* **-rsi** (*persona*) to isolate oneself; **-rsi da qu/qc** to cut oneself off from sb/sth

isolato¹ [i·zo·'la:·to] *adj* **1.** (*luogo, caso, persona*) isolated **2.** FIS, TEC (*parete, stanza*) insulated

isolato² *m* (*edifici*) block

isolotto [i·zo·'lot·to] *m* islet

isontino, -a [i·zon·'ti:·no] *adj* (*dell'Isontino, dell'Isonzo*) from Isonzo

Isontino <*sing*> *m* (*zona*) Isonzo area; **nell'~** in the Isonzo area

Isonzo [i·'zon·tʃo] *m* Isonzo river, *river in the Friuli-Venezia Giulia region*

isotermico, -a [i·zo·'tɛr·mi·ko] *adj* TEC (*contenitore, imballaggio*) isothermal

ispessimento [is·pes·si·'men·to] *m* thickening

ispettivo [is·pet·'ti:·vo] *adj* (*incarico, visita*) inspectional

ispettorato [is·pet·to·'ra:·to] *m* (*ente*) department; **~ del lavoro** Department of Labor

ispettore, -trice [is·pet·'to:·re] *m, f* (*funzionario*) inspector; **~ di polizia** police inspector

ispezionare [is·pet·'tsio·'na:·re] *vt* (*luogo, impianto*) to inspect

ispezione [is·pet·'tsio:·ne] *f* **1.** (*di luogo, impianto*) inspection; **fare/compiere un'~** to carry out an inspection **2.** ADMIN audit

ispirare [is·pi·'ra:·re] **I.** *vt* **1.** (*fiducia*) to inspire; (*compassione*) to arouse **2.** *inf* (*piacere*) to like **3.** (*artista*) to inspire **4.** (*suggerire*) to prompt **II.** *vr* **-rsi a** qc (*a natura, bellezza, modello*) to be inspired by sth; (*a ideale, principio*) to be based on sth

ispirato, -a [is·pi·'ra:·to] *adj* inspired; **essere/sentirsi ~** *inf* to be/feel in the mood

ispiratore, -trice [is·pi·ra·'to:·re] **I.** *adj* (*modello, principio*) inspirational **II.** *m, f* (*guida*) inspiration; (*musa*) muse

ispirazione [is·pi·rat·'tsio:·ne] *f* **1.** (*potenza creativa*) inspiration **2.** (*intuizione*) sudden idea **3.** (*tendenza*) leaning

Israele [iz·ra·'ɛ:·le] *m* Israel; **lo Stato d'~** the State of Israel; **abitare in ~** to live in Israel; **andare in ~** to go to Israel

israeliano, -a [iz·ra·el·'ia:·no] **I.** *adj* (*di Israele*) Israeli **II.** *m, f* (*abitante*) Israeli

Istanbul [is·'tam·bul] *f* Istanbul

istantanea [is·tan·'ta:·nea] <-ee> *f* (*fotografia*) snap

istantaneo, -a [is·tan·'ta:·neo] <-ei, -ee> *adj* **1.** (*immediato*) instantaneous **2.** (*cibo*) instant

istante [is·'tan·te] *m* (*momento*) instant; **all'~** at once; **tra un ~** in a moment

istanza [is·'tan·tsa] *f* **1.** GIUR, ADMIN application;

presentare [*o* **inoltrare**] ~ to apply; **in ultima** ~ (*alla fine*) finally **2.** (*esigenza*) need

ISTAT ['is·tat] *m acró de* **Istituto** (**Centrale**) **di STATistica**

isteria [is·te·'ri:·a] <-ie> *f* PSIC, MED hysteria

isterico, -a [is·'tɛ:·ri·ko] <-ci, -che> **I.** *adj* hysterical **II.** *m, f* (*persona*) hysteric

istigazione [is·ti·gat·'tsio:·ne] *f* **1.** (*incitamento*) instigation; **su** [*o* **per**] ~ **di qu** at sb's instigation **2.** GIUR incitement; ~ **a delinquere** incitement to crime

istintivo, -a [is·tin·'ti:·vo] *adj* instinctive

istinto [is·'tin·to] *m* instinct; ~ **di conservazione** self-preservation instinct; ~ **materno** maternal instinct; **seguire il proprio** ~ to follow one's own instinct; **d'~** instinctively

istituire [is·ti·tu·'i:·re] <istituisco> *vt* (*tradizione, premio*) to found; (*commissione, cattedra*) to set up

istituto [is·ti·'tu:·to] *m* **1.** (*ente*) institution; ~ **di bellezza** beauty salon; ~ **di credito** bank; ~ **di cultura** cultural institute; ~ **di pena** prison **2.** (*scuola*) school; ~ **professionale** teachers college; ~ **tecnico** technical college **3.** (*di università*) department **4.** GIUR institution; ~ **del matrimonio** institution of marriage

istituzionale [is·ti·tut·tsio·'na:·le] *adj a. fig* POL institutional; **riforma** ~ institutional reform

istituzione [is·ti·tut·'tsio:·ne] *f* **1.** (*di servizio, governo, premio*) founding **2.** (*ente*) institution; **-i pubbliche** public institutions; **è un'~!** *inf* (*persona*) he's [*o* she's] an institution!

istmo ['ist·mo] *m* GEO isthmus

istogramma [is·to·'gram·ma] <-i> *m* (*in statistica*) histogram

istologia [is·to·lo·'dʒi:·a] *f* BIOL histology

istologico [is·to·'lo:·dʒi·ko] <-ci, -che> *adj* (*esame*) histological

Istria ['is·tria] *f* l'~ Istria; **abitare in** ~ to live in Istria; **andare in** ~ to go to Istria

istriano [is·tri·'a:·no] **I.** *adj* (*dell'Istria*) Istrian **II.** *m* (*abitante*) Istrian

istrice ['is·tri·tʃe] *m* (*animale*) porcupine

istruire [is·tru·'i:·re] <istruisco> *vt* **1.** (*educare*) to teach; ~ **qu** (**in qc**) to teach sb (sth) **2.** (*consigliare*) to instruct; ~ **qu su qc** to instruct sb about sth **3.** GIUR (*causa, processo*) to prepare; ~ **una pratica** to prepare the documentation

istruito [is·tru·'i:·to] *adj* (*colto*) educated

istruttivo, -a [is·trut·'ti:·vo] *adj* (*libro, film, viaggio*) informative

istruttore, -trice [is·trut·'to:·re] **I.** *adj* **giudice** ~ GIUR committing magistrate **II.** *m, f* (*insegnante*) instructor; ~ **di guida** driving instructor; ~ **di volo** flying instructor

istruzione [is·trut·'tsio:·ne] *f* **1.** (*insegnamento*) education; ~ **obbligatoria** compulsory education; ~ **primaria** [*o* **elementare**] elementary education; ~ **secondaria** secondary education; ~ **professionale** vocational training; ~ **pubblica/privata** public/private education **2.** (*cultura*) education **3.** *pl* (*direttive*) instructions *pl* **4.** *pl* (*norme*) instructions *pl*; **manuale d'-i** instructions booklet; **-i per l'uso** instructions for use

Italia [i·'ta:·lia] *f* Italy; **l'~** Italy; **l'~ centrale** Central Italy; **l'~ del Nord** [*o* **settentrionale**] Northern Italy; **l'~ del Sud** [*o* **meridionale**] Southern Italy; **abitare in** ~ to live in Italy; **andare in** ~ to go to Italy

italianistica [i·ta·lia·'nis·ti·ka] <-che> *f* (*disciplina*) Italian Studies *pl;* **dipartimento/istituto di** ~ department of Italian Studies

italianità [i·ta·lia·ni·'ta] <-> *f* (*conformità, appartenenza*) Italianness

italiano¹ [i·ta·'lia:·no] <*sing*> *m* (*lingua*) Italian

italiano² **I.** *adj* (*dell'Italia*) Italian **II.** *m* (*abitante*) Italian

italico, -a [i·'ta:·li·ko] <-ci, -che> *adj* (*popolo, regno*) Italic; **carattere** ~ TYPO italic

ITALTEL [i·tal·'tel] *f acró de* **società ITALiana TELecomunicazioni**

iter ['i:·ter] <-> *m* ADMIN (*di pratica*) process; ~ **burocratico** bureaucratic process

iterativo, -a [i·te·ra·'ti:·vo] *adj* **1.** (*sviluppo, metodo*) repetitive **2.** LING (*verbo, prefisso*) iterative

itinerante [i·ti·ne·'ran·te] *adj* (*spettacolo, mostra*) traveling

itinerario [i·ti·ne·'ra:·rio] <-i> *m* (*di viaggio, gita*) itinerary

ITIS ['i:·tis] *m acró de* **Istituto Tecnico Industriale Statale**

ittero ['it·te·ro] *m* MED jaundice

ittico, -a ['it·ti·ko] <-ci, -che> *adj* (*mercato, prodotto*) fish

Iugoslavia [iu·goz·'la:·via] *f* **la** ~ Yugoslavia; **l'ex** ~ the former Yugoslavia

iugoslavo, -a [iu·goz·'la:·vo] **I.** *adj* (*della Iugoslavia*) Yugoslav(ian) **II.** *m, f* (*abitante*) Yugoslav(ian)

iuta ['iu:·ta] *f* (*fibra*) jute

IVA ['i:·va] *f acró de* **Imposta sul Valore Aggiunto** VAT; ~ **inclusa** VAT included; **partita** ~ VAT number

ivato, -a [i·'va:·to] *adj* (*prezzo, prodotto*) VAT included

Ivrea [i·'vre:·a] *f* Ivrea, *city in the Piedmont region*

J j

J, j [i l·'luŋ·ga] <-> *f* J, j; **~ come jersey** J for
Juliet
J *abbr di* **Joule** J; (*joule*)
jack [dʒæk] <-> *m* (*nelle carte da gioco*) Jack
jackpot ['dʒæk·pɔt] <-> *m* jackpot
jacquard [ʒa·'kar] <inv> *adj* (*disegno, tessuto*) jacquard
jazz [dʒæz, ʒɛts] <-> *m* jazz
jazzista [dʒad·'dzis·ta] <-i *m*, -e *f*> *mf* jazz
musician
joans [dʒiːnz] *mpl* jeans *pl*
jeanseria [dʒin·se·'riː·a] <-ie> *f* (*negozio*)
jeans store
jeep® [dʒiːp] <-> *f* Jeep®
jersey ['dʒə·zi, 'dʒer·zi] <-> *m* jersey
jet [dʒɛt] <-> *m* (*aeroplano*) jet
jetlag [dʒɛt·'læg, 'dʒɛt·lɛg] <-> *m* jetlag
jet-set [dʒɛt·'sɛt] <-> *m* jet set
jingle ['dʒɪŋ·gəl] <-> *m* (*per cellulari*) ringtone
job [dʒɔb] <- *o* jobs> *m* COMPUT job
jockey ['dʒɔ·ki] <-> *m* (*fantino*) jockey
jogging ['dʒɔ·giŋ] <-> *m* jogging; **fare ~** to go
jogging

joint ['dʒɔ·int] <- *o* joints> *m sl* (*spinello*) joint
joint venture ['dʒɔ·int 'vɛn·tʃə] <- *o* joint ven-
tures> *f* COM, FIN joint venture
jolly ['dʒɔ·li] <-> *m* 1. (*nelle carte*) joker 2. *fig*
wildcard
joule [dʒuːl, dʒaul] <-> *m* joule
joystick ['dʒɔi·stik] <- *o* joysticks> *m* COMPUT
joystick
jr. *abbr di* **junior** jr.
judo ['dʒiː·do, 'dʒuː·dɔ] <-> *m* judo
judoista [dʒuː·dɔ·'is·ta] <-i *m*, -e *f*> *mf*
judoist
jukebox ['dʒuː·k·bɔks] <-> *m* jukebox
jumbo [dʒʌm·bou, dʒum·bo] *m* <->, *m* AERO
jumbo
junior[1] ['iun·jor] <inv> *adj* junior
junior[2] ['iun·jor, iu'n·jɔː·res] <juniores> *mf*
SPORT junior
juventino, -a I. *adj* (*della Juventus*) **gioca-
tore/tifoso ~** Juventus player/fan II. *m, f*
1. (*giocatore*) Juventus player 2. (*tifoso*)
Juventus fan

K k

K, k ['kap·pa] <-> *m o f* K, k; **~ come Kursaal**
K for kilo
kalashnikov [ka·'laʃ·ni·kɔf] <-> *m* Kalashnikov
kamikaze [ka·mi·'ka·dze] <-> *m* kamikaze
karaoke [ka·ra·'ɔ·ke] <-> *m* karaoke
karatè [ka·ra·'tɛ, ka·'ra·te] <-> *m* karate
kart [kaːt] <-> *m* go-cart
kashmir ['ka·ʃmir, ka·'ʃmir] <-> *m* cashmere;
maglione di ~ cashmere sweater
kayak [ka·'jak] <-> *m* kayak
kB *abbr di* **kilobyte** COMPUT KB
Kbyte [kei·'bait] *m abbr di* **kilobyte** kilobyte
kefir ['kɛ·fir, kɛ·'fir] <-> *m* kefir
képi [ke·'pi] <-> *m* kepi
kermesse [ker·'mɛs] <-> *f* 1. (*festa*) kermis
2. SPORT gala
kerosene [ke·ro·'zɛː·ne] *v.* **cherosene**
ketch [kɛtʃ] <-> *m* ketch
ketchup ['kɛ·tʃəp] <-> *m* ketchup
keyboard ['kiː·bɔːd] <- *o* keyboards> *f* COM-
PUT, MUS keyboard
kg *abbr di* **chilogrammo** kg
kibbu(t)z [kib·'buts] <-> *m* kibbutz
killer ['ki·lə, 'kil·ler] <-> *m* hitman
kilobyte ['ki·lə bait] <- *o* kilobytes> *m* COMPUT
(*unità pari a 1024 byte*) KB

kiloton [ki·lo·'ton] <-> *m* kiloton
kit [kit] <- *o* kits> *m* kit; **~ di montaggio**
self-assembly kit
kitesurf [kait·'səf] <-> *m* SPORT kitesurfing
kitsch [kitʃ] I. <inv> *adj* (*arredamento, gusto*)
kitsch II. <-> *m* kitsch
kiwi ['ki·wi] <-> *m* kiwi
kleenex® ['kliː·neks] <-> *m* kleenex®
km *abbr di* **chilometro** km
knockdown [nɔk·'daun, 'knok·'daun] I. <->
m SPORT knockdown II. <inv> *adj* knockdown
knockout [nɔk·'aut] I. <-> *m* knockout
II. <inv> *adj* knockout
know-how [nou·'hau] <-> *m* know-how
K.O. [kap·pa·'ɔ] I. *m* K.O.; **vincere per ~** to
win by a knockout II. <inv> *adj fig* exhausted;
essere ~ to be completely wiped out
III. <inv> *adv a. fig* **mettere qu ~** to knock sb
out
koala [ko·'aː·la] <-> *m* koala
kolossal [ko·lɔs·'saːl] <-> *m* FILM epic
krapfen ['krap·fən, 'kra·fen] <-> *m* donut
kW *abbr di* **chilowatt** KW
K-Way® ['ki·'wei] <-> *m o f* rain parka
kWh *abbr di* **chilowattora** kWh

J

K

L|

L, I ['ɛl·le] <-> *f* L, l; ~ **come Livorno** L for Lima

I *abbr di* **litro** l.

I' I. *art det m e f sing davanti a vocale* the II. *pron pers* **1.** *3. pers m sing* (*persona*) him; (*cosa*) it **2.** *3. pers f sing* (*persona*) her; (*cosa*) it **3.** (*forma di cortesia*) **L'** you

L *abbr di* **lira** lira

la¹ [la] I. *art det f sing* the II. *pron pers* **1.** *3. pers f sing* (*persona*) her; (*cosa*) it **2.** (*forma di cortesia*) **La** you

la² <-> *m* MUS A; **dare il ~** to give an A; *fig* to give the go-ahead

là [la] *adv* (*in quel posto*) there; **andare troppo in ~** *fig* to go too far; **tirarsi in ~** to budge up; **chi va ~?** MIL who goes there?; **di ~** (*nella stanza accanto*) there; (*da quel luogo*) from there; (*attraverso quel luogo*) over there; **al di ~ del fiume** across the river; **per di ~** that way; **via di ~!** get away from there!

labbro¹ ['lab·bro] <*pl: -a f*> *m* ANAT lip; **pendere dalle -a di qu** *fig* to hang on sb's every word; **rifarsi le -a** to have one's lips done; **~ leporino** harelip

labbro² *m* (*di ferita*) edge

labiale [la·'bia:·le] I. *adj* **1.** LING (*consonante*) labial **2.** (*lettura, metodo*) lip-reading II. *f* LING labial III. *m* (*linguaggio*) lip movements *pl*; **leggere il ~** to lip-read

labile ['la:·bi·le] *adj* (*persona, carattere*) unstable; (*memoria*) weak; (*concetto, confine*) shifting

labiolettura [la·bio·let·'tu:·ra] *f* lip-reading

labirinto [la·bi·'rin·to] *m* **1.** (*nella mitologia*) labyrinth **2.** (*di siepi*) maze **3.** (*di strade*) maze

laboratorio [la·bo·ra·'tɔ:·rio] <-i> *m* **1.** (*nella scuola: di chimica, fisica*) laboratory; **~ linguistico** language lab **2.** MED laboratory; **~ di analisi** analysis laboratory; **analisi di ~** laboratory [o lab] tests **3.** (*officina*) workshop

laboriosità [la·bo·rio·si·'ta] <-> *f* **1.** (*operosità*) industriousness **2.** (*difficoltà: di procedure, operazioni*) laboriousness

laborioso, -a [la·bo·'rio:·so] *adj* **1.** (*operoso*) hard-working **2.** (*difficile: operazione, procedura*) laborious

lacca ['lak·ka] <-cche> *f* **1.** (*vernice*) lacquer **2.** (*per capelli*) hairspray

laccare [lak·'ka:·re] *vt* (*mobile, parquet*) to lacquer

laccio ['lat·tʃo] <-cci> *m* **1.** (*nastro*) (piece of) string **2.** (*per scarpe*) lace

lacerante [la·tʃe·'ran·te] *adj* **1.** (*penetrante: urlo*) piercing **2.** (*straziante: dolore, dubbio*) agonizing

lacerare [la·tʃe·'ra:·re] I. *vt* **1.** (*strappare: tessuto*) to tear **2.** (*assordare*) to deafen **3.** (*addolorare: cuore, anima*) to tear at **4.** *fig* (*distruggere: rapporto, famiglia*) to tear apart II. *vr:* **-rsi 1.** (*strapparsi: tessuto*) to tear **2.** MED (*legamenti, muscoli, ferita*) to tear **3.** *fig* (*tormentarsi*) to torment oneself **4.** *fig* (*spezzarsi: gruppo, famiglia*) to split

lacerazione [la·tʃe·rat·'tsio:·ne] *f* **1.** MED laceration **2.** *fig* (*contrasto*) rift

lacero, -a ['la:·tʃe·ro] *adj* **1.** (*abito, persona, vela*) ragged **2.** MED **ferita -a** lacerated wound

laconicità [la·ko·ni·tʃi·'ta] <-> *f* **1.** (*concisione: di discorso, risposta*) brevity **2.** (*di persona*) curtness

laconico, -a [la·'kɔ:·ni·ko] <-ci, -che> *adj* **1.** (*conciso: risposta*) brief **2.** (*persona*) laconic

lacrima ['la:·kri·ma] *f* **1.** (*pianto*) tear; **avere le -e agli occhi** to have tears in one's eyes; **ridere fino alle -e** to laugh oneself to tears; **-e di coccodrillo** *fig* crocodile tears **2.** (*goccia: di burro, olio*) drop

lacrimare [la·kri·'ma:·re] *vi* (*persona*) to cry; (*occhi*) to water

lacrimazione [la·kri·mat·'tsio:·ne] *f* lacrimation

lacrimevole [la·kri·'me:·vo·le] *adj* (*patetico: storia, vicenda*) pitiful

lacrimogeno, -a [la·kri·'mɔ:·dʒe·no] *adj* **gas ~** tear gas

lacuna [la·'ku:·na] *f* (*vuoto*) gap

lacunoso, -a [la·ku·'no:·so] *adj* (*conoscenze, informazioni*) incomplete

ladro, -a ['la:·dro] *m, f* thief

ladrocinio [la·dro·'tʃi:·nio] <-i> *m* theft

ladruncolo, -a [la·'druŋ·ko·lo] *m, f* (*ladro da poco*) petty crook

lager ['la:·gər] <-> *m* concentration camp

laggiù [lad·'dʒu] *adv* down there

lagna ['laɲ·ɲa] *f fam* **1.** (*lamento*) whining **2.** (*persona*) whiner **3.** (*canzone, discorso*) drag

lagnanza [laɲ·'ɲan·tsa] *f* complaint

lagnarsi [laɲ·'ɲar·si] *vr* (*lamentarsi*) **~ per** [o **di**] **qc** to complain about sth

lago ['la:·go] <-ghi> *m* GEO lake; **~ artificiale** artificial lake; **Lago Maggiore/di Garda** Lake Maggiore/Garda

laguna [la·'gu:·na] *f* lagoon

lagunare [la·gu·'na:·re] *adj* lagoonal

L'Aia ['la:·ia] *f* The Hague

laicizzare [lai·tʃid·'dza:·re] *vt* (*istituzioni, Stato*) to secularize

laico, -a ['la:·i·ko] <-ci, -che> I. *adj* **1.** (*non ecclesiastico*) lay **2.** (*non confessionale: Stato*) secular II. *m, f* layperson

lama¹ ['la:·ma] *f* (*di coltello*) blade

lama² <-> *m* REL lama

lama³ <-> *m* ZOOL llama

lambiccarsi [lam·bik·'ka:r·si] *vr* **~ il cervello** to rack one's brains

lambire [lam·'bi:·re] <lambisco> *vt* (*sfiorare*) to lap against

lambrusco [lam·'brus·ko] <-schi> *m* Lambrusco, *sparkling red wine*

lamella [la·'mɛl·la] *f* 1. TEC (*di radiatore, collettore*) strip; (*di persiana, veneziana*) slat 2. BIO (*di fungo*) gill

lamentare [la·men·'ta:·re] I. *vt* to deplore II. *vr* -rsi per [*o* di] qc to complain about sth

lamentela [la·men·'tɛ:·la] *f* complaint

lamento [la·'men·to] *m* (*gemito*) groan

lamentoso, -a [la·men·'to:·so] *adj* (*voce, grido*) mournful

lametta [la·'met·ta] *f* (*per rasoio*) (razor)blade

lamiera [la·'miɛ:·ra] *f* plate; ~ **ondulata** corrugated iron

lamina ['la:·mi·na] *f* 1. (*piastra*) (thin) plate; ~ **d'oro** gold foil 2. (*di sci*) edge

laminare *vt* 1. (*ridurre in lamine: vetro, legno*) to roll 2. (*coprire*) to laminate

laminato [la·mi·'na:·to] *m* laminate

laminato, -a *adj* 1. (*metallo*) rolled 2. (*tessuto*) lamé

lampada ['lam·pa·da] *f* lamp; ~ **al neon** neon lamp

lampadario [lam·pa·'da:·rio] <-i> *m* chandelier

lampadato, -a [lam·pa·'da:·to] *adj* with a sun-lamp tan

lampadina [lam·pa·'di:·na] *f* lightbulb

lampante [lam·'pan·te] *adj* (*evidente*) clear

lampeggiare [lam·ped·'dʒa:·re] *vi* 1. *avere* TEC (*spia, indicatore luminoso*) to flash; ~ **con gli abbaglianti** MOT to flash one's headlights 2. *avere fig* to gleam 3. *essere o avere* (*impersonale*) **sta lampeggiando** there is lightning

lampeggiatore [lam·ped·dʒa·'to:·re] *m* MOT turn signal

lampioncino [lam·pion·'tʃi:·no] *m* paper lantern

lampione [lam·'pio:·ne] *m* streetlamp

lampo[1] ['lam·po] *m* 1. (*fulmine*) flash of lightning 2. (*bagliore*) flash 3. *fig* (*batter d'occhio*) flash; **in un** ~ in a flash 4. (*intuizione*) flash; ~ **di genio** brainwave

lampo[2] <inv> *adj* 1. **chiusura** [*o* **cerniera**] ~ zipper 2. (*veloce*) lightning; **visita** ~ lightning visit

lampone [lam·'po:·ne] *m* 1. (*pianta*) raspberry bush 2. (*frutto*) raspberry

lana ['la:·na] *f* wool; ~ **d'acciaio** steel wool; ~ **di legno** wood curls; ~ **di vetro** glass wool

lancetta [lan·'tʃet·ta] *f* (*di orologio*) hand

lancia ['lan·tʃa] <-ce> *f* 1. (*asta*) spear; **spezzare una** ~ **in favore di qu** *fig* to strike a blow for sb 2. (*imbarcazione*) launch

lanciafiamme [lan·tʃa·'fiam·me] <-> *m* flame-thrower

lanciamissili [lan·tʃa·'mis·si·li] I. <inv> *adj* rocket-launching II. <-> *m* rocket-launcher

lanciarazzi [lan·tʃa·'rad·dzi] <-> *f* (*pistola*) flare gun

lanciare [lan·'tʃa:·re] I. *vt* 1. (*gettare: oggetti*) to throw; (*bombe*) to drop; ~ **un'occhiata a qu** to throw sb a look 2. (*far andare a gran velocità: auto*) to drive at full speed; (*cavallo*) to ride at a gallop 3. COMPUT (*programma, software*) to launch 4. (*razzo, capsula spaziale*) to launch 5. COM (*prodotto*) to launch 6. (*emettere: grido*) to let out II. *vr:* -rsi 1. (*buttarsi*) to throw oneself; -rsi contro qu/qc to throw oneself against sb/sth 2. *fig* (*avventura*) -rsi in qc to throw oneself into sth

lanciasiluri [lan·tʃa·si·'lu:·ri] <-> *m* MAR torpedo tube

lancinante [lan·tʃi·'nan·te] *adj* (*dolore*) piercing

lancio ['lan·tʃo] <-ci> *m* 1. (*di oggetto, palla, sasso*) throwing; (*di bombe*) dropping 2. (*salto: con paracadute*) jump 3. SPORT **lancio del giavellotto** javelin throwing; **lancio del peso** shot put 4. (*di razzo, capsula spaziale*) launch 5. COM (*di prodotto, campagna*) launch

landa ['lan·da] *f* (*pianura sterile*) heath

languidezza [laŋ·gui·'det·tsa] *f* 1. (*spossatezza*) listlessness 2. *fig* (*di sguardo*) languor

languido, -a ['laŋ·gui·do] *adj* 1. (*fiacco*) listless 2. *fig* (*svenevole: sguardo, occhi*) languid

languire [laŋ·'gui:·re] <languo *o* languisco, languii, languito> *vi* 1. (*indebolirsi: per fame*) to grow weak 2. (*lavoro, discorsi*) to languish

languore [laŋ·'guo:·re] *m* (*fiacchezza, struggimento*) languor

laniero, -a [la·'niɛ:·ro] *adj* (*industria, settore*) wool

lanificio [la·ni·'fi:·tʃo] <-ci> *m* woolen mill

lanolina [la·no·'li:·na] *f* lanolin

lanterna [lan·'tɛr·na] *f* (*lume*) lantern

lanternino [lan·ter·'ni:·no] *m* **cercare qc col** ~ to search high and low for sth

lanugine [la·nu·'dʒi:·ne] *f* (*di pulcino, pianta*) down

lapalissiano, -a [la·pa·lis·'sia:·no] *adj* (*ovvio*) self-evident; **verità** -a truism

lapidare [la·pi·'da:·re] *vt* 1. (*uccidere a sassate*) to stone 2. *fig* (*criticare*) to pan

lapidario, -a <-i, -ie> *adj fig* (*frase, dichiarazione*) lapidary

lapidazione [la·pi·dat·'tsio:·ne] *f* (*uccisione, sassate*) stoning

lapide ['la:·pi·de] *f* 1. (*su tomba*) gravestone 2. (*su muro*) plaque

lapis ['la:·pis] <-> *m* (*matita*) pencil

lapislazzuli [la·piz·'lad·dzu·li] <-> *m* lapis lazuli

lapsus ['lap·sus] <-> *m* (*distrazione*) slip; ~ **calami** slip of the pen; ~ **freudiano** Freudian slip; ~ **linguae** slip of the tongue

L'Aquila *f* L'Aquila

lardellare [lar·del·'la:·re] *vt* CULIN to lard

lardo ['lar·do] *m* lard

largheggiare [lar·ged·'dʒa:·re] *vi* ~ **di** [*o* **in**] **qc** to be generous with sth

larghezza [lar·'get·tsa] *f* 1. (*ampiezza*) breadth 2. *fig* (*di idee, vedute*) liberality

largire [lar·'dʒi:·re] <largisco> *vt poet* to bestow

largo ['lar·go] <-ghi> *m* **1.** *sing* (*larghezza*) breadth; **farsi ~ tra** la folla to push one's way through the crowd; **girare al ~ da qu** to steer clear of sb; **fate ~!** make way! **2.** *sing* (*mare*) open sea; **prendere il ~** NAUT to put out to sea; *fig* (*andarsene*) to push off **3.** MUS largo **4.** (*piccola piazza*) *small square;* **~ Garibaldi** Garibaldi Square

largo, -a <-ghi, -ghe> *adj* **1.** (*ampio*) wide; **~ tre metri** three meters long; **essere ~ di fianchi** to have broad hips; **~ di spalle** broad-shouldered; **curva -a** open bend; **stare alla -a da qu** to give sb a wide berth; **su -a scala** far-reaching **2.** (*vestito*) loose

larice ['la:·ri·tʃe] *m* BOT larch

laringe [la·'rin·dʒe] *f o m* ANAT larynx

laringite [la·rin·'dʒi:·te] *f* MED laryngitis

laringotomia [la·riŋ·go·to·'mi:·a] <-ie> *f* MED laryngotomy

larva ['lar·va] *f* **1.** ZOOL larva **2.** *fig* (*persona smagrita*) skeleton

larvale [lar·'va:·le] *adj* (*stadio, sviluppo, ciclo*) larval

larvato, -a [lar·'va:·to] *adj* (*nascosto*) hidden

lasagne [la·'zaɲ·ɲe] *fpl* lasagna *sing*

lasciapassare [laʃ·ʃa·pas·'sa:·re] <-> *m* pass

lasciare [laʃ·'ʃa:·re] **I.** *vt* **1.** (*gener*) to leave; **~ detto** to leave a message; **~ il discorso a mezzo** to stop in the middle of the speech; **~ le cose come stanno** to leave things as they are; **prendere o ~** take it or leave it **2.** (*mollare la presa*) to let; **lasciami andare** let me go **3.** (*consentire*) to allow; **~ andare** (*non curarsi di*) to neglect; **~ fare qu** to leave sb alone; **~ perdere** to give up; **~ correre** to let it pass; **~ a desiderare** to leave a lot to be desired; **~ stare qu** to let sb be; **lasciar stare** to forget (*about*) it; **lasciamo stare!** forget it! **4.** (*non chiudere*) to leave; **~ acceso** to leave on; **~ aperto** to leave open **II.** *vr:* **-rsi** (*coppia*) to split up; **-rsi andare** *fig* (*non avere freni*) to let oneself go; (*non curarsi*) to neglect oneself

lascito ['laʃ·ʃi·to] *m* (*eredità*) legacy

lascivia [laʃ·'ʃi·via] <-ie> *f* lasciviousness

lascivo, -a [laʃ·'ʃi:·vo] *adj* lascivious

laser ['la:·zer] **I.** *sing* laser **II.** <inv> *adj* laser

laserista [la·ze·'ris·ta] <-i *m*, -e *f*> *mf* laser operative

La Spezia *f* la Spezia

lassativo [las·sa·'ti:·vo] *m* laxative

lassativo, -a *adj* (*medicinale*) laxative

lassismo [las·'siz·mo] *m* (*permissivismo*) laxity

lasso ['las·so] *m* **~ di tempo** interval

lassù [las·'su] *adv* (*in montagna*) up there; (*in cielo*) up above

lastra ['las·tra] *f* **1.** (*piastra: di metallo, di pietra*) slab; (*di vetro*) sheet **2.** (*radiografia*) X-ray

lastricato [las·tri·'ka:·to] *m* paving

lastrico ['las·tri·ko] <-chi *o* -ci> *m* **1.** (*di strada*) paving **2.** *fig* (*miseria*) **finire sul ~** to

be on the rocks; **ridurre qu sul ~** to reduce sb to poverty

lastrone [las·'tro:·ne] *m* slab

latente [la·'tɛn·te] *adj* **1.** (*malattia, conflitto*) latent **2.** FIS (*energia, calore*) latent

laterale [la·te·'ra:·le] **I.** *adj* **1.** (*ingresso, parete, bordo*) side **2.** SPORT (*nel calcio*) **linea ~** touchline; (*nel tennis*) sideline **II.** *m* SPORT (*nel calcio*) **~ sinistro/destro** left-/right-sided midfielder

laterizi [la·te·'rit·tsi] *mpl* brickwork

latice ['la:·ti·tʃe] *m* latex

latifoglio, -a [la·ti·'fɔʎ·ʎo] <-gli, -glie> **I.** *adj* BOT (*pianta, cespuglio*) broad-leaved **II.** *m, f* BOT broad-leaved tree

latifondista [la·ti·fon·'dis·ta] <-i *m*, -e *f*> *mf* large landowner

latifondo [la·ti·'fon·do] *m* (large) estate

Latina [la·'ti:·na] *f* Latina

latine(n)se [la·ti·'nɛ(n)·se] **I.** *adj* (*di Latina*) from Latina **II.** *mf* (*abitante*) person from Latina

latinismo [la·ti·'niz·mo] *m* Latinism

latino [la·'ti:·no] <sing> *m* Latin

latino, -a **I.** *adj* Latin; **America -a** Latin America; **~-americano** Latin American **II.** *m, f* **1.** (*antico romano, neolatino*) Latin **2.** (*latino-americano*) Latino

latitante [la·ti·'tan·te] **I.** *adj* fugitive **II.** *mf* fugitive

latitanza [la·ti·'tan·tsa] *f* being in hiding

latitudine [la·ti·'tu:·di·ne] *f* latitude

lato ['la:·to] *m* **1.** (*parte*) side; **a ~ di qc** next to **2.** *fig* (*aspetto*) aspect; **d'altro ~** on the other hand; **da un ~ ..., dall'altro ...** on one hand ..., on the other ...

lato, -a *adj fig, poet* **in senso ~** broadly speaking

latore, -trice [la·'to:·re] *m, f* bearer

latrare [la·'tra:·re] *vi* to bark

latrato [la·'tra:·to] *m* bark

latrice *f v.* **latore**

latrina [la·'tri:·na] *f* public restroom; MIL latrine

latta ['lat·ta] *f* **1.** (*lamiera*) tin **2.** (*recipiente*) can

lattaio, -a [lat·'ta:·io] <-i, -ie> *m, f* milkman *m*, milkwoman *f*

lattante [lat·'tan·te] *mf* (*bebè*) baby

latte ['lat·te] <sing> *m* milk; **~ condensato** condensed; **~ detergente** (*per struccare*) cleansing lotion; **~ intero** whole milk; **~ materno** breast milk; **~ scremato** skimmed milk; **~ in polvere** powdered milk; **denti da ~** baby teeth; **fior di ~** (*mozzarella*) *made from cow's milk*, mozzarella; (*gelato*) plain ice cream; **bianco come il ~** as white as snow

latteo, -a ['lat·teo] <-ei, -ee> *adj* **1.** (*di latte: alimento, prodotto*) milk **2.** (*simile al latte*) milky; **via -a** ASTR Milky Way

latteria [lat·te·'ri:·a] <-ie> *f* (*negozio*) dairy

lattice ['lat·ti·tʃe] *v.* **latice**

latticello [lat·ti·'tʃɛl·lo] *m* buttermilk

latticini [lat·ti·'tʃi:·ni] *mpl* dairy products

lattico, -a ['lat·ti·ko] <-ci, -che> *adj* (*acido, fermento*) lactic

lattiera [lat·'tiɛ:·ra] *f* milk jug

lattiginoso, -a [lat·ti·dʒi·'no:·so] *adj* (*simile al latte*) milky

lattina [lat·'ti:·na] *f* can

lattosio [lat·'tɔ:·zio] <-i> *m* lactose

lattuga [lat·'tu:·ga] <-ghe> *f* CULIN lettuce

laurea ['la:u·rea] *f* degree; ~ **breve** *bachelor's degree;* **esame di** ~ finals *pl;* **tesi di** ~ degree thesis; **conseguire la** ~ to graduate; **prendere la** ~ **in giurisprudenza** to do a law degree

The laurea is awarded to students at the successful conclusion of their studies. A course of study lasts between four and six years. The final exam consists of the discussion of a dissertation. Passing this exam entitles the person to use the title **Dottore/Dottoressa**. The **laurea breve** is awarded after a two- or three-year course of study.

laureando, -a [lau·re·'an·do] *m, f* final year student

laureare [lau·re·'a:·re] I. *vt* to award a degree to II. *vr:* **-rsi** to graduate; **-rsi in medicina** to graduate in medicine

laureato, -a [lau·re·'a:·to] I. *adj* (*studente*) graduate II. *m, f* graduate; ~ **in legge/lettere** law/arts graduate

lauto, -a ['la:u·to] *adj* (*compenso, retribuzione*) generous; (*pasto*) lavish

LAV *f abbr di* **Lega Anti Vivisezione** *Anti-Vivisection Law*

lava ['la:·va] *f* lava

lavabiancheria [la·va·biaŋ·ke·'ri:·a] <-> *f* washing machine

lavabile [la·'va:·bi·le] *adj* (*vernice*) cleanable; (*pannolino*) machine-washable

lavabo [la·'va:·bo] *m* (*lavandino*) sink

lavacristallo [la·va·kris·'tal·lo] <-> *m* MOT windshield washer

lavaggio [la·'vad·dʒo] <-ggi> *m* washing; ~ **a secco** dry-cleaning; ~ **del cervello** *fig* brainwashing

lavagna [la·'vaɲ·ɲa] *f* 1. GEO slate 2. (*nelle scuole*) blackboard; ~ **luminosa** overhead projector

lavamano [la·va·'ma:·no] <-> *m* washstand

lavamoquette [la·va·mo·'kɛt] <-> *f* carpet cleaner

lavanda [la·'van·da] *f* 1. MED lavage; **fare una** ~ **gastrica a qu** to pump sb's stomach out 2. (*pianta, profumo*) lavender

lavandaia [la·van·'da:·ia] *f* washerwoman

lavanderia [la·van·de·'ri:·a] <-ie> *f* 1. (*negozio*) laundry 2. (*stanza*) laundry(room)

lavandino [la·van·'di:·no] *m* sink

lavapavimenti [la·va·pa·vi·'men·ti] <-> *f* floor cleaning machine

lavapiatti¹ [la·va·'piat·ti] <-> *f* dishwasher

lavapiatti² [la·va·'piat·ti] <-> *mf* dishwasher

lavare [la·'va:·re] I. *vt* (*biancheria, stoviglie*) to wash; (*pavimento, denti, vetri*) to clean; ~ **a secco** to dry-clean II. *vr:* **-rsi** to wash; **-rsi come i gatti** to give oneself a sponge bath; **lavarsene le mani (di qc)** *fig* to wash one's hands (of sth)

lavasciuga, lavasciugatrice [la·vaʃ·'ʃu:·ga/la·vaʃ·ʃu:·ga·'tri:·tʃe] (*per biancheria*) washer dryer

lavasecco [la·va·'sek·ko] <-> *m o f* (*negozio*) dry cleaner's

lavastoviglie [la·vas·to·'viʎ·ʎe] <-> *f* dishwasher

lavata [la·'va:·ta] *f* wash; **dare una** ~ **di capo a qu** *fig* to give sb a dressing down

lavatergifari [la·va·tɛr·dʒi·'fa:·ri] <-> *m* MOT headlight washer

lavatergilunotto [la·va·tɛr·dʒi·lu·'nɔt·to] <-> *m* MOT rear windshield washer

lavativo [la·va·'ti:·vo] *m* shirker

lavatrice [la·va·'tri:·tʃe] *f* (*per biancheria*) washing machine

lavavetri [la·va·'ve:·tri] <-> *mf* 1. (*chi pulisce le finestre*) window cleaner 2. (*chi pulisce i parabrezza*) squeegee man *inf, pej* 3. (*attrezzo*) squeegee

lavello [la·'vɛl·lo] *m* sink

lavico, -a ['la:·vi·ko] <-ci, -che> *adj* (*pietra, colata*) lava

lavina [la·'vi:·na] *f* 1. (*di neve*) avalanche 2. (*di terra*) landslide

lavorante [la·vo·'ran·te] *mf* worker

lavorare [la·vo·'ra:·re] I. *vt* (*ferro, pasta, terreno*) to work II. *vi* 1. (*gener*) to work 2. (*negozio*) to do business; ~ **bene** to do good business III. *vr:* **-rsi qu** *fam* to soften sb up

lavorativo, -a [la·vo·ra·'ti:·vo] *adj* (*attività, orario*) working; **giorno** ~ working day; **settimana -a** working week

lavoratore, -trice [la·vo·ra·'to:·re] I. *adj* working; **la classe -trice** the working class II. *m, f* worker; ~ **agricolo** agricultural worker; ~ **autonomo** self-employed worker; ~ **dipendente** employee; ~ **qualificato** skilled worker; ~ **specializzato** specialized worker

lavorazione [la·vo·rat·'tsio:·ne] *f* (*di materie prime*) processing; (*di film*) production; (*di pasta*) working; ~ **in serie** mass-production; **essere in** ~ to be in progress

lavorio [la·vo·'ri:·o] <-ii> *m* 1. (*attività*) intense activity 2. *fig* (*intrigo*) intrigue

lavoro [la·'vo:·ro] *m* 1. (*attività di produzione*) work; ~ **nero** *work in the black economy;* **-i domestici** housework; **-i forzati** forced labor; **-i in corso** (*su strade*) work in progress 2. (*rimunerato*) job; **senza** ~ unemployed; **andare al** ~ to go to work 3. (*opera*) work; ~ **teatrale** play

laziale [lat·'tsia:·le] I. *mf* 1. (*abitante*) person from the Lazio region 2. SPORT (*giocatore*) Lazio player; (*tifoso*) Lazio fan II. *adj* 1. (*abi-*

tante, dialetto) Lazio **2.**SPORT (*giocatore, tifoso*) Lazio

Lazio ['lat·tsio] <*sing*> I. *m* Lazio region II. *f* SPORT (*squadra di calcio*) Lazio (soccer team)

lazzaretto [lad·dza·'ret·to] *m* lazaretto

lazzarone [lad·dza·'ro:·ne] *m* **1.**(*canaglia*) rascal **2.**(*fannullone*) shirker

lazzo ['lad·dzo/'lat·tso] *m* **1.**(*nella Commedia dell'Arte*) comic scene **2.**(*battuta*) joke

le [le] I. *art det f pl* the; ~ **signore** the women II. *pron pers 3. pers f sing* **1.**(*complemento di termine*) (to) her; **non ~ hai detto nulla?** didn't you say anything to her? **2.**(*complemento di termine, forma di cortesia: Le*) (to) you; **Le dà fastidio se apro la finestra?** do you mind if I open the window? III. *pron pers 3. pers f pl* **1.**(*complemento oggetto*) them; **non ~ conosco** I don't know them **2.**(*in espressioni ellittiche, spesso non tradotto*) **guarda che ~ prendi!** you're heading for a smack!

leale [le·'a:·le] *adj* **1.**(*onesto, sincero: persona*) honest; (*comportamento*) fair **2.**(*fedele*) loyal

lealista [le·a·'lis·ta] <-i *m*, -e *f*> I. *mf* HIST loyalist II. *adj* (*comportamento, politica, truppe*) loyalist

lealtà [le·al·'ta] <-> *f* **1.**(*onestà, sincerità*) honesty; (*di comportamento*) fairness **2.**(*fedeltà*) loyalty

leasing ['li:·siŋ] <-> *m* FIN leasing; **prendere qc in** ~ to lease sth; **società di** ~ leasing firm; ~ **immobiliare** real-estate leasing; ~ **finanziario** financial leasing

lebbra ['leb·bra] *f* MED leprosy

lebbrosario [leb·bro·'sa:·rio] <-i> *m* leper colony

lebbroso, -a [leb·'bro:·so] I. *adj* leprous II. *m, f* leper

leccaculo [lek·ka·'ku:·lo] <-li *o* -> *m vulg* ass kisser

lecca lecca [lek·ka·'lek·ka] <-> *m* lollipop

leccapiedi [lek·ka·'piɛ:·di] <-> *mf pej* brown-noser

leccare [lek·'ka:·re] I. *vt* to lick; ~ **i piedi a qu** *fig* to suck up to sb II. *vr:* **-rsi -rsi le dita** [*o* i **baffi**] *fig* to lick one's lips; **-rsi le ferite** *fig* to lick one's wounds

leccata [lek·'ka:·ta] *f* lick

leccato, -a [lek·'ka:·to] *adj fig* primped

Lecce *f* Lecce

leccese [let·'tʃe:·se] I. *adj* (*di Lecce*) from Lecce II. *mf* (*abitante*) person from Lecce

Leccese <*sing*> *m* Lecce area; **nel** ~ in the Lecce area

lecchese [lek·'ke:·se] I. *adj* (*di Lecco*) from Lecco II. *mf* (*abitante*) person from Lecco

Lecchese <*sing*> *m* Lecco area; **nel** ~ in the Lecco area

leccio ['let·tʃo] <-cci> *m* **1.**(*albero*) holm oak **2.**(*legno*) holm wood

Lecco *f* Lecco

leccornia [lek·kor·'ni:·a] <-ie> *f* delicacy

lecitina [le·tʃi·'ti:·na] *f* lecithin

lecito, -a ['le:·tʃi·to] *adj* (*azione, intercettazione*) lawful; (*copia*) legal; **non è ~ intercettare le telefonate** tapping phone calls is illegal

ledere ['lɛ:·de·re] <ledo, lesi, leso> *vt* **1.**MED (*ferire*) to injury **2.***fig* (*danneggiare*) to harm

lega ['le:·ga] <-ghe> *f* **1.**(*associazione*) league; **La Lega Nord** POL the Northern League **2.**(*di metalli*) alloy; ~ **in argento** silver alloy; **di bassa** ~ (*oro*) with a low gold content; *fig* cheap

legaccio [le·'gat·tʃo] <-cci> *m* (piece of) string

legale [le·'ga:·le] I. *adj* **1.**(*secondo la legge*) legal; **studio** ~ law firm; **spese legali** legal costs **2.**(*legittimo*) lawful II. *mf* lawyer

legalità [le·ga·li·'ta] <-> *f* legality

legalizzare [le·ga·lid·'dza:·re] *vt* (*autenticare, rendere legale*) to legalize

legalizzazione [le·ga·lid·dzat·'tsio:·ne] *f* legalization

Legambiente [le·gam·'biɛn·te] *f* ECOL environmental league

legame [le·'ga:·me] *m* **1.**(*vincolo*) link **2.**(*rapporto*) relationship **3.**(*nesso logico*) link

legamento [le·ga·'men·to] *m* ANAT ligament

Lega Nord ['le:·ga nɔrd] *f* POL Northern League

legare [le·'ga:·re] I. *vt* **1.**(*collegare*) to bind; (*con spago, funi*) to tie up; **avere le mani legate** *fig* to have one's hands tied; **se l'è legata al dito** *fam* he didn't forget it **2.***fig* (*unire*) to bind together II. *vi fig* (*andare d'accordo*) to get on III. *vr* **1.**(*attaccarsi*) to tie oneself **2.**CHIM to bind **3.**(*unirsi*) **-rsi a qu** to become involved with sb

legatoria [le·ga·to·'ri:·a] <-ie> *f* bookbindery

legatura [le·ga·'tu:·ra] *f* **1.**MED ligature **2.**MUS ligature **3.**(*rilegatura*) binding; ~ **in pelle** leather binding

legge ['led·dʒe] *f* GIUR law; **per** ~ by law; ~ **dell'onore** *fig* law of honor; **dottore in** ~ law graduate

leggenda [led·'dʒɛn·da] *f* **1.**LIT legend **2.***fig* (*invenzione*) myth; ~ **metropolitana** urban myth **3.**(*iscrizione*) legend

leggendario, -a <-i, -ie> *adj* (*evento, gesta, personaggio*) legendary

leggere ['lɛd·dʒe·re] <leggo, lessi, letto> I. *vt* (*libro, testo*) to read; ~ **il futuro** to read the future; ~ **la mano a qu** to read sb's palm; ~ **la musica** to read music; ~ **le labbra** to lip-read II. *vi* to read

leggerezza [led·dʒe·'ret·tsa] *f* **1.**(*di oggetto, tessuto, pasto*) lightness **2.**(*agilità*) nimbleness; **con** ~ nimbly **3.***fig* (*superficialità*) levity **4.***fig* (*spensieratezza*) thoughtlessness

leggero, -a [led·'dʒɛ:·ro] *adj* **1.**(*gener*) light **2.**(*malessere, variazione*) mild **3.***fig* (*superficiale*) frivolous; **prendere le cose alla -a** to take things lightly **4.**(*loc*) **atletica -a** track and field; **musica -a** light music

leggibile [led·'dʒi:·bi·le] *adj* **1.**(*scrittura*) legible **2.**(*libro*) readable

leggings ['le·giŋs] *mpl* leggings

leggio [led·'dʒiː·o] <-ii> *m* **1.** (*per libri*) bookstand **2.** MUS music stand

leggiucchiare [led·dʒuk·'kiaː·re] *vt* to browse

leghismo [le·'giz·mo] *m* POL *support for the Northern League*

leghista [le·'gis·ta] <-i *m*, -e *f*> **I.** *mf* POL supporter of the Northern League **II.** *adj* POL (*della Lega Nord*) Northern League; **deputato ~** Northern League deputy

legiferare [le·dʒi·fe·'raː·re] *vi* GIUR to legislate

legionario [le·dʒo·'naː·rio] <-i> *m* **1.** HIST legionary **2.** (*della Legione straniera*) Legionnaire

logione [le·'dʒoː·ne] *f* MIL legion; **la Legione Straniera** the Foreign Legion

legislativo, -a [le·dʒiz·la·'tiː·vo] *adj* (*decreto, disposizione*) legislative; **potere ~** legislative power

legislatore, -trice [le·dʒiz·la·'toː·re] *m*, *f* legislator

legislatura [le·dʒiz·la·'tuː·ra] *f* (*periodo*) legislature

legislazione [le·dʒiz·lat·'tsioː·ne] *f* **1.** (*attività*) legislation **2.** (*le leggi*) legislation

legittima [le·'dʒit·ti·ma] *f* GIUR *portion of a person's estate to which the spouse and offspring are legally entitled, regardless of the will*

legittimare [le·dʒit·ti·'maː·re] *vt* a. *fig* to legitimize

legittimazione [le·dʒit·ti·mat·'tsioː·ne] *f* a. *fig* legitimation

legittimità [le·dʒit·ti·mi·'ta] <-> *f* a. *fig* legitimacy

legittimo, -a [le·'dʒit·ti·mo] *adj* a. *fig* legitimate; **-a difesa** self-defense

legna ['leɲ·ɲa] <- o -e> *f* wood; **far ~** to gather wood

legnaia [leɲ·'naː·ia] <-aie> *f* woodshed

legname [leɲ·'naː·me] *m* wood; **~ da costruzione** timber

legnata [leɲ·'naː·ta] *f* (*bastonata*) blow (with a stick); **prendere qu a -e** to give sb a thrashing

legno ['leɲ·ɲo] *m* wood

legnosità [leɲ·ɲo·si·'ta] <-> *f* (*di fusto, tronco*) woodiness

legnoso, -a [leɲ·'ɲoː·so] *adj* **1.** BOT (*fusto, tronco*) woody **2.** (*carne*) tough **3.** (*rigido: movimento, arto*) stiff

legumi [le·'guː·mi] *m pl* pulses

lei ['lɛː·i] *pron pers* **1.** *3. pers f sing* (*soggetto*) she; **beata ~!** lucky her! **2.** (*oggetto*) her **3.** (*con preposizione*) her **4.** *3. pers m e f sing* (*forma di cortesia soggetto: Lei*) you **5.** *3. pers m e f sing* (*con preposizione: Lei*) you; **dare del Lei a qu** to address sb using the polite form

lembo ['lem·bo] *m* **1.** (*di indumento, lenzuolo*) corner **2.** (*pezzo, fascia*) piece

lemma ['lɛm·ma] <-i> *m* entry

lemmario [lɛm·'maː·rio] <-i> *m* wordlist

lemme lemme ['lɛm·me 'lɛm·me] *adv fam* very slowly

lena ['leː·na] *f* (*vigore*) energy; **lavorare di buona ~** to work with a will

leninismo [le·ni·'niz·mo] *m* Leninism

lenitivo [le·ni·'tiː·vo] *m* calmant

lenitivo, -a *adj* (*prodotto, trattamento*) soothing

lente ['lɛn·te] *f* lens; **~ d'ingrandimento** magnifying lens; **-i a contatto** [*o* **corneali**] contact lenses

lentezza [len·'tet·tsa] *f* (*di persona, film*) slowness

lenticchia [len·'tik·kia] <-cchie> *f* BOT lentil

lentiggine [len·'tid·dʒi·ne] *f* freckle

lentigginoso, -a [len·tid·dʒi·'noː·so] *adj* (*volto, persona*) freckled

lento ['lɛn·to] *m* MUS slow dance

lento, -a *adj* **1.** (*non veloce: passo, persona, traffico*) slow; **essere ~ di comprendonio** to be slow on the update **2.** (*veleno, medicina*) slow-acting; **cuocere a fuoco ~** to cook over low heat **3.** *fig* (*monotono: film, racconto*) slow **4.** (*allentato: vite*) loose

lenza ['lɛn·tsa] *f* (*per pescare*) line

lenzuolo [lɛn·'tsuɔː·lo] <-i *m*, -a *f*> *m* (*da letto*) sheet; **~ con gli angoli** fitted sheet

leone [le·'oː·ne] *m* **1.** ZOOL lion; **fare la parte del ~** *fig* to take the lion's share **2.** ASTR **Leone** Leo; **sono del** [*o* **un**] **Leone** I'm Leo

leonessa [le·o·'nes·sa] *f* lioness

leopardo [le·o·'par·do] *m* leopard

leporino [le·po·'riː·no] *adj* **labbro ~** MED cleft lip

lepre ['lɛː·pre] *f* hare; **~ in salmì** jugged hare

lercio, -a ['lɛr·tʃo/'ler·tʃo] <-ci, -ce> *adj* (*sporco: pavimento, abiti*) filthy

lerciume [ler·'tʃuː·me] *m* filth

lesbica ['lɛz·bi·ka] <-che> *f* lesbian

lesbico, -a ['lɛz·bi·ko] <-ci, -che> *adj* (*bacio, cinema, film*) lesbian

lesi ['leː·zi] *1. pers sing pass rem di* **ledere**

lesinare [le·zi·'naː·re] **I.** *vt* **~ qc a qu** to grudge sth to sb; **~ il centesimo** to count the pennies **II.** *vi* **~ su qc** to skimp on sth

lesionare [le·zio·'naː·re] *vt* to damage

lesione [le·'zioː·ne] *f* (*ferita*) injury

lesivo, -a [le·'ziː·vo] *adj* (*che danneggia*) harmful

leso, -a ['leː·zo] **I.** *pp di* **ledere** **II.** *adj* GIUR injured

lessare [les·'saː·re] *vt* (*patate, carne, riso*) to boil

lessi ['lɛs·si] *1. pers sing pass rem di* **leggere**

lessicale [les·si·'kaː·le] *adj* (*analisi, competenza*) lexical

lessico ['lɛs·si·ko] <-ci> *m* **1.** (*dizionario, glossario*) lexicon **2.** LING vocabulary

lessicografia [les·si·ko·gra·'fiː·a] *f* lexicography

lessicografo, -a [les·si·'kɔː·gra·fo] *m*, *f* lexicographer

lessicologia [les·si·ko·lo·'dʒiː·a] <-ie> *f* lexicography

lessicologo, -a [les·si·'kɔː·lo·go] <-gi, -ghe> *m, f* lexicologist

lesso ['les·so] *m* (*carne lessata*) boiled meat

lesso, -a *adj* (*carne, patate, castagne*) boiled

lesto, -a ['lɛs·to] *adj* (*veloce*) nimble; **essere ~ di mano** to be light-fingered

letale [le·'taː·le] *adj* (*colpo, arma, veleno*) lethal

letamaio [le·ta·'maː·io] <-ai> *m* **1.** (*per letame*) dung-heap **2.** *fig* (*luogo sporco*) pigsty

letame [le·'taː·me] *m* manure

letargia [le·tar·'dʒiː·a] <-gie> *f* MED lethargy

letargico, -a [le·'tar·dʒi·ko] <-ci, -che> *adj fig* (*ozioso: giornata, attesa*) lethargic

letargo [le·'tar·go] <-ghi> *m* **1.** MED lethargy **2.** ZOOL hibernation

letizia [le·'tiː·tsia] <-ie> *f* joy

letta ['lɛt·ta] *f* read; **dare una ~ a qc** to have a read of sth

lettera ['lɛt·te·ra/'let·te·ra] *f* **1.** (*di alfabeto*) letter; **alla ~** to the letter **2.** (*comunicazione scritta*) letter; **~ assicurata** special delivery letter; **~ circolare** circular; **~ di credito** credit note; **~ espresso** express letter; **~ raccomandata** registered letter; **per ~** by letter **3.** *pl* (*materie letterarie*) literature; **Lettere** Arts; **uomo di ~e** man of letters

letterale [let·te·'raː·le] *adj* literal

letteralmente [let·te·ral·'men·te] *adv a. fig* literally

letterario, -a [let·te·'raː·rio] <-i, -ie> *adj* (*critica, rivista, testo*) literary; **lingua -a** literary language; **materie -ie** arts subjects

letterato, -a [let·te·'raː·to] *m, f* scholar

letteratura [let·te·ra·'tuː·ra] *f* literature

lettiga [let·'tiː·ga] <-ghe> *f* **1.** (*portantina*) litter **2.** (*barella*) stretcher

lettino [let·'tiː·no] *m* **1.** (*per bambini*) crib **2.** (*branda: dal dottore*) bed; (*per spiaggia*) sun lounger **3. ~ solare** tanning bed

letto ['lɛt·to] *m* **1.** (*mobile*) bed; **~ matrimoniale** [*o* **a due piazze**] double bed; **~ a castello** bunk beds; **andare a ~** to go to bed; **andare a ~ con qu** *fam* to go to bed with sb; **rifare il ~** to make the bed **2.** GEO (*di fiume*) bed **3.** *fig* (*matrimonio*) **figlio di primo ~** child from the first marriage

letto <-a> I. *pp di* **leggere** II. *adj* **~ ed approvato** ADMIN read and approved

lettorato [let·to·'raː·to] *m* (*carica*) assistantship

lettore [let·'toː·re] *m* TEC reader; **~ CD** [*o* **di compact disc**] CD player; **~ CD-ROM** CD-ROM drive; **~ DVD** DVD player; **~ ottico** optical character reader; **~ MP3** MP3 player; **~ per microfilm** microfilm reader

lettore, -trice *m, f* **1.** (*chi legge*) reader **2.** (*professione*) foreign language assistant

lettura [let·'tuː·ra] *f* **1.** (*atto del leggere*) reading **2.** (*scritto*) (piece of) writing; **-e per l'infanzia** children's writing

leucemia [leu·tʃe·'miː·a] <-ie> *f* MED leukemia

leucocita [leu·ko·'tʃiː·ta] <-i> *m* leukocyte

leucorrea [leu·kor·'rɛː·a] *f* MED leukorrhea

leva ['lɛː·va] *f* **1.** TEC lever, gearshift **2.** *fig* (*stimolo*) lever; **fare ~ su qc** to play on sth **3.** (*arruolamento*) conscription; **essere di ~** to be liable for military service; **le nuove -e** *fig* the next generation

levante [le·'van·te] I. *adj* rising; **sole ~** rising sun II. *m* **1.** (*est*) east **2.** (*vento*) east wind **3.** (*Paesi del Mediterraneo orientale*) **il Levante** the Levant

levapunti [le·va·'pun·ti] <-> *m o f* staple remover

levare [le·'vaː·re] I. *vt* **1.** (*togliere*) to remove; **~ di mezzo qu** to get sb out of the way; **levati di mezzo** [*o* **dai piedi**]! get out of the way!; **~ le tende** to strike camp **2.** (*estrarre: dente, chiodo*) to pull out **3.** (*alzare*) to raise; **~ le braccia in alto** to raise one's arm; **~ gli occhi al cielo** to look heavenwards II. *vr:* **-rsi** **1.** (*indumenti*) to take off **2.** (*dubbio, voglia, vizio*) to dispel; **-rsi qu/qc dalla testa** *fig* to put sb/sth out of one's mind **3.** (*togliersi*) **-rsi** (**dai piedi**) to get out of the way **4.** (*alzarsi*) to get up; **-rsi in volo** to fly up **5.** (*sollevarsi: vento*) to blow up

levata [le·'vaː·ta] *f* **1. ~ del sole** sunrise **2.** (*prelievo: di posta*) collection **3.** (*sollevamento*) **~ di scudi** uproar

levataccia [le·va·'tat·tʃa] <-cce> *f* **fare una ~** to get up at an ungodly hour

levato, -a [le·'vaː·to] *adj* (*sollevato: braccia*) raised; **a gambe -e** hotfoot

levatoio, -a [le·va·'toː·io] <-oi, -oie> *adj* **ponte ~** drawbridge

levatrice [le·va·'triː·tʃe] *f* (*ostetrica*) midwife

levigare [le·vi·'gaː·re] *vt* (*lisciare: superficie, pelle*) to smooth down

levitazione [le·vi·tat·'tsio·ne] *f* levitation

levriere, levriero [le·'vriɛː·re, le·'vriɛː·ro] *m* greyhound

lezione [let·'tsio·ne] *f* **1.** (*a scuola, all'università*) lesson; **~ di ballo** dance lesson; **~ di storia** history lesson; **assistere alla ~** to attend class; **fare ~** to teach a class; **dare -i** to give classes; **prendere -i** to take classes **2.** (*in libro*) lesson **3.** *fig* (*ammaestramento*) lesson; **dare a qu una ~** to teach sb a lesson

leziosità [let·tsio·si·'ta] <-> *f* affectation

lezioso, -a [let·'tsio·so] *adj* (*stile*) affected

li [li] *pron pers* 3. *pers m pl* them

lì [li] *adv* (*stato*) there; **essere ~ ~ per fare qc** to be just about to do sth; **di ~ a pochi giorni** a few days later; **fin ~** up to there; **giù di ~** thereabouts; **per (di) ~** that way; **~ per ~** right then

liana [li·'aː·na] *f* creeper

libbra ['lib·bra] *f* (*unità di misura*) pound

libellula [li·'bɛl·lu·la] *f* dragonfly

liberale [li·be·'raː·le] I. *adj* **1.** (*genitori, partito, politica*) liberal **2.** (*generoso*) generous II. *m* A. POL liberal

liberalismo [li·be·ra·'liz·mo] *m* liberalism

liberalità [li·be·ra·li·'ta] <-> *f* (*generosità*) generosity

liberalizzare [li·be·ra·lid·'dza:·re] *vt* (*abolire restrizioni*) to liberalize

liberalizzazione [li·be·ra·lid·dzat·'tsio:·ne] *f* liberalization

liberamente [li·be·ra·'men·te] *adv* (*parlare, muoversi, circolare*) freely

liberare [li·be·'ra:·re] **I.** *vt* **1.** (*prigioniero, ostaggio*) to release **2.** (*da invasione, assedio*) to liberate **3.** (*sgombrare: tavolo, strada*) to clear **4.** (*camera, casa*) to vacate **II.** *vr* **1.** -**rsi da** [*o* **di**] **qc** to get rid of sth **2.** (*posto, casa*) to become free

liberatorio, -a [li·be·ra·'tɔ:·rio] <-i, -ie> *adj* **1.** (*risata, urlo*) liberating **2.** FIN (*pagamento*) redemption

liberazione [li·be·rat·'tsio:·ne] *f* **1.** (*di prigioniero, ostaggio*) release **2.** (*di città, paese*) liberation; **Festa della Liberazione** Liberation Day **3.** *fig* (*sollievo*) relief

---

April 25 is Liberation Day – **Anniversario della Liberazione**. This statutory holiday marks the liberation of Italy from Nazi and fascist rule in 1945.

---

liberismo [li·be·'riz·mo] *m* (*dottrina*) free trade

liberista [li·be·'ris·ta] <-i *m*, -e *f*> **I.** *mf* (*seguace del liberismo*) free trader **II.** *adj* (*del liberismo: dottrina, politica*) free trade

libero, -a ['li:·be·ro] *adj* **1.** (*gener*) free; ~ **arbitrio** free will; **essere ~ di fare qc** +*inf* to be free to do sth; **mercato ~** free market **2.** (*indipendente*) independent; ~ **professionista** self-employed professional

libertà [li·ber·'ta] <-> *f* freedom; ~ **di parola** freedom of speech; ~ **vigilata** probation; **giorno di ~** (*vacanza*) day off; **rimettere in ~** (*prigioniero*) to release; **prendersi la ~ di fare qc** to take the liberty of doing sth

libertario, -a [li·ber·'ta:·rio] <-i, -ie> **I.** *adj* (*anarchico*) libertarian **II.** *m, f* (*anarchico*) libertarian

libertino, -a [li·ber·'ti:·no] **I.** *adj* (*dissoluto*) libertine **II.** *m, f* (*chi fa una vita dissoluta*) libertine

liberty ['li:·ber·ti] **I.** (*lampada, mobili, stile*) Art Nouveau **II.** <-> *m* Art Nouveau

libidine [li·'bi:·di·ne] *f* **1.** (*sessuale*) lust **2.** *fam* (*goduria*) luxury; **che ~!** what luxury!

libidinoso, -a [li·bi·di·'no:·so] *adj* **1.** (*sessualmente*) lustful **2.** *fam* (*goduroso*) luxurious

libido [li·'bi:·do] <-> *f* libido

libraio, -a [li·'bra:·io] <-ai, -aie> *m, f* (*chi vende libri*) bookseller

librario, -a [li·'bra:·rio] <-i, -ie> *adj* (*settore, industria*) book

librarsi [li·'brar·si] *vr* to glide

libreria [li·bre·'ri:·a] <-ie> *f* **1.** (*negozio*) bookstore **2.** (*mobile*) bookshelf

librettista [li·bret·'tis·ta] <-i *m*, -e *f*> *mf* librettist

libretto [li·'bret·to] *m* **1.** (*opuscolo*) booklet **2.** MUS libretto **3.** (*documento, carnet*) book; ~ **di circolazione** vehicle registration book; ~ **universitario** university record book; ~ **di risparmio** savings book; ~ **degli assegni** checkbook

libro ['li:·bro] *m* book; ~ **di cucina** cookbook; ~ **di testo** textbook; ~ **illustrato** illustrated book; **Libro Verde** EU Green Paper

licantropo [li·'kan·tro·po] *m* werewolf

liceale [li·tʃe·'a:·le] **I.** *adj* (*classe, studente, programma*) senior high school **II.** *mf* senior high school

licenza [li·'tʃɛn·tsa] *f* **1.** (*autorizzazione*) license; ~ **di caccia** hunting license; ~ **di esercizio** trade license; ~ **di porto d'armi** firearms permit **2.** COM (*concessione*) license; **su ~ americana** under American license **3.** MIL (*congedo*) leave; ~ **premio** special leave **4.** (*attestato*) certificate; ~ **elementare** elementary school leaving certificate **5.** (*abuso*) license; ~ **poetica** poetic license

licenziabile [li·tʃen·'tsia:·bi·le] *adj* dismissible

licenziamento [li·tʃen·tsia·'men·to] *m* dismissal; ~ **per riduzione del personale** layoff; ~ **senza giusta causa** unfair dismissal

licenziare [li·tʃen·'tsia:·re] **I.** *vt* (*impiegato*) to dismiss; (*per riduzione del personale*) to lay off **II.** *vr*: -**rsi** (*da un impiego*) to resign

licenziosità [li·tʃen·tsio·si·'ta] <-> *f* (*di discorsi, costumi, immagini*) licentiousness

licenzioso, -a [li·tʃen·'tsio:·so] *adj* (*dissoluto*) licentious

liceo [li·'tʃɛ:·o] *m* senior high school; ~ **classico** senior high school specializing in classics; ~ **linguistico** senior high school specializing in languages

lichene [li·'kɛ:·ne] *m* lichen

licitare [li·tʃi·'ta:·re] *vi* (*all'asta, nel bridge*) to bid

licitazione [li·tʃi·tat·'tsio:·ne] *f* (*all'asta, nel bridge*) bid

lido ['li:·do] *m* (*spiaggia*) bathing beach; **il Lido (di Venezia)** the Venice Lido

lieto, -a ['liɛ:·to] *adj* cheerful; ~ **evento** (*nascita*) happy event; ~ **fine** happy ending; **sono ~ di conoscerLa** pleased to meet you

lieve ['liɛ:·ve] *adj* **1.** (*poco pesante: peso*) light **2.** (*leggero: rumore, scossa, passo*) slight **3.** (*delicato: carezza, tocco*) delicate

lievitare [lie·vi·'ta:·re] *vi* essere to rise

lievitazione [lie·vi·tat·'tsio:·ne] *f* **1.** (*di pasta*) rising **2.** *fig* (*di prezzi, tassi d'interesse*) rise

lievito ['liɛ:·vi·to] *m* BIOL yeast; ~ **di birra** brewer's yeast; ~ **in polvere** baking powder

lift [lift] <-> *m* elevator attendant

lifting ['lif·ting] <-> *m* face-lift; ~ **facciale** face-lift

ligio, -a ['li:·dʒo] <-gi, -gie> *adj* (*rispettoso*) faithful; ~ **al dovere** dutiful

ligneo, -a ['liɲ·ɲeo] <-ei, -ee> *adj* (*mobile, statua*) wooden

lignite [liɲ·'ɲi:·te] *f* lignite

ligure¹ [li·'gu:·re] <*sing*> *m* (*dialetto*) Ligurian (dialect)

ligure² I. *mf* (*abitante*) person from Liguria II. *adj* (*costa, cucina, tradizioni*) Ligurian

Liguria [li·'gu:·ria] <*sing*> *f* Liguria

lilla, lillà ['lil·la, lil·'la] I.<inv> *adj* lilac II.<-> *m* (*colore, fiore*) lilac

lillipuziano, -a [lil·li·put·'tsia:·no] *adj* (*piccolo*) minute

lima ['li:·ma] *f* file

limaccioso, -a [li·mat·'tʃo:·so] *adj* (*acqua, lago*) muddy

limare [li·'ma:·re] I. *vt* 1.(*sbarra, superficie, unghia*) to file 2.*fig* (*scritto, stile*) to polish II. *vr* -rsi le unghie to file one's nails

limatura [li·ma·'tu:·ra] *f* filing

limbo ['lim·bo] *m a. fig* limbo

limetta [li·'met·ta] *f* nail file

limitare [li·mi·'ta:·re] I. *vt* 1.(*ridurre: costi, libertà*) to restrict 2.(*delimitare: zona*) to delimit II. *vr* -rsi (in qc) to cut down (on sth); -rsi a qc to restrict oneself to sth

limitativo, -a [li·mi·ta·'ti:·vo] *adj* restrictive

limitato, -a [li·mi·'ta:·to] *adj* 1.(*delimitato: traffico, durata*) restricted 2.(*determinato: potere*) limited 3.(*di piccola entità*) modest 4.(*scarso: prestazioni, risorse*) limited 5.(*stupido*) slow

limitazione [li·mi·tat·'tsio:·ne] *f* 1.(*limite: di orario, responsabilità*) limit 2.(*restrizione: di libertà*) restriction 3.(*riduzione: di assunzioni, circolazione stradale*) restriction

limite ['li:·mi·te] I. *m* 1.(*confine*) limit; fuori ~ SPORT out of play 2.*fig* (*ultimo grado*) limit; nei -i del possibile as far as is possible 3.(*restrizione: di potere, periodo di tempo*) restriction; -i di età age restrictions; ~ di velocità speed limit 4.(*loc*) al ~ at worst II.<inv> *adj* caso ~ extreme case

limitrofo, -a [li·'mi:·tro·fo] *adj* (*paese, zona*) bordering

limonata [li·mo·'na:·ta] *f* lemonade

limone [li·'mo:·ne] *m* 1.(*frutto*) lemon 2.(*pianta*) lemon tree

limpido, -a ['lim·pi·do] *adj* (*trasparente: cielo, aria, acqua*) clear

lince ['lin·tʃe] *f* ZOOL lynx

linciaggio [lin·'tʃad·dʒo] <-ggi> *m* lynching; ~ morale moral witch-hunt

linciare [lin·'tʃa:·re] *vt* to lynch

lindo, -a ['lin·do] *adj* (*pulito e ordinato*) neat

linea ['li:·nea] *f* 1.(*segno, su strada*) line; a grandi -e in broad terms; in ~ di massima broadly speaking; ~ continua solid line; ~ di mezzeria center line 2.SPORT line; ~ di partenza starting line 3.(*su termometro*) degree 4. TEL (*di telefono*) line; restare in ~ to hold the line; è caduta la ~ the call was cut off 5. ELETT (power) line 6.(*di aereo, autobus*) service; di ~ regular 7.(*di treno*) line 8.(*figura*)

figure; tenerci alla ~ to look after one's figure 9.(*di abito, veicolo, oggetto*) line 10.(*serie: di prodotti*) line 11.(*norma*) in ~ con in line with; ~ guida guideline

lineamenti [li·nea·'men·ti] *mpl* (*fisionomia*) features *pl*

lineare [li·ne·'a:·re] *adj* 1.(*algebra, metro, misure, scala*) linear 2.*fig* (*coerente: ragionamento, rapporto*) straightforward

linearità [li·ne·a·ri·'ta] <-> *f* (*di comportamento*) straightforwardness; (*di discorso, ragionamento*) directness

lineetta [li·ne·'et·ta] *f* (*trattino*) hyphen

linfa ['lin·fa] *f* 1. ANAT lymph 2. BOT sap 3. *fig* ~ vitale lifeblood

linfatico, -a [lin·'fa:·ti·ko] <-ci, -che> *adj* (*ghiandola, sistema*) lymphatic

linfatismo [lin·fa·'tiz·mo] *m* lymphatic disease

lingotto [liɲ·'gɔt·to] *m* (*blocco di metallo*) ingot

lingua ['liɲ·gua] *f* 1. ANAT tongue; mala ~ gossip; avere la ~ lunga *fig* to have a loose tongue; avere qc sulla punta della ~ *fig* to have sth on the tip of one's tongue; mordersi la ~ *fig* to bite one's tongue 2.(*linguaggio*) language; di ~ inglese English-speaking; ~ parlata spoken language; studiare -e to study languages 3.(*striscia*) tongue; ~ di terra tongue of land

linguaccia [liɲ·'guat·tʃa] <-cce> *f* 1.(*boccaccia*) rude face; fare le -cce a qu to stick one's tongue out at sb 2. *fig* (*persona pettegola*) gossip

linguacciuto, -a [liɲ·guat·'tʃu:·to] I. *adj* (*pettegolo*) gossipy II. *m, f* (*persona pettegola*) gossip

linguaggio [liɲ·'guad·dʒo] <-ggi> *m* language; ~ simbolico COMPUT symbolic language; ~ tecnico technical language; ~ di programmazione COMPUT programming language

linguetta [liɲ·'guet·ta] *f* 1.(*di buste*) flap 2.(*di scarpe*) tongue

linguista [liɲ·'guis·ta] <-i *m*, -e *f*> *mf* linguist

linguistica [liɲ·'guis·ti·ka] <-che> *f* linguistics *sing;* ~ computazionale computational linguistics

linguistico, -a [liɲ·'guis·ti·ko] <-ci, -che> *adj* linguistic

lino ['li:·no] *m* 1.(*pianta*) flax 2.(*tessuto*) linen

linoleum [li·'nɔ:·le·um] <-> *m* linoleum

liofilizzare [lio·fi·lid·'dza:·re] *vt* (*alimenti*) to freeze dry; (*cellule*) to lyophilize

liofilizzato [lio·fi·lid·'dza:·to] *m* (*alimento*) freeze-dried product

liofilizzato, -a *adj* (*alimenti*) freeze-dried; (*cellule*) lyophilized

liofilizzazione [lio·fi·lid·dzat·'tsio:·ne] *f* (*di alimenti*) freeze-drying; (*di cellule*) lyophilization

lipoaspirazione [li·po·as·pi·rat·'tsio:·ne] *f* MED liposuction

lipoma [li·'po:·ma] <-i> *m* MED lipoma

liposolubile [li·po·so·'lu:·bi·le] *adj* (*vitamina, sostanza*) fat-soluble

liposuzione [li·po·sut·'tsio:·ne] *f v.* **lipoaspirazione**

LIPU *f acró de* **Lega Italiana per la Protezione degli Uccelli** *Italian bird protection association*

liquame [li·'kua:·me] *m* 1. (*di fogna*) sewage 2. (*per concimare*) slurry

liquefare [li·kue·'fa:·re] <irr> I. *vt* 1. (*gas*) to liquefy 2. (*metalli, neve*) to melt II. *vr:* -**rsi** 1. (*gas*) to liquefy 2. (*metalli, ghiaccio*) to melt

liquefazione [li·kue·fat·'tsio:·ne] *f* 1. (*di gas*) liquefaction 2. (*di metalli, ghiaccio*) melting

liquefeci *1. pers sing pass rem di* **liquefare**

liquidare [li·kui·'da:·re] *vt* 1. (*calcolare: conto, somma, pensione*) to settle 2. (*pagare: creditori*) to pay; (*debito*) to settle 3. (*svendere: merce*) to sell off 4. (*chiudere: azienda*) to liquidate 5. *fig* (*criticare*) to write off 6. (*uccidere: avversario*) to dispose of 7. (*sbrigare: pratica*) to deal with 8. (*mandar via: persona*) to get rid of

liquidatore, -trice [li·kui·da·'to:·re] *m, f* 1. (*di assicurazioni*) loss adjuster 2. (*di eredità*) executor 3. (*di azienda*) liquidator

liquidazione [li·kui·dat·'tsio:·ne] *f* 1. (*svendita*) clearance; ~ **di fine stagione** end of season sale 2. (*somma liquidata per*) settlement 3. (*di azienda*) liquidation 4. (*di pensione, danni*) settlement

liquidità [li·kui·di·'ta] <-> *f* FIS, FIN liquidity

liquido ['li:·kui·do] *m* 1. FIS liquid; ~ **amniotico** amniotic fluid; ~ **per freni** brake fluid; ~ **refrigerante** coolant 2. FIN liquidity

liquido, -a *adj* 1. FIS liquid 2. (*panna, vernice, metallo*) liquid 3. FIN **denaro** ~ liquid cash

liquirizia [li·kui·'rit·tsia] <-ie> *f* licorice

liquore [li·'kuo:·re] *m* liquor; **negozio di -i** liquor store

liquoroso, -a [li·kuo·'ro:·so] *adj* (*vino*) fortified; (*crema, bevanda*) liqueur

lira ['li:·ra] *f* 1. (*moneta*) lira; **non avere una** ~ not to have a cent 2. MUS (*strumento*) lyre

lirica ['li:·ri·ka] <-che> *f* 1. LIT (*componimento poetico*) lyric 2. LIT (*arte poetica*) poetry 3. MUS opera

liricità [li·ri·tʃi·'ta] <-> *f* (*poeticità*) lyricism

lirico, -a ['li:·ri·ko] <-ci, -che> *adj* MUS opera; **cantante** -**a** opera singer; **musica** -**a** opera music; **stagione** -**a** opera season

Lisbona [liz·'bo:·na] *f* Lisbon

lisca ['lis·ka] <-sche> *f* (*di pesce*) bone

lisciare [liʃ·'ʃa:·re] *vt* 1. (*levigare: superficie*) to polish 2. (*pelle*) to smooth 3. (*capelli*) to straighten

liscio ['liʃ·ʃo] *m* (*ballo*) ballroom dance

liscio, -a <-sci, -sce> *adj* 1. (*superficie, pelle*) smooth 2. (*capelli*) straight 3. *fig* (*bene*) smooth; **è andato tutto** ~ everything went smoothly; **passarla** -**a** to get away with it

4. CULIN (*acqua*) still; (*caffè*) straight; (*bevanda alcolica*) neat

liso, -a ['li:·zo] *adj* (*cappotto, tessuto*) worn

lista ['lis·ta] *f* 1. (*striscia*) strip 2. (*elenco*) list; **la** ~ **dei vini** the winelist

listare [lis·'ta:·re] *vt* to edge

listello [lis·'tɛl·lo] *m* (*di legno*) batten

listino [lis·'ti:·no] *m* list; ~ **dei prezzi** price list; ~ **di Borsa** Stock list

litania [li·ta·'ni:·a] <-ie> *f a. fig* litany

lite ['li:·te] *f* 1. (*litigio*) quarrel 2. GIUR dispute

litigante [li·ti·'gan·te] *mf* litigant; **fra i due** -**i il terzo gode** *prov* there's nothing to be gained by arguing

litigare [li·ti·'ga:·re] *vi* to quarrel

litigio [li·'ti:·dʒo] <-gi> *m* quarrel

litigiosità [li·ti·dʒo·si·'ta] <-> *f* quarrelsomeness

litigioso, -a [li·tid·'dʒo:·so] *adj* quarrelsome

litografare [li·to·gra·'fa:·re] *vt* to lithograph

litografia [li·to·gra·'fi:·a] *f* 1. (*opera, arte*) lithography 2. (*stabilimento*) lithographer's

litografico, -a [li·to·'gra:·fi·ko] <-ci, -che> *adj* lithographic

litografo [li·'tɔ:·gra·fo] *m* lithographer

litorale [li·to·'ra:·le] *m* (*costa*) coast

litoranea [li·to·'ra:·nea] *f* (*strada*) coastal road

litoraneo, -a [li·to·'ra:·neo] *adj* (*zona, fondale*) coastal

litote [li·'to:·te] *f* LING (*figura retorica*) litotes

litro ['li:·tro] *m* liter

Lituania [li·tu·'a:·nia] *f* Lithuania

lituano [li·tu·'a:·no] *m sing* (*lingua*) Lithuanian

lituano, -a [li·tu·'a:·no] I. *adj* Lithuanian II. *m, f* (*abitante*) Lithuanian

liturgia [li·tur·'dʒi:·a] <-gie> *f* REL liturgy

liturgico, -a [li·'tur·dʒi·ko] <-ci, -che> *adj* (*formula, musica*) liturgical; (*anno, calendario, ricorrenza*) ecclesiastical

liutista [liu·'tis·ta] <-i *m,* -e *f*> *mf* MUS lutenist

liuto [li·'u:·to] *m* MUS lute

livella [li·'vɛl·la] *f* spirit level

livellamento [li·vel·la·'men·to] *m* 1. (*di terreno*) leveling 2. (*di differenze, linguaggio, prezzi*) leveling out

livellare [li·vel·'la:·re] *vt* 1. TEC (*terreno*) to level 2. *fig* (*differenze, persone, prezzi*) to level out

livello [li·'vɛl·lo] *m* 1. (*gen*) level; **sotto il** ~ **del mare** below sea level; ~ **dei prezzi** price level; ~ **di sussistenza** level of subsistence; **ad alto** ~ high-level 2. (*grado*) standard

livido ['li:·vi·do] *m* bruise

livido, -a *adj* (*occhi*) black; (*cielo*) leaden

livornese [li·vor·'ne:·se] I. *mf* (*abitante*) person from Livorno II. *adj* from Livorno

Livornese <*sing*> *m* (*zona*) Livorno area; **nel** ~ in the Livorno area

Livorno [li·'vɔr·no] <*sing*> *f* Livorno

livrea [li·'vrɛ:·a] *f* livery

lizza ['lit·tsa] *f* **scendere in** ~ to enter the arena

lo [lo] I. *art m sing davanti a s impura, gn, pn,*

ps, x, z the **II.** *pron* **1.** (*persona*) him **2.** (*cosa*) it

lobbismo [lɔb·'biz·mo] *m* lobbying

lobbista [lɔb·'bis·ta] <-i *m*, -e *f*> *mf* lobbyist

lobby ['lɔ·bi] <- *o* lobbies> *f* lobby

lobbying ['lɔ·bi·iŋ] <-> *m* lobbying

lobo ['lɔː·bo] *m* ANAT lobe; ~ **dell'orecchio** earlobe; ~ **polmonare** lobe of the lung

locale [lo·'kaː·le] **I.** *adj* local; **anestesia** ~ local anesthesia **II.** *m* **1.** (*stanza*) room **2.** (*luogo pubblico: caffè*) café; (*ristorante*) restaurant; **una zona piena di -i** an area with lots of bars and restaurants; ~ **notturno** nightclub

localino [lo·ka·'liː·no] *m* (*luogo pubblico: caffè*) café; (*ristorante*) restaurant; **ci sono tanti -i** it's full of bars and restaurants con gli amici

località [lo·ka·li·'ta] <-> *f* locality; **una** ~ **di mare** a seaside resort

localizzabile [lo·ka·lid·'dza·bi·le] *adj* locatable

localizzare [lo·ka·lid·'dzaː·re] *vt* (*individuare: aereo, telefono*) to locate

localizzazione [lo·ka·lid·dzat·'tsio·ne] *f* (*di aereo, telefono*) location

locanda [lo·'kan·da] *f* inn

locandiere, -a [lo·kan·'diɛː·re] *m, f* innkeeper

locandina [lo·kan·'di·na] *f* playbill

locare [lo·'kaː·re] *vt* GIUR (*dare in affitto: fabbricati*) to rent out

locatario, -a [lo·ka·'taː·rio] <-i, -ie> *m, f* (*di casa*) tenant

locativo [lo·ka·'ti·vo] *m* LING locative

locatore, -trice [lo·ka·'toː·re] *m, f* (*di casa*) landlord *m*, landlady *f*

locazione [lo·kat·'tsio·ne] *f* rental; **dare in** ~ to rent out; **prendere in** ~ to rent

locomotiva [lo·ko·mo·'tiː·va] *f* engine

locomotore [lo·ko·mo·'toː·re] *m* electric engine

locomotorio, -a [lo·ko·mo·'tɔː·rio] <-i, -ie> *adj* MED locomotive

locomotrice [lo·ko·mo·'triː·tʃe] *f* electric engine

locomozione [lo·ko·mot·'tsio·ne] *f* **1.** (*deambulazione*) movement **2.** (*con veicolo*) transport; **mezzo di** ~ means of transport

loculo ['lɔː·ku·lo] *m* (*in cimitero*) niche

locusta [lo·'kuːs·ta] *f* ZOOL locust

locuzione [lo·kut·'tsio·ne] *f* phrase

lodare [lo·'daː·re] *vt* (*elogiare, celebrare*) to praise; **sia lodato il cielo!** thank heavens!

lode ['lɔː·de] *f* **1.** (*elogio*) praise **2.** (*voto*) **prendere trenta e** ~ to get full marks; **laurearsi con 110 e** ~ to graduate magna cum laude

loden ['lo·dən] <-> *m* (*panno, cappotto*) loden

lodevole [lo·'deː·vo·le] *adj* (*meritevole di lode*) praiseworthy

lodo ['lɔː·do] *m* ADMIN arbitration award

logaritmico, -a [lo·ga·'rit·mi·ko] <-ci, -che> *adj* (*equazioni, funzioni*) logarithmic

logaritmo [lo·ga·'rit·mo] *m* logarithm

loggare [log·'gaː·re] COMPUT **I.** *vi* to log in **II.** *vr* -si a [*o* in] qc to log in to sth

loggia ['lɔd·dʒa] <-gge> *f* **1.** ARCHIT gallery **2.** (*nella massoneria*) lodge

loggione [lɔd·'dʒoː·ne] *m* TEAT gallery

logica ['lɔː·dʒi·ka] <-che> *f* logic; **a rigor di** ~ logically speaking

logicità [lo·dʒi·tʃi·'ta] <-> *f* logicality

logico, -a ['lɔː·dʒi·ko] <-ci, -che> *adj* logical

login [log·'in] <-> *f* COMPUT login; **fare il** ~ to log in

logistica [lo·'dʒis·ti·ka] <-che> *f* logistics

logistico, -a [lo·'dʒis·ti·ko] <-ci, -che> *adj* (*attività, settore*) logistic

logo ['lo·go] <-> *m* logo; ~ **per cellulare** cell phone screensaver

logopedista [lo·go·pe·'dis·ta] <-i *m*, -e *f*> *mf* MED speech therapist

logoramento [lo·go·ra·'men·to] *m* **1.** (*usura: di pavimento*) wear **2.** (*deterioramento: di rapporto*) breakdown

logorante [lo·go·'ran·te] *adj* (*attività, giornata, passione*) exhausting

logorare [lo·go·'raː·re] **I.** *vt* (*pavimento, vestiti, salute*) to wear out **II.** *vr:* **-rsi 1.** (*consumarsi: scarpe, ingranaggi*) to become worn out **2.** *fig* (*per passione, rabbia*) to be consumed

logorio [lo·go·'riː·o] <-ii> *m* **1.** (*logoramento*) wear and tear **2.** *fig* (*stress*) exhaustion

logoro, -a ['lo·go·ro] *adj* (*vestito, gomiti, scarpe*) worn-out

logorrea [lo·gor·'rɛː·a] *f* **1.** MED logorrhea **2.** *fig, scherz* long-windedness

logoterapeuta [lo·go·te·ra·'pɛːu·ta] *mf* MED *v.* **logopedista**

logoterapia [lo·go·te·ra·'piː·a] *f* MED speech therapy

logoterapista [lo·go·te·ra·'pis·ta] <-i *m*, -e *f*> *mf* MED *v.* **logopedista**

lombaggine [lom·'bad·dʒi·ne] *f* lumbago

Lombardia [lom·bar·'diː·a] *f* Lombardy

lombardo [lom·'bar·do] <*sing*> *m* (*dialetto*) Lombard (dialect)

lombardo, -a I. *adj* from Lombardy **II.** *m, f* (*abitante*) person from Lombardy

lombare [lom·'baː·re] *adj* (*scoliosi, ernia, dolore*) lumbar

lombata [lom·'baː·ta] *f* (*taglio di carne*) loin

lombrico [lom·'briː·ko] <-chi> *m* earthworm

londinese [lon·di·'neː·se] **I.** *adj* (*di Londra*) from London **II.** *mf* (*abitante*) Londoner

Londra ['lon·dra] *f* London

longevità [lon·dʒe·vi·'ta] <-> *f* (*di persona, famiglia, razza*) longevity

longevo, -a [lon·'dʒɛː·vo] *adj* (*persona, famiglia, razza*) long-lived

longilineo, -a [lon·dʒi·'liː·neo] <-ei, -ee> *adj* (*persona, fisico*) long-limbed

longitudinale [lon·dʒi·tu·di·'naː·le] *adj* (*taglio, sezione*) longitudinal

longitudine [lon·dʒi·'tuː·di·ne] *f* longitude

long play ['lɔŋ 'plei] <- *o* long plays> *m* MUS album

lontanamente [lon·ta·na·'men·te] *adv* distantly; **non ci penso neanche** ~ I wouldn't dream of it

lontananza [lon·ta·'nan·tsa] *f* **1.** (*distanza*) distance; **in** ~ in the distance **2.** (*assenza, mancanza*) absence

lontano, -a [lon·'ta:·no] **I.** *adj* **1.** (*nello spazio*) far away; **quanto è** ~ **...?** how far away is ...? **2.** (*nel tempo*) distant **3.** (*estraneo*) far **4.** (*assente: sguardo*) distant **5.** (*vago: somiglianza*) vague **II.** *adv* far; **andare** ~ to go far; **vedere** ~ *fig* to be far-sighted; **alla** ~ **-a** in a roundabout way; **parenti alla -a** distant relatives; ~ **dagli occhi,** ~ **dal cuore** *prov* out of sight, out of mind

lontra ['lon·tra] *f* ZOOL otter

look [luk] <- *o* looks> *m* (*immagine*) look; ~ **casual** casual look

loquace [lo·'kua:·tʃe] *adj* **1.** (*persona*) talkative **2.** *fig* (*silenzio*) eloquent

loquacità [lo·kua·tʃi·'ta] <-> *f* **1.** (*di persona*) talkativeness **2.** *fig* (*di silenzio*) eloquence

lordo, -a ['lor·do] *adj* (*peso, cifra, retribuzione*) gross

loro ['lɔː·ro] **I.** *pron pers* **1.** *3. pers pl* (*soggetto*) they; ~ **due** the two of them; **beati** ~! lucky them! **2.** (*complemento oggetto*) them **3.** (*complemento di termine*) (to) them **4.** (*con preposizione*) them **5.** *3. pers pl* (*forma di cortesia soggetto: Loro*) you **6.** *3. pers pl* (*forma di cortesia complemento: Loro*) you **II.** <inv> *adj* their; **le** ~ **speranze** their hopes; **il** ~ **padre/zio** their father/uncle; **un** ~ **amico** one of their friends **III.** *pron* **il** [*o* **il**] [*o* **i**] [*o* **le**] ~ theirs **IV.** *m* **1.** (*averi*) their property **2.** (*famiglia*) their family **3.** (*gruppo, amici*) their friends **V.** *f* **1.** (*parte*) their side **2.** (*opinione*) their opinion

losanga [lo·'zaŋ·ga] <-ghe> *f* lozenge

losco, -a ['los·ko] <-schi, -sche> *adj fig* (*traffico, locale, tipo*) suspicious

loto ['lɔː·to] *m* BOT lotus

lotta ['lɔt·ta] *f* **1.** (*combattimento*) combat; ~ **a corpo a corpo** hand to hand combat; **fare la** ~ to wrestle **2.** SPORT wrestling; ~ **libera** professional wrestling **3.** *fig* (*contro fumo, malattia*) fight **4.** *fig* (*dissidio*) struggle; ~ **di classe** class struggle; ~ **per l'esistenza** struggle for existence

lottare [lot·'ta:·re] *vi* **1.** (*combattere*) to fight **2.** SPORT (*fare alla lotta*) to wrestle **3.** *fig* (*opporsi a: sonno, accuse*) to fight

lottatore, -trice [lot·ta·'to:·re] *m, f* SPORT wrestler

lotteria [lot·te·'ri:·a] <-ie> *f* lottery

lottizzabile [lot·tid·'dza:·bi·le] *adj* (*terreno, area*) edificable

lottizzare [lot·tid·'dza:·re] *vt* **1.** (*terreno, area*) to parcel out (for building) **2.** (*assunzioni*) to carve up

lottizzazione [lot·tid·dzat·'tsio:·ne] *f* **1.** (*di terreno*) parceling out (for building) **2.** (*di assunzioni, cariche*) distribution

lotto ['lɔt·to] *m* **1.** (*gioco*) bingo; **giocare al** ~ to play bingo **2.** (*terreno*) plot **3.** (*partita: di merce*) batch **4.** (*negli appalti*) lot

> The **lotto** is one of the oldest games of chance and is still very popular. In Italy one bets on the numbers between 1 and 90, with the winning combinations being: **ambo** (two correct), **terno** (three correct), **quaterna** (four), and **cinquina** (five).

love story [lʌv 'stɔː·ri] <- *o* love stories> *f* affair

lozione [lot·'tsio:·ne] *f* lotion

LP <-> *m* LP

lubrificante [lu·bri·fi·'kan·te] **I.** *adj* (*olio, prodotto*) lubricant **II.** *m* lubricant

lubrificare [lu·bri·fi·'ka:·re] *vt* (*motore, parti meccaniche*) to lubricate

lubrificazione [lu·bri·fi·kat·'tsio:·ne] *f* (*di motore, parti meccaniche*) lubrification

lucano [lu·'ka:·no] <*sing*> *m* (*dialetto della Basilicata*) dialect of the Basilicata region

lucano, -a **I.** *adj* (*della Basilicata*) from the Basilicata region **II.** *m, f* (*abitante della Basilicata*) person from the Basilicata region

Lucca *f* Lucca

lucchese [luk·'ke:·se] **I.** *mf* (*abitante*) person from Lucca **II.** *adj* from Lucca

Lucchese <*sing*> *m* (*zona*) Lucca area; **nel** ~ in the Lucca area

lucchetto [luk·'ket·to] *m* padlock

luccicare [lut·tʃi·'ka:·re] *vi* (*stelle, gioielli, occhi*) to sparkle

luccichio [lut·tʃi·'ki:·o] <-chii> *m* (*di stelle, gioielli, occhi*) sparkle

luccio ['lut·tʃo] <-cci> *m* ZOOL pike

lucciola ['lut·tʃo·la] *f* glow-worm; **prendere -e per lanterne** *fig* to get the short end of the stick

luce ['lu:·tʃe] *f* **1.** FIS light; **dare alla** ~ to give birth (to); **fare** ~ **su qc** to shed light on sth; **alla** ~ **dei fatti** in the light of the evidence; **mettere in** ~ **qc** to show sth up; **mettere qu in cattiva** ~ to show sb in a bad light; **mettersi in** ~ to come to the fore; **riportare qc alla** ~ to bring sth to light **2.** (*sorgente luminosa*) light; ~ **intermittente** flashing light; **contro** ~ against the light **3.** (*lampada*) light; **cinema a -i rosse** blue movie **4.** AUTO light; **-i di posizione** parking lights **5.** (*di ponte*) span; (*di negozio*) window **6.** (*sole*) **alle prime -i** at first light

lucente [lu·'tʃɛn·te] *adj* (*stella, lama, occhi*) bright

lucentezza [lu·tʃen·'tet·tsa] *f* (*di occhi*) brightness; (*di perle, oro*) shine; (*di seta*) sheen

lucerna [lu·'tʃɛr·na] *f* (*lampada*) oil lamp

lucernario [lu·tʃer·'na:·rio] <-i> *m* skylight

lucertola [lu·'tʃɛr·to·la] *f* ZOOL lizard

lucidalabbra [lu·tʃi·da·'lab·bra] <-> *m* lip gloss

lucidare [lu·tʃi·'da:·re] *vt* (*scarpe, mobili*) to polish

lucidatrice [lu·tʃi·da·'tri:·tʃe] *f* floor polisher

lucidità [lu·tʃi·di·'ta] <-> *f* (*consapevolezza*) lucidity

lucido ['lu:·tʃi·do] *m* **1.**(*lucentezza*) shine **2.**(*per scarpe*) (shoe) polish **3.**(*disegno*) tracing; (*per lavagna luminosa*) slide

lucido, -a *adj* **1.**(*lucente: scarpe, pavimento*) shiny; **carta -a** glossy paper **2.** *fig* (*mente, analisi*) lucid

lucignolo [lu·'tʃiɲ·ɲo·lo] *m* (*stoppino*) wick

lucrare [lu·'kra:·re] *vt* (*somme*) to make

lucrativo, -a [lu·kra·'ti:·vo] *adj* lucrative

lucro ['lu:·kro] *m* profit; (**non**) **a scopo di ~** (not) for profit

ludico, -a ['lu:·di·ko] <-ci, -che> *adj* (*attività, materiali, modelli*) play

ludoteca [lu·do·'tɛ:·ka] <-che> *f* games library

luglio ['luʎ·ʎo] *m* July; *v.a.* **aprile**

lugubre ['lu:·gu·bre] *adj* (*aspetto, grida*) gloomy

lui ['lu:·i] *pron pers* 3. *pers m sing* **1.**(*soggetto*) he; **beato ~!** lucky him! **2.**(*oggetto*) him **3.**(*con preposizione*) him

lumaca [lu·'ma:·ka] <-che> *f* slug

lumbard [lum·'ba:rd] I.<inv> *adj dial* (*della Lega Nord*) Northern League II.<-> *mf dial* (*simpatizzante della Lega Nord*) Northern League supporter

lume ['lu:·me] *m* (*lampada*) lamp; **perdere il ~ della ragione** *fig* to lose one's mind

lumicino [lu·mi·'tʃi:·no] *m* small light

luminare [lu·mi·'na:·re] *m* luminary

lumino [lu·'mi:·no] *m* small lamp

luminosità [lu·mi·no·si·'ta] <-> *f* **1.**(*lucentezza*) brightness **2.** FIS luminosity

luminoso, -a [lu·mi·'no:·so] *adj* **1.**(*che emette luce: astro, sorgente*) luminous **2.**(*limpido: cielo*) bright **3.** *fig* (*sorriso, occhi*) bright

luna ['lu:·na] *f* **1.** ASTR moon; **~ calante** waning moon; **~ crescente** waxing moon; **~ piena** full moon; **a mezza ~** half-moon; **~ di miele** honeymoon **2.** *fig* (*umore*) moon; **avere la ~ di traverso** [*o* **storta**] to be in a bad mood

luna park ['lu:·na 'park] <-> *m* amusement park

lunare [lu·'na:·re] *adj* (*luce, paesaggio, calendario*) lunar

lunario [lu·'na:·rio] <-i> *m* (*almanacco*) almanac; **sbarcare il ~** to scrape a living

lunatico, -a [lu·'na:·ti·ko] <-ci, -che> *adj* (*strano*) moody

lunedì [lu·ne·'di] <-> *m* Monday; *v.a.* **domenica**

lunetta [lu·'net·ta] *f* ARCHIT fanlight

lungaggine [luŋ·'gad·dʒi·ne] *f* **-i della burocratiche** red tape

lungamente [luŋ·ga·'men·te] *adv* at length

lungarno [luŋ·'gar·no] *m* banks of the Arno

lunghezza [luŋ·'get·tsa] *f* length; **~ d'onda** wavelength

lungimirante [lun·dʒi·mi·'ran·te] *adj* (*persona, idea, scelta*) far-sighted

lungimiranza [lun·dʒi·mi·'ran·tsa] *f* (*di persona, idea, scelta*) long-sightedness

lungo ['luŋ·go] I. *m* length; **per il ~** lengthwise; **in ~ e in largo** far and near II. *prep* **1.**(*luogo*) along **2.**(*tempo*) during

lungo, -a <-ghi, -ghe> *adj* **1.**(*esteso*) long; **avere le mani -ghe** *fig* to be light fingered; **saperla -a** *fig* to know what's what **2.**(*che dura*) long; **alla -a** in the long run; **a ~ andare** long term **3.**(*alto*) tall **4.**(*lento*) slow **5.**(*caffè, brodo*) weak **6.**(*loc*) **di gran -a** by far

lungomare [luŋ·go·'ma:·re] *m* seafront

lungometraggio [luŋ·go·me·'trad·dʒo] <-ggi> *m* feature film

lunotto [lu·'nɔt·to] *m* MOT rear window; **~ termico** heated rear window

luogo ['lwɔː·go] <-ghi> *m* **1.**(*posto*) place; **in ogni ~** everywhere; **~ di nascita** birthplace; **le autorità del ~** the local authorities **2.**(*di delitto, avvenimento*) scene; **sul ~** on the scene **3.**(*locale*) place **4.**(*loc*) **in primo ~, ...** **in secondo ~** firstly, ... secondly; **fuori ~** out of place; **aver ~** to take place; **dar ~ a qc** to give rise to sth

luogotenente [lwo·go·te·'nɛn·te] *m* (*sostituto*) lieutenant

lupa ['lu:·pa] *f* ZOOL she-wolf

lupetto [lu·'pet·to] *m* **1.** ZOOL (*cucciolo di lupo*) wolf cub; (*cucciolo di cane lupo*) German shepherd pup **2.**(*negli scout*) cub scout **3.**(*maglione*) turtle neck

lupino [lu·'pi:·no] *m* BOT lupin

lupo ['lu:·po] *m* wolf; **~ mannaro** werewolf; **cane ~** German shepherd; **avere una fame da -i** to be really hungry; **tempo da -i** really bad weather; **~ di mare** (old) sea dog; **al ~!** wolf!; **il ~ perde il pelo ma non il vizio** *prov* a leopard cannot change his spots

luppolo ['lup·po·lo] *m* BOT hops *pl*

lurido, -a ['lu:·ri·do] *adj* (*sporco*) filthy

luridume [lu·ri·'du:·me] *m* (*sporcizia*) filth

lusinga [lu·'ziŋ·ga] <-ghe> *f* temptation

lusingare [lu·ziŋ·'ga:·re] *vt* **~ qu** to flatter sb

lusinghiero, -a [lu·ziŋ·'giɛ:·ro] *adj* (*proposta, offerta, complimento*) flattering

lussemburghese [lus·sem·bur·'ge:·se] I. *adj* Luxembourgeois II. *mf* Luxemburger

Lussemburgo [lus·sem·'bur·go] *m* **il ~** Luxemburg

lusso ['lus·so] *m* luxury

lussuoso, -a [lus·su·'o:·so] *adj* (*villa, crociera, arredamento*) luxurious

lussureggiante [lus·su·red·'dʒan·te] *adj* (*giardino, piante*) luxuriant

lussuria [lus·'su:·ria] <-ie> *f* lust

lussurioso, -a [lus·su·'rio:·so] *adj* (*pensiero, atteggiamento, persona*) lustful

lustrare [lus·'tra:·re] *vt* (*mobili, scarpe*) to polish

lustrascarpe [lus·tras·'kar·pe] <-> *mf* boot-black

lustrata [lus·'tra:·ta] *f* polish; **dare una ~ a qc** to polish sth

lustrino [lus·'tri:·no] *m* (*paillette*) sequin

lustro ['lus·tro] *m* 1.(*lucentezza*) shine 2.*fig* (*splendore*) splendor 3.(*periodo di cinque anni*) five-year period

lustro, -a *adj* 1.(*scarpe*) polished 2.(*occhi*) watery

luterano, -a [lu·te·'ra:·no] I.*adj* Lutheran II. *m*, *f* Lutheran

lutto ['lut·to] *m* 1.(*dolore*) grief 2.(*abiti*) mourning (clothes); **essere in ~** to be in mourning 3.(*perdita*) bereavement; **chiuso per ~** closed due to a death in the family

luttuoso, -a [lut·tu·'o:·so] *adj* 1.(*doloroso*) distressing 2.(*funesto*) sorrowful

Mm

M, m ['ɛm·me] <-> *f* M, m; **~ come Milano** M for Mike

m metro

ma [ma] I.*conj* 1.(*contrapposizione*) but; **gli ho telefonato, ~ non l'ho trovato** I called him, but he wasn't there; **non ..., ma ...** not ..., but ...; **non solo ..., ~ anche ...** not only ..., but also ...; **non solo ci ha fatto compagnia, ~ ci ha anche aiutati** not only did he keep us company, but he also gave us a hand 2.(*nuovo argomento*) but; **~ torniamo al problema principale** but let's return to the main problem 3.(*enfasi*) but; **~ che bella notizia!** but what wonderful news!; **~ insomma!** for heaven's sake!; **~ no!** no!; **~ sì!** go on!; **~ va** (**là**) yeah, yeah II.<-> *m* (*obiezione*) if and but

macabro, -a ['ma:·ka·bro] I.*adj* (*scena, scoperta*) macabre II. *m*, *f* (*cose macabre*) macabre

macaco [ma·'ka:·ko] <-chi> *m* 1.(*scimmia*) macaque 2.*fig, scherz* (*persona*) idiot

macché [mak·'ke] *interj* (*assoluta negazione*) are you kidding?

maccheroni [mak·ke·'ro:·ni] *mpl* (*pasta*) macaroni

macchia ['mak·kia] <-cchie> *f* 1.(*di sporco*) stain 2.(*di colore diverso*) spot; **a ~ di leopardo** unevenly; **a ~ d'olio** rapidly 3.*fig* (*colpa*) stain; **senza ~** blameless

macchiare [mak·'kia:·re] I.*vt* 1.(*sporcare*) to stain 2.(*caffè, tè*) to add milk to; (*latte*) to add coffee to 3.*fig* (*onore, nome*) to sully II.*vr*: **-rsi** 1.(*sporcarsi*) to get dirty 2.*fig* (*rendersi colpevole*) **-rsi di qc** to be guilty of sth

macchiato, -a [mak·'kia:·to] *adj* 1.(*sporco*) dirty 2.(*maculato*) spotted 3.(*caffè*) with a dash of milk; **latte ~** a glass of hot milk with a single espresso

macchietta [mak·'kiet·ta] *f* 1.(*persona*) wierdo 2.TEAT, FILM oddball; (*caricatura*) charicature

macchina ['mak·ki·na] *f* 1.(*apparecchio*) machine; **~ da cucire** sewing machine; **~ da presa** movie camera; **~ da scrivere** typewriter; **~ fotografica** camera; **a ~** by machine; **fatto a ~** machine-made; **battitura a ~** typing; **battere** [*o* **scrivere**] **a ~** to type 2.(*auto*) car; **andare in ~** to go by car 3.*fig* (*persona, organizzazione*) machine

macchinare [mak·ki·'na:·re] *vt* (*scherzo, insidia*) to plot

macchinario [mak·ki·'na:·rio] <-i> *m* machinery

macchinazione [mak·ki·nat·'tsio:·ne] *f* (*intrigo*) intrigue

macchinetta [mak·ki·'net·ta] *f* 1.(*del caffè*) espresso maker 2.(*per i denti*) brace 3.(*del parrucchiere*) clippers *pl*

macchinista [mak·ki·'nis·ta] <-i *m*, -e *f*> *mf* 1.(*di locomotiva*) driver 2.(*di nave*) engineer

macchinoso, -a [mak·ki·'no:·so] *adj* (*ragionamento, pensieri*) over elaborate

macedone[1] [mat·'ʃe·do·ne] <*sing*> *m* (*lingua*) Macedonian

macedone[2] [mat·'ʃe·do·ne] *mf* 1.(*della Macedonia*) Macedonian 2.(*abitante*) Macedonian

macedonia [mat·ʃe·'dɔ:·nia] <-ie> *f* **~** (**di frutta**) fruit salad

Macedonia *f* Macedonia; **la ~** Macedonia; **abitare in ~** to live in Macedonia; **andare in ~** to go to Macedonia

macellaio, -a [ma·tʃel·'la:·io] <-i, -ie> *m*, *f* (*venditore*) butcher

macellare [ma·tʃel·'la:·re] *vt* (*animale*) to slaughter

macellazione [ma·tʃel·'la·tsio:·ne] *f* slaughter

macelleria [ma·tʃel·le·'ri:·a] <-ie> *f* (*negozio*) butcher's

macello [ma·'tʃɛl·lo] *m* 1.(*mattatoio*) slaughterhouse 2.*inf* (*disastro*) disaster

macerare [ma·tʃe·'ra:·re] I.*vt* (*fibra*) to macerate; (*cibo*) to marinate II.*vr*: **-rsi** (*tormentarsi*) to torment oneself; **-rsi nel rimorso/nella gelosia** to be consumed with remorse/jealousy

Macerata [ma·tʃe·'ra:·ta] *f* Macerata, *a city in the Marches region*

maceratese [ma·tʃe·ra·'te:·ze] I. *adj* (*di Macerata*) from Macerata II. *mf* (*abitante*) person from Macerata

M

Maceratese *sing m* (*zona*) Macerata area; **nel** ~ in the Macerata area

macerazione [ma·tʃe·rat·'tsio:·ne] *f* maceration

macerie [ma·'tʃɛ:·rie] *fpl* (*rovine*) rubble

macero ['ma:·tʃe·ro] *m* **carta da** ~ paper for pulping

machiavellico, -a [ma·kia·'vɛl·li·ko] <-ci, -che> *adj* (*piano, stratagemma*) Machiavellian

macho ['ma·tʃo] I.<inv> *adj* (*atteggiamento, abbigliamento*) macho II.<-> *m* (*uomo*) macho man

macigno [ma·'tʃiɲ·ɲo] *m* (*masso*) rock; **duro come un** ~ as hard as rock; *fig* (*cocciuto*) as stubborn as a bull; **è pesante come un** ~ it weighs a ton; *fig* (*indigesto*) it's like a millstone; (*noioso*) it's as boring as hell

macina ['ma:·tʃi·na] *f* (*di mulino, frantoio*) millstone

macinacaffè [ma·tʃi·na·kaf·'fɛ] <-> *m* coffee grinder

macinapepe [ma·tʃi·na·'pe:·pe] <-> *m* pepper mill

macinare [ma·tʃi·'na:·re] *vt* **1.** (*grano, caffè, pepe, carne*) to grind; (*olive*) to crush **2.** *fig* (*chilometri*) to cover; (*denaro*) to get through

macinato, -a [ma·tʃi·'na:·to] *adj* (*caffè, pepe, carne*) ground

macinazione [ma·tʃi·nat·'tsio:·ne] *f* grinding

macinino [ma·tʃi·'ni:·no] *m* **1.** (*da caffè*) grinder; (*da pepe*) mill **2.** *scherz* (*auto*) clunker

maciste [ma·'tʃis·te] *m scherz* (*colosso*) colossus

maciullare [ma·tʃul·'la:·re] *vt* (*stritolare*) to crush

macrobiotica [ma·kro·bi·'ɔ:·ti·ka] <-che> *f* (*alimentazione*) macrobiotics

macrobiotico, -a [ma·kro·bi·'ɔ:·ti·ko] <-ci, -che> *adj* (*alimento, dieta*) macrobiotic

macroeconomia [ma·kro·e·ko·no·'mi:·a] *f* ECON macroeconomics

macroeconomico, -a [ma·kro·e·ko·'nɔ:·mi·ko] <-ci, -che> *adj* ECON macroeconomic

macroscopico, -a [ma·kros·'kɔ:·pi·ko] <-ci, -che> *adj fig* (*differenza*) huge; (*errore*) glaring

maculato, -a [ma·ku·'la:·to] *adj* (*tessuto, pelo*) spotted

madera [ma·'de:·ra] <-> *m* (*vino*) Madeira

Madonna [ma·'dɔn·na] *f* **1.** REL Madonna **2.** (*in esclamazioni*) good God!; **della** ~ *inf, vulg* incredible; **ho una fame/sete della** ~ I'm incredibly hungry/thirsty

madonnaro, -a [ma·don·'na:·ro] *m, f* (*artista*) *sidewalk artist of religious subjects*

madonnina [ma·don·'ni:·na] *f* **1.** (*immagine*) figure of the Madonna; **la Madonnina** the Madonnina, *golden statue of the Madonna on top of Milan Cathedral* **2.** (*ciondolo*) medal of the Madonna

madornale [ma·dor·'na:·le] *adj* (*errore, sproposito*) huge

madre¹ ['ma:·dre] *f* **1.** (*genitrice*) mother; ~ **natura** Mother Nature **2.** (*suora*) Mother **3.** *fig* (*origine, causa*) cause; **la** ~ **di tutte ...** the mother of all ... **4.** (*di aceto, vino*) mother

madre² ['ma:·dre] *adj* mother; **lavoratrice** ~ working mother; **lingua** ~ mother tongue; **ragazza** ~ single mother

madrelingua [ma·dre·'liŋ·gua] I.<madrelingue *o* madrilingue> *f* mother tongue; **è di** ~ **francese** his [*o* her] mother tongue is French II.<inv> *adj* mother tongue III.<-> *mf* (*persona*) native speaker

madrepatria [ma·dre·'pa:·tria] *f* (*patria d'origine*) homeland

madreperla [ma·dre·'pɛr·la] *f* mother-of-pearl

madrigale [ma·dri·'ga:·le] *m* (*mus, lit*) madrigal

madrina [ma·'dri:·na] *f* **1.** (*di battesimo, cresima*) godmother **2.** (*di manifestazione*) patroness; (*di nave*) christener

maestà [ma·es·'ta] <-> *f* **1.** (*di edificio, spettacolo naturale, atteggiamento*) majesty **2.** (*titolo*) Majesty; (**Sua**) **Maestà** (His) Majesty *m*, (Her) Majesty *f*

maestosità [ma·es·to·si·'ta] <-> *f* (*di edificio, spettacolo naturale, atteggiamento*) majesty

maestoso, -a [ma·es·'to:·so] *adj* **1.** (*edificio, spettacolo naturale, atteggiamento*) majestic **2.** MUS maestoso

maestra [ma·'ɛs·tra] *f v.* **maestro**

maestrale [ma·es·'tra:·le] *m* (*vento*) northwest wind

maestranze [ma·es·'tran·tse] *fpl* (*dipendenti*) workers *pl*

maestria [ma·es·'tri:·a] <-ie> *f* (*abilità*) skill

maestro, -a [ma·'ɛs·tro/ma·'ɛs·tro] I. *m, f* **1.** (*insegnante elementare*) elementary school teacher; **-a d'asilo** nursery school teacher **2.** (*di danza*) teacher; (*di sci*) instructor **3.** (*musicista*) maestro; ~ **del coro** chorus master; ~ **d'orchestra** conductor **4.** (*esperto, artigiano*) master; ~ **d'arte** art school graduate; **da** ~ masterly **5.** (*di vita, stile*) master II. *adj* **1.** (*abile*) skilled **2.** (*principale*) main; **strada -a** main road; **muro** ~ main wall

mafia ['ma:·fia] *f* (*organizzazione*) Mafia

mafioso, -a [ma·'fio:·so] I. *adj* (*della mafia*) Mafia II. *m, f* (*affiliato*) member of the Mafia

magagna [ma·'gaɲ·ɲa] *f* (*malanno*) ailment

magari [ma·'ga:·ri] I. *interj* (*desiderio*) you bet!; (*affermazione*) certainly! II. *conj* (*desiderio, rimpianto*) if only; ~ **fosse vero!** if only it was true! III. *adv* **1.** (*forse*) perhaps **2.** (*se possibile*) if possible; (*se necessario*) if necessary **3.** (*persino*) even

magazziniere, -a [ma·gad·dzi·'niɛ:·re] *m, f* (*custode, gestore*) warehouse keeper

magazzino [ma·gad·'dzi:·no] *m* **1.** (*deposito*) warehouse **2. grande** ~ department store

maggio ['mad·dʒo] *m* May; **il primo** ~ the first of May; *v.a.* **aprile**

maggiolino [mad·dʒo·'li:·no] *m* **1.**(*insetto*) June bug **2.**(*automobile*) Beetle

maggiorana [mad·dʒo·'ra:·na] *f* marjoram

maggioranza [mad·dʒo·'ran·tsa] *f* majority; ~ **assoluta** absolute majority

maggiorare [mad·dʒo·'ra:·re] *vt* (*prezzo*) to increase

maggiorazione [mad·dʒo·rat·'tsio:·ne] *f* (*di prezzo, salario*) increase

maggiordomo [mad·dʒor·'dɔ:·mo] <-i> *m* (*capo di servitù*) butler

maggiore[1] [mad·'dʒo:·re] **I.** *adj comp di* **grande 1.**(*comparativo: per dimensioni*) bigger [*o* biggest]; ~ **di** bigger than; **il/la** ~ the biggest **2.**(*per numero*) greater [*o* greatest]; **la maggior parte di** most of; (*per intensità*) greater; **avere ~ pazienza** to be more patient **3.**(*per importanza*) more [*o* most] important; **le opere -i** the major works; **a maggior ragione** even more so **4.**(*per età*) older [*o* oldest]; **essere ~ di qu** (**di un anno**) to be (a year) older than sb; **la ~ età** the age of majority **5.** MUS major **II.** *mf* (*il più anziano*) oldest

maggiore[2] *m* MIL major

maggiorenne [mad·dʒo·'rɛn·ne] **I.** *adj* of age **II.** *mf* adult

maggioritario, -a [mad·dʒo·ri·'ta:·rio] <-i, -ie> *adj* (*partito, gruppo*) majority; **sistema ~** POL first past the post system

maggiormente [mad·dʒor·'men·te] *adv* **1.**(*di più*) more **2.**(*più di tutto*) more than anything else

magi ['ma:·dʒi] *mpl* **i** (**tre**) (**re**) ~ the Magi

magia [ma·'dʒi:·a] <-gie> *f* **1.**(*arte*) magic; ~ **bianca/nera** white/black magic **2.**(*incantesimo*) spell **3.** *fig* (*fascino*) magic

magico, -a ['ma:·dʒi·ko] <-ci, -che> *adj* **1.**(*di magia*) magic; **bacchetta -a** magic wand; **formula -a** magic words *pl;* **pozione -a** magic potion **2.** *fig* (*straordinario, suggestivo*) magical

magistero [ma·dʒis·'tɛ:·ro] *m* **1.**(*funzione educatrice*) teaching; **il ~ della Chiesa** the Church's teaching **2.**(*professione*) teaching; **facoltà di ~** faculty of Education

magistrale [ma·dʒis·'tra:·le] **I.** *adj* **1.**(*per maestri*) elementary school teaching; **istituto ~** *secondary school which trains elementary school teachers* **2.**(*eccellente*) masterly **II. le -i** *secondary school which trains elementary school teachers*

magistrato [ma·dʒis·'tra:·to] *m* (*giudice*) judge; ~ **di Cassazione** Supreme Court judge; ~ **di Corte d'Appello** Appeals Court judge; ~ **inquirente** committing magistrate

magistratura [ma·dʒis·tra·'tu:·ra] *f* (*potere giudiziario*) judiciary

maglia ['maʎ·ʎa] <-glie> *f* **1.**(*golf*) sweater; (*indumento intimo*) vest **2.** SPORT shirt; ~ **azzurra** Italian national teams' shirt; ~ **rosa** *pink jersey worn by the winner of the Giro d'Italia bike race* **3.**(*punto*) stitch; **lavorare a ~** to knit **4.**(*tessuto*) jersey **5.**(*di catena, col-*

lana, bracciale) link **6.** *pl a. fig* (*intreccio*) mesh

maglieria [maʎ·ʎe·'ri:·a] <-ie> *f* **1.**(*indumenti*) knitwear **2.**(*negozio*) knitwear shop

maglietta [maʎ·'ʎet·ta] *f* (*indumento intimo*) vest; (*indumento estivo*) T-shirt

maglificio [maʎ·ʎi·'fi:·tʃo] <-ci> *m* (*fabbrica*) knitwear factory

maglione [maʎ·'ʎo:·ne] *m* (*golf*) sweater

magnaccia [maɲ·'ɲat·tʃa] <-> *m vulg* (*sfruttatore*) pimp

magnanimità [maɲ·ɲa·ni·mi·'ta] <-> *f* (*generosità, clemenza*) magnanimity

magnanimo, -a [maɲ·'ɲa:·ni·mo] *adj* (*generoso, clemente*) magnanimous

magnate [maɲ·'ɲa:·te] *m* (*capitalista*) magnate

magnesio [maɲ·'ɲɛ:·zio] *m* CHIM magnesium

magnete [maɲ·'ɲɛ:·te] *m* (*calamita*) magnet

magnetico, -a [maɲ·'ɲɛ:·ti·ko] <-ci, -che> *adj a. fig* FIS magnetic; **campo ~** magnetic field; **polo ~** magnetic pole

magnetismo [maɲ·ɲe·'tiz·mo] *m a. fig* magnetism

magnificenza [maɲ·ɲi·fi·'tʃɛn·tsa] *f* (*sfarzo*) magnificence

magnifico, -a [maɲ·'ɲi:·fi·ko] <-ci, -che> *adj* (*gioiello, casa*) magnificent; (*interpretazione, esecuzione, spettacolo*) wonderful; (*idea, serata, giornata*) marvellous

magnolia [maɲ·'ɲɔ:·lia] <-ie> *f* (*pianta*) magnolia

mago, -a ['ma:·go] <-ghi, -ghe> *m, f* **1.**(*indovino*) fortune-teller **2.**(*nelle fiabe*) wizard; **il ~ Merlino** Merlin the wizard **3.**(*illusionista*) magician **4.** *fig* (*persona abile*) wizard

magra ['ma:·gra] *f* **1.**(*di fiume*) low water; **essere in ~** to be low **2.** *fig* hardship; **tempo** [*o* **periodo**] **di ~** hard times *pl*

magrezza [ma·'gret·tsa] *f* **1.**(*di corpo*) thinness **2.** *fig* (*di guadagno, risultato*) scantiness

magro, -a[1] ['ma:·gro] *adj* **1.**(*persona, animale, gambe, braccia*) thin; ~ **come un chiodo** [*o* **uno stecco**] thin as a rail **2.**(*alimento*) low-fat; **di ~** without meat **3.** *fig* poor; **una -a soddisfazione** a scant consolation

magro, -a[2] *m, f* **1.**(*persona*) thin person; **falso ~** person who is not as thin as he seems [*o* she] **2.** *sing* (*parte magra*) lean part

mah [ma:] *interj* **1.**(*dubbio, incertezza*) well **2.**(*rassegnazione, disapprovazione*) huh

mai ['ma:·i] *adv* **1.**(*in nessun tempo, in nessun caso*) never; **non mi saluta ~** he [*o* she] never says hello to me; ~ **più** never again; **più che ~** more than ever **2.**(*risposta*) never; **lasceresti la tua città? — ~!** would you ever leave your hometown? — never!; ~ **e poi ~** never in a million years **3.**(*in interrogative*) ever; **sei ~ stato a Venezia?** have you ever been to Venice?; (*enfatico*) ever; **come ~ sei ancora qui?** why ever are you still here?; **chi ~ sarà stato?** whoever can that have been?

maiala [ma·'ia:·la] *f vulg* slut

M

maiale [ma·'ia:·le] *m* **1.** (*animale*) pig **2.** (*carne*) pork **3.** *fig, inf* (*sporcaccione, persona dissoluta*) pig

maiolica [ma·'iɔ:·li·ka] <-che> *f* majolica

maionese [ma·io·'ne:·se] *f* (*salsa*) mayonnaise

Maiorca [ma·'iɔr·ka] *f* Majorca; **la Majorca** Majorca; **abitare a ~** to live in Majorca; **andare a ~** to go to Majorca

mais ['ma:·is] <-> *m* (*cereale*) corn; (*chicchi*) sweetcorn

maitre ['me·tr] *m* (*in ristorante*) head waiter; (*in albergo*) maître d'hotel

maiuscola [ma·'ius·ko·la] *f* (*lettera*) capital (letter)

maiuscolo, -a¹ [ma·'ius·ko·lo] *adj* (*lettera, carattere*) capital

maiuscolo² *m* (*carattere*) capital letters *pl*

make-up ['mei·'kap] <-> *m* makeup

mal [mal] *m v.* **male**²

mala ['ma:·la] *f inf v.* **malavita**

malaccio [ma·'lat·tʃo] *m* **non c'è ~** *inf* not bad at all

malafede [ma·la·'fe:·de] <malefedi> *f* (*slealtà*) bad faith; **in ~** in bad faith

malaffare [ma·laf·'fa:·re] *m* **di ~** shady

malaga ['ma:·la·ga] <-> *m* **1.** (*vino*) Malaga **2.** (*gelato*) rum-and-raisin icecream

malalingua [ma·la·'liŋ·gua] <malelingue> *f* (*persona maldicente*) gossip

malamente [ma·la·'men·te] *adv* **1.** (*in modo scorretto*) rudely **2.** (*in modo impreciso*) badly **3.** (*in modo violento*) badly

malandato, -a [ma·lan·'da:·to] *adj* **1.** (*indumento*) shabby; (*edificio, veicolo*) dilapidated **2.** (*persona: malato, trasandato*) in a bad way

malandrino, -a [ma·lan·'dri:·no] I. *adj scherz, inf* (*occhi, sorriso*) roguish II. *m, f scherz, inf* (*ragazzo*) little devil

malanno [ma·'lan·no] *m* (*malattia*) ailment

malapena [ma·la·'pe:·na] *f* **a ~** only just

malaria [ma·'la:·ria] <-ie> *f* malaria

malarico, -a [ma·'la:·ri·ko] <-ci, -che> *adj* (*zona, palude*) malarial; **febbre -a** malarial fever

malasanità [ma·la·sa·ni·'ta] <-> *f* medical malpractice

malaticcio, -ccia [ma·la·'tit·tʃo] <-cci, -cce> *adj* sickly

malato, -a [ma·'la:·to] I. *adj* **1.** (*persona, animale*) ill; (*pianta*) diseased; **essere ~ di qc** to suffer from sth; **~ di mente** mentally ill **2.** (*parte del corpo*) diseased **3.** *fig* (*ossessionato*) sick II. *m, f* (*persona malata*) ill person; (*in ospedale*) patient; **~ terminale** terminally ill person [*o* patient]

malattia [ma·lat·'ti:·a] <-ie> *f* **1.** (*di persona, animale*) illness; (*di pianta*) disease; **prendersi** [*o* **prendere**] **una ~** to catch an illness; **essere/mettersi in ~** to be/go on sick leave **2.** *fig* (*vizio*) vice

malauguarato, -a [ma·lau·gu·'ra:·to] *adj* (*ipotesi*) unlucky

malaugurio [ma·lau·'gu:·rio] <-i> *m* bad luck; **uccello del ~** *fig* albatross

malavita [ma·la·'vi:·ta] *f* **1.** (*delinquenza*) crime; **darsi alla ~** to turn to crime **2.** (*insieme di persone*) underworld; **~ organizzata** organized crime; **il gergo della ~** underworld slang

malavitoso [ma·la·vi·'to:·zo] I. *adj* (*attività, clan*) underworld II. *m* member of the underworld

malavoglia [ma·la·'vɔʎ·ʎa] <malevoglie> *f* **di ~** unwillingly

malcapitato, -a [mal·ka·pi·'ta:·to] I. *adj* unlucky II. *m, f* unlucky person

malcelato, -a [mal·tʃe·'la:·to] *adj* (*sentimento, stato d'animo*) ill-concealed

malconcio, -a [mal·'kon·tʃo] <-ci, -ce> *adj* (*persona, abito*) worse for wear; (*libro*) battered

malcontento [mal·kon·'tɛn·to] *m* discontent; **~ generale** general discontent

malcostume [mal·kos·'tu:·me] *m* corruption; **~ politico** political corruption

maldestro, -a [mal·'dɛs·tro] *adj* (*persona, tentativo, approccio*) clumsy

maldicenza [mal·di·'tʃɛn·tsa] *f* (*pettegolezzo*) gossip

maldisposto, -a [mal·dis·'pos·to] *adj* hostile; **essere ~ verso qu** to be hostile towards sb

male¹ ['ma:·le] <peggio, malissimo> *adv* **1.** (*in modo insoddisfacente*) badly; **andare ~** to go badly; **comportarsi ~** to behave badly; **guadagnare ~** to not earn very much; **vestire ~** to dress badly **2.** (*in modo malevolo*) badly; **parlare/pensare ~ di qu** to talk/think badly of sb; **rispondere ~ a qu** to answer sb rudely; **trattare ~ qu** to treat sb badly **3.** (*in cattiva salute*) ill; **sentirsi/stare ~** to feel/be ill **4.** (*a disagio*) uneasy; **rimanere/restare ~** to feel let down **5.** (*in modo imperfetto*) badly; **funzionare ~** to not work properly; **riuscire** [*o* **venire**] **~** to not turn out well; **la foto è venuta ~** the photo hasn't come out well; **quel vestito ti sta ~** you look awful in that dress; **vedere/sentire ~** to see/hear badly **6.** (*loc*) **niente ~** not bad; **non è ~** it's not bad; **di ~ in peggio** from bad to worse; **hai fatto ~ a non farlo!** you were wrong not to do it!

male² *m* **1.** (*in senso morale*) evil **2.** (*danno, svantaggio*) bad thing; **andare a ~** (*cibo*) to go off; **che ~ c'è?** what's wrong with that?; **non c'è ~** not bad; **non c'è nulla di ~** it's pretty good; **poco ~** never mind **3.** (*sofferenza*) pain; **fare (del) ~ a qu** to hurt sb; **mi fa ~ vederlo così** it upsets me to see him like that **4.** (*malattia*) illness; **un brutto ~** cancer; **mal di denti** toothache; **mal di gola** a sore throat; **mal di pancia/stomaco** stomachache; **mal di schiena** backache; **mal di testa** a headache; **mal d'aria** [*o* **d'aereo**] air sickness; **mal d'auto** car sickness; **mal di mare** seasickness

maledetto [ma·le·'det·to] I. *pp di* **maledire** II. *adj* **1.** (*segnato da maledizione*) cursed

2. (*causa di sventura*) damned; **un viaggio** ~ a jinxed trip **3.** (*detestabile*) damned; **ho di nuovo perso quel** ~ **treno!** I've missed that damned train again! **4.** *inf* (*fame, caldo*) incredible; **ho una sete -a** I'm incredibly thirsty; (*paura, voglia*) real; **ho una voglia -a di partire** I really want to leave; **una fretta -a** an incredible hurry **III.** *m* damned person

maledire [ma·le·'di:·re] <irr> *vt* to curse

maledizione [ma·le·dit·'tsio:·ne] **I.** *f* **1.** (*condanna, disgrazia*) curse **2.** (*imprecazione*) curse **II.** *interj* damn

maleducato, -a [ma·le·du·'ka:·to] **I.** *adj* (*persona, gesto*) rude **II.** *m, f* rude person

maleducazione [ma·le·du·kat·'tsio:·ne] *f* **1.** (*abitudine*) bad manners *pl* **2.** (*atto*) rudeness

malefatta [ma·le·'fat·ta] *f* wrongdoing

malefedi *pl di* **malafede** bad faith

malefico, -a [ma·'lɛ:·fi·ko] <-ci, -che> *adj* **1.** (*persona*) evil; (*risposta*) nasty; (*azione, influsso*) malevolent **2.** (*aria, clima*) bad

malelingue *pl di* **malalingua**

maleodorante [ma·le·o·do·'ran·te] *adj* (*immondizia, luogo*) smelly

malese¹ [ma·'le:·ze] <*sing*> *m* (*lingua*) Malay

malese² **I.** *adj* (*della Malesia*) Malaysian **II.** *mf* (*abitante*) Malaysian

malessere [ma·ˠlɛs·se·re] *m* **1.** (*malore*) ailment **2.** (*disagio*) uneasiness

malevoglie *pl di* **malavoglia**

malevolenza [ma·le·vo·'lɛn·tsa] *f* malevolence; **con** ~ malevolently

malevolo, -a [ma·'lɛ:·vo·lo] *adj* malevolent

malfamato, -a [mal·fa·'ma:·to] *adj* (*quartiere, bar*) rough

malfatto, -a [mal·'fat·to] *adj* **1.** (*malriuscito*) badly done **2.** (*persona*) misshapened; (*gambe, naso*) bent

malfattore, -trice [mal·fat·'to:·re] *m, f* criminal

malfermo, -a [mal·'fer·mo] *adj* **1.** (*sedia, passo, voce*) unsteady **2.** *fig* (*persona, salute*) frail; **essere di salute -a** to be frail

malformazione [mal·for·mat·'tsio:·ne] *f* MED malformation

malfunzionamento [mal·fun·tsio·na·'men·to] *m* malfunction

malga ['mal·ga] <-ghe> *f* (*baita*) shepherd's hut

malgoverno, mal governo [mal·go·'vɛr·no] *m* misrule

malgrado [mal·'gra:·do] **I.** *prep* in spite of; **mio/tuo/suo** ~ against my/your/his [*o* her] will **II.** *conj* +*conj* even though

malia [ma·'li:·a] <-ie> *f* (*fascino*) charm

malignare [ma·lip·'pa:·re] *vi* to malign; ~ **su qu/qc** to malign sth/sb

malignità [ma·lip·pi·'ta] <-> *f* **1.** (*caratteristica*) malice **2.** (*parola*) malicious remark; (*pensiero*) malicious thought

maligno, -a¹ [ma·'lip·po] *adj* **1.** (*spirito, persona*) evil **2.** (*pensiero, voce*) malicious; **un**

sorrisetto ~ a malicious smile **3.** (*tumore*) malignant

maligno, -a² *m, f* (*persona*) malicious person; **il Maligno** the Devil

malinconia [ma·liŋ·ko·'ni:·a] <-ie> *f* **1.** (*stato d'animo*) melancholy **2.** (*pensiero*) melancholy thought

malinconico, -a [ma·liŋ·'kɔ:·ni·ko] <-ci, -che> *adj* **1.** (*persona, carattere, sguardo*) melancholy **2.** (*ricordo, musica*) sad

malincuore [ma·liŋ·'kuɔ:·re] *m* **a** ~ unwillingly

malinformato, -a [mal·in·for·'ma:·to] *adj* misinformed; **essere** ~ **su qc** to be misinformed about sth

malintenzionato, -a [mal·in·ten·tsio·'na:·to] **I.** *adj* up to something **II.** *m, f* suspicious character

malinteso [mal·in·'te:·so] *m* (*equivoco*) misunderstanding

malissimo [ma·'lis·si·mo] *adv superlativo di* **male¹**

malizia [ma·'lit·tsia] <-ie> *f* **1.** (*cattiveria*) malice; **con/senza** ~ maliciously/without malice **2.** (*allusività*) cunning **3.** (*espediente*) trick

malizioso, -a [ma·lit·'tsio:·so] *adj* **1.** (*allusivo*) cunning **2.** (*birichino*) mischievous

malleabile [mal·le·'a:·bi·le] *adj* malleable

malleolo [mal·'lɛ:·o·lo] *m* ANAT malleolus

malloppo [mal·'lɔp·po] *m* **1.** (*fagotto*) bundle **2.** *inf* (*refurtiva*) loot **3.** *fig* (*preoccupazione*) worry

malmenare [mal·me·'na:·re] *vt* (*picchiare*) to beat up

malnutrito, -a [mal·nu·'tri:·to] *adj* malnourished

malo, -a ['ma:·lo] *adj* in ~ **modo** badly; **cadere/scivolare in** ~ **modo** to fall/slip badly; **comportarsi in** ~ **modo** to behave awkwardly; **rispondere in** ~ **modo** to reply rudely

malocchio [ma·'lɔk·kio] *m* evil eye

malora [ma·'lo:·ra] *f* **andare in** ~ to go to the dogs; **essere in** ~ to be in serious trouble; **mandare in** ~ to ruin; **della** ~ *inf* from hell; **(va')** **in** ~ **!** [*o* **alla** ~ **!**] *fam* go to hell!

malore [ma·'lo:·re] *m* sudden illness; **essere colto da** ~ to be suddenly taken ill

malridotto, -a [mal·ri·'dot·to] *adj* **1.** (*abito, casa, libro*) in a sorry state **2.** (*persona*) in a bad way

malriuscito, -a [mal·ri·uʃ·'ʃi:·to] *adj* (*tentativo, esperimento*) unsuccessful

malsano, -a [mal·'sa:·no] *adj* **1.** (*clima, luogo, aspetto*) unhealthy **2.** (*idea, pensiero*) unwholesome

malta ['mal·ta] *f* (*nelle costruzioni*) mortar

Malta ['mal·ta] *f* Malta; **abitare a** ~ to live in Malta; **andare a** ~ to go to Malta

maltagliati [mal·taʎ·'ʎa:·ti] *mpl* CULIN *irregular pasta squares for soup*

maltempo [mal·'tɛm·po] *m* bad weather

maltese¹ *m* <*sing*> (*lingua*) Maltese

M

maltese² [mal·'te·ze] I. *adj* (*di Malta*) Maltese; **cane ~** Maltese II. *mf* (*abitante*) Maltese

malto ['mal·to] *m* malt

maltrattamento [mal·trat·ta·'men·to] *m* ill-treatment

maltrattare [mal·trat·'ta:·re] *vt* to mistreat

malumore [ma·lu·'mo:·re] *m* **1.** (*cattivo umore*) bad mood; **di ~** in a bad mood **2.** (*rancore, scontento*) ill feeling

malva ['mal·va] I. *f* (*pianta*) mallow II. <-> *m* (*colore*) mauve III. <inv> *adj* mauve

malvagio, -a [mal·'va:·dʒo] <-gi, -gie> I. *adj* **1.** (*persona, animo, atto, intenzione*) wicked **2.** *inf* (*pessimo*) terrible; **non è un'idea -gia** it's not a bad idea II. *m, f* wicked person

malvagità [mal·va·dʒi·'ta] <-> *f* **1.** (*inclinazione*) wickedness **2.** (*atto*) wicked deed

malvasia [mal·va·'zi·a] *m o f* (*vino*) Malvasia, a type of Italian wine

malvestito, -a [mal·ves·'ti:·to] *adj* **1.** (*dimesso*) shabby **2.** (*inelegante*) badly dressed

malvisto, -a [mal·'vis·to] *adj* disliked; **essere ~ da qu** to be disliked by sb

malvivente [mal·vi·'vɛn·te] *mf* (*delinquente*) crook

malvolentieri [mal·vo·len·'tiɛ:·ri] *adv* unwillingly

mamma¹ ['mam·ma] *f inf* (*madre*) mom

mamma² *interj* heavens!; **~ mia!** good heavens!

mammario, -a [mam·'ma:·rio] <-i, -ie> *adj* ANAT mammary

mammella [mam·'mɛl·la] *f* ANAT breast

mammifero [mam·'mi:·fe·ro] *m* mammal

mammo ['mam·mo] *m scherz* househusband

mammografia [mam·mo·gra·'fi:·a] *f* MED mammogram

mammola ['mam·mo·la] *f* (*fiore*) violet

mammone, -na [mam·'mo:·ne] I. *adj* (*bambino, uomo*) attached to his [*o* her] mother II. *m, f inf* mama's boy *m,* mama's girl *f*

mammut [mam·'mut] <-> *m* (*animale estinto*) mammoth

manageriale [ma·na·dʒe·'ria:·le] *adj* (*attività, criterio*) managerial; **capacità -i** managerial abilities

manca ['man·ka] *f* **a destra** [*o* **a dritta] e a ~** all over the place

mancamento [maŋ·ka·'men·to] *m* (*svenimento*) fainting fit; **avere un ~** to faint

mancante [man·'kan·te] *adj* **1.** (*assente*) missing **2. ~ di qc** (*privo*) lacking in sth

mancanza [maŋ·'kan·tsa] *f* **1.** (*carenza*) lack; **~ di qc** lack of sth; **in ~ di** if there is [*o* are] no; **in ~ di meglio** if there's nothing better **2.** (*assenza*) absence; **sentire la ~ di qu** to miss sb **3.** (*errore*) mistake

mancare [maŋ·'ka:·re] I. *vi* **1.** *essere* (*non esserci, non bastare*) to be lacking; (*acqua, corrente, luce*) to go off **2.** *essere* (*essere assente*) to not be there; (*provocare nostalgia*) to miss; **ti sono mancato?** did you miss me?; **mi manca molto** I miss him [*o* her] a lot

3. *essere* (*distare*) to be; **c'è mancato poco che ... +conj** very nearly ... **4.** *essere* (*forze*) **~ a qu** to fail sb; **mi manca il fiato** I'm out of breath; **mi sono mancate le forze** my strength failed **5.** *essere* (*morire*) to die **6.** *essere* (*svenire*) to faint; **sentirsi ~** to feel faint **7.** *avere* (*essere privo*) **~ di qc** to be lacking in sth **8.** *avere* (*venir meno*) **~ a qc** to not keep sth; **~ a una promessa** to not keep a promise; **~ di qc** to be lacking in sth; **~ di parola** to not keep one's word **9.** *avere* (*sbagliare*) to make a mistake; **~ in qc** to get sth wrong; **ho mancato nel rispondergli così** I was wrong to answer him in that way II. *vt avere* **1.** (*bersaglio, colpo, palla*) to miss **2.** (*occasione, opportunità*) to miss **3.** (*omettere*) **non ~ di ... +inf** to not fail to ...; **non mancherò!** I certainly will!

mancato, -a [maŋ·'ka:·to] *adj* **1.** (*pagamento, funzionamento*) non-; **il ~ arrivo** the non-arrival; (*colpo, goal, obbiettivo*) missed; (*tentativo, accordo, film, libro*) unsuccessful; (*occasione*) wasted **2.** (*attore, cantante, pittore*) manqué

manche [manʃ] <-> *f* **1.** SPORT heat **2.** (*nei giochi di carte*) hand

mancia ['man·tʃa] <-ce> *f* (*per servizio*) tip

manciata [man·'tʃa:·ta] *f* **1.** (*pugno*) handful **2.** *fig* (*piccola quantità*) couple; **una ~ di secondi** a couple of seconds

mancino, -a [man·'tʃi:·no] I. *adj* left-handed; **essere ~** to be left-handed II. *m, f* (*persona*) left-handed person

manco ['maŋ·ko] *adv inf* (*nemmeno*) not even; **~ morto** over my dead body; **~ per idea** [*o* **per sogno**] [*o* **per scherzo**] not on your life; **~ a dirlo** needless to say

mandante [man·'dan·te] *mf* (*di delitto*) instigator

mandarancio [man·da·'ran·tʃo] <-ci> *m* clementine

mandare [man·'da:·re] *vt* **1.** (*persona*) to send; (*a sede, ufficio*) to post; **~ a chiamare qu** to summons sb; **~ a dire qc a qu** to send word to sb; **~ qu a prendere qc/qu** to send sb to get sth/sb; **~ via qu** to send sb away **2.** (*lettera, pacco, fiori*) to send; **~ qc per posta/col corriere** to send sth by mail/courier **3.** (*luce, fumo, odore*) to give off; (*grido, verso*) to let out **4.** (*loc*) **~ qc all'aria** [*o* **a monte**] [*o* **in fumo**] to ruin sth; **~ avanti qu** to send sb on; **~ avanti qc** (*famiglia, azienda*) to keep sth going; **~ avanti/indietro** (*cassetta, nastro*) to forward/rewind; **~ qu al diavolo** [*o* **a quel paese**] to tell sb to go to hell; **~ giù qc** (*cibo*) to swallow; (*offesa*) to get over; **~ in onda** to broadcast

mandarino [man·da·'ri:·no] *m* (*frutto*) mandarin

mandata [man·'da:·ta] *f* (*di serratura*) turn; **chiudere a doppia ~** to double-lock

mandatario, -a [man·da·'ta:·rio] <-i, -ie> *m, f* (*incaricato*) representative

M

mandato [man·'da:·to] *m* **1.**(*incarico*) job; **agire su ~ di qu** to act on sb's orders **2.** GIUR warrant; **~ di arresto/cattura** arrest warrant; **~ di comparizione** summons; **~ di perquisizione** search warrant

mandibola [man·'di:·bo·la] *f* ANAT jaw

mandolino [man·do·'li:·no] *m* (*strumento*) mandolin

mandorla ['man·dor·la] *f* (*frutto*) almond; **olio di -e** almond oil; **pasta di -e** almond paste; **occhi a ~** almond-shaped eyes

mandorlato [man·dor·'la:·to] *adj* (*cioccolato, torrone*) almond

mandorlo ['man·dor·lo] *m* almond tree

mandria ['mand·ria] <-ie> *f* **1.**(*di buoi, cavalli*) herd **2.** *fig, pej* (*di persone*) gang

mandriano [mand·ri·'a:·no] *m* herdsman

maneggevole [ma·ned·'dʒe:·vo·le] *adj* easy to handle

maneggiare [ma·ned·'dʒa:·re] *vt* **1.**(*trattare*) to handle; **~ con cura** handle with care **2.**(*usare*) to use **3.**(*amministrare*) to manage

maneggio [ma·'ned·dʒo] <-ggi> *m* **1.**(*pista*) ring; (*addestramento*) manège **2.**(*intrigo*) intrigue **3.**(*uso*) handling **4.**(*amministrazione*) managing

manesco, -a [ma·'nes·ko] <-schi, -sche> **I.** *adj* (*persona*) aggressive **II.** *m, f* agressive type

manetta [ma·'net·ta] *f* **1.**(*manopola*) lever **2.** *pl* (*per polsi*) handcuffs *pl;* **mettere le -e a qu** to handcuff sb

manganello [maŋ·ga·'nɛl·lo] *m* (*sfollagente*) billy club

manganese [maŋ·ga·'ne:·se] *m* CHIM manganese

mangia-e-bevi [man·dʒa·e·'be:·vi] <-> *m* (*gelato*) ice cream sundae

mangiare[1] [man·'dʒa:·re] **I.** *vt* **1.**(*ingerire*) to eat; **dare da ~ qc a qu** to give sb sth to eat; **fare da ~** to get some food ready; **~ alla carta/a prezzo fisso** to eat à la carte/ from the set menu; **~ di magro** to not eat meat; **~ in bianco** to eat plain food; **~ la foglia** *fig* to catch on; **~ con gli occhi qu/qc** to devour sb/sth with one's eyes **2.**(*rosicchiare, corrodere*) to eat away at **3.**(*denaro*) to get through **4.**(*nei giochi*) to take **II.** *vr:* **-rsi** to eat; **mi sono mangiato un panino** I ate a roll; **-rsi il fegato** *fig* to be consumed with rage; **-rsi le mani** *fig* to really regret; **-rsi la parola** *fig* to not keep one's word; **-rsi le parole** *fig* to mumble; **-rsi le unghie** to bite one's nails

mangiare[2] *m* (*cibo, pasto*) food

mangiasoldi [man·dʒa·'sɔl·di] <inv> *adj* **macchina ~** slot-machine

mangiata [man·'dʒa:·ta] *f* blowout; **farsi una bella ~ di qc** to stuff oneself on sth

mangiatoia [man·dʒa·'to:·ia] <-oie> *f* (*nella stalla*) manger

mangiatore, -trice [man·dʒa·'to:·re] *m, f* (*consumatore*) eater

mangime [man·'dʒi:·me] *m* (*per pesci, uccelli*) feed

mangione, -a [man·'dʒo:·ne] *m, f* big eater

mania [ma·'ni:·a] <-ie> *f* **1.**(*ossessione*) mania; **avere la ~ dell'ordine** to be obsessively tidy; **~ di grandezza** delusions of grandeur *pl;* **~ di persecuzione** persecution complex **2.**(*fanatismo*) craze

maniaco, -a [ma·'ni:·a·ko] <-ci, -che> *m, f* **1.**(*squilibrato*) maniac; **~ sessuale** sex maniac **2.**(*fanatico*) fanatic

manica ['ma:·ni·ka] <-che> *f* **1.**(*di indumento*) sleeve; **a -che corte/lunghe** short/ long -sleeved; **a mezze -che** short-sleeved; **senza -che** sleeveless; **in -che di camicia** in one's shirt sleeves; **rimboccarsi** [*o* **tirarsi su**] **le -che** *a. fig* to roll one's sleeves up; **essere di ~ larga** *fig* to be indulgent **2.** *pej* (*gruppo*) gang

Manica ['ma:·ni·ka] *f* **la Manica** the English Channel; **il canale della Manica** the English Channel

manicaretto [ma·ni·ka·'ret·to] *m* delicacy

manichino [ma·ni·'ki:·no] *m* dummy

manico ['ma:·ni·ko] <-chi *o* -ci> *m* (*impugnatura*) handle

manicomio [ma·ni·'kɔ:·mio] <-i> *m* **1.** *inf* (*ospedale psichiatrico*) mental hospital **2.** *inf* (*luogo caotico*) madhouse

manicure [ma·ni·'ku:·re, ma·ni·'ku:r] <-> *mf* **1.**(*persona*) manicurist **2.**(*trattamento*) manicure

maniera [ma·'niɛ:·ra] *f* **1.**(*modo*) way; **alla ~ di qu** like sb; **in ~ che ... +***conj* so that ... **2.**(*stile*) style; **alla ~ di qu** in the style of sb; **di ~** mannered **3.** *pl* (*comportamento, modo di fare*) manners *pl;* **belle** [*o* **buone**]**/brutte** [*o* **cattive**] **-e** good/bad manners; **che -e sono queste?** what sort of way to behave is this?

manierismo [ma·nie·'riz·mo] *m* ART, LIT Mannerism

maniero [ma·'niɛ:·ro] *m* (*castello*) castle

manifattura [ma·ni·fat·'tu:·ra] *f* **1.**(*lavorazione*) manufacture **2.**(*azienda*) factory

manifatturiero, -a [ma·ni·fat·tu·'riɛ:·ro] *adj* (*industria, produzione, settore*) manufacturing

manifestante [ma·ni·fes·'tan·te] *mf* demonstrator

manifestare [ma·ni·fes·'ta:·re] **I.** *vt* **1.**(*desiderio, opinione, sentimento*) to express **2.**(*denotare*) to show **II.** *vi* (*protestare*) to demonstrate **III.** *vr:* **-rsi** (*rivelarsi*) to show oneself

manifestazione [ma·ni·fes·tat·'tsio:·ne] *f* **1.**(*di affetto, gioia*) display **2.**(*di malattia, fenomeno*) sign **3.**(*di protesta, appoggio*) demonstration **4.**(*artistica, musicale, sportiva*) event

manifestino [ma·ni·fes·'ti:·no] *m* (*volantino*) leaflet

manifesto, -a[1] [ma·ni·'fes·to] *adj* (*evidente*)

M

obvious; **rendere ~ qc** to make sth obvious; **è ~ che ... +***ind* it's obvious that ...

manifesto² *m* **1.**(*elettorale, pubblicitario*) poster **2.**(*poster*) poster **3.**(*programma*) manifesto; **il Manifesto del Partito Comunista** the manifesto of the Communist Party

maniglia [ma·'niʎ·ʎa] <-glie> *f* **1.**(*di porta, finestra, cassetto*) handle; **-e di sostegno** strap **2.** *fig, inf* (*raccomandazione*) backing; **avere una** [*o* qualche] **~** to have some backing

manipolare [ma·ni·po·'la:·re] *vt* **1.**(*lavorare: cera, creta*) to work; (*mescolare: pasta*) to mix **2.**(*alterare: vino, alimento*) to adulterate **3.** *fig* (*notizia, risultato, idea, opinione*) to manipulate

manipolazione [ma·ni·po·lat·'tsio:·ne] *f* **1.**(*lavorazione*) working; (*mescolazione*) mixing **2.**(*alterazione*) adulteration **3.** *fig* (*di notizia, risultato, idea, opinione*) manipulation

manipolo [ma·'ni:·po·lo] *m* (*di attivisti, fanatici*) gang

maniscalco [ma·nis·'kal·ko] <-chi> *m* (*artigiano*) blacksmith

manna ['man·na] *f* **1.** REL manna **2.** *fig* (*bene inatteso*) godsend; **aspettare la ~ dal cielo** to expect manna from heaven

mannaggia [man·'nad·dʒa] *interj* damn; **~ a te!** damn you!; **~, sono in ritardo!** damn it, I'm late!

mannaia [man·'na:·ia] <-aie> *f* (*da taglialegna*) ax; (*da macellaio*) cleaver

mannaro [man·'na:·ro] *adj* **lupo ~** *inf* werewolf

mano ['ma:·no] *f* **1.**(*estremità*) hand; **a ~** by hand; **bagaglio a ~** hand luggage; **a portata di ~** (*soldi, documenti*) close at hand; **alla ~** (*persona*) easy-going; **alzare la ~** to raise one's hand; **avere le -i bucate** to be a spendthrift; **ho le -i legate** my hands are tied; **avere** [*o* tenere] **qc in ~** to hold sth; **avere qc per le -i** to have sth on the go; **battere le -i** to applaud; **dare** [*o* stringere] **la ~ a qu** to shake sb's hand; **dare una ~ a qu** to lend sb a hand; **~ nella ~** hand in hand; **presentarsi a -i vuote** to turn up empty handed; **di seconda ~** second-hand; **starsene con le -i in ~** to twiddle one's thumbs; **venire alle -i** to come to blows; **Mani Pulite** *Clean Hands investigation of the 1990s into bribes* **2.**(*di vernice, smalto*) coat **3.**(*nel gioco*) hand **4.**(*nella guida*) side; **andare contro ~** to go against traffic

manodopera [ma·no·'dɔ:·pe·ra] *f* labor

manomesso *pp di* **manomettere**

manomettere [ma·no·'met·te·re] <irr> *vt* **1.**(*prove, documento, lettera*) to tamper with **2.**(*serratura*) to force

manopola [ma·'nɔ:·po·la] *f* **1.**(*guanto*) wash mitt **2.**(*di radio, televisore*) knob **3.**(*di manubrio, leva*) grip

manoscritto, -a [ma·nos·'krit·to] *adj* (*testo, lettera*) handwritten

manovalanza [ma·no·va·'lan·tsa] *f* **1.**(*manodopera*) labor **2.**(*lavoratori*) workers *pl*

manovale [ma·no·'va:·le] *m* (*operaio*) worker

manovella [ma·no·'vɛl·la] *f* handle

manovra [ma·'nɔ:·v·ra] *f* **1.**(*di macchinario, veicolo*) maneuver; **~ di atterraggio/di decollo** landing/take-off; **fare ~** to maneuver; **treno in ~** train being shunted **2.** MIL maneuver **3.** *fig* (*intrigo*) scheme **4.** POL measure

manovrare [ma·no·'vra:·re] **I.** *vt* **1.**(*dispositivo, macchinario*) to maneuver **2.** *fig* (*persona, situazione*) to manipulate **3.** MIL to maneuver **II.** *vi* **1.**(*fare manovra*) to maneuver **2.** *fig* (*tramare*) to plot

manrovescio [ma·nro·'vɛʃ·ʃo] *m* (*schiaffo*) slap with the back of the hand

mansarda [man·'sar·da] *f* (*abitazione*) attic

mansione [man·'sio:·ne] *f* (*incarico*) duty

mansueto, -a [man·su·'ɛ:·to] *adj* (*animale*) docile; (*persona, aspetto, sguardo*) meek

mantella [man·'tɛl·la] *f* cape

mantello [man·'tɛl·lo] *m* **1.**(*indumento*) cloak **2.**(*pelo*) coat

mantenere [man·te·'ne:·re] <irr> **I.** *vt* **1.**(*disciplina, calma, ordine*) to keep; **~ una buona condotta** to behave well; **~ i contatti con qu** to keep in contact with sb; **~ il ritmo** to keep up the pace **2.**(*in vita, funzione*) to keep; **~ giovane** to keep young; **~ vivo l'interesse** to keep the interest going **3.**(*impegno, promessa, segreto*) to keep **4.**(*figli, famiglia*) to support; (*casa, auto*) to maintain **II.** *vr:* **-rsi 1.**(*conservarsi*) to keep; **si mantiene molto bene** he [*o* she] keeps himself [*o* herself] in good condition **2.**(*sostentarsi*) to support oneself; **suo fratello si mantiene agli studi lavorando** his [*o* her] brother pays for school by working

mantenimento [man·te·ni·'men·to] *m* **1.**(*di disciplina, impegno, promessa*) keeping **2.**(*in vita*) keeping; **~ in funzione** upkeep **3.**(*di figli, famiglia*) maintenance

mantenni *1. pers sing pass rem di* **mantenere**

mantenuto, -a **I.** *pp di* **mantenere** **II.** *m pej* kept man *m*, kept woman *f*

mantice ['man·ti·tʃe] *m* bellows *pl*

manto ['man·to] *m* **1.**(*di cemento, bitume*) layer; **~ stradale** road surface **2.**(*di erba, neve, nubi*) coating

Mantova ['man·to·va] *f* Mantua, *a city in the Lombardy region*

mantovana [man·to·'va:·na] *f* **1.**(*di tetto*) bargeboard **2.**(*di tenda*) pelmet

mantovano¹ [man·to·'va:·no] <sing> *m* (*dialetto*) Mantuan dialect

mantovano, -a² **I.** *adj* (*di Mantova*) from Mantua **II.** *m, f* (*abitante*) person from Mantua

Mantovano <sing> *m* (*zona*) Mantua area; **nel ~** in the Mantua area

manuale¹ [ma·nu·'a:·le] *adj* **1.**(*lavoro, attività, comando*) manual **2.**(*orologio*) hand-wound

manuale² *m* **1.**(*di cucina, giardinaggio*) manual; **~ di istruzioni** instruction booklet; **da ~** textbook; **un goal da ~** a textbook goal **2.**(*scolastico*) textbook

manualità [ma·nua·li·'ta] *f* **1.**(*caratteristica*) manual nature **2.**(*abilità*) manual skills *pl*

manubrio [ma·'nuː·bri·o] <-i> *m* **1.**(*di bicicletta, moto*) handlebars *pl* **2.**SPORT dumbbell

manufatto [ma·nu·'fat·to] *m* (*artigianale, tessile*) handmade article

manutenzione [ma·nu·ten·'tsioː·ne] *f* (*di edificio, impianto, strada*) maintenance; **~ ordinaria/straordinaria** ordinary/extraordinary maintenance; **spese di ~** maintenance costs

manzo ['man·dzo] *m* **1.**(*bovino*) steer **2.**(*carne*) beef

maori [ma·'oː·ri] **I.**<inv> *adj* (*dei Maori*) Maori **II.**<-> *mf* Maori; **i Maori** the Maoris

mappa ['map·pa] *f* **1.**(*di zona, città*) map; **~ catastale** land registry map; **~ del tesoro** treasure map **2.**(*di fenomeno, situazione*) overview

mappamondo [map·pa·'mon·do] *m* (*globo*) globe

mappare [map·'paː·re] *vt* to map out

mappatura [map·pa·'tuː·ra] *f* **1.**(*di territorio*) mapping **2.**(*di fenomeno, situazione*) mapping out

maquillage [ma·ki·'jaːʒ] <-> *m* (*trucco*) make-up

marasma [ma·'raz·ma] <-i> *m fig*(*caos*) mess

maratona [ma·ra·'toː·na] *f a.* SPORT marathon

maratoneta [ma·ra·to·'neː·ta] <-i *m*, -e *f*> *mf* marathon runner

marca ['mar·ka] <-che> *f* **1.**(*marchio*) brand name **2.**(*produttore, ditta*) brand; **di ~** brand-name **3.**(*contrassegno*) stamp; **~ da bollo** revenue stamp

marcare [mar·'kaː·re] *vt* **1.**(*articolo, indumento*) to mark; (*bestiame*) to brand **2.**(*linea, contorno, accento*) to highlight **3.**SPORT (*rete*) to score; (*avversario*) to mark

marcato, -a [mar·'kaː·to] *adj* **1.**(*articolo, indumento, bestiame*) branded **2.**(*lineamenti, tratti, accento*) pronounced

marcatore, -trice [mar·ka·'toː·re] *m, f* SPORT (*di gol*) scorer; (*di avversario*) marker

marcatura [mar·ka·'tuː·ra] *f* **1.**(*di articolo, prodotto*) marking **2.**SPORT (*di rete*) scoring; (*di avversario*) marking; **~ a uomo/a zona** man-/zonal marking

Marche ['mar·ke] *fpl* **le ~** the Marches; **abitare nelle ~** to live in the Marches; **andare nelle ~** to go to the Marches

marchese, -a [mar·'keː·ze] *m, f* (*nobile*) marquis *m*, marquess *f*

marchetta [mar·'ket·ta] *f inf* (*prestazione sessuale*) **fare -e** to turn tricks

marchiare [mar·'kiaː·re] *vt* **1.**(*oggetto*) to mark; (*bestiame*) to brand **2.***fig* (*persona*) to brand

marchigiano, -a **I.** *adj* (*delle Marche*) from

the Marches **II.** *m, f* (*abitante*) person from the Marches

marchingegno [mar·kinŋ·'ɡeɲ·ɲo] *m* **1.**(*attrezzo*) contraption **2.***fig* (*espediente*) way out

marchio ['mar·kio] <-chi> *m* **1.**(*su oggetto, prodotto*) brand symbol; **~ di fabbrica** trademark; **~ di qualità** seal of quality; **~ registrato** registered trademark **2.**(*su animali*) brand

marcia ['mar·tʃa] <-ce> *f* **1.**(*passo, camminata*) march; **mettersi in ~** to get going; **~ forzata** MIL forced march **2.**SPORT walk **3.**(*corteo*) march **4.**MUS march **5.**(*di veicolo*) gear; **andare a ~ indietro** [o **in retromarcia**] to reverse; **fare ~ indietro** *fig* to change one's mind; **avere una ~ in più** to be better than everybody else

marciapiede [mar·tʃa·'piɛː·de] *m* **1.**(*di strada*) sidewalk **2.**(*do stazione ferroviaria*) platform

marciare [mar·'tʃaː·re] *vi* **1.***a. fig* to march **2.**SPORT to walk **3.**(*veicolo*) to go **4.**(*motore, meccanismo*) to work

marcio, -a¹ ['mar·tʃo] <-ci, -ce> *adj* **1.**(*cibo, legno, muro*) rotten **2.***fig* (*società, ambiente*) corrupt; **avere torto ~** to be completely wrong

marcio² <*sing*> *m* **1.**(*di cibo*) rotten part; (*odore*) bad smell; (*sapore*) bad taste **2.***fig* (*corruzione*) rot; **c'è del ~** something's not right

marcire [mar·'tʃiː·re] <marcisco> *vi essere* **1.**(*cibo*) to go off **2.**(*legno, carta*) to become moldy **3.***fig* (*nell'ozio, in prigione, casa*) to rot away

marciume [mar·'tʃuː·me] *m* **1.**(*cose marce*) rotten part **2.***fig* (*corruzione*) rot

marco ['mar·ko] <-chi> *m* (*moneta*) mark

mare ['maː·re] *m* **1.**(*massa d'acqua*) sea; **in alto ~** in [o on] the open sea; **~ grosso** heavy sea; **andare al ~** to go to the seaside **2.***fig* (*grande quantità*) load; **un ~ di qc** a load of sth

marea [ma·'rɛː·a] <-ee> *f* **1.**GEO tide; **alta/bassa ~** high/low tide **2.**(*di fango*) river **3.***fig* (*grande quantità*) load; **una ~ di qc** a load of sth

mareggiata [ma·red·'dʒaː·ta] *f* sea storm

maremma [ma·'rem·ma] *f* (*pianura*) maremma; **la Maremma (toscana)** the (Tuscan) Maremma

maremmano, -a [ma·rem·'maː·no] **I.** *adj* **1.**(*della maremma*) maremma **2.**(*cavallo, cane*) Maremma **II.**(*abitante*) person from the Maremma

maremoto [ma·re·'mɔː·to] *m* GEO tsunami

maresciallo [ma·reʃ·'ʃal·lo] *m* (*sottoufficiale*) warrant officer

maretta [ma·'ret·ta] *f* **1.**(*in mare*) choppy sea **2.***fig* (*fra persone*) tension

margarina [mar·ga·'riː·na] *f* margarine

margherita [mar·ge·'riː·ta] *f* **1.**(*fiore*) daisy **2.**CULIN (**pizza**) **~** *pizza with tomato paste and* *mozzarella cheese* **3.** POL **la Margherita** *Italian center-left political party*

marginale [mar·dʒi·'na:·le] *adj* (*secondario*) marginal

margine ['mar·dʒi·ne] *m* **1.** (*di strada, fiume, bosco*) edge **2.** (*di società, legalità*) fringe **3.** (*di foglio*) margin; **a ~** in the margin **4.** (*di guadagno, tempo, azione, autonomia*) margin; **~ di errore** margin of error; **~ di sicurezza** safety margin

mariano, -a [ma·ri·'a:·no] *adj* REL Marian; **mese ~** month of Mary

marina[1] [ma·'ri:·na] *f* **1.** (*flotta*) navy; **~ mercantile** merchant marine; **~ militare** U.S. Navy **2.** (*costa*) coast **3.** (*quadro*) seascape

marina[2] [ma·'ri:·na] *m e f* (*porticciolo*) marina

marinaio [ma·ri·'na:·io] <-ai> *m* sailor

marinara [ma·ri·'na:·ra] *f* **alla ~** CULIN with seafood; (*abbigliamento*) sailor; **vestire alla ~** to dress like a sailor

marinare [ma·ri·'na:·re] *vt* **1.** CULIN to marinate **2.** (*loc*) **~ la scuola** *fig, inf* to play hooky

marinaro, -a [ma·ri·'na:·ro] *adj* (*di mare*) seafaring; **repubbliche -e** maritime republics; **borgo ~** coastal village

marinata [ma·ri·'na:·ta] *f* CULIN marinade

marino, -a [ma·'ri:·no] *adj* (*del mare*) marine; **blu ~** navy blue; **cavalluccio ~** sea horse; **stella -a** starfish

marionetta [ma·rio·'net·ta] *f a. fig* puppet

marito [ma·'ri:·to] *m* husband; **tra moglie e ~ non mettere il dito** *prov* never interfere between husband and wife

marittimo, -a[1] [ma·'rit·ti·mo] **I.** *adj* (*città, stazione*) seaside; (*attività, trasporto*) maritime; (*clima*) coastal **II.** *m, f* (*persona*) maritime worker

marittimo[2] *m* (*marinaio*) seaman

marker ['ma:·kə] <- *o* markers> *m* **1.** (*evidenziatore*) highlighter (pen) **2.** BIOL, MED marker

marketing ['ma:·ki·tiŋ/'mar·ke·ting] <-> *m* marketing; **ricerca di ~** market research

marmaglia [mar·'maʎ·ʎa] <-glie> *f* (*gentaglia*) rabble

marmellata [mar·mel·'la:·ta] *f* jam; (*di arance*) marmalade

marmitta [mar·'mit·ta] *f* AUTO muffler; **~ catalitica** catalytic converter

marmo ['mar·mo] *m* marble

marmocchio, -a [mar·'mɔk·kio] <-cchi, -cchie> *m, f scherz, a. pej* brat

marmoreo, -a [mar·'mɔ:·reo] <-ei, -ee> *adj* (*di marmo*) marble

marmotta [mar·'mɔt·ta] *f* (*animale*) marmot; **dormire come una ~** to sleep like a log

marocchino, -a [ma·rok·'ki:·no] **I.** *adj* (*del Marocco*) Moroccan **II.** *m, f* **1.** (*abitante*) Moroccan **2.** *a. pej, inf* (*extracomunitario*) illegal immigrant

Marocco [ma·'rɔk·ko] *m* Morocco; **il ~** Morocco; **abitare in ~** to live in Morocco; **andare in ~** to go to Morocco

marrone[1] <inv *o* -i> *adj* brown

marrone[2] [mar·'ro:·ne] *m* **1.** (*castagna*) chestnut **2.** (*colore*) brown **3.** *pl, vulg* **i -i** balls

marsala [mar·'sa:·la] <-> *m* Marsala

marsigliese [mar·siʎ·'ʎie:·ze] **I.** *adj* (*di Marsiglia*) from Marseille **II.** *mf* (*abitante*) person from Marseille

Marsigliese [mar·siʎ·'ʎie:·ze] *f* **la ~** the Marseillaise

marsupio [mar·'su:·pio] <-i> *m* **1.** ZOOL pouch **2.** (*per neonati*) baby sling **3.** (*borsello*) fanny pack **4.** (*tasca*) front pocket

Marte ['mar·te] <-> *m* (*pianeta*) Mars

martedì [mar·te·'di] <-> *m* Tuesday; **~ grasso** Shrove Tuesday; *v.a.* **domenica**

martellante [mar·tel·'lan·te] *adj* (*incalzante*) incessant; **un interrogatorio ~** a relentless questioning; **un mal di testa ~** a thumping headache; **una pubblicità ~** a never-ending advertising campaign

martellare [mar·tel·'la:·re] **I.** *vt* **1.** (*con martello*) to hammer **2.** (*con pugni*) to beat; **~ di pugni l'avversario** to beat up the opponent **3.** *fig* (*con domande, richieste*) to bombard; **~ qu di domande** to bombard sb with questions **II.** *vi* (*cuore, sangue, tempie*) to throb

martellata [mar·tel·'la:·ta] *f* (*colpo*) hammer blow; **darsi una ~ sulle dita** to hit one's fingers with a hammer

martelletto [mar·tel·'let·to] *m* **1.** MED reflex hammer **2.** (*di macchina da scrivere*) typebar; (*di orologio, pianoforte*) hammer

martello [mar·'tɛl·lo] *m* **1.** (*attrezzo*) hammer; **~ pneumatico** pneumatic drill **2.** SPORT hammer

martin pescatore [mar·'tin pes·ka·'to:·re] <--i> *m* kingfisher

martire ['mar·ti·re] *mf a. fig* martyr; **fare il ~** to play the martyr

martirio [mar·'ti:·rio] <-i> *m* **1.** (*per fede, ideale*) martyrdom **2.** *fig* hell

marxismo [mark·'siz·mo] *m* FILOS, POL Marxism

marxista [mark·'sis·ta] <-i *m*, -e *f*> **I.** *adj* Marxist **II.** *mf* (*seguace*) Marxist

marzapane [mar·tsa·'pa:·ne] *m* marzipan

marzemino [mar·dse·'mi:·no] *m* (*vino*) *Italian red wine from the Trento region*

marziale [mar·'tsia:·le] *adj* **1.** (*della guerra*) martial; **arti -i** martial arts; **corte ~** court-martial; **legge ~** martial law **2.** *fig* (*aspetto, passo*) military

marziano, -a [mar·'tsia:·no] **I.** *adj* ASTR Martian **II.** *m, f* **1.** (*extraterrestre*) Martian **2.** *fig, inf* (*estraneo*) weirdo

marzo ['mar·tso] *m* March; *v.a.* **aprile**

mascalzone [mas·kal·'tso:·ne] *m* rogue

mascarpone [mas·kar·'po:·ne] *m* *Italian soft cheese*

mascella [maʃ·'ʃɛl·la] *f* ANAT jaw

maschera ['mas·ke·ra] *f* **1.** (*finto volto*) mask **2.** (*costume*) fancy dress; **essere/mettersi in ~** to be in/put on fancy dress **3.** (*persona*) masked person **4.** *fig* mask **5.** (*dispositivo*) mask; ~ **antigas** gas mask; ~ **a ossigeno** oxygen mask; ~ **subacquea** diving mask; ~ **di bellezza** face pack **6.** (*al cinema*) usher *m*, usherette *f* **7.** COMPUT screen

mascherare [mas·ke·'ra:·re] **I.** *vt* **1.** (*viso*) to mask; (*persona*) to dress up; ~ **qu da qu/qc** to dress sb up as sb/sth **2.** *fig* (*sentimento*) to mask **II.** *vr* **-rsi da qu/qc** to dress up as sb/sth

mascherata [mas·ke·'ra:·ta] *f* (*sfilata, festa*) masquerade

mascherato, -a [mas·ke·'ra:·to] *adj* **1.** (*volto*) masked **2.** (*persona*) dressed-up **3.** (*ballo, corso*) fancy dress

mascherina [mas·ke·'ri:·na] *f* **1.** (*mezza maschera*) half mask **2.** (*per proteggersi*) mask **3.** (*per disegnare, verniciare*) mask

maschietto [mas·'kiet·to] *m* (*bambino*) little boy

maschile [mas·'ki:·le] **I.** *adj* **1.** (*sesso*) male; (*voce, aspetto*) masculine **2.** (*per uomini*) men's; (*per ragazzi*) boy's **3.** LING masculine **II.** *m* LING masculine

maschilismo [mas·ki·'liz·mo] *m* male chauvinism

maschilista [mas·ki·'lis·ta] <-i *m*, -e *f*> **I.** *adj* (*atteggiamento, mentalità*) male chauvinist **II.** *mf* male chauvinist

maschio¹ ['mas·kio] <-schi> *adj* **1.** BIOL male **2.** (*voce, carattere*) masculine

maschio² *m* **1.** BIOL male; (*ragazzo*) boy; (*uomo*) man **2.** TEC male

mascolino, -a [mas·ko·'li:·no] *adj* (*donna, modi, tratti*) masculine

mascotte [mas·'kɔt] <-> *f* mascot

maso ['ma:·zo] *m* family farm

masochismo [ma·zo·'kiz·mo] *m* masochism

masochista [ma·zo·'kis·ta] <-i *m*, -e *f*> **I.** *adj* (*atteggiamento, carattere*) masochistic **II.** *mf* (*persona*) masochist

massa ['mas·sa] *f* **1.** (*di terra, aria*) mass; (*di acqua*) body **2.** *a. fig* (*di pietre, legna, errori*) pile **3.** (*di gente*) crowd; **di** ~ (*cultura*) mass; **in** ~ en masse **4.** FIS mass **5.** ELETT earth; **collegare** [*o* **mettere**] **a** ~ to earth

Massa ['mas·sa] *f* Massa, *a city in Tuscany*

massacrante [mas·sa·'kran·te] *adj* (*corsa, fatica, viaggio*) exhausting

massacrare [mas·sa·'kra:·re] *vt* **1.** (*trucidare*) to massacre **2.** (*malmenare*) to pulverize **3.** *fig* (*rovinare*) to ruin; (*grammatica, lingua*) to murder; (*film, opera teatrale*) to massacre **4.** (*stancare*) to murder

massacro [mas·'sa:·kro] *m* **1.** (*strage*) massacre **2.** *fig* (*disastro*) disaster

massaggiare [mas·sad·'dʒa:·re] *vt* (*muscolo, arto*) to massage

massaggiatore, -trice [mas·sad·dʒa·'to:·re] *m, f* masseur *m*, masseuse *f*

massaggio [mas·'sad·dʒo] <-ggi> *m* massage; ~ **cardiaco** heart massage

massaia [mas·'sa:·ia] <-aie> *f* housewife

massello [mas·'sel·lo] *m* (*legno massiccio*) solid wood

masseria [mas·se·'ri:·a] <-ie> *f* (*fattoria*) farm

masserizie [mas·se·'rit·tsie] *fpl* (*suppellettili*) household furnishings

massiccio, -a¹ [mas·'sit·tʃo] <-cci, -cce> *adj* **1.** (*oro, legno*) solid; (*edificio*) massive **2.** (*persona, corporatura*) massive **3.** *fig* (*intervento*) huge; (*opera*) massive

massiccio² <-cci> *m* GEO massif

massificazione [mas·si·fi·kat·'tsio:·ne] *f* (*di idee, cultura*) homogenization

massima ['mas·si·ma] *f* **1.** (*principio*) maxim; **di** ~ general; **in linea di** ~ on the whole **2.** (*motto*) saying **3.** (*temperatura*) maximum temperature **4.** MED (*pressione*) highest level of blood pressure

massimale [mas·si·'ma:·le] *m* (*di assicurazione*) maximum liability

massimalista [mas·si·ma·'lis·ta] <-i *m*, -e *f*> **I.** *adj* POL (*programma, corrente*) maximalist **II.** *mf* POL (*seguace*) maximalist

massimizzare [mas·si·mid·'dza:·re] *vt* ECON (*rendimento, profitto*) to maximize

massimizzazione [mas·si·mid·dzat·'tsio:·ne] *f* ECON (*di profitti, investimenti*) maximization

massimo, -a¹ ['mas·si·mo] **I.** *adj superl di* **grande 1.** (*il più grande*) biggest **2.** (*altezza, temperatura, velocità, peso, tempo*) maximum; **tempo** ~ time limit; **campionato dei pesi -i** heavyweight championship **3.** (*risultato, vantaggio*) best **4.** (*attenzione, importanza, stima*) greatest **II.** *adv* (*negli annunci*) max

massimo² *m* **1.** (*il grado più alto*) maximum; **al** ~ (*al grado più alto*) on maximum **2.** (*tutt'al più*) at the outside; **sfruttare qc al** ~ to make full use of sth **3.** (*il meglio*) best

massivo, -a [mas·'si:·vo] *adj* **1.** (*di massa, massiccio*) mass **2.** MED (*asportazione, infezione*) massive

mass media [mæs 'mi:·djə/mas 'mɛ·dia] *mpl* mass media

masso ['mas·so] *m* (*sasso*) rock; **caduta -i** falling rocks

massone [mas·'so:·ne] *m* (*affiliato*) freemason

massoneria [mas·so·ne·'ri:·a] <-ie> *f* (*società segreta*) freemasonry

massonico, -a [mas·'sɔ:·ni·ko] <-ci, -che> *adj* (*loggia, rituale*) masonic

mastectomia [mas·tek·to·'mi:·a] *f* MED mastectomy

mastello [mas·'tɛl·lo] *m* (*per uva*) vat; (*per il bucato*) tub

master ['ma:s·tə/'mas·ter] *m* **1.** (*corso*) masters (degree); ~ **in economia aziendale** masters (degree) in business administration **2.** SPORT **i -s di golf** the Golf Masters

masterizzare [mas·te·rid·'dza:·re] *vt* COMPUT to burn

masterizzatore [mas·te·rid·dza·'to:·re] *m* COMPUT CD burner

masticare [mas·ti·'ka:·re] *vt* **1.** (*cibo*) to chew

2. *fig* (*conoscere poco*) ~ **qc** to know a little bit of sth

masticazione [mas·ti·kat·'tsio:·ne] *f* chewing

mastice ['mas·ti·tʃe] *m* (*adesivo*) mastic

mastino [mas·'ti:·no] *m* (*cane*) mastiff

mastite [mas·'ti:·te] *f* MED mastitis

mastodontico, -a [mas·to·'dɔn·ti·ko] <-ci, -che> *adj* (*costruzione, diga*) gigantic; *inf* (*cappello, sciocchezza*) huge

mastro ['mas·tro] **I.** *adj* **libro** ~ ledger **II.** *m* (*artigiano*) ~ **falegname** master carpenter

masturbarsi [mas·tur·'bar·si] *vr* to masturbate

masturbazione [mas·tur·bat·'tsio:·ne] *f* masturbation

matassa [ma·'tas·sa] *f* (*di lana*) skein; (*di cotone*) hank

matematica [ma·te·'ma:·ti·ka] <-che> *f* mathematics

matematicamente [ma·te·ma·ti·ka·'men·te] *adv* (*assolutamente*) one hundred percent

matematico, -a [ma·te·'ma:·ti·ko] <-ci, -che> **I.** *adj* **1.** (*calcolo, principio, regola*) mathematical **2.** (*certezza, evidenza*) absolute **II.** *m, f* (*studioso*) mathematician

Matera *f* Matera, *a city in the Basilicata region*

materassino [ma·te·ras·'si:·no] *m* **1.** (*da ginnastica*) mat **2.** (*da spiaggia, tenda*) inflatable mattress

materasso [ma·te·'ras·so] *m* (*da letto*) mattress; ~ **ad acqua** water bed; ~ **in lattice** latex mattress; ~ **a molle** spring mattress; ~ **ortopedico** orthopedic mattress

materia [ma·'tɛ:·ria] <-ie> *f* **1.** (*sostanza*) material; ~ **grigia** BIOL, ANAT gray matter; *scherz* (*intelligenza*) little gray cells; **-ie plastiche** plastic materials; **-ie prime** raw materials **2.** (*argomento, disciplina*) subject; **in** ~ **on** the subject; **entrare in** ~ to discuss a subject; **non sapere nulla in** ~ to be ignorant about sth; **in** ~ **di** on the subject of

materiale¹ [ma·te·'ria:·le] *adj* **1.** (*aiuto, bisogno*) material; **beni -i** material goods; **lavoro** ~ manual labor **2.** (*tempo, possibilità*) necessary **3.** (*persona*) materialistic **4.** (*sostanza*) material

materiale² *m* **1.** (*sostanza*) material; ~ **da costruzione** building materials *pl;* ~ **plastico** plastic **2.** (*strumenti*) equipment; ~ **chirurgico** surgical equipment **3.** (*documenti*) material

materialismo [ma·te·ria·'liz·mo] *m* materialism

materialista [ma·te·ria·'lis·ta] <-i *m*, -e *f*> *mf* materialist

materialmente [ma·te·rial·'men·te] *adv* **1.** (*concretamente*) materially **2.** (*oggettivamente*) **essere** ~ **impossibile** to be absolutely impossible

maternità [ma·ter·ni·'ta] <-> *f* **1.** (*condizione*) motherhood; **essere alla prima/alla seconda** ~ to become a mother for the first/second time **2.** (*reparto*) maternity **3.** (*congedo*) maternity leave; **essere/**

entrare [*o* **mettersi**] **in** ~ to be/go on maternity leave **4.** ADMIN (*nome*) mother's name

materno, -a [ma·'tɛr·no] *adj* **1.** (*latte, istinto*) maternal; **scuola -a** nursery school **2.** (*parente, eredità*) mother's

matita [ma·'ti:·ta] *f* pencil

matriarcale [mat·riar·'ka:·le] *adj* (*società*) matriarchal

matriarcato [mat·riar·'ka:·to] *m* matriarchy

matrice [ma·'tri:·tʃe] *f* **1.** *fig* (*fonte*) origin **2.** (*originale*) matrix **3.** (*di assegno, biglietto*) counterfoil **4.** MAT matrix

matricola [ma·'tri:·ko·la] *f* **1.** (*registro*) register **2.** (*numero*) registration number **3.** (*studente*) freshman

matricolato, -a [mat·ri·ko·'la:·to] *adj scherz, pej* (*bugiardo, ladro*) out-and-out

matrigna [ma·'triɲ·ɲa] *f* stepmother

matrimoniale¹ [ma·tri·mo·'nia:·le] *adj* **1.** (*cerimonia*) wedding; (*vita*) married **2.** (*lenzuolo, letto, coperta*) double; **camera** ~ double room

matrimoniale² *f* (*camera*) double room

matrimonio [mat·ri·'mɔ:·nio] <-i> *m* **1.** (*unione*) marriage **2.** (*cerimonia*) wedding

matrioska, matriosca [ma·tri·'os·ka] <-ske, -sche> *f* Russian nesting doll

matrona [ma·'trɔ:·na] *f fig* (*donna imponente*) matron

matta ['mat·ta] *f* (*jolly*) joker

mattanza [mat·'tan·tsa] *f* **1.** (*massacro*) series of killings **2.** *mer* (*di tonni*) tuna killing

mattatoio [mat·ta·'to:·io] <-oi> *m* slaughterhouse

mattatore [mat·ta·'to:·re] *m* star

matterello [mat·te·'rɛl·lo] *m* rolling pin

mattina [mat·'ti:·na] *f* morning; **di/la** ~ in the morning; **di prima** ~ early in the morning; **ieri/domani** ~ yesterday/tomorrow morning; **lunedì/martedì** ~ Monday/Tuesday morning; **questa** ~ this morning; **dalla** ~ **alla sera** from morning to night; **dalla sera alla** ~ (*improvvisamente*) all of a sudden

mattinata [mat·ti·'na:·ta] *f* **1.** (*mattina*) morning; **in** ~ in the morning **2.** (*spettacolo*) matinée

mattiniero, -a [mat·ti·'niɛ:·ro] **I.** *adj* **essere** ~ to be an early bird **II.** *m, f* (*persona*) early bird

mattino [mat·'ti:·no] *m* morning; **al** ~ in the morning; **di buon** ~ early in the morning; **edizione/giornale del** ~ morning edition/newspaper

matto, -a ['mat·to] **I.** *adj* **1.** (*malato*) mad; **andare** ~ **per qc** to be crazy about sth; **essere** ~ **da legare** *inf* to be as mad as a hatter; **sei** ~/**siamo -i?** are you/we insane? **2.** (*bizzarro*) crazy **3.** *fig* (*voglia, paura*) incredible; **provare un gusto** ~ **a fare qc** to get a kick out of doing sth; **avere l'idea -a di fare qc** to have the crazy idea of doing sth; **avere una paura -a di qc/qu** to be incredibly scared of sth/sb; **avere una voglia -a di qc/di fare qc** to really want sth/to do sth **4.** *fig* (*tempo*) crazy **5.** *fig* (*oro,* gioiello) imitation **6.**(*negli scacchi*) **scacco ~** checkmate **II.** *m, f* (*malato, bizzarro*) madman *m,* madwoman *f;* **da -i** really; **cose** [*o* **roba**] **da -i** unbelievable; **gabbia di -i** *inf* madhouse

mattone [mat·'to:·ne] **I.** *m* **1.**(*da costruzione*) brick **2.**fig (*libro, film, persona*) bore **3.**fig (*cibo*) lead weight **II.** *adj* (*colore*) brick red; **color** ~ brick red color

mattonella [mat·to·'nɛl·la] *f* (*piastrella*) tile

mattutino, -a *adj* morning

maturando, -a [ma·tu·'ran·do] *m, f* (*studente*) *student taking high school final exams*

maturare [ma·tu·'ra:·re] **I.** *vi essere* **1.**(*frutto*) to ripen; (*vino, formaggio*) to mature **2.**fig (*persona*) to grow up; **le esperienze lo hanno maturato** those experiences have made him grow up **3.** ECON (*interesse, dividendo*) to mature **II.** *vt avere* (*idea, proposito*) to develop; **~ una decisione** to come to a decision

maturazione [ma·tu·rat·'tsio:·ne] *f* **1.**(*di frutto*) ripening; (*di vino, formaggio*) maturing **2.** fig (*di persona*) maturing **3.** fig (*di idea, proposito*) development; (*di decisione*) taking **4.** ECON (*di interesse, dividendo*) maturity

maturità [ma·tu·ri·'ta] <-> *f* **1.**(*età adulta*) maturity **2.**(*consapevolezza*) maturity **3.**(*diploma*) high school exit exam; **esame di ~** high school exit exam

> Italian students take the **esame di maturità** (school-leaving exam) at the end of the **secondo ciclo d'istruzione** (second-stage education, equivalent to the U.S. high school). They can attend a range of different high schools including **liceo classico** (specializing in Greek, Latin, and the humanities), **liceo scientifico** (specializing in sciences), **liceo linguistico** (specializing in modern languages), **liceo artistico** (specializing in art), **istituto magistrale** (for teacher training), and **istituto tecnico e professionale** (specializing in commercial or vocational subjects).

maturo, -a [ma·'tu:·ro] **I.** *adj* **1.**(*frutto*) ripe; (*vino*) mature **2.**(*adulto*) mature **3.**fig (*consapevole*) mature **4.**(*studente*) *student who has passed the final high school exam* **II.** *m, f* (*studente*) *high school graduate*

mausoleo [mau·zo·'lɛ:·o] *m* (*sepolcro*) mausoleum

max [maks] *adv v.* **massimo** max

maxiemendamento [maks·ie·men·da·'men·to] *m* POL major amendment

maxiprocesso [mak·si·pro·'tʃɛs·so] *m* trial against a large number of people

maxischermo [mak·si·'sker·mo] *m* giant screen

maya ['ma:·ia] **I.** <-> *adj* (*dei Maya*) Maya

II. <inv> *mf* (*persona*) Maya; **i Maya** the Maya

mazurka, mazurca [ma·'dsur·ka] <-ke, -che> *f* MUS mazurka

mazza ['mat·tsa] *f* **1.**(*bastone*) club **2.**(*martello*) sledgehammer **3.** SPORT **~ da baseball** baseball bat; **~ da golf** golf club **4.**(*loc*) **non capire/-rci una ~** *vulg* to understand sweet nothing

mazzata [mat·'tsa:·ta] *f a.* fig heavy blow

mazzetta [mads·'set·ta] *f* **1.**(*di banconote*) wad **2.** inf (*tangente*) bribe

mazzetto [mads·'set·to] *m* **1.**(*di fiori, erbe*) bunch **2.**(*di carte da gioco*) pack; (*di carte, penne*) bundle

mazziniano [mat·tʃi·'nia:·no] *adj* (*di Giuseppe Mazzini*) Mazzinian

mazzo ['mat·tso] *m* **1.**(*di fiori, erbe, chiavi,*) bunch **2.**(*di funi, documenti, matite*) bundle **3.**(*di carte da gioco*) pack **4.** vulg (*loc*) **farsi il ~** to work one's butt off

MB *abbr di* megabyte MB

MBA *m abbr di* **Master in Business Administration** MBA

MCD *abbr di* **Massimo Comune Divisore** HCF

mcm *abbr di* **minimo comune multiplo** lcm

me [me] *pron* **1.** *pers sing* **1.**(*complemento oggetto*) me; **cercate ~ o mio fratello?** are you looking for me or my brother? **2.**(*complemento di termine*) me; **lo ha regalato a ~** he [*o* she] gave it to me **3.**(*con preposizione*) me; **venite da ~** come to my house; **parlavo fra e ~** I was talking to myself; **c'è posta per ~?** is there any mail for me?; **per/secondo ~** in my opinion; **se tu fossi in ~, lo faresti?** if you were me, would you do it? **4.**(*nelle comparazioni, esclamazioni*) I [*o* me]; **fa come ~, non dare retta a nessuno!** do as I do, pay no attention to anybody!; **è contento come ~** he's as happy as me [*o* I am]; **lavorano quanto ~** they work as hard as me [*o* I do]; **è più brava di ~** she's better than me [*o* I am]; **povero ~!** poor me! **5.**(*davanti a lo, la, li, le, ne*) *v.* **mi**

meandro [me·'an·dro] *m* **1.**(*di strade*) maze **2.** *pl* fig ins-and-outs

MEC [mɛk] *m acró de* **Mercato Comune Europeo** ECM

Mecca ['mɛk·ka] <-cche> *f* **1.** **La Mecca** Mecca **2.** fig mecca

meccanica [mek·'ka:·ni·ka] <-che> *f* **1.** FIS, TEC mechanics **2.**(*congegno, funzionamento*) mechanism **3.**(*modalità*) process; (*di avvenimento*) sequence of events

meccanico, -a [mek·'ka:·ni·ko] <-ci, -che> **I.** *adj a.* fig mechanical; **officina di riparazioni -che** garage **II.** *m, f* (*di automobili*) mechanic; (*tecnico*) technician

meccanismo [mek·ka·'niz·mo] *m* **1.**(*congegno*) mechanism **2.**(*funzionamento*) mechanics *pl* **3.** *pl,* fig mechanisms

meccanizzazione [mek·ka·nid·dzat·'tsio:·ne] *f* mechanization

M

mecenate [me·tʃe·'na:·te] *mf* patron

mecenatismo [me·tʃe·na·'tiz·mo] *m* patronage

mèche [mɛʃ] <-> *f* highlight

medaglia [me·'daʎ·ʎa] <-glie> *f* **1.**(*oggetto*) medal; **il rovescio della ~** *fig* the other side of the coin **2.**(*onorificenza*) medal; (*persona*) medalist; **~ d'oro/d'argento/di bronzo** gold/silver/bronze medal

medaglietta [me·daʎ·ʎet·ta] *f* (*ciondolo*) small medal

medaglione [me·daʎ·ʎo:·ne] *m* **1.**(*gioiello*) locket **2.** CULIN medallion

medesimo, -a [me·'de:·zi·mo] **I.** *adj* **1.**(*identico, uguale*) same; **fare sempre le -e cose** to always do the same things; **nel ~ tempo** at the same time; **le due case hanno il ~ valore** the two houses are worth the same **2.**(*rafforzativo*) very; **siamo responsabili noi -i** we ourselves are responsible **II.** *pron* (*persona*) same person [*o* thing]

media¹ ['mɛ:·dia] <-ie> *f* **1.** MAT mean; **~ aritmetica** arithmetical mean **2.**(*misura di mezzo*) average; **al di sopra/sotto della ~** above/below average; **in** [*o* **di**] **~** on average; **~ oraria** average speed **3.**(*votazione*) average overall grade **4.**(*scuola*) **le -e** *first three years of junior high school* **5.**(*taglia*) medium size **6.**(*birra*) *measure equivalent to one third of a liter*

media² ['mi:·dʒe] *mpl* media

mediano, -a [me·'dia:·no] **I.** *adj* (*di mezzo*) middle **II.** *m, f* SPORT (*nel calcio*) halfback; (*nel rugby*) back

mediante [me·'dian·te] *prep* by (means of); **pagare ~ assegno** to pay by check

mediare [me·'dia:·re] **I.** *vt* (*accordo, conflitto, disputa*) to mediate **II.** *vi* to mediate

mediateca [me·dia·'tɛ:·ka] <-che> *f* multimedia library

mediatico, -a [me·'dia:·ti·ko] *adj* (*evento, fenomeno*) media

mediato, -a [me·'dia:·to] *adj* (*indiretto*) indirect

mediatore, -trice [me·dia·'to:·re] **I.** *m, f* **1.**(*intermediario*) mediator; **fare da ~** to mediate **2.** COM broker **II.** *adj* mediating

mediazione [me·di·at·'tsio:·ne] *f* **1.**(*intervento*) mediation **2.** COM brokerage

medicalizzare [me·di·ca·lid·'dza:·re] *vt* to medically supervise

medicamento [me·di·ka·'men·to] *m* (*farmaco*) medication

medicare [me·di·'ka:·re] **I.** *vt* **1.**(*persona*) to treat **2.**(*ferita*) to dress **II.** *vr:* **-rsi** to treat oneself; **-rsi le ferite** to dress one's wounds

medicazione [me·di·kat·'tsio:·ne] *f* dressing

medicina [me·di·'tʃi:·na] *f* **1.**(*scienza*) medicine; **~ del lavoro** occupational medicine; **~ legale** forensic medicine **2.**(*farmaco*) medicine **3.** *a. fig* (*rimedio*) cure

medicinale [me·di·tʃi·'na:·le] **I.** *adj* (*erba, preparato*) medicinal **II.** *m* medicine

medico, -a¹ ['mɛ:·di·ko] <-ci, -che> *adj* **1.**(*ambulatorio, visita*) doctor's **2.**(*erba, preparato*) medicinal

medico² *m* **1.**(*persona*) doctor; **andare dal ~** to go to the doctor's; **~ di base** [*o* **di famiglia**] [*o* **generico**] GP; **~ fiscale** *state doctor who checks adherence to sick leave regulations;* **~ di guardia** duty doctor; **~ legale** forensic scientist **2.** *fig* cure

medievale [me·die·'va:·le] *adj* medieval

medio ['mɛ:·dio] <-i> *m* (*dito*) middle finger

medio, -a <-i, -ie> *adj* **1.**(*valore, grandezza*) average; **ceto ~** middle class; **dito ~** middle finger; **scuola ~** *school for pupils of 11 to 14 years* **2.**(*normale*) average **3.**(*centrale*) middle; **Medio Oriente** Middle East

mediocre [me·'diɔ:·kre] *adj* **1.**(*per dimensioni, valore*) poor **2.**(*per capacità, doti, qualità*) mediocre

mediocredito [me·dio·'kre:·di·to] *m* FIN medium-term credit

mediocrità [me·dio·kri·'ta] <-> *f* (*scarso valore*) mediocrity

medioevale [me·dio·e·'va:·le] *adj* v. **medievale**

Medioevo [me·dio·'ɛ:·vo] *m* Middle Ages *pl*

mediorientale [me·dio·rien·'ta:·le] *adj* Middle Eastern

meditabondo, -a [me·di·ta·'bon·do] *adj* pensive

meditare [me·di·'ta:·re] **I.** *vt* **1.**(*esaminare*) to ponder **2.**(*progettare*) to plan **II.** *vi* **~ su qc** to think about sth

meditato, -a [me·di·'ta:·to] *adj* (*decisione, scelta*) considered

meditazione [me·di·tat·'tsio:·ne] *f* **1.**(*riflessione*) consideration **2.**(*ascetica*) meditation

Mediterraneo [me·di·ter·'ra:·neo] *m* **il (Mare) Mediterraneo** the Mediterranean (Sea)

mediterraneo, -a <-ei, -ee> *adj* Mediterranean

medium ['mɛd·jum] <-> *mf* (*persona*) medium

medusa [me·'du:·za] *f* (*animale*) jellyfish

megabit [mɛ·ga·'bit] <-> *m* COMPUT megabit

megabyte, Megabyte ['me·gə·bait/'me·ga·'bait] <-> *m* COMPUT megabyte

megaconcerto [me·ga·kon·'tʃɛr·to] *m* mega concert

megafono [me·'ga:·fo·no] *m* megaphone

megagalattico, -a [mɛ·ga·ga·lat·'ti·ko] <-ci, -che> *adj scherz, inf* (*persona*) mega important; (*oggetto, posto*) huge

megalomane [me·ga·'lɔ:·ma·ne] *mf* megalomaniac

megalomania [me·ga·lo·ma·'ni:·a] *f* megalomania

megalopoli [me·ga·'lɔ:·po·li] <-> *f* megalopolis

meglio¹ ['mɛʎ·ʎo] **I.** *adv comp di* **bene 1.**(*comparativo*) better; **~ di** better than; **o ~** or even better; **(o) per ~ dire** (or) to be more precise **2.** (*superlativo*) best; **il ~ possibile** in the best possible way **II.** *adj comp di* **buono** (*migliore*) better; **di ~** better; **qualcosa di ~** something better

meglio² <-> **I.** *m* (*cosa migliore*) best; **fare del proprio ~** to do one's best; **per il ~** for the best; **per il tuo/suo/vostro ~** for your/his/her own good **II.** *f* **alla ~** as best as possible; **avere la ~ (su qu)** to get the better (of sb)

mela ['meː·la] *f* (*frutto*) apple; **~ cotogna** quince

melagrana [me·la·'graː·na] *f* (*frutto*) pomegranate

melanina [me·la·'niː·na] *f* BIOL melanin

melanzana [me·lan·'dzaː·na/me·lan·'tsaː·na] *f* (*ortaggio*) aubergine

melassa [me·'las·sa] *f* molasses

melatonina [me·la·to·'niː·na] *f* melatonin

melenso, -a [me·'lɛn·so] *adj* (*persona, discorso, romanzo*) dull; (*faccia, sorriso*) dopey

melissa [me·'lis·sa] *f* (*essenza*) lemon balm

mellifluo, -a [mel·'liː·fluo] *adj* (*persona*) unctuous; (*voce, frasi*) sugary

melma ['mel·ma] *f* **1.** (*fango*) mud **2.** *fig* squalor

melmoso, -a [mel·'moː·so] *adj* muddy

melo ['meː·lo] *m* (*albero*) apple tree

melodia [me·lo·'diː·a] <-ie> *f* **1.** MUS melody **2.** (*armonia*) melodiousness

melodico, -a [me·'lɔː·di·ko] <-ci, -che> *adj* **1.** (*di melodia*) melodic **2.** (*genere*) sing-a-long

melodioso, -a [me·lo·'dio·so] *adj* melodious

melodramma [me·lo·'dram·ma] <-i> *m* MUS melodrama; **da ~** *fig* over-the-top

melodrammatico, -a [me·lo·dram·'maː·ti·ko] <-ci, -che> *adj a. fig* MUS melodramatic

melograno [me·lo·'graː·no] *m* (*albero*) pomegranate tree

melone [me·'loː·ne] *m* (*frutto*) melon

membrana [mem·'braː·na] *f* ANAT, BIOL membrane

membro¹ ['mɛm·bro] *m* **1.** (*componente: persona*) member **2.** (*pene*) penis

membro² <-a *f*> *m* ANAT limb; **le -a** the limbs

memorabile [me·mo·'raː·bi·le] *adj* (*impresa, azione*) memorable

memorandum [me·mo·'ran·dum] <-> *m* **1.** GIUR memorandum **2.** (*taccuino*) notebook

memore ['mɛ·mo·re] *adj* **~ di qc** LIT mindful of sth; (*riconoscente*) grateful for sth

memoria [me·'mɔː·ria] <-ie> *f* **1.** (*facoltà*) memory; **a ~** by heart; **pej** by rote **2.** (*ricordo*) memory; **la ~ di qu/qc** the memory of sb/sth; **in ~ di qu/qc** in memory of sb/sth **3.** *pl* (*opera*) memoirs *pl* **4.** COMPUT memory

memorial [mi·'mɔː·riəl] <-s *o* memorials> *m* (*manifestazione*) memorial event

memoriale [me·mo·'riaː·le] *m* **1.** (*relazione*) memoirs *pl* **2.** (*difesa, richiesta*) petition

memorizzare [me·mo·rid·'dzaː·re] *vt* **1.** (*imparare*) to memorize **2.** COMPUT to store

memorizzazione [me·mo·rid·dzat·'tsio·ne] *f*

1. (*apprendimento*) learning by heart **2.** COMPUT storage

menadito [me·na·'diː·to] *adv* **a ~** perfectly

ménage [me·'naːj] <-> *m* (*rapporto*) relationship; **~ à trois** [*o* a tre] ménage à trois

menagramo [me·na·'graː·mo] *m inf* jinx

menare [me·'naː·re] **I.** *vt* **1.** LIT (*condurre*) to lead; **~ il can per l'aia** *fig* to beat around the bush; **~ qu per il naso** to lead sb by the nose **2.** (*coda*) to wag; (*frusta*) to wield; **~ le mani** to fight **3.** (*colpo, schiaffo*) to give **4.** *inf* (*picchiare*) to beat up **II.** *vr:* **-rsi** (*picchiarsi*) to beat each other up

menata [me·'naː·ta] *f* **1.** *inf* (*lamentela*) whine **2.** *inf* (*cosa noiosa*) pain

mendicante [men·di·'kan·te] *mf* beggar

mendicare [men·di·'kaː·re] **I.** *vt* **~ qc** to beg for sth; **~ un favore da qc** to beg a favor from sb **II.** *vi* to beg

menefreghismo [me·ne·fre·'giː·zmo] *m* couldn't-give-a-damn attitude

menefreghista [me·ne·fre·'gis·ta] <-i *m*, -e *f*> **I.** *adj* couldn't-give-a-damn **II.** *mf* person who couldn't give a damn

meninge [me·'nin·dʒe] *f* **1.** ANAT meninx **2.** *pl inf* (*cervello*) brains *pl;* **spremere/-rsi le -i** to rack one's brains

meningite [me·nin·'dʒiː·te] *f* MED meningitis

menisco [me·'nis·ko] <-schi> *m* ANAT meniscus

meno ['meː·no] **I.** *adv comp di* **poco 1.** (*nei comparativi*) less [*o* not as]; **questa lana è ~ soffice dell'altra** this wool is less soft than the other one [*o* this wool is not as soft as the other one]; **oggi ha nevicato ~ di quanto si sperava** it snowed less than we had hoped today; **Maria è ~ brava di Anna** Maria is not as good as Anna **2.** (*nei superlativi*) least; **questo è il giorno ~ bello della mia vita** this is the worst day of my life **3.** (*negazione*) **o ~** or not; **non ricordo se gliel'ho detto o ~** I don't remember if I told him or not **4.** MAT minus; (*nelle temperature*) below freezing; (*nei voti scolastici*) minus; (*nell'ora*) to; **sono le undici ~ un quarto** it's a quarter to eleven; **cinque chili ~ tre etti** four point seven kilos; **in** [*o* di] **~** less **5.** (*nelle correlazioni*) the less; **~ studi, ~ impari** the less you study, the less you learn **6.** (*loc*) **chi più chi ~** somehow or other; **fare a ~ di qu/qc** to do without sb/sth; **giorno più giorno ~** give or take a day; **~ male (che ...)** just as well (that ...); **più o ~** more or less; **tanto** [*o* ancora] **~** even less (reason why); **venir ~** (*coraggio, aiuto*) to be lacking **II.** <inv> *adj* **1.** (*nei comparativi*) less; **ha ~ rughe di me** she's got fewer wrinkles than me; **~ di così non potevo** it was the least I could do **2.** (*nelle correlazioni*) the less; **~ dolci mangi, più dimagrisci** the less sweets you eat, the thinner you'll get **III.** *prep* (*tranne*) except for; **a ~ che ... +*cong*** unless ... **IV.** <-> *m* **1. il ~** the least; **parlare del**

M

più e del ~ to talk about this and that **2.** MAT minus (sign)

menomare [me·no·'ma:·re] *vt* (*danneggiare*) to damage

menomato [me·no·'ma:·to] **I.** *adj* damaged **II.** *m* disabled person

menomazione [me·no·mat·'tsio:·ne] *f* disability

menopausa [me·no·'pa:u·za] *f* menopause

mensa ['mɛn·sa] *f* **1.** (*locale*) canteen **2.** (*tavola*) table

mensile [men·'si:·le] **I.** *adj* monthly **II.** *m* (*periodico*) monthly

mensilità [men·si·li·'ta] <-> *f* (*stipendio*) monthly salary

mensola ['mɛn·so·la] *f* shelf

menta ['men·ta] *f* **1.** (*pianta*) mint; ~ **piperita** peppermint **2.** (*aroma*) mint; **alla** ~ mint-flavored **3.** *inf* (*sciroppo*) peppermint cordial; (*caramella*) mint

mentale [men·'ta:·le] *adj* mental; **malattia** ~ mental illness

mentalità [men·ta·li·'ta] <-> *f* mentality

mentalmente [men·tal·'men·te] *adv* mentally

mente ['men·te] *f* **1.** (*pensiero, testa*) mind; **un uomo tutto** ~ **e niente cuore** he's all head and no heart; **a** ~ **fresca** [*o* **riposata**] when one's mind is fresh; **a** ~ **lucida** with a clear head; **avere in** ~ **di fare qc** to have one's heart set on doing sth; **saltare in** ~ **a qu** to occur to sb; **mi è saltato** [*o* **venuto**] **in mente che ...** it occurred to me that ...; **cosa ti è saltato** [*o* **venuto**] **in** ~? what got into you? **2.** (*intelligenza*) brain; (*attitudine*) mind **3.** (*attenzione*) attention; **avere la** ~ **altrove** to be thinking about sth else; **fare** ~ **locale** to concentrate **4.** (*memoria*) mind; **a** ~ by heart; **venire in** ~ **a qu** to remember **5.** (*persona*) brain

mentecatto, -a [men·te·'kat·to] *adj pej* mad

mentina [men·'ti:·na] *f* mint

mentire [men·'ti:·re] *vi* (*dire il falso*) to lie

mento ['men·to] *m* chin; **doppio** ~ double chin

mentolo [men·'tɔ:·lo] *m* CHIM menthol; **al** ~ menthol flavored

mentre ['men·tre] **I.** *conj* **1.** (*nel tempo, nel momento in cui*) while; **non mi ascolti mai** ~ **parlo** you never listen to me when I'm talking **2.** (*invece*) whereas; **ti lamenti,** ~ **dovresti essere contento** you complain, whereas you should be satisfied **II.** *m* **in quel** ~ at that moment

menu [me·'nu] <-> *m* **1.** (*lista*) menu; ~ **degustazione** *set menu offering smaller portions of selected dishes;* ~ **turistico** tourist menu **2.** COMPUT menu

menzionare [men·tsio·'na:·re] *vt* to mention

menzione [men·'tsio:·ne] *f* mention; **fare** ~ **di qc/qu** to mention sth/sb

menzogna [men·'tson·ɲa] *f* lie

Merano [me·'ra:·no] *f* Merano, *a city in the Trentino-Alto Adige region*

meraviglia [me·ra·'viʎ·ʎa] <-glie> *f* **1.** (*stupore*) amazement; **a** ~ perfectly **2.** (*cosa, persona*) wonder; **che** ~ how wonderful; **essere una** ~ to be a complete joy

meravigliare [me·ra·viʎ·ʎa:·re] **I.** *vt* (*stupire*) to amaze **II.** *vr:* **-rsi -rsi di qc/qu** to be amazed at sth/sb; **mi meraviglio di te!** I'm surprised at you!; **non -rsi di qc/qu** to not be surprised about sth/sb

meraviglioso, -a [me·ra·viʎ·'ʎo:·so] *adj* wonderful

mercante, -essa [mer·'kan·te, mer·kan·'tes·sa] *m, f* **1.** (*commerciante*) merchant; ~ **di vini/d'olio** wine/oil merchant; ~ **d'arte** art dealer **2.** *pej* dealer

mercanteggiare [mer·kan·ted·'dʒa:·re] **I.** *vi* **1.** (*commerciare*) ~ **in qc** to deal in sth **2.** (*contrattare*) to haggle **II.** *vt fig, pej* (*voto, carica*) to flog

mercantile [mer·kan·'ti:·le] **I.** *adj* (*attività, spirito, traffico*) commercial; (*nave*) merchant **II.** *m* (*nave*) merchant ship

mercanzia [mer·kan·'tsi:·a] <-ie> *f* **1.** (*merce*) goods *pl* **2.** *a. pej, scherz, inf* stuff

mercatino [mer·ka·'ti:·no] *m* (*rionale*) local market; ~ **delle pulci** flea market; ~ **dell'usato** swap meet

mercato [mer·'ka:·to] *m* **1.** (*luogo*) market; ~ **coperto** covered market; ~ **all'ingrosso** wholesale market; ~ **al minuto** retail market **2.** ECON market; **Mercato Comune Europeo** European Common Market; ~ **nero** black market; **a buon** ~ cheap; *fig* easily **3.** (*commercio*) market **4.** *pej* bargain; **fare** ~ **di qc** to bargain sth

merce ['mɛr·tʃe] *f* **1.** (*prodotto*) goods *pl*; **scalo -i** goods yard; **treno -i** goods train **2.** *fig* commodity

mercé [mert·'tʃe] <-> *f* **alla** ~ **di qc/qu** at the mercy of sth/sb

mercenario, -a [mer·tʃe·'na:·rio] <-i, -ie> **I.** *adj* **1.** (*soldato, truppe*) mercenary **2.** *pej* hack **II.** *m, f a. fig* mercenary

merceologia [mer·tʃe·o·lo·'dʒi:·a] <-ie> *f* (*disciplina*) commodity economics

merceria [mer·tʃe·'ri:·a] <-ie> *f* **1.** (*negozio*) haberdashery **2.** (*articoli*) haberdashery

mercificazione [mer·ci·fi·ka·'tʃio:·ne] *f* (*del corpo, della cultura*) commercialization

mercoledì [mer·ko·le·'di] <-> *m* Wednesday; ~ **delle Ceneri** Ash Wednesday; *v.a.* **domenica**

mercurio [mer·'ku:·rio] *m* CHIM mercury

Mercurio [mer·'ku:·rio] *m* (*pianeta*) Mercury

merda ['mɛr·da] *f* **1.** *vulg* (*escremento*) shit **2.** *fig, inf, vulg* (*persona, cosa*) (piece of) shit; (*situazione*) shit; **essere nella** ~ to be in the shit; ~! shit! **3.** **di** ~ *inf, vulg* shitty

merenda [me·'rɛn·da] *f* (*spuntino*) snack; **fare** (**la**) ~ to have a snack

merendina [me·ren·'di:·na] *f* (*dolce preconfezionato*) snack

meridiana [me·ri·'dia:·na] *f* (*orologio*) sundial

meridiano, -a[1] [me·ri·'dia:·no] *adj* (*di mezzo-giorno*) midday

meridiano[2] *m* GEO meridian

meridionale [me·ri·dio·'na:·le] I. *adj* 1. (*a sud, del sud*) southern; **l'Asia** ~ Southern Asia 2. (*del Sud d'Italia*) Southern Italian; **l'Italia** ~ Southern Italy II. *mf* 1. (*nativo, abitante*) southerner 2. (*del Sud d'Italia*) Southern Italian

meridione [me·ri·'dio:·ne] *m* 1. (*sud*) south 2. (*territorio*) South; **il Meridione** (*d'Italia*) the South of Italy

meringa [me·'riŋ·ga] <-ghe> *f* CULIN meringue

merino [me·'ri:·no] *adj* (*lana*) merino

meritare [me·ri·'ta:·re] I. *vt* 1. (*premio, punizione*) to deserve 2. *inf* (*prezzo*) to be worth 3. *solo 3a pers.* (*valere la pena*) to be worth; **non merita!** it's not worth it! II. *vr:* **-rsi** to deserve

meritato [me·ri·'ta:·to] *adj* (*giusto*) well-deserved

meritevole [me·ri·'te:·vo·le] *adj* deserving; ~ **di qc** worthy of sth

merito ['mɛ:·ri·to] *m* 1. (*valore*) merit; **premiare/punire qu secondo il** ~ to reward/punish sb according to merit; **a pari** ~ (*in competizioni*) tied; **per** ~ **di qu** thanks to sb 2. (*qualità*) merit 3. (*di problema, questione*) heart; **entrare nel** ~ **di qc** to go to the heart of sth; **in** ~ **a** with reference to

meritocratico, -a [me·ri·to·'kra:·ti·co] *adj* (*sistema, criterio*) meritocratic

meritocrazia [me·ri·to·kra·'tʃi:·a] *f* meritocracy

merletto [mer·'let·to] *m* (*pizzo*) lace

merlo[1] ['mɛr·lo] *m* ARCHIT battlement

merlo, -a[2] *m, f* (*uccello*) blackbird

merluzzo [mer·'lut·tso] *m* (*pesce*) cod

mescere ['meʃ·ʃe·re] *vt* LIT (*versare*) to pour

meschinità [mes·ki·ni·'ta] <-> *f* 1. (*grettezza*) pettiness 2. (*cosa gretta*) pettiness 3. (*miseria*) stinginess

meschino, -a [mes·'ki:·no] *adj* 1. (*gretto: persona*) petty 2. (*idea, sentimento*) petty 3. (*dono, ricompensa*) stingy; (*risultato*) poor

mescolanza [mes·ko·'lan·tsa] *f* 1. (*di sapori, stili*) mixture 2. (*di persone*) mix

mescolare [mes·ko·'la:·re] I. *vt* 1. (*rimestare*) to stir 2. (*mischiare: ingredienti*) to mix 3. (*scompigliare: oggetti*) to mix up; (*carte da gioco*) to shuffle; ~ **le carte** *fig* to confuse the issue 4. *fig* (*elementi diversi*) to confuse II. *vr:* **-rsi** 1. (*mischiarsi: ingredienti*) to mix 2. (*scompigliarsi: oggetti*) to get mixed up 3. (*confondersi: persone*) to mingle; **-rsi alla folla** to mingle with the crowd; (*frequentare*) to go around with 4. *fig* (*trovarsi, unirsi*) to be mixed

mescolata [mes·ko·'la:·ta] *f* **dare una** ~ **a qc** (*cibi*) to stir sth; (*carte*) to shuffle

mese ['me:·se] *m* 1. (*di calendario, periodo*) month; **il** ~ **di settembre** the month of September; **da -i** for ages; **essere al primo/**

secondo/terzo ~ to be one/two/three month(s) pregnant 2. (*stipendio*) monthly salary; (*affitto, canone, rata*) monthly payment

mesetto [me·'set·to] *m* about a month

messa ['mes·sa] *f* (*il mettere*) ~ **a fuoco** FOTO focusing; *fig* highlighting; ~ **in moto** ignition; ~ **in opera** installation; ~ **in piega** set; ~ **a punto** adjustment; ~ **in scena** *v.* **messinscena**

messa, Messa *f* 1. REL mass; **andare a** ~ to go to mass 2. MUS Mass

messaggero, -a [mes·sad·'dʒɛ:·ro] *m, f* (*inviato*) messenger

messaggiare [mes·sad·'dʒa:·re] I. *vi inf* to text II. *vt* ~ **qc a qu** *inf* to text sb sth III. *vr:* **-rsi** *inf* to text each other

messaggino [mes·sad·'dʒi:·no] *m* TEL text

messaggio [mes·'sad·dʒo] <-ggi> *m a. fig* message; ~ **pubblicitario** (*nei giornali*) advertisement; (*alla radio, in tv*) commercial; **il** ~ **di Natale del Papa** the Pope's Christmas message; **il** ~ **di un film/di un libro** a film's/book's message

messale [mes·'sa:·le] *m* REL missal

messia [mes·'si:·a] <-> *m* REL **il Messia** the Messiah

messicano, -a [mes·si·'ka:·no] I. *adj* (*del Messico*) Mexican II. *m, f* (*abitante*) Mexican

Messico ['mɛs·si·ko] *m* **il** ~ Mexico; **abitare in** ~ to live in Mexico; **andare in** ~ to go to Mexico

Messina [mes·'si:·na] *f* Messina, *a city in Sicily;* **lo stretto di** ~ the Strait of Messina

messinese [mes·si·'ne:·se] I. *adj* (*di Messina*) from Messina II. *mf* (*abitante*) person from Messina

Messinese <*sing*> *m* (*zona*) Messina area; **nel** ~ in the Messina area

messinscena, messa in scena [mes·sin·'ʃɛ:·na] <*messe in scena*> *f* 1. TEAT production 2. *fig* act

messo[1] ['mes·so] *pp di* **mettere**

messo[2] *m* ADMIN messenger; ~ **comunale** municipal messenger; ~ **del tribunale** usher

mestiere [mes·'tiɛ:·re] *m* 1. (*lavoro*) job; (*lavoro manuale*) trade; **essere del** ~ to be an expert 2. (*pratica*) experience 3. *pej* money-spinner

mesto, -a ['mɛs·to] *adj* (*triste*) sad

mestolo ['mes·to·lo] *m* (*da cucina*) ladle

mestruale [mes·tru·'a:·le] *adj* (*ciclo, flusso*) menstrual

mestruazione [mes·trua·'tsio:·ne] *f* (*ciclo*) menstruation; **avere le -i** to have one's period

meta ['mɛ:·ta] *f* 1. (*destinazione*) destination 2. *fig* (*scopo*) purpose 3. SPORT try

metà [me·'ta] <-> *f* 1. (*parte*) half; **si è mangiato** ~ **torta** he ate half the cake 2. (*punto di mezzo*) middle; **a** ~ in half; **a** ~ **libro** half-way through the book; **a** ~ **prezzo** half-price; **a** ~ **settimana** mid-week; **a** ~ **strada** half-way there 3. *fig, scherz* (*partner*) half; **la mia dolce** ~ my better half

M

metabolico, -a [me·ta·'bɔː·li·ko] <-ci, -che> *adj* BIOL metabolic

metabolismo [me·ta·bo·'liz·mo] *m* BIOL metabolism

metadone [me·ta·'dɔː·ne] *m* CHIM, MED methadone

metafisica [me·ta·'fiː·zi·ka] *f* FILOS metaphysics

metafisico, -a [me·ta·'fiː·zi·ko] <-ci, -che> *adj* FILOS metaphysical

metafora [me·'ta·fo·ra] *f* LING metaphor

metaforico, -a [me·ta·'fɔ·ri·ko] <-ci, -che> *adj* LING metaphorical

metallaro, -a [me·tal·'la·ro] *m, f* heavy metal fan

metallico, -a [me·'tal·li·ko] <-ci, -che> *adj* **1.**(*di metallo*) metal **2.**(*suono, voce, colore*) metallic

metallizzato, -a [me·tal·lid·'dza··to] *adj* (*colore*) metallic; (*auto*) metallized

metallo [me·'tal·lo] *m* metal; **di ~** metal

metallurgia [me·tal·lur·'dʒi·a] <-gie> *f* (*tecnica*) metallurgy

metallurgico, -a [me·tal·'lur·dʒi·ko] <-ci, -che> I. *adj* (*impianto, stabilimento*) metal II. *m, f* (*operaio*) metal worker

metalmeccanico, -a [me·tal·mek·'ka··ni·ko] I. *adj* (*industria, produzione*) engineering II. *m, f* (*operaio*) engineering worker

metamorfosi [me·ta·'mɔr·fo·zi] <-> *f a. fig* metamorphosis

metano [me·'ta·no] *m* CHIM methane; **a ~** methane; **funzionare/andare a ~** to be methane-powered

metanodotto [me·ta·no·'dot·to] *m* methane pipeline

metanolo [me·ta·'no:·lo] *m* CHIM methanol

metastasi [me·'tas·ta·zi] <-> *f* MED metastasis

meteo ['mɛː·teo] I.<inv> *adj* (*bollettino, previsioni*) weather II.<-> *m* (*bollettino*) weather forecast

meteora [me·'tɛː·o·ra] *f* ASTR meteor

meteorismo [me·te·o·'riː·z·mo] *m* MED meteorism

meteorite [me·te·o·'riː·te] *m o f* ASTR meteorite

meteorologia [me·te·o·ro·lo·'dʒi·a] <-gie> *f* meteorology

meteorologico, -a [me·te·o·ro·'lɔː·dʒi·ko] <-ci, -che> *adj* weather

meteorologo, -a [me·te·o·'rɔː·lo·go] <-gi, -ghe> *m, f* weather forecaster

meteosat ['mɛː·te·o·sat] <-> *m* weather satellite

meticcio, -a [me·'tit·tʃo] <-cci, -cce> *m, f* (*persona*) half-caste

meticolosità [me·ti·ko·lo·si·'ta] <-> *f* (*accuratezza*) meticulousness

meticoloso, -a [me·ti·ko·'loː·so] *adj* meticulous

metodica [me·'tɔː·di·ka] <-che> *f* (*metodo*) method

metodico, -a [me·'tɔː·di·ko] <-ci, -che> *adj* methodical

metodista [me·to·'dis·ta] <-i *m*, -e *f*> I. *adj* (*chiesa, religione*) Methodist II. *mf* (*seguace*) Methodist

metodo ['mɛː·to·do] *m* **1.**(*sistema*) method **2.**(*modo di agire*) way **3.**(*ordine*) method; **fare qc con ~** to do sth methodically **4.**(*manuale*) manual

metodologia [me·to·do·lo·'dʒi·a] <-gie> *f* (*metodo*) methodology

metodologico, -a [me·to·do·'lɔː·dʒi·ko] <-ci, -che> *adj* (*approccio, presupposto*) methodological

metratura [met·ra·'tuː·ra] *f* **1.**(*lunghezza*) length **2.**(*superficie*) size **3.**(*misurazione*) measurement

metrica ['mɛː·tri·ka] <-che> *f* LIT, LING metrics

metrico, -a ['mɛː·tri·ko] *adj* **1.** MAT metric **2.** LIT, LING metrical

metro¹ ['mɛː·tro] *m* **1.**(*unità di misura*) meter; **~ cubo** cubic meter, square meter **2.**(*strumento*) rule; **~ a nastro** tape measure **3.** *fig* (*criterio*) criteria *pl* **4.** LIT, LING meter

metro² ['mɛː·tro] *f inf* subway

metró [me·'trɔ] <-> *m* subway

metronomo [me·'trɔː·no·mo] *m* MUS metronome

metropoli [me·'trɔː·po·li] <-> *f* metropolis

metropolitana [me·tro·po·li·'taː·na] *f* subway

metropolitano, -a [me·tro·po·li·'taː·no] *adj* (*di metropoli*) metropolitan

mettere ['met·te·re] <metto, misi, messo> I. *vt* **1.**(*collocare: in luogo*) to put; (*in posizione*) to place; **~ in ordine/disordine** to tidy/untidy; **~ ad asciugare** to put out to dry; **~ a cuocere** to start cooking; **guarda dove metti i piedi!** watch where you put your feet! **2.**(*francobollo*) to stick; (*ingrediente*) to add; (*liquido*) to pour; (*chiave, chiodo*) to put; (*quadro, tende*) to hang **3.**(*persona*) to put; **~ qu in carcere/collegio** to send sb to prison/boarding school; **~ a letto** to put to bed; (*a ufficio, direzione*) to appoint **4.**(*indumento*) to put on **5.**(*telefono, ascensore*) to install **6.**(*abbaglianti*) to switch on; (*marcia*) to go into; **~ la sveglia** to set the alarm **7.**(*denaro, annuncio, firma, visto*) to put **8.**(*sentimento, stato d'animo*) to make **9.**(*energia, forza*) to put; **mettercela tutta** to give one's all; **metterci un'ora/un giorno/un anno** to take an hour/a day/ a year; **ci hanno messo due anni per finire il lavoro** it took them two years to finish the work **10.**(*loc*) **~ a confronto** to compare; **~ a disposizione** to make available; **~ su qc** (*casa, attività*) to set up; (*famiglia*) to start; **metti/mettiamo che ...** +*cong* suppose (that) ... II. *vr:* -**rsi 1.**(*in posizione*) to put oneself; -**rsi in piedi** to stand up; -**rsi a letto** to go to bed **2.**(*in condizione*) to make oneself; -**rsi comodi** to make oneself comfortable; -**rsi nei guai** to get into trouble; -**rsi a dieta** to go on a diet; -**rsi in aspettativa** to take a leave of absence; -**rsi in malattia/maternità** to go on sick/maternity leave **3.**(*indossare*) to put on; -**rsi in qc** to wear sth

M

4.(*infilarsi*) to put **5.**(*cominciare*) **-rsi a fare qc** to start to do sth **6.**(*unirsi*) **-rsi con qu** to join up with sb **7.**(*evolversi: situazione*) to turn out; **-rsi bene/male** to turn out well/badly

meublé [mœ·'ble] <-> *m* bed and breakfast

mezza ['mɛd·dza] <-> *f inf* (*ora*) twelve thirty

mezzadria [med·dza·'dri:·a] <-ie> *f* GIUR sharecropping

mezzadro [med·'dza:·dro] *m* GIUR sharecropper

mezzaluna [med·dza·'lu:·na] <mezzelune> *f* **1.**(*luna*) crescent **2.**(*arnese*) chopping knife

mezzanino [med·dza·'ni:·no] *m* (*di edificio*) mezzanine

mezzano, -a [med·'dza:·no] *adj* (*intermedio*) middle; **statura -a** medium build

mezzanotte [med·dza·'nɔt·te] <mezzenotti> *f* (*ora*) midnight; **a ~** at midnight

mezz'aria [med·'dza:·ria] *f* **a ~** in mid-air

mezzasega [med·dza·'se:·ga] <mezzeseghe> *mf vulg* **1.**(*basso*) dwarf **2.**(*mediocre*) no-hoper

mezz'asta [med·'dzas·ta] *f* **a ~** at half-mast

mezzelune *pl di* **mezzaluna**

mezzenotti *pl di* **mezzanotte**

mezzeria [med·dze·'ri:·a] <-ie> *f* (*di strada*) center line

mezzibusti *pl di* **mezzobusto**

mezzisoprani *pl di* **mezzo soprano**

mezzo, -a¹ ['mɛd·dzo] *adj* **1.**(*metà*) half; **~ litro di acqua/di olio** half a liter of water/oil; **-a giornata** half a day; **mezz'ora** half an hour; **-a pensione** half-board **2.**(*dopo numerale*) half; **tre litri e ~** three and a half liters; **sei mesi e ~** six and a half months; **otto anni e ~** eight and a half years **3.**(*nelle ore*) half; **le nove e mezza** [*o* **mezzo**] half-past nine **4.**(*intermedio*) middle; **a ~ strada** halfway; **di mezza età** middle-aged; **-a stagione** spring and fall **5.**(*davanti a aggettivo*) half; **la porta è -a chiusa** the door is half-closed; **un teatro ~ vuoto** a half-empty theater; **essere ~ morto** *fig* to be half-dead **6.**inf (*quasi intero*) a bit of a; **avere una -a idea** to have a vague idea; **un ~ scandalo** a bit of a scandal; **non dire neanche ~ parola** to not even open one's mouth; **mi dai ~ minuto?** can I have just a minute?; **~ mondo** everybody and his uncle

mezzo² *m* **1.**(*metà*) half **2.**(*parte centrale*) middle; **in ~ a** in the middle of; **nel** (**bel**) **~ di** (right) in the middle of; **via di ~** middle way; **andarci di ~** to be involved; **esserci di ~** to be at stake; **levarsi** [*o* **togliersi**] **di ~** to get out of the way **3.**(*strumento*) means *inv;* **-i di comunicazione** (**di massa**) mass media *pl;* **a ~** (**di**) by; **per ~ di** by means of; **il fine giustifica i -i** *prov* the end justifies the means *prov* **4.**(*veicolo*) vehicle; **-i pubblici** public transport **5.** *pl* (*denaro*) means *pl;* **essere privo di -i** to have no money **6.** *pl* (*capacità*) capability **7.** FIS, CHIM (*sostanza, fluido*) medium

mezzobusto, mezzo busto [med·dzo·'bus-

to] <mezzibusti> *m* bust; **a ~** head and shoulders

mezzofondista [med·dzo·fon·'dis·ta] <-i *m*, -e *f*> *mf* SPORT middle-distance runner

mezzofondo [med·dzo·'fon·do] *m* SPORT middle-distance

mezzogiorno [med·dzo·'dʒor·no] *m* **1.**(*ora*) noon; **a ~** at noon **2.**(*sud*) south **3.**(*meridione*) South; **il Mezzogiorno** the South of Italy

mezz'ora, mezzora [med·'dzo:·ra] <mezze ore> *f* **1.**(*metà ora*) half an hour **2.**(*periodo troppo lungo*) for ages; (*periodo troppo breve*) two seconds

mezzosoprano, mezzo soprano [med·dzo·so·'pra:·no] <mezzosoprani *o* mezzisoprani> *m* MUS mezzo soprano

mi¹ [mi] **I.** *pron* **1.***pers sing* **1.**(*me: complemento oggetto*) me; **non ~ toccare!** don't touch me!; **~ stai ascoltando?** are you listening to me? **2.**(*a me: complemento di termine*) (to) me; **datemi una mano!** give me a hand!; **~ ha regalato dei fiori** he gave me some flowers; (*davanti a lo, la, li, le, ne diventa me*) (to) me; **me lo presterai?** will you lend me it? [*o* will you lend it to me?]; **puoi prestarmelo?** can you lend me it? [*o* can you lend it to me?]; **me la porterai dopo** you can bring me it later [*o* you can bring it to me later]; **potresti portarmela dopo** you could bring me it later [*o* you could bring it to me later]; **me le hai già date** you've already given me them [*o* you've already given me them to me]; **vuoi darmele subito?** do you want to give me them right away? [*o* do you want to give them to me right away?]; **me ne hanno parlato** they talked to me about it **II.** *pron* **1.***pers sing* myself; **~ vesto** I get dressed; **mi sono lavata la faccia** I washed my face; **mi sono fatto male** I hurt myself

mi² <-> *m* MUS E

miagolare [mia·go·'la:·re] *vi* (*gatto*) to meow

miagolio [mia·go·'li:·o] <-ii> *m* (*di gatto*) meowing

miao ['mia:·o] *interj* meow

MIB **I.** *m abbr di* **Milano Indice Borsa** FIN Milan Stock Exchange Index **II.** *adj* **indice ~** Milan Stock Exchange Index

MIBTEL **I.** *m abbr di* **Milano Indice Borsa Telematico** FIN Milan Stock Exchange Telematic Index **II.** *adj* **indice ~** Milan Stock Exchange Telematic Index

mica ['mi:·ka] *adv* **1.**inf (*affatto, per niente*) at all; **non sono ~ arrabbiato** I'm not at all angry **2.**inf (*non: senza altra negazione*) not; **~ sono matto!** I'm not mad!; **~ tanto** not that much; **~ male!** not bad! **3.**inf (*per caso*) by chance

miccia ['mit·tʃa] <-cce> *f* (*dispositivo*) fuse

micidiale [mi·tʃi·'dia:·le] *adj* **1.**(*mortale: arma, gas, veleno*) lethal **2.**(*dannoso: alimento, clima*) dangerous **3.**inf (*intollerabile,*

M

M

terribile) terrible; **una battuta** ~ a conversation stopper; **una risposta/una frase** ~ a cutting reply/sentence **4.** *inf* (*potente: pugno, tiro*) murderous

micio, -a ['mi:·tʃo] <-ci, -ce> *m, f inf* (*gatto*) puss

micosi [mi·'kɔ:·zi] <-> *f* MED mycosis

microanalisi [mi·kro·a·'na:·li·zi] <-> *f* CHIM, SCIENT microanalysis

microbico, -a [mi·'kro:·bi·ko] *adj* BIOL microbial

microbiologia [mi·kro·bi·o·lo·'dʒi:·a] *f* microbiology

microbiologico, -a [mi·kro·bi·o·'lɔ:·dʒi·ko] <-ci, -che> *adj* BIOL microbiological

microbo ['mi:·kro·bo] *m* **1.** (*germe*) germ **2.** *fig, pej* (*persona mediocre, nullità*) ignoramus

microchirurgia [mi·kro·ki·rur·'dʒi:·a] *f* MED microsurgery

microcircuito [mi·kro·tʃir·'ku:i·to] *m* ELETT microcircuit

microclima [mi·kro·'kli:·ma] *m* **1.** GEO, METEO microclimate **2.** (*di ambiente chiuso*) hothouse atmosphere

microcosmo [mi·kro·'kɔz·mo] *m a. pej* microcosm

microcriminalità [mi·kro·kri·mi·na·li·'ta] <-> *f* petty crime

microdelinquenza [mi·kro·de·liŋ·'kuen·tsa] *f v.* **microcriminalità**

microeconomia [mi·kro·e·ko·no·'mi:·a] *f* ECON microeconomics

microelettronica [mi·kro·e·let·'trɔ:·ni·ka] *f* microelectronics

microfibra [mi·kro·'fi:·bra] *f* microfiber

microfiche [mi·kro·'fiʃ] <- *o* microfiches> *f* (*microscheda*) microfiche

microfilm [mi·kro·'film] <-> *m* (*pellicola*) microfilm

microfilmare [mi·kro·fil·'ma:·re] *vt* to microfilm

microflora [mi·kro·'flɔ:·ra] *f* BIOL, BOT, ECOL (*batterica*) microflora

microfonare [mi·kro·fo·'na:·re] *vt* (*persona, luogo, strumento*) to fit with a microphone

microfono [mi·'krɔ:·fo·no] *m* **1.** (*amplificatore*) microphone **2.** *inf* (*cornetta del telefono*) receiver

microlettore [mi·kro·let·'to:·re] *m* TEC microreader

microonda [mi·kro·'on·da] *f* FIS microwave; **forno a -e** microwave oven

microonde [mi·kro·'on·de] <-> *m inf* (*forno*) microwave oven

micropolvere [mi·kro·'pol·ve·re] *f* (*polveri sottili*) particulates

microprocessore [mi·kro·pro·tʃes·'so:·re] *m* COMPUT microprocessor

microregistratore [mi·kro·re·dʒis·tra·'to:·re] *m* (*tascabile*) microrecorder

microrganismo [mi·kro·or·ga·'niz·mo] *m* BIOL microorganism

microscopia [mi·kro·sko·'pi:·a] <-ie> *f* SCIENT microscope

microscopico, -a [mi·kros·'kɔ:·pi·ko] <-ci, -che> *adj a. scherz* SCIENT microscopic

microscopio [mi·kro·'skɔ:·pio] *m* microscope

microsecondo [mi·kro·se·'kon·do] *m* **1.** FIS microsecond **2.** *inf* (*istante*) instant

microsonda [mi·kro·'son·da] *f* TEC microsound

microspia [mi·kros·'pi:·a] *f* bug

microstruttura [mi·kro·strut·'tu:·ra] *f a. fig* microstructure

MIDI ['mi·di] *abbr di* **Musical Instrument Digital Interface I.** <-> *m* COMPUT, MUS MIDI **II.** *adj* <inv> (*brano, canzone, file*) MIDI

midollo [mi·'dol·lo] <-a *f*> *m* **1.** ANAT, CULIN marrow; ~ **osseo** bone marrow; ~ **spinale** spinal cord **2.** *fig* (*profondo, intimo*) marrow; **fino alle -a** [*o* al ~] through and through

mie, miei ['mi:·e, 'mjɛ:·i] *v.* **mio**

miele ['mjɛ:·le] *m* (*alimento*) honey; **luna di** ~ honeymoon

mietere ['mjɛ:·te·re] *vt* **1.** (*tagliare: avena, grano, orzo*) to harvest **2.** *fig* (*uccidere*) to kill; ~ **vittime** to claim victims; *inf* (*conquistare*) to conquer all and sundry **3.** *fig* (*conseguire: consensi, successi*) to gather

mietitore, -trice [mie·ti·'to:·re] *m, f* harvester

mietitrebbiatrice [mie·ti·treb·bia·'tri:·tʃe] *f* (*mietitrebbia*) combine harvester

mietitrice [mie·ti·'tri:·tʃe] *f* (*macchina*) harvester

mietitura [mie·ti·'tu:·ra] *f* **1.** (*attività*) harvesting **2.** (*periodo*) harvest

migliaio [miʎ·'ʎa:·io] <-aia *f*> *m* **1.** (*mille, circa mille*) thousand; **un ~ di qc** about a thousand sth **2.** (*grande numero*) thousand; **-aia di ...** thousands of ...; **a -aia** by the thousand

miglio¹ ['miʎ·ʎo] <-glia *f*> *m* **1.** (*unità di misura*) mile **2.** *fig* (*grande distanza*) mile; **essere lontano un** ~ [*o* **mille -glia**] *fig* to be nowhere near; **si vede lontano un** ~ (**che ...**) *fig* you can see from a mile away (that ...)

miglio² <-gli> *m* BOT millet

miglioramento [miʎ·ʎo·ra·'men·to] *m* **1.** (*di situazione, salute, edificio*) improvement **2.** (*di stipendio*) rise

migliorare [miʎ·ʎo·'ra:·re] **I.** *vt avere* (*rendere migliore*) to improve **II.** *vi essere* **1.** (*diventare migliore*) to improve **2.** (*stare meglio*) to get better **III.** *vr:* **-rsi** to improve oneself

migliorativo, -a [miʎ·ʎo·ra·'ti:·vo] *adj* (*intervento, provvedimento*) remedial

migliore [miʎ·'ʎo:·re] **I.** *adj comp di* **buono** ~ **di** (*comparativo*) better; **il** ~ (*superlativo relativo*) the best; **nel** ~ **dei casi** at best; **nella** ~ **delle ipotesi** at best **II.** *mf* the best

miglioria [miʎ·ʎo·'ri:·a] <-ie> *f* (*di edificio, strada*) improvement

mignolo ['miɲ·ɲo·lo] *m* **1.** (*della mano*) little finger **2.** (*del piede*) little toe

mignon [miɲ·'ɲon] <inv> *adj* (*piccolo*) miniature; **pasticceria ~** petit fours *pl*

mignotta [miɲ·'ɲot·ta] *f vulg* (*sgualdrina*) whore

migrare [mi·'graː·re] *vi essere* (*uccelli*) to migrate

migratore, -trice [mi·graˑ'toː·re] I. *adj* (*animale, popolo*) migrant II. *m, f* migrant

migrazione [mi·gratˑ'tsioː·ne] *f* (*di popolo, animale*) migration

mila ['miː·la] *pl di* **mille**

milanese¹ [mi·la·'neː·se] <*sing*> *m* (*dialetto*) Milanese dialect

milanese² I. *adj* (*di Milano*) Milanese; **cotoletta alla ~** fried cutlet Milan style; **risotto alla ~** risotto with saffron II. *mf* (*abitante*) Milanese

milanese³ *f* (*cotoletta*) wiener schnitzel

Milanese <*sing*> *m* (*zona*) Milan area; **nel ~** in the Milan area

milanista [mi·la·'nis·ta] <-i *m*, -e *f*> I. *adj* SPORT (*del Milan*) Milan II. *mf* SPORT (*giocatore*) Milan player; (*tifoso*) Milan fan

Milano [mi·'laː·no] *f* Milan

miliardario, -a [mil·iar·'daː·rio] <-i, -ie> I. *adj* billionaire II. *m, f* (*persona ricchissima*) billionaire

miliardesimo, -a¹ [mil·iar·'dɛː·zi·mo] I. *adj* 1. (*numerale ordinale*) billionth 2. *inf* (*ennesimo*) umpteenth II. *m, f* umpteenth person [*o thing*]

miliardesimo² *m* (*frazione*) billionth

miliardo [mi·'liar·do] *m* 1. (*numero*) billion; (*di euro*) billion 2. *inf* (*quantità enorme*) million

miliare [mi·'liaː·re] *adj* **pietra ~** *a. fig* milestone

milieu [mi·'ljø] <-> *m* (*ambiente, contesto*) milieu

milionario, -a [mi·lio·'naː·rio] <-i, -ie> I. *adj* millionaire II. *m, f* millionaire

milione [mi·'lioː·ne] *m* 1. (*numero, di soldi*) million; (*di euro*) million euros 2. *inf* (*quantità enorme*) million

milionesimo, -a¹ [mi·lio·'nɛː·zi·mo] I. *adj* 1. (*numerale ordinale*) millionth 2. *inf* (*ennesimo*) millionth II. *m, f* millionth

milionesimo² *m* (*frazione*) millionth

militante [mi·li·'tan·te] I. *adj* (*impegnato*) militant II. *mf* (*attivista*) activist

militanza [mi·li·'tan·tsa] *f* 1. (*impegno, attivismo*) militancy 2. (*insieme di persone*) team

militare¹ [mi·li·'taː·re] I. *adj* (*di soldati, esercito*) military; **servizio ~** military service; **zona ~** military zone II. *mf* (*soldato*) soldier; **fare il ~** to do one's military service

militare² *vi* 1. (*fare il soldato*) to serve 2. (*impegnarsi*) to be involved

militaresco [mi·li·ta·'res·ko] *adj* military

militarismo [mi·li·ta·'riz·mo] *m* militarism

militarista [mi·li·ta·'ris·ta] <-i *m*, -e *f*> I. *adj* (*politica, propaganda, stato*) militaristic II. *mf* (*persona*) militarist

militarizzare [mi·li·ta·rid·'dzaː·re] *vt* (*città, porto, territorio*) to militarize

militarizzazione [mi·li·ta·rid·dzat·'tsioː·ne] *f* (*di città, porto, territorio*) militarization

militassolto, -a [mi·li·tas·'sɔl·to] *adj* ADMIN (*in annunci economici*) exempt from military service

milite ['miː·li·te] *m* 1. LIT (*soldato*) soldier; **~ ignoto** unknown soldier 2. (*militare*) member

militesente [mi·li·te·'zɛn·te] *adj* ADMIN (*in annunci economici*) exempt from military service

milizia [mi·'lit·tsia] <-ie> *f* (*corpo armato*) militia

miliziano, -a [mi·lit·'tsiaː·no] *m, f* (*civile armato*) militiaman

millantatore, -trice [mil·lan·ta·'toː·re] I. *adj* (*spaccone*) boastful II. *m, f* (*persona spaccona*) boaster

mille ['mil·le] <**mila**> I. *num* 1. (*numerale cardinale*) a [*o* one] thousand; **~ euro** a [*o* one] thousand euros; **da ~ e una notte** out of this world 2. (*posposto: numerale ordinale*) one thousand 3. *inf* (*moltissimi*) thousands of; **ho ~ cose da fare** I've got thousands of things to do; **~ auguri!** very best wishes!; **~ grazie!** thank you so much!; **~ scuse!** I'm so sorry! II. <-> *m* 1. (*numero*) a [*o* one] thousand; **il Mille** the year one thousand A.D.; **i Mille** *the Thousand* (*supporters of Garibaldi*) 2. (*nelle percentuali*) thousand; **per ~** per thousand

millecento [mil·le·'tʃɛn·to] I. <*sing*> *m* **il Millecento** (*secolo*) the twelfth century II. <-> *f* (*automobile*) *type of Italian car with a 1100 cc engine*

millefoglie [mil·le·'fɔʎ·ʎe] <-> *m o f* CULIN millefeuille

millenario, -a¹ [mil·le·'naː·rio] <-i, -ie> *adj* 1. (*di mille anni*) millenial 2. (*ogni mille anni*) millenary

millenario² <-i> *m* (*ricorrenza*) millenium

millennio [mil·'lɛn·nio] <-i> *m* millenium

millepiedi [mil·le·'piɛː·di] <-> *m* millipede

millesimale [mil·lɛ·zi·'maː·le] *adj* 1. (*millesima parte*) thousandth 2. (*piccolissimo*) minute

millesimo, -a¹ [mil·'lɛː·zi·mo] I. *adj* 1. (*numerale ordinale*) thousandth 2. *inf* (*ennesimo*) thousandth II. *m, f* thousandth

millesimo² *m* (*frazione*) thousandth

milleusi [mil·le·'uː·zi] <inv> *adj* multi-purpose

milligrammo [mil·li·'gram·mo] *m* milligram

millilitro [mil·'li·lit·ro] *m* milliliter

millimetrato, -a [mil·li·me·'traː·to] *adj* **carta -a** graph paper

millimetro [mil·'liː·met·ro] *m* 1. (*unità di misura*) millimeter 2. *a. fig, inf* (*minimo*) inch; **al ~** *fig* (*con precisione*) to the last millimeter

milza ['mil·tsa] *f* ANAT spleen

mimare [mi·'maː·re] *vt* 1. (*scena*) to mime 2. (*persona*) to imitate

mimetico, -a [mi·'mɛː·ti·ko] <-ci, -che> *adj*

M

1. *a. fig* MIL (*tuta, vettura, vernice*) camouflage **2.** ZOOL, BOT mimetic **3.** (*arte, abilità, forza*) mimetic

mimetismo [mi·me·'tiz·mo] *m* **1.** ZOOL, BOT camouflage **2.** *fig, pej* (*opportunismo*) opportunism

mimetizzare [mi·me·tid·'dza:·re] **I.** *vt* MIL (*carro armato, trincea*) to camouflage **II.** *vr:* **-rsi** (*soldato, animale, pianta*) to camouflage oneself

mimica ['mi:·mi·ka] <-che> *f* **1.** (*gestualità*) gestures **2.** (*arte*) mime

mimico, -a ['mi:·mi·ko] <-ci, -che> *adj* **1.** (*gestuale*) mime; **linguaggio** ~ sign language **2.** (*del mimo: arte, teatro*) mime

mimo, -a ['mi:·mo] *m, f* **1.** (*attore*) mime artist **2.** (*arte*) mime

mimosa [mi·'mo:·sa] *f* (*pianta*) mimosa

min. 1. minuto **2.** minimo

mina ['mi:·na] *f* **1.** MIL (*ordigno*) mine; ~ **antiuomo** anti-personnel mine; ~ **vagante** *fig* ticking bomb; *scherz* walking time bomb **2.** (*carica esplosiva*) mine **3.** (*di matita*) lead

minaccia [mi·'nat·tʃa] <-cce> *f* threat

minacciare [mi·nat·'tʃa:·re] *vt* to threaten; ~ **qu di qc** to threaten sb with sth; ~ **di fare qc** to threaten to do sth

minaccioso, -a [mi·nat·'tʃo:·so] *adj* threatening

minare [mi·'na:·re] *vt* **1.** (*terreno, ponte, strada*) to mine **2.** *fig* (*insidiare*) to undermine

minareto [mi·na·'re:·to] *m* minaret

minatore, -trice [mi·na·'to:·re] *m, f* (*in miniera*) miner

minatorio, -a [mi·na·'tɔ:·rio] <-i, -ie> *adj* (*frase, discorso*) threatening; **lettera -a** threatening letter

minchia ['miŋ·kia] <-chie> *f mer, vulg* (*pene*) cock

minchione, -a [miŋ·'kio:·ne] *m, f vulg* (*sciocco*) prick

minerale¹ [mi·ne·'ra:·le] **I.** *adj* (*elemento, sostanza, sale*) mineral; **acqua** ~ mineral water **II.** *m* mineral

minerale² *f* (*acqua, bottiglia*) mineral water

mineralogia [mi·ne·ra·lo·'dʒi:·a] <-gie> *f* mineralogy

minerario, -a [mi·ne·'ra:·rio] <-i, -ie> *adj* (*delle miniere*) mining

minerva® [mi·'nɛr·va] <-> *mpl* (*fiammiferi*) safety matches *pl*

minestra [mi·'nɛs·tra] *f* **1.** (*zuppa*) soup; ~ **riscaldata** *fig* the same soup, just reheated **2.** *fig* (*faccenda, storia*) story; **è sempre la solita** ~ **!** it's the same old story!

minestrina [mi·nes·'tri:·na] *f* broth

minestrone [mi·nes·'tro:·ne] *m* **1.** (*zuppa*) minestrone **2.** *fig, inf* (*miscuglio*) jumble

mingherlino, -a [miŋ·ger·'li:·no] *adj* (*persona, corpo*) skinny

mini ['mi:·ni] **I.** <inv> *adj* (*piccolo, corto, breve*) mini **II.** <-> *f* (*minigonna*) miniskirt

miniabito [mi·ni·'a:·bi·to] *m* mini-dress

minialloggio [mi·ni·al·'lɔd·dʒo] <-ggi> *m v.* **miniappartamento**

miniappartamento [mi·ni·ap·par·ta·'men·to] *m* small apartment

miniatura [mi·nia·'tu:·ra] *f* **1.** (*tecnica*) miniature painting **2.** (*dipinto*) miniature **3.** (*modellino*) miniature model; **in** ~ in miniature

minibasket [mi·ni·'bas·ket] *m* SPORT mini-basketball

miniera [mi·'niɛ:·ra] *f a. fig* mine; ~ **d'oro** *fig* gold mine

minigonna [mi·ni·'gon·na/mi·ni·'gɔn·na] (*indumento*) miniskirt

minima ['mi:·ni·ma] *f* **1.** (*temperatura*) minimum temperature **2.** (*pressione*) minimum blood pressure level **3.** MUS (*nota*) minim **4.** (*pensione*) minimum pension

minimale [mi·ni·'ma:·le] *adj* minimum

minimalismo [mi·ni·ma·'liz·mo] *m* ART, LIT, MUS, POL minimalism

minimalista [mi·ni·ma·'lis·ta] <-i *m*, -e *f*> **I.** *adj* ART, LIT, MUS, POL, FASHION minimalist **II.** *mf* (*seguace*) minimalist

minimamente *adv* (*per nulla, affatto*) at all

minimarket [mi·ni·'ma:·kit] <-> *m* mini market

minimizzare [mi·ni·mid·'dza:·re] *vt* to minimalize

minimo, -a¹ ['mi:·ni·mo] *adj superl di* **piccolo** **1.** (*piccolissimo*) very small **2.** (*il più piccolo*) least; **non avere la -a idea di qc** to not have the faintest idea about sth **3.** (*tempo*) minimum **4.** (*voto, temperatura, pressione*) lowest; **prezzo** ~ lowest price **5.** (*importanza, particolare, problema*) slightest

minimo² *m* **1.** (*la quantità/misura più piccola*) minimum; **al** ~ (*volume, gas*) on low; **come** [*o* **al**] ~ (*almeno*) at the very least **2.** (*la cosa più piccola*) least **3.** (*di motore*) low gear

miniregistratore [mi·ni·re·dʒis·tra·'to:·re] *m* minirecorder

miniserie [mi·ni·'sɛ:·rie] <-> *f* TV miniseries

ministeriale [mi·nis·te·'ria:·le] *adj* (*di un ministero*) ministerial; **decreto** ~ ministerial decree

ministero [mi·nis·'tɛ:·ro] *m* **1.** (*dicastero*) department; **Ministero dell'Ambiente** Environmental Protection Agency; **Ministero degli (Affari) Esteri** Department of State; **Ministero degli (Affari) Interni** [*o* **Ministro dell'Interno**] Department of the Interior; **Ministero dei Beni e delle Attività Culturali** Department of Arts and Culture; **Ministero della Difesa** Department of Defense; **Ministero dell'Economia e delle Finanze** Department of the Treasury; **Ministero della Giustizia** Department of Justice; **Ministero dell'Istruzione, dell'Università e della Ricerca** Department of Education; **Ministero per le Pari Opportunità** Equal Employment Opportunity Commission; **Ministero della Salute** Department of Health and Human Services **2.** (*edificio*) department **3.** (*periodo, go-*

verno) administration **4.** GIUR **pubblico ~** (*magistrato*) District Attorney

ministro [mi·'nis·tro] *m* (*del governo*) secretary; **primo ~** Prime Minister

minoranza [mi·no·'ran·tsa] *f* **1.** (*gener*) minority **2.** POL (*opposizione*) Opposition

minorato, -a [mi·no·'ra:·to] **I.** *adj* (*disabile*) disabled **II.** *m, f* disabled person

minorazione [mi·no·rat·'tsio:·ne] *f* (*menomazione*) handicap

minore [mi·'no:·re] **I.** *adj comp di* **piccolo 1.** (*comparativo*) **~ di** less than; **il/la ~** (*superlativo relativo*) the least **2.** (*per dimensioni*) smaller **3.** (*per quantità*) lower **4.** (*per intensità, forza, gravità*) lesser **5.** (*per importanza*) minor; **Asia Minore** Asia Minor; **Orsa ~** Ursa Minor **6.** (*di età*) younger **7.** MAT less **8.** MUS (*accordo, scala*) minor **II.** *mf* **1.** (*più giovane*) youngest **2.** (*minorenne*) minor

minorenne [mi·no·'rɛn·ne] **I.** *adj* underage **II.** *mf* minor

minorile [mi·no·'ri:·le] *adj* juvenile; **delinquenza ~** juvenile delinquency; **lavoro ~** child labor

minoritario, -a [mi·no·ri·'ta:·rio] <-i, -ie> *adj* (*gruppo, partito, voto*) minority

minuetto [mi·nu·'et·to] *m* MUS minuet

minuscola [mi·'nus·ko·la] *f* lower case letter

minuscolo, -a [mi·'nus·ko·lo] *adj* **1.** (*lettera, carattere, iniziale*) lower case **2.** (*piccolissimo*) miniscule

minuta [mi·'nu:·ta] *f* (*brutta copia*) draft

minuto, -a¹ [mi·'nu:·to] **I.** *adj* **1.** (*piccolo*) minute **2.** (*sabbia, neve, pioggia*) fine **3.** (*corporatura, lineamenti*) delicate **II. al ~** retail

minuto² *m* **1.** (*unità di tempo*) minute; **~ primo** minute; **~ secondo** second; **al ~** per minute; **spaccare il ~** *fig* (*persona*) to always be on time; (*orologio*) to always be accurate **2.** (*momento*) moment; **a -i** any time now; **da un ~ all'altro** suddenly; **in** [*o* **tra**] **un ~** immediately; **avere i -i contati** (*avere fretta*) to be in a rush; (*essere sul punto di morire*) to have little time left

minuzioso, -a [mi·nut·'tsio:·so] *adj* **1.** (*persona*) meticulous **2.** (*lavoro*) detailed

mio, -a ['mi:·o] <miei, mie> **I.** *adj* my; **la -a speranza** my hope; **~ padre/zio** my father/ uncle; **il ~ caro cugino** my dear cousin; **i miei fratelli** my brothers; **un ~ amico** a friend of mine; **a casa -a** (*stato*) at my house; (*moto*) to my house; **mamma -a!** good heavens!; **Dio ~!** [*o* **~ Dio!**] my God!; **dei miei stivali** *pej* completely useless **II.** *pron* **1. il ~, la -a** mine **2. la -a** (*lettera*), **rispondo con questa** a **alla tua ultima** I'm replying to your last letter; (*opinione*) my say; **dalla -a** (*parte*) on my side **3. il ~** (*ciò che mi appartiene*) mine; (*patrimonio, denaro, proprietà*) my own (income/ money/property); (*apporto personale*) my own contribution; **non c'è niente di ~ qui** there's nothing of mine here; **i miei** (*genitori*) my parents; (*parenti*) relatives; **le mie** (*scap-*

patelle, sciocchezze) some silly mistakes; **ne ho fatta una delle -e** I've done it again!; **sono stato sulle mie** I kept to myself

miope ['mi:·o·pe] **I.** *adj* MED (*occhio, persona, vista*) short-sighted **II.** *mf* MED short-sighted person

miopia [mio·'pi:·a] <-ie> *f fig* MED short-sightedness

mira ['mi:·ra] *f* **1.** (*di tiro*) aim; **prendere la ~** to take aim; **prendere di ~ qu** *fig* to pick on sb **2.** *fig* (*scopo*) goal

miracolato, -a [mi·ra·ko·'la:·to] *adj* **1.** (*infermo, malato, cieco*) miraculously cured **2.** *fig* (*salvato, graziato*) miraculously saved

miracolo [mi·'ra:·ko·lo] *m* **1.** *a. fig* miracle; **conoscere** [*o* **sapere**] **vita, morte e -i di qu** to know everything about sb; **per ~** miraculously; **~ economico** economic miracle **2.** *fig* (*genio, mostro*) wonder

miracoloso, -a [mi·ra·ko·'lo:·so] *adj* miraculous

miraggio [mi·'rad·dʒo] <-ggi> *m* **1.** (*ottico*) mirage **2.** *fig* (*illusione*) illusion

mirare [mi·'ra:·re] *vi a. fig* to aim; **~ a qc** (*parte del corpo*) to aim at sth; (*potere, denaro*) to aspire to sth; **~ lontano** [*o* **in alto**] to aim high

mirato [mi·'ra:·to] *adj* (*intervento, provvedimento, cura*) with the aim of

miriade [mi·'ri:·a·de] *f* (*grande quantità*) host

mirino [mi·'ri:·no] *m* **1.** (*di arma*) sight; **essere** [*o* **trovarsi**] **nel ~ di qu** *a. fig* to have sb's eyes on one **2.** (*di apparecchio*) viewfinder

mirra ['mir·ra] *f* BOT myrrh

mirtillo [mir·'til·lo] *m* (*frutto*) blueberry

mirto ['mir·to] *m* (*pianta*) myrtle

misantropo, -a [mi·'zan·tro·po] **I.** *adj* (*atteggiamento, comportamento*) misanthropic **II.** *m, f* (*persona scontrosa*) misanthrope

miscela [miʃ·'ʃɛː·la] *f* **1.** (*carburante*) mixture of 98% gasoline and 2% oil **2.** (*di caffè*) blend **3.** (*di elementi diversi*) mixture

miscelare [miʃ·ʃe·'la:·re] *vt* (*mescolare*) to mix

miscelatore [miʃ·ʃe·la·'to:·re] *m* **1.** (*apparecchio*) mixer **2.** (*rubinetto*) mixer tap **3.** (*per cocktail*) mixer

miscellanea [miʃ·ʃel·'la:·nea] *f* **1.** (*volume*) miscellany **2.** (*di opuscoli*) collection **3.** (*rubrica*) miscellaneous news

miscellaneo, -a [miʃ·ʃel·'la:·neo] <-ei, -ee> *adj* (*libro, testo, volume*) miscellaneous

mischia ['mis·kia] <-schie> *f* **1.** (*rissa*) brawl; **buttarsi** [*o* **gettarsi**] **nella ~** to enter the fray **2.** SPORT (*nel rugby*) scrum

mischiare [mis·'kia:·re] **I.** *vt* **1.** *a. fig* to mix **2.** (*confondere*) to mix up; **~ le carte** to shuffle the deck **II.** *vr* (*unirsi: persona*) to mix

misconosciuto, -a [mis·ko·noʃ·'ʃu:·to] *adj* (*sottovalutato*) underrated

miscredente [mis·kre·'dɛn·te] **I.** *adj* (*persona, comportamento*) non-religious **II.** *mf* (*ateo*) non-believer

miscuglio [mis·'kuʎ·ʎo] <-gli> *m* **1.** (*di ele-*

M

menti, sostanze) mixture **2.**(*di persone, razze*) mix **3.**fig (*di idee, pensieri, sentimenti*) hotchpotch

miserabile [mi·ze·'ra:·bi·le] **I.** *adj* **1.**(*povero*) wretched **2.** *pej* (*spregevole*) despicable **3.**(*scarso: compenso, offerta, paga*) poor **II.** *mf* **1.**(*persona povera*) poor person **2.**(*persona spregevole*) wretch

miserere [mi·ze·'rɛ:·re] <-> *m* REL (*salmo*) Miserere

miserevole [mi·ze·'re:·vo·le] *adj* (*condizione, vita, stato*) wretched

miseria [mi·'zɛ:·ria] <-ie> *f* **1.**(*povertà*) poverty **2.**(*somma esigua*) next-to-nothing **3.**fig (*meschinità*) pettiness **4.**(*loc*) **la ~!** [*o* **per la miseria!**] |*o* **porca ~!**] *inf* damn it!

misericordia [mi·ze·ri·'kɔr·dia] <-ie> *f* (*pietà*) mercy; **avere ~ di qu** to have mercy on sb

misericordioso, -a [mi·ze·ri·kor·'dio:·so] *adj* (*caritatevole*) merciful

misero, -a ['mi:·ze·ro] **I.** *adj* **1.**(*povero*) poor **2.**(*infelice*) wretched **3.**(*scarso, inadeguato*) scant **4.**(*spregevole*) wretched **II.** *m, f* (*persona povera, infelice*) poor person

misfatto [mis·'fat·to] *m* crime

misi ['mi:·zi] *1. pers sing pass rem di* **mettere**

mismatch ['mis·mætʃ] <-> *m* mismatch

misogino, -a [mi·'zɔ:·dʒi·no] **I.** *adj* (*atteggiamento, comportamento*) misogynistic **II.** *m, f* (*persona*) mysoginist

miss [mis] <-> *f* (*in un concorso*) beauty queen; **~ Universo** Miss Universe

missile ['mis·si·le] *m* AERO (*veicolo, arma*) missile

missilistico, -a [mis·si·'lis·ti·ko] <-ci, -che> *adj* missile; **base -a** missile base

missionario, -a [mis·sio·'na:·rio] <-i, -ie> **I.** *adj a.* fig missionary **II.** *m, f* **1.**(*religioso*) missionary **2.**fig (*propugnatore*) envoy

missione [mis·'sio:·ne] *f* **1.**(*incarico*) mission **2.**(*scientifica*) mission **3.**ADMIN (*trasferta*) **indennità di ~** travel allowance **4.**REL (*apostolato*) mission **5.**(*alto compito*) mission

missiva [mis·'si:·va] *f a.* scherz (*lettera*) missive

mister ['mis·tə] <-> *m* **1.**(*in un concorso*) mister **2.**SPORT (*allenatore*) manager

misterioso, -a [mis·te·'rio:·so] **I.** *adj* **1.**(*inspiegabile*) mysterious **2.**(*sospetto*) suspicious; (*enigmatico*) enigmatic **3.**(*sconosciuto, segreto*) secret **II.** *m, f* **1.**(*cosa inspiegabile*) mystery **2.**(*persona sospetta, enigmatica*) mystery man *m*, mystery woman *f*

mistero [mis·'tɛ:·ro] *m* **1.**(*enigma*) mystery; **~!** who knows! **2.**(*segreto*) secret; **(non) fare ~ di qc** to (not) make a mystery of sth **3.**REL mystery

mistica ['mis·ti·ka] <-che> *f* **1.**REL, LIT mysticism **2.**(*di partito, ideologia*) mystique

misticismo [mis·ti·'tʃiz·mo] *m* **1.**REL mysticism **2.**(*adesione totale*) total faith

mistico, -a ['mis·ti·ko] <-ci, -che> **I.** *adj* REL

(*contemplazione, ascesi*) mystical **II.** *m, f* mystic

mistificare [mis·ti·fi·'ka:·re] *vt* (*realtà, verità, fatto*) to distort

mistificatore, -trice [mis·ti·fi·ka·'to:·re] *m, f* (*impostore*) hoaxer

mistificazione [mis·ti·fi·kat·'tsio:·ne] *f* (*di realtà, verità, fatto*) distortion

misto, -a¹ ['mis·to] *adj* **1.**(*mescolato*) mixed; **antipasti -i** mixed appetizers; **classe/scuola -a** mixed class/school; **fritto ~** dish of different types of fried fish or meat; **insalata -a** mixed salad; **matrimonio ~** mixed marriage **2.**(*tessuto*) blended

misto² *m* **1.**(*miscuglio*) mixture **2.**(*tessuto*) blend

mistura [mis·'tu:·ra] *f* **1.**(*mescolanza*) mixture **2.**(*intruglio*) concoction

misura [mi·'zu:·ra] *f* **1.**(*grandezza*) measure **2.**(*dimensioni*) size; **prendere le -e a qu** to take sb's measurements; **su ~** custom made **3.**(*taglia*) size **4.**(*misurazione*) measurement; **avere due pesi e due -e** to see things in two different ways **5.**(*limite*) limit; **oltre ~** excessive; **oltrepassare la ~** to go too far **6.**fig (*moderazione, equilibrio*) moderation; **senso della ~** sense of proportion **7.**fig (*proporzione*) measure; **a ~ di** for; **a ~ d'uomo** on a human scale; **in ugual ~** equally; **nella ~ in cui** equal to **8.**fig (*criterio, parametro*) measure **9.** *pl* (*provvedimento*) measures *pl;* **-e di sicurezza** security measures

misurare [mi·zu·'ra:·re] **I.** *vt* **1.**(*calcolare*) to measure; **~ ad occhio** to measure roughly **2.**(*indossare*) to try on **3.**(*moderare*) to measure **4.**(*stimare*) to weigh up **II.** *vi* to measure **III.** *vr:* **-rsi 1.**fig (*cimentarsi*) to measure oneself; **-rsi con qu** to measure oneself against sb **2.**(*limitarsi*) to control

misurato, -a [mi·zu·'ra:·to] *adj* **1.**(*pacato: tono, discorso, gesto*) measured **2.**(*moderato: persona*) moderate

misurazione [mi·zu·rat·'tsio:·ne] *f* measuring

misurino [mi·zu·'ri:·no] *m* measure

mite ['mi:·te] *adj* **1.**(*persona, sguardo, animale*) mild-mannered **2.**(*clima*) mild **3.**(*pena, giudice*) lenient

mitezza [mi·'tet·tsa] *f* **1.**(*di carattere, persona, animale*) mild-manneredness **2.**(*di clima*) mildness **3.**(*di animale*) meekness **4.**(*di giudizio, pena, provvedimento*) leniency

mitico, -a ['mi:·ti·ko] <-ci, -che> *adj* **1.**(*del mito*) mythical **2.**(*memorabile*) legendary **3.** *inf* (*eccezionale, straordinario*) brilliant

mitigare [mi·ti·'ga:·re] **I.** *vt* **1.**(*dolore, fatica*) to relieve **2.**fig (*sentimento, stato d'animo*) to dampen **3.**(*condanna, pena, punizione*) to reduce **II.** *vr:* **-rsi 1.**(*freddo, dolore*) to lessen; (*carattere, sentimento, stato d'animo*) **2.**to calm down

mitilo ['mi:·ti·lo] *m* (*cozza*) mussel

mitizzare [mi·tid·'dza:·re] *vt* (*idealizzare*) to turn into a legend

mito ['mi:·to] *m* **1.** (*gener*) myth; **il ~ dell'uguaglianza sociale** the myth of social equality **2.** *fig* (*sogno individuale*) dream **3.** *fig, a. scherz, inf* star; **sei un ~!** you're a star!

mitologia [mi·to·lo·'dʒi:·a] <-gie> *f* mythology

mitologico, -a [mi·to·'lɔ:·dʒi·ko] <-ci, -che> *adj* (*di mito*) mythological

mitra¹ ['mi:·tra] <-> *m* (*arma*) submachine gun

mitra² *f* REL (*copricapo*) miter

mitraglia [mi·'traʎ·ʎa] <-glie> *f* **1.** *inf* (*mitragliatrice*) machine gun **2.** (*raffica di colpi*) machine gun fire

mitragliatore [mi·traʎ·ʎa·'to:·re] *m* (*fucile*) light machine gun

mitragliatrice [mi·traʎ·ʎa·'tri:·tʃe] *f* (*arma*) machine gun

mitt. *abbr di* **mittente** sender

mitteleuropeo, -a ['mit·tel·eu·ro·'pe·o] *adj* (*città, cultura*) mitteleuropean

mittente [mit·'tɛn·te] *mf* (*di lettera, pacco*) sender

mixaggio [mik·'sad·dʒo] *m* MUS, FILM, TV mixing

mixare [mik·'sa:·re] *vt* to mix

mixer ['mik·sə] <-> **I.** *m* **1.** (*frullatore*) blender **2.** FILM, TV (*strumento*) mixer **II.** *mf* TV (*tecnico*) mixer

mms ['em·me'em·me'es·se] *m* mms

mnemonico, -a [mne·'mɔ:·ni·ko] <-ci, -che> *adj* **1.** (*della memoria*) mnemonic **2.** *a. pej* (*meccanico*) by rote

mo' [mɔ] *m a* **~ di** *inf* (*come*) as

mobbing ['mɔ·biŋ] <-> *m* workplace bullying

mobile ['mɔ:·bi·le] **I.** *adj* **1.** (*non fisso*) movable **2.** (*in movimento*) moving; **scala ~** escalator; **squadra ~** police rapid response team **3.** (*instabile*) wobbly **II.** *m* (*di arredamento*) piece of furniture **III.** *f* (*squadra mobile*) police rapid response team

mobilia [mo·'bi:·lia] <-> *f* furniture

mobiliare [mo·bi·'lia:·re] *adj* ECON (*investimento, patrimonio*) stock; **mercato ~** stock market

mobilificio [mo·bi·li·'fi:·tʃo] <-ci> *m* **1.** (*fabbrica*) furniture factory **2.** (*negozio*) furniture shop

mobilio [mo·'bi:·lio] <-i> *m v.* **mobilia**

mobilità [mo·bi·li·'ta] <-> *f* **1.** (*caratteristica*) mobility **2.** (*sociale, professionale*) mobility; **~ del lavoro** ECON labor mobility **3.** GIUR, ECON **lista di ~** *workers who have been laid off and receive unemployment help until they find new jobs;* **mettere in ~** to lay off

mobilitare [mo·bi·li·'ta:·re] **I.** *vt a. fig* to mobilize; **~ tutte le proprie forze** to gather one's strength **II.** *vr:* **-rsi** (*impegnarsi*) to take action

mobilitazione [mo·bi·li·tat·'tsio:·ne] *f* mobilization

moca ['mo:·ka] <-che> *f* (*macchinetta*) mocha coffee maker

mocassino [mo·kas·'si:·no] *m* (*scarpa*) moccasin

moccio ['mot·tʃo] <-cci> *m inf* snot

moccioso, -a [mot·'tʃo:·so] *m, f pej* (*bambino, ragazzino*) snot-nosed kid

moccolo ['mɔk·ko·lo/mok·ko·lo] *m* **1.** (*candela*) small candle; **reggere il ~** *fig, scherz* to be the third wheel **2.** *inf* (*moccio*) booger

moda ['mɔ:·da] *f* **1.** (*tendenza*) fashion; **alla ~** fashionable; **vestirsi alla ~** to dress fashionably; **all'ultima ~** in the latest fashion; **fuori ~** out of fashion; **andare** [*o* **essere**] **di ~** to be fashionable; **passare di ~** to go out of fashion **2.** (*industria*) fashion; **sfilata di ~** fashion show; **alta ~** haute couture

modale [mo·'da:·le] *adj* modal

modalità [mo·da·li·'ta] <-> *f* **1.** (*forma, modo*) method; **~ di pagamento** method of payment; **~ d'uso** instructions for use **2.** (*procedura*) procedure

modella [mo·'dɛl·la] *f* model

modellare [mo·del·'la:·re] **I.** *vt* **1.** (*plasmare*) to model **2.** (*sagomare*) to shape **3.** (*far risaltare*) to cling **4.** *fig* (*conformare*) **~ qc su qc** to model sth on sth **II.** *vr:* **-rsi su qc** *a. fig* to model oneself on sth

modellino [mo·del·'li:·no] *m* model

modellismo [mo·del·'liz·mo] *m* (*hobby*) model making

modellistica [mo·del·'lis·ti·ka] <-che> *f* (*tecnica, studio*) model making

modello [mo·'dɛl·lo] *m* **1.** (*originale, tipo, prototipo*) model **2.** *fig* (*di coerenza, stile*) model; **essere un ~ di qc** to be a model of sth; **prendere qu a ~** to take sb as a model **3.** (*plastico, modellino*) model **4.** (*forma, stampo*) mold **5.** (*capo d'abbigliamento*) model; (*del sarto*) pattern **6.** ADMIN (*modulo, stampato*) form

modello [mo·'dɛl·lo] *m* model

Modena ['mo·de·na] *f a city in the Emilia-Romagna region*

modenese [mo·de·'ne:·se] **I.** *adj* (*di Modena*) from Modena **II.** *mf* (*abitante*) person from Modena

Modenese <*sing*> *m* (*zona*) Modena area; **nel ~** in the Modena area

moderare [mo·de·'ra:·re] **I.** *vt* **1.** (*spese, velocità*) to curb; (*tono, collera*) to moderate; **~ i termini** [*o* **le parole**] to weigh one's words **2.** (*dibattito*) to chair **II.** *vr:* **-rsi** to keep oneself in check; **-rsi in qc** to do sth moderately; **-rsi nel bere** to drink moderately

moderato, -a [mo·de·'ra:·to] **I.** *adj* **1.** (*prezzo, consumo*) moderate **2.** (*misurato: persona*) measured; **essere ~ in qc** to do sth moderately; **è ~ nel mangiare** he eats moderately **3.** POL moderate **4.** MUS moderato **II.** *m, f* POL moderate

moderatore, -trice *m, f* (*in dibattito*) chairperson

moderazione [mo·de·rat·'tsio:·ne] *f* **1.** (*misura*) moderation **2.** (*contenimento: di prezzi, spese*) modesty

M

modernismo [mo·der·'niz·mo] *m a. fig* ART, LIT, MUS, REL modernism

modernità [mo·der·ni·'ta] <-> *f* 1.(*caratteristica, attualità*) modernity 2.(*l'oggi*) present day

modernizzare [mo·der·nid·'dza:·re] I. *vt* (*rinnovare*) to modernize II. *vr:* **-rsi** to modernize oneself

moderno, -a *adj* 1.(*attuale*) modern; **storia -a** early modern history 2.(*aggiornato*) up-to-date

modestia [mo·'dɛs·tia] <-ie> *f* 1.(*virtù*) modesty; **falsa ~** false modesty; **~ a parte** *scherz, inf* If I do say so myself 2.(*moderazione*) moderation 3.(*di arredamento, indumento, lavoro*) modesty

modesto, -a [mo·'dɛs·to] *adj* 1.(*non presuntuoso*) modest 2.(*non lussuoso*) modest 3.(*origine, estrazione, condizione*) humble 4.(*prezzo, paga, spesa*) moderate 5.(*mediocre*) modest; **un libro ~** a mediocre book

modico, -a ['mɔ:·di·ko] <-ci, -che> *adj* (*prezzo, spesa*) moderate

modifica [mo·'di:·fi·ka] <-che> *f* 1.(*cambiamento*) alteration 2.(*miglioramento*) improvement

modificare [mo·di·fi·'ka:·re] I. *vt* 1.(*cambiare*) to alter; **modifica** COMPUT modify 2.(*migliorare*) to improve II. *vr:* **-rsi** to change

modo ['mɔ:·do] *m* 1.(*maniera*) way; **in ~ ... adj** in a ... way; **~ di dire** expression; **di** [*o* in] **~ che ... +conj** so that ...; **in ~ da ... +inf** so as to ... 2.(*comportamento, atteggiamento*) manners *pl* 3.(*mezzo, metodo*) means *inv* 4.(*occasione, opportunità*) chance; **ad** [*o* in] **ogni ~** anyway; **avere ~ di fare qc** to have the chance to do sth; **dare ~ a qu di fare qc** to give sb the chance to do sth 5. LING mood 6. MUS mode

modulare¹ [mo·du·'la:·re] *adj* modular

modulare² *vt* (*voce, suono*) to modulate

modulazione [mo·du·lat·'tsio:·ne] *f* 1.(*di voce, suono*) modulation 2. RADIO modulation; **~ di frequenza** frequency modulation

modulo ['mɔ:·du·lo] *m* 1.(*stampato*) form; **~ d'iscrizione** enrollment form; **~ di versamento** deposit slip 2.(*parte, elemento*) unit 3.(*all'università*) module

mogano ['mɔ:·ga·no] *m* (*legno*) mahogany

mogio, -a ['mɔ:·dʒo] <-gi, -ge> *adj* (*abbattuto*) dejected

moglie ['moʎ·ʎe] <-gli> *f* wife; **mia/tua/sua ~** my/your/his wife; **prendere ~** to get married; **~ e buoi dei paesi tuoi** *prov* best to stick to your own kind; **tra ~ e marito non mettere il dito** *prov* never intefere between husband and wife

moina [mo·'i:·na] *fpl* (*smancerie*) sweet-talking; **fare le -e a qu** to sweet-talk sb

molare [mo·'la:·re] I. *adj* dente **~** molar tooth II. *m* (*dente*) molar

Moldavia [mol·'da:·via] *f* Moldavia

moldavo [mol·'da:·vo] I. *adj* (*della Moldavia*) Moldovan II. *m* (*abitante*) Moldovan

mole ['mɔ:·le] *f* 1.(*massa enorme*) sheer size 2.(*edificio*) mausoleum 3.*fig* (*quantità*) amount

molecola [mo·'lɛ:·ko·la] *f* CHIM molecule

molecolare [mo·le·ko·'la:·re] *adj* CHIM molecular

molestare [mo·les·'ta:·re] *vt* 1.(*infastidire*) to bother 2.(*donna*) to sexually harass

molestia [mo·'lɛs·tia] <-ie> *f* 1.(*fastidio*) bother 2.**~ sessuale** [*o* **-e sessuali**] sexual harassment

molesto, -a [mo·'lɛs·to] *adj* (*fastidioso*) bothersome

molisano, -a I. *adj* (*del Molise*) from Molise II. *m, f* (*abitante*) person from Molise

Molise [mo·'li:·ze] *m* Molise, *region in Central Italy*

molla ['mɔl·la] *f* 1.(*meccanismo*) spring; **materasso a -e** spring mattress 2.*fig* (*stimolo*) incentive 3. *pl* (*pinza*) tongs; **prendere** [*o* **trattare**] **qu con le -e** *fig* to treat sb with kid gloves

mollare [mol·'la:·re] I. *vt* 1.(*allentare*) to cast off; **molla!** let go!; **~ la presa** to let go 2. *inf* (*dare*) to give; **~ un pugno a qu** to land a punch on sb 3.*fig, inf* (*famiglia, lavoro, partner*) to leave II. *vi* 1. *inf* (*cedere*) to give in 2.*fig, inf* (*smettere*) to stop

molle ['mɔl·le] *adj* 1.(*soffice*) soft 2.*fig* (*debole: animo, carattere*) weak; (*non severo*) easy-going

molleggiato [mol·led·'dʒa:·to] *adj* 1.(*materasso, divano, vettura*) sprung; **una vettura ben -a** a vehicle with good suspension 2.(*andatura, passo*) bouncy

molletta [mol·'let·ta] *f* 1.(*da bucato*) clothes-spin 2.(*per capelli*) hairpin

mollettone [mo·let·'to:·ne] *m* undercloth

mollica [mol·'li:·ka] <-che> *f* (*di pane*) soft part of a roll/loaf

molliccio, -a [mol·'lit·tʃo] <-cci, -cce> *adj* (*materia, terreno, carne*) soft

mollo ['mɔl·lo] *adj v.* **molle**

mollusco [mol·'lus·ko] <-schi> *m* (*mollusc*) cozze e vongole sono -schi

molo ['mɔ:·lo] *m* (*di porto*) jetty

molotov ['mɔ:·lo·tov] I. <inv> *adj* (*bomba, bottiglia*) Molotov II. <-> *f* Molotov cocktail

molteplice [mol·'te:·pli·tʃe] *adj* 1.(*composito: forma, struttura*) composite 2. *pl* (*numerosi*) many

molteplicità [mol·te·pli·tʃi·'ta] <-> *f* (*varietà*) range

moltiplicare [mol·ti·pli·'ka:·re] I. *vt* MAT to multiply; **~ qc per qc** to multiply sth by sth II. *vr:* **-rsi** 1.(*aumentare*) to increase 2.(*riprodursi*) to multiply

moltiplicazione [mol·ti·pli·kat·'tsio:·ne] *f* 1. MAT multiplication 2.(*aumento*) increase

moltissimo [mol·'tis·si·mo] *superl di* **molto** the most

moltitudine [mol·ti·'tu:·di·ne] *f* **1.** (*di persone*) vast number; *a. pej* (*folla*) crowd; **distinguersi dalla ~** to stand out from the crowd **2.** (*di insetti*) swarm; (*di oggetti, pensieri*) load

molto¹ ['mol·to] <più, moltissimo> **I.** *adv* **1.** (*intensità*) very much; **mi piace ~** I like it [*o* him] [*o* her] a lot **2.** (*con aggettivi e avverbi*) very; **~ prima** much earlier; **~ al di sotto delle aspettative** much below expectations; **sono ~ felice del tuo successo** I'm very happy for your success **3.** (*tempo*) for a long time; **esci ~ la sera?** do you often go out in the evening? **4.** (*distanza*) much farther **5.** (*con comparativi*) much **II.** *pron* **1.** (*quantità, misura, numero*) a lot; **hai voglia di uscire? — io non ne ho -a** do you feel like going out? — I don't really feel like it **2.** (*tempo*) a long time; **ci vuole ~?** will it take a long time?; **è da ~ che mi aspetti?** have you been waiting for me long?; **fra non ~** shortly **3.** (*distanza*) far **4.** (*denaro*) a lot; **costa ~** it costs a lot; **non costa ~** it doesn't cost much [*o* a lot] **5.** (*intelligenza, sforzo*) much **6.** (*cosa importante*) something **7.** *pl* (*persone*) many [*o* a lot of] people

molto, -a² <più, moltissimo> *adj* **1.** (*quantità, misura, numero*) a lot of **2.** (*intenso, grande*) very; **fa ~ caldo** it's very hot; **c'è ~ vento** it's very windy **3.** (*lungo*) **c'è ancora -a strada prima di arrivare?** is it much farther before we arrive?; **è passato ~ tempo da allora** it was a long time ago

momentaccio [mo·men·'tatʃ·tʃo] <-cci> *m inf* (*situazione sfavorevole*) bad time

momentaneamente [mo·men·ta·nea·'men·te] *adv* at present

momentaneo, -a [mo·men·'ta:·neo] <-ei, -ee> *adj* (*malore, interesse, gioia*) momentary

momentino [mo·men·'ti:·no] *m inf* (*attimo*) moment

momento [mo·'men·to] *m* **1.** (*attimo*) moment; **al** [*o* **per il**] **~** at the moment; **al ~ di fare qc** when it came to doing sth; **a -i** (*tra poco*) any time now; *inf* (*per poco*) almost; **dal ~ che ...** (*dato che*) given that ...; **da un ~ all'altro** from one moment to the next; **sul ~** there and then; **un ~!** just a moment! **2.** (*periodo*) period; **del ~** of the moment **3.** (*circostanza*) chance; (*istante opportuno*) right moment; **~ magico** magic moment; **~ no** bad period

monaca ['mɔ:·na·ka] <-che> *f* (*religiosa*) nun

monacale [mo·na·'ka:·le] *adj* **1.** (*abito, ordine*) monastic **2.** *fig* (*rigore, vita*) monkish

monaco ['mɔ:·na·ko] <-ci> *m* (*religioso*) monk; **l'abito non fa il ~** *prov* don't judge a book by its cover *prov*

Monaco ['mɔ:·na·ko] *f* **1. ~** (**di Baviera**) Munich **2.** (**il Principato di**) **~** (the Principality of) Monaco

monarca [mo·'nar·ka] <-chi> *m* (*re*) monarch

monarchia [mo·nar·'ki:·a] <-chie> *f* monarchy

monarchico, -a [mo·'nar·ki·ko] <-ci, -che> **I.** *adj* (*regime, potere*) monarchic; (*partito*) monarchist **II.** *m, f* (*sostenitore*) monarchist

monastero [mo·nas·'tɛ:·ro] *m* (*edificio*) monastery

monastico, -a [mo·'nas·ti·ko] <-ci, -che> *adj* (*abito, ordine, vita*) monastic

moncherino [moŋ·ke·'ri:·no] *m* (*braccio*) stump

monco, -a ['moŋ·ko] <-chi, -che> *adj* **1.** (*braccio, gamba*) maimed, to have only one arm **2.** (*parola, frase*) incomplete

moncone [moŋ·'ko:·ne] *m a. fig* stump

mondanità [mon·da·ni·'ta] <-> *f* **1.** (*modo di vivere*) worldly pleasures *pl* **2.** (*insieme di persone*) haut monde

mondano, -a [mon·'da:·no] *adj* **1.** (*persona, vita*) worldly **2.** (*evento*) society

mondare [mon·'da:·re] *vt* (*frutto*) to peel; (*riso*) to rinse

mondiale [mon·'dia:·le] **I.** *adj* **1.** (*internazionale*) world; **di fama ~** world-famous **2.** *fig, inf* (*eccezionale*) awesome **II.** *m* SPORT (*campionato*) world championship; **i -i** the World Cup

mondo ['mon·do] *m a. fig* world; **al ~** in the world; **il bel** [*o* **gran**] **~** the jet set; **uomo/donna di ~** jet setter; **andare all'altro ~** to pass on; **mettere al ~ qu** to give birth to sb; **venire al ~** to be born; **un ~** a lot; **un ~ di qc** a lot of sth; **ti voglio un ~ di bene** I love you very much; **un ~ di auguri** very best wishes

mondovisione [mon·do·vi·'zio:·ne] *f* **in ~** TV worldwide

monegasco, -sca [mo·ne·'gas·ko] <-schi, -sche> **I.** *adj* (*del Principato di Monaco*) from Monaco **II.** *m, f* (*abitante*) person from Monaco

monello, -a [mo·'nɛl·lo] *m, f* (*birichino*) rascal

moneta [mo·'ne:·ta] *f* **1.** (*di metallo*) coin **2.** (*valuta*) currency **3.** (*denaro*) money **4.** (*spiccioli*) change

monetario, -a [mo·ne·'ta:·rio] <-i, -ie> *adj* ECON, FIN monetary

monetina [mo·ne·'ti:·na] *f* **1.** (*spicciolo*) coin **2. lanciare la ~** to toss a coin

monetizzare [mo·ne·tid·'dza:·re] *vt* (*convertire in denaro*) to convert into cash

mongolfiera [moŋ·gol·'fiɛ:·ra] *f* hot-air balloon

Mongolia [moŋ·'go:·lia] *f* Mongolia

mongolo, -a ['mon·go·lo] **I.** *adj* (*della Mongolia*) Mongol **II.** *m, f* (*persona*) Mongol

monito ['mɔ:·ni·to] *m* (*rimprovero*) warning

monitoraggio [mo·ni·to·'ra:·dʒio] <-ggi> *m a. fig* monitoring

monitorare [mo·ni·to·'ra:·re] *vt* to monitor

monoblocco [mo·no·'blɔk·ko] <-cchi> *m* cylinder block

monocolore [mo·no·ko·'lo:·re] <inv> *adj* POL one-party

M

monocromatico, -a [mo·no·kro·'ma:·ti·ko] <-ci, -che> adj (pittura, effetto) monochrome

monofamiliare [mo·no·fa·mi·'lia:·re] adj (casa, villetta) for single family use

monofase [mo·no·'fa:·ze] <inv> adj FIS, ELETT single-phase

monogamia [mo·no·ga·'mi:·a] <-ie> f monogamy

monogamo, -a [mo·'no·ga·mo] I. adj 1. (società, tribù, animale) monogamous 2. scherz (persona) faithful II. m, f a. scherz (persona) monogamist

monografia [mo·no·gra·'fi:·a] f monograph

monografico, -a [mo·no·'gra:·fi·ko] <-ci, -che> adj (opera, ricerca, saggio) monographic; (corso) dedicated

monogramma [mo·no·'gram·ma] <-i> m monogram

monolingue [mo·no·'liŋ·gue] <inv> adj LING monolingual; **dizionario/vocabolario** ~ monolingual dictionary

monolitico, -a [mo·no·'li:·ti·ko] <-ci, -che> adj 1. (colonna, statua) monolithic 2. fig (persona) strong-minded; (gruppo) compact

monolito [mo·'nɔ:·li·to] m monolith

monolocale [mo·no·lo·'ka:·le] m studio apartment

monologo [mo·'nɔ:·lo·go] <-ghi> m monologue

monopattino [mo·no·'pat·ti·no] m scooter

monopoli® [mo·'nɔ:·po·li] <-> m (gioco) Monopoly®

monopolio [mo·no·'pɔ:·lio] <-i> m a. fig ECON monopoly; ~ **di stato** state monopoly

monopolizzare [mo·no·po·lid·'dza:·re] vt a. fig to monopolize

monoposto [mo·no·'pos·to] I. <inv> adj (cabina, seggiovia) single-seater II. <-> f (auto) single-seater car

monoreddito [mo·no·'rɛd·di·to] <inv> adj **famiglia** ~ single-income family

monoscì [mo·no·'ʃi] <-> m SPORT (alpino) monoski; (sci d'acqua) water ski

monosillabo [mo·no·'sil·la·bo] m (parola) monosyllable; **parlare/rispondere a -i** to talk/reply to oneself in monosyllables

monossido [mo·'nɔs·si·do] m CHIM ~ **di carbonio** carbon monoxide

monoteismo [mo·no·te·'iz·mo] m REL monotheism

monoteista [mo·no·te·'is·ta] <-i m, -e f> adj (religione, culto) monotheist

monoteistico, -a [mo·no·te·'is·ti·ko] <-ci, -che> adj (concezione, corrente) monotheistic

monotematico [mo·no·te·'ma:·ti·ko] adj monothematic

monotonia [mo·no·to·'ni:·a] <-ie> f monotony

monotono, -a [mo·'nɔ:·to·no] adj monotonous

monouso [mo·no·'u:·zo] <inv> adj disposable

monovolume [mo·no·vo·'lu:·me] <-> f (automobile) minivan

monsignore [mon·siɲ·'ɲo:·re] m (titolo) Monsignor

monsone [mon·'so:·ne] m monsoon

monta ['mon·ta] f 1. (accoppiamento) covering 2. (in equitazione) riding

montacarichi [mon·ta·'ka:·ri·ki] <-> m elevator

montaggio [mon·'tad·dʒo] <-ggi> m 1. (assemblaggio) assembly; **catena di** ~ assembly line 2. FILM editing

montagna [mon·'taɲ·ɲa] f 1. (monte) mountain; -e **russe** roller coaster 2. (regione) mountains pl; **da** ~ mountain; **di** ~ mountain; **in** ~ in [o to] the mountains 3. fig (grande quantità) mountain

montagnoso, -a [mon·taɲ·'ɲo:·so] adj (regione, zona) mountainous

montanaro, -a [mon·ta·'na:·ro] I. adj (abitudine, canto) mountain II. m, f 1. (abitante) mountain dweller 2. pej (persona rozza) peasant

montano, -a [mon·'ta:·no] adj (clima, paesaggio) mountain

montare [mon·'ta:·re] I. vt avere 1. (scala, pendio) to climb 2. (cavallo) to ride 3. (fecondare) to cover 4. CULIN to whisk; ~ **a neve** to whisk until peaks form 5. (mobile, pezzi) to assemble; (scaffale) to put up 6. fig (notizia, fatto) to exaggerate 7. fig (persona) ~ **qu** to make sb big-headed; ~ **qu contro qu/qc** to set sb against sb/sth; ~ **la testa a qu** inf to make sb big-headed 8. (fotografia, diamante) to mount 9. FILM (pellicola) to edit II. vi essere 1. (salire) to climb; (in bicicletta) to get on; (in macchina) to get in; **monta in macchina!** get in the car! 2. CULIN to rise 3. a. fig (acque, tono, malcontento) to rise 4. (iniziare un turno) to clock in III. vr: -**rsi** -**rsi** (**la testa**) inf to become big-headed

montato, -a [mon·'ta:·to] adj 1. CULIN **panna** -a whipped cream 2. inf (persona) big-headed

montatore, -trice [mon·ta·'to:·re] m, f 1. (operaio) fitter 2. FILM editor

montatura [mon·ta·'tu:·ra] f 1. (di occhiali) frames pl 2. (di gioielli) setting 3. fig (esagerazione) invention

monte ['mon·te] m 1. (montagna) mountain; **il Monte Bianco** Mont Blanc; **a** ~ uphill; fig at the source; **promettere mari e** -**i** to promise the world 2. fig (di libri, pacchi, problemi) mountain 3. (istituto) ~ **di pietà** pawnshop 4. ANAT ~ **di Venere** mons veneris 5. (loc) **andare a** ~ fig to fall apart; **mandare a** ~ fig to finish off

Montecitorio [mon·te·tʃi·'to:·rio] m 1. (palazzo) seat of the Italian parliament 2. (Camera) the lower house of the Italian parliament

montepremi [mon·te·'pre:·mi] m (di lotteria, concorso) jackpot

montessoriano [mon·tes·so·'ria:·no] adj (in pedagogia) Montessori

montgomery [moŋ·'o·me·ri] <-> *m* (*cappotto*) duffle coat

montone [mon·'to:·ne] *m* 1.(*animale*) ram; **carne di ~** mutton 2. *inf* (*cappotto*) sheepskin jacket/coat

montuoso, -a [mon·tu·'o:·so] *adj* (*regione, paesaggio*) mountainous; **catena -a** mountain range

monumentale [mo·nu·men·'ta:·le] *adj* 1.(*arte, pittura*) on [*o* of] a monument 2.(*imponente*) monumental

monumento [mo·nu·'men·to] *m* 1.(*commemorativo*) monument; **~ ai caduti** war memorial 2.(*artistico*) monument; **~ nazionale** national monument

moquette [mo·'kɛt] <-> *f* fitted carpet

mora ['mɔ:·ra] *f* 1.(*di rovo*) blackberry; (*di gelso*) mulberry 2. GIUR (*ritardo*) delay; **essere in ~** to be in arrears; **interesse di ~** interest on arrears 3.(*somma*) surcharge on arrears

morale¹ [mo·'ra:·le] *adj* moral; **forza ~** moral strength; **schiaffo ~** slap in the face; **vincitore ~** moral winner

morale² I. *f* 1.(*norme*) morality 2.(*dottrina*) morals *pl* 3.(*di favola, racconto*) moral; **~ della favola** *scherz* moral of the story II. *m inf* (*umore*) morale; **essere giù/su di ~** to be in good/low spirits; **avere il ~ alle stelle** to be as happy as a clam; **avere il ~ sotto i tacchi** [*o* **a terra**] to be downhearted

moralismo [mo·ra·'liz·mo] *m* 1.*pej* (*intransigenza*) moralizing 2.(*dottrina*) moralism

moralista [mo·ra·'lis·ta] <-i *m*, -e *f*> I. *adj* moralistic II. *mf* 1.*pej* (*persona intransigente*) moralizer 2.(*pensatore*) moralist

moralità [mo·ra·li·'ta] <-> *f* (*rettitudine*) morality

moralizzare [mo·ra·lid·'dza:·re] *vt* (*costumi, vita pubblica*) **~ qc** to raise the moral standards of sth

moratoria [mo·ra·'tɔ:·ria] <-ie> *f* 1.(*sospensione*) suspension 2. GIUR moratorium

morbidezza [mor·bi·'det·tsa] *f* softness

morbido, -a ['mɔr·bi·do] *adj* soft

morbillo [mor·'bil·lo] *m* MED measles

morbo ['mɔr·bo] *m* 1.(*malattia*) disease; **~ di Alzheimer** Alzheimer's disease; **~ di Parkinson** Parkinson's disease; **~ della mucca pazza** mad cow disease 2.*fig* evil

morbosità [mor·bo·si·'ta] <-> *f* (*di atteggiamento, passione*) morbidness

morboso, -a [mor·'bo:·so] *adj fig* (*attaccamento, curiosità*) morbid; (*persona*) overly attached

mordace [mor·'da:·tʃe] *adj fig* (*battuta, scrittore*) scathing; **satira ~** biting satire

mordente [mor·'dɛn·te] *m* 1.*fig* (*grinta*) drive; (*incisività*) bite 2.(*vernice*) mordant

mordere ['mɔr·de·re] <mordo, morsi, morso> I. *vt* 1.(*mela, panino*) to bite into; (*cane, vipera*) to bite 2. *inf* (*insetto*) to sting II. *vi fig* (*freddo*) to bite; (*sapore*) to be sharp III. *vr*: **-rsi** (*lingua, labbro, unghie*) to bite; **-rsi la lingua** [*o* **le labbra**] *fig* to bite one's tongue; **-rsi le mani** [*o* **le dita**] [*o* **le unghie**] *fig* to kick oneself

mordicchiare [mor·dik·'kia:·re] *vt* (*matita, pane*) to chew

morente [mo·'rɛn·te] I. *adj a. fig* dying II. *mf* (*persona*) dying person

morfema [mor·'fɛ:·ma] <-i> *m* LING morpheme

morfina [mor·'fi:·na] *f* morphine

morfinomane [mor·fi·'nɔ:·ma·ne] *mf* morphine addict

morfologia [mor·fo·lo·'dʒi:·a] <-gie> *f* morphology

morfologico, -a [mor·fo·'lɔ:·dʒi·ko] *adj* (*analisi, livello*) morphological

moria [mo·'ri:·a] <-ie> *f* (*di animali*) high death rate

moribondo, -a [mo·ri·'bon·do] I. *adj* dying; **essere ~** to be dying II. *m, f* dying person

morigerato, -a [mo·ri·dʒe·'ra:·to] *adj* (*sobrio, moderato*) moderate

morire [mo·'ri:·re] <muoio, morii, morto> *vi essere* 1.(*persona, animale, pianta*) to die; **~ di qc** to die from sth; **è morto di morte naturale/violenta** he died a natural/violent death 2.*fig* (*soffrire*) **~ di fame/di sete** to die of hunger/thirst; **~ dall'invidia** to be green with envy; **~ di freddo/di noia** to be frozen/bored stiff; **~ dal ridere/dalle risate** to die laughing; **~ dal sonno** to be dead tired; **~ dalla voglia di fare qc** to be dying to do sth; **fa un caldo/un freddo da ~** *inf* it's boiling hot/bitterly cold; **bello/brutto da ~** drop-dead gorgeous/as ugly as sin; **mi piace da ~** I love it; **~ dietro a qu** to be madly in love with sb 3.*fig* (*istituzione, tradizione*) to die 4.*fig* (*conversazione, discorso*) to die off; (*progetto, questione*) to die 5.*fig* (*fuoco, luce*) to die out; (*passione, speranza*) to die off

mormone [mor·'mo:·ne] *m* (*seguace*) Mormon

mormorare [mor·mo·'ra:·re] *vi* 1.(*bisbigliare*) to whisper 2.(*lamentarsi*) to murmur 3.(*sparlare*) **~ su qu** to speak ill of sb 4.(*acqua, vento*) to murmur; (*foglie*) to rustle

mormorio [mor·mo·'ri:·o] <-ii> *m* 1.(*di persone*) murmur 2.(*di acqua, vento*) murmuring; (*di foglie*) rustling

moro¹ ['mɔ:·ro] *m* BOT mulberry tree

moro, -a² I. *adj* (*persona*) dark-skinned; (*capelli*) dark-haired II. *m, f* (*persona*) dark-skinned [*o* dark-haired] person

Moro, -a *m, f* HIST **i Mori** the Moors

morosità [mo·ro·si·'ta] <-> *f* GIUR arrears *pl*

moroso, -a¹ [mo·'ro:·zo/mo·'ro:·so] *adj* GIUR in arrears

moroso, -a² *m, f sett* (*innamorato*) boyfriend *m*, girlfriend *f*

morsa ['mɔr·sa] *f* 1.(*attrezzo*) vise 2.(*stretta*) grip 3.*fig* (*disagio*) grip

Morse ['mɔr·se] *adj* (*alfabeto, codice*) Morse

morsetto [mor·'set·to] *m* 1.(*attrezzo*) clamp 2. ELETT terminal

morsi ['mɔr·si] *1. pers sing pass rem di* **mordere**

morsicare [mor·si·'ka:·re] *vt* **1.**(*mela, pane*) to bite into **2.**(*cane*) to bite **3.** *inf* (*insetto*) to sting

morso[1] ['mɔr·so] *pp di* **mordere**

morso[2] *m* **1.**(*gener*) bite; (*di insetto*) sting **2.** *fig* (*fitta*) pang **3.**(*per cavallo*) bit

mortadella [mor·ta·'dɛl·la] *f* mortadella

mortaio [mor·'ta:·io] <-ai> *m* (*recipiente*) mortar

mortale [mor·'ta:·le] I. *adj* **1.**(*non eterno*) mortal **2.**(*umano, terreno*) human; **beni -i** worldly goods **3.**(*malattia, ferita, veleno*) deadly; **nemico ~** deadly enemy; **odio ~** mortal hatred; **salto ~** somersault **4.**(*insopportabile*) terrible II. *m* (*essere umano*) mortal

mortalità [mor·ta·li·'ta] <-> *f* (*dato statistico*) mortality rate; **~ infantile** infant mortality

mortalmente [mor·tal·'men·te] *adv* **1.**(*a morte*) mortally **2.** *fig* (*enormemente*) **offendere ~ qu** to mortally offend sb; **odiare ~ qu** to hate sb's guts; **annoiarsi ~** to be bored to death

mortaretto [mor·ta·'ret·to] *m* (*petardo*) firecracker

morte ['mɔr·te] *f* **1.**(*decesso*) death; **~ cerebrale** [*o* clinica] brain death; **essere fra la vita e la ~** to be fighting for one's life; **in punto di ~** on one's deathbed; **colpire/ferire qu a ~** to mortally wound sb; **odiare qu a ~** *inf* to really hate sb's guts **2.**(*pena*) death; **pena di ~** death penalty **3.** *fig* (*fine*) end **4.** *inf* CULIN best way of cooking

mortificante [mor·ti·fi·'kan·te] *adj* mortifying

mortificare [mor·ti·fi·'ka:·re] I. *vt* (*persona*) to humiliate II. *vr:* **-rsi** **1.**(*avvilirsi*) to feel humiliated **2.**(*punirsi*) to punish oneself

mortificato [mor·ti·fi·'ka:·to] *adj* (*dispiaciuto*) mortified

mortificazione [mor·ti·fi·kat·'tsio:·ne] *f* **1.**(*umiliazione*) humiliation **2.**(*di corpo, carne*) mortification

morto, -a ['mɔr·to] I. *pp di* **morire** II. *adj* **1.**(*persona, animale, albero*) dead; **~ e sepolto** dead and buried **2.** *fig* (*sfinito*) dying; **essere ~ di fame/di sete/di freddo** to be dying of hunger/thirst/cold; **essere ~ di fatica** to be dead tired; **stanco ~** dead tired; **essere ~ di paura** to be really scared **3.** *fig* (*città, festa, stagione*) quiet III. *m, f* (*persona*) dead person; **i Morti** [*o* **il giorno dei -i**] All Soul's Day; **fare il ~** to float; **un ~ di fame** *fig, pej* poor wretch

mortorio [mor·'tɔ:·rio] <-i> *m* **essere un ~** *fig* (*noia*) to be deadly dull

mortuario, -a [mor·tu·'a:·rio] <-i,-ie> *adj* (*annuncio*) death; (*servizio*) funeral; **camera -a** mortuary

mosaico [mo·'za:·i·ko] <-ci> *m* **1.**(*opera*) mosaic; **pavimento a ~** mosaic floor **2.** *fig* (*di idee, genti*) mixture

mosca ['mos·ka] <-sche> *f* (*insetto*) fly;

~ bianca rare breed; **~ cieca** (*gioco*) blind man's bluff; **non farebbe male ad una ~** he [*o* she] wouldn't hurt a fly; **non si sente volare una ~** you couldn't hear a pin drop; **far saltare la ~ al naso a qu** *fig* to make sb lose their cool

Mosca ['mos·ka] *f* Moscow

moscatello [mos·ka·'tɛl·lo] *m* (*vino*) muscatel

moscato [mos·'ka:·to] *m* (*vino*) muscatel

moscato, -a *adj* **uva ~** muscat grape; **noce -a** nutmeg

moscerino [moʃ·ʃe·'ri:·no] *m* (*insetto*) gnat

moschea [mos·'kɛ:·a] <-schee> *f* mosque

moschettiere [mos·ket·'tiɛ:·re] *m* (*guardia reale*) musketeer; **"I tre -i"** "The Three Musketeers"

moschettone [mos·ket·'to:·ne] *m* carabiner

moschicida [mos·ki·'tʃi:·da] <-i> *adj* (*carta, veleno*) fly

moscio, -a ['moʃ·ʃo] <-sci, -sce> *adj* **1.**(*frutta, carne, pelle*) soft; (*fiore*) wilted **2.** *fig* (*noioso*) flat **3.** *fig* (*avvilito*) down **4.**(*loc*) **avere** [*o* **parlare con**] **la erre -a** to not be able to roll one's "r"s

moscone [mos·'ko:·ne] *m* **1.**(*insetto*) bluebottle **2.** *fig* (*corteggiatore*) admirer **3.**(*imbarcazione*) pedal boat

moscovita [mos·ko·'vi:·ta] <-i *m*, -e *f*> I. *adj* (*di Mosca*) from Moscow II. *mf* (*abitante*) Muscovite

mossa ['mɔs·sa] *f* **1.**(*movimento*) movement; **fare la ~ di** to make as if to **2.**(*strategica*) move **3.** SPORT move; **fare la prima ~** *a. fig* to make the first move **4.**(*loc*) **darsi una ~** *inf* to get a move on

mossi ['mɔs·si] *1. pers sing pass rem di* **muovere**

mosso, -a ['mɔs·so] I. *pp di* **muovere** II. *adj* **1.**(*mare*) rough **2.**(*fotografia*) blurred; (*capelli*) wavy **3.**(*paesaggio*) varied **4.** MUS mosso

mostarda [mos·'tar·da] *f* **1.**(*salsa*) mustard **2. ~ di Cremona** pickled fruit in a mustard-based sauce

mosto ['mos·to] *m* (*d'uva*) must

mostra ['mos·tra] *f* **1.**(*sfoggio*) show; **mettere in ~ qc** to show sth off; **mettersi in ~** to draw attention to oneself **2.**(*d'arte*) exhibition; (*di prodotti*) display; (*di animali*) show; **~ mercato** market

mostrare [mos·'tra:·re] I. *vt* **1.**(*far vedere*) to show; **~ qc a qu** to show sb sth [*o* to show sth to sb]; (*gambe*) to show off **2.**(*additare*) to point out **3.**(*spiegare, dimostrare*) to explain **4.**(*palesare*) to show **5.**(*fingere*) to pretend II. *vr:* **-rsi** **1.**(*farsi vedere*) to appear **2.**(*dimostrarsi*) to appear

mostriciattolo [mos·tri·'tʃat·to·lo] *m* (*persona, animale*) runt

mostrina [mos·'tri:·na] *f* MIL stripe

mostro ['mos·tro] *m* **1.** *a. fig, a. scherz* monster **2.**(*persona eccezionale*) **un ~ di bontà** an incredibly good person; **un ~ di bravura** an incredibly skillful person; **~ sacro** mythical figure

mostruosità [mos·truo·zi·'ta] <-> f **1.** (*aspetto*) monstrosity **2.** fig (*atto, malvagità*) dreadful deed **3.** fig (*difformità*) anomaly

mostruoso, -a [mos·tru·'o:·zo] adj **1.** (*orrendo*) monstrous **2.** fig (*eccezionale*) incredible **3.** fig (*malvagio*) monstruous

motivare [mo·ti·'va:·re] vt **1.** (*spiegare*) to justify **2.** (*causare*) to cause **3.** (*stimolare*) to motivate

motivato [mo·ti·'va:·to] adj **1.** (*giustificato*) justified **2.** (*incentivato: persona*) motivated

motivazione [mo·ti·vat·'tsio:·ne] f **1.** (*giustificazione*) justification **2.** (*stimolo*) motivation

motivo [mo·'ti:·vo] m **1.** (*ragione*) reason; **avere ~ di qc** to have reason to sth; **dare ~ di qc** to give rise to sth; **per quale ~?** why?; **per questo ~** this is why; **dar ~ di** to give reason to **2.** MUS (*tema, melodia*) motif; (*brano*) tune **3.** (*tematica*) theme **4.** (*floreale, geometrico*) motif

moto[1] ['mɔ:·to] m **1.** FIS motion **2.** (*di apparecchio, macchina*) movement; **mettere in ~** (*auto*) to start up; fig to set sth in motion; **mettersi in ~** fig to get moving **3.** (*ginnastica*) exercise **4.** (*gesto*) movement; (*impulso*) gesture **5.** MUS **con ~** con moto

moto[2] <-> f (*motocicletta*) motorcycle

motocarro [mo·to·'kar·ro] m van

motocicletta [mo·to·tʃi·'klet·ta] f motorcycle

motociclismo [mo·to·tʃi·'kliz·mo] m motorcycling

motociclista [mo·to·tʃi·'klis·ta] <-i m, -e f> mf motorcyclist

motociclistico, -a [mo·to·tʃi·'klis·ti·ko] adj (*club, gara*) motorcycling

motociclo [mo·to·'tʃi:·klo] m motorcycle

motonave [mo·to·'na:·ve] f motor vessel

motopeschereccio [mo·to·pes·ke·'ret·tʃo] m trawler

motore, -trice[1] [mo·'to:·re] adj (*forza, albero*) driving; (*nervo*) motor

motore[2] m **1.** TEC engine; **a ~** motor-powered; **~ a benzina** gas engine; **~ Diesel** diesel engine **2.** fig (*movente*) motivating force **3.** COMPUT **~ di ricerca** search engine

motorino [mo·to·'ri:·no] m **1.** inf (*ciclomotore*) moped **2.** **~ d'avviamento** AUTO starter

motorio, -a [mo·'tɔ:·rio] <-i, -ie> adj **1.** BIOL, ANAT motor **2.** (*sviluppo, disturbo*) motory; **attività -a** exercise

motoristico, -a [mo·to·'ris·ti·ko] <-ci, -che> adj (*sport, settore*) motor-sports

motorizzare [mo·to·rid·'dza:·re] I. vt **1.** (*esercito, truppe*) to motorize **2.** (*persona*) to give a car [o motorcycle] to II. vr: **-rsi** inf to get some wheels

motorizzato [mo·to·rid·'dza:·to] adj **1.** (*reparto, truppa*) motorized **2.** (*persona*) with own car/motorcycle; **sei ~ o ti serve un passaggio?** have you got wheels or do you need a ride? **3.** (*imbarcazione, veicolo*) motor

motorizzazione [mo·to·rid·dzat·'tsio:·ne] f inf ADMIN Department of Motor Vehicles

motoscafo [mo·tos·'ka:·fo] m motorboat

motosega [mo·to·'se:·ga] <-ghe> f power saw

motovedetta [mo·to·ve·'det·ta] f (*guardacoste*) patrol boat

motoveicolo [mo·to·ve·'i:·ko·lo] m motor vehicle

motrice [mo·'tri:·tʃe] f (*di tram, treno*) engine

motto ['mɔt·to] m **1.** (*massima*) motto; **~ popolare** popular saying **2.** (*battuta*) witticism; **~ di spirito** witty remark

mou [mu] <inv> adj **caramella ~** soft milk-flavored candy

mouse [maus] <-> m COMPUT mouse

mousse [mus] <-> f CULIN mousse

movente [mo·'vɛn·te] m (*di delitto*) motive

movenza [mo·'vɛn·tsa] f (*movimento*) movement

movimentare [mo·vi·men·'ta:·re] vt (*festa, serata, lezione*) to liven up

movimentato, -a [mo·vi·men·'ta:·to] adj (*festa, serata, lezione*) lively; (*strada*) busy; (*discussione*) animated

movimento [mo·vi·'men·to] m **1.** (*del corpo*) movement; **fare ~** to exercise **2.** (*spostamento*) movement; **essere in ~** to be moving; **mettersi in ~** to begin to move; **~ di cassa** cash flow; **~ di denaro** movement of money; **~ di impiegati/funzionari** labor mobility; **~ di truppe** troop movement **3.** (*animazione*) bustle; (*traffico*) traffic **4.** fig (*corrente, tendenza*) movement **5.** MUS (*velocità*) tempo; (*parte*) movement

moviola [mo·'viɔ:·la] f TV slow motion replay; **alla ~** on the replay

Mozambico, -a [mo·tsam·'bi:·ko] m, f Mozambique

mozartiano [mo·dzar·'tia·no] adj MUS Mozart

mozione [mot·'tsio:·ne] f motion; **~ di fiducia/sfiducia** POL motion of confidence/no-confidence

mozzafiato [mot·tsa·'fia:·to] <inv> adj **1.** (*corsa*) fast; (*salita*) steep **2.** fig breathtaking

mozzare [mot·'tsa:·re] vt **1.** (*testa*) to cut off; (*coda*) to dock **2.** (*fiato, respiro*) **~ il fiato a qu** (*salita*) to make sb pant; (*puzza*) to take sb's breath away; **da ~ il fiato** fig breathtakingly

mozzarella [mot·tsa·'rɛl·la] f mozzarella; **~ di bufala** mozzarella made from buffalo's milk

M

Mozzarella is a famous fresh Italian cheese made from buffalo milk in the north-west of the Campania region. A large amount of imitation mozzarella made from cow's milk is produced; but anyone who has tasted the real **mozzarella di bufala campana** can tell the difference between them.

M

mozzicone [mot·tsi·'ko:·ne] *m* (*di sigaretta*) butt; (*di candela*) end; (*di matita*) stub

mozzo, -a¹ ['mot·tso] *adj* **1.**(*testa, dito*) cut off; **coda -a** docked tail **2.** *fig* (*parola, voce*) choked

mozzo² *m* **1.** MAR deck hand **2.** (*di ruota, elica*) hub

mucca ['muk·ka] <-cche> *f* cow; ~ **pazza** *inf* mad cow, mad cow disease

mucchio ['muk·kio] <-cchi> *m* **1.**(*di carte, pietre, stracci*) heap **2.**(*grande quantità*) a lot

muco ['mu:·ko] <-chi> *m* (*nasale, intestinale*) mucus

mucosa [mu·'ko:·za] *f* ANAT mucous membrane

muffa ['muf·fa] *f* mold; **fare la** ~ to go moldy; *fig* to gather dust

muggire [mud·'dʒi:·re] <muggisco> *vi* **1.**(*bovino*) to moo **2.** *fig* (*mare, tuono, vento*) to roar

muggito [mud·'dʒi:·to] *m* **1.**(*di bovino*) moo **2.** *fig* (*di mare, tuono, vento*) roar

mughetto [mu·'get·to] *m* **1.**(*fiore*) lily of the valley **2.** MED thrush

mugnaio, -a [muɲ·'ɲa:·io] <-i, -ie> *m, f* miller; **sogliola alla -a** CULIN sole meunière

mugolare [mu·go·'la:·re] I. *vi* **1.**(*cane*) to whimper **2.**(*persona*) to groan **3.** *fig* (*vento*) to groan II. *vt* (*borbottare: parole, scuse*) to mutter

mugolio [mu·go·'li:·o] <-ii> *m* **1.**(*di cane*) whining **2.**(*di dolore, piacere*) groaning **3.** *fig* (*di vento*) groaning

mugugnare [mu·guɲ·'ɲa:·re] *vi inf* (*brontolare*) to grumble

mulattiera [mu·lat·'tiɛ:·ra] *f* muletrack

mulatto, -a [mu·'lat·to] I. *adj* mulatto II. *m, f* mulatto

mulinello [mu·li·'nɛl·lo] *m* **1.**(*vortice: di acqua, vento*) eddy **2.**(*di canna da pesca*) reel

mulino [mu·'li:·no] *m* mill; ~ **ad acqua** water mill; ~ **a vento** windmill; **tirare** [*o* **portare**] **l'acqua al proprio** ~ *fig* to add grist to one's own mill; **combattere contro i -i a vento** *fig* to tilt at windmills

mulo ['mu:·lo] *m* (*animale*) mule; **testardo** [*o* **ostinato**] **come un** ~ as stubborn as a mule

multa ['mul·ta] *f* (*ammenda*) fine

multare [mul·'ta:·re] *vt* to fine

multicanale [mul·ti·ka·'na:·le] <inv> *adj* TEC, TEL multichannel

multicentrico, -a [mul·ti·'tʃɛn·tri·ko] <-ci, -che> *adj* multicentric

multicolore [mul·ti·ko·'lo:·re] *adj* multicolored

multiculturale [mul·ti·kul·tu·'ra:·le] *adj* (*società, città*) multicultural

multidisciplinare [mul·ti·diʃ·ʃi·pli·'na:·re] *adj* (*insegnamento, ricerca*) multidisciplinary

multietnico, -a [mul·ti·'ɛt·ni·ko] <-ci, -che> *adj* (*società, cultura*) multiethnic

multiforme [mul·ti·'for·me] <inv> *adj* **1.**(*vita, interessi*) varied **2.**(*ingegno, intelligenza*) lively

multifunzionale [mul·ti·fun·tsio·'na:·le] *adj* (*apparecchio, macchina, sistema*) multifunctional

multifunzione [mul·ti·funt·'tsio:·ne] <inv> *adj* (*dispositivo, stampante, tasto*) multifunctional

multilaterale [mul·ti·la·te·'ra:·le] <inv> *adj* ECON, POL (*accordo, negoziato, scambio*) multilateral

multilingue [mul·ti·'liŋ·gue] <inv *o* -i> *adj* (*gruppo, paese, documento*) multilingual

multimedia [mul·ti·'mɛ:·dia] <inv> *adj* multimedia

multimediale [mul·ti·mɛ·'dia:·le] *adj* multimedia; **enciclopedia** ~ multimedia encyclopedia

multimiliardario, -a [mul·ti·mi·liar·'da:·rio] <-i, -ie> I. *adj* (*persona, vincita*) multibillionaire II. *m, f* multibillionaire

multimilionario, -a [mul·ti·mi·lio·'na:·rio] <-i, -ie> I. *adj* (*persona, vincita*) multimillionaire II. *m, f* multimillionaire

multinazionale [mul·ti·nat·tsio·'na:·le] I. *adj* (*azienda, società, impresa*) multinational II. *f* multinational

multipartitico, -a [mul·ti·par·'ti:·ti·ko] <-ci, -che> *adj* POL multiparty; **sistema** ~ multiparty system

multipiano [mul·ti·'pia:·no] <inv> *adj* (*edificio, parcheggio, struttura*) multi-floored

multiplo ['mul·ti·plo] *m* MAT multiple; **il minimo comune** ~ the least common multiple

multiplo, -a *adj* **1.** MAT multiple **2.**(*di più parti*) multiple; **gravidanza -a** multiple pregnancy; **presa di corrente -a** multiple outlet; **vettura** [*o* **auto**] **-a** minivan; (*furgone*) large van

multiproprietà [mul·ti·pro·prie·'ta] <-> *f* **1.** GIUR (*comproprietà*) time-sharing **2.**(*immobile*) time-share

multirazziale [mul·ti·rat·'tsia:·le] *adj* (*società, politica*) multiracial

multisala [mul·ti·'sa:·la] I. <inv> *adj* (*cinema*) multiplex II. <- *m*, -e *f*> *m o f* (*cinema*) multiplex

multisettoriale [mul·ti·set·to·'ria:·le] *adj* (*attività, studio, progetto*) cross-sector

multistrato [mul·ti·'stra:·to] <inv> *adj* TEC multilayered; **pannello** ~ multilayered panel

multiuso [mul·ti·'u:·zo] <inv> *adj* (*attrezzo, strumento*) multi-purpose

mummia ['mum·mia] <-ie> *f* **1.**(*cadavere*) mummy **2.** *fig* (*persona vecchia*) living corpse; (*persona taciturna, asociale*) sphinx; (*persona antiquata*) old fogey

mundial [mun·'dial] <-> *m* SPORT (*di calcio*) World Cup; (*di altri sport*) world championship

mungere ['mun·dʒe·re] <mungo, munsi, munto> *vt a. fig* to milk

mungitura [mun·dʒi·'tuː·ra] *f* (*atto*) milking; (*quantità di latte*) milk yield

municipale [mu·ni·tʃi·'paː·le] *adj* (*comunale*) municipal; **palazzo** ~ city hall

municipio [mu·ni·'tʃiː·pio] <-i> *m* **1.**(*amministrazione*) city council **2.**(*edificio*) city hall; **sposarsi in** ~ to get married at city hall

munire [mu·'niː·re] <munisco> **I.** *vt* (*dotare*) to equip; ~ **qu/qc di qc** to equip sb/sth with sth **II.** *vr* **-rsi di qc** (*dotarsi*) to equip oneself with sth; *fig* to muster; **-rsi contro qc** (*premunirsi*) to arm oneself against sth

munito, -a [mu·'niː·to] *adj* (*dotato*) equipped; ~ **di qc** equipped with sth

munizioni [mu·nit·'tsioː·ni] *fpl* (*bombe, cartucce, proiettili*) munitions *pl*

munsi ['mun·si] *1. pers sing pass rem di* **mungere**

munto ['mun·to] *pp di* **mungere**

muoio ['muɔː·io] *1. pers sing pr di* **morire**

muovere ['muɔː·ve·re] <muovo, mossi, mosso> **I.** *vt avere* **1.**(*parte del corpo*) to move; **non** ~ **un dito** to not lift a finger; ~ **i primi passi** to take one's first steps; *fig* to start out **2.**(*azionare*) to drive **3.**(*spostare*) to move; (*vento*) to blow **4.**(*nella dama, negli scacchi*) to move **5.** *fig* (*attacco*) to launch; (*inganno, tranello*) to set; ~ **guerra a** [*o* contro] **qu** to wage war on sb; ~ **una causa contro qu** to take sb to court **6.** *fig* (*accusa*) to level; (*obiezione*) to raise; (*osservazione*) to make **7.** *fig* (*a riso, pianto, compassione*) to move **8.** *fig* (*stimolare, spingere*) to motivate **9.** *fig* (*distogliere, dissuadere*) to budge **II.** *vi* **1.**(*dirigersi*) to move **2.** *fig* (*provenire*) to come from **III.** *vr:* **-rsi 1.**(*mettersi in movimento: persona*) to move; (*cosa, meccanismo*) to move; (*veicolo*) to move off; (*essere in moto*) to be moving **2.**(*dirigersi*) to move **3.**(*allontanarsi*) to move **4.** *fig* (*desistere*) to budge **5.**(*sbrigarsi*) to get a move on **6.** *fig* (*decidersi*) to make up one's mind **7.** *fig* (*intervenire*) to move **8.** *fig* (*a compassione, pietà*) to be moved

muraglia [mu·'raʎ·ʎa] <-glie> *f* (*muro di difesa*) defensive wall; ~ **cinese** Great Wall of China

muraglione [mu·raʎ·'ʎoː·ne] *m* (*autostradale, ferroviario*) embankment

murale [mu·'raː·le] *adj* (*pittura, disegno, scritta*) mural; (*carta, giornale, manifesto*) wall

murales [mu·'ra·les] *mpl* (*dipinti*) murals *pl*

murare [mu·'raː·re] **I.** *vt* **1.**(*porta, finestra*) to wall up **2.**(*presa, gancio*) to fix on a wall; (*cassaforte, libreria*) to fix in [*o* on] a wall; (*gioielli, argenteria*) to put in a wall **3.** *a. scherz* (*persona*) to wall up **II.** *vr:* **-rsi** (*rinchiudersi*) to wall oneself up

murario, -a [mu·'raː·rio] <-i, -ie> *adj* **1.**(*opera, arte*) masonry **2. cinta -a** wall

muratore [mu·ra·'toː·re] *m* (*operaio*) bricklayer

muratura [mu·ra·'tuː·ra] *f* **1.**(*lavoro*) walling; **in** ~ (*di pietra*) built of stone; (*di mattoni*) built of brick **2.**(*muro*) wall

murena [mu·'rɛː·na] *f* moray eel

muretto [mu·'ret·to] *m* (*muro basso*) small wall

muriatico, -a [mu·'ria·ti·ko] <-ci, -che> *adj* CHIM **acido** ~ muriatic acid

muro[1] ['muː·ro] <-a *f*> *m a. fig* (*di città*) wall; **entro/fuori le mura** within/outside the walls; **chiudersi fra quattro -a** *fig* to shut oneself up in the house

muro[2] *m* **1.**(*di edificio*) wall; ~ **divisorio** dividing wall; ~ **maestro** main wall; ~ **portante** bearing wall; **a** ~ wall; ~ **di Berlino** Berlin Wall; ~ **del pianto** Western Wall; **essere scritto anche sui -i** *fig* to be common knowledge; **mettere qu con le spalle al** ~ *fig* to put sb with their back to the wall; **parlare al** ~ *fig* to talk to the wall; **sbattere la testa contro il** ~ *fig* to bang one's head against a (brick) wall **2.**(*di nebbia, acqua*) wall **3.** *fig* (*di indifferenza, omertà, silenzio*) wall; ~ **di gomma** wall of indifference

musa ['muː·za] *f* **1.**(*dea*) Muse **2.** *fig* (*fonte d'ispirazione*) muse

muschiato, -a [mus·'kia·to] *adj* (*odore*) musky

muschio ['mus·kio] <-schi> *m* **1.**(*pianta*) moss **2.**(*essenza*) musk

musco ['mus·ko] *m* BOT *v.* **muschio**

muscolare [mus·ko·'laː·re] *adj* (*fibra, forza, dolore*) muscular

muscolatura [mus·ko·la·'tuː·ra] *f* musculature

muscolo ['mus·ko·lo] *m* **1.** ANAT muscle **2.** *pl fig* (*forza fisica*) muscles; **essere tutto -i** to be all muscles; *pej* to be all brawn and no brain **3.**(*carne*) stew meat

muscoloso, -a [mus·ko·'loː·so] *adj* (*uomo, braccia*) muscular

museo [mu·'zɛː·o] *m* museum; **da** ~ rare; *fig, pej* oldfangled

museruola [mu·ze·'ruɔː·la] *f* (*per cani*) muzzle; **mettere la ~ a qu** *fig* to muzzle sb

musica ['muː·zi·ka] <-che> *f* **1.**(*arte, esecuzione, notazione*) music; **leggere la** ~ to read music **2.** *fig* (*suono gradevole*) music **3.** *fig, iron* (*suono fastidioso*) din **4.** *fig, iron* (*litigio, scenata*) brawl **5.** *fig, inf* (*solfa, storia*) story; **è sempre la stessa ~!** it's always the same old story!; **è ora di cambiar ~!** it's time to change the record!

musicale [mu·zi·'kaː·le] *adj* musical; **(non) avere orecchio** ~ to (not) have an ear for music

musicalità [mu·zi·ka·li·'ta] <-> *f* (*di melodia, verso, lingua*) musicality

musicare [mu·zi·'kaː·re] *vt* (*poesia, testo*) to set to music

musicassetta [mu·zi·kas·'set·ta] *f* music tape

music hall ['mjuː·zik hɔːl] <-> *m* (*teatro di*

M

varietà) vaudeville theater; (*spettacolo musicale*) vaudeville

musichetta [mu·zi·'ket·ta] *f* **1.**(*brano breve, leggero*) short piece of music **2.** *pej* (*di poco valore*) poor piece of music

musicista [mu·zi·'tʃis·ta] <-i *m*, -e *f*> *mf* **1.**(*compositore*) composer **2.**(*esecutore*) musician

musicologia [mu·zi·ko·lo·'dʒi:·a] *f* (*disciplina*) musicology

musicologo, -ga [mu·zi·'ko·lo·go] <-gi, -ghe> *m*, *f* (*studioso*) musicologist

musicoterapia [mu·zi·ko·te·ra·'pi:·a] *f* MED, PSIC music therapy

muso ['mu:·zo] *m* **1.**(*di animale*) muzzle **2.** *pej, scherz* (*faccia*) face; **a ~ duro** *fig* resolutely; **rompere** [*o* **spaccare**] **il ~ a qu** *inf* to smash sb's face in **3.**(*broncio*) sulky expression; **avere** [*o* **fare**] [*o* **tenere**] **il ~ (lungo)** *inf* to sulk

musone, -a [mu·'zo:·ne] *m*, *f fig* (*scontroso*) sulky person

mussola ['mus·so·la] *f* muslin

mussoliniano [mus·so·li·'nia:·no] *adj* HIST, POL (*regime, totalitarismo*) of Mussolini

must [mast] <-> (*in pubblicità*) must

musulmano, mussulmano, -a [mu·sul·'ma:·no] **I.** *adj* (*civiltà, cultura*) Muslim **II.** *m*, *f* (*persona*) Muslim

muta ['mu:·ta] *f* **1.** ZOOL (*di uccelli*) molting; (*di rettili*) shedding **2.** SPORT (*tuta*) wetsuit **3.**(*di cani*) pack

mutamento [mu·ta·'men·to] *m* change

mutande [mu·'tan·de] *fpl* (*da uomo*) underpants; (*da donna*) panties; **in ~** *fig, inf* penniless

mutandine [mu·tan·'di:·ne] *fpl* (*da donna*) panties; (*da bambino*) pants

mutandoni [mu·tan·'do:·ni] *mpl* (*lunghi*) long johns

mutante [mu·'tan·te] *m a. fig* BIOL (*gene, individuo*) mutant

mutare [mu·'ta:·re] **I.** *vt avere* (*idea, aspetto,*

città, abito) to change; (*pelle, penne, squame*) to shed **II.** *vi essere* (*diventare diverso*) to change

mutazione [mu·tat·'tsio:·ne] *f* **1.**(*di clima*) change **2.** BIOL mutation

mutevole [mu·'te:·vo·le] *adj* **1.**(*tempo, situazione*) changeable **2.**(*umore, carattere*) moody

mutilare [mu·ti·'la:·re] *vt* **1.**(*corpo, arto*) to amputate **2.** *fig* (*opera*) to mutilate

mutilato, -a [mu·ti·'la:·to] **I.** *adj* (*persona*) maimed **II.** *m*, *f* (*invalido*) disabled person

mutilazione [mu·ti·lat·'tsio:·ne] *f* **1.**(*di corpo, arto*) amputation **2.** *fig* (*di opera, insieme organico*) mutilation

mutismo [mu·'tiz·mo] *m* **1.** MED mutism **2.**(*silenzio*) silence

muto¹ ['mu:·to] *m* <*sing*> (*cinema*) silent cinema

muto, -a² ['mu:·to] **I.** *adj* **1.** MED dumb **2.**(*silenzioso*) silent; (*ammutolito*) dumbstruck; **essere ~ come un pesce** *scherz* to be as silent as the grave **3.**(*senza suono, senza voce*) silent; **cinema ~** silent cinema; **consonante -a** LING silent consonant; **fare scena -a** *fig* to not utter a word **II.** *m*, *f* (*persona*) dumb person

mutua ['mu:·tua] *f inf* (*ente*) Italian National Health Service; **essere/mettersi in ~** to be/go on certified sick leave

mutuabile [mu·'tua·bi·le] *adj* (*farmaco, analisi*) available on the Italian National Health Service

mutualistico, -a [mu·tua·'lis·ti·ko] <-ci, -che> *adj* ADMIN (*ente, organizzazione*) Health Service

mutuare [mu·'tua:·re] *vt* **1.** *fig* (*adottare, prendere*) to adopt **2.**(*insegnamento, materia*) to provide

mutuato, -a [mu·tu·'a:·to] *m*, *f* (*assistito*) National Health Service patient

mutuo¹ ['mu:·tuo] *adj* (*reciproco*) mutual

mutuo² *m* GIUR, ECON (*prestito*) loan; **~ ipotecario** mortgage

Nn

N, n ['ɛn·ne] <-> *f* N, n; **~ come Napoli** N for November

n *abbr di* **numero** no.

N *abbr di* **nord** N

nacchere ['nak·kere] *fpl* castanets *pl*

nacqui ['nak·kui] *1. pers sing pass rem di* **nascere**

nafta ['naf·ta] *f* 1. CHIM naphtha 2. (*olio combustibile*) oil

naftalina [naf·ta·'li:·na] *f* naphthalene; **mettere qc sotto ~** *à. fig* to put sth into mothballs

naïf [na·'if] <inv> *adj* naive

nailon ['na:i·lon] *m v.* **nylon**

nanismo [na·'niz·mo] *m* dwarfism

nanna ['nan·na] *f* (*linguaggio infantile*) night-night; **andare a ~** to go to night-night; **fare la ~** to go to sleep

nano, -a ['na:·no] I. *adj* (*razza, pianta*) dwarf II. 1. (*di favole*) dwarf 2. (*persona bassa*) dwarf; *pej* midget

napoletana [na·po·le·'ta:·na] *f* (*caffettiera*) stovetop espresso maker

napoletano [na·po·le·'ta:·no] *m* (*dialetto*) Neapolitan

Napoletano *m* (*zona*) the Naples area; **nel ~** in the Naples area

napoletano, -a I. *m, f* (*abitante*) Neapolitan II. *adj* Neapolitan; **canzone -a** Neapolitan song; **pizza alla -a** *pizza with tomato, mozzarella, oregano and anchovies*

Napoli ['na:·po·li] *f* Naples

nappa ['nap·pa] *f* 1. (*ornamento*) tassel 2. (*pelle*) Nappa leather

narcisismo [nar·tʃi·'ziz·mo] *m* narcissism

narcisista [nar·tʃi·'zis·ta] <-i *m*, -e *f*> *mf* narcissist

narciso [nar·'tʃi:·zo] *m* 1. BOT daffodil 2. *fig* **è un narcisista** he's extremely vain

narciso, -a *adj* vain

narco ['nar·ko] <narcos> *m* drug dealer

narcosi [nar·'kɔ:·zi] <-> *f* narcosis

narcotest [nar·ko·'tɛst] <-> *m* MED drug test

narcotico [nar·'kɔ:·ti·ko] <-ci> *m* narcotic

narcotico, -a <-ci, -che> *adj* narcotic

narcotizzare [nar·ko·tid·'dza:·re] *vt* to narcotize

narcotrafficante [nar·ko·traf·fi·'kan·te] *mf* drug trafficker

narcotraffico [nar·ko·'traf·fi·ko] <-ci> *m* drug trafficking

narice [na·'ri:·tʃe] *f* nostril

narrare [nar·'ra:·re] I. *vt* (*storia, leggenda*) to tell; (*libro, film*) to narrate II. *vi* **~ di qu/qc** to tell of sb/sth

narrativa [nar·ra·'ti:·va] *f* LIT narrative

narrativo, -a [nar·ra·'ti:·vo] *adj* narrative

narratore, -trice [nar·ra·'to:·re] *m, f* narrator

narrazione [nar·ra·'tsio:·ne] *f* 1. (*di fatto, viaggio*) account 2. (*in libro, film*) narration

NAS *acró de* **Nucleo Antisofisticazioni Sanità** (**dei Carabinieri**) *health investigation department of the Carabinieri*

NASA ['na:·za] *f* NASA

nasale [na·'sa:·le] I. *adj* ANAT, LING nasal II. *f* LING nasal

nasata [na·'sa:·ta] *f bang on the nose*

nascente [naʃ·'ʃɛn·te] *adj* (*giorno*) breaking; (*astro, sole*) rising

nascere ['naʃ·ʃe·re] <nasco, nacqui, nato> *vi essere* 1. (*persone, animali*) to be born; **non sono nato ieri** I wasn't born yesterday 2. (*pianta*) to come up; (*fiore*) to come out 3. (*fiumi*) to rise 4. (*sole*) to rise; (*giorno*) to break 5. *fig* (*avere origine: tradizione, iniziativa*) to come from 6. *fig* (*formarsi: associazione*) to be created 7. *fig* (*amore*) to be born 8. *fig* **far ~** (*dubbio, sospetto*) to give rise to

nascita ['naʃ·ʃi·ta] *f* 1. (*di bambino*) birth; **di ~** by birth 2. BOT appearance 3. *fig* (*di sentimento*) beginning

nascituro, -a [naʃ·ʃi·'tu:·ro] I. *adj* unborn II. *m, f* unborn child

nascondere [nas·'kon·de·re] <nascondo, nascosi, nascosto> I. *vt* 1. (*oggetto*) to hide 2. (*sentimento, verità*) to conceal; **~ qc a qu** to hide sth from sb II. *vr:* **-rsi** to hide

nascondiglio [nas·kon·'diʎ·ʎo] <-gli> *m* (*di persona, oggetto*) hiding place

nascondino [nas·kon·'di:·no] *m* **giocare a ~** to play hide-and-seek

nascosi [nas·'ko:·si] *1. pers sing pass rem di* **nascondere**

nascosto, -a [nas·'kos·to] I. *pp di* **nascondere** II. *adj* 1. (*oggetto*) hidden; (*luogo*) secret; **rimanere ~** to remain hidden 2. *fig* **di ~** (*sposarsi, vedersi*) in secret; (*uscire*) unseen; (*fumare, mangiare*) on the sly

nasello [na·'sɛl·lo] *m* hake

naso ['na:·so] *m* nose; **~ all'insù** snub nose; **avere buon ~** to have a good nose; **ficcare il ~ negli affari altrui** to stick one's nose into other people's business; **non vedere più in là del proprio ~** to see no further than the end of one's nose

nastro ['nas·tro] *m* (*per capelli, abiti*) ribbon; **~ adesivo** adhesive tape; **~ biadesivo** double-sided tape; **~ isolante** insulating tape; **~ magnetico** magnetic tape; **~ trasportatore** conveyor belt

natale [na·'ta:·le] *adj* native

Natale [na·'ta:·le] *m* Christmas

natalità [na·ta·li·'ta] <-> *f* birth rate

natalizio, -a [na·ta·'lit·tsio] <-i, -ie> *adj* (*atmosfera, festeggiamento, vacanze*) Christmas

natante [na·'tan·te] *m* craft

natica ['na:·ti·ka] <-che> *f* buttock

nativo, -a [na·'ti:·vo] I. *adj* 1. (*paese*) home;

(*lingua*) native; **essere ~ di Firenze/Parigi** to be from Florence/Paris **2.** MIN (*ferro*) native **II.** *m, f* native

N.A.T.O. ['na:·to] *f* NATO

nato, -a ['na:·to] **I.** *pp di* **nascere II.** *adj* born; **un attore ~** *fig* a born actor

natura [na·'tu:·ra] *f* **1.** (*universo*) nature; **~ morta** still life; **contro ~** unnatural **2.** (*indole*) character

naturale [na·tu·'ra:·le] *adj* **1.** (*non artefatto*) natural; **a grandezza ~** life-size; **scienze -i** natural sciences **2.** (*ovvio*) natural

naturalezza [na·tu·ra·'let·tsa] *f* naturalness; **con ~** naturally

naturalismo [na·tu·ra·'liz·mo] *m* naturalism

naturalizzare [na·tu·ra·lid·'dza:·re] *vt* to naturalize

naturalmente [na·tu·ral·'men·te] *adv* **1.** (*secondo natura*) naturally **2.** (*ovviamente*) of course

naturismo [na·tu·'riz·mo] *m* nudism

naufragare [nau·fra·'ga:·re] *vi* essere o avere *fig* (*progetto*) to fail

naufragio [nau·'fra:·dʒo] <-gi> *m* **1.** NAUT shipwreck **2.** *fig* (*progetto*) failure

naufrago, -a ['na:u·fra·go] <-ghi, -ghe> *m, f* shipwreck survivor

nausea ['na:u·ze·a] *f* **1.** MED nausea; **avere la ~** to feel nauseous **2.** *fig* **mi dà la ~** it makes me feel sick

nauseante [nau·ze·'an·te] *adj* nauseous

nauseare [nau·ze·'a:·re] *vt* to nauseate

nautica ['na:u·ti·ka] <-che> *f* (*attività*) sailing; **salone della ~** boat show

nautico, -a ['na:u·ti·ko] <-ci, -che> *adj* (*di mare*) nautical; **sport -ci** water sports

navale [na·'va:·le] *adj* **1.** (*accademia*) naval **2.** (*cantiere, industria*) shipbuilding

navata [na·'va:·ta] *f* **~ centrale** nave; **~ laterale** aisle

nave ['na:·ve] *f* ship; **~ a vapore** steamboat; **~ a vela** sailing ship; **~ da carico** cargo ship; **~ da guerra** warship; **~ cisterna** tanker; **~ traghetto** ferry

navetta [na·'vet·ta] *f* **1.** (*di telaio*) shuttle **2.** (*treno, autobus*) shuttle; **~ spaziale** space shuttle

navicella [na·vi·'tʃɛl·la] *f* (*di dirigibile*) gondola; (*di aerostato*) basket; **~ spaziale** capsule

navigabile [na·vi·'ga:·bi·le] *adj* navigable

navigante [na·vi·'gan·te] *mf* seaman *m*, seawoman *f*

navigare [na·vi·'ga:·re] *vi* **1.** NAUT to sail; **~ in cattive acque** *fig* to be in trouble **2.** COMPUT to surf the Internet; **~ in Internet/in Rete** to surf the Internet/the Net

navigato, -a [na·vi·'ga:·to] *adj* **1.** (*percorso da navi*) navigated; **molto ~** very busy **2.** *fig* (*persona*) experienced

navigatore, -trice [na·vi·ga·'to:·re] *m, f* (*marinaio*) sailor

navigatore [na·vi·ga·'to:·re] *m* TEC **~ (satellitare)** GPS navigator

navigazione [na·vi·ga·'tsio:·ne] *f* NAUT, AERO navigation

naviglio [na·'viʎ·ʎo] <-gli> *m* vessel

nazionale [nat·tsio·'na:·le] **I.** *adj* (*di nazione*) national; (*mercato*) domestic **II.** *f* (national) team; **la ~ italiana** the Italian soccer team

nazionalismo [nat·tsio·na·'liz·mo] *m* nationalism

nazionalista [nat·tsio·na·'lis·ta] <-i *m*, -e *f*> *mf* nationalist

nazionalistico, -a [nat·tsio·na·'lis·ti·ko] <-ci, -che> *adj* nationalistic

nazionalità [nat·tsio·na·li·'ta] <-> *f* nationality

nazionalizzare [nat·tsio·na·lid·'dza:·re] *vt* to nationalize

nazionalizzazione [na·tsio·na·lid·dza·'tsio:·ne] *f* nationalization

nazionalsocialismo [na·tsio·nal·so·tʃa·'liz·mo] *m* National Socialism

nazionalsocialista [na·tsio·nal·so·tʃa·'lis·ta] <-i *m*, -e *f*> **I.** *adj* Nazi **II.** *mf* Nazi

nazione [na·'tsio:·ne] *f* nation; **le Nazioni Unite** the United Nations

naziskin ['na:·tsi·skin] <-> *mf* (*neonazi*) skinhead

nazismo [na·'tsiz·mo] *m* Nazism

nazista [na·'tsis·ta] **I.** *adj* Nazi **II.** *mf* Nazi

N.B., n.b. *abbr di* **nota bene** NB

N.d.A. *abbr di* **nota dell'autore** author's note

'ndrangheta [n·'draŋ·ge·ta] *f* Calabrian Mafia

ne [ne] **I.** *pron* **1.** (*persona: di lui*) about him; (*di lei*) about her; (*di loro*) about them **2.** (*di ciò*) about it; **~ parlano molto** they talk about it a lot; **non ~ vedo proprio la ragione** I can't see the point of it; **non ~ ho proprio idea** I haven't got a clue; **non me ~ importa** (**niente**) I don't care (at all) **3.** (*da ciò*) from it **4.** (*con valore partitivo: di questo*) of it; (*di questi*) of them; **me ~ daresti un po'?** could you give me some of it?; **~ ho già mangiati tantissimi** I've already eaten lots of them; **quanti anni hai? — ~ ho 29** how old are you? — I'm 29; **hai dei giornali? — sì, ~ ho** do you have any newspapers? — yes, I do **II.** *adv* **1.** (*da un luogo*) from there; (*da una situazione*) from it; **andarsene** to go away; **non te ~ andare** don't go away **2.** (*rafforzativo*) **me ~ sto qui** I'm just sitting here; **vorrei solo rimanermene a casa** I'd just like to stay at home

né [ne] *conj* neither; **~ ... ~ ...** neither ... nor ...; **non è ~ nuovo ~ vecchio** it's neither old nor new; **~ più ~ meno** no more, no less

NE *abbr di* **nordest** NE

neanche [ne·'aŋ·ke] *adv v.* **nemmeno**

nebbia ['neb·bia] <-ie> *f* **1.** METEO fog **2.** *fig* (*nebulosità*) mist

nebbiolo [neb·'biɔ:·lo] *m* nebbiolo, *type of red wine from Piedmont*

nebbiosità [neb·bio·si·'ta] <-> *f* **1.** METEO fogginess; (*foschia*) mistiness **2.** *fig* (*di idee, ricordo, progetto*) vagueness

nebbioso, -a [neb·'bio:·so] *adj* METEO foggy; (*coperto da foschia*) misty

nebulizzare [ne·bu·lid·'dza:·re] *vt* to atomize

nebulizzatore [ne·bu·lid·dza·'to:·re] *m* atomizer

nebulizzazione [ne·bu·lid·dza·'tsio:·ne] *f* atomization

nebulosità [ne·bu·lo·si·'ta] <-> *f fig* (*di idee, ricordo, progetto*) vagueness

nebuloso, -a [ne·bu·'lo:·so] *adj fig* (*non chiaro: frase, immagine, ricordo*) vague

nécessaire [ne·sɛ·'ser] <-> *m* sponge bag; ~ **per le unghie** manicure set

necessariamente [ne·tʃes·sa·ria·'men·te] *adv* necessarily

necessario [ne·tʃes·'sa:·rio] *m* **portati il ~ per cambiarti** bring what you need to get changed; **lo stretto ~** the bare essentials; **guadagna lo stretto ~ per vivere** she earns just enough to live on

necessario, -a <-i, -ie> *adj* necessary

necessità [ne·tʃes·si·'ta] <-> *f* need; (*povertà*) poverty; **avere ~ di qc** to need sth; **in caso di ~** if need be; **per ~** out of necessity

necessitare [ne·tʃes·si·'ta:·re] I. *vt* to need; **questa questione necessita tutta la nostra attenzione** this issue demands our full attention II. *vi* 1.(*avere bisogno*) ~ **di qc** to need sth 2.(*impersonale*) to require

necessitato, -a [ne·tʃes·si·'ta:·to] *adj* obliged

necrofilia [ne·kro·fi·'li:·a] <-ie> *f* necrophilia

necrofilo, -a [ne·'krɔ:·fi·lo] I. *adj* necrophiliac II. necrophiliac

necroforo [ne·'krɔ:·fo·ro] *m* gravedigger

necrologio [ne·kro·'lɔ:·dʒo] <-gi> *m* (*annuncio*) obituary

necropoli [ne·'krɔ:·po·li] <-> *f* necropolis

nefasto, -a [ne·'fas·to] *adj* fateful

negare [ne·'ga:·re] *vt* 1.(*contestare*) to deny 2.(*rifiutare*) to deny

negatività [ne·ga·ti·vi·'ta] <-> *f* negativity

negativo [ne·ga·'ti:·vo] *m* FOTO negative

negativo, -a *adj* negative

negato, -a [ne·'ga:·to] *adj fig* (*non portato*) **essere ~ per qc** to be hopeless at sth

negazione [ne·gat·'tsio:·ne] *f* 1.(*rifiuto*) denial 2.(*contrario*) opposite 3. LING negation

negletto, -a [neg·'lɛt·to] *adj* LIT neglected

negli ['neʎ·ʎi] *prep v.* **in + gli** *v.* **in**[1]

négligé [ne·gli·'ʒe] <-> *m* negligee

negligente [ne·gli·'dʒɛn·te] I. *adj* negligent II. *mf* negligent person

negligenza [ne·gli·'dʒɛn·tsa] *f* negligence

negoziabile [ne·go·'tsia:·bi·le] *adj* COM (*accordo, compenso, prezzo*) negotiable

negoziante [ne·go·'tsian·te] *mf* storekeeper

negoziare [ne·go·'tsia:·re] *vt* 1.(*contratto, pace*) to negotiate 2. FIN (*titoli, cambiali*) to negotiate

negoziato [ne·go·'tsia:·to] *m* negotiation; **-i di pace** peace negotiations

negoziatore, -trice [ne·go·tsia·'to:·re] *m, f* negotiator

negoziazione [ne·go·tsia·'tsio:·ne] *f* 1.(*trattativa*) negotiation 2. FIN (*di titoli, cambiali*) negotiation

negozio [ne·'gɔ:·tsio] <-i> *m* store

negro, -a ['ne:·gro] I. *adj* negro II. *m, f* negro

negromante [ne·gro·'man·te] *mf* necromancer

nel, nell', nella, nelle, nello, nei [nel, 'nel·la, 'nel·le, 'nel·lo, 'ne:·i] *prep v.* **in + il, l', la, le, lo, i** *i. v.* **in**[1]

nembo ['nem·bo] *m* METEO nimbus

nemico, -a [ne·'mi:·ko] <-ci, -che> I. *adj* 1.(*attacco, esercito*) enemy; **essere ~ di qu** to be sb's enemy; **farsi ~ qu** to make an enemy of sb 2.(*atteggiamento, parole*) hostile; **essere ~ di qu/qc** to be opposed to sb/sth II. *m, f* enemy; ~ **mortale** sworn enemy

nemmeno [nem·'me:·no] *adv* 1.(*neppure*) neither; ~ **io** me neither 2.(*rafforzativo*) not even; ~ **una settimana dopo** not even a week later; ~ **uno** not even one; ~ **per idea** [*o* **per sogno**]! no chance!

nenia ['nɛ:·nia] <-ie> *f* 1.(*canzone monotona*) dirge 2.(*discorso noioso*) spiel

neo ['nɛ:·o] *m* 1. ANAT mole 2. *fig* (*piccolo difetto*) flaw

neoassunto, -a [ne·o·as·'sun·to] I. *adj* newly-appointed II. *m, f* recent appointment

neoclassicismo [ne·o·klas·si·'tʃiz·mo] *m* neoclassicism

neocomunista [ne·o·ko·mu·'nis·ta] *mf* neo-communist

neodiplomato, -a [ne·o·di·plo·'ma:·to] *m, f* newly-qualified person

neofascismo [ne·o·faʃ·'ʃiz·mo] *m* neo-fascism

neofascista [ne·o·faʃ·'ʃis·ta] <-i *m*, -e *f*> I. *adj* neo-fascist II. *mf* neo-fascist

neolaureato, -a [ne·o·lau·re·'a:·to] *m, f* recent graduate

neologismo [ne·o·lo·'dʒiz·mo] *m* neologism

neomarxista [ne·o·mark·'sis·ta] <-i *m*, -e *f*> I. *mf* POL neo-Marxist II. *adj* neo-Marxist

neon ['nɛ:·on] <-> *m* neon

neonato, -a [ne·o·'na:·to] I. *adj* 1.(*bambino*) newborn 2. *fig, scherz* brand new II. *m, f* newborn infant

neonazismo [ne·o·na·'tsiz·mo] *m* neo-Nazism

neonazista [ne·o·na·'tsis·ta] <-i *m*, -e *f*> I. *adj* neo-Nazi II. *mf* neo-Nazi

neopatentato, -a [ne·o·pa·ten·'ta:·to] *m, f* newly-qualified driver

neoplatonico, -a [ne·o·pla·'tɔ:·ni·ko] *adj* neo-Platonic

neopositivismo [ne·o·po·zi·ti·'viz·mo] *m* neo-positivism

neorealismo [ne·o·re·a·'liz·mo] *m* neo-realism

neozelandese [ne·o··dze·lan·'de:·se] I. *adj* New Zealand II. *m* New Zealander

nepotismo [ne·po·'tiz·mo] *m* nepotism

neppure [nep·'pu:·re] *adv v.* **nemmeno**

nerastro, -a [ne·'ras·tro] *adj* blackish

N

nerazzurri [ne·rad·'dzur·ri] *mpl Inter Milan soccer team*

nerazzurro, -a *adj* giocatore/tifoso ~ Inter Milan player/fan

nerbo ['nɛr·bo] *m* 1. (*staffile*) whip 2. *fig* vigor; (*forza*) strength

nerboruto, -a [ner·bo·'ru:·to] *adj scherz* brawny

neretto [ne·'ret·to] *m* TYPO bold; **in** ~ in bold

nero ['ne:·ro] *m* black; ~ **di seppia** cuttlefish ink; ~ **su bianco** in writing

nero, -a *adj a. fig* (*colore*) black; **cronaca -a** crime news; **vedere tutto** ~ to look on the down side of everything

nerofumo, nero fumo [ne·ro·'fu:·mo] *m* lampblack

nervatura [ner·va·'tu:·ra] *f* 1. BOT nervation 2. (*elemento di sostegno*) rib

nervo ['nɛr·vo] *m* 1. ANAT nerve; **avere i -i a fior di pelle** *fig* to be on edge; **avere i -i a pezzi** *fig* to be a nervous wreck; **far venire i -i a qu** *fig* to get on sb's nerves 2. BOT vein 3. *inf* (*tendine*) tendon 4. *fig* spirit

nervosismo [ner·vo·'siz·mo] *m* nervousness

nervosità [ner·vo·si·'ta] <-> *f* 1. (*nervosismo*) nervousness 2. *fig* (*incisività*) incisiveness

nervoso [ner·'vo:·so] *m inf* irritability; **mi viene il** ~ I get annoyed; **far venire il** ~ **a qu** to annoy sb

nervoso, -a *adj* 1. ANAT nervous 2. (*irritabile*) on edge

nespola ['nɛs·po·la] *f* 1. BOT medlar 2. *fig, inf* blow

nespole ['nɛs·po·le] *interj* wow

nespolo ['nɛs·po·lo] *m* medlar tree

nesso ['nɛs·so] *m* link

nessuno [nes·'su:·no] *m* nobody

nessuno, -a I. *adj* no; (*con negazione*) any; **in nessun caso** under no circumstances; **in nessun luogo** nowhere; **non ho -a voglia di farlo/di andarci** I don't feel at all like doing it/going there II. *pron* 1. (*non uno*) nobody; **non ho visto** ~ I didn't see anybody 2. (*qualcuno*) anybody

netiquette <-> *m* COMPUT netiquette

nettare ['nɛt·ta·re] *m* nectar

nettezza [net·'tet·tsa] *f* (*pulizia*) cleanliness; ~ **urbana** street cleaning and garbage collection

netto, -a ['net·to] *adj* 1. (*risposta, rifiuto*) straight; **tagliare qc di** ~ to cut sth (clean) off 2. COM net; **stipendio** ~ net salary; **al** ~ net

netturbino [net·tur·'bi:·no] *m* garbage man

network ['net·wə:k] <- *o* networks> *m* RADIO, TV network

neuro ['nɛu·ro] *f inf* MED (*clinica neurologica*) insane asylum

neurobiologia [neu·ro·bi·o·lo·'dʒi:·a] *f* neurobiology

neurobiologico, -a [neu·ro·bi·o·'lɔ:·dʒi·ko] <-ci, -che> *adj* neurobiological

neurobiologo, -a [neu·ro·'biɔ:·lo·go] <-gi, -ghe> *m, f* neurobiologist

neurochimica [neu·ro·'ki:·mi·ka] *f* neurochemistry

neurochirurgia [neu·ro·ki·rur·'dʒi:·a] *f* neurosurgery

neurofarmacologia [neu·ro·far·ma·ko·lo·'dʒi:·a] *f* MED neuropharmacology

neurofisiologia [neu·ro·fi·zio·lo·'dʒi:·a] *f* MED neurophysiology

neurofisiologo, -a [neu·ro·fi·'ziɔ:·lo·go] <-gi, -ghe> *m, f* MED neurophysiologist

neurologia [neu·ro·lo·'dʒi:·a] *f* neurology

neurologico, -a [neu·ro·'lɔ:·dʒi·ko] <-ci, -che> *adj* neurological

neurologo, -a [neu·'rɔ:·lo·go] <-gi, -ghe> *m, f* neurologist

neuropatologia [neu·ro·pa·to·lo·'dʒi:·a] *f* neuropathology

neuropatologo, -a [neu·ro·pa·'tɔ:·lo·go] <-gi, -ghe> *m, f* neuropathologist

neuropsicologia [neu·ro·psi·ko·lo·'dʒi:·a] *f* PSIC, MED neuropsychology

neuroscienze [neu·roʃ·'ʃɛn·tse] *fpl* neuroscience

neurovegetativo, -a [neu·ro·ve·dʒe·ta·'ti:·vo] *adj* autonomic; **sistema** ~ autonomic system

neutrale [neu·'tra:·le] I. *adj* neutral II. *mf* neutral

neutralità [neu·tra·li·'ta] <-> *f* neutrality

neutralizzare [neu·tra·lid·'dza:·re] *vt* 1. CHIM to neutralize 2. (*rendere inoffensivo*) to neutralize 3. (*rendere inutile*) to cancel out

neutralizzazione [neu·tra·lid·dzat·'tsio:·ne] *f a. fig* neutralization

neutro ['nɛu·tro] *m* 1. ELETT neutral 2. LING neuter

neutro, -a *adj* 1. (*non definibile: atteggiamento, stile, tinta*) neutral 2. CHIM, ELETT, POL neutral 3. LING neuter

neutrone [neu·'tro:·ne] *m* FIS neutron

nevaio [ne·'va:·io] <-ai> *m* snowfield

neve ['ne:·ve] *f* 1. METEO snow; ~ **fresca** fresh snow; **fiocco di** ~ snowflake; **palla di** ~ snowball; **bianco come la** ~ as white as snow 2. *sl* (*cocaina*) coke

nevicare [ne·vi·'ka:·re] *vi essere o avere* to snow

nevicata [ne·vi·'ka:·ta] *f* snowfall

nevischio [ne·'vis·kio] <-schi> *m* sleet

nevosità [ne·vo·si·'ta] <-> *f* snowfall

nevoso, -a [ne·'vo:·so] *adj* snowy

nevralgia [ne·vral·'dʒi:·a] <-gie> *f* neuralgia

nevralgico, -a [nev·'ral·dʒi·ko] <-ci, -che> *adj* neuralgic; **punto** ~ *fig* key point

nevrastenia [nev·ra·ste·'ni:·a] <-ie> *f* neurasthenia

nevrastenico [nev·ras·'tɛ:·ni·ko] *m* MED neurasthenic; *fig* nervous wreck

nevrastenico, -a <-ci, -che> *adj* MED neurasthenic; **essere** ~ *fig* to be a nervous wreck

nevrite [ne·'vri:·te] *f* neuritis

nevrosi [ne·'vrɔ:·zi] <-> *f* neurosis

nevrotico, -a [nev·'rɔ:·ti·ko] <-ci, -che> I. *adj* neurotic II. neurotic

nevrotizzare [nev·ro·tid·'dza:·re] *vt* ~ **qu** to drive sb mad

news [nju:z] *fpl* TV news *sing*

newsgroup <-> *m* COMPUT newsgroup

nicchia ['nik·kia] <-cchie> *f* ARCHIT niche; (*nella roccia*) recess

nichel ['ni:·kel] *m* nickel

nichelare [ni·ke·'la:·re] *vt* to nickel-plate

nichelatura [ni·ke·la·'tu:·ra] *f* nickel-plating

nichilismo [ni·ki·'liz·mo] *m* nihilism

nichilista [ni·ki·'lis·ta] <-i *m*, -e *f*> I. *adj* nihilistic II. *mf* nihilist

nicotina [ni·ko·'ti:·na] *f* nicotine; **senza** ~ nicotine-free

nidiata [ni·'dia:·ta] *f* 1. (*di uccelli*) nestful; (*di topi, conigli*) litter 2. *fig, scherz* brood

nidificare [ni·di·fi·'ka:·re] *vi* to nest

nido ['ni:·do] I. *m* 1. ZOOL nest; **a** ~ **d'ape** *fig* honeycomb 2. *fig* (*casa*) **abbandonare il** ~ to leave the nest II. *adj* **asilo** ~ nursery

niente ['niɛn·te] I. *pron* 1. (*nessuna cosa*) nothing; **non fa** ~ it doesn't matter; ~ **di** ~ nothing at all; **per** ~ (*assolutamente non*) not at all; **di** ~ you're welcome 2. (*interrogativo*) anything; **ti serve** ~? do you need anything? 3. (*poca cosa*) nothing; **è una cosa da** ~ it was nothing II. *m* 1. (*nessuna cosa*) nothing; **un bel** ~ nothing at all 2. (*poca cosa*) anything III. *adv* **non è** ~ **male** it's not at all bad; ~ **affatto** not at all; **nient'altro** nothing else IV. *adj fam* no; ~ **paura!** never fear!

nientedimeno, nientemeno [nien·te·di·'me:·no, nien·te·'me:·no] I. *adv* no less II. *interj* you don't say!

nietzschiano, -a [nit·'tʃa:·no] I. *adj* Nietzschean II. *m, f* Nietzschean

nightclub ['nait·klʌb/'nait·kleb] *m* nightclub

Nilo ['ni:·lo] *m* Nile

ninfa ['nin·fa] *f* (*in mitologia*) nymph

ninfea [nin·'fɛ:a] *f* water lily

ninfomane [nin·'fɔ:·ma·ne] I. *adj* nymphomaniac II. *f* nymphomaniac

ninfomania [nin·fo·ma·'ni:·a] *f* nymphomania

ninnananna [nin·na·'nan·na] <ninnenanne> *f* lullaby

ninnare [nin·'na:·re] *vt* to sing to sleep

ninnolo ['nin·no·lo] *m* 1. (*giocattolo*) (baby's) toy 2. (*soprammobile*) knick-knack

nipote [ni·'po:·te] *mf* 1. (*di zio*) nephew *m*, niece *f* 2. (*di nonno*) grandson *m*, granddaughter *f* 3. (*discendenti*) descendants *pl*

nippomania [nip·po·ma·'ni:·a] *f love of Japan and Japanese culture*

nipponico, -a [nip·'pɔ:·ni·ko] <-ci, -che> I. *adj* Japanese II. *m, f* Japanese

nirvana [nir·'va:·na] *m* nirvana

nisseno, -a [nis·'se:·no] I. *m, f* (*abitante*) person from Caltanissetta II. *adj* from Caltanissetta

nitidezza [ni·ti·'det·tsa] *f* 1. (*chiarezza*) clarity 2. (*di immagine, contorno*) clarity

nitido, -a ['ni:·ti·do] *adj* 1. (*chiaro*) clear 2. (*immagine, contorno*) clear

nitrato [ni·'tra:·to] *m* nitrate

nitrico, -a ['ni:·tri·ko] <-ci, -che> *adj* nitric

nitrire [ni·'tri:·re] <nitrisco> *vi* to neigh

nitrito [ni·'tri:·to] *m* 1. (*di cavallo*) whinny 2. CHIM nitrite

nitro ['ni:·tro] *m* niter

nitrocellulosa [ni·tro·tʃel·lu·'lo:·sa] *f* nitrocellulose

nitroglicerina [ni·tro·gli·tʃe·'ri:·na] *f* nitroglycerine

NN *abbr di* **nescio nomen** (*di padre ignoto*) *unknown father*

no [nɔ] I. *adv* not; **parti o** ~? are you leaving or not?; **lo farai,** ~? you'll do it, won't you?; **pare di** ~ it seems not; **come** ~! I'll bet!; **perché** ~? why not?; ~ **e poi** ~ absolutely not; **dire di** ~ to say no; **rispondere di** ~ to answer no; **non dico di** ~ (*per accettare*) I wouldn't say no; (*lo ammetto*) I don't deny it II. <-> *m* 1. (*risposta*) no 2. (*voto*) no (vote)

NO *abbr di* **nordovest** NW

nobildonna [no·bil·'dɔn·na] *f* noblewoman

nobile ['nɔ:·bi·le] I. *adj* 1. (*di origine*) noble 2. (*generoso*) noble 3. CHIM (*gas, metallo*) noble II. *mf* nobleman *m*, noblewoman *f*; **i** -**i** the nobility

nobiliare [no·bi·'lia:·re] *adj* noble

nobiltà [no·bil·'ta] <-> *f a. fig* nobility

nobiluomo [no·bi·'luɔ:·mo] <nobiluomini> *m* nobleman

nocca ['nɔk·ka] <-cche> *f* (*di mani*) knuckle

noccio ['nɔt·tʃo] *1. pers sing pr di* **nuocere**

nocciola[1] [not·'tʃɔ:·la] *f* hazelnut

nocciola[2] <inv> *adj* (*colore*) (light) brown; (*occhi*) hazel

nocciolato [not·tʃo·'la:·to] *m* chocolate with hazelnuts

nocciolina [not·tʃo·'li:·na] *f* peanut

nocciolo[1] ['nɔt·tʃo·lo] *m* 1. BOT stone 2. *fig* heart

nocciolo[2] [not·'tʃɔ:·lo] *m* BOT hazel

noce ['no:·tʃe] I. *m* (*albero, legno*) walnut II. *f* 1. BOT walnut; ~ **moscata** nutmeg 2. (*di bue, vitello*) knuckle 3. (*misura*) knob

nocepesca [no·tʃe·'pɛs·ka] <nocipesche> *f* nectarine

nocino [no·'tʃi:·no] *m* walnut liqueur

nociuto [no·'tʃu:·to] *pp di* **nuocere**

nocività [no·tʃi·vi·'ta] <-> *f* harmfulness

nocivo, -a [no·'tʃi:·vo] *adj* harmful

nocqui ['nɔk·kui] *1. pers sing pass rem di* **nuocere**

nodo ['nɔ:·do] *m* 1. (*intreccio*) knot; ~ **linfatico** ANAT lymph node; **avere un** ~ **alla gola** *fig* to have a lump in one's throat; **fare il** ~ **alla cravatta** to knot one's tie; **tutti i** -**i vengono al pettine** *prov* everything comes out in the end 2. (*trama: di azione, dramma*) plot; (*problema*) sticking point; (*impedimento*) obstacle 3. (*punto centrale: di problema, questione*)

N

nub 4. MOT, FERR ~ **ferroviario** railway junction; ~ **stradale** road junction

nodoso, -a [no·'do:·so] *adj* (*bastone, ramo, dita*) gnarled

nodulo ['nɔ:·du·lo] *m* BIOL, MED nodule

no frost [nou 'frɔst] I.<-> *m* frost-free system II.<inv> *adj* **congelatore** ~ frost-free freezer

noi ['no:·i] *pron* 1. (*soggetto*) we 2. (*oggetto*) us

noia ['nɔ:·ia] <-oie> *f* 1. (*tedio*) boredom 2. (*seccatura*) nuisance; **dar** ~ **a qu** to annoy sb

noialtri [no·'ial·tri] *pron 1. pers pl* we

noioso, -a [no·'io:·so] *adj* 1. (*tedioso: libro, persona*) boring 2. (*che dà fastidio*) annoying

noleggiare [no·led·'dʒa:·re] *vt* 1. (*dare a nolo*) to rent (out) 2. (*prendere a nolo*) to rent; (*navi, aerei*) to charter

noleggiatore, -trice [no·led·dʒa·'to:·re] *m, f* 1. (*che dà a nolo*) renter 2. (*che prende a nolo*) renter; (*di navi, aerei*) charterer

noleggio [no·'led·dʒo] <-ggi> *m* 1. (*affitto*) rental; (*di navi, aerei*) charter 2. (*prezzo*) rental charge; (*di navi, aerei*) charter fee 3. (*impresa*) rental company

nolente [no·'lɛn·te] *adj* **verrai, volente o** ~ you'll come, whether you like it or not

nolo ['nɔ:·lo] *m* 1. (*noleggio*) rental; **dare a** ~ **qc** to rent sth out; **prendere a** ~ **qc** to rent sth 2. (*prezzo*) rental charge; (*per navi, aerei*) charter fee

nomade ['nɔ:·ma·de] I. *adj* nomadic II. *mf* nomad

nomadismo [no·ma·'diz·mo] *m* nomadism

nome ['no:·me] *m* 1. (*nome e cognome*) name; (*opposto a cognome*) first name; ~ **di battesimo** baptismal name; **farsi un** ~ to make a name for oneself; **a** ~ **di qu** in sb's name; **di** ~ (*chiamato*) called; **conoscere qu di** ~ to know sb's name 2. (*di cosa, luogo*) name; ~ **depositato** registered trademark 3. LING noun; ~ **astratto** abstract noun; ~ **collettivo** collective noun; ~ **comune** common noun; ~ **proprio** proper name

nomenclatura [no·men·kla·'tu:·ra] *f* nomenclature

nomignolo [no·'miɲ·ɲo·lo] *m* (*soprannome*) nickname

nomina ['nɔ:·mi·na] *f* appointment

nominale [no·mi·'na:·le] *adj* 1. LING nominal 2. (*teorico*) in name 3. COM (*valore, capitale*) nominal

nominare [no·mi·'na:·re] *vt* 1. (*citare*) to mention; **mai sentito** ~! I've never heard of him [*o* her] [*o* it]! 2. (*eleggere*) to nominate; (*commissione, avvocato*) to appoint 3. (*chiamare: via, pianta, astro*) to name

nominativo [no·mi·na·'ti:·vo] *m* 1. LING nominative 2. ADMIN name

nominativo, -a *adj* (*biglietto, abbonamento*) nominative

non [non] *adv* 1. (*con verbi*) not 2. (*con aggettivi, sostantivi, avverbi*) non-; ~ **fumatori** non--smokers; ~ **violenza** non-violence 3. (*con un'altra negazione*) ~ **appena** as soon as; ~ ... **niente** not at all; ~ ... **mai** never

nonagenario, -a [no·na·dʒe·'na:·rio] <-i, -ie> I. *adj* nonagenarian II. *m, f* nonagenarian

non aggressione [non ag·gres·'sio:·ne] *f* GIUR non-aggression

non allineamento [non al·li·ne·a·'men·to] *m* GIUR non-alignment

non allineato, -a *adj* non-aligned

non belligerante [non bel·li·dʒe·'ran·te] I. *adj* GIUR non-belligerant II. *m* non-combatant

non belligeranza [non bel·li·dʒe·'ran·tsa] *f* GIUR non-combatancy

nonchalance [nɔ̃·ʃa·'lãs] <-> *f* nonchalance

nonché [noŋ·'ke] *conj* 1. (*e inoltre*) as well 2. (*e tanto meno*) far less

nonconformismo [non·kon·for·'miz·mo] *m* nonconformism

nonconformista [noŋ·kon·for·'mis·ta] <-i *m*, -e *f*> I. *adj* nonconformist II. *mf* nonconformist

non credente [non kre·'dɛn·te] *mf* REL non-believer

noncurante [noŋ·ku·'ran·te] *adj* **essere** ~ **di qc** to pay no attention to sth

noncuranza [noŋ·ku·'ran·tsa] *f* 1. (*nonchalance*) nonchalance 2. (*inosservanza*) lack of attention

nondimeno [non·di·'me:·no] *conj* nonetheless

non docente [non do·'tʃɛn·te] *adj* non-teaching; **personale** ~ non-teaching staff

nonetto [no·'net·to] *m* MUS nonet

non interferenza [non in·ter·fe·'rɛn·tsa] *f* non-interference

non intervento [non in·ter·'vɛn·to] *m* GIUR, POL non-intervention

nonni ['nɔn·ni] *mpl* grandparents; (*antenati*) ancestors

nonnismo [non·'niz·mo] *m inf* MIL hazing

nonno, -a ['nɔn·no] *m, f* grandpa *m*, grandma *f*

nonnulla [non·'nul·la] <-> *m* **un** ~ a trifle

nono ['nɔ:·no] *m* (*frazione*) ninth

nono, -a I. *adj* ninth II. *m, f* ninth; *v.a.* **quinto**

nonostante [no·nos·'tan·te] I. *prep* despite II. *conj* although

non plus ultra [non plus 'ul·tra] <-> *m* **il** ~ **di** the height of

non professionale [non pro·fes·sio·'na:·le] *adj* 1. (*amatoriale*) non-professional 2. *pej* (*senza serietà e competenza*) amateurish

non profit [non 'pro·fit] <inv> *adj* GIUR not for profit

non so che [non sɔ k·'ke] <-> *m* **un** (**certo**) ~ a certain something

nonstop, non stop [nɔn stɔp] I.<inv> *adj* nonstop; **orario** ~ 24 hours a day; **volo** ~ nonstop flight II.<-> *f* TV continuous program

nontiscordardime, non-ti-scordar-di-me [non·tis·kor·dar·di·'me] <-> *m* forget-me-not

non udente [non u·'dɛn·te] I. *mf form* ADMIN

(*sordo*) hearing-impaired person **II.** *adj* hearing-impaired

non vedente [non ve·'dɛn·te] **I.** *mf form* ADMIN (*cieco*) blind person **II.** *adj* blind

non violento, -a [non vio·'lɛn·to] **I.** *adj* non-violent **II.** *m, f advocate of non-violence*

norcino, -a [nor·'tʃi:·no] *m, f* person from Norcia

nord [nɔrd] *m* north; **l'Italia del ~** northern Italy; **a ~ di ...** to the north of ...; **verso ~** northwards; **il Mare del Nord** the North Sea; **il Polo Nord** the North Pole

nord- (*in parole composte*) north-

nordest [nɔr·'dɛst] *m* north-east; **di ~** north--easterly

nordico, -a ['nɔr·di·ko] <-ci, -che> **I.** *adj* Nordic **II.** *m, f* Nordic

nordismo [nor·'diz·mo] *m* POL *ideology of the Northern League, advocating autonomy for the northern regions of Italy*

nordista [nor·'dis·ta] <-i *m*, -e *f*> **I.** *adj* POL *relating to the Northern League* **II.** *mf* POL *supporter of the Northern League*

nordovest [nor·'dɔ:·vest] *m* **1.** GEO north--west; **di ~** northwesterly **2.** (*cappello*) south--wester hat

norma ['nɔr·ma] *f* **1.** (*regola*) rule; **-e per l'uso** instructions; **a ~ di legge** in accordance with the law; **di ~** (*abitualmente*) as a rule **2.** (*uso*) custom **3.** (*in statistica*) norm

normale [nor·'ma:·le] *adj* **1.** (*conforme alla norma*) normal **2.** (*regolare*) normal

normalità [nor·ma·li·'ta] <-> *f* normality

normalizzare [nor·ma·lid·'dza:·re] **I.** *vt* **1.** (*rendere normale*) to normalize **2.** (*standardizzare*) to standardize **II.** *vr:* **-rsi** to normalize

normalmente [nor·mal·'men·te] *adv* **1.** (*secondo la norma*) normally **2.** (*abitualmente*) usually

normanno, -a [nor·'man·no] **I.** *adj* GEO, HIST Norman **II.** *m, f* GEO, HIST Norman

normativa [nor·ma·'ti:·va] *rules pl*

normativo, -a [nor·ma·'ti:·vo] *adj* prescriptive

normografo [nor·'mɔ:·gra·fo] *m* lettering guide

norvegese [nor·ve·'dʒe:·se] **I.** *adj* Norwegian **II.** *mf* Norwegian

Norvegia [nor·'vɛ:·dʒa] *f* Norway

nossignora [nos·siɲ·'ɲo:·ra] *interj* no, Madam; *iron* no way

nossignore [nos·siɲ·'ɲo:·re] *interj* no, Sir; *iron* no way

nostalgia [nos·tal·'dʒi:·a] <-gie> *f* (*rimpianto*) nostalgia; **sentire ~ del proprio paese** to be homesick for one's town; **avere ~ della famiglia** to miss one's family

nostalgico, -a [nos·'tal·dʒi·ko] <-ci, -che> **I.** *adj* (*discorso, atteggiamento, persona*) nostalgic **II.** *m, f* nostalgic

nostrano, -a [nos·'tra:·no] *adj* (*formaggio, vino, frutta*) local

nostro, -a ['nɔs·tro] **I.** *adj* our; **la -a speranza**

our hope; **~ padre/zio** our father/uncle; **un ~ amico** a friend of ours **II.** *pron* **il ~, la -a** ours

nostromo [nos·'trɔ:·mo] *m* boatswain

nota ['nɔ:·ta] *f* **1.** (*contrassegno*) feature **2.** (*appunto*) note; **prendere ~ di qc** to take note of sth; **degno di ~** noteworthy **3.** (*a scuola*) reprimand slip **4.** (*conto*) check; **~ spese** expense sheet **5.** (*comunicazione*) note **6.** MUS note; **trovare la giusta ~** to hit the right note

nota bene ['nɔ:·ta 'bɛ:·ne] <-> *m* NB

notabile [no·'ta:·bi·le] *m* worthy

notaio [no·'ta:·io] <-ai> *m* notary (public)

notare [no·'ta:·re] *vt* **1.** (*rilevare*) to notice; **farsi ~** to attract attention **2.** (*prender nota*) to note **3.** (*considerare*) to note; **far ~ a qu qc** to point sth out to sb

notariato [no·ta·'ria:·to] *m* notaries (public) *pl*

notarile [no·ta·'ri:·le] *adj* notarial

notazione [no·ta·'tsio:·ne] *f* **1.** (*annotazione*) notation **2.** MUS notation **3.** *fig* (*osservazione*) remark

notebook ['nout·buk/not·'buk] *m* COMPUT notebook

notes ['nɔ:·tes] <-> *m* notepad

notevole [no·'te:·vo·le] *adj* **1.** (*degno di nota*) notable **2.** (*grande*) significant

notifica [no·'ti:·fi·ka] <-che> *f* ADMIN notification

notificabile [no·ti·fi·'ka:·bi·le] *adj* ADMIN notifiable

notificare [no·ti·fi·'ka:·re] *vt* **1.** ADMIN to notify; GIUR (*sentenza*) to serve **2.** (*dichiarare*) to declare

notificazione [no·ti·fi·ka·'tsio:·ne] *f* ADMIN notificatoin

notizia [no·'ti·tsia] <-ie> *f* (*novità*) piece of news; **-ie** news *sing*

notiziario [no·ti·'tsia:·rio] <-i> *m* TV, RADIO news program

noto, -a ['nɔ:·to] *adj* well-known; **ben ~** notable; *pej* (*criminale, truffatore, dongiovanni*) notorious

notoriamente [no·to·ria·'men·te] *adv* notoriously

notorietà [no·to·rie·'ta] <-> *f* **1.** (*conoscenza*) **di ~ pubblica** common knowledge **2.** (*fama*) fame

notorio, -a [no·'tɔ:·rio] <-i, -ie> *adj* **1.** (*conosciuto*) well-known **2.** ADMIN **atto ~** affidavit

nottambulismo [not·tam·bu·'liz·mo] *m* sleepwalking

nottambulo, -a [not·'tam·bu·lo] **I.** *adj* night--time **II.** *m, f* night owl

nottata [not·'ta:·ta] *f* night; **far ~** to stay up very late

notte ['nɔt·te] *f* night; **nel cuore della ~** in the middle of the night; **~ bianca** [*o* **in bianco**] sleepless night; **di ~** at night

nottetempo [not·te·'tɛm·po] *adv* at night

nottola ['nɔt·to·la] *f* ZOOL (*pipistrello*) noctule bat

notturno [not·'tur·no] *m* **1.** (*in liturgia*) noc-

N

turn **2.** MUS (*in pittura*) nocturne **3.** FOTO, FILM night scene

notturno, -a *adj* (*orario, turno, ore, veduta*) nocturnal

novanta [no·'van·ta] **I.** *num* ninety **II.** <-> *m* ninety; **pezzo da ~** (*persona importante*) big shot; *v.a.* **cinquanta**

novantenne [no·van·'tɛn·ne] **I.** *adj* ninety-year-old **II.** *mf* ninety-year-old

novantennio [no·van·'tɛn·nio] <-i> *m* ninety years *pl*

novantesimo [no·van·'tɛː·zi·mo] *m* ninetieth

novantesimo, -a **I.** *adj* ninetieth **II.** *m, f* ninetieth; *v.a.* **quinto**

novantina [no·van·'tiː·na] *f* **una ~ (di ...)** about ninety (...); **essere sulla ~** to be about ninety

Novara *f* Novara

novarese [no·va·'reː·se] **I.** *mf* (*abitante*) person from Novara **II.** *adj* from Novara

Novarese *m* (*zona*) Novara region

nove ['nɔː·ve] **I.** *num* nine **II.** <-> *m* **1.** (*numero*) nine **2.** (*nelle date*) ninth **3.** (*voto scolastico*) *9 out of 10* **III.** *fpl* nine (o'clock); *v.a.* **cinque**

novecento [no·ve·'tʃɛn·to] **I.** *num* nine-hundred **II.** <-> *m* nine-hundred; **il Novecento** the Twentieth Century

novella [no·'vɛl·la] *f* LIT short story

novellino, -a [no·vel·'liː·no] **I.** *adj* inexperienced **II.** *m, f* novice

novellistica [no·vel·'lis·ti·ka] *f* short story writing

novello, -a *adj* **1.** (*patate*) new; (*vino*) young **2.** (*nuovo*) **-i sposi** newlyweds

novembre [no·'vɛm·bre] *m* November; *v.a.* **aprile**

novembrino, -a [no·vem·'briː·no] *adj* November

novemila [no·ve·'miː·la] **I.** *num* nine-thousand **II.** <-> *m* nine-thousand

novena [no·'vɛː·na] *f* novena

novennale [no·ven·'naː·le] *adj* **1.** (*che dura nove anni*) nine-year **2.** (*ricorrente ogni nove anni*) nine-yearly

novennio [no·'vɛn·nio] <-i> *m* nine years *pl*

novità [no·vi·'ta] <-> *f* **1.** (*qualità*) novelty **2.** (*notizia*) news

noviziato [no·vi·'tsiaː·to] *m* **1.** REL (*stato, periodo, collegio*) novitiate **2.** (*tirocinio*) apprenticeship

novizio, -a [no·'viː·tsio] <-i, -ie> *m, f* **1.** REL novice **2.** *fig* (*inesperto*) novice

nozione [not·'tsioː·ne] *f* **1.** (*conoscenza*) knowledge; **perdere la ~ del tempo** to lose track of time **2.** (*concetto*) notion

nozionismo [no·tsio·'niz·mo] *m* superficiality

nozionistico, -a [no·tsio·'nis·ti·ko] <-ci, -che> *adj* superficial

nozze ['nɔt·tse] *fpl* wedding; **~ d'argento/di diamante/d'oro** silver/diamond/gold wedding; **andare a ~** *fig* to

NT *abbr di* **Nuovo Testamento** NT

NU *abbr di* **Nazioni Unite** UN

nuance [ny·'ãːs] <-> *f* **1.** (*di colore*) shade **2.** *fig* nuance

nube ['nuː·be] *f* **1.** (*nuvola*) cloud **2.** SCIENT (*radioattiva, tossica, cosmica, ionica*) cloud

nubifragio [nu·bi·'fraː·dʒo] <-gi> *m* downpour

nubile ['nuː·bi·le] **I.** *adj* unmarried **II.** *f* unmarried woman

nuca ['nuː·ka] <-che> *f* nape

nucleare [nu·kle·'aː·re] *adj* nuclear; **armi -i nuclear weapons**

nuclearizzazione [nu·kle·a·rid·dza·'tsioː·ne] *f* acquisition of nuclear weapons

nucleico, -a [nu·'klɛː·i·ko] <-ci, -che> *adj* **acido ~** nucleic acid

nucleo ['nuː·kleo] *m* **1.** SCIENT nucleus **2.** *fig* (*gruppo*) unit

nudismo [nu·'diz·mo] *m* nudism

nudista [nu·'dis·ta] <-i *m*, -e *f*> *mf* nudist

nudità [nu·di·'ta] <-> *f* nudity

nudo ['nuː·do] *m* nude

nudo, -a *adj* **1.** (*persona*) naked; (*piedi, gambe*) bare; (*terreno*) bare **2.** *fig* **verità -a e cruda** the naked truth; **a occhio ~** with the naked eye; **mettere a ~ qc** *fig* to reveal sth

nulla ['nul·la] **I.** <inv> *pron v.* **niente** **II.** *adv* **non contare ~** to count for nothing **III.** *m* nothing

nulladimeno [nul·la·di·'meː·no] *conj v.* **nondimeno**

nullaosta, nulla osta [nul·la·'ɔs·ta] <-> *m* authorization

nullatenente [nul·la·te·'nɛn·te] **I.** *adj* destitute **II.** *mf* destitute person

nullità [nul·li·'ta] <-> *f* **1.** ADMIN nullity **2.** (*persona*) nonentity

nullo, -a ['nul·lo] *adj* **1.** (*non valido*) null and void **2.** SPORT disallowed; **dichiarare ~ un gol** to disallow a goal

nume ['nuː·me] *m* deity

numerabile [nu·me·'raː·bi·le] *adj* numerable

numerale [nu·me·'raː·le] **I.** *adj* numeral **II.** *m* numeral

numerare [nu·me·'raː·re] *vt* **1.** (*segnare con un numero*) to number **2.** (*quantificare*) to count

numeratore [nu·me·ra·'toː·re] *m* **1.** MAT numerator **2.** TEC counter

numerazione [nu·me·ra·'tsioː·ne] *f* (*sequenza*) numbering

numerico, -a [nu·'mɛː·ri·ko] <-ci, -che> *adj* MAT, COMPUT numerical

numero ['nuː·me·ro] *m* **1.** *gener* number; **~ civico** street number; **~ di telefono** phone number; **~ di emergenza** emergency number; **~ di gara** competitor's number; **~ verde** TEL toll-free number; **chiamare un ~** TEL to ring a number; **sbagliare ~** TEL to dial a wrong number; **dare i -i** *inf* to go out of one's head **2.** (*quantità*) number; **far ~** *a. fig* to make up the numbers; **in gran ~** in large numbers; **~ chiuso** UNIV restricted number of places

3. (*di giornale, rivista*) issue; ~ **unico** special issue; **-i arretrati** back issues **4.** (*di spettacolo*) number **5.** (*di scarpe*) size; **che ~ (di scarpe) porti?** what's your shoe size? **6.** LING number

numeroso, -a [nu·me·'ro:·so] *adj* **1.** (*famiglia, pubblico*) large **2.** *pl* many; **-e possibilità** many chances

nunzio ['nun·tsio] <-i> *m* nuncio

nuocere ['nuɔ:·tʃe·re] <noccio *o* nuoccio, nocqui, nociuto> *vi* to be harmful; ~ **a qu/qc** to harm sb/sth

nuora ['nuɔ:·ra] *f* daughter-in-law

nuorese [nuo·'re:·se] **I.** *mf* (*abitante*) person from Nuoro **II.** *adj* from Nuoro

Nuorese *m* (*zona*) the Nuorese area; **nel ~** in the Nuorese area

Nuoro *f* Nuoro

nuotare [nuo·'ta:·re] *vi* to swim; ~ **a farfalla** to swim butterfly (stroke); ~ **a rana** to swim breaststroke; ~ **nell'abbondanza** *fig* to be drowning in abundance

nuotata [nuo·'ta:·ta] *f* swim; **fare una ~** to go for a swim

nuotatore, -trice [nuo·ta·'to:·re] *m, f* swimmer

nuoto [ɔ:·to] *m* swimming; **traversare a ~ un fiume** to swim across a river

nuova ['nuɔ:·va] *f* **nessuna ~, buona ~** *prov* no news is good news

Nuova Zelanda ['nuɔ:·va ddze·'lan·da] *f* New Zealand

nuovo ['nuɔ:·vo] *m* **1.** (*novità*) **che c'è di ~?** what's new? **2.** COM (*immobili*) new property; **i**

prezzi del ~ e dell'usato (*auto*) new and used car prices

nuovo, -a <più nuovo, nuovissimo> *adj* new; ~ **fiammante** [*o* di zecca] brand new; **questa è proprio -a!** that's quite something!; **di ~** (*ancora*) again

nutria ['nu:·tria] <-ie> *f* coypu

nutrice [nu·'tri:·tʃe] *f* (*balia*) wet nurse

nutriente [nu·tri·'ɛn·te] *adj* (*sostanzioso: piatto, merenda*) nutritious

nutrimento [nu·tri·'men·to] *m* nourishment

nutrire [nu·'tri:·re] **I.** *vt* **1.** (*alimentare*) to feed **2.** *fig* (*mente*) to nourish; (*fiducia*) to foster; (*odio*) to harbor **II.** *vr:* **-rsi** to feed; **-rsi di** to feed on

nutritivo, -a [nu·tri·'ti:·vo] *adj* **valore ~** nutritional value

nutrito, -a [nu·'tri:·to] *adj* **1. ben ~** well-nourished; **mal ~** malnourished **2.** (*ampio*) healthy

nutrizione [nu·tri·'tsio:·ne] *f* **1.** (*atto del nutrire*) nutrition **2.** (*cibo*) nourishment

nutrizionistica [nu·tri·tsio·'nis·ti·ka] *f* nutrition

nuvola ['nu:·vo·la] *f* cloud; **avere la testa tra le -e** *inf* to have one's head in the clouds; **cadere** [*o* cascare] **dalle -e** *inf* to come down to earth with a bang; **vivere nelle -e** *inf* to wander around in a daze

nuvolone [nu·vo·'lo:·ne] *m* raincloud

nuvolosità [nu·vo·lo·si·'ta] <-> *f* cloudiness

nuvoloso, -a [nu·vo·'lo:·so] *adj* cloudy

nuziale [nu·'tsia:·le] *adj* (*festa, rito*) wedding; **anello ~** wedding ring

nylon® ['nai·lən] <-> *m* nylon®

Oo

O, o [ɔ] <-> f O, o; ~ **come Otranto** O for Oscar

o [o] I.<davanti a vocale spesso *od*> *conj* **1.**(*oppure*) or **2.**(*ossia, vale a dire*) or; ~ ... ~ either ... or II. *interj* oh

O *abbr di* **ovest** W

oasi ['ɔː·a·zi] <-> f oasis

obbediente [ob·be·'diɛn·te] *adj v.* **ubbidiente**

obbligare [ob·bli·'gaː·re] I. *vt* **1.**(*costringere*) to force; ~ **qu a fare qc** to make sb do sth; ~ **qu a letto** (*malattia*) to confine sb to their bed **2.** GIUR (*vincolare*) to compel II. *vr:* **-rsi** **1.** GIUR (*vincolarsi*) to be bound **2.**(*impegnarsi*) to force oneself

obbligato, -a [ob·bli·'gaː·to] *adj* **1.**(*costretto*) obliged **2.**(*vincolato*) bound **3.**(*per riconoscenza*) indebted **4.**(*inevitabile: percorso, tappa*) obligatory

obbligatorio, -a [ob·bli·ga·'tɔːr·io] <-i, -ie> *adj* (*materia, vaccinazione, dotazione*) compulsory

obbligazione [ob·bli·gat·'tsioː·ne] f **1.** A. GIUR (*obbligo*) obligation **2.** FIN bond; **-i dello Stato** government bonds; **-i convertibili europee** European convertible bonds

obbligo ['ɔb·bli·go] <-ghi> *m* obligation; ~ **scolastico** compulsory education; **scuola dell'~** compulsory education; **d'** ~ obligatory; **essere in** [*o* **avere l'**]~ **di fare qc** to be obliged to do sth; **sentirsi in** ~ to feel indebted to sb

obbrobrio [ob·'brɔː·brio] <-i> *m* **1.**(*azione vergognosa*) disgrace **2.**(*cosa brutta*) horror

obbrobrioso, -a [ob·bro·'brioː·so] *adj* **1.**(*vergognoso*) shameful **2.**(*brutto*) ugly

obelisco [o·be·'lis·ko] <-schi> *m* obelisk

oberato, -a [o·be·'raː·to] *adj* **1.**(*di debiti*) overburdened **2.** *fig* (*sovraccarico*) overloaded

obesità [o·be·zi·'ta] <-> f obesity

obeso, -a [o·'bɛː·zo] I. *adj* obese II. *m, f* obese person

obiettare [o·biet·'taː·re] *vt* to object

obiettività [ob·iet·ti·vi·'ta] <-> f objectivity

obiettivo [ob·iet·'tiː·vo] *m* **1.** FOTO lens **2.** MIL (*bersaglio*) target **3.**(*scopo*) objective

obiettivo, -a *adj* (*imparziale: giudizio, arbitro*) objective

obiettore, -trice [ob·iet·'toː·re] *m, f* ~ (**di coscienza**) conscientious objector

obiezione [ob·iet·'tsioː·ne] f objection; ~ **di coscienza** conscientious objection

obitorio [o·bi·'tɔː·rio] <-i> *m* mortuary

oblio [o·'bliː·o] <-ii> *m poet* oblivion

obliquo, -a [o·'liː·kuo] *adj* **1.**(*sghembo: lato, parete*) oblique **2.** LING indirect

obliterare [ob·li·te·'raː·re] *vt* (*biglietto*) to stamp

obliteratrice [ob·li·te·ra·'triː·tʃe] f (*di biglietti*) ticket stamping machine

O

oblò [or·'blɔ] <-> *m* (*di nave*) porthole; (*di aereo*) window

oblungo, -a [o·'bluŋ·go] <-ghi, -ghe> *adj* (*sagoma, foglia, frutto*) oblong

oboe ['ɔː·bo·e] *m* oboe

oboista [o·bo·'is·ta] <-i *m*, -e f> *mf* oboist

obsoleto, -a [ob·so·'lɛː·to] *adj* (*parola, merce*) obsolete

OC *abbr di* **onde corte** SW

oca ['ɔː·ka] <oche> f ZOOL goose; **pelle d'**~ *fig* goose bumps *pl*

ocarina [o·ka·'riː·na] f ocarina

occasionale [ok·ka·zio·'naː·le] *adj* **1.**(*saltuario: lavoro*) occasional **2.**(*per caso: incontro*) chance

occasione [ok·ka·'zioː·ne] f **1.**(*opportunità*) opportunity; **cogliere l'**~ to take the opportunity; **perdere un'**~ to miss an opportunity **2.** COM (*affare*) bargain; **auto d'**~ bargain car **3.**(*circostanza*) occasion; **adatto all'**~ suitable to the occasion; **in** ~ **di ...** on the occasion of ...; **per l'**~ for the occasion; **l'**~ **fa l'uomo ladro** *prov* opportunity makes the thief **4.**(*motivo*) cause

occhi *pl di* **occhio**

occhiaie [ok·'kia·ie] <-aie> *fpl* bags *pl* under the eyes; **avere le** ~ to have bags under one's eyes

occhiali [ok·'kiaː·li] *mpl* glasses *pl;* ~ **da sole** sunglasses

occhiata [ok·'kiaː·ta] f glance; **dare un'**~ **a qc** to take a look at sth; **dare un'**~ **al giornale** to take a quick look at the newspaper; **dare un'**~ **ai bambini** to check on the children; **lanciare un'**~ **a qu** to glance at sb; **un'**~ **di disapprovazione** a disapproving look

occhiello [ok·'kiɛl·lo] *m* (*asola*) buttonhole

occhio ['ɔk·kio] <-chi> *m* **1.** ANAT eye; **uova all'**~ **di bue** fried egg, sunny side up; **a colpo d'**~ at a glance; **costare un** ~ **della testa** to cost an arm and a leg; **non credere ai propri -chi** not to believe one's eyes; **dare nell'**~ to attract attention; **non togliere gli occhi di dosso a qu** not to take one's eyes off sb; **non perdere d'**~ not to lose sight of; **vedere di buon** ~ **qu** to look kindly on sb; **a** ~ at a glance; **a** ~ **e croce** at an estimate; **valutare (qc) ad** ~ **e croce** to make a rough estimate (of sth); **avere** ~ to have a good eye; **a -chi chiusi** *fig* with one's eyes closed; **essere un pugno in un** ~ *fig* to be an eyesore; **in un batter d'**~ in a flash; ~! watch out!; ~ **per** ~**, dente per dente** an eye for an eye, a tooth for a tooth; ~ **non vede, cuore non duole** *prov* out of sight, out of mind **2.**(*foro*) eye; **l'**~ **del ciclone** *fig* the eye of the storm

occhiolino [ok·kio·'liː·no] *m* **fare l'**~ **a qu** to wink at sb

occidentale [ot·tʃi·den·'taː·le] I. *adj* **1.**(*lato,* *confine*) western **2.** (*civiltà mondo*) Western **II.** *mf* Westerner

occidente [ot·tʃi·'dɛn·te] *m* **1.** (*ponente*) west; **a ~ di** to the west of **2.** (*civiltà*) West

occludere [ok·'klu·de·re] <occludo, occlusi, occluso> *vt* (*arteria, passaggio, tubo*) to block

occlusione [ok·klu·'zio:·ne] *f* **1.** MED obstruction; **~ intestinale** gastrointestinal obstruction **2.** LING occlusion

occlusivo, -a [ok·klu·'zi:·vo] *adj* LING occlusive

occluso [ok·'klu:·zo] *pp di* **occludere**

occorrente [ok·kor·'rɛn·te] **I.** *adj* necessary **II.** *m* materials *pl;* **l'~ per scrivere** writing materials

occorrenza [ok·kor·'rɛn·tsa] *f* **1.** (*evenienza*) event; **all'~** if necessary **2.** LING (*frequenza*) occurrence

occorrere [ok·'kor·re·re] <irr> *vi essere* **1.** (*essere necessario*) to be needed; **occorrono medicinali** medicine is needed; **mi occorre del latte** I need some milk **2.** (*impersonale*) **occorre ...** +*inf* it's necessary to ...; **occorre che ...** +*cong* it is necessary that ...; **occorre che l'altoparlante sia di buona qualità** the loudspeaker must be of good quality; **non occorre ...** +*inf* there's no need to ...; **non occorre che ...** +*cong* it is not necessary that ...

occultare [ok·kul·'ta:·re] *vt* **1.** (*nascondere*) to hide **2.** *fig* to conceal **3.** ASTR to occult

occulto, -a [ok·'kul·to] *adj* (*scienze, forze*) occult

occupante [ok·ku·'pan·te] **I.** *adj* (*esercito, forze*) occupying **II.** *mf* (*di veicolo, edificio*) occupant

occupare [ok·ku·'pa:·re] **I.** *vt* **1.** (*casa, fabbrica, scuola*) to occupy **2.** MIL (*città paese*) to occupy **3.** (*abitare: appartamento*) to occupy **4.** (*riempire: spazio*) to take up **5.** (*ricoprire: carica*) to hold **II.** *vr:* **-rsi 1.** (*interessarsi*) **-rsi di qc** to be involved in **2.** (*prendersi cura*) **-rsi di qu** to look after sb **3.** (*impicciarsi*) **-rsi di qc** to interfere with sth; **occupati dei fatti tuoi** mind your own business

occupato, -a [ok·ku·'pa:·to] *adj* **1.** (*posto*) taken **2.** (*telefono, linea*) busy; (*affaccendato*) busy **3.** (*impiegato*) employed

occupatore, -trice [ok·ku·pa·'to:·re] *m, f* occupier

occupazionale [ok·ku·pat·tsio·'na:·le] *adj* (*livello, politica, terapia, malattia*) occupational

occupazione [ok·ku·pat·'tsio:·ne] *f* **1.** (*di casa, fabbrica, scuola*) occupation **2.** MIL occupation **3.** (*impiego*) job **4.** (*attività*) pastime **5.** (*lavoro*) employment; **piena ~** full employment

oceanico, -a [o·tʃe·'a:·ni·ko] <-ci, -che> *adj* **1.** (*dell'oceano: onde, veliero, pesce*) oceanic **2.** *fig* (*immenso: adunata, folla*) immense

oceano [o·'tʃɛ:·a·no] *m* **1.** GEO ocean **2.** *fig* (*immensità*) huge quantity

oceanografia [o·tʃe·a·no·gra·'fi:·a] *f* oceanography

oceanografico, -a [o·tʃe·a·no·'gra:·fi·ko] <-ci, -che> *adj* (*museo, ricerche, nave*) oceanographic

oche *pl di* **oca**

ocra[1] ['ɔ:k·ra] <inv> *adj* (*colore*) ocher

ocra[2] *f* (*minerale*) ocher

OCSE *f abbr di* **Organizzazione per la Collaborazione e lo Sviluppo Economico** OECD

oculare [o·ku·'la:·re] *adj* (*nervo*) ocular; **bulbo ~** eyebulb; **testimone ~** eyewitness

oculista [o·ku·'lis·ta] <-i *m*, o *f*> *mf* opthalmologist

od [od] *conj* = **o** *or*

ode ['ɔ:·de] *f* ode

odiare [o·'dia:·re] *vt* (*nemico, persona, materia, cibo*) to hate

odierno, -a [o·'diɛr·no] *adj* **1.** (*di oggi: riunione, seduta*) today's **2.** (*attuale: società monumento*) present-day

odio ['ɔ:·dio] <-i> *m* hatred; **avere in ~ qc/qu** to hate sth/sb; **venire in ~ a qu** to become hated by sb

odioso, -a [o·'dio:·so] *adj* **1.** (*detestabile*) unpleasant **2.** (*antipatico: persona*) dislikable

odissea [o·dis·'sɛ:·a] *f fig* odyssey

odo ['ɔ:·do] *1. pers sing pr di* **udire**

odontalgia [o·don·tal·'dʒi:·a] <-gie> *f* toothache

odontoiatra [o·don·to·'ia:·tra] <-i *m*, -e *f*> *mf* dentist

odontoiatria [o·don·to·ia·'tri:·a] <-ie> *f* dentistry

odontotecnico, -a [o·don·to·'tɛk·ni·ko] <-ci, -che> **I.** *adj* (*apparecchiature, materiali, laboratorio*) dental **II.** *m, f* dental technician

odorare [o·do·'ra:·re] *vi* **~ di qc** to smell of sth

odorato [o·do·'ra:·to] *m* (*olfatto*) sense of smell

odore [o·'do:·re] *m* **1.** (*esalazione*) smell; **sentire ~ di qc** to smell sth **2.** *fig* (*sentore*) scent **3.** *pl* CULIN (*spezie*) herbs *pl*

offendere [of·'fɛn·de·re] <offendo, offesi, offeso> **I.** *vt* **1.** *fig* (*persona*) to offend **2.** (*danneggiare*) to damage **II.** *vr:* **-rsi 1.** (*risentirsi*) to take offense **2.** (*insultarsi*) to insult each other

offensiva [of·fen·'si:·va] *f* **1.** MIL offensive **2.** POL campaign

offensivo, -a [of·fen·'si:·vo] *adj* **1.** (*parole, messaggio*) offensive **2.** MIL (*arma, azione, guerra*) offensive

offerente [of·fe·'rɛn·te] *mf* bidder; **aggiudicare qc al migliore ~** to sell sth to the highest bidder

offersi [of·'fɛr·si] *1. pers sing pass rem di* **offrire**

offerta [of·'fɛr·ta] *f* **1.** (*proposta*) offer; **~ di lavoro** job offer **2.** COM supply; **domanda e ~** supply and demand **3.** (*donazione*) donation; (*obolo*) offering

O

offerto [of·'fɛr·to] *pp di* **offrire**

offesa [of·'fe:·sa] *f* **1.**(*insulto*) insult **2.**(*attacco*) offensive

offesi [of·'fe:·si] *1. pers sing pass rem di* **offendere**

offeso, -a [of·'fe:·so] **I.** *pp di* **offendere II.** *adj* **1.**(*insultato*) insulted **2.**(*ferita*) injured **3.** GIUR injured; **la parte -a** the injured party **III.** *m, f* offended person; **fare l'~** to take offense

officina [of·fi·'tʃi:·na] *f* **1.**(*fabbrica*) workshop **2.**(*per auto*) garage

officinale [of·fi·tʃi·'na:·le] *adj* **erba ~** medicinal herb

offline ['ɔːf·lain] <inv> **I.** *adj* COMPUT offline **II.** *adv* COMPUT offline

offrire [of·'fri:·re] <offro, offersi *o* offrii, offerto> **I.** *vt* **1.**(*gener*) to offer; **chi mi offre una sigaretta?** has anyone got a cigarette? **2.**(*fornire: pretesto, appiglio, scusa*) to provide **3.**(*regalare*) to give **4.** *fam* (*pagare*) to pay; **oggi offre lui** he's paying today **II.** *vr:* **-rsi** to offer oneself

offset ['ɔːf·set] <-> *m* (*stampa, stampante, macchina*) offset

offuscamento [of·fus·ka·'men·to] *m* **1.**(*di vista*) blurring **2.** *fig* (*di mente*) clouding

offuscare [of·fus·'ka:·re] *vt* **1.**(*oscurare: luce, vista*) to obscure **2.** *fig* (*mente*) to cloud

oftalmico, -a [of·'tal·mi·ko] <-ci, -che> *adj* (*lente, medico, malattia*) ophthalmic; **ospedale ~** eye hospital

oggettistica [od·dʒet·'tis·ti·ka] <-che> *f* fancy goods *pl*

oggettività [od·dʒet·ti·vi·'ta] <-> *f* objectivity

oggettivo, -a [od·dʒet·'ti:·vo] *adj* **1.**(*reale, obiettivo*) objective **2.** LING object

oggetto [od·'dʒɛt·to] *m* **1.**(*cosa*) object; **-i preziosi** valuables **2.**(*scopo*) object; **avere per ~** to have the aim of **3.**(*argomento*) subject; **~ del discorso** subject of the speech **4.** GIUR matter **5.** FILOS object **6.** LING object; (*complemento ~*) direct object **7.** ADMIN (*nelle lettere*) re:; **con riferimento a quanto indicato in ~ ...** ADMIN with reference to the subject of this letter ...

oggi ['ɔd·dʒi] **I.** *adv* today; **~ stesso** today **II.** *m* today; **il giornale di ~** today's paper; **al giorno d'~** nowadays; **dall'~ al domani** from one day to the next

oggigiorno [od·dʒi·'dʒor·no] *adv* nowadays

ogiva [o·'dʒi:·va] *f* **1.** ARCHIT ogive **2.** MIL (*di un missile*) cone; **~ nucleare** nuclear warhead

OGM *acró de* **Organismi Geneticamente Modificati** GMO

ogni ['oɲ·ɲi] <inv, solo al sing> *adj* every; **uno ~ dieci** one in ten; **~ tre giorni** every three days; **~ tanto** now and then; **~ momento** all the time; **ad ~ modo** at any rate; **con ~ mezzo** with every means available; **in ~ caso** in any case; **in ~ luogo** everywhere; **in ~ modo** in every way

Ognissanti [oɲ·ɲis·'san·ti] <-> *m* All Saints' Day

ognuno, -a [oɲ·'ɲu:·no] <sing> *pron indef* everyone; **~ di noi/voi/loro** each of us/you/them

oh [ɔ/o] *interj* oh

ohè [o·'e] *interj fam* hey

ohi ['ɔː·i] *interj* ouch

ohibò [oi·'bɔ] *interj* ooh

ohimè [oi·'mɛ] *interj* oh dear

ohm [oːm] <-> *m* ohm

oibà *interj v.* **ohibà**

OL *abbr di* **onde lunghe** LW

olà [o·'la] *interj* hey

Olanda [o·'lan·da] *f* Holland; **l'~** Holland

olandese¹ [o·lan·'de:·se] <sing> *m* (*lingua*) Dutch

olandese² **I.** *adj* Dutch **II.** *mf* Dutchman *m*, Dutchwoman *f*

oleandro [o·le·'an·dro] *m* BOT oleander

oleario, -a [o·le·'a:·rio] <-i, -ie> *adj* (*dell'olio: industria, macina, macchine*) oil

oleato, -a [o·le·'a:·to] *adj* **carta -a** greaseproof paper

oleificio [o·lei·'fi:·tʃo] <-ci> *m* oil mill

oleodotto [o·le·o·'dot·to] *m* oil pipeline

oleoso, -a [o·le·'o:·so] *adj* oily

olfatto [ol·'fat·to] *m* sense of smell

oliare [o·'lia:·re] *vt* **1.**(*motore, ingranaggi*) to oil **2.** CULIN to grease

oliera [o·'liɛː·ra] *f* oil jug

oligarchia [o·li·gar·'ki:·a] <-chie> *f* oligarchy

olimpiade [o·lim·'pi:·a·de] *f* Olympic Games *pl*

olimpico, -a [o·'lim·pi·ko] <-ci, -che> *adj* (*campione, sport*) Olympic

olimpionico, -a [o·lim·'piɔː·ni·ko] <-ci, -che> **I.** *adj* (*campione, piscina*) Olympic **II.** *m, f* Olympic athlete

olimpo [o·'lim·po] *m* Olympus

olio ['ɔː·lio] <-i> *m* oil; **~ abbronzante** suntan lotion; **~ combustibile** fuel oil; **~ commestibile** cooking oil; **~ essenziale** essential oil; **~ di oliva** olive oil; **~ di ricino** castor oil; **~ di semi** corn oil; **quadro ad ~** oil painting; **andare liscio come l'~** to go like clockwork; **estendersi a macchia d'~** to spread like wildfire; **sott'~** CULIN in oil

oliva¹ [o·'li:·va] *f* olive

oliva² <inv> *adj* (*colore*) olive green

olivastro, -a [o·li·'vas·tro] *adj* (*colorito*) olive

oliveto [o·li·'ve:·to] *m* olive grove

olivo [o·'li:·vo] *m* BOT olive tree

olmo ['ol·mo] *m* BOT elm

olocausto [o·lo·'ka:us·to] *m* HIST holocaust

OLP [ɔlp] *m abbr di* **Organizzazione per la Liberazione della Palestina** PLO

oltraggiare [ol·trad·'dʒa:·re] *vt* (*offendere*) to offend

oltraggio [ol·'trad·dʒo] <-ggi> *m* offense; **~ a pubblico ufficiale** insulting a public official

oltraggioso, -a [ol·trad·'dʒo:·so] *adj* (*parole, scritte*) offensive

oltralpe, oltr'alpe [ol·'tral·pe] **I.** *adv* north of the Alps **II.** *m* north of the Alps

oltranza [ol·'tran·tsa] *f* ad ~ to the last

oltranzismo [ol·tran·'tsiz·mo] *m* extremism

oltranzista [ol·tran·'tsis·ta] <-i *m*, -e *f*> *mf* extremist

oltre ['ol·tre] I. *adv* 1. (*di tempo*) longer 2. (*di luogo*) further; **andare** ~ to go further; **andare troppo** ~ *fig* to go too far II. *prep* 1. (*dall'altra parte di*) beyond 2. (*pi di*) more than; **non** ~ **il 15 giugno** no later than June 15 3. (*in aggiunta, in più*) ~ **a** apart from 4. (*eccetto*) ~ **a** apart from

oltrefrontiera [ol·tre·fron·'tie:·ra] I. <inv> *adj* foreign II. *adv* 1. (*stato in luogo*) abroad 2. (*moto a luogo*) abroad III. <*sing*> *m* **paesi d'~** foreign countries

oltremanica [ol·tre·'ma:·ni·ka] I. <*sing*> *m* GEO **d'~** British II. *adv* 1. (*stato in luogo*) in Britain 2. (*moto a luogo*) to Britain

oltremare [ol·tre·'ma:·re] I. *adv* (*stato, moto*) overseas II. <inv> *adj* **blu** ~ ultramarine III. <*sing*> *m* **d'~** overseas

oltremisura, oltre misura [ol·tre·mi·'zu:·ra] *adv* excessively

oltremodo, oltre modo [ol·tre·'mɔ:·do] *adv* extremely

oltreoceano [ol·tre·'tʃɛ·a·no] I. *adv* 1. (*stato*) in America 2. (*moto*) to America II. <*sing*> *m* **d'~** American III. *adj* **d'~** (*prodotti*) overseas

oltrepassare [ol·tre·pas·'sa:·re] *vt* 1. (*superare*) to cross 2. *fig* (*limite, soglia*) to exceed

oltretomba [ol·tre·'tom·ba] <-> *m* afterworld

OM *abbr di* **onde medie** MW

omaggio¹ [o·'mad·dʒo] <-ggi> *m* 1. (*offerta*) gift; **in** ~ complimentary 2. *fig* (*segno di rispetto*)' tribute; **rendere** ~ **a qu** to pay homage to sb 3. *pl* (*ossequi*) regards *pl;* **gradisca i miei -ggi** kindest regards

omaggio² <inv> *adj* complimentary

ombelicale [om·be·li·'ka:·le] *adj* umbilical; **cordone** ~ umbilical cord

ombelico [om·be·'li:·ko] <-chi> *m* navel

ombra ['om·bra] *f* 1. (*zona non illuminata*) shade; **all'~ di** in the shade of 2. *fig* (*oscurità*) darkness; **restare nell'~** to stay in the background 3. (*sagoma*) shadow; **aver paura della propria** ~ to be afraid of one's own shadow; **senz'~ di dubbio** *fig* without a shadow of a doubt

ombrellino [om·brel·'li:·no] *m* (*parasole per signora*) parasol

ombrello [om·'brɛl·lo] *m* umbrella; ~ **atomico** [*o* **nucleare**] MIL nuclear umbrella

ombrellone [om·brel·'lo:·ne] *m* (*per spiaggia*) beach umbrella

ombretto [om·'bret·to] *m* eye shadow

ombroso, -a [om·'bro:·so] *adj* 1. (*ricco d'ombra: luogo*) shady 2. (*che dà ombra: albero, fronde*) shady 3. (*nervoso: animale*) skittish

omega [o·'mɛ:·ga] <-> *m* omega

omelette [ɔm·'lɛt] <-> *f* omelette

omelia [o·me·'li:·a] <-ie> *f* REL homily

omeopatia [o·me·o·pa·'ti:·a] <-ie> *f* homeopathy

omeopatico¹ [o·me·o·'pa:·ti·ko] <-ci, -che> *adj* (*cura, medicina*) homeopathic

omeopatico² [o·me·o·'pa:·ti·ko] <-ci> *m* (*medicinale*) homeopathic remedy

omero ['ɔ:·me·ro/'o:·me·ro] *m* ANAT humerus

omertà [o·mer·'ta] <-> *f code of silence*

omettere [o·'met·te·re] <irr> *vt* (*tralasciare*) to omit; ~ **di dire/fare qc** to fail to say/do sth

ometto [o·'met·to] *m* 1. (*omino*) small man 2. (*bambino*) little man

omicida [o·mi·'tʃi·da] <-i *m*, -e *f*> I. *mf* murderer II. *adj* (*follia, miro, padre*) murderous

omicidio [o·mi·'tʃi:·dio] <-i> *m* homicide; ~ **colposo** negligent homicide; ~ **doloso** first-degree murder; ~ **premeditato** premeditated murder; ~ **volontario** voluntary manslaughter

omisi *1. pers sing pass rem di* **omettere**

omissione [o·mis·'sio:·ne] *f* 1. (*dimenticanza*) omission 2. (*mancata attuazione*) failure; ~ **di soccorso** failure to help

omofonia [o·mo·fo·'ni:·a] <-ie> *f* LING homophony

omofono [o·'mɔ:·fo·no] *m* LING homophone

omofono, -a *adj* LING homophonic

omogeneità [o·mo·dʒe·nei·'ta] <-> *f* 1. (*di gruppi, materiali*) homogeneity 2. (*di dati, procedure*) consistency

omogeneizzare [o·mo·dʒe·neid·'dza:·re] *vt* 1. (*dati, gruppo*) to make consistent 2. (*materiali, soluzione*) to homogenize

omogeneizzati [o·mo·dʒe·neid·'dza:·ti] *mpl* (*alimenti*) baby food

omogeneizzato, -a [o·mo·dʒe·neid·'dza:·to] *adj* (*pollo, pesce, latte*) homogenized

omogeneo, -a [o·mo·'dʒɛ:·ne·o] *adj* (*materiale, testo, gruppo*) homogeneous

omografia [o·mo·gra·'fi:·a] *f* LING homography

omografo [o·'mɔ:·gra·fo] *m* LING homograph

omografo, -a *adj* LING homographic

omologare [o·mo·lo·'ga:·re] *vt* 1. (*autoveicoli*) to homologate 2. (*riconoscere: risultato*) to recognize

omologazione [o·mo·lo·gat·'tsio:·ne] *f* 1. (*di autoveicoli*) homologation 2. (*riconoscimento: di risultato*) recognition

omonimia [o·mo·ni·'mi:·a] <-ie> *f* A. LING homonymy

omonimo [o·'mɔ:·ni·mo] *m* LING homonym

omonimo, -a I. *adj* A. LING homonymous II. *m, f* namesake

omosessuale [o·mo·ses·su·'a:·le] I. *adj* homosexual II. *mf* homosexual

omosessualità [o·mo·ses·su·a·li·'ta] *f* homosexuality

onanismo [o·na·'niz·mo] *m* 1. REL onanism 2. (*masturbazione*) masturbation

onanista [o·na·'nis·ta] <-i *m*, -e *f*> *mf* onanist

oncia ['on·tʃa] <-ce> *f* ounce

onda ['on·da] *f* 1. (*del mare*) wave; **essere sulla cresta dell'~** *fig* to be riding on the

O

crest of a wave **2.** FIS wave; **-e corte/ lunghe/medie** short/long/medium waves; **~ d'urto** shockwave; **andare in ~** TV, RADIO to be broadcast; **mandare in ~** TV, RADIO to broadcast **3.** (loc) **~ verde** (alla radio) travel bulletin; (semafori) synchronized traffic lights

ondata [on·'da:·ta] f **1.** (di mare) wave **2.** (afflusso) heatwave, cold snap **3.** fig (di scandali, disordini) wave

ondeggiare [on·ded·'dʒa:·re] vi **1.** (aquilone) to fly; (barca) to roll **2.** (capelli, spighe) to ripple

ondoso, -a [on·'do:·so] adj (mare) wavy; **moto ~** wave motion

ondulato, -a [on·du·'la:·to] adj (capelli) wavy; (cartone, lamiera) corrugated

ondulatorio, -a [on·du·la·'tɔ:·rio] <-i, -ie> adj FIS undulatory

ondulazione [on·du·lat·'tsio:·ne] f **1.** (di terreno) undulation **2.** (oscillazione) oscillation **3.** (di capelli) waviness

onere ['ɔ:·ne·re] m **1.** (obbligo) burden; **~ fiscale** GIUR tax burden **2.** (responsabilità) responsibility

oneroso, -a [o·ne·'ro:·so] adj (gravoso) burdensome

onestà [o·nes·'ta] <-> f honesty; **in tutta ~** in all honesty

onestamente [o·nes·ta·'men·te] adv honestly

onesto, -a [o·'nɛs·to] I. adj **1.** (retto: persona) honest **2.** (decoroso: prezzo) fair II. m, f honest person

onice ['ɔ:·ni·tʃe] m onyx

onirico, -a [o·'ni:·ri·ko] <-ci, -che> adj (letteratura, musica, visione) oneiric

online ['ɔ:n·'lain] <inv> adj COMPUT online; **servizio ~** online service

onni- [onni] (in parole composte) omni-

onnicomprensivo, -a [on·ni·kom·pren·'si:·vo] adj all-inclusive

onnipotente [on·ni·po·'tɛn·te] adj omnipotent

onnipotenza [on·ni·po·'tɛn·tsa] f omnipotence

onnipresente [on·ni·pre·'zɛn·te] adj omnipresent

onnipresenza [on·ni·pre·'zɛn·tsa] f omnipresence

onnisciente [on·niʃ·'ʃɛn·te] adj omniscient

onniscienza [on·niʃ·'ʃɛn·tsa] f omniscience

onniveggente [on·ni·ved·'dʒɛn·te] adj all-seeing

onniveggenza [on·ni·ved·'dʒɛn·tsa] f all-embracing vision

onnivoro [on·'ni:·vo·ro] m omnivore

onnivoro, -a adj omnivorous

onomastico [o·no·'mas·ti·ko] m (festa) name day

onomatopea [o·no·ma·to·'pɛ:·a] <-ee> f LING onomatopoeia

onomatopeico, -a [o·no·ma·to·'pɛ:·i·ko] <-ci, -che> adj LING onomatopoeic

onoranze [o·no·'ran·tse] fpl honors pl; **agenzia di ~ funebri** funeral director's

onorare [o·no·'ra:·re] vt **1.** (rendere onore a) to honor **2.** REL (venerare, adorare) to honor **3.** (rispettare: impegno) to fulfill

onorario [o·no·'ra:·rio] m fee

onorario, -a <-i, -ie> adj (console, cittadino, cittadinanza) honorary

onorato, -a [o·no·'ra:·to] adj **1.** (stimato) honored **2.** (onorevole) honorable **3.** (contento) honored **4.** (in frasi di cortesia) honored; **molto ~ di fare la Sua conoscenza** it's an honor to meet you

onore [o·'no:·re] m **1.** (reputazione) honor; **parola d'~** word of honor; **uomo d'~** man of honor **2.** (gloria) glory; **farsi ~ in qc** to distinguish oneself in sth; **fare ~ a qc** to honor sth; (cucina) to do justice to sth **3.** (favore) honor **4.** (omaggio) tribute; **in ~ di** in honor of; **damigella d'~** bridesmaid **5.** (privilegio) honor; **ho l'~ di presentarLe ...** I have the honor of introducing ... **6.** (titolo) Honor; **Vostro Onore** Your Honor

onorevole [o·no·'re:·vo·le] I. adj **1.** (degno di onore: comportamento, sconfitta) honorable **2.** (parlamentare) Honorable II. mf Member of the Italian Parliament

onorificenza [o·no·ri·fi·'tʃɛn·tsa] f (decorazione) distinction

onorifico, -a [o·no·'ri:·fi·ko] <-ci, -che> adj (carica, titolo, qualifica) honorary

onta ['on·ta] f (disonore) disgrace; **ad ~ di** in spite of

ontologia [on·to·lo·'dʒi:·a] <-gie> f ontology

ontologico, -a [on·to·'lɔ:·dʒi·ko] adj ontological

ONU ['ɔ:·nu] f acró de **Organizzazione delle Nazioni Unite** UN

opacità [o·pa·tʃi·'ta] <-> f **1.** (di vetro) opacity **2.** (di metallo) dullness

opacizzare [o·pa·tʃid·'dza:·re] vt **1.** (vetro) to make opaque **2.** (metallo) to tarnish **3.** (pelle) to smooth

opaco, -a [o·'pa:·ko] <-chi, -che> adj **1.** (vetro, lente) opaque **2.** (metallo) matte **3.** (pelle) smooth **4.** fig (sguardo) glazed

opalina [o·pa·'li:·na] f opaline

op. cit. abbr di **opera citata** op. cit.

opera ['ɔ:·pe·ra] f **1.** (attività) work; **mettersi all'~** to get to work; **è ~ sua** it's his/her work **2.** (prodotto) work; **-e pubbliche** works **3.** LIT, ARTE work; **~ d'arte** work of art **4.** MUS opera; **~ buffa** comic opera; **~ lirica** opera **5.** (teatro) play

operaio, -a [o·pe·'ra:·io] <-ai, -aie> I. adj (sciopero, movimento, lotta) workers'; **classe -a** working class II. m, f worker; **~ qualificato** skilled worker; **~ specializzato** specialist worker

operante [o·pe·'ran·te] adj **1.** (valido) operative **2.** (attivo) active

operare [o·pe·'ra:·re] I. vt **1.** (fare: controllo) to exercise; (scelta, taglio) to make **2.** MED (*paziente*) to operate on **II.** *vr:* **-rsi 1.**(*realizzarsi*) to be undertaken **2.** MED to be operated on

operativo, -a [o·pe·ra·'ti:·vo] *adj* (*attivo*) operative; **ricerca -a** operational research

operato [o·pe·'ra:·to] *m* actions *pl*

operato, -a *adj* **1.** MED *who has undergone surgery* **2.**(*stoffa*) textured

operatore, -trice [o·pe·ra·'to:·re] *m, f* **1.**(*specialista*) operator; **~ di borsa** stockbroker; **~ economico** businessperson; **~ sociale** social worker; **~ turistico** tour operator **2.** MED (*chirurgo*) surgeon **3.** COMPUT operator **4.** TV, FILM cameraman

operazione [o·pe·rat·'tsio:·ne] *f* MAT, MED, MIL, COM operation; **~ finanziaria** financial operation

operetta [o·pe·'ret·ta] *f* MUS light opera

operistico, -a [o·pe·'ris·ti·ko] <-ci, -che> *adj* (*musica, repertorio, registrazione*) opera

operosità [o·pe·ro·si·'ta] <-> *f* (*di persona, insetto*) industriousness

operoso, -a [o·pe·'ro:·so] *adj* (*persona, insetto, mani*) industrious

opificio [o·pi·'fi:·tʃo] <-ci> *m* factory

opinabile [o·pi·'na:·bi·le] *adj* (*discutibile: scelta, gusto*) debatable

opinione [o·pi·'nio:·ne] *f* opinion; **questione di -i** matter of opinion; **~ pubblica** public opinion; **condividere l'~ di qu** to share sb's opinion

opinionista [o·pi·nio·'nis·ta] <-i *m*, -e *f*> *mf* columnist

op là [op·'la] *interj* whoops

opossum [o·'pɔs·sum] <-> *m* opossum

oppiato [op·'pia:·to] *m* (*medicinale*) opiate

oppio ['ɔp·pio] <-i> *m* opium

opponente [op·po·'nɛn·te] *mf* ADMIN opposing party

opporre [op·'por·re] <irr> **I.** *vt* **1.**(*argomenti, rifiuto*) to oppose **2.**(*resistenza*) to offer **II.** *vr* **-rsi a qu/qc** to oppose sb/sth

opportunismo [op·por·tu·'niz·mo] *m* opportunism

opportunista [op·por·tu·'nis·ta] <-i *m*, -e *f*> *mf* opportunist

opportunità [op·por·tu·ni·'ta] <-> *f* **1.**(*occasione*) opportunity **2.**(*utilità*) advisability

opportuno, -a [op·por·'tu:·no] *adj* (*adatto*) advisable

opposi *1. pers sing pass rem di* **opporre**

oppositore, -trice [op·po·zi·'to:·re] *m, f* opponent

opposizione [op·po·zit·'tsio:·ne] *f* **1.**(*resistenza*) opposition **2.** POL opposition **3.**(*contrapposizione*) opposition

opposto [op·'pos·to] *m* opposite

opposto, -a *adj* **1.**(*situato di fronte*) opposite **2.**(*contrario*) opposite

oppressi [op·'prɛs·si] *1. pers sing pass rem di* **opprimere**

oppressione [op·pres·'sio:·ne] *f* **1.**(*sopraffazione*) oppression **2.**(*sensazione*) constriction

oppressivo, -a [op·pres·'si:·vo] *adj a. fig* oppressive

oppresso, -a [op·'prɛs·so] **I.** *pp di* **opprimere** **II.** *adj* (*popolo*) oppressed **III.** *m, f* **gli -i** the oppressed

oppressore [op·pres·'so:·re] *m* oppressor

opprimente [op·pri·'mɛn·te] *adj* **1.**(*caldo*) oppressive **2.**(*persona*) overbearing

opprimere [op·'pri:·me·re] <opprimo, oppressi, oppresso> *vt* **1.**(*vessare: tiranno, governo*) to oppress **2.**(*affliggere: persona, angoscia*) to oppress

oppugnabilità [op·puɲ·ɲa·bi·li·'ta] <-> *f* (*di teoria, tesi*) refutability

oppugnare [op·puɲ·'ɲa:·re] *vt* (*teoria, tesi*) to refute

oppure [op·'pu:·re] *conj* **1.**(*o*) or **2.**(*altrimenti*) otherwise

optare [op·'ta:·re] *vi* (*scegliere*) to choose; **~ per qc** to choose sth

optimum ['ɔp·ti·mum] <-> *m* optimum

optional(s) ['ɔp·ʃə·nəl(s)/'ɔp·ʃo·nal(s)] *mpl* extras *pl*

optoelettronica [op·to·e·le·'trɔ:·ni·ka] <-che> *f* TEC optoelectronics *sing*

opulento, -a [o·pu·'lɛn·to] *adj* (*banchetto, pranzo*) opulent; (*stile*) luxuriant

opulenza [o·pu·'lɛn·tsa] *f* (*di banchetto, pranzo*) opulence; (*di stile*) luxuriance

opuscolo [o·'pus·ko·lo] *m* pamphlet

opzionale [op·tsio·'na:·le] *adj* optional

opzione [op·'tsio:·ne] *f* **1.**(*scelta*) option **2.** FIN option

ora¹ ['o:·ra] **I.** *adv* **1.**(*adesso*) now; **d'~ in avanti** [*o* **in poi**] from now on; **fin d'~** straight away; **prima d'~** until now **2.**(*poco fa*) (just) now; **or ~** just now **3.**(*tra poco*) (right) now **4.**(*in correlazioni*) **~ ... ~ ...** now ... now ...; **~ come** ~ right now; **fin ~** *v.* **finora II.** *conj* **1.**(*invece*) but **2.**(*dunque, allora*) now

ora² *f* **1.**(*unità*) hour; **a -e** by the hour; **correre a cento all'~** to do sixty miles an hour; **tra mezz'~** in half an hour; **per -e e -e** for hours **2.**(*nelle indicazioni temporali*) time; **~ civile** standard time; **~ legale** daylight-saving time; **~ locale** local time; **che ~ è — è l'una** what's the time? — (it's) one o'clock; **che -e sono? — sono le quattro** what's the time? — (it's) four o'clock **3.** *fig* (*momento*) time; **di buon'~** in good time; **è ~ di partire** it's time to leave; **era ora!** about time!; **far le -e piccole** to stay up late; **non veder l'~ di ... +** *inf* not to be able to wait to ...

oracolo [o·'ra:·ko·lo] *m* oracle

orafo, -a ['ɔ:·ra·fo] *m, f* goldsmith

orale [o·'ra:·le] **I.** *adj* **1.**(*della bocca: chirurgia, igiene*) oral; **per via ~** orally **2.**(*esame, poesia, tradizione*) oral; **prova ~** oral exam **II.** *m* oral

oramai [o·ra·'ma:·i] *adv v.* **ormai**

orango [o·'raŋ·go] <-ghi> orangutan

orario [o·'ra:·rio] <-i> *m* **1.**(*di lavoro, ufficio, negozio*) hours *pl*; **~ continuato** all-day opening; **~ elastico** [*o* **flessibile**] flextime; **~ d'apertura dei negozi** opening hours; **~ di lavoro** working hours; **~ di sportello** business hours; **~ delle visite** visiting hours; **~ d'ufficio** office hours 2. AERO, FERR timetable; **in ~** on time 3. (*tabella: di lezioni*) timetable

orario, -a <-i, -ie> *adj* 1. (*di ora, delle ore*) time; **disco ~** parking disk; **fascia ~** time slot; **fuso ~** time zone 2. (*all'ora: retribuzione, paga*) hourly 3. (*dell'orologio*) **in senso ~** clockwise

orata [oˑˈraːˑta] *f* gilthead bream

oratore, -trice [oˑraˑˈtoːˑre] *m, f* orator

oratorio [oˑraˑˈtɔːˑrio] *m* (*nelle parrocchie*) parish youth center

oratorio, -a <-i, -ie> *adj* (*arte, capacità dote*) oratory

orbene, or bene [orˑˈbɛːˑne] *conj* so

orbettino [orˑbetˑˈtiːˑno] *m* slowworm

orbita [ˈɔrˑbiˑta] *f* 1. ASTR, FIS (*traiettoria*) orbit 2. ANAT socket; **con gli occhi fuori delle -e** *fig* in amazement

orbitale [orˑbiˑˈtaːˑle] *adj* ASTR orbital; **stazione ~** space station; **velocità ~** orbital velocity

orbitante [orˑbiˑˈtanˑte] *adj* ASTR orbiting

orbitare [orˑbiˑˈtaːˑre] *vi* 1. ASTR to orbit; **~ intorno alla terra** to orbit the earth 2. *fig* to hang around; **~ intorno a qu** to hang around sb

orbo, -a [ˈɔrˑbo] *adj* 1. (*cieco*) blind 2. (*che vede male*) **essere ~** to have poor sight

orca [ˈɔrˑka] <-che> *f* ZOOL killer whale

orchestra [orˑˈkɛsˑtra] *f* orchestra

orchestrale [orˑkesˑˈtraːˑle] I. *adj* (*musica, concerto, repertorio*) orchestral; **complesso ~** orchestra II. *mf* orchestral musician

orchestrare [orˑkesˑˈtraːˑre] *vt a. fig* to orchestrate

orchestrazione [orˑkesˑtratˑˈtsioːˑne] *f a. fig* orchestration

orchestrina [orˑkesˑˈtriːˑna] *f* band

orchidea [orˑkiˑˈdɛːˑa] *f* orchid

orco [ˈɔrˑko] <-chi> *m* (*nelle fiabe*) ogre

ordigno [orˑˈdiɲˑɲo] *m* 1. (*congegno*) device 2. (*bomba*) bomb; **~ esplosivo** explosive device

ordinale [orˑdiˑˈnaːˑle] I. *adj* ordinal II. *m* ordinal

ordinamento [orˑdiˑnaˑˈmenˑto] *m* (*regolamento: scolastico, legislativo*) system

ordinanza [orˑdiˑˈnanˑtsa] *f* 1. GIUR (*provvedimento*) order 2. MIL **uniforme d'~** service uniform

ordinare [orˑdiˑˈnaːˑre] I. *vt* 1. (*gener*) to order 2. (*mettere in ordine: carte, idee, elementi*) to organize 3. REL to ordain; **~ qu sacerdote** to ordain sb as a priest II. *vr:* **-rsi** to arrange oneself

ordinario [orˑdiˑˈnaːˑrio] <-i> *m* 1. (*normalità*) **fuori dell'~** out of the ordinary 2. (*professore di ruolo*) full professor

ordinario, -a <-i, -ie> *adj* 1. (*normale*) ordi-

nary; **tariffa -a** standard rate 2. (*di ruolo: docente*) full 3. (*grossolano*) vulgar

ordinata *f* MAT ordinate

ordinato, -a [orˑdiˑˈnaːˑto] *adj* (*persona, casa*) tidy

ordinazione [orˑdiˑnatˑˈtsioːˑne] *f* 1. COM order; **su ~** to order 2. (*al bar, ristorante*) order 3. REL ordination

ordine [ˈɔrˑdiˑne] *m* 1. (*sistemazione, struttura*) order; **~ alfabetico** alphabetic order; **mettere ~** to tidy up; **richiamare qu all'~** to call sb to order; **in ~ sparso** a few at a time; **con ~** in an orderly fashion 2. (*comando*) order; **~ del giorno** agenda; **~ di comparizione** GIUR summons; **parola d'~** password; **fino a nuovo ~** until further orders; **ai vostri -i** at your command; **agli -i!** yes, sir!; **per ~ di** by order of 3. COMPUT (*comando*) command 4. COM order; **~ di consegna** delivery order; **~ di pagamento** payment order 5. (*categoria professionale*) profession, the medical/legal profession 6. (*cavalleresco, religioso*) order 7. (*qualità*) quality; **di prim'~** first-rate; **di terz'~** third-rate; **d'infimo ~** poor quality 8. TEAT tier; **secondo ~ di palchi** second tier of boxes

ordire [orˑˈdiːˑre] <ordisco> *vt fig* (*congiura, complotto, trama*) to hatch

ordito [orˑˈdiːˑto] *m* (*di tessuto*) warp

orecchia [oˑˈrekˑkia] <-cchie> *f* ANAT ear; **fare le -cchie alle pagine** to fold the corners of the pages; *v.a.* **orecchio**

orecchiabile [oˑrekˑˈkiaːˑbiˑle] *adj* (*musica, canzone*) catchy

orecchino [oˑrekˑˈkiːˑno] *m* (*gioiello*) earring

orecchio [oˑˈrekˑkio] <-cchi *m*, -cchie *f*> *m* 1. ANAT ear 2. (*udito*) hearing 3. (*per la musica*) ear; **avere molto ~** to have a very good ear; **cantare a ~** to sing by ear 4. (*loc*) **entrare da un ~ e uscire dall'altro** to go in one ear and out the other; **essere duro d'-cchi** to be hard of hearing; **fare -cchie da mercante** to turn a deaf ear; **mettere una pulce nell'~ a qu** to arouse sb's suspicions; **tirare le -cchie a qu** to give sb a slap on the wrist; **da questo ~ non ci sento** I'm not listening; **aprir bene le -cchie** to prick up one's ears; **essere tutt'-cchi** to be all ears

orecchioni [oˑrekˑˈkioːˑni] *mpl fam* mumps *sing*

orefice [oˑˈreːˑfiˑtʃe] *mf* 1. (*artigiano*) goldsmith 2. (*negoziante*) jeweler

oreficeria [oˑreˑfiˑtʃeˑˈriːˑa] <-ie> *f* 1. (*arte*) goldwork 2. (*laboratorio*) goldsmith's workshop 3. (*negozio*) goldsmith's

oretta [oˑˈretˑta] *f* about an hour

orfano, -a [ˈɔrˑfaˑno] I. *adj* orphan; **essere ~ di madre** to have lost one's mother II. *m, f* orphan

orfanotrofio [orˑfaˑnoˑˈtrɔːˑfio] <-i> *m* orphanage

organetto [orˑgaˑˈnetˑto] *m* (*organo meccanico mobile*) barrel organ

organicità [or·ga·ni·tʃi·'ta] <-> *f* (*ordine: di discorso, trattato, progetto*) coherence

organico [or·'ga:·ni·ko] <-ci> *m* **1.** ADMIN (*personale*) staff **2.** MIL (*personale*) members *pl*

organico, -a <-ci, -che> *adj* **1.** (*degli organismi*) organic **2.** (*degli organi*) organic **3.** *fig* (*strutturato*) comprehensive

organigramma [or·ga·ni·'gram·ma] <-i> *m* ADMIN organizational chart

organismo [or·ga·'niz·mo] *m* **1.** (*essere vivente*) organism **2.** (*corpo umano*) body **3.** *fig* (*ente*) body

organista [or·ga·'nis·ta] <-i *m*, -e *f*> *mf* organist

organizzare [or·ga·nid·'dza:·re] I. *vt* (*lavoro, conferenza, viaggio*) to organize II. *vr:* **-rsi** to organize oneself

organizzativo, -a [or·ga·nid·dza·'ti:·vo] *adj* **1.** (*capacità aspetto*) organizational **2.** (*comitato, segreteria*) organizing

organizzato, -a [or·ga·nid·'dza:·to] I. *adj* (*ordinato*) organized; **viaggio ~** package tour II. *m, f* (*sindacalmente*) union member

organizzatore, -trice [or·ga·nid·dza·'to:·re] I. *adj* (*comitato, segreteria*) organizing II. *m, f* organizer

organizzazione [or·ga·nid·dzat·'tsio:·ne] *f* (*ordine, attività associazione*) organization

organo ['ɔr·ga·no] *m* **1.** ANAT organ **2.** TEC component **3.** MUS organ **4.** (*ente*) body **5.** (*giornale*) organ

orgasmo [or·'gaz·mo] *m* orgasm

orgia ['ɔr·dʒa] <-ge *o* -gie> *f* orgy

orgiastico, -a [or·'dʒas·ti·ko] <-ci, -che> *adj* (*esaltazione, eccitazione, danza*) orgiastic

orgoglio [or·'goʎ·ʎo] <-gli> *m* **1.** (*superbia*) pride **2.** (*motivo di vanto*) pride

orgoglioso, -a [or·goʎ·'ʎo:·so] *adj* proud; **essere ~ di qu/qc** to be proud of sb/sth

orientabile [o·rien·'ta:·bi·le] *adj* (*antenna, lampada, lamella*) adjustable

orientale [o·rien·'ta:·le] I. *adj* **1.** (*a est: parte, frontiera, lato*) eastern **2.** (*civiltà, popolazioni*) oriental; **tappeto ~** oriental rug II. *mf* Asian

orientalista [o·rien·ta·'lis·ta] <-i *m*, -e *f*> *mf* orientalist

orientalistica [o·rien·ta·'lis·ti·ka] <-che> *f* oriental studies *pl*

orientamento [o·rien·ta·'men·to] *m* **1.** (*consapevolezza della direzione*) orientation; **perdere l'~** to lose one's bearings **2.** (*indirizzo*) orientation **3.** (*scelta di un indirizzo*) guidance; **~ professionale** guidance counseling

orientare [o·rien·'ta:·re] I. *vt* **1.** (*disporre*) to point; **~ qc a sud/nord** to point sth towards the south/north; **~ qc verso l'alto** to point sth upwards **2.** *fig* (*indirizzare*) to direct; **~ qu verso** [*o* a] **qc** to direct sb towards sth II. *vr:* **-rsi 1.** (*orizzontarsi*) to find one's bearings **2.** (*indirizzarsi*) **-rsi verso qc** to opt for sth

orientativo, -a [o·rien·ta·'ti:·vo] *adj* **1.** (*indicativo: prezzo, stima*) indicative; **a titolo ~** as a guideline **2.** (*per orientarsi: corso, tirocinio, test*) guidance

orientazione [o·rien·tat·'tsio:·ne] *f* orientation

oriente [o·'riɛn·te] *m* **1.** (*est*) east **2.** (*civiltà*) East; **l'Estremo ~** the Far East; **il Medio ~** the Middle East; **il Vicino ~** the Near East

orifizio [o·ri·'fit·tsio] <-i> *m* A. ANAT orifice

origami [o·ri·'ga·mi] <-> *m* ARTE origami

origano [o·'ri:·ga·no] *m* **1.** (*pianta*) wild marjoram **2.** (*spezia*) oregano

originale [o·ri·dʒi·'na:·le] I. *adj* **1.** (*opera, peccato, idea*) original **2.** (*stravagante: persona*) eccentric II. *m* **1.** (*gener*) original, **copia conforme all'~** true copy of the original document **2.** (*lingua originale*) original language III. *mf* eccentric

originalità [o·ri·dʒi·na·li·'ta] <-> *f* **1.** (*autenticità*) authenticity **2.** (*novità*) originality **3.** (*stravaganza*) eccentricity

originare [o·ri·dʒi·'na:·re] *vt* (*causare*) to give rise to

originario, -a [o·ri·dʒi·'na:·rio] <-i, -ie> *adj* **1.** (*proveniente: persona, pianta*) native; **essere ~ di** to come from **2.** (*archetipo*) original

origine [o·'ri:·dʒi·ne] *f* **1.** (*gener*) origin; **dare ~ a qc** to give rise to sth; **in ~** originally; **ha ~ da** it has it's origins in **2.** *pl* origins *pl*

origliare [o·riʎ·'ʎa:·re] *vi* to eavesdrop

orina [o·'ri:·na] *f* urine

orinale [o·ri·'na:·le] *m* (*vaso da notte*) chamber pot

orinare [o·ri·'na:·re] I. *vi* to urinate II. *vt* to urinate

oristanese [o·ris·ta·'ne:·se] I. *mf* (*abitante*) person from Oristano II. *adj* from Oristano

Oristanese <*sing*> *m* (*zona*) Oristano area; **nell'~** in the Oristano area

Oristano [o·ri·'sta:·no] *f* Oristano

orizzontale [o·rid·dzon·'ta:·le] I. *adj* horizontal; **in posizione ~** in a horizontal position II. *f* (*nei cruciverba*) **le -i** the across clues

orizzontarsi [o·rid·dzon·'tar·si] *vr* **1.** (*orientarsi*) to find one's bearings **2.** *fig* (*raccapezzarsi*) to find one's way

orizzonte [o·rid·'dzon·te] *m* **1.** GEO horizon; **giro d'~** to survey the horizon **2.** *fig* (*prospettiva*) opportunity

orlare [or·'la:·re] *vt* **1.** (*fiancheggiare*) to flank **2.** (*nel cucito*) to hem

orlo ['or·lo] *m* **1.** (*margine*) edge **2.** (*di tessuto*) hem **3.** *fig* brink; **essere sull'~ della pazzia** to be on the brink of madness

orma ['or·ma] *f* **1.** (*di persona*) footprint **2.** (*di animale*) track **3.** *fig* footstep; **seguire** [*o* **calcare**] **le -e di qu** to follow in sb's footsteps

ormai [or·'ma:·i] *adv* **1.** (*a questo punto*) now **2.** (*a quel punto*) by then **3.** (*giò*) already

ormeggiare [or·med·'dʒa:·re] I. *vt* NAUT to moor II. *vi:* **-rsi** to moor

ormeggio [or·'med·dʒo] <-ggi> *m* **1.** NAUT (*manovra, luogo*) mooring **2.** *pl* NAUT (*cime*)

O

moorings *pl;* **mollare gli -ggi** to slip one's moorings

ormonale [or·mo·'na:·le] *adj* (*cura, terapia, sistema*) hormonal

ormone [or·'mo:·ne] *m* hormone

ornamentale [or·na·men·'ta:·le] *adj* ornamental; **piante -i** ornamental plants

ornamento [or·na·'men·to] *m* (*decorazione*) ornament

ornare [or·'na:·re] **I.** *vt* (*abbellire: abito, tavola*) to decorate **II.** *vr:* **-rsi** to decorate oneself

ornato, -a *adj* (*decorato*) ornate

ornitologia [or·ni·to·lo·'dʒi:·a] <-gie> *f* ornithology

ornitologo, -a [or·ni·'tɔ:·lo·go] <-gi, -ghe> *m, f* ornithologist

oro ['ɔ:·ro] *m* **1.**(*metallo, colore*) gold; **~ bianco/giallo/rosso** white/yellow/red gold; **d'~** gold; **anello/catena d'~** gold ring/chain; **il secolo d'~** the Golden Age; **valere tant'~ quanto pesa** to be worth one's weight in gold; **non è tutto ~ quel che luccica** *prov* all that glitters is not gold **2.**(*denaro*) money; **nemmeno per tutto l'~ del mondo** not for all the tea in China; **nuotare nell'~** to be rolling in it **3.** *pl* (*oggetti d'~*) gold items *pl* **4.** *pl* (*di carte*) coins *pl, suit in Italian card deck*

orologeria [o·ro·lo·dʒe·'ri:·a] <-ie> *f* **1.**(*arte*) clockmaking **2.**(*industria*) clockmaking industry **3.**(*negozio*) watchmaker's (shop) **4.**(*dispositivo*) clockwork; **bomba a ~** time bomb

orologiaio, -a [o·ro·lod·'dʒa:·io] <-giai, -giaie> *m, f* **1.**(*fabbricante*) clockmaker; (*di orologi da polso*) watchmaker **2.**(*riparatore*) clock repairer; (*di orologi da polso*) watch repairer **3.**(*negozio*) clock seller's; (*di orologi da polso*) watch seller's

orologio [o·ro·'lɔ:·dʒo] <-gi> *m* clock; (*da polso*) watch; **~ al quarzo** quartz clock; (*da polso*) quartz watch; **~ da polso** wristwatch; **~ da tasca** pocket watch; **caricare l'~** to wind up the clock; (*da polso*) to wind up the watch; **essere come un ~** *fig* to be as regular as clockwork; **l'~ va avanti/indietro** the click is fast/slow

oroscopo [o·'rɔs·ko·po] *m* ASTR horoscope

orrendo, -a [or·'rɛn·do] *adj* horrible

orribile [or·'ri:·bi·le] *adj* **1.**(*atroce: delitto, morte, disgrazia*) awful **2.** *fig* (*pessimo: gusto, film*) terrible

orrido ['ɔr·ri·do] *m* **l'~** the gorge

orrido, -a *adj* (*aspetto, creatura*) horrible

orripilante [or·ri·pi·'lan·te] *adj* (*aspetto, immagine*) terrifying

orrore [or·'ro:·re] *m* **1.**(*repulsione*) horror; **avere ~ di qc** to loathe sth **2.**(*terrore*) terror; **avere un sacro ~ di qc** to be terrified of sth; **film dell'~** horror movie **3.**(*cosa brutta*) fright **4.**(*cosa orribile*) horror; **gli -i della guerra** the horrors of war

orsa ['or·sa] *f* **1.** ZOOL bear **2.** ASTR **l'Orsa mag-**

giore Ursa Major; *inf* the Big Dipper; **l'Orsa minore** Ursa Minor

orsacchiotto [or·sak·'kiɔt·to] *m* **1.**(*piccolo orso*) bear cub **2.**(*di peluche*) teddy bear

orso ['ors·o] *m* bear; **~ bianco** [*o* **polare**] polar bear; **~ bruno** brown bear; **~ grigio** grizzly bear

ortaggio [or·'tad·dʒo] <-ggi> *m* vegetable

ortensia [or·'tɛn·sia] <-ie> *f* hortensia

ortica [or·'ti·ka] <-che> *f* stinging nettle

orticante [or·ti·'kan·te] *adj* stinging

orticaria [or·ti·'ka:·ria] <-ie> *f* hives *sing*

orticoltore, -trice [or·ti·kol·'to:·re] *m, f* horticulturist

orticoltura [or·ti·kol·'tu:·ra] *f* horticulture

orto ['ɔr·to] *m* (vegetable) garden; **~ botanico** botanical gardens

ortodontista [or·to·don·'tis·ta] <-i *m,* -e *f*> *mf* MED orthodontist

ortodossia [or·to·dos·'si:·a] <-ie> *f a. fig* orthodoxy

ortodosso, -a [or·to·'dɔs·so] **I.** *adj a. fig* orthodox **II.** *m, f* REL **gli -i** the Orthodox

ortofrutticolo, -a [or·to·frut·'ti:·ko·lo] *adj* (*mercato, prodotto*) fruit and vegetable

ortogonale [or·to·go·'na:·le] *adj* orthogonal

ortografia [or·to·gra·'fi:·a] *f* spelling

ortografico, -a [or·to·'gra:·fi·ko] <-ci, -che> *adj* (*errori, convenzione*) spelling

ortolano, -a [or·to·'la:·no] *m, f* (*venditore*) fresh produce vendor

ortomercato [or·to·mer·'ka:·to] *m* wholesale produce market

ortopedia [or·to·pe·'di:·a] <-ie> *f* orthopedics *sing*

ortopedico, -a [or·to·'pɛ:·di·ko] <-ci, -che> **I.** *adj* (*scarpe, busto*) orthopedic **II.** *m, f* (*medico*) orthopedic surgeon

orvieto [or·'viɛ:·to/or·'vie:·to] *m* Orvieto, *white wine from the Umbria region*

orzaiolo [or·dza·'iɔ:·lo] *m* MED sty

orzata [or·'dza:·ta] *f* CULIN (*bevanda*) *drink made using almond milk*

orzo ['ɔr·dzo] *m* barley; **~ perlato** pearl barley

osanna [o·'zan·na] **I.** *interj* hosanna **II.** <-> *m* hosanna

osannare [o·zan·'na:·re] *vt* to praise

osare [o·'za:·re] *vt* to dare; **non oso chiedere** I don't dare ask

oscenità [oʃ·ʃe·ni·'ta] <-> *f* **1.**(*indecenza*) obscenity **2.**(*atto indecente*) indecent act **3.**(*parole indecenti*) obscenity **4.** *fam* (*cosa brutta*) monstrosity

osceno, -a [oʃ·'ʃɛ:·no] *adj* **1.**(*indecente: atto, gesto, film*) obscene **2.** *fam* (*bruttissimo*) disgusting

oscillare [oʃ·ʃil·'la:·re] *vi* **1.** FIS (*pendolo*) to oscillate **2.**(*variare*) to fluctuate

oscillatore [oʃ·ʃil·la·'to:·re] *m* oscillator

oscillatorio, -a [oʃ·ʃil·la·'tɔ:·rio] <-i, -ie> *adj* FIS oscillatory

oscillazione [oʃ·ʃil·lat·'tsio:·ne] *f* **1.** FIS oscillation **2.**(*di prezzo, temperatura*) fluctuation

oscuramento [os·ku·ra·'men·to] *m* **1.**(*di cielo*) darkening **2.**(*in guerra*) blackout **3.**(*di sito Internet, rete televisiva*) blackout

oscurare [os·ku·'ra:·re] **I.** *vt* **1.**(*rendere oscuro: cielo*) to darken **2.**(*rete televisiva*) to block out **II.** *vr:* **-rsi 1.**(*diventare oscuro*) to darken **2.** *fig* (*vista*) to cloud over

oscurità [os·ku·ri·'ta] <-> *f* **1.**(*assenza di luce*) darkness **2.** *fig* (*di stile, linguaggio*) obscurity

oscuro [os·'ku:·ro] *m* darkness; **essere all'~ di qc** to be in the dark about sth

oscuro, -a *adj* **1.**(*buio: notte, zona*) dark; **camera -a** PHOT dark room **2.** *fig* (*pensiero, testo*) gloomy

ospedale [o·pe·'da:·le] *m* hospital; **~ da campo** field hospital; **fare sei mesi d'~** to spend six months in the hospital

ospedaliero, -a [os·pe·da·'lie:·ro] *adj* (*ente, struttura*) hospital; **cure -e** hospital treatment

ospedalizzare [os·pe·da·lid·'dza:·re] *vt* (*paziente*) to hospitalize

ospitale [os·pi·'ta:·le] *adj* (*persona, casa*) hospitable

ospitalità [os·pi·ta·li·'ta] <-> *f* **1.**(*caratteristica*) hospitality **2.**(*accoglienza*) hospitality; **dare ~ a qu** to offer hospitality to sb

ospitare [os·pi·'ta:·re] *vt* **1.**(*dare ospitalità a*) to accommodate **2.** SPORT to host **3.**(*accogliere: convegno*) to host **4.**(*contenere: persone, barche*) to hold **5.**(*custodire: quadro, statua*) to house

ospite ['ɔs·pi·te] **I.** *mf* **1.**(*persona che ospita*) host **2.**(*persona ospitata*) guest; **l'~ è come il pesce, dopo tre giorni puzza** *prov* guests, like fish, begin to smell after three days **II.** *adj* **1.**(*che ospita*) host **2.**(*ospitato*) guest

ospizio [os·'pit·tsio] <-i> *m* (*per anziani*) nursing home

ossatura [os·sa·'tu:·ra] *f* **1.** ANAT (*insieme delle ossa*) skeleton **2.** ANAT (*struttura ossea*) bone structure **3.**(*struttura portante: di edificio, economia*) framework

osseo, -a ['ɔs·se·o] <-ei, -ee> *adj* (*frattura, protesi, struttura*) bone; **callo ~** callus; **midollo ~** bone marrow

ossequio [os·'sɛ·kui·o] <-qui> *m* **1.**(*rispetto*) respect **2.** *pl* (*saluto*) regards *pl*; **gradisca i miei -qui** (*nelle lettere*) kindest regards

ossequioso, -a [os·se·'kui·o:·so] *adj* obsequious

osservante [os·ser·'van·te] **I.** *adj* **1.** REL practicing **2.**(*rispettoso*) respectful; **essere ~ di qc** to observe sth **II.** *mf* REL churchgoer

osservanza [os·ser·'van·tsa] *f* A. REL observance

osservare [os·ser·'va:·re] *vt* **1.**(*guardare attentamente*) to observe **2.**(*rispettare: norme, regole, silenzio*) to observe **3.**(*rilevare*) to notice

osservatore, -trice [os·ser·va·'to:·re] **I.** *adj* observant **II.** *m, f* observer

osservatorio [os·ser·va·'tɔ:·rio] <-i> *m* observatory; **~ astronomico** astronomical observatory; **~ meteorologico** weather station

osservazione [os·ser·vat·'tsio:·ne] *f* **1.**(*atto*) observation; **spirito di ~** power of observation; **essere tenuto in ~** to be kept under observation **2.**(*considerazione critica*) observation **3.**(*rimprovero*) reproach

ossessionante [os·ses·sio·'nan·te] *adj* **1.desiderio, idea, ricordo** all-consuming **2.**(*persona*) obsessive **3.**(*danza, musica*) haunting

ossessionare [os·ses·sio·'na:·re] *vt* **1.**(*tormentare: ricordo, idea*) to obsess **2.**(*infastidire: persona*) to pester

ossessione [os·ses·'sio:·ne] *f* obsession; **avere l'~ di qc** to be obsessed with sth

ossessivo, -a [os·ses·'si:·vo] *adj* PSIC obsessive **2.**(*ritmo, musica*) haunting

ossesso, -a [os·'sɛs·so] *m, f* (*indemoniato*) possessed person

ossia [os·'si:·a] *conj* that is

ossibuchi *pl di* **ossobuco**

ossidabile [os·si·'da:·bi·le] *adj* (*metallo, vitamina*) oxidizable

ossidare [os·si·'da:·re] **I.** *vt* to oxidize **II.** *vr:* **-rsi** to oxidize

ossidazione [os·si·dat·'tsio:·ne] *f* oxidation

ossido ['ɔs·si·do] *m* oxide; **~ di azoto** nitric oxide

ossidrico, -a [os·'si:·dri·ko] <-ci, -che> *adj* (*fiamma*) oxyhydrogen; **cannello ~** blowtorch

ossigenare [os·si·dʒe·'na:·re] **I.** *vt* **1.** CHIM to oxygenate **2.**(*decolorare*) to bleach **II.** *vr:* **-rsi 1.**(*capelli*) to bleach one's hair **2.**(*polmoni*) to get some fresh air

ossigenato, -a [os·si·dʒe·'na:·to] *adj* **1.** CHIM oxygenated; **acqua -a** peroxide **2.**(*capelli*) bleached; **bionda -a** peroxide blonde

ossigenazione [os·si·dʒe·nat·'tsio:·ne] *f* oxygenation

ossigeno [os·'si:·dʒe·no] *m* CHIM oxygen

ossimoro [os·si·'mɔ:·ro] *m* LIT oxymoron

osso[1] ['ɔs·so] <*pl:* -a *f*> *m* **1.** ANAT bone; **avere le rotte** to be exhausted; **ridursi pelle e -a** to become nothing but skin and bones; **farsi le -a** to cut one's teeth; **un ~ duro** *fig* (*difficoltà*) a hard nut to crack; (*persona*) a tough customer **2.**(*nocciolo*) stone; **sputa l'~!** *scherz, fam* spit it out!

osso[2] *m* (*osso animale lavorato*) bone

ossobuco [os·so·'bu:·ko] <ossibuchi> *m* CULIN osso buco

ossuto, -a [os·'su:·to] *adj* (*persona*) skinny; (*volto, mani, gambe*) bony

ostacolare [os·ta·ko·'la:·re] *vt* (*movimenti*) to obstruct; (*decisioni*) to block; (*ingresso, sviluppo, ricerca*) to hinder

ostacolo [os·'ta:·ko·lo] *m* **1.**(*impedimento*) obstacle **2.** *fig* (*intralcio*) hindrance; **essere d'~ a qc** to be a hindrance to sth **3.** SPORT **corsa a -i** obstacle race

ostaggio [os·'tad·dʒo] <-ggi> *m* hostage; **tenere qu in ~** to hold sb hostage

O

oste, -essa ['ɔs·te, os·'tes·sa] *m, f* innkeeper; **fare i conti senza l'~** *fig* to forget the most important thing

osteggiare [os·ted·'dʒa:·re] *vt* (*progetto, matrimonio*) to oppose

ostello [os·'tɛl·lo] *m* dwelling; **~ della giovent** youth hostel

ostensorio [os·ten·'sɔ:·rio] <-i> *m* REL ostensory

ostentare [os·ten·'ta:·re] *vt* 1. (*fare sfoggio di: ricchezza*) to flaunt 2. (*simulare: cinismo, indifferenza*) to affect

ostentato, -a [os·ten·'ta:·to] *adj* 1. (*ricchezza, lusso*) ostentatious 2. (*simulato: cinismo, indifferenza*) affected

ostentazione [os·ten·tat·'tsio:·ne] *f* 1. (*di ricchezza, lusso*) ostentation 2. (*di cinismo, indifferenza*) display

osteopatia [os·teo·pa·'ti:·a] *f* osteopathy

osteria [os·te·'ri:·a] <-ie> *f* tavern

ostessa *f v.* oste

ostetrica [os·'tɛ:·tri·ka] <-che> *f* obstetrician

ostetricia [os·te·'tri:·tʃa] <-cie> *f* obstetrics *sing*

ostetrico, -a [os·'tɛ:·tri·ko] <-ci, -che> *adj* (*clinica*) obstetric

ostia ['ɔs·tia] <-ie> *f* 1. REL Host 2. (*per medicinali*) wafer

ostico, -a ['ɔs·ti·ko] <-ci, -che> *adj* (*materia, linguaggio, termine*) difficult

ostile [os·'ti:·le] *adj* (*atto, forze*) hostile; **essere ~ a qc** (*ambiente*) to be hostile to sth; (*persona*) to be opposed to sth; **acquisizione ~** COM hostile takeover

ostilità [os·ti·li·'ta] <-> *f* 1. (*avversione*) hostility 2. *pl* (*atto ostile*) hostilities *pl*

ostinarsi [os·ti·'nar·si] *vr* **~ a fare qc** to insist on doing sth; **~ a non fare qc** to refuse to do sth

ostinato, -a [os·ti·'na:·to] *adj* 1. (*persona*) obstinate 2. (*dolore*) persistent 3. (*ricerca*) relentless

ostinazione [os·ti·nat·'tsio:·ne] *f* (*di persona*) obstinacy

ostracismo [os·tra·'tʃiz·mo] *m* 1. (*esilio*) ostracism 2. (*preconcetto*) prejudice

ostrica ['ɔs·tri·ka] <-che> *f* oyster

ostruire [os·tru·'i:·re] <ostruisco> *vt* (*passaggio, strada*) to block

ostruzione [os·trut·'tsio:·ne] *f* 1. (*di passaggio*) obstruction 2. MED blockage

ostruzionismo [os·trut·tsio·'niz·mo] *m* stonewalling; **fare ~** to stonewall

ostruzionista [os·trut·tsio·'nis·ta] <-i *m*, -e *f*> *mf* stonewaller

otite [o·'ti:·te] *f* MED ear infection

otorinolaringoiatra [o·to·ri·no·la·riŋ·go·'ia:·tra] <-i *m*, -e *f*> *mf* ear, nose and throat specialist

ottaedro [ot·ta·'ɛ:·dro] *m* octahedron

ottagonale [ot·ta·go·'na:·le] *adj* octagonal

ottagono [ot·'ta·go·no] *m* octagon

ottanta [ot·'tan·ta] I. *num* eighty II. <-> *m* eighty; *v.a.* **cinquanta**

ottantenne [ot·tan·'tɛn·ne] I. *adj* eighty-year-old II. *mf* eighty-year-old

ottantennio [ot·tan·'tɛn·nio] <-i> *m* eighty years *pl*

ottantesimo [ot·tan·'tɛ:·zi·mo] *m* (*frazione*) eightieth

ottantesimo, -a I. *adj* eightieth II. *m, f* eightieth; *v.a.* **quinto**

ottantina [ot·tan·'ti:·na] *f* **un'~ (di ...)** about eighty (...); **essere sull'~** to be about eighty

ottativo [ot·ta·'ti:·vo] *m* LING optative

ottativo, -a *adj* LING optative

ottava [ot·'ta:·va] *f* MUS octave

ottavino [ot·ta·'vi:·no] *m* MUS piccolo

ottavo [ot·'ta:·vo] *m* 1. (*frazione*) eighth 2. (*formato*) octavo 3. SPORT **-i di finale** quarterfinals

ottavo, -a I. *adj* eighth II. *m, f* eighth; *v.a.* **quinto**

ottemperanza [ot·tem·pe·'ran·tsa] *f* ADMIN compliance; **in ~ alla legge** in accordance with the law

ottenebrare [ot·te·ne·'bra:·re] *vt poet* (*offuscare: mente*) to cloud

ottenere [ot·te·'ne:·re] <irr> *vt* 1. (*conseguire: risultato, totale, vittoria*) to obtain 2. (*ricevere: ricompensa, premio*) to gain 3. (*ricavare: prodotto*) to obtain

ottenibile [ot·te·'ni:·bi·le] *adj* obtainable

ottenimento [ot·te·ni·'men·to] *m* (*di diploma, finanziamento*) achievement; (*di premio*) winning

ottenni 1. *pers sing pass rem di* ottenere

ottenuto *pp di* ottenere

ottetto [ot·'tet·to] *m* octet

ottica ['ɔt·ti·ka] <-che> *f* 1. FIS optics *sing* 2. (*tecnica*) optics *sing* 3. (*lenti*) optical system 4. *fig* (*punto di vista*) point of view

ottico ['ɔt·ti·ko] <-ci> *m* (*negozio*) optician's

ottico, -a <-ci, -che> I. *adj* 1. (*dell'occhio: nervo*) optic 2. COMPUT (*cavo*) optical; **lettore ~** OCR II. *m, f* (*tecnico*) optician

ottimale [ot·ti·'ma:·le] *adj* optimal

ottimamente [ot·ti·ma·'men·te] *adv superlativo di* bene[1] very well

ottimare [ot·ti·'ma:·re] *v.* ottimizzare

ottimismo [ot·ti·'miz·mo] *m* optimism

ottimista [ot·ti·'mis·ta] <-i *m*, -e *f*> I. *adj* (*persona*) optimistic II. *mf* optimist

ottimistico, -a [ot·ti·'mis·ti·ko] <-ci, -che> *adj* (*previsione, dichiarazione, dati*) optimistic

ottimizzare [ot·ti·mid·'dza:·re] *vt* (*processo, sistema, produttività*) to optimize

ottimo ['ɔt·ti·mo] *m* (*ideale*) ideal

ottimo, -a *adj superlativo di* buono, -a excellent

otto ['ɔt·to] I. *num* eight II. <-> *m* 1. (*numero*) eight 2. (*nelle date*) eighth 3. (*voto scolastico*) 8 out of 10 4. SPORT (*nel pattinaggio*) figure eight; (*nel canottaggio*) (rowing) eight 5. (*a forma di otto*) **~ volante** roller coaster III. *fpl* eight o'clock; *v.a.* **cinque**

ottobre [ot·'to:·bre] *m* October; *v.a.* **aprile**

ottocentesco, -a [ot·to·tʃen·'tes·ko] <-schi, -sche> *adj* nineteenth-century

ottocento [ot·to·'tʃɛn·to] I. *num* nineteenth century II. <-> *m* (*numero*) eight-hundred; **l'Ottocento** the nineteenth century

ottomana [ot·to·'ma:·na] *f* (*divano*) ottoman

ottomano, -a [ot·to·'ma:·no] I. *adj* 1. *poet* Turkish 2. (*turco*) Ottoman II. *m, f* 1. *poet* Turk 2. (*turco*) Ottoman

ottomila [ot·to·'mi:·la] I. *num* eight-thousand II. <-> *m* eight-thousand

ottone [ot·'to:·ne] *m* 1. (*lega*) brass 2. *pl* MUS brass section

ottuagenario, -a [ot·tu·a·dʒe·'na:·rio] <-i, -ie> I. *adj* octogenarian II. *m, f* octogenarian

otturare [ot·tu·'ra:·re] I. *vt* 1. MED (*dente*) to fill 2. TEC (*tubo*) to block II. *vr:* **-rsi** to become blocked

otturatore [ot·tu·ra·'to:·re] *m* FOTO shutter

otturazione [ot·tu·rat·'tsio:·ne] *f* 1. (*di scarico, tubo*) blockage 2. (*di dente*) filling

ottusi [ot·'tu:·zi] *1. pers sing pass rem di* **ottundere**

ottusità [ot·tu·zi·'ta] <-> *f* (*mente, persona*) obtuseness

ottuso, -a [ot·'tu:·zo] I. *pp di* **ottundere** II. *adj a. fig* obtuse

output ['aut·put] <-> *m* COMPUT output

outsider [aut·'sai·də/aut·'sai·der] *mf* outsider

ouverture [u·vɛr·'ty:r] <-> *f* MUS overture

ovaia [o·'va:·ia] <-aie> *f* ovary

ovaio [o·'va:io] <*pl:* -aia *f*> *m* ovary

ovale [o·'va:·le] I. *adj* oval II. *m* oval

ovarico, -a [o·'va:·ri·ko] <-ci, -che> *adj* ANAT ovarian

ovatta [o·'vat·ta] *f* cotton wool

overdose ['ou·və·dous/o·ver·'dɔ·z(e)] <overdosi> *f* overdose

ovest ['ɔ:·vest] *m* west; **ad ~** to the west; **ad ~ di** west of; **verso ~** westwards

ovile [o·'vi:·le] *m* sheepfold; **tornare all'~** *fig* to return to the fold

ovino [o·'vi:·no] *m* sheep

ovino, -a *adj* ovine; **carne ~** mutton

ovolo ['ɔ:·vo·lo] *m* BOT (**~** *buono*) Caesar's mushroom

ovulazione [o·vu·lat·'tsio:·ne] *f* BIOL ovulation

ovulo ['ɔ:·vu·lo] *m* 1. BOT ovule 2. BIOL ovum

ovunque [o·'vuŋ·kue] *adv* 1. (*dovunque*) wherever 2. (*dappertutto*) everywhere

ovvero [ov·'ve:·ro] *conj* that is

ovviare [ov·vi·'a:·re] *vi* **~ a qc** (*situazione*) to remedy sth; (*inconveniente*) to solve sth

ovvietà [ov·vie·'ta] <-> *f* 1. (*caratteristica*) obviousness 2. (*cosa banale*) cliché

ovvio, -a ['ɔv·vio] <-i, -ie> *adj* 1. (*normale*) normal 2. (*logico: fatto, soluzione, conclusione*) obvious 3. (*scontato: considerazione*) predictable

ozelot [od·dze·'lɔt] *m* ocelot

oziare [od·'tsia:·re] *vi* to loaf around

ozio ['ɔt·tsio] <-i> *m* 1. (*abituale inoperosità*) idleness; **l'~ è il padre dei vizi** *prov* idle hands are the devil's tools 2. (*inattività temporanea*) inactivity 3. (*tempo libero*) leisure

oziosità [ot·tsio·si·'ta] <-> *f* (*pigrizia*) laziness

ozioso, -a [ot·'tsio:·so] *adj* 1. (*fannullone*) idle 2. (*inoperoso: giornata*) idle 3. (*futile*) pointless

ozono [od·'dzɔ:·no] *m* CHIM ozone; **buco nell'~** ozone hole

ozonosfera [od·dzo·nos·'fɛ:·ra] *f* ozonosphere

O

Pp

P, p [pi] <-> *f* P, p; ~ **come Palermo** P for
Papa
p. *abbr di* **pagina** p.
PA *abbr di* **Pubblica Amministrazione** Civil
Service
pacatezza [pa·ka·'tet·tsa] *f* calmness
pacato, -a [pa·'ka:·to] *adj* calm
pacca ['pak·ka] <-cche> *f fam* (*manata*) slap
pacchetto [pak·'ket·to] *m* 1. (*piccolo pacco*)
package 2. (*confezione*) pack; **un ~ di sigarette** a pack of cigarettes 3. (*azionario*) block
4. COMPUT package
pacchia ['pak·kia] <-cchie> *f fam* blast
pacchiano, -a [pak·'kia:·no] *adj* (*di cattivo
gusto*) vulgar
pacco ['pak·ko] <-cchi> *m* 1. (*involto*) package; **le faccio un ~ regalo?** would you like it
gift-wrapped?; ~ **bomba** mail bomb 2. *fam*
(*fregatura*) rip-off; **mi ha tirato un ~** he stood
me up
paccottiglia [pak·kot·'tiʎ·ʎa] <-glie> *f* (*cose
senza valore*) junk
pace ['pa:·tʃe] *f* peace; **fare ~ con qu** to make
it up with sb; **mettersi il cuore in ~** to resign
oneself; **non trovar ~** to find no peace; **lasciare qu in ~** to leave sb alone; **starsene in
(santa) ~** to have some peace
pacemaker ['peis·mei·kə] <-> *m* MED pacemaker
pachiderma [pa·ki·'dɛr·ma] <-i> *m* (*elefante*)
pachyderm
Pachistan [pa·kis·'tan] *m* **il ~ Pakistan; in ~** in
Pakistan
pachistano, -a [pa·kis·'ta:·no] I. *adj* Pakistani
II. *m, f* Pakistani
paciere, -a [pa·'tʃɛ:·re] *m, f* peacemaker
pacificare [pa·tʃi·fi·'ka:·re] I. *vt* 1. (*nemici*) to
reconcile 2. (*animi*) to pacify II. *vr:* -**rsi** (*trovar
pace*) to become reconciled
pacifico, -a [pa·'tʃi:·fi·ko] <-ci, -che> *adj*
1. (*uomo, indole*) peace-loving 2. (*intervento,
manifestazione*) peaceful 3. *fig* (*chiaro*) clear
4. GEO **il** [*o* **l'Oceano**] **Pacifico** the Pacific
(Ocean)
pacifismo [pa·tʃi·'fiz·mo] *m* pacifism
pacifista [pa·tʃi·'fis·ta] <-i *m*, -e *f*> I. *mf* pacifist II. *adj* pacifist
pacioccone, -a [pa·tʃok·'ko:·ne] *m, f fam*
plump easygoing person
pack [pæk] <-> *m* pack ice
package ['pæ·kidʒ] <- *o* packages> *m* COMPUT
package
packaging ['pæ·ki·dʒiŋ] <-> *m* COM packaging
padano, -a [pa·'da:·no] *adj* Po; **pianura -a** Po
Valley
padella [pa·'dɛl·la] *f* 1. (*pentola*) frying pan;
~ **antiaderente** nonstick frying pan; **cadere
dalla ~ nella brace** *fig* to jump out of the frying pan into the fire 2. (*per malati*) bedpan

padiglione [pa·diʎ·'ʎo:·ne] *m* 1. (*di fiera, edificio*) pavilion 2. ~ **auricolare** auricle
Padova ['pa:·do·va] *f* Padua, *city in northeast
Italy*
Padovano <*sing*> *m* the Padua area; **nel ~** in
the Padua
padovano, -a [pa·do·'va:·no] I. *adj* Paduan
II. *m, f* (*abitante*) Paduan
padre ['pa:·dre] *m* 1. *a. fig* (*genitore*) father;
~ **adottivo** adoptive father; ~ **putativo** putative father; **di ~ in figlio** from father to son;
per via di ~ on one's father's side; **tale il ~
tale il figlio** *prov* like father, like son *prov*
2. REL (*Dio*) Father 3. REL (*titolo*) Father; **il
santo Padre** (*Papa*) the Holy Father 4. *pl*
(*antenati*) forefathers
Padrenostro [pad·re·'nɔs·tro] <-> *m* Our Father
padrino [pa·'dri:·no] *m* (*di battesimo, nella
mafia*) godfather; (*di cresima*) sponsor
padronale [pa·dro·'na:·le] *adj* 1. (*del padrone*) owner's 2. (*imprenditoriale*) employers'
padronanza [pa·dro·'nan·tsa] *f* 1. (*di materia,
argomento*) command 2. (*di emozioni*) control
padronato [pa·dro·'na:·to] *m* (*imprenditori*)
employers *pl*
padroncino, -a [pa·dron·'tʃi:·no] *m, f* taxi
driver who owns his or her own cab
padrone, -a [pa·'dro:·ne] *m, f* 1. (*proprietario*) owner; ~ **di casa** landlord 2. (*datore di
lavoro*) employer 3. (*dominatore*) master;
essere ~ di fare qc (*libero*) to be free to do
sth 4. (*conoscitore*) expert
padroneggiare [pa·dro·ned·'dʒa:·re] I. *vt*
1. (*emozioni*) to control 2. (*materia, argomento*) to master II. *vr:* -**rsi** (*dominarsi*) to
control oneself
paesaggio [pae·'zad·dʒo] <-ggi> *m* 1. GEO
landscape; ~ **alpino** Alpine landscape 2. (*panorama*) view 3. (*pittura*) landscape (painting); FOTO landscape (photograph)
paesaggista [pae·zad·'dʒis·ta] <-i *m*, -e *f*>
mf landscape painter
paesano, -a [pae·'za:·no] I. *adj* country; **alla
-a** in a rustic style II. *m, f* (*abitante*) villager
paese [pa·'e:·ze] *m* 1. (*nazione, Stato*) country; ~ **emergente** developing country;
~ **industrializzato** industrialized nation; ~ **in
via di sviluppo** developing country 2. (*l'Italia*) Italy; **i Paesi Bassi** the Netherlands *pl*;
~ **che vai, usanze che trovi** *prov* when in
Rome, do as the Romans do *prov* 3. (*villaggio*)
village 4. (*territorio*) land; **mandare qu a
quel ~** *fig, fam* to tell sb to go to hell
paffuto, -a [paf·'fu:·to] *adj* chubby
pag. *abbr di* **pagina** p.
paga ['pa:·ga] <-ghe> *f* 1. (*stipendio*) pay;

giorno di ~ payday; **busta** ~ pay envelope **2.** *fig* (*ricompensa*) reward

pagabile [pa·'ga:·bi·le] *adj* payable; ~ **a rate** payable in installments; ~ **a vista** payable on demand; ~ **alla consegna** payable on delivery; ~ **alla scadenza** payable on maturity

pagaia [pa·'ga:·ia] <-aie> *f* paddle

pagamento [pa·ga·'men·to] *m* payment; ~ **anticipato** advance payment; ~ **alla consegna** payment on delivery; ~ **a mezzo assegno** payment by check; ~ **a pronta cassa** cash payment; ~ **a rate** payment in install-ments; ~ **contro assegno** cash on delivery; mancato ~ non-payment

paganesimo [pa·ga·'ne:·zi·mo] *m* paganism

pagano, -a [pa·'ga:·no] I. *adj* pagan II. *m, f* pagan

pagante [pa·'gan·te] I. *adj* paying II. *mf* payer

pagare [pa·'ga:·re] *vt* **1.**(*persona*) to pay; (*acquisto, servizio*) to pay for; ~ **caro qc** to pay a lot for sth; *fig* (*errori*) to pay dearly for sth; **farla ~ a qu** *fam* to make sb pay for sth **2.**(*offrire*) to buy; ~ **da bere a qu** to buy sb a drink **3.** *fig* (*ricompensare*) to repay; ~ **qu con qc** to pay sb back for sth

pagella [pa·'dʒɛl·la] *f* (*a scuola*) report card

pagellino [padʒe·'lli:·no] *m* **1.**(*nella scuola*) mid-term report card **2.**(*di una partita*) player ratings

paggio ['pad·dʒo] <-ggi> *m* page

pagherò [pa·ge·'rɔ] <-> *m* IOU

pagina ['pa:·dʒi·na] *f* page; **prima** ~ (*di gior-nale*) front page; **terza** ~ (*pagina culturale*) culture page; **Pagine gialle** Yellow Pages®; **voltar** ~ to turn the page; (*cambiare vita*) to turn over a new leaf; (*cambiare discorso*) to move on; **mettere in** ~ TYPO to print; ~ **web** Web page

paginatura [pa·dʒi·na·'tu:·ra] *f* (*numerazione delle pagine*) pagination

paglia ['paʎ·ʎa] <-glie> *f* **1.**(*materiale*) straw; **fuoco di** ~ *fig* flash in the pan **2.**(*oggetto*) straw object; (*cappello*) straw hat

pagliaccetto [paʎ·ʎat·'tʃet·to] *m* **1.**(*da bam-bino*) rompers *pl* **2.**(*da donna*) teddy

pagliacciata [paʎ·ʎat·'tʃa:·ta] *f fam* farce

pagliaccio [paʎ·'ʎat·tʃo] <-cci> *m* **1.**(*di circo*) clown **2.** *fig* (*buffone*) fool

pagliaio [paʎ·'ʎa:·io] <-ai> *m* haystack; **cer-care un ago nel** ~ *fig* to look for a needle in a haystack

pagliericcio [paʎ·ʎe·'rit·tʃo] <-cci> *m* straw mattress

paglierino, -a [paʎ·ʎe·'ri:·no] *adj* straw-col-ored

paglietta [paʎ·'ʎet·ta] *f* **1.**(*cappello*) boater **2.**(*d'acciaio*) steel wool

pagliuzza [paʎ·'ʎut·tsa] *f* **1.**(*di paglia*) straw **2.**(*d'oro, d'argento*) speck

pagnotta [paɲ·'ɲɔt·ta] *f* (*pane*) round loaf

pago, -a ['pa:·go] <-ghi, -ghe> *adj* (*soddi-sfatto*) satisfied

pagoda [pa·'gɔ:·da] *f* (*monumento*) pagoda

paguro [pa·'gu:·ro] *m* hermit crab

paia *pl di* paio²

paillard [pa·'ja:·r] <-> *f* grilled sirloin

paillette [pa·'jɛt] <-> *f* sequin

paio¹ ['pa:·io] *1. pers sing pr di* parere¹

paio² <*pl*: paia *f*> *m* (*coppia*) pair; **un** ~ **di** (*alcuni*) a couple of; **un** ~ **di calzoni** a pair of pants; **un** ~ **di forbici** a pair of scissors; **un** ~ **di occhiali** a pair of glasses

paiolo [pa·'iɔ:·lo] *m* (*pentola*) pot

Pakistan [pa·kis·'tan] *m v.* Pachistan

pakistano, -a [pa·kis·'ta:·no] I. *adj v.* Paki-stani II. *m, f v.* Pakistani

pala ['pa:·la] *f* **1.**(*attrozzo*) shovel **2.** REL ~ **d'al-tare** altar piece **3.**(*di elica, turbina*) blade

paladino [pa·la·'di:·no] *m* (*cavaliere*) paladin

paladino, -a *m, f* (*difensore*) champion

palafitta [pa·la·'fit·ta] *f* HIST pile-dwelling

palaghiaccio [pa·la·'gia:t·tʃo] <-> *m* SPORT ice rink

palanca [pa·'laŋ·ka] <-che> *f* **1.**(*trave*) plank **2.** *pl, fam* (*soldi*) dough

palandrana [pa·lan·'dra:·na] *f scherz, fam* tent

palasport [pa·la·'spɔrt] <-> *m* SPORT sports arena

palata [pa·'la:·ta] *f* **1.**(*quantità*) shovelful; **aver soldi a** -**e** *fam* to have lots of money **2.**(*colpo di pala*) blow with a shovel

palatale [pa·la·'ta:·le] I. *adj* ANAT, LING palatal II. *f* LING palatal

palatino, -a [pa·la·'ti:·no] *adj* Palatine

palato [pa·'la:·to] *m a. fig* palate

palazzina [pa·lat·'tsi:·na] *f small apartment building*

palazzo [pa·'lat·tso] *m* **1.**(*edificio signorile*) palace; ~ **reale** royal palace **2.**(*condominio*) apartment building **3.**(*sede amministrativa*) **il** ~ **di giustizia** the law courts *pl;* **il Palazzo** (*governo*) the government; **Palazzo Chigi** *prime minister's office;* **Palazzo Madama** (*sede del Senato*) Senate

P

There are a number of **Palazzi** in Rome whose names have become synonymous with the political institutions with which they are connected. **Palazzo Chigi** in Piazza Colonna was built in the 16th century and in 1919 was purchased by the state to be the seat of the Foreign Ministry. Since 1961 it has been the office of the Prime Minister and the place where the cabinet meets. **Palazzo Madama** was built by the Medici family in the 16th century and has been the seat of the Senate since 1871. **Palazzo di Montecitorio** has been the home of the **Camera dei deputati** (the lower house) since 1870. The **Palazzo del Viminale**, named after one of the Seven Hills of Rome, is the home of the Interior Ministry. The **Palazzo del Quirinale**, named after one of the famous Seven Hills of Rome, is the official residence of the **Presidente della Repubblica**.

palco ['pal·ko] <-chi> *m* **1.** TEAT box **2.** (*piano sopraelevato*) platform

palcoscenico [pal·koʃ·'ʃɛː·ni·ko] <-ci> *m* stage

paleocristiano, -a [pa·le·o·kris·'tia:·no] *adj* early Christian

paleontologia [pa·le·on·to·lo·'dʒi:·a] <-gie> *f* paleontology

Palermitano <*sing*> *m* Palermo area; **nel ~ in** the Palermo area

palermitano, -a I. *adj* from Palermo II. *m, f* (*abitante*) person from Palermo

Palermo *f* Palermo, *capital of Sicily*

palesare [pa·le·'za:·re] I. *vt* to reveal II. *vr:* -**rsi** to reveal oneself

palese [pa·'le:·ze] *adj* (*chiaro*) clear

palestra [pa·'lɛs·tra] *f* **1.** (*locale*) gym; (*attività*) working out; **fare ~** to work out **2.** *fig* **~ di vita** training ground for life

paletot [pal·'to] <-> *m* overcoat

paletta [pa·'let·ta] *f* **1.** (*piccola pala*) spade; (*per brace, carbone*) shovel **2.** (*di carabinieri, vigili, capostazione*) signal bat **3.** (*per dolci*) cake slice

paletto [pa·'let·to] *m* **1.** (*chiavistello*) bolt **2.** (*nel terreno*) stake; (*per tenda*) peg

palio ['pa:·lio] <-i> *m* **1.** (*drappo*) banner, = *drappo ricamato dato in premio al vincitore di una gara* **2.** (*gara*) competition; **il Palio di Siena** the Palio **3.** *fig* **essere in ~** to be at stake; **mettere in ~** to offer as a prize

---

The **Palio** is a horse race that is run in a number of Italian cities. The best known is the **Palio di Siena**. This race dates back to the 13th century and is run twice a year, on July 2 and August 16 in the Piazza del Campo in Siena. Ten of the city's seventeen **contrade** (districts) take part; the winner is the first horse to pass the winning post, whether it still has a rider or not. Before the race there is a procession with members of the various districts dressed in historical costumes.

---

palissandro [pa·lis·'san·dro] *m* rosewood

palizzata [pa·lit·'tsa:·ta] *f* (*steccato*) palisade

palla ['pal·la] *f* **1.** (*gener*) ball; **~ di neve** snowball; **~ da tennis** tennis ball; **giocare a ~** to play ball; **prendere la ~ al balzo** *fig* to seize one's chance; **essere una ~ al piede per qu** to be a millstone around sb's neck **2.** (*proiettile*) bullet **3.** *pl, vulg* (*testicoli*) balls; **che -e!** what a drag!; **averne le -e piene di qc** *vulg* to have had enough of sth; **far girare le -e a qu** *vulg* to piss sb off; **non mi rompere le -e!** *vulg* don't be such a pain in the ass!

pallabase [pal·la·'ba:·ze] *f* baseball

pallacanestro [pal·la·ka·'nɛs·tro] *f* basketball

pallamano [pal·la·'ma:·no] *f* handball

pallanuoto [pal·la·'nuɔ:·to] *f* water polo

pallavolo [pal·la·'vo:·lo] *f* volleyball

palleggiamento [pal·led·dʒa·'men·to] *m* **1.** SPORT practice with the ball **2.** *fig* (*di colpe, responsabilità*) shifting

palleggiare [pal·led·'dʒa:·re] *vi* (*nella pallacanestro*) to dribble; (*nel calcio*) to practice with the ball

palleggio [pal·'led·dʒo] <-ggi> *m* (*nel calcio*) practice with the ball; (*nel basket*) dribbling

palliativo [pal·lia·'ti:·vo] *m* **1.** MED palliative **2.** *fig* (*rimedio inefficace*) stopgap

pallido, -a ['pal·li·do] *adj* **1.** (*viso, colore*) pale **2.** (*luce, immagine*) faint; **non avere la più -a idea di qc** *fig* to not have the faintest idea about sth

pallina [pal·'li:·na] *f* small ball; **~ da ping-pong** ping-pong ball

pallino [pal·'li:·no] *m* **1.** (*del biliardo*) cue ball; (*delle bocce*) jack **2.** *pl* (*di fucile*) pellet **3.** (*su stoffa*) dot **4.** *fig, fam* (*fissazione*) craze; **avere il ~ della pulizia** to be fanatical about cleanliness

pallonata [pal·lo·'na:·ta] *f* blow with a ball

palloncino [pal·lon·'tʃi:·no] *m* **1.** (*gonfiabile*) balloon **2.** *fam* (*alcoltest*) **fare la prova del ~** to blow into the Breathalyzer®

pallone [pal·'lo:·ne] *m* **1.** (*grossa palla*) ball; **avere** [*o* **sentirsi**] **la testa come un ~** *fam* to feel dazed **2.** *fam* to be full of oneself **3.** (*calcio*) **giocare a ~** to play soccer **4.** (*aerostato*) balloon

pallonetto [pal·lo·'net·to] *m* lob

pallore [pal·'lo:·re] *m* pallor

pallottola [pal·'lɔt·to·la] *f* **1.** (*proiettile*) bullet **2.** (*di carta, legno, vetro*) ball

pallottoliere [pal·lo·to·'liɛ:·re] *m* abacus

palma ['pal·ma] *f* **1.** (*albero*) palm (tree); **~ da cocco** coconut palm **2.** (*ramo*) palm branch; **la domenica delle Palme** Palm Sunday **3.** (*della mano*) palm **4.** *fig* to have great admiration for sb

palmare [pal·'ma:·re] *m* (*computer*) palmtop

palmato, -a [pal·'ma:·to] *adj* **1.** ZOOL webbed **2.** BOT palmate

palmo ['pal·mo] *m* **1.** (*spanna*) span; **restare con un ~ di naso** to be disappointed **2.** (*di mano*) palm

palo ['pa:·lo] *m* **1.** (*di legno*) stake; (*del telegrafo*) pole; (*della luce*) post; **fare il** [*o* **da**] **~** *sl* to act as lookout; **star dritto come un ~** to be as straight as a ramrod; **saltare di ~ in frasca** *fig* to jump from one thing to another **2.** SPORT (*calcio*) (goal)post

palombaro [pa·lom·'ba:·ro] *m* diver

palombo [pa·'lom·bo] *m* (*squalo*) dogfish

palpare [pal·'pa:·re] *vt* (*tastare*) to feel; MED to palpate

palpebra ['pal·pe·bra] *f* eyelid

palpitante [pal·pi·'tan·te] *adj* (*cuore*) beating;

una notizia di ~ attualità a highly topical piece of news

palpitare [pal·pi·'ta:·re] *vi* **1.**(*cuore*) to beat **2.** *fig* (*di paura, emozione*) to tremble

palpitazione [pal·pi·tat·'tsio:·ne] *f a. fig* palpitation; **avere le -i** *fam* to have palpitations

palpito ['pal·pi·to] *m* **1.**(*del cuore*) beat **2.** *fig* (*agitazione*) pang; **~ d'amore** pang of love

paltò [pal·'tɔ] <-> *m* overcoat

paludarsi [pa·lu·'dar·si] *vr pej* (*conciarsi*) to dress up

palude [pa·'lu:·de] *f* marsh

paludoso, -a [pa·lu·'do:·so] *adj* marshy

palustre [pa·'lus·tre] *adj* marsh

pampa ['pam·pa] <pampas> *f* pampas

pamphlet [pã·'flɛ] <-> *m* pamphlet

pampino ['pam·pi·no] *m* vine leaf

panacea [pa·na·'tʃɛ:·a] <-ee> *f* panacea

panama ['pa:·na·ma] <-> *m* (*cappello*) panama (hat)

panare [pa·'na:·re] *vt* to coat in breadcrumbs

panca ['paŋ·ka] <-che> *f* (*sedile*) bench

pancarré [paŋ·kar·'re] <-> *m* sliced bread

pancetta [pan·'tʃet·ta] *f* **1.** CULIN bacon **2.** *fam* (*ventre*) belly

panchetto [paŋ·'ket·to] *m* (*sgabello*) stool

panchina [paŋ·'ki:·na] *f* bench; **rimanere in ~** *fig* to stay on the bench

pancia ['pan·tʃa] <-ce> *f a. fig, fam* (*ventre*) belly; **avere** (**il**) **mal di ~** to have a stomachache; **metter su ~** *fam* to get a potbelly; **starsene a ~ all'aria** *fam* not to do jack

panciera [pan·'tʃɛ:·ra] *f* (*maglia*) corset

pancione [pan·'tʃo:·ne] *m fam* **1.**(*grossa pancia*) big belly **2.**(*persona*) person with a big belly

panciotto [pan·'tʃɔt·to] *m* vest

panciuto, -a [pan·'tʃu:·to] *adj* **1.**(*persona*) potbellied **2.**(*vaso*) rounded

pancreas ['paŋ·kre·as] <-> *m* pancreas

panda ['pan·da] <-> *m* panda

pandemia [pan·de·'mi:·a] *f* pandemic

pandemonio [pan·de·'mɔ:·nio] <-i> *m* (*confusione*) pandemonium

pandoro [pan·'dɔ:·ro] *m cone-shaped sponge cake, originally from Verona, eaten at Christmas*

pane ['pa:·ne] *m* **1.**(*alimento*) bread; **~ bianco** white bread; **~ integrale** whole-wheat bread; **~ nero** whole-wheat bread; **Pan di Spagna** sponge cake; **dire ~ al ~ e vino al vino** *fig* to call a spade a spade; **trovare ~ per i propri denti** *fig* to meet one's match; **rendere pan per focaccia** *fam* to give tit for tat; **essere buono come il ~** to have a heart of gold **2.**(*pagnotta*) loaf **3.**(*blocchetto: di burro*) pat; (*di cera*) bar

Most Italian bread - *pane* - is made with white flour - *ciabatte* (flat loaves), *filoni* (long, large loaves), *panini al latte*, and *all'acqua* (rolls made with milk or water) -

but there are more than 250 types of bread officially classified by the baking industry. Every region has its own kinds of bread, which vary according to the type of flour used and the length of time for which the bread needs to be kept. One special regional bread is the Piedmontese *biova*, an oblong crusty loaf that is hollow inside, made from soft-grain flour, water, yeast, and salt. Another specialty is *grissini rubatà*, bread sticks that are left to rise for a long time, then rolled out by hand and cooked until they reach their characteristic lightness and fragrance. Tuscan bread on the other hand is usually oval in shape with a thin crisp crust and open texture; it is made without salt. In Sardinia, where bread was baked once a week or even once a month, you can find *pane carasau*, which is flat, round, and crisp.

panegirico [pa·ne·'dʒi:·ri·ko] <-ci> *m* **1.** LIT panegyric **2.**(*lode esagerata*) hype

panetteria [pa·net·te·'ri:·a] <-ie> *f* bakery

panettiere, -a [pa·net·'tiɛ:·re] *m, f* baker

panettone [pa·net·'to:·ne] *m dome-shaped sweet loaf containing sultanas and candied fruit eaten at Christmas, originally from Milan*

Originally from Milan, industrial production has led to **panettone** becoming the Christmas cake for the whole of Italy. The ingredients are flour, yeast, butter, sugar, eggs, raisins, and candied fruit.

panfilo ['pan·fi·lo] *m* yacht

panforte [pan·'fɔr·te] *m round, flat cake containing candied fruit and nuts, spices and honey, originally from Siena*

pangrattato, pan grattato [paŋ·grat·'ta:·to] *m* breadcrumbs *pl*

panico ['pa:·ni·ko] *m* panic; **farsi prendere dal ~** to panic

paniere [pa·'niɛ:·re] *m* basket; **un ~ di frutta** a basket of fruit; **il ~ valutario** the basket of currencies

panificazione [pa·ni·fi·kat·'tsio:·ne] *f* bread-making

panificio [pa·ni·'fi:·tʃo] <-ci> *m* bakery

panino [pa·'ni:·no] *m* roll; **un ~ al prosciutto** a ham roll

panna ['pan·na] *f* **1.** CULIN cream; **~ montata** whipped cream **2.** MOT (*guasto*) breakdown

panne [pan] <-> *f* MOT breakdown; **essere** [*o* **rimanere**] **in ~** to have broken down

pannello [pan·'nɛl·lo] *m* panel; **~ isolante** insulating board; **~ solare** solar panel

panno ['pan·no] *m* **1.**(*tessuto, pezzo di stoffa*) cloth **2.** *pl* (*vestiti*) clothes; **lavare i -i** to do the laundry; **stendere i -i** to hang out the laundry; **mettersi nei -i di qu** to put one-

P

self in sb's shoes; **non stare più nei propri -i** *fam* to be beside oneself

pannocchia [pan·'nɔk·kia] <-cchie> *f* 1.(*infiorescenza*) cob 2.(*spiga*) ear

pannolino [pan·no·'li:·no] *m* 1.(*per neonato*) diaper 2.(*da donna*) sanitary napkin

panorama [pa·no·'ra:·ma] <-i> *m* 1.(*veduta*) panorama 2.*fig* (*contesto*) context

panoramica [pa·no·'ra:·mi·ka] <-che> *f* 1.(*veduta*) panorama 2.FOTO panorama; FILM pan shot 3.*fig* (*rassegna*) survey 4.(*strada*) scenic route

panoramico, -a [pa·no·'ra:·mi·ko] <-ci, -che> *adj* 1.(*strada, percorso*) scenic; **veduta -a** panoramic 2.*fig* (*rassegna*) general 3.(*obiettivo*) wide-angle; (*schermo*) wide

panpepato [pam·pe·'pa:·to] *m cake containing honey, almonds, candied fruit, orange peel and spices*

pansé [pan·'se] <-> *f v.* **pensée**

pantacollant [pan·ta·kol·'lan] *mpl* leggings *pl*

pantaloncini [pan·ta·lon·'tʃi:·ni] *mpl* (*corti*) shorts

pantalone [pan·ta·'lo:·ne] <inv> *adj* **gonna ~** culottes *pl*

pantaloni [pan·ta·'lo:·ni] *mpl* pants; **un paio di ~** a pair of pants; **~ alla pescatora** pedal pushers

pantano [pan·'ta:·no] *m* (*fango*) mud

pantera [pan·'tɛː·ra] *f* 1.ZOOL panther 2.*sl* (*auto della polizia*) police car

pantofola [pan·'tɔ:·fo·la] *f* slipper

pantofolaio, -a [pan·to·fo·'la:·io] <-ai, -aie> *m, f* (*pigro*) slob

pantomima [pan·to·'mi:·ma] *f* 1.TEAT pantomime 2.*fig* (*finzione*) play-acting

panzana [pan·'tsa:·na] *f fam* tall tale

panzanella [pan·tsa·'nɛl·la] *f slice of stale bread with olive oil, salt, vinegar, tomato, and basil*

panzarotto, panzerotto [pan·tsa·'rɔt·to, pan·tse·'rɔt·to] *m large piece of ravioli filled with cheese or cooked meat and fried*

paonazzo, -a [pao·'nat·tso] *adj* (*viso*) purple

papa ['pa:·pa] <-i> *m* pope; **ad ogni morte di ~** *fig* once in a blue moon; **morto un ~ se ne fa un altro** *prov* no one is indispensable

papà [pa·'pa] <-> *m fam* dad; **figlio di ~** *pej* spoiled boy

papaia [pa·'pa:·ia] <-aie> *f* papaya

papale [pa·'pa:·le] *adj* papal

papalina [pa·pa·'li:·na] *f* skullcap

paparazzo [pa·pa·'rat·tso] *m* paparazzo

papato [pa·'pa:·to] *m* papacy

papavero [pa·'pa:·ve·ro] *m* BOT poppy

papera ['pa:·pe·ra] *f* 1.ZOOL gosling 2.*fig* (*errore*) gaffe; **fare una ~** to make a gaffe 3.*pej, fam* (*donna sciocca*) airhead

papilla [pa·'pil·la] *f* ANAT **-e gustative** taste buds

papillon [pa·pi·'jɔ̃] <-> *m* bow tie

papiro [pa·'pi:·ro] *m* 1.(*gener*) papyrus 2.*scherz* (*scritto prolisso*) screed

papismo [pa·'piz·mo] *m* (*teoria*) papalism

pappa ['pap·pa] *f* 1.(*per bambini*) babyfood 2.*pej* (*minestra troppo cotta*) mush 3.*sostanza ~* **reale** royal jelly 4.(*nel linguaggio infantile: mangiare*) din-din; **trovare la ~ pronta** *fig, fam* to have it handed to one on a plate

pappagallo [pap·pa·'gal·lo] *m* 1.(*uccello*) parrot 2.*fig* (*uomo*) wolf 3.(*per urinare*) urine bottle 4.*fam* (*pinza*) pipe wrench

pappagorgia [pap·pa·'gɔr·dʒa] <-ge> *f* double chin

pappardella [pap·par·'dɛl·la] <-> *f* 1.*pl* CULIN *wide pasta strips* 2.*fig* (*tiritera*) blather

pappare [pap·'pa:·re] *vt fam* 1.(*divorare*) to scarf 2.*fig* (*accaparrarsi*) to pocket

pappina [pap·'pi:·na] *f fam* (*per bambini*) babyfood

paprica ['pa:·pri·ka] <-che> *f* paprika

pap-test [pap·'test] *m* Pap smear

par. *abbr* di **paragrafo** par.

para ['pa:·ra] *f* crepe

parabancario [pa·ra·baŋ·'ka:·rio] *m* parabanking

parabile [pa·'ra:·bi·le] *adj* SPORT able to be saved

parabola [pa·'ra:·bo·la] *f* 1.(*del Vangelo*) parable 2.MAT parabola 3.(*antenna*) satellite dish 4.*fig* (*evoluzione: di moda, movimento*) trajectory

parabolico, -a [pa·ra·'bɔ:·li·ko] <-ci, -che> *adj* parabolic; **antenna -a** parabolic antenna

parabrezza [pa·ra·'bred·dza] <-> *m* windshield

paracadutare [pa·ra·ka·du·'ta:·re] *vt* to parachute

paracadute [pa·ra·ka·'du:·te] <-> *m* parachute

paracadutismo [pa·ra·ka·du·'tiz·mo] *m* parachuting

paracadutista [pa·ra·ka·du·'tis·ta] <-i *m*, -e *f*> I. *mf* 1.parachutist 2.MIL paratrooper II. *adj* parachute

paracarro [pa·ra·'kar·ro] *m* curbstone

paradenti [pa·ra·'dɛn·ti] <-> *m* SPORT mouthpiece

paradigma [pa·ra·'dig·ma] <-i> *m* paradigm

paradigmatico, -a [pa·ra·dig·'ma:·ti·ko] <-ci, -che> *adj* (*esemplare*) paradigmatic

paradisiaco, -a [pa·ra·di·'zi:·a·ko] <-ci, -che> *adj a. fig* heavenly

paradiso [pa·ra·'di:·zo] *m a. fig* paradise; **~ terrestre** earthly paradise

paradontale [pa·ra·don·'ta:·le] *adj* paradontal

paradossale [pa·ra·dos·'sa:·le] *adj* paradoxical

paradosso [pa·ra·'dɔs·so] *m* 1.(*argomentazione*) paradox 2.(*assurdità*) nonsense

parafango [pa·ra·'faŋ·go] <-ghi> *m* (*di macchina*) mudguard; (*di motocicletta*) fender

parafarmaceutico, -a [pa·ra·far·ma·'tʃɛ:u·ti·ko] <-ci, -che> *adj* over-the-counter

P

parafarmaco [pa·ra·'far·ma·ko] <-ci> *m* MED over-the-counter medication

paraffina [pa·raf·'fi:·na] *f* paraffin

parafrasare [pa·ra·fra·'za:·re] *vt* to paraphrase

parafrasi [pa·'ra:·fra·zi] <-> *f* paraphrase

parafulmine [pa·ra·'ful·mi·ne] *m* lightning conductor

parafumo [pa·ra·'fu:·mo] *m* smoke screen

parafuoco [pa·ra·'fuɔ:·ko] <-> *m* firescreen

paraggi [pa·'rad·dʒi] *mpl* **nei ~** in the vicinity

paragonabile [pa·ra·go·'na:·bi·le] *adj* comparable; **essere ~ a qc** to be comparable to sth

paragonare [pa·ra·go·'na:·re] I. *vt* (*confrontare*) to compare II. *vr:* **-rsi** to compare oneself

paragone [pa·ra·'go:·ne] *m* **1.** (*confronto*) comparison; **a ~ di** in comparison with; **essere senza ~** [*o* **non avere -i**] to be incomparable **2.** (*esempio*) analogy

paragrafare [pa·ra·gra·'fa:·re] *vt* to paragraph

paragrafo [pa·'ra:·gra·fo] *m* paragraph

paralisi [pa·'ra:·li·zi] <-> *f a. fig* paralysis

paralitico, -a [pa·ra·'li:·ti·ko] <-ci, -che> I. *adj* **1.** (*persona*) paralyzed **2.** (*di paralisi*) paralytic II. *m, f* paralytic

paralizzare [pa·ra·lid·'dza:·re] *vt a. fig* to paralyze

parallela [pa·ral·'lɛ:·la] *f* **1.** MAT parallel (line); **una ~ di via Roma** a street running parallel to via Roma **2.** *pl* SPORT parallel bars

parallelepipedo [pa·ral·le·le·'pi:·pe·do] *m* MAT parallelepiped

parallelo [pa·ral·'lɛ:·lo] *m* parallel; **collegamento in ~** parallel connection

parallelo, -a *adj* **1.** (*retta, linea*) parallel **2.** (*simile*) similar

parallelogramma [pa·ral·le·lo·'gram·ma] <-i> *m* parallelogram

paraluce [pa·ra·'lu:·tʃe] <-> *m* lens cover

paralume [pa·ra·'lu:·me] *m* lampshade

paramedico [pa·ra·'mɛ:·di·ko] <-ci> *m* paramedic

paramedico, -a <-ci, -che> *adj* paramedical; **personale ~** paramedics *pl*

paramento [pa·ra·'men·to] *m* **1.** *pl* REL vestments *pl* **2.** ARCHIT face

parametrizzare [pa·ra·me·trid·'dza:·re] *vt* to parameterize

parametrizzazione [pa·ra·met·rid·dzat·'tsio:·ne] *f* parameterization

parametro [pa·'ra:·met·ro] *m* parameter

paramilitare [pa·ra·mi·li·'ta:·re] *adj* paramilitary

paramosche [pa·ra·'mos·ke] <-> *m* fly screen

paranco [pa·'raŋ·ko] <-chi> *m* hoist

paranoia [pa·ra·'nɔ:·ia] <-oie> *f* paranoia; **andare in ~** to get paranoid

paranoico, -a [pa·ra·'nɔ:·i·ko] <-ci, -che> I. *adj* paranoid II. *m, f* paranoid

paranormale [pa·ra·nor·'ma:·le] *adj* paranormal

paraocchi [pa·ra·'ɔk·ki] <-> *m* blinders *pl;* **avere i ~** *fig* to be blind

paraorecchie [pa·rao·'rek·kie] <-> *m* **1.** SPORT rugby helmet **2.** (*contro il freddo*) ear muffs *pl*

parapendio [pa·ra·pen·'di:·o] <-> *m* **1.** (*paracadute*) paraglider **2.** (*attività*) paragliding

parapetto [pa·ra·'pɛt·to] *m* **1.** (*di balcone, ponte*) parapet **2.** NAUT rail **3.** MIL breastwork

parapiglia [pa·ra·'piʎ·ʎa] <-> *m fam* commotion

parapioggia [pa·ra·'piɔd·dʒa] <-> *m* umbrella

paraplegia [pa·ra·ple·'dʒi:·a] <-gie> *f* paraplegia

paraplegico, -a [pa·ra·'plɛ:·dʒi·ko] <-ci, -che> I. *adj* paraplegic II. *m, f* paraplegic

parapolitico, -a [pa·ra·po·'li·ti·ko] <-ci, -che> *adj* parapolitical

parapsicologia [pa·ra·psi·ko·lo·'dʒi:·a] *f* parapsychology

parapsicologico, -a [pa·ra·psi·ko·'lɔ:·dʒi·ko] <-ci, -che> *adj* parapsychological

parare [pa·'ra:·re] I. *vt* **1.** (*colpo*) to parry; SPORT (*tiro*) to save **2.** (*ornare*) to adorn **3.** (*schermare*) **~ qc da qc** to protect sth from sth II. *vi* (*finire*) **dove vuoi andare a ~?** what are you driving at? III. *vr* **1.** (*ripararsi*) **-rsi da qc** to shelter from sth **2.** (*presentarsi*) **-rsi davanti a qu** to appear in front of sb

parasailing ['pæ·rə·'sai·liŋ] <-> *m* SPORT parasailing

parascientifico, -a [pa·ra·ʃen·'ti:·fi·ko] <-ci, -che> *adj* parascientific

parascintille [pa·ra·ʃin·'til·le] <-> *m* ELETT spark screen

parascolastico, -a [pa·ras·ko·'las·ti·ko] <-ci, -che> *adj* extracurricular

parasole [pa·ra·'so:·le] I. <-> *m* **1.** (*ombrello*) parasol **2.** FOTO lens cover II. <inv> *adj* sun

paraspalle [pa·ra·'spal·le] <-> *m* SPORT shoulder pad

paraspruzzi [pa·ras·'prut·tsi] <-> *m* MOT mudguard

parassita [pa·ras·'si:·ta] <-i *m*, -e *f*> I. *mf a. fig* parasite II. *adj a. fig* parasitic

parassitario, -a [pa·ras·si·'ta:·rio] <-i, -ie> *adj a. fig* parasitic

parastatale [pa·ras·ta·'ta:·le] I. *adj* state-controlled II. *mf* employee of a state-controlled organization

parastato [pa·ra·'sta:·to] *m* **1.** (*enti*) state-controlled organizations *pl* **2.** (*dipendenti*) employees of state-controlled organizations

parastinchi [pa·ra·'stiŋ·ki] <-> *m* SPORT shinguards

parata [pa·'ra:·ta] *f* **1.** SPORT (*calcio*) save; (*scherma*) parry **2.** MIL parade; **abito da ~** formal dress

parati [pa·'ra:·ti] *mpl* **carta da ~** wallpaper

paratia [pa·ra·'ti:·a] <-ie> *f* NAUT bulkhead

parauniversitario, -a [pa·ra·u·ni·ver·si·'ta:·rio] <-i, -ie> *adj* extramural

paraurti [pa·ra·'ur·ti] <-> *m* **1.** MOT bumper **2.** FERR buffer

P

paravalanghe [pa·ra·va·'laŋ·ge] <-> *m* avalanche shelter

paravento [pa·ra·'vɛn·to] <-> *m* **1.**(*mobile*) screen **2.**fig fare da ~ a qu to be a cover for sth

parca ['par·ka] <-che> *f* (*in mitologia*) Fate

parcella [par·'tʃɛl·la] *f* **1.**(*di terreno*) parcel **2.**(*di professionista*) fee

parcellare [par·tʃel·'la:·re] *adj* (*terreno*) parceled out

parcellazione [par·tʃel·lat·'tsio:·ne] *f* (*di terreno*) parceling out

parcellizzazione [par·tʃel·lid·dzat·'tsio:·ne] *f* (*di terreno, lavoro*) parceling out

parcheggiare [par·ked·'dʒa:·re] I. *vt a.* fig to park II. *vi* (*fare manovra*) to park

parcheggio [par·'ked·dʒo] <-ggi> *m* **1.**(*area*) parking lot; ~ a pagamento pay parking lot; ~ custodito parking lot with an attendant **2.**(*sosta, manovra*) parking; area di ~ parking area; divieto di ~ no parking **3.**fig (*sistemazione*) parking place

parchimetro [par·'ki:·met·ro] *m* parking meter

parco ['par·ko] <-chi> *m* **1.**(*spazio verde*) park; ~ nazionale national park **2.**(*area attrezzata*) ~ giochi playground; ~ dei divertimenti amusement park **3.**(*materiali*) ~ macchine carpool

parco, -a <-chi, -che> *adj* (*nel mangiare, bere*) moderate; (*nello spendere*) careful

parcometro [par·'kɔ:·met·ro] *m v.* parchimetro

par condicio [par kon·'di·tʃo] <-> *f* ADMIN, POL equal opportunity

pardon [par·'dɔ̃] *interj* (*per chiedere scusa, correggersi*) sorry

parecchio [pa·'rek·kio] *adv* **1.**(*molto*) quite **2.**(*a lungo*) quite a while; mi sono fermato ~ I stayed quite a while

parecchio, -a <-cchi, -cchie> I. *adj* (*con sostantivo singolare*) quite a lot of; (*con sostantivo plurale*) several; -cchie volte several times; ~ tempo quite a long time; c'è ~ vento it's quite windy; c'è ancora ~ strada there's still quite a way to go II. *pron indef* (*singolare*) quite a lot; (*plurale*) several; -cchi di noi several of us III. *adv* (*molto tempo*) long

pareggiare [pa·red·'dʒa:·re] I. *vt* **1.**(*terreno*) to level **2.**(*bilancio*) to balance; ~ i conti to balance the books; fig to get even **3.**(*uguagliare*) ~ qu (in qc) to equal sb (in sth) II. *vi* ~ (con qu) to tie (with sb)

pareggio [pa·'red·dʒo] <-ggi> *m* **1.**COM balance **2.**SPORT tie; finire con un ~ to end in a tie

parentado [pa·ren·'ta:·do] *m scherz* (*insieme dei parenti*) relatives *pl*

parentale [pa·ren·'ta:·le] *adj* **1.**(*vincolo, autorità*) parental **2.**(*malattia*) hereditary

parente [pa·'rɛn·te] *mf* (*congiunto*) relative; i miei -i my relatives

parentela [pa·ren·'tɛ:·la] *f* **1.**(*insieme dei parenti*) relatives *pl* **2.**(*legame*) relationship;

grado di ~ degree of kinship **3.**fig (*affinità*) kinship

parentesi [pa·'rɛn·te·zi] <-> *f* **1.**(*segno grafico*) parenthesis; ~ tonda parenthesis; ~ quadra square bracket; ~ graffa brace; fra ~ fig incidentally **2.**(*digressione*) digression **3.**fig (*periodo*) interlude

parentetico, -a [pa·ren·'tɛ:·ti·ko] <-ci, -che> *adj* parenthetic(al)

parere¹ [pa·'re:·re] <paio, parvi, parso> *vi essere* **1.**(*apparire*) to seem; mi pare di averlo visto I think I saw him; non mi par vero I can't believe it; pare di sì/no it seems so/not; pare impossibile it seems impossible; pare che non sia vero it seems it's not true; a quanto pare apparently **2.**(*avere l'impressione*) ti pare di aver ragione? do you think you're right?; che te ne pare? what do you think?; non ti pare? don't you think?; ma Le pare! not at all!; fai come ti pare do as you like

parere² *m* **1.**(*opinione*) opinion; a mio ~ in my opinion; essere del ~ che ... to be of the opinion that ... **2.**(*di esperto*) advice

parete [pa·'re:·te] *f* wall; tra le -i domestiche fig at home

pargolo ['par·go·lo] *m poet* (*bambino*) child

pari ['pa:·ri] I.<inv> *adj* **1.**(*uguale*) equal; essere ~ a qc to be equal to sth; di ~ passo at the same pace **2.**(*superficie, piano, strada*) level **3.**MAT (*numero*) even **4.**SPORT (*nei giochi*) tied **5.**ANAT paired **6.**(*loc*) alla ~ (*lavorare*) as an au pair; ragazza alla ~ au pair (girl) II.<inv> *adv* evenly; ~ ~ (*alla lettera*) word for word III.<-> *mf* equal; trattare qu da ~ a ~ to treat sb as an equal; non aver ~ to be unequaled; senza ~ without equal IV.<-> *m* **1.**(*parità*) tie; al ~ di just like; mettersi in ~ (*con programma*) to catch up **2.**(*numero pari*) even number; fare a ~ e dispari to play odds and evens

parietale [pa·rie·'ta:·le] I. *adj* **1.**(*graffito, pittura*) wall **2.**ANAT parietal II. *m* parietal

parificare [pa·ri·fi·'ka:·re] *vt* (*rendere uguale*) to make equal

parificato, -a [pa·ri·fi·'ka:·to] *adj* (*scuola*) officially recognized

Parigi [pa·'ri:·dʒi] *f* Paris

pariglia [pa·'riʎ·ʎa] <-glie> *f* **1.**(*gener*) pair **2.**(*trattamento*) rendere la ~ to give tit for tat

parigrado [pa·ri·'gra:·do] <-> *mf* equal

parità [pa·ri·'ta] <-> *f* **1.**(*uguaglianza*) equality; ~ di diritti equal rights; a ~ di condizioni all things being equal; a ~ di voti with equal votes **2.**SPORT (*punteggio*) tie; finire in ~ to end in a tie **3.**COM parity; ~ salariale equal pay

paritario, -a [pa·ri·'ta:·rio] <-i, -ie> *adj* equal

paritetico, -a [pa·ri·'tɛ:·ti·ko] <-ci, -che> *adj* joint

parka ['par·ka] <-> *m* (*giacca*) parka

parlamentare [par·la·men·'ta:·re] I. *adj* parliamentary II. *mf* POL Congressman *m*, Congresswoman *f*

parlamentarismo [par·la·men·ta·'riz·mo] *m* parliamentarianism
parlamento [par·la·'men·to] *m* (*organo*) parliament, sede; **sedere in** ~ to have a seat in parliament; **Parlamento europeo** European Parliament

Parlamento (Parliament) was established as the law-making power by the Italian constitution of January 1, 1948. Parliament consists of two houses: the **Camera dei deputati** (Chamber of Deputies) and the Senate. Parliamentary elections are held every five years.

parlante [par·'lan·te] **I.** *adj* **1.**(*che parla*) talking **2.***fig* (*evidente: prova, fatti*) clear **II.** *mf* speaker
parlantina [par·lan·'ti:·na] *f fam* patter; **avere una bella** [*o* **buona**] ~ to have the gift of gab
parlare¹ [par·'la:·re] **I.** *vi* **1.**(*esprimersi*) to speak; ~ **a caso** to ramble on; ~ **a vanvera** to talk nonsense; ~ **con le mani** [*o* **a gesti**] to use one's hands to communicate; ~ **tra i denti** to mumble; ~ **tra sé e sé** to talk to oneself; ~ **come un libro stampato** to talk like a book; ~ **male di qn** to speak ill of sb; **far** ~ **di sé** to get oneself talked about; **per non** ~ **di** not to mention **2.**(*conversare*) to talk; ~ **a qu** to talk to sb; ~ **con qu** to talk to sb; ~ **di qu/qc** to talk about sb/sth; **non parliamone più** let's say no more about it; ~ **al vento** [*o* **al muro**] *fig* to talk to the wall **3.***fig* (*trattare*) ~ **di qu/qc** to be about sb/sth **II.** *vt* to speak; ~ **tedesco/francese/inglese** to speak German/French/English **III.** *vr:* **-rsi** to speak (to each other)
parlare² *m* **1.**(*discorso*) way of speaking **2.**(*parlata*) dialect
parlata [par·'la:·ta] *f* dialect
parlato, -a [par·'la:·to] *adj* (*linguaggio, uso*) spoken
parlatorio [par·la·'tɔ:·rio] <-i> *m* (*in convento*) parlor; (*in carcere*) visiting room
parlottare [par·lot·'ta:·re] *vi* (*bisbigliare*) to mutter
parlottio [par·lot·'ti:·o] <-ii> *m* muttering
Parma ['par·ma] *f* Parma, *city in northern Italy*
parmense [par·'mɛn·se] **I.** *adj* from Parma **II.** *mf* (*abitante*) person from Parma
Parmense <*sing*> *m* Parma area; **nel** ~ in the Parma area
parmigiana [par·mi·'dʒa:·na] *f dish consisting of layers of sliced fried vegetables, tomato sauce, and Parmesan cheese;* ~ **di melanzane** *eggplant Parmesan*
parmigiano [par·mi·'dʒa:·no] *m* (*formaggio*) Parmesan (cheese)

Parmigiano Reggiano, the best-known Italian cheese, has been produced in the

western part of what is now the Emilia-Romagna region since the Middle Ages. In order to earn the official designation of **Parmigiano Reggiano Dop** the cheeses, which weigh between 25 and 40 kg, must be left to mature for three years.

parmigiano, -a *adj* **I.** from Parma **II.** *m, f* (*abitante*) person from Parma
parodia [pa·ro·'di:·a] <-ie> *f* (*di film, canzone*) parody
parodiare [pa·ro·'dia:·re] *vt* to parody
parodista [pa·ro·'dis·ta] < *i m*, *o f*> *mf* parodist
parola [pa·'rɔ:·la] *f* **1.**(*vocabolo, discorso*) word; ~ **d'ordine** password; ~ **chiave** keyword; **-e** (**in**)**crociate** crossword; **mangiarsi le -e** to mumble; ~ **per** ~ word for word; **nel vero senso della** ~ in the true sense of the word; **rivolgere la** ~ **a qu** to speak to sb; **avere l'ultima** ~ to have the last word; **una** ~ **tira l'altra** one thing leads to another; **cavare le -e di bocca a qu** to drag it out of sb; **senza giri di -e** without beating around the bush; **solo a** ~ in word only **2.***pl* (*consiglio*) advice **3.***pl* (*chiacchiere*) talk **4.**(*facoltà*) speech; **restare senza -e** to be speechless **5.**(*diritto di parlare*) **chiedere la** ~ to ask to speak; **dare la** ~ **a qu** to call on sb to speak; **prendere la** ~ to take the floor **6.**(*promessa*) word; ~ **d'onore** word of honor; **essere di** ~ [*o* **mantenere la** ~] to keep one's word; **credere a qu sulla** ~ to take sb's word for it; **prendere qu in** ~ to take sb at their word **7.**(*loc*) **avere la** ~ **facile** to be a fluent speaker; **è una** ~**!** it's easier said than done!
parolaccia [pa·ro·'lat·tʃa] <-cce> *f* (*termine volgare*) swearword
paroliere, -a [pa·ro·'liɛ:·re] *m, f* lyricist
parolina [pa·ro·'li:·na] *f* **1.**(*affettuosa*) sweet nothing **2.**(*rimprovero*) word
parossismo [pa·ros·'siz·mo] *m* paroxysm
parotite [pa·ro·'ti:·te] *f* mumps
parquet [par·'kɛ] <-> *m* parquet
parricida [par·ri·'tʃi:·da] <-i *m*, -e *f*> *mf* parricide
parricidio [par·ri·'tʃi:·dio] <-i> *m* parricide
parrocchia [par·'rɔk·kia] <-ie> *f* **1.**(*circoscrizione, insieme dei fedeli*) parish **2.**(*chiesa*) parish church
parrocchiano, -a [par·rok·'kia:·no] *m, f* parishioner
parroco ['par·ro·ko] <-ci> *m* parish priest
parrucca [par·'ruk·ka] <-cche> *f* (*capelli posticci*) wig
parrucchiere, -a [par·ruk·'kiɛ:·re] *m, f* hairdresser
parrucchino [par·ruk·'ki:·no] *m* (*mezza parrucca*) hairpiece
parsimonia [par·si·'mɔ:·nia] *f* thrift
parsimonioso, -a [par·si·mo·'nio:·so] *adj* (*persona, abitudine*) thrifty

parso ['par·so] *pp di* **parere**[1]

partaccia [par·'tat·tʃa] <-cce> *f fam* (*rimprovero*) telling-off; **fare una ~ a qu** to tell sb off

parte[1] ['par·te] *f* 1. (*gener*) part; **~ del discorso** part of speech; **-i intime** private parts; **a ~** (*separato*) separate; (*separatamente*) separately; (*senza contare*) apart from; **in ~** in part; **far ~ di qc** to belong to sth; **prendere ~ a qc** to take part in sth; **la maggior ~ di** the majority of 2. (*quota*) share; **l'occhio vuole la sua ~** *fig* appearance is important too 3. (*luogo*) **da ogni ~** everywhere; **da queste -i** around here; **da un'altra ~** somewhere else; **da qualche ~** somewhere 4. (*lato*) side; (*direzione*) direction; **da ~ di** from; **da una ~ ... dall'altra** on the one hand ... on the other (hand); **mettere da ~** (*metter via*) to put aside; (*tralasciare*) to leave aside; **non sapere da che ~ voltarsi** *fig* not to know which way to turn; **fatti da ~!** *fam* to move aside; **da un anno a questa ~** for about a year now 5. (*fazione*) faction; **di ~** (*fazioso*) partisan; **prendere le -i di qu** to take sb's side; **essere** [*o* **stare**] **dalla ~ del torto** to be in the wrong 6. GIUR party; **essere ~ in causa** *fig* to be an interested party; **costituirsi ~ civile** to file suit 7. TEAT, MUS part

parte[2] *adv* **gli scolari furono ~ promossi e ~ bocciati** some students passed, while some failed

partecipante [par·te·tʃi·'pan·te] I. *mf* participant II. *adj* participating

partecipare [par·te·tʃi·'pa:·re] I. *vi* **~ a qc** to participate in sth; FIN to share in sth; **~ al dolore/alla gioia di qu** to share sb's pain/joy II. *vt* (*rendere noto*) to announce

partecipazione [par·te·tʃi·'pat·'tsio:·ne] *f* 1. (*presenza*) participation 2. (*coinvolgimento*) involvement 3. (*di matrimonio, nascita*) announcement card 4. FIN (*in società*) interest; **~ agli utili** profit-sharing

partecipe [par·'te:·tʃi·pe] *adj* (*interessato*) interested; **essere ~ di qc** to share sth

parteggiare [par·ted·'dʒa:·re] *vi* **~ per qu/qc** to support sb/sth

partenariato [par·te·na·'ria:·to] *m* partnership

partenza [par·'tɛn·tsa] *f* 1. (*atto, momento*) departure; **-e** (*in stazione, aeroporto*) departures; **punto di ~** *fig* (*inizio*) starting point; **in ~** leaving 2. (*di veicolo*) starting 3. SPORT start 4. COMPUT boot; **~ a caldo** COMPUT warm boot; **~ a freddo** COMPUT cold boot

parterre [par·'tɛ:r] <-> *m* TEAT parterre

particella [par·ti·'tʃɛl·la] *f* LING, FIS particle

participio [par·ti·'tʃi:·pio] <-i> *m* LING participle

particola [par·'ti:·ko·la] *f* REL host

particolare [par·ti·ko·'la:·re] I. *m* detail; **entrare** [*o* **scendere**] **nei -i** to go into detail; **fin nei minimi -i** in minute detail II. *adj* 1. (*caratteristico: di individuo, problema*) particular 2. (*diverso dagli altri: caso, situazione*)
special 3. (*fuori dal comune: carattere*) unusual

particolareggiato, -a [par·ti·ko·la·red·'dʒa:·to] *adj* detailed

particolarità [par·ti·kla·ri·'ta] <-> *f* 1. (*caratteristica*) peculiarity 2. (*dettaglio*) detail

particolarizzare [par·ti·ko·la·rid·'dza:·re] *vt* to describe in detail

partigiano, -a [par·ti·'dʒa:·no] I. *m, f* 1. HIST partisan 2. (*sostenitore*) supporter II. *adj* partisan

partire [par·'ti:·re] *vi essere* 1. (*andare via*) to leave; **~ per Napoli** to leave for Naples; **~ per le vacanze** to go away on vacation; **~ in quarta** *fig, fam* to jump right in; **~ è un po' morire** *prov* parting is such sweet sorrow 2. (*colpo*) to go off 3. (*macchina*) to start; SPORT to start 4. *fig* (*avere inizio*) to start; **a ~ da** starting from 5. (*provenire*) **~ da qc** to come from sth 6. *fam* (*rompersi*) to break; (*staccarsi*) to come off

partita [par·'ti:·ta] *f* 1. (*incontro sportivo, gioco*) game; **fare una ~ a carte/scacchi** to have a game of cards/chess; **dare ~ vinta a qu** to admit defeat at the hands of sb 2. COM entry; **~ semplice/doppia** single-entry/double-entry bookkeeping; **~ IVA** VAT number 3. (*di caccia*) party 4. MUS partita

partitico, -a [par·'ti:·ti·ko] <-ci, -che> *adj* party

partitino [par·ti·'ti:·no] *m* POL minor party

partitismo [par·ti·'tiz·mo] *m* party politics

partitivo, -a [par·ti·'ti:·vo] *adj* partitive

partito [par·'ti:·to] *m* 1. POL party 2. (*decisione*) **non sapere che ~ prendere** not to know what to do; **prendere ~ per qu** to side with sb; **per ~ preso** because of preconceived ideas 3. (*condizione*) **essere** [*o* **trovarsi**] **a mal ~** to be in dire straits 4. (*persona da sposare*) catch; **essere un buon ~** to be a good catch

partitocrazia [par·ti·to·krat·'tsi:·a] *f* POL control of state institutions by political parties

partitura [par·ti·'tu:·ra] *f* MUS score

partizionamento [par·tit·tsio·na·'men·to] *m* COMPUT partitioning

partizione [par·tit·'tsio:·ne] *f* 1. (*suddivisione*) subdivision 2. COMPUT partition

partner ['pa:t·nə/'part·ner] *mf* partner

partnership ['pa:t·nə·ʃip/part·ner·'ʃip] *f* partnership

parto ['par·to] *m* 1. (*di bambino*) birth 2. *fig* (*prodotto della fantasia*) product

partoriente [par·to·'riɛn·te] *f* woman in labor

partorire [par·to·'ri:·re] <partorisco> *vt* 1. MED to give birth to 2. *fig* (*produrre: romanzo, invenzione*) to produce

part-time [pa:t·'taim/part·'taim] I. <inv> *adj* (*lavoro, segretaria*) part-time II. *adv* (*lavorare*) part-time III. <-> *m* part-time job

party ['pa:·ti/'par·ti] <-> *m* party

parure [pa·'ry:r] <-> *f* 1. (*da letto*) set of sheets and pillow cases 2. (*di gioielli*) jewelry

parvenu [par·və·'ny] <-> *mf* upstart
parvenza [par·'vɛn·tsa] *f* semblance
parvi ['par·vi] *1. pers sing pass rem di* **parere**[1]
parziale [par·'tsia:·le] *adj* partial
parzialità [par·tsia·li·'ta] <-> *f* (*atteggiamento*) partiality
pascià [paʃ·'ʃa] <-> *m* pasha; **vivere come un** ~ to live in the lap of luxury
pasciuto, -a [paʃ·'ʃu:·to] *adj* (**ben**) ~ plump
pascolare [pas·ko·'la:·re] I. *vi* to graze II. *vt* to graze
pascolo ['pas·ko·lo] *m* pasture
Pasqua ['pas·kua] *f* (*nel cristianesimo*) Easter; (*nell'ebraismo*) Passover; **essere contento come una pasqua** to be as happy as a lark·
pasquale [pas·'kua:·le] *adj* Easter
pasquetta [pas·'kuet·ta] *f* (*lunedì di Pasqua*) Easter Monday

> The official name for Easter Monday in Italy is **Lunedì dell'Angelo** (Angel Monday); however it is popularly known as **Pasquetta**. Many Italians make trips to the countryside on this day.

pass [pa:s] <-> *m* pass
passabile [pas·'sa:·bi·le] *adj* passable
passaggio [pas·'sad·dʒo] <-ggi> *m* 1. (*transito*) passing by; **essere di** ~ to be passing through 2. (*luogo*) passage; ~ **pedonale** crosswalk; ~ **a livello** grade crossing 3. (*di veicoli, persone*) traffic 4. (*su veicolo*) ride; **dare un** ~ **a qu** to give sb a ride 5. *fig* (*cambiamento di stato*) change; ~ **di proprietà** change of ownership 6. LIT, MUS (*brano*) passage 7. SPORT pass
passamaneria [pas·sa·ma·ne·'ri:·a] <-ie> *f* 1. (*guarnizioni*) trimmings *pl* 2. (*negozio*) trimmings store
passamontagna [pas·sa·mon·'taɲ·ɲa] <-> *m* balaclava
passante [pas·'san·te] I. *mf* passerby II. *m* 1. (*per cintura*) loop 2. (*collegamento*) ~ **ferroviario** rail link
passaparola [pas·sa·pa·'rɔ:·la] <-> *m* 1. MIL order passed by word of mouth 2. (*gioco*) telephone; **giocare a** ~ to play telephone 3. (*sistema di diffusione*) word of mouth
passaporto [pas·sa·'pɔr·to] *m* passport
passare [pas·'sa:·re] I. *vi essere* 1. (*transitare*) to pass; ~ **per qc** to pass through sth; **di qui non si passa** you can't go this way; ~ **per la mente** to go through one's mind; ~ **inosservato** *fig* to go unnoticed; ~ **sopra a qc** *fig* to overlook sth 2. (*strada, canale*) to run 3. (*andare*) to call in; ~ **a prendere qu** to call for sb; ~ **a trovare qu** to go and see sb; **passo da te più tardi** I'll drop by your place later 4. (*attraversare un'apertura*) to get in; (*penetrare*) to come in 5. (*trasferirsi*) to go 6. (*da una persona all'altra*) to pass; ~ **alla storia** to go down in history 7. (*trascorrere*) to go by 8. (*cambiare stato*) ~ **da qc a qc** to change

from sth to sth 9. (*cambiare argomento*) to move on 10. (*sparire*) to pass; ~ **di moda** to go out of fashion; ~ **di mente** to go out of sb's head 11. (*essere accettabile*) to do; **per questa volta passi!** I'll let it go this time! 12. (*a livello superiore*) to change; ~ **di grado** to be promoted; ~ **di ruolo** to be made permanent 13. (*agli esami*) to pass; (*legge*) to be passed 14. (*essere considerato*) ~ **per qc** to be considered sth 15. SPORT to pass II. *vt avere* 1. (*attraversare: confine*) to cross 2. (*oltrepassare: semaforo, strada*) to go past 3. (*trafiggere*) to go through 4. *fig* (*superare*) to pass; ~ **il segno** [*o* **la misura**] to go too far; **ha passato la sessantina** he's over sixty 5. (*trascorrere*) to spend; **passarsela bene/male** *fam* to get on well/badly 6. (*dare*) to pass 7. TEL ~ **qu a qu** to put sb through to sb; **mi può passare la signora Magnetti, per favore?** can you put Mrs. Magnetti on, please; **le passo il servizio assistenza** I'll transfer you to customer service 8. (*notizia*) to tell; ~ **la voce** to spread the word 9. (*patire*) to undergo; **passarne di tutti i colori** to go through it 10. (*perdonare*) to forgive 11. (*legge*) to pass 12. (*superare: esame, controllo*) to pass 13. (*patate, verdura*) to purée 14. (*spugna, mano di vernice*) to apply 15. (*loc*) **passarla liscia** *fam* to get away with it; ~ **qc sotto silenzio** to say nothing about sth
passata [pas·'sa:·ta] *f* 1. (*lettura veloce*) glance 2. (*pulita*) clean; (*stirata*) iron 3. (*di vernice*) coat 4. (*in padella*) fry 5. (*di verdure*) ~ **di pomodoro** tomato sauce
passatempo [pas·sa·'tɛm·po] *m* pastime; **per** ~ as a hobby
passato [pas·'sa:·to] *m* 1. (*tempo*) past; **in** ~ in the past 2. LING ~ **prossimo** (present) perfect; ~ **remoto** past historic· 3. CULIN (*di verdura*) purée
passato, -a *adj* 1. (*trascorso: tempi, fatti, usanze*) past; **è acqua -a** *fig* it's water under the bridge 2. (*scorso*) last; **l'anno** ~ last year 3. CULIN puréed 4. (*frutta*) overripe
passatoia [pas·sa·'to:·ia] <-oie> *f* (*tappeto*) carpet
passatutto [pas·sa·'tut·to] <-> *m* vegetable mill
passaverdura, passaverdure [pas·sa·ver·'du:·ra, pas·sa·ver·'du:·re] <-> *m* vegetable mill
passeggero, -a [pas·sed·'dʒe:·ro] I. *adj* passing II. *m, f* passenger; ~ **clandestino** stowaway
passeggiare [pas·sed·'dʒa:·re] *vi* 1. (*andare a spasso*) to walk 2. (*andare su e giù*) to pace up and down
passeggiata [pas·sed·'dʒa:·ta] *f* 1. (*a piedi*) walk; (*in macchina*) drive; (*in bicicletta*) ride 2. (*strada*) walk 3. (*loc*) **essere una** ~ to be a piece of cake
passeggiatrice [pas·sed·dʒa·'tri:·tʃe] *f* (*eufemismo*) streetwalker

P

passeggino [pas·sed·'dʒi:·no] *m* stroller; ~ **trekking** jogging stroller

passeggio [pas·'sed·dʒo] <-ggi> *m* (*camminata*) **andare a** ~ to go for a walk; **portare a** ~ to take for a walk

passe-partout [pas·par·'tu] <-> *m* 1. (*chiave*) master key 2. (*cornice*) passepartout

passera ['pas·se·ra] *f* 1. ZOOL (*uccello*) hen sparrow; ~ **di mare** plaice 2. *vulg* pussy

passerella [pas·se·'rɛl·la] *f* 1. (*ponte*) footbridge 2. NAUT, AERO gangway 3. TEAT forestage 4. (*per indossatrici*) catwalk

passero, -a ['pas·se·ro] *m*, *f* sparrow

passerotto [pas·se·'rɔt·to] *m* 1. ZOOL young sparrow 2. *fam* (*appellativo*) sweetie

passibile [pas·'si:·bi·le] *adj* ~ **di** liable to; **prezzo** ~ **d'aumento** prices subject to increase

passino [pas·'si:·no] *m fam* (*colino*) sieve

passionale [pas·sio·'na:·le] *adj* passionate; **delitto** ~ crime of passion

passionalità [pas·sio·na·li·'ta] <-> *f* passionateness

passione [pas·'sio:·ne] *f* 1. (*gener*) passion 2. REL Passion

passività [pas·si·vi·'ta] <-> *f* 1. (*inerzia*) passivity 2. COM liabilities *pl*

passivo [pas·'si:·vo] *m* 1. LING passive 2. COM liabilities *pl;* **chiudere in** ~ to end up in the red

passivo, -a *adj* 1. (*gener*) passive 2. COM debit

passo ['pas·so] *m* 1. (*gener*) step; **fare due** [*o* quattro] **-i** *fig* to go for a little walk; **fare il** ~ **più lungo della gamba** *fig* to bite off more than one can chew; **muovere i primi -i** *fig* to take one's first steps; **tornare sui propri -i** to retrace one's steps; (*cambiare idea*) to change one's mind; *fig* one step at a time; **essere a pochi -i** to be a stone's throw away 2. (*andatura*) pace; **a** ~ **d'uomo** at walking pace; **camminare di buon** ~ to proceed at a brisk pace; ~ ~ step by step; **e via di questo** ~ *fam* and so on; **di questo** ~ *fig* like this; **essere al** ~ **con i tempi** to be up to date 3. (*impronta*) footprint 4. TEC thread 5. MOT wheelbase 6. FILM gauge 7. (*brano*) MUS passage 8. (*passaggio*) ~ **carrabile** [*o* carraio] driveway 9. (*valico*) pass 10. (*stretto di mare*) strait 11. *fig* (*loc*) **fare un** ~ **falso** to slip up; **fare il primo** ~ to make the first move

password ['pa:s·wə:d/pas·word] *f* COMPUT password

pasta ['pas·ta] *f* 1. (*pastasciutta*) pasta 2. (*impasto*) dough; ~ **frolla** shortcrust pastry; ~ **sfoglia** puff pastry 3. (*dolce*) cake 4. *fig* (*indole*) **essere della stessa** ~ to be cast in the same mold 5. (*preparazione: d'acciughe, olive*) paste

In ancient times fresh noodles were made from flour, water, and salt. It was in the Middle Ages, during the Arab rule of Sicily, that people first began to dry and store noodle dough, a process which suddenly allowed **pasta** to spread first throughout Italy and then all over the world. The dozens of types of pasta known today include not only **spaghetti** and **maccheroni**, but also **penne**, **tubetti**, **lumaconi**, **conchiglie**, **bucatini**, **fusilli**, **capelli d'angelo**, **rigatoni**, **linguine**, **ziti**, and **vermicelli**.

pastafrolla [pas·ta·'frɔl·la] *f v.* **pasta**

pastasciutta [pas·taʃ·'ʃut·ta] *f* pasta

pasteggiare [pas·ted·'dʒa:·re] *vi* ~ **a champagne** to have champagne with one's meal

pastella [pas·'tɛl·la] *f* (*per fritture*) batter

pastello¹ [pas·'tɛl·lo] *m* pastel

pastello² <inv> *adj* pastel; **tinta** ~ pastel color

pasticca [pas·'tik·ka] <-cche> *f* (*pastiglia*) pastille

pasticceria [pas·tit·tʃe·'ri:·a] <-ie> *f* 1. (*negozio*) cake shop 2. (*pasticcini*) cakes *pl* 3. (*arte*) patisserie

pasticciare [pas·tit·'tʃa:·re] *vt* 1. (*fare male*) to mess up 2. (*imbrattare*) to make a mess on

pasticciato, -a [pas·tit·'tʃa:·to] *adj* 1. (*malfatto*) messed up 2. (*imbrattato*) messy 3. CULIN *with a meat and cheese sauce*

pasticciere, -a [pas·tit·'tʃɛ:·re] *m*, *f* pastry cook

pasticcino [pas·tit·'tʃi:·no] *m* cake

pasticcio [pas·'tit·tʃo] <-cci> *m* 1. CULIN pie 2. *fig, fam* (*faccenda imbrogliata, cosa malfatta*) mess; **mettersi nei -cci** *fam* to get into trouble 3. MUS pastiche

pasticcione, -a [pas·tit·'tʃo:·ne] I. *m*, *f fam* messy person II. *adj fam* messy

pastificio [pas·ti·'fi:·tʃo] <-ci> *m* pasta factory

pastiglia [pas·'tiʎ·ʎa] <-glie> *f* 1. (*pasticca*) pastille 2. MOT (*dei freni*) pad

pastina [pas·'ti:·na] *f* 1. (*per brodo*) small pasta shapes *pl* 2. (*pasticcino*) cake

pasto ['pas·to] *m* meal; **vino da** ~ table wine; **saltare il** ~ to skip a meal; **fare due -i al giorno** to have two meals a day

pastone [pas·'to:·ne] *m* 1. (*per polli*) feed; (*per maiali*) swill 2. (*cibo troppo cotto*) mush

pastorale [pas·to·'ra:·le] I. *adj* pastoral II. *f* 1. (*lettera*) pastoral letter 2. (*missione*) pastoral mission 3. MUS pastorale III. *m* (*bastone*) crook

pastore, -a [pas·'to:·re] *m*, *f* 1. (*di greggi*) shepherd *m*, shepherdess *f* 2. (*cane*) ~ **tedesco** German shepherd 3. REL (*ministro*) pastor

pastorizia [pas·to·'rit·tsia] <-ie> *f* sheep farming

pastorizzare [pas·to·rid·'dza:·re] *vt* (*latte*) to pasteurize

pastoso, -a [pas·'to:·so] *adj* 1. (*morbido*) doughy 2. *fig* (*colore, voce, vino*) mellow

pastrano [pas·'tra:·no] *m* greatcoat

pastrocchio [pas·'trɔk·kio] <-cchi> *m fam* mess

pastura [pas·'tu:·ra] *f* 1.(*per bestiame*) pasture 2.(*esca*) bait

patacca [pa·'tak·ka] <-cche> *f* 1.(*cosa senza valore*) piece of junk 2.*scherz* (*distintivo*) gong 3.*fig, fam* (*macchia*) mark

patata [pa·'ta:·ta] *f* potato; ~ **americana** [*o* **dolce**] sweet potato; -**e fritte** (French) fries; -**e lesse** boiled potatoes; **sacco di** -**e** *fam* clumsy person

patatina [pa·ta·'ti:·na] *f* (*in sacchetto*) chip

patatrac [pa·ta·'trak] I.<-> *m* (*disastro*) disaster II.*interj* crash

patella [pa·'tɛl·la] *f* (*mollusco*) limpet

patema [pa·'tɛ:·ma] <-i> *m* worry; ~ **d'animo** anxiety

patentato, -a [pa·ten·'ta:·to] *adj* 1.(*munito di patente*) licensed 2.*scherz, fam* (*ladro, imbroglione*) out-and-out

patente [pa·'tɛn·te] *f* license; ~ (**di guida**) (driver's) license; ~ **a punti** *driver's license with a demerit points system*

patentino [pa·ten·'ti:·no] *m* (*per motorini*) moped license

paternale [pa·ter·'na:·le] *f* reprimand

paternalismo [pa·ter·na·'liz·mo] *m* 1.POL paternalism 2.(*condiscendenza*) patronizing attitude

paternalistico, -a [pa·ter·na·'lis·ti·ko] <-ci, -che> *adj* 1.POL paternalistic 2.(*condiscendente: tono, atteggiamento*) patronizing

paternità [pa·ter·ni·'ta] <-> *f* 1.(*condizione di padre*) fatherhood 2.ADMIN paternity 3.(*di opera*) authorship

paterno, -a [pa·'tɛr·no] *adj* 1.(*istinto, affetto*) paternal 2.(*da padre: consiglio*) fatherly

patetico, -a [pa·'tɛ:·ti·ko] <-ci, -che> *adj* pathetic

pathos ['pa:·tos] *m* pathos

patibolo [pa·'ti:·bo·lo] *m* (*per esecuzioni*) gallows

patimento [pa·ti·'men·to] *m* (*sofferenza*) suffering

patina ['pa:·ti·na] *f* 1.(*su metallo*) patina 2.(*vernice*) varnish 3.MED ~ **linguale** fur on the tongue

patire [pa·'ti:·re] <patisco> I.*vt* (*offesa, torto*) to suffer; (*fame, sete, freddo, caldo*) to suffer from II.*vi* to suffer

patito, -a [pa·'ti:·to] I.*adj* (*deperito*) sickly II.*m, f* (*appassionato*) fan

patogeno, -a [pa·'tɔ:·dʒe·no] *adj* pathogenic

patologia [pa·to·lo·'dʒi:·a] <-gie> *f* (*malattia*) pathology

patologico, -a [pa·to·'lɔ:·dʒi·ko] <-ci, -che> *adj a. fig, scherz* pathological

patologo, -a [pa·'tɔ:·lo·go] <-gi, -ghe> *m, f* pathologist

patos *m v.* **pathos**

patria ['pa:·tria] <-ie> *f* 1.(*nazione*) home country; (*città, paese*) birthplace; ~ **d'ele-**

zione adoptive country; **la madre** ~ the mother country 2.(*luogo d'origine*) home

patriarca [pa·tri·'ar·ka] <-chi> *m* patriarch

patriarcale [pa·tri·ar·'ka:·le] *adj* patriarchal

patriarcato [pa·tri·ar·'ka:·to] *m* 1.(*in famiglia*) patriarchy 2.REL patriarchate

patrigno [pa·'triɲ·ɲo] *m* stepfather

patrimoniale [pa·tri·mo·'nia:·le] I.*adj* property II.*f* (*imposta*) property tax

patrimonio [pa·tri·'mɔ:·nio] <-i> *m* 1.GIUR estate; (*beni materiali*) possessions *pl*; **un** ~ (*grossa somma*) a fortune 2.BIOL ~ **genetico** gene pool 3.*fig* (*ricchezza*) heritage; ~ **culturale** cultural heritage

patriota [pa·tri·'ɔ:·ta] <-i *m*, -e *f*> *mf* patriot

patriottico, -a [pa·tri·'ɔt·ti·ko] <-ci, -che> *adj* patriotic

patriottismo [pa·tri·ot·'tiz·mo] *m* patriotism

patrizio, -a [pa·'trit·tsio] <-i, -ie> I.*adj* patrician II.*m, f* patrician

patrocinare [pa·tro·tʃi·'na:·re] *vt* 1.GIUR to defend 2.(*iniziativa*) to support

patrocinio [pa·tro·'tʃi:·nio] <-i> *m* 1.(*patronato*) patronage; **sotto il** ~ **di** under the patronage of 2.GIUR defense

patronato [pa·tro·'na:·to] *m* 1.(*ente*) charity 2.(*sostegno*) patronage

patrono, -a [pa·'trɔ:·no] *m, f* 1.(*protettore*) patron; REL patron saint 2.(*socio di patronato*) charity official

patta ['pat·ta] *f* 1.(*di tasca*) flap; (*di pantaloni*) fly 2.(*pareggio*) tie

patteggiare [pat·ted·'dʒa:·re] I.*vt* (*resa, pena*) to negotiate II.*vi* ~ **con qu** to negotiate with sb

pattinaggio [pat·ti·'nad·dʒo] <-ggi> *m* skating; ~ **a rotelle** roller skating; ~ **su ghiaccio** ice skating

pattinare [pat·ti·'na:·re] *vi* 1.(*su ghiaccio, a rotelle*) to skate 2.MOT (*slittare*) to skid

pattino[1] ['pat·ti·no] *m* 1.skate; -**i da ghiaccio** ice skates; -**i a rotelle** roller skates; -**i in linea** Rollerblades® *pl* 2.(*di slitta*) runner; (*di aereo*) skid 3.TEC sliding block

pattino[2] [pat·'ti:·no] *m* (*barca*) twin-hulled rowboat

patto ['pat·to] *m* 1.(*accordo*) pact; **venire** [*o* **scendere**] **a** -**i con qu** to come to terms with sb; **stare ai** -**i** to keep to an agreement; **Patto Atlantico** Atlantic Charter; ~ **di non aggressione** nonaggression pact 2.(*condizione*) condition; **a** ~ **che** ... +*conj* on condition that ...; **a nessun** ~ on no condition

pattuglia [pat·'tuʎ·ʎa] <-glie> *f* patrol; ~ **stradale** traffic patrol; ~ **di ricognizione** reconnaissance patrol; **essere di** ~ to be on patrol

pattugliare [pat·tuʎ·'ʎa:·re] I.*vi* to patrol II.*vt* to patrol

pattuire [pat·tu·'i:·re] <pattuisco> *vt* to agree on

pattuito [pat·tu·'i:·to] *m* agreement

pattuito, -a *adj* agreed

pattumiera [pat·tu·'miɛ:·ra] *f* garbage can

paura [pa·'uː·ra] *f* fear; **aver ~ di qu/qc** to be afraid of sb/sth; **avere una ~ da morire** to be scared to death; **niente ~!** don't worry!; **aver ~ che ...** to be afraid that ...; **far ~ a qu** [*o* **mettere ~ a qu**] to scare sb; **brutto da far ~** (as) ugly as sin

pauroso, -a [pau·'ro:·so] *adj* **1.**(*scena, incidente*) frightening **2.**(*persona, carattere*) fearful **3.**(*fig* (*straordinario*) incredible

pausa ['pa:u·za] *f* pause; (*interruzione*) break; **~ caffè** coffee break

pavese **I.** *adj* from Pavia **II.** *mf* (*abitante*) person from Pavia

Pavese <*sing*> *m* Pavia area; **nel ~** in the Pavia area

Pavia *f* Pavia, *city in Lombardy*

pavimentare [pa·vi·men·'ta:·re] *vt* (*stanza*) to floor; (*strada*) to pave

pavimentazione [pa·vi·men·tat·'tsio:·ne] *f* paving

pavimento [pa·vi·'men·to] *m* (*di stanza*) floor

pavone[1] [pa·'vo:·ne] *m* ZOOL peacock; **fare il ~** (*vantarsi*) to show off

pavone[2] <inv> *adj* **azzuro/verde ~** peacock

pavoneggiarsi [pa·vo·ned·'dʒar·si] *vr* to show off

pazientare [pat·tsien·'ta:·re] *vi* to be patient

paziente [pat·'tsiɛn·te] **I.** *adj* **1.**(*persona*) patient **2.**(*lavoro, ricerca*) painstaking **II.** *mf* (*malato*) patient

pazienza [pat·'tsiɛn·tsa] *f* patience; **~!** *fam* never mind!; **perdo** [*o* **mi scappa**] **la ~** I'm losing my patience

pazzesco, -a [pat·'tses·ko] <-schi, -sche> *adj* **1.**(*di, da pazzo: comportamento, discorso*) crazy **2.** *fam* (*straordinario*) incredible

pazzia [pat·'tsi:·a] <-ie> *f* **1.** MED madness **2.**(*azione stravagante*) something crazy **3.** *fig* (*assurdità*) crazy behavior

pazzo, -a ['pat·tso] **I.** *adj* **1.** MED mad **2.**(*insensato*) crazy; **essere ~ da legare** *fig* to be a raving lunatic; **essere innamorato ~ di qu** to be madly in love with sb; **andare ~ per qc** to be crazy about sth; **darsi alla -a gioia** to live it up **II.** *m, f* **1.** MED madman *m*, madwoman *f* **2.**(*persona insensata*) crazy person

p.c. *abbr di* **per conoscenza** CC.

PC *m abbr di* **personal computer** PC

PCI *m* HIST *abbr di* **Partito Comunista Italiano** *former Italian Communist Party*

PDCI *m abbr di* **Partito dei Comunisti Italiani** *Italian Communist Party*

PDS *m abbr di* **Partito Democratico della Sinistra** *left-wing Italian party*

pecca ['pɛk·ka] <-cche> *f* (*difetto*) flaw

peccaminoso, -a [pek·ka·mi·'no:·so] *adj* (*pensiero, vita*) sinful; (*lettura*) immoral

peccare [pek·'ka:·re] *vi* **1.** REL to sin; **~ di superbia** to commit the sin of pride **2.**(*commettere errori*) to err; **~ di leggerezza** to be guilty of thoughtlessness; **~ di presunzione** to be presumptuous

peccato [pek·'ka:·to] *m* **1.** REL sin; **~ capitale**

deadly sin; **~ mortale** mortal sin; **~ originale** original sin **2.**(*errore*) error **3.** *fig* (*per esprimere rammarico*) (**che**) **~!** (what a) shame!; **è un ~ che ...** +*conj* it's a shame that ...

peccatore, -trice [pek·ka·'to:·re] **I.** *adj* sinning **II.** *m, f* sinner

pece ['pe:·tʃe] *f* pitch; **nero come la ~** (as) black as pitch

pechinese [pe·ki·'ne:·se] **I.** *adj* from Beijing **II.** *mf* **1.**(*abitante*) person from Beijing **2.**(*cane*) Pekinese

Pechino [pe·'ki:·no] *f* Beijing

pecora ['pɛ:·ko·ra] *f* sheep; **~ nera** *fig* black sheep

pecorella [pe·ko·'rɛl·la] *f* **1.** ZOOL lamb **2.**(*nuvola*) **cielo a -e** mackerel sky

pecorino [pe·ko·'ri:·no] *m* pecorino

peculiare [pe·ku·'lia:·re] *adj* peculiar

peculiarità [pe·ku·lia·ri·'ta] <-> *f* peculiarity

pecuniario, -a [pe·ku·'nia:·rio] <-i, -ie> *adj* pecuniary

pedaggio [pe·'dad·dʒo] <-ggi> *m* toll; **~ autostradale** highway toll; **a ~** toll

pedagogia [pe·da·go·'dʒi:·a] <-gie> *f* pedagogy

pedagogico, -a [pe·da·'gɔ:·dʒi·ko] <-ci, -che> *adj* pedagogic(al)

pedalare [pe·da·'la:·re] *vi* **1.**(*in bicicletta*) to pedal **2.** *fam* (*camminare in fretta*) to hurry up

pedalata [pe·da·'la:·ta] *f* push on a pedal

pedale [pe·'da:·le] *m* pedal; **~ del freno** brake pedal; **~ dell'acceleratore** gas pedal

pedaliera [pe·da·'liɛ:·ra] *f* **1.**(*di bicicletta*) pedal and gear mechanism; (*di macchina, pianoforte*) pedals *pl* **2.**(*di organo*) pedal board

pedalò® [pe·da·'lo] <-> *m* pedal boat

pedalone [pe·da·'lo:·ne] *m v.* **pedalò**®

pedana [pe·'da:·na] *f* **1.**(*di scrivania*) footrest **2.**(*per salti*) springboard; (*per lancio del disco*) throwing circle

pedante [pe·'dan·te] **I.** *adj* pedantic **II.** *m* pedant

pedanteria [pe·dan·te·'ri:·a] <-ie> *f* pedantry
pedata [pe·'da:·ta] *f* **1.** (*calcio*) kick; **prendere qu a -e** to kick sb **2.** (*impronta*) footprint **3.** (*di gradino*) tread
pederasta [pe·de·'ras·ta] <-i> *m pej* pederast
pediatra [pe·'dia:·tra] <-i *m*, -e *f*> *mf* pediatrician
pediatria [pe·dia·'tri:·a] <-ie> *f* pediatrics
pediatrico, -a [pe·'dia:·tri·ko] <-ci, -che> *adj* pediatric
pedicure [pe·di·'ku:·re] <-> **I.** *m* (*trattamento*) pedicure **II.** *mf* podiatrist
pediluvio [pe·di·'lu:·vio] <-i> *m* footbath; **farsi un ~** to have a footbath
pedina [pe·'di:·na] *f* **1.** (*nella dama*) checker; (*negli scacchi*) pawn **2.** *fig* (*persona*) pawn
pedinare [pe·di·'na:·re] *vt* to tail
pedonale [pe·do·'na:·le] *adj* -; **isola** [*o* **zona**] **~** pedestrian mall; **strisce -i** crosswalk
pedonalizzazione [pe·do·na·lid·dzat·'tsio:·ne] *f* pedestrianization
pedone [pe·'do:·ne] *m* **1.** (*persona*) pedestrian; **zona riservata ai -i** pedestrian zone **2.** (*negli scacchi*) pawn
pedopornografia [pɛ·do·por·no·gra·'fia] <-ie> *f* child pornography
peeling ['pi·liŋ] <-> *m* MED exfoliation
peggio ['pɛd·dʒo] *comparativo di* **male¹ I.** *adv* **1.** (*comparativo*) worse; **andare di male in ~** to go from bad to worse; **cambiare in ~** to change for the worse **2.** (*superlativo*) worst **II.** <inv> *adj* worse; (**tanto**) **~ per lui!** that's his loss! **III.** <-> *m* worst **IV.** <-> *f* **avere la ~** to come off worst; **alla meno ~** (*come si può*) as best one can; **alla ~** (*nella peggiore ipotesi*) if (the) worst comes to (the) worst
peggioramento [ped·dʒo·ra·'men·to] *m* worsening
peggiorare [ped·dʒo·'ra:·re] **I.** *vt avere* to make worse **II.** *vi essere* to get worse
peggiorativo [ped·dʒo·ra·'ti:·vo] *m* pejorative
peggiorativo, -a *adj* LING pejorative
peggiore [ped·dʒo:·re] *comparativo di* **cattivo, -a I.** *adj* **1.** (*comparativo*) worse **2.** (*superlativo*) worst; **nel ~ dei casi** if (the) worst comes to (the) worst **II.** *mf* worst
pegno ['peɲ·ɲo] *m* **1.** GIUR security **2.** *fig* (*testimonianza: d'amore, di amicizia*) pledge
pelandrone, -a [pe·lan·'dro:·ne] *m*, *f fam* slacker
pelapatate [pe·la·pa·'ta:·te] <-> *m* potato peeler
pelare [pe·'la:·re] **I.** *vt* **1.** (*patate, castagne*) to peel **2.** (*pollo*) to pluck; (*selvaggina*) to skin **3.** (*tagliare a zero*) to scalp **4.** (*lasciare senza soldi*) to rip off **II.** *vr:* **-rsi 1.** (*perdere i capelli*) to lose one's hair **2.** (*spellarsi*) to peel
pelata [pe·'la:·ta] *f* **1.** (*testa calva*) bald head **2.** *fig* (*taglio di capelli*) scalping **3.** (*in negozio, ristorante*) rip-off; **ti hanno dato una bella ~!** they've really ripped you off
pelati [pe·'la:·ti] *mpl* CULIN skinned tomatoes
pelato [pe·'la:·to] *m* (*calvo*) bald man

pelato, -a *adj* **1.** (*testa, persona*) bald **2.** CULIN skinned
pelatura [pe·la·'tu:·ra] *f* skinning
pellaccia [pel·'lat·tʃa] <-cce> *f fam* **1.** (*persona astuta*) rogue **2.** (*persona resistente*) tough cookie
pellame [pel·'la:·me] *m* (*pelli conciate*) hides *pl*
pelle ['pɛl·le] *f* **1.** (*cute*) skin; **avere la ~ dura** *fig* to be tough; **avere la ~ d'oca** *fig* to have goose bumps; **essere ~ ed ossa** to be (all) skin and bone(s); **non stare più nella ~** *fig* to be beside oneself **2.** (*pellame*) leather; **oggetti di** [*o* **in**] **~** leather goods *pl* **3.** *fig, fam* (*vita*) **amici per la ~** close friends; **lasciarci** [*o* **rimetterci**] **la ~** to lose one's life; **salvare la ~** to save one's skin **4.** (*buccia*) peel
pellegrinaggio [pel·le·gri·'nad·dʒo] <-ggi> *m* pilgrimage
pellegrino, -a [pel·le·'gri:·no] *m*, *f* (*in luoghi santi*) pilgrim
pellerossa [pel·le·'ros·sa] <pellirosse> *mf* Red Indian *pey*
pelletteria [pel·let·te·'ri:·a] <-ie> *f* **1.** (*industria*) leather industry **2.** (*articoli*) leather goods *pl* **3.** (*negozio*) leather goods store
pellicano [pel·li·'ka:·no] *m* pelican
pelliccia [pel·'lit·tʃa] <-cce> *f* **1.** (*di animale*) fur **2.** (*in abbigliamento*) fur (coat); **~ ecologica** fake fur
pellicola [pel·'li:·ko·la] *f* **1.** FOTO film **2.** (*film*) movie **3.** (*strato sottile*) layer
pellirossa [pel·li·'ros·sa] *mf v.* pellerossa
pellirosse *pl di* pellerossa, pellirossa
pelo ['pɛ:·lo] *m* **1.** (*di uomo, animale, pianta*) hair; **per un ~** *fig, fam* by the skin of one's teeth; **non avere -i sulla lingua** *fig* to say what one thinks; **cercare il ~ nell'uovo** *fig* to split hairs **2.** (*pelame*) coat **3.** (*su indumenti*) fur; **il lupo perde il ~, ma non il vizio** *prov* a leopard can't change its spots **4.** *fig* (*superficie*) surface; **a ~ d'acqua** on the surface
peloso, -a [pe·'lo:·so] *adj* hairy
peltro ['pel·tro] *m* pewter
peluche [pə·'luʃ] <-> *m* (*pupazzo*) **di ~** plush
peluria [pe·'lu:·ria] <-ie> *f* down
pena ['pe:·na] *f* **1.** GIUR penalty; (*punizione*) punishment; **~ capitale** capital punishment; **~ di morte** death penalty; **~ pecuniaria** fine **2.** (*sofferenza*) sorrow; **-e d'amore** heartache; **soffrire le -e dell'inferno** to suffer the torments of hell **3.** (*angoscia*) **essere** [*o* **stare**] **in ~ per qu** to be worried for sb **4.** (*pietà*) pity; **mi fa veramente ~** I feel really sorry for him **5.** (*fatica, stento*) difficulty; **a mala ~** barely; **valere la ~** to be worth it
penale [pe·'na:·le] **I.** *adj* criminal; **azione ~** criminal action; **causa ~** criminal trial; **il codice ~** the penal code **II.** *f* (*somma*) penalty
penalista [pe·na·'lis·ta] <-i *m*, -e *f*> *mf* criminal lawyer
penalità [pe·na·li·'ta] <-> *f* penalty
penalizzare [pe·na·lid·'dza:·re] *vt* to penalize

P

penalizzazione [pe·na·lid·dzat·'tsio:·ne] *f* SPORT penalty

penare [pe·'na:·re] *vi* 1.(*soffrire*) to suffer 2.(*faticare*) to struggle

pen computer [pɛn kom·'piu·ter] <-> *m* COMPUT pen computer

pendaglio [pen·'daʎ·ʎo] <-gli> *m* (*monile*) pendant

pendant [pã·'dã] <-> *m* companion; **fare ~ (con qc)** to match (sth)

pendente [pen·'dɛn·te] **I.** *adj* 1.(*che pende*) hanging; (*inclinato*) leaning; **la torre ~** the leaning tower 2. GIUR **carichi -i** charges pending 3.(*fattura*) outstanding; **crediti -i** outstanding credits **II.** *m* (*ciondolo*) pendant

pendenza [pen·'dɛn·tsa] *f* 1.(*inclinazione*) slope 2.MAT gradient 3.GIUR pending suit 4.COM (*conto*) outstanding account

pendere ['pɛn·de·re] *vi* 1.(*essere appeso*) **~ da qc** to hang from sth; **~ dalle labbra di qu** *fig* to hang on sb's every word 2.(*essere inclinato*) to slant 3.*fig* (*incombere*) **~ su qu** to hang over sb 4.(*causa, questione*) to be pending 5.*fig* (*propendere*) **~ verso qc** to tend toward sth; **~ dalla parte di qu** to lean toward taking sb's part

pendici [pen·'di:·tʃi] *fpl* slopes *pl*

pendio [pen·'di:·o] <-ii> *m* slope

pendola ['pɛn·do·la] *f* pendulum clock

pendolare I. *adj* 1.(*moto*) pendular 2.(*lavoratore, studente*) commuting **II.** *mf* commuter

pendolarismo [pen·do·la·'riz·mo] *m* (*fenomeno*) commuting

pendolino® [pen·do·'li:·no] *m* FERR *tilting train*

pendolo ['pɛn·do·lo] *m* 1.FIS pendulum 2.(*orologio*) pendulum clock 3.(*filo a piombo*) plumb line

pene ['pɛ:·ne] *m* penis

penetrante [pe·ne·'tran·te] *adj* 1.(*odore*) pungent; (*freddo, gelo*) penetrating 2.(*parole, osservazione*) incisive; (*sguardo*) searching

penetrare [pe·ne·'tra:·re] **I.** *vi* essere (*in un materiale*) **~ in qc** to penetrate sth; (*in un luogo*) to get into sth **II.** *vt* avere 1.(*significato, concetto*) to understand 2.(*sessualmente*) to penetrate

penetrazione [pe·ne·trat·'tsio:·ne] *f* penetration; **quota di ~** COM market share

penicillina [pe·ni·tʃil·'li:·na] *f* penicillin

peninsulare [pen·in·su·'la:·re] *adj* peninsular

penisola [pe·'ni:·zo·la] *f* peninsula

penitenza [pe·ni·'tɛn·tsa] *f* 1.(*gener*) penance 2.(*nei giochi*) forfeit

penitenziario [pe·ni·ten·'tsia:·rio] <-i> *m* penitentiary

penna ['pen·na] *f* 1.ZOOL feather; **lasciarci [o rimetterci] le -e** *fig* to get one's fingers burned 2.(*per scrivere*) pen; **~ biro [o a sfera]** ballpoint; **~ luminosa** COMPUT light pen; **~ ottica** COMPUT optical pen; **~ stilografica** fountain pen 3. *pl* (*pasta*) penne *pl*

pennacchio [pen·'nak·kio] <-cchi> *m a. fig* plume

pennarello [pen·na·'rɛl·lo] *m* felt-tip (pen)

pennellare [pen·nel·'la:·re] *vi* 1.(*col pennello*) to paint 2.*fig* (*descrivere*) to paint a picture of

pennellata [pen·nel·'la:·ta] *f* (*di pennello*) brush stroke

pennello [pen·'nɛl·lo] *m* brush; **~ da barba** shaving brush; **andare [o stare] a ~** (*vestito*) to fit perfectly

pennino [pen·'ni:·no] *m* (*di stilografica*) nib

pennone [pen·'no:·ne] *m* 1.NAUT yard 2.(*di bandiera*) flagstaff

pennuto [pen·'nu:·to] *m* bird

penombra [pe·'nom·bra] *f* (*luce scarsa*) half-light

penoso, -a [pe·'no:·so] *adj* 1.(*triste*) distressing 2.(*sgradevole*) unpleasant 3.(*negativo*) pathetic

pensare [pen·'sa:·re] **I.** *vt* 1.(*gener*) to think; **cosa stai pensando?** what are you thinking?; **penso che ... +conj** I think that ...; **la penso anch'io così** I think so too 2.(*escogitare*) to think of; **una ne fa e cento ne pensa** *fam* he's always up to something 3.(*avere intenzione*) **~ di fare qc** to think of doing sth **II.** *vi* 1.(*riflettere*) to think; **~ a qc** to think of sth; **dar da ~** to give food for thought; **pensarci su** to think about it 2.(*volgere il pensiero*) **~ a qu/qc** to think about sb/sth 3. **~ a qc/fare qc** (*occuparsi di*) to think about sth/doing sth; (*provvedere a*) to take care of sth/doing sth; **pensa ai fatti tuoi!** mind your own business! 4.(*giudicare*) **~ bene/male di qu** to think well/badly of sb

pensata [pen·'sa:·ta] *f* idea

pensatore, -trice [pen·sa·'to:·re] *m, f* thinker; **libero ~** free thinker

pensée [pã·'se] <-> *f* BOT pansy

pensierino [pen·sie·'ri:·no] *m* 1.(*pensiero*) **farci un ~** to think about it 2.*fam* (*regalino*) little something 3.(*composizione scolastica*) composition

pensiero [pen·'siɛ:·ro] *m* 1.(*gener*) thought; **essere sopra ~** to be lost in thought 2.(*opinione*) thoughts *pl* 3.(*preoccupazione*) worry; **stare in ~ per qu/qc** to be worried about sb/sth; **dar -i a qu** to worry sb; **togliersi il ~** to get it over and done with 4.*fam* (*regalo*) present

pensieroso, -a [pen·sie·'ro:·so] *adj* thoughtful

pensile ['pɛn·si·le] *adj* (*mobile*) wall; (*giardino*) hanging

pensilina [pen·si·'li:·na] *f* (*di fermata di autobus*) bus shelter; (*di stadio*) overhanging roof

pensionabile [pen·sio·'na:·bi·le] *adj* pensionable

pensionamento [pen·sio·na·'men·to] *m* retirement; **~ anticipato** early retirement

pensionante [pen·sio·'nan·te] *mf* (*ospite di pensione*) guest

pensionare [pen·sio·'na:·re] *vt* to pension off

pensionato [pen·sio·'na:·to] *m* (*per studenti*) hostel

pensionato, -a I. *adj* retired II. *m*, *f* (*persona*) pensioner

pensione [pen·'sio:·ne] *f* 1.(*vitto e alloggio*) board; ~ **completa** American plan; **mezza** ~ modified American plan; **essere** [*o* **stare**] **a** ~ **da** [*o* **presso**] **qu** to board with sb 2.(*albergo*) guesthouse 3.(*retribuzione*) pension; ~ **integrativa** personal pension 4.(*condizione*) retirement; **essere in** ~ to be retired; **andare in** ~ to retire

pensionistico, -a [pen·sio·'nis·ti·ko] <-ci, -che> *adj* pension

pensoso, -a [pen·'so:·so] *adj* thoughtful

pentagonale [pen·ta·go·'na:·le] *adj* pentagonal

pentagono [pen·'ta:·go·no] *m* pentagon; **il Pentagono** the Pentagon

pentagramma [pen·ta·'gram·ma] <-i> *m* staff

pentathlon, pentatlon ['pɛn·ta·tlon] <-> *m* pentathlon

Pentecoste [pen·te·'kɔs·te] *f* Pentecost

pentimento [pen·ti·'men·to] *m* (*rimorso*) remorse

pentirsi [pen·'tir·si] *vr* ~ **di qc/di aver fatto qc** (*provare rimorso*) to feel remorse for sth/having done sth; (*rimpiangere*) to regret sth/having done sth

pentola ['pen·to·la] *f* pot; ~ **a pressione** pressure cooker; **bollire in** ~ *fig, fam* to be going on

pentolino [pen·to·'li:·no] *m* small saucepan

penultimo, -a [pe·'nul·ti·mo] I. *adj* penultimate II. *m*, *f* penultimate

penuria [pe·'nu:·ria] <-ie> *f* shortage

penzolare [pen·dzo·'la:·re] *vi* to dangle

penzoloni [pen·dzo·'lo:·ni] *adv* (**a**) ~ dangling

peonia [pe·'ɔ:·nia] <-ie> *f* peony

pepare [pe·'pa:·re] *vt* to pepper

pepato, -a [pe·'pa:·to] *adj* 1.(*con pepe*) peppered 2.(*piccante*) peppery 3.*fig* (*risposta*) caustic

pepe ['pe:·pe] *m* pepper; ~ **bianco/nero** white/black pepper; ~ **in grani** peppercorns *pl;* **tutto** ~ *fig* high-spirited

peperonata [pe·pe·ro·'na:·ta] *f sliced peppers fried in oil with onions, garlic, and tomatoes*

peperoncino [pe·pe·ron·'tʃi:·no] *m* (*piccante*) chili (pepper)

peperone [pe·pe·'ro:·ne] *m* (bell) pepper; **diventare rosso come un** ~ to get as red as a beet

pepita [pe·'pi:·ta] *f* nugget

peppermint ['pe·pə·mint] <-> *m* peppermint

per [per] *prep* 1.(*moto per luogo*) through; (*moto a luogo*) for; (*stato in luogo*) on; **passare** ~ **Firenze** to pass through Florence; **partire** ~ **Londra** to leave for London; ~ **terra** on the ground 2.(*tempo: durata, momento esatto*) for; (*scadenza*) by; ~ **il momento** for the moment; ~ **ora** for now; ~ **tempo** in time; ~ **poco** nearly; ~ **questa volta** this time; **ho**

preso appuntamento ~ **domani** I've made an appointment for tomorrow; **sarò di ritorno** ~ **le otto** I'll be back by eight 3.(*scopo, fine*) for; **un libro** ~ **bambini** a book for children; ~ **iscritto** in writing; ~ **esempio** for example 4.(*mezzo, modo*) by; **spedire** ~ **posta** to send by mail 5.(*causa*) because of; ~ **caso** by chance; ~ **ciò** [*o* **questo**] for this reason; ~ **il fatto che ...** because of the fact that ...; ~ **quale motivo?** for what reason? 6.(*destinazione, vantaggio*) for; **c'è una lettera** ~ **te** there's a letter for you; **farebbe qualsiasi cosa** ~ **i figli** he'd do anything for his children 7.(*prezzo*) for; **l'ho venduto** ~ **100 euro** I sold it for a 100 euros 8.(*estensione*) for; **correre** ~ **30 chilometri** to run (for) 30 kilometers 9.(*distributivo*) for; **uno** ~ **volta** one at a time; **in fila** ~ **tre** in threes 10. MAT by; **tre** ~ **tre** three times three; **dividere** ~ **sette** to divide by seven; **moltiplicare** ~ **sette** to multiply by seven; **il tre** ~ **cento** three percent 11.(*come*) as; **prendere** ~ **moglie** to take as one's wife; **l'ho preso** ~ **un altro** I took him for someone else 12.(*in esclamazioni*) for; ~ **l'amor del cielo** [*o* **di Dio**]! for heaven's sake!; ~ **carità!** *fam* for goodness sake! 13.(*con infinito: finale*) (in order) to; **sono venuto** ~ **aiutarti** I've come to help you; (*consecutiva*) to; **sei troppo piccolo** ~ **capire** you're too little to understand; (*causale*) for; **sono stato punito** ~ **non aver obbedito** I was punished for disobedience 14.(*loc*) **stare** ~ **...** +*inf* to be about to ...

pera ['pe:·ra] *f* 1.(*frutto*) pear 2. *sl* (*di eroina*) fix; **farsi una** ~ to give oneself a fix 3.(*loc*) **a** ~ (*sconclusionato*) illogical

peraltro [pe·'ral·tro] *adv* moreover

perbacco [per·'bak·ko] *interj fam* goodness!

perbene [per·'bɛ:·ne] I.<inv> *adj* (*famiglia, persona*) respectable II. *adv* (*comportarsi, sedersi*) properly

perbenismo [per·be·'niz·mo] *m pej* supposed respectability

percento [per·'tʃɛn·to] <-> *m* percent

percentuale [per·tʃen·tu·'a:·le] I. *adj* percentage II. *f* 1. MAT percentage 2.(*provvigione*) commission

percepire [per·tʃe·'pi:·re] <percepisco> *vt* 1.(*ricevere: compenso, stipendio, somma*) to receive 2.(*sentire: diffidenza, ostilità*) to perceive

percezione [per·tʃet·'tsio:·ne] *f* (*facoltà*) perception

perché [per·'ke] I. *adv* why II. *conj* 1.(*causale*) because 2.+*conj* (*finale*) so that 3.+*conj* (*consecutivo*) **era troppo lontano** ~ **potessimo vederlo** it was too far off for us to be able to see it III.<-> *m* 1.(*motivo*) reason 2.(*interrogativo*) question

perciò [per·'tʃɔ] *conj* so

percorrere [per·'kor·re·re] <irr> *vt* 1.(*distanza*) to cover; (*strada*) to drive along 2.(*territorio*) to travel through

percorso [per·'kor·so] *m* **1.**(*tragitto*) route **2.**(*tempo di percorrenza*) journey **3.**SPORT (*nell'equitazione*) round **4.**COMPUT path

percorso, -a I. *pp di* **percorrere** II. *adj* covered

percossa [per·'kɔs·sa] *f* blow

percuotere [per·'kuɔː·te·re] <percuoto, percossi, percosso> *vt* (*colpire*) to strike

percussione [per·kus·'sio:·ne] *f* percussion; **strumenti a ~** percussion instruments

percussore [per·kus·'so:·re] *m* (*di arma*) hammer

perdei [per·'de:·i] *1. pers sing pass rem di* **perdere**

perdente [per·'dɛn·te] I. *adj* losing II. *mf* loser

perdere ['pɛr·de·re] <perdo, persi *o* perdei *o* perdetti, perso *o* perduto> I. *vt* **1.**(*gener*) to lose; **~ la vita** to lose one's life; **~ (il) colore** (*tessuto*) to fade; **~ le staffe** *fig, fam* to lose one's temper; **~ la testa** *fig* to lose one's head; **~ ogni speranza** to lose all hope **2.**(*treno, film, evento, occasione*) to miss; **non ti sei perso niente** you haven't missed anything **3.**(*sprecare*) to waste **4.**(*acqua, gas*) to leak; (*sangue*) to lose **5.**(*loc*) **lasciar ~ qu/qc** to forget sb/sth; **lasciamo ~** let's forget it; **~ qu di vista** to let sb out of your sight; **fare qc a tempo perso** *fam* to do sth in one's spare time II. *vi* (*diminuire*) **~ di qc** (*interesse, valore*) to lose sth III. *vr:* **-rsi 1.**(*smarrirsi*) to get lost; **-rsi d'animo** to get discouraged; **-rsi in chiacchiere** to waste time chatting; **-rsi in un bicchiere d'acqua** *fig* to be easily discouraged **2.**(*svanire*) to disappear **3.**(*rovinarsi*) to be ruined; **-rsi dietro a qu** to fall head over heels for sb

perdiana [per·'dia:·na] *interj* goodness!

perdifiato [per·di·'fia:·to] *adv* **a ~** (*gridare*) at the top of one's voice; (*correre*) at breakneck speed

perdigiorno [per·di·'dʒor·no] <-> *mf* slacker

perdinci [per·'din·tʃi] *interj fam* goodness!

perdindirindina [per·din·di·rin·'di:·na] *interj scherz* goodness!

perdio, per Dio [per·'di:·o] *interj fam* God!

perdita ['pɛr·di·ta] *f* **1.**(*gener*) loss; **a ~ d'occhio** *fig* as far as the eye can see **2.**COM **essere in ~** to be running at a loss **3.**(*di acqua, gas*) leak

perditempo [per·di·'tɛm·po] <-> *mf fam* (*persona*) time-waster

perdizione [per·dit·'tsio:·ne] *f* (*rovina morale*) perdition

perdonare [per·do·'na:·re] I. *vt* **1.**(*per colpa, errore*) to forgive; **non ~ qc a qu** not to forgive sb sth **2.**(*per disturbo*) to excuse II. *vi* **non ~** (*essere inesorabile*) not to forgive; **una malattia che non perdona** an incurable disease III. *vr:* **-rsi** to forgive oneself

perdono [per·'do:·no] *m* **1.**REL forgiveness **2.**(*scusa*) pardon; **chiedere ~ a qu** to apologize to sb **3.**GIUR **~ giudiziale** pardon

perdurare [per·du·'ra:·re] *vi* **1.**(*permanere:*

maltempo*) to continue **2.(*persistere*) **~ in qc** (*proposito, intenzione*) to persist in sth

perdutamente [per·du·ta·'men·te] *adv* desperately

perduto, -a [per·'du:·to] *adj* lost; **andare ~** to get lost

peregrinare [pe·re·gri·'na:·re] *vi* (*vagare*) to wander

peregrinazione [pe·re·gri·nat·'tsio:·ne] *f* (*vagabondaggio*) wandering

perenne [pe·'rɛn·ne] *adj* **1.**(*neve*) perpetual; (*gloria*) everlasting **2.**BOT perennial **3.***fig* (*continuo: disturbo*) continual

perentorio, -a [pe·ren·'tɔ:·rio] <-i, -ie> *adj* **1.**(*improrogabile: termine*) final **2.**(*tono, risposta*) peremptory

perequazione [pe·re·kuat·'tsio:·ne] *f* ADMIN equalization

perestroika [pe·res·'trɔi·ka] <*sing*> *f* POL perestroika

peretta [pe·'ret·ta] *f* **1.**(*interruttore*) switch **2.**(*clistere*) enema

perfettamente [per·fet·ta·'men·te] *adv* perfectly

perfetto, -a [per·'fɛt·to] *adj* **1.**(*privo di difetti, irreprensibile*) perfect; **un ~ idiota** an utter fool **2.**(*completo*) complete

perfezionamento [per·fet·tsio·na·'men·to] *m* improvement; **corso di ~** proficiency course

perfezionare [per·fet·tsio·'na:·re] I. *vt* **1.**(*opera*) to improve; (*metodo, macchina*) to perfect **2.**(*contratto*) to draw up II. *vr:* **-rsi 1.**(*tecnica, scienza*) to improve **2.**(*materia*) **-rsi in inglese** to perfect one's English

perfezione [per·fet·'tsio:·ne] *f* perfection; **alla ~** perfectly

perfezionismo [per·fet·tsio·'niz·mo] *m* perfectionism

perfezionista [per·fet·tsio·'nis·ta] <-i *m*, -e *f*> *mf* perfectionist

perfidia [per·'fi:·dia] <-ie> *f* **1.**(*caratteristica*) treachery **2.**(*azione*) treacherous act

perfido, -a ['pɛr·fi·do] *adj* treacherous

perfino [per·'fi:·no] *adv* even

perforante [per·fo·'ran·te] *adj* perforating; **appendicite ~** perforating appendicitis

perforare [per·fo·'ra:·re] *vt* (*carta, scheda, banda*) to punch; (*organo, tessuto*) to pierce

perforato, -a [per·fo·'ra:·to] *adj* (*carta, scheda, nastro*) punched; (*tessuto*) pierced

perforazione [per·fo·rat·'tsio:·ne] *f* **1.**(*gener*) perforation **2.**(*di terreno, roccia*) drilling

performance [pə·'fɔ:·məns/per·'fɔr·məns] <-> *f* performance

performante [per·for·'man·te] *adj* high-performance

pergamena [per·ga·'mɛ:·na] *f* parchment

pergola ['pɛr·go·la] *f* (*tettoia*) pergola .

pergolato [per·go·'la:·to] *m* pergola

pericolante [pe·ri·ko·'lan·te] *adj* (*edificio, ponte*) unsafe

pericolo [pe·'ri:·ko·lo] *m* danger; **~ di morte** danger; **essere in ~** to be in danger; **essere**

fuori ~ to be out of danger; **a proprio rischio e** ~ at one's own risk; **correre un** ~ to run a risk; **essere un** ~ **pubblico** to be a public menace; **c'è** ~ **che ...** +*conj* there's a danger that ...

pericolosità [pe·ri·ko·lo·si·'ta] <-> *f* danger

pericoloso, -a [pe·ri·ko·'lo:·so] *adj* dangerous

periferia [pe·ri·fe·'ri:·a] <-ie> *f* **1.** (*di città*) suburbs *pl;* **quartiere di** ~ suburb; **abitare in** ~ to live in the suburbs **2.** ANAT periphery

periferica [pe·ri·'fɛ:·ri·ka] <-che> *f* COMPUT peripheral

periferico, -a [pe·ri·'fɛ:·ri·ko] <-ci, -che> *adj* **1.** (*questione, critica*) peripheral **2.** (*quartiere, scuola*) suburban

perifrasi [pe·'ri:·fra·zi] <-> *f* periphrasis

perimetrale [pe·ri·me·'tra:·le] *adj* perimeter

perimetro [pe·'ri:·me·tro] *m* perimeter

periodico [pe·'ri:·di·ko] <-ci> *m* (*rivista*) periodical

periodico, -a <-ci, -che> *adj* **1.** (*ricorrente: fatto, crisi, ricerca*) periodic **2.** MAT recurring

periodo [pe·'ri:·o·do] *m* **1.** (*intervallo di tempo*) period; **attraversare un brutto** ~ to go through a bad patch; ~ **di aspettativa** leave; ~ **di prova** trial period; ~ **elettorale** election time **2.** *fig* to be patchy

peripezie [pe·ri·pet·'tsi:·e] *fpl* ups and downs *pl*

perire [pe·'ri:·re] <perisco> *vi essere poet* to perish

periscopio [pe·ris·'kɔ:·pio] <-i> *m* periscope

perito, -a [pe·'ri:·to] I. *m, f* **1.** (*esperto*) expert **2.** (*titolo di studio*) ~ **agrario/chimico** qualified agronomist/chemist II. *adj* (*morto*) perished

peritonite [pe·ri·to·'ni:·te] *f* peritonitis

perizia [pe·'rit·tsia] <-ie> *f* **1.** (*abilità*) skill **2.** (*esame: calligrafica, balistica, psichiatrica*) report

perizoma [pe·rid·'dzɔ:·ma] <-i> *m* thong

perla[1] ['pɛr·la] *f* **1.** (*gioiello*) pearl; ~ **coltivata** cultivated pearl **2.** *fig* (*persona eccellente*) gem

perla[2] <inv> *adj* **grigio** ~ pearl gray

perlaceo, -a [per·'la:·tʃeo] <-ei, -ee> *adj* pearly

perlato, -a [per·'la:·to] *adj* **1.** (*diadema*) decorated with pearls **2.** (*orzo, cotone*) pearl

perlina [per·'li:·na] *f* (*per collane*) bead

perlomeno, per lo meno [per·lo·'me:·no] *adv* at least

perlopiù, per lo più [per·lo·'piu] *adv* for the most part

perlustrare [per·lus·'tra:·re] *vt* to patrol

perlustrazione [per·lus·trat·'tsio:·ne] *f* patrol

permaloso, -a [per·ma·'lo:·so] I. *adj* touchy II. *m, f* touchy person

permanente [per·ma·'nɛn·te] I. *adj* permanent II. *f* (*di capelli*) perm

permanentemente [per·ma·nen·te·'men·te] *adv* permanently

permanenza [per·ma·'nɛn·tsa] *f* **1.** (*sog-*

giorno) stay; **buona** ~! enjoy your stay! **2.** (*di situazione, condizioni*) permanence

permanere [per·ma·'ne:·re] <permango, permasi, permaso> *vi essere* (*durare*) to remain

permeabile [per·me·'a:·bi·le] *adj* permeable

permeabilità [per·me·a·bi·li·'ta] <-> *f* permeability

permeare [per·me·'a:·re] *vt a. fig* to permeate

permesso [per·'mes·so] I. *m* **1.** (*autorizzazione*) permission; ~ **di lavoro** work permit; ~ **di soggiorno** residence permit; ~ **di caccia** hunting license; ~ **di pesca** fishing license; **chiedere il** ~ **di fare qc** to ask permission to so sth; **con** ~ (*entrando*) may I? **2.** MIL **leave**; **essere in** ~ to be on leave II. *adj* (è) **permesso?** (*entrando*) may I?; (*passando*) can I get past?

permettere [per·'met·te·re] <irr> I. *vt* **1.** (*dare il permesso per*) to allow; ~ **a qu di fare qc** to allow sb to do sth **2.** (*dare la possibilità*) to permit **3.** (*concedersi*) to afford II. *vr:* -**rsi** to take the liberty; **come si permette!** how dare you!

permissivo, -a [per·mis·'si:·vo] *adj* (*genitori, educazione*) permissive

permuta ['pɛr·mu·ta] *f* (*contratto*) exchange

permutare [per·mu·'ta:·re] *vt* (*barattare: merci, valori*) to exchange

pernice [per·'ni:·tʃe] *f* partridge; **occhio di** ~ *fam* (*callo*) corn

perno ['pɛr·no] *m* **1.** TEC pivot **2.** *fig* (*di famiglia, organizzazione*) linchpin

pernottamento [per·not·ta·'men·to] *m* overnight stay

pernottare [per·not·'ta:·re] *vi* to stay the night

pero ['pe:·ro] *m* pear tree

però [pe·'rɔ] *conj* **1.** (*avversativo*) but **2.** (*concessivo*) nevertheless

perorare [pe·ro·'ra:·re] *vt* (*difendere: causa*) to plead

perpendicolare [per·pen·di·ko·'la:·re] I. *adj* (*retta, strada*) perpendicular II. *f* (*retta*) perpendicular (line)

perpendicolo [per·pen·'di:·ko·lo] *m* **a** ~ perpendicularly

perpetua [per·'pɛ:·tua] *f* (*domestica*) priest's housekeeper

perpetuare [per·pe·tu·'a:·re] I. *vt* (*nome, ricordo*) to immortalize; (*stirpe, opera*) to perpetuate II. *vr:* -**rsi** to be immortalized

perpetuo, -a [per·'pɛ:·tuo] *adj* **1.** (*eterno: ricordo, felicità*) everlasting **2.** (*continuo: indecisione, lamentele*) perpetual

perplessità [per·ples·si·'ta] <-> *f* (*incertezza*) perplexity

perplesso, -a [per·'plɛs·so] *adj* (*indeciso*) undecided; (*disorientato*) perplexed

perquisire [per·kui·'zi:·re] <perquisisco> *vt* (*stanza, persona*) to search

perquisizione [per·kui·zit·'tsio:·ne] *f* search; **mandato di** ~ search warrant

persecutore, -trice [per·se·ku·'to:·re] I. *m, f* persecutor II. *adj* (*movimento*) persecuting

persecuzione [per·se·kut·'tsio:·ne] *f* **1.** (*re-*

P

pressione) persecution; **mania di** ~ persecution complex **2.** *fig* (*assillo*) nuisance ~!

perseguibile [per·se·'gui:·bi·le] *adj* **1.** (*fine, obiettivo*) pursuable **2.** GIUR (*reato*) prosecutable

perseguire [per·se·'gui:·re] *vt* **1.** (*scopo*) to pursue **2.** (*criminale, reato*) to prosecute

perseguitare [per·se·gui·'ta:·re] *vt* **1.** (*sottoporre a persecuzione*) to persecute **2.** *fig* (*ossessionare*) to hound

perseguitato, -a [per·se·gui·'ta:·to] **I.** *adj* persecuted **II.** *m, f* victim of persecution; **i -i politici** victims of political persecution

perseveranza [per·se·ve·'ran·tsa] *f* perseverance

perseverare [per·se·ve·'ra:·re] *vi* ~ **in qc** to persevere in sth

persi ['pɛr·si] *I.* *pers sing pass rem di* **perdere**

Persia ['pɛr·sia] *f* **la** ~ Persia; **abitare in** ~ to live in Persia; **andare in** ~ to go to Persia

persiana [per·'sia:·na] *f* (*imposta*) shutter; ~ **avvolgibile** roller shutter

persiano [per·'sia:·no] *m* **1.** (*lingua*) Persian **2.** (*gatto*) Persian **3.** (*pelliccia*) Persian lamb

persiano, -a **I.** *adj* Persian **II.** *m, f* (*abitante*) Persian

persico, -a ['pɛr·si·ko] <-ci, -che> *adj* **1.** GEO Persian; **il golfo** ~ the Persian Gulf **2.** ZOOL **pesce** ~ perch

persino [per·'si:·no] *adv v.* **perfino**

persistente [per·sis·'tɛn·te] *adj* (*pioggia, odore*) persistent

persistenza [per·sis·'tɛn·tsa] *f* persistence

persistere [per·'sis·te·re] <persisto, persistetti *o* persistei, persistito> *vi* ~ **in qc** to persist in sth; ~ **nel** [*o* a] **fare qc** to persist in doing sth

perso ['pɛr·so] *pp di* **perdere**

persona [per·'so:·na] *f* person; (*al plurale*) people; ~ **fisica/giuridica** natural/legal person; ~ **di fiducia** trustworthy person; **in prima** ~ personally; **di** ~ (*conoscere*) personally; (*andare*) in person; **in** ~ (*personalmente*) in person; (*personificato*) personified

personaggio [per·so·'nad·dʒo] <-ggi> *m* **1.** (*persona importante*) figure **2.** (*di romanzo, film*) character **3.** *fig* (*tipo*) individual

personal computer ['pəːs·nəl kəm·'pjuː·tə] <-> *m inf* personal computer

personale [per·so·'na:·le] **I.** *adj* personal **II.** *m* **1.** (*impiegati*) personnel; ~ **di servizio** domestic staff; ~ **di volo** flight crew; ~ **qualificato** skilled workers *pl;* ~ **insegnante** faculty; **reparto** (**del**) ~ personnel (department) **2.** (*aspetto fisico*) figure

personalità [per·so·na·li·'ta] <-> *f* **1.** (*gener*) personality **2.** ADMIN ~ **giuridica** legal status

personalizzare [per·so·na·lid·'dza:·re] *vt* (*ambiente, arredamento*) to personalize; (*prodotto*) to customize

personalizzato, -a [per·so·na·lid·'dza:·to] *adj* (*ambiente*) personalized; (*prodotto*) customized

personalizzazione [per·so·na·lid·dzat·'tsio:·ne] *f* (*di ambiente*) personalization; (*di prodotto*) customization

personalmente [per·so·nal·'men·te] *adv* personally

personificare [per·so·ni·fi·'ka:·re] *vt* **1.** (*rappresentare*) to represent **2.** (*essere simbolo di*) to personify

personificazione [per·so·ni·fi·kat·'tsio:·ne] *f* personification

perspicace [per·spi·'ka:·tʃe] *adj* (*persona, ingegno, politica, provvedimento*) shrewd

perspicacia [per·spi·'ka:·tʃa] <-cie> *f* shrewdness

persuadere [per·sua·'de:·re] <persuado, persuasi, persuaso> **I.** *vt* **1.** (*convincere*) to persuade; ~ **qu di qc** to persuade sb of sth; ~ **qu di fare qc** to persuade sb to do sth **2.** (*suscitare consenso*) to convince **II.** *vr:* -**rsi** **1.** (*convincersi*) to convince oneself **2.** (*capacitarsi*) -**rsi di qc** to understand sth

persuasi [per·su·'a:·zi] *I.* *pers sing pass rem di* **persuadere**

persuasione [per·sua·'zio:·ne] *f* **1.** (*opera di convincimento*) persuasion **2.** (*opinione*) conviction

persuasivo, -a [per·sua·'zi:·vo] *adj* persuasive

persuaso [per·su·'a:·zo] *pp di* **persuadere**

pertanto [per·'tan·to] *conj* (*perciò*) therefore

pertica ['pɛr·ti·ka] <-che> *f* pole

pertinente [per·ti·'nɛn·te] *adj* (*domanda, osservazione*) pertinent

pertinenza [per·ti·'nɛn·tsa] *f* **1.** (*attinenza*) pertinence **2.** (*competenza*) **essere di** ~ **di qu** to be down to sb

pertosse [per·'tos·se] *f* whooping cough

perturbare [per·tur·'ba:·re] **I.** *vt* to disturb **II.** *vr:* -**rsi** METEO to get worse

perturbazione [per·tur·bat·'tsio:·ne] *f* **1.** METEO ~ (**atmosferica**) atmospheric disturbance **2.** (*sconvolgimento*) upheaval

Perù [pe·'ru] *m* **il** ~ Peru; **abitare in** ~ to live in Peru; **andare in** ~ to go to Peru

Perugia *f* Perugia, *city in central Italy*

Perugino <*sing*> *m* Perugia area

perugino, -a [pe·ru·'dʒi:·no] **I.** *m, f* (*abitante*) Perugian **II.** *adj* Perugian

peruviano, -a [pe·ru·'via:·no] **I.** *adj* Peruvian **II.** *m, f* Peruvian

pervadere [per·'va:·de·re] <pervado, pervasi, pervaso> *vt fig, poet* (*occupare*) to pervade

pervenire [per·ve·'ni:·re] <irr> *vi essere* ~ **a qc** to reach sth; **far** ~ to send

perversione [per·ver·'sio:·ne] *f* perversion

perversità [per·ver·si·'ta] <-> *f* perversity

perverso, -a [per·'vɛr·so] *adj* (*persona, sentimento*) perverse

pervertire [per·ver·'ti:·re] **I.** *vt* (*animo, persona*) to pervert **II.** *vr:* -**rsi** to become perverted

pervertito, -a [per·ver·'ti:·to] **I.** *adj* perverted **II.** *m, f* pervert

P

p. es. *abbr di* **per esempio** e.g.

pesa ['peːsa] *f* **1.**(*operazione*) weighing **2.**(*luogo*) weigh-house; (*apparecchio*) weighing machine

pesalettere [pe·sa·'lɛt·te·re/pe·sa·'let·te·re] <-> *m* letter scales

pesante [pe·'san·te] *adj* **1.**(*valigia, pacco, cibo, passo*) heavy; (*maglia, giacca*) thick; **artiglieria** ~ heavy artillery; **industria** ~ heavy industry ~; **avere il sonno** ~ to be a heavy sleeper; **sentirsi la testa** ~ to have a headache **2.**fig (*atmosfera*) oppressive; (*discorso*) boring **3.**(*situazione, danno*) serious **4.**(*lavoro*) physically demanding **5.**(*stile*) ponderous **6.**(*moneta*) hard **7.**(*gioco*) physical

pesantezza [pe·san·'tet·tsa] *f* (*di oggetto*) weight; (*di movimento, stile*) heaviness; ~ **di stomaco** bloated feeling

pesare [pe·'saːre] I. *vt* **1.**(*persona, merce*) to weigh **2.**fig (*valutare*) to weigh up; ~ **le parole** to weigh one's words II. *vi* **1.**(*avere un peso*) to weigh; (*essere pesante*) to be heavy **2.**(*essere sgradevole*) ~ **a qu** to be difficult for sb; ~ **sulla coscienza** to weigh on one's conscience; ~ **sullo stomaco** to lie heavily on one's stomach **3.**(*influire*) ~ **su qc** to influence sth; **far** ~ **qc a qu** to remind sb of sth **4.**fig (*incombere*) ~ **su qu/qc** to hang over sb/sth III. *vr:* **-rsi** to weigh oneself

pesarese [pe·sa·'reːse] I. *mf* (*abitante*) person from Pesaro II. *adj* from Pesaro

Pesarese <*sing*> *m* Pesaro area

Pesaro *f* Pesaro, *city on the east coast of central Italy*

pesca¹ ['pɛs·ka] <-sche> *f* (*frutto*) peach; ~ **noce** nectarine

pesca² ['pes·ka] <-sche> *f* **1.**(*attività*) fishing; (*pescato*) catch; ~ **subacquea** underwater fishing; **canna da** ~ fishing rod **2.**(*lotteria*) lucky dip

pescaggio [pes·'kad·dʒo] <-ggi> *m* draft

Pescara *f* Pescara, *city on the east coast of central Italy*

pescare [pes·'kaːre] I. *vt* **1.**(*pesci*) to catch **2.**fig (*trovare*) to get **3.**fig (*carta*) to pick **4.**fig (*sorprendere*) to catch; ~ **qu con le mani nel sacco** *fam* to catch sb red-handed **sacco** II. *vi* (*imbarcazione*) to draw

pescarese [pes·ka·'reːse] I. *mf* (*abitante*) person from Pescara II. *adj* from Pescara

Pescarese <*sing*> *m* Pescara area

pescatore, -trice [pes·ka·'toːre] I. *m, f* (*persona*) fisherman *m,* fisherwoman *f* II. *adj* ZOOL **martin** ~ kingfisher; **rana -trice** angler fish

pesce ['peʃ·ʃe] *m* **1.**ZOOL, CULIN fish; ~ **d'acqua dolce** freshwater fish; ~ **di mare** saltwater fish; ~ **d'aprile** *fam* April fool; **non sapere che -i prendere** [*o* **pigliare**] *fig, fam* not to know which way to turn; **chi dorme non piglia -i** *prov* the early bird catches the worm **2.**TYPO omission **3.**ASTR **Pesci** Pisces; **sono dei Pesci** I'm (a) Pisces

The **Pesce d'aprile** (April fish) is the Italian equivalent of April Fool. Its name comes from the paper fish that is attached to the back of the person one wants to trick. These days, all kinds of tricks are played on April Fool's Day.

pescecane [peʃ·ʃe·'kaːne] <pescicani *o* pescecani> *m* **1.**ZOOL shark **2.**(*persona senza scrupoli*) profiteer

peschereccio [pes·ke·'ret·tʃo] <-cci> *m* (*imbarcazione*) fishing boat

peschereccio, -a <-cci, -cce> *adj* fishing

pescheria [pes·ke·'riːa] <-ie> *f* (*negozio*) fish shop

peschiera [pes·'kiɛːra] *f* (*vivaio*) fish farm

pescicani *pl di* **pescecane**

pesciera [peʃ·'ʃɛːra] *f* (*pentola*) fish kettle; (*vassoio*) fish plate

pescivendolo, -a [peʃ·ʃi·'veːn·do·lo] *m, f* (*venditore*) fish merchant; (*negozio*) fish shop

pesco ['pɛs·ko] <-schi> *m* peach tree

pescosità [pes·ko·si·'ta] <-> *f* abundance of fish

pescoso, -a [pes·'koːso] *adj* full of fish

pesista [pe·'sis·ta] <-i *m,* -e *f*> *mf* (*in sollevamento pesi*) weightlifter; (*nel lancio del peso*) shot putter

peso ['peːso] *m* **1.**(*gener*) weight; (*cosa pesante*) heavy object; ~ **lordo/netto** gross/net weight; **eccedenza di** ~ (*di bagaglio*) excess weight; **dar** ~ **a qu/qc** *fig* to pay attention to sb/sth **2.**SPORT (*in atletica*) shot; **lancio del** ~ shot put; ~ **massimo/medio** (*nel pugilato*) heavyweight/middleweight; **sollevamento -i** weightlifting **3.**fig (*incombenza, angoscia*) burden **vita**; **togliersi un** ~ (**dalla coscienza**) to clear one's conscience

pessimismo [pes·si·'miz·mo] *m* (*tendenza*) pessimism

pessimista [pes·si·'mis·ta] <-i *m,* -e *f*> I. *mf* pessimist II. *adj* pessimistic

pessimistico, -a [pes·si·'mis·ti·ko] <-ci, -che> *adj* pessimistic

pessimo, -a ['pɛs·si·mo] *adj superlativo di* **cattivo, -a** very bad; **di** ~ **gusto** in very bad taste

pestare [pes·'taːre] *vt* **1.**(*calpestare*) to tread on; ~ **i piedi** to stamp one's foot **2.**(*pepe, sale*) to grind **3.**fig (*picchiare*) to beat

peste ['pɛs·te] *f* **1.**(*malattia*) plague **2.**(*bambino vivace*) pest **3.**fig (*rovina*) curse; **dire** ~ **e corna di qu** *fam* to tear sb to pieces

pestello [pes·'tɛl·lo] *m* (*di mortaio*) pestle

pestifero, -a [pes·'ti·fe·ro] *adj fig* (*cattivo*) pestilential; (*nauseabondo*) noxious

pestilenza [pes·ti·'lɛn·tsa] *f* **1.**(*odore, esalazione*) stench; (*dannoso: vizio, veleno*) curse; (*bambino*) pest **2.**MED pestilence

pesto ['pes·to] *m* pesto

pesto, -a *adj* **1.**(*ossa, membra*) aching

2. (*occhi*) black con un occhio ~ **3.** *fig* è **buio** ~ it's pitch-black

pestone [pes·'to:·ne] *m fam* (*pedata*) stamp

petalo ['pɛ:·ta·lo] *m* petal

petardo [pe·'tar·do] *m* **1.** (*bombetta di carta*) firecracker **2.** FERR torpedo

petizione [pe·tit·'tsio:·ne] *f* GIUR petition

peto ['pe:·to] *m* fart

petro(l)chimica [pe·tro(l)·'ki:·mi·ka] <-che> *f* petrochemical industry

petro(l)chimico, -a [pe·tro(l)·'ki:·mi·ko] <-ci, -che> *adj* petrochemical

petro(l)dollari [pe·tro(l)·'dɔl·la·ri] *mpl* petro-dollar

petroliera [pe·tro·'liɛ:·ra] *f* (oil) tanker

petroliere [pe·tro·'liɛ:·re] *m* oilman

petrolifero, -a [pe·tro·'li:·fe·ro] *adj* oil; **industria -a** oil industry

petrolio [pe·'trɔ:·lio] *m* oil; (*cherosene*) kerosene; ~ **grezzo** crude oil

pettegolare [pet·te·go·'la:·re] *vi* to gossip

pettegolezzo [pet·te·go·'led·dzo] *m* gossip

pettegolo, -a [pe·'te:·go·lo] **I.** *adj* (*persona*) gossipy **II.** *m, f* gossip

pettinare [pet·ti·'na:·re] **I.** *vt* to comb; ~ **qu** (*acconciare*) to do sb's hair **II.** *vr:* **-rsi** (*ravviarsi i capelli*) to comb one's hair; (*acconciarsi*) to do one's hair

pettinata [pet·ti·'na:·ta] *f* **darsi una** ~ to give one's hair a comb

pettinato, -a *adj* **1.** (*persona*) with one's hair combed **2.** (*filato*) combed; (*cotone*) brushed

pettinatrice [pet·ti·na·'tri:·tʃe] *f* (*donna*) hairdresser

pettinatura [pet·ti·na·'tu:·ra] *f* (*di capelli*) hairstyle

pettine ['pɛt·ti·ne] *m* comb

petting ['pɛ·tiŋ] <-> *m* petting

pettirosso [pet·ti·'ros·so] <-i> *m* robin

petto ['pɛt·to] *m* **1.** ANAT chest; (*di donna*) bust; (*organi*) breasts *pl;* FOOD breast; **do di** ~ high C; **prendere qc di** ~ to tackle sth head on **2.** (*di abito*) front; **a doppio** ~ double-breasted **3.** *fig* (*cuore*) **tenersi qc in** ~ to keep sth bottled up

pettorina [pet·to·'ri:·na] *f* (*di grembiule*) bib

petulante [pe·tu·'lan·te] *adj* (*impertinente*) impertinent

petunia [pe·'tu:·nia] <-ie> *f* petunia

pezza ['pɛt·tsa] *f* **1.** (*pezzo di tessuto*) cloth; (*rotolo di tessuto*) bolt; **trattare qu come una** ~ **da piedi** *fam* to treat sb like dirt **2.** (*toppa, macchia*) patch

pezzato, -a *adj* (*animale, manto*) piebald

pezzente [pet·'tsɛn·te] *mf pej* (*straccione*) beggar

pezzo ['pet·tso] *m* **1.** (*gener*) piece; **un** ~ **di dolce/pane** a piece of candy/bread; **un uomo tutto d'un** ~ a man of great integrity; **andare in mille -i** to smash into a thousand pieces; **cadere a** [*o* **in**] **-i** *fig* to fall to pieces; **fare a -i qc** to smash sth to pieces; **fare a -i qc/qu** (*denigrare*) to tear sb/sth to pieces; **un** ~ **da museo** *iron* a museum piece; **un due -i** (*costume da bagno*) a two-piece; **essere un** ~ **di legno** *fig* to be made of stone; **costano tre euro al** ~ they cost three euros each; **un servizio da tavola di 48 -i** a 48-piece dinner service **2.** (*di meccanismo, macchina*) part; ~ **di ricambio** spare part autorizzati **3.** LIT (*brano*) passage licenziato **4.** (*di strada*) stretch **5.** *fig* (*tempo*) **un** ~ a while; **è un** ~ **che non ci vediamo** we haven't seen each other for a while **6.** (*loc*) **un** ~ **grosso** a big shot; **un bel** ~ **di ragazza** a babe

pH [pi·'ak·ka] <-> *m* pH

phone banking [fon 'bɛn·kiŋ] <-> *m* FIN telephone banking

piaccio ['piat·tʃo] *1. pers sing pr di* **piacere**[1]

piacente [pia·'tʃɛn·te] *adj* attractive

Piacentino <*sing*> *m* Piacenza area

piacentino, -a [pia·tʃen·'ti:·no] **I.** *m, f* (*abitante*) person from Piacenza **II.** *adj* from Piacenza

Piacenza *f* Piacenza, *town in northern Italy*

piacere[1] [pia·'tʃe:·re] <piaccio, piacqui, piaciuto> *vi essere* **mi piace nuotare** I like swimming; **mi piace molto la pasta** I like pasta a lot; **quello rosso mi piace di più di quello verde** I like the red one more than the green one; **il libro che mi piace di più** the book I like best; **mi piacerebbe rivederti** I'd like to see you again; **mi piacerebbe che tu mi accompagnassi** I'd like you to come with me; **che ti piaccia o no** whether you like it or not

piacere[2] *m* **1.** (*gener*) pleasure; **provare** ~ **a fare qc** to take pleasure in doing sth; **viaggio di** ~ pleasure trip; ~**!** it's a pleasure!; **è un** ~ **conoscerla** pleased to meet you; **con (molto)** ~**!** with (great) pleasure! **2.** (*favore*) favor; **fare un** ~ **a qu** to do sb a favor; **fammi il (santo)** ~ **di ... +***inf fam* please ...; **ma mi faccia il** ~**!** for goodness sake ~!; **per** ~ please **3.** (*volontà*) **a** ~ as much as one likes

piacevolezza [pia·tʃe·vo·'let·tsa] *f* (*amabilità*) pleasantness

piacimento [pia·tʃi·'men·to] *m* **a** ~ as much as one likes

piaciuto [pia·'tʃu:·to] *pp di* **piacere**[1]

piacqui ['piak·kui] *1. pers sing pass rem di* **piacere**[1]

piadina [pia·'di:·na] *f flat unleavened bread from the Emilia Romagna region*

piaga ['pia:·ga] <-ghe> *f* **1.** MED sore **2.** *fig* (*danno*) scourge **3.** *fig* (*ricordo doloroso*) wound; **mettere il dito nella** [*o* **nella**] **sulla** ~ to touch (on) a sore point **4.** *fam* (*persona noiosa*) pain

piagare [pia·'ga:·re] *vt* (*ferire*) to damage

piagnisteo [piaɲ·nis·'tɛ:·o] *m* whining

piagnone, -a [piaɲ·'ɲo:·ne] *m, f fam* (*bambino*) whiner

piagnucolare [piaɲ·ɲu·ko·'la:·re] *vi* to whine

piagnucolio [piaɲ·ɲu·ko·'li:·o] <-ii> *m* whining

piagnucolone, -a [piaɲ·ɲu·ko·'lo:·ne] *m, f*
fam whiner

pialla ['pial·la] *f* plane

piallare [pial·'la:·re] *vt* to plane

piana ['pia:·na] *f* (*pianura*) plain

pianeggiante [pia·ned·'dʒan·te] *adj* (*strada, terreno*) flat

pianerottolo [pia·ne·'rɔt·to·lo] *m* landing

pianeta [pia·'ne:·ta] <-i> *m* ASTR planet

piangente [pian·'dʒɛn·te] *adj* (*persona*) crying; **salice ~** weeping willow

piangere ['pian·dʒe·re] <piango, piansi, pianto> I. *vi* to cry; **~ di gioia/dolore/rabbia** to cry with joy/in pain/with rage; **~ sul latte versato** *fig, fam* to cry over spilled milk; **mi piange il cuore** it breaks my heart II. *vt* 1. (*lacrime*) to cry 2. (*lamentare*) to mourn

pianificare [pia·ni·fi·'ka:·re] *vt* to plan

pianificato, -a [pia·ni·fi·'ka:·to] *adj* planned

pianificazione [pia·ni·fi·kat·'tsio:·ne] *f* planning; **~ familiare** family planning

pianista [pia·'nis·ta] <-i *m*, -e *f*> *mf* (*musicista*) pianist

pianistico, -a [pia·'nis·ti·ko] <-ci, -che> *adj* pianistic

piano¹ ['pia:·no] *m* 1. (*livello*) level; MAT plane; **mettere sullo stesso ~** *fig* to put on the same level; **sul ~ politico/economico** politically/economically 2. (*superficie*) surface; **~ di cottura** stovetop 3. (*di edificio*) floor; **abitare al primo ~** to live on the second floor 4. (*progetto*) plan; **~ regolatore** ADMIN city-planning project 5. FOTO, FILM **primo ~** (*viso*) close-up; **in primo/secondo ~** in the foreground/the background si vedono i soldati; **di primo ~** *fig* prominent; **passare in secondo ~** *fig* to become less important 6. MUS piano

piano² *adv* 1. (*senza fretta*) slowly; **andarci ~** to take it easy; **pian(o) ~** little by little; **chi va ~, va sano e va lontano** *prov* slow and steady wins the race 2. (*a bassa voce*) quietly

piano, -a *adj* (*superificie, strada, terreno*) flat

piano-bar [pia·no·'bar] <-> *m* piano bar

pianoforte [pia·no·'fɔr·te] *m* piano; **~ a coda** grand piano

pianola [pia·'nɔ:·la] *f* player piano

pianoro [pia·'nɔ:·ro] *m* plateau

pianoterra [pia·no·'tɛr·ra] <-> *m* *fam* first floor

piansi ['pian·si] *1. pers sing pass rem di* **piangere**

pianta ['pian·ta] *f* 1. BOT plant 2. (*del piede*) sole 3. (*di edificio, città*) layout 4. (*ruolo*) **in ~ stabile** (*essere assunto*) on a permanent basis; *fig* permanently 5. (*loc*) **inventare qc di sana ~** to make sth up completely

piantagione [pian·ta·'dʒo:·ne] *f* (*di caffè, tabacco, cotone*) plantation

piantagrane [pian·ta·'gra:·ne] <-> *mf* *fam* troublemaker

piantare [pian·'ta:·re] I. *vt* 1. (*fiori, alberi, terreno*) to plant 2. (*conficcare*) to hammer 3. *fig* (*lasciare*) to leave; **piantala!** *fam* stop it!; **~ in**

asso qu to leave sb in the lurch II. *vr:* **-rsi** 1. (*conficcarsi*) **-rsi una spina nel piede** to get a thorn in one's foot 2. (*fermarsi*) **-rsi in casa di qc** to settle into sb's house

pianterreno [pian·ter·'re:·no] *m* first floor

pianto ['pian·to] *m* (*lacrime*) crying

pianto, -a *pp di* **piangere**

piantonare [pian·to·'na:·re] *vt* to guard

piantone [pian·'to:·ne] *m* 1. MIL guard; **essere di ~** to be on guard 2. AUTO **~ di guida** [*o di* **sterzo**] steering column

pianura [pia·'nu:·ra] *f* plain; **la ~ Padana** the Po Valley

piastra ['pias·tra] *f* 1. (*lastra*) plato; **di cottura** hotplate 2. HIST (*moneta*) piaster

piastrella [pias·'trɛl·la] *f* (*mattonella*) tile

piastrellare [pias·trel·'la:·re] *vt* (*bagno, pavimento*) to tile

piastrellista [pias·trel·'lis·ta] <-i *m*, -e *f*> *mf* tiler

piastrina [pias·'tri:·na] *f* 1. BIOL platelet 2. MIL **~ di riconoscimento** dog tag 3. (*medaglietta*) tag

piattaforma [piat·ta·'for·ma] <piatteforme> *f* 1. (*gener*) platform; **~ petrolifera** oil platform Collettivo Nazionale di Lavoro 2. (*per tuffi*) board

piattello [piat·'tɛl·lo] *m* (*bersaglio*) skeet; **tiro al ~** skeet shooting

piattino [piat·'ti:·no] *m* (*di tazzina*) saucer

piatto ['piat·to] *m* 1. (*recipiente*) plate; **~ fondo/piano** soup/dinner plate 2. FOOD (*vivanda*) dish; **un ~ di minestra/di spaghetti** a plate of soup/spaghetti; (*portata*) course; **primo ~** first course; **~ del giorno** today's special 3. (*di bilancia*) pan 4. *pl* MUS cymbals

piatto, -a *adj* 1. (*piano*) flat; MAT (*angolo*) straight 2. (*monotono*) dull

piattola ['piat·to·la] *f* 1. ZOOL crab 2. *fam* (*persona noiosa*) pain

piazza ['piat·tsa] *f* 1. (*di città*) squadre; **scendere in ~** (*manifestare*) to take to the streets; **fare ~ pulita** (*sbarazzarsi*) to make a clean sweep 2. (*luogo di operazioni*) market; **rovinare la ~ a qu** to ruin sb's reputation 3. (*posto*) **letto ad una ~** single bed; **letto a due -e** double bed 4. *fig* (*gente*) crowd; **mettere in ~** *fig* to make public

piazzale [piat·'tsa:·le] *m* 1. (*piazza*) square 2. (*di stazione*) forecourt; (*di aeroporto*) apron

piazzamento [piat·tsa·'men·to] *m* (*in classifica, graduatoria*) placing

piazzare [piat·'tsa:·re] I. *vt* 1. (*gener*) to place 2. COM to sell II. *vr:* **-rsi** 1. SPORT to be placed 2. *fam* (*mettersi*) to plant oneself

piazzata [piat·'tsa:·ta] *f fam* (*scenata*) scene

piazzato, -a [piat·'tsa:·to] *adj* 1. (*nell'ippica*) placed 2. (*robusto*) **ben ~** well-built 3. *fig* (*con solida posizione*) established

piazzista [piat·'tsis·ta] <-i *m*, -e *f*> *mf* traveling salesman *m*, traveling saleswoman *f*

piazzola [piat·'tsɔ:·la] *f* 1. (*su una strada*) pull-

-off; ~ **di sosta** pull-off; ~ **di emergenza** emergency pull-off **2.** (*in campeggio*) spot

picca ['pik·ka] <-cche> f **1.** (*puntiglio*) pique **2.** pl (*di carte da gioco*) spades; **rispondere -cche** *fam* to refuse point-blank

piccante [pik·'kan·te] *adj* **1.** (*piatto, salsa*) spicy; (*formaggio*) strong **2.** (*storiella*) racy; (*particolare*) juicy

piccarsi [pik·'kar·si] *vr* (*vantarsi*) ~ **di fare qc** to pride oneself on doing sth

picchettaggio [pik·ket·'tad·dʒo] <-ggi> *m* picketing

picchettare [pik·ket·'ta:·re] *vt* **1.** (*fabbrica*) to picket **2.** (*area*) to stake out

picchetto [pik·'ket·to] *m* **1.** (*paletto*) peg **2.** MIL (*gruppo di scioperanti*) picket

picchiare [pik·'kia:·re] **I.** *vt* **1.** (*dare colpi su*) to beat **2.** (*percuotere*) to beat up **II.** *vi* **1.** (*dare colpi*) to beat **2.** (*sole*) to beat down **3.** AUTO ~ **in testa** to knock **III.** *vr:* **-rsi** to fight

picchiata [pik·'kia:·ta] f AERO **scendere in** ~ to nosedive

picchiatello, -a [pik·kia·'tɛl·lo] **I.** *adj fam* crazy **II.** *m, f fam* crazy person

picchiato, -a [pik·'kia:·to] *adj fam* (*strambo*) crazy

picchiatore, -trice [pik·kia·'to:·re] *m, f* goon *inf*

picchiettare [pik·kiet·'ta:·re] **I.** *vi* (*con le dita*) to tap; (*pioggia*) to patter **II.** *vt* to spatter

picchio ['pik·kio] <-cchi> *m* **1.** ZOOL woodpecker **2.** (*colpo*) tap

piccineria [pit·tʃi·ne·'ri:·a] <-ie> f (*meschinità*) pettiness

piccino, -a [pit·'tʃi:·no] **I.** *adj* **1.** (*piccolo*) little **2.** *fig* (*meschino*) petty **II.** *m, f* little one

picciolo [pit·'tʃɔ:·lo] *m* (*di mela*) stalk

piccionaia [pit·tʃo·'na:·ia] <-aie> f **1.** (*riparo per piccioni*) pigeon loft **2.** (*soffitta*) loft **3.** TEAT (*loggione*) gallery

piccioncino, -a [pit·tʃon·'tʃi:·no] *m, f fam* lovebird

piccione [pit·'tʃo:·ne] *m* pigeon; ~ **viaggiatore** carrier pigeon; **tiro al** ~ pigeon shooting; **prendere due -i con una fava** *fig* to kill two birds with one stone

picco ['pik·ko] <-cchi> *m* peak; **a** ~ (*perpendicolare*) vertically; **colare a** ~ to sink

piccolezza [pik·ko·'let·tsa] f **1.** (*dimensione*) smallness simile **2.** (*inezia*) trifle **3.** (*meschinità*) pettiness

piccolo, -a ['pik·ko·lo] <più piccolo *o* minore, piccolissimo *o* minimo> **I.** *adj* **1.** (*non grande*) small ~; ~ **imprenditore** small businessman **2.** (*breve*) short **3.** (*di età*) young **4.** (*di poco conto*) little **5.** *fig* (*meschino*) petty **II.** *m, f* **1.** (*gener*) little one; **da** ~ as a child **2.** (*loc*) **nel mio/tuo/suo** ~ in my/your/his [*o* her] [*o* its fondi] own small way; **in** ~ on a smaller scale

piccone [pik·'ko:·ne] *m* pickax

piccozza [pik·'kɔt·tsa] f ice ax

pick-up ['pik·ʌp] <-> *m* (*furgone*) pick-up

picnic [pik·'nik] <-> *m* picnic

pidocchio [pi·'dɔk·ko] <-cchi> *m* **1.** (*di persona, pianta*) louse **2.** (*persona avara*) stingy person

pidocchioso, -a [pi·dok·'ki·io:·so] *adj pej* **1.** (*con i pidocchi*) lice-infested **2.** (*avaro*) stingy

piè [piɛ] *m* **a** ~ **di pagina** at the foot of the page

pied-à-terre [pie·ta·'tɛ:r] <-> *m* pied-à-terre

pied-de-poule [piet·'pul] <-> *m* hound's-tooth cloth

piede ['piɛ:·de] *m* **1.** ANAT (*unità di misura*) foot; **stare in -i** to stand viaggio; **essere a -i** to be on foot; **non stare in -i** (*ragionamento, teoria*) not to stand up; **andare a -i** to go on foot; **levarsi** [*o* **togliersi**] **dai -i** *fam* to go away; **prender** ~ to gain ground; **tenere in -i** (*azienda, famiglia*) to keep going famiglia; **mettere i -i in testa a qu** (*trattar male*) to walk all over sb; **mettere in -i** (*allestire*) to set sth up; **puntare i -i** (*intestardirsi*) to dig one's heels in; **fatto coi -i** *fam* (*malfatto*) badly done; **a -i nudi** barefoot; **da capo a -i** from head to toe; **su due -i** (*immediatamente*) immediately **2.** (*di mobile*) leg; (*di lampada*) base; ~ **del tavolo** table leg **3.** (*estremità inferiore*) **ai -i della montagna** at the foot of the mountain; **ai -i del letto** at the foot of the bed

piedestallo [pie·des·'tal·lo] *m v.* **piedistallo**

piedino [pi·'di:·no] *m* **fare** ~ **a qu** to play footsie with sb

piedipiatti [pie·di·'piat·ti] <-> *m sl* (*poliziotto*) cop

piedistallo [pie·dis·'tal·lo] *m* (*di statua, colonna*) pedestal

piega ['piɛ:·ga] <-ghe> f fold; **gonna a -ghe** pleated skirt; **messa in** ~ set; **non fare una** ~ (*rimanere impassibile*) not to bat an eye; **prendere una brutta** ~ *fig* to take a turn for the worse

piegaciglia [pie·ga·'tʃiʎ·ʎa] <-> *m* eyelash curler

piegamento [pie·ga·'men·to] *m* SPORT push-up

piegare [pie·'ga:·re] **I.** *vt* **1.** (*sbarra, fil di ferro, braccia, gambe, testa, corpo*) to bend; (*foglio, vestiti*) to fold **2.** (*dominare*) to subdue **II.** *vi* (*voltare*) to turn **III.** *vr:* **-rsi 1.** (*incurvarsi*) to bend schiena **2.** (*arrendersi*) to submit

pieghevole [pie·'ge:·vo·le] *adj* **1.** (*metallo, ramo*) pliant **2.** (*sedia, tavolo*) folding

Piemonte [pie·'mon·te] *m* Piedmont

piemontese[1] <sing> *m* (*dialetto*) Piedmontese

piemontese[2] **I.** *mf* (*abitante*) Piedmontese **II.** *adj* Piedmontese

piena ['piɛ:·na] f **1.** (*di corso d'acqua*) flood; **in** ~ in spate **2.** (*calca*) crowd

pieno ['piɛ:·no] *m* **1.** (*culmine*) **nel** ~ **dell'estate** at the height of summer; **nel** ~ **dell'inverno** in the depths of winter; **nel** ~ **della notte** at the dead of night; **in** ~ (*completamente*) completely **2.** (*carico*) **fare il** ~ (*di benzina*) to fill up (with gas)

pieno, -a *adj* **1.** (*gener*) full; ~ **di** full of; **essere** ~ **di sé** to be full of oneself; ~ **zeppo** completely full; **a stomaco** ~ on a full stomach; **luna -a** full moon; **in** ~ **giorno** in broad daylight; **in** ~ **inverno** in the depths of winter **2.** (*oro*) solid **3.** (*giornata, periodo*) busy

pienone [pie·'no:·ne] *m* (*folla*) crowd

piercing ['pi:r·sing] <-> *m* piercing

pietà [pie·'ta] <-> *f* **1.** (*compassione*) pity; **avere** ~ **di qu** to feel pity for sb; **muovere qu a** ~ to move sb to pity **2.** REL piety; (*in arte*) Pietà

pietanza [pie·'tan·tsa] *f* dish

pietismo [pie·'tiz·mo] *m* (*pietà ostentata*) pietism

pietoso, -a [pie·'to:·so] *adj* **1.** (*che prova pietà*) compassionate **2.** (*che ispira pietà*) pitiful **3.** *fam* (*pessimo*) pathetic

pietra ['piɛ·tra] *f* stone; ~ **preziosa** precious stone; ~ **dura** semiprecious stone; **età della** ~ Stone Age; **porre la prima** ~ *fig* to lay the foundations sistema sanitario; **mettere una** ~ **sopra qc** *fig* to say no more about sth

pietrificare [pie·tri·fi·'ka:·re] **I.** *vt* to petrify **II.** *vr:* **-rsi** to become petrified

pietrina [pie·'tri:·na] *f* (*di accendino*) flint

pietrisco [pie·'tris·ko] <-schi> *m* aggregate

piffero ['pif·fe·ro] *m* (*strumento*) pipe

pigiama [pi·'dʒa:·ma] <-i> *m* pajamas

pigia pigia ['pi:·dʒa 'pi:·dʒa] <-> *m* crowd

pigiare [pi·'dʒa:·re] *vt* (*premere*) to press; (*dare spintoni a*) to push; (*uva*) to tread

pigiatura [pi·dʒa·'tu:·ra] *f* (*dell'uva*) treading

pigione [pi·'dʒo:·ne] *f* (*affitto*) rent

pigliare [piʎ·'ʎa:·re] *vt fam* to take; **pigliarle** (*essere picchiato*) to get a hiding

pigmentazione [pig·men·tat·'tsio:·ne] *f* (*di fibre tessili*) pigmentation

pigmento [pig·'men·to] *m* (*per vernici*) pigment

pigna ['piɲ·ɲa] *f* (*di pino*) pine cone

pignoleria [piɲ·ɲo·le·'ri:·a] <-ie> *f* (*caratteristica*) fussiness

pignolo, -a **I.** *adj* fussy **II.** *m, f* fussbudget

pignone [piɲ·'ɲo:·ne] *m* ARCHIT gable

pignoramento [piɲ·ɲo·ra·'men·to] *m* distraint

pignorare [piɲ·ɲo·'ra:·re] *vt* GIUR to distrain

pigolare [pi·go·'la:·re] *vi* (*pulcino, uccello*) to chirp

pigolio [pi·go·'li:·o] <-ii> *m* chirping

pigrizia [pi·'grit·tsia] <-ie> *f* laziness

pigro, -a ['pi:·gro] **I.** *adj* (*indolente*) lazy **II.** *m, f* lazybones *inf*

PIL [pil] *abbr di* **Prodotto Interno Lordo** GDP

pila ['pi:·la] *f* **1.** (*batteria*) battery **2.** (*cumulo*) pile **3.** *fam* (*lampadina tascabile*) flashlight

pilastro [pi·'las·tro] *m* **1.** ARCHIT pillar **2.** *fig* (*sostegno*) mainstay

pile [pail] *m* fleece

pillola ['pil·lo·la] *f* **1.** (*pastiglia*) pill; **prendere la** ~ (*anticoncezionale*) to be on the pill; **la** ~

del giorno dopo the morning-after pill **2.** *fig* (*difficoltà*) **indorare la** ~ to sweeten the pill

pilone [pi·'lo:·ne] *m* **1.** ARCHIT pier **2.** (*nel rugby*) prop

pilota¹ [pi·'lɔ:·ta] <-i> *m* TEC ~ **automatico** automatic pilot

pilota² <-i *m*, -e *f*> *mf* AERO, NAUT pilot; MOT driver

pilota³ <inv> *adj* pilot

pilotaggio [pi·lo·'tad·dʒo] <-ggi> *m* AERO, NAUT piloting

pilotare [pi·lo·'ta:·re] *vt* **1.** (*automobile*) to drive **2.** (*nave, aereo*) to pilot

piluccare [pi·luk·'ka:·re] *vt* to pick at

pimento [pi·'men·to] *m* (*spezia*) allspice

pimpante [pim·'pan·te] *adj* (*allegro*) perky

pin [pin] <-> *m acrò de* **personal identification number** PIN

pina ['pi:·na] *f v.* **pigna**

pinacoteca [pi·na·ko·'tɛ:·ka] <-che> *f* art gallery capitolina

Pinco ['piŋ·ko] *m* ~ **Pallino** *fam* so-and-so

pineta [pi·'ne:·ta] *f* pinewood

ping-pong® [piŋg'pɔŋg] <-> *m* table tennis

pingue ['piŋ·gue] *adj* **1.** (*corpo, persona, braccia*) fat **2.** (*terra, pianura*) fertile **3.** (*guadagno, patrimonio*) large

pinguedine [piŋ·'guɛ:·di·ne] *f* (*grassezza*) fatness

pinguino [piŋ·'gui:·no] *m* **1.** (*uccello*) penguin **2.** (*gelato*) chocolate-covered ice cream on a stick

pinna ['pin·na] *f* **1.** (*di pesce, imbarcazione*) fin **2.** (*calzatura*) flipper

pinnacolo [pin·'na:·ko·lo] *m* pinnacle

pino ['pi:·no] *m* (*albero, legno*) pine

pinolo [pi·'nɔ:·lo] *m* pine kernel

pin-up (girl) ['pin·ʌp 'gə:l] <-> *f* pinup

pinza ['pin·tsa] *f* **1.** TEC pliers *pl;* MED forceps *pl* **2.** *fam* ZOOL pincer

pinzare [pin·'tsa:·re] *vt* (*con la pinzatrice*) to staple

pinzetta [pin·'tset·ta] *f* (*per sopracciglia, francobolli*) tweezers *pl*

pinzimonio [pin·tsi·'mɔ:·nio] <-i> *m tosc:* olive oil, salt and pepper dip for crudités

pio, -a ['pi:·o] <pii, pie> *adj* **1.** (*devoto*) pious **2.** (*caritatevole*) charitable

pioggerella [piod·dʒe·'rɛl·la] *f* drizzle

pioggia ['pjɔd·dʒa] <-gge> *f* **1.** METEO rain; ~ **acida** acid rain; ~ **fine/fitta/scrosciante** light/heavy/pouring rain; **la stagione delle -gge** the rainy season **2.** (*grande quantità*) torrent

piolo ['piɔ:·lo] *m* **1.** (*legnetto*) peg **2.** (*di scala*) rung; **scala a -i** ladder

piombare [piom·'ba:·re] **I.** *vi essere* **1.** (*cadere dall'alto*) to fall **2.** (*sprofondare*) ~ **nella disperazione/depressione** to be plunged into despair/depression **3.** (*disgrazie, aggressore*) ~ **addosso a qu** to descend on sb **4.** (*arrivare all'improvviso*) to turn up **II.** *vt avere* (*pacco, carro*) to seal with lead

P

piombatura [piom·ba·'tuː·ra] *f* 1.(*di dente*) filling 2.(*rivestimento di piombo*) sealing with lead

piombino [piom·'biː·no] *m* 1.(*proiettile*) lead pellet 2.(*di lenza, rete*) sinker 3.(*di pacco*) lead seal 4.(*di filo a piombo*) plumb; (*scandaglio*) lead

piombo ['piom·bo] *m* 1.CHIM lead; **pesare come il ~** to weigh a ton; **andare coi piedi di ~** *fig* to tread carefully; **senza ~** (*benzina*) unleaded 2.(*di lenza, rete*) sinker; **filo a ~** plumb line; **cadere a ~** to hang straight 3.(*sigillo*) lead seal 4.(*proiettili*) bullets

pioniere [pio·'niɛː·re] *m* pioneer

pio pio ['piː·o 'piː·o] I.<-> *m* cheep-cheep II. *interj* cheep-cheep

piovano, -a [pio·'vaː·no] *adj* **acqua ~** rainwater

piovere ['piɔː·ve·re] <piove, piovve, piovuto> *vi essere o avere* 1.METEO to rain; **~ a catinelle** [*o* **dirotto**] [*o* **scrocio**] to pour (down); **su questo non ci piove** *fig, fam* there's no doubt about it; **piove sul bagnato** (*in senso positivo*) some people have all the luck sul bagnato!; (*in senso negativo*) it never rains but it pours 2.(*cadere come pioggia*) to rain down; **~ dal cielo** *fig* to fall into one's lap 3.(*arrivare in grande quantità*) to come thick and fast **~ gli insulti; ~ addosso a qu** (*disgrazia*) to assail sb

piovigginare [pio·vid·dʒi·'naː·re] *vi essere o avere* to drizzle

piovigginoso, -a [pio·vid·dʒi·'noː·so] *adj* (*giorno, tempo*) drizzly

piovoso, -a [pio·'voː·so] *adj* (*inverno, giornata, tempo*) rainy

piovra ['piɔː·vra] *f* 1.ZOOL octopus 2.*mafia* **la ~** the Mafia

piovve ['piɔv·ve] 3. *pers sing pass rem di* **piovere**

pipa ['piː·pa] *f* (*per fumare*) pipe; **fumare la ~** to smoke a pipe

pipeline ['paip·lain] <-> *m* pipeline

pipetta [pi·'pet·ta] *f* (*tubo di vetro*) pipette

pipì [pi·'pi] <-> *f fam* pee; **fare (la) ~** to have a pee

pipistrello [pi·pis·'trɛl·lo] *m* ZOOL bat

piqué [pi·'ke] <-> *m* piqué

piramidale [pi·ra·mi·'daː·le] *adj* 1.(*forma, organizzazione*) pyramidal 2.(*madornale*) huge

piramide [pi·'raː·mi·de] *f* pyramid

piranha [pi·'re·ɲa] <-> *m* piranha

pirata <inv> *adj* (*illegale*) pirate; **copia ~** pirate copy; **emittente ~** pirate station

pirata [pi·'raː·ta] <-i> *m* 1.(*uomo di mare*) pirate; **~ della strada** hit-and-run driver; **~ dell'aria** hijacker 2.(*persona senza scrupoli*) shark 3. *inf* **~ informatico** hacker

piratare [pi·ra·'taː·re] *vt* (*software, canale televisivo*) to pirate

piratato, -a [pi·ra·'taː·to] *adj* (*sofware, canale televisivo*) pirated

pirateria [pi·ra·te·'riː·a] <-ie> *f* 1.(*in mare*) piracy; (*su un aereo*) hijacking 2.(*attività abusiva*) pirating; **~ informatica** hacking 3.(*ruberia*) stealing

Pirenei [pi·re·'nɛː·i] *mpl* **i ~** the Pyrenees

pirico, -a ['piː·ri·ko] <-ci, -che> *adj* **polvere -a** gunpowder

pirite [pi·'riː·te] *f* pyrite

piritico, -a [pi·'riː·ti·ko] <-ci, -che> *adj* pyritic

piroetta [pi·ro·'et·ta] *f* pirouette

piroettare [pi·ro·et·'taː·re] *vi* to pirouette

pirofila [pi·'rɔː·fi·la] *f* (*tegame*) Pyrex® dish

piroga [pi·'rɔː·ga] <-ghe> *f* dugout (canoe)

piromane [pi·'rɔː·ma·ne] *mf* pyromaniac

piromania [pi·ro·ma·'niː·a] *f* pyromania

piroscafo [pi·'rɔs·ka·fo] *m* steamship

pirotecnico [pi·ro·'tɛk·ni·ko] <-ci> *m* MIL munitions factory

pirotecnico, -a <-ci, -che> I. *adj* (*arte*) pyrotechnical; (*spettacolo*) fireworks II. *m, f* fireworks maker

Pisa *f* Pisa, *city in northwest Italy*

Pisano <sing> *m* Pisa area

pisano, -a [pi·'saː·no] I. *m, f* (*abitante*) Pisan II. *adj* Pisan

piscia ['piʃ·ʃa] <-sce> *f vulg* piss

pisciare [piʃ·'ʃaː·re] *vi vulg* to piss; **pisciarsi addosso** [*o* **sotto**] *fig* to piss oneself

pisciata [piʃ·'ʃaː·ta] *f vulg* piss; **fare una ~** to take a piss

piscicoltore, -trice [piʃ·ʃi·kol·'toː·re] *m, f* fish farmer

piscicoltura [piʃ·ʃi·kol·'tuː·ra] *f* fish farming

piscina [piʃ·'ʃiː·na] *f* (swimming) pool; **~ olimpionica** Olympic pool; **~ coperta** indoor pool; **~ scoperta** open-air pool

piscio ['piʃ·ʃo] <-sci> *m vulg* piss

pisello¹ [pi·'sɛl·lo] *m* 1.BOT, GASTR pea 2.*fam* (*pene*) dick

pisello² <inv> *adj* **verde ~** pea-green

pisolino [pi·zo·'liː·no] *m fam* nap; **fare [*o* schiacciare] un ~** to take a nap

pisside ['pis·si·de] *f* REL pyx

pissi pissi ['pis·si 'pis·si] <-> *m* whispering

pista ['pis·ta] *f* 1.(*gener*) track 2.(*spazio libero*) **~ da ballo** dance floor; **~ da bowling** bowling alley; **~ di pattinaggio** skating rink; **~ del circo** ring 3.(*nello sci*) run 4.AERO **~ di atterraggio** landing strip; **~ di rullaggio** taxiway 5.(*via*) **~ ciclabile** bike lane

pistacchio¹ [pis·'tak·kio] <-cchi> *m* (*albero, frutto*) pistachio

pistacchio² <inv> *adj* pistachio

pistillo [pis·'til·lo] *m* pistil

Pistoia *f* Pistoia, *city in northern Italy*

pistoiese [pis·toi·'eː·se] I. *mf* (*abitante*) person from Pistoia II. *adj* from Pistoia

Pistoiese <sing> *m* Pistoia area

pistola [pis·'tɔː·la] *f* 1.(*arma*) pistol; **~ ad acqua** water pistol 2.(*strumento*) **~ a spruzzo** spray gun

pistolero [pis·to·'lɛː·ro] *m* gunfighter

pistone [pis·'toː·ne] *m* 1.(*di motore*) piston 2.(*di strumenti a fiato*) valve

pitagorico, -a <-ci, -che> *adj* **tavola -a** multiplication table

pitocco, -a [pi·'tɔk·ko] <-cchi, -cche> I. *m, f* skinflint II. *adj* (*avaro*) stingy

pitone [pi·'toː·ne] *m* (*serpente, pelle*) python

pittografia [pit·to·gra·'fiː·a] *f* pictography

pittografico, -a [pit·to·'graː·fi·ko] <-ci, -che> *adj* pictographic

pittogramma [pit·to·'gram·ma] <-i> *m* pictogram

pittore, -trice [pit·'toː·re] *m, f* painter

pittoresco, -a [pit·to·'res·ko] <-schi, -sche> *adj* (*suggestivo*) picturesque; (*stravagante*) colorful

pittorico, -a [pit·'tɔː·ri·ko] <-ci, -che> *adj* 1. (*tecnica, scuola*) painting 2. *fig* (*vivacità, descrizione*) colorful

pittura [pit·'tuː·ra] *f* 1. (*arte, dipinto*) painting 2. *fam* (*vernice*) paint

pitturare [pit·tu·'raː·re] *vt* (*verniciare*) to paint

più [piu] *comparativo di* **molto, -a** I. *adv* 1. (*comparativo*) more; (*superlativo*) most; ~ **intelligente/bello** more intelligent/beautiful; ~ **piccolo/grande** smaller/bigger; **il ~ interessante** the most interesting; **il ~ vecchio di tutti** the oldest of them all; **il ~ vecchio dei due** the older of the two; **di ~** more; **mi piace di ~ il rosso** I like the red one better; **la canzone che mi piace di ~** the song I like best; **tanto ~ che** especially since; ~ ... **che mai** more ... than ever; ~ ... **che** ... more ... than ...; **sono ~ sorpreso che arrabbiato** I'm more surprised than angry; **chi ~ chi meno** some more than others; **tra non ~ di un mese** in less than a month; **e chi ~ ne ha ~ ne metta** the more the merrier 2. (*oltre*) **non ...** ~ not ... anymore; **non ci pensare ~** don't think about it anymore; **mai ~** never again; **non ne posso ~** I can't take any more; **per di ~** what's more; **a ~ non posso** *fam* (*correre*) as fast as possible 3. (*nelle temperature*) MAT plus; ~ **tre** plus three; **tre ~ tre fa sei** three plus three is six; **in ~** more; ~ **o meno** more or less 4. (*nei voti scolastici*) plus II. *prep* plus III. <inv> *adj* 1. (*comparativo*) more; (*superlativo*) most; **ho ~ amici di te** I've got more friends than you; **quello con ~ possibilità di vincere** the one with the best chance of winning; **ci vuole ~ tempo** more time is needed; ~ **persone vengono e meglio è** the more people that come the better; **al ~ presto** as soon as possible; **al ~ tardi** at the latest 2. (*parecchi*) several; **te l'ho ripetuto ~ volte** I've told you several times IV. <-> *m* 1. (*massimo*) most; (**tutt')al** ~ at most; **per lo** ~ usually; **parlare del** ~ **e del meno** to talk about this and that 2. (*parte maggiore*) most; **il ~ è fatto** most of it is done; **il ~ delle volte** most of the time 3. *pl* (*la maggioranza*) majority 4. MAT plus sign

piuma¹ ['piuː·ma] *f* 1. (*penna*) feather 2. (*ornamento*) plume

piuma² <inv> *adj* **peso ~** SPORT featherweight

piumaggio [piu·'mad·dʒo] <-ggi> *m* plumage

piumato, -a [piu·'maː·to] *adj* feathered

piumino [piu·'miː·no] *m* 1. (*degli uccelli*) down 2. (*per la cipria*) powder puff 3. (*coperta*) comforter 4. (*giacca*) padded jacket 5. (*per spolverare*) feather duster 6. (*proiettile*) dart

piumone® [piu·'moː·ne] *m* comforter

piuttosto [piut·'tɔs·to] *adv* (*anzi, alquanto*) rather; ~ **che** ... +*inf* rather than ...; ~ **che** (*anziché*) rather than

piva ['piː·va] *f* bagpipes *pl*

pivello, -a [pi·'vɛl·lo] *m, f fam* tenderfoot

pixel ['pik·sal] <-> *m* pixel

pizza ['pit·tsa] *f* 1. FOOD pizza; ~ **al taglio** pizza by the slice 2. *fig* (*persona o cosa noiosa*) bore; **che ~!** what a bore! 3. (*pellicola*) reel

---

Although its ultimate origins are disputed, the pizza that is loved all over the world comes from Naples. There are more than fifty types of pizza (**Margherita, Calzone, Capricciosa, Quattro Stagioni**, etc.). **Margherita**, the best-known pizza, was invented in the late nineteenth century in honor of the then Queen of Italy, Margherita. This pizza unites the three colors of the Italian flag: green basil, white mozzarella, and red tomato sauce.

---

pizzaiolo, -a [pit·tsa·'iɔː·lo] *m, f* 1. (*chi fa le pizze*) pizza chef; **alla -a** cooked with tomato, parsley and garlic 2. (*gestore di pizzeria*) pizzeria owner

pizzeria [pit·tse·'riː·a] <-ie> *f* pizzeria

pizzicare [pit·tsi·'kaː·re] I. *vt* 1. (*con le dita*) to pinch; (*solleticare*) to tickle 2. (*pungere*) to sting 3. (*stuzzicare*) to tease 4. *fam* (*cogliere*) to catch 5. MUS to pluck II. *vi* 1. (*prudere*) to tingle 2. (*essere piccante*) to be hot

pizzicato [pit·tsi·'kaː·to] *m* (*tecnica*) pizzicato

pizzico ['pit·tsi·ko] <-chi> *m* 1. (*gener*) pinch 2. (*puntura d'insetto*) bite

pizzicotto [pit·tsi·'kɔt·to] *m* (*con le dita*) pinch

pizzo ['pit·tso] *m* 1. (*merletto*) lace 2. (*barba*) goatee 3. (*tangente*) protection money; **pagare il ~** to pay protection money

placare [pla·'kaː·re] I. *vt* 1. (*collera*) to appease; (*persona*) to calm down 2. (*fame*) to satisfy; (*sete*) to quench II. *vr:* **-rsi** (*persona*) to calm down; (*dolore*) to ease; (*tempesta*) to die down

placca ['plak·ka] <-cche> *f* 1. (*lamina*) ELETT plate 2. (*targhetta, sulla pelle*) plaque; ~ **batterica** [*o* **dentaria**] dental plaque

placcare [plak·'kaː·re] *vt* 1. (*rivestire*) ~ **qc d'oro/argento** to gold-/silver-plate sth 2. (*nel rugby*) to tackle

placchetta [plak·'ket·ta] *f* (*di occhiali*) nose pad

P

placebo [pla·'tʃɛ·bo] <-> I. *m* placebo II. *adj* effetto ~ placebo effect

placenta [pla·'tʃɛn·ta] *f* placenta

placido, -a ['pla:·tʃi·do] *adj* (*persona, carattere*) placid; (*serata*) calm

plafond [pla·'fɔ̃] <-> *m* FIN, COM ceiling

plafoniera [pla·fo·'niɛ:·ra] *f* ceiling light

plagiare [pla·'dʒa:·re] *vt* 1. (*opera*) to plagiarize 2. (*persona*) to subject to duress

plagio ['pla:·dʒo] <-gi> *m* 1. (*di opera*) plagiarism 2. (*di persona*) duress

plaid [plɛd] <-> *m* lap robe

planare [pla·'na:·re] *vi* (*aereo*) to glide; (*imbarcazione*) to skim

planata [pla·'na:·ta] *f* glide

plancia ['plan·tʃa] <-ce> *f* 1. AUTO dashboard 2. NAUT (*ponte*) bridge; (*passerella*) gangway

planetario [pla·ne·'ta:·rio] <-i> *m* (*macchina*) orrery; (*edificio*) planetarium

planetario, -a <-i, -ie> *adj* (*dei pianeti*) planetary; (*della Terra*) worldwide

planetologia [pla·ne·to·lo·'dʒi:·a] *f* ASTR planetology

planetologo, -a [pla·ne·'tɔ:·lo·go] <-ghi, -ghe> *m, f* ASTR planetologist

planimetria [pla·ni·me·'tri:·a] <-ie> *f* 1. MAT planimetry 2. (*pianta*) plan sito web

planisfero [pla·nis·'fɛ:·ro] *m* planisphere; ~ celeste celestial planisphere

plantare [plan·'ta:·re] *m* (*protesi*) arch support

plasma ['plaz·ma] <-i> *m* (*del sangue*) plasma

plasmabile [plaz·'ma:·bi·le] *adj* (*materia*) moldable; (*carattere*) malleable

plasmare [plaz·'ma:·re] *vt* (*materiale, carattere, gusti*) to mold

plastica ['plas·ti·ka] <-che> *f* 1. (*materiale*) plastic 2. MED plastic surgery 3. (*in arte*) plastic art

plasticità [plas·ti·tʃi·'ta] <-> *f* (*di materiale, raffigurazione*) plasticity ~

plastico ['plas·ti·ko] <-ci> *m* 1. (*rappresentazione topografica*) scale model 2. (*esplosivo*) plastic explosive

plastico, -a <-ci, -che> *adj* plastic; **arti plastiche** (*materiale, consistenza*) plastic arts; **modello ~** scale model; **chirurgia plastica** plastic surgery

plastificare [plas·ti·fi·'ka:·re] *vt* 1. (*rendere plastico*) to plasticize 2. (*rivestire di plastica*) to coat with plastic

plastilina® [plas·ti·'li:·na] *f* Play-Doh®

platano ['pla:·ta·no] *m* plane (tree)

platea [pla·'tɛ:·a] *f* (*parte del teatro*) orchestra; (*spettatori*) audience

plateale [pla·te·'a:·le] *adj* (*evidente*) theatrical

platinato [pla·ti·'na:·to] *adj* (*capelli*) platinum-blond

platino ['pla:·ti·no] *m* platinum

platonico, -a <-ci, -che> *adj* (*pensiero, opera*) Platonic; (*amore, amicizia*) platonic

plausibile [plau·'zi:·bi·le] *adj* (*spiegazione, argomento*) plausible

plausibilità [plau·zi·bi·li·'ta] <-> *f* plausibility

plauso ['pla:·u·zo] *m* (*approvazione*) approval

playback ['plei·bæk] <-> *m* miming

playboy ['plei·bɔi] <- *o* playboys> *m* playboy

plebaglia [ple·'baʎ·ʎa] <-glie> *f pej* rabble

plebe ['plɛ:·be] *f* HIST plebs *pl*

plebeo, -a [ple·'bɛ:·o] *adj* HIST plebeian

plebiscito [ple·biʃ·'ʃi:·to] *m* 1. POL plebiscite 2. *fig* **un ~ di consensi** unanimous agreement

Pleiadi ['plɛ:·ia·di] *fpl* Pleiades *pl*

plenario, -a [ple·'na:·rio] <-i, -ie> *adj* 1. (*riunione*) plenary 2. (*totale*) complete; **indulgenza -a** REL plenary indulgence

plenilunio [ple·ni·'lu:·nio] <-i> *m* full moon

plenum ['plɛ:·num] <-> *m* plenum

pleonasmo [ple·o·'naz·mo] *m* pleonasm

pleonastico, -a [ple·o·'nas·ti·ko] <-ci, -che> *adj* 1. LING pleonastic 2. *fig* (*superfluo*) unnecessary

pleura ['plɛu·ra] *f* pleura

pleurite [pleu·'ri:·te] *f* pleurisy

PLI *m abbr di* **Partito Liberale Italiano** HIST *Italian Liberal Party*

plico ['pli:·ko] <-chi> *m* package; (*insieme di documenti*) sheaf of papers

plissé [pli·'se] I. <inv> *adj* (*gonna, tessuto*) pleated II. <-> *m* pleated fabric

plissettato [plis·set·'ta:·to] *adj* pleated

plot [plɔt] <-> *m* (*di film*) plot

plotone [plo·'to:·ne] *m* 1. MIL platoon; ~ **d'esecuzione** firing squad 2. (*nel ciclismo*) pack

plotter ['plɔ·tə] <- *o* plotters> *m inf* plotter

plug-in [plʌg·'in] <-> *m inf* plug-in

plumbeo, -a ['plum·beo] <-ei, -ee> *adj* (*cielo, colore*) leaden

plurale [plu·'ra:·le] I. *adj* plural II. *m* plural; **al ~** in the plural

pluralismo [plu·ra·'liz·mo] *m* pluralism

pluralista [plu·ra·'lis·ta] <-i *m*, -e *f*> *mf* pluralist

pluralistico, -a [plu·ra·lis·ti·ko] <-ci, -che> *adj* (*sistema, informazione*) pluralist

pluri- [plu·ri] (*in parole composte*) multi-

pluricellulare [plu·ri·tʃel·lu·'la:·re] *adj* (*organismo*) multicellular

pluridimensionale [plu·ri·di·men·sio·'na:·le] *adj* multidimensional

pluridirezionale [plu·ri·di·ret·tsio·'na:·le] *adj* multidirectional

pluridisciplinare [plu·ri·diʃ·ʃi·pli·'na:·re] *adj* multidisciplinary

pluriennale [plu·rien·'na:·le] *adj* lasting many years

plurietnico, -a [plu·ri·'ɛt·ni·ko] <-ci, -che> *adj* multiethnic

plurigemellare [plu·ri·dʒe·mel·'la:·re] *adj* MED **parto ~** multiple birth

plurigemino, -a [plu·ri·'dʒe:·mi·no] *adj* MED *v.* **plurigemellare**

plurilingue [plu·ri·'liŋ·gue] <inv> *adj* multilingual

plurilinguismo [plu·ri·liŋ·'guiz·mo] *m* (*di zona, comunità*) multilingualism

plurimandatario, -a [plu·ri·man·da·'ta:·rio]

I. *m, f* COM *representative working for several companies* **II.** *adj* working for several companies

plurimiliardario, -a [plu·ri·mi·liar·'da:·rio] **I.** *adj* multimillionaire **II.** *m, f* multimillionaire

plurimilionario, -a [plu·ri·mi·lio·'na:·rio] **I.** *adj* multimillionaire **II.** *m, f* multimillionaire

plurimillenario, -a [plu·ri·mil·le·'na:·rio] *adj* thousands of years old

plurimo, -a ['plu:·ri·mo] *adj* multiple

plurinominale [plu·ri·no·mi·'na:·le] *adj* multi-member

pluriomicida [plu·rio·mi·'tʃi:·da] *mf* multiple murderer

pluripartitico, -a [plu·ri·par·'ti:·ti·ko] <-ci, -che> *adj* multiparty

plurisecolare [plu·ri·se·ko·'la:·re] *adj* centuries-old

plurisettimanale [plu·ri·set·ti·ma·'na:·le] *adj* lasting several weeks

plurisettoriale [plu·ri·set·to·'ria:·le] *adj* COM multisector

plurisillabo, -a [plu·ri·'sil·la·bo] *adj* polysyllabic

plurivalente [plu·ri·va·'lɛn·te] *adj* plurivalent

plusvalore [pluz·va·'lo:·re] *m* surplus value

plutocrate [plu·'tɔ:·kra·te] *mf* plutocrat

plutocratico, -a [plu·to·'kra:·ti·ko] <-ci, -che> *adj* plutocratic

plutocrazia [plu·to·krat·'tsi:·a] <-ie> *f* plutocracy

plutonio [plu·'tɔ:·nio] *m* CHIM plutonium

pluviale [plu·'via:·le] *adj* **foresta ~** rainforest

pluviometro [plu·'viɔ:·met·ro] *m* rain gauge

PM *m abbr di* **Pubblico Ministero** District Attorney

pneumatico [pneu·'ma:·ti·ko] <-ci> *m* tire

pneumatico, -a <-ci, -che> *adj* **1.** TEC pneumatic; **martello ~** jackhammer **2.** (*gonfiabile*) inflatable; **materassino ~** air mattress piscine

po' [pɔ] *adv fam* **un ~ a** little; **un bel ~** quite a while; **un ~ di ...** a little ...; **guarda un ~!** good heavens! simile!

pochezza [pok·'ket·tsa] *f* **1.** (*scarsezza*) scarcity **2.** (*inadeguatezza*) inadequacy ~

pochino [po·'ki:·no] *m fam* **un ~ a** little; **un ~ di ... a** little ...

poco¹ ['pɔ:·ko] <meno, pochissimo> *adv* **1.** (*con verbo: in piccola misura*) not very much; **il film mi è piaciuto ~** I didn't like the movie very much; (*con verbo: per breve tempo*) a little while; **ho dormito ~** I slept for a little while; **pesa ~ più di ...** it weighs slightly more than ...; **(a) ~ (a) ~** little by little **2.** (*con aggettivo, avverbio*) not very; **è ~ gentile** she's not very nice; **~ dopo/prima** shortly after/before; **~ fa** a short time ago; **stare ~ bene** to not be very well; **~ male** (*pazienza*) it doesn't matter

poco² <-chi> *m* little; **un ~ a** little; **un ~ di ...** a little ...; **accontentarsi del ~ che si ha** to be content with the little one has; **un ~ di buono** *fam* a bad egg; *v.a.* **po'**

poco, -a <-chi, -che> **I.** *adj* **1.** (*una piccola quantità di*) not very much; (*in piccolo numero*) not very many; **è -a cosa** it's nothing **2.** (*con valore ellittico*) **mangia ~** he doesn't eat much; **ho ~ da fare** I don't have much to do; **ci vuol ~ a capirlo** it's not hard to understand; **fra ~** soon; **per ~ non** (*quasi*) nearly; **un errore da ~** a trivial mistake; **un oggetto da ~** a worthless object; (*siamo arrivati da ~*) we've just arrived; **~ importa** it doesn't matter risultato; **meglio ~ che niente** *prov* take what you can get **II.** *pron* **1.** (*piccola quantità*) little **2.** *pl* (*non numerosi*) few -chi; **essere in -chi** to be few in number

podere [po·'de:·re] *m* (*fondo agricolo*) farm

poderoso, -a [po·de·'ro:·so] *adj* **1.** (*muscoli, braccia*) powerful **2.** (*esercito*) mighty **3.** *fig* (*sforzo*) great; (*memoria*) good

podestà [po·des·'ta] <-> *m* HIST (*nel medioevo*) podestà; (*nel fascismo*) mayor

podio ['pɔ:·dio] <-i> *m* podium

podismo [po·'diz·mo] *m* running

podista [po·'dis·ta] <-i *m*, -e *f*> *mf* runner

podistico, -a [po·'dis·ti·ko] <-ci, -che> *adj* running

poema [po·'ɛ:·ma] <-i> *m* **1.** LIT poem; **~ epico** epic poem **2.** *fig* (*scritto prolisso*) epic ~

poesia [poe·'zi:·a] <-ie> *f* **1.** (*genere, complesso di opere*) poetry **2.** (*componimento*) poem

poeta, -tessa [po·'ɛ:·ta, poe·'tes·sa] <-i, -esse> *m, f* poet

poetica [po·'ɛ:·ti·ka] <-che> *f* (*di artista, movimento*) poetics

poeticità [poe·ti·tʃi·'ta] <-> *f* poeticalness

poetico, -a [po·'ɛ:·ti·ko] <-ci, -che> *adj* poetic

poggiare [pod·'dʒa:·re] **I.** *vt* (*posare*) to place **II.** *vi* (**~ su** *qc*) ARCHIT to rest on sth; *teoria* to be based on sth

poggiatesta [pod·dʒa·'tɛs·ta] <-> *m* (*in auto*) headrest

poggio ['pɔd·dʒo] <-ggi> *m* hill

poggiolo [pod·'dʒɔ:·lo] *m* (*terrazzino*) balcony

pogrom [pa·'grɔm] <-> *m* pogrom

poi ['pɔ:·i] *adv* **1.** (*dopo, infine*) then; (*più tardi*) later; **prima o ~** sooner or later; **d'ora in ~** from now on **2.** (*inoltre*) besides **3.** (*enfatico*) really; **no e ~ no** absolutely not

poiché [poi·'ke] *conj* (*dato che*) since

pois [pwa] <-> *m* **a ~** polka-dot

poker ['pou·kər/'po·ker] <-> *m* **1.** (*gioco*) poker; **giocare a ~** to play poker **2.** (*combinazione di carte*) ~ **d'assi/di fanti** four aces/jacks

polacca [po·'lak·ka] <-cche> *f* (*danza*) polonaise

polacco, -a [po·'lak·ko] <-cchi, -cche> **I.** *adj* Polish **II.** *m, f* Pole

polare [po·'la:·re] *adj* (*del polo*) polar

polarità [po·la·ri·'ta] <-> *f* **1.** FIS polarity **2.** *fig* (*opposizione*) diametrical opposition

P

polarizzare [po·la·rid·'dza:·re] *vt* **1.** FIS to polarize **2.** (*attenzione, interesse*) to attract

polarizzazione [po·la·rid·dzat·'tsio:·ne] *f* FIS polarization

polca ['pɔl·ka] <-che> *f v.* **polka**

polemica [po·'lɛ:·mi·ka] <-che> *f* (*contrasto di opinioni*) argument; (*attacco*) attack; **fare delle -che** to be argumentative

polemico, -a [po·'lɛ:·mi·ko] <-ci, -che> *adj* (*spirito, scritto*) controversial; (*tono, atteggiamento*) argumentative

polemizzare [po·le·mid·'dza:·re] *vi* (*cavillare*) **~ su qc** to argue about sth

polenta [po·'lɛn·ta] *f* polenta

polentone, -a [po·len·'to:·ne] *m, f* **1.** *fam* (*persona lenta*) slowpoke **2.** *pej* North Italian

polesine [po·'le:·zi·ne] *m* **il Polesine** Polesine

poli- [po·li] (*in parole composte*) poly-

poliambulatorio [po·li·am·bu·la·'tɔ:·rio] <-i> *m* MED clinic

poliammidico, -a [po·li·am·'mi:·di·ko] <-ci, -che> *adj* **fibre -che** polyamide

poliatomico, -a [po·lia·'tɔ:·mi·ko] <-ci, -che> *adj* FIS (*molecola*) polyatomic

policlinico [po·li·'kli:·ni·ko] <-ci> *m* general hospital

policoltura [po·li·kol·'tu:·ra] *f* AGR polyculture

policromo, -a [po·'li:·kro·mo] *adj* polychrome

poliedrico, -a [po·li·'ɛːd·ri·ko] <-ci, -che> *adj* **1.** *fig* (*ingegno, mente*) versatile **2.** MAT polyhedral

poliedro [po·li·'ɛːd·ro] *m* MAT polyhedron

poliestere[1] [po·liv'ɛs·te·re] *m* polyester

poliestere[2] <inv> *adj* polyester

polifase [po·li·'fa:·ze] <inv> *adj* multiphase

polifonico, -a [po·li·'fɔ:·ni·ko] <-ci, -che> *adj* MUS polyphonic

polifunzionale [po·li·fun·tsio·'na:·le] *adj* multipurpose

poligamia [po·li·ga·'mi:·a] <-ie> *f* polygamy

poligamo, -a [po·'li:·ga·mo] I. *adj* polygamous II. *m, f* polygamist

poliglotta [po·li·'glɔt·ta] <-i *m*, -e *f*> I. *mf* polyglot II. *adj* polyglot

poligonale [po·li·go·'na:·le] *adj* MAT polygonal

poligono [po·'li:·go·no] *m* **1.** MAT polygon **2.** MIL **~ di tiro** firing range

polimero [po·'li:·me·ro] *m* polymer

polimero, -a *adj* CHIM polymeric

polinomio [po·li·'nɔ:·mio] <-i> *m* polynomial

polio ['pɔ:·lio] <-> *f* MED polio

poliomielite [po·lio·mie·'li:·te] *f* poliomyelitis

poliomielitico, -a [po·lio·mie·'li:·ti·ko] <-ci, -che> I. *m, f* MED person with polio II. *adj* MED poliomyelitic

polipo ['pɔ:·li·po] *m* MED polyp

polistirolo [po·lis·ti·'rɔ:·lo] *m* Styrofoam®

politeismo [po·li·te·'iz·mo] *m* polytheism

politeista [po·li·te·'is·ta] I. *mf* polytheist II. *adj* (*religione, culto*) polytheistic

politica [po·'li:·ti·ka] <-che> *f* **1.** (*scienza, ambito*) politics **2.** (*strategia*) policy; **~ estera** foreign policy; **~ interna** domestic policy;

~ finanziaria financial policy; **~ salariale** pay policy; **~ sociale** social policy; **~ dei prezzi** pricing policy; **~ del non intervento** policy of nonintervention

politicante [po·li·ti·'kan·te] *mf pej* politico

politichese [po·li·ti·'ke:·se] *m pej* POL political jargon

politicismo [po·li·ti·'tʃiz·mo] *m* politicization

politicizzare [po·li·ti·tʃid·'dza:·re] *vt* to politicize

politicizzazione [po·li·ti·tʃid·dzat·'tsio:·ne] *f* politicization

politico [po·'li:·ti·ko] <-ci> *m* (*uomo politico*) politician

politico, -a <-ci, -che> *adj* political; **economia -a** political economy; **elezioni -che** general election; **scienze -che** political science

politologia [po·li·to·lo·'dʒi:·a] <-gie> *f* political science

politologo, -a [po·li·'tɔ:·lo·go] <-gi, -ghe> *m, f* political scientist

polittico [po·'lit·ti·ko] <-ci> *m* (*dipinto*) polyptych

polivalente [po·li·va·'lɛn·te] *adj* (*multifunzione*) multipurpose

polizia [po·lit·'tsi:·a] <-ie> *f* (*corpo*) police; (*commissariato*) police station; **agente di ~** police officer; **~ sanitaria** public health officials *pl;* **~ stradale** highway patrol; **~ tributaria** IRS agents *pl;* **~ municipale** local police

The duties of the **Polizia di stato** (state police) include the maintenance of public order, and the prevention and solving of crime. They come under the authority of the Interior Minister.

poliziesco, -a [po·lit·'tsies·ko] <-schi, -sche> *adj* (*romanzo, film*) detective

poliziotto [po·lit·'tsiɔt·to] <inv> *adj* **cane ~** police dog; **donna ~** policewoman

poliziotto, -a *m, f* **1.** (*agente*) policeman *m* **2.** policewoman *f*

polizza ['pɔ:·lit·tsa] *f* COM policy; **~ (di assicurazione**) insurance policy

polka ['pɔl·ka] *f* polka

pollaio [pol·'la:·io] <-ai> *m* **1.** (*per polli*) henhouse **2.** *fig, fam* (*luogo sporco*) pigsty

pollame [pol·'la:·me] *m* poultry

polleria [pol·le·'ri:·a] <-ie> *f* poultry store

pollice ['pɔl·li·tʃe] *m* **1.** ANAT (*della mano*) thumb; **avere il ~ verde** *fig* to have a green thumb **2.** (*unità di misura*) inch; **non cedere di un ~** *fig* not to give an inch

pollicoltura [pol·li·kol·'tu:·ra] *f* chicken farming

polline ['pɔl·li·ne] *m* pollen

pollo ['pol·lo] *m* **1.** (*animale*) chicken; **conoscere i propri -i** *fam* to know who one is dealing with; **far ridere i -i** to be ridiculous **2.** *fig* (*individuo ingenuo*) sucker

polluzione [pol·lut·'tsio:·ne] *f* pollution

polmonare [pol·mo·'na:·re] *adj* pulmonary

polmone [pol·'mo:·ne] *m* **1.** ANAT lung; **gridare a pieni -i** to shout at the top of one's voice; **respirare a pieni -i** to breathe deeply **2.** *fig* (*stimolo*) beating heart **3.** *fig* (*di città*) lungs *pl*

polmonite [pol·mo·'ni:·te] *f* pneumonia

polo[1] ['pɔ:·lo] *m* **1.** GEO, FIS pole; **il ~ nord** the North Pole; **il ~ sud** the South Pole; **da un ~ all'altro** *fig* from one end of the Earth to the other all'altro **2.** *fig* **essere ai -i opposti** to be poles apart **3.** POL (*coalizione*) coalition; **il Polo** (**per le libertà**) POL *the House of Freedom Coalition governo* **4.** SPORT polo

polo[2] <-> *f* (*maglia*) polo shirt

Polonia [po·'lɔ:·nia] *f* **la ~** Poland; **abitare in ~** to live in Poland; **andare in ~** to go to Poland

polpa ['pol·pa] *f* (*di frutto*) flesh; (*di carne*) lean meat

polpaccio [pol·'pat·tʃo] <-cci> *m* (*della gamba*) calf

polpastrello [pol·pas·'trɛl·lo] *m* pad

polpetta [pol·'pet·ta] *f* FOOD meatball in salsa; **far -e di qu** [*o* **ridurre qu in -e**] *scherz* to make mincemeat of sb

polpettone [pol·pet·'to:·ne] *m* **1.** FOOD meat loaf **2.** (*film, libro*) mishmash

polpo ['pol·po] *m* octopus

polsiera [pol·'siɛ:·ra] *f* MED wrist brace; SPORT wrist guard

polsino [pol·'si:·no] *m* (*di camicia*) cuff

polso ['pol·so] *m* **1.** ANAT wrist **2.** (*carattere*) firmness; **un uomo di ~** a strong man **3.** MED pulse; **tastare il ~ a qu** to take sb's pulse; **sentire il ~ di qc** *fig* to take the pulse of sth delle elezioni

poltiglia [pol·'tiʎ·ʎa] <-glie> *f* **1.** (*miscuglio*) mush ~; **ridurre qu in ~** to make mincemeat of sb **2.** (*fango*) mud

poltrire [pol·'tri:·re] <poltrisco> *vi* **1.** (*riposarsi*) to laze **2.** (*vivere nell'ozio*) to laze around

poltrona [pol·'tro:·na] *f* **1.** (*mobile*) armchair **2.** TEAT orchestra seat **3.** *fig* (*carica*) position

poltrone, -a [pol·'tro:·ne] *m, f* lazybones

polvere ['pol·ve·re] *f* **1.** (*sui mobili, in strada*) dust; **togliere la ~** to do the dusting; **ridurre qu in ~** *fig* to pulverize sb **2.** (*sostanza sminuzzata*) powder; **~ di carbone/d'oro** coal/gold dust; **in ~** powdered; **caffè in ~** instant coffee **3.** MIL **~ da sparo** gunpowder

polveriera [pol·ve·'riɛ:·ra] *f* **1.** (*magazzino*) munitions store **2.** *fig* (*territorio*) powder keg

polverina [pol·ve·'ri:·na] *f* **1.** (*medicinale*) powder **2.** *sl* (*cocaina*) snow

polverizzare [pol·ve·rid·'dza:·re] **I.** *vt* **1.** (*ridurre in polvere*) to pulverize **2.** (*nebulizzare*) to atomize **3.** (*annientare*) to crush; (*record*) to smash **4.** FOOD to dust **II.** *vr:* **-rsi** (*disintegrarsi*) to disintegrate

polverizzazione [pol·ve·rid·dzat·'tsio:·ne] *f* **1.** (*di piante, terreno*) pulverization **2.** (*disgregazione*) splitting

polverone [pol·ve·'ro:·ne] *m* (*nuvola di polvere*) dust cloud

polveroso, -a [pol·ve·'ro:·so] *adj* (*pieno di polvere*) dusty

pomata [po·'ma:·ta] *f* ointment

pomello [po·'mɛl·lo] *m* **1.** (*zigomo*) cheekbone **2.** (*di porta, cassetto*) knob

pomeridiano, -a [po·me·ri·'dia:·no] *adj* afternoon

pomeriggio [po·me·'rid·dʒo] <-ggi> *m* afternoon; **di ~** in the afternoon; **domani/oggi ~** tomorrow/this afternoon; **nel primo/tardo ~** in the early/late afternoon; **venerdì ~** Friday afternoon

pomice ['po:·mi·tʃe] <-ci> *f* **pietra ~** pumice (stone)

pomiciare [po·mi·'tʃa:·re] *vi sl* (*baciarsi*) to smooch

pomo ['po:·mo] *m* **1.** ANAT **~ d'Adamo** Adam's apple **2.** (*di letto, bastone*) knob

pomodoro [po·mo·'dɔ:·ro] *m* tomato; **diventare rosso come un ~** to get as red as a beet

pompa ['pom·pa] *f* **1.** (*strumento*) pump **2.** *fam* (*di benzina*) pump **3.** (*sfarzo*) pomp; **impresa di -e funebri** funeral home; **in ~ magna** *scherz* in all one's finery

pompare [pom·'pa:·re] *vt* **1.** (*acqua, benzina*) to pump **2.** (*pneumatico*) to pump up **3.** (*notizia, fatto*) to exaggerate

Pompei [pom·'pɛ:·i] *f* Pompeii

pompelmo [pom·'pɛl·mo] *m* grapefruit

pompiere [pom·'piɛ:·re] *m* (*vigile del fuoco*) firefighter

pompon [pɔ̃·'pɔ̃] <-> *m* pompom

pomposità [pom·po·si·'ta] <-> *f* pomposity

pomposo, -a [pom·'po:·so] *adj* (*festa, cerimonia*) grand; (*abbigliamento*) magnificent; (*tono, atteggiamento*) pompous

ponderare [pon·de·'ra:·re] *vt* (*conseguenze, decisione*) to consider

ponderato, -a [pon·de·'ra:·to] *adj* **1.** (*discorso, decisione*) considered **2.** (*persona*) sensible

ponderoso, -a [pon·de·'ro:·so] *adj* (*carico*) heavy; (*trattato*) weighty

ponente [po·'nɛn·te] *m* **1.** (*ovest*) west **2.** (*vento*) west wind

pongo ['poŋ·go] *1. pers sing pr di* **porre**

ponte ['pon·te] *m* **1.** (*su fiume, strada, protesi*) bridge; **~ levatoio** drawbridge; **~ sospeso** suspension bridge; **rompere** [*o* **tagliare**] **i -i** *fig* to sever all ties **2.** (*collegamento*) **~ aereo** airlift; **~ radio** radio link **3.** (*di nave*) deck; **~ di comando** bridge **4.** (*impalcatura*) scaffold **5.** (*in ginnastica*) crab **6.** (*vacanza*) long weekend; **fare il ~** to make a long weekend of it

pontefice [pon·'te:·fi·tʃe] <-ci> *m* **1.** REL pontiff **2.** HIST pontifex

ponticello [pon·ti·'tʃɛl·lo] *m* **1.** (*piccolo ponte*) small bridge **2.** (*di occhiali*) bridge

pontiere [pon·'tiɛ:·re] *m* MIL bridge builder

P

pontificale [pon·ti·fi·'ka:·le] I. *adj* pontifical II. *m* (*messa*) pontifical mass; (*libro*) pontifical

pontificare [pon·ti·fi·'ka:·re] *vi* to pontificate

pontificato [pon·ti·fi·'ka:·to] *m* (*papato*) pontificate

pontificio, -a [pon·ti·'fi:·tʃo] <-ci, -cie> *adj* 1. (*del papa*) pontifical 2. HIST **lo stato** ~ the Papal State

pontile [pon·'ti:·le] *m* pier

pony ['pou·ni] <-> *m* pony

pony express ['pou·ni iks·'pres] <-> *m* courier company

pool [pu:l] <-> *m* 1. (*accordo*) agreement 2. (*gruppo di persone*) group 3. (*giudici*) team; ~ **antimafia** anti-Mafia team 4. BIOL ~ **genetico** [*o* **genico**] gene pool 5. (*gioco, inform*) pool

pop [pɔp] <inv> *adj* (*musica, cantante*) pop

pop art ['pɔp a:t] <-> *f* pop art

pop-corn ['pɔp·kɔːn] <-> *m* popcorn

popeline [pɔ·pə·'lin/po·pe·'li·ne] <-> *m o f* poplin

pop jazz [pɔp 'dʒæz/pɔp 'dʒets] <-> *m* MUS pop jazz

pop music [pɔp 'mju:·zik] <-> *f* MUS pop music

popò [po·'pɔ] <-> I. *f fam* (*feci*) poop II. *m fam* (*sedere*) bottom

popolamento [po·po·la·'men·to] *m* population

popolano, -a [po·po·'la:·no] I. *m, f* working-class person II. *adj* (*persona*) working-class

popolare[1] [po·po·'la:·re] *adj* 1. (*gener*) popular 2. (*delle classi inferiori*) working-class; **casa** ~ public housing unit; **musica** ~ popular music

popolare[2] I. *vt* to populate II. *vr:* **-rsi** 1. (*diventare popolato*) to become populated 2. (*affollarsi*) to fill up

popolaresco, -a [po·po·la·'res·ko] <-schi, -sche> *adj* popular

popolarità [po·po·la·ri·'ta] <-> *f* (*fama*) popularity

popolazione [po·po·lat·'tsio:·ne] *f* 1. (*abitanti di un luogo*) population; ~ **civile** civilian population; **densità di** ~ population density 2. (*popolo*) people 3. (*fauna*) wildlife 4. (*gruppo etnico*) ethnic group

popolino [po·po·'li:·no] *m pej* masses *pl*

popolo ['pɔ:·po·lo] *m* 1. (*gener*) people 2. (*classi più basse*) common people

popoloso, -a [po·po·'lo:·so] *adj* (*quartiere, città*) populous

poppa ['pop·pa] *f* 1. NAUT stern 2. *fam* (*mammella*) boob

poppante [pop·'pan·te] *mf* 1. (*lattante*) unweaned child 2. *fig, fam* tenderfoot

poppare [pop·'pa:·re] *vt* (*latte*) to feed

poppata [pop·'pa:·ta] *f* feed

poppatoio [pop·pa·'to:·io] <-oi> *m* (*biberon*) bottle

pop star ['pɔp star] <-> *f* MUS pop star

populismo [po·pu·'liz·mo] *m* populism

populistico, -a [po·pu·'lis·ti·ko] <-ci, -che> *adj* populist

porcaio [por·'ka:·io] <-ai> *m* (*luogo sporco*) pigsty

porcata [por·'ka:·ta] *f* 1. (*cosa disgustosa*) crap 2. *fam* (*cosa brutta, malfatta*) piece of crap

porcellana [por·tʃel·'la:·na] *f* (*materiale*) porcelain; (*oggetto*) piece of porcelain

porcellino [por·tʃel·'li:·no] *m* 1. ZOOL ~ **d'India** guinea pig 2. (*stufa*) stove 3. *fig, fam* (*bambino sporco*) messy little thing

porcello, -a [por·'tʃel·lo] *m, f* 1. (*maiale giovane*) piglet 2. *fam* (*persona sporca, immorale*) pig

porcheria [por·ke·'ri:·a] <-ie> *f* 1. (*sporcizia*) mess 2. (*cibo disgustoso*) muck; (*cibo non sano*) garbage 3. *fig* (*azione*) dirty trick; *fam* (*cosa brutta*) piece of junk

porchetta [por·'ket·ta] *f* FOOD roast suckling pig

porcile [por·'tʃi:·le] *m* pigsty

porcino [por·'tʃi:·no] *m* (*fungo*) porcino

porco, -a ['pɔr·ko] <-ci, -che> I. *m, f* 1. ZOOL (*persona viziosa*) pig; **piede** [*o* **piè**] **di** ~ TEC jimmy; **mangiare come un** ~ to eat like a pig; **gettar le perle ai -ci** *fig* to cast pearls before swine ·i 2. (*carne*) pork II. *adj* 1. *pej* (*indecente*) disgusting 2. *vulg* (*in esclamazioni*) **-a miseria!** shit!

porcospino [por·kos·'pi:·no] *m* (*istrice*) porcupine; *fam* (*riccio*) hedgehog

Pordenone [por·de·'no:·ne] *f* Pordenone, *city in northeastern Italy*

pordenonese [por·de·no·'ne:·se] I. *mf* (*abitante*) person from Pordenone II. *adj* from Pordenone

Pordenonese <*sing*> *m* Pordenone area

porfido ['pɔr·fi·do] *m* porphyry

porgere ['pɔr·dʒe·re] <porgo, porsi, porto> *vt* (*dare*) to hand; ~ **la mano** to hold out one's hand; ~ **orecchio** to pay attention

poriferi [po·'ri:·fe·ri] *mpl* Porifera *pl*

porno ['por·no] I. <-> *m* porn II. <inv> *adj* porno; **film** ~ porno movie; **rivista** ~ porno magazine

pornoattore, -trice [por·no·at·'to:·re] *m, f* FILM porno actor

pornocassetta [por·no·kas·'set·ta] *f* porno video

pornodivo, -a [por·no·'di:·vo] *m, f* porno star

pornografia [por·no·gra·'fi:·a] *f* pornography

pornografico, -a [por·no·'gra:·fi·ko] <-ci, -che> *adj* pornographic

pornoshop [pɔr·no·'ʃɔp] <-> *m* porno shop

pornostar [por·no·'sta:] <-> *mf* porno star

pornovideo [por·no·'vi:·deo] <-> *m* porno video

poro ['pɔ:·ro] *m* pore; **sprizzare veleno da tutti i -i** *fig* to filled with resentment; **sprizzare gioia da tutti i -i** to be overjoyed

porosità [po·ro·si·'ta] <-> *f* (*di materiale*) porosity

poroso, -a [po·'ro:·so] *adj* porous

porpora ['por·po·ra] *f* (*colorante*) purple dye; (*colore*) purple

porporato [por·po·'ra:·to] *m* cardinal

porporina [por·po·'ri:·na] *f* purpurin

porporino, -a [por·po·'ri:·no] *adj* purple

porre ['por·re] <pongo, posi, posto> I. *vt* 1. (*mettere*) to put 2. *fig* (*supporre*) to suppose; **poni caso che ...** suppose that ... 3. (*loc*) ~ **una domanda a qu** to ask sb a question; ~ **un problema a qu** to pose a problem for sb; ~ **fine** [*o* **termine**] **a qc** to put an end to sth II. *vr*: -**rsi** 1. (*mettersi*) -**rsi in marcia** to set off; -**rsi in salvo** to reach safety 2. (*atteggiarsi*) to behave

porro ['pɔr·ro] *m* 1. BOT leek 2. *fam* (*verruca*) wart

porsi ['pɔr·si] *1. pers sing pass rem di* **porgere**

porta ['pɔr·ta] *f* 1. (*di stanza, edificio, armadio*) door; ~ **di servizio** service entrance; **a -e chiuse** GIUR in camera; **prendere la ~** *fam* to leave; **sfondare una ~ aperta** *fig* to preach to the choir; **mettere qu alla ~** to throw sb out; **chiudere la ~ in faccia a qu** *fig* to slam the door in sb's face; **aprire tutte le -e a** to open doors 2. SPORT goal 3. (*nello sci*) gate

portaaghi [por·ta·'a:·gi] <-> *m* needle box

portabagagli [por·ta·ba·'gaʎ·ʎi] <-> *m* 1. (*sul tetto di automobile*) luggage rack; *fam* (*bagagliaio*) trunk; (*per biciclette*) bicycle rack 2. (*facchino*) porter

portabandiera [por·ta·ban·diɛː·ra] <-> *mf a. fig* (*esponente principale*) standard-bearer

portabastoni [por·ta·bas·'to:·ni] <-> *m* SPORT (*nel golf*) caddy

portabile [por·'ta:·bi·le] *adj* (*abito*) wearable

portabilità [por·ta·bi·li·'ta] <-> *f* 1. (*di abbigliamento*) wearability 2. TEC portability

portabiti [por·'ta:·bi·ti] I. <-> *m* (*gruccia*) coat hanger II. <inv> *adj* **gruccia** ~ coat hanger

portaborse [por·ta·'bor·se] <-> *mf pej* gofer

portabottiglie [por·ta·bo·'tiʎ·ʎe] <-> *m* (*scaffale*) bottle rack

portacarta [por·ta·'kar·ta] <-> *m* (*portarotolo*) toilet-paper holder

portacarte [por·ta·'kar·te] <-> *m* (*borsa*) briefcase

portacassette [por·ta·kas·'set·te] <-> *m* cassette holder

portacenere [por·ta·'tʃe:·ne·re] <-> *m* ashtray

portachiavi [por·ta·'kia:·vi] <-> *m* keyring

portacipria [por·ta·'tʃi:·pria] <-> *m* compact

portacravatte [por·ta·kra·'vat·te] <-> *m* tie rack

portadocumenti [po·ta·do·ku·'men·ti] <-> *m* (*custodia*) document holder

portadolci [por·ta·'dol·tʃi] <-> *m* (*piatto*) cake stand

portafinestra [por·ta·fi·'nɛs·tra] <portefinestre> *f* French door

portafiori [por·ta·'fio:·ri] I. <inv> *adj* flower II. <-> *m* vase

portafoglio [por·ta·'fɔʎ·ʎo] *m* 1. (*per banconote*) wallet 2. (*per documenti*) briefcase 3. (*pol, fin*) portfolio; ~ **estero** foreign bills

portaformaggio [por·ta·for·'mad·dʒo] <-i *o* -> *m* cheese box

portafortuna [por·ta·for·'tu:·na] I. <inv> *adj* lucky ~ II. <-> *m* lucky charm

portafoto [por·ta·'fɔ:·to] <-> *m* frame

portafotografie [por·ta·fo·to·gra·'fi:·e] <-> *m* frame

portafrutta [por·ta·'frut·ta] <-> *m* fruit bowl

portaghiaccio [por·ta·'giat·tʃo] I. <-> *m* (*secchiello*) ice bucket II. <inv> *adj* ice

portagioie, portagioielli [por·ta·'dʒɔ:·ie, por·ta·dʒo·'iɛl·li] <-> *m* (*cofanetto*) jewelry box

portale [por·'ta:·le] *m* portal; ~ **Internet** web portal

portalettere [por·ta·'lɛt·te·re/por·ta·'let·te·re] *mf* mail carrier

portamatite [por·ta·ma·'ti:·te] <-> *m* (*astuccio*) pencil case

portamento [por·ta·'men·to] *m* (*modo di muoversi*) bearing

portamine [por·ta·'mi:·ne] <-> *m* mechanical pencil

portamissili [por·ta·'mis·si·li] <-> *adj* missile-carrying

portamonete [por·ta·mo·'ne:·te] <-> *m* change purse

portante [por·'tan·te] *adj* (*struttura, muro*) load-bearing; **piano** [*o* **superficie**] ~ lifting surface

portantina [por·tan·'ti:·na] *f* 1. (*per ammalati*) stretcher 2. HIST (*sedia portatile*) sedan chair

portantino, -a [por·tan·'ti:·no] *m, f* (*negli ospedali*) orderly

portanza [por·'tan·tsa] *f* FIS lift

portaobiettivi [por·ta·o·biet·'ti:·vi] <-> *m* OPT lens holder

portaocchiali [por·ta·ok·'kia:·li] <-> *m* glasses case

portaoggetti [por·ta·od·'dʒɛt·ti] I. <inv> *adj* **vano** ~ MOT glove compartment II. <-> *m* holder

portaolio [por·ta·'ɔ:·lio] <-> *m* cruet

portaombrelli [por·ta·om·'brɛl·li] <-> *m* umbrella stand

portapacchi [por·ta·'pak·ki] <-> *m* 1. (*di automobile*) luggage rack; (*di bicicletta*) carrier 2. (*fattorino*) delivery man

portapenne [por·ta·'pen·ne] <-> *m* (*astuccio*) pencil case

portapiatti [por·ta·'piat·ti] I. <-> *m* 1. (*scolapiatti*) plate rack 2. (*vassoio*) tray II. <inv> *adj* **vassoio** ~ tray

portapillole [por·ta·'pil·lo·le] <-> *m* pillbox

portapipe [por·ta·'pi:·pe] <-> *m* pipe rack

portaposate [por·ta·po·'sa:·te] <-> *m* silverware tray

portare [por·'ta:·re] I. *vt* 1. (*trasportare, trasci-*

nare) to carry **2.** (*trasferire, accompagnare, prendere con sé*) to take; ~ **qc in tavola** to serve sth; ~ **su/giù** to take up/down; ~ **dentro/fuori** to take in/out; ~ **fuori qu** (*a cena, al cinema*) to take sb out; ~ **a spasso qu** to take sb for a walk; ~ **via** (*allontanare*) to take away; (*rubare*) to steal **3.** (*dare, causare*) to bring; ~ **qc in dote** to bring a dowry of sth; ~ **qc in regalo** to give sth as a present; ~ **bene** [*o* **fortuna**] **a qu** to bring sb good luck; ~ **male** [*o* **sfortuna**] **a qu** to bring sb bad luck **4.** (*indossare*) to wear **5.** (*condurre*) to lead; (*veicoli*) to go **6.** (*taglia*) to take; **porto la 44/ il 39** I wear a size 44/39 **7.** (*indurre*) ~ **qu a qc/a fare qc** to lead sb to sth/to do sth **8.** (*proporre, presentare*) to provide; ~ **un esempio** to provide an example **9.** (*dimostrare*) ~ **bene/male gli anni** not to look/to look one's age **10.** (*provare*) ~ **rancore a qu** to bear sb a grudge; ~ **rispetto a qu** to show respect for sb; ~ **pazienza** to have patience **11.** (*reggere*) to support **II.** *vr:* **-rsi 1.** (*recarsi*) to go **2.** (*stare di salute*) to be

portareliquie [por·ta·re·ˈliː·kuie] <-> *m* reliquary

portaritratti [por·ta·ri·ˈtrat·ti] <-> *m* frame

portariviste [por·ta·ri·ˈvis·te] <-> *m* magazine rack

portarossetto [por·ta·ros·ˈset·to] <-> *m* lipstick case

portarotoli [por·ta·ˈrɔː·to·li] <-> *m* toilet paper holder

portasapone [por·ta·sa·ˈpoː·ne] <-> *m* soap dish

portasci [por·taʃ·ˈʃi] <-> *m* ski rack

portasciugamano [por·taʃ·ʃu·ga·ˈmaː·no] <-> *m* towel rail

portasigarette [por·ta·si·ga·ˈret·te] <-> *m* cigarette case

portaspazzolini [por·ta·spat·tso·ˈliː·ni] <-> *m* (*in bagno*) toothbrush holder

portaspazzolino [por·ta·spat·tso·ˈliː·no] <-> *m* (*astuccio*) toothbrush case

portaspilli [por·tas·ˈpil·li] <-> *m* pincushion

portata [por·ˈtaː·ta] *f* **1.** (*di pranzo*) course **2.** (*capacità di carico*) capacity **3.** (*di arma*) range **4.** (*di fiume*) flow **5.** *fig* (*importanza*) importance **6.** (*livello*) **alla ~ di** (*libro*) within the grasp of; (*spesa*) within the means of; **a ~ di mano** to hand; *fig* within one's grasp ~ **di mano**

portatessera [por·ta·ˈtɛs·se·ra] <-> *m* card holder

portatile [por·ˈtaː·ti·le] **I.** *adj* (*televisione, computer, stufa, radio*) portable **II.** *m* (*computer*) laptop

portato, -a *adj* **1.** (*abito, giacca*) secondhand **2.** *fig* (*predisposto*) **essere ~ per qc** to have a gift for sth

portatore, -trice [por·ta·ˈtoː·re] *m, f* **1.** (*trasportatore*) FIN bearer; **al ~** to the bearer **2.** (*di malattia, virus*) carrier aviaria; ~ **sano** healthy carrier malato

portatovagliolo [por·ta·to·vaʎ·ˈʎɔː·lo] *m* (*busta*) napkin holder; (*anello*) napkin ring

portatrice *f v.* **portatore**

portattrezzi [por·tat·ˈtret·tsi] <-> *m* (*cassetta*) toolbox

portauova [por·ta·ˈuɔː·va] <-> *m* (*per uovo alla coque*) eggcup

portauovo [por·ta·ˈuɔː·vo] <-> *m* (*di frigorifero*) egg compartment; (*per trasporto*) egg box

portautensili [por·ta·u·ten·ˈsiː·li] <-> *m* TEC attachment holder

portavalori [por·ta·va·ˈloː·ri] **I.** <inv> *adj* **furgone** ~ armored truck **II.** <-> *mf* (*persona*) security guard

portavasi [por·ta·ˈvaː·zi] <-> *m* (*sostegno*) flower stand; (*di ceramica*) flowerpot holder

portavivande [por·ta·vi·ˈvan·de] <-> *m* (*carrello*) food cart; (*cesta*) insulated food carrier

portavoce [por·ta·ˈvoː·tʃe] <-> *mf* spokesman *m*, spokeswoman *f*

porte-enfant [ˈpɔrt ã·ˈfã] <-> *m* Portacrib®

portefinestre *pl di* **portafinestra**

portello [por·ˈtɛl·lo] *m* **1.** (*sportello*) door **2.** NAUT, AERO hatch

portellone [por·tel·ˈlɔː·ne] *m* (*di nave, aereo*) hatch; (*di automobile*) tailgate

portento [por·ˈten·to] *m* **1.** (*medicina, strumento*) marvel **2.** (*persona*) **essere un ~ di memoria** to have an amazing memory

portentoso, -a *adj* **1.** (*fatto, avvenimento*) extraordinary **2.** (*medicina, atleta*) marvelous

porticato [por·ti·ˈkaː·to] *m* colonnade

porticato, -a *adj* porticoed

portico [ˈpɔr·ti·ko] <-ci> *m* **1.** ARCHIT portico **2.** (*costruzione rurale*) lean-to

portiera [por·ˈtiɛː·ra] *f* (*di veicolo*) door

portiere, -a [por·ˈtiɛː·re] *m, f* **1.** (*di albergo*) porter; (*di ufficio*) superintendent **2.** SPORT goalkeeper

portinaio, -a [por·ti·ˈnaː·io] <-i, -ie> *m, f* (*di condominio*) superintendent

portineria [por·ti·ne·ˈriː·a] <-ie> *f* superintendent's apartment

porto¹ [ˈpɔr·to] *pp di* **porgere**

porto² *m* **1.** NAUT port; **essere un ~ di mare** *fig* to be like Grand Central Station **2.** *fig* (*punto d'arrivo*) **giungere in ~** to reach a successful conclusion; **condurre in ~ un affare** to bring a matter to a successful conclusion **3.** (*autorizzazione*) ~ **d'armi** gun license **4.** (*spesa di trasporto*) carriage; **franco di ~** carriage free

porto³ <-> *m* (*vino*) port

Portogallo [por·to·ˈgal·lo] *m* **il** ~ Portugal; **vivere in** ~ to live in Portugal; **andare in** ~ to go to Portugal

portoghese [por·to·ˈgeː·se] **I.** *adj* Portuguese **II.** *mf* **1.** (*abitante*) Portuguese **2.** *fig* (*chi entra senza pagare*) **fare il** ~ to get in without paying

portone [por·ˈtoː·ne] *m* (*di palazzo*) main door

portuale [por·tu·'a:·le] I. *adj* (*zona, attività*) port II. *m* longshoreman

porzione [por·'tsio:·ne] *f* (*di cibo*) portion; (*di eredità, responsabilità*) share

posa ['pɔ:·sa] *f* 1. (*di materiale*) laying 2. FOTO exposure 3. (*atteggiamento*) pose; **mettersi in ~** to pose 4. (*riposo*) **senza ~** without a break 5. FILM **teatro di ~** photographic studio

posacenere [po·sa·'tʃe:·ne·re] <-> *m* ashtray

posare [po·'sa:·re] I. *vt* (*metter giù*) to put down II. *vi* 1. (*poggiare*) to rest 2. (*stare in posa*) to pose 3. *fig* (*fondarsi*) to be based III. *vr:* **-rsi** (*uccello*) to alight; (*sguardo*) to light

posata [po·'sa:·ta] *f* (*per mangiare*) piece of silverware

posateria [po·sa·te·'ri:·a] <-ie> *f* silverware

posato, -a [po·'sa:·to] *adj* (*equilibrato*) level-headed

poscritto [pos·'krit·to] *m* postscript

posi ['po:·si] *1. pers sing pass rem di* **porre**

positiva [po·zi·'ti:·va] *f* print

positivismo [po·zi·ti·'vis·mo] *m* FILOS positivism

positivo [po·zi·'ti:·vo] *m* 1. (*certo*) positive 2. FOTO print

positivo, -a *adj* positive

posizionare [po·zit·tsio·'na:·re] *vt* (*collocare*) to position

posizione [po·zit·'tsio:·ne] *f* position; **luci di ~** MOT parking lights; **farsi una ~** to make a career for oneself; **prendere ~** to come out

posologia [po·zo·lo·'dʒi:·a] <-gie> *f* dosage

posporre [pos·'por·re] <irr> *vt* 1. (*collocare dopo*) **~ qc** to put sth after 2. (*rimandare*) to postpone

possedere [pos·se·'de:·re] <possiedo, possedetti *o* possedei, posseduto> *vt* (*beni*) to have; (*dote*) to possess

possedimento [pos·se·di·'men·to] *m* 1. (*proprietà terriera*) property 2. (*colonia*) possession

posseditrice *f v.* **possessore**

possente [pos·'sɛn·te] *adj* (*fisico, individuo*) owner

possessivo, -a [pos·ses·'si:·vo] *adj* possessive

possesso [pos·'sɛs·so] *m* 1. (*di bene, facoltà*) possession; **entrare in ~ di qc** to come into possession of sth 2. (*padronanza*) command; **essere nel pieno ~ delle proprie facoltà mentali** to be in full possession of one's faculties 3. *pl* (*proprietà terriera*) property

possessore, posseditrice [pos·ses·'so:·re, pos·se·di·'tri:·tʃe] *m, f* owner

possibile [pos·'si:·bi·le] I. *adj* possible; **è ~ che ...** it is possible that ...; **con la maggior cura ~** with the greatest possible care; **il prima** [*o* **più presto**] **~** as soon as possible II. *m* possible; **nei limiti del ~** as far as possible

possibilità [pos·si·bi·li·'ta] <-> *f* 1. (*attuabilità, capacità*) possibility 2. (*opportunità*) opportunity 3. *pl* (*mezzi*) means *pl* **~**

possibilmente [pos·si·bil·'men·te] *adv* (*se possibile*) possibly

possidente [pos·si·'dɛn·te] *mf* property owner

posso ['pɔs·so] *1. pers sing pr di* **potere**[1]

post [post] *m* INET post; **mettere un ~ su** to make a post on

posta ['pɔs·ta] *f* 1. (*servizio*) postal service; (*ufficio postale*) post office; **spedire** [*o* **mandare**] **qc per ~** to mail sth; **fermo ~** general delivery; **~ aerea** airmail; **~ elettronica** *inf* electronic mail; **~ prioritaria** first class mail 2. (*corrispondenza*) mail 3. (*rubrica di giornale*) **~ del cuore** advice column; **piccola ~** letters to the editor 4. (*nei giochi*) stake; **la ~ in gioco** *fig* the stakes *pl* **alta**

postacelere [pos·ta·'tʃe:·le·re] *m* (*corriere*) special delivery

postagiro [pos·ta·'dʒi:·ro] *m* postal transfer

postale [pos·'ta:·le] I. *adj* (*servizio, ufficio*) postal; (*pacco*) mail; **cartolina ~** stamped postcard; **casella ~** post office box II. *m* NAUT mail boat; FERR mail train; AERO mail plane

Postamat® [pos·ta·'mat] <-> *m* ATM

postare [pos·'ta:·re] *vt, vi* INET to post

postarsi [pos·'tar·si] *vr* (*appostarsi*) to station oneself

postazione [pos·tat·'tsio:·ne] *f* 1. MIL emplacement 2. (*apparecchiature*) **~ di lavoro** workstation

postbellico, -a [post·'bɛl·li·ko] <-ci, -che> *adj* postwar

postcomunismo [post·ko·mu·'niz·mo] *m* POL post-communism

postcomunista [post·ko·mu·'nis·ta] <-i *m*, -e *f*> I. *mf* post-communist II. *adj* post-communist

postdatare [post·da·'ta:·re] *vt* (*lettera, documento*) to postdate

posteggiare [pos·ted·'dʒa:·re] I. *vt* to park II. *vi* to park

posteggiatore, -trice [post·ed·dʒa·'to:·re] *m, f* (*custode*) parking lot attendant

posteggio [pos·'ted·dʒo] <-ggi> *m* (*luogo*) parking lot; **~ a pagamento** pay parking lot; **~ dei taxi** taxi stand; **divieto di ~** no parking

postelegrafico, -a [pos·te·le·'gra:·fi·ko] <-ci, -che> I. *adj* mail-and-telegraph II. *m, f* mail and telegraph worker

poster ['pɔs·ter] <-> *m* poster

posteri ['pɔs·te·ri] *mpl* posterity

posteriore [pos·te·'rio:·re] I. *adj* 1. (*nello spazio*) back 2. (*nel tempo*) later 3. (*arto*) hind II. *m scherz, fam* (*sedere*) behind

posteriorità [pos·te·rio·ri·'ta] <-> *f* (*di evento*) posteriority

posterità [pos·te·ri·'ta] <-> *f* posterity

postfazione [post·fat·'tsio:·ne] *f* afterword

posticcio [pos·'tit·tʃo] <-ci> *m* (*toupet*) hairpiece

posticcio, -a <-cci, -cce> *adj* (*baffi, capelli*) false

posticino [pos·ti·'tʃi:·no] *m fam* spot

posticipare [pos·ti·tʃi·'pa:·re] *vt* (*data, appuntamento*) to postpone

postilla [pos·'til·la] *f* (*su lettera, libro*) marginal note; (*su contratto, atto*) rider

postillare [pos·til·'la:·re] *vt* (*libro, lettera*) to annotate

postindustriale [pos·tin·dus·'tria:·le] *adj* postindustrial

postino, -a [pos·'ti:·no] *m, f* (*portalettere*) mailman *m,* mailwoman *f*

post-it® ['pous·tit] <-> *m* Post-it®

postmoderno, **-a** [post·mo·'dɛr·no] *adj* ARCHIT postmodern

posto ['pɔs·to] *m* **1.** (*gener*) place; **fuori ~** out of place; (**ri**)**mettere a ~ qc** to put sth back (in its place); **mettere a ~** (*riordinare*) to tidy up; **mettere la testa a ~** *fig* to sort oneself out; **al ~ di qu** in sb's place; **essere a ~** (*in ordine*) to be tidy; (*in regola*) in order; **una persona a ~** *fig* an OK kind of guy; **del ~** local; **sul ~** there; **~ di polizia** police station; **~ di blocco ferroviario** signal tower ... **2.** (*spazio libero*) space; **far ~ a qu** to make room for sb **3.** (*sedia*) seat; **~ a sedere** seat; **~ in piedi** standing place; **~ di guida** driver's seat; **~ letto** bed **4.** MIL post; **~ di guardia** sentry post; **~ di blocco** roadblock **5.** (*impiego*) position ~

posto, -a I. *pp di* **porre** II. *adj* **1.** (*collocato*) situated **2.** (*dato*) **~ che ...** +*conj* given that ...; **~ ciò** given that

postoperatorio, -a [pos·to·pe·ra·'tɔ:·rio] *adj* postoperative

postproduzione [post·pro·dut·'tsio:·ne] *f* FILM, TV postproduction

post scriptum [post 'skrip·tum] <-> *m* postscript

postulare [pos·tu·'la:·re] *vt* (*principio*) to postulate

postulato [pos·tu·'la:·to] *m* (*premessa*) postulate

postumo ['pɔs·tu·mo] *m* **1.** (*di malattia*) after--effect **2.** *pl* (*conseguenze*) aftermath

postumo, -a *adj* (*scritto, figlio*) posthumous

post-universitario, -a [pos·tu·ni·ver·si·'ta:·rio] <-i, -ie> *adj* postuniversity

potabile [po·'ta:·bi·le] *adj* drinkable

potare [po·'ta:·re] *vt* (*pianta*) to prune

potassio [po·'tas·sio] *m* potassium

potei [po·'te:·i] *1. pers sing pass rem di* **potere¹**

potente [po·'tɛn·te] *adj* powerful

Potentino <*sing*> *m* Potenza area

potentino, -a [po·ten·'ti:·no] I. *m, f* (*abitante*) person from Potenza II. *adj* from Potenza

potenza [po·'tɛn·tsa] *f* **1.** (*gener*) power; **~ elettrica** electrical power; **all'ennesima ~** *fig* to the nth degree **2.** (*forza fisica*) strength **3.** (*nazione*) **le grandi -e** the great powers

Potenza *f* Potenza, *town in southern Italy*

potenziale [po·ten·'tsia:·le] I. *adj* (*possibile*) potential II. *m* potential

potenziamento [po·ten·tsia·'men·to] *m* (*rafforzamento*) strengthening

potenziare [po·ten·'tsia:·re] *vt* (*rafforzare*) to strengthen

potere¹ [po·'te:·re] <posso, potei, potuto> *vi* **1.** (*gener*) to be able to; **posso fare un tentativo** I can have a try; **non potevo saperlo** I couldn't have known; **verrò se potrò** I'll see if I can; **non ne posso più** I can't take any more; **può darsi** [*o* **essere**] **che ...** +*conj* perhaps ... **2.** (*avere il permesso di*) may; **permesso, si può?** excuse me, may I?

potere² *m* **1.** (*gener*) power; **farò tutto quello che è in mio ~** I'll do everything in my power; **~ temporale** temporal power; **essere al ~** to be in power; **pieni -i** full powers; **~ legislativo/esecutivo/giudiziario** legislative/executive/judicial power; **~ d'acquisto** purchasing power **2.** MED **~ nutritivo** nutritive value

potestà [po·tes·'ta] <-> *f* ADMIN power; **patria ~** GIUR parental authority

pot-pourri ['po pu·'ri] <-> *m* **1.** CULIN stew **2.** (*per profumare*) potpourri

poveraccio, -a [po·ve·'rat·tʃo] <-cci, -cce> *m, f* (*disgraziato*) poor soul

poverino, -a [po·ve·'ri:·no] I. *adj* poor II. *m, f* *fam* poor soul

povero, -a [po·'pɔ:·ve·ro] I. *adj* **1.** (*senza mezzi*) poor; **~ in canna** dirt poor; **un ~ diavolo** *fam* poor devil **2.** (*stile, arredamento*) plain; (*terreno*) barren; (*fantasia*) limited; **in parole -e** in short **3.** (*scarso: proteine, idee*) **~ di** (*proteine, idee*) lacking in **4.** (*defunto*) late; **il mio ~ marito** my late husband II. *m, f* poor person

povertà [po·ver·'ta] <-> *f* (*indigenza*) poverty

pozione [pot·'tsio:·ne] *f* potion

pozza ['pot·tsa] *f* pool

pozzanghera [pot·'tsaŋ·ge·ra] *f* puddle

pozzetto [pot·'tset·to] *m* **1.** (*nelle fognature*) shaft **2.** NAUT cockpit

pozzo ['pot·tso] *m* **1.** (*d'acqua*) well; **~ artesiano** artesian well; **~ petrolifero** oil well **2.** (*~ nero*) cesspool **3.** *fig* (*grande quantità*) load; **un ~ di soldi** a load of money; **essere un ~ di scienza** to be a mine of information; **essere un ~ senza fondo** *fig* to be a bottomless pit

PPI *m abbr di* **Partito Popolare Italiano** *center-right Italian political party*

Praga ['pra:·ga] *f* Prague

pragmatico, -a [prag·'ma:·ti·ko] <-ci, -che> *adj* pragmatic

pragmatismo [prag·ma·'tiz·mo] *m* pragmatism

pragmatista [prag·ma·'tis·ta] <-i *m,* -e *f*> *mf* pragmatist

pralina [pra·'li:·na] *f* praline

prammatica [pram·'ma:·ti·ka] *f* **essere di ~** to be usual

prammatico, -a [pram·'ma:·ti·ko] <-ci, -che> *adj v.* **pragmatico**

pranzare [pran·'dza:·re] *vi* to have lunch

pranzo² ['pran·dzo] *m* lunch; **~ di gala** gala dinner; **sala da ~** dining room; **all'ora di ~** at lunchtime; **dopo ~** after lunch

prassi ['pras·si] <-> *f* 1.(*procedura corrente*) usual procedure 2.(*pratica*) practice

prataiolo [pra·ta·'iɔː·lo] *m* (*fungo*) field mushroom

prataiolo, -a *adj* field

prateria [pra·te·'riː·a] <-ie> *f* (*pianura*) prairie

pratica ['praː·ti·ka] <-che> *f* 1.(*gener*) practice; **mettere in ~ qc** to put sth into practice; **in ~** in practice 2.(*esperienza*) experience; **avere ~ di qc** to have experience of sth 3.ADMIN (*dossier*) file 4.*pl* (*procedura*) proceedings 5.(*tirocinio*) training

praticabile [pra·ti·'kaː·bi·le] *adj* 1.(*idea, progetto*) feasible 2.(*strada*) passable

praticabilità [pra·ti·ka·bi·li·'ta] <-> *f* 1.(*di idea, progetto*) feasibility 2.(*di strada*) passability

praticamente [pra·ti·ka·'men·te] *adv* practically

praticante [pra·ti·'kan·te] I. *adj* REL practicing II. *mf* (*tirocinante*) trainee

praticare [pra·ti·'kaː·re] *vt* 1.(*mettere in pratica: legge*) to bring into force 2.(*esercitare: professione*) to practice 3.(*effettuare: taglio*) to make; (*sconto*) to give 4.(*frequentare: persona*) to associate with; (*luogo*) to frequent

praticità [pra·ti·tʃi·'ta] <-> *f* practicality

pratico, -a ['praː·ti·ko] <-ci, -che> *adj* 1.(*gener*) practical 2.(*esperto*) **~ di qc** experienced in sth; **non sono ~ del posto** I'm not familiar with the place

prato ['praː·to] *m* (*in campagna*) meadow; (*di giardino, parco*) lawn

pratolina [pra·to·'liː·na] *f* daisy

pre- [pre] (*in parole composte*) pre-

prealpino, -a [pre·al·'piː·no] *adj* of the Pre-Alps

preambolo [pre·'am·bo·lo] *m* 1.(*introduzione*) preamble 2. *pl, fam* (*cerimonie*) **senza tanti -i** *fam* without beating around the bush

preannunciare, preannunziare [pre·an·nun·'tʃaː·re, pre·an·nun·'tsia·re] I. *vt* to give advanced warning of II. *vr:* **-rsi** to look

preavvisare [pre·av·vi·'zaː·re] *vt* to inform in advance

preavviso [pre·av·'viː·zo] *m* 1.(*avviso preventivo*) warning; **~ di pagamento** payment notice 2.GIUR (*comunicazione, periodo*) notice

prebarba [pre·'bar·ba] I. <-> *m* preshave II.<inv> *adj* preshave

prebellico, -a [pre·'bɛl·li·ko] <-ci, -che> *adj* prewar

precampionato¹ [pre·kam·pio·'naː·to] <inv> *adj* prechampionship

precampionato² *m* SPORT prechampionship games

precariato [pre·ka·'riaː·to] *m* temporary employment

precarietà [pre·ka·rie·'ta] <-> *f* precariousness

precario, -a [pre·'kaː·rio] <-i, -ie> I. *adj* 1.(*situazione, salute*) precarious 2.(*lavoro, lavora-*

tore) temporary; **personale ~** temporary staff II. *m, f* (*lavoratore*) temporary worker

precauzionale [pre·kaut·tsio·'naː·le] *adj* (*misura*) precautionary

precauzione [pre·kaut·'tsioː·ne] *f* (*prudenza*) caution; (*misura*) precaution; **prendere le proprie -i** to take precautions

precedi 1. *pers sing pass rem di* **precedere**

precedente [pre·tʃe·'dɛn·te] I. *adj* (*nello spazio, nel tempo*) previous II. *m* 1.(*evento*) precedent; **senza -i** unprecedented 2. *pl* (*di persona*) history; **-i penali** criminal record

precedenza [pre·tʃe·'dɛn·tsa] *f* 1. MOT right of way; **dare la ~** to give way; **strada con diritto di ~** road with right of way 2.(*anteriorità*) **in ~** previously 3.(*priorità*) priority

precedere [pre·'tʃɛː·de·re] <precedo, precedetti *o* precedei, preceduto> *vt* to precede

precetto [pre·'tʃɛt·to] *m* 1.(*insegnamento*) rule; REL precept; **festa di ~** day of obligation 2.GIUR (*ordine*) order 3.MIL draft notice

precettore, -trice [pre·tʃet·'toː·re] *m, f* tutor

precipitare [pre·tʃi·pi·'taː·re] I. *vt avere* 1.(*gettare*) to throw 2.*fig* (*affrettare*) to rush II. *vi essere* 1.(*cadere*) to fall 2.*fig* to plunge III. *vr:* **-rsi** 1.(*gettarsi*) to throw oneself 2.(*recarsi in fretta*) to rush

precipitato, -a *adj* (*decisione, giudizio*) hasty

precipitazione [pre·tʃi·pi·tat·'tsioː·ne] *f* 1.METEO rainfall 2.*fig* (*fretta*) hurry

precipitosamente [pre·tʃi·pi·to·sa·'men·te] *adv* (*in fretta*) hastily

precipitoso, -a [pre·tʃi·pi·'toː·so] *adj* (*persona, decisione*) hasty; (*fuga*) headlong

precipizio [pre·tʃi·'pit·tsio] <-i> *m* 1.(*abisso*) precipice; **correre a ~** *fig* to run headlong 2.*fig* **essere sull'orlo del ~** to be on the brink

precipuo, -a [pre·'tʃiː·puo] *adj* (*principale*) main

precisamente [pre·tʃi·za·'men·te] *adv* exactly

precisare [pre·tʃi·'zaː·re] *vt* (*definire*) to specify

precisazione [pre·tʃi·zat·'tsioː·ne] *f* (*chiarimento*) clarification

precisino, -a [pre·tʃi·'siː·no] I. *adj* (*pignolo*) precise II. *m, f iron* (*pignolo*) stickler

precisione [pre·tʃi·'zioː·ne] *f* (*esattezza*) precision; **strumento di ~** precision instrument; **esprimersi con ~** to express oneself clearly; **sapere qc con ~** to know sth exactly

preciso, -a [pre·'tʃiː·zo] *adj* 1.(*esatto*) exact; (*chiaro*) clear; **sono le 10 -e** it's exactly ten o'clock 2.(*scrupoloso*) precise 3.(*uguale*) exactly the same

precludere [pre·'kluː·de·re] <precludo, preclusi, precluso> *vt* (*fuga*) to prevent; (*possibilità*) to preclude

preclusione [pre·klu·'zioː·ne] *f* (*esclusione*) bar; GIUR ban

precluso [pre·'kluː·zo] *pp di* **precludere**

precoce [pre·'kɔː·tʃe] *adj* 1.(*bambino,*

P

ragazzo) precocious **2.** (*inverno, frutto*) early; (*morte*) premature

precocemente [pre·ko·tʃe·'men·te] *adv* (*anzitempo*) prematurely

precocità [pre·ko·tʃi·'ta] <-> *f* (*di persona*) precociousness

preconcetto [pre·kon·'tʃɛt·to] *m* (*pregiudizio*) prejudice; **avere dei -i nei confronti di qu** to be prejudiced against sb

preconcetto, -a *adj* preconceived

preconfezionato, -a *adj* (*prodotto, alimento*) prepackaged; (*abito*) off-the-rack

preconizzare [pre·ko·nid·'dza·re] *vt* (*pronosticare*) to predict

precorrere [pre·'kor·re·re] <irr> *vt* ~ **i tempi** (*moda, evento*) to be ahead of its time

precorritore, -trice [pre·kor·ri·'to:·re] I. *m, f* precursor II. *adj* precursory

precorsi *1. pers sing pass rem di* **precorrere**

precorso *pp di* **precorrere**

precostituire [pre·kos·ti·tu·'i:·re] <precostituisco> *vt* to establish in advance

precotto, -a [pre·'kɔt·to] *adj* precooked

precursore, -corritrice [pre·kur·'so:·re] I. *adj* precursory II. *m, f* precursor

preda ['prɛ:·da] *f* prey; **uccello da** ~ bird of prey; **essere in** ~ **a qc** to be prey to sth

predare [pre·'da:·re] *vt* to plunder

predatore, -trice [pre·da·'to:·re] I. *adj* (*esercito, popolazione*) plundering II. *m, f* **1.** (*mammifero, uccello*) predator **2.** (*predone: del mare, deserto*) plunderer

predecessore [pre·de·tʃes·'so:·re] *m* (*in una carica, attività*) predecessor; **-i** (*antenati*) forefathers

predellino [pre·del·'li:·no] *m* (*di treno, tram*) footboard

predestinare [pre·des·ti·'na:·re] *vt* to predestine

predestinazione [pre·des·ti·nat·'tsio:·ne] *f* REL predestination

predeterminare [pre·de·ter·mi·'na:·re] *vt* to predetermine

predeterminato, -a [pre·de·ter·mi·'na:·to] *adj* predetermined

predetto, -a [pre·'dɛt·to] I. *pp di* **predire** II. *adj* aforementioned

predica ['prɛ:·di·ka] <-che> *f* **1.** REL sermon **2.** *fam* (*rimprovero*) telling-off

predicare [pre·di·'ka:·re] I. *vt* (*pace, fratellanza*) to preach II. *vi* **1.** (*prete*) to preach **2.** *fig* ~ **al vento** to waste one's breath

predicativo, -a [pre·di·ka·'ti:·vo] *adj* (*aggettivo, uso*) predicative

predicato [pre·di·'ka:·to] *m* LING predicate; ~ **verbale** verbal predicate

predicatore, -trice [pre·di·ka·'to:·re] *m, f* **1.** REL preacher **2.** *pej* (*moralista*) sermonizer

predicatrice *f v.* **predicatore**

predico [pre·'di:·co] *1. pers sing pr di* **predire**

predicozzo [pre·di·'kɔt·tso] *m* *scherz, fam* talking-to

predilessi [pre·di·'lɛs·si] *1. pers sing pass rem di* **prediligere**

prediletto, -a [pre·di·'lɛt·to] I. *pp di* **prediligere** II. *adj* favorite III. *m, f* favorite

predilezione [pre·di·let·'tsio:·ne] *f* (*preferenza*) fondness

prediligere [pre·di·'li:·dʒe·re] <prediligo, predilessi, prediletto> *vt* (*preferire*) to favor

predire [pre·'di:·re] <irr> *vt* to predict

predisporre [pre·dis·'por·re] <irr> I. *vt* to prepare; ~ **qu a qc** to prepare sb for sth II. *vr* **-rsi a qc** to prepare oneself for sth

predisposizione [pre·dis·po·zit·'tsio:·ne] *f* **1.** (*inclinazione*) aptitude; **avere** ~ **alla musica** to be musical **2.** MED predisposition **3.** (*preparazione*) preparation

predisposto, -a [pre·dis·'pos·to] I. *pp di* **predisporre** II. *adj* **1.** (*organizzato*) prepared **2.** (*impianto, sistema*) ready **3.** (*propenso*) inclined **4.** MED predisposed

predissi *1. pers sing pass rem di* **predire**

predizione [pre·dit·'tsio:·ne] *f* prediction

predominante [pre·do·mi·'nan·te] *adj* predominant

predominare [pre·do·mi·'na:·re] *vi* **1.** (*prevalere*) to be dominant **2.** (*dominare*) ~ **su qc/qn** to predominate over sb/sth

predominio [pre·do·'mi:·nio] <-i> *m* (*supremazia*) dominance

predone [pre·'do:·ne] *m* marauder

preesame [pre·e·'za:·me] *m* preliminary examination

preesistei *1. pers sing pass rem di* **preesistere**

preesistente [pre·e·zis·'tɛn·te] *adj* pre-existing

preesistenza [pre·e·zis·'tɛn·tsa] *f* pre-existence

preesistere [pre·e·'zis·te·re] <irr> *vi* *essere* to pre-exist

prefabbricare [pre·fab·bri·'ka:·re] *vt* **1.** (*edificio*) to prefabricate **2.** (*prove*) to manufacture

prefabbricato [pre·fab·bri·'ka:·to] *m* (*edificio*) prefabricated house

prefabbricato, -a *adj* (*edificio*) prefabricated; **casa -a** prefabricated house

prefazione [pre·fat·'tsio:·ne] *f* (*di scritto*) preface

preferenza [pre·fe·'rɛn·tsa] *f* preference; **voto di** ~ preference vote; **dare** [*o* **accordare**] **la** ~ **a qc/qu** to prefer sb/sth; **di** ~ by preference; **fare -e** to have favorites; **non ho -e** I've no preference

preferenziale [pre·fe·ren·'tsia:·le] *adj* preferential; **corsia** ~ bus lane; **trattamento** ~ preferential treatment

preferibile [pre·fe·'ri:·bi·le] *adj* preferable

preferibilmente [pre·fe·ri·bil·'men·te] *adv* preferably

preferire [pre·fe·'ri:·re] <preferisco> *vt* to prefer; ~ **il nuoto allo sci** I prefer swimming to skiing

preferito, -a [pre·fe·'ri:·to] I. *adj* favorite
II. *m, f* favorite

prefestivo, -a [pre·fes·'ti:·vo] *adj* before a holiday

prefetto [pre·'fɛt·to] *m* (*funzionario*) prefect

prefettura [pre·fet·'tu:·ra] *f* prefecture

prefiggere [pre·'fid·dʒe·re] <prefiggo, prefissi, prefisso> *vt* **-rsi uno scopo/un obiettivo** to set oneself a goal/an objective

prefinanziamento [pre·fi·nan·tsia·'men·to] *m* prefinancing

prefinanziare [pre·fi·nan·'tsia:·re] *vt* FIN to prefinance

prefissare [pre·fis·'sa:·re] *vt* to arrange in advance; **-rsi una meta** to set oneself a goal

prefissato, -a [pre·fis·'sa:·to] *adj* 1.(*termine, scadenza*) prearranged 2.(*parola*) prefixed

prefissi [pre·'fis·si] *1.pers sing pass rem di* **prefiggere**

prefisso[1] [pre·'fis·so] *pp di* **prefiggere**

prefisso[2] *m* 1.LING prefix 2.~ (**telefonico**) area code

pregare [pre·'ga:·re] *vt* 1.REL to pray to 2.(*chiedere*) to beg; **ti prego di farmi un favore** please do me a favor; **farsi ~** to play hard to get 3.(*in frasi di cortesia*) **si prega di non fumare** please do not smoke; **entri, La prego** please come in

pregevole [pre·'dʒe:·vo·le] *adj* 1.(*oggetto, opera*) valuable 2.(*persona*) valued

preghiera [pre·'giɛ:·ra] *f* 1.REL prayer 2.(*richiesta*) request

pregiarsi [pre·'dʒar·si] *vr poet* ~ **di fare qc** to be pleased to do sth

pregiatissimo, -a [pre·'dʒa·'tis·si·mo] *adj form*(*nelle lettere*) Dear

pregiato, -a [pre·'dʒa:·to] *adj* (*vino, tessuto*) fine; (*quadro*) valuable; (*nelle lettere*) Dear

pregio ['prɛ:·dʒo] <-gi> *m* 1.(*valore*) value 2.(*qualità*) quality 3.(*stima*) regard; **tenere in ~ qu** to esteem sb; **farsi ~ di ...** +*inf* (*nelle lettere*) to be honored to ...

pregiudicare [pre·dʒu·di·'ka:·re] *vt* (*compromettere*) to prejudice

pregiudicato, -a [pre·dʒu·di·'ka:·to] *m, f* convicted criminal

pregiudiziale [pre·dʒu·dit·'tsia:·le] GIUR I. *adj* preliminary II. *f* precondition

pregiudizio [pre·dʒu·'dit·tsio] <-zi> *m* 1.(*preconcetto*) prejudice; **avere -i nei confronti di** [*o* **contro**] **qu/qc** to be prejudiced against sb/sth; **senza -i** without prejudice 2.(*danno*) detriment; **recare ~ a qu** to harm sb

Preg.mo *abbr di* **pregiatissimo** Dear

pregnante [preɲ·'ɲan·te] *adj* (*discorso, frase*) pregnant

pregnanza [preɲ·'ɲan·tsa] *f* (*di discorso, frase*) significance

pregno, -a ['preɲ·ɲo] *adj* 1.ZOOL pregnant 2.*fig* (*impregnato*) ~ **di** full of

prego ['prɛ:·go] *interj* 1.(*come invito*) please;

~**?** excuse me? 2.(*come risposta*) you're welcome

pregustare [pre·gus·'ta:·re] *vt* to look forward to

preistoria [pre·is·'tɔ:·ria] *f* 1.HIST prehistory 2.*fig* (*primi passi*) early days *pl*

preistorico, -a [pre·is·'tɔ:·ri·ko] <-ci, -che> *adj scherz, a. fam* prehistoric

prelavaggio [pre·la·'vad·dʒo] <-ggi> *m* prewash

prelevamento [pre·le·va·'men·to] *m* 1.(*operazione bancaria, somma*) withdrawal 2.(*di persona, oggetto*) collection

prelevare [pre·le·'va:·re] *vt* 1.(*in banca*) to withdraw 2.(*sangue, campione*) to take 3.(*andare a prendere: merce, persona*) to collect; (*arrestare*) to pick up

prelibato, -a [pre·li·'ba:·to] *adj* (*vino, cibo*) delicious

prelievo [pre·'liɛ:·vo] *m* 1.(*di sangue, urina*) sample 2.(*di denaro*) withdrawal

preliminare [pre·li·mi·'na:·re] *adj* (*introduttivo*) preliminary; **corso ~** introductory course

preliminari [pre·li·mi·'na:·ri] *mpl* (*di trattato*) preliminaries *pl*; (*di rapporto sessuale*) foreplay

preludere [pre·'lu:·de·re] <preludo, prelusi, preluso> *vi* ~ **a qc** (*preannunciare*) to herald sth

preludio [pre·'lu:·dio] <-i> *m* 1.(*di guerra, crisi, rivolta*) prelude 2.(*di poema, discorso*) introduction

prelusi [pre·'lu:·zi] *1.pers sing pass rem di* **preludere**

preluso [pre·'lu:·zo] *pp di* **preludere**

pré-maman [pre ma·'mã] I.<-> *m* maternity dress II.<inv> *adj* maternity

premarcato, -a [pre·mar·'ka:·to] *adj* (*bollettino, modulo*) preprinted

prematrimoniale [pre·ma·tri·mo·'nia:·le] *adj* (*accordo, contratto*) prenuptial

prematuro, -a [pre·ma·'tu:·ro] I. *adj a. fig* premature II. *m, f* (*neonato*) premature baby

premeditare [pre·me·di·'ta:·re] *vt* to plan

premeditato, -a [pre·me·di·'ta:·to] *adj* premeditated; **omicidio ~** premeditated murder

premeditazione [pre·me·di·tat·'tsio:·ne] *f* premeditation; **con/senza ~** with/without premeditation

premere ['prɛ:·me·re] I. *vt* 1.(*spingere su*) to press; **~ il freno/l'acceleratore** to put one's foot on the brake/the gas 2.*fig* (*incalzare*) to pursue II. *vi* 1.(*esercitare una pressione*) ~ **su qc** to press on sth; **~ su qu** *fig* to put pressure on sb 2.*fig* (*gravare*) ~ **su qu** to weigh on sb 3.*fig* (*stare a cuore*) to be important

premessa [pre·'mes·sa] *f* 1.(*di discorso*) introductory statement; (*di libro*) introduction 2.(*presupposto*) basis; (*di ragionamento*) premise

premettere [pre·'met·te·re] <irr> *vt* to start by saying; **premesso ciò, ...** that said, ...

P

premiare [pre·'mia:·re] *vt* (*vincitore*) to give a prize to; (*sforzo, sincerità*) to reward

premiazione [pre·mi·at·'tsio:·ne] *f* prize-giving; ~ **degli Oscar** Oscars ceremony

premier ['prəm·jə/'prɛm·jer] <-> *m* (*primo ministro*) premier

première [prə·'mjɛr] <- *o* premières> *f* FILM, TEAT premiere

preminente [pre·mi·'nɛn·te] *adj* (*posizione, personaggio*) prominent

premio[1] ['prɛ:·mio] <-i> *m* **1.**(*gener*) prize; (*ricompensa*) reward; **Premio Nobel** Nobel Prize **2.**(*indennità*) bonus; ~ **di produzione** productivity bonus **3.**(*in contratto*) ~ **di assicurazione** insurance premium

The **Gran Premio d'Italia** usually takes place in Monza on the second Sunday in September. This Italian high point of the Formula 1 year is identified with Team Ferrari, which has millions of supporters in Italy and around the world. Founded in Modena in 1939 by the industrialist Enzo Ferrari, the Ferrari "Casa del cavallino rampante" (House of the rearing stallion) is one of the most successful Formula 1 teams of all time.

premio[2] <inv> *adj* prize; **viaggio** ~ prize trip

premisi *1.pers sing pass rem di* **premettere**

premonitore, -trice [pre·mo·ni·'to:·re] *adj* warning

premonizione [pre·mo·nit·'tsio:·ne] *f* premonition

premunire [pre·mu·'ni:·re] <premunisco> I. *vt* (*predisporre*) to protect II. *vr* **-rsi contro qc** to protect oneself against sth

premunizione [pre·mu·nit·'tsio:·ne] *f* MED premunition

premura [pre·'mu:·ra] *f* **1.**(*fretta*) hurry **2.**(*cura*) care **3.** *pl* (*attenzioni*) kindness

premuroso, -a [pre·mu·'ro:·so] *adj* (*pieno d'attenzioni*) considerate

prenatale [pre·na·'ta:·le] *adj* prenatal

prenatalizio, -a [pre·na·ta·'lit·tsio] <-i, -ie> *adj* pre-Christmas

prendere ['prɛn·de·re] <prendo, presi, preso> I. *vt* **1.**(*gener*) to take; ~ **qn per mano** to take sb by the hand; **prendi la prima a destra dopo il semaforo** take the first right after the traffic lights; ~ **la parola** to speak; **se esci, prenditi le chiavi** if you go out, take your keys; **per andare a lavorare, prendo l'autobus** I take the bus to work; **qualcuno mi ha preso la penna** someone's taken my pen; **-rsi un giorno di ferie** to take a day off; **-rsi una vacanza** to take a vacation **2.**(*procurarsi, ricevere, derivare*) to get; **devo uscire a** ~ **il pane** I have to go out and get the bread; ~ **in affitto** to rent **3.**(*malattia*) to catch **4.**(*al bar, al ristorante*) to have; **cosa prendi?** what would you like?; **prendo solo un caffè** I'll just

have a coffee **5.**(*catturare, sorprendere*) to catch; ~ **qu alla sprovvista** to catch sb unawares **6.**(*ritirare*) to pick up **7.**(*misurare*) to measure; ~ **le misure** (*di persona, oggetto*) to measure **8.**(*far pagare*) to charge **9.**(*assumere*) to take on; **-rsi cura di qu** to take care of sb **10.**(*spazio*) to take up; **questa traduzione mi ha preso tutto il pomeriggio** this translation took me all afternoon **11.**(*scambiare*) ~ **qu per qu** to take sb for sb **12.**(*loc*) ~ **appunti** to take notes; ~ **aria** (*persona*) to get some fresh air; ~ **qu con le buone** *fam* to be nice to sb; ~ **una decisione** to make a decision; ~ **forma** to take shape; ~ **fuoco** to catch fire; ~ **in giro qn** to make fun of sb; ~ **piede** to catch on; ~ **posizione** to take sides; ~ **il sole** to sunbathe; ~ **sonno** to go to sleep; ~ **qu sul serio** to take sb seriously; ~ **tempo** to play for time; ~ **qu in braccio** to take sb in one's arms; **prender(se)le** *fam* to get a licking; **prendersela** (*offendersi*) to get upset; **prendersela con qu** to get angry with sb; **prendersela comoda** [*o* **con comodo**] *fam* to take it easy II. *vi* **1.**(*piante*) to take **2.**(*fuoco*) to catch **3.**(*colla, cemento*) to set **4.**(*avviarsi*) to go; ~ **per qc** to go across sth **5.**(*cominciare*) ~ **a fare qc** to start to do sth **6.**(*venire in mente*) **ma cosa ti prende?** what got into you? III. *vr:* **-rsi 1.**(*azzuffarsi*) **-rsi a pugni/calci** to punch/kick each other **2.**(*aggrapparsi*) **-rsi a qu/qc** to grab hold of sb/sth **3.**(*assumersi*) to take on

prendisole [pren·di·'so:·le] <-> *m* sundress

prenotare [pre·no·'ta:·re] I. *vt* (*posto, tavolo, camera*) to reserve II. *vr* **-rsi per qc** to put one's name down for sth

prenotazione [pre·no·tat·'tsio:·ne] *f* reservation

preoccupante [pre·ok·ku·'pan·te] *adj* worrying

preoccupare [pre·ok·ku·'pa:·re] I. *vt* (*causare apprensione a*) to worry II. *vr* **-rsi** (**per qu/qc**) to worry (about sb/sth); **-rsi di fare qc** to think to do sth

preoccupazione [pre·ok·ku·pat·'tsio:·ne] *f* worry

preolimpico, -a [pre·o·'lim·pi·ko] <-ci, -che> *adj* SPORT pre-Olympic

preordinato, -a [pre·or·di·'na:·to] *adj* preordained

prepagamento [pre·pa·ga·'men·to] *m* prepayment

prepagato, -a [pre·pa·'ga:·to] *adj* prepaid

preparare [pre·pa·'ra:·re] I. *vt* **1.**(*letto, pranzo, lista*) to make; (*stanza*) to get ready; ~ **la tavola** to set the table; ~ **le valigie** to pack one's bags **2.**(*piano, sorpresa, persona*) to prepare; ~ **il terreno** *fig* to prepare the ground II. *vr* **1.**(*predisporsi*) **-rsi a qc** to prepare oneself for sth; **-rsi a fare qc** to get ready to do sth **2.**(*vestirsi*) to get ready

preparativi [pre·pa·ra·'ti:·vi] *mpl* (*di viaggio, festa*) preparations

preparato [pre·pa·'ra:·to] *m* (*farmaco*) preparation

preparato, -a *adj* 1.(*letto, bagagli*) ready 2.(*per interrogazione*) prepared

preparazione [pre·pa·rat·'tsio:·ne] *f* 1.(*attività*) preparation; (*di atleta*) training; **la ~ agli esami** reviewing for the exams 2.(*conoscenze*) knowledge; **~ generale** general knowledge

prepensionamento [pre·pen·sio·na·'men·to] *m* early retirement

preponderante [pre·pon·de·'ran·te] *adj* predominant

preponderanza [pre·pon·de·'ran·tsa] *f* predominance

preporre [pre·'por·re] <irr> *vt* 1.(*anteporre*) to place before; **~ qu a qc** (*mettere a capo*) to put sb in charge of sth 2.*fig* (*privilegiare*) **~ qc a qc** to put sth before sth

preposizione [pre·po·zit·'tsio:·ne] *f* preposition

preposto *pp di* **preporre**

prepotente [pre·po·'tɛn·te] I. *adj* 1.(*persona*) domineering 2.(*bisogno, impulso*) overwhelming II. *mf* bully

prepotenza [pre·po·'tɛn·tsa] *f* 1.(*caratteristica*) overbearingness 2.(*atto*) bullying

preprint ['pri:·print] <- *o* preprints> *m* preprint

prerogativa [pre·ro·ga·'ti:·va] *f* 1.(*caratteristica propria*) quality 2.(*privilegio*) prerogative

preromanticismo [pre·ro·man·ti·'tʃiz·mo] *m* pre-Romanticism

presa ['prɛ:·sa] *f* 1.(*atto del prendere*) grip 2.(*di città, postazione*) taking 3.(*di cemento, colla*) setting 4.(*del gas, dell'acqua*) point; **~ d'aria** air intake; **~** (**di corrente**) outlet 5.(*per le pentole*) oven mitt 6.(*di sale, pepe, tabacco*) pinch 7.(*loc*) **~ di posizione** *fig* stance; **~ di possesso** taking possession; **~ in giro** *fam* joke; **essere alle -e con qc** to be struggling with sth

presagio [pre·'za:·dʒo] <-gi> *m* 1.(*segno premonitore*) omen 2.(*presentimento*) premonition

presagire [pre·za·'dʒi:·re] <presagisco> *vt* 1.(*annunciare*) to herald 2.(*presentire*) to have a premonition of 3.(*prevedere*) to foresee

presalario [pre·sa·'la:·rio] *m* grant

presbite ['prɛz·bi·te] I. *adj* far-sighted II. *mf* far-sighted person

presbiterio [prez·bi·'tɛ:·rio] <-i> *m* presbytery

prescegliere [preʃ·'ʃeʎ·ʎe·re] <irr> *vt* to select

presciistico, -a [pre·ʃi·'is·ti·ko] <-ci, -che> *adj* (*esercizio, ginnastica*) pre-ski

prescindere [preʃ·'ʃin·de·re] <irr> *vi* **~ da qc** to leave sth aside; **a ~ da** regardless of

prescolare [pre·sko·'la:·re] *adj* **età ~** preschool age

prescolastico, -a [pre·sko·'las·ti·ko] <-ci, -che> *adj* preschool

prescrivere [pres·'kri:·ve·re] <irr> *vt* to prescribe

prescrizione [pres·krit·'tsio:·ne] *f* 1.(*regola*) rule 2.GIUR, MED prescription

preselezione [pre·se·let·'tsio:·ne] *f* 1.(*di atleta, candidato*) shortlisting 2.TEC preselector

presentare [pre·zen·'ta:·re] I. *vt* 1.(*mostrare: documento, passaporto*) to show; (*sottoporre: domanda, proposta*) to submit 2.(*far conoscere*) **~ qu a qu** to introduce sb to sb 3.(*comportare*) to offer 4.(*prodotto*) to present 5.*form* (*saluti*) to give 6.(*programma televisivo*) to host II. *vr:* **-rsi** 1.(*andare*) to go 2.(*apparire*) to appear; **-rsi bene/male** to make a good/bad impression 3.(*farsi conoscere*) to introduce oneself 4.(*occasione*) to present itself; (*difficoltà*) to come up

presentatore, -trice [pre·zen·ta·'to:·re] *m, f* (*di spettacolo*) host

presentazione [pre·zen·tat·'tsio:·ne] *f* 1.(*di passaporto, biglietto*) production; (*di domanda, ricorso*) submission; (*di candidato*) nomination 2.(*di modello, merce*) presentation 3.(*di persona, scritto, discorso*) introduction; **fare le -i** to do the introductions; **lettera di ~** letter of introduction 4.(*di film*) trailer

presente [pre·'zɛn·te] I. *adj* 1.(*gener*) present; **aver ~ qu/qc** *fig* to know sb/sth; **far ~ qc a qu** *fig* to point sth out to sb; **tener ~ qu/qc** *fig* to bear sb/sth in mind; **il tempo ~** the present time 2.(*questo*) this II. *mf* those present III. *m* 1.(*tempo*) present 2.LING present (tense); **al ~** in the present 3.*form* (*dono*) gift IV. *f* (*lettera*) **con la ~ Le comunichiamo ...** we hereby inform you ...

presentimento [pre·sen·ti·'men·to] *m* feeling

presentire [pre·sen·'ti:·re] *vt* to have a presentiment of

presenza [pre·'zɛn·tsa] *f* 1.(*in un luogo, esistenza*) presence; **in ~ di** in the presence of; **fare atto di ~** to put in an appearance 2.(*aspetto*) **di bella ~** neat-looking

presenziare [pre·zen·'tsia:·re] *vt, vi* **~ (a) qc** to be present at sth

presepe, presepio [pre·'zɛ:·pe] <-i> *m* nativity scene

preservare [pre·ser·'va:·re] *vt* **~ qu/qc da qc** to protect sb/sth from sth

preservativo [pre·ser·va·'ti:·vo] *m* condom

presi ['pre:·si] *1. pers sing pass rem di* **prendere**

preside ['prɛ:·si·de] *mf* (*di scuola*) principal; (*di facoltà*) dean

presidente, -essa [pre·si·'dɛn·te, pre·si·den·'te·ssa] *m, f* POL president; GIUR presiding judge; **Presidente della Regione** regional president; **Presidente della Repubblica** President of the Republic; **Presidente del Consiglio** (**dei ministri**) Prime Minister

P

The **Presidente del Consiglio**, the Italian Prime Minister, is the head of the government. He or she proposes ministerial candidates to the **Presidente della Repubblica** and is responsible for those appointed. He or she is appointed by the **Presidente della Repubblica** after a vote by party leaders, former heads of state, **Presidente della Camera**, and the **Presidente del Senato** (the speakers of the two chambers). The **Presidente della Repubblica** is the head of state. He or she must be an Italian citizen and at least 50 years old. He or she holds office for seven years.

presidenza [pre·si·'dɛn·tsa] *f* **1.** (*carica di presidente*) presidency **2.** (*sede*) president's office **3.** (*personale*) president's staff

presidenziale [pre·si·den·'tsia:·le] *adj* presidential

presidenzialismo [pre·si·den·tsia·'liz·mo] *m* (*sistema*) presidentialism

presidiare [pre·si·'dia:·re] *vt* **1.** (*città, zona, ingresso*) to guard **2.** *fig* (*difendere*) to defend

presidio [pre·'si:·dio] <-i> *m* **1.** (*truppe*) garrison **2.** (*occupazione*) occupation **3.** MED **-i ospedalieri** hospital facilities; **-i medici e chirurgici** medical and surgical supplies

presiedere [pre·'siɛ:·de·re] <presiedo, presiedei *o* presiedetti, presieduto> **I.** *vt* (*riunione, assemblea*) to chair **II.** *vi* **~ a qc** (*essere a capo di*) to be in charge of sth

preso ['pre:·so] *pp di* **prendere**

press agent ['pres·ei·dʒənt/'pres·a·dʒənt] <*o* press agents> *mf* press agent

pressante [pres·'san·te] *adj* (*bisogno*) pressing

pressappoco, press'a poco [pres·sap·'pɔ:·ko] *adv* about

pressare [pres·'sa:·re] *vt* **1.** TEC to press **2.** *fig* (*incalzare*) to pressure

pressi ['prɛs·si] *mpl* **nei -i di** near

pressing ['prɛs·siŋ] <-> *m* SPORT pressure

pressione [pres·'sio:·ne] *f* pressure; **~ atmosferica** atmospheric pressure; **pentola a ~** pressure cooker; **~ tributaria** tax burden; **far ~ su qu** to put pressure on sb; **essere sotto ~** to be under pressure; **~ (sanguigna)** blood pressure; **avere la ~ alta/bassa** to have high/low blood pressure

presso ['prɛs·so] **I.** *adv* nearby **II.** *prep* **1.** (*vicino a*) near **2.** (*azienda, negozio, ufficio*) at; (*a casa di*) with; (*nell'ambito di*) among **3.** (*nelle lettere*) care of

pressoché [pres·so·'ke] *adv* (*quasi*) nearly

pressofusione [pres·so·fu·'zio:·ne] *f* TEC die-casting

pressurizzare [pres·su·rid·'dza:·re] *vt* to pressurize

pressurizzazione [pres·su·rid·dzat·'tsio:·ne] *f* pressurization

prestabilire [pres·ta·bi·'li:·re] <prestabilisco> *vt* to settle in advance

prestabilito, -a [pres·ta·bi·'li:·to] *adj* (*prefis-*

sato) prearranged; **una data -a** a prearranged date

prestampato [pres·tam·'pa:·to] *m* (*modulo*) form

prestampato, -a *adj* (*modulo*) preprinted

prestanome [pres·ta·'no:·me] <-> *mf* front man

prestante [pres·'tan·te] *adj* good-looking

prestanza [pres·'tan·tsa] *f* presence

prestare [pres·'ta:·re] **I.** *vt* **1.** (*dare in prestito*) to lend **2.** *fig* (*dare*) to give; **~ attenzione (a qc)** to pay attention (to sth); **~ fede a qc** to believe sth; **~ giuramento** to take an oath; **~ orecchio a qc** to listen to sth **II.** *vr*: **-rsi 1.** (*offrirsi*) to offer; (*acconsentire*) to agree **2.** (*essere adatto*) **-rsi a** [*o* per] **qc** to be appropriate for sth

prestatore, -trice [pres·ta·'to:·re] *m, f* **~ di lavoro** [*o* **d'opera**] employee

prestazione [pres·tat·'tsio:·ne] *f* **1.** (*di atleta, squadra*) performance; **-i** (*di macchina*) performance **2.** (*servizio*) service

prestigiatore, -trice [pres·ti·dʒa·'to:·re] *m, f* (*illusionista*) conjurer

prestigio [pres·'ti:·dʒo] <-gi> *m* **1.** (*fama*) prestige **2.** (*illusione*) **giochi di ~** conjuring tricks

prestigioso, -a [pres·ti·'dʒo:·so] *adj* prestigious

prestito ['prɛs·ti·to] *m* **1.** (*somma*) loan **2.** (*atto*) **dare in** [*o* a] **~ qc** to lend sth; **prendere in** [*o* a] **~ qc** to borrow sth

presto ['prɛs·to] **I.** *adv* **1.** (*fra breve*) soon; **a ~!** see you soon! **2.** (*in fretta*) quickly; **fare ~** to hurry up; **al più ~** as soon as possible; **è ~ detto/fatto** it's easily said/done **3.** (*prima del tempo, di buon'ora*) early **II.** *m* MUS presto

presumere [pre·'zu:·me·re/pre·'su:·me·re] <presumo, presunsi, presunto> *vt* **1.** (*supporre*) to presume **2.** (*avere la pretesa di*) to think

presumibile [pre·su·'mi:·bi·le] *adj* likely

presunsi [pre·'zun·si] *1. pers sing pass rem di* **presumere**

presunto, -a [pre·'zun·to/pre·'sun·to] **I.** *pp di* **presumere II.** *adj* presumed

presuntuoso, -a [pre·zun·tu·'o:·so] *adj* presumptuous

presunzione [pre·zun·'tsio:·ne/pre·sun·'tsio:·ne] *f* **1.** (*arroganza*) presumptuousness **2.** (*congettura*) presumption

presupporre [pre·sup·'por·re] <irr> *vt* **1.** (*immaginare*) to suppose **2.** (*implicare*) to presuppose

presupposizione [pre·sup·po·zit·'tsio:·ne] *f* (*congettura*) supposition

presupposto [pre·sup·'pos·to] *m* condition

presupposto, -a I. *pp di* **presupporre II.** *adj* supposed

prêt-à-porter ['prɛt a por·'te] <-> *m* **1.** (*settore*) ready-to-wear sector **2.** (*abito*) ready-to-wear clothes

P

prete ['prɛː·te] *m* priest; **scherzo da** ~ *fam* dirty trick

pretendente [pre·ten·'dɛn·te] *mf* **1.** (*aspirante*) ~ **al trono** pretender to the throne **2.** (*corteggiatore*) suitor

pretendere [pre·'tɛn·de·re] <irr> *vt* **1.** (*esigere*) to demand **2.** (*presumere*) to presume **3.** (*affermare*) to claim

pretenzioso, -a [pre·ten·'tsioː·so] *adj* pretentious

preterintenzionale [pre·te·rin·ten·tsio·'naː·le] *adj* involuntary; **omicidio** ~ involuntary manslaughter

pretesa [pre·'teː·sa] *f* (*richiesta, presunzione*) claim; (*esigenza eccessiva*) demand; **avere la** ~ **di fare qc** to expect to do sth; **senza -e** (*persona, arredamento*) unpretentious

pretesi *1. pers sing pass rem di* **pretendere**

preteso *pp di* **pretendere**

pretesto [pre·'tɛs·to] *m* **1.** (*scusa*) excuse; **con il ~ di ...** with the excuse of ... **2.** (*occasione*) chance

pretestuosità [pre·tes·tuo·si·'ta] <-> *f* spuriousness

pretestuoso, -a [pre·va·tu·'ɔː·so] *adj* (*discorso, ragionamento*) spurious

pretore [pre·'toː·re] *m* **1.** GIUR magistrate **2.** HIST praetor

pretura [pre·'tuː·ra] *f* **1.** GIUR (*carica*) magistracy; (*sede*) county court **2.** HIST praetorship

prevalente [pre·va·'lɛn·te] *adj* (*caratteristica, colore*) predominant; (*opinione*) prevailing

prevalentemente [pre·va·len·te·'men·te] *adv* predominantly

prevalenza [pre·va·'lɛn·tsa] *f* **1.** (*maggioranza*) majority **2.** (*superiorità*) superiority

prevalere [pre·va·'leː·re] <irr> *vi essere o avere* **1.** (*predominare*) to prevail **2.** (*vincere*) ~ **su qu** to prevail over sb

prevaricare [pre·va·ri·'kaː·re] *vi* (*abusare*) to abuse one's power

prevaricazione [pre·va·ri·kat·'tsioː·ne] *f* (*uso della forza*) abuse of power

prevedere [pre·ve·'deː·re] <irr> *vt* **1.** (*anticipare*) to foresee; (*programmare*) to plan **2.** (*prescrivere*) to provide for

prevedibile [pre·ve·'diː·bi·le] *adj* foreseeable

prevendita [pre·'ven·di·ta] *f* advance sale

prevenire [pre·ve·'niː·re] <irr> *vt* **1.** (*anticipare*) to anticipate **2.** (*impedire*) to prevent **3.** (*avvertire*) to warn

preventivo [pre·ven·'tiː·vo] *m* estimate

preventivo, -a *adj* preventive; **carcere** ~ custody

prevenuto, -a [pre·ve·'nuː·to] I. *pp di* **prevenire** II. *adj* **essere** ~ **contro qu/qc** to be prejudiced against sb/sth

prevenzione [pre·ven·'tsioː·ne] *f* **1.** (*provvedimenti*) prevention; ~ **degli infortuni sul lavoro** prevention of accidents in the workplace **2.** (*pregiudizio*) prejudice

previdente [pre·vi·'dɛn·te] *adj* prudent

previdenza [pre·vi·'dɛn·tsa] *f* **1.** (*assistenza*) welfare system; ~ **sociale** welfare **2.** (*caratteristica*) foresight

previdenziale [pre·vi·den·'tsiaː·le] *adj* (*contributo*) welfare

previdi *1. pers sing pass rem di* **prevedere**

previo, -a ['prɛː·vio] <-i, -ie> *adj* ADMIN ~ **pagamento** on payment

previsione [pre·vi·'zioː·ne] *f* (*pronostico*) METEO prediction; **le -i del tempo** the weather forecast

previsto *pp di* **prevedere**

preziosità [pret·tsio·si·'ta] <-> *f* **1.** (*valore*) value **2.** (*eleganza*) refinement

prezioso, -a [pret·'tsioː·so] I. *adj* **1.** (*oggetto*) valuable; (*pietra, metallo*) precious **2.** (*stile, modi*) refined II. *m, f fam* **fare il** ~ to play hard to get

prezzemolo [pret·'tse·mo·lo] *m* parsley; **essere come il ~** *fig* to turn up like a bad penny

prezzo ['prɛt·tso] *m* **1.** *a. fig* (*valore*) price **2.** (*cartellino*) price tag; ~ **di favore** special price; ~ **di listino** list price; **a ~ di grossi** [*o* **grandi**] **sacrifici** at the cost of great sacrifices; **a metà** ~ half price; **a qualunque** ~ *fig* at any price; **pagare qc a caro** ~ *fig* to pay dearly for sth; **non avere** ~ to be priceless; **tirare sul** ~ to haggle over the price

PRI *m abbr di* **Partito Repubblicano Italiano** *former Italian political party*

prigione [pri·'dʒoː·ne] *f* **1.** (*carcere, ambiente opprimente*) prison **2.** *fig* (*stanza buia*) dungeon

prigionia [pri·dʒo·'niː·a] <-ie> *f* imprisonment

prigioniero, -a [pri·dʒo·'niɛː·ro] I. *adj* **1.** (*carcerato*) captive; **tenere/fare** ~ **qu** to keep/take sb prisoner **2.** *fig* **essere** ~ **di qc** to be a prisoner of sth II. *m, f* prisoner; ~ **di guerra** prisoner of war

prima¹ ['priː·ma] *adv* **1.** (*in precedenza, nello spazio*) before; (*più presto*) earlier; **tre giorni** ~ three days earlier; **come** ~ as before; **quanto** ~ as soon as possible; **ne so quanto** ~ I'm none the wiser; ~ **di** before; ~ **che** + *conj*, ~ **di** + *inf* before; ~ **o poi** sooner or later **2.** (*per prima cosa*) first; ~ **di tutto** first of all; ~ **il dovere, poi il piacere** duty first, pleasure later

prima² *f* **1.** TEAT, FILM premiere; ~ **tv** TV premiere **2.** MOT (*classe*) first **3.** (*scuola: elementare*) first grade; (*media*) sixth grade; (*superiore*) tenth grade **4.** SPORT (*nella scherma*) prime

primario, -a [pri·'maː·rio] <-i, -ie> I. *adj* primary; **scuola -a** elementary school; **era -a** Paleozoic Era II. *m, f* **1.** (*medico*) chief physician **2.** (*settore economico*) primary sector

primati [pri·'maː·ti] *mpl* primates

primato [pri·'maː·to] *m* **1.** SPORT record **2.** (*superiorità*) primacy

primavera [pri·ma·'vɛː·ra] *f* **1.** (*stagione*) spring; **in** ~ in spring **2.** *scherz* (*anno*) year

P

primaverile [pri·ma·ve·'ri:·le] *adj* (*clima, abito*) spring

primeggiare [pri·med·'dʒa:·re] *vi* (*essere superiore*) to excel

primitivo, -a [pri·mi·'ti:·vo] I. *adj* 1.(*originario*) original 2.(*rudimentale*) rudimentary; (*rozzo*) uncouth II. *m, f* 1.(*abitante preistorico*) primitive 2. *pej* (*persona rozza*) uncouth person

primizia [pri·'mit·tsia] <-ie> *f* 1.(*frutto*) early fruit; (*ortaggio*) early vegetable 2.(*notizia*) scoop

primo ['pri:·mo] *m* 1.(*primo giorno*) first; **il ~ dell'anno** New Year's Day; **il ~ maggio** the first of May 2. *pl* **ai -i di maggio** at the beginning of May; **sui -i del Novecento** around the beginning of the twentieth century 3. CULIN first course; **per ~ prenderò il risotto** I'll have the risotto for my first course

primo, -a I. *adj* 1.(*gener*) first; **Alessandro ~** Alexander the First; **arrivare ~** to come first; **di prim'ordine** first-rate; **di -a qualità** top-quality; **il ~ cittadino** (*presidente della Repubblica*) the President of the Republic; (*sindaco*) the mayor 2.(*iniziale*) initial; **nelle -e ore del mattino** in the early hours of the morning; **in un ~ tempo** [*o* **momento**] at first; **sulle -e** at first; **a -a vista** at first sight 3.(*principale*) main; **in ~ luogo** in the first place; **di ~ piano** prominent II. *m, f* (*di successione*) first (person); **il ~ che capita** the first person to come along; **il ~ della classe** first in the class; **per ~** first

primogenito, -a [pri·mo·'dʒɛ:·ni·to] I. *m, f* firstborn II. *adj* firstborn

primordi [pri·'mɔr·di] *mpl* beginnings

primordiale [pri·mor·'dia:·le] *adj* 1.(*dei primordi*) early; (*originario*) original 2.(*fondamentale*) **di ~ importanza** of fundamental importance; **istinto ~** basic instinct 3. *fig* (*antiquato*) primitive

primula ['pri:·mu·la] *f* primula

principale [prin·tʃi·'pa:·le] I. *adj* 1.(*più importante*) main 2. LING (*proposizione*) principal II. *mf* (*capo*) boss

principalmente [prin·tʃi·pal·'men·te] *adv* mainly

principato [prin·tʃi·'pa:·to] *m* 1.(*stato*) principality 2.(*governo*) reign

principe[1] ['prin·tʃi·pe] *m* prince; **il ~ azzurro** Prince Charming; **vivere come un ~** to live like a king

principe[2] <inv> *adj* **edizione ~** first edition

principesco, -a [prin·tʃi·'pes·ko] <-schi, -sche> *adj* princely

principessa [prin·tʃi·'pes·sa] *f* princess

principiante [prin·tʃi·'pian·te] *mf* beginner

principio [prin·'tʃi:·pio] <-i> *m* 1.(*inizio*) beginning; **da** [*o* **in**] [*o* **al**] **~** at first; (*sin*) **dal ~** (right) from the start 2.(*origine*) origin 3. *pl* (*concetto fondamentale*) principles 4.(*concetto, norma etica*) principle; **una questione**

di ~ a matter of principle; **per ~** on principle; **in linea di ~** in principle

priore [pri·'o:·re] *m* REL prior

priorità [pri·o·ri·'ta] <-> *f* priority

prioritario, -a [pri·o·ri·'ta:·rio] <-i, -ie> *adj* priority; **posta -a** first-class mail

privacy ['prai·va·si/'prai·va·si] <-> *f* privacy; **legge sulla ~** privacy law

privare [pri·'va:·re] I. *vt* **~ qu di qc** to deprive sb of sth II. *vr* **-rsi di qc** to go without sth

privatizzare [pri·va·tid·'dza:·re] *vt* to privatize

privatizzazione [pri·va·tid·dzat·'tsio:·ne] *f* FIN privatization

privato [pri·'va:·to] *m* 1.(*sfera privata*) private life 2.(*settore economico*) private sector

privato, -a I. *adj* private; **in ~** in private II. *m, f* (*semplice cittadino*) private citizen

privazione [pri·vat·'tsio:·ne] *f* 1.(*rinuncia*) privation 2.(*azione*) loss

privilegiare [pri·vi·le·'dʒa:·re] *vt* 1.(*favorire*) to favor 2.(*preferire*) to prefer

privilegiato, -a [pri·vi·le·'dʒa:·to] I. *adj* 1.(*trattamento*) preferential 2.(*persona*) fortunate 3.(*posizione, condizione*) favorable II. *m, f* privileged person

privilegio [pri·vi·'lɛ:·dʒo] <-gi> *m* 1.(*onore*) privilege; **avere il ~ di ...** *form* to have the honor to ... 2.(*vantaggio*) advantage

privo, -a ['pri:·vo] *adj* **~ di** without; **~ di sensi** unconscious

pro [prɔ] I. *prep* for II. <-> *m* (*utilità*) **a che ~?** what's the use?; **il ~ ed il contro** the pros and cons

probabile [pro·'ba:·bi·le] *adj* probable

probabilità [pro·ba·bi·li·'ta] <-> *f* (*caratteristica*) probability; (*possibilità*) chance; **avere una ~ su cento** to have a hundred to one chance; **con molta** [*o* **tutta**] [*o* **ogni**] **~** in all probability

probabilmente [pro·ba·bil·'men·te] *adv* probably

problema [pro·'blɛ:·ma] <-i> *m* (*gener*) problem; (*quesito*) question; **non c'è ~** it's no problem

problematica [pro·ble·'ma:·ti·ka] <-che> *f* problems *pl*

problematicità [pro·ble·ma·ti·tʃi·'ta] <-> *f* problematic nature

problematico, -a [pro·ble·'ma:·ti·ko] <-ci, -che> *adj* (*situazione, questione*) problematic; (*persona*) difficult

proboscide [pro·'bɔʃ·ʃi·de] *f* (*di elefante*) trunk

procacciare [pro·kat·'tʃa:·re] *vt* (*procurare*) to get

procace [pro·'ka:·tʃe] *adj* (*provocante*) provocative

pro capite [pro·'ka:·pi·te] *adv* per capita

procedere [pro·'tʃɛ:·de·re] <procedo, procedei *o* procedetti, proceduto> *vi* 1. *essere* (*veicolo, persona*) to proceed 2. *avere* (*continuare*) to continue 3. *essere* (*affari, attività*) to go 4. *avere* (*dare inizio*) **~ a qc** to proceed with sth **5.** *avere* GIUR ~ **contro qu** to start proceedings against sb

procedimento [pro·tʃe·di·'men·to] *m* **1.** (*metodo*) process **2.** GIUR proceedings *pl*

procedura [pro·tʃe·'duː·ra] *f* procedure

procedurale [pro·tʃe·du·'raː·le] *adj* GIUR procedural

processare [pro·tʃes·'saː·re] *vt* (*sottoporre a processo*) to try

processione [pro·tʃes·'sioː·ne] *f* REL procession

processo [pro·'tʃɛs·so] *m* **1.** GIUR lawsuit; ~ **civile** civil suit; ~ **penale** criminal trial **2.** (*successione di fenomeni, metodo*) process

processore *m* COMPUT processor

processuale [pro·tʃes·su·'aː·le] *adj* (*atto*) trial; (*spese*) legal

procinto [pro·'tʃin·to] *m* **in ~ di ...** +*inf* on the point of ...

procione [pro·'tʃoː·ne] *m* raccoon

proclamare [pro·kla·'maː·re] *vt* (*dichiarare ufficialmente*) to declare; ~ **lo sciopero generale** to declare a general strike

proclamazione [pro·kla·mat·'tsioː·ne] *f* (*dichiarazione ufficiale*) declaration

procrastinare [pro·kras·ti·'naː·re] *vt form* (*rimandare: pagamento*) to defer; (*decisione*) to postpone

procreare [pro·kre·'aː·re] *vt* to procreate

procreazione [pro·kre·at·'tsioː·ne] *f* procreation

procura [pro·'kuː·ra] *f* **1.** GIUR (*delega*) power of attorney; **matrimonio per ~** marriage by proxy **2.** (*ufficio*) district attorney's office

procurare [pro·ku·'raː·re] *vt* **1.** (*fare avere*) to get; **procurarsi qc** to get oneself sth **2.** (*causare*) to cause

procuratore, -trice [pro·ku·ra·'toː·re] *m, f* **1.** (*magistrato*) prosecutor; **Procuratore Generale** Attorney General; ~ **della Repubblica** district attorney **2.** (*laureato in legge*) ~ (**legale**) lawyer

prodezza [pro·'det·tsa] *f* **1.** (*coraggio*) valor **2.** (*impresa*) feat

prodigarsi [pro·di·'gar·si] *vr* ~ **per qu** to do one's best for sb

prodigio[1] [pro·'diː·dʒo] <-gi> *m* **1.** (*gener*) marvel **2.** (*persona*) prodigy

prodigio[2] <inv> *adj* marvelous; **bambino ~** child prodigy

prodigioso, -a [pro·di·'dʒoː·so] *adj* (*straordinario: fatto, evento*) marvelous; (*eccezionale: memoria, cultura*) prodigious

prodigo, -a ['prɔː·di·go] <-ghi, -ghe> *adj* **1.** *pej* (*dissipatore*) prodigal; **il figliol ~** the prodigal son **2.** *fig* (*generoso*) ~ **di qc** generous with sth

prodotto[1] [pro·'dot·to] *pp di* **produrre**

prodotto[2] *m* **1.** (*gener*) product; (*della terra*) produce; ~ **alimentare** foodstuff; **-i di bellezza** beauty products **2.** (*risultato*) result; ~ **interno lordo** gross domestic product; ~ **nazionale lordo** gross national product

produco *1. pers sing pr di* **produrre**

produrre [pro·'dur·re] <produco, produssi, prodotto> **I.** *vt* **1.** (*gener*) to produce **2.** (*opera*) to write **3.** (*causare*) to cause **II.** *vr:* **-rsi 1.** TEAT to appear **2.** (*formarsi*) to develop

produttività [pro·dut·ti·vi·'ta] <-> *f* (*capacità produttiva*) productivity

produttivo, -a [pro·dut·'tiː·vo] *adj* **1.** (*albero, investimento, atteggiamento*) productive; (*terreno*) fertile **2.** (*metodo, ciclo*) production

produttore, -trice [pro·dut·'toː·re] **I.** *m, f* producer **II.** *adj* producing; **i paesi -i di cacao** the cocoa-producing countries

produzione [pro·dut·'tsioː·ne] *f* **1.** (*gener*) production; (*di frutta, ortaggi*) yield; ~ **in serie** mass production; **costo di ~** manufacturing cost **2.** (*letteraria, artistica*) work

profanare [pro·fa·'naː·re] *vt* (*chiesa, tomba, ricordo*) to profane

profanazione [pro·fa·nat·'tsioː·ne] *f* (*di chiesa, tomba, ricordo*) profanation

profano [pro·'faː·no] *m* (*cosa non sacra*) profane

profano, -a **I.** *adj* profane **II.** *m, f* (*persona non competente*) **essere un ~** to be no expert

proferire [pro·fe·'riː·re] <proferisco> *vt* **1.** (*parola, frase*) to utter **2.** (*giuramento*) to take; (*voto*) to make

professare [pro·fes·'saː·re] **I.** *vt* **1.** (*gratitudine, amore*) to declare **2.** (*opinione*) to make known; (*religione*) to profess **per la politica II.** *vr:* **-rsi** (*dichiararsi*) to declare oneself; **si professa mio amico** he claims to be my friend

professionale [pro·fes·sio·'naː·le] *adj* (*gener*) professional; (*scuola, formazione*) vocational

professionalità [pro·fes·sio·na·li·'ta] <-> *f* (*competenza*) professionalism

professione [pro·fes·'sioː·ne] *f* profession; **libera ~** profession; ~ **di fede** profession of faith

professionismo [pro·fes·sio·'niz·mo] *m* SPORT professionalism

professionista [pro·fes·sio·'nis·ta] <-i *m*, -e *f*> *mf* professional; **libero ~** professional person

professionistico, -a [pro·fes·sio·'nis·ti·ko] <-ci, -che> *adj* SPORT professional

professore, -essa [pro·fes·'soː·re, pro·fes·so·'res·sa] *m, f* (*di scuola*) teacher; (*di università*) professor; ~ **a contratto** professor without tenure; ~ **di ruolo** tenured professor

profeta, -tessa [pro·'fɛː·ta, pro·fe·'tes·sa] <-i, -esse> *m, f* prophet

profetico, -a [pro·'fɛː·ti·ko] <-ci, -che> *adj* prophetic

profetizzare [pro·fe·tid·'dzaː·re] **I.** *vt* to prophesy **II.** *vi* to prophesy

profezia [pro·fet·'tsiː·a] <-ie> *f* prophecy

proficuo, -a [pro·'fiː·kuo] *adj* (*attività*) profitable

profilare [pro·fi·'laː·re] **I.** *vt* **1.** TEC (*sbarra,*

P

trave) to profile **2.**(*orlare: tovaglia, vestito*) to edge **II.** *vr:* **-rsi** (*essere imminente*) to loom

profilassi [pro·fi·'las·si] <-> *f* prophylaxis

profilato [pro·fi·'la:·to] *m* section bar

profilato, -a *adj* **1.**(*sbarra, trave*) profiled **2.**(*abito, gonna*) trimmed

profilattico [pro·fi·'lat·ti·ko] <-ci> *m* condom

profilattico, -a <-ci, -che> *adj* (*metodo*) prophylactic

profilo [pro·'fi:·lo] *m* (*gener*) profile; (*di montagna, edificio*) outline; **di ~** (*persona*) in profile; **sotto il ~ ...** from the point of view of

profiterole [prɔ·fi·'trɔl] <-> *m* profiterole

profittare [pro·fit·'ta:·re] *vi v.* **approfittare**

profittatore, -trice [pro·fit·ta·'to:·re] *m, f v.* **approfittatore**

profitto [pro·'fit·to] *m* **1.**(*giovamento*) advantage; **trarre ~ da qc** to benefit from sth **2.**(*negli studi, nel lavoro*) progress **3.**(*utile*) profit

profondamente [pro·fon·'da·men·te] *adv* (*molto*) deeply; **dormire ~** to sleep soundly

profondersi [pro·'fon·der·si] *vr* **~ in qc** to be lavish with sth

profondità [pro·fon·di·'ta] <-> *f* depth

profondo [pro·'fon·do] *m* **1.**(*del mare*) depth **2.**(*del mare*) heart of hearts; **dal ~ del cuore** from the bottom of one's heart

profondo, -a *adj* **1.**(*gener*) deep **2.**(*pensiero, delusione, rispetto*) profound

proforma, pro forma [pro·'for·ma, prɔ 'for·ma] **I.**<inv> *adj* (*formale: esame, controllo*) perfunctory; (*fattura*) pro forma **II.** *adv* (*per formalità*) as a matter of form **III.** <-> *m* (*formalità*) formality

profugo, -a ['prɔ:·fu·go] <-ghi, -ghe> **I.** *adj* refugee **II.** *m, f* refugee

profumare [pro·fu·'ma:·re] **I.** *vt* **avere ~ qc** to make sth smell nice **II.** *vi* **essere ~** (**di qc**) to have a nice smell (of sth) **III.** *vr:* **-rsi** to put on perfume

profumatamente [pro·fu·ma·ta·'men·te] *adv* handsomely; **pagare qc ~** to pay handsomely for sth

profumeria [pro·fu·me·'ri:·a] <-ie> *f* perfumery

profumo [pro·'fu:·mo] *m* **1.**(*fragranza: di fiore*) scent; (*di caffè*) aroma **2.**(*essenza*) perfume

profusi *1. pers sing pass rem di* **profondere**

profusione [pro·fu·'zio:·ne] *f* **a ~** lavishly

profuso *pp di* **profondersi**

progenitore, -trice [pro·dʒe·ni·'to:·re] *m, f* (*di famiglia, stirpe*) ancestor

progesterone [pro·dʒes·te·'ro:·ne] *m* progesterone

progettare [pro·dʒet·'ta:·re] *vt* **1.**(*viaggio, spedizione*) to plan **2.**(*ponte, edificio*) to design

progettazione [pro·dʒet·tat·'tsio:·ne] *f* (*di ponte, edificio*) designing

progettista [pro·dʒet·'tis·ta] <-i *m*, -e *f*> *mf* designer

progettistica [pro·dʒet·'tis·ti·ka] <-che> *f* designing

progetto [pro·'dʒɛt·to] *m* plan; **~ di legge** bill; **essere in ~** to be being planned; **avere qc in ~** to have sth planned

prognosi ['prɔɲ·ɲo·zi] <-> *f* prognosis; **in ~ riservata** on the critical list

programma [pro·'gram·ma] <-i> *m* **1.**(*gener*) program; (*di lavoro*) schedule; **installare un ~ sul computer** to install a program on the computer; **fuori ~** unscheduled **2.**(*progetto*) plan; **avere in ~ qc** to have sth planned **3.**(*di corso, esame*) syllabus

programmare [pro·gram·'ma:·re] *vt* **1.**(*viaggio, incontro, riforma*) to plan **2.**(*piano economico*) to devise **3.**(*lavastoviglie, videoregistratore*) to set **4.** COMPUT to program

programmatico, -a [pro·gram·'ma:·ti·ko] <-ci, -che> *adj* (*dichiarazione*) policy

programmatore, -trice [pro·gram·ma·'to:·re] *m, f* **1.** COMPUT programmer **2.** COM planner

programmazione [pro·gram·mat·'tsio:·ne] *f* **1.**(*di piano economico*) devising; (*di produzione*) planning **2.**(*di lavastoviglie, videoregistratore*) setting **3.** COMPUT programming **4.**(*a scuola*) syllabus

progredire [pro·gre·'di:·re] <progredisco> *vi* *essere o avere* **1.**(*avanzare*) to progress **2.**(*far progressi*) to make progress

progredito, -a [pro·gre·'di:·to] *adj* (*tecnica, paese*) advanced

progressione [pro·gres·'sio:·ne] *f* **1.** MAT, MUS progression **2.**(*avanzamento*) progress; (*aumento*) increase; **essere in ~** to be on the increase

progressismo [pro·gres·'siz·mo] *m* POL progressivism

progressista [pro·gres·'sis·ta] <-i *m*, -e *f*> **I.** *mf* progressive **II.** *adj* progressive

progressivo, -a [pro·gres·'si:·vo] *adj* (*aumento, calo*) progressive; **imposta -a** progressive tax

progresso [pro·'grɛs·so] *m* progress; **far -i** to make progress

proibire [pro·i·'bi:·re] <proibisco> *vt* (*vietare*) to forbid; **~ a qu di fare qc** to forbid sb to do sth

proibitivo, -a [pro·i·bi·'ti:·vo] *adj* **1.**(*decreto, provvedimento*) prohibitory **2.**(*prezzo*) prohibitive

proibizione [pro·i·bit·'tsio:·ne] *f* (*divieto*) prohibition

proibizionismo [pro·i·bit·tsio·'niz·mo] *m* HIST prohibition

proiettare [pro·iet·'ta:·re] **I.** *vt* **1.**(*film, diapositive*) to project **2.**(*gettar fuori*) to throw **3.** *fig* **~ qc su qc** to project sth onto sth **II.** *vr:* **-rsi** **1.**(*gettarsi*) to be thrown **2.**(*riflettersi*) to project

proiettile [pro·'iet·ti:·le] *m* (*di arma da fuoco*) bullet

proiettore [pro·iet·'to:·re] *m* **1.**(*per film, dia-*

positive) projector **2.**(*per illuminare*) flood-light; MOT headlight

proiezione [pro·iet·'tsio:·ne] *f* **1.**(*gener*) projection **2.**(*spettacolo*) showing; ~ **elettorale** electoral projection; ~ **demografica** demographic projection

project manager ['prɔ·dʒekt 'mæ·ni·dʒə] <-o project managers> *mf* project manager

proletariato [pro·le·ta·'ria:·to] *m* proletariat

proletario, -a [pro·le·'ta:·rio] <-i, -ie> I. *adj* proletarian II. *m, f* (*contadino, operaio*) proletarian

proliferare [pro·li·fe·'ra:·re] *vi* **1.** BIOL to proliferate **2.** *fig* (*moltiplicarsi: case*) to spring up everywhere; (*moda*) to become increasingly popular

prolificare [pro·li·fi·'ka:·re] *vi* **1.** BIOL to procreate; BOT to proliferate **2.** *fig* (*espandersi: idea, moda*) to become increasingly popular

prolifico, -a [pro·'li:·fi·ko] <-ci, -che> *adj* prolific

prolissità [pro·lis·si·'ta] <-> *f* prolixity

prolisso, -a [pro·'lis·so] *adj* prolix

prologo ['prɔ:·lo·go] <-ghi> *m* prologue

prolunga [pro·'luŋ·ga] <-ghe> *f* **1.** ELETT extension **2.**(*di tavolo*) leaf

prolungamento [pro·luŋ·ga·'men·to] *m* extension

prolungare [pro·luŋ·'ga:·re] I. *vt* to extend II. *vr:* **-rsi** (*estendersi nello spazio*) to extend; (*estendersi nel tempo*) to continue

promemoria [pro·me·'mɔ:·ria] <-> *m* note

promessa [pro·'mes·sa] *f* **1.**(*impegno*) promise; **fare una** ~ (**a qu**) to make (sb) a promise **2.**(*persona*) **una** ~ **del teatro/della letteratura** a promising young actor/author

promesso, -a [pro·'mes·so] I. *pp di* **promettere** II. *m, f* (*fidanzato*) fiancé *m*, fiancée *f*

promettente [pro·met·'tɛn·te] *adj* (*inizio, giovane*) promising

promettere [pro·'met·te·re] <irr> *vt* to promise; ~ **di fare qc** to promise to do sth; ~ **bene/ male** to be/not to be promising

prominente [pro·mi·'nɛn·te] *adj* (*zigomi, mascelle*) prominent

promiscuità [pro·mis·kui·'ta] <-> *f* **1.**(*di lingue, religioni*) multiplicity **2.**(*sessuale*) promiscuity

promiscuo, -a *adj* **1.**(*classe, scuola*) mixed; **matrimonio** ~ mixed marriage **2.**(*sessualmente*) promiscuous

promisi *1. pers sing pass rem di* **promettere**

promontorio [pro·mon·'tɔ:·rio] <-i> *m* GEOR promontory

promossi *1. pers sing pass rem di* **promuovere**

promosso, -a [pro·'mɔs·so] I. *pp di* **promuovere** II. *m, f* student who passes an exam

promotore, -trice [pro·mo·'to:·re] I. *m, f* (*di iniziativa, ideologia*) promoter II. *adj* organizing

promozionale [pro·mot·'tsio·'na:·le] *adj* (*attività, campagna*) promotional

promozione [pro·mot·'tsio:·ne] *f* **1.**(*gener*) promotion **2.**(*a scuola, a un esame*) pass

promulgare [pro·mul·'ga:·re] *vt* to promulgate

promuovere [pro·'muɔ:·ve·re] <irr> *vt* **1.**(*gener*) to promote **2.**(*a scuola, a un esame*) to pass

pronipote [pro·ni·'po:·te] *mf* **1.**(*di nonni*) great-grandchild; (*di zii*) great-nephew *m*, great-niece *f* **2.** *pl* (*discendenti*) descendants

pronome [pro·'no:·me] *m* pronoun

pronominale [pro·no·mi·'na:·le] *adj* pronominal

pronosticare [pro·nos·ti·'ka:·re] *vt* (*predire*) to predict

pronostico [pro·'nɔs·ti·ko] <-ci> *m* (*predizione*) prediction

prontezza [pron·'tet·tsa] *f* (*di parola, riflessi*) quickness

pronto ['pron·to] *interj* TEL hello

pronto, -a *adj* **1.**(*preparato*) ready; **essere** ~ **per qc** to be ready for sth **2.**(*disposto*) **essere** ~ **a fare qc** to be ready to do sth; **essere** ~ **a tutto** to be ready to do anything **3.**(*rapido*) prompt; ~ **soccorso** first aid; **auguri di -a guarigione** best wishes for a speedy recovery

pronuncia [pro·'nun·tʃa] <-ce> *f* **1.**(*articolazione*) pronunciation; (*accento*) accent **2.** GIUR pronouncement

pronunciare [pro·nun·'tʃa:·re] I. *vt* (*parola, consonante*) to pronounce; (*giudizio, sentenza*) to pronounce; (*discorso*) to deliver II. *vr:* **-rsi** **1.**(*esprimere giudizio*) to comment **2.** GIUR to pronounce

pronunciato, -a *adj* (*naso, mento*) **1.** prominent **2.**(*gusto, simpatia, preferenza*) strong

propaganda [pro·pa·'gan·da] *f* propaganda

propagandare [pro·pa·gan·'da:·re] *vt* (*idea, partito*) to hype

propagandistico, -a [pro·pa·gan·'dis·ti·ko] <-ci, -che> *adj* (*di propaganda*) propagandistic

propagare [pro·pa·'ga:·re] I. *vt* (*fede, dottrina*) to propagate; (*notizia, diceria*) to spread II. *vr:* **-rsi** **1.**(*luce, calore, onde*) to be propagated **2.**(*epidemia, notizia*) to spread

propagazione [pro·pa·gat·'tsio:·ne] *f* **1.**(*di luce, calore, onde*) BIOL propagation **2.**(*di notizie, scandalo*) spread

propaggine [pro·'pad·dʒi·ne] *f* (*ramo*) layer; (*di un monte*) foot

propano [pro·'pa:·no] *m* propane

propedeutico, -a [pro·pe·'dɛːu·ti·ko] <-ci, -che> *adj* (*corso, trattato*) introductory

propellente [pro·pel·'lɛn·te] *m* propellent

propendere [pro·'pɛn·de·re] <propendo, propendei *o* propesi, propenso> *vi* to be inclined; ~ **per qu/qc** to tend toward sb/sth

propensione [pro·pen·'sio:·ne] *f* **1.**(*preferenza*) preference; **avere** ~ **a fare qc** to be inclined to do sth **2.**(*disposizione*) **avere** ~ **per qc** to have a bent for sth

propenso, -a [pro·'pɛn·so] I. *pp di* **propen-**

dere II. *adj* essere ~ a fare qc to be inclined to do sth

propesi [pro·'pe:·si] *1.pers sing pass rem di* **propendere**

propinare [pro·pi·'na:·re] *vt pej, scherz* to inflict

propiziatorio, -a [pro·pit·tsia·'tɔ:·rio] <-i, -ie> *adj* propitiatory

propizio, -a [pro·'pit·tsio] <-i, -ie> *adj* (*occasione, momento*) propitious

propongo *1. pers sing pr di* **proporre**

proponibile [pro·po·'ni:·bi·le] *adj* proposable

proponimento [pro·po·ni·'men·to] *m* resolution

proporre [pro·'por·re] <irr> *vt* 1. (*suggerire*) to propose 2. (*scopo*) **-rsi qc** to set sth for oneself; **-rsi una meta** to set oneself a goal

proporzionale [pro·por·tsio·'na:·le] *adj* proportional; **sistema ~** proportional representation

proporzionato, -a [pro·por·tsio·'na:·to] *adj* proportionate

proporzione [pro·port·'tsio:·ne] *f* 1. GENER proportion; **in ~ a** in proportion to 2. *pl* (*grandezza*) proportions *pl;* **avere il senso delle -i** *fig* to have a sense of proportion

proposi *1. pers sing pass rem di* **proporre**

proposito [pro·'pɔ:·zi·to] *m* 1. (*intenzione*) intention; **di ~** (*apposta*) on purpose 2. (*argomento*) **a ~ di** with regard to; **a ~!** by the way; **capitare a ~** to be just in time; **a questo ~** on this subject

proposizione [pro·po·zit·'tsio:·ne] *f* clause

proposta [pro·'pos·ta] *f* proposal; **~ di matrimonio** marriage proposal; **~ di legge** bill

proposto *pp di* **proporre**

propriamente [pro·pria·'men·te] *adv* 1. (*veramente*) really 2. (*in senso proprio*) strictly

proprietà [pro·prie·'ta] <-> *f* 1. (*diritto*) ownership; (*bene, caratteristica*) property 2. (*di linguaggio*) correctness

proprietario, -a [pro·prie·'ta:·rio] <-i, -ie> *m, f* owner

proprio¹ ['prɔ:·prio] *adv* 1. (*precisamente*) exactly 2. (*davvero*) really

proprio² <-i> *m* **lavorare in ~** to be self-employed

proprio, -a <-i, -ie> *adj* 1. (*impersonale*) one's 2. (*insieme a possessivo*) own 3. (*tipico*) typical 4. (*linguaggio*) correct; **vero e ~** real

propugnare [pro·puɲ·'ɲa:·re] *vt* (*sostenere*) to support

propulsione [pro·pul·'sio:·ne] *f* 1. TEC propulsion 2. *fig* (*spinta*) boost

propulsivo, -a [pro·pul·'si:·vo] *adj* propulsive

propulsore [pro·pul·'so:·re] *m* TEC propeller

proroga ['prɔ:·ro·ga] <-ghe> *f* extension

prorogare [pro·ro·'ga:·re] *vt* to extend

prorompente [pro·rom·'pɛn·te] *adj* (*gioia*) overwhelming; (*entusiasmo*) boundless

prorompere [pro·'rom·pe·re] <irr> *vi* **~ in lacrime** to burst into tears; **~ in una risata** to burst out laughing

prosa ['prɔ:·za] *f* (*forma letteraria*) prose; (*componimento*) prose work

prosaico, -a [pro·'za:i·ko] <-ci, -che> *adj* (*discorso, atteggiamento*) prosaic

prosciogliere [proʃ·'ʃɔʎ·ʎe·re] <irr> *vt* 1. (*da obbligo, giuramento*) to release 2. GIUR to acquit

prosciugare [proʃ·ʃu·'ga:·re] I. *vt* (*terreno*) to drain; (*finanze*) to use up II. *vr:* **-rsi** (*terreno*) to be drained; (*finanze*) to get used up

prosciutto [proʃ·'ʃut·to] *m* ham

proscrissi *1. pers sing pass rem di* **proscrivere**

proscritto, -a [pros·'krit·to] I. *pp di* **proscrivere** II. *m, f* (*esule*) exile

proscrizione [pros·krit·'tsio:·ne] *f* 1. (*esilio*) banishment 2. (*divieto*) banning

prosecco [pro·'sek·ko] <-chi> *m* sparkling dry white wine

prosecuzione [pro·se·kut·'tsio:·ne] *f* continuation

proseguimento [pro·se·gui·'men·to] *m* (*continuazione*) continuation; **buon ~!** (*viaggio*) enjoy the rest of your trip!; (*serata*) enjoy the rest of the evening!

proseguire [pro·se·'gui:·re] I. *vt* to continue II. *vi* to carry on; **~ in qc** to continue with sth

prosperare [pros·pe·'ra:·re] *vi* to prosper

prosperità [pros·pe·ri·'ta] <-> *f* prosperity

prospero, -a ['prɔs·pe·ro] *adj* (*commercio*) flourishing; (*salute*) excellent; (*paese*) prosperous

prosperoso, -a [pros·pe·'ro:·so] *adj* 1. (*commercio*) flourishing; (*regione*) prosperous 2. (*donna, forme*) curvaceous

prospettare [pros·pet·'ta:·re] I. *vt* (*esporre*) to put forward II. *vr:* **-rsi** to look

prospettiva [pros·pet·'ti:·va] *f* 1. (*tecnica*) perspective 2. (*vista*) view 3. (*punto di vista*) point of view 4. (*possibilità*) prospect

prospetto [pros·'pɛt·to] *m* 1. (*tabella*) table 2. (*veduta*) view; **di ~** from the front 3. (*facciata*) facade 4. (*disegno*) elevation

prossimamente [pros·si·ma·'men·te] *adv* (*fra breve*) soon

prossimità [pros·si·mi·'ta] <-> *f* proximity; **in ~ di** near

prossimo ['prɔs·si·mo] *m* (*gli altri*) neighbor; **il tuo ~** your neighbor

prossimo, -a *adj* 1. (*vicino*) near; **un parente ~** a close relative 2. (*successivo*) next; **passato ~** LING present perfect; **trapassato ~** LING past perfect; **la -a volta** the next time; **ci vediamo venerdì ~** see you next Friday

prostata ['prɔs·ta·ta] *f* ANAT prostate

prosternarsi [pros·ter·'nar·si] *vr* to prostrate oneself

prostituirsi [pros·ti·tu·'i:r·si] <prostituisco> *vr* to prostitute oneself

prostituta [pros·ti·'tu:·ta] *f* prostitute

prostituzione [pros·ti·tut·'tsio:·ne] *f* prostitution

prostrare [pros·'tra:·re] I. *vt fig* (*fiaccare*) to

wear out II. *vr:* **-rsi** 1. (*gettarsi a terra*) to prostrate oneself 2. *fig* (*umiliarsi*) to kowtow

prostrazione [pros·trat·'tsio:·ne] *f* 1. (*fisica*) exhaustion 2. (*morale*) depression

protagonista [pro·ta·go·'nis·ta] <-i *m*, -e *f*> *mf* protagonist

proteggere [pro·'tɛd·dʒe·re] <proteggo, protessi, protetto> I. *vt* (*difendere*) to protect; (*soccorrere*) to defend II. *vr* to protect oneself

proteggi-slip [pro·'tɛd·dʒi·zlip] <-> *m* panty-liner

proteico, -a [pro·'tɛː·i·ko] <-ci, -che> *adj* protein

proteina [pro·te·'i:·na] *f* protein

protendere [pro·'tɛn·de·re] <irr> I. *vt* (*mano, braccia*) to stretch out II. *vr:* **-rsi** (*sporgersi in avanti*) to lean forward

protesi¹ [pro·'te:·si] *1. pers sing pass rem di* **protendere**

protesi² ['prɔ:·te·zi] <-> *f* MED prosthesis

proteso *pp di* **protendere**

protessi [pro·'tɛs·si] *1. pers sing pass rem di* **proteggere**

protesta [pro·'tɛs·ta] *f* protest; **per** ~ in protest

protestante [pro·tes·'tan·te] I. *adj* Protestant II. *mf* Protestant

protestantesimo [pro·tes·tan·'te:·zi·mo] *m* Protestantism

protestare [pro·tes·'ta:·re] I. *vt* (*cambiale, assegno*) to dishonor II. *vi* ~ (**contro qc**) to protest (against sth)

protettivo, -a [pro·tet·'ti:·vo] *adj* protective

protetto, -a [pro·'tɛt·to] I. *pp di* **proteggere** II. *m, f* protégé *m,* protégée *f* III. *adj* protected

protettorato [pro·tet·to·'ra:·to] *m* 1. (*tutela*) protection 2. (*territorio*) protectorate

protettore, -trice [pro·tet·'to:·re] I. *m, f* 1. (*difensore*) protector 2. (*santo*) patron 3. (*di prostitute*) pimp II. *adj* santo ~ patron saint; **società -trice degli animali** animal protection society

protezione [pro·tet·'tsio:·ne] *f* protection; **la** ~ **civile** (*attività*) emergency management; (*ente*) ≈ Federal Emergency Management Agency

protezionismo [pro·tet·tsio·'niz·mo] *m* (*politica economica*) protectionism

protezionista [pro·tet·tsio·'nis·ta] <-i *m,* -e *f*> I. *mf* protectionist II. *adj* protectionist

protezionistico, -a [pro·tet·tsio·'nis·ti·ko] <-ci, -che> *adj* protectionist

protocollare [pro·to·kol·'la:·re] *adj* (*cerimonia, ordine*) formal

protocollo [pro·to·'kɔl·lo] *m* 1. (*registro*) register; **carta** (**formato**) ~ foolscap (paper); **mettere a** ~ to record 2. (*accordo, cerimoniale*) protocol

protone [pro·'to:·ne] *m* proton

prototipo [pro·'tɔ:·ti·po] *m* 1. (*modello*) prototype 2. *scherz* (*esempio perfetto*) epitome

protrarre [pro·'trar·re] <irr> I. *vt* (*prolungare*)

to prolong; (*rimandare*) to postpone II. *vr:* **-rsi** to continue

protuberanza [pro·tu·be·'ran·tsa] *f* (*su una superficie, sul corpo*) protuberance

Prov. *abbr di* **provincia** Prov.

prova ['prɔ:·va] *f* 1. (*esperimento*) test; **mettere qu alla** ~ to put sb to the test; **a** ~ **di bomba** (*oggetto*) bombproof; (*rapporto, contratto*) indestructible; **periodo di** ~ (*nel lavoro*) trial period 2. (*esame*) examination; ~ **orale/scritta** oral/written examination 3. (*dimostrazione*) GIUR proof; **dar** ~ **di qc** to show sth; **fino a** ~ **contraria** until proven otherwise 4. (*theat, mus*) rehearsal; ~ **generale** dress rehearsal 5. (*tentativo*) try 6. SPORT competition

provare [pro·'va:·re] I. *vt* 1. (*gener*) to try; TEC, SCIENT to test; (*abito, scarpe*) to try on; ~ **a fare qc** to try to do sth; **provarci** to try 2. (*indebolire*) to weaken 3. (*dolore, simpatia, pietà*) to feel 4. (*dimostrare*) to prove 5. MUS, TEAT, FILM to rehearse II. *vr:* **-rsi** 1. (*osare*) to dare; **-rsi a fare qc** to dare to do sth 2. (*mettersi alla prova*) **-rsi in qc** to try sth

provato, -a [pro·'va:·to] *adj* 1. (*dimostrato*) proven 2. (*affaticato*) exhausted

provengo *1. pers sing pr di* **provenire**

provenienza [pro·ve·'niɛn·tsa] *f* 1. (*luogo*) provenance 2. (*origine*) origin

provenire [pro·ve·'ni:·re] <irr> *vi* essere 1. (*arrivare*) ~ **da** to come from 2. *fig* (*trarre origine*) ~ **da qc** to derive from sth

provenuto *pp di* **provenire**

proverbiale [pro·ver·'bia:·le] *adj* (*detto, espressione*) proverbial; (*leggendario*) legendary

proverbio [pro·'vɛr·bio] <-i> *m* proverb

provetta [pro·'vet·ta] *f* (*recipiente*) test tube; **figlio in** ~ test tube baby

provider <- *o* providers> *m* COMPUT (*Internet*) provider

provincia [pro·'vin·tʃa] <-cie *o* -ce> *f* provinces; **di** ~ *pej* provincial

The **Provincia** is the political unit that comes between the **Comune** and the **Regione**. There are 110 **provinces** in Italy, each one containing several **comuni**. The **Provincia** has responsibility for public health care, highway maintenance and public buildings such as schools, as well as for agriculture and fisheries. Each **provincia** has a **capoluogo**, a capital, and is governed by a **Giunta provinciale** (provincial government) whose members are chosen from the **Consiglio provinciale** (provincial council).

provinciale [pro·vin·'tʃa:·le] *adj a. pej* provincial; **strada** ~ highway

provincialismo [pro·vin·tʃa·'liz·mo] *m pej* provincialism

provino [pro·'vi:·no] *m* **1.**(*di fotografie*) contact print **2.**(*campione*) specimen **3.**(*di attore*) screen test

provocante [pro·vo·'kan·te] *adj* (*abbigliamento, sguardo*) provocative

provocare [pro·vo·'ka:·re] *vt* **1.**(*causare*) to cause **2.**(*sfidare*) to provoke **3.**(*sessualmente*) to behave provocatively toward

provocatore, -trice [pro·vo·ka·'to:·re] I. *adj* (*atteggiamento, discorso*) provocative; **agente ~** agent provocateur II. *m, f* troublemaker

provocatorio, -a [pro·vo·ka·'tɔ:·rio] <-i, -ie> *adj* (*tono, domanda, atteggiamento*) provocative

provocatrice *f v.* **provocatore**

provocazione [pro·vo·kat·'tsio:·ne] *f* (*sfida*) provocation

provvedere [prov·ve·'de:·re] <irr> I. *vi ~* a **qc/a fare qc** to take care of sth/of doing sth II. *vt* (*fornire*) **~ qu/qc di qc** to provide sb/sth with sth III. *vr* **-rsi di qc** to provide oneself with sth

provvedimento [prov·ve·di·'men·to] *m* **1.**(*misura*) step; **prendere -i** to take steps **2.** GIUR measure

provveditorato [prov·ve·di·to·'ra:·to] *m* **~ agli studi** local education department

provveditore, -trice [prov·ve·di·'to:·re] *m, f* **~ agli studi** commissioner of education

provvidenza [prov·vi·'dɛn·tsa] *f* REL (*assistenza divina*) providence

provvidenziale [prov·vi·den·'tsia:·le] *adj* providential

provvidi *1. pers sing pass rem di* **provvedere**

provvigione [prov·vi·'dʒo:·ne] *f* (*retribuzione*) commission

provvisorietà [prov·vi·zo·rie·'ta] <-> *f* temporary nature

provvisorio, -a [prov·vi·'zɔ:·rio] <-i, -ie> *adj* (*lavoro, soluzione*) temporary; (*governo*) provisional

provvista [prov·'vis·ta] *f* **1.**(*rifornimento*) **fare ~ di qc** to stock up on sth **2.** *pl* (*scorte*) supplies

provvisto, -a [prov·'vis·to] I. *pp di* **provvedere** II. *adj* **essere ~ di qc** to be provided with sth

prozio, -a [prot·'tsi:·o] *m, f* great uncle *m*, great aunt *f*

prua ['pru:·a] *f* (*di imbarcazione*) bow

prudente [pru·'dɛn·te] *adj* cautious

prudenza [pru·'dɛn·tsa] *f* caution; **guidare con ~** to drive carefully; **la ~ non è mai troppa** *prov* you can't be too careful

prudere ['pru:·de·re] <*manca il pp*> *vi* to itch; **mi prude la schiena/il naso** my back/my nose is itchy

prugna ['pruɲ·ɲa] *f* plum

prugno ['pruɲ·ɲo] <-i> *m* plum (tree)

pruno ['pru:·no] *m* **1.** BOT blackthorn **2.**(*spina*) thorn

prurito [pru·'ri:·to] *m* (*sensazione*) itch

PS 1. *abbr di* **Pubblica Sicurezza** Police **2.** *abbr di* postscriptum P.S.

PSDI *m* HIST *abbr di* **Partito Socialista Democratico Italiano** *former Italian social democratic party*

pseudonimo [pseu·'dɔ:·ni·mo] *m* pseudonym

PSI *m* HIST *abbr di* **Partito Socialista Italiano** *Italian Socialist Party*

psicanalisi [psi·ka·'na:·li·zi] *f* psychoanalysis

psicanalista [psi·ka·na·'lis·ta] <-i *m*, -e *f*> *mf* psychoanalyst

psicanalitico, -a [psi·ka·na·'lis·ti·ko] <-ci, -che> *adj* psychoanalytic(al)

psiche ['psi:·ke] *f* (*mente*) psyche

psichedelico, -a [psi·ke·'dɛ:·li·ko] <-ci, -che> *adj* (*luce, musica*) psychedelic

psichiatra [psi·'kia:·tra] <-i *m*, -e *f*> *mf* psychiatrist

psichiatria [psi·kia·'tri:·a] <-ie> *f* psychiatry

psichiatrico, -a [psi·'kia:·tri·ko] <-ci, -che> *adj* psychiatric

psichico, -a ['psi:·ki·ko] <-ci, -che> *adj* (*mentale*) mental

psicofarmaco [psi·ko·'far·ma·ko] *m* psychotropic drug

psicologia [psi·ko·lo·'dʒi:·a] <-gie> *f* psychology

psicologico, -a [psi·ko·'lɔ:·dʒi·ko] <-ci, -che> *adj* psychological

psicologo, -a [psi·'kɔ:·lo·go] <-gi, -ghe> *m, f* psychologist

psicopatico, -a [psi·ko·'pa:·ti·ko] <-ci, -che> I. *adj* psychopathic II. *m, f* psychopath

psicosi [psi·'kɔ:·zi] <-> *f* psychosis; **~ collettiva** collective fear; **~ degli esami** fear of exams

psicosociologia [psi·ko·so·tʃo·lo·'dʒi:·a] <*sing*> *f* psychosociology

psicosomatico, -a [psi·ko·so·'ma:·ti·ko] <-ci, -che> *adj* (*malattia, disturbo*) psychosomatic

psicoterapia [psi·ko·te·ra·'pi:·a] *f* psychotherapy

psicoterapico, -a [psi·ko·te·'ra:·pi·ko] <-ci, -che> *adj* psychotherapeutic

psicoterapista [psi·ko·te·ra·'pis·ta] <-i *m*, -e *f*> *mf* psychotherapist

psicotico, -a [psi·'kɔ:·ti·ko] <-ci, -che> *adj* psychotic

psoriasi [pso·'ri:·a·zi] <-> *f* psoriasis

pss, pst [ps] *interj* **1.**(*per imporre silenzio*) sh! **2.**(*per richiamare attenzione*) psst!

PT *abbr di* **Poste e Telecomunicazioni** ≈ Postal Service

puah [puah] *interj* ugh!

pub [pʌb/pab] <- *o* pubs> *m* pub

pubblicare [pub·bli·'ka:·re] *vt* (*opera*) to publish

pubblicazione [pub·bli·kat·'tsio:·ne] *f* **1.**(*attività, opera*) publication **2.** *pl* **-i** (**matrimoniali**) (wedding) banns; **fare le -i** to publish the banns

pubblicista [pub·bli·'tʃis·ta] <-i *m*, -e *f*> *mf*

1. (*giornalista*) freelance journalist **2.** GIUR public law expert

pubblicistica [pub·bli·'tʃis·ti·ka] <-che> *f* **1.** (*attività*) current affairs reporting **2.** GIUR public law

pubblicità [pub·bli·tʃi·'ta] <-> *f* **1.** (*gener*) publicity **2.** (*annuncio*) advertisement **3.** (*di documento*) availability to the public; (*di udienza*) openness to the public

pubblicitario, -a [pub·bli·tʃi·'ta:·rio] <-i, -ie> **I.** *adj* (*annuncio, campagna*) advertising **II.** *m, f* advertising executive

pubblicizzare [pub·bli·tʃid·'dza:·re] *vt* to publicize

pubblico ['pub·bll·ko] *m* (*gente*) public; (*spettatori, ascoltatori*) audience; **in ~** in public

pubblico, -a <-ci, -che> *adj* public; **la -a amministrazione** the civil service; **i mezzi (di trasporto) -ci** public transportation; **l'opinione -a** public opinion; **-che relazioni** public relations; **rendere ~ qc** (*divulgare*) to make sth public

pube ['pu:·be] *m* pubis

pubertà [pu·ber·'ta] <-> *f* puberty

pubico, -a ['pu:·bi·co] *adj* pubic

public company ['pʌb·lik 'kʌm·pə·ni] <- *o* public companies> *f* FIN public company

pudico, -a [pu·'di:·ko] <-chi, -che> *adj* (*persona, sguardo*) modest

pudore [pu·'do:·re] *m* **1.** (*riserbo*) modesty **2.** (*contegno*) decency

puerile [pue·'ri:·le] *adj* **1.** (*dei fanciulli*) **età ~** childhood **2.** *pej* (*immaturo*) childish

puerilità [pue·ri·li·'ta] <-> *f* (*immaturità*) childishness

puerpera [pu·'ɛr·pe·ra] *f woman who has recently given birth*

pugilato [pu·dʒi·'la:·to] *m* SPORT boxing

pugile ['pu:·dʒi·le] *m* boxer

Puglia ['puʎ·ʎa] *f* Puglia

pugliese¹ [puʎ·'ʎe:·se] <*sing*> *m* (*dialetto*) Puglia dialect

pugliese² **I.** *mf* (*abitante*) person from Puglia **II.** *adj* from Puglia

pugnalare [puɲ·ɲa·'la:·re] *vt* to stab

pugnalata [puɲ·ɲa·'la:·ta] *f* (*ferita*) stab wound

pugnale [puɲ·'ɲa:·le] *m* dagger

pugno ['puɲ·ɲo] *m* **1.** (*mano chiusa*) fist; **avere qc in ~** *fig* to have sth within one's grasp; **essere (come) un ~ in un occhio** *fig* to be an eyesore **2.** (*colpo*) punch; **fare a -i** to fight; *fig* (*colori, accessori*) to clash; **prendere a -i qu** to punch sb **3.** (*quantità*) handful; **restare con un ~ di mosche** *fig* to be left with nothing

pulce ['pul·tʃe] *f* (*insetto*) flea; **mercato delle -i** flea market; **mettere una ~ nell'orecchio a qu** *fig* to arouse sb's suspicions

pulcinella [pul·tʃi·'nɛl·la] <-> *m* (*maschera*) Punch

pulcino [pul·'tʃi:·no] *m* (*di gallina*) chick

puledro, -a [pu·'le:·dro] *m, f* (*cavallo*) colt *m*, filly *f*

pulire [pu·'li:·re] <pulisco> **I.** *vt* to clean; **-rsi le orecchie** to clean out one's ears; **-rsi la bocca** to wipe one's mouth **II.** *vr* to clean oneself up

pulita [pu·'li:·ta] *f* **dare una ~ a qc** to clean sth; **darsi una ~** to wash up

pulito [pu·'li:·to] *m* (*pulizia*) cleanness

pulito, -a *adj* **1.** (*gener*) clean **2.** (*coscienza*) clear **3.** (*faccenda*) shady

pulitura [pu·li·'tu:·ra] *f* (*operazione di pulire*) cleaning; **~ a secco** dry-cleaning

pulizia [pu·lit·'tsi:·a] <-ie> *f* **1.** (*azione*) cleaning; **donna delle -ie** cleaning woman; **fare le -ie** to do the cleaning; **fare ~** *fig* to clear everything out; **~ etnica** ethnic cleansing **2.** (*condizione*) cleanliness

pullman ['pul·man] <-> *m* bus

pullover [pul·'lɔ:·ver] <-> *m* pullover

pullulare [pul·lu·'la:·re] *vi* **1.** (*essere numeroso*) to abound **2.** (*essere pieno*) **~ di** to be full of

pulmino [pul·'mi:·no] *m* minibus

pulpito ['pul·pi·to] *m* (*di chiesa*) pulpit; **montare** [*o* **salire**] **sul ~** *fig* to get on one's soapbox; **da che ~ viene la predica!** *fam* look who's talking!

pulsante [pul·'san·te] **I.** *m* button; **~ del campanello** bell-push **II.** *adj* (*throbbing*) **cuore ~** *fig* beating heart

pulsare [pul·'sa:·re] *vi* (*cuore*) to beat; *fig* (*attività*) to be vibrant

pulsazione [pul·sat·'tsio:·ne] *f* (*battito*) beat

pulviscolo [pul·'vis·ko·lo] *m* (*polvere*) dust

puma ['pu:·ma] <-> *m* puma

punch [pʌntʃ] <-> *m* (*bevanda*) punch

pungente [pun·'dʒɛn·te] *adj* **1.** (*freddo*) biting **2.** (*battuta*) cutting; (*critica*) stinging; (*desiderio*) burning; (*nostalgia*) bittersweet

pungere ['pun·dʒe·re] <pungo, punsi, punto> **I.** *vt* **1.** (*soggetto: spina, spillo*) to prick; (*insetto, ortica*) to sting **2.** (*offendere*) to offend **II.** *vr:* **-rsi** to prick oneself

pungiglione [pun·dʒiʎ·'ʎo:·ne] *m* (*di insetto*) stinger

punibile [pu·'ni:·bi·le] *adj* punishable

punire [pu·'ni:·re] <punisco> *vt* (*bambino, criminale*) to punish

punitivo, -a [pu·ni·'ti:·vo] *adj* (*azione, misura*) punitive

punizione [pu·nit·'tsio:·ne] *f* **1.** (*castigo*) punishment; **per ~** as a punishment **2.** (*nel calcio*) **(tiro di) ~** free kick

punk [pʌŋk] <-> **I.** *mf* punk **II.** *adj* punk

punsi ['pun·si] *1. pers sing pass rem di* **pungere**

punta ['pun·ta] *f* **1.** (*estremità: di coltello, bastone*) point; (*di naso, dita, lingua*) tip; **camminare in ~ di piedi** to walk on tiptoe; **ballare sulle -e** to dance on points; **fare la ~ ad una matita** to sharpen a pencil; **avere qc sulla ~ della lingua** to have sth on the tip of one's tongue; **prendere qu di ~** *fig* to tackle sb head on; **naso a ~** pointed nose; **avere le**

doppie -e (*ai capelli*) to have split ends **2.** (*cima, valore massimo*) peak; **ore di ~** peak time **3.** (*di trapano*) bit **4.** CULIN **~ (di petto)** brisket **5.** (*nel calcio*) forward

puntare [pun·'ta:·re] **I.** *vt* **1.** (*appoggiare*) to brace; **~ i piedi** *fig* to dig one's heels in **2.** (*dirigere*) to point; **~ il dito verso qu** to point the finger at sb **3.** (*scommettere*) **~ qc su qc** to bet sth on sth **II.** *vi* **1.** (*dirigersi*) **~ su qc** to head for sth **2.** *fig* (*mirare*) **~ a qc** to be after sth **3.** (*contare*) **~ su qu/qc** to count on sb/sth

puntaspilli [pun·tas·'pil·li] <-> *m* pincushion

puntata [pun·'ta:·ta] *f* **1.** TV, RADIO episode; **a -e** (*romanzo, sceneggiato*) serialized **2.** (*breve gita*) flying visit **3.** (*scommessa, somma scommessa*) bet

puntatore [pun·ta·'to:·re] *m* COMPUT pointer

puntatore, -trice [pun·ta·'to:·re] *m, f* (*scommettitore*) bettor

punteggiatura [pun·ted·dʒa·'tu:·ra] *f* LING punctuation

punteggio [pun·'ted·dʒo] <-ggi> *m* (*di gara*) score; (*di esame*) grade

puntellare [pun·tel·'la:·re] *vt* (*muro*) to prop up

puntello [pun·'tɛl·lo] *m* (*trave*) prop

punteruolo [pun·te·'ruɔ:·lo] *m* (*per forare*) bradawl

puntiforme [pun·ti·'for·me] *adj* dot-like

puntiglio [pun·'tiʎ·ʎo] <-gli> *m* (*ostinazione*) stubbornness

puntiglioso, -a [pun·tiʎ·'ʎo:·so] *adj* (*persona*) punctilious; (*lavoro*) painstaking

puntina [pun·'ti:·na] *f* **1.** (*di giradischi*) stylus **2.** (*chiodino*) **~ (da disegno)** thumb tack

puntino [pun·'ti:·no] *m* dot; **-i di sospensione** suspension points; **mettere i -i sulle i** *fig* to cross the t's and dot the i's; **a ~** perfectly

punto¹ ['pun·to] *pp di* **pungere**

punto² *m* **1.** GENER point; **~ di fusione/ebollizione** melting/boiling point; **i -i cardinali** the cardinal points; **alle tre in ~** at exactly three o'clock; **~ di vista** point of view; **venire al ~** to get to the point; **questo è il ~** that's the point; **essere sul ~ di ...** to be on the point of ...; **in ~ di morte** on the point of death; **ad un certo ~** at a certain point; **di ~ in bianco** suddenly; **cotto al ~ giusto** cooked perfectly; **messa a ~** TEC adjustment **2.** *nella punteggiatura* **~ (fermo)** period; **~ esclamativo** exclamation point; **~ interrogativo** question mark; **-i di sospensione** suspension points; **~ e virgola** semicolon; **due -i** colon; **~ e basta!** *fam* period! **3.** (*tondino*) spot; **-i neri** blackhead **4.** (*luogo*) place; **~ (di) vendita** sales outlet; **~ di ritrovo** meeting place **5.** (*nel cucito, ricamo*) stitch; **~ croce** cross-stitch; **dare un ~ a qc** to sew sth up **6.** MED **~ (di sutura)** stitch **7.** (*riassunto*) **fare il ~** to sum up **8.** (*sfumatura di colore*) shade

puntuale [pun·tu·'a:·le] *adj* **1.** (*rispettoso di orario, scadenza*) punctual; **essere** [*o* **arrivare**] **~** to be punctual **2.** (*esatto: critica, osservazione*) accurate

puntualità [pun·tua·li·'ta] .<-> *f* **1.** (*di persona, treno*) punctuality **2.** (*di osservazione, critica*) accuracy

puntualizzare [pun·tua·lid·'dza:·re] *vt* to clarify

puntualizzazione [pun·tua·lid·dzat·'tsio:·ne] *f* clarification

puntura [pun·'tu:·ra] *f* **1.** *fam* (*iniezione*) injection **2.** (*di zanzara*) bite; (*di ago, spina*) prick **3.** (*fitta*) sharp pain

punzecchiare [pun·tsek·'kia:·re] *vt* **1.** (*pungere*) to prick **2.** *fig* (*provocare*) to tease

punzone [pun·'tso:·ne] *m* (*asticciola*) stamp; (*punteruolo*) punch

può ['pu·ɔ] *3. pers sing pr di* **potere¹**

puoi ['puɔ:·i] *2. pers sing pr di* **potere¹**

pupa ['pu:·pa] *f fam* (*ragazza*) babe

pupazzo [pu·'pat·tso] *m* (*fantoccio*) puppet

pupilla [pu·'pil·la] *f* ANAT pupil

pupillo, -a [pu·'pil·lo] *m, f* **1.** GIUR ward **2.** (*preferito*) favorite

pupo ['pu:·po] *m* **1.** (*marionetta*) puppet **2.** *fam* (*bambino*) little boy

pur *v.* **pur(e)**

puramente [pu·ra·'men·te] *adv* (*semplicemente*) simply

purché [pur·'ke] *conj* (*a condizione che*) provided (that)

purchessia [pur·kes·'si:·a] <inv> *adj* (*qualsiasi*) any

pure [pur ('pu:·re)] **I.** *conj* **1.** (*anche se*) even if **2.** (*tuttavia*) but **II.** *adv* **1.** (*anche*) too **2.** (*rafforzativo*) surely; **faccia ~!** please do! **3.** (*con valore finale*) **pur di fare qc** +*inf* (in order) to do sth

purè [pu·'rɛ] <-> *m* purée; **~ (di patate)** mashed potatoes *pl*

purezza [pu·'ret·tsa] *f* purity

purga ['pur·ga] <-ghe> *f* (*lassativo*) laxative

purgante [pur·'gan·te] **I.** *m* laxative **II.** *adj* (*lassativo*) laxative

purgare [pur·'ga:·re] **I.** *vt* **1.** MED to give a laxative to **2.** (*purificare: aria, sangue*) to purify; (*stile, scritto*) to expurgate **3.** POL (*epurare*) to purge **II.** *vr:* **-rsi 1.** MED to take a laxative **2.** *fig* (*da colpe, peccati*) to purge oneself

purgativo, -a [pur·ga·'ti:·vo] *adj* (*lassativo*) laxative

purgatorio [pur·ga·'tɔ:·rio] <-i> *m* REL purgatory

purificare [pu·ri·fi·'ka:·re] **I.** *vt* to purify **II.** *vr:* **-rsi 1.** (*sostanza, organismo, animo*) to be purified **2.** (*persona*) to purify oneself

purificatore, -trice [pu·ri·fi·ka·'to:·re] *m, f* (*dal peccato*) purificatory; (*sauna, dieta*) detoxifying

purificazione [pu·ri·fi·kat·'tsio:·ne] *f* purification

purismo [pu·'riz·mo] *m* LING purism

purista [pu·'ris·ta] <-i *m*, -e *f*> *mf* purist

puritanesimo [pu·ri·ta·'ne:·zi·mo] *m* HIST Puritanism; (*moralismo*) puritanism

puritano, -a [pu·ri·'ta:·no] I. *adj* HIST Puritan; (*moralista*) puritanical II. *m*, *f* HIST Puritan; (*moralista*) puritan

puro, -a ['pu:·ro] *adj* 1. (*gener*) pure; (*vino*) undiluted 2. (*semplice: curiosità*) simple; (*verità*) absolute; ~ **e semplice** pure and simple; **per** ~ **caso** by sheer chance

purosangue [pu·ro·'saŋ·gue] I. <inv> *adj* 1. (*cavallo*) thoroughbred 2. (*nobile, piemontese*) full-blooded II. <-> *mf* (*cavallo*) thoroughbred

purpureo, -a [pur·'pu:·reo] *adj* (*labbra, abito*) crimson

purtroppo [pur·'trɔp·po] *adv* unfortunately

purulento, -a [pu·ru·'lɛn·to] *adj* festering

pus [pus] *m* pus

pusillanime [pu·zil·'la:·ni·me] I. *adj* cowardly II. *mf* coward

pustola ['pus·to·la] *f* (*sulla pelle*) pustule

putativo, -a [pu·ta·'ti:·vo] *adj* (*figlio, padre*) putative

putiferio [pu·ti·'fɛ:·rio] <-i> *m* (*schiamazzo*) uproar; *fig* (*confusione*) confusion

putrefare [pu·tre·'fa:·re] <irr> I. *vi essere* to rot II. *vr:* -rsi to rot

putrefazione [pu·tre·fat·'tsio:·ne] *f* (*decomposizione*) putrefaction

putrefeci *1. pers sing pass rem di* **putrefare**

putrescente [pu·treʃ·'ʃɛn·te] *adj* (*corpo*) rotting

putrido, -a ['pu:·tri·do] *adj* (*carne*) rotten; (*acqua, odore*) foul

putsch [putʃ] <-> *m* POL, MIL putsch

puttana [put·'ta:·na] *f vulg* (*prostituta*) whore

puttanesco, -a [put·ta·'nes·ko] <-schi, -sche> *adj* **spaghetti alla -a** spaghetti with a tomato, anchovy, caper, and olive sauce

puttaniere [put·ta·'niɛ·re] *m fam* (*dongiovanni*) Don Juan

putto ['put·to] *m* cherub

puzza ['put·tsa] *f dial* (*puzzo*) stink; **avere la ~ sotto il naso** *fig* to be a snob

puzzare [put·'tsa:·re] *vi* 1. (*mandare puzzo*) to stink; ~ **di qc** to stink of sth; **gli puzza l'alito** he's got really bad breath 2. *fig* (*essere sospetto*) to sound fishy

puzzle ['pʌ·zəl/'pat·sle] <-> *m* jigsaw (puzzle)

puzzo ['put·tso] *m* (*cattivo odore*) stink

puzzola ['put·tso·la] *f* polecat

puzzolente [put·tso·'lɛn·te] *adj* smell

puzzone, -a [put·'tso:·ne] *m*, *f dial, fam* (*persona puzzolente*) smelly person; *fig* (*mascalzone*) rat

P.za *abbr di* **Piazza** Sq.

Qq

Q, q [ku] <-> *f* Q, q; ~ **come quarto** Q for Queen

q *abbr di* **quintale** q, *quintal* (*metric unit of weight = 100 kg*)

QI *abbr di* **quoziente d'intelligenza** IQ

qua [kua] I. *adv* 1. (*stato, moto*) here; **dammi** ~ give it here; **siamo** ~ we're here; **vieni** ~ come here; **per di** ~ this way; **andare di** ~ **e di là** to wander around; **questo** ~ **mi piace di più** I prefer this one; ~ **i soldi!** *fam* give me the money!; **essere più di là che di** ~ *fig* to be more dead than alive 2. (*temporale*) **da quando in** ~? *fam* since when?; **da un anno in** ~ since last year II. <-> *m* (*di oche, anatre*) quack III. *interj* quack

quaderno [kua·'dɛr·no] *m* (*di scuola*) notebook; ~ **a quadretti/a righe** notebook with squared/lined pages

quadrangolare [kua·draŋ·go·'la:·re] *adj* 1. MAT quadrangular 2. SPORT four-sided

quadrangolo [kua·'draŋ·go·lo] *m* quadrangle

quadrante [kua·'dran·te] *m* 1. (*di orologio*) face 2. (*di bussola, cerchio*) quadrant

quadrare [kua·'dra:·re] I. *vt avere a. fig* (*conti*) to balance; ~ **il bilancio** to balance the books II. *vi essere o avere* 1. (*corrispondere*) ~ **con**

qc to square with sth 2. *fig, fam* (*convincere*) to add up; **c'è qualcosa che non quadra** there's something that doesn't add up 3. (*conti, calcoli*) to tally

quadrato [kua·'dra:·to] *m* 1. MAT (*quadrangolo*) square 2. MAT (*potenza*) square; **7 al** ~ 7 squared; **elevare un numero al** ~ to square a number 3. SPORT (*nel pugilato*) ring

quadrato, -a *adj* 1. (*forma*) square 2. *fig* (*equilibrato*) sensible 3. MAT square; **radice -a** square root

quadratura [kua·dra·'tu:·ra] *f* MAT, ASTR squaring

quadrettato [kua·dret·'ta:·to] *adj* (*carta*) squared; (*tessuto*) checked

quadretto [kua·'dret·to] *m* 1. (*piccolo quadrato*) (small) square; **a -i** (*foglio, quaderno*) squared 2. (*di cioccolato*) square 3. (*piccolo quadro*) (small) picture 4. *fig* (*scena*) picture

quadriennale [kua·dri·en·'na:·le] I. *adj* 1. (*che dura quattro anni*) four-year 2. (*che ricorre ogni quattro anni*) four-yearly II. *f* quadrennial

quadriennio [kua·dri·'ɛn·nio] <-i> *m* four-year period

quadrifoglio [kua·dri·'fɔʎ·ʎo] <-gli> *m* BOT four-leaf clover

Q

quadriglia [kua·'driʎ·ʎa] <-glie> *f* (*ballo*) quadrille

quadrilatero [kua·dri·'la:·te·ro] *m* **1.** MAT quadrilateral **2.** (*forma, zona*) area

quadrilatero, -a *adj* quadrilateral

quadrimestre [kua·dri·'mɛs·tre] *m* **1.** (*periodo*) four-month period **2.** (*di scuola*) quarter

quadrimotore [kua·dri·mo·'to:·re] *m* four-engined plane

quadripartito [kua·dri·par·'ti:·to] *m* POL four-party government

quadripartito, -a *adj* four-party; **governo ~** four-party government; **accordo ~** four-party agreement

quadrisillabo, -a [kua·dri·'sil·la·bo] **I.** *adj* (*vocabolo*) four-syllable **II.** *m, f* **1.** (*parola*) word with four syllables **2.** (*verso*) four-syllable line

quadrivio [kua·'dri:·vio] <-i> *m* (*incrocio*) crossroads

quadro ['kua:·dro] *m* **1.** (*dipinto*) painting **2.** (*quadrato*) square; **a -i** checked **3.** *fig* (*descrizione*) picture; **fare un ~ della situazione** to give an account of the situation **4.** *fig* (*scena*) sight **5.** *fig* (*tabella*) table **6.** *fig* (*ambito*) area **7.** TEAT scene; FILM frame **8.** TEC panel **9.** *pl* ADMIN cadres; **-i amministrativi** administration; **-i direttivi** (senior) management **10.** *pl* (*di carte da gioco*) diamonds

quadro, -a *adj* **1.** (*quadrato*) square **2.** MAT square; **metro/centimetro ~** square meter/centimeter

quadrupede [kua·'dru:·pe·de] **I.** *m* quadruped **II.** *adj* (*animali*) four-footed

quadruplicare [kua·dru·pli·'ka:·re] **I.** *vt avere* to quadruple **II.** *vr:* **-rsi** to quadruple

quadruplice [kua·'dru:·pli·tʃe] *adj* (*copia*) four

quadruplo ['kua:·drup·lo] *m* four times as much

quadruplo, -a *adj* (*salto*) quadruple; **camera -a** four-bedded room

quaggiù [kuad·'dʒu] *adv* down here; (**~ sulla terra**) down here on earth; **~ in Sicilia** down here in Sicily

quaglia ['kuaʎ·ʎa] <-glie> *f* quail

qual [kual] *v.* **quale**

qualche ['kual·ke] <inv, solo al sing> *adj* **1.** (*alcuni*) some; (*nelle frasi interrogative*) a few; **hai qualche minuto?** do you have a few minutes?; **~ ora/giorno/mese** a few hours/days/months; **~ volta** sometimes **2.** (*uno*) some; (*nelle frasi interrogative*) any; **in ~ modo** somehow **3.** (*un certo*) some; **~ cosa** *v.* **qualcosa**

qualcheduno [kual·ke·'du:·no] *pron v.* **qualcuno**

qualcosa [kual·'kɔ:·sa] <inv> *pron* (*una cosa*) something; (*nelle frasi interrogative*) anything; **~ di bello** something nice; **~ come 50 euro** around 50 euros; **è già ~** that's something

qualcuno, -a [kual·'ku:·no] <solo al sing> *pron* **1.** (*alcuni*) some people; **~ di loro** some

of them **2.** (*uno*) someone; (*nelle frasi interrogative*) anyone; **c'è ~?** is anyone there? **3.** (*persona importante*) somebody

quale ['kua:·le] <davanti a consonante spesso qual> **I.** *adj* **1.** (*interrogativo*) which; **qual è il tuo libro preferito?** which is your favorite book? **2.** (*indefinito*) some; **in certo qual modo** in some ways **3.** (*esclamativo*) what; **ma -i vacanze: sono pieno di lavoro!** what vacation: I have a ton of work to do! **4.** (*come*) **tale ~** just like; **è tale ~ te l'ho descritto** it's just as I described it to you **II.** *pron* **1.** (*interrogativo*) which (one) **2.** (*relativo: persona*) who; (*cosa*) that; **il bambino del ~ ti ho accennato** the child (who) I told you about; **la storia sulla ~ si basa il film** the story that the film is based on; **è tale e ~ sua madre** *fam* she's exactly like her mother; **una persona non tanto per la ~** *fam* someone who is not to be trusted **3.** (*come*) such as; **erbe, -i la menta e l'origano** herbs such as mint and oregano

qualifica [kua·'li:·fi·ka] <-che> *f* **1.** (*titolo*) qualification **2.** (*categoria professionale*) job title **3.** (*giudizio*) label

qualificare [kua·li·fi·'ka:·re] **I.** *vt* **1.** (*definire*) to define **2.** (*formare*) to qualify **II.** *vr:* **-rsi** **1.** (*definirsi*) to describe oneself **2.** SPORT to qualify

qualificativo, -a [kua·li·fi·ka·'ti:·vo] *adj* qualifying; **aggettivo ~** qualifying adjective

qualificato, -a [kua·li·fi·'ka:·to] *adj* **1.** (*operaio, tecnico*) skilled **2.** (*esperto*) qualified

qualificazione [kua·li·fi·ka·'tsio:·ne] *f* qualification

qualità [kua·li·'ta] <-> *f* **1.** (*gener*) quality; **prodotti di ~** quality products; **di ~ alta** high quality; **di prima ~** top quality; **di ~ superiore** superior quality **2.** (*varietà*) type

qualitativo, -a [kua·li·ta·'ti:·vo] *adj* qualitative

qualora [kua·'lo:·ra] *conj* if

qualsiasi [kual·'si:·a·si] <inv, solo al sing> *adj* any; **vieni un giorno ~** come any day; **a ~ prezzo** at any cost

qualunque [kua·'lun·kue] <inv, solo al sing> *adj* **1.** (*ogni, uno qualsiasi*) any; **a ~ costo** at any cost; **in ~ modo** in any way; **è una persona ~** he's [*o* she's] an ordinary person **2.** *+conj* (*relativo*) whatever

qualunquismo [kua·lun·'kuiz·mo] *m* apathy toward politics

qualunquista [kua·lun·'kuis·ta] <-i *m*, -e *f*> *mf person who is apathetic about politics*

quando ['kuan·do] **I.** *adv* **1.** (*interrogativo*) when; **per ~?** when?; **per ~ è previsto il funerale?** when is the funeral expected to be?; **da ~?** since when?; **di ~?** when from?; **di ~ sono le foto?** when are the photos from?; **fino a ~?** how long?; **fino a ~ ti fermi?** how long are you staying? **2.** (*correlativo*) **di ~ in ~** from time to time **II.** *conj* **1.** (*temporale*) when; **da ~** since; **da ~ ci siamo lasciati sono passati sei anni** it's been six years since we split

Q

up; **quand'ecco che ...** when suddenly ... **2.** (*tutte le volte che*) whenever **3.** (*mentre*) while **4.** (*esclamativo*) ~ **si dice la fortuna!** talk about your good luck! **III.** *m* when

quantificare [kuan·ti·fi·'ka:·re] *vt* to quantify

quantificatore, -trice [kuan·ti·fi·ka·'to:·re] *m, f* quantifier

quantificazione [kuan·ti·fi·ka·'tsio:·ne] *f* measurement

quantistico, -a [kuan·'tis·ti·ko] <-ci, -che> *adj* FIS quantum; **teoria/meccanica -a** quantum theory/mechanics

quantità [kuan·ti·'ta] <-> *f* **1.** (*numero*) quantity **2.** (*gran numero*) load; **in** ~ in large quantities

quantitativo, -a [kuan·ti·ta·'ti:·vo] **I.** *adj* quantitative **II.** *m, f* quantity

quanto[1] ['kuan·to] *m* FIS quantum; **teoria dei -i** quantum theory

quanto[2] *adv* **1.** (*interrogativo*) how much; ~ **costa?** how much is it?; ~ **sei alto?** how tall are you?; (*tempo*) how long; ~ **ci impieghi?** how long does it take you?; (*distanza*) how far; ~ **è lontano?** how far is it? **2.** (*esclamativo*) ~ **sei grande!** you're so tall! **3.** (*nella misura che*) as much as; **aggiungere olio** ~ **basta** add as much oil as is necessary **4.** (*come*) as; **tanto ...** ~ **...** as ... as ...; **tanto bello** ~ **intelligente** as handsome as he is clever; **in** ~ because; **per** ~ **+***conj* as far as; **per** ~ **ne sappia io** as far as I know; ~ **mai** (*estremamente*) extremely; ~ **prima** as soon as possible

quanto, -a I. *adj* **1.** (*interrogativo: singolare*) how much; (*plurale*) how many; ~ **tempo ci vuole?** how long does it take?; **-i anni hai?** how old are you?; **-i ne abbiamo oggi?** what's the date today? **2.** (*esclamativo*) **-e storie!** what a fuss!; **-a fretta!** you're in a hurry! **3.** (*nella quantità che*) **compra -e cartoline vuoi** buy as many cards as you like; **tutti -i** everyone **4.** (*quello che*) **da** ~ **ho capito** as I understand it **II.** *pron* **1.** (*interrogativo: singolare*) how much; (*plurale*) how many; ~ **ne metto?** how much should I put in?; **-i ne hai?** how many do you have? **2.** (*relativo: singolare*) as much as; (*plurale*) as many as **3.** *pl* (*coloro che*) those who **4.** (*con partitivo*) **ho comprato** ~ **di meglio si possa trovare** I bought the best you can buy

quantunque [kuan·'tuŋ·kue] *conj* although

quaranta [kua·'ran·ta] **I.** *num* forty **II.** <-> *m* forty; *v.a.* **cinquanta**

quarantena [kua·ran·'tɛ:·na] *f* MED quarantine; **mettere in** ~ MED to quarantine

quarantenne [kua·ran·'tɛn·ne] **I.** *adj* forty-year-old **II.** *mf* forty year old

quarantennio [kua·ran·'tɛn·nio] <-i> *m* forty years

quarantesimo [kua·ran·'tɛ:·zi·mo] *m* (*frazione*) fortieth

quarantesimo, -a I. *adj* fortieth **II.** *m, f* fortieth

quarantina [kua·ran·'ti:·na] *f* **una** ~ (**di ...**)

around forty; **essere sulla** ~ to be around forty

quarantotto [kua·ran·'tɔt·to] **I.** *num* forty-eight **II.** <-> *m* **1.** (*numero*) forty-eight **2.** *fig, fam* (*confusione*) **fare un** ~ to hit the roof

quaresima [kua·'re:·zi·ma] *f* Lent

quarta ['kuar·ta] *f* **1.** (*classe: nelle elementari*) fourth grade; (*nelle superiori*) twelfth grade **2.** MOT (*marcia*) fourth (gear); **partire in** ~ *fig* (*arrabbiarsi*) to fly off the handle; (*entusiasmarsi*) to jump in with both feet **3.** MUS fourth

quartetto [kuar·'tet·to] *m* MUS quartet

quartiere [kuar·'tiɛ:·re] *m* **1.** (*di città*) neighborhood **2.** MIL quarters; ~ **generale** headquarters *pl*

quartina [kuar·'ti:·na] *f* **1.** LIT (*strofa*) quatrain **2.** MUS quadruplet

quartino [kuar·'ti:·no] *m fam* (*di vino*) quarter liter

quarto ['kuar·to] *m* (*frazione, quantità*) quarter; ~ **d'ora** a quarter of an hour; **sono le tre e un** ~ it's a quarter after three; **i -i di finale** the quarterfinals; **un** ~ **di vino** a quarter of a liter of wine

quarto, -a I. *adj* fourth **II.** *m, f* fourth; *v.a.* **quinto**

quarzo ['kuar·tso] *m* quartz

quasi ['kua:·zi] **I.** *adv* **1.** (*circa*) around **2.** (*pressoché*) almost **3.** (*forse*) **penserei** ~ **ad un furto** it looks almost like a robbery; ~ ~ **vengo anch'io** I've half a mind to come to **4.** (*come se fosse*) **sembrare** ~ **qc** to be like sth; **sembra** ~ **una farsa** it's like a farce **II.** *conj* **+***conj* as if

quassù [kuas·'su] *adv* up here; ~ **al Nord** up here in the north; ~ **in montagna** up here in the mountains

quaterna [kua·'tɛr·na] *f* (*nel lotto, nella tombola*) set of four winning numbers

quaternario [kua·ter·'na:·rio] *m* GEO quaternary

quatto, -a ['kuat·to] *adj* (*zitto zitto*) ~ ~ as quiet as a mouse

quattordicenne [kuat·tor·di·'tʃɛn·ne] **I.** *adj* fourteen-year-old **II.** *mf* fourteen year old

quattordicesima [kuat·tor·di·'tʃe·zi·ma] *f* (*retribuzione*) bonus equivalent to one month's pay

quattordicesimo [kuat·tor·di·'tʃe·zi·mo] *m* (*frazione*) fourteenth

quattordicesimo, -a I. *adj* fourteenth **II.** *m, f* fourteenth; *v.a.* **quinto**

quattordici [kuat·'tor·di·tʃi] **I.** *num* fourteen **II.** <-> *m* **1.** (*numero*) fourteen **2.** (*nelle date*) fourteenth **III.** *fpl* 2 pm; *v.a.* **cinque**

quattrino [kuat·'tri:·no] *m* (*soldi*) money; **non ha il becco di un** ~ he doesn't have a penny; **costa fior di -i** it costs a fortune; **avere un sacco di -i** *fam* to be loaded

quattrinoso, -a [kuat·tri·'no:·so] *adj fam* loaded; **una persona -a** a wealthy person

quattro ['kuat·tro] **I.** *num* four **II.** *adj fig*

.(*pochi*) **alla festa c'erano ~ gatti** there were only a few people at the party; **gridare ai ~ venti** to tell all and sundry; **dirne ~ a qu** to give sb a piece of one's mind; **fare ~ chiacchiere** to have a chat; **fare ~ passi** to go for a stroll; **fare ~ salti** to go dancing; **fare il diavolo a ~** to move heaven and earth; **farsi in ~ per qu** to bend over backwards to help sb; **in ~ e quattr'otto** in no time III.<-> *m* 1.(*numero*) four 2.(*nelle date*) fourth 3.(*voto scolastico*) = D, *below average grade* 4. SPORT (*nel canottaggio*) four IV. *fpl* four o'clock; *v.a.* cinque

quattrocchi, quattr'occhi [kuat·'trɔk·ki] *adv* **a ~** face to face; **parlare a quattr'occhi con qu** to speak to someone privately

quattrocentesco, -a [kuat·tro·tʃen·'tes·ko] <-schi, -sche> *adj* (*arte, mura, edifici*) fifteenth century

quattrocento [kuat·tro·'tʃɛn·to] I. *num* four hundred II.<-> *m* four hundred; **il Quattrocento** the fifteenth century

quattroesettanta [kuat·tro·e·set·'an·ta] <*sing*> *m* SPORT 470, *Olympic sailing dinghy*

quattromila [kuat·tro·'miː·la] I. *num* four thousand II.<-> *m* four thousand

quello, -a ['kuel·lo] I.<quel, quell', quei, quegli> *adj* (*singolare*) that; (*plurale*) those; **-a casa** that house; **-e montagne** those mountains; **-a ragazza di cui ti parlavo** that girl I was telling you about; **-e cose che ti ho detto** those things I said to you II. *pron* 1.(*persona, animale, cosa lontana: singolare*) that (one); (*plurale*) those (ones), I'd like that one, not this one 2.(*colui*) the one; **~ che** the one who 3.(*ciò*) **~ che** what; **digli ~ che pensi** tell him what you think; **parlami di ~ che vuoi** tell me what you want; **tutto ~ che ...** everything (that) ...; **per quel che ne so io** as far as I know 4.(*uomo*) he; (*donna*) she; **una di -e** *pej* one of those; **arriva ~ dei gelati** the icecream man is coming 5.(*persone*) they

quercia ['kuer·tʃa] <-ce> *f* oak; **forte come una ~** *fig* strong as an oak

querela [kue·'rɛː·la] *f* lawsuit; **sporgere ~ contro qu** to take sb to court

querelante [kue·re·'lan·te] *mf* plaintiff

querelare [kue·re·'laː·re] *vt* to sue

querelato, -a [kue·re·'laː·to] *m, f* defendant

quesito [kue·'ziː·to] *m* question

questionare [kues·tio·'naː·re] *vi* (*litigare*) **~ (con qu su qc)** to argue (with sb about sth)

questionario [kues·tio·'naː·rio] <-i> *m* questionnaire

questione [kues·'tio·ne] *f* 1. POL, SOCIOL, HIST (*problema*) question; **in ~** in question 2.(*controversia*) issue 3.(*faccenda*) matter; **~ d'onore** affair of honor; **è ~ di un minuto** it will only take a minute; **è ~ di vita o di morte** it's a matter of life and death

questo, -a ['kues·to] I. *adj* (*singolare*) this; (*plurale*) these; **-a casa** this house; **-i libri** these books; **in ~ momento** at this moment;

quest'oggi today; **uno di -i giorni** one of these days II. *pron* 1.(*persona, animale, cosa vicina: singolare*) this (one); (*plurale*) these (ones) 2.(*ciò*) **~ mai** never; **~ no** not this; **~ sì** this is OK; **senti -a!** listen to this!; **in ~ ti dò ragione** I take your point; **per ~ ti ho chiamato** this is why I called you; **su ~ non sono d'accordo** I don't agree on this point; **con ~** with this; **-a proprio non ci voleva!** *fam* that's all we need!; **-a sì che è bella!** *fam* amazing!

questore [kues·'toː·re] *m* (*funzionario di polizia*) ≈ police commissioner

questura [kues·'tuː·ra] *f* 1.(*organo*) police department 2.(*sede*) police headquarters; **andare in ~** to go to the police headquarters

qui [kui] *adv* 1.(*stato, moto*) here; **siamo ~** we're here; **vieni ~** come here; **~ dentro/fuori/sopra/sotto/vicino** in/out/over/under/near here; **da ~** from here; **da ~ in avanti** from here (on); **di ~** through here; **per di ~** this way; **fin ~** up to here 2.(*temporale*) now; **fin ~** until now

quiescenza [kuieʃ·'ʃɛn·tsa] *f payment of a lump sum instead of a pension*

quietanza [kuie·'tan·tsa] *f* receipt; **per ~** received with thanks

quietare [kuie·'taː·re] I. *vt* (*tranquillizzare*) to calm; **~ le acque** *fig* to pour oil on troubled waters II. *vr:* **-rsi** to calm down

quiete ['kuiɛː·te] *f* 1.(*calma: di sera, notte, campagna*) peace 2.(*pace dell'anima*) calm 3.(*silenzio*) quiet

quieto, -a ['kuiɛː·to] *adj* 1.(*mare, persona*) calm 2.(*aria*) still 3.(*zona, notte*) peaceful

quindi ['kuin·di] I. *conj* (*perciò*) so II. *adv* (*poi*) then

quindicenne [kuin·di·'tʃɛn·ne] I. *adj* fifteen-year-old II. *mf* fifteen year old

quindicennio [kuin·di·'tʃɛn·nio] <-i> *m* fifteen-year period

quindicesima [ku·in·di·'tʃɛː·zi·ma] *f* (*retribuzione aggiuntiva*) fifteenth annual salary

quindicesimo [kuin·di·'tʃɛː·zi·mo] *m* (*frazione*) fifteenth

quindicesimo, -a I. *adj* fifteenth II. *m, f* fifteenth; *v.a.* quinto

quindici ['kuin·di·tʃi] I. *num* fifteen; **fra ~ giorni** in two weeks II.<-> *m* 1.(*numero*) fifteen 2.(*nelle date*) fifteenth III. *fpl* 3 p.m.; *v.a.* cinque

quindicina [kuin·di·'tʃiː·na] *f* 1.(*serie*) about fifteen; **una ~ (di ...)** about fifteen (...) 2.(*periodo*) two weeks; **la prima ~ di luglio** the first two weeks in July

quindicinale [kuin·di·tʃi·'naː·le] I. *adj* 1.(*che dura quindici giorni*) two-weekly 2.(*che ricorre ogni quindici giorni*) semimonthly II. *m* (*giornale, pubblicazione*) bimonthly

quinquennale [kuiŋ·kuen·'naː·le] *adj* 1.(*che dura 5 anni*) five year 2.(*che ricorre ogni 5 anni*) five-yearly

quinquennio [kuiŋ·'kuɛn·nio] <-i> *m* five year period

quinta ['kuin·ta] *f* **1.** TEAT flat; **stare dietro le -e** to be backstage; *fig* to be behind the scenes **2.** (*classe: nelle elementari*) fifth grade; (*nelle superiori*) freshman year, *at college* **3.** MOT fifth (gear) **4.** MUS fifth; *v.a.* **quinto**

quintale [kuin·'taː·le] *m* quintal, *metric unit of weight = 100 kg*

quintetto [kuin·'tet·to] *m* quintet

quinto ['kuin·to] *m* (*frazione*) fifth; **quattro -i** four fifths

quinto, -a I. *adj* fifth; **la -a volta** the fifth time; **la -a parte di** one fifth of II. *m, f* fifth; **arrivare ~** to come fifth

quintuplicare [kuin·tup·li·'kaː·re] I. *vt* to increase fivefold II. *vr:* **-rsi** (*aumentare*) to increase fivefold

quintuplo ['kuin·tu·plo] *m* five times as much

quintuplo, -a *adj* (*formazione*) five-part; **camera -a** five-bedded room

qui pro quo [kui prɔ kuɔ] <-> *m* misunderstanding

Quirinale [kui·ri·'naː·le] *m* POL *residence of the President of Italy*

quisquilia [kuis·'kuiː·lia] <-ie> *f* trifle

quiz [kuidz] <-> *m* **1.** (*domanda*) question **2.** TV (*programma*) quiz

quorum ['kuɔː·rum] *m* (*numero legale*) quorum

quota ['kuɔː·ta] *f* **1.** (*percentuale*) share **2.** (*somma*) fee; **~ di partecipazione** enrollment fee; **~ d'ammortamento** FIN depreciation allowance **3.** (*altitudine*) height; **perdere ~** to lose height

quotare [kuo·'taː·re] *vt* FIN (*società*) to list

quotato, -a [kuo·'taː·to] *adj* **1.** (*apprezzato*) highly rated **2.** FIN (*azioni, titoli*) listed

quotazione [kuo·ta·'tsioː·ne] *f* **1** FIN (*azioni, titoli*) listing **2.** (*di persona*) rating

quotidiano [kuo·ti·'diaː·no] *m* (*giornale*) daily newspaper

quotidiano, -a *adj* **1.** (*di tutti i giorni*) daily **2.** (*solito*) everyday

quoziente [kuo·'tsiɛn·te] *m* **1.** MAT, MED, PSIC quotient; **~ di intelligenza** intelligence quotient; **~ di sviluppo** development quotient **2.** (*in statistica*) rate

Rr

R, r ['ɛr·re] <-> *f o m* (*lettera*) r; **~ come Roma** r for Roger

rabarbaro [ra·'bar·ba·ro] *m* **1.** (*pianta*) rhubarb **2.** (*liquore*) rhubarb liqueur

rabberciare [rab·ber·'tʃaː·re] *vt a. fig* to patch together

rabbi ['rab·bi] <-> *m* (*religione ebraica*) rabbi

rabbia ['rab·bia] <-ie> *f* **1.** MED (*idrofobia*) rabies **2.** (*collera, furore*) anger; **sfogare la propria ~ su qu** to take one's anger out on sb; **essere divorato dalla ~** to be consumed with anger **3.** (*stizza, disappunto*) irritation; **fare ~ a qu** to make sb cross; **che ~!** *fam* how annoying! **4.** *fig* (*impeto, furia*) fury; **con ~** furiously

rabbico, -a ['rab·bi·ko] <-ci, -che> *adj* MED rabies

rabbino [rab·'biː·no] *m* (*religione ebraica*) rabbi

rabbioso, -a [rab·'bioː·so] *adj* **1.** MED (*cane*) rabid **2.** (*pieno di rabbia: persona, sguardo*) angry **3.** (*furioso: gesto, scatto*) furious **4.** (*vento, mare*) raging

rabbonire [rab·bo·'niː·re] <rabbonisco> I. *vt* (*calmare*) to calm down II. *vr:* **-rsi** (*placarsi*) to calm down

rabbrividire [rab·bri·vi·'diː·re] <rabbrividisco> *vi essere* to shiver

rabbuffare [rab·buf·'faː·re] *vt* **1.** (*scompigliare: capelli*) to ruffle **2.** *fig* (*rimproverare*) to tell off

rabbuffo [rab·'buf·fo] *m* (*rimprovero*) telling-off

rabbuiarsi [rab·bu·'iaː·r·si] *vr* (*oscurarsi*) to darken

rabdomante [rab·do·'man·te] *mf* dowser

rabdomanzia [rab·do·man·'tsiː·a] <-ie> *f* dowsing

racc. *abbr di* **raccomandata** certified mail

raccapezzarsi [rak·ka·pet·'tsaː·r·si] *vr fam* (*riuscire ad orientarsi*) to get one's head around sth; **non mi ci raccapezzo** I can't get my head around it

raccapricciante [rak·ka·prit·'tʃaːn·te] <-i> *adj* (*scena, visione, spettacolo*) horrifying

raccapriccio [rak·ka·'prit·tʃo] <-ci> *m* horror

raccattapalle [rak·kat·ta·'pal·le] <-> (*nel tennis*) ball boy *m*, ball girl *f*

raccattare [rak·kat·'taː·re] *vt* **1.** (*raccogliere da terra*) to pick up **2.** *fig* (*radunare*) to get together

racchetta [rak·'ket·ta] *f* SPORT racket; **~ da tennis** tennis racket; **~ da ping-pong** table tennis paddle; **~ da neve** snowshoe; **~ da sci** ski stick

racchettone [rak·ket·'tɔː·ne] *m* (*per beach tennis*) beach tennis racket

racchio, -a ['rak·kio] <-cchi, -cchie> I. *adj fam* ugly II. *m, f fam* ugly mug

racchiudere [rak·'kiuː·de·re] <irr> *vt* **1.** (*contenere*) to contain **2.** *fig* (*implicare*) to imply

raccoglibriciole [rak·ko·ʎ·ʎi·'bri:·tʃo·le] <-> *m* (*per la tavola*) hand-held vacuum cleaner

raccogliere [rak·'kɔʎ·ʎe·re] <irr> I. *vt* 1. (*da terra*) to pick up 2. (*frutti, fiori*) to pick; (*grano*) to harvest 3. (*mettere insieme: soldi*) to collect; (*idee, energie*) to gather 4. (*collezionare: francobolli*) to collect II. *vr:* -rsi 1. (*radunarsi*) to gather 2. *fig* (*concentrarsi*) to gather one's thoughts

raccoglimento [rak·koʎ·ʎi·'men·to] *m* concentration

raccoglitore [rak·koʎ·ʎi·'to:·re] *m* (*per documenti*) file

raccolgo *1. pers sing pr di* **raccogliere**

raccolsi *1. pers sing pass rem di* **raccogliere**

raccolta [rak·'kɔl·ta] *f* 1. (*atto*) collecting; (*di frutta*) picking; (*di grano*) harvesting; ~ **dei rifiuti** garbage collection; ~ **differenziata** recycling collection; ~ **di fondi** fundraising 2. (*le cose raccolte*) collection; (*di frutta, grano*) harvest 3. (*collezione: di opere d'arte*) collection 4. (*loc*) **chiamare a** ~ to gather together

raccolto [rak·'kɔl·to] *m* harvest; (*di frutta*) crop

raccolto, -a I. *pp di* **raccogliere** II. *adj* 1. (*capelli: tenuti insieme*) gathered back; (*tirati su*) gathered up; (*documenti*) gathered together 2. *fig* (*concentrato: persona*) absorbed 3. *fig* (*composto: atteggiamento*) calm 4. *fig* (*tranquillo: ambiente*) secluded

raccomandabile [rak·ko·man·'da:·bi·le] *adj* commendable; **un tizio poco** ~ a guy not to be trusted

raccomandare [rak·ko·man·'da:·re] I. *vt* 1. (*affidare alle cure*) to entrust 2. (*consigliare*) to advise; ~ **a qu di fare qc** to advise sb to do sth 3. (*appoggiare: candidato*) to recommend II. *vr* -rsi **a qc** (*clemenza, bontà*) to beg for sth; **mi raccomando!** don't forget!

raccomandata [rak·ko·man·'da:·ta] *f* (*lettera*) certified letter

raccomandato, -a [rak·ko·man·'da:·to] I. *adj* 1. (*lettera, pacco*) certified 2. (*favorito: candidato*) recommended II. *m, f* (*persona raccomandata*) well-connected person

raccomandazione [rak·ko·man·dat·'tsio:·ne] *f* 1. (*consiglio*) advice 2. (*segnalazione: per lavoro, concorso*) recommendation

raccontare [rak·kon·'ta:·re] *vt* (*riferire*) ~ **qc a qu** to tell sb sth; ~ **qc per filo e per segno** to go into every detail about sth; **raccontamela giusta!** be honest!

racconto [rak·'kon·to] 1. (*narrazione*) account 2. (*fatto raccontato*) story 3. LIT story; (*novella*) short story

raccordare [rak·kor·'da:·re] *vt* (*collegare: strade, tubi*) to connect

raccordo [rak·'kɔr·do] (*strada*) junction; (*ferroviario*) siding; ~ **anulare** beltway

rachitico, -a [ra·'ki:·ti·ko] <-ci, -che> I. *adj* 1. MED (*affetto da rachitismo*) suffering from rickets 2. (*debole*) scrawny II. *m, f* MED person suffering from rickets

rachitismo [ra·ki·'tiz·mo] *m* rickets

racimolare [ra·tʃi·mo·'la:·re] *vt fig* (*soldi*) to scrape together

radar ['ra:·dar] I. <-> *m* radar II. <inv> *adj* radar

radarlocalizzazione [ra·dar·lo·ka·lid·dzat·'tsio:·ne] *f* TEC radar detection

radarmeteorologia [ra·dar·me·te·o·ro·lo·'dʒi:·a] *f* TEC, METEO radar meteorology

radarnavigazione [ra·dar·na·vi·gat·'tsio:·ne] *f* AERO, NAUT radar navigation

radarriflettente [ra·dar·ri·flet·'tɛn·te] *adj* TEC radar reflective

radarsonda [ra·dar·'son·da] *f* TEC radarsonde

radartachimetro [ra·dar·ta·'ki:·me·tro] *m* TEC radar tachometer

raddensarsi [rad·den·'sa:r·si] *vr* (*salsa, nuovle*) to thicken

raddolcire [rad·dol·'tʃi:·re] <raddolcisco> I. *vt* 1. to sweeten 2. (*metalli, carattere*) to soften II. *vr:* -rsi *fig* (*carattere*) to soften

raddoppiamento [rad·dop·pia·'men·to] *m* doubling

raddoppiare [rad·dop·'pia:·re] I. *vt avere* to double II. *vi essere* to double

raddoppio [rad·'dop·pio] <-pi> *m* 1. FERR doubling 2. MUS doubling

raddrizzamento [rad·drit·tsa·'men·to] *m* 1. (*correzione*) straightening 2. (*di immagine, fotografia*) correction 3. ELETT rectification

raddrizzare [rad·drit·'tsa:·re] I. *vt* 1. (*lama, chiodo, quadro*) to straighten 2. *fig* (*correggere*) to straighten out 3. ELETT to rectify II. *vr:* -rsi 1. (*mettersi eretto*) to straighten oneself up 2. (*rimettersi sulla buona strada*) to straighten oneself out

radente [ra·'dɛn·te] *adj* (*volo*) skimming; (*tiro*) grazing

radere ['ra:·de·re] <rado, rasi, raso> I. *vt* 1. (*barba, baffi*) to shave 2. (*distruggere*) ~ **al suolo** to raze to the ground 3. (*sfiorare*) to graze II. *vr:* -rsi (*barba, baffi*) to shave

radiale [ra·'dia:·le] *adj* MAT, FIS, ASTR radial; **pneumatico** ~ radial tire

radiante [ra·'dian·te] *adj* FIS radiant; **terapia** ~ radiation therapy

radiare [ra·'dia:·re] *vt* ADMIN (*da scuola*) to expel; (*da albo professionale*) to strike off

radiatore [ra·dia·'to:·re] *m* radiator

radiazione [ra·diat·'tsio:·ne] *f* FIS radiation

radica ['ra:·di·ka] <-che> *f* (*legno pregiato*) walnut; (*per pipe*) briar

radicale [ra·di·'ka:·le] *adj* 1. *a. fig* radical 2. (*partito*) Radical

radicalizzare [ra·di·ka·lid·'dza:·re] I. *vt avere* (*inasprire: lotta, protesta*) to radicalize II. *vr:* -rsi (*inasprirsi: conflitto*) to worsen

radicarsi [ra·di·'ka:r·si] *vr* (*idee, valori*) to take root

radicato, -a [ra·di·'ka:·to] *adj* (*idee, valori*) rooted

radice [ra·'di:·tʃe] *f a. fig* root; **mettere -i** *fig* to put down roots

R

radi e getta ['raː·di e 'dʒɛt·ta] I. <-> *m* disposable razor II. <inv> *adj* disposable

radio¹ ['raː·dio] I. <-> *f* 1. (*collegamento, emittente*) radio; **trasmettere per ~** to broadcast on the radio; **~ ricevente** receiver; **~ trasmittente** transmitter 2. (*apparecchio*) radio; **sentire** [*o* **ascoltare**] **la ~** to listen to the radio II. <inv> *adj* radio; **contatto ~** radio contact; **giornale ~** radio news bulletin; **ponte ~** radio link

radio² *m* CHIM radium

radioamatore, -trice [ra·dio·a·ma·'toː·re] *m, f* radio ham

radioamatoriale [ra·dio·a·ma to 'riaː le] *adj* ham radio operator

radioascoltatore, -trice [ra·dio·as·kol·ta·'toː·re] *m, f* radio listener

radioassistenza [ra·dio·as·sis·'tɛn·tsa] *f* radio assistance

radioattività [ra·dio·at·ti·vi·'ta] *f* radioactivity

radioattivo, -a [ra·dio·at·'tiː·vo] *adj* radioactive; **scorie -e** radioactive waste

radiocollegamento [ra·dio·kol·le·ga·'men·to] *m* radio link

radiocomandare [ra·dio·ko·man·'daː·re] *vt* to radio control

radiocomando [ra·dio·ko·'man·do] *m* radio control

radiocomunicazione [ra·dio·ko·mu·ni·kat·'tsioː·ne] *f* radio communication

radiocontaminazione [ra·dio·kon·ta·mi·nat·'tsioː·ne] *f* ECOL radioactive contamination

radiocronaca [ra·dio·'krɔː·na·ka] *f* radio commentary

radiocronista [ra·dio·kro·'nis·ta] *mf* radio commentator

radiodiffusione [ra·dio·dif·fu·'zioː·ne] *f* radio broadcasting

radiodisturbo [ra·dio·dis·'tur·bo] *m* static

radiodramma [ra·dio·'dram·ma] *m* radio play

radioelettrico, -a [ra·dio·e·'lɛt·tri·ko] <-ci, -che> *adj* radioelectric

radiofonia [ra·dio·fo·'niː·a] <-ie> *f* radio broadcasting

radiofonico, -a [ra·dio·'fɔː·ni·ko] <-ci, -che> *adj* radiophonic

radiografia [ra·dio·gra·'fiː·a] *f* 1. (*operazione, tecnica*) radiography 2. (*lastra*) X-ray 3. (*esame*) scrutiny

radiografico, -a [ra·dio·'graː·fi·ko] <-ci, -che> *adj* radiographic

radiogramma [ra·dio·'gram·ma] <-i> *m* 1. (*telegramma*) radiogram 2. (*lastra*) X-ray

radiolina [ra·dio·'liː·na] *f* 1. (*piccola radio*) pocket radio 2. (*radio a transistor*) transistor radio

radiologia [ra·dio·lo·'dʒiː·a] <-gie> *f* MED radiology

radiologico, -a [ra·dio·'lɔː·dʒi·ko] <-ci, -che> *adj* radiological

radiologo, -a [ra·'diɔː·lo·go] <-gi, -ghe> *m, f* radiologist

radiomessaggio [ra·dio·mes·'sad·dʒo] <-ggi> *m* radio message

radiomicrofono [ra·dio·mi·'krɔː·fo·no] *m* radio microphone

radiomobile [ra·dio·'mɔː·bi·le] *f* (*automezzo*) radio car

radiooperatore, -trice [ra·dio·o·pe·ra·'toː·re] *m, f* radio operator

radioregistratore [ra·dio·re·dʒis·tra·'toː·re] *m* cassette radio

radioricevente [ra·dio·ri·tʃe·'vɛn·te] I. *adj* radio receiving II. *f* radio receiver

radioricevitore [ra·dio·ri·tʃe·vi·'toː·re] *m* radio receiver

radioripetitore [ra·dio·ri·pe·ti·'toː·re] *m* radio repeater

radioscanner ['rei·dio·'skæ·nə] <- *o* -s> *f* radio scanner

radioscopia [ra·dio·sko·'piː·a] <-ie> *f* radioscopy

radiosità [ra·dio·si·'ta] <-> *f* radiance

radioso, -a [ra·'dioː·so] *adj a. fig* radiant

radiosveglia [ra·dioz·'veʎ·ʎa] *f* clock radio

radiotaxi, radiotassì [ra·dio·'tak·si, ra·dio·tas·'si] <-> *m* radio taxi

radiotecnica [ra·dio·'tɛk·ni·ka] <-che> *f* radio engineering

radiotecnico, -a [ra·dio·'tɛk·ni·ko] <-ci, -che> I. *adj* radio engineering II. *m, f* radio engineer

radiotelefono [ra·dio·te·'lɛː·fo·no] *m* radio telephone

radiotelevisione [ra·dio·te·le·vi·'zioː·ne] *f* radio and television broadcasting company

radiotelevisivo, -a [ra·dio·te·le·vi·'ziː·vo] *adj* radio and television broadcasting

radioterapia [ra·dio·te·ra·'piː·a] *f* radiotherapy

radiotrasmettere [ra·dio·traz·'met·te·re] <irr> *vt* to broadcast on the radio

radiotrasmettitore [ra·dio·traz·met·ti·'toː·re] *m* radio transmitter

radiotrasmisi *1. pers sing pass rem di* **radiotrasmettere**

radiotrasmissione [ra·dio·traz·mis·'sioː·ne] *f* 1. (*il trasmettere*) radio broadcasting 2. (*trasmissione*) radio broadcast

radiotrasmittente [ra·dio·traz·mit·'tɛn·te] I. *adj* broadcasting II. *f* radio broadcasting station

rado, -a ['raː·do] *adj* 1. (*nebbia, tela, capelli*) thin 2. (*infrequente*) rare; **di ~** rarely

radunare [ra·du·'naː·re] I. *vt* to gather together II. *vr:* **-rsi** to gather

radunata [ra·du·'naː·ta] *f* gathering

raduno [ra·'duː·no] *m* gathering

radura [ra·'duː·ra] *f* glade

rafano ['raː·fa·no] *m* horseradish

raffa ['raf·fa] *f* **di riffa o di ~** *fam* somehow

raffazzonato [raf·fat·tso·'naː·to] *vt* (*discorso, articolo*) thrown together

raffermo, -a [raf·'fer·mo] *adj* (*pane*) stale

raffica ['raf·fi·ka] <-che> *f* 1. METEO gust; **~ di**

R

vento gust of wind **2.** (*di mitra*) burst **3.** (*di domande*) barrage **4.** *fig* spate; **scioperi a** ~ a spate of strikes

raffigurare [raf·fi·gu·'ra:·re] *vt* **1.** (*rappresentare*) to depict **2.** (*simboleggiare*) to represent

raffinare [raf·fi·'na:·re] **I.** *vt* to refine **II.** *vr:* **-rsi** to become refined

raffinatezza [raf·fi·na·'tet·tsa] *f* refinement

raffinato, -a [raf·fi·'na:·to] *adj* refined

raffinazione [raf·fi·nat·'tsio:·ne] *f* refining

raffineria [raf·fi·ne·'ri:·a] <-ie> *f* refinery

rafforzamento [raf·for·tsa·'men·to] *m* **1.** (*irrobustimento*) reinforcement **2.** (*di carattere*) strengthening

rafforzare [raf·for·'tsa:·re] **I.** *vt* **1.** (*rinforzare*) to reinforce **2.** (*carattere*) to strengthen **II.** *vr:* **-rsi** to get stronger

raffreddamento [raf·fred·da·'men·to] *m* cooling; ~ **ad acqua/aria** water/air cooling

raffreddarsi [raf·fred·'da:r·si] *vr* **1.** (*diventar freddo*) to get cold **2.** *fig* (*rapporti*) to cool **3.** (*prendere un raffredore*) to catch a cold

raffreddato, -a [raf·fred·'da:·to] *adj* **sono raffreddato** I've got a cold

raffreddore [raf·fred·'do:·re] *m* cold

raffronto [raf·'fron·to] *m* comparison

ragazza [ra·'gat·tsa] *f* **1.** (*giovane donna*) girl; ~ **copertina** cover girl; ~ **madre** single mother **2.** *fam* (*fidanzata*) girlfriend

ragazzata [ra·gat·'tsa:·ta] *f fam* childish prank

ragazzo [ra·'gat·tso] *m* **1.** (*giovane uomo*) boy **2.** (*inesperto*) lad **3.** *fam* (*fidanzato*) boyfriend **4.** (*garzone*) boy

raggelarsi [rad·dʒe·'la:r·si] *vr a. fig* to freeze

raggiante [rad·'dʒan·te] *adj* radiant

raggio ['rad·dʒo] <-ggi> *m* **1.** (*gener*) ray; **-ggi alfa** alpha rays; **-ggi X** X-rays; ~ **di speranza** ray of hope **2.** MAT radius **3.** (*zona*) radius; (*ambito*) range; ~ **d'azione** range of action **4.** (*di ruota*) spoke

raggirare [rad·dʒi·'ra:·re] *vt* to trick

raggiro [rad·'dʒi:·ro] *m* trick

raggiungere [rad·'dʒun·dʒe·re] <irr> *vt* **1.** (*meta, vetta*) to reach; (*persone*) to join **2.** *fig* (*obiettivo*) to achieve **3.** (*colpire: bersaglio, cuore*) to hit

raggiungimento [rad·dʒun·dʒi·'men·to] *m* achievement

raggiunsi *1. pers sing pass rem di* **raggiungere**

raggiunto *pp di* **raggiungere**

raggomitolare [rag·go·mi·to·'la:·re] **I.** *vt* (*lana*) to wind **II.** *vr:* **-rsi** (*rannicchiarsi*) to curl up

raggranellare [rag·gra·nel·'la:·re] *vt fam* to scrape together

raggrinzato, raggrinzito [rag·grin·'tsa:·to, rag·grin·'tsi:·to] *adj* **1.** (*pelle*) wrinkled **2.** (*stoffa*) creased

raggrumarsi [rag·gru·'ma:r·si] *vr* (*sangue*) to clot; (*latte*) to curdle

raggruppamento [rag·grup·pa·'men·to] *m* **1.** (*azione*) grouping **2.** (*gruppo*) group

raggruppare [rag·grup·'pa:·re] **I.** *vt* (*riunire*) to gather together **II.** *vr:* **-rsi** to gather

ragguagliare [rag·guaʎ·'ʎa:·re] *vt* (*informare*) to update

ragguaglio [rag·'guaʎ·ʎo] <-gli> *m* (*informazione*) update

ragguardevole [rag·guar·'de:·vo·le] *adj* **1.** (*importante: persona*) distinguished **2.** (*notevole: somma*) considerable

ragia ['ra:·dʒa] <-gie *o* -ge> *f* (*resina*) resin; **acqua** ~ turpentine

ragionamento [ra·dʒo·na·'men·to] *m* **1.** (*pensiero*) reasoning **2.** (*argomentazione*) argument

ragionare [ra·dʒo·'na:·re] *vi* **1.** (*riflettere*) to think **2.** *fam* (*discorrere*) ~ **di qc** to discuss sth

ragionato, -a [ra·dʒo·'na:·to] *adj* (*discorso, proposta*) logical; (*bibliografia, grammatica*) annotated

ragionatore, -trice [ra·dʒo·na·'to:·re] *m, f* thinker

ragione [ra·'dʒo:·ne] *f* **1.** (*facoltà*) reason; **perdere l'uso** [*o* **il lume**] **della** ~ to go out of one's mind; **farsi una** ~ **di qc** to come to terms with sth; **ridurre qu alla** ~ to bring sb back to his/her senses **2.** (*motivo*) reason; **non sentir** ~ to refuse to listen to reason; **per -i di famiglia** for family reasons; **per -i di forza maggiore** due to circumstances beyond one's control; **a maggior** ~ all the more reason why **3.** (*diritto*) right; **avere** ~ to be right; **dare** ~ **a qu** to admit that sb's right **4.** MAT (*misura*) ratio; **in** ~ **di** at the rate of **5.** (*loc*) **picchiare qu di santa** ~ *fam* to give sb a good hiding; **a ragion veduta** after due consideration

ragioneria [ra·dʒo·ne·'ri:·a] <-ie> *f* **1.** (*disciplina*) accountancy **2.** (*ufficio*) accounts department

ragionevole [ra·dʒo·'ne:·vo·le] *adj* **1.** (*di buon senso: persona*) sensible **2.** (*giusto: prezzo*) reasonable

ragioniere, -a [ra·dʒo·'niɛ:·re] *m, f* accountant

ragliare [raʎ·'ʎa:·re] *vi* **1.** (*asino*) to bray **2.** *pej* (*cantare male*) to caterwaul

raglio ['raʎ·ʎo] <-gli> *m* **1.** (*di asino*) bray **2.** *pej* (*canto*) caterwaul

ragnatela [raɲ·ɲa·'te:·la] *f* **1.** (*di ragno*) cobweb **2.** *fig* (*intreccio: di contatti, relazioni*) web

ragno ['raɲ·ɲo] *m* spider

ragù [ra·'gu] <-> *m* (*sugo*) bolognese sauce

Ragusa [ra·'gu:·sa] *f* Ragusa, *city in Sicily*

Ragusano <*sing*> *m* (*zona*) Ragusa area; **nel** ~ in the Ragusa area

ragusano, -a [ra·gu·'sa:·no] **I.** *m, f* (*abitante*) person from Ragusa **II.** *adj* from Ragusa

RAI ['ra:·i] *f acró de* **Radio Audizione Italiana** *Italian public television and radio broadcasting company*

raid [reid/raid] <-> *m* **1.** SPORT rally **2.** MIL raid

RAI-TV ['ra:i tiv·'vu] *f abbr di* **Radio Televi-**

sione Italiana *Italian public television company*

rallegramenti [ral·le·gra·'men·ti] *mpl* congratulations

rallegrare [ral·le·'gra:·re] **I.** *vt* to cheer up **II.** *vr:* **-rsi 1.** (*diventar allegro*) to cheer up **2.** (*provare allegrezza*) **-rsi a qc** to rejoice at sth **3.** (*congratularsi*) **-rsi con qu per qc** to congratulate sb on sth

rallentamento [ral·len·ta·'men·to] *m* **1.** (*di velocità, intensità*) slowdown **2.** FILM slow motion

rallentare [ral·len·'ta:·re] **I.** *vt* **1.** (*rendere più lento*) to slow down; **~ il passo** to slow down **2.** *fig* (*diventare meno intenso*) to slacken **II.** *vi* to slow down

rallentatore [ral·len·ta·'to:·re] *m* TV slow motion; **al ~** very slowly

RAM [ram] *m acró de* **Random Access Memory** (*memoria ad accesso casuale*) RAM

ramanzina [ra·man·'dzi:·na] *f fam* telling-off; **fare una ~ a qu** to give sb a telling-off

ramarro [ra·'mar·ro] *m* green lizard

ramato, -a *adj* **1.** (*filo*) copper-coated; **zolfo ~** copper sulfate **2.** (*capelli, barba*) copper-colored

ramazza [ra·'mat·tsa] *f* broom; **essere di ~** MIL to be on fatigue duty

rambo ['ram·bo] <-> *m fig* (*persona atletica*) action man

rame ['ra:·me] **I.** *m* **1.** CHIM copper **2.** (*incisione*) copperplate **II.** <inv> *adj* (*colore*) copper; **biondo ~** copper blond; **rosso ~** copper red

ramificarsi [ra·mi·fi·'ka:r·si] *vr:* **-rsi** (*distribuirsi*) to branch out

ramificazione [ra·mi·fi·kat·'tsio:·ne] *f* **1.** BOT branching **2.** (*diramazione*) branch

ramino [ra·'mi:·no] *m* rummy

rammaricarsi [ram·ma·ri·'ka:r·si] *vr:* **-rsi** (*rincrescersi*) **~ di** [*o* **per**] **qc** to regret sth

rammarico [ram·'ma:·ri·ko] <-chi> *m* (*rincrescimento*) regret

rammendare [ram·men·'da:·re] *vt* to darn

rammendatrice [ram·men·da·'tri:·tʃe] *f* darner

rammendo [ram·'mɛn·do] *m* **1.** (*azione*) darning **2.** (*risultato*) darn

rammentare [ram·men·'ta:·re] *vt* **1.** (*ricordare*) to remember **2.** (*far presente*) **~ qc a qu** to remind sb of sth **3.** (*assomigliare*) **~ qu a qu** to remind sb of sb

rammollire [ram·mol·'li:·re] <rammollisco> **I.** *vt a. fig* to make soft **II.** *vr:* **-rsi** *a. fig* (*diventar molle*) to go soft

rammollito, -a [ram·mol·'li:·to] *m, f* runt

ramo ['ra:·mo] *m a. fig* branch

ramoscello [ra·moʃ·'ʃɛl·lo] *m* twig

rampa ['ram·pa] *f* **1.** (*di scale*) flight **2.** AERO **~ di lancio** launch pad **3.** (*salita*) ramp

rampante [ram·'pan·te] *adj* **1.** (*leone, grifo*) rampant **2.** *fig* (*arrivista: persona*) ambitious

rampicante [ram·pi·'kan·te] **I.** *adj* BOT climbing **II.** *m* climber

rampichino [ram·pi·'ki:·no] <-> *m* BOT climbing plant

rampino [ram·'pi:·no] *m* **1.** (*gancio*) hook **2.** NAUT grapnel

rampollo [ram·'pol·lo] *m* **1.** (*discendente*) descendant **2.** *scherz* (*figlio*) son

rampone [ram·'po:·ne] *m* **1.** (*fiocina*) harpoon **2.** SPORT (*nell'alpinismo*) crampon

rana ['ra:·na] *f* frog

rancido ['ran·tʃi·do] *m* rancid taste [*o* smell]

rancido, -a *adj* (*olio, burro*) rancid

rancio ['ran·tʃo] <-ci> *m* MIL mess

rancore [raŋ·'ko:·re] *m* rancor

randagio, -a [ran·'da:·dʒo] <-gi, -ge *o* -gie> *adj* stray

randellare [ran·del·'la:·re] *vt* to cudgel

randellata [ran·del·'la:·ta] *f* blow with a cudgel

randello [ran·'dɛl·lo] *m* cudgel

random ['ræn·dəm] *adj* **1.** SCIENT random **2.** COMPUT **accesso ~** random access

rango ['raŋ·go] <-ghi> *m* **1.** (*condizione sociale*) social standing **2.** MIL rank

ranking [ræŋ·kiŋ] <- *o* rankings> *m* ranking

rannicchiarsi [ran·nik·'kiar·si] *vr* (*raccogliersi*) to crouch down

rannuvolamento [ran·nu·vo·la·'men·to] *m* METEO clouding over

rannuvolarsi [ran·nu·vo·'lar·si] *vr* METEO to cloud over

ranocchio [ra·'nɔk·kio] <-cchi> *m* frog

rantolare [ran·to·'la:·re] *vi* **1.** (*emettere rantoli*) to wheeze **2.** (*in agonia*) to be breathing one's last breath

rantolio [ran·to·'li:·o] <-ii> *m* wheezing

rantolo ['ran·to·lo] *m* **1.** (*respiro affannoso*) wheeze **2.** (*in agonia*) death rattle

ranuncolo [ra·'nuŋ·ko·lo] *m* buttercup

rapa ['ra:·pa] *f* turnip; **cavolo ~** kohlrabi; **cima di ~** turnip top; **testa di ~** *fig, scherz* dumbo

rapace [ra·'pa:·tʃe] **I.** *adj* **1.** (*uccello*) predatory; **uccello ~** bird of prey **2.** (*ladri, amministratori*) rapacious **3.** (*sguardo*) greedy **II.** *m* bird of prey

rapare [ra·'pa:·re] *vt* (*capelli*) to shave

rapida ['ra:·pi·da] *f* rapids *pl*

rapidità [ra·pi·di·'ta] <-> *f* speed

rapido ['ra:·pi·do] *m* (*treno*) express

rapido, -a *adj* rapid

rapimento [ra·pi·'men·to] *m* **1.** (*di persona*) kidnapping **2.** REL rapture

rapina [ra·'pi:·na] *f* robbery; **~ in banca** bank robbery; **~ a mano armata** armed robbery

rapinare [ra·pi·'na:·re] *vt* **1.** (*rubare: soldi, oggetti*) to steal **2.** (*derubare: persone*) to rob

rapinatore, -trice [ra·pi·na·'to:·re] *m, f* robber

rapire [ra·'pi:·re] <rapisco> *vt* **1.** (*persone*) to kidnap **2.** *fig* (*estasiare*) to enchant

rapitore, -trice [ra·pi·'to:·re] *m, f* kidnapper

rappacificare [rap·pa·tʃi·fi·'ka:·re] I. *vt* to reconcile II. *vr:* **-rsi** to become reconciled

rappacificazione [rap·pa·tʃi·fi·kat·'tsio:·ne] *f* reconciliation

rappezzare [rap·pet·'tsa:·re] *vt a. fig* to patch up

rappezzo [rap·'pɛt·tso] *m* 1.(*riparazione*) patching up 2.(*parte riparata*) patch 3.*fig* (*rimedio*) patch job

rapportare [rap·por·'ta:·re] I. *vt* 1.(*confrontare*) ~ qc a qc to compare sth with sth 2.(*riprodurre*) to reproduce II. *vr* (*mettersi in relazione*) **-rsi a qu** to relate to sb

rapporto [rap·'pɔr·to] *m* 1.(*resoconto*) report 2.(*legame*) relationship; **essere in buoni -i con qu** to be on good terms with sb; **in ~ a** with relation to 3.MAT, TEC ratio; **avere un buon ~ qualità-prezzo** to be good value for money

rapprendersi [rap·'prɛn·der·si] <irr> *vr* (*sugo*) to thicken

rappresaglia [rap·pre·'saʎ·ʎa] <-glie> *f* reprisal

rappresentante [rap·pre·zen·'tan·te] *mf* 1.(*chi fa le veci*) representative; ~ **di classe** class representative 2.COM (*venditore*) sales representative

rappresentanza [rap·pre·zen·'tan·tsa] *f* 1.(*delegazione*) delegation; **in ~ di qu** on behalf of sb 2.COM agency

rappresentare [rap·pre·zen·'ta:·re] *vt* 1.(*raffigurare*) to depict 2.(*simboleggiare*) to represent 3.TEAT (*pezzo teatrale*) to stage; (*ruolo*) to play 4.(*agire per conto di*) to represent

rappresentativo, -a [rap·pre·zen·ta·'ti:·vo] *adj a. fig* representative

rappresentazione [rap·pre·zen·tat·'tsio:·ne] *f* 1.(*gener*) depiction 2.TEAT performance

rappresi *1. pers sing pass rem di* **rapprendere**

rappreso *pp di* **rapprendere**

rapsodia [rap·so·'di:·a] <-ie> *f* rhapsody

raptus ['rap·tus], <-> *m* 1.MED, PSIC raptus 2.*fig* (*ispirazione*) flash of inspiration

rarefarsi [ra·re·'fa:r·si] <irr> *vr* 1.(*aria*) to become rarified 2.*fig* (*visite, incontri*) to become rarer

rarefazione [ra·re·fat·'tsio:·ne] *f* 1.FIS (*di aria*) rarefaction 2.*fig* (*di attività, visite, incontri*) decrease

rarefeci *1. pers sing pass rem di* **rarefare**

rarità [ra·ri·'ta] <-> *f* rarity

raro, -a ['ra:·ro] *adj* (*esemplare, animale*) rare; **una bestia -a** *fig* a rare breed

rasare [ra·'sa:·re] I. *vt* 1.(*barba, capelli*) to shave 2.(*siepe*) to trim; (*prato*) to mow II. *vr:* **-rsi** (*barba, capelli*) to shave

rasato, -a *adj* 1.(*barba*) shaven off; (*persona*) clean-shaven 2.(*tessuto*) smooth; **maglia -a** stockinette stitch

rasatura [ra·sa·'tu:·ra] *f* shave

raschiamento [ras·kia·'men·to] *m* MED curettage

raschiare [ras·'kia:·re] *vt* to scrape; ~ **il fondo** to be on one's last legs

raschiatura [ras·kia·'tu:·ra] *f* 1.(*azione*) scraping 2.(*effetto*) scrape

raschietto [ras·'kiet·to] *m* scraper

rasentare [ra·zen·'ta:·re] *vt* (*sfiorare*) to graze; ~ qc *fig* to border on sth; ~ **il ridicolo** to border on the ridiculous

rasente [ra·'zɛn·te] *prep* ~ (**a**) close to

rasi ['ra:·si] *1. pers sing pass rem di* **radere**

raso ['ra:·so] *m* satin

raso, -a I. *pp di* **radere** II. *adj* 1.(*volto, testa*) shaven 2.(*bicchiere*) full; (*cucchiaio*) level; ~ **terra** *v.* **rasoterra**

rasoio [ra·'so:·io] <-oi> *m* razor; **sul filo del ~** *fig* on the razor's edge

rasoterra [ra·so·'tɛr·ra] I. *adv* close to the ground II. <inv> *adj fig* indifferent

rassegna [ras·'seɲ·ɲa] *f* 1.MIL inspection 2.(*esame accurato*) review; **passare in ~ qc** *fig* to review sth 3.(*elenco*) listing; ~ **degli spettacoli** theater listings *pl* 4.(*mostra*) exhibition; ~ **cinematografica** film festival

rassegnare [ras·seɲ·'ɲa:·re] I. *vt* ~ **le dimissioni** to resign II. *vr* **-rsi a qc** to resign oneself to sth

rassegnazione [ras·seɲ·ɲat·'tsio:·ne] *f* resignation

rasserenamento [ras·se·re·na·'men·to] *m* (*di cielo, tempo*) brightening up

rasserenare [ras·se·re·'na:·re] I. *vt* 1.(*cielo*) to brighten up 2.*fig* (*persona*) to cheer up II. *vr:* **-rsi** 1.METEO to brighten up 2.*fig* (*persona*) to cheer up; **-rsi in volto** to brighten

rassettare [ras·set·'ta:·re] I. *vt* 1.(*stanza, casa*) to tidy 2.(*riparare: abiti*) to mend II. *vr:* **-rsi** to tidy oneself up

rassicurare [ras·si·ku·'ra:·re] I. *vt* to reassure II. *vr:* **-rsi** to be reassured

rassicurazione [ras·si·ku·rat·'tsio:·ne] *f* reassurance

rassodamento [ras·so·da·'men·to] *m* firming up

rassodare [ras·so·'da:·re] I. *vt* (*muscoli*) to firm up II. *vr:* **-rsi** (*muscoli*) to become firm

rassomigliare [ras·so·miʎ·'ʎa:·re] I. *vi* ~ **a qc** to resemble sth II. *vr:* **-rsi** to look like each other

rastrellamento [ras·trel·la·'men·to] *m* 1.AGR raking 2.MIL combing

rastrellare [ras·trel·'la:·re] *vt* 1.AGR to rake 2.MIL to comb

rastrelliera [ras·trel·'liɛ:·ra] *f* 1.(*per fieno*) hayrack 2.(*per biciclette*) bicycle rack

rastrello [ras·'trɛl·lo] *m* rake

rata ['ra:·ta] *f* installment; **pagare/comprare a -e** to pay for/buy sth in installments

rateale [ra·te·'a:·le] *adj* (*acquisto*) in installments

rateizzare [ra·te·id·'dza:·re] *vt* to split into installments

rateo ['ra:·teo] *m* 1.(*in contabilità*) accrual 2.(*rateizzazione*) splitting into installments

R

ratifica [ra·'ti:·fi·ka] <-che> *f* ratification
ratificare [ra·ti·fi·'ka:·re] *vt* to ratify
rating ['rei·tiŋ] <-> *m* 1. FIN credit rating 2. TV, RADIO ratings *pl*
ratticida [rat·ti·'tʃi:·da] <-i *m*, -e *f*> I. *m* rat poison II. *adj* rat poison
ratto ['rat·to] *m* 1. ZOOL rat 2. GIUR abduction
rattoppare [rat·top·'pa:·re] *vt a. fig* to patch up
rattrappimento [rat·trap·pi·'men·to] *m* stiffening
rattrappire [rat·trap·'pi:·re] <rattrappisco> I. *vt* to make stiff II. *vr:* -rsi to become stiff
rattristare [rat·tris·'ta:·re] I. *vt* to sadden II. *vr:* -rsi to become sad
raucedine [rau·'tʃɛ:·di·ne] *f* hoarseness
rauco, -a ['ra:u·ko] <-chi, -che> *adj* hoarse
ravanello [ra·va·'nɛl·lo] *m* radish
ravegnano, -a [ra·veɲ·'ɲa:·no] I. *m*, *f* (*abitante*) person from Ravenna II. *adj* from Ravenna
Ravenna *f* Ravenna, *city in the Emilia-Romagna region*
ravennate [ra·ven·'na:·te] I. *mf* (*abitante*) person from Ravenna II. *adj* from Ravenna
Ravennate *m* (*zona*) Ravenna area; **nel ~** in the Ravenna area
ravioli [ra·'viɔ:·li] *mpl* ravioli
ravvedersi [rav·ve·'der·si] <irr> *vr* to become a reformed character
ravvedimento [rav·ve·di·'men·to] *m* reform
ravveduto *pp di* **ravvedersi**
ravvicinamento [rav·vi·tʃi·na·'men·to] *m* 1. (*tra partiti, paesi*) rapprochement 2. *fig* (*tra coniugi*) reconciliation
ravvicinare [rav·vi·tʃi·'na:·re] I. *vt* 1. (*avvicinare di più*) to move closer 2. *fig* (*rappacificare*) to bring closer together II. *vr:* -rsi 1. (*avvicinarsi*) to get to know one another better 2. (*rappacificarsi*) to make it up
ravvicinato, -a [rav·vi·tʃi·'na:·to] *adj* close
ravvisare [rav·vi·'za:·re] *vt* to recognize
ravvivare [rav·vi·'va:·re] I. *vt* (*fiamma, sentimento*) to rekindle II. *vr:* -rsi (*interesse*) to revive
raziocinio [rat·tsio·'tʃi:·nio] <-i> *m* 1. (*ragione*) reason 2. (*buon senso*) common sense
razionale [rat·tsio·'na:·le] I. *adj* 1. (*persona, metodo*) rational 2. (*architettura*) functional; (*alimentazione*) balanced 3. MAT rational II. *m* rational
razionalismo [rat·tsio·na·'liz·mo] *m* rationalism
razionalista [rat·tsio·na·'lis·ta] <-i *m*, -e *f*> *mf* rationalist
razionalità [rat·tsio·na·li·'ta] <-> *f* 1. (*facoltà*) common sense 2. (*funzionalità: di edificio*) functionality
razionalizzare [rat·tsio·na·lid·'dza:·re] *vt* to rationalize
razionalizzazione [rat·tsio·na·lid·dzat·'tsio:·ne] *f* rationalization
razionamento [rat·tsio·na·'men·to] *m* rationing

razionare [rat·tsio·'na:·re] *vt* to ration
razione [rat·'tsio:·ne] *f* 1. (*quantità*) ration 2. *fig* (*porzione*) share
razza¹ ['rat·tsa] *f* 1. (*di uomini*) race 2. (*di animali*) breed; **di ~ pura** thoroughbred 3. (*di piante*) type 4. (*famiglia, stirpe*) family 5. *pej, fam* kind; **che ~ di uomo sei!** you're a real piece of work!
razza² ['rad·dza] *f* ZOOL skate
razzia [rat·'tsi:·a] <-ie> *f* raid
razziale [rat·'tsia:·le] *adj* racial; **conflitto ~** racial conflict; **odio ~** racial hatred
razziare [rat·'tsia:·re] *vt* to raid
razzismo [rat·'tsiz·mo] *m* racism
razzista [rat·'tsis·ta] <-i *m*, -e *f*> I. *mf* racist II. *adj* racist
razzo ['rad·dzo] *m* rocket
razzolare [rat·tso·'la:·re] *vi* to scratch around
RC *f abbr di* **Rifondazione Comunista** *Italian Communist party*
re¹ [re] <-> *m a. fig* king
re² [rɛ] <-> *m* MUS D
reagente [rea·'dʒɛn·te] *m* reagent
reagire [re·a·'dʒi:·re] <reagisco> *vi* to react
reale [re·'a:·le] I. *adj* 1. (*di, da re*) royal; **aquila ~** golden eagle 2. (*vero: oggetto, fatto*) real 3. (*effettivo: stipendio*) actual 4. GIUR, MAT real II. *m* reality
realismo [re·a·'liz·mo] *m* realism
realista [re·a·'lis·ta] <-i *m*, -e *f*> I. *mf* (*persona concreta*) realist II. *adj* realistic
realistico, -a [re·a·'lis·ti·ko] <-ci, -che> *adj* realistic
realizzabile [re·a·lid·'dza:·bi·le] *adj* feasible
realizzare [re·a·lid·'dza:·re] I. *vt* to realize II. *vr:* -rsi 1. (*aspirazioni*) to come true 2. (*come persona*) to find fulfillment
realizzazione [re·a·lid·dzat·'tsio:·ne] *f* realization
realizzo [re·a·'lid·dzo] *m* 1. COM realization 2. FIN proceeds *pl*
realmente [re·al·'men·te] *adv* really
realtà [re·al·'ta] <-> *f* reality; **in ~** really; **~ virtuale** TEL, COMPUT virtual reality
reame [re·'a:·me] *m* realm
Reatino <*sing*> *m* (*zona*) Rieti area; **nel ~** in the Rieti area
reatino, -a [re·a·'ti:·no] I. *m*, *f* (*abitante*) person from Rieti II. *adj* from Rieti
reato [re·'a:·to] *m* crime; **corpo del ~** material evidence; **il fatto non costituisce ~** it was not a criminal offense; **-i contro l'ambiente** crimes against the environment
reattivo, -a *adj* 1. (*persona*) with it; **è troppo stanco, non è più ~** he's too tired, he's out of it 2. CHIM, ELETT reactive
reattore [re·at·'to:·re] *m* 1. AERO (*motore*) jet engine; (*aeroplano*) jet 2. FIS reactor
reazionario, -a [re·at·tsio·'na:·rio] <-i, -ie> I. *adj* reactionary II. *m*, *f* reactionary
reazione [re·at·'tsio:·ne] *f* 1. (*gener*) reaction 2. AERO **motore a ~** jet engine; **aereo a ~** jet

R

rebus ['rɛː·bus] <-> *m* **1.** (*gioco*) rebus **2.** *fig* (*persona, cosa*) puzzle

recalcitrare [re·kal·tʃi·'traː·re] *v.* **ricalcitrare**

recapitare [re·ka·pi·'taː·re] *vt* to deliver

recapito [re·'kaː·pi·to] *m* (*indirizzo*) address

recare [re·'kaː·re] **I.** *vt* **1.** (*portare*) to bring **2.** (*avere su di sé*) to bear **3.** (*causare*) to cause; ~ **disturbo a qu** to inconvenience sb; ~ **offesa a qu** to offend sb **II.** *vr:* **-rsi** to go

recedere [re·'tʃɛː·de·re] <recedo, recedetti *o* recedei, receduto> *vi a. fig* GIUR (*tirarsi indietro*) to withdraw

recensione [re·tʃen·'sioː·ne] *f* review

recensore, -a [re·tʃen·'soː·re] *m, f* reviewer

recente [re·'tʃɛn·te] *adj* recent; **di** ~ recently

recentemente [re·tʃen·te·'men·te] *adv* recently

recentissime [re·tʃen·'tis·si·me] *fpl* latest news

recepire [re·tʃe·'piː·re] <recepisco> *vt* (*capire*) to recognize

reception [ri·'sep·ʃən] <- *o* receptions> *f* (*di albergo*) reception desk

recessione [re·tʃes·'sioː·ne] *f* COM recession

recessivo, -a [re·tʃes·'siː·vo] *adj* **1.** BIOL (*carattere*) recessive **2.** COM (*economia*) recessionary

recesso [re·'tʃɛs·so] *m* **1.** *fig* (*della mente*) recess **2.** GIUR (*da contratto*) withdrawal **3.** MED recess

recidere [re·'tʃiː·de·re] <recido, recisi, reciso> *vt* to cut off

recidivo, -a [re·tʃi·'diː·vo] **I.** *adj* (*incorreggibile: persona*) lapsing into old habits **II.** *m, f* **1.** GIUR (*imputato*) habitual offender **2.** MED (*malattia*) recidivist **3.** (*persona incorreggibile*) sb who returns to his/her old habits

recingere [re·'tʃin·dʒe·re] <irr> *vt* (*città, giardino*) to enclose

recintare [re·tʃin·'taː·re] *vt* (*giardino*) to fence off

recinto[1] [re·'tʃin·to] *pp di* **recingere**

recinto[2] *m* **1.** (*spazio circoscritto*) enclosure; (*per animali*) pen **2.** (*recinzione: di legno*) fence; (*di mattoni*) wall

recinzione [re·tʃin·'tsioː·ne] *f* (*di legno*) fence; (*di mattoni*) wall

recipiente [re·tʃi·'piɛn·te] *m* container

reciprocità [re·tʃi·pro·tʃi·'ta] <-> *f* reciprocity

reciproco, -a <-ci,·-che> *adj* reciprocal

recisi [re·'tʃiː·zi] *1. pers sing pass rem di* **recidere**

reciso, -a [re·'tʃiː·zo] **I.** *pp di* **recidere II.** *adj* (*tagliato*) cut off

recita ['rɛː·tʃi·ta] *f* (*teatrale*) performance; (*di poesie*) recital

recitare [re·tʃi·'taː·re] **I.** *vt* **1.** (*poesia, lezioni, orazioni*) to recite **2.** TEAT, FILM to act; ~ **una parte** to play a part **II.** *vi* (*fingere*) to pretend

recitativo, -a *adj* recitative

recitazione [re·tʃi·tat·'tsioː·ne] *f* **1.** (*interpretazione*) delivery **2.** (*disciplina*) acting

reclamare [re·kla·'maː·re] **I.** *vi* ~ **contro**

[*o* per] qc to complain about sth **II.** *vt* (*diritto*) to demand

réclame [re·'klam] <-> *f* **1.** (*pubblicità*) advertising **2.** (*avviso pubblicitario*) advertisement

reclamizzare [re·kla·mid·'dzaː·re] *vt* to advertise

reclamo [re·'klaː·mo] *m* complaint; **fare/sporgere** ~ to complain; **ufficio -i** complaints department

reclinare [re·kli·'naː·re] *vt* **1.** (*capo*) to bow **2.** (*sedia*) to tilt

reclusione [re·klu·'zioː·ne] *f* GIUR imprisonment

recluso, -a [re·'kluː·zo] **I.** *adj* secluded; GIUR imprisoned **II.** *m, f* prisoner

recluta ['rɛː·klu·ta] *f* recruit

reclutamento [re·klu·ta·'men·to] *m* recruitment

reclutare [re·klu·'taː·re] *vt* to recruit

recondito, -a [re·'kɔn·di·to] *adj poet* **1.** (*luogo*) secluded **2.** *fig* (*nascosto: pensieri*) hidden

record ['rɛː·kord] **I.** <-> *m* **1.** SPORT record; **battere un** ~ to beat a record; ~ **mondiale** world record; **a tempo di** ~ in record time **2.** COMPUT record **II.** <inv> *adj* record

recriminare [re·kri·mi·'naː·re] *vi* ~ **su qc** to complain about sth

recriminazione [re·kri·mi·nat·'tsioː·ne] *f* complaint

recrudescenza [re·kru·deʃ·'ʃɛn·tsa] *f* recurrence

recuperare [re·ku·pe·'raː·re] *v.* **ricuperare**

redarguire [re·dar·gu·'iː·re] <redarguisco> *vt* to rebuke

redarre [re·'dar·re] <usato solo all'inf> *v.* **redigere**

redassi [re·'das·si] *1. pers sing pass rem di* **redigere**

redatto [re·'dat·to] *pp di* **redigere**

redattore, -trice [re·dat·'toː·re] *m, f* **1.** (*di giornale, casa editrice*) editor **2.** (*di atti, documenti*) author

redazionale [re·dat·tsio·'naː·le] *adj* editorial

redazione [re·dat·'tsioː·ne] *f* **1.** (*stesura*) writing; ~ **di un documento** drawing up of a document **2.** (*attività*) editing **3.** (*team*) editorial staff **4.** (*ufficio*) editorial office

redditività [red·di·ti·vi·'ta] <-> *f* profitability

redditizio, -a [red·di·'tit·tsio] <-i, -ie> *adj* profitable

reddito ['rɛd·di·to] *m* income; ~ **imponibile** taxable income; ~ **non imponibile** non-taxable income

redditometro [red·di·'tɔː·me·tro] *m system used by the state for assessing income*

redensi [re·'dɛn·si] *1. pers sing pass rem di* **redimere**

redento, -a [re·'dɛn·to] **I.** *pp di* **redimere II.** *m, f* redeemed sinner **III.** *adj* redeemed

redentore [re·den·'toː·re] *m* redeemer; **il** ~ the Redeemer

redentore, -trice *adj* redeeming

redenzione [re·den·'tsio:·ne] *f* redemption

redigere [re·'di:·dʒe·re] <redigo, redassi, redatto> *vt* **1.** (*scrivere*) to draw up; ~ **un verbale** to draw up a record; ~ **un articolo** to write an article **2.** (*curare*) to edit

redimere [re·'di:·me·re] <redimo, redensi, redento> *vt poet* to redeem

redimibile [re·di·'mi:·bi·le] *adj* (*debito*) redeemable

redini ['rɛ:·di·ni] *fpl* reins *pl*

redivivo, -a [re·di·'vi:·vo] *adj* returned to life

reduce ['rɛ:·du·tʃe] **I.** *adj* **essere** ~ **da qc** (*guerra*) to be back from sth; *fig* (*influenza*) to have gone through sth **II.** *mf* veteran

refe ['re:·fe] *m* thread

referendarista [re·fe·ren·da·'ris·ta] <-i *m*, -e *f*> *mf* POL supporter of the calling of a referendum

referendum [re·fe·'rɛn·dum] <-> *m* **1.** GIUR referendum **2.** (*indagine*) survey

referenza [re·fe·'rɛn·tsa] *f* reference

referenziato, -a [re·fe·ren·'tsia:·to] *adj* with references

referto [re·'fɛr·to] *m* MED report

refettorio [re·fet·'tɔ:·rio] <-i> *m* cafeteria

reflazione [re·flat·'tsio:·ne] *f* FIN, COM reflation

refrattario, -a [re·frat·'ta:·rio] <-i, -ie> *adj* **1.** (*materiale*) refractory **2.** MED (*paziente*) unresponsive

refrigerante [re·fri·dʒe·'ran·te] **I.** *adj* refrigerating **II.** *m* **1.** (*liquido*) coolant **2.** (*apparecchio*) refrigerator

refrigerare [re·fri·dʒe·'ra:·re] *vt* to refrigerate

refrigeratore [re·fri·dʒe·ra·'to:·re] *m* refrigerator

refrigerazione [re·fri·dʒe·rat·'tsio:·ne] *f* refrigeration

refrigerio [re·fri·'dʒɛ:·rio] <-i> *m* coolness; ~ **dalla calura estiva** relief from the summer heat

refurtiva [re·fur·'ti:·va] *f* loot

refuso [re·'fu:·zo] *m* TYPO typographical error

regalare [re·ga·'la:·re] *vt* **1.** (*gener*) to give **2.** COM (*vendere a buon mercato*) to give away

regale [re·'ga:·le] *adj* **1.** (*del re*) royal **2.** *fig* (*comportamento*) regal

regalità [re·ga·li·'ta] <-> *f* majesty

regalo [re·'ga:·lo] *m* present; **fare un** ~ **a qu** to give sb a present

regata [re·'ga:·ta] *f* regatta

reggente [red·'dʒɛn·te] **I.** *mf* regent **II.** *f* LING main clause **III.** *adj* (*principe, sovrano*) reigning

reggenza [red·'dʒɛn·tsa] *f* regency

reggere ['rɛd·dʒe·re] <reggo, ressi, retto> **I.** *vt* **1.** (*tenere*) to hold; (*sostenere*) to support; (*tenere fermo*) to hold still **2.** (*resistere a*) to deal with **3.** (*governare*) to rule **4.** LING to govern **5.** (*sopportare: alcol, vino*) to take **II.** *vi* **1.** (*resistere*) to deal with **2.** (*durare: bel tempo*) to last; (*cibi*) to stay fresh **III.** *vr*: **-rsi 1.** (*sostenersi*) to stand up; **-rsi a galla** to keep afloat **2.** *fig* (*controllarsi*) to contain oneself **3.** (*attaccarsi*) to hold on

reggia ['rɛd·dʒa] <-gge> *f a. fig* palace

reggiano, -a [red·'dʒia:·no] **I.** *m*, *f* (*abitante*) person from Reggio Emilia **II.** *adj* from Reggio Emilia

Reggiano *m* **1.** (*zona*) Reggio Emilia area; **nel** ~ in the Reggio Emilia area **2.** (*formaggio*) Parmesan cheese

reggicalze [red·dʒi·'kal·tse] <-> *m* garter belt

reggimento [red·dʒi·'men·to] *m* **1.** MIL regiment **2.** *fig* (*moltitudine*) crowd

reggino, -a [red·'dʒi:·no] **I.** *m*, *f* (*abitante*) person from Reggio Calabria **II.** *adj* from Reggio Calabria

Reggino *m* (*zona*) Reggio Calabria area; **nel** ~ in the Reggio Calabria area

Reggio Calabria *f* Reggio Calabria, *city in Calabria*

Reggio Emilia *f* Reggio Emilia, *city in the Emilia-Romagna area*

reggipetto, reggiseno [red·dʒi·'pɛt·to, red·dʒi·'se:·no] *m* bra; ~ **a balconcino** underwire bra

reggitesta [red·dʒi·'tɛs·ta] <-> *m* headrest

regia [re·'dʒi:·a] <-gie> *f* **1.** FILM, TV direction **2.** *fig* (*di festa, viaggio*) organization

regime [re·'dʒi:·me] *m* **1.** POL regime **2.** (*dieta*) diet; **tenersi a** ~ to be on a diet **3.** (*regola di vita*) regime **4.** TEC, MOT speed

regina [re·'dʒi:·na] *f* queen

reginetta [re·dʒi·'net·ta] *f* ~ **di bellezza** beauty queen

regio, -a ['rɛ:·dʒo] <-gi, -gie> *adj* royal

regionale [re·dʒo·'na:·le] *adj* regional

regionalismo [re·dʒo·na·'liz·mo] *m* regionalism

regione [re·'dʒo:·ne] *f* region

regista [re·'dʒis·ta] <-i *m*, -e *f*> *mf* director

registrare [re·dʒis·'tra:·re] *vt* **1.** (*con registratore: musica*) to record **2.** FIN (*entrate, uscite*) to enter **3.** (*aumento, diminuzione*) to report

registratore [re·dʒis·tra·'to:·re] *m* **1.** (*magnetofono*) tape recorder **2.** (*apparecchio*) recorder; ~ **di cassa** till; ~ **di volo** flight recorder

registratore, -trice *adj* (*barometro, apparecchio*) recording

registrazione [re·dʒis·trat·'tsio:·ne] *f* **1.** (*di musica, spettacolo*) recording **2.** ADMIN (*di atto, società*) registration **3.** (*in contabilità*) entry

registro [re·'dʒis·tro] *m* **1.** (*libro*) register **2.** TEC regulator

regnante [reɲ·'ɲan·te] **I.** *adj* (*famiglia, monarca*) reigning **II.** *mf* (*sovrano*) ruler

regnare [reɲ·'ɲa:·re] *vi* to reign

regno ['reɲ·ɲo] *m* **1.** (*gener*) kingdom **2.** (*autorità, durata*) reign

regola ['rɛ:·go·la] *f* **1.** (*norma*) rule; **di regola** as a rule **2.** (*ordine*) order; **essere in** ~ to be in order; **mettere in** ~ (*immigrato*) to regularize illegal workers **3.** (*misura*) measure **4.** REL rule

regolabile [re·go·'la:·bi·le] *adj* adjustable

R

regolamentare¹ [re·go·la·men·'ta:·re] *adj* regulation; **tempi regolamentari** SPORT regulation (time)

regolamentare² *vt* to regulate

regolamentazione [re·go·la·men·tat·'tsio:·ne] *f* regulations *pl*

regolamento [re·go·la·'men·to] *m* 1.(*norme*) regulations *pl* 2.(*sistemazione: di questione*) settling 3. COM (*di conto*) settlement; (*di debito*) repayment

regolare¹ [re·go·'la:·re] I. *vt* 1.(*ordinare*) to organize 2. *fig* (*sistemare*) to fix 3. COM (*conto*) to settle; (*debito*) to repay 4. TEC to adjust; (*orologio*) to set II. *vr*: **-rsi** 1.(*comportarsi*) to behave 2.(*controllarsi*) to control oneself

regolare² *adj* 1. LING, MAT regular 2.(*a norma*) standard 3.(*costante: velocità, andatura*) steady 4.(*superficie*) even

regolarità [re·go·la·ri·'ta] <-> *f* regularity

regolarizzare [re·go·la·rid·'dza:·re] *vt* 1.(*posizione, immigrato*) to regularize 2. COM (*conto*) to settle

regolarizzazione [re·go·la·rid·dzat·'tsio:·ne] *f* 1.(*di posizione, immigrato*) regularization 2. COM (*di conto*) settlement

regolata [re·go·'la:·ta] *f* TEC adjustment; **darsi una ~** *fig, fam* to pull oneself together

regolatezza [re·go·la·'tet·tsa] *f* moderation

regolazione [re·go·lat·'tsio:·ne] *f* regulation

regolo ['rɛ:·go·lo] *m* (*righello*) ruler

regredire [re·gre·'di:·re] <regredisco, regredii, regredito *o* regresso> *vi* essere to go backwards

regressione [re·gres·'sio:·ne] *f* regression

regressivo, -a [re·gres·'si:·vo] *adj* a. *fig* backwards

regresso¹ [re·'grɛs·so] *pp di* **regredire**

regresso² *m* 1. MED regression 2. *a. fig* decline

reimpiego [re·im·'piɛ:·go] <-ghi> *m* re-employment

reincarnazione [re·iŋ·kar·nat·'tsio:·ne] *f* reincarnation

reinserimento [re·in·se·ri·'men·to] *m* reintegration

reinserire [re·in·se·'ri:·re] <reinserisco> I. *vt* (*persona, paziente*) to reinstate II. *vr*: **-rsi** (*in gruppo*) to reinstate oneself

reintegrare [re·in·te·'gra:·re] I. *vt* (*nella società*) to reintegrate; (*in una carica*) to reinstate II. *vr*: **-rsi** (*in gruppo, attività*) to reinstate oneself

reintegrazione [re·in·te·grat·'tsio:·ne] *f* reintegration

reinvestimento [re·in·ves·ti·'men·to] *m* reinvestment

reinvestire [re·in·ves·'ti:·re] *vt* to reinvest

relais [re·'lɛ] <-> *m* relay

relativa [re·la·'ti:·va] *f* relative clause

relativamente [re·la·ti·va·'men·te] *adv* relatively; **~ a qc** with reference to sth

relativista [re·la·ti·'vis·ta] <-i *m*, -e *f*> *mf* relativist

relativistico, -a [re·la·ti·'vis·ti·ko] <-ci, -che> *adj* relativistic

relatività [re·la·ti·vi·'ta] <-> *f* relativity

relativizzare [re·la·ti·vid·'dza:·re] *vt* (*problema*) to view objectively

relativo, -a [re·la·'ti:·vo] *adj* 1.(*pertinente*) relevant 2.(*limitato*) relative 3. LING **pronome ~** relative pronoun

relatore, -trice [re·la·'to:·re] *m, f* speaker

relax [re·'laks] <-> *m* relaxation

relazione [re·lat·'tsio:·ne] *f* 1.(*esposizione*) account 2.(*rapporto tra persone*) relationship

relè [re·'lɛ] *m* v. **relais**

relegare [re·le·'ga:·re] *vt* to relegate

religione [re·li·'dʒo:·ne] *f* religion

religioso, -a [re·li·'dʒo:·so] I. *adj* a. *fig* religious; **matrimonio ~** church wedding II. *m, f* monk *m*, nun *f*

reliquia [re·'li:·ku·ia] <-quie> *f* relic

reliquiario [re·li·'ku·ia:·rio] <-i> *m* reliquary

relitto [re·'lit·to] *m* a. *fig* wreck

rem [rɛm] <-> *m* acró de **röntgen equivalent man** TEC rem

remainder [ri·'mein·də] <-> *m* 1.(*libro*) remainder 2.(*libreria*) remainder bookshop

remare [re·'ma:·re] *vi* to row

remata [re·'ma:·ta] *f* 1.(*il remare*) row 2.(*colpo di remo*) stroke of the oar

rematore, -trice [re·ma·'to:·re] *m, f* rower

reminiscenza [re·mi·nif·'ʃɛn·tsa] *f* reminiscence

remissione [re·mis·'sio:·ne] *f* 1. REL (*perdono*) remission 2. GIUR withdrawal 3.(*sottomissione*) submissiveness

remissività [re·mis·si·vi·'ta] <-> *f* submissiveness

remissivo, -a [re·mis·'si:·vo] *adj* 1.(*docile*) submissive 2. GIUR remitting

remo ['rɛ:·mo] *m* oar

remora ['rɛ:·mo·ra] *f poet* hesitation

remoto, -a [re·'mɔ:·to] *adj* 1.(*tempo, causa*) distant 2.(*paese, località*) remote 3. LING **passato ~** past simple

remunerare [re·mu·ne·'ra:·re] *v.* **rimunerare**

rena ['re:·na] *f* sand

renale [re·'na:·le] *adj* MED renal

rendere ['rɛn·de·re] <rendo, resi, reso> I. *vt* 1.(*soldi, merce, libro*) to return; **~ giustizia a qu/qc** to do justice to sb/sth; **a buon ~** it's my turn next time 2.(*tributare*) **~ omaggio a qu** to pay homage to sb; **~ lode a qu** to praise sb 3.(*esprimere: senso, messaggio, sensazione*) to convey; **~ l'idea di qc** to give the idea of sth 4.(*far diventare: felice, indispensabile, importante*) to make 5.(*fruttare: investimento, attività*) to earn II. *vr*: **-rsi** 1.(*diventare*) to become 2.(*sembrare*) to seem 3.(*loc*) **-rsi conto di qc** to realize sth

rendez-vous [rã·de·'vu] <-> *m* (*appuntamento*) date

rendiconto [ren·di·'kon·to] *m* 1. COM (*di conto*) statement 2.(*racconto: di fatto, evento*) report

rendimento [ren·di·'men·to] *m* 1.(*di macchina, persona*) performance; **avere un buon ~** (*persona*) to do well 2.(*reddito*) return

rendita ['rɛn·di·to] *f* income

rene ['rɛː·ne] *m* kidney

reni ['rɛː·ni] *fpl* back

renitente [re·ni·'tɛn·te] *adj* unwilling

renitenza [re·ni·'tɛn·tsa] *f* unwillingness

renna ['rɛn·na] *f* ZOOL reindeer

reo, -a ['rɛː·o] *m, f* criminal

reografia [re·o·gra·'fiː·a] *f* MED rheography

reogramma [re·o·'gram·ma] <-i> *m* MED rheogram

reostato [re·'ɔː·sta·to] *m* rheostat

reparto [re·'par·to] *m* 1.(*di azienda*) department 2.(*di ospedale*) ward; **~ psichiatrico** psychiatric ward

repellente [re·pel·'lɛn·te] *adj* (*cibo, vista*) repulsive

repentaglio [re·pen·'taʎ·ʎo] <-gli> *m* **mettere a ~** to risk

repentino, -a [re·pen·'tiː·no] *adj* sudden

reperibile [re·pe·'riː·bi·le] *adj* (*professore, medico*) contactable; (*prodotto, informazione*) available

reperimento [re·pe·ri·'men·to] *m* finding

reperire [re·pe·'riː·re] <reperisco> *vt* to find

reperto [re·'pɛr·to] *m* 1.(*archeologico*) find 2.(*giudiziario*) exhibit 3. MED report

repertorio [re·per·'tɔː·rio] <-i> *m* 1. TEAT, MUS repertoire 2.(*raccolta*) stock

replay [riː·'plei] <- *o* replays> *m* TV, SPORT action replay

replica ['rɛː·pli·ka] <-che> *f* 1.(*risposta*) answer 2. TEAT repeat performance 3. TV, RADIO repeat

replicare [re·pli·'kaː·re] *vt* 1.(*rispondere*) to say something in reply; (*obiettare*) to make an objection 2.(*ripetere: impresa, iniziativa*) to repeat 3.(*spettacolo*) to perform again; (*trasmissione*) to show again

reportage [rə·pɔr·'taʒ] <-> *m* report

repressi [re·'prɛs·si] *1. pers sing pass rem di* **reprimere**

repressione [re·pres·'sioː·ne] *f* repression

repressivo, -a [re·pres·'siː·vo] *adj* repressive

represso, -a [re·'prɛs·so] *adj* (*emozioni*) repressed

reprimere [re·'priː·me·re] <reprimo, repressi, represso> I. *vt* to repress II. *vr:* -**rsi** to keep a grip on oneself

reprint ['ri·print] <-> *m* modern reprint

reprobo, -a ['rɛː·pro·bo] *adj* reprobate

repubblica [re·'pub·bli·ka] <-che> *f* republic

repubblicano, -a [re·pub·bli·'kaː·no] I. *adj* republican II. *m, f* republican

repulsione [re·pul·'sioː·ne] *f a. fig* repulsion

reputare [re·pu·'taː·re] I. *vt* to consider II. *vr:* -**rsi** to consider oneself

reputazione [re·pu·tat·'tsioː·ne] *f* reputation

requie ['rɛː·kui·e] <sing> *f* peace

requiem ['rɛː·kui·em] <-> *m o f* requiem

requisire [re·kui·'ziː··re] <requisisco> *vt* to requisition

requisito [re·kui·'ziː·to] *m* requirement

requisitoria [re·kui·zi·'tɔː·ria] <-ie> *f* GIUR prosecution's closing argument

requisizione [re·kui·zit·'tsioː·ne] *f* requisition

resa ['reː·sa] *f* 1. MIL surrender 2.(*restituzione*) return 3.(*rendimento*) performance 4.(*loc*) **~ dei conti** *a. fig* day of reckoning

rescindere [reʃ·'ʃin·de·re] <irr> *vt* to annul; **~ un contratto** to cancel a contract

rescissione [reʃ·ʃis·'sioː·ne] *f* annulment

rescisso *pp di* **rescindere**

resettaggio [re·set'tad dʒo] <-ggi> *m* COMPUT reset

resettare [re·set·'taː·re] *vi* COMPUT to reset

resi ['reː·si] *1. pers sing pass rem di* **rendere**

residence ['rɛ·zi·dəns] <-> *m building offering fully-equipped and serviced apartments for medium- to long-term rents*

residente [re·si·'dɛn·te] I. *adj* resident II. *mf* resident

residenza [re·si·'dɛn·tsa] *f* residence

residenziale [re·si·den·'tsiaː·le] *adj* residential

residuo [re·'siː·duo] *m* 1. GENER remainder 2.(*di sostanza, trattamento chimico*) residue 3. COM surplus

residuo, -a *adj* remaining

resina ['rɛː·zi·na] *f* resin

resistei [re·sis·'teː··i] *1. pers sing pass rem di* **resistere**

resistente [re·sis·'tɛn·te] *adj* resistant; (*materiale, tessuto, legno*) durable; **~ al calore** heat-resistant; **~ all'acqua** waterproof

resistenza [re·sis·'tɛn·tsa] *f* 1.(*gener*) resistance; **~ aerodinamica** aerodynamic drag; **opporre ~** to put up a fight 2.(*energia*) stamina 3. HIST **la Resistenza** the Resistance

resistere [re·'sis·te·re] <resisto, resistei *o* resistetti, resistito> *vi* 1.(*opporsi*) **~ a qu/qc** to resist sb/sth 2.(*sopportare*) **~ a qc** to put up with sth; **resisti!** hang on in there!

reso ['reː·so] *m* (*merce restituita*) returned goods *pl*

reso, -a I. *pp di* **rendere** II. *adj* returned

resoconto [re·so·'kon·to] *m* account

respingente [res·pin·'dʒɛn·te] *m* bumper

respingere [res·'pin·dʒe·re] <irr> *vt* 1.(*nemico, aggressore*) to repel 2.(*regalo*) to return 3.(*proposta*) to reject; (*accusa*) to deny 4.(*bocciare*) to fail 5. SPORT to ward off

respirare [res·pi·'raː·re] I. *vi* 1. BIOL to breathe; **~ con la bocca** to breathe through one's mouth; **~ col naso** to breathe through one's nose; **~ a pieni polmoni** to take deep breaths 2. *fig* (*riposarsi*) to have a rest II. *vt* to breathe

respiratore [res·pi·ra·'toː·re] *m* 1.(*per sub, pompieri*) breathing apparatus 2. MED respirator

respiratorio, -a [res·pi·ra·'tɔː·rio] <-i, -ie> *adj* breathing

respirazione [res·pi·rat·'tsioː·ne] *f* breathing; **~ artificiale** artificial respiration

R

respiro [res·'pi:·ro] *m* 1.(*il respirare*) breathing; **da togliere il ~** breathtaking 2.(*singolo atto*) breath 3.(*sollievo*) respite

responsabile [res·pon·'sa:·bi·le] I. *adj* responsible; **essere ~ di qc** to be in charge of sth II. *mf* person in charge

responsabilità [res·pon·sa·bi·li·'ta] <-> *f* 1.(*consapevolezza*) responsibility 2. GIUR liability

responsabilizzare [res·pon·sa·bi·lid·'dza:·re] I. *vt* **~ qu** to make sb aware of his [*o* her] responsibilities II. *vr:* **-rsi** to become aware of one's responsibilities

responso [res·'pɔn·so] *m* 1.(*di oracolo*) reply 2.(*di giuria, commissione*) verdict

ressa ['rɛs·sa] *f* crowd

ressi ['rɛs·si] *1. pers sing pass rem di* **reggere**

restante [res·'tan·te] *adj* remaining

restare [res·'ta:·re] *vi essere* 1.(*continuare a stare*) to remain; **~ in piedi/seduto** to remain standing/seated; **~ indietro** *a. fig* to get behind 2.(*diventare*) to be; **~ deluso** to be disappointed 3.(*trovarsi*) **~ d'accordo** to agree 4.(*avanzare*) to be left; **non gli rimane altro che accettare** he has no choice but to accept 5.(*essere situato*) to be

restaurare [res·tau·'ra:·re] *vt* to restore

restauratore, -trice [res·tau·ra·'to:·re] *m, f* restorer

restaurazione [res·tau·rat·'tsio:·ne] *f* restoration

restauro [res·'ta:u·ro] *m* restoration

restio, -a [res·'ti:·o] <-ii, -ie> *adj* 1.(*riluttante*) reluctant 2.(*mulo, cavallo*) restive

restituire [res·ti·tu·'i:·re] <restituisco> *vt* (*libro, vestito, CD*) to give back; (*soldi*) to refund

restituzione [res·ti·tut·'tsio:·ne] *f* (*di libro, di bene*) return; (*di soldi*) refund

resto ['rɛs·to] *m* 1.(*di tempo, di oggetti, di persone*) rest 2.(*in denaro*) change 3. *pl* (*di monumenti*) remains *pl* 4. *pl* (*di cibo*) leftovers *pl* 5.(*loc*) **del ~** besides

restringere [res·'trin·dʒe·re] <irr> I. *vt* 1.(*abito*) to take in 2. *fig* (*campo d'azione*) to limit II. *vr:* **-rsi** 1.(*diventar stretto: strada*) to narrow 2.(*stoffa*) to shrink

restrinsi *1. pers sing pass rem di* **restringere**

restrittivo, -a [res·trit·'ti:·vo] *adj* restrictive

restrizione [res·trit·'tsio:·ne] *f* restriction

resurrezione [re·sur·ret·'tsio:·ne] *f v.* **risurrezione**

resuscitare [re·suʃ·ʃi·'ta:·re] *v.* **risuscitare**

retaggio [re·'tad·dʒo] <-ggi> *m* 1. *poet* (*eredità*) heritage 2. *fig* (*culturale*) legacy

retard [ri·'ta:d] <inv> *adj* MED retard

retata [re·'ta:·ta] *f* 1. *fig* (*di persone*) roundup 2.(*di pesci, uccelli*) catch

rete ['re:·te] *f* 1.(*di filo*) net 2.(*di letto*) base of the bed 3.(*stradale, commerciale*) network; **~ di distribuzione** distribution network; **~ stradale** road network 4. COMPUT network; **~ locale** local network; **essere in Rete** to be

on the Internet; **accesso alla ~** Internet access 5. TV channel

reticella [re·ti·'tʃɛl·la] *f* (*per capelli*) hairnet

reticente [re·ti·'tʃɛn·te] *adj* reticent

reticenza [re·ti·'tʃɛn·tsa] *f* reticence

reticolato [re·ti·ko·'la:·to] *m* 1.(*di linee, strade*) grid 2.(*metallico*) chainlink fence; **~ di filo spinato** barbed wire fence

reticolo [re·'ti:·ko·lo] *m* grid

retina ['rɛ:·ti·na] *f* 1. ANAT retina 2.(*per capelli*) hairnet

retino [re·'ti:·no] *m* (*piccola rete*) small net

retore ['rɛ:·to·re] *m poet* rhetorician

retorica [re·'tɔ:·ri·ka] <-che> *f* rhetoric

retorico, -a [re·'tɔ:·ri·ko] <-ci, -che> *adj* LIT rhetorical

retribuire [re·tri·bu·'i:·re] <retribuisco> *vt* to pay

retributivo, -a [re·tri·bu·'ti:·vo] *adj* pay

retribuzione [re·tri·but·'tsio:·ne] *f* pay

retro¹ ['rɛ:·tro] *adv* **vedi ~** see over

retro² *m* back; **sul ~** on the back

retro³ [re·'tro] <inv> *adj* (*abbigliamento, arredamento*) retro; (*mostra*) retrospective

retroattività [re·tro·at·ti·vi·'ta] *f* retroactivity

retroattivo, -a [re·tro·at·'ti:·vo] *adj* retroactive

retrobottega [re·tro·bot·'te:·ga] <-> *m* back of the store

retrocedere [re·tro·'tʃɛ:·de·re] <retrocedo, retrocessi, retrocesso> I. *vi essere* 1.(*indietreggiare*) to move back 2. SPORT to be relegated II. *vt avere* 1. SPORT to relegate 2. MIL to demote

retrocessione [re·tro·tʃes·'sio:·ne] *f* 1. SPORT relegation 2. MIL demotion

retrocesso [re·tro·'tʃɛs·so] *pp di* **retrocedere**

retrodatare [re·tro·da·'ta:·re] *vt* to backdate

retrodatazione [re·tro·da·tat·'tsio:·ne] *f* backdating

retrogrado, -a [re·'trɔ:·gra·do] I. *adj* 1.(*persone, idee*) backward looking 2.(*moto, movimento*) retrograde II. *m, f* backward looking person

retroguardia [re·tro·'guar·dia] *f* rearguard

retroilluminato, -a [re·tro·il·lu·mi·'na:·to] *adj* back lit

retroilluminazione [re·tro·il·lum·na·'tsio:·ne] *f* TEC back lighting

retromarcia [re·tro·'mar·tʃa] <-ce> *f* 1.(*rapporto*) reverse gear 2.(*movimento*) reverse; **fare ~** *fig* to change one's mind

retroscena [re·troʃ·'ʃɛ:·na] <-> *m* 1. TEAT backstage 2. *pl, fig* behind-the-scenes goings-on

retrospettiva [re·troc·spet·'ti:·va] *f* retrospective

retrospettivo, -a [re·tro·spet·'ti:·vo] *adj* (*sguardo*) retrospective; **mostra -a** retrospective

retrospezione [re·tro·spet·'tsio:·ne] *f* retrospection

retrostante [re·tros·'tan·te] *adj* at the back

retroterra [re·tro·'tɛr·ra] <-> *m* 1.(*territorio*) hinterland 2. *fig* (*culturale*) background

retrovia ['re·tro·'vi:·a] *f* area behind the battle line

retrovisivo, -a [re·tro·vi·'zi:·vo] *adj* rearview

retrovisore [re·tro·vi·'zo:·re] *m* rearview mirror

retta ['rɛt·ta] *f* 1. (*di convitto, pensionato*) charge 2. MAT straight line 3. (*loc*) **dar ~ a qu** to pay attention to sb

rettale [ret·'ta:·le] *adj* MED rectal

rettangolare [ret·taŋ·go·'la:·re] *adj* rectangular

rettangolo [ret·'taŋ·go·lo] I. *adj* (*triangolo*) right-angled II. *m* 1. MAT rectangle 2. SPORT **~ di gioco** pitch

rettifica [ret·ˣti·fi·ka] <-che> *f* 1. (*correzione*) correction 2. TEC grinding

rettificare [ret·ti·fi·'ka:·re] *vt* 1. *fig* (*correggere*) to correct 2. TEC to grind

rettile ['rɛt·ti·le] *m a. fig, pej* reptile

rettilineo [ret·ti·'li:·neo] *m* stretch

rettilineo, -a *adj* straight

rettitudine [ret·ti·'tu:·di·ne] *f* rectitude

retto, -a I. *pp di* **reggere** II. *adj* 1. (*gener*) straight; **angolo ~** right angle 2. (*onesto*) upright

rettore [ret·'to:·re] <-trice> *m, f* (*di università*) chancellor

reuma ['rɛːu·ma] <-i> *m* rheumatism

reumatico, -a [reu·'ma:·ti·ko] <-ci, -che> *adj* rheumatic

reumatismo [reu·ma·'tiz·mo] *m* rheumatism

reumatologico, -a [reu·ma·to·'lɔː·dʒi·ko] <-ci, -che> *adj* rheumatological

reverendo [re·ve·'rɛn·do] *m* priest

reverendo, -a *adj* Reverend

reverenziale [re·ve·ren·'tsia:·le] *adj* reverential

revers [rə·'vɛr] <-> *m* lapel

reversibile [re·ver·'si:·bi·le] *adj* 1. (*moto, processo*) reversible 2. GIUR (*pensione*) reversionary

reversibilità [re·ver·si·bi·li·'ta] <-> *f* 1. (*gener*) reversibility 2. GIUR (*di pensione*) reversion

revisionare [re·vi·zio·'na:·re] *vt* 1. (*testo, documento*) to check 2. TEC to overhaul 3. (*conti*) to audit

revisione [re·vi·'zio·ne] *f* 1. checking 2. TEC (*di parti meccaniche*) overhaul 3. FIN (*dei conti*) audit

revisore, -a [re·vi·'zo:·re] *m, f* checker; **~ dei conti** auditor; **~ di bozze** proofreader

revoca ['rɛ·vo·ka] <-che> *f* revocation

revocabile [re·vo·'ka:·bi·le] *adj* revocable

revocare [re·vo·'ka:·re] *vt* to revoke

revocazione [re·vo·kat·'tsio:·ne] *f* revocation

revolverata [re·vol·ve·'ra:·ta] *f* revolver shot

rhum [rum] *m v.* **rum**

RI *abbr di* **Repubblica Italiana** *Italian Republic*

ri- [ri] (*in parole composte*) re-; (*di nuovo*) re-

riabilitare [ri·a·bi·li·'ta:·re] I. *vt* to rehabilitate II. *vr:* **-rsi** to rehabilitate oneself

riabilitazione [ri·a·bi·li·tat·'tsio:·ne] *f* MED rehabilitation

riaccendere [ri·at·'tʃɛn·de·re] <irr> I. *vt* 1. (*luce*) to switch on again 2. (*fuoco, sigaretta*) to light again II. *vr:* **-rsi** 1. (*luce*) to come on again 2. (*fuoco, sigaretta*) to catch fire again 3. *fig* (*speranza, discussione*) to be rekindled; (*lotta*) to flare up again

riaccompagnare [ri·ak·kom·paɲ·'ɲa:·re] *vt* to take back

riacquistare [ri·ak·kuis·'ta:·re] *vt* 1. (*bene, gioiello*) to buy back 2. *fig* (*fiducia*) to regain

riacquisto [ri·ak·'kuis·to] *m* repurchase

riaffacciarsi [ri·af·fat·'tʃaɾ si] *vr:* **rsi** 1. (*affacciarsi di nuovo*) to reappear 2. *fig* (*ripresentarsi: ricordo*) to return

riaggiustare [ri·ad·dʒus·'ta:·re] *vt* 1. (*sistemare: sito, trucco*) to readjust 2. *fig* to fix

rialzamento [ri·al·tsa·'men·to] *m* 1. (*di terreno*) elevation 2. (*di prezzi*) rise

rialzare [ri·al·'tsa:·re] I. *vt avere* 1. (*alzare di nuovo*) to pick up again 2. *fig* (*testa*) to lift up again 3. (*muro, edificio*) to raise 4. (*prezzi*) to increase II. *vr:* **-rsi** 1. (*risollevarsi*) to get back up again 2. *fig* (*riprendersi*) to get back on one's feet

rialzato, -a [ri·al·'tsa:·to] *adj* **piano ~** mezzanine

rialzista [ri·al·'tsis·ta] <-i *m*, -e *f*> *mf* bull

rialzo [ri·'al·tso] *m* 1. (*dei prezzi*) increase 2. (*in borsa*) rise 3. (*loc*) **giocare al ~** (*in borsa*) to force up the price; *fig* to up the stakes

riammissione [ri·am·mis·'sio:·ne] *f* readmission

rianimare [ri·a·ni·'ma:·re] I. *vt* 1. (*restituire fiducia*) to revive 2. MED to resuscitate II. *vr:* **-rsi** 1. (*riprendere forza*) to come around 2. *fig* (*riprendere coraggio*) to take heart 3. *fig* (*luogo*) to come alive again

rianimazione [ri·a·ni·mat·'tsio:·ne] *f* MED resuscitation; **reparto (di) ~** intensive care unit

riannessione [ri·an·nes·'sio:·ne] *f* (*di Stato, di territorio*) reannexation

riaperto *pp di* **riaprire**

riapertura [ri·a·per·'tu:·ra] *f* reopening

riaprire [ri·a·'pri:·re] <irr> I. *vt* to reopen II. *vr:* **-rsi** to reopen

riarmo [ri·'ar·mo] *m* (*di Stato*) rearmament; **corsa al ~** arms race

riarso, -a [ri·'ar·so] *adj* 1. (*terreno*) arid 2. (*gola*) dry

riassetto [ri·as·'sɛt·to] *m* (*di amministrazione, servizio*) reorganization

riassorbimento [ri·as·sor·bi·'men·to] *m* 1. (*nuovo assorbimento: di liquidi*) reabsorption 2. *fig* (*nuova assunzione: di dipendenti*) new intake

riassorbire [ri·as·sor·'bi:·re] I. *vt* 1. (*assorbire di nuovo: liquidi*) to reabsorb 2. *fig* to take on II. *vr:* **-rsi** (*liquido, ematoma*) to be reabsorbed

riassumere [ri·as·'su:·me·re] <irr> *vt*

R

1. (*operaio*) to re-employ **2.** (*carica, funzione*) to take on again **3.** (*riepilogare*) to recap

riassunto [ri·as·'sun·to] *m* summary

riassunto, -a **I.** *pp di* **riassumere** **II.** *adj* re-employed

riassunzione [ri·as·sun·'tsio:·ne] *f* **1.** (*di dipendenti*) re-employment **2.** GIUR (*di processo*) resumption

riattare [ri·at·'ta:·re] *vt* (*appartamento, negozio, strada*) to renovate

riattivare [ri·at·ti·'va:·re] *vt* **1.** (*processo, rapporto, servizio*) to reactivate **2.** COMPUT to restart **3.** MED to stimulate

riattivazione [ri·at·ti·vat·'tsio:·ne] *f* **1.** (*di processo, rapporto, servizio*) reactivation **2.** COMPUT restart **3.** MED stimulation

riavere [ri·a·'ve:·re] <irr> **I.** *vt* **1.** (*libri, soldi*) to get back **2.** (*malattia*) to get again **II.** *vr:* **-rsi** **1.** *fig* (*ricuperare la salute*) to recover **2.** (*riprendere i sensi*) to come around

riavvicinamento [ri·av·vi·tʃi·na·'men·to] *m* **1.** (*trasferimento*) move back **2.** *fig* (*di persone, governi*) rapprochement

riavvicinare [ri·av·vi·tʃi·'na:·re] **I.** *vt* **1.** (*oggetti*) ~ **qc a qc** to put sth closer to sth **2.** *fig* (*riconciliare: persone*) to bring closer together **II.** *vr:* **-rsi** (*riconciliarsi*) to come closer together

riavvio <-ii> *m* COMPUT restart

riavvolgere [ri·av·'vɔl·dʒe·re] <irr> *vt* to rewind

riavvolgimento [ri·av·vol·dʒi·'men·to] *m* FILM, MUS rewinding; ~ **rapido** fast rewind

ribadire [ri·ba·'di:·re] <ribadisco> *vt* (*affermazione, concetto*) to confirm

ribaldo [ri·'bal·do] *m* rogue

ribalta [ri·'bal·ta] *f* **1.** TEAT footlights *pl* **2.** (*sportello: di scrittoio*) flap **3.** (*loc*) **venire alla** ~ to come into the limelight; **tornare alla** ~ to make a comeback

ribaltabile [ri·bal·'ta:·bi·le] **I.** *adj* **1.** (*sedile*) reclining **2.** (*risultato, situazione*) reversible **II.** *m* **1.** (*parte di autocarro*) dump bed **2.** (*autocarro*) dump truck

ribaltamento [ri·bal·ta·'men·to] *m* overturning

ribaltare [ri·bal·'ta:·re] **I.** *vt* **1.** (*capovolgere*) to tip over **2.** *fig* (*governo, decisione*) to overturn; (*situazione, risultato*) to reverse **II.** *vr:* **-rsi** **1.** (*auto, autocarro*) to overturn **2.** (*situazione, tendenza*) to reverse

ribassare [ri·bas·'sa:·re] **I.** *vt avere* (*prezzo*) to lower **II.** *vi essere* to come down

ribassista [ri·bas·'sis·ta] <-i *m*, -e *f*> *mf* bear

ribasso [ri·'bas·so] *m* **1.** (*di prezzi*) fall **2.** (*in borsa*) **essere in** ~ to be down; **in** ~ down; **giocare al** ~ to force down the price **3.** *fig* (*di popolarità*) **essere in** ~ to be on the wane

ribattere [ri·'bat·te·re] *vt* **1.** SPORT (*palla*) to return **2.** (*posizioni, affermazioni*) to refute **3.** (*replicare*) to reply

ribattezzare [ri·bat·ted·'dza:·re] *vt* **1.** REL to

rebaptize **2.** *fig* (*dare un nuovo nome a*) to rename

ribattino [ri·bat·'ti:·no] *m* rivet

ribellarsi [ri·bel·'lar·si] *vr* ~ **a qu/qc** to rebel against sb/sth

ribelle [ri·'bɛl·le] **I.** *adj* **1.** (*insorto: popolazione, villaggio*) rebel **2.** (*indocile: animo*) rebellious **II.** *mf* rebel

ribellione [ri·bel·'lio:·ne] *f* rebellion

ribes ['ri:·bes] <-> *m* currant

ribollire [ri·bol·'li:·re] *vi* **1.** (*acqua, minestra*) to boil again **2.** *fig* (*dalla collera*) to boil

ribollita [ri·bol·'li:·ta] *f* vegetable soup which is cooked, left to stand and then reheated before serving

ribonucleico, -a [ri·bo·nu·'klɛ:·i·ko] <-ci, -che> *adj* ribonucleic; **acido** ~ ribonucleic acid

ribrezzo [ri·'bred·dzo] *m* (*repulsione*) revulsion; **fare** ~ to disgust

ributtante [ri·but·'tan·te] *adj* disgusting

ributtare [ri·but·'ta:·re] **I.** *vt* (*buttare di nuovo*) to throw again **II.** *vr:* **-rsi** **1.** (*buttarsi di nuovo*) to throw oneself down **2.** *fig* (*dedicarsi*) to throw oneself back

ricacciare [ri·kat·'tʃa:·re] **I.** *vt* **1.** (*nemico, invasore*) to drive back **2.** (*mandar via*) to drive out **II.** *vr:* **-rsi** **1.** (*tornare: nel bosco, nella mischia*) to return **2.** *fig* (*in gola*) to hold back

ricadere [ri·ka·'de:·re] <irr> *vi essere* **1.** (*cadere di nuovo: giornale, libro*) to fall down again **2.** (*prezzi*) to fall again **3.** *fig* ~ **in qc** to fall back into sth **4.** (*abiti*) to hang down **5.** (*palla*) to fall back down **6.** (*compito, responsabilità*) to fall on

ricaduta [ri·ka·'du:·ta] *f* **1.** MED relapse **2.** (*conseguenza*) fallout

ricalcare [ri·kal·'ka:·re] *vt* **1.** (*cappello*) to push down **2.** (*disegno*) to trace **3.** *fig* (*seguire un modello*) to copy; ~ **le orme di qu** *fig* to follow in sb's footsteps

ricalcitrante [ri·kal·tʃi·'tran·te] *adj* (*riluttante*) recalcitrant

ricalcitrare [ri·kal·tʃi·'tra:·re] *vi* **1.** (*cavallo, asino*) to kick **2.** *fig* (*opporsi*) to kick up a fuss

ricalcolare [ri·kal·ko·'la:·re] *vt* (*lunghezza, peso, tragitto*) to recalculate

ricamare [ri·ka·'ma:·re] *vt a. fig* to embroider

ricamatrice [ri·ka·ma·'tri:·tʃe] *f* embroiderer

ricambiare [ri·kam·'bia:·re] **I.** *vt avere* **1.** (*favore, amore, invito*) to return; (*auguri*) to reciprocate **2.** (*cambiare di nuovo*) to change **II.** *vr* (*cambiarsi di nuovo*) to get changed again

ricambio [ri·'kam·bio] <-i> *m* **1.** (*rinnovamento: di personale*) turnover **2.** (*di scorta: calze, maglietta*) **di** ~ spare **3.** TEC replacement; **pezzo di** ~ spare part

ricamo [ri·'ka:·mo] *m* **1.** (*lavoro*) piece of embroidery **2.** (*operazione*) embroidery **3.** *fig* (*aggiunta arbitraria*) embellishment

ricandidarsi [ri·kan·di·'da:r·si] *vr* (*politico*) to run again

ricapitalizzazione [ri·ka·pi·ta·lid·dzat·'tsio:·ne] *f* FIN, COM recapitalization

ricapitolare [ri·ka·pi·to·'la:·re] *vt* to recap

ricarica [ri·'ka:·ri·ka] <-che> *f* 1.(*di cellulare*) top up; (*operazione*) topping up 2.(*di biro, stampante*) refill; (*operazione*) refilling

ricaricabile *adj* (*batteria*) rechargeable; **carta ~** prepaid card; **cellulare con carta ~** prepaid cell phone

ricaricare [ri·ka·ri·'ka:·re] *vt* 1.(*fucile*) to reload 2.(*batteria*) to recharge 3.(*orologio*) to wind up again 4.(*bombole, accendini*) to refill

ricattare [ri·kat·'ta:·re] *vt* to blackmail

ricatto [ri·'kat·to] *m* blackmail

ricavare [ri·ka·'va:·re] *vt* 1.(*estrarre: minerali*) to extract 2.COM (*guadagnare*) to make 3.(*ottenere: risultato, vantaggio*) to get 4.(*dedurre: conseguenza, conclusioni*) to draw 5.(*insegnamento, lezione*) to learn

ricavato [ri·ka·'va:·to] *m* (*somma*) proceeds *pl*

ricavato, -a *adj* (*somma*) earned; (*vino*) obtained

ricavo [ri·'ka:·vo] *m* COM proceeds *pl*

ricchezza [rik·'ket·tsa] *f* 1.(*gener*) wealth 2.(*di luogo, colore*) richness 3.(*abbondanza: di doni, risorse*) abundance

riccio ['rit·tʃo] <-cci> *m* 1.ZOOL hedgehog; **chiudersi come un ~** *fig* to clam up like an oyster 2.(*di castagna*) chestnut husk 3.(*di capelli*) curl

riccio, -a <-cci, -cce> *adj* 1.(*capelli*) curly 2.insalata -**a** curly leafed lettuce

ricciolo [rit·'tʃɔ·lo] *m* curl

ricciuto, -a [rit·'tʃu:·to] *adj* (*testa*) curly

ricco, -a ['rik·ko] <-cchi, -cche> I. *adj* 1.(*paese, persona, vegetazione*) rich; **~ sfondato** filthy rich 2.(*abbondante: documentazione, gamma di prodotti*) vast; **~ di qc** (*risorse, informazioni*) full of sth 3.(*sfarzoso*) ostentatious II. *m, f* wealthy person

riccone, -a [rik·'ko:·ne] *m, f fam* moneybags

ricerca [ri·'tʃer·ka] <-che> *f* 1.(*di lavoro, di colpevole, di cause*) search; **andare alla ~ di qc/qu** to go looking for sth/sb; **motore di ~** COMPUT search engine 2.SCIENT research; **centro di -che** research center; **dottorato di ~** PhD 3.(*indagine*) investigation; **~ di mercato** market research 4.(*a scuola*) research

ricercare [ri·tʃer·'ka:·re] *vt* 1.(*indagare*) to investigate 2.*fig* (*parole*) to look for

ricercatezza [ri·tʃer·ka·'tet·tsa] *f* (*di stile, design, modi*) taste

ricercato, -a [ri·tʃer·'ka:·to] I. *adj* 1.(*apprezzato: persona, locale*) popular 2.(*affettato: persona, modi*) affected 3.(*raffinato: maniere, stile, design*) tasteful II. *m, f* wanted person

ricercatore, -trice [ri·tʃer·ka·'to:·re] *m, f* (*studioso*) researcher

ricetrasmittente [ri·tʃe·traz·mit·'tɛn·te] *f* transceiver

ricetta [ri·'tʃɛt·ta] *f* 1.(*di cucina*) recipe 2.(*del medico*) prescription 3.(*rimedio*) cure

ricettacolo [ri·tʃet·'ta:·ko·lo] *m* 1.(*luogo di raccolta*) gathering place 2.*pej* (*rifugio: di criminali*) hangout

ricettare [ri·tʃet·'ta:·re] *vt* to receive stolen goods

ricettario [ri·tʃet·'ta:·rio] <-i> *m* 1.MED prescription pad 2.(*di cucina*) recipe book

ricettatore, -trice [ri·tʃet·ta·'to:·re] *m, f* receiver of stolen goods

ricettazione [ri·tʃet·tat·'tsio:·ne] *f* receiving stolen goods

ricettività [ri·tʃet·ti·vi·'ta] <-> *f* 1.(*gener*) receptivity 2.(*di luogo, di albergo*) accommodation

ricettivo, -a [ri·tʃet·'ti:·vo] *adj* 1.(*gener*) receptive 2.(*luogo*) accommodating

ricevente [ri·tʃe·'vɛn·te] I. *adj* (*radio*) receiving II. *f* (*radio*) receiver III. *mf* recipient

ricevere [ri·'tʃe:·ve·re] I. *vi* (*medico, professore*) to receive patients II. *vt* 1.(*ospiti, regalo, lettera,*) to receive 2.(*insulto, condanna*) to get 3.(*sacramento*) to be given 4.RADIO, TEL to pick up

ricevimento [ri·tʃe·vi·'men·to] *m* (*cerimonia, festa*) reception

ricevitoria [ri·tʃe·vi·to·'ri:·a] <-ie> *f* (*del totocalcio, del lotto*) outlet

ricevuta [ri·tʃe·'vu:·ta] *f* (*di versamento, pagamento*) receipt; **~ fiscale** receipt for tax purposes; **raccomandata con ~ di ritorno** certified letter with return receipt

ricezione [ri·tʃet·'tsio:·ne] *f* (*di onde*) reception

richiamare [ri·kia·'ma:·re] I. *vt* 1.(*chiamare di nuovo*) to call again; **~ qu all'ordine** to call sb to order 2.(*per far tornare*) to call back 3.MIL to recall 4.(*attrarre: turisti, folla*) to attract; **~ l'attenzione di qu su qc** to call sb's attention to sth 5.(*sgridare*) to reprimand 6.(*rievocare*) to recall; **~ alla memoria di qu** to remind sb 7.COMPUT (*programma*) to open; (*dati*) to get access to II. *vr* **-rsi a qc** (*riferirsi*) to refer to sth

richiamo [ri·'kia:·mo] *m* 1.(*invito al ritorno*) recall 2.(*invito: a dovere, obbedienza*) call 3.(*rimprovero*) reprimand 4.(*attrazione*) attraction 5.(*fascino: di luoghi, di persone*) charm 6.(*rimando: in libro*) cross-reference 7.MED (*vaccinazione*) booster 8.COMPUT link

richiedente [ri·kie·'dɛn·te] *mf* applicant

richiedere [ri·'kiɛ:·de·re] <irr> *vt* 1.(*chiedere di nuovo*) to ask again 2.(*con fermezza: aiuto, sostegno, sussidio*) to request 3.ADMIN (*congedo, permesso di soggiorno*) to apply for 4.(*esigere: concentrazione, impegno*) to require 5.(*parere*) to ask for 6.(*libri, oggetti prestati*) to request the return of

richiesta [ri·'kiɛs·ta] *f* 1.(*domanda*) request 2.ADMIN (*di congedo, permesso di soggiorno*) application 3.(*di compenso*) charge 4.(*esi-*

R

genza) necessity; **a ~** (**di**) on (sb's) request; **dietro ~** (**di**) at the request (of)

richiesto, -a [ri·'kiɛs·to] I. *pp di* **richiedere** II. *adj* requested

riciclabile [ri·tʃi·'kla·bi·le] *adj* (*carta, metallo*) recyclable

riciclaggio [ri·tʃi·'klad·dʒo] <-ggi> *m* 1.(*di rifiuti, materiali*) recycling 2.(*di denaro sporco*) money laundering

riciclare [ri·tʃi·'kla:·re] *vt* 1.(*rifiuti, carta, metalli*) to recycle 2.(*denaro sporco*) to launder

riciclato, -a [ri·tʃi·'kla:·to] *adj* (*carta*) recycled

ricino ['ri:·tʃi·no] *m* castor-oil plant

riclassificazione [ri·klas·si·fi·kat·'tsio:·ne] *f* reclassification

ricognitore [ri·koɲ·ɲi·'to:·re] *m* reconnaissance aircraft

ricognizione [ri·koɲ·ɲit·'tsio:·ne] *f a. scherz* reconnaissance

ricollegare [ri·kol·le·'ga:·re] I. *vt* 1.(*collegare di nuovo: fili*) to reconnect 2. *fig* (*ragionamenti, concetti*) to connect II. *vr:* **-rsi** 1.(*riferirsi: a discorso*) **-rsi a qu/qc** to refer to sb/sth 2.(*studio televisivo*) **-rsi con qu/qc** to go back to sb/sth

ricolmare [ri·kol·'ma:·re] *vt* **~ qu/qc di qc** to cover sb/sth with sth

ricolmo, -a [ri·'kol·mo] *adj a. fig* (*pieno*) full

ricominciare [ri·ko·min·'tʃa:·re] I. *vt* avere to start again II. *vi* essere to start again; **si ricomincia!** *fam* we're off again!

ricomparsa [ri·kom·'par·sa] *f* (*di malattie, sintomi*) reappearance

ricompattare [ri·kom·pat·'ta:·re] *vt* (*gruppo*) to reunite

ricompensa [ri·kom·'pɛn·sa] *f* reward

ricompensare [ri·kom·pen·'sa:·re] *vt* (*premiare*) to reward

riconciliare [ri·kon·tʃi·'lia:·re] I. *vt* (*persone*) to reconcile II. *vr:* **-rsi** to be reconciled

riconciliazione [ri·kon·tʃi·liat·'tsio:·ne] *f* reconciliation

ricondotto *pp di* **ricondurre**

riconducibile [ri·kon·du·'tʃi:·bi·le] *adj* **~ a** related to

ricondurre [ri·kon·'dur·re] <irr> *vt* 1.(*riportare: persone*) to take back; **~ qu alla ragione** to bring sb back to his [*o* her] senses 2.(*far risalire a*) **~ qc a qc** to trace sth to sth

riconferma [ri·kon·'fer·ma] *f* 1.(*di incarico*) reappointment 2.(*nuova conferma*) confirmation; (*dimostrazione, prova*) proof

riconfermare [ri·kon·fer·'ma:·re] I. *vt* 1.(*notizia, informazione*) to reconfirm 2.(*in un incarico*) to reappoint II. *vr:* **-rsi** (*campione*) to prove oneself again

ricongiungere [ri·kon·'dʒun·dʒe·re] <irr> I. *vt* (*famiglie*) to reunite II. *vr:* **-rsi -rsi a qu** to rejoin sb

riconobbi *1. pers sing pass rem di* **riconoscere**

riconoscente [ri·ko·noʃ·'ʃɛn·te] *adj* (*parole,*

tono) grateful; **essere ~ a qu per qc** to be grateful to sb for sth

riconoscenza [ri·ko·noʃ·'ʃɛn·tsa] *f* gratitude

riconoscere [ri·ko·'noʃ·ʃe·re] <irr> I. *vt* 1.(*persona, oggetto*) to recognize; **~ qu dalla voce** to recognize sb by his [*o* her] voice 2.(*distinguere: intenzioni, verità, qualità*) to distinguish 3.(*ammettere: errori*) to admit 4.(*stato di emergenza, calamità naturale*) to declare 5.(*considerare: colpevole, conforme*) to find 6. GIUR, POL (*Stato, ente*) to recognize; (*figlio*) to acknowledge II. *vr:* **-rsi** 1.(*colpevole, capace, incapace*) to admit 2.(*identificarsi: in idea, partito*) **-rsi in qc/qu** to identify with sth/sb

riconoscibile [ri·ko·noʃ·'ʃi:·bi·le] *adj* recognizable

riconoscimento [ri·ko·noʃ·ʃi·'men·to] *m* 1.(*identificazione*) identification 2. GIUR, POL (*di figlio, persona giuridica*) acknowledgement; (*di Stato, titolo*) recognition 3.(*compenso*) recognition 4.(*di colpa, di errore*) admission

riconosciuto [ri·ko·noʃ·'ʃu:·to] I. *pp di* **riconoscere** II. *adj* (*festa, titolo*) recognized

riconquista [ri·kon·'kuis·ta] *f* (*di città, di territorio*) reconquest

riconquistare [ri·koɲ·kuis·'ta:·re] *vt* 1.(*territorio, regione*) to reconquer 2. *fig* (*fiducia, speranza*) to regain

riconsegna [ri·kon·'seɲ·ɲa] *f* reconsignment

riconsegnare [ri·kon·seɲ·'ɲa:·re] *vt* 1.(*consegnare di nuovo*) to redeliver 2.(*restituire: libri, gioielli*) to return

riconsiderare [ri·kon·si·de·'ra:·re] *vt* (*questione, fatti, problema*) to reconsider

riconversione [ri·kon·ver·'sio:·ne] *f* (*di industria, organizzazione, società*) reorganization

ricopersi *1. pers sing pass rem di* **ricoprire**

ricoperto *pp di* **ricoprire**

ricopiare [ri·ko·'pia:·re] *vt* 1.(*copiare di nuovo*) to copy out again 2.(*trascrivere*) to copy; **~ in bella** to make a fair copy of sth

ricoprire [ri·ko·'pri:·re] <irr> I. *vt* 1.(*coprire di nuovo*) to re-cover 2.(*mobili, poltrone*) to cover 3. *fig* (*colmare*) **~ qu/qc di qc** to shower sb/sth with sth 4. ADMIN (*carica*) to hold II. *vr:* **-rsi ~ di qc** (*crema*) to cover oneself with sth; (*bolle, macchie*) to be covered in sth

ricordare [ri·kor·'da:·re] I. *vt* 1.(*serbare memoria di*) **~ qu/qc** to remember sb/sth 2.(*richiamare alla memoria*) **~ a qu qc/qu** to remind sb of sth/sb 3.(*far presente*) **~ qc a qu** to remind sb about sth 4.(*assomigliare*) **~ qu a qu** to remind sb of sb 5.(*citare*) to mention 6.(*commemorare*) to commemorate II. *vr:* **-rsi** (*serbare memoria di*) **-rsi di qu/qc** to remember sb/sth; **me ne ricorderò** *fam* (*minaccia*) I won't forget it

ricordino [ri·kor·'di:·no] *m* souvenir

ricordo [ri·'kɔr·do] *m* 1.(*di persona, periodo*) memory; **serbare un buon ~ di qu/qc** to have happy memories of sb/sth 2.(*souvenir*)

souvenir; (*libro, quadro*) memento; **per** ~ as a
memento **3.** (*traccia, vestigia*) reminder

ricorrente [ri·kor·'rɛn·te] **I.** *adj* **1.** (*fatto,
fenomeno*) recurring **2.** GIUR **parte** ~ plain-
tiff-side **II.** *mf* ADMIN plaintiff

ricorrenza [ri·kor·'rɛn·tsa] *f* **1.** (*festività*) holiday; (*anniversario*) anniversary **2.** (*ritorno: di
sintomi, di fenomeno*) recurrence

ricorrere [ri·'kor·re·re] <irr> *vi essere* **1.** (*tornare indietro*) to rush back **2.** (*rivolgersi*) ~ **a
qu** to turn to sb **3.** (*servirsi*) ~ **a qc** to use sth
4. (*festa, anniversario*) to take place **5.** (*ripetersi: evento, fenomeno*) to recur **6.** (*comparire: parola*) to appear **7.** GIUR ~ **alle vie legali**
to take legal action

ricorso [ri·'kor·so] *m* **1.** GIUR appeal **2.** (*loc*)
fare ~ **a qu/qc** to turn to sb/sth

ricostituente [ri·kos·ti·tu·'ɛn·te] **I.** *adj* (*cura,
terapia*) tonic **II.** *m* tonic

ricostituire [ri·kos·ti·tu·'i:·re] <ricostituisco>
I. *vt* (*governo, gruppo*) to re-form **II.** *vr:* **-rsi**
(*società, gruppo, comitato*) to re-form

ricostituzione [ri·kos·ti·tut·'tsio:·ne] *f* (*di partito, organizzazione*) re-formation

ricostruire [ri·kos·tru·'i:·re] <ricostruisco> *vt*
1. (*edificio, industria, vita*) to rebuild **2.** (*fatti,
eventi*) to reconstruct

ricostruttivo, -a [ri·kos·trut·'ti:·vo] *adj* **1.** MED
(*intervento*) reconstructive; (*trattamento*) for-
tifying **2.** (*piano*) reconstruction

ricostruzione [ri·kos·trut·'tsio:·ne] *f* **1.** (*di
paese, economia*) rebuilding **2.** (*di fatti,
trama*) reconstruction

ricotta [ri·'kɔt·ta] *f* soft cheese made from
sheep's milk

ricoverare [ri·ko·ve·'ra:·re] **I.** *vt* (*in ospedale,
in clinica*) to admit **II.** *vr:* **-rsi** (*in ospedale, in
clinica*) to be admitted

ricoverato, -a [ri·ko·ve·'ra:·to] *m, f* (*di ospedale*) patient

ricovero [ri·'ko:·ve·ro] *m* **1.** (*in ospedale*) admission; ~ **d'urgenza** emergency admission
2. (*istituto*) institution; (*per anziani*) old people's home **3.** *fig* (*rifugio*) refuge

ricreare [ri·kre·'a:·re] **I.** *vt* **1.** (*ristorare*) to restore **2.** (*divertire*) to amuse **3.** (*creare di
nuovo*) to recreate **II.** *vr:* **-rsi** **1.** (*divertirsi*) to
enjoy oneself **2.** (*situazione, atmosfera*) to be
recreated

ricreativo, -a [ri·kre·a·'ti:·vo] *adj* (*gioco, attività*) recreational; (*centro*) recreation

ricreazione [ri·kre·at·'tsio:·ne] *f* **1.** (*intervallo*)
break **2.** (*svago*) entertainment

ricredersi [ri·'kre:·der·si] *vr* **-rsi su qc/qu** to
change one's mind about sth/sb

ricucire [ri·ku·'tʃi:·re] *vt* **1.** (*strappo, buco*) to
mend **2.** MED (*ferita*) to stitch **3.** *fig* (*dialogo,
strappo, frattura*) to patch up

ricuperare [ri·ku·pe·'ra:·re] *vt* **1.** (*documenti,
portafoglio*) to get back; (*salute, vista, parola,
forze*) to regain **2.** (*tempo*) to make up **3.** (*naufraghi*) to rescue; (*relitti*) to salvage **4.** (*carcerato, tossicodipendente*) to rehabilitate

5. SPORT (*in una partita*) to add on **6.** (*materiali,
dati*) to recover

ricupero [ri·'ku:·pe·ro] *m* **1.** (*riacquisto: di
dati, valori, tempo*) recovery **2.** (*ricostruzione:
di patrimonio, centro storico, rustici*) renovation **3.** (*di nave*) salvage; (*di naufraghi*) rescue
4. (*di carcerato*) rehabilitation **5.** SPORT overtime

ricurvo, -a [ri·'kur·vo] *adj* bent

ridacchiare [ri·dak·'kia:·re] *vi* to snicker

ridare [ri·'da:·re] <irr> *vt* **1.** (*dare di nuovo*) to
give again; **dagli e ridagli** *fam* after a lot of effort **2.** (*rifare: esami*) to retake **3.** (*restituire*) to
give back

ridarella [ri·da·'rɛl·la] *f fam* giggles *pl*

ridente [ri·'dɛn·te] *adj* (*località, centro*)
charming

ridere ['ri:·de·re] <rido, risi, riso> **I.** *vi* to
laugh; ~ **fino alle lacrime** to laugh until one
cries; **fare per** ~ *fam* to joke; **farsi** ~ *dietro
fam* to make a fool of oneself; **far** ~ **i polli**
fam to make everybody laugh; **ma non farmi** ~!
fam don't make me laugh!; **ride bene chi
ride ultimo** *prov* he who laughs last laughs
longest *prov* **II.** *vr:* **-rsi** **1.** (*burlarsi*) **-rsi di qc**
to laugh at sth **2.** (*infischiarsene*) to not care

ridetti *1. pers sing pass rem di* **ridare**

ridetto *pp di* **ridire**

ridico *1. pers sing pr di* **ridire**

ridicolizzare [ri·di·ko·lid·'dza·re] *vt* ~ **qu/qc**
to ridicule sb/sth

ridicolo [ri·'di:·ko·lo] *m* **cadere nel** ~ to make
oneself look ridiculous; **mettere qu/qc nel** ~
to make sb/sth look ridiculous

ridicolo, -a *adj* (*goffo: atteggiamento, pretesa*)
ridiculous

ridiedi *1. pers sing pass rem di* **ridare**

ridimensionamento [ri·di·men·sio·na·'men-
to] *m* downsizing

ridimensionare [ri·di·men·sio·'na:·re] **I.** *vt*
1. (*industria*) to downsize **2.** (*fatti, importanza*) to put into perspective **II.** *vr:* **-rsi**
(*ambizioni, pretese*) to become more realistic

ridire [ri·'di:·re] <irr> *vt* **1.** (*dire di nuovo*) to
repeat **2.** (*criticare*) **avere qc da** ~ **su qc/qu**
to object to sth/sb

ridissi *1. pers sing pass rem di* **ridire**

ridistribuzione [ri·dis·tri·but·'tsio:·ne] *f* redistribution

ridiventare [ri·di·ven·'ta:·re] *vi essere* to become again

ridondante [ri·don·'dan·te] *adj* (*testo, informazioni*) bombastic

ridondanza [ri·don·'dan·tsa] *f* excess

ridosso [ri·'dɔs·so] *m* **a** ~ **di** behind

ridotto, -a **I.** *pp di* **ridurre** **II.** *adj* **1.** (*prezzi,
biglietto*) discounted; **prezzo** ~ cut-price
2. (*loc*) ~ **a** (*diventato*) nothing more than

ridurre [ri·'dur·re] <riduco, ridussi, ridotto>
I. *vt* **1.** (*diminuire: impegni, tasse, velocità*)
to reduce **2.** (*far diventare*) ~ **al silenzio** to
silence; ~ **all'obbedienza** to bring to heel;
~ **alla disperazione** to drive to despair;

R

~ in cenere *a. fig* to reduce to ashes; **~ in polvere** *a. fig* to crush; **~ uno straccio** to leave like a wet rag **3.** (*costringere*) **essere ridotto a fare qc** to be reduced to doing sth **4.** MAT to reduce **II.** *vr:* **-rsi 1.** (*diventare*) to be reduced **2.** (*diminuire*) to decrease

riduzione [ri·dut·'tsio:·ne] *f* **1.** (*di prezzi, tasse*) reduction **2.** TEAT, FILM adaptation **3.** MAT reduction

riedizione [ri·e·dit·'tsio:·ne] *f* **1.** (*ristampa*) new edition **2.** TEAT revival; (*film*) re-release

rieducare [ri·e·du·'ka:·re] *vt* **1.** (*ragazzo*) to re-educate; (*detenuto*) to rehabilitate **2.** MED (*sordo, muto*) to re-teach; (*braccio, vista*) to rehabilitate

rieducazione [ri·e·du·kat·'tsio:·ne] *f* **1.** (*di ragazzo*) re-education; (*di detenuto, di condannato*) rehabilitation; **istituto di ~ minorile** rehabilitation center for juvenile offenders **2.** MED rehabilitation

rielaborare [ri·e·la·bo·'ra:·re] *vt* **1.** (*progetto, testo*) to rework **2.** *fig* (*idee, convinzioni*) to rethink

rielaborazione [ri·e·la·bo·rat·'tsio:·ne] *f* (*di testo*) reworking

rieleggere [ri·e·'lɛd·dʒe·re] <irr> *vt* to re-elect

rielezione [ri·e·let·'tsio:·ne] *f* re-election

riemergere [ri·e·'mɛr·dʒe·re] <irr> *vi essere a. fig* to re-emerge

riempimento [ri·em·pi·'men·to] *m* (*di contenitori*) filling

riempire [ri·em·'pi:·re] **I.** *vt* **1.** (*bicchiere, sacco*) to fill **2.** (*modulo*) to fill in **3.** (*loc*) **~ qu di gioia** to fill sb with joy **II.** *vr:* **-rsi 1.** (*mangiare troppo*) **-rsi di qc** *fam* to stuff oneself with sth; **-rsi lo stomaco di qc** to eat sth **2.** (*diventare pieno: d'acqua, persone*) **-rsi di qc** to fill with sth; (*di brufoli, macchie*) to be covered in sth **3.** (*loc*) **-rsi la bocca di promesse** [*o* **belle parole**] to spout promises [*o* fine words]

riempitivo [ri·em·pi·'ti:·vo] *m* **1.** (*materiale*) filler **2.** *fig* (*passatempo, occupazione*) time-filler

rientrante [ri·en·'tran·te] *adj* (*guance*) hollow; (*parete*) receding

rientranza [ri·en·'tran·tsa] *f* (*di superficie*) recess

rientrare [ri·en·'tra:·re] *vi essere* **1.** (*entrare di nuovo*) to come [*o* go] back in **2.** (*tornare*) to return; (*a casa*) to come [*o* go] home **3.** (*piegarsi in dentro*) to recede **4.** (*fare parte*) **~ in qc** to be part of sth

rientro [ri·'en·tro] *m* (*da viaggio, vacanze*) return

riepilogare [ri·e·pi·lo·'ga:·re] *vt* to summarize

riepilogo [ri·e·'pi:·lo·go] <-ghi> *m* summary

riesco *1. pers sing pr di* riuscire

riessere [ri·'ɛs·se·re] <irr> *vi essere fam* (*essere di nuovo*) to be again; **ci risiamo!** *fig, fam* here we go again!

riesumare [ri·e·zu·'ma:·re] *vt* **1.** (*cadavere*) to exhume **2.** (*abito, articolo, manuale*) to bring out again

Rieti *f* Rieti, *city in the Lazio region*

Rietino [ri·e·'ti:·no] *m* (*zona*) Rieti area; **nel ~** in the Rieti area

rietino, -a I. *adj* from Rieti **II.** *m, f* (*abitante*) person from Rieti

rievocare [ri·e·vo·'ka:·re] *vt* (*passato, episodio, racconto*) to remember

rievocazione [ri·e·vo·kat·'tsio:·ne] *f* (*di evento passato*) commemoration

rifacimento [ri·fa·tʃi·'men·to] *m* **1.** (*di palazzo, di edificio*) reconstruction **2.** (*di opera, di film*) remake

rifare [ri·'fa:·re] <irr> **I.** *vt* **1.** (*esame*) to retake; (*compito*) to redo **2.** (*stanza*) to clean; (*letto*) to make **3.** (*imitare*) to imitate **4.** (*compensare*) to compensate **5.** (*compiere un'altra volta*) to do again; **~ la strada** to retrace one's steps **II.** *vr:* **-rsi 1.** (*diventare nuovamente*) to become again **2.** **-rsi di qc** (*prendersi la rivincita*) to get one's revenge for sth **3.** (*loc*) **~ una vita** to rebuild one's life; **~ gli occhi** to be a sight for sore eyes; **~ la bocca** [*o* **il seno**] to have one's mouth [*o* breasts] redone

riferimento [ri·fe·ri·'men·to] *m* (*richiamo*) reference; **fare ~ a** to refer to; **punto di ~** *a. fig* reference point

riferire [ri·fe·'ri:·re] <riferisco> **I.** *vt* **1.** (*riportare: fatto, episodio*) to report **2.** (*mettere in relazione*) **~ qc a qc** to relate sth to sth **II.** *vi* (*presentare una relazione*) **~ su qc** to report on sth **III.** *vr:* **-rsi -rsi a qc** (*fare riferimento*) to refer to sth; (*alludere*) to allude to sth

riffa ['rif·fa] *f tosc* **di ~ o di raffa** *fam* however one looks at it

rifilare [ri·fi·'la:·re] *vt* **1.** *fam* (*affibbiare*) **~ qc a qu** to land sb with sth **2.** *fam* (*vendere*) to palm off

rifinire [ri·fi·'ni:·re] *vt* (*perfezionare: opera, disegno, abito*) to add the finishing touches to

rifinitura [ri·fi·ni·'tu:·ra] *f* **1.** (*perfezionamento*) finishing touch **2.** (*guarnizione: di tessuto*) trimming

rifiutare [ri·fiu·'ta:·re] **I.** *vt* **1.** (*non accettare: proposta, invito*) to turn down; (*consigli*) to reject **2.** (*negare*) **~ qc a qu** to refuse sb sth **II.** *vr:* **-rsi -rsi di fare qc** to refuse to do sth

rifiuto [ri·'fiu:·to] *m* **1.** (*negazione*) refusal **2.** *pl* (*immondizie*) garbage; **-i organici** (**compostabili**) organic waste; **-i nucleari** [*o* **radioattivi**] nuclear [*o* radioactive] waste; **-i tossici** toxic waste **3.** (*loc*) **essere un ~ della società** to be the dregs of society

riflessante [rif·les·'san·te] *m* (*shampoo*) highlight enhancer

riflessi [ri·'flɛs·si] *1. pers sing pass rem di* riflettere

riflessione [ri·fles·'sio:·ne] *f* **1.** (*considerazione*) reflection; (*osservazione*) remark **2.** FIS reflection

riflessivo, -a [ri·fles·'si:·vo] *adj* **1.** (*persona,* *mente, carattere*) thoughtful **2.** LING **verbo ~** reflexive verb; **pronome ~** reflexive pronoun

riflesso [ri·'flɛs·so] *m* **1.** (*di sole, luce*) reflection **2.** (*consequenza*) repercussion **3.** MED reflex

riflesso, -a I. *pp di* **riflettere** II. *adj* (*raggio, luce, immagine*) reflected; **brillare di luce -a** *fig* to bask in reflected glory

riflessologia [ri·fles·so·lo·'dʒi··a] *f* reflexology; **~ plantare** reflexology

riflettere [ri·'flɛt·te·re] <irr> I. *vt* to reflect II. *vi* **~ su qc** to think about sth III. *vr:* **-rsi 1.** (*specchiarsi*) to be reflected **2.** *fig* (*influire*) **-rsi su qc** to influence sth

riflettoro [ri·'flɛt·'to:·re] *m* ELETT reflector; **sotto i -i** *a. fig* in the spotlight

rifluire [ri·flu·'i:·re] <rifluisco> *vi essere* **1.** (*tornare a scorrere: sangue, traffico*) to flow again **2.** (*fluire indietro: liquido*) to flow back **3.** (*tornare ad affluire: pubblico*) to flow back **4.** *fig* (*ripercuotersi*) to be reflected

riflusso [ri·'flus·so] *m a. fig* reflux; **flusso e ~** ebb and flow

rifocillare [ri·fo·tʃil·'la:·re] I. *vt* (*persona, stomaco*) to feed II. *vr:* **-rsi** to eat

rifondazione [ri·fon·dat·'tsio:·ne] *f* (*di partito, movimento*) refoundation; **Rifondazione Comunista** POL *Italian Communist party*

rifondere [ri·'fon·de·re] <irr> *vt* **1.** (*statua, metallo*) to melt down again **2.** *fig* (*danni*) to pay compensation for; (*spese*) to reimburse

riforestazione [ri·fo·res·tat·'tsio:·ne] *f* ECOL reforestation

riforma [ri·'for·ma] *f* **1.** (*di ordinamento, di partito*) reform **2.** REL reform; **~ protestante** Protestant Reformation **3.** MIL (*congedo*) medical discharge

riformabile [ri·for·'ma:·bi·le] *adj* (*sistema, paese*) open to reform

riformare [ri·for·'ma:·re] I. *vt* **1.** (*formare di nuovo: squadra, gruppo*) to re-form **2.** (*partito, ordinamento*) to reform **3.** REL to reform **4.** MIL to medically discharge II. *vr:* **-rsi** (*formarsi di nuovo*) to re-form

riformato [ri·for·'ma:·to] *m* MIL *soldier deemed unfit for active duty*

riformato, -a I. *adj* **Chiesa -a** Reformed Church II. *m, f* REL member of the Reformed Church

riformatore, -trice [ri·for·ma·'to:·re] I. *adj* **1.** (*programma*) reformist **2.** REL reformist II. *m, f* POL, REL reformer

riformatrice *f v.* **riformatore**

riformismo [ri·for·'miz·mo] *m* reformism

riformista [ri·for·'mis·ta] <-i *m*, -e *f*> I. *mf* reformist II. *adj* reformist

rifornimento [ri·for·ni·'men·to] *m* **1.** (*di benzina*) refueling; **fare ~ di benzina** to fill up with gasoline **2.** (*fornitura: di gas*) provision **3.** *pl* (*viveri*) supplies *pl*

rifornire [ri·for·'ni:·re] <rifornisco> I. *vt* **~ qu/qc di qc** to supply sb/sth with sth II. *vr* **-rsi di qc** to stock up on sth

rifrazione [ri·frat·'tsio:·ne] *f* refraction

rifriggere [ri·'frid·dʒe·re] <irr> *vt* **1.** CULIN to fry again **2.** *fig, fam* (*ripetere: idee, concetti*) to churn out again

rifuggire [ri·fud·'dʒi:·re] *vi essere* **1.** (*fuggire di nuovo*) to flee again **2.** (*evitare*) **~ da qc** to avoid sth

rifugiarsi [ri·fu·'dʒar·si] *vr a. fig* to seek refuge

rifugiato, -a [ri·fu·'dʒa:·to] *m, f* refugee

rifugio [ri·'fu:·dʒo] <-gi> *m* **1.** (*riparo*) shelter **2.** (*luogo*) refuge; **~ alpino** alpine refuge; **~ antiatomico** fallout shelter **3.** *fig* (*conforto*) refuge

rifui *1. pers sing pass rem di* **riessere**

rifulgere [ri·'ful·dʒe·re] <rifulgo, rifulsi, rifulso> *vi* **~ di qc** (*luce, colori*) to glow with sth

riga ['ri:·ga] <-ghe> *f* **1.** (*linea*) line; **carta/quaderno a -ghe** lined paper/excercise book **2.** (*striscia: su tessuto*) stripe **3.** (*di scritto*) line; **leggere fra le -ghe** *fig* to read between the lines **4.** (*di persone, cose*) line; **mettersi in ~** to get in line **5.** (*di capelli*) parting **6.** (*asticella*) ruler **7.** COMPUT **~ di comando** command line; **~ di commento** comment line

rigagnolo [ri·'gaɲ·ɲo·lo] *m* brook

rigare [ri·'ga:·re] I. *vt* **1.** (*auto, CD*) to scratch **2.** *fig* (*volto, guance*) to bathe II. *vi* **rigar diritto** to behave oneself

rigatoni [ri·ga·'to:·ni] *mpl* rigatoni, *tube-shaped pasta*

rigattiere [ri·gat·'tiɛ:·re] *m* secondhand dealer

rigenerare [ri·dʒe·ne·'ra:·re] I. *vt* to regenerate II. *vr:* **-rsi 1.** BIOL to regenerate **2.** *fig* (*rimettersi*) to feel reborn

rigettare [ri·dʒet·'ta:·re] I. *vt* **1.** (*gettare di nuovo*) to throw again **2.** (*respingere: domanda, richiesta, ricorso*) to reject **3.** *fam* (*vomitare*) to throw up II. *vr:* **-rsi** *a. fig* (*gettarsi di nuovo*) to throw oneself back

rigetto [ri·'dʒɛt·to] *m a. fig* BIOL rejection

righello [ri·'gɛl·lo] *m* ruler

rigidezza [ri·dʒi·'det·tsa] *f* rigidity

rigidità [ri·dʒi·di·'ta] <-> *f* **1.** (*severità: di carattere, di regolamento*) severity; (*di clima*) harshness **2.** TEC (*di struttura*) rigidity **3.** MED stiffness

rigido, -a ['ri:·dʒi·do] *adj* **1.** (*colletto, dito*) stiff; (*cappello*) hard **2.** (*clima, inverno*) harsh **3.** *fig* (*severo: carattere, educazione*) strict; (*tono*) harsh

rigirare [ri·dʒi·'ra:·re] I. *vt* **1.** (*girare più volte*) to turn **2.** (*percorrere*) to go around **3.** *fig* (*discorso*) to change; (*situazione*) to switch; **~ la frittata** to turn the situation around; **saperla ~** *fam* to manipulate the situation; **gira e rigira** *fam* in the end II. *vi* to go around III. *vr:* **-rsi** (*girarsi di nuovo*) to turn around; (*nel letto*) to turn over

rigiro [ri·'dʒi:·ro] *m* (*imbroglio*) swindle

rigoglio [ri·'goʎ·ʎo] <-gli> *m* **1.** BOT luxuriance **2.** *fig* (*grande vigore: di giovinezza, di vita*) prime

R

rigoglioso, -a [ri·goʎ·'ʎoː·so] *adj* **1.** BOT luxuriant **2.** *fig* (*crescita, mente*) flourishing

rigonfiamento [ri·gon·fia·'men·to] *m* (*parte rigonfia*) swelling

rigonfiare [ri·gon·'fiaː·re] I. *vt* (*pallone, ruota*) to blow up again II. *vr:* **-rsi** (*braccio, guancia, legno*) to swell up again

rigore [ri·'goː·re] *m* **1.** (*severità: di condanna, provvedimento*) severity; **a rigor di logica** logically speaking **2.** (*esattezza: di scienza, logica*) precision **3.** (*di clima*) harshness **4.** SPORT penalty

rigorosità [ri·go·ro·si·'ta] <-> *f* (*precisione: di controllo, ricerca*) precision

rigoroso, -a [ri·go·'roː·so] *adj* **1.** (*severo: atteggiamento, persona*) strict **2.** (*esatto: ragionamento, logica*) rigorous **3.** (*preciso: controllo*) precise

rigovernare [ri·go·ver·'naː·re] *vt* (*piatti*) to wash up; (*cucina*) to clean up

riguadagnare [ri·gua·daɲ·'ɲa·re] *vt* (*stima, favore*) to regain; (*tempo, soldi*) to make up

riguardante [ri·guar·'dan·te] *adj* (*concernente*) regarding

riguardare [ri·guar·'daː·re] I. *vt* **1.** (*guardare di nuovo*) to look at again **2.** (*rivedere*) to revise; (*ricontrollare*) to check **3.** (*concernere*) to concern; **per quanto riguarda ...** as far as ... is concerned II. *vr:* **-rsi 1.** (*stare in guardia*) **-rsi da qc** to steer clear of sth **2.** (*aver cura della salute*) to look after oneself

riguardata [ri·guar·'daː·ta] *f* **dare una ~ a qc** to have another look at sth

riguardo [ri·'guar·do] *m* **1.** (*cura: di oggetto*) care; **avere ~ per la propria salute** to take care of one's health; **non avere alcun ~** to not care about **2.** (*stima: di persona*) respect; **ospite di ~** special guest **3.** (*relazione*) **nei -i di** with reference to; **~ a** regarding

riguardoso, -a [ri·guar·'doː·so] *adj* (*rispettoso*) respectful

rigurgitare [ri·gur·dʒi·'taː·re] I. *vi* essere *o* avere **~ di qc** *fig* (*persone, sapori, simboli*) to be brimming with sth II. *vt* avere (*neonato*) to regurgitate

rigurgito [ri·'gur·dʒi·to] *m* **1.** MED (*di neonato*) regurgitation **2.** *fig* (*ritorno: di razzismo, nazionalismo*) revival

rilanciare [ri·lan·'tʃaː·re] *vt* **1.** (*palla, sasso*) to throw again [*o* back] **2.** (*prodotto, film, moda*) to relaunch

rilancio [ri·'lan·tʃo] <-i> *m a. fig* COM relaunch

rilasciamento [ri·laʃ·ʃa·'men·to] *m* relaxation

rilasciare [ri·laʃ·'ʃaː·re] I. *vt* **1.** ADMIN (*certificato, permesso di soggiorno*) to issue **2.** (*prigioniero*) to release II. *vr:* **-rsi** (*lasciarsi di nuovo*) to split up again

rilascio [ri·'laʃ·ʃo] <-sci> *m* **1.** ADMIN (*di certificato, permesso di soggiorno*) issue **2.** (*di prigioniero*) release

rilassamento [ri·las·sa·'men·to] *m* **1.** (*di muscoli, nervi*) relaxation **2.** (*di costumi*) laxity

rilassare [ri·las·'saː·re] I. *vt* (*muscoli, nervi*) to relax II. *vr:* **-rsi** (*distendersi*) to relax

rilassatezza [ri·las·sa·'tet·tsa] *f* (*tranquillità*) relaxation

rilegare [ri·le·'gaː·re] *vt* (*libro*) to bind

rilegatore, -trice [ri·le·ga·'toː·re] *m, f* bookbinder

rilegatura [ri·le·ga·'tuː·ra] *f* (*di libro*) binding

rileggere [ri·'lɛd·dʒe·re] <irr> *vt* **1.** (*leggere di nuovo: lettera, racconto*) to reread **2.** (*rivedere: relazione, traduzione*) to read over

rilento [ri·'lɛn·to] *adv* **a ~** slowly

rilessi *I. pers sing pass rem di* **rileggere**

riletta [ri·let·'ta] *f fam* read through

riletto *pp di* **rileggere**

rilevabile [ri·le·'va:·bi·le] *adj* identifiable

rilevamento [ri·le·va·'men·to] *m* **1.** (*di dati*) identification **2.** (*topografico*) survey **3.** (*di negozio, di attività*) takeover

rilevante [ri·le·'van·te] *adj* (*importante*) important

rilevare [ri·le·'vaː·re] *vt* **1.** (*mettere in evidenza*) to highlight **2.** (*notare: errori, inesattezze*) to note **3.** (*raccogliere: dati*) to gather **4.** (*azienda, negozio*) to takeover **5.** (*fare un rilevamento topografico*) to map out

rilevazione [ri·le·vat·'tsio·ne] *f* survey

rilievo [ri·'liɛː·vo] *m* **1.** GEO relief **2.** (*scultura*) **alto/basso ~** haut/bas relief **3.** *fig* (*importanza*) importance; **mettere in ~ qc** to highlight sth

riluttante [ri·lut·'tan·te] *adj* reluctant

riluttanza [ri·lut·'tan·tsa] *f* reluctance

rima ['riː·ma] *f* rhyme; **rispondere per le -e** *fig* to say one's piece

rimandare [ri·man·'daː·re] *vt* **1.** (*mandare di nuovo*) to send back **2.** (*restituire*) to give back **3.** (*rinviare: incontro, esame*) to postpone **4.** (*alunno*) to take an exam in September or October due to unsatisfactory grades during the school year **5.** (*fare riferimento: in libro*) **~ a qc** to refer to sth

rimando [ri·'man·do] *m* (*riferimento, rinvio*) reference

rimaneggiare [ri·ma·ned·'dʒaː·re] *vt* **1.** (*articolo*) to rework **2.** (*edificio*) to restore

rimanente [ri·ma·'nɛn·te] I. *adj* remaining II. *mf* person remaining III. *m* (*ciò che rimane*) remainder

rimanenza [ri·ma·'nɛn·tsa] *f* **1.** (*di denaro*) remainder **2.** (*di magazzino*) **-e di magazzino** unsold stock

rimanere [ri·ma·'neː·re] <rimango, rimasi, rimasto> *vi* essere **1.** (*restare*) to stay; **~ male/confuso** to be offended/confused; **~ a bocca aperta** to be amazed **2.** (*avanzare*) to be left **3.** (*loc*) **non gli rimane altro che accettare** he can only accept

rimangiare [ri·man·'dʒaː·re] *vt* **1.** (*mangiare di nuovo*) to eat again **2.** *fig* **-rsi qc** (*promessa, parola*) to go back on sth; (*cattiverie*) to take back sth

rimango [ri·'maŋ·go] *1. pers sing pr di* **rimanere**

rimarcare [ri·mar·'ka:·re] *vt* (*sottolineare*) to highlight

rimare [ri·'ma:·re] *vi* to rhyme

rimarginabile [ri·mar·dʒi·'na:·bi·le] *adj* **1.** (*ferita*) healable **2.** *fig* (*offesa*) easy to get over

rimarginarsi [ri·mar·dʒi·'na:r·si] *vr a. fig* to heal

rimasi [ri·'ma:·si] *1. pers sing pass rem di* **rimanere**

rimasterizzare [ri·mas·te·rid·'dza:·re] *vt* to remaster

rimasterizzazione [ri·mas·te·rid·dzat·'tsio:·ne] *f* remastering

rimasto [ri·'mas·to] *pp di* **rimanere**

rimasuglio [ri·ma·'suʎ·ʎo] <-gli> *m pej* vestige

rimbalzare [rim·bal·'tsa:·re] *vi essere o avere* **1.** (*palla*) to bounce **2.** *fig* (*notizia*) to spread

rimbalzo [rim·'bal·tso] *m* bounce; **di ~** indirectly

rimbambire [rim·bam·'bi:·re] <rimbambisco> **I.** *vi essere* (*rincretinire*) to become stupid; (*con l'età*) to become senile **II.** *vt* to make stupid **III.** *vr:* -rsi (*rincretinirsi*) to become stupid; (*con l'età*) to become senile

rimbambito, -a [rim·bam·'bi:·to] **I.** *adj* (*persona*) stupid; (*vecchio*) senile **II.** *m, f* senile person

rimbeccare [rim·bek·'ka:·re] **I.** *vt* to scold **II.** *vr* (*contraddirsi*) to squabble

rimbecillire [rim·be·tʃil·'li:·re] <rimbecillisco> **I.** *vi essere* (*diventare imbecille*) to become stupid **II.** *vt avere* (*rendere imbecille*) to make stupid **III.** *vr:* -rsi (*diventare imbecille*) to become stupid

rimbecillito, -a [rim·be·tʃil·'li:·to] **I.** *adj* stupid **II.** *m, f* idiot

rimboccare [rim·bok·'ka:·re] *vt* **1.** (*lenzuola, coperta*) to tuck in **2.** (*loc*) -rsi le maniche *fig* to roll up one's sleeves

rimbombante [rim·bom·'ban·te] *adj* (*suono*) thundering

rimbombare [rim·bom·'ba:·re] *vi essere o avere* (*voce, rumore*) to thunder

rimbombo [rim·'bom·bo] *m* (*di suono*) rumble

rimborsabile [rim·bor·'sa:·bi·le] *adj* repayable

rimborsare [rim·bor·'sa:·re] *vt* **1.** (*denaro*) to repay **2.** (*persone*) to refund

rimborso [rim·'bor·so] *m* (*di spese*) refund

rimboscamento [rim·bos·ka·'men·to] *m v.* **rimboschimento**

rimboscare [rim·bos·'ka:·re] *vt* to reforest

rimboschimento [rim·bos·ki·'men·to] *m* reforestation

rimboschire [rim·bos·'ki:·re] <rimboschisco> **I.** *vt avere* (*terreno, bosco*) to reforest **II.** *vi essere* (*terreno, bosco*) to wood over

rimbrottare [rim·brot·'ta:·re] *vt* (*rimproverare*) to tell off

rimbrotto [rim·'brɔt·to] *m* telling-off

rimediare [ri·me·'dia:·re] **I.** *vi* **~ a qc** (*errore, torto, carenza*) to make sth good **II.** *vt* **1.** (*procurarsi*) to get hold of **2.** *fig, fam* (*subire: sconfitta, ammonizione*) to suffer

rimedio [ri·'mɛ:·dio] <-i> *m* **1.** (*provvedimento*) remedy; **mettere** [*o* **porre**] **~ a qc** to remedy sth **2.** MED cure

rimescolamento [ri·mes·ko·la·'men·to] *m fig* (*turbamento*) turmoil

rimescolare [ri·mes·ko·'la:·re] **I.** *vt* **1.** (*carte*) to remix; **~ le carte** *fig* to confuse the issue **2.** CULIN to stir again **3.** *fig* (*modificare*) to change **II.** *vr:* -rsi ...: *fig* mi si è rimescolato il sangue I got upset

rimescolata [ri·mes·ko·'la:·ta] *f* CULIN stir

rimessa [ri·'mes·sa] *f* **1.** (*per veicoli*) garage; (*per attrezzi*) shed **2.** SPORT throw-in; (*del portiere*) goal kick **3.** (*il rimettere*) **la ~ in funzione** the return to service

rimesso, -a [ri·'mes·so] **I.** *pp di* **rimettere** **II.** *adj* **1.** (*ristabilito: paziente, malato*) recovered **2.** (*peccato, colpa*) forgiven

rimestare [ri·mes·'ta:·re] *vt* **1.** (*salsa, minestra*) to stir **2.** *fig* (*passato, vecchie questioni*) to bring up again

rimettere [ri·'met·te·re] <irr> **I.** *vt* **1.** (*mettere di nuovo a posto*) to put back **2.** (*indossare di nuovo: indumento*) to put on again **3.** (*affidare: decisione*) to entrust **4.** (*pena, colpa*) to forgive **5.** SPORT to throw in **6.** *fam* (*vomitare*) to puke up **7.** (*loc*) **rimetterci** *fam* to lose; **rimetterci la salute** *fam* to ruin one's health **II.** *vr:* -rsi **1.** (*riprendersi*) to recover **2.** (*tempo*) to improve **3.** (*affidarsi*) -rsi a qu/qc to place one's trust in sb/sth **4.** (*ricominciare*) -rsi a studiare to begin to study again

riminese [ri·mi·'ne:·se] **I.** *mf* (*abitante*) person from Rimini **II.** *adj* from Rimini

Riminese <*sing*> *m* (*zona*) Rimini area; **nel ~** in the Rimini area

Rimini *f* Rimini, *seaside resort in Emilia-Romagna*

rimisi *1. pers sing pass rem di* **rimettere**

rimmel® ['rim·mel] <-> *m* mascara

rimodernare [ri·mo·der·'na:·re] *vt* (*edificio, linea di prodotto*) to modernize

rimonta [ri·'mon·ta] *f* SPORT comeback

rimontare [ri·mon·'ta:·re] **I.** *vt avere* **1.** (*montare di nuovo: scaffale, motore*) to put back together again **2.** SPORT to catch up **II.** *vi essere* **1.** (*montare di nuovo*) to climb back on **2.** (*in macchina, treno*) to climb back in

rimorchiare [ri·mor·'kia:·re] *vt* **1.** (*veicolo*) to tow; (*nave*) to tug **2.** *fig, fam* (*abbordare: in discoteca*) to pull

rimorchio [ri·'mɔr·kio] <-chi> *m* trailer

rimordere [ri·'mɔr·de·re] <irr> *vt fig* to prick

rimorso [ri·'mɔr·so] *m* remorse

rimostranza [ri·mos·'tran·tsa] *f* complaint

rimozione [ri·mot·'tsio:·ne] *f* **1.** (*allontanamento*) removal **2.** (*da carica, impiego*) dismissal **3.** PSIC repression

R

rimpaginazione [rim·pa·dʒi·nat·'tsioː·ne] *f* TYPO re-paging

rimpallo [rim·'pal·lo] SPORT rebound

rimpastare [rim·pas·'taː·re] *vt* **1.** (*pasta*) to re-knead **2.** (*governo*) to reshuffle

rimpasto [rim·'pas·to] *m* (*di governo*) reshuffle

rimpatriare [rim·pa·'triaː·re] **I.** *vi essere* to return home **II.** *vt avere* to repatriate

rimpatriata [rim·pa·'triaː·ta] *f fam* get-together

rimpatrio [rim·'pa·trio] <-ii> *m* repatriation

rimpetto [rim·'pɛt·to] *adv* **di ~ a** opposite

rimpiangere [rim·'pian·dʒe·re] <irr> *vt* ~ **qc** to regret sth; (*passato*) to miss

rimpianto [rim·'pian·to] *m* regret

rimpianto, -a *adj* (*persona*) much missed

rimpiattino [rim·piat·'tiː·no] *m* hide-and-seek

rimpiazzare [rim·piat·'tsaː·re] *vt* (*sostituire*) to replace

rimpicciolirsi [rim·pit·tʃo·'liːr·si] <rimpiccioli­sco> *vr* to grow smaller

rimpinguare [rim·piŋ·'guaː·re] *vt* (*casse, erario, risorse*) to boost

rimpinzare [rim·pin·'tsaː·re] *fam* **I.** *vt* (*di cibo*) ~ **qu di qc** to stuff sb with sth **II.** *vr:* **-rsi** (*di cibo*) **-rsi di qc** to stuff oneself with sth

rimpolpare [rim·pol·'paː·re] *vt* (*arricchire: articolo, finanze*) to fatten up

rimpossessarsi [rim·pos·ses·'sarˑsi] *vr* ~ **di qc** to get sth back

rimproverare [rim·pro·ve·'raː·re] **I.** *vt* (*biasimare*) to tell off **II.** *vr:* **-rsi -rsi** (**di**) **qc** to reproach oneself for sth

rimprovero [rim·'prɔː·ve·ro] *m* telling-off

rimuginare [ri·mu·dʒi·'naː·re] *vt* to ponder

rimunerare [ri·mu·ne·'raː·re] *vt* **1.** (*ricompensare*) to reward **2.** (*dare profitto: azienda, mercato*) to pay a profit

rimunerativo, -a [ri·mu·ne·ra·'tiː·vo] *adj* profitable

rimunerazione [ri·mu·ne·rat·'tsioː·ne] *f* **1.** (*ricompensa*) reward **2.** (*paga*) pay

rimuovere [ri·'muɔː·ve·re] <irr> *vt* **1.** (*togliere*) to remove **2.** ADMIN (*destituire*) to dismiss **3.** PSIC to repress

rinascere [ri·'naʃ·ʃe·re] <irr> *vi essere* **1.** (*nascere di nuovo*) to be born again **2.** BOT to spring up again **3.** (*unghie, capelli*) to grow back **4.** *fig* to become a new person

rinascimentale [ri·naʃ·ʃi·men·'taː·le] *adj* Renaissance

rinascimento [ri·naʃ·ʃi·'men·to] *m* Renaissance

rinascita [ri·'naʃ·ʃi·ta] *f* (*di impresa, di museo, di città*) revival

rinato *pp di* **rinascere**

rincarare [riŋ·ka·'raː·re] **I.** *vt avere* to put up (the price of); ~ **la dose** *fig* to stir things up even more **II.** *vi essere* (*prezzo, prodotto*) to go up

rincaro [riŋ·'kaː·ro] *m* (*di prezzi, tariffe*) increase; ~ **della vita** rise in the cost of living

rincasare [riŋ·ka·'saː·re] *vi essere* to go [*o come*] home

rinchiudere [riŋ·'kiuː·de·re] <irr> **I.** *vt* (*prigioniero, gioielli*) to shut up **II.** *vr:* **-rsi** **1.** (*chiudersi*) to shut oneself up **2.** *fig* (*in se stesso*) to withdraw into one's shell

rincitrullire [rin·tʃi·trul·'liː·re] <rincitrullisco> *fam* **I.** *vt avere* (*rendere stupido*) to make stupid **II.** *vr:* **-rsi** (*diventare stupido*) to become stupid

rincoglionirsi [riŋ·koʎ·ʎo·'niːr·si] <mi rinco­glionisco> *vr vulg* to become totally thick

rincontrare [riŋ·kon·'traː·re] *vt* ~ **qu** to bump into sb

rincorare [riŋ·ko·'raː·re] *vt v.* **rincuorare**

rincorrere [riŋ·'kor·re·re] <irr> **I.** *vt a. fig* ~ **qc/qu** to chase after sth/sb **II.** *vr:* **-rsi** (*corrersi dietro*) to chase each other

rincorsa [riŋ·'kor·sa] *f* **1.** (*breve corsa*) run-up; **prendere la ~** to take a run-up **2.** *fig* (*corsa al successo: di squadra, di impresa*) hunt for success

rincrescere [riŋ·'kreʃ·ʃe·re] <irr> *vi essere* (*impersonale*) **mi rincresce che ...** I regret that ...

rincrescimento [riŋ·kreʃ·ʃi·'men·to] *m* regret

rinculo [riŋ·'kuː·lo] *m* (*di armi da fuoco*) recoil

rincuorare [riŋ·kuo·'raː·re] **I.** *vt* (*dare coraggio*) to give strength **II.** *vr:* **-rsi** (*riprendere coraggio*) to take heart

rinegoziare [ri·ne·got·'tsiaː·re] *vt* (*accordo, finanziamento, debito*) to renegotiate

rinegoziazione [ri·ne·go·tsiat·'tsioː·ne] *f* renegotiation

rinfacciare [rin·fat·'tʃaː·re] *vt* ~ **qc a qu** to throw sth in sb's face

rinfocolare [rin·fo·ko·'laː·re] *vt fig* (*rancore, dibattito*) to rekindle

rinforzare [rin·for·'tsaː·re] **I.** *vt avere* **1.** (*edificio, muro*) to reinforce **2.** (*muscoli, potere*) to strengthen **3.** MIL to reinforce **II.** *vr:* **-rsi** (*diventare più forte*) to become stronger

rinforzo [rin·'fɔr·tso] *m* **1.** (*sostegno*) reinforcement **2.** *fig* (*aiuto*) support **3.** MIL reinforcement

rinfrancare [rin·fraŋ·'kaː·re] **I.** *vt* (*ridare coraggio*) to encourage **II.** *vr:* **-rsi** (*riacquistare fiducia*) to take heart

rinfrescante [rin·fres·'kan·te] *adj* (*doccia, bibita*) refreshing

rinfrescare [rin·fres·'kaː·re] **I.** *vt avere* **1.** (*ambienti, gola*) to freshen; (*vino*) to cool **2.** *fig* (*memoria*) to refresh **II.** *vi essere* (*diventare fresco: tempo, aria*) to grow cooler **III.** *vr:* **-rsi** **1.** (*lavarsi*) to freshen oneself up **2.** (*con bibita*) to have sth to drink

rinfrescata [rin·fres·'kaː·ta] *f* (*lavata*) freshen-up; **darsi una ~** to freshen oneself up

rinfresco [rin·'fres·ko] <-schi> *m* reception

rinfusa [rin·'fuː·za] *f* **alla ~** (*merci*) in bulk; **sistemato alla ~** mixed up

ringalluzzire [riŋ·gal·lut·'tsiː·re] <ringalluz­zisco> *fam* **I.** *vt* (*rendere baldanzoso*) to make cocky **II.** *vr:* **-rsi** (*diventare baldanzoso*) to become cocky

ringhiare [riŋˈgiaːˌre] *vi* **1.** (*cane*) to growl **2.** *fig* (*persona*) to snarl

ringhiera [riŋˈgiɛːˌra] *f* railing

ringhio [ˈriŋˌgio] <-ghi> *m* (*di cane*) growl

ringhioso, -a [riŋˈgioːˌso] *adj* **1.** (*cane*) growling **2.** (*tono*) snarling

ringiovanimento [rinˌdʒoˌvaˌniˈmenˌto] *m* (*di pelle, società*) rejuvenation

ringiovanire [rinˌdʒoˌvaˈniːˌre] <ringiovanisco> *vi essere* to become [*o* seem] younger

ringraziamento [rinˌgratˌtsiaˈmenˌto] *m* (*espressione di gratitudine*) thank you; **-i** thanks; **lettera** [*o* **biglietto**] **di** ~ thank you letter [*o* card]

ringraziare [rinˌgratˈtsiaːˌre] *vt* ~ **qu** to thank sb

rinnegare [rinˌneˈgaːˌre] *vt* **1.** (*ideale, passato*) to renounce **2.** (*figlio, genitore*) to disown

rinnegato, -a [rinˌneˈgaːˌto] **I.** *adj* renegade **II.** *m, f* renegade

rinnovamento [rinˌnoˌvaˈmenˌto] *m* (*di società, partito, tecnologie*) renewal

rinnovare [rinˌnoˈvaːˌre] **I.** *vt* **1.** (*rendere nuovo: sito, offerta, direttivo*) to change **2.** (*contratto, abbonamento, alleanza*) to renew **3.** (*domanda, istanza*) to repeat **II.** *vr:* **-rsi** (*diventare nuovo*) to change

rinnovo [rinˈnɔːvo] *m* (*di contratto, tessera*) renewal

rinoceronte [riˌnoˌtʃeˈronˌte] *m* rhinoceros

rinomato, -a [riˌnoˈmaːˌto] *adj* (*celebre*) famous

rinsaldare [rinˌsalˈdaːˌre] **I.** *vt* (*legame, amicizia*) to strengthen **II.** *vr:* **-rsi** (*rapporto, impegno*) to get stronger

rinsavire [rinˌsaˈviːˌre] <rinsavisco> *vi essere* (*ravvedersi*) to come to one's senses

rinsecchire [rinˌsekˈkiːˌre] <rinsecchisco> *vi essere* **1.** (*diventare magro*) to get thin **2.** (*diventare secco*) to wither

rintanarsi [rinˌtaˈnarˌsi] *vr a. fig* to hide oneself

rintoccare [rinˌtokˈkaːˌre] *vi essere o avere* (*orologio*) to strike; (*campana*) to ring

rintocco [rinˈtokˌko] <-cchi> *m* (*di orologio*) stroke; (*di campana*) toll

rintracciare [rinˌtratˈtʃaːˌre] *vt* (*trovare*) to find

rintronare [rinˌtroˈnaːˌre] **I.** *vi essere o avere* (*risuonare*) to boom **II.** *vt avere fig* (*stordire*) to deafen

rinuncia [riˈnunˌtʃa] <-ie> *f* **1.** (*il rinunciare: a gara*) ~ **a** withdrawal **2.** GIUR (*a eredità*) renunciation **3.** (*privazione*) sacrifice

rinunciare [riˌnunˈtʃaːˌre] *vi* **1.** (*rifiutare*) ~ **a qc** (*carriera, progetto, eredità*) to give up sth; **ci rinuncio volentieri** *iron, fam* it's no skin off my nose **2.** (*astenersi*) ~ **a fare qc** to decide not to do sth

rinunciatario, -a [riˌnunˌtʃiaˈtaːˌrio] <-i, -ie>

I. *adj* (*atteggiamento*) defeatist **II.** *m, f* defeatist

rinvenimento [rinˌveˌniˈmenˌto] *m* **1.** (*ritrovamento*) discovery **2.** (*ripresa dei sensi*) coming around

rinvenire [rinˌveˈniːˌre] <irr> **I.** *vt avere* (*scoprire: reperti, affreschi*) to discover **II.** *vi essere* (*ricuperare i sensi*) to come around

rinviare [rinˌviˈaːˌre] *vt* **1.** (*mandare indietro: lettera, merce*) to send back **2.** SPORT to clear **3.** (*rimandare a: opera, capitolo, nota*) ~ **a** to refer to **4.** (*differire: riunione, partita*) to postpone

rinvigorire [rinˌviˌgoˈriːˌre] <rinvigorisco> **I.** *vt avere a. fig* to reinvigorate **II.** *vr:* **-rsi** *a. fig* to be reinvigorated

rinvio [rinˈviːˌo] *m* **1.** (*restituzione*) return **2.** SPORT clearance **3.** (*differimento: di seduta, udienza*) postponement **4.** (*rimando: a pagina, nota*) reference

riò [riˈɔ] *1. pers sing pr di* **riavere**

rionale [rioˈnaːˌle] *adj* neighborhood

rione [riˈoːˌne] *m* (*quartiere*) neighborhood

riordinamento [riˌorˌdiˌnaˈmenˌto] *m* (*riorganizzazione*) reorganization

riordinare [riˌorˌdiˈnaːˌre] *vt* **1.** (*casa, stanza*) to tidy **2.** (*dare un nuovo ordinamento a*) to reorganize

riordino [riˈorˌdiˌno] *m* ADMIN reorganization

riorganizzare [riˌorˌgaˌnidˈdzaːˌre] **I.** *vt* **1.** (*organizzare di nuovo*) to reorganize **2.** (*riordinare*) to tidy up **II.** *vr:* **-rsi** (*organizzarsi di nuovo*) to reorganize oneself

riorganizzazione [riˌorˌgaˌnidˌdzatˈtsioːˌne] *f* (*di servizio, impresa*) reorganization

riottoso, -a [riˌotˈtoːˌso] *adj* (*indocile: carattere*) unruly

ripagare [riˌpaˈgaˌre] *vt* **1.** (*pagare di nuovo*) ~ **qc** to pay for sth again; ~ **con la stessa moneta** *fig* to give as good as one gets **2.** ~ **qu di qc** (*ricompensare*) to repay sb for sth **3.** (*risarcire*) ~ **qc** to pay for sth

riparare [riˌpaˈraːˌre] **I.** *vt* **1.** (*accomodare: abiti, radio, muro*) to fix **2.** (*proteggere: da sole, vento*) to protect **3.** (*rimediare a: torto, ingiustizia*) to put right **II.** *vi fam* (*provvedere*) ~ **a qc** to put sth right **III.** *vr* **1.** (*cercare riparo*) to shelter **2.** *fig* (*proteggersi*) to protect oneself

riparato, -a [riˌpaˈraːˌto] *adj* **1.** (*luogo*) sheltered **2.** (*tetto, vestito*) repaired

riparatore, -trice [riˌpaˌraˈtoːˌre] **I.** *adj* reparatory **II.** *m, f* repairer

riparazione [riˌpaˌratˈtsioːˌne] *f* **1.** (*di mobile, di auto*) repairing **2.** (*di danno*) repair **3.** *fig* (*di torto*) reparation

riparo [riˈpaːˌro] *m* **1.** (*protezione*) shelter; **mettersi al** ~ to take shelter **2.** (*rimedio*) **porre** [*o* **mettere**] ~ **a qc** to do sth about sth

ripartire [riˌparˈtiːˌre] <ripartisco> **I.** *vt* **1.** (*dividere*) to divide up **2.** (*distribuire: compiti, mansioni*) to share out **II.** *vi essere* (*par-*

R

tire di nuovo) to set off again; (*macchina*) to start again

ripartizione [ri·par·tit·'tsio:·ne] *f* **1.**(*divisione*) division **2.**(*distribuzione: di compiti, mansioni*) sharing out

ripassare [ri·pas·'sa:·re] **I.** *vi* essere (*ritornare*) to call in again **II.** *vt avere* **1.**(*passare sopra*) to go over again **2.**(*ripetere: lezione*) to revise

ripassata [ri·pas·'sa:·ta] *f* **1.**(*a lezione*) brush-up **2.** *fam* (*sgridata*) telling-off

ripasso [ri·'pas·so] *m* revision

ripensamento [ri·pen·sa·'men·to] *m* (*cambiamento di idea*) rethink

ripensare [ri·pen·'sa:·re] *vi* **1.**(*riflettere*) ~ **a qc** to think about sth **2.**(*cambiare parere*) to change one's mind **3.**(*riandare con la memoria*) ~ **a qu/qc** to think back to sb/sth

ripercorrere [ri·per·'kor·re·re] <irr> *vt* **1.**(*itinerario, tragitto*) to follow again **2.**(*rianalizzare*) to review **3.** *fig* (*esperienze vissute*) ~ **qc** to return to sth

ripercuotersi [ri·per·'kuɔ:·ter·si] <irr> *vr:* **-rsi** *a. fig* to have an incidental effect

ripercussione [ri·per·kus·'sio:·ne] *f fig* (*effetto*) incidental effect

ripescare [ri·pes·'ka:·re] *vt* **1.**(*dall'acqua*) fish out **2.** *fig, fam* (*ritrovare*) to unearth

ripetente [ri·pe·'tɛn·te] **I.** *adj* repeat **II.** *mf* repeat student

ripetere [ri·'pɛ:·te·re] **I.** *vt* **1.**(*rifare: esperimento, esame*) to repeat **2.**(*ripassare: lezione*) to go over again **3.**(*ridire*) to repeat **II.** *vr:* **-rsi 1.**(*dire o fare le stesse cose*) to repeat oneself **2.**(*accadere di nuovo*) to happen again

ripetitivo, -a [ri·pe·ti·'ti:·vo] *adj* repetitive

ripetitore [ri·pe·ti·'to:·re] *m* RADIO, TV repeater

ripetizione [ri·pe·tit·'tsio:·ne] *f* **1.**(*di prova, registrazione*) repetition **2.**(*lezione privata*) private lesson

ripetuto, -a [ri·pe·'tu:·to] *adj* repeated

ripiano [ri·'pia:·no] *m* **1.**(*di mobile, scaffale*) shelf **2.**(*terreno pianeggiante*) terrace

ripicca [ri·'pik·ka] <-cche> *f* (*dispetto*) act of spite; **per ~** out of spite

ripido, -a ['ri:·pi·do] *adj* (*sentiero, versante, declivio*) steep

ripiegare [ri·pie·'ga:·re] **I.** *vt* **1.**(*foglio, tessuto*) to fold **2.**(*piegare di nuovo*) to fold again **II.** *vi* **1.** *fig* (*rinunciare*) ~ **su qc** to make do with sth **2.** MIL to retreat **III.** *vr:* **-rsi** (*incurvarsi*) to bend

ripiego [ri·'piɛ:·go] <-ghi> *m* (*via d'uscita*) stopgap; **soluzione di ~** makeshift solution

ripieno [ri·'piɛ:·no] *m* CULIN (*di verdura*) filling; (*di carne*) stuffing

ripieno, -a *adj* CULIN stuffed

ripigliare [ri·piʎ·'ʎa:·re] *fam* **I.** *vt* (*ricuperare*) ~ **fiato** to catch one's breath; ~ **forza** to regain one's strength **II.** *vr:* **-rsi** to recover

ripopolamento [ri·po·po·la·'men·to] *m* (*di paese*) repopulation; (*con animali*) restocking

ripopolare [ri·po·po·'la:·re] **I.** *vt* (*con abitanti*)

to repopulate; (*con animali*) to restock **II.** *vr:* **-rsi** (*tornare a popolarsi*) to be repopulated

riporre [ri·'por·re] <irr> *vt* **1.**(*mettere via: oggetti, abiti*) to put away **2.** *fig* (*affidare*) ~ **fiducia/speranze in qu** to place one's trust/hopes in sb

riportare [ri·por·'ta:·re] **I.** *vt* **1.**(*portare di nuovo o indietro*) to take back **2.**(*riferire: notizie, dichiarazioni*) to report **3.**(*ricavare: impressione*) to get **4.** MAT to carry over **5.**(*ottenere: vittoria, utile*) to achieve **6.**(*subire: danni*) to suffer **7.** ADMIN (*condanna*) to receive **II.** *vr:* **-rsi** (*richiamarsi*) **-rsi a qc** to refer to sth

riporto [ri·'pɔr·to] *m* **1.** MAT amount carried over **2.**(*di capelli*) combover

riposante [ri·po·'san·te] *adj* (*effetto*) soothing; (*lettura, vacanza*) relaxing

riposare [ri·po·'sa:·re] **I.** *vi* **1.**(*dormire*) to sleep **2.**(*fermarsi*) to stop; ~ **in pace** (*defunto*) to rest in peace **II.** *vt* **1.**(*mente, membra, vista*) to rest **2.**(*posare di nuovo*) to put back again **III.** *vr:* **-rsi 1.**(*dormire*) to sleep **2.**(*prendere ristoro*) to rest

riposato, -a [ri·po·'sa:·to] *adj* (*ritemprato: viso, aspetto*) rested

riposi *1. pers sing pass rem di* **riporre**

riposino [ri·po·'si:·no] *m fam* nap

riposizionare [ri·po·sit·tsio·'na:·re] *vt* to reposition

riposo [ri·'pɔ:·so] *m* **1.**(*sospensione dell'attività*) rest; **casa di ~** old folk's home; **giornata di ~** day off **2.**(*sonno*) sleep; **buon ~!** sleep well! **3.** ADMIN (*pensione*) **a ~** retired

ripostiglio [ri·pos·'tiʎ·ʎo] <-gli> *m* closet

riposto, -a [ri·'pos·to] **I.** *pp di* **riporre II.** *adj* secret

riprendere [ri·'prɛn·de·re] <irr> **I.** *vt* **1.**(*prendere di nuovo*) to pick up again; ~ **posto** to go back to one's seat; ~ **quota/velocità** to regain height/speed; ~ **le forze** *fig* to regain one's strength; ~ **i sensi** to come around **2.**(*prendere indietro*) to get back **3.**(*ricominciare*) to start again **4.**(*rimproverare*) to tell off **5.** FILM to shoot **II.** *vi* (*ricominciare*) to start again **III.** *vr:* **-rsi** (*ricuperare vigore*) to recover

ripresa [ri·'pre:·sa] *f* **1.**(*inizio*) resumption **2.** COM (*economico, di paese*) recovery **3.**(*da malattia*) recovery **4.** FILM, TV filming **5.** MOT acceleration **6.** SPORT second half

ripresentare [ri·pre·zen·'ta:·re] **I.** *vt* (*presentare di nuovo: progetto, proposta*) to resubmit **II.** *vr:* **-rsi 1.**(*manifestarsi di nuovo: problema, dolore*) to return **2.**(*presentarsi di nuovo: persona*) to turn up again

ripresi *1. pers sing pass rem di* **riprendere**

ripreso *pp di* **riprendere**

ripristinare [ri·pris·ti·'na:·re] *vt poet* **1.**(*consuetudine*) to reinstate; (*ordine*) to restore **2.**(*edificio, facciata*) to restore

ripristino [ri·'pris·ti·no] *m* **1.**(*ricupero: di dati*) recovery **2.**(*di edificio*) restoration

riprodotto *pp di* **riprodurre**

riproducibile [ri·pro·du·'tʃi··bi·le] *adj* (*imma-gine, modello, materiale*) reproducible

riproducibilità [ri·pro·du·tʃi·bi·li·'ta] <-> *f* (*di immagine, opera d'arte*) reproducibility

riprodurre [ri·pro·'dur·re] <irr> I. *vt* (*imma-gine, opera d'arte*) to reproduce; (*documento, libro*) to print II. *vr:* -**rsi** 1. BIOL to reproduce 2. (*formarsi di nuovo: macchia*) to reappear 3. (*ripetersi: situazione*) to recur

riproduttivo, -a [ri·pro·dut·'ti··vo] *adj* BIOL, TEC reproductive

riproduttore [ri·pro·dut·'to··re] I. *m* player II. *adj* BIOL reproductive

riproduzione [ri·pro·dut·'tsio··ne] *f* reproduc-tion

ripromettersi [ri·pro·'met·ter·si] <irr> *vr* ~ **di fare qc** to promise oneself to do sth

riprova [ri·'prɔ··va] *f* (*conferma*) confirmation

riprovare [ri·pro·'va··re] I. *vt* 1. (*vestito, cap-pello*) to try on again 2. *fig* (*sentimento*) to feel again II. *vi* (*ritentare*) to try again

riprovazione [ri·pro·vat·'tsio··ne] *f* (*biasimo*) disapproval

ripudiare [ri·pu·'dia··re] *vt* 1. (*persone, pas-sato*) to disown 2. (*fede, ideologia*) to reject

ripudio [ri·'pu··dio] <-i> *m* (*rifiuto*) repudia-tion

ripugnante [ri·puɲ·'ɲan·te] *adj* repugnant

ripugnanza [ri·puɲ·'ɲan·tsa] *f* repugnance

ripugnare [ri·puɲ·'ɲa··re] *vi* ~ **a qu** to dis-gust sb

ripulire [ri·pu·'li··re] <ripulisco> *vt* 1. (*pulire di nuovo*) to clean again 2. *fig, fam* (*svaligiare: appartamento*) to clean out

ripulsione [ri·pul·'sio··ne] *f* (*rifiuto*) repug-nance

riquadro [ri·'kua··dro] *m* 1. (*casella*) box 2. ARCHIT, COMPUT panel

riqualificare [ri·kua·li·fi·'ka··re] I. *vt* 1. (*dipendenti*) to retrain 2. (*valorizzare: area, paesaggio, edificio*) to upgrade II. *vr:* -**rsi** (*nel lavoro*) to retrain

riqualificazione [ri·kua·li·fi·kat·'tsio··ne] *f* (*di lavoratore*) retraining

RIS *m acró de* **reparto investigazioni scien-tifiche** Crime Scene Investigation Team

risacca [ri·'sak·ka] <-cche> *f* backwash

risaia [ri·'sa··ia] <-aie> *f* rice paddy

risalire [ri·sa·'li··re] <irr> I. *vt avere* (*scale*) to go up again; (*albero, scale*) to climb back up II. *vi essere* 1. (*salire di nuovo*) to go up again; (*su albero, scale*) to climb back up 2. (*prezzi*) to go up again 3. *fig* (*a causa, origine*) ~ **a qc** to trace sth 4. *fig* (*essere avvenuto*) ~ **a** to date back to

risalita [ri·sa·'li··ta] *f* climb back up; **impianti di** ~ ski lifts

risaltare [ri·sal·'ta··re] *vi essere o avere* 1. *fig* (*spiccare, eccellere*) to stand out 2. *fig* (*risultare evidente da*) ~ **da** to be obvious from

risalto [ri·'sal·to] *m* (*spicco*) prominence; **met-tere** [*o* **porre**] **in** ~ **qc** to highlight sth

risanabile [ri·sa·'na··bi·le] *adj* (*azienda*) sava-ble; *fig* (*strappo, ferita*) healable

risanamento [ri·sa·na·'men·to] *m* 1. (*di ter-reno*) redevelopment 2. (*di azienda, bilancio*) reorganization

risanare [ri·sa·'na··re] *vt avere* 1. (*azienda, economia, bilancio*) to reorganize 2. (*zona paludosa*) to reclaim; (*terreno, quartiere*) to redevelop

risaputo, -a [ri·sa·'pu··to] *adj* (*noto*) well--known

risarcimento [ri·sar·tʃi·'men·to] *m* compensa-tion

risarcire [ri·sar·'tʃi··re] <risarcisco> *vt* 1. (*danno*) to pay for 2. (*persone*) ~ **qu** to pay compensation to sb

risata [ri·'sa··ta] *f* laugh

riscaldamento [ris·kal·da·'men·to] *m* 1. (*impianto*) heating; ~ **a gas** gas heating; ~ **centrale** central heating 2. (*azione*) warm-ing; ~ **del pianeta** global warming 3. (*di motore*) warm-up 4. SPORT warm-up

riscaldare [ris·kal·'da··re] I. *vt* 1. (*minestra*) to warm up again 2. (*stanza, casa*) to heat 3. (*loc*) ~ **gli animi** to get people worked up II. *vr:* -**rsi** (*diventare caldo*) to get warm

riscattare [ris·kat·'ta··re] I. *vt* 1. (*gener*) to re-deem; (~ **una polizza**) to surrender a policy 2. (*prigioniero*) to ransom II. *vr:* -**rsi** *fig* (*redi-mersi*) to redeem oneself

riscatto [ris·'kat·to] *m* 1. (*gener*) redemption 2. (*per persona, prigioniero*) ransom

rischiarare [ris·kia·'ra··re] I. *vt avere a. fig* to light up II. *vr:* -**rsi** 1. (*cielo*) to become clearer 2. *fig* (*persona*) to brighten up

rischiare [ris·'kia··re] I. *vt* to risk II. *vi* ~ **di fare qc** to risk doing sth

rischio ['ris·kio] <-schi> *m* risk; **correre un** ~ to run a risk; **mettere qc a** ~ to put sth at risk

rischioso, -a [ris·'kio··so] *adj* risky

risciacquare [riʃ·ʃak·'kua··re] *vt* (*stoviglie, bucato*) to rinse

risciacquo [riʃ·'ʃak·kuo] *m* (*di capelli, abiti, stoviglie*) rinsing

risciò [riʃ·'ʃɔ] <-> *m* rickshaw

riscontrabile [ris·kon·'tra··bi·le] *adj* verifiable

riscontrare [ris·kon·'tra··re] I. *vt* 1. (*rilevare: diffetto, irregolarità*) to identify 2. (*confron-tare*) to compare 3. (*avere: successo*) to enjoy II. *vi essere* (*corrispondere*) to match

riscontro [ris·'kon·tro] *m* 1. (*confronto*) com-parison 2. (*risposta*) reply 3. *fig* (*risposta*) feedback

riscoperta [ris·ko·'pɛr·ta] *f* rediscovery

riscossa [ris·'kɔs·sa] *f* counterattack; **alla** ~ on the counterattack

riscossione [ris·kos·'sio··ne] *f* (*di contributo, vincita, affitto*) collection

riscrivibile [ris·kri·'vi··bi·le] *adj* COMPUT rewrit-able

riscuotere [ris·'kuɔ··te·re] <irr> *vt* 1. (*stipen-dio*) to draw; (*pagamento, assegno*) to cash 2. (*successo*) to enjoy

R

risentimento [ri·sen·ti·'men·to] *m* (*sdegno*) resentment

risentire [ri·sen·'ti:·re] **I.** *vt* **1.**(*sentire di nuovo: rumore*) to hear again **2.**(*ascoltare di nuovo: disco*) to listen again to **II.** *vi* ~ di qc to be affected by sth **III.** *vr:* -**rsi 1.**(*sentirsi di nuovo*) to talk to each other again **2.**(*offendersi*) to be offended

risentito, -a [ri·sen·'ti:·to] *adj* (*offeso*) resentful

riserbo [ri·'sɛr·bo] *m* discretion

riserva [ri·'sɛr·va] *f* **1.**(*provvista: di cibo, munizioni*) stock **2.** SPORT, MIL reserve **3.**(*di caccia, pesca*) reserve **4.**(*dubbio*) reservation **5.** MOT in ~ low on gasoline

riservare [ri·ser·'va:·re] **I.** *vt* **1.**(*tavolo, posto*) to reserve **2.**(*tenere in serbo*) to save **3.**(*facoltà, diritto*) to reserve **II.** *vr* -**rsi di fare qc** to reserve the right to do sth

riservatezza [ri·ser·va·'tet·tsa] *f* discretion

riservato, -a [ri·ser·'va:·to] *adj* **1.**(*notizia, informazione*) confidential **2.**(*prenotato: posto, tavolo*) reserved **3.**(*timido: persona, carattere*) reserved

risi ['ri:·si] *1. pers sing pass rem di* **ridere**

risicare [ri·zi·'ka:·re] *vt fam v.* **rischiare chi non risica non rosica** *prov* faint hearts never won the day

risiedere [ri·'sjɛ:·de·re] *vi* **1.**(*abitare*) to be based **2.** *fig* (*consistere*) ~ **in qc** to lie in sth

risma ['riz·ma] *f* **1.**(*di carta*) ream **2.** *fig, pej* (*genere*) type

riso[1] ['ri:·so] *pp di* **ridere**

riso[2] <*pl:* -a *f*> *m* (*risata*) laughing

riso[3] *m* **1.** BOT rice **2.** CULIN rice

risolsi [ri·'sɔl·si] *1. pers sing pass rem di* **risolvere**

risolto [ri·'sɔl·to] *pp di* **risolvere**

risolutezza [ri·so·lu·'tet·tsa] *f* determination

risolutivo, -a [ri·so·lu·'ti:·vo] *adj* (*decisivo: intervento*) decisive

risoluto, -a [ri·so·'lu:·to] **I.** *pp di* **risolvere** **II.** *adj* (*deciso: tipo, carattere, piglio*) decisive

risoluzione [ri·so·lut·'tsio:·ne] *f* **1.**(*decisione*) decision **2.**(*di dubbio, quesito*) solution **3.**(*composizione: di conflitto, questione*) settlement **4.** GIUR (*di contratto*) cancellation **5.** MAT (*soluzione*) solution

risolvere [ri·'sɔl·ve·re] <risolvo, risolsi, risolto *o* risoluto> **I.** *vt* **1.**(*equazione, problema, indovinello*) to solve; (*questione, controversia*) to resolve **2.**(*dubbio*) to settle **3.** GIUR (*contratto*) to cancel **II.** *vr:* -**rsi 1.**(*decidersi*) -**rsi a fare qc** to decide to do sth **2.** *fig* (*andare a finire*) -**rsi in qc** to turn into sth **3.**(*problema, questione*) to resolve oneself

risonanza [ri·so·'nan·tsa] *f* **1.** *fig* (*di evento, avvenimento*) interest **2.** FIS resonance

risonare [ri·so·'na:·re] *v.* **risuonare**

risorgere [ri·'sor·dʒe·re] <irr> *vi essere* **1.**(*gener*) to rise again **2.** *fig* (*rifiorire*) to become a different person

risorgimento [ri·sor·dʒi·'men·to] *m* Risorgimento

risorsa [ri·'sor·sa] *f* resource

risorsi *1. pers sing pass rem di* **risorgere**

risorto *pp di* **risorgere**

risotto [ri·'sɔt·to] *m* risotto; ~ **ai funghi** mushroom risotto; ~ **alla marinara** seafood risotto

risparmiare [ris·par·'mia:·re] **I.** *vt* **1.**(*gener*) to save **2.**(*salvare: persona, vita*) to spare **3.**(*loc*) -**rsi di fare qc** to not bother to do sth **II.** *vr:* -**rsi** (*avere riguardo di sé*) to look after oneself

risparmiatore, -trice [ris·par·mia·'to:·re] *m, f* saver

risparmio [ris·'par·mio] <-i> *m* saving

rispecchiare [ris·pek·'kia:·re] **I.** *vt a. fig* to reflect **II.** *vr:* -**rsi** *a. fig* to be reflected

rispedire [ris·pe·'di:·re] <rispedisco> *vt* **1.**(*spedire di nuovo*) to send again **2.**(*spedire indietro*) to send back

rispettabile [ris·pet·'ta:·bi·le] *adj* **1.**(*persone*) respectable **2.**(*notevole: somma*) considerable

rispettare [ris·pet·'ta:·re] *vt* **1.**(*persone, opinioni, diritti*) to respect **2.**(*ordini*) to obey **3.**(*feste*) to observe **4.**(*mantenere: parola*) to keep

rispettivamente [ris·pet·ti·va·'men·te] *adv* respectively

rispettivo, -a [ris·pet·'ti:·vo] *adj* respective

rispetto [ris·'pɛt·to] *m* **1.**(*stima*) respect **2.**(*di legge, regolamento*) observance **3.** ~ **a qu/qc** (*riguardo*) with reference to sb/sth; (*in confronto*) compared to sb/sth

risplendere [ris·'plɛn·de·re] *vi* essere *o* avere (*sole, occhi*) to shine

rispolverare [ris·pol·ve·'ra:·re] *vt* **1.**(*spolverare di nuovo*) to dust again **2.** *fig* (*rinfrescare: conoscenze, lingua*) to brush up

rispondere [ris·'pon·de·re] <rispondo, risposi, risposto> *vi* **1.**(*dare una risposta*) to answer; ~ **ad una domanda/lettera** to reply to a question/letter; ~ **al telefono** to answer the phone **2.**(*replicare*) to answer back **3.**(*essere responsabile*) ~ **di qc** to answer for sth **4.**(*soddisfare: desideri, requisiti, aspettative*) ~ **a qc** to meet sth

risposta [ris·'pos·ta] *f* **1.** answer; **in** ~ **a** in answer to **2.**(*reazione*) **la** ~ **a qc** the reply to sth **3.** TEC response

rispostina [ris·pos·'ti:·na] *f* **1.** *dim di* **risposta** **2.**(*risposta pungente*) sarcastic reply

risposto [ris·'pos·to] *pp di* **rispondere**

rissa ['ris·sa] *f* brawl

rissoso, -a [ris·'so:·so] *adj* (*atteggiamento, carattere*) quarrelsome

ristabilire [ris·ta·bi·'li:·re] <ristabilisco> **I.** *vt* (*potere, ordine, autorità*) to re-establish **II.** *vr:* -**rsi** (*rimettersi*) to get better

ristagnare [ris·taɲ·'ɲa:·re] *vi a. fig* to stagnate

ristagno [ris·'taɲ·ɲo] *m a. fig* stagnation

ristampa [ris·'tam·pa] *f* **1.**(*azione*) reprinting **2.**(*opera*) reprint

ristampare [ris·tam·'pa:·re] *vt* (*libro*) to reprint

ristato *pp di* **riessere**

ristorante[1] [ris·to·'ran·te] *m* restaurant

ristorante[2] <inv> *adj* FERR **vagone** ~ restaurant car

ristorare [ris·to·'ra:·re] I. *vt* (*rifocillare*) to give sth to eat [*o* drink] II. *vr:* **-rsi** (*rifocillarsi*) to have sth to eat [*o* drink]

ristoratore, -trice [ris·to·ra·'to:·re] *adj* (*gestore di ristorante*) restaurateur

ristoro [ris·'tɔ:·ro] *m* (*sollievo*) relief

ristrettezza [ris·tret·'tet·tsa] *f* 1. (*di spazio*) narrowness 2. (*di mezzi*) scarcity 3. *fig* (*di mente, idee, vedute*) narrowmindedness

ristretto, -a [ris·'tret·to] I. *pp di* **restringere** II. *adj* 1. (*limitato: numero, quantità*) small 2. CULIN **brodo** ~ consommé; **caffè** ~ strong coffee 3. *fig* (*meschino: mente*) narrow

ristrutturabile [ris·trut·tu·'ra:·bi·le] *adj* (*edificio*) renovatable

ristrutturare [ris·trut·tu·'ra:·re] *vt* 1. (*edificio*) to renovate 2. (*azienda*) to reorganize

ristrutturato, -a [ris·trut·tu·'ra:·to] *adj* (*edificio*) renovated

ristrutturazione [ris·trut·tu·rat·'tsio:·ne] *f* 1. (*di edificio*) renovation 2. (*di azienda*) reorganization

risucchiare [ri·suk·'kia:·re] *vt fig* (*assorbire*) to absorb

risucchio [ri·'suk·kio] <-cchi> *m* suction; (*di onda*) undertow

risultare [ri·sul·'ta:·re] *vi essere* 1. (*derivare*) to be shown 2. (*essere accertato*) to be clear 3. (*rivelarsi*) to prove to be

risultato [ri·sul·'ta:·to] *m* result

risuonare [ri·suo·'na:·re] *vi essere o avere* 1. (*gener*) to echo 2. (*campane, campanello*) to ring again 3. *fig* (*echeggiare*) to ring

risurrezione [ri·sur·ret·'tsio:·ne] *f* REL resurrection

risuscitare [ri·suʃ·ʃi·'ta:·re] I. *vt* 1. (*morti*) to bring back to life 2. *fig* (*tradizione, moda*) to revive II. *vi essere* 1. REL to rise from the dead 2. *fig* (*riprendersi*) to recover

risvegliare [riz·veʎ·'ʎa:·re] I. *vt* 1. (*svegliare*) to wake up 2. *fig* (*memoria, emozioni, gelosia*) to reawaken II. *vr:* **-rsi** 1. (*svegliarsi*) to wake up 2. *fig* (*rinascere: speranza*) to revive

risveglio [ris·'veʎ·ʎo] <-gli> *m* 1. (*dal sonno*) awakening 2. *fig* (*rinascita: di speranze, paure, ostilità*) revival

risvolto [riz·'vɔl·to] *m* 1. (*di pantaloni*) turn-up; (*di giacca*) lapel 2. *fig* (*ripercussione*) implication

ritagliare [ri·taʎ·'ʎa:·re] *vt* (*articolo, fotografia*) to cut out

ritaglio [ri·'taʎ·ʎo] <-gli> *m* 1. (*di giornale*) clipping 2. (*di stoffa*) remnant 3. (*loc*) **-i di tempo** spare time

ritardare [ri·tar·'da:·re] I. *vi* (*persona*) to be late; (*treno*) to be running late; (*orologio*) to

be slow II. *vt* 1. (*far tardare*) to delay 2. (*differire*) to defer

ritardatario, -a [ri·tar·da·'ta:·rio] <-i, -ie> *m, f* latecomer

ritardato, -a [ri·tar·'da:·to] I. *adj* 1. (*moto, scoppio, pagamento*) delayed; **reazione a scoppio** ~ *fig* delayed reaction 2. (*persona*) mentally challenged; (*scolaro*) with learning difficulties II. *m, f* (*mentale*) mentally challenged person

ritardo [ri·'tar·do] *m* 1. (*non puntualità*) delay; **essere in** ~ to be late 2. (*indugio*) delay 3. MED, PSIC (*mentale*) retardation

ritegno [ri·'teɲ·ɲo] *m* restraint; **senza** ~ without restraint

ritemprare [ri·tem·'pra:·re] I. *vt fig* (*forze, spirito*) to restore II. *vr:* **-rsi** (*persona*) to recover

ritenere [ri·te·'ne:·re] <irr> I. *vt* 1. (*considerare*) to consider 2. (*trattenere: somma, importo*) to deduct II. *vr:* **-rsi** (*considerarsi*) to consider oneself

ritenuta [ri·te·'nu:·ta] *f* (*detrazione*) deduction; ~ **d'acconto** tax withholding at the source

ritirare [ri·ti·'ra:·re] I. *vt* 1. (*tirare di nuovo*) to throw again 2. (*tirare indietro*) to pull back 3. (*truppe, squadra, moneta*) to withdraw 4. (*farsi consegnare*) to pick up 5. (*riscuotere: stipendio*) to get 6. *fig* (*promessa*) to take back 7. (*revocare: legge*) to abrogate II. *vr:* **-rsi** 1. (*appartarsi*) to withdraw 2. (*abbandonare: gara*) **-rsi da qc** to withdraw from sth 3. (*restringersi: maglione*) to shrink

ritirata [ri·ti·'ra:·ta] *f* MIL retreat; ~ **strategica** *a. fig* strategic retreat

ritirato, -a [ri·ti·'ra:·to] *adj* (*appartato: vita*) secluded

ritiro [ri·'ti:·ro] *m* 1. (*di truppe, squadra, merce*) withdrawal 2. (*di pacco, merce*) collection 3. (*di patente*) suspension

ritmico, -a ['rit·mi·ko] <-ci, -che> *adj* rhythmic

ritmo ['rit·mo] *m* rhythm

rito ['ri:·to] *m* 1. REL rite; (*cerimonia*) ceremony 2. (*usanza*) custom; **di** ~ (*discorso, presentazioni*) customary

ritoccare [ri·tok·'ka:·re] *vt* 1. (*toccare di nuovo*) to touch again 2. (*correggere: disegno*) to retouch; (*trucco, labbra*) to touch up

ritocco [ri·'tok·ko] <-cchi> *m* (*rifinitura*) alteration; FOTO retouching

ritorcersi [ri·'tɔr·tʃer·si] <irr> *vr:* **-rsi** (*rivolgersi contro*) ~ **contro** to backfire on

ritornare [ri·tor·'na:·re] *vi essere* 1. (*venire di nuovo*) to go [*o* come] back; ~ **a casa** to go [*o* come] home; ~ **in sé** to return to normal 2. (*ricomparire*) to return 3. (*ridiventare*) to become again

ritornello [ri·tor·'nɛl·lo] *m* 1. MUS refrain 2. *fig* (*ripetizione*) story

ritorno [ri·'tor·no] *m* (*rientro*) return; **essere di** ~ to be back; **biglietto di andata e** ~ roundtrip ticket

R

ritorsi *1. pers sing pass rem di* **ritorcere**
ritorsione [ri·tor·'sio:·ne] *f* (*rivalsa*) retaliation
ritrarre [ri·'trar·re] <irr> *vt* **1.** (*tirare indietro*) to pull back **2.** (*dipingere*) to portray **3.** (*raccontare*) to depict
ritrattare [ri·trat·'ta:·re] *vt* **1.** (*trattare di nuovo: questione, argomento*) to deal with again **2.** (*ritirare: accusa*) to withdraw; **il testimone ha ritrattato** the witness retracted his statement
ritrattista [ri·trat·'tis·ta] <-i *m*, -e *f*> *mf* portrait painter
ritratto¹ [ri·'trat·to] *pp di* **ritrarre**
ritratto² *m* **1.** (*immagine*) portrait; **farsi fare il ~** to have one's portrait done **2.** *fig* (*descrizione*) picture **3.** (*somiglianza*) double; **essere il ~ della salute** to be the picture of health
ritrosia [ri·tro·'si:·a] <-ie> *f* (*timidezza*) shyness
ritroso, -a [ri·'tro:·so] *adj* **1.** (*riservato: carattere*) shy **2.** (*restio*) reluctant
ritrovare [ri·tro·'va:·re] **I.** *vt* **1.** (*persone, cose smarrite*) to find **2.** *fig* (*salute, pace*) to regain **3.** *fig* (*cammino, filo del discorso*) to find again **II.** *vr:* **-rsi 1.** (*incontrarsi di nuovo*) to meet up again **2.** (*senza accorgersi*) to end up **3.** *fig* (*in situazione*) to find oneself **4.** (*raccapezzarsi*) **-rsi con qc** to understand sth **5.** *fam* (*avere: sfortuna*) to have
ritrovo [ri·'trɔ:·vo] *m* **1.** (*luogo*) meeting place **2.** (*riunione*) gathering
rituale [ri·tu·'a:·le] **I.** *adj* **1.** (*di un rito*) ritual **2.** *fig* (*abituale: brindisi, discorso*) customary **II.** *m* ritual
riunificazione [ri·u·ni·fi·kat·'tsio:·ne] *f* reunification
riunione [ri·u·'nio:·ne] *f* (*raduno*) gathering
riunire [ri·u·'ni:·re] <riunisco> **I.** *vt* **1.** (*elementi*) to unite **2.** (*mettere insieme: pezzi, fogli*) to gather **3.** (*riconciliare: coniugi*) to reconcile **4.** (*convocare: squadra*) to gather together **II.** *vr:* **-rsi 1.** (*fare una riunione*) to meet **2.** (*tornare insieme: squadra*) to reunite
riuscire [ri·uʃ·'ʃi:·re] <irr> *vi essere* **1.** (*raggiungere*) **~ a fare qc** to manage to do sth **2.** (*avere esito: foto, film*) to come out **3.** (*risultare*) to be; **~ difficile a qu** to be difficult for sb **4.** (*avere successo*) to succeed
riuscita [ri·uʃ·'ʃi:·ta] *f* (*di esperimento, progetto, persona*) success
riutilizzare [ri·u·ti·lid·'dza:·re] *vt* (*utilizzare di nuovo*) to reuse
riva ['ri:·va] *f* (*di mare*) shore; (*di fiume*) bank
rivale [ri·'va:·le] **I.** *adj* (*banda*) rival; (*squadra*) opposing **II.** *mf* rival
rivaleggiare [ri·va·led·'dʒa:·re] *vi* (*essere rivale*) to compete
rivalità [ri·va·li·'ta] <-> *f* rivalry
rivalsa [ri·'val·sa] *f* (*rivincita*) revenge
rivalutare [ri·va·lu·'ta:·re] *vt* **1.** FIN to revalue; **~ gli stipendi** to raise salaries **2.** (*riconoscere il valore di*) to re-evaluate

rivalutazione [ri·va·lu·tat·'tsio:·ne] *f* (*monetaria, di terreni, beni*) revaluation; (*di opera d'arte*) re-evaluation
rivangare [ri·van·'ga:·re] *vt fig* (*passato, storia*) to dig up again
rivedere [ri·ve·'de:·re] <irr> **I.** *vt* **1.** (*persona, luogo, film*) to see again **2.** (*revisionare: testo*) to have another look at **3.** (*rileggere*) to reread **II.** *vr:* **-rsi** (*vedersi di nuovo*) to see one another again
rivedibile [ri·ve·'di:·bi·le] *adj* MIL temporarily unfit for duty
rivelare [ri·ve·'la:·re] **I.** *vt* **1.** (*notizia, segreto*) to disclose; (*intenzioni*) to reveal **2.** (*manifestare*) to reveal **II.** *vr:* **-rsi** (*risultare*) to turn out to be
rivelazione [ri·ve·lat·'tsio:·ne] *f* **1.** (*gener*) revelation **2.** (*di notizie, segreti*) disclosure
rivendicare [ri·ven·di·'ka:·re] *vt* GIUR **1.** to claim **2.** (*libertà, diritto*) to demand **3.** (*assumersi la responsabilità di*) **~ qc** to claim responsibility for sth
rivendicazione [ri·ven·di·kat·'tsio:·ne] *f* **1.** (*di diritto*) claim **2.** (*di attentato*) claiming of responsibility
rivendita [ri·'ven·di·ta] *f* **1.** (*di auto, immobile*) resale **2.** (*negozio*) shop
rivenditore, -trice [ri·ven·di·'to:·re] *m, f* (*venditore*) retailer
riverbero [ri·'vɛr·be·ro] *m* **1.** (*riflesso: del sole*) reflection **2.** MUS reverberation
riverente [ri·ve·'rɛn·te] *adj* (*atteggiamento, inchino*) reverent
riverenza [ri·ve·'rɛn·tsa] *f* (*rispetto*) reverence
riverire [ri·ve·'ri:·re] <riverisco> *vt* **1.** (*rispettare*) to revere **2.** (*salutare*) **~ qu** to pay one's respects to sb
riversare [ri·ver·'sa:·re] *vt* **1.** (*versare di nuovo*) to pour again **2.** *fig* (*energia, capacità*) to pour
rivestimento [ri·ves·ti·'men·to] *m* (*operazione, materiale*) covering
rivestire [ri·ves·'ti:·re] **I.** *vt* **1.** (*ricoprire: parete, divano*) to cover **2.** *fig* (*carica*) to hold **3.** *fig* (*avere*) **~ una grande importanza** to be very important **II.** *vr:* **-rsi** (*vestirsi di nuovo*) to get dressed again
rividi *1. pers sing pass rem di* **rivedere**
riviera [ri·'viɛ:·ra] *f* coast; **la Riviera ligure** the Ligurian Riviera
rivincita [ri·'vin·tʃi·ta] *f* **1.** (*seconda partita*) return match **2.** *fig* (*rivalsa*) revenge; **prendersi la ~** to get one's revenge
rivissi *1. pers sing pass rem di* **rivivere**
rivissuto *pp di* **rivivere**
rivista [ri·'vis·ta] *f* (*periodico*) magazine
rivisto *pp di* **rivedere**
rivitalizzare [ri·vi·ta·lid·'dza:·re] *vt* (*tradizione, commercio, attività*) to revitalize
rivivere [ri·'vi:·ve·re] <irr> **I.** *vi essere* **1.** (*rinascere: pianta*) to come back to life **2.** *fig* (*riacquistare vigore: persona*) to be reborn **3.** *fig* (*tornare in uso: tradizione*) to be revived **4.** *fig*

R

(*vivere in altra forma: persona, ricordo*) to live on; (*passato*) to come alive again **II.** *vt avere* to relive

rivolgere [ri·'vol·dʒe·re] <irr> **I.** *vt* to turn; ~ **l'attenzione a qu/qc** to turn one's attention to sb/sth; ~ **la parola a qu** to speak to sb **II.** *vr:* -**rsi** -**rsi a qu** (*per parlargli*) to turn to sb; (*per chiedere aiuto, informazioni*) to go and see sb

rivolgimento [ri·vol·dʒi·'men·to] *m* POL upheaval

rivolsi [ri·'vɔl·si] *1. pers sing pass rem di* **rivolgere**

rivolta [ri·'vɔl·ta] *f* (*insurrezione*) revolt

rivoltante [ri·vol·'tan·te] *adj* (*ripugnante*) revolting

rivoltare [ri·vol·'ta:·re] **I.** *vt* **1.** (*sottosopra*) to turn over **2.** (*ripetutamente*) to turn over again **3.** (*provocare disgusto*) to disgust **II.** *vr:* -**rsi** **1.** (*ribellarsi*) -**rsi contro qu/qc** to rebel against sb/sth **2.** (*girarsi indietro*) to turn around **3.** (*loc*) **mi si rivolta lo stomaco** it turns my stomach

rivoltella [ri·vol·'tɛl·la] *f* revolver

rivoltellata [ri·vol·tel·'la:·ta] *f* revolver shot

rivolto *pp di* **rivolgere**

rivoltoso, -a [ri·vol·'to:·so] **I.** *adj* rebellious **II.** *m, f* rebel

rivoluzionamento [ri·vo·lut·tsio·na·'men·to] *m* (*profondo cambiamento*) revolutionizing

rivoluzionare [ri·vo·lut·tsio·'na:·re] *vt* **1.** (*società, mercato, moda*) to revolutionize **2.** *fig* (*vita*) to change

rivoluzionario, -a [ri·vo·lut·tsio·'na:·rio] <-i, -ie> **I.** *adj* (*partito, idee, corrente*) revolutionary **II.** *m, f* revolutionary

rivoluzione [ri·vo·lut·'tsio:·ne] *f* **1.** POL, SOCIOL revolution; **la Rivoluzione Francese** the French Revolution; ~ **industriale** Industrial Revolution **2.** *fig, fam* earthquake

rizzare [rit·'tsa:·re] **I.** *vt* **1.** (*bandiera*) to hoist; (*tenda*) to pitch **2.** (*loc*) ~ **le orecchie** to prick up one's ears; ~ **la cresta** to become arrogant **II.** *vr:* -**rsi** (*alzarsi in piedi*) to stand up

RNA *m abbr di* **ribonucleic acid** (*acido ribonucleico*) RNA

roaming ['roum·iŋ] *m* TEL roaming; **tariffa** ~ roaming charge

roba ['rɔː·ba] *f* **1.** (*cose, abiti*) things *pl* **2.** (*materiale, stoffa*) material **3.** (*oggetti*) stuff; ~ **da mangiare** *fam* things to eat **4.** (*da vendere*) goods *pl;* ~ **usata** second hand goods **5.** *sl* (*droga*) dope

robotica [ro·'bɔː·ti·ka] <-che> *f* robotics

robotizzare [ro·bo·tid·'dza:·re] *vt a. fig* (*meccanizzare*) to robotize

robustezza [ro·bus·'tet·tsa] *f* (*solidità*) sturdiness

robusto, -a [ro·'bus·to] *adj* **1.** (*persona, costituzione, braccia*) strong; (*grasso*) overweight **2.** (*valigia, scarpe*) sturdy

roccaforte [rok·ka·'fɔr·te] <roccheforti> *f*

1. (*fortificazione*) fortress **2.** *fig* (*di partito, di turisti*) stronghold

roccia ['rɔt·tʃa] <-cce> *f a. fig* rock

roccioso, -a [rot·'tʃoː·so] *adj* (*terreno, panorama*) rocky; **giardino** ~ rock garden

rockettaro, -a [ro·ket·'ta:·ro] *m, f* **1.** (*compositore*) rocker **2.** (*appassionato*) rock fan

rococò [ro·ko·'kɔ] **I.** <-> *m* Rococo **II.** <inv> *adj* rococo

rodaggio [ro·'dad·dʒo] <-ggi> *m* **1.** TEC, MOT breaking in **2.** *fig* (*periodo per abituarsi a qc*) time to adjust

rodere ['rɔː·de·re] <rodo, rosi, roso> *vt* **1.** (*rosicchiare*) to gnaw **2.** (*corrodere: roccia*) to erode **3.** *fig* (*gelosia, sconfitta*) ~ **qu** to get to sb

rodigino, -a [ro·di·'dʒi:·no] **I.** *adj* from Rovigo **II.** *m, f* (*abitante*) person from Rovigo

roditore [ro·di·'to:·re] *m* rodent

rododendro [ro·do·'dɛn·dro] *m* rhododendron

rogito ['rɔː·dʒi·to] *m* deed

rogna ['roɲ·ɲa] *f* **1.** MED mange **2.** *fig, fam* (*problema*) hassle

rognoso, -a [roɲ·'ɲo:·so] *adj* **1.** MED mangy **2.** *fig* (*questione, problema*) annoying

rogo ['rɔː·go/'ro:·go] <-ghi> *m* (*incendio*) fire

roller ['rou·lə] <- *o* rollers> *m* (*pattini*) Rollerblade *pl*

ROM [rɔm] *m acró de* **Read Only Memory** (*memoria a sola lettura*) ROM

Roma ['roː·ma] *f* Rome, *capital city of Italy*

Romagna [ro·'maɲ·ɲa] *f* Romagna, *area in Northern Italy*

romagnolo [ro·maɲ·'ɲo:·lo] <sing> *m* (*dialetto*) Romagna dialect

romagnolo, -a **I.** *m, f* (*abitante*) person from Romagna **II.** *adj* from Romagna

romanesco, -a [ro·ma·'nes·ko] <-schi, -sche> *adj* Roman

Romania [ro·ma·'ni:·a] *f* Romania; **abitare in** ~ to live in Romania; **andare in** ~ to go to Romania

romanico [ro·'ma:·ni·ko] *m* ARCHIT Romanesque

romanico, -a <-ci, -che> *adj* ARCHIT Romanesque

romanista [ro·ma·'nis·ta] <-i *m*, -e *f*> *mf* **1.** (*tifoso della Roma*) fan of Roma football club **2.** (*studioso*) Romanist

romanità [ro·ma·ni·'ta] <-> *f* Roman spirit

romano, -a [ro·'ma:·no] **I.** *adj* Roman **II.** *m, f* (*abitante*) Roman

romanticismo [ro·man·ti·'tʃiz·mo] *m* **1.** (*movimento*) Romanticism **2.** (*di persona*) romanticism

romantico, -a [ro·'man·ti·ko] <-ci, -che> **I.** *adj* **1.** (*del romanticismo*) Romantic **2.** (*sentimentale*) romantic **II.** *m, f* **1.** (*scrittore, artista*) Romantic **2.** (*persona sentimentale*) romantic

romanza [ro·'man·dza] *f* MUS romance

romanzesco, -a [ro·man·'dzes·ko] <-schi,

R

-sche> *adj* **1.** LIT fictional **2.** (*avventura, amore*) fantastic

romanziere, -a [ro·man·'dziɛ:·re] *m, f* LIT novelist

romanzo [ro·'man·dzo] *m a. fig* novel

romanzo, -a *adj* LIT Romance

rombare [rom·'ba:·re] *vi* (*veicolo, tuono*) to rumble

rombo ['rom·bo] *m* **1.** MAT rhombus **2.** (*rumore*) rumble **3.** ZOOL turbot

romeno, -a [ru·'mɛ:·no] *adj, v.* **rumeno**

rompere ['rom·pe·re] <rompo, ruppi, rotto> **I.** *vt* **1.** (*vetro, vaso*) to smash; (*bastone*) to break; ~ **i timpani a qu** to deafen sb; ~ **la faccia a qu** to smash sb's face in; ~ **le scatole** [*o* **palle**] **a qu** *fam* to annoy sb **2.** *fig* (*silenzio, incanto*) to break **3.** (*interrompere: amicizia*) to break off; (*dieta*) to stop **4.** (*file, righe*) to break **II.** *vi* (*troncare*) ~ **con qu** to break up with sb **III.** *vr:* **-rsi** **1.** (*spezzarsi: vaso, bicchiere*) to smash; **-rsi la testa** *fig* to rack one's brains; **-rsi un braccio/una gamba** to break one's arm/leg **2.** (*macchina, radio, lavatrice*) to break down

rompi ['rom·pi] *mf fam* pain

rompiballe [rom·pi·'bal·le] **I.** <-> *mf vulg* pain in the ass **II.** <inv> *adj vulg* pain-in-the-ass

rompicapo [rom·pi·'ka:·po] *m* brain teaser

rompicoglioni [rom·pi·koʎ·'ʎo:·ni] <-> *mf vulg v.* **rompiballe**

rompimento [rom·pi·'men·to] *m fig, fam* pain

rompipalle [rom·pi·'pal·le] <-> *mf vulg v.* **rompiballe**

rompiscatole [rom·pis·'ka:·to·le] <-> *mf fam* pain in the neck

ronda ['ron·da] *f* MIL patrol

rondine ['ron·di·ne] *f* swallow

rondò [ron·'dɔ] <-> *m* **1.** MUS rondo **2.** (*rotatoria*) traffic circle

ronfare [ron·'fa:·re] *vi* **1.** (*russare*) to snore **2.** (*gatto*) to purr

ronfata [ron·'fa:·ta] *f* snooze

ronzare [ron·'dza:·re] *vi a. fig* to buzz

ronzio [ron·'dzi:·o] <-ii> *m* (*di insetti*) buzzing

rosa[1] ['rɔ:·za] *f* BOT rose; ~ **dei venti** wind rose; **all'acqua di** -e *fig* superficial; **se son** -e, **fioriranno** *fig* time will tell

rosa[2] **I.** <inv> *adj* (*colore*) pink; **foglio** ~ learner's permit; **romanzo** ~ romantic novel **II.** <-> *m* pink

rosario [ro·'za:·rio] <-i> *m* rosary

rosato, -a *adj* **1.** (*vino*) rosé **2.** (*labbra*) pink

rosbif ['rɔs·bif] <-> *m* roast beef

roseo, -a ['rɔ:·zeo] *adj a. fig* rosy

rosetta [ro·'zet·ta] *f* **1.** (*in gioielleria*) rose **2.** TEC washer **3.** (*panino*) *a large crusty white bread roll*

rosi ['ro:·si] *1. pers sing pass rem di* **rodere**

rosicchiare [ro·sik·'kia:·re] *vt* (*osso, mela*) to gnaw

rosmarino [roz·ma·'ri:·no] *m* rosemary

roso ['ro:·so] *pp di* **rodere**

rosolare [ro·zo·'la:·re] *vt* **1.** CULIN to brown **2.** (*loc*) **rosolarsi al sole** to bask

rosolata [ro·zo·'la:·ta] *f* browning

rosolia [ro·zo·'li:·a] <-ie> *f* German measles

rosone [ro·'zo:·ne] *m* **1.** (*motivo ornamentale*) rosette **2.** (*vetrata*) rose window

rospo ['rɔs·po] *m* toad; **ingoiare un** ~ *fig* to bite the bullet

rossastro, -a [ros·'sas·tro] *adj* reddish

rossetto [ros·'set·to] *m* lipstick

rossiccio, -a [ros·'sit·tʃo] <-cci, -cce> *adj* reddish

rosso ['ros·so] *m* red

rosso, -a **I.** *adj* red; **vino** ~ red wine **II.** *m, f* **1.** (*persona rossa di capelli*) redhead **2.** COM **essere in** ~ to be in the red

rossore [ros·'so:·re] *m* (*del viso*) blush

rosticceria [ros·tit·tʃe·'ri:·a] <-ie> *f* rotisserie

rosticciere, -a [ros·tit·'tʃɛ:·re] *m, f* owner of a rotisserie

rota ['rɔ:·ta] *f* **Tribunale della Sacra Rota** Tribunal of the Sacred (Roman) Rota

rotaia [ro·'ta:·ia] <-aie> *f* FERR rail

rotatoria [ro·ta·'tɔ:·ria] *f* traffic circle

rotatorio, -a [ro·ta·'tɔ:·rio] <-i, -ie> *adj* (*movimento*) rotating

rotazione [ro·tat·'tsio:·ne] *f* rotation

rotella [ro·'tɛl·la] *f* (*piccola ruota*) small wheel; **gli manca una** [*o* **qualche**] ~ *fam* he's got a screw loose

rotocalco [ro·to·'kal·ko] *m* (*rivista*) illustrated magazine

rotolamento [ro·to·la·'men·to] *m* (*di corpo*) rolling

rotolare [ro·to·'la:·re] **I.** *vi essere* (*botte, masso, tronco*) to roll **II.** *vr:* **-rsi** (*girarsi*) to roll over

rotolo ['rɔː·to·lo] *m* **1.** (*di carta, stoffa*) roll **2.** (*loc*) **andare a** -i to go to the dogs

rotondità [ro·ton·di·'ta] <-> *f* (*di persone, arti*) curve

rotondo, -a [ro·'ton·do] *adj* round

rotore [ro·'to:·re] *m* TEC rotor

rotta ['rot·ta] *f* **1.** (*percorso*) route; **cambiare** ~ *a. fig* to change direction **2.** (*loc*) **essere in** ~ **con qu** to not be on good terms with sb

rottamare [rot·ta·'ma:·re] *vt* (*auto*) to scrap

rottamazione [rot·ta·mat·'tsio:·ne] *f* (*di auto*) scrapping

rottame [rot·'ta:·me] *m* **1.** (*residuo*) scrap **2.** (*ammasso inservibile*) wreck **3.** *fig, fam* (*persona*) wreck

rotto ['rot·to] *m fig, fam* **per il** ~ **della cuffia** by the skin of one's teeth

rotto, -a **I.** *pp di* **rompere** **II.** *adj* **1.** (*vaso, bicchiere*) broken **2.** (*automobile*) broken down **3.** (*scarpe*) worn out; (*pantaloni*) torn **4.** (*ossa*) aching **5.** *fig* (*voce*) broken

rottura [rot·'tu:·ra] *f* **1.** (*di tubo*) breaking; (*di vetro*) smashing **2.** (*di automobile*) breakdown **3.** (*di tregua*) breaking; (*di trattative, fidanza-*

mento) breaking-off **4.**(*di fidanzamento, ami-cizia*) split

rotula ['rɔːtuˑla] *f* kneecap

roulotte [ruˑ'lɔt] <-> *f* trailer

rovente [roˑ'vɛnˑte] *adj* **1.**(*caldo, estate*) boiling hot **2.**(*ferro*) red-hot **3.***fig* (*polemica, questione*) prickly

rovere ['roːveˑre] *m o f* oak

rovesciamento [roˑveʃˑʃaˑ'menˑto] *m* **1.**(*di situazione*) reversal **2.**(*di governo*) overturning

rovesciare [roˑveʃˑ'ʃaːre] **I.** *vt* **1.**(*inavvertita-mente: olio, latte*) to spill **2.**(*far cadere: botti-glia, sedia*) to knock over **3.**(*ribaltare: barca*) to overturn; ~ **il governo** to overturn the government; ~ **la situazione** to reverse the situation **4.**(*voltare: indumento*) to turn inside out **II.** *vr:* **-rsi 1.**(*capovolgersi*) to overturn **2.**(*versarsi*) to spill

rovescio, -a <-sci, -sce> *adj* **a** ~ inside out

Rovigo *f* Rovigo, *city in the Veneto area*

rovigotto, -a [roˑviˑ'gɔtˑto] **I.** *m, f fam* (*abi-tante*) person from Rovigo **II.** *adj fam* from Rovigo

rovina [roˑ'viːna] *f* **1.**(*disfacimento*) collapse **2.** *pl* (*macerie*) ruins *pl* **3.***fig* (*sfacelo*) ruin

rovinare [roˑviˑ'naːre] **I.** *vt a. fig* to ruin **II.** *vi* **1.**(*cadere giù*) to collapse **2.**(*precipitare: ca-scata, acqua*) to rush **III.** *vr:* **-rsi** (*danneg-giarsi*) to ruin oneself

rovinoso, -a [roˑviˑ'noːzo] *adj* disastrous

rovistare [roˑvisˑ'taːre] *vt* ~ **qc** to rummage in sth

rozzezza [rodˑ'dzetˑtsa] *f* coarseness

rozzo, -a ['rodˑdzo] *adj* (*persone, parole*) coarse

R.R. *abbr di* ricevuta di ritorno return receipt

Rrr *abbr di* raccomandata con ricevuta di ritorno certified letter with return receipt

RSM *m abbr di* **Repubblica di San Marino** Republic of San Marino

ruba ['ruːba] *f* andare a ~ *fam* to sell like hot-cakes

rubacuori [ruˑbaˑ'kuɔːri] **I.** <inv> *adj* woman-izing **II.** <-> *mf* heartbreaker

rubare [ruˑ'baːre] *vt* **1.**(*portafogli, gioielli*) to steal **2.***fig* (*segreto, cuore*) to steal; (*tempo*) to take up

rubicondo, -a [ruˑbiˑ'konˑdo] *adj* (*guance, viso*) ruddy

rubinetteria [ruˑbiˑnetˑteˑ'riːa] <-ie> *f* taps and fittings *pl*

rubinetto [ruˑbiˑ'netˑto] *m* tap

rubino¹ [ruˑ'biːno] *m* ruby

rubino² <inv> *adj* (*colore*) ruby

rublo ['ruːblo] *m* ruble

rubrica [ruˑ'briːka] <-che> *f* **1.**(*degli indi-rizzi*) address book **2.**RADIO, TV feature **3.**(*di giornale*) column

rucola ['ruːkoˑla] *f* rocket

rude ['ruːde] *adj* (*persona, modi*) coarse

rudere ['ruːdeˑre] *m* **1.**(*rovine*) ruins *pl* **2.***fig* (*persona malandata*) wreck

rudimentale [ruˑdiˑmenˑ'taːle] *adj* rudimen-tary

rudimento [ruˑdiˑ'menˑto] *m* **-i** (*di matema-tica, fisica*) rudiments *pl*

ruffiano, -a [rufˑ'fiaːno] *m, f fam* creep

ruga ['ruːga] <-ghe> *f* wrinkle

ruggine¹ ['rudˑdʒiˑne] *f* **1.**(*sostanza*) rust; **fare la** ~ *a. fig* to get rusty **2.***fig, fam* (*attrito*) bad blood

ruggine² <inv> *adj* (*colore*) rust

ruggire [rudˑ'dʒiːre] <ruggisco> *vi* **1.**(*leone*) to roar **2.**(*mare*) to crash; (*tempesta*) to roar

ruggito [rudˑ'dʒiːto] *m* **1.**(*del leone*) roar **2.**(*del mare*) crashing; (*roaring*)

rugiada [ruˑ'dʒaːda] *f* dew

rugosità [ruˑgoˑsiˑ'ta] <-> *f* roughness

rugoso, -a [ruˑ'goːso] *adj* **1.**(*volto*) wrinkled **2.**(*superficie*) rough

rullare [rulˑ'laːre] *vi* (*tamburo*) to roll

rullino [rulˑ'liːno] *m* roll of film

rullio [rulˑ'liːo] <-ii> *m* (*di tamburo*) roll

rullo ['rulˑlo] *m* **1.**(*di tamburo*) roll **2.**(*cilin-dro*) roller

rumeno [ruˑ'mɛːno] *m sing* (*lingua*) Roma-nian

rumeno, -a [ruˑ'mɛːno] **I.** *adj* Romanian **II.** *m, f* (*abitante*) Romanian

ruminanti [ruˑmiˑ'nanˑti] *mpl* ruminants *pl*

ruminare [ruˑmiˑ'naːre] *vt a. fig* to ruminate

rumore [ruˑ'moːre] *m* **1.**(*suono*) noise **2.***fig* (*scalpore*) fuss; **fare** ~ *fig* to cause a fuss

rumoreggiare [ruˑmoˑredˑ'dʒaːre] *vi* **1.**(*fare rumore*) to make a noise; (*di tamburo, tuono*) to rumble **2.***fig* (*persone*) to murmur

rumoroso, -a [ruˑmoˑ'roːso] *adj* noisy

ruolo ['ruɔːlo] *m* **1.**(*funzione*) role **2.**TEAT part **3.**ADMIN **insegnanti di** ~ tenured teachers

ruota ['ruɔːta] *f* **1.**TEC, MOT wheel **2.**(*del lotto*) one of the Italian cities, e.g. Milan, Naples, where lottery numbers are drawn **3.**(*di luna park*) ~ **panoramica** big wheel

rupe ['ruːpe] *f* rock

rupestre [ruˑ'pɛsˑtre] *adj* (*paesaggio*) rocky

ruppi ['rupˑpi] *1. pers sing pass rem di* **rom-pere**

rurale [ruˑ'raːle] *adj* (*paesaggio, popolazione*) rural

ruscello [ruʃˑ'ʃɛlˑlo] *m* stream

ruspa ['rusˑpa] *f* excavator

ruspante [rusˑ'panˑte] *adj* **1.**(*pollo*) free-range **2.***fig* (*carattere*) down-to-earth

russare [rusˑ'saːre] *vi* to snore

Russia ['rusˑsia] *f* Russia; **abitare in** ~ to live in Russia; **andare in** ~ to go to Russia

russo ['rusˑso] *m sing* (*lingua*) Russian

russo, -a ['rusˑso] **I.** *adj* (*della Russia*) Russian; **insalata -a** Russian salad; **montagne -e** big dipper **II.** *m, f* (*abitante*) Russian

rustico ['rusˑtiˑko] <-ci> *m* (*edificio*) cottage

rustico, -a <-ci, -che> *adj* **1.**(*campagnolo*) rustic **2.**(*persona*) rough

ruttare [rutˑ'taːre] *vi* to burp

ruttino [rutˑ'tiːno] *m* burp; **fare il** ~ to burp

R

rutto ['rut·to] *m* burp; **fare un ~** to burp
ruvidezza [ru·vi·'det·tsa] *f a. fig* roughness
ruvido, -a ['ru:·vi·do] *adj a. fig* rough

ruzzolare [rut·tso·'la:·re] *vi* to tumble
ruzzolone [rut·tso·'lo:·ne] *m* tumble
ruzzoloni [rut·tso·'lo:·ni] *adv* with a tumble

Ss

S, s ['εs·se] <-> *f* (*lettera*) S; **~ come Savona** S
for Sugar
S *abbr di* **sud** S
sabato ['sa:·ba·to] *m* Saturday; **~ Santo** Holy
Saturday; *v.a.* **domenica**
sabba ['sab·ba] <-> *m* witches' Sabbath
sabbia ['sab·bia] <-ie> *f* sand; **costruire
sulla ~** *fig* to build on sand; (**di**) **color ~**
sand-colored
sabbiato, -a [sab·'bia:·to] *adj* TEC sandblasted
sabbiatura [sab·bia·'tu:·ra] *f* **1.** MED sandbath
2. TEC sandblasting
sabotaggio [sa·bo·'tad·dʒo] <-ggi> *m* sabotage
sabotare [sa·bo·'ta:·re] *vt* to sabotage
sabotatore, -trice [sa·bo·ta·'to:·re] *m, f* saboteur
sacca ['sak·ka] <-cche> *f* **1.** (*borsa*) bag
2. MED, ANAT sac
saccarina [sak·ka·'ri:·na] *f* saccharin
saccarosio [sak·ka·'rɔ:·sio] <-i> *m* saccha-
rose
saccente [sat·'tʃɛn·te] **I.** *adj* **1.** (*ragazzo, modo
di fare*) know-it-all **2.** (*vecchio, modo di fare*)
opinionated **II.** *mf* know-it-all
saccheggiare [sak·ked·'dʒa:·re] *vt* **1.** (*città,
villaggio*) to sack **2.** (*banca*) to rob; (*casa,
negozio*) to ransack **3.** (*frigorifero, negozio*) to
raid
saccheggiatore, -trice [sak·ked·dʒa·'to:·re]
I. *adj* plundering **II.** *m, f* plunderer
saccheggio [sak·'ked·dʒo] <-ggi> *m* HIST
sack; (*al giorno d'oggi*) looting; (*di negozio*)
plunder
sacchetto [sak·'ket·to] *m* bag
sacco ['sak·ko] <-cchi> *m* **1.** (*recipiente*) bag;
~ a pelo sleeping bag; **pranzo al ~** packed
lunch; **farina del proprio ~** one's own work;
cogliere [*o* **pescare**] **qu con le mani nel ~**
fig to catch sb red-handed; **vuotare il ~** *fig* to
spill the beans **2.** *fig, fam* **un ~ di** loads of
3. ANAT sac
saccopelista [sak·ko·pe·'lis·ta] <-i *m*, -e *f*>
mf backpacker
sacerdote, -essa [sa·tʃer·'dɔ:·te, sa·tʃer·do·
'tes·sa] *m, f* priest
sacerdozio [sa·tʃer·'dɔt·tsio] <-i> *m* REL
priesthood
sacramentale [sa·kra·men·'ta:·le] *adj* (*rito,
celebrazione, grazia*) sacramental
sacramentare [sa·kra·men·'ta:·re] *vt* **1.** REL to
administer the sacraments **2.** *fig* (*giurare*) to
swear **3.** *fam* (*bestemmiare*) to blaspheme

sacramento [sa·kra·'men·to] *m* sacrament;
(*l'Eucarestia*) host
sacrario [sa·'kra:·rio] <-i> *m* **1.** (*di tempio*)
sanctuary **2.** (*dei caduti*) memorial monument
[*o* chapel]
sacrato [sa·'kra:·to] *v.* **sagrato**
sacrestano [sa·kres·'ta:·no] *v.* **sagrestano**
sacrestia [sa·kres·'ti:·a] *f v.* **sagrestia**
sacrificale [sa·kri·fi·'ka:·le] *adj* (*altare, rito,
vittima*) sacrificial
sacrificare [sa·kri·fi·'ka:·re] **I.** *vt* (*animali, persone*) to sacrifice **II.** *vr:* **-rsi 1.** (*offrirsi in sacrificio*) to sacrifice oneself **2.** (*sopportare privazioni*) to make sacrifices
sacrificato, -a [sa·kri·fi·'ka:·to] *adj* **1.** (*pieno
di rinunce: vita, anni*) full of hardship **2.** (*non
valorizzato: mente, edificio*) wasted; **essere ~**
to be wasted **3.** (*offerto in sacrificio: animale,
vittima*) sacrificial
sacrificio [sa·kri·'fi:·tʃo] <-ci> *m* sacrifice
sacrifizio [sa·kri·'fit·tsio] <-i> *m* sacrifice
sacrilegio [sa·kri·'lɛ:·dʒo] <-gi> *m* sacrilege
sacrilego, -a [sa·'kri:·le·go] <-ghi, -ghe> *adj*
1. (*profanatorio: atto, furto, ladro*) sacrilegious
2. (*irriverente: furto, atto, parole*) audacious
sacro, -a *adj* sacred; **la -a famiglia** the Holy
Family; **le -e scritture** the holy scriptures
sacrosanto, -a [sa·kro·'san·to] *adj* **1.** REL holy
2. (*inviolabile: diritto, principio*) sacrosanct
3. *fam* (*opportuno*) justified; **parole -e!** you're
absolutely right!
sadico, -a ['sa:·di·ko] <-ci, -che> **I.** *adj* sadistic **II.** *m, f* PSIC sadist
sadismo [sa·'diz·mo] *m* sadism
saetta [sa·'et·ta] *f* **1.** LIT (*freccia*) arrow **2.** (*fulmine*) lightning; **come una ~** like lightning; **è
una ~** to be like lightning
safari [sa·'fa:·ri] <-> *m* safari
saga ['sa:·ga] <-ghe> *f* **1.** (*racconto, leggenda*) saga **2.** *fig* (*di famiglia*) story
sagace [sa·'ga:·tʃe] *adj* (*persona, risposta,
mente*) shrewd
saggezza [sad·'dʒet·tsa] *f* wisdom
saggiare [sad·'dʒa:·re] *vt* (*provare, verificare*)
to test
saggina [sad·'dʒi:·na] *f* sorghum
saggio ['sad·dʒo] <-gi> *m* **1.** (*prova: di forza,
di volontà*) proof; **dare ~ di qc** to demonstrate
sth; **~ di ginnastica** gymnastics display;
~ musicale recital **2.** (*scritto*) essay **3.** FIN
(*tasso*) rate
saggio, -a <-ggi, -gge> **I.** *adj* wise **II.** *m, f*
(*persona saggia*) wise man *m*, wise woman *f*

saggista [sad·'dʒis·ta] <-i *m*, -e *f*> *mf* essayist
saggistica [sad·'dʒis·ti·ka] <-che> *f* essays *pl*
sagittario [sa·dʒit·'ta:·rio] *m* ASTR Sagittarius; **sono (del** [*o* **un]) Sagittario** I'm (a) Sagittarius
sagoma ['sa:·go·ma] *f* **1.** (*profilo: di uomo, di animale, di vettura*) outline **2.** (*nel tiro a segno*) target **3.** (*modello: in legno, cartone, metallo*) template **4.** *fig, fam* **è una ~** he's a scream
sagomare [sa·go·'ma:·re] *vt* (*roccia, dune*) to sculpt; (*pezzo di legno, di metallo*) to shape
sagomato, -a [sa·go·'ma:·to] *adj* molded
sagra ['sa:·gra] *f* (*festa popolare*) festival
sagrato [sa·'gra:·to] *m* churchyard
sagrestano, -a [sa·gres·'ta:·no] *m*, *f* sexton
sagrestia [sa·gres·'ti:·a] <-ie> *f* sacristy
saio ['sa:·io] <sai> *m* REL habit
sala ['sa:·la] *f* room; (*grande*) hall; **~ d'aspetto** waiting room; **~ da ballo** ballroom; **~·da pranzo** dining room
salace [sa·'la:·tʃe] *adj* **1.** (*lascivo: parole, frasi*) salacious **2.** (*pungente: commento, ironia*) cutting
salamandra [sa·la·'man·dra] *f* salamander
salame [sa·'la:·me] *m* **1.** CULIN salami **2.** *fig, fam* dope
salamelecco [sa·la·me·'lɛk·ko] <-cchi> *m* bowing and scraping; **senza -cchi** without ceremony
salamoia [sa·la·'mɔ:·ia] <-oie> *f* brine
salare [sa·'la:·re] *vt* (*minestra, pasta, carne*) to salt
salariato, -a [sa·la·'ria:·to] *m*, *f* wage-earner
salario [sa·'la:·rio] <-i> *m* (*di operaio*) wage; (*di dipendente*) salary; **~ garantito** guaranteed wage; **~ da fame** starvation wage
salassare [sa·las·'sa:·re] *vt* *fig* (*spremere denaro a*) to bleed dry
salasso [sa·'las·so] *m* *fig* (*esborso di denaro*) drain on resources
salatino [sa·la·'ti:·no] *m* cocktail snack
salato, -a [sa·'la:·to] *adj* **1.** (*burro*) salted; (*pane*) made with salt; **torta -a** savory pie **2.** (*acqua del mare*) salt **3.** (*troppo salato: pasta, carne*) salty **4.** *fig* (*prezzo*) high
salciccia [sal·'tʃit·tʃa] *f fam* v. **salsiccia**
saldare [sal·'da:·re] *vt* **1.** TEC (*pezzi metallici*) to weld **2.** (*conto*) to pay; (*debito*) to pay off
saldatore [sal·da·'to:·re] *m* TEC (*utensile*) soldering iron
saldatore, -trice *m*, *f* TEC (*operaio*) welder
saldatrice [sal·da·'tri:·tʃe] *f* ELETT welder
saldatura [sal·da·'tu:·ra] *f* TEC welding; **punto di ~** weld point
saldezza [sal·'det·tsa] *f* (*morale, di nervi*) strength
saldo ['sal·do] *m* **1.** (*svendita*) sale; **-i di fine stagione** end of season sales **2.** (*di conto, fattura*) settlement; **~ attivo** credit; **~ passivo** deficit
saldo, -a *adj fig* (*stabile: carattere, natura, convinzioni*) firm
sale ['sa:·le] *m* **1.** FOOD, CHIM salt; **~ da cucina**

cooking salt; **~ iodato** iodized salt; **~ marino** sea salt; **un pizzico di ~** a pinch of salt; **-i da bagno** bath salts; **sotto ~** CULIN salted **2.** *fig* (*senno*) **avere poco ~ in zucca** *fam* to not have much sense
Salernitano <*sing*> *m* (*zona*) Salerno area; **nel ~** in the Salerno area
salernitano, -a [sa·ler·ni·'ta:·no] **I.** *adj* from Salerno **II.** *m*, *f* (*abitante*) person from Salerno
Salerno [sa·'lɛr·no] *f* Salerno, *city in southwestern Italy*
salgemma [sal·ᵛdʒɛm·ma] *m* rock salt
salgo ['sal·go] *1. pers sing pr di* **salire**
salice ['sa·li·tʃe] *m* willow; **~ piangente** weeping willow
saliente [sa·'liɛn·te] *adj fig* (*fondamentale: fatto, punto, elemento*) main
saliera [sa·'liɛ:·ra] *f* saltcellar
salii [sa·'li:·i] *1. pers sing pass rem di* **salire**
salina [sa·'li:·na] *f* **1.** (*impianto*) saltworks **2.** MIN salt pan
salinità [sa·li·ni·'ta] <-> *f* salinity
salino, -a [sa·'li:·no] *adj* (*contenente sale: liquido, integratore*) saline
salire [sa·'li:·re] <salgo, salii, salito> **I.** *vt* avere (*scale, gradini, montagna*) to climb **II.** *vi* essere **1.** (*gener*) to go up **2.** (*aereo, strada, sentiero*) to climb **3.** (*catena montuosa, fumo, urla*) to rise **4.** (*montare: sul treno*) to get on; (*sull'auto*) to get in **5.** (*aumentare: livello, numero, temperatura*) to rise **6.** (*diventare più caro: prezzo, affitto, frutta*) to go up (in price)
saliscendi [sa·liʃ·'ʃen·di] <-> *m* **1.** (*chiusura*) latch **2.** (*salite e discese*) series of ups and downs
salita [sa·'li:·ta] *f* **1.** (*azione*) climb **2.** (*strada*) hill; **in ~** uphill
saliva [sa·'li:·va] *f* saliva
salivare[1] [sa·li·'va:·re] *adj* salivary
salivare[2] *vi* to salivate
salivazione [sa·li·vat·'tsio:·ne] *f* salivation
salma ['sal·ma] *f* body
salmastro [sal·'mas·tro] *m* salty smell [*o* taste]
salmastro, -a *adj* (*odore, sapore*) salty; **acque -e** brackish water
salmì [sal·'mi] *m* salmi, *a kind of rich stew;* **lepre in ~** salmi of hare
salmistrato, -a [sal·mis·'tra:·to] *adj* corned
salmo ['sal·mo] *m* psalm
salmonato, -a [sal·mo·'na:·to] *adj* **1.** (*relativo al salmone*) salmon; **trota -a** salmon trout **2.** (*colore*) salmon (colored)
salmone [sal·'mo:·ne] *m* salmon
salmonella [sal·mo·'nɛl·la] *f* salmonella
salmonellosi [sal·mo·nel·'lɔ:·zi] <-> *f* salmonella poisoning
salone [sa·'lo:·ne] *m* **1.** (*ampia sala*) hall **2.** (*esposizione*) show; **~ dell'automobile** auto show
salopette [sa·lɔ·'pɛt] <- *o* salopettes> *f* overalls *pl*
salotto [sa·'lɔt·to] *m* **1.** (*stanza*) living room

S

2.(*mobilio*) living room furniture **3.**(*letterario, aritstico*) salon

salpare [sal·'pa:·re] I. *vi essere* to set sail II. *vt avere* ~ **l'ancora** to raise the anchor

salsa ['sal·sa] *f* sauce; ~ **di pomodoro** tomato sauce

salsedine [sal·'sɛ:·di·ne] *f* **1.**(*del mare*) saltiness **2.**(*residuo*) (dried) salt

salsiccia [sal·'sit·tʃa] <-cce> *f* sausage

salsicciotto [sal·sit·'tʃɔt·to] *m* (*grossa salsiccia*) large sausage

salsiera [sal·'siɛ:·ra] *f* sauceboat

saltare [sal·'ta:·re] I. *vi essere o avere* **1.**(*da terra*) to jump; ~ **dalla finestra** to jump out of the window; ~ **dal ponte** to jump off the bridge; ~ **dalla gioia** to jump for joy; ~ **al collo di qu** (*abbracciare*) to throw one's arms around sb; (*aggredire*) to jump on sb; ~ **fuori** (*essere trovato*) to turn up; (*esprimere*) to come out with; ~ **agli occhi** (**a qu**) to jump out (at sb); ~ **in mente** to think of; **ma cosa ti è saltato in mente?** what got into you?; ~ **di palo in frasca** to jump from one subject to another **2.**(*esplodere*) ~ **in aria** *fig* to blow up II. *vt avere* **1.**(*ostacolo*) to jump (over); ~ **la corda** to jump rope **2.**CULIN to sauté **3.***fig* (*omettere, non frequentare*) to skip; ~ **il pasto** to skip a meal

saltellare [sal·tel·'la:·re] *vi* to skip

saltello [sal·'tɛl·lo] *m* hop

salterellare [sal·te·rel·'la:·re] *v.* saltellare

saltimbanco, -a [sal·tim·'baŋ·ko] <-chi, -che> *m, f* (*acrobata*) acrobat

saltimbocca [sal·tim·'bok·ka] <-> *m rolled veal with ham and sage*

salto ['sal·to] *m* **1.***fig, a. fam* SPORT jump; ~ **in alto** high jump; ~ **in lungo** long jump; ~ **con l'asta** pole vault; ~ **mortale** somersault; **fare i -i mortali** *fig* to bust a gut; **fare quattro -i** *fam* to dance **2.**(*scappata*) **fare un** ~ **in centro** to pop into town; **fare un** ~ **da qu** to drop in on sb; **in un** ~ **vado e torno** *fam* I'll take just a second **3.**(*rapido passaggio*) step up the ladder **4.**MUS leap

salubre [sa·'lu:·bre] *adj* (*ambiente, aria*) healthy

salume [sa·'lu:·me] *m* (type of) cured pork; **-i** cold cuts, *made of pork*

salumeria [sa·lu·me·'ri:·a] <-ie> *f* ≈ delicatessen

salumiere, -a [sa·lu·'miɛ:·re] *m, f* ≈ person who works in/owns a delicatessen

salumificio [sa·lu·mi·'fi:·tʃo] <-ci> *m* ≈ factory producing cured pork

salutare[1] [sa·lu·'ta:·re] *adj* (*alimento, vacanza, trattamento*) healthy

salutare[2] I. *vt* to greet; **salutami tua moglie** say hello to your wife for me; **andare a** ~ **qu** to go and see sb II. *vr:* -**rsi** (*incontrandosi*) to greet one another; (*lasciandosi*) to say goodbye to one another

salute [sa·'lu:·te] *f* **1.**(*benessere fisico*) (good) health; (*benessere mentale*) mental health

2.(*loc*) **bere alla** ~ **di qu** to drink to sb's health; ~**!** (*nei brindisi*) cheers!; (*quando si starnutisce*) bless you!

saluto [sa·'lu:·to] *m* greeting; **portare a qu i -i di qu** to say hello to sb for sb; **rivolgere un** ~ **a qu** to greet sb; **togliere il** ~ **a qu** *fig* to (deliberately) ignore sb; **tanti cari -i** love from; **cordiali -i** with best wishes

salva ['sal·va] *f* (*sparo senza proiettile*) salvo; **cartuccia a -e** blank

salvabile [sal·'va:·bi·le] *adj* **salvare il** ~ to save what can be saved

salvacondotto [sal·va·kon·'dot·to] *m* (*permesso*) safe conduct

salvadanaro [sal·va·da·'na:·ro] *m* piggy bank

salvagente [sal·va·'dʒɛn·te] I.<inv> *adj* **giubbotto** ~ life jacket II.<-> *m* **1.**(*per nuotare*) rubber ring **2.**(*isola pedonale*) safety island

salvaguardare [sal·va·guar·'da:·re] I. *vt* (*diritti, onore, salute*) to safeguard II. *vr* -**rsi da qc** to protect oneself from sth

salvapiede [sal·va·'pie·de] *m* footlet sock

salvare [sal·'va:·re] I. *vt* **1.**A. COMPUT (*gener*) to save; ~ **la vita a qu** to save sb's life **2.**(*proteggere: onore, reputazione*) to preserve II. *vr:* -**rsi 1.**(*dalla morte*) to survive **2.**(*trovare scampo*) to find safety; **si salvi chi può!** it's every man for himself!

salvaschermo [sal·va·'sker·mo] <-> *m* screen saver

salvaslip [sal·va·'zlip] <-> *m* panty liner

salvataggio [sal·va·'tad·dʒo] <-ggi> *m* A. COMPUT rescue; **operazioni di** ~ rescue operations

salvatore, -trice [sal·va·'to:·re] *m, f* savior; **il Salvatore** the Savior

salve ['sal·ve] I. *f v.* salva II. *interj* hi

salvezza [sal·'vet·tsa] *f* A. REL salvation; **ancora di** ~ *fig* safety net; **la** ~ **eterna** eternal salvation

salvia ['sal·via] <-ie> *f* sage

salvietta [sal·'viet·ta] *f* hand towel; ~ **rinfrescante** wet wipe

salvo[1] ['sal·vo] *msing* **trarre qu in** ~ to lead sb to safety; **mettere qc in** ~ to keep sth safe

salvo[2] I. *prep* (*ad eccezione*) except (for) II. *conj* ~ **che ...** +*conj* unless

salvo, -a *adj* safe; **avere -a la vita** to have one's life spared

sambuca [sam·'bu:·ka] <-che> *f* sambuca, *liqueur similar to anisette*

sambuco [sam·'bu:·ko] <-chi> *m* elder

san [san] *v.* santo I.

sanabile [sa·'na:·bi·le] *adj* GIUR reparable

sanare [sa·'na:·re] *vt* **1.**(*gener*) to heal **2.**(*bilancio*) to put right; ~ **un debito** to pay (off) a debt **3.**GIUR to settle

sanatoria [sa·na·'tɔ:·ria] *f* GIUR act of indemnity; ~ **fiscale** tax amnesty

sanatorio [sa·na·'tɔ:·rio] <-i> *m* sanatorium

San Bernardo <- - o - -i> *m* Saint Bernard

sancire [san·'tʃi:·re] <sancisco> *vt* **1.**(*patto, alleanza, accordo*) to ratify **2.**GIUR to sanction

sandalo ['san·da·lo] *m* **1.** (*calzatura*) sandal **2.** BOT sandalwood

sangiovese [san·dʒo·'ve:·se] <-> *m* Sangiovese, *red wine from Tuscany and Romagna*

sangria [san·'gri:·a] <-> *f* sangria

sangue¹ ['san·gue] *m* blood; **donatore di ~** blood donor; **legami** [*o* **vincoli**] **di ~** blood ties; **un** (**cavallo**) **puro ~** a thoroughbred; **~ freddo** *fig* sang-froid; **a ~ freddo** in cold blood; **una bistecca al ~** a rare steak; **avere la musica nel ~** to have music in one's blood; **fra loro non c'è buon ~** there's bad blood between them; **buon ~ non mente** *prov* blood will out

sangue² <inv> *adj* blood

sanguigno, -a [san·'guiɲ·ɲo] *adj* MED blood; **pressione -a** blood pressure

sanguinaccio [san·gui·'nat·tʃo] <-cci> *m* (*insaccato*) black pudding

sanguinare [san·gui·'na:·re] *vi* to bleed

sanguinario, -a [san·gui·'na:·rio] <-i, -ie> *adj* (*killer, guerriero*) bloodthirsty

sanguinoso, -a [san·gui·'no:·so] *adj* (*conflitto, battaglia*) bloody

sanguisuga [san·gui·'su:·ga] <-ghe> *f* **1.** ZOOL leech **2.** *fig, pej* bloodsucker

sanità [sa·ni·'ta] <-> *f* **1.** (*salute: fisica, mentale*) health **2.** ADMIN public health

sanitario, -a [sa·ni·'ta:·rio] <-i, -ie> *adj* ADMIN health; **ufficiale ~** health inspector

sano, -a ['sa:·no] *adj* **1.** MED healthy; **~ come un pesce** in perfect health **2.** (*intero*) in one piece; **di -a pianta** *fig* completely

sanscrito ['san·skri·to] *m* Sanskrit

sant' [sant] *v.* santo I.

santarellina [san·ta·rel·'li:·na] *f* goody-goody

santerello [san·te·'rɛl·lo] *m* goody-goody

santificare [san·ti·fi·'ka:·re] *vt* **1.** (*rendere santo*) to sanctify **2.** (*dichiarare santo*) to canonize **3.** (*le feste*) to observe

santino [san·'ti:·no] *m* holy picture

santissimo [san·'tis·si·mo] *m* il **~** the Blessed Sacrament

santissimo, -a *adj* il **~ Padre** the Holy Father; il **~ Sacramento** the Blessed Sacrament

santità [san·ti·'ta] <-> *f* holiness; **Sua ~** His Holiness

santo, -a ['san·to] **I.** *adj* **1.** (*gener*) holy; **acqua -a** holy water; **la settimana -a** Holy Week; **la terra -a** the Holy Land **2.** (*con nome proprio*) Saint **3.** (*loc*) **tutto il ~ giorno** *fam* all day long; **fammi il ~ piacere ...** *fam* for goodness' sake ...; **Sant'Iddio!** *fam* for God's sake! **II.** *m, f* A. REL saint; (*tutti*) **i Santi** All Saints; **pazienza di un ~** patience of a saint; **non ci sono -i che tengano** *fig* there's nothing for it; **deve avere qualche ~ dalla sua** *fig* he must have a guardian angel

santone, -a [san·'to:·ne] *m, f* **1.** REL holy man **2.** *fig* guru

santuario [san·tu·'a:·rio] <-i> *m* (*edificio sacro*) sanctuary

sanzionare [san·tsio·'na:·re] *vt* **1.** (*infliggere una sanzione*) to penalize **2.** (*confermare: accordo, intesa*) to ratify

sanzione [san·'tsio:·ne] *f* **1.** GIUR, ADMIN sanction **2.** (*punizione*) penalty; **~ disciplinare** punishment; **-i penali** legal sanctions

sapere¹ [sa·'pe:·re] <so, seppi, saputo> **I.** *vt* **1.** (*gener*) to know; **sa il fatto suo** he [*o* she] knows his [*o* her] stuff; **saperla lunga** to know a thing or two; **lo so** I know; **non saprei** I don't know; **non si sa mai** you never know; **buono a sapersi** that's good to know; **averlo saputo!** I wish I'd known! **2.** (*essere in grado di fare qualcosa*) to know how to; **saper fare qc** to know how to do sth; **so nuotare** I can swim; **sa giocare bene a basket** he's [*o* she's] good at basketball **3.** (*apprendere*) to find out; **come hai fatto a saperlo?** how did you find out (about it)? **II.** *vi* **1.** (*aver sapore*) **~ di qc** to taste of sth; **non sa di niente** it has no flavor **2.** (*avere odore*) **~ di qc** to smell of sth **3.** *fig* (*avere un'impressione*) **mi sa che oggi non viene** I don't think he'll [*o* she'll] come today; **mi sa che racconta un sacco di bugie** I think he's [*o* she's] telling a pack of lies

sapere² *m* **1.** (*conoscenze*) knowledge **2.** (*loc*) **il saper vivere** the art of living; **il saper fare** practical ability

sapiente [sa·'piɛn·te] **I.** *adj* **1.** (*saggio*) learned **2.** (*abile: uso, gioco, mano*) masterly **II.** *mf* wise man *m*, wise woman *f*

sapientone, -a [sa·pien·'to:·ne] *pej* **I.** *adj* know-it-all **II.** *m, f* know-it-all

sapienza [sa·'piɛn·tsa] *f* wisdom

sapone [sa·'po:·ne] *m* soap; **~ da barba** shaving soap; **~ da bucato** laundry soap; **bolla di ~** RHET...: **a.** *fig* soap bubble

saponetta [sa·po·'net·ta] *f* bar of soap

sapore [sa·'po:·re] *m* **a.** *fig* flavor; **avere ~ di qc** to smack of sth; **senza ~** flavorless

saporito, -a [sa·po·'ri:·to] *adj* **1.** CULIN tasty **2.** *fig* (*gustoso: risata*) hearty

saputello, -a [sa·pu·'tɛl·lo] *pej* **I.** *adj* precocious **II.** *m, f* know-it-all

saputo, -a [sa·'pu:·to] **I.** *adj* (*noto*) well-known **II.** *m, f* *pej* know-it-all

sarà [sa·'ra] *3. pers sing futuro di* essere¹

sarabanda [sa·ra·'ban·da] *f* **1.** (*danza*) sarabande **2.** *fig* (*confusione*) uproar

saraceno, -a [sa·ra·'tʃɛ:·no] **I.** *adj* Saracen; **grano ~** buckwheat **II.** *m, f* Saracen

saracinesca [sa·ra·tʃi·'nes·ka] <-sche> *f* (*di porte e finestre*) rolling shutter

sarcasmo [sar·'kaz·mo] *m* sarcasm

sarcastico, -a [sar·'kas·ti·ko] <-ci, -che> *adj* sarcastic

sarcofago [sar·'kɔ:·fa·go] <-gi *o* -ghi> *m* sarcophagus

sarda ['sar·da] *f* sardine

Sardegna [sar·'deɲ·ɲa] *f* Sardinia

sardella [sar·'dɛl·la] *f fam* sardine

sardina [sar·'di:·na] *f* sardine; **-e sott'olio** sardines in oil

sardo ['sar·do] <sing> *m* (*lingua*) Sardinian

S

sardo, -a I. *adj* Sardinian II. *m, f* Sardinian

sareste, saresti [sa·'res·te, sa·'res·ti] *2. pers pl, 2. pers sing condizionale di* **essere**[1]

sarto, -a ['sar·to] *m, f* tailor [*o m*], dressmaker [*o f*]

sartoria [sar·to·'ri:·a] <-ie> *f* 1.(*per uomo*) tailor's; (*per donna*) dressmaker's 2.(*settore*) tailoring

sassarese [sas·sa·'re:·se] I. *adj* from Sassari II. *mf* (*abitante*) person from Sassari

Sassarese *sing f* (*zona*) Sassari area; **nel ~** in the Sassari area

Sassari *f* Sassari, *city in NW Sardinia*

sassata [sas·'sa:·ta] *f* **tirare una ~ a qu** to throw a stone at sb

sasso ['sas·so] *m* (*pietra*) stone; (*masso*) rock; (*ciottolo*) pebble; **duro come un ~** *a. fig* (as) hard as a rock; **restare di ~** *fig* to be astounded

sassofonista [sas·so·fo·'nis·ta] <-i *m*, -e *f*> *mf* saxophonist

sassofono [sas·'sɔ:·fo·no] *m* saxophone

sassoso, -a [sas·'so:·so] *adj* (*strada, percorso*) stony

Satana ['sa:·ta·na] *m* Satan

satanico, -a [sa·'ta:·ni·ko] <-ci, -che> *adj* satanic; *fig* (*ghigno*) devilish

satellitare [sa·tel·li·'ta:·re] *adj* satellite

satellite [sa·'tɛl·li·te] I. *m* satellite; **~ meteorologico** weather satellite; **~ televisivo** TV satellite; **~ di comunicazione** communications satellite; **trasmissione via ~** satellite transmission II. *adj* satellite; **città ~** satellite town

satin [sa·'tɛ̃] <-> *m* satin

satinare [sa·ti·'na:·re] *vt* to satinize

satira ['sa:·ti·ra] *f* satire

satirico, -a [sa·'ti:·ri·ko] <-ci, -che> I. *adj* (*scrittore, pezzo*) satirical II. *m, f* satirist

satiro ['sa:·ti·ro] *m* satyr

satollarsi [sa·tol·'la:r·si] *vr* **-rsi di qc** to eat one's fill of sth

satollo, -a [sa·'tol·lo] *adj* full

saturare [sa·tu·'ra:·re] *vt* 1. CHIM to saturate 2. *fig* (*riempire troppo*) to over-fill

saturazione [sa·tu·rat·'tsio:·ne] *f* saturation; **~ del mercato** market saturation

saturo, -a ['sa:·tu·ro] *adj* CHIM saturated

saudita [sau·'di:·ta] <-i *m*, -e *f*> *adj* Saudi; **Arabia Saudita** Saudi Arabia

sauna ['sa:u·na] *f* sauna; **fare la ~** to have a sauna

savana [sa·'va:·na] *f* savannah

savoiardo [sa·vo·'iar·do] *m* CULIN sponge finger

Savona [sa·'vɔ:·na] *f* Savona, *town in northwestern Italy*

savonese [sa·vo·'ne:·se] I. *adj* from Savona II. *mf* (*abitante*) person from Savona

Savonese <*sing*> *m* (*zona*) Savona area; **nel ~** in the Savona area

saxofonista [sak·so·fo·'nis·ta] *mf v.* **sassofonista**

saxofono [sa·'ksɔ:·fo·no] *m v.* **sassofono**

saziare [sat·'tsia:·re] I. *vt a. fig* to satisfy II. *vr:* **-rsi** 1.(*riempirsi*) to eat one's fill; **-rsi di qc** to eat one's fill of sth 2. *fig* to have one's fill

sazietà [sat·tsie·'ta] <-> *f* 1.(*essere sazio*) fullness; **mangiare a ~** to eat one's fill 2. *fig* satisfaction

sazio, -a [sat·'tsio] <-i, -ie> *adj* 1.(*di cibo*) full (up) 2. *fig, pej* sated; **non esser mai ~** *a. fig* to never be satisfied

sbaciucchiare [zba·tʃuk·'kia:·re] I. *vt* to kiss and cuddle II. *vr:* **-rsi** to kiss and cuddle

sbadataggine [zba·da·'tad·dʒi·ne] *f* carelessness

sbadato, -a [zba·'da:·to] *adj* careless

sbadigliare [zba·diʎ·'ʎa:·re] *vi* to yawn

sbadiglio [zba·'diʎ·ʎo] <-gli> *m* yawn

sbafare [zba·'fa:·re] *vt fam* 1.(*mangiare a scrocco*) to scrounge 2.(*mangiare avidamente*) to scoff

sbafo ['zba:·fo] *m pej, fam* **vivere/mangiare a ~** to scrounge a living/a meal

sbagliare [zbaʎ·'ʎa:·re] I. *vt* 1. *a. fig* (*colpo, mira*) to miss 2.(*scambiare*) to get wrong; **~ i calcoli** to make a mistake in the calculations; **~ indirizzo** to get the wrong address; **~ strada** to take the wrong road; **~ treno** to catch the wrong train II. *vi, vr:* **-rsi** to make a mistake; **~ a leggere/scrivere** to read/write sth wrong; **sbagliando s'impara** *prov* you live and learn

sbagliato, -a [zbaʎ·'ʎa:·to] *adj* wrong; **giudizio ~** erroneous judgment; **investimento ~** bad investment

sbaglio ['zbaʎ·ʎo] <-gli> *m* mistake; **per ~** by mistake

sbalestrato, -a [zba·les·'tra:·to] *adj* unsettled

sballare [zbal·'la:·re] *vt* (*merce, pacco*) to unpack

sballato, -a [zbal·'la:·to] *adj fam* wacko

sballo ['zbal·lo] I. *m sl* blast; **che ~** what a blast II. *adj sl* (*fantastico*) **da ~** fantastic

sballottamento [zbal·lot·ta·'men·to] *m* 1.(*di oggetti, persone*) bouncing around 2. *fig* back-and-forth

sballottare [zbal·lot·'ta:·re] *vt* to toss (around)

sbalordimento [zba·lor·di·'men·to] *m* (*incredulità*) amazement

sbalordire [zba·lor·'di:·re] <sbalordisco> *vt* (*stupire profondamente*) to amaze

sbalorditivo, -a [zba·lor·di·'ti:·vo] *adj* (*sorprendente*) incredible

sbalzare [zbal·'tsa:·re] *vt avere* (*da auto, cavallo*) to throw

sbalzo ['zbal·tso] *m* 1.(*spostamento*) jolt 2. *fig* (*oscillazione: di temperatura*) change 3.(*lavorazione*) embossing

sbancare [zbaŋ·'ka:·re] *vt* (*banco*) to break the bank; *fig* (*persona*) to clean out

sbandamento [zban·da·'men·to] *m* 1. MOT skid 2. *fig* confusion; **avere un momento di ~** *fig* to lose it briefly

sbandare [zban·'da:·re] *vi* (*auto*) to skid

sbandato, -a [zban·'da:·to] I. *adj fig* (*gioventù*) wild II. *m, f* misfit

sbandierare [zban·die·'ra:·re] *vt* 1.(*bandiera, vessilli*) to wave 2.*fig* to flaunt; **e non andare a sbandierarlo a tutti!** and don't go telling everyone about it!

sbando ['zban·do] *m* **allo ~** floundering

sbaraccare [zba·rak·'ka:·re] *vt fam* 1.(*togliere di mezzo*) to clear away 2.(*smontare tutto*) to clear out

sbaragliare [zba·raʎ·'ʎa:·vre] *vt* 1.MIL to rout 2.SPORT, POL to defeat 3.*fig* to beat

sbaraglio [zba·'raʎ·ʎo] <-gli> *m* **gettarsi |o buttarsi| allo ~** to plunge recklessly into sth; **mandare allo ~ qu** to put sb in danger

sbarazzarsi [zba·rat·'tsa:r·si] *vr* **~ di qu/qc** to get rid of sb/sth

sbarazzino, -a [zba·rat·'tsi:·no] I. *m, f* (*ragazzo*) scamp II. *adj* (*sorriso*) cheeky; (*pettinatura*) gamine; (*carattere*) impish

sbarbarsi [zbar·'ba:r·si] *vr:* **-rsi** to shave

sbarbatello [zbar·ba·'tɛl·lo] *m* beardless youth

sbarcare [zbar·'ka:·re] I. *vt avere* 1.(*passeggeri*) to disembark; (*merce*) to unload 2.(*loc*) **~ il lunario** to make ends meet II. *vi essere* NAUT to disembark; AERO to get off

sbarco ['zbar·ko] <-chi> *m* 1.(*atto*) disembarkation; (*di merci*) unloading 2.MIL landing

sbarra ['zbar·ra] *f* 1.SPORT (*gener*) bar; **essere dietro le -e** *fig* to be behind bars 2.(*barriera*) barrier 3.TYPO slash

sbarramento [zbar·ra·'men·to] *m* 1.(*atto*) closing off 2.(*barriera*) barrier

sbarrare [zbar·'ra:·re] *vt* 1.(*chiudere*) to close off 2.(*assegno*) to endorse 3.(*occhi*) to widen

sbarrato, -a [zbar·'ra:·to] *adj* 1.(*bloccato*) closed 2.FIN **assegno ~** endorsed check 3.(*occhi*) wide

sbarretta [zbar·'ret·ta] *f* (*segno grafico*) slash

sbatacchiare [zba·tak·'kia:·re] I. *vt* to bang II. *vi* to bang

sbattere ['zbat·te·re] I. *vt* 1.(*panni, tappeti*) to beat 2.(*ali*) to flap 3.(*battere forte*) to slam; **~ qc sul tavolo** to slam sth down on the table 4.(*urtare*) to bang; **non sapere dove ~ la testa** *fig* to not know which way to turn 5.CULIN to whip II. *vi* 1.(*porta*) to bang 2.(*urtare*) **~ contro qc** to bang into sth III. *vr* **sbattersene** *vulg* to not give a damn

sbattitore [zbat·ti·'to:·re] *m* beater

sbattuto, -a [zbat·'tu:·to] *adj* 1.CULIN beaten 2.(*viso*) worn out

sbavare [zba·'va:·re] *vi* 1.(*dalla bocca*) to drool 0.(*colore*) to run

sbavatura [zba·va·'tu:·ra] *f* 1.(*di colore*) bleeding 2.*fig* flaw

sbellicarsi [zbel·li·'kar·si] *vr* **~ dalle risate** to kill oneself laughing

sberla ['zbɛr·la] *f fam* slap; **prendere a -e qu** to slap sb

sberleffo [zber·'lɛf·fo] *m* grimace

sbevazzare [zbe·vat·'tsa:·re] *vi fam* to booze

sbiadire [zbia·'di:·re] <sbiadisco> I. *vi essere* to fade II. *vr:* **-rsi** to fade

sbiadito, -a [zbia·'di:·to] *adj* 1.(*colore, tessuto*) faded 2.*fig* (*ricordo*) faint; (*stile*) colorless

sbiancare [zbiaŋ·'ka:·re] I. *vt avere* (*abiti*) to bleach II. *vr:* **-rsi** *fig* (*in volto*) to go pale

sbieco ['zbiɛ:·ko] *m* **guardare qu di ~** to look askance at sb

sbieco, -a <-chi, -che> *adj* (*muro, linea, inquadratura*) sloping

sbigottimento [zbi·got·ti·'men·to] *m* (*sgomento*) dismay

sbigottire [zbi·got·'ti:·re] <sbigottiooo> *vt avere* (*rendere sgomento*) to dismay

sbilanciamento [zbi·lan·tʃa·'men·to] *m* 1.(*disequilibrio*) displacement 2.(*propensione per: persona, proposta*) bias

sbilanciare [zbi·lan·'tʃa:·re] I. *vt* a. *fig* to throw off balance II. *vr:* **-rsi** (*esporsi troppo*) to compromise oneself

sbilancio [zbi·'lan·tʃo] *m* COM deficit

sbilenco, -a [zbi·'lɛŋ·ko/zbi·'leŋ·ko] <-chi, -che> *adj* (*cane, salto, edificio*) crooked

sbirciare [zbir·'tʃa:·re] *vt* (*guardare di nascosto*) to peep

sbirciata [zbir·'tʃa:·ta] *f* (*rapido sguardo*) peep

sbirro ['zbir·ro] *m pej* cop

sbizzarrirsi [zbid·dzar·'rir·si] <mi sbizzarrisco> *vr* to amuse oneself; **~ a fare qc** to amuse oneself (by) doing sth

sbloccare [zblok·'ka:·re] I. *vt* 1.(*cancello, catena*) to undo; (*cambio, ingranaggio*) to release 2.*fig* (*situazione*) to unblock; (*partita*) to open up 3.(*fondo, finanziamento, aiuti*) to free up II. *vr* 1.(*computer*) to unfreeze; (*chiavistello*) to come free 2.*fig* (*situazione, problema*) to be resolved; (*partita*) to open up; (*traffico*) to start moving again

sblocco [zblɔk·ko] <-cchi> *m* 1.TEL (*di cellulare*) unblocking 2.(*di merci*) release 3.*fig* (*di situazione, risultato*) resolution

sbobba ['zbɔb·ba] *f pej, fam* slop

sbobinare [zbo·bi·'na:·re] *vt* (*trascrivere*) to transcribe

sboccare [zbok·'ka:·re] *vi essere* 1.(*fiume*) to flow; (*strada*) to come out 2.*fig* (*discussione*) to end up

sboccato, -a [zbok·'ka:·to] *adj* foul-mouthed

sbocciare [zbot·'tʃa:·re] *vi essere* 1.(*fiore*) to bloom 2.*fig* (*persona, bellezza*) to blossom

sbocco ['zbok·ko] <-cchi> *m* 1.(*di fiume*) mouth; (*di strada*) end; **strada senza ~** dead end 2.*fig* (*soluzione*) resolution

sbollire [zbol·'li:·re] <sbollisco *o* sbollo> *vi essere o avere* 1.CULIN to stop boiling 2.*fig* (*placarsi: rabbia*) to cool

sbolognare [zbo·loɲ·'na:·re] *vt fam* 1.(*rifilare*) **~ qc a qu** to palm sth off on sb 2.*fig* (*levarsi di torno*) to get rid of

sboom [zbum] <-> *m* COM slump

sbornia ['zbɔr·nia] <-ie> *f fam* **prendersi una ~** to get hammered

S

sborsare [zbor·'sa:·re] *vt* (*pagare*) to pay out

sbottare [zbot·'ta:·re] *vi essere fam* (*scoppiare*) to explode; ~ **a ridere** *fam* to burst out laughing; ~ **a piangere** *fam* to burst into tears

sbotto ['zbɔt·to] *m fam* (*sfogo*) outburst

sbottonare [zbot·to·'na:·re] **I.** *vt* (*camicia, giacca*) to undo **II.** *vr fig, fam* (*confidarsi*) to unburden oneself

sbracato, -a [zbra·'ka:·to] *adj fam* **1.** (*vestito male*) disheveled **2.** (*disordinato: vita*) slovenly **3.** (*sguaiato: allegria, risate*) unbridled

sbracciarsi [zbrat·'tʃar·si] *vr* **1.** (*agitare le braccia*) to wave (one's arms) **2.** *fig* (*darsi da fare*) to busy oneself

sbracciato, -a [zbrat·'tʃa:·to] *adj* **1.** (*senza maniche: abito, camicia*) sleeveless **2.** (*persona*) bare-armed

sbraitare [zbrai·'ta:·re] *vi fam* to yell

sbranare [zbra·'na:·re] **I.** *vt* **1.** (*fare a pezzi*) to tear to pieces **2.** *fig* (*distruggere: avversario*) to hammer; (*a parole*) to tear to pieces **II.** *vr:* **-rsi** *a. fig* to tear one another to pieces

sbriciolare [zbri·tʃo·'la:·re] **I.** *vt* (*pane, biscotti*) to crumble up **II.** *vr:* **-rsi** *a. fig* to crumble

sbrigare [zbri·'ga:·re] **I.** *vt* (*faccenda, questione*) to deal with **II.** *vr:* **-rsi** **1.** (*affrettarsi*) to hurry up **2.** *fam* to deal with sth oneself

sbrigativo, -a [zbri·ga·'ti:·vo] *adj* **1.** (*persona, modi*) brusque; (*risposta*) quick **2.** *pej* (*superficiale: soluzione, approccio*) hasty

sbrinare [zbri·'na:·re] *vt* (*frigorifero*) to defrost

sbrinatore [zbri·na·'to:·re] *m* defroster

sbrindellato, -a [zbrin·del·'la:·to] *adj* (*pantaloni, giacca*) tattered

sbrodolare [zbro·do·'la:·re] **I.** *vt* (*vestito, tovaglia*) to dirty **II.** *vr:* **-rsi** to dirty oneself

sbrodolone, -a [zbro·do·'lo:·ne] *m, f fam* messy eater

sbrogliare [zbroʎ·'ʎa:·re] *vt* **1.** (*matassa, filo*) to untangle **2.** *fig* (*questione, situazione*) to resolve **3.** (*loc*) ~ **la matassa** to solve the problem

sbronza ['zbron·tsa/'zbron·dza] *f fam* **prendersi una** ~ to get hammered

sbronzarsi [zbron·'tsar·si/zbron·'dzar·si] *vr fam* to get hammered

sbronzo, -a ['zbron·tso/'zbron·dzo] *adj fam* hammered

sbruffone, -a [zbruf·'fo:·ne] *m, f pej, fam* braggart

sbucare [zbu·'ka:·re] *vi essere* **1.** (*animale*) to pop out **2.** (*apparire improvvisamente*) to appear

sbucciapatate [zbut·tʃa·pa·'ta:·te] <-> *m* potato peeler

sbucciare [zbut·'tʃa:·re] *vt* **1.** (*patate, castagne*) to peel **2.** MED to skin

sbucciatura [zbut·tʃa·'tu:·ra] *f* **1.** (*lo sbucciare*) peeling **2.** *fam* (*graffio*) graze

sbudellare [zbu·del·'la:·re] **I.** *vt* (*pollo, pesce*) to clean **II.** *vr* **-rsi dalle risate** *fam* to laugh one's head off

sbuffare [zbuf·'fa:·re] *vi* **1.** (*persona*) to snort **2.** (*locomotiva*) to puff

sbuffo ['zbuf·fo] *m* **1.** (*lo sbuffare*) snort **2.** (*di vento*) gust **3.** (*di fumo, vapore*) puff **4.** (*di vestiti*) **maniche a** ~ puffed sleeves

scabbia ['skab·bia] <-ie> *f* scabies *sing*

scabro, -a ['ska:·bro] *adj* (*superficie*) rough

scabrosità [ska·bro·si·'ta] <-> *f* **1.** (*di superficie*) roughness **2.** *fig* (*impudicizia*) indecency

scabroso, -a [ska·'bro:·so] *adj* **1.** (*strada*) uneven **2.** *fig* (*tema, argomento*) delicate **3.** *fig* (*impudico: fatto*) indecent

scacchiera [skak·'kiɛ:·ra] *f* chessboard

scacchiere [skak·'kiɛ:·re] *m* MIL, POL theater

scacchista [skak·'kis·ta] <-i *m*, -e *f*> *mf* chess player

scacciacani [skat·tʃa·'ka:·ni] **I.** <-> *m o f* blank gun **II.** <inv> *adj* **pistola** ~ blank gun

scacciapensieri [skat·tʃa·pen·'siɛ:·ri] <-> *m* Jew's harp

scacciare [skat·'tʃa:·re] *vt* **1.** (*persone*) to throw out **2.** *fig* (*noia, malinconia*) to chase away

scacco ['skak·ko] <-cchi> *m* **1.** *pl* (*gioco*) chess *sing;* **giocare a -cchi** to play chess **2.** (*mossa*) checkmate **3.** *fig* (*sconfitta*) setback **4.** (*quadratino*) **a -cchi** checked

scaccomatto, scacco matto [skak·ko·'mat·to] *m* (*mossa vincente*) checkmate; **dare** ~ **a qu** *a. fig* to checkmate sb

scaddi ['skad·di] *1. pers sing pass rem di* **scadere**

scadente [ska·'dɛn·te] *adj* **1.** (*voto*) unsatisfactory **2.** (*merce*) shoddy; (*prodotto*) poor-quality

scadenza [ska·'dɛn·tsa] *f* **1.** (*di abbonamento, contratto*) expiry; (*di bando*) deadline **2.** FIN due date **3.** (*periodo*) timescale; **a breve/lunga** ~ short-/long-term **4.** (*di alimento*) expiration date

scadenzare [ska·den·'tsa:·re] *vt* ADMIN to schedule

scadere [ska·'de:·re] <scado, scaddi, scaduto> *vi essere* **1.** COM, ADMIN to expire **2.** (*perdere valore*) to decline

scafandro [ska·'fan·dro] *m* protective suit; (*dei palombari*) diving suit; (*degli astronauti*) spacesuit

scaffale [skaf·'fa:·le] *m* (*per libri*) set of shelves

scafo ['ska:·fo] *m* hull

scagionare [ska·dʒo·'na:·re] **I.** *vt* (*discolpare*) to exonerate **II.** *vr:* **-rsi** (*discolparsi: da accusa*) to clear oneself

scaglia ['skaʎ·ʎa] <-glie> *f* **1.** (*di pesce*) scale **2.** (*di pietra, di vetro*) splinter; (*di cioccolato, di formaggio*) flake

scagliare [skaʎ·'ʎa:·re] **I.** *vt* (*lanciare*) to throw **II.** *vr:* **-rsi** **1.** (*aggredire, avventarsi*) to hurl oneself **2.** (*inveire*) to hurl abuse

scaglionamento [skaʎ·ʎo·na·'men·to] *m* (*distribuzione*) staggering

scaglionare [skaʎ·ʎo·'na:·re] *vt* (*distribuire nel tempo*) to stagger

S

scaglione [skaʎ·ˈʎoː·ne] *m* 1.(*gruppo*) batch;
a -i in groups 2.FIN bracket; ~ **d'imposta** tax
bracket

scagnozzo, -a [skaɲ·ˈɲɔt·tso] *m, f* hanger-on

scala [ˈskaː·la] *f* 1.ARCHIT staircase; ~ **a chiocciola** spiral staircase; ~ **di servizio** back stairs;
~ **mobile** escalator 2.(*apparecchio*) ladder
3. *a. fig* TEC, FIS, MUS, GEO scale; ~ **Fahrenheit**
Fahrenheit scale; ~ **Richter** Richter scale;
~ **Celsius/centigrada** Celsius/centigrade
scale; **in ~ ridotta** to scale; **su larga ~** *fig* on a
grand scale; **economia di ~** economy of scale;
~ **in do maggiore** C major scale 4.COM
~ **mobile** escalator

scalare¹ [ska·ˈlaː·re] *adj* 1.(*disposto a scala*)
ladderlike 2.MAT scalar

scalare² *vt* 1.(*montagna*) to climb; ~ **un
muro** to climb over 2.COM (*scontare*) to take
off 3.(*capelli*) to layer 4.MOT (*marcia*) to
downshift

scalata [ska·ˈlaː·ta] *f* (*di montagna*) ascent

scalatore, -trice [ska·la·ˈtoː·re] *m, f* (*alpinismo, ciclismo*) climber

scalciare [skal·ˈtʃaː·re] *vi* (*tirar calci*) to kick

scalcinato, -a [skal·tʃi·ˈnaː·to] *adj* 1.(*muro,
casa*) unplastered 2.*fig* (*persona, aspetto*)
shabby

scaldabanchi [skal·da·ˈbaŋ·ki] <-> *mf pej*
seat warmer

scaldaletto [skal·da·ˈlɛt·to] <-i> *m* bed-
warmer

scaldare [skal·ˈdaː·re] I. *vt* 1.(*acqua*) to boil;
(*minestra*) to heat (up); (*stanza, motore*) to
warm (up) 2.*fig* (*agitare: animi, testa*) to stir
up II. *vr:* **-rsi** 1.A. SPORT (*diventare caldo*) to
warm up 2.*fig* (*accalorarsi, irritarsi*) to grow
heated

scaldata [skal·ˈdaː·ta] *f* **dare una ~ all'arrosto** to warm the roast through

scaldavivande [skal·da·vi·ˈvan·de] <-> *m*
dishwarmer

scaletta [ska·ˈlet·ta] *f* 1.(*piccola scala*) small
staircase; (*a pioli*) small ladder 2.TEAT, FILM
treatment 3.(*abbozzo*) summary

scalfire [skal·ˈfiː·re] <scalfisco> *vt fig* (*danneggiare, intaccare: immagine*) to tarnish;
(*entusiasmo*) to diminish

scalinata [ska·li·ˈnaː·ta] *f* flight of steps

scalino [ska·ˈliː·no] *m* step

scalmanato, -a [skal·ma·ˈnaː·to] I. *adj* (*turbolento: tifoso*) fanatical II. *m, f* (*persona turbo-
lenta*) lunatic

scalo [ˈskaː·lo] *m* 1.NAUT slipway 2.FERR yard;
~ **merci** freight yard 3.AERO stopover; **volo
senza ~** nonstop flight; **fare ~** to make a stopover

scalogna [ska·ˈloɲ·ɲa] *f fam* bad luck

scalognato, -a [ska·loɲ·ˈɲaː·to] *fam* I. *adj* unlucky II. *m, f* unlucky person

scalogno [ska·ˈloɲ·ɲo] *m* shallot

scalone [ska·ˈloː·ne] *m* (*di palazzo*) staircase

scaloppa, scaloppina [ska·ˈlɔp·pa, ska·lop·
ˈpiː·na] *f* escalope

scalpellare [skal·pel·ˈlaː·re] *vt* (*incidere:
marmo, roccia*) to chisel

scalpellino [skal·pel·ˈliː·no] *m* stonemason

scalpello [skal·ˈpɛl·lo] *m* (*gener*) chisel; MED
scalpel

scalpiccio [skal·pit·ˈtʃiː·o] <-ccii> *m* (*di piedi*)
shuffling

scalpitare [skal·pi·ˈtaː·re] *vi* 1.ZOOL to paw the
ground 2.*fig, scherz* (*essere impazienti*) to be
unable to wait; **sto scalpitando!** I can't wait!

scalpitio [skal·pi·ˈtiː·o] <-ii> *m* pawing

scalpo [ˈskal·po] *m* scalp; **fare lo ~ a qu** to
scalp sb

scalpore [skal·ˈpoː·re] *m* sensation; **destare**
[*o fare*] ~ to cause a sensation

scaltrezza [skal·ˈtret·tsa] *f* (*astuzia*) cunning

scaltro, -a [ˈskal·tro] *adj* (*furbo*) cunning

scalzare [skal·ˈtsaː·re] *vt* 1.(*albero*) to bare
the roots of; (*radice*) to bare 2.*fig* (*autorità,
potere*) to undermine 3.*fig* (*da posizione,
classifica, potere*) to unseat

scalzo, -a [ˈskal·tso] *adj* barefoot; **a piedi -i**
barefoot

scambiare [skam·ˈbiaː·re] I. *vt* 1.(*confondere*) ~ **qu per qu** to mistake sb for sb; ~ **qc
per qc** *fig* to mistake sth for sth 2.(*fare uno
scambio*) to exchange; ~ **qc con qc** to exchange sth for sth 3.(*impressioni, opinioni*) to
share; (*parole*) to exchange; ~ **due chiacchiere** to have a chat II. *vr:* **-rsi** 1.(*sostituirsi*)
to change over; **-rsi di posto** to change places
2.(*dare l'un l'altro*) to exchange

scambio [ˈskam·bio] <-i> *m* 1.(*di persona*)
case of mistaken identity 2.(*di doni, cortesie,
idee*) exchange; ~ **culturale** cultural exchange 3.COM trade; **-i commerciali** trade;
libero ~ free trade 4.FERR switches *pl*

scamiciato [ska·mi·ˈtʃaː·to] *m* jumper

scamiciato, -a *adj* in shirt sleeves

scamorza [ska·ˈmɔr·tsa] *f* 1.CULIN *soft cheese
in a pear shape* 2.*fig, scherz* wimp

scamosciato, -a [ska·moʃ·ˈʃaː·to] *adj* suede

scampagnata [skam·paɲ·ˈɲaː·ta] *f fam* trip to
the country

scampanata [skam·pa·ˈnaː·ta] *f* peal (of bells)

scampanellare [skam·pa·nel·ˈlaː·re] *vi* to ring
loudly

scampanellata [skam·pa·nel·ˈlaː·ta] *f*
ring(ing)

scampare [skam·ˈpaː·re] I. *vi* essere (*sfuggire:
a pericolo, morte, massacro*) to escape II. *vt*
avere (*sfuggire a: morte, prigione*) to escape;
scamparla *fam* to have a lucky escape

scampo [ˈskam·po] *m* 1.(*salvezza*) safety;
senza ~ (*via d'uscita*) with no way out 2.ZOOL
Norway lobster; **risotto agli -i** risotto with
scampi

scampolo [ˈskam·po·lo] *m* (*di stoffa*) remnant

scanalare [ska·na·ˈlaː·re] *vt* to make a
groove in

scanalatura [ska·na·la·ˈtuː·ra] *f* 1.(*incavo*)
groove 2.(*operazione*) grooving

scandagliare [skan·daʎ·ˈʎaː·re] *vt* 1.NAUT to

S

sound **2.** *fig* (*analizzare in profondità*) to probe

scandaglio [skan·'daʎ·ʎo] <-gli> *m* **1.** NAUT (*strumento*) sounding line **2.** *fig* (*analisi profonda*) probing

scandalistico, -a [skan·da·'lis·ti·ko] <-ci, -che> *adj* scandalmongering; **giornale ~** tabloid

scandalizzare [skan·da·lid·'dza:·re] **I.** *vt* (*suscitare sdegno*) to scandalize **II.** *vr* (*provare sdegno*) **-rsi di qc** to be scandalized by sth

scandalo ['skan·da·lo] *m* scandal

scandaloso, -a [skan·da·'lo:·so] *adj* (*che suscita sdegno*) scandalous

Scandinavia [skan·di·'na:·via] *f* Scandinavia

scandinavo, -a [skan·di·'na:·vo] **I.** *adj* Scandinavian **II.** *m, f* Scandinavian

scandire [skan·'di:·re] <scandisco> *vt* **1.** (*dividere a intervalli*) to mark out **2.** *fig* (*parole, nome*) to pronounce

scannare [skan·'na:·re] **I.** *vt* **1.** (*animale, persona*) to slaughter **2.** *fig* (*opprimere*) to rip off **II.** *vr:* **-rsi** (*darsi battaglia: persone, popoli*) to slaughter one another

scannatoio [skan·na·'to:·io] <-oi> *m a. fig, pej* slaughterhouse

scanner ['skan·ner] <- *o* scanners> *m* scanner

scannerizzare [skan·ne·rid·'dza:·re] *vt* COMPUT to scan

scanning ['skan·niŋ] <-> *m* COMPUT scanning; **fare lo ~ di qc** to scan sth

scansafatiche [skan·sa·fa·'ti:·ke] <-> *mf fam* lazybones

scansare [skan·'sa:·re] **I.** *vt* **1.** (*schivare*) **~ qu/qc** to dodge sb/sth **2.** (*evitare*) **~ qu/qc** to avoid sb/sth **II.** *vr:* **-rsi** (*spostarsi*) to move

scansione [skan·'sio:·ne] *f* **1.** LIT scansion **2.** COMPUT, TV scanning

scanso ['skan·so] *m* **a ~ di qc** in order to avoid; **a ~ di equivoci** in order to avoid misunderstandings

scantinato [skan·ti·'na:·to] *m* basement

scanzonato, -a [skan·tso·'na:·to] *adj* easygoing

scapaccione [ska·pat·'tʃo:·ne] *m* smack

scapestrato, -a [ska·pes·'tra:·to] **I.** *adj* (*dissoluto*) good-for-nothing **II.** *m, f fam* good-for-nothing

scapigliato, -a [ska·piʎ·'ʎa:·to] *adj* **1.** (*arruffato*) disheveled **2.** *fig* dissolute

scapito ['ska:·pi·to] *m* **a ~ di** at the expense of

scapola ['ska:·po·la] *f* shoulder blade

scapolo ['ska:·po·lo] *m* bachelor

scapolo, -a *adj* unmarried

scapolone [ska·po·'lo:·ne] *m fam* confirmed bachelor

scappamento [skap·pa·'men·to] *m* MOT exhaust

scappare [skap·'pa:·re] *vi* essere **1.** (*darsi alla fuga*) to flee **2.** (*di prigione*) to escape **3.** (*andar via in fretta*) to run **4.** *fig* (*sfuggire*) to slip out; **gli è scappato di mente** he [*o* she]

has forgotten it; **mi scappa la pazienza** I've run out of patience **5.** *fam* (*loc*) **mi scappa la pipì!** I'm bursting; **mi scappa da ridere** I can't help laughing

scappata [skap·'pa:·ta] *f* (*breve visita*) **ho fatto una ~ dalla nonna** I popped in to see grandma; **ho fatto una ~ in ufficio** I popped into the office; **abbiamo fatto una ~ a Asolo** we popped over to Asolo

scappatella [skap·pa·'tɛl·la] *f* adventure

scappatoia [skap·pa·'to:·ia] <-oie> *f* way out

scarabeo [ska·ra·'bɛ:·o] *m* **1.** (*insetto*) scarab beetle **2.** (*gioiello*) scarab **3.** (*gioco*) **Scarabeo®** Scrabble®

scarabocchiare [ska·ra·bok·'kia:·re] *vt* to scribble

scarabocchio [ska·ra·'bɔk·kio] <-cchi> *m* **1.** (*parola*) scribble **2.** (*disegno*) doodle

scarafaggio [ska·ra·'fad·dʒo] <-ggi> *m* cockroach

scaramanzia [ska·ra·man·'tsi:·a] <-ie> *f* **per ~** for luck

scaramuccia [ska·ra·'mut·tʃa] <-cce> *f* (*litigio*) squabble

scaraventare [ska·ra·ven·'ta:·re] **I.** *vt* (*gettare con impeto*) to hurl **II.** *vr:* **-rsi** (*gettarsi con impeto*) to hurl oneself

scarcassato, -a [skar·kas·'sa:·to] *adj fam* (*auto, aereo, computer*) rickety

scarcerare [skar·tʃe·'ra:·re] *vt* to release (from prison)

scarcerazione [skar·tʃe·rat·'tsio:·ne] *f* release

scardinare [skar·di·'na:·re] *vt* **1.** (*porta, finestra*) to take off its hinges **2.** (*demolire: sistema, modello, concetto*) to demolish

scarica ['ska:·ri·ka] <-che> *f* **1.** MIL **una ~ di mitra** a burst of machine-gun fire **2.** *fig* (*di grandine, pugni*) shower; (*bestemmie*) torrent **3.** ELETT discharge

scaricabarili [ska·ri·ka·ba·'ri:·li] <-> *m* **fare a ~** *fig, fam* to blame one another

scaricabile *adj* COMPUT downloadable

scaricamento [ska·ri·ka·'men·to] *m* **1.** (*di merci*) unloading **2.** COMPUT (*di file, software*) download

scaricare [ska·ri·'ka:·re] **I.** *vt* **1.** (*macchina, merci, bagagli*) to unload **2.** (*arma*) to unload; (*sparare*) to discharge **3.** (*riversare su altri: responsabilità*) to offload **4.** COMPUT to download **5.** (*loc*) **~ la coscienza** to ease one's conscience; **~ la propria collera su qu** to take out one's anger on sb; **~ la colpa addosso a qu** to lay the blame on sb; **~ qu** to dump sb **II.** *vr:* **-rsi 1.** (*peso*) to unburden oneself **2.** *fig* (*tensione nervosa*) to let off **3.** (*rilassarsi*) to unwind **4.** (*batteria, accumulatore*) to go flat; (*orologio*) to wind down

scaricatore, -trice *m, f* laborer; **~ di porto** longshoreman

scarico ['ska:·ri·ko] *m* **1.** (*di merci, nave, vagone*) unloading **2.** (*di rifiuti*) dumping; (*luogo*) garbage dump; **-chi industriali** industrial waste **3.** (*di acque*) draining **4.** MOT discharge; (*impianto*) exhaust

scarico, -a <-chi, -che> *adj* **1.** (*carro*) empty **2.** (*batteria*) dead; (*orologio*) wound down **3.** *fig* (*stanco*) run down

scarlattina [skar·lat·'ti:·na] *f* scarlet fever

scarlatto, -a *adj* scarlet

scarno, -a ['skar·no] *adj* **1.** (*viso, mani*) bony **2.** *fig* (*povero: programma, sito, arredamento*) meager

scarpa ['skar·pa] *f* (*calzatura*) shoe; ~ **da gin-nastica** sneakers; ~ **di cuoio** leather shoes; **numero di -e** shoe size; **fare le -e a qu** *fig* to stab sb in the back

scarpata [skar·'pa:·ta] *f* escarpment

scarpiera [skar·'piɛ:·ra] *f* shoe rack

scarpinare [skar·pi·'na:·re] *vi fam* to trek

scarpinata [skar·pi·'na:·ta] *f fam* trek

scarpone [skar·'po:·ne] *m* (walking) boot; ~ **da sci** ski boot; ~ **da montagna** climbing boot

scarrozzare [ska·rot·'tsa:·re] *vt, vi* to drive around

scarseggiare [skar·sed·'dʒa:·re] *vi* to be lacking; ~ **di** to lack

scarsezza [skar·'set·tsa] *f* (*insufficienza*) inadequacy

scarsità [skar·si·'ta] <-> *f* (*mancanza*) scarcity

scarso, -a ['skar·so] *adj* **1.** (*insufficiente: risultato, voto, interesse*) poor; **essere ~ in inglese** to not be very good at English **2.** (*chilo, metro, anno*) just under; **è lungo un metro ~** it's just under a meter long

scartabellare [skar·ta·bel·'la:·re] *vt* (*leggere disordinatamente*) to skim through

scartamento [skar·ta·'men·to] *m* FERR gauge

scartare [skar·'ta:·re] *vt* **1.** (*pacco, regalo*) to unwrap **2.** *fig* (*escludere: ipotesi, proposta, idea*) to reject **3.** (*nelle carte*) to discard **4.** SPORT to dodge

scarto ['skar·to] *m* **1.** (*eliminazione*) dumping **2.** (*di produzione, fabbrica, magazzino*) **materiali di** ~ waste materials; **-i di magazzino** seconds; **essere uno** ~ **della società** *fig* to be an outcast **3.** (*nelle carte*) discard **4.** (*differenza*) gap

scartoffia [skar·'tɔf·fia] <-ie> *f pej, fam* pile of paper

scassare [skas·'sa:·re] **I.** *vt* **1.** *fam* (*rompere*) to wreck **2.** *fam* (*loc*) **non ~!** stop bugging me! **II.** *vr:* **-rsi** *fam* (*rompersi*) to be wrecked

scassinare [skas·si·'na:·re] *vt* to force

scassinatore, -trice [skas·si·na·'to:·re] *m, f* burglar

scasso ['skas·so] *m* breaking and entering; **furto con** ~ burglary

scatenante [ska·te·'nan·te] *adj* (*causa, motivo, fattore*) triggering

scatenare [ska·te·'na:·re] **I.** *vt* (*provocare: guerra, reazione, ira*) to trigger **II.** *vr:* **-rsi** **1.** (*prorompere: battaglia, discussione*) to break out; (*tempesta, temporale*) to break **2.** (*sfogarsi: bambini*) to let off steam

scatola ['ska:·to·la] *f* **1.** (*di biscotti, delle scarpe*) tin; (*di carne, piselli*) can; **cibo in** ~ canned food **2.** *fam* (*loc*) **rompere** [*o* **far girare**] **le -e a qc** to get on sb's nerves; **levarsi dalle -e** to get out **3.** (*elemento, dispositivo*) ~ **cranica** cranium; ~ **nera** AERO black box; ~ **dello sterzo** MOT steering box

scatolame [ska·to·'la:·me] *m* CULIN canned goods

scatoletta [ska·to·'lɛt·ta] *f* box

scattante [skat·'tan·te] *adj* (*auto, motore*) speedy

scattare [skat·'ta:·re] **I.** *vi essere o avere* **1.** (*congegno*) to be tripped; (*allarme*) to go off **2.** (*avere inizio: operazione*) to begin; (*diritto, legge*) to come into effect **3.** (*muoversi repentinamente: persona*) to leap; ~ **in piedi** to jump to one's feet; ~ **sull'attenti** to leap to attention **4.** MOT to go **5.** *fig* (*per l'ira*) to fly off the handle **6.** SPORT (*al via*) to spring forward; (*durante la corsa*) to put a spurt on **II.** *vt avere* (*foto*) to take

scattista [skat·'tis·ta] <-i *m*, -e *f*> *mf* SPORT sprinter

scatto ['skat·to] *m* **1.** (*dispositivo*) release; **ser-ratura a** ~ spring lock **2.** (*moto brusco*) jump **3.** SPORT spurt **4.** MOT acceleration **5.** *fig* (*d'ira*) outburst; **avere uno** ~ **di rabbia** to fly off the handle **6.** *fig* (*aumento*) increment; ~ **di anzi-anità** long-service increment **7.** TEL unit

scaturire [ska·tu·'ri:·re] <scaturisco> *vi essere* **1.** (*liquidi*) to gush **2.** *fig* (*derivare*) to derive

scavalcare [ska·val·'ka:·re] *vt* **1.** (*ostacolo*) to climb over **2.** *fig* (*saltare*) ~ **qu** to bypass sb **3.** *fig* (*superare: in una competizione*) to pass; (*nella professione*) to be promoted over

scavare [ska·'va:·re] *vt* **1.** (*fosso, galleria, pozzo*) to dig **2.** (*legno, pietra*) to hollow out **3.** (*città, tesoro*) to excavate **4.** *fig* (*indagare*) in investigate

scavatore, -trice [ska·va·'to:·re] *m, f* digger

scavezzacollo [ska·vet·tsa·'kɔl·lo] <-> *m, f* hothead

scavo ['ska:·vo] *m* excavation

scazzato, -a [skat·'tsa:·to] *adj vulg* pissed (off)

scegliere ['ʃeʎ·ʎe·re] <scelgo, scelsi, scelto> *vt* to choose

sceicco [ʃe·'ik·ko] <-cchi> *m* sheik

scelgo ['ʃel·go] *1. pers sing pr di* **scegliere**

scelleratezza [ʃel·le·ra·'tet·tsa] *f* **1.** (*inclina-zione al male*) wickedness **2.** (*azione*) wicked act

scellerato, -a [ʃel·le·'ra:·to] **I.** *adj* (*patto, gesto, progetto*) wicked **II.** *m, f* villain

scelsi ['ʃel·si] *1. pers sing pass rem di* **sce-gliere**

scelta ['ʃel·ta] *f* choice; **fare una buona/cat-tiva** ~ to make a good/bad choice; **a** ~ of one's choice; **a** ~ **dello studente** of the student's choice; **merce di prima/seconda** ~ top quality products; **merce di seconda** ~ second-class products

S

scelto, -a [ˈʃel·to] I. *pp di* **scegliere** II. *adj* **1.**(*vestito, prodotto, facoltà*) selected **2.**(*di buona qualità: vino, frutta, merce*) top quality **3.**(*addestrato: tiratore, guardia*) **tiratore ~** marksman; **guardia -a** elite guard

scemare [ʃe·ˈmaː·re] *vi essere* (*entusiasmo, interesse, desiderio*) to decline

scemata [ʃe·ˈmaː·ta] *f fam* (*sciocchezza*) stupid thing

scemenza [ʃe·ˈmɛn·tsa] *f* (*sciocchezza*) stupid thing

scemo, -a [ˈʃeː·mo] I. *adj* stupid II. *m, f* idiot; **~ del villaggio** village idiot

scempio [ˈʃem·pio] *m* **1.**(*massacro*) massacre **2.** *fig* (*rovina: di ambiente, patrimonio artistico*) destruction

scena [ˈʃɛː·na] *f* **1.**(*palcoscenico*) stage; **calcare le -e** to tread the boards; **entrare in ~** to come on stage; *fig* to come on the scene; **essere di ~** to be on; *fig* to take the stage; **mettere in ~** to stage **2.** *a. fig* scene; **colpo di ~** coup de théâtre; *fig* dramatic turn of events; **la ~ del delitto** the scene of the crime; **fare -e** to make a scene; **scomparire dalla ~ politica** to disappear from the scene **3.**(*loc*) **fare ~ muta** to not open one's mouth

scenario [ʃe·ˈnaː·rio] <-i> *m* **1.** TEAT setting; FILM location **2.**(*paesaggio*) backdrop **3.** POL background

scenata [ʃe·ˈnaː·ta] *f* scene; **fare una ~ a qu** to make a scene

scendere [ˈʃen·de·re] <scendo, scesi, sceso> *vi essere* **1.**(*andare giù*) to go down; **~ a valle** to go back down the mountain/hill; **~ a patti con qu** *fig* to come to an agreement with sb **2.**(*smontare: da macchina*) to get out of; (*da bus, treno*) to get off; (*da cavallo*) to dismount **3.**(*essere in pendenza*) to descend **4.**(*calare*) to drop; (*notte*) to fall; (*sole*) to set **5.**(*di grado*) to decline **6.**(*loc*) **~ in piazza** to take to the streets; **~ in campo** *a. fig* to take the field

scendiletto [ʃen·di·ˈlɛt·to] <-> *m* bedside rug

sceneggiare [ʃe·ned·ˈdʒaː·re] *vt* TEAT, FILM, TV to dramatize

sceneggiato [ʃe·ned·ˈdʒaː·to] *m* TV (television) drama

sceneggiato, -a *adj* (*soggetto*) dramatized

sceneggiatore, -trice [ʃe·ned·dʒa·ˈtoː·re] *m, f* screenwriter

sceneggiatura [ʃe·ned·dʒa·ˈtuː·ra] *f* TV, RADIO, FILM screenplay

scenetta [ʃe·ˈnet·ta] *f* sketch

scenico, -a [ˈʃɛː·ni·ko] <-ci, -che> *adj* (*spazio, effetto*) stage; **realizzazione -a** staging

scenografia [ʃe·no·gra·ˈfiː·a] *f* **1.**(*tecnica*) set design **2.**(*elementi scenici*) scenery

scenografico, -a [ʃe·no·ˈgraː·fi·ko] <-ci, -che> *adj* **1.** TEAT stage **2.** *fig* (*spettacolare*) spectacular

scenografo, -a [ʃe·ˈnɔː·gra·fo] *m, f* set designer

sceriffo [ʃe·ˈrif·fo] *m* sheriff

scervellarsi [stʃer·vel·ˈlar·si] *vr* **~ su** [*o* **intorno a**] **qc** to rack one's brains over sth

scervellato, -a [stʃer·vel·ˈlaː·to] I. *adj* (*privo di senno*) idiotic II. *m, f* idiot

scesi [ˈʃeː·si] *1. pers sing pass rem di* **scendere**

sceso [ˈʃeː·so] *pp di* **scendere**

scespiriano, -a [ʃes·pi·ˈriaː·no] *adj* (*dramma, personaggio, classico*) Shakespearean

scetticismo [ʃet·ti·ˈtʃiz·mo] *m* skepticism

scettico, -a [ˈʃɛt·ti·ko] <-ci, -che> I. *adj* (*diffidente*) skeptical II. *m, f* (*persona scettica*) skeptic

scettro [ˈʃɛt·tro] *m* **1.**(*del re*) scepter **2.** *fig* (*potere, primato*) crown

scheda [ˈskɛː·da] *f* ADMIN card; **~ elettorale** ballot paper; **~ grafica** COMPUT graphics card; **~ madre** COMPUT motherboard; **~ magnetica** swipe card; **~ perforata** punch card

schedare [ske·ˈdaː·re] *vt* **1.**(*registrare*) to catalog **2.** ADMIN to put on record

schedario [ske·ˈdaː·rio] <-i> *m* **1.**(*raccolta*) file **2.**(*mobile*) filing cabinet; (*dispositivo*) box file

schedato, -a [ske·ˈdaː·to] *m, f* person with a police record

schedina [ske·ˈdiː·na] *f* (*di Lotto*) ticket; (*di Totocalcio*) coupon

scheggia [ˈsked·dʒa] <-gge> *f* (*di legno*) splinter

scheggiare [sked·ˈdʒaː·re] I. *vt* (*rovinare*) to shatter II. *vr:* **-rsi** (*rovinarsi*) to shatter

scheletrico, -a [ske·ˈlɛː·tri·ko] <-ci, -che> *adj a. fig* ANAT skeletal

scheletro [ˈskɛː·le·tro] *m* **1.** ANAT skeleton **2.**(*di nave, mobile*) frame **3.**(*di romanzo, racconto*) outline

schema [ˈskɛː·ma] <-i> *m* **1.**(*modello*) diagram **2.** GIUR draft; **~ di legge** bill **3.** *fig* (*mentale, della società*) pattern **4.** SPORT game plan

schematicità [ske·ma·ti·tʃi·ˈta] <-> *f* over simplification

schematico, -a [ske·ˈmaː·ti·ko] <-ci, -che> *adj* (*quadro, esempio, raffigurazione*) schematic

schematizzare [ske·ma·tid·ˈdzaː·re] *vt* to schematize

schematizzazione [ske·ma·tid·dzat·ˈtsioː·ne] *f* schematization

scherma [ˈsker·ma] *f* fencing; **tirare di ~** to fence

schermaglia [sker·ˈmaʎ·ʎa] <-glie> *f* (*disputa*) skirmish

schermare [sker·ˈmaː·re] *vt* (*proteggere mediante schermo*) to screen

schermata [sker·ˈmaː·ta] *f* (*videata*) screen

schermo [ˈsker·mo] *m a. fig* screen; **diva dello ~** screen goddess; **grande ~** big screen; **piccolo ~** small screen; **~ a cristalli liquidi** liquid crystal screen; **~ a colori** color screen

schernire [sker·ˈniː·re] <schernisco> *vt* (*deridere*) to mock

scherno ['sker·no] *m* (*derisione*) scorn; **farsi ~ di qu/qc** to sneer at sb/sth

scherzare [sker·'tsa:·re] *vi* to joke; **~ col fuoco** to play with fire; **c'è poco da ~** it's no laughing matter

scherzo ['sker·tso] *m* **1.** (*azione, parola scherzosa*) joke; **~ da prete** *fam* stupid trick; **stare allo ~** to take a joke; **per ~** for fun; **neppure per ~** not even in fun; **-i a parte!** seriously! **2.** (*sorpresa sgradevole*) trick **3.** *fig* (*impresa facile*) child's play

scherzoso, -a [sker·'tso:·so] *adj* (*tono, brano*) jokey; (*persona*) fun

schiaccianoci [skiat·tʃa·'no:·tʃi] <-> *m* nutcracker

schiacciante [skiat·'tʃan·te] *adj* (*vittoria, prova*) overwhelming

schiacciapatate [skiat·tʃa·pa·'ta:·te] <-> *m* potato masher

schiacciare [skiat·'tʃa:·re] *vt* **1.** (*patate*) to mash; (*dito*) to squash; (*noci, mandorle*) to crack **2.** SPORT to smash **3.** (*premere: pedale, pulsante*) to push **4.** *fig* (*annientare*) to thrash **5.** (*travolgere*) to crush **6.** (*loc*) **~ un pisolino** [*o* **sonnellino**] *fam* to take a nap

schiacciata [skiat·'tʃa:·ta] *f* **1.** SPORT smash **2.** CULIN *type of flat, usually salty bread*

schiacciato, -a [skiat·'tʃa:·to] *adj* **1.** (*naso*) flat **2.** SPORT (*tiro ~*) smash

schiaffare [skiaf·'fa:·re] *vt* **1.** *fam* (*gettare*) to chuck **2.** (*loc*) **l'hanno schiaffato dentro** they locked him up

schiaffeggiare [skiaf·fed·'dʒa:·re] *vt* to slap

schiaffo ['skiaf·fo] *m* slap; **prendere qu a -i** to slap sb around

schiamazzare [skia·mat·'tsa:·re] *vi* **1.** ZOOL (*galline*) to squawk; (*oche*) to cackle **2.** (*persone*) to make a racket

schiamazzo [skia·'mat·tso] *m* **1.** ZOOL (*di galline*) squawking; (*di oche*) cackling **2.** (*di persone*) racket

schiantare [skian·'ta:·re] **I.** *vt avere* **1.** (*distruggere*) to smash **2.** *fig* (*sconfiggere*) to thrash **II.** *vr:* **-rsi** (*rompersi violentemente*) to crash

schianto ['skian·to] *m* (*boato*) crash; **di ~** suddenly

schiappa ['skiap·pa] *f pej, fam* **essere una ~** to be hopeless

schiarimento [skia·ri·'men·to] *m* lightening

schiarire [skia·'ri:·re] <schiarisco> **I.** *vt avere* (*rendere più chiaro*) to lighten; **-rsi la voce** to clear one's throat **II.** *vr:* **-rsi** **1.** (*cielo, tempo*) to brighten **2.** (*capelli, tessuto*) to become lighter

schiarita [skia·'ri:·ta] *f* **1.** METEO bright spell **2.** *fig* (*miglioramento*) improvement

schiattare [skiat·'ta:·re] *vi essere fig, fam* (*crepare*) to die

schiavismo [skia·'viz·mo] *m* slavery

schiavitù [skia·vi·'tu] <-> *f a. fig* slavery; **ridurre in ~** to enslave

schiavo, -a ['skia:·vo] **I.** *adj* enslaved; **essere ~ della droga** to be hooked on drugs **II.** *m, f* slave

schiena ['skiɛ:·na] *f* back; **colpire alla ~ qu** to attack sb from behind

schienale [skie·'na:·le] *m* (*di sedile, di divano*) back

schiera ['skiɛ:·ra] *f* **1.** (*moltitudine*) crowd; **a -e** in large numbers **2.** MIL force **3.** (*loc*) **casa a ~** row house

schieramento [skie·ra·'men·to] *m* **1.** MIL, SPORT formation **2.** POL alliance

schierare [skie·'ra:·re] **I.** *vt* (*esercito, soldati*) to draw up; (*squadra, giocatori*) to select **II.** *vr:* **-rsi** **1.** MIL to line up **2.** *fig* (*prendere posizione*) to align oneself; **-rsi dalla parte di/contro qu** to side with/against sb; **-rsi dalla parte di/contro qc** to take a stand against sth

schiettezza [skiet·'tet·tsa] *f* frankness

schietto, -a ['skiɛt·to/'skiet·to] *adj* (*carattere, tono, risposta*) frank

schifare [ski·'fa:·re] *vt* to disgust

schifezza [ski·'fet·tsa] *f* junk; **è una ~** it's a piece of junk

schifiltoso, -a [ski·fil·'to:·so] *adj* fussy

schifo ['ski:·fo] *m* disgust; **i funghi mi fanno ~** I can't stand mushrooms; **la minestra è uno ~** the soup is disgusting; **che ~!** yuck!

schifoso, -a [ski·'fo:·so] *adj* disgusting

schioccare [ski·ok·'ka:·re] *vt* (*frusta*) to crack; (*lingua, dita*) to click

schiocco ['ski·ɔk·ko] <-cchi> *m* click; **bacio con lo ~** smacking kiss

schioppettata [skiop·pet·'ta:·ta] *f* gunshot

schioppo ['skiɔp·po] *m* bang

schiribizzo [ski·ri·'bid·dzo] *v.* **sghiribizzo**

schiudere ['skiu:·de·re] <irr> **I.** *vt* to open **II.** *vr:* **-rsi** **1.** (*fiori*) to open; (*uova*) to crack open **2.** *fig* (*futuro, orizzonte, scenario*) to open up

schiuma ['skiu:·ma] *f* foam; **~ da barba** shaving foam; **fare molta/poca ~** to make a lot of/not much foam

schiumoso, -a [skiu·'mo:·so] *adj* (*sapone*) foaming; (*latte*) frothy

schiusi ['skiu:·si] *1. pers sing pass rem di* **schiudere**

schiuso ['skiu:·so] *pp di* **schiudere**

schivare [ski·'va:·re] *vt* (*evitare*) to avoid; **~ un colpo** to dodge a blow

schivo, -a ['ski:·vo] *adj* **1.** (*contrario*) **essere ~ di qc** to be wary of sth **2.** (*timido*) reserved

schizofrenia [skid·dzo·fre·'ni:·a] <-ie> *f* schizophrenia

schizofrenico, -a [skid·dzo·'frɛ:·ni·ko] <-ci, -che> **I.** *adj* **1.** MED schizophrenic **2.** *fig* (*folle*) crazy **II.** *m, f* schizophrenic

schizzare [skit·'tsa:·re] **I.** *vt avere* **1.** (*liquidi*) to splash **2.** (*sporcare*) to spatter **3.** (*disegnare*) to sketch **II.** *vi essere* **1.** (*liquidi*) to spurt **2.** *fig* (*guizzare*) to shoot **III.** *vr:* **-rsi** to spatter oneself

S

schizzato, -a [skit·'tsa:·to] *adj* **1.**(*sporcato*) spattered **2.**fig (*persona*) crazy

schizzinoso, -a [skit·tsi·'no:·so] *adj* fussy

schizzo ['skit·tso] *m* **1.**(*di fango, inchiostro*) splash **2.**(*abbozzo*) sketch

sci [ʃi] <-> *m* **1.**(*attrezzo*) ski **2.**(*attività*) ski-ing

sciabola ['ʃa:·bo·la] *f* saber

sciacallaggio [ʃa·kal·'la:d·dʒo] <-ggi> *m* **1.**(*furto*) looting **2.**fig (*azione cinica*) cynical maneuver

sciacallo [ʃa·'kal·lo] *m* **1.**ZOOL jackal **2.**fig (*in guerra*) looter **3.**fig (*approfittatore*) profiteer

sciacchetrà [ʃak·ke·'tra] *m* sciacchetrà, *sweet white wine from Liguria*

sciacquare [ʃak·'kua:·re] *vt* (*piatti, bicchieri*) to rinse; (*panni*) to rinse (out); **-rsi la bocca** to rinse one's mouth (out); **-rsi le mani** to wash one's hands

sciacquata [ʃak·'kua:·ta] *f* rinse

sciacquo ['ʃak·kuo] *m* **fare gli -i** to rinse one's mouth (out)

sciacquone [ʃak·'kuo:·ne] *m* flush; **tirare lo ~** to flush

sciagura [ʃa·'gu:·ra] *f* **1.**(*disgrazia*) disaster; **~ ecologica** environmental disaster **2.**fig (*sfortuna*) misfortune

sciagurato, -a [ʃa·gu·'ra:·to] **I.** *adj* **1.**(*persone*) unlucky **2.**(*malvagio*) wicked **3.**(*dissennato*) insane **II.** *m, f* (*disgraziato*) wretch

scialacquare [ʃa·lak·'kua:·re] *vt* (*patrimonio*) to squander

scialacquatore, -trice [ʃa·lak·kua·'to:·re] **I.** *m, f* spendthrift **II.** *adj* spendthrift

scialbo, -a ['ʃal·bo] *adj* (*privo di carattere*) dull

scialle ['ʃal·le] *m* shawl

scialo ['ʃa:·lo] *m* (*divertimento*) blast

scialuppa [ʃa·'lup·pa] *f* sloop; **~ di salvataggio** lifeboat

sciamano [ʃa·'ma:·no] *m* shaman

sciamare [ʃa·'ma:·re] *vi essere o avere a. fig* to swarm

sciame ['ʃa:·me] *m* **1.**(*di api*) swarm **2.**fig (*di persone*) crowd

sciampo ['ʃam·po] *m fam* shampoo

sciangai [ʃaŋ·'ga:i] <-> *m* pickup sticks

sciarada [ʃa·'ra:·da] *f* word game in which two words are joined together to form a third

sciare [ʃi·'a:·re] *vi* SPORT to ski

sciarpa ['ʃar·pa] *f* scarf

sciata [ʃi·'a:·ta] *f fam* **fare una ~** to go skiing

sciatica ['ʃa:·ti·ka] <-che> *f* sciatica

sciatico, -a ['ʃa:·ti·ko] <-ci, -che> *adj* **nervo ~** sciatic nerve

sciatore, -trice [ʃia·'to:·re] *m, f* skier

sciatto, -a ['ʃat·to] *adj* (*persona*) unkempt; (*abito*) shabby; (*stile*) sloppy

scibile ['ʃi:·bi·le] *m* knowledge

sciccoso, -a [ʃik·'ko:·so] *adj fam* (*elegante: persona, abito*) chic

scientifica [ʃen·'ti·fi·ka] <-che> *f* (*polizia*) forensics

scientificità [ʃen·ti·fi·tʃi·'ta] <-> *f* scientific nature

scientifico, -a <-ci, -che> *adj* **1.**(*studio, analisi, articolo*) scientific **2.**(*liceo*) high school specializing in science subjects

scienza ['ʃɛn·tsa] *f* science; **~ dell'alimentazione** nutrition; **~ dell'educazione** science of education; **-e economiche** economics; **-e naturali** natural science

scienziato, -a [ʃɛn·'tsia:·to] *m, f* scientist

sciistico, -a [ʃi·'is·ti·ko] <-ci, -che> *adj* ski

scimmia ['ʃim·mia] <-ie> *f* monkey; (*più grande*) ape; **brutto come una ~** ugly as sin

scimpanzé [ʃim·pan·'tse] <-> *m* chimpanzee

scimunito, -a [ʃi·mu·'ni:·to] **I.** *adj* stupid **II.** *m, f* idiot

scindere ['ʃin·de·re] <scindo, scissi, scisso> **I.** *vt* to split **II.** *vr:* **-rsi** (*dividersi: partito, società, gruppo*) to split

scintilla [ʃin·'til·la] *f* (*di fuoco*) spark; **fare -e** fig (*brillare*) to perform brilliantly

scintillare [ʃin·til·'la:·re] *vi* **1.**FIS to give off sparks **2.**(*luccicare*) to sparkle; (*risplendere di luce*) to glitter

scintillio [ʃin·til·'li:·o] <-ii> *m* (*di spade, luci, vetrine*) glitter

sciò [ʃɔ] *interj* shoo

scioccante [ʃok·'kan·te] *adj* (*verità, immagine, rivelazione*) shocking

scioccare [ʃok·'ka:·re] *vt fam* to shock

scioccato, -a [ʃok·'ka:·to] *adj* shocked

sciocchezza [ʃok·'ket·tsa] *f* **1.**(*scemenza*) stupid thing; **è stata una ~** it was a stupid thing to do **2.**fig (*cosa da nulla*) **è una ~** it's nothing

sciocco, -a ['ʃɔk·ko] <-cchi, -cche> **I.** *adj* silly **II.** *m, f* idiot

sciogliere ['ʃɔʎ·ʎe·re] <sciolgo, sciolsi, sciolto> **I.** *vt* **1.**(*slegare: capelli*) to loosen; (*nodo*) to undo **2.**(*liberare: cane*) to let off the leash **3.**CHIM to dissolve **4.**(*porre fine a: contratto*) to cancel; (*società*) to wind up **5.**(*seduta, manifestazione, riunione*) to bring to an end; (*parlamento*) to dissolve **6.**(*risolvere: dubbio, problema*) to resolve **7.**(*muscoli, gambe*) to loosen up **II.** *vr:* **-rsi** **1.**(*neve*) to melt **2.**(*superare l'imbarazzo*) to relax

scioglilingua [ʃoʎ·ʎi·'liŋ·gua] <-> *m* tongue twister

scioglimento [ʃoʎ·ʎi·'men·to] *m* **1.**(*di nodo*) untying **2.**POL (*di parlamento*) dissolution **3.**GIUR (*di matrimonio*) annulment; (*di contratto*) cancellation **4.**REL (*di voto*) fulfilment **5.**(*di nevi, ghiacci*) melting

sciolgo ['ʃɔl·go] *1. pers sing pr di* sciogliere

sciolina [ʃio·'li:·na] *f* wax

sciolsi ['ʃɔl·si] *1. pers sing pass rem di* sciogliere

scioltezza [ʃol·'tet·tsa] *f* **1.**(*di movimenti*) suppleness **2.**(*disinvoltura*) fluency

sciolto, -a ['ʃɔl·to] **I.** *pp di* sciogliere **II.** *adj* **1.**(*slegato*) loose **2.**(*ritmo, movimento*) supple; **avere la lingua -a** to have the gift of the gab

scioperare [ʃo·pe·'ra:·re] *vi* to strike

sciopero ['ʃɔ:·pe·ro] *m* strike; ~ **bianco** slow-down; ~ **della fame** hunger strike; **domani c'è lo ~ degli autobus** there's a bus strike tomorrow; **fare ~** to (go on) strike

sciorinare [ʃo·ri·'na:·re] *vt a. fig* (*mettere in mostra*) to display; (*dati, fatti*) to rattle off

sciovia [ʃio·'vi:·a] *f* ski tow

scippare [ʃip·'pa:·re] *vt* ~ **qu** to rob sb in the street

scippatore, -trice [ʃip·pa·'to:·re] *m, f* street robber

scippo ['ʃip·po] *m* street robbery

scirocco [ʃi·'rɔk·ko] <-cchi> *m* sirocco

sciroppo [ʃi·'rɔp·po] *f* MED syrup; ~ **per la tosse** cough syrup

scisma ['ʃiz·ma] <-i> *m* 1. REL schism 2. POL split

scismatico, -a [ʃiz·'ma:·ti·ko] <-ci, -che> I. *adj* (*corrente, atto, principio*) schismatic II. *m, f* schismatic

scissi ['ʃis·si] *1. pers sing pass rem di* **scindere**

scissione [ʃis·'sio:·ne] *f* (*di partito*) split; (*di società*) division

scisso ['ʃis·so] *pp di* **scindere**

sciupare [ʃu·'pa:·re] I. *vt* 1. (*rovinare: abito, mobile*) to ruin 2. *fig* (*rovinare: sorpresa*) to spoil 3. (*sprecare: tempo, fatica*) to waste II. *vr:* **-rsi** 1. (*indumenti*) to be ruined 2. (*persone*) to become run down

scivolare [ʃi·vo·'la:·re] *vi essere* 1. (*perdere l'equilibrio*) to slip; ~ **di mano a qu** to slip out of sb's hand 2. (*scorrere*) to slide

scivolo ['ʃi·vo·lo] *m* slide

scivolone [ʃi·vo·'lo:·ne] *m fig* (*grave errore*) blunder

scivoloso, -a [ʃi·vo·'lo:·so] *adj* (*terreno*) slippery

sclerosi [skle·'rɔ:·zi] <-> *f* MED sclerosis; ~ **multipla** multiple sclerosis

scocca ['skɔk·ka] <-cche> *f* (*di auto*) body

scoccare [skok·'ka·re] I. *vt avere* 1. (*freccia*) to shoot 2. (*ore*) to strike 3. *fig* ~ **un bacio a qu** to give sb a smacker II. *vi essere* (*ore*) to strike

scocciare [skot·'tʃa:·re] *fam* I. *vt* (*stufare*) to annoy II. *vr:* **-rsi** (*stufarsi*) to grow tired of sth

scocciatore, -trice [skot·tʃa·'to:·re] *m, f fam* pain (in the neck)

scocciatura [skot·tʃa·'tu:·ra] *f fam* pain; **che ~!** what a pain!

scodella [sko·'dɛl·la] *f* bowl

scodinzolare [sko·din·tso·'la:·re] *vi* ZOOL to wag its tail

scogliera [skoʎ·'ʎɛ:·ra] *f* (*scogli*) rocks *pl*; (*a strapiombo*) cliffs *pl*; ~ **corallina** coral reef

scoglio ['skɔʎ·ʎo] <-gli> *m* 1. GEO rock 2. *fig* obstacle

scoglioso, -a [skoʎ·'ʎo:·so] *adj* rocky

scoiattolo [sko·'iat·to·lo] *m* squirrel

scolapasta [sko·la·'pas·ta] <-> *m* colander

scolapiatti [sko·la·'piat·ti] <-> *m* drainboard

scolare[1] [sko·'la:·re] *adj* **età** ~ school age

scolare[2] *vt avere* to drain; **scolarsi una bottiglia di vino** to drink a whole bottle of wine

scolaresca [sko·la·'res·ka] <-sche> *f* schoolchildren *pl*

scolaretto, -a [sko·la·'ret·to] *m, f* schoolboy *m*, schoolgirl *f*

scolaro, -a [sko·'la:·ro] *m, f* student

scolastico, -a [sko·'las·ti·ko] <-ci, -che> *adj* 1. (*anno, tasse, programma*) school 2. *fig, pej* superficial; **inglese** ~ basic English

scoliosi [sko·'liɔ:·zi] <-> *f* scoliosis

scollato, -a [skol·'la:·to] *adj* (*abito*) low-cut; **scarpa -a** pump

scollatura [skol·la·'tu:·ra] *f* 1. (*di abito*) neckline 2. (*parte scoperta*) cleavage

scolorina® [sko·lo·'ri:·na] *f* ink remover

scolorirsi [sko·lo·'ri:·rsi] <scolorisco> *vr:* **-rsi** (*colore, abito, legno*) to fade

scolpire [skol·'pi:·re] <scolpisco> I. *vt* 1. (*marmo, statua*) to sculpt; (*legno*) to carve 2. (*incidere*) to engrave II. *vr* (*imprimersi*) to become engraved

scombinare [skom·bi·'na:·re] *vt* to upset

scombussolare [skom·bus·so·'la:·re] *vt* to unsettle

scommessa [skom·'mes·sa] *f* bet; **fare una ~** to (make a) bet

scommettere [skom·'met·te·re] <irr> *vt* 1. ~ **qc** to bet sth 2. (*affermare con certezza*) to bet

scomodare [sko·mo·'da:·re] I. *vt* 1. *fig* (*chiamare in causa*) to drag in 2. (*rivolgersi a*) to invoke II. *vr:* **-rsi** (*disturbarsi*) to bother (oneself)

scomodità [sko·mo·di·'ta] *f* inconvenience

scomodo, -a *adj* uncomfortable

scomparire [skom·pa·'ri:·re] <irr> *vi essere* 1. (*sparire*) to disappear 2. (*morire*) to die 3. *fig* (*fare poca figura*) to fade into the background

scomparsa [skom·'par·sa] *f* 1. (*sparizione*) disappearance 2. (*morte*) death

scomparso, -a [skom·'par·so] *adj* 1. (*popolo, continente*) vanished 2. (*irreperibile: documento*) lost; (*persona*) missing

scompartimento [skom·par·ti·'men·to] *m* 1. FERR compartment; ~ **fumatori/non fumatori** smoking/non-smoking compartment 2. (*di armadio, di stiva*) section

scomparto [skom·'par·to] *m* (*di borsa, di cassetto, di portadocumenti*) section

scompenso [skom·'pɛn·so] *m* MED decompensation

scompigliare [skom·piʎ·'ʎa:·re] *vt* (*capelli*) to mess up

scompiglio [skom·'piʎ·ʎo] <-gli> *m* confusion

scompisciarsi [skom·piʃ·'ʃar·si] *vr* ~ **dalle risate** *vulg* to pee one's pants laughing

scomponibile [skom·po·'ni:·bi·le] *adj* (*mobile, modello*) modular

scomporre [skom·'por·re] <irr> I. *vt* 1. (*disgregare: elementi*) to break up 2. MAT to factor II. *vr:* **-rsi** (*mostrare turbamento*) to lose one's composure

S

scomposto, -a [skom·'pos·to] I. *pp di* **scomporre** II. *adj* (*sguaiato: atteggiamento, gesto*) unseemly

scomunica [sko·'mu:·ni·ka] <-che> *f* REL excommunication

scomunicare [sko·mu·ni·'ka:·re] *vt* REL to excommunicate

sconcertante [skon·tʃer·'tan·te] *adj* (*verità, episodio*) disconcerting

sconcertare [skon·tʃer·'ta:·re] *vt* (*turbare*) to disconcert

sconcerto [skon·'tʃɛr·to] *m* (*turbamento*) bewilderment

sconcio, -a <-ci, -ce> *adj* (*parola, foto, battuta*) dirty

sconclusionato, -a [skon·klu·zio·'na:·to] *adj* (*discorso, frase*) inconclusive

scondito, -a [skon·'di:·to] *adj* without dressing

sconfessare [skon·fes·'sa:·re] *vt* 1.(*rinnegare*) to repudiate 2.(*disapprovare*) to denounce

sconfiggere [skon·'fid·dʒe·re] <sconfiggo, sconfissi, sconfitto> *vt* 1. A. MIL to defeat 2. *fig* (*eliminare*) to overcome

sconfinare [skon·fi·'na:·re] *vi fig* (*oltrepassare i limiti*) to spill over

sconfissi [skon·'fis·si] *1. pers sing pass rem di* **sconfiggere**

sconfitta [skon·'fit·ta] *f* defeat; **~ elettorale** electoral defeat; **infliggere una ~ a qu** to defeat sb; **subire una ~** to be defeated

sconfitto [skon·'fit·to] *pp di* **sconfiggere**

sconfortante [skon·for·'tan·te] *adj* (*dato, notizia*) discouraging

sconfortare [skon·for·'ta:·re] I. *vt* (*togliere coraggio*) to discourage II. *vr:* **-rsi** (*perdere coraggio*) to become discouraged

sconforto [skon·'fɔr·to] *m* (*abbattimento*) dejection

scongelamento [skon·dʒe·la·'men·to] *m* defrosting

scongelare [skon·dʒe·'la:·re] *vt* to defrost

scongiurare [skon·dʒu·'ra:·re] *vt* 1.(*pregare*) to beg 2.(*pericolo, disastro, tragedia*) to avert

scongiuro [skon·'dʒu:·ro] *m* (*atto rituale*) charm

sconnesso, -a [skon·'nɛs·so] *adj* (*discorso*) disconnected

sconosciuto, -a [sko·noʃ·'ʃu:·to] I. *adj* unknown II. *m, f* stranger

sconsacrare [skon·sa·'kra:·re] *vt* (*chiesa*) to deconsecrate

sconsigliabile [skon·siʎ·'ʎa:·bi·le] *adj* inadvisable

sconsigliare [skon·siʎ·'ʎa:·re] *vt* **~ qc a qu** to advise sb against sth; **~ a qu di ... +**inf to advise sb not to ...

sconsolato, -a [skon·so·'la:·to] *adj* (*espressione, faccia, atteggiamento*) disconsolate

scontare [skon·'ta:·re] *vt* 1. COM to take off; **~ una cambiale** to discount a bill of exchange 2. GIUR to serve; **~ il debito con la giustizia** to serve one's time 3. *fig* (*pagare le conseguenze di*) to pay for

scontato, -a [skon·'ta:·to] *adj* (*previsto: successo, risultato, risposta*) expected

scontentezza [skon·ten·'tet·tsa] *f* dissatisfaction

scontento [skon·'tɛn·to] *m* (*insoddisfazione*) discontent

scontento, -a *adj* discontented

sconto ['skon·to] *m* COM discount

scontrarsi [skon·'tra:r·si] *vr:* **-rsi** 1.(*treno, auto*) to crash 2. MIL to clash 3. *fig* (*divergere*) to differ

scontrino [skon·'tri:·no] *m* receipt; **~ fiscale** cash register receipt

scontro ['skon·tro] *m* 1. MOT, FERR, AERO crash 2. MIL, SPORT clash 3. *fig* (*diverbio*) confrontation

scontrosità [skon·tro·si·'ta] <-> *f* surliness

scontroso, -a [skon·'tro:·so] *adj* (*atteggiamento, carattere*) surly

sconveniente [skon·ve·'niɛn·te] *adj* (*contegno, parole, risposta*) improper

sconvolgente [skon·vol·'dʒɛn·te] *adj* (*notizia, evento*) devastating

sconvolgere [skon·'vɔl·dʒe·re] <irr> *vt* 1.(*turbare profondamente*) to devastate 2.(*piano, progetto*) to upset

sconvolgimento [skon·vol·dʒi·'men·to] *m* (*interiore*) **la notizia mi provocò un grande ~** I was devastated by the news

sconvolsi *1. pers sing pass rem di* **sconvolgere**

sconvolto *pp di* **sconvolgere**

scoop [sku(:)p] <- *o* scoops> *m* scoop; **~ pubblicitario** marketing scoop

scooter ['sku:·tə/'sku·ter] <-> *m* scooter

scopa ['sko:·pa] *f* broom

scopare [sko·'pa:·re] *vt* 1.(*pavimento*) to sweep 2. *vulg* to screw

scopata [sko·'pa:·ta] *f* 1.(*spazzata*) **dare una ~ a qc** to give sth a sweep 2. *vulg* screw; **farsi una ~** to screw

scoperchiare [sko·per·'kia:·re] *vt* 1.(*pentola*) to uncover; **~ una casa** to take the roof off a house 2. *fig* (*mettere a nudo*) to reveal

scoperta [sko·'pɛr·ta] *f* discovery

scoperto [sko·'pɛr·to] *m* 1.(*luogo aperto*) **dormire allo ~** to sleep in the open 2. COM, FIN overdraft

scoperto, -a *adj* 1.(*terrazzo*) roofless 2.(*braccia, capo*) bare; **essere troppo ~** to be wearing too few clothes 3. COM, FIN overdrawn 4. *fig* (*sincero*) **a viso ~** openly

scopiazzare [sko·piat·'tsa:·re] *vt* to copy

scopo ['skɔ:·po] *m* (*fine*) aim; **a che ~?** why?

scoppiare [skop·'pia:·re] *vi essere* 1.(*guerra, rissa, epidemia*) to break out; (*estate, inverno*) to arrive 2.(*bomba, moda*) to explode 3.(*gomma*) to burst 4. *fig* (*per aver mangiato troppo*) to burst; **~ a piangere** to burst into tears; **~ a ridere** to burst out laughing; **~ dal caldo** to be boiling (hot) 5. SPORT to collapse

S

scoppio ['skɔp·pio] <-i> *m* **1.** (*di bomba, mina*) explosion; **a ~ ritardato** *fig* delayed action **2.** (*rumore*) bang **3.** *fig* burst; **uno ~ di risa** a burst of laughter **4.** MOT **motore a ~** internal combustion engine

scoprire [sko·'pri:·re] <scopro, scoprii *o* scopersi, scoperto> I. *vt* **1.** (*gener*) to discover; **~ l'acqua calda** *fam* to reinvent the wheel **2.** (*pentola, statua, gambe*) to uncover **3.** *fig* (*palesare*) to reveal II. *vr:* **-rsi 1.** (*spogliarsi*) to take some clothes off; **si è scoperta troppo** she was wearing too few clothes **2.** *fig* (*rivelarsi*) to give oneself away

scopritore, -trice [sko·pri·'to:·re] *m, f* discoverer

scoraggiante [sko·rad·'dʒan·te] *adj* discouraging

scoraggiare [sko·rad·'dʒa:·re] I. *vt* (*togliere il coraggio*) to discourage II. *vr:* **-rsi** (*perdere il coraggio*) to lose heart

scorbutico, -a [skor·'bu:·ti·ko] <-ci, -che> *adj fig* surly

scorciatoia [skor·tʃa·'to:·ia] <-oie> *f a. fig* shortcut

scordare [skor·'da:·re] I. *vt* **1.** (*dimenticare*) to forget **2.** MUS to put out of tune II. *vr:* **-rsi 1.** (*dimenticarsi*) to forget **2.** (*lasciare*) to leave; **mi sono scordato gli appunti a casa** I left my notes at home **3.** MUS to go out of tune

scoreggia [sko·'red·dʒa] <-gge> *f vulg* fart

scoreggiare [sko·red·'dʒa:·re] *vi vulg* to fart

scorfano ['skɔr·fa·no] *m* ZOOL scorpion fish

scorfano, -a *m, f fam* (*persona brutta*) dog

scorgere ['skɔr·dʒe·re] <scorgo, scorsi, scorto> *vt* **1.** (*riconoscere: persona*) to see **2.** *fig* (*riconoscere: pericolo, inganno, minaccia*) to recognize

scorpacciata [skor·pat·'tʃa:·ta] *f fam* feast; **fare una ~ di qc** to feast on sth

scorpione [skor·'pio:·ne] *m* **1.** ZOOL scorpion **2.** ASTR **sono (dello** [*o* **uno**]) **Scorpione** I'm (a) Scorpio

scorrazzare [skor·rat·'tsa:·re] *vi* **1.** (*bambino*) to run around **2.** *fig* (*girovagare*) to roam

scorrere ['skor·re·re] <irr> I. *vi essere* **1.** (*fiume, lacrime, discorso*) to flow **2.** (*tempo*) to pass **3.** (*traffico*) to move II. *vt avere* **1.** (*libro, testo, righe, parole*) to scan **2.** COMPUT to scroll (through)

scorreria [skor·re·'ri:·a] <-ie> *f* (*incursione*) incursion

scorrettezza [skor·ret·'tet·tsa] *f* **1.** (*errore*) mistake **2.** (*azione*) act of rudeness; (*condizione*) rudeness

scorretto, -a [skor·'rɛt·to] *adj* **1.** (*sbagliato: nome, uso*) incorrect **2.** (*disonesto: gesto, azione, comportamento*) improper; **gioco ~** (*nello sport*) foul play; **è molto ~ in campo** he's a dirty player

scorrevole [skor·'re:·vo·le] *adj* **1.** (*traffico, discorso*) flowing **2.** (*su rotaie*) **porta ~** sliding door

scorribanda [skor·ri·'ban·da] *f* **1.** (*breve scorreria*) raid **2.** (*breve gita*) trip

scorsi ['skɔr·si] *1. pers sing pass rem di* **scorgere, scorrere**

scorso, -a ['skor·so] I. *pp di* **scorrere** II. *adj* (*passato*) last; **l'anno ~** last year

scorta ['skor·ta] *f* **1.** (*accompagnamento*) bodyguard **2.** MIL escort **3.** (*provvista*) supply; **fare ~ di qc** to stock up on sth; **ruota di ~** spare tire

scortare [skor·'ta:·re] *vt* (*accompagnare*) to escort

scortese [skor·'te:·ze] *adj* rude

scortesia [skor·te·'zi:·a] *f* **1.** (*essere scortese*) rudeness **2.** (*gesto*) act of rudeness

scorticare [skor·ti·'ka:·re] *vt* to skin

scorto ['skɔr·to] *pp di* **scorgere**

scorza ['skɔr·dza/'skɔr·tsa] *f* **1.** (*di albero*) bark **2.** (*di frutto*) peel **3.** *fig* (*esteriorità*) exterior; **avere la ~ dura** to have thick skin

scosceso, -a [skoʃ·'ʃe:·so] *adj* (*pendio, promontorio*) steep

scossa ['skɔs·sa] *f* **1.** ELETT shock; **prendere una ~** to get an electric shock **2.** (*sbalzo*) **~ di terremoto** tremor **3.** *fig* (*grande dolore*) blow

scossi ['skɔs·si] *1. pers sing pass rem di* **scuotere, scuocere**

scosso, -a ['skɔs·so] I. *pp di* **scuotere** II. *adj* (*sconvolto*) shaken

scossone [skos·'so:·ne] *m* shake

scostante [skos·'tan·te] *adj* (*non coerente: atteggiamento, carattere*) inconsistent

scostare [skos·'ta:·re] I. *vt* (*spostare: vaso, cesto*) to move II. *vr:* **-rsi** (*farsi da parte*) to move

scostumato, -a [skos·tu·'ma:·to] *adj* (*vita, donna*) immoral

scotch [skɔtʃ] <-> *m* (*whisky*) Scotch

scotch® <-> *m* (*nastro autoadesivo*) Scotch tape®

scottante [skot·'tan·te] *adj fig* (*grave*) sensitive; (*urgente*) pressing

scottare [skot·'ta:·re] I. *vt* **1.** (*fiamma, sole*) to burn; (*liquido*) to scald **2.** CULIN (*carne*) to sear; (*verdure*) to cook quickly **3.** *fig* (*ferire*) to wound II. *vi* **1.** (*minestra, acqua*) to be very hot **2.** *fig* (*destare interesse*) **è una questione/un tema che scotta** it's a burning question/issue III. *vr:* **-rsi 1.** MED to burn oneself **2.** *fig* (*rimanere deluso*) to be burned

scottatura [skot·ta·'tu:·ra] *f* **1.** MED burn **2.** (*di sole*) sunburn

scotto ['skɔt·to] *pp di* **scuocere**

scout [skaut] I. <-> *mf* scout II. <inv> *adj* scout

scovare [sko·'va:·re] *vt* **1.** (*lepre, volpe*) to flush **2.** *fig* (*scoprire*) to discover

Scozia ['skɔt·tsia] *f* Scotland

scozzese [skot·'tse:·se] I. *adj* Scottish; **gonna ~** kilt II. *mf* Scot

screditare [ske·di·'ta:·re] I. *vt* (*privare di stima*) to discredit II. *vr:* **-rsi** (*perdere credito*) to be discredited

S

scremare [skre·'ma:·re] *vt* **1.**(*latte*) to skim **2.***fig* (*selezionare: concorrenti*) to cream off

screpolare [skre·po·'la:·re] **I.** *vt* (*mani, labbra*) to chap **II.** *vr:* **-rsi** (*mani, labbra*) to chap

screzio ['skrɛt·tsio] <-i> *m* disagreement

scribacchiare [skri·bak·'kia:·re] *vt pej* (*scrivere malamente*) to scribble

scribacchino [skri·bak·'ki:·no] *m* **1.** *pej* (*scrittore*) scribbler **2.** *pej* (*impiegato*) pencil pusher

scricchiolare [skrik·kio·'la:·re] *vi* to squeak

scricchiolio [skrik·kio·'li:·o] <-ii> *m* (*di ramo, ossa*) creaking

scricciolo ['skrit·tʃo·lo] *m fig, fam* doll

scrigno ['skriɲ·ɲo] *m* (*per gioielli*) casket

scrissi ['skris·si] *1. pers sing pass rem di* **scrivere**

scriteriato, -a [skri·te·'ria:·to] *adj* (*privo di senno*) crazy

scritta ['skrit·ta] *f* writing

scritto ['skrit·to] *m* **1.**(*cosa scritta*) written word; **per ~** in writing **2.**(*opera*) work

scritto, -a **I.** *pp di* **scrivere** **II.** *adj a. fig* written; **ce l'hai ~ in fronte** it's written all over your face

scrittoio [skrit·'to:·io] <-oi> *m* (writing) desk

scrittore, -trice [skrit·'to:·re] *m, f* writer

scrittura [skrit·'tu:·ra] *f* **1.**(*attività*) writing; **programma di ~** COMPUT word processing program **2.** REL scripture **3.** GIUR document **4.** TEAT, FILM, MUS engagement

scritturare [skrit·tu·'ra:·re] *vt* (*attore*) to engage

scrivania [skri·va·'ni:·a] <-ie> *f* **1.**(*tavolo per scrivere*) desk **2.** COMPUT desktop

scrivere ['skri:·ve·re] <scrivo, scrissi, scritto> *vt* to write; **~ a mano** to write by hand; **~ alla lavagna** to write on the board; **come si scrive?** how do you spell?

scroccare [skrok·'ka:·re] *vt fam* to scrounge

scrocco ['skrɔk·ko] *m fam* **a ~** free; **mangiare a ~** to scrounge a meal; **vivere a ~** to sponge

scroccone, -a [skrok·'ko:·ne] *m, f fam* scrounger

scrofa ['skrɔ:·fa] *f* sow

scrollare [skrol·'la:·re] **I.** *vt* (*tovaglia, ramo*) to shake; **~ le spalle** to shrug one's shoulders **II.** *vr:* **-rsi** *fig* (*scuotersi dall'abbattimento*) to give oneself a shake

scrollata [skrol·'la:·ta] *f* (*scuotimento*) shake; **dare una ~ a qu/qc** to give sb/sth a shake

scrosciare [skroʃ·'ʃa:·re] *vi essere o avere* **1.**(*fiume*) to thunder; (*pioggia, acqua*) to pour (down) **2.** *fig* **scrosciavano gli applausi** there was thunderous applause; **scrosciano le risate** there are gales of laughter

scrostare [skros·'ta:·re] **I.** *vt* (*muro*) to strip; (*intonaco*) to scrape off **II.** *vr:* **-rsi** (*muro*) to peel; (*intonaco*) to flake off; **la ferita si sta scrostando** the scab is coming off

scroto ['skrɔ:·to] *m* scrotum

scrupolo ['skru:·po·lo] *m* **1.**(*timore*) scruple; **senza -i** unscrupulous **2.**(*diligenza*) care

scrupolosità [skru·po·lo·si·'ta] <-> *f* scrupulousness

scrupoloso, -a [skru·po·'lo:·so] *adj* scrupulous

scrutare [skru·'ta:·re] *vt* (*osservare intensamente*) to scrutinize

scrutatore, -trice [skru·ta·'to:·re] **I.** *m, f* scrutinizer **II.** *adj* (*sguardo, occhio*) searching

scrutinare [skru·ti·'na:·re] *vt* **1.** GIUR to count **2.**(*nell'insegnamento*) to assign grades to students, *at the end of a term*

scrutinio [skru·'ti:·nio] <-i> *m* **1.** GIUR counting, *of votes* **2.**(*a scuola*) assignment of grades, *at the end of a term*

scucire [sku·'tʃi:·re] **I.** *vt* **1.**(*orlo*) to unpick **2.** *fam* (*soldi*) to cough up **II.** *vr:* **-rsi** (*orlo, tasca*) to come unstitched

scuderia [sku·de·'ri:·a] <-ie> *f* **1.** ZOOL stable **2.** SPORT (*automobilismo*) team

scudetto [sku·'det·to] *m* SPORT championship; **vincere lo ~** to win the championship

scudo ['sku:·do] *m* **1.**(*gener*) shield; **fare da ~ a qu** to shield sb; **lo ~ crociato** *symbol of the Christian Democrat party* **2.**(*moneta*) scudo; **~ europeo** ECU

scugnizzo [skuɲ·'ɲit·tso] *m* (*napoletano*) Neapolitan street urchin

sculacciare [sku·lat·'tʃa:·re] *vt* to spank

sculacciata [sku·lat·'tʃa:·ta] *f* spanking

sculaccione [sku·lat·'tʃo:·ne] *m* spank

sculettare [sku·let·'ta:·re] *vi* to wiggle one's hips

scultore, -trice [skul·'to:·re] *m, f* sculptor

scultoreo, -a [skul·'tɔ:·reo] *adj* **1.** **l'arte -a** the art of scuplture **2.**(*bellezza, fisico*) sculptural

scultura [skul·'tu:·ra] *f* sculpture

scuocere ['skuɔ:·tʃe·re] <scuocio, scossi, scotto> *vi* (*cuocere troppo*) to overcook

scuola ['skuɔ:·la] *f* school; **~ elementare** elementary school; **~ media** middle school; **~ superiore** high school; **~ materna** (*dai 3 ai 5 anni*) nursery school; (*da 5 a 6 anni*) kindergarten; **~ guida** driving school; **~ serale** night school; **fare ~** *fig* to show the way

scuolabus ['skuɔ:·la·bus/skuo·la·'bus] *m* school bus

scuotere ['skuɔ:·te·re] <scuoto, scossi, scosso> **I.** *vt a. fig* to shake; **~ le spalle** to shrug; **~ la testa** to shake one's head **II.** *vr:* **-rsi** **1.** *fig* (*dal torpore*) to shake oneself **2.**(*turbarsi*) to be shaken

scurire [sku·'ri:·re] <scurisco> **I.** *vt avere* (*colore, metallo*) to make darker **II.** *vr:* **-rsi** (*colore, capelli, pelle, metallo*) to become darker

scuro, -a *adj* **1.**(*gener*) dark **2.** *fig* (*fosco*) **si fece ~ in volto** his [*o* her] face darkened

scurrile [sku·'ri:·le] *adj* (*volgare: linguaggio, espressione*) scurrilous

scusa ['sku:·za] *f* **1.**(*lo scusarsi*) apology; **chiedere** [*o* **domandare**] **~** to apologize **2.**(*pretesto*) excuse; **avere sempre una ~ pronta** to always have an excuse

scusare [sku·'za:·re] **I.** *vt* to excuse; (*perdo-*

nare) to forgive; **scusi, che ore sono?** excuse me, do you have the time?; **mi scusi!** I beg your pardon II. *vr* **-rsi con qu di/per qc** to apologize to sb for sth

sdebitarsi [zde·bi·'tar·si] *vr fig* ~ **con qu di qc** to repay sb for sth

sdegnare [zdeɲ·'ɲaː·re] I. *vt* 1.(*rifiutare*) to despise 2.(*provocare sdegno*) to disgust II. *vr:* **-rsi** (*indignarsi*) to become angry

sdegno ['zdeɲ·ɲo] *m* (*indignazione*) indignation

sdegnoso, -a [zdeɲ·'ɲoː·so] *adj* (*che mostra sdegno: rifiuto, sguardo*) scornful

sdentato, -a [zden·'taː·to] *adj* toothless

sdoganare [zdo·ga·'naː·re] *vt* 1.(*merce*) to clear through customs 2. *fig* (*liberare*) to legitimize

sdolcinato, -a [zdol·tʃi·'naː·to] *adj* sugary; **parole -e** sweet nothings

sdoppiamento [zdop·pia·'men·to] *m* 1.(*divisione*) splitting 2. MED ~ **della personalità** split personality

sdraiare [zdra·'iaː·re] I. *vt* (*mettere a terra*) to lay II. *vr:* **-rsi** (*stendersi*) to lie down

sdraio <-> *f* beach chair; **sedia a** ~ deck chair

sdrammatizzare [zdram·ma·tid·'dzaː·re] *vt* (*racconto, notizia*) to play down

sdrucciolevole [zdrut·tʃo·'leː·vo·le] *adj* (*terreno, strada*) slippery

se¹ [se] I. *conj* 1.(*condizionale*) if; ~ **mai** if ever; ~ **non altro** at least; ~ **non che** but; ~ **ben ricordo** if I remember rightly; ~ **me l'avesse detto, avrei accettato** if he [*o* she] had told me, I would have said yes 2.(*dubitativa, interrogativa, indiretta*) if; **come** ~ as if; **come** ~ **non lo sapessi** as if I didn't know! 3.(*esclamativa, desiderativa*) if only; ~ **solo l'avessi saputo!** if only I'd known! II. *m* if

se² *pron* (*davanti a lo, la, li, le, ne*) *v.* **si¹**

SE *abbr di* **sudest** SE

sé [se] *pron refl.* 3. *pers* (*impersonale*) oneself; (*persona*) himself *m*, herself *f*; (*plurale*) themselves; (*cosa*) itself; **essere fuori di** ~ to be beside oneself; **è completamente fuori di** ~ **dal dolore** he [*o* she] is beside himself [*o* herself] with grief; **uscire di** ~ to go crazy; **fra** ~ (**e** ~) to oneself; **stava pensando fra** ~ **e** ~ he [*o* she] was thinking to himself [*o* herself]; **parlano solo di** ~ they only talk about themselves; **la cosa di per** ~ **ha poca importanza** in itself, it's not very important; ~ **stesso,** ~ **medesimo** oneself; **dentro di** ~ inside; **un caso a** ~ a special case; **va da** ~ **che ...** it goes without saying that ...; **è un uomo che si è fatto da** ~ he's a self-made man; **chi fa da** ~ **fa per tre** *prov* if you want something done, do it yourself

sebbene [seb·'bɛː·ne] *conj* although

sec *abbr di* **secondo** sec

seccante [sek·'kan·te] *adj* (*fastidioso*) annoying

seccare [sek·'kaː·re] I. *vt avere* 1.(*terreno, aria*) to dry (out); (*fiori*) to wither 2. *fig, fam*

(*infastidire*) to annoy II. *vr:* **-rsi** 1.(*diventare secco: frutta, pianta*) to wither; (*pelle*) to dry out 2.(*diventare asciutto*) to dry up 3. *fam* (*stancarsi*) **-rsi di fare qc** to grow tired of doing sth

seccato, -a [sek·'kaː·to] *adj* 1.(*pianta, fiore*) dried 2. *fam* (*irritato: tono, aria, fare*) annoyed

seccatore, -trice [sek·ka·'toː·re] *m, f fam* nuisance

seccatura [sek·ka·'tuː·ra] *f fam* nuisance

secchiello [sek·'kiɛl·lo] *m* (*piccolo secchio*) bucket; ~ **per il ghiaccio** ice bucket

secchio ['sek·kio] <-cchi> *m* bucket; **della spazzatura** trash can

secchione, -a [sek·'kioː·ne] *m, f pej, fam* grind

secco ['sek·ko] *m* **portare in** ~ **una barca** to beach a boat; **lavatura a** ~ dry cleaning; **murare a** ~ to dry wall; **rimanere a** ~ **di carburante** *fig* to run out of gas

secco, -a <-cchi, -cche> *adj* 1.(*terreno, clima, pelle*) dry; (*palude, fiume*) dried-up 2.(*frutta, funghi, rami*) dried 3.(*vino, liquore*) dry 4.(*persona, gambe*) skinny 5. *fig* (*privo di garbo: tono, modo*) brusque; (*risposta*) curt 6. *fig* (*netto: sconfitta*) decisive 7.(*loc*) **fare** ~ **qu** *fam* to do sb in; *fam;* **c'è rimasto** ~ (*morire*) he bought it

secentesco, -a [se·tʃen·'tes·ko] <-schi, -sche> *adj* seventeenth-century

secernere [se·'tʃɛr·ne·re] <secerno, secernei *o* secernetti, secreto> *vt* MED to secrete

secessione [se·tʃes·'sioː·ne] *f* (*seprazione di territorio*) secession

secessionismo [se·tʃes·sio·'niz·mo] *m* secessionism

secolare [se·ko·'laː·re] *adj* 1.(*che ha uno, più secoli*) age-old 2.(*laico, mondano*) secular

secolo ['sɛː·ko·lo] *m* 1.(*periodo*) century; **lo scandalo del** ~ the scandal of the century 2. *fam* age; **è un** ~ **che non ti vedo** I haven't seen you for ages

seconda [se·'kon·da] *f* 1.(*classe: nelle elementari*) second grade; (*nelle medie*) seventh grade; (*nelle superiori*) tenth grade 2. MOT second gear 3.(*loc*) **a** ~ **di** according to; **a** ~ **dei casi** according to circumstances

secondariamente [se·kon·da·ria·'men·te] *adv* secondly

secondario, -a [se·kon·'daː·rio] <-i, -ie> *adj* (*di minore importanza*) secondary; **proposizione -a** secondary proposition; **scuola -a** secondary school

secondino [se·kon·'diː·no] *m* prison guard

secondo¹ [se·'kon·do] *prep* 1.(*conformemente a*) according to; ~ **l'uso** according to current practice; ~ **me/te** in my/your opinion 2.(*nel modo prescritto*) in accordance with 3.(*in base a*) depending on 4.(*nella direzione di*) along

secondo² *m* 1. GULIN main course 2.(*unità di misura del tempo*) second

secondo, -a I. *adj* second; **abiti di -a mano**

hand-me-downs; ~ **fine** ulterior motive; **di ~ piano** *fig* of lesser importance **II.** *m, f* second

secondogenito, -a [se·kon·do·'dʒɛ:·ni·to] **I.** *adj* second **II.** *m, f* second-born

secreto *pp di* **secernere**

secrezione [se·kret·'tsio:·ne] *f* secretion

sedano ['sɛ:·da·no] *m* celery

sedare [se·'da:·re] *vt* **1.** (*tumulto*) to calm; (*rivolta*) to put down **2.** (*dolore*) to soothe

sedativo [se·da·'ti:·vo] *m* sedative

sedativo, -a *adj* sedative

sede ['sɛ:·de] *f* **1.** (*di governo*) seat; (*di partito, società*) headquarters; (*di università*) administration **2.** (*di manifestazione, di evento*) site **3.** (*loc*) **in ~ di** during; **in separata ~** *a. fig* on another occasion; **Santa Sede** Holy See

sedentario, -a [se·den·'ta:·rio] <-i, -ie> *adj* sedentary

sedere[1] [se·'de:·re] <siedo, sedetti *o* sedei, seduto> **I.** *vi essere* to be sitting; **è seduto sulla panca** he is sitting on the bench; **mettersi a ~** to sit down; **~ a tavola** to sit (down) at the table **II.** *vr:* **-rsi** to sit (down); **-rsi a tavola** to sit (down) at the table

sedere[2] *m* ANAT bottom; **mi stai prendendo per il ~?** *fam* are you pulling my leg?

sedia ['sɛ:·dia] <-ie> *f* chair; **~ a sdraio** lounger; **~ elettrica** electric chair

sedicenne [se·di·'tʃɛn·ne] **I.** *adj* sixteen-year-old **II.** *mf* sixteen year old

sedicente [se·di·'tʃɛn·te] *adj pej* self-styled

sedicesimo [se·di·'tʃɛ:·zi·mo] *m* (*frazione*) sixteenth

sedicesimo, -a **I.** *adj* sixteenth **II.** *m, f* sixteenth; *v.a.* **quinto**

sedici ['se:·di·tʃi] **I.** *num* sixteen **II.** <-> *m* (*numero*) sixteen; (*nelle date*) sixteenth **III.** *fpl* 4 pm; *v.a.* **cinque**

sedile [se·'di:·le] *m* seat; **il ~ posteriore** (*di più posti*) the back seat

sedimentazione [se·di·men·tat·'tsio:·ne] *f* A. GEO sedimentation

sedimento [se·di·'men·to] *m* A. GEO sediment

sedizione [se·dit·'tsio:·ne] *f* (*ribellione*) sedition

sedizioso, -a [se·dit·'tsio:·so] *adj* (*moto, adunata*) seditious

sedotto [se·'dot·to] *pp di* **sedurre**

seducente [se·du·'tʃɛn·te] *adj* (*donna, posa*) seductive

sedurre [se·'dur·re] <seduco, sedussi, sedotto> *vt* **1.** (*donna, uomo*) to seduce **2.** *fig* (*attrarre*) to appeal to

seduta [se·'du:·ta] *f* (*riunione*) meeting; **~ stante** during the meeting; *fig* immediately

seduttore, -trice [se·dut·'to:·re] *m, f* seducer

seduzione [se·dut·'tsio:·ne] *f* (*capacità di affascinare*) charm

sega ['se:·ga] <-ghe> *f* **1.** (*utensile*) saw; **~ circolare** circular saw **2.** *vulg* **farsi una ~** to jerk off

segala, segale ['se:·ga·la, 'se:·ga·le] *f* rye

segare [se·'ga:·re] *vt* **1.** (*tronco*) to saw **2.** *sl* (*bocciare*) to flunk

segatura [se·ga·'tu:·ra] *f* **1.** (*di albero*) sawing **2.** (*residuo*) sawdust

seggio ['sɛd·dʒo] <-ggi> *m* PARL seat; **~ elettorale** (*luogo*) polling station

seggiola ['sɛd·dʒo·la] *f* chair

seggiolino [sed·dʒo·'li:·no] *m* (*per bambini*) child's seat

seggiolone [sed·dʒo·'lo:·ne] *m* high chair

seghettato, -a [se·get·'ta:·to] *adj* serrated; **coltello ~** serrated knife

segmento [seg·'men·to] *m* segment

segnalare [seɲ·ɲa·'la:·re] **I.** *vt* **1.** (*annunciare*) to signal **2.** *fig* (*richiamare l'attenzione su*) **~ qc a qu** to tell sb about sth **II.** *vr* (*distinguersi*) **-rsi per qc** to be distinguished by sth

segnalazione [seɲ·ɲa·lat·'tsio:·ne] *f* **1.** (*segnale*) signal **2.** (*azione*) signalling **3.** *fig* (*di artista, di libro*) recommendation

segnale [seɲ·'ɲa:·le] *m* (*segno convenuto*) signal; **~ stradale** road sign; **~ d'allarme** alarm

segnaletica [seɲ·ɲa·'lɛ:·ti·ka] <-che> *f* signs *pl;* **~ stradale** road signs *pl*

segnalibro [seɲ·ɲa·'li:·bro] *m* bookmark

segnaposto [seɲ·ɲa·'pos·to] *m* place card

segnare [seɲ·'ɲa:·re] **I.** *vt* **1.** (*gener*) to mark **2.** (*prendere nota di*) to jot down **3.** SPORT (*gol, punto*) to score **4.** (*indicare: orologio, termometro*) to show **II.** *vr:* **-rsi** (*fare il segno della croce*) to cross oneself

segno ['seɲ·ɲo] *m* **1.** (*indizio, accenno, gesto, atto*) sign; **non dar ~ di voler fare qc** to give no sign of wanting to do sth; **~ della croce** sign of the cross; **-i dello zodiaco** signs of the zodiac; **fare ~ di sì** to nod; **fare ~ di no** to shake one's head; **fare ~ con la mano** to make a sign with one's hand; **fare ~ con la testa** to make a sign with one's head; **in ~ di** as a sign of **2.** (*traccia, espressione grafica, limite*) mark; **lasciare il ~** *a. fig* to leave a mark; **-i di interpunzione** punctuation marks; **passare il ~** to overstep the mark **3.** (*bersaglio*) **tiro a ~** target shooting; **andare a ~** to score; *fig* to strike home; **colpire nel ~** to hit the target; *fig* to hit the nail on the head

segregare [se·gre·'ga:·re] **I.** *vt* (*rinchiudere*) to segregate **II.** *vr:* **-rsi** (*isolarsi*) to shut oneself up

segretario, -a [se·gre·'ta:·rio] <-i, -ie> *m, f* secretary; **Segretario di Stato** Secretary of State

segreteria [se·gre·te·'ri:·a] <-ie> *f* **1.** (*ufficio*) office **2.** (*loc*) **~ telefonica** answering machine

segretezza [se·gre·'tet·tsa] *f* (*di informazione*) confidentiality

segreto [se·'gre:·to] *m* (*ciò che viene tenuto nascosto*) secret; **sai mantenere un ~?** can you keep a secret?; **~ bancario** banking secrecy; **~ confessionale** secrecy of the confessional; **~ di stato** state secret; **fare qc in ~** to do sth in secret

segreto, -a *adj* secret

seguace [se·'gua:·tʃe] *mf* (*di dottrina, maestro*) follower

seguente [se·'guɛn·te] *adj* (*successivo*) next

seguire [se·'gui:·re] I. *vt avere* 1. (*gener*) ~ **qu/qc** to follow sb/sth; ~ **la moda** to follow fashion; ~ **il consiglio di qu** to follow sb's advice 2. (*corso di studi*) to take 3. (*con lo sguardo*) to watch; (*con l'attenzione*) to follow II. *vi essere* 1. (*venir dopo, derivare*) to follow; **ne segue che ...** it follows that ... 2. (*continuare*) to continue

seguito ['se:·gui·to] *m* 1. (*scorta*) retinue 2. (*discepoli*) followers *pl* 3. (*continuazione*) sequel; **dare** ~ **a qc** to follow sth up 4. *fig* (*conseguenza*) repercussions *pl* 5. (*loc*) **in** ~ **a** as a result of; **in** ~ later on; **di** ~ below

sei[1] ['sɛ:·i] I. *num* six II. <-> *m* 1. (*numero*) six 2. (*nelle date*) sixth 3. (*voto scolastico*) =C, average grade III. *fpl* 6 o'clock

sei[2] 2. *pers sing pr di* **essere[1]**

seicentesco, -a [sei·tʃen·'tes·ko] <-schi, -sche> *adj v.* **secentesco**

seicento [sei·'tʃɛn·to] I. *num* six hundred II. <-> *m* **il Seicento** the seventeenth century

seimila [sei·'mi:·la] I. *num* six thousand II. <-> *m* six thousand

selciato [sel·'tʃa:·to] *m* (stone) paving

selettività [se·let·ti·vi·'ta] <-> *f* (*di scuola, procedura*) selectivity

selettivo, -a [se·let·'ti:·vo] *adj* 1. (*criteri, metodo*) selective 2. (*persona*) choosy

selezionare [se·let·tsio·'na:·re] *vt* (*scegliere, individuare*) to choose

selezione [se·let·'tsio:·ne] *f* 1. (*scelta*) selection 2. BIOL ~ **naturale** natural selection

self-service ['sɛlf·'sə:·vis] <-> *m* (*ristorante*) self-service restaurant

sella ['sɛl·la] *f* saddle

sellaio [sel·'la:·io] <-ai> *m* saddler

sellino [sel·'li:·no] *m* saddle

selvaggina [sel·vad·'dʒi:·na] *f* game

selvaggio, -a [sel·'vad·dʒo] <-ggi, -gge> I. *adj* (*luogo*) wild II. *m, f* savage

selvatico, -a <-ci, -che> *adj* 1. (*gener*) wild; **gatto** ~ feral cat 2. *fig* (*persona*) unsociable

semaforo [se·'ma:·fo·ro] *m* traffic lights *pl*; ~ **verde** *fig* green light

semantica [se·'man·ti·ka] <-che> *f* LING semantics

semantico, -a [se·'man·ti·ko] <-ci, -che> *adj* LING semantic

sembrare [sem·'bra:·re] *vi essere* 1. (*parere*) to seem; **sembra che ...** +*conj* it seems (that) ...; **sembra contento** he seems happy; **sembra non ricordarsi dell'accaduto** he [*o* she] seems not to remember what happened 2. (*ritenere*) **ti sembra di aver ragione?** do you think you're right?; **come ti sembra?** what do you think (of it)? 3. (*avere l'aspetto*) to look like

seme ['se:·me] *m* 1. (*gener*) seed 2. (*delle carte*) suit

semente [se·'mɛn·te] *f* seed

semestrale [se·mes·'tra:·le] *adj* (*corso*) six-month; (*rivista*) biannual

semestre [se·'mɛs·tre] *m* semester

semi- [se·mi] (*in parole composte*) semi-

semianalfabeta [se·mi·an·al·fa·'bɛ:·ta] <-i *m*, -e *f*> I. *adj* semi-literate II. *mf* semi-literate

semiaperto, -a [se·mi·a·'pɛr·to] *adj* (*porta, occhi*) half open

semicerchio [se·mi·'tʃer·kio] *m* semicircle

semicircolare [se·mi·tʃir·ko·'la:·re] *adj* semicircular

semifinale [se·mi·fi·'na:·le] *f* (*gara*) semifinal

semifreddo [se·mi·'fred·do] *m* (*dolce*) cold dessert made with ice cream

seminare [se·mi·'na:·re] *vt* 1. (*campo, grano, odio, discordia*) to sow 2. SPORT to leave behind 3. (*inseguitore*) to shake off

seminario [se·mi·'na:·rio] <-i> *m* 1. REL seminary 2. (*corso*) seminar 3. (*convegno*) conference

seminato, -a *adj fig* ~ **di** scattered with

seminfermità [se·min·fer·mi·'ta] *f* partial infirmity; ~ **mentale** partial insanity

seminudo, -a [se·mi·'nu:·do] *adj* half-naked

semiologia [se·mio·lo·'dʒi:·a] <-gie> *f* semiology

semioscurità [se·mio·sku·ri·'ta] <-> *f* semi-darkness

semirigido, -a *adj* TEC semi-rigid; **lenti a contatto -e** semi-rigid contact lenses

semirimorchio [se·mi·ri·'mɔr·kio] *m* TEC semi-trailer

semisfera [se·mis·'fɛ:·ra] *f* hemisphere

semisferico, -a [se·mis·'fɛ:·ri·ko] <-ci, -che> *adj* hemispherical

semitono [se·mi·'tɔ:·no] *m* semitone

semitrasparente [se·mi·tras·pa·'rɛn·te] *adj* semi-transparent

semivuoto, -a [se·mi·'vuɔ:·to] *adj* half empty; **un bicchiere** ~ a half-empty glass

semmai [sem·'ma:·i] *conj* if anything

semola ['se:·mo·la] *f* (*farina*) flour; ~ **di grano duro** durum wheat flour

semolino [se·mo·'li:·no] *m* 1. (*farina*) semolina 2. (*minestra*) semolina soup

semplice ['sem·pli·tʃe] *adj* 1. (*gener*) simple 2. (*schietto: persona*) straightforward; (*ingenuo*) ingenuous

semplicemente [sem·pli·tʃe·'men·te] *adv* simply

sempliciotto, -a [sem·pli·'tʃɔt·to] *fam* I. *adj* simple-minded II. *m, f* simpleton

semplicità [sem·pli·tʃi·'ta] <-> *f* 1. *a. fig* simplicity 2. *pej* (*ingenuità*) simple-mindedness

semplificare [sem·pli·fi·'ka:·re] I. *vt* A. MAT to simplify II. *vr:* -**rsi** (*diventare più semplice*) to become simpler

semplificazione [sem·pli·fi·kat·'tsio:·ne] *f* simplification

sempre ['sem·pre] *adv* 1. (*gener*) always; **da** ~ always; **è** ~ **la mia musica preferita** it's always been my favorite music; **una volta per** ~

S

once and for all **2.** (*ancora, tuttavia, nondimeno*) still **3.** ~ **che** +*conj* as long as

sempreverde [sem·pre·'ver·de] **I.** *adj* evergreen **II.** *m o f* evergreen

sempronio, -a [sem·'prɔː·nio] <-i, -ie> *m, f fam* **Tizio, Caio e Sempronio** Tom, Dick, and Harry

senape[1] ['sɛː·na·pe] *f* mustard

senape[2] <inv> *adj* mustard-colored

senato [se·'naː·to] *m* (*ramo del parlamento*) Senate

senatore, -trice [se·na·'toː·re] *m, f* senator

senese[1] <*sing*> *m* (*dialetto*) Sienese

senese[2] [se·'neː·se] **I.** *adj* Sienese **II.** *mf* (*abitante*) person from Siena

Senese <*sing*> *m* Siena area; **nel** ~ in the Siena area

senile [se·'niː·le] *adj* old; **l'età** ~ old age

senilità [se·ni·li·'ta] <-> *f* old age

senior[1] ['sɛn·ior] <inv> *adj* **1.** (*più vecchio*) **il signor Giorgi** ~ Mr. Giorgi Senior **2.** SPORT senior

senior[2] <seniores> *mf* COM senior employee

senno ['sen·no] *m* judg(e)ment; **uscire di** [*o* **perdere il**] ~ to lose one's mind

sennò [sen·'nɔ] *adv fam* otherwise

seno ['seː·no] *m* **1.** (*mammella*) breast; (*petto*) breasts *pl* **2.** MAT sine

senonché [se·non·'ke] *v.* **sennonché**

sensato, -a [sen·'saː·to] *adj* sensible

sensazionale [sen·sat·tsio·'naː·le] *adj* (*notizia, avvenimento*) sensational

sensazione [sen·sat·'tsioː·ne] *f* **1.** (*tattile, visiva*) sensation **2.** (*impressione*) feeling; **ho la sensazione che ...** I have the feeling that ... **3.** (*loc*) **fare** ~ to cause a sensation

sensibile [sen·'siː·bi·le] *adj* **1.** (*gener*) sensitive; **essere** ~ **a qc** to be sensitive to sth **2.** (*notevole*) noticeable

sensibilità [sen·si·bi·li·'ta] <-> *f* **1.** (*capacità di percepire*) feeling **2.** (*emotiva*) sensitivity

sensibilizzare [sen·si·bi·lid·'dzaː·re] *vt fig* ~ **qu a qc** to make sb aware of sth

sensitivo, -a [sen·si·'tiː·vo] **I.** *adj* **1.** (*facoltà*) clairvoyant **2.** (*sensibile, emotivo*) sensitive **II.** *m, f* medium

senso ['sen·so] *m* **1.** (*gener*) sense; **buon** ~ good sense; ~ **comune** common sense; ~ **della misura** sense of proportion; **avere** ~ **pratico** to be practical; **fare** ~ **a qu** to disgust sb **2.** *pl* (*coscienza*) **riprendere i -i** to regain consciousness; **perdere i -i** to lose consciousness **3.** (*sensazione*) feeling **4.** (*significato*) meaning; **a** ~ logically **5.** (*direzione*) direction; **'~ vietato'** 'no entry'; **strada a** ~ **unico** one way street; **in** ~ **opposto** from the opposite direction; **in** ~ **orario/antiorario** clockwise/counterclockwise

sensore [sen·'soː·re] *m* TEC (*dispositivo*) sensor

sensoriale [sen·so·'riaː·le] *adj* sensory

sensuale [sen·su·'aː·le] *adj* (*sguardo, voce*) sensual

sensualità [sen·su·a·li·'ta] <-> *f* sensuality

sentenza [sen·'tɛn·tsa] *f* **1.** GIUR sentence; ~ **di assoluzione** acquittal; ~ **di condanna** conviction **2.** (*massima*) maxim; **sputar -e** to moralize

sentenziare [sen·ten·'tsiaː·re] *vt* **1.** GIUR ~ **che ...** to rule that ... **2.** *fig* (*giudicare con saccenteria*) to pontificate

sentiero [sen·'tiɛː·ro] *m* path

sentimentale [sen·ti·men·'taː·le] *adj* sentimental

sentimentalismo [sen·ti·men·ta·'liz·mo] *m pej* sentimentality

sentimento [sen·ti·'men·to] *m* **1.** (*il sentire*) feeling **2.** *pl* (*modo di pensare*) sentiments *pl*

sentinella [sen·ti·'nɛl·la] *f* guard; **fare la** ~ *a. fig* to keep watch

sentire [sen·'tiː·re] **I.** *vt* **1.** (*con le orecchie*) to hear; (*ascoltare*) to listen to; **farsi** ~ to make one's voice heard; **stare a** ~ (**qu**) to listen (to sb) **2.** (*con il naso*) to smell **3.** (*col gusto*) to taste **4.** (*col tatto*) to feel **5.** (*provare, accorgersi*) to feel; ~ **stanchezza** to feel tired; ~ **fame** to feel hungry; ~ **sonno** to feel sleepy; **sentire caldo/freddo** to feel hot/cold **6.** (*venire a sapere*) to hear; **ho sentito che ...** I heard that ... **II.** *vr:* **-rsi** to feel; **mi sento bene** I feel well; **mi sento male** I feel ill; **-rsi svenire** to feel faint; **non me la sento** *fam* I don't feel like it; **non me la sento di venire con voi** I don't feel like coming with you

sentito, -a [sen·'tiː·to] *adj* **1.** (*sincero*) sincere **2.** (*loc*) **per** ~ **dire** by hearsay

sentore [sen·'toː·re] *m* **avere** ~ **di qc** to get wind of sth

senza ['sɛn·tsa] **I.** *prep* without; ~ **di me/te/lui** without me/you/him; ~ **casa** homeless; ~ **dubbio** without doubt; ~ **paragone** unequalled; **senz'altro** certainly; **fare** ~ **qc/qu** to do without sth/sb; **rimanere** ~ **qc** to have run out of sth **II.** *conj* without +*inf;* ~ **dire niente** without saying anything; ~ **che** +*conj* without; ~ **che io glielo chiedessi** without my asking him

senzatetto [sen·tsa·'tet·to] <-> *mf* homeless person

separare [se·pa·'raː·re] **I.** *vt* **1.** (*disgiungere*) to separate **2.** (*tenere distinto*) to distinguish **II.** *vr:* **-rsi** (*lasciarsi: coniugi*) to separate; (*amici, soci*) to part company

separatamente [se·pa·ra·ta·'men·te] *adv* separately

separato, -a [se·pa·'raː·to] *adj* **1.** (*distinto*) separate **2.** (*da coniuge*) separated; **marito** ~ estranged husband; **moglie -a** estranged wife

separazione [se·pa·rat·'tsioː·ne] *f* separation

séparé [se·pa·'re] *m* (*in ristorante*) private dining room

sepolcrale [se·pol·'kraː·le] *adj* **1.** (*monumento* ~) tomb **2.** *fig* (*silenzio, voce*) sepulchral

sepolcro [se·'pol·kro] *m* tomb

S

sepolto, -a [se·'pol·to] I. *pp di* **seppellire** II. *adj* buried

sepoltura [se·pol·'tu:·ra] *f* (*cerimonia*) burial

seppellire [sep·pel·'li:·re] <seppellisco, seppellii, seppellito *o* sepolto> *vt* to bury

seppi ['sɛp·pi] *1. pers sing pass rem di* **sapere**[1]

seppia ['sep·pia] <-ie> *f* cuttlefish

seppure, se pure [sep·'pu:·re] *conj +conj* **1.** (*anche se*) even if **2.** (*se anche*) though

sequela [se·'kuɛ:·la] *f* series

sequenza [se·'kuɛn·tsa] *f* **1.** (*serie*) sequence **2.** FILM sequel

sequestrare [se·kues·'tra:·re] *vt* **1.** GIUR to seize **2.** (*illegalmente*) to kidnap

sequestratore, -trice [se·kues·tra·'to:·re] *m, f* kidnapper

sequestro [se·'kuɛs·tro] *m* **1.** GIUR seizure; **mettere sotto ~** to seize **2.** (*illegale*) kidnap; **~ di persona** false imprisonment; **tenere sotto ~** to falsely imprison

sera ['se:·ra] *f* evening; **buona ~!** good evening; **di ~** in the evening; **domani/ieri ~** tomorrow/yesterday evening; **la ~ prima** the previous evening; **si fa ~** it's getting dark

serafico, -a [se·'ra:·fi·ko] <-ci, -che> *adj fig, fam* (*tranquillo*) serene

serale [se·'ra:·le] *adj* evening; **scuola ~** night school

serata [se·'ra:·ta] *f* evening

serbare [ser·'ba:·re] *vt* (*segreto*) to keep; **~ rancore a qu** to bear a grudge against sb; **~ odio a qu** to hate sb

serbatoio [ser·ba·'to:·io] <-oi> *m* tank

Serbia ['sɛr·bia] *f* Serbia

serbo ['sɛr·bo] *m* **in ~** in store

serbo, -a I. *adj* Serbian II. *m, f* (*abitante*) Serb

serbocroato [ser·bo·kro·'a:·to] *m* (*lingua*) Serbo-Croatian

serbocroato, -a *adj* Serbo-Croatian

serenata [se·re·'na:·ta] *f* serenade

serenità [se·re·ni·'ta] <-> *f* serenity

sereno, -a *adj* **1.** METEO clear **2.** (*persona*) calm; (*vita*) quiet

sergente [ser·'dʒɛn·te] *m* sergeant

serial ['sɛ·ri·al] <-> *m* serial

seriamente [se·ria·'men·te] *adv* seriously

serie ['sɛ·rie] <-> *f* **1.** (*gener*) series; **modello di ~** standard model; **produzione in ~** mass production **2.** SPORT league; **~ A** *the top league of Italian soccer*

serietà [se·rie·'ta] <-> *f* seriousness

serio ['sɛ·rio] *m* **sul ~** seriously; **fare sul ~** *fam* to be serious; **prendere qc/qu sul ~** to take sth/sb seriously

serio, -a <-i, -ie> *adj* **1.** (*uomo, condotta*) responsible **2.** (*sguardo, voce, questione*) serious

sermone [ser·'mo:·ne] *m* **1.** REL sermon **2.** *fig, pej* (*ramanzina*) lecture

serpe ['sɛr·pe] *f* snake

serpeggiante [ser·ped·'dʒan·te] *adj* (*fiume, strada*) winding

serpeggiare [ser·ped·'dʒa:·re] *vi* **1.** (*strada, fiume*) to wind **2.** *fig* (*insinuarsi*) to spread

serpente [ser·'pɛn·te] *m* **1.** BOT snake **2.** *fig, pej* viper; **~ a sonagli** rattlesnake

serpentina [ser·pen·'ti:·na] *f* **1.** (*linea*) **strada a ~** winding road; **~ refrigerante** cooling coil **2.** (*traiettoria*) winding route

serra ['sɛr·ra] *f* BOT, AGR greenhouse; **effetto ~** greenhouse effect

serramanico [ser·ra·'ma:·ni·ko] *m* **coltello a ~** switchblade

serramento [ser·ra·'men·to] <-i *m o* -a *f*> *mf* *fitting for a window or door*

serranda [ser·'ran·da] *f* shutter

serrare [ser·'ra:·re] *vt* to close

serrata [ser·'ra:·ta] *f* lockout

serrato, -a [ser·'ra:·to] *adj* (*discorso*) incisive; (*interrogatorio*) penetrating; **a ritmo ~** quickly

serratura [ser·ra·'tu:·ra] *f* lock

serva ['sɛr·va] *f* (*donna di servizio*) maid

server ['sə:·və/'ser·ver] <- *o* servers> *m* COMPUT server

servile [ser·'vi:·le] *adj* **1.** (*condizione, mestiere*) menial **2.** *fig, pej* (*animo, modi*) servile

servire [ser·'vi:·re] I. *vt avere* (*gener*) to serve; (*come domestico*) to work; **~ qu** (*re, dio*) to serve sb; **~ la patria** to serve one's country II. *vi essere o avere* **1.** (*essere utile*) to be useful; **non ~ a niente** to be useless; (*aver bisogno*) to need; **mi serve una sedia** *fam* I need a chair **2.** MIL, SPORT to serve III. *vr:* **-rsi** **1.** (*usare*) **-rsi di qc** to use sth **2.** (*a tavola*) to help oneself; **servitevi pure** help yourselves **3.** (*essere cliente*) to shop

servitù [ser·vi·'tu] <-> *f* **1.** (*schiavitù*) slavery **2.** (*personale di servizio*) domestic staff

servizievole [ser·vit·'tsie:·vo·le] *adj* obliging

servizio [ser·'vit·tsio] <-i> *m* **1.** (*gener*) service; **il settore dei -i** the service sector; **~ assistenza clienti** customer services; **~ militare** military service; **essere in ~** to be in service; **~ pubblico** public service; **donna di ~** maid; **stazione di ~** gas station; **fuori ~** *fig* out of order **2.** (*giornalismo*) RADIO, TV report; **~ speciale** special report **3. ~ da tavola** dinner service **4.** *pl* bathroom

servo ['sɛr·vo] *m* (*schiavo*) serf

servoassistenza [ser·vo·as·sis·'tɛn·tsa] *f* MOT servo assistance

servofreno [ser·vo·'fre:·no/ser·vo·'frɛ:·no] *m* servo brake

servosterzo [ser·vos·'tɛr·tso] *m* power steering

sesamo ['sɛ:·za·mo] *m* sesame; **apriti ~!** open sesame!

sessanta [ses·'san·ta] I. *num* sixty II. <-> *m* sixty; *v.a.* **cinquanta**

sessantenne [ses·san·'tɛn·ne] I. *adj* sixty-year-old II. *mf* sixty year old

sessantennio [ses·san·'tɛn·nio] <-i> *m* sixty year period

sessantesimo [ses·san·'tɛ:·zi·mo] *m* (*frazione*) sixtieth

S

sessantesimo, -a I. *adj* sixtieth II. *m, f* sixtieth; *v.a.* quinto

sessantina [ses·san·'ti:·na] *f* una ~ (di ...) around sixty; **essere sulla** ~ to be around sixty

sessantottino, -a [ses·san·tot·'ti:·no] I. *m, f person who took part in the events of 1968* II. *adj connected with the events of 1968*

sessione [ses·'sio:·ne] *f* session

sessismo [ses·'siz·mo] *m* sexism

sessista [ses·'sis·ta] <-i *m*, -e *f>* I. *adj* sexist II. *mf* sexist

sesso ['sɛs·so] *m* sex; ~ **sicuro** safe sex

sessoturista [sɛs·so·tu·'ris·ta] <-i *m*, -e *f>* *mf* sex tourist

sessuale [ses·su·'a:·le] *adj* sexual

sessualità [ses·sua·li·'ta] <-> *f* sexuality

sessuologia [ses·suo·lo·'dʒi:·a] <-gie> *f* sexology

sessuologo, -a [ses·su·'ɔ:·lo·go] <-gi, -ghe> *m, f* sexologist

sestetto [ses·'tet·to] *m* sextet

sesto ['sɛs·to] *m* 1. ARCHIT curve; **arco a tutto** ~ rounded arch; **arco a ~ acuto** pointed arch 2. (*frazione*) sixth 3. (*loc*) **rimettere in** ~ to put back in order

sesto, -a ['sɛs·to] I. *adj* sixth II. *m, f* sixth; *v.a.* quinto

set [sɛt] <-> *m* set; **essere sul** ~ to be on the set

seta ['se:·ta] *f* silk

setacciare [se·tat·'tʃa:·re] *vt* 1. (*farina*) to sieve 2. *fig* (*esaminare con cura*) to comb

setaccio [se·'tat·tʃo] <-cci> *m* sieve; **passare al** ~ *fig* to comb

sete ['se:·te] *f* thirst; **avere** ~ to be thirsty; **mi viene** ~ I get thirsty; ~ **di vendetta** thirst for revenge

setificio [se·ti·'fi:·tʃo] <-ci> *m* silk factory

setola ['se:·to·la] *f* bristle

setta ['sɛt·ta] *f* sect

settaggio [set·'tad·dʒo] <-gi> *m* COMPUT setting

settanta [set·'tan·ta] I. *num* seventy II. <-> *m* seventy; *v.a.* cinquanta

settantenne [set·tan·'tɛn·ne] I. *adj* seventy-year-old II. *mf* seventy year old

settantennio [set·tan·'tɛn·nio] <-i> *m* seventy year period

settantesimo [set·tan·'tɛ:·zi·mo] *m* seventieth

settantesimo, -a I. *adj* seventieth II. *m, f* seventieth; *v.a.* quinto

settantina [set·tan·'ti:·na] *f* una ~ (di ...) around seventy; **essere sulla** ~ to be around seventy

settario, -a [set·'ta:·rio] <-i, -ie> I. *adj* (*movimento, omicidio*) sectarian II. *m, f* sectarian

sette ['sɛt·te] I. *num* seven II. <-> *m* 1. (*numero*) seven 2. (*nelle date*) seventh 3. (*voto scolastico*) = B (*above average grade*) III. *fpl* seven o'clock; *v.a.* cinque

settecentesco, -a [set·te·tʃen·'tes·ko] <-schi, -sche> *adj* eighteenth-century

settecento [set·te·'tʃɛn·to] I. *num* seven hundred II. <-> *m* seven hundred; **il Settecento** the eighteenth century

settembre [set·'tɛm·bre] *m* September; *v.a.* aprile

settemila [set·te·'mi:·la] I. *num* seven thousand II. <-> *m* seven thousand

settentrionale [set·ten·trio·'na:·le] I. *adj* northern II. *mf* 1. (*del Nord*) northerner 2. (*dell'Italia del Nord*) northern Italian

settentrione [set·ten·'trio:·ne] *m* 1. (*il nord*) north 2. (*d'Italia*) north of Italy

settimana [set·ti·'ma:·na] *f* week; ~ **bianca** ski vacation; ~ **santa** Holy Week; **fine** ~ weekend

settimanale [set·ti·ma·'na:·le] I. *adj* weekly II. *m* weekly

settimino, -a [set·ti·'mi:·no] *m, f baby born two months premature*

settimo ['sɛt·ti·mo] *m* seventh

settimo, -a I. *adj* seventh II. *m, f* seventh; *v.a.* quinto

setto ['sɛt·to] *m* septum; ~ **nasale** nasal septum

settore [set·'to:·re] *m* 1. GENER sector 2. *a. fig* (*zona*) area

settoriale [set·to·'ria:·le] *adj* 1. COM sector-based 2. *fig* (*circoscritto*) limited

settuplo ['sɛt·tup·lo] *m* il ~ seven times as much

settuplo, -a *adj* sevenfold

severità [se·ve·ri·'ta] <-> *f* 1. (*di docente, genitore*) strictness 2. (*di metodo, studio*) rigor

severo, -a [se·'vɛ:·ro] *adj* (*genitore, docente*) strict

sevizia [se·'vit·tsia] <-ie> *f pl* torture

seviziare [se·vit·'tsia:·re] *vt* 1. (*usare sevizie*) to beat up 2. (*violentare*) to rape

sexy ['sek·si] <inv> *adj* sexy

sezionamento [set·tsio·na·'men·to] *m* (*di cadavere*) dissection

sezionare [set·tsio·'na:·re] *vt* 1. (*dividere*) to divide up 2. (*cadavere*) to dissect

sezione [set·'tsio:·ne] *f* 1. (*gener*) section 2. GIUR division

sfaccendato, -a [sfat·tʃen·'da:·to] *m, f fam* lazybones

sfaccettatura [sfat·tʃet·ta·'tu:·ra] *f* (*aspetto*) facet

sfacchinare [sfak·ki·'na:·re] *vi* to slog

sfacchinata [sfak·ki·'na:·ta] *f* 1. (*lavoro intenso*) grind 2. (*sforzo intenso*) slog

sfacciataggine [sfat·tʃa·'ta:·dʒi·ne] *f* nerve

sfacciato, -a [sfat·'tʃa:·to] I. *adj* (*tono, gesto*) nervy II. *m, f* **è uno** ~ he has no shame

sfacelo [sfa·'tʃɛ:·lo] *m* (*rovina*) ruin

sfaldarsi [sfal·'da:r·si] *vr* (*disfarsi*) to break up

sfamare [sfa·'ma:·re] I. *vt* to feed II. *vr:* **-rsi** to satisfy one's hunger

sfarzo ['sfar·tso] *m* opulence

sfarzosità [sfar·tso·si·'ta] <-> *f* opulence

sfarzoso, -a [sfar·'tso:·so] *adj* opulent

S

sfasamento [sfa·za·'men·to] *m* **1.** ELETT phase displacement **2.** *fig, fam* (*confusione*) disorientation

sfasare [sfa·'za:·re] *vt* **1.** ELETT to adjust the phase of **2.** *fig, fam* to disorient

sfasciacarrozze [sfaʃ·ʃa·kar·'rɔt·tse] <-> *m* wrecking yard

sfasciare [sfaʃ·'ʃa:·re] **I.** *vt* **1.** (*ferita*) to unbandage **2.** *a. fig* (*distruggere*) to wreck **II.** *vr:* **-rsi** (*rompersi*) to smash to pieces

sfascio ['sfaʃ·ʃo] *m fig* (*rovina*) ruin; **essere allo ~** to be on the verge of collapse

sfatare [sfa·'ta:·re] *vt* (*leggenda, mito*) to explode

sfaticato, -a [sta·ti·'ka:·to] *m, f pej, fam* lazybones

sfatto, -a ['sfat·to] *adj* **1.** (*letto*) unmade **2.** *fig* (*persona*) flabby

sfavillare [sfa·vil·'la:·re] *vi* **1.** (*luccicare*) to sparkle **2.** *fig* (*esprimere gioia*) to glow

sfavillio [sfa·vil·'li:·o] <-ii> *m* sparkling

sfavore [sfa·'vo:·re] *m* **a ~ di** to the disadvantage of

sfavorevole [sfa·vo·'re:·vo·le] *adj* unfavorable

sfavorire [sfa·vo·'ri:·re] <sfavorisco> *vt* (*gener*) to work against; (*candidato*) to treat unfavorably

sfegatato, -a [sfe·ga·'ta:·to] **I.** *adj* fanatical **II.** *m, f fam* fanatic

sfera ['sfɛ:·ra] *f* **1.** MAT sphere; **penna a ~** ballpoint (pen) **2.** *fig* (*ambito*) area

sferico, -a ['sfɛ:·ri·ko] <-ci, -che> *adj* spherical

sferrare [sfer·'ra:·re] *vt* (*colpo, attacco*) to launch

sferruzzare [sfer·rut·'tsa:·re] *vi* to knit (away)

sferzare [sfer·'tsa:·re] *vt* **1.** (*colpire con violenza*) to lash **2.** *fig* (*criticare*) to lash out at

sferzata [sfer·'tsa:·ta] *f* **1.** (*critica*) tongue-lashing **2.** *fig* (*di energia, ottimismo*) wave

sfiancare [sfiaŋ·'ka:·re] **I.** *vt fig* (*spossare*) to exhaust **II.** *vr:* **-rsi** *fig* (*spossarsi*) to exhaust oneself

sfiatare [sfia·'ta:·re] **I.** *vi* to vent **II.** *vr:* **-rsi** *fam* (*perdere il fiato*) to shout oneself hoarse

sfiatatoio [sfia·ta·'to:·io] <-oi> *m* (*dispositivo*) vent

sfiato ['sfia:·to] *m* (*sfiatatoio*) vent

sfibrare [sfi·'bra:·re] *vt* (*svigorire*) to exhaust

sfida ['sfi:·da] *f* **1.** (*invito a battersi*) challenge; **lanciare ~ a qu** to challenge sb **2.** *fig* (*provocazione*) defiance

sfidante [sfi·'dan·te] **I.** *adj* challenging **II.** *mf* challenger

sfidare [sfi·'da:·re] *vt* **1.** (*gener*) to challenge; **~ qu a poker** to challenge sb to a game of poker; **~ qu a fare qc** to challenge sb to do sth **2.** (*pericolo, morte*) to defy; **sfido io!** *fam* of course!

sfiducia [sfi·'du:·tʃa] *f* mistrust; **voto di ~** vote of no confidence

sfigato, -a [sfi·'ga:·to] *vulg* **I.** *adj* **1.** (*sfortunato*) unlucky **2.** (*squallido*) bleak **II.** *m, f* (*sfortunato*) unlucky person

sfigurare [sfi·gu·'ra:·re] **I.** *vt fig* (*deturpare*) to disfigure **II.** *vi* (*fare brutta figura*) to make a bad impression

sfilacciarsi [sfi·lat·'tʃa:r·si] *vr* to fray

sfilare [sfi·'la:·re] **I.** *vt avere* (*anello, indumenti*) to take off **II.** *vr:* **-rsi 1.** (*calze, maglia*) to run **2.** (*collana*) to come unstrung

sfilata [sfi·'la:·ta] *f* (*di persone*) procession; **~ di moda** fashion show

sfilettare [sfi·let·'ta:·re] *vt* to fillet

sfilza ['sfil·tsa] *f* (*lunga serie*) series

sfinge ['sfin·dʒe] *f* sphinx

sfinimento [sfi·ni·'men·to] *m* (*stanchezza*) exhaustion

sfinire [sfi·'ni:·re] <sfinisco> **I.** *vt* to exhaust **II.** *vr:* **-rsi** to exhaust oneself

sfiorare [sfio·'ra:·re] *vt* **1.** (*toccare*) to brush **2.** *fig* (*tema*) to touch on **3.** (*successo, vittoria*) to come close to

sfiorire [sfio·'ri:·re] <sfiorisco> *vi essere* **1.** BOT to wither **2.** *fig* (*bellezza*) to fade

sfitto, -a ['sfit·to] *adj* vacant

sfizio ['sfit·tsio] <-i> *m dial* whim; **per ~** on a whim; **togliersi lo ~ di fare qc** to satisfy a whim

sfizioso, -a [sfit·'tsio:·so] *adj* (*cibo*) tasty

sfocato, -a [sfo·'ka:·to] *adj* (*foto*) out of focus

sfociare [sfo·'tʃa:·re] *vi essere* **1.** (*fiume*) **~ in** to flow into **2.** *fig* (*andare a finire*) **~ in qc** to develop into sth

sfocio ['sfo:·tʃo] <-ci> *m fig* (*soluzione*) way out

sfoderabile [sfo·de·'ra:·bi·le] *adj* **un divano ~** a sofa with removable covers

sfoderare [sfo·de·'ra:·re] *vt* **1.** (*spada*) to draw **2.** *fig* (*argomenti*) to bring out; (*coraggio*) to reveal

sfoderato, -a [sfo·de·'ra:·to] *adj* unlined

sfogare [sfo·'ga:·re] **I.** *vt avere* (*rabbia, odio*) to work off **II.** *vr:* **-rsi** (*manifestare ansia*) to unburden oneself; **-rsi su** [*o* **contro**] **qu** to take it out on sb

sfoggiare [sfod·'dʒa:·re] *vt* (*abiti, oggetti di lusso*) to show off

sfoggio ['sfɔd·dʒo] <-ggi> *m* **fare ~ di qc** to show sth off

sfoglia ['sfɔʎ·ʎa] *f* CULIN pasta dough; **pasta ~** puff pastry

sfogliare [sfoʎ·'ʎa:·re] *vt* (*libro, rivista*) to flick through

sfogliata [sfoʎ·'ʎa:·ta] *f* (*lettura sommaria*) glance; **dare una ~ al giornale** to glance through the newspaper

sfogliatella [sfoʎ·ʎa·'tɛl·la] *f type of cake consisting of puff pastry filled with candied fruit and cream cheese*

sfogo ['sfo:·go] <-ghi> *m* **1.** (*gener*) outlet **2.** *fam* MED rash **3.** *fig* (*manifestazione di sentimenti*) outburst; **dare ~ ai propri sentimenti** to give vent to one's feelings

sfollagente [sfol·la·'dʒɛn·te] <-> *m* nightstick

sfollamento [sfol·la·'men·to] *m* (*di paese, scuola*) evacuation

S

sfollare [sfol·'la:·re] *vt avere* (*sgombrare: persone*) to displace; (*luogo*) to empty

sfoltire [sfol·'ti:·re] <sfoltisco> I. *vt* 1.(*bosco, capelli*) to thin (out) 2.(*testo*) to prune II. *vr:* -rsi (*diventare meno folto*) to thin (out)

sfondamento [sfon·da·'men·to] *m* 1.(*rottura*) knocking down 2.SPORT bringing down

sfondare [sfon·'da:·re] I. *vt* 1.(*porta, cassa*) to break down; ~ una porta aperta *fig* to push at an open door 2. MIL to break through II. *vi* (*avere successo*) to make a name for oneself

sfondato, -a *adj* (*botte, parete*) broken; (*scarpe*) worn-out; (*maglione*) out-of-shape; essere ricco ~ *fam* to be rolling in it

sfondo ['sfon·do] *m* background; sullo ~ in the background

sformare [sfor·'ma:·re] I. *vt* (*scarpe, giacca*) to put out of shape II. *vr:* -rsi (*scarpe, giacca*) to go out of shape

sformato [sfor·'ma:·to] *m savory dish made of vegetables and eggs*

sfornare [sfor·'na:·re] *vt* 1. CULIN to take out of the oven 2.*fig* (*far uscire in abbondanza*) to churn out

sfornito, -a [sfor·'ni:·to] *adj* (*cucina*) badly equipped; (*supermercato*) badly stocked

sfortuna [sfor·'tu:·na] *f* bad luck

sfortunato, -a [sfor·tu·'na:·to] *adj* unlucky; essere ~ al gioco to be unlucky at cards

sforzare [sfor·'tsa:·re] I. *vt* 1.(*gener*) to force 2.(*vista*) to strain II. *vr:* -rsi (*impegnarsi*) to make an effort

sforzo ['sfɔr·tso] *m* 1.(*impiego di forze*) effort; senza ~ non si ottiene nulla you won't get anywhere if you don't try; fare uno ~ to make an effort; non fare -i! *fam* don't tire yourself out! 2. TEC stress

sfottere ['sfot·te·re] *vt fam* to tease

sfracellare [sfra·tʃel·'la:·re] I. *vt* (*rompere*) to smash (up) II. *vr:* -rsi (*rompersi*) to smash (up)

sfrattare [sfrat·'ta:·re] *vt* ~ qu to evict sb

sfratto ['sfrat·to] *m* eviction

sfrecciare [sfret·'tʃa:·re] *vi essere* to shoot past

sfregamento [sfre·ga·'men·to] *m* (*movimento*) rubbing

sfregare [sfre·'ga:·re] *vt* 1.(*occhi*) to rub 2.(*auto*) to scrape

sfregiare [sfre·'dʒa:·re] *vt* (*rivale, quadro, viso*) to slash

sfregio ['sfre:·dʒo] <-gi> *m* 1.(*di persona*) scar 2.(*di cosa*) scrape

sfrenato, -a [sfre·'na:·to] *adj* (*ritmo*) frenetic; (*passione*) unbridled

sfrondare [sfron·'da:·re] *vt* to prune

sfrontatezza [sfron·ta·'tet·tsa] *f* impudence

sfrontato, -a [sfron·'ta:·to] *adj* impudent

sfruttamento [sfrut·ta·'men·to] *m* exploitation

sfruttare [sfrut·'ta:·re] *vt* 1. AGR, MIN to work 2.(*spazio*) to make the most of 3.*fig* (*situazione, circostanze, persona*) to take advantage of 4.(*dipendenti*) to exploit

sfruttatore, -trice [sfrut·ta·'to:·re] *m, f* exploiter

sfuggire [sfud·'dʒi:·re] *vi essere* ~ a (*inseguitori*) to escape; (*discussione*) to avoid; ~ alla morte to escape death; mi è sfuggita la penna di mano the pen slipped out of my hand; mi sfugge il titolo del film I can't remember the name of the movie; mi è sfuggito che ... I forgot (that) ...; mi sono sfuggiti molti errori I missed a lot of mistakes; mi è sfuggito di bocca che ... I let it slip that ...

sfuggita [sfud·'dʒi:·ta] *f* di ~ in passing

sfumare [sfu·'ma:·re] I. *vt avere* 1.(*colori*) to shade 2.*fig* (*polemica*) to soften II. *vi essere* 1.(*dissolversi: nebbia, fumo*) to disappear 2.*fig* (*svanire: sogno*) to vanish 3.(*colore*) to shade into

sfumato, -a *adj* soft

sfumatura [sfu·ma·'tu:·ra] *f* 1.(*gradazione*) tone 2.*fig* (*di testo*) shade of meaning 3.*fig* (*accenno*) hint

sfuriata [sfu·'ria:·ta] *f fam* outburst

sfuso, -a ['sfu:·zo] *adj* 1.(*burro*) melted 2. COM loose

sg. *abbr di* seguente ff

sgabello [zga·'bɛl·lo] *m* stool

sgabuzzino [zga·bud·'dzi:·no] *m* storage room

sgambato, -a [zgam·'ba:·to] *adj* high-cut

sgambettare [zgam·bet·'ta:·re] I. *vi* to kick one's legs II. *vt* ~ qu to trip sb up

sgambetto [zgam·'bet·to] *m a. fig* fare lo ~ a qu to trip sb up

sganasciarsi [zga·naʃ·'ʃa:·r·si] *vr fam* ~ dalle risa to laugh one's head off

sganciare [zgan·'tʃa:·re] I. *vt* 1.(*veicolo*) to uncouple 2.(*bomba, siluro*) to launch 3.*fig, fam* (*denaro*) to fork out II. *vr:* -rsi 1.(*staccarsi: rimorchio*) to come uncouple; (*oggetto legato, appeso*) to come undone 2.*fig, fam* (*da persona, impegno*) to get away

sgarbato, -a [zgar·'ba:·to] *adj* (*tono, modi*) ill-mannered

sgarbo ['zgar·bo] *m* fare uno ~ a qu to be rude to sb

sgargiante [zgar·'dʒan·te] *adj* (*colore*) garish

sgarrare [zgar·'ra:·re] *vi* to step out of line

sga(s)sare [zga(s)·'sa:·re] I. *vt* (*bevande*) to make flat II. *vr:* -rsi *fam* (*abbattersi*) to become deflated

sgattaiolare [zgat·ta·io·'la:·re] *vi essere* (*fuggire via*) to sneak off

sgelare [zdʒe·'la:·re] I. *vt avere* (*scongelare*) to defrost II. *vr:* -rsi 1.(*scongelarsi*) to defrost 2.*fig* (*distendersi: atmosfera*) to thaw

sghembo, -a ['zgem·bo] *adj* (*storto*) crooked

sghignazzare [zgiɲ·ɲat·'tsa:·re] *vi fam* to laugh scornfully

sghimbescio, -a [zgim·'bɛʃ·ʃo] <-sci, -sce> *adj* a [o di] ~ crookedly

sghiribizzo [zgi·ri·'bid·dzo] *m fam* whim

sgobbare [zgob·'ba:·re] *vi fam* (*lavorare dura-*

mente) to slave (away); ~ **sui libri** to study hard

sgobbata [zgob·'ba:·ta] *f fam* slog

sgobbone, -a [zgob·'bo:·ne] *m, f fam* workaholic

sgocciolare [zgot·tʃo·'la:·re] **I.** *vi essere o avere* (*liquidi*) to drip **II.** *vt avere* **1.** (*liquidi*) to drip **2.** (*recipienti*) to drain

sgocciolo ['zgot·tʃo·lo] *m fig* **essere agli -i** to be almost over

sgolarsi [zgo·'lar·si] *vr* to shout oneself hoarse

sgomb(e)rare [zgom·'bra:·re (zgom·be·'ra:·re)] *vt* **1.** (*tavolo, stanza, strada*) to clear; **puoi ~ il tavolo dai tuoi libri?** can you clear your books off the table? **2.** (*appartamento*) to vacate

sgombro ['zgom·bro] *m* ZOOL mackerel

sgombro, -a *adj* (*casa, appartamento*) vacant

sgomentare [zgo·men·'ta:·re] *vt* to dismay

sgomento [zgo·'men·to] *m* dismay

sgomento, -a *adj* dismayed

sgominare [zgo·mi·'na:·re] *vt* (*sconfiggere*) to defeat

sgommare [zgom·'ma:·re] *vi* to make one's tires screech

sgommata [zgom·'ma:·ta] *f* screech of tires

sgonfiare [zgon·'fia:·re] **I.** *vt* **1.** (*pneumatico, pallone*) to let the air out of **2.** MED to bring down the swelling of **II.** *vr:* **-rsi 1.** (*ruota, pallone*) to go flat **2.** MED to go down **3.** *fig* (*ridimensionarsi*) to become deflated

sgonfio, -a ['zgon·fio] <-i, -ie> *adj* **1.** (*pallone, ruota*) flat **2.** MED no longer swollen

sgorbio ['zgor·bio] <-i> *m* **1.** (*scrittura*) scrawl; (*disegni*) scribble **2.** *fig, pej* (*persona brutta*) dog

sgorgare [zgor·'ga:·re] *vi essere* to gush

sgozzamento [zgot·tsa·'men·to] *m* slaughter

sgozzare [zgot·'tsa:·re] *vt* to slaughter

sgradevole [zgra·'de:·vo·le] *adj* unpleasant

sgradito, -a [zgra·'di:·to] *adj* unwelcome

sgraffignare [zgraf·fiɲ·'ɲa:·re] *vt fam* to swipe

sgrammaticato, -a [zgram·ma·ti·'ka:·to] *adj* ungrammatical

sgranare [zgra·'na:·re] *vt* (*piselli, fave*) to shuck; ~ **gli occhi** to open one's eyes wide

sgranchire [zgran·'ki:·re] <sgranchisco> *vt* to stretch; **-rsi le gambe** to stretch one's legs

sgranocchiare [zgra·nok·'kia:·re] *vt fam* to munch

sgrassare [zgras·'sa:·re] *vt* (*brodo*) to remove the fat from

sgravare [zgra·'va:·re] **I.** *vt fig* (*liberare*) to relieve **II.** *vr:* **-rsi** (*liberarsi*) to free oneself

sgravio ['zgra:·vio] <-i> *m* (*alleggerimento: di imposte*) relief; ~ **fiscale** tax relief

sgraziato, -a [zgrat·'tsia:·to] *adj* (*andatura, persona*) ungainly

sgretolamento [zgre·to·la·'men·to] *m a. fig* (*disfacimento*) crumbling

sgretolarsi [zgre·to·'la:·r·si] *vr a. fig* (*disgregarsi*) to crumble

sgridare [zgri·'da:·re] *vt* ~ **qu** to tell sb off

sgridata [zgri·'da:·ta] *f* telling off

sguaiato, -a [zgua·'ia:·to] *adj* (*risata, gesto*) vulgar

sguainare [zguai·'na:·re] *vt* (*spada, sciabola*) to draw

sgualcire [zgual·'tʃi:·re] <sgualcisco> *vt* (*sciupare: abito*) to crush

sgualdrina [zgual·'dri:·na] *f* whore

sguardo ['zguar·do] *m* look; **alzare/abbassare lo** ~ to look up/down; **dare uno ~ a qc** to look at sth; **non degnare qu/qc di uno ~** to not deign to look at sb/sth

sguarnito, -a [zguar·'ni:·to] *adj* (*negozio*) badly stocked; (*assortimento*) scanty

sguattero, -a ['zguat·te·ro] *m, f* scullery boy *m*, scullery maid *f*; **trattare qu come uno ~** to treat sb like a servant

sguazzare [zguat·'tsa:·re] *vi* **1.** (*nell'acqua*) to splash around **2.** *fig* ~ **nell'oro** to be rolling in it

sguinzagliare [zguin·tsaʎ·'ʎa:·re] *vt* **1.** (*cani*) to let off the leash **2.** *fig* (*mandare alla ricerca*) ~ **un detective dietro qu** to hire a private detective to follow sb

sgusciare [zguʃ·'ʃa:·re] **I.** *vt avere* (*uova, fagioli, fave*) to shell **II.** *vi essere fig* (*svignarsela*) ~ **via** to slip away

shampoo [ʃæm·'pu:/'ʃam·po] <-> *m* shampoo

share ['ʃɛ·ə] <-> *m* TV audience ratings

shareware <-> *m* COMPUT shareware

shoccare [ʃok·'ka:·re] *v.* scioccare

shoccato, -a [ʃok·'ka:·to] *adj v.* scioccato

shock [ʃɔk] <-> *m* shock

shockato, -a *adj v.* scioccato

shopper ['ʃɔ·pə] <-> *m* shopping bag

short [ʃɔːt] <-> *m* short (film)

shorts [ʃɔːts] *mpl* shorts

si[1] [si] *pron 3. pers m e f sing e pl* **1.** (*riflessivo, complemento oggetto: impersonale*) oneself; (*maschile*) himself; (*femminile*) herself; (*neutro*) itself; (*plurale*) themselves; **si è tagliato** he cut himself; **si è scottata** she burned herself; **si alzano sempre tardi** they always get up late; ~ **veste con eleganza** he [*o* she] dresses well **2.** (*riflessivo, complemento di termine*) **si è rotta un piede** she broke her foot; **si è tagliato un dito** he cut his finger; **si è messo il cappotto** he put on his coat **3.** (*intensivo*) **si è comprata un vestito nuovo** she bought herself a new dress; **si è mangiato mezza torta da solo** he ate half a cake all on his own; **guardarsi un film** to watch a movie **4.** (*reciproco*) each other; **vogliono conoscersi meglio** they want to get to know each other better; ~ **sono separati** they split up **5.** (*impersonale*) **in Australia si parla inglese** they speak English in Australia; **cercasi segretaria** secretary wanted; ~ **apre alle ...** opening time ...; **non** ~ **sa mai** you never know; ~ **sa!** we know! **6.** (*passivante*) **non** ~ **accettano assegni** checks not accepted

si[2] <-> *m* MUS B; (*nel solfeggio*) ti

S

sì [si] I. *adv* yes; **certo che** ~ of course; **rispondere di** ~ to say yes; **credo di** ~ I think so; **e** ~ **che** to think that; **un giorno** ~ **ed uno no** on alternate days; ~ **e no** yes and no II. <-> *m* yes

sia[1] ['si:·a] *conj* ~ ... **o** whether ... or; ~ ... **che** both ... and; ~ **che gli piaccia,** ~ **che non gli piaccia** whether he likes it or not

sia[2] *1., 2. e 3. pers sing conj pr di* **essere**[1]

SIAE *f abbr di* **Società Italiana Autori ed Editori** *Italian Association of Authors and Publishers*

siamese [sia·'me:·se] I. *adj* Siamese; **gatto** ~ Siamese cat; **fratelli -i** conjoined twins II. *mf* **1.** (*abitante*) Siamese **2.** ZOOL Siamese cat

siamo ['si:·a·mo] *1. pers pl pr di* **essere**[1]

Siberia [si·'bɛ:·ria] *f* Siberia

sibilante [si·bi·'lan·te] I. *adj* (*pronuncia*) sibilant; (*respiro*) wheezing II. *f* LING sibilant

sibilare [si·bi·'la:·re] *vi* (*emettere sibili*) to whistle

sibilla [si·'bil·la] *f* **1.** (*nella mitologia*) sibyl **2.** *fig* clairvoyant

sibilo ['si:·bi·lo] *m* whistling

sicché [sik·'ke] *conj* **1.** (*così che, perciò*) so **2.** (*ebbene*) well

siccità [sit·tʃi·'ta] <-> *f* drought

siccome [sik·'ko:·me] *conj* since

Sicilia [si·'tʃi:·lia] *f* Sicily

siciliano [si·tʃi·'lia:·no] <*sing*> *m* (*dialetto*) Sicilian

siciliano, -a I. *adj* Sicilian; **scuola -a** LIT Sicilian school; **cassata -a** *Sicilian cake consisting of ricotta and candied fruit* II. *m, f* (*abitante*) Sicilian

sicura [si·'ku:·ra] *f* **1.** (*di arma*) safety **2.** (*dispositivo*) safety lock

sicurezza [si·ku·'ret·tsa] *f* safety; (*certezza*) certainty; ~ **stradale** road safety; **cintura di** ~ seat belt; **uscita di** ~ emergency exit

sicuro [si·'ku:·ro] I. *m* **1.** **essere al** ~ to be safe; **sentirsi al** ~ to feel safe; **mettersi al** ~ *fig* to take cover **2.** **dare qc per** ~ to be sure about sth; **andare sul** ~ to play (it) safe II. *adv* certainly; **di** ~ certainly

sicuro, -a *adj* **1.** (*luogo, posto*) safe **2.** (*che sa con certezza*) sure **3.** (*abile*) **essere** ~ **in matematica** to be good at math; **mi sento** ~ **per l'esame** I'm confident about the exam; **essere** ~ **di sé** to be self-confident **4.** (*che dà certezza di avvenire*) certain

siderurgia [si·de·rur·'dʒi:·a] <-gie> *f* iron and steel industry

siderurgico [si·de·'rur·dʒi·ko] <-ci> *m* steelworker

siderurgico, -a <-ci, -che> *adj* iron and steel

sidro ['si:·dro] *m* cider

Siena *f* Siena, *city in Tuscany*

siepe ['siɛ:·pe] *f* BOT hedge

siero ['siɛ:·ro] *m* **1.** (*del latte*) whey **2.** MED serum

sieronegativo, -a [sie·ro·ne·ga·'ti:·vo] I. *adj* MED (*AIDS*) HIV negative II. *m, f* person who is HIV negative

sieropositivo, -a [sie·ro·po·si·'ti:·vo] I. *adj* MED (*AIDS*) HIV positive II. *m, f* person who is HIV positive

siesta ['siɛs·ta] *f* siesta

siete ['siɛ:·te] *2. pers pl pr di* **essere**[1]

sifilide [si·'fi:·li·de] *f* syphilis

Sig. *abbr di* **signore** Mr.

sigaretta [si·ga·'ret·ta] *f* cigarette; ~ **con filtro** filter tip; ~ **senza filtro** unfiltered cigarette; **farsi una** ~ to roll a cigarette

sigaro ['si:·ga·ro] *m* cigar

Sigg. *abbr di* **signori** Messrs.

sigillare [si·dʒil·'la:·re] *vt* (*chiudere con sigillo*) to seal

sigillatura [si·dʒil·la·'tu:·ra] *f* **1.** (*chiusura*) seal **2.** TEC sealing; ~ **delle cavità** cavity sealing

sigla ['si:·gla] *f* **1.** (*abbreviazione*) acronym **2.** MUS, TV, RADIO signature tune

siglare [si·'gla:·re] *vt* to initial

Sig.na *abbr di* **signorina** Miss

significante [siɲ·ɲi·fi·'kan·te] *adj* (*importante*) meaningful

significare [siɲ·ɲi·fi·'ka:·re] *vt* to mean

significativo, -a [siɲ·ɲi·fi·ka·'ti:·vo] *adj* (*sguardo, silenzio*) meaningful

significato [siɲ·ɲi·fi·'ka:·to] *m* **1.** (*concetto*) meaning **2.** (*importanza*) significance

signora [siɲ·'ɲo:·ra] *f* **1.** (*gener*) lady; **fare la** ~ to act the lady; **signori e -e** ladies **2.** (*appellativo*) Mrs.; **la** ~ **Trevisan** Mrs. Trevisan **3.** (*moglie*) wife **4.** (*padrona di casa*) owner

signore [siɲ·'ɲo:·re] *m* **1.** (*gener*) gentleman; **il signor dottore/avvocato** the doctor/lawyer; **il signor Martignon** Mr. Martignon; **i -i Berla** the Berlas; **egregio signor Colombo** Dear Mr. Colombo; **-i e signore** ladies and gentlemen **2.** (*padrone di casa*) owner

signorile [siɲ·ɲo·'ri:·le] *adj* (*gesto, atteggiamento*) refined; (*da signore*) gentlemanly; (*da signora*) ladylike

signorilità [siɲ·ɲo·ri·li·'ta] <-> *f* refinement

signorina [siɲ·ɲo·'ri:·na] *f* **1.** (*donna nubile, appellativo*) Miss; **la** ~ **Marchi** Mrs. Marchi **2.** (*donna giovane*) young lady

signorino [siɲ·ɲo·'ri:·no] *m* **1.** (*figlio del padrone di casa*) son of the house *liter* **2.** *iron* (*ragazzo viziato*) **il** ~ his lordship

signornò [siɲ·ɲor·'nɔ] *adv* no sir

signorsì [siɲ·ɲor·'si] *adv* yes sir

Sig.ra *abbr di* **signora** Mrs.

silenzio [si·'lɛn·tsio] <-i> *m* silence; **fare** ~ to be quiet; **passare qc sotto** ~ to hush sth up; ~ **stampa** press silence

silenzioso, -a [si·len·'tsio:·so] *adj* quiet

silhouette [si·'lwɛt] <-> *f* silhouette

silicio [si·'li:·tʃo] *m* silicon

siliconato, -a [si·li·ko·'na:·to] *adj* (*labbra*) surgically-enhanced; **seno** ~ boob job

silicone [si·li·'ko:·ne] *m* silicone

sillaba ['sil·la·ba] *f* syllable; **parola di tre -e** three-syllable word

sillabare [sil·la·'ba:·re] *vt* (*dividire in sillabe*) to divide into syllables

sillabico, -a [sil·'la:·bi·ko] <-ci, -che> *adj* syllabic

silo- [si·lo] *v.* **xilo-**

siluramento [si·lu·ra·'men·to] *m* **1.**(*di nave, idea, progetto*) torpedoing **2.**(*di persona*) ousting

silurare [si·lu·'ra:·re] *vt* to torpedo

siluro [si·'lu:·ro] *m* torpedo

silvestre [sil·'vɛs·tre] *adj* (*pino, profumo*) woodland

simbiosi [sim·bi·'ɔ:·zi] <-> *f* symbiosis

simboleggiare [sim·bo·led·'dʒa:·re] *vt* to symbolize

simbolico, -a [sim·'bɔ:·li·ko] <-ci, -che> *adj* (*significato, gesto, dono*) symbolic

simbolismo [sim·bo·'liz·mo] *m* **1.**(*arte*) Symbolism **2.**(*complesso di simboli*) symbolism

simbolo [sim·bo·lo] *m* symbol

simbologia [som·bo·lo·'dʒi:·a] <-ie> *f* (*insieme di simboli*) symbolism

similare [si·mi·'la:·re] *adj* (*simile*) similar

simile ['si:·mi·le] **I.** *adj* **1.**(*analogo*) similar; **essere ~ a qu/qc** to be similar to sb/sth **2.**(*tale*) such; **non ho mai visto una confusione ~** I've never seen such a mess **II.** *mf* (*il prossimo*) neighbor

similpelle [si·mil·'pɛl·le] *f* imitation leather

simmetria [sim·me·'tri:·a] <-ie> *f* (*di oggetto, corpo*) symmetry

simmetrico, -a [sim·'mɛ:·tri·ko] <-ci, -che> *adj* symmetrical

simpatia [sim·pa·'ti:·a] <-ie> *f* **1.**(*di carattere*) pleasant nature **2.**(*inclinazione*) liking; **avere ~ per qu/qc** to like sb/sth; **prendere qu in ~** to take a liking to sb

simpatico, -a [sim·'pa:·ti·ko] <-ci, -che> **I.** *adj* nice **II.** *m, f* nice person

simpaticone, -a [sim·pa·ti·'ko:·ne] *m, f fam* really nice person

simpatizzante [sim·pa·tid·'dzan·te] *mf* sympathizer

simpatizzare [sim·pa·tid·'dza:·re] *vi* (*di ideologia*) **~ per qc** to support sth

simposio [sim·'pɔ:·zio] <-i> *m* (*convegno*) symposium

simulare [si·mu·'la:·re] *vt* **1.**(*fingere*) to fake **2.** TEC to simulate

simulazione [si·mu·lat·'tsio:·ne] *f* **1.**(*finzione*) faking; **è stata tutta una ~** it was all a pretence **2.** TEC simulation

simultaneità [si·mul·ta·nei·'ta] <-> *f* simultaneity

simultaneo, -a [si·mul·'ta:·neo] *adj* simultaneous; **traduzione -a** simultaneous translation

sinagoga [si·na·'gɔ:·ga] <-ghe> *f* synagogue

sinceramente [sin·tʃe·ra·'me:n·te] *adv* honestly; **~ non so cosa pensare** honestly I don't know what to think

sincerarsi [sin·tʃe·'rar·si] *vr* to make sure

sincerità [sin·tʃe·ri·'ta] <-> *f* honesty; **con tutta ~** in all honesty

sincero, -a [sin·'tʃɛɪ·ro] *adj* **1.**(*persona*) honest **2.** *fig* (*gesto, parole*) sincere

sincope ['sin·ko·pe] *f* fainting fit

sincronia [siŋ·kro·'ni:·a] <-ie> *f* (*simultaneità*) synchrony

sincronizzare [siŋ·kro·nid·'dza:·re] *vt* to synchronize

sincronizzatore [siŋ·kro·nid·dza·'to:·re] *m* synchronizer

sindacale [sin·da·'ka:·le] *adj* (*del sindacato*) (trade) union

sindacalista [sin·da·ka·'lis·ta] <-i *m*, -e *f*> *mf* trade unionist

sindacare [sin·da·'ka:·re] *vt* **1.** ADMIN to inspect **2.** *fig* (*criticare*) to criticize

sindacato [sin·da·'ka:·to] *m* (*di lavoratori*) (trade) union

sindaco ['sin·da·ko] <-ci> *m* ADMIN mayor

sindone ['sin·do·ne] *f* shroud

sindrome ['sin·dro·me] *f* syndrome; **~ di Down** Down syndrome; **~ da immunodeficienza acquisita** acquired immune deficiency syndrome; **~ da iperattività** hyperactivity syndrome

sinergia [si·ner·'dʒ:·a] *f* COM synergy

sinfonia [sin·fo·'ni:·a] <-ie> *f* MUS symphony

sinfonico, -a [sin·'fɔ:·ni·ko] <-ci, -che> *adj* symphonic

singhiozzare [siŋ·giot·'tsa:·re] *vi* **1.**(*piangere*) to sob **2.**(*avere il singhiozzo*) to hiccup

singhiozzo [siŋ·'giot·tso] *m* **1.** MED hiccups *pl* **2.**(*pianto*) sob **3.**(*loc*) **a ~** in fits and starts

single ['siŋ·gl] <-> *mf* single person

singolare [siŋ·go·'la:·re] **I.** *adj* **1.**(*particolare*) strange **2.**(*insolito*) remarkable **II.** *m* LING singular

singolarità [siŋ·la·ri·'ta] <-> *f* (*unicità*) uniqueness

singolo ['siŋ·go·lo] *m* SPORT (*tennis*) singles *pl*; (*canottaggio*) single sculls

singolo, -a I. *adj* single **II.** *m, f* individual

singulto [siŋ·'gul·to] *v.* **singhiozzo**

sinistra [si·'nis·tra] *f* **1.**(*gener*) left; **partito di ~** party of the left; **a ~** on the left; **girare** [*o* **voltare**] **a ~** to turn left; **tenere la ~** to keep left; **alla mia ~** on my left **2.**(*mano*) left hand

sinistrato, -a [si·nis·'tra:·to] **I.** *adj* damaged **II.** *m, f* victim

sinistro [si·'nis·tro] *m* **1.**(*infortunio*) accident **2.** SPORT (*piede*) left foot; (*mano, pugno*) left

sinistro, -a *adj* **1.**(*che è a sinistra*) left **2.** *fig* (*infausto*) sinister

sino ['si:·no] *prep* **~ a** until

sinologia [si·no·lo·'dʒi:·a] <-gie> *f* sinology

sinologo, -a [si·'nɔ:·lo·go] <-gi *o* -ghi, -ghe> *m, f* sinologist

sinonimia [si·no·ni·'mi:·a] <-ie> *f* LING synonymy

sinonimo [si·'nɔ:·ni·mo] *m* synonym

sinora [si·'no:·ra] *v.* **finora**

sintagma [sin·'tag·ma] <-i> *m* LING construction

sintassi [sin·'tas·si] <-> *f* LING syntax

S

sintattico, -a [sin·'tat·ti·ko] <-ci, -che> *adj* LING syntactic

sintesi ['sin·te·zi] <-> *f* 1. FILOS, BIOL, CHIM, MED synthesis 2. (*riassunto*) summary; **in** ~ in short

sinteticamente [sin·te·ti·ka·'men·te] *adv* (*in sintesi*) briefly

sinteticità [sin·te·ti·tʃi·'ta] <-> *f* (*l'essere sintetico*) succinctness

sintetico, -a [sin·'tɛ·ti·ko] <-ci, -che> *adj* 1. (*schematico*) concise 2. (*tessuto*) synthetic

sintetizzare [sin·te·tid·'dza:·re] *vt* 1. (*riassumere*) to summarize 2. CHIM to synthesize

sintetizzatore [sin·te·tid·dza·'to:·re] *m* MUS synthesizer

sintomatico, -a [sin·to·'ma:·ti·ko] <-ci, -che> *adj* 1. (*significativo*) significant 2. MED symptomatic

sintomo ['sin·to·mo] *m* symptom

sintonia [sin·to·'ni:·a] <-ie> *f fig* (*perfetto accordo*) harmony; **essere in** ~ **con** to be in harmony with

sintonizzare [sin·to·nid·'dza:·re] *vt* RADIO to tune

sintonizzatore [sin·to·nid·dza·'to:·re] *m* tuner

sinuoso, -a [si·nu·'o:·so] *adj* winding

sinusite [si·nu·'zi:·te] *f* sinusitis

sionismo [sio·'niz·mo] *m* Zionism

sionista [sio·'nis·ta] <-i *m*, -e *f*> *mf* Zionist

sipario [si·'pa:·rio] <-i> *m* curtain

Siracusa [si·ra·'ku:·za] *f* Syracuse, *city in southeastern Sicily*

Siracusano <*sing*> *m* (*zona*) Syracuse area; **nel** ~ in the Syracuse area

siracusano, -a [si·ra·ku·'sa:·no] I. *adj* from Syracuse II. *m, f* (*abitante*) person from Syracuse

sirena [si·'rɛ:·na] *f* mermaid

Siria ['si:·ria] *f* Syria

siriano, -a [si·'ria:·no] I. *adj* Syrian II. *m, f* Syrian

siringa [si·'riŋ·ga] <-ghe> *f* 1. MED syringe; ~ **monouso** single-use syringe 2. CULIN piping bag

siringare [si·riŋ·'ga:·re] *vt* MED to syringe

sisal ['si:·zal] <-> *f* (*fibra tessile*) sisal

sisma ['siz·ma] <-i> *m* earthquake

SISMI ['siz·mi] *m acró de* **Servizio per l'Informazione e la Sicurezza Militare** *Italian military security service*

sismico, -a ['siz·mi·ko] <-ci, -che> *adj* seismic; **zona -a** earthquake zone

sismografo [siz·'mɔ:·gra·fo] *m* seismograph

sismologia [siz·mo·lo·'dʒi:·a] <-gie> *f* seismology

sismologo, -a [siz·'mɔ:·lo·go] <-gi, -ghe> *m, f* seismologist

sissignore [sis·siɲ·'ɲo:·re] *interj iron* yes sir!

sistema [sis·'tɛ:·ma] <-i> *m* 1. (*gener*) system; ~ **antibloccaggio** AUTO antilock braking system; ~ **antisbandamento** AUTO anti-skid system; ~ **immunitario** immune system; ~ **di irrigazione** irrigation system; ~ **di naviga**-

zione satellitare satellite navigation system; ~ **nervoso** nervous system; ~ **operativo** operating system; ~ **solare** solar system 2. *fig* (*ordine*) way; ~ **di vita** way of life

sistemare [sis·te·'ma:·re] I. *vt* 1. (*mettere a posto*) to tidy (up) 2. (*faccenda*) to sort out 3. (*procurare un lavoro*) to fix up 4. (*procurare un alloggio a*) to put; **abbiamo sistemato i tuoi amici nella stanza degli ospiti** we've put your friends in the guest room 5. *fam* (*punire*) to chew out II. *vr:* **-rsi** 1. (*trovare lavoro*) to find a job 2. (*trovare alloggio*) to find a place to stay; **per una notte mi sono sistemato sul divano letto** for one night I slept on the sofa bed 3. (*sposarsi*) to settle down

sistematicamente [sis·te·ma·ti·ka·'men·te] *adv* 1. (*secondo un piano organico*) systematically 2. (*regolarmente*) regularly

sistematicità [sis·te·ma·ti·tʃi·'ta] <-> *f* **con grande** ~ very systematically

sistematico, -a [sis·te·'ma:·ti·ko] <-ci, -che> *adj* (*metodo, ordine*) systematic

sistemazione [sis·te·mat·'tsio:·ne] *f* 1. (*risoluzione*) settling 2. (*impiego*) job 3. (*alloggio*) accomodations

sistemista [sis·te·'mis·ta] <-i *m*, -e *f*> *mf* COMPUT systems engineer

sito ['si·to] *m* 1. *poet* place 2. COMPUT site; ~ **Internet** Internet site; ~ **Web** web site

situare [si·tu·'a:·re] *vt* to locate

situato, -a [si·tu·'a:·to] *adj* situated

situazione [si·tu·at·'tsio:·ne] *f* situation

skateboard ['skeit·bɔ:d/'skeit·bɔrd] <-> *m* 1. (*tavola*) skateboard 2. (*sport*) skateboarding

skating ['skei·tiŋ/'skei·ting] <-> *m* SPORT (*su ghiaccio*) ice-skating; (*a rotelle*) roller skating

skibob ['ski:·bɔb] <-> *m* skibob

skipass [ski·'pas] <-> *m* ski pass

ski roll ['ski: roul] <-> *m* 1. (*attrezzo*) roller ski 2. (*sport*) roller skiing

ski stopper ['ski: 'stɔ·pə] <-> *m* ski stopper

skysurfing [skai·'sə·fiŋ] <*sing*> *m* SPORT sky-surfing

slacciare [zlat·'tʃa:·re] I. *vt* (*giacca, bottoni, scarpe*) to undo II. *vr:* **-rsi** (*giacca, bottoni, scarpe*) to come undone

slalom ['zla:·lom] <-> *m* SPORT slalom; ~ **gigante** giant slalom

slalomista [zla·lo·'mis·ta] <-i *m*, -e *f*> *mf* slalom racer

slanciarsi [zlan·'tʃar·si] *vr* ~ **contro** [*o* **su**] **qu** to hurl oneself at sb

slanciato, -a [zlan·'tʃa:·to] *adj* (*ragazza, fisico*) slim

slancio ['zlan·tʃo] <-ci> *m* 1. (*balzo*) leap 2. *fig* (*impeto*) gusto; **in uno** ~ **di entusiasmo** in a burst of enthusiasm

slargo ['zlar·go] <-ghi> *m* widening

slavato, -a [zla·'va:·to] *adj* (*sbiadito*) faded

slavina [zla·'vi:·na] *f* snowslide

slavismo [zla·'viz·mo] *m* 1. LING Slavic word 2. POL Pan-Slavism

S

slavistica [zla·'vis·ti·ka] <-che> *f* Slavic studies

slavo, -a ['zla·vo] I. *adj* Slavic II. *m, f* Slav

slavofilia [zla·vo·fi·'li:·a] *f* pro-Slavism

slavofobia [zla·vo·fo·'bi:·a] *f* anti-Slavism

slavofono, -a [zla·'vɔ:·fo·no] I. *m, f* Slavic speaker II. *adj* Slavic-speaking

sleale [zle·'a:·le] *adj* (*persona, avversario*) cheating; **una persona** ~ a cheat

slealtà [zle·al·'ta] <-> *f* cheating

slegare [zle·'ga:·re] *vt* (*cane*) to untie

slegato, -a [zle·'ga:·to] *adj* (*senza connessione: concetti, frasi*) disconnected

slip [zlip] <-> *m* (*da uomo*) briefs *pl*; (*da donna*) panties *pl*

slitta ['zlit·ta] *f* sledge

slittamento [zlit·ta·'men·to] *m* 1. (*di ruote*) skidding 2. (*rinvio*) postponement

slittare [zlit·'ta:·re] *vi essere o avere* 1. (*ruote*) to skid 2. COM, FIN to slide 3. (*essere rinviato*) to be postponed

slittino [zlit·'ti:·no] *m* toboggan

s.l.m. *abbr di* **sul livello del mare** asl, *above sea level*

slogan ['zlɔ:·gan] <-> *m* slogan

slogare [zlo·'ga:·re] *vt* (*spalla*) to dislocate; (*polso, caviglia*) to sprain

slogatura [zlo·ga·'tu:·ra] *f* (*di spalla*) dislocation; (*di polso, caviglia*) sprain

sloggiare [zlod·'dʒa:·re] *vi* 1. (*abbandonare un alloggio*) to move out 2. *fam* (*andarsene*) to clear out

slot [slɔt/zlot] <-> *m* AERO landing slot; COMPUT slot

slot-machine ['slɔt mə·'ʃi:n/'zlɔt ma·'ʃin] <-> *f* slot machine

Slovacchia [zlo·vak·'kia] *f* Slovakia

slovacco, -a [zlo·'vak·ko] <-cchi, -cche> I. *adj* Slovak II. *m, f* Slovak

Slovenia [zlo·'vɛ:·nia] *f* Slovenia

sloveno, -a [zlo·'vɛ:·no] I. *adj* Slovenian II. *m, f* Slovenian

slurp [zlurp] *interj fam* (*rumore di chi mangia o beve*) slurping noise, *written in comic strips*

smacchiare [zmak·'kia:·re] *vt* to remove stains from

smacchiatore, -trice [zmak·kia·'to:·re] *m, f* stain remover

smacco ['zmak·ko] <-cchi> *m* (*sconfitta*) humiliating defeat

smack [zmak] *interj fam* smack, *the sound of a loud kiss*

smagliante [zmaʎ·'ʎan·te] *adj* 1. *fig* (*sorriso, bellezza*) radiant 2. (*loc*) **in forma** ~ in great shape

smagliare [zmaʎ·'ʎa:·re] *vr:* **-rsi** 1. (*calze, maglia*) to run 2. (*pelle*) to get stretch marks

smagliatura [zmaʎ·ʎa·'tu:·ra] *f* 1. (*di calze*) run 2. MED stretch mark

smagnetizzare [zmaɲ·ɲe·tid·'dza:·re] *vt* to demagnetize

smagrirsi [zma·'gri:r·si] <smagrisco> *vr:* **-rsi** (*dimagrire*) to lose weight

smaliziato, -a [zma·lit·'tsia:·to] *adj* (*non più ingenuo*) knowing

smaltare [zmal·'ta:·re] *vt* 1. (*vaso*) to glaze; (*padella*) to enamel 2. (*unghie*) to put nail polish on

smaltimento [zmal·ti·'men·to] *m* disposal; **lo ~ dei rifiuti** waste disposal

smaltire [zmal·'ti:·re] <smaltisco> *vt* 1. (*digerire: cibo*) to digest 2. (*far passare: sbornia, rabbia*) to get over 3. (*eliminare: acque*) to drain away; (*rifiuti*) to dispose of

smalto ['zmal·to] *m* 1. (*per decorare, dei denti*) enamel 2. (*per unghie*) nail polish

smammare [zmam·'ma:·re] *vi fam* to clear out

smanceria [zman·tʃe·'ri:·a] <-ie> *f pej* (*moina*) affectation

smanettare [zma·net·'ta:·re] *vi sl* MOT to go flat out; ~ **al computer** to mess around on the computer

smania ['zma:·nia] *f* 1. (*agitazione*) agitation; **perché hai tutta questa ~?** why are you so agitated? 2. *fig* (*intenso desidero*) ~ **di qc** thirst for sth

smaniare [zma·'nia:·re] *vi* 1. (*agitarsi*) to be agitated 2. *fig* (*desiderare fortemente*) ~ **di fare qc** to long to do sth

smanicato, -a [zma·ni·'ka:·to] *adj* sleeveless

smanioso, -a [zma·'nio:·so] *adj* (*desideroso*) **essere ~ di qc** to be eager for sth; **essere ~ di fare qc** to be eager to do sth

smantellamento [zman·tel·la·'men·to] *m* 1. (*chiusura: di fabbrica*) shutting down 2. *fig* (*di sistema politico*) dismantling

smantellare [zman·tel·'la:·re] *vt* 1. (*mura*) to demolish; (*fabbrica*) to shut down 2. (*tesi, accusa*) to take apart

smarrimento [zmar·ri·'men·to] *m* 1. (*di oggetto*) loss 2. *fig* (*mancanza di lucidità*) confusion

smarrire [zmar·'ri:·re] <smarrisco> I. *vt* 1. (*perdere: oggetti*) to lose 2. ~ **la strada** to lose one's way II. *vr:* **-rsi** (*perdersi*) to get lost

smartphone ['sma:t·fon] <-> *m* smartphone

smascheramento [zmas·ke·ra·'men·to] *m* revelation

smascherare [zmas·ke·'ra:·re] I. *vt fig* (*mettere a nudo*) to reveal II. *vr:* **-rsi** *fig* (*rivelare la propria natura*) to give oneself away

smaterializzare [zma·te·ria·lid·'dza:·re] I. *vt* ~ **qu/qc** to make sb/sth disappear II. *vr:* **-rsi** to disappear

SME *m abbr di* **Sistema Monetario Europeo** EMS

smembramento [zmem·bra·'men·to] *m* (*divisione*) dismantling

smembrare [zmem·'bra:·re] *vt* (*dividere in parti*) to dismantle

smemoratezza [zme·mo·ra·'tet·tsa] *f* forgetfulness

smemorato, -a [zme·mo·'ra:·to] I. *adj* forgetful II. *m, f* forgetful person; **è un inguaribile** ~ he's hopelessly forgetful

smentire [zmen·'ti:·re] <smentisco> I. *vt*

S

1. (*notizia, fatti*) to deny **2.** GIUR to retract **3.** (*buon nome*) to lose; (*fama*) to disprove **II.** *vr:* **-rsi** (*contraddirsi*) to contradict oneself; **non si smentisce mai** he's [*o* she's] always consistent

smentita [zmen·'ti:·ta] *f* denial

smeraldo[1] [zme·'ral·do] *m* emerald

smeraldo[2] <inv> *adj* **verde** ~ emerald green

smerciare [zmer·'tʃa:·re] *vt* (*vendere*) to sell off

smercio ['zmɛr·tʃo] <-ci> *m* (*vendita*) sale; **avere un ottimo** ~ to sell very well

smerdare [zmer·'da:·re] **I.** *vt vulg* (*svergognare*) ~ **qu** to show sb up **II.** *vr:* **-rsi** *vulg* (*svergognarsi*) to make a fool of oneself

smerigliato, -a [zme·riʎ·'ʎa:·to] *adj* **1. carta -a** emery paper **2. vetro** ~ frosted glass

smettere ['zmet·te·re] <irr> **I.** *vt* (*interrompere: lavoro*) to stop; (*studi*) to give up; (*discussione*) to end; **smettila!** *fam* stop it! **II.** *vi* (*cessare*) to stop; ~ **di fare qc** to stop doing sth; **ha smesso di piovere** it's stopped raining

smidollato, -a [zmi·dol·'la:·to] **I.** *adj fig, pej* spineless **II.** *m, f* wimp

smilitarizzare [zmi·li·ta·rid·'dza:·re] *vt* to demilitarize

smilzo, -a ['zmil·tso] *adj* (*persona*) skinny

sminuire [zmi·nu·'i:·re] <sminuisco> *vt* (*svalutare*) to belittle

sminuzzare [zmi·nut·'tsa:·re] *vt* (*ridurre in pezzettini: carne*) to grind; (*pomodori*) to chop up

smisi ['zmi·zi] *1. pers sing pass rem di* **smettere**

smistare [zmis·'ta:·re] *vt* **1.** (*corrispondenza, merci*) to sort **2.** FERR to shunt

smisurato, -a [zmi·zu·'ra:·to] *adj* (*spazio*) enormous; (*amore*) excessive

smitizzare [zmi·tid·'dza:·re] *vt* to demystify

smobilitare [zmo·bi·li·'ta:·re] *vt* **1.** (*truppe*) to demobilize **2.** *fig* (*riportare alla normalità*) to pack up

smobilitazione [zmo·bi·li·tat·'tsio:·ne] *f* (*di truppe*) demobilization

smodato, -a [zmo·'da:·to] *adj* (*desiderio, consumo*) excessive

smoderato, -a [zmo·de·'ra:·to] *adj* (*eccessivo*) excessive; **essere** ~ **nel mangiare/ bere** to eat/drink to excess

smog [zmɔg] <-> *m* smog; **cappa di** ~ blanket of smog; **allarme** ~ smog alarm

smoking ['zmɔː·kiŋg] <-> *m* tuxedo

smontabile [zmon·'ta:·bi·le] *adj* able to be taken apart

smontare [zmon·'ta:·re] **I.** *vt avere* **1.** (*scomporre: scaffale, motore*) to take apart **2.** *fig* (*scoraggiare*) to dishearten **II.** *vi essere o avere* **1.** (*scendere: da treno*) to get off; (*da cavallo*) to dismount **2.** (*di turno, lavoro*) to finish **III.** *vr:* **-rsi** (*scoraggiarsi*) to lose heart

smorfia ['zmɔr·fia] <-ie> *f* **1.** (*contrazione del viso*) grimace; **fare le -ie** to make faces **2.** *fig*

(*atteggiamento lezioso*) **fare -e** to simper; **lascia perdere le tue -e** stop simpering

smorfioso, -a [zmor·'fio:·so] **I.** *adj* (*bambino*) simpering **II.** *m, f* spoiled brat

smorto, -a ['zmɔr·to] *adj fig* (*pallido*) pale

smorzare [zmor·'tsa:·re] *vt* **1.** (*spegnere: fuoco, candela*) to put out; (*luce*) to dim **2.** *fig* (*attutire: sete*) to quench; (*desiderio, passione*) to dampen **3.** *fig* (*attenuare: polemica, suoni*) to tone down

smossi *1. pers sing pass rem di* **smuovere**

smosso *pp di* **smuovere**

smottamento [zmot·ta·'men·to] *m* (*frana*) landslide

SMS ['ɛs·se·ɛm·me·'ɛs·se] <-> *m abbr di* **Short Message System** TEL (*messaggio*) text; ~ **con immagini** text with pictures

smunto, -a ['zmun·to] *adj* (*pallido*) pale

smuovere ['zmuɔː·ve·re] <irr> **I.** *vt* **1.** (*spostare*) to shift **2.** *fig* (*dissuadere: da idea, decisione*) to dissuade **II.** *vr:* **-rsi 1.** (*spostarsi*) to shift **2.** *fig* (*cambiare idea*) ~ **da qc** to change one's mind about sth

smussare [zmus·'sa:·re] **I.** *vt* **1.** (*spigolo, stipite*) to smooth off; (*coltello*) to blunt **2.** *fig* (*carattere, asperità*) to soften **II.** *vr:* **-rsi** (*coltello*) to get blunt

snaturato, -a [zna·tu·'ra:·to] **I.** *adj* (*madre, padre*) heartless **II.** *m, f* heartless person

snellezza [znel·'let·tsa] *f* (*di persona*) slimness

snellire [znel·'li:·re] <snellisco> **I.** *vt* **1.** (*rendere snello*) ~ **qu** to make sb look slim **2.** *fig* (*procedura, servizio*) to slim down **II.** *vr:* **-rsi** (*diventare snello*) to slim down

snello, -a ['znɛl·lo] *adj* **1.** (*persona, figura*) slim **2.** *fig* (*stile*) easy; (*procedura*) slimmed--down

snervante [zner·'van·te] *adj* (*attesa*) nerve--wracking; (*polemica*) exhausting

snervare [zner·'va:·re] **I.** *vt* (*logorare*) to wear out **II.** *vr:* **-rsi** (*perdere la pazienza*) to lose patience

snidare [zni·'da:·re] *vt* to flush (out)

sniffare [znif·'fa:·re] *vt sl* (*cocaina*) to snort

sniffata [znif·'fa:·ta] *f* sniff; **fare una** ~ **di cocaina** to sniff cocaine; **fare una** ~ **a un profumo** to sniff a perfume

snob [znɔb] **I.** <inv> *adj* snobbish **II.** <-> *mf* snob

snobbare [znob·'ba:·re] *vt* (*mostrare disinteresse*) to snub

snobismo [zno·'biz·mo] *m* snobbery

snocciolare [znot·tʃo·'la:·re] *vt* **1.** (*ciliege, albicocche*) to pit **2.** *fig* (*orazioni, lezione*) to reel off

snodabile [zno·'da:·bi·le] *adj* TEC (*antenna, supporto*) adjustable

snodare [zno·'da:·re] **I.** *vt* **1.** (*fune, corda*) to untie **2.** (*gambe*) to loosen **II.** *vr:* **-rsi** (*fiume, strada*) to wind

snodo ['znɔ·do] *m* TEC joint; **fuso a** ~ steering knuckle

S

snowbo(a)rdista [snou·bor·'dis·ta] <-i *m*, -e *f*> *mf* snowboarder

so [sɔ] *1. pers sing pr di* **sapere**[1]

SO *abbr di* **sudovest** SW

soave[1] [so·'a:·ve] *adj* (*profumo, gusto*) delicate

soave[2] <-> *m* Soave, *dry white wine produced in northern Italy*

sobbalzare [sob·bal·'tsa:·re] *vi* **1.** (*veicoli*) to jolt **2.** (*persone*) to jump

sobbalzo [sob·'bal·tso] *m* start

sobbarcarsi [sob·bar·'ka:r·si] *vr* ~ qc to take on sth

sobborgo [sob·'bor·ɡo] <-ghi> *m* suburb

sobillare [so·bil·'la:·re] *vt* (*istigare*) to stir up

sobillatore, -trice [so·bi·la·'to:·re] *m, f* troublemaker

sobrietà [so·brie·'ta] <-> *f* (*di stile*) simplicity

sobrio, -a ['sɔ:·brio] <-i, -ie> *adj* **1.** (*stile, vita, abitudini*) simple **2.** (*non ubriaco*) sober

soc. *abbr di* **società** Soc.

socchiudere [sok·'kiu:·de·re] <irr> *vt* **1.** (*porta, finestra*) to leave ajar **2.** (*occhi*) to half-close

soccombere [sok·'kom·be·re] <soccombo, soccombei *o* soccombetti, soccombuto> *vi essere* (*restare vinto: persona*) to give up; (*società*) to go under

soccorrere [sok·'kor·re·re] <irr> *vt* ~ qu to help sb

soccorritore, -trice [sok·kor·ri·'to:·re] *m, f* rescuer

soccorso [sok·'kor·so] *m* (*aiuto*) help; -i aid; **il pronto** ~ the emergency room; ~ **stradale** emergency road service; **cassetta di pronto** ~ first aid kit; **colonnina di** ~ emergency phone; **correre in** ~ **di qu** to rush to sb's aid; **omissione di** ~ GIUR failure to offer assistance

socialdemocratico, -a [so·tʃal·de·mo·'kra:·ti·ko] <-ci, -che> I. *adj* social democratic II. *m, f* social democrat

socialdemocrazia [so·tʃal·de·mo·krat·'tsi:·a] *f* social democracy

sociale [so·'tʃa:·le] *adj* **1.** (*gener*) social **2.** COM **capitale** ~ authorized capital

socialismo [so·tʃa·'liz·mo] *m* socialism

socialista [so·tʃa·'lis·ta] <-i *m*, -e *f*> I. *mf* socialist II. *adj* socialist

socialità [so·tʃa·li·'ta] <-> *f* (*convivenza sociale*) sociality

socializzare [so·tʃa·lid·'dza:·re] *vi* (*avere rapporti sociali*) to form relationships

social network ['so:·ʃəl 'ne·twœ:k] <-> *m* social network

società [so·tʃe·'ta] <-> *f* **1.** (*gener*) society; ~ **dei consumi** consumer society; ~ **industriale** industrial society; **alta** ~ high society **2.** COM company; ~ **per azioni** corporation; ~ **a responsabilità limitata**, ~ **in accomandita semplice** limited partnership; ~ **affiliata** affiliate; ~ **finanziaria** finance company; ~ **distributrice di film** movie distributor; ~ (**di fornitura**) **di lavoro temporaneo** employ-ment agency; **in** ~ in partnership **3.** (*associazione*) club; ~ **sportiva** sports club **4. giochi di** ~ parlor games

socievole [so·'tʃe:·vo·le] *adj* sociable

socio, -a ['sɔ:·tʃo] <-ci, -cie> *m, f* **1.** (*membro*) member **2.** COM partner **3.** *pej* (*compare*) pal

socioculturale [so·tʃo·kul·tu·'ra:·le] *adj* sociocultural

socioeconomico, -a [so·tʃo·e·ko·'nɔ:·mi·ko] <-ci, -che> *adj* socioeconomic

sociologia [so·tʃo·lo·'dʒi:·a] <-gie> *f* sociology

sociologo, -a [so·'tʃɔ:lo ɡo] <-gi, -ghe> *m, f* sociologist

sociosanitario, -a [so·tʃo·sa·ni·'ta:·rio] *adj* healthcare; **struttura -a** healthcare structure

soda ['sɔ:·da] *f* **1.** CHIM soda; **bicarbonato di** ~ bicarbonate of soda **2.** (*acqua*) (club) soda; **un whisky con** ~ a whiskey and soda

sodalizio [so·da·'lit·tsio] <-i> *m* (*vincolo*) fellowship

soddisfaccio [sod·dis·'fat·tʃo] *1. pers sing pr di* **soddisfare**

soddisfacente [sod·dis·fa·'tʃɛn·te] *adj* (*esito, risultato*) satisfactory

soddisfare [sod·dis·'fa:·re] <irr> *vt* to satisfy

soddisfatto, -a [sod·dis·'fat·to] *adj* (*contento*) satisfied

soddisfazione [sod·dis·fat·'tsio:·ne] *f* **1.** (*contentezza*) satisfaction; **le piccole -i della vita quotidiana** the small satisfactions of daily life; **con mia grande** ~ to my great satisfaction; **non c'è** ~ there's no satisfaction **2.** (*adempimento: di aspirazioni, richieste*) fulfillment

soddisfeci *1. pers sing pass rem di* **soddisfare**

sodio ['sɔ:·dio] *m* sodium

sodo ['sɔ:·do] I. *adv* **1.** (*con forza*) hard **2.** (*alacremente*) **lavorare/studiare** ~ to work/study hard **3.** (*profondamente*) **dormire** ~ to sleep soundly II. *m fam* **venire al** ~ to come to the point

sodo, -a *adj* **1.** (*carne, muscoli*) firm **2.** (*legname*) hard; **uovo -e** hard-boiled eggs; **prenderle -e** *fam* to get a beating

sodomia [so·do·'mi:·a] <-ie> *f* sodomy

sofà [so·'fa] <-> *m* sofa

sofferente [sof·fe·'rɛn·te] *adj* **1. persona** ~ sufferer; **i malati più -i** the patients who are suffering the most **2.** pain-stricken; **cos'è quell'espressione ~?** what's that pained look for?

sofferenza [sof·fe·'rɛn·tsa] *f* suffering

soffermare [sof·fer·'ma:·re] I. *vt* ~ **lo sguardo su qc** to rest one's gaze on sth II. *vr:* -**rsi** *fig* -**rsi su qc** to dwell on sth

soffersi [sof·'fɛr·si] *1. pers sing pass rem di* **soffrire**

sofferto, -a [sof·'fɛr·to] I. *pp di* **soffrire** II. *adj* (*vittoria, risultato*) hard-fought

soffiare [sof·'fia:·re] I. *vi* to blow II. *vt* **1.** (*aria, fumo, vetro*) to blow; -**rsi il naso** to blow one's nose **2.** *fig, fam* (*portar via*) to steal, to

S

swipe; **mi ha soffiato la ragazza!** he stole my girlfriend! **3.** *fam* (*spifferare: segreto*) to whisper

soffiata [sof·'fia:·ta] *f fam* (*rivelazione*) tip-off

soffice ['sɔf·fi·tʃe] *adj* soft

soffietto [sof·'fiet·to] *m* TEC bellows *pl;* **porta a ~** folding door

soffio ['sof·fio] <-i> *m* **1.** (*gener*) puff; **in un ~** in a sec; **c'è mancato un ~** *fig* it was a close thing **2.** (*rumore*) MED **un ~ al cuore** a heart murmur

soffitta [sof·'fit·ta] *f* attic

soffitto [sof·'fit·to] *m* ceiling

soffocamento [sof·fo·ka·'men·to] *m* suffocation

soffocante [sof·fo·'kan·te] *adj* **1.** (*aria*) suffocating **2.** *fig* (*persona, atmosfera*) oppressive

soffocare [sof·fo·'ka:·re] **I.** *vt avere* to suffocate; **~ qu con un cuscino** to suffocate sb with a pillow **II.** *vi essere* to suffocate; **un caldo che soffoca** suffocating heat; **mi sento ~** I'm suffocating

soffriggere [sof·'frid·dʒe·re] <irr> *vt* to fry lightly

soffrire [sof·'fri:·re] <soffro, soffrii *o* soffersi, sofferto> **I.** *vt* **1.** (*patire*) to suffer; **~ il caldo/freddo** to suffer from the heat/cold; **~ la fame** to suffer from hunger **2.** (*sopportare*) to bear **II.** *vi* **1.** MED **~ di qc** to suffer from sth; **~ di mal di testa** he [*o* she] suffers from headaches **2.** (*patire*) to suffer

soffritto[1] [sof·'frit·to] *pp di* **soffriggere**

soffritto[2] *m a mixture of chopped herbs and onions fried in oil*

soffuso, -a [sof·'fu:·zo] *adj* (*luce*) diffuse

sofisticare [so·fis·ti·'ka:·re] *vi* (*sottilizzare*) to quibble

sofisticato, -a [so·fis·ti·'ka:·to] *adj* **1.** (*persona, impianto*) sophisticated **2.** (*linguaggio*) elevated

soft [sɔft] <inv> *adj* **1.** (*atmosfera*) relaxed **2.** (*luce, musica*) soft

software ['sɔft·wɛə] <-> *m* COMPUT software; **~ didattico** educational software

soggettività [sod·dʒet·ti·vi·'ta] <-> *f* subjectivity

soggettivo, -a [sod·dʒet·'ti:·vo] *adj* subjective

soggetto [sod·'dʒɛt·to] *m* **1.** (*tema*) theme **2.** LING, MUS, FILOS subject **3.** MED (*paziente*) patient **4.** *fam* (*persona, tipo*) character

soggetto, -a *adj* **1.** (*esposto*) **essere ~ a qc** to be subject to sth; **~ a imposta** taxable **2.** MED **essere ~ a qc** to be prone to sth

soggezione [sod·dʒet·'tsio:·ne] *f* (*riguardo timoroso*) **ho molta ~ dei tuoi genitori** I find your parents very intimidating

sogghignare [sog·giɲ·'ɲa:·re] *vi* to snicker

sogghigno [sog·'giɲ·ɲo] *m* snicker; **-i** snickering

soggiacere [sod·dʒa·'tʃe:·re] <irr> *vi* **essere** *o* **avere ~ a qc** to be subject to sth

soggiogare [sod·dʒo·'ga:·re] *vt a. fig* (*sottomettere*) to subjugate

soggiornare [sod·dʒor·'na:·re] *vi* (*trattenersi*) to stay

soggiorno [sod·'dʒor·no] *m* **1.** (*permanenza*) stay; **località di ~** resort; **permesso di ~** residence permit **2.** (*stanza*) living room

soggiungere [sod·'dʒun·dʒe·re] <irr> *vt* to add

soglia ['sɔʎ·ʎa] <-glie> *f* threshold; **~ della porta** doorstep; **~ del dolore** pain threshold; **è alla soglia dei 40** he's [*o* she's] pushing 40; **la primavera è alle -e** spring is nearly here

soglio *1. pers sing pr di* **solere**

sogliola ['sɔʎ·ʎo·la] *f* sole

sognante [soɲ·'ɲan·te] *adj* (*sguardo*) dreamy

sognare [soɲ·'ɲa:·re] *vt* **1.** (*vedere in sogno*) to dream; **ho sognato che ...** I dreamed (that) ...; **ho sognato il nonno** I dreamed about (my) granddad **2.** *fig* (*desiderare*) to dream of; **sogno una casa al mare** I dream of (having) a house on the coast **3.** *fig* (*illudersi*) **te la puoi ~!** in your dreams!; **te lo sogni che venga!** *fam* in your dreams he's [*o* she's] coming! **4.** *fig* (*immaginare*) **non mi sarei mai sognata di finire in questa città** I never dreamed I'd end up living here

sognatore, -trice [soɲ·ɲa·'to:·re] *m, f* dreamer

sogno ['soɲ·ɲo] *m a. fig* dream; **fare un ~** to dream; **nemmeno** [*o* **neppure**] [*o* **neanche**] **per ~** *fam* you've got to be kidding

soia ['sɔ:·ia] <soie> *f* soy

sol [sɔl] <-> *m* MUS G; (*nel solfeggio*) so

solaio [so·'la:·io] <-ai> *m* attic

solare [so·'la:·re] *adj* **1.** (*gener*) solar; **eclissi ~** solar eclipse; **sistema ~** solar system; **energia ~** solar energy; **orologio ~** solar clock; **crema** [*o* **olio**] **~** suntan lotion **2.** *fig* (*raggiante*) sunny; **un'indole ~** a sunny nature **3.** *fig* (*evidente*) (crystal) clear

solarium [so·'la:·ri·um] <-> *m* solarium

solcare [sol·'ka:·re] *vt* **1.** AGR to plow **2.** *fig* (*fendere l'acqua*) **solcare le onde** [*o* **il mare**] to plow the waves [*o* the ocean]

solco [sol·ko] <-chi> *m* **1.** AGR furrow **2.** (*incavatura*) track **3.** (*ruga*) wrinkle **4.** *fig* (*impronta*) mark

soldatino [sol·da·'ti:·no] *m* (*giocattolo*) toy soldier

soldato, -essa [sol·'da:·to] *m, f* soldier; **andare (a fare il) ~** to join the army; **fare il ~** to serve in the army

soldo ['sɔl·do] *m* **1.** *pl* money; **fare -i a palate** to make a fortune **2.** *fig* (*quantità minima di denaro*) penny; **mio padre non aveva un ~** my father was penniless; **non valere un ~** (**bucato**) to not be worth a dime; **da pochi** [*o* **quattro**] **-i** *fig, fam* worthless

sole ['so:·le] *m* sun; **c'è il ~** it's sunny; **colpo di ~** sunstroke; **occhiali da ~** sunglasses; **prendere il ~** to sunbathe; **sdraiarsi al ~** to lie in the sun; **stare al ~** to stay in the sun; **chiaro come il ~** as clear as day

soleggiato, -a [so·led·'dʒa:·to] *adj* sunny

solei [so·'le:·i] *1. pers sing pass rem di* **solere**

solenne [so·'lɛn·ne] *adj* **1.** (*gener*) solemn; **la messa** ~ High Mass **2.** *fam* **una lezione** ~ a good lesson; **uno schiaffo** ~ an almighty slap

solennità [so·len·ni·'ta] <-> *f* **1.** (*serietà*) solemnity **2.** (*ricorrenza*) (religious) holiday

solerte [so·'lɛr·te] *adj* diligent

soletta [so·'let·ta] *f* insole

solfa ['sɔl·fa] *f fam* old story; **è sempre la solita** ~! it's always the same old story!; **che** ~! what a pain!

solfato [sol·'fa:·to] *m* sulfate

solfeggio [sol·'fed·dʒo] <-i> *m* MUS sol-fa

solforico, a [sol·'fɔ:·ri·ko] < oi, oho> *adj* sulfuric; **acido** ~ sulfuric acid

solfuro [sol·'fu:·ro] *m* sulfur

solidale [so·li·'da:·le] *adj* supportive

solidarietà [so·li·da·rie·'ta] <-> *f* support

solidarizzare [so·li·da·rid·'dza:·re] *vi* ~ **con qu/qc** to express one's support for sb/sth

solidificarsi [so·li·di·fi·'ka:r·si] *vr* to solidify

solidità [so·li·di·'ta] <-> *f* **1.** (*di costruzione*) solidity **2.** FIN strength **3.** (*di argomento, ragionamento*) soundness

solido ['sɔ:·li·do] *m* MAT, FIS solid

solido, -a *adj* **1.** MAT, FIS solid **2.** (*argomento, base, costruzione*) strong **3.** COM sound

soliloquio [so·li·'lɔ:·kuio] <-qui> *m* monologue

solista [so·'lis·ta] <-i *m*, -e *f*> *mf* soloist

solitario [so·li·'ta:·rio] <-i> *m* solitaire; **fare un** ~ to play solitaire

solitario, -a <-i, -ie> *adj* **1.** (*luogo, via*) lonely **2.** (*persona, animale*) solitary; **un tipo** ~ a loner; **verme** ~ tapeworm

solito ['sɔ:·li·to] *m* (*nelle ordinazioni*) **il** ~ the [*o* my] usual; **è più in ritardo del** ~ he's [*o* she's] even later than usual; **di** ~ usually; **come al** ~ as usual

solito, -a I. *pp di* **solere** II. *adj* usual; **essere** ~ **fare qc** to usually do sth; **siamo alle -e** *fam* here we go again

solitudine [so·li·'tu:·di·ne] *f* loneliness

sollazzo [sol·'lat·tso] *m* (*piacere*) pleasure

sollecitare [sol·le·tʃi·'ta:·re] *vt* **1.** (*cose*) to request urgently **2.** (*persone*) to urge **3.** (*stimolare: fantasia*) to stimulate **4.** TEC to stress

sollecitazione [sol·le·tʃi·tat·'tsio:·ne] *f* **1.** (*il sollecitare*) (urgent) request **2.** (*stimolo*) encouragement **3.** FIS, TEC stress

sollecito [sol·'le:·tʃi·to] *m* ADMIN **una lettera di** ~ **al pagamento** a payment reminder

sollecito, -a *adj* **1.** (*risposta*) speedy **2.** (*persona*) helpful

sollecitudine [sol·le·tʃi·'tu:·di·ne] *f* (*rapidità*) speed

solleone [sol·le·'o:·ne] *m* **1.** (*gran caldo*) summer heat **2.** (*periodo*) dog days *pl*, period between the middle of July and the beginning of August

solleticare [sol·le·ti·'ka:·re] *vt* **1.** (*fare il solletico a*) to tickle **2.** *fig* (*appetito*) to whet; (*fantasia*) to stimulate

solletico [sol·'le:·ti·ko] <-chi> *m* (*sensazione*) tickling sensation; **fare il** ~ **a qu** to tickle sb; **soffrire il** ~ to be ticklish

sollevamento [sol·le·va·'men·to] *m* **1.** (*il sollevare*) lifting; **impianto di** ~ lifting gear **2.** SPORT ~ **pesi** weightlifting

sollevare [sol·le·va:·re] I. *vt* **1.** (*peso*) to lift **2.** (*testa, occhi, questione*) to raise **3.** *fig* to cheer up; ~ **qu dall'abbattimento** to cheer sb up **4.** *fig* (*far sorgere: protesta, polemica*) to stir up II. *vr:* **-rsi 1.** (*alzarsi: da tavola*) to get up; **si sollevò dal letto** he [*o* she] got out of bed **2.** *fig* (*ribellarsi*) to rise up **3.** *fig* (*riprendersi*) to recover

sollevato, -a [sol·le·'va:·to] *adj fig* relieved

sollevazione [sol·le·vat·'tsio:·ne] *f* rebellion

sollievo [sol·'liɛ:·vo] *m* relief

solo ['so:·lo] I. *adv* (*solamente*) only; **non** ~ **..., ma anche ...** not only ..., but also ... II. *conj* (*ma*) but; ~ **che** +*conj* only

solo, -a I. *adj* **1.** (*senza compagnia*) alone; **uno che s'è fatto da** ~ a self-made man; **parlare da** ~ to talk to oneself; **vivere (da)** ~ to live alone; **meglio -i che male accompagnati** *prov:* it's better to be alone than in bad company; **sentirsi -i** to feel lonely **2.** (*unico*) he [*o* she] has only taken part in one meeting, he [*o* she] has only one child II. *m*, *f* the only one

solstizio [sols·'tit·tsio] <-i> *m* solstice

soltanto [sol·'tan·to] *adv* (*solo*) only; **non** ~ **..., ma ...** not only ..., but ...

solubile [so·'lu:·bi·le] *adj* soluble; **caffè** ~ instant coffee

solubilità [so·lu·bi·li·'ta] <-> *f* CHIM (*di sostanza*) solubility

soluzione [so·lut·'tsio:·ne] *f* solution; **ho pagato i miei debiti in un'unica** ~ I paid all my debts at once

solvente [sol·'vɛn·te] I. *adj* solvent II. *m* CHIM solvent

solvenza [sol·'vɛn·tsa] *f* COM solvency

soma ['sɔ:·ma] *f* (*carico*) **bestia** [*o* **animale**] **da** ~ pack animal

somaro, -a [so·'ma:·ro] *m*, *f* **1.** ZOOL donkey **2.** *pej*, *fam* idiot

somatico, -a [so·'ma:·ti·ko] <-ci, -che> *adj* somatic

somigliante [so·miʎ·'ʎan·te] *adj* similar

somiglianza [so·miʎ·'ʎan·tsa] *f* resemblance

somigliare [so·miʎ·'ʎa:·re] I. *vi* (*essere simile*) to look like; ~ **a qu** to look like sb; **tua sorella ti somiglia tantissimo** your sister looks a lot like you II. *vr:* **-rsi** (*essere simile: fisicamente*) to look alike; (*di carattere*) to be alike

somma ['som·ma] *f* sum; **fare la** ~ to add up; **tirare le -e** *fig* to sum up; **una** ~ **di denaro** a sum of money

sommare [som·'ma:·re] *vt* **1.** MAT to add up **2.** (*aggiungere*) to add; **tutto sommato** all things considered

sommario [som·'ma:·rio] <-i> *m* (*riassunto*) summary

S

sommario, -a <-i, -ie> *adj* **1.**(*superficiale: lavoro*) perfunctory **2.**GIUR (*procedimento, processo*) summary **3.**(*breve: racconto, esposizione*) brief

sommergere [som·'mɛr·dʒe·re] <irr> *vt* **1.**(*terre, villaggi*) to submerge **2.***fig* (*di regali*) to overwhelm **3.**(*far affondare*) to sink

sommergibile [som·mer·'dʒi·bi·le] *m* submarine

sommersi [som·'mɛr·si] *I. pers sing pass rem di* **sommergere**

sommerso, -a [som·'mɛr·so] I.*pp di* **sommergere** II. *adj* **economia -a** black economy

sommesso, -a [som·'mes·so] *adj* (*tono, voce, pianto*) subdued

somministrare [som·mi·nis·'tra:·re] *vt* (*medicine, sacramenti*) to administer

somministrazione [som·mi·nis·trat·'tsio:·ne] *f* (*di medicine, sacramenti*) administration

sommità [som·mi·'ta] <-> *f* (*cima*) summit

sommo, -a I.*superlativo di* **alto, -a** II.*superlativo di* **grande** III.*adj* **1.**(*superiore: capo, sacerdote*) chief **2.**(*eccellente: poeta*) outstanding **3.***fig* (*massimo: rispetto*) greatest

sommossa [som·'mɔs·sa] *f* (*sollevazione*) uprising

sommozzatore [som·mot·tsa·'to:·re] *m* diver

sonaglio [so·'naʎ·ʎo] <-gli> *m* bell, *spherical metal type with a small ball inside*

sonare *v.* **suonare**

sonata *v.* **suonata**

sonatore *v.* **suonatore**

sonda ['son·da] *f* probe; ~ **spaziale** space probe

sondaggio [son·'dad·dʒo] <-ggi> *m* **1.**(*indagine*) survey; ~ **d'opinione** opinion poll **2.**(*con sonda*) sounding

sondare [son·'da:·re] *vt* **1.**(*con sonda*) to survey **2.***fig* (*intenzioni*) to discover; ~ **il terreno** to test the water

sondriese [son·'drie:·se] I. *adj* from Sondrio II. *mf* (*abitante*) person from Sondrio

Sondrio *f* Sondrio, *town in northern Italy*

soneria *v.* **suoneria**

sonetto [so·'net·to] *m* sonnet

sonnambulismo [son·nam·bu·'liz·mo] *m* sleepwalking

sonnambulo, -a [son·'nam·bu·lo] *m, f* sleepwalker

sonnecchiare [son·nek·'kia:·re] *vi fam* to doze

sonnellino [son·nel·'li:·no] *m* nap; **fare** [*o* **farsi**] **un** ~ to take a nap

sonnifero [son·'ni:·fe·ro] *m* sleeping pill

sonno ['son·no] *m* sleep; **avere** ~ to be sleepy; **prendere** ~ to fall asleep; **cascare dal** ~ to be asleep on one's feet; **morire di** ~ to be half asleep

sonnolento, -a [son·no·'lɛn·to] *adj* sleepy

sonnolenza [son·no·'lɛn·tsa] *f* sleepiness

sono ['so:·no] *1. pers sing pr di* **essere**[1]

sonorità [so·no·ri·'ta] <-> *f* sonority

sonorizzare [so·no·rid·'dza:·re] *vt* to add a soundtrack to

sonorizzazione [so·no·rid·dzat·'tsio:·ne] *f* addition of a soundtrack

sonoro [so·'nɔ:·ro] *m* soundtrack; ~ **surround** surround sound

sonoro, -a *adj* **1.**FIS sound; **onde -e** soundwaves **2.**(*voce*) sonorous **3.***fig* (*clamoroso: sconfitta*) resounding **4.**LING voiced **5.**FILM **colonna -a** soundtrack; **cinema** ~ the talkies *pl*

sontuosità [son·tuo·si·'ta] <-> *f* sumptuousness

sontuoso, -a [son·tu·'o:·so] *adj* sumptuous

sopire [so·'pi:·re] <sopisco> *vt* (*calmare: animi*) to soothe

sopore [so·'po:·re] *m* drowsiness

soporifero, -a [so·po·'ri:·fe·ro] *adj* tedious

soppalco [sop·'pal·ko] <-chi> *m* platform

sopperire [sop·pe·'ri:·re] <sopperisco> *vi* ~ **a qc** to provide for sth; ~ **alle spese** to pay for expenses

soppesare [sop·pe·'sa:·re] *vt* **1.***fig* (*valutare*) to weigh up **2.**(*oggetto*) ~ **qc** to feel the weight of sth

soppiantare [sop·pian·'ta:·re] *vt* **1.**(*subentrare a*) to supplant **2.**(*sostituire*) to replace

soppiatto [sop·'piat·to] *adj* **di** ~ furtively; **è entrata in cucina di** ~ she stole into the kitchen

sopportare [sop·por·'ta:·re] *vt* **1.**(*peso, sofferenza, spese*) to bear; **non sopporta il dolore fisico** he [*o* she] cannot bear physical pain; ~ **una perdita** to sustain a loss **2.**(*persona, caldo, freddo*) to stand

sopportazione [sop·por·tat·'tsio:·ne] *f* (*pazienza*) patience

soppressi [sop·'prɛs·si] *1. pers sing pass rem di* **sopprimere**

soppressione [sop·pres·'sio:·ne] *f* (*eliminazione: di organizzazione*) suppression; (*di servizio*) withdrawal

sopprimere [sop·'pri:·me·re] <irr> *vt* **1.**(*legge*) to abolish **2.**(*persona*) to eliminate

sopra ['so:·pra] I. *prep* **1.**(*gener*) over; **hanno costruito un ponte** ~ **il fiume** they've built a bridge over the river; **i vicini che abitano** ~ **di noi** our upstairs neighbors **2.**(*con contatto: stato*) on; **ha appoggiato il braccio sopra la mia spalla** he [*o* she] leaned his [*o* her] arm on my shoulder. **3.**(*in cima a*) on top of; **ho messo i miei documenti sopra i tuoi libri.** I put my documents on top of your books **4.**(*senza contatto: stato*) above **5.**(*oltre, più di*) above; ~ **ogni cosa** above all else **6.**(*addosso*) **queste responsabilità ricadranno** ~ **i tuoi figli** these responsibilities will fall on your children II. *adv* (*gener*) up; (*in cima*) on top; **vive al piano di sopra** he [*o* she] lives upstairs; **berci** ~ to have a drink, *in order to forget about sth;* **dormirci** ~ to sleep on it; **passarci** ~ to pass over it; **al di** ~ **di** above; **vedi** ~ see above; **di cui** ~ ADMIN as above **III.**<inv> *adj* above; **la figura** ~ the above figure; **Anna vive al piano** ~ Anna lives upstairs **IV.**<-> *m* (*parte superiore*) top

sopra- [so·pra] (*in parole composte*) **soprannome** nickname; **superstrada sopraelevata** elevated expressway; **sopracciglia** eyebrows

soprabito [so·'pra:·bi·to] *m* light coat

sopracciglio [so·prat·'tʃiʎ·ʎo] <*pl*: -glia *f*> *m* eyebrow

sopraddetto, -a [so·prad·'det·to] *adj* above-mentioned

sopraelencato, -a [so·pra·e·len·'ka:·to] *adj* listed above

sopr(a)elevare [so·pr(a)·e·le·'va:·re] *vt* **1.** (*strada*) to raise **2.** (*edificio*) to increase the height of

sopr(a)elevata [so·pr(a)·e·le·'va:·ta] *f* **1.** (*strada*) elevated highway **2.** (*ferrovia*) elevated railroad

sopr(a)elevato, -a [so·pr(a)·e·le·'va:·to] *adj* (*strada, ferrovia*) elevated

sopraffare [so·praf·'fa:·re] <irr> *vt* to overcome

sopraffazione [so·praf·fat·'tsio:·ne] *f* tyranny

sopraffeci *1. pers sing pass rem di* **sopraffare**

sopraffino, -a [so·praf·'fi:·no] *adj* **1.** (*pranzo*) excellent **2.** *fig* (*astuzia*) masterly

sopraffò [so·praf·'fɔ] *1. pers sing pr di* **sopraffare**

sopraggiungere [so·prad·'dʒun·dʒe·re] <irr> *vi essere* **1.** (*arrivare*) to arrive (unexpectedly) **2.** (*accadere*) to happen

sopraindicato, -a [so·pra·in·di·'ka:·to] *adj* above-mentioned

sopra(l)luogo [so·pra(l)·'luɔ:·go] <-ghi> *m* on-the-spot investigation

soprammobile [so·pram·'mɔ:·bi·le] *m* ornament

soprannaturale [so·pran·na·tu·'ra:·le] **I.** *adj* (*fatto, fenomeno*) supernatural **II.** *m* supernatural

soprannome [so·pran·'no:·me] *m* nickname

soprannominare [so·pran·no·mi·'na:·re] *vt* ~ **qu** to give sb a nickname

soprannominato, -a [so·pran·no·mi·'na:·to] *adj* nicknamed

soprannumero [so·pran·'nu:·me·ro] *m* **le ragazze sono in** ~ **rispetto ai ragazzi** there are more girls than boys

soprano [so·'pra:·no] *m* soprano; **mezzo** ~ mezzo (soprano)

soprappensiero, sopra pensiero [so·prap·pen·'siɛ:·ro] *adv* lost in thought

soprappiù [sop·rap·'piu] <-> *m* **1.** (*ciò che è in più*) **è un** ~ it is surplus to requirements **2.** (*aggiunta*) **in** [*o* per] ~ too many; **i ragazzi erano in** ~ there were too many boys

soprapprezzo [sop·rap·'prɛt·tso] *m* surcharge

soprassalto [sop·ras·'sal·to] *m* start; **di** ~ with a start; **mi sono svegliata di** ~ I woke up with a start

soprassedere [sop·ras·se·'de:·re] <irr> *vi* ~ **a qc** to let sth go

soprattassa [sop·rat·'tas·sa] *f* surtax

soprattutto [sop·rat·'tut·to] *adv* especially

sopra(v)valutare [sop·ra(v)·va·lu·'ta:·re] *vt* to overestimate

sopravvenire [sop·rav·ve·'ni:·re] <irr> *vi essere* (*accadere*) to arise

sopravvento [sop·rav·'vɛn·to] *m* **prendere il** ~ *fig* to prevail

sopravvissi *1. pers sing pass rem di* **sopravvivere**

sopravvissuto, -a [sop·rav·vis·'su:·to] **I.** *pp di* **sopravvivere II.** *adj* surviving **III.** *m, f* survivor

sopravvivenza [sop·rav·vi·'vɛn·tsa] *f* survival; **istinto di** ~ survival instinct

sopravvivere [sop·rav·'vi:·ve·re] <irr> *vi essere* **1.** (*a persone, a disgrazia*) ~ **a qu** to outlive sb; ~ **a qc** to survive sth **2.** *fig* (*ricordo*) to live on

soprintendente [sop·rin·ten·'dɛn·te] *mf* superintendent

soprintendenza [sop·rin·ten·'dɛn·tsa] *f* supervision; **Soprintendenza per i beni archeologici** *government department responsible for the archeological heritage*

soprintendere [sop·rin·'tɛn·de·re] <irr> *vi* ~ **a qc** to supervise sth

sopruso [so·'pru:·zo] *m* abuse; **subire -i** to suffer abuse

soqquadro [sok·'kua:d·ro] *m* **mettere a** ~ to turn upside down

sorbetto [sor·'bet·to] *m* sorbet

sorbire [sor·'bi:·re] <sorbisco> *vt fig* (*sopportare*) to put up with

sorcio ['sor·tʃo] <-ci> *m fam* mouse

sordido, -a ['sɔr·di·do/'sor·di·do] *adj pej* **1.** (*sporco*) squalid **2.** *fig* (*ignobile*) sordid

sordina [sor·'di:·na] *f* MUS mute; **in** ~ *fig* on the quiet

sordità [sor·di·'ta] <-> *f* **1.** MED deafness **2.** *fig* (*disinteresse*) indifference

sordo, -a ['sor·do] **I.** *adj* **1.** *a. fig* deaf; **essere** ~ **da un orecchio** to be deaf in one ear; ~ **come una campana** (as) deaf as a post **2.** LING voiceless **II.** *m, f* deaf person; **fare il** ~ to play deaf; **parlare** [*o* cantare] **ai -i** *fig* to waste one's breath

sordomuto, -a [sor·do·'mu:·to] **I.** *adj* deaf-and-dumb **II.** *m, f* deaf mute

sorella [so·'rɛl·la] *f* sister

sorellastra [so·rel·'las·tra] *f* (*con un genitore in comune*) half sister, stepsister

sorgente [sor·'dʒɛn·te] *f* source

sorgere ['sor·dʒe·re] <sorgo, sorsi, sorto> *vi essere* **1.** (*gener*) to rise **2.** *fig* (*manifestarsi*) to arise; **mi sorge un dubbio** I'm starting to wonder

sorgivo, -a [sor·'dʒi:·vo] *adj* source

soriano [so·'ria:·no] *m* tabby (cat)

soriano, -a *adj* tabby

sormontare [sor·mon·'ta:·re] *vt* **1.** (*difficoltà, ostacolo*) to overcome **2.** (*acqua*) to overflow

S

sornione, -a [sor·'nio:·ne] *adj* (*sguardo, atteggiamento*) sly

sorpassare [sor·pas·'sa:·re] *vt* **1.** (*veicolo*) to pass **2.** (*in altezza: persona*) to be taller than; (*liquido*) to be higher than; **mi sorpassa di dieci cm** he [*o* she] is ten cm taller than me **3.** *fig* (*sopravanzare*) to be better than

sorpassato, -a [sor·pas·'sa:·to] *adj* (*antiquato*) outdated

sorpasso [sor·'pas·so] *m* **fare** [*o* **effettuare**] **un ~** to pass; **divieto di ~** no passing; **corsia di ~** passing lane

sorprendente [sor·pren·'dɛn·te] *adj* (*avvenimento, fatto*) surprising

sorprendere [sor·'prɛn·de·re] <irr> **I.** *vt* **1.** (*stupire*) to surprise; **la sua reazione mi ha sorpreso** his reaction surprised me; **mi ha sorpreso molto sapere che ...** I was very surprised to learn that ... **2.** (*raggiungere*) **~ qu** to take sb by surprise **3.** *fig* (*cogliere*) **~ qu** to catch sb in the act **II.** *vr* (*meravigliarsi*) **-rsi di qc** to be surprised about sth; **non mi soprendo più di nulla** nothing surprises me any more

sorpresa [sor·'pre:·sa] *f* surprise; **cogliere qu di ~** to take sb by surprise; **con mia grande ~** to my great surprise; **fare una ~ a qu** to give sb a surprise

sorreggere [sor·'rɛd·dʒe·re] <irr> *vt* to support

Sorrento [sor·'rɛn·to] *f* Sorrento, *town in southwestern Italy*

sorressi *1. pers sing pass rem di* **sorreggere**

sorretto *pp di* **sorreggere**

sorridente [sor·ri·'dɛn·te] *adj* smiling; **è sempre ~** he [*o* she] is always in a good mood

sorridere [sor·'ri:·de·re] <irr> *vi* **1.** (*ridere*) to smile; **~ a qu** to smile at sb **2.** *fig* (*riuscire gradito*) **~ a qu** to appeal to sb **3.** *fig* (*apparire favorevole*) to smile on; **la vita mi sorride** life is good

sorriso [sor·'ri:·so] *m* smile

sorsata [sor·'sa:·ta] *f* sip

sorseggiare [sor·sed·'dʒa:·re] *vt* to sip

sorsi ['sor·si] *1. pers sing pass rem di* **sorgere**

sorso ['sor·so] *m* sip

sorta ['sor·ta] *f* sort; **d'ogni ~** of every sort

sorte ['sor·te] *f* (*destino*) fate; **tirare** [*o* **estrarre**] **a ~** to draw lots

sorteggiare [sor·ted·'dʒa:·re] *vt* to draw

sorteggio [sor·'ted·dʒo] <-ggi> *m* draw; **per ~** by lot

sortilegio [sor·ti·'lɛ:·dʒo] <-gi> *m* (*incantesimo*) spell

sortire [sor·'ti:·re] <sortisco> *vt* (*effetto, risultato*) to produce

sorto ['sor·to] *pp di* **sorgere**

sorvegliante [sor·veʎ·'ʎan·te] *mf* supervisor

sorveglianza [sor·veʎ·'ʎan·tsa] *f* surveillance; **gli hanno affidato la ~ del castello** he is in charge of security at the castle

sorvegliare [sor·veʎ·'ʎa:·re] *vt* (*tenere sotto controllo: traffico*) to monitor; (*alunni*) to keep an eye on; (*operai*) to supervise

sorvolare [sor·vo·'la:·re] **I.** *vt* **1.** AERO to fly over **2.** *fig* (*passar sopra*) to pass over **II.** *vi* **~ su qc** *fig* to pass over sth

S.O.S. ['ɛs·se·o·'ɛs·se] <-> *m* SOS; **lanciare un ~** *a. fig* to send out an SOS

sosia ['sɔ:·zia] <-> *mf* double

sospendere [sos·'pɛn·de·re] <irr> *vt* **1.** (*appendere*) to hang **2.** (*gener*) to suspend; **~ qu da una carica** to suspend sb from office

sospensione [sos·pen·'sio:·ne] *f* **1.** (*gener*) suspension **2.** LING **puntini di ~** ellipsis points

sospesi [sos·'pe:·si] *1. pers sing pass rem di* **sospendere**

sospeso, -a [sos·'pe:·so] **I.** *pp di* **sospendere** **II.** *adj* **1.** (*sollevato verso l'alto*) raised; (*che pende dall'alto*) hanging; **ponte ~** suspension bridge **2.** (*interrotto*) suspended; **col fiato ~** with bated breath **3.** *fig* (*incerto, indeciso: pratica*) **in ~** pending; **tenere qu in ~** to keep sb in suspense **4.** *fig* (*ansioso*) **stare con il cuore ~** to have one's heart in one's mouth

sospettare [sos·pet·'ta:·re] **I.** *vt* **1.** (*ritenere responsabile*) **~ qu di** (**fare**) **qc** to suspect sb of (doing) sth **2.** (*immaginare*) to suspect **II.** *vi* (*diffidare*) **~ di qu** to be suspicious of sb

sospetto [sos·'pɛt·to] *m* (*dubbio*) suspicion; **destare ~** to arouse suspicion

sospetto, -a *adj* (*comportamento*) suspicious

sospettoso, -a [sos·pet·'to:·so] *adj* suspicious

sospirare [sos·pi·'ra:·re] **I.** *vi* to sigh **II.** *vt* to long for

sospiro [sos·'pi:·ro] *m* sigh; **fare** [*o* **tirare**] **un ~** to sigh; **Ponte dei Sospiri** Bridge of Sighs, *famous bridge in Venice over which prisoners were led to prison*

sosta ['sɔs·ta] *f* **1.** (*fermata*) stop; **~ limitata** restricted parking; **'divieto di ~'** 'No Parking'; **parcheggiare in ~ vietata** to park in a no parking area **2.** (*riposo*) break; **lavorare senza ~** to work nonstop

sostantivo [sos·tan·'ti:·vo] *m* LING noun

sostanza [sos·'tan·tsa] *f* **1.** (*gener*) substance; **~ nociva** harmful substance **2.** *pl* (*patrimonio*) wealth **3.** (*parte essenziale*) essence; **in ~** in essence

sostanziale [sos·tan·'tsia·le] *adj* (*fondamentale*) main

sostanzioso, -a [sos·tan·'tsio:·so] *adj* substantial

sostare [sos·'ta:·re] *vi* **1.** (*fermarsi*) to stop **2.** (*fare una pausa*) to take a break

sostegno [sos·'teɲ·ɲo] *m* support; **un pilastro di ~** a supporting pillar; **mi è sempre stato di ~** he has always supported me

sostenere [sos·te·'ne:·re] <irr> **I.** *vt* **1.** (*reggere*) to hold up **2.** (*spese*) to bear **3.** *fig* (*persona, legge, famiglia*) to support; (*tesi, idea*) to hold; **sostiene la tesi che ...** he maintains that ... **4.** (*esame*) to take **5.** (*affermare*) to maintain; **sostiene di essere figlio di un attore famoso** he maintains that he is the son of a famous actor **II.** *vr:* **-rsi 1.** (*tenersi ritto*) to support oneself **2.** *fig* (*mantenersi vigoroso*) to keep in good shape

sostenibile [sos·te·'ni:·bi·le] *adj* (*teoria*) plausible; **sviluppo** ~ sustainable development

sostenitore, -trice [sos·te·ni·'to:·re] **I.** *adj* supporting **II.** *m, f* supporter

sostentamento [sos·ten·ta·'men·to] *m* support; **mezzi di** ~ means of support

sostentare [sos·ten·'ta:·re] **I.** *vt* (*mantenere*) to support **II.** *vr:* **-rsi** (*mantenersi*) to support oneself

sostenuto, -a [sos·te·'nu:·to] *adj* (*tono*) distant; (*atteggiamento*) reserved; **fare il ~ con qu** to be standoffish with sb

sostituire [sos·ti·tu·'i:·re] <sostituisco> **I.** *vt* **1.** (*cambiare*) to replace **2.** (*prendere il posto di*) to stand in for **II.** *vr* (*prendere il posto di*) **-rsi a qu** to replace sb; **-rsi a qc** to replace sth

sostitutivo, -a [sos·ti·tu·'ti:·vo] *adj* replacement

sostituto, -a [sos·ti·'tu:·to] *m, f* replacement; ~ **procuratore** GIUR ≈ assistant district attorney

sostituzione [sos·ti·tut·'tsio:·ne] *f* **1.** SPORT substitution **2.** (*di pezzo*) replacement; **in ~ di** (*collega*) in place of

sostrato [sos·'tra:·to] *m* substratum

sottaceti [sot·ta·'tʃe:·ti] *mpl* pickles

sottaceto, sott'aceto [sot·ta·'tʃe:·to] **I.** *adj* <inv> pickled; **cetriolini** ~ gherkins **II.** *adv* **mettere** ~ to pickle

sottana [sot·'ta:·na] *f* (*sottogonna*) petticoat; **stare attaccato alla ~ della mamma** *fig* to be tied to the mother's apron strings

sottecchi [sot·'tek·ki] *adv* **di** ~ secretly

sotterfugio [sot·ter·'fu:·dʒo] <-gi> *m* (*inganno*) subterfuge; **di** ~ secretly

sotterranea [sot·ter·'ra:·nea] *f* subway

sotterraneo [sot·ter·'ra:·neo] *m* cellar

sotterraneo, -a *adj* underground; **ferrovia -a** subway

sotterrare [sot·ter·'ra:·re] *vt* to bury

sottigliezza [sot·tiʎ·'ʎet·tsa] *f* **1.** *fig* (*acutezza*) subtlety **2.** *fig* (*cavillo*) detail

sottile [sot·'ti:·le] **I.** *adj* **1.** (*filo, strato, aria*) thin **2.** (*figura, gambe*) slim **3.** *fig* (*mente*) shrewd **4.** (*acuto: vista, odorato*) sharp **5.** (*sofistico: argomentazione, discorso*) subtle **II.** *m* **non andare per il ~** to not get sidetracked

sottiletta [sot·ti·'let·ta] *f* processed cheese slice

sottilizzare [sot·ti·lid·'dza:·re] *vi* to split hairs

sottintendere [sot·tin·'tɛn·de·re] <irr> *vt* **1.** (*lasciare intendere*) to imply; **è sottinteso** it goes without saying **2.** (*non esprimere*) to mean

sottinteso [sot·tin·'te:·so] *m* insinuation

sottinteso, -a *adj* understood

sotto ['sot·to] **I.** *prep* **1.** (*gener*) under(neath); ~ **il tavolo** under the table; ~ **le coperte** under(neath) the covers; **essere nato ~ il segno**

del Cancro to be born under the sign of Cancer; ~ **l'effetto dell'alcool** under the influence (of alcohol); **abita** ~ **di me** he [*o* she] lives downstairs from me; ~ **questo aspetto** from this point of view; ~ **la pioggia** in the rain **2.** (*più in basso di*) below; ~ **lo zero** below zero **3.** *fig* (*subordinazione, vigilanza*) under; ~ **il dominio austriaco** under Austrian rule; **ha tre collaboratori** ~ **di sé** he [*o* she] has three people under him [*o* her]; **mi ha preso** ~ **la sua ala protettrice** he [*o* she] took me under his [*o* her] wing **4.** (*condizione*) ~ **giuramento** under oath; **essere** ~ **esami** to be taking exams; **caffè** ~ **vuoto** vacuum packed coffee; **sott'aceto** pickled; **sott'olio** in oil **II.** *adv* **1.** (*stato*) down; **il piano di** ~ downstairs; **le stanze di** ~ the rooms downstairs; **qui c'è** ~ **qualcosa** *fig* there's more to this than meets the eye **2.** (*moto*) forward; **farsi** ~ *fig* to go for something; **fatti** ~! go for it!; **mettere** ~ to run over; **mettersi** ~ *fig, fam* to get going **3.** (*addosso*) underneath **4.** (*più giù, oltre*) below; **vedi** ~ see below; ~ ~ *fig* deep down **III.** <inv> *adj* (*sottostante*) below **IV.** <-> *m* underneath

sotto- [sot·to] (*in parole composte*) **sottotono** under one's breath; **sottopassaggio** underpass

sottobanco [sot·to·'baŋ·ko] *adv* under the counter

sottobicchiere [sot·to·bik·'kiɛ:·re] *m* coaster

sottobosco [sot·to·'bɔs·ko] <-schi> *m* **1.** BOT undergrowth **2.** *fig, pej* lowlife

sottobottiglia [sot·to·bot·'tiʎ·ʎa] <-glie *o* -> *m* coaster

sottobraccio [sot·to·'brat·tʃo] *adv* **prendere qu** ~ to take sb by the arm; **passeggiare** ~ **con qu** to walk arm in arm with sb

sottocchio [sot·'tɔk·kio] *adv* in front of one; **tenere** ~ **la situazione** to keep an eye on things

sottochiave [sot·to·'kia:·ve] *adv* under lock and key

sottocoperta¹ [sot·to·ko·'pɛr·ta] *f* below deck

sottocoperta² *adv* below (deck)

sottocosto [sot·to·'kɔs·to] **I.** *adv* below cost (price) **II.** <inv> *adj* below cost

sottocultura [sot·to·kul·'tu:·ra] *f* subculture

sottocutaneo, -a [sot·to·ku·'ta:·neo] *adj* subcutaneous

sottoelencato, -a [sot·to·e·len·'ka:·to] *adj* listed below

sottoesporre [sot·to·es·'por·re] <irr> *vt* to underexpose

sottofondo [sot·to·'fon·do] *m* **1.** MUS, FILM, TV background **2.** (*strato sottostante*) lower layer **3.** *fig* (*connotazione*) undertone

sottogamba [sot·to·'gam·ba] *adv* **prendere qc** ~ to not take sth seriously

sottogonna [sot·to·'gon·na] *f* underskirt

sottogruppo [sot·to·'grup·po] *m* subgroup

sottolineare [sot·to·li·ne·'a:·re] *vt* **1.** (*con matita, evidenziatore*) to underline **2.** *fig* (*evidenziare: fatto, aspetto, forma*) to emphasize

sott'olio, sottolio [sot·'tɔ:·lio] **I.** *adv* mettere ~ to preserve in oil **II.** <inv> *adj* in oil

sottomano [sot·to·'ma:·no] *adv* (*a portata di mano*) to hand

sottomarino [sot·to·ma·'ri:·no] *m* submarine

sottomarino, -a *adj* underwater

sottomesso, -a [sot·to·'mes·so] *adj* **1.** (*atteggiamento, persona*) submissive **2.** (*popolo*) subjugated

sottomettere [sot·to·'met·te·re] <irr> **I.** *vt* (*popolo*) to subjugate **II.** *vr:* **-rsi** (*assoggettarsi*) to submit

sottomissione [sot·to·mis·'sio:·ne] *f* submission

sottomultiplo [sot·to·'mul·ti·plo] *m* MAT submultiple

sottopassaggio [sot·to·pas·'sad·dʒo] <-ggi> *m* underpass

sottopentola [sot·to·'pen·to·la] <-> *m* trivet

sottopiatto [sot·to·'piat·to] *m* plate, *that is placed under another plate*

sottoporre [sot·to·'por·re] <irr> **I.** *vt* **1.** (*costringere*) ~ qu a qc to subject sb to sth **2.** *fig* (*presentare*) ~ qc a qu to submit sth to sb **3.** ~ qu ad un'operazione to operate on sb **II.** *vr:* **-rsi** **1.** (*sottomettersi*) to submit **2.** (*affrontare*) to undergo

sottoprodotto [sot·to·pro·'dot·to] *m* byproduct

sottoprogramma [sot·to·pro·'gram·ma] *m* COMPUT subroutine

sottoscala [sot·tos·'ka:·la] <-> *m* closet under the stairs

sottoscritto, -a [sot·tos·'krit·to] **I.** *adj* signed **II.** *m, f* ADMIN il [*o* la] ~ the undersigned

sottoscrivere [sot·tos·'kri:·ve·re] <irr> *vt* **1.** (*contratto, petizione, abbonamento*) to sign **2.** *fig* (*condividere*) ~ qc to agree with sth

sottoscrizione [sot·tos·krit·'tsio:·ne] *f* **1.** ADMIN signing **2.** (*raccolta di adesioni*) subscription

sottosegretario, -a [sot·to·se·gre·'ta:·rio] *m, f* assistant secretary

sottosistema [sot·to·sis·'tɛ:·ma] *m* COMPUT subsystem

sottosopra [sot·to·'so:·pra] *adv* in a mess

sottospecie [sot·tos·'pɛ:·tʃe] *f* **1.** BOT, ZOOL subspecies **2.** *fig, pej* quella ~ di amico che ti ritrovi that creep of a friend of yours; quella ~ di discoteca that dive of a club

sottostare [sot·tos·'ta:·re] <irr> *vi essere* (*essere soggetto*) to submit

sottosterzante [sot·tos·ter·'tsan·te] *adj* understeering

sottostetti *1. pers sing pass rem di* sottostare

sottosuolo [sot·to·'suɔ:·lo] *m* AGR subsoil

sottosviluppato, -a [sot·toz·vi·lup·'pa:·to] *adj* paese ~ developing country

sottosviluppo [sot·toz·vi·'lup·po] *m* underdevelopment

sottotenente [sot·to·te·'nɛn·te] *m* sub-lieutenant

sottoterra [sot·to·'tɛr·ra] *adv* below ground

sottotetto [sot·to·'tet·to] *m* attic

sottotitolare [sot·to·ti·to·'la:·re] *vt* to subtitle

sottotitolato, -a [sot·to·ti·to·'la:·to] *adj* subtitled; film ~ per non udenti movie subtitled for the deaf

sottotitolo [sot·to·'ti:·to·lo] *m* subtitle

sottovalutare [sot·to·va·lu·'ta:·re] *vt* (*situazione, difficoltà*) to undervalue

sottovaso [sot·to·'va:·zo] *m* flowerpot holder

sottovento [sot·to·'vɛn·to] *adv* to sail leeward

sottoveste [sot·to·'vɛs·te] *f* petticoat

sottovoce [sot·to·'vo:·tʃe] *adv* quietly

sottovuoto [sot·to·'vuɔ:·to] <inv> *adj* vacuum-packed

sottrarre [sot·'trar·re] <irr> **I.** *vt* **1.** MAT to subtract **2.** (*rubare: denaro, documento*) to steal **3.** ~ qc alla vista to put sth out of sight **II.** *vr* (*sfuggire*) **-rsi** a qu/qc to avoid sb/sth; **-rsi al pericolo** to escape danger

sottrazione [sot·trat·'tsio:·ne] *f* **1.** MAT subtraction **2.** (*di denaro, documento*) theft

sottufficiale [sot·tuf·fi·'tʃa:·le] *m* noncommissioned officer

souvenir [suv·'ni:r] <-> *m* souvenir

sovente [so·'vɛn·te] *adv poet* frequently

soviet [so·'viet] <-> *m* soviet

sovietico, -a [so·'viɛ:·ti·ko] <-ci, -che> **I.** *adj* Soviet; l'Unione Sovietica the Soviet Union **II.** *m, f* (*cittadino sovietico*) Soviet citizen

sovra- [sov·ra] *v.a.* sopra-

sovrabbondante [sov·rab·bon·'dan·te] *adj* overabundant

sovrabbondanza [sov·rab·bon·'dan·tsa] *f* overabundance

sovrabbondare [sov·rab·bon·'da:·re] *vi* ~ di qc to abound with sth

sovraccaricare [sov·rak·ka·ri·'ka:·re] *vt* **1.** ~ qc (di qc) to overload sth (with sth) **2.** ~ qu di qc *fig* to overload sb with sth

sovraccarico [sov·rak·'ka:·ri·ko] <-chi> *m* **1.** (*carico eccessivo*) excess load **2.** *fig* ~ di lavoro excess work

sovraccarico, -a <-chi, -che> *adj* overloaded

sovradimensionato, -a [sov·ra·di·men·sio·'na:·to] *adj* outsize(d); un ufficio ~ an overstaffed office

sovraesporre [sov·ra·es·'por·re] <irr> *vt* FOTO to overexpose

sovraffollato, -a [sov·raf·fol·'la:·to] *adj* overcrowded

sovranità [sov·ra·ni·'ta] <-> *f* sovereignty

sovrano, -a [so·'vra:·no] **I.** *m, f* sovereign **II.** *adj* sovereign

sovrappongo *1. pers sing pr di* sovrapporre

sovrappopolato, -a [sov·rap·po·po·'la:·to] *adj* overpopulated

sovrapporre [sov·rap·'por·re] <irr> **I.** *vt* (*porre l'uno sopra l'altro*) to place on top of; ho sovrapposto due tessuti l'uno all'altro I placed two fabrics on top of each other **II.** *vr:*

-rsi (*porsi l'uno sopra l'altro*) to be superimposed

sovrapposizione [sov·rap·po·zit·'tsio:·ne] *f* (*di due cose*) superimposition

sovrapprezzo [sov·rap·'prɛt·tso] *m* extra charge

sovrapproduzione [sov·rap·pro·dut·'tsio:·ne] *f* COM overproduction

sovrastare [sov·ras·'ta:·re] *vt avere* **1.** (*dominare*) to dominate **2.** *fig* (*essere imminente*) to threaten

sovrasterzante [sov·ras·ter·'tsan·te] *adj* oversteering

sovresporre [sov·res·'por·re] *v.* **sovraesporre**

sovrumano, -a [sov·ru·'ma:·no] *adj* superhuman

sovvenzionare [sov·ven·tsio·'na:·re] *vt* (*finanziare*) to subsidize

sovvenzione [sov·ven·'tsio:·ne] *f* (*finanziamento*) subsidy

sovversivo, -a [sov·ver·'si:·vo] I. *adj* (*spirito, corrente*) subversive II. *m, f* subversive

sovvertimento [sov·ver·ti·'men·to] *m* (*della società*) subversion

sovvertire [sov·ver·'ti:·re] *vt* (*ordinamenti, leggi*) to subvert

sozzo, -a ['sot·tso] *adj fam* filthy

S.p.A. *abbr di* **Società per Azioni** Corp.

spaccalegna [spak·ka·'leɲ·ɲa] <-> *mf* lumberjack

spaccapietre [spak·ka·'piɛ:·tre] <-> *mf* stonecutter

spaccare [spak·'ka:·re] I. *vt* **1.** (*rompere*) to break; ~ **la legna** to chop wood **2.** *fam* to smash sb's face in; **un orologio che spacca il minuto** a clock that keeps perfect time; **o la va o la spacca** *fam* it's sink or swim II. *vr:* **-rsi** (*rompersi*) to break; **-rsi in due** to break in half

spaccata [spak·'ka:·ta] *f* SPORT **fare la ~** to do the splits

spaccato [spak·'ka:·to] *m fig* (*descrizione*) cross-section

spacciare [spat·'tʃa:·re] I. *vt* **1.** (*valuta falsa*) to deal in; (*droga*) to push **2.** (*far passare per*) ~ **per** to pass off as **3.** *fam* (*dichiarare inguaribile*) to give up on; **essere spacciato** to be done for II. *vr* (*far credere di essere qc*) **-rsi per qu** to pass oneself off as sb

spacciatore, -trice [spat·tʃa·'to:·re] *m, f* (*di droga*) pusher; **rete di -i** drug ring

spaccio ['spat·tʃo] <-cci> *m* (*negozio*) shop

spacco ['spak·ko] <-cchi> *m* **1.** (*nella pietra*) split **2.** (*di indumento*) slit

spacconata [spak·ko·'na:·ta] *f fam* boast; **fare una ~** to show off

spaccone, -a [spak·'ko:·ne] *m, f fam* show-off

spada ['spa:·da] *f* **1.** (*gener*) sword; **pesce ~** swordfish; **difendere qu a ~ tratta** to leap to sb's defense **2.** SPORT saber **3.** *pl* (*di carte da gioco*) one of the suits in Neapolitan cards

spadroneggiare [spa·dro·ned·'dʒa:·re] *vi pej* to lord it

spaesato, -a [spae·'za:·to] *adj* (*disorientato*) lost

spaghettata [spa·get·'ta:·ta] *f fam* pasta meal; **facciamo una bella ~** let's have some pasta

spaghetteria [spa·get·te·'ri:·a] *f* pasta restaurant

spaghetti [spa·'get·ti] *mpl* CULIN spaghetti; ~ **aglio e olio** spaghetti with oil and garlic; ~ **alla chitarra** *handmade square-cut spaghetti*

spaghettini [spa·get·'ti:·ni] *mpl* angel-hair pasta

Spagna ['spaɲ·ɲa] *f* Spain

spagnola [spaɲ·'ɲɔ:·la] *f* Spanish flu

spagnoletta [spaɲ·ɲo·'let·ta] *f* peanut

spagnolo, -a [spaɲ·'ɲɔ:·lo] I. *adj* Spanish II. *m, f* Spaniard

spago ['spa:·go] <-ghi> *m* **1.** (*per legare*) string **2.** *fam* (*paura*) **prendersi un bello ~** to get spooked **3.** (*loc*) **dare ~ a qu** to let sb have his [*o* her] way

spaiato, -a [spa·'ia:·to] *adj* (*calzino*) unpaired

spalancare [spa·laŋ·'ka:·re] I. *vt* **1.** (*porta, finestra*) to fling open **2.** *fig* (*occhi, bocca, braccia*) to open wide; (*gambe*) to spread II. *vr:* **-rsi** (*aprirsi*) to open wide

spalare [spa·'la:·re] *vt* to shovel

spalla ['spal·la] *f* **1.** ANAT shoulder; **alzare le -e** [*o* **stringersi nelle -e**] *a. fig* to shrug; **avere le -e larghe** to have broad shoulders; *fig* to have a broad back; **avere la famiglia sulle -e** *fig* to have a family to support; **avere 80 anni sulle -e** *fig* to be 80; **vivere alle -e di qu** to live off sb **2.** (*schiena*) back; **voltare le -e a qu** *a. fig* to turn one's back on sb; **ridere alle -e di qu** to laugh behind sb's back; **con le -e al muro** *fig* with one's back to the wall **3.** ARCHIT pier **4.** TEAT straight man

spallata [spal·'la:·ta] *f* (*urto*) push with one's shoulders

spalleggiare [spal·led·'dʒa:·re] I. *vt* **1.** (*sostenere*) to support **2.** MIL to carry on one's shoulders II. *vr:* **-rsi** (*difendersi*) to support one another

spalletta [spal·'let·ta] *f* **1.** (*di ponte*) parapet **2.** (*di fiume*) embankment

spalliera [spal·'liɛ:·ra] *f* **1.** (*di sedia, poltrona*) back **2.** (*di letto*) bedhead

spallina [spal·'li:·na] *f* **1.** (*di indumento*) shoulder strap **2.** (*imbottita*) shoulder pad **3.** MIL epaulet

spallucce [spal·'lut·tʃe] *fpl* **fare ~** *fam* to shrug one's shoulders

spalmare [spal·'ma:·re] *vt* to spread

spalti ['spal·ti] *mpl* (*di stadio*) bleachers

spam [spam] <-> *m* INET spam

spanciarsi [span·'tʃa:r·si] *vr* ~ **dalle risate** *fam* to split one's sides

spanciata [span·'tʃa:·ta] *f* (*colpo*) belly flop; **prendere una ~** to do a belly flop

spandere ['span·de·re] <spando, spandei *o*

spansi *o* spandetti, spanto> I. *vt* 1. (*liquidi*) to spill 2. *fig* (*lacrime*) to shed 3. (*distendere*) to spread 4. *fam* (*sperperare*) to squander; **spendere e ~** to spend money like water II. *vr:* **-rsi** (*diffondersi*) to spread

spanna ['span·na] *f fig* **essere alto una ~** *scherz* to be very short; **a -e direi 20% della popolazione** I would say roughly 20% of the population

spansi ['span·si] *1. pers sing. pass rem di* **spandere**

spanto ['span·to] *pp di* **spandere**

spaparacchiarsi [spa·pa·rak·'kiar·si] *vr dial, fam* to sprawl (out)

spaparanzato, -a [spa·pa·ran·'tsa:·to] *adj dial, fam* sprawled

spappolare [spap·po·'la:·re] I. *vt* (*ridurre in poltiglia*) to crush II. *vr:* **-rsi** to get crushed

sparagnino, -a [spa·raɲ·'ɲi:·no] I. *adj fam* stingy II. *m, f fam* tightwad

sparare [spa·'ra:·re] I. *vt* 1. (*colpo*) to fire 2. *fig* (*~ fandonie*) to tell (fairy) tales; **spararle (grosse)** *fam* to talk a load of bull II. *vi* MIL (*soldati*) to shoot; (*fucile, pistola*) to fire III. *vr:* **-rsi** to shoot oneself; **-rsi un colpo alla testa** to blow one's head off

sparato, -a *adj* (*a gran velocità*) at full speed; **partire tutto ~** to be off like a shot

sparatoria [spa·ra·'tɔ:·ria] <-ie> *f* gunfight

sparecchiare [spa·rek·'kia:·re] *vt* **~ (la tavola)** to clear (the table); **per favore sparecchia** could you clear the table?

spareggio [spa·'red·dʒo] <-ggi> *m* SPORT tiebreaker

spargere ['spar·dʒe·re] <spargo, sparsi, sparso> I. *vt* 1. (*semi, fiori*) to scatter 2. (*luce, calore, notizia*) to spread 3. (*liquidi*) to spill; (*lacrime, sangue*) to shed II. *vr:* **-rsi** 1. (*persone, animali*) to scatter 2. (*notizie, dicerie*) to spread

spargimento [spar·dʒi·'men·to] *m* (*di lacrime, sangue*) shedding; **-i di sangue** bloodshed

sparire [spa·'ri:·re] <sparisco> *vi* essere to disappear; **dove sei sparito?** where did you disappear to?

sparizione [spa·rit·'tsio:·ne] *f* (*scomparsa*) disappearance

sparlare [spar·'la:·re] *vi* 1. *pej* **~ di qu** to bad-mouth sb 2. (*farneticare*) to talk nonsense

sparo ['spa:·ro] *m* (*colpo*) shot

sparpagliare [spar·paʎ·'ʎa:·re] I. *vt* (*spargere*) to spread II. *vr:* **-rsi** (*spargersi*) to scatter

sparsi ['spar·si] *1. pers sing pass rem di* **spargere**

sparso, -a ['spar·so] I. *pp di* **spargere** II. *adj* (*non ordinato*) scattered; **in ordine ~** in open order

spartano, -a [spar·'ta:·no] *adj a. fig* (*modesto*) spartan

spartiacque [spar·ti·'ak·kue] <-> *m* 1. *a. fig* (*linea di separazione*) watershed; **~ continen-**tale continental divide 2. (*elemento discriminante*) divide

spartineve [spar·ti·'ne:·ve] <-> *m* snow plow

spartire [spar·'ti:·re] <spartisco> *vt* (*dividere*) to share out; **non avere niente da ~ con qu** *fig* to have nothing in common with sb

spartito [spar·'ti:·to] *m* (*partitura*) music

spartitraffico [spar·ti·'traf·fi·ko] I. <-> *m* median (strip) II. <inv> *adj* **banchina ~** median (strip)

spartizione [spar·tit·'tsio:·ne] *f* 1. (*distribuzione*) sharing out 2. (*di cariche*) division

sparuto, -a [spa·'ru:·to] *adj* 1. (*viso, aspetto*) gaunt 2. *fig* (*piccolo*) tiny

sparviere, sparviero [spar·'viɛ:·re, spar·'viɛ:·ro] *m* sparrow hawk

spasimante [spa·zi·'man·te] *mf scherz* admirer

spasimare [spa·zi·'ma:·re] *vi* 1. (*patire*) to suffer 2. *fig* (*desiderare*) **~ di fare qc** to long to do sth; **~ per qu** to be smitten by sb

spasimo ['spa:·zi·mo] *m* sharp pain; **-i della fame** hunger pangs; **-i d'amore** heartache

spasmo ['spaz·mo] *m* MED spasm

spasmodico, -a [spaz·'mɔ:·di·ko] <-ci, -che> *adj* 1. MED spasmodic 2. *fig* (*attesa, ricerca*) feverish

spassarsi [spas·'sa:r·si] *vr fam* (*divertirsi*) to enjoy oneself; **spassarsela con qu** to have a fling with sb

spassionato, -a [spas·sio·'na:·to] *adj* (*imparziale: consiglio, parere*) impartial

spasso ['spas·so] *m* 1. (*divertimento*) fun; **è un vero ~** it's a lot of fun 2. (*persona*) scream; **è un vero ~** he's [*o* she's] a scream 3. (*passeggiata*) **andare a ~** to go for a walk; **mandare a ~** *fig* to fire

spassoso, -a [spas·'so:·so] *adj* entertaining

spastico, -a ['spas·ti·ko] <-ci, -che> I. *adj* spastic II. *m, f* 1. MED person with cerebral palsy 2. *scherz* klutz

spatola ['spa:·to·la] *f* 1. (*arnese*) trowel 2. MED spatula 3. ZOOL paddlefish

spauracchio [spau·'rak·kio] <-cchi> *m a. fig, fam* bugaboo

spaurire [spau·'ri:·re] <spaurisco> I. *vt* (*metter paura a*) to frighten II. *vr:* **-rsi** (*aver paura*) to be frightened

spavalderia [spa·val·de·'ri:·a] <-ie> *f* cockiness

spavaldo, -a [spa·'val·do] *adj* (*persona, aria*) cocky

spaventapasseri [spa·ven·ta·'pas·se·ri] <-> *m* 1. (*fantoccio*) scarecrow 2. *scherz* (*persona brutta*) freak

spaventare [spa·ven·'ta:·re] I. *vt* (*mettere paura a*) to frighten II. *vr:* **-rsi** to be frightened

spavento [spa·'vɛn·to] *m* (*paura*) fright; **fare uno ~ a qu** to frighten sb

spaventoso, -a [spa·ven·'to:·so] *adj* 1. (*terribile*) terrible 2. *fig* (*straordinario*) incredible; **ho una fame -a** I'm starving

spaziale [spat·'tsia:·le] *adj* 1. (*dello spazio*)

spatial **2.** (*cosmico*) space; **navicella** ~ spacecraft **3.** *fam* (*straordinario*) amazing

spaziare [spat·'tsia:·re] **I.** *vi* **1.** (*vista*) to sweep; (*uccelli*) to fly freely **2.** *fig* (*pensieri*) to range widely **II.** *vt* TYPO to space (out)

spazientirsi [spat·tsien·'tir·si] <mi spazientisco> *vr* to lose patience

spazio ['spat·tsio] <-i> *m* space; (*posto*) room; **fare** ~ **a qu/qc** to make room for sb/sth; ~ **pubblicità** advertising space

spazioso, -a [spa·'tsio:·so] *adj* (*capiente*) spacious

spazzacamino [spat·tsa·ka·'mi:·no] *m* chimney sweep

spazzaneve [spat·tsa·'ne:·ve] <-> *m* snow plow

spazzare [spat·'tsa:·re] *vt* **1.** (*strada, stanza*) to sweep **2.** *fam* (*cibo*) to polish off

spazzatura [spat·tsa·'tu:·ra] *f a. fig* trash

spazzino [spat·'tsi:·no] *m* garbage collector

spazzola ['spat·tso·la] *f* **1.** (*arnese*) brush, hairbursh; **avere i capelli a** ~ to have a flattop **2.** MOT wiper blade

spazzolare [spat·tso·'la:·re] *vt* to brush

spazzolata [spat·tso·'la:·ta] *f* brush; **darsi una** ~ **ai capelli** to brush one's hair

spazzolino [spat·tso·'li:·no] *m* (small) brush; ~ **da denti** (**elettrico**) (electric) toothbrush; ~ **per unghie** nail brush

spazzolone [spat·tso·'lo:·ne] *m* broom

speaker ['spi:·kə/'spi:·ker] <-> *m* TV, RADIO speaker

specchiarsi [spek·'kiar·si] *vr* **1.** (*guardarsi allo specchio*) to look at oneself in a mirror **2.** (*riflettersi*) to be reflected

specchiera [spek·'kiɛ:·ra] *f* wall mirror

specchietto [spek·'kiet·to] *m* **1.** (*piccolo specchio*) (small) mirror **2.** AUTO ~ **retrovisore** rear-view mirror **3.** (*prospetto riassuntivo*) table

specchio ['spɛk·kio] <-cchi> *m* **1.** *gener* mirror; **guardarsi allo** ~ to look in the mirror **2.** *fig* reflection

special ['spɛ:·tʃal] <-> *m* special

speciale [spe·'tʃa:·le] *adj* special; **inviato** ~ special correspondent; **questo formaggio è davvero** ~ this cheese is really excellent

specialista [spe·tʃa·'lis·ta] <-i *m*, -e *f*> *mf* **1.** MED specialist **2.** (*persona specializzata*) expert

specialità [spe·tʃa·li·'ta] <-> *f* specialty

specializzare [spe·tʃa·lid·'dza:·re] **I.** *vt* to specialize **II.** *vr* **-rsi in qc** to specialize in sth

specializzato, -a [spe·tʃa·lid·'dza:·to] *adj* (*operaio, medico*) specialized

specializzazione [spe·tʃa·lid·dzat·'tsio:·ne] *f* (*competenza specialistica*) specialization

specialmente [spe·tʃal·'men·te] *adv* especially

specie ['spɛ:·tʃe] **I.** <-> *f* **1.** BIOL species **2.** (*sorta, tipo*) kind; **una** ~ **di** a kind of; **d'ogni** ~ of all kinds **II.** *adv* especially

specifica [spe·'tʃi:·fi·ka] <-che> *f* specification

specificare [spe·tʃi·fi·'ka:·re] *vt* to state

specificazione [spe·tʃi·fi·kat·'tsio:·ne] *f* specification; **complemento di** ~ possessive case

specifico, -a [spe·'tʃi:·fi·ko] <-ci, -che> *adj* **1.** (*particolare*) particular **2.** FIS, MED specific

speck [spɛk] <-> *m smoked ham from the South Tyrol region*

speculare[1] [spe·ku·'la:·re] *vi* **1.** FIN, COM to speculate **2.** *fig* (*sfruttare*) ~ **su qc** to take advantage of sth

speculare[2] *adj* (*di specchio*) **immagine** ~ mirror image

speculativo, -a [spe·ku·la·'ti:·vo] *adj* speculative

speculatore, -trice [spe·ku·la·'to:·re] *m, f* ECON speculator

speculazione [spe·ku·lat·'tsio:·ne] *f* speculation

spedire [spe·'di:·re] <spedisco> *vt* (*inviare*) to send

spedito, -a [spe·'di:·to] *adj* (*rapido*) fast; **camminare a passo** ~ to walk quickly

spedizione [spe·dit·'tsio:·ne] *f* **1.** (*di pacco, merce*) dispatch; **spese di** ~ postage and handling **2.** (*operazione*) mailing **3.** MIL, SCIENT expedition

spedizioniere [spe·dit·tsio·'niɛː·re] *m* shipper

spegnere ['spɛɲ·ɲe·re/'speɲ·ɲe·re] <spengo, spensi, spento> **I.** *vt* **1.** (*fuoco, fiamma, sigaretta*) to put out **2.** (*luce, radio, motore, apparecchio*) to turn off **3.** *fig* (*entusiasmo*) to extinguish **4.** (*sete*) to quench **II.** *vr:* **-rsi** **1.** (*fuoco, sigaretta*) to go out **2.** (*motore, apparecchio*) to go off **3.** *fig* (*entusiasmo*) to fizzle out **4.** *fig* (*morire*) to pass away

spelacchiato, -a [spe·lak·'kia:·to] *adj* **1.** (*pelliccia, animale*) mangy **2.** (*persona*) bald

spelare [spe·'la:·re] *vt, vr:* **-rsi** *v.* spelacchiare

speleologia [spe·le·o·lo·'dʒi:·a] <-gie> *f* **1.** (*studio*) speleology **2.** (*pratica*) spelunking

speleologo, -a [spe·le·'ɔ:·lo·go] <-gi, -ghe> *m, f* **1.** (*studioso*) speleologist **2.** (*hobbista*) spelunker

spellare [spel·'la:·re] **I.** *vt* **1.** ~ **un animale** to skin **2.** *fam* ~ **qu** to rip sb off **II.** *vr:* **-rsi** **1.** (*serpenti*) to shed one's skin **2.** MED to skin; **-rsi le ginocchia** to skin one's knees

spelonca [spe·'lon·ka] <-che> *f* **1.** (*grotta*) cave **2.** *fig, pej* (*casa*) hovel

spendaccione, -a [spen·dat·'tʃoː·ne] *m, f pej* spendthrift

spendere ['spɛn·de·re] <spendo, spesi, speso> *vt* **1.** (*soldi, tempo*) to spend; ~ **molto in vestiti** he [*o* she] spends a lot on clothes; ~ **e spandere** *fam* to spend money like water **2.** *fig* (*impiegare: energie, forze*) to expend

spendibilità [spen·di·bi·li·'ta] *f* marketability

spengere ['spɛn·dʒe·re/'spen·dʒe·re] *v.* spegnere

spengo ['spɛŋ·go/'speŋ·go] *1. pers sing pr di* spegnere

spennare [spen·'na:·re] *vt* **1.** (*animale*) to

pluck; ~ **una gallina** to pluck a hen **2.** *fig, fam* to fleece; ~ **qu al gioco** to fleece sb at cards

spennellare [spen·nel·'la:·re] *vt* to paint

spennellata [spen·nel·'la:·ta] *f* coat of paint

spensi ['spɛn·si/'spen·si] *1. pers sing pass rem di* **spegnere**

spensieratezza [spen·sie·ra·'tetvtsa] *f* lightheartedness

spensierato, -a [spen·sie·'ra:·to] *adj* (*ragazzo*) lighthearted

spento, -a ['spɛn·to/'spen·to] **I.** *pp di* **spegnere II.** *adj* **1.** (*fuoco*) **il fuoco è spento** the fire is out **2.** (*sigaretta*) extinguished **3.** *fig* (*colore, espressione*) dull

speranza [spe·'ran·tsa] *f* hope; **un filo** [*o* **un barlume**] **di** ~ a glimmer [*o* ray] of hope; **avere riposto tutte le -e in qu** to place all one's hope in sb; **senza** ~ hopeless

speranzoso, -a [spe·ran·'tso:·so] *adj* hopeful

sperare [spe·'ra:·re] **I.** *vt* to hope; ~ **di fare qc** +*inf* to hope to do sth; ~ **in qc** to hope for sth; ~ **che** +*conj* to hope that; **spero di sì** I hope so; **spero di no** I hope not; **speriamo (bene)!** let's hope so **II.** *vi* ~ **in qu/qc** to have great hopes of sb/sth

sperduto, -a [sper·'du:·to] *adj* **1.** (*paese, luogo*) remote **2.** (*persona*) lost

spergiurare [sper·dʒu·'ra:·re] *vi* (*giurare in modo solenne*) to swear; **giurare e** ~ *fam* to swear to God

spericolato, -a [spe·ri·ko·'la:·to] *adj* reckless

sperimentale [spe·ri·men·'ta:·le] *adj* (*progetto, ricerca*) experimental; **centro** ~ research center

sperimentare [spe·ri·men·'ta:·re] *vt* **1.** TEC to try out **2.** (*conoscere per esperienza*) to experience

sperimentazione [spe·ri·men·tat·'tsio:·ne] *f* TEC testing

sperma ['spɛr·ma] <-i> *m* semen

spermatozoo [sper·ma·tod·'dzɔ:·o] <-oi> *m* sperm

spermicida¹ [sper·mi·'tʃi:·da] <-i *m*, -e *f*> *adj* spermicidal

spermicida² <-i> *m* spermicide

speronare [spe·ro·'na:·re] *vt* (*nave, auto*) to ram

sperone [spe·'ro:·ne] *m* (*della scarpa*) spur

sperperare [sper·pe·'ra:·re] *vt* (*denaro, beni*) to squander

sperpero ['spɛr·pe·ro] *m* (*spreco*) waste

spesa ['spe:·sa] *f* **1.** (*somma*) expense; **non badare a -e** to spare no expense; **imparare qc a proprie -e** *fig* to learn sth to one's cost; **a -e di qu** *a. fig* at sb's expense **2.** (*compera*) shopping; **fare la** ~ to do the shopping; **borsa della** ~ shopping bag **3.** *pl* COM expenses; **-e d'esercizio** [*o* **di gestione**] operating expenses

spesare [spe·'sa:·re] *vt* ~ **qu** to pay sb's expenses

spesi ['spe:·si] *1. pers sing pass rem di* **spendere**

speso ['spe:·so] *pp di* **spendere**

spesso ['spes·so] *adv* often

spesso, -a *adj* **1.** (*libro, muro*) thick **2.** (*aria*) heavy **3.** (*frequente*) **-e volte** often

spessore [spes·'so:·re] *m* thickness

Spett. *abbr di* **spettabile** ~ **Ditta** ... Dear Sirs; (**alla**) ~ **Ditta** ... Messrs. ...

spettabile [spet·'ta:·bi·le] *adj* (*nelle lettere*) Dear; ~ **Signor Rossi,** ... Dear Mr. Rossi, ...

spettacolare [spet·ta·ko·'la:·re] *adj* (*straordinario*) fantastic

spettacolo [spet·'ta:·ko·lo] *m* **1.** TEAT performance **2.** FILM (*rappresentazione*) showing **3.** (*vista*) spectacle

spettanza [spet·'tan·tsa] *f* (*competenza*) province

spettare [spet·'ta:·re] *vi* essere (*appartenere per diritto*) to be due; **non spetta a me giudicare** it's not up to me to judge

spettatore, -trice [spet·ta·'to:·re] *m, f* **1.** TEAT, FILM spectator **2.** (*chi è presente*) onlooker; **sono stato** ~ **di un terribile incidente** I witnessed a terrible accident

spettegolare [spet·te·go·'la:·re] *vi pej* to gossip

spettinare [spet·ti·'na:·re] **I.** *vt* to muss *inf* **II.** *vr:* **-rsi** to get one's hair mussed (up)

spettrale [spet·'tra:·le] *adj* **1.** FIS **analisi** ~ spectral analysis **2.** *fig* (*figura, aspetto*) spectral

spettro ['spɛt·tro] *m* **1.** *a. fig* (*fantasma*) ghost **2.** FIS, ASTR spectrum

spezie ['spɛt·tsie] *fpl* spices

spezzare [spet·'tsa:·re] **I.** *vt* **1.** (*rompere*) to break **2.** *fig* (*dividere: viaggio, periodo*) ~ **qc in qc** to break sth into sth **II.** *vr:* **-rsi** (*rompersi*) to break

spezzatino [spet·tsa·'ti:·no] *m* stew

spezzato [spet·'tsa:·to] *m* (*abito maschile*) coordinated jacket and pants

spezzato, -a *adj* (*braccio, gamba*) broken; **cuore** ~ broken heart

spezzettare [spet·tset·'ta:·re] *vt* (*ridurre in pezzi*) ~ **qc** to break sth into pieces; ~ **il discorso** to speak in a disconnected way

Spezzino <*sing*> *m* La Spezia area

spezzino, -a [spet·'tsi:·no] **I.** *adj* from La Spezia **II.** *m, f* (*abitante*) person from La Spezia

spezzone [spet·'tso:·ne] *m* **1.** FILM clip **2.** MIL fragmentation bomb

spia ['spi:·a] <-ie> *f* **1.** (*persona*) spy; **fare la** ~ *fam* to tell tales **2.** TEC light **3.** (*fessura di porta*) spyhole

spiaccicare [spiat·tʃi·'ka:·re] *fam* **I.** *vt* (*schiacciare*) to squash **II.** *vr:* **-rsi** to splat

spiacente [spia·'tʃɛn·te] *adj* **sono** ~ I'm sorry

spiacere [spia·'tʃe:·re] <irr> *vi essere* **mi spiace non poterti aiutare** I'm sorry I can't help you; **mi spiace dover rifiutare** I'm sorry to have to refuse; **spiace vedere tanto disinteresse** it's sad to see such a lack of interest

spiacevole [spia·'tʃe:·vo·le] *adj* unpleasant

spiaggia ['spiad·dʒa] <-gge> f beach; **andare in ~** to go to the beach

spianamento [spia·na·'men·to] m (di terreno) leveling (off)

spianare [spia·'na:·re] vt **1.** (terreno, strada) to level (off); **~ la pasta** to roll out the dough **2.** fig (eliminare difficoltà) to smooth out; **~ la via per qu** to smooth the way for sth **3.** (demolire) to flatten

spianata [spia·'na:·ta] f area of level ground

spiano ['spia:·no] m **a tutto ~** flat out

spiantato, -a [spian·'ta:·to] pej **I.** adj (senza soldi: persona) penniless **II.** m, f dropout

spiare [spi·'a:·re] vt **1.** (seguire di nascosto) **spiare qu/qc** to spy on sb/sth **2.** (fatti, segreti) to find out

spiata [spi·'a:·ta] f tip-off

spiattellare [spiat·tel·'la:·re] vt fam (riferire apertamente) to blurt out

spiazzo ['spiat·tso] m clearing; **~ erboso** patch of grass

spiccare [spik·'ka:·re] **I.** vt **1.** GIUR (mandato di cattura) to issue **2.** (salto, balzo) **~ un salto** [o **balzo**] to leap; **~ il volo** to take flight; fig to spread one's wings **II.** vi (distinguersi) to stand out

spiccato, -a [spik·'ka:·to] adj (accento, senso dell'umorismo) strong; (udito) sharp

spicchio ['spik·kio] <-cchi> m (di agrumi, aglio) segment

spicciare [spit·'tʃa:·re] **I.** vt (faccenda) to attend to **II.** vr: **-rsi** fam (sbrigarsi) to hurry; **spicciati!** hurry up!

spicciativo, -a [spit·tʃa·'ti:·vo] adj **1.** (persona) curt **2.** (rimedio, metodo) speedy

spiccicare [spit·tʃi·'ka:·re] vt **non ~ parola** to not say a word

spiccio, -a ['spit·tʃo] <-cci, -cce> adj (sbrigativo) brisk; **andare per le -cce** to cut to the chase

spicciolato, -a [spit·tʃo·'la:·to] adj **alla -a** in dribs and drabs

spiccioli ['spit·tʃo·li] mpl (small) [o (loose)] change

spicciolo, -a ['spit·tʃo·lo] adj **moneta -a** [o **soldi -i**] change

spicco ['spik·ko] <-cchi> m **fare ~** to be prominent

spider ['spai·der] <-> m o f convertible

spiedino [spie·'di:·no] m **1.** (arnese) skewer **2.** (piatto) shish kebab

spiedo ['spiɛ:·do] m CULIN spit; **arrosto allo ~** spit roast

spiegamento [spie·ga·'men·to] m deployment; **~ di forze** deployment of forces

spiegare [spie·'ga:·re] **I.** vt **1.** (far capire) to explain **2.** (tovaglia, cartina) to unfold **3.** (ali, vele) to spread **4.** MIL (truppe) to deploy **II.** vr: **-rsi** (chiarirsi) to explain (oneself); (con un'altra persona) to sort things out; **cerca di spiegarti** try to explain; **mi spiego?, mi sono spiegato?** do you understand?

spiegazione [spie·gat·'tsio:·ne] f explanation; **avere una ~ con qu** to sort things out with sb

spiegazzare [spie·gat·'tsa:·re] vt (foglio) to crumple

spietato, -a [spie·'ta:·to] adj ruthless

spifferare [spif·fe·'ra:·re] vt fam to blab

spiffero ['spif·fe·ro] m fam draft

spiga ['spi:·ga] <-ghe> f (di grano) ear

spigato, -a [spi·'ga:·to] adj (tessuto) herringbone

spigliatezza [spiʎ·ʎa·'tet·tsa] f (disinvoltura) self-assurance

spigliato, -a [spiʎ·'ʎa:·to] adj self-assured

spigola ['spi:·go·la] f sea bass

spigolo ['spi:·go·lo] m **1.** (angolo) sharp edge **2.** pl, fig (asprezza) rough edges

spigoloso, -a [spi·go·'lo:·so] adj **1.** (pieno di spigoli) full of sharp edges **2.** fig (difficile: carattere) prickly

spilla ['spil·la] f (gioiello) brooch; (da cravatta) pin

spillare [spil·'la:·re] vt avere **1.** (botte) to tap **2.** fig **~ soldi a qu** to tap sb for money

spillo ['spil·lo] m **1.** gener pin; **tacchi a ~** stilettos **2.** (per botti) (wine) thief; (foro) tap hole

spillone [spil·'lo:·ne] m large pin

spilorceria [spi·lor·tʃe·'ri:·a] <-ie> f stinginess

spilorcio, -a [spi·'lor·tʃo] <-ci, -ce> **I.** adj stingy **II.** m, f tightwad

spilungone, -a [spi·luŋ·'go:·ne] m, f fam beanpole

spina ['spi:·na] f **1.** BOT thorn **2.** ZOOL (di istrice) spine; (di pesce) bone **3.** ANAT **~ dorsale** spine **4.** ELETT plug; **~ multipla** adapter **5.** TEC (di botte) tap; **birra alla ~** draft beer **6.** (loc) **stare** [o **essere**] **sulle -e** to be on tenterhooks; **staccare la ~** to wind down

spinacio [spi·'na:·tʃo] <-ci> m BOT spinach; **-ci** CULIN spinach

spinale [spi·'na:·le] adj spinal; **midollo ~** spinal cord

spinato, -a [spi·'na:·to] adj **filo ~** barbed wire

spinello [spi·'nɛl·lo] m sl joint

spingere ['spin·dʒe·re] <spingo, spinsi, spinto> **I.** vt **1.** (spostare) to push **2.** (premere) to press **3.** fig (indurre) **~ qu a qc** to drive sb to sth **4.** (fare ressa) to push and shove **II.** vr: **-rsi 1.** (inoltrarsi) to go on **2.** fig (osare) **non pensavo che potesse spingersi fino a tal punto** I didn't think he [o she] would go that far

spinoso, -a [spi·'no:·so] adj a. fig prickly

spinotto [spi·'nɔt·to] m ELETT plug

spinsi ['spin·si] 1. pers sing pass rem di **spingere**

spinta ['spin·ta] f **1.** (urto, stimolo) push **2.** FIS thrust

spintarella [spin·ta·'rɛl·la] f fig, fam (raccomandazione) leg-up; **dare una ~ a qu** to give sb a leg-up

spinterogeno [spin·te·'rɔ:·dʒe·no] m TEC distributor

spinto, -a ['spin·to] **I.** pp di **spingere II.** adj

(*scabroso: discorso, barzelletta*) risqué; (*film, scena*) steamy

spintone [spin·'to:·ne] *m* shove

spionaggio [spio·'nad·dʒo] <-ggi> *m* spying; ~ **telefonico** phone tapping

spioncino [spion·'tʃi:·no] *m* spyhole

spione, -a [spi·'o:·ne] *m, f pej* tattle-tale

spiovente [spio·'vɛn·te] I. *adj* 1. (*rami*) drooping; (*tetto*) pitched 2. SPORT (*tiro*) dipping II. *m* 1. (*del tetto*) slope 2. SPORT dipping shot

spiovere ['spio:·ve·re] <irr> *vi essere o avere* to stop raining

spira ['spi:·ra] *f* coil

spiraglio [spi·'raʎ·ʎo] <-gli> *m* 1. (*di porta, finestra*) chink 2. (*di luce*) ray 3. *fig* (*barlume*) glimmer

spirale [spi·'ra:·le] *f* 1. (*gener*) spiral; ~ **negativa** downward spiral 2. (*di fumo*) ring 3. (*metallica*) spring

spirare [spi·'ra:·re] *vi avere* 1. (*vento*) to blow 2. *essere* (*morire*) to pass away

spiritato, -a [spi·ri·'ta:·to] *adj* (*faccia, occhi*) wild

spiritico, -a [spi·'ri:·ti·ko] <-ci, -che> *adj* (*seduta -a*) seance

spiritista [spi·ri·'tis·ta] <-i *m*, -e *f*> *mf* spiritualist

spirito ['spi:·ri·to] *m* 1. REL **lo Spirito Santo** the Holy Spirit 2. (*senso dell'umorismo*) wit; **una battuta di** ~ a witticism; **fare dello** ~ to make jokes 3. (*fantasma*) ghost; **nel castello ci sono gli -i** the castle is haunted 4. (*qualità*) ~ **di carità/giustizia** spirit of charity/justice; **ha un grande** ~ **di osservazione** he [*o* she] is very observant 5. (*sostanza alcolica*) alcohol

spiritoso, -a [spi·ri·'to:·so] I. *adj* (*persona, carattere*) funny II. *m, f* clown; **smettila di fare lo** ~ stop clowning around

spirituale [spi·ri·tu·'a:·le] *adj* spiritual

spiritualità [spi·ri·tua·li·'ta] <-> *f* REL spirituality

splendere ['splɛn·de·re] *vi* to shine

splendido, -a ['splɛn·di·do] I. *adj* wonderful II. *interj* great!

splendore [splen·'do:·re] *m* 1. (*di sole, stelle*) brightness 2. (*di persona*) **in tutto il suo** ~ in all his [*o* her] glory 3. (*di festa*) splendor

spodestare [spo·des·'ta:·re] *vt* to remove from power

spoglia ['spoʎ·ʎa] <-glie> *fpl* (*resti mortali*) remains *pl*

spogliare [spoʎ·'ʎa:·re] I. *vt* 1. (*svestire*) to undress 2. *fig* (*derubare*) to strip II. *vr:* -**rsi** 1. (*svestirsi*) to undress 2. *fig* (*privarsi*) -**rsi di qc** (*beni,*) to strip oneself of sth

spogliarellista [spoʎ·ʎa·rel·'lis·ta] <-i *m*, -e *f*> *mf* stripper

spogliarello [spoʎ·ʎa·'rɛl·lo] *m* striptease; **fare lo** ~ to strip

spogliatoio [spoʎ·ʎa·'to:·io] <-oi> *m* (*di palestra, stadio*) locker room

spoglio ['spoʎ·ʎo] *m* (*esame*) reading; **fare lo**

~ **della corrispondenza** to read through the correspondence; ~ **dei voti** count of the votes

spoglio, -a <-gli, -glie> *adj* 1. (*albero, terreno*) bare 2. *fig* ~ **di qc** (*pregiudizi*) free from sth

spoiler ['spɔi·lə] <-> *m* spoiler

spola ['spɔ:·la] *f* spool; **fare la** ~ *fig* to commute

spoletta [spo·'let·ta] *f* 1. (*rocchetto*) cotton reel 2. (*di bomba*) fuse

spolpare [spol·'pa:·re] *vt* 1. (*osso*) to bone 2. *fig* (*privare degli averi*) to fleece

spolverare [spol·ve·'ra:·re] I. *vt* 1. (*gener*) to dust 2. *fig, fam* (*mangiare tutto*) to polish off II. *vi* to dust

spolverata [spol·ve·'ra:·ta] *f* 1. (*pulizia*) **dare una** ~ **a qc** to dust sth 2. CULIN dusting

spolverino [spol·ve·'ri:·no] *m* duster

spompare [spom·'pa:·re] I. *vt fig, fam* (*affaticare*) to wear out II. *vr:* -**rsi** to wear oneself out

spompato, -a [spom·'pa:·to] *adj* exhausted

sponda ['spon·da] *f* 1. (*di fiume*) bank 2. (*di letto*) edge

sponsor ['spon·sor] <-> *m* sponsor

sponsorizzare [spon·so·rid·'dza:·re] *vt* to sponsor

sponsorizzazione [spon·so·rid·dzat·'tsio:·ne] *f* sponsorship

spontaneità [spon·ta·nei·'ta] <-> *f* spontaneity

spontaneo, -a [spon·'ta:·neo] *adj* 1. (*persona, adesione, offerta*) spontaneous 2. (*vegetazione*) wild

spopolamento [spo·po·la·'men·to] *m* depopulation; ~ **delle campagne** flight from the countryside

spopolare [spo·po·'la:·re] I. *vt* to depopulate II. *vi fam* (*avere grande successo*) to be all the rage III. *vr:* -**rsi** to empty

spora ['spɔ:·ra] *f* BOT spore

sporadicità [spo·ra·di·tʃi·'ta] <-> *f* sporadic nature

sporadico, -a [spo·'ra:·di·ko] <-ci, -che> *adj* sporadic

sporcaccione, -a [spor·kat·'tʃo:·ne] *pej* dirty beast

sporcare [spor·'ka:·re] I. *vt* 1. (*vestito, tovaglia*) to dirty 2. *fig* (*nome, reputazione*) to sully II. *vr:* -**rsi** 1. (*insudiciarsi*) to get dirty 2. *fig* (*compromettersi*) to sully oneself

sporcizia [spor·'kit·tsia] <-ie> *f* 1. (*mancanza di pulizia*) dirt 2. *fig* (*volgarità*) obscenity; **dire -e** to use foul language

sporco ['spor·ko] *m* dirt

sporco, -a <-chi, -che> *adj* dirty; **avere la coscienza -a** to have something on one's conscience; **avere la fedina penale -a** to have a criminal record

sporgenza [spor·'dʒɛn·tsa] *f* (*su parete*) bulge

sporgere ['spor·dʒe·re] <irr> I. *vt avere* 1. (*da finestra*) ~ **qc da qc** to stick sth out of sth 2. GIUR ~ **querela contro qu** to take sb to court **II.** *vi essere* to stick out **III.** *vr:* **-rsi** (*in fuori, avanti*) to lean out; **è pericoloso -rsi dal finestrino!** it is dangerous to lean out of the window!

sport [spɔrt] <-> *m* sport; **~ a squadre** team sport; **~ estremi** extreme sports; **fare dello ~** to play sports; **per ~** *fig* for fun

sporta ['spɔrta] *f* **uno sacco e una ~** a load; **ne ha prese uno sacco e una ~** he got a good thrashing

sportello [spor'tɛllo] *m* **1.** (*gener*) door **2.** (*di ufficio, banca*) window; **~ automatico** ATM

sportivo, -a [spor'tiːvo] **I.** *adj* **1.** (*giornale, gara, auto*) sports; (*evento*) sporting; **campo ~** sports field **2.** (*persona*) sporty **3.** (*abbigliamento*) casual **4.** (*leale*) sporting **II.** *m, f* **1.** (*atleta*) sportsman *m*, sportswoman *f* **2.** (*persona leale*) sport

sposa ['spɔːza] *f* bride; (*moglie*) wife; **promessa ~** fiancée; **abito** [*o* **vestito**] **da ~** wedding dress; **andare ~ a qu** to marry sb

sposalizio [spoza'litːtsio] <-i> *m* wedding

sposare [spo'zaːre] **I.** *vt* **1.** (*gener*) to marry **2.** (*dare in moglie o marito*) to marry (off) **3.** *fig* (*causa, lavoro*) to be wedded to **II.** *vr* **-rsi con qu** to marry sb; **-rsi in chiesa/in comune** to get married in church/in city hall

sposo ['spɔːzo] *m* (bride)groom; (*marito*) husband; **-i** newlyweds

spossare [spos'saːre] *vt* to exhaust

spossatezza [spos·sa·'tet·tsa] *f* exhaustion

spostamento [spos·ta·'men·to] *m* movement; (**~ d'aria**) blast

spostare [spos'taːre] **I.** *vt* **1.** (*mobile*) to move **2.** (*data*) to change **II.** *vr:* **-rsi** to move

spostato, -a [spos'taːto] **I.** *adj* oddball **II.** *m, f* oddball

spot [spɔt] <-> *m* **1.** TV, RADIO **~ pubblicitario** commercial **2.** (*riflettore*) spotlight

spranga ['spraŋ·ga] <-ghe> *f* (*sbarra*) (metal) bar

sprangare [spraŋ·'gaːre] *vt* (*sbarrare*) to bolt

spray ['spraːi] **I.** <-> *m* spray **II.** <inv> *adj* **bomboletta ~** spray can; **lacca ~** hair spray

sprazzo ['sprat·tso] *m* **1.** (*gener*) flash **2.** (*spruzzo*) splash

sprecare [spre·'kaːre] **I.** *vt* (*tempo, denaro*) to waste **II.** *vr:* **-rsi 1.** *iron* to exert oneself **2.** (*perdersi*) **-rsi in qc** to waste one's energy on sth

sprecato [spre·'kaːto] *adj* wasted; **fatica -a** a waste of energy; **è tempo ~** it's a waste of time; **essere ~ per qc** to be wasted on sth

spreco ['sprɛːko] <-chi> *m* waste

sprecone, -a [spre·'koːne] *fam* **I.** *adj* wasteful **II.** *m, f* spendthrift

spregevole [spre·'dʒeːvo·le] *adj* **1.** (*persona, cosa*) contemptible **2.** (*gesto*) despicable

spregiativo [spre·dʒa·'tiːvo] *m* LING pejorative

spregiativo, -a *adj* (*suffisso, tono*) pejorative

spregio ['sprɛː·dʒo] <-gi> *m* (*disprezzo*) contempt

spregiudicatezza [spre·dʒu·di·ka·'tet·tsa] *f* unscrupulousness

spregiudicato, -a [spre·dʒu·di·'kaː·to] *adj* unscrupulous

spremere ['sprɛː·me·re] **I.** *vt* **1.** (*limone, arancia*) to squeeze **2.** *fig* (*far parlare*) to pump **II.** *vr:* **-rsi -rsi le meningi** to rack one's brains

spremiaglio [spre·mi·'aʎ·ʎo] <-> *m* garlic press

spremiagrumi [spre·mia·'gruː·mi] <-> *m* juicer

spremilimoni [spre·mi·li·'moː·ni] <-> *m* lemon squeezer

spremitura [spre·mi·'tuː·ra] *f* (*della oliva*) pressing

spremuta [spre·'muː·ta] *f* freshly-squeezed fruit juice; **~ di pompelmo** fresh grapefruit juice

sprezzante [spret·'tsan·te] *adj* (*atteggiamento, sguardo, frase*) contemptuous

sprezzo ['sprɛt·tso] *m* **1.** (*disprezzo*) contempt **2.** (*noncuranza*) carelessness

sprigionare [spri·dʒo·'naː·re] **I.** *vt* (*emettere*) to give off **II.** *vr:* **-rsi** (*uscire: calore, fumo*) to come out of

sprint [sprint] <-> *m* **1.** SPORT sprint; **~ finale** *a. fig* final sprint **2.** *fig* (*slancio*) oomph

sprizzare [sprit·'tsaː·re] **I.** *vt avere fig* (*manifestare*) **~ qc** to be bubbling with sth; **~ gioia da tutti i pori** to be bubbling with joy; **~ salute da tutti i pori** to be bursting with health **II.** *vi essere* (*sangue, liquido*) to spurt

sprizzo ['sprit·tso] *m* **1.** (*getto*) spurt **2.** *fig* (*slancio*) burst

sprofondare [spro·fon·'daː·re] **I.** *vi essere* **1.** (*pavimento, casa*) to collapse **2.** (*affondare*) to sink **3.** *fig* **sentirsi ~ dalla vergogna** to die of embarrassment **II.** *vr:* **-rsi 1.** (*lasciarsi andare*) to collapse **2.** *fig* (*immergersi*) to bury oneself

sproloquio [spro·'lɔː·kui·o] <-qui> *m* rambling speech

spronare [spro·'naː·re] *vt* **1.** (*cavallo*) to spur **2.** *fig* (*stimolare*) **~ qu a fare qc** to spur sb (on) to do sth

sprone [spro·'ne] *m* spur; **a spron battuto** *fig* hell-for-leather

sproporzionato, -a [spro·por·tsio·'naː·to] *adj* **1.** (*braccia, persona*) out of proportion **2.** (*prezzo, reazione*) disproportionate

spropositato, -a [spro·po·zi·'taː·to] *adj* (*eccessivo: cifra*) enormous; (*richiesta*) ridiculous

sproposito [spro·'pɔː·zi·to] *m* (*errore*) mistake

sprovvedutezza [sprov·ve·du·'tet·tsa] *f* (*ingenuità*) gullibility; (*mancanza di preparazione*) ignorance

sprovveduto, -a [sprov·ve·'duː·to] **I.** *adj* (*ingenuo*) gullible; (*impreparato*) inexperienced **II.** (*incapace*) babe in arms

sprovvisto, -a [sprov·'vis·to] *adj* **essere ~ di qc** (*negozio*) to be out of sth; **~ passaporto/**

S

biglietto without passport/ticket; **alla -a** by surprise; **prendere qu alla -a** to take sb by surprise

spruzzare [sprut·'tsa:·re] *vt* to spray

spruzzata [sprut·'tsa:·ta] *f* **1.** CULIN sprinkling **2.** (*pioggia leggera*) shower **3.** (*di fango, acqua*) splash

spruzzatore [sprut·tsa·'to:·re] *m* spray

spruzzo ['sprut·tso] *m* **1.** (*d'acqua, fango*) splash **2.** TEC **verniciatura a ~** spray-painting

spudoratezza [spu·do·ra·'tet·tsa] *f* impudence

spudorato, -a [spu·do·'ra:·to] *adj* (*sfrontato*) impudent

spugna ['spun·ɲa] *f* **1.** (*per pulire*) sponge; **gettare la ~** *fig* SPORT to throw in the towel; **bere come una ~** to drink like a fish **2.** (*tessuto*) terry cloth

spugnoso, -a [spuɲ·'ɲo:·so] *adj* spongy

spulciare [spul·'tʃa:·re] I. *vt* **1.** (*cane, gatto*) to de-flea **2.** *fig* (*esaminare: documento, testo*) to sift through II. *vr:* **-rsi** to get rid of fleas

spuma ['spu:·ma] *f* **1.** (*schiuma*) foam **2.** (*bibita*) soda pop

spumante [spu·'man·te] *m* sparkling wine

spumeggiante [spu·med·'dʒan·te] *adj* **1.** (*vino*) frothy **2.** *fig* (*brillante*) sparkling

spumeggiare [spu·med·'dʒa:·re] *vi* (*mare*) to foam; (*vino*) to froth

spumoso, -a [spu·'mo:·so] *adj* **1.** (*birra, vino*) frothy **2.** (*mousse*) foamy

spuntare [spun·'ta:·re] I. *vt avere* **1.** (*penna, lapis*) to break the point of **2.** (*capelli, baffi*) to trim **3.** *fig* (*superare*) **spuntarla** *fam* to win through **4.** (*depennare: lista*) to cross out II. *vi essere* **1.** (*venir fuori*) to poke up **2.** (*fiori*) to come out **3.** (*sole*) to rise; (*giorno*) to break **4.** (*apparire*) to appear; **da dove spunti?** where did you spring from? III. *vr:* **-rsi** (*penna, lapis*) to become blunt

spuntino [spun·'ti:·no] *m* snack

spuntone [spun·'to:·ne] *m* (*sporgenza di roccia*) ledge

spurgare [spur·'ga:·re] *vt* (*fogna*) to clean out; (*canale*) to dredge

spurgo ['spur·go] <-ghi> *m* **1.** (*operazione*) dredging **2.** (*materiale*) discharge

sputacchiare [spu·tak·'kia:·re] *vi* to spit

sputare [spu·'ta:·re] I. *vt* to spit (out); **~ sangue** *fig* to sweat blood; **~ sentenze** *fig* to hold forth; **~ veleno** *fig* to say spiteful things; **sputa l'osso!** *fig, fam* spit it out! II. *vi* to spit; **~ su qc** *fig, fam* to despise sth

sputo ['spu:·to] *m* spit

sputtanare [sput·ta·'na:·re] *vulg* I. *vt* **~ qu** to dish the dirt on sb II. *vr:* **-rsi** to lose face

squadra ['skua:·dra] *f* **1.** (*complesso di persone*) troop **2.** SPORT team **3.** ADMIN, MIL squad; **~ mobile** rapid response team **4.** (*da disegno*) set square

squadrare [skua·'dra:·re] *vt* **1.** (*foglio da disegno*) to square off **2.** *fig* (*osservare*) **~ qu** to look sb up and down

squadrone [skua·'dro:·ne] *m* SPORT squadron

squagliarsi [skuaʎ·'ʎa:r·si] *vr* (*ghiaccio, gelato*) to melt; **squagliarsela** *fig, fam* to clear out

squalifica [skua·'li:·fi·ka] <-che> *f* SPORT disqualification

squalificare [skua·li·fi·'ka:·re] I. *vt* to disqualify II. *vr:* **-rsi** (*discreditarsi*) to discredit oneself

squallido, -a ['skual·li·do] *adj* (*luogo*) squalid; (*vita*) dreary

squallore [skual·'lo:·re] *m* **1.** (*di luogo*) dreariness **2.** (*miseria*) wretchedness

squalo ['skua:·lo] *m* shark

squama ['skua:·ma] *f* ZOOL scale

squamare [skua·'ma:·re] I. *vt* (*pesce*) to scale II. *vr:* **-rsi** (*perdere la pelle*) to peel

squarciagola [skuar·tʃa·'go:·la] *adv* (*a tutta voce*) **a ~** at the top of one's voice

squarciare [skuar·'tʃa:·re] I. *vt* (*aprire con violenza*) to rip open II. *vr:* **-rsi** (*aprirsi*) to be torn apart

squarcio ['skuar·tʃo] <-ci> *m* (*nel vestito*) rip; (*nel corpo*) gash

squartare [skuar·'ta:·re] *vt* **1.** (*vitello*) to quarter **2.** (*massacrare*) to butcher

squartatore, -trice [skuar·ta·'to:·re] *m, f* (*assassino*) ripper

squattrinato, -a [skuat·tri·'na:·to] *fam* I. *adj* penniless II. *m, f* penniless person; **sei il solito ~!** you're always stone broke!

squilibrato, -a [skui·li·'bra:·to] I. *adj* unbalanced II. *m, f* MED loony

squilibrio [skui·'li:·bri·o] <-i> *m* **1.** MED derangement; **~ mentale/psichico** mental/psychological derangement **2.** COM imbalance

squillante [skuil·'lan·te] *adj* **1.** (*acuto: voce*) shrill **2.** (*colore*) harsh

squillare [skuil·'la:·re] *vi essere o avere* **1.** (*trombe*) to sound **2.** (*telefono, campanello*) to ring

squillo¹ ['skuil·lo] *m* **1.** (*di tromba*) sounding **2.** (*di telefono, campanello*) ringing

squillo² <inv> *adj* **ragazza ~** call girl

squinternato, -a [skuin·ter·'na:·to] *m, f* oddball

squisitamente [skui·zi·ta·'men·te] *adv* (*prettamente*) purely

squisitezza [skui·zi·'tet·tsa] *f* **1.** (*di cibo*) deliciousness **2.** (*di modi*) refinement

squisito, -a [skui·'zi:·to] *adj* **1.** (*cibo*) delicious **2.** (*modi*) delightful

squittire [skuit·'ti:·re] <squittisco> *vi* (*pappagallo, topo*) to squeak

sradicare [zra·di·'ka:·re] *vt* **1.** (*pianta*) to uproot **2.** *fig* (*vizio, male*) to root out

sragionare [zra·dʒo·'na:·re] *vi* (*parlando*) to talk nonsense

sregolatezza [zre·go·la·'tet·tsa] *f* **1.** (*di vita, costumi*) wildness **2.** (*comportamento, atto*) excess; **-e** excesses

sregolato, -a [zre·go·'la:·to] *adj* **1.** (*senza regola: nel mangiare*) disorderly **2.** (*dissoluto: vita*) wild

S

S.r.l. *abbr di* **Società a responsabilità limitata** Ltd.

srotolare [zro·to·'la:·re] *vt* to unroll

S.S. *abbr di* **Strada Statale** *highway*

stabbio ['stab·bio] <-i> *m* (*recinto*) fold

stabile ['sta:·bi·le] I. *adj* 1.(*scala, impiego*) steady 2.(*governo, moneta, prezzi*) stable; **beni -i** real estate 3. METEO (*tempo*) settled 4. TEAT (*compagnia*) resident II. *m* 1. ARCHIT building 2. TEAT resident theater company

stabilimento [sta·bi·li·'men·to] *m* 1.(*edificio*) building; ~ **termale** spa 2.(*fabbrica*) factory

stabilire [sta·bi·'li:·re] <stabilisco> I. *vt* 1.(*dimora, sede*) to set up 2.(*decidere*) to establish II. *vr:* **-rsi** (*prendere dimora*) to set up home

stabilità [sta·bi·li·'ta] <-> *f* (*di edificio, impiego, prezzi*) stability

stabilito, -a [sta·bi·'li:·to] *adj* set; ~ **dalla legge** laid down by law; **entro il termine** ~ by the due date

stabilizzare [sta·bi·lid·'dza:·re] I. *vt* to stabilize II. *vr:* **-rsi** 1.(*diventare stabile*) to stabilize 2. METEO (*tempo*) to become settled

stabilizzatore [sta·bi·lid·dza·'to:·re] *m* MOT stabilizer

stabilizzatore, -trice *adj* stabilizing

stabilizzazione [sta·bi·lid·dzat·'tsio:·ne] *f* stabilization; **la** ~ **dei cambi** the stabilization of exchange rates

staccare [stak·'ka:·re] I. *vt* 1.(*francobollo, etichetta*) to remove 2.(*quadro*) to take down; (*bottone*) to take off 3. FERR (*vagone*) to detach 4.(*assegno, ricevuta*) to write 5. SPORT to outdistance 6.(*parole, sillabe*) to articulate II. *vi* fam (*finire di lavorare*) to knock off III. *vr:* **-rsi** 1.(*gener*) **-rsi da qc** to come off sth 2. *fig* (*allontanarsi*) to detach oneself

staccato [stak·'ka:·to] *m* MUS staccato

staccato, -a *adj* detached

staccionata [stat·tʃo·'na:·ta] *f* fence

stacco ['stak·ko] <-cchi> *m* 1.(*intervallo*) pause 2. SPORT takeoff 3. *fig* (*contrasto*) contrast

stadio ['sta:·dio] <-i> *m* 1. SPORT stadium 2.(*fase*) stage

staffa ['staf·fa] *f* 1.(*di sella*) stirrup; **perdere le -e** *fig* to lose it; **tenere il piede in due -e** *fig* to run with the hare and hunt with the hounds 2. ANAT stirrup bone

staffetta [staf·'fet·ta] *f* SPORT relay (race)

stage [staːʒ] <-> *m* internship

stagionale [sta·dʒo·'na:·le] I. *adj* (*fenomeno, malattia*) seasonal II. *mf* seasonal worker

stagionare [sta·dʒo·'na:·re] I. *vt* (*vino, formaggio*) to age II. *vi* (*vino, formaggio*) to age

stagionato, -a [sta·dʒo·'na:·to] *adj* 1. CULIN (*formaggio, prosciutto*) mature 2. *fig, scherz* (*persona*) elderly

stagione [sta·'dʒo:·ne] *f* 1.(*gener*) season; **alta/bassa** ~ high/low season; ~ **degli amori** ZOOL mating season 2.(*periodo adatto*) time of year

stagliarsi [staʎ·'ʎar·si] *vr* to stand out

stagnante [staɲ·'ɲan·te] *adj* 1.(*acqua*) stagnant; (*aria*) stale 2. COM (*economia*) sluggish

stagnare [staɲ·'ɲa:·re] *vi* to stagnate

stagnazione [staɲ·ɲat·'tsio:·ne] *f* COM stagnation

stagno ['staɲ·ɲo] *m* 1. CHIM tin 2.(*d'acqua*) pond

stagno, -a *adj* (*contenitore*) watertight; **compartimenti -i** watertight compartments

stagnola [staɲ·'ɲɔː·la] *f* foil

stalagmite [sta·lag·'mi:·te] *f* stalagmite

stalattite [sta·lat·'ti:·te] *f* stalactite

stalinismo [sta·li·'niz·mo] *m* Stalinism

stalinista [sta·li·'nis·ta] <-i *m*, -e *f*> *mf* Stalinist

stalla ['stal·la] *f* 1.(*per animali*) stable 2. *fig* (*luogo sporco*) pigsty

stalliere [stal·'liɛ:·re] *m* stable hand

stallone [stal·'lo:·ne] *m* stallion

stamane, stamani [sta·'ma:·ne, sta·'ma:·ni] *adv* this morning

stamattina [sta·mat·'ti:·na] *adv* this morning

stambecco [stam·'bek·ko] <-cchi> *m* ibex

stamberga [stam·'bɛr·ga] <-ghe> *f* hovel

stampa¹ ['stam·pa] *f* 1. TYPO printing; **errore di** ~ misprint; **mandare in** ~ to print 2.(*giornalismo*) press; **libertà di** ~ freedom of the press 3.(*riproduzione*) print

stampa² <inv> *adj* press; **comunicato** ~ press release; **conferenza** ~ press conference

stampante [stam·'pan·te] *f* COMPUT printer; ~ **ad aghi** dot matrix printer; ~ **a getto d'inchiostro** inkjet printer; ~ **laser** laser printer

stampare [stam·'pa:·re] I. *vt* 1.(*gener*) to print 2.(*monete*) to mint 3. TEC to press II. *vr:* **-rsi** (*imprimersi*) to be imprinted; **stamparsi nella mente di qu** to stick in sb's mind

stampatello [stam·pa·'tɛl·lo] *m* capital letters *pl;* **scrivere in** ~ to write in capital letters

stampato [stam·'pa:·to] *m* 1.(*opuscolo*) leaflet 2.(*modulo*) form

stampato, -a *adj* printed

stampatore, -trice [stam·pa·'to:·re] *m, f* printer

stampella [stam·'pɛl·la] *f* 1.(*gruccia*) crutch 2.(*per abiti*) hanger

stampo ['stam·po] *m* mold; **sono tutti dello stesso** ~ *fig* they are all cast from the same mold

stanare [sta·'na:·re] *vt a. fig* to flush (out)

stancare [staŋ·'ka:·re] I. *vt* 1.(*gener*) ~ **qu** to tire sb out 2.(*cose, discorso*) to weary II. *vr:* **-rsi** 1.(*affaticarsi*) to get tired 2.(*stufarsi*) **-rsi di qc** to grow tired of sth; **-rsi di qu** to grow tired of sb

stanchezza [staŋ·'ket·tsa] *f* tiredness

stanco, -a ['staŋ·ko] <-chi, -che> *adj* tired; ~ **morto** *fam* dead tired; **essere** ~ **di vivere** to be tired of life

standard ['stæn·dəd/'stan·dard] I.<-> *m* standard; ~ **di vita** standard of living II. <inv> *adj* standard

S

standardizzare [stan·dar·did·'dza:·re] *vt* to standardize

standardizzazione [stan·dar·did·dzat·'tsio:·ne] *f* standardization

standista [stan·'dis·ta] <-i *m*, -e *f*> *mf* (*impiegato*) stand assistant, *at a trade show or exhibition*

stanga ['staŋ·ga] <-ghe> *f* 1.(*asta*) plank 2.(*di carro*) shaft 3.*fig, fam* (*persona alta*) beanpole

stangare [staŋ·'ga:·re] *vt* 1.*fig, fam* (*bocciare*) to flunk 2.*fig, fam* (*tassare: contribuenti*) to fleece

stangata [staŋ·'ga:·ta] *f fig* (*duro colpo*) setback

stanghetta [staŋ·'get·ta] *f* (*degli occhiali*) arm

stanotte [sta·'nɔt·te] *adv* tonight

stante ['stan·te] *adj* **a sé** ~ separate; **seduta** ~ at once

stantio, -a [stan·'ti:·o] <-ii, -ie> *adj* 1.(*pane*) stale 2.*fig* (*superato*) out-of-date

stantuffo [stan·'tuf·fo] *m* TEC piston

stanza ['stan·tsa] *f* room; ~ **da letto** bedroom; ~ **da pranzo** dining room

stanziamento [stan·tsia·'men·to] *m* (*di denaro*) allocation

stanziare [stan·'tsia:·re] I. *vt* (*denaro*) to allocate II. *vr:* -**rsi** (*stabilirsi*) to settle

stanzino [stan·'tsi:·no] *m* utility room

stappare [stap·'pa:·re] *vt* (*bottiglia*) to uncork

star [sta:] <-> *f* star

stare ['sta:·re] <sto, stetti, stato> *vi essere* 1.(*restare*) to stay; ~ **fermo** to stay still; ~ **seduto** to sit; **stai pure seduto** don't get up; ~ **in piedi** to stand 2.(*trovarsi*) to be; **Luca è quel ragazzo che sta accanto al pianoforte** Luca is that boy (standing) next to the piano 3.(*abitare*) to live; ~ **dai genitori** he [*o* she] lives with his [*o* her] parents; **Gianna sta a Roma** Gianna's lives in Rome 4.(*di salute*) to be; **come stai?** how are you?; **sto bene/male/così così** I'm fine/not well/OK 5.(*toccare*) ~ **a qu fare qc** to be up to sb to do sth; **sta a te decidere** it's up to you to decide 6. MAT ~ **a qc** to be to sth; **3 sta a 9 come 6 sta a 18** 3 is to 9 as 6 is to 18 7.(*attenersi*) ~ **a qc** to stick to sth 8.(*colore, indumento*) to suit; **questi pantaloni ti stanno bene/male** these pants suit you/don't suit you 9.(*resistere*) ~ **allo scherzo** to take a joke 10.(*entrarci*) to fit; **non ci sta** it doesn't fit in here 11.(*con gerundio*) **sto leggendo** I'm reading; **stavo guardando la TV** I was watching TV 12.(*con infinito*) **stiamo a vedere cosa succede** let's wait and see what happens; ~ **a sentire** to wait and find out; ~ **per fare qc** to be about to do sth 13.(*loc*) ~ **a cuore a qu** to be close to sb's heart; ~ **a dieta** to be on a diet; **lasciar** ~ **qc** to let sth drop; **ti sta bene!** *fam* that'll teach you!; **starci** *fig, fam* (*essere d'accordo*) to agree; **va bene, ci sto** OK, I agree; **le cose stanno così**

this is how things stand; **sta tranquillo** don't worry

starnazzare [star·nat·'tsa:·re] *vi* 1. ZOOL to honk 2.*fig, scherz* (*fare rumore*) to make a racket

starnutare, starnutire [star·nu·'ta:·re, star·nu·'ti:·re] <starnutisco> *vi* to sneeze

starnuto [star·'nu:·to] *m* sneeze; **fare uno** ~ to sneeze

starter ['star·ter] <-> *m* 1. MOT starter (motor) 2. SPORT starter

stasera [sta·'se:·ra] *adv* this evening

stasi ['sta:·zi] <-> *f* FIN stasis

statale [sta·'ta:·le] I. *adj* state; **impiegato** ~ civil servant II. *mf* civil servant III. *f* 1.(*strada*) highway 2. *pl* public schools

statalizzare [sta·ta·lid·'dza:·re] *vt* to bring under state control

statalizzazione [sta·ta·lid·dzat·'tsio:·ne] *f* bringing under state control

statica ['sta:·ti·ka] <-che> *f* statics

staticità [sta·ti·tʃi·'ta] <-> *f* static nature

statico, -a ['sta:·ti·ko] <-ci, -che> *adj* static

statista [sta·'tis·ta] <-i *m*, -e *f*> *mf* statesman *m*, stateswoman *f*

statistica [sta·'tis·ti·ka] <-che> *f* statistics; -**che degli infortuni** accident statistics

statistico, -a [sta·'tis·ti·ko] <-ci, -che> I. *adj* statistical II. *m, f* statistician

stato[1] ['sta:·to] *pp di* essere[1], stare

stato[2] *m* 1.(*nazione*) state; **affare di** ~ *fig* affair of state; **esami di** ~ public exams; **capo dello** ~ head of state; **gli Stati Uniti d'America** the United States of America; **gli Stati del Benelux** the Benelux states 2.(*condizione*) state; ~ **d'animo** state of mind; ~ **d'emergenza** state of emergency; **essere in** ~ **d'assedio** to be under siege 3. ADMIN (*ceto*) status; ~ **civile** [*o* **di famiglia**] civil status; ~ **coniugale** [*o* **maritale**] marital status; ~ **giuridico** legal status; ~ **patrimoniale** statement of assets and liabilities; **essere in** ~ **d'accusa** GIUR to have been charged with an offense; **essere in** ~ **d'arresto** GIUR to be under arrest 4. MIL ~ **maggiore** general staff 5. LING **verbo di** ~ stative verb; **complemento di** ~ **in luogo** complement of place

statua ['sta:·tua] *f* statue; **immobile come una** ~ stock-still

statuario, -a [sta·tu·'a:·rio] <-i, -ie> *adj* 1.(*arte, opera*) sculptural 2.*fig* (*bellezza, fisico*) statuesque

statunitense [sta·tu·ni·'tɛn·se] I. *adj* American II. *mf* American

statura [sta·'tu:·ra] *f* 1.(*altezza*) height 2.*fig* (*morale*) stature

status ['sta:·tus] <-> *m* status

statuto [sta·'tu:·to] *m* 1. GIUR, COM statute; **regione a** ~ **speciale** *Italian region that has a degree of political autonomy;* ~ **societario** articles *pl* of association 2. POL, HIST constitution

stavolta [sta·'vɔl·ta] *adv fam* this time

stazionamento [stat·tsio·na·'men·to] *m* parking; **freno di ~** emergency brake

stazionare [stat·tsio·'na:·re] *vi* MOT (*sostare*) to park

stazionario, -a [stat·tsio·'na:·rio] <-i, -ie> *adj* (*invariato*) stable

stazione [stat·'tsio:·ne] *f* **1.** FERR station **2.** MOT **~ di servizio** gas station **3.** RADIO (radio) station **4.** (*di polizia*) police station

stazza ['stat·tsa] *f* **1.** (*di nave*) tonnage **2.** *fig* (*mole*) large frame

st. civ. *abbr di* **stato civile** civil status

stecca ['stek·ka] <-cche> *f* **1.** (*di ombrello, ventaglio*) rib **2.** MED splint **3.** (*di sigarette*) carton **4.** MUS wrong note

steccare [stek·'ka:·re] **I.** *vt* **1.** MED to splint **2.** (*giardino*) to fence **II.** *vi* MUS to hit a wrong note

steccato [stek·'ka:·to] *m* fence

stecchetto [stek·'ket·to] *m* **tenere qu a ~** (*di cibo*) to keep sb on short rations; (*di soldi*) to keep sb short of money

stecchino [stek·'ki:·no] *m* (*stuzzicadenti*) toothpick

stecchire [stek·'ki:·re] <stecchisco> *vt sl* to bump off

stecchito, -a [stek·'ki:·to] *adj* **1.** (*rami, pianta*) dead **2.** (*loc*) **morto ~** stone dead; **lasciare qualcuno ~** to leave sb dumbstruck

stecco ['stek·ko] <-cchi> *m* **1.** (*ramoscello*) twig; **essere (magro come) uno ~** *fam* to be stick thin **2.** (*pezzetto di legno*) stick

stele ['stɛ:·le] <- *o rar* -i> *f* stele; **~ funeraria** memorial slab

stella ['stel·la] *f* **1.** *fig* ASTR star; **~ cadente** falling star; **essere nato sotto una buona/cattiva ~** to be born under a lucky/an unlucky star; **vedere le -e** *fig* to daydream; **i prezzi sono saliti alle -e** prices have gone sky high; **dalle -e alle stalle** *fig* to go from riches to rags **2.** FILM star; **~ del cinema** movie star **3.** BOT **~ alpina** edelweiss; **~ di Natale** poinsettia **4.** ZOOL **~ di mare** starfish

stellare [stel·'la:·re] *adj* **luce ~** starlight

stellato, -a [stel·'la:·to] *adj* (*cielo, notte*) starry

stelletta [stel·'let·ta] *f pl* MIL stars

stellina [stel·'li:·na] *f* **1.** (*piccola stella*) little star **2.** *pl* CULIN *star-shaped pasta for putting in soup*

stelo ['stɛ:·lo] *m* **1.** (*di fiore*) stem **2.** (*asta di sostegno*) **lampada a ~** floor lamp

stemma ['stɛm·ma] <-i> *m* coat of arms

stemperare [stem·pe·'ra:·re] *vt* **1.** (*sostanza*) to mix **2.** *fig* (*tensione*) to defuse

stempiarsi [stem·'piar·si] *vr* to have a receding hairline

stendardo [sten·'dar·do] *m* banner

stendere ['stɛn·de·re] <irr> **I.** *vt* **1.** (*braccia, gambe, mano*) to stretch (out) **2.** (*biancheria*) to spread (out); (*tappeto, tovaglia*) to spread **3.** (*pasta*) to roll (out) **4.** (*colori*) to spread **5.** (*persona*) to lay; (*con pugno, pallottola*) to knock down **6.** ADMIN (*verbale*) to write (up)

II. *vr:* **-rsi 1.** (*allungarsi*) to stretch out **2.** *fig* (*estendersi*) to extend

stendibiancheria [sten·di·bian·ke·'ri:·a] <-> *m* clotheshorse

stenditoio [sten·di·'to:·io] <-oi> *m* (*locale*) drying room; (*stendibiancheria*) clotheshorse

stenodattilografia [ste·no·dat·ti·lo·gra·'fi:·a] *f* shorthand typing

stenodattilografo, -a [ste·no·dat·ti·'lɔ:·gra·fo] *m, f* shorthand typist

stenografare [ste·no·gra·'fa:·re] *vt* to take down in shorthand

stenografia [ste·no·gra·'fi:·a] *f* shorthand

stenografico, -a [ste·no·'gra:·fi·ko] <-ci, -che> *adj* (*segni, resoconto*) stenographic

stenografo, -a [ste·'nɔ:·gra·fo] *m, f* stenographer

stentare [sten·'ta:·re] *vi* (*faticare*) to have difficulty; **~ a leggere/scrivere/parlare** to have difficulty reading/writing/speaking

stentato, -a [sten·'ta:·to] *adj* **1.** (*lavoro*) labored **2.** (*vita*) hard

stento ['stɛn·to] *m* **1.** (*fatica*) difficulty; **a ~** with difficulty **2.** *pl* (*disagio*) hardships

steppa ['step·pa] *f* GEO steppes *pl*

stepposo, -a [step·'po:·so] *adj* (*clima, paesaggio*) steppe

sterco ['stɛr·ko] <-chi> *m* dung

stereo ['stɛ:·reo] **I.** <-> *m fam* (*impianto*) stereo **II.** <inv> *adj* stereo

stereofonia [ste·reo·fo·'ni:·a] <-ie> *f* stereo

stereofonico, -a [ste·reo·'fɔ:·ni·ko] <-ci, -che> *adj* stereo

stereotipato, -a [ste·reo·ti·'pa:·to] *adj fig* (*convenzionale*) clichéd

sterile ['stɛ:·ri·le] *adj* **1.** MED infertile **2.** BOT, AGR barren **3.** (*infecondo: discorso, atteggiamento*) sterile

sterilità [ste·ri·li·'ta] <-> *f* **1.** MED infertility **2.** BOT, AGR barrenness

sterilizzare [ste·ri·lid·'dza:·re] *vt* (*uomo, animale*) to sterilize

sterilizzazione [ste·ri·lid·dzat·'tsio:·ne] *f* sterilization

sterlina [ster·'li:·na] *f* pound (sterling)

sterminare [ster·mi·'na:·re] *vt* to exterminate

sterminato, -a [ster·mi·'na:·to] *adj* (*pianura*) endless

sterminio [ster·'mi:·nio] <-i> *m* (*distruzione*) extermination; **campo di ~** death camp

sterno ['stɛr·no] *m* sternum

sterpaglia [ster·'paʎ·ʎa] *f* scrub

sterpo ['stɛr·po/'ster·po] *m* (*ramo*) dry branch; (*cespuglio*) thorny shrub

sterrare [ster·'ra:·re] *vt* (*canale*) to excavate

sterzare [ster·'tsa:·re] *vt* MOT to turn

sterzata [ster·'tsa:·ta] *f* turn of the wheel

sterzo ['stɛr·tso] *m* (*dispositivo*) steering; (*volante*) steering wheel

stesi *1. pers sing pass rem di* **stendere**

steso *pp di* **stendere**

stessi ['stes·si] *1. e 2. pers sing conj imp di* **stare**

S

stesso ['stes·so] I. *adv* lo ~ just the same II. *m* the same; **fa** [*o* **è**] **lo** ~ it makes no difference

stesso, -a I. *adj* 1.(*medesimo*) **lo** ~ [*o* **la** -a] [*o* **le** -e] [*o* **gli** -i] the same 2.(*rafforzativo*) **io** ~ myself; **tu** ~ yourself; **voi** -i yourselves; **lo farò io** ~ I'll do it myself; **il presidente** ~ the president himself; **ci vado oggi** ~ I'll go today; **in quel momento** ~ at that very moment II. *pron* **lo** ~ [*o* **la** -a] the same (one); **le** -e [*o* **gli** -i] the same (ones)

steste ['stes·te] *2. pers pl pass rem di* **stare**

stesti ['stes·ti] *2. pers sing pass rem di* **stare**

stesura [ste·'su:·ra] *f* 1.ADMIN (*di contratto, documento*) drawing up 2.LIT writing

stetoscopio [ste·tos·'kɔ:·pio] <-i> *m* stethoscope

stetti ['stet·ti] *1. pers sing pass rem di* **stare**

stia *1., 2. e 3. pers sing conj pr di* **stare**

stick [stick] <-> *m* stick; **rossetto in** ~ stick lipstick

stigmate ['stig·ma·te] *fpl* REL stigmata

stigmatizzare [stig·ma·tid·'dza:·re] *vt fig* (*criticare*) to condemn

stilare [sti·'la:·re] *vt* (*documento*) to draw up; (*lettera*) to write

stile ['sti:·le] *m* style; ~ **libero** freestyle; ~ **di vita** lifestyle; **avere dello** ~ to have style; **in grande** ~ in style; **con** ~ stylishly

stilista [sti·'lis·ta] <-i *m*, -e *f*> *mf* (*designer*) stylist

stilistica [sti·'lis·ti·ka] <-che> *f* stylistics

stilistico, -a [sti·'lis·ti·ko] <-ci, -che> *adj* stylistic

stilizzare [sti·lid·'dza:·re] *vt* (*tracciare*) to outline

stillare [stil·'la:·re] I. *vi essere* to drip II. *vt avere* to ooze

stilografica [sti·lo·'gra:·fi·ka] <-che> *f* fountain pen

stilografico, -a [sti·lo·'gra:·fi·ko] <-ci, -che> *adj* **inchiostro** ~ fountain-pen ink

stima ['sti:·ma] *f* 1.(*apprezzamento*) esteem; **avere** ~ **di qu** to esteem sb 2.COM (*valutazione*) valuation; **fare la** ~ **di qc** to estimate sth

stimabile [sti·'ma:·bi·le] *adj* 1.(*persona*) respected 2.COM estimated

stimare [sti·'ma:·re] *vt* 1.COM to value 2.(*persona*) to esteem

stimmate ['stim·ma·te] *v.* **stigmate**

stimolante [sti·mo·'lan·te] I. *adj* (*conversazione, persona*) stimulating II. *m* (*sostanza, farmaco*) stimulant

stimolare [sti·mo·'la:·re] *vt* 1.(*sensi*) to awaken; (*appetito*) to sharpen 2.(*incitare*) to encourage

stimolazione [sti·mo·lat·'tsio:·ne] *f* stimulation

stimolo ['sti:·mo·lo] *m* 1.(*incentivo*) stimulus 2.(*fisiologico: della fame*) impulse

stinco ['stiŋ·ko] <-chi> *m* shin

stipare [sti·'pa:·re] *vt* (*ammassare*) to cram II. *vr:* -**rsi** (*accalcarsi*) to cram

stipendiare [sti·pen·'dia:·re] *vt* ~ **qu** to pay sb

stipendiato, -a [sti·pen·'dia:·to] *adj* (*finanziato*) receiving financial support

stipendio [sti·'pɛn·dio] <-i> *m* salary; ~ **netto/lordo** net/gross salary; **aumento di** ~ raise

stipite ['sti:·pi·te] *m* (*di porta, finestra*) jamb

stipula ['sti:·pu·la] *f* (*di contratto*) drawing up

stipulare [sti·pu·'la:·re] *vt* (*contratto, accordo*) to draw up

stipulazione [sti·pu·lat·'tsio:·ne] *f* (*di contratto*) drawing up

stiracchiarsi [sti·rak·'kia:r·si] *vr fam* to stretch

stiramento [sti·ra·'men·to] *m* MED strain

stirare [sti·'ra:·re] I. *vt* (*con il ferro*) to iron II. *vr:* -**rsi** *fam* to stretch

stiro ['sti:·ro] *m* **asse** [*o* **tavolo**] **da** ~ ironing board; **ferro da** ~ iron

stirpe ['stir·pe] *f* 1.(*origine*) race 2.(*discendenza*) line

stitichezza [sti·ti·'ket·tsa] *f* constipation

stitico, -a ['sti:·ti·ko] <-ci, -che> I. *adj* constipated II. *m, f* person with constipation

stiva ['sti:·va] *f* hold

stivale [sti·'va:·le] *m* boot

stivaletto [sti·va·'let·to] *m* ankle boot

stivare [sti·'va:·re] *vt* (*caricare*) to stow

stizza ['stit·tsa] *f* (*rabbia*) anger

stizzire [stit·'tsi:·re] <stizzisco> I. *vt* (*fare arrabbiare*) to annoy II. *vr:* -**rsi** (*arrabbiarsi*) to get angry

stizzoso, -a [stit·'tso:·so] *adj* (*persona*) irritable; (*parole*) petulant

sto [stɔ] *1. pers sing pr di* **stare**

stoccafisso [stok·ka·'fis·so] *m* dried cod

stoccaggio [stok·'kad·dʒo] <-ggi> *m* storage

stoccata [stok·'ka:·ta] *f* 1.SPORT (*scherma*) thrust; (*calcio*) shot 2.*fig* (*allusione*) dig

stock [stɔk] <-> *m* stock

stoffa ['stɔf·fa] *f* 1.(*tessuto*) cloth 2.*fig, fam* stuff; **avere della** ~ *fam* to have what it takes

stoicismo [stoi·'tʃiz·mo] *m* FILOS stoicism

stoico, -a ['stɔ:·i·ko] <-ci, -che> *m, f* FILOS stoic

stola ['stɔ:·la] *f* stole

stoltezza [stol·'tet·tsa] *f* (*stupidità*) stupidity

stolto, -a ['stol·to] I. *adj* stupid II. *m, f* idiot

stomacare [sto·ma·'ka:·re] *vt* ~ **qu** *a. fig* to make sb sick

stomachevole [sto·ma·'ke:·vo·le] *adj* disgusting

stomaco ['stɔ:·ma·ko] <-chi *o* -ci> *m* stomach; **avere qc sullo** ~ to not have digested sth; **dare di** ~ to be sick; **rivoltare lo** ~ **a qu** to turn sb's stomach; **riempirsi lo** ~ *fam* to eat one's fill

stonare [sto·'na:·re] I. *vt* MUS (*cantare*) to sing out of tune; (*suonare*) to play out of tune II. *vi fig* ~ **con qc** to be out of tune with sth; (*colori*) to clash with sth

stonato, -a [sto·'na:·to] *adj* MUS (*strumento*) out of tune; **è stonato** (*persona*) he sings out of tune

stonatura [sto·na·'tu:·ra] *f* MUS wrong note

stop [stɔp] <-> *m* **1.** (*segnale stradale*) stop sign **2.** MOT (*fanalino*) brake light

stoppare [stop·'pa:·re] *vt* **1.** (*arrestare*) to put a stop to **2.** SPORT to block

stoppino [stop·'pi:·no] *m* (*di candela*) wick

stopposo, -a [stop·'po:·so] *adj* (*capelli*) matted

storcere ['stɔr·tʃe·re] <irr> *vt* **1.** (*chiave, chiodo*) to bend **2.** (*piede, gamba, braccio*) to twist; ~ **la bocca** *fig* to curl one's lip; *fig* (~ *il naso*) to wrinkle one's nose **3.** *fig* (*senso, significato*) to distort

stordimento [stor·di·'men·to] *m* (*confusione*) befuddlement; **regnava un senso di ~ generale** everyone was in a daze

stordire [stor·'di:·re] <stordisco> **I.** *vt* (*provocare confusione*) to daze facevano male le orecchie **II.** *vr:* **-rsi** (*ubriacarsi*) to get drunk, *in order to forget one's sorrows*

stordito, -a [stor·'di:·to] *adj* **1.** (*tramortito*) dazed **2.** *fig* (*sventato*) scatterbrained

storia ['stɔ:·ria] <-ie> *f* history; ~ **naturale** natural history; ~ **antica/medievale/moderna** ancient/medieval/modern history; **passare alla** ~ to go down in history; **è sempre la solita** ~ *fam* it's the same old same old; **sono tutte -ie!** *fam* it's a load of nonsense!; **quante -ie!** *fam* what a fuss!; **non fare tante -ie!** *fam* don't make such a fuss; **non fare -ie!** *fam* stop complaining!

storicizzare [sto·ri·tʃid·'dza:·re] *vt* to historicize

storico, -a ['stɔ:·ri·ko] <-ci, -che> **I.** *adj* **1.** HIST historical; **centro** ~ old town **2.** (*memorabile*) historic **II.** *m, f* historian

storiella [sto·'riɛl·la] *f* **1.** *fam* (*aneddoto*) story **2.** (*bugia*) fib

storiografia [sto·rio·gra·'fi:·a] *f* historiography

storiografo, -a [sto·'riɔ:·gra·fo] *m, f* historiographer

storione [sto·'rio:·ne] *m* ZOOL sturgeon

stormire [stor·'mi:·re] <stormisco> *vi* (*foglie*) to rustle

stormo ['stor·mo] *m* ZOOL flock

stornare [stor·'na:·re] *vt* COM to cancel

storno ['stor·no] *m* **1.** ZOOL starling **2.** COM cancellation

storpiare [stor·'pia:·re] *vt* **1.** (*persona*) to maim **2.** (*parola*) to mispronounce

storpiatura [stor·pia·'tu:·ra] *f fig* (*di discorso*) mangling

storpio, -a ['stɔr·pio] <-i, -ie> **I.** *adj* disabled **II.** *m, f* disabled person

storsi *1. pers sing pass rem di* **storcere**

storta ['stɔr·ta] *f fam* (*distorsione*) sprain; **prendere una** ~ to sprain one's foot

storto, -a ['stɔr·to] **I.** *pp di* **storcere II.** *adj* **1.** (*gambe, righe*) crooked **2.** *fig* (*sfavorevole*) bad; **oggi mi va tutto ~!** everything's going wrong for me today!; **avere la luna -a** to be in a bad mood

stortura [stor·'tu:·ra] *f fig* (*cosa distorta*) distortion

stoviglie [sto·'viʎ·ʎe] *fpl* dishes; **lavare le** ~ to wash the dishes

strabene [stra·'bɛ:·ne] *adv* extremely well

strabico, -a ['stra:·bi·ko] <-ci, -che> **I.** *adj* cross-eyed; **essere** ~ to be cross-eyed **II.** *m, f* cross-eyed person

strabiliante [stra·bi·'lian·te] *adj* (*straordinario*) astonishing

strabiliare [stra·bi·'lia:·re] *vt* (*sbalordire*) to astonish

strabiliato, -a [stra·bi·'lia:·to] *adj* (*sbalordito*) astonished; **rimanere** ~ to be astonished

strabismo [stra·'biz·mo] *m* squint

stracarico, -a [stra·'ka:·ri·ko] <-ci, -che> *adj fam* packed

stracchino [strak·'ki:·no] *m soft white cheese made in Lombardy*

stracciare [strat·'tʃa:·re] **I.** *vt* **1.** (*lettera*) to tear up; (*vestito*) to tear **2.** *fam* SPORT (*avversario*) to crush **II.** *vr:* **-rsi** (*lacerarsi*) to tear

stracciatella [strat·tʃa·'tɛl·la] *f* (*gelato*) vanilla *ice cream with chocolate chips*

straccio ['strat·tʃo] <-cci> *m* **1.** (*cencio*) cloth; ~ **per i pavimenti** floor cloth; **sentirsi uno** ~ *fig* to be exhausted **2.** *pl, pej, fam* rags; **non avere uno** ~ **di vestito** *fam* to not have a thing to wear

straccio, -a <-cci, -cce> *adj* tatty; **carta -a** waste paper

straccione, -a [strat·'tʃo:·ne] *m, f* (*persona*) beggar

stracontento, -a [stra·kon·'tɛn·to] *adj* extremely happy

stracotto [stra·'kɔt·to] *m* beef stew

stracotto, -a *adj* overcooked

strada ['stra:·da] *f* **1.** (*via*) road; (*in città*) street; ~ **ferrata** railroad; ~ **a senso unico** one-way street; ~ **senza uscita** dead end; **codice della** ~ traffic code; **donna di** ~ *pej* streetwalker; **vittima della** ~ accident victim; **andare per la propria** ~ to go one's own way; **farsi** ~ to get on in life; **mettere** [*o* **buttare**] **qu in mezzo alla** [*o* **sulla**] ~ *fig* to throw someone onto the street; **essere su una cattiva** ~ *fig* to be on the wrong track; **tagliare la** ~ **a qu** to cut sb up; ~ **facendo** *fig* on the way; **non c'è molta** ~ it's not far; **il paese è a molti chilometri di** ~ it's a long way **2.** *fig* (*cammino*) journey

stradale [stra·'da:·le] **I.** *adj* street; **carta** ~ street map; **incidente** ~ accident; **lavori -i** roadwork **II.** *f* traffic police

stradario [stra·'da:·rio] <-i> *m* street map

stradino [stra·'di:·no] *m* street cleaner

stradone [stra·'do:·ne] *m* wide road

strafaccio [stra·'fat·tʃo] *1. pers sing pr di* **strafare**

strafalcione [stra·fal·'tʃo:·ne] *m* (*errore*) blooper

strafare [stra·'fa:·re] <irr> *vt* (*esagerare*) to overdo it [*o* things]

S

strafatto, -a [stra·'fat·to] *adj sl* (*drogato*) stoned

strafeci *1. pers sing pass rem di* **strafare**

strafò [stra·'fɔ] *1. pers sing pr di* **strafare**

straforo [stra·'fo:·ro] *m* **di ~** (*di nascosto*) secretly; (*di sfuggita*) briefly

strafottei [stra·fot·'te:·i] *1. pers sing pass rem di* **strafottere**

strafottente [stra·fot·'tɛn·te] *adj* (*sfrontato*) arrogant

strafottenza [stra·fot·'tɛn·tsa] *f* (*sfrontatezza*) arrogance

strage ['stra:·dʒe] *f* **1.** (*uccisione*) massacre **2.** *fig, fam* ton

stragrande [stra·'gran·de] *adj fam* vast; **la ~ maggioranza** the vast majority

stralciare [stral·'tʃa:·re] *vt* (*eliminare*) to remove

stralcio ['stral·tʃo] <-ci> *m* **1.** (*eliminazione*) removal **2.** (*brano scelto*) extract

stralunare [stra·lu·'na:·re] *vt* **~ gli occhi** to roll one's eyes

stralunato, -a [stra·lu·'na:·to] *adj* **1.** (*occhi*) staring **2.** (*persona*) dazed

stramaledetto, -a [stra·ma·le·'dɛt·to] *adj* goddamn

stramaledire [stra·ma·le·'di:·re] <irr> *vt* to curse

stramazzare [stra·mat·'tsa:·re] *vi essere* (*cadere*) to collapse

strambo, -a ['stram·bo] *adj* (*strano: persona*) weird

strampalato, -a [stram·pa·'la:·to] *adj* (*stravagante: persona, discorso*) strange

stranezza [stra·'net·tsa] *f* strangeness

strangolamento [straŋ·go·la·'men·to] *m* strangulation

strangolare [straŋ·go·'la:·re] *vt* to strangle

straniero, -a [stra·'niɛː·ro] **I.** *adj* foreign; **lingua -a** foreign language **II.** *m, f* foreigner

stranito, -a [stra·'ni:·to] *adj* (*confuso: sguardo*) dazed

strano, -a ['stra:·no] *adj* strange

straordinario [stra·or·di·'na:·rio] <-ri> *m* overtime; **fare gli -i** to do [*o* work] overtime

straordinario, -a <-ri, -rie> *adj* extraordinary; **treno ~** special train; **lavoro ~** overtime

strapagare [stra·pa·'ga:·re] *vt* to pay too much for

straparlare [stra·par·'la:·re] *vi* to talk nonsense

strapazzare [stra·pat·'tsa:·re] **I.** *vt* **1.** (*persone*) to tire out **2.** (*cose*) to mistreat **II.** *vr:* **-rsi** (*affaticarsi*) to tire oneself out

strapazzato, -a [stra·pat·'tsa:·to] *adj* **uova -e** scrambled eggs

strapazzo [stra·'pat·tso] *m* strain; **da ~** *pej* (*cosa*) trashy; (*autore*) third-rate

strapieno, -a [stra·'piɛː·no] *adj fam* packed

strapiombo [stra·'piom·bo] *m* drop; **a ~** with a sheer drop; **una strada a ~ sul mare** a road with a sheer drop to the sea

strapotere [stra·po·'te:·re] *m* excessive power

strappalacrime [strap·pa·'la:·kri·me] <inv> *adj* **film/libro ~** tearjerker

strappare [strap·'pa:·re] **I.** *vt* **1.** (*ramo, fiore*) to break off; (*pagina*) to tear out; (*carta*) to tear up **2.** *fig* (*cuore*) to break; (*promessa, confessione*) to extract **II.** *vr:* **-rsi** (*lacerarsi*) to break

strappo ['strap·po] *m* **1.** MED (*lacerazione*) strain **2.** *fig* (*eccezione*) exception; **fare uno ~ alla regola** to make an exception **3.** *fam* (*passaggio*) ride; **dare uno ~ a qu** to give sb a ride

straricco, -a [stra·'rik·ko] <-cchi, -cche> *adj fam* loaded

straripare [stra·ri·'pa:·re] *vi essere o avere* to overflow

strascicare [straʃ·ʃi·'ka:·re] **I.** *vt* **1.** (*gambe, piedi*) to drag; **~ una malattia** *fig* to be unable to shake off an illness **2.** (*vestito, coperta*) to trail along the ground **II.** *vi* (*vestito, cintura*) to drag along the ground **III.** *vr:* **-rsi** (*prolungarsi*) to drag on

strascico ['straʃ·ʃi·ko] <-chi> *m* **1.** (*di abito*) train **2.** *fig* (*seguito*) installment

strass [stras] <-> *m* paste

stratagemma [stra·ta·'dʒɛm·ma] <-i> *m* stratagem

strategia [stra·te·'dʒiː·a] <-gie> *f* strategy

strategico, -a [stra·'tɛː·dʒi·ko] <-ci, -che> *adj* (*mossa*) strategic

stratificare [stra·ti·fi·'ka:·re] **I.** *vt a. fig* to stratify **II.** *vr:* **-rsi** *a. fig* to become stratified

stratificazione [stra·ti·fi·kat·'tsio:·ne] *f a. fig* stratification

stratiforme [stra·ti·'for·me] *adj* (*terreno*) stratiform

strato ['stra:·to] *m* **1.** (*gener*) stratum; **a -i** in layers **2.** METEO (*nuvole*) status

stratosfera [stra·tos·'fɛː·ra] *f* stratosphere

stratosferico, -a [stra·tos·'fɛː·ri·ko] <-ci, -che> *adj* **1.** METEO stratospheric **2.** *fig* (*straordinario*) amazing

strattone [strat·'to:·ne] *m* push

stravaccarsi [stra·vak·'kar·si] *vr fam* to sprawl

stravaccato, -a [stra·vak·'ka:·to] *adj* sprawled

stravagante [stra·va·'gan·te] **I.** *adj* (*carattere, vestito, aspetto*) odd **II.** *mf* eccentric

stravaganza [stra·va·'gan·tsa] *f* oddness

stravecchio, -a [stra·'vɛk·kio] <-cchi, -cchie> *adj* very old; (*vino*) vintage; (*grana*) mature

stravedere [stra·ve·'de:·re] <irr> *vi* **~ per qu** to dote on sb

stravincere [stra·'vin·tʃe·re] <irr> *vt* to win easily

stravisto *pp di* **stravedere**

stravolgere [stra·'vɔl·dʒe·re] <irr> *vt* **1.** *fig* (*persona: brutta esperienza*) to upset; (*lavoro*) to exhaust **2.** (*fatti*) to distort **3.** (*volto*) to contort

stravolto, -a [stra·'vɔl·to] *adj* (*sconvolto: espressione, viso*) distraught

straziante [strat·'tsian·te] *adj* (*grida*) piercing; (*immagine*) horrifying; (*dolore*) excruciating

straziare [strat·'tsia:·re] *vt* **1.** (*maltrattare*) to torture **2.** *fig* (*affliggere*) **~ qu** to break sb's heart

strazio ['strat·tsio] <-i> *m* (*grande pena*) torment; **che ~!** *fam* what a disaster!

strega ['stre:·ga] <-ghe> *f* witch; **caccia alle -ghe** witch-hunt

stregare [stre·'ga:·re] *vt a. fig* to bewitch

stregone [stre·'go:·ne] *m* **1.** (*mago*) wizard **2.** (*presso i popoli primitivi*) witch doctor

stregoneria [stre·go·ne·'ri:·a] <-ie> *f* witchcraft

stregua ['stre:·gua] *f* **alla ~ di** in the same way as

stremare [stre·'ma:·re] *vt* to wear out

stremo ['strɛ:·mo] *m* exhaustion; **essere allo ~ delle** (**proprie**) **forze** to be on one's last legs

strenuo, -a ['strɛ:·nuo] *adj* **1.** (*difesa*) strong **2.** (*lavoratore*) tireless

strepitare [stre·pi·'ta:·re] *vi* (*produrre rumori*) to make a racket

strepitio [stre·pi·'ti:·o] <-ii> *m* (*rumore*) clamor

strepitoso, -a [stre·pi·'to:·so] *adj* **1. applausi -i** thunderous applause **2.** *fig* (*successo*) resounding

stress [stres] <-> *m* stress; **essere sotto ~** to be stressed

stressante [stres·'san·te] *adj* (*giornata, lavoro*) stressful

stressare [stres·'sa:·re] *vt* to put under stress

stressato, -a [stres·'sa:·to] *adj* stressed (out)

stretch [stretʃ] <inv> *adj* stretch; **pantaloni ~** stretch pants

stretching ['stre·tʃiŋ] <-> *m* SPORT stretching

stretta ['stret·ta] *f* **1.** (*pressione*) **dare una ~ a qc** (*vite, rubinetto*) to tighten sth; **~ di mano** handshake; **dare una ~ di mano a qu** to shake hands with sb **2.** *fig* (*turbamento*) **sentire una ~ al cuore** to feel one's heart jump **3.** (*situazione difficile*) **mettere qu alle -e** to force sb into a corner

stretto ['stret·to] *m* GEO strait

stretto, -a I. *pp di* **stringere** II. *adj* **1.** (*tavolo, strada*) narrow **2.** (*vestito*) tight **3.** (*parente, amico*) close **4.** (*osservanza, disciplina*) strict

strettoia [stret·'to:·ia] <-oie> *f* **1.** (*di strada*) narrowing **2.** *fig* (*situazione grave*) tight spot

striato, -a [stri·'a:·to] *adj* striped

stridente [stri·'dɛn·te] *adj* **1.** (*contrasto*) glaring **2.** (*colori*) garish

stridere ['stri:·de·re] <strido, stridei *o* stridetti, *rar* striduto> *vi* **1.** (*animali*) to screech **2.** (*freni*) to squeal; (*porta*) to squeak **3.** *fig* (*essere in contrasto*) **~ con qc** to jar with sth; **quei colori stridono fra loro** those colors clash

stridore [stri·'do:·re] *m* (*di freni*) squealing; (*di denti*) grinding

strigliare [striʎ·'ʎa:·re] *vt* **1.** (*cavallo*) to curry **2.** *fam* (*sgridare*) to lecture

strigliata [striʎ·'ʎa:·ta] *f* **1.** (*a cavallo*) currying **2.** *fig* (*sgridata*) talking-to

strillare [stril·'la:·re] I. *vi* (*gridare*) to shout II. *vt fam* (*sgridare urlando*) to shout at

strillo ['stril·lo] *m* yell

striminzito, -a [stri·min·'tsi:·to] *adj* **1.** (*vestito*) skimpy **2.** (*persona*) skinny

strimpellare [strim·pel·'la:·re] *vt fam* to plunk

stringa ['striŋ·ga] <-ghe> *f* **1.** (*delle scarpe*) lace **2.** COMPUT string

stringare [striŋ·'ga:·re] *vt fig* (*accorciare*) to condense

stringato, -a [striŋ·'ga:·to] *adj fig* (*discorso, risposta*) condensed

stringere ['strin·dʒe·re] <stringo, strinsi, stretto> I. *vt* **1.** (*serrare*) to squeeze (together); **~ la mano a qu** to shake sb's hand; **~ qu fra le braccia** to hug sb **2.** (*vite*) to tighten **3.** (*denti, pugni*) to clench **4.** (*vestito*) to take in **5.** *fig* (*riassumere*) to condense; **stringi, stringi** when it comes down to it **6.** (*loc*) **~ alleanza** to make an alliance; **~ amicizia** make friends II. *vr:* **-rsi 1.** (*avvicinarsi*) **-rsi attorno a qu** to gather around sb **2.** (*loc*) **-rsi nelle spalle** to shrug

striscia ['striʃ·ʃa] <-sce> *f* **1.** (*di stoffa, carta*) strip; **a -sce** striped **2.** *pl* **-sce** (*pedonali*) crosswalk

strisciante [striʃ·'ʃan·te] *adj* **1.** ZOOL crawling **2.** *fig, pej* (*viscido*) **un essere ~** a creep **3.** (*inflazione*) creeping

strisciare [striʃ·'ʃa:·re] I. *vi* **1.** ZOOL to crawl **2.** (*rasentare*) to scrape; **~ contro un muro** to scrape along a wall II. *vt* **1.** (*piedi*) to drag **2.** (*sfregare: auto, paraurti*) to scrape **3.** (*passare rasente: proiettile*) to graze III. *vr:* **-rsi** (*sfregarsi*) **-rsi contro qc** to rub (up) against sth

striscio ['striʃ·ʃo] <-sci> *m* **1.** MED Pap smear **2.** (*loc*) **colpire qc di ~** to hit sth a glancing blow

striscione [striʃ·'ʃo:·ne] *m* advertising banner

stritolare [stri·to·'la:·re] *vt* to crush

strizza ['strit·tsa] *f fam* (*paura*) fright; **prendersi una ~** to get spooked

strizzacervelli [strit·tsa·tʃer·'vɛl·li] <-> *mf scherz* (*psicanalista*) shrink

strizzare [strit·'tsa:·re] *vt* **1.** (*panni*) to wring **2.** (*loc*) **~ l'occhio a qu** to wink at sb

strofa ['strɔ:·fa] <-> *f* verse

strofinaccio [stro·fi·'nat·tʃo] <-cci> *m* floor cloth

strofinare [stro·fi·'na:·re] I. *vt* (*argenteria*) to polish; (*pavimento*) to wipe II. *vr:* **-rsi** (*strusciarsi*) to rub oneself; **-rsi gli occhi/le mani** to rub one's eyes/hands

strombazzare [strom·bat·'tsa:·re] I. *vt* to trumpet II. *vi* to sound one's horn repeatedly

stroncare [stroŋ·'ka:·re] *vt* **1.** (*ramo*) to break off **2.** *fig* (*interrompere*) to break up **3.** *fig* (*criticando*) to tear to pieces **4.** (*loc*) **~ la vita a qu** to cut sb's life short

stronzata [stron·'tsa:·ta] *f* (*stupidaggine*) stupid thing to do [*o* say]; **combinare una bella ~** to screw it up

S

stronzo ['stron·tso] *m* (*escremento*) turd

stronzo, -a *m, f vulg* asshole

stropicciare [stro·pit·'tʃa:·re] *vt* (*vestito*) to crumple

strozzare [strot·'tsa:·re] I. *vt* 1. (*uccidere*) to strangle 2. (*tubo, condotto*) to narrow II. *vr:* -**rsi** (*strangolarsi*) to strangle oneself

strozzatura [strot·tsa·'tu:·ra] *f* 1. (*di tubo*) narrowing 2. (*di valle, strada*) bottleneck

strozzino, -a [strot·'tsi:·no] *m, f* (*usuraio*) loan shark

struccante [struk·'kan·te] *m* makeup remover

struccare [struk·'ka:·re] I. *vt* to remove make-up from II. *vr:* -**rsi** to remove one's makeup

strudel ['stru:·del] <-> *m* CULIN strudel

struggere ['strud·dʒe·re] <struggo, strussi, strutto> I. *vt fig* (*consumare lentamente*) to consume II. *vr* (*consumarsi*) -**rsi d'amore per qu** to be dying of love for sb

struggimento [strud·dʒi·'men·to] *m* (*patimento*) yearning

strumentale [stru·men·'ta:·le] *adj* 1. MUS instrumental 2. *fig* (*uso, polemica*) **fare un uso ~ di qc** to use sth for one's own ends

strumentalizzare [stru·men·ta·lid·'dza:·re] *vt* to exploit

strumentazione [stru·men·tat·'tsio:·ne] *f* instrumentation

strumento [stru·'men·to] *m* 1. (*gener*) tool; -**i di precisione** precision tools 2. MUS instrument; -**i a corda** stringed instruments; -**i a fiato** wind instruments; -**i a percussione** percussion instruments

strussi ['strus·si] *1. pers sing pass rem di* **struggere**

strutto[1] ['strut·to] *pp di* **struggere**

strutto[2] *m* lard

struttura [strut·'tu:·ra] *f* structure; ~ **portante** loadbearing structure; ~ **sociale** social structure

strutturale [strut·tu·'ra:·le] *adj* structural

strutturare [strut·tu·'ra:·re] *vt* to structure

struzzo ['strut·tso] *m* ostrich

stuccare [stuk·'ka:·re] *vt* 1. (*preparare: parete*) to plaster; (*turare: buco*) to fill 2. (*decorare*) to stucco

stucchevole [stuk·'ke:·vo·le] *adj* 1. (*cibo*) sickly 2. *fig* (*noioso: discorso*) tiresome

stucco ['stuk·ko] <-cchi> *m* 1. (*malta*) plaster 2. (*ornamento*) stucco 3. (*loc*) **rimanere di ~** to be struck dumb

studente, -essa [stu·'dɛn·te, stu·den·'tes·sa] *m, f* student

studentesco, -a [stu·den·'tes·ko] <-schi, -sche> *adj* student

studentessa *f v.* **studente**

studiare [stu·'dia:·re] I. *vt* 1. (*per imparare qc*) to study; ~ **al liceo/all'università** to be a high school/university student 2. (*esaminare, indagare*) to examine 3. (*parole, mosse*) to weigh II. *vr:* -**rsi** (*osservarsi*) to weigh each other up

studio ['stu:·dio] <-i> *m* 1. (*gener*) study; **borsa di ~** grant; **provveditorato agli -i** education department 2. <*gener al pl*> (*all'università*) studies *pl* 3. (*di professionista*) office; ~ **legale** law firm 4. FILM, TV, RADIO studio

studioso, -a [stu·'dio:·so] I. *adj* (*persona*) studious II. *m, f* scholar

stufa ['stu:·fa] *f* stove

stufare [stu·'fa:·re] I. *vt* 1. CULIN to stew 2. *fig, fam* (*stancare*) to weary; **mi hai stufato con le tue continue lamentele** I'm fed up with your incessant complaining II. *vr* -**rsi di qu/qc** *fam* to get fed up with sb/sth

stufato [stu·'fa:·to] *m* stew

stufo, -a ['stu:·fo] *adj fam* **essere ~ di qu/qc** to be fed up with sb/sth

stuoia ['stuɔ:·ia] <-oie> *f* mat

stuolo ['stuɔ:·lo] *m* crowd

stupefacente [stu·pe·fa·'tʃɛn·te] I. *adj* 1. (*sorprendente*) astonishing 2. MED **sostanze -i** drugs; **abuso di sostanze -i** drug abuse II. *m* narcotic

stupefare [stu·pe·'fa:·re] <irr> *vt* (*sorprendere*) to amaze

stupendo, -a [stu·'pɛn·do] *adj* (*bellissimo*) wonderful

stupidaggine [stu·pi·'dad·dʒi·ne] *f* stupidity

stupidità [stu·pi·di·'ta] <-> *f* stupidity

stupido, -a ['stu:·pi·do] I. *adj* stupid II. *m, f* idiot

stupire [stu·'pi:·re] <stupisco> I. *vt avere* (*meravigliare*) to amaze II. *vr:* -**rsi** (*meravigliarsi*) to be amazed

stupore [stu·'po:·re] *m* amazement

stupratore [stu·pra·'to:·re] *m* rapist

stupro ['stu:·pro] *m* rape

sturare [stu·'ra:·re] *vt* (*lavandino*) to unblock

stuzzicadenti [stut·tsi·ka·'dɛn·ti] <-> *m* toothpick

stuzzicare [stut·tsi·'ka:·re] *vt* 1. (*molestare*) to tease 2. (*stimolare: appetito*) to whet

su [su] <sul, sullo, sull', sulla, sui, sugli, sulle> I. *prep* 1. (*con contatto*) on; **sul lago/ mare** by the lake/ocean; **Parigi è sulla Senna** Paris is on the Seine 2. (*senza contatto*) over; **commettere errori ~ errori** *fig* to make one mistake after another; **giurare ~ qc/qu** *fig* to swear on sth/sb 3. (*mezzi di trasporto*) on; **erano seduti sull'autobus** they were sitting on the bus; **salire sul treno** to get on the train 4. (*complemento d'argomento*) **hanno discusso sul futuro dell'azienda** they discussed the future of the business 5. (*complemento di modo*) ~ **richiesta** on request; ~ **misura** custom-made; ~ **ordinazione** to order; **sull'esempio di** in the same way as 6. (*circa*) around; **un uomo sulla sessantina** a man of around 60; **sono partiti sul far del mattino** they left around dawn; **sul momento ho reagito male** at the time I reacted badly 7. (*di, fra*) out of; **sette volte ~ dieci** seven times out of ten; **un candidato ~ quattro** one candidate in four II. *adv* up;

andare ~ **e giù** to walk up and down; **non andare né ~ né giù** *a. fig* to not go down; ~ **per giù** around; **pensarci** ~ *fam* to think about it; **metter** ~ **casa** to settle down; **dai 100 euro in** ~ from 100 euros upwards; ~ **le mani!** hands up!; ~ **con la vita!** cheer up! **III.** *interj* come on; ~ **ragazzi, muoviamoci!** come on guys, let's go; ~ ~ never mind

suadente [sua·'dɛn·te] *adj* (*voce*) soft; (*parole*) persuasive

sub [sub] <-> *mf* scuba diver

sub- [sub] (*in parole composte*) sub-

subacqueo, -a [sub·'ak·kue·o] **I.** *adj* underwater **II.** *m, f* scuba diver

subaffittare [sub·af·fit·'ta:·re] *vt* to sublet

subaffitto [sub·af·'fit·to] *m* **una stanza in** ~ a sublet room

subalpino, -a [sub·al·'pi:·no] *adj* subalpine

subalterno, -a [sub·al·'tɛr·no] **I.** *adj* subordinate **II.** *m, f* (*dipendente*) subordinate

subappalto [sub·ap·'pal·to] *m* subcontract

subbuglio [sub·'buʎ·ʎo] <-gli> *m* (*agitazione*) **essere in** ~ to be in an uproar; **mettere qc/qu in** ~ to throw sth/sb into confusion

subconscio [sub·'kon·ʃo] *m* subconscious

subdolo, -a ['sub·do·lo] *adj* (*maligno*) underhand

subentrare [su·ben·'tra:·re] *vi* essere **1.** (*succedere*) to happen **2.** (*sostituire*) ~ **a qu** to succeed sb

subire [su·'bi:·re] <subisco> *vt* **1.** (*ingiuria, danni, conseguenze*) to suffer **2.** (*sottoporsi a*) ~ **un'operazione** to have an operation

subissare [su·bis·'sa:·re] *vt* ~ **qu di qc** *fig* to bombard sb with sth

subito ['su:·bi·to] *adv* **1.** (*immediatamente*) at once **2.** (*in un attimo*) instantly

sublime [sub·'li:·me] *adj* (*eccellente*) wonderful

subodorare [sub·o·do·'ra:·re] *vt* (*intuire*) to smell

subordinare [sub·or·di·'na:·re] *vt* ~ **qc a qc** to put sth before sth else; **ha subordinato i propri interessi a quelli della ditta** he [*o* she] put the interests of the business before his [*o* her] own

subordinata [sub·or·di·'na:·ta] *f* LING subordinate clause

subordinato, -a [sub·or·di·'na:·to] **I.** *adj* **1.** (*secondario*) subordinate; ~ **a** subordinate to **2.** LING **proposizione -a** subordinate clause **II.** *m, f* subordinate

subordinazione [sub·or·di·nat·'tsio:·ne] *f* subordination

subtropicale [sub·tro·pi·'ka:·le] *adj* subtropical

suburbano, -a [sub·ur·'ba:·no] *adj* suburban

succedere [sut·'tʃɛ:·de·re] <succedo, successi *o* succedetti, successo> **I.** *vi* essere **1.** (*prendere il posto di*) ~ **a qu** to succeed sb **2.** (*venir dopo*) ~ **a qc** to follow sth **3.** (*avvenire*) to happen; **cosa ti succede?** what's the

matter?; **sono cose che succedono** these things happen **II.** *vr:* **-rsi** (*susseguirsi*) to follow one another

successi [sut·'tʃɛs·si] *1. pers sing pass rem di* **succedere**

successione [sut·tʃes·'sio:·ne] *f* succession; ~ **al trono** succession to the throne

successivo, -a [sut·tʃes·'si:·vo] *adj* next

successo¹ [stu·'tʃɛs·so] *pp di* **succedere**

successo² *m* success; **un film di** ~ a hit movie

successore, succeditrice [sut·tʃes·'so:·re, sut·tʃe·di·'tri:·tʃe] *m, f* successor

succhiare [suk·'kia:·re] *vt* (*latte, dito*) to suck; **-rsi il dito** to suck one's thumb

succhiotto [suk·'kiɔt·to] *m* **1.** (*per bambini*) pacifier **2.** *fam* (*traccia di bacio*) hickey

succinto, -a [sut·'tʃin·to] *adj* **1.** (*vestito*) skimpy **2.** (*resoconto*) scanty

succo ['suk·ko] <-cchi> *m* **1.** (*di frutta*) juice **2.** ANAT **-cchi gastrici** gastric juices **3.** *fig* (*contenuto*) gist

succoso, -a [suk·'ko:·so] *adj* **1.** (*frutta*) juicy **2.** *fig* (*ricco di contenuto*) meaty

succube ['suk·ku·be] *adj* **essere** ~ **di qu** to be under sb's thumb

succulento, -a [suk·ku·'lɛn·to] *adj* (*cibo*) delicious

succursale [suk·kur·'sa:·le] *f* (*filiale*) branch

sud [sud] <-> *m* south; **Mare del Sud** Southern Ocean; **Polo Sud** South Pole; **a** ~ **di** south of; **Napoli si trova a** ~ **di Roma** Naples is south of Rome

Sudafrica [su·'da:·fri·ka] *m* South Africa

sudare [su·'da:·re] **I.** *vi* to sweat **II.** *vt fig* ~ **sangue** to sweat blood

sudata [su·'da:·ta] *f* **1.** (*il sudare*) **che** ~! I'm sweating like a pig! *inf* **2.** (*fatica*) slog

sudaticcio, -a [su·da·'tit·tʃo] <-cci, -cce> *adj* sweaty

sudato, -a [su·'da:·to] *adj* **1.** (*bagnato di sudore*) sweaty; ~ **fradicio** dripping with sweat **2.** *fig* (*guadagnato: successo, risultato*) hard-earned

suddetto, -a [sud·'det·to] *adj* above-mentioned

suddito, -a ['sud·di·to] *m, f* subject

suddividere [sud·di·'vi:·de·re] <irr> *vt* to subdivide

suddivisione [sud·di·vi·'zio:·ne] *f* subdivision

sudest [su·'dɛst] *m* southeast

sudicio, -a <-ci, -ce *o* -cie> *adj* **1.** (*mani, vestito, luogo*) filthy **2.** *fig, pej* (*affare, faccenda*) dirty; **è un affare** ~ it's a dirty business

sudoccidentale [su·dot·tʃi·den·'ta:·le] *adj* southwest; **l'Europa** ~ southwest Europe

sudorazione [su·do·rat·'tsio:·ne] *f* sweating

sudore [su·'do:·re] *m* sweat; **essere in un bagno di** ~ to be bathed in sweat; **guadagnarsi il pane col** ~ **della fronte** to earn one's living from the sweat of one's brow

sudorientale [sud·or·ien·'ta:·le] *adj* southeast

sudovest [su·'dɔ:·vest] *m* southwest

sufficiente [suf·fi·'tʃɛn·te] *adj* **1.** (*che basta*)

S

sufficient 2. *fig, pej* (*borioso: atteggiamento*) superior

sufficientemente [suf·fi·tʃen·te·'men·te] *adv* sufficiently

sufficienza [suf·fi·'tʃɛn·tsa] *f* 1. (*l'essere sufficiente*) **c'è n'è a** ~ there's enough of it; **averne a** ~ **di qc** to have had enough of sth 2. (*voto scolastico*) pass; **prendere la** ~ to pass 3. *fig, pej* (*boria*) superiority

suffisso [suf·'fis·so] *m* LING suffix

suffragio [suf·'fra:·dʒo] <-gi> *m* 1. GIUR suffrage 2. REL **una messa in** ~ **dei defunti** a mass in memory of the dead

suggellare [sud·dʒel·'la:·re] *vt fig* (*confermare: vittoria*) to seal

suggerimento [sud·dʒe·ri·'men·to] *m* (*consiglio*) suggestion

suggerire [sud·dʒe·'ri:·re] <suggerisco> *vt* 1. (*a scuola*) ~ **la risposta a qn** to tell sb the answer 2. TEAT to prompt 3. (*consigliare*) to suggest; ~ **a qu di fare qc** to suggest that sb does sth

suggeritore, -trice [sud·dʒe·ri·'to:·re] *m, f* (*theat*) prompter

suggestionare [sud·dʒes·tio·'na:·re] *vt* (*affascinare*) to affect

suggestione [sud·dʒes·'tio·ne] *f* 1. PSIC (power of) suggestion 2. *fig* (*impressione: di paesaggio*) beauty; (*di racconto*) fascination

suggestivo, -a [sud·dʒes·'ti:·vo] *adj fig* (*paesaggio, spettacolo*) beautiful

sughero ['su:·ge·ro] *m* (*oggetto, materiale*) cork; **tappo di** ~ cork

sugli ['suʎ·ʎi] *prep* = **su + gli** *v.* **su**

sugo ['su:·go] <-ghi> *m* (*salsa*) sauce; ~ **di pomodoro** tomato sauce

sui ['su:·i] *prep* = **su + i** *v.* **su**

suicida [sui·'tʃi:·da] <-i *m*, -e *f*> I. *mf* suicide II. *adj* (*mania, impulso*) suicidal

suicidarsi [sui·tʃi·'dar·si] *vr* to commit suicide

suicidio [sui·'tʃi:·dio] <-i> *m* suicide

suino [su·'i:·no] *m* pig; **carne di** ~ pork

suino, -a *adj* **carne -a** pork

sul [sul] *prep* = **su + il** *v.* **su**

sull', sulla, sulle, sullo [sul, 'sul·la, 'sul·le, 'sul·lo] *prep* = **su + l', la, le, lo** *v.* **su**

sultanina [sul·ta·'ni:·na] *f* sultanas *pl*

sultano, -a [sul·'ta:·no] *m, f* sultan *m*, sultana *f*

sunto ['sun·to] *m* summary

suo, -a <suoi, sue> I. *adj* 1. (*di lui*) his; (*di lei*) her; **la -a voce** his [*o* her] voice; ~ **padre/zio** his [*o* her] father/uncle; **un** ~ **amico** a friend of his [*o* hers]; **sono parole sue** those are his [*o* her] words; **ne ha fatta una delle sue** he's [*o* she's] been up to his [*o* her] usual tricks; **essere dalla -a** to be on his [*o* her] side; **dire la -a** to say one's piece; **sta sulle sue** he keeps to himself 2. (*forma di cortesia: Suo*) your; **in seguito al Suo scritto del ...** in reply to your letter of ... II. *pron* 1. **il** ~ [*o* **la -a**] (*di lui*) his; (*di lei*) hers; **i suoi** his [*o* her] parents 2. (*forma di cortesia: Suo*) yours

suocero, -a ['suɔ:·tʃe·ro] *m, f* father-in-law *m*, mother-in-law *f*; **-i** in-laws

suoi ['suɔː·i] *v.* **suo**

suola ['suɔː·la] *f* sole

suolo ['suɔː·lo] *m* (*terra*) ground

suonare [suo·'na:·re] I. *vt avere* 1. MUS to play 2. (*orologio*) to strike; (*campana, campanello*) to ring; ~ **il clacson** to sound the horn 3. *fam* (*picchiare*) **suonarle a qu** to give sb a good beating II. *vi essere o avere* 1. (*campana, telefono*) to ring; (*sveglia*) to go off; **sta suonando il campanello** the doorbell is ringing 2. MUS to play 3. (*parole, frasi*) to sound

suonata *f* 1. MUS sonata 2. *fam* (*imbroglio*) con; **si è preso una bella** ~! boy was he taken for a ride! 3. *fam* (*bastonatura*) walloping

suonato, -a *adj fam* **essere** ~ to be crazy

suonatore, -trice [so·na·'to:·re] *m, f* player; **e buonanotte -i!** that's all, folks!

suoneria [so·ne·'ri:·a] <-ie> *f* ringtone

suono ['suɔː·no] *m* sound

suora ['suɔː·ra] *f* nun

super ['su:·per] <inv> *adj* fantastic; **benzina** ~ super unleaded gasoline

superaffollato, -a [su·per·af·fol·'la:·to] *adj* jam-packed

superalcolico [su·per·al·'kɔː·li·ko] <-ci> *m* high-alcohol drink

superalcolico, -a <-ci, -che> *adj* high-alcohol; **bevanda -a** high-alcohol drink

superamento [su·per·a·'men·to] *m* (*di difficoltà*) overcoming

superare [su·pe·'ra:·re] *vt* 1. (*per qualità*) to surpass; (*per dimensioni, quantità*) to be bigger than; (*di numero*) to be greater than; ~ **qu in qc** to be better than sb at sth; **nessuno lo supera in fatto di arroganza** no one is more arrogant than he is; **mi ha superato nell'esame di matematica** he beat me in the math exam 2. MOT (*sorpassare*) to pass 3. *fig* (*età*) to be over; (*velocità*) to exceed; (*prova*) to overcome; (*esame*) to pass; (*malattia*) to get over; (*difficoltà, ostacolo, crisi*) to get through

superato, -a [su·pe·'ra:·to] *adj* outdated

superbia [su·'pɛr·bia] <-ie> *f* pride

superbo, -a [su·'pɛr·bo] *adj* 1. *pej* proud 2. *fig* (*grandioso*) superb

superbollo [su·per·'bol·lo] *m* tax on diesel cars

Superenalotto [su·pe·re·na·'lɔt·to] <-> *m* national lottery

superficiale [su·per·fi·'tʃa:·le] I. *adj* shallow II. *mf* shallow person

superficialità [su·per·fi·tʃa·li·'ta] <-> *f* shallowness

superficie [su·per·'fi:·tʃe] <-ci> *f* surface; **in** ~ on the surface

superfluo [su·'pɛr·flu·o] *m* unnecessary things *pl*

superfluo, -a *adj* (*parole, spese*) unnecessary

super-io [su·pe·'ri:·o] <-> *m* PSIC superego

superiore [su·pe·'rio:·re] I. *comparativo di* **alto, -a** II. *adj* 1. (*di posizione*) upper; **al**

piano ~ upstairs **2.** (*maggiore, in una gerarchia*) higher; ~ **alla media** above average; **scuola media** ~ high school **3.** (*migliore*) better **III.** *m* (*capo*) boss

superiorità [su·pe·rio·ri·'ta] <-> *f* superiority

superlativo [su·per·la·'ti:·vo] *m* LING superlative

superlativo, -a *adj* **1.** (*massimo*) extraordinary **2.** *fig* (*grandioso*) superb **3.** LING **grado** ~ superlative

superlavoro [su·per·la·'vo:·ro] *m* overwork

superleggero [su·per·led·'dʒɛ:·ro] *m* SPORT super lightweight

superleggero, a *adj* **1.** (*vestito, oggetto*) extra light **2.** SPORT **categoria -a** super lightweight

supermercato [su·per·mer·'ka:·to] *m* supermarket

superpotenza [su·per·po·'tɛn·tsa] *f* superpower

supersonico, -a [su·per·'sɔ:·ni·ko] <-ci, -che> *adj* supersonic

superstar ['sju:·pə·sta:] <-> *mf* superstar

superstite [su·'pɛr·sti·te] **I.** *adj* **persona** ~ survivor **II.** *m, f* survivor

superstizione [su·per·stit·'tsio:·ne] *f* (*credenza*) superstition

superstizioso, -a [su·per·stit·'tsio:·so] **I.** *adj* (*credenza, persona*) superstitious **II.** *m, f* superstitious person; **è un grande** ~ he's [*o* she's] very superstitious

superstrada [su·per·'stra:·da] *f* highway

supertassa [su·per·'tas·sa] *f* surtax

supertestimone [su·per·tes·ti·'mɔ:·ne] *mf* key witness

superuomo [su·pe·'ruɔ:·mo] <-uomini> *m* superman

supervisione [su·per·vi·'zio:·ne] *f* (*controllo*) supervision

supino, -a [su·'pi:·no] *adj* supine

suppellettile [sup·pel·'lɛt·ti·le] *f* **1.** (*arredamento*) ornament; **-i di casa** furnishings **2.** (*in archeologia*) object

suppergiù [sup·per·'dʒu] *adv fam* roughly

suppl. *abbr di* **supplemento** supplement

supplementare [sup·ple·men·'ta:·re] *adj* (*aggiuntivo*) extra; **tempi -i** SPORT overtime

supplemento [sup·ple·'men·to] *m* **1.** (*a giornale, libro, vocabolario*) supplement **2.** FERR surcharge; ~ **rapido** *surcharge payable on fast trains*

supplente [sup·'plɛn·te] *mf* (*a scuola*) substitute teacher

supplenza [sup·'plɛn·tsa] *f* (*a scuola*) **fare** ~ to do substitute teaching

supplica ['sup·pli·ka] <-che> *f* (*invocazione*) plea

supplicante [sup·pli·'kan·te] *adj* (*tono*) pleading

supplicare [sup·pli·'ka:·re] *vt* ~ **qu di fare qc** to plead with sb to do sth

supplichevole [sup·pli·'ke:·vo·le] *adj* (*tono*) pleading

supplire [sup·'pli:·re] <supplisco> *vi* ~ (**con qc) a qc** to make up for sth (with sth)

supplizio [sup·'plit·tsio] <-i> *m fig* (*tortura*) torture

supporre [sup·'por·re] <irr> *vt* to suppose

supporto [sup·'pɔr·to] *m* **1.** (*gener*) support **2.** (*di strumento, dipinto*) stand

supposi *1. pers sing pass rem di* **supporre**

supposizione [sup·po·zit·'tsio:·ne] *f* supposition

supposta [sup·'pos·ta] suppository

supposto *pp di* **supporre**

supremazia [sup·re·mat·'tsi:·a] <-ie> *f* (*di un paese*) supremacy

supremo, -a [su·'prɛ:·mo] *adj superlativo di* **alto, -a** supreme; **una ragazza di una bellezza -a** an incredibly beautiful girl

surf [sə:f/sərf] <-> *m* surfing

surfing ['sə:·fiŋ/'sɔr·fiŋ] <-> *m* surfing; **tavola da** ~ surfboard; **praticare il** ~ to surf

surfista [sur·'fis·ta] <-i *m*, -e *f*> *mf* surfer

surgelare [sur·dʒe·'la:·re] *vt* to freeze

surgelato [sur·dʒe·'la:·to] *m* frozen food; **banco dei -i** frozen food counter

surgelato, -a *adj* frozen; **pesce** ~ frozen fish

surplus [syr·'ply] <-> *m* surplus

surreale [sur·re·'a:·le] *adj* surreal

surrealismo [sur·re·a·'liz·mo] *m* surrealism

surrealista [sur·re·a·'lis·ta] <-i *m*, -e *f*> *mf* surrealist

surriscaldare [sur·ris·kal·'da:·re] **I.** *vt* to overheat **II.** *vr:* **-rsi** to overheat

surrogato [sur·ro·'ga:·to] *m* copy

suscettibile [suʃ·ʃet·'ti:·bi·le] *adj* **1.** (*capace*) **questo progetto è** ~ **di miglioramenti** this project could be improved **2.** (*sensibile*) touchy

suscettibilità [suʃ·ʃet·ti·bi·li·'ta] <-> *f* touchiness

suscitare [suʃ·ʃi·'ta:·re] *vt* (*reazione, odio, entusiasmo*) to arouse; ~ **la pietà di qu** to arouse sb's pity

susina [su·'si:·na/su·'zi:·na] *f* plum

susino [su·'si:·no/su·'zi:·no] *m* plum tree

suspense [səs·'pens] *m o f* suspense

susseguire [sus·se·'gui:·re] <irr> **I.** *vt* ~ **qu/qc** to follow sb/sth **II.** *vr:* **-rsi** to follow one another

sussidiario [sus·si·'dia:·rio] <-i> *m textbook used in elementary school*

sussidio [sus·'si:·dio] <-i> *m* (*in denaro*) subsidy; ~ **di disoccupazione** unemployment insurance

sussistei [sus·sis·'te:·i] *1. pers sing pass rem di* **sussistere**

sussistenza [su·sis·'tɛn·tsa] *f* subsistence

sussistere [sus·'sis·te·re] <sussisto, sussistei *o* sussistetti, sussistito> *vi essere* to exist

sussultare [sus·sul·'ta:·re] *vi* **1.** (*persona*) to jump **2.** (*cosa*) to shake

sussulto [sus·'sul·to] *m* jump

sussurrare [sus·sur·'ra:·re] *vt* to whisper

S

sussurrato, -a [sus·sur·'ra:·to] *adj* whispered; **parole -e** whispers

sussurro [sus·'sur·ro] *m* whisper

sutura [su·'tu:·ra] *f* MED suture

suvvia [suv·'vi:·a] *interj fam* come on

svagare [zva·'ga:·re] I. *vt* (*distrarre*) to distract II. *vr:* **-rsi** (*distrarsi*) to get distracted

svago ['zva:·go] *m* (*distrazione*) distraction

svaligiare [zva·li·'dʒa:·re] *vt* 1. (*banca*) to rob 2. *fig* (*negozio*) to ransack

svalutare [zva·lu·'ta:·re] I. *vt* 1. COM (*valuta*) to devalue 2. *fig* (*proposta*) to belittle II. *vr:* **-rsi** 1. COM (*valuta*) to be devalued 2. (*bene, immobile*) to depreciate

svalutazione [zva·lu·tat·'tsio:·ne] *f* (*di valuta*) devaluation; (*di bene*) depreciation

svampito, -a [zvam·'pi:·to] *adj fam* bird-brained

svanire [zva·'ni:·re] <svanisco> *vi essere* to disappear

svantaggiato, -a [zvan·tad·'dʒa:·to] *adj* disadvantaged; **essere ~ rispetto a qu** to be at a disadvantage compared to sb

svantaggio [zvan·'tad·dʒo] <-ggi> *m* 1. (*condizione*) disadvantage; **essere in ~ rispetto a qu** to be at a disadvantage compared to sb 2. SPORT **essere in ~** to be behind

svantaggioso, -a [zvan·tad·'dʒo:·so] *adj* (*condizione, situazione*) unfavorable

svastica ['zvas·ti·ka] <-che> *f* swastica

svecchiamento [zvek·kia·'men·to] *m* modernization

svedese [zve·'de:·se] I. *adj* Swedish II. *mf* Swede III. *m* (*fiammifero*) safety match

sveglia[1] ['zveʎ·ʎa] *f* 1. (*lo svegliare*) **dare la ~ a qu** to wake sb up 2. (*orologio*) alarm clock

sveglia[2] *interj fam* wake up; **~, che è tardi!** wake up, it's late!

svegliare [zveʎ·'ʎa:·re] I. *vt* 1. (*dal sonno*) to wake (up) 2. *fig* (*animare: persone*) to liven up 3. *fig* (*suscitare: emozioni*) to awaken II. *vr:* **-rsi** *a. fig* to wake up

sveglio, -a ['zveʎ·ʎo] <-gli, -glie> *adj* 1. (*non addormentato*) awake 2. *fig* (*perspicace*) smart

svelare [zve·'la:·re] *vt* (*segreto, verità*) to reveal

sveltina [zvel·'ti:·na] *f vulg* quickie

sveltire [zvel·'ti:·re] <sveltisco> I. *vt* to speed up II. *vr:* **-rsi** to speed up

svelto ['zvel·to] *adv* quickly

svelto, -a *adj* 1. (*rapido*) quick 2. *fig* (*vivace*) smart

svenare [zve·'na:·re] I. *vt* **~ qu** *fig* to bleed sb dry II. *vr:* **-rsi** *fig* to wear oneself out

svendita ['zven·di·ta] *f* sale

svenimento [zve·ni·'men·to] *m* fainting fit

svenire [zve·'ni:·re] <irr> *vi essere* to faint

sventare [zven·'ta:·re] *vt* (*evitare*) to foil

sventatezza [zven·ta·'tet·tsa] *f* (*imprudenza*) thoughtlessness

sventato, -a [zven·'ta:·to] I. *adj* (*gesto, com-*

portamento) thoughtless II. *m, f pej, fam* scatterbrain

sventola ['zvɛn·to·la] *f* 1. *fam* (*schiaffone*) slap 2. (*loc*) **orecchie a ~** dumbo ears

sventolare [zven·to·'la:·re] I. *vt* (*bandiera*) to wave II. *vi* (*bandiera*) to wave

sventrare [zven·'tra:·re] *vt* 1. (*pollo*) to draw; (*pesce*) to gut 2. (*uccidere*) **~ qu** to slay sb 3. (*distruggere: edificio*) to flatten

sventura [zven·'tu:·ra] *f* misfortune; **compagno di ~** companion in misfortune

sventurato, -a [zven·tu·'ra:·to] I. *adj* unlucky II. *m, f* unlucky person

svenuto *pp di* **svenire**

sverginare [zver·dʒi·'na:·re] *vt* to take the virginity of

svergognare [zver·goɲ·'ɲa:·re] *vt* to shame

svergognato, -a [zver·goɲ·'ɲa:·to] I. *adj* (*atteggiamento*) shameless II. *m, f* shameless person

svernare [zver·'na:·re] *vi* to spend the winter

svestire [zves·'ti:·re] I. *vt* (*spogliare*) to undress II. *vr:* **-rsi** (*spogliarsi*) to get undressed

svettare [zvet·'ta:·re] *vi* to stand out

Svezia ['zvɛt·tsia] *f* Sweden

svezzamento [zvet·tsa·'men·to] *m* (*di neonato*) weaning

svezzare [zvet·'tsa:·re] *vt* (*neonato*) to wean

sviare [zvi·'a:·re] *vt* 1. *fig* (*traviare*) to lead astray 2. (*colpo, tiro*) to deflect; **~ il discorso** to change the subject

svicolare [zvi·ko·'la:·re] *vi essere o avere* to slip away

svignarsela [zviɲ·'ɲar·se·la] *vi essere fam* to slip away

svilire [zvi·'li:·re] <svilisco> *vt fig* (*spregiare*) to debase

sviluppare [zvi·lup·'pa:·re] I. *vt* to develop II. *vr:* **-rsi** to develop

sviluppo [zvi·'lup·po] *m* development; **paese in via di ~** developing country; **~ sostenibile** sustainable development

svincolare [zviɲ·ko·'la:·re] I. *vt* (*liberare*) to free II. *vr:* **-rsi** (*liberarsi*) to free oneself

svincolo ['zviɲ·ko·lo] *m* MOT junction; (*entrata*) on-ramp; (*uscita*) exit

sviolinata [zvio·li·'na:·ta] *f fam* **fare una ~ a qu** to sweet-talk sb

sviscerare [zviʃ·ʃe·'ra:·re] *vt* (*argomento, questione*) to analyze in depth

svista ['zvis·ta] *f* slip

svitare [zvi·'ta:·re] *vt* to unscrew

Svizzera ['zvit·tse·ra] *f* (**la**) ~ Switzerland

svogliatezza [zvoʎ·ʎa·'tet·tsa] *f* apathy

svogliato, -a [zvoʎ·ʎa:·to] *adj* apathetic

svolazzare [zvo·lat·'tsa:·re] *vi* 1. (*uccelli, insetti*) to flutter 2. *fig* (*vagare*) to flit 3. (*al vento*) to flap

svolgere ['zvɔl·dʒe·re] <irr> I. *vt* 1. (*gomitolo*) to unwind 2. (*idea, tema*) to set out; (*programma, piano*) to carry out 3. (*lavoro*) to do; **svolge la professione dell'avvocato** he's [*o* she's] a lawyer **II.** *vr:* **-rsi 1.** (*accadere*) to happen **2.** TEAT, LIT to be set

svolgimento [zvol·dʒi·'men·to] *m* **1.** (*di tema, tesi*) **lo ~ della tesi è articolato in otto capitoli** the thesis is in eight chapters **2.** *fig* (*sviluppo, esecuzione*) **lo ~ del lavoro/progetto avverrà nei tempi previsti** the work/project will be carried out according to schedule

svolsi *1. pers sing pass rem di* **svolgere**

svolta ['zvɔl·ta] *f* **1.** (*azione*) turn; **divieto di ~ a destra/sinistra** no right/left turn

2. (*curva*) bend **3.** *fig* (*cambiamento*) turning point

svoltare [zvol·'ta:·re] *vi* (*girare*) to turn; **~ a destra/a sinistra** turn right/left

svolto *pp di* **svolgere**

svuotare [zvuo·'ta:·re] *vt* **1.** (*vuotare*) to empty **2.** *fig* (*privare di*) **~ qc di senso** [*o* significato] to deprive sth of meaning

Swaziland ['swa:·zi·land] *m* Swaziland

switchare [swit'·tʃa:·re] *vi* ECON, COMPUT to switch; **~ tra due fondi/due monitor** to switch from one fund/monitor to another

Sydney ['sid·nei] *f* Sydney

Tt

T, t [ti] <-> *f* T, t; **~ come Torino** T for Tommy

tabaccaio, -a [ta·bak·'ka:·io] <-ccai, -ccaie> *m, f* tobacconist

tabaccheria [ta·bak·ke·'ri:·a] <-ie> *f* tobacconist's (*sells stamps, bus tickets, and sometimes gift items as well as cigarettes and tobacco*)

tabacchiera [ta·bak·'kiɛ:·ra] *f* snuffbox

tabacco[1] [ta·'bak·ko] <-cchi> *m* tobacco; **~ da fiuto** [*o* **da naso**] snuff

tabacco[2] <inv> *adj* tobacco

tabagismo [ta·ba·'dʒiz·mo] *m* nicotine addiction

tabella [ta·'bɛl·la] *f* **1.** (*tavola*) table **2.** (*prospetto*) list; **~ di marcia** *fig* schedule; **~ dei prezzi** price list

tabellone [ta·bel·'lo:·ne] *m* **1.** (*di orari, punteggi*) board **2.** (*per affiggere*) bulletin board **3.** (*nella pallacanestro*) backboard

tabernacolo [ta·ber·'na:·ko·lo] *m* tabernacle

tablet ['tæ·blət] <- *o* -s> *m* COMPUT tablet

tablet PC ['tæ·blət 'pi·ʃi:] <-s> *m* COMPUT tablet PC

tabù [ta·'bu] **I.** <inv> *adj* taboo **II.** <-> *m* (*proibizione*) taboo

tabulato [ta·bu·'la·to] *m* printout

tabulatore [ta·bu·la·'to:·re] *m* tab

TAC *f o m* acró de **Tomografia Assiale Computerizzata** **1.** (*apparecchiatura*) CAT [*o* CT] scanner **2.** (*esame*) CAT [*o* CT] scan

tacca ['tak·ka] <-cche> *f* **1.** (*incisione*) notch **2.** (*di display*) block **3.** (*di lama*) nick

taccagno, -a [tak·'kaɲ·ɲo] **I.** *adj* cheap **II.** *m, f* cheapskate

tacchetto [tak·'ket·to] *m* SPORT stud

tacchino, -a [tak·'ki:·no] *m, f* turkey; **petto di ~** turkey breast

tacciare [tat·'tʃa:·re] *vt* **~ qu di qc** to accuse sb of sth

taccio ['tat·tʃo] *1. pers sing pr di* **tacere**

tacco ['tak·ko] <-cchi> *m* (*di scarpa*) heel; **~ alto/basso** high/low heel; **-cchi alti**

(*scarpe*) high heels; **alzare** *fig* **i -cchi** to go away

taccuino [tak·ku·'i:·no] *m* (*per appunti*) notebook

tacere [ta·'tʃe:·re] <taccio, tacqui, taciuto> **I.** *vt* (*non rivelare*) to say nothing about; **~ la verità** to hide the truth **II.** *vi* **1.** (*stare in silenzio*) to be quiet; (*non opporsi*) to keep quiet; **mettere a ~ qc** to hush sth up; **chi tace acconsente** *prov* silence is [*o* equals] consent **2.** (*non eprimersi, non riferire*) to keep silent; **~ su qc** to remain silent about sth

tachicardia [ta·ki·kar·'di:·a] <-ie> *f* tachycardia

tachimetro [ta·'ki:·met·ro] *m* speedometer

tacito, -a ['ta:·tʃi·to] *adj* **1.** (*sottinteso: accordo*) tacit **2.** A. LIT (*silenzioso*) silent

taciturno, -a [ta·tʃi·'tur·no] *adj* (*introverso*) taciturn; (*silenzioso*) quiet

taciuto [ta·'tʃu:·to] *pp di* **tacere**

tacqui ['tak·kui] *1. pers sing pass rem di* **tacere**

tafano [ta·'fa:·no] *m* horsefly

tafferuglio [taf·fe·'ruʎ·ʎo] <-gli> *m* scuffle

taffettà [taf·fet·'ta] <-> *m* taffeta

taglia ['taʎ·ʎa] <-glie> *f* **1.** (*di abito*) size; **~ unica** one size **2.** (*ricompensa*) bounty

tagliaboschi [taʎ·ʎa·'bɔs·ki] <-> *m* lumberjack

tagliacarte [taʎ·ʎa·'kar·te] <-> *m* paperknife

tagliacuce [taʎ·ʎa·'ku·tʃe] <-> *f* linking machine

tagliafuoco [taʎ·ʎa·'fuɔ:·ko] **I.** <inv> *adj* fire; **porta ~** fire door **II.** <-> *m* **1.** (*muro*) firewall **2.** (*nei boschi*) firebreak

taglialegna [taʎ·ʎa·'leɲ·ɲa] <-> *m* lumberjack

tagliando [taʎ·'ʎan·do] *m* (*cedola*) receipt; **fare il ~** AUTO to have the car serviced

tagliapietre [taʎ·ʎa·'piɛ:t·re] <-> *mf* stonecutter

tagliare [taʎ·'ʎa:·re] **I.** *vt* **1.** (*gener*) to cut; (*albero*) to cut down; **-rsi un dito** to cut one's finger **2.** (*in parti*) to cut up; **~ in due** to cut in

T

half; ~ **in quattro** to cut into four; ~ **le carte** to cut the cards **3.** (*staccare con un taglio*) to cut off; **tagliarsi i capelli/le unghie** to cut one's hair/nails **4.** (*vino*) to blend **5.** ~ **i tempi** to shorten the time allowed **6.** (*attraversare*) to cut across; ~ **il traguardo** SPORT to cross the finishing line **7.** (*loc*) ~ **la corda** *fig* to get away; ~ **i ponti con qu** *fig* to break off relations with sb; ~ **la testa al toro** *fig* to settle sth once and for all **II.** *vi* **1.** (*percorrere la via più breve*) cut through **2. tagliar corto** to cut to the chase

tagliasfoglia [taʎ·ʎa·'sfɔʎ·ʎa] <-> *m* pastry cutter

tagliasigari [taʎ·ʎa·'si:·ga·ri] <-> *m* cigar cutter

tagliatelle [taʎ·ʎa·'tɛl·le] *fpl* tagliatelle

tagliato, -a [taʎ·'ʎa:·to] *adj* **1.** (*abbreviato: film*) abridged **2.** *fig* (*portato*) **essere ~ per qc** to be cut out for sth; **essere ~ per le lingue** to have a gift for languages

tagliaunghie [taʎ·ʎa·'uŋ·gie] <-> *m* nail clippers

tagliauova [taʎ·ʎa·'uɔ:·va] <-> *m* egg slicer

taglieggiare [taʎ·ʎed·'dʒa:·re] *vt* (*estorcere denaro a*) to extort money from

tagliente [taʎ·'ʎɛn·te] **I.** *adj* sharp **II.** *m* edge

tagliere [taʎ·'ʎɛ:·re] *m* (*per cucinare*) cutting board

taglierina [taʎ·ʎe·'ri:·na] *f* cutter

taglierini [taʎ·ʎe·'ri:·ni] *mpl* thin pasta, *for soup*

taglio ['taʎ·ʎo] <-gli> *m* **1.** (*operazione*) cutting; (*di vini*) blending; **dacci un ~!** *fig* cut it out! **2.** (*fenditura, linea*) cut; ~ **cesareo** cesarean (section) **3.** *fig* (*di spese, film, scena*) cut **4.** (*pezzo: di stoffa, carne*) piece **5.** (*di capelli*) hairstyle **6.** (*impostazione: di discorso*) slant **7.** (*di lama*) edge; **arma a doppio ~** *fig* double-edged weapon **8.** (*di lastra, tavola*) short edge; **colpire la palla di ~** to put a spin on the ball **9.** FIN (*di banconote*) denomination

tagliola [taʎ·'ʎɔ:·la] *f* (*per animali*) trap

tagliuzzare [taʎ·ʎut·'tsa:·re] *vt* to cut into small pieces

tailleur [ta·'jœːr] <-> *m* suit; ~ **pantalone** pantsuit

takeaway ['teik·ə·wei] <-> *m* **1.** (*negozio*) takeout **2.** (*servizio*) **la pizzeria ha il ~** the pizzeria does takeout

tal [tal] *v.* **tale**

talaltro, -a [ta·'lal·tro] *pron* others

talare [ta·'la:·re] *adj* **veste ~** cassock

talco ['tal·ko] <-chi> *m* (*polvere*) talcum powder

tale ['ta:·le] <*davanti a consonante spesso* tal> **I.** *adj* **1.** (*di questa specie*) such (a) **2.** (*così grande*) so much; **a tal punto** so much **3.** (*questo*) that; **la tal persona** that person; **in tal caso** in that case **4.** (*indefinito*) **un ~ signor Veneruso** a certain Mr. Veneruso; **il giorno ~, all'ora ~** on such and such a day, at such and such a time **5.** ~ **(e) quale** exactly

the same; **è ~ (e) quale suo padre** he's just like his father; **sono -i (e) quali!** they're identical! **II.** *pron* **1.** (*persona già menzionata*) that; **quel ~** that person **2.** (*indefinito*) **un/una ~** someone; **dei -i** some people

talento [ta·'lɛn·to] *m* (*inclinazione*) talent; **un giovane di ~** a talented young man; **avere (del) ~** to be talented

talismano [ta·liz·'ma:·no] *m* (*oggetto*) talisman

tallonare [tal·lo·'na:·re] *vt* to be (hot) on the heels of; ~ **il pallone** to heel the ball

talloncino [tal·lon·'tʃi:·no] *m* (*tagliando: di biglietto, versamento*) stub; (*di medicinale*) tear-off tag

tallone [tal·'lo:·ne] *m* (*calcagno*) heel; ~ **d'Achille** *fig* Achilles heel

talmente [tal·'men·te] *adv* so

talora [ta·'lo:·ra] *adv* sometimes

talpa ['tal·pa] *f* mole

talvolta [tal·'vɔl·ta] *adv* sometimes

tamarindo [ta·ma·'rin·do] *m* **1.** BOT tamarind **2.** (*bibita*) tamarind juice

tamburellare [tam·bu·rel·'la:·re] *vi* to drum; ~ **con le dita** to drum one's fingers

tamburello [tam·bu·'rɛl·lo] *m* **1.** MUS tambourine **2.** (*gioco*) tamburello, *racket game played in northern Italy*

tamburino [tam·bu·'ri:·no] *m* **1.** MUS (*strumento*) tabor **2.** MUS (*suonatore*) drummer **3.** *sl* (*sui giornali*) entertainment guide

tamburo [tam·'bu:·ro] *m* **1.** MUS (*strumento*) drum **2.** MUS (*suonatore*) drummer **3.** ARCHIT tambour **4.** AUTO ~ **del freno** brake drum

Tamigi [ta·'mi:·dʒi] *m* **il ~** the Thames

tamponamento [tam·po·na·'men·to] *m* **1.** (*di veicoli*) collision; ~ **a catena** pile-up **2.** (*di ferita*) packing

tamponare [tam·po·'na:·re] *vt* **1.** (*veicolo*) to go into the back of **2.** (*ferita*) to pack

tampone [tam·'po:·ne] *m* **1.** (*per timbri*) ink pad **2.** (*per medicare*) pad **3.** (*assorbente interno*) tampon

tamtam, tam-tam [tam·'tam] <-> *m* (*tamburo, suono*) tom-tom

tana ['ta:·na] *f* **1.** (*di animali*) den **2.** (*di criminali*) hideout **3.** *fig, pej* (*stamberga*) hovel

tandem ['tan·dem] <-> *m* **1.** (*bicicletta*) tandem **2.** (*di atleti*) duo; **lavorare in ~** *fig* to work as a pair

tanfo ['tan·fo] *m* stink

tangente [tan·'dʒɛn·te] **I.** *adj* tangential **II.** *f* **1.** (*retta*) tangent **2.** (*bustarella*) bribe; (*pizzo*) protection money

tangentopoli [tan·dʒen·'tɔ:·po·li] <-> *f* Tangentopoli

Tangentopoli (city of bribes) was the name given by journalists to the corruption scandal of the early 1990s which involved numerous politicians, government ministers, high-profile industrialists and businessmen. Judicial investigations uncovered an extensive network of bribery, paid for from both private and public funds. The scandal emerged in Milan, and the city was therefore known as **Tangentopoli**.

tangenziale [tan·dʒen·'tsia:·le] **I.** *adj* MAT tangential **II.** *f* (*strada*) bypass
tanghero ['taŋ·ge·ro] *m* bumpkin
tangibile [tan·'dʒi:·bi·le] *adj* (*manifesto: miglioramento, prova*) tangible
tango ['taŋ·go] <-ghi> *m* tango
tanica ['ta:·ni·ka] <-che> *f* (*recipiente*) jerrycan
tannino [tan·'ni:·no] *m* tannin
tantino [tan·'ti:·no] *adv* un ~ a little
tanto ['tan·to] **I.** *adv* **1.** (*molto: con aggettivo*) very; (*con verbo*) so much; **ti ringrazio ~** thank you so much; **~ meno** still less; **~ meglio** so much the better **2.** (*così*) so; **~ ... che ...** +*indicativo*, **~ ... da ...** +*inf* so ... that **3.** (*altrettanto*) **~ ... quanto ...** as much ... as **4.** (*soltanto*) **una volta ~** once in a while; **~ per cambiare** just for a change; **~ per fare qualcosa** just to pass the time; **dicevo così, ~ per scherzare** I said it just as a joke **II.** *conj* after all; **~ è lo stesso** but it doesn't matter
tanto, -a I. *adj* **1.** (*così molto, così grande*) so much; **~ ... che ...** +*indicativo* so much ... that; **~ ... da ...** +*inf* enough ... to **2.** *pl* (*in numero così grande*) so many; **-i ... che ...** +*indicativo*, **-i ... da ...** +*inf* so many ... that **3.** (*molto grande*) **ho -a fame** I'm so hungry; **non ho ~ tempo** I don't have much time **4.** *pl* (*molto numerosi*) **c'erano -e persone** there were such a lot of people; **non ho trovato -i errori** I didn't find (very) many mistakes; **-i saluti** best wishes; **-e grazie** many thanks; **-e volte** so many times **5.** (*altrettanto*) **~ ... quanto ...** as much ... as ...; **-i ... quanti ...** the same number of ... as ... **6.** *pl* (*distributivo*) **ogni -e/-i** every so many; **ogni -e settimane** every so many weeks **7.** (*ellittico*) so much; **spende ~ in abbigliamento** she spends a fortune on clothes; **ti ci vuole ancora ~?** will you be long?; **oggi non ho ~ da fare** I don't have much to do today; **da ~ for ages**; **di ~ in ~** once in a while; **ogni ~** every so often; **a dir ~** if that **II.** *pron* **1.** (*molto*) a lot; **quel ~ che basta** as much as is needed **2.** *pl* (*molti*) (so) many **3.** (*quantità indeterminata*) some; **~ vale che tu rimanga** you may as well stay; **non più che ~** not much; **guardare con ~ d'occhi** to gaze wide-eyed **4.** *pl* (*numero indeterminato*) some **5.** *pl* (*molte persone*) **-i** many people
tapino, -a [ta·'pi:·no] **I.** *adj* miserable **II.** *m, f* wretch
tapiro [ta·'pi:·ro] *m* tapir
tapis roulant [ta·'pi ru·'lã] <-> *m* moving sidewalk
tappa ['tap·pa] *f* **1.** (*sosta*) stop **2.** (*percorso,*

momento decisivo) A. SPORT stage; **bruciare le -e** *fig* to get somewhere fast
tappabuchi [tap·pa·'bu:·ki] <-> *m* stopgap
tappare [tap·'pa:·re] *vt* (*buco*) to stop up; (*bottiglia*) to cork; **~ la bocca a qu** *fig* to shut sb up; **~ un buco** *fig* to fill a hole; **-rsi il naso** to hold one's nose; **-rsi le orecchie** *fig* to turn a deaf ear
tapparella [tap·pa·'rɛl·la] *f* rolling shutter
tappetino [tap·pe·'ti:·no] *m* COMPUT mouse pad
tappeto [tap·'pe:·to] *m* **1.** (*per pavimenti*) carpet; **~ persiano** Persian carpet; **a ~** *fig* blanket **2.** (*per tavoli*) cloth; **~ verde** *fig* gaming table **3.** SPORT (*nel pugilato*) canvas; **mandare qu al ~** to knock sb down
tappezzare [tap·pet·'tsa:·re] *vt* **1.** (*con carta da parati*) to paper; **~ i muri di qc** to cover the walls with sth **2.** (*poltrona, divano*) to cover
tappezzeria [tap·pet·tse·'ri:·a] <-ie> *f* **1.** (*per pareti*) wallpaper; **fare ~** *fig* to be a wallflower **2.** A. AUTO (*per poltrone, tecnica*) upholstery
tappezziere, -a [tap·pet·'tsiɛ:·re] *m, f* upholsterer
tappo ['tap·po] *m* **1.** (*turacciolo*) stopper; (*di sughero*) cork; **~ a corona** bottle top; **~ a vite** screw top **2.** *scherz* (*persona piccola*) shorty
TAR [tar] *m abbr di* **Tribunale Amministrativo Regionale** *regional administrative court;* **fare ricorso al ~** to appeal to the TAR
tara ['ta:·ra] *f* **1.** (*peso*) tare **2.** (*malattia*) defect; **~ ereditaria** hereditary defect **3.** *fam* (*difetto*) flaw
tarantella [ta·ran·'tɛl·la] *f* tarantella
Tarantino <*sing*> *m* Taranto area; **nel ~** in the Taranto area
tarantino, -a [ta·ran·'ti:·no] **I.** *adj* from Taranto **II.** *m, f* (*abitante*) person from Taranto
Taranto [ta·'ran·to] *f* Taranto, *city in the southeast of Italy*
tarantola [ta·'ran·to·la] *f* (*ragno*) tarantula
tarare [ta·'ra:·re] *vt* **1.** (*recipiente*) to tare **2.** (*strumento*) to calibrate
tarato, -a [ta·'ra:·to] *adj* **1.** (*mentalmente*) crazy **2.** (*strumento*) calibrated
taratura [ta·ra·'tu:·ra] *f* (*di strumento*) calibration
tarchiato, -a [tar·'kia:·to] *adj* stocky
tardare [tar·'da:·re] **I.** *vi* **1.** (*arrivare tardi*) to be late **2.** (*indugiare*) **~ a rispondere** to delay replying; **~ a venire** to delay coming **3.** (*in consegna, pagamento*) to delay **II.** *vt* to delay
tardi ['tar·di] *adv* late; **far ~** to be late; **più ~** later; **a più ~!** see you later!; **sul ~** quite late; **al più ~** at the latest; **ieri sera ho fatto ~** I stayed out late last night; **chi ~ arriva male alloggia** *prov* first come first served *prov*
tardivo, -a [tar·'di:·vo] *adj* **1.** (*pianta, primavera*) late **2.** (*scusa, rimedio*) belated **3.** (*persona*) slow
tardo, -a ['tar·do] *adj* **1.** (*rinascimento, serata*) late **2.** *a. pej* (*lento: reazione, persona*) slow

T

tardona [tar·'do:·na] *f scherz* all that glitters is not gold

targa ['tar·ga] <-ghe> *f* (*su porta, tomba*) plate; (*di veicolo*) license plate

targato, -a [tar·'ga:·to] *adj* with the license plate; **la vettura -a AT 405 FR** the car with the license plate AT 405 FR

target ['tar·git/'tar·get] <-> *m* COM (*consumatori*) target market; (*vendite*) sales target

targhetta [tar·'get·ta] *f* plate

tariffa [ta·'rif·fa] *f* rate; **~ ordinaria** regular rate; **~ ridotta** reduced rate; **~ telefonica** phone rates *pl*

tariffario [ta·rif·'fa:·rio] <-i> *m* price list; (*di professionista*) scale of fees

tarlare [tar·'la:·re] **I.** *vt* (*legno*) to make holes in, *woodworm;* (*tessuto*) to make holes in, *moths* **II.** *vi:* **-rsi** (*legno*) to have woodworm; (*tessuto*) to be moth-eaten

tarlo ['tar·lo] *m* **1.** ZOOL woodworm **2.** *fig* **essere roso dal ~ del dubbio** to be racked with doubt

tarma ['tar·ma] *f* moth

taroccare [ta·rok·'ka:·re] *vi sl* (*falsificare*) to fake

tarpare [tar·'pa:·re] *vt* **~ le ali a qu/qc** to clip the wings of sb/sth

tartagliare [tar·ta·'λa:·re] **I.** *vt* to stammer **II.** *vi* to stammer

tartaro ['tar·ta·ro] *m* tartar

tartaro, -a [tar·'ta:·to] **I.** *adj* tartar; **salsa -a** tartar sauce **II.** *m, f* Tartar

tartaruga [tar·ta·'ru:·ga] <-ghe> *f* **1.** ZOOL turtle; **camminare a passo di ~** to walk at a snail's pace **2.** (*materiale*) tortoiseshell

tartassare [tar·tas·'sa:·re] *vt* (*strapazzare*) to maltreat; **~ uno strumento musicale** to murder a musical instrument; **~ qu a un esame** to give sb a grilling

tartina [tar·'ti:·na] *f* canapé

tartufo [tar·'tu:·fo] *m* truffle

Every fall in the misty Langhe region, men and dogs set out in search of the **tartufo bianco** (white truffle) of Alba, one of the most highly prized delicacies of Italian cuisine. It is an ingredient in Piedmontese fondue, and is eaten with tagliatelle, polenta and many other dishes, accompanied for preference with one of the great red wines of the area, *barolo, dolcetto,* or even *barbera.* The **tartufo** is a fungus that lives underground whose fruit, in the form of a tuber, consists of a fleshy mass and whose color, perfume, and flavor depend on the tree with which it lives symbiotically, principally poplar, lime, oak, and willow.

tasca ['tas·ka] <-sche> *f* **1.** (*nei vestiti*) pocket; **conoscere qc come le proprie -sche** to know sth like the back of one's hand; **fare i conti in ~ a qu** to try to work out how much sb is worth; **starsene con le mani in ~** *fig* to be idle; **ne ho piene le -sche** *fam* I've had it up to here; **non me ne viene nulla in ~** I'm not going to get anything out of it **2.** (*di borsa, valigia*) pocket

tascabile [task·'ka:·bi·le] **I.** *adj* (*libro, edizione*) pocket; **computer ~** palmtop **II.** *m* (*libro*) paperback

tascapane [task·ka·'pa:·ne] <-> *m* haversack

taschino [task·'ki:·no] *m* (*di giacca, camicia*) breast pocket; (*di gilet, pantaloni*) small pocket

tassa ['tas·sa] *f* **1.** (*su un servizio*) tax; **~ di circolazione** road tax; **~ sul consumo** indirect tax; **~ di soggiorno** tourist tax; **-e scolastiche** school fees; **esente da -e** tax exempt; **soggetto a -e** taxable **2.** *pl, fam* (*imposte*) taxes

tassabile [tas·'sa:·bi·le] *adj* taxable

tassametro [tas·'sa:·met·ro] *m* (*di taxi*) taximeter; **~ di parcheggio** parking meter

tassare [tas·'sa:·re] *vt* (*reddito, servizio*) to tax

tassativamente [tas·sa·ti·va·'men·te] *adv* without fail; **è ~ vietato fumare** smoking is strictly prohibited

tassativo, -a [tas·sa·'ti:·vo] *adj* absolute

tassazione [tas·sat·'tsio:·ne] *f* (*imposizione di una tassa*) taxation

tassello [tas·'sɛl·lo] *m* **1.** (*pezzetto di legno*) plug **2.** *fig* (*elemento*) piece

tassì [tas·'si] <-> *m* taxi

tassista [tas·'sis·ta] <-i *m*, -e *f*> *mf* taxi driver

tasso ['tas·so] *m* **1.** (*gener*) rate; **~ di mortalità/natalità** death/birth rate; **~ d'interesse/di sconto** interest/discount rate; **~ d'inflazione** rate of inflation; **-i di conversione** conversion rates **2.** ZOOL badger **3.** (*arbusto, legno*) yew

tastare [tas·'ta:·re] *vt* to feel; **~ il polso a qu** to take sb's pulse; *fig* to sound sb out; **~ il terreno** *fig* to get the lay of the land

tastiera [tas·'tiɛ:·ra] *f* **1.** (*di computer, pianoforte*) keyboard; **telefono a ~** touch-tone phone **2.** (*di chitarra*) fingerboard **3.** (*strumento*) keyboards *pl*

tastierino *m* **~ numerico** (*di computer*) numeric keypad

tasto ['tas·to] *m* **1.** (*di computer, pianoforte*) key; **tasti di scelta rapida** hot keys **2.** (*di telefono, software*) button **3.** MUS (*di chitarra*) fret **4.** (*prelievo*) sample

tastoni [tas·'to:·ni] *adv* feeling one's way; **procedere a ~** *fig* to feel one's way forward

TAT *m abbr di* **Tariffa A Tempo** *rate for phone calls based on their duration*

tattica ['tat·ti·ka] <-che> *f* tactics *pl*

tattico, -a ['tat·ti·ko] <-ci, -che> *adj* tactical

tattile [tat·'ti:·le] *adj* tactile

tatto ['tat·to] *m* **1.** (*senso*) touch **2.** *fig* tact; **mancanza di ~** tactlessness

tatuaggio [ta·tu·'ad·dʒo] <-ggi> *m* tattoo

tatuare [t·tu·'aː·re] *vt* to tattoo

taurino, -a [tau·'riː·no] *adj* bull-like; **forza -a** bull-like strength

taverna [ta·'vɛr·na] *f* tavern

tavola ['taː·vo·la] *f* 1. (*mobile*) table; ~ **allungabile** extendable table; ~ **calda** diner, *serving hot food;* ~ **fredda** diner, *serving cold food;* **mettersi a** ~ to sit down to eat; **mettere le carte in** ~ *fig* to put one's cards on the table; **portare in** ~ to put on the table; **il pranzo è in** ~ lunch is on the table 2. (*asse*) board; (*lastra*) plate; (*piastra*) slab; ~ **da surf** surfboard 3. (*pittura*) painting, *on wood;* (*illustrazione*) plate 4. (*tabella*) table; ~ **periodica** periodic table

tavolata [ta·vo·'laː·ta] *f* (*commensali*) group at table

tavoletta [ta·vo·'let·ta] *f* 1. (*assicella*) board 2. (*pezzo rettangolare*) bar; ~ **di cioccolata** bar of chocolate 3. *fam* (*a tutta velocità*) **andare a** ~ to go flat out

tavoliere [ta·vo·'liɛː·re] *m* (*da gioco*) gaming table; (*del biliardo*) pool table

tavolino [ta·vo·'liː·no] *m* (*piccolo tavolo*) (small) table; **lavoro di** ~ *fig* desk work; **a** ~ *fig* in theory

tavolo ['taː·vo·lo] *m* table; ~ **da disegno** drawing board; ~ **da stiro** ironing board; ~ **delle trattative** negotiating table

tavolozza [ta·vo·'lɔt·tsa] *f* palette

taxi ['tak·si] <-> *m* taxi

tazza ['tat·tsa] *f* cup; **una** ~ **da caffè** a coffee cup; **una** ~ **di caffè** a cup of coffee

tazzina [tat·'tsi·na] *f* (*per caffè*) espresso cup

tbc, TBC *m abbr di* **tubercolosi** MED TB

te [te] *pron 2. pers sing* 1. (*complemento oggetto*) you; **ho visto solo** ~ I only saw you; **hanno cercato** ~ **e non me** they were looking for you, not me 2. (*complemento di termine*) you; **lo ha regalato a** ~ he gave it to you; ~ **l'avevo detto** I had told you; **ricordatelo** remember that 3. (*con preposizione*) you; **vengo con** ~ I'll come with you; **c'è posta per** ~? is there any post for you? 4. (*con funzione di soggetto e nelle comparazioni, esclamazioni*) you; **lo dici** ~! you're a fine one to talk!; **povero** ~! (you) poor thing!; **ne so quanto** ~ I know as much about it as you do 5. (*davanti a lo, la, li, le, ne*) v. **ti**

tè [tɛ] <-> *m* tea; **bustina di** ~ tea bag; **biscotti da** ~ tea biscuit

teatino, -a [te·a·'tiː·no] I. *adj* 1. (*di Chieti*) from Chieti 2. (*dell'ordine dei monaci*) Theatine; **padre** ~ Theatine father II. *m, f* (*abitante*) person from Chieti

teatrale [te·a·'traː·le] *adj* 1. (*di, da teatro*) theater 2. *fig* theatrical

teatralità [te·a·tra·li·'ta] <-> *f* (*esagerazione*) theatricality

teatro [te·'aː·tro] *m a. fig* theater; ~ **all'aperto** open-air theater; ~ **di posa** movie studio; ~ **di prosa** theater; ~ **lirico** opera

The **Teatro alla Scala**, Milan was built on the site of the ancient church of Santa Maria della Scala and opened in 1778 with a production of Antonio Salieri's "L'Europa riconosciuta". It was badly damaged by bombing in 1943, but restored and reopened in 1946 with a concert conducted by Arturo Toscanini. It closed for restoration and modernization at the end of 2001 and reopened to the public in December 2004 with the same opera by Salieri that had inaugurated the theater 226 years earlier. The Scala is known as an opera house all over the world, but it is also the home of a world-class ballet company.

teatro-tenda [te·'aː·tro 'tɛn·da] *m* marquee, *used for performances*

teca ['tɛː·ka] <-che> *f* (*vetrina*) display case

tecnica ['tɛk·ni·ka] <-che> *f* (*norme*) technology; (*sistema*) technique; ~ **delle comunicazioni** communication technology

tecnico ['tɛk·ni·ko] <-ci> *m* technician

tecnico, -a <-ci, -che> *adj* technical; **linguaggio** ~ technical language; **termine** ~ technical term; (**assistente**) **tecnico sanitario** medical technician, *with a degree*

tecnocratico, -a [tek·no·'kraː·ti·ko] <-ci, -che> *adj* technocratic

tecnocrazia [tek·no·kra·'tsiː·a] <-ie> *f* technocracy

tecnofibra [tek·no·'fiː·bra] *f* hi-tech fiber

tecnohouse [tek·nɔ·'haus] *f* MUS techno house

tecnologia [tek·no·lo·'dʒiː·a] <-gie> *f* technology; **alta** ~ high technology; **-gie dolci** soft technologies

tecnologico, -a [tek·no·'lɔː·dʒi·ko] *adj* technological

tedesco [te·'des·ko] <sing> *m* (*lingua*) German

tedesco, -a <-schi, -sche> I. *adj* German; **la Repubblica Federale Tedesca** the Federal Republic of Germany II. *m, f* German

tediare [te·'diaː·re] *vt* 1. (*annoiare*) to bore 2. (*seccare*) to annoy

tedio ['tɛː·dio] <-i> *m* 1. (*noia*) boredom 2. (*fastidio*) annoyance

tedioso, -a [te·'dioː·so] *adj* 1. (*noioso*) boring 2. (*fastidioso*) annoying

tegame [te·'gaː·me] *m* skillet

teglia ['teʎ·ʎa] <-glie> *f* (*per arrostire*) roasting pan; (*per dolci*) cake pan

tegola ['teː·go·la] *f* (roof) tile; ~ **in testa** *fig* shock

teiera [te·'iɛː·ra] *f* teapot

teina [te·'i·na] *f* theine

tela ['teː·la] *f* 1. (*tessuto*) cloth; ~ **di canapa** hemp cloth; ~ **cerata** waxed cloth; ~ **di cotone** cotton cloth; ~ **di lino** linen cloth; ~ **di ragno** cobweb 2. (*dipinto*) canvas

T

telaio [te·'la:·io] <-ai> m 1.(per tessitura) loom 2.(di finestra) frame; (di auto) chassis; (di letto) base

tele ['tɛ:·le] <-> I. f fam (televisione) TV II. m (teleobiettivo) telephoto lens

teleabbonato, -a [te·le·ab·bo·'na:·to] m, f television license holder

telebanking [te·le·'bɛn·king] <-> m home banking

telecamera [te·le·'ka:·me·ra] f television camera

Telecom [te·le·kom] f ~ Italia Italian national phone company

telecomandare [te·le·ko·man·'da:·re] vt to operate by remote control

telecomando [te·le·ko·'man·do] m remote control

telecomunicare [te·le·ko·mu·ni·'ka:·re] vt to communicate over distance

telecomunicazione [te·le·ko·mu·ni·kat·'tsio:·ne] f telecommunication

teleconferenza [te·le·kon·fe·'rɛn·tsa] f teleconference

telecontrollare [te·le·kon·trol·'la:·re] vt to operate by remote control

telecontrollo [te·le·kon·'trɔl·lo] m remote control

telecronaca [te·le·'krɔ:·na·ka] f television report

telecronista [te·le·kro·'nis·ta] mf television reporter

telediffusione [te·le·dif·fu·'zio:·ne] f broadcasting

teleelaborazione [te·le·e·la·bo·rat·'tsio:·ne] f teleprocessing

telefax ['te:·le·faks] <-> m fax

teleferica [te·le·'fɛ:·ri·ka] <-che> f cableway

telefilm [te·le·'film] m TV film

telefonare [te·le·fo·'na:·re] I. vt to call II. vi (fare una o più chiamate) to call; ~ a qu to call sb; mi fai telefonare? can you ask him [o her] [o them] to call me?; posso telefonare? can I make a phone call?

telefonata [te·le·fo·'na:·ta] f phone call; ~ interurbana long distance phone call; ~ urbana local phone call; fare una ~ a qu to call sb; posso fare una telefonata? can I make a phone call?; scusi posso fare una telefonata urbana? excuse me, could I make a local phone call?

telefonia [te·le·fo·'ni:·a] f ~ fissa landline telephony; ~ mobile mobile telephony

telefonico, -a [te·le·'fɔ:·ni·ko] <-ci, -che> adj phone; scheda -a phone card; cabina ~ phone booth; elenco ~ phone book

telefonino [te·le·fo·'ni:·no] m cellphone

telefono [te·'lɛ:·fo·no] m phone; ~ amico hotline for people with psychological problems; ~ azzurro hotline for reporting child abuse; ~ cellulare cellphone; ~ a scheda magnetica card-operated phone; bolletta del ~ phone bill; ~ senza filo cordless phone; dare un colpo di ~ a qu fam to call sb

telefoto [te·le·'fɔ:·to] f 1.(sistema) telephotography 2.(fotografia) telephotograph

telegiornale [te·le·dʒor·'na:·le] m (television) news

telegrafare [te·le·gra·'fa:·re] vt, vi to telegraph

teleguida [te·le·'gui:·da] f radio control

teleguidare [te·le·gui·'da:·re] vt to operate by radio control

telelavorare [te·le·la·vo·'ra:·re] vi COMPUT to telecommute

telematica [te·le·'ma:·ti·ka] <-che> f telematics

telematico, -a [te·le·'ma:·ti·ko] <-ci, -che> adj telematic; giornale ~ COMPUT e-newspaper

telemedicina [te·le·me·di·'tʃi:·na] f e-medicine

telenovela [te·le·no·'vɛ·la] f Latin American soap opera

teleobiettivo [te·le·o·biet·'ti:·vo] m telephoto lens

telepass® [te·le·'pas] m electronic transponder for use on toll roads

telepatia [te·le·pa·'ti:·a] <-ie> f telepathy

telepilotare [te·le·pi·lo·'ta:·re] vt to operate by radio control

telepromozione [te·le·pro·mot·'tsio:·ne] f TV television advertising

telequiz [te·le·'kui:ts] m game show

teleriscaldamento [te·le·ris·kal·da·'men·to] m district heating

teleromanzo [te·le·ro·'man·dzo] m miniseries

teleschermo [te·les·'ker·mo/te·les·'kɛr·mo] m television screen

telescopico, -a [te·les·'kɔ:·pi·ko] <-ci, -che> adj telescopic

telescopio [te·les·'kɔ:·pio] <-i> m telescope

teleselezione [te·le·se·let·'tsio:·ne] f direct dialing

telespettatore, -trice [te·les·pet·ta·'to:·re] m, f viewer

teletex [te·le·'tɛks] <-> m teletex

teletext [te·le·'tɛkst] <-> m teletext®

teletrasmettere [te·le·traz·'met·te·re] <irr> vt to televise

teleutente [te·leu·'tɛn·te] mf television subscriber

televendita [te·le·'ven·di·ta] f teleshopping

televideo [te·le·'vi:·deo] <-> m system of teletext used in Italy

televisione [te·le·vi·'zio:·ne] f 1.(sistema) television; ~ via cavo cable television 2. fam (televisore) television; ~ a colori color television

Italian **television** consists of three public channels (RAIUNO, RAIDUE, RAITRE) and numerous private channels, most of them local or regional. The three most important private channels (Canale5, Italia1, Rete4) broadcast nationwide and belong to Mediaset, which is controlled by Silvio Berlusconi.

RAI, as a state-owned company, is run by the *Communications Minister.*

tellurico, -a [tel·'lu:·ri·ko] <-ci, -che> *adj* telluric

telo ['te:·lo] *m* piece of cloth; ~ **da bagno** beach towel; ~ **da salvataggio** safety blanket

telone [te·'lo:·ne] *m* **1.** (*copertura*) tarpaulin **2.** (*sipario*) safety curtain

tema ['tɛ·ma] <-i> *m* **1.** (*argomento*) subject; **andare fuori** ~ to wander off the subject **2.** (*componimento scolastico*) essay **3.** LING theme

tematica [te·'ma:·ti·ka] <-che> *f* themes *pl*

tematico, -a [te·'ma:·ti·ko] <-ci, -che> *adj* thematic

temerarietà [te·me·ra·rie·'ta] <-> *f* recklessness

temerario, -a [te·me·'ra:·rio] <-i, -ie> I. *adj* reckless II. *m, f* (*persona sconsiderata*) reckless person

temere [te·'me:·re] I. *vt* **1.** (*avere paura di*) to be afraid of **2.** (*non sopportare*) **questa pianta teme il freddo** this plant can't stand the cold II. *vi* **1.** (*essere preoccupato*) ~ **per qu/qc** to worry about sb/sth; **non** ~**!** don't worry! **2.** (*diffidare di*) ~ **di qu/qc** to distrust sb/sth

temibile [te·'mi:·bi·le] *adj* fearsome

tempario [tem·'pa·rio] *m manual showing the times different jobs should take*

temperalapis, temperamatite [tem·pe·ra·'la:·pis, tem·pe·ra·ma·'ti:·te] <-> *m* pencil sharpener

temperamento [tem·pe·ra·'men·to] *m* (*indole*) temperament

temperante [tem·pe·'ran·te] *adj* moderate

temperare [tem·pe·'ra:·re] *vt* **1.** (*gener*) to temper **2.** (*matita*) to sharpen

temperato, -a [tem·pe·'ra:·to] *adj* **1.** (*gener*) moderate **2.** (*clima*) temperate

temperatura [tem·pe·ra·'tu:·ra] *f* temperature; ~ **in aumento** rising temperature; ~ **in diminuzione** falling temperature; ~ **ambiente** room temperature; ~ **di ebollizione** boiling point; **sbalzo di** ~ sudden fall/rise in temperature

temperino [tem·pe·'ri:·no] *m* **1.** (*per matite*) sharpener **2.** (*coltello*) penknife

tempesta [tem·'pɛs·ta] *f* (*bufera*) storm; **c'è aria di** ~ *fig* there's a storm brewing

tempestare [tem·pes·'ta:·re] I. *vt* ~ **qu di qc** to bombard sb with sth II. *vi* (*impersonale*) **tempestava** a storm was raging

tempestato, -a [tem·pes·'ta:·to] *adj* ~ **di qc** (*diamanti*) smothered in sth

tempestina [tem·pes·'ti:·na] *f* CULIN *small cylindrical pasta for soup*

tempestività [tem·pes·ti·vi·'ta] <-> *f* timeliness

tempestivo, -a [tem·pes·'ti:·vo] *adj* timely

tempestoso, -a [tem·pes·'to:·so] *adj* **1.** (*cielo,*

mare) stormy **2.** (*pensieri*) agitated **3.** (*vita*) eventful.

tempia ['tɛm·pia] <-ie> *f* ANAT temple

tempio ['tɛm·pio] <-i *o* templi> *m* temple

tempismo [tem·'piz·mo] *m* (good) timing

templi ['tɛm·pli] *pl di* **tempio**

tempo ['tɛm·po] *m* **1.** (*gener*) time; ~ **libero** free time; ~ **reale** real time; **ammazzare il** ~ to kill time; **dar** ~ **al** ~ to let things run their course; **ai miei -i** in my day; **a** ~ **pieno** full time; **in** [*o* **per**] ~ in time; **in un primo** ~ at first; **un** ~ once; ~ **fa** a while ago; **con i -i che corrono** these days; **quanto** ~**?** how long?; **il** ~ **è denaro** [*o* **moneta**] *prov* time is money; **chi ha** ~ **non aspetti** ~ *prov* there's no time like the present **2.** METEO weather; **previsioni del** ~ weather forecast; ~ **da cani** [*o* **da lupi**] terrible weather; **fare il buono e il cattivo** ~ *fig* to be the boss **3.** LING tense **4.** MUS time; **andare a** ~ to keep time; **andare fuori** ~ to be out of time; **a** ~ **di valzer** waltz time **5.** (*di motore*) stroke **6.** (*di partita*) half; **-i supplementari** extra time **7.** (*di spettacolo*) part

temporale [tem·po·'ra:·le] I. *adj* **1.** A. ANAT temporal **2.** REL, POL worldly; **il potere** ~ earthly power **3.** LING time II. *m* METEO storm

temporalesco, -a [tem·po·ra·'les·ko] <-schi, -sche> *adj* stormy

temporaneo, -a [tem·po·'ra:·neo] *adj* (*provvisorio*) temporary

temporeggiare [tem·po·red·'dʒa:·re] *vi* (*prendere tempo*) to play for time

tempra ['tɛm·pra] *f* **1.** (*di vetro, metallo*) temper **2.** (*di persona*) constitution

temprare [tem·'pra:·re] *vt* **1.** (*vetro, metallo*) to temper; **acciaio temprato** tempered steel **2.** (*persona, carattere*) to strengthen

tenace [te·'na:·tʃe] *adj* **1.** (*resistente: filo, colore*) tough; (*duro: legno*) hard **2.** (*persona*) tenacious; (*odio, avversione*) strong

tenacia [te·'na:·tʃa] <-cie> *f* tenacity

tenaglia [te·'naʎ·ʎa] *f* **1.** TEC **un paio di -e** a pair of pliers **2.** *fam* (*chele: di granchio, aragosta*) pincers

tenda ['tɛn·da] *f* **1.** (*per finestre*) curtain **2.** (*per negozi, balconi*) awning **3.** (*da campeggio*) tent; **levare le -e** *fig* to hit the road **4.** MED ~ **a ossigeno** oxygen tent

tendenza [ten·'dɛn·tsa] *f* **1.** (*propensione*) tendency; **avere** ~ **a fare qc** to tend to do sth **2.** (*orientamento*) trend

tendenziosità [ten·den·tsio·si·'ta] <-> *f* tendentiousness

tendenzioso, -a [ten·den·'tsio:·so] *adj* tendentious

tendere ['tɛn·de·re] <tendo, tesi, teso> I. *vt* **1.** (*fune*) to tighten; (*lenzuolo*) to spread out; (*muscoli*) to stretch; ~ **un tranello** to set a trap **2.** (*mano*) to hold out; (*braccio*) to stretch out; ~ **l'orecchio** *fig* to prick up one's ears II. *vi* **1.** (*aspirare*) ~ **a qc** to aim toward sth **2.** (*propendere*) ~ **a qc** to tend toward sth; **un**

T

giallo che tende all'arancione an orangy yellow

tendina [ten·'di:·na] *f* (*per finestre*) curtain

tendine ['tɛn·di·ne] *m* tendon

tendinite [ten·di·'ni:·te] *f* tendonitis

tendone [ten·'do:·ne] *m* (*copertura*) (big) tent; (*di circo*) big top

tendopoli [ten·'dɔ:·po·li] <-> *f* tented camp, *for disaster victims*

tenebre ['tɛ:·ne·bre] *f* 1. *pl* (*buio*) darkness 2. (*ignoranza*) ignorance

tenebroso, -a [te·ne·'bro:·so] *adj* 1. (*buio: notte, stanza*) dark 2. (*schivo: persona*) mysterious

tenente [te·'nɛn·te] *m* lieutenant

tenere [te·'ne:·re] <tengo, tenni, tenuto> I. *vt* 1. (*in mano, in braccio*) to hold; (*non lasciar sfuggire*) to hold onto; **ecco il resto: tenga!** here's your change 2. (*mantenere*) to keep; ~ **la finestra aperta** to keep the window open; ~ **il posto a qu** to keep sb's seat; ~ **la lingua a freno** to hold one's tongue; ~ **a mente qc** to bear sth in mind; ~ **le distanze** *fig* to keep one's distance; ~ **una promessa** to keep a promise; **-rsi buono qu** to keep sb sweet; ~ **qc da conto** to take care of sth; ~ **la destra/sinistra** to keep to the right/left 3. (*contenere*) to hold 4. (*discorso, conferenza*) to give; (*riunione*) to hold; **la riunione si terrà domani mattina** the meeting will take place tomorrow morning 5. *fig* (*occupare*) to take up; (*dominare*) to hold; ~ **banco** *fig* to hold the stage 6. (*loc*) ~ **conto di qc** to bear sth in mind; ~ **compagnia a qu** to keep sb company; ~ **d'occhio qu** to keep an eye on sb; **l'auto tiene bene la strada** the car handles the road well II. *vi* 1. (*reggere: scaffale*) to hold up; (*colla*) to stick; ~ **duro** *fam* (*resistere*) to hang on 2. (*dare importanza*) ~ **a qc** to care about sth; **tengo a ... +inf** I would like to ... 3. (*parteggiare*) ~ **per qu** to be on sb's side; ~ **per una squadra** to support a team III. *vr*: **-rsi** 1. (*reggersi*) to hold on 2. (*mantenersi*) to keep; **tenersi a distanza da qc** to keep one's distance from sth; **tenersi aggiornato** to keep up to date; ~ **pronto** to be ready; **-rsi in piedi** to stand up 3. (*trattenersi*) to keep oneself; **-rsi dal ridere** to keep oneself from laughing 4. (*attenersi*) **-rsi a qc** to stick to sth

tenerezza [te·ne·'ret·tsa] *f* tenderness; **un bambino che fa** ~ a sweet baby

tenero ['tɛ:·ne·ro] *m* 1. (*parte tenera*) tender part 2. (*sentimento*) feelings *pl;* **tra quei due c'è del** ~ those two have feelings for each other

tenero, -a *adj* 1. (*morbido: carne*) tender; (*legno, pietra*) soft 2. (*affettuoso: sguardo, parole*) tender; (*non severo: madre, padre*) soft; **che** ~! how sweet! 3. (*giovane*) **in -a età** at a tender age

tengo ['tɛŋ·go] *1. pers sing pr di* **tenere**

tenia ['tɛ:·nia] <-ie> *f* (*verme*) tapeworm

tenni ['ten·ni] *1. pers sing pass rem di* **tenere**

tennis ['tɛn·nis] <-> *m* tennis; ~ **da tavolo** table tennis

tennista [ten·'nis·ta] <-i *m*, -e *f*> *mf* tennis player

tennistico, -a [ten·'nis·ti·ko] <-ci, -che> *adj* tennis

tenore [te·'no:·re] I. *adj* tenor; **sax** ~ tenor sax II. *m* 1. MUS tenor 2. (*tasso, contenuto*) content 3. (*modo*) way 4. (*tono*) tone; ~ **di vita** standard of living

tensione [ten·'sio:·ne] *f* tension; **alta/bassa** ~ high/low tension; **in casa mia c'è un po' di** ~ things are a bit tense at home

tentabile [ten·'ta:·bi·le] *adj* worth trying; **tentare il** ~ to do what one can

tentacolo [ten·'ta:·ko·lo] *m a. fig* tentacle

tentare [ten·'ta:·re] *vt* 1. (*provare*) to try; ~ **di fare qc** to try to do sth 2. (*allettare*) to tempt

tentativo [ten·ta·'ti:·vo] *m* (*prova*) attempt

tentatore, -trice [ten·ta·'to:·re] I. *adj* tempting II. *m, f* tempter *m*, temptress *f*

tentazione [ten·tat·'tsio:·ne] *f* temptation; **indurre qu in** ~ to lead sb into temptation

tentennamento [ten·ten·na·'men·to] *m* (*indecisione*) hesitation

tentennare [ten·ten·'na:·re] I. *vt* (*testa*) to shake II. *vi* 1. (*dente, tavolo*) to wobble 2. (*esitare*) to waver

tentone, tentoni [ten·'to:·ne, ten·'to:·ni] *adv* 1. (*alla cieca*) (**a**) ~ feeling one's way; **camminare** (**a**) ~ to feel one's way 2. (*a caso*) (**a**) ~ haphazardly

tenue ['tɛ:·nue] *adj* 1. (*colore*) soft 2. (*speranza, luce*) faint; (*voce*) feeble

tenuta [te·'nu:·ta] *f* 1. (*azione*) handling; ~ **di strada** road handling 2. TEC sealing; **a** ~ **d'acqua** watertight; **a** ~ **stagna** hermetic 3. (*podere agricolo*) estate 4. (*abito: da lavoro*) clothes *pl;* (*uniforme*) uniform 5. (*resistenza: di atleta*) stamina

tenuto, -a [te·'nu:·to] I. *pp di* **tenere** II. *adj* (*obbligato*) **essere** ~ **a fare qc** to be obliged to do sth

teologia [te·o·lo·'dʒi:·a] <-gie> *f* theology

teologico, -a [te·o·'lɔ:·dʒi·ko] <-ci, -che> *adj* theological

teologo, -a [te·'ɔ:·lo·go] <-ghi, -ghe> *m, f* theologian

teorema [te·o·'rɛ:·ma] <-i> *m* theorem

teoretico, -a [te·o·'rɛ:·ti·ko] <-ci, -che> *adj* theoretical

teoria [te·o·'ri:·a] <-ie> *f* theory; **in** ~ in theory

teorico, -a [te·'ɔ:·ri·ko] <-ci, -che> I. *adj* theoretical II. *m, f* theorist

teorizzare [te·o·rid·'dza:·re] *vi* to theorize

tepore [te·'po:·re] *m* warmth

teppa ['tep·pa] *f* BOT moss

teppaglia [tep·'paʎ·ʎa] <-glie> *f pej* rabble

teppismo [tep·'piz·mo] *m* (*comportamento*) hooliganism

teppista [tep·'pis·ta] <-i *m*, -e *f*> *mf* hooligan

Teramano <*sing*> *m* Teramo area; **nel** ~ in the Teramo area

teramano, -a [te·ra·'ma:·no] I. *adj* from Teramo II. *m*, *f* (*abitante*) person from Teramo

Teramo *f* Teramo, *town in southeastern Italy*

terapeuta [te·ra·'pɛːu·ta] <-i *m*, -e *f*> *mf* (*medico*) therapist

terapeutico, -a [te·ra·'pɛːu·ti·ko] <-ci, -che> *adj* therapeutic

terapia [te·ra·'pi:·a] <-ie> *f* 1. (*cura*) treatment; ~ **intensiva** intensive care; ~ **del dolore** pain control; ~ **d'urto** massive-dose treatment 2. *fam* (*psicoterapia*) therapy

terapista [te·ra·'pis·ta] <-i *m*, c *f*> *mf* therapist

tergere ['tɛr·dʒe·re] <tergo, tersi, terso> *vt* LIT (*pulire*) to wipe

tergicristallo [ter·dʒi·kris·'tal·lo] *m* MOT windshield wiper

tergilavalunotto [ter·dʒi·la·va·lu·'nɔt·to] *m* MOT rear windshield washer/wiper

tergilunotto [ter·dʒi·lu·'nɔt·to] *m* MOT rear windshield wiper

tergiversare [ter·dʒi·ver·'sa:·re] *vi* (*temporeggiare*) to prevaricate

tergo ['tɛr·go] <-ghi> *m* (*di foglio, moneta*) back; **a** ~ behind; **vedi a** ~ please turn over

termale [ter·'ma:·le] *adj* thermal; **stazione** ~ spa resort

terme ['tɛr·me] *fpl* A. HIST (thermal) baths

termico, -a ['tɛr·mi·ko] <-ci, -che> *adj* thermal; **energia -a** thermal energy; **variazioni -che** temperature variations

terminal ['tə:·mi·nəl/'tɛr·mi·nal] <-> *m* terminal

terminale [ter·mi·'na:·le] I. *adj* 1. (*finale*) final 2. (*malato*) terminal II. *m* A. COMPUT terminal

terminare [ter·mi·'na:·re] I. *vt avere* (*concludere*) to finish II. *vi essere* (*concludersi*) to end

terminazione [ter·mi·nat·'tsio:·ne] *f* ending

termine ['tɛr·mi·ne] *m* 1. (*scadenza*) deadline; **a** ~ (*contratto, mandato*) fixed-term; **a breve** ~ short-term 2. (*fine*) end; **aver** ~ to end; **portare a** ~ to finish; **volgere al** ~ to come to an end 3. (*vocabolo, elemento*) term; ~ **tecnico** technical term; **ridurre ai minimi -i** to reduce to the lowest terms

terminologia [ter·mi·no·lo·'dʒi:·a] <-gie> *f* terminology

termite ['tɛr·mi·te] *f* termite

termoaderente [ter·mo·a·de·'rɛn·te] *adj* heat-shrinking

termoadesivo, -a [ter·mo·a·de·'zi:·vo] *adj* thermoadhesive

termodistruttore [ter·mo·dis·trut·'to:·re] *m* incinerator

termoelettrico, -a [ter·mo·e·'lɛt·tri·ko] *adj* thermoelectric; **centrale -a** thermoelectric power station

termoforo [ter·'mɔ:·fo·ro] *m* heating pad

termoisolante [ter·moi·zo·'lan·te] I. *adj* heat-proof II. *m* insulator

termometro [ter·'mɔ:·me·tro] *m* thermometer

termonucleare [ter·mo·nu·kle·'a:·re] *adj* thermonuclear

termoreattore [ter·mo·re·at·'to:·re] *m* (*per laboratorio di analisi*) incubating shaker

termos ['tɛr·mos] <-> *m v.* **thermos**

termosifone [ter·mo·si·'fo:·ne] *m* 1. (*radiatore*) radiator 2. (*impianto*) central heating

termostato [ter·'mɔ:s·ta·to] *m* thermostat

termoventilazione [ter·mo·ven·ti·lat·'tsio:·ne] *f* warm-air heating

terna ['tɛr·na] *f* (*tre elementi*) set of three

Ternano <*sing*> *m* Terni area; **nel** ~ in the Terni area

ternano, -a [ter·'na·no] I. *adj* from Terni II. *m*, *f* (*abitante*) person from Terni

ternario, -a [ter·'na:·rio] <-i, -ie> *adj* 1. (*di tre elementi*) triple 2. (*verso*) three-syllable 3. CHIM ternary

Terni ['tɛr·ni] *f* Terni, *town in Umbria*

terno ['tɛr·no] *m* set of three winning numbers; **fare** ~ to get three winning numbers; ~ **al lotto** *fig* lucky break

terra ['tɛr·ra] *f* 1. (*pianeta*) earth 2. (*suolo*) ground; **-e emerse** land surface; **finire per** ~ to fall to the ground; **raso** ~ close to the ground; **avere una gomma a** ~ to have a flat *fam*; **essere a** ~ *fig* (*essere giù di morale*) to be at rock bottom; **sentirsi mancare la** ~ **sotto i piedi** to feel completely lost 3. (*per vasi*) soil 4. (*paese, campagna*) land 5. (*terreno*) piece of land; ~ **di nessuno** no man's land 6. ELETT ground; **mettere a** ~ to ground

terra-aria ['tɛr·ra 'a:·ria] <inv> *adj* earth-to-air

terracotta [ter·ra·'kɔt·ta] <terrecotte> *f* 1. (*materiale*) terracotta 2. (*manufatto*) earthenware

terraferma [ter·ra·'fer·ma] <-> *f* dry land

terraglia [ter·'raʎ·ʎa] <-glie> *f* pottery

terrapieno [ter·ra·'piɛ·no] *m* embankment

terrazza [ter·'rat·tsa] *f* (*di edificio*) terrace

terrazzino [ter·rat·'tsi:·no] *m* balcony

terrazzo [ter·'rat·tso] *m* terrace

terrecotte *pl di* **terracotta**

terremotato, -a [ter·re·mo·'ta:·to] I. *adj* (*zona*) affected by an earthquake II. *m*, *f* earthquake victim

terremoto [ter·re·'mɔ:·to] *m* 1. (*movimento tellurico*) earthquake 2. *fig, scherz* (*persona*) terror

terreno [ter·'re:·no] *m* 1. *superficie di terra* land; ~ **fabbricabile** building land; **tastare il** ~ *fig* to get the lay of the land; **trovare il** ~ **adatto** *fig* to find fertile ground 2. (*suolo*) ground; **guadagnare/perdere** ~ *fig* to gain/lose ground; **sentirsi mancare il** ~ **sotto i piedi** to feel completely lost 3. SPORT ~ (**di gioco**) (sports) field 4. MIL field

terreno, -a *adj* 1. (*vita, beni*) earthly 2. (*al livello del suolo*) **piano** ~ first floor

terreo, -a ['tɛr·reo] *adj* earthy

terrestre [ter·'rɛs·tre] I. *adj* 1. (*superficie, tem-*

peratura) earth's **2.**(*battaglia, animale*) land **II.** *mf* earthling

terribile [ter·'ri:·bi·le] *adj* **1.**(*spaventoso: mostro, disastro*) terrible **2.**(*molto intenso: freddo, fame*) awful

terriccio [ter·'rit·tʃo] <-cci> *m* compost

terriero, -a [ter·'riɛ:·ro] *adj* (*proprietà*) landed; **proprietario** ~ landowner

terrificante [ter·ri·fi·'kan·te] *adj* terrifying

terrificare [ter·ri·fi·'ka:·re] *vt* to terrify

terrina [ter·'ri:·na] *f* CULIN (*di lepre, anatra*) terrine

territoriale [ter·ri·to·'ria:·le] *adj* territorial; **acque -i** territorial waters; **confini -i** territorial limits

territorio [ter·ri·'tɔ:·rio] <-i> *m* (*regione*) region; ~ **nazionale** national territory

terrò [ter·'rɔ] *1. pers sing futuro di* **tenere**

terrone, -a [ter·'ro:·ne] *m*, *f* pej: derogatory term for someone from the South of Italy

terrore [ter·'ro:·re] *m* (*paura*) terror; **incutere** ~ **a qu** to terrify sb

terrorismo [ter·ro·'riz·mo] *m* terrorism

terrorista [ter·ro·'ris·ta] <-i *m*, -e *f*> *mf* terrorist

terroristico, -a [ter·ro·'ris·ti·ko] <-ci, -che> *adj* terrorist

terrorizzare [ter·ro·rid·'dza:·re] *vt* to terrorize

terroso, -a [ter·'ro:·so] *adj* **1.**(*materiale*) earthy **2.**(*mani, scarpe*) muddy

tersi ['tɛr·si] *1. pers sing pass rem di* **tergere**

terso, -a ['tɛr·so] **I.** *pp di* **tergere II.** *adj* (*cielo*) clear

terza ['tɛr·tsa] *f* **1.**(*classe: elementare*) third grade; (*media*) eighth grade; (*superiore*) eleventh grade **2.** MOT third gear **3.** MUS third **4.** MAT power of three

terzetto [ter·'tset·to] *m* A. MUS trio

terziario [ter·'tsia:·rio] *m* **1.** GEO tertiary **2.** COM service sector

terziario, -a <-i, -ie> **I.** *adj* tertiary **II.** *m*, *f* tertiary

terzina [ter·'tsi:·na] *f* **1.**(*strofe*) tercet **2.** MUS triplet

terzino [ter·'tsi:·no] *m* fullback, *in soccer*

terzo ['tɛr·tso] *m* **1.**(*frazione*) third **2.** *pl* (*altri*) other people; **per conto -i** on behalf of a third party

terzo, -a **I.** *adj* third; **-a età** third age; **-a pagina** (*di giornale*) arts page; **di terz'ordine** third-rate **II.** *m*, *f* (*terza persona*) third; *v.a.* **quinto**

terzultimo, -a [ter·'tsul·ti·mo] **I.** *adj* third from last **II.** *m*, *f* third from last

tesa ['te:·sa] *f* (*di cappello*) brim

teschio ['tɛs·kio] <-schi> *m* skull

tesi¹ ['tɛ:·zi] <-> *f* **1.**(*proposizione*) theory; **sostenere/confutare una** ~ to support/refute a theory **2.**(*di laurea*) thesis; (*di dottorato*) doctoral thesis

tesi² ['te:·si] *1. pers sing pass rem di* **tendere**

tesina [te·'zi:·na] *f* short thesis

teso, -a ['te:·so] **I.** *pp di* **tendere II.** *adj* **1.**(*corda, muscoli*) tight **2.**(*nervoso*) tense

tesoriere, -a [te·zo·'riɛ:·re] *m*, *f* **1.**(*di azienda*) treasurer **2.**(*nella pubblica amministrazione*) treasury secretary

tesoro [te·'zɔ:·ro] *m* **1.**(*cose preziose*) treasure; **fare** ~ **di qc** *fig* to take sth to heart **2.**(*erario pubblico*) Treasury

tessera ['tɛs·se·ra] *f* **1.**(*documento*) membership card; ~ **magnetica** swipe card; ~ **sanitaria** card entitling its bearer to health care **2.**(*di mosaico*) tile **3.**(*del domino*) domino

tesserare [tes·se·'ra:·re] *vt* **1.**(*iscrivere*) ~ **qu** to make sb a member **2.**(*razionare*) to ration

tesserato, -a [tes·se·'ra:·to] *m*, *f* (paid-up) member

tessere ['tɛs·se·re] *vt* **1.**(*con telaio*) to weave; (*intrecciare*) to braid **2.**(*inganno*) to plot

tesserino [tes·se·'ri:·no] *m* card; ~ **magnetico** swipe card; ~ **sanitario** card entitling its bearer to health care; ~ **universitario** student ID card

tessile ['tɛs·si·le] **I.** *adj* textile **II.** *mf* textile worker **III.** *m* **1.**(*settore*) textile sector **2.** *pl* (*prodotti*) textiles

tessitore, -trice [tes·si·'to:·re] *m*, *f* weaver

tessitura [tes·si·'tu:·ra] *f* weaving

tessuto [tes·'su:·to] *m* **1.**(*stoffa*) material **2.** *fig* ~ **sociale** social fabric **3.** BIOL, ANAT tissue **4.** *pl* textiles

test [tɛst] <-> *m* test; ~ **di gravidanza** pregnancy test

testa ['tɛs·ta] *f* **1.**(*di persona*) head; **mal di** ~ headache; **andar fuori di** ~ *fam* to go crazy; **avere la** ~ **tra le nuvole** to have one's head in the clouds; **dare alla** ~ to go to sb's head; **fare a** ~ **e croce** to toss a coin; **fare di** ~ **propria** to do as one pleases; **mettersi in** ~ **qc** to get sth into one's head; **perdere la** ~ **per qu/qc** to lose one's head over sb/sth; **scommettere la** ~ to bet one's life; **non sapere dove sbattere la** ~ to be at one's wits' end **2.**(*persona*) ~ **calda** hothead; ~ **dura** stubborn person; ~ **di cavolo** [*o* **di rapa**] *fam* idiot; **colpo di** ~ impulse; **a** ~ each **3.**(*parte superiore*) top; **in** ~ **al treno** at the front of the train **4.**(*di spillo, martello, vite*) head; ~ **d'aglio** head of garlic **5.**(*di fila*) front; **essere in** ~ (*in classifica, gara*) to be [*o* come] first; **essere alla** ~ **di qc** (*azienda, partito*) to head sth up; **tener** ~ **a qu** to stand up to sb

testacoda [tes·ta·'ko:·da] <-> *m* spin; **fare** (**un**) ~ to spin around

testamentario, -a [tes·ta·men·'ta:·rio] <-i, -ie> *adj* testamentary

testamento [tes·ta·'men·to] *m* **1.**(*atto*) will **2.**(*Bibbia*) **l'Antico** ~ the Old Testament; **il Nuovo** ~ the New Testament

testardaggine [tes·tar·'dad·dʒi·ne] *f* stubbornness

testardo, -a [tes·'tar·do] **I.** *adj* stubborn **II.** *m*, *f* stubborn person

testare [tes·'ta:·re] *vi* to test

testata [tes·'ta:·ta] *f* **1.**(*colpo*) **prendere/dare una** ~ to bump one's head **2.**(*di letto*) headboard **3.** (*di motore*) (cylinder) head **4.** (*di giornale*) masthead **5.** (*di missile*) warhead

teste ['tɛs·te] *mf* witness

testicolare [tes·ti·ko·'la:·re] *adj* testicular

testicolo [tes·'ti:·ko·lo] *m* testicle

testiera [tes·'tiɛ:·ra] *f* **1.** (*per cavalli*) headstall **2.** (*di letto*) headboard; (*di poltrona*) headrest

testimone [tes·ti·'mɔ:·ne] *mf* **1.** (*persona*) witness; ~ **a carico** prosecution witness; ~ **a discarico** defense witness; ~ **di nozze** witness, *at a wedding;* ~ **oculare** eyewitness; **Testimone di Geova** REL Jehovah's Witness **2.** SPORT baton

testimonianza [tes·ti·mo·'nian·tsa] *f* **1.** GIUR testimony **2.** (*prova*) proof; **rendere ~ di qc** to testify to sth

testimoniare [tes·ti·mo·'nia:·re] **I.** *vt* **1.** GIUR to testify (that); ~ **il falso** to commit perjury **2.** (*dimostrare*) to bear witness to **II.** *vi* **1.** (*deporre*) to testify **2.** (*far fede*) ~ **di qc** to vouch for sth

testimonio [tes·ti·'mɔ:·nio] <-i> *m v.* **testimone**

testina [tes·'ti:·na] *f* CULIN, TEC head; ~ **di registrazione** tape head

testo ['tɛs·to] *m* text; **libri di ~** textbooks

testone [tes·'to:·ne] *m* **1.** (*testa grossa*) big head **2.** *fig, fam* (*persona testarda*) stubborn person

testuale [tes·tu·'a:·le] *adj* **1.** (*del testo: analisi, critica*) textual **2.** (*esatto*) exact; **disse queste -i parole** these were his [*o* her] exact words

testuggine [tes·'tud·dʒi·ne] *f* turtle

tetano ['tɛ·ta·no] *m* tetanus

tetro, -a ['tɛt·ro] *adj* (*buio*) dark; (*lugubre*) gloomy

tetta ['tet·ta] *f fam* tit

tettarella [tet·ta·'rɛl·la] *f* **1.** (*di biberon*) teat **2.** (*succhiotto*) pacifier

tetto ['tet·to] *m* **1.** (*di edificio, vettura*) roof; ~ **scorrevole** sunroof **2.** (*casa*) home; **rimanere senza ~** to be homeless **3.** (*limite massimo*) ceiling

tettoia [tet·'to:·ia] <-oie> *f* (*copertura*) canopy

tettonica [tet·'tɔ:·ni·ka] <-che> *f* GEO tectonics

tettonico, -a [tet·'tɔ:·ni·ko] <-ci, -che> *adj* GEO tectonic

Tevere ['te:·ve·re] *m* Tiber

TG <-> *m abbr di* **Telegiornale** TV news; **il ~ della sera** the evening news

the [tɛ] *m v.* **tè**

thermos ['tɛr·mos] <-> *m* Thermos®

3 D [tre 'di:] *adj v.* **a tre dimensioni** 3-D; **film ~** 3-D movie; **stampante ~** 3-D printer

thrilling ['θri·liŋ/'tril·liŋ(g)] **I.** <inv> *adj* (*film*) horror **II.** <-> *m* thriller

ti [ti] **I.** *pron* **2.** *pers sing* **1.** (*oggetto: te*) you; **chi ~ ha invitato?** who invited you? **2.** (*complemento: a te*) (to) you; ~ **farò un bel regalo** I'll give you a lovely present **II.** *pron* **2.** *pers sing* yourself

tiara ['tia:·ra] *f* (*del Papa*) crown

tibia ['ti:·bia] <-ie> *f* tibia

tic [tik] <-> *m* (*movimento*) tic

ticchettare [tik·ket·'ta:·re] *vi* (*orologio*) to tick; (*con le dita*) to drum; (*pioggia*) to patter

ticchettio [tik·ket·'ti:·o] <-ii> *m* (*di orologio*) ticking; (*di tacchi*) clicking; (*della pioggia*) patter

ticchio ['tik·kio] <-cchi> *m* (*capriccio*) whim

Ticino [ti·'tʃi:·no] *m* Ticino

ticket ['ti·kit/'ti·ket] <-> *m* **1.** (*buono pasto*) meal ticket **2.** (*di scommesse*) betting slip **3.** (*su medicine, esami*) charge for medicine and medical examinations

liene, tieni ['tiɛ:·ne, 'tiɛ·ni] *3. o 3. pers sing pr di tenere*

tiepido, -a ['tiɛ:·pi·do] *adj* **1.** (*poco caldo*) tepid **2.** (*poco entusiastico*) lukewarm

tifare [ti·'fa:·re] *vi fam* ~ **per qu** to support sb

tifo ['ti:·fo] *m* **1.** MED typhus **2.** (*per squadra, atleta*) **fare il ~ per qu** to support sb

tifone [ti·'fo:·ne] *m* typhoon

tifoso, -a [ti·'fo:·so] **I.** *adj* **1.** MED typhous **2.** SPORT **essere ~ del Milan** to be a fan of Milan **II.** *m, f* **1.** MED typhus patient **2.** SPORT fan; ~ **di calcio** soccer fan

ti(g)gi [ti(d)·'dʒi] <-> *m* (*telegiornale*) TV news; **il ~ delle otto** the eight o'clock news

tight [tait] <-> *m* morning suit

tiglio ['tiʎ·ʎo] <-gli> *m* (*albero*) linden (tree)

tiglioso, -a [tiʎ·'ʎo:·so] *adj* fibrous

tigna ['tiɲ·ɲa] *f* **1.** MED ringworm **2.** (*fastidio*) nuisance

tignola [tiɲ·'ɲɔ:·la] *f* moth

tignosa [tiɲ·'ɲo:·sa] *f* amanita, *type of mushroom*

tignoso, -a [tiɲ·'ɲo:·so] *adj* **1.** MED suffering from ringworm **2.** *fam* (*fastidioso*) troublesome

tigrato, -a [ti·'gra:·to] *adj* striped

tigratura [ti·gra·'tu:·ra] *f* tiger stripes

tigre ['ti:·gre] *f* tiger

tilde ['til·de] <-> *m o f* tilde

tilt [tilt] <-> *m* **andare in ~** (*macchina, orologio*) to go on the blink; (*traffico*) to go crazy; (*persona*) to lose it

TIM *f abbr di* **Telecom Italia Mobile** *Italian cellphone operator*

timballo [tim·'bal·lo] *m* CULIN timbale; ~ **di riso** rice timbale

timbrare [tim·'bra:·re] *vt* to stamp; ~ **il cartellino** (*all'entrata*) to clock in; (*all'uscita*) to clock out

timbro ['tim·bro] *m* **1.** (*marchio, strumento*) stamp **2.** (*di suono*) timbre

time out ['taim aut] <-> *m* SPORT time out

timer ['tai·mə/'tai·mer] <-> *m* timer

timidezza [ti·mi·'det·tsa] *f* shyness

timido, -a ['ti:·mi·do] *adj* (*persona, carattere*) shy; (*gesto, tentativo*) timid

timo ['ti:·mo] *m* thyme

timone [ti·'mo:·ne] *m* **1.** NAUT, AERO rudder **2.** (*di carro*) shaft

timoniere, -a [ti·mo·'niɛ:·re] *m, f* helmsman

T

timorato, -a [ti·mo·'ra:·to] *adj* conscientious; ~ **di Dio** God-fearing

timore [ti·'mo:·re] *m* **1.** (*paura*) fear **2.** (*preoccupazione*) concern **3.** (*rispetto*) awe; ~ **di Dio** fear of God

timoroso, -a [ti·mo·'ro:·so] *adj* (*pauroso*) fearful

timpano ['tim·pa·no] *m* **1.** ANAT eardrum; **spaccare i -i** *fam* to be ear-splitting **2.** MUS kettledrum **3.** ARCHIT tympanum

tinello [ti·'nɛl·lo] *m* (*stanza*) small dining room

tingere ['tin·dʒe·re] <tingo, tinsi, tinto> I. *vt* (*capelli, stoffa*) to dye II. *vr:* -**rsi 1.** (*colorarsi*) **il cielo al tramonto si tinge di rosso** the sky turns red at sunset **2.** *fig* (*sentimenti*) -**rsi di qc** to be tinged with sth

tino ['ti:·no] *m* (*per il vino*) vat

tinozza [ti·'nɔt·tsa] *f* (*per il bucato*) tub; (*da bagno*) bathtub

tinsi ['tin·si] *1. pers sing pass rem di* **tingere**

tinta ['tin·ta] *f* **1.** (*sfumatura*) color; **in ~ unita** plain-colored **2.** (*per muri*) paint; **dare una mano di ~ a qc** to give sth a coat of paint **3.** (*per capelli*) dye; **farsi la ~** to dye one's hair **4.** (*loc*) **vedere tutto a -e fosche** *fig* to take a gloomy view of things

tintarella [tin·ta·'rɛl·la] *f* (*abbronzatura*) suntan; **prendere la ~** to get a suntan

tinteggiare [tin·ted·'dʒa:·re] *vt* (*casa, parete*) to paint

tinteggiatura [tin·ted·dʒa·'tu:·ra] *f* (*di casa, pareti*) painting

tintinnare [tin·tin·'na:·re] *vi* to tinkle

tintinnio [tin·tin·'ni:·o] <-ii> *m* tinkling

tinto ['tin·to] *pp di* **tingere**

tintoria [tin·to·'ri:·a] <-ie> *f* **1.** (*fabbrica*) dye-works **2.** (*lavanderia*) dry cleaner's

tintura [tin·'tu:·ra] *f* **1.** (*azione*) dyeing **2.** (*colorante*) dye **3.** MED tincture; ~ **di iodio** tincture of iodine

tipico, -a ['ti:·pi·ko] <-ci, -che> *adj* (*di persona, cosa*) characteristic; (*di regione*) traditional

tipizzare [ti·pid·'dza:·re] *vt* typologize

tipo ['ti:·po] *m* **1.** (*genere*) type; (**del** [*o* **sul**]) **tipo** (**di**) like; **merce di tutti i -i** all kinds of goods **2.** (*individuo*) person; **un ~ ti vuole parlare** there's someone who wants to speak to you

tipografia [ti·po·gra·'fi:·a] *f* **1.** (*procedimento*) typography **2.** (*stabilimento*) print shop

tipografico, -a [ti·po·'gra:·fi·ko] <-ci, -che> *adj* typographic

tipografo, -a [ti·'pɔ:·gra·fo] *m, f* typographer

tipologia [ti·po·lo·'dʒi:·a] <-gie> *f* typology

TIR [tir] <-> *m* tractor-trailer

tiramisù [ti·ra·mi·'su] <-> *m* tiramisu, *dessert made of sponge cake, coffee, cream cheese and eggs*

tiranneggiare [ti·ran·ned·'dʒa:·re] I. *vt* to tyrannize II. *vi* to act in a tyrannical way

tirannia [ti·ran·'ni:·a] <-ie> *f* A. POL tyranny

tirannico, -a [ti·'ran·ni·ko] <-ci, -che> *adj* tyrannical

tirannide [ti·'ran·ni·de] *f* tyranny

tiranno, -a [ti·'ran·no] *m, f* tyrant

tirare [ti·'ra:·re] I. *vt* **1.** (*carro*) to pull; (*cassetto*) to open; (*tenda*) to draw; ~ **qu per i capelli** to pull sb's hair; ~ **su qc** to pick sth up; ~ **su le maniche** to roll up one's sleeves; ~ **su i figli** *fam* to bring up one's children; -**rsi su** *fig* to cheer up; -**rsi indietro** *fig* to back out; **una parola tira l'altra** one thing you say leads to another **2.** (*fune*) to stretch; ~ **qc per le lunghe** to let sth run on **3.** *fam* (*dente*) to take out **4.** (*linea*) to trace **5.** (*lanciare*) to throw; ~ (**in porta**) to score **6.** (*sparare: colpo*) to fire **7.** (*nel ciclismo*) ~ (**il gruppo**) to be the pacemaker **8.** (*dare*) to give; ~ **un sberla a qu** to give sb a slap; ~ **calci** to kick; ~ **pugni** to punch **9.** (*stampare*) to print **10.** (*loc*) ~ **il fiato** *fig* to breathe a sigh of relief; ~ **a lucido** to polish; ~ **le somme** *fig* to take stock; ~ **a sorte** to draw out of a hat II. *vi* **1.** *gener* to pull **2.** (*vento*) to blow; **con l'aria che tira** *fig* the way things are (today) **3.** (*abito*) to be tight **4.** (*camino*) to draw **5.** (*sparare*) to shoot **6.** (*loc*) ~ **sul prezzo** to bargain; ~ **avanti** *fig, fam* to get by; ~ **diritto** to keep right on going

tirata [ti·'ra:·ta] *f* **1.** (*azione*) pull; **dare una ~ d'orecchi a qu** to give sb a telling off **2.** (*di pipa, sigaretta*) drag **3.** (*viaggio*) nonstop journey; **abbiamo fatto una ~ da Milano a Napoli** we drove nonstop from Milan to Naples; **600 chilometri in una ~** 600 kilometers in one go; **in una ~** in one go **4.** (*invettiva*) tirade

tirato, -a [ti·'ra:·to] *adj* **1.** (*corda, filo*) taut **2.** (*volto*) drawn **3.** *fig* (*avaro*) cheap **4.** *fig* (*sorriso*) forced

tiratore, -trice [ti·ra·'to:·re] *m, f* **1.** (*lanciatore*) thrower **2.** (*con armi da fuoco*) shot; ~ **scelto** marksman

tiratura [ti·ra·'tu:·ra] *f* (*numero di copie*) circulation

tirchieria [tir·kie·'ri:·a] <-ie> *f fam* cheapness

tirchio, -a [ti·'tir·kio] <-chi, -chie> *fam* I. *adj* cheap II. *m, f* skinflint

tiremmolla [ti·rem·'mɔl·la] *m* shilly-shallying; **fare a ~** to shilly-shally

tiretto [ti·'ret·to] *m* (*cassetto*) drawer

tiritera [ti·ri·'tɛ:·ra] *f pej, fam* (*discorso noioso*) drivel

tiro ['ti:·ro] *m* **1.** (*azione di tirare*) pull; ~ **alla**

fune tug-of-war **2.** (*azione di sparare*) shooting; (*sparo*) shot; **~ al piattello** skeet shooting; **~ con l'arco** archery **3.** (*azione di lanciare*) throwing; (*lancio*) throw; **essere a un ~ di schioppo** *fig* to be close by **4.** (*attacco di cavalli*) team **5.** (*azione cattiva*) **fare** [*o* **giocare**] **un brutto ~ a qu** to play a dirty trick on sb

tirocinante [ti·ro·tʃi·'nan·te] **I.** *adj* trainee **II.** *mf* trainee

tirocinio [ti·ro·'tʃi:·nio] <-i> *m* (*formazione professionale*) training; (*stage*) internship

tiroide [ti·'rɔ:·i·de] *f* thyroid

tirolese [tl·ro·'le:·se] **I.** *adj* Tyrolean **II.** *mf* Tyrolean

Tirolo [ti·'rɔ:·lo] *m* Tyrol

tisana [ti·'za:·na] *f* tisane

tisi ['ti:·zi] <-> *f* tuberculosis

tisico, -a ['ti:·zi·ko] <-ci, -che> **I.** *adj* MED tubercular **II.** *m, f* tuberculosis patient

titanico, -a [ti·'ta:·ni·ko] <-ci, -che> *adj* (*gigantesco*) gigantic

titanio [ti·'ta:·nio] *m* CHIM titanium

titano [ti·'ta:·no] *m* (*nella mitologia*) titan

titolare [ti·to·'la:·re] **I.** *adj* **1.** (*professore*) tenured **2.** REL titular **II.** *m* **1.** (*di cattedra*) professor **2.** (*di azienda*) owner **3.** (*di conto corrente*) account holder

titolo ['ti:·to·lo] *m* **1.** (*di libro, quadro*) title; (*di articolo*) headline; **-i di prima pagina** front page headlines; **-i di testa** opening credits; **-i di coda** closing credits **2.** (*qualifica*) qualification; **~ di studio** academic qualification **3.** SPORT title **4.** (*diritto*) right; **a ~ di prestito** as a loan; **a ~ gratuito** free; **a ~ personale** in a private capacity **5.** FIN security; **~ azionario** stock; **~ di Stato** government security; **portafoglio -i** investment portfolio **6.** (*epiteto offensivo*) name

In formal situations, a man should be addressed as 'signor' plus the surname; for a woman use 'signora', or 'signorina' if she is very young; both of these can be used without the surname. Italians regard professional titles as very important and these are often used instead of 'signor' or 'signora.' It is therefore usual to refer to a lawyer, for example, as 'l'avvocato Rossi.' The titles dottore / dottoressa are widely used as titles for anyone who has a university degree. Other common titles are professore / professoressa for teachers, ragioniere / ragioniera, architetto and ingegnere.

titubante [ti·tu·'ban·te] *adj* hesitant

titubanza [ti·tu·'ban·tsa] *f* hesitation

titubare [ti·tu·'ba:·re] *vi* to hesitate

tizio, -a ['tit·tsio] <-zi, -zie> *m, f* guy *m*, woman *f*; **un ~ qualunque** an ordinary guy; **Tizio, Caio e Sempronio** Tom, Dick, and Harry

tizzone [tit·'tso:·ne] *m* (*di carbone*) live coal; (*di legno*) brand *lit*

to' [tɔ] *interj* **1.** (*con meraviglia*) **~, guarda un po' chi si vede!** look who's here! **2.** *fam* (*dando qualcosa*) here you are; **~! eccoti i soldi!** here you are, here's your money!

toast [toust/tɔst] <-> *m* toasted sandwich

toccante [tok·'kan·te] *adj* touching

toccare [tok·'ka:·re] **I.** *vt* avere **1.** (*gener*) to touch; **~ con mano** *fig* to see for oneself; **non ~ cibo** *fig* to not touch a thing; **~** (**il fondo**) (*in acqua*) to touch the bottom **2.** *a. fig* (*tasto*) to touch; **~ un tasto dolente** to touch a sore point **3.** (*giungere*) to reach; **~ terra** to reach land; **~ la sessantina** to turn sixty **4.** (*argomento*) to touch on **5.** (*commuovere*) to touch **6.** (*riguardare*) to concern; **la cosa mi tocca da vicino** this is something that concerns me closely **II.** *vi* essere **1.** (*accadere*) **~ a qu** to happen to sb **2.** (*essere obbligato*) **guarda un po' cosa mi tocca fare!** see what I have to do!; **mi è toccato andarmene** I had to leave **3.** (*spettare*) **tocca a te dirglielo** it's your job to tell him; **ti tocca una parte dei soldi** part of the money's for you; **a chi tocca tocca** that's life **4.** (*nei giochi*) it's my/your turn

toccasana [tok·ka·'sa:·na] <-> *m a. fig* panacea

toccata [tok·'ka:·ta] *f* **1.** (*azione*) touch **2.** MUS toccata

toccato, -a [tok·'ka:·to] *adj* **1.** (*nella scherma*) touché **2.** *fam* (*matto*) **è un po'~** he's a bit loopy

tocco ['tok·ko] <-cchi> *m* **1.** (*gener*) touch **2.** (*di campane, orologio*) stroke **3.** (*pezzo: di pane, formaggio*) chunk

tocco, -a ['tok·ko] <-cchi, -cche> *adj fam* (*matto*) loopy

toeletta [toe·'lɛt·ta] *f* **1.** (*operazione*) toilette **2.** (*abbigliamento*) dress

toga ['tɔ:·ga] <-ghe> *f* **1.** HIST toga **2.** GIUR gown

togato, -a [to·'ga:·to] *adj* **1.** HIST toga-wearing **2.** GIUR gowned

togliere ['tɔʎ·ʎe·re] <tolgo, tolsi, tolto> **I.** *vt* **1.** (*rimuovere*) to take away; (*dente*) to take out; (*vestito, cappello*) to take off; **~ di mezzo qu** to get sb out of the way; **-rsi la vita** to kill oneself; **ciò non toglie che ...** +*conj* that doesn't alter the fact that ... **2.** *fig* (*privare di: diritto*) to withdraw; **~ il saluto a qn** to ignore sb; **~ la parola a qn** to interrupt sb **3.** *fig* (*divieto*) to remove **4.** *fig* (*liberare*) **~ qu dai guai** to rescue sb; **~ qu dall'imbarazzo** to save sb from embarrassment **II.** *vr:* **-rsi** to remove oneself; **-rsi dai piedi** *fam* to get out

tolgo ['tɔl·go] *1. pers sing pr di* **togliere**

tollerabile [tol·le·'ra:·bi·le] *adj* tolerable

tollerabilità [tol·le·ra·bi·li·'ta] <-> *f* tolerability

tollerante [tol·le·'ran·te] *adj* tolerant

tolleranza [tol·le·'ran·tsa] *f* **1.** A. MED tolerance; ~ **zero** zero tolerance; **casa di** ~ brothel **2.** (*ritardo*) margin

tollerare [tol·le·'ra:·re] *vt* **1.** (*sopportare, ammettere*) to tolerate **2.** (*reggere a: freddo, alcolici*) to take

tolsi ['tɔl·si] *1. pers sing pass rem di* **togliere**

tolto¹ ['tɔl·to] *pp di* **togliere**

tolto² *adj* (*eccettuato*) except for

tomaia [to·'ma:·ia] <-aie> *f* upper

tomba ['tom·ba] *f* tomb; **c'era un silenzio di** ~ it was deathly quiet; **essere (muto come) una** ~ *fig* to be the soul of discretion; **avere un piede nella** ~ *fig* to have one foot in the grave

tombarolo [tom·ba·'rɔː·lo] *m sl* grave robber

tombino [tom·'bi:·no] *m* manhole cover

tombola ['tom·bo·la] *f* bingo

tombolo ['tom·bo·lo] *m* **1.** (*lavorazione*) bobbin lacemaking **2.** (*cuscino*) bobbin lace cushion

tomo ['tɔː·mo] *m* **1.** (*volume*) volume **2.** *fig, fam* (*persona bizzarra*) oddball

tomografia [to·mo·gra·'fi:·a] *f* tomography; ~ **assiale computerizzata** Computerized Axial Tomography

tomografo [to·'mɔː·gra·fo] *m* CT scanner

tonaca ['tɔː·na·ka] <-che> *f* (*di frate, monaca*) habit; (*di prete*) cassock

tonale [to·'na:·le] *adj* tonal

tonalità [to·na·li·'ta] <-> *f* **1.** MUS tonality **2.** (*di colore*) shade

tonare [to·'na:·re] *v.* **tuonare**

tondeggiante [ton·ded·'dʒa·nte] *adj* rounded

tondino [ton·'di:·no] *m* (*profilato*) reinforcing rod

tondo ['ton·do] *m* (*cerchio*) circle; **girare in** ~ to go around in circles

tondo, -a *adj* round; **numero** ~ round number; **chiaro e** ~ straight out

toner [tɔː·ner] <-> *m* toner

tonfete ['ton·fe·te] *interj* (*per terra*) thud; (*nell'acqua*) plop

tonfo ['ton·fo] *m* **1.** (*rumore*) thud; (*nell'acqua*) plop **2.** (*caduta*) tumble; **fare un** ~ to tumble

tonico ['tɔː·ni·ko] <-ci> *m* (*ricostituente*) tonic; (*per la pelle*) toner

tonico, -a <-ci, -che> *adj* **1.** (*muscolo, fisico*) toned **2.** A. LING tonic; **acqua** -**a** tonic water

tonificare [to·ni·fi·'ka:·re] *vt* **1.** (*muscolo, pelle*) to tone **2.** (*rinvigorire*) to invigorate

tonnato, -a [ton·'na:·to] *adj* **vitello** ~ *veal with tuna sauce;* **salsa** -**a** tuna sauce

tonnellaggio [ton·nel·'lad·dʒo] <-ggi> *m* tonnage

tonnellata [ton·nel·'la:·ta] *f* ton

tonno ['ton·no] *m* tuna; ~ **sott'olio** tuna in oil

tono ['tɔː·no] *m* **1.** A. MUS, FIS tone; **rispondere a** ~ to respond in kind; **darsi un** ~ *fig* to behave properly **2.** (*di colore*) shade

tonsilla [ton·'sil·la] *f* ANAT tonsil

tonsillectomia [ton·sil·lek·to·'mi:·a] <-ie> *f* tonsillectomy

tonsillite [ton·sil·'li:·te] *f* tonsillitis

tonsura [ton·'su:·ra] *f* tonsure

tonto, -a ['ton·to] *adj* dumb; **fare il finto** ~ to play dumb

top [tɔp] <-> *m* top

topaia [to·'pa:·ia] <-aie> *f fig* dump

topazio [to·'pat·tsio] <-i> *m* topaz

topicida <-i> *m* rat poison

topless ['tɔp·lis] <-> *m* **delle ragazze in** ~ topless girls

top model [tɔp 'mɔ·dl] <-> *f* supermodel

topo ['tɔː·po] *m* rat; ~ **di biblioteca** *fig* bookworm; **fare la fine del** ~ *fig* to be caught like a rat in a trap

topografia [to·po·gra·'fi:·a] *f* topography

topografico, -a [to·po·'gra:·fi·ko] <-ci, -che> *adj* topographical

topolino [to·po·'li:·no] *m* (*piccolo topo*) mouse; **Topolino** Mickey Mouse

toponimo [to·'pɔː·ni·mo] *m* place name

toppa ['tɔp·pa] *f* **1.** (*serratura*) keyhole **2.** (*rappezzo*) patch

torace [to·'ra:·tʃe] *m* chest

toracico, -a [to·'ra:·tʃi·ko] <-ci, -che> *adj* chest

torba ['tor·ba] *f* peat

torbido, -a ['tor·bi·do] *adj* **1.** (*acqua, vino*) cloudy **2.** (*pensieri, intenzioni*) dark

torcere ['tɔr·tʃe·re] <torco, torsi, torto> **I.** *vt* **1.** (*filo, corda*) to twist; (*sbarra*) to bend; ~ **il collo a qu** to wring sb's neck **2.** (*biancheria*) to wring **3.** (*storcere*) ~ **la bocca** [*o* **il naso**] *fig* to wrinkle one's nose, in disgust **II.** *vr:* -**rsi 1.** (*sbarra*) to bend **2.** (*contorcersi*) -**rsi dalle risa** to double up laughing

torchiare [tor·'kia:·re] *vt* **1.** (*spremere*) to press **2.** *fig* (*a un esame*) to grill

torchio ['tɔr·kio] <-chi> *m* press; **mettere qu sotto (il)** ~ *fig* to give sb the third degree

torcia ['tɔr·tʃa] <-ce> *f* (*fiaccola*) torch; ~ **elettrica** flashlight

torcicollo [tor·tʃi·'kɔl·lo] *m* stiff neck; **avere il** ~ to have a stiff neck

tordo ['tor·do] *m* thrush

torero [to·'rɛː·ro] *m* bullfighter

torinese¹ [to·ri·'ne:·se] **I.** *adj* from Turin **II.** *mf* (*abitante*) person from Turin

torinese² <*sing*> *m* (*dialetto*) Turin dialect

Torinese <*sing*> *m* Turin area; **nel** ~ in the Turin area

Torino [to·'ri:·no] *f* Turin, *capital of Piedmont*

tormalina [tor·ma·'li:·na] *f* tourmaline

tormenta [tor·'men·ta] *f* blizzard

tormentare [tor·men·'ta:·re] **I.** *vt* (*dolore, rimorso*) to torment; (*assillare*) to pester **II.** *vr:* -**rsi** to worry

tormento [tor·'men·to] *m* **1.** *fig* (*sofferenza*) torment **2.** (*dolore*) agony

tormentone [tor·men·'to:·ne] <-i> *m* **1.** TEAT (*battuta*) gag **2.** (*argomento*) running story;

quella canzone è stata il ~ dell'estate that song was the soundtrack of the summer

tormentoso, -a [tor·men·'to:·so] *adj* (*dubbio, pensiero*) nagging

tornaconto [tor·na·'kon·to] *m* (*guadagno*) benefit

tornado [tor·'na:·do] <-> *m* tornado

tornante [tor·'nan·te] *m* hairpin curve

tornare [tor·'na:·re] *vi essere* **1.** (*venire di nuovo*) to come back; (*andare di nuovo*) to go back; **~ in mente a qu** to come back to sb; **~ a fare qc** to be able to do sth again; **~ in sé** *fig* to be back to one's old self; **~ sull'argomento** to come back to a subject, **~ su una decisione** to change one's mind **2.** (*ridiventare*) to become again; **~ utile** to become useful again; **~ di moda** to become fashionable again **3.** (*essere esatto, giusto*) **il conto torna** the calculation is correct; **c'è qualcosa che non mi torna** there's something not quite right here

tornasole [tor·na·'so:·le] <-> *m* sunflower

torneo [tor·'nɛ:·o] *m* tournament

tornio ['tor·nio] <-i> *m* lathe

tornire [tor·'ni:·re] <tornisco> *vt* **1.** TEC to turn, *on a lathe* **2.** (*frase, testo*) to polish

tornitore, -trice [tor·ni·'to:·re] *m, f* turner

torno ['tor·no] *m* **levarsi di ~** to go away; **levarsi qu di ~** to get rid of sb

toro ['tɔ:·ro] *m* **1.** ZOOL bull; **prendere il ~ per le corna** *fig* to take the bull by the horns **2.** ASTR **Toro** Taurus; **sono** (**del** [*o* **un**]) **Toro** I'm (a) Taurus

torpedine [tor·'pɛ:·di·ne] *f* **1.** ZOOL electric ray **2.** MIL torpedo

torpedone [tor·pe·'do:·ne] *m* tourist bus

torpido, -a ['tɔr·pi·do] *adj* **1.** (*gamba, piede*) numb **2.** (*ingegno, volontà*) sluggish

torpore [tor·'po:·re] *m* drowsiness

torre ['tɔr·re] *f* **1.** tower; **~ di controllo** control tower **2.** (*negli scacchi*) castle

torrefare [tor·re·'fa:·re] <irr> *vt* to roast, *coffee*

torrefazione [tor·re·fat·'tsio:·ne] *f* **1.** (*azione: di caffè*) roasting **2.** (*locale*) coffee store

torreggiare [tor·red·'dʒa:·re] *vi* to tower

torrente [tor·'rɛn·te] *m* **1.** (*corso d'acqua*) torrent **2.** *fig* (*di lava, lacrime*) flood; **a ~i** in torrents

torrenziale [tor·ren·'tsia:·le] *adj* torrential; **pioggia ~** torrential rain

torrido, -a ['tɔr·ri·do] *adj* scorching hot

torrione [tor·'rio:·ne] *m* fortified tower, *in a castle or city walls*

torrone [tor·'ro:·ne] *m type of nougat*

torsi ['tɔr·si] *1. pers sing pass rem di* **torcere**

torsione [tor·'sio:·ne] *f* **1.** (*gener*) twisting **2.** (*in ginnastica*) twist

torso ['tor·so] *m* **1.** (*gener*) torso; **a ~ nudo** bare-chested **2.** BOT (*di frutto*) core

torsolo ['tor·so·lo] *m* (*di mela*) core

torta ['tɔr·ta] *f* (*dolce*) cake; (*salata*) savory pie

tortellini [tor·tel·'li:·ni] *mpl* tortellini, *small round pasta filled with meat or vegetables*

tortelloni [tor·tel·'lo:·ni] *mpl* tortelloni, *large round pasta filled with cheese and spinach*

tortiera [tor·'tiɛ:·ra] *f* cake pan

torto[1] ['tɔr·to] *pp di* **torcere**

torto[2] *m* **1.** (*ingiustizia*) wrong; **fare un ~ a qu** to do sb wrong; **questa domanda fa ~ alla mia intelligenza** this question is an insult to my intelligence **2.** (*mancanza di ragione*) **avere ~** to be wrong; **non avere tutti i -i** to not be completely wrong; **dar ~ a qu** to say that sb is wrong; **a ~** wrongly; **essere dalla parte del ~** to be in the wrong

tortora ['tor·to·ra] **I.** *f* turtle dove **II.** *adj* **grigio ~** dove gray

tortuoso, -a [tor·tu·'o:·so] *adj* **1.** (*strada, percorso*) winding **2.** (*ragionamento*) tortuous

tortura [tor·'tu:·ra] *f* **1.** (*corporale*) torture **2.** *fig* (*sofferenza*) torment

torturare [tor·tu·'ra:·re] **I.** *vt* **1.** (*corporalmente*) to torture **2.** (*tormentare*) to torment; **-rsi il cervello** to rack one's brains **II.** *vr:* **-rsi** to torment oneself

torvo, -a ['tor·vo] *adj* grim

tosacani [to·za·'ka:·ni] <-> *mf* **1.** dog groomer **2.** *scherz* (*barbiere non bravo*) lousy barber

tosaerba [to·za·'ɛr·ba] <-> *m o f* lawnmower

tosare [to·'za:·re] *vt* **1.** (*pecore*) to shear **2.** *scherz* (*capelli*) to crop **3.** (*siepi*) to clip

tosatore, -trice [to·za·'to:·re] *m, f* (sheep) shearer

tosatura [to·sa·'tu:·ra] *f* **1.** (*operazione*) clipping **2.** *scherz* (*di capelli*) crop **3.** (*lana*) shearing

Toscana [tos·'ka:·na] *f* Tuscany

toscano, -a [tos·'ka:·no] **I.** *adj* Tuscan **II.** *m, f* (*abitante*) Tuscan

tosse ['tos·se] *f* cough; **~ canina** [*o* **asinina**] whooping cough

tossicchiare [tos·sik·'kia:·re] *vi* (*per schiarirsi la voce*) to clear one's throat; (*per attirare l'attenzione*) to cough a few times

tossicità [tos·si·tʃi·'ta] <-> *f* toxicity

tossico ['tɔs·si·ko] <-ci> *m* (*veleno*) poison

tossico, -a <-ci, -che> **I.** *adj* toxic **II.** *m, f sl* junkie

tossicodipendente [tos·si·ko·di·pen·'dɛn·te] *mf* drug addict

tossicodipendenza [tos·si·ko·di·pen·'dɛn·tsa] *f* drug addiction

tossicologia [tos·si·ko·lo·'dʒi:·a] <-gie> *f* toxicology

tossicologo, -a [tos·si·'kɔ:·lo·go] <-gi, -ghe> *m, f* toxicologist

tossicomane [tos·si·'kɔ:·ma·ne] **I.** *adj* drug addicted **II.** *mf* drug addict

tossicomania [tos·si·ko·ma·'ni:·a] *f* drug addiction

tossina [tos·'si:·na] *f* toxin

tossire [tos·'si:·re] <tossisco> *vi* to cough

tostacaffè [tos·ta·kaf·'fɛ] <-> *m* coffee roaster

tostapane [tos·ta·'pa:·ne] <-> *m* toaster

tostare [tos·'ta:·re] *vt* (*caffè, mandorle*) to roast; (*pane*) to toast

T

tostatura [tos·ta·'tu:·ra] *f* (*di caffè, mandorle*) roasting; (*di pane*) toasting

tosto, -a ['tɔs·to] *adj* 1.(*duro*) tough; **faccia -a** nerve 2. *sl* (*bello*) cool

tot [tɔt] *fam* I.<inv> *adj* so much/many II.<-> *m* so much

totale [to·'ta:·le] I. *adj* total II. *m* total

totalità [to·ta·li·'ta] <-> *f* entirety; **la ~ di** all; **la ~ degli studenti** all the students

totalitario, -a [to·ta·li·'ta:·rio] <-i, -ie> *adj* (*regime, Stato*) totalitarian

totalitarismo [to·ta·li·ta·'riz·mo] *m* totalitarianism

totalizzare [to·ta·lid·'dza:·re] *vt* (*ottenere*) to score

totalizzatore [to·ta·lid·dza·'to:·re] *m* (*gioco*) totalizator

totano ['tɔ:·ta·no] *m* squid

totem ['tɔ:·tɛm] *m* totem

totip [to·'tip] *m acró de* **totalizzatore ippico,** *weekly game of betting on horse races*

totocalcio [to·to·'kal·tʃo] *m acró de* **totalizzatore calcistico,** *weekly game of betting on soccer results*

toupet [tu·'pɛ] <-> *m* (*di capelli*) toupee

tour de force ['tur də 'fɔrs] <-> *m* tour de force

tournée [tur·'ne] <-> *f* tour; **essere in ~** to be on tour

tovaglia [to·'vaʎ·ʎa] <-glie> *f* (*per tavolo*) tablecloth

tovagliolo [to·vaʎ·'ʎɔ:·lo] *m* napkin; **~ di carta** paper napkin

tozzo ['tɔt·tso] *m* (*di pane*) crust; **per un ~ di pane** *fig* (*vendere*) for a song; (*lavorare*) for a pittance

tozzo, -a *adj* (*persona, fisico*) stocky; (*edificio*) squat

Tr. *abbr di* **tratta** draft, = *titolo di credito*

tra [tra] *prep* 1.(*fra due persone, cose*) between; (*fra più persone, cose*) among; **siediti ~ di noi** sit between us; **che rimanga ~ (di) noi** let's keep this between ourselves; **un colore ~ il blu e il verde** a color between blue and green; **arriveremo ~ le sette e le otto** we'll be there between seven and eight; **la pace ~ i popoli** peace among nations; **sono amici ~ loro** they are friends; **sono incerto ~ il pesce e la carne** I can't decide whether to have fish or meat; **~ sé e sé** to oneself 2.(*attraverso*) through 3.(*partitivo*) of; **~ l'altro** among other things 4.(*causale*) what with; **~ vitto e alloggio ho speso quasi tutto** with food and lodging, I've spent almost all my money 5.(*di tempo*) in; **~ un'ora** in an hour; **~ poco** soon

traballare [tra·bal·'la:·re] *vi* 1.(*tavolo, dente*) to wobble 2.*fig* (*speranza, convinzione*) to waver

trabiccolo [tra·'bik·ko·lo] *m scherz* (*auto scassata*) jalopy

traboccare [tra·bok·'ka:·re] *vi* 1. essere (*li-*

quido) to overflow 2. avere (*recipiente*) to overflow

trabocchetto [tra·bok·'ket·to] *m* 1.(*congegno*) trap door 2. *fig* (*trappola*) trap; **domanda a ~** trick question; **tendere un ~ a qu** to set a trap for sb

tracagnotto, -a [tra·kaɲ·'ɲɔt·to] *adj* stocky

tracannare [tra·kan·'na:·re] *vt* to gulp down

traccia ['trat·tʃa] <-cce> *f* 1.(*gener*) trace; **essere sulle -cce di qu** to be on sb's trail; **non lasciar ~ di sé** to vanish without a trace; **far perdere le proprie -cce** to cover one's tracks 2.(*impronta*) track 3.(*scia: di nave*) wake; (*di aereo*) contrail 4.(*di libro, testo*) outline

tracciante [trat·'tʃan·te] *adj* **proiettile ~** tracer bullet

tracciare [trat·'tʃa:·re] *vt* 1.(*linea, quadrato*) to draw 2.(*strade, ferrovie*) to mark out 3.*fig* (*discorso, lettera*) to draft

tracciato [trat·'tʃa:·to] *m* 1.(*di strada, ferrovia, percorso*) route; **~ di gara** course 2.(*grafico*) trace 3.COMPUT **~ dell'archivio** trace archive

tracciatore [trat·tʃa·'to:·re] *m* COMPUT (*di grafici*) plotter

trachea [tra·'kɛ:·a] <-chee> *f* trachea

tracheotomia [tra·ke·o·to·'mi:·a] <-ie> *f* tracheotomy

tracolla [tra·'kɔl·la] *f* shoulder strap; **borsa a ~** shoulder bag

tracollo [tra·'kɔl·lo] *m* (*nervoso, finanziario*) collapse

tracotante [tra·ko·'tan·te] *adj* arrogant

tracotanza [tra·ko·'tan·tsa] *f* arrogance

tradimento [tra·di·'men·to] *m* 1.(*gener*) betrayal; **alto ~** high treason; **attacco a ~** surprise attack 2.(*di coniuge*) infidelity

tradire [tra·'di:·re] <tradisco> I. *vt* 1.(*gener*) to betray 2.(*coniuge*) to cheat on 3.(*promessa, patto*) to break 4.(*ingannare*) **se la memoria non mi tradisce** if my memory doesn't deceive me II. *vr:* **-rsi** to give oneself away

traditore, -trice [tra·di·'to:·re] I. *m, f* traitor II. *adj* treacherous

tradizionale [tra·dit·tsio·'na:·le] *adj* 1.(*festa, usanza*) traditional 2.(*abituale*) usual

tradizione [tra·dit·'tsio:·ne] *f* 1.(*di un popolo*) tradition 2.(*consuetudine*) custom

tradotta [tra·'dot·ta] *f* troop train

tradotto [tra·'dot·to] *pp di* **tradurre**

traducibile [tra·du·'tʃi:·bi·le] *adj* 1.(*parola, frase*) translatable 2.(*sentimento*) **difficilmente ~ in parole** hard to put into words

tradurre [tra·'dur·re] <traduco, tradussi, tradotto> *vt* 1.(*testo*) to translate; **~ dall'italiano in inglese** to translate from Italian into English 2. *fig* (*sentimento*) to put into words; **~ in parole povere** to explain in simple terms 3.(*detenuti*) to transfer

traduttivo, -a [tra·dut·'ti:·vo] *adj* (*processo, metodo*) translation

traduttologia [tra·dut·to·lo·'dʒi:·a] *f* translation studies

traduttore, -trice [tra·dut·'to:·re] *m, f* translator; **~ elettronico** electronic translator

traduzione [tra·dut·'tsio:·ne] *f* 1.(*di scritto, discorso*) translation; **~ consecutiva** consecutive translation; **~ simultanea** simultaneous translation 2.(*di detenuti*) transfer

traente [tra·'ɛn·te] *m* drawer, *of a check*

trafelato, -a [tra·fe·'la:·to] *adj* breathless

trafficante [traf·fi·'kan·te] *mf pej* trafficker

trafficare [traf·fi·'ka:·re] I. *vi* 1. *pej* (*smerciare*) **~ in** [*o* **con**] qc to traffic in sth 2.(*darsi da fare*) to fiddle II. *vt pej* to traffic in

traffico ['traf·fi·ko] <-ci> *m* 1. COM trafficking; **~ di stupefacenti** drug trafficking 2.(*movimento*) traffic; **~ aereo** air traffic; **~ stradale** road traffic

trafficone, -a [traf·fi·'ko:·ne] *m, f* wheeler-dealer

trafiggere [tra·'fid·dʒe·re] <trafiggo, trafissi, trafitto> *vt* to pierce

trafila [tra·'fi:·la] *f* (*serie di difficoltà*) procedure

trafiletto [tra·fi·'let·to] *m* short article, *in a newspaper*

trafissi [tra·'fis·si] *1. pers sing pass rem di* **trafiggere**

trafitto [tra·'fit·to] *pp di* **trafiggere**

traforare [tra·fo·'ra:·re] *vt* 1.(*trapassare*) to pierce 2.(*stoffa, cuoio, metallo*) to cut patterns in

traforo [tra·'fo:·ro] *m* 1.(*galleria*) tunnel 2.(*su stoffa, cuoio, legno*) openwork; **seghetta** [*o* **sega**] **da ~** fret saw

trafugamento [tra·fu·ga·'men·to] *m* (*di opere d'arte*) (secret) theft; (*di cadaveri*) theft

trafugare [tra·fu·'ga:·re] *vt* to steal secretly

tragedia [tra·'dʒɛ:·dia] <-ie> *f* 1.(*gener*) tragedy 2. *fig* (*dramma*) fuss

traggo ['trag·go] *1. pers sing pr di* **trarre**

traghettare [tra·get·'ta:·re] *vt* 1.(*cose, persone*) to ferry 2.(*fiume*) to cross on a ferry

traghettatore [tra·get·ta·'to:·re] *m* ferryman

traghetto [tra·'get·to] *m* (*imbarcazione*) ferry

tragicità [tra·dʒi·tʃi·'ta] <-> *f* tragedy

tragico ['tra:·dʒi·ko] *m* (*tragicità*) tragedy

tragico, -a <-ci, -che> *adj* tragic

tragicomico, -a [tra·dʒi·'kɔ:·mi·ko] <-ci, -che> *adj* tragicomic

tragicommedia [tra·dʒi·kom·'mɛ:·dia] *f* tragicomedy

tragitto [tra·'dʒit·to] *m* (*percorso*) journey

traguardo [tra·'guar·do] *m* 1.(*in gara*) finishing line; **tagliare il ~** to cross the finishing line 2. *fig* (*obiettivo*) goal 3.(*di arma*) sight

traiettoria [trai·iet·'tɔ:·ria] <-ie> *f* trajectory

trainare [trai·'na:·re] *vt* to pull

training ['trei·niŋ] <-> *m* training; **~ autogeno** autogenous training

traino ['trai·no] *m* 1.(*azione: di automobile*) towing 2.(*veicolo trainato*) trailer

trait d'union ['trɛ dy·'njɔ̃] <-> *m* TYPO hyphen

tralasciare [tra·laʃ·'ʃa:·re] *vt* (*omettere*) to leave out

tralcio ['tral·tʃo] <-ci> *m* (*ramo*) shoot

traliccio [tra·'lit·tʃo] <-cci> *m* 1.(*per cavi di alta tensione*) pylon 2.(*per piante*) trellis

tralice [tra·'li:·tʃe] *adv* **in ~** sideways

tralucere [tra·'lu:·tʃe·re] <traluco *mancano i tempi composti*> *vi* to shine

tram [tram] <-> *m* streetcar

trama ['tra:·ma] *f* 1.(*di tessuto*) weft 2. *a. pej* plot

tramandare [tra·man·'da:·re] *vt* to hand down

tramare [tra·'ma:·re] *vt fig* to plot

trambusto [tram·'bus·to] *m* racket

tramezzino [tra·med·'dzi:·no] *m* (*panino*) sandwich

tramezzo [tra·'mɛd·dzo] *m* partition

tramite[1] ['tra:·mi·te] *m* (*mezzo*) means; **per il ~ di** by means of

tramite[2] *prep* by

tramontana [tra·mon·'ta:·na] *f* north wind; **a ~** from the north; **perdere la ~** *fig, scherz* to lose one's bearings

tramontare [tra·mon·'ta:·re] *vi essere* 1. ASTR to set 2.(*civiltà*) to decline

tramonto [tra·'mon·to] *m* 1. ASTR (*del sole*) sunset; (*di astri*) setting 2.(*di civiltà*) decline

tramortire [tra·mor·'ti:·re] <tramortisco> *vt avere* to knock out

trampolino [tram·po·'li:·no] *m* (*per tuffi*) springboard; (*per sci*) ski jump

trampolo ['tram·po·lo] *m* stilt

tramutare [tra·mu·'ta:·re] I. *vt* LIT (*cambiare*) **~ qc in qc** to change sth into sth II. *vr:* **-rsi -rsi in qc** to change into sth

tramvai [tram·'va:·i] <-> *m v.* **tram**

trancia ['tran·tʃa] <-ce> *f* 1.(*tranciatrice*) shearing machine 2.(*fetta*) slice; **salmone in -ce** salmon steaks

tranciare [tran·'tʃa:·re] *vt* (*tagliare*) to cut off; TEC to shear

tranello [tra·'nɛl·lo] *m* 1.(*inganno*) trap; **tendere un ~ a qu** to set a trap for sb 2.(*difficoltà*) pitfall; **domanda a ~** trick question

tranguilare [traŋ·gu·'dʒa:·re] *vt* to gulp down

tranne ['tran·ne] *prep* except

tranquillante [traŋ·kuil·'lan·te] *m* tranquilizer

tranquillità [traŋ·kuil·li·'ta] <-> *f* tranquility

tranquillizzare [traŋ·kuil·lid·'dza:·re] *vt* to reassure

tranquillo, -a [traŋ·'kuil·lo] *adj* 1.(*calmo: notte, luogo, sonno*) peaceful 2.(*persona*) calm; **sta ~!** don't worry!

transalpino, -a [tran·sal·'pi:·no] *adj* (*d'oltrealpe*) transalpine; (*francese*) French

transatlantico [tran·sat·'lan·ti·ko] <-ci> *m* transatlantic liner

transatlantico, -a <-ci, -che> *adj* transatlantic

transatto [tran·'sat·to] *pp di* **transigere**

transazione [tran·sat·'tsio:·ne] *f* 1. GIUR settlement 2. COM deal

transcontinentale [trans·kon·ti·nen·'ta:·le] *adj* transcontinental

transenna [tran·'sɛn·na] *f* (*barriera*) barrier

transennare [tran·zen·'na:·re] *vt* to cordon off

transessuale [tran·ses·su·'a:·le] I. *adj* transsexual II. *mf* transsexual

transetto [tran·'sɛt·to] *m* transept

transgenico [trans·'dʒɛ·ni·ko] <-ci, -che> *adj* genetically modified; **alimento** ~ GM food

transiberiano, -a [tran·si·be·'ria:·no] *adj* trans-Siberian

transigere [tran·'si:·dʒe·re] <transigo, transigei *o* transigetti, transatto> I. *vt* GIUR to settle II. *vi* ~ (**con qc**) to compromise (with sth)

transistor [tran·'sis·tor, (tran·sis·'to:·re)] <-> *m* (*dispositivo*) transistor; (*radio*) transistor (radio)

transitabile [tran·si·'ta:·bi·le] *adj* passable

transitare [tran·si·'ta:·re] *vt essere* to pass

transitivo, -a [tran·si·'ti:·vo] *adj* transitive

transito ['tran·si·to] *m* (*passaggio*) transit; '**divieto di** ~' 'no entry'; **stazione di** ~ transit station; **treno in** ~ train that is not stopping

transitorio, -a [tran·si·'tɔ:·rio] <-i, -ie> *adj* (*non duraturo*) transitory; (*provvisorio*) temporary

transizione [tran·sit·'tsio:·ne] *f* (*passaggio*) transition

transoceanico, -a [tran·so·tʃe·'a:·ni·ko] <-ci, -che> *adj* transoceanic

tran tran, trantran [tran 'tran] <-> *m* routine; **il solito** ~ **quotidiano** the same old daily routine

tranvai [tran·'va:·i] <-> *m v.* **tram**

tranvia [tran·'vi:·a] *f* streetcar line

tranviario, -a [tran·'via:·rio] *adj* streetcar

tranviere, -a [tran·'viɛ:·re] *m, f* streetcar driver

trapanare [tra·pa·'na:·re] *vt* 1. TEC to drill 2. MED to trephine

trapanazione [tra·pa·nat·'tsio:·ne] *f* 1. TEC drilling 2. MED trephination

trapanese [tra·pa·'ne:·se] I. *adj* from Trapani II. *mf* (*abitante*) person from Trapani

Trapanese <*sing*> *m* Trapani area; **nel** ~ in the Trapani area

Trapani *f* Trapani, *town in western Sicily*

trapano ['tra:·pa·no] *m* 1. TEC drill 2. MED trephine

trapassare [tra·pas·'sa:·re] I. *vt* (*passare da parte a parte*) to go through II. *vi essere* LIT (*morire*) to pass away

trapassato [tra·pas·'sa:·to] *m* LING ~ **prossimo** past perfect; ~ **remoto** past pluperfect

trapasso [tra·'pas·so] *m* LIT (*morte*) passing

trapelare [tra·pe·'la:·re] *vi essere* 1. (*luce*) to filter in 2. (*verità, fatto*) to leak out

trapezio [tra·'pɛt·tsio] <-i> *m* 1. MAT trapezium 2. (*di circo*) trapeze

trapezista [tra·pet·'tsis·ta] <-i *m*, -e *f*> *mf* trapeze artist

trapiantare [tra·pian·'ta:·re] I. *vt* to transplant II. *vr:* -**rsi** to move

trapianto [tra·'pian·to] *m* 1. AGR, BOT transplantation 2. MED transplant; ~ **renale/cardiaco** kidney/heart transplant

trapiantologico, -a [tra·pian·to·'lɔ:·dʒi·ko] *adj* transplant

trappola ['trap·po·la] *f* 1. trap; ~ **per topi** mouse trap; **cadere in** ~ *fig* to fall into a trap; **tendere una** ~ **a qu** *fig* to set a trap for sb 2. *fam* (*arnese malfunzionante*) wreck

trapunta [tra·'pun·ta] *f* quilt

trarre ['trar·re] <traggo, trassi, tratto> I. *vt* 1. (*ricavare: guadagno, beneficio*) to obtain 2. (*portare*) to bring; ~ **in inganno** to deceive; ~ **in salvo** to rescue 3. (*derivare*) to derive; ~ **origine da** to derive from; ~ **le conseguenze** to draw the consequences; ~ **le conclusioni** to draw conclusions II. *vr:* -**rsi** -**rsi d'impaccio** (*togliersi*) to extricate oneself; -**rsi in salvo** (*salvarsi*) to reach safety

trasalire [tra·sa·'li:·re] <trasalisco> *vi essere o avere* to jump

trasandato, -a [tra·zan·'da:·to] *adj* (*sciatto*) scruffy

trasbordare [traz·bor·'da:·re] I. *vt* 1. (*merci, persone*) to transfer 2. NAUT to transship II. *vi* to transfer; NAUT to change ship

trasbordo [traz·'bor·do] *m* 1. (*di merci, persone*) transfer 2. NAUT transshipment

trascendentale [traʃ·ʃe·den·'ta:·le] *adj* 1. FILOS transcendental 2. *fig* (*complicato*) difficult; **non è una cosa** ~ it's not difficult

trascendente [traʃ·ʃen·'dɛn·te] *adj* transcendental

trascendenza [traʃ·ʃen·'dɛn·tsa] *f* transcendence

trascendere [traʃ·'ʃen·de·re] <irr> *vi* (*eccedere*) to go beyond

trascinare [traʃ·ʃi·'na:·re] I. *vt* 1. (*tirare*) to drag 2. *fig* (*oratore, entusiasmo*) to enthuse II. *vr:* -**rsi** 1. (*persona*) to drag oneself 2. (*faccenda, questione*) to drag on

trascorrere [tras·'kor·re·re] <irr> I. *vt avere* (*vacanze, giornata*) to spend II. *vi essere* (*tempo*) to pass

trascorso [tras·'kor·so] I. *pp di* **trascorrere** II. *m* past; **un tipo dai** -**i dubbi** someone with a dubious past

trascrivere [tras·'kri:·ve·re] <irr> *vt* 1. (*copiare*) to copy down; (*su registro*) to set down 2. LING, MUS to transcribe

trascrizione [tras·krit·'tsio:·ne] *f* 1. (*copiatura*) copying down; (*su registro*) setting down 2. LING, MUS transcription; ~ **fonetica** phonetic transcription

trascurabile [tras·ku·'ra:·bi·le] *adj* negligible

trascurare [tras·ku·'ra:·re] I. *vt* 1. (*non curare*) to neglect 2. (*non tener conto di*) to ignore 3. (*omettere*) ~ **di fare qc** to omit to do sth II. *vr:* -**rsi** to neglect oneself

trascuratezza [tras·ku·ra·'tet·tsa] *f* carelessness

trasecolare [tra·se·ko·'la:·re] *vi essere o avere* to be dumbfounded

trasferibile [tras·fe·'ri:·bi·le] *adj* transferable

trasferimento [tras·fe·ri·'men·to] *m* 1. (*gener*) transfer 2. (*di cosa*) transport

trasferire [tras·fe·'ri:·re] <trasferisco> I. *vt*

1.(*gener*) to transfer **2.**(*cosa*) to transport **II.** *vr:* **-rsi** to move

trasferta [tras·'fɛr·ta] *f* **1.**(*di impiegato*) temporary transfer **2.**SPORT away game; **giocare in ~** to play away (from home)

trasfigurare [tras·fi·gu·'ra:·re] *vt* **1.**(*viso, persona*) to transfigure **2.**(*fatto*) to transform

trasformabile [tras·for·'ma:·bi·le] *adj* convertible

trasformare [tras·for·'ma:·re] **I.** *vt* **1.**(*cambiare*) to transform **2.**SPORT (*rigore, meta*) to convert **II.** *vr:* **-rsi** to change

trasformatore [tras·for·ma·'to:·re] *m* transformer

trasformazione [tras·for·mat·'tsio:·ne] *f* **1.**(*gener*) transformation **2.**(*nel rugby*) conversion

trasfusione [tras·fu·'zio:·ne] *f* transfusion

trasgredire [traz·gre·'di:·re] <trasgredisco> **I.** *vt* (*legge*) to break; (*ordini*) to disobey **II.** *vi* **~ a qc** (*legge*) to break sth; (*ordini*) to disobey sth

trasgreditrice *f v.* **trasgressore**

trasgressione [traz·gres·'sio:·ne] *f* **1.**(*violazione*) infringement **2.**(*anticonformismo*) transgression

trasgressore, -greditrice [traz·gres·'so:·re, traz·gre·di·'tri:·tʃe] *m, f* transgressor

traslato [traz·'la:·to] *m* metaphor

traslato, -a *adj* (*senso*) figurative

traslazione [traz·lat·'tsio:·ne] *f* **1.**GIUR transfer **2.**FIS, GEO translation

traslocare [traz·lo·'ka:·re] **I.** *vt* to move **II.** *vi* to move

trasloco [traz·'lɔ:·ko] <-chi> *m* move

traslucido, -a [traz·'lu:·tʃi·do] *adj* translucent

trasmesso *pp di* **trasmettere**

trasmettere [traz·'met·te·re] <irr> **I.** *vt* **1.**(*diritto, malattia, notizia*) to pass on; (*eredità*) to hand down **2.**(*ordine*) to give; (*lettera, dati*) to send **3.**RADIO, TV to broadcast **II.** *vi* to broadcast **III.** *vr:* **-rsi 1.**(*eredità*) to be handed down **2.**(*malattia, virus*) to be spread

trasmettitore [traz·met·ti·'to:·re] *m* transmitter

trasmisi *1. pers sing pass rem di* **trasmettere**

trasmissibile [traz·mis·'si:·bi·le] *adj* **1.**(*eredità*) inheritable **2.**(*malattia*) transmissible

trasmissione [traz·mis·'sio:·ne] *f* **1.**(*gener*) transmission; **~ dati** COMPUT data transmission **2.**(*di beni, tradizione*) handing down **3.**RADIO, TV (*programma*) broadcast

trasmittente [traz·mit·'tɛn·te] *f* **1.**(*stazione*) station **2.**(*apparecchio*) transmitter

trasognato, -a [tra·soɲ·'ɲa:·to] *adj* dreamy

traspaio [tras·'pa:·io] *1. pers sing pr di* **trasparire**

trasparente [tras·pa·'rɛn·te] *adj* transparent

trasparenza [tras·pa·'rɛn·tsa] *f* transparency

trasparire [tras·pa·'ri:·re] <traspaio *o* trasparisco, trasparii *o* trasparsi, trasparso *o* trasparito> *vi essere* **1.**(*intravedersi*) to be visible **2.**(*rivelarsi*) to show; **lasciar ~** to reveal

traspirare [tras·pi·'ra:·re] *vi essere* **1.**(*sudore*) to perspire **2.**(*liquido*) to transpire

traspirazione [tras·pi·rat·'tsio:·ne] *f* perspiration

trasporre [tras·'por·re] <irr> *vt* A. MUS to transpose

trasportabile [tras·por·'ta:·bi·le] *adj* transportable

trasportare [tras·por·'ta:·re] *vt* **1.**(*merce, passeggeri*) to transport **2.***fig* **lasciarsi ~** (*da impulso*) to let oneself be carried away

trasportatore [tras·por·ta·'to:·re] *m* **1.**(*azienda, operaio*) hauler **2.**TEC conveyor; **~ a nastro** conveyor belt

trasporto [tras·'pɔr·to] *m* **1.**(*di merce, passeggeri*) transportation; **mezzi di ~** means of transportation; **-i pubblici** public transportation **2.***fig* (*impeto*) passion

trasposi *1. pers sing pass rem di* **trasporre**

trasposizione [tras·po·zit·'tsio:·ne] *f* transposition

trasposto *pp di* **trasporre**

trassi ['tras·si] *1. pers sing pass rem di* **trarre**

trastullare [tras·tul·'la:·re] **I.** *vt* (*divertire*) to amuse **II.** *vr:* **-rsi 1.**(*divertirsi*) to enjoy oneself **2.**(*perdere tempo*) to waste time

trastullo [tras·'tul·lo] *m* (*divertimento*) pastime

trasudare [tra·su·'da:·re] **I.** *vi essere* (*fuoriuscire*) to ooze out **II.** *vt avere* (*mandar fuori*) **~ qc** to ooze with sth

trasversale [traz·ver·'sa:·le] **I.** *adj* cross; MAT transverse; **via ~** side street **II.** *f* side street

tratta ['trat·ta] *f* **1.**COM (*cambiale*) draft **2.**(*di persone*) trade

trattabile [trat·'ta:·bi·le] *adj* **1.**(*prezzo*) negotiable; **due mila euro -i** offers in the neighborhood of 2000 euros **2.***fig* (*persona*) reasonable

trattamento [trat·ta·'men·to] *m* **1.**(*gener*) treatment **2.**(*retribuzione*) payment; **~ di fine rapporto** GIUR severance pay **3.**COMPUT processing; **~ automatico delle informazioni** automatic information processing

trattare [trat·'ta:·re] **I.** *vt* **1.**(*gener*) to treat **2.**(*argomento, pratica*) to deal with **3.**(*affare, compravendita*) to negotiate **4.**COM (*articoli*) to sell **II.** *vi* **1.**(*avere per argomento*) **~ di qc** to be about sth **2.**(*avere a che fare*) **~ con qu** to deal with sb **3.**(*impersonale*) **dimmi pure di cosa si tratta** tell me what's the matter; **deve -rsi di un errore** there must be some mistake **III.** *vr* to treat oneself

trattativa [trat·ta·'ti:·va] *f* negotiation; **essere in -e** to be in negotiation

trattato [trat·'ta:·to] *m* **1.**(*opera*) treatise **2.**POL (*accordo*) treaty; **Trattato di Maastricht** Maastricht Treaty

trattato, -a [trat·'ta:·to] *adj* (*materiale*) treated; (*alimento*) processed; **frutta non trattata** fruit that has not been treated with pesticides

tratteggiare [trat·ted·'dʒa:·re] *vt* **1.**(*dise-*

gnare) ~ **una linea** to draw a dotted line **2.** *fig* (*descrivere*) to sketch

tratteggio [trat·'ted·dʒo] <-ggi> *m* hatching

trattenere [trat·te·'ne:·re] <irr> I. *vt* **1.** (*far rimanere: in ospedale*) to keep; (*in questura*) to detain; **non ti voglio ~** I don't want to keep you; **siamo stati trattenuti in ufficio** we were delayed at the office; **~ qu in caserma** to confine sb to barracks **2.** (*non dare*) to withhold **3.** (*detrarre: somma*) to deduct **4.** (*riso, pianto*) to keep back; (**~ il fiato**) to hold one's breath **5.** (*impedire*) **~ qu** (**dal fare qc**) to prevent sb (from doing sth) II. *vr:* **-rsi** **1.** (*astenersi*) to help oneself **2.** (*fermarsi*) to stay

trattenimento [trat·te·ni·'men·to] *m* (*ricevimento*) party

trattenuta [trat·te·'nu:·ta] *f* (*sullo stipendio*) deduction

trattino [trat·'ti:·no] *m* (*in parole composte*) hyphen; (*tra parole*) dash

tratto ['trat·to] I. *pp di* **trarre** II. *m* **1.** (*di penna, pennello*) stroke **2.** (*di strada, cielo*) stretch **3.** (*di tempo*) period; **ti sento a -i** your voice keeps disappearing; **tutto ad un ~** suddenly **4.** *pl* (*lineamenti*) features; (*caratteristiche*) characteristics

trattore [trat·'to:·re] *m* tractor

trattoria [trat·to·'ri:·a] <-ie> *f* trattoria, *small restaurant serving simple food*

trauma ['tra·u·ma] <-i> *m* trauma

traumatico, -a [trau·'ma:·ti·ko] <-ci, -che> *adj* traumatic

traumatizzare [trau·ma·tid·'dza:·re] *vt* to traumatize

travaglio [tra·'vaʎ·ʎo] <-gli> *m* **1.** (*sofferenza*) anguish **2.** (*del parto*) labor pains *pl*

travasare [tra·va·'za:·re] *vt* (*vino*) to decant

travaso [tra·'va:·zo] *m* **1.** (*di vino*) decanting **2.** MED extravasation

travatura [tra·va·'tu:·ra] *f* beams *pl*

trave ['tra:·ve] *f* beam

traveggole [tra·'veg·go·le] *fpl* **avere le ~** *fam* to be seeing things

traversa [tra·'vɛr·sa] *f* **1.** TEC, ARCHIT crossbeam **2.** (*via*) side road **3.** (*di binario*) railroad tie **4.** (*nel calcio*) crossbar

traversare [tra·ver·'sa:·re] *vt* to cross

traversata [tra·ver·'sa:·ta] *f* crossing

traversie [tra·ver·'si:·e] *f pl, fig* (*disavventure*) mishaps

traversina [tra·ver·'si:·na] *f* (*di binario*) railroad tie

traverso [tra·'vɛr·so] *m* width; **di ~** (*obliquamente*) sideways; **la bevanda gli è andata di ~** his drink went down the wrong pipe; **guardare di ~ qu** to give sb a dirty look; **prendere qc di ~** to take sth the wrong way

traverso, -a *adj* cross; **per vie -e** *fig* in a roundabout way

travertino [tra·ver·'ti:·no] *m* travertine

travestimento [tra·ves·ti·'men·to] *m* **1.** (*azione*) dressing up **2.** (*costume*) costume

travestire [tra·ves·'ti:·re] I. *vt* **~ qu da qc** to dress sb up as sth II. *vr* **-rsi da** to dress up as

travestito [tra·ves·'ti:·to] *m* transvestite

traviare [tra·vi·'a:·re] I. *vt* to lead astray II. *vr:* **-rsi** to be led astray

travisare [tra·vi·'za:·re] *vt* (*distorcere*) to distort

travolgente [tra·vol·'dʒɛn·te] *adj* (*coinvolgente: entusiasmo*) overwhelming

travolgere [tra·'vɔl·dʒe·re] <irr> *vt* **1.** (*trascinare via*) to sweep away; (*con veicolo*) to run over **2.** *fig* (*sentimento*) to overwhelm

trazione [trat·'tsio:·ne] *f* **1.** (*gener*) traction **2.** AUTO drive; **~ anteriore** front-wheel drive; **~ posteriore** rear-wheel drive; **~ integrale** four-wheel drive

tre [tre] I. *num* three; **chi fa da sé, fa per ~** *prov* if you want something done, you have to do it yourself II. <-> *m* **1.** (*numero*) three **2.** (*nelle date*) third **3.** (*voto scolastico*) = F, *very low grade* III. *fpl* (*ore*) three o'clock; *v.a.* **cinque**

trebbia ['treb·bia] <-ie> *f* **1.** (*trebbiatrice*) threshing machine **2.** (*trebbiatura*) threshing

trebbiare [treb·'bia:·re] *vt* to thresh

trebbiatrice [treb·bia·'tri·tʃe] *f* threshing machine

treccia ['tret·tʃa] <-cce> *f* braid

trecentesco, -a [tre·tʃen·'tes·ko] <-schi, -sche> *adj* fourteenth-century

trecentista [tre·tʃen·'tis·ta] <-i *m*, -e *f*> *mf* **1.** (*artista*) fourteenth-century artist/writer **2.** (*studioso*) scholar who specializes in the fourteenth century

trecento [tre·'tʃɛn·to] I. *num* three hundred II. *m* three hundred; **il Trecento** the fourteenth century

tredicenne [tre·di·'tʃɛn·ne] I. *adj* thirteen-year-old II. *mf* thirteen year old

tredicesima [tre·di·'tʃɛ:·zi·ma] *f* (*retribuzione*) thirteenth month, *extra money paid to employees as a Christmas bonus*

tredicesimo [tre·di·'tʃɛ:·zi·mo] *m* (*frazione*) thirteenth

tredicesimo, -a I. *adj* thirteenth II. *m, f* thirteenth; *v.a.* **quinto**

tredici ['tre:·di·tʃi] I. *num* thirteen II. <-> *m* **1.** (*numero*) thirteen; **fare (un) ~ al totocalcio** to hit the jackpot, *on the soccer pools, by guessing 13 results correctly* **2.** (*nelle date*) thirteenth III. *fpl* (*ore*) 1 pm; *v.a.* **cinque**

tregua ['tre:·gua] *f* **1.** (*gener*) truce **2.** (*sosta*) rest; **senza ~** nonstop

trekking ['trɛ·kiŋ] <-> *m* trekking; **fare ~** to go trekking

tremare [tre·'ma:·re] *vi* **1.** (*fiamma, terra*) to shake **2.** (*persona, voce*) to tremble; **~ di freddo/per la rabbia** to tremble with cold/rage; **~ per qu** *fig* to fear for sb

tremarella [tre·ma·'rɛl·la] *f* **1.** (*tremito*) trembling **2.** *fam* (*paura*) shivers *pl;* **avere la ~** to have the shivers

tremendo, -a [tre·'mɛn·do] *adj* (*spaventoso*)

terrible; **faceva un freddo** ~ it was terribly
cold

trementina [tre·men·'ti:·na] *f* turpentine

tremila [tre·'mi:·la] **I.** *num* three thousand
II. <-> *m* three thousand

tremito ['trɛ·mi·to] *m* trembling

tremolare [tre·mo·'la:·re] *vi* (*gelatina*) to
shake; (*foglie*) to tremble; (*suono*) to waver;
(*luce, fiamma*) to flicker

tremolio [tre·mo·'li:·o] <-ii> *m* (*di mani,
gambe, voce*) shaking; (*di luce*) flickering

tremore [tre·'mo:·re] *m* MED tremor

tremulo, -a ['trɛ:·mu·lo] *adj* (*voce*) tremulous;
(*luce*) flickering

trenette [tre·'net·te] *fpl long flat pasta*

treno ['trɛ:·no] *m* train; ~ **ad alta velocità**
high-speed train; ~ **interregionale** long-distance train; ~ **locale** local train; ~ **rapido** express train; ~ **diretto** through train; ~ **merci**
goods train; **prendere il** ~ to catch the train;
perdere il ~ to miss the train; **il** ~ **per Venezia** the train to Venice

---

There are various types of **trains** in Italy.
Local train services are provided either by
Locali, which stop at almost every station,
Interregionali, which link places in different regions, often tourist centers – these
may run only on weekends or at certain
times of the year – or *Diretti*, which travel
both within and between regions and are
generally faster than *Locali*. Express
trains can be either *Intercity*, linking
almost all Italian cities, or *Eurostar*, which
serve only the most important cities.
Travel on both these types of trains is
subject to payment of a supplemental
fare.

---

trenta ['tren·ta] **I.** *num* thirty **II.** <-> *m*
1. (*numero*) thirty **2.** (*nelle date*) thirtieth; *v.a.*
cinquanta

trentennale [tren·ten·'na:·le] **I.** *adj* **1.** (*che
dura 30 anni*) thirty-year **2.** (*che ricorre ogni
30 anni*) happening every thirty years **II.** *m*
(*ricorrenza*) thirtieth anniversary

trentenne [tren·'tɛn·ne] **I.** *adj* thirty-year-old
II. *mf* thirty year old

trentennio [tren·'tɛn·nio] <-i> *m* thirty year
period

trentesimo [tren·'tɛ:·zi·mo] *m* thirtieth

trentesimo, -a I. *adj* thirtieth **II.** *m, f* thirtieth; *v.a.* **quinto**

trentina [tren·'ti:·na] *f* **una** ~ (**di ...**) about
thirty; **essere sulla** ~ to be about thirty

Trentino <*sing*> *m* **1.** (*territorio intorno a
Trento*) Trento area **2.** (*regione*) Trentino;
~**-Alto Adige** Trentino-Alto Adige, *region in
the north of Italy*

trentino, -a I. *adj* **1.** (*di Trento*) from Trento
2. (*del Trentino*) from Trentino **II.** *m, f* **1.** (*di*

Trento) person from Trento **2.** (*del Trentino*)
person from Trentino

Trento ['trɛn·to] *f* Trento, *capital of Trentino-
Alto Adige region*

trepidante [tre·pi·'dan·te] *adj* anxious

trepidare [tre·pi·'da:·re] *vi* ~ **per qu** to be anxious about sb

trepidazione [tre·pi·dat·'tsio:·ne] *f* anxiety

treppiede, treppiedi [trep·'piɛ:·de, trep·'piɛ:·
di] <-> *m* (*cavalletto*) trivet; (*per cinepresa,
macchina fotografica*) tripod

trequarti [tre·'kuar·ti] <-> *m* (*cappotto*)
three-quarter length coat; (*giacca*) three-quarter length jacket

tresca ['tres·ka] <-sche> *f* **1.** (*intrigo*) plot
2. (*relazione*) affair

trespolo ['tres·po·lo] *m* **1.** (*gener*) stand **2.** *fig,
scherz* (*catorcio*) piece of junk

tressette [tres·'sɛt·te] <-> *m Italian card game
played with a deck of forty cards*

Trevigiano <*sing*> *m* Treviso area; **nel** ~ in the
Treviso area

trevigiano, -a [tre·vi·'dʒia:·no] **I.** *adj* from
Treviso **II.** *m, f* (*abitante*) person from Treviso

Treviso *f* Treviso, *town in north-eastern Italy*

triade ['tri:·a·de] *f* (*tre persone*) trio; MUS triad

triangolare [tri·aŋ·go·'la:·re] *adj* triangular

triangolo [tri·'aŋ·go·lo] *m* **1.** (*poligono,
forma*) triangle; ~ (**d'emergenza**) AUTO warning triangle; ~ **industriale** industrial triangle,
area between Milan, Turin and Genoa **2.** (*rapporto a tre*) love triangle

tribolare [tri·bo·'la:·re] *vi* (*patire*) to suffer

tribolato, -a [tri·bo·'la:·to] *adj* full of troubles

tribolazione [tri·bo·lat·'tsio:·ne] *f* (*patimento*) suffering

tribordo [tri·'bor·do] *m* LIT starboard

tribù [tri·'bu] <-> *f a. scherz* tribe

tribuna [tri·'bu:·na] *f* **1.** (*podio*) platform
2. (*negli stadi*) stand **3.** (*trasmissione*) ~ **poli-
tica/elettorale** paid political/election broadcast

tribunale [tri·bu·'na:·le] *m* court; ~ **arbitrale**
tribunal; ~ **internazionale** International
Court of Justice; ~ **supremo** Supreme Court;
presentarsi in ~ to appear in court

tribuno [tri·'bu:·no] *m* tribune

tributare [tri·bu·'ta:·re] *vt* to bestow

tributario, -a [tri·bu·'ta:·rio] <-i, -ie> *adj*
1. (*delle tasse*) tax; **riforma -a** tax reform
2. fiume ~ tributary

tributo [tri·'bu:·to] *m* **1.** FIN tax **2.** *fig* (*prezzo*)
price

tricheco [tri·'kɛ:·ko] <-chi> *m* walrus

triciclo [tri·'tʃi:k·lo] *m* (*per bambini*) tricycle

tricipite [tri·'tʃi:·pi·te] *adj* triceps

tricolore [tri·ko·'lo:·re] **I.** *adj* three-color **II.** *m*
tricolor, *especially the Italian flag*

tricorno [tri·'kor·no] *m* three-cornered hat

tridente [tri·'dɛn·te] *m* trident

tridimensionale [tri·di·men·sio·'na:·le] *adj*
three-dimensional

trielina [trie·'li:·na] *f* trichloroethylene

T

triennale [tri·en·'na:·le] I. *adj* 1.(*che dura tre anni*) three-year 2.(*che ricorre ogni tre anni*) triennial II. *f* (*manifestazione*) Triennale

triennio [tr·'ɛn·nio] <-i> *m* three-year period

Trieste [tri·'ɛs·te] *f* Trieste, *capital of Friuli region*

Triestino <*sing*> *m* Trieste area; **nel** ~ in the Trieste area

triestino [tri·es·'ti:·no] <*sing*> *m* (*dialetto*) Triestine dialect

triestino, -a I. *adj* from Trieste II. *m, f* (*abitante*) person from Trieste

trifase [tri·'fa:·ze] *adj* three-phase

trifoglio [tri·'fɔʎ·ʎo] *m* clover

trifolato, -a [tri·fo·'la:·to] *adj* cut up and cooked in oil, garlic and parsley

trifora ['tri:·fo·ra] *f* (*finestra*) window divided into three parts

trigemino [tri·'dʒɛ:·mi·no] *m* ANAT trigeminal

trigemino, -a *adj* **parto** ~ giving birth to triplets

triglia ['triʎ·ʎa] <-glie> *f* mullet

trigonometria [tri·go·no·me·'tri:·a] <-ie> *f* trigonometry

trilaterale [tri·la·te·'ra:·le] *adj* trilateral

trilingue [tri·'liŋ·gue] <-> *adj* trilingual

trilione [tri·'lio:·ne] *m* (*mille miliardi*) trillion

trillare [tril·'la:·re] *vi* (*campanello*) to ring; **allodola** to trill

trillo ['tril·lo] *m* (*di usignolo*) trill; (*di campanello*) ring

trilobato, -a [tri·lo·'ba:·to] *adj* 1.(*foglia*) trilobate 2.(*arco*) trefoil

trilocale [tri·lo·'ka:·le] I. *m* three-roomed apartment; **affittasi** ~ three-roomed apartment to rent II. *adj* three-roomed

trilogia [tri·lo·'dʒi:·a] <-gie> *f* trilogy

trimestrale [tri·mes·'tra:·le] *adj* 1.(*che dura tre mesi*) three-month 2.(*ogni tre mesi*) three-monthly

trimestre [tri·'mɛs·tre] *m* three-month period; UNIV term

trimotore [tri·mo·'to:·re] I. *adj* three-engined II. *m* three-engined airplane

trina ['tri:·na] *f* (*pizzo*) lave

trincare [triŋ·'ka:·re] *vt fam* 1.(*vino, birra*) to knock back 2.(*bere molto*) to booze

trincea [trin·'tʃɛ:·a] <-cee> *f* MIL trench

trincerare [trin·tʃe·'ra:·re] I. *vt* to dig trenches in II. *vr:* **-rsi** 1. MIL to dig oneself in 2. *fig* (*nascondersi*) to hide; **-rsi nel silenzio** to take refuge in silence

trincetto [trin·'tʃet·to] *m* cobbler's knife

trinciapolli [trin·tʃa·'pol·li] <-> *m* poultry shears *pl*

trinciare [trin·'tʃa:·re] *vt* 1.(*tagliare: lamiera*) to cut up 2. CULIN to carve

trinciato [trin·'tʃa:·to] *m* (*tabacco*) loose-cut tobacco

trinciato, -a *adj* (*tagliato*) cut (up)

trinciatura [trin·tʃa·'tu:·ra] *f* 1.(*operazione*) cutting up 2.(*frammenti*) offcuts *pl*

trinità [tri·ni·'ta] <-> *f* REL trinity

trio ['tri:·o] <-ii> *m* 1. MUS trio 2.(*tre persone*) threesome

trionfale [tri·on·'fa:·le] *adj* triumphal

trionfante [tri·on·'fan·te] *adj* triumphant

trionfare [tri·on·'fa:·re] *vi* 1.(*vincere*) to win 2.(*prevalere*) to triumph

trionfatore [tri·on·fa·'to:·re] *m* victor

trionfo [tri·'on·fo] *m* 1.(*vittoria*) victory 2.(*successo*) triumph

tripartire [tri·par·'ti:·re] <tripartisco> *vt* to divide into three parts

tripartitico, -a [tri·par·'ti:·ti·ko] <-ci, -che> *adj* tripartite

tripartito [tri·par·'ti:·to] *m* (*governo*) three-party government

tripartito, -a *adj* **governo** ~ three-party government

triplicare [tri·pli·'ka:·re] *vt* to triple

triplice ['tri:·pli·tʃe] *adj* triple

triplo ['tri:·plo] *m* **il** ~ (**di**) three times as much (as)

triplo, -a *adj* triple

trippa ['trip·pa] *f* 1. CULIN tripe 2. *scherz, fam* (*pancia*) paunch

tripudio [tri·'pu:·dio] <-i> *m* rejoicing

trisavolo, -a [tri·'za:·vo·lo] *m, f* great-great-grandfather *m,* great-great-grandmother *f*

triste ['tris·te] *adj* sad

tristezza [tris·'tet·tsa] *f* sadness

tritacarne [tri·ta·'kar·ne] <-> *m* grinder

tritadocumenti [tri·ta·do·ku'·men·ti] <-> *m* shredder

tritaprezzemolo [tri·ta·pret·'tse:·mo·lo] <-> *m* parsley mill

tritare [tri·'ta:·re] *vt* (*carne*) to grind; (*verdura, cipolla, prezzemolo*) to chop finely

tritarifiuti [tri·ta·ri·'fiu:·ti] <-> *m* garbage disposal unit

tritatura [tri·ta·'tu:·ra] *f* (*di carne*) grinding; (*di verdure*) chopping

tritatutto [tri·ta·'tut·to] <-> *m* (*elettrico*) grinder

trito, -a ['tri:·to] *adj* 1. CULIN (*carne*) ground; (*cipolla*) chopped 2.(*argomento*) ~ (**e ritrito**) tired

trittico ['trit·ti·ko] <-ci> *m* 1. ARTE triptych 2. LIT trilogy

triturare [tri·tu·'ra:·re] *vt* to grind

triumvirato, triunvirato [tri·un·vi·'ra:·to] *m* triumvirate

triumviro, triunviro [tri·'un·vi·ro] *m* triumvir

trivella [tri·'vɛl·la] *f* (*sonda*) drill

trivellare [tri·vel·'la:·re] *vt* (*terreno, roccia*) to drill

trivellazione [tri·vel·lat·'tsio:·ne] *f* to drill; **torre di** ~ derrick

triviale [tri·'via:·le] *adj* vulgar

trivialità [tri·via·li·'ta] <-> *f* vulgarity

trofeo [tro·'fɛ:·o] *m* trophy

troglodita [tro·glo·'di:·ta] <-i *m,* -e *f*> *mf* 1.(*uomo preistorico*) caveman 2. *fig* (*persona rozza*) barbarian

troia ['trɔ:·ia] <-ie> *f* **1.** ZOOL sow **2.** *fig, vulg* whore

tromba ['trom·ba] *f* **1.** MUS trumpet **2.** (*di auto*) horn **3.** METEO ~ **marina** waterspout; ~ **d'aria** whirlwind **4.** (*passaggio*) ~ **delle scale** stairwell **5.** ANAT ~ **di Eustachio** eustachian tube; ~ **di Fallopio** fallopian tube

trombare [trom·'ba:·re] *vt* **1.** *scherz* (*bocciare*) to fail **2.** *vulg* to screw

trombettiere [trom·bet·'tiɛ:·re] *m* MIL bugler

trombettista [trom·bet·'tis·ta] <-i *m*, -e *f*> *mf* trumpeter

trombone [trom·'bo:·ne] *m* **1.** MUS trombone **2.** *fig, pej* windbag

trombosi [trom·'bo:·zi] <-> *f* thrombosis

troncamento [troŋ·ka·'men·to] *m* **1.** (*interruzione*) cutting off **2.** LING apocope

troncare [tron·'ka:·re] *vt* **1.** (*tagliare*) to cut off **2.** *fig* (*interrompere*) to break off **3.** LING to apocopate **4.** (*stancare*) ~ **le gambe** to do sb in

tronco ['troŋ·ko] <-chi> *m* **1.** BOT, ANAT trunk **2.** (*tratto: di strada, ferrovia*) stretch **3.** MAT ~ **di cono/piramide** truncated cone/pyramid

tronco, -a <-chi, -che> *adj* **1.** (*tagliato*) cut off **2.** LING apocopated **3.** *loc* **essere licenziato in** ~ to be fired on the spot

troneggiare [tro·ned·'dʒa:·re] *vi* to dominate

tronfio, -a ['tron·fio] <-i, -ie> *adj* **1.** (*borioso: persona*) conceited **2.** (*parole*) pompous

trono ['trɔ:·no] *m* throne; **successione al ~** succession to the throne

tropicale [tro·pi·'ka:·le] *adj* tropical

tropico ['trɔ:·pi·ko] <-ci> *m* tropic; **i -i** the tropics; **Tropico del Cancro** Tropic of Cancer; **Tropico del Capricorno** Tropic of Capricorn

troppo ['trɔp·po] **I.** *m* too much; **il ~ stroppia** *prov* enough is as good as a feast **II.** *adv* too much; **ho mangiato ~** I've eaten too much; **non ~** (*poco*) not much; **di ~** too much; **essere/sentirsi di ~** (*inopportuno*) to be/feel in the way

troppo, -a I. *adj* (*in quantità eccessiva*) too much; (*in numero eccessivo*) too many; **troppo lavoro** too much work; **troppe cose** too many things **II.** *pron* (*in quantità eccessiva*) too much; (*in numero eccessivo*) too many; **questo è ~** *fig* this is too much!; **-i** (*troppe persone*) too many people

trota ['trɔ:·ta] *f* trout

trottare [trot·'ta:·re] *vi* **1.** (*gener*) to trot **2.** (*darsi da fare*) to rush around

trotterellare [trot·te·rel·'la:·re] *vi* **1.** (*cavalli*) to trot **2.** (*camminare in fretta*) to trot along

trotto ['trɔt·to] *m* trot

trottola ['trɔt·to·la] *f* spinning top

troupe [trup] <-> *f* (*di artisti*) company; ~ **televisiva** television crew

trovare [tro·'va:·re] **I.** *vt* **1.** (*gener*) to find; **andare a ~ qu** to visit sb; **ti trovo bene** you look well; ~ **da ridire** to find sth to criticize **2.** (*pensare*) to think; ~ **qu simpatico** to like sb **II.** *vr:* -**rsi 1.** (*essere*) to be; -**rsi bene con**

qu to get on well with sb; -**rsi d'accordo** to agree **2.** (*incontrarsi*) to meet

trovarobe [tro·va·'rɔ:·be] <-> *mf* properties manager

trovata [tro·'va:·ta] *f* brainstorm; ~ **pubblicitaria** publicity stunt

trovatello, -a [tro·va·'tɛl·lo] *m, f* foundling

truccare [truk·'ka:·re] **I.** *vt* **1.** (*con cosmetici*) to make up **2.** (*falsificare: risultati, elezioni*) to rig; (*partita*) to fix **3.** (*motore*) to soup up **II.** *vr:* -**rsi** (*con cosmetici*) to put on makeup

trucco ['truk·ko] <-cchi> *m* **1.** (*cosmesi*) makeup **2.** (*espediente*) trick

truce ['tru:·tʃe] *adj* grim

trucidare [tru·tʃi·'da:·re] *vt* to slaughter

truciolo ['tru:·tʃo·lo] *m* (*di legno*) shaving; (*di polistirolo, plastica*) chip

truffa ['truf·fa] *f* **1.** (*imbroglio*) swindle **2.** ADMIN fraud

truffare [truf·'fa:·re] *vt* (*imbrogliare*) to swindle

truffatore, -trice [truf·fa·'to:·re] *m, f* swindler

truppa ['trup·pa] *f* **1.** MIL troop; -**e d'occupazione** occupation forces **2.** *fig* (*gruppo numeroso*) band

trust [trʌst] <-> *m* trust; ~ **dei cervelli** brain trust

T-shirt, tee-shirt ['ti:·ʃə:t] <-> *f* T-shirt

tu [tu] *pron* **2.** *pers sing* you; **dare del ~ a qu** ≈ to be on a first name basis with sb; **parlare a ~ per ~** to speak to sb privately; **trovarsi a ~ per ~** to come face to face with sb

There are two ways of addressing someone in Italian: **tu**, which is informal, and the formal *Lei*. *Lei* is usually used when speaking to people one doesn't know or with whom one is not on familiar terms. Generally young people call each other 'tu' even if they do not know each other; similarly an older person such as a shopkeeper may address a young person as **tu**. It is also usual for work colleagues to call one another **tu**.

tuba ['tu:·ba] *f* **1.** MUS tuba **2.** (*cappello*) top hat **3.** ANAT tube; ~ **uditiva** auditory canal; ~ **uterina** fallopian tube

tubare [tu·'ba:·re] *vi* **1.** (*colomba*) to coo **2.** (*innamorati*) to bill and coo

tubatura [tu·ba·'tu:·ra] *f* pipes *pl*

tubercolosi [tu·ber·ko·'lo:·zi] <-> *f* tuberculosis

tubercoloso, -a [tu·ber·ko·'lo:·so] **I.** *adj* tubercular **II.** *m, f* tuberculosis patient

tubetto [tu·'bet·to] *m* tube

tubo ['tu:·bo] *m* **1.** (*gener*) tube; ~ **flessibile** flexible tubing; ~ **di scappamento** exhaust pipe; ~ **digerente** digestive tract **2.** *fam* (*niente*) **un ~** nothing; **non ho capito un ~** I didn't understand a thing

tuffare [tuf·'fa:·re] I. *vt* (*immergere*) to plunge II. *vr:* **-rsi** 1.(*in acqua*) to dive; (*nel vuoto*) to throw oneself 2.*fig* (*dedicarsi*) **-rsi in qc** to throw oneself into sth

tuffo ['tuf·fo] *m* 1.(*gener*) dive 2.(*sport*) diving 3.*fig* (*emozione*) **ho provato un ~ al cuore** my heart skipped a beat

tufo ['tu:·fo] *m* tuff

tugurio [tu·'gu:·rio] <-i> *m* hovel

tulipano [tu·li·'pa:·no] *m* tulip

tulle ['tul·le] *m* tulle

tumefazione [tu·me·fat·'tsio:·ne] *f* swelling

tumido, -a ['tu:·mi·do] *adj* (*labbra*) swollen

tumorale [tu·mo·'ra:·le] *adj* tumoral

tumore [tu·'mo:·re] *m* (*cancro*) tumor

tumulare [tu·mu·'la:·re] *vt* to bury

tumulazione [tu·mu·lat·'tsio:·ne] *f* burial

tumulo ['tu:·mu·lo] *m* (*tomba*) tomb

tumulto [tu·'mul·to] *m* 1.(*rumore*) tumult 2.(*rivolta*) riot 3.*fig* (*agitazione*) turmoil

tumultuare [tu·mul·tu·'a:·re] *vi* to riot

tumultuoso, -a [tu·mul·tu·'o:·so] *adj* 1.(*folla*) unruly 2.(*acque, fiume*) turbulent 3.*fig* (*periodo*) tumultuous

tunica ['tu:·ni·ka] <-che> *f* tunic

tunnel ['tun·nel] <-> *m* tunnel

tuo, -a <tuoi, tue> I. *adj* your; **la -a voce/mano** your voice/hand; **~ padre/zio** your father/uncle; **un ~ amico** a friend of yours II. *pron* **il ~, la -a** yours; **i tuoi** (*genitori*) your parents; **ti tieni sempre sulle -e** you always keep to yourself

tuonare [tuo·'na:·re] I. *vi* avere (*inveire*) to rage II. *vi* essere *o* avere (*impersonale*) to thunder

tuono ['tuɔ:·no] *m* thunder

tuorlo ['tuɔr·lo] *m* yolk

tu(p)pè [tu·'pɛ (tup·'pɛ)] <-> *m v.* **toupee**

tuppertù, tu per tu [tu·per·'tu] *adv* essere a **~ con qu** to be face to face with sb

turacciolo [tu·'rat·tʃo·lo] *m* (*di sughero*) cork; (*di plastica*) stopper

turare [tu·'ra:·re] I. *vt* 1.(*bottiglia*) to cork 2.(*buco, falla*) to stop (up); **-rsi il naso** to hold one's nose; **-rsi le orecchie/gli occhi** to block up one's ears; **-rsi gli occhi** to cover one's eyes II. *vr:* **-rsi** to get blocked

turba ['tur·ba] *f* 1.(*di persone*) crowd; *pej* mob 2. MED disorder

turbamento [tur·ba·'men·to] *m* (*ansia*) agitation

turbante [tur·'ban·te] *m* turban

turbare [tur·'ba:·re] I. *vt* 1.(*cerimonia, svolgimento*) to disrupt 2.(*pace, rapporto*) to disturb 3.(*persona*) to upset II. *vr:* **-rsi** (*agitarsi*) to get upset

turbina [tur·'bi:·na] *f* turbine

turbinare [tur·bi·'na:·re] *vi* (*foglie*) to whirl

turbine ['tur·bi·ne] *m* 1.(*movimento d'aria*) whirlwind; **un ~ di sabbia** a sandstorm 2.(*di pensieri*) whirl

turbo ['tur·bo] I. <-> *m* turbo II. <inv> *adj* turbo; **motore ~** turbo engine

turbocompressore [tur·bo·kom·pres·'so:·re] *m* turbocharger

turbodiesel [tur·bo·'di:·zəl] I. <-> *m* turbo diesel II. <inv> *adj* turbo diesel; **una macchina ~** a turbo diesel car

turbogas [tur·bo·'gas] <-> *m* turbogas

turbogetto [tur·bo·'dʒɛt·to] *m* 1.(*motore*) jet engine 2.(*aereo*) jet

turbolento, -a [tur·bo·'lɛn·to] *adj* 1.(*persona*) unruly 2.(*periodo*) turbulent

turbolenza [tur·bo·'lɛn·tsa] *f* 1.(*gener*) turbulence 2.(*di persona*) unruliness

turbomotore [tur·bo·mo·'to:·re] *m* turbine

turbonave [tur·bo·'na:·ve] *f* turbine ship

turboreattore [tur·bo·re·at·'to:·re] *m v.* **turbogetto**

turchese [tur·'ke:·se] I. *f* (*pietra*) turquoise II. *m* (*colore*) turquoise

Turchia [tur·'ki:·a] *f* **la ~** Turkey; **abitare in ~** to live in Turkey; **andare in ~** to go to Turkey

turchino, -a [tur·'ki:·no] *adj* deep blue

turco ['tur·ko] <sing> *m* Turkish; **parlare ~** *fig* to speak double talk

turco, -a <-chi, -che> I. *adj* Turkish; **sedere alla -a** to sit cross-legged II. *m, f* Turk; **fumare come un ~** to smoke like a chimney

turgido, -a ['tur·dʒi·do] *adj* swollen

turismo [tu·'riz·mo] *m* tourism; **~ di massa** mass tourism

turista [tu·'ris·ta] <-i *m*, -e *f*> *mf* tourist

turistico, -a [tu·'ris·ti·ko] <-ci, -che> *adj* tourist

turlupinare [tur·lu·pi·'na:·re] *vt* to cheat

turnista [tur·'nis·ta] <-i *m*, -e *f*> *mf* shift worker

turno ['tur·no] *m* 1.(*di lavoro*) shift; **essere di ~** to be on duty; **~ di notte** night shift; **medico di ~** duty doctor; **farmacia di ~** late-night drugstore 2.(*volta*) turn; **aspettare il proprio ~** to wait one's turn; **fare a ~** to take turns; **a ~, abbiamo guidato a ~** we took turns driving 3. SPORT round

turpe ['tur·pe] *adj* (*infame*) vile

turpiloquio [tur·pi·'lɔ·ku·io] <-qui> *m* obscene language

tuta ['tu:·ta] *f* jumpsuit; **~ (da ginnastica)** sweatsuit; **~ da lavoro** coveralls; **~ mimetica** camouflage gear; **~ spaziale** spacesuit; **-e blu** *fig* blue-collar workers

tutela [tu·'tɛ:·la] *f* 1.(*difesa*) protection; **~ del consumatore** consumer protection; **~ dell'ambiente** protection of the environment 2. GIUR (*di minore*) guardianship

tutelare¹ [tu·te·'la:·re] *adj* 1.(*misura*) protection 2. GIUR tutelary; **giudice ~** *juvenile court judge*

tutelare² I. *vt* to protect; **~ i propri interessi** to look after one's own interests II. *vr:* **-rsi** to protect oneself

tutor ['tju:·tə] <-> *m* (*negli studi*) tutor; (*al lavoro*) mentor

tutore, -trice [tu·'to:·re] *m, f* 1.(*protettore, difensore*) protector 2. GIUR guardian

tutrice *f v.* **tutore**

tuttavia [tut·ta·'vi:·a] *conj* but

tutto ['tut·to] *m* the (whole) shebang; **preferisco pagare il ~ ora** I'd rather pay the whole deal now; **rischiare** [*o* **tentare**] **(il) ~ per (il) ~** to go for broke

tutto, -a I. *adj* 1.(*intero*) whole; **~ il denaro** all the money; **~ il giorno** the whole day (long); **-a la notte** all night; **a -a velocità** at top speed 2.(*la totalità di*) all; **-e le donne** all women; **-a la mia famiglia** all my family; **-e le sere** every evening; **-i e due** both 3.(*qualsiasi*) **in -i i modi** whatever happens; **in -i i casi** in any case; **a -i i costi** at all costs; **e le volte che** every time; **-e le volte che la invito trova una scusa** every time I invite her she makes some excuse 4.(*rafforzativo*) **è -a una finzione** it's all made-up; **era ~ contento** he was all happy II. *pron* 1.(*ogni cosa*) everything; **prima di ~** first of all; **in ~** altogether 2.(*la totalità*) everyone; **-i risero** everyone laughed III. *adv* quite; **è ~ il contrario di suo fratello** he's the complete opposite of his brother; **c'è un giardino tutt'intorno alla casa** there's a garden all around the house; **del ~** completely; **tutt'al più** at (the) most; **tutt'altro** on the contrary

tuttofare [tut·to·'fa:·re] I.<inv> *adj* **donna ~** maid; **una segretaria ~** a girl Friday II.<-> *mf* (*domestico*) handyman *m*, maid *f*

tuttora [tut·'to:·ra] *adv* still

tutù [tu·'tu] <-> *m* tutu

tv [tiv·'vu] <-> *f abbr di* **televisione** TV; **~ spazzatura** trash TV

tweed [twi:d] <-> *m* tweed; **giacca di ~** tweed jacket

twin-set ['twin·'sɛt] <-> *m* twin set

twittare [twit·'ta:·re] *vi, vt* INET to tweet

Uu

U, u [u] *f* U, u; **~ come Udine** U for Uncle; **profilo a U** U-shaped iron profile; **inversione a U** U-turn

ubbidiente [ub·bi·'diɛn·te] *adj* obedient

ubbidienza [ub·bi·'diɛn·tsa] *f* obedience

ubbidire [ub·bi·'di:·re] (*ubbidisco*) *vi* to obey; **~ a qu/qc** to obey sb/sth

ubicazione [u·bi·kat·'tsio:·ne] *f* (*posizione*) location

ubiquità [u·bi·kui·'ta] *f* ubiquity

ubriacare [u·bri·a·'ka:·re] I. *vt* 1.(*inebriare*) **~ qu** to get sb drunk 2.*fig* (*stordire*) to intoxicate II. *vr:* **-rsi** to get drunk

ubriacatura [u·bri·a·ka·'tu:·ra] *f* 1.(*sbornia*) drinking binge 2.*fig* (*inebriamento*) intoxication

ubriachezza [u·bri·a·'ket·tsa] *f* (*ebbrezza*) drunkenness; **in stato di ~** under the influence of alcohol

ubriaco, -a [u·bri·'a:·ko] <-chi, -che> I. *adj* 1.(*ebbro*) drunk; **~ fradicio** *fam* plastered 2.*fig* (*stordito: per sonno*) groggy II. *m, f* drunk

ubriacone, -a [u·bri·a·'ko:·ne] *m, f* drunk

uccelliera [ut·tʃel·'liɛ:·ra] *f* (*gabbia*) aviary

uccello [ut·'tʃɛl·lo] *m* 1.ZOOL bird; **essere uccel di bosco** *fig* to be nowhere to be found; **fare l'~ del malaugurio** *fig* to be a prophet of doom 2.*vulg* (*pene*) dick

uccidere [ut·'tʃi:·de·re] <uccido, uccisi, ucciso> I. *vt a. fig* to kill II. *vr:* **-rsi** 1.(*suicidarsi*) to kill oneself 2.(*vicendevolmente*) to kill each other 3.(*perdere la vita*) to be killed

uccisi [ut·'tʃi:·zi] *1.pers sing pass rem di* **uccidere**

uccisione [ut·tʃi·'zio:·ne] *f* killing

ucciso [ut·'tʃi:·zo] *pp di* **uccidere**

uccisore [ut·tʃi·'zo:·re] *m* killer

UDEUR *m Democratic Union for Europe, Italian centrist political party; abbr di* **Unione Democratici per l'Europa**

udibile [u·'di:·bi·le] *adj* audible

udienza [u·'diɛn·tsa] *f* 1.(*colloquio*) audience; **chiedere (un')~** to seek an audience; **concedere un'~** to grant an audience 2.GIUR hearing

Udine *f* Udine, *city in northeastern Italy*

udinese [u·di·'ne:·se] I. *adj* from Udine II. *mf* (*abitante*) person from Udine

Udinese *sing m* Udine area; **nell'~** in the Udine area

udire [u·'di:·re] <odo, udii, udito> *vt* 1.(*sentire*) to hear 2.(*ascoltare*) to listen to

udito [u·'di:·to] *m* hearing; **esame dell'~** hearing examination

UE *f* EU; *abbr di* **Unione Europea**

UEM *f Economic and Monetary Union, EMU; abbr di* **Unione economica e monetaria europea**

ufficiale [uf·fi·'tʃa:·le] I. *adj* official II. *m* 1.ADMIN official; **~ di stato civile** registrar; **~ giudiziario** bailiff; **pubblico ~** public official 2.MIL officer

ufficializzare [uf·fi·tʃa·lid·'dza:·re] *vt* (*unione, situazione*) **~ qc** to make sth official

ufficio [uf·'fi:·tʃo] <-ci> *m* 1.(*gen*) office; **~ postale** post office; **~ (di) collocamento** employment office; **difensore d'~** public defender; **provvedimento d'~** official measure; **trasferire qu d'~** to give sb a compulsory transfer 2.(*reparto*) department; **~ contabilità** accounts department; **~ informazioni** information office; **~ personale** personnel de-

U

partment; ~ **vendite** sales department; ~ **viaggi** travel agency

ufficioso, -a [uf·fi·'tʃo:·so] *adj* (*notizia, risultato, classifica*) unofficial

U.F.O. ['u:·fo] *m* UFO

ufo ['u:·fo] *adv* **a** ~ without paying; **mangiare a** ~ to scrounge a meal

ugello [u·'dʒɛl·lo] *m* nozzle

uggia ['ud·dʒa] *ugge f* (*noia*) dreariness

uggioso, -a [ud·'dʒo:·so] *adj* (*giornata, inverno, autunno*) dreary

ugola ['u:·go·la] *f* **1.** ANAT uvula **2.** *fig* (*gola*) throat

uguaglianza [u·guaʎ·'ʎan·tsa] *f* **1.** (*coincidenza*) similarity **2.** MAT, GIUR equality

uguagliare [u·guaʎ·'ʎa:·re] **I.** *vt* **1.** (*gener*) to equal; ~ **qu in qc** to equal sb in sth **2.** (*rendere uniforme: terreno*) to level **II.** *vr*: **-rsi** (*livellarsi*) to even out

uguale[1] [u·'gua:·le] **I.** *adj* **1.** (*identico*) identical; **per me è** ~ it's all the same to me **2.** (*che rimane uguale*) the same; **essere sempre** ~ **a se stesso** to be consistent **3.** MAT equal **4.** (*uniforme: tono*) even **II.** *mf* equal

uguale[2] *adv fam* the same

ugualmente [u·gual·'men·te] *adv* all the same

uh [u] *interj* **1.** (*dolore*) ow! **2.** (*meraviglia*) wow!

uhi ['u:·i] *interj* (*dolore*) ow!

UIL [uil] *f Italian labor union; abbr di* **Unione Italiana del Lavoro**

ulcera ['ul·tʃe·ra] *f* (*piaga*) ulcer; ~ (**gastrica**) (stomach) ulcer

ulcerazione [ul·tʃe·rat·'tsio:·ne] *f* ulceration

uliva [u·'li:·va] *f v.* **oliva**[1]

ulivista [u·li·'vis·ta] <-i *m*,-e *f*> **I.** *adj* (*partito, politica*) Olive Tree **II.** *mf* POL Olive Tree

ulivo [u·'li:·vo] *m v.* **olivo**

Ulivo [u·'li:·vo] *m* POL *Olive Tree, center-left Italian political party*

ulteriore [ul·te·'rio:·re] *adj* further

ultima ['ul·ti·ma] *f fam* (*novità*) latest; **vuoi sapere l'~?** do you want to know the latest?; **ti racconto l'~?** have I told you the latest?

ultimare [ul·ti·'ma:·re] *vt* (*finire: lavoro, opera, cottura*) to complete

ultimatum [ul·ti·'ma:·tum] *m* ultimatum

ultimazione [ul·ti·mat·'tsio:·ne] *f* (*di lavoro, opera*) completion

ultimissima [ul·ti·'mis·si·ma] *f* **1.** (*giornale*) latest edition **2.** *pl* (*notizie*) latest news

ultimo, -a ['ul·ti·mo] **I.** *adj* **1.** (*gener*) last; **all'~ momento** at the last moment; **lo studio è la sua -a preoccupazione**, **dire l'-a parola** to have the last word **2.** (*recente*) latest **3.** (*estremo*) utmost **II.** *m, f* last; **l'~ del mese** the last day of the month; **all'~** in the end; **da** ~ finally; **fino all'~** to the last; **in** ~ finally; **per** ~ lastly; **gli -i saranno i primi** the last shall be first

ultrà [ult·'ra] *mf* **1.** POL extremist **2.** SPORT hardcore fans

ultrabook ['ul·tra·'·buk] <-> *m* COMPUT ultrabook

ultracentenario, -a ['ult·ra·tʃen·te·'na:·rio] *adj* more than a hundred years old

ultracompatto, -a [ult·ra·kom·'pat·to] *adj* (*auto, radio, cinepresa*) super-compact

ultracorto, -a [ult·ra·'kor·to] *adj* RADIO, FIS ultrashort; **onde -e** ultrashort waves

ultraleggero [ult·ra·led·'dʒɛ:·ro] *m* (*deltaplano a motore*) ultralight

ultramoderno, -a [ult·ra·mo·'dɛr·no] *adj* (*arredamento, design*) ultramodern

ultramondano, -a [ult·ra·mon·'da:·no] *adj* (*Dei*) otherworldly; **vita -a** afterlife

ultraortodosso, -a [ult·ra·or·to·'dɔs·so] **I.** *adj* (*partito, fazione, quartiere*) ultra-orthodox **II.** *m, f* ultra-orthodox Jew

ultrapiatto, -a [ult·ra·'piat·to] *adj* (*cellulare, microfono, tastiera*) ultrathin; **schermo** ~ flat screen

ultrapotente [ult·ra·po·'tɛn·te] *adj* (*palmare, motore, videocamera*) high-powered

ultrarapido, -a [ult·ra·'ra:·pi·do] *adj* high-speed

ultrasensibile [ult·ra·sen·'si:·bi·le] *adj* (*microfono, sensore*) ultrasensitive

ultrasinistra [ult·ra·si·'nis·tra] *f* POL far Left

ultrasottile [ult·ra·sot·'ti:·le] *adj* ultrathin

ultrasuono [ult·ra·'suɔ:·no] *m* ultrasound

ultraterreno, -a [ult·ra·ter·'re:·no] *adj* (*visioni*) of another world; **vita -a** afterlife

ultravioletto, -a [ult·ra·vio·'let·to] *adj* (*raggi*) ultraviolet

ululare [u·lu·'la:·re] *vi* (*lupo, vento*) to howl

ululato, ululo [u·lu·'la:·to, 'u:·lu·lo] *m* (*di lupo, vento*) howling

umanamente [u·ma·na·'men·te] *adv* **1.** (*dell'uomo*) humanly; **è** ~ **impossibile** it's not humanly possible **2.** *fig* (*con umanità*) humanely

umanesimo [u·ma·'ne:·zi·mo] *m* (*movimento culturale*) humanism

umanista [u·ma·'nis·ta] <-i *m*, -e *f*> *mf* (*dell'umanesimo*) humanist

umanistico, -a [u·ma·'nis·ti·ko] *adj* <-ci, -che> **1.** (*dell'umanesimo*) humanistic **2.** (*materie, facoltà*) arts

umanità [u·ma·ni·'ta] *f* **1.** (*natura umana, genere umano*) humanity **2.** (*sentimento*) humaneness

umanitario, -a [u·ma·ni·'ta:·rio] <-i, -ie> *adj* (*attività, associazione*) humanitarian; **aiuti -i** humanitarian aid

umano [u·'ma:·no] *m* human

umano, -a *adj* **1.** (*dell'uomo*) human **2.** *fig* (*buono*) kind

umanoide [u·ma·'no·i·de] *adj* humanoid

Umbria ['um·bria] *f* Umbria

umbro ['um·bro] *sing m* (*dialetto*) Umbrian dialect

umbro, -a **I.** *adj* Umbrian **II.** *m, f* Umbrian

UME *f European Monetary Union*, EMU; *abbr di* **Unione Monetaria Europea**

umidificare [u·mi·di·fi·'ka:·re] *vt* (*aria, ambiente*) to humidify

umidificatore [u·mi·di·fi·ka·'to:·re] *m* humidifier

umidità [u·mi·di·'ta] *f* 1.(*nell'aria*) humidity 2.(*bagnato*) damp

umido ['u:·mi·do] *m* 1.(*umidità*) damp 2.CULIN **coniglio in** ~ rabbit stew

umido, -a *adj* 1.(*clima*) humid 2.(*bagnato: biancheria*) damp

umile ['u:·mi·le] *adj* humble

umiliare [u·mi·'lia:·re] I.*vt* (*offendere*) to humiliate II.*vr:* **-rsi** (*abbassarsi*) to humiliate oneself

umiliazione [u·mi·liat·'tsio:·ne] *f* (*offesa*) humiliation

umiltà [u·mil·'ta] *f* (*modestia*) humility

umore [u·'mo:·re] *m* 1.BIOL, BOT (*liquido*) humor 2.(*indole*) temperament 3.(*disposizione d'animo*) mood; **essere di buon** ~ to be in a good mood; **essere di** ~ **nero** to be in a black mood

umorismo [u·mo·'riz·mo] *m* humor; **non avere il senso dell'**~ to have no sense of humor

un' [un] *art f davanti a vocale* a, an; *v.* **un, una**

un, una [un, 'u:·na] *art m, f* a, an

una¹ ['u:·na] *art v.* **un, uno**

una² *f* 1.(*temporale*) one (o'clock); **è l'**~ it's one (o'clock) 2.(*storia*) **te ne racconto** ~ I'll tell you a good one; **non me ne va bene** ~ nothing ever goes right for me; **me n'è capitata** ~ something happened to me

unanime [u·'na:·ni·me] *adj* 1.(*assemblea*) whole 2.(*decisione*) unanimous

unanimità [u·na·ni·mi·'ta] *f* unanimity; **all'**~ unanimously

una tantum ['u:·na 'tan·tum] I.<inv> *adj* (*sussidio, contributo, retribuzione*) one-time II.<-> *f* one-time payment

uncinato, -a [un·tʃi·'na:·to] *adj* (*con uncini: aculeo, artigli*) hooked; **croce -a** swastika

uncinetto [un·tʃi·'net·to] *m* crochet

uncino [un·'tʃi:·no] *m* (*gancio*) hook

underground ['ʌn·də·'graund/an·der·'graund] I.<inv> *adj* (*musica, happening*) underground II.<-> *m* underground

undicenne [un·di·'tʃɛn·ne] I.*adj* (*ragazzi*) eleven-year-old II.*mf* eleven year old

undicesimo [un·di·'tʃɛ:·zi·mo] *m* (*frazione*) eleventh; *v.a.* **quinto**

undicesimo, -a I.*adj* eleventh II.*m, f* eleventh; *v.a.* **quinto**

undici ['un·di·tʃi] I.*num* eleven II.<-> *m* 1.(*numero*) eleven 2.(*nelle date*) eleventh 3.SPORT eleven III.*fpl* eleven (o'clock); **le** ~ (*di mattina/sera*) 11 (a.m./p.m.); *v.a.* **cinque**

UNESCO [u·'nɛs·ko] *m* UNESCO

ungere ['un·dʒe·re] *ungo, unsi, unto* I.*vt* 1.(*ingranaggio, motore, teglia*) to grease; (*con creme, pomate: corpo*) to oil 2.(*sporcare*) to get grease on 3.REL to anoint 4.*fig, fam* ~ **qu** (*corrompere*) to bribe II.*vr:* **-rsi** 1.(*mettersi* *dell'unto*) to oil oneself 2.(*sporcarsi d'unto*) to get grease on oneself

ungherese [un·ge·'re:·se] I.*adj* Hungarian II.*mf* Hungarian

Ungheria [un·ge·'ri:·a] *f* Hungary

unghia ['un·gia] <-ghie> *f* 1.ANAT nail; **mangiarsi le -ghie** to bite one's nails 2.ZOOL (*di uccello, gatto*) claw; **tirar fuori le -ghie** *fig* to show one's claws 3.*fig* (*minima grandezza*) speck

unghiata [un·'gia:·ta] *f* scratch

unguento [un·'guɛn·to] *m* (*pomata*) ointment

unica ['u:·ni·ka] *f* **l'unica** the only thing

unicamerale [u·ni·ka·me·'ra:·le] *adj* (*parlamento, iter*) unicameral

unicameralismo [u·ni·ka·me·ra·'liz·mo] *m* POL unicameral system

UNICEF ['u:·ni·tʃef] *m* UNICEF

unicellulare [u·ni·tʃel·lu·'la:·re] *adj* (*organismo*) single-cell

unicità [u·ni·tʃi·'ta] <-> *f* uniqueness

unico, -a ['u:·ni·ko] <-ci, -che> I.*adj* 1.(*il solo esistente, ineguagliabile*) unique; **essere** ~ **nel suo genere** to be one of a kind 2.(*che avviene una volta sola*) only; **figlio** ~ only child; **numero** ~ (*di giornale, rivista*) single issue II.*m, f* only one

unidimensionale [u·ni·di·men·sio·'na:·le] *adj* one-dimensional

unidirezionale [u·ni·di·ret·tsio·'na:·le] *adj* ELETT, TEL (*antenna*) unidirectional; **corrente** (*elettrica*) ~ unidirectional current

unifamiliare [u·ni·fa·mi·'lia:·re] *adj* (*casa, villetta*) single-family

unificare [u·ni·fi·'ka:·re] *vt* 1.(*ridurre a unità*) to unify 2.(*standardizzare*) to standardize

unificatore, -trice [u·ni·fi·ka·'to:·re] I.*adj* (*attività, forza, impulso, principio*) unifying II.*m, f* unifier

unificazione [u·ni·fi·kat·'tsio:·ne] *f* 1.(*atto dell'unificare*) unification 2.(*standardizzazione*) standardization

uniformare [u·ni·for·'ma:·re] I.*vt* 1.(*unificare*) to homogenize 2.(*adeguare*) ~ **qc a qc** to make sth conform to sth II.*vr* **-rsi a qc** to conform to sth

uniforme [u·ni·'for·me] I.*adj* 1.(*uguale: superficie*) even; (*colore*) uniform 2.*fig* (*monotono: voce*) monotonous II.*f* uniform

uniformità [u·ni·for·mi·'ta] <-> *f* 1.(*di colore, idee, opinioni*) uniformity 2.(*di superficie*) evenness

unigenito [u·ni·'dʒɛ:·ni·to] <inv> *adj* (*Cristo*) only-begotten

unilaterale [u·ni·la·te·'ra:·le] *adj* 1.GIUR, POL (*accordo, tregua*) unilateral 2.*fig, pej* (*visione, idea*) one-sided

uninominale [u·ni·no·mi·'na:·le] *adj* (*collegio*) single-member; (*votazione*) single-candidate; **sistema** ~ single-candidate system

unione [u·'nio:·ne] *f* 1.(*gener*) union; **Unione delle Repubbliche Socialiste Sovietiche** Union of Soviet Socialist Republics;

U

Unione europea European Union; **Unione monetaria** monetary union; **Unione economica e monetaria europea** economic and monetary union **2.** *fig* (*concordia*) unity; **l'~ fa la forza** *prov* united we stand, divided we fall

unipolare [u·ni·po·'la:·re] *adj* ELETT (*cavo*) unipolar

unire [u·'ni:·re] <unisco> I. *vt* **1.** (*collegare: fili, cavi, tessuti*) to join **2.** (*aggiungere*) to add **3.** (*allegare*) to enclose **4.** (*persone*) to unite; **~ in matrimonio** to join in matrimony II. *vr:* **-rsi 1.** (*legarsi*) to be united; **-rsi in matrimonio** to be joined in matrimony **2.** (*associarsi*) to join together **3.** (*accompagnarsi*) **-rsi a qu** to join sb

unisex ['u:·ni·seks/u·ni·'sɛks] <inv> *adj* (*abiti*) unisex

unisono [u·'ni:·so·no] I. *adj* MUS unison II. *m* **all'~** *a. fig* MUS in unison

unità [u·ni·'ta] <-> *f* **1.** (*gener*) unit; **~ di misura del peso** unit of weight; **~ monetaria** unit of currency; **~ centrale** COMPUT central processing unit **2.** (*unione, concordia*) unity

unitario, -a [u·ni·'ta:·rio] <-i, -ie> *adj* **1.** (*congiunto: sforzo*) united; (*sindacato*) amalgamated **2.** (*per singolo pezzo*) **costo/prezzo ~** cost/price per unit

unito, -a [u·'ni:·to] *adj* **1.** (*congiunto*) united; **Stati Uniti d'America** United States of America; **Nazioni Unite** United Nations **2.** (*affiatato*) close; **una famiglia molto -a** a very close family **3.** (*uniforme*) plain; **in tinta -a** self-colored

universale [u·ni·ver·'sa:·le] I. *adj* **1.** (*gener*) universal; **diluvio ~** Great Flood; **storia ~** world history **2.** (*totale*) sole; **erede ~** sole heir **3.** (*generale*) general; **concetto ~** general concept; **suffragio ~** universal suffrage II. *m* (*generale*) universal

universalità [u·ni·ver·sa·li·'ta] <-> *f* **1.** (*accolto da tutti*) universality **2.** (*totalità*) totality

università [u·ni·ver·si·'ta] <-> *f* university; **~ della terza età** Institute for Learning in Retirement

---

Italian universities (**università**) are divided into a number of different faculties (**facoltà**). The course of study ends with the award of the **laurea**. The first European university was the **scuola salernitana**, the medical school founded in Salerno in the 11th century. The universities of Bologna, Padua, and Naples are almost equally ancient.

---

universitario, -a [u·ni·ver·si·'ta:·rio] <-i, -ie> *adj* (*corso, istituto, studente*) university

universo [u·ni·'vɛr·so] *m* **1.** ASTR universe **2.** *fig* (*mondo*) world

univocità [u·ni·vo·tʃi·'ta] <-> *f* (*di affermazione, significato*) unambiguity

univoco, -a [u·'ni:·vo·ko] <-ci, -che> *adj* (*affermazione, discorso*) unambiguous

uno ['u:·no] I. *num* one II. <-> *m* **1.** (*numero*) one **2.** (*voto scolastico*) fail; *v.a.* **cinque**

uno, una I. *art m davanti a s impura, gn, pn, ps, x, z; f davanti a consonante* a, an II. *pron* **1.** (*cosa*) one; **~ e mezzo** one and a half; **non ~** not one; **~ solo** just one **2.** (*persona*) someone; **a ~ a ~** one by one; **~ per volta** one at a time; **si aiutano l'un l'altro** they help each other **3.** (*impersonale*) you; **se ~ ci crede** if you believe in it

unsi ['un·si] *1. pers sing pass rem di* **ungere**

unto ['un·to] *m* grease

unto, -a I. *pp di* **ungere** II. *adj* (*capelli, mani, pelle*) greasy

untuoso, -a [un·tu·'o:·so] *adj* **1.** (*grasso: crema*) greasy **2.** *fig, pej* (*complimento, personaggio*) unctuous

unzione [un·'tsio:·ne] *f* REL unction; **estrema ~** extreme unction

unzippare [ʌn·dzip·'pa:·re] *vt* COMPUT to unzip

uomo ['uɔ:·mo] <uomini> *m* **1.** (*essere umano*) person **2.** (*di sesso maschile*) man; **~ d'affari** businessman; **~ di mondo** man of the world; **~ d'onore** man of honor; **l'~ della strada** the man on the street; **abito da ~** man's suit

uovo ['uɔ:·vo] <*pl:* -a *f*> *m* egg; **bianco d'~** egg white; **rosso d'~** egg yolk; **pasta all'~** egg pasta; **~ à la coque** (soft-)boiled egg; **~ all'occhio di bue** eggs sunny-side up; **~ al tegame** fried egg; **~ sodo** (hard-)boiled egg; **-a affogate** poached eggs; **-a strapazzate** scrambled eggs; **essere pieno come un ~** to be full up; **meglio un ~ oggi che una gallina domani** *prov* a bird in the hand is worth two in the bush

update ['ʌp·deit] <-> *m* COMPUT (*versione aggiornata*) update; **fare un ~** to update

upload ['ʌp·lod] <-> *m* INET upload

uploadare [ʌp·lou·'da:·re] *vt* COMPUT to upload

uragano [u·ra·'ga:·no] *m* (*ciclone*) hurricane

Urali [u·'ra:·li] *mpl* Urals; **negli ~** in the Urals

uranio [u·'ra:·nio] *m* uranium

urbanesimo [ur·ba·'ne:·zi·mo] *m* urbanization

urbanista [ur·ba·'nis·ta] <-i *m*, -e *f*> *mf* city planner

urbanistica [ur·ba·'nis·ti·ka] <-che> *f* city planning

urbanistico, -a [ur·ba·'nis·ti·ko] <-ci, -che> *adj* (*piano, progetto*) city; (*regolamento*) planning

urbanizzare [ur·ba·nid·'dza:·re] *vt* (*aree rurali, costa*) to urbanize

urbanizzazione [ur·ba·nid·dzat·'tsio:·ne] *f* (*di aree rurali, costa*) urbanization

urbano, -a [ur·'ba:·no] *adj* **1.** (*della città*) urban; **nettezza -a** department of sanitation; **linea -a** city bus route; **rete -a** city transportation network; **vigile ~** municipal police officer **2.** *fig* (*cortese*) urbane

urgente [ur·'dʒɛn·te] *adj* (*caso, affare, messaggio*) urgent; (*lettera, pacco*) express

urgenza [ur·'dʒɛn·tsa] *f* **1.**(*fretta*) urgency; **non c'è ~** there's no hurry **2.**(*emergenza*) emergency; **ricoverare qu d'~** to rush sb to the hospital; **in caso d'~** in case of emergency

urgere ['ur·dʒe·re] <*urgo mancano il pass rem, il pp ed i tempi composti*> *vi* to be urgently needed

urico, -a ['u:·ri·ko] <-ci, -che> *adj* uric; **acido ~** uric acid

urina [u·'ri:·na] *f* v. **orina**

urinare [u·ri·'na:·re] *v.* **orinare**

urlare [ur·'la.·re] **I.** *vi* **1.**(*persona, scimmia*) to scream **2.**(*parlare forte*) to shout **3.**(*vento*) to howl **II.** *vt* **1.**(*dire a voce alta*) to shout **2.**(*cantare a voce alta*) to belt out

urlo¹ ['ur·lo] <*pl:* -a *f*> *m* (*di dolore, spavento*) scream; (*di piacere*) moan

urlo² *m* **1.**(*di animale*) cry **2.***fig* (*di vento, sirene*) howl

urna ['ur·na] *f* **1.**(*per le votazioni*) **~** (**elettorale**) ballot box; **responso delle -e** election results *pl;* **andare alle -e** to go to the polls **2.**(*recipiente*) **~ cineraria** funeral urn

urologia [u·ro·lo·'dʒi:·a] <-gie> *f* urology

urologo, -a [u·'rɔ:·lo·go] <-gi, -ghe> *m, f* urologist

urrà [ur·'ra] **I.** *interj* hooray!; **hip hip hip ~!** hip hip hooray! **II.** *m* hooray

URSS [urs] *f* USSR; *abbr di* **Unione delle Repubbliche Socialiste Sovietiche**

urtare [ur·'ta:·re] **I.** *vt* **1.**(*andare contro a*) to knock against; (*con veicoli*) to hit **2.***fig* (*irritare*) to annoy; **~ i nervi di qu** to get on sb's nerves **II.** *vi* (*sbattere contro*) **~ contro qc** to knock against sth; (*con veicolo*) to hit sth **III.** *vr:* -**rsi 1.**(*scontrarsi*) to collide **2.***fig* (*irritarsi*) to get annoyed

urto ['ur·to] *m* **1.**(*colpo, spinta*) shove; **resistente agli -i** shockproof **2.**(*scontro, collisione*) collision **3.**(*loc*) **forza d'~** strike force; **terapia d'~** massive-dose therapy

u.s. ult.; *abbr di* **ultimo scorso**

U.S.A. ['u:·za] *mpl* USA; **negli ~** in the USA

usa e getta ['u·za e 'dʒet·ta] <inv> *adj* disposable; **lenti a contatto ~** disposable contact lenses; **rasoio ~** disposable razor; **siringhe ~** disposable syringes

usanza [u·'zan·tsa] *f* (*consuetudine*) custom

usare [u·'za:·re] **I.** *vt avere* **1.**(*adoperare, impiegare*) to use; **~ attenzione** to be careful **2.**(*vestiti*) to wear **3.** *avere* (*avere l'abitudine*) **~ fare qc** to be in the habit of doing sth **II.** *vi* **1.** *avere* (*essere di moda*) to be fashionable **2.** *essere* (*impersonale*) to be the custom

usato [u·'za:·to] *m* (*non più nuovo*) secondhand goods; **mercato dell'~** secondhand market; **negozio dell'~** secondhand store

usato, -a *adj* (*non nuovo: oggetti, abiti*) secondhand; **auto -e** secondhand cars

uscente [uʃ·'ʃɛn·te] *adj* ADMIN (*presidente*) outgoing

usciere, -a [uʃ·'ʃɛ:·re] *m, f* usher

uscii [uʃ·'ʃi:·i] *1. pers sing pass rem di* **uscire**

uscio ['uʃ·ʃo] <usci> *m* door

uscire [uʃ·'ʃi:·re] <esco, uscii, uscito> *vi essere* **1.**(*gener*) to come out; (*andare fuori, per svago*) to go out; (*da veicolo, carcere, ospedale*) to get out **2.***fig* (*esclamare, sbottare*) **~ a dire qc** to come out with sth; **uscirsene con una battuta** to come out with a witty remark **3.***fig* (*da situazione*) to emerge; **~ un da partito** to leave a party; **~ indenne da un incidente** to escape unhurt from an accident **4.** COMPUT to quit; (*comando*) **esci** escape **5.**(*loc*) **mi è uscito di mente** it slipped my mind; **~ di strada** to go off the road; **~ dagli occhi a qn** *fig* to be coming out someone's ears; **~ dai gangheri** *fig* to lose one's temper; **~ di bocca a qn** to come out of sb's mouth

uscita [uʃ·'ʃi:·ta] *f* **1.**(*movimento*) leaving **2.**(*apertura, di autostrada*) exit; **strada senza ~** dead end; **~ di sicurezza** emergency exit; **senza via d'~** *fig* with no way out **3.**(*in aeroporto*) gate **4.**(*di pubblicazioni*) publication; (*di film*) release **5.**(*battuta*) remark **6.** FIN (*spesa, passivo*) item of expenditure **7.** MIL **essere in libera ~** to be off duty **8.** COMPUT output

uscito [uʃ·'ʃi:·to] *pp di* **uscire**

usignolo [u·ziɲ·'ɲɔ:·lo] *m* nightingale

uso ['u:·zo] *m* **1.**(*gener*) use; **istruzioni per l'~** instructions for use; **fuori ~** out of order; **ad ~ di qu** for the use of sb; **per ~ esterno** MED for external use; **con ~ di cucina** with use of the kitchen **2.**(*usanza*) custom; **-i e costumi** customs and traditions

USSL *f local health department; abbr di* **Unità Socio-Sanitaria Locale**

ustionare [us·tio·'na:·re] **I.** *vt* to burn **II.** *vr:* -**rsi** to burn oneself

ustione [us·'tio·ne] *f* burn

usuale [u·zu·'a:·le] *adj* (*solito*) habitual

usufruire [u·zu·fru·'i:·re] <usufruisco> *vi* (*giovarsi di*) **~ di qc** to benefit from sth

usufrutto [u·zu·'frut·to] *m* usufruct

usufruttuario, -a [u·zu·frut·tu·'a:·rio] <-i, -ie> *m, f* usufructuary

usura [u·'zu:·ra] *f* **1.**(*strozzinaggio*) usury **2.** TEC wear

usuraio, -a [u·zu·'ra:·io] <-ai, -aie> *m, f* (*strozzino*) usurer

usurpare [u·zur·'pa:·re] *vt* to usurp

usurpatore, -trice [u·zur·pa·'to:·re] *m, f* usurper

usurpazione [u·zur·pat·'tsio:·ne] *f* (*di trono, potere*) usurpation

utensile [u·ten·'si:·le] **I.** *adj* **macchina ~** machine tool **II.** *m* tool; **-i da cucina** kitchen utensils

utensileria [u·ten·si·le·'ri:·a] <-ie> *f* **1.**(*complesso di utensili*) tools *pl* **2.**(*reparto di officina*) tool room

utente [u·'tɛn·te] *mf* (*di vocabolario*) user;

U

~ del telefono telephone subscriber; **~ della TV** viewer; **~ della strada** road user; **~ finale** end user

utenza [u·'tɛn·tsa] f 1.(*uso di un servizio*) use; (*di gas*) consumption; (*di telefono*) subscribing; (*di radio*) listening; (*di TV*) viewing 2.(*utenti*) users pl

uterino, -a [u·te·'riː·no] adj (*fibroma, malformazione*) uterine

utero ['uː·te·ro] m uterus

utile ['uː·ti·le] I. adj 1.(*che è di aiuto*) useful; **rendersi ~** to make oneself useful 2.(*vantaggioso*) handy 3. TEC (*utilizzabile*) **carico ~** payload 4.(*in formule di cortesia*) **se posso essere ~ in qc ...** if I can be of help in sth ... II. m 1.(*ciò che serve*) usefulness; **unire l'~ al dilettevole** to mix business with pleasure 2.(*vantaggio*) benefit 3. FIN profit; **~ lordo/netto** gross/net profit; **partecipazione agli -i dell'azienda** profit-sharing

utilità [u·ti·li·'ta] <-> f 1.(*funzionalità*) usefulness 2.(*vantaggio*) benefit

utilitaria [u·ti·li·'taː·ria] f compact

utilitarismo [u·ti·li·ta·'riz·mo] m utilitarianism

utilitaristico, -a [u·ti·li·ta·'ris·ti·ko] <-ci, -che> adj pej (*fine, scopo, motivazione*) utilitarian

utilizzabile [u·ti·lid·'dza:·bi·le] adj (*oggetto, programma, memoria*) usable

utilizzare [u·ti·lid·'dza:·re] vt (*strumenti, servizi, tempo*) to use

utilizzazione [u·ti·lid·dzat·'tsio:·ne] f (*strumenti, servizi*) use

utilizzo [u·ti·'lid·dzo] m use

utopia [u·to·'pi:·a] <-ie> f utopia

utopico, -a [u·'tɔ:·pi·ko] <-ci, -che> adj (*progetti, idee*) utopian

uva ['uː·va] f grapes pl; **~ bianca/nera** white/black grapes pl; **~ passa** raisins pl; **~ spina** gooseberry; **~ da tavola** dessert grapes pl

uvetta [u·'vet·ta] f raisins pl

Vv

V, v [vu] <-> f V; **~ come Venezia** V for Victor; **~ doppia** double U; **scollo** [o **scollatura**] **a ~** V-neck

V abbr di **volt**

va [va] 3. pers sing pr di **andare**[1]

vacante [va·'kan·te] adj (*posto, sede*) vacant

vacanza [va·'kan·tsa] f 1.(*ferie*) vacation; **essere in ~** to be on vacation; **andare in ~** to go on vacation; **fare ~** to take a vacation; **le -e** (*scolastiche*) the vacation; **-e estive** summer vacation; **-e natalizie** Christmas vacation; **-e pasquali** Easter vacation 2.(*di carica, posto, sede*) vacancy

During the long, hot Italian summer the schools close for almost three months of **vacanze estive** (summer vacation). Italian students are on vacation from mid June to mid September. In August many factories and offices also close, leaving the major cities practically deserted. Early August sees the *esodo* (exodus) from the major cities while at the end of August comes the *controesodo* (return). This leads to long lines of traffic on the superhighways and especially at the tollgates.

vacanziere, -a [va·kan·'tsiɛ:·re] m, f a. scherz (*turista*) vacationer

vacca ['vak·ka] <-cche> f 1.(*mucca*) cow 2. fig, pej, vulg (*sgualdrina*) slut 3.(*loc*) **in tempo di -e grasse/magre** fig in prosperous/lean times

vaccinare [vat·tʃi·'naː·re] I. vt 1.(*immuniz-* zare) to vaccinate 2.(*loc*) **essere vaccinato contro qc** fig to be immune to sth II. vr -**rsi contro qc** to get vaccinated against sth

vaccinazione [vat·tʃi·nat·'tsio:·ne] f vaccination; **fare** [o **farsi**] **la ~** to get a vaccination; **~ obbligatoria** compulsory vaccination; **~ di richiamo** booster vaccination

vaccino [vat·'tʃi:·no] m vaccine

vacillare [va·tʃil·'la:·re] vi 1.(*barcollare: persona*) to stagger 2.(*oscillare: cosa*) to wobble; (*fiamma*) to flicker 3. fig (*governo, impero*) to totter 4. fig (*persona, sentimento*) to waver

vacuo, -a ['va:·kuo] adj 1. fig (*persona*) vacuous 2.(*discorso, promessa, speranza*) empty

vademecum [va·de·'mɛ:·kum] <-> m handbook

vado ['va:·do] 1. pers sing pr di **andare**[1]

va e vieni ['va e 'viɛ:·ni] <-> m (*movimento*) coming and going

vaffanculo [vaf·fan·'ku:·lo] interj vulg fuck off!; (*per esprimere stizza*) fuck!

vagabondaggio [va·ga·bon·'dad·dʒo] <-ggi> m 1.(*vita di vagabondo*) vagrancy; **darsi al ~** to become a vagrant 2.(*il girovagare*) wanderings pl

vagabondare [va·ga·bon·'da:·re] vi 1.(*fare il vagabondo*) to live as a vagrant 2.(*girovagare*) to wander

vagabondo, -a [va·ga·'bon·do] I. adj 1.(*senza fissa dimora*) homeless 2. a. fig (*in continuo movimento*) wandering II. m, f 1.(*persona senza fissa dimora*) vagrant, bum inf 2. fig, pej (*fannullone*) loafer 3. fig, scherz (*viaggiatore*) wanderer

vagamente [va·ga·'men·te] adv vaguely

V

vagare [va·'ga:·re] *vi* **1.**(*spostarsi senza meta*) to wander (around) **2.**fig (*con mente, fantasia*) to wander

vagheggiare [va·ged·'dʒa:·re] *vt* (*successo, vittoria*) to long for

vaghezza [va·'get·tsa] *f* **1.**(*di dichiarazione, promessa, ricordo*) vagueness **2.**(*di tratto, contorno*) haziness

vagina [va·'dʒi:·na] *f* vagina

vaginale [va·dʒi·'na:·le] *adj* vaginal

vagire [va·'dʒi:·re] <vagisco> *vi* to cry

vagito [va·'dʒi:·to] *m* **1.**(*pianto*) cry; **emettere** [*o* **mandare**] **un** ~ to let out a cry **2.**fig (*di civiltà, arte*) the dawn

vaglia ['vaʎ·ʎa] <-> *m* money order; ~ **bancario** bank draft; ~ **cambiario** promissory note; ~ **postale** money order

vagliare [vaʎ·'ʎa:·re] *vt* (*esaminare: proposta, problema*) to examine

vaglio ['vaʎ·ʎo] <-gli> *m* fig (*esame: di proposta, tesi*) examination; **passare** [*o* **sottoporre**] **qc al** ~ to examine sth

vago, -a <-ghi, -ghe> *adj* (*somiglianza, ricordo*) vague

vagone [va·'go:·ne] *m* car; ~ **letto** sleeping car; ~ **ristorante** dining car

vai ['va:·i] *2. pers sing pr di* **andare**[1]

vaiolo [va·'ɔ:·lo] *m* MED smallpox

valanga [va·'laŋ·ga] <-ghe> *f* **1.**(*di neve, ghiaccio*) avalanche **2.**fig (*quantità enorme*) flood **3.**SPORT **la** ~ **azzurra** the Italian ski team

valchiria [val·'ki:·ria] <-ie> *f* **1.**(*figura mitologica*) Valkyrie **2.**scherz (*biondona*) *tall, blonde woman*

Val d'Aosta [val·da·'ɔs·ta] *f* (**la**) ~ Val d'Aosta

valdese [val·'de:·se] **I.** *mf* REL Waldensian **II.** *adj* REL Waldensian

valdostano, -a [val·dos·'ta:·no] **I.** *adj* (*della Val d'Aosta*) from the Val d'Aosta **II.** *m, f* (*abitante*) person from the Val d'Aosta

valente [va·'lɛn·te] *adj* (*eccellente: professionista, artigiano*) skillful

valenza [va·'lɛn·tsa] *f* **1.**CHIM valency **2.**(*valore, significato*) importance **3.**LING valency

valere [va·'le:·re] <valgo, valsi, valso> **I.** *vi* essere **1.**(*avere potere, influenza*) **non** ~ **nulla** to count for nothing; ~ **molto** to be worth a lot **2.**(*essere capace*) to be good; ~ **poco** not to be very good; ~ **per tre** [*o* **dieci**] *inf* to be worth ten; **farsi** ~ to show what one's worth **3.**(*avere efficacia: legge*) to be valid; (*norma*) to apply **4.**(*essere valido*) to be valid; **non vale!** *inf* that doesn't count! **5.**(*costare*) to be worth; ~ **un tesoro** [*o* **un occhio della testa**] to be priceless; **non** ~ **un fico** (**secco**) [*o* **una lira**] [*o* **una cicca**] *fam* not to be worth a fig **6.**(*essere uguale a*) to be the same as; **uno vale l'altro** they're both the same; **tanto vale** [*o* **varrebbe**] +*inf* it's all the same; **tanto vale che ...** I [*o* **you**] [*o* **he**] etc. might as well ...; (**non**) ~ **la pena** (not) to be worth the effort; **vale a dire** (*cioé, ovvero*) that is; **hai detto che arrivi tardi, vale a dire?** you said you'll be arriving late, but how late exactly? **7.**(*loc*) **il gioco non vale la candela** *prov* it's more trouble than it's worth; **a Carnevale ogni scherzo vale** *prov:* at Carnival time, anything goes **II.** *vt* avere **1.**(*rendere*) to earn **2.**fig (*procurare*) to earn **III.** *vr* (*servirsi*) **-rsi di qc** to make use of sth

valeriana [va·le·'ria:·na] *f* **1.**BOT (*pianta*) valerian **2.**(*sostanza*) valerian

valevole [va·'le:·vo·le] *adj* (*biglietto*) valid; **partita** ~ SPORT deciding game

valgo ['val·go] *1. pers sing pr di* **valere**

valicabile [va·li·'ka:·bi·le] *adj* (*passo, confine, ostacolo*) passable

valicare [va·li·'ka:·re] *vt* (*confine, frontiera, catena montuosa*) to cross

valico ['va:·li·ko] <-chi> *m* **1.**(*passo*) pass; ~ **di frontiera** border crossing **2.**(*attraversamento*) crossing

validare [va·li·'da:·re] *vt* ~ **qc** to validate sth

validità [va·li·di·'ta] <-> *f* (*di biglietto, documento, sentenza, argomento*) validity

valido, -a ['va:·li·do] *adj* **1.**(*forte: uomo*) fit **2.**(*di ottima qualità: prodotto*) good **3.**(*efficace: aiuto, contributo*) effective; (*argomento, ragione, motivo*) valid **4.**GIUR (*matrimonio, votazione, documento*) valid **5.**(*apprezzato: opera, scrittore, avvocato*) well-regarded **6.**SPORT (*regolare: partenza*) valid; (*utile: incontro*) useful

valigeria [va·li·dʒe·'ri:·a] <-ie> *f* **1.**(*assortimento*) leather goods *pl* **2.**(*negozio*) leather goods store **3.**(*fabbrica*) leather goods factory

valigia [va·'li:·dʒa] <-gie *o* -ge> *f* suitcase; **fare** [*o* **preparare**] **la** ~ to pack (one's suitcase); **disfare la** ~ to unpack (one's suitcase); ~ **ventiquattr'ore** overnight bag; **fare le -gie** fig to pack one's bags

vallata [val·'la:·ta] *f* valley

valle ['val·le] *f* valley; **a** ~ (*di monte*) downhill; (*di fiume*) downstream

Valle d'Aosta [val·le·da·'ɔs·ta] *f* v. **Val d'Aosta**

Vallese [val·'le:·se] *m* Valais

valletta [val·'let·ta] *f female assistant to TV presenter*

valligiano, -a [val·li·'dʒa:·no] **I.** *m, f* (*abitante*) valley-dweller **II.** *adj* (*della valle*) valley

vallo ['val·lo] *m* **1.**HIST (*fortificazione romana*) wall **2.**MIL (*linea di difesa*) (defensive) wall

valore [va·'lo:·re] *m* **1.**(*prezzo*) value; **aumentare di** ~ to gain value; **diminuire di** ~ to lose value; ~ **aggiunto** added value; **imposta sul** ~ **aggiunto** value-added tax **2.**(*ideale*) value; **-i umani** human values; **scala di** -i value scale **3.**(*importanza, pregio*) value **4.**(*validità*) validity; **avere** ~ **legale** to be legally valid **5.**(*capacità*) worth **6.**(*coraggio*) bravery **7.**FIN (*moneta, titolo, obbligazione*) security; **borsa -i** stock exchange; **-i mobiliari** stocks and shares **8.** *pl* (*gioielli, oggetti preziosi*) valuables *pl* **9.**(*significato: di vocabolo, locuzione*) meaning

V

valorizzare [va·lo·rid·'dza:·re] *vt* **1.**(*dare valore: terreno, immobile*) to value **2.**(*mettere in risalto: idea, persona, risorsa*) to value **3.**(*abiti, trucco*) to flatter

valorizzazione [va·lo·rid·dzat·'tsio:·ne] *f* **1.**(*aumento: di valore, pregio*) increase **2.**(*riconoscimento: di qualità, merito*) appreciation

valoroso, -a [va·lo·'ro:·so] *adj* **1.**(*coraggioso: soldato, atleta*) brave; (*azione, impresa, gesta*) valiant **2.** *a. iron* (*bravo: artista, scienziato*) outstanding

valpolicella [val·po·li·'tʃɛl·la] <-> *m* Valpolicella

valsi ['val·si] *1. pers sing pass rem di* **valere**

valso ['val·so] *pp di* **valere**

valuta [va·'lu:·ta] *f* **1.** ECON (*moneta*) currency; ~ **estera** foreign currency; ~ **nazionale** national currency **2.** FIN (*decorrenza degli interessi*) accrual date

valutare [va·lu·'ta:·re] *vt* **1.** COM (*stimare*) to value; **la casa è valutata 350.000 euro** the house has been valued at 350,000 euros **2.**(*calcolare*) to estimate **3.** *fig* (*apprezzare: capacità, qualità, azione*) to value **4.**(*esaminare: conseguenze*) to evaluate **5.**(*a scuola, nei concorsi*) to mark

valutario, -a [va·lu·'ta:·rio] <-i, -ie> *adj* FIN currency

valutazione [va·lu·tat·'tsio:·ne] *f* **1.** COM (*stima: di bene, danno*) valuation **2.**(*apprezzamento: di capacità, azione*) appreciation **3.**(*a scuola, nei concorsi: giudizio*) assessment **4.**(*verifica: di prestazione, obiettivo*) assessment

valva ['val·va] *f* BOT, ZOOL valve

valvola ['val·vo·la] *f* **1.** ELETT, TEC, MED valve; ~ **cardiaca** heart valve; ~ **a farfalla** butterfly valve **2.** *fig* escape valve; ~ **di sicurezza** safety valve; *fig* escape valve

valzer ['val·tser] <-> *m* (*danza, musica*) waltz; **fare un giro di** ~ *fig* to flirt

vamp [vamp] <-> *f* vamp

vampa ['vam·pa] *f* **1.**(*di fuoco*) flame; (*di calore*) blast **2.** *fig* (*sensazione di calore*) flush

vampata [vam·'pa:·ta] *f* **1.**(*di fuoco, calore*) blast **2.**(*sensazione di calore*) flush **3.** *fig* (*manifestazione improvvisa*) wave

vampiro [vam·'pi:·ro] *m* **1.**(*spettro*) vampire **2.** *fig, pej* bloodsucker

vanaglorioso, -a [va·na·glo·'rio:·so] *adj* boastful

vandalico, -a [van·'da:·li·ko] <-ci, -che> *adj* **1.** HIST (*dei Vandali*) Vandal **2.** *fig* (*teppistico: atto, gesto*) vandalistic

vandalismo [van·da·'liz·mo] *m* vandalism

vandalo ['van·da·lo] *m* **1.** HIST Vandal **2.** *fig* (*teppista*) vandal

vaneggiamento [va·ned·dʒa·'men·to] *m* ravings *pl*

vaneggiare [va·ned·'dʒa:·re] *vi* **1.**(*delirare*) to be delirious **2.**(*dire o pensare cose assurde*) to babble

vanesio, -a [va·'nɛ:·zio] <-i, -ie> **I.** *adj* **1.**(*frivolo, vanitoso: persona*) vain **2.**(*sciocco: sguardo, sorriso*) foolish **II.** *m, f* (*persona frivola*) **fare il** ~ to behave vainly

vanga ['van·ga] <-ghe> *f* spade

vangare [van·'ga:·re] *vt* (*campo, orto, terreno*) to dig (over)

Vangelo [van·'dʒɛː·lo] *m* **1.** REL Gospel **2.**(*durante la Messa*) Gospel reading **3.**(*libro*) New Testament; **giurare sul** ~ to swear on the Bible **4.** *fig* (*fondamento ideologico*) gospel **5.** *fig, inf* (*verità sacrosanta*) gospel truth

vanificare [va·ni·fi·'ka:·re] *vt* (*tentativo, progetto*) to frustrate; (*speranze, desideri*) to thwart

vaniglia [va·'niʎ·ʎa] <-glie> *f* (*pianta, essenza*) vanilla; **gelato alla** ~ vanilla ice-cream

vanigliato, -a [va·niʎ·'ʎa:·to] *adj* vanilla(-flavored); **zucchero** ~ vanilla sugar

vanillina [va·nil·'li:·na] *f* CHIM vanillin

vaniloquio [va·ni·'lɔ·kui·o] <-qui> *m* raving

vanità [va·ni·'ta] <-> *f* **1.**(*fatuità: di persona*) vanity; **lusingare la** ~ **di qu** to flatter sb's ego **2.**(*inutilità: di sforzo, speranza*) futility **3.**(*caducità: di successo, bellezza*) worthlessness

vanitoso, -a [va·ni·'to:·so] **I.** *adj* **1.**(*frivolo: persona*) vain **2.**(*comportamento, atteggiamento, discorso*) conceited **II.** *m, f* (*persona*) vain person; **fare il** ~ to be vain

vanno ['van·no] *3. pers pl pr di* **andare**[1]

vano ['va:·no] *m* **1.**(*cavità: di finestra*) opening; (*di scala*) (stair)well; (*di ascensore*) shaft **2.**(*stanza*) room **3.**(*scomparto*) compartment

vano, -a *adj* **1.**(*inconsistente: speranza, illusione*) vain **2.**(*caduco: bellezza, ricchezze*) transient **3.**(*inefficace: tentativo, sforzo*) pointless; **rendere** ~ **qc** to frustrate sth **4.**(*frivolo, sciocco*) vain

vantaggio [van·'tad·dʒo] <-ggi> *m* **1.**(*privilegio*) advantage; **a** ~ **di qu/qc** to sb's/sth's advantage **2.**(*giovamento, convenienza*) benefit **3.**(*distacco*) A. SPORT lead

vantaggioso, -a [van·tad·'dʒo:·so] *adj* (*condizione, offerta, accordo*) favorable; (*posizione*) advantageous

vantare [van·'ta:·re] **I.** *vt* **1.**(*lodare*) to praise; ~ **i propri meriti** to sing one's own praises **2.**(*affermare di possedere*) to boast; ~ **diritti su qc** to lay claim to sth **II.** *vr* -**rsi di qc** to boast about sth; **non** (**faccio**) **per vantarmi** I don't want to brag

vanto ['van·to] *m* **1.**(*il vantare, vantarsi*) boasting; **essere motivo di** ~ to be something to boast about; **farsi** ~ **di qc** to boast about sth **2.**(*motivo di orgoglio*) pride **3.**(*merito*) merit

vanvera ['van·ve·ra] *adv* (*a caso*) **a** ~ haphazardly; **parlare a** ~ to talk nonsense

vapore [va·'po:·re] *m* **1.** FIS vapor **2.**(*di acqua*) ~ (**acqueo**) steam; **bagno di** ~ steam bath; **cuocere al** ~ to steam; **a** ~ (*locomotiva, macchina, turbina*) steam-powered **3.** *pl* (*neb-*

bia, fumo, esalazione) vapors *pl* **4.** NAUT (*piroscafo*) steamship
vaporetto [va·po·'ret·to] *m* steamboat
vaporizzare [va·po·rid·'dza:·re] **I.** *vt* **1.** (*far evaporare: liquido*) to vaporize **2.** (*nebulizzare: insetticida, profumo*) to spray **3.** (*nella cosmesi*) ~ **il viso/la pelle** to apply steam treatment to one's face/skin **II.** *vi essere* to evaporate
vaporizzatore [va·po·rid·dza·'to:·re] *m* **1.** (*di profumo*) atomizer **2.** (*per aerosol*) vaporizer
vaporosità [va·po·ro·si·'ta] <-> *f fig* (*leggerezza: di tessuto, capelli*) gauziness
vaporoso, -a [va·po·'ro:·so] *adj* (*leggero: tessuto, capelli*) gauzy
varare [va·'ra:·re] *vt* **1.** NAUT to launch **2.** GIUR (*promulgare: legge, decreto*) to issue **3.** *fig* (*avviare: iniziativa, progetto, opera*) to present **4.** SPORT (*formazione*) to build
varcare [var·'ka:·re] *vt* **1.** (*oltrepassare: fiume, confine, soglia*) to cross **2.** *fig* (*superare: limite*) to overstep; (*età*) to pass
varco ['var·ko] <-chi> *m* opening; **aprirsi un ~ tra la folla** to make one's way through the crowd; **aspettare qu al ~** to lie in wait for sb
varec(c)hina [va·re·'ki:·na (va·rek·'ki:·na)] *f* bleach
Varese *f* Varese
varesino [va·re·'si:·no] <*sing*> *m* (*dialetto*) dialect spoken in Varese
varesino, -a **I.** *adj* (*di Varese*) from Varese **II.** *m, f* (*abitante*) person from Varese
Varesotto [va·re·'zot·to] <*sing*> *m* (*zona*) Varese area; **nel ~** in the Varese area
variabile [va·'ria:·bi·le] **I.** *adj* **1.** METEO (*tempo*) changeable **2.** (*quantità, valore, prezzo*) variable **3.** (*umore*) changeable **4.** LING **le parti -i del discorso** variable parts of speech **5.** MAT (*funzione, grandezza*) variable **II.** *f* variable; ~ **indipendente** (*econ*) independent variable
variabilità [va·ria·bi·li·'ta] <-> *f* **1.** (*di tempo meteorologico*) changeability **2.** (*di umore*) volatility **3.** BIOL variability
variante [va·'rian·te] *f* **1.** (*alternativa*) variant **2.** (*modifica*) change **3.** LING (*forma diversa*) variant **4.** (*strada alternativa*) bypass
variare [va·'ria:·re] **I.** *vt* (*modifica*) **1.** (*modificare: data, programma*) to change **2.** (*diversificare: alimentazione*) to vary **3.** MUS to vary on **II.** *vi essere* (*subire cambiamenti*) to vary
variato, -a [va·'ria:·to] *adj* varied
variazione [va·riat·'tsio:·ne] *f* **1.** (*modificazione: di dato, programma, umore*) change; (*di clima, temperatura*) fluctuation **2.** (*di colori, toni*) variety **3.** MUS variation; ~ **sul tema** *a. fig* variation on a theme
varice [va·'ri:·tʃe] *f* MED varicose vein
varicella [va·ri·'tʃɛl·la] *f* chickenpox
varicoso, -a [va·ri·'ko:·so] *adj* varicose; **vena -a** varicose vein
variegato, -a [va·rie·'ga:·to] *adj* **1.** (*variopinto*) variegated **2.** *fig* (*multiforme: situazione, problema*) complex

varietà [va·rie·'ta] <-> **I.** *f* **1.** (*gener*) variety **2.** (*diversità: di prodotti*) diversity; (*di opinioni, gusti, idee*) range **II.** *m* **1.** TEAT vaudeville **2.** (*luogo*) music hall **3.** TV (*programma d'intrattenimento*) variety show
vario, -a ['va:·rio] <-i, -ie> **I.** *adj* **1.** (*variato: alimentazione, paesaggio*) varied **2.** (*mutevole: tempo, umore*) changeable **3.** (*diverso*) various; **autori -i** various artists **4.** *pl* (*numerosi*) several; **-e ed eventuali** (*su ordine del giorno*) any other business **II.** *pron* (*molte persone*) several people
variopinto, -a [va·rio·'pin·to] *adj* multicolored
varo ['va:·ro] *m* **1.** (*di nave, progetto, iniziativa*) launch **2.** GIUR (*di legge*) passing
varrò [var·'rɔ] *1. pers sing futuro di* **valere**
Varsavia [var·'sa:·via] *f* Warsaw
vasca ['vas·ka] <-sche> *f* **1.** (*recipiente*) basin; ~ **da bagno** bathtub **2.** (*bacino di fontana*) basin **3.** SPORT (*piscina*) pool; **fare una ~** (*nuotare*) to swim a lenght; *fig, scherz* (*passeggiare*) to go for a stroll
vascello [vaʃ·'ʃɛl·lo] *m* HIST, MAR vessel; **ufficiali di ~** naval officers
vascolare [vas·ko·'la:·re] *adj* ANAT vascular
vasectomia [va·zek·to·'mi:·a] <-ie> *f* MED vasectomy
vaselina® [va·ze·'li:·na] *f* vaseline®
vasellame [va·zel·'la:·me] *m* (*di ceramica, porcellana*) crockery; (*di vetro*) glassware; (*d'argento*) silverware
vasellina [va·zel·'li:·na] *f v.* **vaselina**
vasino [va·'zi:·no] *m inf* (*per bambini*) potty
vaso ['va:·zo] *m* **1.** (*recipiente*) vase; ~ **da fiori** flower vase; (*per piante*) flower pot **2.** (*per alimenti*) jar; ~ **da conserva** jam jar **3.** (*di gabinetto*) bowl; ~ **da notte** chamber pot **4.** ANAT, FIS vessel; **-i comunicanti** communicating vessels
vasocostrittore, -trice [va·zo·kos·trit·'to:·re] *adj* MED vasoconstrictive
vasodilatatore, -trice [va·zo·di·la·ta·'to:·re] *adj* MED vasodilatory
vassoio [vas·'so:·io] <-oi> *m* tray; **su un ~ d'argento** *fig* on a silver platter
vastità [vas·ti·'ta] <-> *f* **1.** (*ampiezza: di spazio, superficie*) immensity **2.** *fig* (*di pensiero, tema*) depth
vasto, -a ['vas·to] *adj* **1.** (*esteso: territorio*) vast **2.** *fig* (*profondo: cultura, esperienza, argomento*) deep **3.** (*loc*) **di -a portata** (*fenomeno, conseguenze, rivolgimento*) far-reaching; **di -e proporzioni** (*incendio, rivolta, riforma*) widespread; **su -a scala** (*commercio, produzione, esperimento, attacco*) large-scale
vaticano, -a [va·ti·'ka:·no] *adj* Vatican
Vaticano *m* Vatican; **il Vaticano** the Vatican; **lo Stato del Vaticano** the Vatican State; **la Città del Vaticano** Vatican City

Città del Vaticano (Vatican City) is the smallest independent state in the world,

V

covering an area of just 0.44 square km. It lies inside downtown Rome and consists of **Piazza San Pietro** (St. Peter's Square), St. Peter's Basilica (**Basilica di San Pietro**) and the **Palazzi Vaticani**, the Vatican Palaces, which include the Pope's official residence.

vattelapesca [vat·te·la·'pes·ka] *interj inf* who knows

ve [ve] *pron* (*before lo, la, li, le, ne*) *v.* **vi**

vecchiaia [vek·'kia:·ia] <-aie> *f* (*età*) old age

vecchietto, -a [vek·'kiet·to] *m, f* little old man *m*, little old woman *f*

vecchio ['vɛk·kio] *m* <-> **1.** (*sapore, odore*) **sapere di ~** (*cibo*) to taste stale; (*di abito*) to smell musty **2.** (*cosa datata*) old; **il ~ e il nuovo** the old and the new

vecchio, -a <-cchi, -cchie> I. *adj* **1.** (*gener*) old; **da ~** in one's old age; **essere più ~ di qu** to be older than sb; **essere meno ~ di qu** not to be as old as sb **2.** (*superato*) outdated; (*mentalità, moda, sistema*) old-fashioned; **~ stile** old-style; **~ stampo** of the old school **3.** (*stagionato, invecchiato: alimenti*) mature; (*legna*) seasoned **4.** (*personaggio*) **Plinio/Catone il Vecchio** Pliny/Cato the Elder **5.** (*loc*) **essere più ~ di Matusalemme** to be as old as the hills; **essere ~ come il cucco** to be as old as the hills; **una -cchia conoscenza** an old acquaintance; **una -cchia conoscenza della polizia** *scherz* an ex-con; **essere ~ del mestiere** to be an old hand; **-cchia volpe** *fig* sly old fox; **-cchia guardia** old guard; **gallina -cchia fa buon brodo** *prov* there's no substitute for experience II. *m, f* **1.** (*persona anziana*) old person **2.** (*genitore, antenato*) **il mio ~** my old man; **i miei -cchi** *inf* my folks; **i -cchi** the old folks **3.** (*persona esperta*) old hand; **Grande Vecchio** *fig* grand old man **4.** *scherz* (*capo*) boss

vece ['ve:·tʃe] *f* (*funzione, ufficio, mansione*) **fare le -i di qu** to act for sb; **in ~ di qu** instead of sb

vedente [ve·'dɛn·te] *mf* sighted person

vedere[1] [ve·'de:·re] <vedo, vidi, visto *o* veduto> I. *vt* **1.** (*gener*) to see; **~ con i propri occhi** to see with one's own eyes; (*guarda*) **chi si vede!** *inf* look who it is!; **non farsi ~** not to appear; **non essersi visto** not to arrive; **farsi ~ dal medico** to see the doctor; **vedo! I** see!; **si vede che** it's clear that; **vediamo (un po')** let's see; **~ di ... +***inf* (*badare*) to take care to ...; **vederne delle belle** [*o* **di cotte e di crude**] [*o* **di tutti i colori**] to see a few things; **vedi** (*nell'editoria*) see **2.** (*visitare: museo, mostra*) to visit **3.** (*esaminare: giornale, legge, questione*) to look at **4.** (*loc*) **avere a che ~ con qc/qu** (*essere in rapporto con*) to have something to do with sth/sb; **chi s'è visto s'è visto** and that's that; **non ~ l'ora di ... +***inf fig* (*desiderare*) not to be able to

wait until ...; **non ~ l'ora che ... +***conj* not to be able to wait until ...; **stiamo** [*o* **staremo**] **a ~!** let's wait and see!; **~ le stelle** to see stars; **vedrò** [*o* **vedremo**] well II. *vi avere* (*possedere la vista*) **vederci** to see III. *vr:* **-rsi 1.** (*vedere se stessi*) to see oneself **2.** (*incontrarsi, frequentarsi*) to see (one another); **con Maria mi vedo spesso** I see a lot of Maria; **ci vediamo domani** see you tomorrow **3.** (*riconoscersi*) to see oneself **4.** (*trovarsi in una situazione*) to be

vedere[2] *m* **1.** (*atto*) **al ~ ...** on seeing ... **2.** (*apparenza*) **essere un bel ~** to be a real sight **3.** (*opinione*) view

vedetta [ve·'det·ta] *f* **1.** MIL (*postazione*) lookout tower **2.** MIL (*sentinella*) sentry; **essere di ~** to be on sentry duty **3.** MAR (*guardacoste*) patrol boat

vedette [və·'dɛt] <-> *f a. fig* leading lady

vedovanza [ve·do·'van·tsa] *f* widowhood

vedovo, -a ['ve:·do·vo] I. *m, f* (*uomo*) widower; (*donna*) widow II. *adj* **rimanere ~** to be widowed

veduta [ve·'du:·ta] *f* **1.** (*panorama, immagine*) view; **~ aerea** aerial view **2.** *pl fig* (*mentalità, idee*) views *pl* **3.** ARCHIT **~ prospettica** prospect

veemente [ve·e·'mɛn·te] *adj* **1.** (*impetuoso, violento: attacco*) fierce; (*onda*) wild **2.** *fig* (*discorso, parole*) vehement; (*reazione, passione*) intense

veemenza [ve·e·'mɛn·tsa] *f* **1.** (*impetuosità: di mare, fuoco, vento*) ferocity **2.** *fig* (*di persona, discorso*) vehemence; (*di reazione, passione*) intensity

vegan ['vɛ·gan] <-> *mf* vegan

vegetale [ve·dʒe·'ta:·le] I. *adj* **1.** (*delle piante*) plant; **vita ~** plant life **2.** (*ricavato da piante*) vegetable; **olio ~** vegetable oil II. *m* **1.** (*pianta*) vegetable **2.** *fig* (*persona malata*) **ridursi a un ~** to be a vegetable

vegetaliano, -a [ve·dʒe·ta·'lia:·no] I. *adj* (*dieta*) vegan II. *m, f* vegan

vegetare [ve·dʒe·'ta:·re] *vi* **1.** (*crescere: pianta*) to grow **2.** (*persona*) to vegetate

vegetariano, -a [ve·dʒe·ta·'ria:·no] I. *adj* vegetarian II. *m, f* (*persona*) vegetarian

vegetativo, -a [ve·dʒe·ta·'ti:·vo] *adj* vegetative

vegetazione [ve·dʒe·tat·'tsio:·ne] *f* vegetation

vegeto, -a ['vɛ·dʒe·to] *adj* **1.** (*sano: persona*) healthy; **vivo e ~** alive and well **2.** (*rigoglioso: pianta*) flourishing

veggente [ved·'dʒɛn·te] *mf* fortune-teller

veglia ['veʎ·ʎa] <-glie> *f* **1.** (*essere sveglio*) waking; **tra la ~ e il sonno** between sleep and waking **2.** (*periodo*) wakeful night; **fare la ~ a qu** to sit by sb's bedside; **fare la ~ a un morto** to keep vigil for a dead person; **~ funebre** wake **3.** (*pubblica*) vigil; **~ pasquale** Easter Vigil

vegliare [veʎ·'ʎa:·re] I. *vt* (*assistere: malato, morto*) to keep vigil for II. *vi* **1.** (*restare sve-*

glio) to keep vigil **2.** *fig* (*stare attenti*) to keep a watch

veglione [veʎˈʎoːne] *m* (*festa da ballo*) ~ **di Capodanno** [*o* **di San Silvestro**] New Year's Eve ball; ~ **di Carnevale** Carnival ball

Celebrating New Year's Eve with your family means either *il* **veglione** or *il cenone*. The **veglione** (literally staying up late) involves waiting for the arrival of the new year at midnight, passing the time with a New Year's Eve party or eating a large rich dinner (*cenone*) with friends or relatives. A typical dish for the Christmas period and New Year's Eve dinners is *cappone* (capon). Another is *zampone e lenticchie*, stuffed pig's trotter with lentils. The latter are considered important, because they will bring luck and money in the new year.

veicolare [ve·i·ko·ˈlaː·re] **I.** *adj* (*traffico, circolazione*) vehicular **II.** *vt* **1.** (*trasmettere: malattie*) to carry **2.** *fig* (*comunicare: idee*) to communicate

veicolo [ve·ˈiː·ko·lo] *m* **1.** (*mezzo di trasporto*) vehicle **2.** *fig* (*di idee, atteggiamenti*) medium **3.** MED (*di malattie*) vector

vela [ˈveː·la] *f* **1.** NAUT (*tela*) sail; **barca a ~** sailboat; **andare a ~** to sail; **andare a gonfie -e** to have the wind in one's sails; *fig* to go really well; **a -e spiegate** *fig* splendidly **2.** SPORT sailing

velare [ve·ˈlaː·re] **I.** *vt* **1.** (*con un velo: capo, viso*) to cover; (*quadro, statua*) to veil; (*luce, lampada*) to shade **2.** (*nuvole, nebbia*) to hide **3.** (*offuscare: occhi, sguardo, sorriso*) to cloud; (*voce*) to make husky; **le lacrime le velavano gli occhi** her eyes were clouded with tears **4.** *fig* (*attenuare: realtà, verità*) to obscure **5.** *fig* (*nascondere: difetto, proposito, sentimento*) to hide **II.** *vr:* **-rsi 1.** (*con un velo*) to cover oneself; **-rsi il volto** to cover one's face; (*nell'Islam*) to wear the veil; **-rsi il capo** to cover one's head **2.** (*di rugiada*) to be covered **3.** (*offuscarsi: orizzonte, sole, luna*) to mist over; **il cielo si è velato di nubi** the sky clouded over **4.** *fig* (*occhi, sguardo, sorriso*) to mist over; (*voce*) to go husky

velato, -a [ve·ˈlaː·to] *adj* **1.** (*coperto da velo: capo, volto*) veiled **2.** (*cielo, sole*) hazy **3.** *fig* (*offuscato: sguardo*) misty; (*attenuato: voce*) husky **4.** *fig* (*celato: accenno, allusione, insinuazione*) veiled **5.** (*molto trasparente: calze*) gauzy

velatura [ve·la·ˈtuː·ra] *f* NAUT sails *pl*

velcro® [ˈvel·kro] *m* velcro®

veleggiare [ve·led·ˈdʒaː·re] *vi* **1.** (*navigare a vela*) to sail **2.** (*aliante*) to glide

veleno [ve·ˈleː·no] *m* **1.** (*gener*) poison; (*di serpente*) venom **2.** *fig* (*odio, astio*) venom;

ingoiar [*o* **mangiar**] [*o* **masticar**] ~ to swallow one's anger; **sputar** ~ to spit bile **3.** *inf* (*bevanda, cibo disgustoso*) crap

velenoso, -a [ve·le·ˈnoː·so] *adj* poisonous

veletta [ve·ˈlet·ta] *f* veil

velico, -a [ˈvɛː·li·ko] <-ci, -che> *adj* (*circolo, regata*) sailing

veliero [ve·ˈliɛ·ro] *m* sailing ship

velina [ve·ˈliː·na] **I.** *f* **1.** (*carta*) tissue paper **2.** (*copia*) carbon copy **3.** TV *female assistant to TV presenter* **II.** *adj* **carta -a** tissue paper

velista [ve·ˈlis·ta] <-i *m*, -e *f*> *mf* sailor

velivolo [ve·ˈliː·vo·lo] *m* (*aeroplano*) airplane

velleità [vel·lei·ˈta] < > *f* (*ambizione*) unrealistic ambition

velleitario, -a [vel·lei·ˈtaː·rio] <-i, -ie> *adj* **1.** (*irrealizzabile: progetto, tentativo*) unrealistic **2.** (*che ha velleità: persona*) overambitious

vello [ˈvɛl·lo] *m* (*lana: di pecora, capra*) fleece; (*pelo: di volpe, leone*) pelt

vellutato, -a [vel·lu·ˈtaː·to] *adj* **1.** (*stoffa, pelle, petalo, buccia*) velvety **2.** (*suono, voce*) smooth; (*colore*) velvet **3.** CULIN **salsa -a** velouté sauce

velluto [vel·ˈluː·to] *m a. fig* (*tessuto*) velvet; **~ a coste** corduroy

velo [ˈveː·lo] *m* **1.** (*drappo*) veil; **~ da sposa** [*o* **nuziale**] bridal veil; **prendere il ~** REL to take the veil **2.** (*tessuto*) voile **3.** (*strato*) layer; **zucchero a ~** confectioners' sugar **4.** (*di nebbia, lacrime*) veil **5.** *fig* (*di mistero*) veil; (*di tristezza*) shadow; (*d'indifferenza*) cloak; **stendere un ~ pietoso su qc** to cover sth with a veil of silence **6.** ANAT, LING **~ palatino** soft palate

veloce [ve·ˈloː·tʃe] **I.** *adj* **1.** (*veicolo, animale, pista*) fast **2.** (*segretaria, lavoratore*) quick **3.** (*lettura, riparazione, pasto*) quick **4.** (*tempo*) fast **5.** (*loc*) **~ come un lampo** as fast as lightning; **~ come il vento** like the wind **II.** *adv* quickly

velocista [ve·lo·ˈtʃis·ta] <-i *m*, -e *f*> *mf* SPORT sprinter

velocità [ve·lo·tʃi·ˈta] <-> *f* speed; **~ di crociera** cruising speed; **limite di ~** speed limit; **~ media** average speed; **~ della luce** speed of light; **~ del suono** speed of sound

velocizzare [ve·lo·tʃid·ˈdzaː·re] *vt* to speed up

velodromo [ve·ˈlɔː·dro·mo] *m* SPORT velodrome

vena [ˈveː·na] *f* **1.** ANAT vein; **tagliarsi le -e** to slit one's wrist **2.** GEO, MIN vein **3.** *fig* (*poetica, musicale*) vein **4.** *fig* (*traccia: di malinconia, ironia*) trace **5.** *fig* (*disposizione, umore*) mood; **essere** [*o* **sentirsi**] **in ~ di fare qc** to be in the mood to do sth

venale [ve·ˈnaː·le] *adj* **1.** *fig, pej* (*persona*) corrupt; (*amore*) mercenary **2.** (*di vendita*) selling

venato, -a [ve·ˈnaː·to] *adj* **1.** (*marmo*) veined; (*legno*) grained **2.** *fig* (*pervaso: di malinconia, tristezza*) tinged

venatorio, -a [ve·na·ˈtɔː·rio] <-i, -ie> *adj* (*della caccia*) hunting

V

venatura [ve·na·'tu:·ra] *f* 1.(*di marmo, foglio*) vein; (*di legno*) grain 2.*fig* (*sfumatura: di tristezza, rimpianto*) trace

vendemmia [ven·'dem·mia] <-ie> *f* (grape) harvest

vendemmiare [ven·dem·'mia:·re] I. *vi* (*fare la vendemmia*) to harvest II. *vt a. fig* to gather

vendere ['ven·de·re] I. *vt* 1.(*smerciare*) to sell; **vendesi** [*o* **vendonsi**] for sale; **da** ~ *fig* (*moltissimo*) to spare 2.(*tradire*) to sell out; ~ **l'anima al diavolo** *fig* to sell one's soul to the devil II. *vr:* **-rsi** to sell oneself; **-rsi la camicia** (*ridursi sul lastrico*) to sell the shirt off one's back

vendetta [ven·'det·ta] *f* 1.(*rivalsa*) revenge; ~ **trasversale** *revenge targeted at a person's family* 2.(*castigo*) vengeance; **gridare** ~ *a. scherz* to demand justice

vendicare [ven·di·'ka:·re] I. *vt* to avenge II. *vr* **-rsi di qc** (*offesa, torto*) to avenge sth; **-rsi di qu** (*offensore*) to take revenge on sb

vendicativo, -a [ven·di·ka·'ti:·vo] *adj* (*pronto a vendicarsi*) vindictive

vendita ['ven·di·ta] *f* sale; **essere in** ~ to be for sale; ~ **all'asta** auction; ~ **all'ingrosso** wholesale; ~ **al minuto** retail sale; ~ **di fine stagione** end of season sale; ~ **porta a porta** door-to-door selling

venditore, -trice [ven·di·'to:·re] *m, f* 1.COM salesperson; ~ **ambulante** travelling salesperson; ~ **di fumo** *fig* big mouth 2.GIUR seller

venduto, -a [ven·'du:·to] *adj* 1.(*merce*) sold 2.*fig, pej* (*corrotto: persona*) corrupt

venerabile [ve·ne·'ra:·bi·le] *adj* (*rispettabile*) venerable

venerando, -a [ve·ne·'ran·do] *adj* **-a età** *a. scherz* venerable

venerare [ve·ne·'ra:·re] *vt* 1.REL (*adorare*) to venerate 2.(*onorare: genitori, memoria*) to revere

venerazione [ve·ne·rat·'tsio:·ne] *f* A. REL veneration

venerdì [ve·ner·'di] <-> *m* Friday; ~ **grasso** Carnival Friday; ~ **santo** Good Friday; **gli manca un** [*o* **qualche**] ~ *scherz* he's got a screw loose; *v.a.* **domenica**

Venere ['vɛː·ne·re] *f* **dea, pianeta** Venus

venere ['vɛː·ne·re] *f* (*donna*) beauty

venereo, -a [ve·'nɛː·reo] *adj* MED venereal; **malattia -a** venereal disease

Veneto *m* Veneto (region)

veneto ['vɛː·ne·to] <*sing*> *m* (*dialetto*) *dialect spoken in the Veneto region*

veneto, -a I. *adj* 1.(*del Veneto*) *from the Veneto region* 2.(*di Venezia*) Venetian II. *m, f person from the Veneto region*

Venezia [ve·'nɛt·tsia] *f* 1.(*città*) Venice 2.(*regione*) **la ~-Giulia** Venezia-Giulia

veneziana [ve·net·'tsia:·na] *f* (*tenda*) Venetian blind

veneziano [ve·net·'tsia:·no] <*sing*> *m* (*dialetto*) Venetian (dialect)

veneziano, -a I. *adj* (*di Venezia*) Venetian II. *m, f* (*abitante*) Venetian

Venezuela [ve·net·'tsu·e:·la] *m* il ~ Venezuela

venezuelano, -a [ve·net·tsu·e·'la:·no] I. *adj* (*del Venezuela*) Venezuelan II. *m, f* (*abitante*) Venezuelan

vengo ['vɛŋ·go] *1. pers sing pr di* **venire**

veniale [ve·'nia:·le] *adj* 1.REL (*non grave*) venial; **peccato** ~ venial sin 2.(*perdonabile: errore, mancanza, colpa*) forgivable

venire [ve·'ni:·re] <vengo, venni, venuto> I. *vi essere* 1.(*gener*) to come; ~ **da qc/qu** to come from sth/sb; **far** ~ (*chiamare*) to call out 2.(*uscire: liquido*) to come out 3.(*cadere: pioggia, neve*) to fall 4.(*alla mente*) to occur; **mi è venuta un'idea** I've had an idea 5.(*malattie*) **mi sta venendo l'influenza** I'm coming down with the flu 6.~ **da ...** +*inf* (*sentire l'impulso di*) to feel like ... 7.(*ricordare*) to remember; **non mi viene!** I don't remember! 8.(*riuscire*) to turn out (well); **non mi viene mai la maionese** my mayonnaise never turns out well 9.(*risultare: numero*) to come to; (*nel lotto, nella tombola*) to come up 10. *inf* (*costare*) to come to; ~ **a costare** to come to a total of 11. *inf* (*spettare*) to come out; **ci vengono 100 euro a testa** it comes out at 100 euros each 12.(*nascere*) to arrive 13.(*crescere: pianta*) to come up 14.(*con participio passato*) to be 15.(*loc*) **a** ~ (*in futuro*) to come; **andare e** ~ to come and go; **come viene viene** (*alla meno peggio*) come what may; ~ **a conoscenza di qc** (*essere informato*) to come to know of sth; ~ **al dunque** [*o* **sodo**] to get to the point; ~ **alla luce** (*nascere: bambino*) to be born; (*essere scoperto: cosa*) to come to light; ~ **dentro** (*entrare*) to come in; ~ **fuori** (*uscire*) to come out; ~ **giù** (*scendere*) to come down; ~ **in mente a qu** (*essere ricordato*) to come to sb's mind; ~ **incontro a qu** *fig* (*aiutare*) to come to sb's help; ~ **meno** (*mancare*) to be lacking; ~ **prima di qc/qn** (*precedere, essere più importante*) to come before sth/sb; ~ **su** (*salire*) to come up; *fig* (*crescere*) to grow up; ~ **via** (*spostarsi: persona*) to come away; (*staccarsi: cosa*) to come off; (*scomparire: macchia*) to come out II. *vr* **venirsene** (*procedere*) to come; **venirsene** (*via*) *fam* (*allontanarsi*) to walk out

venoso, -a [ve·'no:·so] *adj* MED (*di vena*) venous

ventaglio [ven·'taʎ·ʎo] <-gli> *m* 1.(*oggetto*) fan; **a** ~ (*a raggiera*) in a fan shape 2.(*gamma*) range

ventata [ven·'ta:·ta] *f* 1.(*di vento*) gust of wind 2.*fig* (*di entusiasmo*) surge; (*di novità, freschezza*) wave

ventennale [ven·ten·'na:·le] I. *adj* 1.(*che dura 20 anni*) twenty-year 2.(*che ricorre ogni 20 anni*) happening every twenty years II. *m* (*ventesimo anniversario*) twentieth anniversary

ventenne [ven·'tɛn·ne] I. *adj* twenty-year-old II. *mf* (*persona*) twenty-year-old

ventennio [ven·'tɛn·nio] <-i> *m* (*periodo di venti anni*) twenty years *pl;* **il Ventennio** the period of Fascist dictatorship in Italy

ventesimo [ven·'tɛː·zi·mo] *m* (*frazione*) twentieth

ventesimo, -a I. *adj* (*numerale ordinale*) twentieth; **il ~ secolo** the twentieth century II. *m, f* twentieth; *v.a.* **quinto**

venti ['ven·ti] I. *num* twenty II. <-> *m* 1. (*numero*) twenty 2. (*giorno*) twentieth 3. (*anno*) twenty; **gli anni Venti** the nineteen-twenties 4. (*numero civico*) number twenty 5. (*autobus, tram*) number twenty III. *fpl* (*ore*) eight (o'clock) in the evening IV. *mpl* (*minuti*) twenty; *v.a.* **cinquanta**

ventilare [ven·ti·'laː·re] *vt* 1. (*stanza, casa*) to air 2. (*fare vento*) to fan 3. *fig* (*prospettare: idea, ipotesi, progetto*) to air

ventilato, -a [ven·ti·'laː·to] *adj* 1. (*aerato: casa, stanza*) ventilated 2. (*esposto al vento*) windy

ventilatore [ven·ti·la·'toː·re] *m* fan

ventilazione [ven·ti·lat·'tsioː·ne] *f* 1. (*aerazione*) ventilation 2. (*presenza di vento*) air

ventina [ven·'tiː·na] *f* 1. (*circa venti*) about twenty 2. (*età*) twentieth birthday; **essere sulla ~** to be about twenty (years old)

ventiquattr'ore, ventiquattrore [ven·ti·kuat·'troː·re] *f* 1. (*valigetta*) overnight bag 2. SPORT (*gara*) twenty-four hour race 3. *pl* (*periodo*) twenty-four hours *pl;* **~ su ventiquattro** twenty-four hours a day

ventitré [ven·ti·'tre] I. *num* twenty-three II. <-> *m* 1. (*numero*) twenty-three 2. (*giorno*) twenty-third 3. (*anno*) twenty-three 4. (*numero civico*) number twenty-three 5. (*autobus, tram*) number twenty-three III. *fpl* (*ore*) eleven (o'clock) in the evening; **portare il cappello sulle ~** to wear one's hat to one side IV. *mpl* (*minuti*) twenty-three; *v.a.* **cinque**

vento ['vɛn·to] *m* (*spostamento d'aria*) wind; **giacca a ~** windbreaker; **mulino a ~** windmill; **correre come il ~** to run like the wind; **parlare al ~** *fig* to waste one's breath; **qual buon ~** (**ti porta**) *fig* to what do we owe the pleasure of your visit?; **spargere una notizia ai quattro -i** *fig* to tell a piece of news to anyone and everyone

ventola ['vɛn·to·la] *f* 1. (*per il fuoco*) bellows *pl* 2. (*di raffreddamento*) fan

ventosa [ven·'toː·sa] *f* 1. (*adesiva*) suction cup; (*per sturare*) plunger 2. ZOOL (*di polipo, sanguisuga*) sucker

ventoso, -a [ven·'toː·so] *adj* windy

ventre ['vɛn·tre] *m* 1. ANAT (*pancia*) stomach; **~ a terra** face down; **~ materno** LIT womb 2. *fig* (*cavità*) belly

ventricolo [ven·'triː·ko·lo] *m* ANAT ventricle; **~ cardiaco** cardiac ventricle

ventriloquo, -a [ven·'triː·lo·kuo] *m, f* ventriloquist

ventunenne [ven·tu·'nɛn·ne] I. *adj* twenty-one year old II. *mf* twenty-one year old

ventura [ven·'tuː·ra] *f* (*sorte*) chance; **andare alla ~** to trust to luck

venturo, -a [ven·'tuː·ro] *adj* (*prossimo*) next; **ci vediamo la settimana -a** see you next week; **prossimo ~** next

venuta [ve·'nuː·ta] *f* (*arrivo*) arrival

venuto, -a [ve·'nuː·to] I. *pp di* **venire** II. *m, f* person who has arrived; **nuovo ~** newcomer; **il primo ~** *fig* anybody who comes along; **non essere il primo ~** *fig* not to be just anybody

vera ['veː·ra] *f* (*anello*) wedding band

verace [ve·'raː·tʃe] *adj* mer (*genuino*) genuine

veramente [ve·ra·'men·te] *adv* 1. (*gener*) really 2. (*molto*) very 3. (*a dire la verità*) actually

veranda [ve·'ran·da] *f* (*terrazzo*) veranda

verbale [ver·'baː·le] I. *adj* 1. (*accordo*) verbal 2. (*in grammatica: del verbo*) verbal 3. LING (*del linguaggio, della parola*) oral II. *m* ADMIN 1. (*documento: di contravvenzione, processo*) record; **mettere qc a ~** to put sth on record 2. (*di riunione*) minutes *pl;* **redigere** [*o* **stendere**] **un ~** to take the minutes

verbena [ver·'bɛː·na] *f* (*pianta*) verbena

verbo ['ver·bo] *m* LING verb

vercellese I. *adj* (*di Vercelli*) from Vercelli II. *mf* (*abitante*) person from Vercelli

Vercellese <*sing*> *m* (*zona*) Vercelli area; **nel ~** in the Vercelli area

Vercelli *f* Vercelli

verdastro, -a [ver·'das·tro] *adj* (*colore*) greenish

verde ['ver·de] I. *adj* 1. (*colore*) green 2. (*frutta, verdura*) unripe 3. (*territorio, area cittadina*) green; **zona ~** green zone 4. (*ecologico: benzina, energia, veicolo*) green 5. *fig* (*livido*) livid; **essere ~ per l'invidia** to be green with envy 6. (*giovanile*) **anni -i** adolescence 7. (*loc*) **carta ~** FIN international auto insurance card; **numero ~** toll free number II. *m* 1. (*colore*) green 2. (*parte*) green part; **essere** [*o* **ridursi**] **al ~** *fig, fam* to be broke 3. (*vegetazione*) greenery 4. (*di semaforo*) green III. *mf* POL green; **il partito dei -i** the Greens

verdeggiante [ver·ded·'dʒan·te] *adj* (*aiuola, campagna, valle*) verdant

verderame [ver·de·'raː·me] <-> *m* CHIM copper acetate

verdetto [ver·'det·to] *m* 1. GIUR (*sentenza*) verdict; **~ di assoluzione** not guilty verdict; **~ di condanna** guilty verdict 2. SPORT (*decisione: di arbitro, giuria*) ruling 3. *fig* (*responso*) verdict

verdiano, -a [ver·'dia·no] *adj* MUS (*di Giuseppe Verdi*) Verdian

verdicchio [ver·'dik·kio] <-cchi> *m* Verdicchio, *dry white wine from the Marche region*

verdognolo, -a [ver·'doɲ·ɲo·lo] *adj* 1. (*verde sgradevole*) greenish 2. (*livido: viso*) greenish

verdolino, -a [ver·do·'liː·no] *adj* light green

verdone [ver·'doː·ne] I. *adj* (*verde scuro*) dark

green **II.** *m* **1.** (*colore*) dark green **2.** inf (*dollaro in banconota*) greenback **3.** AUTO (*contrassegno*) *green sticker indicating that a car complies with EU pollution limits*

verdura [ver·'du:·ra] *f* vegetables *pl*

verduzzo [ver·'dut·tso] *m* Verduzzo, *dry white wine from the Friuli region*

verga ['ver·ga] <-ghe> *f* (*bacchetta*) rod; (*di pastore*) staff; (*di rabdomante*) divining rod

vergare [ver·'ga:·re] *vt* **1.** (*rigare: tessuto, foglio*) to rule **2.** (*scrivere a mano*) to write (by hand)

verginale [ver·dʒi·'na:·le] *adj* (*di vergine*) virginal

vergine ['ver·dʒi·ne] **I.** *f* **1.** (*donna illibata*) virgin **2.** *sing* REL **la Vergine** (*la Madonna*) the Virgin Mary **3.** *sing* ASTR **la Vergine** Virgo; **sono della** [*o* **una**] **Vergine** I'm Virgo **II.** *adj* **1.** (*illibato*) virgin **2.** (*naturale*) virgin; **foresta** ~ virgin forest; **pura lana** ~ pure virgin wool; **olio** (**extra**)~ **d'oliva** (extra) virgin olive oil; **terreno** ~ virgin soil; **terra** [*o* **terreno**] ~ *fig* unexplored territory **3.** (*non inciso: nastro, cassetta, dischetto*) blank

verginità [ver·dʒi·ni·'ta] <-> *f* **1.** (*illibatezza*) virginity **2.** *fig* (*integrità morale*) reputation; **rifarsi una** ~ *scherz* to rebuild one's reputation

vergogna [ver·'goɲ·ɲa] *f* **1.** (*gener*) shame; **provare** ~ **per qc** to be ashamed of sth; **essere la** ~ **della famiglia** to be the shame of the family; **che** ~! [*o* ~!] what a disgrace! **2.** (*imbarazzo, disagio*) embarrassment; **avere** ~ **di qc** to be embarrassed about sth **3.** (*timidezza*) shyness; **avere** ~ **di fare qc** to be afraid to do sth

vergognarsi [ver·goɲ·'nar·si] *vr* **1.** (*essere mortificato*) to be ashamed; ~ **di qc/qu** to be ashamed of sth/sb; ~ **per qu** to be ashamed for sb; ~ **come un ladro** to be deeply ashamed; **vergognati!** *fam* shame on you! **2.** (*imbarazzarsi*) to be embarrassed; ~ **a fare qc** to be embarrassed about doing sth **3.** (*essere timido*) to be shy

vergognoso, -a [ver·goɲ·'no:·so] *adj* **1.** (*ignobile, disonorevole*) disgraceful **2.** (*imbarazzato: guardo, tono*) embarrassed **3.** (*timido*) shy

veridicità [ve·ri·di·tʃi·'ta] <-> *f* truthfulness

verifica [ve·'ri:·fi·ka] <-che> *f* **1.** (*controllo: di passaporto, impianto*) check **2.** MAT (*di equazione, operazione, problema*) check **3.** (*di bilancio, conto*) audit; ~ **contabile** accounting audit **4.** (*a scuola*) test

verificabile [ve·ri·fi·'ka:·bi·le] *adj* (*dato, ipotesi*) verifiable

verificare [ve·ri·fi·'ka:·re] **I.** *vt* **1.** (*provare: qualità, funzionamento*) to test; (*documento, firma, affermazione*) to check; (*bilancio, conto*) to audit **2.** (*nella scienza: convalidare*) to confirm **II.** *vr:* **-rsi 1.** (*accadere: fatto*) to happen **2.** (*avverarsi: ipotesi, previsione*) to prove to be true

verismo [ve·'riz·mo] *m* realism

verità [ve·ri·'ta] <-> *f* truth; **in** [*o* **per la**] ~ (*veramente*) to tell the truth; **la** ~ **viene sempre a galla** *prov* the truth will out

veritiero, -a [ve·ri·'tiɛ:·ro] *adj* **1.** (*persona*) truthful **2.** (*notizia, testimonianza, racconto*) accurate

verme ['vɛr·me] *m* **1.** (*animale*) worm; **fare i -i** (*cibo*) to go rotten; **essere nudo come un** ~ to be bare naked; ~ **solitario** tapeworm **2.** *fig* (*miserabile*) worm

vermicelli [ver·mi·'tʃɛl·li] *mpl* vermicelli *sing*

vermifugo [ver·'mi:·fu·go] <-ghi> *m* vermifuge

vermifugo, -a <-ghi, -ghe> *adj* vermifuge

vermiglio, -a <-gli, -glie> **I.** *adj* vermillion **II.** *m, f* (*colore*) vermillion

vermouth, vermut ['vɛr·mut] <-> *m* vermouth

vernaccia [ver·'nat·tʃa] <-cce> *f* Vernaccia, *dry white wine*

vernice [ver·'ni:·tʃe] *f* **1.** (*tinta*) paint; '~ **fresca!**' 'wet paint!' **2.** (*trasparente*) varnish **3.** (*pellame*) patent leather **4.** *fig* (*apparenza*) veneer

verniciare [ver·ni·'tʃa:·re] *vt* **1.** (*con tinta*) to paint **2.** (*con vernice trasparente*) to varnish

verniciata [ver·ni·'tʃa:·ta] *f* **1.** (*con tinta*) coat of paint **2.** (*con vernice trasparente*) coat of varnish

verniciatura [ver·ni·tʃa·'tu:·ra] *f* **1.** (*operazione*) painting **2.** (*strato*) (coat of) paint

vernissage [vɛr·ni·'sa:ʒ] <-> *m* (*di mostra*) opening

vero ['ve:·ro] <sing> *m* **1.** (*verità*) truth; **a dire il** ~ to tell the truth **2.** (*realtà*) reality; **dal** ~ (*dipingere*) from real life; **ritratto dal** ~ life drawing

vero, -a *adj* **1.** (*affermazione, notizia, persona, amore*) true; (*pentimento*) genuine; **è** ~ **che ...** it's true that ...; **è incredibile, ma** ~ it may seem incredible, but it's true **2.** (*autentico, reale: causa, significato, valore*) real; ~ **e proprio** out and out **3.** (*genuino: prodotto, materiale*) genuine

Verona *f* Verona

veronese [ve·ro·'ne:·se] <sing> *m* (*dialetto*) Veronese (dialect)

veronese I. *adj* (*di Verona*) from Verona **II.** *mf* (*abitante*) person from Verona

Veronese <sing> *m* (*zona*) Verona area; **nel** ~ in the Verona area

verosimiglianza [ve·ro·si·miʎ·'ʎan·tsa] *f* (*di ipotesi, racconto*) plausibility

verosimile [ve·ro·'si:·mi·le] *adj* (*ipotesi, racconto*) plausible

verrò [ver·'rɔ] *1. pers sing futuro di* **venire**

verruca [ver·'ru:·ka] <-che> *f* MED wart; (*al piede*) verruca

versaccio [ver·'sat·tʃo] <-cci> *m pej* (*smorfia*) grimace; **fare i -cci a qu** to make faces at sb

versamento [ver·sa·'men·to] *m* **1.** (*deposito,*

pagamento) deposit; **fare** [*o* **effettuare**] **un ~** to make a deposit **2.** MED (*di liquido*) effusion

versante [ver·'san·te] *m* GEO side

versare [ver·'saː·re] I. *vt* 1. (*liquido, farina, zucchero*) to pour; ~ **lacrime** (*piangere*) to cry; ~ **sangue** (*sanguinare*) to bleed **2.** (*spandere*) to spill; **piangere sul latte versato** *fig* to cry over spilt milk **3.** (*soldi*) to deposit II. *vi* (*essere, trovarsi*) to be; ~ **in fin di vita** to be dying III. *vr:* -**rsi** 1. (*spargersi, rovesciarsi addosso*) to spill **2.** (*fiume*) to flow

versatile [ver·'saː·ti·le] *adj* (*eclettico*) versatile

versato, -a [ver·'saː·to] *adj* **essere ~ in qc** (*competente*) to be knowledgeable about sth; (*capace*) to be skilled at sth

versetto [ver·'set·to] *m* 1. (*verso*) line **2.** REL (*paragrafo*) verse

versione [ver·'sioː·ne] *f* 1. (*gener*) version **2.** (*traduzione*) translation

verso[1] ['verˑso] *prep* 1. (*direzione*) toward **2.** (*vicino a, nei pressi di*) near **3.** (*nel tempo: circa*) around; (*prima di*) towards **4.** (*nei confronti di*) toward

verso[2] I. *m* 1. LIT (*unità metrica*) line **2.** *pl* LIT (*composizione*) verse *sing* **3.** (*di animale*) call **4.** (*di persona: grido*) cry **5.** (*gesto, smorfia*) grimace; (*imitazione*) imitation; **fare il ~ a qu** to do a takeoff on sb **6.** (*direzione*) direction; **prendere qu per il suo ~** [*o* **per il ~ giusto**] to know how to handle sb; **tutto va per il ~ giusto** everything's going well **7.** (*di pelo, stoffa*) direction **8.** *fig* (*modo*) way; **per un ~** in one way II. *m* <-> (*di foglio*) back; (*di moneta, medaglia*) reverse

vertebra ['verˑteˑbra] *f* ANAT vertebra

vertebrale [verˑteˑ'braː·le] *adj* ANAT, MED vertebral; **colonna ~** spine

vertebrato [verˑteˑ'braː·to] *m* vertebrate

vertebrato, -a *adj* vertebrate

vertenza [ver·'tɛn·tsa] *f* GIUR, ADMIN (*controversia*) controversy; ~ **sindacale** labor dispute

vertere ['vɛrˑteˑre] <*mancano il pp e le forme composte*> *vi* ~ **su qc** (*discussione, questione*) to turn on sth

verticale [verˑti·'kaː·le] I. *adj* vertical; **pianoforte ~** upright piano II. *f* 1. (*retta*) vertical **2.** SPORT (*esercizio*) handstand **3.** (*nei cruciverba*) down

vertice ['vɛrˑti·tʃe] *m* 1. *fig* (*di successo, carriera*) peak **2.** (*di impresa, organizzazione, partito*) leadership **3.** (*incontro*) summit **4.** MAT vertex

vertigine [ver·'tiː·dʒi·ne] *f* 1. (*capogiro*) dizziness **2.** *fig* (*ebbrezza, turbamento*) intoxication

vertiginoso, -a [verˑti·dʒi·'noː·so] *adj* 1. (*altezza*) dizzying **2.** MED vertiginous **3.** *fig* (*rapidissimo: ritmo, danza, velocità*) breakneck **4.** *fig* (*enorme: cifra, prezzo, ricchezza*) breathtaking; **scollatura -a** plunging neckline

verve [vɛrv] <-> *f* verve

verza ['verˑdza] *f* Savoy cabbage

vescica [veʃ·'ʃiː·ka] <-che> *f* 1. ANAT bladder **2.** MED (*bolla*) blister

vescovo ['vesˑko·vo] *m* REL bishop

vespa ['vɛsˑpa] *f* (*insetto*) wasp; **avere un vitino di ~** *fig* to have a wasp waist

Vespa® ['vɛsˑpa] *f* (*scooter*) Vespa®

vespaio [ves·'paː·io] <-ai> *m* (*nido*) wasp's nest; **suscitare un ~** *fig* to stir up a hornet's nest

vespasiano [vesˑpa·'ziaː·no] *m* (*orinatoio*) urinal

vespro ['vɛsˑpro] *m* 1. REL vespers *sing* **2.** *poet* nightfall

vessare [ves·'saː·re] *vt* (*con tributi*) to overburden; (*con richieste*) to harass

vessazione [vesˑsa·'tsioː·ne] *f* oppression; **subire -i** to be oppressed

vessillo [ves·'silˑlo] *m* 1. (*bandiera, stendardo*) standard **2.** *fig* (*emblema, simbolo*) emblem

vestaglia [ves·'taʎ·ʎa] <-glie> *f* dressing gown

vestaglietta [vesˑta·ʎ·'ʎetˑta] *f* summer dress

vestale [ves·'taː·le] *f* *fig* (*custode intransigente*) guardian

veste ['vɛsˑte] *f* 1. (*abito*) garment; ~ **da camera** dressing gown **2.** *pl* (*indumenti*) clothes *pl* **3.** *fig* (*apparenza*) guise **4.** TYPO ~ **editoriale** [*o* **tipografica**] layout **5.** (*titolo, funzione, qualità*) capacity **6.** *fig* (*forma di espressione*) form

vestiario [ves·'tiaː·rio] <-ri> *m* 1. (*indumenti personali*) clothes *pl*; **rinnovare il ~** to renew one's wardrobe; **capo di ~** item of clothing **2.** (*assortimento*) clothes *pl*

vestire[1] [ves·'tiː·re] I. *vt* 1. (*abbigliare*) to dress **2.** (*fornire di vestiti*) to clothe **3.** (*indossare: abito, uniforme, taglia*) to wear; ~ **la divisa** to wear uniform; ~ **la toga** to be a magistrate; ~ **il saio** [*o* **la tonaca**] to take holy orders **4.** (*cadere*) to fit II. *vi* (*abbigliarsi in un certo modo*) to dress; ~ **di bianco**/**nero** to dress in white/black III. *vr:* -**rsi** 1. (*abbigliarsi*) to get dressed **2.** (*abbigliarsi in un certo modo*) to dress; **sapere ~** to be well-dressed; **si veste da un grande sarto** he buys his clothes from one of the best tailors **3.** *fig* (*ricoprirsi*) ~ **di qc** to be attired in sth

vestire[2] *m* 1. (*abbigliamento*) clothing **2.** (*modo di vestire*) fashion sense

vestito [ves·'tiː·to] *m* 1. (*da donna*) dress **2.** (*da uomo*) suit

Vesuvio [ve·'zuː·vio] *m* Vesuvius

veterano [veˑteˑ'raː·no] *m* MIL (*soldato*) veteran

veterano, -a I. *adj* (*anziano, esperto*) veteran II. *m, f* *fig* (*persona esperta*) veteran

veterinaria [veˑteˑriˑ'naː·ria] <-ie> *f* veterinary science

veterinario, -a [veˑteˑriˑ'naː·rio] <-i, -ie> I. *adj* (*ambulatorio, medico*) veterinary II. *m, f* (*medico*) vet

veto ['vɛː·to] <-> *m* veto; **diritto di ~** right of veto; **porre** [*o* **opporre**] **il ~ a qc** to veto sth

V

vetraio, -a [ve·'tra:·io] <-ai, -aie> *m, f* (*artigiano*) glazier; (*operaio*) glassmaker

vetrata [ve·'tra:·ta] *f* 1.(*porta*) glass door; (*finestra*) (large) window; (*soffitto*) glass ceiling 2.(*di chiesa, decorata*) stained glass window

vetrato, -a [ve·'tra:·to] *adj* 1.(*a vetri*) glass; **porta -a** glass door 2.(*con polvere di vetro*) **carta -a** sandpaper

vetrina [ve·'tri:·na] *f* 1.(*di negozio*) window; **mettersi in ~** *fig* to put oneself on display 2.*fig* (*evento, luogo rappresentativo*) showcase 3.(*mobile*) display cabinet

vetrinista [ve·tri·'nis·ta] <-i *m*, -e *f*> *mf* (*professione*) window dresser

vetrino [ve·'tri:·no] *m* (*del microscopio*) slide

vetriolo [ve·tri·'ɔ:·lo] *m* (*solfato*) vitriol; **al ~** *fig* vitriolic

vetro ['ve:·tro] *m* 1.(*materiale*) glass; **~ infrangibile** shatterproof glass; **~ soffiato** blown glass 2.(*oggetto*) piece of glassware 3.(*lastra*) pane 4.(*frammento*) piece of broken glass

vetroresina [ve·tro·'rɛ:·zi·na] *f* TEC fiberglass

vetta ['vet·ta] *f* 1.(*cima: di monte, campanile, albero*) peak; **in ~** at the top 2.*fig* (*di classifica, graduatoria*) top 3.*fig* (*di successo, carriera*) peak

vettore [vet·'to:·re] *m* 1.FIS, MAT vector 2.BIOL, MED carrier

vettore, -trice *adj* 1.FIS, MAT vector 2.(*razzo, missile*) carrier 3.BIOL, MED (*insetto, batterio*) carrier

vettovaglie [vet·to·'vaʎ·ʎe] *fpl* (*viveri*) victuals *pl*

vettura [vet·'tu:·ra] *f* 1.(*automobile*) car 2.FERR (*vagone*) car

vetturino [vet·tu·'ri:·no] *m* (*conducente*) driver

vezzeggiamento [vet·tsed·dʒa·'men·to] *m* pampering

vezzeggiare [vet·tsed·'dʒa:·re] *vt* (*coccolare*) to pet

vezzeggiativo [vet·tsed·dʒa·'ti:·vo] *m* 1.(*nome*) pet name 2.LING (*forma alterata*) diminutive

vezzeggiativo, -a *adj* 1.(*affettuoso: espressione, parola*) affectionate 2.LING (*alterato: aggettivo, sostantivo*) diminutive

vezzo ['vet·tso] *m* 1.(*abitudine*) habit; **avere il ~ di fare qc** to be in the habit of doing sth 2.*pl* (*smancerie*) affectation

vezzoso, -a [vet·'tso:·so] I. *adj* 1.(*lezioso*) affected 2.(*grazioso*) charming II. *m, f* (*persona leziosa*) affected person; **fare il ~** to behave in an affected way

vi [vi] I. *pron* 1. 2.*pers pl* (*oggetto: voi*) you; **chi ~ ha invitati?** who invited you? 2.(*complemento: a voi*) (to) you; **~ farò un bel regalo** I'll give you a lovely present 3.(*forma di cortesia: Voi, a Voi*) (to) you II. *pron* 2.*pers pl* yourselves III. *pron* (*a ciò*) to it; (*in ciò*) in it; (*su ciò*) about it, I didn't pay much attention to it IV. *adv* 1.(*qui*) here; (*lì*) there 2.(*per di*

qua, per di là) along it; (*attraverso*) through it 3.**~ sono** there are

via¹ ['vi:·a] <-vie> *f* 1.(*strada*) street; **abitare in ~ ...** to live on ... Street 2.(*passaggio, varco*) path; **~ libera!** the path is clear! 3.(*percorso*) route 4.(*mezzo*) by; **~ aerea** by air; **~ fax** by fax 5.(*tappa, stazione, scalo*) via 6.*fig* (*attività, carriera*) path 7.*fig* (*condotta morale*) path 8.*fig* (*modo*) way; **in ~ confidenziale** confidentially; **in ~ eccezionale** exceptionally; **~ di mezzo** compromise; **per vie traverse** by a roundabout route 9.*fig* (*modalità d'intervento*) method; **adire le** [*o* **ricorrere alle**] **-e legali** to resort to legal action 10.ANAT (*canale*) channel 11.MED (*modalità*) means *sing*; **~ orale** orally; **~ endovenosa** intravenously 12.(*loc*) **essere in ~ di** *fig* to be on the road to; **per ~ di** (*a causa di*) because of; (*per mezzo di*) through

via² I. *adv* 1.(*lontano*) away; **andare ~** to leave; **buttare** [*o* **gettare**] **~** to throw away; **essere** [*o* **stare**] **~** *inf* (*essere fuori casa*) to be out; (*essere fuori città*) to be away; **mandare ~ qu** to get rid of sb; **portare ~ qu** to take sb away 2.(*andarsene*) to leave 3.(*macchia*) to come out; (*bottone*) to come off 4.(*con verbo di moto sottinteso: rapidità*) off 5.(*eccetera*) **e così ~** [*o* **e ~ dicendo**] [*o* **e ~ di questo passo**] and so on 6.**~ ~ (che ...)** (*gradualmente*) as (...) II. *interj* 1.(*per allontanare*) away 2.(*esortazione*) come on 3.(*incredulità, disapprovazione*) no way 4.(*conclusione*) that's it 5.SPORT go; **pronti, attenti, ~!** ready, steady, go! III. *m* (*segnale di partenza*) starting signal; **al ~** on the starting signal; **dare il ~ a** to start; *fig* (*dare inizio*) to start off

viabilità [vi·a·bi·li·'ta] <-> *f* 1.(*transito*) passibility 2.(*rete stradale*) road network

Viacard® [vi·a·'kard] <-> *f* prepaid card for toll roads

Via Crucis ['vi:·a 'kru:·tʃis] <inv *o* lat. viae crucis> *f* 1.REL (*percorso di Gesù*) Via Crucis; (*esercizio devoto*) Way of the Cross; (*immagine*) Stations of the Cross 2.*fig* (*serie di sofferenze*) ordeal

viado ['via:·do] <-viados> *m* transvestite or transsexual prostitute, typically from Brazil

viadotto [via·'dot·to] *m* viaduct

viaggiare [vi·ad·'dʒa:·re] I. *vi* 1.(*persona, treno, merce*) to travel 2.(*come professione*) to be a traveling salesperson 3.*fig* (*fantasticare*) to travel II. *vt* (*percorrere*) to travel

viaggiatore, -trice [vi·ad·dʒa·'to:·re] I. *adj* traveling; **commesso ~** traveling salesperson II. *m, f* (*passeggero*) traveler

viaggio [vi·'ad·dʒo] <-ggi> *m* (*spostamento*) journey; (*breve*) trip; **buon ~!** have a good trip!; **da ~** traveling; **essere in ~** to be traveling; **mettersi in ~** to set off; **~ di nozze** honeymoon; **~ organizzato** vacation package

viagra® ['vi·ag·ra] <-> *m* MED Viagra®

viale [vi·'a:·le] *m* 1.(*strada alberata*) avenue 2.(*in un giardino*) path

viandante [vi·an·'dan·te] *mf poet* (*pellegrino*) wayfarer

viario, -a [vi·'a:·rio] <-i, -ie> *adj* (*stradale*) road; **rete -a** road network

viavai [vi·a·'va:·i] <-> *m* (*andirivieni*) coming and going

vibrafono [vi·'bra:·fo·no] *m* vibraphone

vibrante [vi·'bra:n·te] *adj* **1.** (*che vibra*) vibrating **2.** LING (*consonante*) trilled **3.** (*voce, tono*) vibrant **4.** *fig* (*intenso: parole, discorso*) trembling **5.** *fig* (*di rabbia, sdegno*) quivering

vibrare [vi·'bra:·re] I. *vt* **1.** (*scagliare: lancia, freccia*) to hurl **2.** (*colpo*) to strike; (*pugno*) to throw **3.** (*insulto, maledizione*) to hurl **4.** (*far risuonare*) to vibrate II. *vi* **1.** (*muoversi*) to vibrate **2.** *fig* (*fremere*) to tremble **3.** *fig* (*suono*) to vibrate

vibrato [vi·'bra:·to] *m* MUS vibrato

vibratore [vi·bra·'to:·re] *m* vibrator

vibrazione [vi·braʦ'tsio:·ne] *f* **1.** (*oscillazione*) vibration **2.** (*tremolio: di luce*) flicker **3.** (*di voce, animo*) tremble **4.** MED (*massaggio*) vibration

vibromassaggiatore [vi·bro·mas·sad·dʒa·'to:·re] *m* massage vibrator

vicario [vi·'ka:·rio] <-i> I. *m* REL vicar; **~ apostolico** vicar apostolic; **~ parrocchiale** curate; **~ vescovile** vicar episcopal II. *adj* (*sostitutivo: funzione, ruolo*) replacement

vice ['vi:·ʧe] <-> *mf* deputy

vice- [vi·ʧe] (*in parole composte*) vice-; **il vicecomandante** the vice-commander; **il vicedirettore** the vice-director; **la vicepreside** the assistant principal

vicenda [vi·'ʧɛn·da] *f* **1.** (*evento, caso*) event **2.** (*storia, faccenda*) story **3.** (*loc*) **a ~** (*l'un l'altro*) each other; (*a turno*) in turns

vicendevole [vi·ʧen·'de:·vo·le] *adj* mutual

Vicentino [vi·ʧen·'ti:·no] <*sing*> *m* (*zona*) Vicenza area; **nel ~** in the Vicenza area

vicentino *sing* (*dialetto*) dialect spoken in Vicenza

vicentino, -a I. *adj* (*di Vicenza*) from Vicenza II. *m, f* (*abitante*) person from Vicenza

Vicenza [vi·'ʧɛn·tsa] *f* Vicenza

viceversa [vi·ʧe·'vɛr·sa] I. *adv* **1.** (*in modo inverso*) the other way around **2.** (*in direzione opposta*) return II. *conj* (*e invece*) on the contrary

vichingo, -a [vi·'kiŋ·go] <-ghi, -ghe> I. *adj* (*dei Vichinghi*) Viking II. *m, f* **1.** HIST Viking **2.** *scherz* (*persona nordica*) Scandinavian

vicinanza [vi·ʧi·'nan·tsa] *f* **1.** (*prossimità: nello spazio*) proximity; **in ~ di** near **2.** (*nel tempo*) nearness; **in ~ di** near **3.** *fig* (*affinità: di idee, opinioni*) affinity **4.** *pl* (*dintorni*) surrounding area; **nelle -e di qc** near sth

vicinato [vi·ʧi·'na:·to] *m* **1.** (*persone*) neighbors *pl* **2.** (*luoghi*) neighborhood **3.** (*condizione*) neighborliness

vicino [vi·'ʧi:·no] *adv* **1.** (*a poca distanza*) nearby; **~ a** near **2.** (*loc*) **andarci ~** *fig* to

come close; **da ~** from close up; *fig* (*bene*) well

vicino, -a I. *adj* **1.** (*luogo*) nearby; (*strada, casa*) neighboring; (*confinante: nazione, stato*) neighboring; **~ a** close to **2.** (*tempo*) near; **essere ~ a qc** to be close to sth **3.** *fig* (*idealmente*) close **4.** (*stretto: parente*) close **5.** *fig* (*presente, partecipe: persona*) close **6.** (*affine: opinioni, idee*) close **7.** (*simile: colore*) close II. *m, f* (*di casa*) neighbor; (*di ombrellone, banco*) person sitting next to sb; **i nostri -i di tavola** our dining companions

vicissitudini [vi·ʧis·si·'tu:·di·ni] *fpl* ups and downs

vicolo ['vi:·ko·lo] *m* (*strada*) alleyway; **~ cieco** *a. fig* blind alley

videata [vi·de·'a:·ta] *f* COMPUT, TV (*schermata*) screen

video ['vi:·de·o] I. <-> *m* **1.** COMPUT, TV screen **2.** COMPUT, TV (*immagini*) video **3.** (*televisore*) TV **4.** (*videoclip*) video II. <inv> *adj* **1.** (*segnale, impianto*) video **2.** (*televisivo*) TV

video- [vi·de·o] (*in parole composte*) video-

videoamatore, -trice [vi·de·o·a·ma·'to:·re] *m, f* amateur film-maker

videocamera [vi·de·o·'ka:·me·ra] *f* video camera

videocassetta [vi·de·o·kas·'set·ta] *f* video (cassette)

videochiamare [vi·de·o·kia·'ma:·re] *vt* to video call

videochiamata [vi·de·o·kia·'ma:·ta] *f* video call

videocitofono [vi·de·o·ʧi·'tɔ:·fo·no] *m* video door phone

videoclip [vi·de·o·'klip] <-> *m* (music) video

videoconferenza [vi·de·o·kon·fe·'rɛn·tsa] *f* videoconference

videocontrollo [vi·de·o·kon·'trɔl·lo] *m* closed circuit TV monitoring

videocrazia [vi·de·o·cra·'tsi·a] *f* (*potere della tv*) tyranny of the TV; (*potere dell'immagine*) tyranny of the visual image

videodipendente [vi·de·o·di·pen·'dɛn·te] I. *adj* addicted to the TV II. *mf* TV addict

videodipendenza [vi·de·o·di·pen·'dɛn·tsa] *f* TV addiction

videofonino [vi·de·o·fo·'ni:·no] *m* video cellphone

videogame ['vi·diou geim/'vi·de·o 'geim] <-o videogames> *m* video game

videogioco [vi·de·o·'dʒɔ:·ko] *m* video game

videogiornale [vi·de·o·dʒor·'na:·le] <-> *m* INET news video

videografia [vi·de·o·gra·'fi:·a] *f* list of published videos

videolento® [vi·de·o·'lɛn·to] *m* TEL *system for low-speed retransmission of TV images using phone network*

videoleso, -a [vi·de·o·'le:·zo] MED I. *adj* visually impaired II. *m, f* visually impaired person; **i -i** the visually impaired

V

videolettore [vi·de·o·let·'to:·re] *m* video player

videomessaggio [vi·de·o·mes·'sad·dʒo] *m* video message

videomusica [vi·de·o·'mu:·zi·ka] *f* video music

videonastro [vi·de·o·'nas·tro] *m* videotape

videopirateria [vi·de·o·pi·ra·te·'ri·a] *f* video piracy

videopolitica [vi·de·o·po·'li·ti·ka] *f* TV politics

videoproiettore [vi·de·o·pro·iet·'to:·re] *m* TEC video projector

videoproiezione [vi·de·o·pro·iet·'tsio:·ne] *f* TEC video projection

videoregistratore [vi·de·o·re·dʒis·tra·'to:·re] *m* video recorder

videoregistrazione [vi·de·o·re·dʒis·trat·'tsio:·ne] *f* video recording

videoripresa [vi·de·o·ri·'pre:·sa] *f* TV video filming

videoscrittura [vi·de·os·krit·'tu:·ra] *f* word processing

videosegnale [vi·de·o·seɲ·'ɲa:·le] *m* TV video signal

videotape ['vi·diou·teip/vi·de·o·teip] <- *o* videotapes> *m* videotape

videoteca [vi·de·o·'tɛ:·ka] <-che> *f* 1.(*negozio*) video store 2.(*collezione*) video collection

Videotel® [vi·de·o·'tɛl] <-> *m* TEL *Italian Videotex*® *service*

videotelefonia [vi·de·o·te·le·fo·'ni:·a] *f* TEL videotelephony

videotelefonico, -a [vi·de·o·te·le·'fɔ:·ni·ko] *adj* videophone

videotelefono [vi·de·o·te·'lɛ:·fo·no] *m* videophone

videoterminale [vi·de·o·ter·mi·'na:·le] *m* COMPUT video display terminal

Videotex® [vi·de·o·'tɛks] <-> *m* TEL Videotex®

videotext [vi·de·o·'tekst] <-> *m* TEL videotext

vidi ['vi:·di] *1. pers sing pass rem di* **vedere**[1]

vidimare [vi·di·'ma:·re] *vt* ADMIN (*bilancio, documento*) to ratify

vidimazione [vi·di·mat·'tsio:·ne] *f* ADMIN (*di documento, certificato*) ratification

viene, vieni ['viɛ:·ne, 'viɛ:·ni] *3. e 2. pers sing pr di* **venire**

Vienna ['viɛn·na] *f* Vienna

viennese [vien·'ne:·ze] I. *adj* (*di Vienna*) Viennese II. *mf* (*abitante*) Viennese

vietare [vie·'ta:·re] *vt* (*proibire*) to prohibit; ~ qc a qu to forbid sth to sb; ~ **a qu di fare qc** to prevent sb from doing sth; '(**è) vietato entrare**' 'no entry'; '(**è) vietato fumare**' 'no smoking'; '(**è) vietato l'ingresso ai non addetti ai lavori**' 'authorized personnel only'; '(**è) vietato sporgersi dal finestrino**' 'do not lean out of the window'; '**film vietato ai minori**' 'must be over 18 to enter'; '**sosta vietata**' 'no parking'

Vietnam [viet·'nam] *m* **il** ~ Vietnam; **nel** [*o* **in**] ~ in Vietnam

vietnamita [viet·na·'mi:·ta] <-i *m*, -e *f*> I. *adj* (*del Vietnam*) Vietnamese II. *mf* (*abitante*) Vietnamese

vieto, -a ['viɛ:·to] *adj* (*usanza, idea, valore*) old-fashioned

vig. *abbr di* **vigente**

vigente [vi·'dʒɛn·te] *adj* GIUR (*in vigore: disposizione, legge, regolamento*) applicable

vigere ['vi:·dʒe·re] <*usato solo nelle terze persone sing e pl*> *vi* (*disposizione, legge, regolamento*) to be applicable

vigilante [vi·dʒi·'lan·te] *mf* 1.(*guardia giurata*) security guard 2. *pl* (*cittadini organizzati*) vigilantes *pl*

vigilanza [vi·dʒi·'lan·tsa] *f* 1.(*sorveglianza*) supervision 2.(*di guardie giurate, polizia*) security

vigilare [vi·dʒi·'la:·re] I. *vt* (*sorvegliare*) to supervise II. *vi* (*badare*) to keep watch; ~ **su qu/qc** to supervise sb/sth

vigilato [vi·dʒi·'la:·to] *adj* GIUR **libertà -a** probation

vigile ['vi:·dʒi·le] I. *adj* 1.(*attento: sguardo, occhio*) watchful 2.(*sveglio, pronto: mente*) alert II. *mf* ~ (**urbano**) (local) policeman/woman; ~ **del fuoco** firefighter

> The **vigili urbani** are a city police force under the command of the **Comune**. Their duties include making sure that laws on traffic, public facilities, and trade are observed.

vigilessa [vi·dʒi·'les·sa] *f scherz* (local) policewoman

vigilia [vi·'dʒi:·lia] <-ie> *f* 1.(*giorno prima*) **alla ~ di ...** the day before ...; **la ~ di Natale** Christmas Eve 2.(*periodo*) **alla ~ di ...** just before ...

vigliaccheria [viʎ·ʎak·ke·'ri:·a] <-ie> *f* 1.(*caratteristica*) cowardice 2.(*azione*) cowardly act

vigliacco, -a [viʎ·'ʎak·ko] <-cchi, -cche> I. *adj* 1.(*senza coraggio: persona, azione*) cowardly 2.(*prepotente*) **essere** ~ to be a bully II. *m*, *f* 1.(*persona senza coraggio*) coward 2.(*persona prepotente*) bully

vigna ['viɲ·ɲa] *f* (*vigneto*) vineyard

vigneto [viɲ·'ɲe:·to] *m* vineyard

vignetta [viɲ·'ɲet·ta] *f* 1.(*satirica, umoristica*) cartoon 2.(*bollo autostradale*) Swiss highway toll sticker

vignettista [viɲ·ɲet·'tis·ta] <-i *m*, -e *f*> *mf* cartoonist

vigore [vi·'go:·re] *m* 1.(*gener*) vigor 2.(*foga*) energy 3. GIUR **in** ~ in force; **entrare in** ~ to come into force

vigoroso, -a [vi·go·'ro:·so] *adj* 1.(*forte: uomo, animale, corpo*) vigorous 2. *fig* (*intelligenza, stile, protesta*) lively 3.(*pianta*) thriving

vile ['vi:·le] I. *adj* 1.(*codardo: persona,*

azione) cowardly **2.**(*spregevole: denaro, interesse*) despicable **II.** *mf* (*persona codarda*) coward

vilipendio [vi·li·'pɛn·dio] <-i> *m* GIUR (*di religione, costituzione*) defamation; (*di cadavere, tomba*) desecration

villa ['vil·la] *f* (*casa*) house; ~ **unifamiliare/ bifamiliare** single/multi-family home

villaggio [vil·'lad·dʒo] <-ggi> *m* **1.** (*paese*) village **2.** (*complesso*) complex; ~ **globale** global village; ~ **olimpico** Olympic village; ~ **turistico** holiday resort; ~ **universitario** university campus

villanata [vil·la·'na:·ta] *f* (*maleducazione, villania*) rude piece of behavior

villania [vil·la·'ni:·a] <-ie> *f* **1.** (*maleducazione*) rudeness **2.** (*atto, detto da villano*) rudeness

villano, -a [vil·'la:·no] *pej* **I.** *adj* (*persona, comportamento*) rude **II.** *m, f* (*cafone*) rude person; **fare il** ~ to behave rudely; **giochi** [*o* **scherzi**] **di mano, giochi** *prov* **da** ~ *physical horseplay is rude*

villanzone, -a [vil·lan·'tso:·ne] *m, f* (*persona molto villana*) very rude person

villeggiante [vil·led·'dʒan·te] *mf* vacationer

villeggiare [vil·led·'dʒa:·re] *vi* to vacation

villeggiatura [vil·led·dʒa·'tu:·ra] *f* **1.** (*vacanza*) vacation **2.** (*luogo*) vacation destination

villetta [vil·'let·ta] *f* **1.** (*in città*) (small) house; ~ **unifamiliare/bifamiliare** single/ multi-family home; **-e a schiera** townhouse **2.** (*in campagna, al mare*) cottage

villino [vil·'li:·no] *m* **1.** (*in città*) (small) house **2.** (*in campagna, al mare*) cottage

villoso, -a [vil·'lo:·so] *adj* (*peloso*) hairy

viltà [vil·'ta] <-> *f* **1.** (*codardia*) cowardice **2.** (*azione*) cowardly act

viluppo [vi·'lup·po] *m* **1.** (*di capelli, cavi, fili, sterpi*) tangle **2.** *fig* (*intrico, imbroglio*) maze

Viminale [vi·mi·'na·le] *m* POL il **Viminale** *Italian Ministry of the Interior*

vimine ['vi:·mi·ne] *m* wicker; **di** [*o* **in**] **-i** (*cesto, sedia*) wicker

vinaccia [vi·'nat·tʃa] <-cce> **I.** *f* marc **II.** *adj* <-> (*colore*) claret

vinaio [vi·'na:·io] <-nai> *m* (*venditore*) wine merchant

vinavil® ['vi·na·vil] <-> *m* plastic glue

vincente [vin·'tʃen·te] *adj* (*biglietto, giocatore*) winning; **persona** ~ *fig* winner

vincere ['vin·tʃe·re] <vinco, vinsi, vinto> **I.** *vt* **1.** (*superare: nemico, avversario*) to beat **2.** (*guerra, concorso*) to win; ~ **una causa** GIUR to win a case **3.** (*ottenere: premio*) to win; (*posto, cattedra*) to obtain; ~ **un terno al lotto** *fig* to hit the jackpot **4.** *fig* (*superare: difficoltà, timidezza*) to overcome **5.** (*loc*) **chi la dura la vince** *prov* patience always pays **II.** *vi* (*prevalere*) to win **III.** *vr:* **-rsi** (*dominarsi*) to control oneself

vincita ['vin·tʃi·ta] *f* **1.** (*vittoria*) victory **2.** (*premio, somma*) winnings *pl*

vincitore, -trice [vin·tʃi·'to:·re] **I.** *adj* (*candidato, concorrente*) winning **II.** *m, f* (*di gara, concorso*) winner

vincolante [viŋ·ko·'lan·te] *adj* binding

vincolare [viŋ·ko·'la:·re] **I.** *vt* **1.** (*impacciare, impedire*) to restrict **2.** *fig* (*obbligare*) to bind **3.** FIN (*conto, deposito, somma*) to tie up **4.** ADMIN (*limitare*) to restrict **II.** *vr:* **-rsi** (*impegnarsi*) to bind oneself

vincolato, -a [viŋ·ko·'la:·to] *adj* **1.** (*impacciato*) restricted **2.** *fig* (*obbligato*) bound **3.** FIN **conto** ~ term account

vincolo ['viŋ·ko·lo] *m* **1.** GIUR restraint **2.** *fig* (*obbligo*) obligation **3.** *fig* (*legame*) tie **4.** FIN (*di conto, deposito*) fixed term **5.** ADMIN (*limite*) restriction

vinello [vi·'nɛl·lo] *m* light wine

vinicolo, -a [vi·'ni:·ko·lo] *adj* wine-producing

vinificare [vi·ni·fi·'ka:·re] **I.** *vi* (*produrre vino*) to produce wine **II.** *vt* (*trasformare in vino*) ~ **qc** to make wine out of sth

vino ['vi:·no] **I.** *m* **1.** (*di uva*) wine; **vin brûlé** mulled wine; ~ **d'annata** vintage wine; ~ **a denominazione d'origine controllata** [*o* **DOC**] DOC wine; ~ **della casa** house wine; ~ **nuovo** [*o* **novello**] young wine; ~ **passito** *wine made from raisins;* **reggere il** ~ to hold one's drink **2.** (*di altro frutto*) wine **II.** *adj* <-> (*colore*) claret; **rosso** ~ claret

A glass of wine (**vino**) is an essential part of the Italian mealtime. Italians are estimated to drink 70 liters per head every year. In the past, due to the competition from other countries and the lack of an official classification system, Italian wine was not drunk much abroad. These days, thanks to the recovery of old grape varieties and a revival of traditional manual harvesting methods, Italy has become a great producer and exporter both of white wines – such as vernaccia di San Gimignano, verduzzo, Sardinian vermentino, and red – barolo, barbera, chianti, nero d'avola, and carignano del sulcis. The law of 1992 introduced a degree of clarity into wine classification, with wines being divided into the following categories: vino da tavola, where no indication of origin is given; IGT or Indicazione Geografica Tipica; DOC, Denominazione d'Origine Controllata; and DOCG, Denominazione d'Origine Controllata e Garantita.

V

vinsanto, vin santo [vin·'san·to] *m* Vinsanto, *white dessert wine*

vinsi ['vin·si] *1. pers sing pass rem di* **vincere**

vinto, -a ['vin·to] **I.** *pp di* **vincere II.** *adj* (*loc*) **averla -a** to get one's way; **darla -a a qu** to let sb have his [*o* her] way; **darsi per** ~ *a. fig* to give up III. *m*, *f* 1.(*sconfitto*) loser 2.*fig* (*fallito*) loser

viola[1] [vi·'ɔː·la] *f* 1.(*fiore*) violet; ~ **del pensiero** pansy 2. MUS (*strumento, violista*) viola; ~ **da gamba** cello

viola[2] I.<inv> *adj* 1.(*colore*) purple 2. SPORT (*della Fiorentina*) of the Fiorentina soccer team II.<-> *m* 1.(*colore*) purple 2. SPORT **tifoso** ~ Fiorentina fan

violaceo, -a [vio·'laː·tʃeo] *adj* 1.(*viola*) purplish 2.(*livido: labbra, mani*) purple

violare [vio·'laː·re] *vt* 1.(*trasgredire: legge, patto, regolamento*) to break 2.(*invadere: confine*) to violate; (*domicilio*) to break into 3.(*profanare: chiesa, tomba*) to desecrate

violazione [vio·lat·'tsioː·ne] *f* 1.(*trasgressione: di legge, patto, regolamento*) violation 2.(*di confine*) violation; (*di domicilio*) burglary 3.(*profanazione: di chiesa, tomba*) desecration

violentare [vio·len·'taː·re] *vt* 1.(*sessualmente*) to rape 2.*fig* (*coscienza, volontà, libertà*) to violate

violento, -a [vio·'lɛn·to] I.*adj* 1.(*persona, metodo, azione*) violent 2.(*temporale, terremoto*) violent; (*pioggia*) heavy; (*incendio*) fierce 3.(*passione, sentimento*) intense 4.(*sforzo*) huge; (*urto*) violent; (*febbre*) high 5.(*colore, suono*) harsh II.*m*, *f* (*persona*) brute

violenza [vio·'lɛn·tsa] *f* 1.(*aggressività, azione violenta*) violence; **ricorrere alla** ~ to resort to violence; ~ **sessuale** sexual violence 2.(*impeto: di temporale, terremoto*) violent; (*di incendio*) ferocity 3.(*intensità: di febbre, passione*) intensity

violetta [vio·'let·ta] *f* (*viola mammola*) violet

violetto [vio·'let·to] *m* (*colore*) violet

violetto, -a *adj* violet

violinista [vio·li·'nis·ta] <-i *m*, -e *f*> *mf* violinist

violino [vio·'liː·no] *m* (*strumento, violinista*) violin

violista [vio·'lis·ta] <-i *m*, -e *f*> *mf* violist

violoncellista [vio·lon·tʃel·'lis·ta] <-i *m*, -e *f*> *mf* cellist

violoncello [vio·lon·'tʃɛl·lo] *m* (*strumento, violoncellista*) cello

viottolo [vi·'ɔt·to·lo] *m* track

vip [vip] I.<-> *mf* celebrity II.<-> *adj* (*locale, sala*) exclusive

vipera ['viː·pe·ra] *f* 1.(*serpente*) viper 2.*fig* (*persona*) snake

viraggio [vi·'rad·dʒo] <-ggi> *m* CHIM, FOTO toning

virago [vi·'raː·go] <viragini> *f pej, scherz* dragon

virale [vi·'raː·le] *adj* MED viral

virare [vi·'raː·re] *vi* 1. NAUT, AERO to veer 2. CHIM, FOTO to tone

virata [vi·'raː·ta] *f* 1. NAUT veer; ~ **in prua** going about; ~ **in poppa** jibe 2. AERO turn 3.*fig* (*di tendenza, orientamento*) shift

virgola ['vir·go·la] *f* comma; **punto e** ~ semicolon; **non cambiare neanche una** ~ *fig* not to change a single word

virgolette [vir·go·'let·te] *fpl* quotation marks; **tra** ~ *a. fig* in quotes

virile [vi·'riː·le] *adj* 1.(*maschile*) manly 2.(*da uomo adulto*) adult 3.(*sessualmente*) virile 4.*fig* (*coraggioso*) manly

virilità [vi·ri·li·'ta] <-> *f* 1.(*maturità di maschio*) manliness 2.(*sessuale*) virility 3.*fig* (*coraggio*) courage

virologia [vi·ro·lo·'dʒiː·a] <-gie> *f* BIOL, MED virology

virologo, -a [vi·'rɔː·lo·go] <-gi, -ghe> *m*, *f* BIOL, MED virologist

virtù [vir·'tu] <-> *f* 1.(*pregio*) virtue 2.(*efficacia: di rimedio, terapia*) property; **in** ~ **di** by virtue of

virtuale [vir·tu·'aː·le] *adj* virtual; **realtà** ~ virtual reality

virtuosismo [vir·tuo·'siz·mo] *m* 1.(*abilità*) virtuosity 2. *pej* (*sfoggio*) over-elaboration

virtuoso, -a [vir·tu·'oː·so] I.*adj* 1.(*retto: persona, scelta*) virtuous 2.(*molto abile: artista, giocatore*) virtuoso II.*m*, *f* 1.(*persona virtuosa*) virtuous person 2.(*artista, giocatore*) genius; **essere un** ~ **di** qc to be brilliant at sth

virulento, -a [vi·ru·'lɛn·to] *adj* 1. BIOL, MED virulent 2.*fig* (*polemica, linguaggio*) heated; (*critica*) bitter

virulenza [vi·ru·'lɛn·tsa] *f* 1. BIOL, MED virulence 2.*fig* (*di polemica, linguaggio*) heatedness; (*critica*) bitterness

virus ['viː·rus] <-> *m* 1. COMPUT, BIOL, MED virus 2.*fig* (*germe: di sentimento, passione, ideologia*) curse

visagista [vi·za·'dʒis·ta] <-i *m*, -e *f*> *mf* beautician

vis à vis [vi·za·'vi] *adv* face to face

viscerale [viʃ·ʃe·'raː·le] *adj fig* (*profondo: amore, simpatia, stato d'animo*) deep; (*odio*) visceral

viscere ['viʃ·ʃe·re] *fpl* 1. ANAT innards *pl* 2.*fig* (*profondità: di terra, montagna*) bowels *pl*

vischio ['vis·kio] <-schi> *m* mistletoe

vischioso, -a [vis·'kioː·so] *adj* (*appiccicoso: liquido, sostanza*) viscous

viscidità [viʃ·ʃi·di·'ta] <-> *f* 1.(*scivolosità*) slipperiness 2.*fig, pej* (*ambiguità: di persona, modi*) unctuousness

viscido, -a ['viʃ·ʃi·do] *adj* 1.(*scivoloso: terreno, strada*) slippery 2.(*al tatto*) slimy 3.*fig* (*equivoco: persona, atteggiamento*) unctuous

visconte, -essa [vis·'kon·te, vis·kon·'tes·sa] *m*, *f* (*nobile*) viscount *m*, viscountess *f*

viscosa [vis·'koː·sa] *f* (*fibra*) viscose

viscosità [vis·ko·si·'ta] <-> *f* FIS viscosity

viscoso, -a [vis·'koː·so] *adj* 1. FIS (*fluido, liquido, olio*) viscous 2.(*appiccicoso*) slimy

visibile [vi·'ziː·bi·le] *adj* 1.(*con la vista*) visible 2.*fig* (*evidente*) clear

visibilio [vi·zi·'biː·lio] <-i> *m* (*ammirazione*

estatica) ecstasy; **andare** [*o* **essere**] **in** ~ **per qc/qu** to be in ecstasies over sth/sb

visibilità [vi·zi·bi·li·'ta] <-> *f a. fig* visibility

visiera [vi·'ziɛ·ra] *f* **1.** (*di casco*) visor **2.** (*di berretto*) peak

visionare [vi·zio·'na:·re] *vt* **1.** (*per scegliere: merce, candidati*) to examine **2.** (*vedere in anteprima: film, spettacolo*) to view

visionario, -a [vi·zio·'na:·rio] <-i, -ie> I. *adj* (*utopico: progetto, idee, persona*) visionary II. *m, f* (*utopista*) visionary

visione [vi·'zio:·ne] *f* **1.** (*percezione visiva*) vision **2.** (*esame*) examination; **prendere** ~ **di qc** to go through sth; **prendere in** ~ **qc** to examine sth **3.** (*scena, panorama*) view **4.** *fig* (*idea*) view; ~ **d'insieme** overview **5.** (*di film, spettacolo, trasmissione*) viewing; **prima** ~ first showing **6.** (*soprannaturale, allucinazione*) vision

visita ['vi:·zi·ta] *f* **1.** (*presso persona*) visit; **andare in** ~ **da qu** to visit with sb; **essere in** ~ **da qu** to stay with sb; **fare** (**una**) ~ **a qu** to visit with sb **2.** (*persona*) visitor; **biglietto da** ~ business card **3.** (*in un luogo*) visit; ~ **guidata** guided tour **4.** MED consultation; ~ **fiscale** *visit by a doctor to check on a person on sick leave;* ~ **di leva** *military service medical examination* **5.** (*ispezione*) inspection visit

visitare [vi·zi·'ta:·re] *vt* **1.** (*medico*) to examine; **farsi** ~ **da uno specialista** to go and see a specialist **2.** (*luogo: città, museo*) to visit **3.** (*andare a trovare: amici, parenti*) to visit with **4.** (*ispezionare*) to inspect

visitatore, -trice [vi·zi·ta·'to:·re] *m, f* visitor

visivo, -a [vi·'zi:·vo] *adj* (*della vista*) visual; **campo** ~ field of vision; **memoria** -**a** visual memory; **arti** -**e** visual arts

viso ['vi:·zo] *m* **1.** (*volto*) face **2.** (*espressione*) expression; **a** ~ **aperto** *fig* openly; **far buon** ~ **a cattivo gioco** to put a brave face on things

visone [vi·'zo:·ne] *m* **1.** (*animale, pelo*) mink **2.** (*cappotto*) mink coat

visore [vi·'zo:·re] *m* FOTO, TEC viewer

vispo, -a ['vis·po] *adj* lively

vissi ['vis·si] *1. pers sing pass rem di* **vivere**[1]

vissuto, -a [vis·'su:·to] I. *pp di* **vivere**[1] II. *adj* **1.** (*esperto: persona*) experienced **2.** (*trascorso: esperienza, vita*) real III. *m, f* PSIC (*passato, esperienza*) experiences *pl*

vista ['vis·ta] *f* **1.** (*senso*) sight, eyesight **2.** (*percezione, spettacolo*) view **3.** (*visuale*) sight **4.** (*scena, panorama*) view **5.** (*loc*) **a** ~ on sight; **conoscere qu di** ~ to know sb by sight; **in** ~ (*visibile*) in view; *fig* (*imminente: novità*) coming up; *fig* (*importante: persona*) prominent; **in** ~ **di** (*di luogo*) in sight of; (*di avvenimento*) in the run-up to; **a** ~ **d'occhio** as far as the eye can see; *fig, scherz* (*molto rapidamente*) in a flash; **perdere di** ~ **qc/qu** to lose sight of sth/sb; **a prima** ~ at first sight; **punto di** ~ *fig* point of view

vistare [vis·'ta:·re] *vt* ADMIN **1.** (*con timbro: cer-*

tificato, documento) to stamp **2.** (*con visto: passaporto*) to apply a visa to

visto ['vis·to] *m* ADMIN **1.** (*convalida: di documento, domanda*) ratification **2.** (*su passaporto*) visa

visto, -a I. *pp di* **vedere**[1] II. *adj* **1.** (*guardato*) seen; **mai** ~ unparalleled **2.** (*considerato*) **essere ben/mal** ~ to be well/badly thought of; ~ **che ...** given that ...

vistoso, -a [vis·'to:·so] *adj* **1.** (*appariscente*) showy **2.** (*ingente: somma, ricompensa*) impressive

visuale [vi·zu·'a:·le] I. *adj* (*della vista*) visual II. *f* **1.** view **2.** *fig* (*punto di vista*) point of view

visualizzabile [vi·zu·a·lid·'dza:·bi·le] *adj* viewable

visualizzare [vi·zu·a·lid·'dza:·re] *vt* **1.** (*rendere visibile*) to view **2.** (*rappresentare*) to depict **3.** COMPUT to display

visualizzatore [vi·zu·a·lid·dza·'to:·re] *m* COMPUT display

visualizzazione [vi·zu·a·lid·dzat·'tsio:·ne] *f* **1.** (*il rendere visibile*) visualization **2.** COMPUT display

vita[1] ['vi:·ta] *f* **1.** (*gener*) life; **a** ~ for life; **dare la** ~ **a qu** to give birth to sb; **dare la** ~ **per qc/qu** to give one's life for sth/sb; **fare la bella** ~ to live it up; **rimanere in** ~ to stay alive; **essere in fin di** ~ to be at death's door; **perdere la** ~ to lose one's life; **togliersi la** ~ to take one's own life; **sto aspettando da una** ~ *inf* I've been waiting for ages **2.** (*durata: di fenomeno, prodotto*) lifetime **3.** (*sussistenza*) living; **guadagnarsi la** ~ to earn a living

vita[2] ['vi:·ta] *f* (*di persona, indumento*) waist

vitale [vi·'ta:·le] *adj* **1.** (*gener*) vital; **spazio** ~ living space **2.** (*capace di vivere: neonato, cucciolo*) viable **3.** *fig* (*dinamico: persona, organismo*) dynamic

vitalità [vi·ta·li·'ta] <-> *f* **1.** (*vivacità: di persona*) vitality **2.** (*dinamismo: di istituzione, settore*) dynamism **3.** (*capacità di vivere: di neonato*) viability

vitalizio [vi·ta·'lit·tsio] <-i> I. *m* life annuity II. *adj* life

vitamina [vi·ta·'mi:·na] *f* vitamin

vitaminico, -a [vi·ta·'mi:·ni·ko] <-ci, -che> *adj* vitamin; **carenza** -**a** vitamin deficiency

vitaminizzato [vi·ta·mi·nid·'dza·to] *adj* (*arricchito con vitamine*) vitamin-enriched

vite ['vi:·te] *f* **1.** BOT (*pianta*) vine **2.** (*elemento metallico*) screw; **a** ~ (*a spirale*) spiral; (*tappo*) screw top; **giro di** ~ *fig* turn of the screw

vitello [vi·'tɛl·lo] *m* **1.** (*animale*) calf **2.** (*carne*) veal; ~ **tonnato** CULIN veal with tuna sauce **3.** (*pelle*) calfskin

vitellone [vi·tel·'lo:·ne] *m fig* (*giovane ozioso*) layabout

viterbese I. *adj* (*di Viterbo*) from Viterbo II. *mf* (*abitante*) person from Viterbo

V

Viterbese <*sing*> *m* (*zona*) Viterbo area; **nel ~** in the Viterbo area

Viterbo *f* Viterbo

viticcio [vi·'tit·tʃo] <-cci> *m* BOT, ARTE tendril

viticolo, -a [vi·'ti:·ko·lo] *adj* wine-growing

viticoltore, viticultore, -trice [vi·ti·kol·'to:·re, vi·ti·kul·'to:·re] *m, f* wine-grower

viticoltura, viticultura [vi·ti·kol·'tu:·ra, vi·ti·kul·'tu:·ra] *f* (*coltivazione*) wine-growing

vitigno [vi·'tiɲ·ɲo] *m* variety of vine; **~ lambrusco/nebbiolo** Lambrusco/Nebbiolo vine

vitivinicolo, -a [vi·ti·vi·'ni:·ko·lo] *adj* (*associazione, cooperativa, industria*) wine-growing and producing

vitreo, -a *adj* 1.(*di vetro*) glass 2.(*occhi, sguardo, superficie*) glassy 3. ANAT **corpo ~** vitreous

vittima ['vit·ti·ma] *f* victim; **rimanere ~ di qc** to fall victim to sth; **fare la ~** *inf* to play the victim

vittimismo [vit·ti·'miz·mo] *m* self-pity

vittimistico [vit·ti·'mis·ti·ko] *adj* self-pitying

vitto ['vit·to] *m* (*cibo*) food; **~ e alloggio** board and lodging

vittoria [vit·'tɔ:·ria] <-ie> *f* (*militare, politica, elettorale*) victory; (*sportiva*) win

vittoriano [vit·to·'ria:·no] *adj* (*epoca, architettura, stile*) Victorian

vittorioso, -a [vit·to·'rio:·so] *adj* 1.(*vincitore*) victorious; SPORT winning 2.(*battaglia, gara*) victorious 3.(*trionfante: aspetto, sorriso*) triumphant

vituperare [vi·tu·pe·'ra:·re] *vt* (*insultare*) to vilify

viuzza [vi·'ut·tsa] *f* alley

viva ['vi:·va] *interj* long live; **~ gli sposi!** to the bride and groom!

vivacchiare [vi·vak·'kia:·re] *vi fam* to scrape a living

vivace [vi·'va:·tʃe] *adj* 1.(*esuberante: bambino, persona*) lively 2.(*acuto: intelligenza, mente*) lively; (*studente*) bright 3.(*concitato: discussione, protesta*) lively 4.(*intenso: fiamma, fuoco*) intense; (*colore*) bright 5. MUS (*esecuzione*) vivace

vivacità [vi·va·tʃi·'ta] <-> *f* 1.(*esuberanza: di bambino, ragazzo*) liveliness 2.(*acume: di intelligenza, mente*) liveliness; (*di studente*) brightness 3.(*fervore: di discussione*) liveliness 4.(*di fiamma, fuoco*) intensity 5.(*di colore*) brightness

vivacizzare [vi·va·tʃid·'dza:·re] *vt* 1.(*animare: festa, conversazione*) to animate 2.(*arredamento*) to brighten up

vivaio [vi·'va:·io] <-ai> *m* 1.(*di piante*) (plant) nursery 2.(*di pesci*) (fish) farm 3.(*di personaggi*) breeding ground 4. SPORT (*di atleti*) youth system

vivanda [vi·'van·da] *f* (*pietanza*) dish

viva voce ['vi:·va 'vo:·tʃe] <-> *m* TEL hands free set

vivente [vi·'vɛn·te] I. *adj* (*essere, organismo,*

specie) living; (*persona*) alive II. *m* **i -i** the living *pl*

vivere¹ ['vi:·ve·re] <vivo, vissi, vissuto> I. *vi essere* 1.(*gener*) to live; **~ alla giornata** to live from day to day; **~ di qc** *a. fig* to live on sth; **~ per qc/qu** to live for sth/sb 2. *fig* (*durare, sopravvivere*) to live on II. *vt avere* 1.(*condurre: vita*) to lead 2.(*passare*) to live through 3.(*sentire: dolore, gioia, fede*) to live through 4.(*parte, personaggio*) to live 5. *fig* (*godere*) to enjoy

vivere² *msing* (*modo di vivere*) life; **per quieto ~** for a quiet life

viveri ['vi:·ve·ri] *mpl* supplies *pl*; **tagliare i ~ a qu** *fig* to cut off sb's supplies; *scherz* to cut off sb's allowance

vivibile [vi·'vi:·bi·le] *adj* (*ambiente, città, clima*) pleasant

vivibilità [vi·vi·bi·li·'ta] <-> *f* liveability

vivificare [vi·vi·fi·'ka:·re] *vt* (*rinvigorire: campagna, terra*) to revive; (*corpo, mente*) to invigorate

viviparo, -a [vi·'vi:·pa·ro] I. *adj* ZOOL live-bearing II. *m, f* ZOOL livebearer

vivisezione [vi·vi·set·'tsio:·ne] *f* (*di animali*) vivisection

vivo ['vi:·vo] *m* 1. *pl* (*persone viventi*) **i -i** the living *pl* 2.(*parte vitale*) living flesh 3. *fig* (*di argomento, questione, problema*) core; **colpire** [*o* **toccare**] **nel ~** to get to the core 4. MUS, RADIO, TV live 5.(*disegno, ritratto*) **dal ~** life

vivo, -a *adj* 1.(*gener*) living; **~ e vegeto** alive and kicking; **farsi ~** to show one's face 2.(*persistente: ricordo, dolore, immagine*) fresh; **è ancora ~ nel mio ricordo** he lives on in my memory 3.(*espressione, intelligenza, conversazione*) lively 4.(*intenso: sentimento, bisogno*) deep 5.(*fuoco, fiamma*) high 6.(*luce, colore*) bright 7.(*nelle lettere*) **vivissimo** heartfelt

viziare [vit·'tsia:·re] *vt* (*diseducare: bambino, figlio*) to spoil

viziato, -a [vit·'tsia:·to] *adj* 1.(*maleducato*) spoiled 2.(*pesante: aria*) stale

vizio ['vit·tsio] <-i> *m* 1.(*disposizione al male*) vice 2.(*abitudine*) bad habit 3.(*difetto*) fault 4. GIUR (*irregolarità*) error; **~ di forma** procedural error

vizioso, -a [vit·'tsio:·so] I. *adj* 1.(*depravato: persona, vita, comportamento*) dissolute 2.(*imperfetto*) **circolo ~** vicious circle II. *m, f* (*persona depravata*) dissolute person

vocabolario [vo·ka·bo·'la:·rio] <-i> *m* 1.(*dizionario*) dictionary 2.(*lessico*) vocabulary

vocabolo [vo·'ka:·bo·lo] *m* LING word

vocale [vo·'ka:·le] I. *adj* ANAT, MUS vocal II. *f* (*suono, lettera*) vowel

vocalico, -a [vo·'ka:·li·ko] <-ci, -che> *adj* LING vowel

vocativo [vo·ka·'ti:·vo] *m* LING vocative

vocativo, -a *adj* LING vocative

vocazione [vo·kat·'tsio:·ne] *f a. fig* vocation

voce ['vo:·tʃe] *f* **1.** *a. fig* voice; **a** ~ orally; **fare la** ~ **grossa** to make oneself heard; **a gran** ~ loudly; **sotto** ~ in a whisper; **avere** ~ **in capitolo** *fig* to have influence **2.**(*di strumento, mare*) sound **3.**(*notizia, diceria*) rumor; **-i di corridoio** idle rumors **4.**(*vocabolo*) word **5.**(*in dizionario, enciclopedia*) headword **6.**(*in grammatica*) form **7.**ADMIN (*capitolo*) item **8.**MUS voice; (*cantante*) singer

vociare[1] [vo·'tʃa:·re] *vi* (*gridare*) to shout

vociare[2] <-> *m* (*rumore*) noise

vociferare [vo·tʃi·fe·'ra:·re] *vt* (*dire, insinuare*) to rumor; **si vocifera che ...** rumor has it that ...

vocio [vo·'tʃi:·o] <-cii> *m* shouting

vodka ['vɔd·ka] <-> *f* vodka

voga ['vo:·ga] <-ghe> *f* **1.**(*popolarità*) fashion; **essere in** ~ to be in fashion **2.**SPORT (*attività*) rowing; (*remata*) stroke **3.***fig* enthusiasm

vogare [vo·'ga:·re] *vi* to row

vogata [vo·'ga:·ta] *f* **1.**(*il vogare*) rowing **2.**(*remata*) stroke

vogatore [vo·ga·'to:·re] *m* (*attrezzo*) rowing machine

vogatore, -trice *m, f* (*rematore*) rower

voglia ['vɔʎ·ʎa] <-glie> *f* **1.**(*desiderio*) wish; **avere** ~ **di** (**fare**) **qc** to feel like (doing) sth; **morire dalla** ~ **di fare qc** to be dying to do sth; **togliersi la** ~ **di qc** to lose the urge for sth **2.**(*disposizione, volontà*) desire; **fare qc di mala** [*o* **contro**] ~ to do sth reluctantly **3.***pej* (*capriccio*) whim **4.***inf* (*in gravidanza*) craving **5.***inf* (*macchia della pelle*) birthmark

voglio ['vɔʎ·ʎo] *1. pers sing pr di* **volere**[1]

voglioso, -a [voʎ·'ʎo:·so] *adj* **1.**(*capriccioso*) capricious **2.**(*lussurioso*) lewd **3.**(*desideroso: sguardo, espressione*) wishful

voi ['vo:·i] *pron* **1.** *2. pers pl* (*soggetto*) you **2.**(*oggetto, complemento di termine*) you, *emphatic* **3.**(*con preposizione*) you **4.**(*forma di cortesia*) **Voi** you

voialtri [vo·'ial·tri] *pron inf* you guys

volano [vo·'la:·no] *m* **1.**SPORT (*pallina*) shuttlecock **2.**(*gioco*) badminton

volant [vɔ·'lã] <-> *m* flounce

volante [vo·'lan·te] **I.** *adj* flying; **disco** ~ flying saucer; **foglio** ~ sheet of paper **II.** *f* (*in polizia: squadra*) flying squad; (*auto*) patrol car **III.** *m* MOT (*sterzo*) steering wheel; **stare** [*o* **essere**] [*o* **sedere**] **al** ~ *a. fig* to be behind the wheel; **un asso del** ~ an ace racing driver; **sport del** ~ motor racing

volantinaggio [vo·lan·ti·'nad·dʒo] <-ggi> *m* leafleting; **fare** ~ to leaflet

volantino [vo·lan·'ti:·no] *m* (*pubblicitario, informativo*) leaflet

volare [vo·'la:·re] *vi essere o avere* **1.**(*gener*) to fly; ~ **in cielo** [*o* **paradiso**] (*morire*) to go to heaven **2.**(*piuma, foglia, polvere*) to fly around **3.**(*precipitare*) to fall **4.**(*correre*) to fly along **5.***fig* (*diffondersi: notizia, diceria, calunnia*) to travel fast **6.**(*tempo*) to fly by

volata [vo·'la:·ta] *f* **1.***fam* (*corsa veloce*) rush;

fare una ~ to rush; **di** ~ in a rush **2.**SPORT (*scatto*) sprint **3.**(*di uccelli*) flight

volatile [vo·'la:·ti·le] **I.** *adj* CHIM volatile **II.** *m* ZOOL bird

volatilizzare [vo·la·ti·lid·'dza:·re] **I.** *vi essere* CHIM to evaporate **II.** *vr:* **-rsi 1.**CHIM to evaporate **2.** *fig, fam* (*sparire: persona, cosa*) to vanish

vol-au-vent [vɔ·lo·'vã] <-> *m* CULIN vol-au-vent

volente [vo·'lɛn·te] *adj* ~ **o nolente** willing or not

volenteroso, volonteroso, -a [vo·len·te·'ro:·so, vo·lon·te·'ro:·so] *adj* **1.**(*atteggiamento, comportamento*) willing **2.**(*persona*) keen

volentieri [vo·len·'tiɛ·ri] *adv* **1.**(*di buon grado, con piacere*) willingly; **spesso e** ~ *inf* always **2.**(*come risposta*) of course

volere[1] [vo·'le:·re] <voglio, volli, voluto> **I.** *vt* **1.**(*intenzione, desiderio*) to want; **senza** ~ unintentionally; ~ **qu** (*per vederlo*) to want to see sb; (*per parlargli*) to want to speak to sb; (*per parlargli*) to want to speak to sb; **voule ... ?** (*in offerte e richieste*) would you like ...?; **quanto vuole?** (*prezzo*) how much do you want? **2.**(*decidere: potenza superiore*) to will **3.**(*prescrivere: legge, regolamento*) to demand **4.**(*richiedere*) to require; **volerci poco/molto** (*tempo, fatica, denaro*) to take a little/a lot **5.**LING (*reggere*) to take **6.**(*loc*) ~ **bene a qu** to love sb; ~ **dire** (*significare*) to mean; **voglio/volevo dire ...** I mean/meant ... **II.** *vr* **1.**-**rsi bene** (*reciprocamente*) to love each other **2.** -**rsi bene** (*a se stessi*) to look after oneself

volere[2] *m* (*volontà, desiderio*) will

volgare [vol·'ga:·re] **I.** *adj* **1.** *pej* (*comune, ordinario*) crude **2.** *pej* (*triviale: gesto, parola, espressione*) trivial; (*grossolano: persona, bellezza, comportamento*) vulgar **3.**(*non scientifico: nome, termine*) common **4.**(*del volgo: lingua*) vulgar; **latino** ~ Vulgar Latin **II.** *m* (*lingua*) vernacular

volgarità [vol·ga·ri·'ta] <-> *f* **1.**(*caratteristica: di persona*) vulgarity **2.**(*espressione*) vulgar expression; (*gesto*) vulgar gesture; (*parola*) vulgar word

volgarizzare [vol·ga·rid·'dza:·re] *vt* (*divulgare*) to popularize

volgarmente [vol·gar·'men·te] *adv* **1.**(*in modo scurrile*) vulgarly **2.**(*comunemente*) commonly

volgere[1] ['vɔl·dʒe·re] <volgo, volsi, volto> **I.** *vt* **1.**(*dirigere*) to turn; ~ **le spalle a qu** *a. fig* to turn one's back on sb **2.** *fig* (*indirizzare: attenzione, pensiero, sentimento*) to turn **3.** *fig* (*trasformare*) ~ **qc in qc** to turn sth into sth **4.**(*tradurre*) to transform **II.** *vi* **1.**(*dirigersi: verso luogo*) to turn **2.** *fig* (*rivolgersi*) ~ **a qc** to turn towards sth **3.** *fig* (*avvicinarsi*) to come; ~ **al termine** to be coming to an end **4.**(*evolversi: tempo, situazione*) to turn **5.**(*tendere: colore*) to shade towards **III.** *vr:* -**rsi** (*girarsi*) to turn; -**rsi indietro** to turn back

V

volgere² *m* passing

volgo ['vɔl·go] <-ghi> *m pej* (*plebe, massa*) masses *pl*

voliera [vo·'liɛ:·ra] *f* aviary

volitivo [vo·li·'ti:·vo] *adj* (*determinato: persona, carattere*) keen

volli ['vɔl·li] *1. pers sing pass rem di* **volere**¹

volo ['vo:·lo] *m* 1. (*gener*) flight; **assistente di** ~ flight attendant; **al** ~ in mid·air 2. (*caduta*) fall 3. (*corsa*) dash 4. (*loc*) **al** ~ (*immediatamente*) at once

volontà [vo·lon·'ta] <-> *f* 1. (*facoltà di volere*) will; **forza di** ~ willpower 2. (*volere, desiderio*) desire; **a** ~ as much as one wishes; **ultime** ~ last will and testament 3. (*disposizione*) **buona** ~ goodwill; **cattiva** ~ ill will

volontariamente [vo·lon·ta·ria·'men·te] *adv* voluntarily

volontariato [vo·lon·ta·'ria:·to] *m* 1. (*per assistenza, pratica*) voluntary work; **fare** ~ to work as a volunteer; **il** ~ the voluntary sector 2. (*servizio militare volontario*) voluntary service

volontario, -a [vo·lon·'ta:·rio] <-i, -ie> I. *adj* 1. (*liberamente scelto*) voluntary 2. (*soldato, medico*) volunteer II. *m, f* volunteer

volpe ['vol·pe] *f* 1. (*animale*) fox 2. (*pelliccia*) fox·fur 3. *fig* (*persona astuta*) cunning person

volpino [vol·'pi:·no] *m* (*cane*) Florentine spitz

volpino, -a *adj* (*da volpe*) foxlike

volpone, -na [vol·'po:·ne] *m, f fig* (*persona astuta*) crafty person

volsi ['vɔl·si] *1. pers sing pass rem di* **volgere**¹

volt [vɔlt] <-> *m* ELETT volt

volta ['vɔl·ta] *f* 1. (*circostanza*) time; **la** ~ **che ...** when ...; **una** ~ (**che**) ... once ...; **una** ~ **tanto** every now and then; **una** ~ **per tutte** once and for all 2. (*con numerale*) time; **a** -**e** [*o* **certe** -**e**] [*o* **qualche** ~] sometimes; **di** ~ **in** ~ each time; **una** ~ once; **c'era una** ~ once upon a time 3. (*turno*) turn; **alla** [*o* **per**] ~ at a time; **tutto in una** ~ all at once 4. (*direzione*) **alla** ~ **di** towards 5. ARCHIT vault; **a** ~ vaulted 6. (*copertura*) ceiling; **la** ~ **celeste** [*o* **del cielo**] heaven 7. ANAT ~ **cranica** dome of the skull

voltafaccia [vol·ta·'fat·tʃa] <-> *m fig* U-turn

voltagabbana [vol·ta·gab·'ba:·na] <-> *mf* **è un(a)** ~ turncoat

voltaggio [vol·'tad·dʒo] <-ggi> *m* voltage

voltare [vol·'ta:·re] I. *vt* 1. (*rivolgere: occhi, viso, testa*) to turn; ~ **le spalle a qu** *a. fig* to turn one's back on sb 2. (*girare: moneta, foglio, pagina*) to turn; ~ **pagina** *fig* to move on 3. (*oltrepassare: angolo*) to go around II. *vi* (*girare: persona, strada*) to turn III. *vr:* -**rsi** (*girarsi*) to turn; **non sapere da che parte** -**rsi** *fig* not to know where to turn; -**rsi contro qu** to turn against sb

voltastomaco [vol·tas·'tɔ:·ma·ko] <-chi *o* -ci> *m* **ho il** ~ to feel sick; **dare il** ~ to turn sb's stomach; **far venire il** ~ to be disgusting

volteggiare [vol·ted·'dʒa:·re] *vi* 1. (*in aria:*

**uccello, aereo*) to circle 2. SPORT to vault; (*nella danza*) to twirl

volto ['vol·to] *m* 1. (*viso, natura*) face 2. *fig* (*aspetto*) aspect

volto, -a ['vɔl·to] I. *pp di* **volgere**¹ II. *adj* (*essere*) ~ **a fare qc** (to be) intended to do sth

voltura [vol·'tu:·ra] *f* ADMIN (*di proprietà*) registration; (*di contratto*) transfer

volubile [vo·'lu:·bi·le] *adj* (*instabile: individuo, carattere, umore*) volatile; (*tempo atmosferico*) changeable

volume [vo·'lu:·me] *m* 1. MAT (*misura, spazio*) volume 2. (*ingombro*) volume; **auto a due** -**i** hatchback; **auto a tre** -**i** sedan 3. COM (*di affari, produzione, vendite*) volume; ~ **del traffico** traffic volume 4. (*di suono*) volume; **a tutto** ~ at full volume 5. (*libro*) volume

voluminosità [vo·lu·mi·no·si·'ta] <-> *f* bulkiness

voluminoso, -a [vo·lu·mi·'no:·so] *adj* bulky

voluta [vo·'lu:·ta] *f* 1. (*spira, spirale*) whirl 2. ARCHIT, ART scroll; (*di capitello*) volute

voluto, -a [vo·'lu:·to] I. *pp di* **volere**¹ II. *adj* 1. (*desiderato*) desired 2. (*intenzionale*) intentional

voluttà [vo·lut·'ta] <-> *f* 1. (*piacere sensuale*) pleasure 2. (*godimento*) enjoyment

voluttuario, -a [vo·lut·tu·'a:·rio] <-i, -ie> *adj* (*articolo*) luxury; (*spese*) non-essential

voluttuoso, -a [vo·lut·tu·'o:·so] *adj* 1. (*sensuale: bocca, danza, sguardo*) sensuous 2. (*persona*) voluptuous; **una vita** -**a** a life of pleasure

vomere ['vɔ:·me·re] *m* 1. AGR plowshare 2. ANAT vomer

vomitare [vo·mi·'ta:·re] I. *vt* 1. (*rimettere*) to throw up 2. (*emettere*) to spew forth 3. *fig* (*ingiurie, insulti, imprecazioni*) to hurl II. *vi* 1. (*rimettere*) to throw up 2. *fig* to make sb throw up

vomitevole [vo·mi·'te:·vo·le] *adj fig* (*disgustoso, sgradevole*) disgusting; (*brutto: film, spettacolo, libro*) nauseating

vomito ['vɔ:·mi·to] *m* vomit; **far venire il** ~ **a qu** *a.* to make sb throw up

vongola ['von·go·la] *f* clam

vorace [vo·'ra:·tʃe] *adj* 1. (*animale*) voracious 2. (*ingordo: bambino, persona*) greedy 3. *fig* (*avido*) voracious

voragine [vo·'ra:·dʒi·ne] *f* 1. (*baratro*) chasm 2. (*gorgo d'acqua*) whirlpool

vorrò [vor·'rɔ] *1. pers sing futuro di* **volere**¹

vortice ['vɔr·ti·tʃe] *m* 1. (*di acqua*) whirlpool; (*di aria, sabbia*) whirlwind; (*di polvere*) dust devil 2. (*movimento rotatorio*) whirl 3. *fig* (*susseguirsi di azioni, pensieri*) whirlwind

vorticoso, -a [vor·ti·'ko:·so] *adj* 1. (*con vortici: acque, fiume, vento*) swirling 2. (*di ballo, danza*) swirling 3. *fig* (*incalzante: ritmo*) whirlwind

vostro, -a I. *adj* 1. your; **la** -**a speranza** your hope; ~ **padre/zio** your father/uncle; **il** ~ **caro cugino** your dear cousin; **i** -**i fratelli** your brothers; **un** ~ **amico** one of your friends **2.** (*forma di cortesia*) your **II.** *pron* **il** ~, **la -a 1.** yours **2.** (*forma di cortesia*) yours **3. alla -a!** (*salute*) cheers!; **la -a** (*lettera*) your letter; (*opinione*) your opinion; **dalla -a** (*parte*) on your side; **i -i** (*genitori, parenti*) your folks

votante [vo·'tan·te] **I.** *mf* voter **II.** *adj* voting

votare [vo·'taː·re] **I.** *vt* **1.** (*sottoporre a voto: legge, delibera, emendamento*) to vote on **2.** (*approvare: legge*) to pass **3.** (*sostenere con voto: candidato, partito*) to vote for **4.** (*consacrare, dedicare*) to devote **II.** *vi* (*partecipare al voto*) to vote; ~ **per** [*o* **a favore di**] **qc/qu** to vote for sth/sb; ~ **contro qc/qu** to vote against sth/sb **III.** *vr:* **-rsi 1.** (*offrirsi*) to devote oneself **2.** (*dedicarsi*) to dedicate oneself

votazione [vo·tat·'tsioː·ne] *f* **1.** (*voto, risultato*) vote **2.** (*a scuola: punteggio*) grade

voto ['voː·to] *m* **1.** (*elettorale*) vote; **avere diritto di** ~ to have the right to vote; ~ **di fiducia** vote of confidence; **mettere ai -i qc** to put sth to the vote; ~ **segreto** secret ballot **2.** (*a scuola: punteggio*) grade **3.** REL (*promessa*) vow; **prendere i -i** to take one's vows **4.** REL (*oggetto*) votive

voyeur [vwa·'jœːr] <-> *mf* voyeur

voyeurismo [vwa·jœ·'riz·mo] *m* voyeurism

v.r. *abbr di* **vedi retro** PTO

v.s. 1. *abbr di* **vedi sopra** see above **2.** *abbr di* **vedi sotto** see below

vs., Vs. *abbr di* **vostro** your

VT *abbr di* **Vecchio Testamento** OT, *Old Testament*

VU *abbr di* **Vigile Urbano** ~ **urbano** (local) policeman/woman

vu cumprà [vu·kum·'pra] <-> *mf pej, scherz:* North African street vendor

vulcanico, -a [vul·'kaː·ni·ko] <-ci, -che> *adj* **1.** GEO volcanic **2.** *fig* (*persona, mente*) dynamic; (*fantasia*) vivid

vulcanizzare [vul·ka·nid·'dzaː·re] *vt* to vulcanize

vulcano [vul·'kaː·no] *m* **1.** GEO volcano **2.** *fig* (*situazione tesa*) powder keg; **su un** ~ *fig* on a powder keg **3.** *fig* (*persona, testa, mente*) dynamo

vulnerabile [vul·ne·'raː·bi·le] *adj* **1.** (*feribile*) vulnerable **2.** *fig* (*persona, carattere, idea*) vulnerable

vuoi, vuole ['vuɔː·i, 'vuɔː·le] *2. e 3. pers sing pr di* **volere**[1]

vuotare [vuo·'taː·re] **I.** *vt* **1.** (*armadio, cassetto, valigia*) to empty **2.** (*bacino idrico*) to drain **3.** (*bere tutto: bicchiere, bottiglia*) to drain; (*mangiare tutto: piatto*) to clear **4.** (*sgombrare: casa, magazzino*) to clear **5.** (*abbandonare: piazza, sala, teatro*) to clear **6.** (*loc*) ~ **il sacco** *fig* (*confessare*) to spill the beans; ~ **le tasche** [*o* **il portafoglio**] **a qu** (*far spendere tutto, derubare*) to clean sb out **II.** *vr:* **-rsi 1.** (*diventare vuoto*) to empty **2.** (*loc*) **-rsi le tasche** (*spendere tutto*) to empty one's pockets

vuoto ['vuɔː·to] *m* **1.** (*spazio libero*) void; **avere paura del** ~ to be afraid of heights; ~ **d'aria** air pocket **2.** (*spazio senza oggetti*) empty space; (*senza persone*) gap **3.** (*cavità*) cavity **4.** FIS (*di recipiente, ambiente*) vacuum; **conservato sotto** ~ vacuum-packed **5.** (*contenitore*) empty container; (*bottiglia*) empty bottle; ~ **a perdere** non-refundable container; ~ **a rendere** refundable container **6.** *fig* (*lacuna*) gap **7.** (*mancanza affettiva*) emptiness; **creare** [*o* **fare**] **il** ~ **intorno a sé** (*allontanare gli altri*) to drive everyone away **8.** (*loc*) **a** ~ (*senza effetto, inutilmente*) in vain; **assegno a** ~ bad check

vuoto, -a *adj* **1.** (*gener*), empty; **a stomaco** ~ on an empty stomach; **a mani -e** *a. fig* empty-handed **2.** (*persona*) shallow

V

Ww

W, w [vu 'dop·pia] <-> *f* W, w; **~ come Washington** W for William

W *abbr di* **watt** W

wafer ['vaː·fer] <-> *m* wafer

wagon-lit [va·gɔ̃·'li] <-> *m* sleeper

wagon-restaurant [va·gɔ̃·rɛs·tɔ·'rā] <-> *m* dining car

walkie-cup ['wɔː·ki·kʌp] <- *o* walkie-cups> *f paper cup with lid*

walkie-talkie ['wɔː·ki·'tɔː·ki] <-> *m* walkie-talkie

walking ['wol·king] <-> *m* SPORT power walking

walkman ['wɔːk·mən] <- *o* walkmen> *m* Walkman®

WAP ['wap] *m acró de* **Wireless Application Protocol** WAP

war game ['wɔː geim] <- *o* war games> *m* war game

wash-and-wear ['wɔʃ·ən(d)·'wɛə] <inv> *adj* wash-and-wear

waterproof ['wɔː·tə·pruːf] <inv> *adj* waterproof

watt [vat] <-> *m* watt

wattora [vat·'toː·ra] <-> *f* watt-hour

wc <-> *m* (*tazza del gabinetto*) toilet; (*stanza*) bathroom

web community [web kom·'juː·ni·ti] <*sing> f* INET web community

webmail ['web meil] <-> *f* INET webmail

website <-> *m* COMPUT website

weekend ['wiː·kɛnd/wiː·'kɛnd] <-> *m* weekend; **~ di benessere** weekend health break

weekendista [wi·ken·'dis·ta] <-i *m*, -e *f> mf* weekender

western ['wes·tən/'wɛs·tern] **I.**<inv> *adj* **un film ~** a western **II.**<-> *m* western; **~ all'italiana** spaghetti western

whisky ['wis·ki] <-> *m* whiskey

windsurf ['wind·səːf] <-> *m* **1.** (*sport*) windsurfing **2.** (*tavola*) windsurfer

windsurfer ['wind·səː·fə] <- *o* windsurfers> *mf* SPORT windsurfer

windsurfing ['wind·səː·fiŋ] <-> *m* SPORT windsurfing

windsurfista [wind·ser·'fis·ta] <-i *m*, -e *f> mf* SPORT windsurfer

woofer ['wuː·fə] *m* (*altoparlante*) woofer

word processing [wəːd 'prou·se·siŋ] <-> *m* COMPUT word processing

word processor [wəːd 'prou·se·sə] <-> *m* COMPUT word processor

workstation ['wəːk·'stei·ʃən] <- *o* workstations> *f* COMPUT workstation

World Wide Web <-> *m* COMPUT World Wide Web

würstel ['vyrs·təl] <-> *m* frankfurter

WWF [vu·'vu·ɛf·fe] *m abbr di* **Worldwide Fund for Nature** (*Fondo Mondiale per la Natura*) WWF

WWW [vuː·vuː·'vu] *m abbr di* **World Wide Web** WWW

W

X, x [iks] I. <-> *f* X, x; ~ **come xilofono** X for xylophone; **gambe a** ~ bandy legs; **l'asse delle** ~ MAT the X axis II. *adj* **il signor** ~ Mr. X; **l'ora/il giorno** ~ at a certain time/on a certain day; **raggi** ~ X-rays

xenofilia [kse·no·fi·'li:·a] <-ie> *f* (*esterofilia*) xenophilia, *a liking for foreign people, cultures, etc.*

xenofilo, -a [kse·'nɔ:·fi·lo] I. *adj* (*esterofilo*) xenophilous II. *m, f* xenophile, *a person who likes foreign people, cultures, etc.*

xenofobia [kse·no·fo·'bi:·a] *f* xenophobia

xenofobo, -a [kse·'nɔ:·fo·bo] I. *adj* xenophobic II. *m, f* xenophobe

xerocopia [kse·ro·'kɔ:·pia] *f* photocopy

xerografia [kse·ro·gra·'fi:·a] *f* photocopying

xerografico, -a [kse·ro·'gra:·fi·ko] <-ci, -che> *adj* (*procedimento*) photocopying

xilofonista [ksi·lo·fo·'nis·ta] <-i *m*, -e *f*> *mf* xylophonist

xilofono [ksi·'lɔ:·fo·no] *m* xylophone

xilografia [ksi·lo·gra·'fi:·a] *f* 1. (*arte*) wood engraving 2. (*copia*) woodcut

Y, y ['ip·si·lon] <-> *f* Y, y; ~ **come yacht** Y for Yoke

yacht [jɔt] <-> *m* (*a motore*) (motor) yacht; (*a vela*) (sailing) yacht

yachting ['jɔ·tiŋ] <-> *m* yachting

yak [jæk/jak] <-> *m* ZOOL yak

yeti ['iɛ:·ti] *m* yeti

yiddish I. <-> *m* (*lingua*) Yiddish II. <inv> *adj* (*lingua, letteratura*) Yiddish

yoga ['jo:·ga] I. <-> *m* yoga II. <inv> *adj* (*esercizio, insegnamento*) yoga

yogurt ['iɔ:·gurt] <-> *m v.* **iogurt**

yogurtiera [io·gur·'tie:·ra] *f* yogurt maker

yo-yo® ['jou·jou] <-> *m* 1. (*giocattolo*) yo-yo 2. *fig* **effetto** ~ yo-yo effect

ypsilon ['ip·si·lon] <-> *f o m v.* **ipsilon**

yucca ['iuk·ka] <-cche> *f* BOT yucca

yuppie ['jʌ·pi] I. <- *o* yuppies> *mf* yuppie II. <inv> *adj* **look** ~ yuppie look

X

Y

Zz

Z, z ['dzɛ·ta] <-> *f* Z, z; ~ **come Zara** Z for Zebra; **dalla a alla** ~ from A to Z

zabaione [dza·ba·'io:·ne] *m* zabaglione, *sauce made of eggs, sugar and wine*

zaffata [tsaf·'fa:·ta] *f* stink

zafferano [dzaf·fe·'ra:·no] *m* **1.** BOT saffron crocus **2.** CULIN (*aroma*) saffron

zaffiro [dzaf·'fi:·ro] *m* (*pietra*) sapphire

Zagabria [dza·'ga:·bria] *f* Zagreb; **abitare a** ~ to live in Zagreb; **andare a** ~ to go to Zagreb

zainetto ['dza:i·'net·to] *m* backpack

zaino ['dza:i·no] *m* backpack

zampa ['tsam·pa] *f* **1.** ZOOL (*gamba*) leg; (*piede: di cane, gatto*) paw; (*di gallina, uccello*) foot; **-e di gallina** *fig* (*intorno agli occhi*) crow's feet; (*scrittura illeggibile*) scrawl **2.** *fig, pej* (*di persona: mano*) paw; **giù le -e!** keep your paws off!; **a quattro -e** on all fours

zampata [tsam·'pa:·ta] *f blow with a paw*

zampettare [tsam·pet·'ta:·re] *vi fam* **1.** (*animali*) to scamper **2.** (*persone*) to toddle

zampetto [tsam·'pet·to] *m* CULIN (*di vitello*) calf's foot; (*di maiale*) pig's feet

zampillare [tsam·pil·'la:·re] *vi essere o avere* to gush

zampillo [tsam·'pil·lo] *m* jet

zampino [tsam·'pi:·no] *m fig, fam* paw; **mettere lo** ~ **in qc** to have a hand in sth

zampirone [dzam·pi·'ro:·ne] *m* mosquito coil

zampogna [tsam·'poɲ·ɲa] *f* (*mus*) Italian bagpipes *pl*

zampone [tsam·'po:·ne] *m* CULIN *pig's feet stuffed with minced meat and spices*

zanna ['tsan·na] *f* ZOOL (*di elefante, tricheco*) tusk; (*di lupo*) fang

zanzara [dzan·'dza:·ra] *f* ZOOL mosquito

zanzariera [dzan·dza·'riɛ:·ra] *f* (*per letto*) mosquito net; (*per finestra*) mosquito screen

zappa ['tsap·pa] *f* hoe; **darsi la** ~ **sui piedi** *fig* to shoot oneself in the foot

zappare [tsap·'pa:·re] *vt* (*terreno, zolle*) to hoe

zappata [tsap·'pa:·ta] *f* **1.** (*colpo*) blow with a hoe **2.** (*azione*) **dare una** ~ **all'orto** to hoe the vegetable garden

zappatore, -trice *m, f* AGR hoer

zappatura [tsap·pa·'tu:·ra] *f* (*azione*) hoeing

zapping ['zæ·pɪŋ] <-> *m* channel surfing; **fare lo** ~ to channel-surf

zar [tsar] <-> *m* czar

zarina [tsa·'ri:·na] *f* czarina

zarista [tsa·'ris·ta] <-i *m*, -e *f*> **I.** *mf* czarist **II.** *adj* (*esercito, truppe*) czarist

zattera ['tsat·te·ra/dzat·te·ra] *f* raft; ~ **di salvataggio** life raft; **ponte di -e** pontoon bridge

zavorra [dza·'vɔr·ra] *f* **1.** NAUT, AERO ballast **2.** *fig, pej* (*cosa*) junk; (*persona*) waste of space

zazzera ['tsat·tse·ra] *f scherz* (*capelli lunghi*) mop

zebra ['dzɛ:·bra] *f* **1.** ZOOL zebra **2.** *pl, fam* crosswalk

zebrato, -a [dze·'bra:·to] *adj* (*tessuto, disegno*) black and white striped

zebù [dze·'bu] <-> *m* ZOOL zebu

zecca ['tsek·ka] <-cche> *f* **1.** (*officina*) mint; **nuovo di** ~ *fig* brand new **2.** ZOOL tick

zecchino [tsek·'ki:·no] *m* (*moneta*) gold coin; **oro** ~ pure gold

zelante [dze·'lan·te] *adj* (*persona*) diligent

zelo ['dzɛ:·lo] *m* zeal

zen [dzɛn] **I.** <-> *m* Zen **II.** <inv> *adj* (*pensiero, filosofia*) Zen

zenit ['dzɛ:·nit] <-> *m* zenith

zenzero ['dzen·dze·ro] *m* ginger

zeppa ['tsep·pa] *f* **1.** (*cuneo*) wedge **2.** (*di scarpa*) platform sole; **scarpe con le -e** platform shoes

zeppelin ['tsɛ·pə·li:n] <-> *m* zeppelin

zeppo, -a ['tsep·po] *adj fam* ~ **di** packed with; **essere pieno** ~ to be jam-packed

zerbino [dzer·'bi:·no] *m* doormat

zero ['dzɛ:·ro] **I.** <-> *m* **1.** (*gener*) zero; ~ **virgola otto** zero point eight; **essere uno** ~ *fig* to be hopeless; **rasare a** ~ (*capelli*) to shave off all sb's hair; **sparare a** ~ **contro** [*o* **su**] **qu** *fig* to lay into sb; **3 gradi sotto** ~ 3 degrees below zero **2.** (*voto scolastico*) F, *the lowest possible grade* **II.** *num* zero; **l'ora** ~ *fig* zero hour

zeta ['dzɛ:·ta] <-> *f v.* **Z, z**

zia ['tsi:·a] <zie> *f* aunt

zibaldone [dzi·bal·'do:·ne] *m* LIT author's notebook

zibellino [dzi·bel·'li:·no] *m* sable

zibibbo [dzi·'bib·bo] *m* BOT *type of sweet white grape*

zigano, -a [tsi·'ga:·no] **I.** *m, f* Romany **II.** *adj* (*musica, danza*) Romany

zigomo ['dzi:·go·ma] *m* cheekbone

zigrinare [dzi·gri·'na:·re] *vt* **1.** (*pelle*) to grain **2.** (*moneta*) to mill

zigrinato, -a [dzi·gri·'na:·to] *adj* **1.** (*ruvido: pelle*) grained **2.** (*rigato*) ridged

zigrinatura [dzi·gri·na·'tu:·ra] *f* **1.** (*di cuoio*) grain **2.** (*di moneta, superficie*) milling

zigzag, zig-zag [dzig·'dzag] <-> *m* zigzag

zigzagare [dzig·dza·'ga:·re] *vi* to zigzag

zimbello [tsim·'bɛl·lo/dzim·'bɛl·lo] *m* **1.** *fig* (*oggetto di scherno*) laughing stock **2.** ZOOL (*uccello*) decoy

zinco ['tsiŋ·ko/dziŋ·ko] *m* zinc

zingaro, -a ['tsiŋ·ga·ro/dziŋ·ga·ro] *m, f* Romany

zio ['tsi:·o] <zii> *m* **1.** (*uomo*) uncle **2.** *pl* (*zio e zia*) aunt and uncle

zip [dzip] <-> *m o f* (*cerniera*) zipper

zippare [dzip·'pa:·re] *vt* COMPUT (*file*) to zip

zippato, -a [dzip·'pa:·to] *adj* zipped; **file ~** zipped file

zircone [dzir·'ko:·ne] *m* zircon

zirlare [dzir·'la:·re/tsir·'la:·re] *vi* to whistle, *used about thrushes*

zirlo ['dzir·lo/'tsir·lo] *m* whistle

zit(t)ella [tsi·'tɛl·la/dzi·'tɛl·la (dzit·'tɛl·la)] *f* **1.** (*donna nubile*) single woman **2.** *pej* old maid

zit(t)ellone [tsi(t)·tel·'lo:·ne/dzi(t)·tel·'lo:·ne] *m scherz* bachelor

zittire [tsit·'ti:·re] <zittisco> I. *vt* to silence II. *vr:* **-rsi** to fall silent

zitto, -a ['tsit·to] I. *adj* quiet, **sta' ~!** *fam* be quiet!; **~ ~** *fam* quietly II. *interj* be quiet!

zizzania [dzid·'dza:·nia] <-ie> *f* **1.** *fig* (*discordia*) discord **2.** BOT rye grass

zoccolo ['tsɔk·ko·lo] *m* **1.** (*calzatura*) clog **2.** ZOOL (*di cavallo, mucca*) hoof **3.** ARCHIT (*di edificio, colonna, monumento*) plinth **4.** (*battiscopa*) baseboard **5.** GEO **~ continentale** continental shelf

zodiacale [dzo·dia·'ka:·le] *adj* (*costellazione, segno*) **segno ~** sign of the zodiac

zodiaco [dzo·'di:·a·ko] <-ci> *m* zodiac; **i segni dello ~** the signs of the zodiac

zolfanello [tsol·fa·'nɛl·lo] *m* (*fiammifero*) sulfur match

zolfo ['tsol·fo] *m* sulfur

zolla ['dzɔl·la/'tsɔl·la] *f* (*pezzo di terra*) clod

zolletta [dzol·'let·ta/tsol·'let·ta] *f* (*di zucchero*) cube; **zucchero in -e** cubed sugar

zombie ['zɔm·bi] <-> *m* zombie; **sembrare uno ~** *fig* to look like a zombie

zona ['dzɔ:·na] *f* **1.** (*regione*) zone; **~ climatica** climate zone; **~ collinare** hilly area; **~ desertica** desert region; **~ di montagna** mountain region; **~ di libero scambio** free trade zone; **~ sismica** earthquake zone **2.** ADMIN (*in una città*) area; **~ blu** *area where parking has to be paid for;* **~ disco** *area where you can park as long as you display a parking sticker;* **~ industriale** industrial park; **~ pedonale** pedestrian mall; **~ residenziale** residential area; **~ verde** green area; **~ vietata** exclusion zone

zonizzare [dzo·nid·'dza:·re] *vt* (*in urbanistica*) to zone

zonzo ['dzon·dzo] *fam* **andare a ~** to wander around

zoo ['dzɔː·o] <-> *m* zoo

zoologia [dzo·o·lo·'dʒi:·a] <-gie> *f* zoology

zoologico, -a [dzo·o·'lɔ:·dʒi·ko] <-ci, -che> *adj* (*scienze*) zoological; **giardino ~** zoo

zoologo, -a [dzo·'ɔː·lo·go] <-gi, -ghe> *m, f* zoologist

zoom [zu:m] <-> *m* PHOT zoom

zoomare [dzu·'ma:·re] *v.* zumare

zoomata [dzu·'ma:·ta] *f v.* zumata

zootecnia [dzo·o·tek·'ni:·a] <-ie> *f* zootechnics

zootecnico, -a [dzo·o·'tɛk·ni·ko] <-ci, -che> I. *adj* (*settore, patromonio*) zootechnic II. *m, f* zootechnician

zoppicante [tsop·pi·'kan·te] *adj* (*persona, passo*) limping

zoppicare [tsop·pi·'ka:·re] *vi* **1.** (*persona*) to limp **2.** *fig, fam* (*periodo*) to lose its rhythm; (*ragionamento*) to be full of holes

zoppo, -a ['tsɔp·po] I. *m, f* lame person II. *adj* (*persona, gamba*) lame; **è ~ dalla gamba destra** his right leg is lame

zotico, -a ['dzɔ:·ti·ko] <-ci, -che> I. *adj* (*persona*) boorish II. *m, f* boor

zuavo, -a [dzu·'a:·vo] *m, f* (*loc*) **pantaloni alla -a** plus fours

zucca ['tsuk·ka] <-cche> *f* **1.** BOT pumpkin **2.** *scherz, fam* head

zuccherare [tsuk·ke·'ra:·re] *vt* to sweeten

zuccherato, -a [tsuk·ke·'ra:·to] *adj* (*caffè, tè*) sweet

zuccheriera [tsuk·ke·'riɛ:·ra] *f* sugar bowl

zuccherificio [tsuk·ke·ri·'fi:·tʃo] <-ci> *m* sugar factory

zuccherino [tsuk·ke·'ri:·no] *m* **1.** (*pezzetto di zucchero*) sugar cube **2.** *fig* sweetener

zuccherino, -a *adj* **1.** (*che contiene zucchero*) sweet **2.** (*dolce*) sugary

zucchero ['tsuk·ke·ro] *m* sugar; **~ filato** cotton candy; **~ vanigliato** vanilla sugar; **~ di canna** cane sugar; **~ in polvere** caster sugar; **~ in zollette** cubed sugar; **barbabietola da ~** sugar beet; **dolce come lo ~** *a. fig* sweet as sugar

zuccheroso, -a [tsuk·ke·'ro:·so] *adj* **1.** (*frutta*) sweet **2.** *fig* (*parole*) sugary

zucchina [tsuk·'ki:·na] *f* zucchini

zuccone, -a *m, f fig, fam* **1.** (*tonto*) blockhead **2.** (*testardo*) stubborn person

zuccotto [tsuk·'kɔt·to] *m* CULIN *cold dessert made from sponge cake, cream, chocolate and candied fruit*

zuffa ['tsuf·fa] *f* brawl

zufolo ['tsu:·fo·lo] *m* MUS tin whistle

zumare [dzu·'ma:·re] I. *vi* FILM, TV to zoom; **~ su un particolare** to zoom in on a detail II. *vt* FILM, TV to zoom in on; COMPUT to zoom in on

zumata [dzu·'ma:·ta] *f* FILM, TV zoom

zuppa ['tsup·pa] *f* CULIN soup; **~ di pesce** fish soup; **~ di verdura** vegetable soup; **~ inglese** *cold dessert made from sponge soaked in liquor with cream and chocolate;* **se non è ~ è pan bagnato** *prov* there's nothing to choose between them

zuppetta [tsup·'pe·ta] *f* (*loc*) **fare (la) ~** to dunk, *cookies in milk or bread in wine*

zuppiera [tsup·'piɛ:·ra] *f* soup tureen

zuppo, -a ['tsup·po] *adj fam* (*bagnato*) soaked

Zurigo [dzu·'ri:·go] *m* Zurich; **andare a ~** to go to Zurich; **abitare a ~** to live in Zurich

zuzzerellone, -a [dzud·dze·rel·'lo:·ne] *m, f fam* clown

Z

Italia
Italy
7 000 000

Roma	Capitale di Stato				
Rome	National capital				
Bologna	Capoluogo di regione				
	Capitol of region				

0   50   100   150   200 km
0   50   100   150 mi

Europa
Europe

1 : 23 000 000

0   250   500   750   1000 km
0   200   400   600   800 mi

AND.	ANDORRA	L.	LIECHTENSTEIN
C. D. V.	CITTÀ DEL VATICANO	MACED.	MACEDONIA
	VATICAN CITY	MON.	MONACO
C. G.	CRNA GORA	S.M.	SAN MARINO
	MONTENEGRO	SLOV.	SLOVENIA
B. E.	BOSNIA		
	ERZEGOVINA		
	BOSNIA AND		
	HERZEGOVINA		

Jan Mayen
(Norvegia/
Norvegia)

Stretto di Danimarca
Denmark Strait

Reykjavik ■ ISLANDA
ICELAND

Mare di Norve

Circolo Polare Artico
Arctic Circle

Norwegian
Sea

Isole Faroe
(Danimarca)
Faroe Is.
(Denmark)

Isole Britanniche
British Islands

IRLANDA
IRELAND
Dublino ■
Dublin

REGNO
UNITO

UNITED
KINGDOM

Mare del Nord

North Sea

DANIMARCA
DENMARK
Copenaghen ■
Copenhagen

OCEANO ATLANTICO
ATLANTIC OCEAN

Londra ■
London

Amsterdam ■

PAESI
BASSI
NETHERLANDS
Bruxelles ■
Brussels

Berli
Berl

GERMANIA
GERMANY

La Manica
English Channel

BEL
GIO
BELGIUM

LUSS. ■

REP

Parigi ■
Paris

Lussemburgo
Luxembourg

Golfo di Biscaglia
Bay of Biscay

FRANCIA
FRANCE

Berna ■
Berne

SVIZZERA
SWIZERLAND

AUST

Danubio
Danube

Lubiana
Ljubljana

CRO

AND.

MON.

I
T
A
L
I
A

S.M. ■

PORTOGALLO
PORTUGAL

S P A G N A

Madrid ■

Lisbona ■
Lissabon

S P A I N

Corsica

C. D. V.
Roma ■
Rome

Isole Baleari
Balearic Is.

Sardegna
Sardinia

Mar Tirreno
Tyrrhenian
Sea

Madeira
(Portogallo/
Portugal)

Stretto di Gibilterra
Strait of Gibraltar

Gibilterra (Regno Unito)
Gibraltar (british)

Mar

Mediterra

Rabat ■

Algeri ■
Algiers

Tunisi
Tunis

Sicilia
Sicily

Isole Canarie (Spagna)
Canary Is. (Spain)

M A R O C C O
M O R O C C O

A L G E R I A

T
U
N
I
S
I
A

MALTA

Ovest di Greenwich   Est di Greenwich
West from Greenwich 0 East from Greenwich

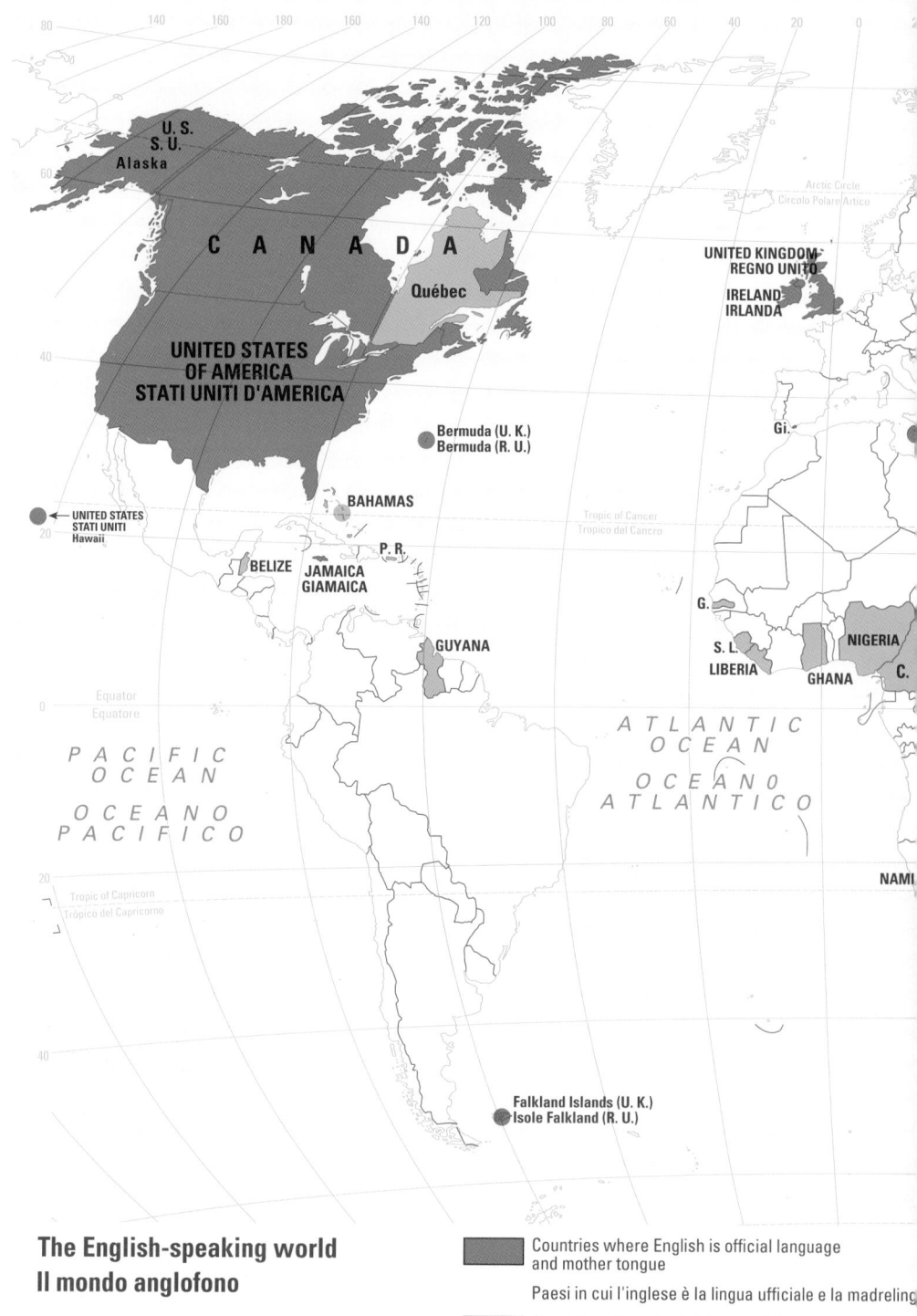

The English-speaking world
Il mondo anglofono

1 : 91 500 000

| 0 | 1000 | 2000 | 3000 km |
| 0 | | 1000 | 2000 mi |

Countries where English is official language
and mother tongue

Paesi in cui l'inglese è la lingua ufficiale e la madreling

Countries where English is one of the
official languages

Paesi in cui l'inglese è una delle lingue ufficiali

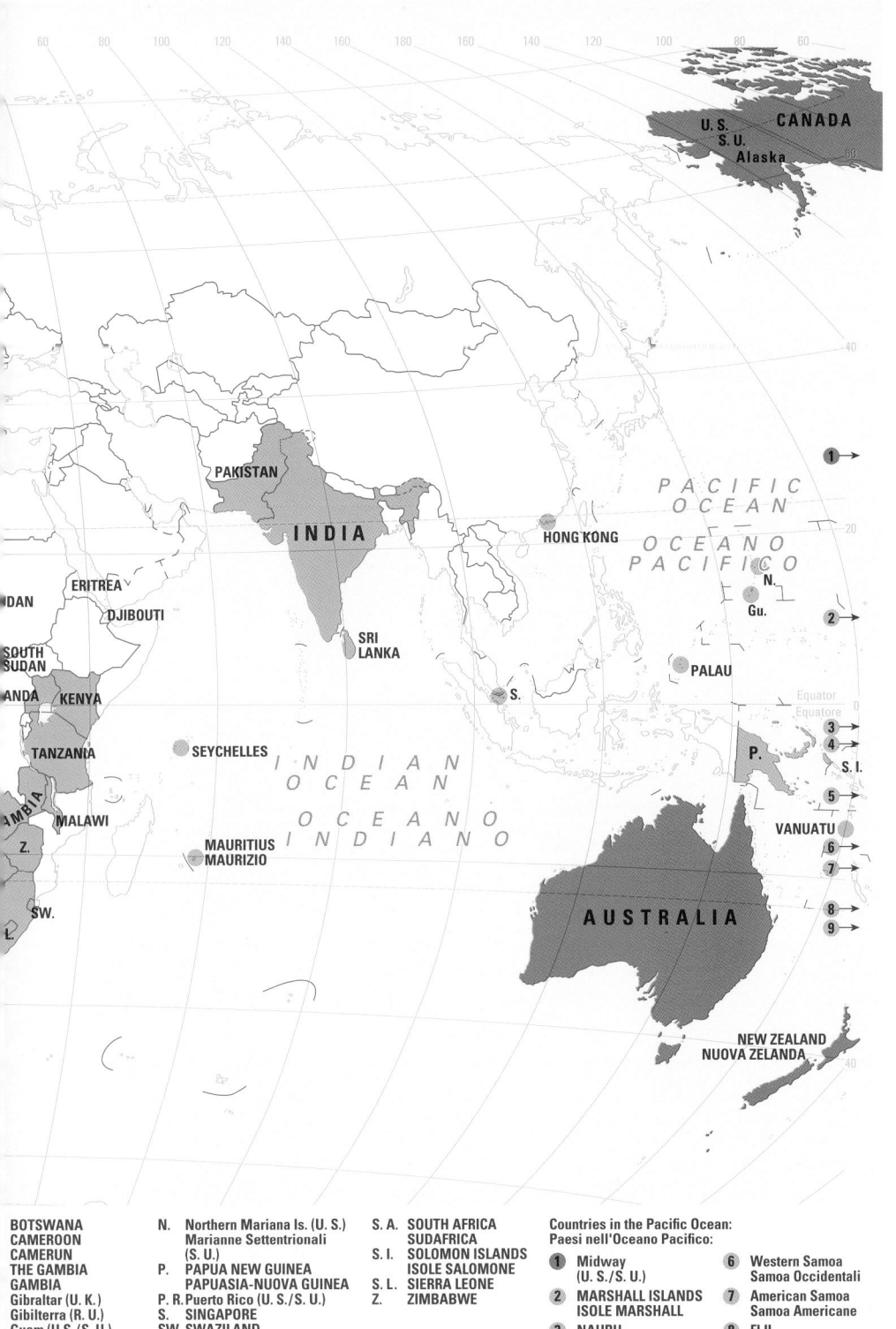

CANADA

U. S.
S. U.
Alaska

PACIFIC
OCEAN

OCEANO
PACIFICO

PAKISTAN

INDIA

HONG KONG

N.

Gu.

ERITREA

DJIBOUTI

DAN

SRI
LANKA

PALAU

SOUTH
SUDAN

ANDA   KENYA

TANZANIA

SEYCHELLES

INDIAN
OCEAN

S.

Equator
Equatore

P.

S. I.

OCEANO
INDIANO

MBIA

Z.

MALAWI

VANUATU

MAURITIUS
MAURIZIO

L.

SW.

AUSTRALIA

NEW ZEALAND
NUOVA ZELANDA

BOTSWANA
CAMEROON
CAMERUN
THE GAMBIA
GAMBIA
Gibraltar (U. K.)
Gibilterra (R. U.)
Guam (U.S./S. U.)
LESOTHO

N.   Northern Mariana Is. (U. S.)
      Marianne Settentrionali
      (S. U.)
P.   PAPUA NEW GUINEA
      PAPUASIA-NUOVA GUINEA
P. R. Puerto Rico (U. S./S. U.)
S.   SINGAPORE
SW. SWAZILAND

S. A. SOUTH AFRICA
        SUDAFRICA
S. I.   SOLOMON ISLANDS
        ISOLE SALOMONE
S. L.   SIERRA LEONE
Z.   ZIMBABWE

Countries in the Pacific Ocean:
Paesi nell'Oceano Pacifico:

1 Midway
    (U. S./S. U.)

2 MARSHALL ISLANDS
    ISOLE MARSHALL

3 NAURU

4 KIRIBATI

5 TUVALU

6 Western Samoa
    Samoa Occidentali

7 American Samoa
    Samoa Americane

8 FIJI
    FIGI

9 TONGA

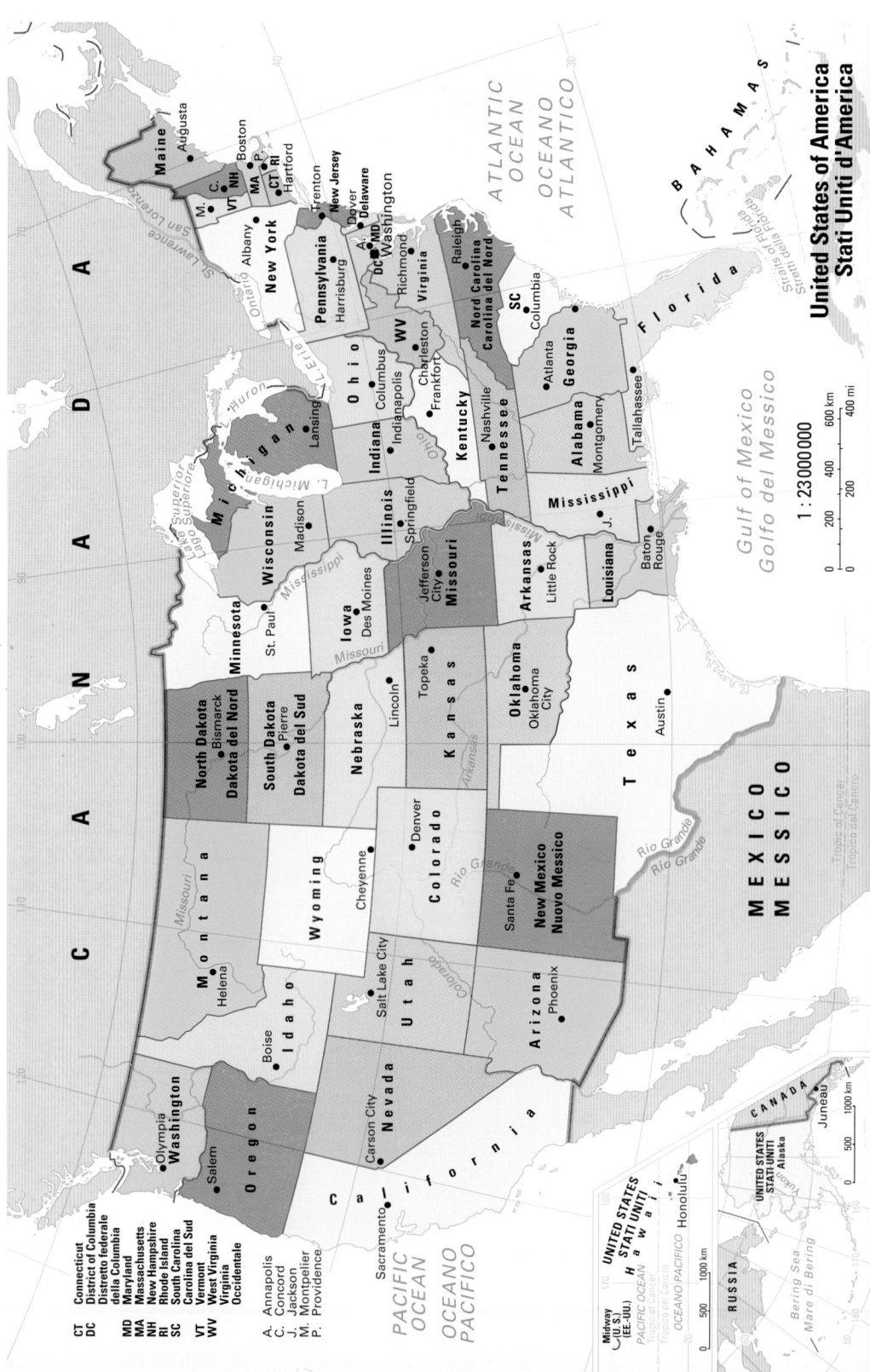

United States of America
Stati Uniti d'America

1 : 23 000 000

CT	Connecticut
DC	District of Columbia
	Distretto federale
	della Columbia
MD	Maryland
MA	Massachusetts
NH	New Hampshire
RI	Rhode Island
SC	South Carolina
	Carolina del Sud
VT	Vermont
WV	West Virginia
	Virginia
	Occidentale

A. Annapolis
C. Concord
J. Jackson
M. Montpelier
P. Providence

CANADA

MEXICO
MESSICO

RUSSIA

ATLANTIC OCEAN
OCEANO ATLANTICO

PACIFIC OCEAN
OCEANO PACIFICO

Gulf of Mexico
Golfo del Messico

BAHAMAS

Maine · Augusta · Boston · Hartford
Trenton · New Jersey · Dover · Delaware · Washington
New York · Albany · Pennsylvania · Harrisburg · Richmond · Virginia
Ohio · Columbus · WV · Charleston · Frankfort · Kentucky · Nashville
Raleigh · North Carolina / Carolina del Nord · SC · Columbia
Georgia · Atlanta · Florida · Tallahassee
Alabama · Montgomery · Mississippi · J.
Tennessee · Michigan · Lansing · Indiana · Indianapolis · Illinois · Springfield
Wisconsin · Madison · Missouri · Jefferson City · Arkansas · Little Rock
Louisiana · Baton Rouge · Minnesota · St. Paul · Iowa · Des Moines
North Dakota / Dakota del Nord · Bismarck · South Dakota / Dakota del Sud · Pierre
Nebraska · Lincoln · Kansas · Topeka · Oklahoma · Oklahoma City
Texas · Austin · Colorado · Denver · New Mexico / Nuovo Messico · Santa Fe
Wyoming · Cheyenne · Montana · Helena · Idaho · Boise
Utah · Salt Lake City · Arizona · Phoenix · Nevada · Carson City
California · Sacramento · Oregon · Salem · Washington · Olympia

Midway (U.S.) (EE.UU.)
Hawaii · Honolulu

UNITED STATES / STATI UNITI
Alaska · Juneau

0 200 400 600 km
0 200 400 mi

San Lorenzo / St. Lawrence
Lago Ontario / Ontario
Lago Erie / Erie
Lago Huron / Huron
Lago Superiore / Lake Superior
Lago Michigan / L. Michigan
Mississippi · Missouri · Colorado · Rio Grande
Tropic of Cancer / Tropico del Cancro
Strait of Florida / Stretto della Florida
Bering Sea / Mare di Bering

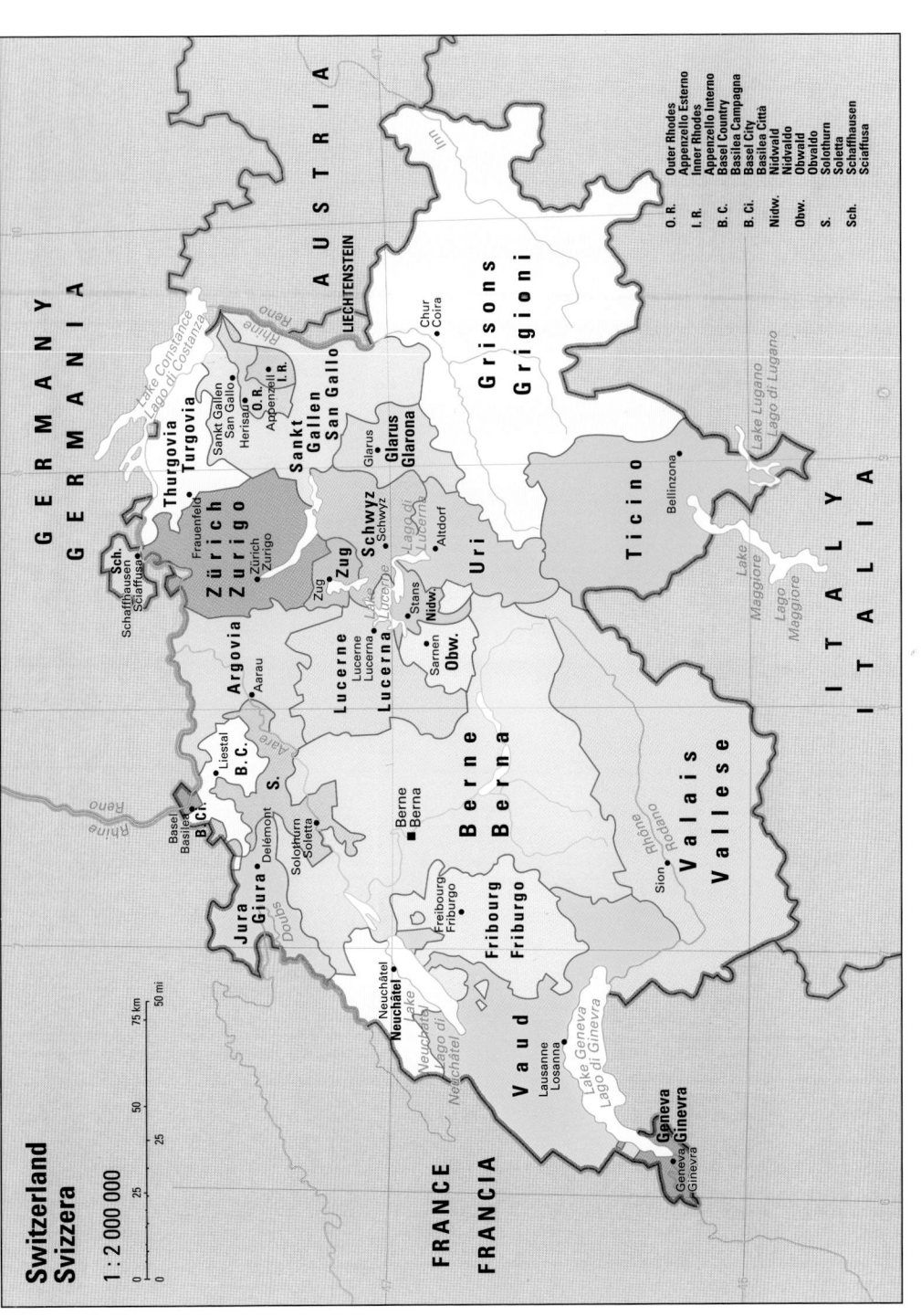

Switzerland
Svizzera

1 : 2 000 000

0   25   50   75 km
0   25   50 mi

GERMANY
GERMANIA

AUSTRIA

FRANCE
FRANCIA

ITALY
ITALIA

LIECHTENSTEIN

Sch.
Schaffhausen
Sciaffusa

Thurgovia
Turgovia

Frauenfeld

Lake Constance
Lago di Costanza

Rhine
Reno

Sankt Gallen
San Gallo
Herisau
O. R.
Appenzell
I. R.

Sankt
Gallen
San Gallo

Zürich
Zurigo
Zürich
Zurigo

Zug
Zug
Zug

Glarus
Glarus
Glarona

Chur
Coira

Grisons
Grigioni

Argovia
Aarau

Schwyz
Schwyz
Schwyz

Lucerne
Lucerne
Lucerna
Lucerna

Lago di
Lucerna
Lake
Lucerne

Altdorf

Uri

Liestal
B. C.

S.

Basel
Basilea
B. Ci.

Solothurn
Soletta
Delémont

Jura
Giura

Doubs

Aare

Sarnen
Obw.

Stans
Nidw.

Ticino

Bellinzona

Lake
Lago
Maggiore

Lake Lugano
Lago di Lugano

Rhine
Reno

Berne
Berna

Berne
Berna

Fribourg
Friburgo
Freibourg
Friburgo

Vaud

Lausanne
Losanna

Neuchâtel
Neuchâtel

Lake
Neuchâtel
Lago di
Neuchâtel

Lake Geneva
Lago di Ginevra

Geneva
Ginevra
Geneva
Ginevra

Valais
Vallese

Sion

Rhône
Rodano

O. R.   Outer Rhodes
           Appenzello Esterno
I. R.   Inner Rhodes
           Appenzello Interno
B. C.   Basel Country
           Basilea Campagna
B. Ci.   Basel City
           Basilea Città
Nidw.   Nidwald
           Nidvaldo
Obw.   Obwald
           Obvaldo
S.   Solothurn
           Soletta
Sch.   Schaffhausen
           Sciaffusa

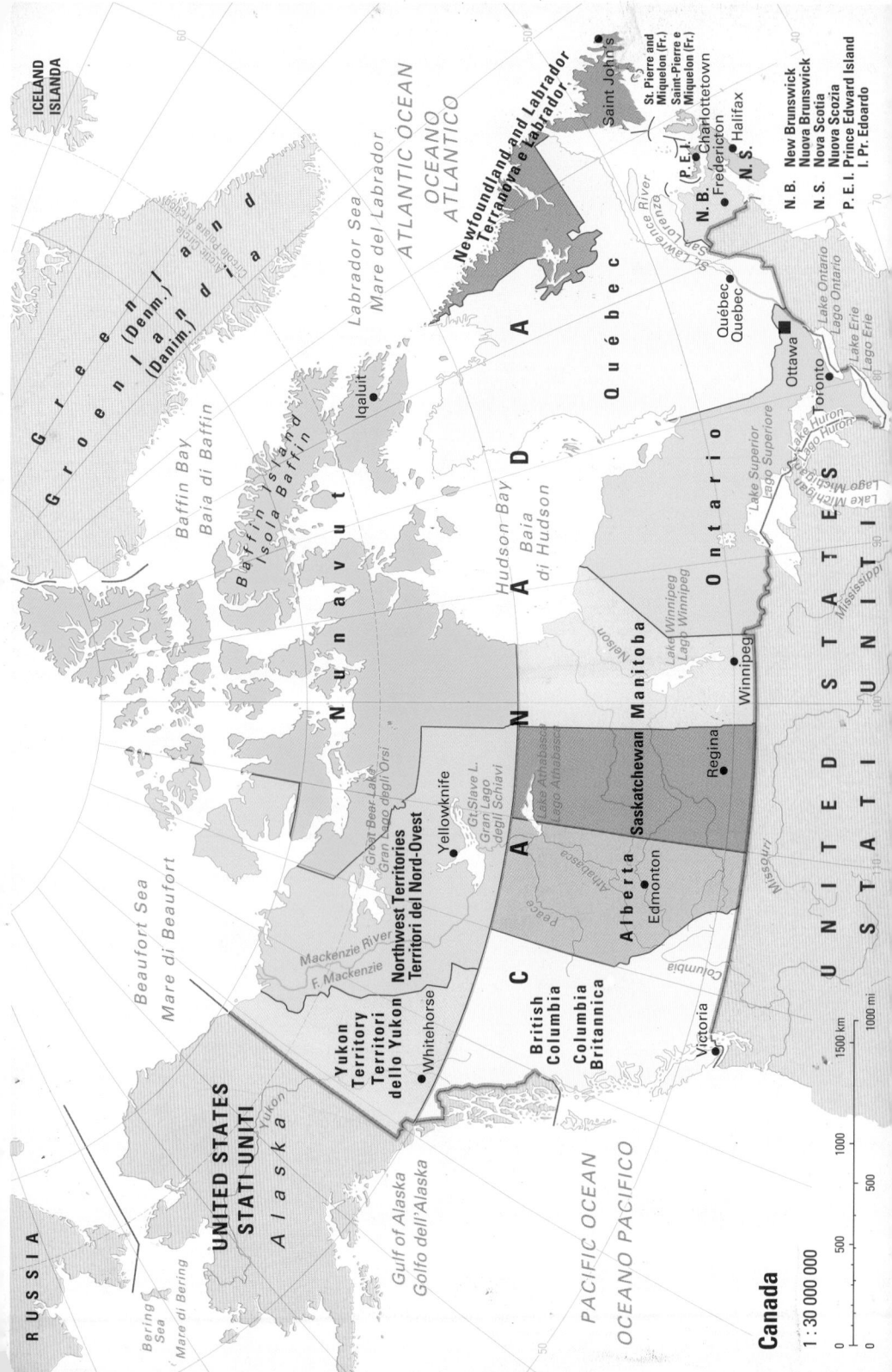

Canada

1 : 30 000 000

ICELAND
ISLANDA

RUSSIA

Bering Sea
Mare di Bering

PACIFIC OCEAN
OCEANO PACIFICO

Gulf of Alaska
Golfo dell'Alaska

UNITED STATES
STATI UNITI
Alaska

Beaufort Sea
Mare di Beaufort

Yukon

Whitehorse

Yukon Territory
Territori dello Yukon

British Columbia
Columbia Britannica

Victoria

C

Mackenzie River
F. Mackenzie

Northwest Territories
Territori del Nord-Ovest

Yellowknife

Gt.Slave L.
Gran Lago
degli Schiavi

Great Bear Lake
Gran Lago degli Orsi

Peace

Columbia

Edmonton

Alberta

Lake Athabasca
Lago Athabasca

Athabasca

Saskatchewan

Regina

A

N

Missouri

A

D

Nunavut

Baffin Island
Isola Baffin

Iqaluit

Baffin Bay
Baia di Baffin

Greenland
Groenlandia
(Denm.)
(Danim.)

Arctic Polar Circle
Circolo Polare Artico

Hudson Bay
Baia
di Hudson

Manitoba

Lake Winnipeg
Lago Winnipeg

Nelson

Winnipeg

Lake Superior
Lago Superiore

Ontario

Lake Huron
Lago Huron

Lake Michigan
Lago Michigan

Ottawa

Toronto

Lake Ontario
Lago Ontario

Lake Erie
Lago Erie

Mississippi

UNITED STATES
STATI UNITI

Labrador Sea
Mare di Labrador

Newfoundland and Labrador
Terranova e Labrador

ATLANTIC OCEAN
OCEANO ATLANTICO

Saint John's

St. Pierre and
Miquelon (Fr.)
Saint-Pierre e
Miquelon (Fr.)

Québec

St. Lawrence River
S. Lorenzo

Québec

P. E. I.
Charlottetown
Fredericton
N. B.
Halifax
N. S.

N. B.   New Brunswick
         Nuova Brunswick
N. S.   Nova Scotia
         Nuova Scozia
P. E. I. Prince Edward Island
         I. Pr. Edoardo

0   500   1000   1500 km

0   500   1000 mi

Aa

A, a [eɪ] *n* **1.**(*letter*) A, a *f o m inv;* ~ **as in Abel** A come Ancona; **to get from** ~ **to B** andare da un posto all'altro; **from** ~ **to Z** dalla A alla Z **2.** MUS (*note*) la *m* **3.** SCHOOL *voto massimo*

a [ə, *stressed:* eɪ] *indef art before consonant*, **an** [ən, *stressed:* æn] *before vowel* **1.** (*in general*) un, uno, una; ~ **car** un'automobile; ~ **house** una casa; **in** ~ **day or two** in un paio di giorni **2.** (*not translated*) **do you have car?** hai la macchina?; **he is an American** è americano; **she is** ~ **teacher** è insegnante; **a hundred days** cento giorni **3.** (*to express prices, rates*) **$2** ~ **dozen** 2 dollari la dozzina; **$6** ~ **week** 6 dollari a settimana **4.** (*before person's name*) ~ **Mr. Robinson** un certo sig. Robinson

a. *abbr of* **answer** risposta

AA [ˌeɪˈeɪ] *abbr of* **Alcoholics Anonymous** AA *f*

AAA 1. AUTO *abbr of* **American Automobile Association** ≈ ACI *m* **2.** *abbr of* **Amateur Athletic Association** *associazione dell'atletica dilettantistica*

aback [əˈbæk] *adv* **to take sb** ~ cogliere qn di sorpresa; **to be taken** ~ **(by sth)** essere colto alla sprovvista (da qc)

abacus [ˈæ·bə·kəs] *n* abaco *m*

abandon [əˈbæn·dən] **I.** *vt* **1.** (*vehicle, place, person*) abbandonare; **to** ~ **ship** abbandonare la nave **2.** (*give up: plan*) rinunciare a; (*game*) sospendere **3.** (*lose self-control*) **to** ~ **oneself to sth** abbandonarsi a qc **II.** *n* abbandono *m;* **with** (**wild**) ~ con (grande) trasporto

abandoned [əˈbæn·dənd] *adj* abbandonato, -a

abashed [əˈbæʃt] *adj* imbarazzato, -a; **to be** ~ **at sth** essere imbarazzato da [*o* per] qc

abate [əˈbeɪt] *vi* **1.** (*noise*) attenuarsi; (*anger*) placarsi **2.** (*wind*) calmarsi

abatement *n* riduzione *f*

abattoir [ˈæ·bət·wɑːr] *n* mattatoio *m*

abbess [ˈæ·bəs] *n* REL badessa *f*

abbey [ˈæ·bi] *n* abazia *f*

abbot [ˈæ·bət] *n* REL abate *m*

abbreviate [əˈbriː·vi·eɪt] *vt* abbreviare

abbreviation [əˌbriː·vɪˈeɪ·ʃən] *n* abbreviazione *f*

ABC¹ [ˌeɪ·biːˈsiː] *n pl* **1.** (*alphabet*) alfabeto *m* **2.** (*rudiments*) abbiccì *m*

ABC² [ˌeɪ·biːˈsiː] *n* TV *abbr of* **American Broadcasting Company** *emittente televisiva americana*

abdicate [ˈæb·dɪ·keɪt] **I.** *vi* abdicare **II.** *vt* (*right*) rinunciare a; (*throne*) abdicare (a)

abdication [ˌæb·dɪˈkeɪ·ʃən] *n* **1.** (*of right*) rinuncia *f* **2.** (*of throne*) abdicazione *f*

abdomen [ˈæb·də·mən] *n* ANAT addome *m*

abdominal [æbˈdɑː·mə·nl] *adj* addominale

abduct [æbˈdʌkt] *vt* rapire

abduction [æbˈdʌk·ʃən] *n* rapimento *m*

aberration [ˌæ·bəˈreɪ·ʃən] *n* aberrazione *f*

abet [əˈbet] <-tt-> *vt* istigare; **to aid and** ~ **sb** rendersi complice di qn

abeyance [əˈbeɪ·əns] *n* **to fall into** ~ cadere in disuso

abhor [æbˈhɔːr] <-rr-> *vt* aborrire

abhorrence [æbˈhɔː·rəns] *n* ripugnanza *f*

abhorrent *adj* ripugnante

abide [əˈbaɪd] <-d *o* abode, -d *o* abode> *vt* sopportare; **I can't** ~ **her** non la sopporto

◆**abide by** *vt* **1.** (*rule, decision*) attenersi a **2.** (*promise*) mantenere

abiding *adj* duraturo, -a

ability [əˈbɪ·lə·t̬i] <-ies> *n* **1.** (*capability*) capacità *f;* **to the best of one's** ~ al meglio delle proprie capacità **2.** (*talent*) talento *m* **3.** *pl* (*skills*) doti *fpl*

abject [ˈæb·dʒekt] *adj* **1.** (*wretched*) abietto, -a **2.** (*absolute: poverty*) estremo, -a; (*failure*) totale

ablaze [əˈbleɪz] *adj* in fiamme; *fig* splendente

able [ˈeɪ·bl] *adj* (*capable: person*) capace; **to be** ~ **to do sth** (*have ability, manage*) essere in grado di fare qc; (*have knowledge*) saper fare qc

able-bodied *adj* di sana e robusta costituzione; ~ **seaman** marinaio *m* scelto

ABM *n abbr of* **antiballistic missile** missile *m* antimissile *inv*

abnormal [æbˈnɔːr·ml] *adj* **1.** (*feature*) anomalo, -a **2.** (*person*) anormale

abnormality [ˌæb·nɔːrˈmæ·lə·t̬i] <-ies> *n* **1.** (*abnormal feature*) anomalia *f* **2.** (*unusualness*) anormalità *f*

aboard [əˈbɔːrd] **I.** *adv* a bordo; **all** ~**!** FERR in vettura!; NAUT tutti a bordo! **II.** *prep* a bordo di; **to go** ~ **a boat** salire a bordo di una nave; **to go** ~ **a plane** salire a bordo di un aereo

abode [əˈboʊd] **I.** *vi pt, pp of* **abide II.** *n form* dimora *f*

abolish [əˈbɑː·lɪʃ] *vt* abolire

abolition [ˌæ·bəˈlɪ·ʃən] *n* abolizione *f*

abominable [əˈbɑː·mɪ·nə·bl] *adj* abominevole

abominate [əˈbɑː·mɪ·neɪt] *vt* avere in abominio

abomination [əˌbɑː·mɪˈneɪ·ʃən] *n* **1.** (*abominable thing*) abominio *m* **2.** (*disgust*) avversione *f*

aboriginal [ˌæ·bəˈrɪ·dʒə·nl] **I.** *adj* aborigeno, -a **II.** *n* aborigeno, -a *m, f* (d'Australia)

Aborigine [ˌæ·bəˈrɪ·dʒɪ·ni] *n* aborigeno, -a (d'Australia) *m*

abort [əˈbɔːrt] **I.** *vt* **1.** MED fare abortire **2.** *a.* COMPUT interrompere **II.** *vi* **1.** MED abortire **2.** (*fail*) fallire

A

abortion [ə·'bɔːr·ʃən] *n* MED aborto *m* (provocato); **to have an** ~ abortire
abortive [ə·'bɔːr·tɪv] *adj* fallito, -a
abound [ə·'baʊnd] *vi* abbondare
about [ə·'baʊt] I. *prep* 1. (*on subject of*) su; **a book** ~ **football** un libro sul calcio; **what is the film** ~**?** di cosa parla il film? 2. (*characteristic of*) **that's what I like** ~ **him** è questo che mi piace di lui 3. (*surrounding*) intorno a; **the garden** ~ **the house** il giardino intorno alla casa 4. (*in and through*) per; **to go** ~ **the streets** girare per le strade ▸**how** ~ **that!** però!; **how** ~ **a drink?** che ne dici di bere qualcosa?; **what** ~ **it?** (*suggestion*) che ne dici?; (*so what?*) e allora? II. *adv* 1. (*approximately*) pressappoco; ~ **my size** più o meno della mia statura; ~ **5 lbs.** circa 5 libbre; ~ **here** più o meno qui; ~ **5 years ago** circa 5 anni fa; ~ **twenty** una ventina; **to have had just** ~ **enough of sth** averne avuto abbastanza di qc; **that's** ~ **it for today** è tutto per oggi 2. (*almost*) quasi; **to be (just)** ~ **ready** essere quasi pronto 3. (*on the point of*) **to be** ~ **to do sth** stare (proprio) per fare qc 4. (*around*) **all** ~ in giro; **to be somewhere** ~ essere nei paraggi; **is Paul** ~**?** c'è Paul da queste parti? 5. (*willing to*) **not to be** ~ **to do sth** non avere nessuna intenzione di fare qc
about-face *n a. fig* MIL dietrofront *m inv*
above [ə·'bʌv] I. *prep* 1. (*on the top of*) sopra 2. (*over*) al di sopra; ~ **suspicion** al di sopra di ogni sospetto 3. (*greater than, superior to*) oltre; ~ **3** più di 3; **those** ~ **the age of 70** quelli con più di 70 anni; **he is not** ~ **lying** non si fa scrupolo di mentire; ~ **all** soprattutto; **to shout** ~ **the noise** gridare per sovrastare il rumore; **it's** ~ **me** va al di là della mia comprensione 4. GEO (*upstream*) a monte di; (*north of*) a nord di II. *adv* di sopra; **the floor** ~ il piano di sopra; **up** ~ **sth** sopra qc; **from** ~ dall'alto; **see** ~ (*in text*) vedi sopra III. *adj* summenzionato, -a IV. *n* **the** ~ il suddetto
aboveboard *adj* chiaro, -a
abovementioned *adj* suddetto, -a
abrasion [ə·'breɪ·ʒən] *n* MED abrasione *f*
abrasive [ə·'breɪ·sɪv] I. *adj* 1. (*rough*) abrasivo, -a 2. (*in manner*) brusco, -a II. *n* abrasivo *m*
abreast [ə·'brest] *adv* 1. (*side by side*) **two/three** ~ in fila per due/tre 2. (*up to date*) **to be/keep** ~ **of sth** essere/tenersi al corrente di qc
abridge [ə·'brɪdʒ] *vt* abbreviare; **an** ~**d version** una versione ridotta
abridgement *n*, **abridgment** [ə·'brɪdʒ·mənt] *n* 1. (*version*) compendio *m* 2. (*action*) riduzione *f*
abroad [ə·'brɑːd] *adv* 1. (*in foreign country*) all'estero; **from** ~ dall'estero; **to be** ~ essere all'estero; **to go** ~ andare all'estero; **at home and** ~ in patria e all'estero 2. *form* (*outside*) in

circolazione; **the news quickly spread** ~ la notizia si diffuse rapidamente
abrupt [ə·'brʌpt] *adj* 1. (*sudden*) repentino, -a; (*change*) brusco, -a; (*end*) improvviso, -a 2. (*brusque*) brusco, -a
ABS [ˌeɪ·biː·'es] *n abbr of* **antilock braking system** ABS *m*
abscess ['æb·ses] *n* ascesso *m*
abscond [əb·'skɑːnd] *vi* fuggire; **to** ~ **with sb/sth** fuggire con qn/qc
absence ['æb·səns] *n* 1. (*not being present: of person, thing*) assenza *f;* **in the** ~ **of** in assenza di; **on leave of** ~ MIL in permesso 2. (*lack of: of money, information*) mancanza *f;* **in the** ~ **of** in mancanza di
absent[1] ['æb·sənt] *adj* 1. (*not present*) assente; ~ **without leave** MIL assente senza permesso 2. (*lacking*) mancante; **to be** ~ **in sth** mancare di qc 3. (*distracted*) assente
absent[2] [əb·'sent] *vt form* **to** ~ **oneself (from sth)** assentarsi (da qc)
absentee [ˌæb·sən·'tiː] *n* assente *mf*
absentee ballot *n* voto *m* per corrispondenza
absenteeism *n* assenteismo *m*
absentee owner *n* proprietario, -a assenteista *m*
absentee voting *n* voto *m* per corrispondenza
absent-minded *adj* distratto, -a
absolute ['æb·sə·luːt] I. *adj* 1. (*total, not relative*) *a.* POL assoluto, -a; (*denial*) categorico, -a; (*trust, power, confidence*) pieno, -a; (*disaster*) totale 2. CHEM assoluto, -a II. *n* **the** ~ PHILOS l'assoluto
absolutely *adv* 1. (*comprehensively*) assolutamente; ~**!** *inf* sicuramente!; ~ **not!** assolutamente no! 2. (*very*) totalmente
absolution [ˌæb·sə·'luː·ʃən] *n* REL assoluzione *f*
absolutism ['æb·sə·luː·tɪ·zəm] *n* POL assolutismo *m*
absolve [əb·'zɑːlv] *vt* assolvere
absorb [əb·'sɔːrb] *vt* 1. (*liquid*) assorbire; (*shock*) attutire 2. (*understand*) assimilare 3. (*engross*) **to get** ~**ed in sth** essere assorto in qc; **to be** ~**ed in one's thoughts** essere assorto nei propri pensieri
absorbent [əb·'sɔːr·bənt] *adj* assorbente
absorbing *adj* (*book*) avvincente; (*appassionante*)
absorption [əb·'sɔːrp·ʃən] *n* 1. (*of liquid*) assorbimento *m* 2. (*in book, story*) interesse *m* 3. (*in work*) coinvolgimento *m*
abstain [əb·'steɪn] *vi a.* POL astenersi; **to** ~ **from (doing) sth** astenersi da (l fare) qc
abstemious [əb·'stiː·mi·əs] *adj* morigerato, -a
abstention [əb·'sten·ʃən] *n a.* POL astensione *f*
abstinence ['æb·stɪ·nəns] *n* astinenza *f*
abstract[1] ['æb·strækt] I. *adj* astratto, -a; ~ **art/painting** arte/pittura astratta II. *n* 1. (*not concrete*) astratto *m; in the* ~ in astratto 2. (*summary*) riassunto *m*
abstract[2] [əb·'strækt] *vt* 1. *a.* CHEM estrarre 2. (*summarize*) riassumere 3. (*steal*) sottrarre
abstracted [æb·'stræk·tɪd] *adj* distratto, -a

abstraction [əb·'stræk·ʃən] *n* **1.** (*abstract concept*) astrazione *f* **2.** (*abstracted state*) distrazione *f*

abstruse [əb·'struːs] *adj* astruso, -a

absurd [əb·'sɜːrd] *adj* assurdo, -a

absurdity [əb·'sɜːr·də·ti̯] <-ies> *n* assurdità *f*

abundance [ə·'bʌn·dəns] *n* abbondanza *f*

abundant [ə·'bʌn·dənt] *adj* abbondante

abuse¹ [ə·'bjuːs] *n* **1.** (*insults*) insulti *mpl;* **to hurl ~ at sb** insultare qn **2.** (*mistreatment*) maltrattamenti *mpl* **3.** (*misuse*) abuso *m;* **sexual ~** violenza *f* sessuale

abuse² [ə·'bjuːz] *vt* **1.** (*insult*) insultare **2.** (*mistreat*) maltrattare **3.** (*sexually*) abusare̯ di **4.** (*misuse*) abusare di

abusive [ə·'bjuː·sɪv] *adj* **1.** (*language*) offensivo, -a **2.** (*person*) violento, -a

abut [ə·'bʌt] <-tt-> **I.** *vt* confinare con **II.** *vi* **to ~ on** confinare con

abysmal [ə·'bɪz·məl] *adj* pessimo, -a

abyss [ə·'bɪs] *n a. fig* abisso *m*

AC [ˌeɪ·'siː] *n abbr of* **alternating current** CA

a/c [ˌeɪ·'siː] **1.** *abbr of* **account** c.to **2.** *abbr of* **air conditioning** aria *f* condizionata

academic [ˌæ·kə·'de·mɪk] **I.** *adj* **1.** UNIV accademico, -a; SCHOOL scolastico, -a **2.** (*intellectual*) erudito, -a **3.** (*theoretical*) teorico, -a **4.** (*irrelevant*) irrilevante **II.** *n* accademico, -a *m, f*

academy [ə·'kæ·də·mi] <-ies> *n* **1.** (*for special training*) accademia *f* **2.** (*prep school*) scuola *f* secondaria privata **3.** CINE **the Academy Awards** gli Oscar

accede [æk·'siːd] *vi* **1.** (*agree*) **to ~ to sth** acconsentire a qc **2.** (*to a position*) accedere; **to ~ to the throne** salire al trono

accelerate [ək·'se·lə·reɪt] **I.** *vi* (*car*) accelerare; (*growth*) accelerarsi **II.** *vt* accelerare

acceleration [ək·ˌse·lə·'reɪ·ʃən] *n* accelerazione *f*

accelerator [ək·'se·lə·reɪ·tᵊ] *n* **1.** AUTO (*gas pedal*) acceleratore *m* **2.** *a.* PHYS acceleratore *m*

accent ['æk·sent] **I.** *n* **1.** LING accento *m* **2.** LIT, MUS enfasi *f inv* **II.** *vt* **1.** LIT, MUS accentare **2.** (*emphasize*) mettere in evidenza

accentuate [ək·'sen·tʃʊ·eɪt] *vt* accentuare

accept [ək·'sept] **I.** *vt* **1.** (*take when offered*) accettare **2.** (*approve*) approvare **3.** (*believe*) credere in **4.** (*acknowledge*) riconoscere **5.** (*include socially*) accogliere **II.** *vi* accettare

acceptable *adj* (*behavior, suggestion*) accettabile; (*explanation*) soddisfacente

acceptance [ək·'sep·təns] *n* **1.** (*of gift, help*) accettazione *f* **2.** (*approval*) approvazione *f* **3.** (*social*) accettazione *f*

accepted *adj* accettato, -a; **the ~ procedure** la solita prassi

access ['æk·ses] **I.** *n a.* COMPUT accesso *m;* **~ road** strada *f* d'accesso; **Internet ~** COMPUT accesso a Internet; **to gain ~ to sth** accedere a qc; **to have ~ to sth** avere accesso a qc; **with easy ~ to the sea** con accesso al mare **II.** *vt* COMPUT accedere a

accessibility [æk·ˌse·sə·'bɪ·lə·ti̯] *n* **1.** accessibilità *f* **2.** *fig* disponibilità *f*

accessible [ək·'se·sə·bl] *adj* **1.** (*place, work of art*) accessibile **2.** (*person*) disponibile

accession [æk·'se·ʃən] *n* ascesa *f*

accessory [ək·'se·sə·ri] <-ies> *n* **1.** (*for outfit, machine, toy*) accessorio *m* **2.** LAW complice *mf*

access road *n* (*strada f d'*) accesso *m*

accident ['æk·sɪ·dənt] *n* incidente *m;* **~ insurance** assicurazione *f* contro gli infortuni; **by ~** (*unintended*) senza volere; (*by chance*) per caso; **more by ~ than design** più per caso che per altro; **~s will happen** son cose che capitano

accidental [ˌæk·sɪ·'den·təl] *adj* **1.** (*unintentional*) casuale; LAW (*death*) accidentale **2.** (*discovery*) fortuito, -a

accident-prone *adj* soggetto, -a agli incidenti

acclaim [ə·'kleɪm] **I.** *vt* acclamare; **critically ~ed** acclamato dalla critica **II.** *n* acclamazione *f*

acclamation [ˌæk·lə·'meɪ·ʃən] *n* acclamazione *f*

acclimate ['æk·lə·meɪt] **I.** *vi* acclimatarsi **II.** *vt* acclimatare

acclimation [ˌæk·laɪ·'meɪ·ʃən] *n* acclimatazione *f*

accolade ['æ·kə·leɪd] *n* riconoscimento *m*

accommodate [ə·'kɑ·mə·deɪt] *vt* **1.** (*give place to stay*) ospitare; (*have room for*) sistemare **2.** *form* (*adapt*) adattarsi a; **to ~ oneself to sth** adattarsi a qc **3.** (*satisfy*) soddisfare

accommodating [ə·'kɑ·mə·deɪ·tɪŋ] *adj* accomodante

accommodation [ə·ˌkɑ·mə·'deɪ·ʃən] *n* **1.** *pl* (*lodgings*) alloggio *m* **2.** (*on vehicle, plane*) posti *mpl* **3.** *form* (*compromise*) accordo *m*

accompaniment [ə·'kʌm·pə·nɪ·mənt] *n a.* MUS accompagnamento *m*

accompanist [ə·'kʌm·pə·nɪst] *n* MUS accompagnatore, -trice *m, f*

accompany [ə·'kʌm·pə·ni] <-ie-> *vt a.* MUS (*go with*) accompagnare; **to ~ sb on the violin** accompagnare qn al violino

accomplice [ə·'kɑːm·plɪs] *n* complice *mf*

accomplish [ə·'kɑːm·plɪʃ] *vt* **1.** (*achieve*) compiere **2.** (*finish*) portare a termine; **to ~ a task** portare a termine un compito

accomplished [ə·'kɑːm·plɪʃt] *adj* provetto, -a

accomplishment *n* **1.** (*achievement*) risultato *m* **2.** (*completion*) realizzazione *f;* **~ of a task** realizzazione di un compito **3.** (*skill*) talento *m*

accord [ə·'kɔːrd] **I.** *n* **1.** (*treaty*) accordo *m* **2.** (*agreement, harmony*) accordo *m;* **on** [*o of*] **one's own ~** spontaneamente; **to be in ~ with** concordare con **II.** *vt form* concedere **III.** *vi* **to ~ with sth** concordare con qc

accordance [ə·'kɔːr·dəns] *n* **in ~ with** in conformità con

accordingly *adv* **1.** (*appropriately*) conformemente **2.** (*therefore*) di conseguenza

according to [ə·'kɔːr·dɪŋ·tə] *prep* **1.** (*as told*

A

by) secondo; ~ **her/what I read** secondo lei/ quanto ho letto; **to go ~ plan** andare secondo il previsto **2.** (*as basis*) in conformità con; ~ **the law** secondo la legge; ~ **the recipe** secondo la ricetta

accordion [ə·ˈkɔːr·di·ən] *n* MUS fisarmonica *f*

accost [ə·ˈkɑːst] *vt* accostare

account [ə·ˈkaʊnt] I. *n* **1.** (*with bank*) conto *m* **2.** (*bill*) fattura *f;* **to settle an ~** saldare un conto **3.** *pl* (*financial records*) contabilità *f;* **to keep ~s** tenere la contabilità; **to keep an ~ of sth** tenere il conto di qc **4.** (*customer*) cliente *mf* **5.** (*description*) resoconto *m;* **an ~ of sth** un resoconto di qc; **to give an ~ of sth** fare un resoconto di qc; **by all ~s** a dire di tutti; **by her own ~** a quanto dice lei stessa **6.** (*consideration*) **to take sth into ~** prendere [*o* tenere] in considerazione qc; **to take no ~ of sth** non tener conto di qc; **on ~ of sth** a causa di qc; **on no ~** in nessun caso **7.** *form* (*importance*) **of little/no ~** di poca/nessuna importanza **8.** (*responsibility*) responsabilità *f;* **on one's own ~** per conto proprio; **on sb's ~** per conto di qn ▶**to be called to ~** (**for sth**) dover rendere conto di qc; **to settle ~s with sb** regolare i conti con qn; **to turn sth to ~** trarre profitto da qc II. *vt form* considerare

◆**account for** *vt* **1.** (*explain*) spiegare **2.** (*constitute*) rappresentare

accountability [ə·ˌkaʊn·tə·ˈbɪ·lɪ·t̬i] *n* responsabilità *f*

accountable [ə·ˈkaʊn·tə·bl] *adj* responsabile

accountancy [ə·ˈkaʊn·tən·si] *n* contabilità *f*

accountant [ə·ˈkaʊn·tənt] *n* contabile *mf*

account book *n* libro *m* contabile

accredit [ə·ˈkre·dɪt] *vt* **1.** (*recognize: school*) riconoscere **2.** POL accreditare **3.** (*attribute to*) attribuire

accrue [ə·ˈkruː] *vi* (*increase*) aumentare; (*interest*) maturare

accumulate [ə·ˈkjuː·mjʊ·leɪt] I. *vt* accumulare II. *vi* accumularsi

accumulation [ə·ˌkjuː·mjʊ·ˈleɪ·ʃən] *n* **1.** (*process*) accumulazione *f* **2.** (*quantity*) cumulo *m*

accuracy [ˈæ·kjə·ə·si] *n* accuratezza *f*

accurate [ˈæ·kjə·ət] *adj* **1.** (*on target*) preciso, -a **2.** (*correct*) esatto, -a **3.** (*careful*) accurato, -a

accusation [ˌæ·kju·ˈzeɪ·ʃən] *n* accusa *f*

accusative [ə·ˈkjuː·zə·t̬ɪv] LING I. *n* accusativo *m* II. *adj* accusativo, -a

accusatory [ə·ˈkjuː·zə·tɔː·ri] *adj form* accusatorio, -a

accuse [ə·ˈkjuːz] *vt* accusare; **she is ~d of …** è accusata di …

accused [ə·ˈkjuːzd] *n* **the ~** l'imputato, -a *m, f*

accustom [ə·ˈkʌs·təm] *vt* abituare

accustomed [ə·ˈkʌs·təmd] *adj* **1.** (*in habit of*) abituato, -a; **to be ~ to doing sth** essere abituato a fare qc; **to grow ~ to doing sth** abituarsi a fare qc **2.** (*usual*) solito, -a

AC/DC [ˌeɪ·si·ˈdiː·si:] *n* **1.** ELEC *abbr of* alter-

nating current/direct current c.a./c.c. **2.** *sl* (*bisexual*) bisessuale *mf*

ace [eɪs] I. *n* **1.** (*playing card*) asso *m* **2.** *inf* (*expert*) asso *m* ▶**to have an ~ up one's sleeve** avere un asso nella manica; **to come within an ~ of doing sth** essere a un soffio dal fare qc II. *adj inf* (*expert*) provetto, -a III. *vt sl* (*perform well*) superare brillantemente

acetate [ˈæ·sɪ·teɪt] *n* acetato *m*

acetic [ə·ˈsiː·t̬ɪk] *adj* acetico, -a

acetone [ˈæ·sɪ·toʊn] *n* acetone *m*

acetylene [ə·ˈse·t̬ə·liːn] *n* acetilene *m*

ache [eɪk] I. *n* dolore *m;* **~s and pains** acciacchi *mpl* II. *vi* fare male; **I am aching to see her again** muoio dalla voglia di rivederla

achieve [ə·ˈtʃiːv] *vt* (*goal, objective*) raggiungere; (*task*) portare a termine; (*victory*) conseguire; (*success*) ottenere

achievement *n* **1.** (*feat*) impresa *f;* (*success*) successo *m* **2.** (*achieving*) realizzazione *f*

acid [ˈæ·sɪd] I. *n* **1.** CHEM acido *m* **2.** *sl* (*LSD*) acido *m* II. *adj* **1.** CHEM acido, -a **2.** (*sarcastic*) caustico, -a

acid house *n* MUS acid house *f inv*

acidic [ə·ˈsɪ·dɪk] *adj* acido, -a

acidify [ə·ˈsɪ·dɪ·faɪ] <-ie-> I. *vt* acidificare II. *vi* acidificarsi

acidity [ə·ˈsɪ·də·t̬i] *n* **1.** CHEM acidità *f* **2.** *fig* causticità *f*

acid rain *n* pioggia *f* acida

acid rock *n* MUS rock *m* psichedelico *inv*

acid test *n* prova *f* del fuoco

acid-washed *adj* (*jeans, denim*) stone-washed *inv*

acknowledge [ək·ˈnɑː·lɪdʒ] *vt* **1.** (*admit*) ammettere **2.** (*recognize*) riconoscere; (*letter*) accusare ricevuta di; (*favor*) ringraziare per **3.** (*reply to: person, smile*) **he acknowledged my smile with a wave** ha risposto al mio sorriso con un cenno di saluto

acknowledg(e)ment *n* **1.** (*admission*) ammissione *f* **2.** (*recognition*) riconoscimento *m* **3.** (*reply*) avviso *m* di ricevimento **4.** *pl* (*in book*) ringraziamenti *mpl*

ACLU [ˌeɪ·si·el·ˈjuː] *n abbr of* **American Civil Liberties Union** *Unione Americana per i Diritti Civili*

acne [ˈæk·ni] *n* acne *f*

acorn [ˈeɪ·kɔːrn] *n* BOT ghianda *f*

acorn squash *n* zucca verde a forma di ghianda

acoustic(al) [ə·ˈkuː·s·tɪk(əl)] I. *adj* acustico, -a II. *npl* acustica *f*

acoustic guitar *n* chitarra *f* acustica

acoustic nerve *n* ANAT nervo *m* acustico

acquaint [ə·ˈkweɪnt] *vt* **1.** (*know*) **to be/ become ~ed with sb/sth** conoscere qn/qc **2.** (*familiarize*) familiarizzare; **to ~ oneself with sth** familiarizzarsi con qc; **to be ~ed with sth** essere al corrente di qc

acquaintance [ə·ˈkweɪn·təns] *n* **1.** (*person*) conoscente *mf* **2.** (*relationship*) conoscenza *f;*

to make sb's ~ conoscere qn **3.** (*knowledge*) conoscenza *f*

acquiesce [ˌæ·kwɪ·'es] *vi form* **to ~ in sth** acconsentire a qc

acquiescence [ˌæ·kwɪ·'e·sns] *n form* acquiescenza *f*

acquiescent [ˌæ·kwɪ·'e·snt] *adj form* acquiescente

acquire [ə·'kwa·ɪɚ] *vt* (*by buying*) acquistare; (*by effort*) acquisire; **to ~ a taste for sth** cominciare ad apprezzare qc

acquired immunity deficiency syndrome *n* sindrome *f* da immunodeficienza acquisita

acquicition [ˌæ·kwɪ·'zɪ·ʃən] *n* (*by buying*) acquisto *m;* (*of knowledge, skill*) acquisizione *f*

acquisitive [ə·'kwɪ·zə·t̬ɪv] *adj* avido, -a

acquit [ə·'kwɪt] <-tt-> *vt* **1.** LAW assolvere; **to ~ sb of a charge** prosciogliere qn da un'accusa **2. to ~ oneself well/badly** cavarsela bene/male

acquittal [ə·'kwɪ·t̬əl] *n* LAW assoluzione *f*

acre ['eɪ·kɚ] *n* acro *m* (*4840 iarde quadrate; 4047 metri quadrati*); **~s of space** *inf* un sacco di spazio

acreage ['eik·rədʒ] *n* superficie *f* in acri

acrid ['æk·rɪd] *adj* **1.** (*smell, taste*) acre **2.** *fig* aspro, -a

acrimonious [ˌæ·krɪ·'mou·ni·əs] *adj* (*remark*) astioso, -a; (*debate*) acrimonioso, -a

acrimony ['æ·krɪ·mou·ni] *n form* acrimonia *f*

acrobat ['æ·krə·bæt] *n* acrobata *mf*

acrobatic [ˌæ·krə·'bæ·t̬ɪk] *adj* acrobatico, -a

acronym ['æ·krə·nɪm] *n* acronimo *m*

acrophobia [ˌæ·krə·'fou·biə] *n* acrofobia *f*

across [ə·'krɑːs] **I.** *prep* **1.** (*on other side of*) dall'altro lato di; **just ~ the street** proprio dall'altra parte della strada; **~ from sb/sth** di fronte a qn/qc **2.** (*from one side to other*) attraverso; **to walk ~ the bridge** attraversare il ponte a piedi; **the bridge ~ the river** il ponte sul fiume; **to go ~ the ocean to France** attraversare l'oceano per andare in Francia **II.** *adv* **1.** (*in distance*) da un lato all'altro; **to run/swim ~** attraversare di corsa/a nuoto; **to be 10 feet ~** essere largo 10 piedi **2.** (*in contact with*) **to come ~ sth** imbattersi in qc **3.** (*conveying meaning*) **to get a point ~** far capire qc

across-the-board *adj* generale

acrylic *n* acrilico *m*

acrylic paint *n* colore *m* acrilico

act [ækt] **I.** *n* **1.** (*action*) atto *m;* **~ of charity** atto di carità; **an ~ of God** LAW una calamità naturale; **the Acts of the Apostles** REL gli Atti degli Apostoli; **to catch sb in the ~** cogliere qn sul fatto **2.** (*performance*) numero *m;* **a hard ~ to follow** un numero difficile da eguagliare **3.** (*pretence*) scena *f* **4.** THEAT atto *m* **5.** LAW legge *f* ► **to get one's ~ together** *inf* organizzarsi; **to get in on the ~** approfittare della situazione **II.** *vi* **1.** (*take action*) agire; **to ~ for sb** agire per conto di qn **2.** (*behave*) comportarsi **3.** (*take effect*) agire **4.** THEAT recitare **5.** (*pretend*) fingere **III.** *vt* THEAT recitare; **to ~ the part of sb** recitare la parte di qn; **to ~ the fool** fare lo stupido

◆ **act on** *vt* agire sulla base di

◆ **act out** *vt* (*scene*) rappresentare

◆ **act up** *vi inf* **1.** (*person*) fare capricci **2.** (*machine*) funzionare male

acting ['æk·tɪŋ] **I.** *adj* facente funzione di **II.** *n* THEAT recitazione *f*

action ['æk·ʃən] *n* **1.** (*activeness*) azione *f;* **to be out of ~** (*person*) essere fuori combattimento; (*machine*) non funzionare; **to put sth out of ~** mettere qc fuori uso, to spring into ~ entrare in azione; **to take ~** agire; **to take no ~** non fare nulla **2.** MIL azione *f;* **to see ~** combattere; **to go into ~** entrare in azione; **killed in ~** morto in combattimento **3.** (*mechanism*) meccanismo *m* **4.** (*motion*) movimento *m* **5.** LAW (*azione legale*) **civil ~** causa *f* civile; **to bring an ~ against sb** fare causa a qn **6.** *inf* (*exciting events*) vita *f;* (*fun*) movimento *m* ► **~s speak louder than words** *prov* valgono più i fatti delle parole *prov*

action-packed *adj* pieno, -a d'azione

activate ['æk·tɪ·veɪt] *vt a.* CHEM attivare

active ['æk·tɪv] *adj* (*lively, not passive*) attivo, -a; **to be ~ in sth** partecipare a qc; **to take an ~ part in sth** partecipare attivamente a qc

actively *adv* **1.** (*in a lively manner*) attivamente **2.** (*intentionally*) seriamente

activist ['æk·tɪ·vɪst] *n* POL attivista *mf*

activity ['æk·tɪ·və·t̬i] <-ies> *n* **1.** (*state*) attività *f* **2.** *pl* (*pursuits*) attività *fpl*

actor ['æk·tɚ] *n* attore *m*

actress ['æk·trɪs] *n* attrice *f*

actual ['æk·tʃu·əl] *adj* **1.** (*real*) effettivo, -a; **in ~ fact** in realtà **2.** (*precise*) esatto, -a; **what were her ~ words?** quali sono state le sue precise parole?

actually ['æk·tʃu·li] *adv* **1.** (*in fact*) effettivamente **2.** (*by the way*) **~ I saw her yesterday** a proposito, l'ho vista ieri

actuate ['æk·tʃu·eɪt] *vt* **1.** (*set going: mechanism*) azionare **2.** *form* (*motivate*) motivare

acumen [ə·'kjuː·mən] *n* acume *m;* **business ~** senso *m* degli affari

acupuncture ['æ·kju·pʌŋk·tʃɚ] *n* agopuntura *f*

acute [ə·'kjuːt] **I.** *adj* **1.** (*serious*) acuto, -a; (*anxiety*) intenso, -a; (*embarrassment*) grande; (*difficulties*) serio, -a; (*shortage*) grave **2.** (*shrewd*) perspicace **3.** MATH (*angle*) acuto, -a **II.** *n* LING accento *m* acuto

acutely *adv* estremamente; **to be ~ aware of sth** essere pienamente cosciente di qc

ad [æd] *n inf abbr of* **advertisement** pubblicità *f*

A.D. [ˌeɪ·'diː] *abbr of* **anno Domini** d.C.

adage ['æ·dɪdʒ] *n* adagio *m*

adagio [ə·'dɑː·dʒou] MUS **I.** *adv* adagio **II.** *n* adagio *m*

Adam ['æ·dəm] *n* Adamo *m* ► **not to know sb from ~** non conoscere affatto qn

A

adamant ['æ·də·mənt] *adj* categorico, -a
Adam's apple *n* ANAT pomo *m* d' Adamo
adapt [ə·'dæpt] I. *vt* adattare; **to ~ oneself** adattarsi II. *vi* adattarsi
adaptable *adj* adattabile
adaptation [ˌæ·dæp·'teɪ·ʃən] *n* 1. THEAT, MUS, CINE, LIT adattamento *m* 2. (*act of adapting*) adattamento, *m*
adapter *n*, **adaptor** [ə·'dæp·tə·] *n* ELEC adattatore *m*; (*for several plugs*) presa *f* multipla
ADD *n abbr of* **Attention Deficit Disorder** disturbo *m* da deficit di attenzione
add [æd] *vt* 1. (*put with*) aggiungere 2. (*say*) aggiungere 3. MATH sommare
◆ **add up** I. *vi* sommare; **to ~ to ... ** ammontare a...; **it doesn't ~ to much** *fig* non significa molto II. *vt* sommare
addendum [ə·'den·dəm] <-da> *n* aggiunta *f*
adder ['æ·də·] *n* vipera *f*
addict ['æ·dɪkt] *n* 1. MED **drug ~** tossicodipendente *mf* 2. *fig* fanatico, -a *m*, *f*; **to be a movie ~** essere un fanatico del cinema
addicted [ə·'dɪk·tɪd] *adj* dipendente; **~ to drugs** tossicodipendente; **to be ~ to sth** essere dipendente da qc; *fig* essere fanatico di qc
addiction [ə·'dɪk·ʃən] *n* dipendenza *f*; **drug ~** tossicodipendenza *f*
addictive [ə·'dɪk·tɪv] *adj* che dà dipendenza
addition [ə·'dɪ·ʃən] *n* 1. MATH addizione *f* 2. (*act of adding*) aggiunta *f*; **in ~** inoltre; **in ~ to ...** oltre a... 3. (*added thing*) acquisizione *f*; **an ~ to the family** un nuovo arrivo in famiglia
additional [ə·'dɪ·ʃə·nl] *adj* supplementare
additionally [ə·'dɪ·ʃə·nə·li] *adv* inoltre; **and ~** e più
additive ['æ·də·t̬ɪv] *n* additivo *m*
address¹ ['æ·dres] *n* 1. a. COMPUT indirizzo *m* 2. (*speech*) discorso *m*
address² [ə·'dres] I. *vt* 1. (*write address on*) indirizzare; **to ~ sth wrong** scrivere l'indirizzo sbagliato su qc 2. (*speak to*) parlare a 3. (*use title*) **to ~ sb** (**as sth**) rivolgersi a qn usando il titolo di 4. (*deal with: issue*) affrontare II. *n* 1. (*speech*) discorso *m* 2. (*title*) **form of ~** titolo *m*
addressee [ˌæ·dre·'si:] *n* destinatario, -a *m*, *f*
adenoids ['æd·nɔ·ɪdz] *npl* ANAT adenoidi *fpl*
adept [ə·'dept] *adj* esperto, -a; **to be ~ at sth** essere esperto in qc
adequacy ['æ·dɪ·kwə·si] *n* 1. (*being enough*) sufficienza *f* 2. (*being good enough*) adeguatezza *f*
adequate ['æ·dɪk·wət] *adj* 1. (*sufficient*) sufficiente 2. (*good enough*) adeguato, -a
ADHD [ˌeɪ·di:·eɪtʃ·'di:] *abbr of* **attention deficit hyperactivity disorder** disturbo *m* da deficit di attenzione e iperattività
adhere [əd·'hɪr] *vi* 1. *form* (*stick to*) aderire 2. (*follow*) **to ~ to sth** (*rule*) osservare; (*belief*) aderire a; (*plan*) attenersi a
adherence [əd·'hɪ·rəns] *n* (*to rule*) osservanza *f*; (*to belief*) fedeltà *f*

adherent [əd·'hɪ·ə·rənt] *n form* seguace *mf*
adhesive [əd·'hi:·sɪv] I. *adj* adesivo, -a II. *n* adesivo *m*
ad hoc [ˌæd·'hɑːk] I. *adj* ad hoc II. *adv* ad hoc
ad infinitum [æd ɪn·ˌfə·'naɪ·t̬əm] *adv* all'infinito
adipose tissue [ˌæ·dɪ·poʊs·'tɪ·ʃu:] *n* tessuto *m* adiposo
adjacent [ə·'dʒeɪ·snt] *adj* attiguo, -a; MATH adiacente
adjectival [ˌæ·dʒɪk·'ti:·vl] *adj* aggettivale
adjective ['æ·dʒɪk·tɪv] *n* LING aggettivo *m*
adjoin [ə·'dʒɔɪn] I. *vt* confinare con II. *vi* confinare
adjoining *adj* attiguo, -a
adjourn [ə·'dʒɜːrn] I. *vt* sospendere II. *vi* 1. (*pause: meeting*) sospendere 2. *form* (*go to*) **to ~ to another room** spostarsi in un'altra stanza
adjudicate [ə·'dʒuː·dɪ·keɪt] I. *vt* giudicare II. *vi* fare da arbitro
adjust [ə·'dʒʌst] I. *vt* 1. a. TECH regolare 2. (*rearrange*) sistemare 3. (*change*) modificare 4. (*adapt*) adattare II. *vi* adattarsi; **to ~ to sth** adattarsi a qc
adjustable *adj* regolabile
adjustable-rate mortgage *n* mutuo *m* ipotecario a tasso variabile
adjustable wrench *n* chiave *f* a rullino
adjustment *n* 1. (*mechanical*) modifica *f* 2. (*mental*) adattamento *m*
adjutant ['æ·dʒu·tənt] *n* aiutante *mf*
ad lib [ˌæd·'lɪb] *adv* a braccio
ad-lib [ˌæd·'lɪb] <-bb-> *vi*, *vt* improvvisare
adman ['æd·mæn] <-men> *n* ECON pubblicitario, -a *m*, *f*
admin [əd·'mɪn] 1. *abbr of* **administration** amministrazione *f* 2. COMPUT *abbr of* **administrator** admin *m*
administer [əd·'mɪ·nɪs·tə·] *vt* 1. a. POL (*manage: funds, estate*) amministrare 2. (*dispense: punishment*) infliggere; (*medicine*) somministrare; **to ~ aid to sb** assistere qn; **to ~ first aid to sb** prestare i primi soccorsi a qn; **to ~ a severe blow to sb** infliggere un severo colpo a qn; **to ~ an oath** presenziare a un giuramento
administration [əd·ˌmɪ·nɪs·'treɪ·ʃən] *n* 1. (*organization*) amministrazione *f*; (*management*) gestione *f*; **the ~** l'amministrazione 2. POL (*time in power*) mandato *m* 3. POL (*government*) governo *m* 4. (*dispensing: of medicine*) somministrazione *f*
administrative [əd·'mɪ·nɪs·trə·tɪv] *adj* amministrativo, -a
administrator [əd·'mɪ·nɪs·treɪ·t̬ə·] *n* 1. (*of organization, institution*) amministratore, -trice *m*, *f* 2. LAW curatore, -trice *m*, *f*
admirable ['æd·mə·rə·bl] *adj* ammirevole
admiral ['æd·mə·rəl] *n* MIL ammiraglio *m*
admiration [ˌæd·mə·'reɪ·ʃən] *n* ammirazione *f*; **in ~** con ammirazione
admire [əd·'ma·ɪə·] *vt* ammirare; **to ~ sb for**

A

sth ammirare qn per qc; **to ~ sb from afar** avere una passione nascosta per qn

admirer [əd·'ma·ɪə·ə] *n* ammiratore, -trice *m, f*

admissible [əd·'mɪ·sə·bl] *adj* ammissibile

admission [əd·'mɪ·ʃən] *n* **1.** (*entry: to place, building*) ingresso *m;* (*to college, organization*) ammissione *f* **2.** (*entrance fee*) (prezzo *m* di) ingresso *m* **3.** (*acknowledgement*) ammissione *f;* **by** [*o* **on**] **his own ~,** ... per sua stessa ammissione, ... **4.** *pl* UNIV ufficio *m* ammissioni

admit [əd·'mɪt] <-tt-> **I.** *vt* **1.** (*acknowledge: error*) riconoscere; (*crime*) confessare; **to ~ that ...** ammettere che... **2.** (*allow entrance to*) lasciar entrare **3.** (*permit*) ammettere **II.** *vi* **to ~ to sth** riconoscere qc

admittance [əd·'mɪ·tns] *n* ingresso *m;* **to refuse sb ~** rifiutare l'ingresso a qn; **no ~** vietato l'ingresso

admittedly [əd·'mɪ·t̬ɪd·li] *adv* **~,** ... va riconosciuto che...

admonish [əd·'mɑ:·nɪʃ] *vt* ammonire

admonishment *n*, **admonition** [ˌæd·mə·'nɪ·ʃən] *n* ammonizione *f*

ado [ə·'du:] *n* **1.** (*commotion*) trambusto *m* **2.** (*delay*) indugio *m;* **without further ~** senza indugiare oltre ▶ **much ~ about nothing** molto rumore per nulla

adobe [ə·'dou·bi] *n* adobe *m inv*

adolescence [ˌæ·də·'le·sns] *n* adolescenza *f*

adolescent [ˌæ·də·'le·snt] **I.** *adj* **1.** (*relating to adolescence*) adolescente **2.** (*immature*) puerile **II.** *n* adolescente *mf*

adopt [ə·'dɑ:pt] *vt* **1.** (*child, strategy*) adottare **2.** (*candidate*) scegliere

adoption [ə·'dɑ:p·ʃən] *n* **1.** (*of child, strategy*) adozione *f.* **2.** (*of candidate*) scelta *f*

adorable [ˌə·'dɔ:·rə·bl] *adj* adorabile; **just ~** semplicemente incantevole

adoration [ˌæ·də·'reɪ·ʃən] *n* adorazione *f;* **the ~ of the Virgin Mary** REL il culto della Vergine Maria

adore [ə·'dɔ:r] *vt* adorare

adoring [ə·'dɔ:·rɪŋ] *adj* adorante

adorn [ə·'dɔ:rn] *vt form* adornare

adornment *n form* ornamento *m*

adrenaline [ə·'dre·nə·lɪn] *n* adrenalina *f*

Adriatic [ˌeɪ·dri·'æ·t̬ɪk] *n* **the ~** (**Sea**) il mare Adriatico, l'Adriatico

adrift [ə·'drɪft] *adv* alla deriva; **to cut sth ~** lasciar andare alla deriva; **to go ~** *fig* fallire

adroit [ə·'drɔɪt] *adj* abile; **to be ~ at sth** essere abile in qc; **to be ~ at doing sth** essere abile nel fare qc

adulation [ˌæ·dʒə·'leɪ·ʃən] *n* adulazione *f*

adult [ə·'dʌlt] **I.** *n* adulto, -a *m, f* **II.** *adj* **1.** (*fully grown*) adulto, -a **2.** (*mature*) maturo, -a; **let's try to be ~ about this problem** cerchiamo di essere ragionevoli riguardo a questo problema **3.** (*sexually explicit*) per adulti

adult education *n* educazione *f* permanente

adulterate [ə·'dʌl·tə·reɪt] *vt* adulterare

adulterer [ə·'dʌl·tə·ə] *n* adultero *m*

adulteress [ə·'dʌl·trɪs] <-es> *n* adultera *f*

adulterous [ə·'dʌl·tə·əs] *adj* (*person*) adultero, a; (*relationship*) adulterino, -a

adultery [ə·'dʌl·tə·i] <-ies> *n* adulterio *m;* **to commit ~** commettere adulterio

adulthood ['æ·dʌlt·hʊd] *n* età *f* adulta

advance [əd·'væns] **I.** *vi* avanzare; **to ~ on sb/sth** avanzare verso qn/qc **II.** *vt* **1.** (*cause to move forward*) far avanzare; (*interest*) favorire; (*cause*) promuovere **2.** (*pay in advance*) anticipare **III.** *n* **1.** (*forward movement*) avanzata *f,* progresso *m;* **in ~** in anticipo **2.** FIN anticipo *m* **3.** *pl* (*sexual flirtation*) advances *fpl;* **unwelcome ~s** molestie *fpl;* **to reject sb's ~s** rifiutare le avances di qn **IV.** *adj* anticipato, -a; **without ~ warning** senza preavviso

advanced [əd·'vænst] *adj* (*country, course, stage*) avanzato, -a; (*student*) di livello avanzato

advancement [əd·'væns·mənt] *n* **1.** (*improvement*) avanzamento *m* **2.** (*promotion*) promozione *f;* **an opportunity for ~** un'opportunità per migliorare

advance notice *n* preavviso *m*

advance payment *n* anticipo *m*

advantage [əd·'væn·tɪdʒ] *n a.* SPORTS vantaggio *m;* **~ Jackson** vantaggio a Jackson; **to have an ~ over sb** essere in vantaggio su qn; **to take ~ of sb/sth** approfittare di qn/qc

advantageous [ˌæd·væn·'teɪ·dʒəs] *adj* vantaggioso, -a

advent ['æd·vənt] *n* **1.** (*coming*) avvento *m* **2.** REL **Advent** Avvento *m*

adventure [əd·'ven·tʃə] *n* avventura *f;* **to look for ~** essere in cerca d'avventure

adventurer *n* **1.** (*seeker of excitement*) amante *mf* dell'avventura **2.** (*opportunist*) avventuriero, -a *m, f*

adventurous [əd·'ven·tʃə·əs] *adj* (*person*) avventuroso, -a; (*decision*) rischioso, -a

adverb ['æd·vɜ:rb] *n* LING avverbio *m*

adverbial [æd·'vɜ:r·bi·əl] *adj* avverbiale

adversary ['æd·və·se·ri] <-ies> *n* avversario, -a *m, f*

adverse ['æd·vɜːrs] *adj* (*decision, criticism, effect*) sfavorevole; (*conditions*) avverso, -a; (*reaction*) ostile

adversity [əd·'vɜ:r·sə·t̬i] <-ies> *n* avversità *f;* **in** (**the face of**) **~** nelle avversità

advertent [æd·'vɜ:r·tənt] *adj* attento, -a

advertise ['æd·və·taɪz] **I.** *vt* rendere noto **II.** *vi* fare pubblicità

advertisement [ˌæd·və·'taɪz·mənt] *n* COM pubblicità *f;* **to be a good/bad ~ for sth** *fig* essere una buona/cattiva pubblicità per qc; **job ~** annuncio *m* di lavoro

advertiser ['æd·və·taɪ·zə] *n* inserzionista *mf*

advertising ['æd·və·ˌtaɪ·zɪŋ] *n* pubblicità *f*

advertising agency <-ies> *n* agenzia *f* pubblicitaria

advertising campaign *n* campagna *f* pubblicitaria

A

advice [əd·ˈvaɪs] *n* **1.** (*suggestion, opinion*) consiglio *m;* **a piece of** ~ un consiglio; **to ask for** ~ chiedere consiglio; **to ask sb for** ~ **on sth** chiedere (un) consiglio a qn su qc; **to give some good** ~ dare buoni consigli; **on sb's** ~ su consiglio di qn **2.** COM avviso *m*

advisable [əd·ˈvaɪ·zə·bl] *adj* consigliabile; **it is** (**not**) ~ (non) è consigliabile

advise [əd·ˈvaɪz] **I.** *vt* consigliare; (*specialist*) offrire consulenze a; **to** ~ **sb against sth** sconsigliare qc a qn; **to** ~ **sb on sth** consigliare qn su qc; **to** ~ **sb of sth** informare qn di qc **II.** *vi* **to** ~ **against sth** sconsigliare qc; **to** ~ **on sth** consigliare su qc

adviser *n*, **advisor** [əd·ˈvaɪ·zə] *n* consulente *mf*

advisory [əd·ˈvaɪ·zə·ri] *adj* **1.** consultivo, -a; **in an** ~ **capacity** in qualità di consulente; ~ **committee** comitato consultivo **2.** (*warning*) **hurricane** ~ allarme *m* uragani

advocacy *n* perorazione *f*

advocate[1] [ˈæd·və·keɪt] *vt* sostenere; **to** ~ **doing sth** raccomandare di fare qc

advocate[2] [ˈæd·və·kət] *n* **1.** (*supporter*) sostenitore, -trice *m, f* **2.** (*lawyer*) avvocato (difensore) *m*

AEC *n abbr of* **Atomic Energy Commission** commissione per l'energia atomica

Aegean [iː·ˈdʒiː·ən] *n* **the** ~ (**Sea**) il mar Egeo, l'Egeo

aegis [ˈiː·dʒɪs] *n* **under the** ~ **of ...** sotto l'egida di...

aerate [ˈeˈreɪt] *vt* **1.** (*expose to air*) areare **2.** (*drink*) gassare

aerial [ˈeˈriˈəl] **I.** *adj* aereo, -a; ~ **photography** fotografia *f* aerea **II.** *n* antenna *f*

aerobatic [ˌeˈrəˈbæˈt̬ɪk] *adj* di acrobazie aeree

aerobatics *npl* acrobazie *f* aeree *pl*

aerobics [eˈroʊˈbɪks] *n* + *sing/pl vb* aerobica *f;* **to do** ~ fare aerobica

aerodynamic [ˌeˈroʊˈdaɪˈnæˈmɪk] *adj* aerodinamico, -a

aerodynamics *n* + *sing vb* aerodinamica *f*

aeronautic [ˈeˈrəˈnɑːˈt̬ɪk] *adj* aeronautico, -a

aeronautics *n* + *sing vb* aeronautica *f*

aerosol [ˈeˈrəˈsɑːl] *n* aerosol *m inv*

aerospace industry [ˈeˈroʊˈspeɪs ˈɪnˈdəsˈtri] *n* industria *f* aerospaziale

aesthetic [esˈˈθeˈt̬ɪk] *adj* estetico, -a

aesthetics *n* + *sing vb* estetica *f*

afar [əˈˈfɑːr] *adv* lontano; **from** ~ da lontano

affable [ˈæˈfəˈbl] *adj* affabile

affair [əˈˈfer] *n* **1.** (*matter*) affare *m;* ~ **s of state** affari di stato; **financial** ~ **s** questioni finanziarie; **to meddle in sb's** ~ **s** intromettersi negli affari di qn; **it's his own** ~ sono affari suoi **2.** (*controversial situation*) questione *f;* (*scandal*) caso *m* **3.** (*sexual relationship*) relazione *f* (amorosa); **to have an** ~ (**with sb**) avere una relazione (con qn) **4.** (*event, occasion*) vicenda *f*

affect [əˈˈfekt] *vt* **1.** (*have effect on*) colpire; **to be** ~ **ed by sth** (*be moved*) essere toccato da

qc 2. (*influence: decision*) influire su **3.** (*simulate*) fingere

affectation [ˌæ·fek·ˈteɪ·ʃən] *n* affettazione *f*

affected [əˈfek·tɪd] *adj* (*behavior, accento*) affettato, -a; (*smile, emotion*) falso, -a; (*style*) artificioso, -a

affection [əˈfek·ʃən] *n* affetto *m;* **to have a deep** ~ **for sb** provare un grande affetto per qn

affectionate [əˈfek·ʃə·nət] *adj* affettuoso, -a

affidavit [ˌæ·fɪ·ˈdeɪ·vɪt] *n* affidavit *m inv*

affiliate[1] [əˈfɪ·li·eɪt] *vt* affiliare; **to be** ~ **d with sth** essere affiliato a qc

affiliate[2] [əˈfɪ·li·ət] *n a.* ECON filiale *f*

affiliation [əˌfɪ·li·ˈeɪ·ʃən] *n* affiliazione *f*

affinity [əˈfɪ·nə·t̬i] <-ies> *n* affinità *f*

affirm [əˈfɜːrm] *vt* affermare

affirmation [ˌæ·fə·ˈmeɪ·ʃən] *n* affermazione *f*

affirmative [əˈfɜːr·mə·t̬ɪv] **I.** *adj* affermativo, -a **II.** *n* **to answer** [*o* **reply**] **in the** ~ rispondere affermativamente; ~ **action** discriminazione *f* positiva

affix[1] [əˈfɪks] *vt* (*signature*) apporre; (*stamp*) attaccare

affix[2] [ˈæ·fɪks] *n* <-es> LING affisso *m*

afflict [əˈflɪkt] *vt* affliggere; **to be** ~ **ed with sth** essere afflitto da qc

affliction [əˈflɪk·ʃən] *n* afflizione *f*

affluence [ˈæ·flu·əns] *n* ricchezza *f*

affluent [ˈæ·flu·ənt] *adj* ricco, -a; **an** ~ **lifestyle** una vita agiata; **the** ~ **society** la società del benessere

afford [əˈfɔːrd] *vt* **1.** (*have money, time for*) permettersi; **to be able to** ~ **sth** potersi permettere qc; **he can hardly** ~ **it** se lo può permettere a malapena **2.** (*provide*) fornire; **to** ~ **protection** offrire protezione

affordable [əˈfɔːr·də·bl] *adj* (*price, purchase*) abbordabile

afforest [əˈfɔː·rəst] *vt* imboschire

afforestation [əˌfɔː·rəs·ˈteɪ·ʃən] *n* imboschimento *m*

affront [əˈfrʌnt] **I.** *n* affronto *m;* **an** ~ **to sb's dignity** un affronto [*o* insulto] alla dignità di qn **II.** *vt* fare un affronto a; **to be** ~ **ed at** [*o* **by**] **sth** offendersi per qc

Afghan [ˈæf·gæn] **I.** *n* **1.** (*person*) afgano, -a *m, f* **2.** LING afgano *m* **3.** (*dog*) levriero *m* afgano **4.** (*blanket*) coperta (*o* scialle) lavorata ai ferri *o* all'uncinetto **II.** *adj* afgano, -a

Afghanistan [æf·ˈgæ·nɪs·tæn] *n* Afghanistan *m*

afield [əˈfiːld] *adv* **far/farther** ~ molto/più lontano

afloat [əˈfloʊt] *adj* a galla; **to keep** [*o* **stay**] ~ *a. fig* rimanere a galla

afoot [əˈfʊt] *adj* **there's sth** ~ si sta tramando qc

aforementioned [əˌfɔːr·ˈmen·ʃnd], **aforesaid** [əˈfɔːr·sed] *form* **I.** *adj* (*in text*) summenzionato, -a; (*in conversation*) suddetto, -a **II.** *n inv* **the** ~ il summenzionato/la summen-

zionata; (*person mentioned in conversation*)
il suddetto/la suddetta

afraid [ə·'freɪd] *adj* **1.**(*scared*) **to be** ~ aver
paura; **to be** ~ **of doing** [*o* **to do**] **sth** aver
paura di fare qc; **to be** ~ **of sb/sth** aver paura
di qn/qc **2.**(*sorry*) **I'm** ~ **so** temo proprio di sì;
I'm ~ **not** purtroppo no; **I'm** ~ **I haven't got
the time** mi dispiace, ma non ho tempo

afresh [ə·'freʃ] *adv* da capo; **to start** ~ ricominciare da capo

Africa ['æf·rɪ·kə] *n* Africa *f*

African ['æf·rɪ·kən] **I.** *n* africano, -a *m, f* **II.** *adj*
africano, -a

African American I. *adj* afroamericano, -a
II. *n* afroamericano, -a *m, f*

Afrikaans [ˌæf·rɪ·'kɑːns] *n* LING afrikaans *m inv*

Afro-American *adj, n s.* **African-American**

Afro-Caribbean [ˌæf·roʊ·ke·rɪ·'biː·ən] **I.** *adj*
afrocaraibico -a **II.** *n* afrocaraibico, -a *m, f*

aft [æft] *n* NAUT poppa *f*

after ['æf·tə·] **I.** *prep* **1.**(*at later time*) dopo;
~ **two days** dopo due giorni; (**shortly**)
~ **breakfast** (poco) dopo colazione
2.(*behind*) dietro; **to run** ~ **sb** correre dietro a
qn **3.**(*following*) dopo; **D comes** ~ **C** la D
viene dopo la C; **to have argument** ~ **argument** avere continue discussioni **4.**(*about*) **to
ask** ~ **sb** chiedere (notizie) di qn **5.**(*despite*)
~ **all** dopotutto **6.**(*in the style of*) **a drawing**
~ **Picasso** un disegno alla maniera di Picasso
7.(*in honor of*) **to name sth/sb** ~ **sb** chiamare qc/qn come qn **II.** *adv* dopo; **soon** ~
poco dopo; **the day** ~ il giorno dopo **III.** *conj*
dopo che +*conj;* **he spoke** ~ **she went out**
parlò dopo che lei fu uscita; **I'll call him**
(**right**) ~ **I've taken a shower** lo chiamerò
subito dopo aver fatto la doccia

afterbirth *n* MED placenta *f,* membrane fetali
espulse dopo il parto

aftercare ['æf·tə·ker] *n* MED assistenza *f* postoperatoria

after-dinner *adj* dopocena

aftereffects ['æf·tə·ɪ·ˌfektz] *npl* (*of drugs,
treatment*) effetti *m pl* secondari; (*of accident*)
postumi *mpl*

afterglow *n* **1.**(*after sunset*) *luce del sole
dopo il tramonto* **2.** PHYS luminescenza *f* resi-
dua

after-hours *adj* al termine della giornata lavorativa

afterlife ['æf·tə·laɪf] *n* vita *f* ultraterrena;
the ~ l'aldilà *m*

after-market *n* mercato *m* dei ricambi

aftermath ['æf·tə·mæθ] *n* conseguenze *fpl*

afternoon [ˌæf·tə·'nuːn] **I.** *n* pomeriggio *m;*
this ~ oggi pomeriggio; **in the** ~ nel [*o* di]
pomeriggio; **all** ~ tutto il pomeriggio; **tomor-
row/yesterday** ~ domani/ieri pomeriggio;
4 o'clock in the ~ le 4 del pomeriggio;
good ~**!** buongiorno! **II.** *adj* pomeridiano, -a;
~ **nap** sonnellino *m* (pomeridiano)

after-sales service *n* servizio *m* assistenza
clienti

after-shave ['æf·tə·ˌʃeɪv] *n* dopobarba *m inv*

aftershock *n* GEO scossa *f* di assestamento

aftertaste ['æf·tə·teɪst] *n a. fig* retrogusto *m*

after-tax *adj* al netto

afterthought ['æf·tə·θɑːt] *n* ripensamento *m*

afterward *adv,* **afterwards** ['æf·tə·wə·dz] *adv*
(*later*) più tardi; (*after something*) dopo;
shortly ~ poco dopo

again [ə·'gen] *adv* **1.**(*as a repetition*) ancora;
(*one more time*) di nuovo; **never** ~ mai più;
once ~ ancora una volta; **then** ~ d'altra parte;
yet ~ di nuovo; ~ **and** ~ tante volte **2.**(*anew*)
di nuovo

against [ə·'genst] **I.** *prep* **1.**(*in opposition to*)
contro; **to be** ~ **sth/sb** essere contro qc/qn;
~ **my will** contro la mia volontà **2.**(*as protection from*) contro; **to protect oneself** ~ **rain**
proteggersi dalla pioggia **3.**(*in contact with*)
contro; **to lean** ~ **a tree** appoggiarsi a un
albero; **to run** ~ **a wall** finire contro un muro
4.(*in front of*) ~ **the light** in controluce **5.**(*in
competition with*) contro; ~ **time/the clock**
contro il tempo **6.**(*in comparison with*) **the
dollar rose/fell** ~ **the euro** il dollaro è sal-
ito/sceso rispetto all'euro **II.** *adv a.* POL contro;
there were 10 votes ~ c'erano 10 voti contro

agate ['æ·gət] *n* agata *f*

age [eɪdʒ] **I.** *n* **1.**(*of person, object*) età *f;*
old ~ vecchiaia *f;* ~ **of consent** età del consenso; **what is your** ~**?** quanti anni hai?;
when I was her ~ quando avevo la sua età; **to
be seven years of** ~ avere sette anni; **to be
under** ~ essere minorenne; **to come of** ~
diventare maggiorenne; **to improve with** ~
migliorare con [*o* l'età] gli anni **2.**(*era*) era *f;* **in
this day and** ~ ai giorni nostri **3.**(*long time*)
secoli *mpl;* **I haven't seen her in** ~**s** è una
vita che non la vedo **II.** *vi* **1.**(*become older*)
invecchiare **2.** FOOD (*wine*) far invecchiare;
(*cheese*) far stagionare **III.** *vt* **1.**(*make
older*) invecchiare **2.** FOOD (*wine*) invecchiare;
(*cheese*) stagionare

age bracket *n s.* **age group**

aged¹ [eɪdʒd] *adj* **1.**(*wine*) invecchiato, -a;
(*cheese*) stagionato, -a **2.**(*with age of*) dell'età
di; **this game is for children** ~ **8 to 12**
questo gioco è adatto a bambini di età com-
presa tra gli 8 e i 12 anni

aged² [eɪ·dʒɪd] **I.** *adj* (*old*) anziano, -a **II.** *n*
the ~ gli anziani

age group *n* fascia *f* d'età

ageless ['eɪdʒ·lɪs] *adj* eterno, -a

age limit *n* limite *m* di età

agency ['eɪ·dʒən·si] <-ies> *n* **1.** COM agenzia *f;*
travel ~ agenzia di viaggi **2.** ADMIN organismo *m;* **government** ~ ente governativo
3. *form* **through the** ~ **of** per opera di

agenda [ə·'dʒen·də] *n* (*for meeting*) ordine *m*
del giorno; **to be at the top of the** ~ *fig* avere
la massima priorità

agent ['eɪ·dʒənt] *n* agente *mf;* **secret** ~ agente
segreto

A

Agent Orange *n* agente *m* arancio, *defogliante utilizzato durante la guerra del Vietnam*

Age of Aquarius *n* età *f* dell'Acquario

age-old *adj* antichissimo, -a

agglomerate [ə·'glɑː·mə·eɪt] *n*, **agglomeration** [ə·,glɑː·mə·'reɪ·ʃən] *n* agglomerato *m*

aggravate ['æ·grə·veɪt] *vt* **1.** (*make worse*) aggravare **2.** *inf* (*annoy*) irritare

aggravating *adj* (*annoying*) irritante

aggravation [,æ·grə·'veɪ·ʃən] *n inf* seccatura *f*

aggregate[1] ['æ·grɪ·gɪt] **I.** *n* **1.** FIN, ECON aggregato *m;* (*sum total*) somma *f* totale; (*total value*) valore *m* totale **2.** MATH somma *f* **II.** *adj* FIN, ECON totale

aggregate[2] ['æ·grɪ·geɪt] *vt* FIN, ECON sommare

aggression [ə·'gre·ʃən] *n* **1.** (*feelings*) aggressività *f* **2.** (*violence*) aggressione *f;* **an act of ~** un'aggressione

aggressive [ə·'gre·sɪv] *adj* aggressivo, -a

aggressor [ə·'gre·sə] *n* aggressore, -ditrice *m, f*

aggrieved [ə·'griːvd] *adj* risentito, -a

aghast [ə·'gæst] *adj* inorridito, -a; **to be ~ at sth** essere inorridito di fronte a qc

agile ['æ·dʒl] *adj* agile

agility [ə·'dʒɪ·lə·ţi] *n* agilità *f*

aging I. *adj* che invecchia **II.** *n* invecchiamento *m;* **the process of ~** il processo di invecchiamento

agitate ['æ·dʒɪ·teɪt] **I.** *vt* **1.** (*make nervous*) mettere in agitazione; **to become ~d** agitarsi **2.** TECH (*shake*) agitare **II.** *vi* **to ~ for/against sth** mobilitarsi per/contro qc

agitation [,æ·dʒɪ·'teɪ·ʃən] *n a.* POL agitazione *f*

agitator ['æ·dʒɪ·teɪ·ţə] *n* agitatore, -trice *m, f*

agnostic [æg·'nɑː·stɪk] **I.** *n* agnostico, -a *m, f* **II.** *adj* agnostico, -a

ago [ə·'goʊ] *adv* **a minute/a year ~** un minuto/un anno fa; **a long time ~, long ~** molto tempo fa; **how long ~ was that?** da quanto tempo è successo?

agog [ə·'gɑːg] *adj* **to watch/listen ~** guardava/ascoltava con interesse

agonize ['æ·gə·naɪz] *vi* angustiarsi; **to ~ about whether to do sth** angustiarsi rispetto al fare o non fare qc; **an ~d cry** un grido d'angoscia

agonizing ['æ·gə·naɪ·zɪŋ] *adj* **1.** (*pain*) atroce; **to die an ~ death** fare una morte atroce **2.** (*delay, decision*) angoscioso, -a

agony ['æ·gə·ni] <-ies> *n* agonia *f;* **to be in ~** avere dolori atroci; **to prolong the ~ (of sth)** prolungare l'agonia (di qc)

agony column *n* PUBL *rubrica di annunci per la ricerca di persone scomparse*

agoraphobia [ə·gɔː·rə·fɔː·biə] *n* agorafobia *f*

agrarian [ə·'gre·ri·ən] *adj* agrario, -a

agree [ə·'griː] **I.** *vi* **1.** (*hold same opinion*) essere d'accordo; **to ~ on sth** (*be in agreement*) essere d'accordo su qc; (*reach agreement*) accordarsi su qc; **to ~ to do sth** (*reach agreement*) accordarsi per fare qc; (*consent*) accettare di fare qc; **to ~ to a suggestion** accettare un suggerimento; **we don't ~ on**

many things non ci troviamo d'accordo su molte cose; **they can't ~** non riescono a mettersi d'accordo; **to ~ to disagree** rimanere ognuno della propria opinione **2.** (*be good for*) **to ~ with sb** andare bene per qn **3.** (*match up*) concordare **4.** LING concordare **II.** *vt* (*concur*) essere d'accordo; **it is ~d that ...** è stato deciso che...; **at the ~d time** all'ora fissata

agreeable *adj* **1.** (*pleasant*) gradevole; **he's quite an ~ guy** è una persona molto piacevole **2.** (*consenting*) **to be ~ (to sth)** essere d'accordo (con qc) **3.** (*acceptable*) accettabile; **is that ~ to you?** sei d'accordo?

agreement *n* **1.** (*contract, arrangement*) accordo *m;* **to break an ~** rompere un accordo **2.** (*shared opinion*) accordo *m;* **to be in ~ with sb/sth** essere d'accordo con qn/qc; **to reach an ~** raggiungere un accordo **3.** LING concordanza *f*

agribusiness ['æg·rɪ·,bɪz·nɪs] *n* agribusiness *m inv*

agricultural [,æg·rɪ·'kʌl·tʃə·rəl] *adj* agricolo, -a; **~ science** scienza agraria *f*

agriculture ['æg·rɪ·kʌl·tʃə] *n* agricoltura *f*

agritourism [æg·roʊ·'tʊ·rɪ·zəm] *n* agriturismo *m*

aground [ə·'graʊnd] *adv* NAUT **to run ~** incagliarsi; *fig* arenarsi

ah [ɑː] *interj* ah

aha [ɑː·'hɑː] *interj* ah ah

ahead [ə·'hed] *adv* **1.** (*in front*) davanti; **the road ~ was blocked** più avanti la strada era bloccata **2.** (*advanced position, forwards*) avanti; **to go ~** andare avanti; **to move ~ quickly** avanzare rapidamente; **to press ~ with the plan** andare avanti con il progetto **3.** (*in the future*) **to look ~** guardare al futuro; **to plan ~** pianificare per tempo

ahead of *prep* **1.** (*in front of*) davanti a; **to walk ~ sb** camminare davanti a qn; (*way*) **~ sb/sth** (molto) più avanti di qn/qc **2.** (*before*) prima di; **to decide/arrive ~ time** decidere/arrivare in anticipo **3.** (*more advanced than*) **to be a minute ~ sb** avere un minuto di vantaggio su qn; **to be ~ one's time** precorrere i tempi **4.** (*informed about*) **to keep ~ sth** tenersi al passo con qc

ahem [ə·'həm] *interj* ehm

ahoy [ə·'hɔɪ] *interj* **land/ship ~!** terra/nave in vista!; **~ there!** ehi della nave!

AI [,eɪ·'aɪ] *n* **1.** COMPUT *abbr of* **artificial intelligence** IA *f* **2.** MED, BIO *abbr of* **artificial insemination** inseminazione *f* artificiale

aid [eɪd] **I.** *n* **1.** (*assistance, support*) aiuto *m;* **to come/go to the ~ of sb** venire/andare in aiuto di qn; **with the ~ of sb/sth** con l'aiuto di qn/qc **2.** POL, ECON aiuto *m;* **emergency ~** primi aiuti; **financial ~** sovvenzione *f* **3.** (*device*) aiuto *m;* **hearing ~** apparecchio *m* acustico; **visual ~** sussidio *m* audiovisivo **II.** *vt* aiutare; **to ~ and abet sb** LAW essere complice di qn

aid convoy *n* convoglio *m* umanitario

aide [eɪd] *n* assistente *mf*

AIDS [eɪdz] *n abbr of* **Acquired Immune Deficiency Syndrome** AIDS *m*

ail [eɪl] *form* I. *vi* essere malato, -a II. *vt* affliggere; **what ~s you?** *a. iron* cosa ti succede?

ailing ['eɪ·lɪŋ] *adj* 1. (*person*) malato, -a 2. (*company, economy*) in crisi

ailment ['eɪl·mənt] *n* disturbo *m*

aim [eɪm] I. *vi* 1. (*point: weapon*) mirare; **to ~ at sb/sth** mirare a qn/qc 2. (*plan to achieve*) **to ~ at** [*o* **for**] **sth** puntare a qc; **to ~ to do sth** mirare a fare qc II. *vt* 1. (*point a weapon*) puntare; **to ~ sth at sb/sth** puntare qc su [*o* contro] qn/qc 2. (*direct at*) **to ~ sth at sb** rivolgere qc a qn 3. (*intend to*) **to be ~ed at doing sth** essere inteso a fare qc III. *n* 1. (*ability to shoot*) mira *f;* **to take ~** mirare 2. (*goal*) scopo *m;* **his ~ was to make fun of us** il suo intento era quello di burlarsi di noi; **sb's ~ in life** lo scopo di qn nella vita; **with the ~ of doing sth** col proposito di fare qc

aimless ['eɪm·lɪs] *adj* senza scopo

ain't [eɪnt] *inf* 1. (*to be*) *s.* **am not, are not, is not** 2. (*to have*) *s.* **have not, has not**

air [er] I. *n* 1. (*earth's atmosphere*) aria *f* 2. (*space overhead, sky*) aria *f;* **to fire into the ~** sparare in aria; **to be up in the ~** *fig* essere ancora in alto mare 3. AVIAT **by ~** in aereo; **to travel by ~** viaggiare in aereo 4. TV, RADIO, CINE **to be on the ~** essere in onda; **to be taken off the ~** non essere più mandato in onda 5. (*aura, quality*) aria *f;* **to have an ~ of confidence/danger** avere un aspetto sicuro/pericoloso 6. MUS aria *f* ▶ **out of thin ~** dal nulla; **to disappear into thin ~** svanire nel nulla II. *adj* aereo, -a III. *vt* 1. TV, RADIO trasmettere; **the program will be ~ed on Saturday** il programma andrà in onda sabato 2. (*expose to air*) arieggiare 3. (*publicize*) **to ~ one's grievances** esternare il proprio malcontento IV. *vi* 1. TV, RADIO andare in onda 2. (*be exposed to air*) prendere aria

air bag *n* airbag *m inv*

air ball *n* (*in basketball*) tiro *m* sbagliato

air base *n* base *f* aerea

airborne ['er·bɔːrn] *adj* 1. (*transported by aircraft*) aerotrasportato, -a 2. (*in the air*) **to be ~** essere in volo

air brake *n* freno *m* pneumatico

airbrush I. *n* aerografo *m* II. *vt* dipingere con l'aerografo

air bubble *n* bolla *f* d'aria

airbus *n* AVIAT airbus *m inv*

air-conditioned *adj* climatizzato, -a

air conditioner *n* climatizzatore *m*

air conditioning *n* climatizzazione *f*

air-cooled *adj* raffreddato, -a ad aria

air corridor *n* corridoio *m* aereo

aircraft ['er·kræft] *n* (*airplane*) aereo *m;* (*in general*) velivolo *m*

aircraft carrier *n* portaerei *f inv*

aircraft industry *n* industria *f* aerea

aircrew *n* + *sing/pl vb* equipaggio *m* (di volo)

air cushion *n* cuscinetto *m* d'aria

airdrome ['er·droʊm] *n* aerodromo *m*

air-dry *vt* essiccare all'aria

airfare *n* (costo *m* del) biglietto *m* aereo

airfield *n* campo *m* d'aviazione

air filter *n* filtro *m* dell'aria

air force *n* aeronautica *f* militare

airframe *n* cellula; (*of rocket*) struttura *f*

airfreight *n* merci*f pl* trasportate per via aerea

air gun *n* pistola *f* ad aria compressa

airhead *n inf* testa *f* vuota

air hole *n* fornello *m* di ventilazione

air lane *n* corridoio *m* aereo

airless ['er·las] *n* (*room*) mal ventilato, -a; (*day*) senza vento

airlift I. *n* ponte *m* aereo II. *vt* aerotrasportare

airline *n* compagnia *f* aerea

airliner *n* aereo *m* di linea

airmail I. *n* posta *f* aerea II. *vt* spedire per posta aerea

airman <-men> *n* 1. (*pilot*) aviatore *m;* (*crew member*) membro *m* dell'equipaggio 2. MIL aviere *m*

air mass *n* METEO massa *f* d'aria

air mattress *n* materassino *m* gonfiabile

air piracy *n* pirateria *f* aerea

airplane *n* aeroplano *m*

air pocket *n* vuoto *m* d'aria

air pollutant *n* agente *m* inquinante (dell'aria)

air pollution *n* inquinamento *m* atmosferico

airport *n* aeroporto *m*

airport terminal *n* terminal *minv* (dell'aeroporto)

air pump *n* pompa *f* per l'aria

air quality *n* qualità *f* dell'aria

air raid *n* incursione *f* aerea

air rifle *n* fucile *m* ad aria compressa

airship *n* dirigibile *m*

air show *n* manifestazione *f* aerea

airsick *adj* **to get ~** soffrire di mal d'aereo

airspace *n* spazio *m* aereo

airstrip *n* pista *f* d'atterraggio

air taxi *n* aerotaxi *m inv*

airtight *adj* ermetico, -a

airtime *n* TV spazio *m* televisivo

air traffic *n* traffico *m* aereo

air-traffic controller *n* controllore *m* di volo

airway ['er·weɪ] *n* 1. ANAT via *f* respiratoria 2. (*route of aircraft*) rotta *f* aerea

airworthy ['er·ˌwɜːr·ði] *adj* in condizione di poter volare

airy ['e·ri] *adj* 1. ARCHIT arioso, -a 2. (*light*) leggero, -a; **with an ~ step** con passo leggero 3. (*lacking substance*) etereo, -a

aisle [aɪl] *n* corridoio *m;* (*in church*) navata *f* laterale ▶ **to have sb rolling in the ~s** far ridere qn a crepapelle; **to take sb down the ~** portare all'altare qn

ajar [ə·ˈdʒɑːr] *adj* socchiuso, -a

AK [ə·ˈlæs·kə] *n abbr of* **Alaska** Alaska

AKA, aka *abbr of* **also known as** alias

akimbo [ə·ˈkɪm·boʊ] *adj* (**with**) **arms ~** (con) le mani sui fianchi

A

akin [ə·'kɪn] *adj* ~ **to** simile a

AL *n*, **Ala.** *n abbr of* **Alabama** Alabama *m*

à la carte [ɑː·lə·'kɑːrt] *adj, adv* alla carta

alacrity [ə·'læk·rə·t̬i] *n* alacrità *f*

à la mode [ˌɑː·lə 'moʊd] *adj* con gelato

alarm [ə·'lɑːrm] **I.** *n* **1.** (*worry*) apprensione *f;* **to cause sb** ~ allarmare qn **2.** (*warning*) allarme *m;* **fire** ~ allarme antincendio; **burglar** ~ allarme antifurto; **a false** ~ un falso allarme; **to give** [*o* **sound**] **the** ~ *a. fig* dare l'allarme **3.** (*clock*) sveglia *f* **II.** *vt* allarmare; **to be** ~**ed** essere preoccupato

alarm clock *n* sveglia *f*

alarming *adj* allarmante

alarmist [ə·'lɑːr·mɪst] **I.** *adj* allarmistico, -a **II.** *n* allarmista *mf*

Alas. *n abbr of* **Alaska** Alaska

Alaska [ə·'læs·kə] *n* Alaska *f*

albacore ['æl·bə·ˌkɑːr] *n* ZOOL alalonga *f*

Albania [æl·'beɪn·iə] *n* Albania *f*

Albanian I. *n* **1.** (*person*) albanese *mf* **2.** LING albanese *m* **II.** *adj* albanese

albatross ['æl·bə·trɑːs] *n* albatro *m*

albeit [ɔːl·'biː·ɪt] *conj* sebbene

albino [æl·'baɪ·noʊ] **I.** *adj* albino, -a **II.** *n* albino, -a *m, f*

album ['æl·bəm] *n a.* MUS album *m inv;* **the family** ~ l'album di famiglia

---

Alcatraz è un vecchio carcere sull'isola di Alcatraz, nella baia di San Francisco. Dato che l'isola si eleva su una base di cinque ettari di rocce a precipizio sul mare, il carcere è soprannominato 'La Roccia'. Lì venivano rinchiusi i prigionieri più pericolosi.

---

alcohol ['æl·kə·hɑːl] *n* alcol *m*

alcohol-free *adj* analcolico, -a

alcoholic [ˌæl·kə·'hɑː·lɪk] **I.** *n* alcolizzato, -a *m, f* **II.** *adj* alcolico, -a

alcoholism *n* alcolismo *m*

alcove ['æl·koʊv] *n* nicchia *f*

alder ['ɔːl·də·] *n* BOT ontano *m*

alderman ['ɔːl·də··mən] <-men> *n* POL consigliere *m* comunale

ale [eɪl] *n* birra *f*

alert [ə·'lɜːrt] **I.** *adj* sveglio, -a; **to keep** ~ stare attento **II.** *n* **1.** (*alarm*) allarme *m* **2.** (*period of watchfulness*) allerta *f;* **state of** ~ stato *m* d'allarme; **to be on the** ~ stare all'erta **III.** *vt* (*notify*) allertare

---

L' **A-Level** è un tipo di esame sostenuto al termine della scuola secondaria. Per l'esame sarebbe possibile limitarsi a scegliere una sola materia, ma la maggior parte degli studenti ne sceglie tre. Ottenere degli **A-Levels** consente agli alunni di accedere all'Università.

---

alfalfa [æl·'fæl·fə] *n* erba *f* medica

alfresco [æl·'fres·koʊ] *adv* all'aperto

alga ['æl·gə] *n* <*pl* algae> alga *f*

algebra ['æl·dʒɪ·brə] *n* MATH algebra *f*

algebraic [ˌæl·dʒɪ·'breɪ·ɪk] *adj* algebrico, -a

Algeria [æl·'dʒɪ·riə] *n* Algeria *f*

Algerian I. *n* algerino, -a *m, f* **II.** *adj* algerino, -a

Algiers [æl·'dʒɪrz] *n* Algeri *f*

alias ['eɪ·li·əs] **I.** *n* pseudonimo *m* **II.** *adv* alias

alibi ['æ·lɪ·baɪ] *n* alibi *m inv*

alien ['eɪ·li·ən] **I.** *adj* **1.** (*foreign*) straniero, -a **2.** (*strange*) estraneo, -a; ~ **to sb** alieno a qn; **an** ~ **idea** un'idea innaturale **II.** *n* **1.** *form* (*foreigner*) straniero, -a *m, f; illegal* ~ straniero irregolare **2.** (*extraterrestrial*) alieno, -a *m, f*

alienate ['eɪ·li·ə·neɪt] *vt* **1.** (*person*) alienare; **to** ~ **sb from sb/sth** far allontanare qn da qc **2.** LAW (*property*) alienare

alienation [ˌeɪ·li·ə·'neɪ·ʃən] *n* **1.** (*of people*) allontanamento *m* **2.** LAW (*of property*) alienazione *f*

alight¹ [ə·'laɪt] *adj* **1.** (*on fire*) acceso, -a; **to be** ~ essere in fiamme; **to set sth** ~ dar fuoco a qc **2.** *fig* (*with enthusiasm, joy*) risplendente; **to set sb's imagination** ~ accendere l'immaginazione di qn

alight² [ə·'laɪt] *vi form* **1.** (*on branch*) posarsi **2.** (*from vehicle*) scendere

♦ **alight on** *vi* **to** ~ **sth** imbattersi in qc

align [ə·'laɪn] *vt* **1.** allineare **2.** *fig* **to** ~ **oneself with sb/sth** allinearsi [*o* schierarsi] con qn/qc

alignment *n* allineamento *m;* **to be out of** ~ non essere allineato

alike [ə·'laɪk] **I.** *adj* **1.** simile; **to look** ~ assomigliarsi **2. Clara and Carl** ~ ... (*both*) sia Clara che Carlo... **II.** *adv* (*similarly*) allo stesso modo; **to think** ~ pensarla allo stesso modo

alimony ['æ·lɪ·moʊ·ni] *n* alimenti *mpl*

alive [ə·'laɪv] *adj* **1.** (*not dead*) vivo, -a; **to be** ~ esser vivo; **to be buried** ~ essere sepolto vivo; **to keep sb** ~ mantenere qn in vita; **to keep sb's hopes** ~ mantener vive le speranze di qn **2.** (*active*) pieno, -a di vita; **to make sth come** ~ dar vita a qc **3.** (*aware*) **to be** ~ **to sth** essere cosciente di qc

alkali ['æl·kə·laɪ] **I.** <-s *o* -es> *n* alcali *m inv* **II.** *adj* alcalino, -a

alkaline ['æl·kə·laɪn] *adj* alcalino, -a

all [ɔːl] **I.** *adj* tutto, -a; ~ **the butter** tutto il burro; ~ **the wine** tutto il vino; ~ **my sisters** tutte le mie sorelle; **with** ~ **possible speed** il più velocemente possibile **II.** *pron* **1.** (*everybody*) tutti, -e; ~ **aboard!** tutti a bordo!; ~ **but him** tutti meno lui; **he's got four daughters,** ~ **with blue eyes** ha quattro figlie, tutte con gli occhi azzurri; **once and for** ~ una volta per tutte **2.** (*everything*) tutto; ~ **but** ... tutto tranne...; **most of** ~ soprattutto; **the best of** ~ **would be** ... la cosa migliore sarebbe...; **for** ~ **I know** per quel che ne so io **3.** (*the whole quantity*) tutto, -a; **they took/drank it** ~ l'hanno preso/bevuto tutto; ~ **of France** tutta la Francia **4.** (*the only thing*) tutto, -a; ~ **I want is** ... tutto ciò che voglio è...; **I am** ~

A

the family she has sono io tutta la sua famiglia **5.** SPORTS **two ~** due a due; **to tie two ~** pareggiare due a due **III.** *adv* tutto; **~ around** tutt'intorno; **not as stupid as ~ that** non del tutto stupido; **it's ~ the same** è lo stesso

Allah ['æ·lə] *n* Allah *m*

all-around [ˌɔːl·ə·'raʊnd] *adj* completo, -a; **~ talent** talento *m* in tutto

allay ['ə·leɪ] *vt* (*fear*) calmare; (*doubt*) dissipare

all clear *n* cessato allarme *m;* **to give/get the ~** dare/ricevere il via libera; **to give sth the ~** *fig* dare il via libera a qc

all-day *adj* che dura tutto il giorno

allegation [ˌæ·lɪ·'geɪ·ʃən] *n* accusa *f;* **to make an ~ against sb** accusare qn

allege [ə·'ledʒ] *vt* asserire; **she is ~d to have stolen the money** si dice che abbia rubato del denaro; **it is ~d that ...** si presume che...

alleged [ə·'ledʒd] *adj* presunto, -a

allegedly [ə·'le·dʒɪd·li] *adv* a quanto si dice

allegiance [ə·'liː·dʒəns] *n* fedeltà *f;* **to pledge ~ to sb/sth** giurare fedeltà a qn/qc

allegoric(al) [ˌæ·lɪ·'gɔː·rɪ·k(əl)] *adj* allegorico, -a

allegory ['æ·lɪ·gɔː·ri] <-ies> *n* allegoria *f*

allergen ['æ·lə·dʒən] *n* allergene *m*

allergenic [æ·lə·'dʒe·nɪk] *adj* allergenico, -a

allergic [ə·'lɜːr·dʒɪk] *adj* allergico, -a; **~ reaction** reazione *f* allergica

allergist ['æ·lə·dʒɪst] *n* allergologo, -a *m, f*

allergy ['æ·lə·dʒi] <-ies> *n* allergia *f*

alleviate [ə·'liː·vi·eɪt] *vt* alleviare

alley ['æ·li] *n* **1.** (*between buildings*) vicolo *m;* **blind ~** vicolo cieco **2.** (*in garden*) vialetto *m* ▶ **to be right up one's ~** essere la specialità di qn

alley cat *n* gatto *m* randagio

alleyway *n* vicolo *m*

alliance [ə·'la·ɪəns] *n* alleanza *f;* **to form an ~** formare un'alleanza

allied ['æ·laɪd] *adj* **1.** *a.* MIL alleato, -a; **the Allied forces** le forze alleate **2.** (*combined*) **~ with** [*o* to] **sth** unito a qc

alligator ['æ·lɪ·geɪ·tə] *n* alligatore *m*

all-inclusive [ˌɔːl·ɪn·'kluː·sɪv] *adj* tutto compreso; **~ rate** prezzo inclusivo di tutto

alliteration *n* LIT allitterazione *f*

all-night *adj* (*taking all night*) che dura tutta la notte; (*open all night*) aperto, -a tutta la notte

all nighter *n inf* **I pulled an ~ to finish the project** ho lavorato tutta la notte per ultimare il progetto

allocate ['æ·lə·keɪt] *vt* **1.** (*assign*) assegnare **2.** (*distribute*) ripartire; **to ~ blame for sth to sb** attribuire la colpa di qc a qn

allocation [ˌæ·lə·'keɪ·ʃən] *n* **1.** (*assignment*) assegnazione *f* **2.** (*act of distributing*) distribuzione *f*

allot [ə·'lɑːt] <-tt-> *vt* assegnare

allotment *n* **1.** (*assignment*) assegnazione *f* **2.** (*distribution*) distribuzione *f* **3.** (*allotted thing*) quantità *f* assegnata

all-out [ɔːl·'aʊt] *adj* totale; **to make an ~**

effort fare uno sforzo supremo; **~ attack** attacco *m* accanito

allow [ə·'laʊ] *vt* **1.** (*permit*) permettere; **to ~ access** consentire l'accesso; **to ~ sb to do sth** permettere a qn di fare qc; **~ me** mi permetta; **please ~ me through** *form* mi fa passare, per favore?; **smoking is not ~ed** è vietato fumare **2.** (*allocate*) assegnare; **please ~ up to 7 days for delivery** calcolare fino a 7 giorni per la consegna **3.** (*admit*) **to ~ that ...** ammettere che...

◆ **allow for** *vt* tenere conto di

allowable *adj* **1.** (*error*) ammissibile **2.** (*expenses*) deducibile

allowance [ə·'laʊ·əns] *n* **1.** (*permitted amount*) quantità *f* consentita; **baggage ~** bagaglio *m* consentito **2.** (*pocket money*) paghetta *f* **3.** (*preparation*) **to make ~(s) for sth** tener conto di qc **4.** (*excuse*) **to make ~s for sb** essere indulgente nei confronti di qn; **to make ~s for sth** tener conto di qc

alloy ['æ·lɔɪ] **I.** *n* lega *f;* **~ wheels** cerchi *m* in lega *pl* **II.** *vt form* svilire

all-purpose [ɔːl·'pɜːr·pəs] *adj* universale

all right I. *adj* **1.** (*okay*) bene; **that's ~** (*after thanks*) prego; (*after excuse*) non importa; **what do you think of the book? — it was ~, nothing special** cosa pensi del libro? — passabile, niente di speciale; **to be ~ with sb** andare bene a qn **2.** (*healthy*) bene; **to be ~** stare bene; (*safe*) esser sano e salvo; **to get home ~** arrivare a casa senza problemi **II.** *interj* (*expressing agreement*) va bene **III.** *adv* **1.** (*well*) bene **2.** (*certainly*) sicuramente **3.** (*in answer*) va bene

All Saints' Day *n* Ognissanti *m*

All Souls' Day *n* giorno *m* dei morti

allspice ['ɔːl·spaɪs] *n* CULIN pimento *m*

all-star I. *adj* **an all-star cast** un cast di attori famosi **II.** *n* SPORTS giocatore , -trice migliore *m*

all-terrain vehicle *n* ≈ fuoristrada *m inv*

all-time high *n* massimo *m* storico

all-time low *n* minimo *m* storico

allude [ə·'luːd] *vi* **to ~ to sth** alludere a qc

allure [ə·'lʊr] **I.** *n* (*attractiveness*) attrattiva *f;* (*charm*) fascino *m;* **sexual ~** attrattiva *f* sessuale **II.** *vt* attrarre

alluring [ə·'lʊ·rɪŋ] *adj* (*attractive*) attraente; (*enticing*) seducente

allusion [ə·'luː·ʒən] *n* allusione *f*

all-weather *adj* per tutte le stagioni

ally ['æ·laɪ] **I.** <-ies> *n* **1.** (*country*) alleato, -a *m, f* **2.** (*supporter*) alleato, -a *m, f* **II.** <-ie-> *vt* **to ~ oneself with sb** POL allearsi con qn

alma mater ['æl·mə mɑː·tə] *n scuola, college o università di cui si è stati studenti*

almanac ['ɔːl·mə·næk] *n* almanacco *m*

almighty [ɔːl·'maɪ·ți] **I.** *adj inf* enorme **II.** *n* **the Almighty** l'Onnipotente

almond ['ɑː·mənd] *n* **1.** (*nut*) mandorla *f* **2.** (*tree*) mandorlo *m*

almost ['ɔːl·moʊst] *adv* quasi; **~ half** quasi metà; **we're ~ there** siamo quasi arrivati

A

alms [ɑːmz] *npl* elemosina *f*
aloe vera [ˌa·loʊ·'ve·rə] *n* aloe *f* vera
aloha [ə·'loʊ·ə] *interj reg* ciao
alone [ə·'loʊn] I. *adj* 1.(*without others*) solo, -a; **to do sth ~** fare qualcosa da solo; **to go it ~** *inf* mettersi per conto proprio; **to leave sb ~** lasciare qn in pace; **to leave sth ~** lasciare stare qc 2.(*unique*) **to be ~ in doing sth** essere il solo a fare qc; **Jane ~ can do that** solo Jane lo può fare ► **let ~ ...** figuriamoci... II. *adv* solo
along [ə·'lɑːŋ] I. *prep* lungo; **all ~ the river** lungo tutto il fiume; **~ the road** lungo la strada; **I lost it ~ the way** l'ho perso per strada; **it's ~ here** è per di qua II. *adv* **all ~** fin dall'inizio; **to bring/take sb ~** portare qn (con sé); **to go ~** andare avanti; **he will be ~ in an hour** sarà qui tra un'ora; **come ~!** vieni anche tu!
alongside [ə·'lɑːŋ·saɪd] I. *prep* 1.(*next to*) accanto a; **to draw up ~ sb/sth** accostarsi a qn/qc; **~ each other** uno accanto all'altro; **to fight ~ sb** lottare a fianco di qn 2. NAUT sottobordo II. *adv* accanto; NAUT accostato
aloof [ə·'luːf] *adj* distante; **to remain ~ from sth** tenersi lontano da qc
aloud [ə·'laʊd] *adv* ad alta voce; **to think ~** pensare ad alta voce
alpha ['æl·fə] *n* alfa *f*
alphabet ['æl·fə·bet] *n* alfabeto *m*
alphabetical [ˌæl·fə·'be·tɪ·kl] *adj* alfabetico, -a; **in ~ order** in ordine alfabetico
alphabetize *vt* mettere in ordine alfabetico
alphanumeric [ˌæl·fə·nuː·'me·rɪk] *adj* alfanumerico, -a
alpha particle *n* particella *f* alfa
alpha ray *n* raggio *m* alfa
alpine ['æl·paɪn] *adj* alpino, -a
Alps [ælps] *npl* **the ~** le Alpi
already [ɔːl·'re·di] *adv* già
alright [ɔl·'raɪt] *adv s.* **all right**
Alsace ['æl·sæs] *n* Alsazia *f*
Alsatian [æl·'seɪ·ʃən] I. *n* 1.(*person*) alsaziano, -a *m, f* 2.(*dog*) pastore *m* tedesco II. *adj* alsaziano, a
also ['ɔːl·soʊ] *adv* anche
altar ['ɔːl·tər] *n* altare *m*
altar boy *n* chierichetto *m*
altar girl *n* chierichetta *f*
alter ['ɔːl·tər] I. *vt* 1.(*change: text, plan*) modificare; (*option*) cambiare; (*paint*) ritoccare 2. FASHION (*dress, suit*) apportare modifiche a 3.(*castrate: dog, cat*) sterilizzare II. *vi* cambiare
alterable ['ɔːl·tə·ə·bl] *adj* modificabile
alteration [ˌɔːl·tə·'reɪ·ʃən] *n* 1.(*change*) alterazione *f*; (*in house*) ristrutturazione *f* 2.(*act of changing*) modifica *f*
altercation [ˌɔːl·tə·'keɪ·ʃən] *n* alterco *m*
alter ego ['ɑːl·tə ˌiː·goʊ] *n* 1.(*second identity*) alter ego *mf inv* 2.(*close friend*) amico, -a intimo *m*

alternate¹ ['ɔːl·tə·neɪt] I. *vt* alternare II. *vi* alternarsi
alternate² [ɔːl·'tɜːr·nət] *adj* 1.(*by turns*) alterno, -a; **on ~ days** a giorni alterni 2.(*alternative*) alternativo, -a
alternating ['ɔːl·tə·neɪ·ţɪŋ] *adj* alterno, -a
alternating current *n* ELEC corrente *f* alternata
alternative [ɔːl·'tɜːr·nə·ţɪv] I. *n* alternativa *f*; **to have no ~ but to do sth** non avere altra scelta se non fare qc II. *adj* alternativo, -a
alternatively *adv* 1.(*on the other hand*) altrimenti 2.(*as a substitute*) in alternativa
alternator ['ɔːl·tə·neɪ·ţə] *n* alternatore *m*
although [ɔːl·'ðoʊ] *conj* nonostante; **he is stingy ~ he is rich** nonostante sia ricco è avaro; **~ it's snowing ...** sebbene nevichi...
altimeter [æl·'tɪ·mə·ţə] *n* AVIAT altimetro *m*
altitude ['æl·tə·tuːd] *n* altitudine *f*
alto ['æl·toʊ] *n* 1.(*woman*) contralto *m* 2.(*man*) controtenore *m*
altogether [ˌɔːl·tə·'ge·ðə] I. *adv* 1.(*completely*) completamente; **not ~** non del tutto 2.(*in total*) complessivamente II. *n* **in the ~** completamente nudo
alto saxophone *n* sassofono *m* contralto
altruism ['æl·tru·ɪ·zəm] *n* altruismo *m*
altruist ['æl·tru·ɪst] *n* altruista *mf*
altruistic [ˌæl·tru·'ɪs·tɪk] *adj* altruistico, -a
aluminum [ə·'luː·mɪ·nəm] *n* alluminio *m*
aluminum foil *n* carta *f* stagnola
aluminum oxide *n* allumina *f*
always ['ɔːl·weɪz] *adv* 1.(*at all times*) sempre 2.(*alternatively*) sempre
Alzheimer's disease ['ɑːlts·haɪ·mərz] *n* morbo *m* di Alzheimer
am [əm, *stressed:* æm] *vi* 1. *pers sing of* be
A.M. [ˌeɪ·'em], **a.m.** *abbr of* **ante meridiem** a.m.
amalgam [ə·'mæl·gəm] *n* amalgama *m*
amalgamate [ə·'mæl·gə·meɪt] I. *vt* 1.(*metals*) amalgamare 2. COM fondere II. *vi* 1.(*metals*) amalgamarsi 2. COM fondersi
amalgamation [ə·ˌmæl·gə·'meɪ·ʃən] *n* 1.(*process*) amalgamazione *f* 2. COM fusione *f*
amass [ə·'mæs] *vt* (*money*) ammassare; (*information*) accumulare
amateur ['æ·mə·tʃər] I. *n a. pej* dilettante *mf* II. *adj* dilettantistico, -a; **~ sport** sport *m* dilettantistico *inv*
amateurish [ˌæ·mə·'tʃɜː·rɪʃ] *adj* da dilettante
amaze [ə·'meɪz] *vt* 1.(*astound*) stupire; **to be ~d that ...** essere stupito che...; **to be ~d by sth** essere stupito da qc 2.(*surprise*) sorprendere; **to be ~d by sth** essere sorpreso da qc
amazement *n* stupore *m*; **to stare at sth in ~** fissare qc per lo stupore; **to my ~** con mio grande stupore
amazing *adj* sorprendente; **truly ~** davvero incredibile
Amazon ['æ·mə·zɑːn] *n* 1.(*river*) **the ~** il Rio delle Amazzoni 2.(*female warrior*) amazzone *f*

ambassador [æm·'bæ·sə·dɚ] *n* ambasciatore, -trice *m, f*

amber ['æm·bɚ] I. *n* ambra *f* II. *adj* ambrato, -a

ambidextrous [ˌæm·bɪ·'deks·trəs] *adj* ambidestro, -a

ambient ['æm·biənt] *adj* circostante

ambiguity [ˌæm·bə·'gju:·ə·t̬i] <-ies> *n* ambiguità *f*

ambiguous [æm·'bɪg·ju·əs] *adj* ambiguo, -a

ambition [æm·'bɪ·ʃən] *n* ambizione *f;* she has no ~ non ha nessuna ambizione

ambitious [æm·'bɪ·ʃəs] *adj* ambizioso, -a; to be ~ for sth avere ambizioni per qc; to be ~ to do sth avere l'ambizione di fare qc

ambivalent [æm·'bɪ·və·lənt] *adj* ambivalente; to feel ~ about [*o* towards] sth/sb provare sentimenti contrastanti nei confronti di qc/qn

amble ['æm·bl] I. *vi* camminare senza fretta II. *n* 1.(*stroll*) passeggiata *f* 2.(*of horse*) ambio *m*

ambulance ['æm·bju·ləns] *n* ambulanza *f*

ambush ['æm·bʊʃ] I. *vt* to ~ sb tendere un'imboscata a qn II. *n* <-es> imboscata *f;* to lie in ~ for sb stare in agguato in attesa di qn

ameba <-bas *o* -bae> *n s.* amoeba

amebiasis *n* amebiasi *f inv*

amebic *adj s.* amoebic

ameliorate [ə·'mi:·li·ə·reɪt] *vt form* migliorare

amelioration [ə·ˌmi:·li·ə·'reɪ·ʃən] *n form* miglioramento *m*

amen [eɪ·'men] *interj* amen; ~ to that! sono assolutamente d'accordo!

amenable [ə·'mi:·nə·bl] *adj* disponibile; to be ~ to sth essere ben disposto nei confronti di qc; to be ~ to reason mostrarsi ragionevole

amend [ə·'mend] *vt* 1.(*constitution*) emendare; (*text, plan*) correggere 2. BOT (*soil*) arricchire

amendment *n* 1.(*to constitution*) emendamento *m;* (*to text, plan*) correzione *f* 2.(*to soil*) arricchimento *m*

amends *npl* to make ~ for sth farsi perdonare per qc

amenities [ə·'me·nə·t̬i:z] *npl* strutture *f pl* ricreative

America [ə·'me·rɪ·kə] *n* America *f;* the ~s le Americhe

American [ə·'me·rɪ·kən] I. *n* 1.(*person*) americano, -a *m, f* 2. LING (inglese *m*) americano *m* II. *adj* americano, -a

American Indian *n* indiano , -a *m, f* d'America

Americanism *n* americanismo *m*

Americanize *vt* americanizzare

amethyst ['æ·mɪ·θɪst] I. *n* 1.(*stone*) ametista *f* 2.(*color*) ametista *m* II. *adj* ametista

amiability [ˌeɪ·mi·ə·'bɪ·lə·t̬i] *n* amabilità *f.*

amiable ['eɪ·mi·ə·bl] *adj* amabile

amicable ['æ·mɪ·kə·bl] *adj* amichevole; to reach an ~ settlement arrivare a un accordo amichevole

amid(st) [ə·'mɪd(st)] *prep* in mezzo a, fra

amino acid [ə·'mi:·noʊ·'æ·sɪd] *n* aminoacido *m*

amiss [ə·'mɪs] I. *adj* there's something ~ c'è qualcosa che non va II. *adv* to take sth ~ prendersela a male; a little courtesy would not go ~ un po' di cortesia non ci starebbe male

ammeter ['æ·mɪ·t̬ɚ] *n* ELEC amperometro *m*

ammonia [ə·'moʊn·jə] *n* ammoniaca *f*

ammunition [ˌæm·jə·'nɪ·ʃən] *n* 1.(*for guns*) munizioni *fpl* 2. *fig* argomenti *mpl*

ammunition depot *n* deposito *m* di munizioni

amnesia [æm·'ni:z·ʒə] *n* amnesia *f*

amnesty ['æm·nəs·ti] <-ies> *n* amnistia *f*

amoeba [ə·'mi:·bə] <-bas *o* -bae> *n* ameba *f*

amoebic [ə·'mi:·bɪk] *adj* amebico, -a

amok [ə·'mʌk] *adv s.* amuck

among(st) [ə·'mʌŋ(st)] *prep* tra; ~ friends tra amici; (just) one ~ many (solo) uno fra tanti; ~ Canadians tra canadesi; to divide sth up ~ us dividere qc tra di noi; ~ the flowers/the pupils tra i fiori/gli alunni; ~ other things fra le altre cose

amoral [ˌeɪ·'mɔ:·rəl] *adj* amorale

amorous ['æ·mə·rəs] *adj* amoroso, -a

amorphous [ə·'mɔːr·fəs] *adj* amorfo, -a

amortization [æ·ˌmɔːr·t̬ə·'zeɪ·ʃən] *n* ammortamento *m*

amortize [æ·'mɔːr·taɪz] *vt* ammortizzare

amount [ə·'maʊnt] I. *n* 1.(*quantity*) quantità *f;* a certain ~ of difficulty varie difficoltà 2.(*very much*) any ~ of grandi quantità di; any ~ of people molte persone 3.(*of money*) somma *f;* (*of bill*) importo *m;* a check in the ~ of ... un assegno per il valore di...; ~ carried forward somma riportata II. *vi* 1.(*add up to*) to ~ to sth ammontare a qc; that ~s to a refusal questo equivale a un rifiuto 2.(*be successful*) to ~ to sth arrivare a qc; he will never ~ to much non combinerà mai granché

amp 1. *abbr of* **ampere** ampere *m inv* 2. MUS *abbr of* **amplifier** amplificatore *m*

ampere ['æm·pɪr] *n* ampere *m inv*

amphetamine [æm·'fe·tə·mi:n] *n* anfetamina *f*

amphibian [æm·'fɪb·iən] I. *adj* anfibio, -a II. *n* ZOOL, AUTO anfibio *m*

amphibious [æm·'fɪb·iəs] *adj* anfibio, -a

amphitheater ['æmp·fə·ˌθiː·ə·t̬ɚ] *n* anfiteatro *m*

ample ['æm·pl] *adj* 1.(*plentiful*) abbondante 2.(*large*) ampio, a 3.(*enough*) sufficiente

amplification [ˌæmp·lɪ·fɪ·'keɪ·ʃən] *n* 1. MUS amplificazione *f* 2.(*increased detail*) approfondimento *m*

amplifier ['æmp·lɪ·fa·ɪɚ] *n* amplificatore *m*

amplify ['æmp·lɪ·faɪ] <-ie-> I. *vt* 1. MUS amplificare 2.(*enlarge upon: statement*) ampliare; (*idea*) sviluppare II. *vi* to ~ upon sth approfondire qc

amplitude ['æmp·lɪ·tu:d] *n* ampiezza *f*

ampoule *n*, **ampule** ['æm·pu:l] *n* MED fiala *f*

amputate ['æmp·ju·teɪt] *vt* amputare

A

amputation [ˌæmp·jʊ·ˈteɪ·ʃən] *n* amputazione *f*

amputee [ˌæmp·jʊ·ˈtiː] *n* mutilato, -a *m, f*

amuck [ə·ˈmʌk] *adv* fuori controllo; **to run ~** scatenarsi

amulet [ˈæm·jʊ·lɪt] *n* amuleto *m*

amuse [ə·ˈmjuːz] *vt* **1.** (*entertain*) divertire; **to ~ oneself** distrarsi; **to keep sb ~d** intrattenere qn **2.** (*cause laughter*) divertire; **I'm not ~d** non lo trovo divertente

amusement [ə·ˈmjuːz·mənt] *n* **1.** (*entertainment*) divertimento *m;* **for one's own ~** per svago **2.** (*mirth*) divertimento *m;* (**much**) **to my ~** con mio gran divertimento; **he looked on in ~** guardò divertito **3.** (*laughter*) risata *f;* **to conceal one's ~** trattenersi dal ridere

amusement park *n* luna park *m inv*

amusing *adj* divertente

an [ən, *stressed:* æn] *indef art before vowel s.* **a**

anabolic steroid [æ·nə·ˈbɔ·lɪk·ˈste·rɔɪd] *n* steroide *m* anabolizzante

anachronism [ə·ˈnæ·krə·nɪ·zəm] *n* anacronismo *m*

anachronistic [ə·ˌnæ·krə·ˈnɪs·tɪk] *adj* anacronistico, -a

anaconda [ˌæ·nə·ˈkɑːn·də] *n* anaconda *m inv*

anagram [ˈæ·nə·græm] *n* anagramma *m*

anal [ˈeɪ·nəl] *adj* anale

analgesic [ˌæ·næl·ˈdʒiː·sɪk] I. *adj* analgesico, -a II. *n* analgesico *m*

analog [ˈæ·nə·lɑːg] *n* equivalente *m*

analog computer *n* computer *m* analogico *inv*

analogous [ə·ˈnæ·lə·gəs] *adj* analogo, -a; **to be ~ to sth** essere analogo a qc

analogy [ə·ˈnæ·lə·dʒi] <-ies> *n* analogia *f;* **to draw an ~ between** fare un'analogia tra; **by ~ with sth** per analogia con qc

analysis [ə·ˈnæ·lə·sɪs] <-ses> *n* **1.** (*examination*) analisi *f inv* **2.** (*psychoanalysis*) (psic)analisi *f inv;* **to be in ~** essere in analisi ▶ **in the** final [*o* last] **~** in ultima analisi

analyst [ˈæ·nə·lɪst] *n* **1.** (*analyzer*) analista *mf;* **food ~** analista alimentare; **financial ~** analista finanziario **2.** PSYCH (psic)analista *mf*

analytic(al) [ˌæ·nə·ˈlɪ·t̬ɪ·k(əl)] *adj* analitico, -a

analyze [ˈæ·nə·laɪz] *vt* analizzare; PSYCH psicanalizzare

anarchic(al) [æ·ˈnɑːr·kɪ·k(əl)] *adj* anarchico, -a

anarchism [ˈæ·nə·kɪ·zəm] *n* anarchismo *m*

anarchist [ˈæ·nə·kɪst] I. *adj* anarchico, -a II. *n* anarchico, -a *m, f*

anarchistic [ˌæ·nə·ˈkɪs·tɪk] *adj* anarchico, -a

anarchy [ˈæ·nə·ki] *n* anarchia *f*

anathema [ə·ˈnæ·θə·mə] *n* **1.** REL anatema *m* **2.** *fig* **the very idea was ~ to her** odiava anche solo l'idea

anatomical [ˌæ·nə·ˈtɑː·mɪ·kl] *adj* anatomico, -a

anatomy [ə·ˈnæ·t̬ə·mi] <-ies> *n* **1.** BIO anatomia *f* **2.** *iron* (*body*) corpo *m* **3.** (*analysis*) analisi *f inv*

ancestor [ˈæn·ses·tə] *n* **1.** (*of person*) antenato, -a *m, f* **2.** (*of idea, organization*) prototipo *m*

ancestral [æn·ˈses·trəl] *adj* ancestrale; **the ~ home** la casa avita

ancestry [ˈæn·ses·tri] <-ies> *n* ascendenza *f;* **she is of Polish ~** è di stirpe polacca

anchor [ˈæŋ·kə·] I. *n* **1.** NAUT ancora *f;* **to be at ~** essere ancorato; **to drop/weigh ~** gettare/levare l'ancora **2.** *fig* sostegno *m* **3.** (*news ~*) anchorman, -woman *m, f inv* II. *vt* **1.** NAUT ancorare **2.** (*rope, tent*) fissare **3.** RADIO, TV **to ~ a radio/TV program** condurre un programma radiofonico/televisivo III. *vi* NAUT gettare l'ancora

anchorage [ˈæŋ·kə·rɪdʒ] *n* ancoraggio *m*

anchorman [ˈæŋ·kə·mæn] <-men> *n* **1.** RADIO, TV anchorman *m inv* **2.** *fig* figura *f* cruciale

anchorwoman [ˈæŋ·kə·ˌwʊ·mən] <-men> *n* **1.** RADIO, TV anchorwoman *f inv* **2.** *fig* figura *f* cruciale

anchovy [ˈæn·tʃoʊ·vi] <-ies> *n* acciuga *f*

ancient [ˈeɪn·ʃənt] I. *adj* **1.** *a.* HIST antico, -a; **since ~ times** da tempi remoti; **~ history** storia antica; **to be ~ history** *fig* essere storia vecchia **2.** *inf* (*very old*) decrepito, -a; **I feel pretty ~** mi sento vecchissimo II. *n* **the ~s** gli antichi

ancillary [ˈæn·sə·le·ri] *adj* **1.** (*staff*) ausiliario, -a **2.** (*road*) secondario, -a; **to be ~ to sth** essere subordinato a qc

and [ən, ənd, *stressed:* ænd] *conj* **1.** (*also*) e; (*before 'i' or 'hi'*) ed; **black ~ white** bianco e nero; **food ~ drink** cibo e bevande; **parents ~ children** genitori e figli **2.** MATH **2 ~ 3 is 5** 2 più 3 fa 5; **four hundred ~ twelve** quattrocentododici **3.** (*then*) **he left ~ everybody was relieved** quando se n'è andato tutti han tirato un respiro di sollievo **4.** (*increase*) **more ~ more** sempre più; **better ~ better** sempre meglio **5.** (*repetition*) **I tried ~ tried** ho provato e riprovato **6.** (*continuation*) **he cried ~ cried** continuava a piangere ▶ **~ so on** [*o* forth] e così via

Andalusia [ˌæn·də·ˈlu·ʒə] *n* Andalusia *f*

Andalusian I. *adj* andaluso, -a II. *n* **1.** (*person*) andaluso, -a *m, f* **2.** LING andaluso *m*

Andean [ˈæn·di·ən] *adj* andino, -a

Andes [ˈæn·diːz] *npl* Ande *fpl*

Andorra [æn·ˈdɔː·rə] *n* Andorra *f*

Andorran I. *adj* andorrano, -a II. *n* andorrano, -a *m, f*

androgynous [æn·ˈdrɑː·dʒə·nəs] *adj* androgino, -a

android [ˈæn·drɔɪd] *n* androide *m*

anecdotal [ˌæ·nɪk·ˈdoʊ·t̬əl] *adj* aneddotico, -a

anecdote [ˈæ·nɪk·doʊt] *n* aneddoto *m*

anemia [ə·ˈniː·mi·ə] *n* anemia *f*

anemic [ə·ˈniː·mɪk] *adj* anemico, -a

anemone [ə·ˈne·mə·ni] *n* anemone *m*

anesthesia [ˌæ·nɪs·ˈθiː·ʒə] *n* anestesia *f*

anesthetic [ˌæ·nɪs·ˈθe·tɪk] I. *adj* anestetico, -a

II. *n* anestetico *m;* **to be under** ~ essere sotto anestesia; **to give sb an** ~ anestetizzare qn

anesthetist [ˌæ·nɪs·'θe·tɪst] *n* anestesista *mf*

anesthetize [ə·'nɪs·θə·taɪz] *vt* anestetizzare

anew [ə·'nuː] *adv* di nuovo; **to begin** ~ ricominciare da capo

angel ['eɪn·dʒl] *n* angelo *m;* ~ **of death** angelo della morte; **to be no** ~ non essere proprio un angelo

angelic [æn·'dʒe·lɪk] *adj* angelico, -a

anger ['æŋ·gɚ] **I.** *n* rabbia *f;* (*stronger*) collera *f;* **to speak in** ~ parlare con rabbia **II.** *vt* far arrabbiare

angina [æn·'dʒaɪ·nə] *n* angina *f;* ~ **pectoris** angina pectoris

angle¹ ['æŋ·gl] **I.** *n* **1.** *a.* MATH angolo *m;* **at an** ~ **of 90 degrees**, **at a 90-degree** ~ a un angolo di 90 gradi; **to be at an** ~ (**to sth**) formare un angolo (con qc); **the picture was hanging at an** ~ il quadro pendeva da un lato; **he wore his hat at an** ~ portava il cappello inclinato da un lato **2.** (*perspective*) prospettiva *f;* **to see sth from a different** ~ vedere qc da un altro punto di vista; **what is the best news** ~ **for this story?** qual è il taglio migliore per presentare questa notizia? **3.** (*opinion*) punto *m* di vista; **what's your** ~ **on this issue?** lei come vede la questione? **II.** *vt* **1.** (*turn at an angle: shot*) angolare **2.** (*information*) rivolgere; **this article is** ~**d towards teenagers** questo articolo è rivolto agli adolescenti

angle² ['æŋ·gl] *vi* **1.** (*to fish*) pescare (con la lenza); **to go** ~ andare a pescare **2.** *fig* **to** ~ **for sth** *inf* andare a caccia di qc

angler ['æŋ·glɚ] *n* pescatore , -trice (con la lenza) *m*

Anglican ['æŋ·glɪ·kən] **I.** *adj* anglicano, -a **II.** *n* anglicano, -a *m, f*

Anglican Church *n* Chiesa *f* anglicana

Anglicist ['æŋ·glɪ·sɪst] *n* anglista *mf*

Anglicize ['æŋ·glɪ·saɪz] *vt* anglicizzare

Anglo-American [ˌæŋ·gloʊ·ə·'me·rɪ·kən] **I.** *n* angloamericano, -a *m, f* **II.** *adj* angloamericano, -a

Anglophile [ˌæŋ·glə·faɪl] *n* anglofilo, -a *m, f*

Anglophobe [ˌæŋ·glə·'foʊb] *n* anglofobo, -a *m, f*

Anglo-Saxon [ˌæŋ·gloʊ·'sæk·sən] **I.** *adj* anglosassone **II.** *n* **1.** (*person*) anglosassone *mf* **2.** LING anglosassone *m*

Angola [æŋ·'goʊ·lə] *n* Angola *m*

Angolan **I.** *adj* angolano, -a **II.** *n* angolano, -a *m, f*

angora [æŋ·'gɔː·rə] *n* **1.** (*fabric*) angora *f* **2.** (*cat*) gatto *m* d'angora

angry ['æŋ·gri] *adj* **1.** (*person*) arrabbiato, -a; (*crowd*) inferocito, -a; (*sky*) minaccioso, -a; (*sea*) tempestoso, -a; **to make sb** ~ far arrabbiare qn; **to get** ~ **with sb** arrabbiarsi con qn; **to get** ~ **about sth** arrabbiarsi per qc; **to exchange** ~ **words** scambiarsi parole di fuoco **2.** MED infiammato, -a

angst [æŋst] *n* angoscia *f*

anguish ['æŋ·gwɪʃ] *n* angoscia *f;* **to be in** ~ (**over sth**) essere angosciato (da qc); **to cause sb** ~ angosciare qn

angular ['æŋ·gjʊ·lɚ] *adj* (*shape*) angolare; (*face*) spigoloso, -a

animal ['æ·nɪ·ml] **I.** *n* **1.** ZOOL animale *m;* ~ **fat** grasso *m* animale **2.** *fig* (*person*) animale *m* **II.** *adj* (*instincts, desires*) animale

animal cracker *n* CULIN biscotto a forma di animale

animal husbandry *n* allevamento *m* di animali

animal kingdom *n* regno *m* animale

animal rights *npl* diritti *m pl* degli animali

animate¹ ['æ·nɪ·meɪt] *vt* animare

animate² ['æ·nɪ·mɪt] *adj* animato, -a

animated *adj* animato, -a; **to become** ~ animarsi

animation [ˌæ·nɪ·'meɪ·ʃən] *n* animazione *f;* **computer** ~ animazione al computer

animator ['æ·nɪ·meɪ·ʈɚ] *n* animatore, -trice *m, f*

animosity [ˌæ·nɪ·'mɑː·sə·ʈi] *n* animosità *f*

anise ['æ·nɪs] *n* anice *m*

anise seed *n*, **aniseed** ['æ·nɪ·siːd] *n* semi *m pl* di anice

ankle ['æŋ·kl] *n* caviglia *f*

anklebone ['æŋ·kl·boʊn] *n* astragalo *m*

ankle-deep *adj* **to be** ~ **in sth** affondare fino alle caviglie in qc

anklet ['æŋ·klɪt] *n* **1.** (*chain*) cavigliera *f* **2.** (*short sock*) calzino *m*

annals ['æ·nlz] *npl* annali *mpl*

annex ['æ·neks] **I.** *n* <-es> **1.** (*of building*) annesso *m* **2.** (*of document*) allegato *m* **II.** *vt* **1.** (*territory*) annettere **2.** (*document, clause*) allegare

annexation [ˌæ·nek·'seɪ·ʃən] *n* annessione *f*

annihilate [ə·'naɪ·ə·leɪt] *vt a. fig* annientare

annihilation [ə·ˌnaɪ·ə·'leɪ·ʃən] *n a. fig* annientamento *m*

anniversary [ˌæ·nɪ·'vɜːr·sə·ri] <-ies> *n* anniversario *m*

annotate ['æ·nə·teɪt] *vt* annotare; ~**d edition** edizione *f* commentata

annotation [ˌæ·nə·'teɪ·ʃən] *n* **1.** (*act of writing*) annotazione *f* **2.** (*note*) nota *f*

announce [ə·'naʊns] *vt* annunciare; (*result*) comunicare

announcement *n* annuncio *m;* **official** ~ comunicato *m* ufficiale; **to make an** ~ **about sth** annunciare qc

announcer [ə·'naʊn·sɚ] *n* annunciatore, -trice *m, f*

annoy [ə·'nɔɪ] *vt* infastidire; **to get** ~**ed with sb** essere arrabbiato con qn

annoyance [ə·'nɔ·ɪəns] *n* **1.** (*irritation*) irritazione *f;* **much to my** ~, **she won** con mia grande rabbia, ha vinto **2.** (*irritating thing*) fastidio *m*

annoying *adj* (*noise, habit*) fastidioso, -a; (*per-*

A

son, fact) irritante; **it's ~ to think that ...** fa rabbia pensare che...; **how ~!** che seccatura!

annual ['æn·jʊ·əl] **I.** *adj* annuale **II.** *n* **1.** (*book*) annuario *m* **2.** BOT pianta *f* annuale

annually ['æn·jʊ·ə·li] *adv* annualmente

annuity [ə·'nu:·ə·ți] <-ies> *n* rendita *f* annuale

annul [ə·'nʌl] <-ll-> *vt* annullare

annulment [ə·'nʌl·mənt] *n* annullamento *m*

Annunciation [ə·ˌnʌn·si·'eɪ·ʃən] *n* **the ~** l'Annunciazione *f*

anode ['æ·noʊd] *n* anodo *m*

anodyne ['æ·noʊ·daɪn] **I.** *adj* anodino, -a **II.** *n* MED analgesico *m*

anoint [ə·'nɔɪnt] *vt* ungere

anointing *n* unzione *f*

anomalous [ə·'nɑ:·mə·ləs] *adj* anomalo, -a

anomaly [ə·'nɑ:·mə·li] <-ies> *n* anomalia *f*

anonymity [ˌæ·nə·'nɪ·mə·ți] *n* anonimato *m*

anonymous [ə·'nɑ:·nə·məs] *adj* anonimo, -a; **~ letter** lettera anonima; **to remain ~** mantenere l'anonimato

anorexia [ˌɑ·nə·'rek·si·ə] *n* anoressia *f*

anorexia nervosa *n* anoressia *f* nervosa

anorexic [ˌæ·nə·'rek·sɪk] *adj* anoressico, -a

another [ə·'nʌ·ðɚ] **I.** *pron* **1.** (*one more*) un altro, un'altra; **it's always one thing or ~** ce n'è sempre una **2.** (*mutual*) **one ~** l'un l'altro; **they love one ~** si amano **II.** *adj* un altro, un'altra; **~ pastry?** un altro pasticcino?; **~ $30** altri 30 dollari; **could he be ~ Mozart?** che sia un altro Mozart?

answer ['æn·sɚ] **I.** *n* **1.** (*reply*) risposta *f*; **in ~ to your question** in risposta alla tua domanda; **I called but there was no ~** ho chiamato, ma non hanno risposto; **the short ~ is 'no'** in poche parole: no **2.** (*solution*) soluzione *f* **3.** LAW replica *f* **4.** (*equivalent*) **to be the French ~ to the Beatles** essere la risposta francese ai Beatles **II.** *vt* **1.** (*respond to*) rispondere a; **to ~ the telephone** rispondere al telefono; **to ~ the door** andare ad aprire la porta **2.** (*fit, suit: description*) rispondere a; (*need*) soddisfare; (*prayers*) esaudire **III.** *vi* rispondere
◆ **answer back** *vi* rispondere (male); **don't ~!** non rispondere!
◆ **answer for** *vt* (*action, situation*) rispondere di; (*person*) rispondere di; **to ~ oneself** rispondere delle proprie azioni; **to have a lot to ~** dover render conto di molte cose
◆ **answer to** *vt* **1.** (*obey*) obbedire a **2.** (*fit: description*) rispondere a **3.** (*be named*) **to ~ the name of Billy** rispondere al nome di Billy

answerable ['æn·sə·rə·bl] *adj* **1.** (*responsible*) **to be ~ for sth** essere responsabile di qc **2.** (*accountable*) **to be ~ to sb** dover rendere conto a qn; **to be ~ to nobody** non dover render conto a nessuno

answering machine *n* segreteria *f* telefonica

answering service *n* servizio *m* di segreteria telefonica

ant [ænt] *n* formica *f* ▶ **to have ~s in one's pants** *inf* non star fermo un attimo

antagonism [æn·'tæ·gə·nɪ·zəm] *n* **1.** (*towards sb*) antagonismo *m*; (*between people*) rivalità *f* **2.** (*of ideas, systems*) antagonismo *m*

antagonistic [æn·ˌtæ·gə·'nɪs·tɪk] *adj* **1.** (*person, attitude*) antagonistico, -a **2.** ANAT antagonista

antagonize [æn·'tæ·gə·naɪz] *vt* inimicarsi

Antarctic [ænt·'ɑ:rk·tɪk] **I.** *adj* antartico, -a **II.** *n* **the ~** l'Antartico *m*

Antarctica [ænt·'ɑ:rk·tɪ·kə] *n* Antartide *m*

Antarctic Circle *n* Circolo *m* polare antartico

Antarctic Ocean *n* Oceano *m* antartico

ante ['æn·ti] *n* posta *f*; **to raise the ~** alzare la posta

anteater ['æn·ˌti·țɚ] *n* formichiere *m*

antecedent [ˌæn·tɪ·'si:·dnt] **I.** *n* **1.** (*forerunner*) antecedente *m* **2.** *pl* (*past history*) antecedenti *mpl* **II.** *adj* antecedente

antechamber ['æn·tɪ·tʃeɪm·bɚ] *n* anticamera *f*

antediluvian [ˌæn·tɪ·də·'lu:·vi·ən] *adj a. fig* antidiluviano, -a

antelope ['æn·tɪ·loʊp] <-(s)> *n* antilope *f*

antenna [æn·'te·nə] <-nae *o* -s> *n* antenna *f*

anterior [æn·'tɪ·ri·ɚ] *adj* anteriore

anteroom ['æn·tɪ·ru:m] *n* anticamera *f*

anthem ['æn·θəm] *n* inno *m*

anthill ['ænt·hɪl] *n* formicaio *m*

anthology [æn·'θɑ:·lə·dʒi] <-ies> *n* antologia *f*

anthracite ['æn·θrə·saɪt] *n* antracite *f*

anthropoid ['æn·θrə·pɔɪd] **I.** *n* antropoide *mf* **II.** *adj* antropoide

anthropological [ˌæn·θrə·pə·'lɑ:·dʒɪ·kl] *adj* antropologico, -a

anthropologist [ˌæn·θrə·'pɑ:·lə·dʒɪst] *n* antropologo, -a *m, f*

anthropology [ˌæn·θrə·'pɑ:·lə·dʒi] *n* antropologia *f*

anti ['æn·ti] **I.** *adj* contro; **to be ~** esser contro **II.** *prep* contro

antiabortion [ˌæn·ti·ə·'bɔ:r·ʃən] *adj* antiabortista

antiaging cream *n* crema *f* antietà

antiaircraft [ˌæn·ti·'er·kræft] *adj* antiaereo, -a

anti-American *adj* antiamericano, -a

antibiotic [ˌæn·tɪ·baɪ·'ɑ:·țɪk] **I.** *n* antibiotico *m* **II.** *adj* antibiotico, -a

antibody ['æn·tɪ·bɑ:·di] <-ies> *n* anticorpo *m*

anticipate [æn·'tɪ·sə·peɪt] *vt* **1.** (*expect, foresee*) prevedere; **to ~ doing/being sth** prevedere di fare/essere qc **2.** (*look forward to*) pregustare **3.** (*act in advance of*) anticipare; **to ~ one's inheritance** spendere in anticipo l'eredità

anticipation [æn·ˌtɪ·sə·'peɪ·ʃən] *n* **1.** (*foresight*) previsione *f*; **in ~ of** in previsione di **2.** (*funds*) anticipo *m* **3.** (*excitement*) trepidazione *f*; **to wait in ~** aspettare con impazienza

anticipatory [æn·'tɪ·sɪ·pə·tɔ:·ri] *adj* preventivo, -a

anticlerical [ˌæn·tɪ·'kle·rɪ·kl] *adj* anticlericale

anticlimactic [ˌæn·tɪ·klɪ·ˈmæk·tɪk] *adj* deludente

anticlimax [ˌæn·tɪ·ˈklaɪ·mæks] <-es> *n* delusione *f*

anticoagulant [ˌæn·tɪ·kou·ˈæg·jə·lənt] I. *n* anticoagulante *m* II. *adj* anticoagulante

antics [ˈæn·tɪks] *npl* 1. (*foolish behavior*) stravaganze *fpl* 2. (*tricks*) scherzetti *mpl*

antidepressant [ˌæn·tɪ·dɪ·ˈpre·snt] I. *adj* antidepressivo, -a II. *n* antidepressivo *m*

antidote [ˈæn·tɪ·dout] *n* antidoto *m; an ~ to sth* un antidoto a qc

antiestablishment *adj* contro l'establishment

antifreeze [ˈæn·tɪ·friːz] *n* antigelo *m*

antigen [ˈæn·tɪ·dʒən] *n* antigene *m*

Antigua and Barbuda [æn·ˈtiː·gə ən bɑːr·ˈbuː·də] *n* Antigua *f* e Barbuda *f*

Antiguan [æn·ˈtiː·gən] I. *adj* antiguano, -a II. *n* antiguano, -a *m, f*

antihero [æn·tɪ·ˈhɪ·rou] <-es> *n* antieroe *m*

antihistamine [ˌæn·tɪ·ˈhɪs·tə·ˌmiːn] *n* MED antistaminico *m*

anti-inflammatory [ˌæn·tɪn·ˈflæ·mə·tɔː·ri] *adj* MED antinfiammatorio, -a

antiknock [ˈæn·tɪ·ˈnɑːk] *adj* antidetonante

Antilles [æn·ˈtɪ·liːz] *npl* the ~ le Antille

antilock braking system *n* AUTO sistema *m* antibloccaggio delle ruote

antimatter [ˈæn·tɪ·mæ·t̬ɚ] *n* antimateria *f*

antimissile [ˌæn·tɪ·ˈmɪ·sɪl] *adj* antimissile

antioxidant [ˌæn·tɪ·ˈɑːk·sɪ·dənt] *n* antiossidante *m*

antipasto *n* antipasto *m*

antipathy [æn·ˈtɪ·pə·θi] <-ies> *n* antipatia *f*

antiperspirant [ˌæn·tɪ·ˈpɜːr·spə·ənt] *n* antitraspirante *m*

antipodes [æn·ˈtɪ·pə·diːz] *npl* antipodi *mpl*

antipollution *adj* (*filter, law*) antinquinamento *inv*

antiquarian [ˌæn·tɪ·ˈkwe·ri·ən] I. *n* (*dealer*) antiquario, -a *m, f;* (*collector*) collezionista *mf* di antichità II. *adj* antiquario, -a

antiquary [ˈæn·tɪ·kwə·ri] <-ies> *n s.* **antiquarian**

antiquated [ˈæn·tɪ·kweɪ·t̬ɪd] *adj* antiquato, -a

antique [æn·ˈtiːk] I. *n* (*object, piece of furniture*) pezzo *f* d'antiquariato; (*old-fashioned*) anticaglia *f* II. *adj* antico, -a; (*old-fashioned*) antiquato, -a

antique dealer *n* antiquario, -a *m, f*

antique shop *n* negozio *m* d'antiquariato

antiquity [æn·ˈtɪ·kwə·t̬i] <-ies> *n* 1. (*ancient times*) antichità *f* 2. *pl* (*relics*) antichità *fpl*

antirust [ˌæn·tɪ·ˈrʌst] *adj* antiruggine

anti-Semite [ˌæn·tɪ·ˈse·maɪt] *n* antisemita *mf*

anti-Semitic [ˌæn·tɪ·sə·ˈmɪ·t̬ɪk] *adj* antisemita

anti-Semitism [æn·tɪ·ˈse·mə·tɪ·sm] *n* antisemitismo *m*

antiseptic [ˌæn·tə·ˈsep·tɪk] I. *n* antisettico *m* II. *adj* 1. MED antisettico, -a 2. *fig, pej* asettico, -a

antisocial [ˌæn·tɪ·ˈsou·ʃl] *adj* antisociale

antistatic [ˌæn·tɪ·ˈstæ·t̬ɪk] *adj* antistatico, -a

antitank [ˌæn·tɪ·ˈtæŋk] *adj* anticarro *inv*

antiterrorist *adj* (*measures*) antiterrorismo *inv*

antithesis [æn·ˈtɪ·θə·sɪs] <-ses> *n* antitesi *f* *inv*

antithetic(al) [ˌæn·tɪ·ˈθe·t̬ɪ·k(əl)] *adj* antitetico, -a

antitoxin [ˌæn·tɪ·ˈtɑːk·sɪn] *n* antitossina *f*

antivirus [ˌæn·tɪ·ˈvaɪ·rəs] *adj* COMPUT antivirus *inv; ~ program* (programma *m*) antivirus *inv*

antiwar [ˌæn·tɪ·ˈwɔːr] *adj* contrario, -a alla guerra

antiwrinkle cream [ˌæn·tɪ·ˈrɪŋ·kl·ˌkriːm] *n* crema *f* antirughe

antler [ˈænt·lər] *n* corno ramificato *m; ~s* palchi

antonym [ˈæn·tə·nɪm] *n* antonimo *m*

Antwerp [ˈænt·wɜːrp] *n* Anversa *f*

anus [ˈeɪ·nəs] *n* ano *m*

anvil [ˈæn·vɪl] *n a.* ANAT incudine *f*

anxiety [æŋ·ˈza·ɪə·t̬i] *n* 1. (*concern*) preoccupazione *f;* PSYCH ansia *f;* **a source of ~** una fonte di preoccupazione 2. (*desire*) smania *f; ~ to do sth* smania di fare qc; *~ for sth* smania di qc

anxiety attack *n* attacco *m* d'ansia

anxious [ˈæŋk·ʃəs] *adj* 1. (*concerned*) preoccupato, -a; (*look*) pieno, -a d'ansia; **to keep an ~ eye on sth** tenere d'occhio qc con apprensione; **to be ~ about sth** essere in ansia per qc; **an ~ moment** un momento di tensione 2. *inf* (*eager*) impaziente; **to be ~ to do sth** essere impaziente di fare qc

any [ˈe·ni] I. *adj* 1. (*some*) del, della; *~ books* dei libri; **do they have ~ money?** hanno soldi?; **do you want ~ more soup?** vuoi ancora un po' di zuppa? 2. (*not important which*) qualsiasi; **come at ~ time** vieni quando vuoi; **in ~ case** in ogni caso 3. (*in negatives*) **I don't have ~ money** non ho soldi; **there aren't ~ cars** non ci sono macchine II. *adv* 1. (*not*) **~ more** non più; **she doesn't come here ~ more** non viene più qui 2. (*at all*) **does she feel ~ better?** si sente un po' meglio?; **that doesn't help him ~** *inf* non l'aiuta per niente III. *pron* 1. (*some*) chiunque; *~ of you* chiunque di voi; *~ but him would have gone* chiunque altro sarebbe andato 2. (*in negatives*) nessuno, -a; **not ~** nessuno; **he ate two pastries and I didn't eat ~** lui ha mangiato due paste e io nessuna

anybody [ˈe·nɪ·bɑː·di] *pron indef* 1. (*someone*) nessuno, -a 2. (*not important which*) chiunque; *~ but him* tutti tranne lui; *~ else would have done it* chiunque altro l'avrebbe fatto; **she's not just ~** non è una qualunque 3. (*no one*) nessuno, -a; **I've never seen ~ like that** non ho mai visto nessuno così; **more than ~** più di chiunque altro

anyhow [ˈe·nɪ·hau] *adv* 1. (*in any case*) in ogni caso; (*nevertheless*) comunque 2. (*well*) comunque; **~, as I was saying ...** comunque, come stavo dicendo... 3. (*in a disorderly way*) in qualche modo; **she dumped the tools into**

A

A

the box just ~ ha buttato gli attrezzi a casaccio nella scatola

anyone ['e·nɪ·wʌn] *pron indef s.* anybody

anyplace ['e·nɪ·pleɪs] *adv* 1. (*interrogative*) da qualche parte; **have you seen my glasses ~?** hai visto da qualche parte i miei occhiali? 2. (*in or at any location*) dovunque; **I can sleep ~** posso dormire in qualsiasi posto 3. (*in negatives*) in nessun luogo; **you won't see this ~** questo non lo vedrai in nessun posto

anything ['e·nɪ·θɪŋ] *pron indef* 1. (*something*) qualcosa; **~ else?** nient'altro?; **is there ~ new?** ci sono novità? 2. (*each thing*) qualsiasi cosa; **it is ~ but funny** è tutto tranne che divertente; **~ and everything** qualsiasi cosa; **to be as fast as ~** *inf* essere rapidissimo 3. (*nothing*) niente; **hardly ~** quasi niente; **I didn't find ~ better** non ho trovato niente di meglio; **I was afraid, if ~** se mai, avevo paura; **for ~** (**in the world**) per niente al mondo

anytime ['e·nɪ·taɪm] *adv* (*ready*) in qualsiasi momento; (*come*) a qualsiasi ora

anyway ['e·nɪ·weɪ] *adv,* **anyways** ['e·nɪ·weɪz] *adv sl* 1. (*in any case*) in ogni modo 2. (*well*) insomma; **~, as I was saying ...** insomma, come stavo dicendo...

anywhere ['e·nɪ·wer] *adv* 1. (*interrogative*) da qualche parte; **have you seen my glasses ~?** hai visto da qualche parte i miei occhiali?; **are we ~ near finished yet?** *inf* ci manca molto per finire? 2. (*positive sense*) dovunque; **I can sleep ~** posso dormire in qualsiasi posto; **its value is ~ between $25 and $30** vale tra i 25 e i 30 dollari; **to live miles from ~** *inf* abitare a casa del diavolo; **~ else** in qualsiasi altro posto; (*in negatives*) in nessun altro posto 3. (*in negatives*) in nessun posto; **you won't see this ~** questo non lo vedrai in nessun posto; **he isn't ~ near as popular as he used to be** *inf* non è più famoso come una volta

aorta [eɪ·ˈɔːr·tə] *n* <-s *o* -tae> aorta *f*

apace [ə·ˈpeɪs] *adv* rapidamente

apart [ə·ˈpɑːrt] *adv* 1. (*separated*) distanti; **to be 20 miles ~** stare a 20 miglia di distanza; **far ~** molto lontani; **to move ~** separarsi 2. (*aside*) **to be ~ from sth** essere separato da qc; **to set sth ~** mettere da parte qc; **to stand ~** stare in disparte 3. (*into pieces*) **to come ~** cadere a pezzi; **to take sth ~** smontare qc 4. (*except for*) **you and me ~** tranne te e me; **all joking ~** scherzi a parte

apart from *prep* 1. (*except for*) a parte; **~ that** a parte questo 2. (*in addition to*) oltre a 3. (*separate from*) **to live ~ sb** vivere separato da qn; **to live ~ each other** vivere separati

apartheid [ə·ˈpɑːr·teɪt] *n* apartheid *f inv*

apartment [ə·ˈpɑːrt·mənt] *n* appartamento *m*

apartment building *n,* **apartment house** *n* condominio *m*

apathetic [ˌæ·pə·ˈθe·tɪk] *adj* apatico, -a

apathy ['æ·pə·θi] *n* apatia *f;* **~ about sth** apatia nei confronti di qc

ape [eɪp] **I.** *n* scimmia *f* ▶ **to go ~** *inf* dare fuori di matto **II.** *vt* scimmiottare

aperitif [ə·ˌpe·rə·ˈtiːf] *n* aperitivo *m*

aperture ['æ·pə·tʃʊr] *n* 1. (*crack*) spiraglio *m* 2. PHOT apertura *f*

apex ['eɪ·peks] <-es *o* apices> *n* 1. (*top*) apice *m* 2. *fig* apice *m* 3. MATH vertice *m*

aphid ['eɪ·fɪd] *n* afide *m*

aphorism ['æ·fə·ɪ·zəm] *n* aforisma *m*

aphrodisiac [ˌæf·rə·ˈdɪ·zi·æk] **I.** *n* afrodisiaco *m* **II.** *adj* afrodisiaco, -a

apiarist ['eɪ·pɪə·rɪst] *n* apicoltore, -trice *m, f*

apiary ['eɪ·pɪe·ri] <-ies> *n* apiario *m*

apiculture ['eɪ·pɪ·kʌl·tʃə] *n* apicoltura *f*

apiece [ə·ˈpiːs] *adv* ciascuno, -a; (*per person*) a testa; (*per item*) l'uno, -a; **they cost $5 ~** costano 5 dollari l'uno

aplenty [ə·ˈplen·ti] *adv* in abbondanza

aplomb [ə·ˈplɑːm] *n* aplomb *m inv*

apnea *n* apnea *f;* **sleep ~** apnea del sonno

APO *n abbr of* **Army Post Office** *ufficio postale per i militari americani all'estero*

apocalypse [ə·ˈpɑː·kə·lɪps] *n* apocalisse *f;* **the Apocalypse** REL l'Apocalisse

apocalyptic [ə·ˌpɑː·kə·ˈlɪp·tɪk] *adj* apocalittico, -a

apocryphal [ə·ˈpɑː·krə·fəl] *adj* fittizio, -a

apogee ['æ·pə·dʒiː] *n a.* ASTR apogeo *m*

apologetic [ə·ˌpɑː·lə·ˈdʒe·tɪk] *adj* (*tone, look, smile*) di scusa; **to be ~ about sth** scusarsi per qc

apologetically *adv* per scusarsi; **to say sth ~** dire qc per scusarsi

apologize [ə·ˈpɑː·lə·dʒaɪz] *vi* chiedere scusa; **to ~ to sb for sth** scusarsi con qn per qc; **I (do) ~ if ...** chiedo scusa se...

apology [ə·ˈpɑː·lə·dʒi] <-ies> *n* scuse *fpl;* **to make an ~** scusarsi; **please accept my apologies** la prego di accettare le mie scuse

apoplectic [ˌæ·pə·ˈplek·tɪk] *adj* 1. MED apoplettico, -a 2. *fig* (*angry*) furibondo, -a; **to be ~ about sth** essere furibondo per qc

apoplectic stroke *n* colpo *m* apoplettico

apostle [ə·ˈpɑː·sl] *n* apostolo *m*

apostolic [ˌæ·pəs·ˈtɑː·lɪk] *adj* apostolico, -a

apostrophe [ə·ˈpɑːs·trə·fi] *n* apostrofo *m*

Appalachian Mountains [ˌæ·pə·ˈleɪ·ʃən-] *npl* monti *m pl* Appalachi

---

Gli (**Appalachian Mountains**) si estendono su 1.600 miglia (2.270 km) nella parte orientale dell'America del Nord: dal Québec/Canada all'Alabama/USA. Più antiche, dunque più erose, delle Montagne Rocciose nella fascia orientale dell'America settentrionale, queste montagne sono incredibilmente ricche di foreste e attraversate da strade e sentieri come quelli del *Blue Ridge, del Parkway* e del *Skyline Drive,* caratterizzate da paesaggi magnifici, o ancora da una pista da trekking (l'*Appalachian Trail*) lunga 2.050 miglia

A

(3.299 km), che si estende dal Maine fino alla Georgia.

appall [əˈpɔːl] *vt* sconvolgere; **to be ~led at sth** essere sconvolto da qc

appalling *adj* **1.**(*shocking: behavior*) spaventoso, -a **2.**(*terrible: conditions*) terribile

apparatus [ˌæ·pəˈræ·t̬əs] *n* **1.**(*equipment*) attrezzatura *f* **2.**(*organization*) apparato *m*

apparel [əˈpe·rəl] *n* FASHION abbigliamento *m*; **sports ~** abbigliamento sportivo

apparent [əˈpe·rənt] *adj* **1.**(*clear*) evidente; **to become ~ that ...** diventare chiaro che ...; **it is ~ to me that ... +conj** mi pare ovvio che... **2.**(*seeming*) apparente; **for no ~ reason** senza alcun motivo apparente

apparition [ˌæ·pəˈrɪ·ʃən] *n* apparizione *f*

appeal [əˈpiːl] **I.** *vi* **1.**(*attract*) attirare; **the idea doesn't ~ to me** non mi attira l'idea **2.** LAW ricorrere in appello **3.**(*plead*) **to ~ to sb for sth** far appello a qn per ottenere qc; **to ~ for donations/help** fare richiesta di donazioni/aiuto; **she ~ed to his sense of honor** fece appello al suo senso dell'onore **II.** *n* **1.**(*attraction*) fascino *m*; **to have ~** avere fascino *inf* **2.** LAW appello *m*; **court of ~s** corte *f* d'appello; **to file an ~ (against sth)** fare ricorso (contro qc) **3.**(*request*) richiesta *f*; **an ~ to sb for sth** una richiesta di qc a qn; **to launch an ~ to do sth** lanciare un appello per fare qc **4.**(*authority of: to reason, justice, sense of humanity*) appello *m*

appealing [əˈpiː·lɪŋ] *adj* **1.**(*attractive: smile*) affascinante; (*idea*) attraente **2.**(*beseeching: eyes*) supplichevole

appealingly *adv* **1.**(*dress*) con stile **2.**(*look*) in modo supplichevole; (*speak*) con tono supplichevole

appear [əˈpɪr] *vi* **1.**(*be seen*) apparire **2.**(*newspaper*) uscire; (*book*) essere pubblicato; (*film*) apparire **3.** LAW **to ~ in court/before a judge** presentarsi in tribunale/davanti a un giudice **4.**(*seem*) **to ~ to be ...** sembrar essere...; **it ~s to me that ...** mi sembra che...; **it ~s so** così sembra; **it would ~ that ...** sembrerebbe che...

appearance [əˈpɪ·rəns] *n* **1.**(*instance of appearing*) apparizione *f*; **to make an ~** apparire **2.** LAW comparizione *f* **3.**(*looks*) aspetto *m* **4.** *pl* (*outward signs*) apparenze *fpl*; **from all ~s** dalle apparenze; **to keep up ~s** salvare le apparenze **5.**(*performance*) comparsa *f*; **stage ~** comparsa in scena ▶ **~s can be deceptive** *prov* l'apparenza inganna *prov*

appease [əˈpiːz] *vt form* **1.**(*pacify*) rabbonire **2.**(*relieve: hunger, suspicion, pain*) placare

appeasement *n* **1.**(*conciliation*) pacificazione *f*; **policy of ~** POL politica *f* conciliatoria **2.**(*relief: of anger*) acquietamento *m*; (*of pain*) sollievo *m*

appellant [əˈpe·lənt] *n* appellante *mf*

appellation [ˌæ·pəˈleɪ·ʃən] *n* appellativo *m*; (*of wine*) denominazione *f* di origine

append [əˈpend] *vt* (*document, note*) aggiungere; (*signature*) apporre

appendage [əˈpen·dɪdʒ] *n* appendice *f*

appendicitis [əˌpen·dɪˈsaɪ·t̬ɪs] *n* MED appendicite *f*

appendix [əˈpen·dɪks] *n* **1.** <-es> ANAT appendice *f* **2.** <-dices *o* -es> TYPO appendice *f*

appertain [ˌæ·pərˈteɪn] *vi* **to ~ to** (*person*) riferirsi a; (*matter*) essere pertinente a .

appetite [ˈæ·pə·taɪt] *n* **1.**(*for food*) appetito *m* **2.** *fig* (*for gambling, adventure*) voglia *f*

appetite suppressant *n* inibitore *m* dell'appetito

appetizer [ˈæ·pə·taɪ·zɚ] *n* **1.**(*first course*) antipasto *m* **2.**(*snack*) salatino *m*

appetizing [ˈæ·pə·taɪ·zɪŋ] *adj* appetitoso, -a

applaud [əˈplɑːd] **I.** *vi* applaudire **II.** *vt a. fig* approvare

applause [əˈplɑːz] *n* applauso *m*; **a round of ~ for the singer** un applauso per il cantante; **loud ~** forte applauso

apple [ˈæ·pl] *n* mela *f* ▶ **to be the ~ of sb's eye** stravedere per qn; **the Big Apple** *inf* la Grande Mela

applecart *n* **to upset the ~** rovinare i piani

apple juice *n* succo *m* di mela

apple pie *n* torta *f* di mele; **to be as American as ~** essere americano al 100%

apple polisher *n* leccapiedi *mf inv*

applesauce *n* salsa *f* di mele

apple tree *n* melo *m*

appliance [əˈpla·ɪəns] *n* apparecchio *m*; **electrical ~** elettrodomestico *m*

applicability [ˌæ·plɪ·kəˈbɪ·lə·t̬i] *n* applicabilità *f*

applicable [əˈplɪ·kə·bl] *adj* applicabile; **delete where not ~** cancellare le parti non pertinenti; **those rules are not ~ anymore** queste norme non sono più in vigore

applicant [ˈæ·plɪ·kənt] *n* **1.**(*for job*) candidato, -a *m, f* **2.**(*for money, support*) richiedente *mf*

application [ˌæ·plɪˈkeɪ·ʃən] *n* **1.**(*form: for job, credit card, loan*) domanda *f* **2.**(*coating*) applicazione *f* **3.**(*use*) impiego *m*; COMPUT applicazione *f* **4.**(*perseverance*) applicazione *f* **5.**(*request*) richiesta *f*; **on ~** su richiesta

application form *n* (modulo *m* di) domanda *f*

applicator *n* applicatore *m*

applied [əˈplaɪd] *adj* applicato, -a

appliqué [ˌæ·plɪˈkeɪ] *n* FASHION applicazione *f*

apply [əˈplaɪ] **I.** *vi* **1.**(*request*) fare domanda; **to ~ to a college/a company** fare domanda ad un'università/una compagnia; **to ~ to sb for sth** rivolgersi a qn per qc; **to ~ for a job** fare domanda di lavoro; **to ~ in writing** fare domanda scritta **2.**(*be relevant*) **to ~ to sb** riguardare qn **II.** *vt* **1.**(*glue, paint*) applicare **2.**(*use*) applicare; **to ~ force** usare la forza; **to ~ pressure to sth** esercitare una pressione su

A

qc; **to ~ sanctions** applicare sanzioni; **to ~ common sense** usare il buonsenso **3.** (*work hard*) **to ~ oneself to sth** dedicarsi a qc

appoint [ə·'pɔɪnt] *vt* **1.** (*select*) nominare; **to ~ sb as heir** nominare qn erede **2.** *form* (*designate*) **to ~ a date** fissare una data; **at the ~ed time** all'ora stabilita

appointee [ə·pɔɪn·'tiː] *n* persona *f* designata

appointment *n* **1.** (*to office, position*) nomina *f* **2.** (*meeting*) appuntamento *m;* **dentist's ~** appuntamento dal dentista; **to have an ~ at the hairdresser's** avere un appuntamento dal parrucchiere; **to keep an ~** non mancare ad un appuntamento; **by ~ only** solo su appuntamento

appointment book *n* agenda *f* per appuntamenti

apportion [ə·'pɔːr·ʃən] *vt* ripartire

apposite ['æ·pə·zɪt] *adj form* appropriato, -a; (*observation*) pertinente

apposition [ˌæ·pə·'zɪ·ʃən] *n* apposizione *f*

appraisal [ə·'preɪ·zl] *n* **1.** (*evaluation*) valutazione *f* **2.** (*estimation*) stima *f*

appraise [ə·'preɪz] *vt* **1.** (*evaluate*) valutare; **to ~ sb's needs** valutare i bisogni di qn **2.** (*estimate*) fare una stima di

appreciable [ə·'priː·ʃə·bl] *adj* apprezzabile; (*change*) notevole; (*progress*) considerevole

appreciate [ə·'priː·ʃi·eɪt] **I.** *vt* **1.** (*value*) apprezzare **2.** (*understand*) rendersi conto di **3.** (*be grateful for*) apprezzare **II.** *vi* FIN (*in price*) aumentare; (*in value: property, shares*) rivalutarsi

appreciation [ə·ˌpriː·ʃi·'eɪ·ʃən] *n* **1.** (*gratitude*) gratitudine *f* **2.** (*understanding*) comprensione *f;* **she has no ~ of my work** non apprezza il mio lavoro **3.** FIN (*in price*) aumento *m;* (*in value: of property, shares*) rivalutazione *f*

appreciative [ə·'priː·ʃi·ə·tɪv] *adj* riconoscente; **an ~ audience** un pubblico entusiasta

apprehend [ˌæ·prɪ·'hend] *vt form* **1.** (*arrest*) arrestare **2.** (*comprehend*) comprendere; **to ~ the importance of doing sth** comprendere l'importanza di fare qc

apprehensible [æ·prə·'hen·sə·bl] *adj* comprensibile

apprehension [ˌæ·prɪ·'hen·ʃən] *n* **1.** (*of a criminal*) arresto *m* **2.** (*fear*) apprensione *f;* **~ about sth** apprensione per qc **3.** *form* (*comprehension*) comprensione *f*

apprehensive [ˌæ·prɪ·'hen·sɪv] *adj* apprensivo, -a; **to be ~ about sth** essere preoccupato per qc; **to be ~ that** temere che +*conj*

apprentice [ə·'pren·tɪs] *n* apprendista *mf*

apprenticeship [ə·'pren·tə·ʃɪp] *n* apprendistato *m*

approach [ə·'proʊtʃ] **I.** *vt* **1.** (*get close to*) avvicinarsi a **2.** (*ask*) rivolgersi a; **to ~ sb** (**about sth**) rivolgersi a qn (per qc) **3.** (*deal with*) affrontare **II.** *vi* avvicinarsi **III.** *n* **1.** (*coming*) l'avvicinarsi *m;* **at the ~ of winter** all'avvicinarsi dell'inverno **2.** (*access: to highway,*

bridge) accesso *m* **3.** (*proposition*) proposta *f;* (*for help*) richiesta *f;* **to make ~es to sb** contattare qn **4.** (*methodology*) approccio *m*

approachable [ə·'proʊ·tʃə·bl] *adj* (*person, place*) accessibile

appropriate¹ [ə·'proʊ·pri·ət] *adj* appropriato, -a; **~ to the occasion** adatto all'occasione

appropriate² [ə·'proʊ·pri·eɪt] *vt form* **1.** (*take*) appropriarsi di **2.** FIN assegnare; **to ~ funds** (**for sth**) destinare fondi (a qn)

appropriation [ə·ˌproʊ·pri·'eɪ·ʃən] *n* **1.** (*taking*) appropriazione *f* **2.** FIN assegnazione *f*

approval [ə·'pruː·vl] *n* approvazione *f;* **to meet with sb's ~** ottenere l'approvazione di qn; **to nod one's ~** assentire con un cenno del capo; **on ~** ECON in prova

approve [ə·'pruːv] **I.** *vi* essere d'accordo; **to ~ of sth** approvare qc; **she doesn't ~ of smoking** disapprova che si fumi **II.** *vt* approvare

approved *adj* **1.** (*agreed*) approvato, -a **2.** (*authorized*) autorizzato, -a; **an ~ qualification** un titolo riconosciuto

approving [ə·'pruː·vɪŋ] *adj* d'approvazione

approvingly [ə·'pruː·vɪŋ·li] *adv* con approvazione; **to smile ~** sorridere in segno d'approvazione

approx. [ə·'prɑːks] *n abbr of* **approximately** approssimativamente

approximate¹ [ə·'prɑːk·sɪ·mət] *adj* approssimativo, -a

approximate² [ə·'prɑːk·sɪ·meɪt] **I.** *vt* avvicinarsi a **II.** *vi form* **to ~ to sth** avvicinarsi a qc

approximately *adv* approssimativamente

approximation [ə·ˌprɑːk·sɪ·'meɪ·ʃən] *n* approssimazione *f*

APR [ˌeɪ·pi·'ɑːr] *n abbr of* **annual percentage rate** *tasso di interesse annuo*

Apr. *n abbr of* **April** apr.

apricot ['eɪ·prɪ·kɑːt] **I.** *n* **1.** (*fruit*) albicocca *f* **2.** (*tree*) albicocco *m* **3.** (*color*) (color *m*) albicocca *m inv* **II.** *adj* (di color) albicocca *inv*

April ['eɪ·prəl] *n* aprile *m;* **in ~** in aprile; **every ~** ogni mese di aprile; **the month of ~** il mese di aprile; **at the beginning/end of ~** all'inizio/alla fine di aprile; **on ~ (the) fourth** il quattro aprile

April Fools' Day *n* il primo d'aprile, *giorno del pesce d'aprile*

a priori [ˌeɪ·priː·'ɔː·ri] *adv* a priori

apron ['eɪ·prən] *n* **1.** (*clothing*) grembiule *m* **2.** AVIAT area *f* di stazionamento **3.** THEAT proscenio *m*

apron strings *n pl* laccim *pl* del grembiule
▸ **to be <u>tied</u> to one's mother's ~** essere attaccato alle sottane della madre

apropos, a propos [ˌæ·prə·'poʊ] **I.** *prep* a proposito di **II.** *adv* a proposito **III.** *adj* appropriato, -a

apse [æps] *n* ARCHIT abside *f*

apt [æpt] *adj* **1.** (*appropriate*) appropriato, -a; (*comment*) opportuno, -a; (*description*) indovinato, -a **2.** (*clever*) capace **3.** (*likely*) **to be ~ to do sth** avere la tendenza a fare qc

apt. *n abbr of* **apartment** app.to
aptitude ['æp·tɪ·tuːd] *n* attitudine *f*
aquacize ['æk·wə·saɪz] *n* acquagym *f inv*
aquaculture ['ɑːk·wə·ˌkʌl·tʃəʳ] *n* acquacoltura *f*
Aqua-Lung® ['æk·wə·lʌŋ] autorespiratore *m*
aquamarine [ˌɑːk·wə·məˈriːn] I. *n* 1.(*stone*) acquamarina *f* 2.(*color*) (color *m*) acquamarina *f inv* II. *adj* (di color) acquamarina *inv*
aquaplaning [ˌɑːk·wəˈpleɪ·nɪŋ] *n* 1.SPORTS acquaplano *m* 2. AUTO aquaplaning *m inv*
Aquarian [əˈkwe·ri·ən] *n* Acquario *m*
aquarium [əˈkwe·ri·əm] <-s *o* -ria> *n* acquario *m*
Aquarius [əˈkwe·ri·əs] *n* Acquario *m*
aquatic [əˈkwæ·t̮ɪk] *adj* acquatico, -a
aquatics *npl* SPORTS sport*m* *pl* acquatici
aqueduct ['æ·kwɪ·dʌkt] *n* acquedotto *m*
aquifer ['æ·kwɪ·fəʳ] *n* falda *f* acquifera
aquiline ['æ·kwɪ·lən] *adj* aquilino, -a; ~ **nose** naso aquilino
Arab ['æ·rəb] I. *adj* arabo, -a; **the** (**United**) ~ **Emirates** gli Emirati Arabi (Uniti) II. *n* arabo, -a *m, f*
arabesque [ˌæ·rəˈbesk] *n* arabesco *m*
Arabia [əˈreɪ·biə] *n* Arabia *f*
Arabian *adj* arabo, -a
Arabic ['æ·rə·bɪk] *n* LING arabo *m*
arable ['æ·rə·bl] *adj* coltivabile
arachnid [əˈræk·nɪd] *n* aracnide *m*
arbiter ['ɑːr·bɪ·t̮əʳ] *n* arbitro *m*
arbitrage [ˌɑːr·bɪ·trɑːʒ] *n* FIN arbitraggio *m*
arbitrariness ['ɑːr·bɪ·tre·rɪ·nɪs] *n* arbitrarietà *f*
arbitrary ['ɑːr·bə·tre·ri] *adj* arbitrario, -a
arbitrate ['ɑːr·bə·treɪt] I. *vt* arbitrare; **to** ~ **an argument** fare da arbitro in una discussione II. *vi* arbitrare
arbitration [ˌɑːr·bəˈtreɪ·ʃən] *n* arbitrato *m;* **to go to** ~ andare in arbitrato
arbitrator ['ɑːr·bə·treɪ·t̮əʳ] *n* arbitro *m*
arbor ['ɑːr·bəʳ] *n* pergolato *m*

Negli USA è costume piantare degli alberi in occasione dell'**Arbor Day**. Questa tradizione, volta ad incrementare il numero degli alberi, proviene dal Nebraska, dove è stata celebrata per la prima volta nel 1872. Lo scopo è quello di rendere omaggio all'albero per il ruolo primordiale che riveste nella natura.Questo giorno è festivo in alcuni stati. La data esatta dell'**Arbor Day** cambia da uno stato all'altro in funzione del periodo più adatto a piantare degli alberi, che varia secondo la posizione geografica.

---

arboriculture ['ɑːr·bəʳ·ɪ·ˌkʌl·tʃəʳ] *n* arboricoltura *f*
arc [ɑːrk] I. *n* arco *m* II. *vi* formare un arco
arcade [ɑːrˈkeɪd] *n* 1.(*of shops*) centro *m* commerciale 2.(*around square*) portici *mpl* 3.(*with games*) sala *f* giochi
arcane [ærˈkeɪn] *adj* arcano, -a

arch¹ [ɑːrtʃ] I. *n* arco *m* II. *vi* inarcarsi III. *vt* inarcare; **to** ~ **one's eyebrows** inarcare le sopracciglia
arch² [ɑːrtʃ] <-er, -est> *adj* malizioso, -a
archaeology [ˌɑːr·ki·ˈɑː·lə·dʒi] *n* archeologia *f*
archaic [ɑːrˈkeɪ·ɪk] *adj* arcaico, -a
archangel ['ɑːrk·eɪn·dʒl] *n* arcangelo *m*
archbishop [ˌɑːrtʃ·ˈbɪ·ʃəp] *n* arcivescovo *m*
archdeacon [ˌɑːrtʃ·ˈdiː·kən] *n* arcidiacono *m*
archdiocese [ˌɑːrtʃ·ˈda·ɪə·sɪs] *n* arcidiocesi *f inv*
archenemy <-ies> *n* acerrimo, -a nemico, -a, -a *m, f*
archeological [ˌɑːr·ki·ə·ˈlɑː·dʒɪ·kəl] *adj* archeologico, -a
archeologist [ˌɑːr·ki·ˈɑː·lə·dʒɪst] *n* archeologo, -a *m, f*
archeology [ˌɑːr·ki·ˈɑː·lə·dʒi] *n s.* **archaeology**
archer ['ɑːr·tʃəʳ] *n* arciere *m*
archery ['ɑːr·tʃə·ri] *n* tiro *m* con l'arco
archetype ['ɑːr·kɪ·taɪp] *n* archetipo *m*
archipelago [ˌɑːr·kə·ˈpe·lə·gou] <-(e)s> *n* arcipelago *m*
architect ['ɑːr·kə·tekt] *n* 1.(*of building*) architetto *m* 2.*fig* artefice *mf*
architecture ['ɑːr·kə·tek·tʃəʳ] *n* architettura *f*
archive ['ɑːr·kaɪv] *n a.* COMPUT archivio *m*
archivist ['ɑːr·kə·vɪst] *n* archivista *mf*
archway ['ɑːrtʃ·weɪ] *n* arco *m*
arc lamp, arc light *n* lampada *f* ad arco
Arctic ['ɑːrk·tɪk] I. *n* **the** ~ l'Artico *m* II. *adj* artico, -a
arctic *adj* (*extremely cold*) polare
Arctic Circle *n* Circolo *m* Polare Artico
Arctic Ocean *n* Mare *m* Glaciale Artico
arc welding *n* saldatura *f* ad arco
ardent ['ɑːr·dnt] *adj* fervente; (*desire, plea*) ardente
ardor ['ɑːr·dəʳ] *n* ardore *m*
arduous ['ɑːr·dʒu·əs] *adj* arduo, -a
are [əʳ, *stressed:* ɑːr] *vi s.* **be**
area ['e·ri·ə] *n* 1. *a.* MATH, SPORTS area *f;* **in the** ~ **of** intorno a 2.(*field*) campo *m;* ~ **of competence/knowledge** ambito *m* di competenza/conoscenza
area code *n* prefisso *m*
area rug *n* tappeto *m*
arena [əˈriː·nə] *n a. fig* arena *f*
aren't [ɑːrnt] = **are not**
Argentina [ˌɑːr·dʒən·ˈti·nə] *n* Argentina *f*
Argentine ['ɑːr·dʒən·taɪn], **Argentinean** [ˌɑːr·dʒən·ˈtɪ·ni·ən] I. *adj* argentino, -a II. *n* argentino, -a *m, f*
argon ['ɑːr·gɑːn] *n* argo *m*
arguable ['ɑːrg·ju·ə·bl] *adj* discutibile
arguably *adv* probabilmente
argue ['ɑːrg·juː] I. *vi* 1.(*disagree*) litigare 2.(*reason*) argomentare; **to** ~ **for/against sth** portare argomenti a favore di/contro qc II. *vt* 1.(*debate*) sostenere; **to** ~ **that ...** sostenere che ... 2.(*persuade*) **to** ~ **sb into doing sth**

A

A

persuadere qn a fare qc; **to ~ sb out of doing sth** dissuadere qn dal fare qc

argument ['ɑːrg·jə·mənt] *n* **1.**(*disagreement*) discussione *f* **2.**(*reasoning*) ragionamento *m;* **for the sake of ~, suppose that ...** tanto per discutere, supponiamo che ... **3.**LAW argomentazioni *fpl* **4.**MATH argomento *m*

argumentative [ˌɑːrg·jə·'men·tə·ṭɪv] *adj* polemico, -a

argyle ['ɑːr·gaɪl] *n* motivo *m* a rombi

aria ['ɑː·ri·ə] *n* MUS aria *f*

Arian ['e·ri·ən] *n* Ariete *m*

arid ['æ·rɪd] *adj* arido, -a

Aries ['e·riːz] *n* Ariete *m*

arise [ə·'raɪz] <arose, arisen> *vi* **1.**(*come about*) sorgere; **to ~ from** derivare da; **should the need ~** se fosse necessario; **should doubt ~** dovesse sorgere il dubbio **2.** *form* (*rise up*) alzarsi

arisen [ə·'rɪ·zn] *pp of* **arise**

aristocracy [ˌæ·rɪs·'tɑː·krə·si] <-ies> *n* + *sing*/*pl vb* aristocrazia *f*

aristocrat [ə·'rɪs·tə·kræt] *n* aristocratico, -a *m, f*

aristocratic [e·ˌrɪs·tə·'kræ·ṭɪk] *adj* aristocratico, -a

arithmetic [ə·'rɪθ·mɪ·tɪk] **I.** *n* aritmetica *f* **II.** *adj* aritmetico, -a

arithmetical [ˌæ·rɪθ·'me·ṭɪ·kl] *adj* aritmetico, -a

Ariz. [æ·rɪ·zoʊ·nə] *n abbr of* **Arizona** Arizona

Arizona [æ·rɪ·zoʊ·nə] *n* Arizona *f*

ark [ɑːrk] *n* arca *f;* **Noah's ~** l'arca di Noè

Arkansas ['ɑːr·kən·sɑː] *n s.* **Arkansas** Arkansas *m*

arm¹ [ɑːrm] *n* **1.**ANAT, GEO braccio *m;* **to put one's ~s around sb** abbracciare qn; **to hold sb in one's ~s** tenere qn tra le braccia; **~ in ~** sottobraccio **2.**(*sleeve*) manica *f* **3.**(*division*) ramo *m* ▶ **to welcome sth with open ~s** accogliere qc con entusiasmo; **the** (**long**) **~ of the law** il braccio della legge; **to cost an ~ and a leg** *inf* costare un occhio della testa; **to keep sb at ~'s length** *fig* tenere qn a distanza

arm² [ɑːrm] MIL **I.** *vt* **1.**(*supply with weapons*) armare; **to ~ oneself against sth** armarsi contro qc **2.**(*prepare for detonation*) armare **II.** *n* (*weapon*) arma *f;* **under ~s** in armi; **to bear ~s** portare armi; **to lay down one's ~s** deporre le armi; **to take up ~s** (**against sb/ sth**) insorgere (contro qn/qc) ▶ **to be up in ~s about ...** essere sul piede di guerra per ...

armadillo [ɑːrˌmə·'dɪ·loʊ] *n* armadillo *m*

armaments ['ɑːr·mə·mənts] *npl* armamenti *mpl*

armature ['ɑːr·mə·tʃə] *n* **1.**TECH, ZOOL, BOT armatura *f* **2.**ELEC indotto *m*

armband ['ɑːrm·bænd] *n* bracciale *m*

armchair ['ɑːrm·tʃer] *n* poltrona *f*

armed [ɑːrmd] *adj* armato, -a

armed forces *npl* **the ~** le forze armate

Armenia [ɑːr·'miː·niə] *n* Armenia *f*

Armenian **I.** *n* **1.**(*person*) armeno, -a *m, f* **2.** LING armeno *m* **II.** *adj* armeno, -a

armful ['ɑːrm·fʊl] *n* bracciata *f*

armhole ['ɑːrm·hoʊl] *n* giromanica *m*

arming ['ɑːr·mɪŋ] *n* approvvigionamento *m* d'armi

armistice ['ɑːr·məs·tɪs] *n* armistizio *m*

armload *n* bracciata *f*

armor ['ɑːr·mə] *n* **1.**(*protective covering*) armatura *f* **2.** *a.* MIL, ZOOL corazza *f* **3.**(*tanks*) mezzi *m pl* blindati

armored *adj* blindato, -a

armor-plated *adj* blindato, -a

armpit ['ɑːrm·pɪt] *n* ascella *f*

armrest ['ɑːrm·rest] *n* bracciolo *m*

arms control *n*, **arms limitation** *n* MIL controllo *m* degli armamenti

arms race *n* **the ~** la corsa agli armamenti

arms reduction *n* riduzione *f* degli armamenti

arm wrestling *n* braccio *m* di ferro

army ['ɑːr·mi] <-ies> *n* **1.**MIL esercito *m;* **to join the ~** arruolarsi **2.** *fig* esercito *m*

army brat *n inf* figlio, -a *m, f* di militare

aroma [ə·'roʊ·mə] *n* aroma *m*

aromatherapy [əˌroʊ·mə·'θe·rə·pi] *n* aromaterapia *f*

aromatic [ˌæ·rə·'mæ·ṭɪk] *adj* aromatico, -a

arose [ə·'roʊz] *pt of* **arise**

around [ə·'raʊnd] **I.** *prep* **1.**(*surrounding*) intorno a; **all ~ sth** tutto intorno a qc; **the earth goes ~ the sun** la terra gira intorno al sole; **to go ~ the corner** girare l'angolo **2.**(*move within sth*) per; **to drive ~ France** girare in macchina per la Francia; **to go ~ a museum** girare per un museo; **to sit ~ the room** sedersi in modo sparso in una stanza **3.**(*approximately*) intorno a; **~ May 10th** intorno al 10 maggio; **somewhere ~ here** vicino **II.** *adv* **1.**(*all over*) tutto intorno; **all ~** dappertutto; **for 50 miles ~** per un raggio di 50 miglia; **for miles ~** nel raggio di miglia; **to be the other way ~** essere esattamente al contrario **2.**(*aimlessly*) **to walk ~** andare in giro; **to stand/hang ~** starsene/andare in giro; **to have been ~** conoscere il mondo; (*be experienced*) avere una grande esperienza **3.**(*nearby*) nelle vicinanze; **is Mark ~?** c'è Mark?; **to be still ~** essere ancora in circolazione

arouse [ə·'raʊz] *vt* **1.**(*stir*) suscitare; (*anger*) provocare **2.**(*sexually excite*) eccitare

arraign [ə·'reɪn] *vt* LAW chiamare in giudizio

arrange [ə·'reɪndʒ] **I.** *vt* **1.**(*organize*) organizzare; **to ~ a date** fissare una data **2.**(*put in order*) sistemare; MUS arrangiare **II.** *vi* dare disposizioni; **to ~ for sth** dare disposizioni per qc; **to ~ to do sth** prendere accordi per fare qc

arrangement *n* **1.** *pl* (*preparations*) preparativi *mpl;* **to make ~s** (**for sth**) fare i preparativi (di qc) **2.**(*agreement*) accordo *m;* **to have an ~ with sb** essere d'accordo con qn **3.**(*method of organizing sth*) sistemazione *f;* MUS arrangiamento *m*

A

array [ə·'reɪ] I. *n* **1.**(*display*) assortimento *m* **2.** *form* (*clothes*) abbigliamento *m* elegante **3.** MIL schieramento *m* II. *vt* **1.**(*display*) disporre **2.** *form* (*dress finely*) abbigliare in modo elegante **3.** MIL spiegare

arrears [ə·'rɪrz] *npl* FIN arretrati *mpl;* **to be in ~ on sth** essere in arretrato con qc; **to pay in ~** pagare posticipatamente

arrest [ə·'rest] I. *vt* **1.** LAW arrestare **2.** *form* (*put a stop to*) fermare, arrestare **3.**(*attract*) **to ~ sb's attention** catturare l'attenzione di qn II. *n* arresto *m;* **to be under ~** essere in (stato di) arresto; **to put sb under ~** mettere qn agli arresti

arresting *adj* che colpisce; (*account*) accattivante; (*performance*) impressionante

arrival [ə·'raɪ·vl] *n* **1.**(*at destination*) arrivo *m;* **on his ~** al suo arrivo **2.**(*person*) arrivato, -a *m, f;* **new ~** nuovo arrivo

arrive [ə·'raɪv] *vi* **1.**(*come*) arrivare; **to ~ at a conclusion** giungere a una conclusione **2.** *inf* (*establish one's reputation*) arrivare **3.**(*be born*) nascere

arriviste [ˌæ·riː·'viːst] *n* arrivista *mf*

arrogance ['æ·rə·gəns] *n* arroganza *f*

arrogant ['æ·rə·gənt] *adj* arrogante

arrow ['æ·roʊ] *n* freccia *f*

arrowhead *n* punta *f* di freccia

arrowroot *n fecola ricavata dalla radice di una pianta tropicale americana utilizzata in cucina per addensare le salse*

arsenal ['ɑːr·sə·nl] *n* arsenale *m*

arsenic ['ɑːrs·nɪk] *n* arsenico *m*

arson ['ɑːr·sn] *n* incendio *m* doloso

art [ɑːrt] *n* arte *f*

art collection *n* collezione *f* d'arte

art critic *n* critico *m* d'arte

art dealer *n* mercante *m* d'arte

arterial [ɑːr·'tɪ·ri·əl] *adj* **1.** ANAT arterioso, -a **2.** AUTO, RAIL principale

arteriosclerosis [ɑːr·tɪ·rɪ·ous·klə·'rou·səs] *n* MED arteriosclerosi *f*

artery ['ɑːr·tə·i] <-ies> *n* arteria *f*

artesian well [ɑːr·'tiː·ʒən·'wel] *n* pozzo *m* artesiano

artful ['ɑːrt·fəl] *adj* abile

art gallery *n* galleria *f* d'arte

arthritic [ɑːr·'θrɪ·tɪk] *adj* artritico, -a

arthritis [ɑːr·'θraɪ·təs] *n* MED artrite *f*

artichoke ['ɑːr·tə·tʃouk] *n* FOOD carciofo *m*

article ['ɑːr·tɪ·kl] *n* **1.**(*object*) articolo *m;* **~ of clothing** articolo di vestiario **2.** *a.* LAW, LING, TYPO articolo *m*

articulate[1] [ɑːr·'tɪk·jə·lət] *adj* **1.**(*person*) che si esprime con chiarezza; (*speech*) chiaro, -a **2.** TECH, ANAT articolato, -a

articulate[2] [ɑːr·'tɪk·jə·leɪt] *vt form* **1.**(*express*) esprimere chiaramente; **to ~ an idea** esprimere chiaramente un'idea **2.**(*pronounce*) pronunciare distintamente

articulation [ɑːr·tɪk·jə·'leɪ·ʃən] *n* (*pronunciation*) pronuncia *f;* (*of idea, feeling*) espressione *f*

artifact ['ɑːr·tə·fækt] *n* manufatto *m*

artifice ['ɑːr·tə·fɪs] *n form* artificio *m*

artificial [ˌɑːr·tə·'fɪ·ʃl] *adj* artificiale

artificial insemination *n* inseminazione *f* artificiale

artificial intelligence *n* intelligenza *f* artificiale

artificial respiration *n* respirazione *f* artificiale

artillery [ɑːr·'tɪ·lə·ri] *n* artiglieria *f*

artilleryman [ɑːr·'tɪl·rɪ·men] *n* artigliere *m*

artisan ['ɑːr·tɪ·zən] *n* artigiano, -a *m, f*

artist ['ɑːr·təst] *n* artista *mf*

artiste [ɑːr·'tiːst] *n* THEAT artista *mf*

artistic [ɑːr·'tɪs·tɪk] *adj* artistico, -a

artistry ['ɑːr·təs·tri] *n* arte *f*

artless ['ɑːrt·lɪs] *adj* **1.**(*natural*) semplice **2.**(*clumsy*) goffo, -a

arts and crafts *n a.* SCHOOL attività *f pl* creative manuali

artsy ['ɑːrt·si] *n inf: persona con tendenze artistiche*

artwork ['ɑːrt·wɜːrk] *n* materiale *m* illustrativo

arty ['ɑːr·ti] <-ier, -iest> *adj inf* (*person*) con pretese artistiche; (*film*) pretenzioso, -a

as [əz, *stressed:* æz] I. *prep* da; **dressed ~ a clown** vestito da clown; **the king, ~ such** il re come tale; **~ a baby, I was ...** da bambino io ero ...; **to use sth ~ a lever** utilizzare qc come leva II. *conj* **1.**(*in comparison*) come; **the same name ~ sth/sb** lo stesso nome di qc/qn; **~ fast ~ sth/sb** (così) rapido come qc/qn; **to eat ~ much ~ sb** mangiare (tanto) quanto qn; **~ soon ~ possible** il più presto possibile **2.**(*like*) (così) come; **~ it is** così com'è; **I came ~ promised** son venuto, come promesso; **she was dressed just ~ he was** era vestita esattamente come lui; **~ if it were true** come se fosse vero **3.**(*because*) poiché; **~ he is here, I'm going** visto che c'è lui, io vado **4.**(*while*) mentre **5.**(*although*) **~ nice ~ the day is, ...** per quanto sia una bella giornata ...; **try ~ I might, I couldn't** malgrado tutti gli sforzi, non ho potuto ▶ **~ far ~** (*to the extent that*) fino a; (*concerning*) quanto a; **~ for her/him/me/them ...** quanto a lei/lui/me/loro ... III. *adv* **~ well** anche; **~ long as** purché +*conj;* **~ much as** tanto quanto; **~ soon as** non appena

ASAP [ˌeɪ·es·eɪ·'piː] *abbr of* **as soon as possible** il più presto possibile

asbestos [æz·'bes·təs] *n* asbesto *m*

asbestosis [ˌæs·bes·'tou·sɪs] *n* asbestosi *f inv*

ascend [ə·'send] I. *vt form* (*steps*) salire; (*mountain*) scalare; **to ~ the throne** salire [*o* ascendere] al trono II. *vi* salire; **in ~ing order** in ordine crescente

ascendancy [ə·'sen·dən·tsi] *n* ascendente *m*

ascendant [ə·'sen·dənt] I. *n form* **1.**(*position of power*) **to be in the ~** essere in auge **2.** ASTR ascendente *m* II. *adj* in auge

ascendency [ə·'sen·dən·tsi] *n s.* **ascendancy**

ascendent [ə·'sen·dənt] *n, adj s.* **in auge**

A

ascension [ə'sen·ʃən] *n* **1.** (*going up*) ascensione *f* **2.** REL **the Ascension** l'Ascensione *f*

Ascension Day *n* il giorno dell'Ascensione

ascent [ə'sent] *n* **1.** *form* (*climb*) ascesa *f* **2.** (*slope*) salita *f*

ascertain [ˌæ·sə·'teɪn] *vt* **1.** (*find out*) verificare **2.** (*make sure*) accertare

ascetic [ə'se·t̬ɪk] **I.** *n* asceta *mf* **II.** *adj* ascetico, -a

asceticism [ə'se·t̬ə·sɪ·zəm] *n* ascetismo *m*

ASCII ['æs·ki:] *abbr of* **American Standard Code for Information Interchange** ASCII *m*

ascot ['æs·kət] *n* FASHION *larga sciarpa annodata sul davanti in modo che i lembi combacino*

ascribe [ə'skraɪb] *vt* **to ~ sth to sb** attribuire qc a qn

ascription [ə'skrɪp·ʃən] *n* attribuzione *f*

ASE *n abbr of* **American Stock Exchange** *borsa valori statunitense*

asexual [ˌeɪ·'sek·ʃu·əl] *adj* **1.** (*reproduction*) asessuale **2.** (*person*) asessuato, -a

ash¹ [æʃ] *n* (*from fire*) cenere *f*

ash² [æʃ] *n* **1.** BOT (*tree*) frassino *m* **2.** (*wood*) (legno *m* di) frassino *m*

ashamed [ə'ʃeɪmd] *adj* **to feel ~** vergognarsi; **to be ~ of oneself** vergognarsi di se stesso

ashore [ə'ʃɔːr] **I.** *adj* a terra **II.** *adv* a riva; **to go ~** sbarcare; **to run ~** arenarsi

ashtray ['æʃ·ˌtreɪ] *n* posacenere *m inv*

Ash Wednesday *n* mercoledìm *inv* delle ceneri

Asia ['eɪ·ʒə] *n* Asia *f*

Asia Minor *n* Asia *f* Minore

Asian ['eɪ·ʒən] **I.** *n* asiatico, -a *m, f* **II.** *adj* asiatico, -a

Asian American *n* cittadino *americano di origine asiatica*

Asiatic [ˌeɪ·ʒi·'æ·t̬ɪk] **I.** *adj* asiatico, -a **II.** *n pej* asiatico, -a *m, f*

aside [ə'saɪd] **I.** *n* **1.** (*in a speech*) digressione *f*; (*in a conversation*) commento *m* a parte **2.** THEAT a parte *m inv* **II.** *adv* da parte; **to stand** [*o* **step**] **~** farsi da parte; **to leave sth ~** lasciar qc da parte

aside from *prep* a parte

ask [æsk] **I.** *vt* **1.** (*request information*) chiedere, domandare; **to ~ sb sth** chiedere qc a qn; **to ~** (**sb**) **a question about sth** fare (a qn) una domanda su qc; **don't ~ me** non chiederlo a me; **if you ~ me ...** secondo me ... **2.** (*request*) chiedere; **to ~ sb's advice/a favor** chiedere consiglio/un favore a qn **3.** (*invite*) invitare; **to ~ sb to do sth** invitare qn a fare qc **4.** (*demand a price*) chiedere; **to ~ 100 dollars for sth** chiedere 100 dollari per qc **5.** (*expect*) **to ~ too much of sb** pretendere troppo da qn **II.** *vi* **1.** (*request information*) chiedere **2.** (*make a request*) chiedere

◆**ask for** *vt* **1.** (*request*) chiedere **2.** (*inquire about*) chiedere di **3.** (*deserve*) **to ~ trouble** andarsela a cercare

askance [əs·'kæns] *adv* di traverso; **to look ~** (**at sb/sth**) guardare storto (qn/qc)

askew [ə'skju:] *adj* sbilenco, -a

asking ['æs·kɪŋ] *n* **it's yours for the ~** è tuo se lo vuoi

asking price *n* prezzo *m* richiesto

asleep [ə'sli:p] *adj* addormentato, -a; **to be ~** dormire; **to fall ~** addormentarsi

asocial [eɪ·'sou·ʃəl] *adj* (*not sociable*) asociale; (*antisocial*) antisociale

asparagus [ə'spe·rə·gəs] *n* **1.** FOOD (*vegetable*) asparagi *mpl* **2.** (*plant*) asparago *m*

aspartame ['æs·pər·teɪm] *n* aspartame *m*

ASPCA [ˌeɪ·es·ˌpi:·si:·'eɪ] *n abbr of* **American Society for Prevention of Cruelty to Animals** ≈ ENPA

aspect ['æs·pekt] *n* **1.** (*point of view*) punto *m* di vista **2.** (*feature*) aspetto *m* **3.** (*direction*) esposizione *f* **4.** (*appearance*) aspetto *m* **5.** ASTR aspetto *m* **6.** LING aspetto *m*

aspen ['æs·pən] *n* BOT pioppo *m* tremulo

aspersion [əs·'pɜːr·ʒən] *n form* calunnia *f*; **to cast ~s on sb** calunniare qn

asphalt ['æs·fɑːlt] **I.** *n* asfalto *m* **II.** *vt* asfaltare

asphalt jungle *n* giungla *f* d'asfalto

asphyxia [æs·'fɪk·siə] *n* asfissia *f*

asphyxiate [əs·'fɪk·si·eɪt] **I.** *vi form* asfissiare **II.** *vt* asfissiare

asphyxiation [əs·ˌfɪk·si·'eɪ·ʃən] *n* asfissia *f*

aspic ['æs·pɪk] *n* aspic *m inv*

aspirant ['æs·pə·rənt] *n form* aspirante *mf*

aspiration [ˌæs·pə·'reɪ·ʃən] *n* aspirazione *f*

aspire [ə'spa·ɪə] *vi* **to ~ to sth** aspirare a qc

aspirin ['æs·prɪn] *n* aspirina *f*

aspiring [ə'spa·ɪə·ɪŋ] *adj* aspirante

ass [æs] <-es> *n* **1.** *vulg* (*bottom*) culo *m* **2.** (*donkey*) asino *m* **3.** *inf* (*idiot*) stupido, -a *m, f*; **to make an ~ of oneself** rendersi ridicolo ▸ **get your ~ in gear!** alza le chiappe!; **move your ~!** datti una mossa!; **to work one's ~ off** farsi un culo così

assail [ə'seɪl] *vt* **1.** (*attack*) assalire **2.** (*torment*) assalire

assailant *n* assalitore, -trice *m, f*

assassin [ə'sæ·sən] *n* assassino, -a *m, f*; **paid ~** sicario *m*

assassinate [ə'sæ·sɪ·neɪt] *vt* assassinare

assassination [ə·ˌsæ·sɪ·'neɪ·ʃən] *n* assassinio *m*

assault [ə'sɔːlt] **I.** *n* (*attack*) aggressione *f*; **to make an ~ on sth/sb** aggredire qc/qn **II.** *vt* assalire

assault and battery *n* aggressione *f* e lesioni *f pl*

assault course *n* percorso *m* di guerra

assemble [ə'sem·bl] **I.** *vi* radunarsi **II.** *vt* **1.** (*collect: people, things*) radunare **2.** (*put together*) assemblare

assembly [ə'sem·bli] <-ies> *n* **1.** (*meeting*) assemblea *f* **2.** TECH assemblaggio *m*; **"~ required"** (*on toy package*) "da assemblare"

assembly line *n* catena *f* di montaggio

assent [ə-'sent] I. *n form* assenso *m* II. *vi* to ~ to sth acconsentire a qc

assert [ə-'sɜːrt] *vt* asserire; **to ~ oneself** farsi valere

assertion [ə-'sɜːr-ʃən] *n* asserzione *f*

assertive [ə-'sɜːr-tɪv] *adj* che sa farsi valere

assertiveness *n* capacità *f* di farsi valere

assess [ə-'ses] *vt* **1.** (*evaluate*) valutare **2.** (*tax*) calcolare

assessment *n* **1.** (*calculation*) calcolo *m* **2.** (*evaluation*) valutazione *f* **3.** (*taxation*) calcolo *m* del valore imponibile

assessor [ə-'se-sə˞] *n* **1.** (*tax evaluator*) ispettore, -trice fiscale *m* **2.** (*legal advisor*) consulente *mf* legale; **legal ~** perito *m* legale **3.** (*evaluator*) valutatore, -trice *m, f*

asset ['æ-set] *n* **1.** (*benefit*) vantaggio *m;* (*person*) elemento *m* valido; **he is an ~ to the team** è un punto di forza per la squadra **2.** *pl* FIN attivo *m;* **liquid ~s** attività *f pl* liquide

assiduous [ə-'sɪ-dʒu-əs] *adj* **1.** (*hardworking*) diligente **2.** (*keen*) assiduo, -a

assign [ə-'saɪn] *vt* **1.** (*task, resources*) assegnare; **to ~ sb to a position** destinare qn a una carica; **to ~ sb to do sth** incaricare qn di fare qc; **to ~ the blame for sth to sb** attribuire la colpa di qc a qn **2.** LAW cedere

assignment *n* **1.** (*task*) incarico *m;* **foreign ~** incarico all'estero; **diplomatic ~** missione *f* diplomatica; **to send sb on an ~** mandare qn in missione; **an ~ to do sth** un incarico di fare qc **2.** (*attribution*) assegnazione *f*

assimilate [ə-'sɪ-mə-leɪt] I. *vt* assimilare II. *vi* assimilarsi

assimilation [ə-ˌsɪ-mə-'leɪ-ʃən] *n* assimilazione *f*

assist [ə-'sɪst] I. *vt* aiutare; **to ~ sb with sth** aiutare qn in qc II. *vi* aiutare; **to ~ with sth** aiutare in qc

assistance [ə-'sɪs-təns] *n* aiuto *m;* **to be of ~** esser d'aiuto; **can I be of any ~?** posso aiutarla?

assistant [ə-'sɪs-tənt] *n* **1.** (*helper*) aiutante *mf* **2.** COMPUT assistente *m*

assistant manager *n* vicedirettore, -trice *m, f*

assn. *n abbr of* **association** ass.ne

associate[1] [ə-'soʊ-ʃi-ɪt] I. *n* persona *f* vicina; **business ~** socio, -a in affari *m* II. *adj* UNIV associato, -a

associate[2] [ə-'soʊ-ʃi-əɪt] I. *vt* associare; **to ~ oneself with sth** avere a che fare con qc II. *vi* associarsi

associate professor *n* professore *m* associato

associate's degree *n* UNIV *diploma universitario rilasciato al termine di un corso biennale*

association [ə-ˌsoʊ-si-'eɪ-ʃən] *n* **1.** (*organization*) associazione *f* **2.** (*involvement*) collaborazione *f* **3.** (*mental connection*) associazione *f*

assorted [ə-'sɔːr-tɪd] *adj* (*mixed*) assortito, -a

assortment [ə-'sɔːrt-mənt] *n* assortimento *m;* **a rich ~** un ricco assortimento

asst. *n abbr of* **assistant** assistente *mf*

assuage [ə-'sweɪdʒ] *vt* (*pain*) alleviare; (*anger*) placare

assume [ə-'suːm] *vt* **1.** (*regard as true*) presumere; **let's ~ that ...** supponiamo che ... **2.** (*adopt: alias, identity*) assumere **3.** (*undertake*) assumere; (*power*) prendere

assumed [ə-'suːmd] *adj* presunto, -a; **under an ~d name** sotto falso nome

assumption [ə-'sʌmp-ʃən] *n* **1.** (*supposition*) presupposto *m;* **on the ~ that ...** supponendo che ...; **to act on the ~ that ...** agire supponendo che ... **2.** (*hypothesis*) ipotesi *f inv* **3.** (*of office, power*) assunzione *f* **4.** REL **the Assumption** l'Assunzione *f*

assurance [ə-'ʃʊ-rəns] *n* **1.** (*self-confidence*) sicurezza *f;* **to have ~** aver fiducia **2.** (*promise*) assicurazione *f;* **to give an ~ of sth** garantire qc

assure [ə-'ʃʊr] *vt* **1.** (*guarantee*) assicurare **2.** (*promise*) assicurare; **to ~ sb of sth** assicurare qc a qn

assured *adj* sicuro, -a

assuredly *adv* **1.** (*confidently*) con sicurezza **2.** (*certainly*) senza dubbio

asterisk ['æs-tə-rɪsk] *n* TYPO asterisco *m*

astern [ə-'stɜːrn] *adv* **1.** NAUT a poppa; **to go ~** andare indietro **2.** (*behind*) ~ **of** dietro a **3.** (*backwards*) indietro

asteroid ['æs-tə-rɔɪd] *n* asteroide *m*

asthma ['æz-mə] *n* MED asma *f*

asthma attack *n* attacco *m* d'asma

asthmatic [æz-'mæ-t̬ɪk] I. *n* asmatico, -a *m, f* II. *adj* asmatico, -a

astigmatism [ə-'stɪg-mə-t̬ɪ-zəm] *n* astigmatismo *m*

astonish [ə-'stɑː-nɪʃ] *vt* sorprendere; **to be ~ed** essere sorpreso

astonishing *adj* sorprendente

astonishment *n* sorpresa *f;* **to her ~** con sua grande sorpresa

astound [ə-'staʊnd] *vt* sbalordire; **to be ~ed** essere sbalordito

astounding *adj* sbalorditivo, -a

astray [ə-'streɪ] *adv* **to go ~** (*letter*) andare perso; (*person*) smarrirsi; **to lead sb ~** portare qn sulla cattiva strada

astride [ə-'straɪd] I. *prep* a cavallo di II. *adv* a cavalcioni

astringent [ə-'strɪn-dʒənt] I. *n* astringente *m* II. *adj* **1.** MED astringente **2.** *fig* caustico, -a

astrologer [əs-'trɑː-lə-dʒə˞] *n* astrologo, -a *m, f*

astrological [ˌæs-trə-'lɑː-dʒɪ-kl] *adj* astrologico, -a

astrology [əs-'trɑː-lə-dʒi] *n* astrologia *f*

astronaut ['æs-trə-nɑːt] *n* astronauta *mf*

astronomer [əs-'trɑː-nə-mə˞] *n* astronomo, -a *m, f*

astronomical [ˌæs-trə-'nɑː-mɪ-kl] *adj a. fig* astronomico, -a

astronomy [əs-'trɑː-nə-mi] *n* astronomia *f*

AstroTurf® ['æs-troʊ-ˌtɜːrf] *n tappeto erboso artificiale usato specialmente per campi sportivi*

A

Asturian [əs·'tʊ·ri·ən] I. *adj* asturiano, -a II. *n* (*person*) asturiano, -a *m, f*

astute [əs·'tu:t] *adj* astuto, -a

astuteness *n* astuzia *f*

asylum [ə·'saɪ·ləm] *n* 1. (*protection*) asilo *m* 2. (*institution*) casa *f* di ricovero; **insane ~** manicomio *m*

asylum seeker *n chi chiede asilo politico*

asymmetrical [ˌeɪ·sɪ·'me·tri·kəl] *adj* asimmetrico, -a

at¹ [ət, æt] *prep* 1. (*place*) a; **~ the dentist's** dal dentista; **~ home/school** a casa/scuola; **~ the table** a tavola; **~ the office** in ufficio; **~ the window** alla finestra 2. (*time*) **~ Christmas** a Natale; **~ night** di notte; **~ once** subito; **all ~ once** all'improvviso; **~ present** in questo momento; **~ the time** in quel momento; **~ the same time** nello stesso momento; **~ three o'clock** alle tre; **while I am ~ it** già che ci sono 3. (*towards*) **to laugh ~ sb** ridere di qn; **to look ~ sth/sb** guardare qc/qn; **to aim ~ sth/sb** mirare a qc/qn; **to point ~ sb** indicare qn; **to rush ~ sb/sth** avventarsi su qn/qc 4. (*in reaction to*) **~ sb's request** su richiesta di qn; **to be astonished/annoyed ~ sth** essere sbalordito/irritato da qc; **to be mad ~ sb** essere arrabbiato con qn; **to be unhappy ~ sth** essere scontento di qc 5. (*in amount of*) **~ all** per niente; **to sell sth ~ $10 a pound** vendere qc a 10 dollari alla libbra; **~ 120 mph** a 120 miglia orarie 6. (*in state of*) **~ best/worst** nel migliore/peggiore dei casi; **~ first** all'inizio; **~ least** almeno; **~ war/peace** in guerra/pace; **~ 20** a vent'anni; **I feel ~ ease** mi sento a mio agio; **to be ~ a loss** essere un po' perso; **a child ~ play** un bimbo che gioca 7. (*in ability to*) **to be good/bad ~ French** andare bene/male in francese; **to be ~ an advantage** essere in vantaggio 8. (*repeatedly do*) **to pull ~ sb's hair** tirare i capelli a qn; **to tug ~ the rope** tirare la fune; **to wear ~ sb's nerves** dare sui nervi a qn ▸ **~ all** assolutamente; **did you know the film ~ all?** conoscevi il film?; **not ~ all!** per niente!, niente affatto!; (*as answer to thanks*) (di) niente; **nobody ~ all** assolutamente nessuno

at² [æt] (*in email address*) chiocciola *f*

at bat *n* (*in baseball*) turno *m* di battuta

ate [eɪt] *pt of* **eat**

atheism ['eɪ·θi·ɪ·zəm] *n* ateismo *m*

atheist ['eɪ·θi·ɪst] I. *n* ateo, -a *m, f* II. *adj* ateo, -a

Athens ['æ·θənz] *n* Atene *f*

athlete ['æθ·li:t] *n* atleta *mf*

athletic [æθ·'le·tɪk] *adj* atletico, -a

athletics *npl* atletica *f*

Atlanta [æt·'læn·tə] *n* Atlanta *f*

Atlantic [ət·'læn·tɪk] I. *n* **the ~** (Ocean) l'(oceano) Atlantico *m* II. *adj* atlantico, -a

atlas ['æt·ləs] <-es> *n* atlante *m*

ATM [ˌeɪ·ti:·'em] *n abbr of* **automated teller machine** ≈ Bancomat® *m inv*

atmosphere ['æt·məs·fɪr] *n* 1. *a.* PHYS atmosfera *f* 2. *fig* atmosfera *f*

atmospheric [ˌæt·məs·'fe·rɪk] *adj* 1. METEO atmosferico, -a 2. *fig* pieno, -a d'atmosfera

atoll ['æ·tɔːl] *n* atollo *m*

atom ['æ·təm] *n* 1. PHYS atomo *m* 2. *fig* (*small amount*) briciolo *m*

atom bomb *n* bomba *f* atomica

atomic [ə·'tɑː·mɪk] *adj* atomico, -a

atomic energy *n* energia *f* atomica

atomize ['æ·tə·maɪz] *vt* atomizzare; *fig* polverizzare

atomizer ['æ·tə·maɪ·zɚ] *n* atomizzatore *m*

atone for [ə·'toʊn] *vt* (*sin*) espiare; (*mistake*) riparare a

atonement *n* espiazione *f*

atrocious [ə·'troʊ·ʃəs] *adj* atroce

atrocity [ə·'trɑː·sə·ti] <-ies> *n* atrocità *f*

atrophy ['æ·trə·fi] <-ies> I. *n* atrofia II. *vi* atrofizzarsi

at sign *n* COMPUT chiocciola *f*

attach [ə·'tætʃ] I. *vt* 1. (*fix onto*) fissare; (*label*) attaccare; **to ~ sth to sth** attaccare qc a qc 2. (*connect*) legare 3. COMPUT (*to email*) allegare 4. (*join*) unire; **to ~ oneself to sb** unirsi a qn; **to be (very) ~ed to one's family/car** essere molto attaccato alla propria famiglia/automobile 5. (*assign*) assegnare; **to be ~ed to sth** essere assegnato a qc 6. (*associate*) attribuire; **to ~ importance to sth** dare importanza a qc II. *vi form* **no blame ~es to you** tu non hai nessuna colpa

attaché [ˌæ·tə·'ʃeɪ] *n* attaché *mf inv*

attaché case *n* ventiquattrore *f inv*

attachment [ə·'tætʃ·mənt] *n* 1. (*fondness*) attaccamento *m;* **to form an ~ to sb** legarsi (affettivamente) a qn 2. (*support*) adesione *f* 3. (*union*) fissaggio *m* 4. (*attached device*) accessorio *m* 5. LAW sequestro *m* di beni 6. COMPUT allegato *m*

attack [ə·'tæk] I. *n* attacco *m;* **to be on the ~** andare all'attacco; **to come under ~** essere attaccato II. *vt* 1. (*use violence*) attaccare 2. (*tackle: problem*) affrontare 3. (*eat greedily*) divorare III. *vi* attaccare

attain [ə·'teɪn] *vt* raggiungere; (*independence*) ottenere

attainable *adj* raggiungibile

attainment *n* raggiungimento *m*

attempt [ə·'tempt] I. *n* 1. (*try*) tentativo *m;* **to make an ~ at doing sth** tentare di fare qc 2. (*attack*) attentato *m* II. *vt* tentare

attempted murder *n* tentato omicidio *m*

attend [ə·'tend] I. *vt* (*be present at*) partecipare a II. *vi* 1. (*be present*) essere presente 2. (*take care of*) **to ~ to sb/sth** occuparsi di qn/qc 3. *form* (*listen carefully*) ascoltare

attendance [ə·'ten·dəns] *n* 1. (*presence*) presenza *f;* **to be in ~** essere presente 2. (*people present*) affluenza *f*

attendant [ə·'ten·dənt] I. *n* 1. (*helper*) aiutante *mf* 2. (*servant*) assistente *mf* II. *adj* relativo, -a

attention [ə·'ten·ʃən] *n* **1.**(*maintenance*) attenzione *f* **2.**(*care, notice*) attenzione *f*; **Attention:** John Smith (*on envelope*) all'attenzione di John Smith; **to pay ~** prestare attenzione; **to turn one's ~s to sth** rivolgere la propria attenzione a qc **3.** MIL **to stand at ~** stare sull'attenti; **~!** attenti!

attention deficit disorder *n* disturbo *m* da deficit di attenzione

attention deficit hyperactivity disorder *n* disturbo *m* da deficit di attenzione e iperattività

attention span *n* capacità *f* di concentrazione

attentive [ə·'ten·tɪv] *adj* attento, -a; **to be ~ to sb** essere premuroso con qn; **to be ~ to sb's needs** preoccuparsi delle esigenze di qn

attenuate [ə·'ten·ju·eɪt] *vt form* attenuare

attest [ə·'test] **I.** *vt* **1.**(*demonstrate*) attestare **2.**(*authenticate*) autenticare **II.** *vi* attestare

Att. Gen. [ˌæt·'dʒen] *n abbr of* **Attorney General** Procuratore *m* Generale

attic ['æ·tɪk] *n* soffitta *f*

attire [ə·'taɪə·] *n* abbigliamento *m*

attitude ['æ·tə·tuːd] *n* **1.**(*opinion*) atteggiamento *m*; **a change of ~** un cambiamento d'atteggiamento; **to have the ~ that ...** essere dell'opinione che ...; **an ~ towards sb/sth** un atteggiamento nei confronti di qn/qc **2.**(*position*) posa *f*; **to adopt an ~** assumere una posa **3.** ART posa *f*

attorney [ə·'tɜːr·ni] *n* avvocato *m*; **criminal ~** avvocato penalista; **legal ~** procuratore *m* legale

attorney-at-law *n* <attorneys-at-law> procuratore *m* legale

attract [ə·'trækt] *vt* attrarre; **to ~ attention/support** attirare l'attenzione/ottenere l'appoggio; **to ~ sb's notice** attirare l'attenzione di qn; **to be ~ed by sb/sth** essere attratto da qn/qc

attraction [ə·'træk·ʃən] *n* **1.**(*force, place of enjoyment*) attrazione *f*; **tourist ~** attrazione turistica **2.**(*appeal*) fascino *m*; **to feel an ~ to sb** provare un'attrazione per qn

attractive [ə·'træk·tɪv] *adj* attraente

attribute¹ [ə·'trɪb·juːt] *vt* **1.**(*ascribe*) attribuire; **to ~ the blame to sb** attribuire la colpa a qn; **to ~ importance to sth** dare importanza a qc **2.**(*give credit for*) **to ~ sth to sb** attribuire qc a qn

attribute² ['æ·trɪb·juːt] *n* attributo *m*

attributive [ə·'trɪb·jə·tɪv] *adj* attributivo, -a

attrition [ə·'trɪ·ʃən] *n* **1.**(*wearing down*) logoramento *m*; **war of ~** guerra *f* di logoramento **2.** ECON riduzione *f* del personale, *ottenuta tramite la sospensione di nuove assunzioni* **3.** REL attrizione *f*

ATV [ˌeɪ·tiː·'viː] *n abbr of* **all terrain vehicle** ≈ fuoristrada *m inv*

auburn ['ɔː·bə·n] *adj* castano ramato *inv*

auction ['ɔːk·ʃən] **I.** *n* asta *f*; **to be sold at ~** essere venduto all'asta; **to put sth up for ~**

mettere qc all'asta **II.** *vt* **to ~ sth (off)** mettere qc all'asta

auctioneer [ˌɔːk·ʃə·'nɪr] *n* banditore, -trice *m, f*

audacious [ɔː·'deɪ·əs] *adj* **1.**(*bold*) audace **2.**(*impudent*) sfacciato, -a

audacity [ɔː·'dæ·sə·ti] *n* **1.**(*boldness*) audacia *f* **2.**(*impudence*) sfacciataggine *f*

audible ['ɔː·də·bl] **I.** *adj* udibile **II.** *n* (*in football*) audible *m inv, cambio di tattica di gioco chiamato dal quarterback*

audience ['ɔː·di·əns] *n* **1.**(*spectators*) pubblico *m*; RADIO ascoltatori *mpl*; TV telespettatori *mpl*; (*of book*) lettori *mpl* **2.**(*formal interview*) udienza *f*

audio ['ɔː·dɪ·oʊ] **I.** *adj inv* audio *inv*; **~ cassette** audiocassetta *f* **II.** *n* audio *m*

audio-visual *adj* audiovisivo, -a

audit¹ ['ɔː·dɪt] FIN **I.** *n* revisione *f* dei conti **II.** *vt* sottoporre a revisione

audit² ['ɔː·dɪt] *vt* UNIV **to ~ a course** seguire un corso come uditore

audition [ɔː·'dɪ·ʃən] THEAT **I.** *n* audizione *f* **II.** *vi* fare un'audizione **III.** *vt* **to ~ sb** sottoporre qn a un'audizione

auditor ['ɔː·də·tə·] *n* **1.** COM revisore *m* dei conti **2.** UNIV uditore, -trice *m, f*

auditorium [ˌɔː·də·'tɔː·ri·əm] <-s *o* auditoria> *n* auditorium *m inv*

Aug. [ɑː·'ɡʌst] *n abbr of* **August** ag.

augment [ɔːɡ·'ment] *vt form* aumentare; **to ~ one's income** aumentare le entrate

au gratin [oʊ·ɡrɑː·tən] *adj* gratinato, -a

augur ['ɔː·ɡə·] **I.** *vi* **to ~ badly/well** essere di cattivo/buon augurio **II.** *vt* far presagire

august [ɔː·'ɡʌst] *adj form* augusto, -a

August ['ɔː·ɡəst] *n* agosto *m; s.a.* **April**

aunt [ænt] *n* zia *f*

au pair [oʊ·'per] **I.** *n* au pair *mf inv* **II.** *adj* **~ girl** ragazza alla pari

aura ['ɔː·rə] *n* aura *f*

aural ['ɔː·rəl] *adj* uditivo, -a

auricle ['ɔː·rɪ·kl] *n* (*of ear*) padiglione *m* auricolare; (*of heart*) auricola *f*

auricular [ɔː·'rɪk·jə·lə·] *adj* **1.**(*relating to hearing*) auricolare **2.**(*concerning the heart*) auricolare

aurora [ɔː·'rɔː·rə] *n* aurora *f*

aurora borealis [ɔː·'rɔː·rə ˌbɑː·ri·'æ·lɪs] <aurora borealises *o* aurorae borealis> *n* ASTR aurora *f* boreale

auspices ['ɔː·s·pɪ·sɪz] *n pl* auspici *mpl*; **under the ~ of** sotto gli auspici di

auspicious [ɔː·s·'pɪ·ʃəs] *adj form* di buon auspicio

austere [ɔː·s·'tɪr] *adj* austero, -a

austerity [ɔː·s·'te·rə·ti] <-ies> *n* austerità *f*; **~ program** ECON programma *m* d'austerità

Australia [ɔː·s·'treɪl·jə] *n* Australia *f*

Australian I. *n* australiano, -a *m, f* **II.** *adj* australiano, -a

Austria ['ɔː·s·tri·ə] *n* Austria *f*

Austrian I. *n* austriaco, -a *m, f* **II.** *adj* austriaco, -a

A

authentic [ɔː'θen·t̬ɪk] *adj* autentico, -a; ~ **leather** vera pelle; **an ~ Goya painting** un Goya autentico

authenticate [ɔː'θen·t̬ɪ·keɪt] *vt* autenticare

authentication [ɔː'θen·t̬ɪ·'keɪ·ʃən] *n* autenticazione *f*

authenticity [ˌɔː·θən·'t̬ɪ·sə·t̬i] *n* autenticità *f*

author ['ɔː·θɚ] **I.** *n* **1.** (*writer*) autore, -trice *m, f* **2.** *fig* artefice *mf* **II.** *vt* scrivere

authoritarian [ə·ˌθɔː·rə·'te·ri·ən] **I.** *n* persona *f* autoritaria **II.** *adj* autoritario, -a

authoritative [ə·'θɔː·rə·teɪ·t̬ɪv] *adj* **1.** (*assertive*) autoritario, -a **2.** (*reliable*) autorevole

authority [ə·'θɔː·rə·t̬i] <-ies> *n* **1.** (*right to control*) autorità *f;* **to be in ~** avere autorità **2.** (*permission*) autorizzazione *f* **3.** (*control*) controllo *m* **4.** (*knowledge*) **with ~** con cognizione di causa; **to be an ~ on sth** essere un'autorità in qc **5.** (*organization*) autorità *f;* **the authorities** le autorità ▶**to have sth on good ~** sapere qc da fonte sicura; **to have** sth **on sb's ~** sapere qc da fonte autorevole

authorization [ˌɔː·θɚ·ɪ·'zeɪ·ʃən] *n* autorizzazione *f*

authorize ['ɔː·θɚ·raɪz] *vt* autorizzare; **to ~ sb to do sth** autorizzare qn a fare qc

authorship ['ɔː·θɚ·ʃɪp] *n* paternità *f;* **the article is of unknown ~** non si conosce l'autore dell'articolo

autistic [ɔː'tɪs·tɪk] *adj* autistico, -a

auto ['ɔː·t̬oʊ] *n* auto *f*

autobiographical [ˌɔː·t̬ə·ba·ɪə·'græ·fɪ·kl] *adj* autobiografico, -a

autobiography [ˌɔː·t̬ə·baɪ·'ɑː·grə·fi] *n* autobiografia *f*

autocracy [ɔː·'tɑː·krə·si] *n* autocrazia *f*

autocrat ['ɔː·t̬ə·kræt] *n* autocrate *mf*

autocratic [ˌɔː·t̬ə·'kræ·t̬ɪk] *adj* autocratico, -a

autocross *n* autocross *m*

autograph ['ɔː·t̬ə·græf] **I.** *n* autografo *m* **II.** *vt* autografare

automate ['ɔː·t̬ə·meɪt] *vt* automatizzare

automated *adj* automatizzato, -a

automated teller machine *n* ≈ Bancomat® *m inv*

automatic [ˌɔː·t̬ə·'mæ·t̬ɪk] **I.** *n* **1.** (*car*) automobile *f* con cambio automatico **2.** (*pistol*) pistola *f* automatica; (*rifle*) fucile *m* automatico **II.** *adj* automatico, -a

automatic pilot *n* pilota *m* automatico

automation [ˌɔː·t̬ə·'meɪ·ʃən] *n* automatizzazione *f*

automaton [ɔː·'tɑː·mə·t̬ən] <automata> *n a. fig* automa *m*

automobile ['ɔː·t̬ə·moʊ·biːl] *n* automobile *f;* ~ **accident** incidente *m* automobilistico

automotive [ˌɔː·t̬ə·'moʊ·t̬ɪv] *adj inv* automobilistico, -a

autonomous [ɔː·'tɑː·nə·məs] *adj* autonomo, -a

autonomy [ɔː·'tɑː·nə·mi] *n* autonomia *f*

autopsy ['ɔː·tɑː·p·si] <-ies> *n* autopsia *f*

autumn ['ɔː·t̬əm] *n* autunno *m;* **in** (**the**) **~** in autunno; **~ colors** colori autunnali

autumnal [ɔː·'tʌm·nəl] *adj* autunnale

auxiliary [ɔːg·'zɪl·jə·ri] <-ies> **I.** *n* **1.** (*aid in hospital*) ausiliario, -a *m, f* **2.** LING ausiliare *m* **3.** HIST (*soldier*) ausiliario *m* **II.** *adj* ausiliario, -a; ~ **staff** personale ausiliario

AV *abbr of* **audiovisual** audiovisivo

av. 1. *abbr of* **average** media *f* **2.** *abbr of* **avenue** V.le

avail [ə·'veɪl] **I.** *n* **to no ~** inutilmente **II.** *vt* **to ~ oneself of sth** avvalersi di qc

available [ə·'veɪ·lə·bl] *adj* **1.** (*obtainable*) disponibile; **to make sth ~ to sb** mettere qc a disposizione di qn **2.** (*free*) libero, -a; **to be ~ to do sth** avere tempo a disposizione per fare qc **3.** (*free for romantic involvement*) **to be ~** essere disponibile

avalanche ['æ·və·læntʃ] *n a. fig* valanga *f*

avant-garde [ˌɑ·vɑːnt·'gɑːrd] **I.** *n* avanguardia *f* **II.** *adj* d'avanguardia

avarice ['æ·və·rɪs] *n form* avidità *f*

avaricious [ˌæ·və·'rɪ·ʃəs] *adj form* avido, -a

Ave. *n abbr of* **Avenue** V.le

avenge [ə·'vendʒ] *vt* vendicare; **to ~ oneself** vendicarsi

avenue ['æ·və·nuː] *n* **1.** (*street*) viale *m* **2.** (*possibility*) strada *f;* **to explore every ~** tentare ogni strada

average ['æ·və·rɪdʒ] **I.** *n* MATH media *f;* **above/below ~** sopra/sotto la media; **on ~** in media **II.** *adj* **1.** MATH medio, -a; ~ **rainfall** precipitazioni *f* medie *pl* **2.** (*mediocre*) mediocre **3.** (*ordinary*) ~ **Joe** un tipo ordinario **III.** *vt* **1.** (*have mean value*) avere una media di **2.** (*calculate mean value of*) calcolare la media di

averse [ə·'vɜːrs] *adj* **to be ~ to sth** essere contrario a qc; **I'm not ~ to an occasional glass of wine** non mi dispiace bere un bicchiere di vino di tanto in tanto

aversion [ə·'vɜːr·ʒən] *n* **1.** (*dislike*) avversione *f;* **to have an ~ to sth/sb** provare avversione per qc/qn **2.** (*object of dislike*) fobia *f*

avert [ə·'vɜːrt] *vt* **1.** (*prevent*) prevenire **2.** (*turn away*) **to ~ one's eyes from sth** distogliere lo sguardo da qc; **to ~ one's thoughts from sth** allontanare il pensiero da qc

aviary ['eɪ·vie·ri] *n* voliera *f*

aviation [ˌeɪ·vi·'eɪ·ʃən] *n* aviazione *f*

aviation industry *n* industria *f* aeronautica

avid ['æ·vɪd] *adj* avido, -a

avidity [ə·'vɪ·də·t̬i] *n* avidità *f*

avocado [ˌæ·və·'kɑː·doʊ] <-s *o* -es> *n* FOOD avocado *m inv*

avoid [ə·'vɔɪd] *vt* (*person, thing*) evitare; (*when moving*) schivare; **to ~ doing sth** evitare di fare qc

avoidable *adj* evitabile

avoidance *n* l'evitare *m*

avow [ə·'vaʊ] *vt form* **1.** (*admit*) ammettere **2.** (*declare*) dichiarare

avowal [ə·'vaʊ·əl] *n form* dichiarazione *f*

avowedly [ə·'vaʊ·ɪd·li] *adv* dichiaratamente

AWACS ['eɪ·wæks] *n abbr of* **Airborne Warning and Control System** sistema *m* AWACS

await [ə·'weɪt] *vt* attendere; **eagerly ~ed** atteso con ansia

awake [ə·'weɪk] I.<awoke *o* awaked, awoken *o* awaked> *vi* svegliarsi; **to ~ to sth** *fig* rendersi conto di qc II. *vt* svegliare III. *adj* **1.**(*not sleeping*) sveglio, -a; **to stay ~** stare sveglio; **to keep sb ~** tenere sveglio qn; **to lie ~** rimanere (a letto) sveglio **2.** *fig* conscio, -a; **to be ~ to sth** essere conscio di qc

awaken [ə·'weɪ·kən] I. *vt* svegliare; **to ~ sb to sth** *fig* aprire gli occhi a qn su qc II. *vi fig* rendersi conto di

awakening [ə·'weɪ·kə·nɪŋ] *n* risveglio *m;* **she's in for a rude ~** l'attende un brusco risveglio

award [ə·'wɔːrd] I. *n* **1.**(*prize*) premio *m* **2.**(*reward*) ricompensa *f* **3.** MIL decorazione *f* II. *vt* assegnare; **to ~ sth to sb** assegnare qc a qn; **to ~ damages** liquidare i danni; **to ~ sb a grant** assegnare a qn una borsa di studio

aware [ə·'wer] *adj* **1.**(*knowing*) **to be ~ that ...** sapere che ...; **as far as I'm ~ ...** per quel che ne so ...; **not that I'm ~ of** non che io sappia **2.**(*sense*) **to be ~ of sth** rendersi conto di qc

awareness [ə·'wer·nɪs] *n* coscienza *f*

awash [ə·'wɑ·ʃ] *adj* inondato, -a; **to be ~ with money** esser pieno di soldi

away [ə·'weɪ] *adv* **1.**(*distant*) **10 miles ~** a 10 miglia; **as far ~ as possible** il più lontano possibile; **to be miles ~** *fig* non prestare attenzione **2.**(*absent*) via; **to be ~ on vacation** essere in vacanza **3.**(*in future time*) **to be only a week ~** mancare solo una settimana da; **right ~!** subito! **4.**(*continuously*) **to read/eat/write ~** leggere/mangiare/scrivere in continuazione

away from *prep* **1.**(*at distance from*) **~ the town** lontano dalla città; **~ each other** l'uno dall'altro; **to stay ~ sth/sb** tenersi lontano da qc/qn **2.**(*in other direction from*) **to go ~ sth** allontanarsi da qc

away game *n* partita *f* fuori casa

awe [ɔː] *n* rispetto *m;* **to hold sb in ~** nutrire un grande rispetto per qn; **to stand in ~ of sb** avere soggezione di qn

awe-inspiring *adj* imponente

awesome ['ɔː·səm] *adj* **1.**(*impressive*) impres-

sionante **2.** *inf* (*very good*) fantastico, -a **3.**(*fearsome*) terribile **4.**(*daunting*) sconfortante

awestricken ['ɔː·ˌstrɪ·kən] *adj,* **awestruck** ['ɔː·strʌk] *adj* impressionato, -a

awful ['ɔː·fəl] *adj* **1.**(*bad*) terribile **2.**(*as intensifier*) **an ~ lot** moltissimo

awfully ['ɔː·fə·li] *adv* **1.**(*badly*) terribilmente **2.**(*very*) **~ smart/stupid** molto intelligente/stupido; **I'm ~ sorry** mi dispiace infinitamente; **not to be ~ good at sth** non essere molto bravo in qc

awhile [ə·'hwaɪl] *adv* **to wait ~** aspettare un po'

awkward ['ɔː·k·wəd] *adj* **1.**(*difficult*) difficile; **an ~ customer** *inf* un tipo difficile; **to make things ~ for sb** rendere le cose difficili a qn **2.**(*embarrassed*) imbarazzato, -a; **an ~ silence** un silenzio imbarazzante; **an ~ question** una domanda imbarazzante; **to feel ~** sentirsi a disagio **3.**(*inconvenient*) **an ~ time** un momento poco opportuno **4.**(*clumsy*) goffo, -a

awl [ɑːl] *n* punteruolo *m*

awning ['ɔː·nɪŋ] *n* tenda *f*

awoke [ə·'woʊk] *pt of* **awake**

awoken [ə·'woʊ·kən] *pp of* **awake**

AWOL ['eɪ·wɔːl] MIL *abbr of* **absent without leave** assente senza permesso; **to go ~** *inf* sparire nel nulla

awry [ə·'raɪ] *adj* **to go ~** andare storto

ax *n,* **axe** [æks] I. *n* ascia *f* ▸ **to get the ~** *inf* (*worker*) essere licenziato; (*project*) essere annullato; **to have an ~ to grind** avere un interesse personale II.<axing> *vt* tagliare drasticamente; **to ~ jobs** ridurre drasticamente i posti di lavoro

axiom ['æk·siəm] *n* assioma *m*

axis ['æk·sɪs] *n a.* MAT, POL asse *m*

axle ['æk·sl] *n* assale *m;* **back/front ~** assale posteriore/anteriore

ayatollah [ˌaɪ·ə·'toʊ·lə] *n* ayatollah *m inv*

aye [aɪ] *n* POL **the ~s** i voti a favore

AZ [æ·rɪ·zoʊ·nə] *n abbr of* **Arizona** Arizona

azalea [ə·'zeɪl·jə] *n* BOT azalea *f*

Azerbaijan [ˌæ·zə·baɪ·'dʒɑːn] *n* Azerbaigian *m*

Azerbaijani I. *adj* azerbaigiano, -a II. *n* azerbaigiano, -a *m, f*

Aztec ['æz·tek] I. *adj* azteco, -a II. *n* azteco, -a *m, f*

azure ['æ·ʒə] I. *n* azzurro *m* II. *adj* azzurro, -a

B

Bb

B, b [bi:] *n* 1. (*letter*) B, b *m o f;* ~ **as in Baker** B come Bologna 2. MUS si *m*

b & b *n*, **B & B** [ˌbi:·ənd·'bi:] *n abbr of* **bed and breakfast** bed and breakfast *m*

BA [ˌbi:·'eɪ] *n abbr of* **Bachelor of Arts** *laureato in lettere e filosofia con laurea breve*

baa [bæ] I. *n* belato *m* II. <-ed> *vi* belare

babble ['bæ·bl] I. *n* 1. (*of a baby*) balbettio *m* 2. (*of a stream*) mormorio *m* II. *vi* (*baby*) balbettare; (*adult*) chiacchierare

babe [beɪb] *n* 1. (*baby*) bebè *m inf* 2. *pej, sl* (*young woman*) pupa *f* 3. (*term of endearment*) cara *f*

babel ['bæ·bl] *n* babele *f*

baboon [bæ·'bu:n] *n* babbuino *m*

baby ['beɪ·bi] I. *n* 1. (*child*) bebè *m;* **to expect/have a** ~ aspettare/avere un bambino 2. (*youngest person*) piccolo, -a *m, f;* **the ~ of the family** il piccolo di famiglia 3. *inf* (*term of endearment*) caro, -a *m, f* 4. (*personal interest*) **her ~** la sua creatura ▶ **to throw out the ~ with the bathwater** esagerare II. *adj* 1. (*person*) infantile 2. (*carrots*) baby III. *vt* coccolare come un bebè

baby carriage *n* carrozzina *f*

baby food *n* alimenti *m* per bambini *pl*

babyhood ['beɪ·bɪ·hʊd] *n* infanzia *f*

babyish ['beɪbɪʃ] *adj* infantile

babysitter ['beɪ·bɪ·ˌsɪ·tə·] *n* baby-sitter *mf inv*

bachelor ['bæ·tʃə·lə·] *n* 1. (*man*) scapolo *m* 2. UNIV laureato con laurea breve; **Bachelor of Arts** laureato in lettere e filosofia con laurea breve; **Bachelor of Science** laureato in materie scientifiche con laurea breve

---

Un **Bachelor's degree** è nella maggior parte dei casi un diploma universitario di primo o secondo ciclo che si consegue dopo un corso di studi di quattro anni. I principali sono il *Bachelor of Arts (BA)* per le discipline umanistiche e il *Bachelor of Science (BS)* per le scienze naturali.

---

back [bæk] I. *n* 1. (*opposite of front*) dietro *m;* (*of a hand*) dorso *m;* (*of a chair*) schienale *m;* (*of fabric*) rovescio *m;* (*of a piece of paper, envelope*) retro *m;* ~ **to front** al contrario; **to know sth ~ to front** sapere qc a menadito 2. (*end: of a book*) fine *m* 3. ANAT schiena *f;* (*of an animal*) dorso *m;* **to be on one's ~** stare a pancia in su; **to break one's ~** *inf* spaccarsi la schiena; **to do sth behind sb's ~** *a. fig* fare qc alle spalle di qu; **to turn one's ~ on sb** girare le spalle a qu; *fig* abbandonare qu 4. SPORTS difesa *f* ▶ **to know sth like the ~ of one's hand** conoscere qc a menadito *inf;* **to have one's ~ against the wall** essere con le spalle al muro; **you scratch my ~ and I'll scratch**

yours una mano lava l'altra; **to stab sb in the ~** pugnalare qu alle spalle II. *adj* (*rear*) posteriore III. *adv* 1. **to be ~** essere di ritorno; **to come ~** tornare; **to want sb ~** desiderare che qu torni; **I want the money ~** rivoglio i miei soldi; **to bring ~ memories** far venire in mente ricordi 2. (*to the rear, behind*) dietro; ~ **and forth** avanti e indietro; **to look ~** pensare al passato; **to sit ~** rilassarsi 3. (*in return*) indietro 4. (*into the past*) fa IV. *vt* appoggiare

◆ **back away** *vi* prendere le distanze da

◆ **back down** *vi* far marcia indietro

◆ **back off** *vi* (*physically*) farsi da parte; *fig* lasciar perdere

◆ **back out of** *vt* uscire da; *fig* ritirarsi da

◆ **back up** *vt* 1. (*reverse*) fare marcia indietro 2. COMPUT **to ~ data/files** fare il back-up dei dati/dei file 3. (*support*) appoggiare

backbone *n* 1. (*spine*) spina *f* dorsale 2. *fig* pilastro *m* 3. (*strength of character*) fegato *m*

back door *n* porta *f* di dietro

backdrop *n a. fig* fondale *m*

backer ['bæ·kə·] *n* sostenitore, -trice *m, f;* **financial ~** finanziatore *m*

backfire ['bæk·ˌfa·ɪə·] *vi* 1. (*go wrong*) avere un effetto inverso a quello previsto; **his plans ~d** i suoi piani si sono ripercossi contro di lui 2. AUTO avere un ritorno di fiamma

backgammon ['bæk·gæ·mən] *n* backgammon *m*

background ['bæk·graʊnd] *n* 1. (*rear view*) sfondo *m;* **in the ~** *fig* in secondo piano 2. (*education, family*) origini *f pl* 3. (*training*) formazione *f;* **to have a ~ in sciences** avere una formazione scientifica 4. (*circumstances*) contesto *m*

background music *n* musica *f* di sottofondo

backhand ['bæk·hænd] *n* rovescio *m*

backing ['bæ·kɪŋ] *n* 1. (*support, aid*) supporto *m* 2. FASHION rinforzo *m* 3. MUS accompagnamento *m*

backlash *n* reazione *f* brutale

backlog *n* arretrato *m;* **a ~ of work** un cumulo *m* di lavoro arretrato; ~ **of orders** ordini *m* inevasi *pl*

backpack ['bæk·pæk] I. *n* zaino *m* II. *vi* viaggiare con lo zaino

backpacker *n* turista *mf* con lo zaino

back pay *n* arretrati *mpl*

back seat *n* sedile *m* posteriore

backside *n inf* deretano *m*

backslash *n* barra *f* inversa

backspace (**key**) *n* tasto *m* backspace, tasto *m* ritorno unitario

backstabbing ['bæk·ˌstæ·bɪŋ] *n* pugnalata *f* alle spalle

backstage [bæk·'steɪdʒ] I. *adj* 1. THEAT (*pass*) dietro le quinte 2. *fig* (*of organization*) interno, -a II. *adv* THEAT dietro le quinte

backstroke *n* dorso *m*

back talk *n* risposte *f* insolenti *pl*

backtrack ['bæk·træk] *vi* 1. (*go back*) far marcia indietro; (*to previous topic*) risalire 2. *fig* far marcia indietro; **to ~ on one's statement** ritrattare quanto si è detto

backup ['bæk·ʌp] *n* 1. COMPUT copia *f* di sicurezza, backup *m* 2. (*support*) sostegno *m*

backward ['bæk·wəd] I. *adj* 1. (*to the rear*) indietro 2. (*slow in learning*) ritardato, -a 3. (*underdeveloped*) arretrato, -a II. *adv* all'indietro

backwards ['bæk·wədz] *adv* 1. (*towards the back*) all'indietro 2. (*in reverse order*) all'incontrario 3. (*from better to worse*) di male in peggio 4. (*into the past*) indietro

backwater *n* 1. (*river*) braccio *m* morto 2. *pej* luogo *m* arretrato

backwoods *npl* the ~ zone *f* più remote *pl*

backyard *n* giardino *m* sul retro della casa

bacon ['beɪ·kən] *n* pancetta *f* ▶ **to bring home the ~** *inf* guadagnarsi il pane

bacteria [bæk·'tɪ·riə] *n pl of* **bacterium**

bacteriologist [bæk·ˌtɪ·ri·'ɑː·lə·dʒɪst] *n* batteriologo, -a *m, f*

bacterium [bæk·'tɪ·ri·əm] *n* <-ria> batterio *f*

bad [bæd] <worse, worst> I. *adj* 1. (*not good*) cattivo, a; **to have a ~ marriage** avere un matrimonio difficile; **to feel ~** sentirsi male; **to look ~** avere una brutta cera; **too ~!** peccato!; **~ habits** cattive abitudini; **to use ~ language** dire parolacce; **~ luck** sfortuna *f;* **a ~ name** una cattiva reputazione; **in ~ taste** di cattivo gusto; **to have a ~ temper** avere un cattivo carattere; **~ times** tempi *m pl* duri 2. (*harmful*) nocivo, -a; **to be ~ for sth/sb** nuocere a qc/qu 3. (*spoiled*) andato, -a a male; **to go ~** andare a male 4. (*unhealthy*) malato, -a; **to have a ~ heart/back** soffrire di mal di cuore/di schiena 5. (*serious: accident, mistake*) grave 6. (*severe: pain*) forte ▶ **to go from ~ to worse** andare di male in peggio II. *adv inf* male III. *n* the ~ la cosa brutta

bad dream *n* incubo *m*

badge [bædʒ] *n* distintivo *m*

badger ['bæ·dʒɚ] I. *n* tasso *m* II. *vt* importunare

badly ['bæd·li] <worse, worst> *adv* 1. (*poorly*) male 2. (*in a negative way*) male; **to think ~ of sb** pensar male di qu 3. (*very much*) disperatamente; **to be ~ in need of sth** aver disperato bisogno di qc; **he was ~ defeated** subire una sconfitta strepitosa

badminton ['bæd·mɪn·tən] *n* badminton *m inv*

baffle ['bæ·fl] I. *vt* 1. (*confuse*) sconcertare 2. (*hinder*) impedire II. *n* TECH deflettore *m*

baffling *adj* sconcertante

bag [bæg] I. *n* 1. (*container*) borsa *f;* (*handbag*) borsetta *f;* (*sack*) sacchetto *m;* **to pack one's ~s** *a. fig* fare le valigie 2. (*under eyes*) **to have ~s under one's eyes** avere le occhiaie 3. *inf* (*ugly woman*) racchia *f* 4. (*in hunting: catch*) preda *f* ▶ **to be a ~ of bones** *inf* essere pelle e ossa; **the whole ~ of tricks** *inf* tutto il repertorio; **a mixed ~** una mistura II. *vt* <-gg-> 1. (*put in bag*) insacchettare 2. *inf* (*obtain*) appropriarsi 3. (*capture*) prendere

bagel ['beɪ·gəl] *n* panino a forma di ciambella

baggage ['bæ·gɪdʒ] *n* 1. (*luggage*) bagaglio *m;* **excess ~** bagaglio in eccedenza 2. (*army equipment*) equipaggiamento *m* militare 3. *pej* (*unpleasant woman*) racchia *f*

baggage allowance *n* bagaglio *m* consentito

baggage car *n* bagagliaio *m*

baggage check *n* tagliando *m* del bagaglio

baggage claim *n* ritiro *m* bagagli

baggy ['bæ·gi] *adj* abbondante

bag lady *n inf* barbona *f*

bagpipes *npl* cornamusa *f*

baguette [bæ·'get] *n* CULIN baguette *f*

Bahamas [bə·'hɑː·məz] *npl* the ~ le Bahamas

Bahamian [bə·'hæ·mi·ən] I. *adj* delle Bahamas II. *n* abitante *mf* delle Bahamas

Bahrain [bɑː·'reɪn] *n* Bahrein *m*

bail [beɪl] I. *n* cauzione *f;* **on ~** su cauzione; **to post ~ for sb** pagare la cauzione per qu II. *vi* NAUT sgottare III. *vt* 1. (*remove: water*) sgottare 2. (*guarantee*) garantire

◆ **bail out** *vt* **to bail sb out** far uscire qu di prigione, pagando la cauzione; **to bail sb out of trouble** *fig* tirare qu fuori dai guai

bailiff ['beɪ·lɪf] *n* usciere *m* del tribunale

bait [beɪt] I. *n* 1. (*for fish*) esca *m* 2. *fig* lusinga *f;* **to swallow the ~** *inf* abboccare all'amo II. *vt* 1. (*put bait on: hook*) amo 2. (*harass: person*) tormentare

bake [beɪk] I. *vi* 1. (*cook*) cuocere (nel forno) 2. *inf* (*be hot*) arroventarsi II. *vt* 1. (*cook*) cuocere al forno 2. (*harden*) cuocere

baker ['beɪ·kɚ] *n* panettiere, -a *m, f*

bakery ['beɪ·kə·ri] *n* panetteria *f*

baking *adj* it's ~ **hot** fa un caldo allucinante

baking powder *n* lievito *m* in polvere

baking soda *n* bicarbonato *m* di soda

balance ['bæ·lənts] I. *n* 1. (*device*) bilancia *f* 2. *a. fig* equilibrio *m;* **to lose one's ~** perdere l'equilibrio 3. (*in bank account*) saldo *m* 4. (*amount to be paid*) saldo *m* II. *vi* equilibrarsi III. *vt* 1. (*compare*) soppesare; **to ~ sth against sth** confrontare qc con qc 2. (*keep in a position*) tenere in equilibrio 3. (*achieve equilibrium*) equilibrare; **to ~ the books** far quadrare i conti; **how do you ~ working and having a family?** come fai a conciliare lavoro e famiglia?

balanced *adj* equilibrato, -a

balance of trade *n* bilancia *f* commerciale

balance sheet *n* bilancio *m*

balcony ['bæl·kə·ni] *n* balcone *m*

bald [bɔːld] *adj* 1. (*lacking hair*) calvo, -a; **to go ~** perdere i capelli 2. (*plain: assertion*) sintetico, -a

baldness ['bɔːld·nɪs] *n* calvizie *f*

bale [beɪl] I. *n* balla *f* II. *vt* imballare

B

Balearic Islands *n* the ~ le (Isole) Baleari

Balearics [ˌbɑːˈliˈæ·rɪks] *n* le Baleari

baleen whale [bəˈliːn hweɪl] *n* misticeto *m*

baleful [ˈbeɪl·fʊl] *adj* sinistro, -a

balk [bɔːk] I. *n* (*beam*) trave *f* II. *vi* to ~ at sth opporsi a qc

Balkans [ˈbɔːl·kəns] *n* the ~ i Balcani

ball [bɔːl] *n* 1. (*for golf, tennis*) palla *f;* (*for soccer, basketball*) pallone *m;* (*for football*) pallone *m* ovale; **to play ~** giocare a palla; *fig* cooperare 2. (*round form*) palla *f* 3. (*dance*) ballo *m* ▸ **to have a ~** divertirsi; **to get the ~ rolling** far partire le cose

ballad [ˈbæ·ləd] *n* ballata *f*

balladeer [ˌbæ·lə·ˈdɪr] *n* cantante *mf* di ballate

ballast [ˈbæ·ləst] *n* 1. NAUT zavorra *f* 2. (*gravel*) pietrisco *m*

ball bearing *n* cuscinetto *m* a sfere

ballerina [ˌbæ·lə·ˈriː·nə] *n* ballerina *f*

ballet dancer *n* ballerino, ina *m, f* classico, -a

ball game *n* partita *f* di baseball ▸ **it's a whole new ~** è un altro paio di maniche

ballistic [bəˈlɪs·tɪk] *adj* balistico, -a ▸ **to go ~** *inf* dar fuori di matto

balloon [bəˈluːn] I. *n* palloncino *m* ▸ **to go over like a lead ~** fallire clamorosamente II. *vi* gonfiarsi

balloonist *n* pilota *mf* di mongolfiere

ballot [ˈbæ·lət] I. *n* 1. (*paper*) scheda *f* (elettorale) 2. (*election*) votazione *f* (a scrutinio segreto) II. *vi* votare (a scrutinio segreto) III. *vt* consultare tramite votazione

ballot box *n* urna *f* (elettorale)

ballot paper *n* scheda *f* (elettorale)

ballpark *n* 1. stadio *m* di baseball 2. *fig* **a ~ figure** una cifra approssimativa

ballplayer *n* giocatore, trice *m, f* di baseball

ballpoint (pen) *n* penna *f* a sfera, biro *f*

ballroom *n* sala *f* da ballo

ballroom dancing *n* ballo *m* liscio

balm [bɑːm] *n a. fig* (*ointment*) balsamo *m*

balmy [ˈbɑː·mi] <-ier, -iest> *adj* (*weather*) mite; (*breeze*) odoroso, -a

Baltic [ˈbɔːl·tɪk] *n* the ~ (**Sea**) il (Mar) Baltico

balustrade [ˈbæ·ləs·treɪd] *n* balaustra *f*

bamboo [bæmˈbuː] *n* bambù *m*

bamboozle [bæmˈbuːzl] *vt inf* 1. (*confuse*) disorientare 2. (*trick*) infinocchiare

ban [bæn] I. *n* divieto *m;* **to put** [*o* **place**] **a ~ on sth** proibire qc II. *vt* <-nn-> proibire; **she was ~ned from driving** le hanno ritirato la patente

banal [bəˈnɑːl] *adj* banale

banality [bəˈnæ·lə·t̬i] *n* <-ies> banalità *f*

banana [bəˈnæ·nə] *n* banana *f* ▸ **to go ~s** *inf* dare i numeri

banana republic *n pej* repubblica *f* delle banane

band¹ [bænd] *n* 1. (*strip: of cloth, metal*) banda *f* 2. (*stripe*) striscia *f* 3. (*ribbon*) nastro *m;* **head ~** fascetta *f* (da fronte); **waist ~** busto *m* 4. (*range*) *a.* TEL banda *f* 5. (*ring*) anello *m;* **wedding ~** fede *f* (nuziale)

band² [bænd] *n* 1. MUS complesso *m;* **brass ~** banda *f* di ottoni 2. (*of friends*) cricca *f;* (*of robbers*) banda *f*

◆ **band together** *vi* unirsi

bandage [ˈbæn·dɪdʒ] I. *n* benda *f* II. *vt* bendare

Band-Aid® *n* cerotto *m*

bandit [ˈbæn·dɪt] *n* bandito *m*

bandsman [ˈbændz·mən] *n* <-men> bandista *mf*

bandstand *n* palco *m* della banda

bandwagon *n* **to jump on the ~** *fig* salire sul carrozzone

bandwidth *n* COMPUT larghezza *f* di banda

bandy [ˈbæn·di] I. <-ier, -iest> *adj* (*bent: legs*) storto, -a II. *vt* <-ies, -ied> (*insults, words*) scambiarsi

◆ **bandy about** *vt* (*story*) far circolare; **it was bandied about that ...** è stata messa in giro la voce che ...

bang [bæŋ] I. *n* 1. (*noise, blow*) colpo *m* 2. ~s (*hair*) frangia *f* ▸ **to go (off) with a ~** *inf* essere un gran successo II. *adv* 1. *inf* (*exactly*) proprio; **smack ~ in the middle of the road** proprio nel mezzo della strada 2. (*make noise*) **to go ~** scoppiare III. *interj* bang IV. *vi* (*make noise*) far rumore; (*exploding noise*) scoppiare; (*slam: porta*) sbattere; **to ~ on sth** dare colpi a qc V. *vt* (*hit*) sbattere; **to ~ one's head against** [*o* **on**] **sth** sbattere la testa contro qc

Bangladesh [bæŋ·glə·ˈdeʃ] *n* Bangladesh *m*

Bangladeshi [bæŋ·glə·ˈde·ʃi] I. *n* abitante del Bangladesh *mf* II. *adj* del Bangladesh

bangle [ˈbæŋ·gl] *n* braccialetto *m* rigido

banish [ˈbæ·nɪʃ] *vt* 1. (*make noise*) esiliare 2. *fig* (*dispel*) eliminare; **to ~ sth from one's mind** bandire qc dalla mente

banishment *n* esilio *m*

banister [ˈbæ·nəs·tɚ] *n* 1. (*handrail*) corrimano *m* 2. (*baluster*) balaustra *f*

banjo [ˈbæn·ʒoʊ] *n* <-(oe)s> banjo *m inv*

bank¹ [bæŋk] I. *n* 1. FIN banca *m;* (*in games*) banco *f;* **to break the ~** far saltare il banco 2. (*storage place*) banca *m;* **blood ~** banca *f* del sangue; **data ~** banca *f* dati ▸ **to laugh all the way to the ~** *inf* fare un mucchio di soldi II. *vi* 1. (*do banking*) **to ~ with Citibank** avere un conto alla Citybank 2. (*rely on*) **to ~ on sb/sth** contare su qu/qc III. *vt* depositare

bank² [bæŋk] I. *n* (*edge: of river*) sponda *f* II. *vi* AVIAT inclinarsi

bank³ [bæŋk] *n* (*of earth*) terrapieno *m;* (*of fog*) banco *m;* (*of cloud*) ammasso *m;* (*of switches*) serie *f*

◆ **bank up** I. *vi* ammassarsi II. *vt* ammassare

bank account *n* conto *m* in banca

bank balance *n* saldo *m* del conto

bankbook *n* libretto *m* bancario

bank charges *n* spese bancarie *fpl*

bank clerk *n* impiegato, -a *m, f* di banca

banker [ˈbæŋ·kɚ] *n* banchiere, -a *m, f*

bank holiday *n* festa *f, periodo ufficiale di chiusura delle banche*

banking *n* attività *f pl* bancarie
banking hours *npl* orario *m* di apertura (delle banche)
bank manager *n* direttore *m* di banca
bank note *n* banconota *f*
bank rate *n* tasso *m* d'interesse
bank robber *n* rapinatore *m*
bankrupt [ˈbæŋ·krʌpt] **I.** *n* bancarotta *f* **II.** *vt* far fallire **III.** *adj* (*bust*) insolvente; **to be ~** aver fatto fallimento; **to go ~** far fallimento; **to be morally ~** *fig* essere privo di moralità
bankruptcy [ˈbæŋ·krəp·si] *n* <-ies> bancarotta *f*
bank statement *n* estratto *m* conto
bank transfer *n* bonifico *m* bancario
banner [ˈbæ·nɚ] *n* **1.** (*flag*) stendardo *m;* **under the ~ of ...** sotto la bandiera di ... **2.** (*placard*) striscione *m* **3.** (*in Internet*) banner *m inv*
banquet [ˈbæŋ·kwət] **I.** *n* banchetto *m* **II.** *vi* banchettare
banter [ˈbæn·tɚ] **I.** *n* spiritosaggini *fpl* **II.** *vi* scherzare
baptism [ˈbæp·tɪ·zəm] *n* battesimo *m;* **~ of fire** battesimo del fuoco
baptismal [ˈbæp·tɪz·məl] *adj* di battesimo
baptismal font *n* fonte *f* battesimale
Baptist [ˈbæp·tɪst] *n* battista *mf;* **John the ~** Giovanni Battista; **the Baptist Church** la chiesa battista
baptize [ˈbæp·taɪz] *vt* battezzare; **I was ~d Clara** mi hanno battezzato con il nome di Clara
bar¹ [bɑːr] **I.** *n* **1.** (*of cage, prison*) sbarra *f;* (*of chocolate*) tavoletta *f;* (*of gold*) lingotto *m;* **a ~ of soap** saponetta *f;* **to be behind ~s** *inf* stare dietro le sbarre **2.** (*band of color*) striscia *f* **3.** MUS battuta *f* **4.** MIL gallone *m* **5.** (*sandbank*) banco *m* di sabbia **6.** (*restriction*) sbarra *f* **7.** (*nightclub*) night *m;* (*counter*) bancone *m* **8.** COMPUT barra *f;* **task/scroll ~** barra delle applicazioni/di scorrimento; **space ~** barra spaziatrice **II.** *vt* <-rr-> **1.** (*fasten: door, window*) sprangare **2.** (*obstruct*) sbarrare; **to ~ sb's way** [*o* **path**] sbarrare la strada a qu **3.** (*prohibit*) proibire; **to ~ sb from doing sth** proibire a qu di fare qc **4.** (*exclude*) escludere
bar² [bɑːr] *prep* ad eccezione di; **~ none** senza eccezioni
Bar [bɑːr] *n* **the ~** (*group of lawyers*) l'Ordine degli Avvocati; (*profession*) l'avvocatura
barb [bɑːrb] *n* **1.** (*of hook*) barbiglio *m* **2.** ZOOL (*of feather*) barba *f* **3.** (*insult*) cattiveria *f*
Barbadian [bɑːr·ˈbeɪ·di·ən] **I.** *adj* di Barbados **II.** *n* abitante *mf* di Barbados
Barbados [bɑːr·ˈbeɪ·doʊs] *n* Barbados *fpl*
barbarian [bɑːr·ˈbe·ri·ən] *n* barbaro, -a *m, f*
barbaric [bɑːr·ˈbe·rɪk] *adj* barbaro, -a
barbarity [bɑːr·ˈbe·rə·t̬i] *n* <-ies> barbarie *f inv*
barbarous [ˈbɑːr·bə·rəs] *adj* barbaro, -a
barbecue *n* **1.** (*grill*) griglia *f* **2.** (*event*) grigliata *f*

barbed [bɑːrbd] *adj* **1.** (*with barbs*) con barbigli **2.** *fig* (*comment, criticism*) mordace
barbed wire *n* filo *m* spinato
barber [ˈbɑːr·bɚ] *n* barbiere *m*
barbershop *n* negozio *m* di barbiere
barbiturate [bɑːr·ˈbɪ·tʃə·rət] *n* barbiturico *m*
bar code *n* codice *m* a barre
bard [bɑːrd] *n* bardo *m;* **the Bard** Shakespeare
bare [ber] **I.** *adj* **1.** (*without clothes*) nudo, -a; (*uncovered*) scoperto, -a; **with one's ~ hands** con le proprie mani; **to fight with one's ~ hands** combattere a mani nude **2.** (*empty*) vuoto, -a; (*without plants, leaves*) spoglio, -a; **to be ~ of sth** essere privo di qc **3.** (*unadorned*) **to tell sb the ~ facts** [*o* **truth**] dire la verità nuda e cruda a qu **4.** (*little*) **the ~ minimum** il minimo indispensabile; **the ~ necessities** lo stretto necessario **II.** *vt* spogliare; **to ~ one's teeth** mostrare i denti; **to ~ one's heart** [*o* **soul**] **to sb** aprire il proprio cuore a qu
bareback [ˈber·bæk] *adv* a pelo
barefaced [ˈber·feɪst] *adj* spudorato, a
barefoot [ˈber·fʊt] *adv,* **barefooted** [ˌber·ˈfʊ·tɪd] *adv* scalzo, -a
barely [ˈber·li] *adv* **1.** (*hardly*) a malapena **2.** (*scantily*) scarsamente
barf [bɑːrf] *vi sl* vomitare
barf bag *n sl* sacchetto *m* per il vomito
bargain [ˈbɑːr·gɪn] **I.** *n* **1.** (*agreement*) patto *m;* **to drive a hard ~** saper trattare; **to strike a ~** concludere un affare **2.** (*item*) affare *f* ▶ **into the ~** per di più **II.** *vi* (*negotiate*) contrattare; (*haggle*) tirare sul prezzo; **to ~ sth away** vendere male qc
 ◆**bargain for** *vi,* **bargain on** *vi* aspettarsi; **to get more than one bargained for** *fig* ottenere più di quanto ci si aspettasse
bargain basement *n* angolo *f* delle occasioni
bargain sale *n* saldi *mpl*
barge [bɑːrdʒ] **I.** *n* chiatta *f* **II.** *vt inf* **to ~ one's way through the crowd** aprirsi un varco tra la folla spintonando
 ◆**barge in** *vi* **1.** (*intrude*) irrompere **2.** *fig* (*interrupt*) intromettersi; **sorry to ~** scusatemi [*o* scusami] se mi intrometto
 ◆**barge into** *vi* **to ~ sb** sbattere contro qu
 ◆**barge through** *vi* attraversare come una furia
bar graph *n* grafico *m* a barre
baritone [ˈbe·rə·toʊn] **I.** *n* baritono *m* **II.** *adj* baritono, -a
bark¹ [bɑːrk] **I.** *n* (*of a dog*) latrato *m* ▶ **his ~ is worse than his bite** can che abbaia non morde *prov* **II.** *vi* abbaiare **III.** *vt* urlare
 ◆**bark out** *vt* urlare
bark² [bɑːrk] *n* (*of a tree*) corteccia *f*
barkeeper [ˈbɑːr·kiː·pɚ] *n* (*bartender*) barista *mf*
barley [ˈbɑːr·li] *n* orzo *m*
barman [ˈbɑːr·mən] *n* <-men> barista *mf*
barn [bɑːrn] *n* fienile *m*
barnacle [ˈbɑːr·nə·kl] *n* dente *m* di cane

B

barnyard *n* aia *f*
barometer [bə·ˈrɑː·mə·t̬ə] *n* barometro *m*
baron [ˈbæ·rən] *n a. fig* barone *m*
baroness [ˈbæ·rə·nəs] *n* baronessa *f*
baronet [ˈbæ·rə·nɪt] *n* baronetto *m*
baronial [bə·ˈroʊ·ni·əl] *adj* **1.** (*of a baron*) baronale **2.** (*statley: room*) signorile
baroque [bə·ˈroʊk] *adj a. fig* barocco, -a
barracks [ˈbæ·rəks] *npl* caserma *f*
barrage [bə·ˈrɑːʒ] *n* **1.** MIL fuoco *m* di sbarramento **2.** *fig* (*of questions, complaints*) raffica *f*
barrel [ˈbæ·rəl] **I.** *n* **1.** (*container*) botte *m* **2.** (*measure: of oil*) barile *m* **3.** (*of a gun*) canna *f* ▶ **to be a ~ of fun** [*o* **laughs**] essere divertente; **to have sb over a ~** tenere qu in pugno; **to scrape** (**the bottom of**) **the ~** accontentarsi di ciò che resta **II.** *vi* <-l-> *inf* correre; **to ~ along** (*vehicle, person in vehicle*) andare a tutta birra; **he was barreling along at 80 miles per hour** sfrecciava a 80 miglia all'ora **III.** *vt* <-l-> mettere in botte [*o* barile]
barren [ˈbæ·rən] *adj* **1.** (*infertile*) sterile; (*landscape*) arido, -a **2.** (*unproductive*) improduttivo, -a; **~ years** anni delle vacche magre
barricade [ˈbæ·rə·keɪd] **I.** *n* barricata *f* **II.** *vt* barricare; **she ~d herself into her room** si è barricata in camera
barrier [ˈbær·iə] *n* barriera *f*; **language ~** barriera linguistica
barring [ˈbɑː·rɪŋ] *prep* (*except for*) ad eccezione di; (*if there are no*) salvo +*conj*; **~ accidents** a Dio piacendo; **~ complications** salvo complicazioni; **~ delays** salvo ritardi
barrow [ˈbæ·roʊ] *n* (*wheelbarrow*) carriola *f*; (*cart*) carretto *m*
bartender [ˈbɑːr·ten·də] *n* barista *mf*
barter [ˈbɑːr·t̬ə] **I.** *n* baratto *m* **II.** *vi* fare baratti **III.** *vt* **to ~ sth for sth** barattare qc con qc
basalt [bə·ˈsɑːlt] *n* basalto *m*
base¹ [beɪs] **I.** *n* **1.** (*lower part, support*) base *f* **2.** (*bottom*) fondo *m* **3.** (*basis*) fondamento *m* **4.** MIL base *f* **5.** (*of a company*) sede *f* ▶ **to be off ~** *inf* sragionare; **to touch ~ with sb** riprendere contatto con qu **II.** *vt* **1.** (*found*) basare; **to be ~d on** basarsi su **2.** MIL stazionare **3.** (*stay*) **to be ~d in Florida** (*company*) avere la propria sede in Florida; (*person*) lavorare in Florida; **which hotel are you ~d at?** in quale albergo stai?
base² [beɪs] *adj* **1.** (*not honorable*) ignobile, vile **2.** (*not pure: metal*) vile
baseball [ˈbeɪs·bɔːl] *n* baseball *m*

Il **baseball** è lo sport nazionale negli Stati Uniti. Due squadre passano alternativamente all'*up* (battuta o attacco), cioè, cercano di segnare dei *runs* (punti). Per far ciò, i giocatori devono toccare una dopo l'altra le tre basi situate in un quadrato. Il *pitcher* (lanciatore) della squadra avversaria lancia la palla e un giocatore dell'attacco, il *batter* (battitore), tenta di colpirla con la *bat* (mazza). Se colpisce la palla, corre per raggiungere la prima base "salvo", cioè prima che l'avversario riprenda possesso della palla.

base camp *n* campo *m* base
Basel [ˈbɑː·zl] *n* Basilea *f*
baseless [ˈbeɪs·lɪs] *adj* (*accusation*) infondato, -a
base pay *n* stipendio *m* base
bash [bæʃ] **I.** *n* **1.** (*blow*) botta *f* **2.** *inf* (*party*) festa *f* **II.** *vt* (*hit hard: thing*) colpire; (*person*) picchiare; **to have a ~ at doing sth** *inf* provare a fare qc
◆**bash into** *vi insep* schiantarsi contro
◆**bash up** *vt inf* sfasciare
bashful [ˈbæʃ·fəl] *adj* timido, -a
basic [ˈbeɪ·sɪk] **I.** *adj* fondamentale; **~ idea** idea *f* di fondo; **~ requirements** requisiti minimi; **to have a ~ command of sth** avere nozioni rudimentali di qc **II.** *npl* **the ~s** l'essenziale
BASIC [ˈbeɪ·sɪk] *n* COMPUT *abbr of* **Beginner's All-purpose Symbolic Instruction Code** BASIC *m*
basically *adv* sostanzialmente
basil [ˈbeɪ·zəl] *n* basilico *m*
basilica [bə·ˈsɪ·lɪ·kə] *n* ARCHIT basilica *f*
basin [ˈbeɪ·sɪn] *n* **1.** (*large container*) bacinella *f*; (*sink*) lavandino *m* **2.** GEO bacino *m*
basis [ˈbeɪ·sɪs] *n* <bases> base *f*; **on a weekly ~** settimanalmente; **to be the ~ for sth** essere il punto di partenza per qc; **on the ~ of sth** in base a qc
bask [bæsk] *vi* **to ~ in the sun** crogiolarsi al sole; **to ~ in sb's favor** godere del favore di qu
basket [ˈbæs·kət] *n* cesto
basketball [ˈbæs·kət·bɔːl] *n* pallacanestro *f inv*
basket case *n inf* **to be a ~** essere un disastro
Basque [bæsk] **I.** *adj* basco, -a; **~ Country** Paesi *m* Baschi *pl* **II.** *n* **1.** basco, -a *m*, *f* **2.** (*language*) basco *m*
bass¹ [beɪs] *n* MUS **1.** (*voice*) basso *m* **2.** (*instrument: classical*) contrabbasso *m*; (*electric*) basso *m*
bass² [bæs] *n* ZOOL spigola *f*
bass clef *n* chiave *f* di basso
bass drum *n* grancassa *f*
bassoon [bə·ˈsuːn] *n* fagotto *m*
bastard [ˈbæs·tədsd] *n a. vulg* bastardo, -a *m*, *f*
baste [beɪst] *vt* **1.** FOOD bagnare con il grasso di cottura **2.** (*sew loosely*) imbastire
bastion [ˈbæs·tʃən] *n a. fig* baluardo *m*
bat¹ [bæt] *n* ZOOL pipistrello *m* ▶ **to have ~s in the belfry** *inf* essere suonato; **to be as blind as a ~** essere cieco come una talpa
bat² [bæt] *vt* (*blink*) **to ~ one's eyelashes** battere le ciglia; **to ~ one's eyelashes at sb** far l'occhiolino a qu; **he/she didn't ~ an eye-**

B

lash when ... *fig* non ha battuto ciglio quando ...

bat³ [bæt] I. *n* 1.(*in baseball*) mazza *f*; **he is be up at ~** è il suo turno di battuta 2.(*blow*) colpo *m* ▶ **right off the ~** all'instante II. *vt, vi* <-tt-> SPORTS battere

batch [bætʃ] *n* <-es> pila *f*; COM, COMPUT lotto *m*; (*of cookies*) sfornata *f*

batch file *n* COMPUT file *m* batch *inv*

batch processing *n* COMPUT batch *m* processing *inv*

bated ['beɪ·tɪd] *adj* **with ~ breath** con il fiato sospeso

bath [bæθ] *n* 1.(*action*) bagno; **to give a child/dog a ~** fare il bagno al bambino; **to take a ~** fare il bagno 2.(*bathtub*) vasca *f* da bagno 3.(*bathroom*) bagno 4. CHEM bagno

bathe [beɪð] I. *vi* fare il bagno II. *vt* (*person, animal*) fare il bagno a; (*wound, eyes*) lavare; **to be ~d in sweat** essere madido di sudore; **to be ~d in tears** essere coperto di lacrime; **the living room was ~d in sunlight** la sala era inondata di luce

bathing *n* balneazione *f*; **~ prohibited** divieto di balneazione

bathing cap *n* cuffia *m* da bagno

bathing suit *n* costume *m* da bagno

bathing trunks *npl* calzoncini *mpl* da bagno

bath mat *n* tappetino *m* da bagno

bathrobe *n* accappatoio *m*

bathroom *n* 1.(*room with bath*) bagno *m* 2.(*lavatory*) gabinetto *m*

bath towel *n* telo *m* da bagno

bathtub *n* vasca *f* da bagno

baton [bə·'tɑːn] *n* 1.MUS bacchetta *f*; (*billy club*) manganello *m* 2.SPORTS testimone *m*; **~ change** passaggio *m* del testimone

batsman ['bæts·mən] <-men> *n* SPORTS battitore *m*

battalion [bə·'tæl·jən] *n* battaglione *m*

batten ['bæ·tn] I. *n* NAUT (*for a sail*) stecca *m*; (*for a hatch*) listello *m* II. *vt* rinforzare con listelli III. *vi* **to ~ on sb** vivere a spese di qu
 ◆ **batten down** *vt* **to ~ the hatches** *fig* prepararsi al peggio

batter¹ ['bæ·tə] I. *n* FOOD pastella *f* II. *vt* FOOD passare nella pastella

batter² ['bæ·tə] I. *n* SPORTS battitore *m* II. *vt* 1.(*assault*) maltrattare 2.(*hit*) colpire; **to ~ the door in** [o down] abbattere la porta III. *vi* **to ~ at the door** battere con violenza alla porta; **the waves ~ed against the rocks** le onde si frangevano sulle rocce

battered ['bæ·tə·d] *adj* 1.(*injured*) maltrattato, -a 2.(*damaged: hat, clothes*) sformato, -a; (*reputation, image*) rovinato, -a 3.FOOD fritto, -a nella pastella

battering ['bæ·tə·ɹɪŋ] *n* bastonata *f*; **to give sb a ~** prendere qu a bastonate

battery ['bæ·tə·ɹi] <-ies> *n* 1.(*for a radio, flashlight*) pila *f*; (*for a car*) batteria *f* 2.(*large number*) batteria *f*; **a ~ of questions** una raf-

fica di domande 3. MIL batteria *f* 4. LAW aggressione *f*

battery charger *n* caricapile *m inv*; AUTO caricabatterie *m inv*

battle ['bæ·tl̩] I. *n* 1.MIL battaglia *f* 2.(*struggle*) lotta *f* ▶ **that's half the ~** il più è fatto; **to fight a losing ~** lottare per una causa persa II. *vi* (*fight*) combattere; (*nonviolently*) lottare III. *vt* combattere

battle-ax(e) ['bæ·tl̩·æks] *n* 1.HIST ascia *f* da guerra 2. *pej, inf*(*woman*) generalessa *f*

battle cry *n* grido *m* di battaglia

battlefield *n*, **battleground** *n* campo *m* di battaglia

battlements ['bæ·tl̩·mənts] *npl* merli *mpl*

battleship *n* corazzata *f*

batty ['bæ·ti] *adj sl* picchiato, -a; **to go ~** dare i numeri

baud [bɑːd] *n* COMPUT baud *m*

baud rate *n* COMPUT velocità *f* di trasmissione

bawdy ['bɑː·di] <-ier, -iest> *adj* (*scene*) piccante; (*joke*) salace

bawl [bɑːl] I. *vi* 1.(*yell at*) urlare a squarciagola 2.(*weep*) piangere gridando II. *vt* gridare; **to ~ sb out** dare una lavata di testa a qu; **to ~ one's eyes out** sgolarsi

bay¹ [beɪ] *n* GEO baia *f*

bay² [beɪ] *n* BOT lauro *m*

bay³ [beɪ] *n* ARCHIT (*between columns*) campata *m*; (*in a house*) saliente *m*; (*for car, boat*) parcheggio *m*; (*for boat*) posto *m* barca; (*for bus*) pensilina *f*

bay⁴ [beɪ] *n* ZOOL baio *m*

bay⁵ [beɪ] I. *vi* (*dog, wolf*) ululare II. *n* (*howling*) ululato *m* ▶ **to be at ~** essere ridotto agli estremi; **to bring sth/sb to ~** mettere alle strette; **to hold sth/sb at ~** tenere a bada qc/qu

bay leaf *n* foglia *f* di lauro

Bay of Biscay *n* Golfo *m* di Biscaglia

bayonet [ˌbeɪ·ə·'net] I. *n* baionetta *f* II. *vt* (*wound*) ferire con la baionetta; (*kill*) uccidere con la baionetta

bayou *n* palude *f*

bay window *n* bovindo *m*

bazaar [bə·'zɑːr] *n* 1.(*market*) bazar *m* 2.(*event*) vendita *f* di beneficenza

BB gun *n* fucile *m* ad aria compressa

BBQ ['bɑːr·bɪ·kjuː] *n abbr of* **barbecue** (*event*) grigliata *f*

BC [ˌbiː·'siː] *abbr of* **British Columbia** Columbia *f* Britannica

B.C. [ˌbiː·'siː] *adv abbr of* **before Christ** a.C.

BCG (**vaccine**) *abbr of* **bacillus of Calmette and Guérin** vaccino *m* antitubercolosi

be [biː] <was, been> I. *vi* 1. + *n/adj* (*permanent state, quality, identity*) essere; **she's a cook** fa la cuoca; **she's Spanish** è spagnola; **to ~ good** essere buono; **to ~ able to do sth** essere capace di far qc; **what do you want to ~ when you grow up?** cosa vuoi fare da grande?; **to ~ married** essere sposato; **to ~ single** essere celibe [o nubile]; **to ~ a widow**

B

essere vedovo **2.** + *adj* (*mental and physical states*) essere; **to ~ fat/happy** essere grasso/contento; **to ~ hungry** aver fame **3.** (*age*) avere; **I'm 21** (**years old**) ho 21 anni **4.** (*indicates sb's opinion*) **to ~ for/against sth** essere a favore/contro qc **5.** (*calculation, cost*) **two and two is four** due più due fa quattro; **these glasses are $2 each** i bicchieri costano 2$ l'uno; **how much is that?** quant'è? **6.** (*measurement*) essere; (*weight*) pesare; **to ~ 2 feet long** è lungo due piedi **7.** (*exist, live*) **there is/are ...** c'è/ci sono...; **to let sth ~** lasciare stare qc; **to let sb ~** lasciare in pace qu; **I think, therefore I am** penso e dunque esisto; **to ~ or not to ~** essere o non essere **8.** (*location, situation*) essere, trovarsi; **to ~ in Rome** essere a Roma; **to ~ in a bad situation** essere in una brutta situazione **9.** *pp* (*go, visit*) **I've never ~en to Mexico** non sono mai stato in Messico; **the plumber hasn't ~en here yet** l'idraulico non è ancora venuto **10.** (*take place*) essere, tenersi; **the meeting is next Tuesday** la riunione è [*o* si terrà] martedì prossimo **11.** (*circumstances*) **to ~ on the pill** prendere la pillola; **to ~ on vacation** essere in vacanza; **to ~ on a diet** essere a dieta **12.** (*in time expressions*) **I won't ~ too long** non mi dilungherò **13.** (*expressing possibility*) **could it ~ that ...?** *form* è possibile che ...? +*conj*; **what are we to do?** cosa dobbiamo fare? ▶ **~ that as it may** sia come sia; **so ~ it** così sia **II.** *impers vb* (*expressing conditions, circumstances*) **it's cloudy** è nuvolo; **it's sunny** c'è sole; **it's two o'clock** sono le due; **it's ~en so long!** quanto tempo!; **it's ten minutes by bus to the market** il mercato è a dieci minuti di autobus; **it was Anne who drank it** è stata Anne a berlo **III.** *aux vb* **1.** (*expressing continuation*) stare; **to ~ doing sth** star facendo qc; **don't sing while I'm reading** non cantare mentre leggo; **you're always complaining** non fai altro che lamentarti **2.** (*expressing the passive*) venire; **to ~ discovered by sb** venir scoperto da qu; **he was left speechless** è rimasto senza parole; **he was asked ...** gli hanno chiesto ... **3.** (*expressing future*) **we are to visit Peru in the winter** andiamo in Perù quest'inverno; **she's leaving tomorrow** parte domani **4.** (*expressing future in past*) **she was never to see her brother David again** non avrebbe mai più visto suo fratello David **5.** (*expressing the subjunctive in conditionals*) **if he were to work harder, he'd get better grades** se facesse di più, prenderebbe voti migliori; **were I to refuse, they'd ~ very annoyed** se rifiutassi, si offenderebbero molto **6.** (*expressing obligation*) **you are to come here right now** devi venir qui subito **7.** (*in tag questions*) **she is tall, isn't she?** è alta, vero?

beach [biːtʃ] **I.** *n* spiaggia *f* **II.** *vt* far arenare
beach ball *n* pallone *m* da spiaggia
beachhead *n* testa *f* di ponte

beachwear *n* moda *f* da spiaggia
beacon ['biː·kən] *n* **1.** NAUT (*signal*) meda *f* **2.** NAUT (*lighthouse*) fanale *m* **3.** (*fire*) fuoco *m* di segnalazione **4.** *fig* (*guide*) guida *f*
bead [biːd] *n* **1.** (*out of glass*) perla *f*; (*out of wood*) pallina *f* **2.** (*drop*) goccia *f*; **~s of sweat** gocce *fpl* di sudore **3.** *pl* (*necklace*) collana *f* di perle **4.** *pl* REL rosario *m* **5.** (*on a gun*) mirino *m*; **to draw a ~ on sb/sth** puntare qu/qc **6.** (*on a tire*) tallone *m*
beading ['biː·dɪŋ] *n* ARCHIT modanatura *f*
beady ['biː·di] <-ier, -iest> *adj* **~ eyes** occhi *piccoli e brillanti*; **to cast a ~ eye on** [*o* **over**] **sth** tenere qc sotto osservazione
beak [biːk] *n* **1.** ZOOL becco *m* **2.** *inf* naso *m*
beaker ['biː·kɚ] *n* **1.** CHEM bicchiere *m* da laboratorio **2.** (*cup*) tazzone *m*
be-all *n* **the ~** (**and end-all**) l'unica cosa che importa
beam [biːm] **I.** *n* **1.** (*ray*) raggio *m*; (*light*) fascio *m* di luce; **high ~** AUTO abbaglianti *mpl*; **low ~** anabbaglianti *mpl* **2.** ARCHIT trave *f* **3.** SPORTS trave *f* **4.** NAUT (*width of a ship*) baglio *m*, larghezza *f* massima **II.** *vt* (*broadcast*) trasmettere; **to ~ a smile at sb** (*send*) fare un gran sorriso a qu **III.** *vi* brillare; (*smile*) sorridere
beaming *adj* **to be ~** essere raggiante
bean [biːn] **I.** *n* **1.** BOT, CULIN fagiolo *m*; (**broad**) **~ fava** *f*; **green ~** fagiolino *m*; **baked ~s** fagioli *mpl* in salsa di pomodoro **2.** (*seed, pod*) **coffee ~** grano *m* di caffè; **vanilla ~** baccello *m* di vaniglia ▶ **to be full of ~s** *inf* avere il fuoco addosso; **to not have a ~** *inf* non avere un soldo in tasca; **to spill the ~s** *inf* spifferare tutto **II.** *vt sl* **to ~ sb** (**on the head**) dare un colpo in testa a qu
beanbag *n* (*chair*) poltrona *f* sacco
bean sprout *n* germoglio *m* di soia
bear¹ [ber] *n* **1.** ZOOL orso, -a *m, f* **2.** FIN ribassista *mf* **3.** *sl* (*sth difficult*) lavoraccio *m*
bear² [ber] <bore, borne> **I.** *vt* **1.** (*carry*) portare **2.** (*display*) **to ~ a resemblance to ...** somigliare a ... **3.** (*have, possess*) avere; **to ~ a scar** avere una cicatrice **4.** (*conduct*) **to ~ oneself** comportarsi **5.** (*support: weight*) sostenere **6.** (*accept: cost*) sostenere; (*responsibility*) assumere **7.** (*endure: hardship, pain*) sopportare; (*blame*) portare **8.** (*be fit for*) **what might have happened doesn't ~ thinking about** meglio non pensare a ciò che sarebbe successo **9.** (*tolerate*) sopportare **10.** (*harbor*) **to ~ sb a grudge** serbare rancore a qu; **she ~s him no ill will** non ce l'ha con lui **11.** (*keep*) **to ~ sth/sb in mind** tener presente qc/qu **12.** (*give birth to*) dare la luce a; **she bore him a daughter** gli ha dato una bambina **13.** AGR, BOT (*fruit*) dare; **to ~ fruit** *fig* dare dei frutti **14.** FIN, ECON (*interest*) fruttare **15.** (*give*) **to ~ testimony** [*o* **witness**] **to sth** testimoniare qc **II.** *vi* (*tend*) **to ~ east** dirigersi a est; **to ~ left/right** prendere a sinistra/destra

◆**bear down on** *vt* dirigersi contro; **the train was bearing down on her** il treno le stava andando addosso

◆**bear on** *vt* 1.(*be relevant to*) avere a vedere con 2.(*have effect on*) riguardare 3.(*pressurize*) far pressione su

◆**bear up** *vi* non lasciarsi abbattere

◆**bear with** *vi* sopportare pazientemente

bearable ['be·rə·bl] *adj* sopportabile

beard [bɪrd] I. *n* 1.(*facial hair*) barba *f;* **to shave off one's ~** farsi la barba 2.ZOOL barba *f* II. *vt* HIST affrontare

bearded *adj* barbuto, -a

beardless ['bɪrd·ləs] *adj* imberbe

bearer ['be·rə] *n* portatore, -trice *m, f*

bearing ['be·rɪŋ] *n* 1.NAUT rilevamento *m;* **to get one's ~s** *a. fig* orientarsi; **to lose one's ~s** *a. fig* perdere l'orientamento 2.(*behavior*) comportamento *m* 3.(*posture*) portamento *m* 4.TECH cuscinetto *m* ▶**to have some ~ on sth** influire su qc

bearskin ['ber·skɪn] *n* 1.(*bear fur*) pelle *f* d'orso 2.(*military hat*) colbacco *m*

beast [bi:st] *n* 1.(*animal*) bestia *f; ~* **of burden** animale *m* da soma 2.*inf* (*person*) bruto *m;* **to be a ~ to sb** comportarsi come un animale con qu

beastly ['bi:st·li] <-ier, -iest> *adj inf* tremendo, -a; **to be ~ to sb** comportarsi in modo abominevole con qu

beat [bi:t] <**beat, beaten**> I. *n* 1.(*pulsation: of the heart*) battito *m;* (*of the pulse*) polso *m;* (*of a hammer*) colpo *m* 2.MUS (*stress*) tempo *m;* (*stroke of the hand*) battuta *f;* (*rhythm*) ritmo *m* 3.(*of a police officer*) ronda *f;* **to walk one's ~** fare la ronda II. *adj inf* (*worn out*) sfinito, -a III. *vt* 1.(*strike*) colpire; (*metal*) battere; (*carpet*) sbattere; **to ~ sb black and blue** dare una manica di botte a qu; **to ~ a confession out of sb** estorcere una confessione a qu picchiandolo; **to ~ sb to death** picchiare qu a morte 2.(*wings*) battere 3.FOOD sbattere 4.(*cut through*) **to ~ a path through sth** aprirsi un varco in qc 5.(*defeat*) battere; **Mary always ~s me at chess** Mary mi batte sempre a scacchi 6.(*surpass: record*) battere 7.(*arrive before*) **she ~ me to the door** è arrivata prima di me alla porta 8.(*be better than*) superare; **to ~ sb in** [*o* at] **sth** superare qu in qc; **taking the bus sure ~s walking there** *inf* è meglio andarci in autobus che non a piedi 9.MUS (*drum*) suonare ▶**if you can't ~ them, join them** *prov* se non puoi batterli, uniti a loro; **that ~s everything** *inf* è il colmo!; **~ it!** *sl* vattene!, smamma!; **it ~s me how/why ...** non riesco a capire come/ perché ... IV. *vi* 1.(*pound: rain, sea*) battere; (*person*) dar colpi 2.(*pulsate, vibrate: heart, pulse*) battere; (*wings*) sbattere; (*drum*) rullare

◆**beat around** *vi* **to ~ the bush** menare il can per l'aia

◆**beat back** *vt* respingere

◆**beat down** I. *vi* (*rain*) piovere a dirotto; (*sun*) picchiare II. *vt* 1.(*haggle*) **to beat the price down** far scendere il prezzo; **I managed to beat him down to 50 cents** sono riuscito a farlo arrivare a 50 centesimi 2.(*flatten: door*) abbattere

◆**beat off** *vt* respingere

◆**beat up** I. *vt* pestare II. *vi* **to ~ on sb** pestare

beaten ['bi:·tn] I. *pp of* **beat** II. *adj* 1.(*metal*) battuto, -a 2.**to be off the ~ track** [*o* **path**] (*isolated*) essere isolato

beater ['bi:·tə] *n* 1.CULIN frullino *m;* (*for carpets*) battipanni *m inv* 2.(*in hunting*) battitore, -trice *m, f*

beatific [bi:·ə·'tɪ·fɪk] *adj* (*smile*) di beatitudine

beatification [bɪ·æ·tə·fɪ·'keɪ·ʃən] *n* beatificazione *f*

beatify [bɪ·'æ·tə·faɪ] *vt* beatificare

beating ['bi:·tɪŋ] *n* 1.(*assault*) botte *fpl;* **to give sb a ~** dare una manica di botte a qu 2.(*defeat*) sconfitta *f;* **to take a ~** prendersi una batosta 3.(*of the heart*) battito *m*

beautician [bju·'tɪ·ʃən] *n* estetista *mf*

beautiful ['bju·tə·fəl] *adj* bello, -a; (*sight, weather*) stupendo, -a

beautify ['bju·tə·faɪ] *vt* abbellire

beauty ['bju·ti] <-ies> *n* 1.(*property*) bellezza *f* 2.(*beautiful woman*) bellezza *f* 3.*inf* (*specimen*) chicca *f* 4.*inf* (*advantage*) **the ~ of ...** il bello è che ... ▶**~ is in the eye of the beholder** *prov* non è bello ciò che è bello ma è bello ciò che piace; **~ is only skin-deep** *prov* la bellezza è superficiale

beauty contest *n*, **beauty pageant** *n* concorso *m* di bellezza

beauty parlor *n*, **beauty salon** *n*, **beauty shop** *n* istituto *m* di bellezza

beauty spot *n* 1.(*location*) luogo *m* pittoresco 2.(*on the skin*) neo *m*

beaver ['bi:·və] I. *n* 1.ZOOL castoro *m* 2.(*fur*) castoro *m* 3.*fig, inf* (*person*) (**eager**) **~** stacanovista *mf* 4.*vulg* (*female genitals*) figa *f* II. *vi inf* **to ~ away** lavorare di gran lena

becalmed [bɪ·'kɑːmd] *adj* **to be ~** essere immobile (per mancanza di vento)

became [bɪ·'keɪm] *pt of* **become**

because [bɪ·'kɑːz] I. *conj* perché; **just ~ he's smiling doesn't mean he is in love** *inf* solo perché sorride non significa che è innamorato; **~ I said that, I had to leave** ho dovuto andarmene perché ho detto quella cosa; **not ~ I am sad but ...** non perché sia triste ma ... II. *prep* **~ of** a causa di; **~ of me** per colpa mia; **~ of illness** a causa della malattia; **~ of the fine weather** grazie al buon tempo

beck [bek] *n* **to be at sb's ~ and call** essere a completa disposizione di qu

beckon ['be·kən] I. *vt* chiamare con un cenno; **to ~ sb over** fare segni a qu perché si avvicini; **I ~ed her to follow (me)** gli ho fatto cenno di seguirmi II. *vi* **to ~ to sb** fare segni a qu; **I have to go because work ~s** devo andarmene perché il lavoro mi chiama

B

become [bɪ'kʌm] <became, become> I. *vi*
1. diventare; **to ~ angry** arrabbiarsi; **to ~**
famous/old diventare famoso/vecchio; **to ~**
sad/happy intristirsi/rallegrarsi; **to ~ con-**
vinced that ... convincersi che ... **2.** (*happen*
to) **what ever became of her?** che cosa ne è
stato di lei? II. *vt* **1.** (*look good*) star bene
2. (*be appropriate*) addirsi
becoming [bɪ'kʌ·mɪŋ] *adj* **1.** (*clothes, hair-*
cut) che dona **2.** (*behavior*) adatto, -a
becquerel [bə'krel] *n* becquerel *m*
bed [bed] I. *n* **1.** (*furniture*) letto *m;* **to get out**
of ~ alzarsi; **to go to ~** andare a letto; **to go to**
~ with sb andare a letto con qu; **to make**
the ~ (ri)fare il letto; **to put sb to ~** mettere qu
a letto; **always brush your teeth before ~**
(*bedtime*) lavati sempre i denti prima di andare
a letto **2.** (*for vegetables, flowers*) aiuola *f;* (*of*
clams, oysters) banco *m* **3.** (*base*) base *f*
4. (*bottom: of the ocean*) fondo *m;* (*of a river*)
letto *m* **5.** (*layer*) strato *m* ►**a ~ of nails** un
calvario; **life is not a ~ of roses** la vita non è
tutte rose e fiori; **to get up on the wrong side**
of the ~ alzarsi con il piede sbagliato; **you**
have made your ~ and now you have to lie
in it bisogna accettare le conseguenze delle
proprie azioni II. <-dd-> *vt* **1.** *form* (*have sex*
with) fare l'amore con **2.** (*embed: plants*)
piantare
◆**bed down** *vi* andare a dormire
BEd [bi:'ed] *abbr of* **Bachelor of Education**
laureato, -a *m, f* in Scienze dell'educazione
bed and breakfast *n* pensione *f* familiare
bedbug *n* cimice *f*
bedclothes *npl* lenzuola *f* e coperte *pl*
bedding ['be·dɪŋ] *n* **1.** (*blankets and sheets*)
lenzuola *f* e coperte *pl* **2.** (*for an animal*) lettiera *f*
bedecked [bɪ'dekt] *adj* **to be ~ with ...**
essere adornato con ...
bedevil [bɪ'de·vəl] <-l-> *vt* **to be ~ed with**
[*o* **by**] **problems** essere afflitto da problemi
bedfellow *n* **to make strange ~s** formare una
strana coppia
bedlam ['bed·ləm] *n* baraonda *m*
bed linen *n* lenzuola *fpl*
Bedouin ['be·dʊɪn] I. *adj* beduino, -a
II. <-(s)> *n* beduino, -a *m, f*
bedraggled [bɪ'dræ·gld] *adj* **1.** (*wet*) fradicio,
-a **2.** (*disheveled: person, appearance*) trasandato, -a; (*hair*) spettinato, -a
bedridden ['bed·ˌrɪ·dn] *adj* inchiodato, -a a
letto
bedrock ['bed·rɑːk] *n* **1.** GEO basamento *m*
2. *fig* base *f*
bedroom ['bed·ruːm] *n* camera *f* da letto
bedside ['bed·saɪd] *n* capezzale *f*
bedside lamp *n* lampada *f* da comodino
bedside rug *n* scendiletto *m*
bedside table *n* comodino *m*
bedsore ['bed·sɔːr] *n* piaga *f* da decubito
bedspread ['bed·spred] *n* copriletto *m*
bedstead ['bed·sted] *n* struttura *f* del letto

bedtime ['bed·taɪm] *n* ora *f* di andare a letto;
it's (way) past your ~ a quest'ora dovresti
essere a letto (da un pezzo)
bee [biː] *n* **1.** ZOOL ape *f* **2.** (*group*) gruppo *m;*
they have a sewing ~ on Fridays si trovano
a cucire tutti i venerdì; **spelling ~** gara orale *f*
di ortografia ►**to have a ~ in one's bonnet**
about sth avere la fissazione di qc; **to be a**
busy ~ *iron* essere molto indaffarato
beech [biːtʃ] *n* BOT faggio *m*
beechnut ['biːtʃ·nʌt] *n* BOT faggina *f*
beef [biːf] I. *n* **1.** FOOD carne *f* di manzo;
ground ~ carne di manzo tritata; **roast ~**
roast-beef *m* **2.** *inf* (*complaint*) lamentela;
what's your ~? di che cosa ti lamenti? *f* II. *vi*
inf **to ~ about sth** lamentarsi di qc
◆**beef up** *vt* rimpolpare
beefcake *n inf* (*man*) mister *m* muscolo *inv*
beefsteak *n* bistecca *m,* bistecca *f* di manzo
beefy ['biː·fi] <-ier, -iest> *adj inf* muscoloso, -a
beehive ['biː·haɪv] *n* arnia *f*
beekeeper ['biː·ˌkiː·pɚ] *n* apicoltore, -trice *m, f*
beeline ['biː·laɪn] *n inf* **to make a ~ for sth/**
sb dirigersi dritto verso qc/qu
been [bɪn] *pp* of **be**
beep [biːp] I. *n* (*of horn*) suono *m;* (*of elec-*
tronic device) segnale *m* acustico II. *vi* (*horn*)
suonare; (*electronic device*) fare bip
beeper ['biː·pɚ] *n* cercapersone *m inv*
beer [bɪr] *n* birra *f*
beer belly *n* pancia *f* da bevitore
beer garden *n* birreria *f* all'aperto
beery ['bɪ·ri] *adj* (*kiss, breath*) che sa di birra
beeswax ['biːz·wæks] *n* cera *f* d'api
beet [biːt] *n* **1.** (*vegetable*) barbabietola *f;* **to**
turn as red as a ~ diventare rosso come un
peperone **2.** (*sugar beet*) barbabietola *f* da
zucchero
beetle ['biː·tl] *n* coleottero *m;* **black ~** scarafaggio *m*
beet sugar *n* zucchero *m* da barbabietola
befit [bɪ'fɪt] <-tt-> *vt form* confarsi a; **as ~s a**
princess come si confà a una principessa
befitting *adj form* conveniente
before [bɪ'fɔːr] I. *prep* **1.** (*earlier*) prima di; **to**
leave ~ sb partire prima di qu; **~ doing sth**
prima di far qc; **to wash one's hands ~ lunch**
lavarsi le mani prima di pranzo **2.** (*in front of*)
davanti a; **~ my house** davanti a casa mia; **to**
bow ~ sb inchinarsi davanti a qc; **~ our**
(very) eyes sotto i nostri occhi **3.** (*preceding*)
C comes ~ D la C precede la D; **just ~ the**
bus stop proprio prima della fermata dell'autobus **4.** (*having priority*) prima di; **~ every-**
thing prima di tutto; **to put sth ~ sth else**
anteporre qc a qc **5.** (*as future task*) **to have**
sth ~ one avere qc davanti a sé II. *adv* **1.** (*pre-*
viously) prima; **I've seen it ~** l'ho già visto;
the day ~ il giorno prima; **two days ~** due
giorni prima; **as ~** come prima **2.** (*in front*)
this word and the one ~ questa parola e
quella prima III. *conj* prima che +*conj;* **he**
spoke ~ she went out parlò prima che lei se

ne andasse; **he had a glass ~ he went** ha bevuto un bicchiere prima di andarsene; **it was a week ~ he came** passò una settimana prima che arrivasse; **he'd die ~ he'd tell the truth** preferirebbe morire piuttosto che dire la verità

beforehand [bɪ·ˈfɔːr·hænd] *adv* in anticipo

befriend [bɪ·ˈfrend] *vt* diventare amico di

beg [beg] <-gg-> **I.** *vt* (*request*) supplicare; **to ~ sb to do sth** supplicare qu di fare qc; **to ~ sb's pardon** supplicare il perdono di qu; **I ~ your pardon!** scusi! **II.** *vi* **1.** (*seek charity*) **to ~** (**for money**) mendicare **2.** (*request*) implorare; **I ~ of you** ti imploro; **to ~ for mercy** implorare pietà; **I ~ to differ** *form* non sono d'accordo **3.** (*sit up and request: dog*) sedersi *sulle zampe posteriori per ottenere qualcosa* ◆**beg off** *vi* scusarsi; **to ~ from sth** disdire qc scusandosi

began [bɪ·ˈgæn] *pt of* **begin**

beget [bɪ·ˈget] <begot, begotten> *vt form* generare

beggar [ˈbe·ɡə] **I.** *vt* **to ~ belief** essere incredibile; **to ~ description** essere al di là di ogni descrizione **II.** *n* (*poor person*) mendicante *mf* ▶**~s can't be choosers** *prov* o mangiare questa minestra o saltare dalla finestra *prov*

begin [bɪ·ˈgɪn] <began, begun> **I.** *vt* cominciare, incominciare; **to ~ a conversation** intavolare una conversazione; **to ~ doing sth** incominciare a fare qc; **to ~ work** incominciare a lavorare **II.** *vi* cominciare, incominciare; **the film ~s at eight** il film comincia alle otto; **to ~ with ...** per cominciare ...; **"well" he began ...** "bene", esordì ...

beginner [bɪ·ˈgɪ·nə] *n* principiante *mf*; **~s' class** corso *m* per principianti; **~'s luck** la fortuna del principiante

beginning **I.** *n* **1.** (*start*) inizio *m*; **at** [*o* **in**] **the ~** all'inizio; **from ~ to end** dall'inizio alla fine **2.** (*origin*) origine *f*; **the ~s of humanity** le origini dell'umanità **II.** *adj* iniziale; **~ stage** fase *f* iniziale

begonia [bɪ·ˈgoʊn·jə] *n* BOT begonia *f*

begot [bɪ·ˈgɑːt] *pt, pp of* **beget**

begotten [bɪ·ˈgɑː·ʈn] *pp of* **beget**

begrudge [bɪ·ˈgrʌdʒ] *vt* **1.** (*envy*) invidiare a **2.** (*resent*) **to ~ doing sth** fare qc controvoglia

begun [bɪ·ˈgʌn] *pp of* **begin**

behalf [bɪ·ˈhæf] *n* **on ~ of sb/sth** (*for*) a nome di qu/qc; (*from*) per conto di qu/qc

behave [bɪ·ˈheɪv] *vi* **1.** (*act*) comportarsi; (*in a proper manner*) comportarsi bene; **to ~ badly/well** comportarsi bene/male; **~ yourself!** comportati bene! **2.** (*function*) funzionare

behavior [bɪ·ˈheɪv·jə] *n* comportamento *m;* **to be on one's best ~** comportarsi al meglio

behavioral *adj* comportamentale

behaviorism [bɪ·ˈheɪv·jə·rɪ·zəm] *n* comportamentismo *m*

behead [bɪ·ˈhed] *vt* decapitare

behind [bɪ·ˈhaɪnd] **I.** *prep* **1.** (*to the rear of*) dietro; **right ~ sb/sth** proprio dietro qu/qc; **he's walking ~ me** sta camminando dietro di me; **~ the wheel** al volante; **a face ~ a mask** il volto dietro la maschera **2.** *fig* **who is ~ that plan?** chi c'è dietro quel piano?; **there is somebody ~ this** c'è qualcuno dietro a tutto questo; **~ the scenes** dietro le quinte **3.** (*in support of*) **to be ~ sb/sth** (**all the way**) appoggiare qu/qc (fino alla fine) **4.** (*late for*) **~ time** in ritardo; **to be ~ schedule** essere in ritardo **5.** (*less advanced*) **to be ~ sb/the times** essere indietro rispetto a qu/ai tempi **II.** *adv* **1.** (*at the back*) dietro; **to fall ~** (*be slower*) restare indietro; **to come from ~** venire da dietro; **a blow from ~** un colpo da dietro; **to leave sb ~** lasciare qu indietro; **to stay ~** fermarsi **2.** (*overdue*) **to be ~** ritardare; **to be ~** (**in sth**) essere in ritardo (con qc) **III.** *n inf* didietro *m;* **to get off one's ~** darsi una smossa

behindhand [bɪ·ˈhaɪnd·hænd] *adv* indietro; **to be ~** essere indietro

behold [bɪ·ˈhoʊld] *vt* vedere

beige [beɪʒ] *adj* beige

being [ˈbiː·ɪŋ] **I.** *n* **1.** (*creature*) essere *m* **2.** (*life*) vita *f;* **to come into ~** nascere **3.** (*soul*) anima *f* **II.** *pres p of* **be III.** *adj after n* **for the time ~** per il momento

Belarus [be·lə·ˈruːs] *n* Bielorussia *f*

Belarusian [be·lə·ˈruː·si·ən] **I.** *adj* bielorusso, -a **II.** *n* **1.** (*person*) bielorusso, -a *m, f* **2.** LING bielorusso *m*

belated [bɪ·ˈleɪ·ʈɪd] *adj* tardivo, -a

belch [beltʃ] **I.** *n inf* rutto *m* **II.** *vi inf* ruttare **III.** *vt fig* **to ~ clouds of smoke** sputare nuvole di fumo

beleaguered [bɪ·ˈliː·gəd] *adj* (*city*) assediato, -a; (*person, government*) assillato, -a da problemi

belfry [ˈbel·fri] *n* campanile *m*

Belgian [ˈbel·dʒən] **I.** *adj* belga **II.** *n* belga *mf*

Belgium [ˈbel·dʒəm] *n* Belgio *m*

belie [bɪ·ˈlaɪ] *irr vt* **1.** (*conceal*) nascondere **2.** (*contradict*) smentire

belief [bɪ·ˈliːf] *n* **1.** REL fede *f* **2.** (*conviction*) convinzione *f;* **it is my firm ~ that ...** sono fermamente convinto che ...; **to be beyond ~** essere incredibile; **in the ~ that ...** nella convinzione che ...

believable [bɪ·ˈliː·və·bl] *adj* credibile

believe [bɪ·ˈliːv] **I.** *vt* credere; **~** (**you**) **me!** credimi!; **would you ~ it?** figurati!; **she couldn't ~ her eyes/ears** non poteva credere ai suoi occhi/alle sue orecchie; **I can't ~ how ...** non riesco a capacitarmi di come ...; **I'll ~ it when I see it!** se non lo vedo non ci credo!; **~ it or not, ...** che tu ci creda o meno ... **II.** *vi* credere; **to ~ in sth** credere a qc; (*support*) essere sostenitore di qc; **to ~ in sb** credere in qu

believer [bɪ·ˈliː·və] *n* **1.** REL credente *mf* **2.** (*supporter*) sostenitore, -trice *m, f;* **to be a ~ in sth** essere sostenitore di qc

B

belittle [bɪ·'lɪ·t̬l] *vt* disprezzare

Belize [bə·'liːz] *n* Belize *m*

Belizean [bə·'liː·zi·ən] **I.** *adj* del Belize **II.** *n* abitante del Belize *mf*

bell [bel] *n* **1.** (*of a church*) campana *f*; (*hand bell*) campanella *f*; (*on a hat, cat*) sonaglio *m*; (*of a bicycle, door*) campanello *m* **2.** (*signal*) suoneria *f* ▶ as <u>clear</u> as a ~ chiaro come il sole; his name/face <u>rings</u> a ~ il suo nome/volto mi dice qualcosa

belladonna [ˌbe·lə·dɑ··nə] *n* belladonna *f*

bellboy *n* fattorino *m* dell'albergo

bellhop *n* fattorino *m* dell'albergo

bellicose ['be·lɪ·koʊs] *adj* bellicoso, -a; to be in a ~ mood aver voglia di litigare

belligerent [bɪ·'lɪ·dʒə·rənt] *adj* **1.** (*at war*) belligerante **2.** (*quarrelsome*) bellicoso, -a

bellow ['be·loʊ] **I.** *vt* gridare **II.** *vi* muggire **III.** *n* grido *m*

bellows ['be·loʊz] *npl* mantice *m*; a pair of ~ un mantice

bell pepper *n* peperone *m*

belly ['be·li] <-ies> *n* **1.** *inf* (*stomach*) pancia *f* **2.** (*of a ship*) ventre *m* ▶ to have <u>fire</u> in one's ~ avere il fuoco addosso; to go ~ <u>up</u> *inf* fallire

bellyache *inf* **I.** *n* mal *m* di pancia; to have a ~ avere mal di pancia **II.** *vi* lamentarsi

bellybutton *n* ombelico *m*

belly dancer *n* ballerina *f* del ventre

belly flop *n inf* panciata, spanciata *f*

belong [bɪ·'lɑːŋ] *vi* **1.** (*be property of, be from*) to ~ to sb/sth appartenere a qu/qc **2.** (*have a place*) where do these spoons ~? dove vanno questi cucchiai?; this doesn't ~ here questo non è il suo posto; I feel I don't ~ here non mi sento a mio agio qui **3.** (*be a member of*) to ~ to (*club*) essere socio di; (*political party*) essere membro di **4.** (*should be*) a book that belongs in every home un libro che ogni famiglia dovrebbe avere **5.** (*match*) they ~ together sono fatti l'uno per l'altra

belongings *npl* averi *mpl*; personal ~ effetti *m* personali *pl*

Belorussian [be·lə·'rʌ·ʃən] *adj, n s.* **Belarusian**

beloved¹ [bɪ·'lʌ·vɪd] *n* amato, -a *m, f*

beloved² [bi·'lʌvd] *adj* amato, -a; her ~ brother il suo amato fratello; to be ~ by sb essere amato da qu

below [bɪ·'loʊ] **I.** *prep* **1.** (*lower than, underneath*) sotto; ~ the table/surface sotto la tavola/la superficie; ~ us sotto di noi; ~ sea level sotto il livello del mare; the sun sank ~ the horizon il sole è sceso sotto l'orizzonte **2.** GEO San Diego is ~ Los Angeles San Diego è a sud di Los Angeles; the river is ~ the town il fiume è a valle della città **3.** (*less than*) ~ average al di sotto della media; ~ freezing sotto zero; it's 4 degrees ~ zero sono 4 gradi sotto (lo) zero; children ~ the age of twelve bambini al di sotto dei dodic'anni **4.** (*inferior to*) to be ~ sb in rank essere di rango infe-

riore a qu; to work ~ sb lavorare sotto [*o* agli ordini di] qu; to work ~ him lavorare sotto di lui **5.** (*of a lower standard than*) to be ~ sb non essere degno di qu; to marry ~ oneself sposare qu al di sotto della propria condizione **II.** *adv* (di) sotto; the family (in the apartment) ~ la famiglia del piano di sotto; from ~ da sotto; see ~ (*in a text*) vedi sotto

belt [belt] **I.** *n* **1.** FASHION cintura *m*; to fasten one's ~ allacciarsi la cintura **2.** TECH cinghia *f* **3.** (*area: industrial, green*) cintura *f* **4.** *inf* (*punch*) sventola *f* ▶ to <u>tighten</u> one's ~ tirare la cinghia; to have some experience <u>under</u> one's ~ avere un po' di esperienza alle spalle **II.** *vt* **1.** (*secure with a belt*) fissare (con una cinghia) **2.** *inf* (*hit*) picchiare **III.** *vi inf* correre a tutta velocità

◆**belt out** *vt inf* to ~ a song cantare una canzone a pieni polmoni

◆**belt up** *vi* **1.** AUTO allacciare la cintura di sicurezza **2.** *inf* ~! chiudi il becco!

bemoan [bɪ·'moʊn] *vt form* lamentare

bemused [bɪ·'mjuːzd] *adj* perplesso, -a

bench [bentʃ] *n* **1.** (*seat*) panchina *f* **2.** SPORTS the ~ la panchina **3.** LAW the ~ la corte; to serve on the ~ fare il giudice **4.** (*worktable*) banco *m* di lavoro

benchmark ['bentʃ·mɑːrk] *n* parametro *m* di riferimento, benchmark *m inv*

bend [bend] <bent, bent> **I.** *n* **1.** (*in a river, road*) curva *f*; (*in a pipe*) gomito *m* **2.** *pl, inf* (*illness*) malattia *f* da decompressione ▶ to go/be <u>around</u> the ~ *inf* diventare/essere matto **II.** *vi* **1.** (*move*) piegarsi **2.** (*change direction: road*) fare una curva **III.** *vt* **1.** (*move: arms, legs*) piegare; (*head*) inclinare **2.** (*change*) to ~ sb to one's will piegare qu alla propria volontà **3.** (*not follow strictly*) to ~ the rules cambiare le regole a proprio piacimento ▶ to ~ sb's <u>ear</u> *inf* attaccare un bottone a qu

◆**bend back** *vt* piegare all'indietro

◆**bend down** *vi* piegarsi

◆**bend over** *vi* chinarsi ▶ to ~ <u>backwards</u> (to help sb) farsi in quattro (per aiutare qu)

bended ['ben·dɪd] *adj form* on ~ knee sulle ginocchia; to go down on ~ knee inginocchiarsi

beneath [bɪ·'niːθ] **I.** *prep* **1.** (*lower than, underneath*) sotto; ~ the table/surface sotto la tavola/superficie; ~ us sotto di noi; the sun sank ~ the horizon il sole è sceso sotto l'orizzonte **2.** (*inferior to*) to be ~ sb in rank essere di rango inferiore a qu **3.** (*lower standard than*) to marry ~ oneself sposare qu al di sotto della propria condizione; to be ~ sb non essere degno di qu **II.** *adv* sotto, di sotto

benediction [ˌbe·nɪ·'dɪk·ʃən] *n form* benedizione *f*

benefactor ['be·nə·fæk·tər] *n* benefattore *m*

benefactress ['be·nɪ·fæk·trɪs] *n* benefattrice *f*

beneficence [bɪ·'ne·fɪ·sns] *n* beneficenza *f*

beneficent [bɪ·'ne·fɪ·snt] *adj form* benefico, -a

beneficiary [ˌbeˑnɪˈfɪˑʃɪəˑri] *n* <-ies> beneficiario, -a *m, f*

benefit [ˈbeˑnɪˑfɪt] I. *n* 1. (*profit*) beneficio *m;* **to derive** (**much**) ~ **from sth** trarre (molto) vantaggio da qc; **to be of** ~ **to sb** giovare a qu; **for the** ~ **of sb** a beneficio di qu; **to the** ~ **of sth/sb** a beneficio di qc/qu; **to give sb the** ~ **of the doubt** concedere a qu il beneficio del dubbio 2. (*welfare payment*) sussidio *m* II. <-t-o -tt-> *vi* **to** ~ **from sth** trarre profitto da qc III. <-t- o -tt-> *vt* giovare a

Benelux [ˈbeˑnɪˑlʌks] *n* **the** ~ **countries** i paesi del Benelux

Bengali [benˑˈgɔːˑli] I. *adj* bengali II. *n* bengali *mf*

Benin [beˑˈniːn] *n* Benin *m*

Beninese [beˑniˑˈniːz] I. *adj* del Benin II. *n* abitante *mf* del Benin

bent [bent] I. *pt, pp of* **bend** II. *n* (*tendency*) inclinazione *f;* **to have a** ~ **for sth** avere una predisposizione per qc; **to follow one's** ~ seguire le proprie inclinazioni III. *adj* 1. (*not straight*) storto, -a 2. (*determined*) **to be** ~ **on** (**doing**) **sth** essere deciso a fare qc ▶ **to get all** ~ **out of** shape *inf* infuriarsi

bequeath [bɪˈkwiːð] *vt form* lasciare in eredità

bequest [bɪˈkwest] *n form* lascito *m*

berate [bɪˈreɪt] *vt form* redarguire

bereaved [bɪˈriːvd] *n* **the** ~ la famiglia del defunto

bereavement [bɪˈriːvˑmənt] *n* lutto *f* (per la morte di un familiare); **to suffer a** ~ subire la perdita di un familiare

bereft [bɪˈreft] *adj form* **to be** ~ **of sth** essere privo di qc; **to feel** ~ essere afflitto

beret [bəˈreɪ] *n* berretto *m*

Bermuda [bəˈmjuːˑdə] *n* le Bermuda

Bermuda shorts *n* bermuda *mpl*

berry [ˈbeˑri] <-ies> *n* bacca *f*

berserk [bəˈsɜrk] *adj* (*angry*) pazzo furioso, -a; **to go** ~ (**over sth**) andare su tutte le furie (per qc); (*be enthusiastic*) impazzire per qc

berth [bɜrθ] I. *n* 1. (*on train, ship*) cuccetta *f* 2. (*in a harbor*) posto *m* barca 3. *fig* **to give sb a wide** ~ evitare qu II. *vt, vi* NAUT ormeggiare

beseech [bɪˈsiːtʃ] <beseeched, besought> *vt form* **to** ~ **sb to do sth** implorare qu di fare qc

beseeching *adj* implorante

beset [bɪˈset] <beset, beset> *vt* assalire; **to be** ~ **by sth** venir assalito da qc; ~ **by worries** assillato dalle preoccupazioni

beside [bɪˈsaɪd] *prep* 1. (*next to*) accanto a; **right** ~ **sb/sth** proprio accanto a qu/qc 2. (*together with*) ~ **sb** insieme a qu 3. (*in comparison to*) in confronto a 4. (*overwhelmed*) **to be** ~ **oneself** essere fuori di sé 5. (*irrelevant to*) **to be** ~ **the point** essere irrilevante

besides [bɪˈsaɪdz] I. *prep* 1. (*in addition to*) oltre a 2. (*except for*) tranne II. *adv* 1. (*in addition*) inoltre 2. (*else*) **nothing** ~ nient'altro

besiege [bɪˈsiːdʒ] *vt* 1. (*city*) assediare 2. *fig*

to ~ **with** (*questions, complaints*) tempestare di

besmirch [bɪˈsmɜrtʃ] *vt liter* macchiare; **to** ~ **sb's good name** macchiare il buon nome di qu

besotted [bɪˈsɑːˑtɪd] *adj* infatuato, -a; **to be** ~ **with sth** essere preso da qc; **to be** ~ **with sb** essere cotto di qu *inf*

besought [bɪˈsɑːt] *pt, pp of* **beseech**

best [best] I. *adj superl of* **good** migliore; **the** ~ il/la migliore; **the** ~ **days of my life** i giorni migliori della mia vita; **the** ~ **part** (*the majority*) la maggior parte; **may the** ~ **man win** che vinca il migliore; **wishes!** auguri! II. *adv superl of* **well** meglio; **the** ~ il meglio; **as** ~ (**as**) **you can** meglio che puoi; **do what you think is** ~ fai ciò che credi meglio; **at** ~ al meglio III. *n* 1. (*the finest*) **all the** ~! *inf* auguri!; **to be the** ~ **of friends** essere i migliori amici del mondo; **to bring out the** ~ **in sb** tirare fuori il meglio da qu; **to turn out for the** ~ andare per il meglio; **to the** ~ **of my knowledge** che io sappia 2. SPORTS record *m inv* IV. *vt form* battere

bestial [ˈbesˑtʃl] *adj* bestiale

bestiality [ˌbesˑtʃiˈæˑləˑti] *n* 1. (*behavior*) bestialità *f* 2. LAW (*sexual*) zoofilia *f*

best man *n* testimone *m* di nozze

bestow [bɪˈstou] *vt form* **to** ~ **sth on sb** conferire qc a qu; **to** ~ **a favor on sb** concedere un favore a qu

bestowal [bɪˈstouˑəl] *n form* conferimento *m*

best-seller *n* best-seller *m inv*

bet [bet] <bet o -ted, bet o -ted> I. *n* scommessa *f;* **it is a fair** [o **safe**] ~ **that ...** è quasi sicuro che ... +*conj;* **to be the best** ~ è la cosa migliore; **to place a** ~ **on sth** scommettere su qc II. *vt* scommettere; **I** ~ **you don't!** scommetto che non lo fai! III. *vi* scommettere; **to** ~ **on sth** scommettere su qc; **I wouldn't** ~ **on it** non contarci troppo ▶ **I'll** ~! certo!; **you** ~! *inf* ne puoi star certo!

beta [ˈbeɪˑtə] *n* beta *f*

beta-blocker [ˈbeɪˑtəˑˈblɑːˑkə] *n* MED betabloccante *m*

beta testing *n* COMPUT test *mpl* beta

beta version *n* COMPUT versione *f* beta

betray [bɪˈtreɪ] *vt* 1. (*be disloyal to*) tradire; **to** ~ **a promise** rompere una promessa; **to** ~ **sb's trust** tradire la fiducia di qu; **to be** ~**ed by sb** essere tradito da qu; **he** ~**ed his wife** ha tradito sua moglie 2. (*reveal: nature, feelings*) tradire; **to** ~ **sth to sb** rivelare qc a qu

betrayal [bɪˈtreɪˑəl] *n* 1. (*disloyalty*) tradimento *m;* **an act of** ~ un tradimento 2. (*revelation*) rivelazione *f*

better[1] [ˈbeˑtə] I. *adj comp of* **good** migliore; **to be** ~ MED star meglio; ~ **than nothing** meglio di niente; **to appeal to sb's** ~ **nature** appellarsi alla bontà di qu; ~ **luck next time** andrà meglio la prossima volta; **it's** ~ **that way** è meglio così II. *adv comp of* **well** meglio; **I like this** ~ questo mi piace di più; **there is**

B

nothing I like ~ than ... non c'è nulla che mi piaccia di più di ...; **we'd ~ stay here** faremmo meglio a fermarci qui; **It would be ~ to tell him** sarebbe meglio dirglielo; **you had ~ go** faresti meglio ad andartene; **to think ~ of sth** cambiare idea su qc; **or ~ yet** ... o meglio ... **III.** *n* **1. not to have seen ~** non conoscere di meglio; **to change for the ~** cambiare in meglio; **the sooner, the ~** prima è, meglio è; **so much the ~** tanto meglio **2.** *pl* **my ~s** i miei superiori ▶ **for ~ or (for) worse** che ci piaccia o meno; **to get the ~ of sb** battere qu **IV.** *vt* migliorare; **to ~ oneself** migliorare la propria condizione

better² ['be·ṭə] *n s.* bettor

betterment ['be·ṭə·mənt] *n* miglioramento *m*

betting *n* scommesse

betting office *n* agenzia *f* di scommesse

bettor ['be·ṭə] *n* scommettitore, -trice *m, f*

between [bɪ·'twi:n] **I.** *prep* tra; **to eat ~ meals** mangiare tra un pasto e l'altro; **~ now and tomorrow** prima di domani; **~ the two of us** tra noi; **a misunderstanding ~ the couple** un'incomprensione di coppia; **nothing will come ~ them** tra loro non si potrà intromettere nulla; **the 3 children have $10 ~ them** i 3 bambini hanno in tutto $10 **II.** *adv* (**in**) **~** in mezzo; (*time*) nel frattempo

bevel ['be·vl] **I.** <-l-> *vt* smussare **II.** *n* smusso *m*

beverage ['be·və·rɪdʒ] *n* bevanda *f*; **alcoholic ~s** bevande alcoliche

bevy ['be·vi] *n* (*of birds*) stormo *m*; (*of people*) gruppo *m*

bewail [bɪ·'weɪl] *vt form* lamentare

beware [bɪ·'wer] *vi* stare attento; **~!** stai attento!; **~ of pickpockets!** attenti ai borseggiatori!

bewilder [bɪ·'wɪl·də] *vt* sconcertare

bewildered *adj* sconcertato, -a

bewildering *adj* sconcertante

bewilderment *n* sconcerto *m*

bewitch [bɪ·'wɪtʃ] *vt* **1.** (*place magic charm on*) stregare **2.** (*fascinate*) affascinare

bewitching *adj* affascinante

beyond [bɪ·'jɑːnd] **I.** *prep* **1.** (*on the other side of*) al di là di; **~ the mountain** dall'altra parte della montagna; **don't go ~ the line!** non oltrepassare la linea!; **~ the wall** al di del muro; **from ~ the grave** dall'aldilà **2.** (*after*) dopo; (*more than*) più di; **~ 8:00** dopo le 8:00; **to stay ~ a week** fermarsi più di una settimana; **~ lunchtime** dopo pranzo **3.** (*further than*) oltre; **to see/go (way) ~ sth** vedere/andare (molto) oltre qc; **it goes ~ a joke** non è più uno scherzo; **~ the reach of sb** fuori della portata di qu; **~ belief** incredibile; **~ hope** senza speranza; **he is ~ help** *a. iron* è un caso senza speranza; **~ the shadow of a doubt** senza l'ombra di un dubbio; **to go ~ the point of no return** andare oltre al punto di non ritorno **4.** (*too difficult for*) **to be ~ sb** (*theory, idea*) essere troppo difficile per qu; **that's ~** me io non ci arrivo; **this is ~ my abilities** è al di sopra delle mie capacità **5.** (*more than*) al di sopra; **to live ~ one's means** vivere al di sopra delle proprie possibilità; **to value sth above and ~ all else** stimare qc sopra tutto **6.** *with neg or interrog* (*except for*) tranne **II.** *adv* **1.** (*past*) **the house ~** la casa più avanti **2.** (*future*) **the next ten years and ~** i prossimi dieci anni e oltre **III.** *n* **the ~** REL l'aldilà

biannual [ˌbaɪ·'æn·ju·əl] *adj* semestrale

bias ['ba·ɪəs] **I.** *n* **1.** (*prejudice*) pregiudizio *m*; **to have ~es against sb/sth** essere prevenuto nei confronti di qu/qc **2.** (*one-sidedness*) parzialità *f*; **without ~** imparziale **3.** (*tendency*) preferenza *f*; **to have a ~ towards sth** avere una preferenza per qc **4.** (*in sewing*) sbieco *m*; **on the ~** di sbieco **II.** <-s-> *vt* influenzare; **to ~ sb towards/against sb** influenzare qu positivamente/negativamente nei confronti di qu

biased *adj* parziale; **~ in sb's favor** essere bendisposto nei confronti di qu; **~ opinions** opinioni parziali

bib [bɪb] *n* bavaglino *m*

Bible ['baɪ·bl] *n* **the ~** la Bibbia

biblical ['bɪb·lɪ·kl] *adj* biblico, -a

bibliographer [ˌbɪb·lɪ·'ɑː·grə·fə] *n* bibliografo, -a *m, f*

bibliographic(al) [ˌbɪb·lɪ·ə·'græ·fɪ·k(l)] *adj* bibliografico, -a

bibliography [ˌbɪb·li·'ɑː·grə·fi] <-ies> *n* bibliografia *f*

bibliophile ['bɪb·lɪ·ə·faɪl] *n form* bibliofilo, -a *m, f*

bicarbonate [ˌbaɪ·'kɑːr·bə·nət] *n* bicarbonato *m*

bicarbonate of soda *n* bicarbonato *m* di soda

bicentenary [baɪ·'sent·ne·ri] <-ies> *n*, **bicentennial** [baɪ·sen·'te·nɪ·əl] **I.** *n* bicentenario *m* **II.** *adj* bicentenario, -a; **~ celebration** celebrazione *f* del bicentenario

biceps ['baɪ·seps] *n inv* bicipite *m*

bicker ['bɪ·kə] *vi* litigare

bickering *n* litigi *mpl*

bicycle ['baɪ·sɪ·kl] *n* bicicletta *f*; **to ride a ~** andare in bicicletta; **by ~** in bicicletta

bicycle lane *n* pista *f* ciclabile

bid¹ [bɪd] <bid *o* bade, bid *o* bidden> *vt form* **1.** (*greet*) **to ~ sb farewell** dire addio a qu; **to ~ sb good morning** augurare il buongiorno a qu; **to ~ sb welcome** dare il benvenuto a qu **2.** (*command*) ingiungere **3.** (*invite*) invitare

bid² [bɪd] **I.** *n* **1.** (*offer*) offerta *f*; **hostile takeover ~** COM offerta ostile (di acquisto); **to make a ~ for sth** fare un'offerta per qc **2.** (*attempt*) tentativo *m*; **to make a ~ to do sth** tentare di fare qc **II.** <bid, bid> *vi* **1.** (*at an auction*) offrire **2.** COM fare un'offerta; **to ~ for a contract** partecipare ad una gara di appalto **III.** <bid, bid> *vt* rilanciare

bidden ['bɪ·dn] *pp of* **bid¹**

bidder ['bɪ·də] *n* offerente, -a *m, f*; **to the highest ~** al miglior offerente

bidding ['bɪ·dɪŋ] *n* **1.** FIN rilancio *m* **2.** (*com-*

mand) ordine *m;* **to do sb's** ~ fare ciò che vuole qu; **at sb's** ~ agli ordini di qu

bide [baɪd] *vt* **to** ~ **one's time** aspettare il momento opportuno

bidet [bɪ·ˈdeɪ] *n* bidè *m*

biennial [baɪ·ˈe·ni·əl] **I.** *adj a.* BOT biennale **II.** *n* pianta *f* biennale

bier [bɪr] *n* catafalco *m*

bifocal [ˈbaɪ·foʊ·kl] *adj* bifocale

bifocals [ˈbaɪ·foʊ·klz] *npl* occhiali *mpl* bifocali

big [bɪg] <-ger, -gest> *adj* **1.** (*in size, amount*) grande; **a** ~ **book** un libro grande; **a** ~ **budget film** un film ad alto budget; **a** ~ **house** una casa grande; ~ **letters** maiuscole *fpl;* **to be a** ~ **spender** *inf* essere uno spendaccione; ~ **words** *inf* parole *fpl* altisonanti; **the** ~**ger the better** più grande è, meglio è **2.** (*older*) più grande; ~ **boy/girl** bambino/bambina più grande; ~ **sister/brother** fratello/sorella maggiore **3.** (*significant*) grande; **a** ~ **day** *inf* un gran giorno; **a** ~ **decision** una ·decisione importante; **this group is** ~ **in Italia** questo gruppo è famoso in Italia **4.** (*on a large scale*) su larga scala ▶ **to have a** ~ **heart** essere una persona di cuore; **to have a** ~ **mouth** *inf* parlare troppo; **to make it** ~ *inf* avere un successo pazzesco; **to think** ~ avere grandi idee

bigamist [ˈbɪ·gə·mɪst] *n* bigamo, -a *m, f*

bigamy [ˈbɪ·gə·mi] *n* bigamia *f*

Big Apple *n* **the** ~ New York, Nuova York *f*

Il **Big Ben** era, originariamente, il soprannome dato a una campana di grandi dimensioni, fusa nel 1856, posta in cima alla torre delle **Houses of Parliament**. A battezzarla con questo nome è stato Sir Benjamin Hall, **Chief Commissioner of Works**. Oggigiorno **Big Ben** viene usato per indicare sia la campana che la torre. I rintocchi del **Big Ben** vengono trasmessi da alcune stazioni radio e televisive per annunciare il radiogiornale o il telegiornale.

big business *n* grandi aziende

Big Easy *n* **the** ~ New Orleans *f*

big game *n* selvaggina *f* grossa

bigot [ˈbɪ·gət] *n* intollerante *mf*

bigoted *adj* intollerante

bigotry [ˈbɪ·gət·ri] *n* intolleranza *f*

big shot *n inf* pezzo *m* grosso

big toe *n* alluce *m*

big top *n* circo *m*

bigwig *n inf* pezzo *m* grosso

bike [baɪk] *n inf* **1.** (*bicycle*) bici *f* **2.** (*motorcycle*) moto *f*

biker [ˈbaɪ·kə] *n inf* motociclista *mf*

bikini [bɪ·ˈkiː·ni] *n* bikini *m inv*

bilateral [ˌbaɪ·ˈlæ·t̬əl] *adj* bilaterale

bile [baɪl] *n a. fig* ANAT bile *f*

bilingual [baɪ·ˈlɪŋ·gwəl] *adj* bilingue

bilious [ˈbɪl·jəs] *adj* **1.** MED bilioso, -a **2.** *fig* (*angry*) collerico, -a

bill¹ [bɪl] **I.** *n* **1.** (*invoice*) fattura *f;* **phone** ~ bolletta *f* del telefono; **to foot the** ~ pagare il conto; **the** ~**, please** il conto, per favore **2.** (*bank note*) banconota *m* **3.** POL, LAW disegno *m* di legge; **to pass a** ~ approvare un disegno di legge **4.** (*poster*) cartellone *m* ▶ **to give sth/sb a clean** ~ **of** health approvare qc/qn; **to fit the** ~ rispondere ai requisiti **II.** *vt* **to** ~ **sb** presentare il conto a qu; **to** ~ **sb for sth** fatturare qc a qu

bill² [bɪl] **I.** *n* (*of a bird*) becco *m* **II.** *vi* **to** ~ **and coo** *inf* tubare

billboard *n* tabellone *m* pubblicitario

billet [ˈbɪ·lət] MIL **I.** *n* accantonamento *m* **II.** *vt* accantonare

billfold *n* portafoglio *m*

billiard ball *n* palla *f* da biliardo

billiards [ˈbɪl·jədz] *n* biliardo *m*

billiard table *n* tavolo *m* da biliardo

billing *n* **to be given top** ~ essere in testa al cartellone

billion [ˈbɪl·jən] *n* miliardo *m*

billow [ˈbɪ·loʊ] **I.** *vi* (*clothes*) svolazzare; (*sails*) gonfiarsi **II.** *n* **a** ~ **of smoke** una nube di fumo

billowy *adj* (*waves, clouds*) grosso, -a; (*sail*) gonfio, -a di vento

billposter *n* attacchino *m*

billy club *n* manganello *m*

billy goat *n inf* becco *m,* caprone *m*

bimbo [ˈbɪm·boʊ] <-(e)s> *n* **1.** *pej, inf* ochetta *f* **2.** *pej, vulg* (*prostitute*) prostituta *f*

bimonthly [ˌbaɪ·ˈmʌnθ·li] **I.** *adj* **1.** (*twice a month*) quindicinale **2.** (*every two months*) bimestrale **II.** *adv* **1.** (*twice a month*) quindicinalmente **2.** (*once every two months*) bimestralmente

bin [bɪn] *n* recipiente *m;* **trash** ~ pattumiera *f*

binary [ˈbaɪ·nə·ri] *adj* COMPUT binario, -a

binary code *n* COMPUT codice *m* binario

bind [baɪnd] **I.** *n inf* difficoltà *fpl;* **to be in a** ~ avere delle difficoltà **II.** <bound, bound> *vi* unirsi **III.** <bound, bound> *vt* **1.** (*tie together*) legare; **to be bound hand and foot** avere mani e piedi legati **2.** (*unite*) **to** ~ (*together*) unire; **to be bound to sb** essere legato a qu **3.** (*commit*) impegnare **4.** (*sew*) bordare **5.** (*book*) rilegare **6.** (*oblige*) **to** ~ **sb to do sth** obbligare a fare qc; **to** ~ **sb to a contract** obbligare qu contrattualmente

binder [ˈbaɪn·də] *n* (*notebook*) classificatore *m*

binding [ˈbaɪn·dɪŋ] **I.** *n* **1.** TYPO rilegatura *f* **2.** FASHION bordo *m* **II.** *adj* vincolante

binge [bɪndʒ] *inf* **I.** *n* (*of drinking*) sbronza *f;* (*of eating*) abbuffata *f;* **to go on a** ~ far baldoria **II.** *vi* (*on food*) abbuffarsi

bingo [ˈbɪŋ·goʊ] **I.** *n* bingo *m inv* **II.** *interj inf* eureka

binoculars [bɪ·ˈnɑːk·jə·ləz] *npl* binocolo *m;* **a pair of** ~ un binocolo

B

binomial [baɪ·'noʊm·iəl] **I.** *n* MATH binomio *m* **II.** *adj* MATH binomiale

biochemical [ˌba·ɪoʊ·'ke·mɪ·kl] *adj* biochimico, -a

biochemist [ˌba·ɪoʊ·'ke·mɪst] *n* biochimico, -a *m, f*

biochemistry [ˌba·ɪoʊ·'ke·mɪs·tri] *n* biochimica *f*

biodegradable [ˌba·ɪoʊ·dɪ·'grei·də·bl] *adj* biodegradabile

biodegrade [ˌba·ɪoʊ·dɪ·'greid] *vi* biodegradarsi

biodiversity [ˌba·ɪoʊ·dɪ·'vɜːr·sə·ţi] *n* biodiversità *f*

bioengineering [ˌba·ɪoʊ·en·dʒɪ·'nɪ·rɪŋ] *n* bioingegneria *f*

biofeedback [ˌba·ɪoʊ·'fiːd·bæk] *n* PSYCH biofeedback *m inv*

biofuel ['ba·ɪoʊ·fjuːl] *n* biocarburante *m*

biogas ['ba·ɪoʊ·ɡæs] *n* biogas *m*

biographer [baɪ·'ɑː·ɡrə·fɚ] *n* biografo, -a *m, f*

biographical [ˌba·ɪoʊ·'ɡræ·fɪ·kəl] *adj* biografico, -a

biography [baɪ·'ɑː·ɡrə·fi] <-ies> *n* biografia *f*

biological [ˌba·ɪə·'lɑː·dʒɪ·kəl] *adj* biologico, -a; ~ **cycle/rhythm** ciclo/ritmo biologico; ~ **parents** genitori *m* naturali *pl*

biological clock *n* orologio *m* biologico

biological control *n* controllo *m* biologico

biological indicator *n* indicatore *m* biologico

biologist [baɪ·'ɑː·lə·dʒɪst] *n* biologo, -a *m, f*

biology [baɪ·'ɑː·lə·dʒi] *n* biologia *f*

biomass ['ba·ɪoʊ·ˌmæs] *n* BIO biomassa *f*

biopsy ['ba·ɪɑː·p·si] *n* MED biopsia *f*

biorhythm ['ba·ɪoʊ·ri·ðəm] *n* bioritmo *m*

biosphere ['ba·ɪəs·fir] *n* biosfera *f*

biotechnology [ˌba·ɪoʊ·tek·'nɑː·lə·dʒi] *n* biotecnologia *f*

biotope ['ba·ɪə·toʊp] *n* biotopo *m*

bipartisan [ˌba·ɪ·'pɑːr·ţə·zən] *adj* POL bipartisan

biped ['baɪ·ped] *n* BIO bipede *m*

biplane ['baɪ·pleɪn] *n* biplano *m*

bipolar [ˌba·ɪ·'poʊ·lə·] *adj* ELEC, PHYS bipolare

birch [bɜːrtʃ] *n* BOT betulla *f*

bird [bɜːrd] *n* **1.** ZOOL uccello *m;* **a flock of** ~**s** uno stormo di uccelli **2.** *inf* (*person*) **a strange** [*o* **queer**] ~ un tipo strano ▸ ~**s of a feather** flock together *prov* Dio li fa e poi li accoppia *prov;* **to kill two** ~**s with one stone** prendere due piccioni con una fava *prov;* **the early** ~ **catches the worm** *prov* chi dorme non piglia pesci *prov;* **for the** ~**s** invano

birdbath *n* vaschetta *f* per gli uccelli

birdcage *n* gabbietta *f* per gli uccelli

birdie ['bɜːr·di] *n* **1.** (*in golf*) birdie *m* **2.** (*in badminton*) volano *m* **3.** *childspeak* uccellino *m;* **watch the** ~ PHOT guarda l'uccellino!

birdseed *n* becchime *m*

bird's-eye view *n* vista *f* a volo d'uccello

bird watching *n* osservazione *f* degli uccelli

birth [bɜːrθ] *n* **1.** nascita *f;* MED parto *m;* **at** ~ alla nascita; **by** ~ di nascita; **from** ~ dalla na-scita; **date/place of** ~ data/luogo di nascita; **to give** ~ **to a child** dare alla luce un figlio **2.** (*descent, beginning*) origine *m;* **to be of low/noble** ~ essere di umili/nobili origini

birth certificate *n* certificato *m* di nascita

birth control *n* controllo *m* delle nascite

birthday ['bɜːrθ·deɪ] *n* compleanno *m;* **happy** ~**!** buon compleanno!

birthday cake *n* torta *f* di compleanno

birthday card *n* biglietto *m* di auguri di compleanno

birthday party *n* festa *f* di compleanno

birthday present *n* regalo *m* di compleanno

birthday suit *n inf* **in one's** ~ come mamma l'ha fatto

birthmark *n* voglia *f*

birthplace *n* luogo *m* di nascita

birthrate *n* tasso *f* di natalità; **falling/rising** ~ natalità in diminuzione/aumento

birthright *n* diritto *m* di nascita

Biscay ['bɪs·keɪ] *n* Biscaglia *f*

biscuit ['bɪs·kɪt] *n* FOOD *piccolo panino piatto lievitato con il bicarbonato*

I **biscuits and gravy**, piatto originario degli Stati Uniti del sud, sono spesso consumati per la prima colazione negli USA. I *biscuits* sono una sorta di panini piatti serviti con *gravy* (un sugo di arrosto). In alcune regioni, i **biscuits and gravy** si trovano solo nei *truck stops* (i ristoranti lungo le strade).

bisect ['baɪ·sekt] *vt* MATH bisecare

bisection [baɪ·'sek·ʃən] *n* MATH bisezione *f*

bisexual [ˌbaɪ·'sek·ʃʊ·əl] **I.** *n* bisessuale *mf* **II.** *adj* bisessuale

bishop ['bɪ·ʃəp] *n* **1.** REL vescovo *m* **2.** (*chess piece*) alfiere *m*

bishopric ['bɪ·səp·rɪk] *n* vescovado *m*

bison ['baɪ·sən] *n* bisonte *m*

bit[1] [bɪt] *n* **1.** *inf* (*small piece*) pezzo *m;* (*of glass*) scheggia *f;* **a** ~ **of paper** un pezzo di carta; **little** ~**s** pezzettini *mpl;* **to smash sth to** ~**s** mandare in pezzi qc **2.** (*some*) **a** ~ **of** un po' di; **a** ~ **of news** una notizia; **a** ~ **of trouble** un problemino **3.** (*part*) parte *f;* ~ **by** ~ poco a poco; **to do one's** ~ *inf* fare la propria parte **4.** *inf* (*short time*) momento *m;* **for a** ~ per un momento; **hold on a** ~ aspetta un momento **5.** (*somewhat*) **a** ~ un po'; **a** ~ **stupid** un po' stupido; **quite a** ~ un bel po'; **not a** ~ per nulla

bit[2] [bɪt] *n* **1.** (*for horses*) morso *m* **2.** (*for drill*) punta *f* del trapano ▸ **to chomp at the** ~ mordere il freno

bit[3] [bɪt] *n* COMPUT bit *m*

bit[4] [bɪt] *pt of* **bite**

bitch [bɪtʃ] **I.** *n* **1.** ZOOL cagna *f* **2.** *pej, sl* (*woman*) puttana *f;* **you** ~**!** puttana! **3.** *sl* (*difficult matter*) casino; **life's a** ~ la vita è una merda **II.** *vi inf* lamentarsi; **to** ~ **about sb/sth** lamentarsi di qu/qc

bitchy ['bɪt·ʃi] *adj* maligno, -a

bite [baɪt] **I.** <bit, bitten> *vt* mordere; (*insect*) pungere; **to ~ one's nails** mangiarsi le unghie; **to ~ one's lips** mordersi le labbra **II.** <bit, bitten> *vi* (*dog, person*) mordere; (*insect*) pungere; (*fish*) abboccare ▶ **once bitten twice** <u>shy</u> *prov* se ci si scotta una volta non si gioca più col fuoco **III.** *n* **1.** (*of a dog, person*) morso *m;* (*of an insect*) puntura *f;* **~ mark** impronta *f* dei denti; (*of an insect*) puntura *f;* **a dog's ~** il morso di un cane; **to give sb a ~** dare un morso a qu **2.** (*mouthful*) boccone *m;* **to take a ~ of sth** mangiare un boccone di qc **3.** *fig* (*sharpness*) mordente *m;* **to have** (**real**) **~** avere mordente

biting ['baɪ·ʈɪŋ] *adj* (*wind*) pungente; (*criticism*) mordace

bitten ['bɪ·tn] *pp of* **bite**

bitter ['bɪ·ʈə] **I.** *adj* <-er, -est> **1.** (*in taste*) amaro, -a; (*fruit*) aspro, -a **2.** (*painful*) amaro, -a; **to be ~ about sth** essere amareggiato da qc; **to carry on to the ~ end** continuare fino all'ultimo **3.** (*intense*) acerrimo, -a; (*dispute*) aspro, -a; (*disappointment*) amaro, -a; (*wind*) pungente **II.** *n* **~s** (*in cocktails*) amaro *m*

bitterly *adv* **1.** (*resentfully*) amaramente; **to weep ~** piangere amaramente **2.** (*intensely*) aspramente; **to condemn sth ~** condannare aspramente qc

bitterness *n* **1.** (*animosity*) amarezza *f;* (*resentment*) risentimento *m;* **~ towards sb** risentimento contro qu **2.** (*taste*) amaro *m*

bitumen [bɪ·'tuː·mən] *n* bitume *m*

bituminous [bɪ·'tuː·mɪ·nəs] *adj* bituminoso, -a

bivalve ['baɪ·vælv] *n* bivalve *m*

bivouac ['bɪ·vu·æk] **I.** *n* bivacco *m* **II.** <-k-> *vi* bivaccare

biweekly [ˌbaɪ·'wiːk·li] **I.** *adj* **1.** (*every two weeks*) quindicinale **2.** (*twice a week*) bisettimanale **II.** *adv* **1.** (*every two weeks*) quindicinalmente **2.** (*twice a week*) bisettimanalmente

bizarre [bɪ·'zɑːr] *adj* bizzarro, -a

blab [blæb] <-bb-> *vi inf* **1.** (*reveal secret*) spifferare un segreto **2.** (*talk too much*) far andare la lingua

blabber ['blæ·bə] *vi* far andare la lingua

blabbermouth *n* **1.** (*revealer of secret*) spifferone, -a *m, f;* **he's a ~** non sa tenere la bocca chiusa **2.** (*talkative person*) chiacchierone, -a *m, f*

black [blæk] **I.** *adj* **1.** (*color*) nero, -a; **~ man** nero *m;* **~ woman** nera *f* **2.** *fig* (*extreme*) nero, -a; **~ despair** disperazione nera **3.** (*dark*) oscuro, -a; **to give sb a ~ look** *fig* lanciare un'occhiataccia a qu **4.** (*very dirty: hands*) nero, -a ▶ **to beat sb ~ and blue** *inf* riempire di botte qu **II.** *vt* (*make black*) annerire; **to ~ one's face** annerirsi il viso **III.** *n* **1.** (*color*) nero *m;* **in ~** di nero; **in ~ and white** CINE, PHOT in bianco e nero **2.** (*person*) nero, -a *m, f* **3.** FIN **to be in the ~** essere in nero [*o* in attivo]

◆**black out I.** *vi* perdere conoscenza **II.** *vt* **1.** (*make illegible*) oscurare **2.** (*censure*) censurare

blackball *vt* (*vote*) votare contro; (*reject*) mettere al bando

blackberry ['blæk·ˌbe·ri] <-ies> *n* (*fruit*) mora *f;* (*plant*) rovo *m*

blackbird *n* merlo *m*

blackboard *n* lavagna *f*

black book *n* **to be in sb's ~(s)** essere sulla lista nera di qu

black box *n* AVIAT scatola *f* nera

blacken ['blæ·kən] **I.** *vt* **1.** (*make black*) annerire; **to ~ sb's eye** fare un occhio nero a qu **2.** (*slander*) infangare; **to ~ sb's name** infangare il nome di qu **II.** *vi* (*sky*) farsi scuro

black eye *n* occhio *m* nero

blackguard *n* canaglia *f*

blackhead ['blæk·hed] *n* punto *m* nero

black hole *n* buco *m* nero

black ice *n* ghiaccio *m* invisibile

blackish ['blæ·kɪʃ] *adj* tendente al nero

blackjack *n* **1.** GAMES blackjack *m* **2.** (*weapon*) manganello *m*

black light *n* luce [*o* ultravioletta] nera *f*

blacklist ['blæk·lɪst] **I.** *vt* mettere sulla lista nera **II.** *n* lista *f* nera

blackmail ['blæk·meɪl] **I.** *n* ricatto *m* **II.** *vt* ricattare; **to ~ sb into doing sth** costringere qu a fare qc con un ricatto

blackmailer ['blæk·meɪ·lə] *n* ricattatore, -trice *m, f*

black mark *n* voto *m* negativo

black market *n* mercato *m* nero

black markete(e)r *n* borsanerista *mf*

blackness ['blæk·nɪs] *n* (*color*) nero *m;* (*darkness*) oscurità *f*

blackout ['blæk·aʊt] *n* **1.** (*faint*) svenimento *m;* **to have a ~** avere uno svenimento **2.** ELEC blackout *m inv* **3.** (*censorship*) **news ~** silenzio *m* stampa

Black Sea *n* Mar *m* Nero

black sheep *n a. fig* pecora *f* nera

blacksmith *n* fabbro *m*

bladder ['blæ·də] *n* ANAT vescica *f*

blade [bleɪd] **I.** *n* (*of a tool, weapon*) lama *f;* (*of an oar*) pala *f;* **~ of grass** filo *f* d'erba **II.** *vi inf* pattinare (in-line)

blah [blɑ:] **I.** *adj inf* (*boring*) noioso, -a **II.** *interj inf* **~, ~, (~)** bla bla

blame [bleɪm] **I.** *vt* incolpare; **to ~ sb for sth, to ~ sth on sb** dare la colpa di qc a qu; **to be to ~ for sth** essere responsabile di qc; **I don't ~ you** hai tutta la mia comprensione **II.** *n* colpa *f;* **to carry the ~** essere responsabile; **to lay the ~ for sth on sb** attribuire la colpa di qc a qu; **to take the ~** assumersi la colpa

blameless ['bleɪm·lɪs] *adj* innocente; **~ life** vita *f* irreprensibile

blameworthy ['bleɪm·wɜːr·ði] *adj form* deplorevole

blanch [blænʃ] **I.** *vi* (*become pale*) sbiancare **II.** *vt* **1.** (*whiten*) sbiancare **2.** FOOD sbollentare; **~ed almonds** mandorle mondate

bland [blænd] *adj* **1.** (*mild*) insipido, -a **2.** (*dull*) insulso, -a

blandishments ['blæn·dɪʃ·mənts] *npl* lusinghe *fpl*

blank [blæŋk] **I.** *adj* **1.** (*empty*) bianco, -a; **~ page** pagina *f* bianca; **~ space** spazio *m* vuoto; **~ tape** cinta *f* vergine; **~ check** assegno *m* in bianco; **my mind went ~** ho avuto un vuoto; **the screen went ~** il monitor si è oscurato **2.** (*without emotion: look*) privo di espressione **3.** (*complete*) assoluto, -a; (*despair*) totale; **to be met by a ~ refusal** trovarsi di fronte ad un totale rifiuto **II.** *n* **1.** (*space*) vuoto *m;* (*on form*) spazio *m* vuoto **2.** (*cartridge*) cartuccia *f* a salve ▸to **draw a** (**complete**) **~** fare un buco nell'acqua

blanket ['blæŋ·kɪt] **I.** *n* **1.** (*cover*) coperta *f* **2.** (*of snow*) coltre *f* **II.** *vt* coprire; **to ~ sth in sth** coprire qc con qc **III.** *adj* generale; LING (*term*) generico, -a

blankly *adv* (*without expression*) con l'aria assente; (*without understanding*) senza capire

blare [bler] **I.** *vi* risuonare **II.** *n* frastuono *m;* (*of a trumpet*) strombettio *m*

blaspheme ['blæs·fi:m] *vi* bestemmiare

blasphemous ['blæs·fə·məs] *adj* blasfemo, -a

blasphemy ['blæs·fə·mi] *n* bestemmia *f*

blast [blæst] **I.** *vt* **1.** (*with an explosive*) far saltare in aria **2.** *inf* (*criticize*) criticare duramente **II.** *n* **1.** (*detonation*) esplosione *f* **2.** (*gust of wind*) raffica *f* **3.** (*noise*) colpo *m* **4.** *inf* (*party*) festa *f;* **to have a ~** (*lots of fun*) divertirsi un mondo ▸(**at**) **full ~** (*volume*) a tutto volume; (*speed*) a tutto gas **III.** *interj inf* maledizione; **~ it!** maledetto!

blasted *adj inf* (*damned*) maledetto, -a

blastoff ['blæst·ɑ:f] *n* lancio *m*

blatant ['bleɪ·tnt] *adj* spudorato, -a

blaze¹ [bleɪz] **I.** *vi* (*fire*) divampare; **to ~ with anger** dare in escandescenze **II.** *vt* **to ~ a trail** tracciare una pista **III.** *n* **1.** (*fire*) incendio *m;* (*flames*) fiammata *f* **2.** (*of light*) bagliore *m;* (*a ~ of color*) un'esplosione di colore *m* **3.** (*display*) **a ~ of glory** un'aureola di gloria; **in a ~ of publicity** con grande battage pubblicitario; **~ of anger** accesso *m* d'ira

◆**blaze up** *vi* infiammarsi

blaze² [bleɪz] *n* (*on horse*) stella *f*

blazer ['bleɪ·zɚ] *n* blazer *m inv*

blazing ['bleɪ·zɪŋ] *adj* splendente; (*heat, sunshine*) cocente; (*light*) sfolgorante; (*fire*) ardente; **in a ~ temper** infuriato

bleach [bli:tʃ] **I.** *vt* (*clothing*) candeggiare; (*hair*) decolorare **II.** *n* candeggina *f;* (*for hair*) decolorante *m*

bleachers ['bli:·tʃɚz] *n pl* gradinate *fpl*

bleak [bli:k] *adj* (*future*) avvilente; (*weather*) uggioso, -a; (*landscape*) desolato, -a; (*smile*) triste

bleary ['blɪ·ri] *adj* <-ier, -iest> (*person*) stanco, -a; (*eyes*) annebbiato, -a

bleary-eyed *adj* con gli occhi annebbiati

bleat [bli:t] **I.** *vi* **1.** (*sheep, goat*) belare **2.** (*complain*) lagnarsi **II.** *n* **1.** (*of sheep*) belato *m* **2.** (*complaint*) lamento *m*

bled [bled] *pt, pp of* **bleed**

bleed [bli:d] <bled, bled> **I.** *vi* **1.** (*from a wound*) sanguinare; **to ~ to death** morire dissanguato; **my heart ~s for ...** soffrire per ... **2.** (*colors: in the laundry*) stingere **II.** *vt* **1.** salassare; **to ~ sb dry** *inf* lasciare qu senza un soldo **2.** TECH, AUTO (*drain*) spurgare

bleep [bli:p] **I.** *n* (*sound*) bip *m* **II.** *vi* (*emit sound*) fare bip **III.** *vt* (*censor*) coprire (con un bip)

blemish ['ble·mɪʃ] **I.** *n a. fig* macchia *f;* **a reputation without ~** una reputazione senza macchia **II.** *vt a. fig* macchiare

blemish-free *adj* senza difetti

blench [blentʃ] *vi* indietreggiare; **to ~ at the thought** impallidire al pensiero

blend [blend] **I.** *n* mescolanza *f* **II.** *vt* mescolare **III.** *vi* fondersi; **the colors ~ in well** i colori stanno bene insieme

blender ['blen·dɚ] *n* frullatore *m*

bless [bles] *vt* benedire ▸**~ him/her!** che Dio lo benedica!; (**God**) **~ you!** (*after a sneeze*) salute!

blessed ['ble·sɪd] *adj* **1.** (*holy*) benedetto, -a; (*ground*) santo, -a; **the Blessed Virgin** la Santissima Vergine; **~ are the meek ...** benedetti siano gli umili ... **2.** *inf* (*as intensifier*) benedetto, -a; **the whole ~ day** tutto il santo giorno

blessing ['ble·sɪŋ] *n* **1.** (*benediction*) benedizione *f;* **to give one's ~ to sth** dare la propria approvazione a qc **2.** (*advantage*) vantaggio *m* ▸**it's a ~ in disguise** non tutto il male vien per nuocere *prov;* **to count one's ~s** apprezzare ciò che si ha

blew [blu:] *pt of* **blow**

blight [blaɪt] **I.** *vt a. fig* AGR rovinare **II.** *n* **1.** AGR *malattia delle piante che ne causa l'avvizzimento* **2.** *fig* rovine *f;* **to cast a ~ on sth** rovinare qc

blimp [blɪmp] *n* (*airship*) piccolo dirigibile da ricognizione; (*obese person*) pallone *m*

blind [blaɪnd] **I.** *n* **1.** *pl* (*person*) **the ~** i ciechi, i non vedenti **2.** (*window shade*) persiana *f* **3.** (*for hunters*) palchetto *m* **II.** *vt* **1.** ANAT, MED accecare **2.** (*dazzle*) abbagliare **III.** *adj* **1.** (*unable to see*) cieco, -a; **to be ~ in one eye** essere cieco da un occhio; **to be ~ to sth** non accorgersi di qc **2.** (*hidden: corner*) senza visibilità **3.** (*without reason: acceptance, devotion*) cieco, -a **4.** (*without knowledge*) cieco, -a; **a ~ wine test** degustazione cieca di vini **IV.** *adv* **1.** (*without sight*) senza vederci **2.** (*as intensifier*) **to be ~ drunk** essere ubriaco perso

blind alley <-s> *n a. fig* vicolo *m* cieco

blind date *n* appuntamento *m* al buio [*o* con uno sconosciuto]

blinders ['blaɪn·dɚz] *n pl* SPORTS paraocchi *mpl*

blindfold ['blaɪnd·foʊld] **I.** *n* benda *f* **II.** *vt* bendare gli occhi a III. *adj* con gli occhi bendati; **to be able to do sth** ~**ed** riuscire a fare qc ad occhi chiusi

blinding *adj* (*dazzling: light, color, hate*) accecante

blindman's buff *n* moscacieca *f*

blindness *n* cecità *f*

blind spot *n* AUTO angolo *m* cieco

blink [blɪŋk] I. *vt* **to** ~ **one's eyes** sbattere le palpebre II. *vi* sbattere le palpebre; **to** ~ **back one's tears** contenere le lacrime; **she didn't even** ~ non ha battuto ciglio III. *n* battito *m* di ciglia ►**in the** ~ **of an eye** in un battito d'occhio; **to be on the** ~ *inf* essere rotto

blinker ['blɪŋ·kə˞] *n* AUTO freccia *f;* **to turn on the** ~ accendere le frecce

blinkered *adj* con i paraocchi

bliss [blɪs] *n* beatitudine *f;* **marital** ~ felicità *f* coniugale

blissful ['blɪs·fəl] *adj* (*enjoyable*) meraviglioso, -a; ~ **ignorance** beata ignoranza

blister ['blɪs·tə˞] I. *n* 1. ANAT vescica *f* 2. (*bubble*) bolla *f* II. *vt* far venire le vesciche a III. *vi* riempirsi di vesciche

blistering *adj* (*very hot*) torrido, -a

blithering ['blɪ·ðə˞·ɪŋ] *adj* ~ **idiot!** pezzo d'idiota!

blizzard ['blɪ·zə˞d] *n* tempesta *f* di neve

bloated ['bloʊ·t̬ɪd] *adj* 1. (*swollen*) gonfio, -a 2. (*excessive*) smisurato, -a

blob [blɑːb] *n* grossa goccia *f*

block [blɑːk] I. *n* 1. (*solid lump*) blocco *m* 2. (*city block*) isolato *m* 3. (*of traffic*) ingorgo *m* 4. (*physiological, psychological*) blocco *m* 5. (*child's toy*) cubo *m* 6. (*for executions*) ceppo *m;* **to be sent to the** ~ essere condannato alla decapitazione 7. *inf* (*head*) **to knock sb's** ~ **off** spaccare la faccia a qu; **to be a chip off the old** ~ tale padre tale figlio 8. SPORTS blocco *m* di partenza 9. COMPUT selezione *f* II. *vt* 1. (*road, pipe*) bloccare; (*sb's progress*) ostacolare 2. COMPUT **to** ~ **and copy** seleziona e copia

◆**block off** *vt* bloccare

◆**block out** *vt* 1. (*censor*) cancellare 2. (*repress: memory*) rimuovere

◆**block up** I. *vt* ostruire II. *vi* otturarsi

blockade [blɑː·'keɪd] I. *n* blocco *m* II. *vt* bloccare

blockage ['blɑː·kɪdʒ] *n* ostruzione *f*

block letters *n* stampatello *m*

blond(e) [blɑːnd] I. *adj* (*hair*) biondo, -a II. *n* biondo, -a *m, f*

blood [blʌd] *n* sangue *f;* **to be of the same** ~ *fig* essere imparentati ►**to have** ~ **on one's hands** *fig* avere le mani sporche di sangue; ~ **is thicker than water** *prov* il sangue non è acqua; **bad** ~ cattivo sangue; **in cold** ~ a sangue freddo; **her** ~ **ran cold** le si è gelato il sangue nelle vene; **it makes my** ~ **boil** mi fa ribollire il sangue; **to make sb's** ~ **curdle** far gelare il sangue nelle vene a qu; **to smell** ~ fiu-

tare il sangue; **to sweat** ~ sudare sangue; **to be after sb's** ~ avercela con qu

blood bank *n* banca *f* del sangue

bloodbath *n* bagno *m* di sangue

blood clot *n* coagulo *m,* grumo *m* di sangue

bloodcurdling *adj* agghiacciante

blood donor *n* donatore , -trice *m, f* di sangue

blood group *n* gruppo *m* sanguigno

bloodhound *n* segugio *m*

bloodless ['blʌd·lɪs] *adj* 1. (*face, lips*) esangue 2. (*coup*) incruento, -a 3. (*emotionless: film*) insulso, -a

blood poisoning *n* setticemia *f*

blood pressure *n* pressione *f* arteriosa

blood relation *n,* **blood relative** *n* consanguineo, -a *m, f*

bloodshed *n* spargimento *m* di sangue

bloodshot ['blʌd·ʃɑːt] *adj* (*eyes*) iniettato, -a di sangue

blood sport *n* (*hunting*) sport *m* cruento

bloodstained ['blʌd·steɪnd] *adj* macchiato, -a di sangue

bloodstock *n* purosangue *m inv*

bloodstream *n* sistema *m* sanguigno

bloodsucker *n* sanguisuga *f*

blood sugar *n* zucchero *m* nel sangue

blood test *n* analisi *m inv* del sangue

bloodthirsty ['blʌd·θɜːrs·ti] *adj* sanguinario, -a

blood transfusion *n* trasfusione *f* di sangue

blood type *n* gruppo *m* sanguigno

blood vessel *n* vaso *m* sanguigno

bloody ['blʌ·di] <-ier, -iest> *adj* (*with blood*) insanguinato, -a; **to have a** ~ **nose** avere il sangue dal naso; (*fight, battle*) sanguinoso, -a

bloom [bluːm] I. *n a. fig* fiore *f;* **to come into** ~ fiorire; **in the full** ~ **of youth** nel fiore della gioventù II. *vi* 1. (*produce flowers*) fiorire 2. (*peak*) prosperare

blooming ['bluː·mɪŋ] *adj* fiorente

blossom ['blɑː·səm] I. *n* fiore *f;* **in** ~ in fiore; **orange** ~ zagara *f,* fiore *m* d'arancio II. *vi* 1. (*flower*) fiorire 2. (*develop*) diventare

blot [blɑːt] I. *n a. fig* (*mark*) macchia *f* II. *vt* 1. (*make mark on*) macchiare 2. (*dry*) asciugare

blotch [blɑːtʃ] *n* macchia *f*

blotchy ['blɑː·tʃi] <-ier, -iest> *adj* pieno, -a di macchie

blotter ['blɑː·t̬ə˞] *n* foglio *f* di carta assorbente

blotting paper *n* carta *f* assorbente

blotto ['blɑː·t̬oʊ] *adj sl* **to be** ~ essere sbronzo

blouse [blaʊs] *n* camicetta *f*

blow¹ [bloʊ] *n* 1. (*hit*) colpo *m;* (*with the fist*) pugno *m;* **to come to** ~**s** venire alle mani 2. *fig* (*setback*) colpo *m*

blow² [bloʊ] I. <blew, blown> *vi* 1. (*expel air*) soffiare 2. (*fuse*) saltare 3. (*tire*) scoppiare ►**to** ~ **hot and cold** fare la banderuola II. *vt* 1. (*instrument*) suonare 2. (*clear*) **to** ~ **one's nose** soffiarsi il naso 3. (*burst: tire*) far scoppiare 4. *inf* (*spend*) sperperare 5. (*mess up, fail: test*) essere respinto [*o* bocciato] a; (*interview*)

B

B

giocarsi; **to ~ one's chances at doing sth** giocarsi la possibilità di fare qc; **it blew my <u>mind</u>!** *sl* mi ha sconvolto; **to ~ one's <u>top</u>** [*o* <u>lid</u>] *inf* infuriarsi

◆**blow away** *vt* 1.(*doubt*) dissipare 2. *sl*(*kill*) liquidare

◆**blow down** I. *vi* (*fall down*) essere abbattuto dal vento II. *vt* (*knock down*) abbattere

◆**blow off** *vt* (*wind*) portar via; **to ~ off <u>steam</u>** sfogarsi

◆**blow out** I. *vt* (*candle*) spegnere II. *vi* spegnersi

◆**blow over** *vi* (*scandal*) finire nel dimenticatoio; (*argument, dispute*) calmarsi

◆**blow up** I. *vi* 1.(*storm, gale*) alzarsi 2.(*bomb*) esplodere II. *vt* 1.(*fill with air: balloon*) gonfiare 2. PHOT (*enlarge*) ingrandire 3.(*explode*) far saltare in aria

blow-by-blow *adj* **a ~ account** un resoconto dettagliato

blow-dry *vt* asciugare con il phon

blow dryer *n* phon *m inv*

blowfly <-ies> *n* mosca *f* della carne

blowgun *n* (*weapon*) cerbottana *f*

blowhole *n* (*in whale, dolphin*) sfiatatoio *m*

blowjob *n vulg* pompino *m*

blown [bloʊn] *vt, vi pp of* blow

blowout *n inf* 1.(*burst tire*) scoppio *m* 2. *sl* (*party*) **to have a ~** far bisboccia

blowtorch *n* cannello *m* per saldatura

blowup *n* PHOT ingrandimento *m*

blubber¹ [ˈblʌ·bɚ] *vi* (*cry*) piangere come un vitello

blubber² [ˈblʌ·bɚ] *n* (*whale fat*) grasso *m* (di balena)

bludgeon [ˈblʌ·dʒən] I. *n* manganello *m* II. *vt* prendere a manganellate

blue [bluː] I. *adj* 1.(*color*) blu; **light ~** azzurro; **dark ~** blu scuro; **pale ~** azzurro pallido; **deep ~** blu intenso 2.(*sad*) triste; **to feel ~** sentirsi triste II. *n* (*light*) azzurro *m*; (*dark*) blu *m inv*; **sky ~** azzurro cielo; **the door is painted ~** la porta è dipinta di blu ▶**<u>out</u> of the ~** quando meno ce lo si aspetta

bluebell *n* BOT campanula *f*

blueberry [ˈbluː·be·ri] <-ies> *n* mirtillo *m*

bluebottle *n* moscone *m*

blue chip *adj* di prim'ordine

blue collar *adj* (*union, background*) operaio, -a; (*job*) manuale

blueprint *n* piano *m*; (*plan of action*) progetto *m*

blues [bluːz] *npl* 1.(*sadness*) malinconia *f* 2. MUS blues *m inv*

blue whale *n* balena *f* blu

bluff¹ [blʌf] I. *vi* bluffare II. *vt* ingannare III. *n* bluff *m inv*; **to call sb's ~** far mettere le carte in tavola a qu

bluff² [blʌf] *n* (*steep bank*) rupe *m*; (*cliff*) scogliera *f*

bluff³ [blʌf] <-er, -est> *adj* (*in manner*) diretto, -a

bluffer [ˈblʌ·fɚ] *n* bluffatore, -trice *m, f*

bluish [ˈbluː·ɪʃ] *adj* bluastro, -a

blunder [ˈblʌn·dɚ] I. *n* gaffe *f* II. *vi* 1.(*make a mistake*) fare una gaffe 2.(*move clumsily*) **to ~ into sth** inciampare in qc

blunt [blʌnt] I. *adj* 1.(*not sharp*) non affilato, -a 2.(*direct*) brusco, -a II. *vt a. fig* smussare

bluntly *adv* senza giri di parole; **to put it ~, ...** per dirlo senza giri di parole,...

bluntness *n fig* (*directness*) franchezza *f*

blur [blɜːr] I. *vi* <-rr-> velarsi II. *vt* <-rr-> velare; (*picture*) sfuocare III. *n* (*shape*) massa *f* indistinta; (*memory*) ricordo *m* confuso

blurb [blɜːrb] *n inf* frase *f* pubblicitaria

blurred [blɜːrd] *adj* confuso, -a; (*photograph, picture*) sfuocato, -a

blurt out [blɜːrtˈaʊt] *vt* lasciarsi sfuggire

blush [blʌʃ] I. *vi* arrossire II. *n* 1.(*natural color*) rossore *m* 2.(*makeup*) fard *m inv*

blusher [ˈblʌ·ʃɚ] *n* fard *m inv*

blushing *adj* che arrossisce facilmente

bluster [ˈblʌs·tɚ] I. *vi* 1.(*speak*) dire fanfaronate 2.(*blow*) soffiare a raffiche II. *n* fanfaronate *fpl*

BO [ˌbiːˈoʊ] *n abbr of* **body odor** odori *mpl* corporali

boa [ˈboʊ·ə] *n* ZOOL boa *m*

boar [bɔːr] *n* (*male pig*) verro *m;* (**wild**) **~** cinghiale *m*

board [bɔːrd] I. *n* 1.(*wood*) tavola *f* 2.(*blackboard*) lavagna *f;* (*notice board*) tabellone *m* 3. GAMES scacchiera *f* 4. ADMIN consiglio *m;* **~** (**of directors**) consiglio di amministrazione; **~ of trade** camera *f* di commercio; **~ of education** consiglio d'Istituto 5.(*in a hotel*) **room and ~** pensione *f* completa 6. NAUT **on ~** a bordo ▶**to <u>sweep</u> the ~** avere un successo assoluto; (*in gambling*) fare man bassa; **to <u>take</u> sth on ~** adottare qc; **to <u>tread</u> the ~s** THEAT calcare le scene; **<u>across</u> the ~** a tutti i livelli II. *vt* (*get on: airplane, ship*) salire a bordo di; (*bus, train*) salire su III. *vi* (*stay*) alloggiare; (*in school*) essere interno; **to ~ with sb** alloggiare in casa di qu

◆**board up** *vt* chiudere con tavole di legno

boarder [ˈbɔːr·dɚ] *n* (*in a rooming house*) pensionante *mf;* (*at a school*) convittore, -trice *m, f*

board game *n* gioco *m* da tavolo

boarding house *n* pensione *f*

boarding pass *n* carta *f* di imbarco

boarding school *n* collegio *m*

board meeting *n* riunione *f* del consiglio di amministrazione

boardroom *n* sala *f* del consiglio

boardwalk *n* passeggiata a mare realizzata con tavole di legno

boast [boʊst] I. *vi* fare sfoggio; **to ~ about** [*o* **of**] **sth** vantarsi di qc II. *vt* (*be proud of*) vantare; **this house ~s 10 rooms** questa casa ha 10 stanze III. *n* vanto *m*

boastful [ˈboʊst·fəl] *adj* borioso, -a

boat [boʊt] *n* barca *f;* **to go by ~** andare in

B

barca ▶ **to be in the** <u>same</u> ~ essere nella stessa barca; to <u>miss</u> the ~ perdere il treno; to <u>rock</u> the ~ *inf* agitare le acque

boat hook *n* mezzo *m* marinaio

boathouse *n* rimessa *f* per le barche

boating ['boʊ·ʈɪŋ] *n* **to go** ~ andare in barca

boatman *n* barcaiolo *m*

boat people *npl* profughi *mpl* delle barche

boat race *n* regata *f*

boatswain ['boʊ·sən] *n* nostromo *m*

boat train *n* treno *m* che garantisce la coincidenza con un traghetto

boat trip *n* viaggio *m* in barca

bob [bɑːb] <-bb-> I. *vi* **to** ~ **(up and down)** ondeggiare II. *n* 1. (*hairstyle*) caschetto *m* 2. (*movement*) dondolio *m*

bobbin ['bɑː·bɪn] *n* bobina *f*

bobby pin *n* molletta *f* per capelli

bobsled ['bɑːb·sled] *n* SPORTS bob *m inv*

bobtail ['bɑːb·teɪl] *n* 1. (*docked tail*) coda *f* tagliata 2. (*animal*) animale *m* con la coda tagliata

bode [boʊd] I. *vi* **to** ~ **well/ill** essere di buon/cattivo augurio II. *vt* presagire

bodice ['bɑː·dɪs] *n* (*of a dress*) corpetto *m*

bodily ['bɑː·d·li] I. *adj* (*functions, injury*) corporale; (*needs*) materiale II. *adv* (*in person*) di persona; (*as a whole*) nel complesso

body ['bɑː·di] <-ies> *n* 1. *a.* ANAT, ASTR, CHEM, MUS corpo *m;* (*dead*) cadavere *m;* **a cheerful old** ~ *fig* (*person*) un tipo allegro 2. ADMIN, POL ente *m;* (*governing*) organismo *m;* **in a** ~ **in** blocco 3. (*amount*) quantità *f;* (*of water*) massa *f* 4. AUTO carrozzeria *f* 5. (*of wine*) corpo *m* ▶ **to keep** ~ **and** <u>soul</u> **together** sopravvivere; **to throw oneself** ~ **and** <u>soul</u> **into sth** gettarsi anima e corpo in qc; **over my** <u>dead</u> ~ dovrai passare sul mio cadavere; **to** <u>sell</u> **one's** ~ prostituirsi

body bag *n* sacco *m* per cadaveri

bodybuilding *n* culturismo *m*

bodyguard *n* guardia *f* del corpo

body language *n* linguaggio *m* del corpo

body lotion *n* lozione *f* per il corpo

body politic *n* POL popolo *m*

body search *n* perquisizione *f* personale

body suit *n* body *m inv*

bodywork *n* carrozzeria *f*

bog [bɑːg] *n* (*wet ground*) pantano *m;* **peat** ~ torbiera *f*

◆ **bog down** <-gg-> *vt* **to get bogged down in sth** *fig* impantanarsi in qc

bogey ['boʊ·gi] *n* (*golf score*) bogey *m inv*

boggle ['bɑː·gl] I. *vi* restare attonito II. *vt* **to** ~ **the mind** essere incredibile

boggy ['bɑː·gi] <-ier, -iest> *adj* pantanoso, -a

bogus ['boʊ·gəs] *adj* (*document*) falso, -a

bohemian [boʊ·'hiː·mi·ən] I. *n* bohémien *mf inv* II. *adj* bohémien

boil [bɔɪl] I. *vi, vt a. fig* bollire II. *n* 1. **to bring sth to a** ~ portare a ebollizione; **to be at a** ~ stare bollendo 2. MED foruncolo *m*

◆ **boil away** *vi* evaporare

◆ **boil down** I. *vi* ridursi cuocendo; **it all boils down to …** *fig* ridursi a … II. *vt* 1. CULIN (*sauce*) far ridurre 2. *fig* (*text*) ridurre

◆ **boil over** *vi* 1. CULIN traboccare 2. (*person*) perdere il controllo

◆ **boil up** *vt* (*milk*) montare

boiler ['bɔɪ·lə-] *n* caldaia *f*

boiler room *n* locale *m* delle caldaie

boiling *adj* 1. (*liquid*) bollente 2. *fig* (*day, weather*) torrido, -a; (*angry: person*) furente; **to be** ~ **mad** essere fuori di sé dalla rabbia; **I am** ~ (*feeling hot*) sto morendo di caldo; **it's** ~ (**hot**) **today** fa un caldo allucinante

boiling point *n* punto *m* di ebollizione; **the situation has reached the** ~ la situazione sta per precipitare

boisterous ['bɔɪs·tə·rəs] *adj* 1. (*person*) turbolento, -a; (*party*) movimentato, -a 2. (*sea*) infuriato, -a

bold [boʊld] <-er, -est> *adj* 1. (*brave, audacious*) audace 2. (*not shy*) sfacciato, -a 3. (*strong: color*) sgargiante 4. COMPUT, TYPO ~ (**type**) grassetto *m;* **in** ~ in grassetto

boldness *n* audacia *f*

bole [boʊl] *n* (*of tree*) tronco *m*

bolero [bə·'le·roʊ] <-s> *n* 1. (*short jacket*) bolero *m* 2. MUS bolero *m*

Bolivia [bə·'lɪ·vi·ə] *n* Bolivia *f*

Bolivian [bə·'lɪ·vi·ən] I. *adj* boliviano, -a II. *n* boliviano, -a *m, f*

bolster ['boʊl·stə-] I. *n* capezzale *m* II. *vt* 1. (*support*) rinforzare 2. (*spirits*) sollevare

bolt [boʊlt] I. *vi* (*run away*) fuggire II. *vt* 1. (*lock*) chiudere con il chiavistello 2. (*fasten down*) imbullonare III. *n* 1. (*on a door*) chiavistello *m* 2. (*screw*) bullone *m* 3. (*lightning*) fulmine *m* 4. (*roll: of cloth*) rotolo *m* 5. (*arrow*) freccia *f* ▶ **to** <u>make</u> **a** ~ **for it** fuggire; **a** ~ **from the** <u>blue</u> un fulmine a ciel sereno IV. *adv* ~ **upright** dritto come un fuso

◆ **bolt down** *vt* (*food*) ingurgitare

bomb [bɑːm] I. *n* 1. (*explosive*) bomba *f;* (*for killing insects*) bomboletta *f;* **the** ~ la bomba atomica 2. *fig, inf* (*failure*) fiasco *m* II. *vt* bombardare III. *vi inf* essere un fiasco

bombard [bɑːm·'bɑːrd] *vt* bombardare; **to** ~ **sb with questions** bombardare qu di domande

bombardment [bɑːm·'bɑːrd·mənt] *n* bombardamento *m*

bombast ['bɑːm·bæst] *n* magniloquenza *f*

bombastic [bɑːm·'bæs·tɪk] *adj* magniloquente

bomb crater *n* cratere *m* di una bomba

bombed [bɑːmd] *adj* 1. bombardato, -a 2. *sl* (*on alcohol*) ubriaco, -a perso, -a; (*on drugs*) fatto, -a

bomber ['bɑː·mə-] *n* 1. AVIAT bombardiere *m* 2. (*terrorist*) dinamitardo, -a *m, f*

bombing *n* 1. MIL bombardamento *m* 2. (*by terrorists*) attentato *m* dinamitardo

bombproof *adj* a prova di bomba

bomb scare *n* allarme *m* bomba

B

bombshell ['bɑːmˌʃel] *n* **1.** *a. fig* MIL bomba *f* **2.** (*woman*) **a blonde ~** una bionda esplosiva

bona fide [ˌboʊ·nəˈfaɪ·di] *adj* **1.** (*genuine*) genuino, -a; (*agreement, alibi*) autentico, -a **2.** (*serious*) serio, -a

bonanza [bəˈnæn·zə] *n* **1.** (*large deposit*) immenso giacimento *m* **2.** *fig* boom *m inv*

bond [bɑːnd] **I.** *n* **1.** (*connection*) vincolo *m*; (*of friendship, love*) legame *m*; **to break one's ~** rompere i ponti *fig* **2.** (*obligation*) impegno *m* **3.** FIN obbligazione *f*; **to place goods in ~** depositare le merci presso il magazzino doganale **4.** LAW garanzia *f*; (*bail*) cauzione *f* **5.** *pl, liter* (*chains*) catene *fpl* **II.** *vt* **1.** (*stick*) far aderire **2.** (*unite emotionally*) **to ~** (*together*) unire **3.** COM depositare presso il magazzino doganale **III.** *vi* aderire

bondage ['bɑːn·dɪdʒ] *n* **1.** *liter* (*slavery*) schiavitù *f* **2.** (*for sexual pleasure*) *legare o farsi legare*

bonded *adj* COM depositato, -a presso il magazzino doganale

bonded debt *n* FIN debito *m* consolidato

bonded warehouse *n* COM magazzino *m* doganale

bondholder *n* FIN obbligazionista *mf*

bone [boʊn] **I.** *n* ANAT osso *m*; (*of a fish*) lisca *f* ▶ **~ of contention** pomo *m* della discordia; **to work one's fingers to the ~** lavorare come un cane; **close to the ~** fuori luogo; **to cut sth to the ~** ridurre qc all'essenziale; **to feel sth in one's ~s** sentirsi qc; **to make no ~s about sth** non far segreto di qc; **to have a ~ to pick with sb** *inf* dover regolare un conto con qu **II.** *adj* d'osso **III.** *adv* (*as intensifier*) **~ lazy** pigrissimo, -a; **~ tired** stanchissimo, -a **IV.** *vt* (*chicken, meat*) disossare; (*fish*) spinare

◆ **bone up for** *vt* (*prepare for*) fare una secchiata *inf*

bonehead *n inf* testa *f* di rapa

bone marrow *n* midollo *m* osseo

bone meal *n* farina *f* d'ossa

bonfire ['bɑːn·fɑ·ɪɚ] *n* falò *m*

bonk [bɑːŋk] *inf* **I.** *vt* (*hit on head*) dare un colpo in testa a **II.** *n* colpo *m* in testa

bonkers ['bɑːŋ·kɚz] *adj inf* matto, -a; **to go ~** ammattire

bonnet ['bɑː·nɪt] *n* (*hat*) berretto *m*; (*baby's*) cuffia *f*

bonus ['boʊ·nəs] **I.** *n* **1.** (*money*) gratifica *f*; **Christmas ~** tredicesima *f*; **productivity ~** premio *m* di produttività **2.** (*advantage*) vantaggio *m* **II.** *adj* (*additional*) gratuito, -a

bony ['boʊ·ni] *adj* <-ier, -iest> **1.** (*with prominent bones*) ossuto, -a; (*fish*) pieno, -a di lische **2.** (*like bones*) osseo, -a

boo [buː] **I.** *interj inf* bù **II.** *vi* fischiare **III.** *vt* fischiare; **he was ~ed off the stage** lo hanno fischiato fino a fargli abbandonare la scena

boob [buːb] *n* **1.** *vulg* (*breast*) tetta *f* **2.** *sl* (*fool*) scemo, -a *m, f*

boob tube *n sl* tele *f inv*

booby ['buː·bi] *n* scemo, -a *m, f*

booby prize *n* premio *m* all'ultimo classificato

booby trap *n* MIL trappola *f* esplosiva

booger ['bʊ·gɚ] *n sl* **1.** (*dried mucus*) croste *f* del naso *pl* **2.** (*person*) disgraziato, -a *m, f*

book [bʊk] **I.** *n* **1.** libro *m*; **the Good Book** la Bibbia **2.** (*of stamps*) carnet *m inv*; (*of tickets*) blocchetto *m*; (*of matches*) bustina *f* **3.** COM, FIN **the ~s** contabilità; **to cook the ~s** *inf* manipolare la contabilità ▶ **to be a closed ~** (**to sb**) essere un mistero (per qu); **to bring sb to ~** obbligare qu a rendere conto; **to know sb like a ~** conoscere qu come se stessi; **to be able to read sb like a ~** conoscere qu a fondo; **to throw the ~ at sb** punire duramente qu; **in my ~** secondo me; **by the ~** secondo i canoni **II.** *vt* **1.** (*reserve*) prenotare **2.** (*register*) registrare **3.** (*file charges against*) schedare **III.** *vi* prenotare

◆ **book up** *vt* **to be booked up** (*hotel*) essere al completo

bookbinder *n* rilegatore, -trice *m, f*

bookbinding *n* rilegatura *f*

bookcase *n* libreria *f*

book club *n* club *m* del libro

bookend *n* reggilibro *m inv*

bookie ['bʊ·ki] *n inf* bookmaker *m inv*

booking ['bʊ·kɪŋ] *n* prenotazione *f*; **to make/ cancel a ~** fare/annullare una prenotazione

bookish ['bʊ·kɪʃ] *adj* libresco, -a; *pej* pedante

bookkeeper *n* contabile *mf*

bookkeeping *n* contabilità *f*

booklet ['bʊk·lɪt] *n* opuscolo *m*

bookmaker *n* bookmaker *m inv*

bookmark *n a.* COMPUT segnalibro *m*

bookplate *n* ex libris *m inv*

book review *n* critica *f* letteraria

book reviewer *n* critico , -a *m, f* letterario

bookseller *n* (*person*) libraio, -a *m, f*; (*shop*) libreria *f*

bookshelf <-shelves> *n* mensola *m* per i libri

bookshop *n* libreria *f*

bookstore *n* libreria *f*

bookworm *n* topo *m* di biblioteca

boom¹ [buːm] ECON **I.** *vi* vivere un periodo di boom **II.** *n* boom *m inv* **III.** *adj* **a ~ time** un periodo di sviluppo economico; **a ~ town** una città in pieno sviluppo

boom² [buːm] **I.** *n* (*sound*) rimbombo *m* **II.** *vi* **to ~** (**out**) rimbombare; (*voice*) risuonare **III.** *vt* dire con voce tonante

boom³ [buːm] *n* **1.** NAUT boma *m inv* **2.** (*floating barrier*) barriera *f* **3.** (*for a microphone*) giraffa *f*

boom box *n* ghetto blaster *m inv, stereo portatile con forte amplificazione*

boomerang ['buː·məˌræŋ] **I.** *n* bumerang [*o* boomerang] *m inv* **II.** *vi* **it ~ed on her/him** gli/le è tornato indietro come un bumerang

boon [buːn] *n* benedizione *f*; **to be a ~** (**to sb**) essere una benedizione (per qu); **~ companion** *liter* compagno, -a *m, f* di bisbocce

boondocks *n pl* **the ~** a casa del diavolo

boonies *n pl, inf s.* **boondocks**

B

boor [bʊr] *n* cafone, -a *m, f*

boorish ['bʊ·rɪʃ] *adj* villano, -a

boost [bu:st] I. *n* 1. (*lift*) **to give sb a ~** tirare su qu 2. (*increase*) **to give a ~ to sth, to give sth a ~** stimolare qc; **a ~ in sales** incremento delle vendite; (*incentive*) incentivo *m* II. *vt* 1. (*help go higher*) tirare su 2. (*increase*) incrementare; (*morale*) tirare su; (*process*) stimolare 3. *inf* (*promote: product, image*) promuovere

booster ['bu:s·tə·] *n* MED (vaccino di) richiamo *m*

booster rocket *n* TECH razzo *m* propulsore

booster seat *n* AUTO rialza bimbo *m*, *seggiolino auto per bambini dai 4 agli 11 anni*

boot [bu:t] I. *n* 1. (*footwear*) stivale *m*; **ankle ~** stivaletto *m*; **rubber ~** stivale *m* di gomma 2. *inf* (*kick*) pedata *f*; **to get the ~** *fig* (*dismissal from job*) essere messo alla porta; **to give sb the ~** *fig* (*to throw out*) mettere qu alla porta 3. COMPUT avvio *m*, inizializzazione *f*; **warm/cold ~** avvio a caldo/a freddo ▸ **to be too big for one's ~s** *inf* montarsi la testa; **to lick sb's ~s** leccare i piedi a qu; **to shake in one's ~s** *inf* tremare come una foglia II. *vt inf* 1. (*kick*) dare una pedata a 2. *fig, inf* (*fire from job*) mettere alla porta 3. COMPUT avviare, inizializzare ▸ **to ~** per di più

♦ **boot out** *vt inf* buttar fuori qu a pedate

bootblack ['bu:t·blæk] *n* lustrascarpe *mf inv*

bootee ['bu:·ţi] *n* (*for babies*) scarpetta *f*; (*for women*) stivaletto *m*

booth [bu:ð] *n* 1. (*cubicle*) cabina *f*; **telephone ~** cabina telefonica; **polling ~** cabina elettorale 2. (*at a fair, market*) bancarella *f*

bootlace ['bu:t·leɪs] *n* laccio *m*

bootleg ['bu:t·leg] <-gg-> *adj* 1. (*alcohol, cigarettes*) di contrabbando 2. (*recording, software*) pirata

bootlicker ['bu:t·lɪ·kə·] *n inf* leccapiedi *mf inv*

booty ['bu:·ţi] *n* bottino *m*

booze [bu:z] I. *n inf* bevande *f* alcoliche *pl*; **to be on the ~** alzare il gomito II. *vi inf* alzare il gomito

boozer ['bu:·zə·] *n inf* ubriacone, -a *m, f*

boozy ['bu:·zi] <-ier, -iest> *adj inf* brillo, -a

border ['bɔ:r·də·] I. *n* 1. (*between states, countries*) frontiera *f* 2. (*edge, boundary*) margine *m*; (*of lake*) riva *f* 3. FASHION bordo *m* 4. (*in a garden*) aiuola *f* II. *adj* di confine III. *vt* confinare con

♦ **border on** *vt* 1. (*share border with*) confinare con 2. *fig* rasentare

bordering *adj* confinante

borderland ['bɔ:r·də·lænd] *n* zona *f* di confine

borderline ['bɔ:r·də·laɪn] I. *n* linea *f* di confine II. *adj* (*candidate, case*) limite

bore[1] [bɔ:r] I. *n* 1. (*thing*) noia *f*; **what a ~!** che noia! 2. (*person*) persona *f* noiosa II. <bored> *vt* annoiare; **to ~ sb to death** *inf* annoiare qu a morte

bore[2] [bɔ:r] I. *n* (*of a gun*) calibro *m* II. *vt* perforare; **to ~ a hole** fare un buco

bore[3] [bɔ:r] *pp of* **bear**

bored *adj* annoiato, -a

boredom ['bɔ:r·dəm] *n* noia *f*

boric ['bɔ:·rɪk] *adj* borico, -a; **~ acid** acido borico

boring ['bɔ:·rɪŋ] *adj* noioso, -a; **to find sth ~** trovare qc noioso

born [bɔ:rn] *adj* 1. (*brought into life*) nato, -a; **to be ~** nascere; **where were you ~?** dove sei nato?; **he was ~ in (the year) 1975** è nato nel 1975; **he was ~ blind** è cieco dalla nascita 2. (*ability*) nato, -a; (*quality, sympathy*) innato, -a; **to be ~ to do sth** è nato per fare qc ▸ **I wasn't ~ yesterday** *inf* non sono nato ieri

born-again *adj* rinato, -a; **~ Christian** cristiano rinato

borne [bɔ:rn] *pt of* **bear**

borough ['bɜː·roʊ] *n* comune *m*

borrow ['ba:·roʊ] *vt* 1. (*be given temporarily*) prendere in prestito; **may I ~ your bag?** mi presti la tua borsa? 2. MATH riportare 3. LING prendere (a prestito)

borrower *n* persona *f* che prende in prestito

borrowing *n* prestito *m*

Bosnia ['ba:z·niə] *n* Bosnia *f*

Bosnia-Herzegovina ['ba:z·niə·ˌhert·sə·goʊ·vi:·nə] *n* Bosnia *f* Erzegovina

Bosnian ['ba:z·ni·ən] I. *adj* bosniaco, -a II. *n* bosniaco, -a *m, f*

bosom ['bʊ·zəm] *n* 1. (*chest*) petto *m*, seno *m* 2. *fig* seno *m*; **in the ~ of one's family** in seno alla famiglia

bosom buddy *n* amico *m* del cuore

boss [ba:s] I. *n* 1. (*supervisor*) capo, -a *m, f*; (*owner*) principale *mf*; **to be one's own ~** lavorare in proprio 2. (*bossy person*) prepotente *mf* II. *vt inf* **to ~ sb around** comandare a bacchetta III. *adj inf* (*terrific*) eccezionale

bossy ['ba:·si] <-ier, -iest> *adj* prepotente

Il **Boston Tea party** fu nel 1773 un atto di sfida nei confronti del dominio coloniale britannico in America. Dei colonialisti vestiti da Amerindi, tra i quali Samuel Adams e Paul Revere, salirono a bordo di alcune navi inglesi e gettarono in mare centinaia di casse di tè per protestare contro l'assoggettamento delle colonie a tassazione da parte della Gran Bretagna, pur non essendo rappresentate nel parlamento inglese. Si trattò di uno degli avvenimenti chiave che condussero alla guerra di indipendenza degli USA contro l'Inghilterra.

---

botanical [bə·'tæ·nɪ·kəl] *adj* botanico, -a

botanist ['ba:t·nɪst] *n* botanico, -a *m, f*

botany ['ba:t·ni] *n* botanica *f*

botch [ba:tʃ] I. *n* pasticcio *m*; **to make a ~ of**

B

sth raffazzonare qc II. *vt* to ~ sth (up) raffazzonare qc

botch-up *s.* botch I.

both [bovθ] I. *adj, pron* entrambi, -e; ~ of
them tutti, -e e due; ~ of us tutti, -e e due; ~
(the) brothers entrambi i fratelli; on ~ sides
su entrambi i lati II. *adv* ~ David and Peter
sia David che Peter; to be ~ sad and pleased
essere tristi e soddisfatti al tempo stesso

bother ['bɑ·ðə] I. *n* seccatura *f;* not to want
to be a ~ non voler dar fastidio; it is not
worth the ~ non vale la pena II. *vi* scomodarsi; to (not) ~ to do sth (non) scomodarsi a
fare qc; why ~? a che pro? III. *vt* 1.(*annoy*)
dar fastidio a 2.(*worry*) preoccupare; he
doesn't seem to be ~ed by this non sembra
che ciò lo preoccupi; what ~s me is ... ciò
che mi preoccupa è ... 3.(*give pain*) far male
a; my back has been ~ing me lately ho sofferto di mal di schiena negli ultimi tempi

bothersome ['bɑ·ðə·səm] *adj* fastidioso, -a

Botswana [ˌbɑːt·'swɑː·nə] *n* Botswana *f*

Botswanan [ˌbɑːt·'swɑː·nən] I. *adj* del Botswana II. *n* abitante *mf* del Botswana

bottle ['bɑ·tʃl] I. *n* 1.(*container*) bottiglia *f;* (*of
perfume*) flacone *m;* (*of ink*) boccetta *m;*
(*baby's*) biberon *m inv* 2. *inf* (*alcohol*) the ~
l'alcol; to hit the ~ darsi all'alcol II. *vt* imbotti-
gliare; to ~ one's emotions up *fig* reprimere
le proprie emozioni

bottlebrush *n* spazzola *f* per bottiglie

bottled ['bɑ·tʃld] *adj* imbottigliato, -a; (*beer*)
in bottiglia; (*gas*) in bombole

bottle-feeding *n* allattamento *m* artificiale

bottle green *adj* verde bottiglia

bottleneck ['bɑ·tʃl·nek] I. *n* (*narrow route*)
strettoia *m;* (*traffic*) ingorgo *m; fig* (*standstill*)
impasse *f inv* II. *vi* (*traffic*) ingorgarsi

bottle opener *n* apribottiglie *m inv*

bottom ['bɑ·təm] I. *n* 1.(*of sea, street, glass,
page*) fondo *m;* (*of chair*) sedile *m;* to
touch ~ *fig* toccare il fondo 2.(*lower part*)
parte *f* inferiore; from top to ~ da cima a
fondo 3.(*buttocks*) sedere *m* ▶ from the ~ of
one's heart con tutto il cuore; ~s up! cin cin!;
to get to the ~ of sth andare in fondo a qc;
at ~ in fondo; to be at the ~ of sth essere alla
radice di qc II. *adj* (*lower*) più in basso; the ~
half of society la classe medio-bassa

bottomless ['bɑ·təm·ləs] *adj* 1.(*without
limit*) illimitato, -a 2.(*very deep*) senza fondo;
he is a ~ pit *fig* mangia per quattro

bottom line *n* the ~ line is that ... *fig* il succo
della questione è che ...

botulism ['bɑ·t·ʃə·lɪ·zəm] *n* botulismo *m*

bough [baʊ] *n liter* ramo *m*

bought [bɑːt] *vt pt of* buy

boulder ['boʊl·də] *n* masso *m*

boulevard ['bʊ·lə·vɑːrd] *n* viale *m*

bounce [baʊnts] I. *vi* 1.(*rebound*) rimbalzare;
to ~ against sth rimbalzare contro qc 2.(*jump
or spring up and down*) saltellare 3. *inf* COM
(*check*) essere scoperto II. *vt* 1.(*cause to*

rebound) far rimbalzare; to ~ a baby far fare il
cavallino al bambino; to ~ an idea off sb
chiedere il parere di qu; to ~ sb into doing
sth spingere qu a fare qc 2. *inf* COM to ~ a
check respingere un assegno scoperto III. *n*
1.(*rebound*) rimbalzo *m* 2.(*spring*) salto *m*
3.(*vitality*) vitalità *f;* (*energy*) energia *f* 4. *inf*
to give sb the ~ buttar qu fuori a pedate
◆bounce back *vi* riprendersi velocemente

bouncer ['baʊn·tsə] *n inf* buttafuori *m inv*

bouncing *adj* robusto, -a

bouncy ['baʊn·tsi] *adj* 1.(*ball*) che rimbalza
2.(*lively*) pieno, -a di vita

bound¹ [baʊnd] I. *vi* 1.(*leap*) saltare
2.(*bounce: ball*) rimbalzare II. *n* salto *m;* in
leaps and ~s a passi da gigante

bound² [baʊnd] *vt* (*confine*) to be ~ed by
sth essere circondato da qc

bound³ [baʊnd] *adj* (*showing direction*) to
be ~ for ... essere diretto a ...; where is this
ship ~ for? dov'è diretta questa nave?; north/
south-bound traffic il traffico diretto a nord/
sud

bound⁴ [baʊnd] I. *pt, pp of* bind II. *adj*
1.(*sure*) she's ~ to come viene di sicuro; it's
~ to be very expensive è certamente molto
caro; it was ~ to happen sooner or later
prima o poi doveva succedere 2.(*obliged*) to
be ~ to do sth essere obbligato a fare qc

boundary ['baʊn·dri] <-ies> *n* 1. *a. fig* (*line*)
limite *m* 2.(*border*) confine *m;* to cross a ~
attraversare il confine; to mark a ~ (*between
two places*) segnare il confine (tra due luoghi)
3. SPORTS limite *m*

boundless ['baʊnd·lɪs] *adj* (*love, patience*)
sconfinato, -a; (*energy*) inesauribile; (*universe*)
infinito, -a

bounds [baʊndz] *n pl a.* SPORTS limiti *mpl;* to
know no ~ non conoscere limiti; to be
beyond the ~ of possibility rasentare l'impossibile; to be outside the ~ of acceptable
behavior essere al di fuori di un comportamento accettabile; this area is out of ~ to
unauthorized personnel l'accesso a questa
zona è proibito ai non addetti ai lavori;
within ~ entro certi limiti; to be within the ~
of the law essere nei limiti della legalità

bounty ['baʊn·ti] <-ies> *n* 1.(*reward*) ricompensa *f* 2.(*gift*) regalo *m* 3. *liter* (*generosity*)
generosità *f*

bouquet [boʊ·'keɪ] *n* 1.(*of flowers*) bouquet *m inv* 2.(*of wine*) bouquet *m inv*

bourbon ['bɜːr·bən] *n* bourbon *m inv*

bourgeois ['bʊr·ʒwɑː] *adj* borghese

bout [baʊt] *n* 1. SPORTS (*in boxing, wrestling*)
incontro *m* 2.(*of illness*) attacco *m;* ~ of
coughing attacco *m* di tosse; drinking ~
sbronza *f*

boutique [buː·'tiːk] *n* boutique *f inv*

bovine ['boʊ·vaɪn] *adj a. fig* bovino, -a

bow¹ [boʊ] *n* 1.(*weapon*) arco *m* 2. MUS
archetto *m* 3.(*knot*) fiocco *m*

bow² [baʊ] *n* NAUT prua *f*

bow³ [baʊ] **I.** *vi* **1.** (*as greeting*) fare un inchino **2.** (*yield*) **to ~ to sth** rassegnarsi a qc ▶**to ~ and** <u>scrape</u> leccare i piedi **II.** *vt* (*one's head*) chinare; (*body*) piegare **III.** *n* inchino *m;* **to take a ~** salutare con un inchino
◆**bow out** *vi* tirarsi indietro
bowdlerize ['boʊ·dlə·raɪz] *vt* espurgare
bowel ['baʊ·əl] *n* **1.** MED intestino *m* **2.** *pl* (*of a ship*) ventre *m*
bowel movement *n* evacuazione *f;* **to have a ~** andare di corpo
bowl¹ [boʊl] *n* **1.** (*dish*) scodella *f;* **fruit ~** coppetta *f* per la frutta; **salad ~** insalatiera *f* **2.** (*of toilet*) tazza *f;* (*for washing*) catino *m;* (*of pipe*) fornello *m* **3.** (*stadium*) stadio *m* **4.** GEO (*hollow*) bacino *m*
bowl² [boʊl] SPORTS **I.** *vi* **1.** (*go bowling*) giocare a bowling **2.** (*throw bowling ball*) lanciare la palla **II.** *vt* lanciare; **to ~ a strike/7** fare strike/7 **III.** *n* (*throw of the ball*) lancio *m*
◆**bowl out** *vt* eliminare
◆**bowl over** *vt* **1.** (*knock over*) far cadere **2.** (*astonish*) stupire; **to be bowled over** restare a bocca aperta
bow-legged [ˌboʊ·'legd] *adj* (*person*) con le gambe storte
bowler ['boʊ·lə] *n* **1.** (*in bowling*) giocatore, -trice *m, f* **2.** (*hat*) bombetta *f*
bowling *n* (*game*) bowling *m inv*
bowling alley *n* bowling *m inv*
bowling ball *n* palla *f* da bowling
bowman ['boʊ·mən] *n* arciere *m*
bowstring ['boʊ·strɪŋ] *n* MUS corda *f* dell'arco
bow tie *n* farfallino *m*
bow window *n* bovindo *m*
box¹ [bɑːks] **I.** *vi* SPORTS fare pugilato **II.** *vt* **1.** SPORTS combattere contro **2. to ~ sb's ears** dare un ceffone a qu **III.** *n* ceffone *m;* **to give sb a ~ on the ears** dare un ceffone a qu
box² [bɑːks] **I.** *n* **1.** (*container*) scatola *f;* **cardboard ~** scatola di cartone; **tool ~** cassetta degli attrezzi **2.** (*rectangular space*) casella *f;* (*in soccer, baseball*) area *f;* (*penalty*) **~** (*in soccer*) area di rigore; (*in ice hockey*) panchina *f* **3.** THEAT palco *m;* (*booth*) cabina *f* **4.** *inf* (*television*) **the ~** la tivù **5.** (*mailbox*) cassetta *f* delle lettere **6.** COMPUT **dialog ~** finestra *f* di dialogo ▶**to** <u>think</u> **outside of the ~** pensare fuori dagli schemi **II.** *vt* mettere in una scatola
◆**box in** *vt* bloccare; **to ~ a car** bloccare una macchina; **to feel boxed in** *fig* sentirsi soffocato
◆**box off** *vt* recingere
◆**box up** *vt* mettere in una scatola
boxer ['bɑːk·sə] *n* **1.** (*person*) pugile *mf* **2.** (*dog*) boxer *m inv*
boxer shorts *npl* boxer *mpl*
boxing ['bɑːk·sɪŋ] *n* boxe *f inv*, pugilato *m*

Il 26 di dicembre in alcuni Paesi del Commonwealth si celebra **Boxing Day**. Questa festività prende il nome dal fatto che un tempo il giorno dopo Natale gli apprendisti di un mestiere raccoglievano in **boxes** (scatole) i regali che venivano loro fatti dai clienti dell'officina in cui lavoravano. Anticamente si chiamava **Christmas box** la gratifica natalizia che veniva data agli impiegati.

boxing glove *n* guantone *m* da boxe
boxing match *n* incontro [*o* pugilato] di boxe *m*
boxing ring *n* ring *m inv*
box lunch *n* cestino *m* pranzo
box office *n* botteghino *m*
boy [bɔɪ] **I.** *n* **1.** (*child*) bambino *m* **2.** (*young man*) ragazzo *m;* **country/city ~** ragazzo di campagna/città **3.** (*son*) figlio *m* **4.** *pej* (*servant*) servo *m* **5.** (*boyfriend*) ragazzo *m* ▶**the old ~** <u>network</u> *rete di interessi che lega gli ex alunni di una scuola privata;* **the ~s in** <u>blue</u> *inf* la polizia; **~s** <u>will</u> **be ~s** i maschi son fatti così **II.** *interj* (**oh**) **~!** capperi!
boycott ['bɔɪ·kɑːt] **I.** *vt* boicottare **II.** *n* boicottaggio *m*
boyfriend ['bɔɪ·frend] *n* ragazzo *m*
boyhood ['bɔɪ·hʊd] *n* infanzia *f*
boyish ['bɔɪ·ɪʃ] *adj* (*woman*) androgino, -a; (*enthusiasm*) da ragazzino
Boy Scout *n* boy scout *m inv*
Bq PHYS *abbr of* **becquerel** Bq
bra [brɑː] *n* reggiseno *m*
brace [breɪs] **I.** *vt* **1.** (*prepare*) **to ~ oneself for sth** prepararsi a qc **2.** (*support: wall*) rinforzare **II.** *n* **1.** *pl* (*for teeth*) apparecchio *m* per i denti **2.** (*for the back*) corsetto *m* ortopedico **3.** (*clamp*) graffa *f;* (*for drilling*) trapano *m* a mano **4.** TYPO (*curly brackets*) graffa *f*
bracelet ['breɪs·lɪt] *n* braccialetto *m*
bracket ['bræ·kɪt] **I.** *n* **1.** *pl* TYPO (*round*) parentesi *f inv;* **curly ~** graffa *f;* **square ~** parentesi quadra *m;* **in ~s** tra parentesi **2.** (*category*) categoria *f;* **age ~** fascia *f* d'età; **income ~** fascia *f* di reddito; **tax ~** scaglione *m* di reddito (ai fini fiscali) **3.** (*for a shelf*) staffa *f* **II.** *vt* **1.** TYPO mettere tra parentesi **2.** (*include*) mettere nella stessa categoria; **to ~ sb with sb else** paragonare qu con qualcun altro
brackish ['bræ·kɪʃ] *adj* salmastro, -a
brag [bræg] <-gg-> *inf* **I.** *vi* vantarsi; **to ~ about sth** vantarsi di qc **II.** *vt* **they ~ that they have done sth** si vantano di aver fatto qc **III.** *n* **1.** (*instance*) vanteria *f* **2.** (*person*) sbruffone, -a *m, f*
braid [breɪd] **I.** *n* **1.** (*in hair*) treccia *f* **2.** FASHION passamano *m* **II.** *vt* (*hair*) intrecciare
Braille [breɪl] *n* braille *m inv*
brain [breɪn] **I.** *n* **1.** (*organ*) cervello *m* **2.** *pl* (*substance*) cervella *fpl* **3.** (*intelligence*) cervello *m;* **to have ~s** essere intelligente **4.** *inf* (*intelligent person*) cervello *m;* **the best ~s** i migliori cervelli ▶**to** <u>beat</u> **one's ~s out** *inf*

B

farsi saltare le cervella; **to blow sb's ~s out** *inf* freddare qu; **to have sth on the ~** *inf* avere la fissa di qc; **to pick sb's ~s** *inf* consultare qu; **to rack one's ~** lambiccarsi il cervello **II.** *vt inf* spaccare la testa a

brainchild *n* creatura *f*

brain damage *n* lesione *f* cerebrale

brain-dead *adj* **1.** MED clinicamente morto, -a **2.** *fig* balordo, -a

brain death *n* morte *f* clinica

brain drain *n* fuga *f* di cervelli

brainless ['breɪn·ləs] *adj* stupido, -a

brain scan *n* scansione *f* del cervello

brainstorm ['breɪn·stɔːrm] **I.** *vi* fare un brainstorming **II.** *vt* fare un brainstorming su **III.** *n* (*great idea*) lampo *m* di genio

brainstorming ['breɪn·ˌstɔːr·mɪŋ] *n* brainstorming *m inv*

brain trust *n* trust *m* dei cervelli *inv*

brain tumor *n* tumore *m* cerebrale

brainwash ['breɪn·wɑːʃ] *vt* fare il lavaggio del cervello a

brainwashing ['breɪn·wɑː·ʃɪŋ] *n* lavaggio *m* del cervello

brainwave ['breɪn·weɪv] *n inf* **1.** ANAT onda *f* cerebrale **2.** *fig* idea *f* geniale; **she had a ~** ha avuto un'idea geniale

brainwork *n* lavoro *m* intellettuale

brainy ['breɪ·ni] <-ier, -iest> *adj* intelligente

braise [breɪz] *vt* stufare

brake [breɪk] **I.** *n* freno *m;* **to put on the ~s** frenare; **to put a ~ on sth** *fig* porre freno a qc **II.** *vi* frenare

brake block *n* pastiglia *f* del freno

brake fluid *n* AUTO olio *m* dei freni

brake shoe *n* AUTO ganascia *f*

braking *n* frenata *f*

braking distance *n* distanza *f* di frenata

bramble ['bræm·bl] *n* (*bush*) rovo *m*

bran [bræn] *n* crusca *f*

branch [bræntʃ] **I.** *n* **1.** (*of a tree*) ramo *m* **2.** (*of railroad, river*) ramo *m;* (*of road*) diramazione *f* **3.** (*office: of a company, bank, library*) filiale *f;* (*of a union*) rappresentanza *f* **4.** (*subdivision*) branca *f;* **the ~es of learning** le branche del sapere **II.** *vi* **1.** (*tree*) ramificare **2.** (*river, road*) biforcarsi
◆**branch off** *vi* **1.** (*start*) diramarsi **2.** (*digress*) **to ~ from a subject** allontanarsi da un argomento
◆**branch out** *vi* estendere le proprie attività; **to ~ on one's own** mettersi in proprio

branch office *n* filiale *f*

brand [brænd] **I.** *n* **1.** COM marca *f* **2.** *fig* genere *m;* **do you like his ~ of humor?** ti piace il suo umorismo? **3.** (*mark*) marchio *m* **II.** *vt* **1.** (*label*) **to ~ sb** (**as**) **sth** bollare qu come qc; **to ~ sb a liar** dare del bugiardo a qu **2.** (*cattle*) marchiare

brandish ['bræn·dɪʃ] *vt* brandire

brand name *n* marca *f*

brand-new *adj inv* nuovo, -a di zecca; **~ baby** bambino appena nato

brandy ['bræn·di] <-ies> *n* brandy *m inv;* **French ~** cognac *m inv*

brash [bræʃ] *adj* **1.** (*cocky: attitude*) arrogante **2.** (*gaudy: colors*) sgargiante

brass [bræs] *n* **1.** (*metal*) ottone *m* **2.** + *sing/pl vb* MUS **the ~** gli ottoni **3.** (*plaque: in a church*) targa *f* commemorativa (*di ottone*)

brass band *n* fanfara *f*

brass plate *n* targa *f* commemorativa (*di ottone*)

brass section *n* MUS **the ~** gli ottoni

brassware *n* oggetti *m* d'ottone *pl*

brassy ['bræ·si] <-ier, -iest> *adj* **1.** (*of brass*) d'ottone; **~ color** colore *m* giallastro **2.** (*voice*) stridente **3.** (*cocky*) vistoso, -a

brat [bræt] *n inf* moccioso, -a *m, f;* **he is a spoiled ~** è un bambino viziato

bravado [brə·'vɑː·doʊ] *n* spavalderia *f*

brave [breɪv] **I.** *adj* coraggioso, -a **II.** *vt* sfidare **III.** *n* (*Native American warrior*) guerriero *m* indiano

bravery ['breɪ·və·ri] *n* coraggio *m*

brawl [brɑːl] **I.** *n* zuffa *f* **II.** *vi* azzuffarsi

brawling *n* zuffa *f*

brawn [brɑːn] *n* (*physical strength*) forza *f* fisica

brawny ['brɑː·ni] <-ier, -iest> *adj* muscoloso, -a

bray [breɪ] **I.** *vi* (*donkey*) ragliare; **~ing laugh** risata *f* stridente **II.** *n* raglio *m*

brazen ['breɪ·zn] *adj* spudorato, -a; **~ lie** menzogna *f* spudorata
◆**brazen out** *vt* **to brazen it out** far finta di niente

brazier ['breɪ·zɚ] *n* braciere *m*

Brazil [brə·'zɪl] *n* Brasile *m*

Brazilian [brə·'zɪl·jən] **I.** *n* brasiliano, -a *m, f* **II.** *adj* brasiliano, -a

Brazil nut *n* noce *m* del Brasile

breach [briːtʃ] **I.** *n* **1.** (*infraction: of a regulation*) infrazione *f;* (*of an agreement*) violazione *f;* (*of confidence*) abuso *m;* (*of a contract*) inadempimento *m;* **to be in ~ of the law** infrangere la legge **2.** (*opening*) breccia *f* **II.** *vt* **1.** (*break: law*) infrangere; (*agreement*) violare; (*contract*) non adempiere a; (*security*) non rispettare **2.** (*infiltrate*) aprire una breccia in

breach of promise *n* rottura *f* della promessa di matrimonio

breach of the peace *n* attentato *m* all'ordine pubblico

bread [bred] **I.** *n* **1.** pane *m;* **a loaf of ~** una pagnotta **2.** *sl* (*money*) grana *f* ▸ **to cast one's ~ upon the waters** *form* agire in modo disinteressato; **to earn one's** (**daily**) **~** *form* guadagnarsi il pane (quotidiano) **II.** *vt* CULIN (*fish, chicken*) impanare

bread and butter *n* fonte *m* di guadagno; **~ issues** temi *mpl* fondamentali

breadbasket *n* **1.** (*container*) cestino *f* del pane **2.** (*farming area*) **~ region** granaio *m*

breadbox *n* cassetta *f* per il pane

B

breadcrumb *n* **1.**(*small fragment*) briciola *f* (di pane) **2.** *pl* FOOD pangrattato *m*

breadth [bretθ] *n a. fig* larghezza *f;* **to be 5 feet in** ~ essere largo 5 piedi

breadwinner *n* sostegno *m* della famiglia

break [breɪk] **I.** *n* **1.**(*crack, gap*) crepa *f* **2.**(*escape*) fuga *f;* **to make a** ~ **for** [*o* towards] **sth** lanciarsi verso qc **3.**(*interruption*) interruzione *f;* (*commercial*) break *m inv* **4.**(*rest period*) pausa *f;* **coffee** ~ pausa per il caffè; **lunch** ~ pausa pranzo **5.**(*vacation*) vacanza *fpl;* **spring** ~ *vacanze scolastiche di primavera* **6.**(*first light*) **at the** ~ **of day** [*o* **dawn**] all'alba **7.**(*divergence*) rottura *f* **8.**(*opportunity*) opportunità *f* **9.** SPORTS break *m inv* ▶ **to make a** <u>clean</u> ~ voltar pagina; <u>give</u> **me a** ~**!** lasciami in pace! **II.** <broke, broken> *vt* **1.**(*shatter, damage, fracture*) rompere; **to** ~ **sth** (**in**)**to pieces** mandare qc in pezzi **2.**(*interrupt: circuit*) interrompere **3.**(*put an end to: deadlock, impasse*) uscire da; (*silence*) rompere; (*strike*) porre fine a; (*give up: habit*) perdere; **to** ~ **sb of a habit** far perdere un vizio a qu **4.**(*in tennis*) **to** ~ **sb's service** strappare il servizio a **5.**(*violate: agreement, treaty*) violare; (*date*) non presentarsi a; (*promise*) non mantenere **6.**(*decipher: code*) decifrare **7.**(*make public*) rivelare **8.**(*tell*) dire; **to** ~ **the news to sb** dare la notizia a qu; ~ **it to me gently!** *iron* dimmelo con tatto! **9.**(*make change for*) cambiare; **to** ~ **a 100 dollar bill** cambiare una banconota da 100 dollari **10.to** ~ **a sweat** cominciare a sudare; *fig* (*become nervous*) cominciare a sudar freddo **11.** MIL **to** ~ **formation** rompere le righe **III.** <broke, broken> *vi* **1.**(*shatter or separate: leg, chair, glass, TV*) rompersi; **to** ~ **into pieces** andare a pezzi **2.**(*interrupt*) **shall we** ~ **for lunch?** facciamo una pausa per il pranzo? **3.**(*hit the shore: wave*) frangersi **4.**(*change of voice*) **the boy's voice is** ~**ing** il ragazzo sta cambiando voce; **her voice broke** (**with emotion**) (*under strain*) le si ruppe la voce (per l'emozione) **5.**(*come to end: fever*) finire **6.** METEO (*weather*) cambiare; (*dawn, day*) spuntare **7.**(*in pool, snooker*) aprire il gioco **8.**(*giving birth*) **her water broke on the way to hospital** le si sono rotte le acque mentre stava andando all'ospedale ▶**to** ~ **even** rientrare delle spese; **to** ~ **free** liberarsi

◆**break away** *vi* (*piece*) staccarsi; (*from friends*) allontanarsi; (*boat*) rompere gli ormeggi; POL (*faction, region*) scindersi

◆**break down I.** *vi* **1.**(*stop working: machine*) smettere di funzionare; (*car*) avere un guasto **2.**(*marriage*) fallire; **before negotiations broke down** prima della rottura dei negoziati **3.**(*physically, psychologically*) avere un crollo **4.**(*decompose*) decomporsi **II.** *vt* **1.**(*door*) forzare **2.**(*opposition, resistance*) stroncare **3.** CHEM decomporre **4.**(*separate into parts: sentence*) scomporre

◆**break in I.** *vi* **1.**(*enter: burglar*) entrare (per rubare) **2.**(*interrupt*) interrompere; **to** ~ **on sb** interrompere qu **II.** *vt* **1.**(*make comfortable: shoes*) **it took a couple of weeks to** ~ **my new shoes** ci sono volute un paio di settimane prima che le scarpe nuove mi andassero bene **2.** AUTO fare il rodaggio di **3.**(*tame: animal*) domare

◆**break into** *vi* **1.**(*enter: car*) scassinare **2.**(*start doing*) **to** ~ **laughter/tears** scoppiare a ridere/a piangere; **to** ~ **song** mettersi a cantare **3.**(*get involved in: business*) intraprendere

◆**break off I.** *vt* **1.**(*detach*) staccare **2.**(*end: relationship*) troncare **II.** *vi* **1.**(*become detached*) staccarsi **2.**(*stop speaking*) interrompersi

◆**break out** *vi* **1.**(*escape: of a prison*) scappare **2.**(*begin: war, storm*) scoppiare **3.to** ~ **in a sweat** incominciare a sudare; **she broke out in a rash** le è venuta un'eruzione cutanea; **he broke out in spots** si è riempito di macchie

◆**break through I.** *vi* penetrare; (*sun*) spuntare **II.** *vt* forzare; **to** ~ **a crowd** aprirsi un varco tra la folla

◆**break up I.** *vt* **1.**(*end: meeting, strike*) porre fine a; **break it up, you two!** *inf* voi due smettetela! **2.**(*split up: coalition, union*) sciogliere; (*collection*) dividere; (*family*) separare; (*monopoly, cartel*) smantellare **3.**(*make laugh*) **to break sb up** far morire dal ridere **II.** *vi* **1.**(*end a relationship*) separarsi **2.**(*come to an end: marriage*) sfasciarsi; (*meeting*) terminare **3.**(*fall apart: coalition*) sciogliersi; (*ship*) colare a picco

breakable [ˈbreɪ·kə·bl] *adj* fragile

breakage [ˈbreɪ·kɪdʒ] *n* rotture *fpl*

breakaway [ˈbreɪk·ə·weɪ] *adj* POL dissidente

breakdown [ˈbreɪk·daʊn] *n* **1.**(*collapse: in negotiations, relationship*) rottura *f* **2.** TECH guasto *m* **3.**(*division*) resoconto *m* dettagliato; **give me a** ~ **of the situation** fammi un quadro della situazione **4.**(*decomposition*) decomposizione *f* **5.** PSYCH (**nervous**) ~ esaurimento *m* nervoso

breaker [ˈbreɪ·kɚ] *n* **1.**(*wave*) frangente *m* **2.** *inf* RADIO radioamatore, -trice *m, f*

breakfast [ˈbrek·fəst] **I.** *n* colazione *f;* **to have** ~ fare colazione **II.** *vi form* fare colazione

Negli USA, il **breakfast** è un momento importante della giornata. Oltre alla prima colazione tradizionale, vengono spesso servite abbondanti porzioni di uova strapazzate, pancetta o salsicce alla griglia e patate saltate in padella. Durante il fine settimana, si mangiano anche dei *pancakes*, una sorta di crêpe dolci spesse, o un *French toast*, una fetta di pane inzuppata nell'uovo sbattuto e cotta in padella.

B

I *French toasts* sono accompagnati da sciroppo d'acero, miele o marmellata.

breaking and entering *n* violazione *f* di domicilio con effrazione

breaking point *n* limite *m;* **to reach the ~** arrivare al punto di rottura

breakneck ['breɪk·nek] *adj* vertiginoso, -a; **drive at ~ speed** guidare a rotta di collo

breakout ['breɪk·aʊt] *n* evasione *f*

breakthrough ['breɪk·θruː] *n* **1.** (*in science*) scoperta *f* decisiva **2.** MIL penetrazione *f*

breakup ['breɪk·ʌp] *n* (*of marriage, talks*) fallimento *m;* (*of group*) scioglimento *m;* (*of empire*) crollo *m;* (*of family, physical structure*) disintegrazione *f*

breakwater ['breɪk·wɑː·t̬ə] *n* frangiflutti *m inv*

breast [brest] *n* **1.** ANAT (*of woman*) seno *m;* (*of man*) petto *m* **2.** CULIN petto *m*

breastbone ['brest·boʊn] *n* **1.** ANAT sterno *m* **2.** CULIN forcella *f*

breast cancer *n* cancro *m* del seno

breastfeed ['brest·fiːd] *vt* allattare

breast pocket *n* taschino *m*

breaststroke ['brest·stroʊk] *n* (nuoto *m*) a rana; **to do** (**the**) **~** nuotare a rana

breath [breθ] *n* fiato *m;* **to be out of ~** essere senza fiato; **to be short of ~** avere il fiatone; **to catch one's ~** (*stop breathing*) trattenere il respiro; (*return to normal breathing*) riprendere a respirare normalmente; **to draw ~** riprendere fiato; **to hold one's ~** *a. fig* trattenere il respiro; **to mutter sth under one's ~** dire qc sotto voce; **to take a deep ~** respirare a fondo; **to go out for a ~ of fresh air** uscire a prendere una boccata d'aria fresca ▶ **in the same ~** un momento dopo; **to take sb's ~ away** mozzare il fiato a qu

breathalyze ['bre·θə·laɪz] *vt* fare la prova del palloncino a, fare il test dell'etilometro a

Breathalyzer® *n* etilometro *m,* alcolimetro *m*

breathe [briːð] **I.** *vi* respirare; **to ~ again** [*o* **easily**] riprendere a respirare; **to ~ through one's nose** respirare dal naso; **to let a wine ~** far respirare il vino **II.** *vt* **1.** (*exhale*) **to ~ smoke on sb** soffiare il fumo addosso a qu **2.** (*whisper*) sussurrare; **don't ~ a word of this to anyone!** non farne parola a nessuno! **3.** (*let out: sigh*) emettere

breather ['briː·ðə] *n* pausa *f;* **to take a ~** fare una pausa

breathing *n* respirazione *f*

breathing room *n,* **breathing space** *n* pausa *f*

breathless ['breθ·lɪs] *adj* (*person*) senza fiato; (*words*) soffocato, -a

breathtaking *adj* mozzafiato

breath test *n* alcoltest *m inv*

bred [bred] *pt, pp of* **breed**

breech [briːtʃ] *n* culatta *f*

breeches ['brɪ·tʃɪz] *npl* **1.** (*knee-length pants*)

knickerbockers *mpl;* **riding ~** pantaloni *mpl* da equitazione **2.** *inf* (*pants*) pantaloni *mpl*

breed [briːd] **I.** *vt* <bred, bred> **1.** (*animals, plants*) allevare **2.** (*disease, violence*) causare **II.** *vi* <bred, bred> riprodursi; (*violence*) nascere **III.** *n* **1.** ZOOL razza *f;* BOT varietà *f* **2.** *inf* (*type of person*) tipo *m;* **a dying ~** una specie in via d'estinzione

breeder ['briː·də] *n* (*of animals*) allevatore, -trice *m, f;* (*of plants*) coltivatore, -trice *m, f*

breeding *n* **1.** (*of animals*) allevamento *m* **2.** *fig* (*upbringing*) educazione *f*

breeding ground *n fig* terreno *m* fertile

breeze [briːz] **I.** *n* **1.** (*wind*) brezza *f* **2.** *inf* (*easy task*) **to be a ~** essere un gioco da ragazzi **3.** (*cinders*) ceneri *mpl* di carbone ▶ **to shoot the ~** chiacchierare **II.** *vi* **to ~ into the room** entrare con nonchalance in una stanza

breezy ['briː·zi] <-ier, -iest> *adj* **1.** (*windy*) ventoso, -a; **it is ~** c'è brezza **2.** (*lively*) allegro

breve [briːv] *n* MUS breve *f*

brevity ['bre·və·t̬i] *n* **1.** (*shortness*) brevità *f* **2.** (*conciseness*) concisione *f*

brew [bruː] **I.** *n* **1.** (*mixture*) beveraggio *m* **2.** *inf* (*beer*) birra *f* **II.** *vi* **1.** (*beer*) fermentare **2.** (*tea*) farsi; **to let the tea ~** lasciare in infusione il tè **3.** (*storm, trouble*) avvicinarsi; **there's something ~ing** qualcosa bolle in pentola **III.** *vt* (*beer*) produrre; (*tea*) fare

◆**brew up** **I.** *vi* (*storm, trouble*) avvicinarsi **II.** *vt inf* **to ~ a story/an excuse** inventare una storia/una scusa

brewer ['bruː·ə] *n* birraio, -a *m, f*

brewery ['bruː·ə·ri] <-ies> *n* fabbrica *f* di birra

brewski ['bruːs·ki] <-ies *o* -s> *n sl* birra *f*

briar ['braɪ·ə] *n* (*bush*) rovo *m*

bribe [braɪb] **I.** *vt* corrompere; **to ~ sb into doing sth** corrompere qu affinché faccia qc **II.** *n* tangente *f;* **to take a ~** lasciarsi corrompere

bribery ['braɪ·bə·ri] *n* corruzione *f*

bric-a-brac ['brɪ·kə·bræk] *n* cianfrusaglie *fpl*

brick [brɪk] *n* mattone *m*

◆**brick in** *vt* murare

◆**brick up** *vt* murare

bricklayer *n* muratore *m*

brick wall *n* muro *m* (di mattoni) ▶ **to be banging one's head against a ~** *inf* parlare al muro

brickwork *n* mattoni *mpl*

brickyard *n* mattonificio *m*

bridal ['braɪ·dəl] *adj* (*suite*) nuziale; (*shop*) di abiti da sposa; (*gown*) da sposa

bridal shower *n* festa *f* di addio al nubilato

bride [braɪd] *n* sposa *f*

bridegroom ['braɪd·gruːm] *n* sposo *m*

bridesmaid ['braɪdz·meɪd] *n* damigella *f* d'onore

bridge [brɪdʒ] **I.** *n* **1.** *a.* ARCHIT, MED ponte *m* **2.** MUS ponticello *m* **3.** ANAT dorso *m* (del naso) **4.** NAUT ponte *m* (di comando) **5.** GAMES bridge *m inv* ▶ **to burn one's ~s** bruciarsi i ponti alle spalle **II.** *vt* **1.** (*build a bridge over*) costruire un ponte sopra **2.** (*decrease the difference*) colmare

bridge loan *n* credito *m* ponte

bridle ['braɪ·dl] **I.** *n* briglia *f* **II.** *vt* (*horse*) imbrigliare **III.** *vi* **to ~ at sth** risentirsi per qc

bridle path *n* pista *f* per cavalli

brief [bri:f] **I.** *adj* **1.** (*short*) breve **2.** (*skirt*) corto, -a **3.** (*concise*) breve, conciso, -a; **be ~!** sii breve!; **in ~** in breve **II.** *n* **1.** (*instructions*) istruzioni *fpl;* **her ~ is to ...** ha l'incarico di ... **2.** LAW fascicolo *m,* dossier *m inv* **3.** *pl* (*underwear: men's*) mutande *fpl;* (*women's*) mutandine *fpl* **III.** *vt* (*give instructions to*) dare istruzioni a

briefcase ['bri:f·keɪs] *n* ventiquattrore *f inv*

briefing *n* **1.** (*instructions*) istruzioni *fpl* **2.** (*information session*) briefing *m inv;* (*for reporters*) conferenza *f* stampa

briefly *adv* **1.** (*for short time*) per poco tempo **2.** (*concisely*) brevemente; **~, ...** in breve, ...

briefness *n* brevità *f*

brigade [brɪ·'geɪd] *n* MIL brigata *f*

brigadier general [ˌbrɪ·gə·dɪr·'dʒe·nə·rəl] *n* MIL generale *m* di brigata

bright [braɪt] **I.** *adj* **1.** (*light*) forte; (*room*) luminoso, -a; (*star*) brillante; **a ~ day** una giornata luminosa **2.** (*color*) vivace; **to go ~ red** diventare rosso come un peperone **3.** (*intelligent: person*) intelligente; (*idea*) brillante **4.** (*cheerful, happy*) vivace **5.** (*promising: future*) promettente ▸ **to look on the ~ side of sth** cogliere il lato buono di qc [*o* vedere]; **to get up ~ and early** alzarsi di buon'ora **II.** *n pl* AUTO abbaglianti *mpl*

brighten ['braɪ·tən] **I.** *vt* **1.** (*make brighter*) **to ~ sth (up)** illuminare qc **2.** (*become cheerful*) **to ~ sth (up)** allietare qc **II.** *vi* **1.** (*become brighter*) **to ~ (up)** (*weather*) migliorare **2.** (*become cheerful*) **to ~ (up)** rallegrarsi; (*eyes, face*) illuminarsi **3.** (*become more promising*) **to ~ (up)** (*future*) diventare più promettente

brightness *n* **1.** (*lightness*) luminosità *f;* (*of sound*) chiarezza *f* **2.** (*cheerfulness*) allegria *f* **3.** (*cleverness*) intelligenza *f*

brilliance ['brɪl·jəns] *n* **1.** (*cleverness*) genialità *f* **2.** (*brightness*) splendore *m*

brilliant ['brɪl·jənt] *adj* **1.** (*shining: color*) brillante; (*sunlight*) splendente; (*smile*) smagliante; (*water*) luccicante **2.** (*clever*) brillante; (*idea*) geniale **3.** *inf* (*excellent*) fantastico, -a; **~ success** successo strepitoso

brim [brɪm] **I.** *n* **1.** (*of a hat*) tesa *f* **2.** (*of a vessel*) orlo *m;* **to fill sth to the ~** riempire qc fino all'orlo **II.** *vi* <-mm-> **to ~ with happiness/energy** traboccare di felicità/d'energia

◆**brim over** *vi a. fig* traboccare

brimful [ˌbrɪm·'fʊl] *adj* colmo, -a; (*of life, confidence*) traboccante

brine [braɪn] *n* CULIN salamoia *f;* (*sea water*) acqua *f* di mare

bring [brɪŋ] <brought, brought> *vt* **1.** (*come with, carry*) portare; **~ her here!** portala qui!;

to ~ sb in far entrare qu; **to ~ sth in** portar dentro qc; **to ~ news** portare notizie **2.** (*take*) portare; **this subject ~s me to the second part** questo tema mi porta alla seconda parte; **to ~ sth with oneself** portare qc con sé **3.** (*cause to come or happen*) portare, causare; **to ~ poverty/fame to a town** portare povertà/fama a una città; **to ~ sb luck** portar fortuna a qu **4.** LAW intentare; **to ~ a lawsuit (against sb)** fare causa a qu; **to ~ a complaint against sb** sporgere querela contro qu **5.** (*force*) **to ~ oneself to do sth** trovare il coraggio di fare qc **6.** FIN dare

◆**bring about** *vt* (*cause to happen*) provocare

◆**bring along** *vt* portare

◆**bring around** *vt* **1.** MED rianimare **2.** (*persuade*) persuadere

◆**bring back** *vt* **1.** (*reintroduce*) reintrodurre **2.** (*call to mind*) ricordare **3.** (*return*) riportare

◆**bring down** *vt* **1.** (*reduce: benefits, level*) ridurre; (*temperature*) far abbassare **2.** (*fell: tree*) abbattere; (*dictator, government*) far cadere **3.** (*make sad*) deprimere

◆**bring forth** *vt insep, form* dare alla luce

◆**bring forward** *vt* **1.** (*reschedule for an earlier date*) anticipare **2.** (*present: evidence*) produrre **3.** FIN (*carry over*) riportare

◆**bring in** *vt* **1.** (*introduce*) introdurre; (*bill*) presentare **2.** (*call in*) far entrare **3.** FIN (*guadagnare*) **to ~ a profit** fruttare un utile **4.** (*reap*) raccogliere **5.** LAW (*emettere*) **to ~ a verdict of not guilty** pronunciare un verdetto di non colpevolezza

◆**bring off** *vt inf* accaparrarsi

◆**bring on** *vt* (*cause to occur*) provocare; (*shame, dishonor*) arrecare; **to bring sth on oneself** tirarsi addosso qc

◆**bring out** *vt* **1.** COM lanciare; (*book*) pubblicare **2.** (*reveal*) **to ~ sth in sb** mettere in evidenza qc di qu; **to ~ the best/worst in sb** tirar fuori il meglio/peggio di qu

◆**bring over** *vt* **1.** (*person*) convincere **2.** (*take with*) portare

◆**bring to** *vt always sep* far rinvenire

◆**bring up** *vt* **1.** (*child*) allevare; **to bring sb up to be/to do sth** formare qu perché diventi/faccia qc **2.** (*mention*) citare **3.** *inf* (*vomit*) rigettare

brink [brɪŋk] *n* orlo *m;* **to drive sb to the ~ of sth** portare qu sull'orlo di qc; **to be on the ~ of bankruptcy** stare per fare bancarotta; **to be on the ~ of civil war** essere arrivati all'orlo della guerra civile

briny ['braɪ·ni] <-ier, -iest> *adj liter* salmastro, -a

briquet(te) [brɪ·'ket] *n* mattonella *f* di carbone

brisk [brɪsk] *adj* **1.** (*fast: pace*) rapido, -a; (*walk*) spedito, -a **2.** (*refreshing: breeze*) fresco, -a **3.** (*manner, voice*) energico, -a

briskness *n* (*of pace*) sveltezza *f;* (*of trading*) vivacità *f;* (*of business*) dinamismo *m*

bristle ['brɪ·sl] **I.** *n* (*of an animal*) setola *f;* (*on* *the face*) barba *f;* (*of a brush*) setole *fpl* II. *vi* 1. (*fur, hair*) rizzarsi 2. *fig* to ~ with anger infuriarsi

bristly ['brɪs·li] <-ier, -iest> *adj* ispido, -a

Brit [brɪt] *n inf* britannico, -a *m, f*

Britain ['brɪ·tən] *n* Gran Bretagna *f*

British ['brɪ·tɪʃ] I. *adj* britannico, -a; ~ **English** inglese *m* britannico II. *n pl* the ~ i britannici

British Columbia *n* Columbia *f* Britannica

British Isles *n* the ~ le Isole Britanniche

Briton ['brɪ·tn] *n* britannico, -a *m, f*

Brittany ['brɪ·tə·ni] *n* Bretagna *f*

brittle ['brɪt] *adj* 1. (*fragile*) fragile 2. (*irritable*) irascibile

broach [broʊtʃ] I. *vt* (*mention*) affrontare II. *n* (*pin*) spilla *f*

broad [brɑːd] I. *adj* 1. (*wide*) largo, -a 2. (*spacious*) ampio, -a 3. (*obvious*) **a ~ hint** un'evidente allusione 4. (*general*) generale 5. (*wide-ranging*) vasto, -a; ~ **interests** vasti interessi 6. (*liberal*) aperto, -a; **a ~ mind** una mente aperta 7. (*strong: accent*) marcato, -a II. *n inf* (*woman*) donna *f*

broadcast ['brɑːd·kæst] I. *n* RADIO, TV trasmissione *f* II. *vi,vt* <broadcast *o* broadcasted, broadcast *o* broadcasted> trasmettere

broadcaster *n* (*person*) conduttore , -trice televisivo *m;* (*station*) emittente *f*

broadcasting *n* TV trasmissioni *fpl*

broadcasting station *n* emittente *f*

broaden ['brɑː·dn] I. *vi* (*interests, valley*) allargarsi II. *vt* (*street*) allargare; (*horizons*) ampliare; **to ~ the mind** allargare la mente

broadly ['brɑːd·li] *adv* 1. (*generally*) in linea di massima 2. (*widely: smile*) da un orecchio all'altro

broad-minded *adj* di mentalità aperta

broadside ['brɑːd·saɪd] *n* 1. NAUT, MIL bordata *f* 2. (*verbal attack*) bordata *f* 3. (*paper*) *giornale di formato grande*

Broadway è una grande via di New York. È lì che si trova il famoso quartiere dei teatri che porta lo stesso nome. **Broadway** è sinonimo del grande teatro americano e praticamente tutte le opere teatrali di una certa importanza vi sono state rappresentate. Quelle che non vi sono state rappresentate sono spesso produzioni sperimentali o a basso costo, che vengono chiamate *off-Broadway plays.*

brocade [broʊ·'keɪd] *n* broccato *m*

broccoli ['brɑː·kli] *n* broccoli *mpl*

brochure [broʊ·'ʃʊr] *n* opuscolo *m*

brogue [broʊg] *n* LING accento *m* irlandese

broil [brɔɪl] I. *vt* grigliare II. *n* (*argument*) rissa *f*

broiler ['brɔɪ·lə] *n* 1. (*grill*) grill *m* superiore *inv* 2. (*chicken*) pollo *m* da fare alla griglia

broke [broʊk] I. *pt of* **break** II. *adj inf* al verde

▶ **to go ~** *inf* fallire; **to go for ~** *inf* rischiare il tutto per tutto

broken ['broʊ·kən] I. *pp of* **break** II. *adj* 1. (*damaged: TV, radio, toy*) rotto, -a; (*marriage, family, home*) distrutto, -a; (*spirit*) a pezzi; ~ **heart** cuore spezzato 2. LING **to speak in ~ English** parlare un inglese sgrammaticato 3. (*interrupted*) interrotto, -a

broken-down *adj* 1. TECH guasto, -a 2. (*dilapidated: building*) fatiscente

broken-hearted *adj* affranto, -a; **to die ~** morire di dolore

broker ['broʊ·kə] I. *n* 1. FIN agente *mf* di borsa 2. (*of an agreement, marriage*) intermediario, -a *m, f;* (*of marriage*) agente *mf* II. *vt* (*agreement*) mediare

brokerage ['broʊ·kə·rɪdʒ] *n* FIN (*commission*) commissione *f* di borsa

bromide ['broʊ·maɪd] *n* 1. CHEM bromuro *m* 2. (*cliché*) luogo *m* comune

bromine ['broʊ·miːn] *n* bromo *m*

bronchial ['brɑː·ŋ·ki·əl] *adj* bronchiale

bronchial tubes *npl* bronchi *mpl*

bronchitis [brɑː·ŋ·'kaɪ·ţɪs] *n* bronchite *f*

bronze [brɑːnz] I. *n* bronzo *m* II. *adj* di bronzo; (*hair*) ramato, -a; (*skin*) abbronzato, -a

Bronze Age I. *n* the ~ l'età del Bronzo II. *adj* dell'età del Bronzo

bronze medal *n* medaglia *f* di bronzo

brooch [broʊtʃ] *n* spilla *f*

brood [bruːd] I. *n* 1. (*of mammals*) nidiata *f;* (*of birds*) covata *f* 2. *iron* (*children*) prole *f* II. *vi* 1. **to ~ over sth** (*reflect at length*) rimuginare qc; (*worry about*) preoccuparsi per qc 2. (*hatch*) covare

broody ['bruː·di] <-ier, -iest> *adj* 1. (*hen*) covaticcio, -a; **a ~ hen** una chioccia 2. (*gloomy*) malinconico, -a

brook¹ [brʊk] *n* ruscello *m*

brook² [brʊk] *vt form* (*tolerate*) tollerare

broom [bruːm] *n* 1. (*for sweeping*) scopa *f* 2. BOT ginestra *f*

broomstick ['bruːm·stɪk] *n* manico *m* della scopa

broth [brɑːθ] *n* brodo *m*

brothel ['brɑː·θl] *n* bordello *m*

brother ['brʌ·ðə] *n* fratello *m*

brotherhood ['brʌ·ðə·hʊd] *n* + *sing/pl vb* 1. (*fellowship*) fratellanza *f* 2. (*organization*) confraternita *f*

brother-in-law <brothers-in-law *o* brother-in-laws> *n* cognato *m*

brotherly ['brʌ·ðə·li] *adj* fraterno, -a

brought [brɑːt] *pp, pt of* **bring**

brow [braʊ] *n* 1. *liter* (*forehead*) fronte *f* 2. (*of a hill*) cima *f*

browbeat ['braʊ·biːt] <browbeat, browbeaten> *vt* intimidire; **to ~ sb into doing sth** costringere qu a fare qc

brown [braʊn] I. *n* marrone *m* II. *adj* marrone; (*eyes, hair*) castano, -a III. *vi* (*leaves*) ingiallire; (*person*) abbronzarsi; CULIN dorarsi IV. *vt* abbronzare; CULIN far dorare

brown bread *n* pane *m* integrale
brownie ['braʊ·ni] *n* **1.**(*sweet*) dolcetto *m* di cioccolato e noci **2.**(*young girl scout*) coccinella *f*
brownish ['braʊ·nɪʃ] *adj* tendente al marrone
brownnose ['braʊn·ˌnoʊz] *vt inf* leccare i piedi a
brownout ['braʊn·aʊt] *n* ELEC abbassamento *m* di elettricità
brown rice *n* riso *m* integrale
brownstone ['braʊn·stoʊn] *n* **1.**(*sandstone*) arenaria *f* rossastra **2.**(*house*) casa *f* con la facciata rivestita di arenaria rossastra
browse [braʊz] **I.** *vi* **1.**(*skim*) **to ~ through sth** dare un'occhiata a qc; (*book, magazine*) sfogliare qc **2.**(*look around*) curiosare **3.**(*graze*) brucare **II.** *n* **1.**(*act of looking around*) **to go for a ~ around the shops** fare un giro per i negozi **2.**(*act of skimming*) occhiata *f;* **to have a ~ through sth** dare un'occhiata a qc; (*book, magazine*) dare una sfogliata a qc
browser ['braʊ·zɚ] *n* COMPUT browser *m inv,* navigatore *m*
bruise [bruz] **I.** *n* livido *m;* (*on fruit*) ammaccatura *f;* **to be covered in ~s** essere pieno di lividi **II.** *vt* (*person*) farsi un livido a; (*fruit*) ammaccare; *fig* (*hurt*) ferire; **to ~ one's arm** farsi un livido al braccio; **to ~ sb's feelings** ferire i sentimenti di qu **III.** *vi* (*fruit*) ammaccarsi; **she ~s easily** le vengono i lividi con facilità
bruiser ['bru·zɚ] *n inf* bestione *m*
brunch [brʌntʃ] *n* brunch *m inv, pasto da consumare in tarda mattinata che unisce la colazione al pranzo*
Brunei ['bru·naɪ] *n* Brunei *m*
brunette [bru·'net] *n* morena *f,* bruna *f*
brunt [brʌnt] *n* (*impact*) impatto *m;* **to bear the ~ of the work** fare il grosso del lavoro; **to bear the ~ of the expense** far fronte alla maggior parte delle spese
brush [brʌʃ] **I.** *n* **1.**(*for hair*) spazzola *f* **2.**(*broom*) scopa *f* **3.**(*for painting*) pennello *m* **4.**(*action*) spazzolata *f* **5.**(*stroke*) pennellata *f* **6.**(*encounter*) sfiorata *f;* **a ~ with death** sfuggire per un pelo alla morte; **a ~ with the law** avere dei guai con la giustizia **7.**(*brushwood*) sottobosco *m* **8.**(*fox's tail*) coda *f* di volpe **II.** *vt* **1.**(*hair*) spazzolare; **to ~ one's teeth** pulirsi i denti **2.**(*remove*) **to ~ sth off** togliere qc con una spazzola **3.**(*graze, touch lightly*) sfiorare
◆**brush against** *vt* sfiorare
◆**brush aside** *vt* **1.**(*push to one side*) allontanare **2.**(*disregard*) ignorare
◆**brush away** *vt* togliere con una spazzola
◆**brush off** *vt* (*dust*) togliere con una spazzola; (*person*) non far caso a; (*criticism*) ignorare
◆**brush up I.** *vt* rinfrescare **II.** *vi* **to ~ on sth** dare una ripassata a qc

brush-off *n inf* **to give sb the ~** dare il due di picche a qn
brushwood ['brʌʃ·wʊd] *n* sottobosco *m*
brusque [brʌsk] *adj* brusco, -a
brusqueness *n* rudezza *f*
Brussels ['brʌ·səlz] *n* Bruxelles *f*
Brussels sprout *n* cavolino *m* di Bruxelles
brutal ['bru·təl] *adj* **1.**(*cruel, savage*) brutale **2.**(*harsh: honesty, truth*) spietato, -a
brutality [bru·'tæ·lə·t̬i] *n* (*cruelty*) brutalità *f;* (*harshness*) spietatezza *f*
brutalize ['bru·t̬ə·laɪz] *vt* **1.**(*treat cruelly*) brutalizzare **2.**(*make brutal*) abbruttire
brute [brut] *n* **1.**(*person*) bruto *m* **2.**(*animal*) bestia *f* **II.** *adj* **~ force** forza *f* bruta
brutish ['bru·t̬ɪʃ] *adj* **1.**(*cruel*) brutale **2.**(*like an animal*) da animale
BSc [ˌbi·es·'si:] *abbr of* **Bachelor of Science**
BSE [ˌbi·es·'i:] *n abbr of* **bovine spongiform encephalopathy** BSE *m,* mucca *f* pazza
bubble ['bʌ·bl] **I.** *n* **1.** bolla *f;* (*in cartoons*) fumetto *m,* nuvoletta *f;* **to blow a ~** fare una bolla **2.** *fig, inf* (*protective environment*) **to live in a ~** vivere sotto una campana di vetro ▶**to burst sb's ~** far tornare con i piedi per terra; **the ~ has burst** l'incanto si è rotto **II.** *vi* **1.**(*boil*) bollire **2.**(*make boiling sound*) gorgogliare
◆**bubble over with** *vi* **to ~ joy** sprizzare di gioia
bubble bath *n* bagnoschiuma *m inv*
bubblegum *n* chewing-gum *m*
bubble-jet printer *n* COMPUT stampante *f* a getto d'inchiostro
bubbly ['bʌb·li] **I.** *n inf* champagne *m inv* **II.** *adj a. fig* effervescente
bubonic plague [bju·ˌbɑ·nɪk·'pleɪg] *n* peste *f* bubbonica
buccaneer [ˌbʌ·kə·'nɪr] *n* bucaniere *m*
buck¹ [bʌk] <-(s)> **I.** *n* **1.**(*male: of deer, rabbit, hare*) maschio *m* **2.** *liter* (*man*) bell'uomo *m* **II.** *vi* sgroppare **III.** *vt* andare contro; **to ~ the trend** invertire la tendenza
buck² [bʌk] *n inf* (*dollar*) dollaro *m;* **to make a fast ~** fare soldi facili
buck³ [bʌk] *n inf* **to pass the ~** scaricare la responsabilità agli altri; **the ~ stops here** *prov* me la vedo io
◆**buck up** *vt inf* **1.**(*cheer up*) **to buck sb up** rincuorare qu **2.to ~ one's ideas** darsi una scrollata
bucket ['bʌ·kɪt] *n* (*pail*) secchio *m* ▶**a drop in the ~** una goccia nell'oceano; **to kick the ~** *inf* tirare le cuoia
bucketful ['bʌ·kɪt·fʊl] <-s *o* bucketsful> *n* secchio *m*

Buckingham Palace è la residenza londinense della famiglia reale britannica. Il palazzo ha 600 stanze e fu costruito tra il 1821-1830 da John Nash per George IV.

B

B

L' edificio fu inaugurato nel 1837 in occasione dell'ascesa al trono della regina Victoria.

bucket truck *n* camion con gru a cestello *m inv*
buckle ['bʌ·kl] I. *n* fibbia *f* II. *vt* 1. (*fasten: belt, shoes*) allacciare 2. (*bend*) piegare III. *vi* 1. (*fasten*) allacciarsi 2. (*bend*) torcersi; (*knees*) piegarsi; (*metal*) deformarsi
◆**buckle down** *vi* mettersi d'impegno
◆**buckle up** *vi* allacciare la cintura di sicurezza
buckshot *n* pallettoni *mpl*
buckskin I. *n* pelle *f* di daino II. *adj* di pelle di daino
buckwheat *n* grano *m* saraceno
bud [bʌd] I. *n* (*of leaf, branch*) gemma *f;* (*of a flower*) bocciolo *m;* **to be in ~** essere in boccio II. *vi* <-dd-> gettare
Buddhism ['bu:·dɪ·zəm] *n* buddismo *m*
Buddhist I. *n* buddista *mf* II. *adj* buddista
budding ['bʌ·dɪŋ] *adj* in erba; *fig* (*romance, relationship*) che sta nascendo
buddy ['bʌ·di] *n inf* amico *m*
budge [bʌdʒ] I. *vi* 1. (*move*) spostarsi 2. (*change opinion*) **to not ~** (**from sth**) non smuoversi (da qc) II. *vt* 1. (*move*) spostare 2. (*cause to change opinion*) smuovere
budgerigar ['bʌ·dʒə·rɪ·gɑ:r] *n* parrocchetto *m*
budget ['bʌ·dʒɪt] I. *n* budget *m inv,* bilancio [*o* di previsione] preventivo *m* II. *vt* preventivare; (*wages, time*) amministrare III. *vi* **to ~ for sth** mettere nel bilancio preventivo IV. *adj* (*travel*) low-cost; (*prices*) stracciato, -a
budgetary ['bʌ·dʒɪ·te·ri] *adj* di bilancio
budget deficit *n* deficit *m* di bilancio *inv*
budgie ['bʌ·dʒi] *n inf* parrocchetto *m*
buff [bʌf] I. *n* 1. (*leather*) pelle *f* di bufalo 2. *inf* (*person*) appassionato, -a *m, f;* **film ~** cinefilo, -a *m, f* ▸ **in the ~** *inf* nudo, -a II. *adj* 1. giallognolo, -a 2. *sl* (*muscular: athlete*) muscoloso, -a III. *vt* (*metal, shoes*) lucidare
buffalo ['bʌ·fə·loʊ] <-(es)> *n* bisonte *m*
buffer ['bʌ·fɚ] I. *n* 1. (*of a train*) respingente *m; fig* (*intermediary*) cuscinetto *m* 2. COMPUT buffer *m; inv* 3. CHEM tampone *m* II. *vt* attutire
buffer zone *n* zona *f* cuscinetto
buffet[1] [bə·'feɪ] *n* buffet *m inv*
buffet[2] ['bʌ·fɪt] *vt* (*hit repeatedly*) sferzare
buffet lunch *n* buffet *m inv*
buffoon [bə·'fu:n] *n* buffone, -a *m, f;* **to play the ~** fare il buffone
bug [bʌg] I. *n* 1. ZOOL cimice *f;* (*any insect*) insetto *m* 2. MED virus *m inv* 3. COMPUT baco *m* 4. TEL cimice *m* 5. *inf* (*enthusiasm*) passione *f;* **she's caught the travel ~** le è venuta la passione per i viaggi ▸ **to be snug as a ~ in a rug** star comodo come un pascià II. *vt* <-gg-> 1. (*tap: telephone*) mettere sotto controllo; (*conversation*) intercettare; (*room*) installare microspie in 2. *inf* (*annoy*) rompere *inf*

bugaboo ['bʌ·gə·bu:] *n* incubo *m*
bugger ['bʌ·gɚ] I. *n* 1. *vulg* (*sodomite*) culattone *m* 2. *sl* (*contemptible person*) stronzo, -a *m, f;* **poor ~** povero disgraziato II. *vt vulg* inculare
buggery ['bʌ·gə·ri] *n* sodomia *f*
buggy ['bʌ·gi] *n* <-ies> 1. (*stroller*) passeggino *m* 2. (*carriage*) calesse *f*
bugle ['bju:·gl] *n* tromba *f*
bugler ['bju:g·lɚ] *n* trombettiere *m*
build [bɪld] I. *vt* <built, built> 1. (*make: house*) costruire; (*fire*) fare; (*car*) fabbricare 2. (*establish: trust*) fondare; (*relationship*) impiantare; (*support*) ottenere; (*a following*) creare II. *vi* <built, built> 1. (*construct*) struire 2. (*increase*) aumèntare III. *n* costituzione *f*
◆**build in** *vt* incassare
◆**build on** *vt* basare su; **to build sth on sth** basare qc su qc
◆**build up** *vt* 1. (*increase*) aumentare 2. (*accumulate*) accumulare 3. (*strengthen*) consolidare 4. (*develop*) potenziare 5. (*praise*) **to build sth up** promuovere qc II. *vi* 1. (*increase*) aumentare 2. (*accumulate*) accumularsi
builder ['bɪl·dɚ] *n* (*owner*) costruttore *m* edile; (*worker*) muratore *m*
building *n* edificio *m*
building contractor *n* imprenditore *m* edile
building permit *n* licenza *f* edilizia
building site *n* cantiere *m* edile
build-up *n* 1. (*accumulation*) accumulo *m;* (*of pressure*) aumento *m* 2. (*publicity*) battage *m* pubblicitario *inv*
built [bɪlt] I. *pp, pt of* build II. *adj* 1. (*house*) **well ~** ben costruito, -a 2. (*person*) **slightly ~** minuto, -a; **well ~** ben piantato, -a 3. (*have nice body*) **he's/she's** (**really**) **built!** che fisico!
built-in *adj* 1. (*cabinets*) a muro 2. (*feature*) incorporato, -a 3. (*advantage*) intrinseco, -a
built-up *adj* 1. (*area*) edificato, -a 2. (*shoes*) rialzato, -a
bulb [bʌlb] *n* 1. BOT bulbo *m* 2. (*of a thermometer*) bulbo *m* 3. ELEC lampadina *f*
bulbous ['bʌl·bəs] *adj* (*nose*) grosso, -a
Bulgaria [bʌl·'ge·ri·ə] *n* Bulgaria *f*
Bulgarian [bʌl·'ge·ri·ən] I. *adj* bulgaro, -a II. *n* 1. (*person*) bulgaro, -a *m, f* 2. LING bulgaro *m*
bulge [bʌldʒ] I. *vi* sporgere; **her eyes ~d in surprise** aveva gli occhi fuori dalle orbite per la sorpresa; **to ~** (**with sth**) essere gonfio (de qc) II. *n* 1. (*swelling*) rigonfiamento *m* 2. (*a statistical trend*) impennata *f*
bulging *adj* gonfio, -a; (*bag, box*) pieno, -a; **~ eyes** occhi *mpl* sporgenti
bulimia [bu:·'li:·miə] *n* MED bulimia *f*
bulk [bʌlk] I. *n* 1. (*magnitude*) volume *m* 2. (*mass*) massa *f* 3. (*quantity*) **to ~ buy sth, to buy** (**sth**) **in ~** comprare (qc) in grandi quantità; ECON comprare (qc) all'ingrosso 4. (*largest part*) **the ~ of** la maggior

parte di **II.** *vi* **to ~ large** invadere **III.** *adj* (*large in quantity: mailing*) a larga diffusione; (*order*) in gran quantità; (*discount*) quantità; (*apples, canned goods, paper goods*) all'ingrosso

bulk buying *n* ECON acquisti *mpl* all'ingrosso

bulkhead ['bʌlk·hed] *n* NAUT paratia *f*

bulky ['bʌl·ki] <-ier, iest> *adj* (*large*) voluminoso, -a; (*heavy*) pesante; (*person*) corpulento, -a

bull [bʊl] *n* **1.** (*male bovine*) toro *m* **2.** (*male animal*) macho *m;* **~ elephant** elefante *m* maschio; **~ whale** balena *f* maschio ▸ **to take the ~ by the horns** prendere il toro per le corna; **to be like a red rag to a ~ to sb** essere per qu come drappo rosso per i tori **4.** *inf* (*nonsense*) stronzate *fpl* **5.** FIN toro *m;* **~ market** mercato *m* rialzista

bulldog ['bʊl·dɑːg] *n* bulldog *m inv*

bulldoze ['bʊl·doʊz] *vt* **1.** ARCHIT spianare **2.** *fig* **~ sth through** ottenere qc con la forza; **to ~ sb into doing sth** costringere qu a fare qc

bulldozer ['bʊl·doʊ·zɚ] *n* bulldozer *m inv*

bullet ['bʊ·lɪt] *n* MIL proiettile *f;* **to fire a ~** sparare un proiettile ▸ **to bite the ~** *inf* farsi forza

bulletin ['bʊ·lə·t̮ɪn] *n* bollettino *m;* (**news**) ~ TV, CINE notiziario *m*

bulletin board *n* bacheca *f;* COMPUT bacheca *m* informatica

bulletproof ['bʊ·lɪt·pruːf] *adj* antiproiettile; **~ glass** vetro [*o* corazzato] antiproiettile *m*

bulletproof vest *n* giubbotto *m* antiproiettile

bullfight ['bʊl·faɪt] *n* corrida *f*

bullfighter ['bʊl·faɪ·t̮ɚ] *n* torero *m*

bullfinch ['bʊl·fɪntʃ] *n* ciuffolotto *m*

bullion ['bʊl·jən] *n* **gold**/**silver ~** oro *m*/ argento *m* in lingotti

bullock ['bʊ·lək] *n* (*castrated bull*) manzo *m;* (*young bull*) vitellone *m*

bullring ['bʊl·rɪŋ] *n* arena *f*

bull's-eye *n* occhio del toro *m;* **to hit the ~ a.** *fig* far centro

bullshit ['bʊl·ʃɪt] **I.** *n sl* stronzate *fpl* vulg; **don't give me that ~!** non venirmi a raccontare stronzate! *vulg* **II.** *interj sl* e che cazzo! *vulg* **III.** <-tt-> *vi sl* dire stronzate

bully ['bʊ·li] **I.** <-ies> *n* (*person*) prepotente *mf* **II.** <-ie-> *vt* tiranneggiare; **to ~ sb into doing sth** costringere qu a fare qc **III.** *interj inf* **~ for you!** ben fatto!; *iron* bravo!

bulrush ['bʊl·rʌʃ] <-es> *n* lisca *f* lacustre

bulwark ['bʊl·wɚk] *n* **1.** (*fortification*) baluardo *m* **2.** NAUT (*of ship*) murate *f*

bum [bʌm] *n* **1.** (*lazy person*) fannullone, -a *m, f* **2.** (*homeless person*) vagabondo, -a *m, f* **3.** *Cana* (*buttocks*) culo *m* ▸ **to give sb the ~'s rush** *inf* mandare qu a quel paese **II.** *adj inf* (*bad, useless*) schifoso, -a; **a ~ job** un lavoro schifoso **III.** <-mm-> *vt inf* **to ~ sth off sb** scroccare qc a qu **IV.** *vi inf* **1. to ~ around** (*live as a bum*) vagabondare; (*laze around*)

bighellonare **2.** (*cadge*) **to ~ off sb** vivere alle spalle di qu

bumble ['bʌm·bl] *vi* brancolare

bumblebee ['bʌm·bl·biː] *n* bombo *m*

bumbling *adj* maldestro

bummed out *adj sl* depresso, -a

bump [bʌmp] **I.** *n* **1.** (*lump*) protuberanza *f;* (*on head*) bernoccolo *m;* (*on road*) cunetta *f* **2.** *inf* (*blow*) colpo *m* **3.** (*thud*) tonfo *m* **II.** *vt* sbattere contro; **to ~ one's head on** [*o* **against**] **sth** sbattere con la testa contro qc ◆ **bump into** *vt insep* **1.** (*collide with*) sbattere contro **2.** (*meet accidentally*) imbattersi in ◆ **bump off** *vt sl* **to bump sb off** far fuori qu

bumper ['bʌm·pɚ] **I.** *n* AUTO paraurti *m inv;* **the traffic is ~ to ~** le macchine procedono incollate l'una all'altra **II.** *adj* **1.** (*crop*) abbondante **2.** (*edition*) speciale

bumper car *n* autoscontro *m*

bumper sticker *n* autoadesivo *m* per paraurti

bumpkin ['bʌmp·kɪn] *n inf* (**country**) **~** buzzurro, -a *m, f*

bumptious ['bʌmp·ʃəs] *adj* presuntuoso, -a

bumpy ['bʌm·pi] <-ier, iest> *adj* (*surface*) scabro, -a; (*road*) accidentato, -a; (*journey*) pieno, -a di scossoni

bun [bʌn] *n* **1.** (*roll*) panino *m* al latte **2.** (*knot of hair*) chignon *m inv* **3.** *pl, sl* (*buttocks*) culo *vulg*

bunch [bʌntʃ] <-es> **I.** *n* **1.** (*of grapes*) grappolo *m;* (*of bananas*) casco *m;* (*of carrots, radishes, keys*) mazzetto *m;* (*of flowers*) mazzo *m* **2.** (*group: of people, friends*) gruppo *m* **3.** (*a lot*) **a** (**whole**) **~ of problems** un mucchio di problemi ▸ **to be the best of the ~** essere il migliore **II.** *vt* raggruppare **III.** *vi* **to ~** (**together**) raggrupparsi

bundle ['bʌn·dl] **I.** *n* (*of clothes*) fagotto *m;* (*of money*) mazzetta *f;* (*of sticks*) fascio *m* ▸ **to be a ~ of joy** *inf* essere sempre allegro; **to be a ~ of nerves** essere nervosissimo **II.** *vt* **to ~ sb into a car** spingere qu dentro una macchina ◆ **bundle up I.** *vt* legare **II.** *vi* (*dress warmly*) infagottarsi

bung [bʌŋ] **I.** *n* (*stopper*) tappo *m* **II.** *vt* (*close*) tappare

bungalow ['bʌŋ·gə·loʊ] *n* bungalow *m.inv*

bungee jumping ['bʌn·dʒɪ·ˌdʒʌm·pɪŋ] *n* bungee jumping *m inv*

bungle ['bʌŋ·gl] *vt* fare pasticci

bungler *n* pasticcione, -a *m, f*

bungling *adj* **~ idiot** cretino patentato

bunk [bʌŋk] *n a.* NAUT cuccetta *f* ◆ **bunk down** *vi inf* dormire

bunk bed *n* letto *m* a castello

bunker ['bʌŋ·kɚ] *n* bunker *m inv*

bunkum ['bʌŋ·kəm] *n* fesserie *fpl*

bunny (**rabbit**) ['bʌ·ni (ˈræ·bɪt)] *n childspeak* coniglietto *m*

Bunsen burner ['bʌn·tsɪn·ˌbɜːr·nɚ] *n* becco *m* Bunsen

bunting ['bʌn·tɪŋ] *n* bandierine *fpl*

B

buoy [bɔɪ] *n* boa *f*
♦**buoy up** *vt* **1.**(*cause to float*) tenere a galla **2.***fig* (*cause to rise*) far aumentare **3.***fig* (*cheer up*) **to buoy sb up** rincuorare qu
buoyancy ['bɔɪ·jən·si] *n* **1.**capacità *f* di stare a galla; NAUT galleggiamento *m* **2.**(*cheerfulness*) ottimismo *m*
buoyant ['bɔɪ·jənt] *adj* **1.**(*able to float*) che galleggia **2.**(*cheerful*) ottimista; **to be in a ~ mood** essere di buonumore
burble ['bɜːr·bl] *vi* **1.**(*make burbling noise*) borbottare **2.**(*talk nonsense*) parlottare
burden ['bɜːr·dən] **I.** *n* **1.**(*load*) carico *m* **2.***fig* peso *m;* (*responsibility*) responsabilità *f;* **tax ~** ECON peso *m* tributario; **the ~ of proof** LAW l'onere della prova; **to be a ~ on** [*o* to] **sb** essere un onere per qu **II.** *vt* **1.**(*load*) caricare **2.***fig* opprimere; **I don't want to ~ you with my problems** non voglio oberarti con i miei problemi
burdensome ['bɜːr·dən·səm] *adj form* oneroso, -a
bureau ['bjʊ·roʊ] <-s> *n* **1.**(*government department*) dipartimento *m* **2.**(*chest of drawers*) comò *m inv*
bureaucracy [bjʊ·'rɑː·krə·si] *n* burocrazia *f*
bureaucrat ['bjʊ·rə·kræt] *n* burocrate *mf*
bureaucratic [ˌbjʊ·rə·'kræ·t̬ɪk] *adj* burocratico, -a
burgeoning ['bɜːr·dʒə·nɪŋ] *adj* (*tourism*) in pieno sviluppo; (*tourist industry, economy*) fiorente; (*demand*) crescente; (*talent*) in crescita
burger ['bɜːr·ɡə·] *n inf abbr of* **hamburger** hamburger *m inv*
burglar ['bɜːr·ɡ·lə·] *n* scassinatore, -trice *m, f*
burglar alarm *n* allarme *m* antifurto
burglarize ['bɜːr·ɡ·lə·raɪz] *vt* svaligiare
burglary ['bɜːr·ɡ·lə·ri] <-ies> *n* furto *m* con scasso
burgle ['bɜːr·ɡl] *vt s.* **burglarize**
burial ['be·ri·əl] *n* sepoltura *f*
burial ground *n* cimitero *m*
burial service *n* funerale *m*
Burkinabe ['bɜːr·ki·ˌneɪb] **I.** *adj* del Burkina Faso **II.** *n* abitante *mf* del Burkina Faso
Burkina Faso [bɜːr·ˌki·nə·'fæ·soʊ] *n* Burkina *m* Faso
burlesque [bɜːr·'lesk] **I.** *n* parodia *f* **II.** *adj* burlesco, -a
burly ['bɜːr·li] <-ier, -iest> *adj* (*man*) corpulento, -a
Burma ['bɜːr·mə] *n* Birmania *f*
burn [bɜːrn] **I.**<burnt *o* -ed, burnt *o* -ed> *vi* **1.**(*be in flames: house*) bruciare; (*coal, wood*) ardere **2.**(*be hot*) scottare; **his forehead was ~ing** gli scottava la fronte **3.**(*be switched on*) essere acceso, -a; **he left all the lights ~ing** ha lasciato tutte le luci accese **4.**(*want*) **to be ~ing to do sth** bruciare dalla voglia di fare qc **5.**(*feel emotion strongly*) **to ~ with sth** ardere di qc **6.**(*be red*) **his face ~ed with anger/shame** è diventato rosso per la rabbia/ver-

gogna **II.**<burnt *o* -ed, burnt *o* -ed> *vt* (*paper, garbage, food*) bruciare; (*building*) incendiare; **to ~ one's finger/tongue** scottarsi un dito/la lingua; **to be ~ed** (*by the sun*) avere una scottatura; (*injured*) avere delle bruciature; **to ~ calories/fat** bruciare le calorie/il grasso; **this machine ~s electricity** questo macchinario va a elettricità **III.** *n* bruciatura *f,* scottatura *f;* **severe/minor ~s** bruciature gravi/lievi
♦**burn away I.** *vi* (*forest*) bruciare; (*candle*) consumarsi **II.** *vt* bruciare
♦**burn down I.** *vt* incendiare **II.** *vi* (*house*) essere distrutto da un incendio; (*fire, candle*) abbassarsi
♦**burn out I.** *vi* (*engine*) bruciarsi; (*fire, candle*) spegnersi; (*light bulb*) saltare **II.** *vt* **to burn oneself out** esaurirsi
♦**burn up I.** *vt* **1.**(*fuel*) consumare; (*calories*) bruciare **2.** *inf* (*make angry*) far infuriare **II.** *vi* incendiarsi; **you're burning up!** *inf* (*have fever*) scotti!
burner ['bɜːr·nə·] *n* TECH bruciatore *m*
burning ['bɜːr·nɪŋ] *adj* **1.**(*hot*) in fiamme; (*sun*) infuocato, -a; **it is ~ hot** fa un caldo allucinante; **a ~ sensation** un bruciore **2.**(*issue, question*) scottante; (*desire, hatred*) ardente

Il 25 di gennaio si celebra la **Burns Night** per commemorare la nascita del poeta scozzese Robert Burns (1759–1796). Questo anniversario viene celebrato dagli ammiratori di Burns non solo in Scozia ma nel mondo intero. In quest'occasione viene servito il **Burns Supper** composto da **haggis** (un insaccato fatto con le frattaglie della pecora, tritate e mescolate con grasso e farina d'avena leggermente tostata e chiuso in uno stomaco di pecora che viene fatto bollire per almeno 3 ore), **neeps** (rape) e **mashed tatties** (puré di patate).

burnt [bɜːrnt] **I.** *pt, pp of* **burn II.** *adj* bruciato; **a ~ smell/taste** un odore/sapore di bruciato
burp [bɜːrp] **I.** *n* rutto *m;* (*of baby*) ruttino *m;* **to let out a ~** fare un rutto; (*baby*) fare un ruttino **II.** *vi* ruttare; (*baby*) fare un ruttino **III.** *vt* **to ~ a baby** far fare il ruttino al bambino
burr [bɜːr] *n* LING erre *f* arrotata
burrow ['bɜːr·roʊ] **I.** *n* tana *f* **II.** *vi* scavare una tana; (*dig a hole*) scavare un buco; (*dig a tunnel*) scavare una galleria; **to ~ into sth** *a. fig* rovistare in qc **III.** *vt* scavare
bursar ['bɜːr·sə·] *n* economo, -a *m, f*
burst [bɜːrst] **I.** *n* **1.**(*explosion*) esplosione *f* **2.**MIL (*of fire*) raffica *f* **3.**(*brief period*) **a ~ of laughter** uno scoppio di riso; **a ~ of applause** uno scroscio di applausi; **a ~ of anger** un accesso di collera **II.**<burst, burst> *vi* **1.**(*balloon, tire, scoppiare*) scoppiare; **to ~ into tears** scoppiare a piangere **2.**(*move suddenly*)

to ~ **into a place** irrompere in un luogo; **to ~ open** aprirsi di colpo **3.** *fig* **to be ~ing to do sth** morire dalla voglia di fare qc; **to be ~ing with health** scoppiare di salute; **to be ~ing with curiosity** morire di curiosità **III.** <burst, burst> *vt* far scoppiare; **to ~ its banks** (*river*) esondare

◆**burst forth** *vi* sgorgare

◆**burst in** *vi* irrompere

◆**burst out** *vi* **1.** (*exclaim*) esclamare **2.** (*break out*) **to ~ laughing/crying** scoppiare a ridere/piangere

Burundi [buˈrʊn·di] *n* Burundi *m*

bury [ˈbe·ri] <-ie-> *vt* **1.** (*put underground*) sotterrare **2.** (*hide*) nascondere; **to ~ oneself in sth** immergersi in qc; **to be buried in thought** essere immerso nei propri pensieri; **to ~ one's head in one's hands** coprirsi il viso con le mani

bus [bʌs] **I.** <-es> *n* autobus *m inv;* **school ~** scuolabus *m inv;* **to catch/miss the ~** prendere/perdere l'autobus; **to go by ~** [*o* **to take the ~**] andare in autobus ▸**to miss the ~** perdere l'autobus **II.** <-ss-> *vt* **1.** (*travel by bus*) portare in autobus **2.** (*in restaurant*) **to ~ tables** sparecchiare i tavoli **III.** <-ss-> *vi* viaggiare in autobus

busboy *n* sparecchiatavoli *m inv*

bus driver *n* conducente *m* di autobus

bush [bʊʃ] <-es> *n* **1.** BOT cespuglio *m;* **a ~ of hair** un ciuffo di capelli **2.** (*land*) **the ~** la boscaglia ▸**to beat around the ~** menare il can per l'aia; **to beat the ~es for sth** cercare qc dappertutto

bushel [ˈbʊ·ʃl] *n* bushel *m* (*misura che in Gran Bretagna equivale a 36,4 l; mentre negli Stati Uniti equivale a 35,2 l.*) ▸**to hide one's light under a ~** nascondere le proprie qualità

bushman [ˈbʊʃ·mən] <-men> *n* boscimano *m*

bushy [ˈbʊ·ʃi] <-ier, -iest> *adj* (*hair, beard, eyebrows*) folto, -a

busily *adv* alacremente

business [ˈbɪz·nɪs] *n* **1.** (*trade, commerce*) affari *mpl;* **to be away on ~** essere in viaggio d'affari; **to do ~ with sb** fare affari con qu; **to get down to ~** incominciare a lavorare; **to go out of ~** cessare l'attività; **to set up a ~** mettere su un'impresa; **to set up ~ as a lawyer** aprire uno studio legale; **~ is booming** gli affari vanno bene; **once we get the computer installed, we'll be in ~** *inf* una volta che abbiamo installato il computer, possiamo iniziare **2.** <-es> (*sector*) settore *m;* **the frozen food ~** il settore dei surgelati; **what line of ~ are you in?** in che settore lavori? **3.** <-es> (*company*) impresa *f;* **to start up/ run a ~** metter su/gestire un'impresa **4.** (*matter*) affare *m;* **an unfinished ~** una questione in sospeso; **it's none of your ~!** *inf* non sono fatti tuoi!; **mind your own ~!** *inf* fatti i fatti tuoi!; **to have no ~ doing sth** non avere alcun diritto di fare qc; **I make it my ~ to do that** me ne occupo io; **it's a time-con-**

suming **~** è una cosa che richiede molto tempo ▸**~ before pleasure** *prov* prima il dovere poi il piacere; **~ as usual** *prov* continua tutto come prima; **to (not) be in the ~ of doing sth** (non) avere l'abitudine di fare qc; **to give sb the ~** dare una lavata di testa a; **to mean ~** parlare sul serio; **like nobody's ~** *inf* come un matto

business address *n* indirizzo *m* dell'ufficio

business card *n* biglietto *f* da visita

business class *n* AVIAT business class *f inv*

business expenses *npl* spese *fpl*

business hours *n* orario *m* d'ufficio

business letter *n* lettera *f* commerciale

businesslike [ˈbɪz·nɪs·laɪk] *adj* **1.** (*serious*) serio, -a **2.** (*efficient*) efficiente

businessman <-men> *n* uomo *m* d'affari

business park *n* parco *m* tecnologico

business trip *n* viaggio *m* d'affari

businesswoman <-women> *n* donna *f* d'affari

busk [bʌsk] *vi* fare il suonatore ambulante

busker [ˈbʌs·kɚ] *n* suonatore, -trice *m, f* ambulante

busload [ˈbʌs·loʊd] *n* **~s of tourists** pullman *m* carichi di turisti *inv*

bus service *n* servizio *m* di autobus

bus station *n* stazione *f* delle corriere

bus stop *n* fermata *f* dell'autobus

bust[1] [bʌst] *n* ART busto *m*

bust[2] [bʌst] **I.** *adj inf* **1.** (*broken*) rotto, -a **2.** (*bankrupt*) fallito, -a; **to go ~** far fallimento **II.** *vt inf* **1.** (*break*) spaccare **2.** (*raid*) fare una retata in ▸**to ~ one's butt** (doing sth/to do sth) spaccarsi la schiena (per fare qc)

bustle [ˈbʌ·sl] **I.** *vi* **to ~ around** affaccendarsi; **to ~ with activity** essere molto animato **II.** *n* viavai *m;* **hustle and ~** trambusto *m*

bustling *adj* (*town, street*) animato, -a

busy [ˈbɪ·zi] **I.** <-ier, -iest> *adj* **1.** (*occupied*) occupato, -a; **to be ~ doing sth** star facendo qc; **to be ~ with sth** occuparsi di qc; **to get ~** darsi da fare **2.** (*full of activity*) animato, -a; **~ street** strada *f* affollata; **~ seaport** porto *m* pieno di trambusto; **a ~ time** un periodo di grande attività; **I've had a ~ day** ho avuto una giornata molto piena **3.** TEL occupato, -a **4.** (*pattern, wallpaper*) che dà fastidio agli occhi **II.** <-ie-> *vt* **to ~ oneself with sth** occuparsi di qc

busybody [ˈbɪ·zi·ˌbɑː·di] <-ies> *n inf* ficcanaso *mf inv*

but [bʌt] **I.** *prep* tranne; **all ~ one** tutti tranne uno; **anything ~ ...** qualsiasi cosa tranne ...; **nothing ~ ...** nient'altro che ...; **no one ~ him** solo lui; **~ for him ...** se non fosse stato per lui ... **II.** *conj* ma; **I'm not quitting ~ taking time off** non mi sto licenziando mi sto solo prendendo una vacanza; **he has paper ~ no pen** ha la carta ma non ha la penna; **it is not red ~ pink** non è rosso ma rosa **III.** *adv* solo; **he is ~ a baby** è solo un bebè; **I can't help ~ cry** non posso far altro che piangere; **I can ~**

hope she wins posso solo sperare che vinca' IV. *n* pero *m;* **there are no ~s about it!** non ci sono ma che tengano

butane ['bjuː·teɪn] *n* butano *m*

butch [bʊtʃ] *adj* **1.**(*man*) macho **2.**(*woman*) mascolino, -a

butcher ['bʊ·tʃəʳ] I. *n* macellaio, -a *m, f* II. *vt* **1.**(*meat*) macellare **2.**(*murder*) massacrare **3.***fig* **to ~ a language** massacrare una lingua

butchery ['bʊ·tʃə·ri] *n* **1.**(*of an animal*) macellazione *f* **2.**(*killing*) massacro *m*

butler ['bʌt·ləʳ] *n* maggiordomo *m*

butt [bʌt] I. *n* **1.**(*of rifle*) calcio *m* **2.**(*of cigarette*) mozzicone *m* **3.**(*blow: with the head*) testata *f* **4.**(*target*) **to be the ~ of sth** essere oggetto di qc **5.**(*container*) botte *f* **6.** *inf* (*buttocks*) culo *m vulg* II. *vt* (*with the horns*) dare una cornata testata; (*with the head*) dare una testata

butter ['bʌ·təʳ] I. *n* burro *m* ▶ **he/she looks as if ~ wouldn't melt in his/her <u>mouth</u>** fare il santarellino/la santarellina II. *vt* imburrare

♦ **butter up** *vt* lisciare qu

buttercup *n* BOT ranuncolo *m*

butter dish *n* portaburro *m inv*

butterfingers *n inv* mani di ricotta *fpl*

butterfly ['bʌ·tə·flaɪ] <-ies> *n* **1.**ZOOL farfalla *f; fig* (*person*) farfallone, -a *m, f* **2.**SPORTS nuoto *m* a farfalla ▶ **to have butterflies in one's <u>stomach</u>** essere emozionato

buttermilk ['bʌ·tə·mɪlk] *n* latticello *m*

buttery ['bʌ·tə·ri] <-ier, -iest> *adj* di burro

buttock ['bʌ·tək] *n* natica *f*

button ['bʌ·tən] I. *n* **1.**bottone *m* **2.**(*with slogan*) distintivo *m* **3.**COMPUT, TECH tasto *m;* **start ~** tasto di start; **right/left mouse ~** tasto destro/sinistro del mouse; **to push a ~** premere un tasto; **at the <u>push</u> of a ~** senza far fatica; **to be <u>right</u> on the ~** avere ragione II. *vi* abbottonarsi III. *vt* abbottonare ▶ **~ <u>it</u>!** *inf* stai zitto!

♦ **button up** *vt* abbottonare

buttonhole ['bʌ·tən·hoʊl] I. *n* FASHION asola *f* II. *vt* attaccare bottone con

buttress ['bʌt·rɪs] <-es> *n* ARCHIT contrafforte *m; fig* sostegno *m*

buxom ['bʌk·səm] *adj* formoso, -a

buy [baɪ] I. *n* acquisto *m;* **a good ~** un buon acquisto II.<bought, bought> *vt* **1.**(*purchase*) comprare; **to ~ sth from** [*o inf* **off**] **sb** comprare qc da qu; **to ~ sb's silence** comprare il silenzio di qu **2.** *inf* (*believe*) credere; **the teacher did not ~ your excuse** il maestro non ha creduto alle tue scuse **3.**(*bribe*) corrompere

♦ **buy back** *vt* ricomprare

♦ **buy into** *vt* (*in business*) acquisire una partecipazione in; (*accept as valid*) credere a

♦ **buy off** *vt always sep* comprare

♦ **buy out** *vt* COM rilevare

♦ **buy up** *vt insep* rastrellare

buyer ['ba·ɪəʳ] *n* **1.**(*in store*) compratore, -trice *m, f* **2.**(*as work*) buyer *m inv*

buyout ['baɪ·aʊt] *n* FIN acquisizione *f* (*della totalità delle azioni*); **management/worker ~** acquisizione di un'azienda da parte dei dirigenti/dei lavoratori

buzz [bʌz] I. *vi* **1.**(*hum*) ronzare; (*bell*) suonare; **my ears were ~ing** mi ronzavano le orecchie; **the town was ~ing with rumors** la città era un brusio di suoni **2.** *inf* (*be tipsy*) essere sbronzo II. *vt inf* **1.**TEL telefonare a; (*signal to*) chiamare con il cicalino **2.**AVIAT (*fly low over*) volare radente a III. *n* **1.**(*humming noise*) ronzio *m;* (*low noise*) brusio *m;* (*of a doorbell*) suono *m;* **the ~ of conversation** brusio della conversazione **2.** *inf* (*telephone call*) colpo *m* di telefono; **to give sb a ~** dare un colpo di telefono a qu **3.** *inf* (*feeling*) euforia *f;* (*from alcohol*) sbornia *f;* **I get a ~ from** [*o* **out of**] **surfing** fare surf mi fa sballare; **sb gets a ~ from sth** qc fa sballare qu; **I get a ~ from champagne** lo champagne mi dà alla testa

♦ **buzz off** *vi inf* smammare

buzzard ['bʌ·zəd] *n* (*turkey vulture*) avvoltoio *m*

buzzer ['bʌ·zəʳ] *n* cicalino *m*

buzz word *n* parola *f* di moda

by [baɪ] I. *prep* **1.**(*near*) vicino a; **close** [*o* **near**] **~ ...** vicino a ...; **to be/stand ~ ...** essere/stare vicino a ...; **~ the sea** sul mare **2.**(*at*) presso; **to remain ~ sb for two days** restare presso qu per due giorni **3.**(*during*) **~ day/night** durante il giorno/la notte; **~ moonlight** al chiaro di luna **4.**(*at the latest time*) entro; **~ tomorrow/midnight** entro domani/la mezzanotte; **~ now** [*o* **then**] ormai **5.**(*cause*) da; **a novel ~ Joyce** un romanzo di Joyce; **to be killed ~ sth/sb** essere ucciso da qc/qu; **surrounded ~ dogs** circondato da cani **6.**(*through means of*) **~ train/plane/bus** in treno/aereo/autobus; **made ~ hand** fatto a mano; **to hold sb ~ the arm** tenere qu per il braccio; **~ doing sth** facendo qc **7.**(*through*) **~ chance/mistake** per caso/sbaglio **8.**(*under*) **to call sb/sth ~ their/its name** chiamare qu/qc per nome; **what does he mean ~ that?** che cosa vuol dire con ciò? **9.**(*alone*) **to be ~ oneself** stare da solo; **to do sth ~ oneself** fare qc da solo **10.**(*as promise to*) **to swear ~ God/sth** giurare su Dio/qc **11.**(*in measurement, arithmetic*) **to buy ~ the kilo/dozen** comprare a chili/dozzine; **to divide ~ 6** dividere per 6; **to increase ~ 10%** aumentare del 10%; **to multiply ~ 4** moltiplicare per 4; **paid ~ the hour/day** pagato a ore/a giornata; **4 feet ~ 6** 4 piedi per 6; **one ~ one** uno a uno **12.**(*from the perspective of*) **to judge ~ appearances** giudicare dalle apparenze; **all right ~ me** *inf* per me, va bene II. *adv* **1.**(*aside*) vicino; **to put** [*o* **lay**] **sth ~** mettere qc da parte **2.**(*in a while*) **~ and ~** fra poco **3.**(*past*) **to go/pass ~** passare ▶ **~ and <u>large</u>** in generale

bye [baɪ] *interj*, **bye-bye** [ˌbaɪ·'baɪ] *interj inf* ciao

by-election ['baɪ·ɪə·lek·ʃən] *n* elezione *f* parziale

Byelorussian [bje·lə·'rʌ·ʃən] *adj, n s.* **bielorusso, -a**

bygone ['baɪ·gɑːn] I. *adj inv* passato, -a II. *n* **let ~ s be ~ s** il passato è passato

bylaw *n* 1. (*regional law*) ordinanza *f* 2. (*organization's rule*) statuto *m*

I **BYO-restaurants** (Bring Your Own) sono tipici dell'Australia. Sono ristoranti che non possono vendere alcolici. Per cui chi voglia bere alcolici deve portarseli da casa.

bypass ['baɪ·pæs] I. *n* 1. AUTO circonvallazione *f* 2. ELEC derivatore *m* 3. MED by-pass *m inv* II. *vt* 1. (*make a detour*) evitare 2. *fig* (*act without permission of*) **to ~ sb** scavalcare qu 3. *fig* (*avoid*) evitare

by-play *n* THEAT azione *f* secondaria

byproduct ['baɪ·prɑː·dəkt] *n* sottoprodotto *m; fig* conseguenza *f*

byroad ['bəɪ·roʊd] *n* strada *f* secondaria

bystander ['baɪ·stæn·dɚ] *n* spettatore, -trice *m, f*

byte [baɪt] *n* byte *m; inv*

byway ['baɪ·weɪ] *n* strada *f* secondaria

byword ['baɪ·wɜːrd] *n* sinonimo *m;* **to be a ~ for sth** essere sinonimo di qc

---

Cc

C, c [siː] *n* 1. (*letter*) C, c *f; ~* **as in Charlie** C come Como 2. MUS do *m* 3. SCHOOL ≈ sufficiente *m*

C *after n abbr of* **Celsius** C

c. 1. *abbr of* **circa** (*by numbers*) c.; (*by dates*) ca. 2. *abbr of* **cent** centesimo *m* 3. *abbr of* **century** sec.

ca. *abbr of* **circa** 1. (*by numbers*) c. 2. (*by dates*) ca.

CA *n abbr of* **California** California *f*

cab [kæb] *n* 1. (*taxi*) taxi *m inv;* **by ~** in taxi 2. (*of truck, locomotive*) cabina *f*

cabaret [ˌkæ·bə·'reɪ] *n* cabaret *m*

cabbage ['kæ·bɪdʒ] *n* 1. CULIN cavolo *m* 2. ZOOL **~ white** cavolaia *f*

cabbie *n*, **cabby** ['kæ·bi] *n*, **cabdriver** *n* tassista *mf*

cabin ['kæ·bɪn] *n* 1. (*house*) bungalow *m inv* 2. (*in ship, airplane*) cabina *f*

cabin class *n* NAUT classe *f* tra la turistica e la prima

cabin cruiser *n* cabinato *m*

cabinet ['kæ·bɪ·nɪt] *n* 1. (*storage place*) armadietto *m;* (*glass-fronted*) vetrina *f;* **filing ~** archivio *m* 2. + *sing/pl vb* POL consiglio *m* dei ministri

cabinet maker *n* ebanista *mf*

cable ['keɪ·bl] I. *n* 1. (*wire rope*) cavo *m* 2. TV televisione *f* via cavo 3. HIST (*electrically transmitted message*) cablogramma *m;* **to send sth by ~** cablare qc II. *vt* HIST cablare

cable car *n* teleferica *f*

cable network *n* rete *f* via cavo

cable railway *n* funicolare *f*

cable stitch *n* punto *m* a treccia

cable television *n*, **cable TV** *n* televisione *f* via cavo

caboodle [kə·'buː·dl] *n inf* **the whole (kit and) ~** tutto quanto

cabriolet [ˌkæ·bri·ə·'leɪ] *n* cabriolet *m inv*

cacao [kə·'kɑːoʊ] *n* cacao *m; ~* (**bean**) (seme *m* di) cacao *m*

cache [kæʃ] *n* 1. (*hiding place*) nascondiglio *m;* (*secret stockpile*) scorta *f* segreta; **weapons ~** deposito *m* segreto di armi 2. COMPUT cache *f; ~* **memory** memoria *f* cache

cachet [kæʃ·'eɪ] *n* prestigio *m*

cackle ['kæ·kl] I. *vi* 1. (*hen*) fare coccodè 2. *fig* (*laugh*) ridacchiare 3. (*talk*) chiacchierare II. *n* 1. (*of hen*) coccodè *m* 2. (*laugh*) risata *f*

cacophony [kə·'kɑː·fə·ni] *n* (*loud discord*) cacofonia *f;* (*noise*) strepitio *m*

cactus ['kæk·təs] <-es *o* cacti> *n* cactus *m inv*

CAD [kæd] *n abbr of* **Computer-Aided Design** CAD *m*

cadaver [kə·'dæ·vɚ] *n* MED cadavere *m*

CAD/CAM ['kæd·kæm] *n abbr of* **computer-aided design/computer-aided manufacturing** CAD/CAM *m*

caddie, caddy ['kæ·di] <-ies> I. *n* caddie *m inv* II. <caddied, caddied, caddying> *vi* **to ~ for sb** essere il caddie di qu

cadence ['keɪ·dns] *n* cadenza *f*

cadet [kə·'det] *n a.* MIL cadetto *m*

cadmium ['kæd·mjəm] *n* cadmio *m*

cadre ['kæd·riː] *n* 1. (*elite trained group*) élite *f* 2. (*group member*) membro *m* dell'élite

Caesar ['siː·zɚ] *n* Cesare *m;* **Julius ~** HIST Giulio Cesare

caesarean [si·'ze·ri·ən] *n ~* (**section**) (taglio *m*) cesareo *m*

cafe *n*, **café** [kæ·'feɪ] *n* caffè *m*

cafeteria [ˌkæ·fɪ·'tɪ·riə] *n* self-service *m inv*

caffeine [kæ·'fiːn] *n* caffeina *f*

cage [keɪdʒ] I. *n* gabbia *f* II. *vt* mettere in gabbia [*o* tenere]

cagey ['keɪ·dʒi] <-ier, -iest> *adj inf* riservato, -a; **to be ~ about sth** mostrarsi reticente su qc

C

cahoots [kə·'hu:ts] *npl inf* **to be in ~ (with sb)** essere in combutta (con qu)

cairn [kern] *n* cairn *m inv*

Cairo ['kɪ·roʊ] *n* il Cairo

cajole [kə·'dʒoʊl] *vt* blandire; **to ~ sb into/ out of doing sth** blandire qu affinché faccia/ non faccia qc

cake [keɪk] I. *n* 1. CULIN torta *f;* (*small*) pasta *f,* pasticcino *m;* **frosted ~** torta glassata; **sponge ~** pan di Spagna *m* 2.(*of soap*) pezzo *m;* (*of chocolate*) barra *f* ▶ **to sell like hot ~s** *inf* andare a ruba; **to want to have one's ~ and eat it, too** volere la botte piena e la moglie ubriaca; **to take the ~** (*outdo in a positive sense*) essere il massimo; (*outdo in a negative sense*) essere il colmo II. *vt* (*cover with*) **his boots were ~d with mud** aveva gli stivali incrostati di fango III. *vi* (*form into mass*) incrostarsi

cal. *n abbr of* **calorie** cal *f*

calamity [kə·'læ·mə·ti] <-ies> *n* calamità *f*

calciferous [kæl·'sɪ·fə·rəs] *adj* calcifico, -a

calcify ['kæl·sɪ·faɪ] <-ie-> I. *vt* calcificare II. *vi* calcificarsi

calcium ['kæl·si·əm] *n* calcio *m*

calculable ['kæl·kjə·lə·bl] *adj* MATH, ECON calcolabile; **the total damage is ~ at $15,000** il totale dei danni ammonta a 15.000 dollari

calculate ['kæl·kjə·leɪt] I. *vt* calcolare; **to ~ sth at …** calcolare che qc ammonta a … II. *vi* calcolare

calculated *adj* 1.(*likely*) **it's ~ to do sth** è molto probabile che faccia qc 2. MATH calcolato, -a; **a ~ risk** un rischio calcolato 3.(*deliberate*) deliberato, -a

calculating *adj* calcolatore, -trice

calculation [ˌkæl·kjə·'leɪ·ʃən] *n* 1. MATH calcolo *m;* (*figures*) calcoli *mpl* 2.(*foreseeing*) valutazione *f* 3.(*selfish planning*) calcolo *m*

calculator ['kæl·kjə·leɪ·t̬ə] *n* calcolatrice *f*

calculus ['kæl·kjə·ləs] *n* calcolo *m*

calendar ['kæ·lɪn·də] *n* calendario *m*

calendar month <-es> *n* mese *m* civile

calendar year *n* anno *m* civile

calf[1] [kæf] <calves> *n* 1.(*young cow or bull*) vitello *m;* **to be in ~** essere gravida 2.(*leather*) pelle *f* di vitello ▶ **to kill the fatted ~** ammazzare il vitello grasso

calf[2] [kæf] <calves> *n* (*lower leg*) polpaccio *m*

caliber ['kæ·lə·bə] *n* calibro *f;* **to be of (a) high ~** essere un grosso calibro

calibrate ['kæ·lɪ·breɪt] *vt* calibrare

calico ['kæ·lɪ·koʊ] *n* cotonina *f*

California [ˌkæ·lə·'fɔːrn·jə] *n* California *f*

call [kɔːl] I. *n* 1.(*telephone*) chiamata *f;* **to give sb a ~** telefonare a qu 2.(*visit*) visita *f;* **to be on ~** essere di guardia; **to pay a ~ on sb** fare visita a qu 3.(*shout*) grido *m;* **a ~ for help** una richiesta d'aiuto 4.(*animal cry*) richiamo *m* 5. *a.* POL appello *m* 6. *a.* ECON richiesta *f;* **money on ~** denaro *m* a vista; **there is not much ~ for sth** non c'è molta richiesta di qc 7. *form* (*need*) **there's no ~ for sth** non c'è

bisogno di qc; **you had no ~ to say that** non c'era alcun bisogno che tu lo dicessi 8.(*decision*) decisione *f;* **you make the ~** sta a te decidere 9.(*attraction*) richiamo *m;* **the ~ of the wild** il richiamo della natura ▶ **to have a close ~** scamparla per un pelo II. *vt* 1.(*name, address as*) chiamare; **to ~ sb names** insultare qu; **what's that actor ~ed?** come si chiama quell'attore?; **what's his new film ~ed?** come si intitola il suo ultimo film?; **she's ~ed by her middle name, Jane** si fa chiamare col suo secondo nome, Jane 2.(*telephone*) chiamare; **to ~ sb collect** chiamare qu a carico del destinatario 3.(*make noise to attract*) **to ~ sb's attention** attirare l'attenzione di qu; **I ~ed you to come to eat ten minutes ago** ti ho chiamato per dirti di venire a tavola dieci minuti fa 4.(*ask to come*) convocare; **she was ~ed to a meeting in Denver** è stata convocata a Denver per una riunione 5.(*ask for quiet*) **to ~ for order** richiamare all'ordine 6.(*reprimand*) ammonire; **to ~ sth to mind** (*recall, remember*) ricordare qc 7.(*regard as*) **to ~ sth one's own** considerare qc suo; **you ~ this a party?** questa la chiami festa?; **I'm not ~ing you a liar** non ti sto dando del bugiardo; **I don't know exactly how much you owe me, but let's ~ it an even $10** non so esattamente quanto mi devi, diciamo 10 dollari tondi?; **he has very few ideas that he can genuinely ~ his own** ha poche idee che può dire veramente sue 8.(*decide to have*) **to ~ a meeting** (*to order*) convocare una riunione; **to ~ a halt to sth** sospendere qc; **to ~ a strike** indire uno sciopero III. *vi* 1.(*telephone*) chiamare 2.(*drop by*) passare 3.(*shout*) gridare

◆ **call away** *vt* **he was called away** è dovuto andare via

◆ **call back** I. *vt* 1.(*telephone*) richiamare 2.(*ask to return*) far tornare 3. ECON ritirare dal mercato; **the company has called back a type of toy** la ditta ha ritirato dal mercato un tipo di giocattolo II. *vi* (*phone again*) richiamare

◆ **call for** *vt insep* 1.(*come to get*) passare a prendere 2.(*ask*) chiedere 3.(*demand, require*) richiedere; **this calls for a celebration** qui bisogna festeggiare

◆ **call forth** *vt form* suscitare

◆ **call in** *vt* 1.(*ask to come*) chiamare 2. FIN **to ~ a loan** richiedere il pagamento di un prestito

◆ **call off** *vt* 1.(*cancel*) annullare 2.(*order back*) **he called off his dog** ha richiamato il cane

◆ **call on** *vt insep* 1.(*appeal to*) **to ~ sb (to do sth)** fare appello a qu (affinché faccia qc); **to ~ a witness** convocare un testimone; **I now ~ everyone to raise a glass to our friend** *form* adesso invito tutti a fare un brindisi al nostro amico 2.(*visit*) fare visita a

◆ **call out** I. *vt* (*shout*) gridare II. *vi* 1.(*shout*) gridare 2. *fig* (*demand*) **to call out for sth** richiedere qc

◆**call up** *vt* **1.** (*telephone*) chiamare **2.** COM-
PUT **to ~ sth** richiamare qc a video **3.** (*order to
join the military*) **to call up the reserves**
richiamare le riserve **4.** (*conjure up*) rievocare
caller ['kɔː·lə] *n* **1.** (*person on the telephone*)
persona *f* che fa una telefonata; **hold the line
please,** ~ attenda in linea, per favore
2. (*announcer at bingo game*) persona *f* che
legge i numeri estratti
call girl *n* prostituta *f*
calligraphy [kə·'lɪ·grə·fi] *n* calligrafia *f*
call-in *n* RADIO, TV *programma televisivo o
radiofonico con chiamate del pubblico in
diretta*
calling ['kɔː·lɪn] *n form* vocazione *f*
calling card *n* scheda *f* telefonica
callous ['kæ·ləs] *adj* (*heartless*) crudele;
(*insensitive*) insensibile
call sign ['kɔːl·saɪn] *n* segnale *m* di chiamata
callus ['kæ·ləs] <-es> *n* MED callo *m*
calm [kɑːm] **I.** *adj* **1.** (*not nervous*) tranquillo,
-a; **to keep ~** mantenere la calma **2.** (*peaceful,
not wavy*) calmo, -a **3.** (*not windy*) senza
vento **II.** *n* calma *f*, tranquillità *f*; **the ~ before
the storm** *fig* la calma che precede la tempesta **III.** *vt* calmare; **to ~ oneself** calmarsi
calmness *n* **1.** (*lack of agitation*) tranquillità *f*,
calma *f* **2.** (*of the sea*) calma *f*
caloric [kə·'lɔː·rɪk] *adj* calorico, -a
calorie ['kæ·lə·ri] *n* caloria *f*
calorific [ˌkæ·lə·'rɪ·fək] *adj* calorifico, -a
calumny ['kæ·ləm·ni] *n form* calunnia *f*
calve [kæv] *vi* figliare
Calvinism ['kæl·vɪ·nɪ·zəm] *n* REL Calvinismo *m*
Calvinist ['kæl·vɪ·nɪst] REL **I.** *n* calvinista *mf*
II. *adj* calvinista
CAM [kæm] *n abbr of* **computer assisted
manufacturing** CAM *m*
cam [kæm] *n* TECH camma *f*
camaraderie [ˌkæ·mə·'ræ·də·ri] *n* cameratismo *m*
camber ['kæm·bə] *n* (*of road*) pendenza *f*
trasversale
Cambodia [kæm·'bou·diə] *n* Cambogia *f*
Cambodian [kæm·'bou·di·ən] **I.** *adj* cambogiano, -a **II.** *n* cambogiano, -a *m, f*
camcorder ['kæm·kɔ·dər] *n* videocamera *f*
came [keɪm] *vi pt of* **come**
camel ['kæ·ml] **I.** *n* **1.** ZOOL cammello *m*
2. (*color*) color *m* cammello **II.** *adj* **1.** (*camel-
hair*) di cammello **2.** (*color*) color cammello
camel-hair ['kæ·məl·her] *n* (pelo *m* di) cammello
cameo ['kæm·iou] *n* **1.** (*jewelry*) cammeo *m*
2. CINE, TV piccolo ruolo *m*
camera ['kæ·mə·rə] *n* **1.** PHOT macchina *f* fotografica; CINE cinepresa *f*; **to be on ~** essere in
onda **2.** LAW **in ~** a porte chiuse
camera angle *n* angolatura *f*
cameraman <-men> *n* cameraman *m inv*
camera-ready copy <-ies> *n* TYPO copia *f*
pronta per la fotoincisione

camera shot *n* CINE ripresa *f*
camera-shy *adj* **to be ~** non amare farsi fotografare
camerawoman <-women> *n* cameraman *f inv*
Cameroon [ˌkæ·mə·'ruːn] *n* Camerun *m*
Cameroonian [ˌkæ·mə·'rou·ni·ən] **I.** *adj* camerunese **II.** *n* camerunese *mf*
camomile ['kæ·mə·miːl] *n* camomilla *f*; **~ tea**
camomilla
camouflage ['kæ·mə·flɑːʒ] **I.** *n* mimetizza-
zione *f* **II.** *vt* mimetizzare; **to ~ oneself** mime-
tizzarsi
camp[1] [kæmp] **I.** *n* **1.** (*encampment*) accampamento *m*, campo *m*; **army ~** accampamento
militare; **summer ~** colonia *f* estiva; **to
break ~** levare le tende; **to set up ~** accamparsi **2.** (*group*) gruppo *m*; **to go over to the
other ~** passare all'altra parte; **to have a foot
in both ~s** tenere il piede in due staffe **II.** *vi*
accamparsi; **to ~ out** accamparsi; **to go ~ing**
andare in campeggio
camp[2] [kæmp] **I.** *n* (**high**) ~ leziosaggine *m*
II. *adj* (*affected*) affettato, -a; (*effeminate*)
effeminato, -a **III.** *vt* **to ~ it up** fare il gigione
campaign [kæm·'peɪn] **I.** *n* campagna *f*;
~ trail campagna elettorale **II.** *vi* condurre una
campagna; **to ~ for sth/sb** condurre una campagna a favore di qc/qu
campaigner [kæm·'peɪ·nə] *n* **1.** (*election
worker*) persona *f* che collabora a una campagna elettorale **2.** (*person who campaigns*)
persona *f* che porta avanti una campagna; **a ~
for sth** un sostenitore di qc
camper ['kæm·pə] *n* **1.** (*person*) campeggiatore, -trice *m, f* **2.** AUTO camper *m inv*
campfire *n* falò *m* (in accampamento); **~ song**
canzone *f* da cantare intorno al falò
camp follower *n* (*supporter*) simpatizzante *mf*
campground *n* campeggio *m*
camphor ['kæm·fə] *n* MED canfora *m*
camping ['kæm·pɪn] *n* campeggio *m*; **to go ~**
andare in campeggio
campsite ['kæmp·saɪt] *n* campeggio *m*; (*for
one tent*) piazzola *f*
campus ['kæm·pəs] <-es> *n* campus *m inv*
camshaft ['kæm·ʃæft] *n* TECH albero *m* a
camme
can[1] [kæn] **I.** *n* **1.** (*container: of food*) scatola *f*,
barattolo *m*; (*of drink*) lattina *f*; (*of oil*)
bidone *m* **2.** *inf* (*toilet*) cesso *m* **3.** *inf* (*prison*)
galera *f* ▸**to open** (**up**) **a ~ of worms** sollevare un vespaio **II.** <-nn-> *vt* **1.** (*put in cans*)
inscatolare **2.** *inf* (*stop*) ~ **it!** basta!
can[2] [kən] <**could, could**> *aux* **1.** (*be able to*)
potere, essere in grado di; **if I could** se
potessi; **I think she ~ help you** penso che lei
possa aiutarti; **I could have kissed her** avrei
potuto baciarla **2.** *inf* (*be permitted to*)
potere; **you can't go** non puoi andare; **could
I look at it?** potrei vederlo? **3.** (*know how to*)
sapere, essere capace di; **~ you swim?** sai
nuotare?
Canada ['kæ·nə·də] *n* Canada *m*

C

Canadian [kə·'neɪ·di·ən] **I.** *n* canadese *mf* **II.** *adj* canadese

canal [kə·'næl] *n* canale *m*

canalization [ˌkæ·nə·lɪ·'zeɪ·ʃən] *n* canalizzazione *f*

canalize ['kæ·nə·laɪz] *vt* canalizzare

canary [kə·'ne·ri] **I.**<-ies> *n* canarino *m* **II.** *adj* ~ **yellow** giallo canarino

Canary Islands *n* Canarie *fpl*

canary seed *n* seme *m* di scagliola

canasta [kə·'næs·tə] *n* GAMES canasta *f*

cancel ['kæn·sl] <-ll-, -l-> **I.** *vt* **1.** (*reservation, meeting, flight*) cancellare; (*license*) revocare; (*contract*) disdire **2.** MATH **to ~ each other out** elidersi **3.** COMPUT annullare **II.** *vi* cancellare

cancellation [ˌkæn·sə·'leɪ·ʃən] *n* (*of reservation, meeting, flight*) cancellazione; (*of license*) revoca; (*of contract*) disdetta

cancer ['kæn·sɚ] *n* MED cancro *m;* ~ **specialist** oncologo, -a *m, f;* ~ **cell** cellula *f* cancerogena

Cancer ['kæn·sɚ] *n* Cancro *m*

cancer clinic *n* MED clinica *f* oncologica

cancerous ['kæn·sə·rəs] *adj* MED canceroso, -a

cancer research *n* MED ricerca *f* sul cancro

candelabra [ˌkæn·də·'lɑː·brə] <-(s)> *n* candelabro *m*

candid ['kæn·dɪd] *adj* sincero, -a; (*picture*) naturale

candidacy ['kæn·dɪ·də·si] *n,* **candidature** ['kæn·də·də·tʃʊr] *n* candidatura *f*

candidate ['kæn·dɪ·dət] *n* (*competitor*) candidato, -a *m, f*

candid camera *n* candid camera *f inv*

candied ['kæn·dɪd] *adj* candito, -a

candle ['kæn·dl] *n* (*light*) candela *f* ▶ **to burn one's ~ at both ends** ammazzarsi di lavoro; **she can't** <u>hold</u> **a ~ to him** non è degna di legargli le scarpe

candlelight ['kæn·dl·laɪt] *n* lume *f* di candela; **to do sth by ~** fare qc a lume di candela

Candlemas ['kæn·dl·məs] *n* REL Candelora *f*

candlepower ['kæn·dl·pa·ʊɚ] *n* candelaggio *m*

candlestick ['kæn·dl·stɪk] *n* portacandele *m inv*

candlewick ['kæn·dl·wɪk] *n* (*textile*) ciniglia *f*

candor ['kæn·dɚ] *n form* candore *m*

candy ['kæn·di] **I.**<-ies> *n* (*sweets*) caramelle *fpl* **II.** *vt* candire

candy bar *n* barretta *f* al cioccolato

candy store *n* negozio *m* di caramelle

cane [keɪn] **I.** *n* **1.** (*dried plant stem*) canna *f* **2.** (*furniture*) giunco *m* **3.** (*stick*) bastone *m;* (*for punishment*) bacchetta *f* **II.** *vt* punire con la bacchetta

cane sugar *n* zucchero *m* di canna

canine ['keɪ·naɪn] **I.** *n* **1.** ZOOL canide *m* **2.** (*tooth*) canino *m* **II.** *adj* canino, -a

canister ['kæ·nəs·tɚ] *n* barattolo *m,* scatola *f;* (*for gas*) candelotto *m*

cannabis ['kæ·nə·bɪs] *n* (*plant*) canapa *f* indiana; (*drug*) hascisc *m*

canned [kænd] *adj* **1.** (*food, fruit, meat*) in scatola; (*beer*) in lattina **2.** MUS, TV registrato, -a

cannery ['kæ·nə·ri] <-ies> *n* conservificio *m*

cannibal ['kæ·nɪ·bl] *n* cannibale *m*

cannibalism ['kæ·nɪ·bə·lɪ·zəm] *n* cannibalismo *m*

cannibalize ['kæ·nɪ·bə·laɪz] *vt* AUTO cannibalizzare

canning ['kæ·nɪŋ] *n* inscatolamento *m;* ~ **factory** conservificio *m*

cannon ['kæ·nən] *n* cannone *m*

cannon ball *n* palla *f* di cannone

cannon fodder *n* carne *f* da cannone

cannot ['kæ·nɑt] *aux =* **can not** *s.* **can²**

canny ['kæ·ni] <-ier, -iest> *adj* (*clever*) astuto, -a

canoe [kə·'nuː] *n* canoa *f* ▶ **to paddle one's own ~** essere autonomo

canoeing *n* canottaggio *m*

canoeist [kə·'nuː·ɪst] *n* canoista *mf*

canon ['kæ·nən] *n* **1.** REL, MUS canone *m* **2.** (*person*) canonico *m* **3.** LIT bibliografia *f*

canonization [ˌkæ·nə·nɪ·'zeɪ·ʃən] *n* canonizzazione *f*

canonize ['kæ·nə·naɪz] *vt* canonizzare

can opener ['kæn·ˌoʊp·nɚ] *n* apriscatole *m inv*

canopy ['kæ·nə·pi] <-ies> *n* **1.** (*roof-like covering*) tettoia *f* **2.** (*of cockpit*) tettuccio *m* **3.** (*of seat, bed*) baldacchino *m* **4.** *form* (*sky*) volta *f* celeste

cant¹ [kænt] *n* **1.** (*insincere talk*) ipocrisie *fpl* **2.** LING gergo *m*

cant² [kænt] **I.** *n* pendenza *f* **II.** *vt* inclinare **III.** *vi* inclinarsi

can't [kænt] = **cannot**

cantankerous [kæn·'tæŋ·kə·rəs] *adj* intrattabile

cantata [kən·'tɑː·tə] *n* MUS cantata *f*

canteen [kæn·'tiːn] *n* **1.** (*cafeteria*) mensa *f* **2.** MIL (*drink container*) borraccia *f*

canter ['kæn·tɚ] **I.** *n* piccolo galoppo *m* **II.** *vi* andare al piccolo galoppo

cantilever ['kæn·tə·li·vɚ] *n* trave *f* a mensola; ~ **bridge** ponte *m* a sbalzo

Cantonese [ˌkæn·tə·'niːz] **I.** *adj* cantonese **II.** *n* **1.** (*language*) cantonese *m* **2.** (*person*) cantonese *mf*

canvas ['kæn·vəs] <-es> *n* **1.** (*cloth*) tela *f;* **under ~** (*in a tent*) in tenda; NAUT a vele spiegate **2.** ART tela *f*

canvass ['kæn·vəs] **I.** *vt* **1.** (*gather opinion*) sondare; **to ~ sth** (*proposal*) fare un sondaggio d'opinione su qc **2.** POL (*votes*) sollecitare **II.** *vi* POL fare propaganda

canvasser ['kæn·və·sɚ] *n* POL *appartenente a un partito politico che fa propaganda porta a porta*

canvassing *n* POL propaganda *f* elettorale porta a porta

canyon ['kæn·jən] *n* canyon *m inv*

CAP [ˌsiː·eɪ·'piː] *n abbr of* **Civil Air Patrol** soccorso *m* aereo civile

cap¹ [kæp] **I.** *n* **1.** (*without peak*) cuffia *f* **2.** (*with peak*) berretto *m;* ~ **and gown** UNIV toga e tocco **3.** (*cover*) tappo *m;* PHOT copriobiettivo *f;* **screw-on** ~ tappo a vite **4.** (*of tooth, in toy gun*) capsula *f* **5.** (*limit*) limite *m;* **salary** ~ tetto *m* salariale **6.** (*contraceptive*) diaframma *m* ▶ **to put on one's** <u>thinking</u> ~ *inf* mettere in moto il cervello **II.**<-pp-> *vt* **1.** (*limit*) limitare **2.** (*cover*) tappare; (*tooth*) incapsulare **3.** (*outdo*) coronare; **to** ~ **it all** per coronare il tutto

cap² [kæp] *n abbr of* **capital** (**letter**) maiuscola *f*

capability [ˌkeɪ·pə·ˈbɪ·lə·ti] <-ies> *n* **1.** (*ability*) capacità *f;* (*power*) potenziale *m* **2.** (*skill*) capacità *f inv*

capable [ˈkeɪ·pə·bl] *adj* **1.** (*competent*) competente **2.** (*able*) capace; **to be** ~ **of doing sth** essere capace di fare qc

capacity [kə·ˈpæ·sə·ti] <-ies> *n* **1.** (*volume, amount*) capacità *f,* capienza *f;* **to be full to** ~ essere completamente pieno; **filled to** ~ completamente pieno; **seating** ~ **of fifty** cinquanta posti a sedere **2.** (*ability*) capacità *f,* attitudine *f* **3.** (*output*) capacità *f;* **to work at full** ~ operare a pieno regime **4.** (*role*) qualità *f*

cape¹ [keɪp] *n* GEO capo *m*

cape² [keɪp] *n* (*cloak*) mantella *f*

caper¹ [ˈkeɪ·pə·] **I.** *n* **1.** (*joyful leaping movement*) capriola *f;* **to cut** ~**s** fare le capriole **2.** (*dubious activity*) intrallazzo *m* **II.** *vi* saltellare

caper² [ˈkeɪ·pə·] *n* BOT cappero *m*

Cape Town [ˈkeɪp·taʊn] *n* Città *f* del Capo

Cape Verde [ˈkeɪp·vɜːrd] *n* Capo *m* Verde

capillary [ˈkæ·pə·le·ri] <-ies> *n* capillare *m*

capital [ˈkæ·pə·tl] **I.** *n* **1.** (*principal city*) capitale *f* **2.** TYPO maiuscola *f;* **to write in** ~**s** scrivere in stampatello **3.** ARCHIT capitello *m* **4.** FIN capitale *m;* **to make** ~ (**out**) **of sth** *fig* trarre vantaggio da qc **II.** *adj* **1.** (*principal*) capitale; ~ **city** capitale *f* **2.** TYPO (*letter*) maiuscolo, -a **3.** LAW capitale; ~ **punishment** pena *f* capitale

capital assets *npl* FIN capitale *m* fisso

capital crime *n* LAW reato *m* punibile con la pena capitale

capital gains tax <-es> *n* imposta *f* sulle plusvalenze

capital investment *n* FIN investimento *m* di capitale

capital investment company <-ies> *n* società *f* d'investimento

capitalism [ˈkæ·pə·tə·lɪ·zəm] *n* capitalismo *m*

capitalist [ˈkæ·pə·tə·lɪst] **I.** *n* capitalista *mf* **II.** *adj* capitalista

capitalistic [ˌkæ·pə·tə·ˈlɪs·tɪk] *adj* capitalistico, -a

capitalization [ˌkæ·pət·lɪ·ˈzeɪ·ʃən] *n* capitalizzazione *f*

capitalize [ˈkæ·pə·tə·laɪz] *vt* **1.** TYPO scrivere in maiuscolo **2.** *a.* FIN capitalizzare

capital letter [ˈkæ·pə·tl ˈle·ţə·] *n* maiuscola *f;* **in** ~**s** in stampatello

capital punishment *n* pena *f* capitale

capitulate [kə·ˈpɪt·ʃə·leɪt] *vi* capitolare; **to** ~ **to sth/sb** capitolare di fronte a qc/qu

capitulation [kə·ˈpɪt·ʃə·ˈleɪ·ʃən] *n* capitolazione *f;* ~ **to sb/sth** capitolazione di fronte a qu/qc

cappuccino [ˌkæ·pə·ˈtʃiː·noʊ] *n* cappuccino *m*

caprice [kə·ˈpriːs] *n liter* capriccio *m*

capricious [kə·ˈprɪ·ʃəs] *adj* capriccioso, -a

Capricorn [ˈkæp·rə·kɔːrn] *n* Capricorno *m*

caps. *n abbr of* **capital letters** maiuscole *fpl*

capsize [ˈkæp·saɪz] **I.** *vt a. fig* NAUT capovolgere **II.** *vi a. fig* NAUT capovolgersi

capstan [ˈkæps·tən] *n* NAUT cabestano *m*

capsule [ˈkæp·sl] *n* capsula *f*

captain [ˈkæp·tɪn] **I.** *n* capitano, -a *m, f* **II.** *vt* (*team*) capitanare; (*ship*) comandare

captaincy [ˈkæp·tɪn·si] *n* posto *m* di capitano

caption [ˈkæp·ʃən] *n* **1.** (*of picture*) didascalia *f* **2.** CINE sottotitolo *m*

captivate [ˈkæp·tə·veɪt] *vt* accattivare

captive [ˈkæp·tɪv] **I.** *n* (*person*) prigioniero, -a *m, f;* (*animal*) animale *m* in cattività **II.** *adj* (*person*) prigioniero, -a; (*animal*) in cattività; **to hold sb** ~ tenere prigioniero qu

captivity [kæp·ˈtɪ·və·ti] *n* prigionia *f;* **to be in** ~ (*animal*) essere in cattività

capture [ˈkæp·tʃə·] **I.** *vt* **1.** (*take prisoner*) catturare **2.** (*city, votes, market*) conquistare; (*ship*) catturare **3.** ART cogliere; **to** ~ **sth on film** cogliere qc sullo schermo **4.** COMPUT inserire **II.** *n* cattura *f;* (*of city, ship*) presa *f*

car [kɑːr] *n* **1.** AUTO macchina *f,* auto *f inv* **2.** RAIL vagone *m* **3.** (*in airship, balloon*) navicella *f*

carafe [ˈkæ·rəf] *n* caraffa *f*

caramel [ˈkɑː·rml] **I.** *n* **1.** (*burnt sugar*) caramello *m* **2.** (*sweet*) *dolciume tipo caramella mou* **II.** *adj* di caramello; ~ **cream** crème caramel *m inv*

carat <-(s)> *n* carato *m*

caravan [ˈke·rə·væn] *n* (*group of travelers*) carovana *f*

caravansary [ˌke·rə·ˈvæn·sə·ri] *n,* **caravanserai** [ˌkerə·ˈvænsəraɪ] *n* caravanserraglio *m*

caraway [ˈke·rə·weɪ] *n* cumino *m*

caraway seed *n* seme *m* di cumino

carbide [ˈkɑːr·baɪd] *n* carburo *m*

carbine [ˈkɑːr·biːn] *n* carabina *f*

car body [ˈkɑːr·bɑː·di] <-ies> *n* carrozzeria *f*

carbohydrate [ˌkɑːr·boʊ·ˈhaɪ·dreɪt] *n* carboidrato *m*

carbolic [kɑːr·ˈbɑː·lɪk] *adj* ~ **acid** acido *m* fenico

car bomb [ˈkɑːr·bɑːm] *n* autobomba *f*

carbon [ˈkɑːr·bən] **I.** *n* **1.** CHEM carbonio *m* **2.** (*copy*) copia *f* carbone **3.** (*paper*) carta *f* carbone **II.** *adj* di carbonio

carbon copy <-ies> *n* copia *f* carbone

carbon dating *n* datazione *f* al carbonio

carbon dioxide *n* diossido *m* di carbonio

C

carbon footprint n impronta f ecologica, impronta f di carbonio

carbonic [ka:r·'ba:·nɪk] adj ~ **acid** acido m carbonico

carbonize ['ka:r·bə·naɪz] I. vt carbonizzare II. vi carbonizzarsi

carbon monoxide n monossido m di carbonio

carbon paper n carta f carbone

carbuncle ['ka:r·bʌŋ·kl] n 1. MED foruncolo m 2. (gem) carbonchio m

carburet ['ka:·bjʊ·ˌret] vt arricchire un gas combustibile con vapori di idrocarburi liquidi

carburetor ['ka:r·bə·reɪ·tə] n carburatore m

carcass ['ka:r·kəs] <-es> n 1. (of animal, vehicle) carcassa f 2. (of cooked chicken) resti mpl

carcinogen [ka:r·'si·nə·ˌdʒen] n MED (agente m) cancerogeno m

carcinogenic [ˌka:r·sə·nou·'dʒe·nɪk] adj MED cancerogeno, -a

carcinoma [ka:rs··'nou·mə] n MED carcinoma m

card[1] [ka:rd] I. n 1. (birthday, Christmas, etc.) biglietto m (d'auguri) 2. GAMES, A. FIN carta f; **pack of ~s** mazzo m di carte; **to play ~s** giocare a carte 3. (proof of identity) documento m; **membership ~** tessera f dei soci 4. a. COMPUT scheda f 5. SPORTS (program) programma m 6. (index ~) scheda f 7. inf tipo m bizzarro ▶ **to have a ~ up one's sleeve** avere un asso nella manica; **to put one's ~s on the table** mettere le carte in tavola; **to play one's ~s right** giocare bene le proprie carte; **to be in the ~s** essere destino II. vt inf chiedere i documenti

card[2] [ka:rd] I. n cardatrice f II. vt cardare

cardboard ['ka:rd·bɔ:rd] n cartone m

cardiac ['ka:r·dɪ·æk] adj MED cardiaco, -a

cardigan ['ka:r·dɪ·gən] n cardigan m inv

cardinal ['ka:r·dɪ·nl] I. n cardinale m II. adj (important: rule) fondamentale; (error, sin) capitale

cardinal number n numero m cardinale

cardinal points npl punti mpl cardinali

card index ['ka:rd·ˌɪn·deks] <-es> n schedario m

cardiogram ['ka:r·dɪou·græm] n MED cardiogramma m

card reader n lettore m di schede perforate

card table n tavolo m da gioco

care [ker] I. n 1. (attention) cura f; **to take ~ of** prendersi cura di; (object) fare attenzione a; (situation) occuparsi di; **take ~ (of yourself)!** riguardati!; **to do sth with ~** fare qc con cura; **that takes ~ of that!** questo è sistemato!; **handle with ~** maneggiare con cura 2. (worry) preoccupazione f; **to not have a ~ in the world** essere spensierato, -a II. vi 1. (be concerned) preoccuparsi; **to ~ about sb/sth** preoccuparsi per qu/qc; **as if I ~d!** e a me che m'importa?; **for all I ~** (as far as I'm concerned) per me; **who ~s?** chi se ne frega? 2. (feel affection) **to ~ about sb** voler bene a

qu, tenere a qu 3. (want) **to ~ to do sth** essere disposto a fare qc

CARE [ker] n abbr of **Cooperative for American Relief Everywhere** cooperativa statunitense di soccorso nel mondo

career [kə·'rɪr] n 1. (profession) professione f 2. (working life) carriera f (professionale)

career counselor n consulente mf per l'orientamento professionale

careerist [kə·'rɪ·rɪst] I. n carrierista mf II. adj carrierista

career woman <-women> n donna f in carriera

carefree ['ker·fri:] adj spensierato, -a

careful ['ker·fəl] adj (cautious, meticulous) attento, -a; **to be ~ of sth** fare attenzione a qc; **to be ~ to do sth** fare attenzione a fare qc

carefulness n attenzione f, cura f

careless ['ker·lɪs] adj 1. (lacking attention, unthinking, not painstaking) distratto, -a 2. (carefree) spensierato, -a

carelessness n 1. (lack of attention) distrazione f 2. (lack of concern) menefreghismo m

carer n badante mf, persona che si prende cura di una persona anziana, malata o disabile

caress [kə·'res] I. <-es> n carezza f II. vi fare una carezza III. vt accarezzare

caretaker ['ker·ˌteɪ·kə] n (of building, property) custode mf

careworn ['ker·wɔ:rn] adj segnato, -a dalle preoccupazioni

car ferry <-ies> n NAUT traghetto m per auto

cargo ['ka:r·gou] <-(e)s> n 1. (goods) carico m 2. (load) carico m

cargo aircraft n aereo m da carico

cargo boat n cargo m inv, nave f da carico

cargo plane n aereo m da carico

cargo ship n cargo m inv, nave f da carico

cargo vessel n cargo m inv, nave f da carico

Caribbean [ˌkerɪ·'bi:·ən] I. n **the ~** i Caraibi; (sea) il Mar dei Caraibi II. adj caraibico, -a

caricature ['ke·rə·kə·tʃʊr] I. n a. ART caricatura f II. vt LIT fare la caricatura di

caricaturist ['kæ·rə·kə·tʃʊ·rɪst] n ART caricaturista mf

caries ['ke·ri:z] n MED carie f inv

caring adj premuroso, -a

car insurance n assicurazione f della macchina

carjacking n furto m d'auto

carnage ['ka:r·nɪdʒ] n massacro m

carnal ['ka:r·nl] adj carnale

carnation [ka:r·'neɪ·ʃən] I. n 1. BOT garofano m 2. (color) rosa m carne II. adj rosa carne inv

carnival ['ka:r·nə·vl] n carnevale m

carnivore ['ka:r·nə·vɔ:r] n carnivoro, -a m, f

carnivorous [ka:r·'nɪ·və·rəs] adj carnivoro, -a

carol ['ke·rəl] n canto m (di Natale)

carol singer n cantante mf di canti di Natale

carotene ['kæ·rə·ti:n] n BIO carotene m

carousel [ˌkæ·rə·'sel] n 1. (merry-go-round)

giostra f 2.(*baggage return*) nastro m trasportatore

carp[1] [kɑːrp] <-(s)> n ZOOL carpa f

carp[2] [kɑːrp] vi avere sempre da ridire

carpenter ['kɑːr·pn·tə·] n falegname m

carpentry ['kɑːr·pn·tri] n falegnameria f

carpet ['kɑːr·pət] I. n (*fitted*) moquette f inv; (*not fitted*) tappeto m ▸ **to sweep sth under the ~** nascondere qc sotto il tappeto II. vt 1.(*cover floor*) mettere la moquette in 2. lit (*cover sth*) ricoprire

carpetbag ['kɑːr·pət·bæg] n borsa f in tessuto di tappeto

carpetbagger ['kɑːr·pət·ˌbæ·gə·] n POL *politico che cerca di farsi eleggere in un collegio in cui non è conosciuto;* HIST *in America, nordista che alla fine della Guerra di Secessione andava negli stati sudisti per trarre profitto o conquistare potere politico*

carpeting ['kɑːr·pə·tɪŋ] n moquette f

carpool ['kɑːr·puːl] n *condivisione della stessa auto da parte di un gruppo di persone che lavorano nello stesso luogo*

car rental n autonoleggio m

carriage ['ke·rɪdʒ] n 1.(*horse-drawn vehicle*) carrozza f 2.(*part of typewriter*) carrello m

carriage return n TYPO ritorno m carrello

carrier ['kæ·rɪ·ə·] n 1.(*person who carries*) corriere m 2. MIL (*vehicle*) veicolo m da trasporto; **aircraft ~** portaerei f inv 3. MED portatore, -trice m, f 4.(*transport company*) spedizioniere m 5. TEL **wireless ~** operatore m di telefonia mobile

carrion ['ke·ri·ən] n carogna f

carrion crow n cornacchia f

carrot ['ke·rət] n 1.(*vegetable*) carota f 2. inf (*reward*) incentivo m; **the ~-and-stick approach** la tecnica del bastone e della carota

carroty ['ke·rə·ṭi] <-ier, -iest> adj color carota inv

carry ['ke·ri] <-ies, -ied> I. vt 1.(*transport in hands or arms*) portare 2.(*transport*) trasportare 3.(*have on one's person*) avere con sé 4. MED (*transmit*) trasmettere 5.(*support*) sostenere 6.(*sell*) vendere 7.(*win: position*) conquistare 8.(*approve*) approvare 9. PUBL **to ~ an article** pubblicare un articolo 10.(*develop*) **to ~ consequences** avere conseguenze; **to ~ an argument to its (logical) conclusion** arrivare alla conclusione logica di un ragionamento 11.(*be pregnant*) **to ~ a child** aspettare un bambino II. vi (*be audible*) arrivare

◆**carry along** vt portarsi dietro; (*water*) portare via

◆**carry away** vt 1.(*remove*) portare via 2.**to be carried away (by sth)** (*be overcome by*) lasciarsi sopraffare (da qc); (*be enchanted by*) entusiasmarsi (per qc); **to get carried away** esaltarsi

◆**carry forward** vt FIN trasferire

◆**carry off** vt 1.(*remove*) **to carry sb off** portarsi via qu 2.(*succeed*) **to carry it off** farcela

◆**carry on** I. vt insep continuare; ~ (**with**) **the good work!** bravo, continua così! II. vi 1.(*continue*) continuare; **to ~ doing sth** continuare a fare qc 2. inf (*make a fuss*) non finirla più

◆**carry out** vt eseguire

◆**carry over** I. vt 1.(*bring forward*) riportare; FIN trasferire 2.(*postpone*) rimandare II. vi 1.**to ~ into sth** (*have an effect on*) influire su qc 2.(*remain*) permanere

◆**carry through** vt 1.(*support*) sostenere 2.(*complete successfully*) portare a termine

carryall ['kæ·ri·ɔːl] n borsone m

carrying capacity <-ies> n capacità f di carico

carrying-on <carryings-on> n inf 1.(*dubious affair*) tresca f 2.(*dubious activity*) tresca f

carryover n 1. FIN riporto m 2.(*remnant*) rimanenze fpl

CARS [kɑːrz] n abbr of **Car Allowance Rebate System** incentivo m per la rottamazione delle vecchie auto

cart [kɑːrt] I. n 1.(*vehicle*) carro m 2.(*supermarket trolley*) carrello m ▸ **to put the ~ before the horse** mettere il carro davanti ai buoi II. vt (*transport*) portare

carte blanche [ˌkɑːrt·'blɑːnʃ] n carta f bianca

cartel [kɑːr·'tel] n cartello m

cartilage ['kɑːrt·lɪdʒ] n cartilagine f

cartload ['kɑːrt·loʊd] n carrettata f; **~s of garbage** montagne fpl di spazzatura

cartographer [kɑːr·'tɑː·grə·fə·] n cartografo, -a m, f

cartography [kɑːr·'tɑː·grə·fi] n cartografia f

carton ['kɑːr·tn] n (*box*) scatola f di cartone; (*of juice, milk*) cartone m

cartoon [kɑːr·'tuːn] n 1. ART vignetta f 2. CINE cartone m animato

cartoonist n fumettista mf

cartridge ['kɑːr·trɪdʒ] n 1.(*for ink, ammunition*) cartuccia m 2.(*for record player*) testina f

cartwheel ['kɑːrt·hwiːl] I. n ruota f; **to do a ~** fare la ruota II. vi fare le ruote

carve [kɑːrv] I. vt 1.(*cut*) ritagliare; **to ~ (out) a name for oneself** fig farsi un nome 2.(*stone, wood*) intagliare 3.(*cut meat*) tagliare II. vi ritagliare

carver ['kɑːr·və·] n 1. ART intagliatore, -trice m, f 2. pl CULIN trinciante m

carvery ['kɑːr·və·i] <-ies> n *ristorante specializzato in carni arrosto*

carving n ART intaglio m

carving knife <knives> n trinciante m

car wash <-es> n autolavaggio m

cascade [kæs·'keɪd] I. n cascata f II. vi **to ~ from sth** ricadere a cascata da qc

case[1] [keɪs] n 1. a. MED, LING caso m; **in any ~** in ogni caso; **just in ~** per precauzione; **in ~ it rains** in caso piova; **as the ~ may be** a seconda dei casi 2. LAW causa f, caso m; **to close the ~** chiudere il caso; **to lose one's ~** perdere

C

la causa **3.**(*argument*) **to make a ~ for sth** argomentare in favore di qc

case² [keɪs] *n* (*container*) cassa *f;* (*for jewels*) astuccio *m;* (*for eyeglasses, musical instrument*) custodia *f;* **a ~ of beer/soft drinks** una cassa di birra/bevande analcoliche; **glass ~** vetrina *f*

casebook *n* registro *m*

case law *n* LAW giurisprudenza *f*

case study <-ies> *n* casistica *f*

cash [kæʃ] **I.** *n* (*denaro m*) contante *m; ~* **in advance** pagamento *m* anticipato; **to be strapped for ~** *inf* essere al verde **II.** *vt* incassare; **to ~ sth in** riscuotere qc; **to ~ in** (**one's chips**) *inf* (*die*) morire
♦ **cash in I.** *vt insep* riscuotere **II.** *vi* **to ~ on sth** trarre profitto da qc

cash-and-carry [ˌkæʃ-ənd-ˈke·ri] **I.**<-ies> *n* cash and carry *m inv,* negozio *m* all'ingrosso **II.** *adj* all'ingrosso

cash cow *n sl: settore di un'azienda che realizza stabilmente grossi profitti*

cash crop *n* prodotto agricolo coltivato per la vendita anziché per il consumo diretto

cashew [ˈkæ·ʃuː] *n,* **cashew nut** *n* anacardio *m*

cash flow [ˈkæʃ·ˌfloʊ] *n* FIN flusso *m* di cassa

cashier [kæʃˈɪr] *n* cassiere, -a *m, f*

cash machine *n* Bancomat® *m inv*

cashmere [ˈkæʒ·mɪr] *n* cachemire *m inv*

cash register *n* registratore *m* di cassa

casing [ˈkeɪ·sɪŋ] *n* involucro *m; (of cable)* rivestimento *m* isolante

casino [kəˈsiː·noʊ] *n* casinò *m, inv*

cask [kæsk] *n* barile *m; (of wine)* botte *f*

casket [ˈkæs·kɪt] *n* **1.**(*box*) cofanetto **2.**(*coffin*) bara *f*

Caspian Sea [ˈkæs·pi·ən] *n* Mar *m* Caspio

casserole [ˈkæ·sə·roʊl] *n* **1.**(*cooking vessel*) casseruola *f* **2.** CULIN piatto *m* di carne e verdure in casseruola

cassette [kəˈset] *n* cassetta *f;* **video ~** videocassetta *f*

cassette deck *n* piastra *f* di registrazione

cassette player *n,* **cassette recorder** *n* registratore *m* a cassetta

cast [kæst] **I.** *n* **1.** THEAT, CINE cast *m inv;* **supporting ~** attori *mpl* non protagonisti **2.**(*mold*) stampo *m* **3.** MED ingessatura *f* **4.**(*of worm*) escrementi *mpl* **II.**<cast, cast> *vt* **1.**(*throw*) lanciare **2.**(*direct*) **to ~ doubt on sth** mettere in dubbio qc; **to ~ a shadow on sth** fare ombra su qc; *fig* gettare un'ombra su qc; **to ~ light on sth** illuminare qc; *fig* fare luce su qc **3.**(*allocate roles*) **to ~ sb as sb/sth** assegnare a qu la parte di qu/qc; **to ~ sb in a role** scegliere qu per una parte **4.**(*give*) dare **5.**(*make in a mold*) fondere
♦ **cast aside** *vt,* **cast away** *vt* (*rid oneself of*) sbarazzarsi di; (*free oneself of*) liberarsi di
♦ **cast off I.** *vt* **1.**(*get rid of*) disfarsi di **2.**(*stitch*) chiudere **II.** *vi* **1.** NAUT salpare **2.**(*in knitting*) chiudere le maglie

♦ **cast on I.** *vt* (*in knitting: stitch*) avviare **II.** *vi* (*in knitting*) avviare le maglie
♦ **cast out** *vt* (*cacciare: ideas*) respingere; *form* (*person*) espellere

castanets [kæs·təˈnets] *npl* nacchere *fpl*

castaway [ˈkæst·ə·weɪ] *n* (*survivor from a ship*) naufrago, -a *m, f*

caste [kæst] *n* (*social class*) casta *f; ~* **system** sistema *m* delle caste

caster [ˈkæs·tə·] *n* rotella *f*

castigate [ˈkæs·tə·geɪt] *vt form* **to ~ sb for sth** criticare duramente qu per qc

castigation [ˌkæs·tə·ˈgeɪ·ʃən] *n* critica *f*

casting [ˈkæs·tɪŋ] *n* **1.**(*forming in a mold*) gettata *f,* colata *f* **2.** THEAT casting *m inv*

cast iron [ˌkɑːst·ˈa·ɪən] *n* ghisa *f*

cast-iron *adj* **1.**(*made of cast iron*) in ghisa **2.** *fig* (*evidence*) irrefutabile; (*alibi*) di ferro; (*promise*) fermo, -a

castle [ˈkæ·sl] **I.** *n* **1.**(*building*) castello *m* **2.**(*chess piece*) torre *f* ▶ **to build ~s in the air** fare castelli in aria **II.** *vi* (*in chess*) arroccare

castoff [ˌkæst·ɑːf] **I.** *n* (*garment*) **~s** abiti *mpl* smessi **II.** *adj* (*clothes, shoes*) vecchio, -a

castor [ˈkæs·tə·] *n* rotella *f*

castor oil *n* olio *m* di ricino

castrate [kæ·ˈstreɪt] *vt* castrare

casual [ˈkæ·ʒuː·əl] *adj* **1.**(*relaxed*) disinvolto, -a **2.**(*not permanent*) occasionale **3.**(*not serious*) noncurante; (*glance*) casuale; (*remark*) alla leggera; (*meeting*) fortuito, -a **4.**(*informal*) informale; (*clothes*) casual *inv*

casually *adv* in modo informale

casualty [ˈkæ·ʒuː·əl·ti] <-ies> *n* **1.**(*accident victim*) vittima *f;* (*dead person*) morto, -a *m, f* **2.**(*injured person*) ferito, -a *m, f; ~***s** MIL (*dead people*) perdite *fpl* **3.**(*sth eliminated*) **to be a ~ of the recession** scomparire in seguito alla recessione

cat [kæt] *n* gatto, -a *m, f* ▶ **to let the ~ out of the bag** rivelare un segreto; **to fight like ~s and dogs** fare come cane e gatto; **to rain ~s and dogs** piovere a catinelle; **to play ~ and mouse with sb** giocare come il gatto col topo con qu; **has the ~ got your tongue?** ti sei fatto mangiare la lingua dal gatto?

CAT [kæt] *n* **1.** COMPUT *abbr of* **computer-assisted translation** traduzione *f* assistita dal computer **2.** MED *abbr of* **computerized axial tomography** TAC *f inv; ~* **scan** TAC

cataclysmic [ˌkæ·tə·ˈklɪz·mɪk] *adj* disastroso, -a

catacombs [ˈkæ·tə·koʊmz] *npl* catacombe *fpl*

Catalan [ˈkæ·tə·læn] **I.** *adj* catalano, -a **II.** *n* **1.**(*habitant*) catalano, -a *m, f* **2.**(*language*) catalano *m*

catalog [ˈkæ·tə·lɑːg] **I.** *n* catalogo *m; (repeated events)* serie *f;* **a ~ of mistakes** *fig* un errore dietro l'altro **II.** *vt* catalogare

catalysis [kəˈtæ·lə·sɪs] *n* catalisi *f inv*

catalyst [ˈkæ·tə·lɪst] *n a. fig* catalizzatore *m*

catalytic [kæ·tə·'lɪ·tɪk] *adj* catalitico, -a; ~ **converter** AUTO catalizzatore *m*

catamaran [ˌkæ·ţə·mə·'ræn] *n* catamarano *m*

catapult ['kæ·ţə·pʌlt] I. *n* catapulta *f* II. *vt* catapultare

cataract[1] ['kæ·ţə·rækt] *n* MED cateratta *f*

cataract[2] ['kæ·ţə·rækt] *n lit* (*waterfall*) cateratta *f*

catarrh [kə·'tɑːr] *n* catarro *m*

catastrophe [kə·'tæs·trə·fi] *n* catastrofe *f*

catastrophic [ˌkæ·ţə·'strɑː·fɪk] *adj* catastrofico, -a

catcall ['kæt·kɔːl] *n* fischio *m*

catch [kætʃ] <-es> I. *n* **1.** (*fish caught*) pesca *f* **2.** (*fastening device*) chiusura *f*; (*on window*) fermo *m* **3.** *inf* (*suitable partner*) he's a good ~ è un buon partito **4.** (*trick*) tranello *m* II. <caught, caught> *vt* **1.** (*hold moving object*) afferrare; (*person*) prendere, catturare; **to ~ sb at a bad moment** cogliere qu in un momento poco opportuno **2.** (*entangle*) **to get caught in sth** rimanere incastrato in qc; **to get caught up in sth** rimanere coinvolto in qc; **to get caught on sth** rimanere impigliato in qc **3.** (*collect*) raccogliere **4.** (*capture an expression*) percepire; (*hear*) sentire **5.** (*attract*) attirare **6.** (*get*) prendere; **to ~ the bus** prendere l'autobus **7.** (*understand*) capire **8.** (*notice*) rendersi conto di; (*by chance*) notare (per caso) **9.** (*discover by surprise*) **to ~ sb doing sth** cogliere qu mentre fa qc; **to ~ sb red-handed** *fig* cogliere qu in flagrante; **to ~ sb with their pants down, to ~ sb napping** *fig* cogliere qu alla sprovvista **10.** MED (*become infected*) prendere **11.** (*start burning: fire*) prendere

◆**catch on** *vi* **1.** (*become popular*) prendere piede **2.** *inf* (*understand*) capire

◆**catch up** I. *vi* **to ~ with sb** raggiungere qu; **to ~ with sth** (*make up lost time*) recuperare qc; (*equal the standard*) mettersi in pari con qc II. *vt* **to catch sb up** mettersi in pari con qu

catchall ['kæt·tʃɔːl] *adj* generico, -a

catcher ['kæ·tʃɚ] *n* SPORTS catcher *m inv*

catch phrase ['kætʃ·freɪz] *n* slogan *m inv*

catchup ['kæt·ʃəp] *n s.* ketchup

catchword ['kætʃ·ˌwɜːrd] *n* slogan *m inv*

catchy ['kæ·tʃi] <-ier, -iest> *adj* (*tune*) orecchiabile

catechism ['kæ·ţɪ·kɪ·zəm] *n* catechismo *m*

categorical [ˌkæ·ţə·'gɔː·rɪ·kl] *adj* (*denial, refusal*) categorico, -a

categorize ['kæ·ţə·gə·raɪz] *vt* classificare

category ['kæ·ţə·gɔː·ri] <-ies> *n* categoria *f*

cater ['keɪ·ţɚ] *vi* preparare da mangiare

caterer ['keɪ·ţɚ·ɚ] *n* incaricato, -a *m, f* del servizio catering

catering ['keɪ·ţə·rɪŋ] *n* catering *m inv*

Caterpillar® ['kæ·ţɚ·pɪ·lɚ] *n* cingolato *m*

caterpillar ['kæ·ţə·pɪ·lɚ] *n* ZOOL bruco *m*

caterwaul ['kæ·ţɚ·wɔːl] I. *n* verso *m* stridulo II. *vi* fare versi striduli

catfish *n* pesce *m* gatto

catgut ['kæt·gʌt] *n* corda *f* in budello; MED catgut *m inv*

cathartic [kə·'θɑːr·ţɪk] *adj* catartico, -a

cathedral [kə·'θiː·drəl] *n* cattedrale *f*; ~ **city** città *f* vescovile

catheter ['kæ·θə·ţɚ] *n* MED catetere *m*

cathode ['kæ·θoʊd] *n* ELEC catodo *m*

cathode ray *n* raggio *m* catodico

Catholic ['kæ·θə·lɪk] REL I. *n* cattolico, -a *m, f* II. *adj* cattolico, -a

catholic ['kæ·θə·lɪk] *adj* eclettico, -a

Catholicism [kə·'θɑː·lə·sɪ·zəm] *n* Cattolicesimo *m*

cat litter *n* lettiera *f* per gatti

catnap ['kæt·ˌnæp] I. *n inf* pisolino *f*; **to have a ~** fare un pisolino II. <-pp-> *vi inf* fare un pisolino

cat's cradle [ˌkæts·'kreɪ·dl] *n* ripiglino *m*

catsup ['kæt·səp] *n s.* ketchup

cattle ['kæ·ţl] *npl* (*bovines*) bestiame *m;* **beef** ~ bovini *mpl* da carne; **dairy** ~ vacche da *fpl* latte

cattle breeder *n* allevatore, -trice *m, f* di bestiame

cattle breeding *n* allevamento *m* del bestiame

cattle car *n* RAIL carro *m* bestiame

cattle thief <thieves> *n* ladro *m* di bestiame

catty ['kæ·ţi] <-ier, -iest> *adj* (*hurtful*) maligno, -a

catwalk ['kæt·wɑːk] *n* THEAT, FASHION passerella *f*

Caucasian [kɑː·'keɪ·ʒən] *form* I. *n* **1.** (*white*) persona *f* di razza bianca **2.** (*European*) europoide *mf* **3.** (*languages*) caucasico *m* II. *adj* **1.** (*white*) di razza bianca **2.** (*European*) europoide **3.** (*of the Caucasus: person, language*) caucasico, -a

caucus ['kɑː·kəs] I. *n* <-es> **1.** (*group, members*) vertici *mpl* del partito **2.** (*meeting*) riunione *f* dei vertici del partito II. *vi* fare una riunione dei vertici del partito

caught [kɑːt] *pt, pp of* **catch**

cauldron ['kɑːl·drən] *n* calderone *m*

cauliflower ['kɑː·lɪ·ˌfla·ʊɚ] *n* cavolfiore *m*

caulk [kɑːk] *vt* stuccare; NAUT calafatare

causal ['kɑː·zl] *adj a.* LING causale; (*relationship*) di causa-effetto

causality [kɑː·'zæ·lə·ti] *n form* causalità *f*

causative ['kɑː·zə·tɪv] *adj form* (*acting as a cause*) LING causativo, -a

cause [kɔːz] I. *n* **1.** (*a reason for, principle*) LAW causa *f*; **he is the ~ of all her woes** è lui la causa di tutti i suoi mali; **this is no ~ for ...** ciò non giustifica ...; **to do sth in the ~ of sth** fare qc per qc **2.** (*objective*) causa *f* II. *vt* causare; (*an accident*) provocare; **to ~ sb/sth to do sth** far sì che qu/qc faccia qc; **to ~ sb harm** recare danno a qu; **this medicine may ~ dizziness and nausea** il farmaco può provocare vertigini e nausea

causeway ['kɑː·zˌweɪ] *n* **1.** (*road bridge*) strada *f* rialzata **2.** (*pathway*) passaggio *m* rialzato

C

caustic ['kɔːs·tɪk] *adj a. fig* (*lime*) caustico, -a; (*tongue*) di vipera

cauterize ['kɔː·tə·raɪz] *vt* cauterizzare

caution ['kɔː·ʃən] I. *n* 1. (*carefulness*) cautela *f;* ~ **is advised** si raccomanda di procedere con prudenza; **to throw** ~ **to the winds** gettare la prudenza alle ortiche 2. (*warning*) avvertimento *m;* **a note of** ~ un avvertimento; ~! attenzione! II. *vt form* **to** ~ **sb about sth** avvertire qu di qc; **to** ~ **sb not to do sth** diffidare qu dal fare qc

cautionary ['kɔː·ʃə·ne·ri] *adj* di avvertimento; **a** ~ **tale** un racconto con una morale

cautious ['kɔː·ʃəs] *adj* cauto, -a; (*optimism*) moderato, -a

cavalcade [ˌkæ·vl·'keɪd] *n* 1. (*procession*) sfilata *f* 2. (*succession*) serie *f;* (*of memories*) carrellata *f*

cavalier [ˌkæ·və·'lɪr] I. *n* HIST cavaliere *m* II. *adj* menefreghista

cavalry ['kæ·vəl·ri] *n pl vb* MIL cavalleria *f*

cavalryman ['kæ·vəl·ri·mən] <-men> *n* soldato *m* di cavalleria

cave [keɪv] I. *n* grotta *f,* caverna *f* II. *vi* 1. (*hollow out*) scavare 2. SPORTS praticare speleologia

◆ **cave in** *vi* cedere

caveat ['kæ·vi·æt] *n* 1. (*warning*) ammonimento *m* 2. LAW *avvertimento che indica la necessità di tenere presente qualcosa prima di poter prendere una decisione finale*

cave dweller *n* cavernicolo *m*

cave-in *n* cedimento *m*

caveman ['keɪv·mæn] <-men> *n* 1. (*prehistoric man*) uomo *m* delle caverne 2. *inf* (*socially underdeveloped*) troglodita *m*

cave painting *n* pittura *f* rupestre

caver ['keɪ·vər] *n* speleologo, -a *m, f*

cavern ['kæ·vən] *n* caverna *f*

cavernous ['kæ·və·nəs] *adj* enorme; (*hole, room*) scuro, -a; (*pit*) profondo, -a; (*eyes*) infossato, -a

caviar(e) ['kæ·vi·ɑːr] *n* caviale *m*

cavity ['kæ·vɪ·ti] <-ies> *n* 1. *a.* ANAT cavità *f* 2. MED carie *f inv*

caw [kɔː] I. *n* gracchio *m* II. *vi* gracchiare

cayenne [kaɪ·'en] *n,* **cayenne pepper** *n* pepe *m* di Caienna

Cayman Islands ['keɪ·mən·ˌaɪ·ləndz] *n* Isole *fpl* Cayman

CB [ˌsiː·'biː] *n abbr of* **Citizen's Band** banda *f* cittadina

CBW *n abbr of* **chemical and biological warfare** guerra *f* biochimica

cc [ˌsiː·'siː] *abbr of* **cubic centimeter** cc

CCTV [ˌsiː·siː·tiː·'viː] *n abbr of* **closed-circuit television** televisione *f* a circuito chiuso

ccw. *adj, adv abbr of* **counterclockwise** in senso antiorario

CD [ˌsiː·'diː] *n abbr of* **compact disc** CD *m inv*

CD-R *n abbr of* **compact disc-recordable** CD-R *m inv*

CD-ROM [ˌsiː·diː·'rɑːm] *n abbr of* **compact**

disc read-only memory CD-ROM *m inv;* **on** ~ su CD-ROM

CD-RW *n abbr of* **compact disc-rewritable** CD-RW *m inv*

cease [siːs] *form* I. *vi* cessare; **to** ~ **to do sth** cessare di fare qc II. *vt* cessare; **it never** ~**s to amaze me** non finisce mai di stupirmi; ~ **fire!** MIL cessate il fuoco! III. *n* **without** ~ senza sosta

cease-fire [ˌsiːs·'fa·ɪə·] *n* MIL cessate *m* il fuoco *inv*

ceaseless ['siːs·lɪs] *adj* incessante

cedar ['siː·də·] *n* 1. (*tree*) cedro *m* 2. (*wood*) (legno *m* di) cedro *m*

cede [siːd] *vt form* cedere

ceiling ['siː·lɪŋ] *n* 1. ARCHIT soffitto *m* 2. AVIAT plafond *m inv* 3. (*upper limit*) tetto *m* massimo; (*on prices*) limite *m;* **to impose a** ~ **on sth** imporre un limite a qc 4. METEO ceiling *m*
▶ **to hit the** ~ *inf* andare su tutte le furie

celebrate ['se·lɪ·breɪt] I. *vi* festeggiare; **let's** ~! bisogna festeggiare! II. *vt* celebrare; **they** ~**d him as a hero** lo accolsero come un eroe

celebrated *adj* celebre

celebration [ˌse·lɪ·'breɪ·ʃən] *n* 1. (*party*) festeggiamento *m* 2. (*of an occasion, an event*) celebrazione *f;* **to throw a party in** ~ **of sth** dare una festa per festeggiare qc; **this calls for (a)** ~! qui bisogna festeggiare!

celebratory ['se·lə·brə·tɔː·ri] *adj* **we went for a** ~ **dinner** siamo andati a cena per festeggiare

celebrity [sə·'le·brə·ti] *n* 1. <-ies> (*person*) famoso, -a *m, f* 2. (*fame*) celebrità *f*

celeriac [sə·'le·rɪ·æk] *n* sedano *m* rapa

celery ['se·lə·ri] *n* sedano *m*

celestial [sɪ·'les·tʃl] *adj a. fig* celestiale

celestial body <-ies> *n* corpo *m* celeste

celibacy ['se·lɪ·bə·si] *n* 1. *a.* REL castità *f* 2. (*being single*) celibato *m*

celibate ['se·lɪ·bət] I. *n* 1. *a.* REL persona *f* che ha fatto voto di castità 2. (*single man*) celibe *m;* (*single woman*) nubile *f* II. *adj* 1. *a.* REL (*refraining from sex*) casto, -a 2. (*unmarried man*) celibe *m;* (*unmarried woman*)

cell [sel] *n* 1. (*in prison*) cella *f* 2. BIO, POL cellula *f;* **a single-**~ **animal** un organismo animale unicellulare; **grey** ~**s** materia *f* grigia *inf* 3. ELEC cellula *f*

cellar ['se·lə·] *n* 1. cantina *f* 2. SPORTS ultimo posto *m*

cell phone *n* cellulare *m,* telefonino *m*

cellist ['tʃe·lɪst] *n* MUS violoncellista *mf*

cell nucleus ['sel·ˌnuː·kli·əs] <-clei *o* -es> *n* nucleo *m* cellulare

cello ['tʃe·loʊ] <-s *o* -li> *n* MUS violoncello *m*

cellophane® ['se·lə·feɪn] *n* cellophane *m*

cellular ['sel·ju·lə·] *adj* 1. BIO cellulare 2. (*porous*) poroso, -a

cellular phone *n,* **cell phone** ['sel·foʊn] *n* cellulare *m*

cellulite ['sel·jə·laɪt] *n* cellulite *f*

celluloid ['sel·ju·lɔɪd] I. *n* celluloide *m* II. *adj* di celluloide

cellulose ['sel·jʊ·loʊs] *n* cellulosa *f*

Celsius ['sel·si·əs] *adj* PHYS Celsius

Celt [kelt, selt] *n* HIST celta *mf*

Celtic ['kel·tik, 'sel·tik] I. *adj* celtico, -a II. *n* (*language*) celtico *m*

cement [sɪ·'ment] I. *n* 1. ARCHIT, MED cemento *m* 2. (*glue*) colla *f*; **rubber ~** mastice *m* 3. (*uniting idea*) cemento *m* II. *vt* 1. (*cover with cement, stablize*) cementare; **to ~ over sth** rivestire qc di cemento 2. MED otturare

cemetery ['se·mə·te·ri] <-ies> *n* cimitero *m*

censer ['sen·sə] *n* REL incensiere *m*

censor ['sen·sə] I. *n* 1. (*official*) censore *m* 2. PSYCH censura *f* II. *vt* censurare

censorious [sen·'sɔː·ri·əs] *adj* censorio, -a; (*comments*) molto critico, -a

censorship ['sen·tsə·ʃip] *n* censura *f*

censure ['sen·tʃə] *vt* censurare

census ['sen·səs] <-es> *n* censimento *m*

cent [sent] *n* centesimo *m* ▸ **to not have a red ~** *inf* non avere un soldo

centenarian [ˌsent·ne·ri·ən] *n* centenario, -a *m, f*

centenary ['sent·ne·ri] I. <-ies> *n* centenario *m* II. *adj* (*once every century*) centenario, -a; **~ year** centenario *m*

centennial [sen·'ten·iəl] I. *n* centenario *m* II. *adj* centennale

center ['sen·tə] I. *n* 1. centro *m* 2. SPORTS (*in football*) centravanti *m inv* II. *vt* 1. a. SPORTS, TYPO centrare 2. (*efforts*) concentrare
◆**center around** *vi* incentrarsi attorno a
◆**center on** *vi* concentrarsi su

centerpiece ['sen·tə·piːs] *n* fulcro *m*

centigrade ['sen·tə·greid] *adj* centigrado, -a

centigram ['sen·tə·græm] *n* centigrammo *m*

centimeter ['sen·tə,miː·tə] *n* centimetro *m*

centipede ['sen·tə·piːd] *n* centopiedi *m inv*

central ['sen·trəl] *adj* 1. (*at the middle*) centrale; **in ~ Boston** nel centro di Boston 2. (*important: issue*) fondamentale; **to be ~ to sth** essere fondamentale per qc; **to be of ~ importance (to sb)** essere di fondamentale importanza (per qu); **the ~ character** il personaggio principale 3. (*from a main point: bank, air conditioning*) centrale; **~ processing unit** COMPUT unità *f* centrale di elaborazione

Central African I. *adj* centroafricano, -a II. *n* centroafricano, -a *m, f*

Central African Republic *n* Repubblica *f* Centroafricana

centralization [ˌsen·trə·lɪ·'zei·ʃən] *n* centralizzazione *m*

centralize ['sen·trə·laiz] *vt* centralizzare

centrifugal [sen·'tri·fjə·gl] *adj* PHYS centrifugo, -a

centrifuge ['sen·trə·fjuːdʒ] *n* MED, TECH centrifuga *f*

centripetal [sen·'tri·pə·tl] *adj* PHYS centripeto, -a

century ['sen·tʃə·ri] <-ies> *n* (*100 years*) secolo *m*; **the twentieth ~** il ventesimo; **a centuries-old custom** una tradizione secolare

CEO [ˌsiː·iː·'oʊ] *n abbr of* **chief executive officer** direttore , -trice *m, f* generale

ceramic [sə·'ræ·mik] *adj* di ceramica

ceramics *n pl* ceramiche *fpl*

cereal ['si·ri·əl] I. *n* 1. (*cultivated grass*) cereale *m* 2. (*breakfast food*) cereali *mpl* II. *adj* di cereali

cerebellum [ˌse·rə·'be·ləm] <-s *o* -la> *n* cervelletto *m*

cerebral [ˌse·rə·brəl] *adj* cerebrale; **~ palsy** paralisi *f inv* cerebrale

cerebrum [ˌse·rə·brəm] <-(bra)> *n* cervello *m*

ceremonial [ˌse·rə·'moʊn·iəl] I. *n form* ceremoniale *m* II. *adj* formale; (*event*) solenne; **~ uniform** gran uniforme *f*

ceremonious [ˌse·rə·'moʊn·iəs] *adj* cerimonioso, -a

ceremony ['se·rə·moʊ·ni] <-ies> *n* cerimonia *f*; **to go through the ~ of sth** *fig* seguire tutta la procedura di qc

certain ['sɜːr·tn] I. *adj* 1. (*sure*) certo, -a, sicuro, -a; **it is quite ~ (that)** ... è molto probabile che ... +*conj*; **to be ~ about sb** avere fiducia in qu; **to be ~ about sth** essere convinto di qc; **to make ~ of sth** assicurarsi di qc; **it is not yet ~ ...** non è ancora certo ...; **to feel ~ (that ...)** essere sicuro (che ...); **to make ~ (that ...)** assicurarsi (che ...); **please make ~ that he has answered** per favore, si assicuri che abbia risposto; **I don't know yet for ~** non lo so ancora con certezza; **one thing is (for) ~ ...** quel che è certo è che ...; **for ~** con certezza 2. (*undeniable*) certo, -a; **it is ~ that ...** sicuramente ...; **the disaster seemed ~** il disastro pareva inevitabile 3. (*specified*) **a ~ Steve Rukus** un certo Steve Rukus; **to a ~ extent** in parte II. *pron* certo, -a

certainly *adv* certamente; **she ~ is a looker, isn't she?** indubbiamente è una bella ragazza, no?; **she ~ had a friend called Mark** di sicuro aveva un amico che si chiamava Mark; **~, Sir!** certo, signore!; **~ not!** assolutamente no!

certainty ['sɜːr·tən·ti] <-ies> *n* certezza *f*; **Joan is a ~ to win** di sicuro vincerà Joan; **with ~** con certezza

certifiable [ˌsɜːr·tə·'fa·ɪə·bl] *adj* 1. (*declared*) attestabile 2. PSYCH (*mentally ill*) incapace; **he is ~!** *inf* è matto!

certificate [sə·'ti·fi·kət] *n* 1. (*document*) certificato *m* 2. SCHOOL diploma *m*

certification [ˌsɜːr·tə·fɪ·'kei·ʃən] *n* 1. (*process*) certificazione *f* 2. (*document*) certificato *m*

certify ['sɜːr·tə·fai] <-ie-> *vt* certificare; **certified copy** copia *f* autenticata; **this is to ~ that ...** *form* con la presente si certifica che ...; **he is certified to practice medicine** è abilitato a esercitare la professione medica

certitude ['sɜːr·tə·tuːd] *n* certezza *f*

cervical ['sɜːr·vi·kl, sɜː·'vai·kl] *adj* 1. (*neck*)

cervicale; ~ **collar** collare *m* cervicale **2.** (*cervix*) del collo dell'utero

cervix ['sɜːr·vɪks] <-es *o* -vices> *n* **1.** (*neck*) cervice *f* **2.** (*womb*) collo *m* dell'utero

cesarean [sə·'ze·ri·ən] *n* **a ~ section** un taglio cesareo

cesium ['si·zi·əm] *n* cesio *m*

cessation [se·'seɪ·ʃən] *n form* (*end*) cessazione *f*

cesspit ['ses·pɪt] *n* pozzo *m* nero

cesspool ['ses·puːl] *n* **1.** (*for excrements*) pozzo *m* nero **2.** (*unpleasant area*) cloaca *f*

Ceylon [sɪ·'lɑːn] *n* **1.** HIST (*Sri Lanka*) Ceylon *m* **2.** (*Ceylon tea*) tè *m* di Ceylon

Ceylonese [ˌsiː·lə·'niːz] **I.** *n* singalese *mf* **II.** *adj* HIST singalese

cf. *abbr of* **confer** (**compare**) cfr.

CFC [ˌsiː·ef·'siː] *n abbr of* **chlorofluorocarbon** CFC *m*

Chad [tʃæd] *n* Chad *m*

Chadian I. *adj* ciadiano, -a **II.** *n* ciadiano, -a *m, f*

chafe [tʃeɪf] **I.** *vi* **1.** (*become sore*) irritarsi; (*become worn*) consumarsi **2.** *fig* (*feel irritated*) irritarsi; **to ~ at sth** irritarsi per qc **II.** *vt* **1.** (*rub sore*) irritare **2.** (*rub*) sfregare **3.** *fig* irritare

chafer ['tʃeɪ·fɚ] *n* coleottero *m*

chaff[1] [tʃæf] *n* AGR **1.** (*husks*) pula *f* **2.** (*cut grass*) fieno *m* **3.** (*worthless material*) robetta *f*

chaff[2] [tʃæf] **I.** *n* scherzo *m* **II.** *vt* tosare

chaffinch ['tʃæ·fɪntʃ] <-es> *n* fringuello *m*

chagrin [ʃə·'grɪn] **I.** *n* irritazione *f* **II.** *vt* irritare

chain [tʃeɪn] **I.** *n* **1.** catena *f;* **~ gang** gruppo di prigionieri incatenati insieme impegnati in lavori forzati; **to be in ~s** essere incatenato **2.** (*series*) serie *f inv* **II.** *vt* incatenare; **to ~ sth/sb** (**up**) **to sth** incatenare qc/qu a qc; **to be ~ed to a desk** *fig* essere incollato alla scrivania

chain letter *n* lettera di una catena di Sant'Antonio

chain mail *n* cotta *f* di maglia

chain reaction *n* reazione *f* a catena; **to set off a ~** innescare una reazione a catena

chain saw *n* motosega *f*

chain smoker *n* fumatore, -trice *m, f* accanito, -a

chain store *n* negozio *f* che fa parte di una catena

chair [tʃer] **I.** *n* **1.** (*seat*) sedia *f* **2.** (*head*) presidente *mf;* **to be ~ of a department** essere il/la capodipartimento **3.** UNIV cattedra *f* **4.** *sl* (*electric chair*) sedia *f* elettrica **II.** *vt* (*a meeting*) presiedere

chairlift *n* seggiovia *f*

chairman ['tʃer·mən] <-men> *n* presidente *m*

chairmanship ['tʃer·mən·ʃɪp] *n* presidenza *f*

chairperson ['tʃer·pɜːr·sən] *n* presidente *mf*

chairwoman <-women> *n* presidente *f*

chalet [ʃæ·'leɪ] *n* chalet *m inv*

chalk [tʃɔːk] **I.** *n* gesso *m* **II.** *vt* (*write*) scrivere col gesso; (*draw*) disegnare col gesso

◆ **chalk up** *vt* **1.** (*ascribe*) attribuire; **to ~ sth**

to sb/sth attribuire qc a qu/qc; **they won, and you can chalk that up to experience** hanno vinto loro e puoi attribuirlo all'esperienza **2.** (*achieve*) raggiungere

chalkboard ['tʃɔːk·bɔːrd] *n* lavagna *f*

chalky ['tʃɔː·ki] <-ier, -iest> *adj* **1.** (*made of chalk, chalk-like*) gessoso, -a; (*water*) calcareo, -a **2.** (*dusty*) **to be all ~** essere impolverato di gesso **3.** (*pale*) pallido, -a

challenge ['tʃæ·lɪndʒ] **I.** *n* **1.** (*a call to competition*) sfida *f;* **to be faced with a ~** trovarsi di fronte a una sfida; **to present sb** (**with**) **a ~** costituire una sfida per qu; **to pose a ~ to sth** rappresentare un problema per qc **2.** *a.* MIL alt *m inv* **3.** LAW contestazione *f* **II.** *vt* **1.** (*ask to compete*) sfidare; **to ~ sb to a duel** sfidare qu a duello **2.** (*question*) mettere in discussione **3.** (*test*) mettere alla prova; **that's a matter that ~s attention** è una questione che richiede attenzione **4.** *a.* MIL intimare l'alt; **I was ~d by the security guard** sono stato fermato dalla guardia giurata **5.** LAW contestare

challenger ['tʃæ·lɪn·dʒɚ] *n* sfidante *mf;* (*for a title*) aspirante *mf* a un titolo

challenging *adj* (*book, idea*) stimolante; (*course, task*) impegnativo, -a

chamber ['tʃeɪm·bɚ] *n* **1.** (*room*) sala *f;* **torture ~** stanza *f* della tortura **2.** ANAT, ECON, POL camera *f;* **~ of commerce** camera di commercio **3.** *pl* LAW (*judge's office*) gabinetto *m* **4.** TECH (*of a gun*) camera *f;* **combustion ~** camera di combustione

chambermaid ['tʃeɪm·bə·meɪd] *n* cameriera *f* (d'albergo)

chamber music *n* musica *f* da camera

chamber pot *n* vaso *m* da notte

chameleon [kə·'miː·li·ən] *n a. fig* camaleonte *m*

chamois ['ʃæ·mi] <- *o* chamoix> *n inv* camoscio *m*

champ [tʃæmp] **I.** *n inf* campione, -essa *m, f* **II.** *vi* masticare **III.** *vt* masticare

champagne [ʃæm·'peɪn] **I.** *n* champagne *m* **II.** *adj* **1.** (*color*) champagne **2.** (*expensive*) **he has ~ tastes** ha gusti costosi

champion ['tʃæm·pi·ən] **I.** *n* **1.** SPORTS campione, -essa *m, f* **2.** (*supporter*) difensore *m;* **to be a ~ of sth** essere un paladino di qc **II.** *vt* sostenere; **to ~ a cause** sostenere una causa **III.** *adj* SPORTS campione, -essa

championship ['tʃæm·pi·ən·ʃɪp] *n* **1.** (*competition*) campionato *m* **2.** (*advocacy*) difesa *f*

chance [tʃæns] **I.** *n* **1.** (*random force*) caso *m;* **a ~ encounter** un incontro fortuito; **a game of ~** un gioco d'azzardo; **to leave nothing to ~** non lasciare nulla al caso; **by ~** per caso **2.** (*likelihood*) probabilità *f;* **there's not much of a ~ that I'll go to the party** è improbabile che vada alla festa; **the ~s are that she's already gone** è molto probabile che se ne sia già andata; **to do sth on the off ~ that ...** fare qc sperando che ...; **to stand a ~ of doing sth** *inf* avere qualche possibilità di fare qc; **to not**

stand a ~ with sb non avere alcuna possibilità di fare qc; **not a ~!** *inf* neanche per sogno! **3.** (*opportunity*) opportunità *f inv;* **the ~ of a lifetime** un'occasione unica; **to give sb a ~** (**to do sth**) dare a qu l'opportunità (di fare qc); **given half a ~ ...** alla prima occasione ...; **to have the ~** (**to do sth**) avere l'opportunità (di fare qc); **to jump at the ~** cogliere la palla al balzo; **to miss one's ~** (**to do sth**) perdere l'opportunità (di fare qc); **to not have a ~ in hell** non avere alcuna possibilità; **you have to take your ~s when they arise** si deve cogliere l'occasione quando si presenta **4.** (*hazard*) rischio *m;* **to take a ~** rischiare **II.** *vt* rischiare; **to ~ it** correre il rischio **III.** *vi* arrischiarsi

chancellor [ˈtʃæn·sə·ləɐ] *n* **1.** POL (*head of state*) cancelliere *m* **2.** (*head of a university*) rettore *m*

chancellory [ˈtʃæn·səl·ri] <-ies> *n* cancelleria *f*

chancy [ˈtʃæn·si] <-ier, -iest> *adj* rischioso, -a

chandelier [ʃæn·də·ˈlɪr] *n* lampadario *m*

change [tʃeɪndʒ] **I.** *n* **1.** (*alteration*) cambio *m,* cambiamento *m;* **a ~ of clothes** un cambio di abiti; **for a ~** per cambiare; **that would be a nice ~** sarebbe un piacevole diversivo; **we could use a ~ of pace** ci farebbe bene prendercela con più calma **2.** (*coins*) spiccioli *m;* **a dollar in ~** un dollaro in monete; **have you got ~ for a twenty-dollar bill?** ha da cambiare 20 dollari?; **how much do you have in ~?** quanto hai in spiccioli? **3.** (*money returned*) resto *m;* **no ~ given** non dà resto **4.** (*exact amount*) **to have exact ~** avere l'importo esatto **II.** *vt* **1.** (*exchange*) cambiare; **to ~ places with sb** *fig* cambiare di posto con qu; **to ~ sth/sb into sth** cambiare qc/qu in qc **2.** (*get off a train/plane and board another*) **to ~ trains** cambiare treno **3.** (*alter speed*) **to ~ gear(s)** cambiare marcia **III.** *vi* **1.** (*alter*) cambiare; **to ~ into sth** trasformarsi in qc; **the traffic light ~d back to red** il semaforo è tornato rosso **2.** (*get off a train/plane and board another*) cambiare **3.** (*put on different clothes*) cambiarsi

changeable [ˈtʃeɪn·dʒə·bl] *adj* mutevole

changeover [ˈtʃeɪndʒ·ˌoʊ·vɚ] *n* **1.** (*transition*) passaggio *m* **2.** (*in a race*) passaggio *m* del testimone

changing [ˈtʃeɪn·dʒɪŋ] *adj* **~ room** SPORTS spogliatoio *m;* (*in a shop*) camerino *m*

channel [ˈtʃæ·nl] **I.** *n* canale *m;* **The English Channel** il Canale della Manica **II.** <-ll-, -l-> *vt* canalizzare

Channel Islands *n* Isole *fpl* Normanne

Channel Tunnel *n* tunnel *m* della Manica *inv*

chant [tʃænt] **I.** *n* **1.** REL canto *m;* **Gregorian ~** canto gregoriano **2.** (*utterance*) coro *m* **II.** *vi* **1.** REL (*intone*) salmodiare **2.** (*repeat*) ripetere in coro **III.** *vt* **1.** REL (*sing*) cantare; (*speak in a monotone*) salmodiare **2.** (*repeat*) ripetere in coro

Chanukah [ˈhɑː·nə·kə] *n* REL Hannukah *m*

chaos [ˈkeɪ·ɑːs] *n* caos *m*

Chaos Theory *n* PHYS teoria *f* del caos

chaotic [keɪ·ˈɑː·t̬ɪk] *adj* caotico, -a

chap [tʃæp] <-pp-> **I.** *vi* screpolarsi **II.** *vt* screpolare

chap. *n abbr of* **chapter** cap. *m*

chapel [ˈtʃæ·pl] *n* **1.** cappella *f;* **funeral ~** camera ardente **2.** (*religious service*) funzione *f* religiosa

chaperon(e) [ˈʃæ·pə·roʊn] *n* chaperon *m inv;* (*supervisor*) accompagnatore, -trice *m, f*

chaplain [ˈtʃæp·lɪn] *n* REL cappellano *m*

chapter [ˈtʃæp·tɚ] *n* **1.** *a. fig* capitolo *m* **2.** (*local branch*) sezione *f*

chapter house *n* **1.** (*fraternity*) sala *f* riunioni **2.** (*chapter*) capitolo *m*

char [tʃɑːr] <-rr-> **I.** *n* carbone *m* di legna **II.** *vi* (*be burned black*) carbonizzarsi **III.** <-rr-> *vt* (*burn black*) carbonizzare

character [ˈke·rək·t̬ɚ] *n* **1.** (*qualities*) carattere *m;* **to be in/out of ~ with sb/sth** essere/non essere tipico di qu/qc **2.** (*moral integrity*) reputazione *f;* **~ reference** referenze *fpl;* **to be a bad ~** avere una cattiva reputazione **3.** (*unique person*) personaggio *m;* **in the ~ of ...** nel ruolo di ... **4.** TYPO carattere *m*

character actor *n* caratterista *mf*

characteristic [ˌke·rək·tə·ˈrɪs·tɪk] **I.** *n* caratteristica *f* **II.** *adj* caratteristico, -a; **with her ~ dignity** con la sua tipica dignità

characteristically [ˌke·rək·tə·ˈrɪs·tɪk·li] *adv* tipicamente

characterization [ˌke·rək·tɚ·rɪ·ˈzeɪ·ʃən] *n* caratterizzazione *f*

characterize [ˈke·rək·tə·raɪz] *vt* **1.** *a.* CINE, THEAT caratterizzare **2.** (*outline*) descrivere; **to ~ sth/sb as sth** descrivere qc/qu come qc

charade [ʃə·ˈreɪd] *n* **1.** *pl* GAMES sciarada *f* **2.** (*pretence*) farsa *f*

charcoal [ˈtʃɑːr·koʊl] **I.** *n* **1.** (*fuel*) carbone *m* **2.** ART (*for drawing*) carboncino *m;* **to draw in ~** disegnare a carboncino **II.** *adj* **1.** (*of charcoal*) **~ drawing** disegno *m* a carboncino **2.** (*dark grey*) **~ grey** grigio *m* antracite

charge [tʃɑːrdʒ] **I.** *n* **1.** (*cost*) spese *fpl;* **admission ~** prezzo *m* d'ingresso; **at no extra ~** senza costi aggiuntivi; **free of ~** gratis **2.** LAW (*accusation*) accusa *f;* **to bring ~s against sb** denunciare qc **3.** (*attack*) carica *f;* SPORTS attacco *m* **4.** (*authority*) responsabilità *f;* **in the ~ of sb** sotto la responsabilità di qu; **to be in ~ of sb/sth** essere responsabile di qu/qc; **who is in ~ here?** chi è il responsabile qui? **5.** ELEC carica *f* **6.** (*load*) carico *m* **II.** *vi* **1.** FIN far pagare **2.** (*attack*) **to ~ at sb/sth** caricare qu/qc; **~!** carica! **3.** ELEC caricarsi **III.** *vt* **1.** FIN (*ask a price*) far pagare; **to ~ sth to sb's account** addebitare qc sul conto di qu **2.** LAW (*accuse*) imputare; **she's been ~d with murder** l'hanno accusata di omicidio; **the crimes**

C

with which he is ~d i reati di cui è stato imputato *form* 3. MIL, ELEC caricare

chargeable ['tʃɑːr·dʒə·bl] *adj* FIN ~ **to the customer** a carico del cliente; **to be ~ to tax** essere imponibile

charge account *n* conto *m* di credito

charge card *n* carta *f* di credito

charged *adj* carico, -a

chargé d'affaires [ˌʃɑːr·ʒeɪ·dəˈfer] <chargés d'affaires> *n* incaricato , -a *m*, *f* d'affari

charging station *n* stazione *f* di ricarica; (*for electric vehicles*) stazione *f* di ricarica per veicoli elettrici, colonnina *f* elettrica

chariot ['tʃæ·ri·ət] *n* HIST carro *m*

charisma [kə·ˈrɪz·mə] *n* carisma *m*

charitable ['tʃe·rɪ·tə·bl] *adj* 1. (*with money, kindness*) generoso, -a 2. (*concerning charity*) di beneficenza; (*donation, organization*) benefico, -a

charity ['tʃe·rə·ti] <-ies> *n* 1. beneficenza *f* 2. (*generosity of spirit*) carità *f* 3. (*organization*) ente *m* di beneficenza

charlatan ['ʃɑːr·lə·tən] *n* ciarlatano *m*

Charlie [tʃɑːr·li] *n inf* stupido, -a

charm [tʃɑːrm] I. *n* 1. (*quality*) fascino *m* 2. (*ornament*) ciondolo *m* 3. (*talisman*) amuleto *m* II. *vt* incantare; **to ~ sb into doing sth** convincere qu a fare qc usando il proprio fascino ▸**to ~ the** <u>pants</u> **off** (**of**) **sb** *inf* sedurre qu

charmed *adj* **to lead a ~ life** fare una vita privilegiata

charmer ['tʃɑːr·mə-] *n* persona *f* affascinante

charming ['tʃɑːr·mɪŋ] *adj* incantevole

charred *adj* carbonizzato, -a

chart [tʃɑːrt] I. *n* 1. (*display of information*) tabella *f*; **weather ~** carta *f* meteorologica 2. *pl* MUS **the ~s** la classifica; **to top the ~s** arrivare in cima alla classifica II. *vt* 1. *a. fig* riportare; **the map ~s the course of the river** la cartina riporta il corso del fiume 2. (*observe*) seguire attentamente

charter ['tʃɑːr·tə-] I. *n* 1. statuto *m*, carta *f* 2. (*exclusive right*) concessione *f* 3. COM noleggio *m* II. *vt* 1. (*sign founding papers*) riconoscere (lo statuto di) 2. COM noleggiare

charter company <-ies> *n* compagnia *f* di voli charter

chartered ['tʃɑːr·tə-d] *adj* COM noleggiato, -a

charterer ['tʃɑːr·tə-ə-] *n* COM noleggiatore *m*

charter flight *n* volo *m* charter

chase [tʃeɪs] I. *n* 1. (*pursuit*) inseguimento *m*; **to give ~** mettersi all'inseguimento 2. *a. fig* (*hunt*) caccia *f* II. *vi* (*rollick about*) **they ~ed after her** le dettero la caccia III. *vt* 1. (*pursue: dreams*) inseguire; (*women*) andare dietro a 2. (*scare away*) **to ~ away sb/sth** cacciar via qc

chasm ['kæ·zəm] *n a. fig* abisso *m*; **to bridge a ~** colmare la differenza

chassis ['ʃæ·si] *n inv* chassis *m inv*

chaste [tʃeɪst] *adj form* casto, -a

chasten ['tʃeɪ·sn] *vt* 1. (*admonish*) rimproverare 2. (*punish*) castigare

chastise ['tʃæs·taɪz] *vt* rimproverare

chastity ['tʃæs·tə·ti] *n* castità *f*; **vow of ~** voto *m* di castità

chat [tʃæt] I. *n* 1. chiacchierata *f* 2. COMPUT chat *f inv* II. *vi* <-tt-> 1. chiacchierare 2. COMPUT chattare

chateau [ʃæt·ˈoʊ] *n* castello *m*

chatroom *n* chat room *f inv*

chatter ['tʃæ·tə-] I. *n* chiacchiere *fpl*; (*of birds*) cinguettio *m* II. *vi* 1. (*converse superficially*) **to ~ about sth** chiacchierare di qc; **they ~ed about everything and nothing** chiacchierarono del più e del meno 2. (*make clacking noises: machines*) vibrare; (*birds*) cinguettare; **his teeth were chattering** batteva i denti

chatty ['tʃæ·t̬i] <-ier, -iest> *adj inf* 1. (*friendly person*) chiacchierone, -a 2. LIT (*informal*) informale

chauffeur ['ʃoʊ·ˈfər] I. *n* autista *mf* II. *vt* **to ~ sb around** *a. fig* fare da autista a qu

chauvinism ['ʃoʊ·vɪ·nɪ·zəm] *n* sciovinismo *m*

chauvinist *n* sciovinista *mf*

chauvinistic [ˌʃoʊ·vɪ·ˈnɪs·tɪk] *adj* sciovinista

cheap [tʃiːp] *adj* 1. (*inexpensive*) economico, -a, conveniente; **dirt ~** regalato, -a 2. (*exploited*) ~ **labor** manodopera *f* a basso costo 3. (*worthless, inexpensive but bad quality*) scadente 4. (*miserly*) taccagno, -a

cheapen ['tʃiː·pən] *vt* 1. (*lower price of*) ribassare 2. (*reduce morally*) degradare

cheaply *adv* a buon mercato

cheapness ['tʃiːp·nɪs] *n* 1. (*low price*) convenienza *f* 2. (*low quality*) bassa qualità *f*

cheapskate ['tʃiːp·ˌskeɪt] *inf* I. *n* taccagno, -a *m*, *f* II. *adj* taccagno, -a

cheat [tʃiːt] I. *n* 1. (*dishonest person*) imbroglione, -a *m*, *f* 2. (*trick*) imbroglio *m* II. *vi* **to ~ at sth** imbrogliare in qc; **to ~ on a test** copiare a un esame III. *vt* ingannare; **to ~ the taxman** frodare il fisco

check [tʃek] I. *n* 1. controllo *m*; **security ~** controllo di sicurezza; **to keep sth in ~** tenere qc sotto controllo; **to run a ~** fare un controllo 2. (*deposit receipt*) scontrino *m*; **coat ~** guardaroba *m* 3. (*mark*) segno *m* di spunta, visto *m* 4. (*paper money*) assegno *m*; **to make out a blank ~** fare un assegno in bianco; *fig* dare carta bianca; **to pay by ~** pagare con un assegno 5. (*bill for food*) conto *m* 6. (*textile*) tessuto *m* a quadri 7. GAMES **to be in ~** essere in scacco II. *adj* a quadri III. *vt* 1. controllare 2. (*prevent*) frenare 3. lasciare in consegna; AVIAT (*baggage*) consegnare 4. (*make a mark*) fare un segno in 5. GAMES dare scacco a IV. *vi* 1. controllare 2. (*be in accordance with*) coincidere

◆**check in** *vi* 1. (*at airport*) fare il check-in 2. (*at hotel*) registrarsi

◆**check off** *vt* spuntare

◆**check out** I. *vi* **to ~ of a room** lasciare libera una stanza II. *vt* 1. (*investigate*) controllare **2.** *sl* (*look at*) guardare; **wow! ~ the legs on that chick!** accidenti! guarda un po' che gambe quella ragazza!

◆**check up on** *vt* controllare; (*person*) tenere sotto controllo

checkbook ['tʃek·ˌbʊk] *n* libretto *m* degli assegni

checked *adj* a quadri

checkerboard ['tʃe·kə·ˌbɔːrd] *n* (*chessboard for checkers*) scacchiera *f*

checkered ['tʃe·kə·d] *adj* **1.** (*patterned with squares*) a quadri **2.** (*inconsistent*) con alti e bassi; **to have a ~ past** avere un passato caratterizzato da alti e bassi

checkers [ˈtʃe·kə·z] *n* + *sing vb* GAMES dama *f*

check-in ['tʃek·ɪn] *n* check-in *m*

check-in counter *n*, **check-in desk** *n* banco *m* del check-in

checking account *n* conto *m* corrente

check-in time *n* orario *f* del check-in

checklist ['tʃek·lɪst] *n* lista *f*

checkmate I. *n* **1.** GAMES scacco *m* matto **2.** (*defeat*) smacco *m* II. *vt* **1.** GAMES dare scacco matto a **2.** (*win a victory over*) vincere

checkout ['tʃek·aʊt] *n* cassa *f*

checkout counter *n* cassa *f*

checkpoint ['tʃek·pɔɪnt] *n* posto *m* di blocco

checkroom *n* **1.** (*for coats*) guardaroba *m* **2.** (*for luggage*) deposito *m* bagagli

checkup ['tʃek·ʌp] *n* visita *f* di controllo

cheddar ['tʃe·də·] *n* formaggio *m* cheddar

cheek [tʃiːk] *n* **1.** (*soft skin connecting jaws*) guancia *f;* **to turn the other ~** porgere l'altra guancia **2.** (*impertinence*) faccia *f* tosta; **to have the ~ to do sth** avere la faccia tosta di fare qc

cheekbone ['tʃiːk·boʊn] *n* zigomo *m*

cheeky ['tʃiː·ki] <-ier, -iest> *adj* sfacciato, -a; **to be ~ to sb** essere sfacciato con qu

cheep [tʃiːp] I. *n* (*of bird*) pigolio *m;* **to not get a ~ out of sb** non cavare una parola di bocca a qu II. *vi* pigolare

cheer [tʃɪr] I. *n* **1.** (*exuberant shout*) acclamazione *f;* **three ~s for the champion!** tre urrà per il campione!; **to give a ~** acclamare **2.** (*joy*) allegria *f;* **to be of good ~** essere felice II. *interj pl* (*said when drinking*) salute III. *vi* **to ~ for sb** acclamare qu

cheerful ['tʃɪr·fʊl] *adj* **1.** (*happy*) allegro **2.** (*color*) vivace **3.** (*encouraging*) confortante

cheerfulness *n* allegria *f*

cheeriness *n* **1.** (*happiness*) allegria *f* **2.** (*brightness*) vivacità *f*

cheering I. *n* applausi *mpl* II. *adj* confortante

cheerleader ['tʃɪr·ˌliː·də·] *n* ragazza *f* pompon

cheery ['tʃɪ·ri] <-ier, -iest> *adj* allegro, -a

cheese [tʃiːz] *n* formaggio *m;* **hard ~** formaggio a pasta dura; **melted ~** formaggio fuso ▸**say ~!** dite cheese!

cheeseburger ['tʃiːz·ˌbɜːr·gə·] *n* hamburger *m* al formaggio *inv*

cheesecake ['tʃiː·keɪk] *n* cheesecake *m inv* (*torta a base di formaggio fresco*)

cheesecloth ['tʃiː·z·klɑːθ] <-es> *n* garza *f* (per formaggio)

cheese-paring ['tʃiː·z·ˌpe·rɪŋ] *n* taccagno, -a *m, f*

cheesy ['tʃiː·zi] <-ier, -iest> *adj* **1.** (*like cheese*) di formaggio **2.** *inf* (*cheap and shoddy*) di cattivo gusto

cheetah ['tʃiː·tə] *n* ghepardo *m*

chef [ʃef] *n* chef *mf*

chemical ['ke·mɪ·kl] I. *n* (*atoms*) sostanza *f* chimica; (*additive*) additivo *m* II. *adj* chimico, -a

chemist ['ke·mɪst] *n* chimico, -a *m, f*

chemistry ['kə·mɪs·tri] *n* chimica *f*

chemotherapy [ˌkiː·moʊ·'θe·rə·pi] *n* chemioterapia *f;* **to undergo ~** fare la chemioterapia

cherish ['tʃe·rɪʃ] *vt* (*hold dear*) tenere molto a; (*remember fondly*) ricordare con affetto

cheroot [ʃə·'ruːt] *n* sigaro *m* (*spuntato da ambo le parti*)

cherry ['tʃe·ri] <-ies> I. *n* **1.** (*fruit*) ciliegia *f* **2.** (*tree*) ciliegio *m* II. *adj* (rosso) ciliegia

cherry blossom *n* fiore *m* di ciliegio

cherry brandy *n* acquavite *f* di ciliegie

cherub ['tʃe·rəb] <-s *o* -im> *n* cherubino *m*

chervil ['tʃɜːr·vɪl] *n* cerfoglio *m*

chess [tʃes] *n* scacchi *mpl*

chessboard ['tʃes·bɔːrd] *n* scacchiera *f*

chess piece ['tʃes·mæn] <-men> *n* pezzo *m* degli scacchi

chest [tʃest] *n* **1.** (*human torso*) petto *m,* torace *m; ~* **pains** dolori *mpl* al petto; **to fold one's arms across one's ~** incrociare le braccia **2.** (*breasts*) petto *m,* seno *m* **3.** (*trunk*) baule *m;* **medicine ~** armadietto *m* dei medicinali ▸**to get sth off one's ~** togliersi un peso dallo stomaco

chestnut ['tʃes·nʌt] I. *n* **1.** (*fruit*) castagna *f* **2.** (*tree, wood*) castagno *m* **3.** (*color*) castano *m* **4.** (*horse*) sauro, castagno *m* II. *adj* castano, -a

chesty ['tʃes·ti] <-ier, -iest> *adj inf* procace

chew [tʃuː] I. *n* **1.** (*tobacco plug*) mozzicone *m* **2.** (*candy*) caramella *f* II. *vt* masticare

◆**chew out** *vt sl* fare una parte a

chewing gum ['tʃuː·ɪŋ·gʌm] *n* gomma *f* da masticare

chewy ['tʃuː·i] <-ier, -iest> *adj* da masticare per bene; (*meat*) tiglioso, -a

chic [ʃiːk] I. *n* chic *m* II. *adj* chic

chicane [ʃɪ·'keɪn] *n* chicane *f inv*

chicanery [ʃɪ·'keɪ·nə·ri] *n* raggiri *fpl*

chick [tʃɪk] *n* **1.** (*baby chicken, young bird*) pulcino *m* **2.** *inf* (*young woman*) ragazza *f*

chicken ['tʃɪ·kɪn] *n* **1.** (*farm bird*) pollo *m* **2.** (*meat*) pollo *m;* **fried/roasted ~** pollo fritto/arrosto; **grilled ~** pollo alla griglia **3.** *inf* (*person*) coniglio *m* ▸**it's a ~ and egg situation** è come la storia dell'uovo e la gallina; **to not be a (spring) ~** non essere più un giovincello

chicken broth *n* brodo *m* di pollo

chicken farm *n* allevamento *m* di polli

chicken feed *n* **1.** (*food*) mangime *m* per polli **2.** (*small amount of money*) spiccioli *mpl*

chicken-hearted *adj* fifone, -a

chickenpox *n* varicella *f*

chicken run *n* pollaio *m*

chickpea ['tʃɪk·piː] *n* cece *m*

chicory ['tʃɪ·kə·ri] *n* **1.** BOT indivia *f* **2.** (*in coffee*) cicoria *f*

chief [tʃiːf] I. *n* capo *m* II. *adj* **1.** (*top*) capo *inv* **2.** (*major*) principale

chief executive *n*, **chief executive officer** *n* direttore, -trice *m, f* generale

chief justice *n* presidente *mf* della Corte Suprema

chiefly *adv* principalmente

chieftain ['tʃiːf·tən] *n* capo [*o* tribù] di clan *m*

chiffon [ʃɪ·'fɑːn] *n* chiffon *m inv*

child [tʃaɪld] <children> *pl n* **1.** (*person who's not fully grown*) bambino, -a *m, f* **2.** (*offspring*) figlio, -a *m, f;* **to be a ~ of the eighties** *fig* essere un prodotto degli anni Ottanta ▶ **spare the rod and spoil the ~** *prov* il medico pietoso uccide l'ammalato *prov*

child abuse ['tʃaɪld·ə·bjuːs] *n* abuso *m* di minori

childbearing I. *n* maternità *f* II. *adj* **women of ~ age** donne in età fertile *fpl*

childbirth *n* parto *m*

child-care *n* assistenza *f* ai bambini

childhood *n* infanzia *f*

childish ['tʃaɪl·dɪʃ] *adj pej* infantile; **don't be ~!** non fare il bambino!

childless ['tʃaɪld·lɪs] *adj* senza figli

childlike ['tʃaɪld·laɪk] *adj* infantile

childproof *adj* a prova di bambino; **~ lock** chiusura *f* di sicurezza per bambini

children ['tʃɪl·drən] *n pl of* **child**

child-resistant *adj form* a prova di bambino

child's play *n fig* gioco *m* da ragazzi

child support *n* assegno *m* di maternità

Chile ['tʃɪ·li] *n* Cile *m*

Chilean [tʃɪ·'li·ən] I. *adj* cileno, -a II. *n* cileno, -a *m, f*

chili ['tʃɪ·li] <-es> *n*, **chile** ['tʃɪ·li] *n* peperoncino *m*

chill [tʃɪl] I. *n* **1.** (*coldness*) freddo *m;* **to catch a ~** prendere il raffreddore; **to take the ~ off of something** riscaldare qc **2.** (*shiver*) brivido *m;* **to send a ~ down someone's spine** far venire i brividi a qu II. *adj* (*cold*) freddo, -a; (*frightening*) agghiacciante III. *vt* (*thing*) raffreddare; (*person*) infreddolire; **to be ~ed to the bone** avere un freddo cane

chill(i)ness *n* freddo *m; fig* freddezza *f*

chilling *adj* agghiacciante

chilly ['tʃɪ·li] <-ier, -iest> *adj a. fig* freddo, -a; **to feel ~** avere freddo

chime [tʃaɪm] I. *n* rintocco *m;* **wind ~s** campane *fpl* eoliche II. *vi* suonare III. *vt* **to ~ eleven** suonare le undici

chimney ['tʃɪm·ni] *n* camino *m*

chimney pot *n* comignolo *m*

chimney sweep *n*, **chimneysweeper** *n a.* HIST spazzacamino *m*

chimpanzee [tʃɪm·'pæn·ziː] *n* scimpanzé *m inv*

chin [tʃɪn] *n* mento *m* ▶ **to keep one's ~ up** non buttarsi giù

china ['tʃaɪ·nə] *n* **1.** (*porcelain*) porcellana *f* **2.** (*crockery*) vasellame *m*

China ['tʃaɪ·nə] *n* Cina *f*

chinchilla [tʃɪn·'tʃɪ·lə] *n* cincillà *f 5nv*

Chinese [tʃaɪ·'niːz] I. *adj* cinese II. *n* **1.** (*person*) cinese *mf* **2.** LING cinese *m*

Chinese cabbage *n* cavolo *m* cinese

Chinese lantern *n* lanterna *f* cinese

chink [tʃɪŋk] I. *n* **1.** (*thin opening*) fessura *f;* **the ~ in sb's armor** *fig* il punto debole di qu **2.** (*clinking noise*) tintinnio *m* II. *vi* tintinnare

chintz [tʃɪnts] *n* chintz *m inv*

chip [tʃɪp] I. *n* **1.** (*flake*) frammento *m;* (*stone*) scheggia *f* **2.** COMPUT chip *m inv* **3.** (*money token for gambling*) fiche *f inv;* **bargaining ~** moneta *f* di scambio **4.** FOOD patatina *f;* **chocolate ~** scaglia *f* di cioccolato ▶ **he's a ~ off the old block** *inf* ha preso dal padre [*o* dalla madre]; **to have a ~ on one's shoulder** *inf* avere la coda di paglia; **when the ~s are down** *inf* alla resa dei conti II. *vt* <-pp-> scheggiare III. *vi* <-pp-> scheggiarsi

chipmunk ['tʃɪp·mʌŋk] *n* scoiattolo *m* striato

chipped [tʃɪpt] *adj* scheggiato, -a

chiropractic ['kaɪ·rə·præk·tɪk] *n* chiropratica *f*

chiropractor [,kaɪ·rou·præk·tə·] *n* chiropratico, -a *m, f*

chirpy ['tʃɜːr·pi] <-ier, -iest> *adj* allegro, -a

chirrup ['tʃɪ·rəp], **chirp** I. *n* cinguettio *m* II. *vi* cinguettare III. *vt* dire allegramente

chisel ['tʃɪ·zl] I. *n* cesello *m* II. <-ll-, -l-> *vt* **1.** (*cut*) cesellare **2.** *inf* (*get by trickery*) fregare

chit [tʃɪt] *n* **1.** (*note*) nota *f* **2.** (*voucher*) buono *m*

chitchat ['tʃɪt·tʃæt] I. *n inf* chiacchiere *fpl* II. *vi inf* **to ~ about sth** chiacchierare di qc

chivalrous ['ʃɪ·vl·rəs] *adj* cavalleresco, -a

chivalry ['ʃɪ·vl·ri] *n* cavalleria *f*

chives [tʃaɪvz] *npl* erba *f* cipollina

chloride ['klɔː·raɪd] *n* cloruro *m*

chlorinate ['klɔː·rɪ·neɪt] *vt* clorare

chlorine ['klɔː·riːn] *n* cloro *m*

chlorofluorocarbon [,klɔː·rou·,flɔː·rou·,kɑːr·bən] *n* clorofluorocarburo *m*

chloroform ['klɔː·rə·fɔːrm] I. *n* cloroformio *m* II. *vt* cloroformizzare

chlorophyll ['klɔː·rə·fɪl] *n* clorofilla *f*

chlorous ['klɔː·rəs] *adj* cloroso, -a

chock [tʃɑːk] *n* cuneo *m*

chock-a-block [,tʃɑː·kə·'blɑːk] *adj* **~ with people** pieno zeppo di gente

chock-full *adj* **to be ~ of sth** essere pieno zeppo di qc; **to be ~ of calories** essere pieno di calorie

chocolate ['tʃɑː·k·lət] *n* **1.** (*sweet*) cioccolato *m;* **dark ~** cioccolato fondente; **a bar of ~**

una barretta di cioccolato **2.** (*piece of choco-late candy*) cioccolatino *m*

choice [tʃɔɪs] **I.** *n* **1.** (*possibility of selection, selection*) scelta *f;* **to make a ~** scegliere; **to have no ~** non avere scelta; **a wide ~ of sth** un'ampia scelta di qc **2.** (*selected person or thing*) scelta *f;* **he wouldn't be my ~ as a friend** non lo sceglierei come amico **II.** *adj* (*top quality*) di prima scelta

choir [ˈkwaɪə] *n* coro *m*

choirmaster [ˈkwaɪə,mæs·tə] *n* maestro, -a *m, f* del coro

choke [tʃoʊk] **I.** *vi* soffocare; **to ~ to death** morire soffocato **II.** *n* AUTO starter *m* **III.** *vt* **1.** (*deprive of air*) soffocare **2.** (*block*) intasare; **~d with leaves** intasato dalle foglie
  ◆ **choke back** *vt* soffocare; **to ~ tears** trattenere le lacrime
  ◆ **choke off** *vt* diminuire; **to choke sb off** *inf* mettere a tacere qu
  ◆ **choke up** *vt* intasare

choker [ˈtʃoʊ·kə] *n* collarino *m*

cholera [ˈkɑ·lə·ə] *n* colera *m inv*

choleric [ˈkɑ·lə·ɪk] *adj* irascibile

cholesterol [kəˈles·tə·rɑːl] *n* colesterolo *m*

choose [tʃuːz] <chose, chosen> **I.** *vt* scegliere **II.** *vi* scegliere; **to have to ~ between** dover scegliere tra

choos(e)y [ˈtʃuː·zi] <-ier, -iest> *adj inf* difficile

chop [tʃɑːp] **I.** *vt* <-pp-> tagliare; (*wood*) spaccare **II.** *vi* <-pp-> cambiare direzione **III.** *n* **1.** CULIN braciola *f* **2.** (*blow*) colpo *m*
  ◆ **chop away** *vt* tagliare
  ◆ **chop down** *vt* abbattere
  ◆ **chop off I.** *vt* mozzare **II.** *vi* (*wind*) cambiare improvvisamente direzione

chop-chop [,tʃɑːpˈtʃɑːp] *interj inf* su, svelti!

chopper [ˈtʃɑː·pə] *n* **1.** (*tool*) scure *f* **2.** *inf* AVIAT elicottero *m*

choppy [ˈtʃɑː·pi] <-ier, -iest> *adj* **1.** NAUT mosso, -a **2.** (*words, sentences*) frammentario, -a

chopsticks [ˈtʃɑːp·stɪks] *npl* bacchette *fpl* (cinesi)

chop suey [,tʃɑːpˈsuːi] *n* chop suey *m inv*

choral [ˈkɔː·rəl] *adj* corale; **~ society** corale *f*

chord [kɔːrd] *n* MUS accordo *m* ▶ **to strike a ~ (with sb)** riuscire a toccare la sensibilità di (qu)

chore [tʃɔːr] *n* **1.** (*routine job*) lavoro *m;* **household ~s** faccende *fpl* domestiche **2.** (*tedious task*) lavoraccio *m*

choreograph [ˈkɔː·ri·ə·græf] *vi, vt* coreografare

choreographer [,kɔː·riˈɑː·grə·fə] *n* coreografo, -a *m, f*

choreography [,kɔː·riˈɑː·grə·fi] *n* coreografia *f*

chorus [ˈkɔː·rəs] **I.** <-es> *n* **1.** (*refrain*) ritornello *m;* **to join in the ~** cantare in coro il ritornello **2.** + *sing/pl vb* (*group of singers*) coro *m* **3.** + *sing/pl vb* (*supporting singers*) coro *m;* **~ girl** corista *f;* **in ~** in coro **II.** *vi, vt* cantare in coro

chose [tʃoʊz] *pt of* **choose**

chosen [ˈtʃoʊ·zn] *pp of* **choose**

chow [tʃaʊ] *n inf* (*food*) sbobba *f*

chow chow *n* chow-chow *m inv*

chowder [ˈtʃaʊ·də] *n zuppa di pesce e verdure*

Christ [kraɪst] **I.** *n* Cristo *m* **II.** *interj inf* Cristo santo!

christen [ˈkrɪ·sən] *vt* **1.** (*baptize*) battezzare **2.** (*give name to*) **they ~ed their second child Jeff** il secondo figlio l'hanno chiamato Jeff **3.** (*use for first time*) inaugurare

Christendom [ˈkrɪ·sən·dəm] *n* HIST cristianità *f*

christening [ˈkrɪ·sə·nɪŋ] *n,* **christening ceremony** *n* battesimo *m*

Christian [ˈkrɪst·ʃən] **I.** *n* cristiano, -a *m, f* **II.** *adj* **1.** (*of Christ's teachings*) cristiano, -a **2.** (*kind*) caritatevole **3.** (*decent*) degno, -a

Christian burial *n* sepoltura *f* cristiana

Christianity [,krɪs·tʃiˈæ·nə·ti] *n* Cristianesimo *m*

Christianize [ˈkrɪs·tʃə·naɪz] *vt* cristianizzare

Christmas [ˈkrɪs·məs] <-es *o* -ses> *n* Natale *m;* **at ~** a Natale; **Merry ~!** Buon Natale!; **Father ~** Babbo *m* Natale; **~ card** biglietto *m* d'auguri natalizio

Christmas carol *n* canto *m* di Natale

Christmas Day *n* (giorno *m* di) Natale *m*

Christmas Eve *n* vigilia *f* di Natale

Christmas tree *n* albero *m* di Natale

Christopher [ˈkrɪs·tə·fə] *n* Cristoforo *m;* **~ Columbus** HIST Cristoforo Colombo

chromatic [kroʊˈmæ·t̬ɪk] *adj* cromatico, -a

chrome [kroʊm] *n* cromo *m*

chrome-plated *adj* cromato, -a

chromosome [ˈkroʊ·mə·soʊm] *n* cromosoma *m*

chronic [ˈkrɑː·nɪk] *adj* **1.** (*lasting a long time*) cronico, -a **2.** (*habitual: liar*) inguaribile

chronicle [ˈkrɑː·nɪ·kl] **I.** *vt* descrivere **II.** *n* cronaca *f*

chronicler [ˈkrɑː·nɪk·lə] *n* cronista *mf,* storico *m*

chronological [,krɑː·nəˈlɑː·dʒɪ·kl] *adj* cronologico, -a; **in ~ order** in ordine cronologico

chronology [krəˈnɑː·lə·dʒi] *n* cronologia *f*

chrysalis [ˈkrɪ·sə·lɪs] <-es> *n* crisalide *f*

chrysanthemum [krɪˈsæn·θə·məm] *n* crisantemo *m*

chubby [ˈtʃʌ·bi] <-ier, -iest> *adj* cicciottello, -a

chuck¹ [tʃʌk] **I.** *vt* **1.** *inf* (*throw*) tirare **2.** *inf* (*discard*) buttare **II.** *n inf* tiro *m*

chuck² [tʃʌk] *n* **1.** (*cut of beef*) bistecca di manzo della parte della spalla **2.** (*device for holding tool*) mandrino *m*

chuckle [ˈtʃʌ·kl] **I.** *n* risata *f* **II.** *vi* ridacchiare

chug [tʃʌg] **I.** <-gg-> *vi* sbuffare **II.** *n* sbuffo *m*

chum¹ [tʃʌm] *n inf* amicone, -a *m, f*

chum² [tʃʌm] *n* (*bait*) esca *f*

chummy [ˈtʃʌ·mi] <-ier, -iest> *adj inf* (*friendly*) simpatico, -a; **to get ~ with sb** diventare amicone con qu

chump [tʃʌmp] *n inf* tonto, -a *m, f*

chump change *n sl* spiccioli *mpl*

C

chunk [tʃʌŋk] *n* **1.** (*thick lump: of cheese, bread, meat*) pezzo *m* **2.** *inf* (*large part*) bella fetta *f*

chunky ['tʃʌŋ·ki] <-ier, -iest> *adj* (*person*) ben piantato, -a; (*peanut butter*) non cremoso, -a; (*soup*) con verdura a pezzi

church [tʃɜːrtʃ] I. *n* chiesa *f;* **to go to ~** andare in chiesa; **to enter the ~** farsi prete; (*become a nun*) farsi suora II. *adj* **1.** (*of the organization: parade, celebration*) religioso, -a **2.** (*of a building*) della chiesa

churchgoer ['tʃɜːrtʃˌgoʊ·ɚ] *n* praticante *mf*

churchyard ['tʃɜːrtʃ·jɑːrd] *n* cimitero *m*

churlish ['tʃɜːr·lɪʃ] *adj* maleducato, -a

churn [tʃɜːrn] I. *n* **1.** (*for milk*) bidone *m* **2.** (*for butter*) zangola *f* II. *vt* agitare III. *vi* (*liquid*) frullare; (*wheels*) girare rapidamente; **my stomach was ~ing** mi si rivoltava lo stomaco

chute [ʃuːt] *n* **1.** (*sloping tube*) rampa *f; garbage ~** botola *f* per i rifiuti **2.** (*swimming pool slide*) scivolo *m* **3.** *inf* AVIAT paracadute *m*

chutney ['tʃʌt·ni] *n* chutney *m inv*

CIA [ˌsiː·aɪ·'eɪ] *n abbr of* **Central Intelligence Agency** CIA *f*

cider ['saɪ·dɚ] *n* (*unfermented apple juice*) **sweet ~** sidro *m*

cigar [sɪ·'gɑːr] *n* sigaro *m*

cigar box <-es> *n*, **cigar case** *n* portasigari *m inv*

cigar cutter *n* tagliasigari *m inv*

cigarette [ˌsɪ·gə·'ret] *n* sigaretta *f;* **to light a ~** accendere una sigaretta

cigarette butt *n* mozzicone *m* di sigaretta

cigarette case *n* portasigarette *m inv*

cigarette holder *n* bocchino *m*

cigarette paper *n* cartina *f* (per sigarette)

cigarillo [sɪ·gə·'rɪ·loʊ] *n* piccolo sigaro *m*

cilantro [sɪ·'lan·troʊ] *n* coriandolo *m*

cinch [sɪntʃ] <-es> *n* **it's a ~** *inf* è una bazzecola

cinder ['sɪn·dɚ] *n* **1.** (*burnt residue*) brace *f;* **to burn sth to a ~** ridurre qc in cenere **2.** *pl* (*ashes*) ceneri *fpl*

Cinderella [ˌsɪn·dəˈre·lə] *n* Cenerentola *f*

cinema ['sɪ·nə·mə] *n* cinema *m inv*

cinemagoer ['sɪ·nə·məˌgoʊ·ɚ] *n* cinefilo, -a *m, f*

cinematic [ˌsɪ·nə·'mæ·t̬ɪk] *adj* cinematografico, -a

cinnamon ['sɪ·nə·mən] *n* cannella *f;* **a ~ stick** un bastoncino di cannella

CIO *n abbr of* **Congress of Industrial Organizations** Associazione *f* delle Organizzazioni Industriali

cipher *n*, **cypher** ['saɪ·fɚ] *n* codice *m; in ~* in codice

circa ['sɜːr·kə] *prep* circa; **~ 1850** 1850 circa

circle ['sɜːr·kl] I. *n* **1.** *a.* MATH cerchio *m;* **to go around in ~s** girare attorno; **to run around in ~s** *fig* non riuscire a combinare niente; **to have ~s under one's eyes** avere le occhiaie **2.** THEAT galleria *f* ▶ **to come full ~** chiudere il cerchio; **to square the ~** quadrare il cerchio

II. *vt* cerchiare; (*move in a circle around*) girare attorno a III. *vi* (*aircraft*) girare in tondo

circuit ['sɜːr·kɪt] *n* **1.** circuito *m* **2.** (*district under circuit judge*) distretto *m* giurisdizionale

circuit board *n* circuito *m* stampato

circuit breaker *n* salvavita *m inv*

circuitous [sə·'kju·ə·təs] *adj* (*route*) tortuoso, -a

circular ['sɜːr·kjə·lɚ] I. *adj* circolare II. *n* circolare *f*

circular saw *n* sega *f* circolare

circulate ['sɜːr·kjə·leɪt] I. *vt* far circolare II. *vi* circolare

circulating library <-ies> *n* biblioteca *f* itinerante

circulation [ˌsɜːr·kjʊ·'leɪ·ʃən] *n* **1.** circolazione *f;* **to be out of ~** essere fuori circolazione **2.** (*of publication*) tiratura *f*

circulatory ['sɜːr·kjə·lə·tɔː·ri] *adj* circolatorio, -a

circumcise ['sɜːr·kəm·saɪz] *vt* circoncidere

circumcision [ˌsɜːr·kəm·'sɪ·ʒən] *n* circoncisione *f*

circumference [sə·'kʌm·fə·rəns] *n* **1.** (*circle's boundary line*) circonferenza *f* **2.** (*perimeter*) perimetro *m*

circumlocution [ˌsɜːr·kəm·lə·'kju·ʃən] *n form* **1.** (*expression*) circonlocuzione *f* **2.** (*way of speaking*) sproloqui *mpl*

circumnavigate [ˌsɜːr·kəm·'næ·vɪ·geɪt] *vt form* circumnavigare; (*cape*) doppiare

circumnavigation [ˌsɜːr·kəm·ˌnæ·vɪ·'geɪ·ʃən] *n form* circumnavigazione *f*

circumscribe ['sɜːr·kəm·skraɪb] *vt form* circoscrivere

circumscription [ˌsɜːr·kəm·'skrɪp·ʃən] *n* **1.** circoscrizione *f* **2.** (*on coin*) iscrizione *f*

circumspect ['sɜːr·kəm·spekt] *adj form* circospetto, -a

circumstance ['sɜːr·kəm·stæns] *n* circostanza *f;* **under no ~s** in nessun caso

circumstantial [ˌsɜːr·kəm·'stæn·ʃl] *adj* indiziario, -a

circumvent [ˌsɜːr·kəm·'vent] *vt form* (*laws*) eludere; (*obstacle*) aggirare

circus ['sɜːr·kəs] I. <-es> *n* circo *m* II. *adj* del circo

cirrhosis [sə·'roʊ·sɪs] *n* cirrosi *f inv;* **~ of the liver** cirrosi epatica

cirrus ['sɪ·rəs] *n* METEO cirro *m*

CIS [ˌsiː·aɪ·'es] *n abbr of* **Commonwealth of Independent States** CSI *f, Comunità di Stati Indipendenti*

cistern ['sɪs·tən] *n* cisterna *f*

citadel ['sɪ·t̬ə·dəl] *n* cittadella *f*

citation [saɪ·'teɪ·ʃən] *n* **1.** (*written quotation*) citazione *f* **2.** MIL menzione *f* **3.** (*ticket*) multa *f*

cite [saɪt] *vt form* citare

citizen ['sɪ·t̬ɪ·zn] *n* **1.** (*subject*) cittadino, -a *m, f* **2.** (*resident of town*) abitante *mf*

citizens' band *n s.* **CB** banda *f* cittadina

citizenship ['sɪ·t̬ɪ·zən·ʃɪp] *n* cittadinanza *f*

citric ['sɪt·rɪk] *adj* citrico, -a

citrus ['sɪt·rəs] <citrus o citruses> I. n agrume m II. adj citrico, -a

city ['sɪ·ti] <-ies> I. n città f II. adj (landscape) urbano, -a; (life) di città

city hall n municipio m

civic ['sɪ·vɪk] <inv> adj (authorities) civile; (education) civico, -a

civies ['sɪ·viz] npl abiti m civili pl

civil ['sɪ·vl] adj 1. civile 2. (courteous) cortese; **to not have a ~ word to say about sb** parlar male di qu

civil action n procedimento m civile

civil court n tribunale m civile

civil defense n protezione f civile

civil disobedience n resistenza f passiva

civil engineer n ingegnere m civile

civilian [sɪ·'vɪl·jən] <inv> I. n civile mf II. adj (clothes) civile

civility [sɪ·'vɪ·lə·ti] <-ies> n 1. (formality) civiltà f 2. (formal remarks) convenevoli mpl

civilization [ˌsɪ·və·lɪ·'zeɪ·ʃən] n civiltà f inv

civilize ['sɪ·və·laɪz] vt civilizzare

civil law ['sɪ·vl·'lɑ:] n diritto m civile

civil liberties npl diritti mpl civili

civil marriage n matrimonio m civile

civil rights npl diritti mpl civili

civil servant n funzionario , -a m, f statale

civil service n Amministrazione f Pubblica

civil union n unione f civile

civil war n guerra f civile

civvies ['sɪ·viz] npl inf **in ~** in abiti civili

clack [klæk] I. vi 1. (heels, typewriter) produrre un ticchettio 2. (talk rapidly) parlottare II. n 1. (with heels) ticchettio m 2. (continual rapid talk) parlottio m

clad [klæd] adj a. iron vestito, -a

claim [kleɪm] I. n 1. (assertion) affermazione f 2. (written demand) richiesta f; **insurance ~** richiesta di risarcimento 3. (right) rivendicazione f; **to lay ~ to sth** rivendicare qc II. vt 1. (assert) affermare; (right, responsibility) rivendicare 2. (declare ownership) reclamare; (reward, title) rivendicare; (diplomatic immunity) chiedere 3. (require: time) richiedere 4. (demand in writing) fare richiesta di; **to ~ damages** chiedere il risarcimento dei danni III. vi **to ~ for sth** reclamare qc

claimant ['kleɪ·mənt] n richiedente mf; (to a throne) pretendente mf

clairvoyance [ˌkler·'vɔ·ɪənts] n chiaroveggenza f

clairvoyant [ˌkler·'vɔ·ɪən] I. n chiaroveggente mf II. adj paranormale; **to be ~** essere chiaroveggente

clam [klæm] n vongola f ▶ **to be happy as a ~** essere felice come una pasqua

◆ **clam up** <-mm-> vi (not say anything) non aprire (più) bocca

clamber ['klæm·bə·] I. vi arrampicarsi II. n arrampicata f

clam chowder ['klæm·ˌtʃaʊ·də·] n zuppa f di vongole

clammy ['klæ·mi] <-ier, -iest> adj (feet) sudato, -a; (weather) appiccicoso, -a

clamor ['klæ·mə·] I. vi (demand loudly) **to ~ for sth** chiedere a gran voce qc II. n clamore m

clamorous ['klæ·mə·rəs] adj chiassoso, -a

clamp [klæmp] I. n TECH morsetto m II. vt 1. (fasten together) stringere 2. (impose forcefully) imporre

◆ **clamp down** vi **to ~ on sth** mettere freno a qc

clan [klæn] n clan m inv

clandestine [klæn·'des·tɪn] adj form clandestino, -a

clang [klæŋ] I. vi (bells) suonare II. vt **to ~ sth shut** chiudere qc con fragore III. n forte suono m metallico; **the ~ of the bell** il clangore della campana

clangor ['klæŋ·gə·] n forte suono m metallico

clank [klæŋk] I. vi produrre un rumore metallico II. vt far risuonare III. n rumore m metallico

clap¹ [klæp] I. <-pp-> vt 1. (applaud) applaudire 2. (slap palms together) **to ~ one's hands (together)** battere le mani II. <-pp-> vi 1. (applaud) applaudire 2. (slap palms together) battere le mani III. n 1. (slap) pacca f 2. (applause) applauso m; **to give sb a ~** applaudire qu 3. (noise) **a ~ of thunder** un tuono

clap² [klæp] n sl **the ~** gonorrea

clapper ['klæ·pə·] n battaglio m

claptrap ['klæp·træp] n inf scemenze fpl

claret ['kle·rət] n 1. (wine) bordeaux m rosso inv 2. (color) bordeaux m

clarification [ˌkle·rɪ·fɪ·'keɪ·ʃən] n chiarimento m

clarify ['kle·rɪ·fai] <-ie-> vt 1. (make clearer, explain) chiarire 2. (purify) chiarificare

clarinet [ˌkle·rɪ·'net] n clarinetto m

clarity ['kle·rə·ti] n chiarezza f

clash [klæʃ] I. vi 1. (fight) scontrarsi; **to ~ over sth** scontrarsi su qc 2. (compete against) affrontarsi 3. (contradict: views) contraddirsi 4. (not match: colors) non intonarsi 5. (make loud noise) far rumore II. vt sbattere rumorosamente III. <-es> n 1. (hostile encounter, contest) scontro m 2. (conflict, incompatibility) conflitto m 3. (loud harsh noise) fragore m

clasp [klæsp] I. n 1. (firm grip: of hands) stretta f 2. (fastening device) fermaglio m, fibbia f II. vt 1. (grip) serrare; **to ~ one's hands** stringersi la mano; **to ~ sb in one's arms** stringere qu tra le braccia 2. (fasten: belt) allacciare

clasp knife <knives> n coltello m a serramanico

class [klæs] I. <-es> n 1. classe f 2. (lesson) lezione f, corso m II. vt classificare; **to ~ sb as sth** classificare qu come qc; **to ~ sb among sth** considerare qu qc

class-conscious ['klæs·ˌkɑːn·tʃəs] adj con coscienza di classe; (classist) classista

classic ['klæ·sɪk] I. *adj* **1.** classico, -a **2.** *inf* (*joke, story*) memorabile II. *n* classico *m*

classical ['klæ·sɪ·kl] *adj* classico, -a

classicism ['klæ·sɪ·sɪ·zəm] *n* classicismo *m*

classicist ['klæ·sɪ·sɪst] *n* classicista *mf*

classics ['klæ·sɪks] *n* **1.** *pl* the ~ (*great literature*) i classici **2.** + *sing vb* (*Greek and Roman studies*) studi *mpl* classici

classification [ˌklæ·sə·fɪ·'keɪ·ʃən] *n* classificazione *f*

classified ['klæ·sɪ·faɪd] <inv> *adj* classificato, -a; (*confidential*) riservato, -a

classify ['klæ·sɪ·faɪ] <-ie-> *vt* classificare; (*designate as secret*) dichiarare di carattere riservato

classless ['klæs·lɪs] *adj* (*society*) senza classi

classmate *n* compagno , -a *m*, *f* di classe

classroom *n* aula *f*, classe *f*

class struggle *n*, **class war** *n* lotta *f* di classe

classy ['klæ·si] <-ier, -iest> *adj* raffinato, -a

clatter ['klæ·t̬ɚ] I. *vi* **1.** (*make rattling noise*) fare fracasso **2.** (*walk noisily*) scalpicciare II. *n* fracasso *m*; (*of hooves*) scalpiccio *m*

clause [klɑːz] *n* clausola *f*; LING proposizione *f*

claustrophobia [ˌklɑːs·trə·'foʊ·biə] *n* claustrofobia *f*

claustrophobic *adj* claustrofobico, -a

clavicle ['klæ·vɪ·kl] *n* clavicola *f*

claw [klɑː] I. *n* artiglio *m*; (*of sea creatures*) chela *f*; **to show one's ~s** *fig* tirar fuori le unghie II. *vt* graffiare

clay [kleɪ] I. *n* **1.** argilla *f* **2.** SPORTS terra *f* battuta II. *adj* di argilla

clay pigeon *n* piattello *m*

clean [kliːn] I. *adj* **1.** (*free of dirt, fair*) pulito, -a; (*as*) ~ **as a whistle** pulitissimo **2.** (*free from bacteria*) disinfettato, -a **3.** (*morally acceptable*) onesto, -a; (*reputation*) senza macchia; (*driving license*) con tutti i punti; ~ **police record** fedina *f* penale pulita **4.** (*smooth: cut*) netto, -a; (*design*) elegante **5.** (*complete*) **to make a ~ break with sth** dare un taglio netto a qc **6.** (*blank: piece of paper*) bianco, -a II. *n* pulita *f* III. *adv* completamente; **to ~ forget that ...** dimenticarsi completamente che ... IV. *vt* pulire V. *vi* pulirsi; **the coffee stain ~ed off easily** la macchia di caffè è venuta via facilmente

◆**clean out** *vt* **1.** (*clean thoroughly*) pulire; (*with water*) lavare **2.** *sl* (*make penniless*) ripulire

◆**clean up** I. *vt* **1.** (*make clean*) pulire; (*tidy up*) riordinare; **to clean oneself up** darsi una ripulita **2.** (*eradicate*) ripulire da II. *vi* **1.** (*make clean*) pulire **2.** *inf* (*make profit*) guadagnare

clean-cut [ˌkliːn·'kʌt] *adj* (*straight*) netto, -a; (*person*) dall'aspetto curato

cleaner ['kliː·nɚ] *n* **1.** (*person*) addetto, -a *m*, *f* alle pulizie **2.** (*substance*) prodotto *m* detergente

cleaning ['kliː·nɪŋ] *n* pulizia *f*

cleaning lady <-ies> *n*, **cleaning woman** <women> *n* donna *f* delle pulizie

cleanliness ['klen·lɪ·nɪs] *n* pulizia *f*

cleanly ['klen·li] *adv* (*cut*) di netto; (*honestly*) onestamente

cleanse [klenz] *vt* **1.** (*make clean*) pulire **2.** (*make morally pure*) purificare

cleanser ['klen·zɚ] *n* latte *m* detergente

clean-shaven ['kliː·n·'ʃeɪ·vn] *adj* sbarbato, -a

cleansing cream *n* crema *f* detergente

cleansing tissue *n* fazzolettino *m* struccante

cleanup ['kliː·n·ʌp] *n* pulita *f*

clear [klɪr] I. *n* **to be in the ~** essere fuori pericolo II. *adv* **to get ~ of sth** togliersi da qc; **to stand ~ (of sth)** tenersi lontano (da qc) III. *adj* **1.** (*transparent*) trasparente; (*picture*) nitido, -a; **to make oneself ~** spiegarsi bene; **as ~ as day** chiaro come il giorno **2.** (*obvious*) evidente **3.** (*free from guilt: conscience*) a posto; **to be ~ of debt** non avere debiti **4.** (*net*) netto, -a IV. *vt* **1.** (*remove obstacles*) sgombrare; (*empty*) liberare **2.** (*remove blockage*) stasare; **to ~ the way** sgombrare la strada **3.** (*remove doubts*) chiarire; **to ~ one's head** chiarirsi le idee **4.** (*acquit*) scagionare **5.** (*net*) guadagnare **6.** (*jump*) saltare **7.** (*give official permission*) autorizzare V. *vi* (*water, weather*) schiarirsi

◆**clear away** I. *vt* mettere via II. *vi* andarsene

◆**clear off** I. *vi inf* filarsela II. *vt* mandare via

◆**clear out** I. *vt* ripulire; (*throw away*) sbarazzarsi di II. *vi* andarsene

◆**clear up** I. *vt* risolvere; (*tidy*) riordinare II. *vi* schiarire

clearance ['klɪ·rəns] *n* **1.** (*act of clearing*) rimozione *f* **2.** (*space*) spazio *m* libero **3.** (*permission*) autorizzazione *f*

clearance sale *n* liquidazione *f*

clear-cut [ˌklɪr·'kʌt] I. *adj* ben definito, -a II. *vt* tagliare in modo netto

clearheaded *adj* lucido, -a

clearing ['klɪ·rɪŋ] *n* radura *f*

clearing-house *n* camera *f* di compensazione

clearly ['klɪr·li] *adv* chiaramente

clearness ['klɪr·nɪs] *n* chiarezza *f*

clear-sighted [ˌklɪrə·'saɪ·t̬ɪd] *adj* perspicace

cleavage ['kliː·vɪdʒ] *n* **1.** (*in a dress*) scollatura *f* **2.** *form* (*division*) spaccatura *f*

cleave [kliːv] <-ed *o* cleft *o* clove, -ed *o* cleft *o* cloven> I. *vi liter* fendersi II. *vt* fendere

cleaver ['kliː·vɚ] *n* mannaia *f*

clef [klef] *n* chiave *f*

cleft [kleft] I. <inv> *adj* solcato, -a; (*lip*) leporino, -a II. *n* crepaccio *f*

clematis ['kle·mə·t̬əs] *n inv* clematide *f*

clemency ['kle·mən·si] *n form* clemenza *f*

clement ['kle·mənt] *adj* **1.** *form* (*mild*) mite **2.** *form* (*merciful*) clemente

clench [klentʃ] *vt* stringere

clergy ['klɜːr·dʒi] *n* + *sing/pl vb* clero *m*

clergyman ['klɜːr·dʒɪ·mən] <-men> *n* sacerdote *m*; (*protestant*) pastore *m*

clergywoman ['klɜːr·dʒɪ·wʊ·mən] <-women> *n* pastore *m* donna

cleric ['kle·rɪk] *n* ecclesiastico *m*

clerical ['kle·rɪ·kl] *adj* **1.** (*of the clergy*) clericale **2.** (*of offices*) d'ufficio; **~ worker** impiegato, -a *m, f*
clerical error *n* errore *m* burocratico
clerical staff *n* personale *m* d'ufficio
clerical work *n* lavoro *m* d'ufficio
clerk [klɑːrk] *n* **1.** (*in office*) impiegato, -a *m, f* **2.** (*in hotel*) receptionist *mf inv;* (*in shop*) commesso, -a *m, f;* **sales ~** addetto , -a alle vendite *m*
clever ['kle·vɚ] *adj* **1.** (*intelligent*) intelligente **2.** (*skillful*) abile; (*invention*) ingegnoso, -a **3.** *pej* furbo, -a; **to be too ~ by half** voler fare il furbo
cleverness *n* **1.** (*intelligence*) intelligenza *f* **2.** (*skill*) abilità *f*
cliché [kliː·'ʃeɪ] *n* cliché *m inv*
click [klɪk] **I.** *n* clic *m inv;* (*of one's heels*) ticchettio *m;* (*of one's tongue*) schiocco *m* **II.** *vi* **1.** (*make short, sharp sound*) fare un rumore secco **2.** COMPUT fare clic **3.** (*become friendly*) andare subito d'accordo; (*become popular*) avere successo **4.** (*become clear*) tornare **III.** *vt* **1.** (*make short, sharp sound: tongue*) schioccare; (*heels*) battere **2.** (*press button on mouse*) cliccare
client ['klɑ·ɪənt] *n* cliente *mf*
clientele [ˌklɑ·ɪən·'tel] *n* clientela *f*
cliff [klɪf] *n* dirupo *m;* (*on coast*) scogliera *f*
cliffhanger *n* situazione *f* carica di suspense
climacteric [klɑɪ·'mæk·tə·ɪk] *n form* climaterio *m*
climactic [ˌklɑɪ·'mæk·tɪk] *adj* culminante
climate ['klɑɪ·mɪt] *n* clima *m;* **the ~ of opinion** l'opinione generale
climatic [klɑɪ·'mæ·tɪk] *adj* climatico, -a
climatologist [ˌklɑɪ·mə·'tɑː·lə·dʒɪst] *n* climatologo, -a *m, f*
climatology [ˌklɑɪ·mə·'tɑː·lə·dʒi] *n* climatologia *f*
climax ['klɑɪ·mæks] **I.** <-es> *n* culmine *m;* (*sexual*) orgasmo *m* **II.** *vi* arrivare al culmine; (*sexual*) raggiungere l'orgasmo
climb [klɑɪm] **I.** *n* scalata *f* **II.** *vt* (*stairs*) salire; (*tree*) arrampicarsi su; (*mountain*) scalare **III.** *vi* salire; **to ~ to a height of ...** AVIAT raggiungere una quota di ...
◆**climb down** *vi* scendere; *fig* fare marcia indietro
climb-down ['klɑɪm·dɑʊn] *n* marcia *f* indietro
climber ['klɑɪ·mɚ] *n* **1.** (*of mountains*) alpinista *mf;* (*of rock faces*) scalatore, -trice *m, f* **2.** (*plant*) rampicante *m* **3.** *inf* (*striver for higher status*) arrampicatore , -trice *m, f* sociale
climbing ['klɑɪ·mɪŋ] **I.** *n* **1.** (*ascending mountains*) alpinismo *m* **2.** (*ascending rock faces*) arrampicata *f* **II.** *adj* (*plant*) rampicante; (*boots*) da montagna
climbing iron *n s.* **crampon**
clinch [klɪntʃ] **I.** <-es> *n* stretta *f* **II.** *vt* **1.** (*settle decisively*) risolvere; (*a deal*) concludere

2. *inf* (*embrace*) abbracciarsi **3.** (*secure a nail*) ribadire **4.** (*in boxing*) SPORTS chiudere in clinch
clincher ['klɪn·tʃɚ] *n inf* argomento *m* decisivo
cling [klɪŋ] <clung, clung> *vi* **1.** (*embrace*) abbracciarsi **2.** (*hold*) aggrapparsi **3.** (*stick*) aderire **4.** (*stay close*) stare addosso **5.** (*follow closely*) seguire
clinging *adj* **1.** (*clothes*) attillato, -a **2.** (*person*) appiccicoso, -a
clingy ['klɪ·ŋi] <-ier, -iest> *adj* aderente
clinic ['klɪ·nɪk] *n* clinica *f*
clinical ['klɪ·nɪ·kl] *adj* **1.** clinico, -a **2.** (*emotionless*) freddo, -a
clinician [klɪ·'nɪ·ʃən] *n* specialista *mf*
clink [klɪŋk] **I.** *vt* (*glasses*) far tintinnare; **to ~ glasses** fare cin cin **II.** *vi* tintinnare **III.** *n* **1.** tintinnio *m;* (*of glasses*) rumore *m* dei bicchieri quando si brinda **2.** *inf* (*prison*) gattabuia *f*
clinker ['klɪŋ·kɚ] *n* scorie *fpl*
clip¹ [klɪp] **I.** *n* **1.** (*fastener*) clip *f inv;* (*for paper*) graffetta *f;* (*for hair*) fermaglio *m* **2.** (*gun part*) caricatore *m* **3.** (*jewelry*) spilla *f* **II.** <-pp-> *vt* attaccare
clip² [klɪp] <-pp-> **I.** *vt* **1.** (*cut*) tagliare; (*sheep*) tosare; (*ticket*) forare **2.** (*reduce*) accorciare **3.** (*attach*) attaccare **4.** (*hit*) colpire **II.** *n* **1.** (*trim*) spuntata *f* **2.** (*extract*) frammento *m* **3.** (*hit*) colpetto *m*
clipboard ['klɪp·bɔːrd] *n* portablocco *m* a molla
clipped *adj* tagliato, -a
clipper ['klɪ·pɚ] *n* NAUT clipper *m*
clipping ['klɪ·pɪŋ] *n* ritaglio *m*
clique [kliːk] *n* combriccola *f*
cliquey ['kliː·ki] <cliquier, cliquiest> *adj,* **cliquish** ['kliː·kɪʃ] *adj* esclusivo, -a
clitoris ['klɪ·tə·əs] <-es> *n* clitoride *m*
cloak [kloʊk] **I.** *n* **1.** *a. fig* mantello *m* **2.** (*covering*) manto *m;* **under the ~ of darkness** col favore delle tenebre **II.** *vt* avvolgere
cloakroom ['kloʊk·ruːm] *n* guardaroba *m inv*
clobber ['klɑː·bɚ] *vt inf* prendere a bastonate
clock [klɑːk] **I.** *n* **1.** (*for time*) orologio *m;* **alarm ~** sveglia *f;* **around the ~** 24 ore su 24; **to run against the ~** essere in corsa contro il tempo **2.** (*speedometer*) cronometro *m;* (*odometer*) contachilometri *m inv* **II.** *vt* **1.** (*take amount of time*) cronometrare **2.** (*measure time*) **this car can ~ 150 mph** questa macchina fa 150 miglia all'ora
◆**clock in** *vi* **1.** (*record time*) timbrare il cartellino (all'arrivo) **2.** *inf* (*arrive*) arrivare a lavoro
◆**clock out** *vi* **1.** (*record time*) timbrare il cartellino (all'uscita) **2.** *inf* (*leave work*) uscire dal lavoro
◆**clock up** *vt insep* (*attain*) ottenere; (*travel*) percorrere
clock face *n* quadrante *m*
clock radio *n* radiosveglia *f*
clockwise *adj, adv* in senso orario
clockwork *n* meccanismo *m;* **to go like ~**

andare tutto liscio; **as regular as** ~ preciso come un orologio

clod [klɑːd] *n* **1.**(*earth*) zolla *f* **2.**(*person*) idiota *mf*

clog [klɑːg] **I.** *n* zoccolo *m* **II.**<-gg-> *vi* intasarsi **III.**<-gg-> *vt* intasare
◆**clog up** *vt* intasare

cloister [ˈklɔɪs·tɚ] *n pl* chiostro *m*

clone [kloʊn] **I.** *n* BIO, COMPUT clone *m* **II.** *vt* clonare

cloning [ˈkloʊ·nɪŋ] *n* clonazione *f*

close¹ [kloʊs] **I.** *adj* **1.**(*near in location, almost even*) vicino, -a; ~ **combat** combattimento *m* corpo a corpo **2.**(*intimate*) intimo, -a; ~ **relatives** parenti *mpl* stretti **3.**(*similar*) simile **4.**(*unwilling to be frank*) riservato, -a **5.**(*airless*) chiuso, -a **II.** *adv* vicino; **to move ~** avvicinarsi

close² [kloʊz] **I.** *n* (*end*) fine *f;* (*finish*) finale *m;* **to bring sth to a ~** terminare qc **II.** *vt* **1.**(*shut*) chiudere **2.**(*end*) terminare, chiudere; (*bring to an end*) concludere; **to ~ a deal** concludere un accordo **III.** *vi* **1.**(*shut*) chiudersi **2.**(*end*) terminare, chiudersi
◆**close down I.** *vi* chiudere (definitivamente) **II.** *vt* chiudere (definitivamente)
◆**close in** *vi* **1.**(*surround*) **to ~ on sth** circondare qc **2.**(*get shorter*) accorciarsi
◆**close off** *vt* chiudere
◆**close up I.** *vi* **1.**(*people*) chiudersi **2.**(*wound*) cicatrizzarsi **II.** *vt* chiudere

closed *adj* chiuso, -a; **behind ~ doors** a porte chiuse

closed-door *adj* a porte chiuse

closedown *n* chiusura *f*

close-knit *adj* unito, -a

closely [ˈkloʊs·li] *adv* **1.**(*near*) da vicino **2.**(*intimately*) estremamente **3.**(*carefully*) attentamente

closeness [ˈkloʊs·nɪs] *n* **1.**(*nearness,*) vicinanza *f* **2.**(*intimacy*) intimità *f* **3.**(*airlessness*) mancanza *f* d'aria

closet [ˈklɑː·zɪt] **I.** *n* (*cupboard*) armadio *m* ▸**to come out of the ~** dichiararsi apertamente omosessuale **II.** *adj* segreto, -a **III.** *vt* **to be ~ed with sb** avere un colloquio privato con qc

close to I. *prep* **1.**(*near*) vicino a; **to be ~ the beginning/end of sth** essere prossimi all'inizio/alla fine di qc; **to live ~ the airport** abitare vicino all'aeroporto **2.**(*almost*) ~ **tears** sul punto di piangere; **to be ~ doing sth** stare per fare qc; ~ **three feet** circa tre piedi **3.**(*in friendship with*) **to be ~ sb** essere vicino a qu **II.** *adv* (*almost*) ~ **finished/complete** quasi finito/completo

close-up [ˈkloʊs·ʌp] *n* CINE primo piano *m*

closing I. *adj* ultimo, -a; (*speech*) di chiusura **II.** *n* chiusura *f*

closing date *n* ultimo giorno *m*

closing time *n* orario *m* di chiusura

closure [ˈkloʊ·ʒɚ] *n* chiusura *f*

clot [klɑːt] **I.** *n* grumo *m;* **blood ~** coagulo *m*

di sangue **II.**<-tt-> *vi* raggrumarsi; (*blood*) coagularsi

cloth [klɑːθ] **I.** *n* **1.**(*material*) tela *f;* (*for cleaning*) panno *m* **2.**(*clergy*) clero *m;* **a man of the ~** un ecclesiastico **II.** *adj* di tela

clothe [kloʊð] *vt* vestire; *fig* rivestire di

clothes [kloʊðz] *npl* abiti *mpl*

clothes hanger *n* gruccia *f* (appendiabiti)

clotheshorse *n* stenditoio *m*

clothesline *n* corda *f* per il bucato

clothespin *n* molletta *f* (per il bucato)

clothing [ˈkloʊ·ðɪŋ] *n* abbigliamento *f;* **article of** ~ capo *m* d'abbigliamento

clothing industry <-ies> *n* industria *f* dell'abbigliamento

cloud [klaʊd] **I.** *n* nube *f;* **ash** ~ nube *f* di cenere ▸**every ~ has a silver lining** *prov* non tutto il male vien per nuocere *prov;* **to be on ~ nine** essere al settimo cielo; **to be under a ~** essere avvolto da un alone di sospetto **II.** *vt a. fig* offuscare; (*issue*) oscurare
◆**cloud over** *vi* **1.**METEO rannuvolarsi **2.**(*become gloomy*) rabbuiarsi **3.**(*become misty: eyes*) offuscarsi

cloud bank *n* banco *m* di nubi

cloudburst *n* nubifragio *m*

cloud-capped *adj* avvolto, -a di nubi

cloud chamber *n* PHYS camera *f* a nebbia

clouded [ˈklaʊ·dɪd] *adj* **1.**(*cloudy*) nuvoloso, -a **2.**(*not transparent: liquid*) torbido, -a **3.**(*confused: mind*) confuso, -a

cloudless [ˈklaʊd·lɪs] *adj* sereno, -a

cloudy [ˈklaʊ·di] <-ier, -iest> *adj* **1.**(*overcast*) nuvoloso, -a **2.**(*not transparent: liquid*) torbido, -a

clout [klaʊt] **I.** *n* **1.** *inf* (*hit*) botta *f* **2.**(*power*) influenza *f* **II.** *vt inf* dare una botta a

clove¹ [kloʊv] *n* FOOD chiodo *m* di garofano; (*of garlic*) spicchio *m*

clove² [kloʊv] *pt of* **cleave**

cloven [ˈkloʊ·vn] **I.** *pp of* **cleave II.** *adj* spaccato, -a

clover [ˈkloʊ·vɚ] *n* trifoglio *m*

cloverleaf *n* <-leaves> foglia *f* di trifoglio

clown [klaʊn] **I.** *n* pagliaccio *m* **II.** *vi* **to ~ around** fare il pagliaccio

clownish [ˈklaʊ·nɪʃ] *adj* da pagliaccio

cloying [ˈklɔɪ·ɪŋ] *adj* stucchevole

cloyingly *adv* in modo stucchevole

club [klʌb] **I.** *n* **1.**(*group*) associazione *f,* circolo *m* **2.**(*team*) club *m inv,* squadra *f* **3.**SPORTS mazza *f* da golf **4.**(*weapon*) randello *m* **5.**(*playing card*) carta *f* di fiori; (*in Spanish cards*) **6.**(*disco*) locale *m* notturno **II.**<-bb-> *vt* bastonare

clubbing *vi* **to go** ~ andare a ballare

club car *n* carrozza *f* bar

clubfoot <feet> *n* piede *m* equino

clubhouse *n* sede *f* di un circolo

club sandwich <-es> *n* tramezzino *m*

club soda *n* seltz *m inv*

cluck [klʌk] *vi* chiocciare

clue [kluː] *n* **1.**(*evidence, hint*) indizio *m*

2. (*secret*) chiave *f* **3.** (*idea*) idea *f*; **I don't have a** ~ *inf* non ne ho la più pallida idea

◆**clue in** *vt* **to clue sb in** (**on sth**) informare qu (di qc)

clueless ['klu:·lɪs] *adj inf* **to be** ~ (**about sth**) non sapere niente (di qc)

clump [klʌmp] **I.** *vt* **to** ~ **sth together** raggruppare qc **II.** *vi* **1.** (*group*) **to** ~ **together** unirsi **2.** (*walk noisily*) camminare facendo rumore **III.** *n* **1.** (*thick group: of trees*) gruppo *m*; (*of flowers*) cespo *m* **2.** (*lump*) pezzo *m*

clumsiness ['klʌm·zɪ·nɪs] *n* goffaggine *f*

clumsy ['klʌm·zi] <-ier, -iest> *adj* maldestro, -a; (*object*) scomodo, -a

clung [klʌŋ] *pp, pt of* **cling**

clunk [klʌŋk] *n* suono *m* metallico

cluster ['klʌs·tə·] **I.** *n* (*of people*) gruppo *m*; (*of fruits*) grappolo *m* **II.** *vi* raggrupparsi

cluster bomb *n* bomba *f* a grappolo

clutch [klʌtʃ] **I.** *vi* **to** ~ **at sth** aggrapparsi a qc **II.** *vt* stringere **III.** *n* **1.** AUTO frizione *f* **2.** (*set: of eggs*) covata *f* **3.** (*control*) **to be in the** ~**es of sb/sth** essere nelle grinfie di qu/qc **4.** (*crucial situation*) situazione *f* critica

clutch bag *n* pochette *f inv*

clutch hitter *n* clutch-hitter *m inv*

clutter ['klʌ·tə·] **I.** *n* disordine *m* **II.** *vt* ingombrare

◆**clutter up** *vt* ingombrare

cluttered *adj* disordinato, -a; *fig* confuso, -a; **to be** ~ **with** essere ingombro di

cm *inv abbr of* **centimeter** cm

c'mon *inf* = **come on**

CO¹ [ˌkɑː·lə·'ræ·doʊ] *n abbr of* **Colorado** Colorado *m*

CO² [ˌsiː·'oʊ] *n*, **C.O.** [ˌsiː·'oʊ] *n* **1.** *abbr of* **Commanding Officer** ufficiale *m* in comando **2.** *abbr of* **conscientious objector** obiettore, -trice *m, f* di coscienza

Co *n abbr of* **cobalt** Co

co. [koʊ] **1.** *abbr of* **company** C. **2.** GEO *abbr of* **county** contea *f*

c/o *abbr of* **care of** c/o

coach [koʊtʃ] **I.** <-es> *n* **1.** (*private bus*) pullman *m inv* **2.** (*horse-drawn carriage*) carrozza *f*, diligenza *f* **3.** (*railway car*) carrozza *f* **4.** (*teacher*) insegnante *mf* privato; SPORTS allenatore, -trice *m, f* **II.** *vt* **to** ~ **sb** (**in sth**) insegnare (qc) a qu; SPORTS allenare qu (a qc) **III.** *vi* dare lezioni private

coaching *n* lezioni *fpl* private

coaching staff *n* + *sing/pl vb* personale *m* docente

coagulate [koʊ·'æɡ·jə·leɪt] **I.** *vi* (*blood*) coagularsi; (*sauce*) rapprendersi **II.** *vt* (*blood*) coagulare; (*sauce*) far rapprendere

coagulation [koʊ·ˌæɡ·jə·'leɪ·ʃən] *n* coagulazione *f*

coal [koʊl] *n* carbone *m*; **piece of** ~ pezzo *f* di carbone

coal bed *n* strato *m* di carbone

coal black *adj* nero, -a come il carbone

coalesce [koʊ·ə·'les] *vi form* (*to merge*) fondersi; (*to unite in coalition*) coalizzarsi

coalescence [koʊ·ə·'le·snts] *n form* (*merger*) fusione *f*; (*coalition*) coalizione *f*

coalfield *n* giacimento *m* di carbone

coal-fired *adj* a carbone

coalition [ˌkoʊ·ə·'lɪ·ʃən] *n* coalizione *f*

coal mine *n* miniera *f* di carbone

coal miner *n* minatore *m*

coal mining *n* estrazione *f* carbonifera

coal tar *n* catrame *m* di carbone

coarse [kɔːrs] <-r, -st> *adj* **1.** (*rough*) grezzo, -a; (*sand*) grosso, -a; (*skin*) ruvido, -a **2.** (*vulgar*) grossolano, -a

coarsely *adv* grossolanamente

coarsen ['kɔːr·sn] **I.** *vt* irruvidire **II.** *vi* irruvidirsi

coarseness ['kɔːrs·nɪs] *n* **1.** (*roughness*) ruvidità *f* **2.** (*rudeness*) grossolanità *f*

coast [koʊst] **I.** *n* costa *f* ▶ **the** ~ **is clear** *inf* la via è libera **II.** *vi* (*car*) procedere in folle

coastal ['koʊs·tl] *adj* costiero, -a

coaster ['koʊs·tə·] *n* **1.** (*for glasses*) sottobicchiere *m* **2.** *inf* (*roller coaster*) montagne *fpl* russe

coast guard ['koʊst·ɡɑːrd] *n*, **Coast Guard** ['koʊst·ɡɑːrd] *n* guardacoste *m inv*

coastline *n* litorale *m*

coast-to-coast *adj* da costa a costa

coat [koʊt] **I.** *n* **1.** (*overcoat*) cappotto *m*; (*jacket*) giaccone *m*, giacca *f* **2.** (*animal's skin*) manto *m*, pelo *m* **3.** (*layer*) strato *m*; (*of paint*) mano *f* ▶ **to cut one's** ~ **according to one's cloth** vivere secondo i propri mezzi **II.** *vt* **to** ~ **sth in sth** ricoprire qc di qc

coated ['koʊ·tɪd] *adj* ricoperto, -a

coat hanger *n* gruccia *f*

coat hook *n* attaccapanni *m inv*

coati [kəʊ·'ɑː·ti] *n* coati *m*

coating ['koʊ·tɪŋ] *n s.* **coat**

coat of arms <coats of arms> *n* stemma *m*

coattails *npl* falde *fpl* (*di un frac, ecc.*) ▶ **to ride on sb's** ~ fare strada grazie a qu

coauthor [koʊ·'ɑː·θə·] **I.** *n* coautore, -trice *m, f* **II.** *vt* scrivere a quattro mani

coax [koʊks] *vt* persuadere; **to** ~ **sth out of sb** riuscire ad ottenere qc da qu

coaxing I. *n* persuasione *f* **II.** *adj* persuasivo, -a

coaxingly *adv* in modo persuasivo

cobalt ['koʊ·bɔːlt] *n* cobalto *m*

cobalt blue *n* blu *m* cobalto *inv*

cobble¹ ['kɑː·bl] **I.** *n* ciottolo *m* (*per pavimentazione*) **II.** *vt* acciottolare

cobble² ['kɑː·bl] *vt* (*repair*) riparare

◆**cobble together** *vt* improvvisare

cobbled *adj* ~ **streets** strade *fpl* acciottolate

cobbler ['kɑː·bl·ə·] *n* calzolaio *m*

cobblestone ['kɑː·bl·stoʊn] *n* acciottolato *m*

cobnut ['kɑː·b·nʌt] *n* nocciola *f*

Cobol *n*, **COBOL** ['koʊ·bɔːl] *n* COMPUT *abbr of* **common business-oriented language** COBOL *m*

cobra ['koʊ·brə] *n* cobra *m inv*

C

cobweb ['kɑ:b·web] *n* ragnatela *f*
coca ['koʊ·kə] *n* coca *f*
Coca-Cola® [,koʊ·kə·'koʊ·lə] *n* Coca-Cola® *f*
cocaine [koʊ·'keɪn] *n* cocaina *f*
coccyx ['kɑ:k·sɪks] <-es *o* coccyges> *n* coccige *m*
cochineal ['kɑ:·tʃə·ni:l] *n* cocciniglia *f*
cochlea ['kɑ:k·li·ə] <-e *o* -s> *n* coclea *f*
cock [kɑːk] **I.** *n* **1.** (*male chicken*) gallo *m*
2. *vulg* (*penis*) uccello *m* **II.** *vt* **1.** (*turn*) piegare **2.** (*ready gun*) armare **III.** *adj* (*in ornitol-
ogy*) maschio
cockade [kɑ:·'keɪd] *n* coccarda *f*
cock-a-doodle-doo [,kɑ:·kə·,du:·dl·'du:] *n*
childspeak chicchirichì *m inv*
cock-a-leekie *n* zuppa *f* di pollo e porri
cock-and-bull story <-ies> *n* panzana *f*
cockatoo ['kɑ:·kə·'tu:] <-(s)> *n* cacatua *m inv*
cockchafer ['kɑ:k·tʃeɪ·fə] *n* maggiolino *m*
cockcrow ['kɑ:k·kroʊ] *n* canto *m* del gallo;
at ~ al canto del gallo
cocked *adj* ~ **hat** tricorno *m*
cocker ['kɑ:·kə] *n*, **cocker spaniel** *n*
cocker *m inv*
cockerel ['kɑ:·kə·əl] *n* galletto *m*
cockeyed ['kɑ:k·aɪd] *adj* **1.** *inf* (*not straight*)
storto, -a **2.** (*ridiculous*) assurdo, -a
cockfight *n* combattimento *m* di galli
cockiness ['kɑ:·kɪ·nɪs] *n* sfacciataggine *f*
cockle ['kɑ:·kl] *n* cardio *m*
cockpit ['kɑ:k·pɪt] *n* (*pilot's area*) cabina *f* di
pilotaggio; (*of car*) abitacolo *m;* (*of boat*) pozzetto *m*
cockroach ['kɑ:k·roʊtʃ] <-es> *n* scarafaggio *m*
cockscomb ['kɑ:ks·koʊm] *n* cresta *f* di gallo
cocksure [,kɑ:k·'ʃʊr] *adj inf* sfacciato, -a
cocktail ['kɑ:k·teɪl] *n* cocktail *m inv*
cocktail dress <-es> *n* abito *m* da cocktail
cocktail lounge *n* bar *m inv* (*di un hotel*)
cocky ['kɑ:·ki] <-ier, -iest> *adj inf* sfacciato, -a
cocoa ['koʊ·koʊ] *n* **1.** (*chocolate powder*)
cacao *m* **2.** (*hot drink*) cioccolata *f* calda
cocoa butter *n* burro *m* di cacao
coconut ['koʊ·kə·nʌt] *n* cocco *m,* noce *f* di
cocco
coconut butter *n* burro *m* di cocco
coconut matting *n* stuoia *f* di (fibra di) cocco
coconut milk *n* latte *m* di cocco
coconut oil *n* olio *m* di cocco
coconut palm *n* palma *f* di cocco
cocoon [kə·'ku:n] **I.** *n* bozzolo *m* **II.** *vt a. fig*
proteggere
cod [kɑ:d] *n inv* merluzzo *m*
COD [,si:·oʊ·'di:] *abbr of* **cash on delivery**
pagamento *m* alla consegna
coda ['koʊ·də] *n* MUS coda *f*
coddle ['kɑ:·dl] *vt* **1.** (*cook gently*) cuocere a
fuoco lento **2.** (*treat tenderly*) vezzeggiare
code [koʊd] **I.** *n* codice *m* **II.** *vt* cifrare
coded *adj* cifrato, -a
codeine [koʊ·di:n] *n* codeina *f*
code name *n* nome *m* in codice

code-named *adj* **the mission is** ~ **'David'** il
nome in codice della missione è 'David'
code number *n* prefisso *m*
code of conduct *n* codice *m* etico
codetermination [,koʊ·dɪ·tɜ:r·mɪ·'neɪ·ʃən] *n*
codeterminazione *f*
code word *n* parola *f* in codice
codex ['koʊ·deks] <codices> *n* codice *m*
codger ['kɑ:·dʒəe] *n iron* (vecchio) pazzo *m*
codices ['koʊ·də·si:z] *n pl of* **codex**
codicil ['kɑʊ·dɪ·sɪl] *n* codicillo *m*
codify ['kɑ:ʊ·dɪ·faɪ] <-ie-> *vt* codificare
codling ['kɑ:d·lɪŋ] *n* merluzzetto *m*
codling moth *n* carpocapsa *f*
cod-liver oil *n* olio *m* di fegato di merluzzo
codpiece ['kɑ:d·pi:s] *n* brachetta *f*
coed ['koʊ·ed] **I.** *adj inf* misto, -a **II.** *n inf* studentessa *f* (*di un college misto*)
coeducation [,koʊ·ed·ʒʊ·'keɪ·ʃən] *n* istruzione *f* mista
coeducational [,koʊ·ed·ʒə·'keɪ·ʃə·nəl] *adj*
misto, -a
coefficient [,koʊ·ɪ·'fɪ·ʃnt] *n* coefficiente *m*
coequal [,koʊ·'i:·kwl] **I.** *n form* uguale *mf*
II. *adj form* uguale
coerce [koʊ·'ɜ:rs] *vt form* costringere
coercion [koʊ·'ɜ:r·ʒən] *n* coercizione *f*
coercive [koʊ·'ɜ:r·sɪv] *adj* coatto, -a
coeval [koʊ·'i:·vl] *form* **I.** *n* contemporaneo, -a
m, f **II.** *adj* contemporaneo, -a
coexist [,koʊ·ɪg·'zɪst] *vi* coesistere
coexistence [,koʊ·ɪg·'zɪs·təns] *n* coesistenza *f*
coexistent [,koʊ·ɪg·'zɪs·tənt] *adj* coesistente
coffee ['kɑ·fi] *n* caffè *m inv*
coffee bar *n* bar *m inv,* caffè *m inv*
coffee bean *n* chicco *m* di caffè
coffee break *n* pausa *f* caffè
coffeecake *n* sorta di pan di spagna con noci e
frutta secca
coffee-colored *adj* color caffè
coffee cup *n* tazzina *f* da caffè
coffee grinder *n* macinacaffè *m inv*
coffee grounds *n pl* fondi *mpl* di caffè
coffeehouse *n* caffè *m inv*
coffee klatch <-es> *n* incontro tra amici per
un caffè e quattro chiacchiere
coffee machine *n* **1.** (*in bar, kitchen*) macchina *f* del caffè **2.** (*vending machine*) distributore *m* del caffè
coffee mill *n* macinacaffè *m inv*
coffeepot *n* caffettiera *f*
coffee shop *n* **1.** (*café*) bar *m inv,* caffè *m inv*
2. (*shop*) negozio *m* di caffè
coffee table *n* tavolino *m* basso
coffee-table book *n* grande libro *m* illustrato
coffer ['kɑ:·fə] *n* **1.** (*storage place*) cassa *f*
2. *pl* (*money reserves*) casse *fpl*
coffin ['kɔ:·fɪn] *n* bara *f*
cog [kɑ:g] *n* TECH dente *m;* (*wheel*) ruota *f*
dentata; **to be a** ~ **in a machine** essere un
pezzo dell'ingranaggio
cogency ['koʊ·dʒən·tsi] *n form* forza *f*
cogent ['koʊ·dʒənt] *adj form* convincente

cogently *adv form* in modo convincente

cogitate ['kɑː·dʒə·'teɪt] *vi* riflettere

cogitation [ˌkɑː·dʒə·'teɪ·ʃən] *n* riflessione *f*

cognac ['koʊn·jæk] *n* cognac *m*

cognate ['kɑːg·neɪt] *adj* affine

cognition [kɑːg·'nɪ·ʃən] *n form* cognizione *f*

cognitive ['kɑːg·nə·tɪv] *adj* cognitivo, -a

cognitive psychology *n* psicologia *f* cognitiva

cognitive therapy <-ies> *n* terapia *f* cognitiva

cognizance ['kɑːg·nə·znts] *n* LAW competenza *f;* **to take ~ of sth** prendere atto di qc

cognizant ['kɑːg·nə·znt] *adj* **to be ~ of sth** essere al corrente di qc; LAW competente

cognomen [kɑːg·'noʊ·mən] *n* **1.** (*nickname*) soprannome *m* **2.** HIST cognome *m*

cognoscenti [ˌkɑːg·nə·'ʃen·ti] *npl* esperti *mpl*

cogwheel ['kɑːg·wiːl] *n* ruota *f* dentata

cohabit [koʊ·'hæ·bɪt] *vi* coabitare

cohabitant [koʊ·'hæ·bɪ·tænt] *n* coinquilino *m*

cohabitation [koʊ·ˌhæ·bɪ·'teɪ·ʃən] *n* coabitazione *f*

cohabitee [ˌkoʊ·hæ·bɪ·'tiː] *n form s.* **cohabitant**

cohere [koʊ·'hɪr] *vi* essere coerente

coherence [koʊ·'hɪ·rəns] *n* coerenza *f*

coherent [koʊ·'hɪ·rənt] *adj* coerente

coherently *adv* coerentemente

cohesion [koʊ·'hiː·ʒən] *n* coesione *f*

cohesive [koʊ·'hiː·sɪv] *adj* coesivo, -a

cohesiveness *n* coesione *f*

cohort ['koʊ·hɔːrt] *n* coorte *f*

coil [kɔɪl] **I.** *n* **1.** (*spiral*) rotolo *m* **2.** ELEC bobina *f* **3.** MED spirale *f* (intrauterina) **II.** *vi* arrotolarsi **III.** *vt* arrotolare

coiled *adj* arrotolato, -a

coin [kɔɪn] **I.** *n* moneta *f;* **to toss a ~** fare testa o croce **II.** *vt* coniare ▶ **to ~ a phrase** ... come si suol dire ...

coinage ['kɔɪ·nɪdʒ] *n* **1.** (*system*) sistema *m* monetario **2.** (*act*) coniazione *f*

coincide [ˌkoʊ·ɪn·'saɪd] *vi* coincidere; (*agree*) trovarsi d'accordo

coincidence [koʊ·'ɪn·sɪ·dəns] *n* coincidenza *f*

coincident [koʊ·'ɪn·sɪ·dənt] *adj* coincidente

coincidental [koʊ·ˌɪn·sɪ·'den·t̬əl] *adj* coincidente

coincidentally *adv* per pura coincidenza

coitus ['koʊ·ə·t̬əs] *n form* coito *m*

coitus interruptus *n* coito *m* interrotto

coke [koʊk] *n* **1.** (*fuel*) coke *m* **2.** *inf* coca *f*

Coke® [koʊk] *n* Coca-Cola® *f*

col. [kɑːl] *n abbr of* **column** col.

Col. *n abbr of* **colonel** Col.

cola ['koʊ·lə] *n* Coca-Cola® *f*

colander ['kʌ·lən·də] *n* scolapasta *m inv*

cold [koʊld] **I.** *adj* freddo, -a; **to be ~** (*person*) avere freddo; **to go ~** (*soup, coffee*) raffreddarsi; **to get ~** (*person*) infreddolirsi; **it's bitterly ~** fa un freddo cane ▶ **to leave sb ~** non fare né caldo né freddo a qu **II.** *n* **1.** METEO **the ~** il freddo *m* **2.** MED raffreddore *m;* **to catch a ~** prendere il raffreddore; **to have a ~**

avere il raffreddore ▶ **to leave sb <u>out</u> in the ~** lasciare qu in disparte

cold-blooded *adj* (*animal*) a sangue freddo; (*person*) crudele

cold call *n* stile di vendita consistente nel telefonare o far visita al potenziale cliente senza preavviso

cold comfort *n* magra consolazione *f*

cold cream *n* cold cream *f*

cold cuts *npl* carni *fpl* arrosto a fette

cold feet *n pl, sl* paura *f*

cold frame *n* cassone *m*

cold front *n* fronte *m* freddo

cold-hearted *adj* insensibile

coldish ['koʊl·dɪʃ] *adj* freddino, -a

coldness ['koʊld·nɪs] *n* freddezza *f*

cold snap *n* ondata *f* di freddo

cold sore *n* MED febbre *f* sorda

cold start *n* AUTO, COMPUT partenza *m* a freddo

cold storage *n* conservazione *f* in cella frigorifera

cold store *n* cella *f* frigorifera

cold sweat *n* sudore *m* freddo

cold truth *n* **the ~** la cruda verità

cold turkey I. *n inf* crisi *f* d'astinenza **II.** *adv* **to quit smoking ~** smettere di fumare di brutto

cold war *n* guerra *f* fredda

cold wave *n* ondata *f* di freddo

coleslaw ['koʊl·slɑː] *n* insalata *f* a base di cavolo e maionese

colic ['kɑː·lɪk] *n* colica *f*

collaborate [kə·'læ·bə·reɪt] *vi* collaborare

collaboration [kə·ˌlæ·bə·'reɪ·ʃən] *n* collaborazione *f*

collaborationist [kə·ˌlæ·bə·'reɪʃ·nɪst] *adj* collaborazionista *mf*

collaborative [kə·'læ·bə·rə·tɪv] *adj* in collaborazione; (*effort*) comune

collaborator [kə·'læ·bə·reɪ·t̬ə] *n* **1.** collaboratore, -trice *m, f* **2.** *pej* collaborazionista *mf*

collage ['kə·lɑːʒ] *n* collage *m inv*

collagen ['kɑː·lə·dʒən] *n* collagene *m*

collagen implant *n,* **collagen injection** *n* iniezione *f* di collagene

collapse [kə·'læps] **I.** *vi* **1.** MED collassare **2.** (*fall down: building*) crollare; (*person*) svenire **3.** (*fail*) fallire **II.** *n* **1.** MED collasso *m* **2.** (*act of falling down*) crollo *m;* (*of people*) svenimento *m* **3.** (*failure*) fallimento *m*

collapsible [kə·'læp·sɪ·bl] *adj* pieghevole

collar ['kɑː·lə] **I.** *n* **1.** FASHION collo *m* **2.** (*of a dog, cat*) collare *m* ▶ **to get (all) <u>hot</u> under the ~** (*angry*) accaldarsi **II.** *vt inf* acciuffare

collarbone *n* clavicola *f*

collate [kə·'leɪt] *vt* **1.** (*arrange in order*) ordinare **2.** (*analyze*) mettere a confronto

collateral [kə·'læ·t̬ə·rəl] **I.** *n* FIN garanzia *f* collaterale **II.** *adj* collaterale

collateral damage *n* danni *mpl* collaterali

collateral loan *n* FIN prestito *m* garantito

collaterally [kə·'læ·t̬ə·rə·li] *adv* collateralmente

colleague ['kɑː·liːg] *n* collega *mf*

collect¹ [kə·'lekt] I. *vt* 1. (*gather*) raccogliere; (*stamps*) collezionare 2. *form* (*regain control*) **to ~ oneself** ricomporsi; **to ~ one's thoughts** riordinare le proprie idee II. *vi* 1. (*gather*) raccogliersi 2. (*money: contributions*) fare una colletta; (*money: payments due*) riscuotere III. *adj* TEL (*call*) a carico del destinatario IV. *adv* TEL (*call*) a carico del destinatario

collect² [kə·'lekt] *n* REL colletta *f*

collectable [kə·'lek·tə·bl] I. *adj* da collezione II. *n* articolo *m* da collezione

collect call *n* telefonata *f* a carico del destinatario; **to place** [*o* **make**] **a ~** fare una telefonata a carico del destinatario

collected [kə·'lek·tɪd] *adj* composto, -a

collectible [kə·'lek·tə·bl] I. *adj* da collezione II. *n* articolo *m* da collezione

collection [kə·'lek·ʃən] *n* 1. (*money gathered*) REL colletta *f* 2. (*objects collected, large number*) collezione *f* 3. (*act of getting*) raccolta *f*

collective [kə·'lek·tɪv] I. *adj* collettivo, -a II. *n* collettivo *m*

collective bargaining *n* contrattazione *f* collettiva

collective farm *n* fattoria *f* collettiva

collectively *adv* collettivamente

collective noun *n* nome *m* collettivo

collectivism [kə·'lek·tə·vɪ·zm] *n* collettivismo *m*

collector [kə·'lek·tə] *n* 1. (*one who gathers objects*) collezionista *mf* 2. (*one who collects payments*) esattore *m*

collector's item *n*, **collector's piece** *n* pezzo *m* da collezione

college ['kɑ·lɪdʒ] *n* 1. (*school*) istituto *m* superiore 2. (*university*) università *f inv*

college graduate *n* diplomato, -a *m, f,* laureato, -a *m, f*

collegiate [kə·'li:·dʒɪt] *adj* universitario, -a

collide [kə·'laɪd] *vi* scontrarsi

collie ['kɑ·li] *n* collie *m inv*

collier ['kɑːl·jə] *n form* 1. MIN minatore *m* (in miniera di carbone) 2. (*ship*) carboniera *f*

colliery ['kɑːl·jə·i] <-ies> *n* miniera *f* di carbone

collision [kə·'lɪ·ʒən] *n* collisione *f*

collocate ['kɑː·ləʊ·keɪt] I. *vi* LING **to ~ with sth** essere usato come collocatore di qc II. *n* LING collocatore *m*

collocation [ˌkɑː·lə·'keɪ·ʃən] *n* collocazione *f*

colloquial [kə·'loʊ·kwi·əl] *adj* colloquiale

colloquialism *n* espressione *f* colloquiale

colloquy ['kɑː·lə·kwi] *n* colloquio *m*

collude [kə·'luːd] *vi form* colludere

collusion [kə·'luː·ʒən] *n form* collusione *f*

collusive [kə·'luː·sɪv] *adj form* collusivo, -a

cologne [kə·'loʊn] *n* (*perfume*) colonia *f*

Colombia [kə·'lʌm·biə] *n* Colombia *f*

Colombian [kə·'lʌm·bi·ən] I. *adj* colombiano, -a II. *n* colombiano, -a *m, f*

colon ['koʊ·lən] *n* 1. ANAT colon *m* 2. LING due punti *mpl*

colon cancer *n* cancro *m* del colon

colonel ['kɜːr·nl] *n* colonnello *m*

colonial [kə·'loʊ·ni·əl] I. *adj* coloniale II. *n* coloniale *mf*

colonialism [kə·'loʊ·ni·ə·lɪ·zəm] *n* colonialismo *m*

colonialist I. *n* colonialista *mf* II. *adj* colonialista

colonial mentality *n* mentalità *f* coloniale

colonist ['kɑː·lə·nɪst] *n* 1. (*foreigner*) colonizzatore, -trice *m, f* 2. (*former inhabitant*) colono, -a *m, f*

colonization [ˌkɑː·lə·nɪ·'zeɪ·ʃən] *n* colonizzazione *f*

colonize ['kɑː·lə·naɪz] *vt* colonizzare

colonizer ['kɑː·lə·naɪ·zə] *n* colonizzatore, -trice *m, f*

colony ['kɑː·lə·ni] <-ies> *n a.* ZOOL colonia *f*

color ['kʌ·lə] I. *n* 1. colore *m;* **primary ~** colore primario; **what ~ is your dress?** di che colore è il tuo vestito?; **to have ~ in one's cheeks** avere le guance colorite 2. *pl* POL, MIL (*official flag*) bandiera *f* 3. (*character*) **to show one's true ~s** mostrare il proprio vero volto II. *vt* 1. (*change color of*) colorare; **to ~ a room blue** dipingere una stanza d'azzurro 2. (*dye*) colorare, tingere 3. (*distort*) alterare III. *vi* arrossire

Colorado beetle [ˌkɑː·lə·'ræ·doʊ·'biː·t̬l] *n,* **Colorado potato beetle** *n* dorifora *f*

coloration [ˌkʌ·lə·'reɪ·ʃən] *n* colore *m*

colorblind *adj* daltonico, -a

colorblindness *n* daltonismo *m*

colored *adj* colorato, -a; (*picture*) a colori; (*people*) di colore

colorfast ['kʌ·lə·fæst] *adj* che non stinge

color filter *n* PHOT filtro *m* colorato

colorful ['kʌ·lə·fəl] *adj* vivace

coloring ['kʌ·lə·rɪŋ] *n* 1. (*complexion*) colorito *m* 2. (*chemical*) colorante *m*

colorless ['kʌ·lə·lɪs] *adj* 1. (*having no color*) incolore 2. (*bland*) scialbo, -a

color line *n* barriera *f* razziale

color scheme *n* accostamento *m* cromatico

color slide *n* diapositiva *f* a colori

color television *n* televisione *f* a colori

colossal [kə·'lɑ·sl] *adj* colossale

colossus [kə·'lɑ·səs] *n* <-es *o* colossi> colosso *m*

cols *n abbr of* **columns** colonne *fpl*

colt [koʊlt] *n* puledro *m*

Columbia [kə·'lʌm·biə] *n* **the District of ~** il Distretto di Columbia

Columbus Day [kə·'lʌm·bəs·deɪ] *n* anniversario *m* della scoperta dell'America

column ['kɑː·ləm] *n a.* ARCHIT, ANAT, TYPO colonna *f;* **spinal ~** colonna vertebrale

columnist ['kɑː·ləm·nɪst] *n* autore , -trice di rubrica *m*

coma ['koʊ·mə] *n* coma *m;* **to go into a ~** entrare in coma; **to wake up out of one's ~** uscire dal coma

comatose ['koʊ·mə·toʊs] *adj* comatoso, -a;
~ **state** stato *m* di coma

comb [koʊm] **I.** *n* **1.** (*hair device*) pettine *m*
2. ZOOL cresta *f* **II.** *vt* **1.** (*tidy with a comb*) **to** ~
one's hair pettinarsi (i capelli) **2.** (*search thoroughly*) **to** ~ **an apartment for clues** perquisire l'appartamento in cerca di prove
  ◆**comb out** *vt* (*a knot, tangles*) sciogliere

combat ['kɑːm·bæt] **I.** *n* **1.** (*wartime fighting*)
combattimento *m;* **hand-to-hand** ~ combattimento corpo a corpo **2.** (*battle*) lotta *f* **II.** *vt*
combattere

combat aircraft *n* aereo *m* da combattimento
combatant ['kəm·'bæ·tənt] *n* combattente *mf*
combative ['kəm·'bæ·tɪv] *adj* combattivo, -a
combination [ˌkɑːm·bə·'neɪ·ʃən] *n* combinazione *f;* **in** ~ (*together*) in associazione
combine [kəm·'baɪn] **I.** *vt* combinare; **to** ~
forces against sb/sth unire le forze contro
qu/qc **II.** *vi* associarsi
combined [kəm·'baɪnd] *adj* combinato, -a;
(*efforts*) congiunto, -a
combine harvester *n* mietitrebbia *f*
combustible [kəm·'bʌs·tə·bl] *adj form*
1. (*highly flammable*) combustibile **2.** (*easily
angry*) irascibile
combustion [kəm·'bʌs·tʃən] *n* combustione *f*
combustion chamber *n* camera *f* di combustione

come [kʌm] <came, come, coming> *vi*
1. (*move towards*) venire; **to** ~ **towards sb**
venire verso qu; **are you coming to the
game with us?** vieni alla partita con noi?; **January** ~**s before February** gennaio viene
prima di febbraio; **the year to** ~ l'anno prossimo; **to** ~ **to an agreement/a decision** raggiungere un accordo/una decisione; **to** ~
home tornare a casa; **to** ~ **to sb's rescue**
venire in aiuto di qu; **to** ~ **first/second/third**
arrivare primo/secondo/terzo **2.** (*happen*)
succedere; **to** ~ **to pass** succedere; ~ **what
may** qualunque cosa capiti; **how** ~? *inf* come
mai?; **nothing came of it** finì tutto lì
3. (*become*) diventare; **my dream has** ~ **true**
il mio sogno si è avverato; **I like it as it** ~**s** mi
piace così com'è; **to** ~ **open** aprirsi ▸ ~ **again?**
inf come?; **to** ~ **clean** (*about sth*) dire la
verità (riguardo a qc); **good things** ~ **to those
who** <u>wait</u> *prov* diamo tempo al tempo *prov;* **to**
<u>have</u> **it coming** meritarselo
  ◆**come about** *vi* succedere
  ◆**come across** **I.** *vt insep* incappare in **II.** *vi*
1. (*be evident*) emergere **2.** (*create an impression*) dare l'impressione
  ◆**come along** *vi* **1.** (*hurry*) sbrigarsi **2.** (*go
too*) **do you want to** ~? vuoi venire anche tu?
3. (*progressing*) procedere
  ◆**come apart** *vi* staccarsi
  ◆**come around** *vi* **1.** (*change one's mind*)
cambiare idea; **to** ~ **to sb's point of view**
finire per condividere il punto di vista di qu
2. MED riprendere coscienza **3.** (*visit sb's
home*) passare

◆**come at** *vt insep* aggredire
◆**come away** *vi* venire via
◆**come back** *vi* **1.** ritornare **2.** (*be remembered*) tornare alla mente **3.** SPORTS contrattaccare
◆**come by** **I.** *vt insep* trovare **II.** *vi* passare
◆**come down** *vi* **1.** (*move down*) scendere
2. (*drop: roof*) venir giù **3.** (*land*) atterrare
4. (*fall: rain, snow*) cadere **5.** (*become less:
prices, cost, inflation*) calare
◆**come forward** *vi* farsi avanti; **to** ~ **to do
sth** offrirsi di fare qc
◆**come from** *vt* essere di; **where do you** ~?
di dove sei?; **to** ~ **a good family** essere di
buona famiglia
◆**come in** *vi* **1.** (*enter*) entrare **2.** (*arrive*) arrivare **3.** (*become fashionable*) diventare di
moda **4.** (*be useful*) servire **5.** (*be*) risultare
6. (*participate in*) prender parte a **7.** (*be positioned*) **to** ~ **first** piazzarsi al primo posto
◆**come into** *vt insep* **1.** (*enter*) entrare in;
(*power*) andare al; **to** ~ **office** entrare in carica; **to** ~ **fashion** diventare di moda; **to** ~ **sb's
life** entrare nella vita di qu **2.** (*inherit*) ereditare
◆**come off** **I.** *vi* **1.** *inf* (*succeed*) funzionare
2. (*end up*) uscirne **3.** (*become detached*)
venir via **4.** (*fall*) cadere **II.** *vt insep* (*complete*)
uscire da; **to** ~ **an injury** MED riprendersi da
una lesione ▸ ~ **it!** *inf* finiscila!
◆**come on** **I.** *vi* **1.** (*improve*) fare progressi
2. THEAT, CINE (*actor, performer*) entrare in
scena **3.** (*begin: film, program*) iniziare; **what
time does the news** ~? a che ora inizia il telegiornale? **4.** (*start gradually*) **I've got a
headache coming on** mi sta venendo il mal
di testa **II.** *vt insep* incontrare **III.** *interj* (*hurry*)
sbrigati!; (*encouragement, annoyance*) dai!
◆**come on to** *vt sl* **to** ~ **sb** fare delle avance a
qu
◆**come out** *vi* **1.** (*express opinion*) **to** ~ **in
favor of/against sth** dichiararsi a favore di/
contro qc **2.** (*end up*) **how did your painting**
~? com'è venuto il tuo quadro? **3.** + *n* **to** ~ **a
mess** (*person*) uscirne a pezzi **4.** + *adj* **to** ~
wrong/right venire fuori male/bene **5.** (*go
out socially*) entrare in società **6.** (*become
known*) venire fuori; **to** ~ **that ...** è emerso
che ... **7.** (*reveal one's homosexuality*) dichiararsi omosessuale **8.** (*be removed*) venire via
9. (*become available: stamp, book, magazine*)
uscire **10.** (*appear in sky: moon, stars, sun*)
spuntare **11.** (*open: flowers*) sbocciare
◆**come over** **I.** *vi* **1.** (*come nearer*) avvicinarsi **2.** (*visit sb's home*) passare **3.** (*feel*) sentirsi **II.** *vt* **I don't know what came over me!**
non so cosa mi è preso!
◆**come through** **I.** *vi* **1.** (*show: one's
nervousness, excitement, charm*) trasparire
2. (*arrive: results, visa, call*) arrivare **3.** (*survive*) sopravvivere **II.** *vt insep* superare
◆**come to** **I.** *vt insep* **1.** (*reach*) arrivare a; **to**
~ **rest** fermarsi; **to** ~ **nothing** non approdare a

nulla **2.**(*amount to*) ammontare a **II.** *vi* MED rinvenire

◆**come under** *vt* **1.**(*be listed under*) comparire nella categoria **2.**(*be dealt with*) essere competenza di **3.**(*be subjected to*) **to ~ criticism** essere oggetto di critiche

◆**come up** *vi* **1.**(*be mentioned*) venire fuori **2.**(*happen*) capitare **3.**(*arrive: a holiday*) avvicinarsi

◆**come upon** *vt* imbattersi in

comeback ['kʌm·bæk] *n* **1.**ritorno *m* **2.**(*retort*) replica *f*

comedian [kə·'mi:·di·ən] *n* **1.**(*person telling jokes*) comico, -a *m, f* **2.**(*funny person*) tipo *m* divertente

comedienne [kə·ˌmi:·di·'ən] *n* **1.**(*female comedian*) comica *f* **2.**(*funny female*) tipo *m* divertente

comedown ['kʌm·daʊn] *n inf* passo *m* indietro

comedy ['ka:·mə·di] <-ies> *n* **1.**CINE, THEAT, LIT commedia *f* **2.**(*funny situation*) comicità *f*

comeliness ['kʌm·lɪ·nɪs] *n* avvenenza *f*

comely ['kʌm·li] <-ier, -iest> *adj* (*woman*) avvenente

come-on ['kʌm·a:n] *n inf* **1.**(*expression of sexual interest*) invito *m* **2.**(*enticement*) slogan *m inv*

comet ['ka:·mɪt] *n* cometa *f*

comeuppance [kʌm·'ʌ·pəns] *n* **he got his ~ in the end** alla fine ha avuto quello che si meritava

comfort ['kʌm·fət] **I.** *n* **1.**comfort *m inv,* comodità *f inv;* **the ~ s of life** le comodità della vita **2.**(*consolation*) conforto *m;* **to be a ~ to sb** essere di conforto a qu **II.** *vt* confortare

comfortable ['kʌm·fə·tə·bl] *adj* **1.**(*offering comfort*) comodo, -a; **to make oneself ~** mettersi comodo **2.**(*financially stable*) agiato, -a *f* **3.**SPORTS (*substantial*) sicuro, -a

comfortably ['kʌm·fə·təb·li] *adv* **1.**(*in a comfortable manner: sit, lie*) comodamente **2.**(*easily*) facilmente **3.**(*in financially stable manner*) **to live ~** vivere agiatamente

comforter ['kʌm·fə·tə] *n* (*duvet*) piumone *m*

comforting ['kʌm·fə·tɪŋ] *adj* (*thought, words*) confortante

comfortless ['kʌm·fət·lɪs] *adj form* scomodo, -a

comfy ['kʌm·fi] <-ier, -iest> *adj inf* (*furniture, clothes*) comodo, -a

comic ['ka:·mɪk] **I.** *n* **1.**(*cartoon magazine*) fumetti *mpl* **2.**(*person*) comico, -a *m, f* **II.** *adj* comico, -a; **~ play** commedia *f* brillante

comical ['ka:·mɪ·kl] *adj* comico, -a; (*idea*) divertente

comic book *n* (*comic*) fumetti *mpl*

comic strip *n* fumetti *mpl*

coming ['kʌ·mɪŋ] **I.** *adj* prossimo, -a; **the ~ year** l'anno prossimo **II.** *n* venuta *f;* **~ s and goings** viavai *m*

comma ['ka:·mə] *n* virgola *f*

command [kə·'mænd] **I.** *vt* **1.**(*order*) **to ~**

sb **to do sth** ordinare a qu di fare qc; **to ~ that** ordinare che +*conj* **2.**(*have command over*) comandare **3.**(*have at one's disposal*) disporre di **4.**(*overlook: view*) avere **5.**(*respect, sympathy*) suscitare **II.** *n* **1.**(*order*) ordine *m,* comando *m;* **to obey a ~** eseguire un ordine; **under sb's ~** agli ordini di qu **2.**(*control*) MIL, COMPUT comando *m;* **to be in ~ of sth** essere al comando di qc; **to take ~ of** assumere il comando di; **to have ~ over a fleet** essere al comando di una flotta; **at sb's ~** ai comandi di qu **3.**(*knowledge*) padronanza *f*

commandant ['ka:·mən·dænt] *n* MIL comàndante *m*

commandeer [ˌka:·mən·'dɪr] *vt* requisire

commander [kə·'mæn·də] *n* **1.**MIL (*officer in charge*) comandante *m* **2.**MIL, NAUT (*naval officer*) capitano *m* di fregata

commanding [kə·'mæn·dɪŋ] *adj* **1.**(*authoritative*) autoritario, -a **2.**(*dominant: position*) dominante

command key *n* COMPUT tasto *m* di comando

commandment [kə·'mænd·mənt] *n liter* ordine *m*

Commandment [kə·'mænd·mənt] *n* **the Ten ~ s** REL i dieci Comandamenti

command module *n* AVIAT modulo *m* di comando

commando [kə·'mæn·doʊ] <-s *o* -es> *n* MIL **1.**(*group of soldiers*) commando *m inv* **2.**(*member of commando*) membro *m* di un commando

command post *n* MIL posto *m* di comando

command prompt *n* COMPUT prompt *m inv* di comando

commemorate [kə·'me·mə·reɪt] *vt* commemorare

commemoration [kə·ˌme·mə·'reɪ·ʃən] *n* commemorazione *f;* **in ~ of ...** in memoria di ...

commemorative [kə·'me·mə·rə·tɪv] *adj* commemorativo, -a

commence [kə·'mens] *vi form* iniziare; **to ~ speaking** iniziare a parlare

commencement [kə·'mens·mənt] *n form* **1.**(*beginning*) inizio *m* **2.**SCHOOL, UNIV cerimonia *f* di consegna del diploma

commend [kə·'mend] *vt* **1.**(*praise*) elogiare; **to ~ sth/sb (on sth)** elogiare qc/qu (per qc) **2.**(*entrust*) affidare; **to ~ sth to sb** affidare qc a qu **3.**(*recommend*) raccomandare

commendable [kə·'men·də·bl] *adj* encomiabile; **~ bravery** coraggio *m* encomiabile

commendation [ˌka:·men·'deɪ·ʃən] *n* encomio *m*

commendatory [kə·'men·də·tɔː·ri] *adj* encomiabile

commensurable [kə·'men·sə·ə·bl] *adj* commensurabile

commensurate [kə·'men·sə·ət] *adj form* proporzionato, -a

comment ['ka:·ment] **I.** *n* commento *m,* osservazione *f;* **no ~** no comment; **to make a ~**

C

fare un'osservazione **II.** *vi* commentare; **to ~ that ...** osservare che ...

commentary ['kaːmənteri] <-ies> *n* cronaca *f;* **color ~** reportage *m inv* a colori; **literary ~** commento *f* letterario

commentate ['kaːmənteɪt] *vi* TV, RADIO **to ~ on sth** fare la cronaca di qc

commentator ['kaːmənteɪtə] *n* TV, RADIO commentatore, -trice *m, f,* cronista *mf*

commerce ['kaːmɜːrs] *n* commercio *m*

commercial [kəˈmɜːrʃl] **I.** *adj* commerciale **II.** *n* RADIO, TV pubblicità *f inv*

commercialism [kəˈmɜːrʃəlɪzəm] *n* spirito *m* commerciale

commercialization [kəˌmɜːrʃəlaɪˈzeɪʃən] *n* commercializzazione *f*

commercialize [kəˈmɜːrʃəlaɪz] *vt* commercializzare

commercialized *adj* commercializzato, -a

commiserate [kəˈmɪzəreɪt] *vi* mostrare commiserazione

commiseration [kəˌmɪzəˈreɪʃən] *n* commiserazione *f*

commission [kəˈmɪʃən] **I.** *vt* **1.** (*order*) commissionare **2.** MIL (*appoint*) **to ~ sb as sth** nominare qu qc; **~ed officer** ufficiale *m* **II.** *n* **1.** commissione *m;* **to be on ~** lavorare a provvigione **2.** MIL (*appointment*) nomina *m;* **to resign one's ~** dimettersi dall'incarico **3.** NAUT, AVIAT **out of ~** in disarmo

commissioned officer *n* ufficiale *m*

commissioner [kəˈmɪʃənə] *n* commissario *m*

commit [kəˈmɪt] <-tt-> *vt* **1.** (*carry out*) commettere; **to ~ an error** commettere un errore; **to ~ suicide** suicidarsi **2.** (*bind*) **to ~ oneself (to sth)** impegnarsi (in qc); **to ~ soldiers to the defense of a region** inviare soldati a difendere la regione **3.** (*institutionalize*) **to ~ sb to prison** incarcerare qu; **to ~ sb to a hospital** fare internare qu in ospedale **4.** (*entrust*) **to ~ sth to memory** memorizzare qc; **to ~ sth to paper** mettere qc per iscritto

commitment [kəˈmɪtmənt] *n* impegno *m;* **to make a ~** prendersi un impegno

committed *adj* impegnato, -a

committee [kəˈmɪti] *n* comitato *m;* **to appoint a ~** nominare un comitato; **to be [**o **sit] on a ~** far parte di un comitato

commode [kəˈmoʊd] *n* **1.** (*chest of drawers*) cassettone *m* **2.** (*toilet*) comoda *f*

commodious [kəˈmoʊdiəs] *adj* ampio, -a

commodity [kəˈmaːdəti] <-ies> *n* **1.** (*product*) merce *f;* **~ markets** borsa *f* delle materie prime **2.** *pl* (*raw material*) materia *f* prima

commodore ['kaːmədɔːr] *n* commodoro *m*

common ['kaːmən] **I.** *adj* **1.** comune; **to be ~ knowledge** essere risaputo; **by ~ assent** all'unanimità; **for the ~ good** per il bene di tutti **2.** (*vulgar*) grossolano, a **II.** *n* **1.** (*land*) parco *m* pubblico **2.** *pl* UNIV refettorio *m*

common denominator *n* denominatore *m* comune

commoner ['kaːmənə] *n* plebeo, -a *m, f*

common ground *n* punti *mpl* in comune; **to be on ~ with sb** concordare con qu

common law *n* diritto *m* consuetudinario

common-law marriage *n* matrimonio *m* di fatto

common-law wife <wives> *n* convivente *f*

commonly *adv* (*often*) comunemente

commonplace ['kaːmənpleɪs] **I.** *adj* comune **II.** *n* luogo *m* comune

common room *n* sala *f* professori

common sense *n* buon senso *m;* **a ~ solution** una soluzione logica

common stock *n* FIN azioni *fpl* ordinarie

commonwealth ['kaːmənwelθ] *n* **the ~** il Commonwealth

commotion [kəˈmoʊʃən] *n* trambusto *m*

communal [kəˈmjuːnl] *adj* comune

commune ['kaːmjuːn] *n* comune *f*

communicable [kəˈmjuːnikəbl] *adj* **1.** (*information*) comunicabile **2.** MED trasmissibile

communicate [kəˈmjuːnikeɪt] **I.** *vt* **1.** (*information*) comunicare **2.** MED trasmettere **II.** *vi* comunicare

communication [kəˌmjuːnɪˈkeɪʃən] *n* **1.** (*process*) comunicazione *f* **2.** (*missive*) comunicazione *f* **3.** *pl* (*means*) comunicazioni *fpl*

communicative [kəˈmjuːnəkeɪtɪv] *adj* comunicativo, -a

communion [kəˈmjuːnjən] *n* comunione *f;* **to take ~** fare la comunione

communiqué [kəˌmjuːnɪˈkeɪ] *n* comunicato *m*

communism ['kaːmjənɪzəm] *n* comunismo *m*

Communist ['kaːmjənɪst] **I.** *n* comunista *mf* **II.** *adj* comunista

community [kəˈmjuːnəti] <-ies> *n* **1.** (*of people*) comunità *f inv;* **the local ~** il vicinato **2.** (*of animals, plants*) colonia *f*

community center *n* centro *m* sociale

community service *n* servizio *m* civile

commutable [kəˈmjuːtəbl] *adj* convertibile

commutation [ˌkaːmjəˈteɪʃən] *n* commutazione *f*

commutation ticket *n* abbonamento *m*

commute [kəˈmjuːt] **I.** *vi* fare il pendolare **II.** *n inf* viaggio *m* (quotidiano) per andare e tornare dal lavoro **III.** *vt* commutare

commuter [kəˈmjuːtə] *n* pendolare *mf*

commuter train *n* treno *m* dei pendolari

Comoran ['kaːmərən] **I.** *adj* comoriano, -a **II.** *n* comoriano, -a *m, f*

Comoros ['kaːmərouz] *npl* **the ~** le Isole Comore

compact[1] ['kaːmpækt] **I.** *adj* (*small*) compatto, -a **II.** *vt* compattare **III.** *n* **1.** AUTO utilitaria *f* **2.** (*powder*) portacipria *f inv*

compact[2] ['kaːmpækt] *n* (*agreement*) patto *m*

compact disk *n* compact disc *m inv*

C

compact disk player *n* lettore *m* di compact disc

compactness [kəm·'pækt·nəs] *n* compattezza *f*

companion [kəm·'pæn·jən] *n* **1.**(*person, animal*) compagno, -a *m, f;* **traveling ~** compagno di viaggio **2.**(*guidebook*) manuale *m*

companionable [kəm·'pæn·jə·nə·bl] *adj* simpatico, -a

companionship *n* compagnia *f*

companionway [kəm·'pæn·jən·weɪ] *n* NAUT scaletta *f*

company ['kʌm·pə·ni] <-ies> *n* **1.**(*firm, enterprise*) società *f inv;* **~ union** sindacato *m* aziendale **2.**(*companionship*) compagnia *f;* **you are in good ~** sei in buona compagnia; **to keep sb ~** fare compagnia a qu; **he's been keeping bad ~** frequenta cattive compagnie; **Margaret stayed for a week as ~ for my mother** Margaret è rimasta una settimana a fare compagnia a mia madre **3.**(*group*) *a.* MIL compagnia *f*

comparable ['kɑ:m·pə·rə·bl] *adj* paragonabile; **~ to** paragonabile a

comparative [kəm·'pe·rə·tɪv] **I.** *n* comparativo *m* **II.** *adj* comparativo, -a; **~ literature** letteratura *f* comparata

comparatively *adv* relativamente

compare [kəm·'per] **I.** *vt* paragonare; **to ~ sth/sb to** [*o* **with**] **sth/sb** paragonare qc/qu a qc/qu; **instant coffee can't be ~d with an expresso** il caffè istantaneo non è paragonabile a quello espresso; **to ~ notes on sth** scambiare le proprie impressioni su qc **II.** *vi* essere paragonabile; **to ~ favorably with sth** risultare al confronto migliore di qc; **last year's weather just doesn't ~** il tempo dell'anno scorso non ha niente a che vedere

comparison [kəm·'pe·rɪ·sn] *n* paragone *m,* confronto *m;* **to make a ~** fare un paragone; **by ~ with sb/sth** a paragone di qu/qc; **there's no ~ between the two restaurants** non c'è paragone tra i due ristoranti

compartment [kəm·'pɑ:rt·mənt] *n* **1.** RAIL scompartimento *m* **2.**(*section*) scomparto *m*

compass ['kʌm·pəs] <-es> *n* **1.** *a.* NAUT bussola *f* **2.** *form* (*range*) gamma *f;* (*area*) ambito *m;* **to be beyond the ~ of sb's knowledge** andare al di là delle conoscenze di qu

compassion [kəm·'pæ·ʃən] *n* compassione *f*

compassionate [kəm·'pæ·ʃə·nət] *adj* compassionevole

compatibility [kəm·ˌpæ·tə·'bɪ·lə·ti] *n* compatibilità *f*

compatible [kəm·'pæ·tə·bl] *adj* compatibile

compatriot [kəm·'peɪt·ri·ət] *n* **1.**(*countryman*) compatriota *mf* **2.**(*companion*) collega *mf*

compel [kəm·'pel] <-ll-> *vt* **1.**(*force*) obbligare **2.**(*produce*) imporre

compelling *adj* convincente

compendium [kəm·'pen·di·əm] <-s *o* -dia> *n* compendio *m*

compensate ['kɑ:m·pən·seɪt] **I.** *vt* (*make up for*) compensare; (*for loss, damage*) risarcire **II.** *vi* **to ~ for sth** (*reward*) ricompensare per qc

compensation [ˌkɑ:m·pen·'seɪ·ʃən] *n* ricompensa *f;* (*for loss, damage*) risarcimento *m;* **to claim ~** chiedere il risarcimento; **in ~ for sth** come ricompensa di qc

compete [kəm·'pi:t] *vi* **1.**(*strive*) competere; **to ~ for sth** competere per qc; **the new shop will have a tough time competing with the two supermarkets** per il nuovo negozio sarà dura fare concorrenza ai due supermercati; **turn the music down — I'm not competing with that noise** abbassa la musica — non voglio urlare per farmi sentire **2.**(*take part*) partecipare; **to ~ in an event** partecipare a un evento

competence ['kɑ:m·pɪ·tənts] *n,* **competency** *n* competenza *f*

competent ['kɑ:m·pɪ·tənt] *adj* competente; **to be ~ at sth** essere competente in qc

competition [ˌkɑ:m·pə·'tɪ·ʃən] *n* **1.**(*state of competing*) competizione *f* **2.**(*rivalry*) concorrenza *f* **3.**(*contest*) gara *m;* **beauty ~** concorso *m* di bellezza; **to enter a ~** presentarsi in gara

competitive [kəm·'pe·tə·tɪv] *adj* competitivo, -a; **~ spirit** spirito *m* di competizione; **~ sports** sport *m inv* competitivi; **their prices are very ~** hanno prezzi molto competitivi

competitiveness [kəm·'pe·tə·tɪv·nəs] *n* competitività *f*

competitor [kəm·'pe·tə·tə·] *n* **1.** *a.* ECON concorrente *mf* **2.** SPORTS avversario(a) *m(f);* (*participant*) concorrente *mf*

compilation [ˌkɑ:m·pə·'leɪ·ʃən] *n* **1.**(*act of compiling*) compilazione *f* **2.**(*collection*) raccolta *f*

compile [kəm·'paɪl] *vt* **1.** *a.* COMPUT compilare **2.**(*collect*) raccogliere

compiler [ˌkʌm·'pɪ·lə·] *n* **1.**(*person*) compilatore, -trice *m, f* **2.** *a.* COMPUT compilatore *m*

complacence [kəm·'pleɪ·sn·s(i)] *n,* **complacency** *n* eccessivo compiacimento *m*

complacent [kəm·'pleɪ·sənt] *adj* eccessivamente soddisfatto, -a

complain [kəm·'pleɪn] *vi* lamentarsi; **to ~ about** [*o* **of**] **sth** lamentarsi di qc

complainant [kəm·'pleɪ·nənt] *n* LAW querelante *mf*

complaint [kəm·'pleɪnt] *n* **1.**(*expression of displeasure*) lamentela *f;* **to have cause for ~** avere motivo di lamentarsi; **to make a ~ about sb/sth** lamentarsi di qu/qc **2.** LAW reclamo *m* **3.**(*illness*) disturbo *m*

complaisance [kəm·'pleɪ·sn·s] *n form* compiacenza *f*

complaisant [kəm·'pleɪ·sənt] *adj form* compiacente

complement ['kɑːm·plɪ·mənt] *vt* complementare

complementary [ˌkɑːm·plə·'men·t̬ə·i] *adj* complementare

complete [kəm·'pliːt] I. *vt* 1. (*add what is missing*) completare 2. (*finish*) terminare; **to ~ doing sth** terminare di fare qc 3. (*fill out entirely*) riempire II. *adj* completo, -a, intero, -a; **~ coverage** copertura *f* totale; **in ~ darkness** nella completa oscurità; **~ paralysis** paralisi *f inv* totale; **the man's a ~ fool!** quell'uomo è un vero cretino!

completely *adv* completamente, totalmente

completeness *n* totalità *f*

completion [kəm·'pliː·ʃən] *n* ultimazione *f*; **to be nearing ~** essere quasi ultimato; **you'll be paid upon ~ of the project** verrete pagati a progetto ultimato

complex ['kɑːm·pleks] I. *adj* complesso, -a II. <-es> *n* complesso *m*; **guilt ~** senso di colpa; **inferiority ~** complesso di inferiorità; **to have a ~ about sth** essere complessato per qc; **to give sb a ~** far complessare qu; **I've got a real ~ about spiders** ho una vera fobia dei ragni

complexion [kəm·'plek·ʃən] *n* 1. (*skin*) carnagione *f*; (*color*) colorito *m*; **a healthy ~** un colorito sano 2. (*character*) aspetto *m*; **that puts a different ~ on things** ciò dà una sfumatura nuova alle cose

complexity [kəm·'plek·sə·ti] *n* complessità *f*

compliance [kəm·'pla·ɪənts] *n* osservanza *f*; (*agreement*) conformità *f*; **in ~ with the law** in conformità con la legge; **to act in ~ with sth** agire conformemente a qc

compliant [kəm·'pla·ɪənt] *adj form* (*obedient*) obbediente; (*overly obedient*) sottomesso, -a

complicate ['kɑːm·plə·keɪt] *vt* complicare

complicated *adj* complicato, -a

complication [ˌkɑːm·plə·'keɪ·ʃən] *n* complicazione *f*

complicity [kəm·'plɪ·sə·ti] *n* complicità *f*

compliment ['kɑːm·plə·mənt] I. *n* 1. (*expression of approval*) complimento *m*; **to pay sb a ~** fare un complimento a qu; **to repay a ~** ricambiare un complimento; **I take it as a ~ that …** mi lusinga che … 2. *pl* omaggi *mpl*; **to present one's ~s** *form* porgere i propri omaggi; **to send ~s** inviare i saluti; **with ~s** con i nostri migliori auguri ▸ **to fish for ~s** andare in cerca di lodi II. *vt* **to ~ sb on sth** complimentarsi con qu per qc

complimentary [ˌkɑːm·plə·'men·t̬ə·i] *adj* 1. (*praising*) lusinghiero, -a; **to be ~ about sth** dare un giudizio lusinghiero su qc 2. (*free*) omaggio *inv*

comply [kəm·'plaɪ] <-ie-> *vi* conformarsi; **to refuse to ~** rifiutarsi di obbedire; **to ~ with the law/the rules** conformarsi alla legge/alle normative

component [kəm·'pou·nənt] *n* componente *m*; **key ~** parte *f* chiave

compose [kəm·'pouz] I. *vi* (*write music,*

poetry) comporre II. *vt* 1. comporre 2. (*write*) redigere 3. (*make up*) **to be ~d of sth** essere composto di qc; **the committee is ~d of experts** il comitato è composto di esperti 4. (*calm*) **to ~ oneself** ricomporsi; **to ~ one's thoughts** raccogliere le idee

composed [kəm·'pouzd] *adj* tranquillo, -a

composer [kəm·'pou·zɚ] *n* compositore, -trice *m, f*

composite [kəm·'pɑː·zɪt] *adj* composito, -a

composition [ˌkɑːm·pə·'zɪ·ʃən] *n* 1. composizione *f* 2. (*make-up: of a group*) composizione *f*

compositor [kəm·'pɑː·zɪ·tɚ] *n* TYPO compositore *m*

compost ['kɑːm·poust] I. *n* concime *m* organico II. *vt* 1. (*turn into fertilizer*) trasformare in concime 2. (*fertilize*) concimare

composure [kəm·'pou·ʒɚ] *n* calma *f*; **to lose/regain one's ~** perdere/ritrovare la calma

compound[1] [ˌkə·m·'paund] *vt* 1. (*make worse*) aggravare 2. (*mix*) combinare 3. (*make up*) **to be ~ed of sth** constare di qc

compound[2] ['kɑːm·paund] *n* 1. composto *m* 2. (*enclosure*) recinto *m*

compound fracture *n* frattura *f* multipla

compound interest *n* interesse *m* composto

comprehend [ˌkɑːm·prɪ·'hend] *vi, vt* comprendere

comprehensible [ˌkɑːm·prɪ·'hen·sə·bl] *adj* comprensibile

comprehension [ˌkɑːm·prɪ·'hen·ʃən] *n* comprensione *f*; **beyond ~** incomprensibile; **he has no ~ of the size of the problem** non è consapevole della portata del problema

comprehensive [ˌkɑːm·prə·'hen·sɪv] *adj* esauriente; (*global*) totale; **~ coverage** copertura *f* globale; **~ list** lista *f* completa

compress [kəm·'pres] I. *vt* 1. *a.* COMPUT comprimere 2. (*make shorter*) condensare II. <-es> *n* impacco *m*

compressed [kəm·'prest] *adj* compresso, -a

compression [kəm·'pre·ʃən] *n a.* COMPUT compressione *f*

compressor [kəm·'pre·sɚ] *n* compressore *m*

comprise [kəm·'praɪz] *vt* comprendere

compromise ['kɑːm·prə·maɪz] I. *n* compromesso *m*; **to agree to a ~** accettare un compromesso; **to reach a ~** arrivare a un compromesso II. *vi* venire a un compromesso III. *vt* 1. (*betray*) tradire; **to ~ one's beliefs** tradire le proprie convinzioni 2. (*endanger*) compromettere; **to ~ one's reputation** compromettere la propria reputazione

compromising *adj* compromettente

comptroller [kən·'trou·lɚ] *n* controllore *m* (finanziario)

compulsion [kəm·'pʌl·ʃən] *n* obbligo *m*; **to be under no ~ to do sth** non avere l'obbligo di fare qc; **he seems to have a constant ~ to eat** sembra che abbia un continuo impulso a mangiare

C

C

compulsive [kəm·'pʌl·sɪv] *adj* he's a ~ **gambler** ha il vizio del gioco; **she's a ~ eater** non riesce a controllare l'irrefrenabile impulso a mangiare

compulsory [kəm·'pʌl·sə·ri] *adj* obbligatorio, -a; ~ **education** istruzione *f* obbligatoria; ~ **by law** obbligatorio per legge

compunction [kəm·'pʌŋk·ʃən] *n* rimorso *m;* **to have no ~ about sth** non avere rimorso per qc

computation [ˌkɑːm·pjə·'teɪ·ʃən] *n* calcolo *m*

compute [kəm·'pjuːt] *vt* calcolare

computer [kəm·'pjuː·tə] *n* computer *m inv;* **to do sth by ~** fare qc con il computer

computer-aided *adj* assistito, -a dal computer

computer center *n* centro *m* di informatica

computer game *n* videogioco *m*

computer graphics *n* + *sing/pl vb* grafica *f* al computer

computerization [kəm·ˌpjuː·tə·ɪ·'zeɪ·ʃən] *n* **1.** (*computer storage*) computerizzazione *f* **2.** (*equipping with computers*) informatizzazione *f*

computerize [kəm·'pjuː·tə·raɪz] I. *vt* **1.** (*store on computer*) computerizzare **2.** (*equip with computers*) informatizzare II. *vi* informatizzarsi

computer network *n* rete *f* informatica

computer program *n* programma *m* informatico

computer programer *n* programmatore, -trice *m, f*

computer science *n* informatica *f;* ~ **course** corso *m* di informatica

computer scientist *n* informatico, -a *m, f*

computer search <-es> *n* ricerca *f* computerizzata

computer virus <-es> *n* virus *m inv* informatico

computer workstation *n* stazione *f* di lavoro

computing *n* informatica *f*

comrade ['kɑːm·ræd] *n* compagno, -a *m, f*

comradeship ['kɑːm·ræd·ʃɪp] *n* cameratismo *m*

Comsat ['kɑːm·sæt] *n abbr of* **communications satellite** satellite *m* di telecomunicazione

con¹ [kɑːn] <-nn-> *vt inf* fregare; **to ~ sb into doing sth** indurre qu a fare qc con l'inganno; **to ~ sb into believing that …** far credere a qu che …; **to ~ sb out of sth** sottrarre qc a qu con l'inganno

con² [kɑːn] *n* (*against*) contro *m inv;* **the pros and ~s of sth** i pro e i contro di qc

con³ [kɑːn] *n sl* (*convict*) carcerato, -a *m, f*

con artist [ˌkɑːn·'ɑːr·təst] *n inf* imbroglione, -a *m, f*

concatenation [kən·ˌkæ·tə·'neɪ·ʃən] *n* concatenazione *f*

concave [kɑːn·keɪv] *adj* concavo, -a

concavity [kɑːn·'kæ·və·ti] <-ies> *n* concavità *f*

conceal [kən·'siːl] *vt* nascondere; (*a surprise*) contenere

concealment [kən·'siːl·mənt] *n* (*of information, evidence*) occultamento *m;* (*of feelings*) dissimulazione *f;* **to watch sth from a place of ~** osservare qc da un nascondiglio

concede [kən·'siːd] I. *vt* **1.** (*acknowledge*) ammettere **2.** (*surrender, permit*) concedere **3.** (*allow to score*) **to ~ a goal** regalare un gol II. *vi* darsi per vinto

conceit [kən·'siːt] *n* **1.** (*vanity*) presunzione *f;* **to be full of ~** essere presuntuoso **2.** *liter* (*elaborate comparison*) concetto *m*

conceited [kən·'siː·tɪd] *adj* presuntuoso, -a; **without wishing to sound ~** senza voler sembrare presuntuoso

conceivable [kən·'siː·və·bl] *adj* concepibile; **it's ~** è plausibile

conceive [kən·'siːv] I. *vt* concepire II. *vi* concepire; **to ~ of sb/sth** concepire qu/qc; **other people may influence how we ~ of ourselves** gli altri possono influenzare l'idea che abbiamo di noi stessi

concentrate ['kɑːn·sən·treɪt] I. *vi* concentrarsi; **to ~ on sth** concentrarsi su qc II. *vt* concentrare III. *n* concentrato *m*

concentrated *adj* concentrato, -a; (*attack*) intenso, -a

concentration [ˌkɑːn·sn·'treɪ·ʃən] *n* concentrazione *f;* **to lose** (**one's**) ~ perdere la concentrazione

concentration camp *n* campo *m* di concentramento

concentric [kən·'sen·trɪk] *adj* concentrico, -a

concept ['kɑːn·sept] *n* concetto *m;* **to grasp a ~** afferrare un concetto

conception [kən·'sep·ʃən] *n* **1.** concezione *f* **2.** BIO concepimento *m*

conceptual [kən·'sep·tʃu·əl] *adj* concettuale

conceptualize [kən·'sep·tʃu·ə·laɪz] *vt* concettualizzare

concern [kən·'sɜːrn] I. *vt* **1.** (*apply to*) riguardare; **to ~ oneself about sth** occuparsi di qc; **to whom it may ~** a chi di dovere; **as far as I'm ~ed** per quanto mi riguarda; **I'd like to thank everyone ~ed** vorrei ringraziare tutti coloro che sono stati coinvolti; **I'm not very good where money is ~ed** non sono molto abile per quanto riguarda i soldi; **her job is something ~ed with computers** il suo lavoro ha a che vedere con i computer **2.** (*worry*) preoccuparsi; **to be ~ed about sth** essere preoccupato per qc II. *n* **1.** (*matter of interest*) interesse *m;* **it's no ~ of mine** non mi riguarda; **what's happening? — that's none of your ~** cosa succede? — non ti riguarda; **to be of ~ to sb** riguardare qu **2.** (*worry*) preoccupazione *f;* **a matter of ~** motivo di preoccupazione **3.** (*company*) azienda *f;* **a going ~** un'azienda attiva

concerning *prep* riguardo (a)

concert ['kɑːn·sət] *n* **1.** (*musical performance*) concerto *m;* ~ **hall** sala *f* concerti;

~ **pianist** pianista *mf* **2. in** ~ (*performing live*) in concerto; *form* (*all together*) insieme; **in** ~ **with sb** insieme a qu; **to act in** ~ agire di comune accordo

concerted [kən·'sɜː·tɪd] *adj* **1.** (*joint*) comune, concertato, -a **2.** (*resolute*) determinato, -a

concert grand ['kɑːn·sət grænd] *n* pianoforte *m* a coda

concertina [ˌkɑːn·sə·'tiː·nə] *n* concertina *f*

concertina wire *n* filo *m* spinato arrotolato

concertmaster [ˌkɑːn·sət·'mæs·tə] *n* primo volino *m*

concerto [kən·'tʃer·tou] <-s *o* -ti> *n* concerto *m*

concert pitch *n* MUS diapason *m inv* ▶ **to be at** ~ essere preparato

concession [kən·'se·ʃən] *n* **1.** (*tax compensation*) sgravio *m* (fiscale) **2.** (*compromise*) concessione *f;* ~ **to sell goods** licenza *f* per la vendita di prodotti

conciliate [kən·'sɪ·li·eɪt] I. *vi* fare da mediatore II. *vt* **1.** (*placate*) placare **2.** (*reconcile*) conciliare

conciliation [kən·ˌsɪ·li·'eɪ·ʃən] *n form* conciliazione *f*

conciliatory [kən·'sɪ·li·ə·tɔː·ri] *adj* conciliatorio, -a

concise [kən·'saɪs] *adj* conciso, -a

conciseness *n*, **concision** [kən·'sɪ·ʒən] *n* concisione *f*

conclave ['kɑːn·kleɪv] *n form* **1.** (*private meeting*) riunione *f* a porte chiuse **2.** REL (*gathering of cardinals*) conclave *m*

conclude [kən·'kluːd] I. *vi* terminare; **to** ~ **by doing sth** terminare facendo qc II. *vt* concludere; **to** ~ (**from sth**) **that ...** concludere (da qc) che ...

concluding *adj* finale

conclusion [kən·'kluː·ʒən] *n* conclusione *f;* **to come to a** ~ arrivare a una conclusione; **in** ~**,** **I would like to say that ...** a conclusione, vorrei dire che ...

conclusive [kən·'kluː·sɪv] *adj* **1.** (*convincing*) convincente; ~ **arguments** argomentazioni *fpl* irrefutabili **2.** (*decisive*) decisivo, -a

concoct [kən·'kɑːkt] *vt* **1.** (*create by mixing ingredients: a dish*) preparare **2.** (*devise*) tramare **3.** (*fabricate*) inventare

concoction [kən·'kɑːk·ʃən] *n* (*dish, drink*) miscuglio *m;* **is this dish one of your** ~**s, Paul?** *iron* questo piatto è una delle tue invenzioni, Paul?

concourse ['kɑːn·kɔːrs] *n* atrio *m*

concrete ['kɑːn·kriːt] I. *n* calcestruzzo *m,* cemento *m* II. *adj* di calcestruzzo III. *vt* ricoprire di calcestruzzo

concrete mixer *n* betoniera *f*

concubine ['kɑːŋ·kjʊ·baɪn] *n* HIST concubina *f*

concur [kən·'kɜːr] <-rr-> *vi form* **1.** (*agree*) concordare; **to** ~ **with sb** (**in sth**) concordare con qu (su qc) **2.** (*happen simultaneously*) coincidere

concurrence [kən·'kʌ·rəns] *n form* **1.** (*agree-*

ment) accordo *m* **2.** (*simultaneous occurrence*) concorso *m*

concurrent [kən·'kʌ·rənt] *adj* simultaneo, -a

concuss [kən·'kʌs] *vt* **to be** ~**ed** avere una commozione cerebrale

concussed *adj* con una commozione cerebrale

concussion [kən·'kʌ·ʃən] *n* commozione *f* cerebrale; **to suffer** (**from**) **a** ~ avere una commozione cerebrale

condemn [kən·'dem] *vt* **1.** (*reprove, sentence*) condannare; **to** ~ **sb for sth** condannare qu per qc; **to be** ~**ed to death** essere condannato a morte **2.** (*pronounced unsafe: building*) dichiarare inagibile

condemnation [ˌkɑːn·dem·'neɪ·ʃən] *n* **1.** (*reproof*) condanna *f* **2.** (*reason to reprove*) motivo *m* di critica

condensation [ˌkɑːn·den·'seɪ·ʃən] *n* **1.** (*process of changing to liquid*) condensazione *f* **2.** (*reducing in size*) abbreviazione *f*

condense [kən·'dens] I. *vt* condensare; **to** ~ **a liquid** condensare un liquido II. *vi* condensarsi

condenser [kən·'den·sə] *n* condensatore *m*

condescend [ˌkɑːn·dɪ·'send] *vi* **to** ~ **to do sth** abbassarsi a fare qc

condescending [ˌkɑːn·dɪ·'sen·dɪŋ] *adj* con aria di superiorità

condescension [ˌkɑːn·dɪ·'sen·ʃən] *n* aria *f* di superiorità

condiment ['kɑːn·də·mənt] *n form* condimento *m*

condition [kən·'dɪ·ʃən] I. *n* **1.** (*state*) condizione *f;* **in perfect** ~ in perfetto stato; **in peak** ~ in ottime condizioni; **in terrible** ~ in pessime condizioni; **to be out of** ~ (*person*) non essere in forma; (*thing*) essere in cattivo stato; **to be in no** ~ **to do sth** non essere in condizioni di fare qc; **for a man of sixty-three, Jim's in pretty good** ~ per un uomo di sessantatré anni Jim è in forma **2.** (*mental or physical state*) stato *m;* **heart** ~ malattia *f* cardiaca **3.** (*circumstances*) ~**s** *pl* condizioni *fpl* **4.** (*stipulation*) condizione *f;* **to make a** ~ mettere una condizione; **on the** ~ **that ...** a condizione che ... +*conj;* **under the** ~**s of sth** secondo i termini di qc II. *vt* **1.** (*train*) preparare; (*influence*) condizionare **2.** (*treat hair*) trattare (con balsamo)

conditional [kən·'dɪ·ʃə·nl] I. *adj* (*provisional*) ~ **on sth** condizionato da qc II. *n* LING **the** ~ il condizionale

conditionally [kən·'dɪ·ʃə·nə·li] *adv* con riserve

conditioned [kən·'dɪ·ʃənd] *adj* (*trained*) preparato, -a; (*air*) condizionato, -a; (*place*) con aria condizionata; ~ **reflex** riflesso *m* condizionato

conditioner [kən·'dɪ·ʃə·nə] *n* **1.** (*for hair*) balsamo *m* **2.** (*for soil*) concime *m* curativo

conditioning *n* condizionamento *m*

condo [kɑːn·doʊ] *n inf s.* **condominium**

condolence [kən·'doʊ·ləns] *n* ~**s** condoglianze *fpl;* **to offer one's** ~ **s** (**to sb**) *form* fare le proprie condoglianze (a qu)

C

condom ['kɑ:n·dəm] *n* preservativo *m*

condominium [ˌkɑ:n·də·'mɪ·ni·əm] *n* **1.** (*apartment building*) condominio *m* **2.** (*unit*) appartamento *m* **3.** POL condominio *m* internazionale

condone [kən·'doʊn] *vt* **1.** (*approve*) approvare **2.** (*forgive*) condonare

conducive [kən·'du:·sɪv] *adj* propizio, -a; **to be ~ to sth** giovare a qc

conduct¹ [ˌkɑ:n·'dʌkt] **I.** *vt* **1.** condurre; **to ~ a religious service** officiare una funzione religiosa **2.** (*behave*) **to ~ oneself** comportarsi **II.** *vi* MUS dirigere

conduct² ['kɑ:n·dʌkt] *n* **1.** (*management*) conduzione *f* **2.** (*behavior*) condotta *f;* **sb's ~ towards sb** il comportamento di qu verso qu

conductive [kən·'dʌk·tɪv] *adj* ELEC, PHYS conduttore, -trice

conductor [kən·'dʌk·tə] *n* **1.** (*director*) direttore *m* d'orchestra **2.** PHYS, ELEC conduttore *m* **3.** (*fare collector*) bigliettaio *m;* (*of train*) capotreno *m*

conductress [kən·'dʌk·trɪs] <-es> *n* direttrice *f* d'orchestra; (*of train*) capotreno *f*

conduit ['kɑ:n·duɪt] *n* condotto *m*

cone [koʊn] *n* **1.** cono *m* **2.** BOT pigna *f*

confection [kən·'fek·ʃən] *n form* **1.** COM confezione *f* **2.** CULIN dolce *m;* (*sweet*) dolcetto *m*

confectioner [kən·'fekʃ·nə] *n* confettiere, -a *m, f*

confectionery [kən·'fek·ʃə·ne·ri] *n* confetteria *f*

confederacy [kən·'fe·də·rə·si] <-ies> *n* **1.** + *sing/pl vb* (*union*) confederazione *f;* **the Confederancy** HIST la Confederazione **2.** (*plot*) complotto *m*

confederate [kən·'fe·də·rət] **I.** *n* complice *mf* **II.** *adj* POL, HIST confederato, -a

confederation [kən·ˌfe·də·'reɪ·ʃən] *n* + *sing/ pl vb* POL confederazione *f*

confer [kən·'fɜ:r] <-rr-> **I.** *vi* consultarsi **II.** *vt* conferire

conference ['kɑ:n·fə·əns] *n* **1.** (*meeting*) conferenza *f;* **to be in a ~** (**with sb**) essere in riunione (con qu) **2.** SPORTS lega *f* sportiva universitaria

confess [kən·'fes] **I.** *vi* **1.** **to ~ to a crime** confessare un reato **2.** REL confessarsi **II.** *vt* confessare

confessedly *adv* con franchezza

confession [kən·'fe·ʃən] *n* confessione *f;* **I have a ~ to make** devo fare una confessione; **~ of faith** professione di fede

confessional [kən·'fe·ʃə·nl] *n* confessionale *m*

confessor [kən·'fe·sə] *n* confessore *m*

confetti [kən·'fe·ţi] *n* coriandoli *mpl;* **to shower sb in ~** tirare i coriandoli a qu

confidant [ˌkɑ:n·fə·'dænt] *n* confidente *m*

confidante [ˌkɑ:n·fə·'dænt] *n* confidente *f*

confide [kən·'faɪd] **to ~** (**to sb**) **that ...** confidare (a qu) che ...

confidence ['kɑ:n·fə·dəns] *n* **1.** (*trust*) fiducia *f;* **to have every ~ in sb** avere piena fidu-

cia in qu; **to place one's ~ in sb/sth** riporre la propria fiducia in qu/qc; **to take sb into one's ~** confidarsi con qu; **to win sb's ~** guadagnarsi la fiducia di qu; **he certainly doesn't lack ~** non gli manca certo la fiducia in se stesso **2.** (*secrecy*) **~s** confidenze *fpl*

confident ['kɑ:n·fə·dənt] *adj* **1.** (*sure*) sicuro, -a; **to be ~ about oneself** avere fiducia in se stessi; **to be ~ about sth** essere sicuro di qc **2.** (*self-assured*) sicuro, -a di sé

confidential [ˌkɑ:n·fə·'den·ʃl] *adj* confidenziale

confidentially [ˌkɑ:n·fə·'den·ʃə·li] *adv* in via confidenziale

confiding [kən·'faɪ·dɪŋ] *adj* fiducioso, -a

configuration [kən·ˌfɪg·jə·'reɪ·ʃən] *n a.* COMPUT configurazione *f*

confine [kən·'faɪn] **I.** *vt* **1.** (*limit*) **to ~ sth to sth** limitare qc a qc; **to be ~d to doing sth** limitarsi a fare qc **2.** (*imprison*) mettere al confino **3.** (*shut in*) rinchiudere; **to be ~d to quarters** MIL essere messo in consegna **II.** *n pl* **the ~s** i confini; **beyond the ~s of sth** oltre i confini di qc

confined *adj* (*prisoner*) recluso, -a; (*space*) ridotto, -a

confinement [kən·'faɪn·mənt] *n* (*act of being confined*) reclusione *f;* **his ~ to bed really annoyed him** (*state of being confined*) essere costretto a letto lo seccava molto

confines *n pl* limiti *mpl*

confirm [kən·'fɜ:rm] **I.** *vt* **1.** (*verify*) confermare **2.** REL cresimare **II.** *vi* fare la cresima

confirmation [ˌkɑ:n·fə·'meɪ·ʃən] *n a.* REL cresima *f*

confirmed [kən·'fɜ:rmd] *adj* **1.** convinto, -a **2.** (*chronic*) **~ alcoholic** alcolizzato *m* recidivo **3.** (*proved*) confermato, -a

confiscate ['kɑ:n·fəs·keɪt] *vt* confiscare

conflict¹ ['kɑ:n·flɪkt] *n* conflitto *m;* **to come into ~ with sb** entrare in conflitto con qu

conflict² [kən·'flɪkt] *vi* (*differ*) **to ~ with sth** scontrarsi con qc

conflicting [kən·'flɪk·tɪŋ] *adj* contrastante; (*evidence*) contraddittorio, -a

confluence ['kɑ:n·flu:·əns] *n* confluenza *f*

conform [kən·'fɔ:rm] *vi* conformarsi; **to ~ to the law** essere conforme alla legge

conformist [kən·'fɔ:r·mɪst] **I.** *n* conformista *mf* **II.** *adj* conformista

conformity [kən·'fɔ:r·mə·ţi] *n* conformità *f;* **in ~ with sth** conforme a qc

confound [kən·'faʊnd] *vt* confondere

confounded *adj inf* maledetto, -a

confront *vt* affrontare

confrontation [ˌkɑ:n·frən·'teɪ·ʃən] *n* scontro *m*

confrontational [ˌkɑ:n·frən·'teɪʃ·nəl] *adj* polemico, -a

confuse [kən·'fju:z] *vt* confondere

confused [kən·'fju:zd] *adj* confuso, -a

confusing [kən·'fju:·zɪŋ] *adj* confuso, -a

confusion [kən·'fju:·ʒən] *n* confusione *f*

congeal [kənˈdʒiːl] *vi* (*sauce*) rapprendersi; (*blood*) coagulare

congenial [kənˈdʒiːn·jəl] *adj* piacevole

congenital [kənˈdʒe·nə·t̮əl] *adj* congenito, -a

congested [kənˈdʒes·tɪd] *adj* congestionato, -a

congestion [kənˈdʒest·ʃən] *n* congestione *f*

conglomerate [kənˈglɑː·mə·ət] *n* conglomerato *m*

conglomeration [kən·ˌglɑː·məˈreɪ·ʃən] *n* conglomerazione *f*

Congo [ˈkɑː·ŋ·goʊ] **I.** *n* the ~ il Congo **II.** *adj* congolese

Congolese [ˌkɑː·ŋ·gəˈliːz] **I.** *adj* congolese **II.** *n* congolese *mf*

congratulate [kənˈgræt·ʃə·leɪt] *vt* to ~ sb (on sth) congratularsi con qu (per qc)

congratulation [kən·ˌgræt·ʃəˈleɪ·ʃən] *n* ~s! congratulazioni! *fpl;* a note of ~ un biglietto di congratulazioni

congregate [ˈkɑː·ŋ·grɪ·geɪt] *vi* congregarsi

congregation [ˌkɑː·ŋ·grɪˈgeɪ·ʃən] *n* assemblea *f* dei fedeli

congregational [ˌkɑː·ŋ·grɪˈgeɪ·ʃə·nl] *adj* dei fedeli

congress [ˈkɑː·ŋ·gres] *n* congresso *m*

congressional [kənˈgre·ʃə·nəl] *adj* del congresso

congressman [ˈkɑː·ŋ·gres·mən] *n* <-men> membro *m* del Congresso

congresswoman *n* <-women> membro *m* (donna) del Congresso

congruence [ˈkɑː·ŋ·grʊ·əns] *n* a. MATH congruenza *f*

congruent [ˈkɑː·ŋ·grʊ·ənt] *adj* a. MATH congruente

conical [ˈkɑː·nɪ·kl] *adj* conico, -a

conifer [ˈkɑː·nə·fə] *n* conifera *f*

coniferous [koʊˈnɪ·fə·rəs] *adj* (*tree*) conifero, -a

conjectural [kənˈdʒek·tʃə·rəl] *adj* congetturale

conjecture [kənˈdʒek·tʃə] **I.** *n* congettura *f* **II.** *vi* congetturare

conjugal [ˈkɑː·n·dʒə·gl] *adj form* coniugale; ~ visit visita *f* del coniuge

conjugate [ˈkɑː·n·dʒə·geɪt] *vt* coniugare

conjugation [ˌkɑː·n·dʒəˈgeɪ·ʃən] *n* coniugazione *f*

conjunction [kənˈdʒʌŋk·ʃən] *n* a. LING congiunzione *f;* in ~ with insieme a [*o* con]

conjunctivitis [kən·ˌdʒʌŋk·tə·ˈvaɪ·t̮ɪs] *n* congiuntivite *f*

conjure [ˈkʌn·dʒə] **I.** *vi* fare una magia **II.** *vt* far apparire; *fig* evocare

◆**conjure up** *vt* far apparire; to ~ an image evocare un'immagine

conjurer [ˈkʌn·dʒə·ə] *n*, **conjuror** [ˈkʌn·dʒə·ə] *n* mago, -a *m, f*

conk [kɑː·ŋk] **I.** *n* colpo *m* in testa **II.** *vt inf* to ~ sb on the head dare un colpo in testa a qc

◆**conk out** *vi inf* **1.** (*break down: machine,*

vehicle*) guastarsi **2. (*become exhausted*) crollare

con man [ˈkɑː·n·ˌmæn] *n abbr of* **confidence man** truffatore *m*

connect [kəˈnekt] **I.** *vi* collegarsi; to ~ to the Internet collegarsi a Internet **II.** *vt* collegare; to ~ sth/sb with sth collegare qc/qu a qc

connected *adj* **1.** (*joined together*) connesso, -a **2.** (*having ties*) to be ~d to sb avere legami con qu

connecting *adj* comunicante; ~ **link** connessione *f*

connection [kəˈnek·ʃən] *n* **1.** *a.* ELEC, COMPUT collegamento *m* **2.** (*relation*) connessione *f*

connector *n* connettore *m*

connivance [kəˈnaɪ·vənts] *n* connivenza *f*

connive [kəˈnaɪv] *vi* to ~ with sb essere connivente con qu

connoisseur [ˌkɑː·nəˈsɜːr] *n* intenditore, -trice *m, f;* **art/wine** ~ intenditore , -trice *m, f* d'arte/di vini

connotation [ˌkɑː·nəˈteɪ·ʃən] *n* connotazione *f*

conquer [ˈkɑː·ŋ·kə] *vt* **1.** *a.* HIST conquistare **2.** (*a problem*) superare

conqueror [ˈkɑː·ŋ·kə·ə] *n* **1.** *a.* HIST conquistatore, -trice *m, f* **2.** (*in a competition*) vincitore, -trice *m, f*

conquest [ˈkɑː·ŋk·west] *n a. iron* conquista *f*

conscience [ˈkɑː·n·ʃəns] *n* coscienza *f;* a clear ~ la coscienza pulita; a guilty ~ rimorsi *mpl* di coscienza; to prey on sb's ~ *fig* pesare sulla coscienza di qu; in all [*o* good] ~ in tutta coscienza

conscientious [ˌkɑː·n·tʃi·ˈen·tʃəs] *adj* scrupoloso, -a

conscientiousness *n* scrupolosità *f*

conscientious objector *n* obiettore, -trice *m, f* di coscienza

conscious [ˈkɑː·n·ʃəs] *adj* **1.** (*deliberate*) conscio, -a **2.** (*aware*) cosciente; **fashion** ~ attento alla moda; to be ~ of sth essere cosciente di qc; to become ~ of sth prendere coscienza di qc

consciousness [ˈkɑː·n·ʃəs·nɪs] *n* coscienza *f;* **political/social** ~ coscienza politica/sociale; to raise one's ~ prendere coscienza

conscript[1] [ˈkɑː·n·ˈskrɪpt] **I.** *n* MIL recluta *mf* **II.** *adj* MIL reclutato, -a

conscript[2] [ˌkɑː·n·ˈskrɪpt] *vt* MIL reclutare

conscription [kənˈskrɪp·ʃən] *n* MIL servizio *m* militare

consecrate [ˈkɑː·n·sə·kreɪt] *vt* consacrare

consecration [ˌkɑː·n·səˈkreɪ·ʃən] *n* REL consacrazione *f*

consecutive [kənˈsek·jə·t̮ɪv] *adj* consecutivo, -a

consecutively *adv* consecutivamente

consensus [kənˈsen·səs] *n* consenso *m*

consent [kənˈsent] **I.** *n form* consenso *m;* by common ~ di comune accordo **II.** *vi* (*acconsentire*) to ~ to do sth acconsentire a fare qc

consequence [ˈkɑː·n·tsɪ·kwənts] *n* conse-

C

guenza *f;* **as a** ~ come conseguenza; **in** ~ di conseguenza; **nothing of** ~ niente di importante

consequent ['ka:n·tsɪ·kwənt] *adj*, **consequential** [ˌka:n·tsɪ·'kwen·tʃəl] *adj* conseguente

consequently *adv* di conseguenza

conservation [ˌka:n·tsə·'veɪ·ʃən] *n* conservazione *f;* **environmental** ~ tutela *f* dell'ambiente

conservationist [ˌka:n·tsə·'veɪ·ʃə·nɪst] *n* ambientalista *mf*

conservatism [kən·'sɜːr·və·tɪ·zəm] *n* conservatorismo *m*

conservative [kən·'sɜːr·və·tɪv] *adj* **1.** *a.* POL (*opposed to change*) conservatore, trice **2.** (*cautious*) cauto, a; ~ **estimate** stima prudente

conservatory [kən·'sɜːr·və·tɔː·ri] *n* conservatorio *m*

conserve [kən·'sɜːrv] *vt* preservare; **to** ~ **energy/strength** risparmiare energia/le forze

consider [kən·'sɪ·də·] *vt* considerare; **to be** ~**ed to be the best** essere considerato il migliore

considerable [kən·'sɪ·də·rə·bl] *adj* considerevole

considerate [kən·'sɪ·də·rət] *adj* carino, -a

consideration [kən·ˌsɪ·də·'reɪ·ʃən] *n* considerazione *f;* **to take sth into** ~ prendere qc in considerazione; **the project is under** ~ il progetto è all'esame; **for a small** ~ *iron* per una modica somma

considered [kən·'sɪ·də·d] *adj* ponderato, -a; **highly** ~ assai reputato

considering [kən·'sɪ·də·rɪŋ] I. *prep* considerando; ~ **the weather** visto il tempo II. *adv* tutto considerato III. *conj* ~ (**that**) ... considerato che ...

consignment [kən·'saɪn·mənt] *n* **1.** (*instance of consigning*) spedizione *f* **2.** ECON partita *f;* **goods on** ~ merce *f* in conto deposito

consist [kən·'sɪst] *vi* **to** ~ **of sth** consistere di qc

consistency [kən·'sɪs·tən·tsi] *n* **1.** (*degree of firmness*) consistenza *f* **2.** (*being coherent*) coerenza *f*

consistent [kən·'sɪs·tənt] *adj* **1.** (*keeping to same principles*) coerente; **to be** ~ **with sth** essere coerente con qc **2.** (*not varying*) stabile

consolation [ˌka:n·sə·'leɪ·ʃən] *n* consolazione *f;* **it was no** ~ **to him to know that ...** non gli è stato di alcun conforto sapere che ...; **if it's of any** ~ ... se ti consola ...

consolation prize *n* premio *m* di consolazione

consolatory [kən·'sa:·lə·tɔː·ri] *adj* consolatorio, -a; ~ **words** parole *fpl* di conforto

console[1] [kən·'soʊl] *vt* (*comfort*) consolare

console[2] ['ka:n·soʊl] *n* (*switch panel*) console *f*

consolidate [kən·'sa:·lə·deɪt] I. *vi* **1.** (*reinforce*) consolidarsi **2.** (*unite*) fondersi II. *vt* consolidare

consolidated *adj* consolidato, -a

consolidation [kən·ˌsa:·lə·'deɪ·ʃən] *n* **1.** (*becoming stronger*) consolidamento *m* **2.** ECON fusione *f*

consommé [ˌka:n·sə·'meɪ] *n* consommé *m inv*

consonance ['ka:n·sə·nəns] *n* MUS consonanza *f*

consonant ['ka:n·sə·nənt] *n* consonante *f*

consort [kən·'sɔːrt] I. *vi* **to** ~ **with sb** frequentare qu II. *n* consorte *mf;* **prince** ~ principe *m* consorte

consortium [kən·'sɔːr·ţi·əm] *n* <consortiums *o* consortia> consorzio *m*

conspicuous [kən·'spɪk·ju·əs] *adj* vistoso, -a; **to be** ~ **by one's absence** *iron* brillare per la propria assenza

conspiracy [kən·'spɪ·rə·si] <-ies> *n* cospirazione *f;* **a** ~ **against sb** una cospirazione contro qu

conspirator [kən·'spɪ·rə·ţə·] *n* cospiratore, ·trice *m, f*

conspire [kən·'spa·ɪə·] *vi* cospirare; **to** ~ **to do sth** cospirare per fare qc; **to** ~ **against sb** cospirare contro qu

constancy ['ka:n·stən·tsi] *n form* costanza *f*

constant ['ka:n·stənt] I. *n* costante *f* II. *adj* costante; (*noise*) continuo, ·a; **to be in** ~ **trouble** essere costantemente nei guai

constantly *adv* costantemente

constellation [ˌka:n·stə·'leɪ·ʃən] *n* costellazione *f*

consternation [ˌka:n·stə·'neɪ·ʃən] *n* costernazione *f*

constipate ['ka:n·stə·peɪt] *vt* MED dare stitichezza a

constipated *adj* stitico, ·a

constipation ['ka:n·stə·'peɪ·ʃən] *n* MED stitichezza *f*

constituency [kən·'strɪ·tʃu·ən·tsi] *n* **1.** (*electoral district*) collegio *m* elettorale **2.** (*body of voters in this area*) elettorato *m* **3.** (*seat*) seggio *m*

constituent [kən·'strɪ·tʃu·ənt] I. *n* **1.** (*voter*) elettore, ·trice *m, f* **2.** CHEM, PHYS (*component*) componente *m* II. *adj* costituente

constitute ['ka:n·stə·tu:t] *vt* costituire

constitution [ˌka:n·stə·'tu:·ʃən] *n* costituzione *f*

constitutional [ˌka:n·stə·'tu:·ʃə·nl] I. *adj* costituzionale II. *n iron* salutare passeggiata *f*

constrain [kən·'streɪn] *vt* **1.** (*restrict*) limitare **2.** (*oblige*) **to be** [*o* **feel**] ~**ed to do sth** essere [*o* sentirsi] costretto a fare qc

constraint [kən·'streɪnt] *n* **1.** (*compulsion*) costrizione *f;* **he confessed under** ~ ha confessato perché costretto **2.** (*limit*) restrizione *f;* **to impose** ~**s on sb/sth** imporre delle restrizioni a qu/su qc

constrict [kən·'strɪkt] *vt* comprimere

constriction [kən·'strɪk·ʃən] *n* costrizione *f*

constrictor *n* costrittore *m*

construct [kən·'strʌkt] I. *n* costruzione *f* II. *vt* costruire

construction [kən·'strʌk·ʃən] *n* 1. (*act of making or building*) costruzione *f* 2. (*building*) edificio *m* 3. LING costruzione *f* 4. *form* (*interpretation*) interpretazione *f*; **to put a ~ on sth** interpretare qc

constructional [kən·'strʌk·ʃnl] *adj* strutturale

constructive [kən·'strʌk·tɪv] *adj* costruttivo, -a

constructor [kən·'strʌk·tə·] *n* costruttore, -trice *m*, *f*

construe [kən·'struː] *vt* interpretare

consul [ˈkɑːn·sl] *n* console *m*

consular [ˈkɑːn·sjʊ·lə·] *adj* consolare

consulate [ˈkɑːn·sjʊ·lət] *n* consolato *m*

consulate general *n* consolato *m* generale

consul general *n* console *m* generale

consult [kən·'sʌlt] I. *vi* consultarsi II. *vt* 1. (*seek information or advice*) consultare 2. (*examine*) tener conto di; **to ~ one's feelings** tener conto dei propri sentimenti

consultancy [kən·'sʌl·tən·tsi] <-ies> *n* 1. (*company*) società *f* di consulenza 2. (*activity*) consulenza *f*

consultant [kən·'sʌl·tənt] *n* ECON consulente *mf*; **management ~** consulente di gestione; **tax ~** consulente fiscale

consultation [ˌkɑːn·sʌl·'teɪ·ʃən] *n* consultazione *f*

consultative [kən·'sʌl·tə·tɪv] *adj* consultivo, -a

consulting [kən·'sʌl·tɪŋ] *adj* **~ fee** onorario *m* per la consulenza

consume [kən·'suːm] *vt* consumare; **to be ~d by sth** essere consumato da qc; **to be ~d by anger/by envy** essere roso dalla rabbia/dall'invidia

consumer [kən·'suː·mə·] *n* consumatore, -trice *m*, *f*; **~ credit** credito *m* al consumo; **~ demand** domanda *f* dei consumatori; **~ society** associazione *f* di consumatori

consumerism [kən·'suː·mə·ɪ·zəm] *n* 1. (*protection*) difesa *f* dei consumatori 2. *pej* (*exaggerated purchasing*) consumismo *m*

consummate [ˈkɑːn·sə·meɪt] I. *adj form* consumato, -a; **~ happiness** felicità totale; **~ skill** somma abilità II. *vt* 1. (*complete*) **to ~ a marriage** consumare un matrimonio 2. *form* (*conclude*) **to ~ a deal** concludere un accordo

consummation [ˌkɑːn·sə·'meɪ·ʃən] *n form* consumazione *f*

consumption [kən·'sʌmp·ʃən] *n* 1. (*using up*) consumo *m*; **energy ~** consumo *m* di energia 2. (*eating, drinking*) consumo *m*; (*of food also*) consumo *m*; **unfit for human ~** inadatto al consumo umano 3. *fig* (*use*) **for internal ~** ad uso interno 4. HIST, MED tisi *f*, consunzione *f*

consumptive [kən·'sʌmp·tɪv] *adj* HIST, MED tisico, -a

contact [ˈkɑːn·tækt] I. *n* contatto *m*; **to have ~s** avere conoscenze; **physical ~** contatto fisico; **to come into ~ with sth** entrare in contatto con qc II. *vt* contattare

contact lens *n* lente *f* a contatto

contact man *n* intermediario *m*

contact print *n* provino *m* a contatto

contagion [kən·'teɪ·dʒən] *n form* contagio *m*

contagious [kən·'teɪ·dʒəs] *adj a. fig* contagioso, -a

contain [kən·'teɪn] *vt* contenere

container [kən·'teɪ·nə·] *n* 1. (*vessel*) contenitore *m* 2. (*for transport*) container *m inv*

containerize [kən·'teɪ·nə·raɪz] *vt* mettere in container

container ship *n* portacontainer *f inv*

containment [kən·'teɪn·mənt] *n* contenimento *m*

contaminate [kən·'tæ·mɪ·neɪt] *vt* contaminare

contamination [kən·ˌtæ·mɪ·'neɪ·ʃən] *n* contaminazione *f*

contemplate [ˈkɑːn·tem·pleɪt] *vt* 1. (*intend*) **to ~ doing sth** avere intenzione di fare qc; **to ~ suicide** pensare al suicidio 2. (*consider, gaze at*) contemplare

contemplation [ˌkɑːn·tem·'pleɪ·ʃən] *n* contemplazione *f*

contemplative [kən·'tem·plə·tɪv] *adj* contemplativo, -a

contemporary [kən·'tem·pə·re·ri] I. *n* contemporaneo, -a *m*, *f* II. *adj* contemporaneo, -a

contempt [kən·'tempt] *n* disprezzo *m*; **to hold sth/sb in ~** disprezzare qc/qu; **she's beneath ~** non la rispetto assolutamente

contemptible [kən·'temp·tə·bl] *adj* spregevole

contemptuous [kən·'temp·tʃu·əs] *adj* sprezzante; (*look*) di disprezzo; **to be ~ of sb** mostrare disprezzo per qu

contend [kən·'tend] I. *vi* 1. (*compete*) competere; **to ~ for sth** contendere per qc 2. (*struggle*) lottare; **to have sb/sth to ~ with** dover lottare con qu/qc; **to ~ against sb/sth** lottare contro qu/qc II. *vi* **to ~ that ...** sostenere che ...

contender *n* aspirante *mf*

content[1] [ˈkɑːn·tent] *n* contenuto *m*

content[2] [kən·'tent] I. *vt* soddisfare; **to ~ oneself with sth** accontentarsi di qc II. *adj* contento, -a; **to be ~ with sth** essere soddisfatto di qc; **to be ~ to do sth** essere contento di fare qc

contented *adj* soddisfatto, -a

contention [kən·'ten·ʃən] *n* 1. (*disagreement*) controversia *f*; **teams in ~** gruppi *mpl* rivali 2. (*opinion*) opinione *f* 3. (*competition*) **to be in ~ for sth** contendersi qc; **to be out of ~ for sth** non avere alcuna chance di ottenere qc

contentious [kən·'ten·ʃəs] *adj* controverso, -a

contentment [kən·'tent·mənt] *n* appagamento *m*

contents [ˈkɑːn·tents] *n pl* contenuto *m*; (*index*) sommario *m*

contest I. [ˈkɑːn·test] *n* 1. (*competition*) concorso *m*; **beauty ~** concorso di bellezza; **sports ~** gara *f* sportiva 2. (*dispute*) controversia *f* II. [kən·'test] *vt* 1. (*challenge: claims,*

a **decision**) contestare; (*a will*) impugnare
2. (*compete for*) disputare

contestant [kən·ˈtes·tənt] *n* (*in a match, contest*) concorrente *mf;* (*in an election*) candidato, -a *m, f*

context [ˈkɑːn·tekst] *n* contesto *m*

contextual [kən·ˈteks·tʃu·əl] *adj form* contestuale

contextualize [kən·ˈteks·tʃu·ə·laɪz] *vt* contestualizzare

continent¹ [ˈkɑːnt·nənt] *n* GEO continente *m*

continent² [ˈkɑːnt·nənt] *adj a.* MED continente

continental [ˌkɑːnt·ˈnen·t̬l] **I.** *adj* **1.** (*relating to a continent*) continentale; ~ **drift** deriva *f* dei continenti; ~ **shelf** piattaforma *f* continentale **2.** (*of the mainland*) ~ **Europe** Europa *f* continentale; **the ~ United States** gli Stati Uniti *mpl* continentali **II.** *n* continentale *mf*

continental breakfast *n* colazione *f* continentale

contingency [kən·ˈtɪn·dʒən·tsi] <-ies> *n form* eventualità *f*

contingent [kən·ˈtɪn·dʒənt] **I.** *n* contingente *m* **II.** *adj* **1.** (*liable to happen*) eventuale **2.** (*dependent*) **to be ~ on** [*o* **upon**] sth dipendere da qc **3.** (*incidental*) **risks ~ to a profession** rischi contingenti a una professione

continual [kən·ˈtɪn·ju·əl] *adj* continuo, -a

continually *adv* continuamente

continuation [kən·ˌtɪn·ju·ˈeɪ·ʃən] *n* continuazione *f*

continue [kən·ˈtɪn·juː] **I.** *vi* continuare; **he ~d by saying that ...** ha proseguito dicendo che ...; **to ~ to do** [*o* **doing**] **sth** continuare a fare qc; **to ~** (**on**) **one's way** continuare per la propria strada; **to be ~d** continua **II.** *vt* continuare

continued *adj* **to be ~** continua

continuity [ˌkɑːn·tə·ˈnuː·ə·ti] *n* **1.** (*fact of continuing*) continuità *f* **2.** CINE, TV (*scenario*) continuity *f*

continuous [kən·ˈtɪn·ju·əs] *adj* continuo, -a

contort [kən·ˈtɔːrt] **I.** *vi* contorcersi; **his face had ~ed with rage** aveva il volto contorto per la rabbia **II.** *vt* contorcere; **to ~ the truth** distorcere la verità

contortion [kən·ˈtɔːr·ʃən] *n* contorsione *f;* **bodily ~s** contorsioni *fpl;* **a ~ of reality** una distorsione della realtà

contortionist [kən·ˈtɔːr·ʃə·nɪst] *n a. fig* contorsionista *mf*

contour [ˈkɑːn·tur] **I.** *n* contorno *m;* (*face*) profilo *m* **II.** *vt* tracciare i contorni di

contour line *n* GEO curva *f* di livello

contour map *n* GEO carta *m* topografica

contraband [ˈkɑːn·trə·bænd] **I.** *n* contrabbando *m* **II.** *adj* di contrabbando

contraception [ˌkɑːn·trə·ˈsep·ʃən] *n* contraccezione *f*

contraceptive [ˌkɑːn·trə·ˈsep·tɪv] *n* anticoncezionale *m*

contract¹ [kən·ˈtrækt] **I.** *vi* contrarsi **II.** *vt* contrarre; **to ~ smallpox/AIDS/a cold** contrarre il vaiolo/l'Aids/il raffreddore

contract² [ˈkɑːn·trækt] **I.** *n* contratto *m;* ~ **of employment** contratto di lavoro; **temporary ~** contratto temporaneo; **to sign/enter into a ~** firmare/stipulare un contratto **II.** *vi* **to ~ with sb** stipulare un contratto con qu **III.** *vt* contrattare

◆**contract out** *vt* appaltare

contraction [kən·ˈtræk·ʃən] *n* contrazione *f*

contractor [ˈkɑːn·træk·tə·] *n* appaltatore, -trice *m, f*

contractual [kən·ˈtræk·tʃu·əl] *adj* contrattuale; ~ **conditions** condizioni *fpl* contrattuali; ~ **terms** termini *mpl* del contratto; **to be under a ~ obligation to sb** avere un contratto con qu

contradict [ˌkɑːn·trə·ˈdɪkt] **I.** *vi* contraddirsi **II.** *vt* contraddire; **to ~ oneself** contraddirsi; **everything I say you want to ~** devi contraddire tutto quello che dico; **don't ~ me!** non mi contraddire!

contradiction [ˌkɑːn·trə·ˈdɪk·ʃən] *n* contraddizione *f;* **a ~ in terms** un controsenso

contradictory [ˌkɑːn·trə·ˈdɪk·tə·ri] *adj* contraddittorio, -a

contralto [kən·ˈtræl·t̬oʊ] *n* MUS contralto. *m*

contraption [kən·ˈtræp·ʃən] *n* aggeggio *m*

contrary [ˈkɑːn·trə·i] **I.** *n* **on the ~** al contrario; **quite the ~!** proprio il contrario!; **to the ~** del contrario **II.** *adj* contrario, -a; **to be ~ to ...** essere contrario a...

contrary to *prep* al contrario di, contrariamente a; ~ **what he says** contrariamente a quanto dice; ~ **all our expectations** contro ogni pronostico

contrast [kən·ˈtræst] **I.** *n* contrasto *m;* **to be quite a ~ to sb/sth** contrastare spiccatamente con qu/qc; **by** [*o* **in**] ~ per contrasto; **in ~ to** [*o* **with**] **sb/sth** a differenza di qu/qc **II.** *vt* contrastare

contrast control *n* TV controllo *m* del contrasto

contrasting *adj* contrastante

contravene [ˌkɑːn·trə·ˈviːn] *vt* contravvenire a

contravention [ˌkɑːn·trə·ˈven·ʃən] *n* contravvenzione *f;* **to act in ~ of the regulations** contravvenire alle norme

contribute [kən·ˈtrɪ·bjuːt] **I.** *vi* contribuire; **to ~ towards sth** contribuire a qc; **to ~ to a fund** sovvenzionare un fondo **II.** *vt* **1.** (*money*) contribuire; **to ~** (**sth**) **to sth** contribuire (qc) a qc; **to ~ sth towards ...** dare qc a ... **2.** (*article*) scrivere; (*information*) dare

contribution [ˌkɑːn·trɪ·ˈbjuː·ʃən] *n* **1.** contributo *m;* **a ~ to a charitable organization** una donazione a un ente di beneficenza **2.** (*text or article for publication*) collaborazione *f;* **a ~ for the Fall issue of a magazine** un articolo per il numero autunnale di una rivista

contributor [kən·ˈtrɪb·jə·tə·] *n* **1.** (*for charity*) donatore, -trice *m, f* **2.** (*of publication*) collaboratore, -trice *m, f*

contributory [kən·'trɪb·jə·tɔː·ri] *adj* contributivo, -a

contrite [kən·'traɪt] *adj* contrito, -a; ~ **expression** espressione *f* contrita

contrition [kən·'trɪ·ʃən] *n* contrizione *f*

contrivance [kən·'traɪ·vəns] *n* **1.** (*act of contriving*) calcolo *m* **2.** (*device*) congegno *m* **3.** (*inventive capacity*) inventiva *f*

contrive [kən·'traɪv] *vt* **1.** (*plan*) congegnare; (*a meeting*) organizzare **2.** (*manage*) **to ~ to do sth** escogitare il modo di fare qc; **she ~d to make it happen** è riuscita a far sì che succedesse

contrived *adj* artificioso, -a

control [kən·'troʊl] **I.** *n* **1.** controllo *m;* **to bring sth under ~** controllare qc; **spam is out of ~** lo spamming dilaga; **to have ~ over sb** controllare qu; **to lose ~ over sth** perdere il controllo di qc; **to lose ~ of oneself** perdere il controllo (di sé) **2.** (*leadership*) comando *m;* **to be in ~** essere al comando; **to be under the ~ of sb** essere dominato da qu **3.** AVIAT stazione *f* di controllo **4.** *pl* TECH comandi *mpl;* **to be at the ~s** stare ai comandi **II.** *vt* <-ll-> controllare; (*vehicle*) manovrare

control board *n* comitato *m* di controllo

control center *n* centrale *f* di controllo

control column *n* cloche *f*

control desk *n* pannello *m* di controllo

controllable *adj* controllabile

controlled [kən·'troʊld] *adj* controllato, -a

controller [kən·'troʊ·lə·] *n* (*person in charge*) direttore, -trice *m, f;* FIN, ECON ispettore, -trice *m, f* finanziario, -a

control panel *n* quadro *m* dei comandi

control point *n* punto *m* di controllo

control tower *n* torre *f* di controllo

control unit *n* COMPUT unità *f* di controllo

controversial [ˌkɑːn·trə·'vɜːr·ʃəl] *adj* polemico, -a

controversy ['kɑːn·trə·vɜːr·si] *n* <-ies> polemica *f;* **to be beyond ~** essere incontestabile

contusion [kən·'tuː·ʒən] *n* contusione *f*

conundrum [kə·'nʌn·drəm] *n* rompicapo *m*

conurbation [ˌkɑː·nɜːr·'beɪ·ʃən] *n* conurbazione *f*

convalesce [ˌkɑː·nə·və·'les] *vi* essere in convalescenza; **to ~ from sth** riprendersi da qc

convalescence [ˌkɑː·nə·və·'le·sns] *n* convalescenza *f*

convalescent [ˌkɑː·nə·və·'le·snt] **I.** *n* convalescente *mf* **II.** *adj* convalescente; **a long ~ period** un lungo periodo di convalescenza; **~ hospital** centro ospedaliero riabilitativo

convection [kən·'vek·ʃən] *n* convezione *f*

convection oven *n* forno *m* a convezione

convector [kən·'vek·tə·] *n,* **convector heater** *n* termoconvettore *m*

convene [kən·'viːn] **I.** *vi form* riunirsi **II.** *vt form* riunire; (*meeting*) convocare

convener [kən·'viː·nə·] *n* convocatore, -trice *m, f*

convenience [kən·'viːn·jəns] *n* comodità *f;* **for ~'s sake** per comodità; **at your ~** quando le torna più comodo

convenience store *n emporio che apre presto e chiude tardi*

convenient [kən·'viː·ni·ənt] *adj* comodo, -a

convenor [kən·'viː·nə·] *n s.* **convener**

convent ['kɑː·n·vənt] *n* convento *m*

convention [kən·'ven·ʃən] *n* **1.** convenzione *f;* **~ dictates that** è usanza **2.** (*large meeting*) congresso *m*

conventional [kən·'ven·tʃə·nəl] *adj* convenzionale; (*wisdom*) ortodosso, -a; (*medicine*) tradizionale

conventionally *adv* convenzionalmente

converge [kən·'vɜːrdʒ] *vi a. fig* convergere; (*persons*) riunirsi

convergence [kən·'vɜːr·dʒəns] *n* convergenza *f*

convergent [kən·'vɜːr·dʒent] *adj* convergente

conversant [kən·'vɜːr·snt] *adj* pratico, -a; **to be ~ with sth** essere pratico di qc

conversation [ˌkɑː·n·və·'seɪ·ʃən] *n* (*word exchange*) conversazione *f;* **to strike up a ~ with sb** mettersi a parlare con qu

conversational [ˌkɑː·n·və·'seɪ·ʃə·nəl] *adj* (*tone*) colloquiale; (*skills*) di conversazione

conversationally *adv* in tono colloquiale

converse[1] [kən·'vɜːrs] *vi form* **to ~ with sb** conversare con qu

converse[2] ['kɑː·n·vɜːrs] **I.** *n* **the ~** il contrario **II.** *adj form* contrario, -a

conversely *adv* al contrario

conversion [kən·'vɜːr·ʒən] *n* conversione *f*

conversion rate *n* tasso *m* di cambio

convert [kən·'vɜːrt] **I.** *n* convertito, -a *m, f* **II.** *vi* convertirsi **III.** *vt* convertire

converter [kən·'vɜːr·tə·] *n* **1.** (*person*) convertitore, -trice *m, f* **2.** ELEC trasformatore *m* **3.** TECH convertitore *m*

convertible [kən·'vɜːr·tə·bl] **I.** *n* AUTO decappottabile *m* **II.** *adj a.* FIN, ECON convertibile; **~ sofa** divano *m* letto

convex ['kɑː·n·veks] *adj* convesso, -a

convey [kən·'veɪ] *vt* **1.** (*transport*) trasportare; (*electricity*) condurre **2.** (*communicate*) trasmettere; **to ~ how ...** comunicare come ...; **to ~ sth to sb** trasmettere qc a qu

conveyance [kən·'veɪ·ənts] *n* **1.** (*act of carrying*) trasporto *m* **2.** (*communication*) trasmissione *f* **3.** (*vehicle*) veicolo *m;* **form of ~** mezzo *m* di trasporto **4.** LAW cessione *f;* (*document*) atto *m* di cessione

conveyancing *n* LAW cessione *f* di proprietà; (*document*) redazione *f* di atto cessione di proprietà

conveyor [kən·'ve·ɪə·] *n* trasportatore *m;* (*belt*) nastro *m* trasportatore

convict[1] ['kɑː·n·vɪkt] *n* detenuto, -a *m, f*

convict[2] [kə·n·'vɪkt] *vt* condannare

conviction [kən·'vɪk·ʃən] *n* **1.** LAW condanna *f*

C

2. (*firm belief*) convinzione *f;* **to have a ~ about sth** essere convinto di qc
convince [kən·'vɪnts] *vt* convincere; **I'm not ~d** non ne sono convinto
convincing [kən·'vɪnt·sɪŋ] *adj* convincente
convoluted *adj* contorto, -a
convoy ['kɑːn·vɔɪ] I. *n* convoglio *m;* **in ~** in convoglio II. *vt* scortare
convulse [kən·'vʌls] I. *vi* contorcersi; **to ~ in laughter** contorcersi dalle risa; **to ~ in pain** torcersi dal dolore II. *vt* far contorcere; **to be ~d with anger** agitarsi in modo convulso per la rabbia
convulsion [kən·'vʌl·ʃən] *n* convulsione *f;* **she went into ~s** le vennero le convulsioni; (*uncontrolled laughter*) si mise a ridere convulsamente
convulsive [kən·'vʌl·sɪv] *adj* convulsivo, -a
coo [kuː] I. *vi* tubare II. *vt* dire amorevolmente
cook [kʊk] I. *n* cuoco, -a *m, f* II. *vi* cuocere; **how long does pasta take to ~?** quanto ci mette a cuocere la pasta?; **can you ~?** sai cucinare? ▸**what's ~ing?** *inf* cosa c'è? III. *vt* cuocere; **to ~ lunch** preparare il pranzo
cookbook ['kʊk·bʊk] *n* libro *m* di cucina
cooker ['kʊ·kə'] *n* **1.** cucina *f* **2.** (*stove*) fornello *m;* **induction ~** fornello *m* a induzione **3.** *inf* (*cooking apple*) mela *f* da cuocere
cookery ['kʊ·kə·ri] *n* cucina *f*
cookie ['kʊ·ki] *n* **1.** (*biscuit*) biscotto *m* **2.** *inf* (*person*) tipo *m;* **a tough ~** un tipo tosto **3.** COMPUT cookie *m* ▸**that's the way the ~ crumbles** *inf* è la vita!
cooking ['kʊ·kɪŋ] *n* **to do the ~** far da mangiare
cool [kuːl] I. *adj* **1.** (*slightly cold*) fresco, -a **2.** (*calm*) tranquillo, -a; **keep ~** mantieni la calma **3.** *inf* (*impudent*) sfacciato, -a; **to be a ~ one** essere uno sfacciato **4.** (*unfriendly*) freddo, -a **5.** *inf* (*fashionable*) **to be ~** essere trendy II. *interj inf* grande! III. *n* **1.** (*coolness*) fresco *m* **2.** (*calm*) calma *f* IV. *vt* rinfrescare; **just ~ it** *inf* calma! V. *vi* (*become colder*) rinfrescare; **to ~ down** [*o* **off**] (*become cooler*) rinfrescare; (*food*) freddarsi; (*become calmer*) calmarsi
cooler ['kuː·lə'] *n* **1.** (*box*) borsa *f* termica **2.** (*drink*) bevanda *f* rinfrescante
cool-headed [ˌkuː·l·'he·dɪd] *adj* calmo, -a
cooling ['kuː·lɪŋ] *adj* rinfrescante; (*breeze*) fresco, -a
cooling tower *n* torre *f* di raffreddamento
coolly ['kuː·li] *adv* **1.** (*calmly*) con calma **2.** (*coldly*) freddamente
coolness ['kuː·l·nɪs] *n* **1.** METEO fresco *m* **2.** (*unfriendliness*) freddezza *f*
coop [kuːp] I. *n* stia *f* II. *vt* rinchiudere
◆**coop up** *vt* rinchiudere
co-op ['kʊʊ·ɑːp] *n abbr of* **cooperative** cooperativa *f*
cooper ['kuː·pə'] I. *n* barilaio, -a *m, f* II. *vi* (*make barrels*) fabbricare barili; (*repair barrels*) riparare barili

cooperate [kʊʊ·'ɑː·pə·reɪt] *vi* cooperare; **to ~ with sb** collaborare con qu
cooperation [kʊʊ·ˌɑː·pə·'reɪ·ʃən] *n* cooperazione *f*
cooperative [kʊʊ·'ɑː·pə·ə·tɪv] I. *n* ECON cooperativa *f* II. *adj* cooperativo, -a; **~ society** società *f* cooperativa
co-opt [kʊʊ·'ɑːpt] *vt* **1.** (*adopt as own*) adottare **2.** (*absorb into larger unit*) **to be ~ed into sth** essere incorporato in qc
coordinate [ˌkʊʊ·'ɔːr·dɪ·neɪt] I. *n* coordinata *f* II. *vi* **1.** (*work together effectively*) operare insieme **2.** (*match*) essere coordinato III. *vt* coordinare IV. *adj* **1.** (*equal*) egalitario, -a **2.** (*involving coordination*) coordinato, -a
coordination [ˌkʊʊ·ˌɔːr·də·'neɪ·ʃən] *n* coordinazione *f*
coordinator *n* coordinatore, -trice *m, f*
coot [kuːt] *n* **1.** ZOOL folaga *f* **2.** *inf* (*rather dim person*) cretino, -a *m, f*
cop [kɑːp] I. *n inf* (*police officer*) sbirro *m;* **to play ~s and robbers** giocare a guardie e ladri II. <-pp-> *vt* **1.** (*grab*) prendere; **to ~ a (quick) look at sth** dare un'occhiata a qc **2.** LAW **to ~ a plea** dichiararsi colpevole
copartner ['kʊʊ·ˌpɑːrt·nə'] *n* socio, -a *m, f*
copartnership ['kʊʊ·ˌpɑːrt·nə·ʃɪp] *n* compartecipazione *f*
cope [kʊʊp] *vi* **1.** (*master a situation*) farcela **2.** (*deal with*) **to ~ with sth** (*problem*) far fronte a qc; (*pain*) sopportare qc
copier ['kɑː·piə'] *n* fotocopiatrice *f*
copilot ['kʊʊ·ˌpaɪ·lət] *n* copilota *m*
copious ['kʊʊ·pi·əs] *adj* copioso, -a
copper ['kɑː·pə'] I. *n* **1.** (*metal*) rame *m* **2.** *inf* (*police officer*) sbirro *m* II. *adj* (*color*) color rame
copper beech <-es> *n* faggio *m* rosso
copper ore *n* minerale *m* di rame
copperplate I. *n* **1.** (*handwriting*) bella calligrafia *f* **2.** (*metal plaque*) lastra *f* di rame II. *adj* in bella calligrafia
coppersmith *n* calderaio, -a *m, f*
coppice ['kɑː·pɪs] I. *n* bosco *m* ceduo II. *vt* tagliare
copulate ['kɑː·p·jə·leɪt] *vi* copulare
copulation [ˌkɑː·p·jə·'leɪ·ʃən] *n* copulazione *f*
copy ['kɑː·pi] I. <-ies> *n* **1.** (*facsimile*) copia *f;* **to be a carbon ~ of sb** essere la fotocopia di qu; **an exact ~** una copia esatta **2.** COMPUT copia *f;* **hard ~** copia cartacea; **to make a ~** fare una copia **3.** (*text to be published*) testo *m;* (*advertisement text*) testo *m* di pubblicità **4.** (*topics for articles*) tema *m* II. <-ie-> *vt* **1.** *a.* COMPUT, MUS copiare **2.** (*imitate*) imitare III. *vi* SCHOOL copiare
copybook ['kɑː·pi·bʊk] I. *adj* **1.** (*exemplary*) modello **2.** (*unoriginal*) convenzionale II. *n* quaderno *m*
copycat I. *n childspeak, inf* copione, -ona *m, f* II. *adj* **~ version** imitazione *f;* **a ~ crime** un reato ispirato a un altro
copy desk *n* tavolo *m* della redazione

copy editor *n* redattore, -trice *m, f*

copy protection *n* COMPUT protezione *f* anticopia

copyright *n* diritti *mpl* d'autore; **to hold the ~ of sth** possedere i diritti d'autore di qc

copywriter *n* copywriter *mf*

coral ['kɔ:·rəl] I. *n* corallo *m;* **made of ~** di corallo II. *adj* (*reddish color*) (color) corallo

coral island *n* isola *f* corallina

coral reef *n* barriera *f* corallina

cord [kɔ:rd] *n* (*rope*) corda *f;* ELEC filo *m;* **spinal ~** midollo *m* spinale; **umbilical ~** cordone *m* ombelicale

cordial ['kɔ:r·dʒəl] I. *adj* 1. (*friendly*) cordiale 2. *form* (*strong*) intenso, -a II. *n* bevanda *f* alla frutta

cordiality [ˌkɔ:r·dʒɪ·'æ·lə·ti] <-ies> *n form* cordialità *f*

cordless ['kɔ:rd·ləs] *adj* senza fili

cordon ['kɔ:r·dn] I. *n* cordone *m;* **police ~** cordone di polizia II. *vt* fare cordone attorno a

cords *npl* pantaloni *mpl* di velluto a coste

corduroy ['kɔ:r·də·ˌrɔɪ] *n* velluto *m* a coste

core [kɔ:r] I. *n* 1. (*center*) centro *m;* **to the ~** *fig* fino al midollo; **to be rotten to the ~** *fig* essere corrotto fino al midollo; **the ~ of a problem** il nocciolo della questione 2. (*center with seeds*) torsolo *m* 3. PHYS nucleo *m* 4. ELEC anima *f* II. *adj* **the ~ issue** la questione principale III. *vt* togliere il torsolo

CORE [kɔ:r] *n abbr of* **Congress of Racial Equality** associazione *m* per l'uguaglianza razziale

core subject *n* tema *m* centrale

coriander ['kɔ:·ri·æn·də] *n* coriandolo *m*

cork [kɔ:rk] I. *n* 1. sughero *m* 2. (*stopper*) tappo (di sughero) *m* II. *vt* 1. (*put stopper in*) tappare 2. (*restrain*) **to ~ one's anger** soffocare la propria rabbia 3. (*blacken*) **to ~ one's face** annerirsi il viso

corkage ['kɔ:r·kədʒ] *n,* **cork charge** *n tariffa che alcuni ristoranti fanno pagare per stappare bottiglie di vino portate dai clienti*

corkscrew ['kɔ:rk·skru:] I. *n* cavatappi *m inv* II. *adj* a spirale; **~ curls** boccoli *mpl*

corn[1] [kɔ:rn] *n* 1. (*crop*) granturco *m;* **~ on the cob** pannocchia *f* di granturco 2. *inf* (*something trite*) roba *f* sdolcinata

corn[2] [kɔ:rn] *n* MED callo *m* ▶ **to tread on sb's ~s** pestare i calli a qu

corn bread *n* pane *m* di granturco

corncob *n* pannocchia *f* di granturco

cornea ['kɔ:r·niə] *n* cornea *f*

corner [kɔ:r·nə] I. *n* 1. angolo *m;* **to cut a ~** svicolare; **to be around the ~** essere girato l'angolo; **to turn the ~** girare l'angolo; *fig* essere al giro di boa; **a distant ~ of the globe** un angolo remoto della terra; **the four ~s of the world** da ogni parte del mondo 2. (*kick or shot*) corner *m* 3. (*difficult position*) **to be in a tight ~** trovarsi in una posizione difficile; **to drive sb into a (tight) ~** mettere qu con le spalle al muro 4. (*domination*) **to have a ~ of**

the market controllare una fetta di mercato 5. (*periphery*) **out of the ~ of one's eye** con la coda dell'occhio; **out of the ~ of sb's mouth** all'angolo della bocca ▶ **to cut ~s** fare le cose tirate via II. *vt* 1. (*hinder escape*) intrappolare; **to get sb ~ed** *fig* intrappolare qu 2. ECON **to ~ the market** monopolizzare il mercato III. *vi* (*auto*) curvare

cornered ['kɔ:r·nəd] *adj* intrappolato, -a

corner house *n* casa *f* all'angolo

corner seat *n* posto *m* d'angolo

corner shop *n* piccolo emporio *m*

cornerstone *n a. fig* pietra *f* angolare

cornet [kɔ:r·'net] *n* 1. (*brass instrument*) cornetta *f* 2. (*wafer cone*) cornetto *m*

cornflakes ['kɔ:rn·fleɪks] *npl* cornflakes *mpl*

cornflower ['kɔ:rn·fla·ʊə] I. *n* fiordaliso *m* II. *adj* **~ blue** azzurro fiordaliso

cornice ['kɔ:r·nɪs] *n* ARCHIT cornice *f*

corn poppy <-ies> *n* papavero *m*

cornstarch *n* farina *f* di mais

corny ['kɔ:r·ni] <-ier, -iest> *adj* 1. *inf* vecchio, -a; (*joke*) trito, -a 2. (*emotive*) sdolcinato, -a

corollary ['kɔ:·rə·le·ri] <-ies> *n form* corollario *m*

coronary ['kɔ:·rə·ne·ri] I. *n* infarto *m* del miocardio; **when he got the bill he nearly had a ~ iron** quando gli hanno portato il conto per poco non gli è venuto un infarto II. *adj* coronario, -a; (*bypass*) coronarico, -a

coronation [ˌkɔ:·rə·'neɪ·ʃən] I. *n* incoronazione *f* II. *adj* dell'incoronazione

coroner ['kɔ:·rə·nə] *n magistrato incaricato di investigare morti non naturali*

corp. *abbr of* **corporation** società *f*

corpl. *n* MIL *abbr of* **corporal** caporale *m*

corporal ['kɔ:r·pə·rəl] I. *n* MIL caporale *m* II. *adj form* corporale; **a ~ oath** HIST giuramento *m* alla corona

corporate ['kɔ:r·pə·rət] *adj* 1. (*shared by group*) collettivo, -a 2. (*of corporation*) aziendale; **~ capital** capitale *m* societario; **~ law** diritto *m* aziendale

corporation [ˌkɔ:r·pə·'reɪ·ʃən] *n + sing/pl vb* 1. (*business*) società *f;* **multinational ~** multinazionale *f;* **a public ~** un'impresa pubblica 2. (*local council*) **municipal ~** autorità *f* comunale

corporation tax <-es> *n* imposta *f* sulle società

corps [kɔ:r] *n + sing/pl vb* corpo *m*

corps de ballet [ˌkɔ:r·də·'bæ·leɪ] *n* corpo *m* di ballo

corpse [kɔ:rps] *n* cadavere *m*

corpus ['kɔ:r·pəs] <-pora *o* -es> *n* 1. LIT, LING corpus *m inv* 2. ECON capitale *m*

Corpus Christi [ˌkɔ:r·pəs·'krɪs·ti] *n* REL Corpus Domini *m*

corpuscle ['kɔ:r·pʌ·sl] *n* corpuscolo *m*

corral [kə·'ræl] I. *n* recinto *m* II. <-ll-> *vt* recintare

correct [kə·'rekt] I. *vt* (*put right*) correggere; **~ me if I'm wrong, but ...** correggimi se sba-

C

glio, ma... II. *adj* corretto, -a; **that is** ~ *form* esatto
correction [kə·'rek·ʃən] *n* correzione *f*
correction fluid *n* bianchetto *m*
corrective [kə·'rek·tɪv] I. *adj* correttivo, -a II. *n* chiarimento *m*
correctly [kə·'rekt·li] *adv* correttamente
correctness [kə·'rekt·nɪs] *n* correttezza *f*
correlate ['kɔ:·rə·leɪt] I. *vt* correlare II. *vi* essere in correlazione
correlation [ˌkɔ:·rə·'leɪ·ʃən] *n* correlazione *f;* **there is a** ~ **between smoking and lung cancer** c'è una correlazione tra il fumo e il cancro ai polmoni
correspond [ˌkɔ:·rə·'spɑnd] *vi* corrispondere
correspondence [ˌkɔ:·rə·'spɑ:n·dəns] *n* corrispondenza *f;* **business** ~ corrispondenza commerciale; **to enter into** ~ **with sb** *form* entrare in corrispondenza con qu
correspondent [ˌkɔ:·rə·'spɑ:n·dənt] *n* corrispondente *mf;* **special** ~ inviato , -a *m, f* speciale
corresponding [ˌkɔ:·rə·'spɑn·dɪŋ] *adj* corrispondente
corridor ['kɔ:·rə·də˞] *n* corridoio *m*
corroborate [kə·'rɑ:·bə·reɪt] *vt* corroborare
corroboration [kə·ˌrɑ:·bə·'reɪ·ʃən] *n* corroborazione *f;* **in** ~ **of sth** a corroborazione di qc
corroborative [kə·'rɑ:·bə·ə·tɪv] *adj* a corroborazione
corrode [kə·'roʊd] I. *vi* corrodersi II. *vt* corrodere
corrosion [kə·'roʊ·ʒən] *n* **1.** corrosione *f* **2.** *fig* (*deterioration*) deterioramento *m*
corrosive [kə·'roʊ·sɪv] I. *adj* **1.** (*destructive*) corrosivo, -a **2.** *fig* (*harmful*) distruttivo, -a; ~ **attack** *fig* attacco *m* al vetriolo II. *n* corrosivo *m*
corrugated ['kɑ·rə·geɪ·t̬ɪd] *adj* (*furrowed*) ondulato, -a
corrupt [kə·'rʌpt] I. *vt* **1.** corrompere **2.** (*document*) danneggiare II. *vi* corrompere III. *adj* **1.** (*influenced by bribes*) corrotto, -a; ~ **practices** pratiche *fpl* corrotte **2.** (*document*) danneggiato, -a
corruption [kə·'rʌp·ʃən] *n* corruzione *f*
corset ['kɔ:r·sɪt] *n* corsetto *m*
cos [kɑ:s] MATH *abbr of* **cosine** cos
cosec ['koʊ·sek] MATH *abbr of* **cosecant** cosec
cosignatory [ˌkoʊ·'sɪg·nə·tɔ:·ri] <-ies> *n* cofirmatario, -a *m, f*
cosine ['koʊ·saɪn] *n* coseno *m*
cosmetic [kɑ:z·'me·t̬ɪk] I. *n* cosmetico *m;* ~**s** cosmetici *mpl* II. *adj* **1.** cosmetico, -a; ~ **cream** crema *f* di bellezza **2.** (*superficial*) superficiale
cosmetician [ˌkɑz·mə·'tɪ·ʃən] *n* estetista *mf*
cosmic ['kɑ:z·mɪk] *adj fig* cosmico, -a; **of** ~ **proportions** di enorme portata
cosmology [kɑ:z·'mɑ:·lə·dʒi] *n* cosmologia *f*
cosmonaut ['kɑ:z·mə·nɑ:t] *n* cosmonauta *mf*
cosmopolitan [ˌkɑ:z·mə·'pɑ:·lɪ·t̬ən] I. *adj* cosmopolita II. *n* cosmopolita *mf*

cosmos ['kɑ:z·moʊs] *n* cosmo *m*
cost [kɑːst] I. *vt* **1.** <cost, cost> (*amount to, cause the loss of*) costare; **to** ~ **a fortune** *inf* costare un patrimonio; **to** ~ **sb dearly** costare caro a qu **2.** <costed, costed> (*calculate price*) calcolare il costo di II. *n* **1.** (*price*) costo *m*, prezzo *m;* **at no extra** ~ compreso nel prezzo; **to cut the** ~ ridurre i costi; **to defray the** ~ **of sth** *form* coprire i costi di qc **2.** *pl* (*expense*) costi *mpl;* LAW spese *fpl;* **to cut** ~**s** ridurre le spese **3.** (*cost price*) **to purchase sth at** ~ acquistare qc a prezzo di costo **4.** *fig* (*sacrifice*) (**only**) **at the** ~ **of doing sth** (solo) facendo qc; **at all** ~(**s**) a tutti i costi
costar ['koʊ·stɑ:r] I. *n* coprotagonista *mf* II. <-rr-> *vt* avere come coprotagonista III. <-rr-> *vi* **to** ~ **with sb** interpretare insieme a qu
costly ['kɑ:st·li] <-ier, -iest> *adj* costoso, -a; (*mistake*) che costa caro, -a; **to prove** ~ *a. fig* risultare molto caro
cost price ['kɑ:st·ˌpraɪs] *n* **at** ~ a prezzo di costo
costume ['kɑ:s·tu:m] *n* costume *m*
cot [kɑ:t] *n* **1.** (*baby's bed*) culla *f* **2.** (*camp bed*) brandina *f*
cotangent [ˌkoʊ·'tæn·dʒənt] *n* cotangente *f*
cottage ['kɑ:·t̬ɪdʒ] *n* **country** ~ casetta *f* di campagna; **thatched** ~ casetta col tetto di paglia
cottage cheese *n* fiocchi *mpl* di formaggio
cottage industry <-ies> *n* lavoro *m* a domicilio
cot(an) MATH *abbr of* **cotangent** ctg
cotton ['kɑ:·tn] *n* **1.** (*plant*) cotone *m* **2.** (*material*) cotone *m* **3.** (*thread*) filo *m*
cotton candy *n* zucchero *m* filato
cotton gin *n* sgranatrice *f* da cotone
cotton-picking *adj inf* del cavolo
cottonseed *n* seme *m* di cotone
couch [kaʊtʃ] <-es> I. *n* divano *m;* **psychiatrist's** ~ lettino *m* dello psicanalista II. *vt* esprimere
couchette [ku:·'ʃet] *n* cuccetta *f*
couch potato <- -es> *n* pantofolaio, -a *m, f* teledipendente
cough [kɑ:f] I. *n* tosse *f* II. *vi* tossire III. *vt* **to** ~ **blood** tossire sangue
◆cough up I. *vi inf* sganciare II. *vt inf* **1.** (*bring up: blood*) tossire; MED espettorare **2.** *sl* (*pay*) sganciare; (*divulge reluctantly*) tirar fuori
cough drop *n* caramella *f* per la tosse
cough medicine *n* medicinale *m* per la tosse
could [kʊd] *pt, pp* **can²**
council ['kaʊn·tsəl] *n* ADMIN, MIL consiglio *m;* **city** ~ consiglio comunale; **local** ~ autorità *fpl* locali; **the United Nations Security Council** il Consiglio di Sicurezza delle Nazioni Unite
council(l)or ['kaʊn·tsə·lə˞] *n* consigliere *m*
counsel ['kaʊn·tsəl] I.<-ll-, -l-> *vt* (*advise*) consigliare; **to** ~ **sb against sth** *form* sconsigliare qc a qu II. *n* **1.** *form* (*advice*) consi-

glio *m;* **to seek** ~ chiedere consiglio **2.**(*lawyer*) avvocato *m;* ~ **for the defense** avvocato difensore; ~ **for the prosecution** pubblico ministero *m* ▶ **to keep one's own** ~ non parlare

counsel(l)ing I. *n* assistenza *f* II. *adj* di assistenza

counsel(l)or ['kaʊn·tsə·lə·] *n* consulente *mf;* **marriage guidance** ~ consulente matrimoniale

count[1] [kaʊnt] *n* conte *m*

count[2] [kaʊnt] I. *n* **1.** conto *m;* **final** ~ cifra definitiva; **to keep** ~ **of sth** tenere il conto di qc; **to lose** ~ **of sth** perdere il conto di qc *f* **2.**(*measured amount*) livello *m* **3.** LAW capo *m* d'accusa **4.**(*opinion*) punto *m;* **to be angry with sb on several** ~**s** essere arrabbiato con qu per vari motivi ▶ **to be out for the** ~ dormire della grossa II. *vt* **1.**(*number*) contare; **to** ~ **one's change** controllare il resto; **to** ~ **heads/noses** contare uno ad uno **2.**(*consider*) considerare; **to** ~ **sth a success/failure** considerare qc un successo/fallimento; **to** ~ **sb as a friend** considerare qu un amico III. *vi* contare; **that's what** ~**s** questo è ciò che conta; **this doesn't** ~ **for anything** questo non conta nulla; **to not** ~ non contare

◆**count down** *vi* fare il conto alla rovescia

◆**count out** *vt always sep* **1.**(*money*) contare **2.** *inf* (*leave out*) **to count sb out** escludere qu

countdown ['kaʊnt·daʊn] *n* conto *m* alla rovescia

countenance ['kaʊn·tə·nəns] I. *n* **1.** *form* (*facial expression*) espressione *f* (del volto); **to be of noble** ~ avere tratti nobili **2.**(*approval*) approvazione *f;* **to give** ~ **to sth** approvare qc II. *vt form* approvare

counter ['kaʊn·tə·] I. *n* **1.**(*service point*) banco *m;* **over the** ~ senza ricetta; **under the** ~ *fig* sottobanco **2.**(*person who counts*) cassiere, -a *m, f* **3.**(*machine*) cassa *f;* TECH contatore *m* **4.**(*disc*) fiche *f inv* II. *vt* controbattere III. *vi* **1.**(*oppose*) opporsi **2.**(*react by scoring*) contrattaccare IV. *adv* contro; **to act** ~ **to sth** agire contrariamente a qc; **to run** ~ **to sth** andare contro a qc

counteract [ˌkaʊn·tə·'ækt] *vt* neutralizzare; **to** ~ **the effects of sth** neutralizzare gli effetti di qc; ~ **inflation** combattere l'inflazione

counteractive [ˌkaʊn·tə·'æk·tɪv] *adj* **1.**(*working against*) contrario, -a **2.**(*neutralizing*) neutralizzante

counterattack ['kaʊn·tə·ə·tæk] I. *n* contrattacco *m* II. *vt* contrattaccare III. *vi* (*attack in return*) contrattaccare

counterbalance ['kaʊn·tə·bæ·ləns] I. *n* contrappeso *m* II. *vt* (*balance out*) controbilanciare

countercharge ['kaʊn·tə·tʃɑːrdʒ] I. *n* LAW controaccusa *f* II. *vt* LAW rispondere a

countercheck ['kaʊn·tə·tʃek] I. *n* riscontro *m* II. *vt* riscontrare

counterclockwise [ˌkaʊn·tə·'klɑːk·waɪz] *adj* in senso antiorario

counterespionage [ˌkaʊn·tə·'es·piə·nɑːʒ] *n* controspionaggio *m*

counterfeit ['kaʊn·tə·fɪt] I. *adj* contraffatto, -a; (*money*) falso, -a II. *vt* contraffare III. *n* contraffazione *f*

counterintelligence [ˌkaʊn·tə·ɪn·'te·lɪ·dʒəns] *n* controspionaggio *m*

countermand [ˌkaʊn·tə·'mænd] *vt* revocare

countermeasure ['kaʊn·tə·me·ʒə·] *n* contromisura *f*

counterpart ['kaʊn·tə·pɑːrt] *n* controparte *f;* POL omologo *m*

counterpoint ['kaʊn·tə·pɔɪnt] *n* MUS contrappunto *m*

counterpoise ['kaʊn·tə·pɔɪz] *form* I. *n* contrappeso *m* II. *vt* controbilanciare

counterproductive [ˌkaʊn·tə·prə·'dʌk·tɪv] *adj* controproducente

counterrevolution [ˌkaʊn·tə·ˌre·və·'luː·ʃən] *n* controrivoluzione *f*

countersign ['kaʊn·tə·saɪn] *vt* controfirmare

countersink ['kaʊn·tə·sɪŋk] *irr vt* svasare

countersue *vt* fare causa a propria volta a

counterterrorism [ˌkaʊn·tə·'te·rə·ɪ·zəm] *n* controterrorismo *m*

countess ['kaʊn·tɪs] *n* contessa *f*

countless ['kaʊnt·lɪs] *adj* innumerevole

country ['kʌn·tri] I. *n* **1.**(*rural area*) campagna *f* **2.**<-ies> (*political unit*) paese *m;* (*native land*) patria *f* **3.**(*area of land*) territorio *m* **4.** MUS country *m* II. *adj* **1.**(*rural*) di campagna **2.** MUS (*music*) country

country bumpkin *n* contadino, -a *m, f*

country club *n* circolo esclusivo per attività sportive o ricreative situato in campagna

country-dance *n* danza *f* folkloristica

country folk *n* + *pl vb* gente *f* di campagna

country house *n* residenza *f* di campagna

countryman ['kʌn·tri·mən] <-men> *n* **1.**(*same nationality*) compatriota *m* **2.**(*from rural area*) contadino *m*

country music *n* musica *f* country

country road *n* strada *f* di campagna

countryside ['kʌn·tri·saɪd] *n* campagna *m*

countrywide ['kʌn·tri·waɪd] *adj* su scala nazionale

countrywoman ['kʌn·tri·wʊ·mən] <-women> *n* **1.**(*same nationality*) compatriota *f* **2.**(*from rural area*) contadina *f*

county ['kaʊn·ti] <-ies> *n* contea *f*

county fair *n* festa *f* della contea

county seat *n* capoluogo *m* della contea

coup [kuː] <coups> *n* golpe *m inv*

coup de grâce [ˌkuː·də·'grɑːs] *n* colpo *m* di grazia

coup d'état <coups d'état> *n* colpo *m* di stato

coupé ['kuː·peɪ] *n* coupé *m*

couple ['kʌ·pl] I. *n* **1.**(*a few*) paio *m;* **the first** ~ **of weeks** le prime due settimane **2.** + *sing/pl vb* (*two people*) coppia *f* II. *vt* **1.** RAIL, AUTO

C

attaccare 2. (*connect, link*) collegare **III.** *vi* HIST accoppiarsi

couplet ['kʌp·lɪt] *n* distico *m*

coupling ['kʌp·lɪŋ] *n* **1.** RAIL, AUTO agganciamento *m* **2.** (*linking*) collegamento *f* **3.** (*sexual intercourse*) accoppiamento *m*

coupon ['kuː·pɑːn] *n* **1.** (*voucher*) buono *m* **2.** (*order form*) tagliando *m*

courage ['kʌ·rɪdʒ] *n* coraggio *m;* **to show great ~** dimostrare grande coraggio; **to take one's ~ in both hands** prendere il coraggio a quattro mani

courageous [kə·'reɪ·dʒəs] *adj* coraggioso, -a

courier ['kʊ·ri·ə·] **I.** *n* (*messenger*) messaggero, -a *m, f* **II.** *adj* **~ service** servizio *m* corriere

course [kɔːrs] **I.** *n* **1.** (*direction*) rotta *f;* (*of a river*) corso *m;* **to be off ~** *a. fig* deviare; **to set ~ for sth** fare rotta verso qc; **your best ~ of action would be …** la cosa migliore da fare sarebbe… **2.** (*development*) sviluppo *m;* **over the ~ of time** col tempo **3.** (*treatment*) ciclo *m* **4.** SPORTS (*area*) pista *f;* (*golf*) campo *m* **5.** (*part of meal*) portata *f* **6.** (*layer*) corso *m* ▶ **to let sth run its ~** lasciare che qc faccia il suo corso; **to stay the ~** rimanere fino alla fine; **of ~** certo; **of ~ not** certo che no **II.** *vi* scorrere

courseware *n* COMPUT software *m* didattico

court [kɔːrt] **I.** *n* **1.** (*room for trials*) tribunale *m,* aula *f* **2.** (*judicial body*) tribunale *m,* corte *f* **3.** (*playing area*) cortile *m;* (*for tennis, basketball*) campo *m* **4.** (*road*) via *f* **5.** HIST palazzo *m* **6.** (*sovereign*) corte *f* ▶ **to hold ~** fare salotto; **to laugh sb out of ~** ridicolizzare qu **II.** *vt* (*woman*) corteggiare; (*danger*) esporsi a **III.** *vi* (*couple*) stare insieme

courteous ['kɜːr·t̬ɪ·əs] *adj* cortese

courtesy ['kɜːr·t̬ə·si] <-ies> *n* cortesia *f*

courtesy light *n* AUTO luce *f* di cortesia

courtesy title *n* trattamento *m* di cortesia

court hearing *n* udienza *f*

courthouse ['kɔːrt·haʊs] *n* tribunale *m*

courtier ['kɔːr·t̬ɪə·] *n* cortigiano, -a *m, f*

court-martial I. <courts-martial> *n* corte *f* marziale **II.** <-ll-, -l-> *vt* sottoporre alla corte marziale

court of appeals *n* corte *f* d'appello

Court of Justice *n* Tribunale *m* di Giustizia

court of law *n* tribunale *m*

courtroom ['kɔːrt·ruːm] *n* aula *f* di tribunale

courtship *n* corteggiamento *m*

courtyard *n* cortile *m*

cousin ['kʌ·zn] *n* cugino, -a *m, f*

couture [kuː·'tʊr] *n* FASHION moda *f;* **haute ~** alta moda

cove [koʊv] *n* cala *f*

covenant ['kʌ·və·nənt] **I.** *n* vincolo *m* **II.** *vt* versare (per contratto)

cover ['kʌ·və·] **I.** *n* **1.** (*top*) rivestimento *m* **2.** (*outer sheet*) copertina *f* **3.** (*bedding*) copriletto *m* **4.** (*concealment*) copertura *f;* **to break ~** uscire allo scoperto **5.** (*shelter*) riparo *m;* **to take ~** ripararsi **6.** (*insurance*) copertura *f* **7.** (*provision*) sostituzione *f*

8. (*envelope*) **first day ~** busta col timbro del primo giorno d'emissione del francobollo **9.** MUS cover *f* **II.** *vt* **1.** (*hide: eyes, ears*) tappare; (*head*) coprire **2.** (*put over*) coprire; (*book*) rivestire **3.** (*keep warm*) coprire **4.** (*travel*) percorrere **5.** (*deal with*) riguardare **6.** (*include*) includere **7.** (*report on*) fare un servizio su **8.** (*insure*) assicurare **9.** (*give armed protection*) coprire **10.** MUS (*song*) fare una cover di **11.** *sl* **to ~ one's ass** pararsi il culo *vulg* **III.** *vi* sostituire

◆**cover over** *vt* coprire

◆**cover up I.** *vt* (*protect*) coprire **II.** *vi* **to ~ for sb** coprire qu

coverage ['kʌ·və·rɪdʒ] *n* **1.** (*reporting*) servizio *m* **2.** (*dealing with*) trattamento *m*

coveralls ['kʌ·və·rɔːlz] *npl* tuta *f*

cover charge ['kʌ·və·tʃɑːrdʒ] *n* coperto *m*

covered *adj* **1.** (*roofed over*) coperto -a **2.** (*insured*) assicurato, -a

cover girl ['kʌ·və·gɜːrl] *n* ragazza *f* copertina

covering *n* rivestimento *m*

cover letter *n* lettera *f* d'accompagnamento

covers ['kʌ·və·z] *n* coperte *fpl*

cover story <-ies> *n* notizia *f* di prima pagina

covert¹ ['koʊ·vɜːrt] *adj* segreto, -a

covert² ['kʌ·və·t] *n* (*thicket*) cespuglio *m*

cover-up ['kʌ·və·ʌp] *n* occultamento *m*

covet ['kʌ·vɪt] *vt* agognare

cow¹ [kaʊ] *n* **1.** (*female ox*) mucca *f* **2.** (*female mammal*) femmina *f* ▶ **until the ~s come home** all'infinito

cow² [kaʊ] *vt* intimidire

coward ['kaʊ·ə·d] *n* vigliacco, -a *m, f*

cowardice ['kaʊ·ə·dɪs] *n* vigliaccheria *f*

cowardly ['kaʊ·ə·d·li] *adj* **1.** (*fearful*) vigliacco, -a **2.** (*nasty*) meschino, -a

cowboy ['kaʊ·bɔɪ] **I.** *n* **1.** (*cattlehand*) mandriano *m,* cowboy *m* **2.** *inf* (*dishonest tradesperson*) mascalzone *m* **II.** *adj* di/da cowboy

cower ['ka·ʊə·] *vi* rannicchiarsi per la paura

cowherd ['kaʊ·hɜːrd] *n* mandriano, -a *m, f*

cowhide I. *n* cuoio *m* **II.** *adj* di cuoio

cowl [kaʊl] *n* **1.** (*hood*) cappuccio *m* **2.** (*hood on chimney*) mitra *f* **3.** (*engine hood*) cofano *f*

cowling *n* cappottatura *f*

cowman ['kaʊ·mən] <-men> *n* mandriano *m*

coworker ['koʊ·wɜːr·kə·] *n* collega *mf*

cowshed ['kaʊ·ʃed] *n* stalla *f*

cowslip ['kaʊ·slɪp] *n* primula *f*

cox [kɑːks] <-es> *n,* **coxswain** ['kɑːk·sən] *n form* timoniere *m*

coy [kɔɪ] <-er, -est> *adj* **1.** (*secretive*) timido, -a **2.** (*flirtatiously shy*) civettuolo, -a

coyote [kaɪ·'oʊ·t̬i] *n* coyote *m inv*

coziness ['koʊ·zɪ·nɪs] *n* intimità *f*

cozy ['koʊ·zi] **I.** <-ier, -iest> *adj* **1.** (*comfortable*) comodo, -a; (*place*) accogliente **2.** *pej* (*convenient*) di convenienza **II.** <-ies> *n* copriteiera *f*

CPA *n abbr of* **certified public accountant** ragioniere *m* qualificato

CPR *n abbr of* **cardiopulmonary resuscitation** rianimazione *f* cardiorespiratoria

CPU [,si:·pi:·'ju:] *n* COMPUT *abbr of* **central processing unit** CPU *f*

crab¹ [kræb] *n* **1.**(*sea animal*) granchio *m* **2.** ASTR Cancro *m*

crab² [kræb] <-bb-> *vi* brontolare

crab (**apple**) ['kræb·ˌæ·pl] *n* **1.**(*fruit*) mela *f* selvatica **2.**(*tree*) melo *m* selvatico

crabby ['kræ·bi] <-ier, -iest> *adj inf* brontolone, -ona

crab louse *n* piattola *f*

crack [kræk] **I.** *n* **1.**(*fissure*) crepa *f* **2.**(*sharp sound: of a rifle*) scoppio *m;* (*of a breaking branch*) scricchiolio *m;* (*of a whip*) schiocco *m* **3.** *inf* (*drug*) crack *m* **4.** *inf* (*attempt*) tentativo *m* ▶ **the ~ of dawn** all'alba **II.** *adj* di prim'ordine **III.** *vt* **1.**(*break*) rompere **2.**(*open: an egg*) spaccare; (*nuts*) aprire; (*safe*) forzare; (*code*) decifrare **3.**(*resolve*) risolvere **4.**(*hit*) battere; (*knuckles*) far scrocchiare; (*whip*) far schioccare; **to ~ a joke** raccontare una barzelletta **IV.** *vi* **1.**(*break*) rompersi; (*paintwork*) creparsi **2.**(*break down*) crollare **3.**(*make a sharp noise*) schioccare ▶ **to get ~ing** mettersi al lavoro

◆ **crack down** *vi* **to ~ on sb/sth** prendere dure misure contro qu/qc

◆ **crack up** *vi* (*laugh*) scoppiare a ridere

crackdown ['kræk·daʊn] *n* offensiva *f*

cracked [krækt] *adj* (*having fissures*) crepato, -a; (*lips*) screpolato, -a

cracker ['kræ·kɚ] *n* **1.**(*dry biscuit*) cracker *m* **2.** COMPUT cracker *mf*

crackle ['kræ·kl] **I.** *vi* scricchiolare; (*telephone line*) gracchiare; (*burning logs*) crepitare **II.** *vt* far scricchiolare **III.** *n* (*of paper*) scricchiolio *m;* (*of a telephone line*) gracchiare *m;* (*of burning wood*) crepitio *m*

crackling ['kræk·lɪŋ] *n* **1.**(*sound: of a fire*) crepitio *m;* (*of a radio*) gracchiare *m* **2.** *pl* (*pork skin*) cotenna di maiale arrostita *f*

crackpot ['kræk·paːt] **I.** *n inf* matto, -a *m, f* **II.** *adj inf* matto, -a

cradle ['kreɪ·dl] **I.** *n* **1.**(*baby's bed*) culla *f;* **from the ~ to the grave** per tutta la vita **2.**(*framework*) intelaiatura *f* **II.** *vt* cullare

craft [kræft] **I.** *n* **1.**(*means of transport*) imbarcazione *f* **2.**(*special skill*) arte *m* **3.**(*trade*) mestiere *m* **4.**(*ability*) maestria *f* **II.** *vt* fare

craftiness *n* astuzia *f*

craftsman ['kræfts·mən] <-men> *n* artigiano *m*

craft store *n* negozio *m* di artigianato

crafty ['kræf·ti] <-ier, -iest> *adj* astuto, -a

crag [kræg] *n* rupe *f*

craggy ['kræ·gi] <-ier, -iest> *adj* scosceso, -a; (*features*) marcato, -a

cram [kræm] <-mm-> **I.** *vt* stipare; **to ~ sth with sth** stipare qc di qc **II.** *vi* sgobbare

cramp [kræmp] **I.** *vt* ostacolare; **to ~ sb's style** essere di peso a qu **II.** *n* crampo *m*

cramped *adj* ristretto, -a

crampon ['kræm·paːn] *n* rampone *m*

cranberry ['kræn·ˌbe·ri] <-ies> *n* mirtillo *m* rosso

crane [kreɪn] **I.** *n* gru *f* **II.** *vt* **to ~ one's neck** allungare il collo **III.** *vi* **to ~ forward** sporgersi in avanti allungando il collo

crane fly <-ies> *n* tipula *f*

cranium ['kreɪ·ni·əm] <craniums *o* crania> *n* cranio *m*

crank¹ [kræŋk] **I.** *n inf* tipo, -a strano, -a *m* **II.** *adj* **a ~ call** una telefonata molesta

crank² [kræŋk] *n* TECH manovella *f*

crankcase ['kræŋk·keɪs] *n* carter *m inv*

crankshaft ['kræŋk·ʃæft] *n* albero *m* a gomiti

cranky ['kræŋ·ki] <-ier, -iest> *adj inf* strano, -a

cranny ['kræ·ni] <-ies> *n* fessura *f;* **in every nook and ~** in ogni buco

crap [kræp] **I.** <-pp-> *vi vulg* cacare **II.** *n vulg* **1.**(*excrement*) merda *f* **2.**(*nonsense*) stronzata *f* **III.** *adj* di merda

crape [kreɪp] *n* crespo *m*

crappy ['kræ·pi] <-ier, -iest> *adj inf* di merda

crash [kræʃ] **I.** *n* <-es> **1.**(*accident*) scontro *m* **2.**(*noise*) fracasso *m* **3.** COM crollo *m* **4.** COMPUT blocco *m* (del sistema) **II.** *vi* **1.**(*have an accident*) scontrarsi; (*plane*) precipitare **2.**(*make loud noise*) fare fracasso **3.**(*break noisily*) fracassarsi **4.** COM crollare **5.** COMPUT piantarsi **III.** *vt* (*damage in accident*) schiantare ▶ **to ~ a party** infilarsi a una festa

crash barrier *n* barriera *f* di sicurezza

crash course *n* corso *m* intensivo

crash diet *n* dieta *f* lampo

crash helmet *n* casco *m*

crash-land ['kræʃ·lænd] *vi* eseguire un atterraggio di fortuna

crash landing *n* atterraggio *m* di fortuna

crash-test *vt* eseguire un crash test

crass [kræs] *adj* grossolano, -a

crate [kreɪt] **I.** *n* cassa *f* **II.** *vt* mettere in casse

crater ['kreɪ·tə] *n* cratere *m*

cravat [krə·'væt] *n* foulard *m*

crave [kreɪv] *vt* desiderare ardentemente

craving ['kreɪ·vɪn] *n* gran desiderio *m*

crawl [krɑːl] **I.** *vi* **1.**(*go on all fours*) gattonare **2.**(*move slowly*) procedere lentamente **3.** *inf* (*be obsequious*) **to ~** (**up**) **to sb** strisciare davanti a qu **4.** *inf* (*become infested*) **to be ~ing with sth** brulicare di qc **II.** *n* **1.**(*go very slowly*) **at a ~** a passo d'uomo **2.**(*style of swimming*) stile *m* libero; **to do the ~** nuotare a stile libero

crawler ['krɑː·lə] *n* **1.** TECH mezzo *m* lento **2.**(*baby*) bambino *m* piccolo

crayfish ['kreɪ·fɪʃ] *n inv* **1.**(*Astacus*) gambero *m* d'acqua dolce **2.** CULIN (*in sea*) aragosta *f*

crayon ['kre·ɪɑːn] **I.** *n* pastello *m* **II.** *vt* disegnare coi pastelli **III.** *vi* disegnare coi pastelli

craze [kreɪz] *n* mania *f*

crazed [kreɪzd] *adj* impazzito, -a; (*expression*) da pazzo, -a

craziness *n* pazzia *f*

crazy ['kreɪ·zi] <-ier, -iest> *adj* pazzo, -a; **to go ~** impazzire

creak [kriːk] **I.** *vi* (*door*) cigolare; (*bones*) scricchiolare **II.** *n* (*of door*) cigolio *m;* (*of bones*) scricchiolio *m*

creaky ['kriː·ki] <-ier, -iest> *adj* **1.**(*squeaky*) cigolante; (*chair*) che scricchiola **2.**(*decrepit*) che cade a pezzi

cream [kriːm] **I.** *n* **1.**(*milk fat*) panna *f* **2.**(*cosmetic product*) crema *f* **3.**(*the best*) fior fiore *m* **II.** *adj* **1.**(*containing cream*) cremoso, -a **2.**(*off-white color*) color crema **III.** *vt* (*butter*) amalgamare; (*milk*) scremare

cream cheese *n* formaggio *m* cremoso

cream-colored *adj* color crema

creamery ['kriː·mə·ri] <-ies> *n* latteria *m*

creamy ['kriː·mi] <-ier, -iest> *adj* **1.**(*smooth*) cremoso, -a **2.**(*off-white*) color crema

crease [kriːs] **I.** *n* **1.**(*fold*) piega *f* **2.**(*in ice hockey*) area *f* di porta **II.** *vt* piegare **III.** *vi* piegarsi

create [kriː·'eɪt] *vt* creare

creation [kriː·'eɪ·ʃən] *n* creazione *f*

creative [kriː·'eɪ·t̬ɪv] *adj* creativo, -a; (*imagination*) fervido, -a

creator [kriː·'eɪ·t̬ɚ] *n* creatore, -trice *m, f*

creature ['kriː·tʃɚ] *n* **1.**(*being*) essere *m* (vivente), organismo *m* **2.**(*person being discussed*) persona *f;* **to be a ~ of habit** essere un abitudinario; **poor ~!** poveretto! **3.**(*pawn*) creazione *f*

creature comforts *npl inf* comodità *fpl*

creche [kreɪʃ] *n* REL presepe *m*

credence ['kriː·dns] *n form* credito *m*

credentials [krɪ·'den·ʃlz] *npl* credenziali *fpl*

credibility [ˌkre·də·'bɪ·lə·ti] *n* credibilità *f*

credible ['kre·də·bl] *adj* credibile

credit ['kre·dɪt] **I.** *n* **1.**(*belief*) credito *m;* **to give ~ to sth/sb** dar credito a qc/qu **2.**(*honor*) onore *m;* (*recognition*) merito *m;* **to be a ~ to sb** fare onore a qu; **to sb's ~** a merito di qu; **to take (the) ~ for sth** prendersi il merito di qc **3.** FIN credito *m;* **to buy sth on ~** comprare qc a credito; **to give sb ~** fare credito a qu **4.** COM attivo *m* **5.** *pl* CINE titoli *mpl* [*o* coda *f*] di testa **II.** *vt* **1.**(*believe*) credere **2.** FIN **to ~ sb with 2000 dollars** accreditare 2000 dollari a qu **3.**(*attribute*) **he is ~ed with ...** gli si attribuisce ...

creditable ['kre·dɪ·t̬ə·bl] *adj* **1.**(*believable*) credibile **2.**(*commendable*) meritevole

credit card *n* carta *f* di credito

credit limit *n* limite *m* di credito

creditor ['kre·dɪ·t̬ɚ] *n* creditore, -trice *m, f*

credit rating *n* posizione *f* creditizia

credits *npl* CINE titoli [*o* coda] *m* di testa *pl*

credit slip *n* ricevuta *f* della carta di credito

credit terms *npl* condizioni *fpl* di credito

credit union *n* cooperativa *f* di credito

creditworthy ['kre·dɪt·ˌwɜːr·ði] *adj* solvibile

credulity [krə·'duː·lə·ti] *n* credulità *f*

credulous ['kred·jə·ləs] *adj* credulo, -a

creed [kriːd] *n* credo *m;* **the Creed** il Credo

creek [kriːk] *n* (*stream*) ruscello *m* ▶ **to be up the ~** (**without a paddle**) *inf* essere nei pasticci

creep [kriːp] **I.** <crept, crept> *vi* **1.** strisciare; (*baby*) gattonare; (*plant*) arrampicarsi **2.**(*move imperceptibly*) avanzare furtivamente **3.**(*move slowly*) avanzare lentamente **II.** *n* **1.**(*act of creeping*) avanzamento *m* furtivo **2.** *inf* (*sycophant*) leccapiedi *mf* **3.**(*pervert*) persona *f* viscida ▶ **to give sb the ~s** *inf* far accapponare la pelle a qu
♦ **creep into** *vt insep* entrare furtivamente in
♦ **creep up** *vi* **to ~ on sb** avvicinarsi furtivamente a qu

creeper ['kriː·pɚ] *n* **1.**(*rope*) liana *f* **2.** BOT rampicante *m*

creeping *adj* strisciante

creepy ['kriː·pi] <-ier, -iest> *adj inf* repellente

creepy-crawly *n a. childspeak, inf* insetto *m* che striscia

cremate [kriː·'meɪt] *vt* cremare

cremation [krɪ·'meɪ·ʃən] *n* cremazione *f*

crematorium [ˌkriː·mə·'tɔː·ri·əm] <-s *o* -ria> *n* crematorio *m*

crematory ['kre·mə·tə·ri] **I.** *n* (*crematorium*) crematorio *m* **II.** *adj* crematorio, -a

crème de la crème [ˌkrem·də·lɑ·'krem] *n* **the ~** la crème de la crème

crepe [kreɪp] *n* **1.**(*food*) crêpe *f* **2.**(*cloth*) crespo *m* **3.**(*rubber*) para *f*

crept [krept] *pp, pt of* **creep**

crescendo [krɪ·'ʃen·doʊ] *n* crescendo *m*

crescent ['kre·snt] **I.** *n* **1.**(*shape*) mezzaluna *f* **2.**(*curved street*) strada *f* semicircolare **II.** *adj* crescente

cress [kres] *n* crescione *m*

crest [krest] **I.** *n* **1.**(*peak*) cima *f;* (*of wave, bird*) cresta *f* **2.**(*helmet decoration*) cimiero *m* **II.** *vt* ornare con una cresta **III.** *vi* (*wave*) incresparsi

crestfallen ['krest·ˌfɔː·lən] *adj* abbattuto, -a

Crete [kriːt] *n* Creta *f*

cretin ['kriː·tn] *n inf* cretino, -a *m, f*

crevasse [krə·'væs] *n* crepaccio *m*

crevice ['kre·vɪs] *n a. fig* crepa *f*

crew [kruː] **I.** *n* + *sing/pl vb* **1.** NAUT, AVIAT (*sport of rowing*) equipaggio *m;* RAIL personale *m;* **ground/flight ~** personale di terra/di volo **2.** *inf* (*gang*) banda *f* **II.** *vt* **to ~ a boat** far parte dell'equipaggio di una imbarcazione **III.** *vi* **to ~ for sb** far parte dell'equipaggio di qu

crew cut *n* taglio *m* a spazzola

crewman <-men> *n* membro *m* dell'equipaggio

crewmember *n* membro *m* dell'equipaggio

crib [krɪb] *n* **1.**(*baby's bed*) lettino *f* **2.** *sl* (*home*) casa *f* **3.** *inf* SCHOOL scopiazzata *f*

cribbage ['krɪ·bɪdʒ] *n* GAMES *gioco a carte per due, tre o quattro giocatori*

crick [krɪk] **I.** *n* (*in the neck*) torcicollo *m;* (*in the back*) mal *m* di schiena; **to have a ~ in**

one's neck/back avere il torcicollo/mal di schiena II. *vt* I have ~ed my neck/back mi è venuto il torcicollo/il mal di schiena
cricket¹ ['krɪ‑kɪt] *n* SPORTS cricket *m*
cricket² ['krɪ‑kɪt] *n* ZOOL grillo *m*
cricket bat *n* mazza *f* da cricket
cricketer ['krɪ‑kɪ‑t̬ə·] *n* giocatore , ‑trice *m*, *f* di cricket
cricket field *n*, **cricket ground** *n* campo *m* di cricket
crier ['kra‑ɪə·] *n* banditore *m*
crime [kraɪm] *n* 1. LAW (*illegal act*) reato *m;* (*more serious*) crimine *m;* a ~ against humanity un crimine contro l'umanità; of passion delitto *m* passionale; to accuse sb of a ~ accusare qu di un reato; to commit a ~ commettere un reato; the scene of the ~ la scena del reato; it would be a ~ *inf* sarebbe un peccato 2. (*criminal activity*) delinquenza *f*, criminalità *f;* ~ rate tasso *m* di criminalità; organized ~ crimine organizzato
crime prevention *n* prevenzione *f* della criminalità
crime-ridden *adj* con un alto tasso di criminalità
crime wave *n* ondata *f* di criminalità
criminal ['krɪ‑mɪ‑nl] I. *n* (*offender*) delinquente *mf;* (*more serious*) criminale *mf* II. *adj* 1. (*illegal*) illegale; (*more serious*) criminale 2. LAW penale; ~ court tribunale *m*. penale; ~ lawyer penalista *mf;* ~ record precedenti *mpl* penali 3. *fig* (*shameful*) vergognoso, ‑a; to be ~ to do sth essere una vergogna fare qc
criminality [ˌkrɪ‑mə‑ˈnæ‑lə‑ti] *n* criminalità *f*
criminologist [krɪ‑mɪ‑ˈnɑː‑lə‑dʒɪst] *n* criminologo, ‑a *m*, *f*
criminology [ˌkrɪ‑mɪ‑ˈnɑː‑lə‑dʒi] *n* criminologia *f*
crimp [krɪmp] *vt* 1. (*press into folds, frill*) ripiegare 2. (*make wavy*) ondulare; (*make curly*) arricciare
crimson ['krɪm‑zn] I. *n* cremisi *m* inv II. *adj* 1. (*color*) cremisi 2. (*red-faced*) paonazzo, ‑a
cringe [krɪndʒ] *vi* 1. *inf* (*shrink*) rannicchiarsi; to ~ with embarrassment at sth sprofondare di vergogna per qc 2. (*lower*) umiliarsi; to ~ before sb umiliarsi di fronte a qu
crinkle ['krɪŋ‑kl] I. *vt* (*wrinkle*) raggrinzire; (*nose*) arricciare; (*wave*) increspare II. *vi* to ~ (up) (*wrinkle*) corrugarsi; (*ripple*) incresparsi III. *n* grinza *f;* (*in hair*) riccio *m*
crinkly ['krɪŋ‑kli] <‑ier, ‑iest> *adj* 1. (*wrinkled*) grinzoso, ‑a 2. (*wavy*) ondulato, ‑a; (*curly*) riccio, ‑a
cripple ['krɪ‑pl] I. *n* zoppo, ‑a *m*, *f* II. *vt* 1. (*disable*) menomare; (*machine, object*) danneggiare 2. (*paralyze*) paralizzare
crippling *adj fig* paralizzante
crisis ['kraɪ‑sɪs] <crises> *n* crisi *f* inv; a ~ over sth una crisi provocata da qc; to go through a ~ attraversare una crisi
crisis management *n* gestione *f* della crisi
crisp [krɪsp] I. <‑er, ‑est> *adj* 1. (*bacon*) croc-

cante; (*snow*) friabile, ‑a 2. (*apple, lettuce*) fresco, ‑a 3. (*shirt, pants*) pulito, ‑a; (*banknote*) nuovissimo, ‑a 4. (*air*) tonificante 5. (*sharp*) nitido, ‑a 6. (*lively*) animato, ‑a 7. (*manner, style*) secco, ‑a II. *vt* 1. (*make crisp*) tostare leggermente 2. (*curl*) increspare
crispy ['krɪs‑pi] <‑ier, ‑iest> *adj* croccante
crisscross ['krɪs‑krɑːs] I. *vt* attraversare II. *vi* attraversare III. *adj* incrociato, ‑a IV. <‑es> *n* incrocio *m*
criterion [kraɪ‑ˈtɪ‑ri‑ən] <‑ria> *n* criterio *m*
critic ['krɪ‑t̬ɪk] *n* critico, ‑a *m*, *f*
critical ['krɪ‑t̬ɪ‑kl] *adj* 1. (*disapproving*) critico, ‑a; to be ~ of sth/sb criticare qc/qu; to be highly ~ of sth criticare aspramente qc 2. (*decisive*) fondamentale; to be ~ to sth essere di vitale importanza per qc; to be in ~ condition *a*. MED essere in condizioni critiche
criticism ['krɪ‑t̬ɪ‑sɪ‑zəm] *n* critica *f;* to take ~ accettare le critiche; I have a few ~s about what you said ho alcuni commenti su quello che ha detto
criticize ['krɪ‑t̬ɪ‑saɪz] *vt, vi* criticare
critique [krɪ‑ˈtiːk] *n* critica *f*
croak [kroʊk] I. *vi* 1. gracchiare; (*frog*) gracidare 2. *inf* (*die*) tirare le cuoia II. *vt* gracchiare III. *n* gracchiare *m;* (*frog*) gracidare *m*
Croat ['kroʊ‑æt] *n* croato, ‑a *m*, *f*
Croatia [kroʊ‑ˈeɪ‑ʃiə] *n* Croazia *f*
Croatian [kroʊ‑ˈeɪ‑ʃi‑ən] I. *adj* croato, ‑a II. *n* croato, ‑a *m*, *f*
crochet [kroʊ‑ˈʃeɪ] I. *n* lavoro *m* all'uncinetto II. *vi* fare l'uncinetto III. *vt* fare all'uncinetto
crochet hook *n*, **crochet needle** *n* uncinetto *m*
crock [krɑk] *n* 1. (*clay container*) vaso *m* di coccio 2. *sl* a ~ of shit (*nonsense*) delle stronzate 3. *iron old* ~ catorcio *m inf*
crockery ['krɑː‑kə·‑i] *n* vasellame *f*
crocodile ['krɑː‑kə‑daɪl] <‑(s)> *n* ZOOL coccodrillo *m*
crocodile tears *npl* lacrime *fpl* di coccodrillo; to shed ~ piangere lacrime di coccodrillo
crocus ['kroʊ‑kəs] <‑es> *n* croco *m*
croissant [kwa‑ˈsɑn] *n* cornetto *m*
crony ['kroʊ‑ni] <‑ies> *n iron, inf* amicone, ‑a *m*, *f*
crook [krʊk] I. *n* 1. (*criminal*) delinquente *mf* 2. *inf* (*rogue*) imbroglione, ‑a *m*, *f* 3. (*of elbow*) piega *f* 4. (*curve*) angolo *m* 5. (*staff: of shepherd*) bastone *m;* (*of bishop*) pastorale *m* II. *vt* piegare
crooked ['krʊ‑kɪd] *adj* 1. (*not straight: nose, legs*) storto, ‑a; (*back*) ricurvo, ‑a; (*path*) tortuoso, ‑a 2. *inf* (*dishonest*) disonesto, ‑a
croon [kruːn] I. *vt, vi* cantilenare II. *n* canto *m* melodioso
crooner ['kruː‑nə·] *n iron, inf* cantante *mf* melodico, ‑a
crop [krɑːp] I. *n* 1. AGR (*plant*) coltura *f;* (*harvest*) raccolto *m* 2. (*group*) mucchio *m;* a ~ of lies un mucchio di bugie 3. (*haircut*) taglio *m* cortissimo; to wear one's hair in a ~ portare i

capelli tagliati cortissimi **4.**(*of bird*) gozzo *m*
5.(*whip*) frusta *f* **II.**<-pp-> *vt* **1.** AGR coltivare
2.(*cut*) tagliare; (*hair*) tagliare cortissimi;
(*plant*) potare **3.**(*graze*) brucare **III.** *vi* AGR
dare frutti; (*land*) rendere
   ◆ **crop out** *vi* GEO affiorare
   ◆ **crop up** *vi* saltar fuori
crop-duster *n aereo per spargere pesticidi*
cropper ['krɑː·pə˞] *n* agricoltore, -trice *m, f*
crop rotation *n* rotazione *f* delle colture
croquet [krou·'kei] *n* croquet *m inv*
cross [krɑːs] **I.** *vt* **1.**(*go across, lie across*)
attraversare; (*threshold*) superare; **the bridge**
~es the river il ponte passa sul fiume
2.(*place crosswise*) **to ~ one's legs** accavallare le gambe, incrociare le gambe; **to ~ one's**
arms incrociare le braccia; **to ~ one's fingers**
incrociare le dita; *fig* tenere le dita incrociate
3. BIO (*crossbreed*) incrociare **4.** REL **to ~ one-**
self farsi il segno della croce **5.**(*oppose*) fare
arrabbiare **6.**(*mark with a cross*) mettere una
crocetta in **7.**(*draw a line across*) barrare ▶ **I'll**
~ that bridge when I come to it ci penserò
quando sarà il momento; **~ my heart and**
hope to die giuro; **to ~ swords with sb** discutere con qu **II.** *vi* **1.**(*intersect*) incrociarsi
2.(*go across*) fare una traversata **III.** *n* **1.** *a.* REL
croce *f;* **the sign of the ~** il segno della croce;
to bear one's ~ portare la propria croce; **Mal-**
tese ~ croce di Malta **2.**(*crossing: of streets,*
roads) attraversamento *m,* incrocio *m* **3.** BIO
(*mixture*) incrocio *m* **IV.** *adj* arrabbiato, -a; **to**
be ~ about sth essere arrabbiato per qc; **to**
get ~ with sb arrabbiarsi con qu
   ◆ **cross off** *vt,* **cross out** *vt* depennare
   ◆ **cross over** *vi, vt* attraversare
crossbar ['krɑːs·bɑːr] *n* sbarra *f;* (*of goal*) traversa *f;* (*of bicycle*) canna *f*
crossbeam *n* trave *f* trasversale
cross-border *adj* internazionale
crossbow *n* balestra *f*
crossbreed *n* BIO ibrido *m*
crosscheck **I.** *n* (*verification*) controllo *m*
incrociato **II.** *vt* (*verify*) fare un controllo incrociato
cross-country . **I.** *adj* che passa per la campagna; **~ race** campestre *f;* **~ skiing** sci *m* di
fondo *inv* **II.** *adv* attraverso la campagna **III.** *n*
campestre *f*
cross-cultural *adj* interculturale
crosscurrent *n* controcorrente *f*
cross-dress *vi* travestirsi (*da uomo o da*
donna)
cross-dresser *n* travestito *m*
cross-examination *n* LAW controinterrogato-
rio *m*
cross-examine *vt* controinterrogare
cross-eyed *adj* strabico, -a
cross-fertilization *n* BIO ibridazione *f*
crossfire *n* fuoco *m* incrociato; **to be caught**
in the ~ *fig* trovarsi tra due fuochi
cross-grained *adj* (*wood*) con venature non
regolari

crossing ['krɑː·sɪŋ] *n* **1.**(*place to cross*) passaggio *m* pedonale; **level ~** RAIL passaggio *m* a
livello; **border ~** valico *m* di frontiera; **pedes-**
trian ~ passaggio pedonale **2.**(*crossroads*)
incrocio *m* **3.** ARCHIT crociera *f* **4.**(*journey*)
traversata *f*
cross-legged [ˌkrɑːs·'legəd] *adj* a gambe
incrociate
crossing guard *n persona che ferma il traffico*
per far attraversare la strada agli scolari
crossover *n* passaggio *m;* **a ~ of popular and**
classical music una fusione tra musica popolare e classica
cross-purposes *npl* **to be talking at ~** frain-
tendersi
cross-reference *n* rimando *m*
crossroads *n inv* **1.**incrocio *m* **2.** *fig* crocevia *f;* **to be at a ~** essere a un bivio
cross section *n* **1.**sezione *f* trasversale **2.** *fig*
campione *m*
crosstown **I.** *adj* che attraversa la città **II.** *adv*
attraverso la città
crosswalk *n* (*pedestrian crossing*) passaggio *m* pedonale
crossways *adv* trasversalmente
crosswind *n* vento *m* laterale
crosswise *adv* trasversalmente
crossword (**puzzle**) *n* cruciverba *m inv*
crotch [krɑːtʃ] <-es> *n* (*of body*) inforcatura *f;*
(*of trousers*) cavallo *m*
crotchet ['krɑːt·ʃət] *n* MUS semiminima *f*
crotchety ['krɑːt·ʃə·ti] *adj inf* (*bad-tempered*)
irritabile
crouch [krautʃ] **I.** *vi* **to ~ (down)** accovacciarsi; **to be ~ing** stare accovacciato **II.** *n* **to**
lower oneself into a ~ accovacciarsi
croup [kruːp] *n* **1.**(*rump*) groppa *f* **2.** MED
crup *m*
croupier ['kruː·piə˞] *n* croupier *mf*
crow[1] [krou] *n* ZOOL corvo *m,* cornacchia *f* ▶ **to**
eat ~ *inf* dover ammettere un errore; **as the ~**
flies in linea d'aria
crow[2] [krou] <crowed, crowed> **I.** *n* **1.**(*call of*
a cock) canto *m* del gallo **2.**(*cry of pleasure*)
gridolino *m* di gioia; (*of baby*) verso *m* **II.** *vi*
1.(*cock*) cantare **2.**(*cry out happily*) fare gri-
dolini di gioia; (*baby*) fare i versi **3.**(*boast*) vantarsi; **to ~ over sth** vantarsi di qc
crowbar ['krou·bɑːr] *n* palanchino *m*
crowd [kraud] **I.** *n + sing/pl vb* **1.**(*throng*)
folla *f;* **there was quite a ~** c'era parecchia
gente **2.** *inf* (*group*) gruppo *m;* **the usual ~** la
solita gente **3.** *inf* (*large number*) sacco *m;* **a ~**
of things un sacco di cose **4.**(*common*
people, masses) massa *fpl;* **to stand out from**
the ~ *fig* distinguersi dalla massa; **to follow**
the ~ *fig* seguire la massa **5.**(*audience*) pubblico *m* **II.** *vi* ammassarsi **III.** *vt* **1.**(*fill*) affollare; **to ~ the streets/a stadium** gremire le
strade/uno stadio **2.**(*cram*) stipare **3.** *inf*
(*pressure*) fare pressione su
   ◆ **crowd out** *vt* **1.**(*exclude*) escludere **2.**(*fill*)
to be crowded out essere gremito

crowded *adj* pieno, -a; **the bar was** ~ il bar era affollato

crowd pleaser *n inf:* qualcuno o qualcosa che piace alla massa

crown [kraʊn] **I.** *n* **1.**(*of bread*) corona *f;* **the Crown** (*monarchy*) la Corona **2.**(*top part*) cima *f;* (*of head*) cocuzzolo *m;* (*of road*) colmo *m* **3.** ZOOL (*of bird*) cresta *f* **4.**(*culmination*) culmine *m* **5.**(*of tooth*) corona *f* **II.** *vt* **1.**(*coronate*) incoronare; **to** ~ **sb queen** incoronare qu regina **2.**(*complete*) coronare; **the church is** ~**ed by a golden dome** la chiesa termina con una cupola dorata; **the prize** ~**ed his career** il premio ha segnato il culmine della sua carriera **3.** *inf* (*hit on head*) dare un colpo in testa **4.** MED (*tooth*) incapsulare

crown colony <-ies> *n* colonia *f* della Corona

crowning *adj* supremo, -a

crown jewels *n* gioielli *fpl* della Corona

crown prince *n* principe *m* ereditario

crow's feet ['kroʊz·fiːt] *npl* zampe *fpl* di gallina

crow's nest *n* NAUT coffa *f*

CRT [ˌsiː·ɑːr·ˈtiː] *n abbr of* **cathode-ray tube** TRC *m*

crucial ['kruː·ʃl] *adj* (*decisive*) decisivo, -a; (*moment*) cruciale; **to be** ~ **sth** essere cruciale per qc; **it is** ~ **that** ... è di vitale importanza che ... *+conj*

crucible ['kruː·sɪ·bl] *n* **1.**(*container*) crogiolo *m* **2.** *fig* dura prova *f*

crucifix [ˌkruː·sɪ·ˈfɪks] <-es> *n* crocifisso *m*

crucifixion [ˌkruː·sɪ·ˈfɪk·ʃən] *n* crocifissione *f*

crucify ['kruː·sɪ·faɪ] <-ie-> *vt* **1.**(*execute*) crocifiggere **2.** *fig* stroncare; **if she ever finds out, she'll** ~ **me** se se ne accorge mi ammazza

cruddy ['krʌ·di] <-ier, -iest> *adj inf* schifoso, -a; **a** ~ **book** una schifezza di libro

crude [kruːd] **I.** *adj* **1.**(*rudimentary*) rudimentale **2.**(*unrefined*) grezzo, -a; (*oil*) greggio, -a **3.**(*unfinished, undeveloped*) rozzo, -a **4.**(*vulgar*) volgare **II.** *n* greggio *m*

cruel ['kruː·əl] <-(l)ler, -(l)lest> *adj* crudele; **to be** ~ **to sb** essere crudele con qu ▶ **to be** ~ **to be kind** *prov* far soffrire qu per il suo bene

cruelty ['kruː·əl·ti] <-ies> *n* crudeltà *f;* ~ **to sb** crudeltà verso qu; **society for the prevention of** ~ **to animals** lega *f* per la protezione degli animali

cruise [kruːz] **I.** *n* crociera *f;* ~ **ship** transatlantico *m;* **to go on a** ~ fare una crociera **II.** *vi* **1.** NAUT (*take a cruise*) fare una crociera **2.**(*travel at constant speed*) viaggiare a velocità di crociera; (*airplane*) volare a velocità di crociera **3.**(*police car*) pattugliare **4.** *inf* (*drive around aimlessly*) fare un giro (in macchina)

cruise control *n* regolazione *f* di crociera

cruise missile *n* MIL cruise *m inv*

cruiser ['kruː·zɚ] *n* **1.**(*warship*) incrociatore *m* **2.**(*pleasure boat*) cabinato *m* **3.**(*squad car*) autopattuglia *f*

cruise ship *n* transatlantico *m*

cruising *adj* (*speed*) di crociera

crumb [krʌm] *n* **1.**(*of bread*) briciola *f* **2.**(*small amount*) briciolo *m;* **a small** ~ **of** ... un pochino di...; **a** ~ **of hope** un barlume di speranza

crumble ['krʌm·bl] **I.** *vt* **1.**(*bread, biscuit*) sbriciolare **2.**(*stone*) sgretolare **II.** *vi* sgretolarsi

crumbly ['krʌm·bli] <-ier, -iest> *adj* (*bread, cake*) friabile; (*house, wall*) che cade a pezzi

crummy ['krʌ·mi] <-ier, -iest> *adj inf* scadente; **a** ~ **salary** uno stipendio da fame

crumple ['krʌm·pl] **I.** *vt* (*clothes, paper*) spiegazzare; (*metal*) accartocciare; **to** ~ **a piece of paper into a ball** appallottolare un foglio **II.** *vi* **1.**(*become wrinkled: fabric*) spiegazzarsi; (*face*) coprirsi di rughe **2.**(*collapse*) accasciarsi

crunch [krʌntʃ] **I.** *vt* **1.**(*in the mouth*) sgranocchiare **2.**(*grind*) schiacciare **II.** *vi* scricchiolare **III.** <-es> *n* **1.**(*sound*) scricchiolio *m* **2.**(*crisis*) crisi *f* **3.**(*a sit-up*) esercizio *m* per gli addominali

crunchy [krʌn·tʃi] <-ier, -iest> *adj* croccante

crusade [kruː·ˈseɪd] **I.** *n* **1.** REL, HIST cruciata *f* **2.** *fig* campagna *f;* **a** ~ **for/against sth** una campagna a favore di/contro qc **II.** *vi* **1.** HIST, REL partecipare alle crociate **2.** *fig* fare una campagna; **to** ~ **for sth** fare una campagna a favore di qc

crusader [kruː·ˈseɪ·dɚ] *n* **1.** REL, HIST crociato *m* **2.** *fig* sostenitore, -trice *m, f;* **a** ~ **against sth** un detrattore di qc

crush [krʌʃ] **I.** *vt* schiacciare; **to be** ~**ed to death** morire schiacciato; (*ice*) triturare; (*rumor*) mettere a tacere **II.** <-es> *n* **1.**(*act of crushing*) morsa *f* **2.**(*throng*) calca *f;* **there was a great** ~ c'era una gran calca **3.** *inf* (*temporary infatuation*) cotta *f;* **to have a** ~ **on sb** avere una cotta per qu **4.**(*crushed ice drink*) **orange** ~ spremuta *f* d'arancia

◆**crush up** *vt* triturare

crushing **I.** *n* schiacciamento *m* **II.** *adj* (*defeat, argument*) schiacciante; (*reply*) umiliante

crust [krʌst] **I.** *n* **1.** crosta *f;* ~ **of the Earth** GEO crosta terrestre; **a** ~ **of ice/dirt** una crosta di ghiaccio/sporcizia **2.**(*deposit from wine*) gromma *f* **II.** *vi* incrostarsi **III.** *vt* **to be** ~**ed with mud** essere incrostato di fango

crustacean [krʌ·ˈsteɪ·ʃən] *n* crostaceo *m*

crusty ['krʌs·ti] <-ier, -iest> *adj* **1.** CULIN croccante **2.**(*grumpy, surly*) scontroso, -a

crutch [krʌtʃ] <-es> *n* **1.** MED stampella *f;* **to be on** ~**es** avere le stampelle **2.** *fig* (*source of support*) appoggio *m*

crux [krʌks] *n* **the** ~ **of the matter** il nocciolo *m* della questione

cry [kraɪ] **I.** <-ie-> *vi* **1.**(*weep*) piangere; **to** ~ **for joy** piangere di gioia **2.**(*shout*) gridare; (*animal*) emettere gridi; **to** ~ **for help** gridare aiuto **II.** <-ie-> *vt* **1.**(*shed tears*) piangere **2.**(*shout*) gridare **3.**(*announce publicly*) dichiarare ▶**to** ~ **one's eyes out** piangere a dirotto; **to** ~ **foul at sth** denunciare qc; **to** ~

C

wolf gridare al lupo; **to ~ over spilled <u>milk</u>** piangere sul latte versato **III.** *n* **1.** (*weeping*) pianto *m;* **to have a ~** farsi un bel pianto **2.** (*shout*) grido *m;* **to give a ~** gridare; **a ~ for help** un grido d'aiuto **3.** (*slogan*) slogan *m inv* **4.** ZOOL verso *m* ▶**to be a <u>far</u> ~ from sth** essere ben diverso da qc

◆**cry down** *vt* **1.** (*decry*) denigrare **2.** (*disparage*) sminuire

◆**cry for** *vt insep* chiedere

◆**cry off** *vi inf* tirarsi indietro; **to ~ a deal** rompere un accordo

◆**cry out I.** *vi* gridare; **to ~ against sth** protestare contro qc; **to ~ for sth** chiedere qc a gran voce; **for crying out loud!** *inf* madonna santa! **II.** *vt* gridare

crying ['kraɪ·ɪŋ] **I.** *n* grida *fpl* **II.** *adj* (*need*) urgente; (*injustice*) vero, -a; **a ~ shame** *inf* una vera indecenza

crypt [krɪpt] *n* cripta *f*

cryptic ['krɪp·tɪk] *adj* criptico, -a; (*comment, remark*) ambiguo, -a; (*smile*) enigmatico, -a

crystal ['krɪs·tl] **I.** *n* cristallo *m* **II.** *adj* **1.** cristallino, -a **2.** (*made of crystal*) di cristallo

crystal ball *n* sfera *f* di cristallo

crystal clear *adj* **1.** (*transparent: water*) cristallino, -a; (*image*) nitido, -a **2.** (*obvious*) evidente

crystalline ['krɪs·tə·laɪn] *adj* cristallino, -a

crystallization [ˌkrɪs·tə·lɪ·'zeɪ·ʃən] *n* cristallizzazione *f*

crystallize ['krɪs·tə·laɪz] **I.** *vi* cristallizzarsi **II.** *vt* **1.** cristallizare; (*plan, thought*) chiarire **2.** CULIN candire

ct. 1. *abbr of* **cent** centesimo *m* **2.** *abbr of* **carat** carato *m*

CT *n* **1.** GEO *abbr of* **Connecticut** Connecticut *m* **2.** MED *abbr of* **computerized tomography** TAC *f*

cub [kʌb] *n* ZOOL cucciolo *m*

Cuba ['kju:·bə] *n* Cuba *f*

Cuban ['kju:·bən] **I.** *adj* cubano, -a **II.** *n* cubano, -a *m, f*

cubbyhole ['kʌ·bɪ·hoʊl] *n* sgabuzzino *m*

cube [kju:b] **I.** *n* cubo *m;* (*of cheese*) cubetto *m;* (*of sugar*) zolletta *f;* **ice ~** cubetto *m* di ghiaccio; **~ root** MATH radice *f* cubica **II.** *vt* **1.** CULIN tagliare a cubetti **2.** MATH elevare al cubo; **2 ~d** 2 (elevato) al cubo

cubic ['kju:·bɪk] *adj* **1.** (*cube-shaped*) cubico, -a; (*feet, yards*) cubo, -a **2.** MATH di terzo grado; **~ equation** equazione *f* di terzo grado

cubicle ['kju:·bɪ·kl] *n* **1.** (*changing room*) cabina *m* **2.** (*sleeping compartment*) cuccetta *f*

Cub Scout *n* lupetto *m*

cuckoo ['ku:·ku:] **I.** *n* cuculo *m* **II.** *adj inf* matto, -a

cuckoo clock *n* orologio *m* a cucù

cucumber ['kju:·kʌm·bə·] *n* cetriolo *m* ▶**(as) <u>cool</u> as a ~** *inf* incredibilmente calmo

cud [kʌd] *n* **to chew the ~** *a. fig, inf* ruminare

cuddle ['kʌ·dl] **I.** *vt* abbracciare **II.** *vi* abbrac-

ciarsi **III.** *n* abbraccio *m;* **to give sb a ~** abbracciare qu

cuddly <-ier, -iest> *adj* tenerissimo, -a; **~ toy** giocattolo *m* di peluche

cudgel ['kʌ·dʒəl] **I.** *n* **1.** (*short thick stick*) bastone *m* **2.** (*weapon*) randello *f* **II.** <-ll-, -l-> *vt* (*with a cudgel*) bastonare; (*with a weapon*) prendere a randellate

cue [kju:] *n* **1.** THEAT battuta *f* d'entrata; **to miss one's ~** non entrare in scena al momento giusto **2.** MUS attacco *m* **3.** (*billiards*) stecca *f;* **~ ball** pallino *m* ▶**to take one's ~ from sb** seguire l'imbeccata di qu; **(right) on ~** al momento giusto

cuff [kʌf] **I.** *n* **1.** (*end of sleeve*) polsino *m* **2.** (*turned-up trouser leg*) risvolto *m* **3.** *pl, inf* (*handcuffs*) manette *fpl* ▶**off the ~** improvvisato, -a **II.** *vt inf* ammanettare

cuff links *npl* gemelli *m*

cuisine [kwɪ·'zi:n] *n* cucina *f*

cul-de-sac ['kʌl·də·sæk] <-s *o* culs-de-sac> *n a. fig* vicolo *m* cieco

culinary ['kʌ·lə·ne·ri] *adj* culinario, -a

cull [kʌl] **I.** *vt* **1.** ZOOL decimare (*come forma di controllo delle specie*) **2.** (*choose*) raccogliere; **to ~ sth from sth** raccogliere qc da qc **II.** *n* decimazione *f* (selettiva)

culminate ['kʌl·mɪ·neɪt] *vi* culminare; **to ~ in sth** culminare in qc

culmination [ˌkʌl·mɪ·'neɪ·ʃən] *n* culmine *m*

culottes ['ku:·lɑːts] *npl* gonna *f* pantalone; **a pair of ~** una gonna pantalone

culpable ['kʌl·pə·bl] *adj form* colpevole; **to hold sb ~ for sth** ritenere qu colpevole di qc

culprit ['kʌl·prɪt] *n* colpevole *mf*

cult [kʌlt] *n* **1.** (*sect*) setta *f* **2.** (*worship*) culto *m*

cult figure *n* idolo *m*

cultivate ['kʌl·tə·veɪt] *vt a. fig* coltivare

cultivated *adj* **1.** AGR coltivato, -a **2.** (*person*) colto, -a

cultivation [ˌkʌl·tə·'veɪ·ʃən] *n* **1.** AGR coltivazione *f;* **to be under ~** essere coltivato **2.** (*of a person*) cultura *f*

cultivator ['kʌl·tə·veɪ·tə·] *n* AGR **1.** (*tool, machine*) coltivatore *m* **2.** (*person*) coltivatore, -trice *m, f*

cultural ['kʌl·tʃə·rəl] *adj* culturale

culture ['kʌl·tʃə·] **I.** *n* **1.** (*way of life*) cultura *f* **2.** (*arts*) cultura *f* **3.** AGR coltura *f* **II.** *vt* coltivare

cultured ['kʌl·tʃə·d] *adj* **1.** AGR, BIO coltivato, -a **2.** (*intellectual*) colto, -a; (*taste*) raffinato, -a

culture shock *n* shock *m* culturale

cumbersome ['kʌm·bə·səm] *adj* **1.** (*unwieldly*) ingombrante **2.** (*awkward*) strano, -a

cumin ['kʌ·mɪn] *n* cumino *m*

cumulative ['kju:m·jə·lə·tɪv] *adj* **1.** (*increasing*) cumulativo, -a **2.** (*accumulated*) accumulato, -a

cumulus ['kjum·jə·ləs] <-li> *n* cumulo *m*

cunning ['kʌ·nɪŋ] **I.** *adj* **1.** (*ingenious: person*) astuto, -a; (*device, idea, plan*) ingegnoso, -a **2.** (*sly*) scaltro, -a **II.** *n* astuzia *f*

cunt [kʌnt] *n* **1.** *vulg* fica *m* **2.** *vulg* (*despicable person*) testa *mf* di cazzo

cup [kʌp] **I.** *n* **1.** (*container*) tazza *f*; **coffee/ tea** ~ tazza da caffè/tè; **egg** ~ portauovo *m inv*; **a** ~ **of flour/sugar** una tazza di farina/ zucchero **2.** SPORTS (*trophy*) coppa *f*; **the World Cup** la Coppa del Mondo **3.** BOT, REL calice *m* **4.** (*part of bra*) coppa *f*; **a C** ~ una coppa di taglia C ▸it's not my ~ of **tea** non è il mio genere **II.** <-pp-> *vt* **to** ~ **one's hands** mettere le mani a coppa

cupboard ['kʌ·bəd] *n* armadio *m*; **built-in** ~ armadio a muro; **kitchen** ~ armadio di cucina

cupful ['kʌp·fʊl] *n* tazza *f*; **a** ~ **of sugar** una tazza di zucchero

cupola ['kju·pə·lə] *n* ARCHIT cupola *f*

cur [kɜr] *n* **1.** (*dog*) cagnaccio *m* bastardo **2.** (*person*) carogna *f*

curable ['kjʊ·rə·bl] *adj* curabile

curate ['kjʊ·rət] *n* curato *m*

curator ['kjʊ·reɪ·tə] *n* direttore, -trice *m, f* (*di museo o galleria*)

curb [kɜrb] **I.** *vt* tenere a freno **II.** *n* **1.** (*control*) freno *m*; **to keep a** ~ **on sth** tenere a freno qc; **to put a** ~ **on sth** mettere freno a qc **2.** (*obstacle*) ostacolo *m* **3.** (*at roadside*) bordo *m* del marciapiede

curb bit *n* morso *m*

curbstone ['kɜrb·stoʊn] *n* bordo del marciapiede *m*

curd [kɜrd] *n* cagliata *f*; ~ **cheese** formaggio *m* a fiocchi

curdle ['kɜr·dl] **I.** *vi* cagliare; (*sauce*) rapprendersi **II.** *vt* far cagliare; (*sauce*) far rapprendere

cure [kjʊr] **I.** *vt* **1.** MED guarire, curare **2.** CULIN (*with smoke*) affumicare; (*with salt*) salare **3.** (*problem*) rimediare a **4.** (*leather*) conciare **II.** *n* **1.** MED cura *f*; (*return to health*) guarigione *f* **2.** CULIN affumicatura *f*, salatura *f* **3.** (*solution*) rimedio *m* **4.** (*of leather*) conciatura *f*

cure-all ['kjʊr·ɑːl] *n* panacea *f*; **a** ~ **for sth** una panacea per qc

curfew ['kɜr·fju] *n* coprifuoco *m*

curiosity [ˌkjʊ·rɪ·'ɑː·sə·ti] <-ies> *n* **1.** (*desire to know*) curiosità *f* **2.** (*strange thing*) curiosità *f* ▸~ **killed the** **cat** *prov* tanto va la gatta al lardo che ci lascia lo zampino

curious ['kjʊ·ə·ri·əs] *adj* curioso, -a; **to be** ~ **to see sth/sb** essere curioso di vedere qc/qu; **to be** ~ **about sth** essere curioso di qc; **it is** ~ **that ...** è curioso che ... +conj

curl [kɜrl] **I.** *n* **1.** (*loop of hair, sinuosity*) ricciolo *m* **2.** (*spiral*) spirale *f*; ~ **of smoke** anello *m* di fumo **3.** (*of the lips*) smorfia *f* di disprezzo **II.** *vi* (*hair*) arricciarsi; (*paper*) arrotolarsi; (*path*) snodarsi; (*smoke*) formare spirali **III.** *vt* (*hair*) arricciare; **to** ~ **oneself up** rannicchiarsi ▸**to** ~ **one's** **lip** fare una smorfia di disprezzo

curler ['kɜr·lə] *n* bigodino *m*

curling ['kɜr·lɪŋ] *n* **1.** (*of hair*) arricciatura *f* **2.** SPORTS curling *m*

curling iron *n* arriciacapelli *m*, arricciacapelli *m inv*

curly ['kɜr·li] <-ier, -iest> *adj* (*hair*) riccio, -a; (*paper*) che si arrotola

currant ['kɜr·rənt] *n* **1.** (*dried grape*) uvetta *f* **2.** (*berry*) ribes *m*

currency ['kɜr·rən·si] <-ies> *n* **1.** FIN moneta *f*; **foreign** ~ valuta *f* estera; ~ **conversion** conversione *f* monetaria; ~ **market** mercato *m* valutario; ~ **unit** unità *f* monetaria **2.** (*acceptance*) diffusione *f*; **to enjoy wide** ~ essere ampiamente diffuso; **to gain** ~ diffondersi

current ['kɜr·rənt] **I.** *adj* **1.** (*present*) attuale; (*year, month*) corrente; **in** ~ **use** di uso corrente **2.** (*latest*) ultimo, -a; **the** ~ **issue** (*of magazine*) l'ultimo numero; **the** ~ **craze** l'ultima moda **3.** (*prevalent*) comune **4.** (*valid*) vigente **II.** *n* **1. a.** ELEC corrente *f* **2.** (*tendency: of fashion*) tendenza *f* ▸**to** **drift** **with the** ~ seguire la corrente; **to** **swim** **against the** ~ nuotare controcorrente

current affairs *npl*, **current events** *npl* attualità *f*

current expenses *npl* spese *fpl* correnti

currently *adv* **1.** (*at present*) attualmente **2.** (*commonly*) comunemente

current opinion *n* opinione *f* corrente

current rate *n* tasso *m* corrente

curry[1] ['kɜr·ri] **I.** <-ies> *n* curry *m*; **chicken** ~ pollo *m* al curry; **vegetable** ~ verdure *fpl* al curry **II.** *vt* cucinare al curry

curry[2] ['kɜr·ri] *vt* **1.** (*groom: horse*) strigliare **2.** (*leather*) conciare ▸**to** ~ **favor** **with sb** cercare il favore di qu

curse [kɜrs] **I.** *n* **1.** (*bad word*) bestemmia *m* **2.** (*evil spell*) maledizione *f*; **to put a** ~ **on sb** maledire qu **3.** (*affliction*) **the** ~ **of racism** la piaga del razzismo; **to be the** ~ **of sb's life** essere la croce di qu **II.** *vt* **1.** (*swear at*) insultare **2.** (*wish evil on*) maledire **III.** *vi* (*swear*) bestemmiare

cursed ['kɜr·sɪd] *adj* maledetto, -a

cursor ['kɜr·sə] *n* COMPUT cursore *m*

cursory ['kɜr·sə·ri] *adj* superficiale

curt [kɜrt] *adj* **1.** (*brief*) conciso, -a **2.** (*laconic*) laconico, -a **3.** (*rudely brief*) secco, -a

curtail [kə·'teɪl] *vt* **1.** (*limit, reduce: rights, freedom*) limitare; (*expenses*) ridurre **2.** (*shorten*) abbreviare

curtailment *n* **1.** (*of spending, freedom*) riduzione *f* **2.** (*cutting short*) accorciamento *m*

curtain ['kɜr·tn] **I.** *n* **1.** tenda *f*; **lace** ~ tenda di pizzo; **to draw the** ~**s** chiudere le tende **2.** *fig* cortina **3.** THEAT sipario *m*; **to raise/lower the** ~ alzare/abbassare il sipario ▸**it's** ~**s** **for you** per te è finita **II.** *vt* mettere le tende in; **to** ~ **off** separare con una tenda

curtain call *n* THEAT chiamata *f* alla ribalta

curtain raiser *n* THEAT pezzo *m* d'apertura

curts(e)y ['kɜrt·si] **I.** *vi* fare una riverenza **II.** *n*

C

riverenza *f;* **to make a ~ to sb** fare una riverenza a qu

curvature ['kɜːr·və·tʃəʳ] *n* curvatura *f;* MED deviazione *f*

curve [kɜːrv] I. *n* curva *f* II. *vi* piegarsi; (*path, road*) fare una curva; **to ~ around to the left** (*path*) fare una curva a sinistra III. *vt* curvare

cushion ['kʊ·ʃən] I. *n* 1. cuscino *m* 2. TECH **a ~ of air** un cuscino d'aria 3. (*in billiards*) sponda *f* II. *vt* 1. (*furnish with cushions*) mettere dei cuscini in [*o* per] 2. (*pad*) imbottire 3. (*ease the effects of*) attutire 4. (*protect*) proteggere

cushy ['kʊ·ʃi] <-ier, -iest> *adj inf* facile; **a ~ job** un lavoro di tutto comodo

cuss [kʌs] *inf* I. *vi* imprecare II. *n* imprecazione *f*

custard ['kʌs·təd] *n* crema *f* pasticceria

custodial [kʌs·'toʊ·di·əl] *adj* 1. LAW detentivo, -a 2. (*care: parent*) che ha la custodia

custodian [kʌs·'toʊ·di·ən] *n* 1. custode *mf* 2. (*of a museum*) responsabile *mf*

custody ['kʌs·tə·di] *n* custodia *f;* **in the ~ of sb** in custodia a qu; **to award ~ of sb to sb** affidare a qu la custodia di qu; **to take sb into ~** mettere qu agli arresti

custom ['kʌs·təm] *n* 1. (*tradition*) costume *f;* **an ancient ~** un'antica usanza; **according to ~** secondo la tradizione; **it is his ~ to do sth** ha l'abitudine di fare qc 2. LAW diritto *m* consuetudinario 3. *pl* (*place, tax*) dogana *f;* **to get through ~s** passare la dogana; **to pay ~s (on sth)** pagare la dogana (su qc)

customary ['kʌs·tə·me·ri] *adj* 1. (*traditional*) tradizionale; **it is ~ to** +*infin* è tradizione +*infin* 2. (*usual*) abituale

custom-built ['kʌs·təm·ˌbɪlt] *adj* (*car*) fatto, -a su commissione

custom clothes *npl* abiti *fpl* fatti su misura

customer ['kʌs·tə·məʳ] *n* COM, ECON 1. (*buyer, patron*) cliente, -a *m, f;* **regular ~** cliente abituale 2. *inf* (*person*) tipo, -a *m, f*

customer service *n* assistenza *f* clienti

customize ['kʌs·tə·maɪz] *vt* adattare (alle esigenze del cliente); *a.* COMPUT personalizzare

customized *adj* personalizzato, -a

custom-made ['kʌs·təm·ˌmeɪd] *adj* (*clothes*) fatto, -a su misura; (*furniture*) fatto, -a su commissione

customs declaration *n* dichiarazione *f* doganale

customs dues *npl*, **customs duties** *npl* dazi *mpl* doganali; **to pay ~** pagare la dogana

custom(s)house *n* dogana *f*

customs officer *n*, **customs official** *n* doganiere *m*

customs union *n* unione *f* doganale

cut [kʌt] I. *n* 1. taglio *m;* **to make a ~** tagliare; **the ~ of a shirt** il taglio di una camicia; **a deep ~** un taglio profondo; **to get a ~** tagliarsi; **a ~ in production/staff** una riduzione della produzione/del personale; **wage/budget ~** tagli salariali/del budget; **to make a ~ in a**

film tagliare una scena di un film 2. (*slice, part*) fetta *f;* **to take one's ~ of sth** *inf* prendersi la propria fetta di qc; **cold ~s** carne *f* fredda affettata 3. GAMES **who's ~ is it?** a chi tocca tagliare? 4. *inf* (*absence*) assenza *f* 5. (*swing in baseball*) colpo tagliato ▸ **the ~ and thrust** la battaglia; **to be a ~ above sb/ sth** avere una marcia in più rispetto a qu/qc II. *adj* tagliato, -a III. <cut, cut, -tt-> *vt* 1. tagliare; **to ~ oneself** tagliarsi; **to ~ sth open** aprire qc con un taglio; **to ~ sth in half** tagliare qc a metà; **to ~ sth to pieces** tagliare qc a pezzetti; **to have one's hair ~** tagliarsi i capelli; **to ~ the lawn** tagliare l'erba; **who's going to ~ the cards?** GAMES chi taglia? 2. (*cause moral pain*) ferire 3. (*decrease size, amount, length*) tagliare, ridurre 4. (*divide: benefits*) ripartire 5. (*hollow out*) **to ~ a hole** fare un buco 6. (*shorten: speech*) tagliare; CINE, TV montare 7. *inf* (*skip: school, class*) saltare 8. MUS (*a record, CD*) incidere IV. <cut, cut, -tt-> *vi* 1. (*slice*) tagliare, tagliarsi; **this knife ~s well** questo coltello taglia bene; **this cheese ~s easily** questo formaggio si taglia bene 2. GAMES tagliare il mazzo; **let's ~ to see who starts** tagliamo il mazzo per vedere a chi tocca dare le carte 3. CINE **~!** stop! 4. (*change direction suddenly*) **to ~ to the right** sterzare a destra 5. (*morally wound: remark, words*) ferire ▸ **to ~ both ways** essere un'arma a doppio taglio

◆ **cut across** *vt insep* 1. (*take shortcut*) tagliare attraverso 2. (*transcend*) oltrepassare

◆ **cut away** *vt* tagliare via

◆ **cut back** I. *vt* 1. (*trim down*) scorciare; (*bushes, branches*) potare 2. (*reduce: production*) tagliare; **to ~ (on) sth** tagliare qc; **to ~ (on) costs** ridurre i costi II. *vi* CINE **to ~ to ...** tornare a ...

◆ **cut down** I. *vt* 1. (*tree*) tagliare 2. (*reduce: production*) ridurre; **to ~ expenses** ridurre le spese 3. (*destroy, kill*) distruggere; **David was ~ in his prime** David è morto nel fiore degli anni 4. (*remodel, shorten: garment*) accorciare II. *vi* **to ~ on sth** ridurre qc; **to ~ on smoking** fumare meno

◆ **cut in** I. *vi* 1. (*interrupt*) **to ~ (on sb)** interrompere (qu); **to ~ on a conversation** interrompere una conversazione; **may I ~?** (*in dance*) permette? 2. AUTO sorpassare; **to ~ on sb** tagliare la strada a qu II. *vt* 1. (*divide profits with*) **to cut sb in on sth** spartire qc con qu 2. (*include when playing*) **to cut sb in on the game** far partecipare qu al gioco

◆ **cut into** *vt insep* 1. (*start cutting: cake*) (iniziare a) tagliare 2. (*interrupt*) interrompere 3. AUTO sorpassare

◆ **cut off** *vt* 1. (*sever*) *a.* ELEC, TEL staccare 2. (*amputate*) tagliare 3. (*stop talking*) interrompere 4. (*separate, isolate*) isolare; **to cut oneself off (from sb)** isolarsi (da qu); **to be ~ by the snow** rimanere isolato a causa della neve

◆**cut out** I. *vt* **1.** (*slice out of*) tagliare, ritagliare **2.** (*suppress: sugar, fatty food*) eliminare; **to cut a scene out of a film** tagliare una scena da un film; **to cut sb out of one's will** diseredare qu **3.** *inf* (*stop*) eliminare; **to ~ smoking** smettere di fumare; **~ all this nonsense** smettila con queste stupidaggini!; **cut it out!** smettila! II. *vi* TECH (*engine*) fermarsi; (*machine*) bloccarsi

◆**cut short** *vt* abbreviare

◆**cut up** I. *vt* **1.** (*slice into pieces*) tagliare a pezzetti; (*meat*) tritare **2.** (*hurt*) ferire; **to be badly ~** essere ferito gravemente II. *vi* (*laugh*) ridere

cut-and-dried [ˌkʌt·ən·'draɪd] *adj* **1.** (*fixed in advance*) definitivo, -a **2.** (*not original*) fisso, -a

cut-and-paste [ˌkʌt·ənd·'peɪst] *adj a.* COMPUT di taglia e incolla

cutback ['kʌt·bæk] *n* **1.** (*reduction*) riduzione *f;* **~ in expenditures** riduzione delle spese **2.** CINE flashback *m inv*

cute [kjuːt] *adj* **1.** (*sweet: baby*) carino, -a *inf* **2.** (*remark, idea*) ingegnoso, -a

cutey ['kjuː·ti] <-ies> *n inf s.* **cutie**

cuticle ['kjuː·tə·kl] *n* cuticola *f*

cutie ['kjuː·ti] *n*, **cutiepie** ['kjuː·ti·paɪ] *n inf* (*woman*) bambola *f;* (*child*) birba *f*

cutlass ['kʌt·ləs] <-es> *n* MIL sciabola *f*

cutlery ['kʌt·lə·ri] *n* posate *fpl*

cutlet ['kʌt·lɪt] *n* cotoletta *f*

cutoff ['kʌt·ɑːf] *n* **1.** TECH otturatore *m;* **~ date** termine *m;* **~ point** limite *m* massimo **2.** (*end of supply*) disconnessione *f* **3.** (*baseball player*) difensore *m* interno

cutout *n* **1.** (*design prepared for cutting*) modello *m* **2.** ELEC interruttore *m* automatico

cut-rate *adj* ridotto, -a

cutter ['kʌ·tɚ] *n* **1.** (*tool which cuts*) taglierina *f,* tagliatrice *f;* (*for glass*) tagliavetro *m inv* **2.** (*person*) tagliatore, -trice *m, f* **3.** NAUT cutter *m inv*

cutthroat ['kʌt·θroʊt] I. *n* **1.** (*murderer*) assassino, -a *m, f* **2.** (*razor*) rasoio *m* da barbiere II. *adj* spietato, -a

cutting ['kʌ·ţɪŋ] I. *n* **1.** (*act*) taglio *m* **2.** (*piece*) ritaglio *m* **3.** BOT talea *f* **4.** (*for road,*

railway) trincea *f* **5.** CINE montaggio *m* II. *adj a. fig* tagliente

cutting-edge *adj* d'avanguardia

cuttlefish ['kʌ·ţl·fɪʃ] *n inv* seppia *f*

cyanide ['saɪ·ə·naɪd] *n* cianuro *m*

cybercafé ['saɪ·bɚ·ˌkæ·feɪ] *n* Internet caffè *m*

cybercash ['saɪ·bɚ·ˌkæʃ] *n* cybercash *m,* denaro *m* virtuale

cybernaut [ˌsaɪ·bə·'nɔːt] *n* cibernauta *mf*

cybernetics [ˌsaɪ·bɚ·'ne·ţɪks] *n + sing vb* cibernetica *f*

cybersex ['saɪ·bɚ·seks] *n* sesso *m* virtuale

cyberspace *n* ciberspazio *m*

cyclamen ['saɪ·klə·mən] *n* ciclamino *m*

cycle[1] ['saɪ·kl] I. *n* bicicletta *f* II. *vi* andare in bicicletta

cycle[2] ['saɪ·kl] *n* **1.** (*of life, seasons*) ciclo *m* **2.** ASTR orbita *f*

cyclic ['saɪk·lɪk] *adj*, **cyclical** *adj* ciclico, -a

cycling I. *n* SPORTS ciclismo *m* II. *adj* **~ shorts** pantaloncini *mpl* da ciclista

cyclist ['saɪk·lɪst] *n* SPORTS ciclista *mf*

cyclone ['saɪ·kloʊn] *n* METEO ciclone *m*

cygnet ['sɪg·nɪt] *n* cigno *m* giovane

cylinder ['sɪ·lɪn·dɚ] *n* **1.** MATH, AUTO, TECH cilindro *m* **2.** (*container: of gas*) bombola *f*

cylinder block *n* TECH blocco *m* motore

cylinder capacity *n* TECH cilindrata *f*

cylinder head *n* TECH testata *f*

cylindrical [sɪ·'lɪn·drɪ·kl] *adj* cilindrico, -a

cymbal ['sɪm·bl] *n* MUS piatto *m*

cynic ['sɪ·nɪk] I. *n* cinico, -a *m, f* II. *adj* cinico, -a

cynical ['sɪ·nɪ·kl] *adj* cinico, -a

cynicism ['sɪ·nɪ·sɪ·zəm] *n* cinismo *m*

cypher ['saɪ·fɚ] *n s.* **cipher**

cypress ['saɪ·prəs] <-es> *n* cipresso *m*

Cypriot ['sɪ·pri·ət] I. *adj* cipriota II. *n* cipriota *mf*

Cyprus ['saɪ·prəs] *n* GEO Cipro *m*

cyst [sɪst] *n* MED ciste *f*

cystitis [sɪs·'taɪ·ţɪs] *n* MED cistite *f*

czar [zɑːr] *n* zar *m*

czarina ['zɑː·'riː·nə] *n* zarina *f*

Czech [tʃek] I. *n* **1.** (*person*) ceco, -a *m, f* **2.** (*language*) ceco *m* II. *adj* ceco, -a

Czech Republic *n* Repubblica *f* Ceca

Dd

D, d [di:] *n* **1.** (*letter*) D, d *f o m inv;* ~ **as in David** D come Domodossola **2.** MUS re *m* **3.** *s.* **day** g.

d *abbr of* **diameter** d.

d. **1.** *abbr of* **date** data **2.** *abbr of* **died** morto

DA [ˌdiː·ˈeɪ] *n abbr of* **District Attorney** ≈ procuratore, -trice distrettuale *m*

dab [dæb] I. <-bb-> *vt* tamponare; **to ~ one's eys with a handkerchief** asciugarsi gli occhi con un fazzoletto II. <-bb-> *vi* **to ~ at sth** tamponare qc; **he ~ed at his bleeding lip** si tamponava il labbro sanguinante III. *n* **1.** (*pat*) tocco *m;* **to give sth a ~ (with sth)** dare a qc un tocco (di qc) **2.** (*tiny bit*) pizzico *m;* (*of liquid*) goccia *f;* **a ~ of paint** un velo di pittura

dabble [ˈdæ·bl] I. <-ling> *vi* **1.** (*play in water*) sguazzare **2.** (*work*) **to ~ in sth** dilettarsi di qc II. <-ling> *vt* immergere; **to ~ sth (in sth)** immergere qc (in qc)

dad [dæd] *n inf* papà *m inv*

daddy [ˈdæ·di] *n childspeak, inf* papà *m inv*

daddy longlegs [ˌdæ·dɪ·ˈlɔːŋ·legz] *n* ZOOL opilione *m*

daemon [ˈdiː·mən] *n* COMPUT daemon *m inv*

daffodil [ˈdæ·fə·dɪl] *n* giunchiglia *f*

dagger [ˈdæ·gɚ] *n* pugnale *m* ▸ **to look ~s at sb** guardare qn in cagnesco

dahlia [ˈdæl·jə] *n* dalia *f*

daily [ˈdeɪ·li] I. *adj* giornaliero, -a; **on a ~ basis** quotidianamente; **to earn one's ~ bread** *inf* guadagnarsi il pane quotidiano II. *adv* quotidianamente; **twice ~** due volte al giorno III. <-ies> *n* PUBL quotidiano *m*

daintiness *n* (*delicacy*) delicatezza *f*

dainty [ˈdeɪn·ti] <-ier, -iest> *adj* **1.** (*delicate: flowers, painting*) delicato, -a; (*manners*) raffinato, -a **2.** (*delicious*) prelibato, -a **3.** (*scrupulous*) scrupoloso, -a

dairy [ˈde·ri] I. *n* **1.** (*farm*) caseificio *m* **2.** (*shop*) latteria *f* II. *adj* **1.** (*made from milk*) fatto, -a con il latte **2.** (*producing milk*) che produce latte; **~ industry** industria casearia

dairy cattle *npl* mucche *fpl* da latte

dairy farm *n* caseificio *m*

dairyman *n* casaro *m*

dairy products *npl* prodotti *mpl* caseari

dais [ˈdeɪ·ɪs] *n* ARCHIT palco *m*

daisy [ˈdeɪ·zi] <-ies> *n* margherita *f* ▸ **to be as fresh as a ~** essere fresco come una rosa; **to be pushing up daisies** *inf* essere morto e sepolto

daisy wheel *n* margherita *f;* **~ printer** stampante *f* a margherita

dally [ˈdæ·li] <-ie-> *vi* **1.** (*dawdle*) perder tempo; **to ~ around** ciondolare; **to ~ over sth** indugiare su qc **2.** (*play*) giocare; **to ~ with sb/sth** flirtare con qn/qc; **to ~ with an idea** trastullarsi con un'idea

dam [dæm] I. *n* **1.** (*barrier*) diga *f* **2.** (*reser-*

voir) bacino *m* II. <-mm-> *vt* (*river*) arginare; *fig* (*emotions, feelings*) trattenere

damage [ˈdæ·mɪdʒ] I. *vt* **1.** (*harm, hurt: building, objects*) danneggiare; (*environment, health, reputation*) nuocere a; **to be badly ~d** subire danni considerevoli **2.** (*ruin*) rovinare II. *n* **1.** (*harm: to objects*) danno *m;* **to do ~ to sb/sth** nuocere a qn/qc; **to cause serious ~ to sb's reputation** compromettere la reputazione di qn **2.** *pl* LAW danni *mpl* ▸ **the ~ is done** *inf* il danno è fatto; **what's the ~?** *inf* quanto devo?

damage control *n* POL *tattica per minimizzare l'impatto negativo di una decisione*

Damascus [də·ˈmæs·kəs] *n* Damasco *f*

damask [ˈdæ·məsk] I. *n* damasco *m* II. *adj* damascato, -a

dame [deɪm] *n pej, sl* (*woman*) donna *f*

damn [dæm] *sl* I. *interj* accidenti II. *adj* **1.** (*expressing irritation*) maledetto, -a **2.** (*for emphasis*) **to be a ~ fool** essere un cretino patentato; **it's a ~ mess!** è un bel casino! *vulg* III. *vt* **1.** (*expressing irritation*) (**God** *vulg*) ~ **it!** maledizione! *inf;* ~ **him! he took my bike without asking!** che stronzo! ha preso la mia bici senza chiedermelo! *vulg* **2.** REL dannare ▸ **well, I'll be ~ed!** mi venisse un colpo!; **I'll be ~ed if I know** non ne so proprio niente! IV. *adv* molto; **to be ~ lucky** avere una fortuna sfacciata; **you know ~ well that ...** sai benissimo che ... V. *n* **I don't give a ~ what he says!** non me ne frega niente di quello che dice!

damnable [ˈdæm·nə·bl] *adj sl* maledetto, -a

damnation [dæm·ˈneɪ·ʃən] I. *n* dannazione *f* II. *interj* maledizione

damned I. *adj sl* **1.** (*expressing irritation*) maledetto, -a **2.** (*for emphasis*) maledetto, -a II. *npl* REL **the ~** i dannati

damning *adj* ~ **evidence** prova *f* schiacciante

damp [dæmp] I. *adj* umido, -a; (*clothing*) bagnato, -a II. *vt* **1.** (*moisten*) inumidire **2.** *a. fig* PHYS, TECH, MUS smorzare **3.** (*extinguish*) **to ~ (down)** (*flames, fire*) soffocare; (*enthusiasm*) smorzare; **to ~ down sb's spirits** scoraggiare qn

dampen [ˈdæm·pən] *vt* **1.** (*make wet*) inumidire **2.** (*lessen*) diminuire; **to ~ sb's enthusiasm** raffreddare l'entusiasmo di qn; **to ~ sb's expectations** scoraggiare le speranze di qn **3.** PHYS, TECH, MUS attutire

damper [ˈdæm·pɚ] *n* **1.** (*on fireplace*) valvola *f* di tiraggio **2.** *inf* **to put a ~ on things** guastare le feste; **to put a ~ on sb's enthusiasm** raffreddare l'entusiasmo di qn

dampness *n* umidità *f*

dance [dæns] I. <-cing> *vi* **1.** (*move to music*) ballare; **to ~ to sth** ballare al ritmo di qc; **shall we ~?** balliamo?; **to go dancing**

andare a ballare **2.**(*move energetically*) saltare; **to ~ with joy** saltare di gioia **3.**(*twinkle*) **his eyes ~d with pleasure** i suoi occhi brillavano di piacere; (*bob*) agitarsi; **the daffodils were dancing in the breeze** i narcisi ondeggiavano al vento ▸**to ~ to sb's** <u>tune</u> fare ciò che vuole qn; **she makes him dance to her tune** gli fa fare quello che vuole **II.**<-cing> *vt* ballare; **to ~ the night away** ballare tutta la notte **III.** *n* ballo *m;* **to have a ~ with sb** ballare con qn; **the band played a slow ~** l'orchestra suonava un lento ballo

dance band *n* orchestra *f* da ballo

dance music *n* musica *f* da ballo

dancer ['dænt·sɚ] *n* ballerino, -a *m, f*

dancing *n* ballo *m*

dancing partner *n* compagno, -a di ballo *m*

dancing shoes *npl* scarpette *f* da ballo *pl*

dandelion ['dæn·də·la·iən] *n* BOT dente *m* di leone

dandruff ['dæn·drəf] *n* forfora *f*

dandy ['dæn·di] **I.**<-ies> *n* dandy *m inv* **II.**<-ier, -iest> *adj* fantastico, -a

Dane [deɪn] *n* danese *mf*

danger ['deɪn·dʒɚ] *n* **1.**(*peril*) pericolo *m;* **to be in ~** essere in pericolo; **to be out of ~** esser fuori pericolo; **a ~ to sth/sb** un pericolo per qc/qn; **there's no ~ of him finding out** non c'è pericolo che venga a saperlo **2.**(*perilous aspect*) rischio *m;* **the ~s of sth** i rischi di qc

danger pay *n* indennità *f* di rischio

dangerous ['deɪn·dʒə·rəs] *adj* pericoloso, -a

danger zone *n* zona *f* pericolosa

dangle ['dæŋ·gl] **I.**<-ling> *vi* **1.**(*hang down*) penzolare; **to ~ from sth** penzolare da qc **2.**(*follow*) **to ~ after sb** seguire qn **II.**<-ling> *vt* **1.**(*cause to hang down*) far penzolare **2.**(*tempt with*) **to ~ sth in front of sb** tentare qn con qc

Danish ['deɪ·nɪʃ] **I.** *adj* danese **II.** *n* **1.**(*person*) danese *mf* **2.** LING danese *m* **3.** FOOD ~ (**pastry**) *brioche di pasta sfoglia e frutta*

dank [dæŋk] *adj* (*air, building*) umido, -a

Danube ['dæn·ju:b] *n* GEO Danubio *m*

dapper ['dæ·pɚ] *adj* (*man*) agghindato, -a; **a ~ appearance** un aspetto curato

dapple ['dæ·pl] *vt* screziare

dare [der] **I.**<-ring> *vt* **1.**(*risk doing*) osare **2.**(*challenge*) sfidare; **to ~ sb** (**to do sth**) sfidare qn (a fare qc) **II.**<-ring> *vi* (*risk doing*) osare; **to ~ to do sth** osare fare qc; **I don't ~ go there** non oso andar lì; **just you ~!** provaci, se ne hai il coraggio!; **how ~ you ...** come osi ... ▸<u>don't</u> **you ~!** non azzardarti! **III.** *n* sfida *f;* **to take a ~** accettare una sfida

daredevil ['der·ˌde·vəl] *inf* **I.** *n* scavezzacollo *mf* **II.** *adj* temerario, -a

daresay ['der·seɪ] *vt* osar dire

daring ['de·rɪŋ] **I.** *adj* **1.**(*courageous*) temerario, -a **2.**(*provocative: dress*) audace **II.** *n* audacia *f*

dark [dɑːrk] **I.** *adj* **1.**(*without light, black*) scuro, -a; **~ blue** blu scuro; **~ chocolate** cioc-

colato fondente **2.**(*not pale: complexion, hair*) scuro, -a **3.**(*tragic, depressing*) cupo, -a; **a ~ chapter** un capitolo nero; **to have a ~ side** avere un lato negativo; **to look on the ~ side of things** vedere solo il lato negativo delle cose **4.**(*evil*) tenebroso, -a **5.**(*unknown, secret*) nascosto, -a; **the ~ side of sth** il lato nascosto di qc **II.** *n* **1.**(*darkness*) oscurità *f;* **to be in the ~** essere al buio; **to be afraid of the ~** aver paura del buio **2.**(*time of day*) **at ~** quando fa buio; **to do sth before/after ~** far qc prima che faccia buio/col buio ▸**to** <u>keep</u> **sb in the ~ about sth** tener qn all'oscuro di qc

Dark Ages *npl* HIST **the ~** l'alto Medioevo; *fig* la preistoria

darken ['dɑːr·kən] **I.** *vi* oscurarsi; (*sky*) rannuvolarsi; *fig* rabbuiarsi **II.** *vt* (*make darker*) oscurare; *fig* rabbuiare

dark horse *n* POL outsider *mf, inv*

darkly *adv* **1.**(*mysteriously*) misteriosamente **2.**(*gloomily*) tristemente; **to look at sb ~** guardare con aria triste qn

darkness *n* **1.**(*dark*) oscurità *f;* **to plunge sth into ~** far piombare qc nel buio **2.** *fig* (*lack of knowledge*) ignoranza *f*

darkroom *n* PHOT camera *f* oscura

dark-skinned *adj* di pelle scura

darling ['dɑːr·lɪŋ] **I.** *n* **1.**(*beloved person*) tesoro *m* **2.**(*term of endearment*) amore *m* **II.** *adj* **1.**(*beloved*) caro, -a **2.**(*cute*) delizioso, -a; **a ~ little room** una stanzetta deliziosa

darn¹ [dɑːrn] **I.** *vt* (*sock*) rammendare **II.** *n* rammendo *m*

darn² [dɑːrn] *vt inf* ~ **it!** maledizione!; **well, I'll be ~!** (*in surprise*) mi venisse un colpo!; **I'll be ~ed if I'll do it!** manco morto lo faccio!

darning *n* rammendo *m*

darning needle *n* ago *m* da rammendo

dart [dɑːrt] **I.** *n* **1.**(*type of weapon*) freccia *f;* **to fire a ~ at sb/sth** scagliare una freccia contro qn/qc **2.** *pl* (*game*) freccette *fpl;* **to play ~s** giocare a freccette; **a game of ~s** una partita a freccette **3.**(*quick run*) guizzo *m* **4.** FASHION pince *f inv* **II.** *vi* **to ~** (**for sth**) precipitarsi (verso qc); **to ~ away** sfrecciare via; **I ~ed behind the sofa** corsi a nascondermi dietro il divano **III.** *vt* **1.**(*send quickly: look*) lanciare **2.**(*move quickly*) **the lizard ~ed out its tongue** la lucertola fece scattare la lingua

dartboard ['dɑːrt·bɔːrd] *n* bersaglio *m*

dash [dæʃ] **I.**<-es> *n* **1.**(*rush*) corsa *f;* **to make a ~ for** precipitarsi verso; **to make a ~ for it** fare una corsa **2.**(*pinch*) pochino *m;* (*of salt*) pizzico *m;* **a ~ of color** una punta di colore **3.**(*flair*) brio *m* **4.** TYPO lineetta *f* **5.**(*in Morse code*) linea *f* **II.** *vi* **1.**(*hurry*) correre **2.**(*slam into*) **to ~ against sth** sbattere contro qc **III.** *vt* **1.**(*shatter*) rompere **2.**(*hopes*) infrangere **3.**(*to ~ off a letter/note*) buttar giù una lettera/un appunto

dashboard ['dæʃ·bɔːrd] *n* AUTO cruscotto *m*

dashing ['dæ·ʃɪŋ] *adj* affascinante

D

dastardly ['dæs·tə·d·li] *adj liter* (*crime, act*) efferato, -a

DAT [dæt] *n abbr of* **digital audio tape** DAT *m*

data ['deɪ·tə] *npl* + *sing/pl vb a.* COMPUT dati *mpl*

data bank *n*, **databank** *n* banca *f* dati

database *n* database *m inv*

data file *n* file *m* dati *inv*

dataglove *n* COMPUT guanto *m* virtuale

data processing *n* elaborazione *f* dei dati

date¹ [deɪt] I. *n* 1. (*calendar day*) data *f;* **expiration ~** data di scadenza; **what ~ is it today?** quanti ne abbiamo oggi?; **to be out of ~** FASHION esser fuori moda 2. (*appointment*) appuntamento *m;* **to have a ~** avere un appuntamento; **to make a ~ with sb** fissare un appuntamento con qn 3. *inf* (*person*) ragazzo, -a *m, f, con cui si esce* II. *vt* 1. (*recognize age of*) far risalire; **to ~ sth to ...** far risalire qc al ... 2. (*give date to sth*) datare 3. *inf* (*have relationship with*) **to ~ sb** uscire con qn III. *vi* 1. (*go back to*) **to ~ back to** risalire a 2. (*go out of fashion*) passare di moda 3. (*go on dates*) uscire con qn

date² [deɪt] *n* 1. (*fruit*) dattero *m* 2. (*tree*) palma *f* da datteri

dated ['deɪ·tɪd] *adj* datato, -a

dateline ['deɪt·laɪn] *n* linea *f* del cambiamento di data

date rape *n* stupro *commesso durante un appuntamento*

Con riferimento a un **dating**, negli Stati Uniti si usano diverse espressioni a seconda del tipo di relazione tra una ragazza e un ragazzo. *Seeing each other* significa che due persone si frequentano regolarmente ma sono libere di uscire con altri partner. *Going out* indica che la relazione è seria.

---

dative ['deɪ·tɪv] I. *n* dativo *m;* **to be in the ~** essere al dativo II. *adj* dativo, -a

daub [dɔːb] I. *vt* 1. (*smear*) **to ~ sth with sth** spalmare qc di qc 2. (*paint unskillfully*) imbrattare II. *n* 1. (*smear*) macchia *f* 2. (*painting*) crosta *f* ▪

daughter ['dɔː·tə] *n* figlia *f*

daughter-in-law <daughters-in-law> *n* nuora *f*

daunt [dɔːnt] *vt* 1. (*discourage*) scoraggiare 2. (*intimidate*) intimidire

daunting *adj* scoraggiante

dauntless ['dɑːnt·ləs] *adj* intrepido, -a

dawdle ['dɔː·dl] *vi* ciondolare

dawdler ['dɔː·d·lə] *n* persona *f* lenta

dawn [dɔːn] I. *n* 1. (*time of day*) alba *f;* **from ~ to dusk** dall'alba al tramonto; **at ~** all'alba 2. *fig* (*beginning*) albori *mpl* II. *vi* spuntare; *fig* (*era*) nascere; **it ~ed on him that ...** si rese conto che ...

day [deɪ] *n* 1. giorno *m;* **~ after ~** giorno dopo giorno; **~ by ~** giorno per giorno; **all ~** (**long**) tutto il giorno; **any ~ now** da un giorno all'altro; **by ~** di giorno; **by the ~** giornalmente; **for a few ~s** per qualche giorno; **from that ~ on**(**wards**) da quel giorno; **from this ~ forth** da oggi in poi; **from one ~ to the next** da un giorno all'altro; **one ~** un giorno; **two ~s ago** due giorni fa; **the ~ before yesterday** l'altro ieri; **the ~ after tomorrow** dopodomani; **in the** (**good**) **old ~s** ai bei tempi; **the exam is ten ~s from now** [*o* **in ten ~s**] l'esame è fra dieci giorni 2. (*working period*) giornata *f;* **to take a ~ off** prendere un giorno di vacanza ▶ **in this ~ and age** al giorno d'oggi; **to have seen** better **~s** aver conosciuto tempi migliori; **to** call **it a ~** smettere; **to** carry **the ~** uscire vittorioso; **~ in ~ out** tutti i santi giorni

day bed *n* divano *m* letto

daybreak ['deɪ·breɪk] *n* alba *f*

day camp *n* campo *m* estivo

daycare ['deɪ·ker] *n* 1. (*for children*) asilo *m* nido 2. (*for the elderly*) assistenza *f* diurna per anziani

daydream ['deɪ·driːm] I. *vi* sognare ad occhi aperti II. *n* sogno *m* ad occhi aperti

daylight ['deɪ·laɪt] *n* luce *f* del giorno; **in broad ~** in pieno giorno ▶ **to scare the** living **~s out of sb** *inf* spaventare a morte qn

day shift *n* turno *m* di giorno

daytime ['deɪ·taɪm] *n* giorno *m;* **in the ~** di giorno

day-to-day *adj* quotidiano, -a

day trip *n* gita *f* (di un giorno)

daze [deɪz] I. *n* stordimento *m;* **to be in a ~** essere stordito II. *vt* stordire

dazed *adj* stordito, -a

dazzle ['dæ·zl] I. *vt* abbagliare II. *n* bagliore *m*

dazzled *adj* abbagliato, -a

dB *n abbr of* **decibel** dB

DC [ˌdiː·'siː] *n* 1. *abbr of* **direct current** c.c. 2. *abbr of* **District of Columbia** DC

DD [ˌdiː·'diː] *n abbr of* **Doctor of Divinity** dottore, -essa *m, f* in Teologia

D-Day ['diː·deɪ] *n* D-day *m, il giorno dello sbarco degli alleati in Normandia*

DDT [ˌdiː·diː·'tiː] *n abbr of* **dichlorodiphenyltrichloroethane** DDT *m*

deacon ['diː·kən] *n* diacono *m*

deaconess [ˌdiː·kə·nəs] *n* diaconessa *f*

dead [ded] I. *adj* 1. (*no longer alive*) morto, -a; **to be ~ on arrival** giungere cadavere (all'ospedale); **she wouldn't be seen ~ wearing that** *inf* neanche morta lo indosserebbe 2. *inf* (*inactive: battery*) scarico, -a; (*fire*) spento, -a; **the line went ~** è caduta la linea 3. *inf* (*quiet, boring*) morto, -a; (*town*) deserto, -a 4. (*numb*) addormentato, -a 5. (*complete: silence*) di tomba; **to be a ~ loss** essere un disastro totale; **to come to a ~ stop** fermarsi di colpo ▶ **as ~ as a** doornail morto stecchito; **~** men **tell no tales** *prov* i morti non parlano II. *n* **the ~** i morti ▶ **in the**

~ of night/winter nel cuore della notte/dell'inverno **III.** *adv* **1.** *inf* (*totally*) completamente; **to be ~ set on doing sth** essere assolutamente determinato a fare qc; **to be ~ set against sth** essere assolutamente contrario a qc **2.** (*directly*) proprio; **~ ahead** sempre dritto

deadbeat [ˌded·'biːt] *adj inf* restio, -a a pagare debiti; **~ dad** *padre divorziato che non paga gli alimenti per il mantenimento dei figli*

dead center *n* punto *m* morto

deaden ['de·dən] *vt* (*pain*) alleviare; (*noise*) attutire

dead end *n* vicolo *m* cieco

dead-end *adj* senza uscita; **~ job** lavoro *m* senza prospettive

dead heat *n* risultato *m* di parità

deadline ['ded·laɪn] *n* scadenza *f;* **to meet/miss the ~** rispettare/non rispettare la scadenza

deadlock ['ded·lɑːk] *n* punto *m* morto

deadly ['ded·li] **I.**<-ier, -iest> *adj* **1.** (*capable of killing*) mortale **2.** *inf* (*boring*) noiosissimo, -a **II.**<-ier, -iest> *adv* estremamente; **~ pale** pallido come un cadavere

deadpan *adj* impassibile

Dead Sea *n* mar *m* Morto

deadwood ['ded·wʊd] *n a. fig* rami *mpl* secchi

deaf [def] **I.** *adj* sordo, -a; **to go ~** diventare sordo; **to be ~ to sth** *fig* fare orecchi da mercante a qc **II.** *npl* **the ~** i sordi

deafen ['de·fən] *vt* assordare

deafening *adj* assordante

deaf-mute [ˌdef·'mjuːt] *n* sordomuto, -a *m, f*

deafness *n* sordità *f*

deal¹ [diːl] *n* (*large amount*) quantità *f;* **a great ~** una gran quantità; **a great ~ of effort** grande sforzo

deal² [diːl] <dealt, dealt> **I.** *n* **1.** COM affare *m;* **a big ~** un affare importante **2.** (*agreement*) accordo *m;* **to do a ~** (*with sb*) fare un patto (con qn) **3.** GAMES (*of cards*) turno *m, di dare le carte;* **it's your ~** tocca a te dare le carte ▶ **big ~!** *iron, inf* sai che roba!; **it's no big ~!** *inf* non è niente di eccezionale! **II.** *vi* **1.** (*do business*) fare affari; **to ~ with sb** fare affari con qn; **to ~ in sth** trattare qc **2.** GAMES dare le carte **3.** *sl* (*accept situation, cope*) **to ~** (**with sth**) farcela (con qc) **III.** *vt* **1.** GAMES (*cards*) distribuire **2.** (*give*) dare; **to ~ sb a blow** assestare un colpo a qn

♦**deal out** *vt* distribuire

♦**deal with** *vt* **1.** (*take care of: problem*) affrontare; (*person*) occuparsi di **2.** (*be about: book*) trattare di **3.** (*punish*) fare i conti con

dealer ['diː·lə] *n* **1.** COM commerciante *mf;* **drug ~** spacciatore, -trice *m, f;* **antique ~** antiquario, -a *m, f* **2.** GAMES (*in cards*) persona *f* che dà le carte

dealership ['diː·lə·ʃɪp] *n* COM concessione *f*

dealing ['diː·lɪŋ] *n* **1.** COM commercio *m* **2.** *pl* FIN transazione *f* **3.** *pl* (*relations*) rapporti *mpl;*

to have ~s with sb avere a che fare con qn **4.** GAMES il dare le carte *m*

dealt [delt] *pt, pp of* **deal**

dean [diːn] *n* **1.** UNIV preside *mf* di facoltà **2.** REL decano *m*

dean's list *n* UNIV *la lista degli studenti migliori di un'università*

dear [dɪr] **I.** *adj* **1.** (*much loved*) caro, -a; **it is ~ to me** mi è molto caro **2.** (*in letters*) **Dear David** caro David; **Dear Sir** Egregio Signor **3.** (*expensive*) caro, -a **II.** *adv* caro **III.** *interj inf* **oh ~!** oddio! **IV.** *n* tesoro *m; she is a ~* è un tesoro; **be a ~ and …** sii gentile e …

dearly *adv* **1.** molto, **I love her ~** l'amo molto **2.** *fig* caro; **he paid ~ for his success** ha pagato caro il suo successo

dearth [dɜːrθ] *n* penuria *f;* **to suffer from a ~ of sth** risentire della mancanza di qc

death [deθ] *n* morte *f;* **to die a natural ~** morire di morte naturale; **to put sb to ~** giustiziare qn; **to be bored to ~ with sth** annoiarsi a morte con qc; **scared to ~** *inf* spaventato a morte; **to catch one's ~ of cold** prendersi un malanno ▶ **to be at ~'s door** essere in punto di morte; **to be the ~ of sb** essere la rovina di qn; **to be the ~ of sth** essere la fine di qc

deathbed ['deθ·bed] *n* letto *m* di morte

deathblow *n* colpo *m* mortale

death certificate *n* certificato *m* di grazia

deathly ['deθ·li] **I.** *adv* mortalmente; **~ pale** di un pallore mortale **II.** *adj* mortale

death penalty *n* pena *f* di morte

death rate *n* tasso *m* di mortalità

death row *n* braccio *m* della morte

death sentence *n* pena *f* di morte

death squad *n* squadrone *m* della morte

death trap *n* trappola *f* mortale

debacle [dɪ·'bɑː·kl] *n* débâcle *f inv*

debar [dɪ·'bɑːr] <-rr-> *vt* escludere; **to ~ sb from doing sth** impedire a qn di fare qc

debase [dɪ·'beɪs] *vt* (*degrade*) degradare; ECON svalutare

debatable [dɪ·'beɪ· t̬ə·bl] *adj* discutibile

debate [dɪ·'beɪt] **I.** *n* **1.** (*argument*) dibattito *m;* **a ~ over sth** un dibattito su qc **2.** (*consideration*) esame *m* approfondito **II.** *vt* **1.** (*argue*) dibattere **2.** (*consider*) considerare **III.** *vi* **to ~ about sth** discutere di qc

debater [dɪ·'beɪ·t̬ə] *n* chi partecipa a un dibattito

debauch [dɪ·'bɔːtʃ] **I.** *vt* corrompere **II.** *n* dissolutezza *f*

debauchery [dɪ·'bɔː·tʃə·ri] *n* dissolutezza *f*

debenture [dɪ·'ben·tʃə] *n* FIN obbligazione *f*

debilitate [dɪ·'bɪ·lɪ·teɪt] *vt* debilitare

debilitating *adj* debilitante

debility [dɪ·'bɪ·lə·t̬i] *n* debolezza *f*

debit ['de·bɪt] **I.** *n* debito *m* **II.** *vt* **the bank ~ed my account for the rent** la banca mi ha addebitato l'affitto in conto

debit card *n* carta *f* d'addebito

debit column *n* colonna *f* del dare

D

debonair(e) [ˌde·bə·'ner] *adj form* raffinato, -a
debris [də·'briː] *n* macerie *fpl*
debt [det] *n* debito *f;* **to be in** ~ essere in debito; **to pay off a** ~ pagare un debito; **to be out of** ~ essersi liberato dai debiti
debt collector *n* agente *mf* di recupero crediti
debtor ['de·ţə] *n* debitore, -trice *m, f*
debtor country *n,* **debtor nation** *n* paese *m* debitore
debug [ˌdiː·'bʌg] <-gg-> *vt* COMPUT effettuare il debugging di
debunk [diː·'bʌŋk] *vt* sfatare
debut [deɪ·'bjuː] **I.** *n* **1.** (*first public appearance*) debutto *m;* **to make one's** ~ debuttare **2.** (*introduction into society*) debutto *m* in società **II.** *vi* debuttare; **to** ~ **in/as sth** debuttare come
debutante ['de·bjuː·tɑːnt] *n* debuttante *mf*
decade ['de·keɪd] *n* decennio *m*
decadence ['de·kə·dəns] *n* decadenza *f*
decadent ['de·kə·dənt] *adj* decadente
decaf ['diː·kæf] *adj, n inf abbr of* **decaffeinated** decaffeinato *m*
decaffeinated [ˌdiː·'kæ·fɪ·neɪ·ţɪd] *adj* decaffeinato, -a
decamp [dɪ·'kæmp] *vi* (*leave*) andarsene; (*secretly*) svignarsela
decant [dɪ·'kænt] *vt* decantare
decanter [dɪ·'kæn·tə] *n* decanter *m inv*
decapitate [dɪ·'kæ·pɪ·teɪt] *vt* decapitare
decapitation [dɪˌkæ·pɪ·'teɪ·ʃən] *n* decapitazione *f*
decathlete [dɪ·'kæθ·liːt] *n* decatleta *mf*
decathlon [dɪ·'kæθ·lɑːn] *n* decathlon *m*
decay [dɪ·'keɪ] **I.** *n* (*of food*) deperimento *m;* (*of building, intellect*) deterioramento *m;* (*dental*) carie *f inv;* (*of civilization*) decadenza *f* **II.** *vi* (*food*) deperire; (*building, intellect*) deteriorarsi; (*teeth*) cariarsi **III.** *vt* far deperire
decease [dɪ·'siːs] *n* decesso *m*
deceased [dɪ·'siːst] **I.** *n* defunto, -a *m, f* **II.** *adj* defunto, -a
deceit [dɪ·'siːt] *n* inganno *m*
deceitful [dɪ·'siːt·fəl] *adj* ingannevole
deceive [dɪ·'siːv] *vt* ingannare; **to** ~ **oneself** ingannarsi ▶ **appearances can** ~ *prov* l'apparenza inganna *prov*
deceiver [dɪ·'siː·və] *n* impostore, -a *m, f*
decelerate [diː·'se·lə·reɪt] **I.** *vi* decelerare; (*vehicle, driver*) rallentare **II.** *vt* decelerare
December [dɪ·'sem·bə] *n* dicembre *m; s.a.* **April**
decency ['diː·sənt·si] *n* **1.** (*respectability*) decenza *f* **2.** *pl* (*approved behavior*) regole *f* del buon vivere civile *pl*
decent ['diː·sənt] *adj* **1.** (*socially acceptable*) decente; **are you** ~**?** *fig* sei presentabile? **2.** *inf* (*kind*) gentile **3.** *inf* (*adequate: salary, living, wage*) adeguato, -a
decentralization [diː·ˌsen·trə·lɪ·'zeɪ·ʃən] *n* decentramento *m*
decentralize [diː·'sen·trə·laɪz] *vt* decentrare

decentralized *adj* decentrato, -a
deception [dɪ·'sep·ʃən] *n* inganno *m;* **to practice** ~ **on sb** ingannare qn
deceptive [dɪ·'sep·tɪv] *adj* ingannevole
decibel ['de·sɪ·bel] *n* decibel *m inv*
decide [dɪ·'saɪd] **I.** *vi* decidere; **to** ~ **on sth** scegliere qc **II.** *vt* decidere
decided [dɪ·'saɪ·dɪd] *adj* **1.** (*obvious: improvement*) netto, -a **2.** (*resolute: person, manner*) deciso, -a
deciduous [dɪ·'sɪd·ʒʊ·əs] *adj* deciduo, -a
decimal ['de·sɪ·ml] **I.** *n* decimale *m* **II.** *adj* decimale
decimalize ['de·sɪ·mə·laɪz] *vt* decimalizzare
decimate ['de·sɪ·meɪt] *vt* decimare
decipher [dɪ·'saɪ·fə] *vt* decifrare
decision [dɪ·'sɪ·ʒən] *n* **1.** (*choice, resolution*) decisione *f;* **to make a** ~ prendere una decisione **2.** LAW decisione *f* **3.** (*resoluteness*) risolutezza *f*
decision-making *adj* ~ **process** processo *m* decisionale
decisive [dɪ·'saɪ·sɪv] *adj* **1.** (*factor*) decisivo, -a **2.** (*resolute: manner*) risoluto, -a **3.** (*beyond doubt: victory, defeat, change*) determinante
deck [dek] **I.** *n* **1.** (*of ship*) ponte *m;* **to go below** ~ scendere sottocoperta **2.** (*back porch*) piattaforma di legno costruita sul retro di una casa **3.** (*of cards*) mazzo *m* **4.** MUS, ELEC piastra *f* ▶ **to clear the** ~ *inf* sgombrare il campo; **to hit the** ~ *inf* cadere a terra **II.** *vt* **to** ~ **sth out** decorare qc; **to** ~ **oneself out** mettersi in ghingheri; **to be all** ~**ed out** essere in ghingheri
deck chair *n* sdraio *f inv*
declaim [dɪ·'kleɪm] *vi, vt* declamare
declamation [ˌde·klə·'meɪ·ʃən] *n* declamazione *f*
declamatory [dɪ·'klæ·mə·tɔː·ri] *adj form* declamatorio, -a
declaration [ˌde·klə·'reɪ·ʃən] *n* dichiarazione *f;* **the D~ of Independence** la Dichiarazione d'Indipendenza

declare [dɪ·'kler] **I.** *vt* dichiarare; **to** ~ **war on sb** dichiarare guerra a qn; **to** ~ **oneself (to be) bankrupt** dichiarare fallimento **II.** *vi* dichiararsi
decline [dɪ·'klaɪn] **I.** *vi* **1.** (*price*) calare; (*power, influence*) diminuire; (*civilization*)

decadere; to ~ in value diminuire di valore
2. MED deperire **3.** (*refuse*) declinare **II.** *vt*
1. (*refuse*) declinare **2.** LING declinare **III.** *n*
1. (*in price, power, influence*) diminuzione *f;*
(*of civilization*) declino *m;* **·to be in ~** essere in
declino **2.** MED deperimento *m*
decode [ˌdiːˈkoʊd] *vi, vt* decodificare
decoder *n* decoder *m inv*
decolonization [ˌdiːˌkɑːləˌnɪˈzeɪʃən] *n*
decolonizzazione *f*
decompose [ˌdiːkəmˈpoʊz] **I.** *vi* decomporsi
II. *vt* decomporre
decomposition [ˌdiːkɑːmpəˈzɪʃən] *n* decomposizione *f*
decompress [ˌdiːkəmˈpres] *vt* decomprimere
decompression [ˌdiːkəmˈpreʃən] *n* decompressione *f*
decompression chamber *n* camera *f* di
decompressione
decontaminate [ˌdiːkənˈtæmɪneɪt] *vt* decontaminare
decontamination [ˌdiːkənˌtæmɪˈneɪʃən] *n*
decontaminazione *f*
decontrol [ˌdiːkənˈtroʊl] <-ll-> *vt* liberalizzare
decor [ˈdeɪkɔːr] *n* arredamento *m*
decorate [ˈdekəreɪt] **I.** *vt* **1.** (*adorn*) decorare; (*by painting*) pitturare; (*by wallpapering*) tappezzare **2.** (*honor*) decorare **II.** *vi*
1. (*paint*) pitturare **2.** (*wallpaper*) tappezzare
decoration [ˌdekəˈreɪʃən] *n* decorazione *f*
decorative [ˈdekərətɪv] *adj* decorativo, -a
decorator [ˈdekəreɪtər] *n* imbianchino *m;*
(*with wallpaper*) tappezziere *m*
decorous [ˈdekəəs] *adj form* decoroso, -a
decorum [dɪˈkɔːrəm] *n form* decoro *m*
decoy [ˈdiːkɔɪ] **I.** *n a. fig* esca *f;* **to act as a ~**
fare da esca **II.** *vt* attirare con un tranello
decrease¹ [dɪˈkriːs] **I.** *vi* diminuire; (*prices*)
calare **II.** *vt* diminuire
decrease² [ˈdiːkriːs] *n* diminuzione *f*
decree [dɪˈkriː] **I.** *n* **1.** (*command*) decreto *m;*
to issue a ~ emanare un decreto **2.** LAW sentenza *f* **II.** *vt* decretare
decrepit [dɪˈkrepɪt] *adj* decrepito, -a; (*house*)
fatiscente
decrepitude [dɪˈkrepɪtuːd] *n* decrepitezza *f*
decriminalize [ˌdiːˈkrɪmɪnəlaɪz] *vt* depenalizzare
decry [dɪˈkraɪ] *vt* condannare
dedicate [ˈdedɪkeɪt] *vt* **1.** (*devote*) **to ~ oneself to sth** dedicarsi a qc; **to ~ one's life to
sth** dedicare la propria vita a qc **2.** (*book,
poem, song*) **to ~ sth to sb** dedicare qc a qn
3. (*formally open*) inaugurare; (*a church*) dedicare
dedicated *adj* coscienzioso, -a
dedication [ˌdedɪˈkeɪʃən] *n* **1.** (*devotion*)
dedizione *f* **2.** (*inscription*) dedica *f* **3.** (*official
opening*) inaugurazione *f;* (*of a church*) dedica *f*
deduce [dɪˈduːs] *vt* dedurre

deducible [dɪˈduːsəbl] *adj* deducibile
deduct [dɪˈdʌkt] *vt* dedurre
deductible *adj* deducibile
deduction [dɪˈdʌkʃən] *n* detrazione *f;* **$1000
after ~s** 1000 dollari netti
deductive [dɪˈdʌktɪv] *adj* deduttivo, -a
deed [diːd] *n* **1.** (*act*) azione *f;* (*remarkable*)
impresa *f;* **in word and ~** di nome e di fatto
2. LAW atto *m*
deejay [ˈdiːdʒeɪ] *n inf* deejay *mf inv*
deem [diːm] *vt form* considerare; **he was ~ed
to be of sound mind** è stato giudicato capace
di intendere e di volere
deep [diːp] **I.** *adj* **1.** (*not shallow*) profondo, -a
2. (*full*) **to take a ~ breath** respirare a fondo
3. (*extending back*) profondo, -a; **the drawer
is 2 feet ~** il cassetto è largo 2 piedi
4. (*extreme: love, disappointment*) profondo,
-a; **in ~ mourning** in lutto stretto; **to be in ~
trouble** esser nei guai fino al collo *inf*
5. (*absorbed by*) **to be in ~ thought** esser
immerso nei propri pensieri **6.** *inf* (*hard to
understand*) complesso, -a **7.** (*low in pitch*)
grave **8.** (*dark*) intenso, -a; **~ red** rosso scuro
II. *adv* **1.** (*far down*) in profondità; **~ in the
forest** nel cuore della foresta **2.** (*extremely*)
profondamente; **to be ~ in debt** essere nei
debiti fino al collo ▶ **to dig ~** scavare in profondità; **to go ~ into sth** andare a fondo di qc
III. *n liter* **the ~** il mare; **in the ~ of winter**
nel cuore dell'inverno
deepen [ˈdiːpən] **I.** *vt* **1.** (*make deeper*) rendere più profondo **2.** (*increase*) aumentare;
(*knowledge*) approfondire **II.** *vi* **1.** (*become
deeper*) farsi più profondo **2.** (*increase*)
aumentare **3.** (*become lower in pitch*) diventare più profondo **4.** (*color*) intensificarsi
deep freeze *n* congelatore *m*
deep-frozen *adj* surgelato, -a
deep-fry *vt* friggere in olio abbondante
deeply *adv* profondamente; **to be ~ interested in sth** avere un forte interesse per qc
deepness *n* profondità *f*
deep-rooted *adj* (*well-established*) profondamente radicato, -a
deep-sea *adj* d'alto mare
deep-seated *adj* profondamente radicato, -a
deep space *n* AVIAT spazio *m* profondo
deer [dɪr] *n inv* cervo *m*
deerstalker [ˈdɪrˌstɔːkə] *n* berretto *m* alla
Sherlock Holmes
deface [dɪˈfeɪs] *vt* deturpare; (*a wall*) imbrattare; (*a stamp*) annullare
defamation [ˌdefəˈmeɪʃən] *n* diffamazione *f*
defamatory [dɪˈfæmətɔːri] *adj* diffamatorio, -a
defame [dɪˈfeɪm] *vt* diffamare
default [dɪˈfɔːlt] **I.** *vi* **1.** FIN essere inadempiente; **to ~ on a loan** non restituire un prestito **2.** LAW essere contumace **3.** SPORTS abbandonare **II.** *n* **1.** (*failure to do sth*) inadempienza *f* **2.** LAW **judgement by ~** sentenza *f*
contumaciale; **to win a case by ~** vincere in

D

contumacia **3.**(*pre-selected option*) **by ~** automaticamente **4.**(*absence*) **in ~ of any better alternative ...** in assenza di migliori alternative ...

default value *n* COMPUT valore *m* di default

defeat [dɪ·'fiːt] **I.** *vt* sconfiggere; (*hopes*) deludere; (*a proposal*) respingere **II.** *n* **1.**(*loss*) sconfitta *f;* **to admit ~** darsi per vinto **2.**(*of plans*) fallimento *m*

defeatism [dɪ·'fiː·ˌtɪ·zəm] *n* disfattismo *m*

defeatist *adj* disfattista

defecate ['de·fə·keɪt] *vi* MED defecare

defecation [ˌde·fə·'keɪ·ʃən] *n* MED defecazione *f*

defect[1] ['diː·fekt] *n a.* TECH, MED difetto *m*

defect[2] [dɪ·'fekt] *vi* POL (*from a country*) fuggire; (*from the army*) disertare

defection [dɪ·'fek·ʃən] *n* POL defezione *f;* MIL diserzione *f*

defective [dɪ·'fek·tɪv] *adj* difettoso, -a

defend [dɪ·'fend] **I.** *vt* **1.**(*protect*) difendere; **to ~ oneself (from sb/sth)** difendersi (da qn/qc) **2.** *a.* LAW difendere **3.** SPORTS (*a title*) difendere **II.** *vi* **1.** LAW **who is ~ing in that case?** chi è l'avvocato difensore in quella causa? **2.** SPORTS (*play defense*) difendere

defendant [dɪ·'fen·dənt] *n* LAW (*in a civil case*) convenuto, -a *m, f;* (*in a criminal case*) imputato, -a *m, f*

defense [dɪ·'fens] *n* **1.**(*against attack*) difesa *f;* **to rush to sb's ~** accorrere in difesa di qn; **the body's ~s** MED le difese dell'organismo **2.** LAW **the ~** la difesa; **counsel for the ~** avvocato *m* difensore **3.** SPORTS **to play ~** giocare in difesa

defenseless [dɪ·'fens·ləs] *adj* indifeso, -a

defense mechanism *n* PSYCH meccanismo *m* di difesa

defensible [dɪ·'fen·tsə·bl] *adj* **1.**(*against attack*) difendibile **2.**(*justifiable*) giustificabile

defensive [dɪ·'fent·sɪv] **I.** *adj* difensivo, -a; **she's very ~ about her family background** si mette subito sulla difensiva quando si parla della sua situazione familiare **II.** *n* **to be/go on the ~** essere/mettersi sulla difensiva

defer [dɪ·'fɜːr] <-rr-> *vt* rinviare

deference ['de·fə·rənts] *n* deferenza *f*

deferential [ˌde·fə·'ren·tʃəl] *adj* deferente

deferred *adj* (*exam*) rinviato, -a; (*annuity, interest*) differito, -a; **~ payment** pagamento dilazionato

defiance [dɪ·'fa·rənts] *n* sfida *f;* **in ~ of sth** a dispetto di qc

defiant [dɪ·'fa·rənt] *adj* **1.**(*person*) ribelle **2.**(*attitude*) di sfida

deficiency [dɪ·'fɪ·ʃənt·si] *n* (*shortage*) scarsità *f;* (*of funds*) mancanza *f;* (*of nutrients*) carenza *f*

deficient [dɪ·'fɪ·ʃənt] *adj* carente; **to be ~ in sth** essere carente di qc

deficit ['de·fɪ·sɪt] *n* deficit *m inv*

defile [dɪ·'faɪl] **I.** *vt form* **1.**(*spoil*) rovinare;

(*reputation*) macchiare **2.**(*desecrate*) profanare **II.** *n* gola *f*

define [dɪ·'faɪn] *vt* **1.**(*give definition of*) definire **2.**(*explain*) definire; (*rights*) stabilire **3.**(*characterize*) caratterizzare **4.**(*clearly show*) **the outline of the skyscraper castle was clearly ~d against the sky** il grattacielo si stagliava nettamente contro il cielo

definite ['de·fɪ·nət] *adj* **1.**(*certain*) sicuro, a; (*date*) stabilito, -a; (*opinion*) chiaro, -a; **to be ~ about sth** essere chiaro in merito a qc; **it's ~ that ...** non c'è dubbio che ... **2.**(*clearly defined*) definitivo, -a

definite article *n* articolo *m* determinativo

definitely *adv* di sicuro

definition [ˌde·fɪ·'nɪ·ʃən] *n* **1.** definizione *f* **2. her ideas lack ~** le sue idee non sono molto chiare

definitive [dɪ·'fɪ·nə·ţɪv] *adj* **1.**(*final*) definitivo, -a **2.**(*best*) autorevole

definitively *adv* definitivamente

deflate [dɪ·'fleɪt] **I.** *vt* **1.**(*let air out of*) sgonfiare **2.**(*reduce*) ridurre; (*hopes*) distruggere **3.**(*cause to lose confidence*) avvilire **4.** ECON, FIN deflazionare **II.** *vi* sgonfiarsi

deflation [dɪ·'fleɪ·ʃən] *n* **1.**(*act of deflating*) sgonfiamento *m* **2.** ECON, FIN deflazione *f* **3.**(*reduction*) caduta *f*

deflationary *adj* deflazionistico, -a

deflect [dɪ·'flekt] **I.** *vt* far deviare **II.** *vi* (*change direction of*) **to ~ off sth** deviare da qc

deflection [dɪ·'flek·ʃən] *n* deviazione *f*

defog [ˌdiː·'fɔːg] *vt* (*window*) sbrinare

defogger [ˌdiː·'fɔː·gɚ] *n* AUTO sbrinatore *m*

defoliant [ˌdiː·'foʊ·li·ənt] *n* defogliante *m*

defoliate [ˌdiː·'foʊ·li·eɪt] *vt* defogliare

deforest [ˌdiː·'fɔː·rɪst] *vt* disboscare

deforestation [diː·ˌfɔː·rɪ·'steɪ·ʃən] *n* disboscamento *m*

deform [dɪ·'fɔːrm] **I.** *vt* deformare; (*person*) sfigurare **II.** *vi* deformarsi; (*person*) rimanere sfigurato

deformation [ˌdiː·fɔːr·'meɪ·ʃən] *n* deformazione *f;* (*of a person*) deformità *f*

deformed *adj* deforme

deformity [dɪ·'fɔːr·mə·ţi] *n* deformità *f*

defraud [dɪ·'frɔːd] *vt* defraudare; **to ~ sb (of sth)** defraudare qn (di qc)

defray [dɪ·'freɪ] *vt form* (*costs, expenses*) rimborsare

defrost [ˌdiː·'frɔːst] **I.** *vt* (*food*) scongelare; (*fridge, windshield*) sbrinare **II.** *vi* (*food*) scongelarsi; (*fridge*) sbrinarsi

deft [deft] *adj* abile; **to be ~ at sth** essere abile in qc

defunct [dɪ·'fʌŋkt] *adj* (*dead*) defunto, -a; (*idea*) superato, -a; (*institution*) non più in esistenza

defy [dɪ·'faɪ] *vt* **1.**(*challenge: gravity, authority*) sfidare **2.**(*resist*) resistere a; **it defies description** è indescrivibile **3.**(*disobey*) disobbedire a

deg. *abbr of* **degree** grado *m*

degenerate¹ [dɪ'dʒeˑnəˑreɪt] *vi* degenerare; **to ~ into sth** degenerare in qc
degenerate² [dɪ'dʒeˑnəˑrət] I. *adj* degenerato, -a II. *n* degenerato, -a *m, f*
degeneration [dɪˌdʒeˑnəˑ'reɪˑʃən] *n* degenerazione *f*
degrade [dɪ'greɪd] I. *vt* 1. *a.* CHEM degradare; **to ~ oneself** degradarsi 2. (*decompose: leaves, garbage*) degradare II. *vi* deteriorarsi
degree [dɪ'griː] *n* 1. MATH, METEO grado *m;* **5 ~s below zero** 5 gradi sotto zero; **first/second ~ murder** LAW omicidio di primo/secondo grado; **first/second ~ burns** MED ustioni di primo/secondo grado 2. (*amount*) livello *m* 3. (*extent*) **I agree with you to some ~** son d'accordo con te fino a un certo punto; **by ~s** gradualmente; **to the last ~** al massimo 4. UNIV laurea *f;* **to have a ~ in sth** essere laureato in qc; **she's got a physics ~ from UCLA** si è laureata in fisica alla UCLA; **to have a master's ~ in sth** avere un master in qc; **to do a ~ in chemistry** prendere una laurea in chimica
dehumanize [ˌdiː'hjuːˑməˑnaɪz] *vt* disumanizzare
dehydrate [ˌdiːˑhaɪ'dreɪt] I. *vt* disidratare II. *vi* MED disidratarsi
dehydrated *adj* disidratato, -a; (*milk*) in polvere; **to become ~** disidratarsi
dehydration [ˌdiːˑhaɪ'dreɪˑʃən] *n* MED disidratazione *f*
deice [ˌdiːˑ'aɪs] *vt* liberare dal ghiaccio
deign [deɪn] *vi* **to ~ to do sth** degnarsi di fare qc
deism ['diːˑɪˑzəm] *n* deismo *m*
deity ['diːˑəˑt̬i] *n* divinità *f*
deject [dɪ'dʒekt] *vt* avvilire
dejected *adj* avvilito, -a
dejection [dɪ'dʒekˑʃən] *n* avvilimento *m*
delay [dɪ'leɪ] I. *vt* rimandare; **to be ~ed** subire un ritardo; **to ~ doing sth** tardare a fare qc II. *vi* ritardare; **to ~ in doing sth** tardare a fare qc; **don't ~!** non perder tempo! III. *n* ritardo *m;* **without ~** senza perder tempo; **a two-hour ~** un ritardo di due ore
delayed-action *adj* a scoppio ritardato
delaying tactics *npl* tattiche *fpl* dilatorie
delectable [dɪ'lekˑtəˑbl] *adj* dilettevole; (*food, taste, person*) delizioso, -a
delectation [ˌdiːˑlekˑ'teɪˑʃən] *n form* diletto *m;* **for the public's ~** per la gioia del pubblico
delegate¹ ['deˑlɪˑgət] *n a.* POL delegato, -a *m, f*
delegate² ['deˑlɪˑgeɪt] *vt* delegare
delegation [ˌdeˑlɪˑ'geɪˑʃən] *n* delegazione *f*
delete [dɪ'liːt] *vt* 1. (*erase*) cancellare 2. COMPUT cancellare
deletion [dɪ'liːˑʃən] *n* 1. (*act of erasing*) cancellazione *f* 2. (*removal*) soppressione *f*
deli ['deˑli] *n inf s.* delicatessen
deliberate¹ [dɪ'lɪˑbəˑrət] *adj* 1. (*intentional*) deliberato, -a 2. (*cautious: decision*) ponderato, -a 3. (*unhurried*) posato, -a
deliberate² [dɪ'lɪˑbəˑreɪt] I. *vi* **to ~ on sth**

riflettere su qc; **to ~ on a case** deliberare su un caso II. *vt* deliberare
deliberately *adv* 1. (*intentionally*) deliberatamente 2. (*unhurriedly*) posatamente
deliberation [dɪˌlɪˑbəˑ'reɪˑʃən] *n* 1. (*formal discussion*) discussione *f* 2. (*consideration*) riflessione *f;* **after due ~** dopo lunga riflessione 3. (*unhurried manner*) posatezza *f*
delicacy ['deˑlɪˑkəˑsi] *n* 1. (*tact*) tatto *m* 2. (*trickiness*) **the ~ of the situation** la delicatezza della situazione 3. (*food*) manicaretto *m*
delicate ['deˑlɪˑkət] *adj* 1. (*fragile*) delicato, -a; **to be in ~ health** essere delicato di salute 2. (*fine*) raffinato, -a; (*balance*) delicato, -a 3. (*soft: aroma, color*) delicato, -a 4. (*tricky: situation*) delicato, -a 5. (*highly sensitive*) sensibile
delicatessen [ˌdeˑlɪˑkəˑ'teˑsən] *n* gastronomia *f*
delicious [dɪ'lɪˑʃəs] *adj* delizioso, -a
delight [dɪ'laɪt] I. *n* piacere *m;* **to do sth with ~** far qc con piacere; **to take ~ in sth** trarre piacere da qc II. *vt* deliziare; **to be ~ed with sth** essere contentissimo di qc
◆**delight in** *vi* **to ~ doing sth** dilettarsi nel fare qc
delighted *adj* felicissimo, -a
delightful [dɪ'laɪtˑfəl] *adj* delizioso, -a; (*person*) incantevole
delimit [dɪ'lɪˑmɪt] *vt* delimitare
delineate [dɪ'lɪˑniˑeɪt] *vt* 1. (*draw*) delineare 2. (*describe: plan*) tracciare; (*character*) delineare
delinquency [dɪ'lɪŋˑkwəntˑsi] *n* delinquenza *f*
delinquent [dɪ'lɪŋˑkwənt] I. *n* LAW delinquente *mf;* **juvenile ~** delinquente minorile II. *adj* 1. (*behavior*) delinquenziale 2. (*account*) insoluto, -a
delirious [dɪ'lɪˑriˑəs] *adj* **to be ~** delirare; **to be ~ with joy** *fig, inf* essere pazzo, -a di gioia
deliriously *adv* 1. MED dissennatamente; **she raves ~** farnetica in delirio 2. *fig, inf* follemente; **she was ~ happy** era pazza di gioia *inf*
delirium [dɪ'lɪˑriˑəm] *n* delirio *m*
deliver [dɪ'lɪˑvɚ] I. *vt* 1. (*hand over*) consegnare; (*mail, letter, package*) recapitare 2. (*recite: lecture, speech*) tenere; (*verdict*) pronunciare 3. (*direct*) **to ~ a blow to sb's head** assestare un colpo sulla testa a qn; **he ~ed a sharp rebuke to his son** ha fatto un aspro rimprovero al figlio 4. SPORTS (*throw*) lanciare 5. (*give birth to*) **to ~ a baby** (*mother*) dare alla luce un bambino; (*doctor*) far nascere un bambino 6. (*save*) liberare 7. (*produce*) **to ~ a promise** tener fede a una promessa; **to ~ the goods** mantenere la parola II. *vi* 1. COM **we ~** si fanno consegne a domicilio 2. *inf* (*make good on*) **to ~ on sth** mantenere qc 3. (*give birth*) partorire
◆**deliver of** *vt* **to deliver oneself of sth** esprimere qc

D

deliverance [dɪ·'lɪ·və·rənts] *n* liberazione *f*
deliverer *n* liberatore, -trice *m, f*
delivery [dɪ·'lɪ·və·ri] *n* **1.** (*distribution*) consegna *f;* ~ **charges** spese *fpl* di consegna; ~ **man** fattorino *m;* ~ **woman** fattorina *f;* **to pay on** ~ pagare alla consegna; **to take** ~ **of sth** ricevere qc **2.** (*manner of speaking*) dizione *f* **3.** SPORTS lancio *m* **4.** (*birth*) parto *m*
delivery room *n* sala *f* parto
delivery service *n* servizio *m* di consegne a domicilio
delivery truck *n* furgone *m* per le consegne
delta ['del·tə] *n* GEO delta *m inv*
delta wing *n* AVIAT ala *f* a delta
delude [dɪ·'lu:d] *vt* illudere; **to** ~ **sb into believing sth** indurre qn a credere qc
deluge ['de·lju:dʒ] I. *n a. fig* diluvio *m* II. *vt a. fig* inondare; **to be** ~**d with tears** essere inondato di lacrime; **she is** ~**d with offers** è sommersa dalle offerte
delusion [dɪ·'lu:·ʒən] *n* **1.** (*wrong idea*) illusione *f;* **to labor under a** ~ essere vittima di un'illusione **2.** PSYCH allucinazione *f;* ~**s of grandeur** manie *fpl* di grandezza **3.** (*deceit*) inganno *m*
deluxe [dɪ·'lʌks] *adj* di lusso
delve [delv] *vi* **1.** (*explore*) **to** ~ **into sth** scavare a fondo in qc **2.** (*rummage*) rovistare
demagog *n s.* **demagogue**
demagogic [ˌde·mə·'ga:·dʒɪk] *adj* demagogico, -a
demagogue ['de·mə·ga:g] *n* demagogo, -a *m, f*
demagoguery [ˌde·mə·'ga:·dʒə·i] *n*, **demagogy** ['de·mə·ga:·dʒi] *n* demagogia *f*
demand [dɪ·'mænd] I. *vt* **1.** (*ask for forcefully*) esigere; (*a right*) rivendicare; **to** ~ **that...** esigere che ... +*conj;* **she demanded to see the person in charge** ha preteso di vedere un responsabile **2.** (*require*) richiedere II. *n* **1.** (*insistent request*) richiesta *f;* ~ **for independence** richiesta di indipendenza; **to make a** ~ **on sth** richiedere qc; **to make a** ~ **that ...** richiedere che ... +*conj;* **to make heavy** ~**s on sb's time** portar via gran parte del tempo di qn; **to meet a** ~ **for sth** soddisfare le richieste di qn; **by popular** ~ richiesta a furor di popolo; **on** ~ su richiesta **2.** COM domanda *f;* **payable on** ~ pagabile a vista; **to be in** ~ (*object, person*) essere richiesto
demanding *adj* esigente
demand note *n* cambiale *f* a vista
demarcate [di:·'ma:r·keɪt] *vt* demarcare
demarcation [ˌdi:·ma:r·'keɪ·ʃən] *n* demarcazione *f*
demarcation line *n* MIL, POL linea *f* di demarcazione
demean [dɪ·'mi:n] *vt* degradare; **to** ~ **oneself** abbassarsi
demeaning *adj* degradante
demeanor [dɪ·'mi:·nɚ] *n* (*behavior*) condotta *f;* (*bearing*) portamento *m*

demented [dɪ·'men·tɪd] *adj* MED demente; *fig, inf* pazzo, -a
dementia [dɪ·'men·ʃə] *n* MED demenza *f*
demerit [dɪ·'me·rɪt] *n* **1.** SCHOOL nota *f* di biasimo **2.** (*fault*) demerito *m*
demesne [dɪ·'meɪn] *n* **1.** LAW proprietà *f* **2.** (*domain*) dominio *m*
demigod ['de·mi·ga:d] *n* semidio *m*
demilitarize [ˌdi:·'mɪ·lɪ·tə·raɪz] *vt* demilitarizzare
demise [dɪ·'maɪz] *n* **1.** (*death*) decesso *m* **2.** *fig* (*end*) fine *f;* (*of a company*) chiusura *f*
demo ['de·moʊ] *n inf s.* **demonstration** **1.** (*act of showing*) dimostrazione *f* **2.** (*protest*) manifestazione *f*
demobilize [ˌdi:·'moʊ·bə·laɪz] I. *vt* smobilitare II. *vi* smobilitare
democracy [dɪ·'ma:·krə·si] *n* democrazia *f*
democrat ['de·mə·kræt] *n* democratico, -a *m, f*
democratic [ˌde·mə·'kræ·t̬ɪk] *adj* democratico, -a
democratization [dɪ·ˌma:·krə·t̬ɪ·'zeɪ·ʃən] *n* democratizzazione *f*
democratize [dɪ·'ma:·krə·taɪz] *vt* democratizzare
demolish [dɪ·'ma:·lɪʃ] *vt a. fig* demolire
demolition [ˌde·mə·'lɪ·ʃən] *n* demolizione *f*
demon ['di:·mən] *n* **1.** (*evil spirit*) demonio *m* **2.** (*destructive force*) demone *m* ▶ **to be a** ~ **at sth** *inf* essere un asso in qc; **to work like a** ~ lavorare come un matto
demoniac [dɪ·'moʊ·ni·æk] *adj*, **demonic** [dɪ·'ma:·nɪk] *adj* **1.** (*devilish*) demoniaco, -a **2.** (*evil*) diabolico, -a
demonstrable [dɪ·'ma:nts·trə·bl] *adj* dimostrabile
demonstrate ['de·mən·streɪt] I. *vt* (*show clearly*) mostrare; (*prove*) dimostrare; **to** ~ **that ...** dimostrare che ... II. *vi* POL manifestare
demonstration [ˌde·mən·'streɪ·ʃən] *n* **1.** (*act of showing*) dimostrazione *f;* **she gave him a kiss as a** ~ **of her affection** gli ha dato un bacio in segno d'affetto **2.** (*march*) manifestazione *f;* **to hold a** ~ tenere una manifestazione
demonstrative [dɪ·'ma:ns·trə·t̬ɪv] *adj* **1.** (*illustrative*) dimostrativo, -a **2.** (*expressing feelings*) espansivo, -a
demonstrator ['de·mən·streɪ·t̬ɚ] *n* **1.** (*of a product*) dimostratore, -trice *m, f* **2.** (*protester*) dimostrante *mf*
demoralize [dɪ·'mɔː·rə·laɪz] *vt* demoralizzare
demote [dɪ·'moʊt] *vt* retrocedere; MIL degradare
demure [dɪ·'mjʊr] *adj* **1.** (*modest, shy*) schivo, -a **2.** (*affectedly modest*) vezzoso, -a
den [den] *n* **1.** (*animal habitation*) tana *f* **2.** *a. iron* (*place for vice*) covo *m;* **a** ~ **of thieves** un covo di ladri **3.** (*small room*) soggiorno *m* **4.** (*in cub scouts*) tana *f*
denationalize [ˌdi:·'næ·ʃə·nə·laɪz] *vt* denazionalizzare
denial [dɪ·'na·ɪəl] *n* **1.** (*act of refuting*) nega-

zione *f* **2.**(*refusal*) rifiuto *m* **3.**(*of a right*) negazione *f* **4.**(*rejection*) smentita *f*; **to issue a ~ of** sth smentire qc

denigrate ['de·nɪ·greɪt] *vt* denigrare

denim ['de·nɪm] *n* **1.**(*cloth*) tela *f* jeans **2.** *pl, inf*(*clothes*) jeans *mpl*

denim jacket *n* giubbotto *m* di jeans

denim shirt *n* camicia *f* jeans

Denmark ['den·mɑːrk] *n* Danimarca *f*

denomination [dɪ·ˌnɑː·məˈneɪ·ʃən] *n* **1.**(*religious group*) confessione *f* **2.**(*unit of value*) valore *m*

denominational [dɪ·ˌnɑː·məˈneɪ·ʃə·nl] *adj* confessionale

denominator [dɪˈnɑː·mə·neɪ·t̮ɚ] *n* denominatore *m*

denotation [ˌdiː·noʊˈteɪ·ʃən] *n* denotazione *f*

denote [dɪˈnoʊt] *vt* **1.**(*indicate*) denotare **2.**(*show: displeasure*) mostrare

denouement [deɪˈnuː·mɑːŋ] *n* epilogo *m*

denounce [dɪˈnaʊnts] *vt* **1.**(*condemn*) condannare **2.**(*give information against*) denunciare

dense [dents] *adj* **1.**(*thick*) fitto, -a **2.**(*closely packed*) denso, -a; (*compact*) compatto, -a **3.**(*complex*) complesso, -a **4.** *inf* (*stupid*) ottuso, -a

densely *adv* densamente

density ['den·tsə·t̮i] *n* **1.**(*compactness*) densità *f*; **to be high/low in ~** essere ad alta/ bassa densità **2.**(*complexity*) spessore *m*

dent [dent] **I.** *n* **1.**(*mark*) ammaccatura *f* **2.**(*adverse effect*) tacca *f* **II.** *vt* **1.**(*put a dent in*) ammaccare **2.**(*have adverse effect on: confidence*) intaccare

dental ['den·tl̩] *adj* (*treatment, care*) dentistico, -a; (*problem, disease*) dentario, -a; **a ~ appointment** un appuntamento dal dentista

dental floss *n* filo *m* interdentale

dentist ['den·tɪst] *n* dentista *mf*

dentistry ['den·tɪst·ri] *n* odontoiatria *f*

dentition [den·ˈtɪ·ʃən] *n* dentizione *f*

dentures ['den·tʃɚz] *npl* protesi *f* dentaria *inv*

denude [dɪˈnuːd] *vt* (*surface*) denudare

denunciation [dɪ·nʌn·tsiˈeɪ·ʃən] *n* **1.**(*condemnation*) condanna *f* **2.**(*accusation*) denuncia *f*

deny [dɪˈnaɪ] *vt* **1.**(*declare untrue*) negare; (*report*) smentire; **to ~ having done sth** negare di aver fatto qc; **he denies that she saw it** nega di averlo visto **2.**(*refuse*) rifiutare; **to ~ oneself sth** privarsi di qc; **to ~ sb a privilege** negare a qn un privilegio; **to ~ sb a right** negare a qn un diritto **3.**(*disown*) rinnegare

deodorant [di·ˈoʊ·də·rənt] *n* deodorante *m*

deodorize [di·ˈoʊ·də·raɪz] *vt* deodorare

dep. 1. *abbr of* **department** dip. **2.** *abbr of* **deputy** deputato

depart [dɪˈpɑːrt] **I.** *vi* partire **II.** *vt* **to ~ this life** lasciare questa vita

◆ **depart from** *vi* allontanarsi da

departed I. *adj* **1.**(*dead*) defunto, -a **2.**(*past:*

era, triumph) passato, -a **II.** *n pl* **the ~** i defunti; **to mourn the ~** piangere i morti

department [dɪˈpɑːrt·mənt] *n* **1.**(*division: of a university, company*) dipartimento *m*; (*of a shop*) reparto *m* **2.** ADMIN, POL ministero *m*; **~ of Health and Human Services** ≈ Ministero *m* della Sanità **3.** *inf* (*domain*) ramo *m*

departmental [ˌdiː·pɑːrtˈmen·tl̩] *adj* dipartimentale

department store *n* grandi *mpl* magazzini

departure [dɪˈpɑːr·tʃɚ] *n* **1.**(*act of leaving*) partenza *f*; **~ from politics** allontanamento *m* dalla politica; **to make one's ~** allontanarsi **2.**(*deviation*) svolta *f*; (*new undertaking*) nuova fase *f*; **to be a new ~ for sb/sth** essere una nuova fase per qn/qc

departure gate *n* AVIAT uscita *f*

departure lounge *n* AVIAT sala *f* d'imbarco

departure time *n* orario *m* di partenza

depend [dɪˈpend] *vi* **1.**(*be determined by*) to **~ on sth** dipendere da qc; **to ~ on sb** dipendere da qn; **~ing on the weather...** a seconda del tempo ... **2.**(*rely on for aid*) **she depends on her father for money** dipende economicamente dal padre **3.**(*trust*) **to ~ on sb/sth** contare su qn/qc

dependability [dɪ·ˌpen·də·ˈbɪ·lə·t̮i] *n* affidabilità *f*

dependable [dɪˈpen·də·bl̩] *adj* (*thing*) affidabile; (*person*) fidato, -a

dependence [dɪˈpen·dənts] *n* dipendenza *f*

dependency *n* **1.**(*overreliance*) dipendenza *f* **2.**(*dependent state*) possedimento *m*; **Puerto Rico is a U.S. ~** Portorico è un possedimento statunitense

dependent [dɪˈpen·dənt] **I.** *adj* **1.**(*conditional*) **to be ~ on sb/sth** dipendere da qn/qc **2.**(*in need of*) dipendente; **to be ~ on sth** dipendere da qc; **to be ~ on drugs** essere farmacodipendente; **she has two ~ children** ha due figli a carico **II.** *n* persona *f* a carico

depict [dɪˈpɪkt] *vt* rappresentare

depiction [dɪˈpɪk·ʃən] *n* rappresentazione *f*

depilatory [dɪˈpɪ·lə·tɔː·ri] **I.** *n* depilatorio *m* **II.** *adj* depilatorio, -a

depilatory cream *n* crema *f* depilatoria

deplete [dɪˈpliːt] *vt* ridurre

depleted *adj* esaurito, -a; (*soil*) impoverito, -a

depletion [dɪˈpliː·ʃən] *n* (*of resources*) esaurimento *m*; (*of money*) dissipazione *f*; (*of nutrients*) impoverimento *m*; **~ of the ozone layer** assottigliamento *m* dello strato d'ozono

deplorable [dɪˈplɔː·rə·bl̩] *adj* deplorevole

deplore [dɪˈplɔːr] *vt* deplorare

deploy [dɪˈplɔɪ] *vt* (*resources*) impiegare; (*troops*) schierare; (*skills*) utilizzare

deployment [dɪˈplɔɪ·mənt] *n* impiego *m*; (*of troops*) schieramento *m*

depopulate [ˌdiː·ˈpɑː·pjə·leɪt] *vt* spopolare

deport [dɪˈpɔːrt] *vt* espellere

deportation [ˌdiː·pɔːrˈteɪ·ʃən] *n* espulsione *f*

deportee [ˌdiː·pɔːrˈtiː] *n* deportato, -a *m, f*

deportment [dɪˈpɔːrt·mənt] *n* portamento *m*

D

D

depose [dɪˈpoʊz] *vt* deporre
deposit [dɪˈpɑːzɪt] I. *vt* 1. (*leave*) depositare; (*eggs*) deporre; **the bus ~ed me in the middle of nowhere** l'autobus mi ha lasciato a casa di nessuno 2. FIN (*store, pay into account*) depositare; **to ~ $1000** depositare 1000 dollari II. *n* 1. (*sediment*) deposito *m* 2. GEO giacimento *m* 3. (*first payment*) acconto *m;* **to make a ~** effettuare un versamento; **to leave a ~** lasciare un acconto; **to leave sth as a ~** lasciare qc in acconto; **on ~** in deposito
deposition [ˌde·pə·ˈzɪ·ʃən] *n* 1. (*removal from power*) deposizione *f* 2. LAW deposizione *f;* **to file a ~** dare una deposizione
depositor [dɪˈpɑːzə·tɚ] *n* depositante *mf*
depot [ˈdiː·poʊ] *n* 1. (*station*) stazione *f* 2. (*storehouse*) magazzino *m;* (*for vehicles*) deposito *m*
deprave [dɪˈpreɪv] *vt* depravare
depraved *adj* depravato, -a
depravity [dɪˈpræ·və·t̬i] *n* depravazione *f*
deprecate [ˈde·prə·keɪt] *vt* 1. (*disapprove of*) deprecare 2. (*belittle*) denigrare
deprecating *adj* 1. (*disapproving*) che disapprova 2. (*belittling*) denigratorio, -a
deprecation [ˌde·prə·ˈkeɪ·ʃən] *n* 1. (*disapproval*) disapprovazione *f* 2. (*belittlement*) denigrazione *f*
deprecatory [ˈde·prə·kə·tɔː·ri] *adj s.* **deprecating**
depreciate [dɪˈpriː·ʃi·eɪt] I. *vi* svalutarsi II. *vt* svalutare
depreciation [dɪˌpriː·ʃi·ˈeɪ·ʃən] *n* svalutazione *f*
depredation [ˌde·prə·ˈdeɪ·ʃən] *n* depredazione *f*
depress [dɪˈpres] *vt* 1. (*sadden*) deprimere; **it ~es me that ...** mi deprime che ... +*conj* 2. (*reduce activity of*) ridurre; (*the economy*) deprimere; (*prices*) far abbassare 3. (*press down*) premere
depressant I. *n* sedativo *m* II. *adj* deprimente
depressed *adj* 1. (*sad*) depresso, -a; **to feel ~** sentirsi depresso 2. (*impoverished: period*) di depressione; (*area*) depresso, -a; (*economy*) in crisi
depressing *adj* deprimente
depression [dɪˈpre·ʃən] *n* 1. *a.* METEO, FIN depressione *f* 2. (*hollow*) avvallamento *m*
depressive [dɪˈpre·sɪv] I. *n* depresso, -a *m, f* II. *adj* depressivo, -a
deprivation [ˌde·prɪ·ˈveɪ·ʃən] *n* privazioni *fpl*
deprive [dɪˈpraɪv] *vt* privare; (*of dignity*) spogliare; **to ~ sb of sth** privare qn di qc
deprived *adj* svantaggiato, -a
depth [depθ] *n* 1. *a. fig* profondità *f;* **in the ~s of her heart** nel profondo del cuore; **in the ~ of winter** in pieno inverno; **in the ~s of the forest** nel cuore della foresta; **in the ~s of solitude** nella più profonda solitudine 2. (*intensity*) intensità *f* 3. (*low sound*) gravità *f* ▸ **in ~** a fondo
depth charge *n* carica *f* di profondità

deputation [ˌdep·jə·ˈteɪ·ʃən] *n* + *sing/pl vb* delegazione *f*
depute [dɪˈpjuːt] *vt* 1. (*appoint*) assegnare 2. (*delegate*) **to ~ sth to sb** delegare qc a qn
deputize [ˈdep·jə·taɪz] *vi* **to ~ for sb** sostituire qn
deputy [ˈdep·jə·t̬i] *n* (*assistant*) vice *mf;* (*in police department*) vicesceriffo *m*
derail [dɪˈreɪl] I. *vt a. fig* far deragliare II. *vi* deragliare
derailment [dɪˈreɪl·mənt] *n a. fig* deragliamento *m*
derange [dɪˈreɪndʒ] *vt* disturbare
deranged *adj* squilibrato, -a
derangement *n* squilibrio *m* mentale
derby [ˈdɜːr·bi] *n* 1. derby *m inv* 2. (*hat*) bombetta *f*
deregulation [ˌdɪ·reg·jə·ˈleɪ·ʃən] *n* deregolamentazione *f*
derelict [ˈde·rə·lɪkt] I. *adj* (*building*) fatiscente; (*site*) abbandonato, -a II. *n* (*person*) vagabondo, -a *m, f*
dereliction [ˌde·rə·ˈlɪk·ʃən] *n* 1. (*dilapidation*) abbandono *m* 2. (*deliberate neglect*) negligenza *f*
deride [dɪˈraɪd] *vt* deridere; **to ~ sb for doing sth** deridere qn perché fa qc
derision [dɪˈrɪ·ʒən] *n* derisione *f;* **to meet sth with ~** accogliere qc con derisione
derisive [dɪˈraɪ·sɪv] *adj* derisorio, -a
derisory [dɪˈraɪ·sə·ri] *adj* (*amount*) irrisorio, -a
derivation [ˌde·rɪ·ˈveɪ·ʃən] *n* 1. (*origin*) origine *f* 2. (*process of evolving*) derivazione *f*
derivative [dɪˈrɪ·və·t̬ɪv] I. *adj* derivato, -a; *pej* poco originale II. *n* derivato *m*
derive [dɪˈraɪv] I. *vt* **to ~ sth from sth** trarre qc da qc; **I ~ a lot of pleasure from working with children** il lavoro con i bambini mi dà grande gioia II. *vi* **to ~ from sth** derivare da qc
dermatitis [ˌdɜːr·mə·ˈtaɪ·t̬əs] *n* dermatite *f*
dermatologist *n* dermatologo, -a *m, f*
dermatology [ˌdɜːr·mə·ˈtɑː·lə·dʒi] *n* dermatologia *f*
derogate [ˈde·rə·geɪt] *vi* **to ~ from sth** sminuire qc
derogation [ˌde·rə·ˈgeɪ·ʃən] *n* disprezzo *m*
derogatory [dɪˈrɑː·gə·tɔː·ri] *adj* sprezzante
derrick [ˈde·rɪk] *n* 1. (*crane*) gru *f inv* 2. (*framework*) derrick *m inv,* torre *f* di trivellazione
desalinate [ˌdiː·ˈsæ·lɪ·neɪt] *vt* desalinizzare
desalination [diː·ˌsæ·lɪ·ˈneɪ·ʃən] *n* desalinizzazione *f*
desalination plant *n* impianto *m* di desalinizzazione
descale [ˌdiː·ˈskeɪl] *vt* disincrostare
descant [ˈdes·kænt] *n* MUS discanto *m*
descend [dɪˈsend] I. *vi* 1. (*go down*) scendere; (*fall*) calare 2. (*lower oneself*) **to ~ to stealing** abbassarsi a rubare 3. (*come from*) **to ~ from sb/sth** discendere da qn/qc II. *vt* scendere; (*a ladder*) scendere

descendant [dɪ'sen·dənt] *n* discendente *mf*

descent [dɪ'sent] *n* **1.** AVIAT discesa *f;* (*way down*) discesa *f* **2.** (*decline*) caduta *f* **3.** (*ancestry*) discendenza *f;* **of Irish ~** di origine irlandese

describe [dɪ'skraɪb] *vt* **1.** (*tell in words*) descrivere; **to ~ sb as stupid** definire qn uno stupido **2.** (*draw*) tracciare

description [dɪ'skrɪp·ʃən] *n* **1.** (*account*) descrizione *f;* **to answer a ~ of sb/sth** corrispondere a una descrizione di qn/qc **2.** (*sort*) sorta *f;* **of every ~** d'ogni tipo

descriptive [dɪ'skrɪp·tɪv] *adj* descrittivo, -a

desecrate ['de·sɪ·kreɪt] *vt* profanare

desecration [ˌde·sɪ·'kreɪ·ʃən] *n* profanazione *f*

desegregate [ˌdiː·'se·grɪ·geɪt] *vt* desegregare

desegregation [diː·ˌse·grɪ·'geɪ·ʃən] *n* desegregazione *f*

desensitize [ˌdiː·'sen·sɪ·taɪz] *vt a.* MED desensibilizzare

desert[1] [dɪ'zɜːrt] I. *vi* MIL disertare II. *vt* abbandonare; (*one's post*) lasciare; **to ~ sb** (**for sb else**) lasciare qn (per un'altra persona)

desert[2] ['de·zət] *n* deserto *m; ~* **plant/animal** pianta/animale del deserto

deserted *adj* **1.** (*place*) deserto, -a **2.** (*person*) abbandonato, -a

deserter *n* MIL disertore *m;* POL transfuga *mf*

desertification [dɪ·ˌzɜːr·tə·fɪ·'keɪ·ʃən] *n* desertificazione *f*

desertion [dɪ'zɜːr·ʃən] *n* MIL diserzione *f;* (*act of leaving*) abbandono *m*

deserts [dɪ'zɜːrts] *npl* **to get one's just ~** avere ciò che ci si merita

deserve [dɪ'zɜːrv] *vt* meritare; **what have I done to ~** (**all**) **this?** cos'ho fatto per meritare (tutto) questo?

deservedly *adv* meritatamente

deserving *adj* meritevole; **to be ~ of sth** esser degno, -a di qc

design [dɪ'zaɪn] I. *vt* **1.** (*plan*) **to ~ sth** (**for sb**) progettare qc (per qn) **2.** (*intend*) **to ~ sth for sb/sth** concepire qc per qn/qc; **this dictionary is ~ed for advanced learners** questo dizionario è rivolto a studenti di livello avanzato; **these measures are ~ed to reduce criminality** questi provvedimenti hanno come obiettivo la riduzione della criminalità II. *vi* fare il designer III. *n* **1.** (*plan*) progetto *m* **2.** (*sketch*) schizzo *m* **3.** (*pattern*) motivo *m* **4.** (*intention*) proposito *m;* **to do sth by ~** far qc di proposito **5.** *pl, inf* (*dishonest intentions*) cattive *fpl* intenzioni; **to have ~s on a championship title** ambire a vincere un campionato IV. *adj* di progetto

designate[1] ['de·zɪg·neɪt] *vt* **1.** (*appoint*) designare; **to ~ sb to do sth** designare qn a fare qc **2.** (*indicate*) contrassegnare

designate[2] ['de·zɪg·nɪt] *adj* designato, -a; **the ambassador ~** l'ambasciatore designato

designated driver *n* autista *mf* designato, -a, *che rimane sobrio per portare gli altri a casa dopo una festa*

designation [ˌde·zɪg·'neɪ·ʃən] *n* **1.** (*appointment*) designazione *f* **2.** (*act of indicating*) indicazione *f* **3.** (*title*) titolo *m*

designedly *adv* di proposito

designer [dɪ'zaɪ·nə] I. *n* designer *mf inv* II. *adj* firmato, -a

designing *adj pej* intrigante

desirable [dɪ'za·ɪə·rə·bl] *adj* **1.** (*necessary*) utile; **it is ~ that ...** sarebbe opportuno che ... +*conj* **2.** (*sexually attractive*) desiderabile **3.** (*popular or fashionable: area, job*) interessante

desire [dɪ'za·ɪə] I. *vt* **1.** (*request*) **to ~ that ...** desiderare che ... *conj* **2.** (*want*) desiderare; **I ~ you to leave** ti prego di andartene **3.** (*be sexually attracted to*) **to ~ sb** desiderare qn II. *n* **1.** (*craving*) desiderio *m* **2.** (*request*) desiderio *m* **3.** (*sensual appetite*) desiderio *m* sessuale; **to be the object of sb's ~** essere l'oggetto del desiderio di qn

desired *adj* desiderato, -a

desirous [dɪ'zaɪ·rəs] *adj* desideroso, -a

desist [dɪ'sɪst] *vi form* desistere

desk [desk] *n* **1.** (*table*) scrivania *f* **2.** (*service counter*) banco *m* **3.** (*department of a newspaper*) redazione *f*

desk lamp *n* lampada *f* da tavolo

desktop *n* COMPUT *~* (**computer**) computer *m inv* da tavolo

desktop publishing *n* desktop publishing *m inv*

desolate[1] ['de·sə·lət] *adj* **1.** (*barren*) desolato, -a; (*prospect*) triste **2.** (*sad*) sconsolato, -a; **to feel ~** sentirsi sconsolato

desolate[2] ['de·sə·leɪt] *vt* affliggere

desolation [ˌde·sə·'leɪ·ʃən] *n* **1.** (*barrenness*) desolazione *f* **2.** (*sadness*) desolazione *f*

despair [dɪs'per] I. *n* disperazione *f;* **to be in ~ about sth** essere disperato per qc; **to drive sb to ~** portare qn alla disperazione ▶**to be the ~ of sb** essere la disperazione di qn II. *vi* disperare; **to ~ of sth** disperare di qc

despairing *adj* disperato, -a

despatch [dɪs'pætʃ] *n, vt s.* **dispatch**

desperado [ˌdes·pə·'ra·doʊ] <-(e)s> *n* criminale *mf* pericoloso

desperate ['des·pə·rət] *adj* **1.** (*as last chance*) disperato, -a; (*measure, solution*) estremo, -a; (*violent*) pronto, -a a tutto **2.** (*serious*) grave; (*poverty*) estremo, -a; (*situation*) disperato, -a **3.** (*great*) estremo, -a; **to be in a ~ hurry** avere una fretta terribile **4.** (*having great need*) **to be ~ for sth** avere assolutamente bisogno di qc

desperation [ˌdes·pə·'reɪ·ʃən] *n* disperazione *f;* **in ~** in preda alla disperazione; **to drive sb to ~** portare qn alla disperazione

despicable [dɪs'pɪ·kə·bl] *adj* ignobile

despise [dɪs'paɪz] *vt* disprezzare; **to ~ sb for sth** disprezzare qn per qc

despite [dɪs'paɪt] *prep* nonostante

despoil [dɪs'pɔɪl] *vt* saccheggiare

despondent [dɪs'pɑːn·dənt] *adj* demoraliz-

D

D

zato, -a; **to feel ~ about sth** sentirsi avvilito per qc

despot ['des·pət] *n* despota *mf*

despotic [des·'pɑ:·ˌtɪk] *adj* dispotico, -a

despotism ['des·pə·tɪ·zəm] *n* dispotismo *m*

dessert [dɪ·'zɜːrt] *n* dolce *m,* dessert *m inv*

dessertspoon [dɪ·'zɜːrt·ˌspuːn] *n* **1.** (*spoon*) cucchiaio *m* da dessert **2.** (*amount*) cucchiaiata *f*

destabilization [ˌdiː·'steɪ·bə·lɪ·'zeɪ·ʃən] *n* destabilizzazione *f*

destabilize [ˌdiː·'steɪ·bə·laɪz] *vt* destabilizzare

destination [ˌdes·tɪ·'neɪ·ʃən] *n* destinazione *f*

destine ['des·tɪn] *vt* **1.** (*be destined*) destinare; **to be ~d to fail/succeed** essere destinato a fallire/avere successo **2.** (*intend*) **to be ~d for sth** essere destinato a qc **3.** (*have as destination*) **the plane is ~d for Paris** l'aereo è diretto a Parigi

destiny ['des·tɪ·ni] *n* destino *m;* **to fight one's ~** lottare contro il destino; **to shape one's ~** essere artefice del proprio destino

destitute ['des·tɪ·tuːt] **I.** *adj* in miseria **II.** *n* **the ~** *pl* gli indigenti

destitution [ˌdes·tɪ·'tuː·ʃən] *n* indigenza *f*

destroy [dɪs·'trɔɪ] *vt* **1.** (*demolish*) distruggere **2.** (*kill: animal*) abbattere **3.** (*ruin*) distruggere

destroyer [dɪs·'trɔ·ɪ·ə] *n* NAUT cacciatorpediniere *m*

destructible [dɪs·'trʌk·tə·bl] *adj* distruttibile

destruction [dɪs·'trʌk·ʃən] *n* distruzione *f;* **mass ~** distruzione di massa; **to leave a trail of ~** lasciare una scia di distruzione

destructive [dɪs·'trʌk·tɪv] *adj* distruttivo, -a

destructiveness *n* potere *m* distruttivo

desulphurization [diː·ˌsʌl·fə·rɪ·'zeɪ·ʃən] *n* desolforazione *f*

desultory ['de·səl·tɔ:·ri] *adj* (*disconnected*) sconnesso, -a; (*lacking plan*) disordinato, -a

detach [dɪ·'tætʃ] *vt* staccare

detachable *adj* staccabile

detached *adj* **1.** (*separated*) separato, -a; **~ house** villetta unifamiliare **2.** (*aloof*) distante **3.** (*impartial*) imparziale

detachment [dɪ·'tætʃ·mənt] *n* **1.** (*separation*) distacco *m* **2.** (*disinterest*) disinteresse *m* **3.** (*of soldiers*) distaccamento *m*

detail [dɪ·'teɪl] **I.** *n* **1.** (*item of information*) dettaglio *m;* **in ~** in modo dettagliato; **to go into ~** entrare nei dettagli **2.** (*unimportant item*) minuzia *f;* **the gory ~s** *iron* i particolari più intimi **3.** (*small feature*) particolare *m* **4.** MIL (*group*) distaccamento *m* **II.** *vt* **1.** (*explain fully*) specificare dettagliatamente **2.** (*tell, mention*) elencare dettagliatamente **3.** (*assign a duty to*) **to ~ sb to sth** assegnare qn a qc

detailed *adj* dettagliato, -a

detain [dɪ·'teɪn] *vt* **1.** (*hold as prisoner*) detenere **2.** (*delay*) trattenere

detainee [ˌdiː·teɪ·'niː] *n* detenuto, -a *m, f*

detect [dɪ·'tekt] *vt* **1.** (*note*) notare; (*sense presence of*) percepire; (*a mine*) trovare **2.** (*discover*) scoprire

detectable [dɪ·'tek·tə·bl] *adj* (*discernible*) percepibile; (*able to be found*) rilevabile

detection [dɪ·'tek·ʃən] *n* (*of disease*) scoperta *f;* (*of plane*) individuazione *f*

detective [dɪ·'tek·tɪv] *n* **1.** (*private investigator*) detective *mf inv* **2.** (*police officer*) agente *mf* investigativo

detective novel *n,* **detective story** *n* romanzo *m* poliziesco

detector [dɪ·'tek·tə] *n* detector *m inv*

detention [dɪ·'ten·ʃən] *n* **1.** (*act*) detenzione *f* **2.** (*as a prisoner*) detenzione *f* **3.** SCHOOL castigo consistente nell'essere trattenuti a scuola al termine delle lezioni

detention home *n* istituto *m* di detenzione

deter [dɪ·'tɜːr] <-rr-> *vt* dissuadere

detergent [dɪ·'tɜːr·dʒənt] *n* detergente *m*

deteriorate [dɪ·'tɪ·ri·ə·reit] *vi* **1.** (*wear out*) deteriorarsi **2.** (*become worse*) peggiorare

deterioration [dɪ·ˌtɪ·ri·ə·'reɪ·ʃən] *n* **1.** (*wearing out*) deterioramento *m* **2.** (*worsening*) peggioramento *m*

determinable [dɪ·'tɜːr·mɪ·nə·bl] *adj* determinabile

determinant [dɪ·'tɜːr·mɪ·nənt] **I.** *n* determinante *m* **II.** *adj* determinante

determinate [dɪ·'tɜːr·mɪ·nət] *adj* **1.** (*limited*) definitivo, -a **2.** (*of specific scope*) determinato, -a

determination [dɪ·ˌtɜːr·mɪ·'neɪ·ʃən] *n* **1.** (*firmness of purpose*) risoluzione *f* **2.** (*decision*) determinazione *f*

determine [dɪ·'tɜːr·mɪn] **I.** *vi* **1.** (*decide*) **to ~ on sth** decidersi per qc **2.** LAW estinguersi **II.** *vt* **1.** (*decide*) decidere; (*settle*) definire **2.** (*find out*) stabilire **3.** (*influence*) determinare **4.** LAW (*terminate*) rescindere

determined [dɪ·'tɜːr·mɪnd] *adj* determinato, -a; **to be ~ to do sth** essere determinato a fare qc

deterrence [dɪ·'te·rəns] *n* dissuasione *f*

deterrent [dɪ·'te·rənt] **I.** *n* freno *m;* **to act as a ~ to sb** agire da deterrente **II.** *adj* deterrente

detest [dɪ·'test] *vt* detestare

detestable [dɪ·'tes·tə·bl] *adj* odioso, -a

detestation [ˌdiː·tes·'teɪ·ʃən] *n* odio *m*

dethrone [dɪ·'θroʊn] *vt* detronizzare

detonate ['de·tə·neɪt] **I.** *vi* detonare **II.** *vt* far detonare

detonation [ˌde·tə·'neɪ·ʃən] *n* detonazione *f*

detonator ['de·tə·neɪ·ˌtə] *n* detonatore *m*

detour ['diː·tʊr] *n* deviazione *f;* **to make a ~** fare una deviazione

detoxify [diː·'tɑ:k·sɪ·faɪ] *vt* disintossicare

detract [dɪ·'trækt] *vi* **1.** (*devalue*) **to ~ from sth** sminuire qc **2.** (*take away*) distogliere

detractor [dɪ·'træk·tə] *n* detrattore, -trice *m, f*

detriment ['de·trɪ·mənt] *n* detrimento *m;* **to the ~ of sth** a detrimento [*o* scapito] di qn/qc; **without ~ to sth** senza danno per qc

detrimental [ˌde·trɪ·'men·təl] *adj* nocivo, -a

detritus [dɪ·'traɪ·ṭəs] *n* **1.** (*small fragments*) detrito *m* **2.** (*debris*) detriti *mpl*

deuce [duːs] *n* **1.** (*in cards*) due *m* **2.** (*in tennis*) parità *f*

devaluate [ˌdiː·'væ·lu·eɪt] *vt s.* **devalue**

devaluation [ˌdiː·væl·ju·'eɪ·ʃən] *n* svalutazione *f*

devalue [ˌdiː·'væl·juː] *vt* svalutare

devastate ['de·vəs·teɪt] *vt* (*land, city*) devastare; (*person*) distruggere

devastating *adj* **1.** (*causing destruction*) devastante; (*powerful*) devastatore, -trice **2.** (*stunning*) impressionante; (*beauty*) sconvolgente; (*charm*) irresistibile

devastation [ˌde·vəs·'teɪ·ʃən] *n* devastazione *f*

develop [dɪ·'ve·ləp] **I.** *vi* (*grow*) svilupparsi; (*become more advanced*) progredire; **to ~ into sth** trasformarsi in qc **II.** *vt* **1.** (*expand*) sviluppare; (*improve*) ampliare **2.** (*create*) creare **3.** (*begin to show*) rivelare; (*catch*) prendere; (*an illness*) contrarre **4.** (*build*) costruire; (*build on*) sviluppare **5.** PHOT sviluppare

developed *adj* sviluppato, -a; **~ countries** paesi sviluppati

developer [dɪ·'ve·lə·pə] *n* **1.** (*person*) imprenditore, -trice *m*, *f* immobiliare; (*company*) immobiliare *f* **2.** PHOT rivelatore *m*

developing *adj* in via di sviluppo; **~ countries** paesi in via di sviluppo

development [dɪ·'ve·ləp·mənt] *n* **1.** (*process*) sviluppo *m*; (*growth*) crescita *f* **2.** (*growth stage*) sviluppo *m*; (*of skills*) acquisizione *f* **3.** (*progress*) progresso *m*; (*of products*) ideazione *f* **4.** (*event*) sviluppo *m* **5.** (*building of*) costruzione *f*; **housing ~** complesso *m* abitativo **6.** (*building on: of land*) sviluppo *m* **7.** (*industrialization*) industrializzazzione *f*

deviant ['di·vi·ənt] *adj* (*behavior*) deviante; (*sexually*) da pervertito, -a

deviate ['di·vi·eɪt] *vi* deviare; **to ~ from sth** deviare da qc

deviation [ˌdi·vi·'eɪ·ʃən] *n* deviazione *f*

device [dɪ·'vaɪs] *n* **1.** (*mechanism*) dispositivo *m*; **input/output ~** COMPUT unità *f* di entrata/uscita **2.** (*method*) stratagemma *m*; **literary/rhetorical ~** artificio *m* letterario/ retorico **3.** (*bomb*) ordigno *m*; **nuclear ~** ordigno *m* nucleare ▶**to leave sb to their own ~s** abbandonare qn al proprio destino

devil ['de·vəl] *n* **1.** (*Satan*) diavolo *m*; **to be possessed by the D~** essere posseduto dal demonio **2.** (*evil spirit*) demone *m* **3.** *inf* (*wicked person*) diavolo *m* **4.** (*mischievous person*) **he's a little ~!** è una peste; **lucky ~!** fortunato mortale!; **the poor ~!** povero diavolo! **5.** (*difficult thing*) **to have a ~ of a time doing sth** fare una fatica del diavolo a fare qc **6.** (*feisty energy*) audacia *f* ▶**~ take the hindmost** ognuno per sé e Dio per tutti *prov;* **between the ~ and the deep blue sea** tra l'incudine e il martello; **to sell one's soul to the ~** vendere l'anima al diavolo; **to go to the ~** andare all'inferno; **there'll be**

the ~ to pay saranno guai seri; **to play the ~ with sth** sconvolgere qc; **speak of the ~** si parla del diavolo (e ne spuntano le corna); **how/who/what/where the ~ ...?** come/ chi/cosa/dove diavolo ...?; **like the ~** come un dannato

devilish ['de·və·lɪʃ] *adj* **1.** (*evil*) diabolico, -a **2.** (*mischievous*) malizioso, -a **3.** (*extreme*) molto difficile; (*terrible*) terribile **4.** (*very clever*) diabolico, -a

devil-may-care *adj* irresponsabile

devilment ['de·vəl·mənt] *n*, **devilry** ['de·vəl·ri] *n* cattiveria *f*

devil's advocate *n* **to play the ~** fare l'avvocato del diavolo

devil's food cake *n* dolce *m* al cioccolato

devious ['di·vi·əs] *adj* **1.** (*dishonest*) sleale **2.** (*winding*) tortuoso, -a

devise [dɪ·'vaɪz] **I.** *n* LAW legato *m* **II.** *vt* **1.** (*plan, think out*) escogitare; (*a plot*) ideare; (*a scheme*) concepire **2.** LAW legare

devoid [dɪ·'vɔɪd] *adj* **to be ~ of sth** esser privo di qc

devolution [ˌde·və·'luː·ʃən] *n* **1.** (*progression through stages*) trasferimento *m* **2.** (*transference of wealth*) trapasso *m* **3.** POL (*decentralization of power*) devoluzione *f inv*

devolve [dɪ·'vɑːlv] **I.** *vi* ricadere **II.** *vt* (*transfer: powers*) trasferire

devote [dɪ·'voʊt] *vt* dedicare; **to ~ oneself to sth** dedicarsi a qc

devoted [dɪ·'voʊ·ṭɪd] *adj* dedicato, -a; (*husband, mother*) devoto, -a; (*couple*) fedele; **to be ~ to sb** essere affezionato a qn; **to be ~ to sth** dedicarsi a qc

devotee [ˌde·və·'tiː] *n* (*supporter*) sostenitore, -trice *m*, *f*; (*admirer*) appassionato, -a *m*, *f*

devotion [dɪ·'voʊ·ʃən] *n* **1.** (*loyalty*) lealtà *f*; (*affection*) affetto *m*; (*great attachment*) dedizione *f*; **to inspire ~** ispirare devozione **2.** REL devozione *f* **3.** (*devoutness*) pietà *f*

devotional [dɪ·'voʊ·ʃə·nəl] *adj* (*attitude*) devoto, -a; (*music, practices*) religioso, -a

devour [dɪ·'va·ʊə] *vt* divorare; **to be ~ed by jealousy** essere divorato dalla gelosia

devouring *adj* divorante

devout [dɪ·'vaʊt] *adj* **1.** REL devoto, -a **2.** (*compulsive*) fervido, -a

dew [duː] *n* rugiada *f*

dewdrop ['duː·drɑːp] *n* goccia *f* di rugiada

dewy ['duː·i] *adj* coperto, -a di rugiada

dexterity [ˌdeks·'te·rə·ṭi] *n* destrezza *f*

dexterous ['deks·tə·rəs] *adj* abile; (*movement*) agile

dextrose ['deks·troʊs] *n* destrosio *m*

dextrous ['deks·trəs] *adj s.* **dexterous**

diabetes [ˌda·ɪə·'biː·ṭɪz] *n* diabete *m*

diabetic [ˌda·ɪə·'be·ṭɪk] **I.** *n* diabetico, -a *m*, *f* **II.** *adj* diabetico, -a

diabolic(al) [ˌda·ɪə·'bɑː·lɪ·k(əl)] *adj* **1.** (*of the Devil*) diabolico, -a **2.** (*evil*) diabolico, -a **3.** *inf* (*very bad*) terribile

diadem ['da·ɪə·dem] *n* diadema *m*

D

diagnose [ˌda·ɪəg·'noʊs] I. *vi* fare una diagnosi II. *vt* diagnosticare

diagnosis [ˌda·ɪəg·'noʊ·sɪs] <-ses> *n* 1. (*process*) diagnosi *f inv* 2. (*result*) diagnosi *f inv*

diagnostic [ˌda·ɪəg·'nɑːs·tɪk] I. *n* diagnosi *f inv* II. *adj* diagnostico, -a

diagonal [daɪ·'æ·gə·nl] I. *n* diagonale *f* II. *adj* diagonale

diagram ['da·ɪə·græm] I. *n* 1. (*drawing*) diagramma *m;* (*plan*) schema *m* 2. (*chart*) grafico *m* II. <-mm-> *vt* rappresentare con un diagramma

dial ['da·ɪəl] I. *n* 1. (*face of clock*) quadrante *m* 2. (*on telephone*) disco *m* (combinatore) 3. (*on radio*) manopola *f* di sintonizzazione II. <-l- *o* -ll-, -l- *o* -ll-> *vi* fare un numero; **to ~ direct** chiamare direttamente III. *vt* 1. (*phone number*) chiamare 2. (*radio station*) sintonizzarsi su

◆**dial in** *vi* **to ~ (to sth)** telefonare (a qc)

dialect ['da·ɪə·lekt] *n* dialetto *m*

dialectal [ˌda·ɪə·'lek·təl] *adj* dialettale

dialectical [ˌda·ɪə·'lek·tɪ·kəl] *adj* dialettico, -a

dialog *n*, **dialogue** ['da·ɪə·lɑːg] *n* 1. (*conversation*) dialogo *m* 2. POL dialogo *m;* **to engage in ~** dialogare

dial tone *n* segnale *m* di libero

dial-up service *n* COMPUT servizio *m* dialup

dialysis [daɪ·'æ·lə·sɪs] *n* dialisi *f inv*

diameter [daɪ·'æ·mə·tɚ] *n* diametro *m*

diametrically [ˌda·ɪə·'met·rɪ·kə·li] *adv* diametralmente

diamond ['da·ɪə·mənd] *n* 1. (*gemstone*) diamante *m;* **the ace/king of ~s** GAMES l'asso/il re di quadri 2. (*rhombus*) rombo *m* 3. (*for cutting glass*) (punta *f* di) diamante *m* 4. (*baseball field*) campo *m;* (*infield*) diamante *m* ▸ **a ~ in the rough** un diamante grezzo

diamond cutter *n* tagliatore *m* di diamanti

diaper ['da·ɪə·pɚ] *n* pannolino *m*

diaphanous [daɪ·'æ·fə·nəs] *adj liter* diafano, -a; (*cloth*) trasparente

diaphragm ['da·ɪə·fræm] *n* diaframma *m*

diarist ['da·ɪə·rɪst] *n* diarista *mf*

diarrhea [ˌda·ɪə·'riː·ə] *n* diarrea *f*

diary ['da·ɪə·ri] *n* diario *m*

diatonic [ˌda·ɪə·'tɑː·nɪk] *adj* MUS diatonico, -a

diatribe ['da·ɪə·traɪb] *n* diatriba *f*

dice [daɪs] I. *npl* 1. (*cubes*) dadi *mpl;* **to roll the ~** tirare i dadi 2. (*game*) gioco *m* dei dadi 3. (*food cut in cubes*) dadini *mpl* ▸ **no ~** *sl* non se ne parla nemmeno II. *vi* giocare a dadi III. *vt* tagliare a dadini

dicey ['daɪ·si] <-ier, -iest> *adj inf* rischioso, -a

dichotomy [daɪ·'kɑː·tə·mi] *n* dicotomia *f*

dick [dɪk] *n vulg* 1. (*penis*) cazzo *m* 2. (*stupid person*) cazzone, -a *m, f*

dickens ['dɪ·kɪnz] *npl sl* **what the ~ ...?** che cavolo ...?; **to scare the ~ out of sb** spaventare a morte qn

dicky ['dɪ·ki] *n inf* **a ~ heart** un cuore debole

dictaphone® ['dɪk·tə·foʊn] *n* dittafono® *m*

dictate ['dɪk·teɪt] I. *n* dettame *m* II. *vi* 1. (*command*) dare ordini 2. (*to a typist*) **to ~ to sb** dettare a qn III. *vt* 1. (*give orders*) dare ordini a; (*terms*) dettare 2. (*make necessary*) rendere necessario; (*state exactly*) imporre 3. (*to a typist*) dettare

dictation [dɪk·'teɪ·ʃən] *n* SCHOOL dettato *m*

dictator ['dɪk·teɪ·tɚ] *n* POL dittatore, -trice *m, f*

dictatorial [ˌdɪk·tə·'tɔː·ri·əl] *adj* dittatoriale

dictatorship [dɪk·'teɪ·tɚ·ʃɪp] *n* dittatura *f*

diction ['dɪk·ʃən] *n* dizione *f*

dictionary ['dɪk·ʃə·ne·ri] *n* dizionario *m*

did [dɪd] *pt of* do

didactic [daɪ·'dæk·tɪk] *adj* didattico, -a

diddle ['dɪ·dl] *vt sl* (*swindle*) imbrogliare; **to ~ sb out of sth** fregare qc a qn

◆**diddle around** *vi* (*hang around*) ciondolare

didn't [dɪ·dənt] = **did not** *s.* do

die¹ [daɪ] *n* 1. dado *m* 2. TECH stampo *m* ▸ **the ~ is cast** il dado è tratto

die² [daɪ] <dying, died> *vi* 1. (*cease to live*) morire; **to ~ a violent/natural death** morire di morte violenta/naturale; **to ~ by one's own hand** morire di propria mano 2. (*end*) finire; **the secret will ~ with her** si porterà il segreto nella tomba 3. (*stop functioning: appliance*) smettere di funzionare; (*battery*) scaricarsi; **the engine just ~d on me** il motore mi ha abbandonato 4. (*go out, fade away*) spegnersi ▸ **to ~ hard** essere duro a morire; **never say ~!** dai, non arrenderti!; **to do or ~** vincere o morire; **to be dying to do sth** morire dalla voglia di fare qc; **I'm dying for a cup of tea** muoio dalla voglia di bere una tazza di tè

◆**die away** *vi* (*sobs, anger, wind*) calmarsi; (*enthusiasm*) spegnersi; (*sound*) smorzarsi

◆**die back** *vi* seccarsi, *della parte apicale della pianta*

◆**die down** *vi* (*wind, gossip*) placare; (*enthusiasm, applause, laughter*) smorzarsi

◆**die off** *vi* (*species*) estinguersi; (*customs*) scomparire

◆**die out** *vi* estinguersi

dieback ['daɪ·ˌbæk] *n* mal *m* secco

die-hard *n* intransigente *mf;* **a ~ conservative** un irriducibile conservatore

diesel ['diː·zəl] *n* diesel *m inv*

diesel engine *n* motore *m* diesel

diet¹ ['da·ɪət] I. *n* dieta *f;* **to be on a ~** essere a dieta; **to put sb on a ~** mettere qn a dieta; **to go on a ~** seguire una dieta II. *vi* essere a dieta III. *vt* **to ~ sb** mettere qn a dieta

diet² ['da·ɪət] *n* (*legislative body*) dieta *f*

dietary ['da·ɪə·te·ri] *adj* (*food*) dietetico, -a

dietary fiber *n* fibra *f* alimentare

dietetic [ˌda·ɪə·'te·tɪk] *adj* dietetico, -a

dietetics *n* dietetica *f*

dietician *n*, **dietitian** [ˌda·ɪə·'tɪ·ʃən] *n* dietologo, -a *m, f*

differ ['dɪ·fɚ] *vi* 1. (*be unlike*) differire; **to ~ from sth** essere diverso da qc 2. (*disagree*) non essere d'accordo; **to ~ about sth** discordare su qc

difference ['dɪ·fə·rənts] *n* **1.** (*state of being different*) differenza *f* **2.** (*distinction*) diversità *f;* **that makes all the ~** questo cambia tutto; **to make a ~** fare una bella differenza; **to not make any ~** non fare alcuna differenza **3.** (*new feature*) differenza *f* **4.** (*remaining amount*) **to pay the ~** pagare la differenza **5.** (*disagreement*) divergenza *f;* **to put aside ~s** accantonare le divergenze; **to settle ~s** mettersi d'accordo

different ['dɪ·fə·rənt] *adj* diverso, -a; **to do something ~** far qualcosa di diverso; **to be as ~ as night and day** essere diversi come il giorno e la notte

differential [ˌdɪ·fə·'ren·tʃəl] **I.** *n* **1.** *a.* MATH differenziale *m* **2.** (*difference in pay*) **pay ~s** differenziali *fpl* salariali **II.** *adj* **1.** (*different*) differenziale; (*access*) differenziato, -a **2.** MATH differenziale

differentiate [ˌdɪ·fə·'ren·tʃi·eɪt] **I.** *vi* distinguere **II.** *vt* distinguere

differentiation [ˌdɪ·fə·ren·tʃi·'eɪ·ʃən] *n* differenziazione *f*

difficult ['dɪ·fɪ·kəlt] *adj* **1.** (*not easy*) difficile; **she is said to be a very ~ person** si dice che sia una persona molto difficile **2.** (*troublesome*) duro, -a

difficulty ['dɪ·fɪ·kəl·ti] <-ies> *n* **1.** (*being difficult*) difficoltà *f;* **with ~** difficilmente **2.** (*problem*) difficoltà *f;* **to have difficulties with sb** avere dei problemi con qn; **to have ~ doing sth** avere difficoltà a fare qc; **to encounter difficulties** incontrare delle difficoltà

diffident ['dɪ·fɪ·dənt] *adj* (*shy*) timido, -a; (*modest*) modesto, -a

diffract [dɪ·'frækt] *vt* diffrangere

diffuse¹ [dɪ·'fjuːz] **I.** *vi* diffondersi **II.** *vt* diffondere

diffuse² [dɪ'fjuːs] *adj* **1.** (*spread out*) diffuso, -a **2.** (*verbose*) verboso, -a **3.** (*imprecise*) vago, -a

diffusion [dɪ·'fjuː·ʒən] *n* **1.** (*process of diffusing*) diffusione *f* **2.** CHEM, PHYS diffusione *f*

dig [dɪg] **I.** *n* **1.** (*poke*) gomitata *f* **2.** (*excavation*) scavo *m* **3.** (*sarcastic remark*) frecciata *f* **II.** <-gg-, dug, dug> *vi* **1.** (*turn over ground*) scavare; **to ~ deeper** *fig* approfondire **2.** (*poke*) conficcarsi **III.** *vt* **1.** (*move ground*) scavare; (*garden*) zappare **2.** (*excavate*) scavare **3.** (*stab, poke*) conficcare; **to ~ one's elbow into sb's ribs** dare di gomito a qn; **to ~ one's spurs into a horse** speronare il cavallo **4.** *sl* (*like*) piacere ▸**to ~ one's own grave** scavarsi la fossa

◆**dig in I.** *vi inf* (*start eating*) **come on, everybody - ~!** forza, cominciate! **II.** *vt* (*bury*) interrare ▸**to dig oneself in** (*dig trenches*) trincerarsi; (*establish oneself*) piazzarsi; (*settle in*) sistemarsi

◆**dig into I.** *vi* conficcarsi ▸**to dig (deeper) into one's pockets** frugare nelle tasche **II.** *vt*

always sep inf cominciare ▸**to dig oneself into a hole** mettersi in una situazione difficile

◆**dig out** *vt* (*hole*) scavare; (*buried object*) estrarre

◆**dig up** *vt* **1.** (*from ground*) dissotterrare **2.** (*excavate*) scavare **3.** *fig* (*find out*) scovare

digest¹ ['daɪ·dʒest] *n* **1.** (*of essays*) sunto *m* **2.** (*of laws*) raccolta *f*

digest² [daɪ·'dʒest] **I.** *vi* digerire **II.** *vt* **1.** (*break down: food*) essere digerito **2.** *inf* (*understand*) assimilare **3.** (*classify*) classificare

digestible [daɪ·'dʒes·tə·bl] *adj* digeribile

digestion [daɪ·'dʒest·ʃən] *n* digestione *f*

digestive [daɪ·'dʒes·tɪv] *adj* digestivo, -a

digger ['dɪ·gə] *n* **1.** (*machine*) escavatrice *f* **2.** (*person*) sterratore, -trice *m, f* **3.** *inf* (*Australian soldier*) australiano, -a *m, f*

digit ['dɪ·dʒɪt] *n* **1.** (*number*) cifra *f* **2.** (*finger, toe*) dito *m*

digital ['dɪ·dʒɪ·tl̩] *adj* digitale; **~ audio tape** audiocassetta numerica a nastro

digitalize ['dɪ·dʒɪ·tə·laɪz] *vt* digitalizzare

digital television *n* televisione *f* digitale

digitize ['dɪ·dʒɪ·taɪz] *vt* COMPUT digitalizzare

digitizer ['dɪ·dʒɪ·taɪ·zə] *n* COMPUT digitalizzatore *m*

dignified ['dɪg·nɪ·faɪd] *adj* **1.** (*honorable*) dignitoso, -a **2.** (*solemn*) solenne

dignify ['dɪg·nɪ·faɪ] <-ie-> *vt* nobilitare

dignitary ['dɪg·nə·te·ri] <-ies> *n* dignitario, -a *m, f*

dignity ['dɪg·nə·ti] *n* **1.** (*state worthy of respect*) dignità *f* **2.** (*respect*) rispetto *m;* **to be beneath sb's ~** non esser degno di qn **3.** (*composed style*) decoro *m*

digress [daɪ·'gres] *vi* **1.** (*wander from topic*) fare una digressione **2.** (*deviate*) divagare; **to ~ from sth** divagare da qc

digressive [daɪ·'gre·sɪv] *adj* digressivo, -a

dike [daɪk] *n* **1.** *a. fig* diga *f* **2.** (*channel*) canale *m* di scolo

dilapidated [dɪ·'læ·pɪ·deɪ·ṭɪd] *adj* (*house*) fatiscente; (*car*) scassato, -a

dilate ['daɪ·leɪt] **I.** *vi* dilatarsi **II.** *vt* dilatare

dilation [daɪ·'leɪ·ʃən] *n* dilatazione *f*

dilatory ['dɪ·lə·tɔ:·ri] *adj* **1.** (*slow*) lento, -a **2.** LAW dilatorio, -a

dilemma [dɪ·'le·mə] *n* dilemma *m;* **to be in a ~** esser di fronte a un dilemma; **to face a ~** trovarsi di fronte a un dilemma

dilettante [ˌdɪ·lə·'taːnt] *n* <-s *o* -ti> dilettante *mf*

diligence ['dɪ·lɪ·dʒəns] *n* diligenza *f*

diligent ['dɪ·lɪ·dʒənt] *adj* diligente

dill [dɪl] *n* aneto *m*

dilly-dally ['dɪ·lɪ·dæ·li] *vi inf* **1.** (*waste time*) perder tempo **2.** (*be indecisive*) tentennare

dilute [daɪ·'luːt] **I.** *vt* **1.** (*liquid*) diluire **2.** *fig* attenuare **II.** *adj* diluito, -a

dilution [daɪ·'luː·ʃən] *n* **1.** (*of liquid*) diluizione *f* **2.** *fig* attenuazione *f*

dim [dɪm] **I.** <-mm-> *vi* (*lights*) affievolirsi **II.** *vt* abbassare **III.** <-mm-> *adj* **1.** (*not bright*)

D

tenue **2.**(*unclear, faint*) vago, -a **3.**(*stupid*) ottuso, -a **4.**(*unfavorable*) cupo, -a

dime [daɪm] *n* moneta *f* da dieci centesimi ▶ a ~ a <u>dozen</u> di poco valore

dimension [dɪ·ˈmen·tʃən] *n* dimensione *f*

dimensional [dɪ·ˈmen·tʃə·nəl] *adj* dimensionale

diminish [dɪ·ˈmɪ·nɪʃ] **I.** *vi* diminuire; **to** (**greatly**) ~ **in value** perdere molto valore **II.** *vt* **1.**(*make less*) diminuire **2.**(*damage sb's reputation*) screditare

diminution [ˌdɪ·mə·ˈnuː·ʃən] *n* diminuzione *f*

diminutive [dɪ·ˈmɪn·jə·ţɪv] **I.** *n* LING diminutivo *m* **II.** *adj* minuto, -a

dimmer [ˈdɪ·mə·] *n* dimmer *m inv*

dimness *n* oscurità *f*

dimple [ˈdɪm·pl] **I.** *n* fossetta *f* **II.** *vt* formare le fossette su

din [dɪn] *n* strepito *m*

dine [daɪn] *vi* cenare

diner [ˈdaɪ·nə·] *n* **1.**(*person*) cliente *mf* **2.**(*restaurant*) *piccolo ristorante aperto tutto il giorno con tavoli fissi disposti come in un vagone ristorante*

> Negli USA, un **diner** è una sorta di ristorante dove i clienti si siedono al banco invece che ai tavoli. Originariamente, i **diners** degli anni '50 proponevano nel menu hamburgers, patate fritte e altri piatti rapidi. Oggi sono famosi per i loro menu, che sembrano quasi dei romanzi. Vi si possono consumare, tra le altre cose, panini, bistecche, pollo e piatti a base di uova. Molti **diners** sono gestiti da immigrati greci e propongono pertanto anche delle specialità greche.

dinghy [ˈdɪŋ·gi] *n* <-ies> (*on larger boat*) tender *m inv*; (*small rowing boat*) piccola imbarcazione *f* a remi

dingy [ˈdɪn·dʒi] <-ier, -iest> *adj* tetro, -a

dining car *n* vagone *m* ristorante

dining room *n* sala *f* da pranzo

dink [dɪŋk] *n* *abbr of* **dual income no kids** *coppia con doppio stipendio e senza figli*

dinky [ˈdɪŋ·ki] *adj* **1.**(*insignificant*) misero, -a **2.**(*shabby*) squallido, -a

dinner [ˈdɪ·nə·] *n* cena *f;* (**Sunday**) ~ (*meal served in early to mid-afternoon*) pranzo *m;* **to make** ~ preparare la cena

dinner jacket *n* smoking *m inv*

dinner party *n* cena *f* (tra amici)

dinner service *n* servizio *m* da tavola

dinner table *n* tavolo *m* da pranzo

dinnertime *n* ora *f* di cena

dinnerware *n* stoviglie *fpl*

dinosaur [ˈdaɪ·nə·sɔːr] *n a. fig* dinosauro *m*

dint [dɪnt] *n* **by** ~ **of sth** a forza di qc

diocese [ˈda·ɪə·sɪs] *n* diocesi *f inv*

dioxide [daɪ·ˈɑːk·saɪd] *n* diossido *m*

dioxin [daɪ·ˈɑːk·sɪn] *n* diossina *f*

dip [dɪp] **I.** *n* **1.**(*dunking*) bagno *m* **2.**(*sudden drop*) calo *m;* (*in the road*) dosso *m* **3.**(*cold sauce*) salsetta *f* **4.**(*brief swim*) nuotata *f* **5.**(*depression in ground*) avvallamento *m* **6.**(*magnetic*) inclinazione *f* **II.** *vi* **1.**(*drop down: prices*) diminuire; (*road*) essere in discesa **2.**(*slope down*) inclinarsi **3.**(*into a liquid*) immergersi **III.** *vt* **1.**(*immerse*) immergere; *a.* CULIN inzuppare **2.**(*put into*) infilare **3.**(*dye*) tingere **4.**(*wash*) disinfettare **5.**(*lower*) abbassare

◆ **dip into** *vt* **1.** *always sep* (*put*) infilare **2. to** ~ **into one's savings** attingere ai propri risparmi **3.**(*look casually*) dare un'occhiata a

diphtheria [dɪf·ˈθɪ·ri·ə] *n* MED difterite *f*

diphthong [ˈdɪf·θɑːŋ] *n* LING dittongo *m*

diploma [dɪ·ˈploʊ·mə] *n* diploma *m*

diplomacy [dɪ·ˈploʊ·mə·si] *n* **1.**(*between countries*) diplomazia *f* **2.**(*tact*) tatto *m*

diplomat [ˈdɪp·lə·mæt] *n* **1.**(*of country*) diplomatico, -a *m, f* **2.**(*tactful person*) persona *f* diplomatica

diplomatic [ˌdɪp·lə·ˈmæ·ţɪk] *adj* diplomatico, -a

dippy [ˈdɪ·pi] *adj sl* sciocco, -a

dipsomania [ˌdɪp·sə·ˈmeɪ·niə] *n* MED dipsomania *f*

dipsomaniac [ˌdɪp·sə·ˈmeɪ·ni·æk] *n* MED dipsomane *mf*

dipstick [ˈdɪp·stɪk] *n* astina *f* dell'olio

dire [ˈda·ɪə·] *adj* **1.**(*terrible*) terribile **2.**(*serious*) grave; **to be in** ~ **straits** essere in gravi difficoltà **3.**(*extreme*) estremo, -a

direct [dɪ·ˈrekt] **I.** *vi* MUS dirigere **II.** *vt* **1.**(*point, intend*) rivolgere; **to** ~ **sth at sb** destinare qc a qn **2.**(*command*) dirigere **3.**(*indicate*) **to** ~ **sb to a place** indicare la strada a qn **4.**(*film, play*) dirigere **III.** *adj* **1.**(*straight*) diretto, -a **2.**(*exact*) esatto, -a; **the** ~ **opposite of sth** l'esatto contrario di qc **3.**(*frank*) franco, -a **IV.** *adv* **1.**(*with no intermediary*) direttamente **2.**(*by a direct way*) dritto

direct action *n* azione *f* diretta

direct current *n* corrente *f* continua

direct deposit *n* accredito *m* su conto corrente

direct hit *n* centro *m*

direction [dɪ·ˈrek·ʃən] *n* **1.**(*supervision*) direzione *f* **2.**(*movement*) **in the** ~ **of sth** in direzione di qc; **sense of** ~ senso dell'orientamento *m* **3.** *pl* (*information*) istruzioni *fpl;* **can you give me directions?** mi può dare le indicazioni? **4.**(*of film, play*) regia *f*

directional [dɪ·ˈrek·ʃə·nəl] *adj* direzionale

directive [dɪ·ˈrek·tɪv] *n* direttiva *f*

directly [dɪ·ˈrekt·li] *adv* **1.**(*without deviation*) direttamente; **go** ~ **home** va' dritto a casa **2.**(*immediately*) immediatamente **3.**(*shortly*) subito **4.**(*exactly*) esattamente **5.**(*frankly*) francamente

direct object *n* oggetto *m* diretto

director [dɪ·ˈrek·tə·] *n* **1.** ECON (*manager*) dirigente *mf* **2.**(*board member*) membro *m* del consiglio; **board of ~s** consiglio *m* di amministrazione

directorate [dɪ·'rek·tə·rət] *n* **1.**(*board of directors*) consiglio *m* d'amministrazione **2.**(*department*) direzione *f*

directorship [dɪ·'rek·tə·ʃɪp] *n* direzione *f*

directory [dɪ·'rek·tə·ri] *n* **1.**(*book*) guida *f* **2.**COMPUT directory *f inv*

directory assistance *n* servizio *m* informazioni elenco abbonati

dirt [dɜːrt] *n* **1.**(*earth, soil*) terra *f* **2.**(*unclean substance*) sporco *m* **3.**(*excrement*) escrementi *mpl* **4.** *inf* (*worthless thing*) schifezza *f*; (*person*) merda *f*; **to treat sb like ~** trattare qn come una pezza da piedi **5.**(*foul language*) oscenità *f* **6.** *inf* (*scandal, gossip*) pettegolezzi *mpl fig*; **to get the ~ on sb** sapere tutto su qn ▸ **to eat ~** ingoiare il rospo

dirt cheap *adj inf* a prezzo stracciato

dirt road *n* strada *f* sterrata

dirty ['dɜːr·ti] **I.** *vt* sporcare; **to ~ one's hands** sporcarsi le mani **II.** <-ier, -iest> *adj* **1.**(*not clean*) sporco, -a **2.**(*mean, nasty*) **a ~ look** un'occhiataccia **3.**(*lewd*) osceno, -a; (*joke*) spinto, -a; **~ old man** vecchio sporcaccione **4.**(*unpleasant*) sporco, -a; **to do the ~ work** fare il lavoro sporco **III.** *adv* in modo sporco; **to play ~** giocare sporco

disability [ˌdɪs·ə·'bɪ·lə·ti] *n* **1.**(*handicap*) handicap *m inv* **2.**(*condition of incapacity*) disabilità *f*

disable [dɪs·'eɪ·bl] *vt* **1.**mettere fuori uso **2.**MED rendere invalido, -a

disabled I. *npl* **the ~** i disabili **II.** *adj* disabile

disablement *n* disabilità *f*; MED invalidità *f*

disabuse [ˌdɪs·ə·'bjuːz] *vt* **to ~ sb of sth** disilludere qn su qc

disadvantage [ˌdɪs·əd·'væn·tɪdʒ] **I.** *n* svantaggio *m*; **to be at a ~** essere svantaggiato **II.** *vt* svantaggiare

disadvantaged *adj* svantaggiato, -a

disadvantageous [ˌdɪs·ˌæd·væn·'teɪ·dʒəs] *adj* svantaggioso, -a

disaffected [ˌdɪs·ə·'fek·tɪd] *adj* **1.**(*disloyal*) scontento, -a **2.**(*estranged*) disaffezionato, -a

disaffection [ˌdɪs·ə·'fek·ʃən] *n* disaffezione *f*

disagree [ˌdɪs·ə·'griː] *vi* **1.**(*not agree*) non essere d'accordo; **to ~ on sth** non essere d'accordo su qc **2.**(*differ*) differire; **the answers ~** le risposte non concordano **3.**(*have bad effect*) **spicy food ~s with me** il cibo piccante mi fa star male

disagreeable [ˌdɪs·ə·'griː·ə·bl] *adj* sgradevole

disagreement [ˌdɪs·ə·'griː·mənt] *n* **1.**(*lack of agreement*) disaccordo *m* **2.**(*argument*) discussione *f* **3.**(*discrepancy*) discordanza *f*

disallow [ˌdɪs·ə·'laʊ] *vt* respingere; *a.* LAW, SPORTS annullare

disappear [ˌdɪs·ə·'pɪr] *vi* scomparire; **to ~ from sight** sparire alla vista; **to ~ without a trace** scomparire senza lasciare traccia; **to have all but ~ed** esser quasi scomparso

disappearance [ˌdɪs·ə·'pɪ·rənts] *n* scomparsa *f*

disappoint [ˌdɪs·ə·'pɔɪnt] *vt* deludere

disappointed *adj* deluso, -a; **I'm really ~ed in you** mi deludi profondamente

disappointing *adj* deludente

disappointment [ˌdɪs·ə·'pɔɪnt·mənt] *n* delusione *f*

disapprobation [ˌdɪs·ˌæ·prə·'beɪ·ʃən] *n* disapprovazione *f*

disapproval [ˌdɪs·ə·'pruː·vəl] *n* disapprovazione *f*

disapprove [ˌdɪs·ə·'pruːv] *vi* disapprovare; **to ~ of sth** disapprovare qc

disarm [dɪs·'ɑːrm] **I.** *vi* deporre le armi **II.** *vt* **1.**(*take weapons away*) disarmare **2.**(*remove fuse: bomb*) disattivare **3.**(*win over*) disarmare

disarmament [dɪs·'ɑːr·mə·mənt] *n* disarmo *m*

disarming [dɪs·'ɑːr·mɪŋ] *adj* (*person, smile*) disarmante

disarrange [ˌdɪs·ə·'reɪndʒ] *vt* mettere in disordine

disarray [ˌdɪs·ə·'reɪ] *n* (*disorder*) caos *m*

disaster [dɪ·'zæs·tə·] *n* **1.**(*great misfortune*) disastro *m;* **~ area** zona *f* disastrata **2.**(*failure*) fiasco *m*

disastrous [dɪ·'zæs·trəs] *adj* **1.**(*causing disaster*) disastroso, -a **2.**(*unsuccessful*) catastrofico, -a

disband [dɪs·'bænd] *vt* sciogliere

disbelief [ˌdɪs·bɪ·'liːf] *n* incredulità *f*

disbelieve [ˌdɪs·bɪ·'liːv] *vt* non credere a

disbeliever *n* incredulo, -a *m, f*

disburse [dɪs·'bɜːrs] *vt* sborsare

disbursement [dɪs·'bɜːrs·mənt] *n* sborso *m*

disc [dɪsk] *n* disco *m*

discard[1] ['dɪs·kɑːrd] *n* scarto *m*

discard[2] [dɪs·'kɑːrd] *vt* **1.**(*get rid of*) scartare **2.** *a.* GAMES scartare

disc brake *n* freno *m* a disco

discern [dɪ·'sɜːrn] *vt* **1.**(*perceive*) percepire; (*distinguish*) distinguere **2.**(*make out*) discernere

discernible [dɪ·'sɜːr·nə·bl] *adj* (*with senses*) percepibile; (*mentally*) discernibile

discerning [dɪ·'sɜːr·nɪŋ] *adj* (*discriminating*) esigente; (*acute*) perspicace

discernment [dɪ·'sɜːrn·mənt] *n* (*good judgment*) giudizio *m*; (*clear perception*) discernimento *m*

discharge[1] ['dɪs·tʃɑːrdʒ] *n* **1.**(*from hospital*) dimissione *f*; (*from army*) congedo *m*; (*from jail*) rilascio *m* **2.**(*firing off*) scarica *f* **3.**(*emission*) emissione *f*; (*of liquid*) secrezione *f* **4.**(*debt payment*) estinzione *f* **5.**(*performing of a duty*) adempimento *m* **6.**(*energy release*) scarica *f*

discharge[2] [dɪs·'tʃɑːrdʒ] **I.** *vi* **1.**(*ship*) scaricare **2.**(*produce liquid: wound*) suppurare **II.** *vt* **1.** *a.* LAW (*release*) liberare **2.**(*dismiss*) MIL congedare; ECON licenziare **3.**(*let out*)

D

emettere **4.**(*utter*) gridare **5.**(*perform*) to ~ one's duty compiere il proprio dovere **6.**(*pay: debt*) estinguere **7.**(*cancel*) cancellare **8.**(*shoot*) scaricare

disciple [dɪ·'saɪ·pl] *n* **1.**(*follower*) seguace *mf* **2.** *a.* REL (*student*) discepolo, -a *m, f*

disciplinary ['dɪ·sə·plɪ·ne·ri] *adj* disciplinare

discipline ['dɪ·sə·plɪn] **I.** *n* **1.**(*obedience, self-control*) disciplina *f* **2.**(*punishment*) punizione *f* **3.**(*field*) disciplina *f* **II.** *vt* **1.**(*punish*) punire; **to ~ oneself to do sth** imporsi di fare qc **2.**(*train*) educare

disciplined *adj* disciplinato, -a

disc jockey *n* disc jockey *mf inv*

disclaim [dɪs·'kleɪm] *vt* (*deny*) negare; (*responsibility*) declinare

disclaimer [dɪs·'kleɪ·mə·] *n* **1.**(*denial*) diniego *m* di responsabilità **2.**(*repudiating a claim*) smentita *f* **3.** LAW esonero *m* da responsabilità **4.** INET disclaimer *m*

disclose [dɪs·'kloʊz] *vt* **1.**(*make public*) divulgare **2.**(*uncover*) rivelare

disclosure [dɪs·'kloʊ·ʒə·] *n* **1.**(*act of making public*) divulgazione *f* **2.**(*revelation*) rivelazione *f*

disco ['dɪs·koʊ] *n* **1.**(*music*) disco-music *f inv* **2.**(*place*) discoteca *f*

discolor [dɪs·'kʌ·lə·] **I.** *vi* scolorirsi **II.** *vt* scolorire; **my blue shirt has ~d the curtains** la mia camicia blu ha macchiato le tende

discomfit [dɪs·'kʌmp·fɪt] *vt* sconcertare

discomfiture [dɪs·'kʌmp·fɪ·tʃə·] *n* (*uneasiness*) turbamento *m*; (*confusion*) sconcerto *m*

discomfort [dɪs·'kʌmp·fə·t] *n* **1.**(*uneasiness*) fastidio *m*; **~ at sth** fastidio rispetto a qc **2.**(*inconvenience*) disagio *m*

disconcert [ˌdɪs·kən·'sɜːrt] *vt* sconcertare

disconnect [ˌdɪs·kə·'nekt] *vt* **1.**(*phone*) **I've been ~ed** è caduta la linea **2.**(*customer*) staccare **3.**(*unfasten*) staccare

disconnected *adj* **1.**(*cut off*) staccato, -a **2.**(*incoherent*) sconnesso, -a

disconsolate [dɪs·'kɑːn·tsə·lət] *adj* sconsolato, -a

discontent [ˌdɪs·kən·'tent] **I.** *n* malcontento *m* **II.** *adj* scontento, -a

discontented *adj* scontento, -a

discontentment *n* malcontento *m*

discontinue [ˌdɪs·kən·'tɪn·juː] *vt* sospendere; **that item's been ~ed** quell'articolo è fuori produzione

discontinuity [ˌdɪs·kɑːn·tə·'nuː·ə·ṭi] <-ies> *n* **1.**(*lack of continuity*) discontinuità *f* **2.**(*gap*) lacuna *f*

discontinuous [ˌdɪs·kən·'tɪn·ju·əs] *adj* (*without continuity*) discontinuo, -a; (*broken*) interrotto, -a

discord ['dɪs·kɔːrd] *n* **1.**(*disagreement*) discordia *f* **2.**(*clashing noise*) discordanza *f* **3.**(*lack of harmony*) dissonanza *f*

discordant [dɪs·'kɔːr·dənt] *adj* **1.**(*disagreeing*) discordante **2.**(*not in harmony*) dissonante

discotheque ['dɪs·kə·tek] *n* discoteca *f*

discount¹ ['dɪs·kaʊnt] *n* sconto *m;* **at a ~** a prezzo ridotto

discount² [dɪs·'kaʊnt] *vt* **1.**(*reduce price*) scontare **2.**(*disregard*) non far caso a **3.**(*leave out*) scartare

discount store *n* discount *m inv*

discourage [dɪs·'kɜ·rɪdʒ] *vt* **1.**(*dishearten*) scoraggiare **2.**(*dissuade*) **to ~ sb from doing sth** dissuadere qn dal fare qc

discouragement [dɪs·'kɜ·rɪdʒ] *n* **1.**(*feeling*) scoraggiamento *m* **2.**(*deterrent*) impedimento *m*

discouraging *adj* scoraggiante

discourse¹ ['dɪs·kɔːrs] *n* discorso *m*; (*written*) trattato *m*; **a ~ about** [*o* **on**] **sth** un discorso su qc; (*written*) un trattato su qc

discourse² [dɪs·'kɔːrs] *vi* dissertare; **to ~ on sth** dissertare di qc

discourteous [dɪs·'kɜːr·ṭi·əs] *adj* scortese

discourtesy [dɪs·'kɜːr·ṭə·si] <-ies> *n* **1.**(*rudeness*) maleducazione *f* **2.**(*act of rudeness*) scortesia *f*

discover [dɪs·'kʌ·və·] *vt* **1.**(*find out*) scoprire **2.**(*find*) trovare

discoverer *n* scopritore, -trice *m, f*

discovery [dɪs·'kʌ·və·ri] <-ies> *n* scoperta *f*

Discovery Day *n* Can: anniversario della scoperta dell'America

discredit [dɪs·'kre·dɪt] **I.** *n* **1.**(*disrepute*) discredito *m* **2.**(*disgrace*) disonore *m;* **she is a ~ to her school** è il disonore della scuola **3.**(*doubt*) dubbio *m* **II.** *vt* screditare

discreditable [dɪs·'kre·dɪ·ṭə·bl] *adj* disonorevole

discreet [dɪs·'kriːt] *adj* discreto, -a

discrepancy [dɪs·'kre·pənt·si] <-ies> *n* discrepanza *f*

discrete [dɪs·'kriːt] *adj* distinto, -a

discretion [dɪs·'kre·ʃən] *n* **1.**(*discreet behavior*) discrezione *f* **2.**(*good judgment*) giudizio *m;* **to leave sth to sb's ~** lasciare qc alla discrezione di qn **3.** LAW (*of court*) arbitrio *m*

discriminate [dɪs·'krɪ·mɪ·neɪt] **I.** *vi* **1.**(*see a difference*) distinguere **2.**(*treat unfairly*) **to ~ against sb** discriminare qn **II.** *vt* distinguere

discriminating *adj* **1.**(*able to discern*) perspicace **2.**(*palate, taste*) raffinato, -a

discrimination [dɪs·ˌkrɪ·mɪ·'neɪ·ʃən] *n* **1.**(*unfair treatment*) discriminazione *f* **2.**(*good judgement*) discernimento *m* **3.**(*ability to differentiate*) capacità di discriminare *m*

discriminatory [dɪs·'krɪ·mɪ·nə·tɔː·ri] *adj* discriminatorio, -a

discursive [dɪs·'kɜːr·sɪv] *adj* discorsivo, -a

discus ['dɪs·kəs] *n* SPORTS disco *m*

discuss [dɪs·'kʌs] *vt* **1.**(*exchange ideas about*) discutere **2.**(*consider*) trattare di

discussion [dɪs·'kʌ·ʃən] *n* discussione *f;* **~ group** gruppo *m* di discussione

disdain [dɪs·'deɪn] **I.** *n* disdegno *m* **II.** *vt* disdegnare; **to ~ to do sth** non degnarsi di fare qc

disdainful [dɪs·'deɪn·fəl] *adj* sprezzante

disease [dɪ·'ziːz] *n a. fig* malattia *f*
diseased *adj a. fig* malato, -a
disembark [ˌdɪs·ɪm·'baːrk] *vi* sbarcare
disembarkation [ˌdɪs·ˌɪm·baːr·'keɪ·ʃən] *n* sbarco *m*
disembodied [ˌdɪs·ɪm·'baː·did] *adj* incorporeo, -a
disenchant [ˌdɪs·ɪn·'tʃænt] *vt* disincantare
disenchanted *adj* disincantato, -a
disenfranchise [ˌdɪs·ɪn·'fræn·tʃaɪz] *vt* (*of vote*) privare del voto; (*of rights*) privare dei diritti
disengage [ˌdɪs·ɪn·'geɪdʒ] I. *vi* 1.(*become detached*) staccarsi 2.(*in fencing*) eseguire una cavazione II. *vt* 1.(*uncouple*) separarsi 2.(*detach*) scollegare; (*a clutch*) disinnestare 3. MIL disimpegnare
disengagement [ˌdɪs·ɪn·'geɪdʒ·mənt] *n* sganciamento *m*
disentangle [ˌdɪs·ɪn·'tæŋ·gl] I. *vi* districarsi II. *vt* 1.(*release*) sganciare; **to ~ oneself from sb/sth** sganciarsi da qn/qc 2.(*untangle*) districare 3. *fig* (*unravel*) sbrogliare
disfavor [ˌdɪs·'feɪ·və] I. *n* disapprovazione *f;* **to fall into ~** cadere in disgrazia II. *vt* disapprovare
disfigure [ˌdɪs·'fɪ·gə] *vt* sfigurare
disfigurement *n* deturpazione *f*
disfranchise [ˌdɪs·'fræn·tʃaɪz] *s.* **disenfranchise**
disgorge [dɪs·'gɔːrdʒ] *vt* riversare; *fig* vomitare
disgrace [dɪs·'greɪs] I. *n* 1.(*loss of honor*) disonore *m* 2.(*sth or sb shameful*) vergogna *f* II. *vt* disonorare
disgraced *adj* caduto, -a in disgrazia
disgraceful [dɪs·'greɪs·fəl] *adj* vergognoso, -a
disgruntled [dɪs·'grʌn·tld] *adj* insoddisfatto, -a; **to be ~ at sth** esser scontento di qc
disguise [dɪs·'gaɪz] I. *n* travestimento *m;* **to be in ~** esser travestito II. *vt* 1.(*change appearance*) travestire; **to ~ oneself as sth** travestirsi da qc 2.(*hide*) nascondere
disgust [dɪs·'gʌst] I. *n* 1.(*repugnance*) disgusto *m;* **to turn away from sth in ~** allontanarsi disgustato da qc 2.(*indignation*) indignazione *f;* **~ at sth** indignazione per qc II. *vt* 1.(*sicken*) disgustare, ripugnare 2.(*be offensive*) indignare
disgusted *adj* 1.(*sickened*) disgustato, -a 2.(*indignant*) indignato, -a
disgusting *adj* 1.(*repulsive*) disgustoso, -a 2.(*unacceptable*) vergognoso, -a
dish [dɪʃ] I.<-es> *n* 1.(*for food*) piatto *m;* **to do the ~es** lavare i piatti 2. TEL antenna *f* parabolica 3. *inf* (*attractive person*) bocconcino *m* II. *vi inf* (*gossip*) spettegolare
◆**dish out** *vt* 1.(*give too liberally*) distribuire liberamente 2.(*serve*) servire
◆**dish up** *vt inf* 1.(*serve*) servire 2. *inf* (*offer*) offrire
dish antenna *n* antenna *f* parabolica

disharmonious [ˌdɪs·haːr·'mou·ni·əs] *adj* discordante
disharmony [dɪs·'haːr·mə·ni] *n* disaccordo *m*
dishcloth ['dɪʃ·klaːθ] *n* panno, *per lavare i piatti*
dishearten [dɪs·'haːr·tən] *vt* demoralizzare
disheveled *adj*, **dishevelled** [dɪ·'ʃe·vəld] *adj* in disordine; **with ~ hair** spettinato
dishonest [dɪ·'saː·nɪst] *adj* disonesto, -a; **to be ~ about sth** non essere onesto su qc
dishonesty [dɪ·'saː·nəs·ti] *n* 1.(*lack of honesty*) disonestà *f* 2.(*dishonest act*) frode *f*
dishonor [dɪ·'saː·nə] I. *n* disonore *m;* **to bring ~ on sb** gettare il disonore su qn II. *vt* 1.(*disgrace*) disonorare 2.(*not keep: agreement*) venir meno a 3.(*not pay: a check, bill*) non onorare
dishonorable [dɪ·'saː·nə·ə·bl] *adj* disonorevole
dishtowel *n* strofinaccio *m*
dishwasher *n* 1.(*machine*) lavastoviglie *f inv;* **to run the ~** far andare la lavastoviglie *m* 2.(*person*) lavapiatti *mf inv*
dishwater *n* acqua *f* dei piatti
disillusion [ˌdɪs·ɪ·'luː·ʒən] I. *vt* disilludere II. *n* disillusione *f*
disillusioned *adj* disilluso, -a; **to be ~ with sth/sb** non farsi illusioni su qc/qn
disillusionment *n* disillusione *f*
disinclination [ˌdɪs·ɪn·klɪ·'neɪ·ʃən] *n* resistenza *f*
disinclined [ˌdɪs·ɪn·'klaɪnd] *adj* riluttante; **to be ~ to do sth** esser restio a fare qc
disinfect [ˌdɪs·ɪn·'fekt] *vt* disinfettare
disinfectant [ˌdɪs·ɪn·'fek·tənt] I. *n* disinfettante *m* II. *adj* disinfettante
disinfection [ˌdɪs·ɪn·'fek·ʃən] *n* disinfezione *f*
disingenuous [ˌdɪs·ɪn·'dʒen·ju·əs] *adj* insincero, -a
disinherit [ˌdɪs·ɪn·'he·rɪt] *vt* diseredare
disintegrate [dɪs·'ɪn·tə·greɪt] I. *vi* disintegrarsi II. *vt* disintegrare
disintegration [dɪs·ˌɪn·tə·'greɪ·ʃən] *n* disintegrazione *f*
disinterested [dɪs·'ɪn·trɪs·tɪd] *adj* 1.(*impartial*) imparziale 2.(*not interested*) disinteressato, -a
disjointed [dɪs·'dʒɔɪn·tɪd] *adj* sconnesso, -a
disk [dɪsk] *n* COMPUT disco *m;* **hard ~** disco *m* rigido; **floppy ~** dischetto *m;* **start-up ~** disco di avvio; **high density ~** disco ad alta densità
disk drive *n* unità *f* disco *inv*
diskette [dɪs·'ket] *n* dischetto *m*
dislike [dɪs·'laɪk] I. *vt* **I really ~ her** mi sta proprio antipatica; **I ~ walking** non mi piace camminare II. *n* avversione *f;* **to take a ~ to sb/sth** prendere in antipatia qn/qc
dislocate [dɪs·'lou·keɪt] *vt* 1. MED (*shoulder, hip*) lussare 2. *fig* (*disturb the working of*) scombussolare
dislocation [ˌdɪs·lou·'keɪ·ʃən] *n* 1. MED lussazione *f* 2. *fig* (*disturbance*) scombussolamento *m*

D

dislodge [dɪs-ˈlɑːdʒ] *vt* rimuovere

disloyal [dɪs-ˈlɔ-ɪəl] *adj* sleale; **to be ~ to sb/sth** essere sleale nei confronti di qn/qc

dismal [ˈdɪz-məl] *adj* 1.(*depressing*) deprimente 2. *inf* (*awful*) terribile; (*truth*) triste

dismantle [dɪs-ˈmæn-tl] *vt* smontare; (*system*) smantellare

dismay [dɪs-ˈmeɪ] I. *n* costernazione *f*; **to sb's** (**great**) ~ con (grande) costernazione di qn II. *vt* costernare

dismayed *adj* costernato, -a

dismember [dɪs-ˈmem-bɚ] *vt a. fig* smembrare

dismiss [dɪs-ˈmɪs] *vt* 1.(*allow to leave*) congedare 2.(*from job*) licenziare; **to be ~ed from one's job** essere licenziato 3.(*not consider*) non tener conto di 4. LAW archiviare

dismissal [dɪs-ˈmɪ-səl] *n* 1.(*from school*) permesso *m* di uscire; (*from job*) licenziamento *m* 2.(*disregarding*) rifiuto *m* di considerare

dismissive [dɪs-ˈmɪ-sɪv] *adj* **she was ~ of the idea** non ha preso sul serio l'idea

dismount [dɪs-ˈmaʊnt] *vi* smontare

disobedience [ˌdɪs-ə-ˈbiː-di-ənts] *n* disubbidienza *f*

disobedient [ˌdɪs-ə-ˈbiː-di-ənt] *adj* disubbidiente

disobey [ˌdɪs-ə-ˈbeɪ] I. *vi* disubbidire II. *vt* disubbidire a

disoblige [ˌdɪs-ə-ˈblaɪdʒ] *vt* 1.(*act contrary to*) non andare incontro a 2.(*offend*) offendere

disobliging *adj* poco disponibile

disorder [dɪs-ˈɔːr-dɚ] *n* 1.(*lack of order*) disordine *m* 2. MED disturbo *m*

disordered *adj* disordinato, -a

disorderly [dɪs-ˈɔːr-dər-li] *adj* 1.(*untidy*) disordinato, -a 2.(*unruly*) turbolento, -a; ~ **conduct** turbamento *m* dell'ordine pubblico

disorganized [dɪs-ˈɔːr-gə-naɪzd] *adj* disorganizzato, -a

disorient [dɪs-ˈɔː-ri-ent] *vt* disorientare; **to become** [*o* **get**] **~ed** disorientarsi

disoriented *adj* disorientato, -a

disown [dɪs-ˈoʊn] *vt* ripudiare

disparage [dɪs-ˈpe-rɪdʒ] *vt* sminuire

disparagement *n* disprezzo *m*

disparaging *adj* (*disdainful*) sprezzante

disparate [ˈdɪs-pə-rət] *adj* disparato, -a

disparity [dɪs-ˈpe-rə-t̬i] *n* disparità *f*

dispassionate [dɪs-ˈpæ-ʃə-nət] *adj* spassionato, -a

dispatch [dɪs-ˈpætʃ] I. <-es> *n* 1.(*news item*) comunicato *m*; **the latest ~ from our war correspondent** l'ultimo servizio dal nostro corrispondente di guerra 2.(*delivery*) spedizione *f* II. *vt* 1.(*to send*) inviare 2. *a. fig* (*to kill*) ammazzare

dispel [dɪs-ˈpel] <-ll-> *vt* (*fears, doubts*) dissipare; (*a rumor*) smentire

dispensable [dɪs-ˈpen-sə-bl] *adj* superfluo, -a

dispensary [dɪs-ˈpen-sə-ri] *n* dispensario *m*

dispensation [ˌdɪs-pen-ˈseɪ-ʃən] *n* 1.(*act of distributing*) amministrazione *f* 2.(*special permission*) dispensa *f*

dispense [dɪs-ˈpens] *vt* 1.(*give out*) dispensare 2. MED (*medicine*) distribuire

◆**dispense with** *vt* fare a meno di

dispenser [dɪs-ˈpen-sɚ] *n* 1.(*device*) distributore *m* automatico 2.(*container*) dispenser *m inv*

dispersal [dɪs-ˈpɜːr-sl] *n* dispersione *f*

disperse [dɪs-ˈpɜːrs] I. *vt* disperdere II. *vi* disperdersi

dispersion [dɪs-ˈpɜːr-ʒən] *n* dispersione *f*

dispirited [dɪs-ˈpɪ-rɪ-t̬ɪd] *adj* demoralizzato, -a

displace [dɪs-ˈpleɪs] *vt* 1.(*force to leave*) spostare 2.(*take the place of*) rimpiazzare

displacement [dɪs-ˈpleɪs-mənt] *n* spostamento *m*; NAUT dislocamento *m*

display [dɪs-ˈpleɪ] I. *vt* 1.(*arrange for showing*) esporre; **to ~ sth in a store window** esporre qc in vetrina 2.(*express*) mostrare II. *n* 1.(*arrangement*) esposizione *f*; **firework ~** spettacolo *m* pirotecnico 2.(*demonstration*) dimostrazione *f* 3. COMPUT display *m inv*; **liquid crystal ~** schermo *m* a cristalli liquidi

display case *n* vetrinetta *f*

display window *n* vetrina *f*

displease [dɪs-ˈpliːz] *vt* contrariare; **to be ~d by sth** essere seccato per qc

displeasing *adj* spiacevole

displeasure [dɪs-ˈple-ʒɚ] *n* disappunto *m*

disposable [dɪs-ˈpoʊ-zə-bl] *adj* usa e getta

disposable income *n* reddito *m* disponibile

disposal [dɪs-ˈpoʊ-zl] *n* 1.(*getting rid of*) eliminazione *f* 2.(*garbage disposal*) smaltimento *m* ▶**to be at sb's ~** essere a disposizione di qn

dispose [dɪs-ˈpoʊz] I. *vt* 1.(*place*) disporre 2.(*incline*) predisporre II. *vi* **to ~ of sth** (*throw away*) eliminare qc; (*get rid of*) sbarazzarsi di qc; **to ~ of sb** *fig* eliminare qn

disposed *adj* **to be well ~ towards sb** esser ben disposto verso qn

disposition [ˌdɪs-pə-ˈzɪ-ʃən] *n* temperamento *m*; **to have a happy ~** avere un carattere allegro

dispossess [ˌdɪs-pə-ˈzes] *vt* espropriare

disproportionate [ˌdɪs-prə-ˈpɔːr-ʃə-nət] *adj* sproporzionato, -a

disprove [dɪs-ˈpruːv] *vt* smentire

disputable [dɪs-ˈpjuː-t̬ə-bl] *adj* discutibile

disputation [ˌdɪs-pju-ˈteɪ-ʃən] *n* disputa *f*

disputatious [ˌdɪs-pju-ˈteɪ-ʃəs] *adj* polemico, -a

dispute [dɪs-ˈpjuːt] I. *vt* 1.(*argue*) discutere 2.(*doubt*) mettere in discussione II. *vi* **to ~ (with sb) over sth** discutere (con qn) di qc III. *n* disputa *f*; **a ~ over sth** una disputa su qc

disqualification [dɪs-ˌkwɑː-lə-fɪ-ˈkeɪ-ʃən] *n* 1. SPORTS squalifica *f* 2.(*incapacity*) incapacità *f*

disqualify [dɪs-ˈkwɑː-lə-faɪ] <-ie-> *vt* squalificare; **to ~ sb from an event** squalificare qn da una gara

disquiet [dɪsˈkwaɪət] I. *n* inquietudine *f;* ~ **over sth** inquietudine riguardo a qc II. *vt* inquietare

disquieting *adj* inquietante

disregard [ˌdɪsrɪˈgɑːrd] I. *vt* ignorare II. *n* indifferenza *f*

disrepair [ˌdɪsrɪˈper] *n* cattivo stato *m;* **to be in a state of** ~ essere in cattivo stato

disreputable [dɪsˈrepjəˌt̬əbl] *adj* poco raccomandabile

disrepute [ˌdɪsrɪˈpjuːt] *n* discredito *m*

disrespect [ˌdɪsrɪˈspekt] *n* mancanza *f* di rispetto; **to show** ~ mancare di rispetto

disrespectful [ˌdɪsrɪˈspektˌfəl] *adj* irrispettoso, -a

disrupt [dɪsˈrʌpt] *vt* (*disturb*) scombussolare; (*interrupt*) interrompere

disruption [dɪsˈrʌpʃən] *n* (*disturbance*) scombussolamento *m;* *fig* (*disorder*) scompiglio *m;* (*interruption*) interruzione *f*

disruptive [dɪsˈrʌptɪv] *adj* che crea scompiglio

dissatisfaction [dɪsˌsætɪsˈfækʃən] *n* insoddisfazione *f*

dissatisfied [dɪsˈsætɪsfaɪd] *adj* insoddisfatto, -a

dissect [dɪˈsekt] *vt* 1. (*cut open*) sezionare 2. *fig* (*examine*) esaminare attentamente

dissection [dɪˈsekʃən] *n* dissezione *f*

dissemble [dɪˈsembl] *vi*, *vt* dissimulare

disseminate [dɪˈsemɪneɪt] *vt* divulgare

dissemination [dɪˌsemɪˈneɪʃən] *n* divulgazione *f*

dissension [dɪˈsentʃən] *n* dissenso *m;* **to sow** ~ seminare zizzania

dissent [dɪˈsent] I. *n* dissenso *m* II. *vi* 1. (*disagree with*) dissentire; **to** ~ **from sth** dissentire da qc 2. (*reject a doctrine*) essere dissidente

dissenter *n* dissidente *mf*

dissertation [ˌdɪsərˈteɪʃən] *n* UNIV tesi *f inv*

disservice [ˌdɪsˈsɜːrvɪs] *n* danno *m;* **to do sb a** ~ rendere un cattivo servizio a qn

dissident [ˈdɪsɪdənt] I. *n* dissidente *mf* II. *adj* dissidente

dissimilar [ˌdɪˈsɪmɪlə] *adj* dissimile; **to be** ~ **to sb/sth** essere diverso, -a da qn/qc

dissimilarity [ˌdɪˌsɪmɪˈlerət̬i] <-ies> *n* dissimilarità *f*

dissimulation [ˌdɪˌsɪmjəˈleɪʃən] *n* dissimulazione *f*

dissipate [ˈdɪsɪpeɪt] I. *vi* 1. (*disperse*) dispersi 2. *fig* (*indulge in pleasures*) condurre una vita dissoluta II. *vt* dissipare

dissipated *adj* dissoluto, -a

dissipation [ˌdɪsɪˈpeɪʃən] *n* 1. (*dispersion*) dispersione *f* 2. (*frivolous waste*) dissipazione *f* 3. (*indulgence in pleasure*) dissolutezza *f*

dissociate [dɪˈsoʊʃieɪt] *vt* a. CHEM dissociare; **to** ~ **oneself from sb/sth** dissociarsi da qn/qc

dissociation [dɪˌsoʊʃiˈeɪʃən] *n* dissociazione *f*

dissolute [ˈdɪsəluːt] *adj liter* dissoluto, -a

dissolution [ˌdɪsəˈluːʃən] *n* scioglimento *m*

dissolve [dɪˈzɑːlv] I. *vi* 1. (*in a liquid*) dissolversi 2. *fig* (*collapse*) **to** ~ **into tears** sciogliersi in lacrime; **to** ~ **into laughter** scompisciarsi dal ridere 3. *fig* (*disappear*) svanire II. *vt* sciogliere; **to** ~ **a business** sciogliere un'impresa

dissonance [ˈdɪsənənts] *n* dissonanza *f*

dissonant [ˈdɪsənənt] *adj* dissonante; *fig* discordante

dissuade [dɪˈsweɪd] *vt* dissuadere

distance [ˈdɪstənts] I. *n* 1. (*space*) distanza *f;* **his house is within walking** ~ casa sua è a due passi da qui; **to keep one's** ~ tenersi a distanza 2. (*space far away*) lontananza *f;* **in the** ~ in lontananza II. *vt* **to** ~ **oneself from sb/sth** prendere le distanze da qn/qc

distant [ˈdɪstənt] *adj* 1. (*far away*) distante 2. (*relative, cousin*) lontano, -a

distantly *adv* 1. (*in the distance*) lontano 2. *fig* (*in unfriendly manner*) con distacco

distaste [dɪsˈteɪst] *n* antipatia *f*

distasteful [dɪsˈteɪstˌfəl] *adj* sgradevole

distemper [dɪsˈtempə] *n* (*animal disease*) cimurro *m*

distend [dɪsˈtend] *vi* dilatarsi

distension [dɪsˈtentʃən] *n* dilatazione *f*

distill [dɪsˈtɪl] *vt* distillare

distillation [ˌdɪstəˈleɪʃən] *n* distillazione *f*

distiller [dɪsˈtɪlə] *n* 1. (*company*) distilleria *f* 2. (*person*) distillatore, -trice *m, f*

distillery [dɪsˈtɪlɪri] *n* distilleria *f*

distinct [dɪsˈtɪŋkt] *adj* 1. (*separate*) distinto, -a 2. (*marked*) definito, -a 3. (*noticeable*) netto, -a

distinction [dɪsˈtɪŋkʃən] *n* 1. (*difference*) distinzione *f* 2. (*eminence*) eminenza *f;* **of great** ~ di grande rilievo 3. (*honors*) riconoscimento *m*

distinctive [dɪsˈtɪŋktɪv] *adj* caratteristico, -a

distinguish [dɪsˈtɪŋgwɪʃ] I. *vi* distinguere II. *vt* 1. (*tell apart*) distinguere 2. (*be excellent in*) **to** ~ **oneself in sth** distinguersi in qc

distinguishable *adj* distinguibile

distinguished *adj* 1. (*celebrated*) eminente 2. (*stylish*) distinto, -a

distort [dɪsˈtɔːrt] *vt* distorcere; (*facts*) travisare; (*the truth*) falsare

distortion [dɪsˈtɔːrʃən] *n* (*of the truth, facts*) distorsione *f;* (*of a face*) alterazione *f*

distract [dɪsˈtrækt] *vt* distrarre

distracted *adj* distratto, -a

distraction [dɪsˈtrækʃən] *n* 1. (*disturbance*) distrazione *f* 2. (*confused agitation*) sconvolgimento *m* 3. (*pastime*) diversivo *m*

distraught [dɪsˈtrɔːt] *adj* sconvolto, -a

distress [dɪsˈtres] I. *n* 1. (*emotional*) angoscia *f* 2. (*extreme pain*) sofferenza *f* 3. (*state of danger*) pericolo *m* II. *vt* angosciare

distressed *adj* 1. (*unhappy*) angosciato, -a 2. (*in difficulties*) in difficoltà 3. FASHION scolorito, -a

D

distressful *adj*, **distressing** *adj* **1.**(*causing worry*) angosciante **2.**(*painful*) doloroso, -a

distribute [dɪs·'trɪ·bju:t] *vt* distribuire; **to be evenly ~d** essere distribuito uniformemente

distribution [ˌdɪs·trɪ·'bju:·ʃən] *n* distribuzione *f*

distribution area *n* ECON area *f* di distribuzione

distribution channel *n* ECON canale *m* di distribuzione

distribution rights *npl* diritti *mpl* di distribuzione

distributive [dɪs·'trɪb·jə·t̬ɪv] *adj* distributivo, -a

distributor [dɪs·'trɪb·jə·t̬ɚ] *n* **1.**(*person*) distributore, -trice *m, f* **2.** AUTO spinterogeno *m*

district ['dɪs·trɪkt] *n* **1.**(*defined area*) distretto *m* **2.**(*region*) regione *f*

Il **District of Columbia** (o D.C.) non è uno stato federale, ma un distretto autonomo nel quale si trova "Washington D.C.", la capitale federale degli Stati Uniti. È stato creato nel 1791 dal primo presidente americano, George Washington, che desiderava fondare la capitale americana in un territorio neutro, non appartenente ad alcuno stato. Il progetto iniziale della città è opera dell'architetto e ingegnere franco-americano Pierre Charles L'Enfant. La Casa Bianca, la Corte Suprema e il Campidoglio, sede del Congresso, si trovano a "Washington D.C."

---

district attorney *n* procuratore *m* distrettuale

district court *n* corte *f* distrettuale federale

distrust [dɪs·'trʌst] **I.** *vt* diffidare di **II.** *n* diffidenza *f*

distrustful [dɪs·'trʌst·fəl] *adj* diffidente

disturb [dɪs·'tɜ:rb] *vt* **1.**(*interrupt*) disturbare **2.**(*worry*) turbare **3.**(*move around*) scompigliare

disturbance [dɪs·'tɜ:r·bənts] *n* **1.**(*interruption*) disturbo *m* **2.**(*public incident*) disordini *mpl*

disturbed *adj* **1.**(*mentally ill*) affetto, -a da turbe mentali **2.**(*restless*) inquieto, -a **3.**(*moved around*) in disordine

disturbing *adj* **1.**(*annoying*) inquietante **2.**(*worrying*) allarmante

disunite [ˌdɪs·ju·'naɪt] *vt* disunire

disunity [dɪs·'ju:·nə·t̬i] *n* disunione *f*

disuse [dɪs·'ju:s] *n* disuso *m*

disused [dɪs·'ju:zd] *adj* in disuso

ditch [dɪtʃ] **I.** <-es> *n* **1.**(*trench*) fosso *m*; (*by a road*) cunetta *f*; **irrigation ~** canale *m* d'irrigazione **2.**(*for defense*) fossato *m* **II.** *vt* **1.** *sl* (*discard*) disfarsi di; (*car*) abbandonare; (*idea*) scartare **2.** *sl* (*escape from*) liberarsi di **3.** *sl* (*end a relationship*) mollare **4.**(*land in water*)

to ~ a plane fare un ammaraggio di fortuna **III.** *vi* scavare fossi

dither ['dɪ·ðɚ] **I.** *n* **to be in a ~** esser nel pallone **II.** *vi inf* **1.**(*be indecisive*) tentennare **2.**(*behave nervously*) essere in agitazione

ditsy ['dɪt·si] *adj sl* svampito, -a

ditto ['dɪ·t̬oʊ] **I.** *n* (*mark indicating repetition*) virgolette *fpl* **II.** *adv* (*so do I*) idem; (*same for me*) lo stesso

ditty ['dɪ·t̬i] <-ies> *n* canzonetta *f*

diurnal [daɪ·'ɜ:r·nəl] *adj* diurno, -a

divan [dɪ·'vɑ:n] *n* divano *m, privo di spalliera o braccioli*

dive [daɪv] **I.** *n* **1.**(*in swimming*) tuffo *m* **2.**(*submerge*) immersione *f* **3.** *a. fig* (*sudden decline*) caduta *f* repentina; **to take a ~** precipitare **4.**(*leap*) **to make a ~ for sth** lanciarsi verso qc **5.** *sl* (*undesirable establishment*) bettola *f* **II.** *vi* <dived *o* dove, dived *o* dove> **1.**(*in swimming*) tuffarsi **2.**(*submerge*) immergersi; **to ~ under sth** passare sotto qc, *a nuoto;* **to ~ to a depth of …** immergersi a una profondità di … **3.**(*go sharply downwards*) scendere in picchiata **4.**(*move towards*) precipitarsi; **to ~ for cover** buttarsi al riparo

diver ['daɪ·vɚ] *n* **1.**(*sb who dives*) tuffatore, -trice *m, f* **2.**(*sb working under water*) sommozzatore, -trice *m, f*

diverge [dɪ·'vɜ:rdʒ] *vi* divergere; **to ~ from sth** divergere da qc

divergence [dɪ·'vɜ:r·dʒəns] *n* divergenza *f*

divergent [dɪ·'vɜ:r·dʒənt] *adj* divergente

diverse [dɪ·'vɜ:rs] *adj* **1.**(*varied*) vario, -a **2.**(*not alike*) diverso, -a

diversification [dɪ·ˌvɜ:r·sɪ·fɪ·'keɪ·ʃən] *n* diversificazione *f*

diversify [dɪ·'vɜ:r·sɪ·faɪ] <-ie-> **I.** *vi* diversificarsi **II.** *vt* diversificare

diversion [dɪ·'vɜ:r·ʃən] *n* **1.**(*changing of direction*) deviazione *f* **2.**(*distraction*) distrazione *f* **3.**(*activity*) diversivo *m*

diversity [dɪ·'vɜ:r·sə·t̬i] *n* diversità *f*

divert [dɪ·'vɜ:rt] *vt* **1.**(*change direction*) deviare **2.**(*distract*) distrarre **3.**(*amuse*) divertire

diverting [dɪ·'vɜ:r·t̬ɪŋ] *adj* divertente

divest [dɪ·'vest] **I.** *vt* spogliare **II.** *vi* **1.** ECON (*sell off*) vendere **2.**(*renounce*) **to ~ from sth** rinunciare a qc

◆**divest of** *vt fig* **to divest oneself of sth** liberarsi di qc

divide [dɪ·'vaɪd] **I.** *n* **1.**(*separating line*) divisione *f* **2.**(*watershed*) spartiacque *m inv* **II.** *vt* **1.** *a.* MATH dividere; **to ~ sth into three groups** dividere qc in tre gruppi; **the party is ~d** *fig* il partito è diviso **2.**(*allot*) ripartire **III.** *vi* (*split*) dividersi; **their paths ~d** le loro strade si divisero ▶ **~ and conquer** divide et impera

◆**divide off** *vt always sep* separare

◆**divide out, divide up** *vt always sep* distribuire

divided *adj* **1.**(*not in agreement*) diviso, -a **2.**(*separated*) separato, -a **3.**(*undecided*) to

be ~ between two options essere indéciso, -a tra due possibilità

dividend ['dɪ·vɪ·dend] *n* MATH, FIN dividendo *m*

dividing line *n* linea *f* di demarcazione

divination [ˌdɪ·vɪ·'neɪ·ʃən] *n* divinazione *f*

divine [dɪ·'vaɪn] **I.** *adj* **1.** (*of or from God*) divino, -a **2.** (*wonderful*) sublime **II.** *vt* (*guess correctly*) indovinare; (*the future*) predire **III.** *vi* far pronostici

diviner [dɪ·'vaɪ·nɚ] *n* indovino, -a *m, f;* (*of future events*) veggente *mf*

diving *n* **1.** (*jumping*) tuffi *mpl* **2.** (*swimming*) immersione *f*

diving bell *n* campana *f* subacquea

diving board *n* trampolino *m*

diving suit *n* muta *f*

divining rod *n* bacchetta *f* da rabdomante

divinity [dɪ·'vɪ·nə·ţi] <-ies> *n* **1.** (*state*) divinità *f* **2.** the **D~** (*God*) la Divinità **3.** (*study*) teologia *f*

divisible [dɪ·'vɪ·zə·bl] *adj* divisibile

division [dɪ·'vɪ·ʒən] *n* **1.** *a.* MIL, MATH, SPORTS divisione *f* **2.** (*splitting up*) ripartizione *f* **3.** (*disagreement*) disaccordo *m* **4.** (*separating point*) separazione *f* **5.** COM (*branch of company*) divisione *f*

divisive [dɪ·'vaɪ·sɪv] *adj* che crea divisioni

divorce [dɪ·'vɔːrs] **I.** *n* divorzio *m; fig* separazione *f* **II.** *vt* **1.** (*break marriage*) **to get ~d** (**from sb**) divorziare (da qn); **he ~d her for infidelity** ha ottenuto il divorzio da lei per adulterio **2.** *fig* (*separate*) separare **III.** *vi* divorziare

divorcé [dɪ·ˌvɔːr·'seɪ] *n* divorziato *m*

divorced *adj* divorziato, -a

divorcée [dɪ·ˌvɔːr·'seɪ] *n* divorziata *f*

divulge [dɪ·'vʌldʒ] *vt* divulgare

DIY [ˌdiː·aɪ·'waɪ] *abbr of* **do-it-yourself** fai da te *m inv*

dizziness *n* capogiro *m;* (*because of height*) vertigini *fpl*

dizzy ['dɪ·zi] <-ier, -iest> *adj* **1.** (*having vertigo*) che ha le vertigini **2.** (*causing vertigo*) vertiginoso, -a **3.** *inf* (*silly*) tonto, -a

DJ ['diː·dʒeɪ] *n abbr of* **disc jockey** DJ *m inv*

Djibouti [dʒɪ·'buː·ti] *n* Gibuti *m*

Djiboutian [dʒɪ·'buː·tiən] **I.** *adj* del Gibuti **II.** *n* abitante *mf* del Gibuti

DMV [ˌdiː·em·'viː] *n abbr of* **Department of Motor Vehicles** Ufficio *m* Motorizzazione Civile

DNA [ˌdiː·en·'eɪ] *n abbr of* **deoxyribonucleic acid** DNA *m*

do [duː] **I.** *n* **1.** the **~s and don'ts** ciò che si deve e ciò che non si deve fare **2.** *inf* (*party*) festa *f* **3.** *inf* (*hairdo*) acconciatura *f* **4.** *sl* (*excrement*) cacca *f;* **dog ~** cacca di cane; (*e*) **II.** <does, did, done> *aux* **1.** (*in questions*) **~ you own a dog?** hai un cane? **2.** (*in negatives*) **Frida ~esn't like olives** a Frida non piacciono le olive **3.** (*in imperatives*) **~ your homework!** fa i compiti!; **~ come in!** entrate, prego! **4.** (*for emphasis*) **~ go to the party!**

andateci alla festa!; **he ~es get on my nerves** mi dà proprio ai nervi; **he did ~ it** sì che l'ha fatto **5.** (*replacing a repeated verb*) **so ~ I** anch'io; **neither ~ I** nemmeno io; **she speaks more fluently than he ~es** parla con maggior scioltezza di lui **6.** (*requesting affirmation*) non è vero?; **you ~n't want to answer, ~ you?** non vuoi rispondere, vero? **III.** <does, did, done> *vt* **1.** (*carry out*) fare; **to ~ nothing but ...** non fare altro che ...; **to ~ one's best** fare del proprio meglio; **to ~ justice** rendere giustizia; **to ~ everything possible** fare tutto il possibile; **what on earth are you ~ing (there)?** che cavolo stai facendo (lì)?; **what is to be ~ne about that?** cosa si può fare in proposito?; **~n't just stand there, ~ something!** non startene lì impalato, fa qualcosa! **2.** (*undertake*) realizzare **3.** (*help*) **to ~ something for sb/sth** far qualcosa per qn/qc **4.** (*act*) agire; **to ~ as others ~** fare come fanno gli altri **5.** (*deal with*) incaricarsi di; **if you ~ the washing up, I'll ~ the drying** se tu lavi i piatti, io li asciugo **6.** (*learn: math, English*) studiare **7.** (*figure out: puzzle, math problem*) risolvere **8.** (*finish*) terminare **9.** (*put in order*) ordinare; (*clean*) pulire; **to ~ one's nails** (*with nail polish*) mettere lo smalto alle unghie; (*cut*) tagliarsi le unghie; **to do one's hair/face** pettinarsi/lavarsi il viso **10.** (*make neat: the bathroom, one's room*) pulire **11.** (*tour: Europe, California*) visitare **12.** (*go at a speed of*) **to ~ Milan to Rome in five hours** fare Milano-Roma in cinque ore **13.** (*be satisfactory*) "**I only have beer — will that ~ you?**" "ho solo birra — ti va bene?" **14.** (*sell*) vendere; **the shop does fancy kitchen equipment** il negozio vende utensili da cucina un po' particolari; (*offer*) servire **15.** (*cook*) cucinare; **to ~ sth for sb** preparare qc per qn **16.** (*cause*) **to ~ sb credit** fare onore a qn; **to ~ sb a good turn** fare un favore a qn; **to ~ sb good** far bene a qn **17.** (*perform: a play*) rappresentare; (*a song*) eseguire; (*imitate: an accent, bird call*) imitare **18.** *inf* (*serve prison sentence: time, life, 10 years*) scontare **19.** *inf* (*burglarize*) scassinare **20.** *inf* (*swindle*) truffare **21.** *inf* (*drugs*) farsi; (*cocaine, heroin*) farsi di **22.** *sl* (*have sex*) **to ~ it** farlo ▶**just ~ it!** fallo e basta!; **what's ~ne is ~ne** quel che è fatto è fatto; **that ~es it** adesso basta **IV.** <does, did, done> *vi* **1.** (*behave, act*) fare **2.** (*manage*) andare; **mother and baby are ~ing well** sia la mamma che il bambino stanno bene; **many stores are ~ing well** molti negozi stanno andando bene; **how are you ~ing?** come va?; **to ~ well for oneself** trattarsi bene **3.** (*finish with*) **to be ~ne with sb/sth** aver chiuso con qn/qc **4.** (*be satisfactory*) **this behavior just won't ~!** questo comportamento non è tollerabile! **5.** (*function as*) **it'll ~ for a spoon** può fare da cucchiaio **6.** *inf* (*going on*) **to be ~ing** succedere **7.** (*treat*) **to ~ badly/well by sb** trattar bene/male qn ▶**that will never ~** non

D

D

se ne parla nemmeno; ~ unto others as you would have them ~ unto you *prov* non fare agli altri quel che non vorresti venisse fatto a te; that will ~! adesso basta!

◆do away with *vi* 1.(*dispose of*) eliminare 2. *inf* (*kill*) to ~ sb far fuori qn

◆do in *vt always sep* 1.(*murder*) to do sb in far fuori qn 2.(*ruin*) rovinare 3.*fig* (*make exhausted*) sfinire

◆do out *vt always sep* 1.(*adorn*) decorare 2.(*cheat*) to do sb out of sth derubare qn di qc

◆do over *vt always sep* 1. *inf* (*redo*) to do sth over again rifare qc 2. *inf* (*redecorate*) ridecorare 3. *inf* (*beat up*) to do sb over pestare qn

◆do up *vt* 1.(*fasten: button*) abbottonare; (*tie*) fare il nodo a; (*shoes*) allacciare; (*zipper*) tirar su 2.(*make attractive: one's hair*) raccogliere; to do oneself up farsi bello 3.(*wrap*) avvolgere

◆do with *vi* 1.(*be related to*) to have to do with sth (*book*) trattare di qc; (*person*) avere a che fare [*o* vedere] con qn; to not have anything to do with sb non aver niente a che vedere con qn 2. *inf* (*need*) I could do with a drink mi ci vorrebbe un bicchierino

◆do without *vi* fare a meno di

DOA [ˌdiː·ouˈeɪ] *abbr of* dead on arrival giunto, -a cadavere

doable ['duː·ə·bl] *n inf* fattibile

docile ['dɑː·səl] *adj* docile

docility [dɑː·ˈsɪ·lə·t̬i] *n* docilità *f*

dock[1] [dɑːk] I. *n* 1.(*wharf*) banchina *f*; (*pier*) molo *m* 2.(*enclosed part of port*) bacino *m* II. *vi* 1. NAUT attraccare 2.(*spacecraft*) agganciarsi III. *vt* NAUT attraccare

dock[2] [dɑːk] *n* to be in the ~ essere sul banco degli imputati; *fig* finire nei guai

dock[3] [dɑːk] *vt* 1.(*take away: sb's pay, salary*) decurtare 2.(*cut off: tail*) mozzare

dock[4] [dɑːk] *n* BOT romice *f*

docker ['dɑː·kɚ] *n inf* portuale *m*

docket ['dɑː·kɪt] I. *n* 1.LAW (*list of cases*) ruolo *m* delle cause 2.(*business agenda*) agenda *f* 3.(*documentation*) distinta *f* II. *vt* LAW registrare

docking ['dɑː·kɪŋ] *n* 1.NAUT attracco *m* 2.(*joining of spacecraft*) aggancio *m* 3.(*cutting*) riduzione *f*; (*of wages*) decurtazione *f*

dockyard ['dɑːk·jɑːrd] *n* cantiere *m* navale

doctor ['dɑːk·tɚ] I. *n* 1.(*physician*) dottore, -essa *m, f*; to be at the ~'s essere dal medico; to go to the ~'s andare dal medico; this hot bath is just what the ~ ordered *fig* questo bagno caldo è proprio quello che ci voleva 2. UNIV dottore, -essa *m, f* II. *vt* 1.(*fix temporarily*) to ~ sth (up) riparare qc 2.(*change*) modificare; (*illegally*) falsare 3.(*improve taste*) correggere

doctorate ['dɑːk·tə·rət] *n* dottorato *m*

Il **doctorate** o *doctor's degree* in una disciplina è il titolo accademico più alto che

viene rilasciato dalle università a chi presenta una tesi di ricerca. I **doctorates** più diffusi sono il *Ph.D.* e il *D.Phil. (Doctor of Philosophy)* per una tesi di terzo ciclo; ne esistono altri, quali il *D.Mus. (Doctor of Music)*, l'*MD (Doctor of Medicine)*, l'*LLD (Doctor of Laws)*. Il *D.Litt. (Doctor of Letters)*, ad esempio, o il *D.Sc. (Doctor of Science)* possono essere conferiti ad honorem da un'università a una personalità per le sue pubblicazioni di articoli o altri lavori degni di nota.

doctrinaire [ˌdɑːk·trəˈner] *adj* dottrinario, -a

doctrine ['dɑːk·trɪn] *n* dottrina *f*; military ~ dottrina *f* militare

docudrama *n* film *m* verità *inv*

document ['dɑːk·jə·mənt] I. *n* documento *m* II. *vt* documentare

documentary [ˌdɑːk·jəˈmen·t̬ə·i] I.<-ies> *n* documentario *m* II. *adj* documentario, -a

documentation [ˌdɑːk·jə·menˈteɪ·ʃən] *n* documentazione *f*

DOD *n abbr of* Department of Defense Ministero *m* della Difesa

dodge [dɑːdʒ] I. *vt* schivare; *fig* (*a question, the press*) eludere; to ~ doing sth evitare di fare qc II. *vi* SPORTS schivare III. *n inf* trucco *m*

dodger ['dɑː·dʒɚ] *n* imbroglione, -a *m, f*; a tax ~ un evasore fiscale

doe [dou] *n* 1.(*female deer*) cerva *f* 2.(*female rabbit*) coniglia *f*

DOE *n abbr of* Department of Energy Ministero *m* delle Risorse Energetiche

doer ['duː·ɚ] *n* 1.(*person acting*) persona *f* che agisce 2.(*active person*) persona *f* dinamica

does [dʌz] *vt, vi, aux* 3. *pers sing of* do

doeskin ['dou·skɪn] *n* pelle *f* di daino

doesn't ['dʌ·znt] = does not *s.* do

dog [dɔːg] I. *n* 1.cane, cagna *m, f*; hunting ~ cane da caccia; my pet ~ il mio cagnolino 2. *inf* (*unattractive person*) cesso *m*; the (dirty) ~! (*mean person*) che bastardo!; (*failure: movie, product*) fallimento *m* ▶he doesn't have a ~'s chance *inf* non ha la benché minima possibilità; every ~ has its day *prov* ognuno ha il suo momento di gloria; to lead a ~'s life fare una vita da cani; to be a ~ in the manger *essere una persona che, pur non volendo una cosa, non permette ad altri di averla*; to give a ~ a bad name *prov* attribuire una cattiva reputazione (a qn); it's a ~ eat ~ world è una giungla; to go to the ~s andare in malora II.<-gg-> *vt a. fig* (*pursue*) perseguitare

dog biscuit *n* biscotto *m* per cani

dog collar *n* collare *m* per cani; *iron* colletto *m* da prete

dog days *n pl* canicola *f*

dog-eared *adj* (*book*) to be ~ avere le orecchie

dogged ['dɔː·gɪd] *adj* ostinato, -a
doggerel ['dɔː·gə·əl] *n* poesia *f* scadente
doggy bag *n inf: pacchetto con gli avanzi di un pasto consumato al ristorante*
doghouse *n* canile *m;* **to be in the ~** essere caduto in disgrazia
dogma ['dɔːg·mə] *n* dogma *m*
dogmatic [dɔːg·'mæ·t̬ɪk] *adj* dogmatico, -a
dogmatism ['dɔːg·mə·t̬ɪ·zəm] *n* dogmatismo *m*
do-gooder *n inf* benefattore, -trice *m, f, non richiesto*
dog-tired *adj inf* sfinito, -a
doing ['duː·ɪŋ] *n* **1.** *pl* (*activities*) imprese *fpl* **2.** (*action*) **to be** (**of**) **sb's ~** essere opera di qn; **to take some ~** non essere facile
do-it-yourself *n* fai da te *m inv*
doldrums ['doʊl·drəmz] *npl* GEO zona *f* delle calme equatoriali; **to be in the ~** (*person*) esser depresso; (*business*) esser in stallo
dole out *vt* (*money, food*) distribuire
doleful ['doʊl·fəl] *adj* (*person*) triste; (*expression, cry*) addolorato, -a
doll [dɑːl] *n* **1.** (*toy*) bambola *f* **2.** *inf* tesoro *m* **3.** *inf* (*term of address*) bellezza *f*
◆**doll up** *vt* agghindare; **to ~ oneself up** mettersi in ghingheri
dollar ['dɑː·lə] *n* dollaro *m* ▶ **to feel like a million ~s** sentirsi una meraviglia; **to look like a million ~s** avere un aspetto fantastico
dollhouse *n* casa *f* delle bambole
dollop ['dɑː·ləp] *n* (*amount*) piccola quantità *f;* (*spoonful*) cucchiaiata *f*
dolly ['dɑː·li] <-ies> *n* **1.** *childspeak* (*doll*) bambola *f* **2.** (*for transporting*) carrello *m*
dolphin ['dɑːl·fɪn] *n* delfino *m*
dolt [doʊlt] *n* imbecille *mf*
domain [doʊ·'meɪn] *n* **1.** POL, COMPUT dominio *m;* (*lands*) proprietà *f* **2.** (*sphere of activity*) ambito *m;* **to be in the public ~** essere di dominio pubblico; **that is outside my ~** la cosa esula dalla mia sfera
dome [doʊm] *n* **1.** (*rounded roof*) cupola *f* **2.** (*rounded ceiling*) volta *f* **3.** *inf* (*bald head*) testa *f* calva
domestic [də·'mes·tɪk] **I.** *adj* **1.** (*of the house*) domestico, -a **2.** (*home-loving*) casalingo, -a **3.** *a.* ECON, FIN, POL (*produce, flight*) nazionale; (*market, trade, policy*) interno, -a; **~ news** notizie dall'interno; **gross ~ product** prodotto *m* interno lordo **II.** *n* domestico, -a *m, f*
domestic appliance *n* elettrodomestico *m*
domesticate [də·'mes·tɪ·keɪt] *vt* (*animal*) addomesticare; (*plant*) acclimatare; **he is a very ~d man** (*accustomed to home life*) è un uomo molto casalingo
domesticated *adj* addomesticato, -a
domesticity [ˌdoʊ·mes·'tɪ·sə·ti] *n* vita *f* familiare
domestic market *n* mercato *m* interno
domestic science *n* economia *f* domestica
domicile ['dɑː·mə·saɪl] **I.** *n* domicilio *m* **II.** *vt* fissare la residenza di; **to be ~d in** risiedere in

dominance ['dɑː·mə·nənts] *n* **1.** (*rule*) predominio *m* **2.** MIL supremazia *f*
dominant ['dɑː·mə·nənt] *adj* dominante
dominate ['dɑː·mə·neɪt] *vi, vt* dominare
domination [ˌdɑː·mə·'neɪ·ʃən] *n* dominazione *f*
domineer [ˌdɑː·mə·'nɪr] *vi* dominare; **to ~ over sb** tiranneggiare qn
domineering *adj* dominante; **a ~ management style** uno stile manageriale autoritario
Dominica [ˌdɑː·mɪ·'niː·kə] *n* Dominica *f*
Dominican [doʊ·'mɪ·nɪ·kən] **I.** *adj* dominicano, -a **II.** *n* **1.** (*nationality*) dominicano, -a *m, f* **2.** REL domenicano, -a *m, f*
Dominican Republic *n* Repubblica *f* Dominicana
dominion [də·'mɪn·jən] *n* dominio *m;* **to have ~ over sb/sth** avere potere su qn/qc
domino ['dɑː·mə·noʊ] <-es> *n* **1.** *pl* (*game*) domino *m;* **to play ~es** giocare a domino **2.** (*piece*) tessera *f* del domino
domino effect *n* effetto *m* domino
don [dɑːn] *vt* (*clothing*) indossare
donate ['doʊ·neɪt] *vt* donare
donation [doʊ·'neɪ·ʃən] *n* **1.** (*contribution*) donazione *f* **2.** (*act*) donazione *f*
done [dʌn] *pp of* **do**
donkey ['dɑː·ŋ·ki] *n a. fig* asino *m*
donkey work *n inf* lavoro *m* pesante
donor ['doʊ·nə] *n* donatore, -trice *m, f*
don't [doʊnt] = **do not** *s.* **do**
donut ['doʊ·nʌt] *n* bombolone *m*
doodle ['duː·dl] **I.** *vi* scarabocchiare **II.** *n* scarabocchio *m*
doom [duːm] **I.** *n* **1.** (*destiny*) destino *m* **2.** (*death*) morte *f* **II.** *vt* condannare
doomed *adj* condannato, -a; **to be ~ to failure** esser destinato a fallire; **~ to die** destinato a morire
doomsday ['duːmz·deɪ] *n* giorno *m* del giudizio universale
door [dɔːr] *n* **1.** porta *f;* **front/back ~** porta principale/di servizio; **revolving/sliding ~** porta girevole/scorrevole; **to knock at** [*o* **on**] **the ~** bussare alla porta; **there's someone at the ~** bussano alla porta; **to answer the ~** aprire la porta; **to see sb to the ~** accompagnare qn alla porta; **to live next ~** (**to sb**) abitare vicino (a qn); **to show sb the ~** mettere qn alla porta; **out of ~s** all'aria aperta; **behind closed ~s** a porte chiuse; **to close the ~ on sb** chiudere le porte a qn; **to leave the ~ open to sb** lasciare la porta aperta a qn **2.** (*doorway*) entrata *f* ▶ **to slam the ~ in sb's face** sbattere la porta in faccia a qn; **to never darken sb's ~s again** *liter* non osare mettere piede in casa di qn; **to lay sth at sb's ~** dar la colpa di qc a qn
doorbell *n* campanello *m*
doorjamb *n* stipite *m* della porta
doorkeeper *n s.* **doorman**
doorknob *n* maniglia *f* della porta
doorman <-men> *n* portiere *m*

D

doormat *n* zerbino *m*

doornail *n inf* **dead as a ~** morto stecchito

doorstep *n* gradino *m, della porta d'ingresso* ▶ **to be right on sb's ~** essere a due passi da casa di qn

door-to-door I. *adj* porta a porta *inv;* **~ selling** vendita *f* a domicilio II. *adv* porta a porta

doorway *n* entrata *f*

dope [doʊp] I. *n inf* **1.** (*drugs*) droga *f* illegale; (*marijuana*) erba *f* **2.** SPORTS doping *m inv;* **~ test** controllo *m* antidoping **3.** (*stupid person*) idiota *mf* **4.** (*information*) informazioni *fpl;* **to give sb the ~ on** [*o* about] **sth** fare una soffiata a qn su qc II. *vt* (*drug*) drogare; SPORTS dopare

dope dealer *n,* **dope pusher** *n inf* spacciatore, -trice *m, f*

dopey *adj,* **dopy** [ˈdoʊ·pi] *adj* <-ier, -iest> *inf* **1.** (*drowsy*) intontito, -a **2.** (*stupid*) tonto, -a

dormant [ˈdɔːr·mənt] *adj* (*volcano*) inattivo, -a; (*animal*) in letargo; (*law*) in quiescenza; (*idea*) latente; **to lie ~** rimanere latente

dormer *n* lucernario *m*

dormitory [ˈdɔːr·mə·tɔː·ri] <-ies> *n* **1.** (*room*) dormitorio *m;* **~ town** città *f* dormitorio **2.** UNIV pensionato *m* per studenti

dormouse [ˈdɔːr·maʊs] <-mice> *n* ghiro *m*

dorsal [ˈdɔːr·səl] *adj* dorsale

DOS [dɑːs] *n abbr of* **disk operating system** DOS *m inv*

dosage [ˈdoʊ·sɪdʒ] *n* dose *f*

dose [doʊs] I. *n a. fig* dose *f;* **a ~ of bad news** una brutta notizia; **a nasty ~ of the flu** una brutta influenza II. *vt* somministrare una dose a; **to ~ oneself with** imbottirsi di

dossier [ˈdɑːs·ieɪ] *n* dossier *m inv;* **to keep a ~ on sb/sth** tenere un dossier su qn/qc

dot [dɑːt] I. *n* **1.** puntino *m;* **on the ~** in punto; **she arrived at half past three on the ~** arrivò alle tre e mezza in punto **2.** *pl* TYPO puntini *mpl* di sospensione; **120 ~s per inch** 120 punti per pollice II. <-tt-> *vt* **1.** (*mark with a dot*) punteggiare **2.** (*put a dot on*) mettere il puntino a **3.** (*scatter*) sparpagliare ▶ **to ~ one's i's and cross one's t's** mettere i puntini sulle 'i'

dote on [ˌdoʊt·ˈɑːn] *vt* adorare

doting *adj* **a ~ father** un padre che stravede per i figli

dot-matrix printer *n* stampante *f* ad aghi

dotty [ˈdɑː·t̬i] *adj* <-ier, -iest> (*person*) suonato, -a; (*idea*) balzano, -a

double [ˈdʌ·bl] I. *adj* **1.** (*twice as much/many*) doppio, -a; **a ~ door** una porta a due ante; **a ~ whiskey** un doppio whisky; **it is ~ that** è due volte quello; **to have a ~ meaning** avere un doppio senso; **to lead a ~ life** condurre una doppia vita **2.** (*composed of two*) **in ~ digits** a due cifre; **the number of deaths has now reached double digits** i morti ormai si contano a decine; **a ~ 's'** esse doppia **3.** (*for two*) **~ mattress** materasso *m* matrimoniale; **~ room** camera *f* doppia II. *adv* doppio; **to**

see ~ vedere doppio; **to fold sth ~** piegare qc a metà; **he's ~ your age** ha il doppio dei tuoi anni; **to be bent ~** essere piegato in due III. *vt* (*increase*) raddoppiare; **we have ~d our profits** abbiamo raddoppiato i profitti IV. *vi* raddoppiare; **to ~ for sb** CINE fare la controfigura di; THEAT fare anche la parte di; **to ~ as sth** fare anche da qc V. *n* **1.** (*double quantity*) doppio *m* **2.** (*person*) sosia *mf inv;* **sb's ~** il [*o* la] sosia di qn **3.** *pl* SPORTS doppio *m;* **to play ~s** giocare un doppio ▶ **on** [*o* at] **the ~** immediatamente

◆ **double back** *vi* (*person, animal*) tornare sui propri passi; (*path, river*) descrivere una curva

◆ **double up** *vi* **1.** (*bend over*) **to ~ with pain/laughter** piegarsi in due per il dolore/ dalle risate **2.** (*share room*) dividere la stanza

double-barreled *adj* **1.** (*shotgun*) a due canne **2.** (*having two purposes*) a doppio effetto

double bass <-es> *n* contrabbasso *m*

double bed *n* letto *m* matrimoniale

double-breasted *adj* (*jacket*) a doppio petto

double-check *vt* ricontrollare

double chin *n* doppio mento *m*

double-click *vi* COMPUT fare doppio clic; **to ~ on the left mouse button** cliccare due volte sul tasto sinistro del mouse

double-cross I. *vt* fare il doppio gioco con II. <-es> *n* doppio gioco *m*

double-crosser *n* doppiogiochista *mf*

double-dealer *n* doppiogiochista *mf*

double-dealing *n* doppio gioco *m*

double-decker *n* **1.** (*bus*) autobus *m* a due piani *inv* **2.** (*sandwich*) sandwich *m* doppio *inv*

double-edged *adj a. fig* a doppio taglio

double-entry bookkeeping *n* contabilità *f* a partita doppia

double feature *n* programma *m* con due spettacoli

double-glaze *vt* **to ~ a window** mettere i doppi vetri a una finestra

double-jointed *adj* snodato, -a

double-park *vi, vt* parcheggiare in doppia fila

double-quick I. *adv* a passo accelerato; **to get home ~** arrivare a casa in un baleno II. *adj* (*step*) leggero, -a; **in ~ time** in un attimo

doublespeak [ˈdʌ·bl·spiːk] *n s.* **double-talk**

double standard *n* **to have ~s** usare due pesi e due misure

double take *n* reazione *f* a scoppio ritardato; **to do a ~** reagire a scoppio ritardato

double talk *n* discorsi *mpl* ambigui

doublethink *n* accettazione *f* di principi contraddittori

double time *n* **1.** COM, ECON retribuzione *f* doppia, *per lavoro straordinario* **2.** MIL passo *m* di corsa

double vision *n* diplopia *f*

doubly [ˈdʌb·li] *adv* doppiamente; **to make ~ sure that ...** assicurarsi bene che ... +*conj*

doubt [daʊt] I. *n* dubbio *m;* **to be in ~**

whether to ... essere in dubbio se ...; **without a shadow of a ~** senza ombra di dubbio; **no ~** senza dubbio; **without a ~** senza alcun dubbio; **he will no ~ come at Christmas** sicuramente verrà a Natale; **there is no ~ about it** non c'è alcun dubbio a riguardo; **to have one's ~s about sth** avere dei dubbi riguardo a qc; **the future of the project is in ~** il futuro del progetto è incerto; **beyond all reasonable ~** al di là di qualsiasi dubbio; **to raise ~s about sth** sollevare dubbi su qc; **to cast ~ on sth** mettere in dubbio qc **II.** *vt* **1.** (*be unwilling to believe*) dubitare di; **to ~ sb's word** dubitare della parola di qn **2.** (*call into question, abilities, sincerity*) mettere in dubbio **3.** (*feel uncertain*) nutrire dubbi su; **to ~ that** dubitare che ... +*conj;* **to ~ if** [*o* **whether**] ... dubitare che ... +*conj;* **I ~ it very much** ne dubito molto **III.** *vi* dubitare

doubtful ['daʊt·fəl] *adj* **1.** (*uncertain, undecided*) dubbioso, -a; **to be ~ whether to ...** non essere sicuro, -a se ...; **to be ~ about going** essere indeciso, -a se andare o no **2.** (*unlikely*) incerto, -a **3.** (*questionable*) dubbio, -a

doubtless ['daʊt·lɪs] *adv* indubbiamente

dough [doʊ] *n* **1.** CULIN impasto *m* **2.** *inf* (*money*) grana *f*

doughnut ['doʊ·nʌt] *n* bombolone *m*

doughy ['doʊ·i] *adj* pastoso, -a

dour [dʊr] *adj* (*manner*) arcigno, -a; (*appearance*) austero, -a

douse [daʊs] *vt* **1.** (*throw liquid on*) bagnare; **to ~ sth in gas** cospargere qc di benzina **2.** (*extinguish: light, candle*) spegnere

dove[1] [dʌv] *n* ZOOL colomba *f*

dove[2] [doʊv] *pt of* **dive**

dovecot(e) ['dʌv·koʊt] *n* colombaia *f*

dovetail ['dʌv·teɪl] **I.** *n* TECH incastro *m* a coda di rondine **II.** *vi* combaciare **III.** *vt* **1.** TECH unire con un incastro a coda di rondine **2.** (*fit*) **to ~ sth into/with sth** far combaciare qc con qc

dowager ['daʊ·ə·dʒɚ] *n* vedova *f* di un nobile

dowdy ['daʊ·di] *adj* <-ier, -iest> sciatto, -a; **to wear ~ clothes** vestire in modo trasandato

dowel ['da·ʊəl] *n* TECH caviglia *f*

down[1] [daʊn] *n* (*feathers*) piumino *m;* (*hairs*) peluria *f*

down[2] [daʊn] **I.** *adv* **1.** (*movement*) giù; **to fall ~** cadere; **to lie ~** stendersi **2.** (*from another point*) **to go ~ to Washington/the lake** andare a Washington/al lago; **~ South** a sud **3.** (*less in volume or intensity*) **to be ~** essere consumato; **the wind died ~** il vento si è calmato; **the sun is ~** il sole è tramontato; **the fire is burning ~** il fuoco si sta consumando; **the price is ~** il prezzo è sceso **4.** (*temporal*) **from 1900 ~ to the present** dal 1900 fino ai nostri giorni; **~ through the ages** attraverso i secoli **5.** (*in writing*) **to write/get sth ~** scrivere/annotare qc **6.** (*not functioning: computer, server, telephone*

lines) **to be ~** non funzionare **7.** (*as deposit*) **to put $100/10% ~ on sth** versare un anticipo di 100 dollari/del 10% per qc ▶ **to be ~ on sb** avercela con qn; **~ with the dictator!** abbasso il dittatore! **II.** *prep* **1.** (*lower*) **to go ~ the stairs** scendere le scale; **to run ~ the slope** correre giù per la discesa **2.** (*along*) **to go ~ the street** camminare per strada

down and out, down-and-out I. *adj* **to be ~** essere uno spiantato **II.** *n* vagabondo, -a *m, f*

downcast ['daʊn·kæst] *adj* avvilito, -a

downfall ['daʊn·fɔːl] *n* (*of government*) caduta *f;* (*of organization, firm*) crollo *m;* (*of person*) rovina *f;* **that will be his ~** questa sarà la sua rovina

downgrade [ˌdaʊn·'greɪd] **I.** *vt* **1.** (*lower category of*) declassare **2.** (*disparage*) sminuire; **to ~ the importance of sth** sminuire l'importanza di qc **II.** *n* pendenza *f;* **to be on the ~** *fig* essere in declino

downhearted [ˌdaʊn·'hɑːr·ṭɪd] *adj* scoraggiato, -a

downhill [ˌdaʊn·'hɪl] **I.** *adv* in discesa; **to go ~** andare in discesa; *fig* andare sempre peggio **II.** *adj* (*path*) in discesa; **it's all ~ from now on** *fig* da adesso è tutta discesa *inf*

download ['daʊn·loʊd] *vt* COMPUT scaricare

down-market I. *adj* (*neighborhood, newspaper*) popolare; (*shop, store*) a buon mercato; (*program*) mediocre **II.** *adv* **to move ~** perder prestigio; (*intentionally*) rivolgersi a un settore poco esigente del mercato

down payment *n* acconto *m;* **to make a ~ on sth** versare un acconto per qc

downplay ['daʊn·pleɪ] *vt* minimizzare

downpour ['daʊn·pɔːr] *n* acquazzone *m*

downright ['daʊn·raɪt] **I.** *adj* (*refusal*) categorico, -a; (*disobedience, lie, liar*) bell'e buono, -a; (*fool*) vero, -a; **it is a ~ disgrace** è proprio una vergogna; **that's ~ stupid** è una vera stupidaggine **II.** *adv* completamente; **to be ~ difficult** essere difficilissimo; **to refuse ~** rifiutare categoricamente

downside ['daʊn·saɪd] *n* svantaggio *m;* **on the ~, it's far from town** lo svantaggio è che è lontano dalla città

downsize ['daʊn·saɪz] *vt* ridimensionare

downsizing *n* ridimensionamento *m*

downstairs [ˌdaʊn·'sterz] **I.** *adv* giù; **to go ~** andare di sotto; **to run ~** precipitarsi di sotto **II.** *adj* al piano di sotto **III.** *n* (*ground floor*) pianterreno *m;* (*lower floors*) piani *mpl* inferiori

downstream [ˌdaʊn·'striːm] *adv* a valle; **it is another few miles ~ from here** è a qualche miglio più a valle

Down syndrome *n* sindrome *f* di Down

downtime ['daʊn·taɪm] *n* **1.** COMPUT, TECH tempo *m* di inattività **2.** (*rest*) momento *m* di riposo

down-to-earth *adj* (*explanation*) realistico, -a; (*person*) pratico, -a

downtown [ˌdaʊn·'taʊn] **I.** *n* centro *m* (città)

D

D

II. *adv* **to go** ~ andare in centro; **to live** ~ vivere in centro III. *adj* del centro; ~ **Los Angeles** il centro di Los Angeles

downtrodden ['daʊn·trɑː·dn] *adj* (*grass*) calpestato, -a; (*person*) oppresso, -a

downturn ['daʊn·tɜːrn] *n* peggioramento *m;* **a** ~ **in sth** un calo in qc; **an economic** ~ un peggioramento della situazione economica

downward ['daʊn·wəd] I. *adj* (*movement*) discendente; (*direction*) verso il basso; (*path*) in discesa; (*tendency, prices*) al ribasso; **inflation is on a** ~ **trend** l'inflazione ha una tendenza al ribasso II. *adv* verso il basso

downwards ['daʊn·wədz] *adv* verso il basso

downy ['daʊ·ni] *adj* lanuginoso, -a

dowry ['da·ʊə·ri] <-ies> *n* dote *f*

dowse[1] [daʊz] *vi* cercare con la bacchetta da rabdomante; **to** ~ **for water** cercare l'acqua con la bacchetta da rabdomante

dowse[2] [daʊs] *vt s.* **douse**

dowser *n* 1. (*tool*) bacchetta *m* da rabdomante 2. (*person*) rabdomante *mf*

dowsing *n* rabdomanzia

dowsing rod *n* bacchetta *f* da rabdomante

doyen ['dɔ·ɪən] *n* decano *m*

doyenne ['dɔ·ɪen] *n* decana *f*

doz. *abbr of* **dozen** dozzina *f*

doze [doʊz] I. *vi* sonnecchiare; **to** ~ **off** appisolarsi II. *n* sonnellino *m;* **to have a** ~ schiacciare un pisolino

dozen ['dʌ·zn] *n* 1. (*twelve*) dozzina *f;* **half a** ~ mezza dozzina; **two** ~ **eggs** due dozzine di uova 2. (*many*) ~**s of times** moltissime volte; **by the** ~ a dozzine ▶ **it's six of one and half a** ~ **of the other** è la stessa cosa

dozy ['doʊ·zi] *adj* <-ier, -iest> sonnolento, -a

DP 1. *abbr of* **data processing** elaborazione *f* dati 2. *abbr of* **displaced person** profugo, -a *m, f*

DPh *n*, **DPhil** *n abbr of* **Doctor of Philosophy** *titolo di chi possiede un dottorato di ricerca*

Dr. 1. *abbr of* **Doctor** Dott. *m,* Dott.ssa *f* 2. *abbr of* **Drive** viale *m*

drab [dræb] *adj* <drabber, drabbest> 1. (*dull: food*) insipido, -a; (*color*) smorto, -a; (*existence*) piatto, -a 2. (*khaki colored*) grigioverde

draconian [drə·'koʊn·ɪən] *adj* draconiano, -a

draft [dræft] I. *n* 1. (*current of air*) corrente *f* d'aria 2. (*drawing*) schizzo *m* 3. (*preliminary version*) bozza *f;* (*of novel, speech*) prima stesura *f;* (*of contract*) minuta *f;* ~ **bill** LAW progetto *m* di legge 4. **the** ~ MIL la leva 5. NAUT pescato *m* 6. MED dose *f* 7. (*drink*) sorso *m* 8. (*beer from tap*) birra *f* alla spina; **on** ~ alla spina II. *vt* 1. (*prepare first version*) preparare una bozza di; (*novel*) redigere la prima stesura di; (*plan*) tracciare; (*contract*) stendere una bozza di 2. MIL chiamare alle armi III. *adj* 1. (*beer*) alla spina 2. (*horse*) da tiro

draft board *n* scacchiera *f*

draft dodger *n* MIL renitente *m* alla leva

draftee [dræf·'ti:] *n* MIL recluta *f*

draftsman ['dræfts·mən] <-men> *n* TECH disegnatore, -trice *m, f*

drafty ['dræf·ti] *adj* <-ier, -iest> pieno, -a di correnti d'aria; **it's** ~ **here with the door open** con la porta aperta c'è corrente

drag [dræg] I. <-gg-> *vt* 1. (*pull*) trascinare; **to** ~ **oneself somewhere** trascinarsi in qualche posto; **to** ~ **one's heels** [*o* **feet**] strascicare i piedi; *fig* tirarla per le lunghe; **to** ~ **sb's name through the mud** trascinare il nome di qn nel fango 2. (*in water*) dragare 3. COMPUT trascinare II. <-gg-> *vi* 1. (*trail along*) strascicare 2. (*time*) non passare mai; (*meeting, conversation*) trascinarsi 3. (*lag behind*) restare indietro III. *n* 1. (*device*) draga *f* 2. PHYS resistenza *f;* AVIAT resistenza *f* aerodinamica 3. (*hindrance*) ostacolo *m;* **to be a** ~ **on sb** essere un peso per qn 4. *inf* (*boring person*) noia *f;* (*boring experience*) rottura *f;* **what a** ~**!** che rottura! 5. *inf* (*women's clothes*) vestiti *mpl* da donna; **to be in** ~ travestirsi da donna 6. *inf* (*inhalation*) tiro *m;* **to take a** ~ fare un tiro ▶ **the main** ~ *inf* la strada principale

◆ **drag along** *vt* trascinare, *controvoglia*

◆ **drag away** *vt* trascinare via

◆ **drag behind** *vi* seguire per ultimo

◆ **drag down** *vt* 1. (*lower forcefully*) trascinare verso il basso 2. (*make depressed*) avvilire; (*make weak*) buttare giù

◆ **drag in** *vt* (*person*) coinvolgere; (*subject*) tirare in ballo

◆ **drag on** *vi* (*meeting, film*) prolungarsi

◆ **drag out** *vt* (*meeting, conversation*) tirare per le lunghe

◆ **drag up** *vt* ritirare fuori

draglift *n* skilift, m *inv*

dragon ['dræ·gən] *n* 1. (*mythical creature*) drago *m* 2. *fig* (*fierce woman*) arpia *f*

dragonfly ['dræ·gən·flaɪ] <-ies> *n* libellula *f*

dragoon [drə·'guːn] *n* MIL dragone *m*

drain [dreɪn] I. *vt* 1. AGR, MED drenare; (*river, pond*) prosciugare; (*food*) scolare; (*machine*) spurgare 2. (*empty by drinking: glass, cup*) svuotare; (*bottle*) scolare 3. (*exhaust, tire out: person*) sfinire; (*resources*) esaurire; **to** ~ **sb's energy** prosciugare le energie di qn; **war** ~**s the nation of its youth** la guerra priva il paese della sua gioventù II. *vi* (*dishes*) scolare III. *n* 1. (*channel*) canale *m* di scolo; (*pipe*) tubo *m* di scarico 2. (*sewer*) fognatura *f* 3. (*in sink*) scarico *m;* **to throw sth down the** ~ *fig* buttare qc dalla finestra; **to throw** [*o* **pour**] **money down the** ~ buttare i soldi dalla finestra; **to go down the** ~ finire in fumo 4. (*constant outflow*) fuga *f;* **brain** ~ fuga di cervelli; **to be a** ~ **on sb's resources** essere un salasso per qn

◆ **drain away** *vi* (*water*) defluire; (*energy*) esaurirsi; (*tension*) sciogliersi

◆ **drain off** *vt* (*liquid*) vuotare

drainage ['dreɪ·nɪdʒ] *n* 1. AGR, MED drenaggio *m* 2. TECH scarico *m;* ~ **system** rete *f* fognaria

drainage basin *n* bacino *m* di drenaggio
drainboard *n* sgocciolatoio *m*
drainpipe *n* tubo *m* di scarico
drake [dreɪk] *n* anatra *f* maschio
dram [dræm] *n* (*of whiskey, brandy*) bicchierino *m*
drama ['drɑː·mə] *n* **1.** LIT, CINE dramma *m* **2.** THEAT arte *f* drammatica; ~ **teacher** insegnante *mf* di recitazione **3.** *inf* (*emotional situation*) dramma *m;* **a night of high** ~ una notte drammatica
drama school *n* scuola *f* d'arte drammatica
dramatic [drə·'mæ·tɪk] *adj* **1.** THEAT drammatico, -a; (*artist, production*) teatrale; (*rescue, events, escape*) drammatico, -a **2.** (*very noticeable: rise*) spettacolare; (*effect, discovery*) straordinario, -a
dramatics [drə·'mæ·tɪks] *npl* **1.** + *sing vb* THEAT arte *f* drammatica; **amateur** ~ filodrammatica *f* **2.** *pej* (*behavior*) teatralità *f*
dramatis personae [ˌdræ·mə·tɪs·pə·'soʊ·ni:] *npl* THEAT personaggi *mpl, di un'opera teatrale*
dramatist ['dræ·mə·tɪst] *n* THEAT drammaturgo, -a *m, f*
dramatization [ˌdræ·mə·tɪ·'zeɪ·ʃən] *n* drammatizzazione *f*
dramatize ['dræ·mə·taɪz] *vt* **1.** THEAT adattare per il teatro **2.** (*exaggerate*) drammatizzare
drank [dræŋk] *pt of* **drink**
drape [dreɪp] **I.** *vt* **1.** (*hang*) coprire; **to** ~ **sth** (**in a flag**) avvolgere qc (in una bandiera) **2.** (*place*) mettere; **she** ~**d the scarf around her shoulders** si avvolse le spalle nello scialle; **to** ~ **one's arms/legs over sth** far penzolare le braccia/le gambe da qc **II.** *vi* ricadere; **to** ~ **well** (*clothes*) cadere bene **III.** *n* **1.** *pl* (*curtains*) tende *fpl* **2.** MED tendina *f* **3.** (*how sth hangs*) drappeggio *m*
drapery ['dreɪ·pə·ri] <-ies> *n* **1.** (*hangings*) drappeggio *m* **2.** *pl* (*curtains*) tendaggi *mpl* **3.** (*cloths, fabrics*) tessuti *mpl*
drastic ['dræs·tɪk] *adj* (*measure*) drastico, -a; (*change*) radicale
drat [dræt] *interj* accidenti
draw [drɔ:] **I.** <drew, drawn> *vt* **1.** ART disegnare; (*line*) tracciare; (*character*) delineare; **to** ~ **sth to scale** riprodurre qc su scala **2.** (*pull, haul: cart, wagon*) trainare; **to** ~ **the curtains** tirare le tende; **to** ~ **sb aside** prendere da parte qn; **to** ~ **sb into a trap** attirare qn in una trappola; **I was soon drawn into the argument** sono stato subito trascinato nella discussione **3.** (*attract*) attirare; **to** ~ **applause** scatenare l'applauso; **to be** ~**n toward(s) sb** sentirsi attratto da qn; **to** ~ **attention to** richiamare l'attenzione su; **to** ~ **criticism** suscitare critiche **4.** (*elicit, evoke*) **to** ~ **sth** (**from sb/sth**) ottenere qc (da qn/qc); **to** ~ **a confession from sb** strappare una confessione a qn; **to** ~ **a reply** ottenere una risposta; **to** ~ **laughter** provocare delle risate **5.** (*formulate, perceive*) **to** ~ **an analogy** stabilire un'analogia; **to** ~ **a conclusion** arrivare

a una conclusione; **to** ~ **an inference** trarre una conclusione **6.** (*take out: gun*) estrarre; **to** ~ **a card** (**from the deck**) GAMES pescare una carta (dal mazzo); **to** ~ **blood** *fig* toccare un nervo scoperto **7.** (*obtain*) ottenere; (*salary*) guadagnare; (*pension*) prendere **8.** (*pay with*) **to** ~ **a check** emettere un assegno; (*withdraw: money*) prelevare **9.** (*lottery*) tirare a sorte; **to** ~ **straws** tirare a sorte, *con le pagliuzze* **10.** SPORTS, GAMES pareggiare **11.** CULIN **to** ~ **a beer** spillare una birra **12.** NAUT **the boat** ~**s 7 feet** la barca pesca 7 piedi **13.** SPORTS **to** ~ **a bow** tendere un arco **II.** <drew, drawn> *vi* **1.** ART disegnare **2.** (*move, procede*) to ~ **ahead** andare avanti; **to** ~ **away** allontanarsi; ~ **up here and he'll get into the car** accosta qui così può scendere dalla macchina **3.** (*approach*) avvicinarsi; **to** ~ **to a close** volgere al termine; **to** ~ **to an end** avvicinarsi alla fine **4.** (*chimney*) tirare **5.** (*draw lots*) estrarre a sorte **6.** SPORTS, GAMES pareggiare **III.** *n* **1.** (*attraction*) attrazione *f* **2.** SPORTS, GAMES pareggio *m* **3.** (*drawing of lots*) sorteggio *m* **4.** (*act of drawing a gun*) **to be quick on the** ~ esser veloce nell'estrarre la pistola; *fig* avere la risposta pronta **5.** (*of a chimney*) tiraggio *m*

♦**draw apart** *vi* allontanarsi
♦**draw aside** *vt always sep* (*person*) prendere da parte; (*curtain*) scostare
♦**draw away I.** *vi* **1.** (*move off*) allontanarsi **2.** (*move ahead*) **to** ~ **from sb** portarsi in vantaggio su qn **3.** (*move away*) allontanarsi **II.** *vt* allontanare
♦**draw down** *vt* abbassare; **to wear a hat drawn down over one's ears** portare un cappello calato sulle orecchie
♦**draw in** **I.** *vi* **1.** (*car, bus, train*) arrivare **2.** (*days*) accorciarsi **II.** *vt* **1.** (*breath*) tirare **2.** (*attract*) attirare
♦**draw off** *vt* (*boots*) togliersi; (*liquid*) estrarre
♦**draw on** **I.** *vt* **1.** (*make use of*) fare ricorso a; **to** ~ **sb's own resources** attingere alle proprie risorse; **to** ~ **the stocks** ricorrere alle scorte **2.** (*put on*) mettersi **II.** *vi* **1.** (*continue: time, day*) avanzare **2.** (*approach*) avvicinarsi
♦**draw out** **I.** *vt* **1.** (*prolong*) prolungare **2.** (*elicit*) tirar fuori; **to** ~ **information from sb** strappare delle informazioni a qn; **to** ~ **feelings and memories** far affiorare sentimenti e ricordi; **to draw sb out** (**of himself**) far uscire dal guscio qn **3.** FIN, ECON, COM prelevare **II.** *vi* **1.** (*car, bus, train*) partire **2.** (*day*) allungarsi
♦**draw together** **I.** *vt* unire **II.** *vi* riavvicinarsi
♦**draw up** **I.** *vt* **1.** (*draft*) stendere; (*list*) compilare; (*guidelines, plan*) preparare; **to** ~ **a constitution** LAW redigere una costituzione **2.** (*pull toward one*) avvicinare **3.** (*raise*) alzare; **to draw oneself up** tirarsi su **II.** *vi* (*vehicle*) fermarsi
drawback *n* svantaggio *m*
drawbridge *n* ponte *m* levatoio

D

drawer ['drɔːr] *n* cassetto *m*

drawing *n* ART disegno *m*

drawing board *n* tavolo *m* da disegno; **back to the ~!** si ricomincia da capo!

drawing room *n* salotto *m*

drawl [drɔːl] I. *n* parlata *f* strascicata II. *vi* parlare strascicando le vocali

drawn [drɔːn] I. *pp of* draw II. *adj* 1. (*face*) tirato, -a; **you look tired and ~** hai un aspetto stanco e tirato 2. (*butter*) chiarificato, -a

dread [dred] I. *vt* temere; **I ~ to think ...** non oso pensare ... II. *n* terrore *m*; **to fill sb with ~** terrorizzare qn III. *adj* terribile

dreadful ['dred·fəl] *adj* 1. (*terrible*) terribile; (*storm, weather*) orribile; **I feel ~ about it** è una cosa che mi fa stare malissimo 2. (*of bad quality*) orrendo, -a 3. (*very great*) spaventoso, -a; (*atrocity*) terribile

dreadfully ['dred·fə·li] *adv* 1. (*in a terrible manner*) terribilmente 2. (*very poorly*) malissimo 3. (*extremely*) estremamente

dream [driːm] I. *n* 1. sogno *m*; **a bad ~** un brutto sogno 2. (*daydream*) sogno *m* (ad occhi aperti); (*fantasy*) fantasticheria *f*; **to be in a ~** esser con la testa tra le nuvole; **like a ~** benissimo; **he cooks like a ~** cucina meravigliosamente; **to go like a ~** funzionare perfettamente; **a ~ come true** un sogno fatto realtà; **in your ~s!** *inf* col cavolo! II. <dreamed *o* dreamt, dreamed *o* dreamt> *vi* sognare; **to ~ of (doing) sth** sognare (di fare) qc; **~ on!** *inf* sogna, sogna!; **I wouldn't ~ of (doing) that** non mi sognerei mai (di fare) una cosa del genere III. <dreamed *o* dreamt, dreamed *o* dreamt> *vt* sognare; **I never ~ed that ...** non avrei mai immaginato che ... +*conditional* IV. *adj* ideale; **his ~ house** la casa dei suoi sogni; **to be (living) in a ~ world** vivere nel mondo dei sogni

◆ **dream away** *vt* **to ~ the day** passare la giornata a fantasticare

◆ **dream up** *vt* ideare

dreamer ['driː·mə·] *n* sognatore, -trice *m, f*

dreamland *n* paese *m* dei sogni

dreamless *adj* senza sogni

dreamlike *adj* irreale

dreamt [dremt] *pt, pp of* dream

dreamy ['driː·mi] *adj* <-ier, -iest> 1. (*dreamlike*) irreale 2. (*as in daydream*) sognante 3. *inf* (*wonderful*) fantastico, -a

dreary ['drɪ·ri] *adj* <-ier, -iest> (*life*) monotono, -a; (*place*) desolato, -a; (*weather*) uggioso, -a

dredge[1] [dredʒ] I. *n* TECH draga *f* II. *vt* TECH dragare

dredge[2] [dredʒ] *vt* CULIN spolverizzare

dredger[1] ['dre·dʒə·] *n* TECH draga *f*

dredger[2] ['dre·dʒə·] *n* CULIN vasetto con coperchio dotato di piccoli fori, utilizzato per spolverizzare zucchero, farina, sale ecc.

dregs [dregz] *npl* 1. (*sediment*) fondo *m* 2. (*undesirable part*) **the ~ of society** la feccia della società

drench [drentʃ] *vt* infradiciare; **to be ~ed in sweat** esser madido di sudore

dress [dres] I. *n* <-es> abito *m*; **strapless/sleeveless ~** abito senza spalline/maniche II. *vi* vestirsi; **to ~ in blue** vestirsi di blu; **to ~ for sth** vestirsi per qc III. *vt* 1. (*put clothes on*) vestire 2. CULIN (*greens, salad*) condire 3. MED (*wound*) medicare 4. (*decorate*) decorare; (*hair*) pettinare; **to ~ shop windows** allestire vetrine IV. *adj* di gala; **a ~ suit** completo *m* da sera

◆ **dress down** I. *vi* vestire in modo informale II. *vt* **to dress sb down** fare una ramanzina a qn

◆ **dress up** I. *vi* vestirsi in modo elegante; **to ~ as** travestirsi da II. *vt* 1. (*put on formal clothes*) vestire in modo elegante 2. (*disguise*) travestire; **to dress sb up as** travestire qn da 3. (*embellish*) abbellire

dress circle *n* THEAT prima galleria *f*

dresser ['dre·sə·] *n* 1. FASHION **to be a very stylish ~** vestire con molto stile 2. THEAT assistente *mf* di camerino 3. (*chest of drawers*) cassettiera *f*; (*sideboard*) credenza *f*

dressing ['dre·sɪŋ] *n* 1. FASHION modo *m* di vestire 2. CULIN condimento *m* 3. MED medicazione *f*

dressing-down *n* rimprovero *m*

dressing gown *n* (*bathrobe*) vestaglia *f*

dressing room *n* cabina *f*; THEAT camerino *m*

dressing table *n* toilette *f inv*

dressmaker ['dres·ˌmeɪ·kə·] *n* sarto, -a *m, f*

dress rehearsal *n* prova *f* generale

dress shirt *n* camicia *f* da sera, *maschile*

dress suit *n* completo *m* da sera, *maschile*

dress uniform *n* alta uniforme *f*

dressy ['dre·si] *adj* <-ier, -iest> (*clothing*) elegante

drew [druː] *pt of* draw

dribble ['drɪ·bl] I. *vi* 1. (*person*) sbavare 2. (*water*) sgocciolare 3. SPORTS dribblare; **to ~ past a defender** dribblare un difensore II. *vt* 1. (*water*) far gocciolare 2. SPORTS dribblare III. *n* 1. (*saliva*) bava *f* 2. (*water*) goccio *m* 3. SPORTS dribbling, m *inv*

driblet ['drɪb·lɪt] *n* goccio *m*; **in ~s** in piccole quantità

dried [draɪd] I. *pt, pp of* dry II. *adj* secco, -a; **~ meat** carne secca; **~ milk** latte *m* in polvere

dried-up *adj*, **dried up** *adj* essiccato, -a

drier ['draɪ·ə·] *adj comp of* dry

drift [drɪft] I. *vi* 1. (*on water*) lasciarsi trasportare dalla corrente; (*in air*) lasciarsi trasportare dal vento; **to ~ out to sea** andare alla deriva 2. (*move aimlessly*) vagare 3. (*progress aimlessly*) scivolare verso 4. METEO accumularsi II. *n* 1. NAUT deriva *f* 2. *fig* (*movement*) movimento *m* 3. (*trend*) tendenza *f* 4. METEO cumulo *m*; **a sand ~** un cumulo di sabbia 5. *inf* (*sense*) significato *m*; **to catch sb's ~** cogliere il senso di ciò che qn dice

◆ **drift apart** *vi* (*people*) allontanarsi (progressivamente)

◆**drift off** *vi* scivolare nel sonno

drifter ['drɪf·tə·] *n* vagabondo, -a *m, f*

drift ice *n* banchi *mpl* di ghiaccio

driftwood *n legname galleggiante trasportato dalla corrente del mare*

drill [drɪl] I. *n* 1. TECH, MED trapano *m;* ~ **bit** punta *f* da trapano 2. MIL, SCHOOL esercitazione *fpl;* **spelling** ~ esercizio ortografico II. *vt* 1. TECH trapanare; **to** ~ **a hole** fare un buco con il trapano 2. SCHOOL far esercitare; **to** ~ **sth into sb** inculcare qc a qn 3. MIL addestrare III. *vi* 1. TECH fare perforazioni 2. (*go through exercise*) fare esercizi 3. MIL fare esercitazioni IV. *adj* MIL da esercitazione

drilling rig *n* impianto *m* di trivellazione

drink [drɪŋk] I. <drank, drunk> *vi* bere; **to** ~ **heavily** bere come una spugna; **to** ~ **in moderation** bere con moderazione; **to** ~ **to sb** bere alla salute di qn II. <drank, drunk> *vt* bere; **to** ~ **a toast** (**to sb/sth**) brindare (a qn/ qc); **to** ~ **sb under the table** battere qn nel bere, *reggendo meglio l'alcol;* **to** ~ **one's troubles away** bere per dimenticare III. *n* bibita *f;* (*alcoholic beverage*) bicchierino *m;* **to have a** ~ bere qualcosa; **to drive sb to** ~ spingere qn al bere; **the** ~ *sl* il mare

◆**drink in** *vt* assaporare; (*words*) bere

drinkable ['drɪŋ·kə·bl] *adj* potabile

drinker *n* bevitore, -trice *m, f*

drinking *n* (*act*) il bere *m;* (*drunkenness*) il bere alcolici *m;* **no** ~ **allowed on these premises** vietato il consumo di bevande alcoliche

drinking fountain *n* fontanella *f*

drinking song *n* canzone *f* da osteria

drinking water *n* acqua *f* potabile

drip [drɪp] I. <-pp-> *vi* gocciolare; (*pipe, faucet*) perdere; (*person, animal*) grondare II. <-pp-> *vt* far gocciolare; **to** ~ **paint/ water/blood on the floor** far gocciolare la pittura/l'acqua/il sangue sul pavimento III. *n* 1. (*act of dripping*) gocciolio *m* 2. (*drop*) goccia *f* 3. MED flebo(clisi) *f inv* 4. *inf* (*person*) inetto, -a *m, f*

drip-dry <-ie-> *adj* che non si stira

dripping ['drɪ·pɪŋ] I. *adj* 1. (*faucet, pipe*) che gocciola 2. (*extremely wet*) fradicio, -a II. *adv* **to be** ~ **wet** esser bagnato fradicio III. *n pl* sugo *m* d'arrosto

drive [draɪv] I. <drove, driven> *vt* 1. AUTO guidare; (*race car*) pilotare; **to** ~ **a sports car** guidare un'auto sportiva; **to** ~ **sb home** accompagnare a casa qn (in macchina) 2. (*urge*) spingere; **to** ~ **sb to** (**do**) **sth** spingere qn a (fare) qc 3. (*cattle*) condurre 4. (*render, make*) ridurre a; **to** ~ **sb crazy** far diventar matto qn 5. (*ball*) colpire; (*tunnel*) aprire; (*nail, stake*) conficcare 6. TECH azionare II. <drove, driven> *vi* AUTO 1. (*operate vehicle*) guidare; **the car** ~**s well** un'auto bella da guidare 2. (*travel*) andare in auto 3. (*function*) funzionare III. *n* 1. AUTO giro *m;* (*journey*) viaggio *m;* **to go for a** ~ andare a fare un giro in macchina 2. (*in*

street names) **Broadview D~** viale Broadview 3. (*driveway*) vialetto *m* d'accesso 4. TECH trasmissione *f;* **front-wheel** ~ trazione *f* anteriore; **all-wheel** [*o* **four-wheel**] ~ trazione *f* a quattro ruote motrici 5. PSYCH impulso *m;* **to have** ~ avere grinta; **sex** ~ impulso *m* sessuale 6. (*campaign*) campagna *f;* **a fund-raising** ~ campagna per raccogliere fondi 7. SPORTS colpo *m* forte 8. COMPUT drive *m inv*

◆**drive at** *vt inf* insinuare

◆**drive in** I. *vi* entrare (in auto) II. *vt* (*nail*) piantare

◆**drive off** I. *vt always sep* costringere ad allontanarsi II. *vi* andarsene (in auto)

◆**drive out** *vt* cacciare

◆**drive up** *vi* **to** ~ (**somewhere**) avvicinarsi (a qualche posto)

drive-in ['draɪv·ɪn] *n* (*restaurant, cinema*) drive-in *inv*

drive-in bank *n* banca *f* drive-in

drive-in movie *n,* **drive-in theater** *n* cinema *m inv* drive-in

drivel ['drɪ·vəl] *n* stupidaggini *fpl*

driven ['drɪ·vən] *pp of* **drive**

driver ['draɪ·və·] *n* 1. AUTO conducente *mf;* **truck** ~ camionista *mf;* **taxi** ~ tassista *mf;* **to be in the** ~**'s seat** *fig* essere al comando di qc 2. COMPUT driver *m inv*

driver's license *n* patente *f* di guida

drive-through *adj,* **drive-thru** *adj* per automobilisti

driveway ['draɪv·weɪ] *n* vialetto *m* d'accesso

driving I. *n* guida *f* II. *adj* 1. AUTO, TECH di guida 2. METEO (*rain*) scrosciante 3. (*powerful: ambition, force*) trainante

driving force *n* forza *f* motrice

driving instructor *n* istruttore, -trice di (scuola) guida *m*

driving lessons *npl* lezioni *fpl* di guida

driving school *n* scuola *f* guida

driving test *n* esame *m* di guida

drizzle ['drɪ·zl] METEO I. *n* pioggerellina *f* II. *vi* piovigginare

drizzly ['drɪz·li] *adj* **it was a grey** ~ **afternoon** era un pomeriggio grigio e piovigginoso

droll [droʊl] *adj* buffo, -a

dromedary ['drɑ:·mə·de·ri] <-ies> *n* dromedario *m*

drone [droʊn] I. *n* 1. ZOOL fuco *m* 2. (*sb who does no work*) fannullone, -a *m, f;* (*sb who does menial work*) schiavo, -a del lavoro *m* 3. (*sound*) ronzio *m* 4. AVIAT aereo *m* spia II. *vi* 1. (*hum*) ronzare 2. (*speak in monotonous tone*) parlare in modo monotono

drool [dru:l] I. *vi* sbavare; **to** ~ **over sth/sb** *fig* sbavare per qn/qc II. *n* bava *f*

droop [dru:p] I. *vi* 1. (*fall*) penzolare; (*eyes*) chiudersi 2. (*flowers*) afflosciarsi 3. (*person*) abbattersi; (*mood, spirits*) precipitare II. *vt* piegare

drop [drɑ:p] I. *n* 1. (*of liquid*) goccia *f;* ~ **by** ~ goccia a goccia 2. *inf* (*small amount: of drink*) goccio *m;* **just a** ~ solo un goccio; **to have**

D

had a ~ too much (**to drink**) bere un bicchiere di troppo **3.** *fig* (*trace*) briciolo *m* **4.** (*vertical distance*) dislivello *m;* **a sheer ~** uno strapiombo **5.** (*decrease*) diminuzione *f;* (*in temperature*) abbassamento *m* **6.** (*fall*) caduta *f;* (*distribution by aircraft*) lancio *m;* **~ of food supplies** lancio *m* di viveri **7.** (*secret collection point*) posto *m* di consegna **8.** (*sweet*) **lemon/peppermint ~s** caramelle *fpl* al limone/alla menta ▶ **it's a ~ in the bucket** è una goccia nel mare; **at the ~ of a hat** all'istante **II.** <-pp-> *vt* **1.** (*allow to fall*) lasciar cadere; **to ~ anchor** gettare l'ancora; **to ~ a bomb** lanciare una bomba **2.** (*lower*) abbassare; **to ~ prices** ridurre i prezzi; **to ~ one's voice** abbassare la voce **3.** *inf* (*send*) mandare; **to ~ a letter into a mailbox** imbucare una lettera; **to ~ a line** [*o* **note**] scrivere due righe a qn **4.** *inf* (*express*) accennare; **to ~ a hint** fare un'allusione; **to ~ names** fare dei nomi **5.** (*dismiss*) mollare **6.** (*abandon, give up*) rinunciare a; **to ~ a demand** ritirare una richiesta; **to ~ a class** abbandonare un corso; **to ~ sb** rompere con qn **7.** (*leave out*) omettere; **let's ~ the subject** lasciamo perdere **III.** <-pp-> *vi* **1.** (*descend*) lasciarsi cadere **2.** (*go to*) **to ~ into a bar/a store** andare in un bar/in un negozio **3.** (*go lower: prices*) diminuire **4.** *inf* (*become exhausted*) **to ~ with exhaustion** crollare dalla stanchezza; **he is ready to ~** non farcela più dalla stanchezza; **to ~ dead** morire di colpo; **~ dead!** *inf* crepa! ▶ **to let it ~** lasciar perdere qc; **to let it ~ that ...** lasciar intendere che ...

◆**drop across** *vt insep, inf* incontrarsi con
◆**drop behind** *vi* restare indietro; **to ~ in sth** rimanere indietro in qc
◆**drop by** *vi* passare
◆**drop down** *vi* cadere
◆**drop in** *vi inf* **to ~ on sb** passare a trovare qn
◆**drop off I.** *vt inf* (*passenger*) lasciare **II.** *vi* **1.** (*decrease*) diminuire **2.** *inf* (*fall asleep*) addormentarsi **3.** (*become separated*) staccarsi
◆**drop out** *vi* (*person*) ritirarsi; **to ~ of school/college/a club** abbandonare la scuola/l'università/un club

drop-down menu *n* COMPUT menu *m* a tendina *inv*
drop kick *n* SPORTS calcio *m* di rimbalzo
droplet ['drɑːp·lət] *n* gocciolina *f*
dropout ['drɑːp·aʊt] *n* **1.** UNIV, SCHOOL persona *f* che ha abbondonato gli studi **2.** (*from society*) emarginato, -a *m, f*
dropper ['drɑː·pɚ] *n* contagocce *m inv*
droppings ['drɑː·pɪŋz] *npl* escrementi *mpl*
drop shot *n* SPORTS palla *f* smorzata
dross [drɑːs] *n* scoria *f*
drought [draʊt] *n* siccità *f*
drove[1] [droʊv] *n* **1.** (*of animals*) mandria *f* **2.** *pl, inf* (*of people*) folla *f;* **in ~s** in massa **3.** (*chisel*) scalpello *m*
drove[2] [droʊv] *pt of* **drive**

drover ['droʊ·vɚ] *n* mandriano, -a *m, f*
drown [draʊn] **I.** *vt* **1.** (*die in water*) affogare; **to look like a ~ed rat** *inf* esser bagnato come un pulcino **2.** (*engulf in water*) affogare **3.** (*make inaudible*) soffocare; **the music drowned out her voice** la musica copriva la sua voce ▶ **to ~ one's sorrows in drink** affogare i propri dispiaceri nell'alcol **II.** *vi* **1.** (*die*) annegare **2.** *fig, inf* (*have too much*) **to be ~ing in work** essere sommerso dal lavoro
drowning *n* annegamento *m*
drowse [draʊz] *vi* sonnecchiare
drowsy ['draʊ·zi] <-ier, -iest> *adj* sonnolento, -a
drudge [drʌdʒ] **I.** *n* uomo, donna di fatica *m* **II.** *vi* sgobbare
drudgery ['drʌ·dʒə·ri] *n* sgobbata *f*
drug [drʌg] **I.** *n* **1.** MED farmaco *m* **2.** (*narcotic*) droga *f;* **to take ~s** drogarsi **II.** <-gg-> *vt* drogare
drug abuse *n* uso *m* di droghe
drug addict *n* tossicodipendente *mf*
drug addiction *n* tossicodipendenza *f* .
drug bust *n* sequestro *m* di droga
drug dealer *n* spacciatore, -trice *m, f*
drug manufacturer *n* fabbricante *mf* di droga
drug pusher *n inf* spacciatore, -trice *m, f*
drugstore *n* farmacia *f, che vende anche prodotti cosmetici, tabacco, giornali, etc.*
drug traffic *n* traffico *m* di droga
drug trafficker *n* narcotrafficante *mf*
drug trafficking *n* narcotraffico *m*
druid ['dru:·ɪd] *n* druido *m*
drum [drʌm] **I.** *n* **1.** MUS, TECH tamburo *m* **2.** *pl* (*in a band*) batteria *f* **3.** (*for oil*) bidone *m* **4.** ANAT timpano *m* **II.** <-mm-> *vi* (*play percussion*) suonare il tamburo; (*with fingers*) tamburellare con le dita; **to ~ on sth** tamburellare con le dita su qc **III.** <-mm-> *vt inf* **to ~ sth into sb** ficcare in testa qc a qn
drumbeat *n* colpo *m* di tamburo
drum brake *n* freno *m* a tamburo
drumhead *n* pelle *f* di tamburo
drum major *n* tamburo *m* maggiore
drummer ['drʌ·mɚ] *n* (*in a band*) tamburo *m;* (*in a group*) batterista *mf*
drumstick *n* **1.** MUS bacchetta *f* **2.** CULIN coscia *f*
drunk [drʌŋk] **I.** *vt, vi pp of* **drink II.** *adj* **1.** (*inebriated*) ubriaco, -a; **to be ~** essere ubriaco; **to get ~** ubriacarsi; **~ driving** guida *f* in stato di ebbrezza **2.** *fig* (*very much affected*) **to be ~ with joy** esser ebbro di gioia **III.** *n* ubriaco, -a *m, f*
drunkard ['drʌŋ·kɚd] *n* ubriacone, -a *m, f*
drunken ['drʌŋ·kən] *adj* da ubriaco, -a; **a ~ brawl** una rissa tra ubriachi; **~ driving** guida *f* in stato di ebbrezza
drunkenness ['drʌŋ·kə·nɪs] *n* ubriachezza *f*
dry [draɪ] **I.** <-ier *o* -er, -iest *o* -est> *adj* **1.** (*not wet*) asciutto, -a; **to go ~** asciugarsi; **~ red wine** vino rosso secco **2.** (*climate, soil*) arido, -a **3.** (*bread, toast*) asciutto, -a; (*without alcohol: state, county*) proibizionista **4.** (*unin-*

teresting) noioso, -a **5.** (*brief*) laconico, -a; ~ (**sense of**) **humor** (senso dell')umorismo pungente ▸**to run** ~ prosciugarsi **II.** <-ie-> *vt* asciugare; (*tears*) asciugarsi **III.** <-ie-> *vi* asciugare; **to put sth out to** ~ metter qc fuori ad asciugare

◆**dry up I.** *vi* **1.** (*become dry*) prosciugarsi **2.** (*dry the dishes*) asciugare i piatti **3.** *inf* (*become silent*) ammutolire; (*on stage*) dimenticare la battuta **4.** (*run out*) finire **II.** *vt* asciugare

dryad ['draɪ·æd] *n* driade *f*

dry cell *n* ELEC elemento *m* a secco

dry cell battery *n* pila *f* a secco

dry-clean *vt* lavare a secco

dry cleaner's *n* tintoria *f*

dry cleaning *n* lavaggio *m* a secco

dry dock *n* bacino *m* di carenaggio

dryer ['dra·ɪə·] *n* **1.** (*for hair*) asciugacapelli *m inv* **2.** (*for clothes*) asciugabiancheria *f inv*

dry goods *npl* mercerie *fpl*

dry ice *n* ghiaccio *m* secco

dry land *n* (*not sea*) terraferma *f*

dry measure *n* misura *f* di capacità per aridi

dryness ['draɪ·nəs] *n a. fig* aridità *f*

dry rot *n* malattia *f* del legno

dry run *n* prova *f*

dry wall *n* muro *m* a secco

DSc *abbr of* **Doctor of Science** *titolo di chi possiede un dottorato di ricerca in materie scientifiche*

DTP [ˌdiː·tiː·ˈpiː] *n abbr of* **desktop publishing** DTP *m*

dual ['duː·əl] *adj inv* doppio, -a

dual citizenship *n* doppia cittadinanza *f*

dualism ['duː·ə·lɪ·zəm] *n* dualismo *m*

dub[1] [dʌb] <-bb-> *vt* **1.** (*confer knighthood*) fare cavaliere **2.** (*give sb/sth a nickname*) soprannominare

dub[2] [dʌb] <-bb-> *vt* (*film*) doppiare; **to be** ~ **bed into English/French** essere doppiato in inglese/francese

dubbing ['dʌ·bɪŋ] *n* doppiaggio *m*

dubious ['duː·bi·əs] *adj* **1.** (*doubtful*) dubbioso, -a **2.** (*untrustworthy*) dubbio, -a

duchess ['dʌ·tʃɪs] *n* duchessa *f*

duchy ['dʌ·tʃi] *n* ducato *m*

duck [dʌk] **I.** *n* **1.** (*bird*) anatra *f* **2.** (*lowering of head*) schivata *f, abbassando la testa* ▸**to take to sth like a** ~ **to** <u>water</u> *inf* imparare qc con grande naturalezza **II.** *vi* **1.** (*dip head*) abbassare la testa **2.** (*go under water*) tuffarsi **3.** (*hide*) nascondersi; **to** ~ **out of sth** *inf* schizzar fuori da qc **III.** *vt* **1.** (*lower suddenly*) **to** ~ **one's head** abbassare la testa; **to** ~ **one's head under water** andare sott'acqua con la testa **2.** (*avoid*) schivare; *fig* eludere; **to** ~ **an issue** eludere un tema

duckboards ['dʌk·bɔːrdz] *npl* passerella *f*

duckling ['dʌk·lɪŋ] *n* anatroccolo *m*

ducky ['dʌ·ki] *adj inf* fantastico, -a

duct [dʌkt] *n* **1.** (*pipe*) condotto *m;* **air** ~ con-

dotto d'aria **2.** ANAT canale *m;* **ear** ~ canale uditivo

dud [dʌd] *n* **1.** (*person*) inetto, -a *m, f* **2.** (*bomb*) bomba *f* inesplosa **3.** (*failure*) fallimento *m* **4.** *pl* (*clothing*) abiti *mpl*

dude [duːd] *n inf* (*guy*) tipo *m;* (*smartly dressed*) figurino *m*

due [duː] **I.** *adj* **1.** (*payable*) pagabile; (*owing*) dovuto, -a; ~ **date** scadenza *f;* **the loan is now** ~ (**for repayment**) il prestito deve essere rimborsato; **to fall** ~ scadere **2.** (*appropriate*) debito, -a; **in** ~ **course** a tempo debito; **with all** ~ **respect** col dovuto rispetto; **to treat sb with the respect** ~ **to him/her** trattare qn col rispetto che gli è dovuto **3.** (*expected*) atteso, -a; **I'm** ~ **in Mexico City this evening** devo essere a Città del Messico stanotte **4.** (*owing to, because of*) ~ **to** a causa di; ~ **to circumstances beyond our control** per motivi che esulano dalla nostra volontà … **II.** *n* **1.** (*fair treatment*) dovuto *m;* **to give sb his** ~ dare a qn ciò che gli spetta **2.** *pl* (*debts*) debiti *m; pl* (*obligations*) doveri *mpl;* **to pay one's** ~**s** (*meet obligations/duties*) fare il proprio dovere; (*meet debts*) pagare i debiti **3.** *pl* (*regular payment*) quota *f* **III.** *adv* **before** *adv* ~ **north/south** dritto verso nord/sud

duel ['duː·əl] **I.** *n* duello *m;* **to fight a** ~ battersi in duello **II.** *vi* <-l- *o* -ll-, -l- *o* -ll-> battersi in duello

duet [du·ˈet] *n* duetto *m;* **to play a** ~ suonare un duetto

duffer ['dʌ·fə·] *n* imbranato, -a *m*

duffle bag ['dʌ·fəl·ˌbæg] *n* sacca *f* da marinaio

duffle coat *n* montgomery *m inv*

dug[1] [dʌg] *pt, pp of* **dig**

dug[2] [dʌg] *n* mammella *f*

dugout ['dʌg·aʊt] *n* **1.** MIL rifugio *m* sotterraneo **2.** SPORTS panchina *m* **3.** NAUT piroga *f*

duke [duːk] *n* duca *m*

dull [dʌl] **I.** *adj* **1.** (*boring*) noioso, -a; (*life*) monotono, -a **2.** (*not bright: surface*) opaco, -a; (*sky*) grigio, -a; (*weather*) uggioso, -a; (*color*) spento, -a; (*light*) pallido, -a **3.** (*ache, noise*) sordo, -a **4.** (*not sharp: knife, ax*) non affilato, -a **II.** *vt* **1.** (*alleviate*) alleviare **2.** (*desensitize*) intorpidire **3.** (*make blunt*) rovinare il filo di

dullard ['dʌ·lə·d] *n* tonto, -a *m, f*

dullness ['dʌl·nɪs] *n* **1.** (*lack of excitement*) monotonia *f* **2.** (*tediousness*) tedio *m*

duly ['duː·li] *adv* **1.** (*appropriately*) debitamente **2.** (*on time*) come previsto

dumb [dʌm] *adj* **1.** (*mute*) muto, -a; **deaf and** ~ sordomuto, -a; **to be struck** ~ ammutolire di colpo **2.** *inf* (*stupid*) stupido, -a; **to play** ~ fare il finto tonto

dumbbell ['dʌm·bel] *n* **1.** (*weight*) manubrio *m* **2.** *inf* (*person*) citrullo, -a *m, f*

dumbfound ['dʌm·faʊnd] *vt* sbalordire

dumbfounded *adj* sbalordito, -a

dumbstricken ['dʌm·ˌstrɪ·kən] *adj*, **dumbstruck** ['dʌm·strʌk] *adj* senza parole

dumb waiter *n* montavivande *m inv*

D

dumfound *vt s.* **dumbfound**

dummy ['dʌ·mi] I. <-ies> *n* 1. (*mannequin*) manichino *m* 2. (*duplicate*) riproduzione *f* 3. (*fool*) tonto, -a II. *adj* (*false*) finto, -a III. *vi sl* to ~ up tacere

dump [dʌmp] I. *n* 1. (*for waste*) discarica *f* 2. *fig, sl* (*dirty place*) tugurio *m* 3. MIL deposito *m;* **ammunition** ~ deposito *m* di munizioni II. *vt* 1. (*drop carelessly*) metter giù; (*get rid of*) disfarsi di 2. (*abandon*) abbandonare 3. *inf* (*end relationship with*) piantare 4. COMPUT riversare III. *vi sl* to ~ on sb prendersela con qn

dumper ['dʌm·pə˞] *n* autocarro *m* ribaltabile

dumping *n* scarico *m*

dumping ground *n* discarica *f*

dumpling ['dʌmp·lɪŋ] *n* gnocco di pasta ripieno di carne o frutta

dumpy ['dʌm·pi] <-ier, -iest> *adj* tracagnotto, -a

dun¹ [dʌn] *adj* bigio, -a

dun² [dʌn] I. <-nn-> *vt* to ~ sb sollecitare il pagamento di un debito da parte di qn II. *n* sollecito *m* di pagamento

dunce [dʌns] *n* somaro *m*

dune [duːn] *n* duna *f*

dung [dʌŋ] *n* sterco *m*

dungarees [ˌdʌŋ·gə·'riːz] *npl* salopette *f inv*

dungeon ['dʌn·dʒən] *n* prigione *f* sotterranea

dunghill ['dʌŋ·hɪl] *n* letamaio *m*

dunk [dʌŋk] *vt* inzuppare

duo ['duː·oʊ] *n* duo *m;* **comedy** ~ duo comico

duodenum [ˌduː·ə·'diː·nəm] <-na *o* -s> *n* duodeno *m*

dup. *n abbr of* **duplicate** duplicato *m*

dupe [duːp] I. *n* grullo, -a *m, f* II. *vt* to be ~d essere imbrogliato

duplex ['duː·pleks] I. *n* 1. (*house*) villetta *f* bifamiliare 2. (*apartment*) appartamento *m* su due piani II. *adj* doppio, -a

duplicate¹ ['duː·plɪ·kət] I. *adj inv* duplicato, -a; ~ key copia *f* di una chiave II. *n* duplicato *m*

duplicate² ['duː·plɪ·keɪt] *vt* 1. (*replicate*) duplicare; (*repeat*) ripetere 2. (*copy*) copiare; to ~ a device copiare un dispositivo

duplicator ['duː·plɪ·keɪ·tə˞] *n* duplicatore *m*

duplicity [duː·'plɪ·sə·ti] *n* doppiezza *f*

durability [ˌdʊ·rə·'bɪ·lə·ti] *n* 1. (*permanence, persistence*) durabilità *f* 2. (*life of a product*) durata *f*

durable ['dʊ·rə·bl] *adj* 1. (*hard-wearing*) resistente 2. (*long-lasting*) duraturo, -a

duration [dʊ·'reɪ·ʃən] *n* durata *f;* for the ~ of sth per l'intera durata di qc

duress [dʊ·'res] *n* costrizione *f;* under ~ sotto coercizione

during ['dʊ·rɪŋ] *prep* durante; ~ work/the week durante il lavoro/la settimana

dusk [dʌsk] *n* crepuscolo *m;* at ~ al crepuscolo

dusky ['dʌs·ki] <-ier, iest> *adj* 1. (*almost dark*) scuro, -a 2. *a. pej* (*dark-skinned*) di pelle scura

dust [dʌst] I. *n* polvere *f;* coal ~ polvere di car-

bone *m* ▶ to bite the ~ mordere la polvere; to leave sb in the ~ far mangiare la polvere a qn; to wait till the ~ has settled lasciare che si rischiari l'atmosfera; to turn to ~ *liter* trasformarsi in polvere II. *vt* 1. (*clean*) spolverare 2. (*spread over*) spargere; to ~ sth with insecticide cospargere di insetticida la superficie di qc III. *vi* spolverare

dust bunny *n inf* laniccio *m*

dust cover *n* 1. (*for furniture*) protezione *f* antipolvere 2. (*on book*) sovraccoperta *f*

duster ['dʌs·tə˞] *n* straccio *m* per la polvere

dust jacket *n* (*on book*) sovraccoperta *f*

dust mite *n* acaro *m* della polvere

dustpan *n* paletta *f;* ~ and brush paletta e scopetta

dust storm *n* tempesta *f* di polvere

dust-up *n inf* (*fistfight*) zuffa *f;* (*argument*) lite *f*

dusty ['dʌs·ti] <-ier, -iest> *adj* 1. (*covered in dust*) polveroso, -a 2. (*grayish*) polvere; ~ blue azzurro polvere

Dutch [dʌtʃ] I. *adj* olandese II. *n* 1. *pl* (*people*) the ~ gli olandesi 2. LING olandese ▶ to go ~ pagare alla romana

Dutchman ['dʌtʃ·mən] <-men> *n* olandese *m*

Dutchwoman ['dʌtʃ·ˌwʊ·mən] <-women> *n* olandese *f*

dutiable ['duː·t̬iə·bl] *adj* soggetto, -a a dazio doganale

dutiful ['duː·t̬ɪ·fəl] *adj* obbediente

duty ['duː·t̬i] <-ies> *n* 1. (*moral*) dovere *m;* (*obligation*) obbligo *m;* it's my ~ è mio dovere; to do sth out of ~ far qc solo per dovere; to do one's ~ fare il proprio dovere 2. (*task, function*) funzione *f* 3. (*work*) servizio *m;* to do ~ for sb sostituire qn; to be suspended from ~ essere sospeso dal servizio; to be on/off ~ essere in/fuori servizio 4. (*tax*) imposta *f;* (*revenue on imports*) diritti *mpl* doganali; customs duties dazio *m* doganale; to pay ~ on sth pagare il dazio su qc

duty call *n* visita *f* di dovere

duty-free *adj* esente da dazio

duty roster *n* lista *f* dei turni di guardia

duvet [duː·'veɪ] *n* piumino *m*

DVD *n inv* COMPUT *abbr of* **Digital Video Disk** DVD, m *inv*

dwarf [dwɔːrf] I. <-s *o* -ves> *n* nano, -a *m, f* II. *vt* far scomparire

dwell [dwel] <dwelt *o* -ed, dwelt *o* -ed> *vi* 1. (*live*) dimorare 2. (*give attention to*) to ~ on sth soffermarsi su qc; to ~ on a subject dilungarsi su un tema

dweller *n* abitante *m*

dwelling ['dwe·lɪŋ] *n* dimora *f*

dwelt [dwelt] *pp, pt of* **dwell**

dwindle ['dwɪn·dl] *vi* ridursi

dye [daɪ] I. *vt* tingere II. *n* tinta *m*

dyed-in-the-wool *adj* convinto, -a; ~ opinions ferme opinioni

dye-works ['daɪ·wɜːrks] *n* tintoria *f*

dying ['daɪ·ɪŋ] *adj* **1.** (*approaching death*) moribondo, -a **2.** (*words, wishes*) ultimo, -a

dyke¹ [daɪk] *n s.* **dike**

dyke² [daɪk] *n inf* (*lesbian*) lesbica *f*

dynamic [daɪ·'næ·mɪk] *adj* dinamico, -a

dynamics [daɪ·'næ·mɪks] *n* **1.** PHYS dinamica *f;* (*development*) sviluppo *m* **2.** MUS (*alterations of volume*) dinamica *f*

dynamite ['daɪ·nə·maɪt] I. *n* dinamite *f* II. *vt* far saltare con la dinamite

dynamo ['daɪ·nə·moʊ] <-s> *n* dinamo *f inv*

dynasty ['daɪ·nəs·ti] <-ies> *n* dinastia *f*

dysentery ['dɪ·sən·te·ri] *n* MED dissenteria *f*

dysfunctional [dɪs·'fʌŋk·ʃə·nəl] *adj* disfunzionale

dyslexia [dɪs·'lek·si·ə] *n* dislessia *f*

dyslexic [dɪs·'lek·sɪk] *adj* dislessico, -a

dyspepsia [dɪs·'pep·si·ə] *n* MED dispepsia *f*

E

Ee

E, e [i:] *n* **1.** (*letter*) E, e *f o m inv;* **~ as in Eric** E come Empoli **2.** MUS mi *m inv*

E *abbr of* **east** E

each [i:tʃ] I. *adj* ogni; **~ one of you** ognuno di voi; **~ and every house** ogni casa senza eccezione II. *pron* ciascuno, -a; **~ of them could beat you** ciascuno di loro potrebbe batterti; **$70 ~** $70 ciascuno; **he gave us $10 ~** ci ha dato 10 dollari ciascuno; **I'll take a pound of ~** ne prendo una libbra di ognuno

each other *pron* l'un l'altro, -a; **they are always arguing with ~** litigano sempre tra di loro; **to help ~** si aiutano l'un l'altro; **to be made for ~** essere fatti l'uno per l'altro

eager ['i:·gɚ] *adj* desideroso, -a; **to be ~ for sth** essere desideroso di qc; **to be ~ for revenge** essere assetato di vendetta; **to be ~ to start** essere impaziente di cominciare; **to be ~ to please** far di tutto per compiacere gli altri

eager beaver *n inf* **he is an ~** è un lavoratore instancabile

eagerness *n* entusiasmo *m*

eagle ['i:·gl] *n* aquila *f*

eagle eye *n* **1.** (*keen eyesight*) vista *f* d'aquila **2.** (*observe attentively*) **she monitors the expenses with an ~** controlla le spese con occhio attento

eagle-eyed ['i:·gl·aɪd] *adj* **to be ~** avere occhi di lince

ear¹ [ɪr] *n* ANAT orecchio *m;* **~, nose and throat specialist** otorinolaringoiatra *mf;* **to have a good ~** avere orecchio; **to have an ~ for music** avere orecchio per la musica; **to smile from ~ to ~** sorridere da un orecchio all'altro ▸ **to be up to one's ~s in debt** *inf* essere indebitato fino al collo; **to have** [*o* **keep**] **an** [*o* **one's**] **~ to the ground** *inf* stare in campana; **to be all ~s** *inf* essere tutto orecchi; **to keep one's eyes and ~s open** *inf* tenere gli occhi e le orecchie ben aperti; **to fall on deaf ~s** rimanere inascoltato; **to turn a deaf ~** (**to sth**) fare orecchie da mercante (riguardo a qc); **he'll be out on his ~** *inf* si ritroverà per strada; **to be wet behind the ~s** puzzare ancora di latte; **it goes in one ~ and out the other** *inf* entra da un orecchio ed esce

dall'altro; **to lend sb an ~** prestare ascolto a qn; **to play it by ~** *inf* decidere al momento

ear² [ɪr] *n* BOT spiga *f*

earache ['ɪ·reɪk] *n* mal *m* d'orecchi

eardrum *n* timpano *m*

ear infection *n* infezione *f* dell'orecchio

earl [ɜrl] *n* conte *m*

earlobe ['ɪr·loʊb] *n* lobo *m* dell'orecchio

early ['ɜr·li] I. <-ier, -iest> *adj* **1.** (*ahead of time, near the beginning*) **to be ~** essere in anticipo; **~ retirement** prepensionamento *m;* **to take ~ retirement** andare in prepensionamento; **an ~ death** una morte prematura; **the ~ hours** le prime ore del mattino; **in the ~ morning** di primo mattino; **in the ~ afternoon** nel primo pomeriggio; **at an ~ age** da piccolo; **he is in his ~ twenties** è poco più che ventenne; **in the ~ 15th century** all'inizio del XV secolo; **~ education** istruzione *f* primaria; **to make it an ~ night** andare a letto presto; **the ~ stages** le prime fasi; **the ~ days/years of sth** gli esordi di qc; **to die an ~ death** morire prematuramente **2.** *form* (*prompt: reply*) sollecito, -a; **at your earliest** (**possible**) **convenience** non appena possibile **3.** (*first*) primo, -a II. *adv* **1.** (*ahead of time*) presto; **to get up ~** alzarsi presto; **~ in the morning** di mattino presto; **~ in the year** all'inizio dell'anno; **to be half an hour ~** essere in anticipo di mezz'ora **2.** (*soon*) prima; **as ~ as possible** prima possibile; **reply ~** rispondete il prima possibile; **book your tickets ~** prenotate i biglietti il prima possibile **3.** (*prematurely*) prematuramente; **to die ~** morire giovane

earmark ['ɪr·mɑːrk] I. *vt* **1.** (*animal*) marchiare (sull'orecchio); (*document*) contrassegnare **2.** (*put aside*) riservare; (*funds*) destinare II. *n* marchio *m* (sull'orecchio); *fig* marchio *m* distintivo

earmuffs ['ɪr·mʌfs] *npl* copriorecchie *m inv*

earn [ɜːrn] I. *vt* **1.** (*be paid*) guadagnare; **to ~ one's daily bread** guadagnarsi il pane; **to ~ a living** guadagnarsi da vivere **2.** (*bring in*) rendere; (*interest*) fruttare **3.** (*obtain*) **to ~ money from sth** ottenere denaro da qc; **cof-**

E

fee exports ~ Brazil millions of dollars l'esportazione di caffè frutta milioni di dollari al Brasile **4.**(*deserve*) guadagnarsi; **his decision ~ed him the confidence/respect of his boss** con quella decisione si è guadagnato la fiducia/il rispetto del suo capo **II.** *vi* guadagnare

earned income ['ɜːrnd·'ɪn·kʌm] *n* reddito *m* da lavoro

earner *n* salariato, -a *m, f*

earnest ['ɜːr·nɪst] **I.** *adj* **1.**(*serious*) serio, -a **2.**(*sincere*) sincero, -a; (*desire*) ardente **II.** *n* **in ~** sul serio; **school has now begun in ~** ora la scuola è iniziata sul serio

earnestly *adv* **1.**(*speak*) seriamente **2.**(*desire*) profondamente

earning power *n* capacità *f* di produrre reddito

earnings ['ɜːr·nɪŋz] *npl* **1.**(*of a person*) entrate *fpl* **2.**(*of a company*) utili *mpl*

earnings-related *adj* rapportato alle entrate

earphones ['ɪr·foʊnz] *npl* cuffie *fpl*

earpiece ['ɪr·piːs] *n* **1.**(*of a phone*) ricevitore *m* **2.**(*of glasses*) stanghetta *f*

earplug ['ɪr·plʌg] *n pl* tappo *m* per le orecchie

earring ['ɪ·rɪŋ] *n* orecchino *m;* **a pair of ~s** un paio di orecchini

earshot ['ɪr·ʃɑːt] *n* **in/out of ~** a portata/fuori portata d'orecchio; **within ~** a portata d'orecchio

earth ['ɜːrθ] *n* **1.**(*planet*) terra *f;* **on ~** al mondo; **you look like nothing (else) on ~** hai un aspetto terribile **2.**(*soil*) terra *f* ► **to bring sb back (down) to ~** riportare qn coi piedi per terra; **to come back (down) to ~** tornare coi piedi per terra; **what/who/where/why on ~ ...?** *inf* cosa/chi/dove/perché diavolo ...?

earthbound ['ɜːrθ·baʊnd] *adj* **1.**incapace di sollevarsi da terra **2.**(*ordinary*) prosaico, -a

earthenware ['ɜːr·θn·wer] **I.** *n* vasellame *m* di terracotta **II.** *adj* di terracotta

earthiness ['ɜː·θiː·nɪs] *n* **1.**(*directness*) franchezza *f* **2.**(*coarseness*) grossolanità *f*

earthling ['ɜːrθ·lɪŋ] *n* terrestre *mf*

earthly ['ɜːrθ·li] *adj* **1.**(*concerning life on earth*) terreno, -a; (*paradise*) in terra; **her ~ belongings** *form* i suoi beni terreni; **~ remains** resti *mpl* mortali **2.** *inf* (*possible*) **to be of no ~ use** non servire assolutamente a niente

earthquake ['ɜːrθ·kweɪk] *n* terremoto *m*

earth-shattering *adj* sconvolgente

earthwork *n* **1.** *pl* MIL terrapieno *m* **2.**(*work*) lavori *mpl* di sterro

earthworm *n* lombrico *m*

earthy ['ɜːr·θi] <-ier, -iest> *adj* **1.**(*soil-like: color*) della terra; (*smell*) di terra **2.**(*coarse: joke, person*) grossolano, -a **3.**(*simple*) un semplice spezzatino fatto in casa

earwax ['ɪr·wæks] *n* cerume *m*

earwig ['ɪr·wɪg] *n* forbicina *f*

ease [iːz] **I.** *n* **1.**(*without much effort*) facilità *f;* **for ~ of access** per comodità d'accesso;

to do sth with ~ fare qc con facilità **2.**(*comfort, uninhibitedness*) agio *m;* **to live a life of ~** fare una vita agiata; **to feel at ~** sentirsi a proprio agio; **to be ill at ~** essere a disagio; **to be at ~** essere a proprio agio; **to put sb at (his/her) ~** mettere qn a proprio agio; (**stand) at ~!** MIL riposo! **II.** *vt* **1.**(*relieve: pain*) attenuare; (*tension*) allentare; **to ~ one's conscience** alleggerirsi la coscienza; **to ~ sb's mind** tranquillizzare qn **2.**(*burden*) alleggerire **III.** *vi* (*pain*) attenuarsi; (*tension*) allentarsi; (*prices*) calare

◆**ease off** *vi,* **ease up** *vi* (*pain*) attenuarsi; (*fever, wind*) abbassarsi; (*sales, rain*) diminuire; (*tension*) allentarsi; (*person*) rilassarsi; **~ or you will have a nervous breakdown** rallenta il ritmo o ti verrà un esaurimento nervoso

easel ['iː·zl] *n* cavalletto *m*

easily ['iː·zə·li] *adv* **1.**(*without difficulty*) facilmente; **to be ~ impressed** lasciarsi impressionare facilmente; **to win ~** vincere con facilità; **I get tired very ~** mi stanco facilmente **2.** + *superl* (*clearly*) **to be ~ the best** è indubbiamente il migliore **3.**(*probably*) con ogni probabilità; **my guess could ~ be wrong** è facile che si sbagli

easiness ['iː·zɪ·nɪs] *n* facilità *f*

east [iːst] **I.** *n* est *m;* **to lie 5 miles to the ~ of Boston** trovarsi a 5 miglia a est di Boston; **to go/drive to the ~** andare/guidare verso est; **further ~** più a est; **in the ~ of France** a est della Francia; **Far East** Estremo *m* Oriente; **Middle East** Medio *m* Oriente **II.** *adj* orientale; **~ wind** vento *m* dell'est; **~ coast** costa *f* orientale; **East Indies** Indie *fpl* Orientali

eastbound ['iːst·baʊnd] *adj* diretto, -a a est

Easter ['iːs·tɚ] *n* Pasqua *f;* **during ~** a Pasqua

Easter Bunny *n* Coniglietto *m* pasquale

Easter Day *n,* **Easter Sunday** *n* domenica *f* di Pasqua

Easter egg *n* uovo *m* di Pasqua

Easter holidays *npl* vacanze *fpl* di Pasqua

Easter Island *n* isola *f* di Pasqua

easterly ['iːs·tɚ·li] **I.** *adj* (*wind*) dell'est; **in an ~ direction** in direzione est **II.** *adv* **1.**(*towards the east*) verso est **2.**(*from the east*) da est **III.** *n* vento *m* dell'est

Easter Monday *n* lunedì *m* dell'Angelo

eastern ['iːs·tɚn] *adj* orientale

easterner ['iːs·tɚ·nɚ] *n* abitante *mf* dell'est degli Stati Uniti

easternmost ['iːs·tɚn·moʊst] *adj* più orientale; **the ~ time zone** il fuso orario più orientale

East Germany [ˌiːst·'dʒɜː·mə·ni] *n* HIST Germania *f* dell'Est

eastward ['iːst·wɚd] **I.** *adj* **in an ~ direction** in direzione est **II.** *adv* verso est

eastwards ['iːst·wɚdz] *adv* verso est

easy ['iː·zi] <-ier, -iest> **I.** *adj* **1.**(*simple*) facile; **~ money** *inf* denaro *m* facile; **the hotel is within ~ reach of the beach** l'albergo è a poca distanza dalla spiaggia; **to be far from** ~ essere tutt'altro che facile; **she's** ~ **to get along with** è facile andare d'accordo con lei; **to take the** ~ **way out** scegliere la via d'uscita più facile; **to be as** ~ **as anything** [o **can be**] inf essere facilissimo; **to be the easiest thing in the world** essere la cosa più facile del mondo; **that's easier said than done** inf è più facile a dirsi che a farsi **2.** (relaxed) tranquillo, -a; **to have an** ~ **manner** avere modi spigliati; **at an** ~ **pace** senza fretta; **to be on** ~ **terms with sb** essere in confidenza con qn **3.** (pleasant) ~ **on the ear/eye** piacevole da ascoltare/guardare; **an** ~ **disposition** un carattere accomodante **4.** (undemanding) indulgente; **to be** ~ **on sb** non essere troppo severo con qn **5.** (exploitable) **an** ~ **target** un bersaglio facile **6.** (financially secure) agiato, -a; **to live the** ~ **life** fare una vita agiata **7.** pej, sl (sexually promiscuous) facile; **she's an** ~ **lay** è una che ci sta ▶**to be (as)** ~ **as pie** essere facile come bere un bicchier d'acqua **II.** adv **1.** (cautiously) con calma; ~ **does it** inf piano! **2.** (lenient) **to go** ~ **on sb** inf andarci piano con qn **3.** inf (less actively) **to take things** ~ prendere le cose con calma; **take it** ~**!** (prenditela con) calma! ▶~ **come,** ~ **go** inf tanti presi, tanti spesi

easy-care adj che non necessita stiratura

easy chair n poltrona f

easy-going adj (person) accomodante; (attitude) tollerante

eat [iːt] **I.** <ate, eaten> vt mangiare; **to** ~ **breakfast** fare colazione; **to** ~ **lunch/dinner** pranzare/cenare; **to** ~ **one's fill** mangiare a sazietà ▶~ **your heart out!** mangiati il fegato!; **to** ~ **one's words** rimangiarsi ciò che si è detto; **what is** ~**ing him?** inf cos'è che lo rode? **II.** vi mangiare

◆**eat away** vt (acid) corrodere; (termites) rosicchiare

◆**eat away at** vt, **eat into** vt intaccare

◆**eat in** vi mangiare a casa

◆**eat out I.** vi mangiare fuori **II.** vt vulg leccarla a

◆**eat up** vt mangiare tutto

eaten ['iː·t̬ən] pp of **eat**

eater ['iː·t̬ɚ] n **to be a big** ~ essere una buona forchetta [o un mangione]; **to be a small** ~ non mangiare molto

eatery ['iː·t̬ɚ·i] n inf ristorante m

eating disorder n disturbo m dell'alimentazione

eating habits npl abitudini fpl alimentari

eats npl sl roba f da mangiare; **good** ~ cibo m appetitoso

eau de Cologne [ˌoʊ də kə·'loʊn] n acqua f di colonia

eaves [iːvz] npl ARCHIT gronda f

eavesdrop ['iːvz·drɑːp] <-pp-> vi **to** ~ **on sth/sb** ascoltare qc/qn di nascosto

eavesdropper ['iːvz·drɑː·pɚ] n chi origlia

eaves spout n reg, **eaves trough** n reg (gutter) grondaia f

ebb [eb] **I.** vi **1.** (tide) abbassarsi **2.** fig diminuire **II.** n **1.** (tide) riflusso m; **the tide is on the** ~ c'è bassa marea **2.** fig **the** ~ **and flow of sth** gli alti e bassi di qc; **to be at a low** ~ andare male; (person) essere a terra

ebb tide n bassa marea f

ebony ['e·bə·ni] n ebano m

ebullient [ɪ·'bʊl·jənt] adj entusiasta; **to be in an** ~ **mood** essere (d'umore) euforico

EC [ˌiː·'siː] n abbr of **European Community** CE f

eccentric [ɪk·'sen·trɪk] **I.** n eccentrico, -a m, f **II.** adj eccentrico, -a

eccentricity [ˌek·sen·'trɪ·sə·ti] n <-ies> eccentricità f

ecclesiastic [ɪˌkliː·zɪ·'æs·tɪk] **I.** n form ecclesiastico m **II.** adj form ecclesiastico, -a

ecclesiastical [ɪˌkliː·zɪ·'æs·tɪ·kl] adj form ecclesiastico, -a

ECG [ˌiː·siː·'dʒiː] n abbr of **electrocardiogram** ECG m

echelon ['e·ʃə·lɑːn] n **1.** (strata) rango m; (of society) strato m; **the highest** ~**s of sth** i livelli più alti di qc **2.** MIL scaglione m

echo ['e·koʊ] **I.** <-es> n eco f o m **II.** <-es, -ing, -ed> vi echeggiare **III.** <-es, -ing, -ed> vt **1.** (reflect) ripetere; **the mountains** ~**ed his howls** le montagne rimandavano l'eco dei suoi ululati **2.** (repeat) fare eco a **3.** (imitate) richiamare

echo chamber n camera f di riverberazione

echo sounder n ecoscandaglio m

eclectic [ek·'lek·tɪk] **I.** n form eclettico, -a m, f **II.** adj form eclettico, -a

eclipse [ɪ·'klɪps] **I.** n eclissi f inv; **solar/lunar** ~ eclissi solare/lunare; **total/partial** ~ **of the sun** eclissi solare totale/parziale; **to be in** ~ essere in eclissi; fig essere in declino **II.** vt eclissare

ecological [ˌiː·kə·'lɑː·dʒɪ·kl] adj ecologico, -a

ecologically [ˌiː·kə·'lɑː·dʒɪk·li] adv dal punto di vista ecologico; ~ **friendly** attento all'aspetto ecologico; ~ **harmful** nocivo all'ambiente

ecologist [iː·'kɑː·lə·dʒɪst] n **1.** (expert) ecologo, -a m **2.** POL ecologista mf

ecology [iː·'kɑː·lə·dʒi] n ecologia f

ecology movement n movimento m ecologista

e-commerce ['iː·kɑː·mɜːrs] n e-commerce m

economic [ˌiː·kə·'nɑː·mɪk] adj **1.** POL, ECON economico, -a **2.** (profitable) redditizio, -a

economical [ˌiː·kə·'nɑː·mɪ·kl] adj economico, -a

economics [ˌiː·kə·'nɑː·mɪks] npl **1.** + sing vb (discipline) economia f; **School of Economics** Facoltà f di Scienze Economiche **2.** + pl vb (matter) aspetti mpl economici; **the** ~ **of the agreement** gli aspetti economici dell'accordo

economist [ɪ·'kɑː·nə·mɪst] n economista mf

economize [ɪ·'kɑː·nə·maɪz] vi economizzare; **to** ~ **on sth** fare economia su qc

E

E

economy [ɪ·'kɑː·nə·mi] <-ies> *n* **1.** (*frugality*) risparmio *m;* **for the purposes of** ~ per ragioni economiche; **to make economies** risparmiare; **to practice** ~ economizzare **2.** (*monetary assets*) economia *f;* **the state of the** ~ la situazione economica; **capitalist/market/planned** ~ economia capitalista/di mercato/pianificata

economy class *n* AVIAT classe *f* turistica

economy size *n* formato *m* risparmio

ecosystem *n* ecosistema *m*

ecotourism *n* ecoturismo *m*

ecotourist *n* ecoturista *mf*

eco-warrior *n* ecologista *mf* militante

ecstasy ['eks·tə·si] <-ies> *n* **1.** (*psychological state*) estasi *f inv* **2.** *inf* (*MDMA*) ecstasy *f inv*

ecstatic [ek·'stæ·ṭɪk] *adj* estatico, -a; (*rapturous*) entusiasta; **to be** ~ **about sth** essere entusiasta di qc

ECT [ˌiː·siː·'tiː] *n abbr of* **electroconvulsive therapy** elettroshockterapia *f*

Ecuador ['ek·wə·dɔːr] *n* Ecuador *m*

Ecuadorian [ˌek·wə·'dɔː·ri·ən] **I.** *n* ecuadoriano, -a *m, f* **II.** *adj* ecuadoriano, -a

ecumenical [ˌek·jʊ·'me·nɪ·kl] *adj* ecumenico, -a

eczema ['ek·sə·mə] *n* eczema *m*

ed. **1.** *abbr of* **editor** redattore, -trice *m, f* **2.** *abbr of* **edition** ed. **3.** *abbr of* **edited** a cura di

eddy ['e·di] **I.** <-ie-> *vi* mulinare **II.** <-ies> *n* mulinello *m*

Eden ['iː·dn] *n* Eden *m;* **the garden of** ~ il giardino dell'Eden

edge [edʒ] **I.** *n sing* **1.** (*limit*) bordo *m;* (*of a lake, pond*) sponda *f;* (*of a mountain*) cresta *f;* (*of a page*) margine *m;* **to bring sth to the** ~ **of disaster** portare qc sull'orlo del disastro; **to take the** ~ **off one's appetite/hunger** placare l'appetito/la fame; **to take the** ~ **off an argument** sottrarre forza a un argomento **2.** (*cutting part*) filo *m;* **to put an** ~ **on sth** affilare qc **3.** (*anger*) **to be on** ~ avere i nervi a fior di pelle; **there's a definite** ~ **in her voice** ha un tono decisamente irritato **4.** SPORTS **to have the** ~ **over sb** essere avvantaggiato rispetto a qn ▶**to be (balanced) on a** razor's ~ stare sul filo del rasoio; **to set sb's** teeth **on** ~ dare sui nervi a qn; **to** live **on the** ~ vivere pericolosamente **II.** *vt* **1.** (*border*) delimitare **2.** (*in sewing*) orlare **3.** (*move slowly*) **to** ~ **one's way through sth** farsi strada tra qc; **she's edging her party towards extremism** a poco a poco sta spingendo il suo partito verso l'estremismo **4.** (*skis*) mettere di taglio **III.** *vi* **to** ~ **closer to sth** accostarsi a qc; **to** ~ **away from danger** allontanarsi dal pericolo; **to** ~ **forward** avanzare progressivamente

edgeways ['edʒ·weɪz] *adv*, **edgewise** *adv* di fianco

edging ['e·dʒɪŋ] *n* bordo *m*

edgy ['e·dʒi] <-ier, -iest> *adj inf* teso, -a

edible ['e·dɪ·bl] **I.** *adj* commestibile **II.** *n pl* (*food*) commestibili *mpl*

edict ['iː·dɪkt] *n* **1.** HIST editto *m* **2.** (*order*) decreto *m*

edification [ˌe·dɪ·fɪ·'keɪ·ʃən] *n form* edificazione *f*

edifice ['e·dɪ·fɪs] *n* **1.** *form* (*building*) edificio *m* **2.** *fig* (*of ideas*) struttura *f*

edify ['e·dɪ·faɪ] <-ie-> *vt form* edificare

edifying *adj form* edificante

edit ['e·dɪt] *vt* **1.** (*correct*) correggere; (*articles*) rivedere **2.** (*newspaper*) dirigere **3.** CINE montare **4.** COMPUT editare

♦**edit out** *vt* tagliare

edition [ɪ·'dɪ·ʃən] *n* edizione *f;* (*set of books*) tiratura *f;* **paperback** ~ edizione *f* economica; **limited** ~ edizione a tiratura limitata; **collector's** ~ edizione per collezionisti

editor ['e·dɪ·tə] *n* **1.** (*of book*) curatore, -trice *m, f;* (*of article*) redattore, -trice *m, f;* (*of newspaper*) direttore, -trice *m, f;* **chief** ~ redattore, -trice *m, f* capo; **sports** ~ redattore, -trice *m, f* sportivo **2.** CINE addetto, -a *m, f* al montaggio **3.** COMPUT editor *m inv*

editorial [ˌe·də·'tɔː·ri·əl] **I.** *n* editoriale *m* **II.** *adj* editoriale; ~ **staff** redazione *f*

editor-in-chief [ˌe·dɪ·tə·ɪn·'tʃiːf] *n* redattore, -trice *m, f* capo

EDP [ˌiː·diː·'piː] *n abbr of* **electronic data processing** EDP *m*

EDT [ˌiː·diː·'tiː] *n abbr of* **Eastern Daylight Time** ora legale adottata negli Stati Uniti orientali

educate ['ed·ʒʊ·keɪt] *vt* **1.** (*bring up*) educare **2.** (*teach*) istruire; **to** ~ **the ear** educare l'udito **3.** (*inform*) informare; **to** ~ **sb in sth** informare qn su qc

educated ['ed·ʒʊ·keɪ·tɪd] *adj* istruito, -a; **highly** ~ colto

education [ˌed·ʒʊ·'keɪ·ʃən] *n* **1.** SCHOOL istruzione *f;* **primary/secondary** ~ istruzione *f* primaria/secondaria; **Education Secretary** [*o* 'Secretary of Education] Ministro *m* della Pubblica Istruzione **2.** (*training*) formazione *f;* **science/literary** ~ formazione scientifica/letteraria **3.** (*teaching*) insegnamento *m;* (*study of teaching*) pedagogia *f* **4.** (*culture*) cultura *f*

educational [ˌed·ʒʊ·'keɪ·ʃə·nl] *adj* **1.** SCHOOL (*system, establishment*) educativo, -a; (*method*) pedagogico, -a; **for** ~ **purposes** a fini educativi **2.** (*instructive*) istruttivo, -a **3.** (*raising awareness*) formativo, -a

educationist, educationalist *n* pedagogista *mf*

educator ['ed·ʒʊ·keɪ·tə] *n* educatore, -trice *m, f*

EEC [ˌiː·iː·'siː] *n abbr of* **European Economic Community** CEE *f*

EEG [ˌiː·iː·'dʒiː] *n abbr of* **electroencephalogram** EEG *m*

eel [iːl] *n* anguilla *f* ▶**to be as** slippery **as an** ~ essere viscido come un'anguilla

eerie ['ɪ·ri] *adj*, **eery** <-ier, -iest> *adj* inquietante

efface [ɪ·'feɪs] *vt* **1.** *a. fig* cancellare **2.** (*be humble*) **to ~ oneself** cercare di passare inosservato

effect [ɪ·'fekt] **I.** *n* **1.** (*consequence*) effetto *m;* **to have an ~ on sth** avere effetto su qc; **to have a disastrous ~ on** [*o* **upon**] **sth** avere un effetto disastroso su qc; **to have no ~ on sb** non avere alcun effetto su qn **2.** (*result*) risultato *m;* **to have little/no ~** dare scarsi risultati/non dare risultati; **to take ~** dare risultati; (*medicine, alcohol*) fare effetto; **to the ~ that ...** con lo scopo di ...; **to no ~** senza risultato **3.** LAW **to come into** [*o* **to take**] **~** entrare in vigore; **to remain/be in ~** rimanere/essere in vigore **4.** (*gist*) **to the same ~** in quel senso; **he disapproved of our idea and wrote to us to that ~** era in disaccordo con la nostra idea e ci ha scritto in tal senso **5.** (*impression*) impressione *f;* **the overall ~** l'impressione generale; **for ~** per creare un effetto **6.** *pl* (*belongings*) effetti *mpl;* **personal ~s** effetti personali ▸ **in ~** in pratica **II.** *vt* effettuare

effective [ɪ·'fek·tɪv] *adj* **1.** (*giving result*) efficace; **he was an ~ speaker** era un oratore di grande abilità **2.** (*real*) reale; **~ control** controllo effettivo **3.** (*operative*) in vigore; **to become ~** entrare in vigore **4.** (*striking*) d'effetto

effectively *adv* **1.** (*giving result*) efficacemente **2.** (*really*) di fatto **3.** (*strikingly*) con grande effetto

effectiveness *n* **1.** (*efficiency*) efficacia *f* **2.** (*of a rule*) validità *f*

effectual [ɪ·'fek·tʃu·əl] *adj* **1.** (*efficient*) efficace **2.** (*operative*) valido, -a

effectuate [ɪ·'fek·tʃu·eɪt] *vt* effettuare

effeminacy [ɪ·'fe·mɪ·nə·si] *n* effeminatezza *f*

effeminate [ɪ·'fe·mɪ·nət] **I.** *adj* effeminato, -a **II.** *n* effeminato *m*

effervesce [ˌe·fə·'ves] *vi* **1.** (*bubble*) frizzare **2.** *fig* (*person*) essere effervescente

effervescence [ˌe·fə·'ve·sns] *n* effervescenza *f*

effervescent [ˌe·fə·'ve·snt] *adj a. fig* effervescente

effete [ɪ·'fiːt] *adj* **1.** (*enfeebled*) infiacchito, -a **2.** (*decadent*) decadente **3.** (*effeminate*) effeminato, -a

efficacious [ˌe·fɪ·'keɪ·ʃəs] *adj form* (*solution, suggestion*) efficace; **an ~ medicine** un farmaco efficace

efficacy ['e·fɪ·kə·si] *n form* efficacia *f*

efficiency [ɪ·'fɪ·ʃn·si] *n* **1.** (*of a person*) efficienza *f;* (*of a method*) efficacia *f* **2.** (*of a machine*) rendimento *m*

efficient [ɪ·'fɪ·ʃnt] *adj* (*person*) efficiente; (*machine, system*) ad alto rendimento

effigy ['e·fɪ·dʒi] *n* effigie *f*

effluent ['e·flu·ənt] *n* **1.** emissario *m* **2.** (*liquid waste*) effluente *m*

effort ['e·fət] *n* **1.** *a.* PHYS sforzo *m;* **to be worth the ~** valerne la pena; **to make an ~ to**

do sth sforzarsi [*o* fare lo sforzo] di fare qc; **to spare no ~** non risparmiarsi; **without ~** senza fatica **2.** (*attempt*) tentativo *m;* **please make an ~ to ...** per favore, cerca di ... **3.** (*work*) impresa *f*

effortless ['e·fət·ləs] *adj* facile; **an ~ movement** un movimento senza sforzo apparente; **an ~ grace** una grazia naturale

effrontery [e·'frʌn·tə·ri] *n form* sfrontatezza *f;* **to have the ~ to do sth** avere la sfacciataggine di fare qc

effusion [ɪ·'fju:·ʒən] *n a. fig* effusione *f*

effusive [ɪ·'fju:·sɪv] *adj form* (*person*) espansivo, -a; (*welcome*) caloroso, -a

eft [eft] *n* tritone *m*

EFTS *abbr of* **electronic funds transfer system** servizio *m* di trasferimento elettronico di fondi

e.g. [ˌiːˈdʒiː] *abbr of* **exempli gratia** (= **for example**) ad es.

egalitarian [ɪ·ˌgæ·lɪ·'te·ri·ən] *adj* egualitario, -a

e-generation [iː·ˌdʒe·nə·'reɪ·ʃən] *n* generazione *f* di Internet

egg [eg] *n* uovo *m;* **fried/boiled ~s** uova fritte/alla coque; **hard-boiled ~** uovo sodo; **scrambled ~s** uova strapazzate ▸ **to put all one's ~s in one basket** puntare tutto su una carta sola; **they had ~ on their faces** *inf* hanno fatto una figuraccia; **to be a bad ~** *inf* essere un cattivo elemento

◆**egg on** *vt* incitare

egg cell *n* ovulo *m*

eggcup *n* portauovo *m*

egghead *n inf* testa d'uovo

eggnog *n* bevanda a base di uova, latte o panna e zucchero, spesso con aggiunta di rum o brandy, che si beve tradizionalmente a Natale

eggplant *n* melanzana *f*

egg roll *n* involtino *m* primavera

eggshell *n* guscio *m* d'uovo

egg timer *n* clessidra *f* da tre minuti

egg yolk *n* tuorlo *m*

ego ['iː·goʊ] *n* <-s> **1.** PSYCH ego *m;* **to bolster sb's ~** rafforzare l'ego di qn **2.** (*self-esteem*) amor *m* proprio

egocentric [ˌiː·goʊ·'sent·rɪk] *adj* egocentrico, -a

egoism ['iː·goʊ·ɪ·zəm] *n* egoismo *m*

egoist ['iː·goʊ·ɪst] *n* egoista *mf*

egoistic(al) [ˌiː·goʊ·'ɪs·tɪ·k(l)] *adj* egoista

egotism ['iː·goʊ·tɪ·zəm] *n* egotismo *m*

egotist ['iː·goʊ·tɪst] *n* egotista *mf*

egotistic(al) [ˌiː·goʊ·'tɪs·tɪ·k(l)] *adj* **1.** (*selfish*) egoista **2.** (*self-important*) egotista

ego trip ['iː·goʊ·trɪp] *n* **to be on an ~** gasarsi

egregious [ɪ·'gri:·dʒəs] *adj* madornale

Egypt ['iː·dʒɪpt] *n* Egitto *m*

Egyptian [ɪ·'dʒɪp·ən] **I.** *n* egiziano, -a *m, f* **II.** *adj* egiziano, -a

eh [e] *interj* **1.** (*what did you say?*) eh? **2.** *Can* (*isn't it; aren't you/they/we*) **it's cold outside, ~?** fa freddo fuori, eh?

eider [ˈaɪ·dɚ] *n* edredone *m*

eiderdown [ˈaɪ·dɚ·daʊn] *n* piumino *m*

eight [eɪt] I. *adj* otto *inv;* **there are ~ of us** siamo (in) otto; **~ and a quarter/half** otto e un quarto/mezzo; **~ o'clock** le otto; **it's ~ o'clock** sono le otto; **it's half past ~** sono le otto e mezza; **at ~ twenty/thirty** alle otto e venti/mezza II. *n* otto *m*

eighteen [ˌeɪ·ˈtiːn] I. *adj* diciotto II. *n* diciotto *m; s.a.* **eight**

eighteenth [ˌeɪ·ˈtiːnθ] I. *adj* diciottesimo, -a II. *n* 1. (*order*) diciottesimo, -a *m, f* 2. (*date*) diciotto *m* 3. (*fraction*) diciottesimo *m;* (*part*) diciottesima parte *f; s.a.* **eighth**

eighth [eɪtθ] I. *adj* ottavo, -a; **~ note** croma *f* II. *n* 1. (*order*) ottavo, -a *m, f;* **to be ~ in a race** arrivare ottavo in una corsa 2. (*date*) otto *m;* **the ~** l'otto; **the ~ of December** [*o* **December (the) ~**] l'otto dicembre 3. (*fraction*) ottavo *m;* (*part*) ottava parte *f* III. *adv* (*in lists*) ottavo

eight-hour day *n* giornata *f* di otto ore

eightieth [ˈeɪ·t̬ɪ·əθ] I. *adj* ottantesimo, -a II. *n* (*order*) ottantesimo, -a *m, f;* (*fraction*) ottantesimo *m;* (*part*) ottantesima parte *f; s.a.* **eighth**

eighty [ˈeɪ·t̬i] I. *adj* ottanta *inv;* **to be ~ (years old)** ha ottant'anni; **a man of about ~ years of age** un uomo di circa ottant'anni II. *n* <-ies> 1. (*number*) ottanta *m;* **to do ~** *inf* andare a 80 miglia all'ora 2. (*age*) **a woman in her eighties** una donna tra gli ottanta e i novant'anni 3. (*decade*) **the eighties** gli anni *m* ottanta *pl*

either [ˈiː·ðɚ] I. *adj* 1. (*one of two*) **I'll do it ~ way** lo farò in un modo o nell'altro; **I don't like ~ dress** non mi piace né un vestito, né l'altro 2. (*each*) ciascun(o), -a; **on ~ side of the river** su entrambi i lati del fiume II. *pron* l'uno, -a o l'altro, -a; **which one? — ~** quale? — l'uno o l'altro III. *adv* neppure; **if he doesn't go, I won't go ~** se lui non ci va, non ci vado neanch'io IV. *conj* **~ ... or ...** o ... o ...; **~ buy it or rent it** o lo compri o lo noleggi; **I can ~ stay or leave** posso rimanere o andarmene

ejaculate¹ [ɪ·ˈdʒæ·kjʊ·leɪt] I. *vt* 1. (*semen*) espellere 2. *lit* (*blurt out*) esclamare II. *vi* ANAT eiaculare

ejaculate² [ɪ·ˈdʒæk·jʊ·lət] *n* sperma *m*

ejaculation [ɪ·ˌdʒæ·kjʊ·ˈleɪ·ʃən] *n* 1. (*of semen*) eiaculazione *f* 2. *lit* (*sudden outburst*) esclamazione *f*

eject [ɪ·ˈdʒekt] I. *vt* buttare fuori, espellere; (*liquid, gas*) emettere II. *vi* lanciarsi con il seggiolino eiettabile

ejector seat [ɪ·ˈdʒek·tɚ siːt] *n* seggiolino *m* eiettabile

eke out [iːk aʊt] *vt* (*money, food*) far bastare; **to ~ one's salary** farsi bastare lo stipendio *inf;* **to ~ a living** sbarcare il lunario

EKG [ˌiː·keɪ·ˈdʒiː] *n abbr of* **electrocardiogram** elettrocardiogramma *m*

elaborate¹ [ɪ·ˈlæ·bə·rət] *adj* (*complicated*) elaborato, -a; (*very detailed: plan*) minuzioso, -a; (*style*) ornato, -a; (*excuse*) macchinoso, -a

elaborate² [ɪ·ˈlæ·bɚ·reɪt] I. *vt* elaborare; (*plan*) sviluppare II. *vi* fornire dettagli; **to refuse to ~** rifiutarsi di fornire dettagli; **to ~ on an idea** sviluppare un'idea

elaboration [ɪ·ˌlæ·bə·ˈreɪ·ʃən] <-(s)> *n* 1. (*of a theory*) elaborazione *f;* (*of texts*) spiegazione *f;* **without ~** senza entrare in troppi dettagli 2. (*complexity*) complessità *f*

elapse [ɪ·ˈlæps] *vi form* trascorrere

elastic [ɪ·ˈlæs·tɪk] I. *adj* elastico, -a II. *n* 1. (*material*) elastico *m* 2. (*garter*) giarrettiera *f*

elasticity [ɪ·læs·ˈstɪ·sə·ti] *n a. fig* elasticità *f*

elate [ɪ·ˈleɪt] *vt* esaltare; **to be ~d about sth** essere esultante per qc

elated *adj* esultante

elation [ɪ·ˈleɪ·ʃən] *n* esultanza *f*

elbow [ˈel·boʊ] I. *n* 1. (*of people*) gomito *m* 2. (*in a pipe*) gomito *m;* (*in a road, river*) curva *f;* (*in a river*) ansa *f* ▶ **to rub ~s with sb** essere in confidenza con qn II. *vt* dare una gomitata a; **to ~ one's way through the crowd** farsi largo a gomitate tra la folla

elbow grease *n inf* olio *m* di gomito; **to put some ~ into sth** mettere impegno in qc

elbow room *n* 1. (*space*) spazio *m* 2. (*freedom*) libertà *f* d'azione

elder¹ [ˈel·dɚ] I. *n* 1. (*older person*) maggiore *mf;* **she is my ~ by three years** è maggiore di me di tre anni 2. (*senior person*) anziano, -a *m, f* 3. (*in Mormon Church*) anziano *m* II. *adj* maggiore; **~ statesman/stateswoman** POL veterano, -a della politica *m*

elder² [ˈel·dɚ] *n* BOT sambuco *m*

elderberry [ˈel·dɚ·be·ri] <-ies> *n* 1. (*berry*) bacca *f* di sambuco 2. BOT sambuco *m*

elderly [ˈel·dɚ·li] I. *adj* anziano, -a; **an ~ woman** una signora anziana II. *n* **the ~** gli anziani

eldest [ˈel·dɪst] *adj superl of* **old** maggiore; **the ~** il/la maggiore; **her ~ (child) is nearly 14** il suo primogenito ha quasi 14 anni

e-learning [ˈiː·ˌlɜː·nɪŋ] *n* e-learning *m*

elect [ɪ·ˈlekt] I. *vt* 1. (*by vote*) eleggere 2. (*not by vote*) decidere; **to ~ to resign** optare per le dimissioni II. *n* REL **the ~** gli eletti III. *adj* **the president ~** il presidente eletto

election [ɪ·ˈlek·ʃən] *n* 1. (*event*) elezioni *fpl;* **to call/hold an ~** indire le elezioni; **to run for ~** presentarsi alle elezioni 2. (*action*) elezione *f*

election campaign *n* campagna *f* elettorale

Election Day *n* giornata *f* elettorale

election defeat *n* sconfitta *f* elettorale

electioneer [ɪ·ˌlek·ʃə·ˈnɪr] *vi* fare propaganda elettorale

electioneering [ɪ·ˌlek·ʃə·ˈnɪ·rɪŋ] *n* propaganda *f* elettorale; *pej* promesse *fpl* elettorali

election platform *n*, **election program** *n* piattaforma *f* elettorale

election results *npl*, **election returns** *npl* risultati *mpl* elettorali

election speech *n* discorso *m* elettorale

elective [ɪ·'lek·tɪv] **I.** *adj* **1.** *form* (*appointed by election*) elettivo, -a; (*based on voting*) elettorale **2.** (*optional*) facoltativo, a **3.** (*selective*) ~ **affinity** affinità elettiva **II.** *n* SCHOOL, UNIV corso *m* facoltativo

elector [ɪ·'lek·tə·] *n* **1.** (*voter*) elettore, -trice *m, f* **2.** (*member of Electoral College*) membro *m* dell'Electoral College

electoral [ɪ·'lek·tə·rəl] *adj* elettorale; **Electoral College** collegio elettorale incaricato di eleggere il presidente e il vicepresidente degli Stati Uniti; ~ **register** [*o* roll] lista *f* elettorale

electorate [ɪ·'lek·tə·rət] *n* elettorato *m*

electric [ɪ·'lek·trɪk] *adj* **1.** ELEC elettrico, -a; (*fence*) elettrificato, -a; ~ **blanket** termocoperta *f;* ~ **stove** fornello *m* elettrico; ~ **current** corrente *f* elettrica; ~ **heater** stufetta *f* elettrica; ~ **shock** scossa *f* elettrica **2.** *fig* elettrizzante; (*atmosphere*) carico, -a di elettricità

electrical [ɪ·'lek·trɪ·kl] *adj* elettrico, -a; ~ **tape** nastro *m* isolante; ~ **engineering** (ingegneria *f*) elettrotecnica

electric chair *n* sedia *f* elettrica; **he was sentenced to death in the** ~ è stato condannato alla sedia elettrica

electric guitar *n* chitarra *f* elettrica

electrician [ɪ·,lek·'trɪ·ʃən] *n* elettricista *mf*

electricity [ɪ·,lek·'trɪ·sə·ti] *n* elettricità *f;* **powered by** ~ azionato dall'elettricità; **to run on** ~ funzionare a elettricità

electrification [ɪ·,lek·trɪ·fɪ·'keɪ·ʃən] *n* elettrificazione *f*

electrify [ɪ·'lek·trɪ·faɪ] *vt* elettrificare; *fig* elettrizzare

electroanalysis [ɪ·,lek·trəʊ·ə·'næ·lɪ·sɪs] *n* elettroanalisi *f*

electrocardiogram [ɪ·,lek·trəʊ·'kɑːr·dɪəʊ·græm] *n* elettrocardiogramma *m*

electroconvulsive therapy ['ɪ·,lek·trəʊ·kən·'vʌl·sɪv 'θe·rə·pi] *adj* elettroshockterapia *f*

electrocute [ɪ·'lek·trə·kjuːt] *vt* folgorare

electrocution [ɪ·,lek·trə·'kjuː·ʃən] *n* elettrocuzione *f*

electrode [ɪ·'lek·trəʊd] *n* elettrodo *m*

electroencephalogram [ɪ·,lek·trəʊ·en·'se·fə·loʊ·,græm] *n* elettroencefalogramma *m*

electrolysis [ɪ·,lek·'trɑː·lə·sɪs] *n* elettrolisi *f*

electromagnet [ɪ·'lek·trəʊ·'mæg·nɪt] *n* elettromagnete *m*

electromagnetic [ɪ·,lek·trəʊ·mæg·'ne·tɪk] *adj* elettromagnetico, -a

electron [ɪ·'lek·trɑːn] *n* elettrone *m*

electronic [ɪ·,lek·'trɑː·nɪk] *adj* elettronico, -a

electronic data processing *n* elaborazione *f* elettronica dei dati

electronic fund transfer *n* trasferimento *m* elettronico di fondi

electronic mail *n* posta *f* elettronica

electronic music *n* musica *f* elettronica

electronics [ɪ·,lek·'trɑː·nɪks] *n* + *sing vb* elettronica *f;* **the** ~ **industry** l'industria elettronica

electron microscope *n* microscopio *m* elettronico

electroplate [ɪ·'lek·trəʊ·pleɪt] *vt* galvanizzare

electroscope [ɪ·'lek·trəʊ·,skoʊp] *n* elettroscopio *m*

electrotherapy *n* elettroterapia *f*

elegance ['e·lɪ·gəns] *n* eleganza *f*

elegant ['e·lɪ·gənt] *adj* elegante

elegiac [,e·lɪ·'dʒa·ɪək] **I.** *adj* elegiaco, -a **II.** *n pl* versi *mpl* elegiaci

elegy ['e·lə·dʒi] *n* elegia *f*

element ['e·lɪ·mənt] *n* **1.** *a.* CHEM, MATH elemento *m;* **the four** ~**s** i quattro elementi; **he's in his** ~ si trova nel suo elemento **2.** (*factor*) fattore *m;* **an** ~ **of luck** un pizzico di fortuna; **the** ~ **of surprise** il fattore sorpresa; **there's an** ~ **of truth in what they say** c'è del vero in quello che dicono **3.** ELEC resistenza *f* **4.** *pl* (*rudiments*) rudimenti *mpl* **5.** *pl* METEO **the** ~**s** gli elementi

elemental [,e·lə·'men·t̩l] *adj* degli elementi; (*forces*) della natura; (*feelings, needs*) primario, -a

elementary [,e·lə·'men·tə·i] *adj* elementare; (*course*) di base

elementary school *n* scuola *f* elementare

elephant ['e·lɪ·fənt] *n* elefante *m*

elephantiasis [,e·lɪ·fən·'taɪ·ə·sɪs] *n* MED elefantiasi *f inv*

elephantine [,e·lɪ·'fæn·taɪn] *adj* **1.** (*huge*) elefantesco, -a **2.** (*clumsy*) goffo, -a

elevate ['e·lɪ·veɪt] *vt* **1.** (*raise*) elevare; (*prices*) aumentare; **to** ~ **the mind** elevare la mente **2.** REL innalzare **3.** (*in rank*) promuovere

elevated ['e·lɪ·veɪ·tɪd] *adj* **1.** (*raised: part*) sopraelevato, -a **2.** (*important*) elevato, -a; (*position*) di prestigio

elevation [,el·ɪ·'veɪ·ʃən] *n* **1.** (*rise*) elevazione *f;* (*of person*) ascesa *f* **2.** (*height*) altezza (sul livello del mare) *f* **3.** GEO altura *f* **4.** ARCHIT prospetto *m*

elevator ['e·lɪ·veɪ·tə·] *n* (*for people*) ascensore *m;* (*for goods*) montacarichi *m inv*

eleven [ɪ·'le·vn] **I.** *adj* undici **II.** *n* undici *m; s.a.* **eight**

eleventh [ɪ·'le·vnθ] **I.** *adj* undicesimo, -a **II.** *n* **1.** (*order*) undicesimo, -a *m, f* **2.** (*date*) undici *m* **3.** (*fraction*) undicesimo *m;* (*part*) undicesima parte *f; s.a.* **eighth**

elf [elf] <elves> *n* (*folklore*) folletto *m;* (*mythology*) elfo *m*

elicit [ɪ·'lɪ·sɪt] *vt* **1.** (*obtain*) ottenere **2.** (*provoke: criticism, response*) suscitare

eligibility [,e·lɪ·dʒə·'bɪ·lə·ti] *n* idoneità *f*

eligible ['e·lɪ·dʒə·bl] *adj* **1.** idoneo, -a; ~ **to vote** con diritto di voto **2.** (*desirable*) adatto, -a; **to be** ~ **for the job** avere i requisiti necessari a un posto di lavoro; **an** ~ **bachelor** uno scapolo ambito; **an** ~ **young man/woman** un buon partito

eliminate [ɪ·'lɪ·mɪ·neɪt] *vt* **1.** (*eradicate*) eliminare **2.** (*exclude from consideration*) scartare

elimination [ɪ·,lɪ·mɪ·'neɪ·ʃən] *n* elimina-

zione *f;* by (a) process of ~ (andando) per
eliminazione
elite [eɪ·'liːt] I. *n* élite *f inv* II. *adj* d'élite; ~ **university** università d'élite *m*
elitism [ei·'liː·tɪ·sm] *n* elitismo *m*
elitist [ei·'liː·tɪst] *adj* elitario, -a
elixir [ɪ·'lɪk·sə·] *n* elisir *m inv*
elk [elk] <-(s)> *n* (*European*) alce *m;* (*American*) wapiti *m inv*
ellipse [ɪ·'lɪps] *n* ellisse *f*
elliptic(al) [ɪ·'lɪp·tɪ·k(l)] *adj* ellittico, -a
elm [elm] *n* olmo *m*
elocution [ˌe·lə·'kju:·ʃən] *n* dizione *f;* (*art*) elo-
cuzione *f*
elongate [ɪ·'lɑ:ŋ·geɪt] I. *vt* allungare II. *vi*
allungarsi
elongated *adj* allungato, -a
elope [ɪ·'loʊp] *vi* fuggire (per sposarsi)
elopement [ɪ·'loʊp·mənt] *n* fuga *f* d'amore
eloquent ['e·lək·wənt] *adj* eloquente
El Salvador *n* El Salvador *m*
El Salvadorian I. *adj* salvadoregno, -a II. *n* salvadoregno, -a *m, f*
else [els] *adv* 1. (*in addition*) altro;
anyone/anything ~ chiunque altro/qualsia-
si altra cosa; **anywhere** ~ in qualsiasi altro
posto; **anyone** ~? nessun altro?; **anything** ~? (nient')altro?; **everybody** ~ tutti
gli altri; **I can't remember anything/any-
body** ~ non ricordo nient'altro/nessun
altro; **everything** ~ tutto il resto; **if all** ~
fails se tutto il resto andasse male; **some-
one/something** ~ qualcun altro/qual-
cos'altro; **it's something** ~! è tutta un'altra
cosa!; **how** ~? in che altro modo?; **what/
who** ~? cos'/chi altro? 2. (*otherwise*) **or** ~
altrimenti; **come here or** ~! vieni qui, se
no vedi!; **shut up, or else!** zitto, altrimenti …!
elsewhere ['els·wer] *adv* altrove; **let's go** ~!
andiamo in un altro posto!
elucidate [ɪ·'lu:·sɪ·deɪt] *form* I. *vt* delucidare;
(*mystery*) chiarire II. *vi* **I don't understand,
you'll have to** ~ non capisco, me lo dovrai
spiegare
elude [ɪ·'lu:d] *vt* eludere; (*blow*) schivare
elusive [ɪ·'lu:·sɪv] *adj* 1. (*evasive*) elusivo, -a;
(*personality*) schivo, -a; **memory** fugace
2. (*slippery*) sfuggevole 3. (*difficult to obtain*)
irraggiungibile
elves [elvz] *n pl of* **elf**
emaciated [ɪ·'meɪ·ʃi·eɪ·ṭɪd] *adj form* emaciato, -a
e-mail ['iː·meɪl] *n abbr of* **electronic mail**
e-mail *f inv*
e-mail address *n* indirizzo *m* di posta elettronica
emanate ['e·mə·neɪt] I. *vi form* (*originate*)
provenire da; (*radiate*) emanare da II. *vt* emanare
emancipate [ɪ·'mæn·sɪ·peɪt] *vt* emancipare
emancipated *adj* emancipato, -a; (*ideas*) progressista

emancipation [ɪ·ˌmæn·sɪ·'peɪ·ʃən] *n* emancipazione *f*
embalm [em·'bɑ:m] *vt* imbalsamare
embankment [em·'bæŋk·mənt] *n* (*of a road*)
massicciata *f;* (*by river*) argine *m*
embargo [em·'bɑ:r·goʊ] I. <-goes> *n*
embargo *m;* **trade** ~ embargo commerciale; **to
be under** ~ essere soggetto a embargo; **to put
an** ~ **on a country** imporre l'embargo a un
paese II. *vt* mettere l'embargo su
embark [em·'bɑ:rk] I. *vi* imbarcarsi; **to** ~ **on**
[*o* **upon**] **a journey** iniziare un viaggio II. *vt*
imbarcare
embarkation [ˌem·bɑ:r·'keɪ·ʃən] *n* imbarco *m*
embarrass [em·'be·rəs] *vt* 1. (*make feel
uncomfortable*) mettere in imbarazzo 2. (*disconcert*) sconcertare
embarrassed *adj* imbarazzato, -a; **to be** ~
essere in imbarazzo; **I felt** ~ **about saying
that** mi imbarazzava dirlo
embarrassing *adj* imbarazzante; (*silence*)
sconcertante
embarrassment [em·'be·rəs·ment] *n*
1. (*shame*) imbarazzo *m* 2. (*trouble, nuisance*) motivo *m* di imbarazzo; **to be an** ~ (**to
sb**) essere motivo di imbarazzo (per qn)
embassy ['em·bə·si] <-ies> *n* ambasciata *f*
embed [em·'bed] <-dd-> *vt* (*fix*) conficcare;
(*in rock*) incassare; (*in memory*) imprimere
embellish [em·'be·lɪʃ] *vt* abbellire
embers ['em·bə·z] *npl* brace *f*
embezzle [ɪm·'be·zl] <-ing> *vt* appropriarsi
indebitamente di
embezzlement [ɪm·'be·zl·mənt] *n* appropriazione *f* indebita; ~ **of public funds** appropriazione indebita di fondi pubblici
embezzler [em·'bez·lə·] *n* malversatore,
-trice *m, f*
embitter [em·'bɪ·ṭə·] *vt* amareggiare
emblem ['em·bləm] *n* emblema *m*
embodiment [em·'bɑ:·dɪ·mənt] *n* 1. (*personification*) incarnazione *f;* **the** ~ **of virtue** la
virtù personificata 2. (*inclusion*) realizzazione *f* concreta
embody [em·'bɑ:·dɪ] <-ied> *vt* 1. (*convey:
theory, idea*) esprimere 2. (*personify*) incarnare 3. (*include*) incorporare
embolism ['em·bə·lɪ·sm] *n* MED embolia *f*
emboss [em·'bɑ:s] *vt* 1. (*design, letters*) stampare in rilievo 2. (*metal*) lavorare a sbalzo;
(*leather*) goffrare; **~ed writing paper** carta da
lettera con intestazione in rilievo
embrace [em·'breɪs] I. *vt* 1. (*hug*) abbracciare
2. (*accept: offer*) accettare; (*ideas, religion*)
abbracciare 3. (*include*) comprendere II. *vi*
abbracciarsi III. *n* abbraccio *m*
embrocation [ˌem·broʊ·'keɪ·ʃən] *n* linimento *m*
embroider [em·'brɔɪ·də·] I. *vi* ricamare II. *vt*
ricamare; *fig* ricamare su
embroidery [em·'brɔɪ·də·ri] *n* 1. ricamo *m;*
~ **frame** telaio *m* da ricamo 2. *fig* ricami *mpl*
embroil [ɪm·'brɔɪl] *vt* invischiare

embryo ['em·bri·ou] *n* embrione *m*

embryonic [,em·bri·'ɑː·nɪk] *adj* embrionale; *fig* allo stato embrionale

emcee [em·'siː] I. *n* presentatore, -trice *m, f* II. *vt* presentare III. *vi* presentare

emend [ɪ·'mend] *vt form* emendare

emerald ['e·mə·rəld] I. *n* smeraldo *m* II. *adj* di smeraldi; (*color*) smeraldo *inv*

emerge [ɪ·'mɜːrdʒ] *vi* (*come out*) spuntare; (*secret*) rivelarsi; (*ideas*) emergere; **they ~d from the bushes** spuntarono fuori dai cespugli; **new ideas ~d from the meeting** dalla riunione sono emerse nuove idee

emergence [ɪ·'mɜːr·dʒəns] *n* uscita *f;* (*of a secret*) rivelazione *f;* (*appearance*) comparsa *f*

emergency [ɪ·'mɜːr·dʒən·si] I.<-ies> *n* 1. (*dangerous situation*) emergenza *f;* **in an** [*o* **in case of**] **~** in caso d'emergenza; **to be ready for an ~** tenersi pronti per qualsiasi emergenza 2. MED urgenza *f;* **~ room** (reparto *m* di) pronto soccorso *m* 3. POL emergenza *f;* **national ~** emergenza nazionale; **to declare a state of ~** dichiarare lo stato di emergenza II. *adj* (*brake*) a mano; (*rations*) di sopravvivenza; **~ exit** uscita di sicurezza; **~ landing** atterraggio d'emergenza; **~ services** servizi di pronto intervento

emergency room *n* (reparto *m* di) pronto soccorso

emergent [ɪ·'mɜːr·dʒənt] *adj* emergente; (*democracy*) giovane

emerging *adj* emergente

emery ['e·mə·ri] *n* smeriglio *m*

emery board *n* limetta *f* per unghie (di cartone smerigliato)

emetic [ɪ·'me·ṭɪk] I. *adj* emetico, -a II. *n* emetico *m*

emigrant ['e·mɪ·grənt] *n* emigrante *mf*

emigrate ['e·mɪ·greɪt] *vi* emigrare

emigration [,e·mɪ·'greɪ·ʃən] *n* emigrazione *f*

eminence ['e·mɪ·nəns] *n* eminenza *f;* **Your Eminence** REL Sua Eminenza

eminent ['e·mɪ·nənt] *adj* eminente

eminently *adv* assolutamente

emissary ['e·mɪ·se·ri] <-ies> *n* emissario, -a *m, f*

emission [ɪ·'mɪ·ʃn] *n* emissione *f*

emit [ɪ·'mɪt] <-tt-> *vt* (*radiation, light, smoke*) emettere; (*heat, odor*) emanare; (*cry*) lanciare

emoticon *n* COMPUT emoticon *m inv*

emotion [ɪ·'mou·ʃən] *n* 1. (*feeling*) sentimento *m* 2. (*affective state*) emozione *f*

emotional [ɪ·'mou·ʃə·nl] *adj* 1. (*relating to the emotions*) emotivo, -a; (*involvement, link*) affettivo, -a 2. (*moving*) commovente 3. (*governed by emotion*) emozionato, -a; **to get ~** emozionarsi 4. (*determined by emotion: decision*) impulsivo, -a

emotionless *adj* impassibile

emotive [ɪ·'mou·ṭɪv] *adj* che suscita reazioni

empathy ['em·pə·θi] *n* empatia *f*

emperor ['em·pə·ɚ] *n* imperatore *m*

emphasis ['em·fə·sɪs] <emphases> *n a.* LING enfasi *f inv;* **to put** [*o* **place**] **great ~ on punctuality** dare particolare importanza alla puntualità

emphasize ['em·fə·saɪz] *vt* 1. (*insist on*) sottolineare; (*fact*) enfatizzare 2. LING porre l'enfasi su

emphatic [em·'fæ·ṭɪk] *adj* (*forcibly expressive*) enfatico, -a; (*strong*) veemente; (*assertion, refusal*) categorico, -a; **to be ~ about sth** essere categorico su qc

emphatically *adv* (*expressively*) con enfasi; (*strongly*) con veemenza; (*forcefully*) categoricamente

empire ['em·pɑ·ɪɚ] *n* impero *m*

empirical [em·'pɪ·rɪ·kl] *adj* empirico, -a

employ [em·'plɔɪ] *vt* 1. (*give a job to*) impiegare; **to ~ sb to do sth** assumere qn per fare qc 2. (*put to use*) utilizzare

employee ['em·plɔɪ·'iː] *n* impiegato, -a *m, f*

employer [em·'plɔ·ɪɚ] *n* datore, -trice di lavoro *m*

employment ['em·plɔɪ·mənt] *n* 1. (*of a person*) impiego *m* 2. (*of an object*) utilizzo *m*

employment agency *n* agenzia *f* di collocamento

employment equity *n* Can pari opportunità *fpl* di lavoro

emporium [em·'pɔː·ri·əm] <-s *o* emporia> *n* emporio *m*

empower [em·'pau·ɚ] *vt* **to ~ sb to do sth** (*give ability to*) mettere in grado qn di fare qc; (*authorize*) dare a qn il potere di fare qc

empowerment [em·'pau·ɚ·mənt] *n* acquisizione *f* del potere

empress ['em·prɪs] *n* imperatrice *f*

emptiness ['emp·ṭɪ·nɪs] *n* vuoto *m; fig* vacuità *f*

empty ['emp·ti] I.<-ier, -iest> *adj* 1. (*with nothing inside*) vuoto, -a; (*truck, ship*) senza carico; (*house*) disabitato, -a 2. (*insincere: promise, threat*) vuoto, -a 3. (*useless*) vano, -a; **~ phrase** frase senza significato II.<-ie-> *vt* (*pour*) versare; (*deprive of contents*) svuotare III.<-ie-> *vi* svuotarsi; (*river*) sfociare; **to ~ into the Mississippi** sfociare nel Mississippi IV.<-ies> *n pl* vuoti *m* (*di bottiglie, bicchieri, ecc.*)

♦**empty out** *vt* svuotare

empty-handed [,emp·ṭɪ·'hæn·dɪd] *adj* a mani vuote

empty-headed *adj* scriteriato, -a

empty nester *n* genitore i cui figli sono cresciuti e vivono fuori casa

empty-nest syndrome *n* sindrome *f* del nido vuoto

EMT [,i·em·'tiː] *n abbr of* **emergency medical technician** assistente *mf* medico d'emergenza

emu ['iːm·juː] *n* emù *m*

emulate ['em·ju·leit] *vt* emulare

emulation [,em·ju·'lei·ʃən] *n* emulazione *f;* **~ of sb** emulazione di qn

emulsifier [ɪ·'mʌl·si·fa·ɪɚ] *n* emulsionante *m*

E

emulsify [ɪˈmʌlˈsɪˈfaɪ] <-ie-> I. *vt* emulsionare II. *vi* emulsionarsi

emulsion [ɪˈmʌlˈʃən] *n* 1. *a.* PHOT emulsione *f* 2. (*paint*) pittura *f* a emulsione

enable [ɪˈneɪˈbl] *vt* 1. to ~ sb to do sth consentire a qn di fare qc 2. COMPUT predisporre

enact [ɪˈnækt] *vt* 1. (*carry out*) mettere in pratica 2. THEAT rappresentare 3. (*law*) promulgare; to ~ that ... decretare che ...

enactment *n* 1. (*carrying out*) messa *f* in atto; (*of legislation*) promulgazione *f* 2. THEAT rappresentazione *f*

enamel [ɪˈnæˈml] I. *n* smalto *m* II. <-ll-, -l-> *vt* smaltare

enamored [ɪˈnæˈməd] *adj* to be ~ of sb essere innamorato di qn; to be ~ with sth essere entusiasta di qc

enc. *s.* enc(l).

encamp [enˈkæmp] *vi* accamparsi

encampment *n* accampamento *m*

encapsulate [ɪnˈkæpsˈjəˈleɪt] *vt* incapsulare; *fig* sintetizzare

encase [enˈkeɪs] *vt* racchiudere

encephalitis [enˈseˈfəˈlaɪˈtɪs] *n* encefalite *f*

enchant [enˈtʃænt] *vt* 1. (*charm*) incantare 2. (*bewitch*) stregare

enchanted *adj* 1. (*charmed*) incantato, -a 2. (*bewitched*) stregato, -a

enchanter *n* (*sorcerer*) mago *m*

enchanting *adj* incantevole

enchantment *n* 1. (*charm*) incanto *m* 2. (*spell*) incantesimo *m*

enchantress *n* (*charming woman*) ammaliatrice *f*; (*witch*) maga *f*

enchilada [ˌenˈtʃɪˈlɑːˈdə] *n* tortilla messicana ripiena di carne o formaggio e ricoperta di salsa piccante; the whole ~ *fig* l'intera faccenda

encipher [enˈsaɪˈfə] *vt* cifrare

encircle [enˈsɜːrˈkl] *vt* circondare; to ~ the enemy accerchiare il nemico

encirclement *n* cerchio *m*; MIL accerchiamento *m*

enc(l). *abbr of* enclosure allegato *m*

enclave [ˈenˈkleɪv] *n* enclave *f* inv

enclose [enˈklouz] *vt* 1. (*surround*) circondare; to ~ sth in brackets mettere qc tra parentesi; (*field*) recintare 2. (*include*) allegare

enclosed [enˈklouzd] *adj* 1. (*confined*) chiuso, -a; (*garden*) recintato, -a 2. (*included*) allegato, -a

enclosure [enˈklouˈʒə] *n* 1. (*enclosed area*) area *f* delimitata; (*for animals*) recinto *m* 2. (*action*) recinzione *f* 3. (*letter*) allegato *m*

encode [enˈkoud] *vt a.* INFOR, LING codificare

encompass [enˈkʌmˈpəs] *vt* 1. (*surround*) racchiudere 2. (*include*) abbracciare

encore [ˈɑːnˈkɔːr] I. *n* bis *m inv;* as [*o* for] an ~ come bis II. *interj* bis

encore marriage *n* matrimonio *m* successivo

encore performance *n* rappresentazione *f* successiva

encounter [enˈkaʊnˈtə] I. *vt* incontrare; to ~

sb imbattersi in qn II. *n* incontro *m;* a close ~ un incontro ravvicinato

encourage [enˈkɜːˈrɪdʒ] *vt* 1. (*give confidence, hope*) incoraggiare; to ~ sb to do sth incoraggiare qn a fare qc 2. (*support*) favorire

encouragement [enˈkɜːˈrɪdʒˈmənt] *n* incoraggiamento *m;* to give ~ to sth favorire qc; to give ~ to sb incoraggiare qn

encouraging *adj* incoraggiante; an ~ prospect una prospettiva incoraggiante

encroach [enˈkroutʃ] *vi* to ~ on [*o* upon] sth (*intrude*) invadere qc; *fig* usurpare qc

encroachment *n* 1. (*intrusion*) invasione *f* 2. *fig* usurpazione *f*; an ~ on human rights una violazione dei diritti umani

encryption [ɪnˈkrɪpˈʃən] *n* COMPUT criptaggio *m*

encumber [enˈkʌmˈbə] *vt* to be ~ed with sth essere carico di qc; (*impede*) essere intralciato da qc

encyclopedia [enˌsaɪˈkləˈpiːˈdiə] *n* enciclopedia *f*

encyclopedic [enˌsaɪˈkləˈpiːˈdɪk] *adj* enciclopedico, -a

end [end] I. *n* 1. (*finish*) fine *f* 2. (*extremity*) estremità *f* 3. (*boundary*) limite *m* estremo 4. (*stop*) termine *m* 5. *pl* (*goal*) fine *m;* (*purpose*) scopo *m;* to achieve one's ~s raggiungere i propri scopi 6. (*phone line*) capo *m;* who is on the other ~? chi c'è all'altro capo? 7. (*death*) fine *f;* he is nearing his ~ si avvicina alla fine 8. (*piece remaining*) avanzo *m* 9. (*obligation*) parte *f;* to uphold one's ~ of the deal [*o* bargain] fare la propria parte (in un accordo) 10. SPORTS capo *m* 11. COMPUT tasto *m* di fine ▶ to reach the ~ of the line [*o* road] arrivare agli sgoccioli; the ~s justify the means *prov* il fine giustifica i mezzi *prov;* ~ of story punto e basta; you deserve to be punished, ~ of story meritavi di essere punito, punto e basta; to be at the ~ of one's rope non poterne più; it's not the ~ of the world non è la fine del mondo; to be the ~ *sl* essere il massimo; to go off the deep ~ *inf* dare in escandescenze; to make ~s meet far quadrare il bilancio; to meet one's ~ incontrare la morte; to play both ~s against the middle mettere l'uno contro l'altro a proprio vantaggio; to put an ~ to oneself [*o* it all] mettere fine alla propria vita; in the ~ alla fine; to this ~ a questo scopo II. *vt* 1. (*finish*) finire 2. (*bring to a stop: reign, war*) porre fine a III. *vi* finire; to ~ in sth finire in qc

♦**end up** *vi* finire; to ~ in love with sb finire coll'innamorarsi di qn; to ~ a rich man finire col diventare ricco; to ~ penniless finire col ritrovarsi senza un centesimo; to ~ in prison finire in prigione; to ~ doing sth finire col fare qc

endanger [enˈdeɪnˈdʒə] *vt* mettere a repentaglio; an ~ed species una specie a rischio d'estinzione

endear [en·'dɪr] *vt* **to ~ oneself to sb** farsi benvolere da qn

endearing *adj* accattivante; **an ~ smile** un sorriso accattivante

endearment *n* affettuosità *fpl;* **terms of ~** termini *mpl* affettuosi

endeavor [en·'de·və'] **I.** *vi* **to ~ to do sth** sforzarsi di fare qc **II.** *n* sforzo *m;* **to make every ~ to do sth** fare l'impossibile per fare qc

endemic [en·'de·mɪk] *adj* endemico, -a

ending ['en·dɪŋ] *n* finale *m;* LING desinenza *f*

endive ['en·daɪv] *n* indivia *f*

endless ['end·lɪs] *adj* infinito, -a, interminabile

endorse [en·'dɔːrs] *vt* **1.** (*declare approval for*) approvare; (*product*) promuovere; (*candidate*) appoggiare **2.** FIN girare

endorsee [ɪn·ˌdɔːr·'siː] *n* giratario, -a *m, f*

endorsement *n* **1.** (*support: of a plan*) approvazione *f;* (*of a candidate*) appoggio *m;* (*recommendation*) promozione *f* **2.** FIN girata *f*

endorser *n* girante *mf*

endow [en·'daʊ] *vt* sovvenzionare; **to be ~ed with sth** essere dotato di qc

endowment *n* **1.** FIN sovvenzione *f* **2.** (*talent*) dote *f* **3.** BIO **genetic ~** corredo *m* genetico

endpaper ['end·peɪ·pəʳ] *n* risguardo *m*

end product *n* prodotto *m* finale

end result *n* risultato *m* finale

end table *n* tavolino *m*

endurable [en·'dʊ·rə·rə·bl] *adj* sopportabile

endurance [en·'dʊ·rəns] *n* resistenza *f*

endurance athlete *n* atleta *mf* di discipline di resistenza

endurance sports *n* sport *mpl* di resistenza

endure [en·'dʊr] **I.** *vt* **1.** (*tolerate*) sopportare **2.** (*suffer*) resistere a **II.** *vi form* durare

enduring *adj* duraturo, -a

ENE *abbr of* **east-northeast** ENE

enema ['e·nə·mə] <-s *o* enemata> *n* clistere *m*

enemy ['e·nə·mi] **I.** *n* nemico, -a *m, f* **II.** *adj* nemico, -a

energetic [ˌe·nəʳ·'dʒe·t̬ɪk] *adj* energico, -a; (*active*) attivo, -a

energize ['e·nəʳ·dʒaɪz] *vt* **1.** ELEC alimentare **2.** *fig* dare vigore a

energy ['e·nəʳ·dʒi] <-ies> *n* energia *f;* **to be full of ~** essere pieno d'energia; **to have the ~ to do sth** avere l'energia per fare qc

energy crisis *n* crisi *f inv* energetica

energy resources *npl* risorse *fpl* energetiche

energy-saving *adj* a risparmio energetico

enervate ['e·nəʳ·veɪt] *vt liter* snervare

enervating *adj liter* snervante

enfeeble [en·'fiː·bl] *vt form* indebolire

enforce [en·'fɔːrs] *vt* imporre; (*law*) far osservare; (*law, regulation*) far rispettare

enforceable *adj* che si può imporre; (*law*) esecutivo

enforcement [en·'fɔːrs·mənt] *n* imposizione *f;* (*of a law, regulation*) applicazione *f*

enfranchise [en·'fræn·tʃaɪz] *vt form* concedere il diritto di voto a

engage [en·'geɪdʒ] **I.** *vt* **1.** *form* (*hold interest*) attirare; **to ~ sb's attention** catturare l'attenzione di qn **2.** (*put into use*) ingaggiare **3.** TECH (*cogs*) ingranare; **to ~ the clutch** innestare la frizione **4.** MIL (*enemy*) attaccare; **to ~ the enemy** ingaggiare il nemico **II.** *vi* **1.** MIL ingaggiare battaglia **2.** TECH ingranare

engaged *adj* **1.** (*to be married*) fidanzato, -a; **to get ~** (**to sb**) fidanzarsi (con qn) **2.** (*occupied*) occupato, -a **3.** (*in battle*) impegnato, -a in combattimento

engagement [en·'geɪdʒ·mənt] *n* **1.** (*appointment*) impegno *m* **2.** (*marriage*) fidanzamento *m* **3.** MIL combattimento *m*

engagement ring *n* anello *m* di fidanzamento

engaging *adj* affascinante

engender [en·'dʒen·dəʳ] *vt form* generare

engine ['en·dʒɪn] *n* **1.** (*motor*) motore *m;* **diesel/gasoline ~** motore diesel/a benzina; **jet ~** motore a reazione **2.** RAIL locomotiva *f*

engineer [ˌen·dʒɪ·'nɪr] **I.** *n* **1.** (*with a degree*) ingegnere *m;* **civil ~** ingegnere civile **2.** (*technician*) tecnico *m* **3.** RAIL macchinista *mf* **II.** *vt* costruire; *fig* macchinare

engineering [ˌen·dʒɪ·'nɪ·rɪŋ] *n* ingegneria *f*

England ['ɪŋ·glənd] *n* Inghilterra *f*

English ['ɪŋ·glɪʃ] **I.** *n inv* **1.** (*language*) inglese *m* **2.** *pl* (*people*) **the ~** gli inglesi **II.** *adj* inglese; **a movie in ~** un film in inglese; **an ~ class** una lezione di inglese

English breakfast *n* colazione *f* all'inglese

English Canada *n* Canada *m* inglese

English Canadian *n* inglese *mf* canadese

English Channel *n* canale *m* della Manica

Englishman <-men> *n* inglese *m*

English muffin *n* focaccina tonda e schiacciata, generalmente tostata, tagliata a metà orizzontalmente e mangiata calda con burro

English speaker *n* anglofono, -a *m, f*

English-speaking *adj* anglofono, -a

Englishwoman <-women> *n* inglese *f*

engrave [en·'greɪv] *vt* incidere; **to be ~d in the memory** essere scolpito nella memoria

engraver [en·'greɪ·vəʳ] *n* incisore *m*

engraving [en·'greɪ·vɪŋ] *n* incisione *f*

engross [en·'groʊs] *vt* assorbire; **to be ~ed in sth** essere assorto in qc

engulf [en·'gʌlf] *vt* inghiottire

enhance [ɪn·'hæns] *vt* migliorare; (*improve or intensify: chances*) aumentare; (*memory*) rafforzare; (*photo*) ritoccare

enigma [ɪ·'nɪg·mə] *n* enigma *m*

enigmatic(al) [ˌe·nɪg·'mæ·t̬ɪ·k(əl)] *adj* enigmatico, -a

enjoy [en·'dʒɔɪ] **I.** *vt* **1.** (*get pleasure from*) trovare piacevole; **to ~ doing sth** provare piacere a fare qc; **~ yourselves!** buon divertimento! **2.** (*have: health*) godere di; **to ~ sb's confidence** godere della fiducia di qn; **to ~ good health** godere di buona salute **II.** *vi* divertirsi

enjoyable [en·'dʒɔ·ɪə·bl] *adj* piacevole; (*film, book, play*) divertente

E

E

enjoyment [en-'dʒɔɪ-mənt] *n* piacere *m;* **to get real ~ out of doing sth** trarre un vero piacere dal fare qc

enlarge [en-'lɑːrdʒ] **I.** *vt* **1.** (*make bigger*) ingrandire; (*expand*) espandere; **to ~ one's vocabulary** ampliare il proprio lessico **2.** PHOT ingrandire **II.** *vi* ingrandire

enlargement *n* ampliamento *m;* (*expanding*) espansione *f;* PHOT ingrandimento *m*

enlighten [en-'laɪ-tn] *vt* **1.** REL illuminare **2.** (*explain*) chiarire; **to ~ the public about sth** informare il pubblico di qc

enlightened *adj* (*person*) progressista; REL illuminato, -a; (*age*) illuminato, -a

enlightenment [en-'laɪ-tn-mənt] *n* **1.** REL illuminazione *f* **2.** PHILOS **the (Age of) Enlightenment** l'Illuminismo **3.** (*explanation*) chiarimento *m;* **to give sb ~ about sth** dare chiarimenti a qn su qc

enlist [en-'lɪst] **I.** *vi* MIL arruolarsi **II.** *vt* **1.** MIL arruolare **2.** (*support*) ottenere; **to ~ sb's help** assicurarsi l'aiuto di qn

enliven [en-'laɪ-vn] *vt* ravvivare; (*person*) rianimare

en masse [ɑːnm-'mæs] *adv* in massa

enmesh [en-'meʃ] *vt* intrappolare (in una rete); **to be ~ed in sth** *a. fig* essere invischiato in qc; **to get ~ed in sth** *a. fig* rimanere invischiato in qc

enmity ['en-mə-ti] <-ies> *n* inimicizia *f*

ennoble [e-'noʊ-bl] *vt* nobilitare

enormity [ɪ-'nɔːr-mə-ti] <-ies> *n* (*of damage*) gravità *f;* (*of a task, mistake*) enormità *f;* (*of a crime*) atrocità *f*

enormous [ɪ-'nɔːr-məs] *adj* enorme; **~ difficulties** enormi difficoltà

enough [ɪ-'nʌf] **I.** *adj* (*sufficient*) sufficiente **II.** *adv* abbastanza; **to be experienced ~** (**to do sth**) avere abbastanza esperienza (per fare qc); **to have seen ~** aver visto abbastanza; **she was kind** [*o* **friendly**] **~ to help me** è stata così gentile da aiutarmi; **oddly** [*o* **strangely**] **~** per quanto possa sembrare strano **III.** *interj* basta **IV.** *pron* abbastanza; **to have ~ to eat and drink** avere da mangiare e bere a sufficienza; **I know ~ about it** ne so abbastanza; **that should be ~** questo dovrebbe bastare; **more than ~** più che a sufficienza; **it is ~ for me to know ...** mi basta sapere ...; **to have had ~** (**of sb/sth**) averne abbastanza (di qn/qc); **as if that weren't ~** come se non bastasse; **that's** (**quite**) **~!** adesso basta!; **~ is ~** adesso basta!

enquire [en-'kwa-ɪə] *vi, vt s.* **inquire**

enquiry [en-'kwaɪ-ri] <-ies> *n* **1.** (*question*) domanda *f;* **to make an ~ into sth** indagare su qc **2.** (*investigation*) inchiesta *f;* **an ~ into sth** un'inchiesta su qc; **to hold an ~** svolgere un'inchiesta

enrage [en-'reɪdʒ] *vt* far infuriare

enraged [en-'reɪdʒd] *adj* infuriato, -a

enrapture [en-'ræp-tʃə] *vt* rapire

enrich [en-'rɪtʃ] *vt* arricchire

enroll <-ll-> *vt,* **enrol** [en-'roʊl] **I.** *vi* iscriversi; **to ~ for/in a course** iscriversi a un corso **II.** *vt* iscrivere

enrollment *n,* **enrolment** [en-'roʊl-mənt] *n* iscrizione *f*

en route [ˌɑːn-'ruːt] *adv* in viaggio

ensemble [ɑːn-'sɑːm-bl] *n* **1.** MUS, THEAT gruppo *m* **2.** FASHION completo *m*

ensign ['en-sən] *n* MIL **1.** bandiera *f* **2.** (*standard-bearer*) portabandiera *m*

enslave [en-'sleɪv] *vt* rendere schiavo; **to be ~d by sb/sth** essere reso schiavo da qn/qc

ensnare [en-'sner] *vt liter* intrappolare; **to be ~d in sth** essere intrappolato in qc

ensue [en-'suː] *vi form* seguire; **to ~ from sth** derivare da qc

ensuing *adj* seguente

en suite bathroom [ˌɑːn-swiːt-'bæθ-ruːm] *n* bagno *m* annesso

ensure [en-'ʃʊr] *vt* assicurare; (*guarantee*) garantire

ENT *abbr of* **ear, nose and throat** ORL *m*

entail [en-'teɪl] *vt* **1.** (*involve*) comportare; **to ~ some risk** comportare dei rischi **2.** (*necessitate*) **to ~ doing sth** richiedere che si faccia qc

entangle [en-'tæŋ-gl] *vt* impigliare; **to ~ oneself** impigliarsi; **to get ~d in sth** rimanere impigliato in qc; *fig* rimanere coinvolto in qc; **to get ~d with sb** essere coinvolto sentimentalmente con qn

entanglement *n* groviglio *m;* (*situation*) complicazione *f;* **emotional ~s** legami *mpl* sentimentali

enter ['en-tə] **I.** *vt* **1.** (*go into*) entrare in; (*penetrate*) penetrare in **2.** (*insert*) inserire; (*into a register*) iscrivere; **to ~ data** COMPUT inserire dati **3.** (*compete in*) partecipare a; **to ~ a competition** partecipare a una gara **4.** (*begin*) entrare in; **to ~ politics** entrare in politica; **to ~ adulthood** diventare adulto **5.** (*make known*) rendere noto; (*claim, plea*) presentare **II.** *vi* THEAT entrare in scena

◆**enter into** *vi* (*form part of*) prendere parte a; **to ~ marriage** contrarre matrimonio; **to ~ conversation** intavolare una conversazione; **to ~ discussion** partecipare a una discussione; **to ~ negotiations** dare avvio ai negoziati

enter key *n* COMPUT tasto *m* di invio

enterprise ['en-tə-praɪz] *n* **1.** (*business firm*) impresa *f;* **to start an ~** avviare un'impresa **2.** (*initiative*) iniziativa *f*

enterprising *adj* intraprendente

entertain [ˌen-tə-'teɪn] **I.** *vt* **1.** (*amuse*) intrattenere **2.** (*guests*) ricevere **3.** (*consider*) prendere in considerazione; **to ~ doubts** nutrire dubbi; **to ~ an idea/a plan** valutare un'idea/un piano **II.** *vi* (*invite guests*) ricevere

entertainer [ˌen-tə-'teɪ-nə] *n* intrattenitore, -trice *m, f*

entertaining *adj* divertente

entertainment [ˌen-tə-'teɪn-mənt] *n* **1.** (*amusement*) intrattenimento *m;* **to pro-**

vide some ~ fornire intrattenimento
2. (*show*) spettacolo *m*

enthrall [en·ˈθrɔːl] *vt* incantare

enthrone [en·ˈθroʊn] *vt form* mettere sul
trono

enthuse [en·ˈθuːz] **I.** <-sing> *vi* to ~ about
sth entusiasmarsi per qc **II.** <-sing> *vt* to ~ sb
(with sth) entusiasmare qn (con qc)

enthusiasm [en·ˈθuː·zɪ·æ·zəm] *n* entusiasmo *m;* ~ for sth entusiasmo per qc

enthusiast [ɪn·ˈθjuː·zɪ·æst] *n* appassionato, -a
m, f

enthusiastic [en·ˌθuː·zɪ·ˈæs·tɪk] *adj* entusiasta; to be ~ about sth essere entusiasta per qc

entice [en·ˈtaɪs] *vt* attrarre; to ~ sb to do
sth indurre (con lusinghe) qn a fare qc; to ~
sb away from sth persuadere qn a lasciare qc

enticement *n* attrattiva *f*

enticing *adj* allettante; (*smile*) seducente

entire [en·ˈtaɪ·ər] *adj* **1.** (*whole: life*) tutto, -a;
the ~ day tutto il giorno; the ~ world il
mondo intero **2.** (*total: commitment, devotion*) totale **3.** (*complete*) intero, -a

entirely *adv* completamente; he's ~ to blame
è tutta colpa sua; to agree ~ essere totalmente
d'accordo; to disagree ~ non essere assolutamente d'accordo

entirety [en·ˈtaɪ·rə·ṭi] *n* in its ~ nella sua totalità

entitle [en·ˈtaɪ·t̬l] *vt* **1.** (*give right*) dare diritto
a; to ~ sb to act autorizzare qn ad agire; to ~
sb to a holiday dare diritto a qn a una vacanza
2. (*book*) intitolare

entitled *adj* **1.** (*person*) autorizzato, -a
2. (*book*) intitolato, -a

entitlement [en·ˈtaɪ·t̬l·mənt] *n* diritto *m*

entity [ˈen·t̬ə·ti] <-ies> *n form* entità *f;* legal ~
persona *f* giuridica; a single/separate ~ un
ente singolo/separato

entomology [ˌen·t̬ə·ˈmɑː·lə·dʒi] *n* entomologia *f*

entourage [ˌɑːn·tʊ·ˈrɑːʒ] *n* entourage *m inv*

entrails [ˈen·treɪlz] *npl* interiora *fpl*

entrance[1] [ˈen·trəns] *n* **1.** (*act of entering*)
entrata *f* **2.** (*way in*) entrata *f;* front ~
ingresso *m* principale; the ~ to sth l'accesso *m* a qc; to refuse sb ~ [*o* to refuse ~ to
sb] negare l'accesso a qn **3.** THEAT entrata *f* in
scena

entrance[2] [en·ˈtræns] *vt* (*cast spell*) incantare

entrance exam(ination) [ˈen·trəns ɪg·ˌzæ·
m(ɪ·ˈneɪ·ʃən)] *n* esame *m* d'ammissione

entrance fee *n* (biglietto *m* di) ingresso *m*

entrance hall *n* atrio *m*

entrance requirement *n* requisiti *mpl* di
ammissione

entrant [ˈen·trənt] *n* concorrente *mf*

entreat [en·ˈtriːt] *vt* to ~ sb to do sth supplicare qn di fare qc

entreaty [en·ˈtriː·ṭi] <-ies> *n* supplica *f*

entrée [ˈɑːn·treɪ] *n* piatto *m* principale

entrench [en·ˈtrentʃ] *vt passive* **1.** to become

~ed (*idea*) radicarsi **2.** to ~ oneself MIL trincerarsi

entrenched *adj* **1.** (*idea*) radicato, -a **2.** MIL
trincerato, -a

entrepreneur [ˌɑːn·trə·prə·ˈnɜːr] *n* imprenditore, -trice *m, f*

entrepreneurial spirit [ˌɑːn·trə·prə·ˈnɜː·ri·əl
ˈspɪ·rɪt] *n* spirito *m* imprenditoriale

entrust [en·ˈtrʌst] *vt* affidare; to ~ sth to sb
[*o* to ~ sb with sth] affidare qc a qn; to ~ sth
into sb's care affidare qc alle cure di qn

entry [ˈen·tri] <-ies> *n* **1.** (*act of entering*)
entrata *f;* (*joining an organization*) adesione *f*
2. (*right to enter*) ammissione; to refuse sb ~
negare a qn l'accesso **3.** (*entrance*) entrata *f*
4. (*in dictionary*) voce *f*

entry fee *n* quota *f* di ammissione

entry-level job *n* lavoro di primo livello

entwine [en·ˈtwaɪn] *vt* (*weave*) intrecciare;
(*twist*) attorcigliare; to be ~d (together) *fig*
essere unito inestricabilmente

enumerate [ɪ·ˈnuː·mə·reɪt] *vt* enumerare

enumeration [ɪ·ˌnuː·mə·ˈreɪ·ʃən] *n* enumerazione *f*

enunciate [ɪ·ˈnʌn·si·eɪt] *vt* **1.** (*sound*) articolare **2.** (*theory*) enunciare

envelop [en·ˈve·ləp] *vt* avviluppare

envelope [ˈen·və·loʊp] *n* busta *f*

enviable [ˈen·vi·ə·bl] *adj* invidiabile

envious [ˈen·vi·əs] *adj* invidioso, -a; to be ~ of
sb/sth essere invidioso di qn/qc

environment [en·ˈvaɪ·ə·rən·mənt] *n*
ambiente *m;* the ~ ECOL l'ambiente; home/
professional ~ ambiente familiare/profes-
sionale; working ~ ambiente di lavoro

environmental [en·ˌvaɪ·rən·ˈmen·t̬l] *adj*
ambientale; ~ damage danni *mpl* ambientali;
~ impact impatto *m* sull'ambiente; ~ pollution inquinamento *m* ambientale; ~ stress
stress *m* ambientale

environmentalist [en·ˌvaɪ·rən·ˈmen·t̬ə·lɪst] *n*
ambientalista *mf*

environmentally-friendly [en·ˌvaɪ·rən·ˈmen·
tə·li·ˈfrend·li] *adj* ecologico, -a

environs [en·ˈvaɪ·ə·rənz] *npl form* dintorni
mpl

envisage [en·ˈvɪ·zɪdʒ] *vt,* **envision** [en·ˈvɪ·
ʒən] *vt* **1.** (*expect*) prevedere **2.** (*imagine*)
immaginare; to ~ that ... prevedere che ...

envoy [ˈɑːn·vɔɪ] *n* inviato, -a *m, f*

envy [ˈen·vi] **I.** *n* invidia *f;* this car is the ~ of
my brother quest'auto è l'invidia di mio fra-
tello; she feels ~ towards her sister è invi-
diosa della sorella ▶ to be green with ~ essere
verde d'invidia **II.** <-ie-> *vt* invidiare

enzyme [ˈen·zaɪm] *n* enzima *m*

EOF *n* COMPUT *abbr of* end of file fine *f* del file

eon [ˈiː·ɑːn] *n* **1.** (*period of time*) eone *m* **2.** *fig*
eternità *f*

EP [ˌiː·ˈpiː] **1.** *abbr of* extended play extended
play *m inv* **2.** *abbr of* European plan tariffa
alberghiera che include solo il prezzo della
camera senza pasti

E

EPA [ˌiː·piː·ˈeɪ] *abbr of* **Environmental Protection Agency** Agenzia *f* di Protezione dell'Ambiente
ephemeral [ɪ·ˈfe·mə·əl] *adj a.* BIO effimero, -a
epic [ˈe·pɪk] **I.** *n* epopea *f* **II.** *adj* epico, -a; ~ **poetry** poesia epica; **an ~ journey** un viaggio epico
epicenter [ˈe·pɪ·sen·t̬ɚ] *n* epicentro *m*
epicycle [ˈe·pə·saɪ·kl] *n* MATH, ASTR epiciclo *m*
epidemic [ˌe·pə·ˈde·mɪk] **I.** *n* epidemia *f* **II.** *adj* epidemico, -a; ~ **proportions** proporzioni gigantesche
epidermis [ˌe·pə·ˈdɜːr·mɪs] <-mes> *n* epidermide *f*
epidural *n* MED epidurale *f*
epigram [ˈe·pə·græm] *n* epigramma *m*
epilepsy [ˈe·pɪ·lep·si] *n* epilessia *f*
epileptic [ˌe·pɪ·ˈlep·tɪk] **I.** *n* epilettico, -a *m, f* **II.** *adj* epilettico, -a; ~ **seizure** attacco *m* epilettico
epilog [ˈe·pə·lɑːg] *n* epilogo *m*
Epiphany [ɪ·ˈpɪ·fə·ni] <-ies> *n* Epifania *f*
episcopacy [ɪ·ˈpɪs·kə·pə·si] <-ies> *n* episcopato *m*
episcopal [ɪ·ˈpɪs·kə·pl] *adj* episcopale
Episcopalian [ɪ·ˌpɪs·kə·ˈpeɪ·li·ən] **I.** *adj* episcopaliano, -a **II.** *n* episcopaliano, -a *m, f*
episiotomy *n* MED episiotomia *f*
episode [ˈe·pə·soʊd] *n* episodio *m*
episodic [ˌe·pə·ˈsɑː·dɪk] *adj* **1.** (*occasional*) episodico, -a **2.** LIT (*consisting of episodes*) a episodi
epistle [ɪ·ˈpɪ·sl] *n* epistola *f*
epistolary [ɪ·ˈpɪs·tə·le·ri] *adj* epistolare
epitaph [ˈe·pə·tæf] *n* epitaffio *m*
epithet [ˈe·pɪ·θet] *n* LING epiteto *m*
epitome [ɪ·ˈpɪ·t̬ə·mi] *n* **1.** (*embodiment*) personificazione *f* **2.** (*example*) classico esempio *m;* **the ~ of poor taste** il massimo del cattivo gusto
epitomize [ɪ·ˈpɪ·t̬ə·maɪz] *vt* incarnare
epoch [ˈe·pək] *n form* epoca *f;* **historical ~** epoca storica
epoch-making [ˈe·pək·ˌmeɪ·kɪŋ] *adj* ~ **discovery** una scoperta che fa epoca
eponymous [ɪ·ˈpɑː·nə·məs] *adj* eponimo, -a
epoxy *n* resina *f* epossidica
equable [ˈek·wə·bl] *adj* (*temperament*) equilibrato, -a; (*climate*) mite; **to have an ~ disposition** avere un carattere tranquillo
equal [ˈiː·kwəl] **I.** *adj* **1.** (*the same*) uguale; (*treatment*) equo, -a; **to have ~ reason to do sth** avere le stesse ragioni per fare qc; **of ~ size** della stessa misura; **on ~ terms** alla pari **2.** (*able to do*) **to be ~ to a task** essere all'altezza di un compito **II.** *n* pari *mf inv;* **it has no ~** non ha pari **III.** *vt* **1.** *pl* MATH essere uguale a **2.** (*match*) uguagliare
equality [ɪ·ˈkwɑː·lə·ti] *n* parità *f;* **racial ~** uguaglianza *f* razziale; **the E~ Act** EU normativa *f* antidiscriminazione
equalization [ˌiː·kwə·lɪ·ˈzeɪ·ʃən] *n* livellamento *m*
equalize [ˈiː·kwə·laɪz] *vt* livellare
equalizer [ˈiː·kwə·laɪ·zɚ] *n* **1.** MUS equalizzatore *m* **2.** SPORTS punto *m* del pareggio
equally [ˈiː·kwə·li] *adv* ugualmente; **to contribute ~ to sth** contribuire in parti uguali a qc; **to divide sth ~** dividere qc equamente
equal opportunity *n* pari opportunità *fpl*
equal(s) sign *n* MATH segno *m* d'uguaglianza
equanimity [ˌe·kwə·ˈnɪ·mə·ti] *n* equanimità *f;* **to receive sth with ~** ricevere qc con serenità
equate [ɪ·ˈkweɪt] **I.** *vt* equiparare **II.** *vi* **to ~ to sth** equivalere a qc
equation [ɪ·ˈkweɪ·ʒən] *n* equazione *f*
equator [ɪ·ˈkweɪ·t̬ɚ] *n* equatore *m*
equatorial [ˌe·kwə·ˈtɔː·ri·əl] *adj* equatoriale
Equatorial Guinea *n* Guinea *f* equatoriale
equestrian [ɪ·ˈkwes·tri·ən] **I.** *adj* equestre; ~ **events** gare *fpl* d'equitazione; ~ **statue** statua *f* equestre **II.** *n* (*man*) cavaliere *m;* (*woman*) amazzone *f*
equidistant [ˌiː·kwɪ·ˈdɪs·tənt] *adj* equidistante
equilateral [ˌiː·kwɪ·ˈlæ·t̬ə·rəl] *adj* MATH equilatero, -a
equilibrium [ˌiː·kwɪ·ˈlɪ·bri·əm] *n* equilibrio *m*
equinoctial [ˌiː·kwɪ·ˈnɑːk·ʃl] *adj* equinoziale
equinox [ˈiː·kwɪ·nɑːks] <-es> *n* equinozio *m;* **fall ~** equinozio d'autunno; **spring ~** equinozio di primavera
equip [ɪ·ˈkwɪp] <-pp-> *vt* **1.** (*fit out*) equipaggiare; **to ~ sb with sth** equipaggiare qn di qc; **to ~ sth with sth** attrezzare qc con qc **2.** (*prepare*) preparare
equipment [ɪ·ˈkwɪp·mənt] *n* equipaggiamento *m;* **camping ~** attrezzatura *f* da campeggio; **office ~** arredo *m* per l'ufficio
equitable [ˈe·kwɪ·tə·bl] *adj* equo, -a
equity [ˈe·kwə·ti] <-ies> *n* **1.** (*fairness*) equità *f* **2.** *pl* FIN azioni *fpl* ordinarie
eq(uiv). *abbr of* **equivalent** equivalente
equivalence [ɪ·ˈkwɪ·və·ləns] *n* equivalenza *f*
equivalent [ɪ·ˈkwɪ·və·lənt] **I.** *adj* equivalente; **to be ~ to sth** essere equivalente a qc **II.** *n* equivalente *m*
equivocal [ɪ·ˈkwɪ·və·kl] *adj* equivoco, -a
equivocate [ɪ·ˈkwɪ·və·keɪt] *vi form* esprimersi in modo equivoco
equivocation [ɪ·ˌkwɪ·və·ˈkeɪ·ʃən] *n* ambiguità *f*
ER *n abbr of* **emergency room** DEA *m inv*
era [ˈɪ·rə] *n* era *f;* **communist ~** era comunista; **postwar ~** il periodo del dopoguerra; **to usher in a new ~** inaugurare una nuova era
eradicate [ɪ·ˈræ·dɪ·keɪt] *vt* debellare
erase [ɪ·ˈreɪs] *vt a.* COMPUT cancellare; **to ~ a deficit** eliminare un deficit
eraser [ɪ·ˈreɪ·sɚ] *n* gomma *f*
erasure [ɪ·ˈreɪ·ʃɚ] *n* cancellazione *f*
ere [eər] **I.** *prep liter* prima di; ~ **long** in breve tempo **II.** *conj liter* prima che
erect [ɪ·ˈrekt] **I.** *adj a.* ANAT eretto, -a **II.** *vt* erigere; (*construct*) costruire; (*put up*) montare
erectile [ɪ·ˈrek·təl] *adj* ANAT erettile
erectile dysfunction *n* disfunzione *f* erettile

erection [ɪ·'rek·ʃən] *n* **1.** ANAT erezione *f* **2.** ARCHIT costruzione *f*

erg [ɜːrg] *n* PHYS erg *m*

ergo ['er·goʊ] *adv* dunque

ergonomic [ˌɜːr·gə·'nɑː·mɪk] *adj* ergonomico, -a

ergonomics *n* ergonomia *f*

ermine ['ɜːr·mɪn] *n* ermellino *m*

erode [ɪ·'roʊd] I. *vt* erodere II. *vi* corrodersi

erogenous [ɪ·'rɑː·dʒɪ·nəs] *adj* erogeno, -a

erogenous zone *n* zona *f* erogena

erosion [ɪ·'roʊ·ʒən] *n* erosione *f*

erotic [ɪ·'rɑː·tɪk] *adj* erotico, -a

eroticism [ɪ·'rɑː·tə·sɪ·zəm] *n* erotismo *m*

err [ɜːr] *vi* errare; **to ~ on the side of sth** peccare per eccesso di qc; **to ~ on the side of caution** peccare per eccesso di cautela ▶ **to ~ is human** *prov* errare è umano *prov*

errand ['e·rənd] *n* commissione *f;* **to run an ~** andare a fare una commissione; **an ~ of mercy** *form* una missione di soccorso

errand boy *n* fattorino *m*

errant ['e·rənt] *adj* **1.** (*off course*) vagante **2.** (*deviant: youngster*) dal comportamento deviante

erratic [ɪ·'ræ·tɪk] *adj* **1.** (*inconsistent: heartbeat*) irregolare; (*behavior*) imprevedibile **2.** (*off-line: course*) discontinuo, -a **3.** GEO erratico, -a

erratum [e·'rɑː·təm] <-ta> *n form* errore *m* di stampa

erroneous [ə·'roʊ·ni·əs] *adj* erroneo, -a; **~ assumption** supposizione errata

error ['e·rə] *n* errore *m;* **to do sth in ~** far qc per errore; **human ~** errore umano ▶ **to see the ~ of one's ways** riconoscere i propri errori; **to show sb the ~ of his/her ways** mostrare a qn dove sbaglia

error message *n* COMPUT messaggio *m* di errore

error-prone *adj* soggetto, -a a errori

ersatz ['er·zɑːts] *adj* **~ coffee** surrogato *m* di caffè

erudite ['er·jə·daɪt] *adj* erudito, -a

erudition [ˌer·ju·'dɪ·ʃən] *n* erudizione *f*

erupt [ɪ·'rʌpt] *vi* **1.** (*explode: volcano*) essere in eruzione; *fig* scoppiare **2.** MED spuntare

eruption [ɪ·'rʌp·ʃən] *n* eruzione *f; fig* scoppio *m*

escalate ['es·kə·leɪt] I. *vi* (*increase*) aumentare; (*incidents*) intensificarsi; **to ~ into sth** trasformarsi in qc (*di più grave*) II. *vt* intensificare

escalation [ˌes·kə·'leɪ·ʃən] *n* escalation *f inv;* **~ of tension** escalation della tensione

escalator ['es·kə·leɪ·tə] *n* scala *f* mobile

escalope [ˌes·kə·'loʊp] *n* scaloppina *f*

escapade [ˌes·kə·'peɪd] *n* avventura *f;* (*mischievous*) bravata *f*

escape [ɪ·'skeɪp] I. *vi* scappare; (*person*) fuggire; **to ~ from** scappare da; **to ~ from a program** COMPUT uscire da un programma II. *vt* sfuggire a; (*avoid*) evitare; **to ~ sb('s atten-**

tion) sfuggire all'attenzione di qn; **nothing ~s his attention** non gli sfugge nulla; **the word ~s me** mi sfugge il nome; **a cry ~d him** gli sfuggì un grido III. *n* **1.** (*act*) fuga *f;* **to make a narrow ~** salvarsi per un pelo **2.** (*outflow*) fuga *f* **3.** LAW **~ clause** clausola *f* di recesso da un contratto

escapee [ɪˌskeɪ·'piː] *n* fuggiasco, -a *m, f*

escapism [ɪ·'skeɪ·pɪ·zəm] *n* evasione *f* dalla realtà

escapist I. *n persona che tende a evadere dalla realtà* II. *adj* d'evasione; **~ literature** letteratura *f* d'evasione

escarole *n* scarola *f*

escarpment [e·'skɑːrp·mənt] *n* scarpata *f*

eschew [es·'stʃuː] *vt form* evitare

escort ['es·kɔːrt] I. *vt* accompagnare; (*politician*) scortare II. *n* **1.** (*companion, paid companion*) accompagnatore, -trice *m, f* **2.** (*guard*) scorta *f*

ESE *n abbr of* **east-southeast** ESE *m*

Eskimo ['es·kə·moʊ] <Eskimo *o* -s> *n* **1.** (*person*) eschimese *mf* **2.** LING eschimese *m*

Eskimo pie® *n* pinguino *m* (*gelato alla vaniglia ricoperto di cioccolato*)

ESL [ˌiː·es·'el] *n abbr of* **English as a second language** inglese *m* come seconda lingua

ESOL ['iː·sɑːl] *n abbr of* **English for speakers of other languages** inglese per non madrelingua (*corsi di inglese come lingua straniera*)

esophagus [ɪ·'sɑː·fə·gəs] *n* esofago *m*

esoteric [ˌe·sə·'te·rɪk] *adj* esoterico, -a

ESP [ˌiː·es·'piː] *n abbr of* **extrasensory perception** percezione *f* extrasensoriale

esp. *abbr of* **especially** spec.

espadrille ['es·pə·drɪl] *n* espadrille *f inv*

especial [ɪ·'spe·ʃl] *adj* speciale

especially [ɪ·'spe·ʃə·li] *adv* **1.** (*particularly*) specialmente; **I bought this ~ for you** l'ho comprato espressamente per te **2.** (*in particular*) particolarmente

espionage ['es·piə·nɑːʒ] *n* spionaggio *m;* **industrial ~** spionaggio industriale

esplanade ['es·plə·nɑːd] *n* lungomare *m*

espousal [ɪ·'spaʊ·zl] *n form* adesione *f*

espouse [ɪ·'spaʊz] *vt* sposare

espresso [es·'pre·soʊ] <-s> *n* (caffè *m*) espresso *m*

Esq. *abbr of* **Esquire** Sig.

essay¹ ['e·seɪ] *n* **1.** LIT saggio *m* **2.** SCHOOL tema *m;* **an ~ about sth** un tema su qc

essay² [e·'seɪ] *vt* **1.** (*try*) tentare **2.** (*test*) provare

essayist *n* saggista *mf*

essence ['e·sns] *n* **1.** essenza *f;* **in ~** in sostanza; **time is of the ~** è essenziale fare presto **2.** (*in food*) essenza *f*

essential [ɪ·'sen·ʃl] I. *adj* essenziale; (*difference*) fondamentale; **to be ~ to sb/sth** essere essenziale per qn/qc II. *n pl* **the ~s** gli elementi essenziali; **the bare ~s** lo stretto necessario

essentially [ɪ·'sen·ʃə·li] *adv* essenzialmente

E

essential oil *n* olio *m* essenziale
est. 1. *abbr of* **estimated** stimato **2.** *abbr of* **established** fondato
establish [ɪ·'stæb·lɪʃ] **I.** *vt* **1.** (*found*) fondare; (*commission, hospital*) creare; (*dictatorship*) instaurare **2.** (*begin: relationship*) instaurare **3.** (*set: precedent*) creare; (*priorities, norm*) stabilire **4.** (*secure*) affermare; (*order*) imporre; **he ~ed his authority over the workers** affermò la sua autorità sugli operai; **to ~ a reputation as a pianist** farsi un nome come pianista **5.** (*demonstrate*) **to ~ sb as sth** imporre qn come qc **6.** (*determine*) stabilire; (*facts*) accertare; (*truth*) provare; **to ~ whether/where ...** determinare se/dove ...; **to ~ that ...** dimostrare che ... **7.** ADMIN **to ~ residence** fissare la residenza **II.** *vi* stabilirsi
established [ɪ·'stæb·lɪʃt] *adj* **1.** (*founded*) fondato, -a **2.** (*fact*) provato, -a; (*procedures*) consolidato, -a
establishment [ɪ·'stæb·lɪʃ·mənt] *n* **1.** (*business*) impresa *f;* **family ~** impresa familiare *f* **2.** (*organization*) istituto *m;* **educational ~** istituto *m* d'istruzione; **financial ~** istituto *m* finanziario; **the Establishment** POL l'establishment *m inv*
estate [ɪ·'steɪt] *n* **1.** (*piece of land*) tenuta *f;* **country ~** tenuta di campagna *f* **2.** LAW (*possessions after death*) patrimonio *m;* **industrial ~** zona *f* industriale
estate tax *n* imposta *f* di successione
esteem [ɪ·'stiːm] **I.** *n* stima *f;* **to fall/rise in sb's ~** perdere/guadagnare la stima di qn; **to hold sb in high/low ~** stimare molto/poco qn **II.** *vt* **1.** (*respect*) stimare **2.** (*consider*) ritenere; **to ~ it an honor to do sth** considerare un onore fare qc
esteemed *adj* stimato, -a; **highly ~** stimatissimo
esthetic [es·'θe·t̬ɪk] *adj* estetico, -a
esthetics *n* estetica *f*
estimable [es·tɪ·mə·bl] *adj form* stimabile
estimate[1] ['es·tɪ·meɪt] *vt* stimare; **to ~ that ...** calcolare che ...
estimate[2] ['es·tɪ·mɪt] *n* stima *f;* **a rough ~** *inf* un calcolo approssimativo
estimated ['es·tɪ·meɪ·t̬ɪd] *adj* stimato, -a
estimation [ˌes·tɪ·'meɪ·ʃən] *n* opinione *f;* **in my ~** a mio avviso
Estonia [es·'toʊ·ni·ə] *n* Estonia *f*
Estonian [es·'toʊ·ni·ən] **I.** *adj* estone **II.** *n* **1.** (*person*) estone *mf* **2.** LING estone *m*
estrange [ɪ·'streɪndʒ] *vt* **to ~ sb from sb/sth** estraniare qn da qn/qc
estranged *adj* (*distance*) estraniato, -a; (*state*) separato, -a
estrangement [ɪ·'streɪndʒ·mənt] *n* estraniazione *f*
estrogen ['es·trə·dʒən] *n s.* **oestrogen**
estuary ['es·tʃu·e·ri] <-ies> *n* estuario *m*
ETA [ˌiː·tiː·'eɪ] *abbr of* **estimated time of arrival** ora *f* di arrivo prevista
et al. [et·'æl] *abbr of* **et alii** et al.

etc. *abbr of* **et cetera** ecc.
et cetera [ɪt·'se·t̬ə·ə] *adv* eccetera
etch [etʃ] *vt* **1.** incidere (all'acquaforte) **2.** *fig* **to be ~ed in sb's memory** essere impresso nella memoria di qn
etcher *n* acquafortista *mf*
etching *n* acquaforte *f*
ETD *abbr of* **estimated time of departure** ora *f* prevista di partenza
eternal [ɪ·'tɜːr·nl] *adj* **1.** (*lasting forever: life*) eterno, -a **2.** (*constant: complaints*) continuo, -a
eternally [ɪ·'tɜːr·nə·li] *adv* **1.** (*forever*) eternamente **2.** (*constantly*) continuamente
eternity [ɪ·'tɜːr·nə·t̬i] *n* eternità *f;* **to seem like an ~** sembrare un'eternità; **to wait an ~ for sb** aspettare qn una vita
ether ['iː·θə-] *n* etere *m*
ethereal [ɪ·'θɪr·i·əl] *adj* etereo, -a
ethic ['e·θɪk] *n* **work ~** etica *f* del lavoro
ethical *adj* etico, -a
ethics *n + sing vb* etica *f*
Ethiopia [ˌiː·θɪ·'oʊ·pi·ə] *n* Etiopia *f*
Ethiopian [ˌiː·θɪ·'oʊ·pi·ən] **I.** *n* etiope *mf* **II.** *adj* etiope
ethnic ['eθ·nɪk] *adj* etnico, -a; **~ cleansing** pulizia etnica; **~ costumes** costumi etnici
ethnology [eθ·'nɑː·lə·dʒi] *n* etnologia *f*
ethos ['iː·θɑːs] *n* ethos *m;* **the working-class ~** i valori della classe operaia
ethyl alcohol ['e·θəl 'æl·kə·hɑːl] *n* alcol *m* etilico; *inv*
etiquette ['e·t̬ɪ·kɪt] *n* etichetta *f;* **court ~** etichetta di corte
etymological [ˌe·t̬ɪ·mə·'lɑː·dʒɪ·kl] *adj* etimologico, -a
etymology [ˌe·t̬ɪ·'mɑː·lə·dʒi] *n* etimologia *f*
EU [ˌiː·'juː] *n abbr of* **European Union** UE *f*
eucalyptus [ˌju·kə·'lɪp·təs] <-es *o* -ti> *n* eucalipto *m*
eucalyptus oil *n* olio *m* essenziale di eucalipto
Eucharist ['ju·kə·rɪst] *n* REL **the ~** l'Eucaristia *f*
euchre ['ju·kə-] *n* gioco di carte, che si basa sulle 32 carte più alte.
eulogize ['ju·lə·dʒaɪz] **I.** *vt form* elogiare **II.** *vi form* **to ~ over sth/sb** fare l'elogio di qc/qn
eulogy ['ju·lə·dʒi] <-ies> *n form* **1.** (*high praise*) elogio *m* **2.** LIT panegirico *m;* **to deliver a ~** fare un panegirico
eunuch ['ju·nək] *n* eunuco *m*
euphemism ['ju·fə·mɪ·zəm] *n* eufemismo *m*
euphemistic [ˌju·fə·'mɪs·tɪk] *adj* eufemistico, -a
euphony ['ju·fə·ni] *n form* eufonia *f*
euphoria [ju·'fɔː·ri·ə] *n* euforia *f*
euphoric [ju·'fɔː·rɪk] *adj* euforico, -a
EUR *n abbr of* **Euro** EUR *m*
Eurasia [jʊ·'reɪ·ʒə] *n* Eurasia *f*
Eurasian [jʊ·'reɪ·ʒən] **I.** *adj* euroasiatico, -a **II.** *n* euroasiatico, -a *m, f*
eurhythmics [jʊ·'rɪð·mɪks] *n*, **eurythmics** *+ sing vb* euritmia *f*
euro ['jʊ·roʊ] *n* euro *m;* inv

euro bailout fund, eurozone bailout fund *n* FIN Fondo *'m* salva-Stati
Eurocrat ['jʊ·rəʊ·kræt] *n* eurocrate *mf*
Europe ['jʊ·rəp] *n* Europa *f*
European [ˌjʊ·rə·'pi·ən] I. *adj* europeo, -a II. *n* europeo, -a *m, f*
European Community *n* Comunità *f* Europea
European Union *n* Unione *f* Europea
euthanasia [ˌjuː·θə·'neɪ·ʒə] *n* eutanasia *f*
evacuate [ɪ·'væk·jʊ·eɪt] *vt* (*people*) evacuare; (*building*) sgombrare
evacuation [ɪˌvæk·jʊ·'eɪ·ʃən] *n* evacuazione *f*; ~ **of the bowels** MED evacuazione *f* dell'intestino
evacuee [ɪˌvæk·jʊ·'liː] *n* sfollato, -a *m, f*
evade [ɪ·'veɪd] *vt* (*responsibility, person*) eludere; (*police*) sfuggire a; (*taxes*) evadere; **to ~ doing sth** evitare di fare qc
evaluate [ɪ·'væl·jʊ·eɪt] *vt* (*value*) valutare
evaluation [ɪˌvæl·jʊ·'eɪ·ʃən] *n* valutazione *f*; (*of a book*) critica *f*
evangelical [ˌiː·væn·'dʒe·lɪ·kl] I. *n* evangelico, -a *m, f* II. *adj* evangelico, -a
evangelist [ɪ·'væn·dʒə·lɪst] *n* evangelista *mf*
evangelize [ɪ·'væn·dʒə·laɪz] I. *vt* evangelizzare II. *vi* predicare il vangelo
evaporate [ɪ·'væ·pə·reɪt] I. *vt* far evaporare II. *vi* evaporare; *fig* svanire
evaporated milk *n* latte *m* condensato
evaporation [ɪˌvæ·pə·'reɪ·ʃən] *n* evaporazione *f*
evasion [ɪ·'veɪ·ʒən] *n* 1. (*of tax, responsibility*) evasione *f* 2. (*avoidance*) risposta *f* evasiva
evasive [ɪ·'veɪ·sɪv] *adj* evasivo, -a
eve [iːv] *n* vigilia *f*; **on the ~ of** alla vigilia di; **Christmas Eve** la vigilia di Natale; **New Year's Eve** la notte di Capodanno
Eve [iːv] *n* Eva *f*
even ['iː·vn] I. *adj* 1. (*level*) piano, -a; (*surface*) liscio, -a 2. (*equalized*) alla pari; **the chances are about ~** le possibilità sono più o meno le stesse; **to be on ~ terms** essere nelle stesse condizioni; **to get ~ with sb** pareggiare i conti con qn 3. (*of same size, amount*) uguale 4. (*constant, regular*) regolare; (*rate*) costante 5. (*fair*) equo, -a 6. MATH pari II. *vt* 1. (*make level*) livellare; (*surface*) appianare 2. (*equalize*) pareggiare III. *adv* 1. (*indicates the unexpected*) perfino; **not ~** neppure 2. (*despite*) ~ **if** ... anche se ...; ~ **so** ... nonostante ciò ...; ~ **though** ... nonostante ... 3. (*used to intensify*) addirittura 4. + *comp* (*all the more*) ancora; **it will be ~ colder** farà ancora più freddo
◆**even out** I. *vi* (*prices*) livellarsi II. *vt* pareggiare
◆**even up** *vt* pareggiare
evening ['iː·nɪŋ] *n* sera *f*; **good ~!** buonasera!; **in the ~** di sera; **that ~** quella sera; **the previous ~** la sera prima; **every Monday ~** tutti i lunedì sera; **on Monday ~** lunedì sera; **during the ~** di sera; **one July ~** una sera di luglio; **8 o'clock in the ~** le 8 di sera; **at the**

end of the ~ alla fine della serata; **all ~ (long)** tutta la sera
evening class *n* corso *m* serale
evening dress *n* abito *m* da sera; **to wear ~** vestirsi in abito da sera
evening edition *n* edizione *f* della sera
evening gown *n* vestito *m* da sera
evening (news)paper *n* giornale *m* della sera
evening prayer *n* preghiera *f* della sera
evening star *n* stella *f* vespertina
evenly ['iː·vən·li] *adv* 1. (*calmly*) pacatamente; **to state sth ~** dire qc in modo pacato 2. (*equally*) equamente; **to divide sth ~** dividere qc in parti uguali
evenness ['iː·vn·nɪs] *n* 1. uniformità *f* 2. (*calmness*) serenità *f*
even-steven *adj*, **even-Steven** *adj inf* 1. (*settled up: transaction*) ben equilibrato, -a; **to be ~** essere pari 2. SPORTS perfettamente pari
event [ɪ·'vent] *n* 1. (*happening*) evento *m*; **sports ~** avvenimento *m* sportivo; **to be swept along by the tide of ~s** essere travolto dagli eventi 2. (*case*) caso *m*; **in any** [*o* **either**] ~ in qualsiasi caso [*o* nell'uno o nell'altro caso]; **in the ~ (that) it rains** nel caso piovesse
even-tempered ['iː·vən·'tem·pəd] *adj* placido, -a
eventful [ɪ·'vent·fəl] *adj* movimentato, -a
eventual [ɪ·'ven·tʃʊ·əl] *adj* finale
eventuality [ɪˌven·tʃʊ·'æ·lə·ti] <-ies> *n inv* eventualità *f*
eventually [ɪ·'ven·tʃʊ·ə·li] *adv* 1. (*finally*) alla fine 2. (*some day*) col tempo
ever ['e·və] *adv* 1. (*on any occasion*) mai; **have you ~ been to Hawaii?** sei mai stato alle Hawaii?; **for the first time ~** per la prima volta in assoluto; **the hottest day ~** il giorno più caldo; **better than ~** meglio che mai; **have you ~ seen such a thing!** s'è mai vista una cosa simile?; **would you ~ dye your hair?** ti tingeresti mai i capelli? 2. (*in negative statements*) mai; **nobody has ~ heard of him** nessuno ha mai sentito parlare di lui; **never ~** mai; **hardly ~** quasi mai; **nothing ~ happens** non succede mai niente; **don't you ~ do that again!** non farlo mai più! 3. (*always*) ~ **after** per sempre; **as ~** come sempre; ~ **since** ... da quando ...; ~ **since** (*since then*) da allora 4. (*used to intensify*) **who ~ was that woman?** chi mai era quella donna?; **all he ~ does is** +*infin* tutto quello che sa fare è +*infin*; **don't you ~ come here again!** non venire mai più qui!
everglade ['e·və·gleɪd] *n* terreno basso paludoso coperto di erba alta
evergreen ['e·və·griːn] I. *n* sempreverde *mf* II. *adj* sempreverde; *fig* evergreen
everlasting [ˌe·və·'læs·tɪŋ] *adj* 1. (*undying*) imperituro, -a; (*gratitude, love*) eterno, -a *f* 2. (*incessant*) interminabile
evermore [ˌe·və·'mɔːr] *adv liter* eternamente; **for ~** per sempre
every ['ev·ri] *adj* 1. (*each*) ogni; ~ **time** ogni

E

E

volta; **her ~ wish** ogni suo minimo desiderio; **not ~ book can be borrowed** non tutti i libri possono essere presi in prestito **2.** (*all*) tutto, -a; **~ one of them** tutti loro senza eccezione; **in ~ way** in tutti i sensi **3.** (*repeated*) **~ other week** ogni due settimane; **~ now and then** [*o* again] di tanto in tanto ▶ **~ little bit helps** *prov* tutto fa brodo *prov*

everybody ['ev·ri·ˌbɑː·di] *pron indef, sing* tutti, -e *pl;* **~ but Paul** tutti meno Paul; **~ who agrees** tutti quelli che sono d'accordo

everybody else *pron* tutti gli altri

everyday ['ev·rɪ·deɪ] *adj* di tutti i giorni; (*event*) ordinario, -a; (*language*) comune; (*life*) quotidiano, -a

everyone ['ev·rɪ·wʌn] *pron s.* **everybody**

everything ['ev·rɪ·θɪŋ] *pron indef, sing* tutto; **is ~ all right?** va tutto bene?; **~ they drink** tutto quello che bevono; **to be ~ to sb** essere tutto per qn; **to do ~ necessary/one can** fare tutto il necessario/il possibile; **time is ~** il tempo è di vitale importanza; **money isn't ~** i soldi non son tutto

everywhere ['ev·rɪ·wer] *adv* dappertutto; **~ else** in qualsiasi altro posto; **to look ~ for sth** cercare qc dappertutto; **to travel ~** viaggiare dovunque

evict [ɪ·'vɪkt] *vt* sfrattare

eviction [ɪ·'vɪk·ʃən] *n* sfratto *m*

evidence ['e·vɪ·dəns] *n* **1.** (*sign*) segno *m* evidente **2.** (*proof*) prova *f* **3.** (*testimony*) deposizione *f;* **based on the ~** basato sulle prove; **to turn state's ~ against sb** diventare testimone d'accusa contro qn **4.** (*view*) evidenza *f;* **to be in ~** essere visibile

evident ['e·vɪ·dənt] *adj* evidente; **to be ~** essere evidente; **to be ~ to sb** essere chiaro per qn; **to be ~ in sth** essere evidente da qc; **it is ~ that ...** è chiaro che ...

evidently *adv* evidentemente

evil ['iː·vl] **I.** *adj* malvagio, -a; **~ spirit** spirito maligno; **to have an ~ tongue** essere una malalingua **II.** *n* male *m;* **social ~** piaga *f* sociale; **an aura of ~** un'aura di malvagità; **good and ~** il bene e il male; **the lesser of two ~s** il minore dei mali

evildoer [ˌi·vl·'duː·ɚ] *n* malfattore, -trice *m, f*

evil eye *n* malocchio *m;* **to give sb the ~ eye** fare il malocchio a qn

evil-minded *adj* malintenzionato, -a

evil-tempered *adj* che ha un pessimo carattere; **to be ~** avere un pessimo carattere

evince [ɪ·'vɪns] *vt form* mostrare; **to ~ interest** mostrare interesse

evocation [ˌe·və·'keɪ·ʃən] *n form* evocazione *f*

evocative [ɪ·'vɑː·kə·tɪv] *adj* evocativo, -a; **an ~ image** un'immagine suggestiva; **to be ~ of sth** evocare qc

evoke [ɪ·'voʊk] *vt* evocare

evolution [ˌe·və·'luː·ʃən] *n a. fig* evoluzione *f*

evolutionary theory *n* teoria *f* dell'evoluzione

evolve [ɪ·'vɑː·lv] **I.** *vi* (*gradually develop*) svilupparsi; (*animals*) evolversi; **to ~ into sth**

trasformarsi in qc **II.** *vt* sviluppare; **to ~ new forms of life** creare nuove forme di vita

ewe [juː] *n* pecora (femmina) *f*

ewer ['juː·ɚ] *n* brocca *f*

ex [eks] <-es> *n inf* ex *mf*

exacerbate [ɪɡ·'zæ·sɚ·beɪt] *vt* esacerbare

exact [ɪɡ·'zækt] **I.** *adj* esatto, -a; **to be ~ in one's reporting** essere molto preciso nell'informare; **the ~ opposite** l'esatto contrario **II.** *vt* esigere; **to ~ sth from sb** esigere qc da qn

exacting *adj* esigente

exactitude [ɪɡ·'zæk·tə·tuːd] *n* esattezza *f*

exactly [ɪɡ·'zækt·li] *adv* esattamente; **~ like ...** proprio come ...; **how/what/where ~ ...** come/che cosa/dove esattamente; **I don't ~ agree with that** non sono del tutto d'accordo su questo; **not ~** non proprio; **~!** esatto!

exactness [ɪɡ·'zækt·nɪs] *n* esattezza *f*

exaggerate [ɪɡ·'zæ·dʒə·reɪt] *vi, vt* esagerare; **let's not ~!** non esageriamo!

exaggerated [ɪɡ·'zæ·dʒə·reɪ·ˌtɪd] *adj* esagerato, -a; **greatly ~** molto esagerato

exaggeration [ɪɡ·ˌzæ·dʒə·'reɪ·ʃən] *n* esagerazione *f;* **it's no ~ to say that ...** non è esagerato dire che ...

exalt [ɪɡ·'zɔːlt] *vt* **1.** (*praise*) esaltare; (*honor*) elevare; **to ~ sth as a virtue** esaltare qc come una virtù **2.** (*raise rank*) innalzare

exaltation [ˌeɡ·zɔːl·'teɪ·ʃən] *n* esaltazione *f*

exalted [ɪɡ·'zɔːl·tɪd] *adj* **1.** (*elevated*) elevato, -a; **~ rank** alto rango **2.** (*jubilant*) esaltato, -a

exam [ɪɡ·'zæm] *n* esame *m*

examination [ɪɡ·ˌzæ·mɪ·'neɪ·ʃən] *n* **1.** (*exam*) esame *m* **2.** (*investigation*) indagine *f;* **medical ~** visita *f* medica **3.** LAW interrogatorio *m*

examine [ɪɡ·'zæ·mɪn] *vt* **1.** (*study*) esaminare; **to ~ the effects of sth** esaminare gli effetti di qc **2.** MED visitare **3.** LAW interrogare

examinee [ɪɡ·ˌzæ·mɪ·'niː] *n* esaminando, -a *m, f*

examiner [ɪɡ·'zæ·mɪ·nɚ] *n* esaminatore, -trice *m, f*

example [ɪɡ·'zæm·pl] *n* **1.** (*sample, model*) esempio *m;* **for ~** per esempio; **to be a shining ~ of sth** essere un chiaro esempio di qc; **to follow sb's ~** seguire l'esempio di qn; **to give (sb) an ~ (of sth)** dare (a qn) un esempio (di qc); **to set a good ~** dare il buon esempio **2.** (*copy*) esemplare *m*

exasperate [ɪɡ·'za:·pə·reɪt] *vt* esasperare; **he ~s me** mi esaspera

exasperating [ɪɡ·'za:·pə·reɪ·tɪŋ] *adj* esasperante

exasperation [ɪɡ·ˌzæs·pə·'reɪ·ʃən] *n* esasperazione *f*

ex-boyfriend *n* ex ragazzo *m*

excavate ['eks·kə·veɪt] **I.** *vt* **1.** (*expose*) portare alla luce **2.** (*hollow*) scavare **II.** *vi* scavare

excavation [ˌeks·kə·'veɪ·ʃən] *n* scavo *m*

excavator ['eks·kə·veɪ·tɚ] *n* scavatore *m*, scavatrice *f*

exceed [ɪk·'siːd] *vt* eccedere; (*outshine*) superare

exceedingly *adv* estremamente

excel [ɪk·'sel] <-ll-> I. *vi* eccellere; **to ~ at** [*o* **in**] **sth** eccellere in qc II. *vt* **to ~ oneself** superare sé stesso; **to ~ all others** eccellere su tutti

excellence ['ek·sə·ləns] *n* eccellenza *f*

Excellency ['ek·sə·lən·si] *n* Eccellenza *f*; **His ~** Sua Eccellenza; (**Your**) **~** (Sua/Vostra) Eccellenza

excellent ['ek·sə·lənt] *adj* eccellente

except [ɪk·'sept] I. *prep* **~** (**for**) tranne; **to do nothing ~ wait** non fare altro che aspettare II. *vt form* escludere; **to ~ sth/sb from sth** escludere qc/qn da qc; **children under the age of 14 are ~ed** esclusi i ragazzi sotto i 14 anni

excepting *prep* eccetto

exception [ɪk·'sep·ʃən] *n* eccezione *f*; **to be an ~** essere un'eccezione; **to make an ~** fare un'eccezione; **with the ~ of ...** a eccezione di ...; **to take ~** (**to sth**) offendersi (per qc); **I take great ~ to your last comment** mi ha dato molto fastidio il tuo ultimo commento ▶ **the ~ proves the rule** *prov* l'eccezione conferma la regola *prov*

exceptional [ɪk·'sep·ʃə·nl] *adj* eccezionale

exceptionally [ɪk·'sep·ʃnə·li] *adv* eccezionalmente; **to be ~ clever** essere straordinariamente intelligente

excerpt ['ek·sɜːrpt] *n* brano (tratto da qc) *m*

excess [ɪk·'ses] <-es> *n* eccesso *m*; **to eat to ~** mangiare eccessivamente; **to carry sth to ~** portare qc all'eccesso; **in ~ of** più di

excess baggage *n*, **excess luggage** *n* bagaglio *m* in eccedenza

excessive [ɪk·'se·sɪv] *adj* eccessivo, -a; (*claim*) esagerato, -a; (*violence*) gratuito, -a

excess supply *n* offerta *f* eccedente

exchange [ɪks·'tʃeɪndʒ] I. *vt* 1. (*trade for the equivalent*) cambiare 2. (*interchange*) scambiare; **to ~ blows** picchiarsi; **to ~ words** litigare II. *n* 1. (*interchange, trade*) scambio *m*; **in ~ for sth** in cambio di qc; **~ of** (**gun**)**fire** scambio di colpi (d'arma da fuoco) 2. FIN, ECON cambio *m*; **foreign ~** cambio estero 3. (*verbal interchange*) **~ of threats** scambio *m* di minacce

exchangeable *adj* scambiabile; (*goods*) che si può cambiare; **~ currency** valuta *f* scambiabile; **to be ~ for sth** poter essere cambiato con qc

exchange rate *n* tasso *m* di cambio

exchange student *n* studente, -essa *m*, *f* che partecipa a uno scambio culturale

exchange teacher *n* insegnante *mf* che partecipa a uno scambio culturale

excise [ek·'saɪz] *vt form* 1. recidere; (*tumor*) asportare 2. *fig* eliminare

excise tax *n* dazio *m*

excitable [ɪk·'saɪ·tə·bl] *adj* eccitabile

excite [ɪk·'saɪt] *vt* 1. (*move*) entusiasmare; **to**

~ an audience entusiasmare il pubblico; **to be ~d about an idea** essere eccitato all'idea di qc 2. (*stimulate*) suscitare; **to ~ sb's curiosity** suscitare la curiosità di qn

excited [ɪk·'saɪ·tɪd] *adj* eccitato, -a

excitement [ɪk·'saɪt·mənt] *n* eccitazione *f*; **to be in a state of ~** essere molto agitato; **what ~!** che emozione!

exciting [ɪk·'saɪ·tɪŋ] *adj* eccitante

excl. 1. *abbr of* **excluding** eccetto 2. *abbr of* **exclusive** esclusivo

exclaim [ɪks·'kleɪm] *vi, vt* esclamare; **to ~ in delight** gridare di gioia

exclamation [ˌeks·klə·'meɪ·ʃən] *n* esclamazione *f*

exclamation mark *n*, **exclamation point** *n* punto *m* esclamativo

exclude [ɪks·'kluːd] *vt* 1. (*keep out*) escludere; **to ~ sb from a group** escludere qn da un gruppo 2. (*possibility*) scartare

excluding [ɪks·'kluː·dɪŋ] *prep* eccetto

exclusion [ɪks·'kluː·ʒən] *n* esclusione *f*

exclusive [ɪks·'kluː·sɪv] I. *adj* esclusivo, -a; **~ interview** intervista *f* esclusiva; **in ~ circles** in circoli esclusivi; **to be ~ to sb** essere esclusivo per qn; **~ of** escluso; **to be ~ of** non includere II. *n* esclusiva *f*

exclusively *adv* esclusivamente

excommunicate [ˌeks·kə·'mjuː·nɪ·keɪt] *vt* scomunicare

excommunication [ˌeks·kə·ˌmjuː·nɪ·'keɪ·ʃən] *n* scomunica *f*

excrement ['eks·krə·mənt] *n* escremento *m*

excreta [ɪks·'kriː·tə] *n form* escrementi *mpl*

excrete [ɪks·'kriːt] *vi, vt form* espellere

excretion [ɪks·'kriː·ʃən] *n form* escrezione *f*

excruciating [ɪks·'kruː·ʃi·eɪ·tɪŋ] *adj* 1. straziante; (*pain*) atroce 2. (*intense: accuracy*) estremo, -a

excursion [ɪks·'kɜːr·ʒən] *n* escursione *f*; **to go on an ~** fare un'escursione

excusable [ɪks·'kjuː·zə·bl] *adj* perdonabile

excuse[1] [ɪks·'kjuːz] *vt* 1. (*justify: behavior*) giustificare; (*lateness*) scusare; **to ~ sb for sth** perdonare qn per qc 2. (*forgive*) scusare; **~ me!** mi scusi! 3. (*allow not to attend*) **to ~ sb from sth** dispensare qn da qc 4. (*leave*) **after an hour she ~d herself** dopo un'ora si è scusata e se n'è andata

excuse[2] [ɪks·'kjuːs] *n* 1. (*explanation*) scusa *f* 2. (*pretext*) pretesto *m*; **poor ~** misera scusa; **to make ~s for sb** giustificare qn; **be there on time — no ~s!** sii puntuale — niente scuse!

exec *n inf abbr of* **executive** dirigente *mf*

execute ['ek·sɪ·kjuːt] *vt* 1. (*carry out*) eseguire; (*maneuver*) effettuare; (*plan*) attuare; **to ~ sb's will** dare esecuzione al testamento di qn 2. (*put to death*) giustiziare

execution [ˌek·sɪ·'kjuː·ʃən] *n* 1. (*carrying out*) esecuzione *f*; **to put a plan into ~** attuare un piano 2. (*putting to death*) esecuzione *f*

executioner [ˌek·sɪ·'kjuː·ʃ·nɚ] *n* boia *m inv*

executive [ɪɡ·'ze·kjʊ·ţɪv] I. *n* 1. (*senior manager*) dirigente *mf* 2. + *sing/pl vb* POL (potere *m*) esecutivo *m;* ECON organo *m* esecutivo II. *adj* esecutivo, -a; ~ **branch** organo esecutivo

executive assistant *n* assistente *mf* alla direzione

executive order *n* provvedimento *m* esecutivo

executive producer *n* produttore *m* esecutivo

executor [ɪɡ·'ze·kjʊ·ţɚ] *n* esecutore, -trice testamentario, -a *m*

exemplary [ɪɡ·'zemp·lə·ri] *adj* esemplare

exemplification [ɪɡ·ˌzemp·lə·fɪ·'keɪ·ʃən] *n* esemplificazione *f*

exemplify [ɪɡ·'zemp·lɪ·faɪ] <-ie-> *vt* esemplificare; (*strategy*) mostrare

exempt [ɪɡ·'zempt] I. *vt* esentare II. *adj* esente; **to be ~ from** (**doing**) **sth** essere esentato da(l fare) qc

exemption [ɪɡ·'zemp·ʃən] *n* esenzione *f*

exercise ['ek·sɚ·saɪz] I. *vt* 1. (*muscles*) esercitare; (*dog*) portare a passeggio; (*horse*) far fare esercizio a; **to ~ one's muscles/memory** esercitare i muscoli/la memoria 2. (*apply: authority, control*) esercitare; **to ~ caution** usare cautela; **to ~ common sense** usare un po' di buonsenso; **to ~ discretion** usare discrezione; **to ~ self-discipline** esercitare l'autodisciplina II. *vi* fare esercizio III. *n* 1. (*physical training*) esercizio *m;* **physical ~** esercizio fisico; **to do ~s** fare un po' di esercizio 2. SCHOOL, UNIV esercizio *m;* **written ~s** esercizi scritti 3. MIL esercitazione *f* 4. (*action, achievement*) operazione *f* 5. (*use*) esercizio *m* 6. *pl* cerimonia *f;* **graduation ~s** cerimonia di laurea

exercise bike *n* cyclette *f inv*

exercise book *n* quaderno *m*

exerciser ['ek·sɚ·saɪ·zɚ] *n* estensore *m*

exert [ɪɡ·'zɜːrt] *vt* esercitare; (*apply*) applicare; **to ~ oneself** sforzarsi

exertion [ɪɡ·'zɜːr·ʃən] *n* 1. (*application*) esercizio *m* 2. (*physical effort*) sforzo *m*

exfoliant [ɪks·'faʊ·li·ənt] *n* esfoliante *m*

exfoliating cream [eks·ˌfoʊ·lɪ·'eɪ·ţɪŋ·ˌkriːm] *n* crema *f* esfoliante

exfoliation [eks·ˌfoʊ·li·'eɪ·ʃən] *n* esfoliazione *f*

ex-girlfriend *n* ex ragazza *f*

exhalation [ˌeks·hə·'leɪ·ʃən] *n* esalazione *f*

exhale [eks·'heɪl] I. *vt* espirare; (*gases*) emettere; (*scents*) emanare II. *vi* espirare

exhaust [ɪɡ·'zɑːst] I. *vt* a. *fig* esaurire; **to ~ oneself** sfinirsi II. *n* 1. AUTO (*gas*) gas *mpl* di scarico 2. (*pipe*) tubo *m* di scappamento

exhausted *adj* esausto, -a

exhaust fumes *npl* gas *mpl* di scarico

exhausting *adj* estenuante

exhaustion [ɪɡ·'zɑːs·tʃən] *n* sfinimento *m;* **to suffer from ~** essere esausto

exhaustive [ɪɡ·'zɑːs·tɪv] *adj* esauriente

exhaust pipe *n* tubo *m* di scappamento

exhaust system *n* sistema *m* di scarico

exhibit [ɪɡ·'zɪ·bɪt] I. *n* 1. (*display*) oggetto *m*

esposto 2. LAW prova *f* II. *vt* 1. (*show*) esporre; (*work*) presentare 2. (*display character traits*) mostrare

exhibition [ˌek·sɪ·'bɪ·ʃən] *n* (*display*) esposizione *f;* (*performance*) esibizione *f* ▶ **to make an ~ of oneself** rendersi ridicolo

exhibitionism [ˌek·sɪ·'bɪʃ·nɪ·zəm] *n* esibizionismo *m*

exhibitionist [ˌek·sɪ·'bɪʃ·nɪst] *n* esibizionista *mf*

exhibitor [ɪɡ·'zɪ·bɪ·tɚ] *n* espositore, -trice *m, f*

exhilarating [ɪɡ·'zɪ·lə·reɪ·ţɪŋ] *adj* esaltante; **an ~ performance** una performance entusiasmante

exhilaration [ɪɡ·'zɪ·lə·reɪ·ʃən] *n* euforia *f;* **the ~ of liberty/speed** la sensazione inebriante della libertà/velocità; **the ~ of doing sth** l'euforia di fare qc

exhort [ɪɡ·'zɔːrt] *vt form* **to ~ sb to do sth** esortare qn a fare qc; **she ~ed him to keep working** lo esortò a proseguire il lavoro

exhortation [ˌek·zɔːr·'teɪ·ʃən] *n* esortazione *f*

exhumation [ˌeks·hjuː·'meɪ·ʃən] *n* esumazione *f*

exhume [ekz·'uːm] *vt* esumare

ex-husband *n* ex marito *m*

exigence ['ek·sɪ·dʒəns] *n,* **exigency** ['ek·zɪ·dʒən·si] <-ies> *n* 1. (*extreme urgency*) emergenza *f* 2. *pl* (*urgent demands*) esigenze *fpl*

exigent ['ek·sɪ·dʒənt] *adj form* 1. (*urgent*) urgente; **an ~ issue** una questione urgente; **an ~ environmental problem** un problema ambientale impellente 2. (*demanding*) esigente

exiguous [eɡ·'zɪ·gjʊ·əs] *adj form* esiguo, -a

exile ['ek·saɪl] I. *n* 1. (*banishment*) esilio *m;* **political ~** esilio politico; **to be in ~** essere in esilio; **to go into ~** andare in esilio 2. (*person*) esiliato, -a *m, f* II. *vt* esiliare; **to ~ sb to Siberia** esiliare qn in Siberia

exist [ɪɡ·'zɪst] *vi* 1. (*be*) esistere 2. (*live*) vivere; **to ~ on sth** vivere di qc; **to ~ without sth** sopravvivere senza qc

existence [ɪɡ·'zɪs·təns] *n* 1. (*being*) esistenza *f;* **to be in ~** esistere; **to come into ~** nascere 2. (*life*) vita *f*

existent [ˌeɡ·'zɪs·tent] *adj* esistente; **the only ~ copy** l'unica copia esistente

existential [ˌeɡ·zɪ·'sten·ʃl] *adj* esistenziale

existentialism [eɡ·zɪ·'sten·ʃə·lɪ·zəm] *n* esistenzialismo *m*

existing [ɪɡ·'zɪs·tɪŋ] *adj* esistente; **the ~ laws** l'attuale legislazione

exit ['ek·sɪt] I. *n* uscita *f;* **to make an ~** uscire II. *vt* uscire da III. *vi* 1. *a.* COMPUT (*leave*) uscire 2. THEAT uscire di scena

exit visa *n* visto *m* d'uscita

exodus ['ek·sə·dəs] *n* esodo *m*

ex officio [ˌeks ə·'fɪ·ʃi·oʊ] I. *adv* ADMIN di diritto; **to act ~** agire d'ufficio II. *adj* ADMIN di diritto

exonerate [ɪɡ·'zɑː·nə·reɪt] *vt form* prosciogliere

exoneration [ɪgˌzɑːnəˈreɪʃən] *n form* proscioglimento *m*

exorbitance [ɪgˈzɔːrbətəns] *n* esorbitanza *f*

exorbitant [ɪgˈzɔːrbətənt] *adj* esorbitante; (*demand*) eccessivo, -a

exorcism [ˈeksɔːrsɪzəm] *n* esorcismo *m*

exorcist [ˈeksɔːrsɪst] *n* esorcista *mf*

exorcize [ˈeksɔːrsaɪz] *vt* esorcizzare

exotic [ɪgˈzɑːtɪk] *adj* esotico, -a; ~ **fruit** frutta esotica

expand [ɪkˈspænd] **I.** *vi* **1.** (*increase*) espandersi; (*trade*) svilupparsi **2.** (*spread*) estendersi **3.** PHYS dilatarsi **II.** *vt* **1.** (*make larger*) ampliare; (*wings*) spiegare; (*trade*) sviluppare **2.** PHYS dilatare **3.** (*elaborate*) sviluppare

expandable [ɪkˈspændəbl] *adj* espansibile

expanse [ɪkˈspæns] *n* **1.** (*large area*) distesa *f* **2.** (*expansion*) espansione *f*

expansion [ɪkˈspænʃən] *n* **1.** (*spreading out*) espansione *f*; (*of a metal*) dilatazione *f* **2.** (*elaboration*) sviluppo *m*

expansionism [ɪkˈspænʃənɪzəm] *n* espansionismo *m*; **policy of** ~ politica *f* espansionistica

expansive [ɪkˈspænsɪv] *adj* **1.** (*sociable*) espansivo, -a **2.** (*broad, vast*) ampio, -a **3.** (*elaborated*) elaborato, -a

ex-partner *n* ex partner *mf*

expat [ˌeksˈpæt] *n abbr of* **expatriate** residente *mf* all'estero

expatriate[1] [eksˈpeɪtriət] *n* residente *mf* all'estero

expatriate[2] [eksˈpeɪtrieɪt] *vt* mandare in esilio

expect [ɪkˈspekt] *vt* aspettarsi; (*imagine*) immaginare; **to** ~ **to do sth** pensare di fare qc; **to** ~ **sb to do sth** aspettarsi che qn faccia qc; **you are** ~**ed to return books on time** devi restituire i libri per tempo; **to** ~ **sth of sb** aspettarsi qc da qn; **to be** ~**ing** (**a baby**) aspettare (un bambino); **I** ~**ed as much** me l'aspettavo; **I** ~**ed better of you than that** mi aspettavo di meglio da te; **I** ~ **you are hungry** immagino che tu sia affamato; **I** ~ **so** penso di sì; **to** ~ **that** penso che +*conj*

expectancy [ɪkˈspektəntsi] *n* speranza *f*; **life** ~ aspettativa *f* di vita

expectant [ɪksˈpektənt] *adj* pieno, -a d'attesa; (*look*) speranzoso, -a; ~ **mother** futura mamma

expectation [ˌekspekˈteɪʃən] *n* **1.** (*hope*) speranza *f* **2.** (*anticipation*) aspettativa *f*; **in** ~ **of sth** nella speranza di qc

expectorate [ɪksˈpektəreɪt] *vi form* espettorare

expedience *n*, **expediency** [ɪksˈpiːdiəntsi] *n* **1.** (*advisability*) convenienza *f*; **as a matter of** ~, **we will not be hiring any new staff members this year** per una questione di convenienza, quest'anno non assumeremo altri membri del personale **2.** (*self-interest*) opportunismo *m*; **to operate on the basis of** ~ agire per convenienza

expedient [ɪksˈpiːdiənt] **I.** *adj* **1.** (*advantageous*) conveniente; **it is** ~ **to do sth** è opportuno fare qc *form* **2.** (*necessary*) necessario, -a; (*measure*) opportuno, -a; **to be** ~ **that** essere opportuno che +*conj* **II.** *n* espediente *m;* **they took the** ~ **of asking advice** hanno preso l'accorgimento di informarsi

expedite [ˈekspɪdaɪt] *vt form* accelerare

expedition [ˌekspɪˈdɪʃən] *n* spedizione *f;* **to be on an** ~ partecipare a una spedizione; **to go on an** ~ partire per una spedizione; **to go on a shopping** ~ *iron* andare a fare spese

expeditious [ˌekspɪˈdɪʃəs] *adj form* rapido, -a

expel [ɪksˈpel] <-ll-> *vt* espellere; **to** ~ **sb from school** espellere qn da scuola

expend [ɪksˈpend] *vt form* impiegare; (*money*) spendere; **to** ~ **time on sth** dedicare tempo a qc

expenditure [ɪksˈpendɪtʃər] *n* (*money*) spesa *f;* **public** ~**s** spesa pubblica; **cleaning** ~**s** spese di pulizia

expense [ɪksˈpens] *n* spesa *f;* **all** ~(**s**) **paid** tutto spesato; **at great** ~ con forte spesa; **at sb's** ~ *a. fig* a spese di qn; **at the** ~ **of sth** *a. fig* a spese di qc; **to go to** ~ sostenere delle spese; **to go to the** ~ **of** sobbarcarsi le spese di; **to spare no** ~ non badare a spese

expense account *n* conto *m* spese

expensive [ɪksˈpensɪv] *adj* caro, -a; **that was an** ~ **mistake for him to make** quell'errore gli è costato caro

experience [ɪksˈpɪriəns] **I.** *n* esperienza *f;* **to have translating** ~ avere esperienza di traduzione; **from** ~ per esperienza; **to know sth from** ~ sapere qc per esperienza; **to learn by** ~ imparare con l'esperienza **II.** *vt* provare; **to** ~ **happiness/pain** provare felicità/dolore; **please do not adjust your television set — we're experiencing technical difficulties** per favore non regolate il vostro apparecchio televisivo — stiamo incontrando difficoltà tecniche; **to** ~ **a loss** subire una perdita

experienced [ɪksˈpɪriənst] *adj* esperto, -a; **to be** ~ **at organizing large events** essere esperto nell'organizzare grandi eventi

experiment [ɪksˈperɪmənt] **I.** *n* esperimento *m;* **as an** ~ come esperimento; **by** ~ sperimentando **II.** *vi* sperimentare; **to** ~ **on a patient** sperimentare su un paziente; **to** ~ **with mice** sperimentare sui topi

experimental [eksˌperɪˈmentl] *adj* sperimentale; ~ **psychology** psicologia sperimentale; **to be still at the** ~ **stage** essere ancora in fase sperimentale

experimentation [ɪksˌperɪmenˈteɪʃən] *n* sperimentazione *f*

expert [ˈekspɜːrt] **I.** *n* esperto, -a *m, f;* **to be a computer** ~ essere un esperto di informatica **II.** *adj* **1.** (*skilful*) esperto, -a; **she's an** ~ **swimmer** è un'esperta nuotatrice **2.** LAW del perito; ~ **report** relazione del perito

expert advice *n* **to seek** ~ chiedere il parere di un esperto

expertise [ˌeks·pɜːr·'tiːz] *n* maestria *f;* (*knowledge*) competenza *f*
expert knowledge *n* competenza *f* specialistica
expert opinion *n* parere *m* di un esperto
expert witness *n* perito *m* chiamato come testimone
expiate ['eks·pi·eɪt] *vt form* espiare
expiation [ˌeks·pɪ·'eɪ·ʃən] *n form* espiazione *f*
expiration [ˌeks·pə·'reɪ·ʃən] *n* scadenza *f*
expiration date *n* (*of a contract*) scadenza *f;* (*of food or medicine*) data *f* di scadenza
expire [ɪks·'pa·ɪə] I. *vi* 1. (*terminate*) scadere 2. (*die*) spirare II. *vt* espirare
expiry [ɪks·'paɪ·ri] *n s.* **expiration**
explain [ɪks·'pleɪn] I. *vt* spiegare; **to ~ how/what/where/why ...** spiegare come/cosa/dove/perché ...; **to ~ oneself** spiegarsi; **that ~s everything!** questo spiega tutto! II. *vi* spiegare
♦**explain away** *vt* giustificare
explanation [ˌeks·plə·'neɪ·ʃən] *n* spiegazione *f;* **to give an ~ for an incident** dare la spiegazione di un incidente; **to offer no ~ for the delay** non dare alcuna spiegazione per il ritardo; **by way of ~** come spiegazione
explanatory [ɪks·'plæ·nə·tɔː·ri] *adj* esplicativo, -a
expletive ['əks·plə·t̬ɪv] *n* imprecazione *f;* **to unleash a string of ~s** se n'è uscito con una sfilza di imprecazioni
explicable [eks·'plɪ·kə·bl] *adj* spiegabile
explicate ['eks·plɪ·keɪt] *vt form* spiegare
explicit [ɪks·'plɪ·sɪt] *adj* 1. (*exact*) esplicito, -a; **~ directions** istruzioni precise; **he was very ~ about the plans** è stato molto franco riguardo ai piani 2. (*vulgar*) esplicito, -a; **~ language** linguaggio esplicito
explode [ɪks·'ploʊd] I. *vi* 1. (*blow up*) esplodere; (*tire*) scoppiare; **to ~ with anger** scoppiare di rabbia 2. (*grow rapidly*) espandersi II. *vt* 1. (*blow up: bomb*) far esplodere; (*ball*) far scoppiare 2. (*discredit: theory*) demolire; (*myth*) distruggere
exploit ['eks·plɔɪt] I. *vt* sfruttare II. *n* impresa *f*
exploitation [ˌeks·plɔɪ·'teɪ·ʃən] *n* sfruttamento *m*
exploration [ˌeks·plɔː·'reɪ·ʃən] *n* 1. *a.* MED esplorazione *f;* **voyage of ~** viaggio d'esplorazione; **to make an ~ of sth** esplorare qc 2. (*examination*) esame *m*
exploratory [ɪks·'plɔː·rə·tɔː·ri] *adj* (*voyage, test*) esplorativo, -a; (*meeting*) preliminare; **~ foreign language class** corso preliminare di lingua straniera
explore [ɪks·'plɔːr] I. *vt* 1. *a.* MED, COMPUT esplorare 2. (*examine*) esaminare; **to ~ sb's past** investigare sul passato di qn II. *vi* esplorare
explorer [ɪks·'plɔː·rə·] *n* esploratore, -trice *m, f*
explosion [ɪks·'ploʊ·ʒən] *n* esplosione *f;* **gas ~** esplosione di gas; **population ~** esplosione demografica; **there has been an ~ in demand for computers in the last few years** la domanda di computer ha visto un aumento vertiginoso negli ultimi anni
explosive [ɪks·'ploʊ·sɪv] I. *adj* esplosivo, -a; **~ device** ordigno esplosivo; **an ~ situation** una situazione delicata; **an ~ issue** un tema spinoso; **to have an ~ temper** avere un carattere irascibile II. *n* esplosivo *m*
exponent [ɪks·'poʊ·nənt] *n* 1. (*person*) esponente *mf;* **a leading ~ of neoclassicism** un esponente di punta del neoclassicismo 2. MATH esponente *m*
export I. [ɪks·'pɔːrt] *vt* esportare II. ['eks·pɔːrt] *n* 1. (*product*) prodotto *m* d'esportazione 2. (*selling*) esportazione *f;* **~ taxes** tasse *fpl* d'esportazione
exportable [ɪks·'pɔːr·t̬ə·bl] *adj* esportabile
exportation [ˌeks·pɔːr·'teɪ·ʃən] *n* esportazione *f*
export business *n* 1. (*business which sells abroad*) impresa *f* d'esportazione 2. (*special branch*) esportazione *f;* **to be in the ~** occuparsi di esportazione
exporter [ɪks·'pɔːr·t̬ə·] *n* esportatore, -trice *m, f*
export goods *npl* prodotti *mpl* d'esportazione
export license *n* licenza *f* d'esportazione
export regulations *npl* disposizioni *fpl* sull'esportazione
export surplus *n* eccedenza *f* delle esportazioni
export trade *n* commercio *m* con l'estero
expose [ɪks·'poʊz] *vt* 1. (*uncover*) mettere a nudo 2. (*leave vulnerable to*) esporre; **to ~ sb to ridicule** mettere qn in ridicolo 3. (*reveal: person*) mostrare (per quello che è); (*plot*) smascherare; (*secret*) svelare; **to ~ a business as a fraud** smascherare una frode (*che si nasconde sotto un affare, o un'impresa, ecc.*)
exposé [ˌeks·poʊ·'zeɪ] *n* rivelazioni *fpl*
exposed [ɪks·'poʊzd] *adj* 1. (*vulnerable*) esposto, -a 2. (*uncovered*) scoperto, -a 3. (*unprotected*) non riparato, -a
exposition [ˌeks·pə·'zɪ·ʃən] *n* esposizione *f*
expostulate [ɪks·'pɑːs·tʃə·leɪt] *vi form* fare rimostranze; **to ~ with the waiter about the bill** protestare con il cameriere per il conto
exposure [ɪks·'poʊ·ʒə·] *n* 1. (*contact*) esposizione *f;* **~ to the sun** esposizione al sole; **~ to new ideas** contatto *m* con nuove idee 2. MED assideramento *m;* **to die of ~** morire assiderato 3. *a.* PHOT esposizione *f* 4. (*revelation*) rivelazione *f* 5. (*media coverage*) pubblicità *f*
exposure meter *n* PHOT esposimetro *m*
expound [ɪks·'paʊnd] I. *vi form* **to ~ (at length) on** [*o* **about**] **sth** fare un'esposizione dettagliata su qc II. *vt form* esporre
express [ɪks·'pres] I. *vt* 1. (*convey: thoughts, feelings*) esprimere; **to ~ oneself** esprimersi; **to ~ oneself through music** esprimersi attraverso la musica; **I would like to ~ my thanks for ...** vorrei esprimere il mio ringraziamento per ... 2. *inf* (*send quickly*) spedire per espresso; **to ~ sth to sb** spedire per espresso qc a qn 3. *form* (*squeeze out*) spre-

mere **II.** *adj* **1.** (*rapid*) rapido, -a; **by ~ delivery** per posta celere; **~ train** (treno) espresso; **~ mail** posta celere **2.** (*precise*) esplicito, -a; **by ~ order** per ordine espresso; **these are her ~ wishes** questi sono i suoi espressi desideri **III.** *n* (*train*) espresso *m* **IV.** *adv* **to send sth ~** spedire qc per espresso

expression [ɪks·ˈpre·ʃən] *n* espressione *f;* (*of love, solidarity*) manifestazione *f;* **as an ~ of thanks** in segno di ringraziamento; **to give ~ to sth** dare voce a qc; **to find ~ in music** trovare espressione nella musica

expressionism [ɪks·ˈpre·ʃə·nɪ·zəm] *n* espressionismo *m*

expressionist [ɪks·ˈpre·ʃə·nɪst] *n* espressionista *mf*

expressionless [ɪks·ˈpre·ʃən·lɪs] *adj* inespressivo, -a

expressive [ɪks·ˈpre·sɪv] *adj* espressivo, -a; **to be ~ of sadness** *form* denotare tristezza

expressly [ɪks·ˈpres·li] *adv* **1.** (*clearly*) chiaramente **2.** (*especially*) espressamente

expressway [ɪks·ˈpres·weɪ] *n* autostrada *f*

ex-prisoner *n* ex prigioniero, -a *m, f*

expropriate [eks·ˈprou·pri·eɪt] *vt* espropriare

expropriation [eks·ˈprou·pri·eɪ·ʃən] *n* espropriazione *f*

expulsion [ɪks·ˈpʌl·ʃən] *n* espulsione *f*

exquisite [ˈeks·kwɪ·zɪt] *adj* **1.** (*delicate*) squisito, -a; **an ~ piece of china** un raffinato oggetto in porcellana **2.** (*intense*) intenso, -a

ex-serviceman [ˌeks·ˈsɜːr·vɪs·mən] <-men> *n* ex militare *m*

ext. TEL *abbr of* **extension** interno

extant [ˈeks·tənt] *adj form* (ancora) esistente; **to be still ~** esistere ancora

extemporaneous [eks·ˌtem·pə·ˈreɪ·ni·əs] *adj form* estemporaneo, -a

extempore [eks·ˈtem·pə·ri] *form* **I.** *adj* estemporaneo, -a **II.** *adv* estemporaneamente; **to perform ~** improvvisare; **to speak ~** improvvisare un discorso

extemporize [ɪks·ˈtem·pə·raɪz] *vi form* improvvisare

extend [ɪks·ˈtend] **I.** *vt* **1.** (*enlarge: house*) ampliare; (*street*) allargare **2.** (*prolong: deadline*) prorogare; (*holiday*) prolungare **3.** (*offer*) offrire; **to ~ an invitation to sb** rivolgere un invito a qn; **to ~ one's hand as a greeting** tendere la mano per salutare; **to ~ one's thanks to sb** esprimere il proprio ringraziamento a qn; **to ~ a warm welcome to sb** dare un caloroso benvenuto a qn **4.** FIN (*credit*) concedere **II.** *vi* estendersi; **to ~ beyond the river** estendersi oltre il fiume; **to ~ to a discussion** arrivare a una discussione

extended *adj* esteso, -a; **~ family** famiglia *f* allargata; **an ~ holiday** una vacanza prolungata

extension [ɪks·ˈten·ʃən] *n* **1.** (*increase*) estensione *f;* (*of rights*) ampliamento *m; by ~* per estensione **2.** (*of a deadline*) proroga *f* **3.** (*appendage*) annesso *m* **4.** TEL interno *m*

extension cord *n* prolunga *f*

extension ladder *n* scala *f* allungabile

extensive [ɪks·ˈten·sɪv] *adj* **1.** *a. fig* esteso, -a; (*knowledge*) approfondito, -a; (*experience*) vasto, -a **2.** (*large: repair*) considerevole; **~ damage** danni *m* ingenti *pl* **3.** AGR (*farming*) estensivo, -a

extensively *adv* ampiamente

extent [ɪks·ˈtent] *n* **1.** (*size*) estensione *f;* **to its fullest ~** in tutta la sua estensione **2.** (*degree*) portata *f;* **to go to the ~ of hitting sb** arrivare fino al punto di picchiare qn; **to a great ~** in gran parte; **to the same ~ as ...** nella stessa misura in cui ..., **to some ~** in parte; **to such an ~ that ...** al punto che ...; **to that ~** fino a questo punto; **to what ~ ...?** fino a che punto ...?

extenuate [ɪks·ˈten·ju·eɪt] *vt form* attenuare

extenuating *adj form* attenuante; **~ circumstances** circostanze attenuanti

extenuation [ɪks·ˌten·ju·ˈeɪ·ʃən] *n form* attenuazione *f; in ~ of sth* come attenuante di qc

exterior [ɪks·ˈtɪ·ri·ə·] **I.** *adj* esterno, -a **II.** *n* **1.** (*outside surface*) esterno *m* **2.** (*outward appearance*) aspetto *m* **3.** CINE esterni *mpl*

exterminate [ɪks·ˈtɜːr·mɪ·neɪt] *vt* sterminare

extermination [ɪks·ˌtɜːr·mɪ·ˈneɪ·ʃən] *n* sterminio *m*

external [ɪks·ˈtɜːr·nl] **I.** *adj* **1.** (*exterior*) esterno, -a; **to be ~ to the problem** essere estraneo al problema **2.** (*foreign*) estero, -a **3.** MED esterno, -a **II.** *npl* apparenze *fpl*

externalize [ɪks·ˈtɜːr·nə·laɪz] *vt* esternare

external world *n* mondo *m* esterno

exterritorial [ˌeks·te·rɪ·ˈtɔː·ri·əl] *adj* extraterritoriale

extinct [ɪks·ˈtɪŋkt] *adj* (*practice*) estinto, -a; (*volcano*) spento, -a; **to become ~** estinguersi

extinction [ɪks·ˈtɪŋk·ʃən] *n* estinzione *f*

extinguish [ɪks·ˈtɪŋ·gwɪʃ] *vt* (*candle, cigar*) spegnere; (*love, passion*) consumare; (*memory*) cancellare; (*debt, life*) estinguere

extinguisher [ɪks·ˈtɪŋ·gwɪ·ʃə·] *n* estintore *m*

extol <-ll-> *vt*, **extoll** [ɪks·ˈtoul] *vt* decantare; **to ~ (upon) the virtues of yoga** decantare le virtù dello yoga

extort [ɪks·ˈtɔːrt] *vt* estorcere; (*confession*) strappare

extortion [ɪks·ˈtɔːr·ʃən] *n* estorsione *f; that's sheer ~!* questo è un furto!

extortionate [ɪks·ˈtɔːr·ʃə·nət] *adj* eccessivo, -a; **~ demands** richieste smodate; **~ prices** prezzi esorbitanti

extra [ˈeks·trə] **I.** *adj* in più; **to work an ~ two hours** lavorare due ore in più; **~ clothes** abiti di riserva; **it costs an ~ $2** costa due dollari in più; **meals are ~** i pasti sono a parte **II.** *adv* (*more*) di più; (*extraordinarily*) particolarmente; **they pay her ~ to work nights** le danno di più per il lavoro notturno; **I'll try ~ hard this time** questa volta ci metterò il massimo dell'impegno; **$10 ~** dieci dollari in più; **to charge ~ for sth** far pagare un supple-

E

mento per qc **III.** *n* **1.** ECON extra *m inv;* AUTO optional *m inv* **2.** CINE comparsa *f*

extract [ɪks·'trækt] **I.** *vt* **1.** (*remove*) estrarre **2.** (*obtain: information*) strappare **3.** MATH (*square root*) estrarre **II.** *n* **1.** (*concentrate*) estratto *m* **2.** (*excerpt*) brano *m*

extraction [ɪks·'træk·ʃən] *n* **1.** (*removal*) estrazione *f* **2.** (*descent*) origine *f;* **he's of Irish ~** è di origine irlandese

extracurricular [ˌeks·trə·kə·'rɪk·jə·lə·] *adj* extracurricolare; **~ activities** attività extracurricolari; **are you involved in any ~ activities?** sei coinvolto in attività extracurricolari?; *fig* sei coinvolto in avventure extraconiugali?

extradite ['eks·trə·daɪt] *vt* estradare

extradition [eks·trə·'dɪ·ʃən] *n* estradizione *f*

extramarital [ˌeks·trə·'me·rə·tl] *adj* extraconiugale

extraneous [ɪks·'treɪ·ni·əs] *adj* estraneo, -a; **to be ~ to sth** essere estraneo a qc

extranet ['eks·trə·net] *n* COMPUT extranet *f*

extraordinary [ɪks·'trɔː·r·də·ne·ri] *adj* **1.** *a.* POL straordinario, -a **2.** (*astonishing*) incredibile

extrapolate [eks·'træ·pə·leɪt] **I.** *vt form* estrapolare **II.** *vi form* **to ~ from sth** fare un'estrapolazione da qc

extrasensory [ˌeks·trə·'sen·sə·ri] *adj* extrasensoriale; **~ perception** percezione *f* extrasensoriale

extraterrestrial ['eks·trə·tə·'res·tri·əl] *adj* extraterrestre

extraterritorial [ˌeks·trə·ˌte·rɪ·'tɔː·ri·əl] *adj* extraterritoriale

extravagance [ɪks·'træ·və·gəns] *n* **1.** (*wastefulness*) sperpero *m* **2.** (*luxury*) lusso *m* **3.** (*elaborateness*) esagerazione *f*

extravagant [ɪks·'træ·və·gənt] *adj* **1.** (*wasteful*) eccessivamente dispendioso, -a **2.** (*luxurious*) dispendioso, -a; **an ~ lifestyle** uno stile di vita dispendioso **3.** (*exaggerated: praise*) sperticato, -a; **~ price** prezzo esorbitante **4.** (*elaborate*) esagerato, -a

extravaganza [ɪks·ˌtræ·və·'gæn·zə] *n* (*spectacle*) **a film** ~ un film spettacolare

extreme [ɪks·'triːm] **I.** *adj* estremo, -a; **an ~ case** un caso estremo; **with ~ caution** con estrema cautela; **~ difficulties** enormi difficoltà; **~ pain** dolore lancinante; **in the ~ north** all'estremo nord; **~ sport** sport estremo; **to be ~ in sth** essere estremista in qc **II.** *n* estremo *m;* **a man of ~s** un estremista; **at the ~** *fig* nel peggiore dei casi; **in the ~** estremamente; **to go from one ~ to the other** andare da un estremo all'altro; **to go to ~s** arrivare agli estremi

Negli Stati Uniti vengono chiamati **extreme sports** o *alternative sports* gli sport non tradizionali quali il salto con l'elastico, il parapendio o la scalata libera. Altri sport, come ad esempio l'elisci, il canyoning, il wakeboard e lo street luge fanno ugual-

mente parte degli **extreme sports**. Si tratta di sport di velocità molto in voga perché considerati più percolosi e più eccentrici rispetto a sport come il calcio o il tennis.

extremely *adv* estremamente; **to be ~ sorry** essere immensamente dispiaciuto

extremism [ɪks·'tri:·mɪ·zəm] *n* estremismo *m*

extremist [ɪks·'tri:·mɪst] **I.** *adj* estremista; **~ tendencies** tendenze estremiste **II.** *n* estremista *mf*

extremity [ɪks·'tre·mə·ti] *n* **1.** (*furthest point*) estremità *f* **2.** (*greatest degree*) grado *m* estremo; **at the ~ of his endurance** al limite della resistenza **3.** (*situation*) caso *m* estremo **4.** *pl* ANAT estremità *fpl*

extricate ['eks·trɪ·keɪt] *vt form* districare; **to ~ oneself from sth** districarsi da qc

extrovert ['eks·trə·vɜːrt] *adj* estroverso, -a

extroverted *adj* estroverso, -a

extrude [eks·'tru:d] *vt* **1.** TECH estrudere **2.** (*force out*) spingere fuori

exuberance [ɪg·'zu:·bə·rəns] *n* **1.** (*abundance*) sovrabbondanza *f* **2.** (*liveliness*) esuberanza *f*

exuberant [ɪg·'zu:·bə·rənt] *adj* **1.** (*luxuriant*) abbondante **2.** (*energetic*) esuberante; **young and ~** giovane ed esuberante

exude [ɪg·'zu:d] **I.** *vt* **1.** trasudare; **to ~ pus** arrivare a suppurazione **2.** *fig* emanare; **to ~ confidence** emanare un'aria di fiducia in sé **II.** *vi* trasudare

exult [ɪg·'zʌlt] *vi form* esultare; **to ~ at** [*o* **in**] **the prize** esultare per il premio

exultant [ɪg·'zʌl·tənt] *adj form* esultante; **~ shout** grido *m* d'esultanza

exultation [ˌek·sʌl·'teɪ·ʃən] *n form* esultanza *f;* **~ at sth** esultanza per qc

ex-wife *n* ex moglie *f*

eye [aɪ] **I.** *n* **1.** ANAT occhio *m;* **to blink one's ~s** battere le palpebre; **to keep an ~ on sth/ sb** *inf* tenere d'occhio qc/qn; **to roll one's ~s** roteare gli occhi; **to rub one's ~s** sfregarsi gli occhi; **to set ~s on sb/sth** mettere gli occhi su qn/qc; **visible to the naked ~** visibile a occhio nudo; **her ~s flashed with anger** i suoi occhi sprizzavano lampi di collera; **his ~s (nearly) popped (out of his head)** (a momenti) gli uscivano gli occhi dalle orbite; **he couldn't take his ~s off the girl** *inf* non riusciva a staccare gli occhi di dosso alla ragazza **2.** BOT gemma *f* ▶ **to have ~s in the back of one's** head *inf* avere cento occhi; **an ~ for an ~, a** tooth **for a tooth** *prov* occhio per occhio, dente per dente *prov;* **to be** all ~**s** essere tutt'occhi; **to give sb a** black ~ fare un occhio nero a qn; **to turn a** blind ~ **(to sth)** far finta di non vedere (qc); **as** far **as the ~ can see** fin dove si riesce a vedere; **to have a** good ~ **for sth** avere occhio per qc; **there's** more **to this than meets the ~** le cose non sono così semplici come appaiono; **to keep one's ~s** open tenere gli occhi aperti; **to do sth with one's ~s** open *inf* fare qc con piena consapevolezza; **to keep one's ~s** peeled **for sth** *inf* tenere gli occhi ben aperti per qc; **to go around with one's ~s** closed *inf* andare in giro con la testa tra le nuvole; **to be able to do sth with one's ~s** closed *inf* saper fare qc a occhi chiusi; **(right) before** [*o* under] **my** very **~s** proprio davanti ai miei occhi; **to not** believe **one's ~s** non credere ai propri occhi; **to** catch **sb's ~** catturare l'attenzione di qn; **to** give **sb the ~** *inf* lanciare occhiate seducenti a qn; **to** make **~s at sb** *inf* cercare di sedurre qn con gli sguardi; **to** open **sb's ~s** aprire gli occhi a qn; **to** run **one's · over sth** dare un'occhiata a qc; **to (not)** see **~ to ~ with sb** (non) trovarsi d'accordo con qn; in **my ~s** a parer mio; **in the** public **~** sotto l'occhio del pubblico II. <-ing> *vt* guardare; (*observe*) osservare; **to ~ sb up and down** esaminare qn da capo a piedi

eyeball ['aɪ·bɔːl] I. *n* bulbo *m* oculare ▶ **to meet ~** to **~ with sb** *inf* affrontarsi faccia a faccia con qn II. *vt inf* guardare con aria di sfida

eyebrow *n* sopracciglio *m;* **bushy ~s** sopracciglia cespugliose; **to raise one's ~s at sth** alzare le ciglia di fronte a qc

eyebrow pencil *n* matita *f* per le sopracciglia
eye-catching ['aɪ·ˌkæt·ʃɪŋ] *adj* che attira lo sguardo
eye contact *n* contatto *m* visivo; **to establish ~** guardare dritto negli occhi
eyedrops *npl* gocce *fpl* per gli occhi
eyeful *n* **to be an ~** *inf* essere uno spettacolo da vedere; **get an ~ of this!** *inf* dagli un'occhiata!; **I got an ~ of dust** mi è andata della polvere in un occhio
eyeglass *n* 1. monocolo *m* 2. *pl* occhiali *mpl*
eyelash <-es> *n* ciglio *m;* **false ~es** ciglia *fpl* finte
eyelet *n* occhiello *m*
eyelid *n* palpebra *f*
eyeliner *n* eyeliner *m*
eye opener *n inf* rivelazione *f;* **it was quite an ~ for me** mi ha aperto gli occhi
eyepiece *n* oculare *m*
eye shadow *n* ombretto *m*
eyesight *n* vista *f;* **keen ~** vista acuta; **his ~ is failing** la sua vista si sta indebolendo
eyesore *n* **to be an ~** offendere la vista
eyestrain *n* affaticamento *m* della vista; **to cause ~** affaticare la vista
eyewitness <-es> *n* testimone *mf* oculare
e-zine ['iː·ziːn] *n* e-zine *f inv* (*rivista via Internet*)

F

Ff

F, f [ef] *n* 1. (*letter*) F, f *f;* **~ as in Fox** F come Firenze 2. MUS fa *m inv*
f *abbr of* **feminine** f.
f. *abbr of* **folio** libro *m* in folio
F *abbr of* **Fahrenheit** F
fable ['feɪ·bl] *n* 1. (*story*) favola *f* 2. (*lie*) fandonia *f*
fabled ['feɪ·bld] *adj* leggendario, -a
fabric ['fæ·brɪk] *n* 1. (*cloth, textile*) stoffa *f;* **cotton/woolen ~** tessuto *m* di cotone/di lana 2. (*of building*) struttura *f;* **the ~ of society** il tessuto *m* sociale
fabricate ['fæ·brɪ·keɪt] *vt* 1. (*manufacture*) fabbricare 2. *fig* (*invent: excuse*) inventare; (*alibi, evidence*) fabbricare 3. (*forge*) falsificare
fabulous ['fæb·jə·ləs] *adj* favoloso, -a; **to look absolutely ~** essere stupendo, -a
façade [fə·'sɑːd] *n a. fig* facciata *f*
face [feɪs] I. *n* 1. *a.* ANAT faccia *f,* viso *m;* **a happy/sad ~** una faccia allegra/triste; **a smiling ~** un viso sorridente; **to dare (to) show one's ~** osare farsi vedere; **to have a puzzled expression on one's ~** avere un aria perplessa; **to keep a smile on one's ~** non perdere il sorriso; **to keep a straight ~** rimanere serio; **to laugh in sb's ~** ridere in faccia a qu; **to make a ~ (at sb)** fare le boccacce (a qu); **to tell sth to sb's ~** dire qc in

faccia a qu; **you should have seen her ~** avresti dovuto vedere la sua faccia 2. (*front: of building*) facciata *f;* (*of coin*) faccia *f;* (*of clock*) quadrante *m;* (*of mountain*) parete *f* 3. (*respect, honor*) **to lose/save ~** perdere/salvare la faccia ▶ **to put a** brave **~ on sth** far buon viso a cattivo gioco; **to be** brought **~ to ~ with sth** trovarsi faccia a faccia con qc; **to make a long ~** mettere il muso; **his ~** fell **when he opened the letter** ha cambiato espressione quando ha aperto la lettera; **to** fly **in the ~ of logic/reason** sfidare la logica/la ragione; **on the ~ of it** a giudicare dalle apparenze II. *vt* 1. (*turn towards*) guardare verso; **to ~ the audience** essere rivolti verso il pubblico; **please ~ me when I'm talking to you** quando ti parlo guardami in faccia, per cortesia 2. (*confront*) affrontare; **the two teams will ~ each other next week** le due squadre si affronteranno la prossima settimana; **to ~ one's facts** guardare in faccia la realtà; **to ~ one's fears/problems** guardare in faccia le proprie paure/i propri problemi; **to be ~d with sth** trovarsi di fronte a qc; **I can't ~ doing that** non ho il coraggio di farlo; **we are ~d with financial problems** dobbiamo affrontare dei problemi finanziari; **she can't ~ seeing him so soon after their breakup** non se la sente di rivederlo così presto dopo la separazione **3.** ARCHIT rivestire **4.** FASHION bordare ▶ **to ~ the music** *inf* accettare le conseguenze **III.** *vi* **to ~ towards the street** dare sulla strada; **about ~!** dietro front!

◆**face up to** *vt* **to ~ sth** affrontare qc; **you must ~ the fact that ...** devi accettare il fatto che...

facecloth *n* manopola *f* per il viso
face cream *n* crema *f* per il viso
facelift *n* lifting *m inv*
face pack *n* maschera *f* per il viso
face powder *n* cipria *f*
facet ['fæ·sɪt] *n* (*on gemstone*) faccetta *f; fig* sfaccettatura *f*
facetious [fə·'si:·ʃəs] *adj* spiritoso, -a; **stop being so ~** smettila di fare lo spiritoso
face to face [ˌfeɪs·tə·'feɪs] *adv* faccia a faccia; **to come ~ with sth/sb** trovarsi faccia a faccia con qc/qu; **to discuss sth ~ with sb** discutere qc con qu faccia a faccia
face value *n* **1.** ECON valore *m* nominale **2.** *fig* **to take sth at ~** prender qc alla lettera; **to take sb at ~** fidarsi di qu
facial ['feɪ·ʃl] **I.** *adj* (*plastic*) facciale; (*cream*) per il viso; (*hair*) del viso **II.** *n* pulizia *f* del viso
facile ['fæ·sɪl] *adj* **1.** (*remark, argument*) semplicistico, -a **2.** (*victory*) facile
facilitate [fə·'sɪ·lɪ·teɪt] *vt* facilitare
facilitator [fə·'sɪ·lɪ·teɪ·tər] *n* facilitatore, -trice *m, f*
facility [fə·'sɪ·lə·ti] *n* <-ies> **1.** (*services*) servizio *m;* **transport facilities** mezzi *mpl* di trasporto **2.** (*ability*) facilità *f;* (*feature*) funzione *f; ~* **for doing sth** facilità a fare qu **3.** (*building for a special purpose*) complesso *m;* **research ~** centro *m* di ricerca; **sports ~** impianto *m* sportivo
facing ['feɪ·sɪŋ] *n* **1.** ARCHIT rivestimento *m* **2.** (*cloth strip*) fettuccia *f*
facsimile [fæk·'sɪ·mə·li] *n* **1.** (*exact copy*) facsimile *m inv* **2.** (*fax*) fax *m inv*
facsimile machine *n* fax *m inv*
fact [fækt] *n* fatto *m;* **the bare ~s** i fatti nudi e crudi; **to stick to the ~s** attenersi ai fatti ▶ **~s and figures** *inf* fatti e numeri *mpl;* **a ~ of life** un dato di fatto; **to know the ~s of life** sapere come si fanno i bambini; **as a matter of ~ ...** a dir il vero...; **the ~ of the matter is that ...** la verità è che...; **in ~** anzi
fact-finding ['fækt·faɪn·dɪŋ] *adj* investigativo, -a; **~ committee** commissione *f* di inchiesta
faction ['fæk·ʃən] *n* POL fazione *f*
factor ['fæk·tə] *n* fattore *m;* **to be a contributing ~ in sth** contribuire a qc; **to be a crucial ~ in sth** essere un fattore cruciale per qc; **rhesus ~** fattore *m* Rh
factory ['fæk·tə·ri] *n* <-ies> fabbrica *f;* **car ~** fabbrica automobilistica
factory farm *n* allevamento *m* industriale
factory worker *n* operaio, -a *m, f* di fabbrica
factotum [fæk·'toʊ·təm] *n form* factotum *m inv*

factual ['fæk·tʃu:·əl] *adj* basato, -a sui fatti; **a ~ error** un errore di fatto
faculty ['fæ·kl·ti] <-ies> *n* **1.** (*teachers*) corpo *m* docente **2.** UNIV facoltà *f* **3.** (*ability*) facoltà *f;* **to have a ~ for doing sth** avere la capacità di fare qc
fad [fæd] *n inf* **1.** (*fashion*) moda *f;* **a passing ~** una moda passeggera **2.** (*obsession*) mania *f*
faddish ['fæ·dɪʃ] *adj inf s.* **faddy**
faddy ['fæ·di] *adj inf* schizzinoso, -a
fade [feɪd] **I.** *vi* **1.** (*lose color*) sbiadire **2.** (*intensity: light, sound*) affievolirsi; (*smile, life*) spegnersi; (*interest*) scemare; (*hope, optimism, memory*) svanire; (*plant, beauty*) appassire **3.** (*disappear*) scomparire; **to ~ from sight/view** sparire alla vista; **to ~ from the scene** sparire di scena **4.** CINE, TV chiudere o aprire in dissolvenza **II.** *vt* scolorire
◆**fade away** *vi* (*hope, memory, love, grief*) svanire; (*sound*) affievolirsi; (*beauty*) appassire; (*person*) consumarsi
◆**fade in I.** *vi* (*picture*) apparire gradualmente; (*sound*) aumentare gradualmente **II.** *vt* (*picture*) far apparire gradualmente; (*sound*) far aumentare gradualmente
◆**fade out** *vi* (*picture*) sparire gradualmente; (*sound*) sfumare
fag [fæg] *n pej* (*homosexual*) checca *f*
faggot ['fæ·gət] *n pej* (*homosexual*) checca *f*
fagot ['fæ·gət] *n* (*bundle of sticks*) fascio *m* di legna
Fahrenheit ['fæ·rən·haɪt] *n* Fahrenheit *m*
fail [feɪl] **I.** *vi* **1.** (*not succeed*) fallire; **if all else ~s** come ultima spiaggia; **to ~ to do sth** non riuscire a fare qc; **to never ~ to do sth** non scordarsi mai di fare qc; **to ~ to appreciate sth** non saper apprezzare qc; **to ~ in one's duty** venir meno al proprio dovere; **I ~ to see why that matters** non vedo che importanza abbia **2.** SCHOOL, UNIV essere bocciato **3.** TECH, AUTO (*brakes, steering, engine*) guastarsi **4.** (*eyesight, hearing*) abbassarsi; **his heart failed** ha avuto un attacco di cuore **5.** FIN, COM (*go bankrupt*) fallire **6.** AGR, BOT andare perso **II.** *vt* **1.** (*not pass: exam*) non superare; (*pupil*) bocciare **2.** (*not help*) **her courage ~ed her** le è mancato il coraggio; **his nerve ~ed him** gli mancò il coraggio **III.** *n* SCHOOL, UNIV insufficienza *f* ▶ **without ~** (*definitely*) senza eccezioni; (*always*) immancabilmente
failing ['feɪ·lɪŋ] **I.** *adj* (*health*) debole **II.** *n* (*of mechanism*) difetto *m;* (*of person*) debolezza *f* **III.** *prep* in mancanza di
fail-safe ['feɪl·seɪf] *adj* di sicurezza
fail-safe device *n* meccanismo *m* di sicurezza
failure ['feɪl·jə] *n* **1.** (*lack of success*) fallimento *m;* **crop ~** AGR perdita *f* del raccolto; **to be doomed to ~** essere destinato al fallimento; **his ~ to answer** il fatto che non abbia risposto **2.** TECH, ELEC (*breakdown*) guasto *m* **3.** COM fallimento *m*
faint [feɪnt] **I.** *adj* **1.** (*scent, odor, taste*) leg-

gero, -a; (*sound, light, smile*) debole; (*line, outline, scratch*) appena abbozzato, -a; (*memory*) vago, -a **2.**(*slight: resemblance, sign, suspicion, chance, hope*) vago, -a; **not to make the ~est attempt to do sth** non mostrare la minima intenzione di voler fare qc; **not to have the ~est idea** *inf* non avere la più pallida idea **3.**(*weak*) **to be ~ with hunger** non reggersi in piedi dalla fame; **to feel ~** sentirsi mancare **II.** *vi* svenire **III.** *n* svenimento *m;* **to fall down in a faint** cadere svenuto

faint-hearted [ˌfeɪnt·ˈhɑːr·ţɪd] *adj* (*person*) pauroso, -a

faintly *adv* (*barely perceptibly: smile, shine*) debolmente; (*remember*) vagamente

fair¹ [fer] **I.** *adj* **1.**(*just: society, trial, wage, price*) giusto, -a; **a ~ share** una buona dose; **~ enough** mi sembra giusto; **it's only ~ that she should be told** è giusto dirglielo **2.** *inf* (*quite large: amount*) discreto, -a; **it's a ~ size** è della grandezza giusta **3.**(*reasonably good: chance, prospect*) buono, -a **4.**(*not bad*) discreto, -a **5.**(*light in color: skin*) chiaro, -a; (*hair*) biondo, -a **6.** METEO **~ weather** tempo *m* bello ▸ **by ~ <u>means</u> or foul** o con le buone o con le cattive; **~'s** ~ *inf* quel che è giusto è giusto **II.** *adv* **to play ~** giocare pulito ▸ **~ and <u>square</u>** (*following the rules*) lealmente; (*directly*) in pieno

fair² [fer] *n* fiera *f;* **trade ~** fiera commerciale

fair game *n fig* bersaglio *m* legittimo

fairground [ˈfer·graʊnd] *n* luna park *m inv*

fair-haired [ˌfer·ˈherd] *adj* biondo, -a

fairly [ˈfer·li] *adv* **1.**(*quite*) abbastanza **2.**(*justly*) in modo imparziale **3.** *liter* (*almost*) praticamente

fair-minded [ˌfer·ˈmaɪn·dɪd] *adj* imparziale

fairness *n* **1.**(*justice*) imparzialità *f;* **in (all) ~ ...** in tutta onestà... **2.**(*of skin*) bianchezza *f;* (*of hair*) biondo *m*

fair play *n* fair play *m inv*

fairway [ˈfer·weɪ] *n* **1.**(*in golf*) fairway *m inv,* zona di prato con erba corta fra il tee e il green **2.** NAUT canale *m* navigabile

fairy [ˈfe·ri] <-ies> *n* **1.**(*creature*) fata *f* **2.** *pej, inf* (*homosexual*) checca *f*

fairy tale *n à. fig* fiaba *f;* **a ~ ending** un finale da favola

faith [feɪθ] *n* fede *f;* **to have/lose ~ in sb/sth** avere/perdere la fede in qu/qc; **to put one's ~ in sb/sth** confidare in qu/qc; **to renounce one's ~** rinnegare la propria fede; **to keep the ~** conservare la fiducia

faithful [ˈfeɪθ·fəl] **I.** *adj* fedele **II.** *n* **the ~** i fedeli

faithfully *adv* **1.**(*loyally: serve*) fedelmente; **to promise ~ to do sth** promettere solennemente di fare qc **2.**(*exactly: copy, translate*) fedelmente

faith healer *n* guaritore, -trice *m, f*

faithless [ˈfeɪθ·ləs] *adj* REL infedele; (*disloyal*) sleale

fake [feɪk] **I.** *n* **1.**(*painting, jewel*) falso *m* **2.**(*person*) impostore, -a *m, f* **II.** *adj* **~ fur** pelliccia finta; **~ jewel** gioiello falso; **a ~ tan** un'abbronzatura artificiale **III.** *vt* **1.**(*counterfeit*) falsificare **2.**(*pretend to feel*) fingere **IV.** *vi* fingere

falcon [ˈfæl·kən] *n* falcone *m*

Falkland Islands [ˈfɔːk·lənd·ˌaɪ·ləndz] *npl* **the ~** le (isole) Falkland *fpl*

fall [fɔːl] <fell, fallen> **I.** *vi* **1.**(*drop down: rain, snow*) scendere; (*tree*) cadere; THEAT (*curtain*) calare; **to ~ flat** (*joke*) non far ridere; (*plan*) fallire; (*suggestion*) cadere nel vuoto; **to ~ down the stairs** cadere dalle scale; **to ~ (down) dead** cadere morto; **to ~ flat on one's face** cadere faccia a terra **2. to ~ to one's knees** cadere in ginocchio **3.**(*land: bomb, missile*) cadere **4.**(*decrease: prices, demand*) scendere; **to ~ sharply** calare bruscamente **5.**(*temperature*) scendere **6.**(*accent, stress*) cadere **7.**(*in rank, on charts*) scendere **8.**(*be defeated*) cadere; **to ~ under sb's power** cadere sotto il dominio di qu; **the prize fell to him** il premio toccò a lui **9.** *liter* (*die in battle*) cadere **10.** REL peccare **11.**(*occur*) **to ~ on a Monday** cadere di lunedì **12.**(*darkness, silence*) calare; **night was ~ing** stava calando la notte **13.**(*belong*) **to ~ into a category** rientrare in una categoria **14.**(*hang down: hair, cloth*) ricadere **15.**(*go down: cliff, ground, road*) scendere **16.** + *adj* (*become*) **to ~ asleep** addormentarsi; **to ~ due** scadere; **to ~ afoul of the law** avere problemi con la legge; **to ~ ill** ammalarsi **17.**(*enter a particular state*) **to ~ madly in love (with sb/sth)** innamorarsi perdutamente (di qu/qc); **to ~ out of favor** cadere in disgrazia; **to ~ under the influence of sb/sth** cadere sotto l'influenza di qu/qc; **to ~ to pieces** *fig* (*person*) crollare; (*plan, relationship*) andare in pezzi **II.** *n* **1.**(*drop from a height*) caduta *f* **2.**(*decrease*) calo *m;* **~ in temperature** calo della temperatura **3.**(*defeat*) caduta *f* **4.**(*autumn*) autunno *m* **5.** *pl* (*waterfall*) cascata *f;* **Niagara Falls** le cascate *fpl* del Niagara **6.** REL **the Fall** il peccato *m* originale **III.** *adj* autunnale

◆**fall apart** *vi* (*thing*) cadere a pezzi; (*emotionally: person*) crollare

◆**fall away** *vi* **1.**(*become detached: plaster, rock*) staccarsi **2.**(*slope downward*) digradare **3.**(*decrease: attendance, support*) diminuire; **to ~ sharply** diminuire drammaticamente **4.**(*disappear: feeling*) svanire

◆**fall back** *vi* **1.**(*move backwards: crowd*) restare indietro **2.**(*retreat: army*) ripiegare **3.** SPORTS (*runner*) perdere posizioni **4.**(*decrease: production, prices*) diminuire

◆**fall back on** *vt,* **fall back upon** *vt* ripiegare su

◆**fall behind** *vi* **1.**(*become slower*) rimanere indietro **2.**(*achieve less: team, country*) rimanere indietro **3.**(*fail to do sth on time*) essere in ritardo **4.** SPORTS farsi distanziare

F

F

◆**fall down** *vi* 1.(*person*) cadere; (*building*) crollare; **our school is falling down** la nostra scuola sta cadendo a pezzi 2.(*be unsatisfactory: plan*) fare acqua; (*person*) non essere all'altezza; **to ~ on the job** *inf* non essere all'altezza

◆**fall for** *vt* **to ~ sb** prendersi una cotta per qu; **to ~ a trick** cadere in uno scherzo

◆**fall in** *vi* 1.(*into water, hole*) cadere 2.(*collapse: roof, ceiling*) venire giù 3.MIL mettersi in riga

◆**fall in with** *vt insep* 1.(*agree to*) adeguarsi a 2.(*become friendly with*) **to ~ sb** mettersi a frequentare

◆**fall off** *vi* 1.(*become detached*) staccarsi 2.(*decrease*) diminuire

◆**fall on** *vt insep* 1.(*day or date*) cadere il 2.(*attack*) gettarsi su; **to ~ sb** (*cuts*) ricadere su qu ►**to ~ hard** times cadere in miseria

◆**fall out** *vi* 1.(*drop out*) cadere 2.*inf* (*argue*) litigare 3.MIL rompere le righe

◆**fall over** I. *vi insep* cadere II. *vt* inciampare in; **to ~ oneself to do sth** *inf* farsi in quattro per fare qc

◆**fall through** *vi* andare a monte

◆**fall to** *vt insep* (*be responsibility of*) toccare a

◆**fall upon** *vt s.* **fall on**

fallacious [fə·ˈleɪ·ʃəs] *adj form* fallace

fallacy [ˈfæ·lə·si] <-ies> *n* convinzione *f* errata

fallen [ˈfɔː·lən] *adj* caduto, -a; **~ arches** MED piedi *mpl* piatti; **a ~ dictator** un dittatore deposto; **a ~ woman** una donna perduta

fall guy *n inf* capro *m* espiatorio

fallible [ˈfæ·lə·bl] *adj* fallibile; **we are all ~** tutti possono sbagliare

falling star *n* stella *f* cadente

falloff [ˈfɔː·lɑːf] *n* COM calo *m*

Fallopian tube [fə·ˈlou·pi·ən·ˈtuːb] *n* tromba *f* di Fallopio

fallout [ˈfɔː·laut] *n* 1.PHYS fallout *m inv, pioggia di polvere radioattiva* 2.*fig* ripercussioni *mpl*

fallout shelter *n* rifugio *m* antiatomico

fallow [ˈfæ·lou] I. *adj* 1.(*ground, field*) a maggese 2.(*period, time*) improduttivo, -a II. *adv* **to let a field lie ~** tenere il campo a maggese

fallow deer *n inv* daino *m*

false [fɔːls] I. *adj* 1.(*untrue: idea, information*) falso, -a; **a ~ dawn** un falso allarme *m;* **~ economy** finto risparmio *m;* **~ move** mossa *f* falsa; **to take a ~ step** fare un passo falso; **a ~ pregnancy** MED, PSYCH gravidanza *f* isterica; **to give a ~ impression** fare un'impressione sbagliata; **to raise ~ hopes** suscitare false speranze 2.(*artificial: beard, eyelashes*) finto, -a; **a ~ bottom** un doppio fondo *m* 3.(*name, address, identity*) falso, -a; **to give ~ evidence in court** LAW testimoniare il falso in tribunale; **~ accounting** LAW, FIN falso *m* in bilancio; **under ~ colors** *liter* sotto mentite spoglie; **under ~ pretenses** con l'inganno 4.(*insincere: smile, laugh, manner*) falso, -a; **to put on a ~ front** fingere; **~ modesty** falsa modestia *f* 5.*liter* (*disloyal*) **a ~ friend** un falso amico II. *adv* **to play sb ~** ingannare qu

false alarm *n* falso allarme *m*

false friend *n* LING falso amico *m*

falsehood [ˈfɔːls·hud] *n* 1.(*untruth*) falsità *f* 2.(*lie*) menzogna *f*

false imprisonment *n* detenzione *f* illegale

falseness *n* 1.(*inaccuracy*) inesattezza *f* 2.(*insincerity*) falsità *f*

false start *n* SPORTS falsa partenza *f*

false teeth *npl* denti *mpl* finti

falsetto [fɔːl·ˈse·tou] I. *n* falsetto *m; ~ voice* voce *f* di falsetto II. *adv* **to sing ~** cantare in falsetto

falsification [ˌfɔːl·sɪ·fɪ·ˈkeɪ·ʃən] *n* falsificazione *f;* **~ of evidence** falsificazione *f* delle prove

falsify [ˈfɔːl·sɪ·faɪ] *vt* falsificare

falsity [ˈfɔːl·sə·t̬i] *n* 1.(*inaccuracy*) inesattezza *f* 2.(*insincerity*) falsità *f*

falter [ˈfɔːl·t̬ɚ] *vi* 1.(*move uncertainly*) barcollare 2.(*lose strength: conversation*) languire; (*courage, negotiations*) vacillare

faltering [ˈfɔːl·t̬ɚ·ɪŋ] *adj* (*voice, speech*) esitante; (*steps*) incerto, -a

fame [feɪm] *n* fama *f;* **to rise to ~** diventare famoso

famed *adj* famoso, -a

familiar [fə·ˈmɪl·jɚ] *adj* 1.(*well-known*) familiare 2.(*acquainted*) **to be ~ with sth** conoscere qc 3.(*friendly*) familiare; **~ form of address** LING modo informale di rivolgersi a qu *f;* **to be on ~ terms (with sb)** essere in (rapporti di) confidenza (con qu)

familiarity [fə·ˌmɪr·li·ˈe·rə·t̬i] *n* 1.(*intimacy*) familiarità *f;* (*inappropriate friendliness*) troppa confidenza *f* 2.(*knowledge*) familiarità *f*

familiarize [fə·ˈmɪl·jə·raɪz] *vt* (far)familiarizzare; **to ~ oneself with sth** familiarizzarsi con qc

family [ˈfæ·mə·li] <-ies> I. *n* famiglia *f;* **to be ~** essere una famiglia; **to be (like) one of the ~** essere come uno di famiglia; **to run in the ~** essere un vizio di famiglia; **to start a ~** metter su famiglia II. *adj* (*jewels, dinner*) di famiglia; (*life*) familiare; (*entertainment*) per tutta la famiglia

family allowance *n Can* assegni *mpl* familiari

family doctor *n* medico *m* di famiglia

family man *n* (*enjoying family life*) uomo *m* tutto casa e famiglia; (*with wife and family*) padre *m* di famiglia

family name *n* cognome *m*

family planning *n* pianificazione *f* familiare

family tree *n* albero *m* genealogico

famine [ˈfæ·mɪn] *n* carestia *f*

famished [ˈfæ·mɪʃt] *adj inf* **to be ~** essere morto, -a di fame

famous [ˈfeɪ·məs] *adj* famoso, -a; **to become ~ for sth** diventare famoso per qc

famously *adv* **to get on ~** andare perfettamente d'accordo

fan¹ [fæn] **I.** *n* **1.** (*hand-held*) ventaglio *m* **2.** (*electrical*) ventilatore *m* **II.** <-nn-> *vt* **1.** (*cool with fan*) sventolare; **to ~ oneself** sventolarsi **2.** *fig* (*heighten: passion, interest*) alimentare; **to ~ the flames** *fig* soffiare sul fuoco

fan² [fæn] *n* (*admirer: of person*) ammiratore, -trice *m, f;* (*of team*) tifoso, -a *m, f;* (*of classical music*) appassionato, -a *m, f;* (*of pop star*) fan *mf inv*

fanatic [fə·'næ·t̩ɪk] *n* **1.** fanatico, -a *m, f* **2.** *pej* fondamentalista *mf*

fanatical *adj* fanatico, -a; **to be ~ about sth** essere un fanatico di qc

fanaticism [fə·'næ·t̩ɪ·sɪ·zəm] *n* fanatismo *m*

fan belt *n* AUTO cinghia *f* del ventilatore

fancier ['fæn·tsɪ·ə'] *n* **pigeon ~** allevatore, -trice di piccioni *m*

fanciful ['fæn·tsɪ·fəl] *adj* **1.** (*idea, notion*) stravagante **2.** (*design, style*) fantasioso, -a

fan club *n* fan club *m inv*

fancy ['fæn·tsi] **I.** *adj* <-ier, -iest> **1.** (*elaborate: decoration, frills*) fantasioso, -a; **the speech was all ~ phrases** il discorso era infarcito di frasi elaborate **2.** *inf* (*expensive*) costoso, -a; **~ hotel** hotel *m* di lusso; **~ prices** prezzi *mpl* esorbitanti **3.** (*whimsical: ideas, notions*) stravagante **II.** *n* <-ies> **1.** (*liking*) **to take a ~ to sth/sb** invaghirsi di qc/qu; **to take sb's ~** attirare qu; **it tickled his ~** ha stuzzicato la sua fantasia **2.** (*imagination*) fantasia *f* **3.** (*whimsical idea*) capriccio *m;* **whenever the ~ takes you** tutte le volte ti gira **III.** <-ie-> *vt* **1.** (*want, like*) **to ~ doing sth** aver voglia di fare qu; **he fancies you** gli piaci; **to ~ oneself** credersi chissà cosa **2.** (*imagine*) **to ~ oneself as sth** immaginare di essere qc; **to ~ (that)** ... immaginare (che)...; **~ (that)!** ma pensa un po'!; **~ shouting at him!** come ti è venuto in mente di sgridarlo!; **~ meeting here!** che combinazione incontrarsi proprio qui!

fancy-free [,fæ·tsi·'fri:] *adj* libero, -a, *da legami sentimentali*

fancy goods *npl* articoli *mpl* da regalo

fanfare ['fæn·fer] *n* fanfara *f*

fang [fæŋ] *n* (*of dog, lion*) zanna *f;* (*of snake*) dente *m*

fan mail *n* lettere *fpl* degli ammiratori

fanny ['fæ·ni] *n inf* sedere *m*

fantasize ['fæn·tə·saɪz] *vi* **to ~ about sth** fantasticare su qc

fantastic [fæn·'tæs·t̩ɪk] *adj* **1.** (*excellent*) fantastico, -a **2.** (*unbelievable: coincidence*) incredibile; (*notion, plan*) fantasioso, -a

fantasy ['fæn·tə·si] <-ies> *n* fantasia *f*

fanzine ['fæn·zi:n] *n* fanzine *f*

FAQ *n* COMPUT *abbr of* **frequently asked questions** FAQ *f inv*

far [fɑːr] <farther, farthest *o* further, furthest> **I.** *adv* **1.** (*a long distance*) lontano; **how ~ is it from Boston to Maine?** quanto dista Boston dal Maine?; **~ away** (molto) lontano; **~ from**

doing sth lungi dal fare qc; **~ from it** al contrario **2.** (*distant in time*) **as ~ back as I remember** ... per quanto riesco a ricordare ...; **to be not ~ off sth** non essere molto lontano da qc; **so ~** finora **3.** (*in progress*) **to not get very ~ with sth** non andare molto lontano con qc; **he will go ~** farà molta strada; **to go too ~** esagerare **4.** (*much*) **~ better** molto meglio; **~ nicer** assai più carino; **to be the best by ~** essere di gran lunga il [*o* la] migliore; **to be ~ too expensive** essere troppo caro **5.** (*connecting adverbial phrase*) **as ~ as I know** ... per quanto ne so...; **as ~ as you can** più che puoi, **as ~ as possible** per quanto possibile; **as ~ as I'm concerned** ... per quel che mi riguarda...; **the essay is OK as ~ as it goes** il tema a grandi linee va bene ▶ **so ~ so good** per ora tutto bene; **~ and wide** in lungo e in largo **II.** *adj* **1.** (*distant*) lontano, -a; **in the ~ distance** in lontananza; **a ~ country** *liter* un paese lontano **2.** (*further away*) **the ~ bank of the river** l'altra riva del fiume; **the ~ left/ right (of a political party)** l'estrema sinistra/ destra (di un partito)

faraway ['fɑːr·ə·weɪ] *adj* **a ~ land** una terra lontana; **to have a ~ expression** avere un'espressione assente

farce [fɑːrs] *n* **1.** THEAT farsa *f* **2.** *fig* farsa *f*

farcical ['fɑːr·sɪ·kl] *adj* farsesco, -a

fare [fer] **I.** *n* **1.** (*for journey*) tariffa *f,* per viaggio; **one way/round trip ~** costo del biglietto di sola andata/andata e ritorno **2.** (*taxi passenger*) passeggero, -a *m, f, di taxi* **3.** CULIN cibo *m;* **simple home-style ~** cucina *f* casalinga **II.** *vi* **to ~ badly/well** andare male/ bene; **how did you ~ at the interview?** come te la sei cavata al colloquio?

Far East *n* **the ~** l'Estremo Oriente *m*

farewell [,fer·'wel] **I.** *interj form* addio; **to bid ~ to sb/sth** accomiatarsi da qu/qc **II.** *n* addio *m* **III.** *adj* d'addio

far-fetched [,fɑːr·'fetʃt] *adj* esagerato, -a

far-flung [,fɑːr·'flʌŋ] *adj liter* **1.** (*spread over wide area*) molto esteso, -a **2.** (*remote*) remoto, -a

farm [fɑːrm] **I.** *n* (*small*) fattoria *f* **II.** *vt* (*land*) coltivare; (*sheep*) allevare **III.** *vi* fare l'agricoltore

◆ **farm out** *vt* **to ~ work** dare un lavoro in appalto

farmer ['fɑːr·mə'] *n* (*land*) agricoltore, -trice *m, f;* (*animal*) allevatore, -trice *m, f*

farm hand *n* bracciante *mf* agricolo, -a

farmhouse *n* <-s> casa *f* colonica

farmland *n* terreno *m* agricolo

farmstead *n* casa *f* colonica

farmyard *n* aia *f*

far-off [,fɑːr·'ɑːf] *adj* (*place, country, time*) lontano, -a

far-reaching [,fɑːr·'riː·tʃɪŋ] *adj* di grande portata

farseeing [,fɑːr·'siː·ɪŋ] *adj* (*decision, policy*) di largo respiro; (*person*) lungimirante

F

F

farsighted [ˌfɑːrˈsaɪ·tɪd] *adj* (*decision, policy*) di largo respiro; (*person*) lungimirante

fart [fɑːrt] *inf* I. *n* scorreggia *f;* **to do/lay a ~** fare una scorreggia II. *vi* scorreggiare

farther [ˈfɑːr·ðə] I. *adv comp of* **far** 1. (*distance*) più lontano; **~ away from ...** più lontano da...; **~ down/up** più in basso/in alto 2. (*time*) **~ back in time** più indietro nel tempo II. *adj comp of* **far** più lontano, -a

farthest [ˈfɑːr·ðɪst] I. *adv superl of* **far** più lontano II. *adj superl of* **far** (*distance, time*) più lontano, -a

fascia [ˈfeɪ·ʃə] <fasciae> *n* 1. ANAT guaina *f* 2. (*board above shop window*) insegna *f* 3. ARCHIT fascia *f*

fascinate [ˈfæ·sə·neɪt] *vt* affascinare

fascinating [ˈfæ·sɪ·neɪ·tɪŋ] *adj* affascinante

fascination [ˌfæ·sə·ˈneɪ·ʃən] *n* fascino *m;* **to listen in ~** ascoltare affascinato

fascism *n*, **Fascism** [ˈfæ·ʃɪ·zəm] *n* fascismo *m*

fascist, Fascist [ˈfæ·ʃɪst] I. *n* fascista *mf* II. *adj* fascista

fashion [ˈfæ·ʃən] I. *n* 1. (*popular style*) moda *f;* **to be in ~** essere di moda; **to be out of ~** essere fuori moda; **to come into ~** diventare di moda; **to be all the ~** essere molto di moda; **the latest ~** l'ultima moda 2. (*manner*) modo *m;* **in the usual ~** al solito modo; **after a ~** in un certo senso II. *vt* fare

fashionable [ˈfæ·ʃə·nə·bl] *adj* (*nightclub, restaurant, style, person*) alla moda; (*clothes*) di moda

fashion designer *n* stilista *mf*

fashion show *n* sfilata *f* di moda

fast¹ [fæst] I. <-er, -est> *adj* 1. (*quick*) veloce; **the ~ lane** la corsia di sorpasso; **~ train** (treno) rapido *m;* **to be a ~ worker** essere uno che va subito al sodo 2. (*clock*) **to be ~** andare avanti 3. (*firmly fixed*) ben saldo, -a; **to make ~** NAUT ormeggiare; **to make sth ~ (to sth)** fissare qc (a qc) 4. (*immoral*) **~ woman** donna *f* dissoluta II. *adv* 1. (*quickly*) velocemente; **not so ~!** non così forte! 2. (*firmly*) saldamente; **to hold ~ to sth** tenersi bene a qc; **to stand ~** non cedere 3. (*deeply*) profondamente; **to be ~ asleep** dormire profondamente

fast² [fæst] I. *vi* (*go without food*) digiunare II. *n* (*period without food*) digiuno *m*

fasten [ˈfæ·sən] *vt* 1. (*do up: dress*) allacciare; (*bag*) chiudere 2. (*fix securely*) fissare; **to ~ one's seatbelt** allacciare la cintura di sicurezza 3. **to ~ sth onto sth** attaccare qc a qc; **to ~ one's eyes on sth** fissare lo sguardo su qc; **to ~ sth together** (*with paper clip*) appuntare qc; (*with string*) legare qc

◆**fasten down** *vt* fermare

◆**fasten on** I. *vt* fissarsi su; **to ~ an idea** fissarsi su un'idea II. *vi* **to ~ to sb** attaccarsi a qu

◆**fasten up** *vt* allacciare

fastener [ˈfæ·sə·nə] *n* chiusura *f;* **snap ~** bottone *m* automatico

fast food *n* fast food *m inv*

fast-forward [ˌfæst·ˈfɔːr·wəd] I. *vt* far andare avanti velocemente II. *vi* avanzare velocemente III. *n* tasto di avanzamento *m* veloce

fastidious [fəˈstɪ·di·əs] *adj* pignolo, -a

fastness [ˈfæst·nɪs] <-es> *n* 1. MIL fortezza *f* 2. *liter* (*stronghold*) rifugio *m*

fat [fæt] I. *adj* 1. grasso, -a; **to get ~** ingrassare 2. (*thick*) grosso, -a 3. (*large*) grosso, -a; **a ~ check** un grosso assegno ▶ **~ chance!** *inf* aspetta e spera! II. *n* 1. (*body tissue*) grasso *mpl* 2. (*fatty substance*) grasso *m;* **vegetable ~** grasso vegetale ▶ **the ~ is in the fire** la frittata è fatta; **to live off the ~ of the land** fare una vita da nababbo; **to chew the ~ with sb** *inf* chiacchierare con qu

fatal [ˈfeɪ·təl] *adj* fatale

fatalism [ˈfeɪ·tə·lɪ·zəm] *n* fatalismo *m*

fatalist *n* fatalista *mf*

fatality [fəˈtæ·lə·ti] <-ies> *n* vittima *f*

fatally *adv* 1. (*causing death*) mortalmente; **~ ill** gravemente malato 2. (*disastrously*) irrimediabilmente; **~ damaged** danneggiato irrimediabilmente

fate [feɪt] *n* (*destiny*) fato *m;* (*one's end*) destino *m;* **to leave sb to his ~** abbandonare qu al suo destino; **to meet one's ~** andare incontro al proprio destino; **to seal sb's ~** decidere la sorte di qu; **to share the same ~** avere lo stesso destino; **to tempt ~** sfidare la sorte; **a ~ worse than death** un destino peggiore della morte; **it must be ~** deve essere il destino

fated [ˈfeɪ·tɪd] *adj* destinato, -a; **to be ~ to do sth** essere destinato a fare qc; **it was ~ that ...** era destino che...

fateful [ˈfeɪt·fəl] *adj* fatidico, -a

fat-free *adj* senza grassi

fathead [ˈfæt·hed] *n inf* imbecille *mf*

father [ˈfɑː·ðə] I. *n* 1. (*parent*) padre *m;* **from ~ to son** di padre in figlio; **to be like a ~ to sb** essere come un padre per qu; **on your ~'s side** da parte di padre 2. (*founder*) padre *m* 3. *pl, liter* (*ancestors*) antenati *mpl* ▶ **like ~, like son** tale padre, tale figlio II. *vt* (*child*) diventare padre di; (*idea*) concepire

Father Christmas *n* Babbo *m* Natale

father figure *n* figura *f* paterna

fatherhood [ˈfɑː·ðə·hʊd] *n* paternità *f*

father-in-law [ˈfɑː·ðə·ɪn·lɑː] <fathers-in-law *o* father-in-laws> *n* suocero *m*

fatherland [ˈfɑː·ðə·lænd] *n* madre *f* patria

fatherless [ˈfɑː·ðə·ləs] *adj* orfano, -a di padre

fatherly [ˈfɑː·ðə·li] *adj* paterno, -a

Father's Day *n* Festa *f* del Papà

fathom [ˈfæ·ðəm] I. *n* NAUT braccio *m* II. *vt* (*mystery*) penetrare

fathomless *adj liter* 1. (*too deep to measure*) insondabile 2. (*impossible to understand*) incomprensibile

fatigue [fəˈtiːg] I. *n* 1. (*tiredness*) fatica *f;* **to suffer from ~** essere affaticato, -a 2. TECH fatica *f* 3. MIL corvée *f inv;* (*uniform*) tuta *m* da fatica II. *vt form* (*tire*) affaticare

fatigues *npl* MIL tuta *f* da fatica

fatten ['fæ·tən] *vt* ingrassare

fattening *adj* che fa ingrassare

fatty ['fæ·ţi] I. *adj* 1. (*food*) grasso, -a 2. (*tissue*) adiposo, -a II. <-ies> *n inf* grassone, -a *m, f*

fatuous ['fæ·tʃu·əs] *adj* fatuo, -a

faucet ['fɑː·sɪt] *n* rubinetto *m;* **to turn the ~ on/off** aprire/chiudere il rubinetto

fault [fɔːlt] I. *n* 1. (*responsibility*) colpa *f;* **it's not my ~** non è colpa mia; **to be sb's ~ (that ...)** essere colpa di qu (se ...); **to be at ~** essere in torto; **to find ~ with sb** trovare da ridire su qu 2. (*character weakness*) difetto *m;* **to have its ~s** avere i suoi difetti; **to be generous to a ~** essere fin troppo generoso 3. (*defect*) difetto *m;* **electrical/technical ~** problema *m* elettrico/tecnico 4. GEO faglia *f* 5. SPORTS fallo *m;* **double ~** doppio fallo; **foot ~** fallo di piede; **to call a ~** fischiare un fallo II. *vt* criticare

faultfinding ['fɔːlt·ˌfaɪn·dɪŋ] I. *n* (*criticism*) tendenza a cercare il pelo nell'uovo *f* II. *adj* criticone, -a

faultless ['fɔːlt·ləs] *adj* impeccabile

faulty ['fɔːl·ti] *adj* difettoso, -a; **~ logic** logica *f* difettosa

faun [fɑːn] *n* fauno *m*

fauna ['fɑː·nə] *n* fauna *f*

favor ['feɪ·vəʳ] I. *n* 1. (*approval*) favore *m;* **to be in ~ of sb/sth** essere a favore di qu/qc; **to decide/vote in ~ of (doing) sth** decidere/votare a favore di (fare) qc; **to come down in ~ of (doing) sth** schierarsi a favore di (fare) qc; **to be in ~** essere di moda; **to be in ~ with sb** godere dell'appoggio di qu; **to be out of ~** non riscuotere più consenso; **to reject sth in ~ of sth else** respingere qc a favore di qc altro; **to find in ~ of sb** LAW emettere una sentenza a favore di qu; **to find ~ with sb** essere nelle grazie di qu; **to gain** [*o* **win**] **sb's ~** guadagnarsi il favore di; **to show ~ to sb** *form* favorire qu 2. (*advantage*) **to be in sb's ~** essere a vantaggio di qu; **to have sth in one's ~** avere qc che va a vantaggio di; **to have the wind in one's ~** avere il vento a favore 3. (*helpful act*) favore *m;* **to ask sb a ~** chiedere un favore a qu; **to do sb a ~** fare un favore a qu; **do me a ~!** *inf* ma fammi il piacere! 4. (*small gift*) pensierino *m* II. *vt* 1. (*prefer*) preferire 2. (*give advantage to*) privilegiare 3. (*show partiality towards*) favorire 4. *form* (*graciously give*) **to ~ sb with sth** onorare qu di qc

favorable ['feɪ·və·ə·bl] *adj* 1. (*approving*) favorevole; **to make a ~ impression (on sb)** fare un'impressione positiva (a qu) 2. (*advantageous*) vantaggioso, -a; **~ to sth/sb** vantaggioso per qu/qc

favored ['feɪ·vəʳd] *adj* (*preferred*) favorito, -a; (*child*) prediletto, -a

favorite ['feɪ·və·ɪt] I. *adj* (*most liked*) preferito, -a; **~ son** POL *candidato alle elezioni presidenziali americane designato dal suo Stato natale* II. *n* preferito, -a *m, f*

favoritism *n* favoritismo *m*

fawn¹ [fɑːn] I. *n* 1. (*young deer*) cerbiatto *m* 2. (*color*) fulvo *m* chiaro *inv* II. *adj* fulvo chiaro

fawn² [fɑːn] *vi* (*be eager to please*) **to ~ on sb** adulare qu

fawning ['fɑː·nɪŋ] *adj* adulatore, -trice

fax [fæks] I. *n* fax *m inv;* **to send something by ~** inviare qc per fax II. *vt* mandare per fax; **to ~ sth through to sb** inviare qc a qu per fax

fax machine *n* fax *m inv*

FBI [ˌef·biː·ˈaɪ] *n abbr of* **Federal Bureau of Investigation** FBI *f*

L' **FBI**, *the Federal Bureau of Investigation,* è la polizia giudiziaria federale. I suoi funzionari sono chiamati *FBI agents* o *federal agents. Central Intelligence Agency (CIA)* è il nome dei servizi segreti internazionali degli Stati Uniti. Oltre alla CIA, esistono numerosissimi altri servizi segreti.

FDA *n abbr of* **Food and Drug Administration** FDA, *organismo governativo statunitense incaricato del controllo di alimenti e medicinali*

fear [fɪr] I. *n* paura *m;* **to have a ~ of sth** avere paura di qc; **~ of heights** paura dell'altezza; **for ~ of doing sth** per paura di fare qc; **for ~ that** per paura che; **to be in ~ of sth** temere qc; **to go in ~ of sth** temere per qc; **to put the ~ of God into sb** spaventare qu a morte; **without ~ or favor** in modo imparziale II. *vt* 1. (*be afraid of*) temere; **to have nothing to ~** non aver nulla da temere; **to ~ to do sth** aver paura di fare qc 2. *form* (*feel concern*) **to ~ (that ...)** temere (che ...) III. *vi liter* temere; **to ~ for one's life** temere per la propria vita; **never ~!** *iron* niente paura!

fearful ['fɪr·fəl] *adj* 1. (*anxious*) timoroso, -a; **~ of doing sth** timoroso di fare qc 2. (*terrible: pain*) tremendo; (*accident*) terrible 3. *inf* (*very bad: noise, mess*) tremendo, -a

fearless ['fɪr·ləs] *adj* impavido, -a

fearsome ['fɪr·səm] *adj* terrificante

feasibility [ˌfiː·zə·ˈbɪ·lə·ţi] *n* fattibilità *f*

feasibility study *n* studio *m* di fattibilità

feasible ['fiː·zə·bl] *adj* 1. (*plan*) fattibile 2. (*story*) plausibile; (*solution*) possibile

feast [fiːst] I. *n* 1. (*meal*) banchetto *m;* **a ~ for the eye** una festa per gli occhi; **a ~ for the ear** musica per le orecchie 2. REL festa *f* II. *vi* **to ~ on sth** festeggiare con qc III. *vt* organizzare un banchetto per ▶ **to ~ one's eyes on sth** rifarsi gli occhi con qc

feat [fiːt] *n* impresa *f;* **~ of agility** prova *f* di agilità; **~ of engineering** capolavoro *m* di ingegneria

feather ['fe·ðəʳ] I. *n* piuma *f* ▶ **to be a ~ in sb's cap** essere un fiore all'occhiello di qu; **as light as a ~** leggero come una piuma; **to ruffle**

F

F.

sb's ~s dare fastidio a qu II. vt to ~ one's own nest ingrassare le proprie tasche

featherbed ['fe·ðə·bed] vt (child) crescere nella bambagia

featherbrained ['fe·ðə·breɪnd] adj tonto, -a

featherweight ['fe·ðə·weɪt] n SPORTS peso m piuma

feathery ['fe·ðə·ri] adj (clouds, leaves) leggero, -a (come una piuma); (feel, texture) soffice

feature ['fi:·tʃə] I. n 1. (distinguishing attribute) caratteristica f; sb's/sth's best ~ la caratteristica migliore di qu/qc; a distinguishing ~ un tratto distintivo; a physical ~ una caratteristica fisica; to make a ~ of sth valorizzare qc 2. pl (of face) lineamento mpl; to have regular/strong ~s avere dei lineamenti regolari/molto marcati 3. (in newspaper, magazine) articolo m 4. CINE film m II. vt 1. (have as performer, star) a film featuring sb as ... un film con qu nel ruolo di... 2. (give special prominence to) offrire (come attrazione principale); to ~ sth (article, report) contenere 3. (include) includere III. vi 1. (appear) apparire; to ~ in ... apparire in ... 2. (be an actor in) recitare; to ~ in ... recitare in ...

feature film n film m, lungometraggio

featureless adj senza tratti caratteristici

feature story n reportage m inv

febrile ['fi:·brɪl] adj liter (excitement, convulsion) febbrile; (child) febbricitante

February ['fe·brʊ·e·ri] n febbraio m; s.a. **April**

feces ['fi:·si:z] npl feci fpl

feckless ['fek·lɪs] adj form irresponsabile

fed [fed] pt, pp of **feed**

fed. abbr of **federal** federale

federal ['fe·də·rəl] adj federale; ~ republic repubblica f federale

federalism ['fe·də·rə·lɪ·zəm] n federalismo m

federalist ['fe·də·rə·lɪst] n federalista mf

federate ['fe·də·reɪt] I. vt federare II. vi federarsi

federation [ˌfe·də·ˈreɪ·ʃən] n federazione f

fed up adj inf stufo, -a; to be ~ with sth/sb essere stufo di qc/qu

fee [fi:] n (for doctor, lawyer) onorario m; (for membership) quota f di iscrizione; (for school, university) tasse fpl (scolastiche o universitarie); to charge/receive a ~ for sth far pagare/ricevere un onorario per qc e

feeble ['fi:·bl] adj (person, attempt) debole; (performance) poco convincente

feeble-minded [ˌfi:·bl·ˈmaɪn·dɪd] adj (stupid) deficiente

feebleness n debolezza f

feed [fi:d] <fed> I. vt 1. (give food to: person, animal) dar da mangiare; (plant) nutrire; (baby) allattare; to ~ the fire ravvivare il fuoco 2. (provide food for: family, country) sfamare 3. (supply) inserire; to ~ the data from a scanner into the computer travasare i dati da uno scanner in un computer; to ~ sb a line THEAT suggerire una battuta II. vi nutrirsi;

(baby) poppare III. n 1. (for farm animals) mangime m; cattle ~ foraggio m per bestiame; to be off its ~ non aver fame 2. inf (meal) mangiata f 3. TECH tubo m d'alimentazione

♦**feed back** vt restituire

♦**feed in** vt alimentare; (information) introdurre

♦**feed on** vt insep, a. fig nutrirsi di

♦**feed up** vt (person, animal) ingozzare

feedback ['fi:d·bæk] n 1. (evaluation) feedback m inv; positive/negative ~ feedback positivo/negativo 2. ELEC feedback m inv

feeder n 1. TECH alimentatore m 2. (river) affluente m; ~ road strada f secondaria

feel [fi:l] <felt> I. vi 1. + adj/n (sensation or emotion) sentirsi; to ~ well sentirsi bene; to ~ hot/cold sentire caldo/freddo; to ~ hungry/thirsty avere fame/sete; to ~ certain/convinced essere sicuro/convinto; to ~ as if ... sentirsi come se... +conj; to ~ like a cup of coffee/something sweet aver voglia di una tazza di caffè/di qualcosa di dolce; to ~ like a walk aver voglia di fare una passeggiata; to ~ free to do sth sentirsi libero di fare qc; to ~ one's age sentire il peso degli anni; it ~s wonderful/awful mi sembra meraviglioso/terribile; how do you ~ about him? che idea ti sei fatta di lui?; how would you ~ if ...? che ne diresti se...? 2. + adj (seem) sembrare 3. (search) to ~ for sth cercare qc, tastando; to ~ (around) somewhere muoversi a tastoni II. vt 1. (experience) sentire; not to ~ a thing non provare nulla; to ~ the cold/heat sentire il freddo/il caldo; to ~ something/nothing for sb provare qualcosa/non provare niente per qu; to ~ it in one's bones (that ...) sentirsela (che...) 2. (think, believe) to ~ (that) ... credere (che)...; to ~ it appropriate/necessary to do sth ritenere (che) sia giusto/necessario fare qc 3. (touch) sentire; (pulse) prendere III. n 1. (texture) I can't stand the ~ of wool non sopporto la lana al tatto 2. (act of touching) to have a ~ of sth toccare qc 3. (character, atmosphere) atmosfera f; a ~ of mystery un'atmosfera misteriosa 4. (natural talent) talento m naturale; to have a ~ for sth avere un talento naturale per qc; to get the ~ of sth abituarsi a qc

♦**feel around** vi cercare, a tastoni; to ~ for sth cercare qc a tastoni

♦**feel for** vt to ~ sb dispiacersi per qu

feeler ['fi:·lə] n ZOOL antenna f ▶ to put out one's ~s mettere fuori le antenne

feel-good ['fi:l·gʊd] adj che fa sentire bene; ~ factor sensazione f di benessere

feeling ['fi:·lɪŋ] n 1. (emotion) sentimento m; mixed ~s sentimenti contrastanti; to hurt sb's ~s ferire i sentimenti di qu 2. (sensation) sensazione f; a dizzy ~ un senso di vertigine 3. (impression) sensazione f; to have the ~ (that) ... avere la sensazione (che)...; to have a bad ~ about sth/sb avere un brutto presentimento su qc/qu 4. (opinion) opinione f; to have strong ~s about sth avere idee ben precise su qc 5.(*strong emotion*) sentimento *m;* to say sth with ~ dire qc con trasporto 6.(*physical sensation*) sensibilità *f;* to lose the ~ in one's leg perdere la sensibilità ad una gamba 7.(*natural talent*) to have a ~ for sth avere un talento *m* innato per qc

feet [fi:t] *n pl of* foot

feign [feɪn] *vt liter* fingere; to ~ madness fingere di essere pazzo

feigned [feɪnd] *adj liter* finto, -a

feint [feɪnt] I. *vi* fare una finta; to ~ left fare una finta a sinistra; to ~ to do sth fingere di fare qc II. *n* SPORTS finta *f*

felicitous [fə·'lɪ·sɪ·t̬əs] *adj* indovinato, -a

felicity [fə·'lɪ·sə·t̬i] <-ies> *n liter* (*happiness*) felicità *f*

feline ['fi:·laɪn] I. *adj* 1. ZOOL felino, -a 2.(*cat-like*) da gatto II. *n* felino *m*

fell¹ [fel] *pt of* fall

fell² [fel] *vt* 1.(*cut down*) abbattere 2.(*knock down*) buttare a terra

fell³ [fel] *adj* HIST feroce ▶ at [*o* in] one ~ swoop in un colpo solo

fellow ['fe·loʊ] I. *n* 1. *inf* (*man*) tizio *m;* an odd ~ un tipo strano 2. UNIV docente *mf* 3. *form* (*colleague*) collega *mf* II. *adj* ~ student compagno, -a *m, f* di studi

fellow citizen *n* concittadino, -a *m, f*

fellow countryman *n* compatriota *mf*

fellow feeling *n* cameratismo *m*

fellow member *n* consocio, -a *m, f*

fellowship ['fe·loʊ·ʃɪp] *n* 1.(*comradely feeling*) cameratismo *m* 2.(*group*) associazione *f* 3. UNIV research ~ borsa *f* di studio per ricercatori

fellow traveler *n* compagno, -a *m, f* di viaggio

fellow worker *n* compagno, -a *m, f* di lavoro

felon ['fe·lən] *n* criminale *mf*

felonious [fə·'loʊ·ni·əs] *adj* criminale

felony ['fe·lə·ni] <-ies> *n* crimine *m*

felt¹ [felt] *pt, pp of* feel

felt² [felt] I. *n* (*material*) feltro *m* II. *adj* di feltro

felt-tip (pen) [,fel·t'tɪp (pen)] *n* pennarello *m*

female ['fi:·meɪl] I. *adj* femminile; ZOOL, TECH femmina II. *n* (*woman*) donna *f;* ZOOL femmina *f*

feminine ['fe·mə·nɪn] I. *adj* femminile II. *n* LING the ~ il femminile *m*

femininity [,fe·mə·'nɪ·nə·t̬i] *n* femminilità *f*

feminism ['fe·mɪ·nɪ·zəm] *n* femminismo *m*

feminist ['fe·mɪ·nɪst] I. *n* femminista *mf* II. *adj* femminista

femur ['fi:·mə] <-s *o* -mora> *n* femore *m*

fence [fens] I. *n* 1.(*barrier*) recinto *f* 2. *inf* (*person*) ricettatore, -trice *m, f* ▶ to mend one's ~s ricucire i rapporti; to sit on the ~ restare alla finestra II. *vi* 1. SPORTS giocare a scherma 2. *form* to ~ (with sb) duellare (con qu) III. *vt* (*enclose*) recintare

fencer *n* schermitore, -trice *m, f*

fencing *n* scherma *f*

fend for *vt* (*go without help*) to ~ oneself badare a se stesso

◆fend off *vt* (*defend against*) schivare; to ~ a question schivare una domanda

fender ['fen·də] *n* 1. AUTO parafango *m inv* 2.(*around fireplace*) parafuoco *m* 3. NAUT parabordo *m*

fennel ['fe·nl] *n* finocchio *m*

ferment¹ [fə·'ment] I. *vt* 1. CHEM far fermentare 2. *form* (*stir up*) fomentare II. *vi* 1. CHEM fermentare 2. *form* (*develop*) essere in fermento

ferment² ['fɜ:r·ment] *n* 1. *form* (*state of excitement*) fermento *m*, to be in ~ essere in (grande) fermento 2.(*fermentation*) fermentazione *f*

fermentation [,fɜ:r·men·'teɪ·ʃən] *n* fermentazione *f*

fern [fɜ:rn] *n* felce *f*

ferocious [fə·'roʊ·ʃəs] *adj* (*battle, criticism, competition*) feroce; (*heat*) tremendo, -a; (*temper*) violento, -a

ferocity [fə·'rɑ:·sə·t̬i] *n* (*of animal, person*) ferocia *f;* (*of attack*) ferocia *f;* (*of storm, wind*) violenza *f*

ferret ['fe·rɪt] I. *n* furetto *m* II. *vi* 1.(*search*) to ~ around for sth frugare in cerca di qc 2.(*hunt with ferrets*) to go ~ing andare a caccia con i furetti

Ferris wheel ['fe·rɪs·,hwi:l] *n* ruota *f* panoramica

ferrous ['fe·rəs] *adj* ferroso, -a

ferry ['fe·ri] <-ies> I. *n* (*ship*) nave *f* traghetto; car ~ traghetto *m* (per automobili) II. *vt* 1.(*in boat*) traghettare 2. *inf* (*by car*) portare con la macchina

ferryboat *n* ferry-boat *m inv*

ferryman <-men> *n* traghettatore *m*

fertile ['fɜ:r·t̬l] *adj a. fig* fertile; to be ~ ground for sth *fig* essere terreno fertile per qc

fertility [fə·'tɪ·lə·t̬i] *n* fertilità *f*

fertilization [,fɜ:r·t̬ə·lɪ·'zeɪ·ʃən] *n* fertilizzazione *f*

fertilize ['fɜ:r·t̬ə·laɪz] *vt* 1. BIO fertilizzare 2. AGR fertilizzare

fertilizer ['fɜ:r·t̬ə·laɪ·zər] *n* fertilizzante *m*

fervent ['fɜ:r·vənt] *adj*, fervid ['fɜ:r·vɪd] *adj form* fervente

fervor ['fɜ:r·və] *n* fervore *m*

fester ['fes·tə] *vi* (*wound, anger*) incancrenirsi

festival ['fes·tɪ·vəl] *n* 1.(*special event*) festa *m;* a film/music ~ un festival del cinema/della musica 2. REL festività *f inv*

festive ['fes·tɪv] *adj* festivo, -a; to be in ~ mood essere d'umore allegro

festivity [fes·'tɪ·və·t̬i] <-ies> *n* 1. *pl* (*festive activities*) festeggiamenti *mpl* 2.(*festival*) festa *f*

festoon [fe·'stu:n] I. *n* festone *m* II. *vt* adornare con festoni

fetal ['fi:·t̬l] *adj* BIO fetale

fetch [fetʃ] I. *vt* 1.(*bring back*) andare a prendere; to ~ the police andare a chiamare la po-

F

lizia; **to ~ sb sth** (**from somewhere**) andare a prendere qc per qn (in qualche posto) **2.** (*be sold for*) fruttare **II.** *vi* (*dog*) *rincorrere, afferrare e riportare un oggetto*

fetching ['fet·ʃɪŋ] *adj* attraente

fête [feɪt] **I.** *n* (*festival, party*) festa *f* **II.** *vt* festeggiare

fetid ['fe·tɪd] *adj form* fetido, -a

fetish ['fe·tɪʃ] *n* feticcio *m;* **to make a ~ of sth** trasformare qc in un feticcio

fetishism ['fe·tɪ·ʃɪ·zəm] *n* feticismo *m*

fetter ['fe·tə] *vt* **1.** (*chain up*) **to ~ sb** (**to sth**) incatenare qu (a qc); **to ~ a horse** impastoiare un cavallo **2.** *liter* (*restrict freedom*) impastoiare

fetus ['fiː·təs] *n* feto *m*

feud [fjuːd] **I.** *n* faida *f;* **a ~ between sb and sb** una faida fra qu e qu; **a ~ over sth** una faida per qc; **a family ~** una faida familiare **II.** *vi* essere in lotta

feudal ['fjuː·dəl] *adj* HIST feudale

feudalism ['fjuː·də·lɪ·zəm] *n* feudalesimo *m*

fever ['fiː·və] *n* **1.** MED febbre *f;* **to have** [*o* **run**] **a ~** avere la febbre **2.** (*excited state*) febbre *f;* **a ~ of excitement** uno stato di febbrile eccitazione; **baseball ~** febbre del baseball

feverish ['fiː·və·rɪʃ] *adj* **1.** MED febbricitante **2.** (*frantic*) febbrile

few [fjuː] <-er, -est> **I.** *adj det* **1.** (*small number*) pochi, poche; **there are ~ things that please him** sono poche le cose che gli piacciono; **one of her ~ friends** uno dei suoi pochi amici; **quite a ~ people** abbastanza gente; **not ~er than 100 people** non meno di 100 persone; **the pickings are ~** i guadagni sono scarsi; **to be ~ and far between** contarsi sulla punta della dita **2.** (*some*) qualche; **they left a ~ boxes** hanno lasciato alcune scatole **II.** *pron* pochi, poche; **a ~ alcuni, alcune; I'd like a ~ more** ne vorrei degli altri; **the ~ who have the book** i pochi che hanno il libro; **the happy/lucky ~** i pochi felici/fortunati

fewer ['fjuː·ə] *adj, pron* meno; **no ~ than** non meno di

fewest ['fjuː·ɪst] *adj, pron* il minor numero di

ff. *abbr of* **the following** seg.

fiancé [ˌfiː·ɑːn·'seɪ] *n* fidanzato *m*

fiancée [ˌfiː·ɑːn·'seɪ] *n* fidanzata *f*

fiasco [fɪ·'æs·koʊ] <-cos *o* -coes> *n* fiasco *m*

fib [fɪb] <-bb-> *inf* **I.** *vi* raccontare balle; **to ~** (**to sb**) **about sth** raccontare balle (a qu) su qc **II.** *n* frottola *f;* **to tell a ~** (**about sth/sb**) raccontare una frottola (su qc/qu)

fibber ['fɪ·bə] *n* contaballe *mf inv*

fiber ['faɪ·bə] *n a. fig* fibra *f*

fiberglass ['faɪ·bə·glæs] *n* fibra *f* di vetro

fiber optic cable *n* cavo *m* a fibre ottiche

fiber optics *n + sing vb* trasmissione *f* su fibre ottiche

fibula ['fɪb·jə·lə] <-s *o* -ae> *n* fibula *f*

fickle ['fɪ·kl] *adj* volubile

fiction ['fɪk·ʃən] *n* **1.** LIT narrativa *f; ~* **writer**

scrittore, -trice *m, f* di romanzi **2.** (*false statement*) finzione *f*

fictional ['fɪk·ʃə·nl] *adj* immaginario, -a

fictitious [fɪk·'tɪ·ʃəs] *adj* **1.** (*false, untrue*) falso, -a **2.** (*imaginary*) fittizio, -a; **~ character** personaggio *m* fittizio

fiddle ['fɪ·dl] **I.** *vi* **1.** *inf* (*play the violin*) suonare il violino **2.to ~** (**around**) **with sth** (*fidget with*) giocherellare con qc; (*try to repair*) armeggiare con qc **II.** *vt inf* (*falsify*) falsificare **III.** *n inf* **1.** (*violin*) violino *m;* **to play the ~** suonare il violino **2.** (*fraud*) truffa *f;* **to be on the ~** truffare ▶ **to be** (**as**) **fit as a ~** *inf* essere sano come un pesce; **to play second ~** avere un ruolo secondario

fiddler ['fɪd·lə] *n inf* **1.** (*violinist*) violinista *mf* **2.** (*swindler*) imbroglione, -a *m, f*

fiddling ['fɪd·lɪŋ] **I.** *adj* di poco conto; **~ restrictions** restrizioni *fpl* insignificanti **II.** *n* imbrogli *mpl*

fiddly ['fɪd·li] <-ier, -iest> *adj inf* rognoso, -a

fidelity [fɪ·'de·lə·ti] *n* fedeltà *f*

fidget ['fɪ·dʒɪt] **I.** *vi* agitarsi **II.** *n* persona *f* irrequieta; **to have the ~s** stare sulle spine

fidgety ['fɪ·dʒɪ·ti] *adj* irrequieto, -a

fiefdom ['fiːf·dəm] *n* feudo *m*

field [fiːld] **I.** *n* **1.** *a.* ELEC, AGR, SPORTS campo *m;* (*meadow*) prato *m* **2.** + *sing/pl vb* (*contestants*) concorrenti *mpl;* **to lead the ~** essere in testa; **to play the ~** *fig* tastare il terreno **3.** (*sphere of activity*) campo *m;* **to be outside sb's ~** esulare dal campo di qu; **it's not my ~** non è il mio campo **4.** COMPUT campo *m* **II.** *vt* **1.** (*return*) **to ~ the ball** raccogliere la palla; **to ~ a question** schivare una domanda **2.** (*candidate*) presentare

field day *n* **1.** SPORTS giornata *f* dello sport **2.** MIL manovre *fpl* ▶ **to have a ~** divertirsi un mondo

fielder ['fiːl·də] *n* SPORTS fielder *mf inv, nel cricket, il giocatore che recupera le palle battute*

field event *n* SPORTS incontro *m* di atletica

field glasses *n* binocolo *m*

field mouse *n* topo *m* di campagna

fieldwork ['fiːld·wɜːrk] *n* ricerca *f* sul campo

fieldworker *n* ricercatore, -trice *m, f* sul campo

fiend [fiːnd] *n* **1.** (*brute*) demonio *m* **2.** *inf* (*enthusiast*) fanatico, -a *m, f;* **a chess ~** un fanatico degli scacchi

fiendish ['fiːn·dɪʃ] *adj* (*cruel*) diabolico, -a

fierce [fɪrs] *adj* <-er, -est> **1.** (*animal*) feroce **2.** feroce; (*love*) sconvolgente; (*wind*) forte **3.** *inf* (*hard*) tosto, -a

fierceness ['fɪrs·nɪs] *n* **1.** (*wildness*) ferocia *f* **2.** (*of competition, opposition*) ferocia *f;* (*of emotions*) impetuosità *f* **3.** (*of wind*) furia *f*

fiery ['faɪ·ri] <-ier, -iest> *adj* **1.** (*heat*) infuocato, -a **2.** (*passionate*) infuocato, -a **3.** (*very spicy*) piccante

FIFA ['fiː·fə] *n abbr of* **Fédération Internationale de Football Association** FIFA *f*

fife [faɪf] *n* piffero *m*

fifteen [ˌfɪf-ˈtiːn] **I.** *adj* quindici **II.** *n* quindici *m; s.a.* **eight**

fifteenth I. *adj* quindicesimo, -a **II.** *n* **1.** (*order*) quindicesimo, -a *m, f* **2.** (*date*) quindici *m* **3.** (*fraction*) quindicesimo *m;* (*part*) quindicesimo *m; s.a.* **eighth**

fifth [fɪfθ] **I.** *adj* quinto, -a **II.** *n* **1.** (*order*) quinto, -a *m, f* **2.** (*date*) cinque *m* **3.** (*fraction*) quinto *m;* (*part*) quinto *m; s.a.* **eighth**

fiftieth [ˈfɪf-ti-əθ] **I.** *adj* cinquantesimo, -a **II.** *n* (*order*) cinquantesimo, -a *m, f;* (*fraction*) cinquantesimo *m;* (*part*) cinquantesimo *m; s.a.* **eighth**

fifty [ˈfɪf-ti] **I.** *adj* cinquanta **II.** <-ies> *n* cinquanta *m; s.a.* **eighty**

fig [fɪg] *n* **1.** (*fruit*) fico *m* **2.** (*tree*) fico *m* ►**I don't give** [*o* **care**] **a ~ about it!** non me ne importa un fico secco!; **to be not worth a ~** non valere un fico secco

fig. I. *n abbr of* **figure** fig. **II.** *adj abbr of* **figurative** fig.

fight [faɪt] **I.** *n* **1.** (*physical*) rissa *f;* (*argument*) lite *f;* **to put up a ~** lottare **2.** MIL combattimento *m* **3.** (*struggle*) lotta *f;* **the ~ against AIDS** la lotta contro l'AIDS **4.** (*spirit*) combattività *f;* **to show some ~** tirar fuori le unghie **II.** <fought, fought> *vi* **1.** (*exchange blows*) lottare; MIL combattere; **to ~ with each other** bisticciarsi; **to ~ with sb** (*against*) combattere contro qu; (*on same side*) combattere al fianco di qu **2.** (*dispute*) litigare; **to ~ over/about sth** litigare per qc **3.** (*struggle to overcome*) lottare; **to ~ for/against sth** lottare per/contro qc **III.** *vt* **1.** (*exchange blows with, argue with*) lottare contro **2.** (*wage war, do battle*) combattere contro; **to ~ a battle** combattere una battaglia; **to ~ a duel** battersi in duello **3.** (*struggle to overcome*) combattere; **to ~ a case** LAW difendere una causa **4.** (*struggle to obtain*) **to ~ one's way through the crowd** farsi largo a fatica fra la folla; **to ~ one's way to the top** lottare per arrivare in alto

◆**fight back I.** *vi* (*defend oneself*) difendersi; (*counterattack*) contrattaccare **II.** *vt* **to ~ one's tears** trattenere le lacrime

◆**fight off** *vt* (*repel*) respingere; (*master, resist*) resistere; **to ~ the cold/depression** lottare contro il freddo/la depressione

◆**fight on** *vi* continuare a lottare

fighter [ˈfaɪ-t̬ɚ] *n* **1.** (*person*) persona *f* combattiva **2.** AVIAT caccia *m*

fighting [ˈfaɪ-t̬ɪŋ] **I.** *n* (*in the street*) rissa *f;* (*battle*) combattimenti *mpl* **II.** *adj* combattivo, -a; **~ spirit** spirito *m* combattivo ►**there's a ~ chance that ...** ci sono buone possibilità che... +*conj*

figment [ˈfɪg-mənt] *n* **a ~ of the imagination** un frutto *m* della fantasia

figurative [ˈfɪg-jɚ-ə-t̬ɪv] *adj* **1.** LING figurato, -a **2.** ART figurativo, -a

figuratively *adv* in senso figurato

figure [ˈfɪg-jɚ] **I.** *n* **1.** (*shape*) figura *f;* **mother ~** figura materna; **a fine ~ of a man** un uomo di bell'aspetto; **to cut a fine ~** fare una bella figura; **to cut a sorry ~** fare una brutta figura; **to keep one's ~** mantenere la linea **2.** ART figura *f* **3.** (*digit*) cifra *f;* (*numeral*) numero *m;* **column of ~s** colonna *f* di numeri; **to have a head for ~s** essere bravo con i numeri; **to be good at ~s** essere bravo con i numeri; **in round ~s** cifra tonda **4.** (*price*) cifra *f;* **a high ~** una cifra esorbitante **5.** (*diagram, illustration*) figura *f* **II.** *vt* **1.** (*think*) immaginare; **to ~ that ...** figurarsi che... **2.** (*in diagram*) raffigurare **3.** (*calculate*) calcolare **III.** *vi* (*feature*) figurare; **to ~ in sth** figurare in qc; **to ~ as sth/sb** figurare come qc/qu; **that ~s!** lo sapevo!

◆**figure out** *vt* (*comprehend*) capire; (*work out*) risolvere; **to ~ why ...** spiegarsi perché...

figurehead [ˈfɪg-jɚ-hed] *n* **1.** NAUT polena *f* **2.** *fig* prestanome *mf inv*

figure skater *n* pattinatore , -trice *m, f* artistico, -a

figure skating *n* pattinaggio *m* artistico

Fiji [ˈfiː-dʒiː] *n* **the ~ Islands** le Isole Figi

Fijian [fɪ-ˈdʒiː-ən] **I.** *adj* delle Figi **II.** *n* abitante *mf* delle Figi

filament [ˈfɪ-lə-mənt] *n* filamento *m*

filch [fɪltʃ] *vt inf* fregare

file¹ [faɪl] **I.** *n* **1.** (*folder*) cartella *f* **2.** (*record*) pratica *f;* **to open a ~** aprire una pratica; **to keep sth on ~** tenere qc in archivio **3.** COMPUT file *m inv* **4.** (*row*) fila *f;* **in single ~** in fila indiana **II.** *vt* **1.** (*record*) archiviare **2.** (*present: claim, complaint*) inoltrare; **to ~ a petition** presentare una petizione **III.** *vi* **1.** LAW **to ~ for bankruptcy** dichiarare bancarotta; **to ~ for divorce** chiedere il divorzio **2.** (*move in line*) muoversi in fila

◆**file away** *vt* archiviare

◆**file in** *vi* entrare in fila

◆**file out** *vi* uscire in fila

file² [faɪl] **I.** *n* (*tool*) lima *f* **II.** *vt* limare; **to ~ one's nails** limarsi le unghie **III.** *vi* **to ~ sth down** limare qc; **to ~ through sth** tagliare qc con una lima

file manager *n* file manager *m inv*

file name *n* nome *m* del file

filial [ˈfɪ-li-əl] *adj form* filiale

filibuster [ˈfɪ-lɪ-bʌs-tɚ] *vi* POL fare ostruzionismo

filigree [ˈfɪ-lɪ-griː] *n* filigrana *f*

filing [ˈfaɪ-lɪŋ] *n* **1.** (*archiving*) schedatura *f* **2.** LAW presentazione *f, di un'istanza* **3.** *pl* (*bits of metal*) limatura *f*

filing cabinet *n* schedario *m*

Filipino [fɪ-lɪ-ˈpiː-noʊ] **I.** *adj* filippino, -a **II.** *n* filippino, -a *m, f*

fill [fɪl] **I.** *vt* **1.** (*make full*) riempire; (*space*) occupare; **to ~ a vacancy** coprire un posto vacante; **to ~ a vacuum** riempire un vuoto; **to ~ a need** soddisfare un bisogno; **to ~ a need in the market** soddisfare la domanda del mercato **2.** (*seal*) otturare **3.** CULIN farcire **4.** (*fulfill: order*) espletare; (*requirement*) soddisfare

F

II. *vi* riempirsi **III.** *n* to **drink/eat** one's ~ bere/mangiare a sazietà; **to have one's ~ of sth** averne abbastanza di qc

◆**fill in I.** *vt* **1.** (*seal opening*) riempire; **to ~ a hole** tappare un buco **2.** (*document*) compilare **3.** (*color in*) colorare **4.** (*inform*) informare; **to fill sb in on the details** mettere qu al corrente dei particolari **5.** (*time*) riempire **II.** *vi* to ~ (for sb) sostituire (qu)

◆**fill out I.** *vt* (*document*) compilare **II.** *vi* (*put on weight*) arrotondarsi

◆**fill up I.** *vt* riempire; (*completely*) colmare; to **fill oneself up** rimpinzarsi **II.** *vi* riempirsi

filler ['fɪ·lə] *n* **1.** (*sealing material*) stucco *m* **2.** TV *materiale usato come riempitivo in un giornale o in un programma radiofonico o televisivo*

fillet ['fɪ·lɪt] **I.** *n* filetto *m* **II.** *vt* sfilettare; to ~ a **fish** tagliare un pesce a filetti

fillet steak *n* filetto *m*

filling I. *n* **1.** (*substance*) ripieno *m* **2.** (*in tooth*) otturazione *f* **II.** *adj* sostanzioso, -a; to be ~ riempire

filling station *n* stazione *f* di servizio

fillip ['fɪ·lɪp] *n* stimolo *m;* to **provide a ~ to sb** incoraggiare qu; **to give sb a (big) ~** essere di (grande) stimolo a qu

film [fɪlm] **I.** *n* **1.** PHOT, CINE film *m;* to **make a ~** fare un film; to **see** [*o* **watch**] **a ~** vedere un film **2.** (*fine coating*) pellicola *f;* **a ~ of oil** un velo d'olio **II.** *vt* filmare **III.** *vi* filmare

film buff *n* cinefilo, -a *m, f*

film camera *n* macchina *f* da presa

film director *n* regista *mf* cinematografico, -a

film star *n* stella *f* del cinema

film studio *n* studio *m* cinematografico

filter ['fɪl·tə] **I.** *n* filtro *m* **II.** *vt* filtrare **III.** *vi* filtrare

◆**filter out I.** *vi* filtrare **II.** *vt* eliminare

◆**filter through** *vi* filtrare

filter bed *n* letto *m* filtrante

filter paper *n* carta *f* filtro, *per il caffè*

filter tip *n* filtro *m*

filth [fɪlθ] *n* **1.** (*dirt*) sudiciume *m;* (*excrement*) sterco *m* **2.** (*obscenity*) oscenità *f inv*

filthy ['fɪl·θi] **I.** *adj* **1.** (*very dirty*) sudicio, -a; (*weather*) schifoso, -a **2.** *inf* (*obscene*) osceno, -a **II.** *adv inf* to be ~ **rich** essere ricco sfondato

filtration [fɪl·'treɪ·ʃən] *n* filtrazione *f*

fin [fɪn] *n* pinna *f*

final ['faɪ·nl] **I.** *adj* **1.** (*last*) finale; ~ **installment** ultima rata *f* **2.** (*irrevocable*) definitivo, -a; **to have the ~ say (on sth)** avere l'ultima parola (su qc); **and that's ~** *inf* e basta **II.** *n* **1.** SPORTS finale *f;* to **get (through) to the ~s** arrivare in finale **2.** *pl* UNIV esame *m, di fine corso;* to **take one's ~s** dare gli esami finali

finale [fɪ·'næ·li] *n* finale *m;* **grand ~** gran finale

finalist ['faɪ·nə·lɪst] *n* finalista *mf*

finality [faɪ·'næ·lə·t̬i] *n* **1.** (*irreversibility*) definitività *f* **2.** (*determination*) perentorietà *f*

finalize ['faɪ·nə·laɪz] *vt* ultimare

finally ['faɪ·nə·li] *adv* **1.** (*at long last*) final-

mente **2.** (*in conclusion*) infine **3.** (*irrevocably*) definitivamente

finance ['faɪ·næts] *vt* finanziare

finance company *n*, **finance house** *n* compagnia *f* finanziaria

finances ['faɪ·nænt·sɪz] *npl* finanze *fpl*

financial [faɪ·'nænt·ʃəl] *adj* finanziario, -a; **sb's ~ affairs** le questioni finanziarie di qu

financial adviser *n* consulente *m* finanziario

financial year *n* anno *m* fiscale

financier [fɪ·'nænt·sɪə] *n* finanziatore, -trice *m, f*

finch [fɪntʃ] *n* fringuello *m*

find [faɪnd] **I.** <found, found> *vt* **1.** (*lost object, person*) trovare **2.** (*locate*) trovare; to ~ **support** trovare appoggio; to ~ **happiness with sb** trovare la felicità con qu; to ~ **oneself somewhere** ritrovarsi da qualche parte; **to be nowhere to be found** non trovarsi da nessuna parte; **to ~ no reason why ...** non vedere alcun motivo per cui; **to ~ (the) time** trovare il tempo; **to ~ excuses** trovare scuse; **to ~ the strength (to do sth)** trovare la forza (di fare qc); **to ~ (enough) money** trovare (abbastanza) denaro **3.** (*experience*) provare; **to ~ oneself alone** ritrovarsi da solo **4.** (*conclude*) **to ~ sb guilty/innocent** riconoscere qu colpevole/innocente **5.** (*discover*) scoprire **II.** *n* scoperta *f*

◆**find out I.** *vt* scoprire; (*dishonesty*) smascherare; **to ~ when/where/who ...** scoprire quando/dove/chi... **II.** *vi* to ~ **about sth/sb** informarsi su qc/qu

finder ['faɪn·də] *n* (*of sth unknown*) scopritore, -trice *m, f;* (*of sth lost*) persona *f* che trova

finding ['faɪn·dɪŋ] *n* **1.** LAW verdetto *m* **2.** (*recommendation*) conclusione *f* **3.** (*discovery*) ritrovamento *m*

fine¹ [faɪn] **I.** *adj* **1.** (*slender, light*) sottile; (*feature*) delicato, -a; (*nuance*) sottile **2.** (*clothes, words*) bello, -a; **a ~ man** una brava persona; **to be ~** andare bene; ~ **weather** tempo *m* bello; **how are you? — I'm ~, thanks** come stai? — bene, grazie; **to be ~ by sb** andare bene per qu; **that's all very ~, but ...** va bene, però... **3.** (*excellent*) eccellente; **the ~st wines in the world** i vini più pregiati del mondo; **to have a ~ time doing sth** divertirsi a fare qc; **to appeal to sb's ~r feelings** fare appello ai migliori sentimenti di qu **II.** *adv* **1.** (*all right*) bene; **to feel ~** sentirsi bene; **to work ~** funzionare bene **2.** (*fine-grained*) fine

fine² [faɪn] **I.** *n* (*penalty*) multa *f* **II.** *vt* (*order to pay penalty*) multare

fine arts *n* belle arti *fpl*

fineness *n* (*lightness*) finezza *f;* (*delicacy, ornateness*) delicatezza *f*

finery ['faɪ·nə·ri] *n* **in all one's ~** tutto in ghingheri

finesse [fɪ·'nes] *n* **1.** (*elegance*) finezza *f* **2.** (*skill*) delicatezza *f*

fine-tooth comb [ˌfaɪn·tu:θ·'koʊm] *n* **to go**

through sth with a ~ analizzare qc nei minimi dettagli

finger ['fɪŋ·gə-] I. *n* dito *m;* **little/middle** ~ dito mignolo/medio ▶**to be able to be counted on the** ~**s of one** <u>hand</u> potersi contare sulla dita di una mano; **to have a** ~ **in every** <u>pie</u> avere le mani in pasta dappertutto; **to have one's** ~ **on the** <u>pulse</u> avere il polso della situazione; **to put the's** ~ **on the** <u>spot</u> mettere il dito nella piaga; **to catch sb with their** ~**s in the** <u>till</u> cogliere qu con le mani nel sacco; **to get/have one's** ~**s** <u>burned</u> scottarsi le dita *fig;* **to have sb wrapped around one's** <u>little</u> ~ fare su qu come si vuole, to <u>keep</u> **one's** ~**s crossed** incrociare le dita; **to** <u>lay</u> **a** ~ **on sb** sfiorare qu con un dito; **to not** <u>lift</u> **a** ~ non muovere un dito II. *vt* **1.** (*touch*) palpare **2.** *inf* (*reveal*) denunciare; **to** ~ **sb to the police** denunciare qu alla polizia

fingering ['fɪŋ·gə·rɪŋ] *n* diteggiatura *f*

finger mark ['fɪŋ·gə-·maːrk] *n* ditata *f*

fingernail *n* unghia *f*

fingerprint I. *n* impronta *f* digitale II. *vt* **to** ~ **sb** prendere le impronte digitali di qu

fingertip *n* punta *f* del dito; **to have sth at one's** ~**s** avere qc a portata di mano; *fig* conoscere qc a menadito

finicky ['fɪ·nɪ·ki] *adj* **1.** (*person*) schizzinoso, -a **2.** (*job*) minuzioso, -a

finish ['fɪ·nɪʃ] I. *n* **1.** (*end*) fine *f;* SPORTS finale *f;* **to be in at the** ~ essere presente alla conclusione **2.** (*sealing, varnishing: of fabric*) appretto *m;* (*of furniture*) finitura *f* II. *vi* finire, terminare; **to** ~ **doing sth** finire di fare qc; **to** ~ **by saying that** ... concludere dicendo che... III. *vt* **1.** (*bring to end*) finire; **to** ~ **school** finire gli studi; **to** ~ **a sentence** finire una frase **2.** (*make final touches to*) rifinire ◆**finish off** I. *vt* **1.** (*end*) finire **2.** (*defeat*) distruggere **3.** *inf* (*murder*) finire II. *vi* finire ◆**finish up** I. *vi* **to** ~ **at** ritrovarsi a II. *vt* (*food, drink*) finire ◆**finish with** *vt* finire con; **to** ~ **sb** rompere con qu; **to** ~ **politics** chiudere con la politica

finished *adj* **1.** (*product*) finito, -a **2.** *inf* (*tired*) sfinito, -a

finishing line *n*, **finishing post** *n* (linea *f* del) traguardo *m*

finite ['faɪ·naɪt] *adj a.* LING finito, -a

Finland ['fɪn·lənd] *n* Finlandia *f*

Finn [fɪn] *n* finlandese *mf*

Finnish ['fɪ·nɪʃ] I. *adj* finlandese II. *n* finlandese *mf*

fiord [fjɔːrd] *n* fiordo *m*

fir [fɜːr] *n* abete *m*

fire ['fa·ɪə-] I. *n* **1.** (*flames*) fuoco *m;* (*in fireplace*) fuoco *f;* (*accidental*) incendio *m;* **to set sth on** ~ dare fuoco a qc; **to catch** ~ incendiarsi; **forest** ~ incendio forestale **2.** (*stove*) stufa *f* **3.** MIL **to open** ~ **on sb** aprire il fuoco su qu; **to be under** ~ MIL essere sotto il fuoco (*nemico*); *fig* essere sotto tiro **4.** (*passion*) fuoco *m* ▶**there's no** <u>smoke</u> **without** ~ *prov*

non c'è fumo senza arrosto *prov;* **to go through** ~ **and** <u>water</u> farsi in quattro; **to set the** <u>world</u> **on** ~ fare fuoco e fiamme; **to** <u>hang</u> ~ attendere; **to** <u>play</u> **with** ~ giocare col fuoco II. *vt* **1.** (*burn*) incendiare; (*ceramics*) cucinare **2.** (*weapon*) sparare; **to** ~ **questions at sb** bombardare qu di domande **3.** *inf* (*dismiss*) licenziare **4.** (*inspire*) accendere III. *vi* **1.** (*with gun*) sparare; **to** ~ **at sb** sparare a qu **2.** AUTO accendersi

◆**fire away** *vi inf* sparare

◆**fire off** *vt* (*letter, reply*) scrivere in tutta fretta

fire alarm *n* allarme *m* antincendio

firearm *n* arma *f* da fuoco

fireball *n* palla *f* di fuoco

firebrand *n* **1.** (*torch*) tizzone *m* **2.** *fig* agitatore, -trice *m, f*

firebreak *n* tagliafuoco *m inv*

firebrick *n* mattone *m* refrattario

firecracker *n* petardo *m*

fire department *n* vigili del fuoco *mpl*

fire-eater *n* mangiatore, -trice di fuoco *m*

fire engine *n* autopompa *f*

fire escape *n* scala *f* antincendio

fire exit *n* uscita *f* di sicurezza

fire extinguisher *n* estintore *m*

firefighter *n* vigile , -essa *m, f* del fuoco

firefly *n* lucciola *f*

fireguard *n* parafuoco *m*

fire house *n* caserma *f* dei vigili del fuoco

fire insurance *n* assicurazione *f* antincendio

fire irons *npl* accessori *mpl* per caminetto

fireman <-men> *n* vigile *m* del fuoco

fireplace *n* caminetto *m*

fireproof *adj* ignifugo, -a

fireside *n* focolare *m*

fire station *n* caserma *m* dei vigili del fuoco

firewall *n* parete *m* tagliafuoco

firewater *n inf* liquore *m* forte

firewoman <-women> *n* vigilessa *f* del fuoco

firewood *n* legna *f*

firework *n* **1.** fuochi *mpl* d'artificio **2.** *pl, fig* scoppio *m* d'ira

firing ['fa·ɪə-·ɪŋ] *n* **1.** MIL spari *mpl* **2.** (*of ceramic*) cottura *f*

firing line *n* linea *f* del fuoco

firing squad *n* plotone *m* d'esecuzione

firm¹ [fɜːrm] I. *adj* **1.** (*secure: ladder*) stabile; (*base*) saldo, -a; (*strong*) solido, -a; **a** ~ **offer** un'offerta definitiva **2.** (*dense, solid*) sodo, -a **3.** (*resolute*) fermo, -a **4.** (*strict*) rigido, -a II. *adv* saldamente; **to stand** ~ tener duro

firm² [fɜːrm] *n* (*company*) ditta *f;* ~ **of lawyers** studio *m* legale

firmament ['fɜːr·mə·mənt] *n* firmamento *m*

firmness ['fɜːrm·nɪs] *n* **1.** (*hardness*) durezza *f* **2.** (*strictness*) fermezza *f*

first [fɜːrst] I. *adj* (*earliest*) primo, -a; **for the** ~ **time** per la prima volta; **at** ~ **sight** a prima vista; **the** ~ **of December/December** ~ il primo dicembre ▶~ **and** <u>foremost</u> anzitutto II. *adv* per primo; (*firstly*) in primo luogo; ~ **of**

F

F

all prima di tutto; **at ~** all'inizio; **to go head ~** buttarsi a capofitto ▶ **~ come ~ served** *inf* chi tardi arriva male alloggia **III.** *n* **the ~** il/i primo,-i, la/le prima, -e; **from the (very) ~** fin dall'inizio

first aid *n* pronto soccorso *m*

first aid box *n* cassetta *f* del pronto soccorso

firstborn ['fɜːrst·bɔːrn] **I.** *adj* primogenito, -a **II.** *n* primogenito, -a *m, f*

first class I. *n* prima classe *f* **II.** *adv* **to travel ~** viaggiare in prima (classe)

first-class *adj* di prim'ordine

first cousin *n* cugino, -a di primo grado *m*

first floor *n* primo piano *m*

firsthand [ˌfɜːrst·'hænd] **I.** *adj* di prima mano **II.** *adv* in prima persona

first lady, First Lady *n* **the ~** la first lady *f inv*

firstly ['fɜːrst·li] *adv* in primo luogo

first name *n* nome *m* (di battesimo)

first night *n* prima *f*

first offender *n* incensurato, -a *m, f*

first person *n* LING prima persona *f*

first-rate [ˌfɜːrst·'reɪt] *adj* di prim'ordine

first strike *n* primo colpo *m*

fiscal ['fɪs·kl] *adj* fiscale

fish [fɪʃ] **I.** **<-(es)>** *n* **1.** ZOOL pesce *m* **2.** CULIN pesce *m* ▶**to be a big ~ in a small pond** *essere importante o potente solo perché gli altri non sono validi avversari;* **there are plenty more ~ in the sea** morto un papa se ne fa un altro; **(like) a ~ out of water** (come) un pesce fuor d'acqua; **to have bigger ~ to fry** avere cose più importanti da fare; **an odd ~** un tipo strano **II.** *vi* pescare; **to ~ for information** andare a caccia di informazioni; **to ~ for compliments** andare in cerca di complimenti **III.** *vt* pescare

fishbone ['fɪʃ·boʊn] *n* lisca *f* di pesce

fishcake ['fɪʃ·keɪk] *n* polpetta *f* di pesce

fisherman ['fɪ·ʃɚ·mən] **<-men>** *n* pescatore *m*

fishery ['fɪ·ʃə·ri] *n* vivaio *m* di pesce

fishhook *n* amo *m*

fishing I. *n* pesca *f* **II.** *adj* da pesca

fishing grounds *npl* zona *f* di pesca

fishing line *n* lenza *f*

fishing rod *n*, **fishing pole** *n* canna *f* da pesca

fishing tackle *n* attrezzatura *f* da pesca

fishnet *n* rete *f* da pesca

fishpond ['fɪʃ·pɑːnd] *n* vasca *f* dei pesci

fish stick *n* bastoncino *m* di pesce

fishy ['fɪ·ʃi] **<-ier, -iest>** *adj* **1.** (*taste, smell*) di pesce **2.** *inf* (*dubious*) equivoco, -a ▶**to smell ~** puzzare

fissile ['fɪ·sɪl] *adj* fissile

fission ['fɪ·ʃən] *n* PHYS fissione *f;* BIO scissione *f*

fissure ['fɪ·ʃɚ] *n* fessura *f*

fist [fɪst] *n* pugno *m;* **to clench one's ~s** stringere i pugni; **to shake one's ~ at sb** minacciare qu con un pugno

fistfight *n* scazzottata *f;* **to have a ~** fare a pugni *inf*

fit¹ [fɪt] **I.** **<-tt->** *adj* **1.** (*apt, competent*) adatto, -a; **~ to eat** buono, -a da mangiare; **it's not ~**

to eat non è commestibile **2.** (*ready*) pronto, -a **3.** SPORTS in forma **4.** MED sano, -a ▶**to be ~ to be tied** essere fuori di sé **II.** **<-tt->** *vt* **1.** (*adapt*) adattare; **to ~ the key in the lock** mettere la chiave nella serratura **2.** (*clothes*) andare bene a **3.** (*facts*) corrispondere a **4.** TECH entrare in **III.** *vi* **<-tt->** **1.** (*be correct size*) andare bene **2.** (*correspond*) corrispondere **IV.** *n* (*of clothes*) **to be a good fit** stare a pennello; **to be a tight fit** stare stretto

◆**fit in I.** *vi* **1.** (*conform*) adattarsi **2.** (*get along well*) andare d'accordo **II.** *vt* trovare il tempo per

◆**fit out** *vt* attrezzare

◆**fit together** *vi* incastrarsi

◆**fit up** *vt* attrezzare

fit² [fɪt] *n* **1.** MED attacco *m;* **coughing ~** attacco *m* di tosse **2.** *inf* (*outburst of rage*) scatto *m;* **they were in ~s of laughter** ridevano a crepapelle; **in ~s and starts** a sbalzi

fitful ['fɪt·fəl] *adj* (*breath, sleep*) irregolare; (*gusts*) intermittente

fitness ['fɪt·nɪs] *n* **1.** (*good condition*) forma *f* fisica; (*health*) (buona) salute *f;* **physical ~** efficienza *f* fisica **2.** (*competence, suitability*) idoneità *f*

fitted ['fɪ·tɪd] *adj* (*adapted, suitable*) idoneo, -a; (*tailor-made*) su misura

fitter ['fɪ·tɚ] *n* installatore, -trice *m, f*

fitting ['fɪ·tɪŋ] **I.** *n* **1.** *pl* (*fixtures*) arredi *mpl* **2.** (*of clothes*) prova *f* **II.** *adj* appropriato, -a

five [faɪv] **I.** *adj* cinque **II.** *n* cinque *m;* **gimme ~!** *inf* dammi un cinque!; *s.a.* **eight**

fivefold *adj* quintuplo, -a

fiver ['faɪ·vɚ] *n inf* biglietto *m* da 5 dollari

fix [fɪks] **I.** *vt* **1.** (*repair*) aggiustare **2.** (*fasten*) fissare; **to ~ sth in one's mind** fissarsi qc nella mente; **to ~ one's eyes on sb** fissare gli occhi su qu **3.** (*determine*) fissare; **to ~ a date** fissare una data **4.** (*arrange*) sistemare; **to ~ one's face** *inf* aggiustarsi il trucco **5.** *inf* (*lunch, dinner*) preparare **6.** *inf* (*manipulate: election, result*) truccare **7.** *inf* (*take revenge on*) far pagare i conti a; **I'll ~ him** lo aggiusto io **8.** PHYS, PHOT (*color*) fissare **II.** *vi* **to be ~ing to do sth** stare per fare qc **III.** *n* **1.** *inf* (*dilemma*) casino *m;* **to be in a ~** trovarsi nei casini **2.** *inf* (*dose of heroin*) pera *f* **3.** AVIAT, AUTO posizione *f*

◆**fix on** *vt* **1.** (*choose*) scegliere **2.** (*make definite*) fissare

◆**fix up** *vt* **1.** (*supply with*) **to fix sb up (with sth)** procurare qc a qu **2.** (*arrange a date*) **to fix sb up (with sb)** organizzare un combino (con qu) **3.** (*arrange*) organizzare **4.** (*repair*) aggiustare

fixation [fɪk·'seɪ·ʃən] *n* fissazione *f*

fixed *adj* fisso, -a; **to be of no ~ abode** LAW essere senza fissa dimora

fixedly ['fɪk·sɪd·li] *adv* fissamente

fixer *n inf* traffichino, -a *m, f*

fixity ['fɪk·sə·ti] *n form* fissità *f*

fixture ['fɪks·tʃɚ] *n* (*in bathroom and kitchen*)

impianti sanitari ed elettrici e infissi di una casa; **light** ~**s** *lampadari e lampade a muro*

fizz [fɪz] **I.** *vi* frizzare **II.** *n* **1.**(*bubble, frothiness*) effervescenza *f* **2.** *inf* (*champagne*) champagne *m inv* **3.**(*soda*) bibita *f* gassata

fizzle ['fɪ·zl] *vi* frizzare

fizzy ['fɪ·zi] <-ier, -iest> *adj* (*bubbly*) frizzante; (*carbonated*) gassato, -a

fjord [fjɔːrd] *n* fiordo *m*

flabbergast ['flæ·bə·gæst] *vt inf* **to be flabbergasted** restare a bocca aperta

flabby ['flæ·bi] <-ier, -iest> *adj pej* **1.**(*body*) floscio, -a **2.**(*weak*) fiacco, -a

flaccid ['flæ·sɪd] *adj* flaccido, -a; *fig* fiacco, -a

flag[1] [flæg] **I.** *n* **1.**(*national*) bandiera *f;* (*pennant*) stendardo *m;* **to raise a** ~ issare una bandiera; **to fly the** ~ **for one's country** *fig* difendere i colori del proprio paese; **to keep the** ~ **flying** *fig* tenere alta la bandiera **2.**(*marker*) bandierina *f* **II.** <-gg-> *vt* (*mark*) mettere un segno su; (*label computer data*) mettere un flag **III.** <-gg-> *vi* affievolirsi

flag[2] [flæg] *n* (*stone*) lastra *f* di pietra

Flag Day *n* giorno *m* della bandiera, *il 14 giugno, giorno in cui negli Stati Uniti si celebrano la bandiera nazionale e i suoi creatori*

Il **Flag Day** è la commemorazione del 14 giugno 1777, data in cui il *Continental Congress* ha dichiarato la *Stars and Stripes* bandiera nazionale. Non si tratta però di un giorno festivo nazionale. Gli americani considerano la bandiera il simbolo più importante del loro paese.

flagellate ['flæ·dʒə·leɪt] *vt* flagellare

flagon ['flæ·gən] *n* brocca *f*

flagpole ['flæg·poʊl] *n* asta *f* della bandiera

flagrant ['fleɪ·grənt] *adj* flagrante

flagship ['flæg·ʃɪp] *n* nave *f* ammiraglia

flagstaff ['flæg·stæf] *n s.* **flagpole**

flail [fleɪl] **I.** *vt* **1.**(*horse*) frustare **2. to** ~ **one's arms** agitare le braccia **II.** *vi* (*arms*) agitare

flair [fler] *n* **1.**(*genius*) talento *m;* **to have a** ~ **for sth** avere una particolare predisposizione per qc **2.**(*style*) stile *m*

flak [flæk] *n* **1.** MIL fuoco *m* antiaereo **2.**(*criticism*) critiche *fpl;* **to give sb** ~ criticare qu

flake [fleɪk] **I.** *vi* (*skin*) squamarsi; (*paint, plaster, wood*) sfaldarsi **II.** *n* (*shaving, sliver*) truciolo *m;* (*of paint, plaster*) scaglia *f;* (*of wood*) scheggia *f;* (*of skin*) squama *f;* (*of snow*) fiocco *m*

 ♦**flake out** *vi inf* crollare per la stanchezza

flaky ['fleɪ·ki] <-ier, -iest> *adj* **1.**(*skin*) squamoso, -a; (*paint*) scrostato, -a **2.** *inf* (*strange*) strambo, -a

flaky pastry *n* pasta *f* sfoglia

flamboyant [flæm·'bɔ·ɪənt] *adj* (*manner, person*) stravagante; (*air, clothes*) vistoso, -a

flame [fleɪm] **I.** *n* **1.** fiamma *f;* **to be in** ~**s** essere in fiamme; **to go up in** ~**s** andare in fiamme; **to burst into** ~ prendere fuoco **2.**(*lover*) (**old**) ~ (vecchia) fiamma *f* **II.** *vi* (*blaze, burn*) ardere; (*glare*) risplendere

flaming ['fleɪ·mɪŋ] *adj* **1.**(*burning*) in fiamme **2.** *fig* (*quarrel*) acceso, -a **3.** *inf* (*as intensifier*) totale

flamingo [flə·'mɪŋ·goʊ] <-(e)s> *n* fenicottero *m*

flammable ['flæ·məbl] *adj* infiammabile

flan [flæn] *n* torta *f, di frutta, verdura o formaggio*

Flanders ['flæn·dərz] *n* Fiandre *fpl*

flange [flændʒ] *n* flangia *f*

flank [flæŋk] **I.** *n* a MIL fianco *m;* (*of animal*) lombata *f* **II.** *vt* fiancheggiare

flannel ['flæ·nl] *n* **1.**(*material*) flanella *f* **2.** *pl* (*trousers*) pantaloni *mpl* di flanella

flap [flæp] **I.** <-pp-> *vt* (*wings*) battere; (*shake*) agitare **II.** <-pp-> *vi* **1.**(*wings*) battere; (*sails*) sbattere; (*flag*) sventolare **2.** *inf* (*become nervous*) agitarsi; **don't** ~! stai calmo! **III.** *n* **1.**(*of skin*) lembo *m;* (*of pocket*) patta *f;* (*of envelope*) linguetta *f;* (*of table*) ribalta *f* **2.** AVIAT flap *m inv* **3.**(*of wing*) battito *m* **4.** *inf* (*commotion*) agitazione *f;* **to cause a** ~ creare un po' di trambusto

flapjack ['flæp·dʒæk] *n* (*pancake*) frittella *dolce o salata servita con marmellata, sciroppo d'acero o salse*

flare [fler] **I.** *n* **1.**(*blaze*) fiammata *f;* (*of light*) chiarore *m* **2.**(*signal*) razzo *m* di segnalazione **3.** MIL bengala *m inv* **4.**(*of clothes*) svasatura *f* **II.** *vi* **1.**(*blaze*) bruciare; (*light*) brillare **2.**(*trouble*) scoppiare **3.**(*skirt*) essere svasato **III.** *vt* **to** ~ **one's nostrils** dilatare le narici

flare-up *n fig* (*anger*) scoppio *m* d'ira

flash [flæʃ] **I.** *vt* **1.**(*shine: light*) far lampeggiare; **to** ~ **a light in sb's eyes** puntare una luce sugli occhi di qu **2.**(*show quickly*) mostrare velocemente; **to** ~ **sth on the screen** proiettare qc sullo schermo molto rapidamente **3.**(*communicate*) trasmettere velocemente; (*smile, look*) lanciare **II.** *vi* **1.**(*lightning*) lampeggiare; *fig* (*eyes*) brillare **2.** *inf* (*expose genitals*) fare esibizionismo **3.**(*move swiftly*) **to** ~ **by** (*car*) passare a gran velocità; (*time*) volare **III.** *n* **1.**(*burst*) lampo *m;* ~ **of inspiration** momento *m* di ispirazione; ~ **of lightning** lampo *m;* ~ **of light** lampo di luce **2.** PHOT flash *m* ▶**a** ~ **in the pan** un fuoco di paglia; **like a** ~ come un lampo; **in a** ~ in un baleno **IV.** <-er, -est> *adj* **1.** *inf* vistoso, -a **2.**(*sudden*) improvviso, -a; ~ **frost** improvvisa lastra *f* di ghiaccio; ~ **mob** TEL, INET flash mob *m* **3.** *pej, inf* (*showy*) pacchiano, -a

 ♦**flash back** *vi* ritornare

flashback ['flæʃ·bæk] *n* CINE, LIT, THEAT flashback *m inv*

flashbulb ['flæʃ·bʌlb] *n* lampadina *f* per il flash

flasher ['flæ·ʃər] *n inf* esibizionista *m*

flashgun ['flæʃ·gʌn] *n* flash *m inv*

flashlight ['flæʃ·laɪt] *n* torcia *f* (elettrica)

F

flash point *n* **1.** CHEM punto *m* di infiammabilità **2.** *fig* punto *m* critico

flashy ['flæ·ʃi] <-ier, -iest> *adj inf* vistoso, -a

flask [flæsk] *n* CHEM beuta *f; (thermos)* termos *m inv;* **hip ~** fiaschetta *f*

flat¹ [flæt] **I.** *adj* <-tt-> **1.** *(surface)* piatto, -a; *(land)* pianeggiante; **~ as a pancake** *inf* piatto come una frittata **2.** *(unexciting)* piatto, -a **3.** *(drink)* sgasato, -a **4.** *(tire)* a terra **5.** *(absolute: refusal, rejection)* categorico, -a; **and that's ~** e non se ne parli più **6.** COM *(not changing)* fisso, -a **7.** MUS *(note)* bemolle; *(string)* scordato, -a **II.** <-tt-> *adv* **1.** *(level)* lungo disteso; **to lie ~ on one's back** stare a pancia in su **2.** *inf (absolutely)* completamente ▶**to be ~ broke** essere completamente al verde; **to fall ~** essere un fiasco; **in five minutes ~** *inf* in cinque minuti esatti **III.** *n* **1.** *(level surface: of sword, knife)* piatto *m;* **the ~ of one's hand** il palmo *m* della mano **2.** *(low level ground)* pianura *f;* **salt ~s** saline *fpl* **3.** *(flat tire)* foratura *f* **4.** MUS bemolle *m inv*

flat² [flæt] *n (apartment)* appartamento *m*

flat feet *npl* piedi *mpl* piatti

flatfish ['flæt·fɪʃ] <-(es)> *n* pesce *m* piatto

flat-footed [ˌflæt·ˈfʊ·t̬ɪd] *adj* con i piedi piatti

flatly *adv (deny, refuse)* categoricamente

flatness *n* piattezza *f*

flat rate **I.** *n* tariffa *f* fissa; INET, TEL tariffa *f* flat **II.** *adj* a tariffa fissa; TEL, INET con tariffa flat

flatten ['flæ·tn] *vt* **1.** *(make level)* appiattire; **to ~ oneself against sth** appiattirsi contro qc **2.** MUS abbassare di un tono

flatter ['flæ·t̬ɚ] *vt* **1.** *(gratify vanity)* adulare **2.** *(make attractive)* donare **3.** *(be proud of)* **to ~ oneself on sth** andare orgoglioso di qc

flatterer *n* adulatore, -trice *m, f*

flattering *adj* **1.** *(clothes, portrait)* che dona [*o* donano] **2.** *(remark, description)* lusinghiero, -a

flattery ['flæ·t̬ə·ri] *n* adulazione *f;* **~ will get you nowhere** con l'adulazione non otterrai nulla

flatulence ['flæ·tʃə·ləns] *n form* flatulenza *f*

flaunt [flɑnt] *vt* ostentare

flautist ['flɑ·ˈt̬ɪst] *n* flautista *mf*

flavor ['fleɪ·vɚ] **I.** *n* **1.** *(taste)* sapore *m; (ice cream, fizzy drink)* gusto *m* **2.** *fig* sapore *m;* **a novel with a romantic ~** un romanzo dal sapore romantico **II.** *vt* insaporire

flavoring ['fleɪ·vɚ·ɪŋ] *n* aroma *m; (in industry)* aromatizzante *m*

flaw [flɑ] **I.** *n (in machine, cloth, character)* difetto *m; (in argument)* errore *m* **II.** *vt* guastare

flawless ['flɑ·lɪs] *adj* perfetto, -a; **~ performance** esecuzione *f* impeccabile

flax [flæks] *n* lino *m*

flaxen ['flæk·sn] *adj liter* biondo chiaro *inv*

flay [fleɪ] *vt* **1.** *(animal)* scuoiare **2.** *fig* stroncare

flea [fli:] *n* pulce *f* ▶**to send sb away with a**
~ in his/her ear mandare via qu in malo modo

fleabite ['fli:·baɪt] *n* morso *m* di pulce

flea-bitten *adj inf* pidocchioso, -a

flea market *n* mercato *m* delle pulci

fleck [flek] **I.** *n (of color)* macchiolina *f; (of paint)* schizzo *m* **II.** *vt* chiazzare

fled [fled] *pp of* **flee**

fledged [fledʒd] *adj* coperto, -a di piume

fledgeling, fledgling ['fledʒ·lɪŋ] **I.** *n (young bird)* uccellino *m* **II.** *adj (inexperienced)* alle prime armi

flee [fli:] **I.** *vt (run away from)* fuggire da **II.** *vi (run away)* fuggire; *liter* svanire

fleece [fli:s] **I.** *n* **1.** *(of sheep)* vello *m* **2.** *(clothing)* pile *m inv* **II.** *vt* **1.** *(a sheep)* tosare **2.** *inf (cheat)* spellare

fleet¹ [fli:t] *n* **1.** NAUT flotta *f* **2.** *(of airplanes)* flotta *f* aerea; **car ~** parco *m* macchine

fleet² [fli:t] <-er, -est> *adj (quick)* veloce

fleeting ['fli:·t̬ɪŋ] *adj* fugace; *(visit)* breve

Flemish ['fle·mɪʃ] *adj* fiammingo, -a

flesh [fleʃ] *n (body tissue)* carne *f; (pulp)* polpa *f;* **to put ~ on an argument/idea** dar corpo ad un ragionamento/un'idea ▶**to be (only) ~ and blood** essere fatto di carne ed ossa; **it made my ~ crawl** mi ha fatto accapponare la pelle; **in the ~** in carne ed ossa

fleshpot ['fleʃ·pɑt] *n* luogo *m* di perdizione

flesh wound *n* ferita *f* superficiale

fleshy ['fle·ʃi] <-ier, -iest> *adj (voluminous: person)* in carne; *(fruit)* carnoso, -a

flew [flu:] *pp, pt of* **fly**

flex [fleks] **I.** *vt* flettere ▶**to ~ one's muscles** mostrare i muscoli **II.** *n* ELEC flessibile *m*

flexibility [ˌflek·sə·ˈbɪ·lə·t̬i] *n* **1.** *(of material)* flessibilità *f* **2.** *(of person, approach)* flessibilità *f*

flexible ['flek·sə·bl] *adj* flessibile

flextime ['fleks·taɪm] *n* orario *m* flessibile

flick [flɪk] **I.** *vt (with finger)* lanciare con le dita; **to ~ out one's tongue** tirare fuori la lingua; **to ~ the light switch on/off** accendere/spegnere la luce; **to ~ channels** fare zapping **II.** *n* **1.** *(sudden movement, strike)* colpetto *m* **2.** *inf (movie)* film *m inv;* **the ~s** *(cinema)* il cinema *m*

flicker ['flɪ·kɚ] **I.** *vi* tremolare **II.** *n* tremolio *m*

flier ['flɑ·ɪɚ] *n* **1.** *(leaflet)* volantino *m* **2.** *(in airplane)* aviatore, -trice *m, f*

flight [flaɪt] *n* **1.** *(movement through air)* volo *m;* **the ~ of time** il passare del tempo **2.** *(group: of birds, of aircrafts)* stormo *m* **3.** *(retreat)* fuga *f;* **~ of investment** fuga *f* degli investimenti; **to take ~** darsi alla fuga; **to put sb to ~** mettere qu in fuga **4.** *(series: of stairs)* rampa *f* ▶**a ~ of fancy** un volo della fantasia

flight attendant *n* assistente *mf* di volo

flight controller *n* controllore *m* di volo

flight deck *n* **1.** *(cockpit)* cabina *f* di pilotaggio **2.** *(on aircraft carrier)* ponte *m* di volo

flight engineer *n* tecnico *m* di volo

flight instructor *n* istruttore , -trice *m*, *f* di volo

flightless *adj* che non sa volare

flight number *n* numero *m* di volo

flight path *n* traiettoria *f* di volo

flight recorder *n* scatola *f* nera, registratore *m* di volo

flighty ['flaɪ·t̬i] <-ier, -iest> *adj pej* (*woman*) irresponsabile

flimsiness ['flɪm·zɪ·nɪs] *n* **1.** (*of dress*) leggerezza *f* **2.** (*of construction*) fragilità *f* **3.** (*of argument, excuse*) debolezza *f*

flimsy ['flɪm·zi] <-ier, -iest> *adj* **1.** (*light: dress, blouse*) leggero, -a **2.** (*construction*) fragile **3.** (*argument, excuse*) debole

flinch [flɪntʃ] *vi* (*from pain*) sobbalzare; **to ~ from sth** tirarsi indietro davanti a qc; **to ~ from doing sth** tirarsi indietro quando si tratta di fare qc

fling [flɪŋ] <flung> I. *vt* (*throw*) lanciare; **to ~ oneself in front of a train** lanciarsi contro un treno; **to ~ sb into prison** gettare qu in prigione; **to ~ accusations at sb** lanciare accuse contro qu II. *n inf* **1.** (*short pleasant time*) **to have a ~** spassarsela per un po' *m* **2.** (*relationship*) avventura *f* **3.** (*try*) **to have a ~ at sth** provare qc

◆**fling away** *vt* gettare via

◆**fling off** *vt* **to ~ one's clothes** spogliarsi in tutta fretta

◆**fling on** *vt inf* **to ~ one's clothes** vestirsi in tutta fretta

◆**fling open** *vt* spalancare

◆**fling out** *vt inf* (*throw out*) gettare via

flint [flɪnt] *n* (*for tools*) selce *f*; (*in lighter*) pietrina *f*

flip [flɪp] <-pp-> I. *vt* (*pancake*) rigirare; (*pages*) sfogliare; **to ~ a coin** fare a testa e croce ▶**to ~ one's lid** andare fuori dai gangheri II. *vi* **1.to ~ over** (*car*) ribaltarsi **2.** *inf* (*go crazy*) perdere la testa III. *n* (*toss in the air*) ~ **of a coin** lancio *m* di una moneta

flip chart *n* lavagna *f* a fogli mobili

flip-flop ['flɪp·fla:p] *n* infradito *m inv*

flippancy ['flɪ·pənt·si] *n* frivolezza *f*

flippant ['flɪ·pənt] *adj* (*attitude*) irriverente; (*remark*) spiritoso, -a

flipper ['flɪ·pɚ] *n* pinna *f*

flip side *n* **1.** MUS (*of record*) lato *m* B **2.** (*of policy, situation*) **the ~** l'altra faccia *f*

flirt [flɜːrt] I. *n* (*woman*) civetta *f*; (*man*) farfallone *m* II. *vi* **1.** (*be sexually attracted*) flirtare **2.** (*toy with*) **to ~ with sth** giocare con qc

flirtation [flɜːr·'teɪ·ʃən] *n* (*love affair*) flirt *m inv*

flirtatious [flɜː·r·'teɪ·ʃəs] *adj* (*woman*) civettuolo, -a; (*man*) donnaiolo, -a

flit [flɪt] <-tt-> *vi* **to ~** (**around**) (*bats, bees*) svolazzare; (*people*) muoversi

float [floʊt] I. *vi* **1.** (*in liquid*) galleggiare; (*air*) fluttuare; **to ~ to the surface** venire a galla **2.** (*move aimlessly*) ciondolare **3.** ECON fluttuare II. *vt* **1.** (*keep afloat*) far galleggiare **2.** ECON, FIN **to ~ a business/company** quo-

tare in borsa un'azienda/una società **3.** (*suggest*) **to ~ an idea/a plan** lanciare una idea/un piano III. *n* **1.** NAUT (*fishing*) galleggiante *m*; (*for people*) salvagente *m inv* **2.** (*vehicle*) carro *m*

◆**float around** *vi inf* (*people*) bighellonare; (*rumor*) circolare

◆**float off** *vi* andare alla deriva

floatation [floʊ·'teɪ·ʃən] *n s.* flotation

floating ['floʊ·t̬ɪŋ] *adj* (*interest rate*) variabile; (*bridge*) galleggiante

flock [fla:k] I. *n* **1.** (*group: of goats, sheep*) gregge *m*; (*of birds*) stormo *m*; (*of people*) stuolo *m* **2.** REL congregazione *f* II. *vi* affluire, **people ~ to the mall at Christmas** a Natale il centro commerciale è stato preso d'assalto

floe [floʊ] *n* banchisa *f*

flog [fla:g] <-gg-> *vt* **1.** (*punish*) frustare; *fig* flagellare **2.** *inf* (*sell*) rifilare ▶**to ~ sth to death** *inf* ripetere sempre la stessa cosa

flogging *n* fustigazione *f*

flood [flʌd] I. *vt* inondare; **the calls for tickets ~ed the switchboard** il centralino è stato sommerso di chiamate per i biglietti; **to ~ an engine** AUTO ingolfare un motore II. *vi* METEO (*town*) allagarsi; (*river*) esondare; **refugees have been ~ing in** *fig* i rifugiati sono affluiti in massa III. *n* **1.** METEO inondazione *f* **2.** REL **the Flood** il Diluvio universale **3.** *fig* (*outpouring*) marea *f*; ~ **of tears** mare *m* di lacrime; ~ **of products/complaints** valanga *f* di prodotti/di reclami; ~ **of abuse** valanga *f* di insulti; **to let out a ~ of abuse** coprire di insulti

floodgate ['flʌd·geɪt] *n fig* **to open the ~s to sth** aprire le porte a qc

floodlight ['flʌd·laɪt] I. *n* riflettore *m* II. *vt irr* illuminare con i riflettori

floor [flɔːr] I. *n* **1.** (*of room*) pavimento *m*; **dance ~** pista *f* da ballo; **to take the ~** (*in debate*) prendere la parola; (*start dancing*) scendere in pista **2.** (*level in building*) piano *m*; **first ~** (*floor on ground level*) piano terra; **sea ~** fondo *m* del mare **3.** FIN (*lowest limit*) livello *m* minimo ▶**to wipe the ~ with sb** (*defeat*) annientare qu; **to go through the ~** (*prices*) crollare II. *vt* (*knock down*) stendere; **the question ~ed her** la domanda l'ha spiazzata

floorboard ['flɔːr·bɔːrd] *n* trave *f* di legno, *del pavimento*

flooring *n* pavimentazione *f*; **wooden ~** pavimentazione in legno

floor lamp *n* lampada *f* a stelo

floor model *n* modello *m* per dimostrazione

floor polish *n* cera *f* per pavimenti

floorshow *n* spettacolo *m* di varietà

floorwalker *n* capo *m* reparto

flop [fla:p] <-pp-> I. *vi* **1.** (*on bed, chair*) buttarsi **2.** *inf* (*fail*) fare fiasco II. *n inf* (*failure*) fiasco *m*

floppy ['fla:·pi] I.<-ier, -iest> *adj* (*ears*)

F

F

cadente; (*hat*) floscio, -a **II.** <-ies> *n* dischetto *m*

floppy disk *n* dischetto *m*

flora ['flɔː·rə] *n* flora *f;* ~ **and fauna** flora e fauna

floral ['flɔː·rəl] *adj* floreale

florid ['flɔː·rɪd] *adj* **1.** (*style, prose, rhetoric*) ornato, -a **2.** *form* (*ruddy*) rubicondo, -a

Florida ['flɔː·rɪ·də] *n* Florida *f*

florist ['flɔː·rɪst] *n* fioraio, -a *m, f;* **the ~'s** il fioraio

flotation [floʊ·'teɪ·ʃən] *n* ECON, FIN (*of shares*) emissione *m*

flotilla [floʊ·'tɪ·lə] *n* MIL, NAUT flottiglia *f*

flotsam ['flɑːt·səm] *n* relitti *mpl, galleggianti o arenati;* ~ **and jetsam** (*people*) relitti *m* umani *pl*

flounce[1] [flaʊnts] *vi* (*in lively manner*) **to ~ around** dimenarsi; **to ~ in/out** (*emotionally*) entrare/uscire nervosamente

flounce[2] [flaʊnts] *n* (*decoration*) balza *f*

flounder[1] ['flaʊn·də] *vi* **1.** (*in mud, water*) annaspare **2.** (*economy, firm*) annaspare **3.** (*while speaking*) impappinarsi

flounder[2] ['flaʊn·də] *n* (*flatfish*) passera *f* di mare

flour ['fla·ʊə] **I.** *n* farina *f* **II.** *vt* infarinare

flourish ['flɜː·rɪʃ] **I.** *vi* (*business, trade*) fiorire; (*plant*) crescere rigoglioso, -a **II.** *vt* agitare **III.** *n* **with a ~** con un gesto cerimonioso

flourishing *adj* (*garden, plant*) rigoglioso, -a; (*business, market, trade*) fiorente

flour mill *n* mulino *m*

floury ['fla·ʊə·ri] <-ier, -iest> *adj* (*hands*) infarinato, -a; (*like flour*) farinoso, -a

flout [flaʊt] *vt* **to ~ a law/rule** violare una legge/regola; **to ~ tradition** sfidare la tradizione

flow [floʊ] **I.** *vi* fluire, scorrere **II.** *n* (*of water, ideas, goods*) flusso *m;* **to cut the ~ of oil/water** interrompere le forniture *f* di petrolio/acqua *inv;* ~ **of blood** circolazione *f* del sangue ▸ **in full ~** nel bel mezzo di un discorso; **to go against the ~** andare contro corrente; **to go with the ~** seguire la corrente

flowchart *n*, **flow diagram** *n* diagramma *m* di flusso

flower ['fla·ʊə] **I.** *n* **1.** (*plant, bloom*) fiore *m;* **to be in ~** essere in fiore **2.** *liter* (*best*) **the ~** il fior fiore **II.** *vi* fiorire

flower arrangement *n* composizione *f* floreale

flowerbed *n* aiuola *f*

flower garden *n* giardino *m* ornamentale

flower girl *n* la *damigella che porta i fiori in una cerimonia nuziale*

flowerpot *n* vaso *f* (da fiori)

flowery ['fla·ʊə·ri] <-ier, -iest> *adj* **1.** (*material*) a fiori **2.** (*style, language*) fiorito, -a

flowing *adj* (*hair*) fluente; (*robes*) morbido, -a

flown [floʊn] *pp of* **fly**[1]

flu [fluː] *n* influenza *f*

fluctuate ['flʌk·tʃʊ·eɪt] *vi* fluttuare

fluctuation [ˌflʌk·tʃʊ·'eɪ·ʃən] *n* fluttuazione *f*

flue [fluː] *n* canna *f* fumaria

fluency ['fluː·ənt·si] *n* scioltezza *f*

fluent ['fluː·ənt] *adj* (*style*) scorrevole; (*movement*) sciolto, -a; **to speak ~ English** parlare l'inglese correntemente

fluff [flʌf] **I.** *n* **1.** (*on young animals*) peluria *f;* (*dust*) laniccio *m* **2.** (*unimportant matter*) banalità *f* **II.** *vt* **1. to ~** (**up**) **a pillow** scuotere un cuscino **2.** *inf* (*exam*) andare male in; (*line*) sbagliare

fluffy ['flʌ·fi] <-ier, -iest> *adj* (*furry: animal*) morbido, -a; (*toy*) di peluche; (*clothes*) soffice; CULIN (*light*) spumoso, -a

fluid ['fluː·ɪd] **I.** *n* liquido *m* **II.** *adj* **1.** (*liquid*) liquido, -a **2.** (*situation*) fluido, -a

fluid ounce *n* oncia *f* fluida, *unità di capacità di misura equivalente a 29,57 millilitri*

flung [flʌŋ] *pp, pt of* **fling**

flunk [flʌŋk] *vt inf* (*student*) segare; (*math, history*) cannare

fluorescence [flɔː·'re·sns] *n* fluorescenza *f*

fluorescent [flɔː·'re·snt] *adj* fluorescente; ~ **tube** tubo *m* fluorescente

fluoride ['flɔː·raɪd] *n* fluoruro *m*

fluorine ['flɔː·riːn] *n* fluoro *m*

fluorocarbon [ˌflɔː·rə·'kɑːr·bən] *n* fluorocarburo *m*

flurry ['flɜː·ri] <-ies> *n* (*of snow*) spruzzata *f;* (*of wind*) folata *f;* **a ~ of excitement** un leggero trambusto *m;* **a ~ of speculation** un'ondata *f* di speculazioni

flush[1] [flʌʃ] **I.** *vi* (*blush*) arrossire **II.** *vt* **to ~ the toilet** tirare l'acqua **III.** *n* **1.** (*blush*) rossore *m;* ~ **of anger** accesso *m* di rabbia **2.** (*toilet*) sciacquone *m*

◆**flush out** *vt* stanare

flush[2] [flʌʃ] *adj* **1.** (*level*) ben allineato, -a **2.** *inf* (*rich*) **to be ~ with money** essere pieno di soldi

flushed [flʌʃt] *adj* arrossato, -a; ~ **with anger** rosso, -a per la rabbia; ~ **with joy** raggiante di gioia; ~ **with success** emozionato, -a per il successo

fluster ['flʌs·tə] **I.** *vt* **to ~ sb** fare agitare qu **II.** *n* **to be in a ~** essere agitato, -a

flute [fluːt] *n* MUS flauto *m*

fluting *n* scanalatura *f*

flutist ['fluː·tɪst] *n s.* **flautist**

flutter ['flʌ·tə] **I.** *n* **1.** (*of wings*) battito *m* **2.** *fig* (*nervousness*) agitazione *f;* **to put sb in a ~** fare agitare qu; **to be all in a ~** essere tutto agitato **II.** *vi* **1.** (*quiver*) tremare; **to make hearts ~** *fig* far battere il cuore **2.** (*flag*) sventolare; (*leaves*) volteggiare **III.** *vt* (*wings, eyelashes*) sbattere; **to ~ one's eyelashes** *fig* fare gli occhi dolci

fluvial ['fluː·vi·əl] *adj* fluviale

flux [flʌks] *n* **1.** (*change*) cambiamento *m* continuo; **to be in a state of ~** essere soggetto a frequenti mutamenti **2.** MED flusso *m*

fly[1] [flaɪ] <flew, flown> **I.** *vi* **1.** (*bird, airplane*) volare **2.** (*travel by aircraft*) volare; **to ~ to New York** andare a new York in aereo

3.(*move rapidly*) precipitarsi; **to ~ at sb** lanciarsi su qu **4.** *inf* (*leave*) scappare ► **to ~ high** (*very happy*) essere al settimo cielo **II.** *vt* **1.**(*aircraft*) pilotare **2.**(*make move through air*) far volare; **to ~ a flag** sventolare una bandiera; **to ~ a kite** far volare un aquilone
◆**fly away** *vi* volare via
◆**fly in** *vi* **to ~ from somewhere** arrivare (in aereo) da qualche parte
◆**fly off** *vi* volare via
fly² [flaɪ] *n* (*insect*) mosca *f* ► **he wouldn't harm a ~** non farebbe del male a una mosca; **to drop** (**off**) [*o* **die**] **like flies** *inf* cadere come le mosche; **the only ~ in the ointment** l'unico neo
flyaway [ˈflaɪ·ə·weɪ] *adj* (*hair*) ribelle
flyby *n* ASTR flyby *m inv*, passaggio di un veicolo spaziale vicino a un corpo terrestre
fly-by-night [ˈflaɪ·baɪ·naɪt] *adj inf* poco serio, -a
flycatcher [ˈflaɪˌkæt·ʃə˞] *n* pigliamosche *m*
flyer [ˈfla·ɪə˞] *n* **1.**(*leaflet*) volantino *m* **2.**(*airplane pilot*) aviatore, -trice *m, f*
flying [ˈflaɪ·ɪŋ] **I.** *n* volare **II.** *adj* **to pass an exam with ~ colors** superare un esame brillantemente
flying boat *n* idrovolante *m* a scafo
flying fish *n* pesce *m* volante
flying fox *n* rossetta *f*
flying saucer *n* disco *m* volante
flying start *n* SPORTS partenza *f* lanciata; **to get off to a ~** partire bene
flying time *n* durata *f* del volo
flyleaf [ˈflaɪ·liːf] <flyleaves> *n* risguardo *m*
flyover [ˈflaɪˌoʊ·və˞] *n* (*bridge*) cavalcavia *m*
flypaper [ˈflaɪˌpeɪ·pə˞] *n* carta *f* moschicida
flysheet *n* doppio telo *m*, di una tenda da campeggio
fly swatter *n* acchiappamosche *m inv*
flytrap *n* trappola *f* per mosche
flyweight [ˈflaɪ·weɪt] *n* SPORTS peso *m* mosca
flywheel [ˈflaɪ·hwiːl] *n* TECH volano *m*
FM [ˌef·ˈem] PHYS *abbr of* **frequency modulation** FM
foal [foʊl] **I.** *n* puledro, -a *m, f*; **to be in ~** essere gravida **II.** *vi* partorire
foam [foʊm] **I.** *n* (*bubbles, foam rubber*) schiuma *f* **II.** *vi* **to ~ with rage** schiumare di rabbia
foam rubber *n* gommapiuma *f inv*
foamy [ˈfoʊ·mi] <-ier, -iest> *adj* (*shampoo, washing-up liquid*) schiumoso, -a; (*sea*) spumeggiante
focal [ˈfoʊ·kl] *adj* centrale; **~ point** punto *m* focale
focus [ˈfoʊ·kəs] <-es *o* foci> **I.** *n* **1.**fuoco *m*; **to be in/out of ~** essere a fuoco/sfocato, -a **2.**(*center*) centro *m*; **~ of interest** centro d'interesse; **the ~ of a program** il fulcro di un programma; **to bring sth into ~** *fig* mettere qc a fuoco **II.** <-s- *o* -ss-> *vi* mettere a fuoco; **to ~ on sth** (*concentrate*) focalizzare qc **III.** *vt* focalizzare; **to ~ one's attention on sth** focalizzare la propria attenzione su qc

fodder [ˈfɑː·də˞] *n* **1.**(*animal food*) foraggio *m*; **~ crop** foraggio *m* **2.** *fig, inf* materiale *m*
foe [foʊ] *n* nemico, -a *m, f*
fog [fɑːg] *n* nebbia *f*; **to be in a ~** *fig* essere confuso
◆**fog up** *vi* (*glasses, window*) appannarsi
fog bank *n* banco *m* di nebbia
fogbound [ˈfɑːg·baʊnd] *adj* bloccato, -a dalla nebbia
fogey [ˈfoʊ·gi] <-ies> *n pej, inf s.* fogy
foggy [ˈfɑː·gi] <-ier, -iest> *adj* (*weather*) nebbioso, -a; (*memory*) vago, -a ► **to not have the foggiest** (**idea**) non avere la più pallida idea
foghorn [ˈfɑːg·hɔːrn] *n* sirena *f* da nebbia; **to have a voice like a ~** avere un vocione
fog light *n* faro *m* antinebbia
fogy [ˈfoʊ·gi] <-ies> *n pej, inf* parruccone, -a *m, f*
foible [ˈfɔɪ·bl] *n* (*weakness*) debolezza *f*; (*habit*) mania *f*
foil¹ [fɔɪl] *n* **1.**(*metal sheet*) carta *f* d'alluminio **2.**(*sword*) fioretto *m* **3.** *fig* **to act as a ~ to sth** mettere in risalto qc
foil² [fɔɪl] *vt* (*cause to fail*) sventare
foist (**up**)**on** [ˌfɔɪst·(ə·ˈp)ɑːn] *vt* **to foist sth** (**up**)**on sb** (*values*) imporre qc a qn; (*old apples*) rifilare qc a qu
fold¹ [foʊld] **I.** *vt* **1.**(*bend*) piegare; **to ~ sth back/down** ripiegare qc **2.**(*wrap*) **to ~ sth** (**in sth**) avvolgere qc (in qc) **II.** *vi* **1.**(*chair, table*) ripiegarsi **2.**(*fail, go bankrupt*) chiudere i battenti **III.** *n* (*crease*) piega *f*
◆**fold up** *vt* piegare
fold² [foʊld] *n* (*sheep pen*) ovile *m*; **to return to the ~** *fig* tornare all'ovile
folder [ˈfoʊl·də˞] *n a.* COMPUT cartella *f*
folding [ˈfoʊl·dɪŋ] *adj* pieghevole; **~ door** porta *f* pieghevole; **~ money** soldi *mpl* di carta
foliage [ˈfoʊ·li·ɪdʒ] *n* fogliame *m*
folio [ˈfoʊl·i·oʊ] *n* libro *m* in folio
folk [foʊk] *n* **1.** *pl* gente *f*; **farming ~** agricoltori *mpl*; **the old ~** i vecchi *pl*; **ordinary ~** gente comune; (**~ memory**) memoria *f* collettiva; **~ wisdom** saggezza *f* popolare **2.** *pl* (*parents*) genitori *mpl*
folk dance *n* danza *f* popolare
folklore [ˈfoʊk·lɔːr] *n* folklore *m*
folk music *n* musica *f* folk
folk song *n* canzone *f* popolare
folksy [ˈfoʊk·si] <-ier, -iest> *adj* (*friendly*) alla buona
folktale *n* racconto *m* popolare
follow [ˈfɑː·loʊ] **I.** *vt* **1.**(*take same route as*) seguire **2.**(*happen next*) **to ~ sth** seguire a qc **3.** **to ~ sb's example/advice** seguire l'esempio/il consiglio di qu **4.**(*understand*) **to ~ sb/sth** seguire qu/qc **5.**(*have an interest in*) **to ~ sth** seguire qc **II.** *vi* **1.**(*take same route as*) seguire **2.**(*happen next*) seguire **3.**(*result*) conseguire; **to ~ from sth** derivare da qc
◆**follow on** *vi* conseguire
◆**follow through I.** *vt* **1.**(*study*) approfondire

F

F

2. (*see through to end*) portare a termine **II.** *vi* SPORTS accompagnare la palla

♦**follow up** *vt* **1.** (*consider, investigate*) esaminare a fondo **2.** (*do next*) to ~ sth by [*o* with] sth far seguire qc a qc

follower *n* seguace *mf*

following I. *n inv* **1.** I'd say the ~ direi così; my idea was the ~ la mia idea era la seguente **2.** (*supporters: of idea*) sostenitori, -trici *m, f pl;* (*of doctrine*) seguaci *mfpl* **II.** *adj* **1.** (*next*) seguente; **the ~ ideas** le idee seguenti **2.** (*from behind*) ~ **wind** vento *m* di spalle **III.** *prep* dopo; ~ **dinner** dopo cena; ~ **your letter** facendo seguito alla Sua lettera

follow-up *n* seguito *m*

folly ['fɑ:·li] *n* (*foolishness*) follia *f;* it's sheer ~! è pura follia!

fond [fɑ:nd] <-er, -est> *adj* **1.** (*with liking for*) to be ~ of sb essere affezionato, -a a qu; he is ~ of ... gli piace [*o* piacciono]... **2.** (*loving*) affettuoso, -a; ~ **memories** cari ricordi *mpl* **3.** (*hope*) vano, -a

fondle ['fɑ:n·dl] <-ling> *vt* accarezzare

fondness ['fɑ:nd·nɪs] *n* affetto *m;* **to have a ~ for sth** avere una passione per qc

font [fɑ:nt] *n* **1.** TYPO carattere *m* **2.** (*receptacle*) fonte *f* battesimale

food [fu:d] *n* cibo *m* ▶**to give sb ~ for thought** dare da pensare a qu; **to be off one's ~** non aver voglia di mangiare, *perché non ci si sente molto bene*

food chain *n* catena *f* alimentare

food poisoning *n* intossicazione *f* alimentare

food processor *n* robot *m inv* da cucina

food stamps *n* buoni *m* alimentari *pl*

foodstuff *n* generi *m* alimentari *pl*

fool [fu:l] I. *n* sciocco, -a *m, f;* **to be a big enough ~ to do sth** essere così stupido da fare qc; **to act like a ~** comportarsi da stupido, -a; **to make a ~ of sb** rendersi ridicolo, -a; **any ~** chiunque II. *vt* ingannare; **you could have ~ed me!** *inf* non l'avrei mai detto! III. *vi* (*joke around*) scherzare IV. *adj inf* (*silly*) sciocco, -a

♦**fool around** *vi* (*waste time*) perdere tempo

foolhardy ['fu:l·hɑ:r·di] *adj* sconsiderato, -a

foolish ['fu:·lɪʃ] *adj* sciocco, -a

foolproof ['fu:l·pru:f] *adj* infallibile

fool's cap *n* carta *f* protocollo

foot [fʊt] I. <feet> *n* **1.** (*of person*) piede *m;* (*of animal*) zampa *f* **2.** (*unit of measurement*) piede *m, 30,48 cm* **3.** (*bottom or lowest part*) **at the ~ of one's bed** ai piedi del letto; **at the ~ of the page** a piè di pagina ▶**to get a ~ in the door** mettere un piede dentro; **to have one ~ in the grave** avere un piede nella tomba; **to have both feet on the ground** avere i piedi per terra; **to set ~ on dry land** mettere piede sulla terra ferma; **to be back on one's feet** essere di nuovo in piedi; **to have/ get cold feet** avere fifa; **to get off on the wrong ~** partire col piede sbagliato; **to fall on one's feet** cadere in piedi; **to find one's feet** ambientarsi; **to put one's ~ down** puntare i

piedi; **to put one's ~ in it** [*o* in one's mouth] fare una gaffe; **to set ~ in sth** metter piede in qc; I'll never set ~ in his house again non metterò mai più piede a casa sua; **to be under sb's feet** stare sempre in mezzo piedi a qu II. *vt inf* **to ~ the bill** pagare il conto

footage ['fʊ·t̬ɪdʒ] *n* CINE, TV sequenze *fpl*

foot-and-mouth disease *n* afta *f* epizootica

football ['fʊt·bɔ:l] *n* **1.** (*American football*) calcio *m* americano **2.** (*ball*) palla *f* ovale

---

Il **football** americano ha regole molto diverse dal calcio europeo, che viene chiamato *soccer* negli Stati Uniti. La palla ha forma ovale e può essere colpita con il piede, ma anche lanciata con le mani. Ognuno dei quattro tempi in cui è suddivisa la partita comincia con un *kickoff*, cioè, un calcio alla palla da parte di un giocatore, con i compagni di squadra che cercano di recuperare la palla con le mani. Bisogna quindi correre per portare la palla nel punto di meta avversario. Gli avversari cercano di arrestare il giocatore che ha la palla con un *tackle*, cioè un placcaggio per bloccarlo a terra.

---

football player *n* calciatore, -trice *m, f*

footboard *n* AUTO predellino *m*

footbridge ['fʊt·brɪdʒ] *n* ponte *m* pedonale

footer ['fʊ·t̬ɚ] *n* nota *f* a piè di pagina

foothills ['fʊt·hɪlz] *n* colline *f* pedemontane *pl*

foothold ['fʊt·hoʊld] *n* punto *m* d'appoggio; **to gain a ~** *fig* prendere piede

footing ['fʊ·t̬ɪŋ] *n* **1.** to lose one's ~ perdere l'equilibrio **2.** (*basis*) piano *m;* **on an equal ~** su un piano di parità

footlights ['fʊt·laɪts] *npl* luci *f* della ribalta *pl*

footling ['fu:t·lɪŋ] *adj* stupido, -a

footloose ['fʊt·lu:s] *adj* libero, -a ▶**to be ~ and fancy-free** essere libero e senza legami

footman ['fʊt·mən] <-men> *n* valletto *m*

footnote ['fʊt·noʊt] *n* nota *f* a piè di pagina

footpath ['fʊt·pæθ] *n* sentiero *m*

footprint ['fʊt·prɪnt] *n* orma *f*

footrest ['fʊt·rest] *n* poggiapiedi *m inv*

footsie ['fʊt·si] *n inf* **to play ~ with sb** fare piedino a qu

footslog ['fʊt·slɑ:g] <-gg-> *vi inf* camminare faticosamente

footsore ['fʊt·sɔ:r] *adj liter* **to be ~** avere male ai piedi

footstep ['fʊt·step] *n* passo *m*

footstool ['fʊt·stu:l] *n* poggiapiedi *m inv*

footwear ['fʊt·wer] *n* calzature *fpl*

footwork ['fʊt·wɜ:rk] *n* gioco *m* di gambe

for [fɔ:r] I. *prep* **1.** (*destined for*) per; **this is ~ you** questo è per te; **a present ~ my mother** un regalo per mia madre **2.** (*in order to help*) per; **to do sth ~ sb** fare qc per qu **3.** (*intention, purpose*) ~ **sale/rent** in vendita/affitto;

sth ~ **a headache** qc per il mal di testa; **it's time ~ lunch** è ora di pranzo; **to invite sb ~ dinner** invitare qu a cena; **to wait ~ sb** aspettare qu; **to go ~ a walk** andare a fare una passeggiata; **fit ~ nothing** buono a nulla; **what ~?** per quale motivo?; **what's that ~?** a cosa serve?; **it's ~ cutting cheese** serve per tagliare il formaggio; **~ this to be possible** perché ciò sia possibile; **to look ~ a way to do sth** cercare il modo di fare qc **4.** (*to acquire*) **eager ~ power** avido, -a di potere; **to search ~ sth** cercare qc; **to ask/hope ~ news** chiedere/ aspettare notizie; **to apply ~ a job** fare domanda di lavoro; **to shout ~ help** gridare aiuto **5.** (*towards*) **the train ~ Boston** il treno per Boston; **to make ~ home** dirigersi verso casa; **to run ~ safety** correre in salvo **6.** (*distance*) **to walk ~ 8 miles** camminare per 8 miglia **7.** (*time*) **~ now** per ora; **~ a while/a time** per un po'/un periodo; **to last ~ hours** durare ore e ore; **I'm going to be here ~ three weeks** starò qui per tre settimane; **I haven't been there ~ three years** sono tre anni che non ci vado; **I have known her ~ three years** la conosco da tre anni **8.** (*on date of*) **to have sth finished ~ Sunday** finire qc per domenica; **to set the wedding ~ May 4th** fissare il matrimonio per il 4 maggio **9.** (*in support of*) **is he ~ or against it?** lui è a favore o contrario?; **to fight ~ sth** lottare per qc **10.** (*employed by*) **to work ~ a company** lavorare per una compagnia **11.** (*the task of*) **it's ~ him to say/do ...** deve essere lui a dire/fare... **12.** (*in substitution*) **the substitute ~ the teacher** il supplente dell'insegnante; **say hello ~ me** saluta da parte mia **13.** (*price*) **a check ~ $100** un assegno di $100; **I paid $10 ~ it** l'ho pagato $10 **14.** (*concerning*) **as ~ me/that** riguardo a me/quello; **two are enough ~ me** a me ne bastano due; **sorry ~ doing that** scusami per quello che ho fatto; **the best would be ~ me to go** farei meglio ad andarmene **15.** (*in reference to*) **what's Chinese ~ 'book'?** come si dice 'libro' in cinese? **16.** (*cause*) **excuse me ~ being late** scusami per il ritardo; **as the reason ~ one's behavior** a motivo del proprio comportamento **17.** (*because of*) **to do sth ~ love** fare qc per amore; **~ fear of doing sth** per paura di fare qc; **to cry ~ joy** piangere di gioia; **he can't talk ~ laughing** non riuscire a parlare per le risate **18.** (*despite*) **~ all that/ her money** malgrado tutto quello/i suoi soldi; **~ all I know** per quanto ne so **19.** (*as*) **~ example** per esempio; **he ~ one** lui per primo ▸**she's ~ it!** sono guai per lei!; **that's kids ~ you!** i bambini sono così! **II.** *conj form* perché

forage ['fɔː·rɪdʒ] **I.** *vi* **to ~ for sth** andare alla ricerca di qc **II.** *n* (*fodder*) foraggio *m*

foray ['fɔː·reɪ] *n* (*raid*) incursione *m;* **to make a ~** (**into sth**) fare un incursion (in qc)

forbad(e) [fə·'bæd] *pt of* **forbid**

forbear [fɔː·r·'ber] <forbore, forborne> *vi form* (*abstain, refrain*) trattenersi; **to ~ from doing sth** astenersi dal fare qc

forbearance [fɔː·r·'be·rəns] *n form* **1.** (*patience*) pazienza *f* **2.** (*self-control*) autocontrollo *m*

forbid [fə·'bɪd] <forbade, forbidden> *vt* proibire; **to ~ sb from doing sth** proibire a qu di fare qc; **to ~ sb sth** *form* proibire qc a qu

forbidden [fə·'bɪ·dn] *pp of* **forbid**

forbidding [fə·'bɪ·dɪŋ] *adj* **1.** (*threatening*) minaccioso, -a **2.** (*disapproving: frown, look*) severo, -a; (*bearing rain: sky, clouds*) minaccioso, -a

forbore [fɔː·r·'bɔːr] *pt of* **forbear**

forborne [fɔː·r·'bɔːrn] *pp of* **forbear**

force [fɔːrs] **I.** *n* **1.** (*power*) forza *f;* **by sheer ~ of numbers** solo grazie alla superiorità numerica; **~ of gravity** PHYS forza di gravità; **to combine ~s** unire le forze **2.** (*large numbers*) **in ~** in gran numero **3.** (*influence*) forza *f;* **by ~ of circumstance** per cause di forza maggiore; **by ~ of habit** per abitudine; **the ~s of nature** le forze della natura **4.** (*validity*) **to come into ~** entrare in vigore **5.** MIL **police ~** forze *fpl* di polizia; **Air Force** aeronautica *f* militare; **the armed ~s** le forze *fpl* armate **II.** *vt* **1.** (*use power*) forzare; **to ~ a door** forzare una porta **2.** (*oblige to do*) costringere; **to ~ sb to do sth** obbligare qu a fare qc; **to ~ sb into** (**doing**) **sth** costringere qu a fare qc; **to ~ sth on sb** imporre qc a qu; **to ~ a smile** sorridere forzatamente; **to ~ words out of sb** costringere qu a parlare **3.** (*cause to grow faster*) forzare

◆**force out** *vt* costringere ad uscire

forced *adj* (*smile, friendliness*) forzato, -a; **~ landing** atterraggio *m* forzato

force-feed ['fɔːrs·fiːd] *vt* alimentare forzatamente

forceful ['fɔːrs·fəl] *adj* (*person, character*) energico, -a; (*argument*) convincente

forceps ['fɔːr·seps] *npl* MED forcipe *m;* **a pair of ~** un paio di forcipi

forcible ['fɔːr·sə·bl] *adj* (*entry, return*) forzato, -a; (*reminder*) efficace

forcibly *adv* con la forza

ford [fɔːrd] **I.** *n* guado *m* **II.** *vt* guadare

fore [fɔːr] **I.** *adj* anteriore; **~ and aft** da prua a poppa **II.** *n* **to be to the ~** essere d'attualità; **to come to the ~** diventare d'attualità **III.** *interj* (*in golf*) **~!** urlo lanciato quando la pallina rischia di colpire i giocatori che precedono

forearm[1] ['fɔːr·ɑːrm] *n* (*body part*) avambraccio *m*

forearm[2] [,fɔːr·'ɑːrm] *vt liter* (*prepare for battle*) **to ~ oneself** (**against sth**) premunirsi (contro qc)

forebears ['fɔːr·berz] *npl form* antenati *mpl*

forebode [fɔːr·'boʊd] *vt liter* presagire

foreboding [fɔːr·'boʊ·dɪŋ] *n liter* presentimento *m;* **to have a ~** (**that**) ... avere un presentimento (che)...

forecast ['fɔːr·kæst] <forecast *o* forecasted>

I. *n* previsione *f;* **weather ~** previsioni *mpl* del tempo **II.** *vt* prevedere

forecaster *n* ECON analista *mf;* **weather ~** meteorologo, -a *m, f*

foreclose [fɔːrˈkloʊz] **I.** *vt* **to ~ a possibility** escludere una possibilità **II.** *vi* FIN pignorare un bene ipotecato; **to ~ on a loan** pignorare un bene ipotecato

forecourt [ˈfɔːrˌkɔːrt] *n* piazzale *f* anteriore

forefathers [ˈfɔːrˌfɑːˈðəz] *npl liter* antenati *mpl*

forefinger [ˈfɔːrˌfɪŋˈgə] *n* indice *m*

forefront [ˈfɔːrˈfrʌnt] *n* primo piano *m;* **to be at the ~ of sth** essere all'avanguardia in qc

forego [fɔːrˈgoʊ] <forewent, foregone> *vt s.* **forgo**

foregoing [ˈfɔːrˌgoʊˈɪŋ] **I.** *adj form* suddetto, -a **II.** *n* **the ~** *form* quanto precedentemente detto

foregone [fɔːrˈgɑːn] *pp of* **forego**

foreground [ˈfɔːrˌgraʊnd] **I.** *n a.* ART **the ~** primo piano; **in the ~** in primo piano; **to put oneself in the ~** mettersi in vista **II.** *vt* mettere in primo piano

forehand [ˈfɔːrˌhænd] *n (tennis shot)* diritto *m*

forehead [ˈfɔːrˌed] *n* fronte *f*

foreign [ˈfɔːrˌrɪn] *adj* **1.** *(from another country)* straniero, -a; **~ soil** *form* terra *f* straniera **2.** *(involving other countries)* estero, -a; **~ relations** rapporti *mpl* con l'estero; **~ trade** commercio *m* estero **3.** *(unknown, uncharacteristic)* estraneo, -a; **to be ~ to sb** essere estraneo a qu; **to be ~ to one's nature** non fare parte della natura di qu **4.** *(not belonging)* estraneo, -a; **a ~ body** un corpo estraneo

foreign affairs *npl* affari *mpl* esteri

foreign aid *n* aiuti *mpl* ai paesi esteri

foreign correspondent *n* corrispondente *mf* estero

foreign currency *n* valuta *f* estera

foreigner [ˈfɔːrˌrɪˈnə] *n* straniero, -a *m, f*

foreign exchange *n* **1.** *(system)* cambio *m* (estero) **2.** *(currency)* valuta *f* estera

foreign minister *n* ministro , -a *m, f* degli esteri

foreign policy *n* politica *f* estera

foreknowledge [ˌfɔːrˈnɑːˈlɪdʒ] *n* precognizione *f;* **to have ~ of sth** prevedere qc

foreman [ˈfɔːrˌmən] <-men> *n* **1.** *(in factory)* caposquadra *m* **2.** LAW *(head of jury)* capo *m* della giuria

foremost [ˈfɔːrˌmoʊst] *adj* **1.** *(most important)* maggiore; **to be ~ among ...** essere in prima fila fra... **2.** *(farthest forward)* più avanti

forename [ˈfɔːrˌneɪm] *n form* nome *m* (di battesimo)

forensic [fəˈrenˌsɪk] *adj* **~ experts** esperti *mpl* della (Polizia) Scientifica; **~ evidence** risultati *mpl* della perizia medico-legale; **~ medicine** medicina *f* legale; **~ science** scienze *fpl* forensi

foreordain [ˌfɔːrˌɔːrˈdeɪn] *vt form* predesti-

nare; **to be ~ed (to do sth)** essere predestinato (a fare qc)

foreplay [ˈfɔːrˌpleɪ] *n* preliminari *mpl, in rapporto sessuale*

forerunner [ˈfɔːrˌrʌˈnə] *n* precursore, precorritrice *m, f*

foresail [ˈfɔːrˌseɪl] *n* NAUT vela *f* di trinchetto

foresee [fɔːrˈsiː] *irr vt* prevedere

foreseeable *adj* prevedibile; **in the ~ future** nell'immediato futuro

foreshadow [fɔːrˈʃæˌdoʊ] *vt* preannunciare

foresight [ˈfɔːrˌsaɪt] *n* lungimiranza *f;* **lack of ~** mancanza *f* di lungimiranza

foreskin [ˈfɔːrˌskɪn] *n* prepuzio *m*

forest [ˈfɔːrˌrɪst] **I.** *n (woods)* bosco *m;* *(tropical)* foresta *f* **II.** *adj* forestale

forestall [fɔːrˈstɔːl] *vt* prevenire; **to ~ criticism** prevenire le critiche

forester [ˈfɔːrˌrɪsˈtəə] *n* guardia *f* forestale

forest fire *n* incendio *m* boschivo

forest ranger *n* guardia *f* forestale

forestry [ˈfɔːrˌrɪsˌtri] *n* selvicoltura *f*

foretaste [ˈfɔːrˌteɪst] *n* assaggio *m*

foretell [fɔːrˈtel] <foretold> *vt* predire

forever [fɔːrˈeˌvə] *adv* **1.** *(for all time)* per sempre **2.** *inf (continually)* continuamente; **to be ~ doing sth** fare qc in continuazione

forewarn [fɔːrˈwɔːrn] *vt* avvisare ▶**~ed is forearmed** *prov* uomo avvisato mezzo salvato

forewent [fɔːrˈwent] *pp of* **forego**

foreword [ˈfɔːrˌwɜːrd] *n* prefazione *f*

forfeit [ˈfɔːrˌfɪt] **I.** *vt* **1.** *(lose)* perdere **2.** *(renounce)* rinunciare **II.** *n* **1.** *(fine)* ammenda *f;* **to pay a ~** pagare una multa **2.** *pl (game)* **to play ~s** giocare ai pegni **3.** *form (penalty)* penale *f* **III.** *adj* **her property was ~** i suoi beni sono stati confiscati

forfeiture [ˈfɔːrˌfəˌtʃə] *n* confisca *f*

forgather [fɔːrˈgæˌðə] *vi form* riunirsi

forgave [fəˈgeɪv] *n pt of* **forgive**

forge [fɔːrdʒ] **I.** *vt* **1.** *(make illegal copy)* falsificare **2.** *(metal)* forgiare **3.** *fig* **to ~ a bond** forgiare un legame; **to ~ a career** forgiare una carriera **II.** *vi* **to ~ into the lead** conquistare un buon vantaggio **III.** *n* **1.** *(furnace)* forgia *f* **2.** *(smithy)* fucina *f*

◆**forge ahead** *vi* **1.** *(make progress)* fare rapidi progressi **2.** *(move into lead)* passare in testa

forger [ˈfɔːrˌdʒə] *n* falsario, -a *m, f*

forgery [ˈfɔːrˌdʒəˌri] <-ies> *n* contraffazione *f*

forget [fəˈget] <forgot, forgotten> **I.** *vt* **1.** *(not remember)* dimenticare; **to ~ to do sth** dimenticare di fare qc; **to ~ (that)** ... dimenticare (che)... **2.** *(leave behind)* **to ~ sth** dimenticare qc; **to ~ one's keys** dimenticare le chiavi **3.** *(stop thinking about)* **to ~ sth/sb** dimenticare qc/qu; **to ~ one's dignity** mettere da parte la propria dignità; **it's best forgotten** meglio scordarselo **4.** *(give up)* **to ~ sth** lasciar perdere; **~ it** lascia perdere **5. to ~ oneself** *(behave badly)* perdere il controllo di sé **II.** *vi* **1.** *(not remember)* dimenticarsi; **to ~ about**

sth/sb dimenticarsi di qc/qu; **to ~ about doing sth** dimenticarsi di fare qc **2.** (*stop thinking about*) **to ~ about sth/sb** scordarsi di qc/qu; **to ~ about a plan** lasciar perdere un piano; **let's ~ about it!** lasciamo perdere! **3. ~ it!** (*no*) te lo puoi scordare!

forgetful [fəˈget·fəl] *adj* smemorato, -a

forget-me-not *n* nontiscordardimé *m inv*

forgive [fəˈgɪv] <forgave, forgiven> **I.** *vt* **1.** (*pardon*) perdonare; **to ~ sb for sth** perdonare qc a qu; **to ~ sb for doing sth** perdonare a qu di aver fatto qc **2.** (*pardon*) **~ me** perdonami; **~ my ignorance/language** perdoni l'ignoranza/il linguaggio; **~ me for mentioning it** scusa se ne parlo **II.** *vi* perdonare; **to ~ and forget** perdonare e dimenticare

forgiven *pp of* **forgive**

forgiveness *n* perdono *m*

forgiving *adj* indulgente

forgo [fɔːrˈgoʊ] *irr vt* rinunciare a

forgot [fəˈgɑːt] *pt of* **forget**

forgotten [fəˈgɑː·tn] **I.** *pp of* **forget II.** *adj* dimenticato, -a

fork [fɔːrk] **I.** *n* **1.** (*cutlery*) forchetta *f* **2.** (*tool*) forca *f* **3.** (*in road*) biforcazione *f* **4.** *pl* (*on bicycle*) forcella *f* **II.** *vt* (*a pattern*) disegnare con la forchetta; (*food*) prendere con la forchetta **III.** *vi* (*road*) biforcarsi

forked *adj* (*tongue, tail, branch*) biforcuto, -a; (*road*) che si biforca

forklift [ˌfɔːrkˈlɪft] *n* elevatore *m* a forca

forlorn [fɔːrˈlɔːrn] *adj* (*person*) sconsolato, -a; (*place*) desolato, -a; (*hope*) vano, -a

form [fɔːrm] **I.** *n* **1.** (*type, variety*) forma *f*; **~ of exercise** forma d'esercizio; **~ of government** sistema *f* di governo; **~ of transportation** mezzo *m* di trasporto; **~ of persuasion** strumento *m* di persuasione; **a ~ of disease** un tipo di malattia; **in any way, shape or ~** in nessun modo; **in the ~ of sth** sotto forma di qc; **to take the ~ of sth** prendere la forma di qc **2.** (*outward shape*) forma *f*; **to take ~** prender forma; **in liquid/solid ~** allo stato liquido/solido **3.** LING (*of word*) forma *f*; **the singular ~** la forma singolare **4.** (*document*) modulo *m*; **an application/entry ~** un modulo di domanda/di iscrizione; **to fill in a ~** compilare un modulo **5.** SPORTS forma *f*; **to be in ~** essere in forma; **to be out of ~** essere fuori forma **6.** (*correct procedure*) **in due ~** come si conviene; **a matter of ~** una questione di forma; **for ~'s sake** per salvare la forma; **to be bad ~** essere cattiva educazione **7.** (*mold*) forma *f* **II.** *vt* **1.** (*make*) formare; **to ~ part of sth** far parte di qc; **to ~ the basis of sth** costituire le basi di qc; **to ~ a line** mettersi in coda; **to ~ the impression that ...** farsi l'idea che...; **to ~ an opinion** formarsi un'opinione; **to ~ a habit** prendere un'abitudine **2.** (*shape*) **to form the clay into a ball** formare una palla di argilla **3.** (*set up*) formare; **to ~ a committee/government** formare un comitato/governo; **to ~ a relationship** allacciare una rela-

zione; **to ~ an alliance with sb** formare un'alleanza con qu **III.** *vi* formarsi

formal [ˈfɔːr·məl] *adj* (*official, ceremonious*) formale; **~ dress** abito *m* da cerimonia; **~ procedures** procedure *fpl* formali; **~ interest** interesse *m* formale

formaldehyde [fɔːrˈmæl·dɪ·haɪd] *n* formaldeide *f*

formality [fɔːrˈmæ·lə·t̮i] <-ies> *n* formalità *f*; **to be merely a ~** essere una pura formalità

formalize [ˈfɔːr·mə·laɪz] *vt* formalizzare; **to ~ one's thoughts** dare forma ai propri pensieri

formally *adv* formalmente

format [ˈfɔːr·mæt] **I.** *n* formato *m* **II.** <-tt-> *vt* COMPUT formattare

formation [fɔːrˈmeɪ·ʃən] *n* formazione *f*; **rock ~** formazione delle rocce; **in ~** in formazione; **in battle ~** in assetto da combattimento

formation flying *n* volo *m* in formazione

formative [ˈfɔːr·mə·t̮ɪv] *adj* formativo, -a; **the ~ years** gli anni della formazione

formatting *n* COMPUT formattazione *f*

former [ˈfɔːr·mɚ] *adj* **1.** (*previous*) precedente; **in a ~ life** in un'altra vita **2.** (*first of two*) primo, -a

formerly *adv* precedentemente; **~ known as** una volta conosciuto, -a come

form feed *n* COMPUT *funzione di una stampante che permette, grazie al tasto FF, di far avanzare la carta*

formic acid [ˌfɔːr·mɪkˈæ·sɪd] *n* acido *m* formico

formidable [ˈfɔːr·mə·də·bl] *adj* (*person*) formidabile; (*opponent, task*) difficile

formless [ˈfɔːrm·lɪs] *adj* informe

formula [ˈfɔːr·mjʊ·lə] <-s *o* -lae> *n* **1.** *a.* fig MATH, COM formula *f*; **the ~ for success** la formula del successo **2.** (*form of words*) formula *f* **3.** (*baby milk*) latte *m* artificiale

formulate [ˈfɔːrm·jʊ·leɪt] *vt* formulare

formulation [ˌfɔːrm·jʊ·ˈleɪ·ʃən] *n* formulazione *f*

fornicate [ˈfɔːr·nɪ·keɪt] *vi* fornicare

forsake [fɔːrˈseɪk] <forsook, forsaken> *vt* abbandonare

forsaken [fɔːrˈseɪ·kən] **I.** *pp of* **forsake II.** *adj* abbandonato, -a

forsook [fɔːrˈsʊk] *pt of* **forsake**

forswear [fɔːrˈswer] <forswore, forsworn> *vt* *liter* rinunciare a

fort [fɔːrt] *n* forte *m*

forte¹ [ˈfɔːr·teɪ, fɔːrt] *n* (*strong point*) forte *m*

forte² [ˈfɔːr·teɪ] *adv* MUS forte *m*

forth [fɔːrθ] *adv* **to go ~** andarsene; **back and ~** avanti e indietro; **from that day ~** da quel giorno in poi

forthcoming [ˌfɔːrθ·ˈkʌ·mɪŋ] *adj* **1.** (*happening soon*) prossimo, -a; (*book*) di prossima pubblicazione; (*film*) di prossima uscita **2.** (*available*) disponibile; **to be ~ (from sb)** venire (da qu) **3.** (*informative*) **to be ~ (about sth)** essere disposto, -a a parlare (di qc)

F

F

forthright ['fɔ:rθ·raɪt] *adj* schietto, -a

forthwith [ˌfɔ:rθ·'wɪθ] *adv form* immediatamente

fortieth ['fɔ:r·tɪ·əθ] I. *adj* quarantesimo, -a II. *n* (*order*) quarantesimo, -a *m, f;* (*fraction*) quarantesimo *m;* (*part*) quarantesimo *m; s.a.* **eighth**

fortification [ˌfɔ:r·tə·fɪ·'keɪ·ʃən] *n* fortificazione *f*

fortify ['fɔ:r·tə·faɪ] <-ie-> *vt* 1. MIL fortificare 2. **to ~ oneself** (**with sth**) rinvigorirsi (con qc); **fortified with vitamins and minerals** con l'aggiunta di vitamine e minerali

fortitude ['fɔ:r·tə·tu:d] *n form* forza *f* d'animo

fortnight ['fɔ:rt·naɪt] *n* due settimane *fpl*

fortress ['fɔ:r·trɪs] *n* fortezza *f*

fortuitous [fɔ:r·'tu:·ə·təs] *adj form* fortuito, -a

fortunate ['fɔ:r·tʃə·nət] *adj* fortunato, -a; **to be ~ to do sth** avere la fortuna di fare qc; **to be ~ in sth** essere fortunato in qc; **it is ~ for her that ...** è una fortuna che lei...

fortunately *adv* fortunatamente

fortune ['fɔ:r·tʃən] *n* 1. (*money*) fortuna *f;* **a small ~** una piccola fortuna; **to be worth a ~** valere una fortuna; **to cost a ~** costare una fortuna; **to make a ~** guadagnare una fortuna; **to tell sb's ~** predire il futuro a qu 3. *liter* (*luck personified*) **~ smiled on him** la fortuna gli sorrise 4. *pl* (*fate*) (alterne) vicende *fpl*

fortune cookie *n* biscotto *m* della fortuna

fortune hunter *n* cacciatore, -trice di dote *m*

fortune teller *n* indovino, -a *m, f*

forty ['fɔ:r·ţi] I. *adj* quaranta II. <-ies> *n* quaranta *m; s.a.* **eighty**

forum ['fɔ:·rəm] *n* forum *m inv*

forward ['fɔ:r·wəd] I. *adv* 1. (*towards the front*) avanti; **to lean ~** sporgersi in avanti; **a step ~** *fig* un passo avanti 2. (*in time*) avanti; **from that day/time ~** da quel giorno/quel momento in poi; **to set one's watch/the clock ~** rimettere l'orologio/la sveglia avanti; **to look ~ to sth** aspettare qc con impazienza II. *adj* 1. (*towards the front*) in avanti; **~ movement** movimento *m* in avanti; **~ gear** AUTO marcia *f* avanti 2. (*in a position close to front*) avanti; **to be ~ of sth** trovarsi davanti a qc 3. (*near front of plane*) davanti; (*ship*) di prua 4. (*relating to the future*) **~ buying** acquisto *m* a termine; **~ look** sguardo *m* verso il futuro; **~ planning** programmazione a lungo termine 5. (*bold, not modest*) sfrontato, -a III. *n* SPORTS attaccante *mf;* **center ~** centravanti *m inv* IV. *vt* 1. (*letter, e-mail*) inoltrare; **please ~** si prega di inoltrare 2. (*help to progress*) promuovere

forwarding address *n* nuovo indirizzo *m,* dove inoltrare la posta

forward-looking *adj* progressista

forwardness *n* sfacciataggine *f*

forwards ['fɔ:r·wədz] *adv* 1. (*towards the front*) avanti 2. (*in time*) avanti

forwent [fɔ:r·'went] *pt of* **forgo**

fossil ['fa:·səl] *n a. fig* GEO fossile *m*

fossil fuel *n* combustibile *m* fossile

fossilized ['fa:·sə·laɪzd] *adj* 1. GEO fossilizzato, -a 2. *fig, inf* (*outdated*) fossilizzato, -a

foster ['fa:s·tə] *vt* 1. (*look after*) prendere in affidamento 2. (*encourage*) coltivare

foster brother *n* fratello *m* adottivo

foster child *n* bambino , -a *m, f* in affidamento

foster father *n* padre *m* affidatario

foster home *n* famiglia *f* affidataria

foster mother *n* madre *f* affidataria

foster sister *n* sorella *f* adottiva, sorella *f* affidataria

fought [fa:t] *pt, pp of* **fight**

foul [faʊl] I. *adj* 1. (*disagreeable: mood, temper*) pessimo, -a; (*air*) viziato, -a; (*weather*) orribile 2. (*rotten: taste, smell*) disgustoso, -a 3. (*vulgar: language*) sconcio, -a II. *n* SPORTS fallo *m* III. *vt* 1. (*pollute*) inquinare; (*dog*) sporcare 2. SPORTS **to ~ sb** commettere un fallo su qu 3. (*tangle*) impigliare

◆**foul up** *vt* rovinare

foulmouthed *adj* sboccato, -a

foulness ['faʊl·nəs] *n* 1. (*dirtiness*) sporcizia *f* 2. (*unpleasantness*) sgradevolezza *f* 3. (*coarseness*) volgarità *f*

foul play *n* 1. SPORTS gioco *m* irregolare 2. (*crime*) delitto *m*

found¹ [faʊnd] *pt, pp of* **find**

found² [faʊnd] *vt* 1. (*establish*) fondare 2. (*base*) fondare; **to ~ a statement/a case on sth** fondare una dichiarazione/un caso su qc 3. (*build*) **to be ~ed on sth** essere fondato su qu

found³ [faʊnd] *vt* MIN fondere

foundation [faʊn·'deɪ·ʃən] *n* 1. *pl* (*of building*) fondamenta *fpl;* **to lay the ~**(**s**) (**of sth**) gettare le fondamenta (di qc) 2. *fig* (*basis*) fondamenta *fpl;* **to lay the ~**(**s**) **of sth** gettare le fondamenta (di qc) 3. (*evidence*) fondamento *m;* **to have no ~** non avere nessun fondamento 4. (*act of establishing*) fondazione *f* 5. (*organization*) fondazione *f* 6. (*make-up*) fondotinta *m inv*

foundation cream *n* fondotinta *m inv*

foundation stone *n* prima pietra *f*

founder¹ ['faʊn·də] *n* (*of organization*) fondatore, -trice *m, f*

founder² ['faʊn·də] *vi* 1. (*sink*) affondare 2. *fig* (*fail*) naufragare; **to ~ on sth** fallire a causa di qc

Founding Fathers *npl* **the ~** i padri *m* fondatori *pl, della nazione americana*

foundry ['faʊn·dri] <-ries> *n* fonderia *f*

fount [faʊnt] *n a. fig, form* fonte *f;* **to be the ~ of all knowledge/wisdom** essere un pozzo di conoscenze/di saggezza

fountain ['faʊn·tən] *n* fontana *f*

fountain pen *n* penna *f* stilografica

four [fɔ:r] I. *adj* quattro II. *n* 1. quattro *m*

2. (*group of four*) quattro *m* ▶ **to go on all ~s** camminare carponi; *s.a.* **eight**

four-by-four *n* AUTO veicolo *m* a quattro ruote motrici

four-door car *n* cinque porte *f inv*

fourfold ['fɔːr·fəʊld] **I.** *adj* quadruplice **II.** *adv* **to increase ~** aumentare di quattro volte

four-footed *adj* quadrupede

fourhanded *adj* **1.** (*involving four people: bridge, checkers, poker*) che si gioca in quattro **2.** (*for two pianists*) a quattro mani

four-leaf clover *n* quadrifoglio *m*

four-letter word *n* parolaccia *f*

foursome ['fɔːr·səm] *n* gruppo *m* di quattro persone; **to make up a ~** formare un gruppo di quattro

foursquare [ˌfɔːr'skwer] *adj* **1.** (*building*) squadrato, -a **2.** (*person*) risoluto, -a; **to stand ~ behind sb** appoggiare totalmente qu

fourteen [ˌfɔːr'tiːn] **I.** *adj* quattordici **II.** *n* quattordici *m*; *s.a.* **eight**

fourteenth **I.** *adj* quattordicesimo, -a **II.** *n* **1.** (*order*) quattordicesimo, -a *m, f* **2.** (*date*) quattordici *m* **3.** (*fraction*) quattordicesimo *m*; (*part*) quattordicesimo *m*; *s.a.* **eighth**

fourth [fɔːrθ] **I.** *adj* quarto, -a **II.** *n* **1.** (*order*) quarto, -a *m, f* **2.** (*date*) quattro *m* **3.** (*fraction*) quarto *m*; (*part*) quarto *m* **4.** MUS quarto *m*; *s.a.* **eighth**

fourth gear *n* AUTO quarta *f*

Fourth of July *n* **the ~** il quattro luglio, *festa dell'indipendenza degli Stati Uniti*

Il **Fourth of July** o *Independence Day* è una festa laica molto importante negli Stati Uniti che commemora la *Declaration of Independence* (Dichiarazione di Indipendenza), attraverso la quale le colonie americane si sono sottratte al dominio britannico. È tradizione festeggiare questa ricorrenza in famiglia, con un picnic o andando a vedere una partita di baseball professionistico. Per concludere la festa, vengono organizzati dei grandi fuochi d'artificio in tutto il paese.

---

four-wheel drive *n* veicolo *m* a trazione integrale

fowl [faʊl] <-(s)> *n* pollo *m*

fox [fɑːks] **I.** *n* **1.** (*animal, fur*) volpe *f* **2.** *inf* (*cunning person*) **an old ~** una vecchia volpe **3.** *inf* (*sexy woman*) bona *f* **II.** *vt* **1.** (*mystify*) confondere **2.** (*trick*) ingannare

foxglove ['fɑːks·glʌv] *n* BOT digitale *m*

foxhunt ['fɑːks·hʌnt] *n* caccia *f* alla volpe

fox terrier *n* fox terrier *m inv*

foxtrot ['fɑːks·trɑːt] <-tt-> **I.** *n* fox-trot *m inv* **II.** *vi* ballare un fox-trot

foxy ['fɑːk·si] <-ier, -iest> *adj* **1.** (*crafty*) scaltro, -a **2.** *inf* (*sexy*) sexy

foyer ['fɔ·ɪɚ] *n* **1.** (*in house*) ingresso *m* **2.** (*in hotel*) hall *f inv*; (*in theater*) foyer *m inv*

fracas ['freɪ·kəs] <-(ses)> *n* lite *f*

fractal ['fræk·tl] *n* MATH frattale *m*

fraction ['fræk·ʃən] *n* frazione *f*; **at a ~ of the cost** a una frazione del costo

fractional ['fræk·ʃə·nl] *adj* **1.** MATH frazionario, -a **2.** (*difference*) minimo, -a

fractious ['fræk·ʃəs] *adj* permaloso, -a

fracture ['fræk·tʃɚ] **I.** *vt* **1.** MED fratturare; **to ~ one's leg** fratturarsi la gamba **2.** (*break*) rompere; **to ~ an agreement** rompere un accordo **II.** *vi* (*leg*) fratturarsi **III.** *n* MED frattura *f*

fragile ['fræ·dʒəl] *adj* **1.** (*emotionally*) fragile; (*object, peace*) fragile; (*health*) delicato, -a; **to feel ~** sentirsi debole

fragility [frə'dʒɪ·lə·ti] *n* fragilità *f*

fragment ['fræg·ment] **I.** *n* frammento *m* **II.** *vi* (*a. fig*) frammentarsi **III.** *vt* (*a. fig*) frammentare

fragmentary ['fræg·mən·tri] *adj* frammentario, -a

fragrance ['freɪ·grəns] *n* fragranza *f*

fragrant ['freɪ·grənt] *adj* fragrante

frail [freɪl] *adj* (*person*) gracile; (*thing*) fragile

frailty ['freɪl·ti] <-ies> *n* **1.** (*weakness: of person*) gracilità *f*; (*of thing*) fragilità *f* **2.** (*moral flaw*) debolezza *f*

frame [freɪm] **I.** *n* **1.** (*for picture*) cornice *f*; (*for door*) telaio *m* **2.** COMPUT frame *m inv* **3.** *pl* (*spectacles*) montatura *f* **4.** (*of building*) struttura *f* **5.** (*body*) struttura (fisica) *f*; **a slight/sturdy ~** una corporatura esile/robusta **6.** CINE, TV fotogramma *m* **II.** *vt* **1.** (*picture, face*) incorniciare **2.** (*conceive: proposal*) elaborare; (*put into words: reply*) formulare **3.** *inf* (*falsely incriminate*) incastrare

frame-up ['freɪm·ʌp] *n inf* montatura *f*

framework ['freɪm·wɜːrk] *n* **1.** (*supporting structure*) struttura *f* **2.** *fig* (*set of rules, principles*) base *f*

franc [fræŋk] *n* franco *m*

France [fræns] *n* Francia *f*

franchise ['fræn·tʃaɪz] **I.** *n* COM concessione *f* in franchising **II.** *vt* dare in franchising

Franciscan [fræn'sɪs·kən] **I.** *n* REL francescano, -a *m, f* **II.** *adj* REL francescano, -a

Franco- ['fræn·koʊ] *in compounds* franco-

frank [fræŋk] **I.** *adj* franco, -a; **to be ~, ...** ad essere sinceri,... **II.** *vt* (*letter*) affrancare; (*stamp*) annullare

frankencorn ['fræn·kən·kɔːrn] *n pej, inf* mais *m* OGM

frankfurter ['fræŋk·fɜːr·tɚ] *n* würstel *m inv*

frankincense ['fræn·kɪn·sents] *n* incenso *m*

frankly *adv* francamente

frantic ['fræn·tɪk] *adj* (*hurry, activity*) frenetico, -a; **to be ~ with rage** essere furibondo, -a; **to be ~ with worry** essere disperato, -a; **to drive sb ~** mandare qu fuori di testa

fraternal [frə'tɜːr·nl] *adj* (*relationship, feeling*) fraterno, -a

fraternity [frə'tɜːr·nə·ti] <-ies> *n* **1.** (*brotherly feeling*) fratellanza *f* **2.** (*group of people*)

F

comunità *f* **3.** UNIV *associazione studentesca maschile nelle università americane.*

fraternize ['fræ·tə·naɪz] *vi* fraternizzare

fratricide ['fræ·trə·saɪd] *n* (*crime*) fratricidio *m*

fraud [frɑːd] *n* **1.** *a.* LAW frode *f* **2.** (*trick*) imbroglio *m* **3.** (*person*) impostore, -a *m, f*

fraudulence ['frɑː·dʒə·ləns] *n* **1.** (*financial dishonesty*) frode *f* **2.** (*of claim, behavior*) fraudolenza *f*

fraudulent ['frɑː·dʒə·lənt] *adj* fraudolento, -a

fraught [frɑːt] *adj* teso, -a; **to be ~ with difficulties/problems** essere pieno, -a di difficoltà/problemi

fray[1] [freɪ] *vi* (*rope, cloth*) sfilacciarsi; **tempers were beginning to ~** la gente cominciava a spazientirsi

fray[2] [freɪ] *n* (*fight*) lotta *f;* **to enter the ~** entrare in lotta

freak [friːk] **I.** *n* **1.** (*abnormal person, thing*) mostro *m;* **a ~ of nature** uno scherzo *m* della natura **2.** (*enthusiast*) fanatico, -a *m, f* **II.** *adj* anomalo, -a **III.** *vi s.* **freak out I**

◆**freak out I.** *vi* restare sconvolto, -a **II.** *vt* **to freak sb out** mandare qu fuori di testa

freckle ['fre·kl] *n pl* lentiggine *f*

freckled ['fre·kld] *adj* lentigginoso, -a

free [friː] **I.** <-r, -est> *adj* **1.** (*not constrained: person, country, elections*) libero, -a; **to break ~ (of sth/sb)** liberarsi (da qc); **to go ~** essere liberato, -a; **to set sb ~** mettere in libertà qu; **to be ~ to do sth** essere libero di fare qc **2.** (*not affected by*) **to be ~ of sth** essere libero da qc; **to be ~ of a disease** essere guarito, -a da una malattia **3.** (*not attached*) **to get sth ~** liberare qc **4.** (*not busy*) **to be ~ to do sth** essere libero di fare qc; **to leave sb ~ to do sth** lasciare qu libero di fare qc **5.** (*not occupied*) libero, -a; **to leave sth ~** lasciare qu libero **6.** (*costing nothing*) gratuito, -a; **~ ticket** biglietto *m* gratuito; **~ of charge** gratis; **~ sample** campione *m* gratuito; **to be ~ of customs/tax** essere esente da dazio/imposte; **to be ~ to sb** essere gratis per qu **7.** (*generous*) **to be ~ with sth** essere prodigo, -a di qc; **to make ~ with sth** *pej* usare liberamente qc, *che non ci appartiene* **8.** (*translation, verse*) libero, -a ▶**~ and easy** rilassato, -a e informale **II.** *adv* gratuitamente; **~ of charge** gratis; **for ~** *inf* gratis **III.** *vt* **1.** (*release: person*) liberare **2.** (*make available*) liberare; **to ~ sb to do sth** lasciare a qu la libertà di fare qc

freebie ['friː·biː] *n* omaggio *m*

freebooter ['friː·buː·tə] *n* filibustiere *m*

freedom ['friː·dəm] *n* **1.** (*of person, country*) libertà *f;* **to have the ~ to do sth** avere la libertà di fare qc; **~ of action/movement** libertà di azione/movimento; **~ of the press** libertà di stampa; **~ of speech/thought** libertà di espressione/pensiero; **to have ~ from interference** non avere interferenze **2.** (*right*) libertà *f* **3.** (*room for movement*) **~ of movement** libertà di movimento **4.** (*unrestricted*

use) **to have the ~ of sb's house** poter usare liberamente la casa di qu

free enterprise *n* iniziativa *f* privata

free fall *n* caduta *f* libera; **to go into ~** FIN precipitare

free-for-all *n* (*brawl*) rissa *f*

freehold ['friː·hoʊld] **I.** *n* piena proprietà *f* **II.** *adj* **a ~ house** *in Gran Bretagna, casa di cui si possiede o si può acquistare la piena proprietà* **III.** *adv* **to sell ~** vendere la piena proprietà

freeholder *n in Gran Bretagna, chi ha la piena proprietà di un immobile o di un terreno*

free kick *n* SPORTS calcio *m* di punizione

freelance ['friː·læns] **I.** *n* freelance *mf inv* **II.** *adj* freelance **III.** *adv* come freelance **IV.** *vi* lavorare come freelance

freeload ['friː·loʊd] *vi pej* scroccare; **to ~ off sb** scroccare a qu

freeloader *vi pej* scroccone, -a *m, f*

freely *adv* **1.** (*unrestrictedly*) **to be ~ available** trovarsi facilmente **2.** (*without obstruction*) liberamente **3.** (*frankly: speak, criticize*) liberamente; (*admit*) apertamente **4.** (*generously*) generosamente

freeman ['friː·mən] <-men> *n* **1.** HIST (*not slave*) uomo *m* libero **2.** (*honorary citizen*) cittadino *m* onorario

free market *n* libero mercato *m*

Freemason ['friː·ˌmeɪ·sən] *n* massone *m*

free port *n* porto *m* franco

free press *n* stampa *f* indipendente

free-range [ˌfriː·'reɪndʒ] *adj* ruspante

free-range chicken *n* pollo *m* allevato a terra

free-range egg *n* uovo *m* di galline allevate a terra

free speech *n* libertà *f* di espressione

free-spoken [ˌfriː·'spoʊ·kən] *adj* che non ha peli sulla lingua

freestanding [ˌfriː·'stæn·dɪŋ] *adj* indipendente

freestyle ['friː·staɪl] *n* stile *m* libero

freethinker [ˌfriː·'θɪŋ·kə] *n* libero, -a pensatore, -trice *m, f*

freethinking *adj* libero, -a pensatore,- trice

free trade *n* libero scambio *m*

freeware *n* freeware *m inv, software fornito gratuitamente, specialmente su Internet*

freeway *n* autostrada *f*

freewheel ['friː·hwiːl] *vi* (*car*) andare in folle; (*bicycle*) andare a ruota libera

free will *n* libero arbitrio *m*

freeze [friːz] <froze, frozen> **I.** *vi* **1.** (*liquid*) gelare; (*food*) congelarsi **2.** (*become totally still*) rimanere di ghiaccio **II.** *vt* (*liquid, food, prices*) congelare **III.** *n* **1.** METEO ondata *f* di gelo **2.** ECON congelamento *m;* **to place a ~ on prices/hiring** bloccare i prezzi/le assunzioni

◆**freeze up** *vi* gelarsi

freezer *n* congelatore *m*

freezing **I.** *adj* (*temperatures*) sotto zero; (*rain*) ghiacciato, -a; **it's ~** si gela; **I'm ~** sto morendo di freddo **II.** *n* congelamento *m*

freezing point *n* punto *m* di congelamento

freight [freɪt] **I.** *n* **1.** (*type of transportation*) trasporto *m* **2.** (*goods*) merci *fpl* **3.** (*charge*) nolo *m* **II.** *vt* trasportare

freight car *n* RAIL vagone *m* merci

freighter ['freɪ·ṭə] *n* **1.** (*ship*) nave *f* da carico **2.** (*plane*) aereo *m* da carico **3.** RAIL treno *m* merci

freight train *n* treno *m* merci

French [frentʃ] **I.** *adj* francese; ~ **speaker** francofono, -a *m, f* **II.** *n* **1.** (*person*) francese *mf* · **2.** (*language*) francese *m*

French bread *n* pane *m* francese

French chalk *n* gessetto *m* da sarto

French doors *npl* portafinestra *f*

French dressing *n* olio e aceto, *Come condimento per insalata*

French fried potatoes *npl*, **French fries** *npl* patatine *fpl* fritte

French horn *n* corno *m* da caccia·

French kiss *n* bacio *m* alla francese

Frenchman <-men> *n* francese *m*

French toast *n* toast *m* francese, *fetta di pane passata in latte e uova e poi fritta*

French windows *npl s.* **French doors**

Frenchwoman <-women> *n* francese *f*

frenetic [frə·'ne·ṭɪk] *adj* frenetico, -a

frenzied *adj* frenetico, -a

frenzy ['fren·zi] *n* frenesia *f*

frequency ['fri:·kwən·tsi] <-cies> *n* frequenza *f*

frequency band *n* banda *f* di frequenza

frequency modulation *n* modulazione *f* di frequenza

frequent[1] ['fri:·kwənt] *adj* (*occurring often*) frequente

frequent[2] [frɪ·'kwent] *vt* (*visit regularly*) frequentare

frequently ['fri:·kwənt·li] *adv* di frequente

fresco ['fres·koʊ] <-s *o* -es> *n* affresco *m*

fresh [freʃ] *adj* **1.** (*not stale: air, water, food*) fresco, -a **2.** (*new*) fresco, -a; **to make a ~ start** ricominciare da zero; **~ from the oven/ the factory** appena sfornato, -a; **~ from the factory** fresco, -a di fabbrica **3.** (*cool: breeze*) fresco, -a **4.** (*not tired*) fresco, -a **5.** *inf* (*disrespectful*) sfacciato, -a

freshen ['fre·ʃən] **I.** *vt* rinfrescare; **can I ~ your drink?** posso versartene un altro po'? **II.** *vi* (*wind*) rinforzare

freshman ['freʃ·mən] <-men> *n* UNIV matricola *f*

Un **Freshman** negli USA è uno studente al primo anno delle scuole medie superiori, un *Sophomore* uno studente del secondo anno, un Junior, uno studente del terzo e un *Senior* uno studente del quarto e ultimo anno. Sono i termini utilizzati per gli studenti della *High School*. Gli stessi termini sono utilizzati per designare gli studenti dei primi quattro anni del *College*.

freshness *n* freschezza *f*

fresh water *n* acqua *f* dolce

fret[1] [fret] **I.** <-tt-> *vi* (*worry*) agitarsi **II.** *n* **to be in a ~** essere molto agitato

fret[2] [fret] *n* MUS tasto *m, di strumento a corda*

fretful ['fret·fəl] *adj* (*person, tone*) agitato -a

fret saw ['fret·sɑ:] *n* seghetto *m* da traforo

fretwork ['fret·wɜːrk] *n* lavoro *m* di intaglio

friar ['fra·ɪə·] *n* frate *m*

fricative ['frɪ·kə·ṭɪv] LING **I.** *adj* fricativo, -a **II.** *n* fricativa *f*

friction ['frɪk·ʃən] *n* (*a. fig*) attrito *m*

Friday ['fraɪ·di] *n* venerdì *m inv;* **on ~s** di venerdì; **every ~** tutti i venerdì; **this** (**coming**) questo venerdì; **on ~ mornings** di venerdì mattina; **on ~ night** venerdì notte; **last/ next ~** venerdì scorso/prossimo; **every other ~** un venerdì sì e uno no; **on ~ we are going on vacation** partiamo per le vacanze venerdì

fridge [frɪdʒ] *n* frigorifero *m*

fried [fraɪd] *adj* fritto, -a

fried chicken *n* pollo *m* fritto

fried egg *n* uovo *m* fritto

friend [frend] *n* **1.** amico, -a *m, f;* **to be ~s** essere amici; **to make ~s** (**with sb**) fare amicizia (con qu); **a ~ of mine/his/hers/yours** un mio/suo/tuo amico **2.** (*supporter*) sostenitore, -trice *m, f*

friendless ['frend·ləs] *adj* senza amici

friendly ['frend·li] <-ier, -iest> *adj* (*person*) socievole; (*look, manner*) amichevole; (*house, environment*) accogliente; (*nation*) amico, -a; **to be on ~ terms with sb** essere in rapporti di amicizia con qu; **to be ~ towards sb** mostrarsi gentile con qu; **to be ~ with sb** essere amico di qu

friendly fire *n* fuoco *m* amico

friendship ['frend·ʃɪp] *n* amicizia *f*

fries [fraɪz] *npl inf* patatine *fpl* fritte

frigate ['frɪ·gət] *n* fregata *f*

fright [fraɪt] *n* **1.** (*feeling of fear*) spavento *m;* **to take ~** (**at sth**) spaventarsi (per qc) **2.** (*frightening experience*) spavento *m; to get a ~** prendersi uno spavento; **to give sb a ~** far prendere uno spavento a qu **3.** *inf* (*unattractive sight*) obbrobrio *m; to look a ~** fare paura

frighten ['fraɪ·tən] **I.** *vt* spaventare **II.** *vi* spaventarsi

◆**frighten away** *vt* far scappare, spaventando

frightened *adj* spaventato, -a

frightening *adj* spaventoso, -a

frightful ['fraɪt·fəl] *adj* spaventoso, -a

frigid ['frɪ·dʒɪd] *adj* **1.** (*very cold*) molto freddo, -a **2.** (*sexually*) frigido, -a **3.** (*unfriendly*) freddo, -a

frigidity [frɪ·'dʒɪ·də·ṭi] *n* **1.** (*sexual*) frigidità *f* **2.** (*unfriendliness*) freddezza *f*

frill [frɪl] *n* **1.** (*cloth*) balza *f inv* **2. no ~s** compagnie aeree e viaggi a basso costo

frilly ['frɪ·li] *adj* (*dress*) con balze; (*style*) infiorettato, -a

fringe [frɪndʒ] **I.** *n* **1.** (*decorative edging*) fran-

F

gia *fpl* **2.** (*edge*) margine *m;* **the ~ of society** *fig* i margini della società; **the lunatic ~** la frangia estremista **3.** (*fringe benefit*) beneficio *m* accessorio **II.** *vt* contornare **III.** *adj* marginale

fringe benefits *npl* ECON beneficio *m* accessorio, *bene o servizio corrisposto in aggiunta alla normale busta paga*

fringe group *n* gruppo *m* minoritario

frippery ['frɪ·pə·ri] <-ies> *n pl* fronzoli *mpl*

frisk [frɪsk] **I.** *vi* saltellare **II.** *vt* perquisire

frisky ['frɪs·ki] <-ier, -iest> *adj* **1.** (*lively, energetic*) vispo, -a; (*horse*) focoso, -a **2.** *inf* (*sexually*) arrapato, -a

fritter[1] ['frɪ·t̬ər] *n* FOOD frittella *f*

fritter[2] ['frɪ·t̬ər] *vt* (*reduce*) **to ~** (*away*) (*money*) sperperare; (*time*) sprecare

frivolity [frɪ·ˈvɑː·lə·t̬i] <-ties> *n* frivolezza *f*

frivolous ['frɪ·və·ləs] *adj* frivolo, -a

frizzy ['frɪ·zi] *adj* (*hair*) crespo, -a

fro [froʊ] *adv* **to and ~** avanti e indietro

frock [frɑːk] *n* abito *m*

frog[1] [frɑːg] *n* ZOOL rana *f* ▶ **to have a ~ in one's throat** avere un raspino (in gola)

frog[2] [frɑːg] *n pej* (*French person*) mangiarane *mf, francese*

frogman ['frɑː·g·mən] <-men> *n* uomo *m* rana

frog-march ['frɑː·g·mɑːrtʃ] *vt* trascinare via con la forza, *dopo aver legato le braccia dietro la schiena*

frolic ['frɑː·lɪk] **I.** <-ck-> *vi* divertirsi **II.** *n* scherzo *m*

frolicsome ['frɑː·lɪk·səm] *adj* scherzoso, -a

from [frɑːm] *prep* **1.** (*as starting point*) da; **where is he ~?** di dov'è?; **the flight ~ Boston** il volo da Boston; **to fly ~ New York to Tokyo** volare da New York a Tokio; **to appear ~ among the trees** spuntare fra gli alberi; **shirts ~ $10** camice (a partire) da $10; **~ inside** da dentro; **to drink ~ a cup/ the bottle** bere da una tazza/dalla bottiglia **2.** (*temporal*) **~ day to day** di giorno in giorno; **~ time to time** di quando in quando; **~ his childhood** dall'infanzia; **~ that date on**(wards) a partire da quella data **3.** (*at distance to*) **100 miles ~ the river** 100 miglia dal fiume; **far ~ doing sth** lungi dal fare qc **4.** (*one to another*) **to go ~ door to door** andare di porta in porta; **to tell good ~ evil** distinguere il bene dal male **5.** (*originating in*) **a card ~ Paul/Corsica** una cartolina da Paul/dalla Corsica; **~ my point of view** dal mio punto di vista **6.** (*in reference to*) **~ what I heard** da quello che ho sentito; **translated ~ English** tradotto dall'inglese; **quotations ~ Joyce** citazioni da Joyce; **~ 'War and Peace'** da 'Guerra e Pace'; **to judge ~ appearances** giudicare dalle apparenze; **different ~ the others** diverso, -a dagli altri **7.** (*caused by*) **~ experience** per esperienza; **weak ~ hunger** debole per la fame; **to die ~ thirst** morire di sete **8.** (*removed*) **to steal/take sth ~ sb** rubare/

prendere qc a qu; **to prevent sb ~ doing sth** impedire a qu di fare qc; **to keep sth ~ sb** nascondere qc a qu; **to protect ~ the sun** proteggere dal sole; **4 ~ 7 equals 3** 7 meno quattro fa 3

front [frʌnt] **I.** *n* **1.** (*forward-facing part*) davanti *m inv;* (*of building*) facciata *f* **2.** JOURN, LIT (*outside cover*) copertina *f;* (*first pages*) inizio *m* **3.** (*front area*) parte *f* davanti; **in ~** davanti; **in ~ of** davanti a **4.** THEAT sala *f* **5.** (*deceptive appearance*) facciata *f;* **to put on a bold ~** fare mostra di coraggio **6.** MIL fronte *m;* **on the domestic/work ~** sul fronte domestico/lavorativo **7.** POL fronte *m;* **a united ~** un fronte comune **8.** (*promenade*) lungomare *m* **9.** METEO fronte *m* **II.** *adj* **1.** (*at the front*) davanti *inv* **2.** (*first*) primo, -a **III.** *vt* **1.** (*be head of*) capeggiare **2.** TV presentare **IV.** *vi* guardare a; **the apartment ~s north** l'appartamento guarda a nord; **to ~ for** servire da copertura a

frontage ['frʌn·tɪdʒ] *n* facciata *f*

frontal ['frʌn·təl] *adj* ANAT, METEO frontale; (*attack*) frontale

front door *n* porta *f* d'ingresso

front-end *n* COMPUT front end *m, inv, termine utilizzato per caratterizzare le interfacce che hanno come destinatario un utente*

frontier [frʌn·ˈtɪr] *n a. fig* (*border*) frontiera *f*

frontiersman <-men> *n* HIST pioniere *m*

frontier station *n* posto *m* di confine

frontispiece ['frʌn·tɪs·piːs] *n* frontespizio *m*

front line *n* MIL linea *f* del fronte; *fig* prima linea *f*

front page *n* prima pagina *f*

front-page *adj* di prima pagina

front-runner *n* favorito, -a *m, f*

front-wheel drive *n* trazione *f* anteriore

front yard *n* giardino *m, davanti alla casa*

frost [frɑːst] **I.** *n* (*crystals*) brina *f;* (*weather*) gelata *f* **II.** *vt* **1.** (*cover with frost*) gelare **2.** (*cover with icing: cake*) glassare

frostbite ['frɑːst·baɪt] *n* congelamento *m*

frostbitten *adj* congelato, -a

frost-bound *adj* ghiacciato, -a

frosted *adj* **1.** (*covered with icing*) glassato, -a **2.** (*opaque: glass*) smerigliato, -a

frosting *n* (*on cake*) glassa *f*

frosty ['frɑː·s·ti] <-ier, -iest> *adj* **1.** (*pavement*) ghiacciato, -a; (*morning*) gelido, -a **2.** (*unfriendly*) gelido, -a

froth [frɑːθ] **I.** *n* **1.** (*bubbles*) schiuma *f* **2.** *fig* frivolezze *fpl* **II.** *vi* fare schiuma **III.** *vt* coprire di schiuma

frothy ['frɑː·θi] <-ier, -iest> *adj* schiumoso, -a

frown [fraʊn] **I.** *vi* **1.** aggrottare le sopracciglia; **to ~ at sb/sth** guardare qu/qc in cagnesco **2.** *fig* (*disapprove of*) **to ~ on sth** non veder di buon occhio qc **II.** *n* cipiglio *m*

frowsy, frowzy ['fraʊ·zi] <-ier, -iest> *adj inf* (*dirty*) sudicio, -a; (*messy*) trasandato, -a; (*room*) che sa di chiuso

froze [froʊz] *pt of* **freeze**

frozen ['froʊ·zn] I. *pp of* **freeze** II. *adj* (*water*) ghiacciato, -a; (*food*) surgelato, -a
frugal ['fruː·gl] *adj* frugale
frugality [fruː·'gæ·lə·t̬i] *n* frugalità *f*
fruit [fruːt] I. *n* 1. (*for eating*) frutta *f;* (*on tree, product*) frutto *m* 2. (*results*) frutto *m* ▶ to **bear** ~ portare frutti; **to bear** ~ (*fig*) dare frutti II. *vi* dare frutti
fruitcake ['fruːt·keɪk] *n* 1. (*cake*) torta *f* di frutta secca 2. *inf* (*crazy person*) svitato, -a *m, f*
fruitful ['fruːt·fəl] *adj* 1. (*discussion*) fruttuoso, -a 2. *liter* (*fertile*) fecondo, -a
fruition [fruː·'ɪ·ʃən] *n* **to bring sth to** ~ portare qc a compimento; **to come to** ~ realizzarsi
fruit knife *n* coltello *m* da frutta
fruitless ['fruːt·ləs] *adj* infruttuoso, -a
fruit salad *n* macedonia *f* (di frutta)
fruity ['fruː·t̬i] <-ier, -iest> *adj* 1. fruttato, -a 2. *inf* (*crazy*) svitato, -a
frumpish ['frʌm·pɪʃ] *adj pej* sciatto, -a
frustrate ['frʌs·treɪt] <-ting> *vt* frustrare
frustrated *adj* frustrato, -a
frustrating *adj* frustrante
frustration [frʌs·'treɪ·ʃən] *n* frustrazione *f*
fry[1] [fraɪ] <-ie-> I. *vt* friggere II. *vi* 1. (*be cooked*) friggere 2. *inf* (*get burned*) friggere III. *n* **fish** ~ <f=> grigliata = di pesce
fry[2] [fraɪ] *n* **small** ~ (*unimportant person*) pesce *m* piccolo; (*young person*) bambino, -a *m, f*
frying pan *n* padella *f* ▶ **to jump out of the** ~ **into the fire** cascare dalla padella alla brace
ft. *abbr of* **foot, feet** piede *m*
FT [ˌef·'tiː] *abbr of* **full-time** tempo *m* pieno
fuchsia ['fjuː·ʃə] I. *n* fucsia *f* II. *adj* fucsia
fuck [fʌk] *vulg* I. *vt* scopare; ~ **you!** fottiti!; ~ **that idea** è un'idea di merda! II. *vi* scopare III. *n* scopata *f* IV. *interj* cazzo
◆ **fuck off** *vi* ~ ! vaffanculo!
fucked up *adj vulg* (*drunk*) sbronzo, -a; (*messed up*) di merda
fucker ['fʌ·kɚ] *n vulg* testa *f* di cazzo
fuddled ['fʌ·dld] *adj* 1. (*confused*) confuso, -a 2. (*drunk*) brillo, -a
fuddy-duddy ['fʌ·di·dʌ·di] I. <-ies> *n pej, inf* persona *f* all'antica II. *adj pej, inf* all'antica
fudge [fʌdʒ] I. *n* 1. (*candy*) caramella *f* mou 2. (*nonsense*) sciocchezze *fpl* II. <-ging> *vt* (*issue*) aggirare; (*numbers, figures*) ritoccare III. <-ging> *vi* essere evasivo, -a
fuel ['fjuː·əl] I. *n* carburante *m* II. <-l-> *vt* 1. (*provide with fuel*) rifornire di carburante 2. (*increase: tension, controversy*) alimentare
fuel consumption *n* AUTO consumo *m* di carburante
fuel gauge *n* indicatore *m* di livello di carburante
fuel injection *n* iniezione *f, di carburante*
fuel pump *n* pompa *f* della benzina
fuel rod *n* barra *f* combustibile
fug [fʌg] *n* aria *f* viziata

fuggy ['fʌ·gi] <-ier, -iest> *adj* pieno, -a di aria viziata
fugitive ['fjuː·dʒə·t̬ɪv] I. *n* fuggitivo, -a *m, f* II. *adj* (*escaping*) fuggitivo, -a
fugue [fjuːg] *n* MUS fuga *f*
fulfil <-ll-> *vt*, **fulfill** [fʊl·'fɪl] *vt* (*ambition*) realizzare; (*task*) adempiere; (*condition, requirement*) soddisfare; (*need*) rispondere a; (*function, role*) adempiere; **to** ~ **oneself** realizzarsi
fulfilment *n*, **fulfillment** *n* (*of condition, requirement*) soddisfacimento *m;* (*of function, role*) adempimento *m;* (*satisfaction*) soddisfazione *f*
full [fʊl] I. < or, ɔt> *adj* 1. (*container, space*) pieno, -a; (*vehicle*) completo, -a 2. (*total: support*) pieno, -a; (*recovery*) completo, -a; (*member*) a pieno titolo; **to be in** ~ **dress** essere in abito da cerimonia; **to be in** ~ **flow** essere nel bel mezzo di un discorso; **to be in** ~ **swing** essere in pieno svolgimento 3. (*maximum: employment*) pieno, -a; ~ **of mistakes** pieno di errori; **at** ~ **speed** a tutta velocità; **at** ~ **stretch** al massimo 4. (*busy and active*) intenso, -a 5. (*plump*) rotondetto, -a; ~ **lips** labbra *f* carnose *pl* 6. (*wide*) ampio, -a 7. (*wine*) corposo, -a 8. (*not hungry*) **to be** ~ essere sazio, -a 9. (*conceited*) **to be** ~ **of oneself** essere pieno, -a di sé II. *adv* 1. (*completely*) completamente 2. (*directly*) direttamente 3. (*very*) molto; **to know** ~ **well** (**that** ...) sapere perfettamente (che...) III. *n* **in** ~ per esteso; **to the** ~ appieno
fullback ['fʊl·bæk] *n* SPORTS terzino *m*
full-blooded [ˌfʊl·'blʌ·dɪd] *adj* 1. (*wholehearted*) vigoroso, -a 2. (*animal*) di razza pura
full-blown [ˌfʊl·'bloʊn] *adj* (*disaster, scandal*) autentico, -a
full board *n* pensione *f* completa
full-bodied [ˌfʊl·'bɑː·dɪd] *adj* (*taste, wine*) corposo, -a
full-fledged [ˌfʊl·'fledʒd] *adj* 1. (*doctor, architect*) a tutti gli effetti 2. (*bird*) che ha messo tutte le penne
full-frontal I. *adj* (*attack*) frontale II. *n* nudo *m* frontale
full-grown *adj* adulto, -a
full-length *adj* 1. (*for entire body: gown*) lungo, -a fino ai piedi; (*mirror*) a figura intera 2. (*not short: film, book*) in versione integrale
full moon *n* luna *f* piena
fullness *n* 1. (*being full*) pienezza *f;* **in the** ~ **of time** a tempo debito 2. (*roundedness*) rotondità *f* 3. (*richness*) ricchezza *f*
full-page *adj* a tutta pagina
full-scale *adj* 1. (*original size*) a grandezza naturale 2. (*all-out*) su vasta scala
full stop I. *n* punto *m;* **to come to a** ~ *fig* bloccarsi II. *adv* punto e basta
full-time *adj* a tempo pieno
fully ['fʊ·li] *adv* 1. (*completely*) completamente 2. (*in detail*) dettagliatamente 3. (*at least*) almeno

F

F

fulminate ['fʌl·mɪ·neɪt] *vi* **to ~ (against sth)** tuonare (contro qu)

fulsome ['fʊl·səm] *adj pej* (*praise*) sperticato, -a; (*person, manner*) stucchevole

fumble ['fʌm·bl̩] I. *vi* **to ~ around for sth** frugare alla ricerca di qc; **to ~ for words** farfugliare II. *vt* SPORTS **to ~ the ball** lasciarsi sfuggire la palla

fumbler ['fʌm·blɚ] *n* persona *f* maldestra

fume [fju:m] *vi* 1. (*be angry*) essere furibondo, -a; **to ~ at sb** inveire contro qu 2. (*emit fumes*) fumare

fumigate ['fju:·mɪ·geɪt] *vt* disinfestare, irrorando

fun [fʌn] I. *n* divertimento *m*; **it was a lot of ~** è stato molto divertente; **full of ~** divertente; **to do sth for** [*o* in] **~** fare qc per divertimento; **to do sth in ~** fare qc per scherzo; **to have (a lot of) ~** divertirsi (molto); **have ~ on your weekend!** buon fine settimana!; **have ~!** divertiti!; **to have ~ at sb's expense** ridersela alle spalle di qu; **to get a lot of ~ out of** [*o* from] **sth** spassarsela con qc; **to make ~ of sb, to poke ~ at sb** prendere in giro qu; **what ~! che divertimento!** ► **~ and games** *pej* odissea *f*; **it's not all ~ and games** non è tutto rose e fiori II. *adj* 1. (*enjoyable*) simpatico, -a 2. (*funny*) divertente; **she's a real ~ person** *inf* è una persona molto divertente

function ['fʌŋk·ʃən] I. *n* 1. (*of brain, tool*) funzione *f*; (*of person*) ruolo *m*; **in my ~ as mayor, ...** in qualità di sindaco,... 2. MATH funzione *f* 3. (*formal ceremony*) cerimonia *f*; (*formal social event*) ricevimento *m* II. *vi* funzionare

functional ['fʌŋk·ʃə·nl̩] *adj* 1. *a.* LING funzionale 2. (*working*) funzionante; (*operational*) operativo, -a

functionary ['fʌŋk·ʃə·ne·ri] <-ies> *n* funzionario, -a *m, f*

function key *n* COMPUT tasto *m* funzione

fund [fʌnd] I. *n* fondo *m*; **to be short of ~s** essere a corto di fondi; **to have a ~ of knowledge about sth** essere un pozzo di sapienza su qc II. *vt* finanziare

fundamental [ˌfʌn·də·'men·təl] I. *adj* fondamentale; **to be of ~ importance** essere di importanza fondamentale II. *n* **the ~s** le basi *fpl*

fundamentalism [ˌfʌn·də·'men·tə·lɪ·zəm] *n* fondamentalismo *m*

fundamentalist I. *n* fondamentalista *mf* II. *adj* fondamentalista

fundamentally *adv* fondamentalmente

funding *n* (*act*) finanziamento *m*; (*resources*) fondi *mpl*

fund-raising *n* raccolta *f* di fondi

funeral ['fju:·nə·rəl] *n* funerale *m*; **to attend a ~** partecipare a un funerale ► **that's your/his ~** *inf* tanto peggio per te/lui

funeral director *n* impresario , -a *m, f* di pompe funebri

funeral home *n* camera *f* mortuaria

funeral march <-es> *n* marcia *f* funebre

funeral parlor *n* camera *f* mortuaria

funeral pyre *n* pira *f*

funereal [fju:·'nɪ·ri·əl] *adj* funereo, -a

fungicide ['fʌn·dʒɪ·saɪd] *n* fungicida *m*

fungus ['fʌŋ·gəs] *n* (*wild mushroom*) fungo *m*; (*mold*) muffa *f*

fun house *n* castello *m* delle streghe

funicular [fju:·'nɪk·ju:·lɚ] *n*, **funicular railway** *n* funicolare *f*

funk [fʌŋk] *n* 1. (*depression*) **to be in a ~** essere molto giù *fig* 2. *inf* (*fear*) paura *f* 3. (*music*) funk *m inv*

funky ['fʌŋ·ki] <-ier, -iest> *adj inf* 1. (*musty*) **a ~ taste/smell** un odore/sapore di muffa 2. (*cool*) fico, -a 3. (*music*) funky

fun-loving *adj* che ama il divertimento

funnel ['fʌ·nəl] I. *n* 1. (*tool*) imbuto *m* 2. NAUT fumaiolo *m* II. <-l-> *vt* (*with funnell*) versare con l'imbuto; (*with tube, pipe*) canalizzare

funnies ['fʌ·niz] *npl* **the ~** strisce *fpl* comiche

funny ['fʌ·ni] <-ier, -iest> *adj* 1. (*amusing*) divertente; **to see the ~ side of a situation** vedere il lato comico di una situazione 2. *inf* (*witty*) spiritoso, -a; **to try to be ~** *inf* fare lo spiritoso 3. (*odd, peculiar*) strano, -a; **to have a ~ feeling that ...** avere lo strano presentimento che...; **to have ~ ideas** avere idee strambe 4. (*slightly ill*) **to feel ~** sentirsi strano, -a

funny bone *n inf*: osso del gomito che, se urtato, provoca una sensazione di scossa elettrica

fur [fɜːr] *n* 1. (*animal hair*) pelo *m* 2. (*garment*) pelliccia *f*

fur coat *n* pelliccia *f*

furious ['fjʊ·ri·əs] *adj* 1. (*very angry*) furioso, -a; **to be ~ about sth** essere furioso per qc; **a ~ outburst** un accesso di collera 2. (*intense, violent*) violento, -a; **at a ~ pace** a un ritmo vertiginoso

furl [fɜːrl] *vt* (*flag, sail*) piegare

furlong ['fɜːr·lɑːŋ] *n* unità di misura equivalente a circa 200 metri, usata soprattutto nelle corse dei cavalli

furlough ['fɜːr·loʊ] *n* MIL permesso *m*; **to be on ~** essere in permesso

furnace ['fɜːr·nɪs] *n* (*in factory*) fornace *f*; (*for heating*) caldaia *f*; *fig* forno *m*

furnish ['fɜːr·nɪʃ] *vt* 1. (*supply*) fornire; **to ~ sb with sth** fornire qc a qu; **to be ~ed with sth** essere provvisto, -a di qc 2. (*provide furniture for*) arredare

furnished ['fɜːr·nɪʃt] *adj* arredato, -a

furnishings ['fɜːr·nɪ·ʃɪŋz] *npl* mobili *mpl*

furniture ['fɜːr·nɪ·tʃɚ] *n* mobili *mpl*; **piece of ~** mobile *m*

furniture van *n* camion *m* dei traslochi

furor ['fjʊ·rɔːr] *n* scalpore *m*

furrier ['fɜːr·riɚ] *n* pellicciaio, -a *m, f*

furrow ['fɜː·roʊ] I. *n* 1. (*groove*) solco *m* 2. (*wrinkle*) ruga *f* II. *vt* corrugare; **to ~ one's brow** corrugare la fronte

furry ['fɜː·ri] <-ier, -iest> *adj* **1.** peloso, -a **2.** (*looking like fur*) peloso, -a; **~ toy** peluche *m inv*

further ['fɜːr·ðɚ] **I.** *adj comp of* **far 1.** (*greater distance*) più lontano, -a; **nothing could be ~ from his mind** non ci pensa neanche lontanamente **2.** (*additional*) altro, -a; **if you have any ~ problems ...** se hai altri problemi...; **until ~ notice** fino a nuovo avviso **II.** *adv comp of* **far 1.** (*greater distance*) più lontano; **we didn't get much ~** non siamo arrivati tanto più avanti; **~ on** più avanti; **~ and ~** sempre più lontano; **to go ~ with sth** andare avanti con qc **2.** (*more*) in più; **I have nothing ~ to say** non ho nient'altro da aggiungere ▶ **to not go any ~** non spingersi oltre; **this can't go on any ~** così non può continuare **III.** *vt* promuovere; **to ~ sb's interests** favorire gli interessi di qu

furtherance ['fɜːr·ðə·rəns] *n form* avanzamento *m*

furthermore ['fɜːr·ðɚ·mɔːr] *adv* inoltre

furthermost ['fɜːr·ðɚ·moʊst] *adj* più lontano, -a

furthest ['fɜːr·ðɪst] **I.** *adj* **1.** *superl of* **far 2.** (*at the greatest distance*) più lontano, -a; **the ~ island from the mainland** l'isola più lontana dalla terra ferma **II.** *adv* **1.** *superl of* **far 2.** (*greatest distance*) più lontano; **that's the ~ I can go** non posso spingermi più in là di così **3.** (*greatest*) maggiormente; **prices have fallen/risen ~ in the south** i prezzi sono scesi/cresciuti di più al sud

furtive ['fɜːr·t̬ɪv] *adj* furtivo, -a

furtiveness *n* furtività *f*

fury ['fjʊ·ri] *n* furia *f;* **fit of ~** attacco *m* d'ira

fuse [fjuːz] **I.** *n* **1.** ELEC fusibile *m;* **the ~ has blown** è saltato il fusibile **2.** (*ignition device, detonator*) detonatore *m;* (*string*) miccia *f* ▶ **to have a short ~** saltare per niente; **to light the ~** accendere la miccia **II.** *vi* **1.** ELEC saltare **2.** (*join together*) fondersi **III.** *vt* **1.** ELEC far saltare **2.** (*join*) fondere

fuse box <-es> *n* cassetta *f* dei fusibili

fuselage ['fjuː·sə·lɑːʒ] *n* AVIAT fusoliera *f*

fusion ['fjuː·ʒən] *n* **1.** (*joining together*) fusione *f* **2.** PHYS fusione *f;* **nuclear ~** fusione nucleare

fusion bomb *n* bomba *f* a fusione

fusion reactor *n* reattore *m* a fusione

fuss [fʌs] **I.** *n* trambusto *m;* **it's a lot of ~ about nothing** tanto rumore per nulla; **to make a ~** fare storie **II.** *vi* agitarsi; **to ~ over sth** preoccuparsi per qc; **to ~ over sb** soffocare qu di attenzioni

fusspot ['fʌs·pɑːt] *n inf* schizzinoso, -a *m, f*

fussy ['fʌ·si] <-ier, -iest> *adj* **1.** (*overparticular*) esigente **2.** (*quick to criticize*) criticone, -a **3.** (*overdone, overdecorated*) troppo elaborato, -a **4.** (*baby*) piagnucolone, -a

fusty ['fʌs·ti] <-ier, -iest> *adj pej* **1.** (*smell*) di muffa; (*room*) che puzza di chiuso **2.** (*old-fashioned*) antiquato, -a

futile ['fjuː·t̬əl] *adj* inutile; **~ attempt** vano tentativo *m;* **~ question** domanda *f* futile

futility [fjuː·'tɪ·lə·t̬i] *n* inutilità *f*

future ['fjuː·tʃɚ] **I.** *n* **1.** *a.* LING futuro *m;* **to have plans for the ~** avere progetti per il futuro; **in the ~ tense** al futuro; **in the distant/near ~** in un lontano/prossimo futuro; **what the ~ will bring** quello che porterà il futuro **2.** (*prospects*) futuro *m;* **she has a great ~ ahead of her** ha un brillante avvenire avanti a sé **II.** *adj* futuro, -a

future perfect *n* LING futuro *m* anteriore

futures market *n* mercato *m* dei futures

futuristic [ˌfjuː·tʃə·'rɪs·tɪk] *adj* futuristico, -a

fuze [fjuːz] **I.** *n* (*ignition device, detonator*) detonatore *m;* (*string*) miccia *f* **II.** *vt* munire di miccia

fuzz [fʌz] *n* **1.** (*fluff*) peluria *f* **2.** (*fluffy hair*) capelli *mpl* crespi **3.** (*short growing hair*) peluria *m;* **peach ~** *fig* pelle *f* della pesca **4.** *inf* (*police*) **the ~** la polizia *f*

fuzzy ['fʌ·zi] *adj* **1.** (*unclear*) sfuocato, -a **2.** (*with short soft hair*) lanuginoso, -a; (*curly*) riccio, -a; (*frizzy*) crespo, -a

fuzzy logic *n* logica *f* sfumata

f-word ['ef·ˌwɜːrd] *n espressione usata per evitare di dire 'fuck'*

F

Gg

G, g [dʒiː] *n* G, g *f;* ~ **as in George** G come Genova

g *abbr of* **gram** g.

GA, Ga. *n abbr of* **Georgia** GA

gab [gæb] I.<-bb-> *vi inf* ciarlare II. *n* parlantina *f;* **to have the gift of the** ~ avere una bella parlantina

gabardine ['gæ·bə·diːn] *n* gabardine *f inv*

gabble ['gæ·bl] I. *vi* cianciare II. *vt* blaterare III. *n* ciance *fpl*

gable ['geɪ·bl] *n* ARCHIT timpano *m;* ~ **roof** tetto *m* spiovente

Gabon [gæ·'boʊn] *n* Gabon *m*

Gabonese [ˌgæ·boʊ·'niːz] I. *adj* gabonese II. *n* gabonese *mf*

gad [gæd] <-dd-> *vi inf* **to** ~ **about** bighellonare

gadabout ['gæ·də·baʊt] *n* bighellone, -a *m, f*

gadfly ['gæd·flaɪ] <-flies> *n* tafano *m*

gadget ['gæ·dʒɪt] *n* gadget *m inv*

gadgetry ['gæ·dʒɪt·ri] *n* gadget *m inv*

Gaelic ['geɪ·lɪk] I. *n* gaelico *m* II. *adj* gaelico, -a

gaff¹ [gæf] *n* gaffa *f*

gaff² [gæf] *n s.* **gaffe**

gaffe [gæf] *n* gaffe *f inv*

gaffer ['gæ·fə] *n* caposquadra *mf* elettricisti

gag [gæg] I. *n* 1.(*cloth*) bavaglio *m* 2.(*joke*) battuta *f* 3. THEAT gag *f inv* II.<-gg-> *vt* (*silence*) imbavagliare III.<-gg-> *vi inf* (*to almost vomit*) avere conati di vomito

gaga ['gɑː·gɑː] *adj inf* rimbambito, -a; **to go** ~ rimbambire

gage [geɪdʒ] *n, vt s.* **gauge**

gaggle ['gæ·gl] *n a.* iron manipolo *m*

gag order *n inf* silenzio *m* stampa

gaiety ['geɪ·ə·ti] *n* gaiezza *f*

gaily ['geɪ·li] *adv* gaiamente

gain [geɪn] I. *n* 1.(*increase*) aumento *m;* ~ **in weight** aumento di peso 2. ECON, FIN (*profit*) guadagno *m;* **net** ~ utile *m* netto 3. *fig* (*advantage*) vantaggio *m* II. *vt* 1.(*obtain*) guadagnare; **to** ~ **success** conseguire il successo 2.(*increase: velocity*) acquistare; **to** ~ **weight** ingrassare ▶ **to** ~ **the upper hand** prendere il sopravvento; **to** ~ **ground** guadagnare terreno III. *vi* 1.(*benefit*) guadagnare 2.(*increase*) aumentare; **to** ~ **in experience** acquistare esperienza 3.(*put on weight*) ingrassare; **when she quit her diet, she started** ~**ing** quando ha interrotto la dieta ha cominciato a ingrassare 4.(*clock, watch*) andare avanti

◆ **gain on** *vt* guadagnare terreno su

gainful ['geɪn·fəl] *adj* rimunerativo, -a; ~ **employment** lavoro rimunerativo

gait [geɪt] *n a.* SPORTS passo *m*

gaiter ['geɪ·ṭə] *n pl* ghette *fpl*

gal [gæl] *n inf* ragazza *f*

gal. *abbr of* **gallon** gal.

gala ['geɪ·lə] I. *n* (*celebration*) (gran) gala *m*

inv II. *adj* (*festive*) di gala; ~ **night** serata *f* di gala

galactic [gə·'læk·tɪk] *adj* galattico, -a

Galapagos Islands [gə·'læ·pə·gəs 'aɪ·lənds] *npl* isole *fpl* Galapagos

galaxy ['gæ·lək·si] <-ies> *n* 1.(*space*) galassia *f* 2. *fig* parata *f;* **a** ~ **of film stars** una parata di star del cinema

gale [geɪl] *n* burrasca *f;* **a** ~**-force wind** un vento di burrasca

gale warning *n* avviso *m* di burrasca

gall [gɔːl] I. *n* 1.(*bile*) bile *f* 2.(*impertinence*) sfrontatezza *f;* **to have the** ~ **to do sth** avere la faccia tosta di fare qc II. *vt* esasperare

gallant ['gæ·lənt] *adj* 1.(*chivalrous*) galante 2.(*brave*) valoroso, -a

gallantry ['gæ·lən·tri] *n* 1.(*chivalry*) galanteria *f* 2.(*courage*) valore *m* 3.<-tries> (*act of courtly politeness*) galanterie *fpl*

gall bladder *n* cistifellea *f*

galleon ['gæ·li·ən] *n* galeone *m*

gallery ['gæ·lə·ri] <-ries> *n a.* ARCHIT, THEAT galleria *f*

galley ['gæ·li] *n* 1.(*kitchen*) cucina *f* di bordo 2.(*ship*) galera *f*

galley proof *n* bozza *f* in colonna

gallivant ['gæ·lə·vænt] *vi inf* **to** ~ **around** andare a zonzo

gallon ['gæ·lən] *n* gallone *m* (*3,79 l*)

gallop ['gæ·ləp] I. *vi* galoppare II. *vt* (*cause to gallop*) far galoppare III. *n* galoppo *m;* **to break into a** ~ rompere al galoppo; **at a** ~ *fig* a gran velocità

gallows ['gæ·loʊz] *npl* **the** ~ la forca; **to send sb to the** ~ mandare qu al patibolo

gallstone ['gɔːl·stoʊn] *n* calcolo *m* biliare

Gallup poll ['gæ·ləp poʊl] *n* sondaggio *m* d'opinione

galore [gə·'lɔːr] *adj* a volontà

galoshes [gə·'lɑː·ʃɪz] *npl* galosce *fpl*

galvanize ['gæl·və·naɪz] *vt a. fig* galvanizzare

Gambia ['gæm·biə] *n* Gambia *m*

Gambian I. *adj* gambiano, -a II. *n* gambiano, -a *m, f*

gambit ['gæm·bɪt] *n* 1.(*tactic*) tattica *f;* **opening** ~ mossa *f* iniziale 2.(*chess move*) gambetto *m*

gamble ['gæm·bl] I. *n* scommessa *f;* **to take a** ~ rischiare II. *vi* giocare d'azzardo; **to** ~ **on sth** scommettere su qc; **to** ~ **on the stock market** giocare in borsa III. *vt* (*money*) scommettere; (*one's life*) rischiare; **to** ~ **one's fortune/future** giocarsi il patrimonio/il futuro

gambler ['gæmb·lə] *n* giocatore , -trice *m, f* d'azzardo

gambling *n* gioco *m* d'azzardo

gambol ['gæm·bl] <-ll-, -l-> *vi liter* saltellare

game¹ [geɪm] I. *n* 1.(*entertaining activity*) gioco *m;* **board** ~ gioco da tavolo; ~ **of**

chance gioco d'azzardo; **the Olympic Games** le Olimpiadi **2.** (*match*) partita *f;* **a ~ of chess** una partita a scacchi **3.** SPORTS (*skill level*) **to be off one's ~** *a. fig* essere fuori forma **4.** (*tactic*) **the ~ is up** il giochetto è finito; **what's your ~?** a che gioco stai giocando? ▸ **to give the ~ away** scoprire gli altarini; **two can play at that ~** chi la fa l'aspetti; **to beat sb at his/her own ~** battere qu con le sue stesse armi **II.** *adj inf* (*willing*) pronto, -a; **to be ~** (**to do sth**) starci (a fare qc); **to be ~ for anything** essere pronto a tutto

game² [geɪm] *n* (*in hunting*) cacciagione *f;* **big ~** caccia grossa

gamecock ['geɪm·kɑːk] *n* gallo *m* da combattimento

gamekeeper *n* guardacaccia *mf inv*

game show *n* gioco *m* a premi

gaming ['geɪ·mɪŋ] *n* **1.** (*gambling*) gioco *m* d'azzardo **2.** COMPUT videogiochi *m inv*

gamma radiation *n,* **gamma rays** *npl* raggi *mpl* gamma

gammon ['gæ·mən] *n* prosciutto *m*

gamut ['gæ·mət] *n* gamma *f*

gander ['gæn·dɚ] *n* **1.** (*male goose*) maschio *m* dell'oca **2.** *inf* (*look*) **to take a ~** dare un'occhiata

gang [gæŋ] *n* **1.** (*criminal group*) banda *f* **2.** (*group of workers*) squadra *f;* **chain ~** gruppo *m* di detenuti incatenati **3.** *inf* (*group of friends*) gruppo *m*

  ♦ **gang up on** *vt* coalizzarsi contro

gangling ['gæŋ·lɪŋ] *adj* dinoccolato, -a

gangly ['gæŋ·gli] <-ier, -iest> *adj* dinoccolato, -a

gangplank ['gæn·plæŋk] *n* passerella *f*

gangrene ['gæŋ·griːn] *n* cancrena *f*

gangrenous ['gæŋ·grə·nəs] *adj* cancrenoso, -a

gangster ['gæŋs·tɚ] *n* gangster *m inv*

gang warfare *n* guerra *f* fra bande rivali

gangway ['gæŋ·weɪ] **I.** *n* **1.** (*gangplank*) passerella *f* **2.** (*passage*) corridoio *m* **II.** *interj inf* pista

gantry ['gænt·ri] <-ies> *n* (*metal frame*) incastellatura *f;* AVIAT torre *f* di lancio

gap [gæp] *n* **1.** (*opening*) apertura *f;* (*empty space*) spazio *m* (vuoto); **to fill a ~** colmare un vuoto **2.** (*break in time*) intervallo *m* **3.** (*difference*) divario *m;* **age ~** differenza *f* d'età

gape [geɪp] **I.** *vi* (*jacket*) aprirsi; (*person*) restare a bocca aperta **II.** *n* (*look*) sguardo *m* allibito; (*yawn*) sbadiglio *m*

gaping *adj* (*hole*) enorme; (*wound*) aperto, -a

garage [gə·'rɑːʒ] **I.** *n* **1.** (*of house*) garage *m inv* **2.** (*for repair*) officina *f* **II.** *vt* **to ~ a car** tenere la macchina in garage

garage sale *n vendita di roba usata che si tiene in garage o nel prato di fronte a casa*

garb [gɑːrb] **I.** *n* abiti *mpl* **II.** *vt* **to be ~ed as** essere vestito di

garbage ['gɑːr·bɪdʒ] *n* spazzatura *f;* **to take** [*o* **throw**] **out the ~** buttare la spazzatura

garbage can *n* bidone *m* della spazzatura

garbage disposal *n* tritarifiuti *m inv*

garbage dump *n* discarica *f*

garbage man *n* netturbino *m*

garbage truck *n* camion *minv* della nettezza urbana

garble ['gɑːr·bl] *vt* **1.** (*confuse: facts*) confondere **2.** (*distort: message*) rendere indecifrabile

garbled *adj* **1.** (*confused: facts*) confuso, -a **2.** (*distorted: message*) indecifrabile

garden ['gɑːr·dn] **I.** *n* **1.** giardino *m;* **vegetable ~** orto *m;* **~ furniture** mobili *mpl* da giardino **2.** *pl* (*ornamental grounds*) giardini *mpl;* **botanical ~** orto *m* botanico **II.** *vi* fare del giardinaggio

gardener ['gɑːrd·nɚ] *n* giardiniere *m*

gardenia [gɑːr·'diː·niə] *n* gardenia *f*

gardening ['gɑːrd·nɪŋ] *n* giardinaggio *m*

garden party <-ies> *n* garden-party *m inv*

gargantuan [gɑːr·'gæn·tʃu·ən] *adj liter* gigantesco, -a

gargle ['gɑːr·gl] **I.** *vi* fare gargarismi **II.** *n* gargarismi *mpl*

gargoyle ['gɑːr·gɔɪl] *n* gargouille *f inv*

garish ['ge·rɪʃ] *adj* sgargiante

garland ['gɑːr·lənd] **I.** *n* ghirlanda *f* **II.** *vt* inghirlandare

garlic ['gɑːr·lɪk] *n* aglio *m;* **clove of ~** spicchio *m* d'aglio; **~ sauce** salsa *f* aioli

garlic press <-es> *n* spremiaglio *m inv*

garment ['gɑːr·mənt] *n* capo *m* di vestiario

garnet ['gɑːr·nɪt] *n* granato *m*

garnish ['gɑːr·nɪʃ] **I.** *vt* guarnire **II.** <-es> *n* guarnizione *f*

garrison ['ge·rə·sn] **I.** *n* guarnigione *f* **II.** *vt* (*troops*) assegnare a una guarnigione; (*place*) presidiare

garrulous ['ge·rə·ləs] *adj* garrulo, -a

garter ['gɑːr·t̬ɚ] *n* giarrettiera *f*

garter belt *n* reggicalze *m inv*

garter stitch <-es> *n* punto *m* legaccio

gas [gæs] **I.** <-s(s)es> *n* **1.** *a.* MED, CHEM gas *m inv;* **natural ~** gas naturale; **to cut off the ~** chiudere il gas **2.** (*fuel*) benzina *f;* **unleaded ~** benzina senza piombo; **to step on the ~** accelerare **3.** (*flatulence*) flatulenza *f* **II.** <-ss-> *vt* gassare

gas can *n* tanica *f* di benzina

gas chamber *n* camera *f* a gas

gaseous ['gæ·si·əs] *adj* gassoso, -a

gas field *n* giacimento *m* di gas

gas gauge *n* indicatore *m* del livello di benzina

gas-guzzler *n inf: macchina che succhia molta benzina*

gash [gæʃ] **I.** <-es> *n* (*wound*) sfregio *m* **II.** *vt* (*wound*) sfregiare

gas heater *n* stufa *f* a gas

gas heating *n* riscaldamento *m* a gas

gasholder *n* gasometro *m*

gasket ['gæs·kɪt] *n* guarnizione *f*

gas lamp *n* lampada *f* a gas

gas lighter *n* accendino *m* (a gas)

G

G

gas mask *n* maschera *f* antigas
gas meter *n* contatore *m* del gas
gasoline ['gæ·sə·liːn] *n* benzina *f*
gasoline tank *n*, **gas tank** *n* serbatoio *m* (della benzina)
gasometer *n* gasometro *m*
gas oven *n* forno *m* a gas
gasp [gæsp] I. *vi* 1. (*breathe with difficulty*) ansimare; **to ~ for air** [*o* **breath**] boccheggiare 2. (*in shock*) rimanere senza fiato; **I ~ed in amazement** sono rimasto senza fiato per lo stupore II. *vt* **to ~ sth out** dire qc con voce soffocata III. *n* grido *m* soffocato; **he gave a ~ of astonishment** stupito, lanciò un grido soffocato ▸ **to be at one's last ~** essere arrivato all'ultimo respiro; **to do sth at the last ~** fare qc all'ultimo momento
gas pedal *n* acceleratore *m*
gas pipe *n* tubatura *f* del gas
gas pump *n* pompa *f* di benzina
gas station *n* distributore *m* di benzina
gas station attendant *n* benzinaio, -a *m, f*
gas stove *n* cucina *f* a gas
gassy ['gæ·si] <-ier, -iest> *adj* 1. (*full of gas*) gasato, -a 2. (*gas-like*) gassoso, -a
gastric ['gæs·trɪk] *adj* gastrico, -a
gastritis [gæ·'straɪ·təs] *n* gastrite *f*
gastroenteritis [ˌgæs·trou·ˌen·tə·'raɪ·təs] *n* gastroenterite *f*
gastronomic [ˌgæs·trə·'nɑːmɪk] *adj* gastronomico, -a
gastronomy [gæ·'strɑː·nə·mi] *n* gastronomia *f*
gastroscopy [ˌgæs·'trɒʊ·skɑ·pi] <-ies> *n* MED gastroscopia *f*
gate [geɪt] *n* 1. (*entrance*) cancello *m* 2. AVIAT uscita *f* d'imbarco 3. SPORTS (*in skiing*) porta *f* 4. RAIL barriera *f*
gatecrash ['geɪt·kræʃ] I. *vt* imbucarsi a; **to ~ a party** imbucarsi a una festa II. *vi* imbucarsi
gatecrasher *n* imbucato, -a *m, f*
gatehouse *n* casa *f* del guardiano
gatekeeper *n* guardiano, -a *m, f*
gatepost *n* pilastro *m* ▸ **between you and me and the ~** detto tra noi
gate receipts *n pl* affluenza *f* allo stadio
gateway *n* 1. (*entrance*) entrata *f* 2. (*means of access*) porta *f*
gateway drug *n* droga di passaggio a sostanze più pesanti
gather ['gæ·ðɚ] I. *vt* 1. (*convene: people*) radunare 2. (*collect: flowers, information*) raccogliere 3. (*increase*) **to ~ speed** acquistare velocità 4. (*muster*) **to ~ one's strength** raccogliere le forze; **to ~ one's courage** trovare il coraggio 5. (*infer*) dedurre; **to ~ that ...** dedurre che... II. *vi* 1. (*convene*) radunarsi 2. (*accumulate*) accumularsi
gathering *n* riunione *f*
GATT [gæt] *n abbr of* **General Agreement on Tariffs and Trade** GATT *m*
gaudy ['gɑː·di] <-ier, -iest> *adj* sgargiante
gauge [geɪdʒ] I. *n* 1. (*measure: of bullet*) calibro *m*; (*of wire*) spessore *m*; (*of rails*) scarta-

mento *m* 2. (*instrument*) indicatore *m;* **rain ~** pluviometro *m;* **tyre ~** manometro *m* 3. *fig* misura *f* II. *vt* 1. (*measure*) misurare 2. (*assess*) valutare; **it's difficult to ~ what his response will be** è difficile prevedere come reagirà
gaunt [gɑːnt] *adj* 1. (*very thin*) emaciato, -a 2. (*desolate*) desolato, -a
gauntlet ['gɑːnt·lɪt] *n* guanto *m* di protezione; **to take up/throw down the ~** *fig* raccogliere/lanciare il guanto (di sfida) ▸ **to run the ~ of sth** *fig* esporsi a qc
gauze [gɑːz] *n a.* MED garza *f*
gauzy ['gɑː·zi] <-ier, -iest> *adj* diafano, -a
gave [geɪv] *pt of* **give**
gavel ['gæ·vl] I. *n* martelletto *m, del giudice, del banditore d'aste* II. <-ll-, -l-> *vt* riportare all'ordine, *battendo il martelletto*
gawk [gɑːk] *vi inf* stare come un salame; **to ~ at** guardare a bocca aperta
gawky ['gɑː·ki] *adj* (*tall, awkward*) allampanato, -a
gay [geɪ] I. *adj* 1. (*homosexual*) gay 2. (*cheerful*) gaio, -a II. *n* gay *mf inv*
gaze [geɪz] I. *vi* guardare; **to ~ at sth** rimirare qc II. *n* sguardo *f* fisso; **exposed to the public ~** rivelato al pubblico
gazelle [gə·'zel] *n* gazzella *f*
gazette [gə·'zet] *n* gazzetta *f*
gazetteer [ˌgæ·zə·'tɪr] *n* dizionario *m* geografico
GB [ˌdʒiː·'biː] *n* 1. COMPUT *abbr of* **gigabyte** GB 2. *abbr of* **Great Britain** GB
GDP [ˌdʒiː·diː·'piː] *n abbr of* **gross domestic product** PIL *m*
gear [gɪr] *n* 1. TECH ingranaggio *m* 2. AUTO marcia *f* 3. (*equipment*) attrezzatura *f*
gearbox ['gɪr·bɑːks] <-es> *n* scatola *f* del cambio
gearshift ['gɪr·ʃɪft] *n* leva *f* del cambio
gearwheel *n* ruota *f* dentata
gee whiz ['dʒiː] *interj inf* caspita
geez [dʒiːz] *interj inf* madonna
geezer ['giː·zɚ] *n sl* tipo *m;* **old ~** vecchietto *m*
geisha (**girl**) ['geɪ·ʃə] *n* geisha *f*
gel [dʒel] *n* gel *m*
gelatin(e) ['dʒe·lə·tɪn] *n* gelatina *f*
gelatinous [dʒɪ·'læ·tə·nəs] *adj* gelatinoso, -a
geld [geld] *vt* castrare
gelding ['gel·dɪŋ] *n* castrone *m*
gem [dʒem] *n* 1. (*jewel*) pietra *f* preziosa 2. (*person*) perla *f fig*
Gemini ['dʒe·mɪ·ni] *n* Gemelli *mf*
gen. [dʒen] *n abbr of* **general** gener.
gender ['dʒen·dɚ] *n* 1. (*sexual identity*) sesso *m* 2. LING genere *m*
gene [dʒiːn] *n* gene *m*
genealogical [ˌdʒiː·ni·ə·'lɑː·dʒɪ·kl] *adj* genealogico, -a
genealogist [ˌdʒiː·nɪ·'æ·lə·dʒɪst] *n* genealogista *mf*
genealogy [ˌdʒiː·nɪ·'æ·lə·dʒi] *n* genealogia *f*
gene bank *n* banca *f* genetica

general ['dʒen·rəl] I. *adj* generale; **of ~ interest** di interesse generale; **as a ~ rule** di regola; **to talk in ~ terms** parlare in termini generali II. *n* MIL generale *m;* **major ~** generale di divisione; **lieutenant ~** generale di corpo d'armata; **four-star ~** generale d'armata

general admission *n* posto *m* unico non numerato

general anesthetic *n* anestesia *f* generale

general assembly <-ies> *n* assemblea *f* generale

general director *n* direttore, -trice *m*, *f* generale

general election *n* elezioni *fpl* politiche

general hospital *n* ospedale *m* generale

generality [ˌdʒe·nə·'ræ·lə·ti] <-ies> *n* generalità *f*

generalization [ˌdʒe·nə·rə·lɪ·'zeɪ·ʃn] *n* generalizzazione *f*

generalize ['dʒe·nə·rə·laɪz] *vi, vt* generalizzare

generally ['dʒen·rə·li] *adv* 1.(*usually*) generalmente 2.(*widely, extensively*) in generale; **~ speaking** (parlando) in generale

general management *n* direzione *f* generale

general manager *n* direttore, -trice *m*, *f* generale

general partnership *n* società *f* in nome collettivo

general practitioner *n* medico *m* generico

general store *n* emporio *m*

general view *n* opinione *f* diffusa; **I do not subscribe to the ~ that ...** non sono d'accordo sull'opinione diffusa che...

generate ['dʒe·nə·reɪt] *vt* 1.(*cause: interest*) suscitare; (*jobs*) creare; (*revenue*) produrre 2. ELEC generare

generating station ['dʒe·nə·reɪ·tɪŋ ˌsteɪ·ʃən] *n* centrale *f* elettrica

generation [ˌdʒe·nə·'reɪ·ʃən] *n* generazione *f;* **for ~ s** per generazioni

generative ['dʒe·nə·rə·tɪv] *adj* generativo, -a

generator ['dʒe·nə·reɪ·tə'] *n a.* ELEC generatore *m*

generic [dʒɪ·'ne·rɪk] I. *adj* generico, -a II. *n* generico *m*

generosity [ˌdʒe·nə·'rɑː·sə·ti] *n* generosità *f*

generous ['dʒe·nə·rəs] *adj* generoso, -a

genesis ['dʒe·nə·sɪs] *n* genesi *f*

gene therapy [ˌdʒiːn·'θe·rə·pi] *n* terapia *f* genica

genetic [dʒɪ·'ne·tɪk] *adj* genetico, -a; **~ disease** malattia *f* genetica

geneticist [dʒɪ·'ne·tə·sɪst] *n* genetista *mf*

genetics *n* + *sing vb* genetica *f*

genial ['dʒiː·ni·əl] *adj* cordiale

geniality [ˌdʒi·ni·'æ·lə·ti] *n* cordialità *f*

genie ['dʒiː·ni] <-nii *o* -ies> *n* genio *m*

genitalia [dʒe·nɪ·'teɪ·liə] *npl form*, **genitals** ['dʒe·nə·təlz] *npl* genitali *mpl*

genitive ['dʒe·nə·tɪv] I. *adj* genitivo, -a II. *n* genitivo *m*

genius ['dʒiː·ni·əs] *n* <-ses> genio *m*

genocide ['dʒe·nə·saɪd] *n* genocidio *m*

genre ['ʒɑ̃ːn·rə] *n a.* LIT genere *m*

genre painting *n* pittura *f* di genere

gent [dʒent] *n inf abbr of* **gentleman** signore *m*

genteel [dʒen·'tiːl] *adj* distinto, -a

Gentile ['dʒen·taɪl] I. *adj* gentile II. *n* gentile *mf*

gentle ['dʒen·tl] *adj* 1.(*person*) gentile; **to be as ~ as a lamb** essere mite come un agnello 2.(*breeze, tap on the door*) leggero, -a; (*slope*) dolce 3.(*upper-class*) **of ~ birth** di buona famiglia

gentlefolk ['dʒen·tl·foʊk] *npl* gente *f* di buona famiglia

gentleman ['dʒen·tl·mən] <-men> *n* 1.(*man*) signore *m;* **ladies and gentlemen** signore e signori 2.(*well-behaved man*) gentiluomo *m;* **he is a true ~** è un vero gentiluomo

gentlemanly ['dʒen·tl·mən·li] *adj* signorile

gentleman's agreement *n* gentleman's agreement *m inv, accordo basato solo sulla parola d'onore*

gentleness ['dʒen·tl·nɪs] *n* gentilezza *f*

gentlewoman ['dʒen·tl·wʊ·mən] <-women> *n* gentildonna *f*

gentry ['dʒent·ri] *n* aristocrazia *f*

genuine ['dʒe·nju·ɪn] *adj* 1.(*not fake: leather, pearls*) vero, -a; (*work of art*) autentico, -a 2.(*sincere: person, emotion*) sincero, -a

genus ['dʒiː·nəs] <-nera> *n* BIO genere *m*

geocentric [ˌdʒiː·oʊ·'sen·trɪk] *adj* geocentrico, -a

geodesic [ˌdʒiː·ə·'de·sɪk] *adj* geodetico, -a

geographer [dʒi·'ɑː·grə·fə'] *n* geografo, -a *m, f*

geographic(al) [ˌdʒi·ə·'græ·fɪ·k(l)] *adj* geografico, -a

geography [dʒi·'ɑː·grə·fi] *n* geografia *f*

geological [ˌdʒi·ə·'lɑː·dʒɪ·kəl] *adj* geologico, -a

geologist [dʒi·'ɑː·lə·dʒɪst] *n* geologo, -a *m, f*

geology [dʒi·'ɑː·lə·dʒi] *n* geologia *f*

geometric(al) [ˌdʒi·ə·'met·rɪ·k(l)] *adj* geometrico, -a

geometry [dʒi·'ɑː·mət·ri] *n* geometria *f*

geophysical [ˌdʒi·oʊ·'fɪ·zɪ·kl] *adj* geofisico, -a

geophysics [ˌdʒi·oʊ·'fɪ·zɪks] *n* + *sing vb* geofisica *f*

Georgia ['dʒɔːr·dʒə] *n* Georgia *f*

geothermal [ˌdʒi·oʊ·'θɜːr·məl] *adj* geotermico, -a

geranium [dʒɪ·'reɪ·ni·əm] *n* geranio *m*

geriatric [ˌdʒe·ri·'æ·trɪk] *adj* geriatrico, -a

geriatrician [ˌdʒe·ri·ə·'trɪ·ʃən] *n* geriatra *mf*

geriatrics *n* + *sing vb* geriatria *f*

germ [dʒɜːrm] *n* germe *m*

German ['dʒɜːr·mən] I. *n* 1.(*person*) tedesco, -a *m, f* 2.(*language*) tedesco *m* II. *adj* tedesco, -a

germane [dʒɜ'·'meɪn] *adj form* pertinente

Germanic [dʒɜ'·'mæ·nɪk] *adj* germanico, -a

German measles *n* + *sing vb* rosolia *f*

German shepherd *n* pastore *m* tedesco

Germany ['dʒɜːr·mə·ni] *n* Germania *f*

G

germfree *adj* sterile

germicidal [ˌdʒɜːrˈməˈsaɪˈdəl] *adj* germicida

germicide [ˈdʒɜːrˈməˈsaɪd] *n* germicida *m*

germinal [ˈdʒɜːrˈməˈnəl] *adj* germinale

germinate [ˈdʒɜːrˈməˈneɪt] **I.** *vi* germinare **II.** *vt* far germinare

germination [ˌdʒɜːrˈməˈneɪˈʃən] *n* germinazione *f*

germ warfare *n* guerra *f* batteriologica

gerontologist [ˌdʒernˈtɑːˈləˈdʒɪst] *n* gerontologo *m*

gerontology [ˌdʒernˈtɑːˈləˈdʒi] *n* gerontologia *f*

gerrymander [ˈdʒeˈrɪˈmænˈdəʳ] *vt manipolare i confini di una circoscrizione elettorale per favorire un partito*

gerund [ˈdʒeˈrənd] *n* gerundio *m*

gestation [dʒeˈsteɪˈʃən] *n* gestazione *f*

gesticulate [dʒeˈstɪkˈjəˈleɪt] *vi form* gesticolare

gesticulation [dʒeˌstɪkˈjəˈleɪˈʃən] *n form* gesticolazione *f*

gesture [ˈdʒestˈʃəʳ] **I.** *n* gesto *m;* a ~ **towards sb** un gesto verso qu **II.** *vi* fare un gesto **III.** *vt* indicare con un gesto

get [get] **I.**<got, gotten> *vt inf* **1.**(*obtain, catch*) prendere; **to ~ a taxi/bus** prendere un taxi/autobus; **to ~ the impression that ...** avere l'impressione che...; **to ~ a glimpse of sb/sth** intravedere qu/qc; **to ~ the flu** prendere l'influenza **2.**(*receive*) ricevere; **to ~ sth from sb** ricevere qc da qu; **to ~ a surprise** avere una sorpresa; **we don't ~ much rain** qui non piove molto; **do you ~ channel 4?** prendi canale 4? **3.**(*hear, understand*) capire; **to ~ a joke** capire una battuta; **to ~ sth/sb wrong** fraintendere qc/qn; **I don't ~ it** non capisco **4.**(*answer*) **to ~ the door** *inf* aprire (la porta); **to ~ the phone** *inf* rispondere (al telefono) **5.**(*buy*) comprare; **to ~ sth for sb** comprare qc a qn; **to ~ food/ drinks** *inf* mangiare/bere qc **6.**(*cause to be*) **to ~ sb to do sth** far fare qc a qn; **to ~ sb/ sth doing sth** far fare qc a qn/qc; **to ~ sb ready** preparare qu; **to ~ sth finished/typed** finire/battere a macchina qc **7.** *inf that really ~s me* (*irk*) mi secca proprio; (*make emotional*) mi fa effetto **II.** *vi* **1.** + *n/adj* (*become*) diventare; **to ~ rich** arricchirsi; **to ~ married** sposarsi; **to ~ upset** prendersela; **to ~ used to sth** abituarsi a qc; **to ~ to be sth** diventare qc; **to ~ better** migliorare; **~ better soon!** tanti auguri di pronta guarigione! **2.**(*have opportunity*) **to ~ to do sth** riuscire a fare qc; **to ~ to see sb** riuscire a vedere qu **3.**(*travel*) arrivare; **to ~ home** arrivare a casa; **to ~ to the restaurant/station** arrivare al ristorante/ alla stazione **4.** *inf* (*begin*) iniziare; **to ~ to like sth** iniziare ad apprezzare qc; **to ~ cracking** mettersi all'opera; **to ~ going** darsi una mossa

◆**get across** *vt* far capire

◆**get after** *vt* inseguire

◆**get along** *vi* **1.**(*have a good relationship*) andare d'accordo **2.**(*manage*) cavarsela

◆**get around I.** *vt insep* (*avoid*) aggirare **II.** *vi* **1.**(*spread*) spargersi; **word eventually got around that ...** si è sparsa la voce che... **2.**(*travel*) viaggiare molto

◆**get at** *vt insep, inf* **1.**(*reach*) arrivare a **2.**(*suggest*) alludere a

◆**get away** *vi* andarsene

◆**get away with** *vt* cavarsela con; **to ~ murder** *fig* passarla liscia

◆**get back** *vt* ricuperare

◆**get back at** *vt* vendicarsi di

◆**get back to** *vt* ritornare a

◆**get behind** *vi* rimanere indietro

◆**get by** *vi* (*manage*) cavarsela

◆**get down I.** *vt always sep* (*disturb*) deprimere **II.** *vi* **1.**(*descend*) scendere **2.**(*dance*) scatenarsi

◆**get down to** *vt* mettersi a (fare) qc

◆**get in I.** *vi* **1.**(*arrive*) arrivare **2.**(*enter*) entrare **3.**(*become member*) essere ammesso **II.** *vt* **1.**(*say*) dire **2.**(*bring inside*) portare dentro **3.**(*accomplish*) effettuare

◆**get into** *vt insep* **1.**(*become interested in*) interessarsi a **2.**(*involve*) mettere; **to get sb into trouble** mettere qu nei guai

◆**get off I.** *vi* **1.**(*avoid punishment*) cavarsela **2.**(*leave work*) staccare **3.**(*have audacity*) osare **4.**(*have orgasm*) venire **II.** *vt always sep* **1.**(*shoot*) sparare **2.**(*help avoid punishment*) fare assolvere **3.**(*send*) spedire

◆**get on I.** *vi* **1.**(*manage*) cavarsela **2.**(*have relationship*) andare d'accordo **3.**(*age*) invecchiare **II.** *vt sl* **let's get it on** diamoci da fare

◆**get out I.** *vi* **1.**(*leave home*) uscire **2.**(*spread*) circolare **3.**(*escape*) scappare **II.** *vt* **1.**(*make leave*) fare uscire **2.**(*make spread*) far circolare

◆**get over** *vt insep* **1.**(*recover from*) riprendersi da; (*difficulty*) superare **2.**(*forget about*) **to ~ sb/sth** dimenticarsi di qu/qc

◆**get through I.** *vt* **1.**(*succeed*) passare **2.**(*finish*) finire **3.**(*make understood*) **to get it through to sb that ...** far capire a qu che ... **II.** *vi* **to ~ to sth/sb** mettersi in comunicazione con qc/qu

◆**get together I.** *vi* incontrarsi **II.** *vt* **1.**(*gather*) raccogliere **2.**(*organize*) **get it together before it's too late!** datti una mossa prima che sia troppo tardi!

◆**get up I.** *vt* **1.** *always sep, inf* (*wake*) svegliare **2.**(*muster*) trovare **3.** *insep* (*climb*) salire **4.** *inf* (*dress*) **to get sb/oneself up as** travestire qu/travestirsi da **II.** *vi* **1.**(*get out of bed*) alzarsi **2.**(*rise*) alzarsi in piedi

◆**get up to** *vt* arrivare a

get-at-able [ˌgeṭˈæˈṭəbl] *adj inf* accessibile

getaway [ˈgeṭˈəˈweɪ] *n inf* fuga *f;* **to make a** (**clean**) ~ darsi alla fuga

get-together [ˈgetˈtəˈgeˈdəʳ] *n inf* festicciola *f*

get-up [ˈgeṭˈʌp] *n inf* tenuta *m*

geyser [ˈgiːˈzəʳ] *n* geyser *m inv*

G

Ghana ['gɑ:·nə] *n* Ghana *m*
Ghanaian [gɑ:·'ni:·ən] I. *adj* ghanese II. *n* ghanese *mf*
ghastly ['gæs·tli] <-ier, -iest> *adj inf* 1. (*frightful*) spaventoso, -a 2. (*unpleasant*) terribile 3. *liter* (*pallid*) spettrale; ~ white/pale bianco, -a/pallido, -a come un fantasma
gherkin ['gɜːr·kɪn] *n* cetriolino *m*
ghetto ['ge·toʊ] <-s *o* -es> *n* ghetto *m*
ghetto blaster *n inf* ghetto blaster *m*
ghost [goʊst] I. *n a. fig* (*spirit*) fantasma *m;* to believe in ~s credere ai fantasmi; **haunted by ~s** infestato dai fantasmi; **the ~ of the past** i fantasmi del passato ▶ to **give up** the ~ *lit* (*to die*) esalare l'ultimo respiro; *inf* (*to stop working*) smettere di funzionare II. *vt inf* redigere per conto di altri; **his speech was** ~ed il discorso era stato preparato da qualcun altro III. *vi* redigere testi per conto di altri
ghostly ['gəʊs·tli] <-ier, -iest> *adj* spettrale
ghost story *n* racconto *m* di fantasmi
ghost town *n* città *f* fantasma
ghost-write *vt* redigere per conto di altri
ghost-writer *n* scrittore, -trice *m, f* fantasma
ghoul [gu:l] *n* (*evil spirit*) spirito *m* demoniaco
GHz *n s.* gigahertz GHz
GI [,dʒi:·'aɪ] *n inf* soldato *m* dell'esercito USA
GI *abbr of* **government issue** proprietà *f* dello Stato
giant ['dʒaɪ·ənt] I. *n* gigante *m;* **a political ~** un gigante della politica II. *adj* gigantesco, -a
giantess ['dʒaɪ·ən·təs] *n* gigante *f*
gibberish ['dʒɪ·bə·rɪʃ] *n* parole *f* senza senso *pl*
gibbon ['gɪ·bən] *n* gibbone *m*
gibe [dʒaɪb] I. *vi* **to ~ at sb/sth** schernirsi di qu/qc II. *vt* schernire III. *n* scherno *m*
giblets ['dʒɪb·lɪts] *npl* rigaglie *fpl*
giddy ['gɪ·di] <-ier, -iest> *adj* **to feel ~** avere le vertigini
gift [gɪft] *n* 1. (*present*) regalo *m;* **to bear ~s** portare regali; **to be a ~ from the Gods** essere un dono caduto dal cielo 2. *inf* (*bargain*) **$100 for this bicycle? it's a ~!** 100 dollari per questa bici? è regalata! 3. (*talent*) dono *m;* **to have a ~ for languages** avere il dono delle lingue; **to have the ~ of the gab** *inf* avere una bella parlantina
gift certificate *n* buono *m* regalo
gifted *adj* 1. (*talented: musician*) di (gran) talento 2. (*intelligent*) **~ child** bambino , -a prodigio *m*
gift horse *n* **never look a ~ in the mouth** *prov* a caval donato non si guarda in bocca *prov*
gift shop *n* gift shop *m inv*
gig¹ [gɪg] I. *n inf* (*musical performance*) concerto *m;* **to do a ~** fare un concerto II. *vi* <-gg-> (*do a gig*) fare un concerto
gig² [gɪg] *n* COMPUT *abbr of* **gigabyte** giga
gigabyte ['gɪ·gə·baɪt] *n* gigabyte *m inv*
gigantic [dʒaɪ·'gæn·tɪk] *adj* gigantesco, -a
giggle ['gɪ·gl] I. *vi* ridacchiare II. *n* 1. (*laugh*)

risolino *m* 2. *pl* **the ~s** ridarella *f;* **to get the ~s** avere la ridarella
gild [gɪld] *vt* 1. (*cover with gold*) dorare 2. (*light up*) illuminare ▶ **to ~ the lily** voler strafare
gilded *adj* dorato, -a
gill [gɪl] *n* (*of a fish*) branchia *f* ▶ **to be green around** [*o* **about**] **the ~s** *inf* essere pallido come un cencio; **to the ~s** *inf* completamente; **to be stuffed to the ~s** *inf* essere pieno come un uovo
gilt [gɪlt] I. *adj* dorato, -a II. *n* doratura *f*
gilt-edged [gɪlt·'edʒd] *adj* **~ securities** titoli *mpl* di Stato
gimcrack ['dʒɪm·kræk] *n* gingillo *m*
gimlet ['gɪm·lɪt] *n* 1. (*alcoholic drink*) cocktail *a base di succo di lime, zucchero, gin o vodka* 2. (*tool*) succhiello *m*
gimlet-eyed *adj* **to be ~** avere la vista acuta
gimmick ['gɪ·mɪk] *n* 1. (*trick*) trucco *m* 2. (*attention-getter*) trovata *f;* **sales ~** trovata *f* commerciale
gimmicky ['gɪ·mɪ·ki] *adj* d'effetto
gin¹ [dʒɪn] *n* gin *m inv;* **~ and tonic** gin tonic *m inv*
gin² [dʒɪn] *n* AGR **a cotton ~** sgranatrice *f*
gin³ [dʒɪn] *n* (*card game*) gin rummy *m*
ginger ['dʒɪn·dʒɚ] I. *n* 1. (*root spice*) zenzero *m* 2. (*color*) rossiccio *m* II. *adj* rossiccio, -a
ginger ale *n* ginger ale *m,* analcolico *m* a base di zenzero
gingerbread ['dʒɪn·dʒɚ·bred] *n* pan *m* di zenzero
gingerly ['dʒɪn·dʒɚ·li] *adv* con cautela
ginger snap *n* biscotto *m* allo zenzero
gingivitis [,dʒɪn·dʒə·'vaɪ·təs] *n* gengivite *f*
ginseng [dʒɪn·sen] *n* ginseng *m*
gip [dʒɪp] *vt, n s.* **gyp**
gipsy ['dʒɪp·si] *n s.* **gypsy**
giraffe [dʒə·'ræf] *n* <-(s)> giraffa *f*
girder ['gɜːr·dɚ] *n* trave *f* (*di metallo o cemento*)
girdle ['gɜːr·dl] I. *n* 1. *a. fig* (*belt*) fascia *f* 2. (*corset*) busto *m* II. *vt a. fig* (*surround*) circondare
girl [gɜːrl] *n* 1. (*child*) bambina *f;* (*young woman*) ragazza *f* 2. (*daughter*) figlia *f* 3. **the ~s** *pl* (*at work*) le colleghe; (*friends*) le amiche
girl Friday *n* impiegata *f* factotum
girlfriend ['gɜːrl·frend] *n* 1. (*of man*) ragazza *f* 2. (*of woman*) amica *f*
girlhood ['gɜːrl·hʊd] *n* infanzia *f*
girlie ['gɜːr·li] *adj* senza veli
girlie magazine *n* rivista *f* di donne nude
girlish ['gɜːr·lɪʃ] *adj* da ragazza
Girl Scout *n* Giovane Esploratrice *f*
girth [gɜːrθ] *n* 1. (*circumference*) circonferenza *f* 2. *iron* (*obesity*) pancetta *f* 3. (*strap around horse*) sottopancia *m*
gist [dʒɪst] *n* **to get the ~ of sth** capire il succo di qc; **to give sb the ~ of sth** riassumere qc a qn

G

give [gɪv] I. *vt* <gave, given> 1. (*offer, organize*) dare; **to ~ sb an excuse for sth** dare a qu la scusa buona per (fare) qc; **given the choice ...** potendo scegliere...; **to ~ sb something to eat/drink** dare a qu qualcosa da mangiare/bere; **to not ~ much for sth** *fig* non dare molta importanza a qc; **to ~ sb life in prison** dare l'ergastolo a qu; **don't ~ me that!** *inf* ma che storie racconti!; **~ me a break!** lasciami in pace!; **I don't ~ a damn** *inf* non me ne importa un cavolo; **to ~ (it) one's all** [*o* **best**] dare il meglio di sé; **to ~ anything for sth/to do sth** dare qualunque cosa per qc/per fare qc; **to ~ one's life to sth** sacrificare la (propria) vita a qc; **to ~ birth** partorire; **to ~ sb a call** dare un colpo di telefono a qu; **to ~ sth a go** provare (a fare) qc; **to ~ sb to understand sth** *form* dare a intendere qc a qu 2. (*cause*) far venire; **it ~s me the creeps** mi fa venire i brividi [*o* la pelle d'oca] 3. (*pass on*) **to ~ sb sth** contagiare qc a qu II. *vi* <gave, given> 1. (*offer*) dare; **to ~ as good as one gets** sapersi difendere; **to ~ of one's money** fare una donazione; **to ~ of one's best** dare il meglio di sé 2. (*stretch*) cedere; **something will have to ~** *fig* bisogna che qualcosa cambi 3. **what ~s?** *inf* come va? ▸ **it is better to ~ than to receive** *prov* è più bello donare che ricevere *prov* III. *n* elasticità *f*
♦ **give away** *vt* 1. (*for free*) regalare 2. (*reveal*) rivelare 3. (*betray*) **to give sb away** tradire qu 4. *form* (*bride*) dare in matrimonio
♦ **give back** *vt* restituire
♦ **give in** I. *vi* 1. (*agree*) cedere; **to ~ to sth** cedere a qc 2. (*admit defeat*) arrendersi II. *vt* consegnare
♦ **give off** *vt* emettere
♦ **give out** I. *vt* 1. (*distribute*) distribuire 2. (*announce*) annunciare 3. (*emit*) emettere II. *vi* 1. (*run out*) esaurirsi 2. (*machine*) fermarsi; (*legs*) cedere
♦ **give up** I. *vt* 1. (*renounce*) rinunciare a; **to ~ candy for a month** rinunciare ai dolci per un mese; **to ~ doing sth** smettere di fare qc; **to ~ smoking** smettere di fumare 2. (*hand over: seat*) cedere 3. (*lose hope*) **to give sb up for dead** dare qu per spacciato; **to give sb up as lost** dare qu per scomparso 4. (*surrender*) **to give oneself up** arrendersi; **to give oneself up to the police** costituirsi II. *vi* 1. (*quit*) rinunciare 2. (*cease trying to guess*) arrendersi
give-and-take [ˌgɪv·ən·ˈteɪk] *n* (*compromise*) elasticità *f fig*
giveaway [ˈgɪv·ə·weɪ] *n* 1. *inf* (*free gift*) omaggio *m* 2. *inf* (*exposure*) prova *f* lampante
given [ˈgɪ·vn] I. *pp* of **give** II. *adj* 1. (*specified*) stabilito, -a, dato, -a; **at a ~ time and place** all'ora e nel luogo stabiliti 2. **to be ~ to** (*doing*) **sth** essere dedito a (fare) qc III. *prep* ~ **that** dato che +*conj*; ~ **the chance, I would go to Japan** se ne avessi la possibilità andrei in

Giappone IV. *n* dato *m* di fatto; **to take sth as a ~** dare qc per scontato; **that's a ~** va da sé
giver [ˈgɪ·və⸱] *n* donatore, -trice *m*
glacé [glæs·ˈeɪ] *adj*, **glacéed** *adj inv* candito, -a; ~ **fruit** frutta *f* candita
glacial [ˈgleɪ·ʃəl] *adj a. fig* glaciale
glacier [ˈgleɪ·ʃə⸱] *n* ghiacciaio *m*
glad [glæd] <gladder, gladdest> *adj* contento, -a; **to be ~ about sth** essere contento di qc; **I'd be ~ to go with you** verrei volentieri con te
gladden [ˈglæ·dn] *vt* rallegrare
glade [gleɪd] *n* radura *f*
gladiator [ˈglæ·di·eɪ·ţə⸱] *n* gladiatore *m*
gladiolus [ˌglæ·dɪ·ˈoʊ·ləs] <-es *o* -li> *n* gladiolo *m*
gladly [ˈglæd·li] *adv* volentieri
gladness [ˈglæd·nɪs] *n* contentezza *f*
glad rags *n pl, sl* **to put on one's ~** mettersi in ghingheri
glamor [ˈglæ·mə⸱] *n s.* **glamour**
glamorize [ˈglæ·mə·raɪz] *vt* esaltare; **this film ~s violence** questo film esalta la violenza
glamorous [ˈglæ·mə·rəs] *adj* prestigioso, -a; (*outfit*) chic *inv*
glamour [ˈglæ·mə⸱] *n* glamour *m inv,* fascino *m*
glamour-puss *n* donna *f* seducente
glance [glæns] I. *n* occhiata *f;* **to take a ~ at sth** dare un'occhiata [*o* uno sguardo] a qc; **at first ~** a prima vista; **at a ~** a colpo d'occhio II. *vi* 1. (*look cursorily*) **to ~ up** (**from sth**) sollevare lo sguardo (da qc); **to ~ around sth** dare un'occhiata intorno a qc; **to ~ over sth** dare uno sguardo a qc 2. (*shine*) brillare
♦ **glance off** *vi* rimbalzare
gland [glænd] *n* ghiandola *f*
glandular [ˈglæn·dʒə·lə⸱] *adj* ghiandolare
glare [gler] I. *n* 1. (*mean look*) occhiata *f* fulminante; **to give sb a ~** fulminare qu con lo sguardo 2. (*reflection*) bagliore *m;* **to be dazzled by the ~ of sth** restare abbagliato da qc II. *vi* 1. (*look*) fulminare con lo sguardo 2. (*shine*) sfolgorare; **the sun ~s down on my eyes** il sole mi sta abbagliando
glaring *adj* 1. (*obvious*) palese 2. (*sun*) sfolgorante 3. (*hostile: eyes*) minaccioso, -a
glass [glæs] <-es> *n* 1. (*material*) vetro *m;* **pane of ~** lastra *f* di vetro 2. (*container, glassful*) bicchiere *m;* **a ~ of wine** un bicchiere di vino; **a wine ~** un bicchiere da vino 3. *pl* occhiali *mpl* 4. (*glassware*) cristalleria *f*
glass blower [ˈglæs·ˌbloʊ·ə⸱] *n* soffiatore, -trice di vetro *m*
glass cutter *n* tagliavetro *m inv*
glassful [ˈglæs·fʊl] *n* bicchiere *m;* **a ~ of orange juice** un bicchiere di succo d'arancia
glasshouse [ˈglæs·haʊs] *n* serra *m*
glassware *n* cristalleria *f*
glassworks *npl* vetreria *f*
glassy [ˈglæ·si] <-ier, -iest> *adj* 1. *liter* (*as glass: sea, lake*) come uno specchio 2. (*eyes*) vitreo, -a
glaucoma [glɑː·ˈkoʊ·mə] *n* glaucoma *m*

glaucous ['glɑː·kəs] *adj* glauco, -a

glaze [gleɪz] **I.** *n* CULIN glassa *f;* (*pottery*) vernice *f* **II.** *vt* **1.** (*pottery*) invetriare; (*donut*) glassare **2.** (*window*) mettere i vetri a

glazier ['gleɪ·zi·ər] *n* vetraio, -a *m, f*

gleam [gliːm] **I.** *n* bagliore *m;* ~ **of hope** raggio *m* di speranza **II.** *vi* luccicare

glean [gliːn] *vt* (*information*) raccogliere

gleanings *npl* informazioni *f* raccolte *pl*

glee [gliː] *n* gioia *f;* **to do sth with** ~ fare qc con gioia

gleeful ['gliː·fəl] *adj* (*smile, shout*) di gioia

glen [glen] *n* valle *f*

glib [glɪb] <glibber, glibbest> *adj* disinvolto, -a

glide [glaɪd] **I.** *vi* **1.** (*move smoothly*) scivolare **2.** AVIAT planare **II.** *n* **1.** (*sliding movement*) passo *m* scivolato **2.** AVIAT volo *m* planato

glider ['glaɪ·də-] *n* aliante *m*

glider pilot *n* pilota *mf* di alíante

gliding ['glaɪ·dɪŋ] *n* volo *m* a vela

glimmer ['glɪ·mə-] **I.** *vi* baluginare **II.** *n* (*light*) baluginio *m;* ~ **of hope** barlume *m* di speranza

glimpse [glɪmps] **I.** *vt* intravedere **II.** *n* **to catch a** ~ **of** intravedere

glint [glɪnt] **I.** *vi* scintillare; **to** ~ **with sth** brillare di qc **II.** *n* scintillio *m*

glisten ['glɪ·sn] *vi* scintillare

glitch [glɪtʃ] <-es> *n inf* intoppo *m*

glitter ['glɪ·tə-] **I.** *vi* luccicare **II.** *n* **1.** (*sparkling*) luccichio *m* **2.** (*excitement*) sfolgorio *m* **3.** (*shiny material*) brillantini *mpl*

glittering *adj* **1.** (*sparkling*) luccicante **2.** (*exciting, impressive*) sfolgorante

glitz [glɪts] *n* sfarzo *m*

glitzy ['glɪ·tsi] <-ier, -iest> *adj inf* sfarzoso, -a

gloat [gloʊt] **I.** *vi* gongolare; **to** ~ **over/at sth** gongolare per qc **II.** *n* gongolamento *m*

global ['gloʊ·bl] *adj* **1.** (*worldwide*) globale; ~ **warming** riscaldamento *m* globale **2.** (*complete*) complessivo, -a ▸ **to go** ~ *inf* diventare globale

global warming *n* riscaldamento *m* globale

globe [gloʊb] *n* **1.** (*world*) mondo *m* **2.** (*object*) mappamondo *m*

globetrotter ['gloʊb·ˌtrɑ·tə-] *n* giramondo *mf inv*

globule ['glɑ·bju:l] *n* globulo *m*

gloom [gluːm] *n* **1.** (*hopelessness*) disperazione *f;* ~ **and doom** pessimismo *m* **2.** (*darkness*) oscurità *f*

gloominess ['gluː·mɪ·nəs] *n* **1.** (*hopelessness*) disperazione *f* **2.** (*darkness*) oscurità *f*

gloomy ['gluː·mi] <-ier, -iest> *adj* **1.** (*dismal*) deprimente; **to be** ~ **about sth** essere pessimista rispetto a qc; **to feel** ~ sentirsi depresso, -a **2.** (*dark*) tetro, -a

glorification [ˌglɔː·rə·fə·ˈkeɪ·ʃən] *n* glorificazione *f*

glorify ['glɔː·rə·faɪ] <-ie-> *vt* glorificare; **to** ~ **God** REL glorificare Dio

glorious ['glɔː·ri·əs] *adj* **1.** (*honorable, illus-*trious) glorioso, -a **2.** (*splendid: day, weather*) splendido, -a

glory ['glɔː·ri] **I.** *n* **1.** (*honor, adoration*) gloria *f;* **to bathe in reflected** ~ brillare di luce riflessa; **to cover oneself in** ~ coprirsi di gloria; ~ **be!** (*thank God!*) grazie a Dio! **2.** (*splendor*) splendore *m;* **in all her** ~ in tutto il suo splendore **3.** (*state of delight*) **to be in one's** ~ essere all'apice **II.** <-ie-> *vi* gloriarsi; **to** ~ **in sth** gloriarsi di qc

gloss¹ [glɑ:s] *n* **1.** (*shine*) lucentezza *f;* **high** ~ alta lucentezza **2.** (*shiny substance*) vernice *f* **3.** (*shiny finish*) verniciatura *f* **4.** (*shiny paint*) smalto *m* **5.** (*lip moisturizer*) lipgloss *m inv*

gloss² [glɑ:s] **I.** <-es> *n* glossa *f* **II.** *vt* glossare
  ◆**gloss over** *vt* glissare su

glossary ['glɑ·sə·ri] <-ies> *n* PUBL, LIT glossario *m*

glossy ['glɑ·si] **I.** <-ier, -iest> *adj* **1.** (*shiny*) lucido, -a **2.** *inf* (*superficially attractive*) patinato, -a **II.** <-ies> *n* PHOT fotografia *f* patinata

glottal stop ['glɑː·təl·ˈstɑːp] *n* LING occlusiva *f* glottale

glottis ['glɑː·təs] <-es> *n* ANAT, MED glottide *f*

glove [glʌv] **I.** *n* guanto *m;* **leather/wool** ~**s** guanti di pelle/lana; **a pair of** ~**s** un paio di guanti; **to put on/take off one's** ~**s** mettersi/togliersi i guanti ▸ **to fit like a** ~ calzare come un guanto **II.** *vt* **1.** (*dress in gloves*) **to** ~ **one's hands** mettersi i guanti **2.** (*catch*) agguantare

glove box *n*, **glove compartment** *n* AUTO vano *m* portaoggetti

glow [gloʊ] **I.** *n* **1.** (*light*) bagliore *m* **2.** (*warmth and redness*) calore *m* **3.** (*good feeling*) (piacevole) sensazione *f;* ~ **of happiness** sensazione *f* di felicità; ~ **of pride** sentimento *m* di orgoglio; ~ **of satisfaction** senso *m* di soddisfazione **II.** *vi* **1.** (*produce light*) brillare **2.** (*be red and hot*) ardere **3.** (*look radiant*) (ri)splendere

glower ['glaʊ·ə-] **I.** *vi* guardare torvo; **to** ~ **at sb** guardare torvo qu **II.** *n* sguardo *m* torvo

glowing *adj* (*embers*) ardente; (*report, praise*) entusiastico, -a

glow-worm *n* lucciola *f*

glucose ['gluː·koʊs] *n* glucosio *m;* ~ **syrup** sciroppo *m* di glucosio

glue [glu:] **I.** *n* colla *f;* **to sniff** ~ sniffare colla **II.** *vt* incollare; **to** ~ **sth together** incollare qc; **to** ~ **sth on** incollare qc; **to be** ~**d to sth** *fig* stare incollato a qc; **to keep one's eyes** ~**d to sth/sb** *fig* tenere gli occhi incollati a qc/qu

glue stick *n* colla *f* stick

glum [glʌm] <glummer, glummest> *adj* **1.** (*morose, downcast*) abbattuto, -a; **to be/ feel** ~ (**about sth**) abbattersi (per qc) **2.** (*drab*) tetro, -a

glut [glʌt] **I.** *n* ECON eccedenza *f;* **a** ~ **of sth** un'eccedenza di qc **II.** <-tt-> *vt* ECON saturare

gluten ['gluː·tən] *n* glutine *f*

glutinous ['gluː·t·nəs] *adj* colloso, -a

glutton [glʌtn] *n* **1.** (*overeater*) goloso, -a *m, f*

G

2. *inf* (*enthusiast*) **to be a ~ for sth** essere appassionato di qc

gluttonous ['glʌ·tə·nəs] *adj* avido, -a

gluttony ['glʌ·tə·ni] *n* gola *f*, golosità *f*

glycerin ['glɪ·sə·rɪn] *n*, **glycerine** ['glɪ·sə·riːn] *n*, **glycerol** ['glɪ·sə·raːl] *n* glicerina *f*

glycol ['glaɪ·kaːl] *n* glicol *m*

gnarled [naːrld] *adj* nodoso, -a

gnash [næʃ] *vt* **to ~ one's teeth** digrignare i denti

gnat [næt] *n* BIO zanzara *f*

gnaw [naː] **I.** *vi* **1.** (*chew*) **to ~ at** [*o* **on**] **sth** rosicchiare qc **2.** *fig* (*deplete*) **to ~ away at sth** erodere qc **3.** (*bother*) **to ~ at sb** assillare qu **II.** *vt* **1.** (*chew*) rosicchiare **2.** *fig* (*pursue*) **to be ~ed by doubt/guilt** essere assillato dal dubbio/dal senso di colpa

gnawing *adj* assillante

gnome [noʊm] *n* gnomo *m*

GNP [ˌdʒiː·enˈpiː] *abbr of* **Gross National Product** PNL

gnu [nuː] <-(s)> *n* ZOOL gnu *m inv*

go¹ [goʊ] **I.**<went, gone> *vi* **1.** (*proceed*) andare; **to ~** (**and**) **do sth** andare a fare qc; **to ~ home** andare a casa **2.** (*travel*) andare; **to ~ on a cruise** andare in crociera; **to ~ on a holiday** andare in vacanza; **to ~ on a trip** fare un viaggio; **to ~ abroad** andare all'estero **3.** (*adopt position*) **when I ~ like this, my back hurts** quando faccio così mi duole la schiena **4.** (*leave*) partire; **to have to ~** dover andare; **when does the bus ~?** quando parte l'autobus? **5.** (*do*) **to ~ biking** andare in bicicletta; **to ~ camping/fishing/shopping** andare in campeggio/a pesca/a fare spese; **to ~ jogging** fare jogging; **to ~ swimming** andare in piscina **6.** (*attend*) andare; **to ~ to a concert** andare a un concerto; **to ~ to a movie** andare al cinema; **to ~ to a party** andare a una festa **7.** + *adj or n* (*become*) diventare; **to ~ senile** rimbambire; **to ~ bankrupt** fare fallimento; **to ~ public** rendere pubblico; **to ~ communist** diventare comunista; **to ~ adrift** andare alla deriva; **to ~ bald** diventare calvo; **to ~ haywire** andare in tilt; **to ~ to sleep** addormentarsi; **to ~ wrong** andare storto **8.** + *adj* (*exist*) **to ~ hungry/thirsty** soffrire la fame/sete; **to ~ unsolved** restare irrisolto; **to ~ unnoticed** passare inosservato; **as prices ~ ...** considerando i prezzi ... **9.** (*happen*) **to ~ badly/well** andare male/bene; **to ~ from bad to worse** andare di male in peggio; **the way things are ~ing** visto come stanno andando le cose **10.** (*pass*) passare; **time seems to ~ faster** il tempo sembra passare più in fretta **11.** (*begin*) cominciare; **ready, set, ~** pronti, attenti, via **12.** (*fail*) **to ~ downhill** andare peggiorando **13.** (*belong*) andare; **where does this ~?** dove va questo? **14.** (*fit*) stare; **that picture would ~ well on that wall** quel quadro starebbe bene su quella parete **15.** (*lead*) condurre; **this highway ~es all the way to California** questa autostrada

va fino in California **16.** (*extend*) andare; **those numbers ~ from 1 to 10** questi numeri vanno dall'1 al 10 **17.** (*function*) funzionare; **to ~ slow** rallentare; **to get sth to ~** far funzionare qc; **to keep a conversation ~ing** mantenere viva una conversazione; **the ambulance had sirens ~ing** l'ambulanza andava a sirene spiegate **18.** (*be sold*) essere venduto; **the painting went for a lot more than was expected** il dipinto fu venduto a una cifra superiore a quella stimata; **to ~ for $50** essere in vendita a 50 dollari; **to ~ like hot cakes** *fig* vendersi come il pane **19.** (*contribute*) contribuire; **love and friendship ~ to make a lasting relationship** amore e amicizia contribuiscono a consolidare una relazione **20.** (*be told*) **as the saying ~es** come dice il proverbio **21.** GAMES toccare, spettare; **I ~ now** ora tocca a me **22.** *inf* (*use the toilet*) **do any of the kids have to ~?** qualcuno dei bambini deve andare al bagno? **23.** (*express annoyance*) **~ climb a rock!** *inf* vai al diavolo! ▶ **what he says ~es** la sua parola è legge; **anything ~es** tutto è ammesso; **here ~!** stiamo a vedere! **II.**<went, gone> *vt* **1.** *inf* (*say*) fare; **and then he goes, "Knock it off!"** e poi fa "Smettila!"; **ducks ~ 'quack'** le anatre fanno 'qua' **2.** (*make*) fare; **to ~ it alone** farlo da solo **III.**<-es> *n* **1.** (*attempt*) tentativo *m;* **all in one ~** tutto in una volta; **to have a ~ at sth** provare a fare qc; **to have a ~ at sb about sth** prendersela con qu per qc **2.** (*a success*) **to be no ~** essere impossibile; **to make a ~ of sth** riuscire in qc **3.** (*activity*) dinamismo *m;* **to be on the ~** essere sempre attivo; **from the word ~** dall'inizio **IV.** *adj* AVIAT pronto, -a

go² [goʊ] *n* (*game*) go *m*

◆ **go about I.** *vt insep* **1.** (*proceed with*) occuparsi di; **to ~ one's business** occuparsi delle proprie faccende **2.** (*perform a task*) procedere; **how does one ~ it?** qual è la prassi? **II.** *vi* andare in giro

◆ **go after** *vt insep* **1.** (*follow*) seguire; **to ~ sb** andare dietro a qu **2.** (*chase*) inseguire **3.** (*try to get*) cercare di ottenere

◆ **go against** *vt insep* **1.** (*contradict*) andare contro a **2.** (*oppose*) opporsi a **3.** (*be unfavorable*) essere sfavorevole a

◆ **go ahead** *vi* **1.** (*begin*) iniziare; **all preparations have finished but they can't ~** i preparativi sono finiti ma non si può iniziare **2.** (*happen*) aver luogo; **the meeting will ~ as planned** la riunione si terrà come previsto **3.** (*give permission*) **~!** fai pure!

◆ **go along** *vi* procedere

◆ **go around** *vi* **1.** (*be enough*) bastare; **are there enough pens to ~?** le penne bastano per tutti? **2.** (*visit*) **to ~ to sb's** passare da qu; **to ~ and see sb** passare a trovare qu **3.** (*spin*) ruotare **4.** (*be in circulation*) girare; **it's going around that ...** gira voce che...

◆ **go at** *vt insep* **1.** (*attack*) avventarsi su **2.** (*work hard*) **to ~ it** darci dentro

◆**go away** *vi* **1.**(*travel*) viaggiare **2.**(*leave*) andarsene **3.**(*disappear*) sparire

◆**go back** *vi* **1.**(*move backwards*) retrocedere **2.**(*return*) ritornare **3.**(*date back*) risalire

◆**go between** *vi* fare da intermediario

◆**go beyond** *vt* **1.**(*proceed past*) oltrepassare **2.**(*exceed*) superare

◆**go by** *vi* **1.**(*move past*) passare **2.**(*pass*) trascorrere; **in days gone by** *form* in passato; **to let sth** ~ lasciarsi scappare qc

◆**go down** I. *vt insep* scendere in; **to** ~ **a mine** calarsi in miniera II. *vi* **1.**(*sun*) calare; (*ship*) affondare; (*plane*) precipitare; **to** ~ **on all fours** mettersi a quattro zampe **2.**(*become lower*) diminuire; (*become worse*) peggiorare; **to** ~ **in sb's estimation** scendere nella stima di qu **3.** *sl* (*happen*) succedere **4.**(*lose*) perdere; **to** ~ **to sb/sth** essere battuto da qu/qc; **to** ~ **without a fight** arrendersi senza lottare **5.**(*be received*) essere accolto; **to** ~ **well/badly (with sb)** essere accolto bene/male (da qu) **6.**(*be remembered*) essere ricordato; **to** ~ **in history** passare alla storia **7.** *vulg* (*give oral sex to*) **to** ~ **on sb** fare sesso orale con qu

◆**go far** *vi* **1.**(*have success*) andare lontano **2.**(*contribute*) **to** ~ **towards sth** contribuire in maniera significativa a qc

◆**go for** *vt insep* **1.**(*fetch*) andare a prendere; **could you** ~ **oranges?** puoi andare a prendere delle arance? **2.**(*try to achieve*) cercare di ottenere; (*try to grasp*) cercare di prendere; ~ **it!** buttati! *fig* **3.**(*choose*) scegliere **4.**(*attack*) aggredire; **to** ~ **sb with sth** aggredire qu con qc **5.**(*sell for*) essere in vendita a **6.** *inf* (*like*) amare; **I don't** ~ **for war movies** non mi piacciono i film di guerra

◆**go in** *vi* **1.**(*enter*) entrare **2.**(*belong in*) andare; **the forks** ~ **that drawer** le forchette vanno in quel cassetto

◆**go into** *vt insep* **1.**(*enter*) entrare in **2.**(*fit into*) stare in; **two goes into eight four times** MATH il due nell'otto sta quattro volte **3.**(*begin*) entrare; **to** ~ **a coma** entrare in coma; **to** ~ **a trance** andare in trance; **to** ~ **action** passare all'azione; **to** ~ **effect** entrare in vigore; **to** ~ **politics** entrare in politica; **to** ~ **production** entrare in produzione; **to** ~ **the military** entrare nelle forze armate **4.**(*examine and discuss*) parlare di; **to** ~ **detail** entrare nei particolari **5.**(*be used in*) essere impiegato in **6.**(*crash into*) sbattersi contro

◆**go off** *vi* **1.**(*explode: bomb*) esplodere **2.**(*make sound: alarm clock, siren*) suonare **3.**(*proceed*) andare; **to** ~ **badly/well** andare male/bene **4.**(*leave*) andarsene **5.**(*stop working*) spegnersi **6.**(*digress*) divagare; **to** ~ **the subject** uscire dall'argomento ▶**to** ~ **the deep end** partire per la tangente

◆**go on** I. *vi* **1.**(*move on*) andare avanti **2.**(*continue*) continuare; (*continue speaking*) continuare a parlare; **the show must** ~ lo spettacolo deve continuare **3.**(*go further*) andare oltre **4.**(*pass*)

passare **5.**(*happen*) succedere **6.**(*start*) accendersi II. *vt insep* basarsi su III. *interj* (*as encouragement*) dai; (*express disbelief*) ma dai

◆**go out** *vi* **1.**(*leave*) uscire; **to** ~ **to dinner** andare a cena fuori; **to** ~ **with sb** uscire con qu **2.**(*stop working*) spegnersi **3.**(*recede*) calare **4.**(*become unfashionable*) passare di moda

◆**go over** I. *vt insep* **1.**(*examine*) controllare **2.**(*cross*) attraversare; **to** ~ **a border** passare una frontiera; **to** ~ **a river** guadare un fiume **3.**(*exceed*) superare; **to** ~ **a budget** sforare un budget II. *vi* **to** ~ **to** (*visit*) passare da; (*change party*) passare a

◆**go through** *vt insep* **1.**(*pass*) attraversare **2.**(*experience*) attraversare; (*operation*) subire **3.**(*practice, review*) ripassare **4.**(*be approved*) essere approvato **5.**(*use up*) consumare **6.**(*look through*) frugare in

◆**go to** *vt insep* andare a; **to** ~ **the country** indire le elezioni politiche; **to** ~ **court** andare in tribunale

◆**go together** *vi* **1.**(*harmonize*) **to** ~ **(with sth)** stare bene (con qc) **2.**(*date*) stare insieme

◆**go under** *vi* **1.** NAUT (*sink*) affondare **2.**(*move below*) andare sotto **3.**(*fail*) andare in fallimento

◆**go up** *vi* **1.**(*move higher*) salire **2.**(*increase*) aumentare **3.**(*approach*) **to** ~ **to sb/sth** avvicinarsi a qu/qc **4.**(*be built*) sorgere **5.**(*explode*) esplodere; **to** ~ **in flames** andare in fiamme

◆**go with** *vt insep* **1.**(*accompany*) accompagnare **2.**(*match*) abbinarsi con **3.**(*agree with*) approvare; **to** ~ **sb on sth** concordare con qu su qc **4.**(*follow*) essere collegato a **5.**(*date*) andare con

◆**go without** *vt insep* fare a meno di

goad [goʊd] I. *vt* **1.**(*spur*) incitare **2.**(*tease*) punzecchiare II. *n* **1.**(*motivating factor*) stimolo *m* **2.** AGR pungolo *m*

go-ahead ['goʊ·ə·hed] *n* (*permission*) to **give/receive the** ~ dare/ricevere l'OK

goal [goʊl] *n* **1.**(*aim*) obiettivo *m;* **to achieve/set a** ~ raggiungere/prefiggersi un obiettivo **2.** SPORTS (*scoring area*) porta *f;* **to play in** ~ giocare in porta **3.** SPORTS (*point*) gol *m inv,* rete *f;* **to score a** ~ segnare un gol

goalie ['goʊ·li] *n inf,* **goalkeeper** ['goʊl·ki·pɚ] *n* SPORTS portiere *m*

goal line *n* SPORTS linea *f* di porta

goalpost *n* SPORTS palo *m* della porta

goat [goʊt] *n* **1.** ZOOL capra *f;* ~**'s milk** latte *m* di capra; ~**'s cheese** caprino *m;* **mountain** ~ capra delle nevi **2.** *inf* (*man*) caprone *m* ▶**to get sb's** ~ *inf* fare imbestialire qu

goatee [goʊ·'ti:] *n* pizzo *m,* barba

gobble ['gɑ:·bl] I. *vi* **1.** *inf* (*eat*) ingozzarsi **2.**(*make turkey noise*) fare glu glu II. *vt inf* ingozzarsi di III. *n* glu glu *m*

gobbledegook, gobbledygook ['gɑ:·bl·di·ˌgu:k] *n inf* linguaggio *m* incomprensibile

G

go-between ['goʊ·bət·wi:n] *n* intermediario, -a *m, f;* **to act as a ~** fare da intermediario

goblet ['gɑ:b·lət] *n* calice *m*

goblin ['gɑ:b·lɪn] *n* folletto *m*

go-cart ['goʊ·kɑ:rt] *n* AUTO, SPORTS go-kart *m inv*

god [gɑ:d] *n* **1.** REL God Dio; **God bless you** Dio ti/vi benedica; **God forbid** Dio non voglia; **God (only) knows** Dio (solo lo) sa; **please God!** se Dio vuole!; **for God's sake!** per amor di Dio! **2.** REL **Greek/Roman ~s** dei *mpl* greci/romani **3.** (*idolized person*) dio *m*

God-awful *adj sl* orribile; **the ~ truth** la tremenda verità

godchild *n* figlioccio, -a *m, f*

goddamn(ed) *adj sl* maledetto, -a

goddaughter *n* figlioccia *f*

goddess ['gɑ:·dɪs] <-es> *n* dea *f*

godfather *n* padrino *m*

God-fearing *adj* timorato, -a di Dio

godforsaken *adj* dimenticato, -a da Dio

godless ['gɑ:d·lɪs] *adj* **1.** (*without God*) senza Dio **2.** (*evil*) empio, -a

godlike ['gɑ:d·laɪk] *adj* divino, -a

godly ['gɑ:d·li] *adj* pio, -a

godmother *n* madrina *f*

godparents *npl* padrino *m* e madrina *f*

godsend *n inf* dono *m* del cielo; **to be a ~ (to sb)** essere una manna (per qu)

godson *n* figlioccio *m*

goes [goʊz] *3rd pers sing of* go

go-getter [ˌgoʊ·'ge·tər] *n inf* persona *f* intraprendente

goggle ['gɑ:·gl] **I.** *n pl* (*glasses*) occhiali *mpl;* **safety/ski/swim ~s** occhiali di protezione/da sci/nuoto **II.** *vi inf* **to ~ at sb/sth** guardare con occhi sgranati qu/qc

goggle-eyed ['gɑ:·gl·aɪd] *adj inf* con gli occhi sgranati

go-go dancer ['goʊ·goʊ·'dæn·sər] *n* cubista *mf*

go-go dancing *n* animazione *f* nei locali notturni

going ['goʊ·ɪŋ] **I.** *n* **1.** (*departure*) partenza *f* **2.** (*conditions*) (condizioni *fpl* del) terreno *m;* **while the ~ is good** finché le cose vanno bene **3.** (*progress*) **it's hard/heavy ~** è difficile/pesante ▸ **when the ~ gets tough (the tough get ~)** quando il gioco si fa duro (i duri entrano in gioco) **II.** *adj* **1.** (*available*) in circolazione **2.** (*in action*) in moto; **to get sth ~** mettere in moto qc **3.** (*current*) attuale; **~ price** prezzo *m* di mercato **III.** *vi aux* **to be ~ to do sth** stare per fare qc; **it's ~ to rain** sta per piovere

going-away party *n* festa *f* d'addio

goings-on [ˌgoʊ·ɪŋz·'ɑ:n] *npl* (*events*) **strange/odd ~** fatti *mpl* strani

goiter ['gɔɪ·tər] *n* MED gozzo *m*

go-kart ['goʊ·kɑ:rt] *n s.* go-cart

gold [goʊld] **I.** *n* **1.** (*metal*) oro *m;* **to pan for ~** lavare (col setaccio) le sabbie aurifere; **to strike ~** trovare l'oro; **to be dripping with ~**

fig essere carico d'oro **2.** SPORTS medaglia *f* d'oro; **to win the ~** vincere l'oro; **to go for ~** inseguire l'oro ▸ **to be worth one's weight in ~** valere tanto oro quanto si pesa; **to be good as ~** essere un angelo; **all that glitters is not ~** *prov* non è tutto oro quello che luccica *prov* **II.** *adj* d'oro; **a ~ ring** un anello d'oro

gold bullion *n* lingotti *m* d'oro *pl*

gold digger *n* **1.** (*gold miner*) cercatore, -trice *m, f* d'oro **2.** (*money-seeker*) avventuriera *f*

gold dust *n* oro *m* in polvere; **to be like ~** *fig* essere una mosca bianca

golden ['goʊl·dən] *adj* **1.** d'oro; **~ anniversary** nozze *fpl* d'oro **2.** (*color*) dorato, -a **3.** (*very good*) d'oro; **~ oldies** MUS canzoni *fpl* d'altri tempi

golden age *n* epoca *f* d'oro

golden goose *n* gallina *f* dalle uova d'oro

golden mean *n* giusto mezzo *m*

golden triangle *n* **the ~** il Triangolo d'Oro

golden wedding *n* nozze *fpl* d'oro

goldfinch ['goʊld·fɪntʃ] <-es> *n* cardellino *m*

goldfish *n inv* pesce *m* rosso

gold leaf *n* foglia *f* d'oro

gold medal *n* SPORTS medaglia *f* d'oro

goldmine *n a. fig* miniera *f* d'oro

gold nugget *n* pepita *f* d'oro

gold plating *n* placcatura *f* d'oro

gold reserve *n* riserva *f* aurea

goldsmith *n* orefice *m*

gold standard *n* FIN sistema *m* aureo

golf [gɑ:lf] **I.** *n* golf *m;* **to play ~** giocare a golf; **miniature ~** minigolf *m* **II.** *vi* giocare a golf

golf ball *n* pallina *f* da golf

golf-ball typewriter *n* macchina *f* da scrivere a testina rotante

golf club *n* (*stick*) mazza *f* da golf

golf course *n* campo *m* da golf

golfer ['gɑ:l·fər] *n* golfista *mf*

Goliath [gə·'laɪ·əθ] *n* Golia; **a David and ~ battle** *fig* una battaglia tra Davide e Golia

golliwog *n*, **golliwogg** ['gɑ:·lɪ·wɔ:g] *n* bambolotto negro di pezza, *espressione offensiva*

golly ['gɑ:·li] *interj inf* **(by) ~** perbacco

gondola ['gɑ:n·də·lə] *n* gondola *f*

gondolier [ˌgɑ:n·də·'lɪr] *n* gondoliere *m*

gone [gɑ:n] **I.** *pp of* go **II.** *adj* **1.** (*absent*) andato, -a, partito, -a **2.** (*used up*) finito, -a **3.** *inf* (*dead*) morto, -a **4.** (*lost*) perduto, -a

goner ['gɑ:·nər] *n sl* **to be a ~** essere spacciato, -a

gong [gɑ:ŋ] *n* gong *m inv*

gonorrhea [ˌgɑ:·nə·'ri·ə] *n* gonorrea *f*

goo [gu:] *n inf* **1.** (*substance*) sostanza *f* appiccicosa **2.** (*sentimentality*) sentimentalismo *m*

goober *n reg* nocciolina *f* americana

good [gʊd] **I.** <better, best> *adj* **1.** (*of high quality*) buono, -a; **~ ears** udito buono; **~ thinking!** buona idea!; **to be a ~ catch** essere un buon partito; **to do a ~ job** fare un buon lavoro; **to have the ~ sense to do sth** avere il buon senso di fare qc; **to be in ~**

shape essere in (ottima) forma; **to be/to be not ~ enough** andare/non andare bene **2.** (*skilled*) bravo, -a; **to be ~ at** [*o* **in**] **sth/doing sth** essere bravo in [*o* a] qc/a fare qc; **to be ~ with one's hands** essere bravo nei lavori manuali **3.** (*pleasant*) bello, -a; **to have a ~ evening** passare una bella serata; **to have a ~ time** divertirsi; **it's so ~ to see you!** che piacere rivederti!; **she's ~ company** è molto simpatica **4.** (*appealing to senses*) **to feel ~** sentirsi bene; **to look ~** stare bene; **to smell ~** avere un buon odore **5.** (*favorable, beneficial*) buono, -a; **~ luck** (**in sth**) buona fortuna (per qc); **a ~ omen** un buon auspicio; **the ~ life** la bella vita; **it's a ~ thing that ...** meno male che...; **to be/sound too ~ to be true** essere/sembrare troppo bello per essere vero; **a ~ habit** una buona abitudine; **to be ~ for sb/sth** far bene a qu/qc; **to be ~ for business** essere buono per gli affari **6.** (*appropriate*) giusto, -a; **to be in a ~ position to do sth** essere nella posizione giusta per fare qc; **a ~ time to do sth** il momento buono per fare qc **7.** (*moral*) **the Good Book** la Bibbia; **a ~ name/reputation** un buon nome/una buona reputazione; **~ deeds/work** opere buone; **to be as ~ as one's word** mantenere la parola (data) **8.** (*well-behaved*) buono, -a; **~ manners** buone maniere; **to be on ~ behavior** comportarsi bene **9.** (*thorough*) bello, -a; **a ~ beating** una (bella) batosta; **have a ~ cry and you'll feel better** fatti un bel pianto e starai meglio **10.** (*valid*) valido, -a; (*not forged*) autentico, -a; (*useable*) buono, -a; **to make sth ~** (*pay for*) compensare per qc; (*do successfully*) portare a termine qc; **to be ~ for nothing** non servire a niente **11.** (*substantial*) buono, -a; **a ~ chance** buone probabilità; **a ~ few/many** un bel po'; **a ~ 10%** un buon 10% **12.** (*almost, virtually*) **it's as ~ as done** è praticamente finito; **to be as ~ as new** essere come nuovo **13.** (*said to emphasize*) **to be ~ and ready** essere pronto **14.** (*said to express affection*) **the ~ old days** i bei tempi (andati) ▶ **to give** as ~ as one gets sapersi difendere **II.** *n* **1.** (*moral force, not evil*) bene *m;* **to be no ~** non servire a nulla; **to be up to no ~** star tramando qc **2.** (*profit, benefit*) bene *m;* **this will do you ~** questo ti farà bene; **for your own ~** per il tuo bene; **to do ~** fare del bene; **to do more harm than ~** fare più male che bene **3.** *pl* (*moral people*) **the ~** i buoni ▶ **for ~** definitivamente **III.** *adv inf* (*well*) bene **IV.** *interj* **1.** (*to express approval*) bene **2.** (*to express surprise, shock*) **~ God!** santo Dio! **3.** (*said as greeting*) **~ afternoon, ~ evening** buonasera; **~ morning** buongiorno; **~ night** buonanotte

goodbye I. *interj* arrivederci **II.** *n* **1.** (*departing word*) arrivederci *m,* addio *m;* **to say ~** (**to sb**) salutare (qu) **2.** *inf* (*loss*) **to say ~ to sth/to kiss sth ~** dire addio a qc

good-for-nothing [ˈgʊd·fɚ·ˌnʌ·θɪŋ] **I.** *n* buono, -a *m, f* a nulla **II.** *adj* buono, -a a nulla

Good Friday *n* Venerdì *m* Santo

good-humored [ˌgʊd·ˈhjuː·mɚd] *adj* cordiale

good-looking [ˌgʊd·ˈlʊ·kɪŋ] <better-looking, best-looking> *adj* bello, -a

good looks *n* bellezza *f*

goodly [ˈgʊd·li] <-ier, -iest> *adj* considerevole

good-natured <better-natured, best-natured> *adj* **1.** (*pleasant*) amichevole **2.** (*inherently good*) bonario, -a

goodness [ˈgʊd·nɪs] **I.** *n* **1.** (*moral virtue, kindness*) bontà *f* **2.** (*quality*) qualità *f* **3.** (*said for emphasis*) **my ~!** santo cielo!; **for ~' sake** per amor del cielo!; **thank ~!** grazie al cielo! **II.** *interj* **~ gracious!** mamma mia!

goods [gʊdz] *npl* **1.** (*wares*) articoli *mpl,* merci *fpl;* **frozen ~** surgelati *mpl;* **manufactured ~** manufatti *mpl* **2.** (*personal belongings*) effetti *mpl* personali **3.** **to deliver the ~** *fig* mantenere le promesse

good-sized [ˌgʊd·ˈsaɪzd] <better-sized, best-sized> *adj* spazioso, -a

good-tempered [ˌgʊd·ˈtem·pɚd] <better-tempered, best-tempered> *adj irr* bonario, -a

goodwill [ˌgʊd·ˈwɪl] *n* buona volontà *f;* **~ towards sb** benevolenza *f* nei confronti di qu; **a gesture of ~** un segno di buona volontà

goody [ˈgʊ·di] **I.** <-ies> *n* CULIN caramella *f* **II.** *interj childspeak* che bello

goody two-shoes *n inf* santerellino, -a *m, f*

gooey [ˈguː·i] <gooier, gooiest> *adj* appiccicoso, -a

goof [guːf] **I.** *vi inf* cannare **II.** *n inf* **1.** (*mistake*) cannata *f* **2.** (*silly person*) buffone, -a *m, f*

goofball *n sl* imbranato, -a *m, f*

goofy [ˈguː·fi] <-ier, -iest> *adj inf* goffo, -a

goon [guːn] *n sl* **1.** (*stupid person*) svitato, -a *m, f* **2.** (*thug*) criminale *m* prezzolato

goose [guːs] <geese> *n* oca *f* ▶ **to kill the ~ that lays the golden eggs** uccidere la gallina dalle uova d'oro; **to cook someone's ~** *inf* rompere le uova nel paniere a qu

gooseberry [ˈguːs·be·ri] <-ies> *n* uva *f* spina

goose bumps *npl* pelle *f* d'oca

goose step *n* passo *m* dell'oca

goose-step <-pp-> *vi* marciare col passo dell'oca

gore[1] [gɔːr] *n* (*blood*) sangue *m* (rappreso); **blood and ~** violenza e sangue

gore[2] [gɔːr] *vt* (*pierce*) incornare

gorge [gɔːrdʒ] **I.** *n* GEO, ANAT gola *f;* **my ~ rises** mi dà il voltastomaco **II.** *vt* **to ~ oneself on sth** ingozzarsi di qc **III.** *vi* ingozzarsi

gorgeous [ˈgɔːr·dʒəs] **I.** *adj* splendido, -a **II.** *n* hello, ~! ciao bella!

gorilla [gəˈrɪ·lə] *n* gorilla *m*

gory [ˈgɔː·ri] <-ier, -iest> *adj* (*bloody*) truculento, -a **2.** **the ~ details about sth** i particolari piccanti di qc

gosh [gɑːʃ] *interj inf* caspita

gosling [ˈgɑːz·lɪŋ] *n* papero, -a *m, f*

G

G

gospel ['gɑːs·pl] *n* vangelo *m;* ~ **singer** cantante *mf* di gospel

gossamer ['gɑː·sə·mə'] I. *n* seta *f* di ragno II. *adj* diafano, -a

gossip ['gɑː·səp] I. *n* 1. (*rumor*) pettegolezzi *mpl,* gossip *m inv;* **idle** ~ pettegolezzi; ~ **columnist** cronista *mf* mondano, -a 2. (*person*) pettegolo, -a *m, f* II. *vi* 1. (*spread rumors*) spettegolare; **to** ~ **about sb** spettegolare su qu 2. (*chatter*) chiacchierare

gossip column *n* cronaca *f* mondana

gossipy ['gɑː·sə·pi] *adj* 1. (*rumor-spreading: neighbor*) pettegolo, -a 2. (*containing gossip: article*) di gossip

got [gɑːt] *pt of* get

Gothic ['gɑː·θɪk] I. *adj a.* ARCHIT, LIT gotico, -a; ~ **architecture** architettura *f* gotica; ~ **script** caratteri *m* gotici *pl* II. *n* gotico *m*

gotten ['gɑː·tən] *pp of* get

gouge [gaʊdʒ] I. *n* I. *vt* 1. (*pierce*) scavare; **to** ~ **a hole into sth** scavare un buco in qc 2. *inf* (*overcharge*) spennare II. *n* buca *f*

goulash ['guː·lɑːʃ] *n* gulash *m inv*

gourd [gɔːrd] *n* zucca *f* da vino

gourmand ['gʊr·mɑːnd] *n* buongustaio, -a *m, f*

gourmet ['gʊr·meɪ] CULIN I. *n* gourmet *m inv* II. *adj* gourmet

gout [gaʊt] *n* gotta *f*

Gov. *abbr of* **Governor** governatore, -trice *m, f*

govern ['gʌ·və'n] I. *vt* 1. *a.* POL, ADMIN governare 2. (*regulate*) regolare; **to** ~ **how/when/ what ...** determinare come/quando/che...; **to be** ~**ed by sth** essere determinato da qc 3. (*control*) controllare 4. LING reggere II. *vi* POL, ADMIN governar; **fit/unfit to** ~ capace/ incapace di governare

governess ['gʌ·və'·nəs] <-es> *n* governante *f*

governing *adj* direttivo, -a

government ['gʌ·və'n·mənt] *n* (*ruling body*) governo *m;* **local** ~ amministrazione *f* locale; ~ **policy** politica *f* governativa; ~ **securities** FIN titoli *mpl* statali; **to form a** ~ formare il governo; **to be in** ~ essere al governo

governmental [ˌgʌ·və'n·'men·t̬l] *adj* governativo, -a

governor ['gʌ·və'·nə'] *n* 1. POL governatore *m* 2. (*of organization*) direttore *m;* **the board of** ~**s** il consiglio di amministrazione 3. TECH regolatore *m*

govt. *abbr of* **government** gov.

gown [gaʊn] *n* 1. (*evening dress*) abito *m* da sera; **ball** ~ abito da ballo 2. MED camice *m;* **surgical** ~ camice da chirurgo 3. UNIV toga *f;* **cap and** ~ tocco e toga

GPS ['dʒiː·piː·es] *abbr of* **global navigation system** *inf* GPS *m*

grab [græb] I. <-bb-> *vt* 1. (*snatch*) prendere; **to** ~ **sth** (**away**) **from sb** strappare qc a qn; **to** ~ **sth out of sb's hands** strappare qc di mano a qu 2. (*take hold of*) afferrare; **to** ~ **hold of sth** afferrare qc 3. *inf* (*get, acquire*) **to** ~ **some sleep** schiacciare un pisolino; **to** ~ **a chance** afferrare al volo un'opportunità; **to** ~

sb's attention attrarre l'attenzione di qu; **how does this** ~ **you?** *inf* che te ne pare? II. <-bb-> *vi* cercare di prendere III. *n* **to make a** ~ **for sth** cercare di afferrare qc; **to be up for** ~**s** *inf* essere in palio

grace [greɪs] I. *n* 1. (*movement, elegant proportions*) grazia *f* 2. REL grazia *f;* **divine** ~ grazia divina; **by the** ~ **of God** per grazia di Dio; **to be in a state of** ~ essere in stato di grazia; **the year of** ~ *form* l'anno di grazia 3. (*favor*) benevolenza *f;* **to be in/get into sb's good** ~**s** entrare nelle buone grazie di qu; **to fall from** ~ cadere in disgrazia 4. (*politeness*) cortesia *f;* **to do sth with good/bad** ~ fare qc con buonagrazia/di malagrazia; **to have the** (**good**) ~ **to do sth** avere la cortesia di fare qc 5. (*prayer*) preghiera *f* di ringraziamento; **to say** ~ dire la preghiera di ringraziamento 6. (*leeway*) proroga *f* 7. (*Highness*) **Your/ His/Her Grace** Vostra/Sua Grazia 8. (*sister goddesses*) **the Graces** le (tre) Grazie II. *vt* 1. (*honor*) onorare 2. (*make beautiful*) abbellire

graceful ['greɪs·fəl] *adj* 1. (*elegant*) aggraziato, -a 2. (*polite*) garbato, -a

graceless ['greɪs·lɪs] *adj* 1. (*lacking elegance*) sgraziato, -a 2. (*impolite*) sgarbato, -a

grace period *n* periodo *m* di grazia

gracious ['greɪ·ʃəs] I. *adj* 1. (*kind*) cortese 2. (*comfortable*) agiato, -a 3. (*tactful*) garbato, -a 4. (*merciful*) clemente II. *interj* **goodness** ~ mamma mia

gradation [grəɪ·deɪ·ʃən] *n* gradazione *f*

grade [greɪd] I. *n* 1. SCHOOL classe *f,* anno *m* (scolastico); **to skip a** ~ saltare un anno 2. (*mark*) voto *m;* **good/bad** ~**s** bei/brutti voti 3. (*level of quality*) qualità *f;* **high/low** ~ buona/scarsa qualità 4. GEO pendenza *f;* **gentle/steep** ~ pendenza leggera/forte 5. (*rank*) grado *m* ▶ **to make the** ~ essere all'altezza II. *vt* 1. (*evaluate*) valutare 2. (*categorize*) classificare

grade school *n* SCHOOL scuola *f* primaria

gradient ['greɪ·di·ənt] *n* GEO, AUTO gradiente *m*

grading ['greɪ·dɪŋ] *n* 1. (*gradation*) gradazione *f* 2. (*classification*) classificazione *f*

Il sistema di votazione scolastica in uso negli USA, il **grading system**, si basa sulle lettere dell'alfabeto A, B, C, D, E e F, anche se il voto E è piuttosto raro. A è il voto migliore e F (*Fail*) corrisponde ad un'insufficienza grave. Le lettere possono essere accompagnate dal segno più o meno. Il voto più alto è quindi A+.

gradual ['græ·dʒʊ·əl] *adj* 1. (*not sudden*) graduale 2. (*not steep*) dolce

gradually ['græ·dʒʊ·li] *adv* 1. (*not suddenly*) gradualmente 2. (*not steeply*) dolcemente

graduate[1] ['græ·dʒʊ·ət] *n* 1. UNIV laureato, -a *m, f* m 2. (*high-school*) diplomato, -a *m, f*

graduate² ['græ·dʒʊ·eɪt] I. *vi* **1.** UNIV laurearsi; SCHOOL diplomarsi; **to ~ cum laude** laurearsi summa cum laude **2.** (*move to a higher level*) avanzare; **to ~ from... to ...** avanzare da ... a ... **3.** (*calibrate*) graduare II. *vt* graduare

graduated *adj* graduato, -a

graduate school *n* scuola *f* di specializzazione postlaurea

graduation [ˌgræ·dʒʊ·'eɪ·ʃən] *n* **1.** UNIV laurea *f* **2.** SCHOOL diploma *m* **3.** (*marks of calibration*) calibratura *f*

graffiti [grə·'fiː·ti] *npl* graffiti *m*

graffiti artist *n* graffitista *mf*

graft [græft] I. *n* **1.** BOT, AGR, MED innesto *m;* **a skin ~** un innesto di pelle **2.** POL tangenti *fpl* II. *vt a.* BOT, AGR, MED innestare III. *vi* POL estorcere

grafter ['græː·f·tə] *n* innestatore *m*

Grail [greɪl] *n* **the Holy ~** il Sacro Graal

grain [greɪn] I. *n* **1.** (*cereal*) cereali *mpl* **2.** (*of wheat, rice*) chicco *m* **3.** (*of sand, salt*) granello *m* **4.** *fig* briciolo *m;* **a ~ of hope** un briciolo di speranza; **a ~ of truth** un briciolo di verità **5.** (*direction of fibers*) venatura *f* ▸ **to take sth with a ~ of salt** prendere qc con un grano di sale; **to go against the ~** andare controcorrente *inf* II. *vt* (*granulate*) granulare

grain elevator *n* silo *m* per cereali

gram [græm] *n* grammo *m*

grammar ['græ·mə] *n* grammatica *f*

grammar book *n* (libro *m* di) grammatica *f*

grammarian [grə·'me·ri·ən] *n* grammatico *m*

grammar school *n* scuola *secondaria a indirizzo umanistico*

grammatical [grə·'mæ·tɪ·kl] *adj* grammaticale

gramophone ['græ·mə·foʊn] *n* grammofono *m*

granary ['græ·nə·ri] AGR I. <-ies> *n* granaio *m* II. *adj* del granaio

grand [grænd] I. *adj* **1.** (*splendid*) magnifico, -a; **in ~ style** in grande stile **2.** *inf* (*excellent*) benissimo **3.** (*noble*) nobile; **a ~ purpose** un nobile proposito **4.** (*solemn, sumptuous*) grandioso, -a; **on a ~ scale** su larga scala; **a ~ opening** un'inaugurazione ufficiale; **to make a ~ entrance** fare un'entrata trionfale **5.** (*overall*) **the ~ total** il totale generale II. *n* **1.** *inv, inf* (*dollars*) mille dollari *mpl* **2.** MUS pianoforte *m* a coda; **baby ~** pianoforte a mezzacoda

grandchild <-children> *n* nipote *m o f, di nonni*

grand(d)ad *n inf* nonno *m*

granddaughter *n* nipote *f, di nonni*

grandeur ['græn·dʒə] *n* **1.** (*imposing splendor*) grandiosità *f* **2.** (*nobility*) nobiltà *f*

grandfather *n* nonno *m*

grandiloquent [græn·'dɪ·lək·wənt] *adj* magniloquente

grandiose ['græn·di·oʊs] *adj* **1.** (*ideas, plans*) grandioso, -a **2.** (*façade of building*) imponente

grand jury <- -ies> *n* LAW Gran Giurì *m*

grand larceny *n* reato *m* grave

grandly *adv* grandiosamente

grandma *n inf* nonna *f*

grandmaster *n* GAMES (*chess pro*) Gran Maestro *m*

grandmother *n* nonna *f*

grandpa *n inf* nonno *m*

grandparents *npl* nonni *mpl*

grand piano *n* pianoforte *m* a coda

grandson *n* nipote *m, di nonni*

grandstand *n* tribuna *f;* **~ seat** posto *m* in tribuna; **~ ticket** biglietto *m* di tribuna; **a ~ view** *fig* un posto in prima fila

granite ['græ·nɪt] *n* granito *m*

grannie, granny ['græ·ni] *n inf* **1.** nonna *f* **2.** *inf* (*fussy person*) pignolo, -a *m, f* **3.** *reg* (*midwife*) ostetrica *f*

grant [grænt] I. *n* **1.** UNIV borsa *f* di studio; **to give sb a ~** concedere una borsa di studio a qu **2.** (*funds*) sovvenzione *f;* **federal ~** sovvenzioni statali; **research ~** sovvenzioni alla ricerca **3.** LAW concessione *f* II. *vt* **1.** (*allow*) concedere; **to ~ sb a permit/visa** concedere un permesso/visto a qu; **to ~ a pardon** concedere l'indulto; **to ~ a request** acconsentire a una richiesta; **to ~ a wish** esaudire un desiderio **2.** (*admit to*) riconoscere, ammettere; **~ed** d'accordo; **~ed, it's not easy ...** d'accordo, non è facile ...; **I ~ you that ...** ammetto che ... ▸ **to take sth for ~ed** dare qc per scontato; **to take sb for ~ed** non apprezzare qu come merita

granular ['græn·jə·lə] *adj* granulare

granulated ['græn·jə·leɪ·tɪd] *adj* granulato, -a; **~ sugar** zucchero *m* semolato

granule ['græn·juːl] *n* granulo *m*

grape [greɪp] *n* **1.** (*fruit*) uva *f;* **a bunch of ~s** un grappolo d'uva **2.** *iron* (*wine*) **the ~** il vino ▸ **it's just sour ~s** è tutta invidia

grapefruit ['greɪp·fruːt] *n inv* pompelmo *m*

grape juice *n* succo *m* d'uva

grapevine *n* vite *f* ▸ **to hear sth on the ~** sentir dire qc

graph¹ [græf] *n* grafico *m;* **temperature ~** grafico delle temperature

graph² [græf] *n* LING grafia *f*

graphic ['græ·fɪk] *adj* grafico, -a; **to describe sth in ~ detail** descrivere qc con dovizia di particolari; **~ works** (*of an artist*) opere grafiche (di un artista)

graphic design *n* graphic design *m,* progettazione *f* grafica

graphics *n + sing vb* (*a. comput*) grafica *f;* **computer ~** computer grafica

graphics card *n* scheda *f* grafica

graphite ['græ·faɪt] *n* grafite *f*

graphologist [grə·'fɑː·lə·dʒɪst] *n* grafologo, -a *m, f*

graphology [grə·'fɑː·lə·dʒi] *n* grafologia *f*

grapple ['græ·pl] *vi* **to ~ for sth** azzuffarsi per qc; **to ~ with sth** essere alle prese con qc

grappling iron *n,* **grappling hook** *n* rampino *m*

grasp [græsp] I. *n* **1.** (*grip*) presa *f* **2.** (*attainability*) portata *f;* **to be beyond sb's ~** essere

G

fuori della portata di qu **3.** (*understanding*) comprensione *f;* (*knowledge*) conoscenza *f* **II.** *vt* **1.** (*take firm hold*) afferrare; **to ~ sb by the arm/hand** afferrare qu per il braccio/la mano **2.** (*understand*) afferrare **III.** *vi* **1.** (*try to hold*) cercare di afferrare **2.** *fig* (*take advantage*) **to ~ at** approfittare di; **to ~ at the chance** approfittare dell'opportunità

grasping *adj* avido, -a

grass [grɑːs] **I.** <-es> *n* **1.** erba *f;* **wild ~es** erbe selvatiche **2.** (*area of grass*) prato *m* **3.** *inf* (*marijuana*) erba *f* ▶ **to let the ~ grow under one's feet** perdere tempo; **the ~ is (always) greener on the other side (of the fence)** *prov* l'erba del vicino è sempre più verde **II.** *vt* coprire d'erba

grasshopper ['grɑːsˌhɒpə] *n* cavalletta *f*

grassland *n* prateria *f*

grassroots I. *npl* base *f fig* **II.** *adj* di base; **a ~ movement** un movimento politico di base

grass snake *n* biscia *f* dal collare

grass widow *n* vedova *f* bianca

grassy ['grɑːsi] <-ier, -iest> *adj* erboso, -a

grate¹ [greɪt] *n* grata *f*

grate² [greɪt] **I.** *vi* **1.** (*annoy*) infastidire; **to ~ on sb** dare sui nervi a qu **2.** (*scrape*) stridere **II.** *vt* **1.** CULIN grattugiare **2.** (*one's teeth*) digrignare

grateful ['greɪtfəl] *adj* grato, -a; **to be ~ (to sb) for sth** essere grato (a qu) per qc; **I'd be most ~ if you ... form** le sarei grato se ... +*conj*

grater ['greɪtə] *n* grattugia *f*

gratification [ˌgrætəfɪ'keɪʃən] *n* soddisfazione *f;* **sexual ~** piacere *m* sessuale

gratify ['grætəfaɪ] <-ie-> *vt* soddisfare; **to be gratified at sth** essere soddisfatto di qc

gratifying *adj* gratificante

grating ['greɪtɪŋ] **I.** *n* grata *f* **II.** *adj* **1.** (*scraping*) stridente **2.** (*annoyingly harsh*) stridulo, -a; **~ voice** voce *f* stridula

gratis ['grætəs] **I.** *adj* gratuito, -a **II.** *adv* gratis

gratitude ['grætətuːd] *n form* gratitudine *f;* **as a token of my ~** in segno di gratitudine

gratuitous [grə'tuːətəs] *adj* gratuito, -a

gratuity [grə'tuːəti] <-ies> *n form* mancia *f*

grave¹ [greɪv] *n* tomba *f;* **mass ~** fossa *f* comune; **beyond the ~** dopo la morte; **from beyond the ~** d'oltretomba

grave² [greɪv] *adj* **1.** (*serious*) grave **2.** (*solemn*) solenne; **a ~ ceremony** una cerimonia solenne

gravedigger ['greɪvˌdɪgə] *n* becchino *m*

gravel ['grævəl] *n* ghiaia *f;* **a ~ path** un vialetto di ghiaia

gravel pit *n* cava *f* di ghiaia

grave robber *n* ladro, -a *m*, *f* di tombe

gravestone *n* lapide *f* (sepolcrale)

graveyard *n* cimitero *m*

graving dock ['greɪvɪŋˌdɑːk] *n* bacino *m* di carenaggio

gravitate ['grævɪteɪt] *vi* gravitare; **to ~ towards sth/sb** gravitare intorno a qc/qu

gravitation [ˌgrævɪ'teɪʃən] *n* gravitazione *f*

gravitational [ˌgrævɪ'teɪʃənl] *adj* gravitazionale; **~ force** forza *f* gravitazionale

gravity ['grævəti] *n* gravità *f;* **the law of ~** la legge di gravità

gravure [grə'vjʊr] *n* calcografia *f*

gravy ['greɪvi] *n* **1.** CULIN sugo *m* d'arrosto **2.** *sl* (*easy money*) cuccagna *f*

gravy boat *n* salsiera *f*

gravy train *n* cuccagna *f*

gray [greɪ] **I.** *adj* **1.** *a. fig* grigio; **dressed in ~** vestito di grigio; **to go ~** ingrigire; **he has started to go ~** ha incominciato a ingrigire **2.** (*pale*) smorto, -a **II.** *n* grigio *m* **III.** *vi* invecchiare

graybeard ['greɪˌbɪrd] *n* vecchio *m*

graying *adj* brizzolato, -a

grayish ['greɪɪʃ] *adj* grigiastro, -a

gray matter *n inf* materia *f* grigia

graze¹ [greɪz] **I.** *n* scalfittura *f* **II.** *vt* scalfire; **the bullet just ~d his arm** la pallottola gli scalfì il braccio

graze² [greɪz] AGR **I.** *vi* pascolare **II.** *vt* far pascolare

grease [griːs] **I.** *n* **1.** (*fat*) grasso *m* **2.** (*lubricant*) lubrificante *m* **II.** *vt* (*in cooking*) ungere; (*in mechanics*) lubrificare

grease gun *n* ingrassatore *m*

grease monkey *n sl* meccanico *m*

greasepaint *n* cerone *m*

grease pencil *n* matita *f* dermografica

greasy ['griːsi] <-ier, -iest> *adj* (*hair*) grasso, -a; (*hands*) unto, -a; (*food*) untuoso, -a

greasy spoon *n* ristorantino economico che serve per lo più cibi fritti

great [greɪt] **I.** *n* grande *mf;* **Alexander the ~** Alessandro Magno **II.** *adj* **1.** (*very big, very good*) grande; **a ~ amount** una gran quantità; **a ~ deal of time/money** moltissimo tempo/denaro; **a ~ many people** moltissima gente; **the ~ majority of people** la stragrande maggioranza (della gente); **it gives me ~ pleasure to announce ... form** è con immenso piacere che annuncio ...; **it is with ~ sorrow that I tell you of ...** mi dispiace immensamente comunicarvi che ...; **the ~est boxer ever** il più grande pugile di tutti i tempi; **~ minds think alike** i geni pensano allo stesso modo **2.** (*wonderful*) fantastico, -a; **to be ~ at doing sth** *inf* essere bravissimo in qc; **she's ~ at playing tennis** *inf* gioca benissimo a tennis; **to be a ~ one for doing sth** essere bravissimo a fare qc; **it's ~ to be back home again** che bello essere di nuovo a casa; **the ~ thing about sth/sb is (that)** il bello di qc/qu è (che); **I had a ~ time** mi sono divertita moltissimo; **~!** bene!; **to feel ~** stare benissimo; **they're ~ friends** sono molto amici; **he's a ~ big ...** è un grandissimo...

great-aunt *n* prozia *f*

greatcoat *n* cappotto *m*

Great Depression *n* Grande Depressione *f*

great-grandchild *n* bisnipote *mf*

great-grandparents *npl* bisnonni *mpl,* bisavoli *pl*
great-great-grandparents *npl* trisnonni *mpl,* trisavoli *pl*
Great Lakes *n* Grandi Laghi *mpl*

I **Great Lakes**, i grandi laghi, situati lungo il confine tra gli Stati Uniti e il Canada, rappresantano il più grande gruppo di laghi di acqua dolce sulla terra e, con la via d'acqua del San Lorenzo, il più grande sistema di acqua dolce del mondo. I laghi che costituisco questo mare interno sono, da ovest verso est: il lago Superiore, il lago Michigan, il lago Huron, il lago Erie e il lago Ontario. Tra il lago Erie e il lago Ontario si trovano le magnifiche cascate del Niagara, delle quali una parte è situata negli USA, l'altra in Canada.

greatly ['greɪt·li] *adv form* notevolmente; **to improve ~** migliorare notevolmente; **to be ~ impressed** essere notevolmente colpito; **I ~ regret not having told him** mi rincresce moltissimo non averglielo detto
great-nephew *n* pronipote *m*
greatness ['greɪt·nɪs] *n* grandezza *f*
great-niece *n* pronipote *f*

Le **Great Plains** erano un tempo delle vaste steppe (praterie) delle province di Alberta e Saskatchewan, nel Canada orientale. La coltivazione di queste steppe ne ha fatto una delle più importanti regioni di produzione cerealicola del mondo.

great-uncle *n* prozio *m*
Greece [gri:s] *n* Grecia *f*
greed [gri:d] *n* (*for food*) ingordigia *f;* (*for money*) avidità *f;* (*for power*) sete *f*
greediness ['gri:·dɪ·nɪs] *n s.* **greed**
greedy ['gri:·di] <-ier, -iest> *adj* (*wanting food*) ingordo, -a; (*wanting money, things*) avido, -a; **~ for success** avido di successi
Greek [gri:k] **I.** *n* **1.** (*person*) greco, -a *m, f* **2.** (*language*) greco *m* **II.** *adj* greco, -a ▶ **it's all ~ to me** per me è arabo
green [gri:n] **I.** *n* **1.** (*color*) verde *m* **2.** *pl* (*green vegetables*) verdure *fpl* **3.** (*lawn*) prato *m* **4.** SPORTS campo *m;* **bowling ~** campo da bocce; **putting ~** green *m inv* **5.** ECOL, POL **Green** verde *mf* **II.** *adj* **1.** (*green-colored*) verde; **to turn ~** (*traffic lights*) diventare verde **2.** (*not ripe*) verde, acerbo, -a **3.** (*inexperienced*) inesperto, -a **4.** *fig* (*jealous*) **~ with envy** verde d'invidia **5.** ECOL, POL verde
greenback *n inf* banconota *f*
green belt *n* cintura *f* verde
green card *n* permesso *m* di soggiorno
greenery ['gri:·nə·ri] *n* vegetazione *f*
green-eyed [,gri:n·aɪd] *adj* **1.** (*with green eyes*) con gli occhi verdi **2.** *fig* (*jealous*) invidioso, -a
greenhorn *n* novellino, -a *m, f*
greenhouse *n* serra *f*
greenhouse effect *n* the ~ l'effetto serra
greenish ['gri:·nɪʃ] *adj* verdognolo, -a
Greenland ['gri:n·lənd] *n* Groenlandia *f*
greenness ['gri:n·nɪs] *n* verde *m*
green pepper [,gri:n·'pe·pə] *n* peperone *m* verde
green politics *n + sing vb* politica *f* ambientalista
green tea *n* tè *m* verde *inv*
green thumb *n* **to have a ~** avere il pollice verde
greet [gri:t] *vt* **1.** (*welcome*) salutare; **to ~ each other** salutarsi; **to ~ sb by shaking hands/with a smile** salutare qu con una stretta di mano/con un sorriso **2.** (*receive*) accogliere; **to ~ sth with applause** accogliere qc con un applauso; **to ~ sth with delight** accogliere qc con gioia **3.** *fig* (*make itself noticeable*) presentarsi; **a scene of joy ~ed us** ci si presentò una scenetta gioiosa
greeting *n* saluto *m*
gregarious [grɪ·'ge·ri·əs] *adj* **1.** (*liking company*) socievole **2.** ZOOL gregario, -a
grenade [grɪ·'neɪd] *n* granata *f;* **hand ~** bomba *f* a mano
grenadier [,gre·nə·'dɪr] *n* granatiere *m*
grew [gru:] *pt of* **grow**
grey [greɪ] *adj, n, s.* **gray**
greyhound *n* levriero *m*
grid [grɪd] *n* griglia *f*
griddle ['grɪ·dl] **I.** *n* CULIN piastra *f* **II.** *vt* cuocere alla piastra
gridiron ['grɪ·daɪ·ərn] *n* **1.** (*American football field*) campo *m* di football americano **2.** (*metal grid*) graticola *f*
gridlock *n* paralisi *f* del traffico; *fig* situazione *f* di stallo
grid square *n* griglia *f*
grief [gri:f] *n* (*extreme sadness*) dolore *m;* **to cause ~** *inf* rompere; **to cause sb ~** dare delle noie a qu; **to give sb (a lot of) ~** criticare (aspramente) qu ▶ **to come to ~** avere un incidente; **good ~!** *inf* santo cielo!
grievance ['gri:·vns] *n* **1.** (*complaint*) lagnanza *f;* **to harbor a ~ against sb** covare risentimento contro qu **2.** (*sense of injustice*) ingiustizia *f*
grieve [gri:v] **I.** *vi* soffrire; **to ~ for sth/sb** piangere la perdita di qc/qu **II.** *vt* **1.** (*make sad*) rattristare; **it ~s me to see your situation** mi rattrista vederti così **2.** (*mourn*) **to ~ the death of ...** piangere la scomparsa di ...
grievous ['gri:·vəs] *adj form* (*loss, wound, danger*) grave; (*news*) doloroso, -a; (*pain, crime*) atroce
grievous bodily harm *n* lesioni *fpl* personali gravi
griffin ['grɪ·fən] *n,* **griffon** *n* grifone *m*
grill [grɪl] **I.** *n* **1.** (*part of oven*) grill *m inv;* (*for*

G

barbecue) griglia *f* **2.**(*informal restaurant*) grill *m inv* **II.** *vt* cuocere alla griglia

grille [grɪl] *n* (*of windows*) grata *f;* (*of car*) griglia *f*

grilling ['grɪ·lɪŋ] *n inf* interrogatorio *m;* **to give sb a (good)** ~ fare il terzo grado a qu

grim [grɪm] *adj* **1.**(*very serious: expression*) severo, -a **2.**(*ghastly*) sgradevole; (*gloomy*) deprimente; **to feel** ~ stare malissimo **3.**(*without hope*) grigio, -a *fig;* **the future looks** ~ il futuro è grigio ▶**to hang on like** ~ **death** aggrapparsi a qc con le unghie e coi denti

grimace ['grɪ·məs] **I.** *n* (*facial expression*) smorfia *f;* **to make a** ~ **of disgust/pain** fare una smorfia di disgusto/dolore **II.** *vi* fare una smorfia; **to** ~ **with pain** fare una smorfia di dolore

grime [graɪm] **I.** *n* sporcizia *f* **II.** *vt* **to be** ~**d with soot** essere sporco di fuliggine

Grim Reaper *n lit* Tristo Mietitore *m*

grimy ['graɪ·mi] <-ier, -iest> *adj* sporco, -a

grin [grɪn] **I.** *n* gran sorriso *m* **II.** *vi* sorridere; **to** ~ **impishly at sb** sorridere maliziosamente a qu ▶**to** ~ **and bear it** fare buon viso a cattivo gioco

grind [graɪnd] **I.** *n inf* sgobbata *f;* **to be a real** ~ essere una bella sgobbata; **the daily** ~ il trantran quotidiano **II.**<ground, ground> *vt* **1.**(*crush*) pestare; (*mill*) macinare; **to** ~ **sth (in)to a powder** ridurre in polvere qc **2.**(*chop finely*) tritare **3.**(*press firmly and twist*) **to** ~ **a cigarette into an ashtray** schiacciare una sigaretta nel posacenere **4.**(*sharpen*) molare **III.** *vi* **1.**(*grate*) stridere **2.** *inf* (*devote oneself to*) sgobbare; **to** ~ **away at sth** sgobbare su qc **3.** *inf* (*dance seductively*) ballare ruotando il bacino **4.**(*in skateboarding*) grindare
   ◆**grind down** *vt* **1.**(*file*) levigare **2.**(*mill*) macinare **3.**(*wear*) logorare **4.**(*oppress*) schiacciare; **to grind sb down** schiacciare qu
   ◆**grind out** *vt* (*produce continuously*) sfornare *fig*

grinder ['graɪn·dɚ] *n* **1.**(*for coffee, grains*) macinino *m;* (*for meat*) tritacarne *m inv* **2.**(*sharpener*) affilacoltelli *m inv*

grindstone ['graɪnd·stoʊn] *n* mola *f* ▶**to keep one's nose to the** ~ *inf* lavorare come un somaro

grip [grɪp] **I.** *n* **1.**(*hold*) presa *f;* **to keep a firm** ~ **on sth** tenere ben stretto qc; **to be in the** ~**(s) of sth** (*emotion*) essere in preda a qc; (*crisis*) essere nella morsa di qc **2.**(*bag*) borsa da viaggio *m* ▶**to get to** ~**s with sth** affrontare qc; **to get a** ~ **on oneself** darsi una calmata **II.**<-pp-> *vt* **1.**(*hold firmly*) afferrare **2.**(*overwhelm*) **to be** ~**ped by emotion/fear** essere preso dall'emozione/paura **3.**(*interest deeply*) avvincere **III.** *vi* aderire

gripe [graɪp] **I.** *n inf* lamentela *f* **II.** *vi inf* lamentarsi

gripping ['grɪ·pɪŋ] *adj* (*story*) avvincente

grisly ['grɪz·li] <-ier, -iest> *adj* raccapricciante; **a** ~ **discovery** una macabra scoperta

grist [grɪst] *n* it's all ~ for one's [*o* the] **mill** tutto fa brodo

gristle ['grɪ·sl] *n* cartilagine *f*

grit [grɪt] **I.** *n* **1.**(*small stones*) sabbia *f* **2.** *inf* (*courage*) fegato *m* **II.**<-tt-> *vt* **1.**(*press together*) **to** ~ **one's teeth** *a. fig* stringere i denti **2.to** ~ **a road** spargere sabbia sulla strada

grits [grɪts] *n pl* farina *f* di mais

gritty ['grɪ·ṭi] <-ier, -iest> *adj* (*sandy*) sabbioso; (*brave*) coraggioso, -a

grizzly ['grɪz·li] **I.**<-ier, iest> *adj* grigio, -a **II.**<-ies> *n* grizzly *m inv*

groan [groʊn] **I.** *n* gemito *m* **II.** *vi* **1.**(*make a noise*) gemere; **to** ~ **in pain** gemere di dolore **2.**(*complain*) lamentarsi; **to** ~ **about sth** lamentarsi di qc; **she's always moaning and** ~**ing about it** se ne lamenta in continuazione

grocer ['groʊ·sɚ] *n* **1.**(*store owner*) negoziante *mf* **2.**(*food store*) negozio *f* di (generi) alimentari

groceries ['groʊ·sə·riz] *n pl* generi *mpl* alimentari

grocery store *n* negozio *m* di (generi) alimentari

grog [gra:g] *n* grog *m inv*

groggy ['gra:·gi] <-ier -iest> *adj* intontito, -a

groin [grɔɪn] *n* inguine *m;* (*male sex organs*) basso ventre *m*

groom [gru:m] **I.** *n* **1.**(*for horses*) mozzo *m* di stalla **2.**(*bridegroom*) sposo *m* **II.** *vt* **1.**(*clean: an animal*) pulire; (*a horse*) strigliare **2.**(*prepare: a person*) preparare

groove [gru:v] *n* scanalatura *f;* MUS solco *m; fig* routine *f* ▶**to be stuck in a** ~ essersi fossilizzato, -a

groovy ['gru:·vi] <-ier, -iest> *adj inf* figo, -a

grope [groʊp] **I.** *vi* andare a tentoni; **to** ~ **for sth** cercare qc a tentoni; **to** ~ **for the right words** cercare le parole giuste **II.** *vt* **1.** *inf* (*touch sexually*) palpare **2.to** ~ **one's way** andare a tentoni

gropingly ['groʊ·pɪŋ·li] *adv* a tentoni

gross [groʊs] **I.** *adj* **1.**(*vulgar*) volgare **2.**LAW grave **3.**(*revolting*) schifoso, -a **4.**(*total*) lordo, -a **II.** *n* <-es> grossa *f;* **by the** ~ alla grossa **III.** *vt* FIN (*earn before taxes*) realizzare un incasso lordo di; **the film has grossed over $200 million** il film ha realizzato un incasso di oltre 200 milioni di dollari

gross domestic product *n* prodotto *m* interno lordo

gross income *n* reddito *m* lordo

grossly *adv* (*in a gross manner*) volgarmente; (*extremely*) estremamente

gross national product *n* prodotto *m* nazionale lordo

gross negligence *n* colpa *f* grave

gross pay *n* stipendio *f* lordo

gross profit *n* guadagno *m* lordo

gross tonnage *n* stazza *f* lorda

gross weight *n* peso *m* lordo

grotesque [groʊ·'tesk] *n a.* ART, LIT grottesco, -a

grotto ['grɑː·ʈoʊ] <-oes *o* -os> *n* grotta *f*

grouch [graʊtʃ] **I.** *n* (*grumpy person*) brontolone, -a *m, f* **II.** *vi* brontolare; **to ~ about sth/sb** lamentarsi di qc/qu

grouchy ['graʊ·tʃi] <-ier, -iest> *adj* brontolone

ground[1] [graʊnd] **I.** *n* **1.** (*the Earth's surface*) terra *f;* **above/below ~** in superficie/sottoterra **2.** (*soil*) suolo *m* **3.** (*area of land*) terreno *m;* **breeding ~** zona *f* di riproduzione; **waste ~** terreno *m* abbandonato **4.** (*reason*) motivo *m;* **to have ~s to do sth** avere validi motivi per fare qc; **on the ~s that ...** perché ... **5.** (*area of knowledge*) argomento *m;* **to be on one's own ~** essere nel proprio elemento; **to give ~** cedere terreno; **to stand one's ~** tenere duro **II.** *vt* **1.** AVIAT tenere a terra; **to be ~ed** non poter decollare **2.** (*unable to move*) **to be ~ed** essere incagliato, -a **3.** *fig, inf* non fare uscire (*per punizione*)

ground[2] [graʊnd] **I.** *vt pt of* **grind II.** *adj* (*glass*) tritato, -a **III.** *n pl* sedimenti *mpl*

ground ball *n* SPORTS palla *f* rimbalzante

groundbreaking ['graʊnd·ˌbreɪ·kɪŋ] *adj* rivoluzionario, -a

ground control *n* torre *f* di controllo

ground crew *n* personale *m* di terra

ground floor *n* pianterreno *m;* **on the ~** a pianterreno; **~ apartment** appartamento a pianterreno *m* ▶ **to get in on the ~** cominciare dal basso

ground forces *npl* MIL esercito *m*

Negli Stati Uniti, il 2 febbraio è chiamato **Groundhog Day**. È in tale data che si può prevedere se la primavera sarà precoce o tardiva osservando il comportamento del *groundhog* (la marmotta) quando esce dalla tana nella quale ha trascorso l'inverno. Se vede la sua ombra, la marmotta si spaventa e ritorna nella tana, il che sta a significare che l'inverno durerà ancora sei settimane. Ma se il cielo è coperto e non scorge la sua ombra, rimane fuori perché la primavera è in arrivo.

groundless ['graʊnd·lɪs] *adj* infondato, -a

ground rule double *n* SPORTS doppio *m* per regola di campo

ground rules *npl* **1.** (*guidelines*) principi *m* di base *pl* **2.** (*in baseball*) regole *f* del gioco *pl*

grounds crew *n* personale *m* di terra

groundskeeper *n* custode *mf* del campo di gioco

ground speed *n* velocità *f* a terra

groundswell *n* **1.** (*opinion*) ondata *f* **2.** NAUT mareggiata *f*

ground-to-air missile *n* missile *m* terra-aria

ground water *n* acque *fpl* freatiche

groundwork ['graʊnd·wɜːrk] *n* lavoro *m* di preparazione; **to lay the ~ for sth** *fig* stabilire le basi di qc

group [gruːp] **I.** *n* gruppo *m;* **~ photo** foto *f* di gruppo; **in ~s** a gruppi; **to get into ~s** formare dei gruppi **II.** *vt* raggruppare **III.** *vi* raggrupparsi

group discount *n* sconto *m* comitiva

group dynamics *npl* dinamica *f* di gruppo

groupie ['gruː·pi] *n inf* groupie *mf*

grouping ['gruː·pɪŋ] *n* raggruppamento *m*

group rate *n* tariffa *f* comitiva

group therapy <-ies> *n* terapia *f* di gruppo

grouse[1] [graʊs] *n* **black ~** fagiano *m* di monte

grouse[2] [graʊs] **I.** *n* **1.** (*complaint*) lamentela *f* **2.** (*complaining person*) brontolone, -a *m, f* **II.** *vi* brontolare

grove [groʊv] *n* (*group of trees*) boschetto *m;* **olive ~** oliveto *m;* **orange ~** aranceto *m*

grow [groʊ] <grew, grown> **I.** *vi* **1.** (*increase*) crescere; **to ~ taller** crescere di statura; **to ~ by 2%** crescere del 2% **2.** (*develop*) svilupparsi **3.** (*become*) diventare; **to ~ old** diventare vecchio, invecchiare; **to ~ to like sth** cominciare ad apprezzare qc **II.** *vt* **1.** (*cultivate*) coltivare **2.** (*let grow*) farsi crescere; **to ~ a beard** farsi crescere la barba; **some animals ~ a thicker coat in winter** la pelliccia di alcuni animali s'infoltisce durante l'inverno

◆**grow into** *vt insep* diventare; *fig* abituarsi a

◆**grow on** *vt* (*become pleasing*) **it's an album that ~s on you** è un album che più l'ascolti e più ti piace

◆**grow out of** *vt insep* **1.** (*become too big*) **she has grown out of her clothes** è cresciuta e i vestiti non le stanno più **2.** (*habit*) perdere

◆**grow up** *vi* **1.** (*become adult*) crescere; **oh, ~!** smettila di fare il bambino!; **when I grow up I'd like to ...** da grande voglio ... **2.** (*develop*) svilupparsi

grower ['groʊ·ɚ] *n* **1.** (*gardener*) coltivatore, -trice *m, f; fruit ~* frutticoltore, -trice *m, f* **2.** (*plant*) **this plant is a good ~** questa pianta cresce rapidamente

growing ['groʊ·ɪŋ] **I.** *n* crescita *f* **II.** *adj* **1.** (*developing*) **a ~ boy/girl** un bambino/una bambina che sta crescendo **2.** ECON in crescita **3.** (*increasing*) crescente

growing pains *npl* **1.** (*pains in the joints*) dolori *mpl* della crescita **2.** (*adolescent emotional problems*) problemi *mpl* dell'adolescenza

growl [graʊl] **I.** *n* ringhio *m* **II.** *vi* ringhiare

grown [groʊn] **I.** *adj* adulto, -a **II.** *pp of* **grow**

grown-up ['groʊn·ʌp] *n* a. *childspeak* grande *m,* adulto, -a *m, f*

growth [groʊθ] *n* **1.** (*increase in size*) crescita *f* **2.** (*stage of growing*) maturità *f;* **to reach full ~** raggiungere la piena maturità **3.** (*increase*) crescita *f;* **rate of ~** tasso *m* di crescita **4.** (*something grown*) **he had three days ~ of beard on his chin** aveva la barba di tre giorni **5.** (*growing part of plant*) germoglio *m* **6.** MED escrescenza *f*

growth hormone *n* ormone *m* della crescita

growth industry *n* industria *f* in crescita

G

growth rate *n* ECON tasso *m* di crescita
growth stock *n* ECON azioni *fpl* di società ad elevato potenziale di crescita
grub [grʌb] I. *n* 1. *sl* (*food*) roba *f* da mangiare 2. (*larva*) larva *f* II. <-bb-> *vi* scavare; **to ~ about** (**for sth**) scavare (cercando qc) III. *vt* **to ~ up** estirpare
grubby ['grʌ·bi] <-ier, -iest> *adj inf* sporco, -a
grudge [grʌdʒ] I. *n* rancore *m;* **to have** [*o* **hold**] **a ~ against sb** serbare rancore a qu II. *vt* **to ~ sb sth** invidiare qc a qu
grudge match *n* grudge match *m inv*
grudging *adj* riluttante
grudgingly ['grʌ·dʒɪŋ·li] *adv* con riluttanza
gruel ['gru:·əl] *n* pappa *f* d'avena
grueling ['gru:·lɪŋ] *adj* faticoso, -a
gruesome ['gru:·səm] *adj* agghiacciante
gruff [grʌf] *adj* (*reply*) brusco, -a; **a ~ voice** una voce burbera
grumble ['grʌm·bl] I. *n* (*complaint*) lamentela *f* II. *vi* (*person*) lamentarsi; (*stomach*) borbottare; **to ~ about sth/sb** lamentarsi di qc/qu
grumpy ['grʌm·pi] <-ier, -iest> *adj inf* (*bad tempered*) brontolone, -a; (*annoyed*) scorbutico, -a
grunt [grʌnt] I. *n* 1. (*snort*) grugnito *m* 2. *sl* (*soldier*) soldato *m* di fanteria II. *vi* grugnire
gryphon *n s.* **griffin**
G-string ['dʒi:·strɪŋ] *n* tanga *m inv*
GU *n abbr of* **Guam** GU
Guam *n* Guam *m*
Guamanian I. *adj* del Guam II. *n* abitante *mf* del Guam
guarantee [ˌge·rən·'ti:] I. *n* 1. (*certainty, warranty*) garanzia *f;* **there's no ~ that ...** non ci sono garanzie che ... +*conj* 2. (*security*) pegno *m* II. *vt* garantire; **to be ~d for three years** avere una garanzia di tre anni; **to ~ that** garantire che +*conj*
guarantor [ˌge·rən·'tɔ:r] *n* garante *mf*
guaranty ['ge·rən·ti] <-ies> *n* 1. (*acceptance of debt*) fideiussione *f* 2. (*thing offered as security*) pegno *m*
guard [gɑːrd] I. *n* 1. (*a. sport*) guardia *mf;* **prison ~** secondino, -a *m, f;* **security ~** guardia giurata; **to be on ~** essere di guardia; **to be on one's ~** (**against sth/sb**) stare in guardia (contro qc/qu); **to be under ~** essere sotto vigilanza; **to drop one's ~** abbassare la guardia; **to keep ~ over sth/sb** vigilare su qc/qu 2. (*protective device*) **fire ~** parascintille *m inv;* **shin ~** parastinchi *m inv* 3. MIL **the National Guard** la Guardia Nazionale II. *vt* 1. (*protect*) difendere 2. (*prevent from escaping*) fare la guardia a 3. (*keep secret*) custodire ◆ **guard against** *vt always sep* (*protect from*) **to guard sth/sb against sth/sb** proteggere qc/qu da qc/qu
guard dog *n* cane *m* da guardia
guard duty <-ies> *n* turno *m* di guardia
guarded ['gɑ:r·dɪd] *adj* guardingo, -a
guardhouse *n* corpo *m* di guardia

guardian ['gɑ:r·di·ən] *n* 1. (*responsible person*) tutore, -trice *m, f* 2. *form* (*protector*) difensore *m*
guardian angel *n a. fig* angelo *m* custode
guardianship *n form* tutela *f;* **to be in the ~ of sb** essere sotto la tutela di qu
guardrail ['gɑ:rd·reɪl] *n* guardrail *m inv*
guardroom *n* cella *f* di detenzione
guardsman <-men> *n* soldato *m* della guardia
Guatemala [ˌgwɑː·țə·'mɑː·lə] *n* Guatemala *m*
Guatemalan [ˌgwɑː·țə·'mɑː·lən] I. *adj* guatemalteco, -a II. *n* guatemalteco, -a *m, f*
guerilla *n*, **guerrilla** [gə·'rɪ·lə] *n* guerriglia *f*
guerrilla warfare *n* guerriglia *f*
guess [ges] I. *n* congettura *f;* **to take a ~** tirare a indovinare; **to take a wild ~** azzardare un'ipotesi; **that was a lucky ~** è stata tutta fortuna; **your ~ is as good as mine!** ne so quanto te ▶ **it's anybody's ~** Dio solo lo sa II. *vi* 1. (*conjecture*) indovinare; **to ~ right/wrong** indovinare/non indovinare; **~ what I'm doing now?** indovina cosa sto facendo ora?; **how did you ~?** come hai fatto a indovinare? 2. (*believe, suppose*) supporre; **to ~ that ...** immaginare che...; **I ~ you're right** immagino che tu abbia ragione III. *vt* indovinare ▶ **to keep sb ~ing** tenere qu sulle spine; **~ what?** indovina?
guessing game ['ge·sɪŋ·ˌgeɪm] *n a. fig* indovinello *f*
guesstimate ['ges·tɪ·mət] *n inf* ipotesi *f*
guesswork ['ges·wɜːrk] *n* congetture *fpl*
guest [gest] I. *n* 1. (*invited person*) ospite *mf;* **paying ~** (*lodger*) pensionante *mf* 2. (*hotel customer*) cliente *mf* ▶ **be my ~** *inf* fai pure II. *vi a.* TV apparire come ospite d'onore
guesthouse *n* pensione *f*
guestroom *n* stanza *f* degli ospiti
guffaw [gə·'fɑ:] I. *n* risata *f* sguaiata II. *vi* ridere sguaiatamente
guidance ['gaɪ·dns] *n* (*help and advice*) guida *f;* (*for students*) orientamento *m; ~* **system** *a.* MIL sistema *m* di guida
guide [gaɪd] I. *n* 1. (*person*) guida *f;* **tour/mountain ~** guida turistica/alpina 2. (*book*) guida *f* 3. (*indication*) indicazione *f* II. *vt* guidare; **to be ~d by one's emotions** lasciarsi guidare dai sentimenti
guidebook *n* guida *f*
guided ['gaɪd·ɪd] *adj* 1. (*led by a guide*) guidato, -a; **~ed tour** visita *f* guidata 2. (*automatically steered*) teleguidato, -a; **~ missile** MIL missile *m* teleguidato
guide dog *n* cane *m* guida
guidelines *npl* linee *f* guida *pl*
guiding hand ['gaɪ·dɪŋ 'hænd] *n fig* guida *f*
guiding light *n* guida *f*
guiding principle *n* principio *m* guida
guild [gɪld] *n* (*medieval*) corporazione *f;* (*modern*) associazione *f;* **Writers' Guild** Unione *f* Nazionale Scrittori
guilder ['gɪl·dɚ] *n* fiorino *m* olandese
guile [gaɪl] *n form* scaltrezza *f*

guileful ['gaɪl·fəl] *adj form* scaltro, -a
guileless ['gaɪl·lɪs] *adj* innocente
guillotine ['gɪ·lə·tiːn] *n* ghigliottina *f*
guilt [gɪlt] *n* 1.(*feeling*) senso *m* di colpa 2.(*blame*) colpa *f;* **to admit one's ~** ammettere le proprie colpe 3.(*responsibility for crime*) colpevolezza *f;* **to establish sb's ~** determinare la colpevolezza di qu
guiltless ['gɪlt·ləs] *adj* innocente
guilt-ridden *adj* tormentato, -a dal senso di colpa
guilty ['gɪl·ti] <-ier, -iest> *adj* colpevole; **to be ~ of a murder** essere colpevole di omicidio; **to have a ~ conscience** avere la coscienza sporca; **to feel ~ about sth** sentirsi in colpa per qc; **to plead ~ to a crime** dichiararsi colpevole di qc; **to prove sb ~** dimostrare la colpevolezza di qu
Guinea ['gɪ·ni] *n* Guinea *f*
guinea fowl *n* faraona *f*
Guinean I. *adj* guineano, -a II. *n* guineano, -a *m, f*
guinea pig *n* porcellino *m* d'India, cavia *f*
guise [gaɪz] *n* sembianze *fpl;* **under the ~ of sth** sotto le sembianze di qc; **it's an old idea in a new ~** sotto le sembianze nuove si cela un'idea vecchia
guitar [gɪ·'taːr] *n* chitarra *f;* **to play the ~** suonare la chitarra
guitarist [gɪ·'taː·rɪst] *n* chitarrista *mf*
gulf [gʌlf] *n* 1.(*area of sea*) golfo *m;* **the Gulf of Mexico** il Golfo del Messico; **the Persian Gulf** il Golfo Persico; **the Gulf of Suez** il Golfo di Suez 2.(*chasm*) abisso *m;* **to bridge a ~** colmare la distanza
gull[1] [gʌl] *n* ZOOL gabbiano *m*
gull[2] [gʌl] *vt* **to ~ sb** imbrogliare qu; **I was ~ed into believing that ...** mi hanno imbrogliato facendomi credere che ...
gullet ['gʌ·lɪt] *n* 1.(*food pipe*) esofago *m* 2.(*throat*) gola *f*
gullible ['gʌ·lə·bl] *adj* credulone, -a
gully ['gʌ·li] <-ies> *n* (*channel*) gola *f*
gulp [gʌlp] I. *n* **in one ~** tutto d'un fiato; **a ~ of water** un sorso d'acqua; **a ~ of air** una boccata d'aria II. *vt* inghiottire III. *vi* 1.(*swallow with emotion*) deglutire 2.(*breath*) **to ~ for air** prendere (il) fiato
gum[1] [gʌm] I. *n* 1.(*soft sticky substance*) gomma *f;* BOT resina *f* 2.(*adhesive*) colla *f* 3. chewing ~ gomma *f* da masticare; **fruit gum** caramella *f* gommosa alla frutta II. *vt* incollare
gum[2] [gʌm] *n* ANAT gengiva *f*
♦**gum up** *vt* appiccicare ▸ **to ~ the works** mettere i bastoni tra le ruote
gumball *n* pallina *f* di gomma da masticare
gumbo *n reg* gombo *m*
gum disease *n* gengivite *f*
gumdrop ['gʌm·drɑːp] *n* caramella *f* gommosa
gummed *adj* gommato, -a

gummy ['gʌ·mi] <-ier, -iest> *adj* (*sticky*) appiccicoso, -a
gumption ['gʌmp·ʃən] *n inf* 1.(*courage*) coraggio *m;* **to have the ~ to do sth** avere il coraggio di fare qc 2.(*intelligence*) buon senso *m*
gumshoe ['gʌm·ʃuː] *n inf* detective *mf*
gum tree ['gʌm·triː] *n* albero *m* della gomma
gun [gʌn] I. *n* 1.(*weapon*) arma *f* da fuoco; (*cannon*) cannone *m;* (*pistol*) pistola *f;* (*revolver*) revolver *m;* (*rifle*) fucile *m;* **to carry a ~** portare la pistola 2. SPORTS pistola *f* da starter; **to jump the ~** partire prima del segnale 3.(*device*) pistola *f;* **grease ~** pistola ingrassatrice 4.(*person*) sicario *m;* **a hired ~** assassino *m* prezzolato ▸ **to stick to one's ~s** proseguire sulla propria strada II. <-nn-> *vi* accelerare a fondo
♦**gun down** *vt* freddare
gunboat *n* cannoniera *f*
gunboat diplomacy *n* politica *f* della cannoniera
gun control *n* controllo *m* delle armi (da fuoco)
gunfight *n* scontro *m* a fuoco
gunfire *n* 1.(*gunfight*) scontro *m* a fuoco; (*shots*) spari *mpl* 2.(*cannon fire*) cannonate *fpl*
gung-ho ['gʊŋ·hoʊ], **gung ho** *adj sl* fanatico, -a
gunk [gʊŋk] *n inf* sostanza *f* vischiosa
gunman <-men> *n* bandito *m*
gunner ['gʌ·ɚ] *n* artigliere *m*
gunpoint *n* **at ~** sotto la minaccia di un'arma
gunpowder *n* polvere *f* da sparo
gunrunner *n* trafficante *mf* d'armi
gunrunning *n* traffico *m* d'armi
gunship *n* elicottero *m* da guerra
gunshot ['gʌn·ʃɑːt] *n* sparo *m*
gunshot wound *n* ferita *f* da arma da fuoco
gunslinger ['gʌn·ˌslɪ·ŋɚ] *n* HIST pistolero, -a *m, f*
gurgle ['gɜːr·gl] I. *n* gorgoglio *m* II. *vi* gorgogliare
guru ['guː·ruː] *n* guru *m inv*
gush [gʌʃ] I. <-es> *n* fiotto *m; fig* slancio *f;* **a ~ of water** un getto d'acqua II. *vi* 1.(*any liquid*) zampillare 2. *inf* (*praise excessively*) sperticarsi in elogi III. *vt* zampillare
gusher ['gʌ·ʃɚ] *n* pozzo *m* petrolifero
gushing *adj* (*praise*) sperticato, -a
gushy ['gʌ·ʃi] <-ier, -iest> *adj* sdolcinato, -a
gusset ['gʌ·sɪt] *n* tassello *m*
gust [gʌst] I. *n* (*of wind*) raffica *f;* (*of rain*) scroscio *m* II. *vi* soffiare
gusto ['gʌs·toʊ] *n* entusiasmo *m*
gusty ['gʌs·ti] <-ier -iest> *adj* a raffiche
gut [gʌt] I. *n* 1.(*intestine*) intestino *m;* **a ~ feeling/reaction** un istinto/una reazione viscerale 2.(*string from animal intestine*) budello *m* 3. *pl, inf* (*bowels*) budella *fpl* 4. *pl* (*courage*) coraggio *m;* **it takes ~s** ci vuole coraggio ▸ **to bust a ~** *inf* farsi il mazzo

G

H

II. <-tt-> *vt* **1.** (*remove the innards*) sventrare **2.** (*destroy*) distruggere

gutless ['gʌt·lɪs] *adj inf* codardo, -a

gutsy ['gʌt·si] <-ier, -iest> *adj* **1.** (*brave*) coraggioso, -a **2.** (*powerful*) vigoroso, -a

gutter ['gʌ·t̬ɚ] *n* (*on the roadside*) canale *m* di scolo; (*on the roof*) grondaia *f;* *fig* bassifondi *mpl*

guttural ['gʌ·t̬ə·rəl] *adj a.* LING gutturale

guy [gaɪ] *n inf* **1.** (*man*) tipo *m;* **hi ~s** ciao ragazzi **2.** (*for tent: guy rope*) tirante *m*

Guyana [gaɪ·ˈæ·nə] *n* Guyana *f*

Guyanese [ˌgaɪ·ə·ˈniːz] **I.** *adj* guyanese **II.** *n* guyanese *mf*

guzzle ['gʌ·zl] **I.** *vt inf* (*of person: alcohol*) tracannare; (*of car: gas*) bere **II.** *vi* gozzovigliare

gym [dʒɪm] *n inf* palestra *f*

gymnasium [dʒɪm·ˈneɪ·zi·əm] *n* palestra *f*

gymnast ['dʒɪm·næst] *n* ginnasta *mf*

gymnastic [dʒɪm·ˈnæs·tɪk] *adj* ginnico, -a

gymnastics [dʒɪm·ˈnæs·tɪks] *npl* ginnastica *f*

gym shoes *n* scarpe *fpl* da tennis

gynecological [ˌgaɪ·nə·kə·ˈlɑː·dʒɪ·kəl] *adj* ginecologico, -a

gynecologist *n* ginecologo, -a *m, f*

gynecology [ˌgaɪ·nə·ˈkɑː·lə·dʒi] *n* ginecologia *f*

gyp [dʒɪp] *sl* **I.** *vt* truffare **II.** *n* **1.** (*swindler*) truffatore, -trice *m, f* **2.** (*swindle*) truffa *f*

gypsum ['dʒɪp·səm] *n* gesso *m*

gypsy ['dʒɪp·si] <-ies> **I.** *n* zingaro, -a *m, f* **II.** *adj* da zingaro, -a; **~ encampment** accampamento *m* di zingari

gyrate [ˌdʒaɪ·ˈreɪt] *vi* ruotare

gyration [ˌdʒaɪ·ˈreɪ·ʃən] *n* rotazione *f*

gyrocompass ['dʒaɪ·roʊ·ˌkʌm·pəs] *n* girobussola *f*

gyroscope ['dʒaɪ·rəs·koʊp] *n* NAUT, AVIAT giroscopio *m*

Hh

H, h [eɪtʃ] *n* H, h *f;* **~ as in How** H come Hotel

ha [hɑː] *interj a. iron* ah!

habeas corpus [ˌheɪ·bɪ·əs·ˈkɔːr·pəs] *n* LAW habeas corpus *m inv*

haberdasher ['hæ·bɚ·dæ·ʃɚ] *n* sarto , -a da uomo *m*

haberdashery ['hæ·bɚ·dæ·ʃɚ·i] <-ies> *n* **1.** (*clothing*) abbigliamento *m* maschile **2.** (*shop*) negozio *m* di abbigliamento maschile

habit ['hæ·bɪt] *n* **1.** (*customary practice*) abitudine *f;* **to be in the ~ of doing sth** avere l'abitudine di fare qc; **by** (**sheer**) **force of ~** per pura abitudine; **to do sth out of ~** fare qc per abitudine; **to get into the ~** (**of doing sth**) abituarsi (a fare qc); **to get out of the ~ of doing sth** perdere l'abitudine di fare qc; **a bad ~** una cattiva abitudine; **to break a ~** perdere l'abitudine; **don't make a ~ of it** non prenderci l'abitudine **2.** (*dress*) abito *m;* **riding ~** tenuta *f* da equitazione **3.** (*addiction*) assuefazione *f;* **to have a heroin ~** essere eroinomane

habitable ['hæ·bɪ·t̬ə·bl] *adj* abitabile

habitat ['hæ·bɪ·tæt] *n* habitat *m inv*

habitation [ˌhæ·bɪ·ˈteɪ·ʃən] *n* **1.** (*occupancy*) **unfit for human ~** inabitabile **2.** (*dwelling*) abitazione *f*

habitual [hə·ˈbɪt·ʃu·əl] *adj* **1.** (*usual*) abituale; **~ drug use** regolare uso di droga **2.** (*describing person: liar*) impenitente

habituate [həv·ˈbɪt·ʃu·eɪt] *vt* abituare; **to be ~d to doing sth** essere abituato a fare qc

hack¹ [hæk] **I.** *vt* **1.** (*chop violently*) tagliare a pezzi, **to ~ sth to pieces** fare qc a pezzi **2.** *sl* (*cope with*) **she can't ~ it** non ce la fa **II.** *vi* **1.** (*chop*) **to ~ at sth** fare a pezzi qc **2.** (*cough*)

tossire **III.** *n* (*writer*) scribacchino, -a *m, f;* (*journalist*) giornalista *mf* di bassa leva

hack² [hæk] *vt* COMPUT **to ~** (**into**) **a system** entrare illecitamente in un sistema

hack³ [hæk] **I.** *vi* andare a cavallo **II.** *n* **1.** (*horse*) cavallo *m* **2.** *inf* (*taxi cab*) taxi *m inv*

hacker ['hæ·kɚ] *n* COMPUT hacker *mf inv*

hackles ['hæ·klz] *npl* (*on back of dog*) peli *mpl* del collo; (*on neck of bird*) piume *fpl* del collo ▶ **to get one's ~ up** arrabbiarsi; **to make sb's ~ rise** fare arrabbiare qu

hackney ['hæk·ni] *n,* **hackney carriage** *n* **1.** (*horse*) cavallo *m* da nolo **2.** (*carriage*) carrozza *f* da nolo

hackneyed ['hæk·nɪd] *adj* (*argument, theme*) trito, -a e ritrito, -a

hacksaw ['hæk·sɑː] *n* sega *f* per metalli

had [hæd, *unstressed:* həd] *pt, pp of* **have**

haddock ['hæ·dək] *n* eglefino *m*

hadn't ['hæ·dnt] **= had not** *s.* **have**

haft [hæft] *n* (*of a knife*) manico *m;* (*of a sword*) impugnatura *f*

hag [hæg] *n* (*woman*) megera *f*

haggard ['hæ·gɚd] *adj* sciupato, -a

haggle ['hæ·gl] *vi* contrattare; **to ~ over sth** contrattare il prezzo di qc

Hague [heɪg] *n* **the ~** L'Aia

ha-ha ['hɑː·hɑː] *interj iron* ah, ah!

hail¹ [heɪl] **I.** *n* METEO grandine *f;* (*of stones*) scarica *f;* (*of insults*) pioggia *f* **II.** *vi* grandinare; **to ~ down on sb/sth** *a. fig* piovere addosso a qu/qc

hail² [heɪl] **I.** *vt* **1.** (*call*) chiamare; **to ~ a taxi** fermare un taxi **2.** (*acclaim*) acclamare **3.** (*welcome*) accogliere; **she ~ed the news with joy** ha accolto la notizia con gioia **II.** *vi* **to ~**

from (*person*) essere di; (*thing*) venire da **III.** *interj* ~! cavolo!

hail-fellow(-well-met) *n* (troppo) cordiale

hair [her] *n* **1.** (*on head*) capello *m,* capelli *mpl;* (*on chest, armpits, legs*) pelo *m;* **to do one's** ~ farsi i capelli; **to have one's** ~ **cut** tagliarsi i capelli; **to wash one's** ~ lavarsi la testa; **to wear one's** ~ **up/down** avere i capelli raccolti/sciolti **2.** (*on animal*) pelo *m* **3.** (*on plant*) peluzzo *m* ▸ **that'll put** ~ **on your** chest *inf* questo ti rimetterà; **to make sb's** ~ **curl** *inf* far rizzare i capelli a qu; **to get in sb's** ~ seccare qu (*standogli troppo tra i piedi*); **to not harm a** ~ **on sb's head** non torcere un capello a qu; **to split** ~**s** spaccare il capello in quattro

hairbrush <-es> *n* spazzola *f* (per capelli)

hairclip *n* mollettina *f*

hair conditioner *n* balsamo *m*

haircut *n* taglio *m* (di capelli); **to get a** ~ tagliarsi i capelli

hairdo *n inf* pettinatura *f*

hairdresser *n* parrucchiere, -a *m, f;* **at the** ~ **'s** dal parrucchiere

hairdressing *n* (*profession*) **a** ~ **salon** un negozio di parrucchiere

hair dryer *n* asciugacapelli *m inv*

hairless ['her·lɪs] *adj* (*head*) calvo, -a, pelato, -a; (*body*) senza peli; (*face*) glabro, -a; (*animal*) senza pelo

hairline *n* **1.** (*edge of the hair*) attaccatura *f* di capelli; **he has a receding** ~ è stempiato **2.** (*fine line*) linea *f* finissima

hairline crack *n,* **hairline fracture** *n* incrinatura *f* finissima

hairnet *n* retina *f*

hairpiece *n* parrucchino *m*

hairpin *n* forcina *f*

hairpin curve *n,* **hairpin turn** *n* curva *f* a gomito

hair-raising *adj inf* da far rizzare i capelli

hair remover *n* prodotto *m* depilatorio

hair restorer *n* prodotto *m* per rinfoltire i capelli

hairsplitting I. *n* cavillosità *f* **II.** *adj* cavilloso, -a

hair spray *n* lacca *f* (per capelli)

hairstyle *n* acconciatura *f*

hairy ['he·ri] <-ier, -iest> *adj* **1.** (*having much hair*) peloso, -a **2.** *sl* (*difficult, dangerous*) rischioso, -a

Haiti ['heɪ·t̬i] *n* Haiti *f*

Haitian ['heɪ·ʃən] **I.** *n* haitiano, -a *m, f* **II.** *adj* haitiano, -a

hake [heɪk] <-(s)> *n* nasello *m*

hale [heɪl] *adj* robusto, -a

half [hæf] **I.** <halves> *n* (*equal part*) metà *f inv;* ~ **an apple** mezza mela; **in** ~ a metà; **to cut sth into halves** tagliare qc metà; **a pound and a** ~ una libbra e mezzo; **to go halves** (**on sth**) *inf* pagare (qc) a metà; **to go halves with sb** fare a metà con qu; **my better** ~ *fig* la mia dolce metà; **first/second** ~ SPORTS primo/se-

condo tempo; **the first/second** ~ **of a century** la prima/seconda metà di un secolo **II.** *adj* mezzo, -a; ~ **a pint** mezza pinta; ~ **an hour** [o **a** ~ **hour**] mezz'ora; **she's** ~ **the player she used to be** non è più la giocatrice di un tempo **III.** *adv* **1.** (*almost*) quasi; **to be** ~ **sure** essere quasi sicuro **2.** (*partially*) mezzo; ~ **asleep** mezzo addormentato; ~ **cooked** mezzo crudo; ~ **dead** *fig* mezzo morto; **only** ~ **done** (*exhausted*) fatto solo a metà; ~ **naked** mezzo nudo; ~ **empty/full** mezzo vuoto/pieno **3.** (*by fifty percent*) ~ **as many/ much** la metà; ~ **as much again** ancora la metà **4.** *inf* (*most*) la maggior parte; (**of**) **the time** la metà del tempo **5.** (*thirty minutes after*) ~ **past three** le tre e mezzo; (**at**) ~ **past nine** alle nove e mezzo; **at** ~ **past** ai 30 **IV.** *pron* la metà; **only** ~ **of them came** soltanto metà di loro sono venuti

half and half *adj* **to split sth** ~ dividere qc a metà

half-and-half *n* miscela *f* di panna e latte

halfback *n* SPORTS mediano *m*

half-baked *adj* **1.** (*food*) mezzo crudo, -a **2.** *inf* (*plan*) stupido, -a

half boot *n* stivaletto *m*

half-breed *n* meticcio, -a *m, f*

half brother *n* fratellastro *m*

half-caste *n pej* meticcio, -a *m, f*

half-dollar *n* mezzo dollaro *m*

half-dozen *adj* mezza dozzina *f*

half-empty *adj* (*glass*) mezzo, -a vuoto, -a

halfhearted *adj* poco entusiasta; **a** ~ **attempt** un mezzo tentativo

half-life *n* PHYS periodo *m* di semitrasformazione

half-mast *n* **at** ~ a mezz'asta

half-moon *n* mezzaluna *f;* ~ **shaped** a (forma di) mezzaluna

half note *n* MUS minima *f*

half-price *n* **at** ~ a metà prezzo

half sister *n* sorellastra *f*

half-timbered *adj* con travatura in legno visibile

halftime *n* SPORTS intervallo *m* tra il primo e il secondo tempo; **at** ~ alla fine del primo tempo

half title *n* occhiello *m*

halftone *n* mezzatinta *f*

half-truth *n* mezza verità *f inv*

halfway ['hæf·weɪ] **I.** *adj* **1.** (*midway*) a metà strada; ~ **stage** fase intermedia **2.** (*partial*) parziale **II.** *adv* **1.** (*half the distance*) a metà strada; **to be** ~ **between ... and ...** essere a metà strada tra... e...; ~ **to be** ~ **through sth** essere a metà di qc; ~ **through the year** a metà anno; ~ **up** a metà salita; **to meet sb** ~ *fig* incontrare qu a metà strada **2.** (*nearly, partly*) **to go** ~ **toward** (**doing**) **sth** fare qc in parte; **the proposals only went** ~ **toward meeting their demands** le proposte hanno risposto solo in parte alle loro richieste

halfway house *n* struttura *f* per il reinserimento sociale di malati mentali o ex-detenuti

H

H

half-wit *n* deficiente *mf*

halibut ['hæ·lɪ·bət] <-(s)> *n* halibut *m inv*

Haligonian I. *n* abitante *mf* di Halifax (Nuova Scozia) II. *adj* di Halifax (Nuova Scozia)

halitosis [ˌhæ·lɪ·'toʊ·sɪs] *n* alitosi *f*

hall [hɔːl] *n* 1.(*corridor*) corridoio *m* 2.(*entrance room*) atrio *m*, ingresso *m* 3.(*large public room*) sala *f*; (*in schools*) mensa *f*; **concert** ~ sala *f* concerti; **town** [*o* **city**] ~ municipio *m* 4. UNIV collegio *m*; **residence** ~ casa *f* dello studente

hallelujah [ˌhæ·lɪ·'luː·jə] I. *interj* alleluia! II. *n* alleluia *m*

hallmark ['hɔːl·mɑːrk] I. *n* 1.(*identifying symbol*) segno *m* distintivo; **her** ~ il suo segno distintivo; **to bear all the** ~**s of ...** *fig* avere tutte le caratteristiche di... 2.(*engraved mark*) marchio *m* II. *vt* contraddistinguere

hallow ['hæ·loʊ] *vt* 1.(*sanctify*) santificare; (*consecrate*) consacrare 2.(*venerate*) venerare

hallowed *adj* sacro, -a

Halloween *n*, **Hallowe'en** [ˌhæ·lə·'wiːn] *n* Halloween *m*

> Halloween si festeggia il 31 ottobre, la vigilia di *All Saint's Day* o *All Hallows* (Ognissanti). Da tempo immemorabile, questa festa è associata agli spiriti e alle streghe. I bambini fanno delle *jack-o-lanterns* (lanterne ricavate da zucche). Di sera i bambini mascherati ne approfittano per bussare alle porte delle case e chiedere "Trick or Treat!" "Dolcetto o scherzetto?": o si dà loro un dolciume, *(treat)*, oppure si deve subire uno scherzo *(trick)*. Ai giorni nostri, gli scherzi sono divenuti sempre più rari perché i bambini vanno solo nelle case illuminate dalle zucche in segno di benvenuto.

hallucinate [hə·'luː·sɪ·neɪt] *vi a. fig* avere le allucinazioni

hallucination [həvˌluː·sɪ·'neɪ·ʃən] *n* allucinazione *f*

hallucinogen [hə·'luː·sɪ·nə·'dʒen] *n* allucinogeno *m*

hallucinogenic *adj* allucinogeno, -a

halo ['heɪ·loʊ] <-s *o* -es> *n* 1. *a. fig* REL aureola *f* 2. *a. fig* ASTR alone *m*

halogen ['hæ·lə·dʒen] *n* alogeno *m*

halogen bulb *n* lampadina *f* alogena

halogen lamp *n* lampada *f* alogena

halt [hɔːlt] I. *n* 1.(*standstill, stop*) fermata *f*; **to bring sth/sb to a** ~ fermare qc/qu; **to call a** ~ **to sth** porre fine a qc; **to come** [*o* **grind**] **to a** ~ fermarsi 2.(*interruption*) interruzione *f* II. *vt* fermare III. *vi* fermarsi IV. *interj* ~! alt!

halter ['hɔːl·tər] *n* 1.(*on animal*) cavezza *f* 2.(*for criminal*) capestro *m* 3.(*top*) top *m* con scollo all'americana *inv*

halter-top *n* top *m* con scollo all'americana *inv*

halting *adj* (*speech, movement*) esitante

halve [hæv] I. *vt* 1.(*lessen*) dimezzare; (*number*) dividere per due 2.(*cut in half*) dividere a metà II. *vi* dimezzarsi

ham [hæm] I. *n* 1. prosciutto *m;* **a slice of** ~ una fetta di prosciutto 2.(*actor*) gigione *m* 3.(*radio*) radioamatore, -trice *m, f* II. *vi* recitare in modo gigionesco

◆**ham up** *vt* recitare in modo gigionesco; **to ham it up** recitare in modo gigionesco

hamburger ['hæm·bɜːr·gər] *n* 1.(*patty*) hamburger *m inv* 2.(*meat*) carne *f* tritata

ham-fisted *adj*, **ham-handed** *adj* goffo, -a

hamlet ['hæm·lət] *n* borgo *m*

hammer ['hæ·mər] I. *n* 1.(*tool*) martello *m;* ~ **blow** martellata *f*; **the** ~ **and sickle** POL, HIST la falce e il martello; **to go under the** ~ *a. fig* (*painting*) essere messo all'asta 2.(*of gun*) cane *m* ▶ **to go at it** ~ **and tongs** *inf* (*argue*) discutere animatamente; (*fight*) lottare con tutte le proprie forze II. *vt* 1.(*hit with tool: metal*) prendere a martellate; (*nail*) piantare; **to** ~ **sth** (**into sth**) piantare qc (in qc); **to** ~ **sth into sb** *fig* inculcare qc in testa a qu 2. *inf* SPORTS (*beat easily*) battere 3.(*criticize: book, film*) stroncare; **to** ~ **sb for sth** criticare duramente qu per qc 4. *inf* (*become very drunk*) **to get** ~**ed** (**on sth**) prendersi una sbornia (di qc) III. *vi* 1.(*use a hammer*) martellare; **to** ~ **at sth** dare martellate a qc 2.(*beat heavily*) battere; (*heart*) battere forte; (*head*) martellare; **to** ~ **on sth** insistere su qc

◆**hammer in** *vt* piantare

◆**hammer out** *vt* 1.(*correct: dent*) riaggiustare a martellate 2.(*find solution*) **to** ~ **a settlement** raggiungere un accordo

hammer drill *n* martello *m* pneumatico

hammerhead *n* 1.(*on hammer*) testa *f* del martello 2. ZOOL ~ **shark** pesce *m* martello

hammock ['hæ·mək] *n* amaca *f*

hamper¹ ['hæm·pər] *vt* (*hinder*) **to** ~ **sb/sth** ostacolare qu/qc

hamper² ['hæm·pər] *n* 1.(*picnic basket*) cestino *f* da picnic 2.(*for dirty laundry*) cesto *m* della biancheria

hamster ['hæm·stər] *n* criceto *m*

hamstring ['hæm·strɪŋ] I. *n* ANAT tendine *m* del ginocchio; ZOOL tendine *m* del garretto II. *vt irr* 1.(*cut the hamstring*) sgarrettare 2.(*render powerless*) paralizzare; **to be hamstrung** essere legato mani e piedi

hand [hænd] I. *n* 1. ANAT mano *f*; **to be good with one's** ~**s** avere le mani d'oro; **to deliver a letter by** ~ consegnare a mano una lettera; **to do sth by** ~ fare qc a mano; **to keep one's** ~**s off** non toccare; **to shake** ~**s with sb** stringere la mano a qu; **to take sb by the** ~ prendere qu per mano; **to tie** ~ **and foot** *a. fig* legare mani e piedi; ~ **in** ~ mano nella mano; **get your** ~**s off!** giù le mani!; ~**s up!** mani in alto!; **to ask for sb's** ~ (**in marriage**) chiedere la mano di qu 2.(*handy, within reach*) **at** ~ a portata di mano; **to keep sth**

close at ~ tenere qc a portata di mano; **to be at ~** essere vicino; **on ~** (*available to use*) disponibile; **to be on ~** (*object*) essere a portata di mano; (*person*) essere a disposizione **3.** (*what needs doing now*) **the problem at ~** il problema in questione; **in ~** (*being arranged*), **preparations are in ~** i preparativi sono in corso **4.** *pl* (*responsibility, authority, care*) **to be in good ~s** essere in buone mani; **to fall into the ~s of sb** cadere nelle mani di qu; **to put sth into sb's ~s** mettere qc in mano a qu; **at the ~s of sb** (*because of*) per mano di qu **5.** (*assistance*) **to give (sb) a ~** (**with sth**) dare (a qu) una mano (con qc); **to keep one's ~ in** non perdere la mano a **6.** (*control*) **to get out of ~** (*things, situation*) sfuggire di mano; **to have sth in ~** avere qc per le mani; **to have sth well in ~** avere qc sotto controllo; **to have a ~ in sth** intervenire in qc; **to take sb in ~** far rigare dritto qu **7.** GAMES **to have a good/poor ~** avere delle belle/brutte carte; **to show one's ~** *a. fig* scoprire le proprie carte; **a ~ of poker** una mano a poker **8.** (*on clock*) lancetta *f;* **the hour/the minute ~** la lancetta delle ore/dei minuti **9.** (*manual worker*) operaio, -a *m, f;* (*sailor*) marinaio *m;* **farm ~** bracciante *mf* **10.** (*skillful person*) **old ~** veterano, -a *m, f;* **to be an old ~ at sth** avere molta pratica in qc; **to try one's ~ at sth** provare qc; **to be able to turn one's ~ to anything** sapere fare un po' di tutto **11.** (*applause*) applauso *m;* **let's have a big ~ for ...** un applauso per... **12.** (*measurement for horses*) spanna *f* **13.** (*handwriting*) calligrafia *f;* **in his own ~** di suo pugno ▶ **to make money ~ over fist** fare soldi rapidamente; **to lose money ~ over fist** perdere soldi rapidamente; **to be ~ in glove with sb** essere pappa e ciccia con qu; **to put one's ~ in one's pocket** mettere mano alla borsa; **with a firm ~** con mano dura; **at first ~** personalmente; **to have one's ~s full** essere molto impegnato; **with a heavy** [*o* **an iron**] **~** con mano dura; **to play a lone ~** agire da solo; **on the one ~ ... on the other** (**~**) ... da un lato..., dall'altro (lato)...; **to have one's ~s tied** avere le mani legate; **to force sb's ~** forzare la mano a qu; **to get one's ~s on sb** acciuffare qu; **to lay one's ~s on sth** trovare qc; **to not soil one's ~s with sth** non sporcarsi le mani con qc; **to throw in** one's ~ darsi per vinto **II.** *vt* **1.** (*give*) passare; **will you ~ me my bag?** mi passi la borsa? **2.** (*give credit to*) **you've got to ~ it to him** gli va riconosciuto

◆**hand around** *vt* far circolare

◆**hand back** *vt* restituire

◆**hand down** *vt* **1.** (*knowledge, tradition*) trasmettere; (*objects*) lasciare in eredità **2.** LAW (*judgment*) pronunciare

◆**hand in** *vt* (*document*) consegnare; **to ~ one's resignation** presentare le dimissioni

◆**hand on** *vt* (*knowledge*) trasmettere;

(*object*) passare; **to hand sth on to sb** passare qc a qu

◆**hand out** *vt* **1.** (*distribute*) distribuire **2.** (*give*) dare

◆**hand over** **I.** *vt* **1.** (*give, submit: money, prisoner*) consegnare **2.** (*pass: power, authority*) trasferire; (*property*) cedere **3.** TEL passare; **to hand sb over to sb** passare qu a qu **II.** *vi* **to ~ to sb** passare le consegne a qu; TV passare la linea a qu

handbag *n* borsa *f*

handball *n* SPORTS pallamano *f*

handbill *n* volantino *m*

handbook *n* manuale *m*

hand brake *n* AUTO freno *m* a mano

handcart *n* carretto *m*

handcuff *vt* ammanettare

handcuffs *npl* manette *fpl;* **a pair of ~** un paio di manette

handful ['hænd·fʊl] *n* **1.** *a. fig* (*small amount*) manciata *f;* **a ~ of people** un gruppetto di persone **2.** (*person*) **to be a real ~** (*child*) essere una peste; (*adult*) essere una persona che da' da fare

hand grenade *n* granata *f*

handgun *n* pistola *f*

handicap ['hæn·dɪ·kæp] **I.** *n* (*disability, disadvantage*) SPORTS handicap *m inv;* **mental/ physical ~** handicap mentale/fisico **II.** <-pp-> *vt* ostacolare; **to be ~ped** essere in svantaggio

handicapped **I.** *adj* **physically/mentally ~** fisicamente/mentalmente disabile **II.** *n* **the ~** i disabili

handicraft ['hæn·dɪ·kræft] *n* **1.** (*work*) lavoro *m* artigianale **2.** (*product*) articolo *m* artigianale

handiwork ['hæn·dɪ·wɜːrk] *n* **1.** (*work*) lavoro *m* fatto a mano **2.** (*product*) prodotto *m* fatto a mano; **this must be Peter's ~** *iron* questo dev'essere opera di Peter

handkerchief ['hæŋ·kə·tʃɪf] *n* fazzoletto *m*

handle ['hæn·dl] **I.** *n* **1.** (*of pot, basket, bag, knife*) manico *m;* (*of drawer*) maniglia *f* **2.** (*knob*) pomello *m;* (*lever*) leva *f* **3.** *inf* RADIO (*name*) titolo *m* ▶ **to fly off the ~** *inf* perdere le staffe; **to get a ~ on sth** capire qc **II.** *vt* **1.** (*touch*) toccare **2.** (*move, transport*) maneggiare; **~ with care** fragile **3.** (*machine*) manovrare; (*tool, weapon*) maneggiare; (*chemicals*) manipolare; **to ~ a situation well** gestire bene una situazione; **she ~s light expertly in her paintings** nei suoi dipinti usa la luce con maestria **4.** (*direct*) occuparsi di; **I'll ~ this** me ne occupo io; **he doesn't know how to ~ other people** (*business*) non sa dirigere le persone; (*socially*) non sa come prendere le persone **5.** (*control*) gestire; **to ~ an increase in prices** far fronte a un aumento dei prezzi **6.** (*discuss, portray: subject*) trattare **7.** (*operate*) manovrare **III.** *vi* + *adv/prep* rispondere (ai comandi); **to ~ poorly** non rispondere bene

handlebar moustache *n* baffi *mpl* a manubrio

H

handlebars *npl* manubrio *m*

handler *n* addestratore, -trice *m, f*

handling *n* **1.**(*management*) gestione *f;* (*of goods*) manipolazione *f;* (*of subject*) trattazione *f;* (*of person*) trattamento *m;* (*of car*) conduzione *f* **2.** COM (*fee*) trasporto *m*

hand luggage *n* bagaglio *m* a mano

handmade *adj* fatto, -a a mano

hand-me-down *n* abiti *mpl* usati

hand-operated *adj* manuale

handout ['hænd·aut] *n* **1.**(*money*) elemosina *f* **2.**(*leaflet*) volantino *m* **3.**(*press release*) comunicato *m* stampa **4.**(*written information*) appunti *mpl*

hand-picked *adj* selezionato, -a

handrail *n* (*on stairs*) corrimano *m;* (*on bridge*) parapetto *m*

handsaw *n* sega *f*

handshake *n* stretta *f* di mano

handsome ['hæn·səm] *adj* bello, -a; **the most ~ man** un uomo bellissimo; **by a ~ margin** con un bel vantaggio

hands-on *adj* **1.**(*practical*) pratico, -a; **~ approach** approccio pratico **2.** COMPUT manuale

handspring *n* salto *m* mortale; **backward ~** salto mortale all'indietro

handstand *n* verticale *f;* **to do a ~** fare la verticale

hand-to-mouth *adj* (*salary*) precario, -a; **to lead a ~ existence** vivere precariamente

handwork *n* lavoro *m* fatto a mano

handwriting *n* calligrafia *f*

handwritten *adj* scritto, -a a mano

handy ['hæn·di] <-ier, -iest> *adj* **1.**(*convenient*) comodo, -a; (*available*) disponibile; (*nearby*) vicino, -a; **to keep sth ~** tenere qc a portata di mano; **to be ~ for sth** essere comodo per qc; **to come in ~ (for sb)** tornare utile (a qu) **2.**(*user-friendly*) maneggevole; (*form, guide*) utile **3.**(*skillful*) abile; **to be ~ with sth** avere pratica di qc; **to be ~ around the house** essere bravo nei lavoretti fai da te

handyman ['hæn·dɪ·mæn] <-men> *n* operaio *m* tuttofare

hang [hæŋ] I.<hung, hung> *vi* **1.**(*be suspended*) pendere; (*picture*) essere appeso, -a; **to ~ by/on/from sth** pendere per/da qc; **to ~ in a gallery** essere esposto in una galleria **2.**(*lean over or forward*) pendere **3.**(*float*) essere sospeso, a; **to ~ above sb/sth** incombere sopra qu/qc **4.**(*die*) morire sulla forca **5.**(*fit, drape: clothes, fabrics*) cadere; **to ~ well** cadere bene **6.** *inf* (*be friendly with*) **to ~ with sb** frequentare qu; (*spend time at*) bighellonare ►**~ in there!** non mollare! II.<hung, hung> *vt* **1.**(*attach*) appendere; (*laundry*) stendere; (*door*) mettere; **to ~ wallpaper (on a wall)** attaccare la carta da parati (a un muro); **to ~ the curtains** attaccare le tende; **the gallery will ~ many of his paintings** la galleria esporrà molti dei suoi dipinti **2.**(*lights, ornaments, decora-*

tions) appendere **3.**(*one's head*) chinare **4.**(*execute*) impiccare ►**to ~ it up** smettere III. *n* FASHION *modo in cui cade un tessuto o un abito* ►**to get the ~ of sth** *inf* capire come funziona qc; **I don't give a ~** *inf* non me ne importa nulla

◆**hang around** I. *vi* **1.** *inf* (*waste time*) perdere tempo **2.**(*wait*) aspettare **3.**(*idle*) bighellonare **4.**(*be friendly with*) **to ~ with sb** frequentare qu II. *vt insep* gironzolare per; **I had to ~ the bus station for an hour** ho dovuto girellare per la stazione degli autobus per un'ora

◆**hang back** *vi* **1.**(*be reluctant to move forward*) rimanere indietro **2.**(*hesitate*) tirarsi indietro

◆**hang behind** *vi* rimanere indietro

◆**hang on** I. *vi* **1.**(*wait briefly*) aspettare; **to keep sb hanging on** fare aspettare qu; **~!** *inf* aspetta un attimo!; **she's on the other phone — would you like to ~?** è sull'altra linea, vuole attendere? **2.**(*hold on to*) **to ~ to sth** tenersi a qc; **~ tight** tenersi forte **3.**(*persevere, resist*) tenere duro II. *vt insep* **1.**(*depend upon*) dipendere da **2.**(*give attention*) **to ~ sb's every word** pendere dalle labbra di qu

◆**hang out** I. *vt* (*laundry*) stendere; (*tongue*) tirare fuori; (*flag*) alzare II. *vi* **1.**(*dangle*) sporgere; **let it all ~!** *inf* lasciati andare! **2.** *inf* (*spend time at*) bazzicare; **where does he ~ these days?** dove bazzica ultimamente? **3.** *inf* (*reside*) abitare

◆**hang over** *vt insep* essere sospeso sopra; *fig* incombere su

◆**hang together** *vi* **1.**(*make sense*) essere coerente **2.**(*remain associated*) rimanere compatto, -a

◆**hang up** I. *vi* **1.** riagganciare; **to ~ on sb** mettere giù il telefono a qu **2.** *inf* **to get hung up on sth** (*have trouble with*) bloccarsi su qc II. *vt* **1.**(*curtains*) attaccare; (*receiver*) mettere giù **2.**(*give up*) **to ~ one's cleats/boxing gloves** *fig* appendere al chiodo le scarpette/i guantoni **3.** *inf* (*delay*) rallentare

hangar ['hæŋ·ɚ] *n* hangar *m inv*

hangdog ['hæŋ·dɑːg] *adj* **1.**(*defeated*) abbattuto, -a **2.**(*ashamed*) pieno, -a di vergogna

hanger ['hæŋ·ɚ] *n* (*clothes*) gruccia *f*

hanger-on <hangers-on> *n* a. *fig* parassita *mf*

hang glider *n* SPORTS deltaplano *m*

hang-gliding *n* SPORTS deltaplano *m*

hanging ['hæŋ·ɪŋ] I. *n* **1.**(*act of execution*) impiccagione *f* **2.**(*system of execution*) impiccagione *f* **3.** *pl* (*curtains*) tende *fpl* II. *adj* **1.**(*bridge*) sospeso, -a **2.**(*crime*) punibile con l'impiccagione

hangman <-men> *n* **1.**(*person*) boia *m* **2.** GAMES impiccato *m*

hangnail *n* pepita *f*

hangout *n inf* ritrovo *m;* **a favorite ~ of artists** un posto frequentato dagli artisti

hangover *n* **1.**(*after drinking*) postumi *mpl* di sbronza **2.**(*left-over*) conseguenze *fpl*

hang-up *n inf* complesso *m;* **to have a ~ about sth** essere complessato per qc

hank [hæŋk] *n* matassa *f*

◆**hanker after** *vt,* **hanker for** *vt* anelare a; **to ~ the past** rimpiangere il passato

hankering *n* desiderio *m;* **to have a ~ for sth** anelare a qc

hankie *n,* **hanky** ['hæŋ·ki] *n inf abbr of* **handkerchief** fazzoletto *m*

hanky-panky [,hæŋ·ki·'pæŋ·ki] *n inf* intrallazzi *mpl*

Hanukkah ['hɑː·nə·kə] *n* Hanukkah *m*

haphazard [hæp·'hæ·zəd] *adj* a casaccio

hapless ['hæp·ləs] *adj* disgraziato, -a

happen ['hæ·pən] *vi* **1.** (*occur*) succedere; **if anything ~s to me ...** se mi succede qualcosa...; **these things ~** [*o sl* **shit ~s**] sono cose che succedono; **whatever ~s** qualunque cosa succeda; **what ~ed to your hand?** cosa ti sei fatto alla mano?; **something amazing ~ed to her that day** quel giorno le è capitata una cosa straordinaria **2.** (*chance*) **it ~ed (that) ...** il caso ha voluto che...; **I ~ed to be at home** per puro caso mi trovavo a casa; **as it ~s ...** come succede...; **how does it ~ that ...?** com'è che...?; **he ~s to be my best friend** è il mio migliore amico

happening ['hæ·pə·nɪŋ] *n* **1.** (*events*) avvenimento *m* **2.** (*performance*) happening *m inv*

happily ['hæ·pɪ·li] *adv* **1.** (*contentedly*) felicemente; **they lived ~ ever after** vissero sempre felici e contenti **2.** (*willingly*) molto volentieri **3.** (*fortunately*) fortunatamente

happiness ['hæ·pɪ·nɪs] *n* felicità *f;* **I wish you every ~** ti auguro di essere felice

happy ['hæ·pi] <-ier, -iest> *adj* **1.** (*feeling very good, fortunate, suitable*) felice; **to be ~ that ...** essere contento che...; **to be ~ to know that ...** essere felice di sapere che...; **I'm so ~ for you** sono felice per te; **to be ~ to do sth** essere contento di fare qc; **I'll be ~ to see you tomorrow morning** la vedrò volentieri domani mattina; **~ birthday!** buon compleanno!; **many ~ returns (of the day)!** cento di questi giorni!; **a ~ coincidence** una felice coincidenza **2.** (*satisfied*) contento, -a; **to be ~ about sb/sth** essere contento di qu/qc; **to be ~ doing sth** non avere problemi a fare qc; **are you ~ with the idea?** ti piace l'idea?

happy-go-lucky *adj* spensierato, -a

happy medium *n* giusto mezzo *m*

harass [hə·'ræs] *vt* **1.** (*persistently annoy, torment*) tormentare; **to ~ sb with questions** tempestare qu di domande; (*sexually*) molestare **2.** (*attack continually*) attaccare ripetutamente

harassed [hə·'ræst] *adj* tormentato, -a

harassment [hə·'ræs·mənt] *n* **1.** (*pestering*) molestia *f;* **sexual ~** molestie sessuali **2.** (*attack*) vessazioni *fpl*

harbinger ['hɑːr·bɪn·dʒə] *n liter* (*person*) messaggero, -a *m, f;* (*thing*) presagio *m;* **a ~ of doom** un cattivo presagio

harbor ['hɑːr·bə] I. *n* **1.** (*port*) porto *m* **2.** *fig* (*shelter*) rifugio *m* II. *vt* **1.** (*give shelter to*) dare rifugio a **2.** (*keep: feelings*) nutrire; **to ~ suspicions** covare dei sospetti; **to ~ a grudge (against sb)** serbare rancore (a qu) **3.** (*keep in hiding*) aiutare a nascondersi **4.** (*contain*) contenere

hard [hɑːrd] I. *adj* **1.** (*firm, rigid, hostile, unkind*) duro, -a; (*rule*) severo, -a; (*fate*) crudele; **~ times** tempi duri; **to have a ~ time** attraversare un brutto periodo; **to give sb a ~ time** rendere le cose difficili a qu; **to have ~ luck** avere sfortuna; **a ~ heart** un cuore di pietra; **to be ~ on sb/sth** essere duro con qu/qc **2.** (*intense, concentrated*) **to take a (good) ~ look at sth** guardare bene qc; **a ~ fight** una lotta accanita; **to be a ~ worker** lavorare sodo **3.** (*forceful*) forte **4.** (*difficult, complex*) difficile; **to be ~ work for sb to do sth** essere duro per qu fare qc; **to be ~ to please** essere difficile da accontentare; **to get ~** diventare difficile; **a ~ bargain** un affare poco vantaggioso; **to learn the ~ way** *fig* imparare a proprie spese **5.** (*severe*) severo, -a **6.** (*extremely cold*) rigido, -a **7.** (*solid: evidence*) inconfutabile **8.** (*fact*) innegabile; **~ and fast information** informazioni certe **9.** (*with alcohol*) **~ cider/punch** sidro/punch forte **10.** CHEM (*water*) duro, -a II. *adv* **1.** (*forcefully*) con forza; **to hit sb ~** colpire qu con forza; **to press/pull ~** premere/tirare forte **2.** (*rigid*) **frozen ~** ghiacciato, -a **3.** (*energetically, vigorously*) **to fight ~** *fig* lottare duramente; **to study/work ~** studiare/lavorare sodo; **to try ~ to do sth** sforzarsi di fare qc; **he was ~ at it** era tutto impegnato; **think ~** concentrati; **to die ~** *fig* essere duro a morire **4.** (*intently*) intensamente; **to look ~ at sth** osservare intensamente qc **5.** (*closely*) vicino; **to be ~ up** essere al verde **6.** (*heavy*) forte; **it rained ~** ha piovuto forte; **to take sth ~** prendere male qc; **I would be ~ pressed to choose one** sarebbe duro per me sceglierne uno

hardback ['hɑːrd·bæk] I. *n* (*book*) libro *m* in brossura; **in ~** in brossura II. *adj* in brossura

hardball *n* **1.** (*baseball*) baseball *m* **2.** *inf* uso *m* di qualsiasi mezzo

hard-bitten *adj* indurito, -a

hardboard *n* cartone *m* di fibra compressa

hard-boiled *adj* (*egg*) sodo, -a; *inf* (*person*) indurito, -a

hard cash *n* denaro *m* contante

hard copy <-ies> *n* COMPUT copia *f* stampata

hard core *n* **1.** (*inner circle within group*) nucleo *m* irriducibile **2.** (*pornography*) pornografia *f* hard

hard court *n* campo *m* (da tennis) in terra battuta

hardcover *n* (*book*) libro *m* in brossura

hard currency <-ies> *n* FIN moneta *f* forte

hard disk *n* COMPUT disco *m* duro

hard drive *n* COMPUT hard drive *m inv*

hard drug *n* droga *f* pesante

H

H

hard-earned *adj* (*money*) guadagnato, -a col sudore della fronte; (*rest, vacation*) meritato, -a

harden ['hɑːr·dn] I. *vt* 1. (*make more solid, firmer*) indurire; (*steel*) temprare 2. (*make tougher*) rafforzare; **to ~ oneself to sth** fare il callo a qc; **to become ~ed** indurirsi; **life has ~ed his personality** la vita lo ha reso duro; **to ~ one's heart** *fig* diventare duro 3. (*opinions*) irrigidire; (*character*) temprare II. *vi* 1. (*become firmer: character*) indurirsi 2. (*become accustomed to*) **to ~ to sth** fare il callo a qc 3. (*attitude*) irrigidirsi 4. (*become confirmed*) rafforzarsi

hardening *n* **~ of the arteries** ispessimento *m*

hard feelings *npl* rancore *m;* **no ~!** senza rancore!

hard-fought *adj* combattuto, -a

hardhat *n* casco *m*

hardheaded *adj* 1. (*stubborn*) testardo, -a 2. (*realistic*) realista

hardhearted *adj* duro, -a

hard-hit *adj* duramente colpito, -a; **to be ~ by sth** essere duramente colpito da qc

hard-hitting *adj* aspramente critico, -a

hard labor *n* LAW lavori *mpl* forzati

hard line *n* POL linea *f* dura

hard-liner *n* POL radicale

hard liquor *n* superalcolico *m*

hardly ['hɑːrd·li] *adv* 1. (*barely*) appena; **~ anything** quasi niente; **~ ever** quasi mai; **she can ~ walk** riesce appena a camminare; **she can ~ wait until tomorrow** non vede l'ora di arrivare a domani 2. (*certainly not*) **it's ~ my fault that it's raining** cosa c'entro io se piove?; **you can ~ expect him to do that** non puoi certo aspettarti che lo faccia; **~!** è improbabile! *inf*

hardness ['hɑːrd·nɪs] *n* 1. (*solidity, unfeelingness*) durezza *f* 2. (*difficulty*) difficoltà *f* 3. (*of winter*) rigidità *f*

hard-nosed *adj* duro, -a

hard-pressed *adj* in difficoltà

hard rock *n* MUS hard rock *m*

hard sell *n* vendita *f* aggressiva

hardship ['hɑːrd·ʃɪp] *n* (*suffering, adversity, deprivation*) stenti *mpl;* **to suffer great ~** avere molte privazioni; **to live in ~** vivere di stenti

hardtop *n* AUTO auto *f* non decappottabile *inv*

hardware *n* 1. (*household articles*) ferramenta *f inv;* **a ~ store** un negozio di ferramenta; (*home improvement center*) un centro di fai-da-te 2. COMPUT hardware *m* 3. MIL armamenti *mpl*

hard-wearing *adj* resistente

hardwood *n* legno *m* duro

hard-working *adj* laborioso, -a

hardy ['hɑːr·di] <-ier, -iest> *adj* (*person, animal*) forte; (*plant*) resistente

hare [her] *n* BIO lepre *f*

harebrained ['her·breɪnd] *adj* strambo, -a

harelip *n* MED labbro *m* leporino

harem ['he·rəm] *n* harem *m inv*

hark [hɑːrk] *vi* **~!** ascolta!; **to ~ back to sth** *fig* evocare qc

harm [hɑːrm] I. *n* male *m; to* **do ~ to sb/sth** fare del male a qu/qc, danneggiare qu/qc; **to do more ~ than good** fare più male che bene; (**to put**) **out of ~'s way** (mettere) al sicuro; **to see no ~ in sth** non vedere niente di male in qc; **I meant no ~** non intendevo fare del male; **you will come to no ~** non ti succederà niente; **there's no ~ in trying** non si perde niente a provare II. *vt* 1. (*hurt*) fare del male a; (*reputation*) danneggiare; **it wouldn't ~ you to stay at home** non ti farebbe male restare a casa 2. (*ruin, spoil*) rovinare

harmful ['hɑːrm·fəl] *adj* nocivo, -a; **to be ~ to sth** nuocere a qc

harmless ['hɑːrm·lɪs] *adj* (*animal, person*) inoffensivo, -a; (*thing*) innocuo, -a; (*fun, joke*) innocente

harmonic [hɑːr·ˈmɑː·nɪk] *adj* armonico, -a

harmonica [hɑːr·ˈmɑː·nɪ·kə] *n* MUS armonica *f*

harmonious [hɑːr·ˈmoʊn·iəs] *adj* armonioso, -a

harmonium [hɑːr·ˈmoʊn·iəm] *n* MUS armonium *m inv*

harmonization [ˌhɑːr·mə·nɪ·ˈzeɪ·ʃən] *n* armonizzazione *f*

harmonize ['hɑːr·mə·naɪz] I. *vt* armonizzare II. *vi* **to ~** (*with sb/sth*) armonizzarsi (con qu/qc)

harmony ['hɑːr·mə·ni] <-ies> *n* armonia *f; in* **~** (*with sb/sth*) in armonia (con qu/qc)

harness ['hɑːr·nɪs] I. *n* 1. (*for animals*) finimenti *mpl;* (*for children*) briglie *fpl* 2. (*cooperation*) **to work in ~** lavorare insieme 3. (*everyday life*) **to get back in ~** *fig* tornare alla routine II. *vt* 1. (*secure: horse*) mettere i finimenti a; **to ~ a horse/donkey to a carriage** attaccare un cavallo/asino a un carro 2. (*exploit: resources*) sfruttare

harp [hɑːrp] I. *n* MUS arpa *f* II. *vi* **to ~ on about sth** (*talk about*) insistere su qc; (*complain*) lamentarsi di qc

harpoon [hɑːr·ˈpuːn] I. *n* arpione *m* II. *vt* arpionare

harpsichord ['hɑːrp·sɪ·kɔːrd] *n* MUS clavicembalo *m*

harrow ['hæ·roʊ] I. *n* erpice *f* II. *vt* 1. AGR erpicare 2. (*distress*) tormentare

harrowing *adj* (*story, experience*) sconvolgente; (*prospect*) tremendo, -a

harsh [hɑːrʃ] *adj* 1. (*severe: parents*) severo, -a; (*punishment*) duro, -a 2. (*unfair: criticism, words, reality*) duro, -a 3. (*unfriendly*) brusco, -a 4. (*uncomfortable: light*) troppo forte; (*climate, winter*) rigido, -a; (*contrast*) violento, -a 5. (*rough*) aspro, -a 6. (*unaesthetic: color*) vistoso, -a 7. (*unpleasant to the ear*) stridente

harum-scarum [ˌhe·rəm·ˈske·rəm] I. *adv* irresponsabilmente II. *adj* irresponsabile

harvest ['hɑːr·vɪst] I. *n* (*of crops*) raccolto *m;* (*of grapes*) vendemmia *f;* (*of vegetables*) raccolta *f;* **the apple ~** la raccolta delle mele; **a good ~ of potatoes** una buona produzione di patate **II.** *vt a. fig* raccogliere; (*crops*) mietere; **to ~ grapes** vendemmiare **III.** *vi* fare il raccolto

harvester *n* **1.**(*machine*) **combine ~** mietitrebbiatrice *f* **2.**(*person: of fruits*) raccoglitore, -trice *m, f;* (*of grain*) mietitore, -trice *m, f;* (*of grapes*) vendemmiatore, -trice *m, f*

harvest moon *n* luna *f* piena intorno all'equinozio d'autunno

has [hæz, *unstressed:* həz] *3rd pers sing of* **have**

has-been *n inf* vecchia gloria *f;* **to be a ~** aver fatto il proprio tempo

hash¹ [hæʃ] **I.** *vt* CULIN tritare **II.** *n* **1.** CULIN *piatto a base di carne, patate e verdure tritate e cotte al forno o in padella* **2.** *inf* pasticcio *m;* **to make a ~ of sth** rovinare qc
◆**hash up** *vt* rovinare

hash² [hæʃ] *n inf* fumo *m*

hash browns *npl* crocchette *fpl* di patate

hashish ['hæ·ʃiːʃ] *n* hashish *m*

hasn't ['hæ·znt] = **has not** *s.* **have**

hassle ['hæ·sl] **I.** *n inf* (*trouble*) scocciatura *f;* **to give sb a ~** scocciare qu; **it's such a ~** è una bella scocciatura **II.** *vt inf* scocciare; **to ~ sb to do sth** scocciare qu perché faccia qc

hassock ['hæ·sək] *n* **1.**(*for kneeling*) cuscino *m* (per inginocchiarsi) **2.**(*tuft of grass*) ciuffo *m* d'erba

haste [heɪst] *n* fretta *f;* **to make ~** affrettarsi; **in ~** di fretta

hasten ['heɪ·sn] **I.** *vt* affrettare; **to ~ sb along** dire a qu di fare in fretta; **to ~ one's steps** affrettare il passo **II.** *vi* affrettarsi; **to ~ to do sth** affrettarsi a fare qc

hasty ['heɪs·ti] <-ier, -iest> *adj* **1.**(*fast*) rapido, -a; **to beat a ~ retreat** *a. fig* ritirarsi in tutta fretta **2.**(*not thought out*) frettoloso, -a; **to make ~ decisions** prendere decisioni affrettate; **to be ~ in doing sth** essere troppo frettoloso a fare qc

hat [hæt] *n* cappello *m;* **to pass around the ~** fare una colletta ▶**at the drop of a ~** in men che non si dica; **I'll eat my ~ if...** ci scommetterei che non...; **to hang one's ~ somewhere** fermarsi da qualche parte; **to keep sth under one's ~** non dire una parola su qc; **to talk through one's ~** *inf* parlare a vanvera

hatch¹ [hætʃ] **I.** *vi* uscire dal guscio **II.** *vt* **1.**(*egg*) far schiudere **2.**(*devise in secret*) tramare; **to ~ a plan** tramare un piano

hatch² [hætʃ] <-es> *n* portello *m;* NAUT osteriggio *m* ▶**down the ~!** alla salute!

hatch³ [hætʃ] *vt* ART ombreggiare

hatchback ['hætʃ·bæk] *n* AUTO auto *f* a tre/cinque porte *inv*

hatchet ['hætʃ·ɪt] *n* accetta *f* ▶**to bury the ~** seppellire l'ascia di guerra

hatchet-faced *adj inf* dai lineamenti decisi

hatchet man *n inf* **1.**(*employee*) uomo che si occupa dei lavori sgradevoli **2.**(*thug*) sicario *m*

hatching ['hæt·ʃɪŋ] *n* uscita *f* dal guscio

hate [heɪt] **I.** *n* odio *m;* **to feel ~ for sb/sth** odiare qu/qc **II.** *vt* odiare; **to ~ sb's guts** *inf* odiare qu a morte

hate crime *n reato scatenato dall'odio religioso, razziale ecc.*

hateful ['heɪt·fəl] *adj* odioso, -a

hatpin ['hæt·pɪn] *n* spillone *m* da cappello

hatred ['heɪ·trɪd] *n* odio *m*

hat trick *n* SPORTS tripletta *f;* **to score a ~** fare una tripletta

haughty ['hɑ·ți] <-ier, iest> *adj* altero, -a

haul [hɑːl] **I.** *vt* **1.**(*pull with effort*) tirare; **to ~ up the sail** issare la vela; **to ~ a boat out of the water** tirare in secco una barca **2.** *inf* (*force to go*) trascinare **3.**(*transport goods*) trasportare **II.** *n* **1.**(*distance*) tragitto *m;* **long ~ flight** volo *m* intercontinentale; **in** [*o* **over**] **the long ~** *fig* alla lunga **2.**(*quantity caught: of fish, shrimp*) pesca *f;* (*of stolen goods*) refurtiva *f* **3.**(*tug*) strattone *m*
◆**haul down** *vt* (*flag, sail*) ammainare
◆**haul off** *vi* NAUT orzare
◆**haul up** *vt inf* **to haul sb up before sb** trascinare qu davanti a qu

haulage ['hɑ·lɪdʒ] *n* **1.**(*transportation*) trasporto *m* **2.**(*costs*) spese *fpl* di trasporto

hauler ['hɑ·lə·] *n* (*business*) ditta *f* di autotrasporti; (*person*) autotrasportatore, -trice *m, f*

haunch [hɑːntʃ] <-es> *n* **1.** ANAT anca *f;* **to sit on one's ~es** accucciarsi **2.**(*of meat*) coscia *f*

haunt [hɑːnt] **I.** *vt* **1.**(*ghost*) infestare **2.**(*bother, torment*) perseguitare; **to be ~ed by memories of an unhappy childhood** essere perseguitato dai ricordi di un'infanzia infelice; **to be ~ed by sth** essere ossessionato da qc **3.**(*frequent*) bazzicare; **to ~ a place** bazzicare un posto **II.** *n* ritrovo *m* preferito; **a student ~** un posto frequentato dagli studenti

haunted *adj* **1.**(*by ghosts*) infestato, -a dai fantasmi, stregato, -a **2.**(*troubled: look*) preoccupato, -a

haunting *adj* **1.**(*disturbing*) **a ~ fear/memory** una paura/un ricordo ricorrente e inquietante **2.**(*memorable*) **to have a ~ beauty** avere una bellezza non comune; **a ~ melody** una melodia che rimane in testa

Havana [hə·'væ·nə] *n* L'Avana

have [hæv, *unstressed:* həv] **I.** <has, had, had> *vt* **1.**(*own*) avere; **I have two brothers** ho due fratelli; **~ you got a cold? — no, I ~ a headache** hai il raffreddore? — no, ho mal di testa; **to ~ sth to do** avere qc da fare **2.**(*engage in*) **to ~ a talk with sb** parlare con qu; **to ~ a game of sth** fare una partita a qc **3.**(*eat*) **to ~ lunch** pranzare; **I ~n't had shrimp in ages!** sono secoli che non mangio gamberetti!; **to ~ a coffee** prendere un caffè **4.**(*give birth to*) **to ~ a child** avere [*o* fare] un bambino **5.**(*receive*) avere, ricevere; **to ~ news about sb/sth** avere notizie di qu/qc; **to ~ visitors** avere visite **6.**(*show trait*) **to ~ patience/mercy** avere pazienza/pietà; **to ~**

H

doubts/second thoughts avere dubbi/ripensamenti 7.(*cause to occur*) to ~ dinner ready by seven la cena sarà pronta per le sette; I'll ~ Bob give you a ride home ti farò dare un passaggio da Bob; I won't ~ you doing that non te lo lascerò fare ▶to ~ it in for sb *inf* avercela con qu; to ~ it in one to do sth essere capace di fare qc; I didn't think she had it in her! non pensavo che ne fosse capace!; to ~ had it with sb/sth *inf* averne (avuto) abbastanza di qu/qc II.<has, had, had> *aux* 1.(*indicates perfect tense*) he has never been to California non è mai stato in California; we had been swimming eravamo stati a nuotare; had I known you were coming, ... *form* se avessi saputo che venivi,... 2.(*must*) to ~ (got) to do sth dover fare qc; what time ~ we got to be there? a che ora dobbiamo essere lì?; do we ~ to finish this today? dobbiamo finirlo oggi? III. *n pl* the ~s and the have-nots i ricchi e i poveri

◆have around *vt always sep* (*gadget*) avere a portata di mano

◆have back *vt always sep* can I have it back? posso riaverlo?; they solved their problems and she had him back hanno risolto i problemi e lei se lo è ripreso

◆have in *vt always sep* invitare; they had some experts in hanno chiamato degli esperti

◆have on *vt always sep* 1.(*wear: clothes*) indossare; he didn't have any clothes on era completamente nudo 2.(*carry*) to have sth on oneself avere con sé; have you got any money on you? hai dei soldi con te?

◆have out *vt always sep* 1.(*remove*) togliersi 2. *inf* (*argue*) to have it out with sb mettere le cose in chiaro con qu

◆have over *vt always sep* invitare

◆have up *vt always sep* denunciare

haven ['heɪ·vn] *n* rifugio *m*

have-nots *npl* the ~ i poveri

haven't ['hæ·vnt] = have not *s.* have

havoc ['hæ·vək] *n* caos *m;* the ~ of the fire/ the storm il caos dell'incendio/del temporale; to play ~ with sth creare il caos in qc; to wreak ~ on sth rovinare qc

haw [hɑː] I. *interj* (*to horse*) ah! II. *vi* to hem and ~ esitare (nel parlare)

Hawaii [hə·'waɪ·iː] *n* Hawaii *fpl*

Hawaiian [hə·'waɪ·jən] I. *n* 1.(*person*) hawaiano, -a *m, f* 2. LING hawaiano *m* II. *adj* hawaiano, -a

hawk [hɑːk] I. *n* falco *m* II. *vt* (*wares*) vendere per strada III. *vi* raschiarsi la gola

hawker *n* venditore , -trice *m, f* ambulante

hawk-eyed *adj* to be ~ avere occhi di lince

hawkmoth *n* atropo *m*

hawser ['hɔː·zə˞] *n* NAUT gomenetta *f*

hawthorn ['hɑː·θɔːrn] *n* BOT biancospino *m*

hay [heɪ] *n* fieno *m* ▶to hit the ~ *inf* andare a nanna

hay fever *n* raffreddore *m* da fieno

haystack *n* pagliaio *m*

haywire *adj inf* to go/be ~ (*person*) dare i numeri; (*machine*) andare in tilt

hazard ['hæ·zə˞d] I. *n* 1.(*danger*) pericolo *m* 2.(*risk*) rischio *m;* fire ~ pericolo di incendio; health ~ rischio per la salute II. *vt* 1.(*dare*) azzardare; to ~ a guess at sth provare a indovinare qc 2.(*endanger*) mettere a rischio

hazardous ['hæ·zə˞·dəs] *adj* (*dangerous*) pericoloso, -a; (*risky*) rischioso, -a

hazard lights *npl* AUTO blinker *m inv*

haze [heɪz] I. *n* 1.(*mist*) foschia *f;* (*smog*) nebbiolina *f* 2.(*mental*) stordimento *m* II. *vt* UNIV fare scherzi a

hazel ['heɪ·zl] I. *adj* (*eyes*) castano, -a II. *n* BOT nocciolo *m*

hazelnut ['heɪ·zl·nʌt] *n* BOT nocciola *f*

hazy ['heɪ·zi] <-ier, -iest> *adj* 1.(*with bad visibility*) nebbioso, -a 2.(*confused, unclear*) vago, -a

HDTV [ˌeɪtʃ·diː·tiː·'viː] *n* TV *abbr of* high-definition television televisione *f* ad alta definizione

he [hiː] I. *pron pers* 1.(*male person or animal*) egli, lui; ~'s [*o* ~ is] my father (lui) è mio padre; ~'s gone away but ~'ll be back soon è partito ma tornerà presto; here ~ comes eccolo 2.(*unspecified sex*) if somebody comes, ~ will buy it se qualcuno viene, lo comprerà; ~ who ... *form* colui che... II. *n* (*of baby, animal*) maschio *m*

head [hed] I. *n* 1. ANAT testa *f;* to nod one's ~ fare sì con la testa; to go straight to sb's ~ (*alcohol, wine*) andare subito alla testa di qu 2.(*unit*) testa *f;* a [*o* per] ~ a testa; a hundred ~ of cattle cento capi di bestiame; to be a ~ taller than sb essere più alto di qu di tutta una testa 3.(*mind*) to clear one's ~ chiarirsi le idee; to get sth/sb out of one's ~ togliersi qc/qu dalla testa; to have a good ~ for numbers essere bravo con i numeri; to need a clear ~ to do sth dover essere lucido per fare qc 4.(*top: of line, page, column*) cima *f;* (*of bed*) testata *f;* at the ~ of the table a capotavola 5. BOT (*of garlic*) testa *f;* a ~ of lettuce un cespo d'insalata 6. *pl* FIN (*face of coin*) testa *f;* ~s or tails? testa o croce? 7.(*beer foam*) spuma *f* 8. GEO (*of river*) sorgenti *fpl* 9.(*boss*) capo *m;* the department ~ il capodipartimento; ~ of a company il direttore di un'azienda; ~ of a committee il presidente del comitato 10. TECH (*device*) testa *f;* (*for recording*) testina *f* 11. COMPUT read/write ~ testina *f* di lettura/scrittura 12. NAUT (*toilet*) gabinetto *m* ▶to have one's ~ in the clouds avere la testa tra le nuvole; to be ~ over heels in love essere innamorato pazzo; to fall ~ over heels in love with sb innamorarsi pazzamente di qu; to bury one's ~ in the sand fare come lo struzzo; to not be able to make ~ (n)or tail of sth non capire un'acca di qc; ~s I win, tails you lose vinco comunque; to bang one's ~ against a wall sbattere la testa contro il muro; **to keep one's ~ above** <u>water</u> tenersi a galla; **to keep one's ~** <u>down</u> (*avoid attention*) tenersi in disparte; (*work hard*) impegnarsi; **to hold one's ~** <u>high</u> andare a testa alta; **~s** <u>up</u>! attenzione!; **to be** <u>soft</u> **in the ~** essere un po' tonto; **to have one's ~** <u>screwed on</u> **right** avere la testa sulle spalle; **to** <u>bite</u> **sb's ~ off** trattare male qu; **to** <u>bring</u> **sth to a ~** portare qc a un punto critico; **to** <u>give</u> **sb his/her ~** lasciare fare a qu di testa sua; **to** <u>laugh</u> **one's ~ off** schiantarsi dalle risate; **~s** **will** <u>roll</u> cadrà qualche testa **II.** *vt* **1.** (*lead*) capeggiare; (*a company, organization*) dirigere; (*team*) capitanare **2.** PUBL intitolare **3.** SPORTS (*ball*) colpire di testa **III.** *vi* **to ~** (**for**) **home** dirigersi verso casa

◆**head back** *vi* tornare indietro

◆**head for** *vt insep* essere diretto a; **to ~ the exit** dirigersi verso l'uscita; **to ~ disaster** rischiare di finire male

◆**head off I.** *vt* bloccare **II.** *vi* **to ~ toward** andare verso

◆**head up** *vt* dirigere

headache ['hed·eɪk] *n* mal *m* di testa *inv*

headband *n* fascia *f* per la testa

headbanger *n inf* metallaro, -a *m, f*

headboard *n* testata *f*

head cold *n* raffreddore *m*

head cook *n* capocuoco, -a *m, f*

headdress <-es> *n* copricapo *m*

header ['he·dɚ] *n* **1.** SPORTS colpo *m* di testa **2.** COMPUT intestazione *f*

headfirst ['hed·'fɜːrst] *adv* di testa; **to fall ~** cadere a testa in giù

headhunt *vt* ECON reclutare

headhunter *n* ECON (*warrior*) cacciatore *m* di teste

heading ['he·dɪŋ] *n* (*of chapter*) titolo *m;* (*letterhead*) intestazione *f*

headland [,hed·lænd] *n* promontorio *m*

headless *adj* senza testa

headlight *n*, **headlamp** *n* faro *m*

headline I. *n* titolo *m* ▸ **to** <u>hit</u> **the ~s** fare notizia **II.** *vt* intitolare

headlong I. *adv* a capofitto; **to rush ~ into sth** buttarsi in qc **II.** *adj* precipitoso, -a

headmaster *n* direttore *m* di scuola

headmistress <-es> *n* direttrice *f* di scuola

head of state <heads of state> *n* capo *m* di stato

head-on I. *adj* (*collision*) frontale **II.** *adv* frontalmente

headphones *npl* cuffie *fpl*

headquarters *n+ sing/pl vb* MIL quartiere *m* generale; (*of company*) sede *f* centrale; (*of political party*) sede *f;* (*of the police*) comando *m* di polizia

headrest *n* poggiatesta *m inv*

headroom *n* altezza *f*

headscarf <-scarves> *n* fazzoletto *m* (per la testa)

headset *n* cuffie *fpl*

headship *n* ADMIN direzione *f*

headshrinker *n inf* (*psychiatrist*) strizzacervelli *mf inv*

head start *n* vantaggio *f;* **to give sb a ~** dare un vantaggio a qu

headstone *n* lapide *f*

headstrong *adj* testardo, -a

heads-up *adj* (*baseball, player*) competente

headwaiter *n* capo *m* cameriere

headwaters *npl* GEO sorgenti *fpl*

headway *n* progresso *m;* **to make ~** fare progressi

headwind *n* vento *m* contrario; NAUT vento *m* di prua

headword *n* lemma *m*

heady ['he·di] <-ier, -iest> *adj* **1.** (*intoxicating*) inebriante **2.** (*exciting*) emozionante

heal [hiːl] **I.** *vt* (*wound*) guarire; (*differences*) sanare **II.** *vi* (*wound, injury*) guarire

health [helθ] *n* salute *f;* **to be in good/bad ~** godere/non godere di buona salute; **to drink to sb's ~** bere alla salute di qu

health care *n* assistenza *f* sanitaria

health center *n* poliambulatorio *m*

health certificate *n* certificato *m* medico

health club *n* (centro *m*) fitness *m inv*

health food *n* alimenti *mpl* naturali

health food shop *n*, **health food store** *n* negozio *m* di prodotti naturali

health hazard *n* rischio *m* per la salute

health insurance *n* assicurazione *f* sanitaria

health maintenance organization *n* assicurazione *f* sanitaria di categoria

health resort *n*, **health spa** *n* stazione *f* termale

healthy ['hel·θi] <-ier, -iest> *adj* **1.** MED sano, -a **2.** FIN (*strong*) prospero, -a; (*profit*) sostanzioso, -a **3.** (*positive: attitude*) positivo, -a

heap [hiːp] **I.** *n* (*pile*) mucchio *m,* pila *f;* **to collapse in a ~** *fig* (*person*) accasciarsi; **a** (**whole**) **~ of work** *inf* (tutta) una montagna di lavoro **II.** *vt* ammucchiare; **to ~ sth with sth** riempire qc di qc

hear [hɪr] <heard, heard> **I.** *vt* **1.** (*perceive, be told*) sentire; **to ~ that ...** sentire [*o* sapere] che... **2.** (*listen*) ascoltare; **Lord, ~ our prayers** REL ascoltaci, Signore **3.** LAW (*witness, arguments*) ascoltare; (*case*) esaminare **II.** *vi* (*perceive, get news*) sentire; **to ~ of** [*o* about] **sth** sentire [*o* sapere] di qc ▸ **~, ~!** senti, senti!

heard [hɜːrd] *pt, pp of* **hear**

hearing ['hɪ·rɪŋ] *n* **1.** (*sense*) udire *m;* **to be hard of ~** avere problemi d'udito **2.** (*act*) ascolto *m* **3.** (*range*) **in sb's ~** in presenza di qu **4.** LAW udienza *f*

hearing aid *n* apparecchio *m* acustico

hearsay ['hɪr·seɪ] *n* dicerie *fpl;* **by ~** per sentito dire

hearse [hɜːrs] *n* carro *m* funebre

heart [hɑːrt] *n* **1.** ANAT cuore *m* **2.** (*center of emotions*) **to break sb's ~** spezzare il cuore a qu; **to have a cold ~** avere il cuore di pietra; **to have a change of ~** cambiare idea; **to have a good** [*o* kind] **~** essere una persona gene-

H

rosa; **to lose ~** scoraggiarsi; **to lose one's ~ (to sb/sth)** innamorarsi (di qu/qc); **to pour one's ~ out to sb** sfogarsi con qu; **to take ~** farsi coraggio; her **~ sank** si sentì mancare **3.** (*core*) centro *m;* **to get to the ~ of the matter** arrivare al nocciolo della questione **4.** CULIN (*of lettuce, artichoke*) cuore *m* **5.** *pl* (*card suit*) cuori *mpl* ▸ **to one's ~'s content** finché uno vuole; **to have a ~ of gold/stone** avere il cuore d'oro/di pietra; **to have one's ~ in the right place** non voler fare del male; **to wear one's ~ on one's sleeve** essere franco; **with all one's ~** con tutta l'anima; **she is a girl after my own ~** è una ragazza di quelle che piacciono a me; **to not have the ~ to do sth** non sentirsela di fare qc; **by ~** a memoria; **in one's ~ of ~s** dentro di sé, in fondo al cuore

heartache ['hɑ:rt·eɪk] *n* sofferenza *f*

heart attack *n* infarto *m*

heartbeat *n* battito *m* cardiaco

heartbreak *n* dolore *m*

heartbreaking *adj* struggente

heartbroken *adj* col cuore infranto

heartburn *n* MED acidità *f* di stomaco

heart disease *n* disturbo *m* cardiaco

heartening ['hɑːr·tə·nɪŋ] *adj* incoraggiante

heart failure *n* arresto *m* cardiaco

heartfelt *adj* sincero, -a; **my ~ condolences** le mie più sentite condoglianze; **~ relief** gran sollievo

hearth [hɑːrθ] *n* focolare *m;* **to leave ~ and home** lasciare il focolare domestico

hearth rug *n* tappeto *m* (davanti al caminetto)

heartily *adv* con entusiasmo; **to dislike sth/ sb ~** detestare qc/qu; **to eat ~** mangiare di gusto

heartland ['hɑːrt·lænd] *n* centro *m;* **the economic ~** il centro economico

heartless ['hɑːrt·ləs] *adj* senza cuore

heart murmur *n* MED soffio *m* al cuore

heart rate *n* frequenza *f* cardiaca

heart-rending *adj* straziante

heart-searching *n* esame *m* di coscienza

heartstrings *npl* **to pull at sb's ~** *fig* toccare profondamente qu

heartthrob *n inf* idolo *m*

heart-to-heart **I.** *n* chiacchierata *f* franca **II.** *adj* franco, -a

heart transplant *n* trapianto *m* di cuore

heartwarming *adj* rincuorante

hearty ['hɑːr·t̬i] *adj* <-ier, -iest> **1.** (*enthusiastic*) entusiasta; **~ congratulations** congratulazione di tutto cuore; **~ welcome** accoglienza calorosa **2.** (*large, strong*) robusto, -a; **~ appetite** bell'appetito; **a ~ breakfast** una colazione sostanziosa; **to have a ~ dislike for sth** detestare davvero qc

heat [hiːt] **I.** *n* **1.** (*warmth, high temperature*) calore; **in the ~ of the day** quando fa più caldo; **to cook sth on a high/low ~** cuocere qc a ad alta/bassa temperatura **2.** (*heating system*) riscaldamento *m;* **to turn down the ~**

abbassare il riscaldamento **3.** (*emotional state*) eccitazione *f;* **in the ~ of the argument** nel fervore della discussione **4.** (*sports race*) eliminatoria *f* **5.** ZOOL calore *m;* **to be in ~** essere in calore ▸ **to put the ~ on sb** mettere qu sotto pressione; **to take the ~ off sb** dar un po' di respiro a qu **II.** *vt* **1.** (*make hot*) scaldare **2.** (*excite*) accalorare **III.** *vi* (*become hot*) scaldarsi; *fig* (*inflame*) accalorarsi

◆**heat up** **I.** *vi* scaldarsi **II.** *vt* scaldare

heated *adj* **1.** (*window*) termico, -a; (*pool, room*) riscaldato, -a **2.** (*argument*) acceso, -a

heatedly *adv* con veemenza; **to ~ deny sth** negare qc con veemenza

heater ['hiː·t̬ɚ] *n* termosifone *m,* stufa *f;* **water ~** scaldaacqua *m inv*

heat exchanger *n* radiatore *m*

heat exhaustion *n* MED colpo *m* di calore

heat gauge *n* termostato *m*

heath [hiːθ] *n* BOT erica *f*

heathen ['hiː·ðn] **I.** *n* pagano, -a *m, f;* **the ~** i pagani **II.** *adj* pagano, -a

heather ['he·ðɚ] *n* BOT erica *f*

heating *n* riscaldamento *m*

heating system *n* impianto *m* di riscaldamento

heat pump *n* pompa *f* termica

heat rash <-es> *n* eruzione *f* cutanea da calore

heat-resistant *adj*, **heat-resisting** *adj* termoresistente

heat-seeking *adj* MIL termoguidato, -a

heat shield *n* scudo *m* termico

heat stroke *n* MED insolazione *f*

heat treatment *n* termoterapia *f*

heat wave *n* ondata *f* di caldo

heave [hiːv] **I.** *vi* **1.** (*pull*) tirare; (*push*) spingere **2.** (*move up and down*) alzare e abbassare; **to ~ into view** [*o* **sight**] NAUT apparire all'orizzonte **3.** (*vomit*) vomitare **II.** *vt* **1.** (*pull*) tirare; (*push*) spingere; **he ~d the door open** aprì la porta con una spinta; **to ~ a sigh of relief** tirare un sospiro di sollievo; **to ~ sth at sb** lanciare qc a qu **2.** (*lift*) sollevare **III.** *n* **1.** (*push*) spinta *f;* (*pull*) strattone *m* **2.** (*great effort*) grande sforzo *m*

◆**heave to** *vi* <hove to, hoved to> NAUT mettersi in panna

◆**heave up** *vt* vomitare

heaven ['he·vən] *n* cielo *m,* paradiso *m;* **to go to ~** andare in paradiso; **it's ~** *fig, inf* è fantastico; **to be ~ on earth** *fig* (*place*) essere un paradiso; **to be in (seventh) ~** *a. fig* essere al settimo cielo; **the ~s** (*sky*) il cielo ▸ **to move ~ and earth** muovere mari e monti; **what/ where/when/who/why in ~'s name ...?** cosa/dove/quando/chi/perché diavolo...?; **for ~s sake!** per l'amor del cielo!; **good ~s!** santo cielo!; **to stink to high ~** puzzare tremendamente; **~ only knows** Dio solo lo sa; **~ help us** che il cielo ci aiuti; **thank ~s** grazie al cielo

heavenly ['he·vən·li] *adj* <-ier, -iest> **1.** (*of*

heaven) celestiale; ~ **body** corpo *m* celeste **2.**(*wonderful*) divino, -a
heavens *npl liter* firmamento *m*
heaven-sent *adj* capitato, -a a proposito
heavy ['he·vi] I. *adj* <-ier, -iest> **1.**(*weighing a lot*) pesante; ~ **food** cibi pesanti **2.**(*difficult*) difficile; **the book was rather ~ going** il libro era piuttosto difficile da leggere **3.**(*strong*) forte; ~ **fall** *a.* ECON forte calo **4.**(*not delicate, coarse*) poco delicato, -a; (*features*) marcato, -a **5.**(*severe*) severo, -a; (*responsibility, sea*) grosso, -a; ~ **casualties** un elevato numero di vittime **6.**(*abundant*) abbondante; (*investment*) grosso, -a; ~ **rain** forti rovesci; **to go ~ on fuel** consumare molto carburante; **the tree was ~ with fruit** l'albero era carico di frutti **7.**(*excessive: drinker, smoker*) accanito, -a **8.**(*thick: fog*) denso, -a; (*beard*) folto, -a II. *n* <-ies> *inf* gorilla *m inv*
heavy drinker *n* gran bevitore, -trice *m, f*
heavy-duty *adj* resistente; (*machine*) per uso industriale
heavy going *adj* difficile
heavy-handed *adj* **1.**(*clumsy*) maldestro, -a **2.**(*harsh*) duro, -a
heavy-hearted *adj* afflitto, -a
heavy hitter *n* persona *f* chiave
heavy industry *n* industria *f* pesante
heavy metal *n* **1.**(*lead, cadmium*) metallo *m* pesante **2.** MUS heavy metal *m*
heavy water *n* acqua *f* pesante
heavyweight I. *adj* **1.** SPORTS di pesi massimi **2.**(*cloth*) resistente **3.**(*important*) serio, -a e importante II. *n* peso *m* massimo; *fig* personaggio *m* di spicco
Hebrew ['hi:·bru:] I. *n* **1.**(*person*) ebreo, -a *m, f* **2.** LING ebraico *m* II. *adj* ebreo, -a
Hebrides ['he·brɪ·di:z] I. *n* **the ~** le Ebridi
heck [hek] *interj inf* **where the ~ have you been?** dove cavolo eri?; **what the ~!** chi se ne frega!
heckle ['he·kl] *vi, vt* interrompere
heckler ['hek·lə] *n* persona *f* che interrompe
hectare ['hek·teə] *n* ettaro *m*
hectic ['hek·tɪk] *adj* febbrile; ~ **pace** ritmo febbrile
he'd [hi:d] = he had, he would *s.* have, will
hedge [hedʒ] I. *n* **1.**(*row of bushes*) siepe *m* **2.** FIN (*protection*) copertura *f* II. *vi* (*avoid action*) essere evasivo, -a; FIN coprirsi III. *vt* recintare (con una siepe)
hedge fund *n* FIN *fondo comune d'investimento spregiudicato*
hedgehog ['hedʒ·ha:g] *n* porcospino *m*
hedgerow *n* siepe *f*
hedging ['hed·ʒɪŋ] *n* FIN copertura *f*
heebie-jeebies ['hi:·bɪ·'dʒi:·bɪz] *npl sl* **to give sb the ~** far accapponare la pelle
heed [hi:d] I. *vt form* prestare attenzione a II. *n* **to pay (no) ~ to sth, to take (no) ~ of sth** (non) prestare attenzione a qc
heedful ['hi:d·fəl] *adj* **to be ~ of sb's advice** seguire i consigli di qu

heedless ['hi:d·lɪs] *adj* irresponsabile; ~ **of sth** noncurante di qc; **to be ~ of the risk** non preoccuparsi del rischio
hee-haw ['hi:·ha:] I. *n* raglio *m* II. *vi* (*donkey*) ragliare
heel [hi:l] I. *n* **1.**(*of foot*) tallone *m;* **to be at sb's ~s** stare alle calcagna di qu **2.**(*of shoe*) tacco *m* **3.**(*of the hand*) base *f* della mano **4.**(*of loaf of bread*) cantuccio *m* **5.** *inf* (*unfair person*) carogna *f* ▶ **to be down at the ~s** essere male in arnese; **to follow close on the ~s of sth** seguire immediatamente qc; **to be hard on sb's ~s** stare alle calcagna a qu; **under the ~ of sb/sth** sotto a qu/qc; **to bring sb to ~** ridurre all'obbedienza qu; **to come to ~** finire per obbedire; **to dig one's ~s in** puntare i piedi; **to take to one's ~s** *inf* alzare i tacchi; **to turn on one's ~** girare sui tacchi II. *interj* (*to dogs*) vieni III. *vi* (*dog*) **this dog won't heel** il cane non viene quando si chiama
hefty ['hef·ti] *adj* <-ier, -iest> (*person*) corpulento, -a; (*profit, amount*) sostanzioso, -a; (*book*) massiccio, -a
heifer ['he·fə] *n* giovenca *f*
height [haɪt] *n* **1.**(*of person*) statura *f,* altezza *f;* (*of thing*) altezza *f* **2.** *pl* (*high places*) alture *fpl;* **to be afraid of ~s** soffrire di vertigini; **to attain great ~s** *fig* arrivare in alto; **to scale (new) ~s** *fig* affrontare (nuove) sfide **3.** *pl* (*hill*) cime *fpl* **4.**(*strongest point*) culmine *m;* **to be at the ~ of one's career** essere all'apice della carriera; **the ~ of fashion** l'ultimo grido **5.**(*the greatest degree*) colmo *m;* **the ~ of stupidity/patience** il colmo della stupidità/pazienza; **the ~ of kindness/** il massimo della generosità
heighten ['haɪ·tn] I. *vi* aumentare II. *vt* aumentare; **to ~ the effect of sth** intensificare l'effetto di qc
heinous ['heɪ·nəs] *adj form* atroce
heir [er] *n* erede *mf;* **to be (the) ~ to sth** essere l'erede di qc; ~ **apparent** erede in linea diretta; ~ **to the throne** erede al trono
heiress ['e·rɪs] *n* ereditiera *f*
heirloom ['er·lu:m] *n* **family ~** cimelio di famiglia
heist [haɪst] *n inf* rapina *m* a mano armata
held [held] *pt, pp of* hold
helicopter ['he·lɪ·ka:p·tə] *n* elicottero *m*
Hel(i)goland ['he·lɪ·gou·lænd] *n* Helgoland *f*
helipad ['he·lɪ·pæd] *n* piattaforma *f* per elicotteri
heliport ['he·lɪ·pɔ:rt] *n* eliporto *m*
helium ['hi:·li·əm] *n* elio *m*
hell [hel] *n* **1.**(*place of punishment*) inferno *m;* ~ **on earth** un inferno; **to be (pure) ~** essere un (vero) inferno; **to go to ~** andare all'inferno; **to go through ~** soffrire le pene dell'inferno; **to make sb's life ~** *inf* rendere la vita impossibile a qu **2.** *inf* (*as intensifier*) **as cold as ~** un freddo cane; **as hot as ~** un caldo infernale; **as hard as ~** durissimo; **to**

H

H

beat the ~ out of sb ammazzare di botte qu;
to frighten the ~ out of sb spaventare a
morte qu; to hurt like ~ fare un male cane; to
run like ~ correre a gambe levate; a ~ of a
decision una decisione veramente importante
▶the road to ~ is paved with good **intentions** *prov* la via dell'inferno è lastricata di
buone intenzioni; come ~ or high water ad
ogni costo; to have been to ~ and back aver
passato l'inferno; all ~ broke loose si è scatenato l'inferno; to catch ~ prendersi una bella
tirata d'orecchie; to do sth for the ~ of it fare
qc per il gusto di farlo; to give sb ~ non perdo-
narla a qu; go to ~! *inf* (leave me alone) levati
di torno!; (stronger) vaffanculo! vulg; to hope
to ~ inf sperare vivamente; to have ~ to pay
inf pagarla cara; like ~ inf un cavolo; what
the ~ inf chi se ne frega II. interj (emphasis)
cavolo! ▶~'s bells! per Dio!; what the ~ ...!
che cavolo...!

he'll [hi:l] = he will *s.* will

hellacious [he·'leɪ·ʃəs] *adj* (awful) tremendo,
-a

hell-bent *adj* to be ~ on doing sth essere deci-
sissimo a fare qc

hellfire *n* fuoco *m* dell'inferno

hellhole *n inf* postaccio *m*

hellish ['he·lɪʃ] *adj* infernale; (experience)
orrendo, -a

hellishly *adv* tremendamente

hello [hə·'loʊ] I.<hellos> *n* saluto *m* II. interj
1. (greeting) salve; to say ~ to sb salutare qu
2. (beginning of phone call) pronto 3. (to
attract attention) scusi 4. (surprise) scusa;
~,~ senti, senti

helm [helm] *n* timone *m;* to be at the ~ stare
al timone; *fig* (lead) essere al comando; to
take the ~ *a. fig* (control) assumere il
comando

helmet ['hel·mɪt] *n* casco *m;* crash ~ casco (di
sicurezza)

helmsman ['helmz·mən] *n* <-men> timoniere *m*

help [help] I. *vi* aiutare II. *vt* 1. (assist) aiutare;
nothing can ~ him now non si può fare più
niente per aiutarlo; can I ~ you? (in shop)
desidera?; to ~ sb with sth aiutare qu con qc;
to ~ sb with his homework aiutare qu a fare
i compiti 2. (improve) migliorare; this medicine will ~ your headache questo farmaco
ti allevierà il mal di testa 3. (contribute to a
condition) contribuire a 4. (prevent) evitare; it
can't be ~ed non c'è altro da fare; to not be
able to ~ doing sth non poter fare a meno di
fare qc; I can't ~ it è più forte di me; he can't
~ the way he is è fatto così; to not be able to
~ but ... non poter fare a meno di... 5. (take
sth) to ~ oneself to sth (at table) servirsi di
qc; (steal) prendersi III. *n* 1. (assistance)
aiuto *m;* to be a ~ essere d'aiuto 2. (servant)
uomo , donna *m, f* delle pulizie; (in a shop)
aiutante *mf* IV. interj ~! aiuto!; so ~ me God
e che Dio m'assista

◆**help out** *vt* aiutare

helper ['hel·pɚ] *n* aiutante *mf*

helpful ['help·fəl] *adj* 1. (willing to help) disponibile 2. (useful) utile

helping ['hel·pɪŋ] I. *n* (food) porzione *f* II. *adj*
to give sb a ~ hand dare una mano a qu

helpless ['help·lɪs] *adj* impotente; (baby)
indifeso, -a

helpline ['help·laɪn] *n* servizio *m* di assistenza

helter-skelter [ˌhel·tɚ·'skel·tɚ] I. *adj* caotico,
-a II. *adv* in fretta e furia

hem [hem] I. *n* orlo *m;* to take the ~ up/
down accorciare/allungare l'orlo II. *vt* fare
l'orlo a III. *vi* <-mm-> to ~ and haw esitare
(nel parlare) IV. interj mmmh

◆**hem in** *vt* (surround) accerchiare

he-man ['hi:·mæn] <-men> *n inf* macho *m inv*

hematite ['he·mə·taɪt] *n* MIN ematite *f*

hemisphere ['he·mɪs·fɪr] *n* emisfero *m*

hemline ['hem·laɪn] *n* orlo *m*

hemlock ['hem·lɑːk] *n* cicuta *f*

hemoglobin ['hi:·mə·gloʊ·bɪn] *n* emoglobina *f*

hemophilia [ˌhi:·moʊ·'fɪl·iə] *n* emofilia *f*

hemophiliac [ˌhi:·moʊ·'fɪ·li·æk] *n* emofiliaco,
-a *m, f*

hemorrhage ['he·mə·ɪdʒ] I. *n* emorragia *f;*
brain ~ emorragia *m* cerebrale II. *vi* MED avere
una emorragia

hemorrhoids ['he·mə·ɔɪdz] *npl* emorroidi *fpl*

hemp [hemp] *n* canapa *m*

hen [hen] *n* (female chicken) gallina *f;* (female
bird) femmina *f*

hence [hens] *adv* 1. (therefore) donde
2. after *n* (from now) two years ~ da qui a
due anni

henceforth [ˌhens·'fɔːrθ] *adv*, **henceforward**
[ˌhens·'fɔːr·wɚd] *adv* da ora in avanti

henchman ['hentʃ·mən] <-men> *n* tirapiedi *m inv*

hencoop ['hen·ku:p] *n*, **henhouse** ['hen·
haʊs] *n* gabbia *f* per galline

henna ['he·nə] I. *n* henné *m* II. *vt* tingere con
l'henné

hennery ['he·nɚ·i] *n* <-ies> gabbia *f* per galline

henpecked ['hen·pekt] *adj* a ~ husband un
uomo che fa quel che dice la moglie

HEPA ['he·pə] *abbr of* high-efficiency particulate arresting ~ filter filtro *m* HEPA

hepatitis [ˌhe·pə·'taɪ·ʈɪs] *n* epatite *f*

heptathlon [hep·'tæθ·lɑːn] *n* eptatlon *m*

her [hɜːr] I. *adj pos* il suo *m*, la sua *f*, i suoi *mpl*,
le sue *fpl;* ~ dress il suo vestito; ~ house la
sua casa; ~ children i suoi figli; ~ sisters le
sue sorelle II. *pron pers* 1. (she) lei; it's ~ è lei;
younger than ~ più giovane di lei; if I were ~
se fossi in lei 2. direct object la; indirect object
le; look at ~ guardala; I see ~ la vedo; he told
~ that ... le ha detto che...; he gave ~ the
pencil le ha dato la matita [o ha dato la matita
a lei] 3. after prep lei; it's for ~ è per lei

herald ['he·rəld] I. *vt* annunciare; to ~ a new

era annunciare una nuova era; **the much ~ ed** il tanto acclamato II. *n* 1. (*sign*) presagio *m;* **to be a ~ of sth** essere un segnale di qc 2. HIST (*bringer of news*) araldo *m*

heraldic [hə·ˈræl·dɪk] *adj* araldico, -a

heraldry [ˈhe·rəld·ri] *n* araldica *f*

herb [hɜːrb] *n* erba *f* aromatica

herbaceous [hɜ·ˈbeɪ·ʃəs] *adj* erbaceo, -a

herbalism [ˈhɜːr·bə·lɪ·zəm] *n* fitoterapia *f,* erboristeria *f*

herbalist [ˈhɜːr·bə·lɪst] *n* erborista *mf*

herbal medicine *n* fitoterapia *f*

herbicide [ˈhɜːr·bɪ·saɪd] *n* erbicida *m*

herbivore [ˈhɜːr·bɪ·vɔːr] *n* erbivoro *m*

herbivorous [hɜːr·ˈbɪ·və·rəs] *adj* erbivoro, -a

Herculean [ˌhɜːrk·juː·ˈliː·ən] *adj* erculeo, -a; **~ task** impresa *f* erculea

Hercules [ˈhɜːrk·jə·liːz] *n* Ercole *m*

herd [hɜːrd] I. *n + sing/pl vb* 1. (*of animals*) mandria *f;* (*of sheep*) gregge *m;* (*of pigs*) branco *m* 2. (*of people*) massa *f;* **to follow the ~** seguire la massa II. *vt* (*animals*) radunare; (*sheep*) guardare; (*people*) ammassare

◆**herd together** *vt* (*animals*) radunare

herd instinct *n* istinto *m* gregale

herdsman [ˈhɜːrdz·mən] *n* <-men> (*of cattle*) mandriano *m;* (*of sheep*) pastore *m*

here [hɪr] I. *adv* 1. (*in, at, to this place*) qui; **over ~** qui; **give it ~** *inf* dammelo; **~ and there** qui e là 2. (*in introductions*) **here is …** ecco… 3. (*show arrival*) **they are ~** sono arrivati 4. (*next to*) **my colleague ~** il mio collega 5. (*now*) ora; **~ you are, ~ you go** (*giving sth*) tieni; **the ~ and now** il presente; **~ goes** *inf* pronti, via; **~ we go** e ci risiamo; **where do we go from ~?** dove andiamo a finire? II. *interj* (*in roll call*) presente

hereabouts [ˌhɪ·rə·ˈbaʊts] *adv* da queste parti

hereafter [hɪr·ˈæf·tə] I. *adv* in seguito II. *n* **the ~** l'aldilà

hereby [hɪr·ˈbaɪ] *adv form* con la presente

hereditary [hə·ˈre·dɪ·te·ri] *adj* ereditario, -a

heredity [hə·ˈre·dɪ·ti] *n* eredità *f*

herein [ˌhɪr·ˈɪn] *adv form* qui

hereof [hɪr·ˈɑːv] *adv form* del presente

heresy [ˈhe·rə·si] <-ies> *n* eresia *f*

heretic [ˈhe·rə·tɪk] *n* eretico, -a *m, f*

heretical [hə·ˈre·tɪ·kl] *adj* eretico, -a

hereupon [ˌhɪ·rə·ˈpɑːn] *adv form* a questo punto

herewith [ˌhɪr·ˈwɪð] *adv form* **I enclose three documents ~** accludo tre documenti

heritage [ˈhe·rɪ·tɪdʒ] *n* patrimonio *m*

hermaphrodite [hɜ·ˈmæ·frou·daɪt] I. *n* ermafrodita *m* II. *adj* ermafrodita

hermetic [hɜ·ˈme·tɪk] *adj* ermetico, -a; **~ seal** chiusura *f* ermetica

hermit [ˈhɜːr·mɪt] *n* eremita *mf*

hermitage [ˈhɜːr·mɪ·tɪdʒ] *n* eremo *m*

hermit crab *n* paguro *m* bernardo

hernia [ˈhɜːr·niə] *n* MED ernia *f*

hero [ˈhiː·rou] <heroes> *n* 1. (*brave man*) eroe *m* 2. (*main character*) protagonista *m;*

the ~ of a film il protagonista di un film 3. (*idol*) idolo *m* 4. (*sandwich*) panino con carne fritta, formaggio e lattuga

heroic [hɪ·ˈrou·ɪk] *adj* 1. (*brave, bold*) eroico, -a; **~ attempt** tentativo eroico; **~ deed** gesto *f* eroico 2. (*epic*) eroico, -a

heroics *n pl* 1. (*action*) impresa *f* spericolata 2. (*language*) linguaggio *m* magniloquente

heroin [ˈhe·rou·ɪn] *n* eroina *f, droga*

heroin addict *n* MED eroinomane *mf*

heroine [ˈhe·rou·ɪn] *n* (*brave woman*) eroina *f;* (*of film*) protagonista *f*

heroism [ˈhe·rou·ɪ·zəm] *n* eroismo *m*

heron [ˈhe·rɑn] <-(s)> *n* airone *m*

herpes [ˈhɜːr·piːz] *n* herpes *m*

herring [ˈhe·rɪŋ] <-(s)> *n* aringa *f*

herringbone [ˈhe·rɪŋ·boun] FASHION I. *n* spigato *m* II. *adj* spigato, -a

herring gull *n* gabbiano *m* reale

hers [hɜːrz] *pron pos* (il) suo *m,* (la) sua *f,* (i) suoi *mpl,* (le) sue *fpl;* **it's not my bag, it's ~** non è la mia borsa, è la sua; **this house is ~** questa casa è sua; **this glass is ~** questo bicchiere è suo; **a book of ~** uno dei suoi libri

herself [hə·ˈself] *pron* 1. *reflexive* si; *after prep* sé; **she lives by ~** vive sola 2. *emphatic* lei stessa

hertz [hɜːrts] *n inv* hertz *m inv*

he's [hiːz] 1. = **he is** *s.* **be** 2. = **he has** *s.* **have**

hesitant [ˈhe·zɪ·tənt] *adj* esitante; **to be ~ about doing sth** esitare a fare qc

hesitantly *adv* con esitazione

hesitate [ˈhe·zɪ·teɪt] *vi* esitare; **to (not) ~ to do sth** (non) esitare a fare qc

hesitation [ˌhe·zɪ·ˈteɪ·ʃən] *n* esitazione *f;* **without ~** senza esitazione; **to have no ~ in doing sth** non esitare affatto a fare qc

heterogeneous [ˌhe·tə·rou·ˈdʒiː·ni·əs] *adj* eterogeneo, -a

heterosexual [ˌhe·tə·rou·ˈsek·ʃu·əl] I. *n* eterosessuale *mf* II. *adj* eterosessuale

HEV [ˌeɪtʃ·iː·ˈviː] *n abbr of* **hybrid electric vehicle** auto *f* ibrida elettrica, veicolo *m* ibrido

hew [hjuː] <hewed, hewed *o* hewn> I. *vt* 1. (*cut away*) tagliare 2. (*cut into shape*) **to ~ stone/wood** intagliare la pietra/il legno II. *vi* (*conform*) **to ~ to sth** attenersi a qc

hewn [hjuːn] *pp of* **hew**

hex [heks] *n inf* maleficio *m;* **to put a ~ on sb/sth** fare un maleficio a qu/qc

hexagon [ˈhek·sə·gɑːn] *n* esagono *m*

hexagonal [hek·ˈsæ·gə·nl] *adv* esagonale

hexameter [hek·ˈsæ·mə·tə] *n* esametro *m*

hey [heɪ] *interj inf* ehi

heyday [ˈheɪ·deɪ] *n* apogeo *m;* **in his/her/its ~** al suo apogeo

hi [haɪ] *interj* ciao

hiatus [haɪ·ˈeɪ·təs] <-es> *n* (*pause*) LING iato *m*

hibernate [ˈhaɪ·bə·neɪt] *vi* andare in letargo

hibernation [ˌhaɪ·bə·ˈneɪ·ʃən] *n* **to go into ~** andare in letargo

H

hibiscus [hɪ·'bɪs·kəs] <-es> *n* ʙᴏᴛ ibisco *m*

hiccup, hiccough ['hɪk·ʌp] I. *n* singhiozzo *m;* to have the ~s avere il singhiozzo II. *vi* <-p(p)-> avere il singhiozzo

hid [hɪd] *pt of* **hide²**

hidden ['hɪ·dn] I. *pp of* **hide²** II. *adj* nascosto, -a; ~ **assets** ᴇᴄᴏɴ attività *f* occulta *inv;* ~ **economy** economia sommersa

hide¹ [haɪd] *n* (*of an animal*) pelle *f* ▶ **to see neither** ~ **nor hair of sb** non vedere qu

hide² [haɪd] <hid, hidden> I. *vi* (*be out of sight*) nascondersi II. *vt* (*conceal: person, thing*) nascondere; (*emotion, information*) tenere nascosto, -a; **to** ~ **one's face** coprirsi il volto

◆ **hide away** *vt* nascondere

◆ **hide out** *vi,* **hide up** *vi* nascondersi

hide-and-seek to play ~ giocare a nascondino

hideaway ['haɪ·də·weɪ] *n* nascondiglio *m*

hideous ['hɪ·di·əs] *adj* tremendo, -a

hideout ['haɪd·aʊt] *n* nascondiglio *m*

hiding¹ ['haɪ·dɪŋ] *n* **a real** ~ un sacco di botte; **to get a real** ~ (*defeat*) essere stroncato

hiding² ['haɪ·dɪŋ] *n* **to be in** ~ essere nascosto; **to go into** ~ nascondersi

hierarchic(al) [ˌhaɪ·'rɑːr·kɪ·k(l)] *adj* gerarchico, -a

hierarchy ['haɪ·rɑːr·ki] <-ies> *n* **1.** (*system*) gerarchia *f* **2.** (*upper levels of organization*) dirigenza *f*

hieroglyph [ˌhaɪ·rou·'glɪf] *n* geroglifico *m*

hieroglyphics *npl* geroglifici *mpl*

hi-fi ['haɪ·faɪ] I. *n abbr of* **high-fidelity** alta fedeltà *f* II. *adj abbr of* **high-fidelity** hi-fi; ~ **equipment** impianto *m* stereo

higgledy-piggledy [ˌhɪ·gl·dɪ·'pɪ·gl·di] *adj inf* alla rinfusa

high [haɪ] I. *adj* **1.** alto, -a; **one meter** ~ **and three meters wide** alto una iarda e largo tre; **knee/waist-**~ fino al ginocchio/alla cintura; **to fly at** ~ **altitude** volare ad alta quota; ~ **cheekbones** zigomi alti; **to do a** ~ **dive** fare un tuffo dall'alto; **to have** ~ **hopes for sb/sth** riporre molte aspettative in qu/qc; **to have a** ~ **opinion of sb** stimare molto qu; **to have** ~ **praise for sb/sth** parlare molto bene di qu/qc; **of the** ~**est caliber** del migliore livello; ~ **blood-pressure/fever** pressione/febbre alta; **a** ~ **caliber gun** un'arma di grosso calibro; **of** ~ **rank** di alto rango; **to have friends in** ~ **places** avere amicizie che contano; **an order from on** ~ un ordine dall'alto; **to be** ~ **and mighty** credersi chissacchì; **with a** ~ **neckline/waistline** a collo alto/vita alta **2.** (*under influence of drugs*) fatto, -a **3.** (*of high frequency, shrill: voice*) acuto, -a; **a** ~ **note** una nota alta **4.** (*at peak, maximum*) ~ **noon** mezzogiorno in punto; ~ **priority** massima importanza ▶ **to leave sb** ~ **and dry** lasciare qu abbandonato a se stesso II. *adv* **1.** (*at or to a great point or height*) (in) alto **2.** (*rough or strong*) intensamente; **the sea runs** ~ il mare è agitato ▶ **to search for sth** ~

and low cercare qc in lungo e in largo III. *n* **1.** (*high*(*est*) *point*) massimo *m;* **an all-time** ~ un picco massimo; **to reach a** ~ raggiungere un picco massimo **2.** *inf* (*from drugs*) **to be on a** ~ essere fatto **3.** (*heaven*) **on** ~ in cielo

highball *n* whisky *m* e soda *inv*

high beam *n* abbagliante *m*

highboy *n* cassettone alto e stretto, con zampe altẹ

highbrow I. *adj* intellettuale II. *n* intellettuale *mf*

highchair *n* seggiolone *m*

high-class *adj* d'alta classe

high court *n* corte *f* suprema

high-definition television *n* televisione *f* ad alta definizione

high-density *adj a.* ᴄᴏᴍᴘᴜᴛ ad alta densità

high-end *adj* per le fasce più abbienti

higher education *n* istruzione *f* a livello universitario

higher-up *n inf* superiore *m*

highfalutin [ˌhaɪ·fə·'luː·tɪn] *adj inf* presuntuoso, -a

high-fiber [ˌhaɪ·'faɪ·bɚ] *adj* ricco, -a di fibre

high fidelity *n* alta fedeltà *f*

high-five *n* gesto di saluto o congratulazioni consistente nell'alzare le braccia e battere i palmi delle mani contro quelli di un'altra persona

highflier *n* persona *f* di talento

high-flown *adj* altisonante

high frequency *n* ad/di alta frequenza

high-grade *adj* di alto livello

highhanded *adj* dispotico, -a

highhandedness *n* dispotismo *m*

high heels *npl* tacchi *mpl* alti

high horse *n* **to get (down) off one's** ~ scendere dal piedistallo

high-income *adj* ad alto reddito

highjack *vt s.* **hijack**

high jinks *npl* baldoria *f*

high jump *n* salto *m* in alto

Highlands *npl* Highlands *fpl*

high-level *adj* di alto livello

highlife *n* bella vita *f;* **to live the** ~ fare la bella vita

highlight I. *n* **1.** (*most interesting part*) parte *f* più interessante **2.** *pl* (*in hair*) colpi *mpl* di sole II. *vt* evidenziare

highlighter *n* evidenziatore *m*

highly ['haɪ·li] *adv* **1.** (*very*) molto **2.** (*very well*) **to speak** ~ **of sb** parlare molto bene di qu; **to think** ~ **of sb** avere un'alta opinione di qu

highly-educated *adj* di livello culturale alto

highly-skilled *adj* qualificato, -a

High Mass [ˌhaɪ·'mæs] *n* ʀᴇʟ messa *f* solenne

highness ['haɪ·nɪs] <-es> *n* **1.** (*level*) altezza *f* **2.** (*prince or princess*) **His/Her/Your Highness** Sua Altezza

high noon *n* mezzogiorno *m* in punto

high-octane *n* ~ **gasoline** benzina *f* ad alto numero di ottani

high-performance *adj a.* AUTO di buona prestazione

high-pitched *adj* **1.** (*sloping steeply*) ~ **roof** tetto *m* spiovente **2.** (*sound, voice*) acuto, -a

high point *n* **the** ~ il culmine

high-powered *adj* **1.** (*powerful*) di grande potenza **2.** (*influential, important*) potente **3.** (*advanced*) avanzato, -a

high-pressure **I.** *adj* **1.** METEO **a** ~ **area** una zona di alta pressione, di alta pressione; TECH ad alta pressione **2.** (*aggressive*) ~ **sales techniques** ECON tecniche di vendita aggressive; ~ **sales techniques** metodi *mpl* aggressivi di vendita **3.** (*stressful: job*) stressante **II.** *vt* fare pressione su

high priest *n* REL sommo sacerdote *m*

high priestess *n* REL sacerdotessa *f*

high-profile *adj* noto, -a

high-protein *adj* ricco, -a di proteine

high-ranking *adj* di alto livello

high-resolution *adj* COMPUT (*image, screen, shot*) ad alta risoluzione

high-rise **I.** *adj* molto alto, -a; ~ **building** edificio *m* molto alto **II.** *n* edificio *m* molto alto

high-risk *adj* ad alto rischio; (*investment*) rischioso, -a

high roller *n sl* spendaccione, -a *m, f*

high school *n* scuola *f* media superiore; **junior** ~ scuola media inferiore

high seas *npl* alto mare *m*

high-security *adj* di massima sicurezza

high sign *n inf* segnale *m* convenuto

high society *n* alta società *f*

high-sounding *adj* altisonante

high-speed *adj* ad alta velocità

high-spirited *adj* (*cheerful, lively*) vivace; (*fiery: horse*) focoso, -a

high spirits *npl* buon umore *m*

high-stick *vt* (*in ice hockey*) colpire tenendo la mazza più alta del consentito

high-strung *adj* tesissimo, -a

high summer *n* piena estate *f*

hightail **I.** *vi inf* darsela a gambe **II.** *vt* **to** ~ **it home** filare a casa

high-tech *adj* ad/di alta tecnologia; (*architecture*) all'avanguardia

high technology *n* alta tecnologia *f*

high-tension *adj* ELEC (*cable*) dell' alta tensione

high tide *n* **1.** (*of ocean*) alta marea *f* **2.** *fig* (*most successful point*) apogeo *m*

high-tops *npl* scarpe *fpl* da ginnastica alte

high treason *n* alto tradimento *m*

high-up **I.** *adj* importante **II.** *n* pezzo *m* grosso

high water *n* alta marea *f*

high-water mark *n* **1.** (*showing water level*) livello *m* di guardia **2.** (*most successful point*) apogeo *m*

highway ['haɪ·weɪ] *n* superstrada *f*

highway patrol *n* polizia *f* stradale

highway robbery <-ies> *n* **1.** HIST assalto (a scopo di rapina) *m* **2.** *fig, inf* (*too expensive*) furto *m*

hijack ['haɪ·dʒæk] **I.** *vt* **1.** (*take over by force: plane*) dirottare **2.** *fig* (*adopt as one's own*) **to** ~ **sb's ideas/plans** appropriarsi delle idee/dei progetti di qu **II.** *n* dirottamento *m*

hijacker ['haɪ·dʒæ·kɚ] *n* dirottatore, -trice *m, f*

hijacking ['haɪ·dʒæ·kɪŋ] *n* dirottamento *m*

hike [haɪk] **I.** *n* **1.** (*long walk*) escursione *f*; **to go on a** ~ fare un'escursione; **take a** ~! *inf* vattene! **2.** *inf* (*increase*) aumento *m* **II.** *vi* fare escursioni (a piedi) **III.** *vt inf* (*prices, taxes*) aumentare

hiker ['haɪ·kɚ] *n* escursionista *mf*

hiking ['haɪ·kɪŋ] *n* escursionismo *m*

hilarious [hɪ·'le·ɾi·əs] *adj* **1.** (*very funny*) troppo divertente **2.** (*high-spirited*) allegro, -a

hilarity [hɪ·'le·ɾə·t̬i] *n* ilarità *f*

hill [hɪl] *n* **1.** (*in landscape*) collina *f* **2.** (*in road*) pendio *m* **3.** (*small heap*) monticello *m* **4.** POL **The Hill** il Congresso ► **it ain't** [*o* **it's not**] **worth a** ~ **of beans** *inf* non ha alcuna importanza; **as old as the** ~**s** vecchio come il cucco; **to be over the** ~ *inf* essere troppo vecchio

hillbilly ['hɪl·bɪ·li] <-ies> *n* montanaro, -a *m, f*

hillock ['hɪl·lək] *n* collinetta *f*

hillside ['hɪl·saɪd] *n* fianco *m* della collina

hilltop ['hɪl·tɑːp] **I.** *n* cima *f* della collina **II.** *adj* in cima alla collina

hilly ['hɪ·li] <-ier, -iest> *adj* collinare

hilt [hɪlt] *n* (*of a weapon*) impugnatura *f* ► **to the** ~ completamente; **to be mortgaged to the** ~ essere indebitato fino al collo

him [hɪm] *pron pers* **1.** (*he*) lui; **it's** ~ è lui; **younger than** ~ più giovane di lui; **if I were** ~ se fossi in lui **2.** *direct object* lo; *indirect object* gli; **she gave** ~ **the pencil** gli ha dato la matita [*o* ha dato la matita a lui] **3.** *after prep* lui; **it's for** ~ è per lui **4.** (*unspecified sex*) **if somebody comes, tell** ~ **that ...** se viene qualcuno, digli che...

Himalayas [ˌhɪ·mə·'le·rəz] *npl* l'Himalaia

himself [hɪm·'self] *pron* **1.** *reflexive* si; *after prep* sé; **for** ~ per sé; **he lives by** ~ vive solo **2.** *emphatic* lui stesso

hind [haɪnd] **I.** *adj* posteriore **II.** <-(s)> *n* cerva *f*

hinder ['hɪn·dɚ] *vt* **1.** (*obstruct*) intralciare; **to** ~ **progress** rallentare il progresso **2.** (*prevent*) **to** ~ **sb from doing sth** impedire a qu di fare qc

Hindi ['hɪn·diː] *n* hindi *m*

hind legs *npl* zampe *fpl* posteriori ► **to talk the** ~ **off a donkey** *inf* parlare incessantemente

hindmost ['haɪnd·moʊst] *adj* **1.** (*last*) ultimo, -a **2.** (*rear*) posteriore

hindquarters ['haɪnd·ˌkwɔːr·t̬əz] *npl* ZOOL parte *f* posteriore

hindrance ['hɪn·drəns] *n* ostacolo *m;* **to allow sb to enter without** ~ far entrare qu senza impedimenti

hindsight ['haɪnd·saɪt] *n* **in** ~ in retrospettiva; **with the benefit of** ~ col senno di poi

H

Hindu ['hɪn·duː] I. *n* indù *mf inv* II. *adj* indù

Hinduism ['hɪn·duː·ɪ·zəm] *n* REL induismo *m*

hinge [hɪndʒ] I. *n* cerniera *f* II. *vi* to ~ on/ upon sb/sth dipendere da qu/qc

hint [hɪnt] I. *n* 1. (*trace*) indizio *m;* (*of anger, suspicion, salt, curry*) pizzico *m* 2. (*allusion*) allusione *f;* to drop a ~ fare un'allusione; to take a ~ capire l'antifona 3. (*practical tip*) indicazione *f;* a handy ~ una dritta II. *vt* to ~ sth to sb accennare qc a qu III. *vi* fare allusioni; to ~ at sth fare allusioni a qc

hip [hɪp] I. *n* 1. ANAT anca *f;* to stand with one's hands on (one's) ~s stare in piedi con le mani sui fianchi 2. BOT cinorrodo *m* II. *adj sl* (*fashionable*) moderno, -a

hipbone ['hɪp·ˌbəʊn] *n* osso *m* iliaco

hip flask *n* fiaschetta *f* tascabile

hippie ['hɪ·pi] *n* hippy *mf inv*

hippo ['hɪ·pəʊ] *n inf abbr of* **hippopotamus** ippopotamo *m*

hippopotamus [ˌhɪ·pə·'pɑː·tə·məs] <-es *o* -mi> *n* ippopotamo *m*

hippy ['hɪ·pi] <-ies> *n* hippy *mf inv*

hire ['ha·ɪr] I. *n* 1. (*rental*) noleggio *m* 2. *inf* (*employee*) a new ~ una persona appena assunta II. *vt* 1. (*rent*) noleggiare; to ~ sth by the hour/day/week noleggiare qc a ore/ giornalmente/settimanalmente 2. (*employ*) assumere; to ~ more staff assumere altro personale

◆**hire out** *vt* noleggiare; to ~ sth by the hour/day/week noleggiare qc a ore/giornalmente/settimanalmente; to ~ oneself out as sth offrirsi come qc

hired hand *n* (*employee*) dipendente *mf;* (*on ranch, farm*) bracciante *mf*

his [hɪz] I. *adj pos* il suo *m,* la sua *f,* i suoi *mpl,* le sue *fpl;* ~ car la sua auto; ~ coat il suo cappotto; ~ children i suoi figli; ~ sisters le sue sorelle II. *pron pos* (il) suo *m,* (la) sua *f,* (i) suoi *mpl,* (le) sue *fpl;* it's not my bag, it's ~ non è la mia borsa, è la sua; this house is ~ questa casa è sua; this glass is ~ questo bicchiere è suo; a book of ~ uno dei suoi libri

Hispanic [hɪs·'pæ·nɪk] I. *adj* ispanico, -a, ispanoamericano, -a II. *n* ispanico, -a *m, f,* ispanoamericano, -a *m, f*

hiss [hɪs] I. *vi* sibilare; (*crowd*) fischiare II. *vt* sibilare; (*crowd*) fischiare III. *n* sibilo *m,* fischio *m*

histamine ['hɪs·tə·miːn] *n* MED istamina *f*

historian [hɪs·'tɔː·ri·ən] *n* storico, -a *m, f*

historic [hɪ·'stɔː·rɪk] *adj* storico, -a

historical *adj* storico, -a; the ~ present il presente storico

history ['hɪs·tə·ri] *n* storia *f;* a ~ book un libro di storia; sb's life ~ la vita di qu; to make ~ fare epoca

histrionic [ˌhɪs·tri·'ɑː·nɪk] *adj* istrionico, -a

hit [hɪt] I. *n* 1. (*blow, stroke*) colpo *m* 2. *inf* (*shot*) centro *m* 3. (*bomb*) impatto *m* 4. SPORTS punto *m;* to score a ~ segnare un punto 5. (*success*) successo *m* 6. *inf* (*murder*) omici-dio *m* II. <-tt-, hit, hit> *vt* 1. colpire; to ~ sb hard colpire qc con forza; *fig* colpire qc duramente; to ~ sb where it hurts toccare qu nel vivo 2. (*crash into*) sbattere contro; to ~ one's head on a shelf sbattere la testa nella mensola; to ~ a reef/a sandbank incagliarsi/ arenarsi 3. (*arrive at, reach target*) raggiungere; (*reach*) toccare; to ~ rock bottom *fig* toccare il fondo; to ~ 100 mph *inf* fare 100 m/h 4. (*encounter*) trovare; to ~ a lot of resistance trovare grande opposizione; to ~ a traffic jam rimanere intrappolato in un ingorgo III. *vi* 1. (*strike*) to ~ against sth scontrarsi con qc; to ~ at sb/sth dare un colpo a qu/qc 2. (*attack*) to ~ at sth attaccare qc

◆**hit back** *vi* contrattaccare; to ~ at sb restituire il colpo a qu

◆**hit off** *vt* to hit it off (with sb) andare d'accordo (con qu)

◆**hit on** *vt* 1. (*show sexual interest*) cercare di rimorchiare 2. (*think of*) avere

◆**hit out** *vi* lanciare un attacco; to ~ at sb colpire qu; *fig* criticare qu

◆**hit up** *vi always sep* to hit sb up for sth chiedere qc a qu

hit-and-run *adj* ~ accident incidente stradale con omissione di soccorso; ~ attack MIL raid; ~ driver pirata della strada

hitch [hɪtʃ] I. <-es> *n* 1. (*obstacle*) contrattempo *m;* technical ~ problema *m* tecnico; to go off without a ~ andare tutto liscio 2. (*sudden pull*) strattone *m* 3. (*for a trailer*) gancio *m* II. *vt* 1. (*fasten*) attaccare; to ~ sth to sth attaccare qc a qc; to ~ an animal to sth legare un animale a qc 2. *inf* (*hitchhike*) to ~ a lift [*o* ride] farsi dare un passaggio III. *vi inf* fare l'autostop

◆**hitch up** *vt* 1. (*fasten*) to hitch sth up to sth attaccare qc a qc; to ~ an animal to sth legare un animale a qc 2. (*pull up quickly: clothes*) tirare su

hitcher ['hɪt·ʃər] *n* autostoppista *mf*

hitchhike ['hɪtʃ·haɪk] *vi* fare l'autostop

hitchhiker ['hɪtʃ·haɪ·kər] *n* autostoppista *mf*

hitch-hiking *n* autostop *m*

hi-tech [ˌhaɪ·'tek] *adj* ad/di alta tecnologia; (*architecture*) all'avanguardia

hither ['hɪ·ðər] *adv form* qui; ~ and thither [*o* yon] qui e là

hitherto [ˌhɪ·ðər·'tuː] *adv form* fino ad ora [*o* ad allora]; ~ unpublished fino ad ora non pubblicato

hit list *n* lista nera

hit man ['hɪt·mæn] <-men> *n* sicario *m*

hit-or-miss *adj* casuale

hit parade *n* HIST (*top forty*) hit parade *f;* to be at the top of the ~ essere in testa alla classifica

HIV [ˌeɪtʃ·aɪ·'viː] *abbr of* **human immunodeficiency virus** HIV *m;* to be ~ positive/negative essere sieropositivo/sieronegativo

hive [haɪv] I. *n* 1. (*beehive*) alveare *m* 2. + *sing/pl vb* (*swarm of bees*) sciame *m*

3.(*busy place*) **it was a ~ of activity** c'era una grande attività **II.** *vt* **to ~ sth off** (*separate*) separare qc

◆**hive off** *vi* separarsi

hives [haɪvz] *n* MED orticaria *f*

HMO [ˌeɪtʃ·em·'oʊ] *abbr of* **health maintenance organization** assicurazione *f* sanitaria di categoria

ho [hoʊ] *interj inf*(*expressing scorn, surprise*) oh; (*attracting attention*) oh; **land ~!** NAUT terra!

hoagie ['hoʊ·gi:] *n panino con carne fritta, formaggio e lattuga*

hoard [hɔ:rd] **I.** *n* scorta *f* **II.** *vt* accumulare; (*food*) fare scorta di

hoarding ['hɔ:r·dɪŋ] *n* palizzata *f*

hoarfrost [ˌhɔ:r·'frɑ:st] *n* brina *f*

hoarse [hɔ:rs] *adj* rauco, -a

hoarseness *n* MED raucedine *f*

hoary ['hɔ:·ri] <-ier, -iest> *adj* **1.** *liter* (*hair*) bianco, -a **2.** *fig* (*old*) **~ old joke** vecchia barzelletta *m;* **~ old excuse** scusa *f* di sempre

hoax [hoʊks] **I.** <-es> *n* (*joke*) burla *f;* (*fraud*) imbroglio *m* **II.** *vt* imbrogliare

hoaxer *n* (*joker*) burlone, -a *m, f;* (*fraudster*) imbroglione, -a *m, f*

hobble ['hɑ:·bl] **I.** *vi* zoppicare; **to ~ around** zoppicare **II.** *vt* **1.** *liter* (*hinder*) intralciare **2.**(*tie legs: animal*) impastoiare

hobby ['hɑ:·bi] <-ies> *n* hobby *m inv*

hobbyhorse *n* **1.**(*toy*) cavallino *m* giocattolo **2.**(*topic*) argomento *m* di conversazione preferito

hobgoblin ['hɑ:b·ˌgɑ:b·lɪn] *n* folletto *m*

hobnailed ['hɑ:b·neɪld] *adj* **~ boots** scarponcini con bullette

hobnob ['hɑ:b·nɑ:b] <-bb-> *vi inf* **to ~ with the rich and famous** frequentare gente ricca e famosa

hobo ['hoʊ·boʊ] <-s *o* -es> *n* **1.**(*tramp*) vagabondo, -a *m, f* **2.**(*migrant worker*) lavoratore, -trice stagionale *m*

hock¹ [hɑ:k] *inf* **I.** *vt* (*pawn off*) impegnare **II.** *n* **to be in ~** (*object*) essere impegnato; **my car is in ~** ho impegnato l'auto; **to be in ~** (**to sb**) (*person*) essere in debito (con qu)

hock² [hɑ:k] *n* ANAT garretto *m*

hockey ['hɑ:·ki] *n* hockey *m;* **field ~** hockey su prato; **ice ~** hockey su ghiaccio

hockey stick *n* SPORTS mazza *f* da hockey

hocus-pocus [ˌhoʊ·kəs·'poʊ·kəs] *n* raggiro *m*

hodgepodge ['hɑ:dʒ·pɑ:dʒ] *n* miscuglio *m*

hoe [hoʊ] **I.** *n* zappa *f* **II.** *vt* zappare

hoedown *n* quadriglia *f*

hog [hɑ:g] **I.** *n* **1.**(*pig*) porco *m* **2.** *inf* (*person*) ingordo, -a *m, f* ▶ **to live high on the ~** fare una vita da nababbo **II.** <-gg-> *vt inf* (*keep for oneself*) monopolizzare; **to ~ sb/sth all to oneself** tenersi qu/qc tutto per sé

hog heaven *n inf* **to be in ~** essere al settimo cielo

hogshead ['hɑ:gz·hed] *n* **1.**(*barrel*) barile *m*

2.(*measurement*) *misura di capacità pari a circa 240 litri*

hogwash ['hɑ:g·wɑ:ʃ] *n inf* scemenze *fpl*

ho-hum ['hoʊ·hʌm] *adj inf* noioso, -a

hoi polloi [ˌhɔɪ·pə·'lɔɪ] *npl inf* **the ~** la plebe

hoist [hɔɪst] *vt* (*raise up*) alzare; (*flag*) issare

hoity-toity [ˌhɔɪ·ti·'tɔɪ·ti] *adj inf* presuntuoso, -a

hold [hoʊld] **I.** *n* **1.**(*grasp, grip*) presa *f;* **to take ~ of sb/sth** afferrare qu/qc; **to catch ~ of sb/sth** afferrare qu/qc; **to keep ~ of sth** tenersi a qc **2.**(*thing to hold by*) appiglio *m* **3.**(*wrestling*) presa *f;* **no ~s barred** *fig* senza restrizioni **4.**(*control*) influenza *f;* **to have a** (**strong/powerful**) **~ over sb** avere (molta/grande) influenza su qu **5.** NAUT, AVIAT stiva *f* **6.**(*delayed*) **to be on ~** essere rimandato; TEL essere in attesa; **to put sb on ~** mettere qu in attesa **7.**(*understand*) **to get ~ of sth** afferrare qc; **to have a ~ of sth** avere un'idea di qc; **to get ~ of the wrong idea** sbagliarsi; **I don't know where you got ~ of that idea** non so da dove ti sia venuta un'idea del genere **8.**(*prison cell*) guardina *f* **II.** <held, held> *vt* **1.**(*keep*) tenere; (*grasp*) afferrare; **to ~ a gun** impugnare una pistola; **to ~ hands** tenersi per mano; **to ~ sth in one's hand** tenere qc in mano; **to ~ sb in one's arms** stringere qu tra le braccia; **to ~ sb/sth** (**tight**) stringere (forte) qu/qc; **to ~ the door open for sb** tenere la porta aperta a qu **2.**(*support*) reggere; **to ~ one's head high** tenere alta la testa **3.**(*cover up*) **to ~ one's ears/nose** turarsi le orecchie/il naso **4.**(*keep, retain*) mantenere; **to ~ sb's attention** tenere viva l'attenzione di qu; **to ~ sb in custody** LAW trattenere qu in custodia cautelare; **to ~ sb hostage** tenere qu in ostaggio; **to ~** (**on to**) **the lead** mantenere il vantaggio **5.**(*maintain*) **to ~ oneself in readiness** tenersi pronto; **to ~ oneself well** tenersi in forma **6.**(*make keep to*) **to ~ sb to his/her word** [*o* **promise**] far mantenere a qu la parola [*o* la promessa] **7.**(*control*) **to ~ sth at the present/last year's level** mantenere qc al livello attuale/dell'anno scorso; **to ~ a note** MUS tenere una nota **8.**(*delay, stop*) fermare; **~ it!** un attimo!; **to ~ one's breath** trattenere il respiro; **to ~ one's fire** MIL non fare fuoco; **to ~ sb's phone calls** TEL non passare alcuna chiamata a qu **9.**(*contain*) contenere; **what the future ~s** ciò che ci riserva il futuro **10.**(*possess, own*) possedere; (*land, town*) occupare; **to ~ an account** (**with a bank**) avere un conto (presso una banca); **to ~ the** (**absolute**) **majority** avere la maggioranza (assoluta); **to ~ a position** (**as sth**) ricoprire un incarico (di qc); **to ~** (**down**) **the fort** MIL resistere; *fig* badare a tutto **11.**(*make happen*) **to ~ a conversation** (**with sb**) avere una conversazione (con qu); **to ~ a meeting/a news conference** tenere una riunione/una conferenza stampa; **the election will be held in November** le elezioni si terranno a novembre

H

12. (*believe*) considerare; **to be held in great respect** essere assai rispettato; **to ~ sb responsible for sth** ritenere qu responsabile di qc; **to ~ sb/sth in contempt** disprezzare qu/qc III. *vi* 1. (*continue*) mantenere; (*good weather, luck*) durare; **to ~ still** stare fermo; **to ~ true** continuare ad essere valido; **~ tight!** tieni duro! 2. (*stick*) tenere 3. (*believe*) sostenere

◆**hold against** *vt always sep* **to hold sth against sb** volerne a qu per qc

◆**hold back** I. *vt* (*keep*) trattenere; **to ~ information** non dare informazioni; (*stop*) fermare; (*impede development*) frenare; **to ~ tears** trattenere le lacrime ▸ **there's no holding me back** non mi trattiene niente II. *vi* 1. (*be unforthcoming*) essere reticente 2. (*refrain*) **to ~ from doing sth** trattenersi dal fare qc

◆**hold down** *vt* tenere fermo; (*control, suppress*) reprimere; **to ~ a job** riuscire a tenersi un impiego

◆**hold forth** *vi* **to ~ (about sth)** blaterare (di qc)

◆**hold in** *vt* (*emotion*) contenere

◆**hold off** I. *vt* (*enemy*) resistere a; (*reporters*) tenere a bada II. *vi* (*wait*) aspettare; **to ~ off on project** rimandare (la realizzazione di) un progetto

◆**hold on** *vi* 1. (*attach*) tenersi stretto; **to be held on by/with sth** essere tenuto da/con qc 2. (*manage to keep going*) **to ~ (tight)** tenere duro 3. (*wait*) aspettare

◆**hold onto** *vt insep* 1. (*grasp*) tenersi stretto a 2. (*keep*) tenere

◆**hold out** I. *vt* tendere II. *vi* 1. resistere; **to ~ for sth** tener duro fino a qc 2. (*refuse to give sth*) **to ~ on sb** non cedere a qu

◆**hold over** *vt* 1. (*defer*) rinviare 2. (*extend*) prolungare

◆**hold to** *vt insep* attenersi a

◆**hold together** I. *vi* restare unito; **to be held together with glue** essere tenuto insieme dalla colla II. *vt* restare unito

◆**hold up** I. *vt* 1. (*raise*) alzare; **to ~ one's hand** alzare la mano; **to be held up by (means of)/with sth** essere sorretto da/con qc; **to hold one's head up high** *fig* andare a testa alta 2. (*delay*) trattenere 3. (*rob with violence*) rapinare 4. (*offer as example*) **to hold sb up as an example of sth** portare qu come un esempio di qc II. *vi* (*weather*) reggere; (*material*) durare

◆**hold with** *vt insep* approvare

holdall ['hoʊl·dɔːl] *n* borsone *m* da viaggio

holder ['hoʊl·dɚ] *n* 1. (*device*) supporto *m*; **cigarette ~** bocchino *m* 2. (*person: of shares, of account*) titolare *mf*; (*of title*) detentore, -trice *m, f*; **world record ~** detentore del record mondiale

holding *n* 1. *pl* (*tenure*) tenuta *f* 2. ECON partecipazione *f*

holding company *n* holding *f inv*

holdup ['hoʊld·ʌp] *n* 1. (*robbery*) rapina *f* 2. (*delay*) ritardo *m*

hole [hoʊl] I. *n* 1. (*hollow space*) buco *m*; *fig* (*in an argument, sb's reasoning*) punto *m* debole 2. (*in golf*) buca *f* 3. (*of mouse, rabbit*) tana *f* 4. *inf* (*jam*) guaio *m*; **to be in a ~** essere nei guai ▸ **to be a round peg in a square ~** essere [*o* sentirsi] fuori posto; **to be in the ~** essere indebitato II. *vt* 1. (*perforate*) bucare, fare un buco in 2. (*in golf*) mettere in buca

◆**hole up** *vi inf* nascondersi

holiday ['hɑː·lə·deɪ] *n* (*public day off*) giorno *m* festivo ▸ **a busman's ~** giorno festivo passato a lavorare

holiday resort *n* località *f inv* turistica

holiness ['hoʊ·lɪ·nɪs] *n* santità *f*; **His/Your Holiness** Sua Santità

holism ['hoʊ·lɪ·zəm] *n* olismo *m*

holistic [hoʊ·'lɪs·tɪk] *adj* olistico, -a

Holland ['hɑː·lənd] *n* Olanda *f*

holler ['hɑː·lɚ] I. *vi inf* strillare II. *n inf* strillo *m*

hollow ['hɑː·loʊ] I. *adj* 1. (*empty*) vuoto, -a 2. (*worthless, empty: promise, victory*) vano, -a; (*laughter*) falso, -a 3. (*sound*) sordo, -a II. *n* vuoto *m*; (*valley*) vallata *f* III. *vt* **to ~ (out)** (*pumpkin*) vuotare; (*tree trunk*) scavare IV. *vi* (*become hollow*) scavarsi

holly ['hɑː·li] *n* BOT agrifoglio *m*

hollyhock ['hɑː·li·hɑːk] *n* BOT malvarosa *f*

holocaust ['hɑː·lə·kɑːst] *n* olocausto *m*

hologram ['hɑː·lə·græm] *n* ologramma *m*

holster ['hoʊls·tɚ] *n* fondina *f*

holy ['hoʊ·li] <-ier, -iest> *adj* 1. (*sacred*) santo, -a; (*water*) benedetto, -a 2. *fig* **to be a ~ terror** essere una peste

Holy Communion *n* (Santa) Comunione *f*

Holy Father *n* Santo Padre *m*

Holy Ghost *n* Spirito *m* Santo

Holy Scripture *n* **the ~** le Sacre Scritture

Holy See *n* Santa Sede *f*

Holy Spirit *n* Spirito *m* Santo

Holy Week *n* Settimana *f* Santa

homage ['hɑː·mɪdʒ] *n* omaggio *m*; **to pay ~ to sb** rendere omaggio a qu

home [hoʊm] I. *n* 1. (*residence*) casa *f*; **at ~** a [*o* in] casa; **to leave ~** uscire di casa; (*stop living with one's parents*) andarsene di casa; **to be away from ~** essere via; **I live in Seattle but my ~ is in Napoli** abito a Seattle ma sono di Napoli; **make yourself at ~** fai come fossi a casa tua 2. (*family*) famiglia *f* 3. (*institution*) istituto *m*; **children's ~** orfanotrofio *m* II. *adv* 1. (*one's place of residence*) **to be ~** essere a casa; **to go/come ~** andare/venire a casa; **to take work ~** portarsi il lavoro a casa 2. (*understanding*) **to bring sth ~ to sb** far capire qc a qu; **to hit ~** colpire da vicino ▸ **to be ~ free** avere la vittoria assicurata; **this is nothing to write ~ about** non è niente di straordinario III. *adj* 1. (*from own country*) nazionale 2. (*from own area*) locale; (*team*) che gioca in casa; (*game*) in casa; **the ~ ground** terreno conosciuto

◆**home in on** *vt insep, inf* **1.** MIL puntare su **2.** (*locate*) localizzare e dirigersi verso
home address *n* indirizzo *m* (privato)
home banking *n* telebanking *m*
homebody *n* persona *f* casalinga
homeboy *n sl* (*from the same area*) compaesano *m*; (*from the same gang*) compagno *m*
homebrew *n birra fatta in casa*
homecoming *n* ritorno *m* (a casa)

> Homecoming negli USA è una festa importante nelle *High Schools* e università. Si tratta del giorno in cui la squadra di football rientra per giocare una partita "in casa". Nel corso del gala annuale che si tiene in occasione di questa partita viene anche eletta la *homecoming queen* (reginetta scolastica).

home computer *n* personal *m inv* (computer) *m inv*
home cooking *n* cucina *f* casalinga
home ec *n*, **home economics** *n* + *sing vb* economia *f* domestica
home-equity loan *n* FIN mutuo *m* casa
home fries *npl* FOOD patate *fpl* fritte
homegirl *n sl* (*from neighborhood*) compaesana *f*; (*from same gang*) compagna *f*
homegrown *adj* **1.** (*vegetables*) del proprio orto **2.** (*not foreign*) del paese **3.** (*local*) locale
home-helper *n* badante *mf*
homeland *n* (*country of birth*) terra *f* natale; (*of cultural heritage*) madrepatria *f*
Homeland Security *n dipartimento governativo statunitense per la sicurezza nazionale*
homeless I. *adj* senza casa II. *n* + *pl vb* the ~ i senzatetto
homelike *adj* familiare, casereccio, -a
homely ['hoʊm·li] <-ier, -iest> *adj* (*ugly*) brutto, -a
homemade *adj* fatto, -a in casa
homemaker *n* casalinga *f*
homeopath ['hoʊ·mioʊ·pæθ] *n* omeopata *mf*
homeopathic [ˌhoʊ·mioʊ·'pæ·θɪk] *adj* omeopatico, -a
homeopathy [ˌhoʊ·mi·'ɑː·pə·θi] *n* omeopatia *f*
homeowner ['hoʊm·ˌoʊ·nɚ] *n* proprietario, -a *m*, *f* di una casa
homepage *n* homepage *f inv*
home plate *n* SPORTS base *f* del battitore
homeroom *n* SCHOOL aula in cui si fa l'appello
home rule *n* governo *m* autonomo
homeschool *vt* istruire a casa
homesick ['hoʊm·sɪk] *adj* to be ~ avere nostalgia di casa; to feel ~ (for) avere nostalgia (di)
homesickness *n* nostalgia *f* (di casa)
homespun ['hoʊm·spʌn] *adj* (*wisdom*) popolare; (*cloth*) tessuto, -a in casa
homestead *n* fattoria *f*
homestretch <-es> *n* dirittura *f* d'arrivo

home team *n* squadra *f* locale [*o* che gioca in casa]
hometown *n* città *f* natale *inv*
home truth *n* to tell sb a few ~s dire a qu come stanno veramente le cose
home video *n* homevideo *m inv*
homeward ['hoʊm·wɚd] I. *adv* verso casa II. *adj* (*journey*) di ritorno
homewards *adv s.* homeward I.
homework ['hoʊm·wɜːrk] *n* SCHOOL compiti *mpl*
homey ['hoʊ·mi] <-ier, -iest> *adj* **1.** (*cozy*) intimo, -a **2.** *sl* (*boy or girl from neighborhood*) compagno , -a *m*, *f* di quartiere; (*from same gang*) fratello, sorella *m*, *f*
homicidal [ˌhɑː·mə·'saɪ·dl] *adj* LAW omicida
homicide ['hɑː·mə·saɪd] I. *n* **1.** (*crime*) omicidio *m* **2.** (*criminal*) omicida *mf* II. *adj* the ~ squad la omicidi
homing ['hoʊ·mɪŋ] *adj* (*device*) autoguida; birds have a strong ~ instict gli uccelli per istinto sanno ritrovare la strada di casa
homing pigeon *n* piccione *m* viaggiatore
hominy grits *npl chicchi di granturco bolliti e soffritti mangiati nel sud degli USA a colazione o come contorno*
homogeneous *adj*, **homogenous** [ˌhoʊ·moʊ·'dʒiː·ni·əs] *adj* omogeneo, -a
homogenize [hə·'mɑː·dʒə·naɪz] *vt* omogeneizzare
homograph ['hɑː·mə·græf] *n* omografo *m*
homonym ['hɑː·mə·nɪm] *n* omonimo *m*
homophobia [ˌhoʊ·mə·'foʊ·biə] *n* omofobia *f*
homophone ['hɑː·mə·foʊn] *n* omofono *m*
homosexual [ˌhoʊ·mə·'sek·ʃʊ·əl] I. *adj* omosessuale *mf* II. *n* omosessuale *mf*
homosexuality [ˌhoʊ·moʊ·sek·ʃʊ·'æ·lə·t̬i] *n* omosessualità *f*
Hon. *abbr of* **Honorable**
Honduran [hɑːn·'dʊ·rən] I. *adj* honduregno, -a II. *n* honduregno, -a *m*, *f*
Honduras [hɑːn·'dʊ·rəs] *n* Honduras *m*
hone [hoʊn] *vt* (*sharpen*) affilare; *fig* (*refine*) affinare
◆**hone in on** *vt* **1.** (*move toward target*) avvicinarsi a **2.** (*focus on*) concentrarsi
honest ['ɑː·nɪst] *adj* **1.** (*trustworthy, fair*) onesto, -a **2.** (*truthful*) sincero, -a; to be ~ with oneself essere sincero con se stesso; ~ (to God) *inf* lo giuro (su Dio)
honestly *adv* onestamente
honest-to-goodness *adj* vero, -a
honesty ['ɑː·nɪs·t̬i] *n* **1.** (*trustworthiness*) onestà *f* **2.** (*sincerity*) sincerità *f*; in all ~ a esser sincero
honey ['hʌ·ni] *n* **1.** CULIN miele *f* **2.** (*term of endearment, sweet person*) tesoro *m* **3.** (*sweet thing*) gioiello *f*
honeybee *n* ape *f*
honeycomb I. *n* favo *m* II. *adj* (*pattern*) a nido d'ape
honeydew (**melon**) *n* melone invernale *m*

H

honeymoon I. *n* luna *f* di miele **II.** *vi* passare la luna di miele

honeysuckle *n* BOT madreselva *f*

honk [hɑːŋk] **I.** *vi* **1.** ZOOL starnazzare **2.** AUTO suonare (il clacson) **II.** *n* **1.** ZOOL starnazzare *m* **2.** AUTO colpo *m* di clacson

honor [ˈɑːnɚ] **I.** *n* **1.** (*respect*) onore *m;* **in ~ of sb/sth** in onore di qu/qc; **to be (in) ~ bound to ...** essere moralmente obbligato a... **2.** LAW **Your Honor** Vostro onore **3.** *pl* (*distinction*) **final ~s** onori *mpl* funebri; **to graduate with ~s** laurearsi con lode **II.** *vt* onorare; **to be ~ed** sentirsi onorato

I nomi degli studenti che hanno riportato ottimi voti sono pubblicati nei giornali scolastici e universitari, talvolta persino nei quotidiani. Questa lista si chiama **honor roll** o, soprattutto nelle università, *dean's list*. Gli studenti che fanno parte di questa lista hanno maggiori possibilità quando fanno domanda di iscrizione all'università o quando cercano lavoro presso un'azienda.

honorable *adj* **1.** (*worthy of respect: person*) degno, -a di rispetto; (*agreement*) onorevole **2.** (*honest*) onesto, -a **3.** JUR **the Honorable John Thompson** il giudice John Thompson

honorary [ˈɑːnəˌreˌri] *adj* **1.** (*conferred as an honor: title*) onorifico, -a; (*president*) onorario, -a **2.** (*without pay*) onorifico, -a

hood¹ [hʊd] *n* **1.** (*covering for head*) cappuccio *m* **2.** AUTO cofano *m* **3.** (*on machine*) coperchio *m;* (*on cooker*) cappa *f*

hood² [hʊd] *n* **1.** *inf* (*gangster*) teppista *mf* **2.** *sl* (*urban neighborhood*) quartiere *m*

hoodlum [ˈhuːdləm] *n* teppista *mf*

hoodwink [ˈhʊdˌwɪŋk] *vt inf* fregare

hoof [hʊf] **I.** <hooves *o* hoofs> *n* zoccolo *m;* **on the ~** (*cattle*) ancora vivo **II.** *vt inf* **to ~ it** andare a piedi

hoo-ha [ˈhuːˌhɑː] *n inf* pandemonio *m*

hook [hʊk] **I.** *n* **1.** (*for holding sth*) gancio *m;* (*fish*) amo *m;* **to leave the phone off the ~** lasciare il ricevitore staccato **2.** SPORTS tiro *m* a gancio; (*in boxing*) gancio *m* ▸ **by ~ or by crook** ad ogni costo; **to fall for it ~, line and sinker** berla; **to be off the ~** essere fuori dai guai **II.** *vt* **1.** (*fasten*) agganciare **2.** (*fish*) prendere all'amo **3.** (*capture attention*) attirare **III.** *vi* agganciarsi

◆**hook on I.** *vi* agganciarsi **II.** *vt* agganciare

◆**hook up I.** *vt* **1.** (*hang: curtains*) attaccare **2.** (*link up*) agganciare; (*connect*) collegare; **to hook sb up with sb** *sl* (*arrange date*) combinare a qu un appuntamento con qu **II.** *vi* **1.** (*connect*) collegarsi **2.** (*clothes*) agganciarsi

hooked [hʊkt] *adj* **1.** (*nose*) aquilino, -a **2.** (*fascinated*) **I read the first page of the book and was ~** ho letto la prima pagina e sono stato completamente preso dal libro **3.** (*addicted*) assuefatto, -a

hooker [ˈhʊkɚ] *n inf* prostituta *f*

hooky [ˈhʊki] *n inf* **to play ~** marinare la scuola

hooligan [ˈhuːlɪgən] *n* teppista *mf*

hooliganism *n* teppismo *m*

hoop [huːp] *n* cerchio *m;* *sl* (*in basketball*) canestro *m;* **to shoot some ~s** fare qualche tiro ▸ **to put sb through the ~s** far dannare qu

hoot [huːt] **I.** *vi* (*owl*) ululare; (*with horn*) suonare il clacson; **to ~ with laughter** schiantarsi dalle risate **II.** *vt* **to ~ sb** suonare il clacson a qu **III.** *n* (*of owl*) ululato *m;* (*of horn*) colpo *m;* (*of train*) fischio *m;* **to give a ~ of laughter** fare una risata; **I don't give a ~ (about sth)** non m'importa niente (di qc)

◆**hoot down** *vt* fischiare

hooter [ˈhuːţɚ] *n* **1.** (*siren*) sirena *f* **2.** *inf* (*nose*) naso *m*

hop¹ [hɑːp] *n* **1.** BOT luppolo *m* **2.** *pl* (*dried*) luppolo *m*

hop² [hɑːp] <-pp-> **I.** *vi* **1.** (*on one foot*) saltare; **to ~ to it** *fig, inf* mettersi a lavoro **2.** *inf* (*be busy*) **to be ~ping** essere in piena attività **II.** *vt inf* (*bus, train*) saltare su **III.** *n* **1.** (*leap*) salto *m;* (*using only one leg*) salto *m* su una gamba **2.** *inf* (*informal dance*) ballo *m* **3.** (*short flight*) volo *m* breve ▸ **a ~, skip and a jump** *inf* due passi

◆**hop around** *vi* saltellare; **to ~ from one subject to another** saltare da un argomento all'altro

◆**hop in** *vt insep* salire su; **to ~ a taxi** *inf* salire su un taxi

◆**hop out** *vi* saltare giù; **to ~ of bed** saltare giù dal letto

hope [hoʊp] **I.** *n* speranza *f;* **to give up ~** perdere le speranze; **to pin all one's ~s on sb/sth** riporre tutte le speranze in qu/qc; **there is still ~** si può ancora sperare ▸ **to not have a ~ in hell** non avere alcuna speranza; **to hope against ~** sperare con tutto il cuore **II.** *vi* (*wish*) sperare; **to ~ for the best** sperare bene

hopeful [ˈhoʊpfəl] **I.** *adj* **1.** (*person*) speranzoso, -a; **to be ~** essere ottimista **2.** (*promising*) di belle speranze **II.** *n pl* aspirante *mf;* **young ~s** giovani speranze *fpl*

hopefully *adv* **1.** (*in a hopeful manner*) speranzosamente **2.** (*one hopes*) **~!** speriamo!; **~ we'll be in Sweden at six** se tutto va bene siamo in Svezia alle sei

hopeless [ˈhoʊpləs] *adj* (*situation, effort*) disperato, -a; **to be ~** *inf* (*person, service*) essere un disastro; **to be ~ at sth** essere negato in qc

hopelessly *adv* **1.** (*without hope*) disperatamente **2.** (*totally, completely*) **~ lost** completamente perso

hopper [ˈhɑːpɚ] *n* tramoggia *f*

hopping mad *adj inf* furioso, -a

hopscotch [ˈhɑːpˌskɑːtʃ] *n* **to play ~** giocare a campana

horde [hɔːrd] *n* orda *f*

horizon [həˈraɪzn] *n a. fig* orizzonte *m*

horizontal [ˌhɔːrɪˈzɑːntl] **I.** adj orizzontale **II.** n orizzontale f

hormone [ˈhɔːrmoʊn] n ormone m

horn [hɔːrn] n **1.** ZOOL, MUS corno m **2.** AUTO clacson m inv **3.** (material) corno m ▸ **to be on the ~s of a dilemma** trovarsi fra l'incudine e il martello; **to draw in one's ~s** stringere la cinghia; **to lock ~s** (over sth) scontrarsi (su qc); **to toot** [o blow] **one's own ~** darsi delle arie

♦**horn in** vi **to ~ on sth** intromettersi in qc

hornet [ˈhɔːrnɪt] n calabrone m

horn-rimmed adj (glasses) con montatura di corno

horny [ˈhɔːrni] <-ier, -iest> adj **1.** (made of horn) corneo, -a **2.** inf (sexually aroused) arrapato, -a

horoscope [ˈhɔːrəskoʊp] n oroscopo m

horrendous [hɔːrˈrendəs] adj **1.** (crime) orrendo, -a **2.** (losses) tremendo, -a

horrible [ˈhɔːrəbl] adj orribile

horrid [ˈhɔːrɪd] adj (unpleasant) orribile; (unkind) antipatico, -a

horrific [hɔːrˈrɪfɪk] adj terribile

horrify [ˈhɔːrɪfaɪ] <-ie-> vt sconvolgere

horror [ˈhɔːrə] n orrore m; **~ film** film m inv dell'orrore

horror-stricken adj, **horror-struck** adj terrorizzato, -a, inorridito, -a

hors d'œuvre [ɔːrˈdɜːrv] <hors d'oeuvre o hors d'oeuvres> n FOOD antipasto m

horse [hɔːrs] n **1.** ZOOL cavallo m; **to ride a ~** andare [o montare] a cavallo; **to eat like a ~** mangiare come un lupo **2.** SPORTS cavallo m ▸ **to change ~s** (in) **midstream** cambiare idea a metà strada; **to get sth straight from the ~'s mouth** sapere qc da fonti dirette; **don't look a gift ~ in the mouth** prov a caval donato non si guarda in bocca prov; **to flog a dead ~** perdere tempo (tentando qc); **to hold one's ~s** inf non essere impaziente

♦**horse around** vi fare il pagliaccio

horseback [ˈhɔːrsbæk] **I.** n **on ~** a cavallo **II.** adj **~ riding** equitazione f

horse chestnut n (tree) ippocastano m; (nut) castagna f d'India

horse-drawn adj a cavalli

horsefly <-ies> n tafano m

horsehair n crine m (di cavallo)

horseman [ˈhɔːrsmən] <-men> n cavallerizzo m

horsemanship n equitazione f

horseplay [ˈhɔːrspleɪ] n giochi mpl scatenati

horsepower inv n cavallo m (vapore)

horserace n corsa f di cavalli

horseracing n ippica f

horseradish n rafano m

horse sense n inf buonsenso m

horseshoe n ferro m di cavallo

horse-trading n attività fpl losche

horse van n rimorchio m per il trasporto dei cavalli

horsewhip [ˈhɔːrswɪp] **I.** <-pp-> vt frustare **II.** n frustino m

horsewoman [ˈhɔːrswʊmən] <-women> n amazzone f

hors(e)y [ˈhɔːrsi] <-ier, -iest> adj **1.** (interested in horses) appassionato, -a di cavalli **2.** (like a horse: face) cavallino, -a

horticultural [ˌhɔːrtəˈkʌltʃərəl] adj orticolo, -a

horticulture [ˈhɔːrtəkʌltʃər] n orticultura f

hose [hoʊz] n **1.** (flexible tube) tubo m; (in motor) manicotto m **2.** (pantyhose) collant mpl

hosiery [ˈhoʊʒəri] n (shop) negozio m di calzetteria; (goods) calzetteria f

hospice [ˈhɑːspɪs] n **1.** (hospital) centro m per malati terminali **2.** (house of shelter) ospizio m

hospitable [ˈhɑːspɪtəbl] adj ospitale

hospital [ˈhɑːspɪtəl] n ospedale m

hospitality [ˌhɑːspɪˈtæləti] n ospitalità f

hospitalization [ˌhɑːspɪtəlɪˈzeɪʃən] n ricovero m ospedaliero

hospitalize [ˈhɑːspɪtəlaɪz] vt ricoverare in ospedale

host[1] [hoʊst] **I.** n **1.** (person who receives guests) ospite m, padrone m di casa **2.** (presenter) presentatore m **3.** BIO ospite m **4.** COMPUT host m inv **II.** vt **1.** (party) dare; (event) ospitare **2.** TV, RADIO (program) presentare

host[2] [hoʊst] n moltitudine f; **a whole ~ of reasons** tutto un insieme di ragioni

Host [hoʊst] n REL ostia f

hostage [ˈhɑːstɪdʒ] n ostaggio m; **to take/ hold sb ~** prendere/tenere qu in ostaggio

host country <-ies> n paese m ospite

hostel [ˈhɑːstl] n (inexpensive hotel) ostello m; **student ~** casa f dello studente; **youth ~** ostello della gioventù

hosteler [ˈhɑːstələr] n albergatore, -trice m, f

hostess [ˈhoʊstɪs] <-es> n **1.** (woman who receives guests) ospite f, padrona f di casa **2.** (presenter) presentatrice f **3.** (in restaurant) cameriera f

hostile [ˈhɑːstl] adj ostile; **~ aircraft** aereo nemico

hostility [hɑːsˈtɪləti] <-ies> n ostilità f inv

hot [hɑːt] **I.** adj **1.** (very warm) caldo, -a; **it's ~** fa caldo **2.** (spicy) piccante **3.** inf (skillful) bravo, -a; **to be ~ stuff** essere un asso **4.** inf (demanding) **to be ~ for sth** dare molta importanza a qc **5.** (dangerous) rischioso, -a; **to be too ~ to handle** fig essere troppo difficile da gestire **6.** inf (sexually attractive) **to be ~** essere sexy **7.** (exciting: music, party) animato, -a; **~ news** notizie fresche **8.** sl (stolen) **to be ~** scottare ▸ **to be all ~ and bothered** essere agitato **II.** n **he has the ~s for her** gli piace un sacco

♦**hot up** <-tt-> vi inf (situation) farsi sempre più agitato

hot air n fig discorsi mpl campati in aria; **to be full of ~** essere campato in aria

H

hot-air balloon *n* mongolfiera *f*

hotbed ['hɑːt·bed] *n fig* (*of vice, crime*) covo *m;* (*of disease*) focolaio *m*

hot-blooded *n* (*easy to anger*) irascibile; (*passionate*) focoso, -a

hotcake *n* pancake *m inv;* **to sell like ~s** andare a ruba

hot dog *n* CULIN hotdog *m inv*

hotel [hoʊ·'tel] *n* hotel *m inv,* albergo *m*

hotel accommodations *npl* alberghi *mpl*

hotel bill *n* conto *f* dell'albergo

hotelier [,hoʊ·tel·'jeɪ] *n* (*owner*) albergatore,. -trice *m, f;* (*manager*) direttore , -trice *m, f* d'albergo

hotel industry *n* settore *m* alberghiero

hotel staff *n* personale *m* d'albergo

hotfoot ['hɑːt·fʊt] **I.** *adv* di corsa **II.** *vt* **to ~ it somewhere** *inf* andare di corsa da qualche parte

hothead ['hɑːt·hed] *n* testa *f* calda

hotheaded *adj* impulsivo, -a

hothouse ['hɑːt·haʊs] **I.** *n* serra *f* **II.** *adj* di serra

hot line *n* TEL linea *f* diretta

hotly *adv* appassionatamente

hot metal *n* TYPO composizione *f* a caldo

hot plate *n* piastra *m*

hot potato <-oes> *n fig* patata *f* bollente

hot rod *n inf* AUTO auto *f* col motore truccato *inv*

hot seat *n* 1. (*difficult position*) **to be in the ~** avere un posto che scotta 2. (*electric chair*) sedia *f* elettrica

hotshot *n inf* pezzo *m* grosso; **to be a (real) ~ at sth** *fig* essere un (vero) asso di qc

hot spot *n inf* 1. (*popular place*) posto *m* molto popolare 2. (*nightclub*) locale *m* notturno

hot stuff *n* 1. (*good*) **to be ~ at sth** essere grande a qc 2. (*sexy*) **to be ~** essere molto sexy

hot-tempered *adj* irascibile

hot tub *n* vasca *f* in legno per più persone

hot-water bottle *n* borsa *f* dell'acqua calda

hound [haʊnd] **I.** *n* cane *m* da caccia **II.** *vt* perseguitare

hour ['aʊ·r] *n* 1. (*60 minutes*) ora *f;* **to be paid by the ~** essere pagato all'ora 2. (*time of day*) **at all ~s of the day and night** notte e giorno; **ten minutes to the ~** ai 50; **till all ~s** fino a tardi; **after ~s** fuori orario 3. (*time for an activity*) **lunch ~** ora di pranzo; **at the agreed ~** all'ora convenuta; **opening ~s** orario *m* d'apertura 4. (*period of time*) momento *m;* **at any ~** in qualsiasi momento; **to spend long ~s doing sth** passare molto tempo a fare qc; **to change from ~ to ~** cambiare ogni ora; **to keep irregular/regular ~s** avere orari irregolari/regolari; **to work long ~s** lavorare molto; **~ after ~** per ore (ed ore)

hour hand *n* lancetta *f* delle ore

hourly *adv* (*every hour*) ogni ora; (*pay*) a ore

house¹ [haʊs] *n* 1. (*inhabitation*) casa *f;* **to set one's ~ in order** *fig* sistemare le proprie cose

2. (*family*) famiglia *f* 3. (*business*) ditta *f;* **it's on the ~** offre la casa 4. UNIV (*fraternity*) associazione *f* 5. (*legislative body*) camera *f* 6. (*audience*) pubblico *m;* **a full ~** il tutto esaurito; **to bring the ~ down** *inf* essere un successo

house² [haʊz] *vt* 1. (*give place to live*) alloggiare 2. (*contain*) ospitare

house arrest *n* arresti *mpl* domiciliari

houseboat *n* house boat *f inv*

housebreaker ['haʊs·,breɪ·kə·] *n* ladro, -a d'appartamento *m*

housebreaking *n* violazione *f* di domicilio a scopo di furto

housebroken *adj* addestrato, -a

housecleaning *n* pulizie *fpl* di casa

housecoat ['haʊs·koʊt] *n* vestaglia *f*

housefly <-ies> *n* mosca *f*

household ['haʊs·hoʊld] **I.** *n* famiglia *f* **II.** *adj* domestico, -a

householder *n* (*owner*) proprietario , -a *m, f* di una casa; (*head*) capo *m* famiglia

house-hunt *vi inf* cercare casa

househusband *n* marito *m* che sta a casa

housekeeper ['haʊs·,kiː·pə·] *n* governante *f*

housekeeping *n* gestione *f* della casa

housekeeping money *n* soldi *mpl* per le spese domestiche

housemaid ['haʊs·meɪd] *n* domestica *f*

housemate *n persona con cui si divide la casa*

House of Representatives *n* POL Camera *f* dei Rappresentanti

house physician *n* medico *m* interno

houseplant *n* pianta *f* da appartamento

house rules *npl* regole *fpl* della casa

house sitter *n persona che bada alla casa in assenza del proprietario*

house-to-house *adj* porta a porta

housewarming *n,* **house-warming party** *n* festa *f* per inaugurare l'arrivo in casa nuova

housewife <-wives> *n* casalinga *f*

housework *n* faccende *fpl* domestiche

housing ['haʊ·zɪŋ] *n* 1. (*for living*) alloggio *f* 2. (*for machinery*) alloggiamento *m*

housing association *n* cooperativa *f* edilizia

housing conditions *npl* condizioni *fpl* degli alloggi

housing development *n* complesso *m* edilizio

housing project *n* complesso *m* di case popolari *m*

hove [hoʊv] *vi* NAUT *pp of* **heave**

hovel ['hʌ·vl] *n* tugurio *m*

hover ['hʌ·və·] *vi* 1. (*stay in air*) stare sospeso a mezz'aria 2. (*wait near*) aspettare 3. (*be in an uncertain state*) oscillare 4. (*hesitate*) indugiare; **to ~ on the brink of accepting sth** essere lì per accettare qc

hovercraft ['hʌ·və·kræft] <-(s)> *n* hovercraft *m inv*

HOV lane *n abbr of* **High Occupancy Vehicle lane** *corsia preferenziale per veicoli con a bordo due o più persone*

how [haʊ] I. *adv* 1. (*in this way, in which way?*) come; ~ **are you?** come stai?; ~ **do you do?** piacere 2. (*for what reason?*) ~ **come …?** *inf* come mai…? 3. (*suggestion*) ~ **about …?** che ne dici di…?; ~ **about that!** senti un po'!; ~'**s that for an offer?** che ne dice? 4. (*intensifier*) ~ **pretty she looked!** come stava bene!; **and** ~! eccome! II. *n* modo *m;* **to know the** ~(**s**) **and why**(**s**) **of sth** sapere il come e il perché di qc

howdy *interj inf* salve

however [haʊ·'e·və] I. *adv* 1. (*no matter how*) per quanto ci provi; ~ **hard she tries …** per quanto ci provi… 2. (*in whichever way*) come; **do it   you like** fallo come ti pare II. *conj* (*nevertheless*) comunque

howl [haʊl] I. *vi* 1. ululare; **to** ~ **in** [*o* with] **pain** urlava dal dolore 2. (*cry*) urlare 3. *inf* (*laugh*) ridere a crepapelle II. *n* 1. (*person, animal*) ululato *m* 2. (*cry*) urlo *m;* **to give a** ~ **of pain** cacciare un urlo di dolore 3. (*funny person*) **to be a** ~ essere uno schianto

◆**howl down** *vt* fischiare

howler ['haʊ·lə] *n sl* errore *m* madornale; **to make a** ~ fare una gaffe

howling *adj* urlante

hp [ˌeɪtʃ·'piː] *abbr of* **horsepower** CV

HP [ˌeɪtʃ·'piː] *abbr of* **high pressure** AP

HQ [ˌeɪtʃ·'kjuː] *abbr of* **headquarters** QG

HRT [ˌeɪtʃ·ɑːr·'tiː] *abbr of* **hormone replacement therapy** terapia *f* ormonale di sostituzione

ht *abbr of* **height** a

HTML [ˌeɪtʃ·tiː·em·'el] COMPUT *abbr of* **Hypertext Markup Language** HTML

http, HTTP COMPUT *abbr of* **hypertext transfer protocol** http

hub [hʌb] *n* 1. (*of wheel*) mozzo *m* 2. *fig* (*center*) centro *m*

hubbub ['hʌ·bʌb] *n* trambusto *m*

hubcap ['hʌb·kæp] *n* cerchione *m*

huckleberry ['hʌ·kl·be·ri] <-ies> *n* BOT mirtillo *m*

huckster ['hʌks·tə] *n* imbonitore, -trice *m, f*

HUD [hʌd] *abbr of* **Department of Housing and Urban Development** *Dipartimento della Casa e dello Sviluppo Urbano*

huddle ['hʌ·dl] I. *vi* rannicchiarsi II. *n* (*close group*) gruppetto *f;* **to go into a** ~ fare gruppetto

◆**huddle down** *vi* accovacciarsi

◆**huddle together** *vi* stringersi l'uno all'altro

◆**huddle up** *vi* rannicchiarsi

hue [hjuː] *n* 1. (*shade*) colore *m;* **all** ~**s of …** *fig* ogni tipo di… 2. (*disapproval*) ~ **and cry** protesta *f*

huff [hʌf] I. *vi* **to** ~ **and puff** (*breathe loudly*) ansimare; *inf* (*complain*) sbuffare II. *vt* dire in malo modo III. *n inf* sbuffo *m;* **to be in a** ~ essere impermalito; **to get into a** ~ prendersela; **to go off in a** ~ andarsene impermalito

huffy ['hʌ·fi] <-ier, -iest> *adj* 1. (*offended*) impermalito, -a 2. (*touchy*) permaloso, -a

hug [hʌg] I. <-gg-> *vt* 1. *a. fig* (*embrace*) abbracciare 2. (*not slide on*) **these tires** ~ **the road** questi pneumatici hanno buona tenuta di strada II. *n* abbraccio *m*

huge [hjuːdʒ] *adj* (*extremely big, impressive*) enorme

hugely *adv* enormemente

hugeness *n* enormità *f*

hulk [hʌlk] *n* 1. (*of car, ship*) carcassa *f* 2. (*mass*) mole *f*

hulking *adj* enorme

hull [hʌl] I. *n* 1. NAUT scafo *m* 2. (*shell*) guscio *m;* (*of strawberry*) picciolo *m* II. *vt* pulire

hullabaloo [ˌhʌ·lə·bə·'luː] *n* baccano *m;* **to make a real** ~ fare un gran baccano

hum [hʌm] <-mm-> I. *vi* 1. (*bee*) ronzare 2. (*sing*) canticchiare (a bocca chiusa) 3. (*be full of activity*) essere molto animato, -a II. *vt* canticchiare (a bocca chiusa) III. *n* ronzio *m*

human ['hjuː·mən] I. *n* essere *m* umano II. *adj* umano, -a

human being *n* essere *m* umano

humane [hjuː·'meɪn] *adj* umano, -a

humanism ['hjuː·mə·nɪ·zəm] *n* umanesimo *m*

humanistic [ˌhjuː·mə·'nɪs·tɪk] *adj* umanistico, -a

humanitarian [hjuː·ˌmæ·nə·'te·ri·ən] I. *n* umanitario, -a *m, f* II. *adj* umanitario, -a; ~ **aid** aiuti umanitari

humanities [hjuː·'mæ·nə·tiz] *npl* UNIV materie *fpl* umanistiche

humanity [hjuː·'mæ·nə·t̬i] *n* umanità *f*

humanize ['hjuː·mə·naɪz] *vt* umanizzare

humanly *adv* umanamente

human nature *n* natura *f* umana

human race *n* razza *f* umana

human resources *npl* risorse *fpl* umane

human rights *npl* diritti *mpl* dell'uomo

humble ['hʌm·bl] I. *adj* umile; **in my** ~ **opinion, …** a mio modesto parere,… II. *vt* umiliare

humbleness *n* umiltà *f*

humbug ['hʌm·bʌg] *n* (*fraud*) imbroglio *m;* (*nonsense*) scemenze *fpl*

humdrum ['hʌm·drʌm] *adj* monotono, -a

humid ['hjuː·mɪd] *adj* umido, -a

humidifier [hjuː·'mɪ·dɪ·fa·ɪə] *n* umidificatore *m*

humidify [hjuː·'mɪ·dɪ·faɪ] *vt* umidificare

humidity [hjuː·'mɪ·də·t̬i] *n* umidità *f*

humiliate [hjuː·'mɪ·li·eɪt] *vt* umiliare

humiliating *adj* umiliante

humiliation [hjuː·ˌmɪ·li·'eɪ·ʃən] *n* umiliazione *f*

humility [hjuː·'mɪ·lə·t̬i] *n* umiltà *f*

hummingbird ['hʌ·mɪŋ·bɜːrd] *n* colibrì *m inv*

humor ['hjuː·mə] *n* 1. (*capacity for amusement*) umorismo *m;* **sense of** ~ senso *m* dell'umorismo 2. *form* (*mood*) umore *m;* **in** (**a**) **good/bad** ~ di buon/cattivo umore

humorist ['hjuː·mə·rɪst] *n* 1. (*writer*) umorista *mf* 2. (*funny person*) comico, -a *m, f*

H

H

humorless ['hjuː·mə·lɪs] *adj* privo, -a di umorismo; **a ~ smile** un sorriso forzato

humorous ['hjuː·mə·əs] *adj* (*speech*) umoristico, -a; (*situation*) divertente

hump [hʌmp] **I.** *n* gobba *f* ▶ **we are over the ~** il più è fatto **II.** *vt* **1.** *inf* (*lug, carry*) portare **2.** *vulg* (*have sex*) scopare *vulg*

humpback ['hʌmp·bæk] *n* gobba *f*

humpbacked ['hʌmp·bækt] *adj* gobbo, -a; **~ bridge** ARCHIT ponte a schiena d'asino

humph [hʌmpf, mm] *interj* ah!

hunch [hʌntʃ] **I.** <-es> *n* presentimento *m;* **to have a ~ that ...** avere la sensazione che...; **to act on a ~** agire per intuito **II.** *vi* piegarsi **III.** *vt* curvare

hunchback ['hʌntʃ·bæk] *n* (*person*) gobbo, -a *m, f*

hundred ['hʌn·drəd] <-(s)> **I.** *n* cento *m;* **~s of times** centinaia di volte **II.** *adj* cento

hundredfold ['hʌn·drəd·foʊld] *n* centuplo *m*

hundredth ['hʌn·drədθ] **I.** *n* centesimo *m* **II.** *adj* centesimo, -a

hundredweight ['hʌn·drəd·weɪt] <-(s)> *n* unità di peso equivalente a 45,36 kg negli USA e a 50,80 kg in Gran Bretagna

hung [hʌŋ] **I.** *pt, pp of* **hang II.** *adj* diviso, -a; **~ jury** LAW giuria che non riesce a raggiungere la maggioranza necessaria per decidere il verdetto

Hungarian [hʌŋ·ˈge·ri·ən] **I.** *adj* ungherese **II.** *n* **1.** (*person*) ungherese *mf* **2.** LING ungherese *m*

Hungary ['hʌŋ·gə·ri] *n* Ungheria *f*

hunger ['hʌŋ·gə·] **I.** *n* **1.** fame *f* **2.** *fig* (*desire*) desiderio *m;* **to have a ~ for sth** desiderare qc **II.** *vi fig* **to ~ after** [*o* **for**] desiderare intensamente

hungry ['hʌŋ·gri] <-ier, -iest> *adj* **1.** (*desiring food*) affamato, -a; **to be ~** aver fame; **to go ~** soffrire la fame **2.** *fig* (*wanting badly*) desideroso, -a; **to be ~ for sth** desiderare qc

hung up *adj* **1.** (*delayed*) trattenuto, -a **2.** (*not able to continue*) bloccato, -a **3.** (*obsessed with*) fissato, -a

hunk [hʌŋk] *n* **1.** (*piece*) pezzo *m* **2.** *inf* (*man*) gran figo *m*

hunky dory [ˌhʌŋ·ki·ˈdɔː·ri] *adj inf* **everything is ~** va tutto benone

hunt [hʌnt] **I.** *vt* **1.** (*chase to kill*) cacciare **2.** (*search for*) dare la caccia a **II.** *vi* **1.** (*chase to kill*) cacciare; **to go ~ing** andare a caccia **2.** (*search*) **to ~ for** cercare **III.** *n* **1.** (*chase*) caccia *f;* **to go on a ~** andare a caccia **2.** (*search*) ricerca *f*

hunter *n* **1.** (*person*) cacciatore, -trice *m, f* **2.** (*dog*) cane *m* da caccia **3.** (*horse*) cavallo *m* per la caccia alla volpe

hunting *n* caccia *f*

hunting ground *n* terreno *m* di caccia

hunting license *n* licenza *f* di caccia

hunting season *n* stagione *f* della caccia

huntress ['hʌn·trɪs] *n* cacciatrice *f*

huntsman ['hʌnts·mən] <-men> *n* cacciatore *m*

hurdle ['hɜː·r·dl] **I.** *n* ostacolo *m* **II.** *vi* SPORTS gareggiare in una corsa ad ostacoli **III.** *vt* SPORTS saltare

hurdler *n* SPORTS ostacolista *mf*

hurdle race *n* SPORTS corsa *f* ad ostacoli

hurdy-gurdy [ˌhɜː·r·di·ˈgɜː·r·di] <-ies> *n* organetto *m*

hurl [hɜːrl] *vt* lanciare

hurly-burly ['hɜː·r·li·bɜː·r·li] *n* trambusto *m*

hurrah [hə·ˈrɑː] *interj,* **hurray** [hə·ˈreɪ] *interj* urrà

hurricane ['hɜː·rɪ·keɪn] *n* uragano *m*

hurricane lamp *n* lampada *f* controvento

hurried ['hɜː·rɪd] *adj* affrettato, -a

hurry ['hɜː·ri] <-ie-> **I.** *vi* affrettarsi, sbrigarsi **II.** *vt* **1.** (*rush*) mettere fretta a; (*process*) affrettare **2.** (*take quickly*) **he was hurried to the hospital** lo portarono di corsa all'ospedale **III.** *n* fretta *f;* **to leave in a ~** andarsene in fretta e furia; **to do sth in a ~** fare qc in fretta; **what's (all) the ~?** perché tanta fretta?

◆**hurry along I.** *vi* sbrigarsi **II.** *vt always sep* mettere fretta a

◆**hurry away, hurry off I.** *vi* andarsene in fretta **II.** *vt* (*person*) fare andare via in fretta; (*object*) fare partire in fretta

◆**hurry on** *vi* continuare rapidamente

◆**hurry up I.** *vi* sbrigarsi **II.** *vt* mettere fretta a

hurt [hɜːrt] **I.** <hurt, hurt> *vi* far male **II.** *vt* **1.** (*wound, offend*) ferire **2.** (*cause pain*) fare male a; **it ~s me** mi fa male **3.** (*damage*) danneggiare **III.** *adj* ferito, -a **IV.** *n* **1.** (*pain*) dolore *m* **2.** (*injury, offence*) ferita *f* **3.** (*damage*) danno *m*

hurtful ['hɜːrt·fəl] *adj* che ferisce

hurtle ['hɜːr·tl] **I.** *vi* lanciarsi **II.** *vt* lanciare

husband ['hʌz·bənd] **I.** *n* marito *m* **II.** *vt* risparmiare

husbandry ['hʌz·bənd·ri] *n* **1.** (*care, management*) gestione *f* oculata **2.** AGR agricoltura *f;* **animal ~** cura *f* degli animali

hush [hʌʃ] **I.** *n* silenzio *m* **II.** *interj* **~!** silenzio! **III.** *vi* tacere **IV.** *vt* (*make silent*) zittire; (*soothe*) calmare

◆**hush up** *vt* mettere a tacere

hush-hush *adj inf* secreto, -a

hush money *n inf:* denaro per comprare il silenzio di qu

husk [hʌsk] **I.** *n* (*outside covering*) buccia *f* **II.** *vt* sbucciare

husky[1] ['hʌs·ki] <-ier, -iest> *adj* **1.** (*low, rough: voice*) roco, -a **2.** (*big, strong*) robusto, -a

husky[2] ['hʌs·ki] <-ies> *n* husky *m inv*

hussy ['hʌ·si] *n inf* svergognata *f*

hustings ['hʌs·tɪŋz] *npl* campagna *f* elettorale

hustle ['hʌ·sl] **I.** *vt* **1.** (*hurry, push*) spingere **2.** (*achieve*) rimediare **II.** *vi* **1.** (*push for*) insistere **2.** (*practice prostitution*) battere *inf* **III.** *n* raggiro *m*

hustler ['hʌs·lə·] *n* **1.** (*persuader*) imbonitore,

-trice *m, f* **2.** (*swindler*) imbroglione, -a *m, f* **3.** (*prostitute*) prostituto, -a *m, f*

hustling ['hʌs·lɪŋ] *n* raggiri *mpl*

hut [hʌt] *n* capanna *f*

hutch [hʌtʃ] <-es> *n* **1.** (*box for animals*) gabbia *f* **2.** (*cupboard*) credenza a vetrina

hyacinth ['ha·ɪə·sɪnθ] *n* BOT giacinto *m*

hybrid ['haɪ·brɪd] **I.** *n* **1.** BOT, ZOOL ibrido *m* **2.** AUTO auto *f* ibrida **II.** *adj* **1.** BOT, ZOOL ibrido, -a **2.** AUTO ibrido, -a; ~ **powertrain** propulsione *f* ibrida; ~ **electric vehicle** veicolo *m* ibrido

hydrangea [haɪ·'dreɪn·dʒə] *n* BOT ortensia *f*

hydrant ['haɪ·drənt] *n* idrante *m*

hydrate ['haɪ·dreɪt] *n* idrato *m*

hydraulic [haɪ·'drɑː·lɪk] *adj* idraulico, -a

hydraulics [haɪ·'drɑː·lɪks] *n* idraulica *f*

hydrocarbon [ˌhaɪ·droʊ·'kɑːr·bən] **I.** *n* idrocarburo *m* **II.** *adj* di idrocarburo

hydrochloric acid [ˌhaɪ·droʊ·klɔː·rɪk·'æ·sɪd] *n* acido *m* cloridrico

hydroelectric [ˌhaɪ·droʊ·ɪ·'lek·trɪk] *adj* idroelettrico, -a

hydrofoil ['haɪ·drə·fɔɪl] *n* aliscafo *m*

hydrogen ['haɪ·drə·dʒən] *n* idrogeno *m*

hydrogen bomb *n* bomba *f* all'idrogeno

hydrophobia [ˌhaɪ·drə·'foʊ·biə] *n* idrofobia *f*

hydroponics [ˌhaɪ·drə·'pɑː·nɪks] *n* + *sing vb* idroponica *f*

hyena [haɪ·'iː·nə] *n* iena *f*

hygiene ['haɪ·dʒiːn] *n* igiene *f*

hygienic [ˌhaɪ·dʒi·'e·nɪk] *adj* igienico, -a

hygroscope ['haɪ·grəs·koʊp] *n* igroscopio *m*

hymn [hɪm] *n* inno *m*

hymnal ['hɪm·nəl] *n*, **hymnbook** *n* libro *m* degli inni

hype [haɪp] **I.** *n* COM gran pubblicità *f* **II.** *vt* superpubblicizzare

hyperactive [ˌhaɪ·pɚ·'æk·tɪv] *adj* iperattivo, -a

hyperbola [haɪ·'pɜːr·bə·lə] *n* MATH iperbole *f*

hyperbole [haɪ·'pɜːr·bə·li] *n* LIT iperbole *f*

hyperbolic [ˌhaɪ·pɚ·'bɑː·lɪk] *adj* LIT iperbolico, -a

hyperlink [ˌhaɪ·pɚ·'lɪŋk] *n* COMPUT collegamento *m* ipertestuale

hypermarket ['haɪ·pɚ·mɑːr·kɪt] *n* ipermercato *m*

hypersensitive [ˌhaɪ·pɚ·'sen·sə·tɪv] *adj* ipersensibile

hypertension *n* ipertensione *f*

hypertext [ˌhaɪ·pɚ·'tekst] *n* COMPUT ipertesto *m*

hyphen ['haɪ·fn] *n* TYPO trattino *m*

hyphenate ['haɪ·fə·neɪt] *vt* (*compound*) scrivere col trattino

hypnosis [hɪp·'noʊ·sɪs] *n* ipnosi *f inv;* **to be under** ~ essere in stato d'ipnosi

hypnotherapy [ˌhɪp·noʊ·'θe·rə·pi] *n* ipnoterapia *f*

hypnotic [hɪp·'nɑː·tɪk] *adj* ipnotico, -a

hypnotist ['hɪp·nə·tɪst] *n* ipnotizzatore, -trice *m, f*

hypnotize ['hɪp·nə·taɪz] *vt* ipnotizzare

hypochondria [ˌhaɪ·pə·'kɑːn·dri·ə] *n* ipocondria *f*

hypochondriac [ˌhaɪ·pə·'kɑːn·dri·æk] **I.** *n* ipocondriaco, -a *m, f* **II.** *adj* ipocondriaco, -a

hypocrisy [hɪ·'pɑː·krə·si] *n* ipocrisia *f*

hypocrite ['hɪ·pə·krɪt] *n* ipocrita *mf*

hypocritical [ˌhɪ·pə·'krɪ·tɪ·kl] *adj* ipocrita

hypodermic [ˌhaɪ·pə·'dɜːr·mɪk] *adj* ipodermico, -a

hypotenuse [ˌhaɪ·'pɑ·tːə·nuːs] *n* MATH ipotenusa *f*

hypothermia [ˌhaɪ·poʊ·'θɜːr·miə] *n* ipotermia *f*

hypothesis [haɪ·'pɑː·θə·sɪs] *n* <-es> ipotesi *f inv*

hypothetical [ˌhaɪ·pə·'θe·tɪ·kl] *adj* ipotetico, -a

hysterectomy [ˌhɪs·tə·'rek·tə·mi] *n* MED isterectomia *f*

hysteria [hɪ·'ste·riə] *n* isterismo *m*

hysteric [hɪ·'ste·rɪk] **I.** *adj* isterico, -a **II.** *n* isterico, -a *m, f*

hysterical *adj* isterico, -a

H

I i

I, i [aɪ] *n* I, i *f;* ~ **as in Irene** I di Imola

I [aɪ] *pron pers* (*1st person sing*) io; ~**'m coming** arrivo; ~**'ll do it** lo faccio io; **am** ~ **late?** sono in ritardo?; **she and** ~ **lei ed io; it was** ~ **who did that** sono stato io a farlo

IA ['aɪ·ə·wə] *n abbr of* **Iowa** IA

IAEA *n abbr of* **International Atomic Energy Agency** AIEA *f*

IATA [ˌaɪ·eɪˌtiː·'eɪ] *n abbr of* **International Air Transport Association** IATA *f*

ibex ['aɪ·beks] <-es> *n* stambecco *m*

ibid. [ɪ·'bɪd] *adv abbr of* **ibidem** ibid.

IC [ˌaɪ·'siː] *n abbr of* **integrated circuit** IC, *circuito integrato*

ICBM [ˌaɪ·siː·biː·'em] *n abbr of* **intercontinental ballistic missile** ICBM *m, missile balistico intercontinentale*

ice [aɪs] **I.** *n* (*frozen water*) ghiaccio *m* ▶ **to be skating on thin** ~ camminare su un campo minato; **to break the** ~ *inf* rompere il ghiaccio; **to put sth on** ~ accantonare **II.** *vt* **1.** (*chill a drink*) mettere in ghiaccio **2.** (*put icing on*) glassare

◆**ice over** *vi* ghiacciare

Ice Age *n* era *f* glaciale

ice ax <-es> *n* piccozza *f* (da ghiaccio)

iceberg *n* iceberg *m inv;* **the tip of the** ~ *fig* la punta dell' iceberg

iceberg lettuce *n* lattuga *f* iceberg

icebound *adj* bloccato, -a dal ghiaccio

icebox <-es> *n* **1.** (*freezer*) ghiacciaia *f* **2.** (*fridge*) frigorifero *m*

icebreaker *n* rompighiaccio *m inv*

ice cap *n* calotta *f* glaciale

ice-cold *adj* gelato, -a

ice cream *n* gelato *m*

ice-cream cone *n* **1.** (*only wafer*) cono *m* (per gelato) **2.** (*wafer plus scoops*) cono *m* (gelato)

ice-cream parlor *n* gelateria *f*

ice cube ['aɪs·kjuːb] *n* cubetto *m* di ghiaccio

iced [aɪst] *adj* **1.** (*with ice*) con ghiaccio; (*very cold*) ghiacciato, -a **2.** (*covered with icing*) glassato, -a

ice floe ['aɪs·floʊ] *n* blocco *m* di ghiaccio galleggiante

ice hockey *n* hockey *m* su ghiaccio

Iceland ['aɪs·lənd] *n* Islanda *f*

Icelander ['aɪs·lən·dər] *n* islandese *mf*

Icelandic [aɪs·'læn·dɪk] **I.** *adj* islandese **II.** *n* islandese *mf*

ice pack *n* borsa *f* del ghiaccio

ice rink *n* pista *f* di pattinaggio

ice skate *n* pattino *m* da ghiaccio

ice-skate *vi* pattinare sul ghiaccio

ice skater *n* pattinatore , -trice *m, f* sul ghiaccio

ice-skating *n* pattinaggio *m* su ghiaccio

icicle ['aɪ·sɪ·kl] *n* ghiacciolo *m*

icing ['aɪ·sɪŋ] *n* **1.** glassa *f* **2.** (*in ice hockey*)

pista da hockey ▶ **to be the** ~ **on the cake** essere la ciliegina sulla torta

icon ['aɪ·kɑːn] *n* icona *f*

iconoclast [aɪ·'kɑː·nə·klæst] *n* iconoclasta *mf*

iconoclastic [aɪˌkɑː·nə·'klæs·tɪk] *adj* iconoclasta

ICU [ˌaɪ·siː·'juː] *n abbr of* **intensive care unit** reparto *m* di terapia intensiva

icy ['aɪ·si] <-ier, -iest> *adj* **1.** (*with ice*) ghiacciato, -a; (*very cold*) gelido, -a **2.** (*unfriendly*) gelido, -a

ID¹ [ˌaɪ·'diː] **I.** *n abbr of* **identification** documento *m* d'identità **II.** *vt inf abbr of* **identify** identificare; **to positively** ~ **sb** identificare qu con certezza

ID² [ˌaɪ·'diː] *n abbr of* **Idaho** ID

I'd [aɪd] **1.** = I would *s.* would **2.** = I had *s.* have

Idaho ['aɪ·də·hoʊ] *n* Idaho *m*

ID card [aɪ·'diː·ˌkɑːd] *n s.* **identity card** carta *f* d'identità

idea [aɪ·'diː·ə] *n* idea *f;* **to get an** ~ **of sth** farsi un'idea di qc

ideal [aɪ·'diː·əl] **I.** *adj* ideale **II.** *n* ideale *m*

idealism [aɪ·'diː·ə·lɪ·zəm] *n* idealismo *m*

idealist [aɪ·'diː·ə·lɪst] *n* idealista *mf*

idealistic [ˌaɪ·dɪ·ə·'lɪs·tɪk] *adj* idealistico, -a

idealize [aɪ·'diː·ə·laɪz] *vt* idealizzare

ideally [aɪ·'diː·li] *adv* **1.** (*in an ideal way*) idealmente **2.** ~, **we could catch the train** l'ideale sarebbe prendere il treno

identical [aɪ·'den·t̬ə·kl] *adj* identico, -a

identifiable [aɪˌden·t̬ə·'fa·ɪə·bl] *adj* identificabile

identification [aɪˌden·t̬ə·fɪ·'keɪ·ʃən] *n* identificazione *f*

identification papers *npl* documenti *mpl* d'identità

identifier [aɪ·'den·t̬ə·fa·ɪər] *n* COMPUT identificatore *m*

identify [aɪ·'den·t̬ə·faɪ] <-ie-> *vt* identificare

identity [aɪ·'den·t̬ə·ti] <-ies> *n* identità *f*

identity card *n* carta *f* d'identità

ideological [ˌaɪ·di·ə·'lɑː·dʒɪ·kl] *adj* ideologico, -a

ideologist [ˌaɪ·di·'ɑː·lə·dʒɪst] *n* ideologo, -a *m, f*

ideology [ˌaɪ·di·'ɑː·lə·dʒi] <-ies> *n* ideologia *f*

idiocy ['ɪ·di·ə·si] <-ies> *n* idiozia *f*

idiom ['ɪ·di·əm] *n* LING **1.** (*phrase*) espressione *f* idiomatica **2.** (*style of expression*) linguaggio *m*

idiomatic [ˌɪ·di·ə·'mæ·t̬ɪk] *adj* idiomatico, -a

idiosyncrasy [ˌɪ·di·oʊ·'sɪn·krə·si] <-ies> *n* idiosincrasia *f*

idiosyncratic [ˌɪ·di·oʊ·sɪn·'kræ·t̬ɪk] *adj* idiosincratico, -a

idiot ['ɪ·di·ət] *n* idiota *mf*

idiotic [ˌɪ·di·'ɑː·t̬ɪk] *adj* idiota

idle ['aɪ·dl] I. *adj* 1.(*lazy*) pigro, -a 2.(*not busy*) inoperoso, -a; (*machine*) inattivo, -a 3.(*frivolous: pleasures*) futile 4.(*unfounded: promise*) vano, -a; (*gossip*) ozioso, -a; (*fear*) infondato, -a 5.(*ineffective: threat*) inconsistente 6. FIN (*capital*) infruttifero, -a II. *n* AUTO minimo *m* III. *vi* (*machine*) girare al minimo; (*person*) oziare

idleness ['aɪ·dl·nɪs] *n* pigrizia *f*
idler ['aɪd·lə·] *n* pigro, -a *m*, *f*
idol ['aɪ·dl] *n* idolo *m*
idolatrous [aɪ·ˈdɑː·lət·rəs] *adj* REL idolatra
idolatry [aɪ·ˈdɑː·lət·ri] *n* idolatria *f*
idolize ['aɪ·də·laɪz] *vt* idolatrare
idyll ['aɪ·dəlj] *n* idillio *m*
idyllic [aɪ·ˈdɪ·lɪk] *adj* idilliaco, -a
i.e. [ˌaɪ·ˈiː] *abbr of* **id est** cioè
if [ɪf] I. *conj* 1.(*supposing that*) se; ~ **it snows** se nevica; ~ **not** se non; **as** ~ **it were true** come se fosse vero; ~ **they exist at all** se esistono davvero; ~ **A is right, then B is wrong** se A è giusto, allora B è sbagliato; **I'll stay,** ~ **only for a day** mi fermo, anche se solo per un giorno 2.(*every time that*) ~ **he needs me, I'll help him** se avrà bisogno di me, lo aiuterò 3.(*whether*) I **wonder** ~ **he'll come** mi chiedo se verrà 4.(*although*) anche se; **cold** ~ **sunny weather** tempo freddo, ma soleggiato II. *n* se *m;* **no** ~**s, ands, or buts!** niente se o ma!
iffy ['ɪ·fi] <-ier, -iest> *adj inf* (*weather*) incerto, -a; (*person*) insicuro, -a
igloo ['ɪg·luː] *n* iglù *m inv*
igneous ['ɪg·ni·əs] *adj* igneo, -a
ignite [ɪg·ˈnaɪt] I. *vi* prendere fuoco II. *vt form* dare fuoco a
ignition [ɪg·ˈnɪ·ʃən] *n* 1. AUTO accensione *f;* **to switch on the** ~ accendere il motore 2. *form* (*causing to burn*) accensione *f*
ignition coil *n* bobina *f* d'accensione
ignition key *n* chiave *f* d'accensione
ignition switch <-es> *n* interruttore *m* d'accensione
ignoble [ɪg·ˈnoʊ·bl] *adj liter* ignobile
ignominious [ˌɪg·nə·ˈmɪ·ni·əs] *adj liter* ignominioso, -a
ignominy ['ɪg·nə·mɪ·ni] *n* ignominia *f*
ignoramus [ˌɪg·nə·ˈreɪ·məs] *n* ignorante *mf*
ignorance ['ɪg·nə·rəns] *n* ignoranza *f;* **to be left in** ~ **of sth** restare all'oscuro di qc ▶ ~ **is bliss** occhio non vede cuore non duole
ignorant ['ɪg·nə·rənt] *adj* ignorante; **to be** ~ **about sth** essere ignorante in materia di qc; **to be** ~ **of sth** ignorare qc
ignore [ɪg·ˈnɔːr] *vt* ignorare
iguana [ɪ·ˈgwɑː·nə] *n* iguana *f*
IL [ˌɪ·lə·ˈnɔɪ] *n abbr of* **Illinois** Il
ilk [ɪlk] *n liter* specie *f*
ill [ɪl] I. *adj* 1.(*sick*) malato, -a; **to fall** ~ ammalarsi 2.(*bad*) cattivo, -a; (*harmful*) nocivo, -a; (*unfavorable*) avverso, -a; **an** ~ **omen** un cattivo presagio II. *adv form* (*badly*) male; **to**

bode ~ essere di cattivo augurio; **to speak** ~ **of sb** parlare male di qu
I'll [aɪl] = **I will** *s.* **will**
ill-advised [ˌɪl·əd·ˈvaɪzd] *adj* imprudente
ill at ease *adj* a disagio
ill-bred *adj* maleducato, -a
ill-conceived *adj* mal concepito, -a
illegal [ɪ·ˈliː·gəl] *adj* illegale
illegal immigrant *n* immigrato, -a *m*, *f* clandestino, -a
illegality [ˌɪ·lɪ·ˈgæ·lə·ti] <-ies> *n* illegalità *f*
illegible [ɪ·ˈle·dʒə·bl] *adj* illeggibile
illegitimate [ˌɪ·lɪ·ˈdʒɪ·tə·mət] *adj* illegittimo, -a
ill-equipped [ˌɪl·ɪ·ˈkwɪpt] *adj* mal equipaggiato, -a
ill-fated *adj* (*having bad luck*) sfortunato, -a; (*bringing bad luck*) malaugurato, -a; **an** ~ **hour** un'ora infausta
ill-favored *adj* sgradevole
ill-fitting *adj* ~ **clothes** abiti *f inv* che vestono male
ill-gotten *adj* (*gains*) illecito, -a
illiberal [ɪ·ˈlɪ·bə·rəl] *adj* illiberale
illicit [ɪ·ˈlɪ·sɪt] *adj* illecito, -a
illimitable [ɪ·ˈlɪ·mɪ·tə·bl] *adj* illimitato, -a
ill-informed ['ɪl·ɪn·ˌfɔːmd] *adj* 1.(*wrongly informed*) male informato, -a 2.(*ignorant*) ignorante
Illinois [ˌɪ·lə·ˈnɔɪ] *n* Illinois *m*
illiteracy [i·ˈlɪ·tə·rə·si] *n* analfabetismo *m*
illiterate [i·ˈlɪ·tə·rət] I. *adj* analfabeta; *pej, fig* ignorante II. *n* analfabeta *mf*
ill-mannered [ˌɪl·ˈmæ·nəd] *adj* maleducato, -a
ill-natured *adj* bisbetico, -a
illness ['ɪl·nɪs] <-es> *n* malattia *f*
illogical [ɪ·ˈlɑː·dʒɪ·kl] *adj* illogico, -a
illogicality [ɪ·ˌlɑː·dʒɪ·ˈkæ·lə·ti] *n* illogicità *f*
ill-omened [ˌɪl·ˈoʊ·mend] *adj* malaugurato, -a
ill-starred *adj* nato, -a sotto una cattiva stella
ill-tempered *adj* irritabile
ill-timed *adj* inopportuno, -a
ill-treat [ˌɪl·ˈtriːt] *vt* maltrattare
ill-treatment [ˌɪl·ˈtriːt·mənt] *n* maltrattamento *m*
illuminate [ɪ·ˈluː·mə·neɪt] *vt a. fig* illuminare
illuminating [ɪ·ˈluː·mɪ·neɪ·tɪŋ] *adj form* illuminante
illumination [ɪ·ˌluː·mɪ·ˈneɪ·ʃən] *n* illuminazione *f;* ART miniatura *f*
illus. *abbr of* **illustrated, illustration** ill.
illusion [ɪ·ˈluː·ʒən] *n* illusione *f;* **to have no** ~**s** (**about sth**) non farsi delle illusioni (su qc); **to be under the** ~ **that ...** illudersi che...
illusionist [ɪ·ˈluː·ʒə·nɪst] *n* illusionista *mf*
illusive [ɪ·ˈluː·sɪv] *adj,* **illusory** [ɪ·ˈluː·sə·ri] *adj* illusorio, -a
illustrate ['ɪ·ləs·treɪt] *vt a. fig* illustrare
illustration [ˌɪ·ləs·ˈtreɪ·ʃən] *n* 1.(*drawing*) illustrazione *f* 2.(*example*) esemplificazione *f;* **by way of** ~ a modo di esempio
illustrative [ɪ·ˈlʌs·trə·ţɪv, 'ɪ·ləs·treɪ·ţɪv] *adj form* illustrativo, -a

illustrator ['ɪ·ləs·treɪ·t̬ə·] *n* illustratore, -trice *m, f*
illustrious [ɪ·'lʌs·tri·əs] *adj form* illustre
ill will *n* animosità *f*
I'm [aɪm] = **I am** *s.* am
image ['ɪ·mɪdʒ] *n* **1.** (*likeness*) immagine *f;* **to be the living ~ of sb** essere il ritratto vivente di qu **2.** (*picture*) immagine *f* **3.** (*reputation*) immagine *f*
imagery ['ɪ·mɪ·dʒə·ri] *n* LIT immagini *fpl*
imaginable [ɪ·'mæ·dʒɪ·nə·bl] *adj* immaginabile
imaginary [ɪ·'mæ·dʒə·ne·ri] *adj* immaginario, -a
imagination [ɪ·ˌmæ·dʒɪ·'neɪ·ʃən] *n* immaginazione *f*
imaginative [ɪ·'mæ·dʒɪ·nə·t̬ɪv] *adj* (*solution, use, way*) creativo, -a
imagine [ɪ·'mæ·dʒɪn] *vt* **1.** (*form mental image*) immaginare **2.** (*suppose*) immaginare; **~ that!** pensa un po'!
imaging *n* COMPUT imaging *m inv, processi di produzione e riproduzione dell'immagine*
imbalance [ˌɪm·'bæ·ləns] *n* squilibrio *m*
imbecile ['ɪm·bə·sɪl] *n* imbecille *mf*
imbecility [ˌɪm·bə·'sɪ·lə·ti] *n form* imbecillità *f*
imbibe [ɪm·'baɪb] *vt* bere; *fig* imbeversi di
imbroglio [ɪm·'broʊ·lɪoʊ] *n liter* imbroglio *m*
imbue [ɪm·'bju:] *vt form* **1.** (*fill, inspire*) **to ~ sb with sth** imbevere qu di qc; **to be ~d with** essere impregnato, -a di **2.** (*soak*) imbevere
IMF [ˌaɪ·em·'ef] *n abbr of* **International Monetary Fund** FMI *m*
imitate ['ɪ·mɪ·teɪt] *vt* imitare
imitation [ˌɪ·mɪ·'teɪ·ʃən] **I.** *n* **1.** (*mimicry*) imitazione *f;* **in ~ of sb/sth** a imitazione di qu/qc **2.** (*copy*) imitazione *f* **II.** *adj* finto, -a; **~ jewels** bigiotteria *f*
imitative ['ɪ·mɪ·teɪ·t̬ɪv] *adj* imitativo, -a
imitator ['ɪ·mɪ·tə·t̬ə·] *n* imitatore, -trice *m, f*
immaculate [ɪ·'mæ·kjʊ·lət] *adj* **1.** (*spotless, neat*) immacolato, -a **2.** (*flawless*) perfetto, -a
immanence ['ɪ·mə·nəns] *n* PHILOS immanenza *f*
immanent ['ɪ·mə·nənt] *adj* immanente
immaterial [ˌɪ·mə·'tɪ·ri·əl] *adj* **1.** (*not important*) irrilevante **2.** (*intangible*) immateriale
immature [ˌɪ·mə·'tʊr] *adj* **1.** (*young*) immaturo, -a **2.** (*childish*) immaturo, -a
immaturity [ˌɪ·mə·'tʊ·rə·ti] *n* immaturità *f*
immeasurable [ɪ·'me·ʒə·rə·bl] *adj* incommensurabile
immediacy [ɪ·'mi:·di·ə·si] *n* immediatezza *f*
immediate [ɪ·'mi:·di·ɪt] *adj* immediato, -a; **the ~ family** parenti *mpl* diretti; **in the ~ area** nelle immediate vicinanze; **in the ~ future** nell'immediato futuro
immediately *adv* **1.** (*time*) immediatamente; **~ after ...** subito dopo... **2.** (*place*) **my flat is the one ~ above yours** il mio appartamento è quello subito sopra il tuo
immemorial [ˌɪ·mə·'mɔ:·ri·əl] *adj liter* immemorabile

immense [ɪ·'mens] *adj* immenso, -a
immensely *adv* immensamente
immensity [ɪ·'men·sə·ti] *n* immensità *f*
immerse [ɪ·'mɜːrs] *vt* immergere; **to be ~d in sth** *fig* essere assorto, -a in qc; **to ~ oneself in sth** *fig* immergersi in qc
immersion [ɪ·'mɜːr·ʃən] *n* **1.** (*putting under water*) immersione *f* **2.** (*absorption*) **his immersion in his studies was total** era completamente immerso negli studi
immersion heater *n* scaldabagno *m* elettrico
immigrant ['ɪ·mɪ·grənt] *n* immigrante *mf*
immigrate ['ɪ·mɪ·greɪt] *vi* immigrare
immigration [ˌɪ·mɪ·'greɪ·ʃən] *n* immigrazione *f*
imminence ['ɪ·mɪ·nəns] *n* imminenza *f*
imminent ['ɪ·mɪ·nənt] *adj* imminente
immobile [ɪ·'moʊ·bl] *adj* **1.** (*not moving*) immobile **2.** (*rigid*) immobilizzato, -a
immobility [ˌɪ·moʊ·'bɪ·lə·ti] *n* immobilità *f*
immobilize [ɪ·'moʊ·bə·laɪz] *vt* immobilizzare
immoderate [ɪ·'mɑ:·də·ət] *adj* smodato, -a
immodest [ɪ·'mɑ:·dɪst] *adj* **1.** (*conceited*) presuntuoso, -a **2.** (*slightly indecent*) indecente
immolate ['ɪ·mə·leɪt] *vt form* immolare
immoral [ɪ·'mɔ:·rəl] *adj* immorale
immortal [ɪ·'mɔ:r·t̬l] **I.** *adj* immortale **II.** *n* immortale *mf*
immortality [ˌɪ·mɔ:r·'tæ·lə·ti] *n* immortalità *f*
immortalize [ɪ·'mɔ:r·t̬ə·laɪz] *vt* immortalare
immovable [ɪ·'mu:·və·bl] *adj* **1.** (*not moveable*) inamovibile **2.** (*not changeable*) irremovibile
immune [ɪ·'mju:n] *adj* MED, POL, LAW immune
immune system *n* sistema *m* immunitario
immunity [ɪ·'mju:·nə·ti] *n* **1.** MED, LAW immunità *f;* **diplomatic ~** immunità diplomatica **2.** (*lack of susceptibility*) insensibilità *f*
immunize ['ɪm·jə·naɪz] *vt* immunizzare
immunological [ˌɪm·jə·noʊ·'lɑ:·dʒɪ·kl] *adj* immunologico, -a
immunologist [ˌɪm·jʊ·'nɑ:·lə·dʒɪst] *n* immunologo, -a *m, f*
immure [ɪ·'mjur] *vt liter* imprigionare
immutable [ɪ·'mju:·t̬ə·bl] *adj form* **1.** (*unchangeable: fact, set of rules*) immutabile **2.** COMPUT (*file, image*) non modificabile
imp [ɪmp] *n* **1.** (*mischievous child*) diavoletto, -a *m, f* **2.** (*small evil spirit*) folletto *m*
impact ['ɪm·pækt] **I.** *n* **1.** (*contact*) impatto *m;* **on ~** all'impatto **2.** (*effect*) impatto *m* **II.** *vt* avere un impatto su **III.** *vi* **to ~ on sb/sth** avere un impatto su qu/qc
impacted [ɪm·'pæk·tɪd] *adj* (*tooth*) incluso, -a
impair [ɪm·'per] *vt* (*hearing*) indebolire; (*health*) danneggiare; (*one's performance, chances*) compromettere; (*communications*) ostacolare
impaired *adj* (*vision, hearing*) debole; (*health*) malfermo, -a; (*speech*) disturbato, -a; **~ driving** guida in stato di alterazione dovuta a alcol o stupefacenti; **to be visually ~** essere debole di vista

impale [ɪmˈpeɪl] *vt* **to ~ sb on** trafiggere qu con; **to ~ oneself on** trafiggersi con

impalpable [ɪmˈpæl·pə·bl] *adj liter* impalpabile; (*change*) impercettibile

impart [ɪmˈpɑːrt] *vt form* (*information, wisdom*) impartire; (*flavor, tranquillity*) conferire; (*secret*) svelare

impartial [ɪmˈpɑːr·ʃl] *adj* imparziale

impartiality [ˌɪm·ˌpɑːr·ʃɪ·ˈæ·lə·ti] *n* imparzialità *f*

impassable [ɪmˈpæ·sə·bl] *adj* (*road*) intransitabile; *fig* (*problem*) insormontabile

impasse [ˈɪm·pæs] *n a. fig* vicolo *m* cieco; **to have reached an ~** essere arrivato ad un punto morto

impassioned [ɪmˈpæ·ʃnd] *adj form* appassionato, -a; **an ~ appeal for help** un'accalorata richiesta d'aiuto

impassive [ɪmˈpæ·sɪv] *adj* impassibile

impatience [ɪmˈpeɪ·ʃns] *n* impazienza *f*

impatient [ɪmˈpeɪ·ʃnt] *adj* impaziente; **to be ~ to do sth** essere impaziente di fare qc

impeach [ɪmˈpiːtʃ] *vt* mettere in stato di accusa

impeachment [ɪmˈpiːtʃ·mənt] *n* impeachment *m inv, incriminazione del Presidente*

impeccable [ɪmˈpe·kə·bl] *adj* impeccabile

impecunious [ˌɪm·pɪˈkjuː·ni·əs] *adj form* indigente

impede [ɪmˈpiːd] *vt* ostacolare

impediment [ɪmˈpe·dɪ·mənt] *n* **1.** (*hindrance*) ostacolo *m* **2.** MED difetto *m;* **a speech ~** un disturbo del linguaggio

impel [ɪmˈpel] <-ll-> *vt* spingere

impend [ɪmˈpend] *vi* avvicinarsi

impending *adj* imminente

impenetrable [ɪmˈpe·nɪ·trə·bl] *adj* **1.** (*substance*) impenetrabile **2.** (*incomprehensible*) incomprensibile

impenitent [ɪmˈpe·nə·tənt] *adj form* impenitente

imperative [ɪmˈpe·rə·tɪv] **I.** *adj* **1.** (*urgently essential*) **silence is ~** il silenzio è d'obbligo; **it is ~ that ...** bisogna assolutamente ... **2.** LING imperativo, -a **II.** *n a.* LING imperativo *m*

imperceptible [ˌɪm·pəˈsep·tə·bl] *adj* impercettibile

imperfect [ɪmˈpɜːr·fɪkt] **I.** *adj* (*world*) imperfetto, -a; (*flawed*) difettoso, -a **II.** *n* LING imperfetto *m*

imperfection [ˌɪm·pəˈfek·ʃən] *n* imperfezione *f*

imperial [ɪmˈpɪ·ri·əl] *adj* imperiale

imperialism [ɪmˈpɪ·ri·ə·lɪ·zəm] *n* imperialismo *m*

imperialist [ɪmˈpɪ·ri·ə·lɪst] **I.** *n* imperialista *mf* **II.** *adj* imperialista

imperil [ɪmˈpe·rəl] <-ll-, -l-> *vt form* mettere a repentaglio

imperious [ɪmˈpɪ·ri·əs] *adj* imperioso, -a

imperishable [ɪmˈpe·rɪ·ʃə·bl] *adj* (*memory*) imperituro, -a; (*food*) non deteriorabile; (*material*) indistruttibile

impermanent [ɪmˈpɜːr·mə·nənt] *adj* (*job*) precario, -a; (*change*) temporaneo, -a

impermeable [ɪmˈpɜːr·mi·ə·bl] *adj* impermeabile

impersonal [ˌɪmˈpɜːr·sə·nl] *adj a.* LING impersonale

impersonate [ɪmˈpɜːr·sə·neɪt] *vt* (*to trick people*) spacciarsi per; (*imitate*) imitare

impersonator *n* (*job*) imitatore, -trice *m, f*

impertinent [ɪmˈpɜːr·tɪ̩·nənt] *adj* impertinente

imperturbable [ˌɪm·pəˈtɜːr·bə·bl] *adj form* imperturbabile

impervious [ɪmˈpɜːr·vi·əs] *adj* **1.** (*to substance*) impermeabile **2.** (*not affected*) insensibile

impetuous [ɪmˈpet·ʃu·əs] *adj* precipitoso, -a

impetus [ˈɪm·pɪ·təs] *n* **1.** (*push*) impeto *m* **2.** (*driving force*) slancio *m*

impiety [ɪmˈpaɪ·ə·ti] *n* empietà *f*

impinge [ɪmˈpɪndʒ] *form* **I.** *vt* influire su **II.** *vi* **to ~ on sb/sth** influire su qu/qc

impious [ˈɪm·pi·əs] *adj* empio, -a

impish [ˈɪm·pɪʃ] *adj* **1.** (*mischievous*) malizioso, -a **2.** (*impudent*) impertinente; (*grin*) birichino, -a

implacable [ɪmˈplæ·kə·bl] *adj form* implacabile

implacably *adv form* implacabilmente

implant [ɪmˈplænt] **I.** *n* impianto *m* **II.** *vt* **1.** (*add surgically*) impiantare **2.** (*put in the mind*) inculcare

implausible [ɪmˈplɑː·zɪ·bl] *adj* inverosimile

implement [ˈɪm·plɪ·mənt] **I.** *n* (*tool*) attrezzo *m;* (*small tool*) utensile *m* **II.** *vt* implementare

implementation [ˌɪm·plɪ·menˈteɪ·ʃən] *n* (*of tools, devices*) messa *f* a punto; (*of measures, policies*) attuazione *f*

implicate [ˈɪm·plɪ·keɪt] *vt* **1.** (*show sb's involvement*) implicare **2.** (*involve*) implicare

implication [ˌɪm·plɪˈkeɪ·ʃən] *n* **1.** (*hinting at*) insinuazione *f;* **by ~** implicitamente **2.** (*effect*) implicazione *f* **3.** (*showing of involvement*) implicazione *f*

implicit [ɪmˈplɪ·sɪt] *adj* **1.** (*suggested*) implicito, -a **2.** (*total*) assoluto, -a

implied [ɪmˈplaɪd] *adj* implicito, -a

implode [ɪmˈploʊd] *vi* implodere

implore [ɪmˈplɔːr] *vt* implorare; **to ~ sb to do sth** implorare qu di fare qc

imploring [ɪmˈplɔː·rɪŋ] *adj* supplichevole

implosion [ɪmˈploʊ·ʒən] *n* implosione *f*

imply [ɪmˈplaɪ] <-ie-> *vt* **1.** (*suggest*) insinuare **2.** *form* (*imply*) implicare

impolite [ˌɪm·pəˈlaɪt] *adj* maleducato, -a; (*rude*) scortese

impoliteness *n* maleducazione *f*

impolitic [ɪmˈpɑː·lə·tɪk] *adj form* sconveniente

imponderable [ɪmˈpɑːn·də·rə·bl] **I.** *adj* imponderabile **II.** *n* imponderabile *m*

import I. [ɪmˈpɔːrt] *vt* **1.** ECON, COMPUT importare **2.** *form* (*signify*) comportare

II. ['ɪm·pɔːrt] *n* 1.(*product*) prodotto *m* d'importazione 2.*form* (*significance*) impor: tanza *f*

importance [ɪm·'pɔːr·tns] *n* importanza *f*

important [ɪm·'pɔːr·tənt] *adj* importante

importantly *adv* (*to behave*) con aria di superiorità; (*to emphasize importance*) cosa assai importante

importation [ˌɪm·pɔːr·'teɪ·ʃən] *n* ECON importazione *f*

import duty <-ies> *n* dazio *m* di importazione

importunate [ɪm·'pɔːr·tʃə·nɪt] *adj form* importuno, -a

importune [ˌɪm·pɔːr·'tuːn] *vt form* importunare

impose [ɪm·'poʊz] I. *vt* imporre II. *vi* disturbare; **to ~ on sb** approfittare di qu; **I don't want to ~** non vorrei disturbare

imposing [ɪm·'poʊ·zɪŋ] *adj* imponente

imposition [ˌɪm·pə·'zɪ·ʃən] *n* 1.(*forcing, application*) imposizione *f* 2.(*inconvenience*) disturbo *m*

impossibility [ɪm·ˌpɑː·sə·'bɪ·lə·ti] *n* impossibilità *f*

impossible [ɪm·'pɑː·sə·bl] I. *adj* impossibile II. *n* **the ~** l'impossibile

impossibly *adv* (*very*) incredibilmente

imposter *n*, **impostor** [ɪm·'pɑːs·tə] *n* impostore, -a *m, f*

imposture [ɪm·'pɑːs·tʃə] *n* impostura *f*

impotence ['ɪm·pə·təns] *n* impotenza *f*

impotent ['ɪm·pə·tənt] *adj* impotente

impound [ɪm·'paʊnd] *vt* sequestrare

impoverish [ɪm·'pɑː·və·rɪʃ] *vt* 1.(*make poor*) impoverire 2.(*deplete*) depauperare

impoverished *adj* 1.(*made poor*) impoverito, -a 2.(*depleted*) depauperato, -a

impracticable [ɪm·'præk·tɪ·kə·bl] *adj* (*scheme, idea, plan*) impraticabile; (*person*) intrattabile

impractical [ɪm·'præk·tɪ·kl] *adj* (*person*) privo, -a di senso pratico; (*scheme, idea, plan*) impraticabile

imprecation [ˌɪm·prɪ·'keɪ·ʃən] *n form* imprecazione *f*

imprecise [ˌɪm·prɪ·'saɪs] *adj* impreciso, -a

impregnable [ɪm·'preg·nə·bl] *adj* 1.(*unable to be taken*) inespugnabile 2.(*undefeatable*) imbattibile

impregnate [ɪm·'preg·neɪt] *vt* 1.(*inseminate*) fecondare 2.(*saturate*) impregnare

impresario [ˌɪm·prə·'sɑː·ri·oʊ] *n* impresario, -a *m, f*

impress [ɪm·'pres] I. *vt* 1.(*affect*) colpire 2.(*stamp*) imprimere; **to ~ sth on** [*o* **upon**] **sb** far capire qc a qu II. *vi* fare una buona impressione

impression [ɪm·'pre·ʃən] *n* 1.(*general opinion*) impressione *f*; **to be of** [*o* **under**] **the ~ that ...** avere l'impressione che... 2.(*feeling*) impressione *f*; **to make an ~ on sb** fare impressione su qu 3.(*imitation*) imitazione *f* 4. *a. fig* impronta *f*

impressionable [ɪm·'pre·ʃə·nə·bl] *adj* impressionabile

impressionism [ɪm·'preʃ·nɪ·zəm] *n* impressionismo *m*

impressionist [ɪm·'preʃ·nɪst] I. *n* 1.ART impressionista *mf* 2.(*imitator*) imitatore, -trice *m, f* II. *adj* impressionista

impressionistic [ɪm·ˌpre·ʃə·'nɪs·tɪk] *adj* impressionista

impressive [ɪm·'pre·sɪv] *adj* impressionante

imprint I. [ɪm·'prɪnt] *vt* 1.(*stamp*) stampare 2.(*in memory*) imprimere II. ['ɪm·prɪnt] *n* 1. *a. fig* (*mark*) impronta *f* 2. TYPO sigla *f* editoriale

imprison [ɪm·'prɪ·zən] *vt* imprigionare

imprisonment [ɪm·'prɪ·zən·mənt] *n* carcerazione *f*; **life ~** carcere *m* a vita

improbability [ˌɪm·prɑː·bə·'bɪ·lə·ti] *n* improbabilità *f*

improbable [ɪm·'prɑː·bə·bl] *adj* improbabile

impromptu [ɪm·'prɑː·mp·tuː] *adj* improvvisato, -a

improper [ɪm·'prɑː·pə] *adj* 1.(*incorrect*) scorretto, -a; (*showing bad judgment*) improprio, -a 2.(*not socially decent*) sconveniente; (*immoral*) indecente 3.(*dishonest*) improprio, -a

impropriety [ˌɪm·prə·'praɪ·ə·ti] <-ies> *n* 1.(*improper doings*) scorrettezza *f*; (*language*) improprietà *f* 2.(*indecency*) indecenza *f*

improve [ɪm·'pruːv] I. *vt* migliorare II. *vi* 1.migliorare 2.(*price*) aumentare

◆**improve on** *vi* migliorare

improvement [ɪm·'pruːv·mənt] *n* 1.(*betterment, progress*) miglioramento *m* 2.(*of illness*) miglioramento *m* 3.(*increase in value*) aumento *m*

improvident [ɪm·'prɑː·və·dənt] *adj form* 1.(*not planning*) imprevidente 2.(*imprudent*) sconsiderato, -a

improvisation [ɪm·ˌprɑː·vɪ·'zeɪ·ʃən] *n* improvvisazione *f*

improvise ['ɪm·prə·vaɪz] *vi, vt* improvvisare

imprudent [ɪm·'pruː·dnt] *adj form* imprudente

impudence ['ɪm·pjʊ·dəns] *n* impudenza *f*

impudent ['ɪm·pjʊ·dənt] *adj* sfacciato, -a

impugn [ɪm·'pjuːn] *vt form* screditare

impulse ['ɪm·pʌls] *n* 1. *a.* ELEC, PHYS, BIO impulso *m*; **to do sth on** (**an**) **~** fare qc d'impulso 2.(*motive*) impulso *m*

impulsion [ɪm·'pʌl·ʃən] *n* 1.(*urge*) impulso *m*; **to have** [*o* **feel**] **the ~ to do sth** sentire l'impulso di fare qc 2.(*force*) impulso *m*

impulsive [ɪm·'pʌl·sɪv] *adj* impulsivo, -a

impunity [ɪm·'pjuː·nə·ti] *n* impunità *f*

impure [ɪm·'pjʊr] *adj* impuro, -a

impurity [ɪm·'pjʊ·rə·ti] <-ies> *n* impurità *f*

imputation [ˌɪm·pjʊ·'teɪ·ʃən] *n form* accusa *f*

impute [ɪm·'pjuːt] *vt* imputare

in [ɪn] I. *prep* 1.(*inside, into*) dentro; **to be ~ bed** essere a letto; **there is sth ~ the drawer**

c'è qc nel cassetto; **to put sth ~ sb's hands**
mettere qc nelle mani di qu; ~ **town/jail** in
città/carcere; ~ **the country/hospital** in
campagna/ospedale; ~ **Canada/Mexico** in
Canada/Messico **2.** (*within*) ~ **sb's face** in faccia a qu; ~ **the picture** nella fotografia; ~ **the
snow** sotto la neve; ~ **the sun** al sole; **the
best** ~ **New England/town** il migliore del
New England/della città; **to find a friend ~ sb**
trovare un amico in qu **3.** (*position of*) ~ **the
beginning** all'inizio; ~ **end** alla fine; **right ~
the middle** proprio in mezzo **4.** (*during*)
~ **the twenties** negli anni venti; **to be ~ one's
thirties** essere sulla trentina; ~ **May** in maggio; ~ **the spring** in [*υ a*] primavera; ~ **the
afternoon** nel pomeriggio **5.** (*at later time*)
~ **a week/three hours** fra una settimana/tre
ore; ~ (**the**) **future** in futuro **6.** (*in less than*)
to do sth ~ 4 hours fare qc in 4 ore **7.** (*for*) he
hasn't done that ~ years/a week non lo fa
da anni/una settimana **8.** (*in situation, state
of*) ~ **fashion** di moda; ~ **search of sth/sb** in
cerca di qc/qu; ~ **this way** in questo modo;
when ~ **doubt** in caso di dubbio; ~ **anger** con
rabbia; ~ **fun** per scherzo; ~ **earnest** sul serio;
to be ~ a hurry essere di fretta; **to be ~ love**
(**with sb**) essere innamorato (di qu); ~ **alphabetical order** in ordine alfabetico; **written ~
black and white** *fig* messo nero su bianco;
dressed ~ red vestito di rosso **9.** (*concerning*)
deaf ~ **one ear** sordo da un orecchio; **to be
interested** ~ **sth** interessarsi di qc; **to have
faith** ~ **God** avere fede in Dio; **to have confidence** ~ **sb** avere fiducia in qu; **to have a say
~ the matter** aver voce in capitolo; **a change
~ attitude** un cambio d'atteggiamento; **a rise
~ prices** un aumento dei prezzi **10.** (*by*) ~ **saying sth** nel dire qc; **to spend one's time ~
doing sth** passare il tempo a fare qc **11.** (*taking
the form of*) **to speak ~ French** parlare in
francese; ~ **the form of a request** sotto forma
di richiesta **12.** (*made of*) ~ **wood/stone** di
legno/pietra **13.** (*sound of*) ~ **a whisper** sussurrando; **to speak ~ a loud/low voice** parlare a voce alta/bassa **14.** (*aspect of*) **6 feet ~
length/height** lungo/alto 2 metri; ~ **every
respect** sotto ogni aspetto **15.** (*ratio*) **two ~
six** due su sei; **to buy sth ~ twos** comprare qc
due alla volta; **10 ~ number** 10 di numero;
~ **part** in parte; ~ **tens** in gruppi di dieci
16. (*substitution of*) ~ **your place** al posto
tuo; ~ **lieu of sth** *form* invece di qc **17.** (*as
consequence of*) ~ **return** in cambio; ~ **reply**
in risposta ► ~ **all** in tutto; **all ~ all** tutto sommato **II.** *adv* **1.** (*inside, into*) dentro; **to go ~**
entrare; **to put sth ~** mettere qc dentro **2.** (*to a
place*) **to be ~** *inf* essere in casa; **to hand
sth ~** consegnare **3.** (*popular*) **to be ~** essere
di moda **4.** (*up*) **the tide is coming ~** la marea
sta salendo ► **to be ~ for sth** *inf* doversi aspettare; **to be ~ on sth** essere al corrente di qc
III. *adj* di moda **IV.** *n* **the ~s and outs** gli
annessi e connessi *mpl*

IN [ɪn·di·'æ·nə] *n abbr of* **Indiana** IN
in. *abbr of* **inch** pollice *m*
inability [ˌɪn·ə·'bɪ·lə·ti] *n* incapacità *f*
inaccesssible [ˌɪn·æk·'se·sə·bl] *adj* inaccesi-
bile
inaccuracy [ɪn·'æk·jə·ə·si] <-ies> *n* **1.** (*fact*)
inesattezza *m* **2.** (*quality*) imprecisione *f*
inaccurate [ɪn·'æk·jə·ət] *adj* **1.** (*inexact*) inesatto, -a **2.** (*wrong*) errato, -a
inaction [ɪn·'æk·ʃən] *n* inazione *f*
inactive [ɪn·'æk·tɪv] *adj* inattivo, -a
inactivity [ˌɪn·æk·'tɪ·və·ti] *n* inattività *f*
inadequacy [ɪn·'æ·dɪ·kwə·si] <-ies> *n*
1. (*insufficiency*) insufficienza *f* **2.** (*quality of
being inadequate*) inadeguatezza *f*
inadequate [ɪn·'æ·dɪ·kwət] *adj* inadeguato, -a
inadmissible [ˌɪn·əd·'mɪ·sə·bl] *adj* inammissibile
inadvertent [ˌɪn·əd·'vɜːr·tənt] *adj* involontario, -a
inadvisable [ˌɪn·əd·'vaɪ·zə·bl] *adj* sconsigliabile
inalienable [ɪn·'eɪ·li·ən·ə·bl] *adj form* inalienabile
inane [ɪ·'neɪn] *adj* (*person, remark*) stupido,
-a; (*hope*) vano, -a
inanimate [ɪn·'æ·nɪ·mət] *adj* inanimato, -a
inanity [ɪ·'næ·nə·ti] <-ies> *n* inanità *f*
inapplicable [ɪn·'æp·lɪ·kə·bl] *adj* inapplicabile
inappropriate [ˌɪn·ə·'proʊ·pri·ət] *adj* (*incorrect*) inadeguato, -a; (*not suitable*) fuori luogo
inapt [ɪn·'æpt] *adj* (*remark, behavior*) poco
appropriato, -a; (*not skillful*) incapace
inaptitude [ɪn·'æp·tə·tu:d] *n* inettitudine *f*
inarticulate [ˌɪn·ɑːr·'tɪk·ju·lət] *adj* **1.** (*unable
to express*) incapace di esprimersi **2.** (*unclear*)
incomprensibile
inartistic [ˌɪn·ɑːr·'tɪs·tɪk] *adj* (*work*) poco artistico, -a; (*person*) privo, -a di senso artistico
inasmuch as [ˌɪn·əz·'mʌtʃ əz] *conj form*
1. (*because*) poiché **2.** (*to the extent that*)
nella misura in cui +*conj*
inattention [ˌɪn·ə·'ten·ʃən] *n* disattenzione *f*
inattentive [ˌɪn·ə·'ten·tɪv] *adj* disattento, -a; **to
be ~ to sb/sth** trascurare qu/qc
inaudible [ɪn·'ɑː·də·bl] *adj* impercettibile
inaugural [ɪ·'nɑː·gju·rəl] *adj* inaugurale
inaugurate [ɪ·'nɑː·gju·reɪt] *vt* inaugurare
inauguration [ɪ·ˌnɑː·gju·'reɪ·ʃən] *n* inaugurazione *f*
inauspicious [ˌɪn·ɑː·'spɪ·ʃəs] *adj* poco propizio, -a
in-between *adj* intermedio, -a
inboard ['ɪn·bɔːrd] *adj* entrobordo
inborn ['ɪn·bɔːrn] *adj* innato, -a
inbred ['ɪn·bred] *adj* **1.** (*too closely related*)
endogamico, -a **2.** (*inherent*) innato, -a
inbreeding ['ɪn·bri:·dɪŋ] *n* endogamia *f*
inbuilt ['ɪn·bɪlt] *adj* (*built in*) incorporato, -a;
fig intrinseco, -a
Inc. [ɪŋk] *abbr of* **incorporated** Inc.
incalculable [ɪn·'kæl·kju·lə·bl] *adj* incalcolabile

incandescent [ˌɪn·ken·'de·snt] *adj* incandescente

incantation [ˌɪn·kæn·'teɪ·ʃən] *n* incantesimo *m*

incapability [ɪn·ˌkeɪ·pə·'bɪ·lə·ti] *n* incapacità *f*

incapable [ɪn·'keɪ·pə·bl] *adj* incapace; **to be ~ of doing sth** non essere in grado di fare qc

incapacitate [ˌɪn·kə·'pæ·sɪ·teɪt] *vt* rendere inabile

incapacity [ˌɪn·kə·'pæ·sə·ti] *n* incapacità *f*

incarcerate [ɪn·'kɑːr·sə·reɪt] *vt* incarcerare

incarnate [ɪn·'kɑːr·nət] *adj* (*goodness*) personificato, -a; **the devil ~** il diavolo incarnato

incarnation [ˌɪn·kɑːr·'neɪ·ʃən] *n* incarnazione *f;* **to be the ~ of sth** essere la personificazione di qc

incautious [ɪn·'kɑː·ʃəs] *adj form* malaccorto, -a

incendiary [ɪn·'sen·die·ri] *adj a. fig* incendiario, -a

incense[1] ['ɪn·sents] *n* incenso *m*

incense[2] [ɪn·'sents] *vt* fare infuriare

incensed *adj* infuriato, -a

incentive [ɪn·'sen·t̬ɪv] *n* incentivo *m*

incentive plan *n* piano *m* incentivi

inception [ɪn·'sep·ʃən] *n* inizio *m*

incertitude [ɪn·'sɜːr·t̬ɪ·tuːd] *n* incertezza *f*

incessant [ɪn·'se·snt] *adj* incessante

incest ['ɪn·sest] *n* incesto *m*

incestuous [ɪn·'ses·tʃu·əs] *adj a. fig* incestuoso, -a

inch [ɪntʃ] **I.** <-es> *n* pollice *f, 2,54 cm;* **she knows every ~ of Miami** conosce Miami come le sue tasche ▸ **give someone an ~ and they'll take a mile** *prov* dai a qualcuno un dito e ti prendono il braccio *prov;* **to do sth ~ by ~** fare qualcosa per gradi **II.** *vi* muoversi lentamente

◆ **inch forward** *vi* avanzare lentamente

incidence ['ɪn·tsɪ·dənts] *n* incidenza *f;* **there is a higher ~ of left-handedness amongst boys than girls** ci sono più mancini fra i ragazzi che fra le ragazze

incident ['ɪn·tsɪ·dənt] *n* incidente *m;* **an isolated ~** un incidente isolato

incidental [ˌɪn·tsɪ·'den·t̬əl] *adj* **1.** (*related, of lesser importance*) secondario, -a **2.** (*occurring by chance*) accidentale

incidentally *adv* (*by the way*) a proposito

incinerate [ɪn·'sɪ·nə·reɪt] *vt* incenerire

incinerator [ɪn·'sɪ·nə·reɪ·t̬ə·] *n* inceneritore *m*

incipient [ɪn·'sɪ·pi·ənt] *adj* incipiente; **at an ~ stage** ad uno stato incipiente

incise [ɪn·'saɪz] *vt* incidere

incision [ɪn·'sɪ·ʒən] *n* MED incisione *f*

incisive [ɪn·'saɪ·sɪv] *adj* **1.** (*clear*) incisivo, -a; (*penetrating*) penetrante **2.** (*keen, acute: mind*) acuto, -a; (*person*) perspicace

incisor [ɪn·'saɪ·zə·] *n* incisivo *m*

incite [ɪn·'saɪt] *vt* istigare

incitement [ɪn·'saɪt·mənt] *n* istigazione *f*

incivility [ˌɪn·sɪ·'vɪ·lə·ti] *n form* inciviltà *f*

inclement [ɪn·'kle·mənt] *adj* inclemente

inclination [ˌɪn·klɪ·'neɪ·ʃən] *n* **1.** (*tendency*) propensione *f;* **to have an ~ to do sth** avere voglia di fare qc **2.** (*slope*) inclinazione *f*

incline[1] ['ɪn·klaɪn] *n* inclinazione *f;* (*of hill, mountain*) pendenza *f*

incline[2] [ɪn·'klaɪn] **I.** *vi* **1.** (*tend*) essere incline **2.** (*lean*) pendere **II.** *vt* **1.** (*make sth tend*) propendere; **to ~ (sb) to do sth** indurre(qu) a fare qc **2.** (*make lean*) inclinare

inclined [ɪn·'klaɪnd] *adj* incline; **to be ~ to do sth** essere incline a fare qc

inclose [ɪn·'kloʊz] *vt* (*letter*) allegare

include [ɪn·'kluːd] *vt* includere; (*in a letter*) allegare; **do you ~ that in the service?** è incluso nel servizio?

including [ɪn·'kluː·dɪŋ] *prep* incluso; **~ tax** tasse incluse *fpl;* **not ~ tax, up to and ~ June 6th** fino al 6 giugno compreso

inclusion [ɪn·'kluː·ʒən] *n* inclusione *f*

inclusive [ɪn·'kluː·sɪv] *adj* compreso, -a

incognito [ˌɪn·kɑːg·'niː·toʊ] *adv* in incognito

incoherent [ˌɪn·koʊ·'hɪ·rənt] *adj* incoerente

income ['ɪn·kʌm] *n* reddito *m*

income tax *n* imposta *f* sul reddito; **graduated ~** imposta proporzionale sul reddito

incoming ['ɪn·ˌkʌ·mɪŋ] *adj* (*calls, mail*) in entrata; (*president*) entrante

incommensurate [ˌɪn·kə·'men·sə·ət] *adj* sproporzionato, -a; **to be ~ to** essere sproporzionato

incommunicado [ˌɪn·kə·ˌmjuː·nɪ·'kɑː·doʊ] *adj* irreperibile; **we wanted to invite you to the party, but you were ~** volevamo invitarti alla festa, ma eri sparito

incomparable [ɪn·'kɑːm·prə·bl] *adj* incomparabile

incompatibility [ˌɪn·kəm·ˌpæ·t̬ə·'bɪ·lə·ti] <-ies> *n* incompatibilità *f;* **~ with sth** incompatibilità con qc; **Laura left the firm because of her ~ with her colleagues** Laura ha lasciato la ditta perché non andava d'accordo con i colleghi

incompatible [ˌɪn·kəm·'pæ·t̬ə·bl] *adj* incompatibile

incompetence [ɪn·'kɑːm·pə·tənts] *n,* **incompetency** *n* incompetenza *f*

incompetent [ɪn·'kɑːm·pə·tənt] **I.** *adj* incompetente; **mentally ~** incapace di intendere e di volere; **she was mentally ~ when she wrote the will** non era nel pieno delle sue facoltà quando ha scritto il testamento **II.** *n* incompetente *mf*

incomplete [ˌɪn·kəm·'pliːt] *adj* incompleto, -a; (*not finished*) incompiuto, -a

incomprehensible [ˌɪn·kɑːm·prɪ·'hen·sə·bl] *adj* incomprensibile

inconceivable [ˌɪn·kən·'siː·və·bl] *adj* inconcepibile

inconclusive [ˌɪn·kən·'kluː·sɪv] *adj* (*result, discussion, evidence*) inconcludente

incongruous [ɪn·'kɑːŋ·gru·əs] *adj* **1.** (*unsuitable*) poco adatto, -a **2.** (*strange*) fuori luogo

inconsequent [ɪn·'kɑːn·sɪ·kwənt] *adj form* (*not important*) irrilevante

inconsequential [ɪn·ˈkɑːn·sɪ·ˈkwen·ʃl] *adj*
1. (*illogical*) incongruente 2. (*unimportant*)
irrilevante
inconsiderable [ˌɪn·kən·ˈsɪ·drə·bl] *adj* a not
~ amount una somma affatto trascurabile
inconsiderate [ˌɪn·kən·ˈsɪ·də·rət] *adj* (*action,
reply*) irriguardoso, -a; **to be inconsiderate to
sb** mancare di rispetto a qu
inconsistency [ˌɪn·kən·ˈsɪs·tən·tsi] <-ies> *n*
1. (*lack of consistency*) incoerenza *f* 2. (*discrepancy*) contraddizione *f*
inconsistent [ˌɪn·kən·ˈsɪs·tənt] *adj* 1. (*changeable*) incoerente 2. (*lacking agreement*) in
contraddizione
inconsolable [ˌɪn·kən·ˈsoʊ·lə·bl] *adj* inconsolabile
inconspicuous [ˌɪn·kən·ˈspɪ·kjʊ·əs] *adj* poco
appariscente; **to be highly** ~ passare del tutto
inosservato, -a; **to try to look** ~ cercare di non
farsi notare
inconstant [ɪn·ˈkɑːns·tənt] *adj* incostante
incontestable [ˌɪn·kən·ˈtes·tə·bl] *adj form*
incontestabile; **it is** ~ **that …** è incontestabile
che…
incontinent [ɪn·ˈkɑːn·tə·nənt] *adj* MED inconti-
nente
incontrovertible [ɪn·ˌkɑːn·trə·ˈvɜːr·tə·bl] *adj*
incontrovertibile; **her logic is** ~ la sua logica è
incontrovertibile; ~ **proof** prova *f* incontrovertibile; **it is** ~ **that …** è incontrovertibile che…
inconvenience [ˌɪn·kən·ˈviː·ni·əns] I. *n* disturbo *m* II. *vt* disturbare
inconvenient [ˌɪn·kən·ˈviː·ni·ənt] *adj* scomodo, -a; (*time*) inopportuno, -a; **it's a very** ~
place to hold the party è un luogo poco
adatto per una festa
incorporate [ɪn·ˈkɔːr·pə·reɪt] *vt* 1. (*integrate*)
incorporare; (*work into*) incorporare; (*add*)
annettere 2. (*include*) includere 3. LAW, ECON
costituire; **to** ~ **a company** costituire una
società
incorporation [ɪn·ˌkɔːr·pə·ˈreɪ·ʃən] *n* 1. (*integration*) incorporazione *f;* (*working into*)
incorporamento *m* 2. LAW, ECON costituzione *f*
incorrect [ˌɪn·kə·ˈrekt] *adj* 1. (*wrong, untrue*)
errato, -a; **it would be** ~ **to say that …**
non sarebbe del tutto corretto dire che…
2. (*improper: behavior*) scorretto, -a
incorrigible [ɪn·ˈkɔː·rə·dʒə·bl] *adj* incorreggibile
incorruptible [ˌɪn·kə·ˈrʌp·tə·bl] *adj* incorruttibile
increase[1] [ˈɪn·kriːs] *n* aumento *m;* **to be on
the** ~ essere in aumento
increase[2] [ɪn·ˈkriːs] I. *vi* (*become more*)
aumentare; (*grow*) crescere; **to** ~ **dramati-
cally** aumentare notevolmente; **to** ~ **tenfold/
threefold** aumentare di dieci/tre volte II. *vt*
(*make more, larger*) aumentare; (*make
stronger*) intensificare
increasing *adj* crescente
increasingly *adv* sempre più
incredible [ɪn·ˈkre·dɪ·bl] *adj* incredibile

incredibly *adv* (*in an incredible way*) incredibilmente; ~, **nobody was hurt** incredibilmente, nessuno è rimasto ferito
incredulity [ˌɪn·krɪ·ˈduː·lə·ti] *n* incredulità *f*
incredulous [ɪn·ˈkre·dʒʊ·ləs] *adj* incredulo, -a
increment [ˈɪŋ·krə·mənt] *n* incremento *m;*
salary ~ incremento salariale
incremental [ˌɪŋ·krə·ˈmən·təl] *adj* ECON incre-
mentale
incriminate [ɪn·ˈkrɪ·mɪ·neɪt] *vt* incriminare; **to
~ oneself** autoaccusarsi
incriminating *adj* incriminante
incubate [ˈɪn·kjʊ·beɪt] I. *vt* (*eggs, disease*)
covare II. *vi* (*eggs*) essere in cova
incubation [ˌɪn·kjʊ·ˈbeɪ·ʃən] *n* incubazione *f*
incubation period *n* periodo *m* di incubazione
incubator [ˈɪŋ·kjʊ·beɪ·tə·] *n* incubatrice *f*
inculcate [ˈɪn·kʌl·keɪt] *vt* inculcare
incumbent [ɪn·ˈkʌm·bənt] I. *adj* it is ~ on sb
to do sth è compito di qu fare qc II. *n* titolare *m*
incur [ɪn·ˈkɜːr] <-rr-> *vt* 1. FIN, ECON (*debt*) contrarre; (*costs*) incorrere in; (*losses*) soffrire
2. (*bring upon oneself*) tirarsi addosso; **to** ~
the anger of sb attirarsi l'ira di qu
incurable [ɪn·ˈkjʊ·rə·bl] *adj* incurabile; *fig*
incorreggibile; **he is an** ~ **romantic** è un inguaribile romantico
incursion [ɪn·ˈkɜːr·ʃən] *n* 1. MIL incursione *f*
2. (*intrusion*) irruzione *f*
indebted [ɪn·ˈde·t̬ɪd] *adj* 1. (*obliged*) in debito; **to be** ~ **to sb** (**for sth**) essere in debito
con qu (per qc) 2. (*having debt*) indebitato, -a
indebtedness *n* 1. (*state of obligation*) debito *m* 2. (*state of debt*) indebitamento *m*
indecency [ɪn·ˈdiː·sən·tsi] *n* 1. (*impropriety*)
indecenza *f* 2. LAW abuso *m*
indecent [ɪn·ˈdiː·sənt] *adj* indecente
indecipherable [ˌɪn·dɪ·ˈsaɪ·frə·bl] *adj* indecifrabile
indecision [ˌɪn·dɪ·ˈsɪ·ʒən] *n* indecisione *f*
indecisive [ˌɪn·dɪ·ˈsaɪ·sɪv] *adj* 1. (*unable to
make decisions*) indeciso, -a 2. (*not clear*)
incerto, -a
indeclinable [ˌɪn·dɪ·ˈklaɪ·nə·bl] *adj* LING inde-
clinabile
indecorous [ɪn·ˈde·kə·rəs] *adj form* (*unsuitable*) sconveniente; (*undignified*) indecoroso, -a
indeed [ɪn·ˈdiːd] I. *adv* 1. (*really*) davvero; **this
is good news** ~! questa si che è una buona
notizia!; **many people here are very rich** ~
molte persone qui sono veramente ricche
2. (*expresses affirmation*) certamente; **yes, he
did** ~ **say that** si, lo ha proprio detto II. *interj*
(*to express surprise*) veramente; **she said she
won't come! — Won't she,** ~! ha detto che
non verrà! — veramente!
indefatigable [ˌɪn·dɪ·ˈfæ·t̬ɪ·gə·bl] *adj form*
instancabile
indefensible [ˌɪn·dɪ·ˈfen·sə·bl] *adj* (*theory*)
insostenibile; (*crime*) ingiustificabile; (*behavior, argument*) indifendibile; MIL indifendibile

indefinable [ˌɪn·dɪ·ˈfaɪ·nə·bl] *adj* indefinibile
indefinite [ɪn·ˈde·fə·nət] *adj* indefinito, -a; **for an ~ period** per un periodo indefinito
indefinite article *n* LING articolo *m* indeterminativo
indefinitely *adv* (*put off, suspend*) indefinitamente
indelible [ɪn·ˈde·lə·bl] *adj* indelebile
indemnify [ɪn·ˈdem·nɪ·faɪ] <-ie-> *vt* 1. (*insure against damage*) assicurare 2. (*compensate for damage*) risarcire
indemnity [ɪn·ˈdem·nə·ti] <-ies> *n form* 1. (*insurance for damage*) assicurazione *f* 2. (*compensation*) indennizzo *m* 3. (*exemption*) esenzione *f*
indent [ɪn·ˈdent] I. *vi* TYPO (*make a space*) rientrare II. *vt* intaccare; TYPO far rientrare; **his footsteps ~ed the sand** i suoi passi hanno lasciato impronte sulla sabbia III. *n* TYPO rientro *m*
indentation [ˌɪn·den·ˈteɪ·ʃən] *n* 1. TYPO rientro *m* 2. (*notch*) tacca *f*; (*cut*) solco *m*
independence [ˌɪn·dɪ·ˈpen·dəns] *n* indipendenza *f*
Independence Day *n* Festa *f* dell'Indipendenza, *il 4 luglio, giorno in cui negli Stati uniti si celebra l'indipendenza delle colonie americane dall'Inghilterra nel 1776*
independent [ˌɪn·dɪ·ˈpen·dənt] I. *adj* indipendente; **to be financially ~** essere economicamente indipendente II. *n* POL deputato, -a *m, f* indipendente
in-depth [ˈɪn·depθ] *adj* approfondito, -a
indescribable [ˌɪn·dɪ·ˈskraɪ·bə·bl] *adj* indescrivibile
indestructible [ˌɪn·dɪ·ˈstrʌk·tə·bl] *adj* indistruttibile; **~ waste products** rifiuti *mpl* non smaltibili
indeterminable [ˌɪn·dɪ·ˈtɜːr·mɪ·nə·bl] *adj* indeterminabile
indeterminate [ˌɪn·dɪ·ˈtɜːr·mɪ·nət] *adj* indefinito, -a; **to take an ~ stance** non prendere posizione
index [ˈɪn·deks] I. *n* 1. <-es> (*in book*) indice *m*; (*in library*) catalogo *m* 2. <-ices *o* -es> ECON indice *m*; **the Dow Jones Index** l'indice Dow Jones; **consumer price ~** indice dei prezzi al consumo 3. <-ices *o* -es> (*indication*) indicazione *f* 4. <-ices> MATH esponente *m* II. *vt* 1. (*provide with a list*) fornire d'indice 2. (*enter in a list: word*) inserire in un indice; (*book*) catalogare 3. ECON indicizzare; **to ~ wages to inflation** adeguare i salari all'inflazione
indexation [ˌin·dek·ˈseɪ·ʃən] *n* ECON indicizzazione *f*
index card *n* scheda *f*
indexer [ˈin·dek·sər] *n* classificatore, -trice *m, f*
index finger *n* dito *m* indice
India [ˈɪn·di·ə] *n* India *f*
India ink *n* inchiostro *m* di china
Indian [ˈɪn·di·ən] I. *adj* 1. (*of India*) indiano, -a 2. (*of America*) indiano, -a (d'America) II. *n*

1. (*of India*) indiano, -a *m, f* 2. (*of America*) indiano (d'America), -a *m, f*
Indiana [ɪn·ˌdi·ˈæ·nə] *n* Indiana *f*
Indian Ocean *n* Oceano *m* Indiano
Indian summer *n* estate *f* di San Martino
India rubber *n* (*substance*) caucciù *m inv*
indicate [ˈɪn·dɪ·keɪt] *vt* indicare; **to ~ (to sb) that ...** fare segno (a qu) che...
indication [ˌɪn·dɪ·ˈkeɪ·ʃən] *n* 1. (*evidence*) indicazione *f*; **an ~ of willingness** un segnale della volontà 2. *a.* MED indicazione *f*
indicative [ɪn·ˈdɪ·kə·tɪv] I. *adj* indicativo, -a II. *n* indicativo *m*
indicator [ˈɪn·dɪ·keɪ·t̬ər] *n* indicatore *m*
indices [ˈɪn·dɪ·siːz] *n pl of* **index**
indict [ɪn·ˈdaɪt] *vt* **to ~ sb for sth** LAW accusare qu di qc
indictment [ɪn·ˈdaɪt·mənt] *n* 1. LAW atto *m* d'accusa 2. *fig* accusa *f*
indie [ˈɪn·di] *adj inf* (*album, record company*) indipendente
Indies [ˈɪn·diz] *npl* Indie *fpl*; **the West ~** le Indie Occidentali
indifference [ɪn·ˈdɪf·rəns] *n* indifferenza *f*
indifferent [ɪn·ˈdɪf·rənt] *adj* 1. (*not interested*) indifferente 2. (*neither good nor bad*) mediocre
indigenous [ɪn·ˈdɪ·dʒɪ·nəs] *adj* indigeno, -a
indigestible [ˌɪn·dɪ·ˈdʒəs·tə·bl] *adj* 1. (*food*) indigesto, -a 2. *fig* incomprensibile
indigestion [ˌɪn·dɪ·ˈdʒəst·ʃən] *n* indigestione *f*; **to give oneself ~** farsi venire l'indigestione
indignant [ɪn·ˈdɪg·nənt] *adj* indignato, -a; **to become ~** indignarsi; **to be/feel ~ about sth** essere/sentirsi indignato per qc
indignation [ˌɪn·dɪg·ˈneɪ·ʃən] *n* indignazione *f*
indignity [ɪn·ˈdɪg·nə·ti] <-ies> *n* 1. (*humiliation*) umiliazione *f* 2. (*sth that humiliates*) affronto *m*
indirect [ˌɪn·dɪ·ˈrekt] *adj* indiretto, -a
indirect object *n* LING complemento *m* indiretto
indiscernible [ˌɪn·dɪ·ˈsɜːr·nə·bl] *adj* (*change*) impercettibile; (*reason*) incomprensibile; **~ to the naked eye** invisibile a occhio nudo
indiscreet [ˌɪn·dɪ·ˈskriːt] *adj* indiscreto, -a; (*tactless*) privo, -a di tatto
indiscretion [ˌɪn·dɪ·ˈskre·ʃən] *n* (*lack of discretion, tactfulness*) mancanza *f* di discrezione; (*act*) indiscrezione *f*
indiscriminate [ˌɪn·dɪ·ˈskrɪ·mɪ·nət] *adj* indiscriminato, -a
indispensable [ˌɪn·dɪ·ˈspen·sə·bl] *adj* indispensabile
indisposed [ˌɪn·dɪ·ˈspoʊzd] *adj* contrario, -a; **to be/feel ~ to do sth** non essere/sentirsi disposto a fare qc
indisposition [ˌɪn·dɪs·pə·ˈzɪ·ʃən] *n form* 1. (*illness*) indisposizione *f* 2. (*disinclination*) indisponibilità *f*
indisputable [ˌɪn·dɪs·ˈpjuː·t̬ə·bl] *adj* (*skill*) indiscutibile; (*evidence*) inconfutabile

indistinct [ˌɪn·dɪsˈtɪŋkt] *adj* (*shape, voice, words*) indistinto, -a; (*memory, recollection*) confuso, -a

indistinguishable [ˌɪn·dɪˈstɪŋ·gwɪ·ʃə·bl] *adj* indistinguibile

individual [ˌɪn·dɪˈvɪ·dʒu·əl] **I.** *n* individuo *m* **II.** *adj* (*separate*) individuale; (*single*) singolo, -a; (*particular*) originale; **an ~ style** uno stile personale

individualism [ˌɪn·dɪˈvɪ·dʒu·ə·lɪ·zəm] *n* individualismo *m*

individualize [ˌɪn·dɪˈvɪ·dʒu·ə·laɪz] *vt* individualizzare

individualist *n* individualista *mf*

individualistic [ˌɪn·dɪˌvɪ·dʒu·ə·ˈlɪs·tɪk] *adj* individualistico, -a

individuality [ˌɪn·dɪˌvɪ·dʒu·ˈæ·lə·ti] *n* individualità *f*

individually *adv* individualmente

indivisible [ˌɪn·dɪˈvɪ·zə·bl] *adj* indivisibile

Indochina [ˌɪn·doʊˈtʃaɪnə] *n* Indocina *f*

indoctrinate [ɪnˈdɑːk·trɪ·neɪt] *vt* indottrinare; **to ~ children in sth** indottrinare i bambini a qc

indoctrination [ɪnˌdɑːk·trɪˈneɪ·ʃən] *n* indottrinamento *m*

indolent [ˈɪn·də·lənt] *adj* indolente

indomitable [ɪnˈdɑː·mə·tə·bl] *adj* indomito, -a; **an ~ strength of character** un'indomita forza di carattere

Indonesia [ˌɪn·dəˈniː·ʒə] *n* Indonesia *f*

Indonesian I. *adj* indonesiano, -a **II.** *n* indonesiano, -a *m, f*

indoor [ˌɪnˈdɔːr] *adj* SPORTS indoor; (*pool*) coperto, -a; **~ plant** pianta *f* da appartamento

indoors [ˌɪnˈdɔːrz] *adv* dentro (casa)

indubitable [ɪnˈduː·bɪ·tə·bl] *adj form* indubitabile

indubitably [ɪnˈduː·bɪ·təb·li] *adv form* indubitabilmente

induce [ɪnˈduːs] *vt* **1.** (*persuade*) *a.* ELEC, PHYS indurre **2.** (*cause*) provocare

inducement [ɪnˈduːs·mənt] *n* incentivo *m*

induct [ɪnˈdʌkt] *vt* **1.** (*install*) insediare **2.** (*initiate*) iniziare **3.** (*recruit*) arruolare

induction [ɪnˈdʌk·ʃən] *n* **1.** (*installation*) investitura *f;* (*into organization*) insediamento *m* **2.** (*initiation*) avviamento *m* **3.** (*of labor at childbirth*) induzione *f* del parto **4.** PHILOS, ELEC induzione *f;* **~ range** [*o* **stove**] fornello *m* a induzione

inductive [ɪnˈdʌk·tɪv] *adj* induttivo, -a

indulge [ɪnˈdʌldʒ] *vt* (*allow*) assecondare; (*desire*) soddisfare; **to ~ oneself in …** concedersi…

indulgence [ɪnˈdʌl·dʒəns] *n* **1.** (*treat*) lusso *m;* (*satisfaction*) piacere *m;* **~ in** esagerare con **2.** (*tolerance*) indulgenza *f* **3.** REL indulgenza *f*

indulgent [ɪnˈdʌl·dʒənt] *adj* indulgente

industrial [ɪnˈdʌs·tri·əl] **I.** *adj* industriale; **for ~ use** per uso industriale **II.** *npl* FIN titoli *mpl* industriali

industrialism [ɪnˈdʌs·tri·ə·lɪ·zəm] *n* industrialismo *m*

industrialist *n* industriale *mf*

industrialization [ɪnˌdʌs·tri·ə·lɪˈzeɪ·ʃən] *n* industrializzazione *f*

industrialize [ɪnˈdʌs·tri·ə·laɪz] **I.** *vi* industrializzarsi **II.** *vt* industrializzare

industrial park *n* poligono *m* industriale

Industrial Revolution *n* Rivoluzione *f* Industriale

industrious [ɪnˈdʌs·tri·əs] *adj* laborioso, -a

industry [ˈɪn·dəs·tri] *n* **1.** (*manufacturing production*) industria *f;* **heavy/light ~** industria pesante/leggera **2.** <-ies> (*branch*) industria *f* **3.** (*diligence*) laboriosità *f*

inebriate [ɪˈniː·bri·eɪt] *vt form* inebriare

inedible [ɪnˈe·də·bl] *adj* **1.** (*unsuitable as food*) non commestibile **2.** (*extremely unpalatable*) immangiabile

ineducable [ɪnˈe·dʒu·kə·bl] *adj* ineducabile

ineffable [ɪnˈe·fə·bl] *adj* ineffabile

ineffective [ˌɪn·ɪˈfek·tɪv] *adj* inefficace

ineffectual [ˌɪn·ɪˈfek·tʃʊ·əl] *adj* (*person*) incapace; (*measures*) inefficace

inefficiency [ˌɪn·ɪˈfɪ·ʃən·si] *n* inefficienza *f*

inefficient [ˌɪn·ɪˈfɪ·ʃnt] *adj* inefficiente

inelegant [ˌɪn·eˈlɪ·gənt] *adj* **1.** (*unattractive*) inelegante **2.** (*unrefined*) rozzo, -a; (*gesture, movement*) inelegante

ineligible [ɪnˈe·lɪ·dʒə·bl] *adj* non idoneo, -a; **to be ~ for sth** non avere diritto a qc; **to be ~ to do sth** non essere idoneo a fare qc

inept [ɪˈnept] *adj* (*unskilled*) inetto, -a; (*inappropriate*) inopportuno, -a; **to be ~ at sth** non avere attitudine per qc; **to be socially ~** non avere abilità sociali

inequality [ˌɪn·ɪˈkwɑː·lə·ti] <-ies> *n* disuguaglianza *f*

inequitable [ɪnˈek·wə·tə·bl] *adj* iniquo, -a

inequity [ɪnˈek·wə·ti] <-ies> *n* iniquità *f*

ineradicable [ˌɪn·ɪˈræ·dɪ·kə·bl] *adj* inestirpabile

inert [ɪˈnɜːrt] *adj* **1.** *a. fig* (*not moving*) inerte **2.** PHYS inerte

inertia [ɪnˈɜːr·ʃə] *n a. fig* inerzia *f*

inescapable [ˌɪn·ɪˈskeɪ·pə·bl] *adj* ineludibile

inessential [ˌɪn·ɪˈsen·ʃl] **I.** *adj* non essenziale **II.** *n* cosa *f* futile

inestimable [ɪnˈes·tɪ·mə·bl] *adj* inestimabile; **to be of ~ value** avere un valore inestimabile

inevitable [ɪnˈe·vɪ·tə·bl] **I.** *adj* inevitabile **II.** *n* **the ~** l'inevitabile

inexact [ˌɪn·ɪgˈzækt] *adj* inesatto, -a

inexcusable [ˌɪn·ɪkˈskjuː·zə·bl] *adj* imperdonabile

inexhaustible [ˌɪn·ɪgˈzɔːs·tə·bl] *adj* inesauribile

inexorable [ɪnˈek·sə·rə·bl] *adj form* inesorabile

inexpedient [ˌɪn·ɪkˈspiː·di·ənt] *adj form* inopportuno, -a

inexpensive [ˌɪn·ɪkˈspen·sɪv] *adj* economico,

-a; **to be ~ to do sth** essere poco costoso fare qc

inexperience [,ɪn·ɪk·'spɪ·ri·ənts] *n* inesperienza *f*

inexperienced [,ɪn·ɪk·'spɪ·ri·ənst] *adj* inesperto, -a; **to be ~ with relationships** non avere esperienza di rapporti sentimentali

inexpert [ɪn·'eks·pɜ:rt] *adj* inesperto, -a; (*attempt*) maldestro, -a

inexplicable [,ɪn·ək·'splɪ·kə·bl] I. *adj* inspiegabile II. *n* **the ~** l'inspiegabile

inextricable [,ɪn·ɪk·'strɪ·kə·bl] *adj* inestricabile

infallible [ɪn·'fæ·lə·bl] *adj* infallibile

infamous ['ɪn·fə·məs] *adj* (*notorious: reputation*) infame; (*person*) famigerato, -a; (*place*) malfamato, -a

infamy ['ɪn·fə·mi] *n* 1.<-ies> (*shocking act*) infamia *f* 2.(*notoriety*) ignominia *f*

infancy ['ɪn·fən·tsi] *n* infanzia *f*; **from ~** fin da piccolo; **to be in its ~** *fig* essere agli inizi

infant ['ɪn·fənt] *n* (*very young child*) bambino, -a *m, f*; **a newborn ~** un neonato

infanticide [ɪn·'fæn·t̬ə·saɪd] *n* infanticidio *m*

infantile ['ɪn·fən·taɪl] *adj* infantile

infant mortality *n* mortalità *f* infantile

infantry ['ɪn·fən·tri] *n* + *sing/pl vb* MIL fanteria *f*

infantryman <-men> *n* MIL soldato *m* di fanteria

infatuated [ɪn·'fæ·tʃu·eɪt̬·ɪd] *adj* infatuato, -a; **to become ~ with sb/sth** infatuarsi di qu/qc

infect [ɪn·'fekt] *vt* infettare; *a. fig* (*person*) contagiare

infection [ɪn·'fek·ʃən] *n* infezione *f*; *fig* contagio *m*; **risk of ~** rischio *m* di contagio

infectious [ɪn·'fek·ʃəs] *adj* (*disease*) infettivo, -a; *a. fig* contagioso, -a

infelicitous [,ɪn·fɪ·'lɪ·sə·təs] *adj iron* (*choice, remark*) infelice

infer [ɪn·'fɜ:r] <-rr-> *vt* dedurre

inference ['ɪn·fə·rəns] *n form* 1.(*conclusion*) conclusione *f*; **to draw the ~ that ...** trarre la conclusione che... 2.(*process of inferring*) deduzione *f*; **by ~** per deduzione

inferior [ɪn·'fɪ·ri·ə·] I. *adj* inferiore II. *n* inferiore *mf*

inferiority [ɪn·,fɪ·ri·'ɔː·rə·ti] *n* inferiorità *f*

inferiority complex <-es> *n* complesso *m* di inferiorità

infernal [ɪn·'fɜːr·nəl] *adj* infernale

inferno [ɪn·'fɜːr·noʊ] *n* (*situation*) inferno *m*; (*fire*) incendio *m* infernale; **the building was an ~** l'edificio era un inferno di fiamme

infertile [ɪn·'fɜːr·t̬l] *adj* sterile

infertility [,ɪn·fə·'tɪ·lə·ti] *n* sterilità *f*

infest [ɪn·'fest] *vt* infestare

infestation [,ɪn·fes·'teɪ·ʃən] *n* infestazione *f*

infidel ['ɪn·fə·del] *n* infedele *mf*

infidelity [,ɪn·fə·'de·lə·ti] *n* infedeltà *f*

infighting ['ɪn·faɪ·tɪŋ] *n* lotta *f* intestina

infiltrate [ɪn·'fɪl·treɪt] *vt* infiltrarsi in

infiltration [,ɪn·fɪl·'treɪ·ʃən] *n* infiltrazione *f*

infiltrator *n* infiltrato, -a *m, f*

infinite ['ɪn·fə·nɪt] *adj* infinito, -a; **with ~ patience** con una pazienza infinita; **to take ~ care** prendersi grande cura

infinitely *adv* infinitamente

infinitesimal [,ɪn·fɪ·nɪ·'te·sɪ·ml] *adj form* infinitesimale

infinitive [ɪn·'fɪ·nə·tɪv] LING I. *n* infinito *m* II. *adj* infinito, -a

infinity [ɪn·'fɪ·nə·ti] <-ies> *n* 1.MATH infinito *m*; **to ~** all' infinito 2.(*huge amount*) infinità *f*

infirm [ɪn·'fɜːrm] *adj* (*ill*) infermo, -a; (*weak*) debole

infirmary [ɪn·'fɜːr·mə·ri] <-ies> *n* 1.(*hospital*) ospedale *m* 2.(*room*) infermeria *f*

infirmity [ɪn·'fɜːr·mə·ti] <-ies> *n* 1.(*illness*) infermità *f* 2.(*weakness*) infermità *f*

inflame [ɪn·'fleɪm] *vt* 1.*a.* MED infiammare 2.(*stir up: anger*) fomentare; (*desire, enthusiasm*) accendere; **to ~ sb with passion** accendere la passione di qu

inflammable [ɪn·'flæ·mə·bl] *adj* (*liquid*) infiammabile; (*situation*) esplosivo, -a

inflammation [,ɪn·flə·'meɪ·ʃən] *n* MED infiammazione *f*

inflammatory [ɪn·'flæ·mə·tɔ:·ri] *adj* 1.MED infiammatorio, -a 2.(*speech*) incendiario, -a

inflatable [ɪn·'fleɪ·t̬ə·bl] I. *adj* gonfiabile II. *n* gommone *m*

inflate [ɪn·'fleɪt] I. *vt a.* ECON gonfiare II. *vi* gonfiarsi

inflated [ɪn·'fleɪ·t̬ɪd] *adj* gonfiato, -a

inflation [ɪn·'fleɪ·ʃən] *n* inflazione *f*

inflationary *adj* FIN inflazionistico, -a

inflect [ɪn·'flekt] *vt* (*verb*) coniugare; (*noun*) declinare; **to ~ one's voice** modulare la propria voce

inflection [ɪn·'flek·ʃən] *n* inflessione *f*

inflexibility [ɪn·,flek·sə·'bɪ·lə·ti] *n* (*of attitude*) inflessibilità *f*; (*of system*) rigidità *f*

inflexible [ɪn·'flek·sə·bl] *adj* inflessibile

inflict [ɪn·'flɪkt] *vt* (*wound, damage, punishment*) infliggere

infliction [ɪn·'flɪk·ʃən] *n* inflizione *f*

influence ['ɪn·flu·əns] I. *n* influenza *f*; **to exert one's ~** esercitare la propria influenza; **to bring one's ~ to bear on sb** fare pressioni su qu; **to be under the ~** *fig* essere sbronzo; **to drive under the ~** *fig* guidare ubriaco II. *vt* influenzare

influential [,ɪn·flu·'en·ʃl] *adj* influente

influenza [,ɪn·flu·'en·zə] *n* influenza *f*

influx ['ɪn·flʌks] *n* afflusso *m*

inform [ɪn·'fɔːrm] I. *vt* informare; **I'm happy to ~ you that ...** sono lieto di informarLa [*o* informarVi] che...; **to be ~ed about sth** essere informato di qc II. *vi* **to ~ against sb** denunciare qu

informal [ɪn·'fɔːr·ml] *adj* (*tone, manner*) informale; (*person*) alla mano

informality [,ɪn·fɔːr·'mæ·lə·ti] *n* 1.(*lack of formality*) informalità *f* 2.(*unofficial character*) carattere *m* informale

informant [ɪn·ˈfɔːr·mənt] *n* informatore, -trice *m, f;* **a reliable** ~ una fonte attendibile
information [ˌɪn·fə·ˈmeɪ·ʃən] *n* **1.** (*data*) informazioni *fpl;* **a lot of/a little** ~ molte/poche informazioni; **to ask for** ~ chiedere informazioni; **for further** ~ per ulteriori informazioni **2.** COMPUT dati *mpl* **3.** (*knowledge*) informazioni *fpl* **4.** (*inquiry desk*) banco *m* informazioni **5.** LAW denuncia *f*
information age *n* era *f* informatica
information science *n* scienze *fpl* dell'informazione
information superhighway *n* autostrada *f* informatica
information technology *n* informatica *f*
informative [ɪn·ˈfɔːr·mə·tɪv] *adj* istruttivo, -a
informed *adj* informato, -a
informer [ɪn·ˈfɔːr·mɚ] *n* informatore, -trice *m, f*
infotainment [ˈɪn·foʊ·teɪn·mənt] *n* infotainment *m inv, l'industria dell'informazione e dell'intrattenimento*
infraction [ɪn·ˈfræk·ʃən] *n* infrazione *f*
infrared [ˈɪn·frə·ˈred] *adj* infrarosso, -a
infrastructure [ˈɪn·frə·ˌstrʌk·tʃɚ] *n* infrastruttura *f*
infrequent [ɪn·ˈfriːk·wənt] *adj* raro, -a
infringe [ɪn·ˈfrɪndʒ] **I.** *vt* LAW violare; **to** ~ **sb's right** ledere un diritto di qu **II.** *vi* **to** ~ **on** [*o* **upon**] **sth** violare qc
infringement [ɪn·ˈfrɪndʒ·mənt] *n* LAW violazione *f;* (*of a rule*) infrazione *f;* **copyright** ~ violazione del copyright; ~ **of a law** violazione di una legge
infuriate [ɪn·ˈfjʊ·ri·eɪt] *vt* fare infuriare
infuse [ɪn·ˈfjuːz] *vt* **1.** (*fill*) infondere; **to** ~ **sb with courage** infondere coraggio a qu **2.** (*tea, herbs*) fare un infuso di
infusion [ɪn·ˈfjuː·ʒən] *n a.* MED (*drink*) infuso *m;* (*procedure*) infusione; ECON iniezione *f*
ingenious [ɪn·ˈdʒiːn·jəs] *adj* (*creatively inventive*) dotato, -a di inventiva; (*idea, method, plan*) ingegnoso, -a
ingenuity [ˌɪn·dʒɪ·ˈnjuː·ə·ti] *n* ingegnosità *f;* **to use one's** ~ usare l'ingegno
ingenuous [ɪn·ˈdʒen·ju·əs] *adj form* **1.** (*naive*) ingenuo, -a **2.** (*openly honest*) franco, -a
ingest [in·ˈdʒest] *vt form* ingerire
inglenook [ˈɪŋ·ɡl·nʊk] *n* ARCHIT cantuccio *m* del focolare
inglorious [ɪn·ˈɡlɔː·ri·əs] *adj* inglorioso, -a
ingoing [ˈɪn·ɡoʊ·ɪŋ] *adj* in entrata
ingot [ˈɪŋ·ɡət] *n* lingotto *m*
ingrained [ˌɪn·ˈɡreɪnd] *adj* **1.** (*embedded: dirt*) incrostato, -a; **dirt had become** ~ **in his skin** aveva la pelle incrostata di sporco **2.** (*deep-seated*) radicato, -a
ingratiate [ɪn·ˈɡreɪ·ʃi·eɪt] *vt* **to** ~ **oneself with sb** ingraziarsi qu
ingratitude [ɪn·ˈɡræ·tə·tuːd] *n* ingratitudine *f*
ingredient [ɪn·ˈɡriː·di·ənt] *n* **1.** CULIN ingre-

diente *m* **2.** (*component*) *a.* MED componente *m*
ingrowing [ˈɪn·ɡroʊ·ɪŋ] *adj* che cresce verso l'interno; ~ **toenail** unghia *f* incarnita
ingrown [ˈɪn·ɡroʊn] *adj* cresciuto, -a verso l'interno; ~ **toenail** unghia *f* incarnita; ~ **habits** (*innate*) abitudini *fpl* innate
inhabit [ɪn·ˈhæ·bɪt] *vt* abitare
inhabitable *adj* abitabile
inhabitant [ɪn·ˈhæ·bɪ·tənt] *n* abitante *mf*
inhale [ɪn·ˈheɪl] **I.** *vt* inspirare; MED inalare **II.** *vi* inspirare
inhaler [ɪn·ˈheɪ·lɚ] *n* inalatore *m*
inharmonious [ˌɪn·hɑːr·ˈmoʊ·ni·əs] *adj* disarmonico, -a
inhere [ɪn·ˈhɪr] *vi form* **to** ~ **in sth/sb** essere inerente a qc/qu
inherent [ɪn·ˈhɪ·rənt] *adj* inerente; PHILOS intrinseco, -a; **to be** ~ **in sth** essere inerente a qc
inherit [ɪn·ˈhe·rɪt] **I.** *vt* ereditare **II.** *vi* ereditare
inheritable *adj* (*disease*) ereditario, -a
inheritance [ɪn·ˈhe·rɪ·təns] *n a. fig* eredità *f;* **to come into an** ~ ereditare
inhibit [ɪn·ˈhɪ·bɪt] *vt* (*hinder*) impedire; (*impair*) inibire; **to** ~ **sb from doing sth** impedire a qu di fare qc
inhibition [ˌɪn·ɪ·ˈbɪ·ʃən] *n* inibizione *f*
inhospitable [ɪn·ˈhɑːs·pɪ·tə·bl] *adj* (*attitude, place*) inospitale
in-house [ˈɪn·haʊs] COM **I.** *adj* interno, -a **II.** *adv* in sede
inhuman [ɪn·ˈhjuː·mən] *adj* (*not human*) inumano, -a
inhumane [ˌɪn·hjuː·ˈmeɪn] *adj* (*cruel*) disumano, -a
inhumanity [ˌɪn·hjuː·ˈmæ·nə·ti] *n* disumanità *f*
inimical [ɪ·ˈnɪ·mɪ·kl] *adj form* **1.** (*hostile*) ostile; **to be** ~ **to sth** essere ostile a qc **2.** (*harmful*) dannoso, -a
inimitable [ɪ·ˈnɪ·mɪ·tə·bl] *adj* inimitabile
iniquitous [ɪ·ˈnɪk·wɪ·təs] *adj* iniquo, -a
iniquity [ɪ·ˈnɪk·wə·ti] <-ies> *n* iniquità *f inv*
initial [ɪ·ˈnɪ·ʃəl] **I.** *n* iniziale *f;* **one's** ~**s** le proprie iniziali **II.** *adj* iniziale; **in the** ~ **phases** nelle fasi iniziali **III.** <-ll-, -l-> *vt* (*document*) siglare
initialize [ɪ·ˈnɪ·ʃə·laɪz] *vt* COMPUT inizializzare
initially [ɪ·ˈnɪ·ʃə·li] *adv* all'inizio
initiate [ɪ·ˈnɪ·ʃi·eɪt] **I.** *vt* **1.** (*start*) avviare **2.** (*admit to group*) ammettere **II.** *n* iniziato, -a *m, f*
initiation [ɪ·ˌnɪ·ʃi·ˈeɪ·ʃən] *n* **1.** (*starting*) avvio *m* **2.** (*introducing*) iniziazione *f;* (*as a member*) ammissione *f*
initiative [ɪ·ˈnɪ·ʃə·tɪv] *n* iniziativa *f;* **to take the** ~ **in sth** prendere l'iniziativa in qc; **to show** ~ mostrare iniziativa; **to use one's** ~ usare la propria iniziativa
inject [ɪn·ˈdʒekt] *vt* **1.** *a.* MED iniettare **2.** (*introduce*) introdurre; (*enthusiasm*) infondere; (*funds, money*) immettere; (*invest*) investire
injection [ɪn·ˈdʒek·ʃən] *n* iniezione *f*

injudicious [ˌɪn·dʒuː·'dɪ·ʃəs] *adj* sconsiderato, -a

injunction [ɪn·'dʒʌŋk·ʃən] *n a.* LAW ingiunzione *f*

injure ['ɪn·dʒə] *vt* **1.**(*wound*) ferire **2.**(*damage*) danneggiare **3.**(*do wrong to*) offendere

injured *adj* **1.**(*wounded*) ferito, -a **2.**(*damaged*) danneggiato, -a **3.**(*wronged*) offeso, -a

injury ['ɪn·dʒə·ri] <-ies> *n* **1.**(*physical*) lesione *f*, ferita *f*; **a knee/back ~** una ferita al ginocchio/alla schiena; **to receive an ~** restare ferito **2.**(*psychological*) ferita *f*

injustice [ɪn·'dʒʌs·tɪs] *n* ingiustizia *f*; **you do me an ~** sei ingiusto con me

ink [ɪŋk] **I.** *n* inchiostro *m;* **to write in ~** scrivere con l'inchiostro **II.** *vt* **1.** TYPO inchiostrare **2.** *inf* (*to sign*) firmare

ink-jet printer *n* stampante *f* a getto d'inchiostro

inkling ['ɪŋk·lɪŋ] *n* **1.**(*suspicion*) sospetto *m;* **to have an ~ that ...** avere il sospetto che ... **2.**(*hint*) indizio *m*

inkpad ['ɪŋk·pɑːt] *n* tampone *m* per inchiostro

inky ['ɪŋ·ki] <-ier, -iest> *adj* **1.**(*stained*) macchiato, -a d'inchiostro **2.**(*black*) nero, -a come l'inchiostro

inlaid ['ɪn·leɪd] **I.** *vt pt, pp of* **inlay II.** *adj* intarsiato, -a; **~ work** intarsio *m*

inland ['ɪn·lənd] **I.** *adj* (*not coastal: sea, shipping*) interno, -a; (*town, village*) dell'interno *m* **II.** *adv* **1.**(*direction*) verso l'interno **2.**(*place*) all'interno

in-laws ['ɪn·lɑːz] *npl* suoceri *mpl*

inlay [ˌɪn·'leɪ] **I.** *n a.* MED intarsio *m* **II.** <inlaid, inlaid> *vt* intarsiare

inlet ['ɪn·let] *n* **1.** GEO insenatura *f* **2.** TECH entrata *f*; (*pipe*) tubo *m* di entrata

in-line skate *n* pattinaggio *m* in linea

inmate ['ɪn·meɪt] *n* (*in mental hospital*) paziente *mf*; (*in prison*) detenuto, -a *m, f*

inn [ɪn] *n* locanda *f*

innards ['ɪn·ədz] *npl inf* **1.**(*entrails*) viscere *fpl* **2.** TECH ingranaggi *mpl*

innate [ɪ·'neɪt] *adj* innato, -a

inner ['ɪ·nə] *adj* **1.**(*located in the interior*) interno, -a **2.**(*deep*) intimo, -a; (*secret*) nascosto, -a; **one's ~ feelings** i sentimenti più intimi di qu

inner city *n* il centro degradato di una città, abitato da poveri ed emarginati

innermost ['ɪ·nə·moʊst] *adj* più intimo, -a; **in his/her ~ being** nel suo intimo

inner tube *n* camera *f* d'aria

inning ['ɪ·nɪŋ] *n* SPORTS (*part of baseball game*) inning *m inv*

innocence ['ɪ·nə·sns] *n* innocenza *f*; **to plead one's ~** dichiararsi innocente; **in all ~** in tutta innocenza

innocent ['ɪ·nə·snt] **I.** *adj* innocente; **to be ~ of a crime** essere innocente di un delitto; **an ~ bystander** un testimone innocente **II.** *n*

(*child*) innocente *mf*; (*inexperienced*) sprovveduto, -a *m, f*

innocuous [ɪ·'nɑːk·ju·əs] *adj* innocuo, -a

innovate ['ɪ·nə·veɪt] *vi* innovare

innovation [ˌɪ·nə·'veɪ·ʃən] *n* innovazione *f*

innovative ['ɪ·nə·veɪ·tɪv] *adj* (*model, product*) innovativo, -a; (*person*) innovatore, -trice

innovator *n* innovatore, -trice *m, f*

innuendo [ˌɪn·ju·'en·doʊ] <-(e)s> *n* **1.**(*insinuation*) insinuazione *f*; **to make an ~** (about sth) fare un'insinuazione (su qu) **2.**(*suggestive remark*) allusione *f*

innumerable [ɪ·'nuː·mə·rə·bl] *adj* innumerabile

innumerate [ɪ·'nuː·mə·ət] *adj* **to be ~** non saper far di conto

inoculate [ɪ·'nɑːk·jə·leɪt] *vt* **to ~ sb** (against sth) vaccinare qu (contro qc)

inoculation [ɪ·ˌnɑːk·jə·'leɪ·ʃən] *n* vaccinazione *f*

inoffensive [ˌɪn·ə·'fen·sɪv] *adj* inoffensivo, -a

inoperable [ˌɪn·'ɑː·pə·ə·bl] *adj* MED inoperabile; (*law*) inapplicabile

inoperative [ˌɪn·'ɑː·pə·ə·tɪv] *adj* (*machine*) non funzionante; (*law*) inapplicabile

inopportune [ˌɪn·ˌɑː·pə·'tuːn] *adj* inopportuno, -a

inordinate [ɪ·'nɔːr·dɪ·nət] *adj* smisurato, -a; **an ~ amount of sth** una quantità smisurata di qc

inorganic [ˌɪn·ɔːr·'gæ·nɪk] *adj* inorganico, -a

inpatient ['ɪn·peɪ·ʃnt] *n* paziente *mf* interno, -a

input ['ɪn·pʊt] **I.** *n* **1.**(*contribution*) contributo *m* **2.** COMPUT input *m inv* **3.**(*of energy*) **power ~** potenza assorbita **4.** FIN input *m inv* **II.** <-tt-> *vt* COMPUT immettere; (*with a scanner*) acquisire

inquest ['ɪn·kwest] *n a.* LAW inchiesta *f*; **to hold an ~** (into sth) svolgere un'inchiesta (su qc)

inquire [ɪn·'kwaɪr] **I.** *vi* **1.**(*ask*) chiedere; **to ~ about sb/sth** chiedere informazioni su qu/qu **2.**(*investigate*) indagare; **to ~ into a matter** indagare su una questione **II.** *vt* chiedere; **to ~ the reason** informarsi sul perché

inquiry [ɪn·'kwaɪ·ri] *n* **1.**(*question*) domanda *f* **2.**(*investigation*) indagine *f*; **a judicial ~** un'inchiesta giudiziaria

inquisition [ˌɪn·kwɪ·'zɪ·ʃən] *n* **1.**(*questioning*) terzo grado *m inv;* **to subject sb to an ~** sottoporre qu a un terzo grado **2.** HIST **the Inquisition** l' Inquisizione *f*

inquisitive [ɪn·'kwɪ·zə·tɪv] *adj* **1.**(*curious*) curioso, -a; **to be ~ about sth/sb** avere curiosità per qc/qu **2.**(*prying*) ficcanaso

inroad ['ɪn·roʊd] *n* MIL incursione *f*; *fig* invasione *f*; **to make ~s into sth** (*economy, market*) invadere qc; (*savings*) intaccare qc

inrush ['ɪn·rʌʃ] <-es> *n* afflusso *m*

insalubrious [ˌɪn·sə·'luː·bri·əs] *adj* insalubre; **an ~ climate** un clima insalubre

ins and outs *npl* retroscena *m inv*

insane [ɪnˈseɪn] *adj* (*crazy*) malato, -a di
mente; *fig* pazzo, -a; **to be/go ~** essere/
andare fuori di testa
insanitary [ɪnˈsæ·nɪ·te·ri] *adj* antigenico, -a
insanity [ɪnˈsæ·nə·ti] *n* **1.** (*mental illness*)
infermità *f* mentale **2.** *a. fig* (*craziness*) follia *f*
insatiable [ɪnˈseɪ·ʃə·bl] *adj* insaziabile
inscribe [ɪnˈskraɪb] *vt* (*write*) iscrivere;
(*engrave*) incidere
inscription [ɪnˈskrɪp·ʃən] *n* (*on stone, metal*)
iscrizione *f*; (*dedication*) dedica *f*
inscrutable [ɪnˈskruː·ʈə·bl] *adj* (*look, smile,
person*) enigmatico, -a
insect [ˈɪn·sekt] *n* insetto *m*; **~ bite** puntura *f*
d'insetto
insecticide [ɪnˈsek·tɪ·saɪd] *n* insetticida *m*
insecure [ˌɪn·sɪˈkjʊr] *adj* (*person*) insicuro, -a;
(*future*) incerto, -a; (*job*) precario, -a; (*structure*) malsicuro, -a
insecurity [ˌɪn·sɪˈkjʊ·rə·ti] <-ies> *n* insicurezza *f*
inseminate [ɪnˈse·mɪ·neɪt] *vt* inseminare
insemination [ɪn·ˌse·mɪˈneɪ·ʃən] *n* inseminazione *f*
insensible [ɪnˈsen·sə·bl] *adj form* **1.** (*unfeeling, indifferent*) insensibile; **to be ~ to sth**
essere insensibile a qc **2.** (*unaware*) incosciente; **to be ~ of sth** non essere cosciente
di qc
insensitive [ɪnˈsen·sə·tɪv] *adj* insensibile
inseparable [ɪnˈsep·rə·bl] *adj* inseparabile
insert[1] [ˈɪn·sɜːrt] *n* **1.** (*page*) inserto *m*
2. (*piece of material*) inserto *m*
insert[2] [ɪnˈsɜːrt] *vt* **1.** (*put into*) inserire
2. (*add within a text, fill in*) inserire
insertion [ɪnˈsɜːr·ʃən] *n* **1.** (*act of inserting*)
inserimento *m* **2.** (*thing inserted*) inserto *m*
3. (*in a newspaper*) inserto *m*
in-service [ˈɪn·sɜːr·vɪs] *adj* (*training*) in servizio
inshore [ˌɪnˈʃɔːr] **I.** *adj* costiero, -a; **~ waters**
acque *fpl* costiere **II.** *adv* verso la costa
inside [ɪnˈsaɪd] **I.** *adj* **1.** (*internal*) interno, -a;
the ~ door la porta interna **2.** (*from within:
information*) confidenziale; **the robbery was
an ~ job** la rapina è stata realizzata con l'aiuto
di un basista **II.** *n* **1.** (*internal part or side*)
interno *m*; **on the ~** all'interno; **to turn sth ~
out** rivoltare qc; **to turn the whole room ~
out** *fig* mettere una stanza sottosopra; **to
know a place ~ out** conoscere un posto a
menadito; **to know the ~ of sth** conoscere i
retroscena di qc **2.** *pl, inf* (*entrails*) pancia *f*
III. *prep* (*within*) **~ (of)** dentro; **to play ~ the
house** giocare dentro casa; **to go ~ the house**
entrare in casa **IV.** *adv* **1.** (*within something*)
dentro; **to go ~** entrare **2.** (*internally*) internamente
insider [ˈɪn·ˌsaɪ·də] *n* insider *mf inv*
insidious [ɪnˈsɪ·di·əs] *adj* insidioso, -a
insight [ˈɪn·saɪt] *n* **1.** (*capacity*) perspicacia *f*
2. (*instance*) intuizione *f*; **to gain ~ into sth/
sb** capire meglio qc/qu; **the exhibition gave

us ~ into the 19th century la mostra ci ha
dato un'idea del 19° secolo
insignia [ɪnˈsɪg·ni·ə] *n* insegna *f*
insignificance [ˌɪn·sɪgˈnɪ·fɪ·kəns] *n* insignificanza *f*; **to fade into ~** perdere importanza
insignificant [ˌɪn·sɪgˈnɪ·fɪ·kənt] *adj* insignificante
insincere [ˌɪn·sɪnˈsɪr] *adj* falso, -a
insinuate [ɪnˈsɪn·ju·eɪt] **I.** *vt* (*imply sth
unpleasant*) insinuare **II.** *vr* **to ~ oneself into**
insinuarsi in
insinuation [ɪn·ˌsɪn·juˈeɪ·ʃən] *n* insinuazione *f*
insipid [ɪnˈsɪ·pɪd] *adj* insipido, -a
insist [ɪnˈsɪst] **I.** *vi* insistere; **to ~ on doing
sth** ostinarsi a fare qc; **if you ~** se insisti [*o* se
insiste] **II.** *vt* **1.** (*state*) insistere **2.** (*demand*)
esigere
insistence [ɪnˈsɪs·təns] *n* insistenza *f*; **her ~
on ...** la sua insistenza in ...; **to do sth at
sb's ~** fare qc dietro insistenza di qu
insistent [ɪnˈsɪs·tənt] *adj* insistente; **to be ~
(that)** ... insistere (che)...
insofar as [ˌɪn·soʊˈfɑːr əz] *adv form* per
quanto +*conj*
insole [ˈɪn·soʊl] *n* soletta *f*
insolence [ˈɪn·sə·ləns] *n* insolenza *f*
insolent [ˈɪn·sə·lənt] *adj* insolente
insoluble [ɪnˈsɑːl·jə·bl] *adj* insolubile
insolvency [ɪnˈsɑːl·vənt·si] *n* insolvenza *f*
insolvent [ɪnˈsɑːl·vənt] **I.** *adj* insolvente **II.** *n*
insolvente *mf*
insomnia [ɪnˈsɑːm·ni·ə] *n* insonnia *m*; **to
suffer from ~** soffrire d'insonnia
insomniac [ɪnˈsɑːm·ni·æk] *n* insonne *mf*
insomuch as [ˌɪn·soʊˈmʌtʃ] *conj form*
1. (*because*) dal momento che **2.** (*to the
extent that*) tanto che +*conj*
inspect [ɪnˈspekt] *vt* **1.** (*examine carefully*)
ispezionare **2.** (*examine officially*) ispezionare; (*tickets, passport*) controllare; **to ~
the books** ispezionare i libri contabili
3. MIL **to ~ the troops** passare in rassegna
le truppe
inspection [ɪnˈspek·ʃən] *n* ispezione *f*; MIL
rassegna *f*
inspector [ɪnˈspek·tər] *n* ispettore, -trice *m, f*;
ticket ~ controllore, -a *m, f*
inspiration [ˌɪn·spəˈreɪ·ʃən] *n* **1.** MED inspirazione *f* **2.** (*source*) ispirazione *f*; **to provide
the ~ for sth** servire da ispirazione per qc; **to
lack ~** essere privo, -a di ispirazione
inspire [ɪnˈspaɪr] *vt* **1.** (*stimulate*) ispirare; **to
~ sb with hope** infondere speranza a qu
2. (*cause, lead to*) stimolare
inspired *adj* ispirato, -a
instability [ˌɪn·stəˈbɪ·lə·ti] *n* instabilità *f*
instal <-ll->, **install** [ɪnˈstɔːl] **I.** *vt* **1.** *a.* TECH,
COMPUT installare **2. to ~ sb** insediare qu **II.** *vr*
to ~ oneself piazzarsi
installation [ˌɪn·stəˈleɪ·ʃən] *n* installazione *f*
installment *n*, **instalment** [ɪnˈstɔːl·mənt] *n*
1. RADIO, TV puntata *f* **2.** COM rata *f*; **to pay (for

sth) **in** ~**s** pagare (qc) a rate; **to be payable in monthly** ~**s** essere pagabile in rate mensili

installment plan *n* pagamento *m* rateale

instance ['ɪn·stəns] **I.** *n* **1.** (*case*) caso *m;* **in this** ~ in questo caso; **for** ~ per esempio; **in the first** ~ in primo luogo; **in the second** ~ in secondo luogo **2.** *form* (*request*) istanza *f;* (*order*) richiesta *f;* **to do sth at sb's** ~ fare qualcosa su richiesta di qu **II.** *vt* portare l'esempio

instant ['ɪn·stənt] **I.** *n* istante *m;* **at the same** ~ contemporaneamente; **for an** ~ per un momento; **in an** ~ in un istante; **to do sth this** ~ fare qc immediatamente **II.** *adj* **1.** (*immediate*) immediato, -a **2.** CULIN istantaneo, -a; ~ **coffee** caffè *m* istantaneo; ~ **soup** minestra *f* pronta **3.** *liter* (*urgent*) urgente

instantaneous [,ɪn·stən·'teɪ·ni·əs] *adj* istantaneo, -a

instantaneously *adv* istantaneamente

instantly ['ɪn·stənt·li] *adv* all'istante

instant replay *n* (*action replay*) replay *m inv*

instead [ɪn·'sted] **I.** *adv* invece **II.** *prep* ~ **of** invece di; ~ **of him** al posto suo; ~ **of doing sth** invece di fare qc

instep ['ɪn·step] *n* (*part of foot, shoe*) collo

instigate ['ɪn·stɪ·geɪt] *vt* (*laws, proceedings*) promuovere; (*rebellion*) istigare a

instigation [,ɪn·stɪ·'geɪ·ʃən] *n* istigazione *f;* **to do sth at the** ~ **of sb** fare qc su istigazione di qu

instil [ɪn·'stɪl] <-ll-> *vt*, **instill** *vt* **to** ~ **sth** (**into sb**) instillare qc (in qu)

instinct ['ɪn·stɪŋkt] *n* istinto *m;* **to do sth by** ~ fare qc d'istinto; **a business/political** ~ istinto per gli affari/la politica

instinctive [ɪn·'stɪŋk·tɪv] *adj* istintivo, -a

institute ['ɪnt·stɪ·tuːt] **I.** *n* istituto *m* **II.** *vt form* **1.** (*establish: system, reform*) istituire **2.** (*initiate: steps, measures*) intraprendere; (*legal action*) intentare

institution [,ɪnt·stɪ·'tuː·ʃən] *n* **1.** (*act*) istituzione *f* **2.** (*society*) istituzione *f* **3.** (*home*) istituto *m* **4.** *inf* (*person*) istituzione *f*

institutional [,ɪnt·stɪ·'tuː·ʃə·nəl] *adj* istituzionale

institutionalize [,ɪnt·stɪ·'tuː·ʃə·nə·laɪz] *vt* (*procedure*) istituzionalizzare; (*person*) mettere in un istituto

in-store [,ɪn·'stɔːɛ] *adj* all'*interno di un grande magazzino;* ~ **detective** addetto, -a alla sicurezza in un grande magazzino *m*

instruct [ɪn·'strʌkt] *vt* **1.** (*teach*) istruire **2.** (*order*) dare ordini; (*give instructions*) dare istruzioni; **to** ~ **sb** (**to do sth**) ordinare a qu (di fare qc) **3.** LAW dare l'incarico a

instruction [ɪn·'strʌk·ʃən] *n* **1.** (*teaching*) istruzione *f;* **to give sb** ~ **in sth** insegnare qc a qu **2.** (*order*) istruzione *f;* **to give sb** ~**s** dare istruzioni a qu; **to act on** ~**s** agire dietro istruzioni; **to carry out** ~**s** eseguire le istruzioni **3.** *pl* (*information on method*) istruzioni *fpl*

instruction manual *n* manuale *m* di istruzioni

instructive [ɪn·'strʌk·tɪv] *adj* istruttivo, -a

instructor [ɪn·'strʌk·tə] *n* **1.** (*teacher*) istruttore, -trice *m, f;* **driving** ~ istruttore, -trice *m, f* di scuola guida; **ski** ~ maestro, -a *m, f* di sci **2.** UNIV assistente *mf*

instrument ['ɪn·strə·mənt] *n* **1.** MUS strumento *m* **2.** (*tool*) strumento *m* **3.** LAW (*document*) atto *m*

instrumental [,ɪn·strə·'men·t̬l] **I.** *adj* **1.** MUS strumentale **2.** (*greatly influential*) **to be** ~ **to sth** contribuire fattivamente a qc; **to be** ~ **in doing sth** giocare un ruolo chiave in qc **3.** (*relating to tools*) strumentale **II.** *n* MUS pezzo *m* strumentale

instrumentation [,ɪn·strə·men·'teɪ·ʃən] *n* MUS strumentazione *f*

instrument board *n*, **instrument panel** *n* AUTO quadro *m* strumenti; AVIAT, NAUT pannello *m* dei comandi

insubordinate [,ɪn·sə·'bɔːr·də·nɪt] *adj* insubordinato, -a; ~ **behavior** comportamento *m* insubordinato

insubstantial [,ɪn·səb·'stæn·ʃl] *adj* **1.** (*lacking substance: meal*) poco sostanzioso, -a; (*structure*) poco solido, -a **2.** (*lacking significance*) insignificante **3.** (*not real: vision*) incorporeo, -a

insufferable [ɪn·'sʌf·rə·bl] *adj* (*person*) insopportabile; (*behavior*) intollerabile; **to be** ~ insopportabile

insufficiency [,ɪn·sə·'fɪ·ʃən·tsi] <-ies> *n* insufficienza *f*

insufficient [,ɪn·sə·'fɪ·ʃənt] *adj* insufficiente

insular ['ɪnt·sə·lə] *adj* **1.** GEO insulare **2.** (*person*) provinciale

insularity [,ɪnt·sə·'le·rə·ti] *n* **1.** GEO insularità *f* **2.** (*of person*) provincialismo *m*

insulate ['ɪnt·sə·leɪt] *vt* isolare; **to** ~ **sth** (**against sth**) isolare qc (contro qc)

insulating ['ɪn·sjʊ·leɪ·t̬ɪŋ] *adj* isolante

insulation [,ɪnt·sə·'leɪ·ʃən] *n* isolamento *m*

insulin ['ɪnt·sə·lɪn] *n* insulina *f*

insult **I.** [ɪn·'sʌlt] *vt* insultare **II.** ['ɪn·sʌlt] *n* insulto *m* ► **to add** ~ **to** **injury** ... ...: oltre al danno anche la beffa ...

insuperable [ɪn·'suːp·rə·bl] *adj* insuperabile

insupportable [,ɪn·sə·'pɔːr·t̬ə·bl] *adj form* insopportabile

insurance [ɪn·'ʃʊ·rəns] *n* **1.** (*financial protection*) assicurazione *f;* **life** ~ assicurazione sulla vita; **to have** ~ (**against sth**) avere un'assicurazione (contro qc); **to take out** ~ (**against sth**) assicurarsi (contro qc) **2.** (*payment*) assicurazione *f;* (*premium*) assicurazione *f* **3.** (*measure*) protezione *f*

insurance policy <-ies> *n* polizza *f* d'assicurazione

insure [ɪn·'ʃʊr] *vt* assicurare

insured [ɪn·'ʃʊrd] **I.** *adj* assicurato, -a **II.** *n* **the** ~ l'assicurato, -a *m, f*

insurer [ɪn·'ʃʊ·rə] *n* **1.** (*agent*) assicuratore, -trice *m, f* **2.** (*company*) assicurazione *f*

insurmountable [ˌɪn·sə·ˈmaʊn·t̬ə·bl] *adj* insormontabile

insurrection [ˌɪn·sə·ˈrek·ʃən] *n* insurrezione *f;* **to crush the** ~ soffocare un'insurrezione

intact [ɪn·ˈtækt] *adj* intatto, -a

intake [ˈɪn·teɪk] *n* **1.** TECH (*mechanical aperture*) aspirazione *f;* **fuel** ~ presa del carburante **2.** (*action of taking in: of water*) entrata *f;* (*of air*) aspirazione *f* **3.** (*amount taken in*) consumo *m;* **the recommended daily** ~ **of fiber** il consumo giornaliero raccomandato di fibre; **food** ~ razione *f* di cibo

intangible [ɪn·ˈtæn·dʒə·bl] **I.** *adj* impalpabile; ~ **assets** attività *fpl* immateriali **II.** *n* cosa *f* intangibile

integer [ˈɪn·t̬ɪ·dʒɚ] *n* MATH numero *m* intero

integral [ˈɪn·t̬əg·rəl] *adj* **1.** (*central, essential*) **to be** ~ **to sth/sb** essere parte integrante di qc; **to be** ~ **to sb** essere di vitale importanza per qu **2.** (*complete*) integrale **3.** MATH ~ **calculus** calcolo *m* integrale

integrate [ˈɪn·t̬ə·greɪt] **I.** *vt* (*cause to merge socially*) **to** ~ **sb/sth into sth** integrare qu/qc in qc; **to** ~ **oneself into sth** integrarsi in qc; **to** ~ **learning with playing** combinare apprendimento e gioco **II.** *vi* integrarsi

integrated [ˈɪn·t̬ɪ·greɪ·t̬ɪd] *adj* **1.** (*coordinating different elements*) integrato, -a **2.** (*with different ethnic groups*) ~ **school** scuola *f* multietnica

integration [ˌɪn·t̬ə·ˈgreɪ·ʃən] *n a.* MATH integrazione *f*

integrity [ɪn·ˈte·grə·t̬i] *n* **1.** (*incorruptibility, uprightness*) integrità *f;* **a man of** ~ un uomo integro; **professional** ~ integrità professionale *f* **2.** *form* (*unity, wholeness*) integrità *f*

intellect [ˈɪn·t̬ə·lekt] *n* **1.** (*faculty*) intelletto *m;* **a man/woman of** ~ un uomo/una donna di grande intelligenza; **powers of** ~ capacità *f* intellettuali **2.** (*thinker, intellectual*) intellettuale *mf*

intellectual [ˌɪn·t̬ə·ˈlek·tʃʊ·əl] **I.** *n* intellettuale *mf* **II.** *adj* intellettuale

intelligence [ɪn·ˈte·lɪ·dʒəns] *n* **1.** (*cleverness*) intelligenza *f;* **artificial** ~ intelligenza artificiale **2.** (*information*) intelligence *f inv;* **the** ~ **community** i servizi segreti, *agenzie e organizzazioni governative che espletano attività di intelligence per il governo degli Stati Uniti;* ~ **sources** fonti *fpl* dell'intelligence

intelligence quotient *n* quoziente *m* d'intelligenza

intelligence test *n* esame *m* d'intelligenza

intelligent [ɪn·ˈte·lɪ·dʒənt] *adj* intelligente

intelligentsia [ɪn·ˌte·lɪ·ˈdʒen·tsi·ə] *n* **the** ~ l'intellighenzia *f*

intelligible [ɪn·ˈte·lɪ·dʒə·bl] *adj* intelleggibile; **this text is hardly** ~ questo testo si capisce a mala pena

intend [ɪn·ˈtend] *vt* **1.** (*aim for, plan*) **to** ~ **to do sth** avere l'intenzione di fare qc; **I'm sure that remark was** ~**ed for me** sono sicuro che quell'osservazione era diretta a me; **I** ~**ed**

no harm non volevo fare del male **2.** (*mean*) intendere **3.** (*earmark, destine*) **to be** ~**ed for sth** essere destinato a qc; **to be** ~**ed to do sth** essere destinato a fare qc; **this film is not** ~**ed for children** questo non è un film per bambini

intended [ɪn·ˈten·dɪd] **I.** *adj* **1.** (*planned, intentional*) programmato, -a; (*sought*) voluto, -a **2.** (*husband, wife*) futuro, -a **II.** *n inf* promesso sposo *m*, promessa sposa *f*

intense [ɪn·ˈtents] *adj* **1.** (*acute, concentrated, forceful*) intenso, -a **2.** (*demanding*) impegnativo, -a

intensify [ɪn·ˈten·tsɪ·faɪ] <-ie-> **I.** *vt* (*fighting*) intensificare; (*joy, sadness*) aumentare; (*pain*) acuire **II.** *vi* (*fighting*) intensificarsi; (*joy, sadness*) aumentare; (*pain*) acuirsi

intensity [ɪn·ˈten·tsə·t̬i] *n* intensità *f*

intensive [ɪn·ˈten·sɪv] *adj* intensivo, -a

intensive care *n* terapia *f* intensiva

intent [ɪn·ˈtent] **I.** *n* intento *m;* **a declaration of** ~ una dichiarazione di intenti; **to all** ~**s and purposes** a tutti gli effetti; **with** ~ **to** con lo scopo di; **with good/evil** ~ con buone/cattive intenzioni **II.** *adj* **1.** (*absorbed, concentrated, occupied*) intento, -a; **to be** ~ **on sth** essere intento a qc **2.** (*decided, set*) intenzionato, -a; **to be/seem** ~ **on doing sth** essere/sembrare intenzionato a fare qc

intention [ɪn·ˈten·ʃən] *n* intenzione *f;* **it is my** ~ **to ...** ho intenzione di...; **to have no** ~ **of doing sth** non avere nessuna intenzione di fare qc; **with the best of** ~**s** con le migliori intenzioni

intentional [ɪn·ˈtent·ʃə·nəl] *adj* intenzionale; (*insult*) deliberato, -a

interact [ɪn·t̬ə·ˈækt] *vi* interagire

interaction [ˌɪn·t̬ə·ˈæk·ʃən] *n* interazione *f;* **nonverbal** ~ comunicazione *f* non verbale

interactive [ˌɪn·t̬ə·ˈæk·tɪv] *adj* interattivo, -a

interactive TV [ˌɪn·t̬ə·æk·tɪv·ti·ˈviː] *n* televisione *f* interattiva

interbreed [ˌɪn·t̬ə·ˈbriːd] *irr* **I.** *vt* incrociare **II.** *vi* incrociarsi

intercede [ˌɪn·t̬ə·ˈsiːd] *vi* intercedere; **to** ~ **for/on behalf of sb** intercedere per/a favore di qu

intercept [ˌɪn·t̬ə·ˈsept] *vt a.* MATH intercettare; **to** ~ **sb** bloccare la strada a qu

interception [ˌɪn·t̬ə·ˈsep·ʃən] *n* **1.** (*act of intercepting*) intercettazione *f;* MATH intersezione *f* **2.** SPORTS (*football play*) intercettazione *f*

interceptor [ˌɪn·t̬ə·ˈsep·t̬ɚ] *n* MIL intercettore *m*

intercession [ˌɪn·t̬ə·ˈse·ʃən] *n* intercessione *f;* **through the** ~ **of sb/sth** grazie all'intercessione di qu/qc; **the** ~ **of human rights organizations** la mediazione delle organizzazioni per i diritti umani

interchange [ˌɪn·t̬ə·ˈtʃeɪndʒ] **I.** *n* **1.** (*exchange*) interscambio *m;* ~ **of ideas** interscambio *m* d'idee **2.** (*of roads*) svincolo *m* **II.** *vt* **1.** (*exchange: ideas, knowledge*) scambiarsi; COMPUT (*data*) scambiare **2.** (*switch one* *for another: player*) sostituire; (*product*) scambiare 3. (*alternate*) alternare; **to ~ terms** utilizzare termini in maniera interscambiabile

interchangeable [ˌɪn·tʃəˈtʃeɪn·dʒə·bl] *adj* intercambiabile

interchangeably *adv* in modo intercambiabile

intercom [ˈɪn·tʃəˈka:m] *n* (*on a plane or ship*) interfono *m*; (*in a building*) citofono *m*; **through** (**an**) ~ per interfono; **to speak over the ~** parlare all'interfono

intercommunicate [ˌɪn·tʃəˈkə·ˈmju:·nɪ·keɪt] *vi* essere intercomunicante

intercontinental [ˌɪn·tʃəˈka:n·tə·ˈnen·tl̩] *adj* intercontinentale; **~ flight** volo *m* intercontinentale

intercourse [ˈɪn·tʃəˈkɔ:rs] *n* 1. **sexual ~** rapporti *mpl* sessuali; **to have sexual ~ with sb** avere rapporti sessuali con qu 2. *form* **social ~** rapporti *mpl* sociali; **commercial ~** relazioni *fpl* commerciali

interdenominational [ˌɪn·tʃəˈdɪ·ˌna:·məˈneɪ·ʃə·nl̩] *adj* interconfessionale

interdepartmental [ˈɪn·tʃəˈdi:·pa:rtˈmen·tl̩] *adj* interdipartimentale

interdependence [ˌɪn·tʃəˈdi:ˈpen·dəns] *n* interdipendenza *f*

interdependent [ˌɪn·tʃəˈdi:ˈpen·dənt] *adj* interdipendente

interdict [ˌɪn·tʃəˈdɪkt] *n* LAW interdizione *f*

interest [ˈɪn·trɪst] I. *n* 1. (*hobby*) interesse *m*; **to take an ~ in sth** interessarsi a qc 2. (*curiosity*) **just out of ~** *inf* per curiosità; **to lose ~ in sb/sth** perdere interesse in qu/qc; **to take no further ~ in sth** perdere interesse in qc 3. *pl* (*profit, advantage*) interesse *m*; **a conflict of ~s** un conflitto di interessi; **to look after the ~s of sb** badare agli interessi di qu; **to pursue one's own ~s** fare i propri interessi; **in the ~ of liberty** nell'interesse della libertà; **it's in your own ~ to do it** è nel tuo interesse farlo 4. (*power to excite attentiveness*) interesse *m*; **to be of ~ for sb** interessare qu; **this might be of ~ to you** questo potrebbe interessarti; **this is of no ~ to me** questo non mi interessa 5. FIN interesse *m*; **~ rate** tasso *m* di interesse; **at 5% ~** con un interesse del 5%; **to bear ~** maturare interessi; **to earn/pay ~ on sth** percepire/pagare gli interessi su qc; **to pay back with ~** *a. fig* restituire con gli interessi 6. (*legal right*) partecipazione *f*; **to have an ~ in sth** avere una partecipazione in qc; **to have a controlling ~ in a firm** avere una partecipazione di controllo in un'impresa; **business ~s** interessi *mpl* commerciali; **crude oil ~s** interessi *mpl* petroliferi; **vested ~s** interessi *mpl* acquisiti II. *vt* interessare; **may I ~ you in this encyclopedia?** potrebbe interessarLe questa enciclopedia?

interested [ˈɪn·trɪs·tɪd] *adj* interessato, -a; **to be ~ in sth/sb** interessarsi a qc/qu; **I am ~ to know more about it** mi interesserebbe saperne di più; **the ~ parties** le parti interessate

interest-free *adj* FIN senza interessi

interesting [ˈɪn·trəs·tɪŋ] *adj* interessante; **it is ~ to do sth** è interessante fare qc

interface [ˈɪn·tʃəˈfeɪs] I. *n a.* PHYS, COMPUT interfaccia *f*; **user ~** interfaccia utente; **graphic/parallel/serial ~** interfaccia grafica/parallelo/seriale II. *vi* COMPUT **to ~ with sth** connettersi con III. *vt* COMPUT interfacciare

interfere [ˌɪn·tʃəˈfɪr] *vi* 1. (*become involved*) immischiarsi; **to ~ between two people** intromettersi fra due persone; **to ~ in sth** intromettersi in qc 2. (*disturb*) disturbare 3. **to ~ with sth** (*touch*) armeggiare con qc; **someone has been interfering with my papers** qualcuno ha toccato le mie carte 4. RADIO, TECH (*hamper signals*) interferire 5. SPORTS (*get in way*) effettuare un intervento

interference [ˌɪn·tʃəˈfɪ·rəns] *n* 1. (*hindrance*) intromissione *f* 2. RADIO, TECH interferenza *f* 3. SPORTS intervento *m*; (*in American football*) interferenza *f*

interim [ˈɪn·tʃəˈɪm] I. *n* interim *m inv* II. *adj* (*administration, government*) provvisorio, -a; (*payment*) intermedio, -a; **~ dividend** FIN dividendo *m* provvisorio; **~ coach/manager** allenatore/direttore ad interim

interior [ɪnˈtɪ·ri·ə] I. *adj* 1. (*inner, inside, internal*) interno, -a; (*lighting*) d'interni 2. (*central, inland, remote*) dell'interno II. *n* 1. (*inside*) interno *m*; **the ~ of the country** l'interno del paese 2. POL (*home affairs*) **the U.S. Department of the Interior** il Ministero degli Interni degli Stati Uniti

interior decoration *n* decorazione *f* d'interni

interior designer *n* arredatore, -trice *m, f* d'interni

interject [ˌɪn·tʃəˈdʒekt] *vt form* interloquire; **to ~ a few remarks** interrompere con delle osservazioni

interjection [ˌɪn·tʃəˈdʒek·ʃən] *n* 1. *form* (*verbal interruption*) interruzione *f*; **~s from the audience** interruzioni *fpl* del pubblico 2. LING interiezione *f*

interlace [ˌɪn·tʃəˈleɪs] I. *vt* intrecciare II. *vi* intrecciarsi

interlibrary loan [ɪn·tə·ˈlaɪ·brə·rɪ·ˌləʊn] *n* prestito *m* interbibliotecario

interlocutor [ˌɪn·tʃəˈla:k·jə·tə] *n form* interlocutore, -trice *m, f*

interloper [ˈɪn·tʃəˈloʊ·pə] *n* intruso, -a *m, f*

interlude [ˈɪn·tʃəˈlu:d] *n* 1. (*interval*) intervallo *m*; **a romantic ~** un interludio romantico 2. THEAT (*intermission*) intervallo *m*; (*short play*) interludio *m* 3. MUS interludio *m*

intermarry [ˈɪn·tʃəˈme·rɪ] <-ie-> *vi* sposarsi, con un consanguineo o con persona di diversa razza, religione o ceto sociale

intermediary [ˌɪn·tʃəˈmi:·die·ri] I. *adj* (*between persons*) intermediario, -a; (*intermediate*) intermedio, -a II. <-ies> *n* intermediario, -a *m, f*

intermediate [ˌɪn·tʃəˈmi:·di·ət] I. *adj* intermedio, -a; **~ course** corso *m* intermedio; **~ stu-**

dents studenti *mpl* di scuola media; **~ memory** COMPUT memoria *f* intermedia **II.** *n* intermediario, -a *m, f*

intermezzo [ˌɪn·tə·ˈmet·soʊ] <-s *o* -zi> *n* MUS intermezzo *m*

interminable [ɪn·ˈtɜːr·mɪ·nə·bl] *adj* interminabile

intermission [ˌɪn·tə·ˈmɪ·ʃən] *n* **1.** interruzione *m;* **without ~** senza pausa **2.** CINE, THEAT intervallo *m*

intermittent [ˌɪn·tə·ˈmɪ·tnt] *adj* intermittente; **~ fever** febbre *f* intermittente

intern[1] [ˈɪn·tɜːrn] *n* tirocinante *mf;* **hospital ~** medico *m* tirocinante; **she worked for the Washington Post as a summer ~** durante l'estate ha lavorato come stagista presso il Washington Post

intern[2] [ɪn·ˈtɜːrn] **I.** *vt* internare **II.** *vi* SCHOOL fare il tirocinio; MED fare l'internato

internal [ɪn·ˈtɜːr·nl] *adj a.* MED interno, -a; **for ~ use only** solo per uso interno; **Internal Revenue Service** *Agenzia delle Entrate del Ministero delle Finanze degli Stati Uniti*

internal affairs *n* POL affari *mpl* interni

international [ˌɪn·tə·ˈnæʃ·nəl] **I.** *adj a.* LAW internazionale **II.** *n* POL Internazionale *f*

international date line *n* linea *f* del cambiamento di data

internationalize [ˌɪn·tə·ˈnæʃ·ə·nə·laɪz] *vt* internazionalizzare

International Monetary Fund *n* Fondo *m* Monetario Internazionale

International Olympic Committee *n* Comitato *m* Olimpico Internazionale

internee [ˌɪn·tɜːr·ˈniː] *n* internato, -a *m, f*

Internet [ˈɪn·tə·net] *n* COMPUT Internet *f;* **to access the ~** entrare in Internet; **to do business over the ~** fare affari in Internet

Internet café *n* Internet caffè *m*

Internet service provider *n* provider *m inv*

internist [ɪn·ˈtɜːr·nɪst] *n* internista *mf*

internment [ɪn·ˈtɜːrn·mənt] *n* internamento *m*

internment camp *n* campo *m* di internamento

internship *n* internato *m*

interoffice *adj* interno (all'ufficio); **~ memo** promemoria interno

interpersonal *adj* interpersonale

interplanetary [ˌɪn·tə·ˈplæ·nə·te·ri] *adj* interplanetario, -a

interplay [ˈɪn·tə·pleɪ] *n* interazione *f*

Interpol [ˈɪn·tə·pɑːl] *n abbr of* **International Criminal Police Organization** Interpol *f*

interpret [ɪn·ˈtɜːr·prət] **I.** *vt* **1.** (*decode, construe*) interpretare **2.** (*translate*) tradurre **II.** *vi* fare da interprete; **to ~ from English into Spanish** tradurre dall'inglese allo spagnolo

interpretation [ɪn·ˌtɜːr·prə·ˈteɪ·ʃən] *n* interpretazione *f;* **to give an ~ of sth** dare un'interpretazione di qc; **the rules are open to ~** le regole possono essere interpretate in modi diversi

interpreter [ɪn·ˈtɜːr·prə·tə] *n* **1.** *a.* MUS, THEAT interprete *mf* **2.** COMPUT interprete *m*

interpreting [ɪn·ˈtɜːr·prə·tɪŋ] *n* interpretazione *f*

interrelate [ˌɪn·tə·ɪ·ˈleɪt] *vi* essere collegato; **to ~ with each other** essere in correlazione

interrogate [ɪn·ˈte·rə·geɪt] *vt* interrogare

interrogation [ɪn·ˌte·rə·ˈgeɪ·ʃən] *n* **1.** *a.* COMPUT interrogazione *f* **2.** LAW interrogatorio *m;* **police ~** interrogatorio di polizia; **~ room** sala *f* interrogatoria

interrogative [ˌɪn·tə·ˈrɑː·gə·tɪv] **I.** *n* LING (*word*) parola *f* interrogativa; (*sentence*) frase *f* interrogativa **II.** *adj* **1.** *liter* (*having questioning form*) interrogativo, -a **2.** LING interrogativo, a

interrogator [ɪn·ˈte·rə·geɪ·tər] *n* interrogatore, -trice *m, f*

interrogatory [ˌɪn·tə·ˈrɑː·gə·tɔː·ri] **I.** *adj* interrogatorio, -a **II.** <-ies> *n* interrogatorio *m*

interrupt [ˌɪn·tə·ˈrʌpt] *vi, vt* interrompere

interrupter [ˌɪn·tə·ˈrʌp·tə] *n* ELEC interruttore *m*

interruption [ˌɪn·tə·ˈrʌp·ʃən] *n* interruzione *f;* **without ~** senza interruzioni

intersect [ˌɪn·tər·ˈsekt] **I.** *vt* (*cross at a junction*) incrociare; (*lines*) intersecare **II.** *vi* **1.** (*cut, divide*) intersecare *form;* (*cross at a junction*) incrociarsi; **~ing roads** strade *fpl* che si intersecano **2.** MATH (*sets*) intersecarsi

intersection [ˌɪn·tər·ˈsek·ʃən] *n* **1.** (*crossing of lines*) intersezione *f* **2.** AUTO incrocio *m*

intersession *n* UNIV pausa *f* fra il primo e il secondo semestre, *all'università*

intersperse [ˌɪn·tə·ˈspɜːrs] *vt* inframmezzare; **to ~ sth with sth** inframmezzare qc di qc; **to ~ sth between sth** cospargere qc fra qc; **to ~ anecdotes throughout a speech** costellare un discorso di aneddoti

interstate [ˈɪn·tə·steɪt] *adj* interstatale, *che attraversa vari stati degli USA;* **~ trade** commercio *m* interstatale, *fra vari stati americani*

interstate (**highway**) *n* autostrada *f* interstatale

interstellar [ˌɪn·tə·ˈste·lə] *adj form* interstellare

interstice [ɪn·ˈtɜːr·stɪs] *n form* interstizio *m*

intertwine [ˌɪn·tə·ˈtwaɪn] **I.** *vt* intrecciare **II.** *vi* (*flowers, hands*) intrecciarsi; (*paths*) incrociarsi

interurban [ˌɪn·tə·ˈɜːr·bən] *adj* interurbano, -a

interval [ˈɪn·tə·vl] *n a.* MUS intervallo *m;* **at ~s of five minutes** a intervalli di cinque minuti; **at two-inch ~s** a intervalli di cinque centimetri; **at regular ~s** a intervalli regolari; **sunny ~s** METEO intervalli soleggiati

intervene [ˌɪn·tə·ˈviːn] *vi* **1.** (*involve oneself to help*) intervenire; **to ~ militarily/personally** intervenire militarmente/personalmente; **to ~ on sb's behalf** intervenire a favore di qu **2.** (*meddle unhelpfully*) **to ~ in sth** intromettersi in qc **3.** (*elapse*) trascorrere; **six months ~d before the opening of the swimming pool** passarono sei mesi prima dell'inaugurazione della piscina

intervening *adj* **in the ~ period** nel frattempo; **in the ~ days** nei giorni di intervallo

intervention [ˌɪn·tə·'ven·ʃən] *n* intervento *m;* **military ~** MIL intervento militare; **~ price** ECON prezzo *m* di intervento

interventionist [ˌɪn·tə·'ven·ʃə·nɪst] I. *n* POL, ECON interventista *mf* II. *adj* interventista

interview ['ɪn·tə·vjuː] I. *n* 1. (*formal conversation*) intervista *f;* **telephone ~** intervista telefonica; **to have a job ~** avere un colloquio di lavoro; **to give an ~** rilasciare un'intervista 2. *inf* (*person being interviewed*) intervistato, -a *m, f* II. *vt* intervistare; **to ~ sb about sth** intervistare qu su qc

interviewee [ˌɪn·tə·vjuː·'iː] *n* intervistato, -a *m, f*

interviewer ['ɪn·tə·vjuː·ə] *n* intervistatore, -trice *m, f*

interweave [ˌɪn·tə·'wiːv] *irr* I. *vt* intrecciare; **to be interwoven with sth** essere strettamente legato a qc II. *vi* (*threads*) intrecciarsi; (*paths*) incrociarsi

intestate [ɪn·'tes·teɪt] *adj* intestato, -a

intestine [ɪn·'tes·tɪn] *n* intestino *m*

intimacy ['ɪn·tə·mə·si] <-ies> *n* 1. (*familiarity*) intimità *f;* **to be on terms of ~ with sb** essere in intimità con qu 2. (*sexual relations*) rapporti *mpl* intimi

intimate[1] ['ɪn·tə·mət] I. *adj* 1. (*close, sexual*) intimo, -a; **~ relationship** rapporto *m* intimo; **to be on ~ terms with sb** essere intimo, -a di qu; **to become ~ with sb** diventare intimo di qu; **to be ~ with sb** avere rapporti intimi con qu 2. (*personal: letter*) intimo, -a 3. (*very detailed: knowledge*) profondo, -a 4. (*link*) stretto, -a II. *n* amico, -a *m, f* intimo, -a

intimate[2] ['ɪn·tə·meɪt] *vt form* far trasparire; **to ~ to sb** (**that**) ... far capire a qu (che)...

intimation [ˌɪn·tə·'meɪ·ʃən] *n form* (*hint*) indizio *m;* (*sign*) segno *m;* **~s** segnali *mpl*

intimidate [ɪn·'tɪ·mɪ·deɪt] *vt* intimidire; **to ~ sb into doing sth** costringere qu (con le minacce) a fare qc

intimidating *adj* (*manner*) intimidatorio, -a

intimidation [ɪn·ˌtɪ·mɪ·'deɪ·ʃən] *n* intimidazione *f*

into ['ɪn·tə] *prep* 1. (*to the inside of*) in; (*towards*) verso; **to walk ~ a place** entrare in un posto; **to get ~ bed** mettersi a letto; **shall we walk ~ the park?** entriamo nel parco?; **~ the future** (*walk*) verso il futuro 2. (*indicating an extent in time or space*) **deep ~ the forest** nel cuore della foresta; **to work late ~ the evening** lavorare fino a tarda sera 3. (*against*) contro; **to drive ~ a tree** andare a sbattere (con la macchina) contro un albero; **to bump ~ a friend** imbattersi in un amico 4. (*to the state or condition of*) **to burst ~ tears** scoppiare in lacrime; **to grow ~ a woman** diventare donna; **to translate from Italian ~ English** tradurre dall'italiano in inglese; **to turn sth ~ sth** trasformare qc in qc 5. *inf* (*interested in*) **she's really ~ her new job** è

davvero presa dal suo nuovo lavoro; **I think they are ~ drugs** credo che facciano uso di droga 6. MATH **two goes ~ five two and a half times** il due sta nel cinque due volte e mezzo

intolerable [ɪn·'tɑː·lə·ə·bl] *adj* intollerabile

intolerance [ɪn·'tɑː·lə·əns] *n* intolleranza *f*

intolerant [ɪn·'tɑː·lə·ənt] *adj* intollerante; **to be ~ of different opinions** essere intollerante verso chi la pensa diversamente; **to be ~ of sb** essere intollerante verso qu; **to be ~ of alcohol** MED non sopportare l'alcol

intonation [ˌɪn·tou·'neɪ·ʃən] *n* LING, MUS intonazione *f*

intone [ɪn·'toun] *vt form* intonare

intoxicant [ɪn·'tɑː·k·sɪ·kənt] *n* MED (*alcohol*) bevanda *f* alcolica; (*drug*) stupefacente *m*

intoxicate [ɪn·'tɑː·k·sɪ·keɪt] I. *vt* 1. *a. fig* (*induce inebriation*) inebriare 2. MED intossicare II. *vi* 1. *a. fig* (*cause intoxication*) ubriacare 2. MED intossicare

intoxicating [ɪn·'tɑː·k·sɪ·keɪ·tɪŋ] *adj* 1. (*exhilarating, stimulating*) inebriante 2. (*substance*) stupefacente; (*causing drunkenness*) alcolico, -a; **~ drink** bevanda *f* alcolica

intoxication [ɪn·ˌtɑː·k·sɪ·'keɪ·ʃən] *n* 1. (*drunkenness*) ubriachezza *f; fig* ebbrezza *f;* **in a state of ~** in stato di ebbrezza 2. MED intossicazione *f*

intractable [ˌɪn·'træk·tə·bl] *adj form* 1. (*temperament*) intrattabile 2. (*problem*) irrisolvibile; **an ~ situation** una situazione irrisolvibile 3. MED incurabile

intramural [ˌɪn·trə·'mjʊ·rəl] *adj* 1. (*within a city or institution*) intramurale 2. SCHOOL scolastico, -a; UNIV universitario, -a; **~ sports** attività *f* sportiva scolastica [*o* universitaria]

Intranet [ˌɪn·trə·'net] *n* intranet *f inv*

intransigence [ɪn·'træn·sə·dʒəns] *n form* intransigenza *f*

intransigent [ɪn·'træn·sə·dʒənt] *adj form* intransigente

intransitive [ɪn·'træn·sə·tɪv] *adj* LING, MATH intransitivo, -a

intrauterine [ˌɪn·trə·'juː·tə·ɪn] *adj* MED intrauterino, -a; **~ device** dispositivo *m* intrauterino, spirale *f*

intravenous [ˌɪn·trə·'viː·nəs] *adj* MED endovenoso, -a; **~ feeding** alimentazione *f* (per via) endovenosa

intrepid [ɪn·'tre·pɪd] *adj* intrepido, -a

intricacy ['ɪn·trɪ·kə·si] <-ies> *n* complessità *f*

intricate ['ɪn·trɪ·kət] *adj* 1. (*detailed*) dettagliato, -a 2. (*complicated: mechanism, problem*) intricato, -a

intrigue I. [ɪn·'triːg] *vt* intrigare; **to be ~d by sth** essere intrigato da qc II. *vi* (*plot*) tramare III. ['ɪn·triːg] *n* intrigo *m*

intriguing [ɪn·'triː·gɪŋ] *adj* intrigante

intrinsic [ɪn·ᵛtrɪn·sɪk] *adj* intrinseco, -a; **the ~ value of a coin** il valore intrinseco di una moneta; **this is ~ to ...** è parte essenziale di...

introduce [ˌɪn·trə·'duːs] *vt* 1. (*acquaint*) presentare; **allow me to ~ myself** permetta che mi presenti; **may I ~ you to my husband?** posso presentarLe mio marito?; **they were ~d to each other** vennero presentati l'uno all'altro **2.** (*raise interest in subject*) **to ~ sb to sth** introdurre qu a qc **3.** (*bring in*) introdurre; (*question*) fare; (*subject*) introdurre; (*bill*) presentare; **to ~ a product into the market** introdurre un prodotto sul mercato **4.** (*insert*) **to ~ sth into sth** introdurre qc in qc **5.** (*begin, present: book*) presentare; **the second movement is ~d by ...** il secondo movimento è introdotto da...; **the director will ~ the film personally** il regista in persona presenterà il film

introduction [ˌɪn·trə·ˈdʌk·ʃən] *n* **1.** (*making first acquaintance*) presentazione *f;* **letter of ~** lettera *f* di presentazione; **to do the ~s** fare le presentazioni **2.** (*first contact with sth*) introduzione *f;* **my holidays served as an ~ to sailing** le mie vacanze sono servite per un primo contatto con la vela **3.** (*establishment*) introduzione *f;* (*of a bill*) presentazione *f;* **~ into the market** introduzione *f* sul mercato **4.** (*insertion*) introduzione *f* **5.** *a.* MUS (*preface*) introduzione *f*

introductory [ˌɪn·trə·ˈdʌk·tə·ri] *adj a.* COM introduttivo, -a; **~ chapter** capitolo *m* introduttivo; **~ remarks** dichiarazioni *fpl* introduttive

introspection [ˌɪn·troʊ·ˈspek·ʃən] *n* introspezione *f*

introspective [ˌɪn·troʊ·ˈspek·tɪv] *adj* introspettivo, -a

introvert [ˌɪn·troʊ·ˈvɜːrt] *n* introverso, -a *m, f*
introverted *adj* introverso, -a

intrude [ɪn·ˈtruːd] **I.** *vi* **1.** (*meddle*) intromettersi; **to ~ into sth** immischiarsi in qc; **to ~ upon sb's privacy** violare la privacy di qu **2.** (*disturb*) disturbare; **to ~ on sb** disturbare qu; **am I intruding?** disturbo? **II.** *vt* **to ~ sth on sb** importunare qu con qc

intruder [ɪn·ˈtruː·də·] *n* intruso, -a *m, f*

intrusion [ɪn·ˈtruː·ʒən] *n* **1.** (*encroachment, infringement*) intrusione *f* **2.** (*meddling*) intromissione *f*

intrusive [ɪn·ˈtruː·sɪv] *adj* (*noise*) molesto, -a; (*question*) indiscreto, -a; (*person*) invadente

intuition [ˌɪn·tuː·ˈɪ·ʃən] *n* intuizione *f;* **to have an ~ (that)** ... avere l'intuizione (che)...

intuitive [ɪn·ˈtjuː·ɪ·tɪv] *adj* intuitivo, -a; **an ~ feeling** una percezione intuitiva

inundate [ˈɪn·ən·deɪt] *vt a. fig* inondare; **to ~ sb with sth** inondare qu di qc; **to be ~d with letters** essere sommerso di lettere; **to be ~d with presents** ricevere una montagna di regali

inundation [ˌɪn·ən·ˈdeɪ·ʃən] *n a. fig* inondazione *f*

inure [ɪ·ˈnjʊr] *vt form* (*become familiar with*) assuefarsi; **to ~ sb to sth** abituare qu a qc; **to ~ oneself against sth** diventare immune a qc

invade [ɪn·ˈveɪd] **I.** *vt* invadere; **to ~ sb's privacy** invadere la privacy di qu **II.** *vi* invadere

invader [ɪn·ˈveɪ·də·] *n* (*aggressive trespasser*) invasore, -ditrice *m, f*

invalid[1] [ˈɪn·və·lɪd] **I.** *n* invalido, -a *m, f* **II.** *adj* invalido, -a **III.** *vt* dichiarare inabile

invalid[2] [ɪn·ˈvæ·lɪd] *adj* **1.** LAW (*not legally binding: marriage*) nullo, -a; (*ticket*) non valido, -a; **legally ~** privo, -a di validità legale; **to become ~** non essere più valido **2.** (*unsound*) inefficace; **technically ~** tecnicamente non valido, -a

invalidate [ɪn·ˈvæ·lɪ·deɪt] *vt* **1.** (*argument, decision, results*) invalidare **2.** LAW invalidare; **to ~ a judgment** invalidare una sentenza

invalidism [ˌɪn·və·ˈlɪ·dɪ·zəm] *n* invalidità *f*

invalidity [ˌɪn·və·ˈlɪ·də·ti] *n* **1.** (*inadmissibility: of a contract*) invalidità *f;* (*of evidence*) invalidità *f* **2.** (*faultiness: of a theory*) inefficacia *f*

invaluable [ɪn·ˈvæl·ju·ə·bl] *adj* inestimabile; (*help*) prezioso, -a; **to be ~ to sb** avere un valore inestimabile per qu

invariable [ɪn·ˈve·ri·ə·bl] *adj form* (*answer, temperature*) invariabile; (*smile, attitude*) immutabile

invariably *adv* invariabilmente; **he would ~ be sitting at the bar** lo si poteva vedere sempre seduto al bar

invasion [ɪn·ˈveɪ·ʒən] *n* **1.** MIL invasione *f;* **~ by enemy forces** invasione da parte di forze nemiche **2.** (*interference*) violazione *f;* **~ of privacy/of a right** violazione della privacy/di un diritto

invective [ɪn·ˈvek·tɪv] *n form* invettiva *f;* **a stream of ~** una valanga di improperi

inveigle [ɪn·ˈveɪ·gl] *vt* **to ~ sb into doing sth** indurre qu a fare qc, *con lusinghe o imbrogli*

invent [ɪn·ˈvent] *vt* inventare

invention [ɪn·ˈven·ʃən] *n* **1.** (*gadget*) invenzione *f* **2.** (*creativity*) inventiva *f* **3.** (*falsehood*) invenzione *f*

inventive [ɪn·ˈven·tɪv] *adj* inventivo, -a

inventiveness [ɪn·ˈven·tɪv·nɪs] *n* inventiva *f*

inventor [ɪn·ˈven·tə·] *n* inventore, -trice *m, f*

inventory [ˈɪn·vən·tɔː·ri] <-ies> **I.** *n* **1.** (*catalog*) inventario *m;* **to draw up an ~** fare l'inventario **2.** (*stock*) scorte *mpl* **II.** *vt* inventariare **III.** *adj* (*audit, level*) delle scorte; (*number*) di inventario

inverse [ɪn·ˈvɜːrs] **I.** *adj* inverso, -a **II.** *n* **the ~** l'inverso; **the ~ of sth** l'inverso di qc

inversion [ɪn·ˈvɜːr·ʒən] *n* inversione *f*

invert [ɪn·ˈvɜːrt] *vt* invertire

invertebrate [ɪn·ˈvɜːr·tə·brɪt] **I.** *n* invertebrato *m* **II.** *adj* invertebrato, -a

invest [ɪn·ˈvest] **I.** *vt* **1.** (*put in*) investire; **to ~ time and effort in sth** investire tempo ed energie in qc **2.** (*bestow attributes*) investire; **to ~ sb with sth** investire qu di qc **II.** *vi* investire; **to ~ in sth** investire in qc

investigate [ɪn·ˈves·tɪ·geɪt] *vt* indagare su

investigation [ɪn·ˌves·tɪ·ˈgeɪ·ʃən] *n* indagine *f*

investigative [ɪn·ˈves·tɪ·geɪ·tɪv] *adj* investigativo, -a; **~ journalism** giornalismo *m* investigativo

investigator [ɪnˈves·tɪ·geɪ·tə] *n* investiga·tore, -trice *m, f*

investment [ɪnˈvest·mənt] **I.** *n a. fig* investi·mento *m;* **to be a good ~** essere un buon investimento; **long-term ~s** investimenti *mpl* a lungo termine **II.** *adj (bank, company)* d'in·vestimento

investor [ɪnˈves·tə] *n* investitore, -trice *m, f*

inveterate [ɪnˈve·tə·rət] *adj (hatred, habit)* inveterato, -a; *(gambler)* accanito, -a; *(smoker)* incallito, -a; *(liar)* inguaribile

invidious [ɪnˈvɪ·di·əs] *adj (task)* ingrato, -a; *(choices)* impopolare; *(comparisons)* ingiusto, -a; **to be in an ~ position** trovarsi in una posizione poco invidiabile

invigorate [ɪnˈvɪ·ɡə·reɪt] *vt* rinvigorire

invigorating [ɪnˈvɪ·ɡə·reɪ·tɪŋ] *adj (shower, walk)* rigenerante; *(swim)* tonificante

invincible [ɪnˈvɪn·sə·bl] *adj* invincibile

invisible [ɪnˈvɪ·zə·bl] *adj* invisibile; **~ to sth** invisibile a qc

invitation [ˌɪn·vɪˈteɪ·ʃən] *n* invito *m;* **an ~ to sth** un invito a qc

invite¹ [ˈɪn·vaɪt] *n inf* invito *m*

invite² [ɪnˈvaɪt] *vt* **1.** *(request to attend)* invi·tare; **to ~ sb for/to sth** invitare qu per/a qc **2.** *(request)* invitare; **to ~ offers** sollecitare offerte; **they ~d readers to send in their views** invitare i lettori a far pervenire le loro opinioni; **to ~ questions** sollecitare domande **3.** *(provoke)* provocare; **to ~ trouble** andare in cerca di guai

inviting [ɪnˈvaɪ·tɪŋ] *adj* invitante

in vitro [ɪnˈviː·t·roʊ] *adj, adv* in vitro

in vitro fertilization *n* fecondazione *f* in vitro

invocation [ˌɪn·və·ˈkeɪ·ʃən] *n* invocazione *f*

invoice [ˈɪn·vɔɪs] **I.** *vt* fatturare **II.** *n* fattura *f;* **~ for sth** fattura per qc

invoke [ɪnˈvoʊk] *vt* invocare

involuntary [ɪnˈvɑː·lən·te·ri] *adj* involon·tario, -a

involve [ɪnˈvɑːlv] *vt* **1.** *(implicate)* coinvol·gere; **to be ~d in sth** essere coinvolto, -a in qc; **to get ~d in sth** immischiarsi in qc; **to ~ sb in an argument** coinvolgere qu in una di·scussione **2.** *(entail)* implicare; **to ~ great expense** comportare grosse spese

involved [ɪnˈvɑːlvd] *adj* **1.** *(implicated)* coin·volto, -a **2.** *(complicated)* complicato, -a

involvement [ɪnˈvɑːlv·mənt] *n (being involved)* coinvolgimento *m*

invulnerable [ɪnˈvʌl·nə·ə·bl] *adj* invulnera·bile; **to be ~ to sth** essere invulnerabile a qc

inward [ˈɪn·wəd] *adj* **1.** *(inner)* interiore **2.** *(moving in)* verso l'interno **3.** *(in the mind: doubts)* intimo, -a

inwardly *adv* interiormente

inwardness *n* interiorità *f*

inwards [ˈɪn·wəds] *adv* verso l'interno

I/O COMPUT *abbr of* **input/output** I/O, *input/output*

IOC *n abbr of* **International Olympic Com·mittee** CIO *m*

iodine [ˈaɪ·ə·daɪn] *n* iodio *m*

ion [ˈaɪ·ən] *n* ione *m*

Ionic [aɪˈɑː·nɪk] *adj* ionico, -a

iota [aɪˈoʊ·tə] *n* **1.** pizzico *m;* **there is not one ~ of truth in that** non c'è un briciolo di verità **2.** *(letter)* iota *m*

IOU [ˌaɪ·oʊ·ˈjuː] *n inf abbr of* **I owe you** pa·gherò *m inv*

Iowa [ˈaɪ·ə·wə] *n* Iowa *m*

IQ [ˌaɪ·ˈkjuː] *n abbr of* **intelligence quotient** QI *m*

IRA [ˌaɪ·ɑː·r·ˈeɪ] *n abbr of* **Irish Republican Army** IRA *f*

Iran [ɪˈræn] *n* Iran *m*

Iranian [ɪˈreɪ·ni·ən] **I.** *n* iraniano, -a *m, f* **II.** *adj* iraniano, -a

Iraq [ɪˈrɑːk] *n* Iraq *m*

Iraqi [ɪˈrɑː·ki] **I.** *n* iracheno, -a *m, f* **II.** *adj* iracheno, -a

irascible [ɪˈræ·sə·bl] *adj* irascibile

irate [aɪˈreɪt] *adj* adirato, -a

Ireland [ˈaɪr·lənd] *n* Irlanda *f;* **Republic of ~** Repubblica *f* di Irlanda; **Northern ~** Irlanda del Nord

iridescent [ˌɪ·rɪ·ˈde·snt] *adj* iridescente

iris [ˈaɪ·rɪs] **<-es>** *n* **1.** BOT iris *m inv* **2.** ANAT iride *m*

Irish [ˈaɪ·rɪʃ] **I.** *adj* irlandese **II.** *n* **1.** *pl (people)* **the ~** gli irlandesi **2.** LING irlandese *m;* **~ Gaelic** gaelico *m* irlandese

Irishman [ˈaɪ·rɪʃ·mən] **<-men>** *n* irlandese *m*

Irishwoman [ˈaɪ·rɪʃ·wʊ·mən] **<-women>** *n* irlandese *f*

irk [ɜːrk] *vt* infastidire

irksome [ˈɜːrk·səm] *adj* fastidioso, -a

iron [ˈaɪ·ən] **I.** *n* **1.** *(metal)* ferro *m* **2.** *(for pressing clothes)* ferro *m* (da stiro); **steam ~** ferro da stiro a vapore **3.** SPORTS *(golf club)* ferro *m* **4.** *pl (shackles)* ferri *mpl* ▶ **to have many ~s in the fire** avere molta carne al fuoco **II.** *vt* stirare; *fig* appianare **III.** *vi* stirare **IV.** *adj* di ferro; *(discipline)* ferreo, -a

Iron Age I. *n* età *f* del ferro **II.** *adj* dell'età del ferro

ironclad [ˈaɪ·ən·klæd] *adj* **1.** *(solid: rule, job security)* inviolabile **2.** *(covered with iron)* corazzato, -a

Iron Curtain *n* HIST, POL cortina *f* di ferro

iron fist *n* pugno *m* di ferro; **to rule with an ~** governare col pugno di ferro

ironic(al) [aɪˈrɑː·nɪ·k(el)] *adj* ironico, -a

ironing [ˈaɪ·ə·nɪŋ] *n (clothes)* roba *f* da sti·rare; **to do the ~** stirare

ironing board *n* asse *f* da stiro

iron lung *n* polmone *m* d'acciaio

ironman *n* SPORTS atleta maschile di straordi·naria potenza e resistenza

ironman triathlon *n* triathlon *m* ironman *inv*

ironwork *n* lavori *m* in ferro *pl*

ironworks *n inv* stabilimento *m* siderurgico

irony [ˈaɪ·rə·ni] **<-ies>** *n* ironia *f;* **~ of fate** iro·nia del destino

irradiate [ɪˈreɪ·di·eɪt] *vt* irradiare

irrational [ɪˈræ·ʃə·nəl] *adj* irrazionale

irrational number *n* MATH numero *m* irrazionale

irreconcilable [ɪˌre·kənˈsaɪ·lə·bl] *adj* (*differences, positions*) inconciliabile

irrecoverable [ˌɪ·rɪˈkʌ·və·rə·bl] *adj* irrecuperabile

irredeemable [ˌɪ·rɪˈdiː·mə·bl] *adj* (*loss*) irreparabile; (*stupidity*) incurabile; (*debt*) irredimibile

irrefutable [ɪˈre·fjə·tə·bl] *adj* inconfutabile

irregular [ɪˈreg·jə·lə·] *adj* irregolare; ~ **soldiers** soldati *mpl* irregolari

irregularity [ɪˌreg·jə·ˈle·rə·ti] <-ies> *n* irregolarità *f*

irrelevance [ɪrˈre·lə·vənts] *n*, **irrelevancy** <-ies> *n* irrilevanza *f*; **to fade into** ~ perdere importanza

irrelevant [ɪrˈre·lə·vənt] *adj* irrilevante; **to be** ~ **to sth** non essere rilevante per qc

irrimediabile [ˌɪ·rɪˈmiː·diə·bl] *adj* irremediabile

irreparable [ɪˈre·pə·rə·bl] *adj* irreparabile

irreplaceable [ˌɪ·rɪˈpleɪ·sə·bl] *adj* insostituibile

irrepressible [ˌɪ·rɪˈpre·sə·bl] *adj* irrefrenabile, irrefrenabile

irreproachable [ˌɪ·rɪˈproʊ·tʃə·bl] *adj* irreprensibile

irresistible [ˌɪ·rɪˈzɪs·tə·bl] *adj* irresistibile

irresolute [ɪˈre·zə·lu:t] *adj* irresoluto, -a; (*reply*) incerto, -a

irrespective [ˌɪ·rɪˈspek·tɪv] *prep* ~ **of** indipendentemente da; ~ **of whether he agrees or not** indipendentemente dal fatto che lui sia d'accordo o no; ~ **of sth/sb** a prescindere da qc/qu

irresponsible [ˌɪ·rɪˈspɑːn·sə·bl] *adj* irresponsabile

irretrievable [ˌɪ·rɪˈtriː·və·bl] *adj* irrecuperabile; (*mistake*) irreparabile

irreverence [ɪˈre·və·rəns] *n* irriverenza *f*

irreverent [ɪˈre·və·rənt] *adj* irriverente

irreversible [ˌɪ·rɪˈvɜːr·sə·bl] *adj* (*movement*) irreversibile; (*decision*) irrevocabile

irrevocable [ɪˈre·və·kə·bl] *adj* irrevocabile

irrigate [ˈɪ·rɪ·geɪt] *vt* AGR, MED irrigare; **to** ~ **land** irrigare il terreno

irrigation [ˌɪ·rɪˈgeɪ·ʃən] I. *n* AGR, MED irrigazione *f* II. *adj* di irrigazione; ~ **canal** canale *m* di irrigazione

irrigation plant *n* impianto *m* di irrigazione

irritable [ˈɪ·rɪ·tə·bl] *adj* (*person*) irritabile; (*voice*) irritato, -a

irritant [ˈɪ·rɪ·tənt] *n* irritante *m*

irritate [ˈɪ·rɪ·teɪt] *vt a.* MED irritare

irritated *adj* irritato, -a

irritating *adj* irritante

irritation [ˌɪ·rɪˈteɪ·ʃən] *n* irritazione *f*

IRS [ˌaɪ·ɑːrˈes] *n abbr of* Internal Revenue Service Agenzia *f* delle Entrate, *negli Stati Uniti*

is [ɪz] *vt, vi 3rd pers sing of* to be

ISBN [ˌaɪ·es·biːˈen] *n abbr of* International Standard Book Number ISBN *m*

ISDN *n abbr of* integrated services digital network ISDN *f*

Islam [ɪzˈlɑːm] *n* Islam *m*

Islamic [ɪzˈlɑː·mɪk] *adj* islamico, -a; ~ **law** legge *f* islamica

island [ˈaɪ·lənd] *n* isola *f*; ~ **of calm** *fig* isola di pace

islander [ˈaɪ·lən·də·] *n* isolano, -a *m, f*

isle *n*, **Isle** [aɪl] *n* isola *f*

islet [ˈaɪ·lɪt] *n liter* isoletta *f*

isn't [ˈɪ·znt] = **is not**

isobar [ˈaɪ·soʊ·bɑːr] *n* METEO isobara *f*

isolate [ˈaɪ·sə·leɪt] *vt* isolare

isolated [ˈaɪ·sə·leɪ·t̬ɪd] *adj* isolato, -a

isolation [ˌaɪ·sə·ˈleɪ·ʃən] *n* isolamento *m*

isolationism [ˌaɪ·sə·ˈleɪʃ·nɪ·zəm] *n* isolazionismo *m*

isosceles triangle [aɪˈsɑːs·liːzˌtraɪ·æŋ·gl] *n* MATH triangolo *m* isoscele

isotherm [ˈaɪ·soʊ·θɜːrm] *n* METEO, PHYS isoterma *f*

isotope [ˈaɪ·sə·toʊp] *n* PHYS, ELEC isotopo *m*

Israel [ˈɪz·ri·əl] *n* Israele *m*

Israeli [ɪzˈre·ɪ·li] I. *n* israeliano, -a *m, f* II. *adj* israeliano, -a

Israelite [ˈɪz·ri·ə·laɪt] *n* israelita *mf*

issue [ˈɪ·ʃuː] I. *n* 1. (*problem, topic*) questione *f*; **family** ~s questioni familiari; **side** ~ questione secondaria; **a burning** ~ *fig* una questione scottante; **the real** ~s le questioni fondamentali; **the point at** ~ il punto in discussione; **to force an** ~ premere per una decisione; **to make an** ~ **of sth** fare un caso di qc; **at** ~ in discussione 2. PUBL (*copy*) numero *m*; **latest** ~ l'ultimo numero 3. FIN, ECON (*of shares, stamps, checks*) emissione *f* 4. *form* (*offspring, children*) prole *f* II. *vt* 1. (*supply*) distribuire; (*passport, patent*) rilasciare 2. (*announce*) **to** ~ **a statement** rilasciare una dichiarazione; **to** ~ **a call for sth** lanciare un appello per qc; (*ultimatum*) lanciare 3. (*publish*) pubblicare III. *vi* **to** ~ **from** (*be born out of*) nascere da; (*come out of*) provenire da

isthmus [ˈɪs·məs] <-es> *n* istmo *m*

it [ɪt] I. *pron dem* esso, essa (*in many cases 'it' is omitted*); **who was** ~? chi era?; ~**'s in my bag** è nella mia borsa; ~**'s Paul who did that** è stato Paul a farlo; ~ **was in Chicago that …** fu a Chicago che … II. *pron pers* 1. esso, essa; *direct object:* lo, la; *indirect object:* gli, le (*in many cases 'it' is omitted*); **where is your pencil/notebook?** ~ **is on my desk** dov'è la tua matita/il tuo quaderno? è sulla mia scrivania; ~ **went off badly** è andato a male; **your purse? I took** ~ il tuo borsellino? l'ho preso io; ~**'s your cat, give** ~ **something to eat** il gatto è tuo, dagli qualcosa da mangiare; **I'm afraid of** ~ mi fa paura; **I fell into** ~ ci sono cascata 2. (*time*) **what time is** ~? che ore sono? 3. (*weather*) ~**'s cold** fa freddo; ~**'s snowing** nevica 4. (*distance*) ~**'s 5 miles to**

town from here la città è a 5 miglia da qui
5.(*empty subject*) ~ **seems that ...** sembra
che... **6.**(*passive subject*) ~ **is said/hoped
that ...** si dice/spera che...
IT [ˌaɪ·ˈtiː] *n* COMPUT *abbr of* **Information Technology** Informatica *f*
Italian [ɪ·ˈtæl·jən] I. *adj* italiano, -a II. *n* 1.(*person*) italiano, -a *m*, *f* 2. LING italiano *m*
italicize [ɪ·ˈtæ·lɪ·saɪz] *vt* mettere in corsivo
italics [ɪ·ˈtæ·lɪks] *npl* corsivo *m*; **in** ~ in corsivo
Italy [ˈɪ·t̮ə·li] *n* Italia *f*
itch [ɪtʃ] I. *vi* 1. MED (*arm, leg*) prudere; (*person*) avere prurito 2. *fig, inf* **to be ~ing to do
sth** morire dalla voglia di fare qc II. *n* 1. MED
prurito *m* 2. *fig, inf* smania *f*
itchy [ˈɪt·ʃi] <-ier, -iest> *adj* che prude; **my
arm feels** ~ ho prurito al braccio; **I've got an
~ feeling** ho prurito
item [ˈaɪ·t̮əm] *n* 1.(*thing*) articolo *m*; **luxury** ~ articoli di lusso; ~ **of clothing** capo *m* di
abbigliamento 2.(*topic*) argomento *m*; ~ **on
the agenda** punto *m* all'ordine del giorno;
~ **by** ~ punto per punto 3. COM ~ **of expenditure** voce *f* di spesa 4. PUBL notizia *f*; **news** ~
notizia *f* 5. *inf* (*couple*) coppia *f*
itemize [ˈaɪ·t̮ə·maɪz] *vt* dettagliare
itinerant [aɪ·ˈtɪ·nə·rənt] I. *n* lavoratore, -trice
itinerante *mf* II. *adj* itinerante; (*merchant*)
ambulante

itinerary [aɪ·ˈtɪ·nə·re·ri] <-ies> *n* itinerario *m*
it'll [ˈɪ·t̮l] = **it will**
its [ɪts] *adj pos* il suo, la sua, i suoi, le sue;
~ **color/weight** il suo colore/peso; ~ **mountains** le sue montagne; **the cat hurt** ~ **head** il
gatto si è fatto male alla testa
it's [ɪts] 1. = **it is** 2. = **it has**
itself [ɪt·ˈself] *pron* 1. *reflexive* si; **the cat
licks** ~ il gatto si lecca; **the government got
~ into trouble** il governo si è cacciato nei pasticci 2. *emphatic* **the place** ~ il posto stesso;
she is beauty ~ è la personificazione della
bellezza; **by** ~ da solo
IUD [ˌaɪ·juː·ˈdiː] *n abbr of* **intrauterine device**
IUD *m*
IV <IVs> *abbr of* **intravenous** endovenosa *f*
I've [aɪv] = **I have** *s.* **have**
IVF [ˌaɪ·viː·ˈef] *n* MED *abbr of* **in vitro fertilization** fecondazione *f* in vitro
ivory [ˈaɪ·və·ri] <-ies> *n* 1. avorio *m* 2. *pl, inf*
MUS tasti *fpl* (del pianoforte); **to tickle the ivo-
ries** *fig* suonare il piano 3. *pl, sl* ANAT denti *mpl*
Ivory Coast *n* Costa *f* d'Avorio
ivory tower *n fig* torre *f* d'avorio
ivy [ˈaɪ·vi] <-ies> *n* edera *f*
Ivy League *n* UNIV *associazione molto esclusiva che comprende college e università di
altissimo livello e prestigio nel Nord est degli
Stati Uniti*

Jj

J, j [dʒeɪ] *n* J, j *f*; ~ **as in Jack** J come Jolly
J *n* PHYS *abbr of* **joule** J
jab [dʒæb] I. *n* 1.(*with a pin*) puntura *f*; (*with
an elbow*) gomitata *f* 2.(*in boxing*) jab *m inv*
II. <-bb-> *vt* **to** ~ **a needle into sth** conficcare un ago in qc; **to** ~ **a finger at sth** indicare
qc con un dito; **to** ~ **sb in the eye with sth**
colpire qu in un occhio con qc III. <-bb-> *vi* **to
~ at sb/sth** (**with sth**) colpire qu/qc (con qc)
jabber [ˈdʒæ·bɚ] *vi, vt* farfugliare
jabbering *n* chiacchierio *m*
jack [dʒæk] *n* 1. AUTO cric *m inv* 2.(*in cards*)
jack *m inv*, fante *m* 3. *sl* (*anything*) **you don't
know ~!** tu non sai un accidenti!
◆**jack off** *vi vulg* farsi una sega
◆**jack up** *vt* 1.(*object*) sollevare 2. *inf*
(*prices*) aumentare
jackal [ˈdʒæ·kəl] *n* 1. ZOOL sciacallo *m* 2. *pej,
inf* (*person*) sciacallo *m*
jackass [ˈdʒæ·kæs] *n* 1. ZOOL asino *m* 2. *pej, inf*
(*idiot*) somaro, -a *m*, *f*
jackboot [ˈdʒæk·buːt] *n* stivale *m*, *militare in
pelle*
jackdaw [ˈdʒæk·dɑː] *n* taccola *f*
jacket [ˈdʒæ·kɪt] *n* 1.(*short coat*) giacca *f*
2.(*of a book*) sovraccoperta *f*; (*of a record*)
copertina *f*

jacket potato *n* patata *f* al forno (*cotta intera
con la buccia*)
jack-in-the-box [ˈdʒæ·kɪn·ðə·bɑːks] <-xes>
n pupazzo *m* a molla che fuoriesce aprendo
una scatola
jackknife [ˈdʒæk·naɪf] I. *n* 1.(*knife*) coltello *m*
a serramanico 2.(*dive*) tuffo *m* avanti carpiato
II. *vi* ripiegarsi su se stesso
jack-o'-lantern [ˈdʒæ·kə·ˌlæn·t̮ɚn] *n lanterna
fatta con una zucca vuota*
jackpot [ˈdʒæk·pɑːt] *n* monte *m* premi ▶ **to hit
the** ~ *inf* avere un colpo di fortuna
Jacuzzi® [dʒə·ˈkuː·zi] *n* vasca *f* idromassaggio
jade [dʒeɪd] *n* 1.(*precious green stone*)
giada *f* 2.(*color*) verde *m* giada
jaded [ˈdʒeɪ·dɪd] *adj* **to be** ~ **with sth** essere
stufo, -a di qc
jagged [ˈdʒæ·gɪd] *adj* (*coastline, rocks*) frastagliato, -a; (*cut, tear*) dentellato, -a
jaggy [ˈdʒæ·gi] <-ier, -iest> *adj* irregolare
jaguar [ˈdʒæg·wɑːr] *n* giaguaro *m*
jail [dʒeɪl] I. *n* carcere *m*, prigione *f*; **to be in** ~
(**for sth**) essere in carcere (per qc); **to put sb
in** ~ mettere qu in carcere II. *vt* incarcerare;
she was ~**ed for life** è stato condannato al
carcere a vita
jailbird [ˈdʒeɪl·bɜːrd] *n inf* avanzo *m* di galera

jailbreak *n* evasione *f*
jailer *n*, **jailor** ['dʒeɪ·lə·] *n* carceriere, -a *m, f*
jalopy [dʒə·'lɑː·pi] *n inf* macinino *m*
jam¹ [dʒæm] *n* CULIN marmellata *f*
jam² [dʒæm] I. *n* 1. *inf* (*awkward situation*)
pasticcio *m;* **to get into a ~** cacciarsi in un pasticcio 2. (*blockage*) **traffic ~** ingorgo *m* stradale; **paper ~** COMPUT inceppamento *m* carta II. <-mm-> *vt* 1. (*cause to become stuck*) far inceppare; (*door*) bloccare; **to ~ sth into sth** ficcare qc in qc 2. (*a wheel*) bloccare 3. RADIO disturbare con interferenze III. <-mm-> *vi* 1. (*become stuck*) bloccarsi; (*rifle*) incepparsi 2. (*play music*) improvvisare
Jamaica [dʒə·'meɪ·kə] *n* Giamaica *f*
Jamaican I. *adj* giamaicano, -a II. *n* giamaicano, -a *m, f*
jamb [dʒæm] *n* montante *m*
jamboree [ˌdʒæm·bə·'riː] *n* 1. (*celebration*) kermesse *f inv* 2. (*scouts' meeting*) jamboree *m inv* (*raduno internazionale degli scout*)
jammies ['dʒæ·miːz] *npl inf* pigiama *m*
jammy ['dʒæ·mi] <-ier, -iest> *adj* coperto, -a di marmellata
jam-packed [ˌdʒæm·'pækt] *adj inf* **to be ~** (**with sth**) essere stracolmo, -a (di qc); **the streets were ~ with people** le strade erano piene zeppe di gente
jam session *n inf* jam session *f inv*
Jane Doe *n* soggetto *m* da identificare
jangle ['dʒæŋ·ɡl] I. *vt* (*coins, keys*) far tintinnare; **to ~ sb's nerves** far saltare i nervi di qu II. *vi* tintinnare; **to make sb's nerves ~** far saltare i nervi a qu III. *n* (*of coins, keys*) tintinnio *m*
janitor ['dʒæ·nə·tə·] *n* (*in school*) bidello, -a *m, f*
January ['dʒæn·ju·e·ri] <-ies> *n* gennaio *m; s.a.* **April**
Jap [dʒæp] *abbr of* **Japanese** I. *n pej, inf* giapponese *mf* II. *adj pej, inf* giapponese
japan [dʒə·'pæn] *n* lacca *f* giapponese
Japan [dʒə·'pæn] *n* Giappone *m*
Japanese [ˌdʒæ·pə·'niːz] I. *adj* giapponese II. *n* 1. (*person*) giapponese *mf* 2. LING giapponese *m*
jar¹ [dʒɑːr] *n* barattolo *m*
jar² [dʒɑːr] I. <-rr-> *vt* (*shake*) scuotere II. <-rr-> *vi* 1. (*cause unpleasant feelings*) **to ~ on sb's nerves** dare ai nervi a qu 2. (*make unpleasant sound*) stridere 3. (*clash: colors, design*) stonare; **to ~ on the eye** essere un pugno in un occhio III. *n* 1. (*shake*) scossa *f* 2. (*shock*) colpo *m*
jargon ['dʒɑːr·ɡən] *n* gergo *m*
jasmine ['dʒæs·mɪn] *n* gelsomino *m*
jaundice ['dʒɑː·n·dɪs] *n* MED itterizia *f*
jaundiced ['dʒɑː·n·dɪst] *adj* 1. MED itterico, -a 2. (*bitter*) cinico, -a; **to look on sth with a ~ eye** guardare qc con occhio cinico
jaunt [dʒɑːnt] *n* gita *f;* **to go on a ~** andare a fare una gita

jaunty ['dʒɑː·n·ti] <-ier, -iest> *adj* (*smile, air*) sbarazzino, -a; **~ step** passo *m* disinvolto
Java ['dʒɑː·və] *n* Giava *f*
java ['dʒɑː·və] *n inf* caffè *m*
javelin ['dʒæv·lɪn] *n* 1. (*spear*) giavellotto *m* 2. (*competition*) lancio *m* del giavellotto
jaw [dʒɑː] I. *n* 1. ANAT mascella *f* 2. *pl, a. fig* fauci *fpl* 3. *pl* TECH ganasce *fpl* II. *vi inf* chiacchierare; **to ~ away at sb** dare una lavata di capo a qu
jawbone ['dʒɑː·bəʊn] *n* mandibola *f*
jawbreaker ['dʒɑː·breɪ·kə] *n* 1. (*sweet*) caramella *f* spaccadenti 2. *inf* (*tongue twister*) scioglilingua *m inv*
jay [dʒeɪ] *n* ghiandaia *f*
jaywalk ['dʒeɪ·wɑːk] *vi* attraversare la strada *senza prestare attenzione*
jaywalker ['dʒeɪ·wɑː·kə·] *n* pedone *m* indisciplinato
jaywalking *n* attraversare la strada senza prestare attenzione
jazz [dʒæz] *n* jazz *m inv;* **~ band** orchestra *f* jazz; **~ club** locale *m* jazz ▸ **and all that ~** *inf* e compagnia bella
  ◆ **jazz up** *vt inf* (*party*) vivacizzare; (*dress*) ravvivare
jazzy ['dʒæ·zi] <-ier, -iest> *adj* 1. MUS jazzato, -a 2. *inf* (*flashy*) chiassoso, -a
jealous ['dʒe·ləs] *adj* 1. (*envious*) invidioso, -a; **to be ~ of sb** essere invidioso di qu 2. (*of unfaithfulness*) geloso, -a; **to feel/be ~** diventare/essere geloso; **a ~ rage** un attacco di gelosia 3. (*fiercely protective*) geloso, -a; **to be ~ of sth** essere geloso di qc
jealousy ['dʒe·lə·si] <-ies> *n* 1. (*possessiveness*) gelosia *f;* **to be consumed by ~** essere consumato dalla gelosia 2. (*envy*) invidia *f*
jeans [dʒiːnz] *npl* jeans *mpl;* **a pair of ~** un paio di jeans
jeep [dʒiːp] *n* jeep *m inv*
jeer [dʒɪr] I. *vt* sbeffeggiare II. *vi* dire con tono di scherno; **to ~ at sb** sbeffeggiare qu III. *n* scherno *m*
jeez [dʒiːz] *interj inf* (*expressing surprise*) Gesù; (*expressing annoyance*) Cristo
Jehovah [dʒɪ·'hoʊ·və] *n* Geova; **~'s Witness** testimone *mf* di Geova
jell [dʒel] *vi s.* **gel**
jellied ['dʒe·lid] *adj* in gelatina
Jell-O® ['dʒe·loʊ] *n* budino *m* di frutta in gelatina
jelly ['dʒe·li] <-ies> *n* 1. (*soft transparent substance*) gelatina *f* 2. (*jam*) marmellata *f* ▸ **my legs** **turned** **to ~** *inf* mi sentii mancare le gambe
jellybean *n* gelatina *f* alla frutta (*caramella*)
jellyfish <-es> *n* medusa *f*
jeopardize ['dʒe·pə·daɪz] *vt* mettere a repentaglio
jeopardy ['dʒe·pə·di] *n* pericolo *m;* **to put sth in ~** mettere qc in pericolo
jerk [dʒɜːrk] I. *n* 1. (*jolt*) scossone *m;* **with a ~** di soprassalto 2. (*movement*) strattone *m;* **to**

J

give sth a ~ dare una strattonata a qc **3.** *pej, inf* (*person*) cretino, -a *m, f;* **to feel like such a ~** sentirsi un imbecille **II.** *vi* muoversi a scatti; **to ~ to a halt** fermarsi con un sobbalzo **III.** *vt* **1.** (*shake*) scuotere **2.** (*pull*) tirare bruscamente

◆ **jerk off** *vi vulg* farsi una sega

jerkin ['dʒɜː·kɪn] *n* farsetto *m*

jerky¹ ['dʒɜː·ki] <-ier, -iest> *adj* (*not smooth: ride*) con sobbalzi continui

jerky² ['dʒɜː·ki] *n* **beef ~** carne di manzo essiccata

jersey ['dʒɜː·zi] *n* **1.** (*garment*) maglione *m* **2.** (*sports shirt*) maglietta *f* **3.** (*cloth*) jersey *m inv* **4.** (*type of cow*) mucca *f* Jersey

jest [dʒest] **I.** *n form* scherzo *m;* **to say sth in ~** dire qc per scherzo ▶ **many a true word is spoken in ~** *prov* burlando si dice il vero *prov* **II.** *vi form* scherzare; **to ~ about sth** scherzare su qc

jester ['dʒes·tə] *n* HIST buffone *m*

jesting I. *n* scherzo *m* **II.** *adj* scherzoso, -a

Jesuit ['dʒez·ju·ɪt] **I.** *n* gesuita *mf* **II.** *adj* gesuitico, -a

Jesus ['dʒiː·zəs] **I.** Gesù **II.** *interj inf* Gesù!

Jesus Christ I. *n* Gesù Cristo *m* **II.** *interj inf* Gesù Cristo

jet¹ [dʒet] **I.** *n* **1.** (*aircraft*) jet *m inv* **2.** (*stream*) getto *m* **3.** (*nozzle*) ugello *m* **II.** <-tt-> *vi* viaggiare in aereo; **to ~ off** andare in aereo

jet² [dʒet] *n* (*stone*) giaietto *m*

jet-black *adj* corvino, -a; **~ eyes/hair** occhi/ capelli corvini

jet engine *n* motore *m* a reazione

jet fighter *n* caccia *f* a reazione

jetfoil *n* aliscafo *m*

jet lag *n* jet lag *m inv*

jetliner *n* jet *m inv*

jet plane *n* jet *m inv*

jet-propelled *adj* a reazione

jet propulsion *n* propulsione *f* a reazione

jetsam ['dʒet·səm] *n s.* flotsam

jet set *n inf* **the ~** il jet-set

Jet Ski® **I.** *n* acquascooter *m inv,* moto *f* d'acqua **II.** *vi* andare in acquascooter

jet stream *n* corrente *f* a getto

jettison ['dʒe·tə·sən] *vt* **1.** NAUT buttare in mare **2.** (*get rid of: person*) mandar via; (*plan*) abbandonare

jetty ['dʒe·t̬i] *n* imbarcadero *m*

Jew [dʒuː] *n* ebreo, -a *m, f*

jewel ['dʒuː·əl] *n* **1.** *a. fig* (*piece of jewelry*) gioiello *m;* (*precious stone*) pietra *f* preziosa **2.** (*watch part*) rubino *m*

jeweler ['dʒuː·ə·lə] *n,* **jeweller** ['dʒuː·ə·lə] *n* gioielliere, -a *m, f*

jewelry ['dʒuː·əl·ri] *n* gioielli *mpl;* **a piece of ~** un gioiello

Jewess ['dʒuː·ɪs] *n* ebrea *f*

Jewish ['dʒuː·ɪʃ] *adj* (*person*) ebreo, -a; (*law*) ebraico, -a

Jewry ['dʒuː·ri] *n form* gli ebrei *mpl*

Jew's harp *n* scacciapensieri *m inv*

jib¹ [dʒɪb] *n* (*sail*) fiocco *m*

jib² [dʒɪb] *n* (*of a crane*) braccio *m*

jibe [dʒaɪb] *vi inf* (*agree*) combaciare

jiffy ['dʒɪ·fi] *n inf* **in a ~** in un batter d'occhi

jig [dʒɪg] **I.** <-gg-> *vi* **1.** (*dance a jig*) ballare una giga **2.** (*move around*) saltellare **II.** *n* **1.** (*dance*) giga *f* **2.** TECH (*device*) maschera *f* di montaggio

jigger ['dʒɪ·gə] *n* jigger *m inv* (*unità di misura usata per dosare gli alcolici*)

jiggle ['dʒɪ·gl] **I.** *vt* muovere; **to ~ sth about** scuotere qc **II.** *vi* muoversi **III.** *n* scrollata *f*

jigsaw ['dʒɪg·sɑː] *n* seghetto *m* da traforo

jigsaw puzzle *n* puzzle *m inv*

jilt [dʒɪlt] *vt* piantare

Jim Crow [ˌdʒɪm·'kroʊ] *n pej* razzismo *m*

jimmy ['dʒɪ·mi] **I.** *n* piede *m* di porco **II.** *vt* scassinare

jingle ['dʒɪŋ·gl] **I.** *vt* far tintinnare **II.** *vi* tintinnare **III.** *n* **1.** (*noise*) tintinnio *m* **2.** (*in advertisements*) jingle *m inv*

jingoism ['dʒɪŋ·goʊ·ɪ·zəm] *n pej* sciovinismo *m*

jingoistic [ˌdʒɪŋ·goʊ·ɪs·tɪk] *adj pej* sciovinista

jinx [dʒɪŋks] **I.** *vt* portare iella a **II.** *n* malocchio *m;* **to put a ~ on sb/sth** gettare il malocchio su qu/qc

jitterbug ['dʒɪ·tə·bʌg] **I.** *n* **1.** (*dance*) jitterbug *m* (*ballo di coppia popolare negli Stati Uniti negli anni trenta e quaranta*) **2.** (*nervous person*) persona *f* nervosa **II.** <-gg-> *vi* ballare il jitterbug

jitters ['dʒɪ·tə(r)z] *npl inf* (*nervousness*) nervosismo *m;* **he got the ~** gli è venuta fifa

jittery ['dʒɪ·tə·ri] <-ier, -iest> *adj inf* nervoso, -a; **he felt ~** aveva la tremarella; **he got ~** gli è venuta fifa

jiujitsu [ˌdʒuː·'dʒɪt·suː] *n s.* jujitsu

jive [dʒaɪv] **I.** *n* (*dance*) jive *m inv* (*ballo veloce in voga negli anni quaranta e cinquanta*) **II.** *vi* ballare il jive

job [dʒɑːb] *n* **1.** (*piece of work, employment*) lavoro *m;* **to apply for a ~** fare domanda di lavoro **2.** (*duty*) dovere *m;* **to do one's ~** compiere il proprio dovere; **it's not her ~** non tocca a lei farlo **3.** *inf* (*robbery*) **a bank ~** un colpo in banca *m*

job description *n* descrizione *f* delle mansioni

jobholder *n* occupato, -a *m, f*

job interview *n* colloquio *m* di lavoro

jobless ['dʒɑːb·lɪs] **I.** *adj* disoccupato, -a **II.** *npl* **the ~** i disoccupati *mpl;* **~ figures** numero *m* di disoccupati

job market *n* mercato *m* del lavoro

job rating *n* (*of president, prime minister*) tasso *m* di popolarità

jobseeker *n* persona *f* che cerca lavoro

jock [dʒɑːk] *n* **1.** *sl* (*athlete*) atleta *mf* **2.** (*jockstrap*) sospensorio *m*

jockey ['dʒɑː·ki] **I.** *n* fantino, -a *m, f* **II.** *vi* **to ~ for sth** competere per qc; **to ~ for position** lottare per ottenere il miglior piazzamento

jockstrap *n* sospensorio *m*

jocose [dʒoʊˈkoʊs] *adj form* giocoso, -a
jocular [ˈdʒɑːkjəlɚ] *adj* giocoso, -a
jocund [ˈdʒɑːkənd] *adj* giocondo, -a
jodhpurs [ˈdʒɑːdpɚz] *npl* pantaloni *mpl* da cavallerizzo
Joe Blow *n inf* uomo *m* della strada
jog [dʒɑːg] I. *n* 1.(*run*) corsa *f* lenta; **to go for a ~** andare a fare jogging 2.(*nudge*) colpetto *m;* **to give sth a ~** dare una gomitata a qc II.<-gg-> *vi* fare jogging III.<-gg-> *vt* **to ~ sb's** <u>memory</u> rinfrescare la memoria a qu
  ◆**jog along** *vi inf* (*vehicle*) procedere lentamente; (*person*) tirare avanti
jogger [ˈdʒɑːgɚ] *n* persona *f* che fa jogging
jogging [ˈdʒɑːgɪŋ] *n* jogging *m inv;* **to go (out) ~** andare a fare jogging
joggle [ˈdʒɑːgl] I. *vt* scuotere II. *n* leggera scossa *f*
john [dʒɑːn] *n inf* (*toilet*) gabinetto *m*
John Bull *n inf* John Bull *m* (*personificazione dell'inglese medio*)
John Doe *n* soggetto *m* da identificare
John Hancock *n inf* firma *f*
join [dʒɔɪn] I. *vt* 1.(*connect*) unire; **to ~ hands** prendersi per mano; **to ~ sb** (**together**) **in marriage** *form* unire qu in matrimonio 2.(*come together with sb*) unirsi a; **they'll ~ us after dinner** ci raggiungeranno dopo cena 3.(*become member of: club, society*) iscriversi a; (*army*) arruolarsi a 4.(*begin to work with*) unirsi a II. *vi* 1.(*unite*) unirsi 2.(*become member*) iscriversi 3.(*participate*) **to ~ in sth** partecipare a qc III. *n* giuntura *f*
joiner [ˈdʒɔɪnɚ] *n* falegname *m*
joinery [ˈdʒɔɪnəri] *n* falegnameria *f*
joint [dʒɔɪnt] I. *adj* (*effort, investigation, communiqué*) congiunto, -a; (*current account*) cointestato, -a II. *n* 1.ANAT articolazione *f;* **out of ~** slogato, -a; **to come out of ~** slogarsi 2.(*connection*) unione *f* 3.TECH giuntura *f* 4.*sl* (*nightclub*) locale *m* 5.*inf* (*jail*) galera *f* 6.*inf* (*marijuana*) spinello *m*
jointed *adj* (*doll*) snodabile; (*rod*) smontabile
joint effort *n* sforzo *m* congiunto
jointly *adv* congiuntamente
joint ownership *n* comproprietà *f*
joint stock *n* capitale *m* sociale
joint-stock company *n* società *f* per azioni
joint venture *n* joint venture *f inv*
joist [dʒɔɪst] *n* trave *f*
joke [dʒoʊk] I. *n* 1.(*amusing story*) barzelletta *f;* (*trick, remark*) scherzo *m;* **to play a ~ on sb** fare uno scherzo a qu; **to not be able to take a ~** non saper stare allo scherzo; **to do sth as a ~** fare qc per scherzo 2.*inf* (*easy thing*) **to be no ~** non essere uno scherzo 3.*inf* (*ridiculous thing*) cosa *f* ridicola; (*ridiculous person*) zimbello *m;* **what a ~!** questa sì che è bella! ▶**the ~ was** <u>on</u> **me** sono passato io per fesso *inf* II. *vi* scherzare; **to ~ about sth** scherzare su qc; **you must be joking!** stai scherzando?
joker [ˈdʒoʊkɚ] *n* 1.(*one who jokes*) burlone,

-a *m, f* 2.*inf* (*annoying person*) idiota *mf* 3.(*playing card*) jolly *m inv* ▶**to be the ~ in the** <u>pack</u> essere la grande incognita
joking I. *adj* scherzoso, -a II. *n* scherzi *mpl*
jokingly *adv* scherzosamente
jolly [ˈdʒɑːli] I.<-ier, -iest> *adj* 1.(*happy: tune*) allegro, -a 2.(*enjoyable*) **we're having a ~ time** ci stiamo divertendo molto II. *npl a.* *vulg* (*amusement*) **to get one's jollies** divertirsi
jolt [dʒoʊlt] I. *n* 1.(*sudden jerk*) sobbalzo *m* 2.(*shock*) colpo *m* II. *vt a.* fig scuotere III. *vi* (*vehicle*) sobbalzare
Jordan [ˈdʒɔːrdn] *n* 1.(*country*) Giordania *f* 2.(*river*) Giordano *m*
Jordanian [dʒɔːrˈdeɪniən] I. *adj* giordano, -a II. *n* giordano, -a *m, f*
josh [dʒɑːʃ] I. *vt inf* prendere in giro II. *vi* scherzare
jostle [ˈdʒɑːsl] I. *vt* spingere II. *vi* 1.(*push*) spintonare 2.(*compete*) **to ~ for position** contendersi il primato
jot [dʒɑːt] I.<-tt-> *vt* **to ~ sth down** annotare qc II. *n* **there's not a ~ of truth in it** non c'è un briciolo di verità
jottings *npl* appunti *mpl*
joule [dʒuːl] *n* PHYS joule *m*
journal [ˈdʒɜːrnəl] *n* 1.(*periodical*) rivista *f* (specializzata) 2.(*diary*) diario *m*
journalism [ˈdʒɜːrnlɪzəm] *n* giornalismo *m*
journalist [ˈdʒɜːrnlɪst] *n* giornalista *mf*
journalistic [ˌdʒɜːrnəˈlɪstɪk] *adj* giornalistico, -a
journey [ˈdʒɜːrni] I. *n* viaggio *m* II. *vi* *liter* viaggiare
journeyman [ˈdʒɜːrnimən] <-men> *n* operaio, -a specializzato, -a *m*
joust [dʒaʊst] I. *vi* giostrare II. *n* giostra *f*
jovial [ˈdʒoʊviəl] *adj* gioviale
joviality [ˌdʒoʊvɪˈæləti] *n* giovialità *f*
jowl [dʒaʊl] *n* mascella *f*
joy [dʒɔɪ] *n* gioia *f;* **to jump for ~** fare salti di gioia
joyful [ˈdʒɔɪfəl] *adj* gioioso, -a
joyless [ˈdʒɔɪləs] *adj* (*marriage*) infelice; (*expression*) triste
joyous [ˈdʒɔɪəs] *adj liter* gioioso, -a
joy ride [ˈdʒɔɪraɪd] *n* giro *m* in un auto rubata
joystick [ˈdʒɔɪstɪk] *n* 1.AVIAT cloche *f inv* 2.COMPUT joystick *m inv*
JPEG [ˈdʒeɪˌpeg] *n* COMPUT immagine *f* JPEG
Jr., jr. *abbr of* **Junior** jr.
jubilant [ˈdʒuːbɪlənt] *adj* giubilante
jubilation [ˌdʒuːbɪˈleɪʃən] *n* giubilo *m*
jubilee [ˈdʒuːbɪliː] *n* 1.(*anniversary*) anniversario *m* 2.REL giubileo *m*
Judaism [ˈdʒuːdeɪɪzəm] *n* giudaismo *m*
Judas [ˈdʒuːdəs] *n* Giuda *m inv*
judge [dʒʌdʒ] I. *n* 1.LAW giudice *mf* 2.(*referee*) giudice *mf* di gara; (*in a jury*) membro *m* della giuria; **panel of ~s** giuria *f* II. *vi a.* LAW giudicare III. *vt* 1. *a.* LAW giudicare; (*question*) decidere; (*assess*) valutare; (*consider*) consi-

derare; **to ~ that** ... ritenere che... **2.** (*as a referee*) fare da arbitro in; (*in a jury*) fare da giudice in

judg(e)ment ['dʒʌdʒ·mənt] *n* **1.** LAW sentenza *f* **2.** (*opinion*) giudizio *m* **3.** (*discernment*) (capacità *f* di) giudizio

judgmental [dʒʌdʒ·'men·t̬əl] *adj* sentenzioso, -a

judicature ['dʒu:·dɪ·kə·tʃɚ] *n* ordinamento *m* giudiziario

judicial [dʒu:·'dɪ·ʃl] *adj* (*system, enquiry*) giudiziario, -a

judiciary [dʒu:·'dɪ·ʃie·ri] *n form* **the ~** (*branch of government*) il potere giudiziario; (*judges*) la magistratura

judicious [dʒu:·'dɪ·ʃəs] *adj form* giudizioso, -a

judo ['dʒu:·doʊ] *n* judo *m inv*

jug [dʒʌg] *n* **1.** (*container*) caraffa *f*; (*small: for milk, cream*) bricco *m* **2.** *pl vulg* (*breasts*) tette *fpl*

juggernaut ['dʒʌ·gɚ·nɑːt] *n* mostro *m*; **a ~ of industry** un gigante dell'industria

juggle ['dʒʌ·gl] **I.** *vi* giocolare; *fig* giocare **II.** *vt* giocolare con; *fig* (*do many things at once*) destreggiarsi fra; (*figures*) manipolare

juggler *n* giocoliere, -a *m, f*

jugular ['dʒʌg·jə·lɚ] *n* (vena *f*) giugulare ▸ **to go for the ~** *inf* pungere sul vivo

jugular vein *n* vena *f* giugulare

juice [dʒu:s] *n* **1.** (*drink*) succo *m* **2.** (*of meat*) succo *m* **3.** *inf* (*electricity*) corrente *f*; (*fuel*) benzina *f* ▸ **to stew in one's own ~** cuocersi nel proprio brodo

juiced *adj sl* bevuto, -a

juicy ['dʒu:·si] <-ier, -iest> *adj* **1.** (*fruit, steak*) succoso, -a **2.** *inf* (*profit*) sostanzioso, -a; (*role*) interessante **3.** *inf* (*details*) piccante

jujitsu [ˌdʒu:·'dʒɪt·su:] *n* jujitsu *m inv*

jukebox ['dʒu:k·bɑːks] *n* jukebox *m inv*

julep ['dʒu:·ləp] *n* (*drink*) julep *m inv, bevanda alla menta*

July [dʒu:·'laɪ] *n* luglio *m; s.a.* **April**

jumble ['dʒʌm·bl] **I.** *n* guazzabuglio *m* **II.** *vt* mescolare

jumbo ['dʒʌm·boʊ] **I.** *adj* gigante *m* **II.** *n inf* jumbo jet *m inv*

jumbo jet *n* jumbo jet *m inv*

jump [dʒʌmp] **I.** *vi* **1.** (*leap*) saltare; **to ~ up and down** saltare su e giù **2.** (*skip*) saltare alla corda; **to ~ for joy** fare salti di gioia **3.** (*jerk*) trasalire **4.** (*increase suddenly*) salire di colpo ▸ **go ~ in the lake!** *inf* va a farti friggere! **II.** *vt* **1.** (*leap across or over*) saltare **2.** (*attack*) saltare addosso a **3.** (*disregard*) saltare ▸ **to ~ the gun** agire impulsivamente **III.** *n* **1.** (*leap*) salto *m* **2.** (*hurdle*) ostacolo *m*

◆**jump about** *vi* saltellare qua e là

◆**jump at** *vt* (*an opportunity, an offer*) cogliere al volo

◆**jump down** *vi* saltare giù

◆**jump in** *vi* saltare dentro

◆**jump on** *vt* (*criticize*) rimproverare

◆**jump up** *vi* scattare in piedi

jumper ['dʒʌm·pɚ] *n* **1.** (*person, animal*) saltatore, -trice *m, f* **2.** (*dress*) maglione *m*

jumper cables *npl* AUTO cavi *mpl* con morsetti, *per batterie*

jump jet *n* aereo *m* a decollo verticale

jump-start *vt* **1.** AUTO far partire (*facendo ponte con i cavi*) **2.** *inf* (*reinvigorate: a career*) rinvigorire

jumpsuit *n* **1.** (*for parachutist*) tuta *f* da lancio **2.** FASHION tuta *f* intera

jumpy ['dʒʌm·pi] <-ier, -iest> *adj inf* nervoso, -a

junction ['dʒʌŋ·kʃən] *n* incrocio *m*

juncture ['dʒʌŋ·ktʃɚ] *n form* congiuntura *f*; **at this ~** in questo frangente

June [dʒu:n] *n* giugno *m; s.a.* **April**

jungle ['dʒʌŋ·gl] *n a. fig* giungla *f*

junior ['dʒu:n·jɚ] **I.** *adj* **1.** (*younger*) più giovane **2.** SPORTS juniores **3.** (*lower in rank*) subalterno, -a; (*partner*) più giovane **II.** *n* **1.** (*younger person*) **he is five years my ~** è più giovane di me di cinque anni **2.** (*low-ranking person*) subalterno, -a *m, f* **3.** UNIV, SCHOOL negli USA, studente del penultimo anno di scuola superiore o università

junior college *n* negli USA, scuola che offre i primi due anni di un corso di studi universitario

junior high school *n* negli USA, scuola per studenti dai 12 ai 15 anni

juniper ['dʒu:·nɪ·pɚ] *n* ginepro *m*

junk[1] [dʒʌŋk] **I.** *n* **1.** (*objects of no value*) cianfrusaglie *fpl* **2.** *sl* (*heroin*) eroina *f* **II.** *vt inf* sbarazzarsi di

junk[2] [dʒʌŋk] *n* (*boat*) giunca *f*

junk bond *n* obbligazione *f* ad alto rischio

junk food *n* porcherie *fpl*

junkie ['dʒʌŋ·ki] *n* **1.** *sl* (*addict*) tossico, -a *m, f* **2.** *inf* (*fanatic*) fanatico, -a *m, f*

junk mail *n* posta *f* spazzatura

junkyard *n* deposito *m* di robivecchi

junta ['hʊn·tə] *n* governo *m* dittatoriale; (**military ~**) giunta *f* militare

Jupiter ['dʒu:·pɪ·tɚ] *n* Giove *m*

juridical [dʒʊ·'rɪ·dɪ·kəl] *adj* giuridico, -a

jurisdiction [ˌdʒʊ·rɪs·'dɪk·ʃən] *n* giurisdizione *f*; **to have ~ in sth** avere giurisdizione su qc

jurisprudence [ˌdʒʊ·rɪs·'pru:·dənts] *n* giurisprudenza *f*

jurist ['dʒʊ·rɪst] *n* giurista *mf*

juror ['dʒʊ·rɚ] *n* giurato, -a *m, f*

jury ['dʒʊ·ri] *n* giuria *f*

jury-rig *vt* realizzare con mezzi di fortuna

just [dʒʌst] **I.** *adv* **1.** (*very soon*) subito; **we're ~ about to leave** stiamo per partire **2.** (*now*) giusto; **to be ~ doing sth** stare giusto facendo qc **3.** (*very recently*) appena; **~ after 10 o'clock** subito dopo le 10; **she's ~ turned 15** ha appena compiuto 15 anni **4.** (*exactly, equally*) proprio; **~ like that** proprio così; **~ as I expected** proprio come mi aspettavo; **~ now** proprio adesso; **not ~ yet** non ancora

5. (*only*) solo; ~ **a minute** aspetta un attimo **6.** (*simply*) soltanto; ~ **in case it rains** in caso piovesse **7.** (*barely*) ~ (**about**), (**only**) ~ appena; **we** (**only**) ~ **caught the bus** abbiamo fatto appena in tempo a prendere l'autobus; ~ **in time** appena in tempo **8.** (*very*) proprio; **you look** ~ **wonderful!** sei semplicemente fantastica! **9.** ~ **about** (*nearly*) quasi **10. it's** ~ **as well that ...** tanto vale che... ▶ ~ **my** <u>luck!</u> tutte a me! **II.** *adj* (*fair*) giusto, -a ▶ **to get one's** ~ <u>deserts</u> avere quel che uno si merita

justice ['dʒʌs·tɪs] *n* **1.** giustizia *f;* **to bring sb to** ~ assicurare qu alla giustizia **2.** (*judge*) giu dice *mf*

Justice of the Peace *n* giudice *mf* di pace

justifiable [ˌdʒʌs·tə·'faɪ·ə·bl] *adj* giustificabile

justification [ˌdʒʌs·tə·fɪ·'keɪ·ʃən] *n* giustificazione *f*

justify ['dʒʌs·tɪ·faɪ] *vt* giustificare; **to** ~ **oneself** giustificarsi; **to** ~ **oneself to sb** giustificarsi con qu

justly ['dʒʌs·tli] *adv* giustamente

jut [dʒʌt] <-tt-> *vi* **to** ~ **out** sporgere

jute [dʒuːt] *n* iuta *f*

juvenile ['dʒuː·vən·aɪl] *adj* **1.** *form* (*young*) giovanile **2.** *pej* (*childish*) infantile

juvenile court *n* tribunale *m* dei minori

juvenile delinquency *n* criminalità *f* minorile

juvenile delinquent *n* delinquente *mf* minorenne

juxtapose ['dʒʌks·tə·pouz] *vt* giustapporre

juxtaposition [ˌdʒʌks·tə·pə·'zɪ·ʃən] *n* giustapposizione *f*

Kk

K, k [keɪ] *n* K, k *f;* ~ **as in King** K come Kursaal

K 1. COMPUT *abbr of* **kilobyte** kbyte *m* **2.** (*thousand*) **$30~** trentamila dollari

kaiser roll ['kaɪ·zɚ ˌroʊl] *n* panino tondo e croccante

kale [keɪl] *n, n* cavolo *m* riccio

kaleidoscope [kə·'laɪ·dəs·koup] *n* caleidoscopio *m*

kamik ['kɑː·mɪk] *n Can: stivale indossato dagli Inuit*

kamikaze [ˌkɑ·mɪ·'kɑː·zi] *adj* kamikaze *m inv*

kamikaze attack *n* attacco *m* kamikaze

Kampuchea [ˌkæm·pʊ·'tʃiː·ə] *n* Cambogia *f*

Kampuchean I. *adj* cambogiano, -a **II.** *n* cambogiano, -a *m, f*

kangaroo [ˌkæŋ·gə·'ruː] <-(s)> *n* canguro *m*

kangaroo court *n* tribunale *m* illegale

Kans. *n abbr of* **Kansas** Kan., Kansas *m*

kaolin ['keɪ·ə·lɪn] *n* MIN caolino *m*

Kaposi's sarcoma [kə·'pəʊ·ziz sɑːr·'kəʊ·mə] *n* MED sarcoma *m* di Kaposi

kaput [kɑː·'puːt] *adj inf* kaput; **to go** ~ finire kaput

karaoke [kæ·ri·'əʊ·ki] *n* karaoke *m inv*

karat ['ke·rət] <-(s)> *n* carato *m*

karate [kə·'rɑ·ti] *n* karate *m inv*

karate chop *n* colpo *m* di karate

karma ['kɑr·mə] *n* karma *m inv*

katydid ['keɪ·ṭi·dɪd] *n* cavalletta *f* verde

kayak ['kaɪ·æk] *n* kayak *m*

kayaking *n* **I love** ~ mi piace moltissimo andare in kayak

kazoo [kə·'zuː] *n* MUS kazoo *m inv* (*strumento musicale di origine africana*)

Kb, KB [ˌkeɪ·'biː] *n* COMPUT *abbr of* **kilobyte** kB *m*

kbyte COMPUT *abbr of* **kilobyte** kbyte *m*

kc *abbr of* **kilocycle** kc *m*

kebab [kə·'bɑb] *n* kebab *m inv*

keel [kiːl] *n* NAUT chiglia *f*

◆**keel over** *vi* (*boat*) scuffiare; (*person*) cadere a terra

keen [kiːn] **I.** *adj* **1.** (*intent, eager*) entusiasta; (*student*) appassionato, -a; **to be** ~ **to do sth** avere voglia di fare qc; **to be** ~ **on sth** essere appassionato di qc **2.** (*perceptive: intelligence*) acuto, -a; (*ear*) fine; **to have** ~ **eyesight** avere una vista acuta; **to have a** ~ **sense of smell** avere un olfatto sviluppato **3.** (*extreme*) forte; **a** ~ **interest** un vivo interesse; **to have a** ~ **appetite** avere un appetito robusto **4.** *liter* (*sharp*) affilato, -a; (*wind*) tagliente **5.** (*shrill, piercing*) penetrante **II.** *n* lamento *m* funebre **III.** *vi* piangere; **to** ~ **for sb** piangere la morte di qu

keep [kiːp] **I.** *n* **1.** (*livelihood*) sostentamento *m;* **to earn one's** ~ guadagnarsi da vivere **2.** HIST (*castle tower*) maschio *m* ▶ **for** ~**s** per sempre **II.** <kept, kept> *vt* **1.** (*have: shop*) avere; (*guesthouse*) gestire; (*animals*) allevare; (*children*) prendersi cura di **2.** (*store: silence, secret*) mantenere; ~ **my seat** tienimi il posto; ~ **the change** tenga il resto **3.** (*maintain*) tenere; **to** ~ **sb under observation** tenere qu sotto osservazione; **to** ~ **one's eyes fixed on sth/sb** non staccare gli occhi da qc/qu; **to** ~ **sb awake** tenere sveglio qu; **to** ~ **sth going** (*conversation, fire*) mantenere vivo **4.** (*detain*) **to** ~ **sb waiting** fare aspettare qu; **to** ~ **sb in prison** tenere qu in prigione; **he was kept at the hospital** è stato trattenuto in ospedale; **what kept you?** cosa ti ha trattenuto? **5.** (*guard*) **to** ~ **one's temper** mantenere la calma **6.** (*fulfill*) **to** ~ **an appointment** rispettare un appuntamento; **to** ~ **one's word** mantenere la parola (data) **7.** (*record: diary, accounts*) tenere **8.** (*person's expenses*) mantenere; **to earn enough to** ~ **oneself** guadagnare abbastanza per mantenersi; **to ~ a mistress** mantenere un'amante **9.**(*obey, respect: law*) rispettare **10.**(*remain involved*) **to ~ one's hand in** non perdere la mano ▶**to ~ one's** <u>balance</u> mantenersi in equilibrio; **to ~** <u>time</u> tenere il tempo **III.**<kept, kept> *vi* **1.** *a. fig* (*stay fresh*) conservarsi **2.**(*stay*) mantenersi; **to ~ fit** mantenersi in forma; **to ~ silent** (**about sth**) mantenere il silenzio (su qc); **to ~ to the left** tenere la sinistra; **~ quiet!** silenzio!; **~ still!** state fermi! **3.**(*continue*) **to ~ going** (*person*) andare avanti; (*machine*) continuare a funzionare; **to ~ doing sth** continuare a fare qc; **he ~s losing his keys** perde sempre le chiavi

◆**keep ahead** *vi* conservare il vantaggio; **to ~ of the others** mantenere il vantaggio sugli altri

◆**keep at I.** *vi* perseverare; **to ~ work** continuare a lavorare; **~ it!** tieni duro! **II.** *vt* **to keep sb at sth** spingere qu a continuare a fare qc

◆**keep away I.** *vi* stare alla larga; **keep medicines away from children** tenere i medicinali fuori della portata dei bambini; **he can't ~ from it** non riesce a staccarsene; **~!** non avvicinarti! **II.** *vt always sep* tenere lontano

◆**keep back I.** *vi* (*stay away*) **to ~ from sth/sb** non avvicinarsi a qc/qu **II.** *vt* **1.to ~ one's tears** trattenere le lacrime **2.**(*hide*) nascondere; **to keep the truth back from sb** nascondere la verità a qu **3.**(*retain sth*) **to keep sth back** trattenere qc; (*slow down*) tenere a freno qc

◆**keep down** *vt* **1.to keep one's voice down** non alzare la voce; **to keep prices down** contenere i prezzi **2.**(*suppress*) **to keep sb down** reprimere qu **3.**(*not vomit*) trattenere

◆**keep from I.** *vt always sep* **1.**(*prevent*) impedire; **to keep sb from doing sth** impedire a qu di fare qc **2.**(*retain information*) **to keep sth from sb** nascondere qc a qu **II.** *vi* evitare; **I couldn't ~ laughing** non ho potuto trattenermi dal ridere

◆**keep in I.** *vt* (*person*) tenere dentro; (*emotions*) trattenere; **to keep a pupil in** *trattenere un alunno a scuola per punizione* **II.** *vi* **to ~ line** stare al proprio posto; **to ~ with sb** rimanere in buoni rapporti con qu

◆**keep off I.** *vi* (*stay off*) tenersi lontano; **'~'** 'vietato avvicinarsi'; **'~ the grass'** 'vietato calpestare l'erba' **II.** *vt* **1.** tenere lontano; **to keep the rain off sth/sb** proteggere qc/qu dalla pioggia; **keep your hands off!** non toccare! **2.**(*avoid*) evitare; **to ~ a subject** non toccare un argomento

◆**keep on I.** *vi* **1.**(*continue*) continuare; **to ~ doing sth** continuare a fare qc **2.**(*pester*) **to ~ about sb/sth** non fare altro che parlare di qu/qc; **to ~ at sb** stare sempre addosso a qu **II.** *vt always sep* **1.**(*not to dismiss*) tenere **2.**(*not to get rid of*) non togliersi

◆**keep out I.** *vi* no entrare; **~!** vietato l'ingresso!; **to ~ of sth** non intromettersi in qc; **to ~ of trouble** tenersi fuori dai guai **II.** *vt* **to keep sth/sb out** (**of sth**) non far entrare qc/qu (in qc); **to keep the rain/cold out** non far passare la pioggia/il freddo

◆**keep to I.** *vt always sep* (*remain private*) **to keep sth to oneself** tenersi qc per sé; **to keep to oneself** starsene in disparte **II.** *vi* **1.**(*stay in*) **~ the right** tenere la destra; **to ~ one's bed** rimanere a letto **2.**(*respect*) **to ~ sth** rispettare qc; **to keep sb to his/her word** fare rispettare a qu la parola data

◆**keep together I.** *vt* tenere unito **II.** *vi* restare insieme; **please, ~** per favore, non allontanatevi dal gruppo

◆**keep up I.** *vt* **1.**(*trousers*) tenere su; (*ceiling*) reggere; (*prices*) tenere alto **2.**(*continue*) continuare; **to ~ the payments** rispettare i pagamenti; **~ the good work!** continua così!; **keep it up!** continua così! **3.**(*maintain*) **to ~ appearances** mantenere le apparenze; **to ~ traditions** conservare le tradizioni **4.**(*stop sb sleeping*) tenere sveglio **II.** *vi* **1.**(*prices*) mantenersi stabile; (*moral*) mantenersi alto, -a **2.**(*continue*) continuare; **the rain kept up all night** ha continuato a piovere tutta la notte **3.**(*to stay level with*) **to ~** (**with sb/sth**) stare al passo (con qu/qc); **wages are failing to ~ with inflation** i salari non riescono a stare al passo con l'inflazione; **I cannot ~ with their conversations** non riesco a seguire le loro conversazioni; **to ~ with the Joneses** *fig* non essere da meno dei propri vicini **4.**(*maintain contact with*) **to ~ with sb** mantenere i contatti con qu **5.**(*remain informed*) **to ~ with sth** tenersi aggiornato su qc; **to ~ with the times** stare al passo coi tempi

keeper ['kiː·pə˞] *n* **1.**(*in charge*) guardiano, -a *m, f;* (*museum*) curatore, -trice *m, f;* (*jail*) guardia *f* **2.** SPORTS portiere *m*

keeping ['kiː·pɪŋ] *n* **1.**(*guarding*) custodia *f;* **to leave sth/sb in sb's ~** affidare qc/qu in custodia di qu; **to leave sth/sb in safe ~** lasciare qc/qu in buone mani **2. in ~ with sth** in linea con qc; **to be out of ~ with sth** non essere adatto a qc

keepsake ['kiːp·seɪk] *n* ricordo *m*

kefir [kə·'fiːr] *n bevanda cremosa fatta con latte di mucca*

keg [keg] *n* barilotto *m*

keister ['kiːs·tə˞] *n sl* (*buttocks*) chiappe *fpl;* (*anus*) culo *m*

kelp [kelp] *n* laminaria *f* (*tipo di alga bruna*)

ken [ken] *n* **to be beyond sb's ~** andare oltre la propria comprensione

Ken. *n abbr of* **Kentucky** Ken., Kentucky *m*

kennel ['ke·nl] *n* **1.**(*doghouse*) cuccia *f* **2.** *pl* (*boarding*) pensione *f* per cani; (*breeding*) allevamento *m* di cani

Kentucky [kən·'tʌ·ki] *n* Kentucky *m*

Kenya ['ken·jə] *n* Kenya *m*

Kenyan ['ken·jən] I. *n* keniota *mf* II. *adj* keniota

Keogh plan ['ki:·oʊ plæn] *n piano di pensionamento per i lavoratori autonomi statunitensi*

kept [kept] I. *pt, pp of* **keep** II. *adj* mantenuto, -a; **a ~ woman** un'amante; **a ~ man** un gigolò

kerchief ['kɜːr·tʃɪf] *n fazzoletto per il collo o per la testa*

kernel ['kɜːr·nl] *n* 1. (*center of fruit*) mandorla *f;* (*of nut*) gheriglio *m* 2. **corn ~** chicco *m* di grano 3. (*essential part*) nocciolo *m;* **a ~ of truth** un fondo di verità

kerosene ['ke·rə·si:n] *n* cherosene *m*

kerosene heater *n* stufa *f* a cherosene

ketchup ['ke·tʃəp] *n* ketchup *m inv*

kettle ['ke·t̬l] *n* bollitore *m;* **to put the ~ on** mettere a bollire l'acqua ▶ **that's a different ~ of fish** è un altro paio di maniche; **to get into a pretty ~ of fish** cacciarsi in un bel guaio

kettledrum ['ke·t̬l·drʌm] *n* MUS timpano *m*

key[1] [ki:] I. *n* 1. (*doors*) chiave *f;* **master ~** passe-partout *m inv* 2. *a.* COMPUT tasto *m;* **caps lock ~** tasto delle maiuscole; **to hit a ~** premere un tasto 3. (*essential point*) chiave *f;* **the ~ to a mystery** la chiave di un mistero; **a ~ factor/role** un fattore/ruolo chiave 4. (*list*) legenda *f;* (*exercises*) soluzioni *fpl* 5. MUS tonalità *f;* **change of ~** cambio *m* di tonalità; **in the ~ of C major** in (tonalità di) Do maggiore; **to go off ~** stonare ▶ **to hold the ~ to sth** avere la chiave di qc II. *adj* chiave III. *vt* 1. (*type*) **to ~** (**in**) (*data*) immettere 2. (*make appropriate*) adattare

◆**key in** *vt* COMPUT (*data*) immettere

◆**key up** *vt* emozionare; **to be keyed up** essere emozionato; **to be keyed up for sth** essere agitato per qc

key[2] [ki:] *n* (*island*) isolotto *m*

keyboard ['ki:·bɔːrd] I. *n* tastiera *f* II. *vi* digitare III. *vt* (*data*) immettere

keyboarding *n* digitazione *f*

keyboard instrument *n* strumento *m* a tastiera

keycard *n* keycard *f inv*

keyhole ['ki:·hoʊl] *n* buco *m* della serratura

key money *n* cauzione *f;* **as ~** a titolo cauzionale

keynote ['ki:·noʊt] *n* 1. MUS dominante *f* 2. (*central idea*) idea *f* fondamentale; **to be the ~ of sth** essere la nota dominante di qc *fig*

keynote address *n* discorso *m* principale

keynoter *n* oratore , -trice *m, f* principale

keynote speech *n* discorso *m* principale

keypad ['ki:·pæd] *n* COMPUT tastiera *f*

key ring *n* portachiavi *m inv*

keystone *n a.* ARCHIT (*center stone*) chiave *f* di volta

keystroke *n* battuta *f* di tasto

keyword *n* parola *f* chiave

kg *abbr of* **kilogram** kg

khaki ['kæ:·ki] I. *n* (*color*) cachi *m;* (*cloth*) tessuto *m* cachi; **~s** pantaloni *mpl* di tessuto cachi II. *adj* cachi

kHz *n abbr of* **kilohertz** KHz

KIA *adj abbr of* **killed in action** ucciso, -a in azione

kibble ['kɪ·bl] *n* croccantini *mpl*

kibbutz [kɪ·'bʊts] *n* kibbutz *m inv*

kibosh ['kaɪ·bɑːʃ] *n* **to put the ~ on sth** mettere fine a qc

kick [kɪk] I. *n* 1. (*of person, horse*) calcio *m;* (*in football*) tiro *m;* (*in swimming*) battuta *f* delle gambe 2. (*exciting feeling*) piacere *m;* **to do sth for ~s** fare qc per divertimento; **to get a ~ out of sth** trarre un immenso piacere da qc; **this drink has a ~ to it** questa bevanda ti stende 3. (*craze*) **he is on an exercise ~ at the moment** adesso ha la fissa della ginnastica 4. (*gun jerk*) rinculo *m* ▶ **a ~ in the teeth** un calcio sui denti II. *vt* 1. dare un calcio a; **to ~ sth open** aprire qc con un calcio; **to ~ a ball** dare un calcio a una palla; **to ~ oneself** *fig* prendersi a schiaffi da solo 2. (*stop*) smettere; **to ~ a habit** perdere un vizio III. *vi* 1. (*person*) dare un calcio; (*horse*) scalciare; SPORTS tirare un calcio 2. (*gun*) rinculare 3. (*complain*) protestare; **to ~ about sth** lamentarsi di qc; **to ~ against sth** opporsi a qc 4. **to be alive and ~ing** *inf* essere vivo e vegeto

◆**kick about, kick around** I. *vi inf* (*hang about*) gironzolare; (*thing*) rotolare II. *vt* 1. (*a ball*) palleggiare 2. (*treat badly*) maltrattare

◆**kick against** *vt insep* ribellarsi a

◆**kick around** *vt inf* 1. (*treat badly*) prendere a calci 2. (*ponder: idea*) esaminare 3. *insep* (*person*) andarsene in giro; (*object*) essere in giro da qualche parte

◆**kick at** *vt* prendere a calci

◆**kick away** *vt* allontanare con un calcio

◆**kick back** I. *vt* (*football*) restituire II. *vi inf* 1. (*recoil: gun*) rinculare 2. *inf* (*relax*) rilassarsi 3. *sl* (*give a kickback*) corrompere

◆**kick in** *vt* sfondare a calci; **to kick sb's teeth in** spaccare la faccia a qu

◆**kick off** I. *vi* (*begin*) cominciare; (*in football*) battere il calcio d'inizio II. *vt* togliersi con un calcio

◆**kick out** I. *vt* **to kick sb out** cacciare via qu a pedate *inf;* **he was kicked out of the party** lo hanno buttato fuori a calci dalla festa II. *vi* (*person, horse*) tirare calci

◆**kick over** *vi* **to ~ the traces** perdere ogni controllo

◆**kick up** *vt* **to ~ dust** *a. fig* sollevare polvere; **to ~ a fuss/row** piantare un casino ▶ **to ~ one's heels** darsi alla pazza gioia

◆**kick upstairs** *vt* promuovere (*allo scopo di sbarazzarsi di una persona*)

kickback ['kɪk·bæk] *n inf* bustarella *f*

kicker ['kɪ·kɚ] *n* 1. (*person who kicks*) tiratore, -trice *m, f* 2. *fig* **to be a ~** avere coraggio 3. (*surprise*) **it was a real ~ for me** mi lasciò di stucco *inf* 4. (*sth disadvantageous*) tranello *m*

K

K

kickoff ['kɪ·kɑːf] *n* **1.** SPORTS calcio *m* d'inizio **2.** *inf* (*beginning*) inizio *m*

kick starter *n* AUTO pedale *m* d'avviamento

kid [kɪd] **I.** *n* **1.** (*child*) bambino, -a *m, f;* (*young person*) ragazzo, -a *m, f;* ~ **brother** fratello *m* piccolo; **as a** ~ ... da ragazzo...; *sl* (*term of address*) ragazzo, -a *m, f* **2.** ZOOL (*young goat*) capretto *m* **3.** (*goat leather*) capretto *m* ▶ **to treat sb with** ~ **gloves** trattare qu con i guanti (bianchi); **that's** ~'**s** **stuff** è roba da bambini *inf* **II.** <-dd-> *vi* scherzare; **are you** ~**ding?** stai scherzando?; **just** ~**ding** stavo scherzando; **no** ~**ding!** davvero! **III.** *vt* **to** ~ **sb** (*about sth*) prendere in giro qu (per qc) **IV.** *vr* **to** ~ **oneself that** ... illudersi che...; **stop** ~**ding yourself!** smettila di illuderti!

kiddie *n,* **kiddy** ['kɪ·di] *n inf* bimbo, -a *m, f*

kiddie pool *n* piscina *f* per bambini

kidnap ['kɪd·næp] **I.** <-pp-> *vt* rapire **II.** *n* sequestro *m* di persona

kidnapper ['kɪd·næ·pə] *n* sequestratore, -trice *m, f*

kidnapping *n* sequestro *m* di persona

kidney ['kɪd·ni] *n* rene *m;* ~ **disease** malattia *f* renale

kidney bean *n* fagiolo *m* rosso

kidney donor *n* donatore, -trice di reni *m*

kidney failure *n* MED blocco *m* renale

kidney machine *n* MED rene *m* artificiale

kidney stone *n* MED calcolo *m* renale

kill [kɪl] **I.** *n* **1.** (*slaughter*) uccisione *f* **2.** (*hunting*) preda *f* ▶ **to be in at the** ~ essere presente al momento cruciale; **to go in for the** ~ assestare il colpo di grazia **II.** *vi* uccidere; **thou shalt not** ~ (*Bible*) non uccidere ▶ **to be dressed to** ~ essere tutto in ghingheri **III.** *vt* **1.** (*cause to die*) uccidere; **to** ~ **oneself** uccidersi; **to** ~ **oneself with laughter** *fig* morire dalle risate; **this will** ~ **you!** *fig* questa ti farà morire dalle risate!; **not to** ~ **oneself trying** *fig, inf* non sforzarsi troppo **2.** (*destroy*) distruggere; **to** ~ **the flavor of sth** uccidere il sapore di qc; **my feet are** ~**ing me!** i piedi mi fanno male da morire!; **to** ~ **sb with kindness** sommergere qu di attenzioni

◆ **kill off** *vt* sterminare; (*a disease*) eradicare

killer ['kɪ·lə] *n* **1.** (*sb who kills*) assassino, -a *m, f;* **to be a** ~ (*person*) essere un assassino; (*disease*) fare tante vittime; **the test was a real** ~ *fig, inf* il compito era proprio tosto **2.** *inf* **to be a** ~ (*talented*) essere geniale; **this joke is a** ~ (*amusing*) questa barzelletta fa morire dalle risate

killer disease *n* malattia *f* mortale

killer whale *n* orca *f*

killing ['kɪ·lɪŋ] **I.** *n* (*of a person*) assassinio *m;* (*of an animal*) uccisione *f* ▶ **to make a** ~ *inf* fare una fortuna **II.** *adj* **1.** (*murderous*) mortale **2.** (*exhausting*) micidiale **3.** (*funny*) esilarante

killjoy ['kɪl·dʒɔɪ] *n* guastafeste *mf inv*

kiln [kɪln] *n* forno *m* per ceramica

kilo ['kiː·loʊ] *n* chilo *m,* kilo *m*

kilobyte ['kɪ·lə·baɪt] *n* COMPUT kilobyte *m inv*

kilocycle ['kɪ·lə·ˌsaɪ·kl] *n* kilociclo *m*

kilogram ['kɪ·lə·græm] *n* kilogrammo *m*

kilohertz *n* kilohertz *m inv*

kilojoule ['kɪ·lə·dʒuːl] *n* kilojoule *m inv*

kilometer [kɪ·'lɑː·mə·t̬ə] *n* chilometro *m,* kilometro *m*

kilowatt ['kɪ·lə·wɑːt] *n* kilowatt *m inv*

kilowatt-hour *n* kilowattora *m inv*

kilt [kɪlt] *n* kilt *m inv*

kimono [kə·'moʊ·nə] *n* chimono *m*

kin [kɪn] *n* **next of** ~ parenti *mpl* stretti

kind¹ [kaɪnd] *adj* gentile; **to be** ~ **to sb** essere gentile con qu; **he was** ~ **enough to** ... è stato così gentile da...; **would you be** ~ **enough/so** ~ **as to** ...? può essere così gentile da...?; **with** ~ **regards** (*in a letter*) distinti saluti

kind² [kaɪnd] **I.** *n* **1.** (*type*) tipo *f;* **sth of the** ~ qualcosa del genere; **he is not that** ~ (**of person**) non è quel genere di persona; **what** ~ **of** ...? che tipo di...?; **all** ~**s of** ... tutti i tipi di...; **the first of its** ~ il primo nel suo genere; **to hear/say nothing of the** ~ non sentire/dire niente del genere; **they are two of a** ~ sono tali e quali **2.** (*sth similar to*) specie *f;* **a** ~ **of soup** una specie di minestra **3.** (*sth equal to*) **to do sth in** ~ fare qc allo stesso modo; **he swore at me so I answered in** ~ mi insultò, così gli riposi per le rime; **he repaid her betrayal in** ~ ripagò il suo tradimento con la stessa moneta **4.** (*limited*) **in a** ~ **of way** in un certo senso; **she has found happiness of a** ~ **with him** con lui ha trovato una qualche forma di felicità **5.** (*payment*) **to pay sb in** ~ pagare qu in natura **II.** *adv inf* **I** ~ **of like it** in un certo senso mi piace; **he was** ~ **of sad** era piuttosto triste; **"do you like it?" — "**~ **of"** "ti piace?" — "abbastanza"

kindergarten ['kɪn·də·ˌgɑːr·dn] *n* asilo *m* infantile

kindhearted [ˌkaɪnd·'hɑːr·t̬ɪd] *adj* di cuore; **he is very** ~ è molto generoso

kindle ['kɪn·dl] **I.** *vt a. fig* accendere; **to** ~ **sb's interest** suscitare l'interesse di qu; **to** ~ **sb's desire** accendere il desiderio in qu **II.** *vi a. fig* accendersi

kindling ['kɪnd·lɪŋ] *n* **1.** (*firewood*) legna *f* da ardere **2.** (*act of lighting*) accensione *f*

kindly ['kaɪnd·li] **I.** <-ier, -iest> *adj* gentile **II.** *adv* **1.** (*in a kind manner*) gentilmente **2.** (*please*) **you are** ~ **requested to leave the building** siete pregati di abbandonare l'edificio; ~ **put that book away!** metti via quel libro, per piacere! **3.** (*favorably*) **to take** ~ **to sth** accettare qc di buon grado

kindness ['kaɪnd·nɪs] <-es> *n* **1.** (*act of being kind*) gentilezza *f* **2.** (*kind act*) gentilezza *f;* **to do sb a** ~ fare una gentilezza a qu

kindred ['kɪnd·rɪd] **I.** *n* + *pl vb* familiari *mpl* **II.** *adj* affine; ~ **spirits** anime *fpl* gemelle

kinetic [kɪ·'ne·t̬ɪk] *adj* PHYS cinetico, -a

kinfolk ['kɪn·foʊk] *n* + *pl vb, Am* familiari *mpl*

king [kɪŋ] *n* **1.** *a.* GAMES re *m;* **the ~ of beasts** il re della foresta **2.** (*in checkers*) dama *f*

kingdom ['kɪŋ·dəm] *n* regno *m;* **animal/plant ~** regno animale/vegetale; **the ~ of God** REL il regno di Dio ▶ **to blow sth to ~ come** distruggere qc; **(un)til ~ come** fino al Giorno del Giudizio

kingfisher ['kɪŋ·fɪ·ʃə] *n* martin *m* pescatore *inv*

kingly ['kɪŋ·li] *adj* regale

kingpin ['kɪŋ·pɪn] *n* **1.** (*in bowling*) birillo centrale **2.** TECH perno *m;* **to be the ~** (*person, thing*) essere il perno

king-cizo ['kɪŋ saɪz] *adj* gigante; **bcd** lctto *m* doppio

kink [kɪŋk] *n* **1.** (*twist: in a pipe, rope*) attorcigliamento *m;* (*in hair*) riccio *m* **2.** (*sore muscle*) contrattura *f* (muscolare); **to have a ~ in one's neck** avere il torcicollo **3.** (*problem*) difficoltà *m;* **to iron out (a few) ~s** appianare (del)le difficoltà **4.** (*strange habit*) stramberia *f*

kinky ['kɪŋ·ki] <-ier, -iest> *adj* **1.** (*twisted*) attorcigliato, -a **2.** (*with tight curls*) crespo, -a **3.** (*unusual*) bizzarro, -a; (*involving unusual sexual acts*) pervertito, -a

kinsfolk ['kɪnz·fəʊk] *n* HIST + *pl vb* parentado *m*

kinship *n* (*family relationship*) parentela *f;* (*similarity*) affinità *f;* **to feel a ~ with sb** sentire affinità con qu

kinsman <-men> *n* HIST parente *m*

kinswoman <-women> *n* HIST parente *f*

kiosk ['ki:·ɑːsk] *n* (*stand, pavilion*) chiosco *m*

kipper ['kɪ·pə] *n* aringa *f* affumicata

Kiribati [kɪ·rə·'bɑː·ti, -'bæs] *n* Kiribati *m*

kiss [kɪs] I. <-es> *n* bacio *m;* **~ of life** respirazione *f* bocca a bocca; **~ of death** *fig* colpo *m* di grazia; **to blow sb a ~** mandare un bacio a qu; **love and ~es** (*at the end of a letter*) tanti baci II. *vi* baciarsi III. *vt* baciare; **to ~ sb goodnight/goodbye** dare il bacio della buonanotte/dell'arrivederci a qu

kisser ['kɪ·sə] *n* **1.** (*person*) **he's a wonderful ~!** bacia molto bene! **2.** *sl* (*mouth*) bocca *f;* (*face*) faccia *f*

kiss-off ['kɪs·ɑːf] *n inf* **to give the ~** dare il benservito

kissproof *adj* indelebile

kit [kɪt] *n* **1.** (*set*) attrezzatura *f;* **first aid ~** cassetta *f* di pronto soccorso; **sewing ~ kit** *m* per cucire *inv;* **tool ~** cassetta *f* degli attrezzi **2.** (*parts to put together*) kit *m inv*

kitchen ['kɪt·ʃɪn] *n* cucina *f*

kitchen cabinet *n* gruppo di consulenti non ufficiali di un capo di governo

kitchenette [ˌkɪt·ʃɪ·'net] *n* (*room*) cucinino *m;* (*part of room*) angolo *m* cottura

kitchen foil *n* carta *f* stagnola

kitchen garden *n* orto *m*

kitchen paper *n* carta *f* da cucina

kitchen range *n,* **kitchen stove** *n* cucina *f* economica

kitchen sink *n* lavello *m* ▶ **to take everything but the ~** portarsi appresso tutta la casa

kitchen towel *n* (*dishtowel*) strofinaccio *m* da cucina

kitchen unit *n* modulo *m* di cucina componibile

kitchenware *n* stoviglie *fpl*

kite [kaɪt] *n* **1.** ZOOL nibbio *m* **2.** FIN assegno *m* a vuoto **3.** (*toy*) aquilone *m;* **to fly a ~** far volare un aquilone; *fig* tastare il terreno ▶ **go fly a ~!** *inf* va a farti friggere!

kitsch [kɪtʃ] I. *n* kitsch *m inv* II. *adj* kitsch

kitten ['kɪ·tn] *n* gattino, -a *m, f* ▶ **I nearly had ~ 3** mi è quasi preso un colpo

kittenish ['kɪ·tə·nɪʃ] *adj* che fa la gatta morta

kitty ['kɪ·ți] <-ies> *n* **1.** *childspeak* (*kitten or cat*) micio, -a *m, f* **2.** (*money*) cassa *f* comune

kiwi ['ki:·wi:] *n* **1.** ZOOL, BOT kiwi *m* **2.** *inf* (*New Zealander*) neozelandese *mf*

kJ *abbr of* **kilojoule** kJ *inv*

KKK [ˌkeɪ·keɪ·'keɪ] *n abbr of* **Ku Klux Klan** KKK, Ku Klux Klan *m*

Klaxon® ['klæk·sn] *n* clacson *m inv*

Kleenex® ['kli:·neks] *n* kleenex® *m inv*

kleptomania [ˌklep·toʊ·'meɪ·niə] *n* cleptomania *f*

kleptomaniac [ˌklep·toʊ·'meɪ·nɪ·æk] *n* cleptomane *mf*

klick [klɪk] *n inf* (*kilometer*) kilometro *m;* **the speed limit is 100 ~s** il limite di velocità è 100 kilometri

klutz [klʌts] *n sl* imbranato, -a *m, f*

km *abbr of* **kilometer** km

km/h, kmph *abbr of* **kilometers per hour** km/h

knack [næk] *n* abilità *f;* **to have a ~ for sth** aver una straordinaria capacità per qc; **to get the ~ of doing sth** prenderci la mano a fare qc

knapsack ['næp·sæk] *n* zaino *m*

knead [ni:d] *vt* **1.** CULIN impastare; (*clay*) modellare **2.** (*massage*) massaggiare

knee [ni:] I. *n* ginocchio *m;* **to be on one's ~s** *a. fig* essere in ginocchio; **to get down on one's ~s** inginocchiarsi; **on your ~s!** in ginocchio! ▶ **to bring sb to their ~s** mettere qu in ginocchio II. *vt* **to ~ sb** dare una ginocchiata a qu

kneecap ['ni:·kæp] I. *n* rotula *f* II. <-pp-> *vt* gambizzare

knee-deep *adj* **to be ~ in sth** (*work, problems*) essere sommerso da qc; **I was ~ in water/snow** l'acqua/la neve mi arrivava alle ginocchia

knee-high *adj* **to be ~** alto, -a fino al ginocchio

knee-jerk ['ni:·dʒɜːrk] *adj sl* impulsivo, -a

kneel [ni:l] <knelt *o* kneeled, knelt *o* kneeled> *vi* inginocchiarsi

knee pad *n* SPORTS ginocchiera *f*

knee sock *n* calzino *m* lungo

knell [nel] *n* campana *f* a morto; **to sound the ~ for sth** *fig* annunciare la fine di qc

knelt [nelt] *pt of* **kneel**

knew [nu:] *pt of* **know**

knickers ['nɪ·kəz] *npl* (*panties*) mutandine *fpl;* (*trousers*) pantaloni alla zuava

knickknack ['nɪk·næk] *n inf* ninnolo *m*

knife [naɪf] <knives> **I.** *n* **1.** coltello *m* **2.** (*dagger*) pugnale *m;* **to wield a ~** brandire un coltello *elev* **3.** (*in a machine*) lama *f* ▶ **to turn the ~ (in the wound)** rigirare il coltello nella piaga; **to be under the ~** MED essere sotto i ferri **II.** *vt* accoltellare

knife-edge *n* filo *m* del coltello; **to be (balanced) on a ~** *fig* essere appeso a un filo

knife sharpener *n* affilacoltelli *m inv*

knifing ['naɪ·fɪŋ] *n* accoltellamento *m*

knight [naɪt] **I.** *n* **1.** (*man given honorable rank*) cavaliere *m* **2.** HIST (*man of high social position*) cavaliere *m* **3.** (*chess figure*) cavallo *m* ▶ **~ in shining armor** principe *m* azzurro; (*salvatore*) cavaliere *m* senza macchia (e senza paura) **II.** *vt* HIST investire cavaliere; (*give a honorable title*) nominare cavaliere

knight-errant [ˌnaɪt·'e·rənt] <knights-errant> *n* cavaliere *m* errante

knighthood *n* titolo *m* di cavaliere; **to give sb a ~** nominare qu cavaliere

knightly ['naɪt·li] *adj liter* cavalleresco, -a

knit [nɪt] **I.** *vi* (*wool*) lavorare a maglia; (*with a machine*) tessere **II.** *vt* (*wool*) fare ai ferri ▶ **to ~ one's brows** aggrottare le sopracciglia

◆**knit together I.** *vi* **1.** (*combine or join*) unirsi **2.** (*mend*) saldarsi **II.** *vt* **1.** (*bones*) saldare **2.** *fig* (*join*) unire

knitter ['nɪ·t̬ə] *n* **Tabitha is a wonderful ~** Tabitha è molto brava a lavorare a maglia

knitting *n* **1.** (*the product of knitting*) lavoro *m* a maglia **2.** (*material being knitted*) lavoro *f* a maglia **3.** (*action of knitting*) **she likes ~** le piace lavorare a maglia

knitting needle *n* ferro *m* da calza

knitting yarn *n* filato *m* di lana

knitwear ['nɪt·wer] *n* maglieria *f*

knives *n pl of* **knife**

knob [nɑːb] *n* **1.** (*round handle: of a door, a drawer*) pomello *m;* (*of switch*) manopola *f* **2.** (*small amount*) pezzetto *m;* (*of butter*) noce *f* **3.** (*lump*) zolletta *f*

knobby ['nɑː·bi] <-ier, -iest> *adj* nodoso, -a

knock [nɑːk] **I.** *n* **1.** (*blow*) colpo *m* **2.** (*sound*) colpo *m;* **to give a ~ at the door** bussare alla porta **3.** *fig, inf* (*criticism*) strigliata *f;* **to take a ~** (*damage*) ricevere una mazzata **II.** *vi* **1.** (*hit*) urtare; **to ~ on the window/at the door** bussare alla finestra/porta **2.** TECH (*engine*) battere in testa **III.** *vt* **1.** (*hit*) colpire; **to ~ sb** colpire qu; **to ~ a hole into the wall** fare un buco nella parete; **to ~ the bottom out of sth** sfondare qc; *fig* mettere in crisi qc **2.** *inf* (*criticize*) dare addosso a

◆**knock about** *vi, vt s.* **knock around**

◆**knock around I.** *vi inf* vagabondare; **to ~ in town** andarsene in giro per la città **II.** *vt* (*person*) picchiare; (*ball*) colpire

◆**knock back** *vt inf* **1.** (*drink quickly*) bere

tutto d'un sorso; **to knock a beer back** scolarsi una birra **2.** (*surprise*) lasciare di stucco

◆**knock down** *vt* **1.** (*cause to fall*) buttare a terra; (*with a car*) investire **2.** (*demolish*) buttar giù; **to ~ every argument** *fig* smontare punto per punto un ragionamento **3.** (*reduce*) abbassare; **to knock the price down** farsi fare uno sconto **4.** (*sell at auction*) aggiudicare; **the picture was knocked down to David** David si è aggiudicato il quadro

◆**knock into** *vt* (*make understand*) inculcare; **to knock some sense into sb** ficcare un po' di buon senso nella zucca di qu

◆**knock off I.** *vt* **1.** (*cause to fall off*) far cadere; **to knock sb off his pedestal** *fig* far scendere qu dal piedistallo **2.** (*reduce*) abbassare; **to knock $5 off the price** fare uno sconto di 5 dollari **3.** *inf* (*steal*) fregare **4.** *inf* (*murder*) ammazzare **5.** (*produce easily*) sfornare; **to ~ some copies** sfornare alcune copie **6.** (*stop*) **to knock it off** smetterla; **knock it off!** smettila! **II.** *vi inf* staccare; **to ~ work at 3 p.m.** smontare alle tre dal lavoro; **to ~ for lunch** fare la pausa pranzo

◆**knock on** *vi* **to be knocking on 40** avvicinarsi ai 40

◆**knock out** *vt* **1.** (*render unconscious*) far perdere i sensi; SPORTS mettere K.O.; (*cause to sleep*) far dormire; (*exhaust*) sfiancare **2.** (*remove*) vuotare; (*contents in text*) togliere **3.** (*eliminate*) eliminare; **to be knocked out of a competition** essere eliminato da una gara **4.** (*produce quickly*) sfornare **5.** *inf* (*astonish*) sbalordire; **to knock sb out** lasciare qu di stucco

◆**knock over** *vt* (*person*) investire; (*object*) rovesciare

◆**knock together** *vt* montare alla meno peggio; **to ~ something to eat** mettere insieme qualcosa da mangiare

◆**knock up I.** *vt inf* (*make pregnant*) mettere incinta; **to get knocked up** rimanere incinta **II.** *vi* SPORTS palleggiare

knockabout ['nɑː·kə·baʊt] *adj* **1.** (*rowdy*) grossolano, -a **2.** (*sturdy: overcoat, toy*) da battaglia

knockdown *adj* **1.** (*very cheap*) bassissimo, -a; **~ price** prezzo *m* di saldo; (*at auction*) prezzo *m* iniziale **2.** (*violent: blow*) duro, -a; (*argument*) schiacciante; (*fight*) violento, -a

knockdown-dragout *adj* senza esclusione di colpi

knocker ['nɑː·kə] *n* (*on door*) battente *m*

knock-kneed ['nɑːk·niːd] *adj* con le gambe ad X; *fig* debole

knockoff *n inf* oggetto *m* contraffatto

knockout I. *n* **1.** (*competition*) gara *f* a eliminazione diretta **2.** SPORTS (*boxing*) K.O. *m;* **to win sth by a ~** vincere qc per K.O. **3.** *inf* (*person*) schianto *m* **II.** *adj* **1.** (*competition*) a eliminazione diretta **2.** (*boxing*) **~ blow** colpo *m* da K.O.; *fig* duro colpo *m;* **to deal**

K

sb's hopes a ~ blow dare un duro colpo alle speranze di qu **3.** *inf* (*attractive*) da schianto
knoll [noʊl] *n* collinetta *f*
knot [nɑːt] **I.** *n* **1.** *a.* NAUT nodo *m;* **to tie/untie a ~** fare/disfare un nodo **2.** (*bow*) fiocco *m* **3.** (*chignon*) chignon *m inv* **4.** (*small group*) capannello *m* **5.** (*in a wooden board*) nodo *m* ▶**to tie the ~** *inf* sposarsi **II.** <-tt> *vt* annodare; **to ~ sth together** legare qc insieme con un nodo **III.** <-tt-> *vi* (*stomach*) chiudersi
knotty ['nɑːt̮i] <-ier, -iest> *adj* **1.** (*full of knots: lumber, wood*) nodoso, -a; (*hair*) pieno, -a di nodi **2.** (*difficult*) spinoso, -a
knotty pine *n* pino *m* nodoso
know [noʊ] **I.** <knew, known> *vt* **1.** (*have information*) sapere; **to ~ a bit of English** sapere un po' di inglese; **she ~s all of their names** conosce tutti i loro nomi; **to ~ how to do sth** saper fare qc; **to ~ all there is to ~ about sth** sapere tutto quello che c'è da sapere su qc; **to ~ what one is talking about** sapere ciò che si dice; **to ~ sth by heart** sapere qc a memoria; **not to ~ the first thing about sth/ sb** non sapere un bel niente di qc/qu; **to ~ all the answers** conoscere tutte le risposte; **if you ~ what I mean** sai di cosa parlo; **do you ~ what I mean?** sai cosa voglio dire?; **to ~ that ...** sapere che...; **to want to ~ sth** voler sapere qc; **do you ~ ...?** sai...?; **you ~ what?** *inf* sai una cosa? **2.** (*be acquainted with*) conoscere; **to ~ sb by sight/by name/personally** conoscere qu di vista/di nome/personalmente; **(not) to ~ sb to speak to** (non) conoscere qualcuno con cui parlare; **~ing sb, ...** conoscendo qu,...; **to get to ~ sb** cominciare a conoscere qu; **to get to ~ each other** cominciare a conoscersi (bene); **to have ~n sth** aver conosciuto qc; **to ~ sth like the back of one's hand** *fig* conoscere qc come le proprie tasche **3.** (*recognize*) riconoscere; **to ~ sb/sth by sth** riconoscere qu/qc da qc; **to ~ sb for qc** riconoscere qu per qc **II.** <knew, known> *vi* **1.** (*be informed*) sapere; **as far as I ~** per quanto ne so; **to ~ better (than sb)** sapere meglio (di qu); **to ~ of** [*o* about] **sth** sapere di qc; **you ~** (*you remember*) tu lo sai; (*you understand*) sai; **(well) what do you ~!** *iron* indovina un po'!; **I ~!** (*I've got an idea!*) ho un'idea!; (*said to agree with sb*) lo so! **2.** (*be certain*) essere sicuro; **there's no ~ing** chissà; **one never ~s** non si sa mai **3.** *inf* (*understand*) capire **III.** *n* **to be in the ~** essere informato; **to be in the ~ about sth** essere al corrente di qc
know-how *n* know-how *m inv;* **to have ~ about sth** avere il know-how di qc
knowing ['noʊ·ɪŋ] **I.** *adj* astuto, -a; (*grins, look, smile*) d'intesa **II.** *n* **there's no ~** non c'è modo di saperlo
knowingly *adv* **1.** (*look, smile*) con complicità **2.** (*with full awareness*) deliberatamente
know-it-all ['noʊ·ɪt̮·ɔːl] *n inf* sapientone, -a *m, f*

knowledge ['nɑː·lɪdʒ] *n* **1.** (*body of learning*) conoscenza *m;* **to have (some) ~ of sth** avere (una qualche) conoscenza di qc; **to have a thorough ~ of sth** conoscere qc a fondo **2.** (*acquired information*) sapere *m;* **to have (no) ~ about sth/sb** (non) sapere (niente) di qc/qu; **to my ~** che io sappia; **to be common ~** essere di dominio pubblico **3.** (*awareness*) conoscenza *m;* **to bring sth to sb's ~** mettere qu a conoscenza di qc; **to do sth without sb's ~** fare qc all'insaputa di qu; **to deny all ~ (of sth)** negare di sapere qualsiasi cosa (di qc)
knowledgeable ['nɑɪ·lɪ·dʒə·bl] *adj* bene informato, -a; **to be ~ about sth** conoscere qc molto bene
known [noʊn] **I.** *vt, vi pp of* **know II.** *adj* (*expert*) riconosciuto, -a; (*criminal*) noto, -a; **for no ~ reason** per nessun motivo conosciuto; **to make sth ~** rivelare qc; **to make oneself ~ to sb** farsi riconoscere da qu
knuckle ['nʌ·kl] *n* nocca *f* ▶**to rap sb's ~s** *inf* dare una strigliata a qu
◆**knuckle down** *vi* darci dentro; **to ~ to work** mettersi sotto a lavorare
◆**knuckle under** *vi* piegarsi
knuckle-duster ['nʌ·kl·dʌs·tɚ] *n sl* (*weapon*) pugno *m* di ferro
knucklehead *n inf* stupido, -a
knuckle sandwich *n sl* pugno *m* in faccia
KO [keɪ·'oʊ] *abbr of* **knockout** K.O. *m inv*
koala [koʊ·'ɑ·lə] *n*, **koala bear** *n* koala *m inv*
kooky ['kuː·ki] <-ier, -iest> *adj inf* strampalato, -a
Koran [kə·'ræn] *n* **the ~** il Corano
Korea [kə·'ri·ə] *n* Corea *f;* **North/South ~** Corea del Nord/Sud
Korean [kə·'ri·ən] **I.** *adj* coreano, -a **II.** *n* **1.** (*person*) coreano, -a *m, f* **2.** LING coreano *m*
kosher ['koʊ·ʃɚ] *adj* kosher
kowtow [ˌkaʊ·'taʊ] *vi inf* inchinarsi fino a terra; **to ~ to sb** essere servile verso qu
kraft (paper) *n* carta *f* kraft
Kremlin ['krem·lɪn] *n* **the ~** il Cremlino
KS *n abbr of* **Kansas** KS, Kansas *m*
kudos ['kuː·doʊz] *n* fama *f;* **to get ~ for sth** conquistare la fama per qc
Ku Klux Klan ['kuː·klʌks·'klæn] *n* **the ~** il Ku Klux Klan *m*
kumquat ['kʌm·kwɑːt] *n* kumquat *m inv* (*frutto simile al mandarino*)
kung fu [ˌkʊŋ·'fuː] *n* kung fu *m inv*
Kurd [kɜːrd] *n* curdo, -a *m, f*
Kurdish I. *adj* curdo, -a **II.** *n* **1.** (*person*) curdo, -a *m, f* **2.** LING curdo *m*
Kurdistan [ˌkɜːr·dɪ·'stæn] *n* Kurdistan *m*
Kuwait [kʊ·'weɪt] *n* Kuwait *m*
Kuwaiti I. *adj* kuwaitiano, -a **II.** *n* (*person*) kuwaitiano, -a *m, f*
kw *abbr of* **kilowatt** KW *m*
Kwanzaa ['kɑːn·zə] *n* ricorrenza *celebrata negli Stati Uniti all'interno della comunità afro*

K

americana durante la settimana che va dal 26 dicembre al primo gennaio.

kWh *abbr of* **kilowatt hour** kWh

KWIC [kwɪk] COMPUT *abbr of* **key word in context** KWIC

KWOC COMPUT *abbr of* **key word out of context** KWOC

Ky. *n abbr of* **Kentucky** Ky, Kentucky *m*

KY *n abbr of* **Kentucky** Ky, Kentucky *m*

L l

L, l [el] *n* L, l *f*; ~ **as in Love** L come Livorno

l *abbr of* **liter** l.

L. *abbr of* **lake** L.

LA [ˌelˈeɪ] *n* **1.** *abbr of* **Los Angeles** Los Angeles **2.** *abbr of* **Louisiana** Louisiana

lab [læb] *n abbr of* **laboratory** laboratorio *m*

lab coat *n* camice *m*

label [ˈleɪ·bəl] **I.** *n* **1.** etichetta *f* **2.** (*brand name*) marca *f* **II.** <-l- *o* -ll-, -l- *o* -ll-> *vt* **1.** (*affix label*) mettere l'etichetta su **2.** (*categorize*) etichettare

labelling *n*, **labeling** *n* etichettatura *f*

labor [ˈleɪ·bɚ] **I.** *n* **1.** (*work*) lavoro *m;* **manual** ~ lavoro manuale; **to be a ~ of love** essere un cosa fatta per passione **2.** ECON (*workers*) manodopera *f;* **skilled** ~ manodopera qualificata **3.** MED (*childbirth*) travaglio *m;* **to be in** ~ avère le doglie **II.** *vi* **1.** (*work*) lavorare **2.** (*do sth with effort*) sforzarsi, faticare; **to ~ over sth** sforzarsi per/in qc **3.** (*act at a disadvantage*) **to ~ under a delusion** illudersi **III.** *vt* insistere su; **to ~ a point** insistere su un punto

laboratory [ˈlæb·rə·ˌtɔːri] <-ies> *n* laboratorio *m*

laboratory assistant *n* assistente *mf* di laboratorio

laboratory test *n* test *m* di laboratorio *inv*

labor camp *n* campo *m* di lavoro

labor costs *npl* costo *m* della manodopera

Labor Day *n* festa *f* del lavoro

Il **Labor Day**, la festa del lavoro americana, non è celebrata il primo maggio, ma il primo lunedì di settembre. Il **Labor Day** è stato istituito a seguito di uno sciopero di ferrovieri a Kensington, nel Maryland, nel corso del quale l'intervento di truppe dell'esercito causò la morte di due persone. Questa giornata in onore dei lavoratori è un giorno festivo riconosciuto in tutto il paese.

---

labor dispute *n* conflitto *m* col datore di lavoro

laborer *n* manovale *mf*

labor force *n* forza *f* lavoro

labor-intensive *adj* che richiede molta manodopera

laborious [lə·ˈbɔː·ri·əs] *adj* laborioso, -a

labor pains *npl* MED dolori *mpl* del parto

labor relations *npl* rapporti *mpl* tra datore di lavoro e dipendenti

laborsaving *adj* che fa risparmiare lavoro

labor shortage *n* carenza *f* di manodopera

labor union *n* sindacato *m*

Labrador (**retriever**) [ˈlæb·rə·dɔːr (rɪ·ˈtriː·vɚ)] *n* labrador *m inv*

labyrinth [ˈlæ·bə·ɪnθ] *n* labirinto *m*

lace [leɪs] **I.** *n* **1.** (*cloth*) pizzo *m;* (*edging*) merletto *m* **2.** (*cord*) laccio *m;* **shoe ~s** lacci delle scarpe **II.** *vt* **1.** (*fasten*) allacciare **2.** (*add alcohol to*) correggere **3. she ~d her speech with humorous remarks** inframmezzò il suo discorso di battute

◆**lace into** *vt* **to ~ sb** aggredire qu

◆**lace up** *vt* allacciare

lacerate [ˈlæ·sə·reɪt] *vt* lacerare

laceration [ˌlæ·sə·ˈreɪ·ʃən] *n* lacerazione *f*

lachrymose [ˈlæk·rɪ·moʊs] *adj liter* **1.** (*given to crying*) piagnone, -a **2.** (*sad*) lacrimoso, -a

lack [læk] **I.** *n* mancanza *f*, carenza *f;* ~ **of funds** mancanza di fondi; **for ~ of ...** per mancanza di... **II.** *vt* mancare di; **she ~s talent/experience** le manca il talento/l'esperienza; **to ~ the energy to do sth** non avere la forza per fare qc

lackadaisical [ˌlæ·kə·ˈdeɪ·zɪ·kl] *adj* apatico, -a

lackey [ˈlæ·ki] *n a. fig* lacchè *m inv*

lacking [ˈlæ·kɪŋ] *adj* **he is ~ in talent/experience** gli manca il talento/l'esperienza

lackluster [ˈlæk·ˌlʌs·tɚ] *adj* **1.** (*not shiny*) opaco, -a **2.** (*dull*) spento, -a

laconic [lə·ˈkɑː·nɪk] *adj* laconico, -a

lacquer [ˈlæ·kɚ] **I.** *n* lacca *f* **II.** *vt* laccare

lacrosse [lə·ˈkrɑːs] *n* SPORTS lacrosse *m*

lactose [ˈlæk·toʊs] *n* lattosio *m;* **to be ~ intolerant** avere l'intolleranza al lattosio

lad [læd] *n inf* ragazzo *m*

ladder [ˈlæ·dɚ] *n* **1.** (*for climbing*) scala *f* a pioli **2.** (*hierarchy*) scala *f;* **to move up the ~** farsi strada; (*in company*) fare carriera; **to climb the social ~** avanzare nella scala sociale

laden [ˈleɪ·dn] *adj* carico, -a; **to be ~ with ...** essere carico di...

la-di-da [ˌlɑː·diː·ˈdɑː] *adj inf* pretenzioso, -a

ladies' room *n inf* bagno *m* delle signore

lading [ˈleɪ·dɪŋ] *n* NAUT carico *m*

ladle [ˈleɪ·dl] **I.** *n* mestolo *m;* **soup ~** ramaiolo *m* **II.** *vt* **1.** (*soup*) servire (*con il ramaiolo*) **2.** (*advice*) offrire generosamente

lady [ˈleɪ·di] <-ies> *n* signora *f;* (*aristocratic*) dama *f;* **young ~** signorina *f;* **the ~ of the house** la padrona di casa; **to be a real ~**

essere una vera signora; **cleaning** ~ donna *f* delle pulizie; **ladies and gentlemen!** signore e signori!

ladybug ['leɪ·di·bʌg] *n* coccinella *f*

lady in waiting <-ies> *n* dama *f* di compagnia

lady-killer *n inf* dongiovanni *m inv*

ladylike *adj* da signora

ladyship *n form* **her** ~ Sua Signoria

lady's maid *n* cameriera *f* personale

lady's man *n inf* uomo *m* che ci sa fare con le donne

LAFTA *n abbr of* **Latin American Free Trade Association**

lag [læg] **I.** *n* (*lapse*) intervallo *m* **II.** < **gg** > *vi* **to** ~ **behind sb/sth** essere indietro rispetto a qu/qc

lager ['lɑː·gɚ] *n* birra *f* chiara

lagging ['læ·gɪŋ] *n* rivestimento *m*

lagoon [lə·'guːn] *n* laguna *f*

laid [leɪd] *pt, pp of* **lay**[1]

laid-back *adj inf* rilassato, -a

lain [leɪn] *pp of* **lie**[2]

lair [ler] *n* **1.** (*of animal*) tana *f* **2.** (*of criminal*) covo *m*

laissez faire ['le·seɪ·'fer] *n* laissez-faire *m;* ~ **attitude** atteggiamento *m* permissivo

laity ['le·ɪə·t̬i] *n* **the** ~ il laicato

lake [leɪk] *n* lago *m*

lam [læm] **I.** *n inf* **to be on the** ~ essere latitante **II.** <-mm-> *vt inf* pestare

lama ['lɑː·mə] *n* REL lama *m inv*

lamb [læm] **I.** *n* **1.** (*animal*) agnello *m* **2.** (*meat*) (carne *f* di) agnello *m* **II.** *vi* figliare

lambaste [læm·'beɪst] *vt inf* attaccare duramente

lamb chop *n* costoletta *f* d'agnello

lambskin *n* (pelle *f* di) agnello *m*

lamb's wool *n* lambswool *m*

lame [leɪm] *adj* **1.** (*person, horse*) zoppo, -a; **to go** ~ azzopparsi **2.** *inf* (*argument, excuse*) debole

lameness *n* **1.** (*of person, horse*) zoppia *f* **2.** *inf* (*of argument, excuse*) debolezza *f*

lament [lə·'ment] **I.** *n* MUS, LIT lamento *m* **II.** *vt* lamentare; **to** ~ **sb** piangere qu **III.** *vi* **to** ~ **over sth** lamentarsi di qc

lamentable [lə·'men·tə·bl] *adj* deplorevole

lamentation [ˌlæ·mən·'teɪ·ʃən] *n* **1.** (*mourning*) lamentazioni *fpl* **2.** (*regrets*) lamenti *mpl*

laminate[1] ['læ·mɪ·nət] *n* TECH laminato *m*

laminate[2] ['læ·mɪ·neɪt] *vt* (*document*) plastificare; (*glass, wood*) laminare

laminated ['læ·mɪ·neɪ·t̬ɪd] *adj* (*document*) plastificato, -a; (*glass, wood*) laminato, -a

lamp [læmp] *n* lampada *f;* **bedside** ~ lampada *f* da comodino; **street** ~ lampione *m*

lampoon [læm·'puːn] **I.** *n* satira *f* **II.** *vt* fare la satira di

lamppost ['læmp·poust] *n* lampione *m*

lamprey ['læmp·ri] *n* lampreda *f*

lampshade ['læmp·ʃeɪd] *n* paralume *m*

LAN [læn] *n abbr of* **local area network**

wireless ~ Wireless LAN *f;* ~ **party** LAN party *m*

loyalty card *n* carta *f* (di) fedeltà

lance [læns] **I.** *n* MIL lancia *f* **II.** *vt* MED incidere

lancet ['læn·sɪt] *n* MED lancetta *f*

land [lænd] **I.** *n* **1.** GEO, AGR terra *f;* **on** ~ sulla terraferma; **to travel by** ~ viaggiare via terra; **to work (on) the** ~ lavorare la terra; **to have dry** ~ **under one's feet** essere sulla terraferma **2.** (*for building*) terreno *m* **3.** *a. fig* (*country*) paese *m* ▶ **to see how the** ~ **lies** tastare il terreno **II.** *vi* **1.** (*plane, bird*) atterrare; **to** ~ **on the moon** allunare **2.** (*arrive by boat*) sbarcare **3.** (*set down, fall on*) posarsi **4.** (*person, ball*) finire; **if they catch you, you'll** ~ **in trouble** se ti scoprono, finisci nei guai **III.** *vt* **1.** (*bring onto land: aircraft*) far atterrare; (*boat*) approdare **2.** (*unload*) sbarcare **3.** (*obtain*) ottenere; (*fish*) prendere; **to** ~ **a job** beccarsi un impiego **4.** (*cause*) **to** ~ **sb with a problem** creare un problema a qu; **to** ~ **sb in trouble** mettere qu nei guai

landed ['læn·dɪd] *adj* che possiede terreni; **a** ~ **family** una famiglia di proprietari terrieri; **the** ~ **gentry** i proprietari terrieri

landfall ['lænd·fɔːl] *n* avvistamento *m* della terraferma; **to make** ~ vedere terra

landfill ['lænd·fɪl] *n* interramento *m* di immondizia

landholder *n* proprietario , -a *m, f* terriero, -a

landing ['læn·dɪŋ] *n* **1.** AVIAT atterraggio *m;* **to make a** ~ compiere un atterraggio **2.** NAUT sbarco *m* **3.** (*on staircase*) pianerottolo *m*

landing card *n* carta *f* di sbarco

landing craft *n* MIL mezzo *m* da sbarco

landing field *n* campo *m* d'atterraggio

landing gear *n* AVIAT carrello *m*

landing net *n* retino *m*

landing stage *n* pontile *m*

landing strip *n* pista *f* d'atterraggio

landlady ['lænd·ˌleɪ·di] <-ies> *n* padrona *f* di casa

landless *adj* senza terra

landlocked *adj* senza accesso al mare; **a** ~ **country** un paese senza accesso al mare

landlord *n* padrone *m* di casa

landlubber *n inf* marinaio *m* d'acqua dolce

landmark I. *n* **1.** punto *m* di riferimento **2.** (*monument*) monumento *m* **3.** (*event*) pietra *f* miliare **II.** *adj* (*significant: decision, ruling*) decisivo, -a

land mine *n* mina *f* terrestre

land office *n* HIST ufficio *f* del catasto; **to do a land-office business** *inf* fare un buon affare

landowner *n* proprietario, -a *m, f* terriero, -a

land reform *n* riforma *f* agraria

landscape ['lænd·skeɪp] **I.** *n* **1.** (*scenery, painting*) paesaggio *m;* **urban** ~ paesaggio urbano **2.** *fig* panorama *m;* **the political** ~ il panorama politico **3.** COMPUT orientamento *m* orizzontale **II.** *vt* allestire spazi verdi

landscape architect *n*, **landscape gardener** *n* architetto *m* di giardini

landscape architecture *n*, **landscape gardening** *n* architettura *f* di giardini

landscape painter *n* paesaggista *mf*

landslide ['lænd·slaɪd] *n* **1.** GEO frana *f* **2.** POL vittoria *f* schiacciante; **to win by a** ~ vincere in modo schiacciante

land speculation *n* ECON speculazione *f* sui terreni

landward I. *adj* verso terra; **the** ~ **side** il lato di terra **II.** *adv* verso terra

lane [leɪn] *n* **1.** (*marked strip*) corsia *f;* **bus/ bike** ~ corsia degli autobus/ciclabile; **to change** ~**s** cambiare corsia **2.** (*small road*) vicolo *m* **3.** AVIAT rotta *f* aerea; NAUT rotta *f* marittima

language ['læŋ·gwɪdʒ] *n* **1.** (*system of communication*) linguaggio *m;* **bad** ~ parolacce *fpl;* **formal/spoken/written** ~ lingua formale/orale/scritta **2.** (*of particular community*) lingua *f;* **native** ~ madrelingua *f;* **the English** ~ la lingua inglese **3.** (*jargon*) linguaggio *m;* **computer programming** ~ linguaggio di programmazione informatica; **legal** ~ gergo *m* giuridico ▸ **to speak the same** ~ parlare la stessa lingua

language arts *n discipline quali lettura, scrittura, ortografia ecc.*

language lab *n*, **language laboratory** *n* laboratorio *m* linguistico

language learning *n* apprendimento *m* linguistico

languid ['læŋ·gwɪd] *adj* languido, -a

languish ['læŋ·gwɪʃ] *vi* languire; **he** ~**ed in bed for weeks** fu costretto a letto per settimane

languor ['læŋ·gɚ] *n liter* languore *m*

languorous ['læŋ·gɚ·əs] *adj liter* languido, -a

lank [læŋk] *adj* (*hair*) piatto, -a

lanky ['læŋ·ki] *adj* allampanato, -a

lanolin ['læ·nə·lɪn] *n* lanolina *f*

lantern ['læn·tɚn] *n* lanterna *f*

lanyard ['læn·jɚd] *n* **1.** (*short rope or cord*) cordoncino *m* **2.** NAUT corridore *m*

Laos [laʊs] *n* Laos *m*

lap¹ [læp] *n* grembo *m* ▸ **to live in the** ~ **of luxury** vivere nel lusso

lap² [læp] SPORTS **I.** *n* giro *m;* ~ **of honor** giro d'onore **II.** <-pp-> *vt* doppiare

lap³ [læp] <-pp-> **I.** *vt* **1.** (*drink*) leccare **2.** (*waves*) lambire **II.** *vi* (*hit gently*) **to** ~ **against sth** lambire qc
  ◆ **lap up** *vt* **1.** (*drink*) leccare **2.** *fig, inf* accettare con entusiasmo; **he lapped up the praise** si beò delle lusinghe

lap dog *n* cagnolino *m* da salotto

lapel [lə·'pel] *n* risvolto *m;* **to grab sb by the** ~**s** prendere qu per il colletto

lapis lazuli [ˌlæ·pɪs·'læ·zə·li] *n* **1.** (*blue gemstone*) lapislazzuli *m inv* **2.** (*blue color*) azzurro *m* intenso

Lapland ['læp·lænd] *n* Lapponia *f*

Laplander ['læp·læn·dɚ] *n*, **Lapp** [læp] *n* lappone *mf*

lapse [læps] **I.** *n* **1.** (*failure*) errore *m;* ~ **in judgment** errore di giudizio; ~ **of memory** vuoto di memoria **2.** (*period*) intervallo *m* **II.** *vi* **1.** (*deteriorate*) deteriorarsi **2.** (*end*) terminare; (*contract, subscription*) scadere **3.** (*revert to*) **to** ~ **into sth** ripiombare in qc; **to** ~ **into one's native dialect** riprendere a parlare nel proprio dialetto; **to** ~ **into silence** tacere

lapsed [læpst] *adj* (*membership, subscription*) scaduto, -a; (*Catholic*) non praticante

laptop (**computer**) ['læp·tɑːp] *n* (computer *m*) portatile *m*

lapwing ['læp·wɪŋ] *n* pavoncella *f*

larceny ['lɑːr·sə·ni] <-ies> *n* furto *m*

larch [lɑːrtʃ] *n* larice *m*

lard [lɑːrd] **I.** *n* lardo *m* **II.** *vt* lardellare

larder ['lɑːr·dɚ] *n* (*pantry*) dispensa *f;* (*supply of food*) provviste *fpl*

large [lɑːrdʒ] *adj* grande; **a** ~ **number of people** un gran numero di persone; **a** ~ **family** una famiglia numerosa ▸ **to be at** ~ essere a piede libero; **by and** ~ nel complesso

largely ['lɑːrdʒ·li] *adv* in gran parte

largeness *n* ampiezza *f*

large-scale *adj* su grande scala

largess(e) [lɑːr·'dʒes] *n* generosità *f*

lariat ['le·ri·ət] *n* laccio *m*

lark¹ [lɑːrk] *n* (*bird*) allodola *f* ▸ **to be up with the** ~ alzarsi all'alba

lark² [lɑːrk] **I.** *n inf* **1.** (*joke*) gioco *m;* **for a** ~ per gioco **2.** (*adventure*) faccenda *f* **II.** *vi inf* **to** ~ **about** spassarsela

larkspur ['lɑːrk·spɜːr] *n* BOT speronella *f*

larva ['lɑːr·və] <-vae> *n* larva *f*

laryngitis [ˌle·rɪn·'dʒaɪ·tɪs] *n* laringite *f*

larynx ['le·rɪŋks] <-ynxes *o* -ynges> *n* ANAT laringe *f*

lasagna [lə·'zɑː·n·jə] *n* lasagne *fpl*

lascivious [lə·'sɪ·vi·əs] *adj* lascivo, -a

laser ['leɪ·zɚ] *n* laser *m inv*

laser beam *n* raggio *m* laser

laser printer *n* stampante *f* laser

laser show *n* spettacolo *m* laser

lash¹ [læʃ] <-es> *n* (*eyelash*) ciglio *m*

lash² [læʃ] **I.** <-es> *n* **1.** (*whip*) frusta *f* **2.** (*stroke of whip*) frustata *f;* **he felt a** ~ **of conscience** ebbe un rimorso di coscienza ▸ **to feel the** ~ **of sb's tongue** ricevere critiche sferzanti da qu **II.** *vt* **1.** (*whip*) frustare; (*rain*) sferzare **2.** (*criticize*) criticare aspramente
  ◆ **lash about** *vi*, **lash around** *vi* menar colpi a destra e a manca
  ◆ **lash down** *vt* legare stretto
  ◆ **lash out** *vi* **to** ~ **at sb** attaccare qu

lashing ['læ·ʃɪŋ] *n* frustate *fpl;* **to give sb a tongue** ~ fare una ramanzina a qu

lass [læs] <-es> *n inf* (*girl*) ragazza *f*

lassitude ['læ·sɪ·tuːd] *n form* lassitudine *f*

lasso ['læ·soʊ] **I.** <-os *o* -oes> *n* lazo *m inv* **II.** *vt* prendere al lazo

last¹ [læst] *n* (*for shoes*) forma *f*

last² [læst] **I.** *adj* **1.** (*final: time, opportunity*) ultimo, -a; **to have the ~ word** avere l'ultima parola; **to wait till the ~ minute** (**to do sth**) aspettare fino all'ultimo minuto (per fare qc); **this will be the ~ time** questa sarà l'ultima volta **2.** (*most recent*) scorso, -a; **~ week** la settimana scorsa; **~ night** ieri notte **II.** *adv* **1.** (*at the end*) per ultima cosa; **~ but not least** infine, ma non per questo meno importante **2.** (*most recently*) l'ultima volta **III.** *n* **the ~ to do sth** l'ultimo a fare qc; **the second to ~** il penultimo; **that was the ~ of the cake** era tutto quello che rimaneva della torta ▸ **at** (**long**) **~** alla fine; **to the ~** *form* fino all'ultimo

last³ [lœst] **I.** *vi* durare **II.** *vt* **this coat has ~ed me five years** questo cappotto mi è durato cinque anni

last-ditch *adj* disperato, -a

lasting ['læs·tɪŋ] *adj* duraturo, -a

lastly ['læst·li] *adv* infine

last minute *adj* dell'ultimo minuto

last name *n* cognome *m*

latch [lætʃ] <-es> *n* chiavistello *m*

◆**latch on** *vi inf* **1.** (*attach oneself*) **to ~ to sb/sth** aggrapparsi a qu/qc **2.** (*obtain*) **to ~ to sth** afferrare qc

latchkey ['lætʃ·ki:] *n* chiave *f* (di casa)

latchkey child *n* bambino che dopo la scuola sta in casa da solo perché i genitori lavorano

late [leɪt] **I.** *adj* **1.** (*after appointed time*) in ritardo; **you're ~!** sei in ritardo!; **the train was an hour ~** il treno aveva un'ora di ritardo **2.** (*after the usual time*) tardivo, -a **3.** (*towards end of*) **~ night TV show** programma *m* in tarda serata; **in the ~ nineteenth century** alla fine del secolo XIX; **in ~ summer** alla fine dell'estate **4.** (*recent: development*) recente; **~est news** ultime notizie *fpl* **5.** (*deceased*) defunto, -a **II.** *adv* **1.** (*after usual time*) tardi; **too little, too ~** troppo poco, troppo tardi; **to work ~** lavorare fino a tardi; **it's kind of ~ in the day to do sth** è un po' tardi per fare qc **2.** (*towards end of*) **~ in the day** a fine giornata; **~ at night** a tarda notte; **he got his driver's license ~ in life** ha preso la patente in età avanzata **3.** (*recently*) **as ~ as the 1980s** fino ancora negli anni ottanta; **of ~** ultimamente ▸ **better ~ than never** *prov* meglio tardi che mai *prov*

late-breaking *adj* di grande attualità

latecomer ['leɪt·ˌkʌ·məʳ] *n* ritardatario, -a *m, f*

lately ['leɪt·li] *adv* (*recently*) ultimamente, recentemente; **until ~** fino a poco tempo fa

lateness ['leɪt·nɪs] *n* ritardo *m*

late-night *adj* notturno, -a

latent ['leɪ·tnt] *adj* latente

later ['leɪ·ţəʳ] **I.** *adj comp of* **late** successivo, -a; (*version*) più recente **II.** *adv comp of* **late** più tardi; **no ~ than nine o'clock** non più tardi delle nove; **~ on** dopo, in seguito; **see you ~!** a dopo!

lateral ['læ·ţəʳ·əl] *adj* laterale; **~ thinking** pensiero *m* laterale

latest ['leɪ·ţɪst] **I.** *adj superl of* **late** ultimo, -a;

the ~ ... il più recente...; **his ~ movie** il suo ultimo film; **at the ~** al più tardi **II.** *n* **the ~** le ultime notizie; **have you heard the ~ about Gerry?** la sai l'ultima di Gerry?; **the ~ in art/physics** l'ultima in fatto di arte/fisica; **at the** (**very**) **~** al più tardi

latex ['leɪ·teks] *n* lattice *m*

lath [læθ] <-es> *n* listello *m*

lathe [leɪð] *n* tornio *m*

lathe operator *n* tornitore, -trice *m, f*

lather ['læ·ðəʳ] **I.** *n* **1.** (*fine bubbles*) schiuma *f* **2.** (*sweat*) sudore *m;* **to be in a ~ over sth** *fig* essere in grande agitazione per qc **II.** *vi* fare la schiuma **III.** *vt* insaponare

Latin ['læ·tən] **I.** *adj* latino, -a **II.** *n* **1.** LING latino *m* **2.** (*person*) abitante degli USA di origine latinoamericana

Latina [lə·'ti:·nə] *n* (*person*) abitante degli USA di origine latinoamericana

Latin America *n* America *f* Latina

Latin American I. *adj* latinoamericano, -a **II.** *n* (*person*) latinoamericano, -a *m, f*

Latino [lə·'ti:·noʊ] *n* (*person*) abitante degli USA di origine latinoamericana

latish ['leɪ·ţɪʃ] **I.** *adj* sul tardi **II.** *adv* un po' tardino

latitude ['læ·ţə·tu:d] *n* **1.** GEO latitudine *f* **2.** (*freedom*) libertà *f* d'azione

latrine [lə·'tri:n] *n* latrina *f*

latter ['læ·ţəʳ] *adj* **1.** (*second of two*) **the ~** il secondo; **in the ~ half of the year** nella seconda metà dell'anno **2.** (*near the end*) ultimo, -a

Latter-day Saint *n* mormone

latterly *adv* ultimamente

lattice ['læ·ţɪs] *n* (*framework*) reticolo *m;* **~ window** finestra *f* con vetri piombati

Latvia ['læt·vi·ə] *n* Lettonia *f*

Latvian I. *adj* lettone **II.** *n* **1.** (*person*) lettone *mf* **2.** LING lettone *m*

laudable ['lɔ:·də·bl] *adj form* lodevole

laudanum ['lɔ:·də·nəm] *n* laudano *m*

laudatory ['lɔ:·də·tɔ:·ri] *adj form* laudatorio, -a

laugh [læf] **I.** *n* **1.** (*sound*) riso *m;* **to get a ~** far ridere; **to do sth for a ~** [*o* **for ~s**] fare qc per ridere **2.** *inf* (*activity*) divertimento *m* **3.** *inf* (*funny thing*) scherzo *m;* (*sth absurd*) barzelletta *f* **II.** *vi* ridere; **to ~ aloud** ridere a crepapelle; **to make sb ~** far ridere qu; **to ~ at sb/sth** *a. fig* ridere di qu/qc; **to ~ until one cries** piangere dalle risate; **don't make me ~!** *inf* non farmi ridere! ▸ **he who ~s last ~s best** *prov* ride bene chi ride ultimo *prov*

◆**laugh off** *vt* ridere su

laughable ['læ·fə·bl] *adj* ridicolo, -a

laughing I. *n* risate *fpl* **II.** *adj* **this is no ~ matter** non è una cosa da ridere

laughing gas *n inf* gas esilarante

laughingstock *n* zimbello *m*

laughter ['læf·təʳ] *n* riso *m;* **to roar with ~** ridere fragorosamente

launch [lɔ:ntʃ] **I.** <-ches> *n* **1.** (*boat*) lancia *f* **2.** (*of a boat*) varo *m* **3.** (*of a missile*) lancio *m*

4.(*introduction: of exhibition*) inaugurazione *f;* (*of book*) presentazione *f* **II.** *vt* **1.**(*set in the water*) varare **2.**(*set in motion: missile*) lanciare **3.**(*introduce: book*) presentare **4.**(*start: investigation*) avviare; (*exhibition*) inaugurare **5.to ~ oneself at sb** lanciarsi su qu
◆**launch into** *vt* lanciarsi in
◆**launch out** *vi* lanciarsi
launching ['lɔːnt·ʃɪŋ] *n* **1.**(*of boat*) varo *m* **2.**(*of missile, campaign*) lancio *m* **3.**(*of exhibition, campaign*) inaugurazione *f* **4.**(*of book*) presentazione *f*
launching pad *n*, **launch pad** *n* rampa *f* di lancio
launder ['lɔːn·dəʳ] *vt* **1.**(*clothing*) lavare e stirare **2.***fig* (*money*) riciclare
launderette [lɔːn·də·'ret] *n*, **laundromat** ['lɔːn·drə·mæt] *n* lavanderia *f* (automatica)
laundry ['lɔːn·dri] *n* **1.**(*dirty clothes*) panni *mpl* sporchi; **to do the ~** fare il bucato **2.**(*washed clothes*) bucato *m* **3.**<-ies> (*place*) lavanderia *f* ▶**to wash one's dirty ~ in public** lavare i propri panni sporchi in pubblico
laundry basket *n* cesto *m* della biancheria
laundry service *n* servizio *m* di lavanderia
laureate ['lɔː·ri·ɪt] *n* **Nobel ~** premio *m* Nobel; **Poet Laureate** poeta *m* laureato (*in Gran Bretagna, poeta scelto dalla regina per il componimento di poesie per occasioni speciali*)
laurel ['lɔː·rəl] *n* alloro *m* ▶**to rest on one's ~s** dormire sugli allori
lava ['lɑː·və] *n* lava *f*
lavatory ['læ·və·tɔː·ri] <-ies> *n* toilette *f inv*
lavender ['læ·vən·dəʳ] **I.** *n* BOT lavanda *f* **II.** *adj* (di/alla) lavanda
lavish ['læ·vɪʃ] **I.** *adj* (*banquet, reception*) fastoso, -a; (*party*) splendido, -a; (*praise*) grande **II.** *vt* **to ~ sth on sb** [*o* **to ~ sb with sth**] prodigare qc a qu
law [lɔː] *n* **1.** *a.* PHYS legge *f;* **the ~ of supply and demand** la legge della domanda e dell'offerta; **the ~s governing the export of paintings** le leggi che regolano l'esportazione dei dipinti; **his word is ~** è lui che detta legge; **the first ~ of sth** il principio base di qc **2.**(*legal system*) diritto *m;* (*body of laws*) legislazione *f;* **~-and-order** la legge e l'ordine pubblico; **to be against the ~** essere illegale; **to take the ~ into one's own hands** farsi giustizia da sé **3.**(*the police*) giustizia *f* **4.**(*trial*) **to go to ~** andare in tribunale ▶**the ~ of the jungle** la legge della giungla
law-abiding *adj* che rispetta la legge
lawbreaker *n* trasgressore, -ditrice*m, f* (della legge)
law enforcement *n* applicazione *f* della legge
lawful ['lɔː·fəl] *adj* **1.**(*legal*) legale; (*demands*) legittimo, -a **2.**(*law-abiding*) che rispetta la legge
lawgiver ['lɔː·ˌgɪ·vəʳ] *n* legislatore *m*

lawless ['lɔː·lɪs] *adj* senza legge; (*country*) anarchico, -a
lawmaker ['lɔː·ˌmeɪ·kəʳ] *n* legislatore *m*
lawn [lɔːn] *n* prato *m*
lawn mower *n* tosaerba *m inv*
law school *n* facoltà *f inv* di giurisprudenza
law student *n* studente , -essa *m, f* di giurisprudenza
lawsuit *n* causa *f;* **to bring a ~ against sb** fare causa a qu
lawyer ['lɔː·jəʳ] *n* avvocato *m*
lax [læks] *adj* **1.**(*lacking care*) negligente; **~ security** sicurezza *f* poco rigorosa; **to be ~ in doing sth** essere negligente nel fare qc **2.**(*not tense*) non teso, -a **3.**(*lenient*) indulgente; (*rules*) poco severo, -a
laxative ['læk·sə·tɪv] **I.** *n* lassativo *m* **II.** *adj* lassativo, -a
laxity ['læk·sə·ti] *n*, **laxness** *n* lassismo *m*
lay¹ [leɪ] **I.** *n* **1.**(*situation*) situazione *f;* **the ~ of the land** la configurazione del terreno; *fig* il panorama attuale **2.** *vulg* **to be a good ~** saperci fare a letto **II.**<laid, laid> *vt* **1.**(*place*) porre; **to ~ sth on/over sth** porre qc su/sopra qc; **to ~ sth flat** stendere qc; **to ~ stress on sth** enfatizzare qc; **to ~ the blame on sb** addossare la colpa a qu **2.**(*install*) mettere; **to ~ the foundations for sth** *a. fig* gettare le fondamenta di qc **3.**(*prepare*) allestire; **to ~ a plan** preparare un piano **4.**(*egg*) deporre **5.** *vulg* (*have sex with*) scopare **6.**(*gamble*) puntare; **to ~ an amount on sth** puntare una cifra su qc **7.**(*state*) presentare; **to ~ sth before sb** mettere qc di fronte a qu; **to ~ one's case before sb/sth** presentare il proprio caso a qu/qc; **to ~ a charge against sb** muovere una accusa contro qu; **to ~ claim to sth** reclamare qc **III.**<laid, laid> *vi* deporre le uova
◆**lay about** *vt* **to ~ sb** colpire qu
◆**lay aside** *vt* mettere da parte; **to ~ one's differences** mettere da parte le proprie differenze
◆**lay away** *vt* **1.**(*save*) mettere da parte **2.**(*at department store*) tenere da parte
◆**lay back** *vt* rilassarsi
◆**lay by** *vt* mettere da parte
◆**lay down** *vt* **1.**(*put down*) mettere via; (*arms*) deporre; (*life*) sacrificare **2.**(*establish*) stabilire; (*law*) dettare; **it is laid down that ...** è stabilito che...
◆**lay in** *vt* fare provviste di
◆**lay into** *vt inf* **1.**(*assault, criticize*) aggredire **2.**(*eat*) buttarsi su
◆**lay off I.** *vt* (*employee*) lasciare a casa **II.** *vi inf* smettere; **to ~ sb** lasciare in pace qu; **to ~ smoking** smettere di fumare
◆**lay on** *vt* **1.**(*provide: food, drink*) offrire **2.** *sl* (*reveal*) **to ~ sth on sb** dire qc a qu
◆**lay open** *vt* **1.**(*uncover*) scoprire **2.**(*expose*) esporre; **to lay oneself open** esporsi
◆**lay out** *vt* **1.**(*organize*) organizzare

2. (*explain*) presentare **3.** (*spread out*) estendere **4.** (*prepare for burial*) preparare **5.** *inf* (*knock unconscious*) far perdere conoscenza a **6.** *inf* (*money*) spendere
◆**lay over** *vi* fare una sosta
◆**lay to** *vi* NAUT gettare l'ancora
◆**lay up** *vt* **1.** (*store: food*) fare scorta di; (*money*) accumulare **2.** (*ship*) disarmare; (*car*) rottamare **3.** *inf* (*in bed*) **to be laid up** rimanere a letto
lay² [leɪ] *adj* **1.** (*not professional*) non specializzato, -a; **in ~ terms** in parole povere **2.** REL laico, -a
lay³ [leɪ] *pt of* **lie²**
layabout ['leɪ·ə·ˌbaʊt] *n inf* fannullone, -a *m, f*
layaway ['leɪ·ə·weɪ] *n* **to buy on ~** comprare a rate ottenendo il prodotto solo dopo l'ultimo pagamento
layer¹ ['leɪ·ɪə] **I.** *n* strato *m* **II.** *vt* disporre a strati
layer² ['leɪ·ɪə] *n* (*hen*) gallina *f* ovaiola
layer cake *n* torta *f* a strati
layered *adj* a strati
layette [leɪ·'et] *n* corredino *m*
layman ['leɪ·mən] <-men> *n* laico *m*
layoff ['leɪ·ɔːf] *n* licenziamento (per mancanza di lavoro) *m*
layout ['leɪ·aʊt] *n* **1.** (*of letter, magazine*) impaginazione *f;* (*of town, building*) pianta *f;* (*of factory*) lay-out *m* **2.** TYPO lay-out *m inv*
layover ['leɪ·oʊ·və] *n* (*on journey*) sosta *f;* AVIAT scalo *m*
laywoman ['leɪ·wʊ·mən] <-women> *n* laica *f*
laze [leɪz] <-zing> *vi* oziare
laziness ['leɪ·zɪ·nɪs] *n* pigrizia *f*
lazy ['leɪ·zi] <-ier, -iest> *adj* (*person*) pigro, -a; (*day*) tranquillo, -a
lb. *abbr of* **pound** libbra *f* (= *0,45 kg*)
LCD [ˌel·siː·'diː] *n abbr of* **liquid crystal display** display *m* a cristalli liquidi *inv*
lead¹ [liːd] **I.** *n* **1.** **to be in the ~** essere in testa; **to hold the ~** rimanere in testa; **to lose one's ~** perdere il vantaggio; **to move into the ~** andare in testa; **to take the ~** assumere il comando **2.** (*example*) esempio *m;* (*guiding*) iniziativa *f;* **to follow sb's ~** seguire l'esempio di qu **3.** THEAT ruolo *m* principale; **to play the ~** essere il/la protagonista **4.** (*clue, tip*) pista *f;* **to get a ~ on sth** ricevere un indizio su qc; **to give a ~** dare una dritta **5.** (*connecting wire*) cavo *m* **6.** (*dog leash*) guinzaglio *m* **II.** <led, led> *vt* **1.** (*be in charge of*) guidare; (*discussion, inquiry*) condurre **2.** (*conduct*) condurre, portare; **to ~ the way** fare strada; *fig* indicare la strada **3.** (*induce*) indurre; **to ~ sb to do sth** portare qu a fare qc; **to ~ sb to believe that …** far credere a qu che …; **to ~ a witness** LAW fare domande tendenziose a un testimone **4.** COM, SPORTS (*be ahead of*) essere in vantaggio su; **to ~ the field** *fig* essere il primo **5.** (*live a particular way: life*) condurre; **to ~ a life of luxury** vivere nel lusso; **to ~ a quiet/hectic life** fare una vita tranquilla/fre-

netica ▶**to ~ sb** (**around**) **by the** **nose** *inf* far fare a qu ciò che si vuole **III.** <led, led> *vi* **1.** (*be in charge*) dirigere **2.** (*guide followers*) essere alla guida **3.** (*conduct*) portare; **to ~ to/ into sth** *a. fig* portare a qc **4.** (*be ahead*) essere in vantaggio; **to ~ by 2 laps** essere in vantaggio di due giri
◆**lead along** *vt* condurre
◆**lead aside** *vt* portare in disparte
◆**lead astray** *vt* fuorviare
◆**lead away** *vt* portare via
◆**lead back** *vt* riportare
◆**lead off** **I.** *vt* (*person*) mettere fuori strada; (*room*) comunicare con **II.** *vi* cominciare
◆**lead on** *vt* (*trick, fool*) imbrogliare; (*encourage*) incoraggiare; **she doesn't want to lead him on** non vuole dargli false speranze
◆**lead to** *vt* portare a/in
◆**lead up to** *vi* **1.** (*cause, slowly introduce*) portare a **2.** (*precede*) precedere
lead² [led] *n* **1.** (*metal*) piombo *m* **2.** (*in pencil*) mina *f* **3.** NAUT scandaglio *m*
leaded ['le·dəd] **I.** *adj* impiombato, -a; **~ fuel** benzina *f* con piombo **II.** *n* benzina *f* con piombo
leaden ['le·dn] *adj* **1.** (*heavy*) pesante **2.** (*dull*) scialbo, -a **3.** (*dark*) plumbeo, -a
leader ['liː·də] *n* **1.** (*of group*) leader *mf inv* **2.** (*guide*) guida *f* **3.** MUS (*conductor*) direttore *m* **4.** MUS (*in section of orchestra*) musicista *mf* principale
leadership ['liː·də·ʃɪp] *n* **1.** (*ability to lead*) **~ qualities** doti *fpl* di leader **2.** (*leaders*) direzione *f* **3.** (*guidance*) comando *m;* **to be under sb's ~** essere al comando di qu
lead-free ['led·friː] *adj* senza piombo
lead guitar *n* **to play ~** essere il primo chitarrista
leading ['liː·dɪŋ] **I.** *adj* (*main, principle: cause, factor*) primario, -a; (*candidate, manager*) di punta **II.** *n* comando *m*
leading-edge *adj* di punta; **~ technology** tecnologia *f* d'avanguardia
leading lady *n* protagonista *f*
leading light *n inf* **to be a ~ in sth** essere un luminare in qc
leading man *n* protagonista *m*
leading question *n* domanda *f* tendenziosa
lead pencil *n* matita *f* (di grafite)
lead poisoning *n* saturnismo *m*
lead singer *n* cantante *mf* solista
lead story *n* PUBL notizia *f* in prima pagina
lead-time *n* tempo *m* di consegna
lead-up *n* fase *f* preparatoria
leaf [liːf] <leaves> *n* **1.** (*of plant*) foglia *f* **2.** (*foliage*) fogliame *m;* **to be in** [*o* **come into**] **~** mettere le foglie **3.** (*piece of paper*) foglio *m;* **~ of paper** foglio di carta **4.** (*thin layer*) **gold/silver ~** foglia *f* d'oro/d'argento **5.** (*of table*) prolunga *f* ▶**to take a ~ from sb's** **book** seguire l'esempio di qu; **to shake like a ~** tremare come una foglia; **to turn over a new ~** voltare pagina

◆leaf through *vt* sfogliare
leafless ['liːfˑləs] *adj* spoglio, -a
leaflet ['liːfˑlɪt] *n* dépliant *m inv*
leafy ['liːfi] <-ier, -iest> *adj* frondoso, -a
league [liːg] *n* **1.** *a.* SPORTS lega *f;* **to be/to not be in the same ~ as sb/sth** *fig* essere/non essere al livello di qu/qc; **to be out of sb's ~** non essere alla portate di qu **2.** (*measurement*) lega *f* ▶ **to be in ~ with sb** essere in combutta con qu
leak [liːk] **I.** *n* (*of gas, information*) fuga *f;* (*of water*) perdita *f;* (*in boat*) falla *f* **II.** *vi* **1.** (*gas, water*) fuoriuscire; (*hose, bucket, faucet*) perdere; (*tire*) perdere aria **2.** (*information*) trapelare; **news had ~ed out** c'era stata una fuga di notizie **III.** *vt* **1.** (*let escape*) far fuoriuscire; **to ~ water** fare acqua **2.** (*information*) far trapelare
leakage ['liːˑkɪdʒ] *n* **1.** (*leak*) perdita *f* **2.** (*of information*) fuga *f*
leaky ['liːˑki] <-ier, -iest> *adj* che perde
lean[1] [liːn] **I.** <-ed, -ed> *vi* pendere; **to ~ against sth** appoggiarsi a qc **II.** <-ed, -ed> *vt* appoggiare; **to ~ sth against sth** appoggiare qc a qc
◆lean back *vi* appoggiarsi all'indietro
◆lean forward *vi* piegarsi in avanti
◆lean on *vt* **1.** (*rely on*) appoggiarsi a **2.** *sl* (*pressure*) mettere sotto pressione
◆lean out *vi* sporgersi
◆lean over I. *vt* piegarsi su **II.** *vi* piegarsi
lean[2] [liːn] *adj* **1.** (*thin*) magro, -a **2.** (*efficient: company*) efficiente
leaning ['liːˑnɪŋ] *n* inclinazione *f;* **political ~s** tendenze *fpl* politiche
lean-to ['liːnˑtuː] *n* **1.** (*building extension*) costruzione annessa ad un edificio più grande **2.** (*shack*) capanno *m*
leap [liːp] **I.** <leaped *o* leapt, leaped *o* leapt> *vi* saltare; **to ~ forward** fare un salto in avanti; **to ~ with joy** saltare dalla gioia; **to ~ to do sth** precipitarsi a fare qc; **to ~ to sb's defense** lanciarsi in difesa di qu; **his heart ~ed** ebbe un tuffo al cuore; **to ~ to mind** venire in mente **II.** <leaped *o* leapt, leaped *o* leapt> *vt* saltare **III.** *n* salto *m;* **to take a ~** fare un salto ▶ **by ~s and bounds** a passi da gigante; **a ~ in the dark** un salto nel buio
◆leap at *vt* **1.** (*jump*) buttarsi su **2.** *inf* (*accept*) non lasciarsi sfuggire; **to ~ the chance to do sth** non lasciarsi sfuggire l'occasione di fare qc
◆leap out *vi* saltare fuori
◆leap up *vi* **1.** (*jump up*) scattare in piedi; **to ~ to do sth** scattare a fare qc **2.** (*rise quickly*) alzarsi di scatto
leapfrog [ˌliːpˑfrɑːg] **I.** *n* cavallina *f;* **to play a game of ~** giocare alla cavallina **II.** <-gg-> *vt* superare con un salto
leapt [lept] *vt, vi* pt, pp of **leap**
leap year *n* anno *m* bisestile
learn [lɜːrn] **I.** <learned, learned> *vt* imparare; **to ~ that** venire a sapere che **II.** <learned,

learned> *vi* imparare; **to ~ to do sth** imparare a fare qc; **to ~ from one's mistakes** imparare dai propri errori
learned ['lɜːrˑnɪd] *adj* erudito, -a
learner ['lɜːrˑnɚ] *n* principiante *mf;* **to be a quick ~** imparare alla svelta
learner's permit *n* foglio *m* rosa
learning ['lɜːrˑnɪŋ] *n* **1.** (*acquisition of knowledge*) apprendimento *m* **2.** (*extensive knowledge*) cultura *f*
learning disability *n* <-ies> difficoltà *f inv* di apprendimento
lease [liːs] **I.** *vt* (*building*) dare in locazione **II.** *n* (*act*) locazione *f;* (*contract*) contratto *m* di locazione; **to take sth on ~** prendere qc in locazione ▶ **a new ~ on life** una nuova opportunità
leasehold ['liːsˑhoʊld] COM, FIN, ECON **I.** *n* possesso *m* immobiliare **II.** *adj* **1.** (*kept by lease*) in locazione **2.** (*dealing with leases*) di locazione
leaseholder ['liːsˑhoʊlˑdɚ] *n* locatario, -a *m, f*
leash [liːʃ] *n* guinzaglio *m* ▶ **to keep sb on a tight ~** tenere qu al guinzaglio
leasing ['liːˑsɪŋ] *n* locazione *f*
least [liːst] **I.** *adj* minore **II.** *adv* meno; **the ~ possible** il meno possibile **III.** *n* **at** (**the very**) **~** almeno; **not in the ~!** affatto!; **to say the ~** per lo meno
leather ['leˑðɚ] *n* cuoio *m*
leatherneck ['leˑðɚˑnek] *n sl* marine *m inv*
leathery ['leˑðɚˑri] *adj* (*skin*) coriaceo, -a; (*meat*) duro, -a
leave[1] [liːv] **I.** <left, left> *vt* **1.** (*depart from*) partire da; (*school, work*) lasciare; **to ~ home** uscire di casa **2.** (*not take away with*) lasciare; **to ~ sth to sb** lasciare qc a qu; **to ~ sth at home** lasciare qc a casa; **to ~ a note/message** (**for sb**) lasciare un biglietto/un messaggio (per qu) **3.** (*put in a situation*) **to ~ sb alone** lasciare in pace qu; **to be left homeless** ritrovarsi senza casa; **to ~ sth open** lasciare qc aperto ▶ **to ~ a lot to be desired** lasciare molto a desiderare; **to ~ it at that** finirla qui **II.** <left, left> *vi* andare via **III.** *n* congedo *m;* **to take** (**one's**) **~** (**of sb**) congedarsi (da qu); **to take** (**complete**) **~ of one's senses** perdere (completamente) la testa
◆leave behind *vt* **1.** (*not take along, forget*) lasciare **2.** (*progress beyond*) lasciarsi dietro
◆leave off I. *vt* **1.** (*give up*) smettere **2.** (*omit*) omettere **II.** *vi* smettere
◆leave on *vt* lasciare; (*light*) lasciare acceso
◆leave out *vt* **1.** (*omit*) omettere **2.** (*exclude*) escludere
◆leave over *vt* lasciare; **there's nothing left over** non è rimasto niente
leave [liːv] *n* permesso *m;* **to have/get sb's ~** (**to do sth**) avere/ottenere il permesso di qu (per fare qc); **with/without sb's ~** con/senza il permesso di qu; **to go/be on ~** MIL andare/ essere in licenza
leaven ['leˑvn] **I.** *n* lievito *m* **II.** *vt* far lievitare;

to ~ **a speech with jokes** *fig* alleggerire un discorso con battute
leaves [liːvz] *n pl of* **leaf**
leave-taking *n* commiato *m*
leaving ['liːvɪŋ] *n* **1.** (*departure*) partenza *f;* commiato *m* **2.** *pl* (*remaining things, leftovers*) avanzi *mpl*
Lebanese [ˌleˑbəˑ'niːz] I. *adj* libanese II. *n* libanese *mf*
Lebanon ['leˑbəˑnɑːn] *n* (**the**) ~ il Libano
lech [letʃ] *n,* **lecher** ['leˑtʃə‿] *n* sporcaccione *m*
lecherous ['leˑtʃə‿əs] *adj* lascivo, -a
lechery ['leˑtʃə‿i] *n* lascivia *f*
lcotcrn ['lɛk tə‿n] *n* lɛggio *m;* REL pulpito *m*
lecture ['lekˑtʃə‿] I. *n* conferenza *f;* UNIV lezione *f; a ~* **on sth** una conferenza su qc; **to give sb a ~** *fig* fare la predica a qu II. *vi* (*give a lecture*) tenere una conferenza; (*teach*) fare lezione III. *vt* **1.** (*give a lecture*) fare una conferenza per; (*teach*) fare lezione a **2.** *fig* (*criticize*) fare la predica a
lecture hall *n* aula *f* (universitaria)
lecture notes *npl* appunti *mpl* della lezione
lecturer ['lekˑtʃə‿ə‿] *n* conferenziere, -a *m, f;* UNIV professore, -essa *m, f* universitario, -a
lecture tour *n* giro *m* di conferenze
led [led] *pt, pp of* **lead**[1]
LED [ˌelˑiˑ'diː] *n abbr of* **light-emitting diode** LED *m*
ledge [ledʒ] *n* (*shelf*) mensola *f;* (*on building*) cornicione *m;* (*on cliff*) cengia *f;* **window** ~ davanzale *m*
ledger ['leˑdʒə‿] *n* COM libro *m* mastro
lee [liː] *n* lato *m* sottovento
leech [liːtʃ] <-es> *n* sanguisuga *f;* **he stuck to her like a ~** le stava appiccicato come una sanguisuga
leek [liːk] *n* FOOD porro *m*
leer [lɪr] I. *vi* lanciare occhiate maliziose II. *n* occhiata *f* maliziosa
leery ['lɪˑri] *adj* diffidente
leeward ['liːˑwə‿d] METEO I. *adj* sottovento II. *adv* sottovento
Leeward Islands *n* Isole *fpl* Sottovento
leeway ['liːˑweɪ] *n* libertà *f* di manovra
left [left] *pt, pp of* **leave**[1]
left[2] [left] I. *n* **1.** *a.* POL sinistra *f;* **the** ~ la sinistra; **to turn to the** ~ girare a sinistra; **on/to the/her** ~ a/alla sua sinistra **2.** *a.* POL di sinistra II. *adj* sinistro, -a, di sinistra III. *adv* a sinistra; **to turn** ~ girare a sinistra
left field *n* (*in baseball*) left field *m inv;* **to be out in** ~ *fig, sl* essere un tipo particolare
left hand *n* sinistra *f;* **on the** ~ a sinistra
left-hand *adj* sinistro, -a, di/a sinistra; ~ **side** lato *m* sinistro; ~ **turn** curva *f* a sinistra
left-handed *adj* mancino, -a; ~ **scissors** forbici *fpl* per mancini
left-hander *n* mancino, -a *m, f*
leftist ['lefˑtɪst] POL I. *adj* di sinistra II. *n* persona *f* di sinistra
leftovers ['leftˑˌouˑvə‿z] *npl* **1.** (*food*) avanzi *mpl* **2.** (*remaining things*) resti *mpl*

left wing *n* POL sinistra *f*
left-wing *adj* POL di sinistra
left-winger *n* POL persona *f* di sinistra
lefty *n* mancino, -a *m, f*
leg [leg] I. *n* **1.** (*of person, pants*) gamba *f;* (*of animal, furniture*) zampa *f* **2.** FOOD (*of lamb, chicken*) coscio *m* **3.** (*segment of journey*) tappa *f* ▶ **to be on one's last** ~**s** averne per poco; **to give sb a ~ up** *inf* dare una mano a qu; **break a** ~! in bocca al lupo!; **to pull sb's** ~ *inf* prendere in giro qu; **to shake a** ~ *inf* darsi una mossa II. *vt* <-gg-> *inf* **to** ~ **it** (*go by foot*) camminare; (*run fast*) correre
legaoy ['lɛ gə si] < ioo> *n* lascito *m;* (*inheritance*) retaggio *m*
legal ['liːˑgl] *adj* **1.** (*in accordance with law*) legale **2.** (*concerning the law*) legale, giuridico, -a
legal advice *n* consulenza *f* legale
legal age *n* maggiore età *f*
legal aid *n* diritto ad avere un avvocato d'ufficio
legal fee *n* parcella *m* dei legali
legality [liːˑ'gæˑləˑt̬i] *n* legalità *f*
legalization [ˌliːˑgəˑlɪˑ'zeɪˑʃən] *n* legalizzazione *f*
legalize ['liːˑgəˑlaɪz] *vt* legalizzare
legally ['liːˑgəˑli] *adv* legalmente
legal system *n* sistema *m* giuridico
legate ['leˑgɪt] *n* legato *m*
legation [lɪˑ'geɪˑʃən] *n* legazione *f*
legend ['leˑdʒənd] *n* leggenda *f;* ~ **has it that ...** secondo la leggenda...; **he was a** ~ **in his own time** era una leggenda vivente
legendary ['leˑdʒənˑdeˑri] *adj* leggendario, -a
legerdemain [ˌleˑdʒə‿ˑdəˑ'meɪn] *n* giochi *mpl* di prestigio
leggings ['leˑgɪŋz] *npl* fuseaux *mpl*
leggy ['leˑgi] <-ier, -iest> *adj* con le gambe lunghe
legible ['leˑdʒəˑbl] *adj* leggibile
legion ['liːˑdʒən] I. *n* **1.** (*national organization*) associazione *f* **2.** (*many*) schiera *f* II. *adj form* **the difficulties are** ~ le difficoltà sono innumerevoli
legionary ['liːˑdʒəˑneˑri] I. *adj* legionario, -a II. *n* <-ies> legionario *m*
legionnaire [ˌliːˑdʒəˑ'ner] *n* legionario *m*
Legionnaires' disease *n* MED legionellosi *f*
legislate ['leˑdʒɪsˑleɪt] *vi* legiferare
legislation [ˌleˑdʒɪsˑ'leɪˑʃən] *n* legislazione *f*
legislative ['leˑdʒɪsˑleɪˑt̬ɪv] *adj* legislativo, -a
legislator ['leˑdʒɪsˑleɪˑt̬ə‿] *n* legislatore *m*
legislature ['leˑdʒɪsˑleɪˑtʃə‿] *n* assemblea *f* legislativa
legit [ləˑ'dʒɪt] *adj sl* legale
legitimacy [ləˑ'dʒɪˑt̬əˑməˑsi] *n* legalità *f*
legitimate[1] [ləˑ'dʒɪˑt̬əˑmət] *adj* **1.** (*legal*) legale **2.** (*reasonable*) valido, -a **3.** (*born in wedlock*) legittimo, -a
legitimate[2] [ləˑ'dʒɪˑt̬əˑmeɪt] *vt* legittimare
legitimize [ləˑ'dʒɪˑt̬əˑmaɪz] *vt* legittimare
legroom ['legˑruːm] *n* spazio *m* per le gambe

legume [lə·'gju:m] n FOOD legume m
leguminous [lə·'gju:·mɪ·nəs] adj con frutto a baccello
leisure ['li:·ʒɚ] n tempo m libero ▸ at one's ~ con comodo; **call me at your** ~ chiamami con comodo
leisure activities n attività fpl ricreative
leisured adj (comfortable) comodo, -a
leisurely I. adj rilassato, -a II. adv in modo rilassato
leisure time n tempo m libero
leisure wear n abbigliamento m per il tempo libero
lemming ['le·mɪŋ] n lemming m inv
lemon ['le·mən] n 1. (fruit) limone m; **a slice of ~** una fettina di limone 2. (color) giallo m limone 3. inf (defective object) catorcio inv
lemonade [ˌle·mə·'neɪd] n limonata f
lemon juice n succo m di limone
lemon peel n scorza f di limone
lend [lend] <lent, lent> I. vt 1. (give temporarily) prestare; **to ~ money to sb** prestare soldi a qu 2. (impart, provide) dare; **to ~ color to sth** avvalorare qc; **to ~ support to a view** appoggiare un'idea ▸ **to ~ an ear** prestare attenzione; **to ~ an ear to sb** dare ascolto a qu; **to ~ a hand to sb** dare una mano a qu; **to ~ one's name to sth** appoggiare pubblicamente qc II. vi fare prestiti
lender ['len·dɚ] n FIN prestatore, -trice m, f
lending ['len·dɪŋ] n prestito m
lending library n biblioteca f che fa prestiti a domicilio
length [leŋθ] n 1. (measurement) lunghezza f; **it's 3 yards in** ~ è lungo 3 iarde; (along) **the ~ of sth** per la lunghezza di qc 2. (piece: of pipe, rope) pezzo m 3. (of swimming pool) vasca f 4. (duration) durata f; (for) **any ~ of time** (per) un periodo qualsiasi; **at** ~ finalmente; **to speak at** ~ parlare a lungo; **at great** ~ con dovizia di particolari ▸ **to go to great ~s to do sth** darsi un gran daffare per fare qc
lengthen ['leŋ·θən] I. vt 1. (in time) prolungare 2. (physically) allungare II. vi 1. (in time) prolungarsi 2. (physically) allungarsi
lengthways ['leŋθ·weɪz] adv, adj, **lengthwise** ['leŋθ·waɪz] adv, adj per lungo
lengthy ['leŋ·θi] <-ier, -iest> adj lungo, -a; (speech) prolisso, -a; **a ~ wait** una lunga attesa
lenience ['li:·ni·ənts] n, **leniency** n indulgenza f
lenient ['li:·ni·ənt] adj (judge) indulgente; (punishment) poco severo, -a
lens [lenz] <-es> n 1. (of glasses) lente f; **contact ~es** lenti a contatto 2. (of camera) obiettivo m; **zoom** ~ zoom m inv 3. ANAT cristallino m
lent [lent] pt, pp of **lend**
Lent [lent] n Quaresima f
lentil ['len·tl] n lenticchia f
Leo ['li:·oʊ] n Leone m, nello zodiaco
leonine ['lɪ·ə·naɪn] adj form leonino, -a

leopard ['le·pəd] n leopardo m ▸ **a ~ can't change its spots** prov il lupo perde il pelo ma non il vizio prov
leotard ['li:·ə·tɑːrd] n body m inv
leper ['le·pə] n 1. MED lebbroso, -a m, f 2. fig appestato, -a m, f
leprosy ['lep·rə·si] n lebbra f
leprous ['lep·rəs] adj lebbroso, -a
lesbian ['lez·bi·ən] I. n lesbica f II. adj lesbico, -a
lesbianism n lesbismo m
lesion ['li:·ʒən] n lesione f
Lesotho [lə·'soʊ·ṭoʊ] n Lesotho m
less [les] comp of **little** I. adj meno; **sth of ~ value** qc di minor valore; ~ **wine/fat** meno vino/grasso II. adv meno; **to drink ~** bere meno; **to see sb ~** vedere meno qu; ~ **than 10** meno di 10; **to grow** [o **become**] ~ diminuire; **not him, much ~ her** lui no, e ancora meno lei III. pron meno; ~ **than ...** meno di ...; ~ **and ~** sempre meno; **to cost ~ than ...** costare meno di ...; **the ~ you eat, the ~ you get fat** meno mangi, meno ingrassi IV. prep meno; **a month,** ~ **two days** un mese meno due giorni
lessen ['le·sn] I. vi (danger) ridurre; (fever, pain) diminuire II. vt (diminish) diminuire; (risk, pain) ridurre
lesser ['le·sə] adj comp of **less** minore; **to a ~ extent** in grado minore
lesson ['le·sn] n a. fig lezione f; **to draw a ~ (from sth)** imparare la lezione (da qc); **to learn one's ~** imparare la lezione; **to teach sb a ~** dare una lezione a qu
lest [lest] conj liter 1. (for fear that) per timore che +conj, per timore di +inf; **I didn't do it ~ he should come** non lo feci per timore che venisse 2. (if) nel caso che +conj
let¹ [let] n SPORTS net m inv ▸ **without ~ or hindrance** LAW senza nessun impedimento
let² [let] vt <let, let> 1. (allow) lasciare; **to ~ sb do sth** lasciar fare qc a qu; **to ~ sb know sth** far sapere qc a qu; **to ~ sth pass** far passare qc; **to ~ sb alone** lasciare in pace qu; ~ **him be!** lascialo stare! 2. (in suggestions) ~**'s go!** andiamo!; ~**'s say ...** diciamo ...; ~ **us pray** preghiamo 3. inf (filler while thinking) ~**'s see** vediamo; ~ **me think** fammi pensare 4. MATH ~ **x be y** sia x uguale a y ▸ ~ **alone ...** tanto meno ...; **to ~ sb have it** farla vedere a qu; **to ~ sth lie** lasciar perdere qc; **to ~ rip** scatenarsi
◆ **let by** vt lasciar passare
◆ **let down** vt 1. (disappoint) deludere 2. (lower) abbassare; (hair) sciogliere; **to let one's hair down** a. fig rilassarsi 3. FASHION allungare
◆ **let in** vt (person) far entrare; (light) lasciar passare ▸ **to let oneself in for sth** andarsi a cercare qc; **to let sb in on sth** rivelare qc a qu
◆ **let off** vt 1. (forgive) lasciarla passare a; **to be let off with a fine** cavarsela con una multa

2. (*fire: gun*) fare fuoco con; (*bomb, firework*) far esplodere

◆**let on** *vi inf* (*divulge*) **to ~ about sth** rivelare qc; **to not ~ about sth** non dire niente di qc

◆**let out** I. *vi* finire II. *vt* **1.** (*release*) far uscire; (*prisoner*) mettere in libertà; **to ~ a laugh** scoppiare a ridere; **to ~ a scream** emettere un grido **2.** FASHION allargare **3.** (*reveal: secret*) rivelare

◆**let up** *vi* **1.** (*become weaker, stop: rain*) cessare; (*cold*) diminuire; (*fog*) svanire **2.** (*relent*) demordere; **to ~ on sb** essere meno duro con qu; **to ~ on the gas** rallentare

lethal ['liː·θl] *adj* letale; **this brandy's ~!** *inf* questo brandy è letale!

lethargic [lɪ·'θɑːr·dʒɪk] *adj* **1.** (*lacking energy*) apatico, -a **2.** (*drowsy*) insonnolito, -a

lethargy ['le·θɚ·dʒi] *n* **1.** (*lack of energy*) apatia *f* **2.** (*drowsiness*) torpore *m*

letter ['le·ţɚ] *n* (*message, symbol*) lettera *f*; **~ of recommendation** lettera di raccomandazione; **~ of credit** lettera di credito ▶**to stick to the ~ of the** <u>law</u> attenersi rigorosamente alla legge; **to the ~** alla lettera

letter bomb *n* lettera *f* esplosiva

letterbox *n* cassetta *f* delle lettere

letterhead *n* (*logo*) intestazione *f*; (*paper*) carta *f* intestata

lettering ['le·ţɚ·ɪŋ] *n* caratteri *mpl*

letterpress *n* TYPO stampa *f* rilievografica

lettuce ['le·ţɪs] *n* insalata *f*, lattuga *f*

leucocyte *n s.* **leukocyte**

leukemia [luː·'kiː·mi·ə] *n* leucemia *f*

leukocyte ['luː·kou·saɪt] *n* MED leucocita *m*

level ['le·vəl] I. *adj* **1.** (*horizontal*) orizzontale; (*flat*) piatto, -a; (*spoonful*) raso, -a **2.** (*having same height*) **to be ~ with sth** essere allo stesso livello di qc **3.** (*in same position*) **to be ~ with sb/sth** essere alla pari con qu/qc **4.** (*of same amount*) uguale **5.** (*calm*) sereno, -a; (*look*) sincero, -a; (*tone, voice*) misurato, -a; **to keep a ~ head** restare lucido **6.** (*uniform*) uniforme ▶**to do one's ~** <u>best</u> *inf* fare del proprio meglio II. *adv* alla pari III. *n* **1.** (*position, amount, height*) livello *m*; **above sea ~** sopra il livello del mare; **at ground ~** al pianoterra **2.** (*position in hierarchy*) livello *m;* **at a higher ~** a un livello alto; **at the (very) highest ~** a livello più alto; **to be on a ~ with sb/ sth** essere alla pari con qu/qc; **to find one's (own) ~** *inf* trovare il proprio posto nel mondo **3.** (*quality of performance*) livello *m;* **intermediate ~ students** studenti *mpl* di livello intermedio **4.** (*meaning*) **on one ~ ... on another ~** da un lato ... dall'altro; **on a serious ~** in modo serio ▶**to** <u>be</u> **on the ~** (*business, person*) essere serio IV. <-l- *o* -ll-> *vt* **1.** (*smoothen, flatten*) livellare, spianare **2.** (*demolish completely*) radere al suolo **3.** (*point*) **to ~ sth at sb** (*gun*) puntare qc contro qu

◆**level down** *vt* spianare

◆**level off** *vi*, **level out** *vi* (*aircraft*) disporsi in assetto orizzontale; (*inflation*) stabilizzarsi

◆**level up** *vt* livellarsi

◆**level with** *vt inf* essere sincero, -a con

levelheaded *adj* sensato, -a

lever ['le·vɚ] I. *n* leva *f* II. *vt* fare leva su; **to ~ sth open** aprire qc facendo leva

leverage ['le·vɚ·ɪdʒ] *n* **1.** (*using lever*) azione *f* di leva **2.** *fig* influenza *f*

leviathan [lɪ·'vɑ·ɪə·θən] *n a.* REL leviatano *m*

levitate ['le·vɪ·teɪt] I. *vt* far levitare II. *vi* levitare

levity ['le·və·ţi] *n* leggerezza *f*

levy ['le·vl] I. <-*ies*> *n* tassa *f* II. <-*le*-> *vt* imporre; **to ~ a tax on sth** imporre una tassa su qc

lewd [luːd] *adj* (*person*) libidinoso, -a; (*gesture, remark*) osceno, -a

lewdness *n* (*behavior*) libidine *f*; (*of gesture, remark*) oscenità *f*

lexical ['lek·sɪ·kl] *adj* lessicale

lexicographer [ˌlek·sɪ·'kɑː·grə·fɚ] *n* lessicografo, -a *m, f*

lexicography [ˌlek·sɪ·'kɑː·grə·fi] *n* lessicografia *f*

lexicology [ˌlek·sɪ·'kɑː·lə·dʒi] *n* lessicologia *f*

lexicon ['lek·sɪ·kɑːn] *n* **1.** (*vocabulary*) lessico *m* **2.** (*dictionary*) dizionario *m*

lexis ['lek·sɪs] *n* LING vocabolario *m*

LF *abbr of* **low frequency** BF

liability [ˌla·ɪə·'bɪ·lə·ţi] *n* **1.** FIN, LAW responsabilità *f*; **to accept ~ for sth** assumersi la responsabilità di qc **2.** FIN **liabilities** debiti *mpl* **3.** *inf* **he's a ~!** lui è un peso!

liable ['la·ɪə·bl] *adj* **1.** (*prone*) soggetto, -a; **to be ~ to do sth** tendere a fare qc **2.** LAW responsabile; **to be ~ for sth** essere responsabile di qc

liaise [lɪ·'eɪz] *vi* **to ~ with sb/sth** fare da collegamento con qu/qc

liaison ['liː·ə·zɑːn] *n* **1.** (*contact*) comunicazione *f*; (*coordination*) coordinazione *f* **2.** LING liaison *f* **3.** (*person*) contatto *mf*; MIL ufficiale *m* di collegamento **4.** (*sexual affair*) avventura *f*

liar ['la·ɪɚ] *n* bugiardo, -a *m, f*

lib [lɪb] *n inf abbr of* **liberation** liberazione *f*

libel ['laɪ·bl] I. *n* LAW libello *m;* PUBL diffamazione *f;* **to sue sb for ~** to sue sb for ~ causa a qu per diffamazione II. <-l- *o* -ll-> *vt* LAW, PUBL diffamare

libellous *adj*, **libelous** ['laɪ·bə·ləs] *adj* LAW, PUBL diffamatorio, -a

liberal ['lɪ·bə·rəl] I. *adj* **1.** (*tolerant*) *a.* POL liberale **2.** (*generous, plentiful*) generoso, -a **3.** (*not strict: interpretation*) libero, -a II. *n* liberale *mf*

liberal arts *n* materie *fpl* umanistiche

liberalism ['lɪ·bə·rə·lɪ·zəm] *n* liberalismo *m*

liberality [ˌlɪ·bə·'ræ·lə·ţi] *n* **1.** (*tolerance*) liberalità *f* **2.** (*generosity*) generosità *f*

liberalization [ˌlɪ·bə·rə·lɪ·'zeɪ·ʃən] *n* liberalizzazione *f*

liberalize ['lɪ·bə·rə·laɪz] *vt* liberalizzare

liberate ['lɪ·bə·reɪt] *vt* **1.**(*free*) liberare; **to ~ oneself from sth/sb** liberarsi di qc/qu **2.***fig, iron, sl* (*steal*) portare via
liberation [ˌlɪ·bə·'reɪ·ʃən] *n* liberazione *f*
liberator ['lɪ·bə·reɪ·t̬ə·] *n* liberatore, -trice *m, f*
Liberia [laɪ·'bɪ·ri·ə] *n* Liberia *f*
Liberian I. *adj* liberiano, -a II. *n* liberiano, -a *m, f*
libertine ['lɪ·bə··tiːn] *n* libertino, -a *m, f*
liberty ['lɪ·bə··t̬i] *n form* **1.**(*freedom*) libertà *f;* **to be at ~** essere in libertà; **to be at ~ to do sth** avere il diritto di fare qc; **to take the ~ of doing sth** prendersi la libertà di fare qc; **to take liberties with sb** prendersi delle libertà verso qu **2.liberties** *pl* (*rights*) diritti *mpl*
libidinous [lə·'bɪd·nəs] *adj form* libidinoso, -a
libido [lɪ·'biː·doʊ] *n* libido *f*
Libra ['liː·brə] *n* Bilancia *f*
Libran ['liː·brən] I. *n* Bilancia *f* II. *adj* della Bilancia
librarian [laɪ·'bre·ri·ən] *n* bibliotecario, -a *m, f*
library ['laɪ·bre·ri] *n* <-ies> **1.**(*place*) biblioteca *f;* **film ~** cineteca *f;* **newspaper ~** emeroteca *f* **2.**(*collection*) archivio *m*
libretto [lɪ·'bre·t̬oʊ] *n* libretto *m*
Libya ['lɪ·bi·ə] *n* Libia *f*
Libyan I. *adj* libico, -a II. *n* libico, -a *m, f*
lice [laɪs] *npl s.* **louse**
license ['laɪ·sənts] I. *n* **1.**(*document*) licenza *f,* permesso *m;* **driver's ~** patente *f* di guida; **gun ~** porto *m inv* d'armi **2.**(*freedom*) licenza *f;* **artistic ~** licenza artistica II. *vt* autorizzare
licensed *adj* autorizzato, -a
licensed practical nurse *n infermiere non qualificato per dispensare farmaci*
licensee [ˌlaɪ·sənt·'siː] *n* concessionario, -a *m, f*
license plate *n* AUTO targa *f*
license plate number *n* AUTO numero *m* di targa
licensing ['laɪ·sənt·sɪŋ] *n* licenza *f,* permesso *m*
licentious [laɪ·'sen·ʃəs] *adj* licenzioso, -a
lichen ['laɪ·kən] *n* lichene *m*
lick [lɪk] I. *n* **1.**(*with tongue*) leccata *f* **2.**(*light coating*) **a ~ of paint** una mano di tinta **3.** *inf* (*try*) **to give it a ~** provarci **4.**MUS riff *m inv* ▶ **a ~ and a promise** *inf* una ripassatina II. *vt* **1.**(*with tongue*) leccare **2.**(*lightly touch*) lambire **3.** *inf* (*defeat*) battere **4.** *sl* (*beat up*) pestare
licking *n* **1.** *sl* (*physical beating*) pestata *f* **2.**SPORTS (*defeat*) sconfitta *f*
licorice ['lɪ·kə·rɪʃ] *n* liquirizia *f*
lid [lɪd] *n* **1.**(*for container*) tappo *m,* coperchio *m* **2.***fig* (*limit*) freno *m* **3.**(*eyelid*) palpebra *m* ▶ **to keep the ~ on sth** controllare qc; **that puts the ~ on it** questa è la fine
lie¹ [laɪ] I. <-y-> *vi* mentire; **to ~ about sth** mentire su qc II. <-y-> *vt* **to ~ oneself out of sth** tirarsi fuori da qc mentendo III. *n* menzogna *f,* bugia *f;* **to be an outright ~** essere

tutta una menzogna; **to live a ~** vivere nella menzogna; **don't tell me ~s!** non mentirmi!
lie² [laɪ] I. <lay, lain> *vi* **1.**(*be lying down: person*) giacere, stare disteso; **to ~ in bed** giacere a letto; **to ~ on the ground** giacere a terra; **~ awake** stare a letto sveglio; **to ~ still** giacere immobile **2.**(*be positioned*) trovarsi; **to ~ off the coast** (*boat*) trovarsi al largo; **to ~ on the route to ...** trovarsi sulla strada per ...; **to ~ to the east of ...** essere situato a est di ...; **to ~ in ruins** essere in rovina; **to ~ in wait** stare in attesa **3.***form* (*be buried*) giacere **4.to ~ with sb/sth** (*be responsibility of*) spettare a qu/qc; (*be the reason for sth*) essere colpa di qu/qc **5.**SPORTS posizionarsi II. *n* posizione *f*
♦ **lie around** *vi* **1.**(*be somewhere*) essere in giro **2.**(*be lazy*) bighellonare
♦ **lie back** *vi* appoggiarsi (all'indietro)
♦ **lie down** *vi* **1.**(*act*) sdraiarsi **2.** *inf* (*do nothing*) **to ~ on the job** prendersela comoda al lavoro; **to take sth lying down** accettare qc senza protestare
♦ **lie to** *vi* NAUT essere alla cappa
lie detector *n* macchina *f* della verità
lien [liːn] *n* diritto *m* di pegno
lieu [luː] *n* **in ~ of** al posto di
lieutenant [luː·'te·nənt] *n* **1.**MIL tenente *m* **2.**(*assistant*) luogotenente *m*
life [laɪf] <lives> *n* **1.**vita *f;* **~ after death** vita ultraterrena; **intelligent ~** (forme *fpl* di) vita intelligente; **plant ~** vita vegetale; **private ~** vita privata; **to be full of ~** essere pieno di vita; **to lose one's ~** perdere la vita; **to take sb's ~** togliere la vita a qu; **to take one's (own) ~** togliersi la vita **2.**(*existence*) vita *f;* **to want sth out of ~** volere qc dalla vita; **to be sb's (whole) ~** essere tutto per qu **3.**(*duration*) durata *f* **4.** *inf* (*prison sentence*) ergastolo *m;* **to get ~** essere condannato all'ergastolo ▶ **a ~ and death struggle** una lotta tra la vita e la morte; **to be a matter of ~ and death** essere una questione di vita o di morte; **to take one's ~ in one's hands** rischiare la vita; **to risk ~ and limb** (to do sth) rischiare la vita (per fare qc); **to lay one's ~ on the line** mettere a rischio la propria vita; **to be the ~ of the party** essere l'anima della festa; **to do sth for dear ~** fare qc disperatamente; **to live the good ~** fare la bella vita; **~ is hard!** *iron, inf* che vitaccia!; **as large as ~** in carne ed ossa; **to breathe new ~ into sth** dare nuova vita a qc; **to bring sth to ~** vivacizzare qc; **to come to ~** diventare vivo; **to frighten the ~ out of sb** spaventare a morte qu; **to give one's ~ for sb/sth** dare la vita per qu/qc; **to make a new ~** cominciare una nuova vita; **for ~** per tutta la vita; **I'm not able for the ~ of me to ...** non sono assolutamente capace di ...; **not on your ~!** *inf* nemmeno per idea!; **that's ~!** così è la vita!; **this is the ~ (for me)!** questa sì che è vita!
life annuity <-ies> *n* vitalizio *m*
life belt *n* salvagente *m inv*

lifeboat *n* scialuppa *f* di salvataggio
life buoy *n* salvagente *m inv*
life cycle *n* ciclo *m* vitale
life expectancy <-ies> *n* durata *f* (media) della vita
life form *n* forma *f* di vita
lifeguard *n* bagnino, -a *m, f*
life insurance *n* assicurazione *f* sulla vita
life jacket *n* giubbotto *m* di salvataggio
lifeless ['laɪf·ləs] *adj* 1. (*dead*) senza vita 2. *fig* spento, -a
lifelike ['laɪf·laɪk] *adj* naturale
lifeline *n* 1. NAUT cima *f* di salvataggio 2. *fig* ancora *f* di salvezza
lifelong [ˌlaɪf·'lɑːŋ] *adj* che dura tutta la vita
life preserver *n* salvagente *m inv*
lifer ['laɪ·fɚ] *n sl* ergastolano, -a *m, f*
life raft *n* zattera *f* di salvataggio
lifesaver *n* bagnino, -a *m, f*
life sentence *n* condanna *f* all'ergastolo
life-size *adj*, **life-sized** *adj* a grandezza naturale
life span *n* (*of animals, people*) durata *f* della vita; (*of machines*) durata *f*
lifestyle *n* stile *m* di vita
life-support system *n* respiratore *m* artificiale
life-threatening *adj* potenzialmente letale
lifetime *n* 1. (*of person*) vita *f;* **in my ~** nella mia vita; **the chance of a ~ (for sb)** un'occasione unica (per qu); **to happen once in a ~** succedere una volta nella vita; **to see sth during one's ~** vedere qc prima di morire 2. *inf* (*eternity*) vita *f;* **to seem like a ~** sembrare un'eternità
lifework *n* lavoro *m* di tutta una vita
lift [lɪft] **I.** *n* 1. (*upward motion*) sollevamento *m;* **to give sth a ~** sollevare qc 2. AVIAT portanza *f* 3. *fig* (*positive feeling*) **to give sb a ~** tirare un po' su qu 4. (*hoisting device*) montacarichi *m inv* 5. *inf* (*help*) mano *f* 6. *inf* (*car ride*) passaggio *m;* **to give sb a ~** dare un passaggio a qu **II.** *vi* sollevarsi **III.** *vt* 1. (*move upwards*) sollevare, alzare; **to ~ fingerprints from sth** rilevare le impronte digitali da qc; **to ~ one's eyes** alzare gli occhi; **to ~ one's head** alzare la testa; **to ~ one's voice** alzare la voce; **to ~ one's voice to sb** urlare a qu; (*argue with*) discutere con qu 2. (*stop*) togliere; **to ~ restrictions** togliere le restrizioni 3. (*encourage*) **to ~ sb's spirits** sollevare il morale di qu 4. (*move by air*) trasportare (per via aerea) 5. *inf* (*steal*) fregare; (*plagiarize*) copiare; **to ~ a tune** copiare una melodia
◆**lift down** *vt* tirare giù
◆**lift off** *vi* AVIAT decollare
◆**lift up** *vt* alzare; **to ~ one's head** alzare la testa; **to ~ one's voice** alzare la voce
liftoff *n* AVIAT, TECH decollo *m*
ligament ['lɪ·gə·mənt] *n* legamento *m*
ligature ['lɪ·gə·tʃɚ] *n* 1. MED filo *m* per legatura 2. MUS, TYPO legatura *f*
light [laɪt] **I.** *n* 1. (*energy, brightness*) luce *f;* **by the ~ of the moon** al chiaro di luna

2. (*daytime*) luce *f* (del giorno); **first ~** prime luci 3. (*source of brightness, lamp*) luce *f;* **to turn a ~ off/on** spegnere/accendere una luce; **~s out** *inf* (*bedtime*) ora *f* di dormire 4. (*traffic light*) semaforo *m* 5. (*flame*) fuoco *m;* **to catch ~** prendere fuoco; **to set ~ to sth** dare fuoco a qc; **do you have a ~?** hai da accendere? 6. (*clarification, insight*) luce *f;* **to bring sth to ~** portare alla luce; **to cast** [*o* **shed**] **~ on sth** far luce su qc; **to come to ~** venire alla luce, emergere 7. (*perspective*) luce *f;* **to see things in a new ~** vedere le cose sotto una luce diversa 8. *fig* (*joy, inspiration*) luce *f;* **you are the ~ of my life** sei la luce dei miei occhi ▶ **to see the ~ at the end of the tunnel** vedere la luce in fondo al tunnel; **to go out like a ~** *inf* (*fall asleep quickly*) addormentarsi di colpo; (*faint suddenly*) svenire **II.** *adj* 1. (*not heavy*) leggero, -a; **a ~ touch** un tocco leggero 2. (*not dark: color*) chiaro, -a; (*room*) luminoso, -a 3. (*not serious*) leggero, -a; **~ opera** operetta *f* 4. (*not intense: breeze, rain*) lieve; **to be a ~ sleeper** avere il sonno leggero; **to be ~ on sth** essere a corto di qc 5. FOOD leggero, -a; **a ~ meal** un pasto leggero 6. (*with few calories*) light **III.** *adv* leggermente ▶ **to make ~ of sth** prendere qc alla leggera **IV.** *vt* <lit *o* lighted> 1. (*illuminate*) illuminare; **to ~ the way** indicare la strada 2. (*start burning*) accendere; **to ~ a cigarette** accendere una sigaretta **V.** *vi* <lit *o* lighted> (*catch fire*) prendere fuoco
◆**light into** *vt inf* fare una sfuriata a
◆**light up I.** *vt* 1. illuminare 2. (*cigarette*) accendere **II.** *vi* 1. (*become bright*) illuminarsi 2. (*become animated*) animarsi; **his face lit up** gli si illuminò il volto 3. (*start smoking*) accendersi una sigaretta [*o* accendersi un sigaro]
◆**light upon** *vi* imbattersi in; (*suddenly see*) posarsi su
lightbulb *n* lampadina *f,* foco
lighten ['laɪ·tən] **I.** *vi* 1. (*become brighter*) schiarire 2. (*become less heavy*) alleggerirsi; (*mood*) sollevarsi **II.** *vt* 1. (*make less heavy*) alleggerire; **to ~ sb's burden** [*o* **load**] alleggerire il peso che qu ha sulle spalle 2. (*bleach, make paler*) schiarire
◆**lighten up** *vi* rilassarsi
lighter ['laɪ·tɚ] *n* accendino *m*
light-footed *adj* agile, veloce
lightheaded *adj* stordito, -a
lighthearted *adj* (*carefree*) spensierato, -a; (*happy*) allegro, -a
lighthouse *n* faro *m*
lighting ['laɪ·t̬ɪŋ] *n* illuminazione *f*
lightly ['laɪt·li] *adv* leggermente; **to sleep ~** dormire non profondamente; **to take sth ~** prendere qc alla leggera; **to get off ~** cavarsela con poco
light meter *n* PHOT esposimetro *m*
lightness ['laɪt·nɪs] *n* 1. (*of thing, touch*) leggerezza *f* 2. (*brightness*) luminosità *f*

lightning ['laɪt·nɪŋ] *n* lampo *m;* **a bolt of** ~ un lampo; **thunder and** ~ tuoni e fulmini; **quick as** ~ come un fulmine

lightning bug *n* lucciola *f*

lightning rod *n* parafulmine *m*

light pen *n* penna *f* ottica

light pollution *n* inquinamento *m* luminoso

lightship *n* battello-faro *m*

lightweight I. *adj* (*clothing, material*) leggero, -a II. *n* 1.SPORTS peso *m* leggero 2. *sl* (*unimpressive person*) persona *f* da poco

light-year *n* anno *m* luce; **to be ~s away** *inf* essere lontano anni luce

likable ['laɪ·kə·bl] *adj* simpatico, -a

like¹ [laɪk] I. *vt* 1.(*find good*) **I ~ it** mi piace; **she ~s apples** le piacciono le mele; **I ~ swimming** mi piace nuotare; **I ~ Sarah** Sarah mi piace; **he ~s classical music** gli piace la musica classica; **I ~ it when/how ...** mi piace quando/come...; **well, how do you ~ that?** (*expressing surprise*) allora, che te ne pare? 2.(*desire, wish*) volere; **I would ~ to go to ...** vorrei andare a...; **would you ~ a cup of tea?** vuoi un tè?; **I would ~ a little bit more time** vorrei un po' più di tempo; **I'd ~ to know ...** vorrei sapere...; **I'd ~ a steak** vorrei una bistecca II. *n pl* preferenze *fpl;* **sb's ~s and dislikes** le preferenze di qu

like² [laɪk] I. *adj* simile; **to be of ~ mind** pensare allo stesso modo II. *prep* 1.**to be ~ sb/ sth** essere come qu/qc; **what was it ~?** com'era?; **what does it look ~?** che aspetto ha?; **to work ~ crazy** *inf* lavorare come un mulo; **there's nothing ~ ...** non c'è niente di meglio di/che ... 2. *sl* **be ~** (*say*) fare, *dire* ▶~ **anything** a più non posso III. *conj inf* come se +*conj;* **he speaks ~ he was drunk** parla come se fosse ubriaco; **he doesn't do it ~ I do** lui non lo fa come me IV. *n* 1.(*similar things*) **toys, games and the ~** giocattoli, giochi e simili 2. *inf* **the ~s of that/him** roba/gente del genere V. *interj sl* **I'm ~ kind of tired** (*as filler*) sono, beh, un po' stanco; **just ~ get out of here!** (*for emphasis*) vattene!

likeable *adj s.* **likable**

likelihood ['laɪk·li·hʊd] *n* probabilità *f;* **in all ~** molto probabilmente; **there is every/little ~ that ...** è molto/poco probabile che ... +*conj*

likely ['laɪk·li] I. <-ier, -iest> *adj* probabile; **it is ~ (that ...)** è probabile (che ... +*conj*); **to be quite/very ~** essere abbastanza/molto probabile; **to be a ~ story** *iron* essere bella; **not ~!** *inf* neanche per idea! II. *adv* probabilmente; **as ~ as not** probabilmente; **most/ very ~** molto probabilmente

like-minded *adj* con la stessa mentalità

liken ['laɪ·kən] *vt* paragonare; **to ~ sb to sb** paragonare qu a qu

likeness ['laɪk·nɪs] <-es> *n* 1.(*similarity*) somiglianza *f;* **to bear a ~ to sb** assomigliare a qu 2.(*painting*) ritratto *m*

likewise ['laɪk·waɪz] *adv* allo stesso modo; **to do ~** fare altrettanto; **thank you for your help — ~** grazie dell'aiuto altrettanto

liking ['laɪ·kɪŋ] *n* predilezione *f;* (*for particular person*) simpatia *f;* **to develop a ~ for sth** prendere gusto a qc; **to develop a ~ for sb** prendere qu in simpatia; **to be to sb's ~** *form* essere di gradimento di qu; **it's too sweet for my ~** è troppo dolce per i miei gusti

lilac ['laɪ·læk] I. *n* 1.(*bush*) lillà *m inv* 2.(*color*) lilla *m* II. *adj* lilla

lilt [lɪlt] *n* cadenza *f*

lily ['lɪ·li] <-ies> *n* giglio *m;* **water ~** ninfea *f*

lily-livered *adj liter* codardo, -a

lily pad *n* foglia *f* di ninfea

lima bean *n* fagiolo *m* americano

limb [lɪm] *n* 1.BOT ramo *m* 2.ANAT arto *m* ▶ **to be/go out on a ~** (to do sth) essere/mettersi nei guai (per fare qc); **to tear sb ~ from ~** fare a pezzi qu

limber ['lɪm·bə·] *adj* (*person*) sciolto, -a; (*material*) flessibile

◆**limber up** *vi* fare esercizi di riscaldamento

limbo ['lɪm·boʊ] *n* 1. *a. fig* limbo *m;* **to be in ~** essere in un limbo 2.(*dance*) limbo *m;* **to do the ~** ballare il limbo

lime¹ [laɪm] I. *n* 1.(*fruit, tree*) limetta *f* 2.(*juice*) succo *m* di limetta 3.(*color*) verde *m* acido II. *adj* verde acido

lime² [laɪm] I. *n* CHEM calce *f* II. *vt* calcinare

lime³ [laɪm] *n* (*linden tree*) tiglio *m*

limelight ['laɪm·laɪt] *n* **to be in the ~** essere alla ribalta; **to steal the ~** rubare la scena

limerick ['lɪ·mə·ɪk] *n* limerick *m inv*

limestone ['laɪm·stoʊn] *n* calcare *m*

limit ['lɪ·mɪt] I. *n* limite *m;* (*border*) confine *m;* **speed ~** AUTO limite *m* di velocità; **to put a ~ on sth** porre un limite a qc; **to overstep the ~** oltrepassare i limiti; **to know one's ~s** conoscere i propri limiti; **to know no ~s** non avere limiti; **within ~s** entro certi limiti; **to be off ~s (to sb)** essere divieto d'accesso (per qu) II. *vt* limitare; **to ~ oneself to sth** limitarsi a qc

limitation [ˌlɪ·mɪ·'teɪ·ʃən] *n* 1.(*lessening*) limitazione *f;* (*of pollution*) riduzione *f* 2. *pl* limiti *mpl;* **she knows her ~s** conosce i suoi limiti 3.LAW decadenza *f*

limited ['lɪ·mɪ·tɪd] *adj* limitato, -a; **to be ~ to sth** arrivare solo a qc

limitless ['lɪ·mɪt·lɪs] *adj* illimitato, -a

limousine ['lɪ·mə·ziːn] *n* limousine *f inv*

limp¹ [lɪmp] I. *vi* zoppicare II. *n* **to walk with a ~** zoppicare

limp² [lɪmp] *adj* floscio, -a; **to have a ~ handshake** dare la mano in modo poco energico

limpet ['lɪm·pɪt] *n* patella *f*

limpid ['lɪm·pɪd] *adj liter* limpido, -a; (*prose*) chiaro, -a

limy ['laɪ·mi] *adj* calcareo, -a

linchpin ['lɪntʃ·pɪn] *n* 1.TECH acciarino *m* (di ruota) 2. *fig* perno *m*

linden ['lɪn·dən] *n* BOT tiglio *m*

line¹ [laɪn] <-ning> *vt* rivestire; (*clothes*) fode-rare

line² [laɪn] **I.** *n* **1.** (*mark*) *a.* MATH linea *f;* **divid-ing** ~ linea divisoria; **to be in a** ~ essere alli-neato; **to form a** ~ formare una linea **2.** (*for waiting*) fila *f,* coda *f;* **to get in** ~ mettersi in fila; **to stand/wait in** ~ fare la fila **3.** (*chrono-logical succession*) serie *f;* **a** (**long**) ~ **of dis-asters/kings** una (lunga) serie di catastrofi/re **4.** (*cord*) corda *f;* **clothes** ~ corda per il bucato **5.** TEL linea *f;* ~**s will be open from ...** le linee saranno aperte da ...; **to be/stay on the** ~ essere/restare in linea; **hold the** ~! resti in linea! **6.** COMPUT **on** ~ on line; **on/off** ~ collegato/scollegato **7.** (*defense*) fronte *m,* linea *f;* **front** ~ linea del fronte; **to be the last** ~ **of defense** *fig* essere l'ultimo baluardo; **to be behind enemy** ~**s** trovarsi oltre le linee nemiche **8.** (*set of tracks*) binari *m inv;* (*train route*) linea *f;* **the end of the** ~ il capolinea; **to be at** [o **to reach**] **the end of the** ~ *fig* toc-care il fondo **9.** (*transport company*) linea *f* **10.** (*of text*) riga *f;* (*of poem*) verso *m;* **to drop sb a** ~ *inf* mandare due righe qu **11.** MUS rigo *m* **12.** (*comment*) uscita *f;* **to come up with a** ~ **about sb/sth** uscirsene con un commento su qu/qc **13.** (*position, attitude*) linea *f;* ~ **of reasoning** ragionamento *m;* **to be divided along ethnic** ~**s** non trovarsi d'accordo riguardo alle questioni etniche; **the official** ~ (**on sth**) la posizione ufficiale (su qc); **to take a** ~ **on sth** prendere posizione riguardo a qc **14.** (*field, pursuit, interest*) spe-cialità *f inv;* **what** ~ **are you in?** di che cosa si occupa? **15.** (*product type*) linea *f;* **to come out with a new** ~ produrre una nuova linea **16.** *inf* (*of cocaine*) striscia *f;* **to do a** ~ **of cocaine** farsi una striscia ▶**somewhere along the** ~ a un certo punto; **to cross the** ~ superare il limite; **to get a** ~ **on sb** informarsi su qu; **to give sb a** ~ **on sb** dare a qu infor-mazioni su qu; **to be in** ~ **for sth** essere vicino a qc; **to be in** ~ **with sb/sth** concordare con qu/qc; **to be out of** ~ essere fuori luogo; **to be out of** ~ **with sb/sth** non concordare con qu/qc **II.** <-ning> *vt* **to** ~ **the streets** (*people*) essere lungo le strade; (*trees*) fiancheggiare
♦**line up I.** *vt* allineare; (*support, customers*) assicurarsi; (*appointment, job*) avere in pro-gramma **II.** *vi* **1.** (*stand in row*) allinearsi **2.** (*wait for sth*) fare la fila **3.** (*oppose*) **to** ~ **against sb/sth** schierarsi contro qu/qc

lineage ['lɪ·ni·ɪdʒ] *n* lignaggio *m*

lineal ['lɪ·ni·əl] *adj* in linea diretta

linear ['lɪ·niə] *adj* lineare

linear equation *n* equazione *f* lineare

line backer *n* (*in football*) linebacker *m inv*

line dancing *n* linè dancing *m*

linen ['lɪ·nɪn] *n* lino *m;* **bed** ~**s** biancheria *f* da letto; **table** ~**s** biancheria *f* da tavola

liner ['laɪ·nə] *n* **1.** (*lining*) fodera *f;* (*garbage bag*) sacchetto *m* della spazzatura **2.** (*ship*) transatlantico *m*

linesman ['laɪnz·mən] <-men> *n* SPORTS guar-dalinee *m inv;* (*tennis*) giudice *m* di linea

line-up ['laɪn·ʌp] *n* **1.** SPORTS (*team*) forma-zione *f* **2.** (*for identifying criminals*) con-fronto *m* all'americana

linger ['lɪŋ·gə] *vi* **1.** trattenersi; **to** ~ **in one's memory** restare impresso nella memoria; **to** ~ **over sth** soffermarsi su qc **2.** (*die slowly*) **to** ~ **on** continuare a vivere

lingerie [ˌlɑːn·ʒə·'reɪ] *n* biancheria *f* intima

lingering ['lɪŋ·gə·ɪŋ] *adj* persistente

lingo ['lɪŋ·gou] <-es> *n inf* **1.** (*unfamiliar lan-guage*) lingua *f* (straniera) **2.** (*jargon*) gergo *m*

linguist ['lɪŋ·gwɪst] *n* linguista *mf*

linguistic [lɪŋ·'gwɪs·tɪk] *adj* linguistico, -a

linguistics [lɪŋ·'gwɪs·tɪks] *n* linguistica *f*

liniment ['lɪ·nɪ·mənt] *n* linimento *m*

lining ['laɪ·nɪŋ] *n* **1.** (*of coat, jacket*) fodera *f;* (*of boiler, pipes*) rivestimento *m* **2.** ANAT parete *f*

link [lɪŋk] **I.** *n* **1.** (*in chain*) maglia *f* **2.** (*con-nection*) collegamento *m;* **rail** ~ nodo *m* ferroviario **3.** COMPUT collegamento *m,* link *m inv* **II.** *vt* collegare; **to** ~ **arms** prendersi sotto-braccio; **to be** ~**ed** (**together**) essere legato (assieme)

links [lɪŋks] *n* SPORTS campo *m* di golf

linkup *n* collegamento *m;* **satellite** ~ collega-mento via satellite

linnet ['lɪ·nɪt] *n* fanello *m*

linoleum [lɪ·'nou·li·əm] *n* linoleum *m*

Linotype® ['laɪ·nə·taɪp] *n* linotype® *f*

linseed ['lɪn·si:d] *n* semi *mpl* di lino

linseed oil *n* olio *m* di semi di lino

lint [lɪnt] *n* lanugine *f*

lintel ['lɪn·tl] *n* architrave *m*

lion ['la·ɪən] *n* leone *m* ▶**the** ~**'s** share la parte del leone

lioness [la·ɪə·'nes] <-sses> *n* leonessa *f*

lionhearted *adj* coraggioso, -a

lionize ['la·ɪə·naɪz] *vt* trattare da vip

lip [lɪp] *n* **1.** ANAT labbro *m;* **my** ~**s are sealed** sarò una tomba **2.** (*rim: of cup, jug*) orlo *m* **3.** *inf* (*impudence*) insolenza *f*

lip balm *n* crema *f* per le labbra

lip-gloss *n* lucidalabbra *m*

liposuction ['lɪ·pou·ˌsʌk·ʃən] *n* liposuzione *f*

lip-read I. *vi* leggere le labbra **II.** *vt* leggere le labbra a

lip service *n inf* **to pay** ~ **to sth** appoggiare qc soltanto a parole

lipstick *n* rossetto *m*

liquefy ['lɪk·wə·faɪ] <-ie-> **I.** *vt* liquefare **II.** *vi* liquefarsi

liqueur [lɪ·'kɜːr] *n* liquore *m*

liquid ['lɪk·wɪd] **I.** *n* liquido *m* **II.** *adj* liquido, -a

liquidate ['lɪk·wɪ·deɪt] *vt a. fig* liquidare

liquidation [ˌlɪk·wɪ·'deɪ·ʃən] *n* liquidazione *f;* **to go into** ~ ECON andare in liquidazione

liquidity [lɪk·'wɪ·də·ti] *n* liquidità *f*

liquidize ['lɪk·wɪ·daɪz] *vt* frullare

liquidizer ['lɪk·wɪ·daɪ·zə] *n* frullatore *m*

liquor ['lɪ·kə] *n* alcolico *m*

L

liquor laws *n* leggi *fpl* sul controllo degli alcolici

liquor license *n* licenza *f* per vendita o servizio di alcolici

Lisbon ['lɪz·bən] *n* Lisbona *f*

lisp [lɪsp] I. *n* pronuncia *f* blesa II. *vi* avere la pronuncia blesa III. *vt* dire con pronuncia blesa

lissom(e) ['lɪ·səm] *adj liter* agile

list¹ [lɪst] I. *n* lista *f*; ~ **price** listino *m* prezzi; **shopping** ~ lista della spesa; **to make a** ~ **(of sth)** fare la lista (di qc) II. *vt* 1. *(make a list)* fare la lista di 2. *(enumerate)* elencare 3. *(have list price)* **to** ~ **at $100** avere un prezzo di listino di

list² [lɪst] NAUT I. *vi* inclinarsi II. *n* inclinazione *f*

listen ['lɪ·sən] I. *n inf* **to have a** ~ **(to sth)** *inf* ascoltare (qc) II. *vi* 1. *(hear)* ascoltare; **to** ~ **to sth/sb** ascoltare qc/qu; **to** ~ **to reason** intendere ragioni 2. *(pay attention)* stare in ascolto; ~ **for the phone** stai attento se suona il telefono

◆ **listen in** *vi* origliare; **to** ~ **on sth** origliare qc

listener ['lɪs·nə·] *n* ascoltatore, -trice *m, f*

listeria [lɪs·'tɪ·ri·ə] *npl* listeria *f*

listing ['lɪs·tɪŋ] *n* 1. *(list)* lista *f,* elenco *m* 2. *(entry in list)* voce *f*

listless ['lɪst·lɪs] *adj* fiacco, -a

lit [lɪt] *pt, pp of* **light**

litany ['lɪ·tə·ni] <-ies> *n* litania *f*

litchi ['liː·tʃiː] *n* litchi *m inv*

liter ['liː·tə·] *n* litro *m*

literacy ['lɪ·tə·ə·si] *n* alfabetismo *m;* ~ **rate** tasso *m* di alfabetismo

literal ['lɪ·tə·əl] *adj* letterale; **to take sth in the** ~ **sense of the word** prendere qc alla lettera

literally ['lɪ·tə·ə·li] *adv* letteralmente; **to take sth/sb** ~ prendere qc/qu alla lettera; **quite** ~ letteralmente

literary ['lɪ·tə·e·ri] *adj* letterario, -a

literary criticism *n* critica *f* letteraria

literate ['lɪ·tə·ət] *adj* 1. *(able to read and write)* **to be** ~ saper leggere e scrivere 2. *(well-educated)* colto, -a

literature ['lɪ·tə·ə·tʃə·] *n* 1. *(novels, poems)* letteratura *f;* **nineteenth-century** ~ letteratura dell'800 2. *(promotional material)* materiale *m* illustrativo

lithe [laɪð] *adj* agile

lithium ['lɪ·θi·əm] *n* litio *m*

lithograph ['lɪ·θə·græf] I. *n* litografia *f* II. *vi* fare litografie

lithography [lɪ·'θɑː·grə·fi] *n* litografia *f*

Lithuania [ˌlɪ·θʊ·'eɪ·niə] *n* Lituania *f*

Lithuanian I. *n* 1. *(person)* lituano, -a *m, f* 2. LING lituano *m* II. *adj* lituano, -a

litigant ['lɪ·tɪ·gənt] *n* parte *f* in causa

litigate ['lɪ·tɪ·geɪt] *vi* fare causa

litigation [ˌlɪ·tɪ·'geɪ·ʃən] *n* controversia *f*

litigious [lɪ·'tɪ·dʒəs] *adj* incline a intentare cause

litmus ['lɪt·məs] *n* tornasole *m*

litmus paper *n* cartina *f* di tornasole

litmus test *n* prova *m* del tornasole; *fig* prova *f* del fuoco

litter ['lɪ·tə·] I. *n* 1. *(refuse)* immondizia *f* 2. ZOOL figliata *f* 3. *(bedding for animals)* lettiera *f* 4. MED barella *f* II. *vt* 1. *(make untidy)* sporcare 2. *inf (scatter)* ricoprire di; **the floor was** ~**ed with clothes** il pavimento era ricoperto di vestiti

litter box *n* vaschetta *f* per la sabbia (del gatto)

litter bug *n inf: persona che getta rifiuti per terra*

little ['lɪ·tl] I. *adj* 1. *(in size, age)* piccolo, -a; **a** ~ **old man/woman** un vecchietto/una vecchietta; **the** ~ **ones** *inf* i bambini; **my** ~ **brother/sister** il mio fratellino/la mia sorellina 2. *(in amount)* poco, -a; **a** ~ **bit (of sth)** un pochino (di qc); **a** ~ **something** qualcosina; *(to eat or drink)* qualcosina (da mangiare o da bere); ~ **hope** poche speranze; ~ **by** ~ poco a poco 3. *(in distance, duration)* breve; **a** ~ **way** poco distante; **for a** ~ **while** per un po'; **to have a** ~ **word with sb** dire due parole a qu II. *n* poco *m;* **a** ~ un poco; **to know** ~ sapere poco; **we see** ~ **of him** lo vediamo poco; **to have** ~ **to say** aver poco da dire III. *adv* poco; ~ **less than ...** poco meno che ...; ~ **more than an hour** poco più di un'ora; **to make** ~ **of sth** non fare una questione di qc

liturgical [lɪ·'tɜː·dʒɪ·kl] *adj* liturgico, -a

liturgy ['lɪ·tə·dʒi] <-ies> *n* REL liturgia *f*

live¹ [laɪv] I. *adj* 1. *(living)* vivo, -a 2. RADIO, TV in diretta; MUS dal vivo 3. ELEC sotto tensione; **to be a (real)** ~ **wire** *fig* essere pieno di energie 4. *(cartridge)* carico, -a; *(bomb)* inesploso, -a II. *adv* RADIO, TV in diretta; MUS dal vivo

live² [lɪv] I. *vi* vivere; ~ **above one's means** vivere al di sopra dei propri mezzi; **to** ~ **in sb's memory** essere vivo nella memoria di qu; **long** ~ **the king!** lunga vita al re!; **to** ~ **off sth/sb** vivere alle spalle di qc/qu; **to** ~ **on sth** *(eat)* mangiare qc ▶ **to** ~ **and let** ~ vivere e lasciar vivere II. *vt* vivere; **to** ~ **a happy life** avere una vita serena

◆ **live down** *vt* far dimenticare

◆ **live in** *vi vivere nel luogo di lavoro o di studio*

◆ **live on** *vi* sopravvivere

◆ **live out** *vt vivere; (dreams)* realizzare

◆ **live through** *vt (experience)* vivere

◆ **live together** *vi* vivere insieme

◆ **live up** *vt* **to live it up** fare la bella vita

◆ **live up to** *vt* rispondere a; **to** ~ **expectations** essere all'altezza delle aspettative

◆ **live with** *vt* 1. *(share home, couple)* convivere con; *(friends)* abitare con 2. *(accept)* convivere con

livelihood ['laɪv·li·hʊd] *n* sostentamento *m;* **to earn one's** ~ guadagnarsi da vivere

liveliness ['laɪv·li·nɪs] *n* vivacità *f*

lively ['laɪv·li] *adj* vivace; *(imagination, interest)* vivo, -a

liven up ['laɪ·vən ʌp] I. *vi* animarsi II. *vt* animare

liver ['lɪ·vɚ] *n* fegato *m*

liverish ['lɪ·vɚ·ɪʃ] *adj* **1.** (*ill*) con disturbi di fegato **2.** (*grumpy*) bilioso, -a

liverwurst ['lɪ·vɚ·wɜːrst] *n* salsiccia *f* di fegato

livery ['lɪ·və·ri] *n* **1.** FASHION livrea *f* **2.** (*for horses*) stallaggio *m*

livestock ['laɪv·sta:k] *n* bestiame *m*

livid ['lɪ·vɪd] *adj* **1.** (*discolored*) livido, -a **2.** (*furious*) livido, -a di rabbia

living ['lɪ·vɪŋ] **I.** *n* **1.** (*livelihood*) vita *f;* **to work for one's ~** lavorare per vivere; **to make a ~** guadagnarsi da vivere **2.** (*way of life*) (stile *m* di) vita *f* **3.** *pl* (*people*) **the ~** i vivi **II.** *adj* vivo, -a; (*creature*) vivente

living conditions *npl* condizioni *fpl* di vita

living quarters *npl* alloggi *mpl*

living room *n* soggiorno *m*

living space *n a. fig* spazio *m*

living wage *n* salario *m* sufficiente per vivere

lizard ['lɪ·zɚd] *n* lucertola *f*

llama ['la:·mə] *n* lama *m inv*

load [loʊd] **I.** *n* **1.** carico *m;* **take a ~ off** (**your feet**) *inf* (*sit down*) sedersi; **that took a ~ off my mind!** mi sono tolto un peso! **2.** (*amount of work*) carico *m* (di lavoro); **a heavy/light ~** molto/poco lavoro **3.** *inf* (*lots*) mucchio *m;* **~s** [*o* **a ~**] **of ...** un mucchio di... ► **to get a ~ of sth** *sl* stare a vedere/sentire qc **II.** *vt a.* AUTO, PHOT, COMPUT caricare **III.** *vi* caricarsi

◆**load down** *vt a. fig* caricare

◆**load up I.** *vt* caricare **II.** *vi* caricarsi

loaded ['loʊ·dɪd] *adj* **1.** (*filled*) carico, -a **2.** (*unfair: question*) tendenzioso, -a; **~ dice** dadi *mpl* truccati **3.** *inf* (*rich*) straricco, -a **4.** *inf* (*drunk*) sbronzo, -a

loadstone *n s.* **lodestone**

loaf[1] [loʊf] <loaves> *n* pane *m;* **a ~ of bread** una pagnotta ► **half a ~ is** better **than none** *prov* meglio di niente

loaf[2] [loʊf] *vi* **to ~** (**around**) oziare

loafer ['loʊ·fɚ] *n* **1.** (*lazy person*) fannullone, -a *m, f* **2.** (*shoe*) mocassino *m*

loam [loʊm] *n* terra *f* grassa

loan [loʊn] **I.** *vt* prestare **II.** *n* prestito *m*

loan shark *n* strozzino, -a *m, f*

loan-word ['loʊn·wɜːrd] *n* LING prestito *m*

loath [loʊθ] *adj form* riluttante; **to be ~ to do sth** essere riluttante a fare qc

loathe [loʊð] *vt* detestare

loathing *n* odio *m;* **to have a ~ for sb/sth** detestare qu

loathsome ['loʊð·səm] *adj* odioso, -a

loaves [loʊvz] *n pl of* **loaf**[1]

lob [la:b] **I.** <-bb-> *vt* lanciare; SPORTS lanciare (a parabola) **II.** *n* SPORTS lob *m inv*

lobby ['la:·bi] **I.** <-ies> *n* **1.** ARCHIT ingresso *m* **2.** POL gruppo *m* di pressione **II.** <-ie-> *vi* **to ~ to have sth done** fare pressione perché si faccia qc; **to ~ against/for sth** fare pressioni contro/a favore di qc **III.** <-ie-> *vt* fare pressioni su

lobbyist ['la:·bi·ɪst] *n* membro *m* di un gruppo di pressione

lobe [loʊb] *n* lobo *m*

lobster ['la:b·stɚ] *n* (*with claws*) aragosta *f*

lobster pot *n* nassa *f*

local ['loʊ·kəl] **I.** *adj* locale; (*people*) del posto; (*official, police*) municipale; TEL urbano, -a **II.** *n* **1.** (*inhabitant*) abitante *mf* del posto **2.** (*bus*) autobus *m inv;* (*train*) treno *m* locale

local anesthetic *n* anestesia *f* locale

local authority *n* comune *m,* circoscrizione *f*

local call *n* chiamata *f* urbana

locale [loʊ·'kæl] *n* ambientazione *f*

local elections *npl* elezioni *fpl* amministrative

local government *n* amministrazione *f* comunale

locality [loʊ·'kæ·lə·t̬i] <-ies> *n* località *f inv*

localization [ˌloʊ·kə·lɪ·'zeɪ·ʃən] *n* localizzazione *f*

localize ['loʊ·kə·laɪz] *vt* localizzare

local paper *n* giornale *m* locale

local time *n* ora *f* locale

local train *n* treno *m* locale

locate ['loʊ·keɪt] *vt* **1.** (*find*) localizzare, trovare **2.** (*situate*) trovarsi; **to be ~d near sth** essere situato presso qc

location [loʊ·'keɪ·ʃən] *n* **1.** (*place*) posizione *f,* luogo *m* **2.** (*act of locating*) localizzazione *f* **3.** CINE esterni *mpl;* **to film sth on ~** girare qc in esterni

loc. cit. [ˌla:k·'sɪt] *abbr of* **loco citato** loc. cit.

loch [la:k] *n* Scot **1.** (*lake*) lago *m* **2.** (*inlet*) insenatura *f* stretta e profonda

lock[1] [la:k] *n* (*of hair*) ricciolo *m*

lock[2] [la:k] **I.** *n* **1.** (*fastening device*) serratura *f* **2.** (*on canal*) chiusa *f* **3.** (*in wrestling*) chiave *f* ►**~, stock and** barrel completamente; **to be under ~ and** key essere sotto chiave **II.** *vt* **1.** (*fasten with lock*) chiudere a chiave; (*confine safely: thing*) tenere sotto chiave; (*person*) rinchiudere **2.** (*make immovable*) bloccare; **be ~ed** essere bloccato; **to be ~ed in**(**to**) **discussions** impegnarsi in discussioni **III.** *vi* chiudersi (a chiave)

◆**lock away** *vt* (*jewels, document*) tenere sotto chiave; (*person*) rinchiudere

◆**lock in** *vt* rinchiudere

◆**lock on** *vi*, **lock onto** *vi* MIL localizzare

◆**lock out** *vt* bloccare; **to lock oneself out** chiudersi fuori

◆**lock up** *vt* (*jewels, document*) tenere sotto chiave; (*person*) rinchiudere

locker ['la:·kɚ] *n* (*at train station*) (armadietto *m* per) deposito *m* bagagli; (*at school*) armadietto *m*

locker room *n* spogliatoio *m*

locket ['la:·kɪt] *n* medaglione *m*

lockjaw ['la:k·dʒa:] *n* MED tetano *m*

lockout ['la:k·aʊt] *n* serrata *f*

locksmith ['la:k·smɪθ] *n* fabbro *m*

lockup ['la:k·ʌp] *n inf* **1.** (*cell*) guardina *f* **2.** (*storage space*) magazzino *m*

locomotion [ˌloʊ·kə·'moʊ·ʃən] *n* locomozione *f*

locomotive [ˌloʊ·kə·'moʊ·t̬ɪv] I. *n* locomotiva *f* II. *adj* locomotore, -trice; (*force*) motrice
locus ['loʊ·kəs] <-ci> *n* 1.(*exact place*) luogo *m* 2.MATH luogo *m* geometrico 3. BIO locus *m*
locust ['loʊ·kəst] *n* locusta *f*
locution [loʊ·'kju·ʃən] *n* locuzione *f*
lode [loʊd] *n* MIN filone *m*
lodestar ['loʊd·stɑ·r] *n* stella *f* polare
lodestone ['loʊd·stoʊn] *n* magnetite *f*
lodge [lɑːdʒ] I. *vi* 1.(*stay in rented room*) alloggiare 2.(*become fixed*) incastrarsi II. *vt* 1.(*accommodate*) alloggiare 2.(*place*) collocare 3.(*insert*) mettere 4.(*deposit*) depositare 5.(*register officially*) presentare III. *n* 1.(*for hunters*) padiglione *m* di caccia; (*inn*) pensione *f*; **ski ~** rifugio *m* (per sciatori) 2.(*gatekeepers house*) casa *f* del custode 3.(*for organizations*) loggia *f* 4.(*of beaver*) tana *f*
lodger ['lɑː·dʒɚ] *n* persona cui si affitta una camera; **to take in ~s** affittare camere
lodging ['lɑː·dʒɪŋ] *n* 1.(*accomodations*) alloggio *m* 2. *pl* (*room to rent*) camera *f* in affitto
lodging house *n* pensione *f*
loft [lɑːft] I. *n* 1.(*space under roof*) solaio *m*; **hay ~** fienile *m* 2.(*upstairs living space*) mansarda *f* II. *vt* (*ball*) lanciare in alto
lofty ['lɑːf·ti] <-ier, -iest> *adj* 1.(*tall*) alto, -a 2.(*noble: aims, ideals*) nobile 3.(*haughty*) altero, -a
log¹ [lɑːg] I. *n* 1.(*tree trunk*) tronco *m* 2.(*firewood*) ciocco *m* ▶**to sleep like a ~** dormire come un ghiro II. <-gg-> *vt* tagliare III. <-gg-> *vi* abbattere alberi (per il legname)
log² [lɑːg] *inf abbr of* **logarithm** log.
log³ [lɑːg] I. *n* registro *m*; **ship's ~** diario *m* di bordo II. *vt* 1.(*record*) annotare 2.(*achieve, attain*) raggiungere
  ♦**log in** *vi* COMPUT entrare nel sistema
  ♦**log off** *vi* COMPUT uscire dal sistema
  ♦**log on** *vi s.* **log in**
  ♦**log out** *vi s.* **log off**
loganberry ['loʊ·gən·be·ri] <-ies> *n* bacca tra la mora e il lampone
logarithm ['lɑː·gə·rɪ·ðəm] *n* logaritmo *m*
logarithmic [ˌlɑː·gə·'rɪð·mɪk] *adj* logaritmico, -a
log book *n* NAUT, AVIAT diario *m* di bordo
log cabin *n* casetta *f* di tronchi d'albero
logger ['lɑː·gɚ] *n* taglialegna *m inv*
loggerheads ['lɑː·gɚ·hedz] *npl inf* **to be at ~ (with sb/over sth)** non trovarsi d'accordo (con qu/su qc)
logic ['lɑː·dʒɪk] *n* logica *f*
logical ['lɑː·dʒɪ·kl] *adj* logico, -a
login [lɑː·gɪn] *n* COMPUT inizio *m* della sessione
logistics [loʊ·'dʒɪs·tɪks] *n* logistica *f*
logjam *n* ostruzione *f* causata da tronchi
logo ['loʊ·goʊ] *n* logo *m inv*
logoff [lɑːg·ɑːf] *n* COMPUT fine *m* della sessione
logon *n s.* **login**
logrolling ['lɑːg·roʊ·lɪŋ] *n* scambio *m* di favori tra politici

loin [lɔɪn] I. *n* 1. *pl* (*body area*) reni *fpl* 2. *pl*, *liter* **the fruit of his ~s** suo figlio/figlio 3. FOOD lombata *f* II. *adj* di lombata
loincloth ['lɔɪn·klɔːθ] *n* perizoma *m inv*
loiter ['lɔɪ·t̬ɚ] *vi* 1.(*linger*) attardarsi 2. *a.* LAW vagabondare
loiterer ['lɔɪ·t̬ɚ·ɚ] *n* 1. *inf* fannullone, -a *m, f* 2. LAW vagabondo, -a *m, f*
loll [lɑːl] *vi* **to ~ (about)** ciondolare
lollipop ['lɑː·li·pɑːp] *n* lecca lecca *m inv*
lollop ['lɑː·ləp] *vi* avanzare a balzi
London ['lʌn·dən] *n* Londra *f*
Londoner I. *adj* londinese II. *n* londinese *mf*
lone [loʊn] *adj* solitario, -a
loneliness ['loʊn·lɪ·nɪs] *n* solitudine *f*
lonely ['loʊn·li] <-ier, -iest> *adj* (*person*) solo, -a; (*life, place*) solitario, -a
loner ['loʊ·nɚ] *n* solitario, -a *m, f*
lonesome ['loʊn·səm] *adj* (*person*) solo, -a; (*place*) solitario, -a
long¹ [lɔːŋ] I. *adj* (*distance, time, shape*) lungo, -a; **to have a ~ way to go** aver molta strada da fare; **it's been a ~ time since ...** è molto che ...; **~ time no see!** *inf* quanto tempo (che non ci vedevamo)! II. *adv* 1.(*a long time*) molto (tempo); **~ after/before** molto dopo/prima; **~ ago** molto tempo fa; **to take ~ (to do sth)** metterci molto (a fare qc); **to be not ~ in doing sth** *form* non tardare a fare qc; **~ live the king!** lunga vita al re! 2.(*for the whole duration*) **all day ~** tutto il giorno; **as ~ as I live** finché vivo; **so ~ as** finché 3. *in comparisons* **as ~ as** lungo quanto; **to no ~er do sth** non fare più qc ▶**so ~!** *inf* ciao! III. *n* molto (tempo *m*) *m* ▶**the ~ ànd the** short **of it is that ...** in breve...
long² [lɔːŋ] *vi* **to ~ for sb** desiderare qu; **to ~ for sth** aver voglia di qc; **to ~ to do sth** aver vogli di fare qc
long. *abbr of* **longitude** long.
longboat *n* scialuppa *f*
long-distance I. *adj* (*flight*) lungo, -a; (*race, runner*) di fondo; (*negotiations, relationship*) a distanza; **~ call** chiamata *f* interurbana, chiamata *f* internazionale II. *adv* **to phone ~** fare una chiamata interurbana [*o* fare una chiamata internazionale]
longevity [lɑːn·'dʒe·və·t̬i] *n* longevità *f*
longhaired *adj* (*person*) con i capelli lunghi; (*animal*) dal pelo lungo
longhand *n* scrittura *f* a mano (*per esteso*)
long-haul *adj* AVIAT su lunga distanza
longing ['lɔːŋ·ɪŋ] I. *n* 1.(*nostalgia*) nostalgia *f*; **to feel a ~ for sb** sentire la nostalgia di qu 2.(*strong desire*) desiderio *m* ardente; **to have a ~ to do sth** desiderare ardentemente di fare qc II. *adj* pieno, -a di desiderio
longish ['lɔːŋ·ɪʃ] *adj inf* lunghetto, -a
longitude ['lɑːn·dʒə·tuːd] *n* longitudine *f*
longitudinal [ˌlɑːn·dʒə·'tuː·d·nl] *adj* longitudinale
long johns *npl inf* mutandoni *mpl* da uomo
long jump *n* salto *m* in lungo

L

long-lived *adj* **1.** (*person*) longevo, -a **2.** (*feud*) annoso, -a

long-lost *adj* (*friend*) perso, -a di vista da molto tempo; (*object*) perso, -a da molto tempo

long-range *adj* (*missile*) a lungo raggio; (*aircraft*) transcontinentale; (*policy*) a lungo termine

longship *n* nave *f* vichinga

long shot *n* **1.** (*not likely*) **to be a** ~ essere una possibilità remota **2.** (*at all*) **not by a** ~ affatto

long-sighted *adj* **1.** (*far-sighted*) presbite **2.** (*having foresight*) lungimirante

long-standing *adj* di lunga data

long-suffering *adj* paziente

long-term *adj* a lungo termine

long wave *n* onda *f* lunga

long-wave *adj* a onde lunghe

long-winded *adj* prolisso, -a

longwise *adv* *s*. **lengthwise**

loofa(h) ['luː·fə] *n* spugna *f* naturale

look [lʊk] **I.** *n* **1.** (*act of looking, examination*) sguardo *m*, occhiata *f*; **to take** [*o* **have**] **a** ~ **at sth** dare un'occhiata a qc; **to take a** ~ **for sth/sb** cercare qc/qu **2.** (*appearance*) aspetto *m*; **good** ~**s** bellezza *f*; **to have the** ~ **of sb/sth** assomigliare a qu/qc; **by the** ~ **of things** a quanto pare **3.** (*style*) look *m inv* **II.** *vi* **1.** (*use sight*) guardare; **to** ~ **at sth/sb** guardare qc/qu; **to** ~ **at a book** dare un'occhiata a un libro; **to** ~ **out** (**of**) **the window** guardare dalla finestra; **oh,** ~! guarda!; ~ **here** ehi tu! **2.** (*search*) cercare; **to** ~ **for sth/sb** cercare qc/qu **3.** (*appear, seem*) sembrare; **to** ~ **like sb/sth** sembrare qu/qc; **to** ~ **bad/good** avere/non avere un bell'aspetto; **to** ~ **tired** avere l'aria stanca; **to** ~ **as if ...** sembrare che ... +*conj* **4.** (*face*) dare; **to** ~ **north** essere esposto a nord **III.** *vt* **1.** (*examine*) guardare; **to** ~ **sb in the eye** guardare qc negli occhi **2.** (*seem*) sembrare; **to** ~ **one's age** dimostrare la propria età; **to** ~ **the part** THEAT calarsi nel personaggio ▶ **to** ~ **the other way** voltarsi dall'altra parte

◆ **look about** *vi* guardarsi intorno

◆ **look after** *vi* occuparsi di

◆ **look ahead** *vi* guardare in avanti

◆ **look around** **I.** *vi* **1.** (*look behind oneself*) voltarsi **2.** (*look in all directions*) guardarsi intorno **3.** (*search*) **to** ~ **for** cercare **II.** *vt* (*inspect*) ispezionare

◆ **look away** *vi* volgere lo sguardo

◆ **look back** *vi* **1.** (*look behind oneself*) guardarsi indietro **2.** (*remember*) ricordare

◆ **look down** *vi* **1.** (*from above*) guardare verso il basso; (*lower eyes*) abbassare lo sguardo **2.** (*feel superior*) **to** ~ **on sth/sb** disprezzare qc/qu

◆ **look for** *vt* **1.** (*search for*) cercare **2.** (*expect*) sperare

◆ **look forward** *vi* **to** ~ **to sth** aspettare impazientemente qc; **to** ~ **to doing sth** non vedere l'ora di fare qc; **I** ~ **to hearing from you** spero di ricevere presto tue notizie

◆ **look in** *vi* **to** ~ **on sb** passare da qu; **to** ~ **at the office** passare dall'ufficio

◆ **look into** *vi* esaminare

◆ **look on** *vi* (*watch*) guardare

◆ **look onto** *vi* dare su

◆ **look out** *vi* **1.** (*face a particular direction*) **to** ~ **on** (*window*) dare su **2.** (*watch out*) fare attenzione; ~! attento!; **to** ~ **for** fare attenzione a; (*look for*) cercare

◆ **look over** *vt* (*report*) rivedere; (*house*) ispezionare

◆ **look through** *vt* **1.** (*look*) guardare da **2.** (*examine*) rivedere **3.** (*peruse*) **to** ~ **sth** dare un'occhiata a qc

◆ **look to** *vi* **1.** (*attend to*) occuparsi di **2.** (*depend on, count on*) contare su

◆ **look up** **I.** *vt* **1.** (*consult*) cercare **2.** (*visit*) andare a trovare **II.** *vi* **1.** (*raise one's eyes upward*) guardare in su; **to** ~ **to sb** *fig* ammirare qu **2.** (*improve*) migliorare; **things are looking up!** le cose vanno meglio!

◆ **look upon** *vi* *s.* **look on**

look-alike ['lʊk·ə·ˌlaɪk] *n* (*person*) sosia *m*; (*thing*) imitazione *f*

looker ['lʊ·kə-] *n* *sl* **to be a** (**real**) ~ essere molto bello, -a

looking glass <-es> *n* specchio *m*

lookout ['lʊk·ˌaʊt] *n* **1.** (*observation post*) posto *m* di osservazione **2.** (*person*) vedetta *mf*; **to be on the** ~ stare all'erta **3.** *dial* (*panorama view*) vista *f* panoramica **4.** (*concern*) problema *m*; **that's his/your** ~ è un problema suo/tuo

lookover ['lʊk·əʊ·və-] *n* occhiata *f*; **to give sth a** ~ dare un'occhiata a qc

loom[1] [luːm] *n* (*for weaving*) telaio *m*

loom[2] [luːm] *vi* **1.** (*come into view*) apparire **2.** (*threaten*) incombere; **to** ~ **large** assumere grande importanza

loony ['luː·ni] *sl* **I.** <-ier, -iest> *adj* strambo, -a **II.** <-ies> *n* matto, -a *m, f*

loop [luːp] **I.** *n* **1.** (*bend*) curva *f*; (*of string*) cappio *f*; (*of river*) ansa *f* **2.** ELEC circuito *m* chiuso **3.** COMPUT ciclo *m* **4.** (*contraceptive coil*) spirale *f* ▶ **to throw sb for a** ~ *inf* lasciare qu di sale **II.** *vi* serpeggiare **III.** *vt* legare con un laccio; **to** ~ **sth around ...** passare qc intorno a... ▶ **to** ~ **the loop** AVIAT effettuare una gran volta

loophole ['luːp·hoʊl] *n* *fig* scappatoia *f*; **legal** ~ scappatoia legale

loose [luːs] **I.** *adj* **1.** (*not tight: clothing*) comodo, -a; (*knot, rope, screw*) non ben stretto, -a; (*skin*) flaccido, -a **2.** (*not confined*) libero, -a; ~ **change** spiccioli *mpl* **3.** (*not exact: instructions*) vago, -a; (*translation*) libero, -a **4.** (*not strict or controlled: discipline*) non rigoroso, -a; ~ **tongue** bocca *f* larga **5.** (*sexually immoral*) dissoluto, -a **II.** *n* **to be on the** ~ essere a piede libero **III.** *vt* sciogliere

loose cannon *n* *sl* mina *f* vagante

loose-leaf notebook *n* quaderno *m* con gli anelli

loosely ['luːs·li] *adv* 1. (*not tightly*) senza stringere 2. (*not exactly: translate*) liberamente; (*speak*) genericamente 3. (*not strictly: organized*) non rigidamente

loosen ['luːsn] I. *vt* (*belt*) allentare; (*tongue*) sciogliere II. *vi* allentarsi

loot [luːt] I. *n* 1. (*plunder*) bottino *m* 2. *inf* (*money*) grana *f* II. *vt, vi* saccheggiare

looting *n* saccheggio *m*

lop [lɑːp] *vt s.* lop off
◆**lop off** <-pp-> *vt* 1. (*branch*) potare; (*limb*) amputare 2. (*pages*) tagliare

lope [loʊp] *vi* (*person, animal*) procedere a grandi falcate

lopsided [ˌlɑːpˈsaɪ·dɪd] *adj* 1. (*leaning to one side*) storto, -a 2. (*biased*) di parte

loquacious [loʊkˈweɪ·ʃəs] *adj* loquace

lord [lɔːrd] *n* signore *m*

lordly ['lɔːrd·li] <-ier, -iest> *adj* 1. (*suitable to a lord*) signorile 2. (*arrogant*) arrogante

lordship ['lɔːrd·ʃɪp] *n form* His Lordship Sua Signoria

lore [lɔːr] *n* folklore *m*

lose [luːz] <lost, lost> I. *vt* perdere; to get lost (*person*) perdersi; (*object*) andare smarrito II. *vi* perdere

loser ['luː·zə] *n* perdente *mf*

losing ['luː·zɪŋ] *adj* perdente

loss [lɔːs] <-es> *n* perdita *f*; to be at a ~ essere spiazzato, -a; to be at a ~ for words non avere parole

loss leader *n* articolo *m* civetta

loss-making *adj* in perdita

lost [lɔːst] I. *pt, pp* of lose II. *adj* 1. perduto, -a; (*object*) smarrito, -a; to get ~ perdersi; to give sth/sb up for ~ dare qc/qu per disperso; to be ~ in a book essere totalmente immerso nella lettura 2. (*preoccupied*) perplesso, -a

lost and found *n* ufficio *m* oggetti smarriti

lot [lɑːt] *n* 1. (*for deciding*) to cast ~s tirare a sorte 2. (*destiny*) destino *m;* (*fate*) sorte *f* 3. (*plot of land, in auction*) lotto *m* 4. *inf* (*large quantity*) a ~ of, lots of un sacco di; a ~ of·wine molto vino; ~s of houses molte case; I like it a ~ mi piace molto; the whole ~ tutto

loth [loʊθ] *adj s.* loath

lotion ['loʊ·ʃən] *n* lozione *f*

lottery ['lɑː·tə·i] <-ies> *n* lotteria *f*

lottery number *n* numero *m* della lotteria

lotus ['loʊ·ţəs] <-es> *n* loto *m*

lotus position *n* posizione *f* del loto

loud [laʊd] I. *adj* 1. (*voice*) alto, -a; (*shout*) forte 2. (*noisy*) rumoroso, -a 3. (*vigorous: complaint*) energico, -a 4. *fig* (*color*) vistoso, -a II. *adv* forte; to laugh out ~ ridere a crepapelle

loudmouth ['laʊd·maʊθ] *n inf: persona che parla troppo e con linguaggio offensivo*

loudness *n* 1. (*volume*) volume *m;* (*of explosion*) intensità *f* 2. (*of color*) vistosità *f*

loudspeaker [ˌlaʊd·ˈspiː·kə] *n* altoparlante *m*

Louisiana [luˌiː·ziˑˈæ·nə] *n* Louisiana *f*

lounge [laʊndʒ] I. *n* 1. (*room*) sala *f* 2. (*bar*)

bar *m inv* II. *vi* 1. (*recline*) appoggiarsi all'indietro 2. (*be idle*) oziare
◆**lounge around** *vt* bighellonare

lounge chair *n* poltrona *f*

lounge lizard *n frequentatore di bar e salotti alla moda*

loungewear *n* abbigliamento *m* per il tempo libero

louse [laʊs] *n* 1.<lice> (*insect*) pidocchio *m* 2.<-es> *sl* (*person*) verme *m*
◆**louse up** *vt sl* rovinare

lousy ['laʊ·zi] <-ier, -iest> *adj inf* 1. (*infested with lice*) pidocchioso, -a 2. (*of poor quality*) schifoso, -a; to feel ~ stare male 3. (*nasty*) brutto, -a ▸ to be ~ with money essere uno spilorcio

lout [laʊt] *n* teppistello *m*

loutish ['laʊ·ţɪʃ] *adj* da teppistello

louver ['luː·və] *n* persiana *f*

louvred door *n* porta *f* con persiane

lovable ['lʌ·və·bl] *adj* adorabile

love [lʌv] I. *vt* amare; (*friend*) voler bene a; I ~ swimming, I ~ to swim adoro nuotare II. *n* 1. (*affection*) amore *m;* to be in ~ (with sb) essere innamorato (di qu); to fall in ~ (with sb) innamorarsi (di qu); to make ~ to sb fare l'amore con qu 2. *inf* (*darling*) tesoro *m* 3. (*in tennis*) zero *m* ▸ not for ~ or money per niente al mondo; there is no ~ lost between the two non si sopportano III. *vi* amare

love affair *n* storia *f* d'amore, relazione *f*

lovebird *n* piccioncino *m*

love handles *npl inf* maniglie *fpl* dell'amore

love-hate relationship *n* rapporto *m* d'amore e odio

loveless [lʌv·lɪs] *adj* senza amore

love letter *n* lettera *f* d'amore

love life *n* vita *f* sentimentale

loveliness ['lʌv·li·nɪs] *n* (*of scenery, person*) bellezza *f*

lovely ['lʌv·li] <-ier, -iest> *adj* (*house, present, weather*) bello, -a; (*person*) carino, -a; to have a ~ time divertirsi

lovemaking *n* rapporti *mpl* sessuali

lover ['lʌ·və] *n* amante *mf*

love seat *n* divano *m* a due posti

lovesick ['lʌv·sɪk] *adj* pazzo, -a d'amore

love song *n* canzone *f* d'amore

love story *n* storia *f* d'amore

loving ['lʌ·vɪŋ] *adj* affettuoso, -a

low¹ [loʊ] I. *adj* 1. (*not high, not loud*) basso, -a; to be ~ on gas/coffee/chips aver poca benzina/poco caffè/poche patatine; to cook sth on ~ heat cuocere qc a fuoco lento 2. (*poor: opinion, quality*) scarso, -a; (*self-esteem, visibility*) scarso, -a; a ~ trick un tiro mancino II. *adv* basso, -a; to feel ~ essere giù; stocks are running ~ le provviste cominciano a scarseggiare; the batteries are running ~ le batterie si stanno scaricando III. *n* 1. METEO zona *f* di bassa pressione 2. (*minimum*) minimo *m*

low² [loʊ] I. *vi* (*cow*) muggire II. *n* muggito *m*

low-alcohol *adj* a basso tasso alcolico
lowborn *adj* di umili origini
lowbrow *adj* non certo intellettuale
low-cal *adj*, **low-calorie** *adj* a basso contenuto calorico
low-cost *adj* economico, -a
low-cut *adj* scollato, -a
lowdown *n inf* **to give sb the ~ on sth** aggiornare qu su qc
low-down *adj inf* vile; **a ~ trick** un tiro mancino
lower[1] ['loʊ·ə'] **I.** *vt* abbassare; (*flag, sails*) ammainare; (*lifeboat*) calare; **to ~ one's eyes** abbassare lo sguardo; **to ~ oneself to do sth** abbassarsi a fare qc **II.** *vi* abbassarsi **III.** *adj* inferiore
lower[2] [laʊr] *vi* **1.** (*person*) accigliarsi **2.** (*sky*) oscurarsi
lower-case *adj* minuscolo, -a
low-fat *adj* a basso contenuto calorico; (*milk*) scremato, -a
low frequency *n* bassa frequenza *f*
low-grade *n* voto *m* basso
low-key *adj* (*affair*) discreto, -a; (*debate, discussion*) contenuto, -a
lowlands *npl* pianure *fpl*
low-level *adj* **1.** (*discussion*) di basso livello **2.** (*radiation*) leggero, -a
lowly ['loʊ·li] <-ier, -iest> *adj* umile
low-minded *adj* volgare
lowness *n* **1.** (*state of being low*) la scarsa altezza **2.** MUS gravità *f* **3.** (*baseness*) bassezza *f*, viltà *f* **4.** (*humbleness*) umiltà *f*
low-pitched *adj* (*voice*) grave
low-pressure *n* bassa pressione *f*
low profile *n* **to keep a ~** non mettersi in vista
low season *n* bassa stagione *f*
low-spirited *adj* depresso, -a
low-tech *adj* tecnologicamente arretrato, -a
low tide *n*, **low water** *n* bassa marea *f*
lox [lɑːks] *n* salmone *m* affumicato
loyal ['lɔ·ɪəl] *adj* leale; **to remain ~ to sb/sth** rimanere fedele a qu/qc
loyalist ['lɔ·ɪə·lɪst] *n* lealista *mf*
loyalty ['lɔ·ɪəl·ti] <-ies> *n* lealtà *f*
lozenge ['lɑː·zəndʒ] *n* pastiglia *f*
LP [ˌel·'piː] *n abbr of* **long-playing record** LP *m inv*
LPG *n abbr of* **liquefied petroleum gas** GPL *m*
LPN *n abbr of* **licensed practical nurse** *infermiere non qualificato per dispensare farmaci*
LSD [ˌel·es·'diː] *n abbr of* **lysergic acid diethylamide** LSD *m*
LT *n*, **Lt.** *n abbr of* **Lieutenant 1.** MIL tenente *m* **2.** (*assistant*) luogotenente *m*
Ltd. ['lɪ·mɪ·ṭɪd] *abbr of* **Limited** S.r.l
lubricant ['luː·brɪ·kənt] *n* lubrificante *m*
lubricate ['luː·brɪ·keɪt] *vt* lubrificare
lubrication [ˌluː·brɪ·'keɪ·ʃən] *n* lubrificazione *f*
lubricator ['luː·brɪ·keɪ·ṭə'] *n* lubrificante *m*

lucid ['luː·sɪd] *adj* **1.** (*rational*) lucido, -a **2.** (*easily understood*) chiaro, -a
luck [lʌk] *n* fortuna *f*; (*chance*) sorte *f*; **good/ bad ~** fortuna/sfortuna; **a stroke of ~** un colpo di fortuna; **to bring sb ~** portare fortuna a qu; **to wish sb (good) ~** augurare buona fortuna a qu; **with any ~** con un po' di fortuna; **with no ~** senza successo; **as ~ would have it ...** la sorte ha voluto che... +*conj*; **to be down on one's ~** attraversare un periodo sfortunato ▶ **to be the ~ of the draw** essere questione di fortuna; **no such ~!** *inf* purtroppo no!; **to press one's ~** sfidare la sorte
luckless ['lʌk·ləs] *adj* sfortunato, -a
lucky ['lʌ·ki] <-ier, -iest> *adj* fortunato, -a; **to be ~ in love** essere fortunato in amore; **to make a ~ guess** indovinare; **~ day** giorno *m* fortunato; **~ number** numero *m* portafortuna
lucrative ['luː·krə·ṭɪv] *adj* vantaggioso, -a
lucre ['luː·kə'] *n* lucro *m*; (**filthy**) **~ iron** (vile) denaro *m*
ludicrous ['luː·dɪ·krəs] *adj* assurdo, -a
lug [lʌg] **I.** *vt* <-gg-> *inf* trascinare **II.** *n inf* omaccione *m*
luggage ['lʌ·gɪdʒ] *n* bagaglio *m*
luggage rack *n* portabagagli *m inv*
lugger ['lʌ·gə'] *n* NAUT trabaccolo *m inv*
lug nut *n* dado *m*
lugubrious [lə·'guː·bri·əs] *adj* lugubre
lukewarm [ˌluː·k·'wɔːrm] *adj a. fig* tiepido, -a
lull [lʌl] **I.** *vt* **1.** (*soothe*) calmare; **to ~ sb to sleep** far addormentare qu (cullandolo) **2.** (*deceive*) **to ~ sb into believing that ...** far credere a qu che... **II.** *n* **1.** (*temporary stillness*) periodo *m* di tregua **2.** (*in conversation*) pausa *f* **3.** (*in fighting*) tregua *f*
lullaby ['lʌ·lə·baɪ] <-ies> *n* ninnananna *f*
lumbago [lʌm·'beɪ·goʊ] *n* lombaggine *f*
lumbar ['lʌm·bɑːr] *adj* ANAT lombare
lumbar puncture *n* MED iniezione *f* lombare
lumber[1] ['lʌm·bə'] *vi* avanzare pesantemente
lumber[2] ['lʌm·bə'] **I.** *n* legname *m* **II.** *vi* tagliare legname
lumberjack *n* taglialegna *m inv*
lumber room *n* ripostiglio *m*
lumber trade *n* industria *f* del legname
lumberyard *n* deposito *m* di legname
luminary ['luː·mə·ne·ri] <-ies> *n fig* luminare *m*
luminosity [ˌluː·mə·'nɑː·sə·ṭi] *n* luminosità *f*
luminous ['luː·mə·nəs] *adj* luminoso, -a
lump [lʌmp] **I.** *n* **1.** (*solid mass*) massa *f*; (*of sauce*) grumo *m*; (*of coal*) pezzo *m*; (*of sugar*) zolletta *f*; **~ sum** cifra *f* forfettaria **2.** (*swelling: in breast*) nodulo *m*; (*on head*) bozzo *m* **3.** *inf* (*person*) zoticone *m* ▶ **to have a ~ in one's throat** avere un nodo alla gola **II.** *vt* <**to ~ (together)**> raggruppare
lump-sum payment *n* pagamento *m* unico
lumpy ['lʌm·pi] <-ier, -iest> *adj* (*custard, sauce*) grumoso, -a; (*surface*) non uniforme
lunacy ['luː·nə·si] *n* pazzia *f*
lunar ['luː·nə'] *adj* lunare

lunatic ['luː·nə·tɪk] I. *n* pazzo, -a *m, f* II. *adj* lunatico, -a
lunatic fringe *n* frangia *f* estremista
lunch [lʌntʃ] I. *n* pranzo *m;* **to have ~** pranzare ▶**to be out to ~** *inf* essere fuori di testa II. *vi* pranzare
lunch break *n* pausa *f* pranzo
luncheon ['lʌn·tʃən] *n form* pranzo *m*
luncheon meat *n* carne *f* in scatola
lunch hour *n* pausa *f* pranzo
lunchtime I. *n* ora *f* di pranzo II. *adj* (*concert*) di mezzogiorno
lung [lʌŋ] *n* polmone *m;* **to shout at the top of one's ~s** urlare a squarciagola
lung cancer *n* cancro *m* al polmone
lunge [lʌndʒ] I. *vi* **to ~ at sb** scagliarsi contro qu II. *n* affondo *m*
lupin(e) ['luː·pɪn] *n* lupesco, -a *m*
lurch [lɜːrtʃ] I. *vi* (*people*) barcollare; (*car, train*) sbandare II.<-es> *n* sobbalzo *m* ▶**to leave sb in the ~** *inf* lasciare qu nelle peste
lure [lʊr] I. *n* 1.(*attraction*) fascino *m* 2.(*bait*) esca *f;* (*decoy*) richiamo *m* II. *vt* attirare; **to ~ sb into a trap** attirare qu in una trappola
lurid ['lʊ·rɪd] *adj* 1.(*gruesome: details*) scabroso, -a; (*language*) osceno, -a 2.(*sensationalist*) clamoroso, -a 3.(*extremely bright*) sgargiante
lurk [lɜːrk] *vi* nascondersi
luscious ['lʌ·ʃəs] *adj* 1.(*fruit*) polposo, -a 2. *inf* (*girl*) appetitoso, -a; (*curves*) voluttuoso, -a; (*lips*) carnoso, -a
lush [lʌʃ] I. *adj* 1.(*vegetation*) lussureggiante 2.(*luxurious*) opulento, -a II. *n* <-es> *sl* ubriacone, -a *m, f*
lust [lʌst] *n* 1.(*sexual desire*) lussuria *f* 2.(*strong desire*) brama *f;* **~ for sth** brama di qc; **~ for life** voglia *f* di vivere

luster ['lʌs·tər] *n* lustro *m*
lustful ['lʌst·fəl] *adj* lussurioso, -a
lusty ['lʌs·ti] <-ier, -iest> *adj* (*person*) sano, -a; (*voice*) potente
lute [luːt] *n* liuto *m*
Lutheran ['luː·θə·rən] I. *adj* luterano, -a II. *n* luterano, -a *m, f*
Luxembourg ['lʌk·səm·bɜːrg] *n* Lussemburgo *m*
Luxembourger *n* lussemburghese *mf*
luxuriant [lʌg·'ʒʊ·ri·ənt] *adj* (*hair*) folto, -a; (*vegetation*) lussureggiante
luxuriate [lʌg·'ʒʊ·ri·eɪt] *vi* 1.(*person*) **to ~ in sth** godersi qc 2.(*plant*) crescere rigoglioso, -a
luxurious [lʌg·'ʒʊ·ri·əs] *adj* lussuoso, -a
luxury ['lʌk·ʃə·i] <-ies> *n* lusso *m;* **~ appartment** appartamento *m* di lusso
LW *n abbr of* **long wave** OL *f*
lychee ['liː·tʃiː] *n* litchi *m inv*
Lycra® ['laɪ·krə] *n* lycra® *f*
lye [laɪ] *n* liscivia *f*
lying ['laɪ·ɪŋ] I. *n* menzogne *fpl* II. *adj* bugiardo, -a
Lyme disease *n* malattia *f* di Lyme
lymph [lɪmpf] *n* linfa *f*
lymphatic [lɪm·'fæ·t̬ɪk] *adj* linfatico, -a
lymph node *n* linfonodo *m*
lynch [lɪntʃ] *vt* linciare
lynx [lɪŋks] <-(es)> *n* lince *f*
lynx-eyed *adj* con gli occhi di lince
lyre ['laɪr] *n* lira *f*
lyric ['lɪ·rɪk] I. *adj* lirico, -a II. *n* 1.(*poem*) lirica *f* 2. *pl* (*words for song*) testo *m* (di canzone)
lyrical ['lɪ·rɪ·kl] *adj* lirico, -a; **to get ~ about sth** *fig* entusiasmarsi per qc
lyricism ['lɪ·rɪ·ˌsɪ·zəm] *n* LIT, MUS lirismo *m*
lyricist ['lɪ·rɪ·sɪst] *n* paroliere *m*

Mm

M, m [em] *n* M, m *f;* ~ **as in Mary** M come Milano

m 1. *abbr of* **mile** miglio *m* **2.** *abbr of* **million** milione *m* **3.** *abbr of* **minutes** min **4.** *abbr of* **meter** m **5.** *abbr of* **married** coniugato, -a

M *n* **1.** *abbr of* **male** M **2.** *abbr of* **medium** M

MA [ˌem·'eɪ] *n* **1.** *abbr of* **Master of Arts** laurea *f* (*in discipline umanistiche*)*;* **he has an** ~ **in linguistics** è laureato in linguistica; **Louie Sanders, MA** Dott. Louie Sanders **2.** *abbr of* **Massachusetts** Massachusetts

ma [mɑː] *n inf* mamma *f*

ma'am [mæm] = **madam** (*form of address*) signora *f*

Mac [mæk] *n* COMPUT *abbr of* **Macintosh** Mac(intosh) *m*

macabre [mə·'kɑː·brə] *adj* macabro, -a

macadam [mə·'kæ·dəm] *n* macadam *m*

macaroni [ˌmæ·kə·'roʊ·ni] *n* maccheroni *mpl*

macaroni and cheese *n* maccheroni *mpl* al formaggio

mace¹ [meɪs] *n* (*club*) mazza *f*

mace² [meɪs] *n* (*spice*) macis *f* o *m inv*

Mace® [meɪs] *n* aerosol *m* lacrimogeno *inv*

Macedonia [ˌmæ·sə·'doʊ·niə] *n* Macedonia *f*

Macedonian I. *adj* macedone **II.** *n* **1.** (*person*) macedone *mf* **2.** LING macedone *m*

Mach [mɑːk] *n* PHYS mach *m inv*

machete [mə·'ʃe·ti] *n* machete *m inv*

machine [mə·'ʃiːn] *n* **1.** (*mechanical device*) macchina *f* **2.** (*system*) apparato *m*

machine gun *n* mitragliatrice *f*

machine-made *adj* fatto, -a a macchina

machine-readable *adj* COMPUT in linguaggio macchina

machinery [mə·'ʃiː·nə·ri] *n* **1.** (*machines*) macchinari *mpl,* macchine *fpl* **2.** *fig* (*organization, structure*) macchina *f* **3.** (*mechanism*) ingranaggi *mpl*

machine tool *n* macchina *f* utensile

machine-wash *vt* lavare in lavatrice

machine-washable *adj* lavabile in lavatrice

machinist [mə·'ʃiː·nɪst] *n* macchinista *mf*

macho ['mɑːt·ʃoʊ] **I.** *n* macho *m* **II.** *adj* macho *inv*

mackerel ['mæ·krəl] <-(s)> *n* sgombro *m*

macro ['mæ·kroʊ] *n* COMPUT macro(istruzione) *f inv*

macrobiotic [ˌmæ·kroʊ·baɪ·'ɑː·t̮ɪk] *adj* macrobiotico, -a

macrocosm ['mæ·kroʊ·kɑː·zəm] *n* macrocosmo *m*

macroeconomics [ˌmæ·kroʊ·ˌe·kə·'nɑː·mɪks] *n* macroeconomia *f*

mad [mæd] *adj* **1.** (*upset*) arrabbiato, -a **2.** (*frantic*) frenetico, -a **3.** (*insane: person*) pazzo, -a, matto, -a; **to go** ~ impazzire, diventare matto; **to drive sb** ~ fare impazzire qu

4. (*enthusiastic*) **to be** ~ **about sb** essere pazzo di qc; **she's** ~ **about chocolate** va pazza per il cioccolato

Madagascar [ˌmæ·də·'gæs·kə·] *n* Madagascar *m*

madam ['mæ·dəm] *n* signora *f*

mad cow disease *n* (morbo *m* della) mucca pazza *f*

madden ['mæ·dən] *vt* fare infuriare

maddening *adj* esasperante

made [meɪd] *pp, pt of* **make**

made-to-order [ˌmeɪd·tə·'me·ʒə·] *adj* **1.** (*custom-made*) fatto, -a su ordinazione **2.** (*perfect*) fatto, -a apposta

made-up ['meɪd·ʌp] *adj* **1.** (*wearing make-up*) truccato, -a **2.** (*invented*) inventato, -a

madhouse ['mæd·haʊs] *n inf* manicomio *m*

madly ['mæd·li] *adv* **1.** (*frantically*) furiosamente **2.** (*intensely*) terribilmente; **she's** ~ **in love with him** è follemente innamorata di lui

madman ['mæd·mən] <-men> *n* pazzo *m*

madness ['mæd·nɪs] *n* pazzia *f,* follia *f*

madwoman ['mæd·ˌwʊ·mən] <-women> *n* pazza *f*

maelstrom ['meɪl·strəm] *n a. fig* vortice *m*

maestro ['maɪs·troʊ] *n* maestro *m*

Mafia ['mɑː·fiə] *n* mafia *f*

mag [mæg] *n inf abbr of* **magazine** rivista *f*

magazine ['mæ·gə·ziːn] *n* **1.** (*periodical publication*) rivista *f* **2.** MIL (*of gun*) caricatore *m* **3.** MIL (*storage place on ship*) santabarbara *f*

maggot ['mæ·gət] *n* verme *m*

Magi ['meɪ·dʒaɪ] *npl* **the** ~ i (Re) Magi

magic ['mæ·dʒɪk] **I.** *n* magia *f;* **as if by** ~ come per incanto **II.** *adj* magico, -a

magical *adj* **1.** (*power*) magico, -a **2.** (*extraordinary, wonderful*) favoloso, -a

magically *adv* per magia

magic carpet *n* tappeto *m* volante

magician [mə·'dʒɪ·ʃən] *n* mago, -a *m, f*

magisterial [ˌmæ·dʒɪ·'stɪ·ri·əl] *adj form* **1.** (*having complete authority*) autorevole **2.** (*imperious: tone, way*) autoritario, -a

magistrate ['mæ·dʒɪs·treɪt] *n* giudice di cause di minore entità

magnanimity [ˌmæg·nə·'nɪ·mə·ti] *n form* magnanimità *f*

magnanimous [mæg·'næ·nə·məs] *adj form* magnanimo, -a

magnate ['mæg·neɪt] *n* magnate *mf*

magnesia [mæg·'niː·ʒə] *n* magnesia *f*

magnesium [mæg·'niː·zi·əm] *n* magnesio *m*

magnet ['mæg·nɪt] *n* calamita *f,* magnete *m;* **to act as a** ~ **for sth** *fig* attrarre qc come una calamita

magnetic [mæg·'ne·t̮ɪk] *adj* **1.** (*force*) magnetico, -a **2.** (*personality*) affascinante

magnetic field *n* campo *m* magnetico

magnetic pole *n* polo *m* magnetico

M

magnetism ['mæg·nə·tɪ·zəm] *n* magnetismo *m*

magnetize ['mæg·nə·taɪz] *vt* magnetizzare; **to ~ sb** affascinare qu

magneto [mæg·'niː·t̬oʊ] *n* TECH, AUTO magnete *m*

magnification [ˌmæg·nɪ·fɪ·'keɪ·ʃən] *n* (*lens*) ingrandimento *m;* (*photograph*) ingrandimento *m*

magnificence [mæg·'nɪ·fɪ·səns] *n* magnificenza *f*

magnificent [mæg·'nɪ·fɪ·snt] *adj* magnifico, -a

magnify ['mæg·nɪ·faɪ] <-ie-> *vt* **1.** (*make larger*) ingrandire; (*voice*) amplificare **2.** (*make worse: problem*) esasperare

magnifying glass *n* lente *f* d'ingrandimento

magnitude ['mæg·nɪ·tuːd] *n* **1.** (*importance*) importanza *f* **2.** (*large size*) grandezza *f*

magnolia [mæg·'noʊl·jə] *n* magnolia *f*

magnum opus [ˌmæg·nəm·'oʊ·pəs] *n form* capolavoro *m*

magpie ['mæg·paɪ] *n* (*bird*) gazza *f*

maharajah *n*, **maharaja** [ˌmɑː·hə·'rɑː·dʒə] *n* HIST maharajah *m inv,* maragià *m inv*

mahogany [mə·'hɑː·gə·ni] **I.** *n* mogano *m* **II.** *adj* di mogano

maid [meɪd] *n* **1.** (*female servant*) donna *f* (di servizio); (*in hotel*) cameriera *f* **2.** *liter* (*girl, young woman*) fanciulla *f*

maiden ['meɪ·dən] **I.** *n liter* fanciulla *f* **II.** *adj* **1.** (*unmarried*) nubile **2.** (*first: voyage*) inaugurale

maidenhair fern [ˌmeɪ·dən·her·'fɜːrn] *n* capelvenere *m*

maiden name *n* (cog)nome *m* da ragazza

maid of honor *n* damigella *f* d'onore

mail¹ [meɪl] **I.** *n a.* COMPUT posta *f;* **electronic ~** COMPUT posta elettronica; **incoming/outgoing ~** COMPUT posta in arrivo/in partenza; **to send sth through the ~** inviare [*o* spedire] [*o* mandare] qc per posta **II.** *vt* inviare [*o* spedire] [*o* mandare] per posta

mail² [meɪl] *n* (*armor*) maglia *f*

mailbox *n* **1.** (*for postal deliveries*) casella *f* postale **2.** COMPUT (**electronic**) ~ casella *f* (di posta elettronica)

mailing list *n* mailing list *f inv*

mailman *n* postino *m*

mail order *n* vendita *f* per corrispondenza

maim [meɪm] *vt* mutilare

main [meɪn] **I.** *adj* (*problem, reason, street*) principale **II.** *n* **1.** (*pipe*) tubatura *f* principale; **the water/gas ~** la conduttura dell'acqua/del gas **2.** (*cable*) cavo *m* principale ▶**in the ~** in generale

mainframe ['meɪn·freɪm] *n* COMPUT elaboratore *m* centrale

mainland ['meɪn·lənd] **I.** *n* continente *m* **II.** *adj* ~ **China** Cina continentale

mainline ['meɪn·laɪn] *vi, vt inf* bucarsi

mainly ['meɪn·li] *adv* soprattutto; **I ~ go to bed at midnight** di solito vado a letto a mezzanotte

main office *n* ufficio *f* principale

main road *n* strada *f* principale

mainsail *n* NAUT randa *f*

mainspring *n* movente *m* principale

mainstay *n fig* base *f;* (*of economy, organization*) pilastro *m*

mainstream **I.** *n* corrente *f* dominante **II.** *adj* **1.** (*ideology*) dominante **2.** (*film, novel*) convenzionale; (*jazz*) mainstream

maintain [meɪn·'teɪn] *vt* **1.** (*preserve, provide for*) mantenere **2.** (*claim*) sostenere

maintenance ['meɪn·tə·nəns] *n* **1.** (*repair work*) manutenzione *f* **2.** (*keeping, preservation*) mantenimento *m*

Maj. *abbr of* **Major** maggiore *mf*

majestic [mə·'dʒes·tɪk] *adj* maestoso, -a

majesty ['mæ·dʒəs·ti] <-ies> *n* maestà *f;* **Her/His/Your Majesty** Sua/Vostra Maestà; **the Alps, in all their ~** le Alpi, in tutta la loro maestosità

major ['meɪ·dʒɚ] **I.** *adj* **1.** (*important, significant*) principale, significativo; **a ~ problem** un problema serio **2.** (*serious: illness*) grave **3.** MUS maggiore; **in C ~** in do maggiore **II.** *n* **1.** MIL maggiore *mf* **2.** UNIV (*subject*) materia *f* principale

Majorca [mə·'jɔːr·kə] *n* Maiorca *f*

Majorcan **I.** *adj* maiorchino, -a **II.** *n* maiorchino, -a *m, f*

majorette *n* majorette *f inv*

major general [ˌmeɪ·dʒɚ·'dʒe·nə·rəl] *n* generale *m* di divisione

majority [mə·'dʒɔː·rə·ti] <-ies> *n* **1.** (*greater part/number*) maggioranza *f;* **he won by a narrow/large ~** POL ha vinto di stretta/larga misura **2.** (*most powerful group*) maggioranza *f* **3.** (*full legal age*) maggiore età *f;* **to reach the age of ~** diventare maggiorenne

make [meɪk] **I.** *vt* <made, made> **1.** (*produce: coffee, soup, dinner*) fare, preparare; (*product*) fare, produrre; (*clothes*) fare, confezionare; (*record*) incidere; (*film*) girare; **to make sth out of sth** fare qc con qc; **to ~ time** trovare il tempo **2.** (*cause: trouble*) fare; **to ~ noise/a scene** fare rumore/una scenata; **to ~ oneself look ridiculous** rendersi ridicolo; **to ~ a wonderful combination** formare un insieme fantastico **3.** (*cause to be*) **to ~ sb sad** rendere triste qu; **to ~ sb happy** fare felice qu; **to ~ oneself heard** farsi sentire; **to ~ oneself understood** farsi capire; **to ~ sth easy** rendere facile qc; **to ~ something of oneself** arrivare a essere qualcuno **4.** (*perform, carry out*) **to ~ a call** fare una chiamata; **to ~ a decision** prendere una decisione; **to ~ a reservation** fare una prenotazione **5.** (*force*) obbligare; **to ~ sb do sth** far fare qc a qu **6.** (*amount to, total*) fare; **two plus two ~s four** due più due fa quattro **7.** (*earn, get*) **to ~ friends** fare amicizia; **to ~ money** fare [*o* guadagnare] soldi; **to ~ a profit** ricavare un profitto; **to ~ a loss** subire una perdita; **to ~ a living** guadagnarsi da vivere

8. *inf* (*get to, reach*) **to ~ it to somewhere** arrivare da qualche parte; **to ~ it** farcela, riuscirci **9.** (*make perfect*) **that made my day!** questo mi ha fatto felice! ▶ **to ~ or break** sth determinare il successo o l'insuccesso di qc; **to ~ do** (**with** sth) cavarsela (con qc) **II.** *vi* (*amount to, total*) **today's earthquake ~s five since the beginning of the year** con quello di oggi siamo al quinto terremoto di quest'anno ▶ **to ~ as if to do** sth fare come per fare qc **III.** *n* **1.** (*brand*) marca *f* **2.** (*identification*) **to get a ~ on** sb scoprire l'identità di qu ▶ **to be on the ~** *sl* (*for money, power*) essere un arrivista; (*sexually*) cercare di cuccare

◆**make for** *vt insep* **1.** (*head for*) dirigersi verso **2.** (*lead to*) **to ~** sth contribuire a qc

◆**make of** *vt* **what do you ~ this book?** cosa ne pensi di questo libro?

◆**make off with** *vt* **to ~** sth scappare con qc

◆**make out I.** *vi* **1.** (*succeed, cope: person*) cavarsela **2.** *sl* (*kiss passionately*) **to ~ with** sb pomiciare con qu **II.** *vt* **1.** (*discern: writing, numbers*) decifrare; (*sth in the distance*) scorgere **2.** (*pretend*) **he made himself out to be rich** si fece passare per ricco **3.** (*write out*) **to ~ a check for $100** emettere un assegno per 100 dollari

◆**make over** *vt* **1.** LAW (*transfer: ownership*) trasferire **2.** (*alter, convert*) **to make** sth **over into** sth trasformare qc in qc

◆**make up I.** *vt* **1.** (*invent*) inventare **2.** (*prepare*) preparare **3.** (*compensate*) **to ~ for** sth compensare qc **4.** (*constitute*) costituire **5.** (*decide*) **to ~ one's mind** decidersi **6.** SCHOOL **to ~ an exam** (*take again*) ripetere un esame; (*take at a later time*) rimandare un esame **II.** *vi* riconciliarsi

◆**make up to** *vt* **to make it up to** sb sdebitarsi con qu

make-believe ['meɪk·bɪ·ˌliːv] **I.** *n* (*pretense*) finta *f*, finzione *f*; **a world of ~** un mondo immaginario **II.** *adj* immaginario, -a; (*weapon*) per finta; **a ~ world** un mondo immaginario

make-or-break *adj* **this is a ~ situation** qui o la va o la spacca

maker ['meɪ·kər] *n* **1.** (*manufacturer*) produttore, -trice *m, f*, fabbricante *mf* **2.** (*God*) il Creatore; **to meet one's Maker** andare al Creatore

makeshift ['meɪk·ʃɪft] *adj* di fortuna

make-up ['meɪk·ʌp] *n* **1.** (*cosmetics*) trucco *m;* **to put on ~** truccarsi; **to wear ~** essere truccato **2.** (*structure*) composizione *f* **3.** (*character*) natura *f*

make-up artist *n* truccatore, -trice *m, f*

making ['meɪ·kɪŋ] *n* **1.** (*production*) produzione *m;* (*of clothes*) confezione *f;* (*of meals*) preparazione *f* **2.** *pl* (*essential qualities*) **to have the ~s of** sth avere la stoffa di qc ▶ **to be the ~ of** sb essere decisivo per qu

maladjusted [ˌmæl·ə·ˈdʒʌs·tɪd] *adj* PSYCH disadattato, -a

maladroit ['mæl·ə·drɔɪt] *adj form* maldestro, -a

Malagasy [ˌmæ·lə·ˈgæ·si] **I.** *adj* malgascio, -a **II.** *n a.* LING malgascio *m*

malaise [mæ·ˈleɪz] *n* malessere *m*

malapropism ['mæ·lə·prɑː·pɪ·zəm] *n* LING malapropismo *m*

malaria [mə·ˈle·ri·ə] *n* malaria *f*

Malawi [mə·ˈlɑː·wi] *n* Malawi *m*

Malawian I. *adj* malawiano, -a **II.** *n* malawiano, -a *m, f*

Malaysia [mə·ˈleɪ·ʒə] *n* Malesia *f*

Malaysian [mə·ˈleɪ·ʒən] **I.** *adj* malese **II.** *n* malese *mf*

malcontent ['mæl·kən·tənt] *n form* malcontento, -a *m, f*

Maldives ['mæl·daɪvz] *npl* Maldive *fpl*

male [meɪl] **I.** *adj* (*person, hormone*) maschile; (*animal*) maschio; **~ chauvinism** maschilismo *m* **II.** *n* (*person*) maschio *m;* (*animal*) maschio *m*

malediction [ˌmæl·ə·ˈdɪk·ʃən] *n* maledizione *f*

malevolent [mə·ˈle·və·lnt] *adj liter* (*malicious*) malevolo, -a; (*deity, powers*) maligno, -a

malformation [ˌmæl·fɔː·ˈmeɪ·ʃən] *n* MED malformazione *f*

malfunction [ˌmæl·ˈfʌŋk·ʃən] **I.** *vi* **1.** (*not work properly*) funzionare male **2.** (*stop functioning*) smettere di funzionare **II.** *n* **1.** (*defective functioning*) funzionamento *m* imperfetto **2.** (*sudden stop*) arresto *m* improvviso

Mali ['mɑː·li] *n* Mali *m*

Malian I. *adj* maliano, -a **II.** *n* maliano, -a *m, f*

malice ['mæ·lɪs] *n* malevolenza *f*; **with ~ aforethought** con premeditazione

malicious [mə·ˈlɪ·ʃəs] *adj* maligno, -a

malign [mə·ˈlaɪn] **I.** *adj form* maligno, -a **II.** *vt* denigrare

malignancy [mə·ˈlɪg·nən·si] <-ies> *n a.* MED malignità *f*

malignant [mə·ˈlɪg·nənt] *adj* maligno, -a

malinger [mə·ˈlɪŋ·gər] *vi* fingersi malato

malingerer [mə·ˈlɪŋ·gə·ər] *n* chi si finge malato

mall [mɔːl] *n* centro *m* commerciale

mallard ['mæ·lərd] <-(s)> *n* germano *m* reale, anatra *f* selvatica

malleable ['mæ·lɪ·ə·bl] *adj* (*material*) malleabile; (*person*) docile

mallet ['mæ·lɪt] *n* mazzuolo *m*

mallow ['mæ·loʊ] *n* malva *f*

malnutrition [ˌmæl·nuː·ˈtrɪ·ʃən] *n* malnutrizione *f*

malodorous [ˌmæl·ˈoʊ·də·rəs] *adj form* maleodorante

malpractice [ˌmæl·ˈpræk·tɪs] *n* negligenza *f* professionale; **medical ~** negligenza *f* professionale (in campo medico)

malt [mɔːlt] **I.** *n* malto *m* **II.** *vt* trasformare in malto

Malta ['mɔːl·tə] *n* Malta *f; s.a.* **Republic of Malta**

M

Maltese [ˌmɔːlˈtiːz] **I.** *adj* maltese; **~ cross** croce *f* di Malta **II.** *n* maltese *mf*

maltreat [ˌmælˈtriːt] *vt form* maltrattare

maltreatment *n* maltrattamenti *mpl*

mamma [məˈmɑː] *n* mamma *f*

mammal [ˈmæ·məl] *n* mammifero *m*

mammary gland [ˈmæ·mə·rɪ·ˌglænd] *n* ghiandola *f* mammaria

mammography [məˈmɑː·grə·fi] <-ies> *n* mammografia *f*

mammoth [ˈmæ·məθ] **I.** *adj* mastodontico, -a **II.** *n* mammut *m inv*

man [mæn] **I.** *n* <men> **1.** (*male human*) uomo *m* **2.** (*the human race*) genere *m* umano **3.** (*in games*) pedina *f*, pezzo *m* ▶ **to talk (as) ~ to ~** parlare da uomo a uomo; **as one ~** come un sol uomo **II.** *vt* <-nn-> (*operate: ship*) equipaggiare; **to ~ a factory** dotare di personale uno stabilimento; **some volunteers ~ the phones** alcuni volontari sono addetti ai telefoni **III.** *interj* **~, was that cake good!** accidenti, se era buono il dolce!

manage [ˈmæ·nɪdʒ] **I.** *vt* **1.** *a.* ECON (*control, be in charge of*) dirigere; (*money, time*) gestire; (*a baseball team*) dirigere **2.** (*accomplish*) riuscire; **to ~ to do sth** riuscire a fare qc **3.** (*fit into one's schedule*) **to not ~ the time** non (riuscire a) trovare il tempo **II.** *vi* **to ~ on a few dollars a day** (riuscire a) farcela con pochi dollari al giorno

manageable [ˈmæ·nɪ·dʒə·bl] *adj* (*vehicle*) maneggevole; (*person, animal*) docile; (*amount*) ragionevole

management [ˈmæ·nɪdʒ·mənt] *n* **1.** (*direction*) gestione *f*, direzione *f* **2.** *a.* ECON gestione *f*; **to study business ~** studiare gestione aziendale

management consultant *n* consulente *mf* aziendale

management information system *n* management information system *m inv*

manager [ˈmæ·nɪ·dʒəʳ] *n* **1.** COM (*administrator*) amministratore, -trice *m, f*, direttore, -trice *m, f*; (*of business unit*) gestore, -trice *m, f* **2.** (*of performer, artist*) agente *mf*, manager *mf inv*; (*of a baseball team*) manager *mf inv*

managerial [ˌmæ·nəˈdʒɪ·ri·əl] *adj* (*relating to a manager*) manageriale, direttivo; **~ position** posizione direttiva; **~ skills** abilità *fpl* manageriali

managing director *n* amministratore *m* delegato

mandarin [ˈmæn·də·rɪn] *n* (*person*) mandarino *m*

Mandarin *n* LING mandarino *m*

mandarin orange *n* mandarino *m*

mandate [ˈmæn·deɪt] **I.** *n* **1.** *a.* POL mandato *m* **2.** (*territory*) territorio *m* sotto mandato internazionale **II.** *vt* approvare ufficialmente

mandatory [ˈmæn·də·tɔː·ri] *adj form* obbligatorio, -a; **to make sth ~** rendere obbligatorio qc

mandible [ˈmæn·dɪ·bl] *n* mandibola *f*

mandolin(e) [ˈmæn·də·lɪn] *n* MUS mandolino *m*

mandrake [ˈmæn·dreɪk] *n* mandragola *f*, mandragora *f*

mandrill [ˈmæn·drɪl] *n* mandrillo *m*

mane [meɪn] *n* criniera *f*

man-eater [ˈmæn·iː·təʳ] *n inf* (*of woman*) divoratrice *f* di uomini; (*of animal*) mangiatore, -trice *m, f* di uomini

maneuver [məˈnuː·vəʳ] **I.** *n a.* MIL manovra *f*; **army ~s** manovre militari **II.** *vt* manovrare; **to ~ sb into doing sth** indurre qu a fare qc **III.** *vi* manovrare

maneuverability [mə·ˌnuː·və·rə·ˈbɪ·lə·ti] *n* manovrabilità *f*

maneuverable [məˈnuː·və·rə·bl] *adj* manovrabile

manfully [ˈmæn·fʊ·li] *adv* valorosamente

manganese [ˈmæŋ·gə·niːz] *n* manganese *m*

manger [ˈmeɪn·dʒəʳ] *n* mangiatoia *f*

mangle [ˈmæŋ·gl] *vt* (*body*) maciullare; (*text*) fare scempio di

mango [ˈmæŋ·goʊ] *n* <-(e)s> mango *m*

mangrove [ˈmæn·groʊv] *n* mangrovia *f*

manhandle [ˈmæn·hæn·dl] *vt* **1.** (*treat roughly: person*) maltrattare **2.** (*move by hand: heavy object*) spostare a mano

manhole [ˈmæn·hoʊl] *n* tombino *m*, pozzetto *m*

manhole cover *n* chiusino *m*

manhood [ˈmæn·hʊd] *n* **1.** (*adulthood*) età *f* virile **2.** (*masculinity*) virilità *f*

man-hour [ˈmæn·aʊ·əʳ] *n* ECON ora-uomo *f*

manhunt [ˈmæn·hʌnt] *n* caccia *f* all'uomo

mania [ˈmeɪ·niə] *n a.* PSYCH mania *f*

maniac [ˈmeɪ·ni·æk] *n* maniaco, -a *m, f*

maniacal [məˈna·iə·kl] *adj inf* demenziale

manic [ˈmæ·nɪk] *adj* frenetico, -a

manic depression *n* mania *f* depressiva

manic depressive *adj* maniaco-depressivo, -a

manic psychosis *n* PSYCH psicosi *f inv* maniaco-depressiva

manicure [ˈmæ·nɪ·kjʊr] **I.** *n* manicure *f inv* **II.** *vt* **to ~ one's fingernails** farsi la manicure

manicurist [ˈmæ·nɪ·kjʊ·rɪst] *n* manicure *mf inv*

manifest [ˈmæ·nɪ·fest] **I.** *adj form* manifesto, -a; **to make sth ~** rendere manifesto qc **II.** *vt form* manifestare; **to ~ symptoms of sth** manifestare i sintomi di qc

manifestation [ˌmæ·nɪ·fe·ˈsteɪ·ʃən] *n form* manifestazione *f*

manifestly [ˈmæ·nɪ·fest·li] *adv form* palesemente

manifesto [ˌmæ·nɪ·ˈfes·toʊ] <-stos *o* -stoes> *n* manifesto *m*

manifold [ˈmæ·nɪ·foʊld] **I.** *adj liter* molteplice **II.** *n* TECH, AUTO collettore *m;* **exhaust ~** collettore di scarico

manikin [ˈmæ·nɪ·kɪn] *n* **1.** (*model*) manichino *m* **2.** (*dwarf*) nano, -a *m, f*

manila envelope [mə·ˈnɪ·lə ˈen·və·loʊp] *n* busta *m* manila

manioc ['mæ·ni·ɑːk] *n* **1.** (*cassava*) manioca *f*, cassava *f* **2.** (*flour*) tapioca *f*

manipulate [mə·'nɪp·jə·leɪt] *vt* manipolare

manipulation [mə·ˌnɪp·jə·'leɪ·ʃən] *n* manipolazione *f*

manipulative [mə·ˌnɪp·jə·'le·tɪv] *adj* manipolatorio, -a

manipulator [mə·'nɪp·jə·leɪ·ţə·] *n* manipolatore, -trice *m, f*

mankind [ˌmæn·'kaɪnd] *n* umanità *f*

manliness ['mæn·lɪ·nəs] *n* mascolinità *f*

manly ['mæn·li] <-ier, -iest> *adj* (*of man*) virile, maschile

man-made ['mæn·meɪd] *adj* (*lake*) artificiale; (*fiber*) sintetico, -a

manna ['mæ·nə] *n* manna *f*

manned [mænd] *adj* AVIAT con equipaggio umano

mannequin ['mæ·nɪ·kɪn] *n* **1.** (*dummy*) manichino *m* **2.** (*person*) indossatore, -trice *m, f*

manner ['mæ·nə] *n* **1.** (*way, fashion*) maniera *f*, modo *m;* **in the ~ of sb** alla maniera di qu, nello stile di qc; **in a ~ of speaking** per così dire; **a ~ of speech** un modo di dire **2.** (*behavior*) ~s buone *fpl* maniere; **to teach sb ~s** insegnare a qu l'educazione; **it's bad ~s to ...** è da maleducati ... **3.** *form* (*kind, type*) tipo *m;* **what ~ of man is he?** che razza di uomo è?; **all ~ of ...** ogni sorta di ... ▸ **as if to the ~ born** con la massima naturalezza

mannered *adj* manierato, -a

mannerism ['mæ·nə·rɪ·zəm] *n* manierismo *m*

mannikin ['mæ·nɪ·kɪn] *n s.* **manikin**

mannish ['mæ·nɪʃ] *adj* mascolino, -a

manometer [mə·'nɑː·mə·tə·] *n* manometro *m*

manor ['mæ·nə] *n* **1.** (*house*) maniero *m* **2.** HIST (*territory*) feudo *m*

manpower ['mæn·pɑ·ʊə·] *n* manodopera *f*

manservant ['mæn·sɜːr·vənt] *n* servitore *m*

mansion ['mæn·ʃən] *n* dimora *f*

man-sized *adj* grande

manslaughter ['mæn·slɑː·ţə·] *n* omicidio *m* colposo

mantelpiece ['mæn·tl·piːs] *n* mensola *f* del caminetto

mantis ['mæn·tɪs] *n* mantide *f* (religiosa)

mantle ['mæn·tl] *n* **1.** *liter* (*cloak, layer*) mantello *m;* **a ~ of snow** un manto di neve **2.** (*of gas lamp*) reticella *f*

man-to-man *adj* franco, -a, da uomo a uomo

mantra ['mæn·trə] *n* mantra *m inv*

manual ['mæn·jʊ·əl] **I.** *adj* manuale; **~ dexterity** abilità manuale **II.** *n* manuale *m;* **instruction ~** manuale di istruzioni

manual labor *n* lavoro *m* manuale

manually ['mæn·jʊ·ə·li] *adv* manualmente, a mano

manual transmission *n* AUTO trasmissione *f* manuale

manufacture [ˌmæn·jʊ·'fæk·tʃə·] **I.** *vt* **1.** (*produce*) fabbricare; **~d goods** prodotti finiti **2.** (*invent*) inventare; **to ~ an excuse/a**

story inventare una scusa/una storia **II.** *n* **1.** (*production*) manifattura *f* **2.** (*product*) prodotto *m* (industriale)

manufacturer [ˌmæn·jʊ·'fæk·ʃə·ə·] *n* produttore *m*, azienda *f* produttrice; **~'s label** etichetta *f* del produttore; **to send sth back to the ~** rispedire qc alla fabbrica

manufacturing [ˌmæn·jə·'fæk·tʃə·rɪŋ] *adj* (*region, company*) industriale; **~ industry** industria *f* manifatturiera

manure [mə·'nʊr] *n* letame *m*

manuscript ['mæn·jʊs·krɪpt] *n* manoscritto *m*

many ['me·ni] <more, most> **I.** *adj* molti, -e, tanti, -e; **how ~ bottles?** quante bottiglie?; **too/so ~ people** troppa/tanta gente; **one too ~** uno di troppo; **~ times** molte/tante volte; **as ~ as** tanti quanti **II.** *pron* molti, molte, tanti, tante; **~ think that ...** molti [*o* tanti] pensano che ...; **so ~** tanti, -e; **too ~** troppi, -e **III.** *n* **a good ~** moltissimi, -e

many-sided [ˌme·nɪ·'saɪ·dɪd] *adj* poliedrico, -a

Maoism ['maʊ·ɪ·zm] *n* maoismo *m*

Maoist ['maʊ·ɪzt] **I.** *n* maoista *mf* **II.** *adj* maoista

Maori ['maʊ·ri] **I.** *n* maori *mf* **II.** *adj* maori

map [mæp] **I.** *n* **1.** (*of region, stars*) carta *f* (geografica); (*of town*) pianta *f;* **~ of the world** carta geografica del mondo; **road ~** carta stradale **2.** (*simple diagram*) piantina *f* ▸ **to blow** [*o* **wipe**] **sth off the ~** cancellare qc dalla faccia della terra; **to put a town on the ~** far conoscere una città **II.** <-pp-> *vt* mappare ◆ **map out** *vt* pianificare, progettare; **to ~ a route** pianificare un itinerario; **to ~ a plan/a strategy** delineare un piano/una strategia; **his future is all mapped out for him** la sua vita è stata pianificata

maple ['meɪ·pl] *n* **1.** (*tree*) acero *m* **2.** (*wood*) (legno *m* di) acero

maple leaf *n* foglia *f* d'acero

maple sugar *n* zucchero *m* d'acero

maple syrup *n* sciroppo *m* d'acero

map maker *n* cartografo, -a *m, f*

map making *n* cartografia *f*

mar [mɑːr] <-rr-> *vt* (*ruin*) guastare; (*the fun, the day*) rovinare

Mar. *n abbr of* **March** marzo *m*

maraschino cherry [ˌme·rə·'ʃiː·noʊ-] *n* ciliegia *f* al maraschino

marathon ['me·rə·θɑːn] *n a. fig* maratona *f*

marathon runner *n* maratoneta *mf*

maraud [mə·'rɑːd] *vi* razziare

marauder *n* (*animal*) predatore, -trice *m, f;* (*person*) predone, -a *m, f*

marauding *adj* (*animal*) predatore, -trice; (*person*) che saccheggia

marble ['mɑːr·bl] *n* **1.** (*stone*) marmo *m;* **~ table** tavolo *m* di marmo **2.** (*glass ball*) bilia *f*, pallina *f;* **to play ~s** giocare a bilie ▸ **to lose one's ~s** *inf* perdere la testa

marble cake *n* ciambella al cioccolato

march [mɑːrtʃ] **I.** <-es> *n* **a.** MIL marcia *f;*

funeral ~ marcia funebre; **a 20 mile** ~ una marcia di 32 km; **to be on the** ~ essere in marcia; **to be within a day's** ~ essere a un giorno di cammino **II.** *vi a.* MIL marciare; (*parade*) sfilare; **to** ~ **into a country** invadere un paese **III.** *vt* (*compel to walk*) **to** ~ **sb off** fare marciare qu

March [mɑːrtʃ] *n* marzo *m; s.a.* **April**

marching orders ['mɑːr·tʃɪŋ·ˌɔːr·dəz] *n* **1.** MIL **to get one's** ~ ricevere il proprio ruolino di marcia **2.** *inf* **to give sb his** ~ licenziare qu

Mardi Gras ['mɑr·di·ˌgrɑː] *n* martedì *m* grasso

M

mare [mer] *n* giumenta *f*

mare's nest *n* buco *m* nell'acqua

margarine ['mɑːr·dʒə·rɪn] *n* margarina *f*

margin ['mɑːr·dʒɪn] *n a.* TYPO margine *m;* **profit** ~ margine di profitto; **narrow** [*o* **tight**] ~ margine esiguo; ~ **of error** margine di errore

marginal ['mɑːr·dʒɪ·nl] *adj* marginale; **to be of** ~ **interest** essere di interesse marginale; ~ **land** terreno *f* marginale

marginalize ['mɑːr·dʒɪ·nə·laɪz] *vt* marginalizzare

marigold ['me·rɪ·goʊld] *n* calendula *f*

marihuana *n*, **marijuana** [ˌme·rɪ·'wɑː·nə] *n* marihuana *f*, marijuana *f*

marina [mə·'riː·nə] *n* porticciolo *m* sportivo

marinade [ˌme·rɪ·'neɪd] *n* marinata *f*

marinate ['me·rɪ·neɪt] *vt* marinare

marine [mə·'riːn] **I.** *adj* (*of the sea*) marino, -a; NAUT nautico, -a; MIL navale **II.** *n* marine *mf inv*

marine biologist *n* biologo, -a *m, f* marino, -a

Marine Corps *n* Corpo *m* dei Marine

mariner ['me·rɪ·nər] *n liter* marinaio, -a *m, f*

marionette [ˌme·rɪ·ə·'net] *n* marionetta *f*

marital ['me·rɪ·tl̩] *adj* coniugale; ~ **bliss** felicità *f* coniugale; ~ **problems** problemi *mpl* coniugali

marital status *n form* stato *m* civile

maritime ['me·rɪ·taɪm] *adj form* marittimo, -a

maritime law *n* diritto *m* marittimo

marjoram ['mɑːr·dʒə·əm] *n* maggiorana *f*

mark¹ [mɑːrk] **I.** *n* **1.** (*spot, stain*) macchia *f;* (*scratch*) graffio *m;* (*trace*) traccia *f;* **to leave one's** ~ **on sth/sb** *fig* lasciare il segno su qc/qu **2.** (*written sign*) segno *m* **3.** (*required*

standard) livello *m;* **to be up to the** ~ essere all'altezza; **to not feel up to the** ~ non sentirsi in forma **4.** (*target*) bersaglio *m;* **to hit the** ~ colpire il bersaglio **5.** (*starting line*) linea *f* di partenza; **on your** ~, **get set, go!** pronti, via! **6.** LING segno *m;* **punctuation** ~ segno di interpunzione ▶ **to be wide of the** ~ *fig* essere fuori strada **II.** *vt* **1.** (*make a spot, stain*) macchiare **2.** (*make written sign, indicate*) marcare; **I've** ~ **ed the route on the map** ho segnato l'itinerario sulla carta; **the bottle was** ~ **ed 'poison'** sulla bottiglia c'era la scritta 'veleno' **3.** (*characterize*) contraddistinguere; **to** ~ **sb as sth** etichettare qu come qc **4.** (*commemorate*) commemorare; **to** ~ **the beginning/end of sth** segnare l'inizio/la fine di qc; **to** ~ **the 10th anniversary** commemorare il 10° anniversario

◆**mark down** *vt* **1.** (*reduce prices*) ribassare **2.** (*jot down*) annotare **3.** SCHOOL **to mark sb down** abbassare il voto a qu **4.** *fig* (*assess*) **to mark sb down as sth** etichettare qu come qc

◆**mark off** *vt* **1.** (*divide land*) delimitare **2.** (*cross off*) spuntare

◆**mark out** *vt* tracciare i contorni di

◆**mark up** *vt* aumentare

mark² [mɑːrk] *n* FIN marco *m*

marked [mɑːrkt] *adj* **1.** (*improvement, difference*) notevole; (*contrast*) netto, -a **2.** (*with distinguishing marks*) marcato, -a **3.** (*liable to be attacked*) **to be a** ~ **man/woman** essere una vittima designata

markedly ['mɑːr·kəd·li] *adv* notevolmente

marker ['mɑːr·kə] *n* **1.** (*sign, symbol*) segno *m* **2.** (*pen*) evidenziatore *m* **3.** SPORTS (*indicator*) segnapunti *m inv;* **the first-down** ~ la linea del primo down (nel football americano) **4.** *sl* (*IOU*) cambiale *f*

market ['mɑːr·kɪt] **I.** *n* mercato *m;* **the coffee** ~ il mercato del caffè; **the housing** ~ il mercato immobiliare; **the job** ~ il mercato del lavoro; **the stock** ~ la borsa valori; **to put sth on the** ~ mettere in vendita qc; **on the** ~ sul mercato **II.** *vt* commercializzare

marketable *adj* commerciabile; ~ **commodities** beni *mpl* commerciabili

market forces *npl* forze *fpl* di mercato

marketing *n* **1.** (*discipline*) marketing *m* **2.** (*commercialization*) commercializzazione *f*

marketing strategy *n* strategia *f* di mercato

market leader *n* leader *mf* di mercato *inv*

marketplace *n* **1.** ECON mercato *m* **2.** (*square*) piazza *f*

market price *n* prezzo *m* di mercato

market research *n* ricerca *f* [*o* analisi *f inv*] di mercato

market researcher *n* analista *mf* di mercato

market trader *n* commerciante *mf*

marking *n* (*identification*) segno *f;* (*on animal*) marchio *m*

marksman ['mɑːrks·mən] <-men> *n* tiratore (scelto)

marksmanship ['mɑːrks·mən·ʃɪp] *n* abilità *f* di tiro

markswoman ['mɑːrks·wʊ·mən] <-women> *n* tiratrice (scelta) *f*

markup ['mɑːrk·ʌp] *n* margine *m* di utile lordo

marmalade ['mɑːr·mə·leɪd] *n* marmellata *f* (*di agrumi*)*;* **orange** ~ marmellata di arance

marmoset ['mɑːr·mə·zet] *n* uistitì *mf inv*

maroon[1] [mə·'ruːn] **I.** *n* marrone *m* rossiccio **II.** *adj* marrone rossiccio *inv*

maroon[2] [mə·'ruːn] *vt* abbandonare

marquee [mɑːr·'kiː] **I.** *n* (*rooflike structure*) pensilina *f* **II.** *adj* (*of performer*) di cartellone

marriage ['me·rɪdʒ] *n* **1.** (*wedding*) matrimonio *m,* nozze *fpl* **2.** (*relationship, state*) matrimonio *m;* **arranged** ~ matrimonio combinato; **related by** ~ imparentato per matrimonio; **he is a relative by** ~ è un parente acquisito **3.** *fig* (*of organizations*) unione *f*

marriageable *adj* maritabile

marriage license *n* licenza *f* di matrimonio

marriage of convenience *n* matrimonio *m* di convenienza

married *adj* (*person*) sposato, -a, coniugato, -a; ~ **couple** una coppia sposata; ~ **life** la vita coniugale; **to be** ~ **to sth** *fig* avere sposato qc

married name *n* nome *m* da sposata

marrow ['me·roʊ] *n* MED midollo *m*

marrowbone *n* ossobuco *m*

marry ['me·ri] <-ie-> **I.** *vt* **1.** (*become husband or wife*) **to** ~ **sb** sposarsi con qu; **to get married** (**to sb**) sposare qu, sposarsi (con qu) **2.** (*priest*) sposare **II.** *vi* sposarsi; **to** ~ **above/beneath oneself** sposarsi con qu di ceto superiore/inferiore; **to** ~ **into a wealthy family** imparentarsi con una famiglia ricca

Mars [mɑːrz] *n* Marte *m*

marsh [mɑːrʃ] <-es> *n* palude *f*

marshal ['mɑːr·ʃl] **I.** <-ll-, -l-> *vt* ordinare **II.** *n* **1.** LAW ufficiale *mf* giudiziario **2.** (*police officer*) capo *m* della polizia locale; (*fire officer*) capo *m* dei vigili del fuoco **3.** MIL maresciallo *m;* **field** ~ feldmaresciallo **4.** (*honoree*) **the grand** ~ il cerimoniere

marshland ['mɑːrʃ·lænd] *n* terreno *m* paludoso

marshmallow ['mɑːrʃ·mæ·loʊ] *n* **1.** (*sweet*) dolce a pasta soffice **2.** (*plant*) altea *f*

marshy ['mɑːr·ʃi] <-ier, -iest> *adj* paludoso, -a

marsupial [mɑːr·'suː·piəl] **I.** *n* marsupiale *m* **II.** *adj* (*of the marsupium*) marsupiale

marten ['mɑːr·tn] *n* mustelide *m;* **pine** ~ martora *f*

martial ['mɑːr·ʃəl] *adj* marziale

martial arts *n* SPORTS arti *fpl* marziali

martial law *n* legge *f* marziale; **to impose** ~ **on a country** imporre la legge marziale in un paese

Martian ['mɑːr·ʃən] **I.** *adj* marziano, -a **II.** *n* marziano, -a *m, f*

martin ['mɑːr·tn] *n* balestruccio *m*

martinet [ˌmɑːr·tə·'net] *n form* rigorista *mf*

Martinique [ˌmɑːr·tə·'niːk] *n* Martinica *f*

martyr ['mɑːr·t̬ə·] **I.** *n* martire *mf;* **to be a** ~ **to a disease** *fig* essere tormentato da una malattia **II.** *vt* martirizzare; ~**ed saint** (santo) martire

martyrdom ['mɑːr·t̬ə·dəm] *n* martirio *m;* **to suffer** ~ subire il martirio

marvel ['mɑːr·vl] **I.** *n* **1.** (*thing*) meraviglia *f;* **it's a** ~ **to me how ...** mi meraviglia come ... **2.** (*person*) persona *f* meravigliosa **II.** <-ll-, -l-> *vi* **to** ~ **that ...** meravigliarsi che ... +*conj;* **to** ~ **at sb/sth** meravigliarsi di qu/qc

marvelous *adj,* **marvellous** ['mɑːr·və·ləs] *adj* meraviglioso, -a; **to feel** ~ sentirsi in gran forma

Marxism ['mɑːrk·sɪ·zm] *n* marxismo *m*

Marxist ['mɑːrk·sɪst] **I.** *n* marxista *mf* **II.** *adj* marxista

marzipan ['mɑːr·zɪ·pæn] *n* marzapane *m*

masc. *adj abbr of* **masculine**

mascara [mæ·'ske·rə] *n* mascara *m*

mascot ['mæs·kɑːt] *n* mascotte *f*

masculine ['mæs·kjə·lɪn] *adj a.* LING maschile

masculinity [ˌmæs·kjə·'lɪ·nə·ti] *n* mascolinità *f*

MASH [mæʃ] *n abbr of* **mobile army surgical hospital** ospedale (militare) da campo

mash [mæʃ] **I.** *n* **1.** AGR (*animal feed*) pastone *m* **2.** (*fermentable mixture*) infuso *m* di malto (per fare la birra) **II.** *vt* ridurre a purè; **to** ~ **potatoes** passare le patate; ~**ed potatoes** purè *m inv* di patate

◆ **mash up** *vt* CULIN schiacciare (per farne un purè)

mask [mæsk] **I.** *n a. fig* maschera *f;* (*only covering eyes*) mascherina *f;* **oxygen** ~ maschera di ossigeno **II.** *vt* mascherare; **to** ~ **sth with sth** nascondere qc con qc; **to** ~ **the statistics** occultare le statistiche

◆ **mask out** *vt* PHOT, TYPO mascherare

masked *adj* mascherato, -a

masked ball *n* ballo *m* in maschera

masking tape *n* nastro *m* adesivo per mascheratura

masochism ['mæ·sə·kɪ·zəm] *n* masochismo *m*

masochist ['mæ·sə·kɪst] *n* masochista *mf*

masochistic ['mæ·sə·kɪs·tik] *adj* masochistico, -a

mason ['meɪ·sn] *n* **1.** (*stonecutter*) scalpellino, -a *m, f* **2.** (*bricklayer*) muratore, -trice/-a *m, f* **3.** (*Freemason*) massone, -ona *m, f*

Masonic [mə·'sɑː·nɪk] *adj* massonico, -a

Masonic Temple *n* tempio *m* massonico

masonry ['meɪ·sn·ri] *n* **1.** (*occupation*) arte *f* muraria **2.** (*stonework*) muratura *f* **3.** (*Freemasonry*) massoneria *f*

masquerade [ˌmæs·kə·'reɪd] **I.** *n* mascherata *f* **II.** *vi* **to** ~ **as sth** camuffarsi da qc

masquerade ball *n* ballo *m* mascherato

mass [mæs] **I.** *n* **1.** *a.* PHYS massa *f* **2.** (*formless substance*) massa *f* **3.** (*large quantity*) massa *f;* **to be a** ~ **of contradictions** essere pieno di contraddizioni; **the** ~ **of the people** la folla; **the** ~ **of the population** la maggior parte

M

della popolazione **II.** *vi* (*gather*) ammassarsi **III.** *adj* di massa

Mass [mæs] *n* messa *f;* **to attend ~** andare a messa; **to celebrate a ~** celebrare una messa

Mass. *n abbr of* **Massachusetts** Massachusetts *m*

massacre ['mæ·sə·kə] **I.** *n* **1.** (*killing*) massacro *f* **2.** *fig* (*defeat*) pesante sconfitta *f* **II.** *vt* **1.** (*kill*) massacrare **2.** *fig* (*defeat*) annientare

massage [mə·'sɑːdʒ] **I.** *n* massaggio *m;* **to give sb a ~** fare un massaggio a qu; **water ~** idromassaggio *m* **II.** *vt* **1.** massaggiare **2.** *fig* manipolare

massage parlor *n* (*for treatment*) salone *m* massaggi

masseur [mæ·'sɜːr] *n* massaggiatore *m*

masseuse [mæ·'sɜːz] *n* massaggiatrice *f*

mass grave *n* fossa *f* comune

massif ['mæ·sɪv] *n* GEO massiccio *m*

massive ['mæ·sɪv] *adj* massiccio, -a, enorme; **~ amounts of money** enormi quantità di denaro

mass market *n* mercato *m* di massa

mass-market *adj* di largo consumo

mass media *n* **the ~** i mezzi di comunicazione di massa, i (mass) media

mass murder *n* uccisione *f* di massa

mass murderer *n* massacratore, -trice *m, f*

mass-produce *vt* produrre su vasta scala

mass production *n* produzione *f* su vasta scala

mass tourism *n* turismo *m* di massa

mass unemployment *n* disoccupazione *m* massiccia

mast [mæst] *n* **1.** NAUT albero *m* **2.** (*flag pole*) asta *f;* **at half ~** a mezz'asta **3.** RADIO, TV antenna *f*

mastectomy [ˌmæs·'te·kə·mi] <-ies> *n* mastectomia *f*

master ['mæs·tə] **I.** *n* **1.** (*of house*) padrone *m;* (*of slave, dog*) padrone *m* **2.** (*one who excels*) maestro *m;* **~ craftsman** maestro artigiano; **to be a ~ of sth** essere un esperto di [*o* in] qc **3.** (*instructor*) insegnante *m;* **dancing/singing ~** maestro di ballo/canto; **fencing ~** maestro di scherma **4.** (*master copy*) originale *m,* master *m inv* ▶ **to be one's own ~** non avere padroni; **jack of all trades, ~ of none** sa fare di tutto, ma non eccelle in niente **II.** *vt* **1.** (*cope with*) controllare; **to ~ one's fear of flying** dominare la propria paura di volare **2.** (*become proficient at*) padroneggiare

master bedroom *n* camera *f* da letto principale

master copy <-ies> *n* originale *m,* master *m*

masterful ['mæs·tə·fəl] *adj* **1.** (*authoritative*) autoritario, -a **2.** (*skillful*) magistrale

master key *n* passe partout *m inv*

masterly ['mæs·tə·li] *adj* magistrale

mastermind ['mæs·tə·maɪnd] **I.** *n* (*person*) cervello *m* **II.** *vt* (*activity*) orchestrare; (*crime*) essere il cervello di

Master of Arts *n* (*person*) laureato, -a in lettere *m*

Master of Ceremonies *n* maestro *m* di cerimonia

masterpiece *n* capolavoro *m*

master plan *n* piano *m* generale

master race *n* razza *f* superiore

Master's *n,* **Master's degree** *n* laurea (di secondo grado) *f*

masterstroke *n* colpo *m* da maestro

master switch <-es> *n* interruttore *m* principale

masterwork *n s.* **masterpiece**

mastery ['mæs·tə·i] *n* (*skill*) maestria *f;* (*sway*) padronanza *f*

masticate ['mæs·tɪ·keɪt] *vt* masticare

mastication [ˌmæs·tɪ·'keɪ·ʃən] *n* masticazione *f*

mastitis [mæ·'staɪ·t̬ɪs] *n* mastite *f*

masturbate ['mæs·tə·beɪt] **I.** *vi* masturbarsi **II.** *vt* masturbare

masturbation [ˌmæs·tə·'beɪ·ʃən] *n* masturbazione *f*

mat¹ [mæt] *n* **1.** (*on floor*) tappeto *m,* stuoia *f;* (*doormat*) zerbino *m;* **bath ~** tappetino *m* da bagno **2.** (*on table*) sottopiatto *m* **3.** SPORTS (*in gymnastics*) materassino *m* **4.** (*thick layer: of grass*) (folto) tappeto *m;* (*of hair*) (folto) groviglio *m*

mat² *adj,* **matte** [mæt] *adj* opaco, -a

matador ['mæ·tə·dɔːɹ] *n* matador *m inv,* torero *m*

match¹ [mætʃ] <-es> *n* (*for making fire*) fiammifero *m;* **box of ~es** scatola di fiammiferi

match² [mætʃ] **I.** *n* **1.** (*competitor*) pari *mf;* **to be a good ~ for sb** essere un degno avversario per qu; **to be no ~ for sb** non essere all'altezza di qu; **to meet one's ~** trovare pane per i propri denti **2.** (*similarity*) **to be a good ~** essere bene accoppiati **3.** (*in marriage*) **to make a good ~** fare una bella coppia **4.** SPORTS partita *f;* **wrestling ~** incontro di lotta [*o* wrestling] **II.** *vi* (*harmonize: design, color*) armonizzare, coordinare; (*description*) corrispondere **III.** *vt* **1.** (*have same color*) intonarsi a **2.** (*equal*) uguagliare

◆ **match against** *vt always sep* contrapporre

◆ **match up I.** *vi* **1.** (*make sense*) concordare **2.** (*align*) combaciare **3. to ~ to sth** essere all'altezza di qc **II.** *vt* (*put together*) abbinare

matchbox ['mætʃ·bɑːks] <-es> *n* scatola *f* di fiammiferi

matching ['mæt·ʃɪŋ] *adj* intonato, -a

matchless ['mætʃ·lɪs] *adv* incomparabile
matchmaker ['mætʃ·meɪ·kɚ] *n* pronubo, -a *m, f*
match point *n* SPORTS punto *m* decisivo, match *m* point *inv*
matchstick ['mætʃ·stɪk] *n* fiammifero *m*
mate[1] [meɪt] I. *n* 1.(*spouse*) compagno, -a *m, f* 2.ZOOL (*male*) maschio *m;* (*female*) femmina *f* 3.NAUT secondo *m;* **first/second ~** primo/secondo ufficiale 4.(*one of a pair*) compagno, -a, -a *m, f* II. *vi* accoppiarsi III. *vt* accoppiare
mate[2] [meɪt] I. *n* GAMES (scacco) *m* matto II. *vt* dare scacco matto a
material [mə·'tɪ·ri·əl] I. *n* 1.PHILOS, PHYS materia *f* 2.(*physical substance*) materiale *m;* **raw ~** materia *f* prima 3.(*information*) **publicity ~** materiale *m* pubblicitario 4.(*cloth*) stoffa *f* 5.(*textile*) tessuto *m* 6.*pl* (*equipment*) attrezzatura *mpl;* **writing ~(s)** necessario *m* per scrivere II. *adj* 1.(*physical*) materiale; **~ damage** danno materiale 2.(*important*) importante; **to be ~ to sth** essere importante per qc
materialism [mə·'tɪ·ri·ə·lɪ·zəm] *n* materialismo *m*
materialist *n* materialista *mf*
materialistic [mə·ˌtɪ·ri·ə·'lɪs·tɪk] *adj* materialista, materialistico, -a
materialize [mə·'tɪ·ri·ə·laɪz] *vi* 1.(*take physical form*) materializzarsi 2.(*hope, idea*) realizzarsi 3.(*appear*) comparire
material witness <-es> *n* testimone *mf* oculare
maternal [mə·'tɜːr·nl] *adj* 1.(*feeling*) materno, -a 2.(*relative*) materno, -a
maternity [mə·'tɜːr·nə·ti] *n* maternità *f*
maternity clothes *npl* indumenti *m* prémaman
maternity leave *n* congedo *m* di maternità, maternità *f*
maternity ward *n* reparto *m* maternità
math [mæθ] *n inf abbr of* **mathematics** matematica *fsing*
mathematical [ˌmæ·θə·'mæ·ʈɪ·kl] *adj* matematico, -a
mathematician [ˌmæ·θə·mə·'tɪ·ʃən] *n* matematico, -a *m, f*
mathematics [ˌmæ·θə·'mæ·ʈɪks] *n* matematica *fsing*
matinée ['mæ·tə·neɪ] *n* CINE, THEAT matinée *f inv*
mating *n* accoppiamento *m*
mating season *n* stagione *f* degli amori
matriarch *n* matriarca *f*
matrices ['meɪ·trɪ·siːz] *n pl of* **matrix**
matriculate [mə·'trɪk·jə·leɪt] I. *vi* immatricolarsi, iscriversi II. *vt* immatricolare, iscrivere
matriculation [mə·ˌtrɪk·jə·'leɪ·ʃən] *n* (*enrollment*) immatricolazione *f;* (*exam*) ammissione *f* all'università
matrimonial [ˌmæ·trə·'moʊn·iəl] *adj form* matrimoniale

matrimony ['mæ·trə·moʊ·ni] *n* matrimonio *m*
matrix ['meɪ·trɪks] <-ices> *n a.* MATH matrice *f*
matrix printer *n* COMPUT stampante *f* a matrice
matron ['meɪ·trən] *n* 1.(*middle-aged woman*) matrona *f* 2.(*prison guard*) guardia carceraria *f*
matronly ['meɪ·trən·li] *adj iron* matronale; **a ~ figure** una matrona
matron of honor *n* dama d'onore (nelle cerimonie nuziale)
matted *adj* aggrovigliato, -a
matter ['mæ·ʈɚ] I. *n* 1.(*subject*) argomento *m;* (*question, affair*) questione *f;* **that's another ~ altogether** questo è un altro discorso [*o* questo non c'entra] *fig;* **that's no laughing ~** non è uno scherzo; **to do sth as a ~ of course** fare qc naturalmente; **the ~ at hand** la faccenda in questione; **it's a ~ of life or death** è una questione di vita o di morte; **money ~s** questione di soldi; **a ~ of opinion** questione di punti di vista; **the truth of the ~** la verità (dei fatti); **personal ~** questione [*o* faccenda] privata 2.*pl* (*situation*) situazione *f;* **to make ~s worse** come se non bastasse; **to help ~s** migliorare le cose 3.(*wrong*) problema *m;* **what's the ~ with you?** cosa c'è che non va?; **what's the ~ with asking for a pay raise?** che problema c'è a chiedere un aumento di stipendio? 4.(*material*) materiale *m;* **advertising ~** materiale pubblicitario 5.(*amount*) **a ~ of ...** una questione di ...; **in a ~ of seconds** in pochi secondi 6.(*substance*) sostanza *f* II. *vi* importare; **it really ~s to me** mi importa molto; **no ~ what they say** non mi importa (di) quello che dicono, dicano quello che vogliono; **it doesn't ~ if ...** non importa se ...; **it ~s that ...** importa che ... +*conj;* **what ~s now is that ...** l'importante adesso è che ...
matter-of-fact [ˌmæ·ʈɚ·əv·'fækt] *adj* 1.(*practical*) pratico, -a 2.(*emotionless*) prosaico, -a
matter-of-factly *adv* 1.(*practically*) in modo pratico 2.(*emotionlessly*) prosaicamente
matting ['mæ·ʈɪŋ] *n* 1.(*floor covering*) stuoia *f* 2.(*tangling*) garbuglio *m*
mattress ['mæ·trɪs] *n* materasso *m*
mature [mə·'tʊr] I. *adj* 1.(*person, attitude*) maturo, -a; (*animal*) adulto, -a; **to be ~ beyond one's years** essere maturo per la propria età; **after ~ reflection** dopo lunga riflessione 2.(*wine*) invecchiato, -a; (*cheese*) stagionato, -a; (*fruit*) maturo, -a 3.FIN maturato, -a II. *vi* 1.*a. fig* maturare 2.FIN maturare III. *vt* 1.(*cheese, ham*) fare stagionare; (*wine*) fare invecchiare 2.(*person*) fare maturare
maturity [mə·'tʊ·rə·ti] *n* <-ies> 1.(*of person, attitude*) maturità *f;* **to come to ~** raggiungere la maturità 2.FIN maturazione *f;* **to reach ~** giungere a scadenza
maudlin ['mɑːd·lɪn] *adj* 1.(*sentimental*) sentimentale 2.(*tearful*) lacrimoso, -a
maul [mɑːl] *vt* 1.(*wound*) dilaniare 2.(*criticize*) stroncare

M

Mauritania [ˌmɔː·rɪ·ˈteɪn·iə] *n* Mauritania *f*

Mauritanian I. *n* mauritano, -a *m, f* II. *adj* mauritano, -a

Mauritian I. *n* mauriziano, -a *m, f* II. *adj* mauriziano, -a

Mauritius [mɔː·ˈrɪ·ʃi·əs] *n* Maurizio *m*

mausoleum [ˌmɑː·sə·ˈliː·əm] *n* mausoleo *m*

mauve [moʊv] *adj* malva

maverick [ˈmæ·vɚ·ɪk] *n* 1. ZOOL vitello *m* non marchiato 2. (*person*) nonconformista *mf*

mawkish [ˈmɑː·kɪʃ] *adj* (*sentimental*) sdolcinato, -a *fig*

max. *inf abbr of* **maximum** massimo

maxim [ˈmæk·sɪm] *n* massima *f*

maximal [ˈmæk·sɪ·məl] *adj form* massimo, -a

maximize [ˈmæk·sɪ·maɪz] *vt* massimizzare

maximum [ˈmæk·sɪ·məm] I. *n* massimo *m;* **to do sth to the ~** fare qc al massimo; **to reach a ~** raggiungere un massimo II. *adj* massimo, -a; **this car has a ~ speed of 100 mph** questa auto ha una velocità massima di 100 miglia all'ora

maximum security prison *n* carcere *m* di massima sicurezza

may[1] [meɪ] <might, might> *aux* 1. *form* (*be allowed*) potere; **~ I come in?** (è) permesso?; **~ I ask you a question?** posso farti una domanda? 2. (*possibility*) essere possibile; **it ~ rain** può darsi che piova; **be that as it ~** in ogni modo 3. (*hope, wish*) **~ she rest in peace** riposi in pace

may[2] [meɪ] *n* (*bush*) biancospino *m;* (*flower*) fiori *mpl* di biancospino

May [meɪ] *n* maggio; *s.a.* **April**

maybe [ˈmeɪ·biː] I. *adv* 1. (*perhaps*) forse 2. (*approximately*) pressappoco; **~ as many as two hundred people** più o meno duecento persone II. *n* forse *m;* **a definite ~** un forse definitivo

mayday [ˈmeɪ·deɪ] *n* mayday *m inv, segnale radiotelefonico internazionale di soccorso*

May Day *n* il primo *m* maggio

mayfly [ˈmeɪ·flaɪ] *n* <-ies> effimera *f,* efemera *f*

mayhem [ˈmeɪ·hem] *n* caos *m inv;* **it was utter ~** era una baraonda infernale

mayo [ˈmeɪ·oʊ] *n inf abbr of* **mayonnaise** maionese *f*

mayonnaise [ˌme·ɪə·ˈneɪz] *n* maionese *f*

mayor [meɪ·ɚ] *n* sindaco *m*

maypole [ˈmeɪ·poʊl] *n palo ornato di nastri intorno a cui si danzava il primo maggio*

may've *inf* = **may have** *s.* **may**

maze [meɪz] *n* labirinto *m*

MB [ˌem·ˈbiː] *abbr of* **megabyte** Mb

MBA [ˌem·biː·ˈeɪ] *n abbr of* **Master of Business Administration** laurea *f* in amministrazione aziendale

MC [ˌem·ˈsiː] *n* 1. *abbr of* **Master of Ceremonies** maestro , -a *m, f* di cerimonie 2. *abbr of* **Member of Congress** deputato, -a (negli Stati Uniti) *m*

MD [ˌem·ˈdiː] *n* 1. *abbr of* **Doctor of Medicine** dott. *mf* 2. *abbr of* **Maryland** Maryland *m* 3. *abbr of* **muscular dystrophy** distrofia muscolare

ME *n abbr of* **Maine** Maine *m*

me [miː] *pron* 1. mi; **look at ~** guardami; **she saw ~** mi ha visto; **he told ~ that ...** mi ha detto che ...; **give ~ the pencil** dammi la matita 2. (*in comparisons*) **she is older than ~** è più vecchia di me 3. (*after verb 'to be'*) io; **it's ~** sono io; **she is older than ~** è più vecchia di me 4. (*after prep*) me; **is this for ~?** è per me?

meadow [ˈme·doʊ] *n* prato *m*

meager *adj*, **meagre** [ˈmiː·gɚ] *adj* scarso, -a

meal[1] [miːl] *n* pasto *m;* **a heavy/light ~** un pasto abbondante/leggero; **to go out for a ~** andare fuori a pranzo/cena; **~s on wheels** *distribuzione di pasti caldi a domicilio ad anziani o invalidi* ▶ **to make a ~ of sth** essere troppo zelanti in qc

meal[2] [miːl] *n* (*flour*) farina *f*

meal ticket *n* 1. (*lunch voucher*) buono *m* pasto 2. *fig* (*means of living*) fonte *f* di sostentamento; **he's her latest ~** è lui che la mantiene ultimamente

mealtime [ˈmiːl·taɪm] *n* ora *f* dei pasti

mean[1] [miːn] *adj* 1. (*unkind*) sgarbato; **to be ~ to sb** trattare male qu; **to have a ~ streak** avere una vena di perfidia 2. *inf* (*excellent*) eccellente; **he is one ~ cook** *inf* è un cuoco con i fiocchi

mean[2] [miːn] <meant, meant> *vt* 1. (*signify: word, event*) significare; **does that name ~ anything to you?** ti dice niente quel nome? 2. (*express, indicate: person*) volere dire; **what do you ~?** che cosa vuoi dire?; **what do you ~ it was my fault?** vuoi dire che era colpa mia?; **I ~ what I say** non sto scherzando 3. (*intend for particular purpose*) destinare; **to be meant for sth** essere destinato a qu; **to be meant for each other** essere fatti l'uno per l'altro [*o* l'altra]; **it was meant to be** doveva accadere 4. (*intend*) intendere; **to ~ to do sth** avere intenzione di fare qc; **to ~ well** avere buone intenzioni; **I ~ to say ...** intendo [*o* voglio] dire ...; **what do you ~ by arriving so late?** perché diavolo sei così in ritardo? ▶ **to ~ business** *inf* fare sul serio

meander [mɪ·ˈæn·dɚ] I. *n* meandro *m* II. *vi* 1. (*flow*) snodarsi 2. *fig* (*wander*) vagare; (*digress*) divagare

meandering [mɪ·ˈæn·də·rɪŋ] *adj* 1. (*river*) sinuoso, -a 2. (*explanation*) incoerente

meanie [ˈmiː·ni] *n inf* perfido, -a *m, f*

meaning [ˈmiː·nɪŋ] *n* significato *m;* **to give sth a whole new ~** dare un senso completamente nuovo a qc; **what is the ~ of this?** e questo cosa vuol dire?; **the full ~ of sth** il pieno significato di qc; **to have ~ for sb** essere importante per qu

meaningful [ˈmiː·nɪŋ·fəl] *adj* 1. (*difference, change*) significativo, -a 2. (*look, smile*) eloquente 3. (*relationship*) importante, -a

meaningless ['miː·nɪŋ·ləs] *adj* senza senso
meanness ['miːn·nɪs] *n* bassezza *f*
means [miːnz] *n* **1.**(*instrument, method*) mezzo *m*, metodo *m;* ~ **of communication/ transport** mezzo di comunicazione/trasporto **2.** *pl* (*resources*) mezzi *mpl;* ~ **of support** mezzi di sostentamento; **ways and** ~ modi e maniere; **by** ~ **of sth** mediante qc; **to try by all** (**possible**) ~ **to do sth** cercare in tutti i modi di fare qc; **to use all the** ~ **at one's disposal** usare tutti i mezzi a propria disposizione **3.** *pl* (*income*) mezzi (economici) *mpl;* **a person of** ~ una persona facoltosa; **private** ~ rendita *f,* **to be without** ~ *form* non avere mezzi; **to live beyond one's** ~ vivere al disopra delle proprie possibilità ▶**by all** ~! ma certo!; **by no** ~ niente affatto
meant [ment] *pt, pp of* **mean**
meantime ['miːn·taɪm] I. *adv* frattempo II. *n* **in the** ~ nel frattempo
meanwhile ['miːn·waɪl] *adv* nel frattempo
meany ['miː·ni] *n inf s.* **meanie**
measles ['miː·zlz] *n* morbillo *m*
measly ['miːz·li] *adj* <-ier, -iest> miserabile
measurable ['me·ʒə·rə·bl] *adj* **1.**(*quantifiable*) misurabile **2.**(*perceptible*) apprezzabile
measure ['me·ʒɚ] I. *vt* misurare; **to** ~ **sth in feet and inches** misurare qc in piedi e pollici II. *vi* misurare; **the box** ~**s 4 in. by 4 in. by 6 in.** la scatola misura 4 pollici [*o* 10 cm] per 4 pollici [*o* 10 cm] per 6 pollici [*o* 15 cm] III. *n* **1.**(*size*) misura *f* **2.**(*measuring instrument*) metro *m;* (*ruler*) righello *m* **3.**(*amount of alcohol*) dose *f* **4.** *pl* (*action*) misurazione *f;* **to take** ~**s to do sth** prendere i provvedimenti per fare qc **5.**(*degree, amount*) grado *m;* **there was some** ~ **of truth in what he said** c'era del vero in quello che diceva; **in some** ~ in parte **6.** LIT metro *m* **7.** MUS battuta *f* ▶**for good** ~ per buona misura; **beyond** ~ oltre la giusta misura
◆**measure off** *vt* **1.**(*for cutting*) misurare **2.**(*mark limits*) delimitare
◆**measure up** *vi* avere i requisiti (per); **to not** ~ **to sth** non essere all'altezza di qc
measured *adj* (*response*) misurato, -a; (*voice, tone*) cadenzato, -a
measurement ['me·ʒɚ·mənt] *n* **1.**(*size*) misura *f* **2.**(*dimension of body*) misura *f;* **to take sb's** ~**s** prendere le misure a qu **3.**(*act of measuring*) misurazione *f*
measuring cup *n* misurino *m*
measuring spoon *n* cucchiaio *m* dosatore
meat [miːt] *n* **1.** carne *f* **2.** *fig* (*essence*) essenza *f* **3.** *fig* (*target*) **this guy is fresh** ~ questo ce lo mangiamo in un boccone ▶**one man's** ~ **is another man's poison** *prov* ciò che giova a uno è veleno per un altro
meat-and-potatoes [ˌmiːt·ənd·pə·'teɪ·t̬oʊz] *n inf* essenziale *m*
meatball *n* polpetta *f*
meat cleaver *n* mannaia *f* (da macellaio)
meat grinder *n* tritacarne *m inv*

meat hook *n* gancio *m* da macellaio
meat loaf *n* polpettone *m* di carne
meat market *n sl* mercato *m* delle carni
Mecca ['me·kə] *n* REL la Mecca *f*
mecca ['me·kə] *n* (*center*) mecca *f*
mechanic [mɪ·'kæ·nɪk] *n* meccanico, -a *m, f*
mechanical *adj* **1.**(*relating to machines*) meccanico, -a **2.**(*without thinking*) automatico, -a
mechanical engineer *n* ingegnere *m* meccanico
mechanical engineering *n* ingegneria *f* meccanica
mechanical pencil *n* portamina *f,* matita *f* automatica
mechanics [mɪ·'kæ·nɪks] *npl* **1.** AUTO, TECH meccanica *f* **2.** *inf* (*how things are organized*) meccanismi *m*
mechanism ['me·kə·nɪ·zəm] *n* meccanismo *m*
mechanize ['me·kə·naɪz] *vt* meccanizzare
MEd *n abbr of* **Master of Education** laurea *f* in pedagogia
med. *adj abbr of* **medium** medio, -a
medal ['me·dl] *n* medaglia *f*
medalist ['me·də·lɪst] *n* vincitore , -trice *m, f* di medaglia; **he was a gold** ~ **at the Olympic Games** è stato medaglia d'oro alle olimpiadi
medallion [mə·'dæl·jən] *n* medaglione *m*
meddle ['me·dl] *vi* **to** ~ **in sth** intromettersi
meddlesome ['me·dl·səm] *adj* invadente
media ['miː·di·ə] *n* **1.** *pl of* **medium 2. the** ~ i media; **the mass** ~ i mezzi di comunicazione di massa; **a** ~ **event** un evento mediatico
media campaign *n* campagna *f* mediatica
mediaeval [ˌme·di·'iː·vəl] *adj s.* **medieval**
media magnate *n*, **media mogul** *n* magnate *mf* dei mass media
median ['miː·di·ən] *adj* mediano, -a
median strip *n* AUTO spartitraffico *m inv*
mediate ['miː·di·eit] I. *vi* mediare; **to** ~ **between two groups** mediare tra due gruppi; **to** ~ **in sth** fare da mediatore in qc II. *vt* **to** ~ **a settlement** mediare un accordo
mediation [ˌmiː·dɪ·'ei·ʃən] *n* mediazione *f*
mediator ['miː·di·ei·t̬ɚ] *n* mediatore, -trice *m, f*
medic ['me·dɪk] *n* medico, -a *m, f*
Medicaid ['me·dɪ·keɪd] *n* servizio sanitario gratuito statunitense per i meno abbienti
medical ['me·dɪ·kəl] I. *adj* medico, -a II. *n inf* visita *f* medica
medical examination *n* visita *f* medica
medical history *n* anamnesi *f inv*
medicament [mɪ·'dɪ·kə·mənt] *n* medicamento *m*
Medicare ['me·dɪ·ker] *n* servizio sanitario statunitense per anziani e disabili
medicate ['me·dɪ·keɪt] *vt* (*treat medically*) medicare
medicated *adj* (*soap, shampoo*) medicato, -a
medication [ˌme·dɪ·'kei·ʃən] <-(s)> *n* medicinale *m*
medicinal [mə·'dɪ·sɪ·nəl] *adj* medicinale

M

medicine ['me·dɪ·sən] *n* **1.**(*substance*) medicinale *m;* **to take (one's)** ~ prendere le medicine **2.**(*medical knowledge*) medicina *f* **3.**(*remedy*) rimedio *m* ▶**to give sb a** <u>taste</u> **of his/her own** ~ ripagare qu con la stessa moneta

medicine ball *n* palla *f* medica

medicine cabinet *n*, **medicine chest** *n* armadietto *m* delle medicine

medicine man *n* <-men> stregone *m*

medieval [ˌmiː·diˈiː·vl] *adj* medievale

mediocre [ˌmiː·diˈoʊ·kə*] *adj* mediocre

mediocrity [ˌmiː·diˈɑː·krə·ti] *n* **1.**(*quality*) mediocrità *f* **2.**(*person*) mediocre *mf*

meditate ['me·dɪ·teɪt] I. *vi* **1.**(*engage in contemplation*) meditare **2.**(*think deeply*) riflettere; **to** ~ **on sth** riflettere su qc II. *vt* (*plan: revenge*) meditare

meditation [ˌme·dɪˈteɪ·ʃən] *n* meditazione *f*

Mediterranean [ˌme·dɪ·təˈreɪn·iən] I. *n* (mare) Mediterraneo *m* II. *adj* mediterraneo, -a

Mediterranean Sea *n* mar(e) *m* Mediterraneo

medium ['miː·di·əm] I. *adj* **1.**(*not big or small*) medio, -a **2.**FOOD cotto, -a II. *n* **1.**<media *o* -s> (*method*) mezzo *m;* **through the** ~ **of** per mezzo di **2.**COMPUT supporto *m;* **data** ~ supporto (di) dati **3.**<-s> (*spiritualist*) medium *mf inv*

medium-dry *adj* semisecco, -a

medium-rare *adj* CULIN poco cotto, -a

medium-sized *adj* di taglia media

medley ['med·li] *n* **1.**(*mixture*) miscuglio *f* **2.**MUS medley *m inv*

meek [miːk] *adj* (*person*) mite; (*animal*) docile

meet [miːt] <met, met> I. *vt* **1.**(*encounter*) incontrare; (*intentionally*) incontrarsi con; (*for first time*) conoscere; **to arrange to** ~ **sb** decidere di vedersi con qu **2.**(*collect: at train station, airport*) andare a prendere **3.**(*confront: opponent*) incontrare; (*problem*) affrontare **4.**(*fulfill*) fare al caso; (*cost*) sostenere; (*demand*) soddisfare; (*obligation*) rispettare II. *vi* **1.**(*encounter*) incontrarsi; (*intentionally*) trovarsi; (*for first time*) conocersi; **to arrange to** ~ decidere di vedersi **2.**(*join: lines*) incontrarsi; (*rivers*) confluire **3.**SPORTS incontrarsi III. *n* (*sporting event*) riunione *f;* **a track** ~ una riunione di atletica

◆**meet with** *vt insep* incontrarsi con; **to** ~ **success** avere successo; **to meet force with force** rispondere alla forza con la forza

meeting ['miː·t̬ɪŋ] *n* **1.**(*gathering*) riunione *f*, assemblea *f;* **to call a** ~ indire una riunione **2.**POL riunione *f* **3.**(*casual*) incontro *m*

meeting point *n* punto *m* di incontro

megabyte ['me·gə·baɪt] *n* COMPUT megabyte *m inv*

megahertz ['me·gə·hɜːrts] *n* ELEC megahertz *m inv*

megalomania [ˌme·gə·loʊˈmeɪn·iə] *n* megalomania *f*

megalomaniac [ˌme·gə·loʊˈmeɪn·iæk] *n* megalomane *mf*

megaphone ['me·gə·foʊn] *n* megafono *m*

megastore ['me·gə·stɔːr] *n* megastore *m inv*

megawatt ['me·gə·wɑːt] *n* megawatt *m inv*

melancholic [ˌme·lənˈkɑː·lɪk] *adj* malinconico, -a

melancholy ['me·lən·kɑː·li] I. *n* malinconia *f* II. *adj* malinconico, -a

melee ['meɪ·leɪ] *n* **1.**(*fight*) mischia *f* **2.**(*crowd*) mischia *m*

mellow ['me·loʊ] I. *adj* <-er, -est> **1.**(*light: voice*) pastoso, -a; (*flavor*) dolce **2.**(*mature: wine*) maturo, -a **3.**(*relaxed*) rilassato, -a II. *vi* (*person, fruit*) maturare; (*voice, color*) addolcirsi III. *vt* **1.**(*wine*) fare invecchiare **2.**(*make less severe*) attenuare

melodic [mə·ˈlɑː·dɪk] *adj* melodico, -a

melodious [mə·ˈloʊd·iəs] *adj* melodioso, -a

melodrama ['me·loʊ·drɑː·mə] *n* melodramma *m*

melodramatic [ˌme·loʊ·drə·ˈmæ·t̬ɪk] *adj* melodrammatico, -a

melody ['me·lə·di] <-ies> *n* melodia *f*

melon ['me·lən] *n* melone *m;* (*watermelon*) anguria *f*, cocomero *m*

melt [melt] I. *vt* (*metal*) fondere; (*ice, chocolate*) sciogliere II. *vi* **1.**(*metal*) fondersi; (*ice, chocolate*) sciogliersi **2.** *fig* intenerirsi

meltdown ['melt·daʊn] *n* fusione *f*

melting point *n* punto *m* di fusione

melting pot *n a. fig* crogiolo *m*

member ['mem·bə*] *n* membro *mf;* (*of society, club*) socio, -a *m, f*

membership *n* **1.**(*state of belonging*) appartenenza *f;* **to apply for** ~ **to a club** fare domanda di iscrizione a un club; ~ **dues** quote *fpl* sociali **2.**(*number of members*) numero *m* di membri/iscritti

membership card *n* tessera *f* (di iscrizione)

membrane ['mem·breɪn] *n* membrana *f*

memento [mə·ˈmen·toʊ] <-s *o* -es> *n* ricordo *m*

memo ['me·moʊ] *n abbr of* **memorandum** **1.**(*message*) promemoria *m inv* **2.**(*note*) nota *f*

memoir ['mem·wɑːr] *n* **1.**(*record of events*) memoria *f* **2.** *pl* (*autobiography*) memorie *fpl*

memorabilia [ˌme·mə·rə·ˈbɪl·ia] *npl* cimeli *mpl*

memorable ['me·mə·rə·bl] *adj* memorabile

memorandum [ˌme·mə·ˈræn·dəm] <-s *o* -anda> *n form* **1.**(*message*) promemoria *m inv* **2.**(*note*) nota *f*

memorial [mə·ˈmɔː·ri·əl] I. *n* monumento *m* commemorativo II. *adj* commemorativo, -a

Memorial Day *n giorno della commemorazione dei caduti negli Stati Uniti*

Il **Memorial Day** viene celebrato negli USA l'ultimo lunedì di maggio. È un giorno festivo riconosciuto nella quasi totalità degli stati americani (con la sola eccezione di qualche stato del sud). In questa giornata si commemorano i caduti delle guerre americane.

memorize ['me·mə·raɪz] *vt* memorizzare
memory ['me·mə·ri] <-ies> *n* **1.** (*ability to remember*) memoria *f;* **to recite sth from ~** recitare qc a memoria; **if my ~ serves me correctly** se la memoria non mi inganna **2.** (*remembered event*) ricordo *m;* **to bring back memories** riportare alla mente ricordi **3.** COMPUT memoria *f;* **internal/external/core ~** memoria interna/esterna/a nuclei magnetici; **cache ~** memoria cache; **read only ~** memoria a sola lettura; **random access ~** memoria ad accesso casuale
memory lane *n* **to take a walk down ~** ripercorrere il viale dei ricordi
men [men] *n pl of* **man**
menace ['me·nəs] **I.** *n* **1.** (*threat*) minaccia *f* **2.** (*child*) peste *f* **II.** *vt* minacciare
menacing *adj* minaccioso, -a
menacingly *adv* minacciosamente
ménage à trois *n* <ménages à trois> ménage *m* a tre *inv*
menagerie *n* serraglio *m*
mend [mend] **I.** *n* **1.** (*repair*) riparazione *f* **2.** (*patch*) rattoppo *m* **3.** *inf* **to be on the ~** essere in via di guarigione **II.** *vt* **1.** (*repair*) riparare **2.** (*darn: socks*) rammendare **III.** *vi* (*improve*) migliorare; (*broken bone*) saldarsi
mending ['men·dɪŋ] *n* **1.** (*repair work*) riparazione *f* **2.** (*darning*) rammendo *m* **3.** (*clothes*) cose *fpl* da rammendare
menial ['mi:·ni·əl] *adj* umile; **~ labor** lavoro umile
meningitis [ˌme·nɪn·'dʒaɪ·t̬ɪs] *n* meningite *f*
menopause ['me·nə·pɑːz] *n* menopausa *f*
men's room ['menz·ˌruːm] *n* bagno *m* degli uomini
menstrual ['mens·trəl] *adj* mestruale
menstruate ['men·stru·eɪt] *vi* mestruare
menstruation [ˌmen·stru·'eɪ·ʃən] *n* mestruazione *f*
mental ['men·t̬əl] *adj* **1.** (*of the mind*) mentale **2.** *inf* (*crazy*) pazzo, -a
mental arithmetic *n* calcolo *m* mentale
mental hospital *n* ospedale *m* psichiatrico
mental illness *n* <-es> malattia *f* mentale
mentality [men·'tæ·lə·t̬i] <-ies> *n* mentalità *f*
mentally *adv* mentalmente; **~ disturbed** affetto, -a da turbe psichiche
mentally handicapped *adj* **to be ~** essere un handicappato mentale
menthol ['men·θɔːl] *n* mentolo *m*
mention ['men·ʃən] **I.** *n* menzione *f;* **to receive a** (**special**) **~** ricevere una menzione (speciale); **to make ~ of sth** accennare a qc; **honorable ~** menzione d'onore **II.** *vt* menzionare; **don't ~ it!** prego, non c'è di che; **not to ~ ...** per non parlare di ...

mentor ['men·t̬ɚ] *n* mentore *mf*
menu ['men·juː] *n* **1.** (*list of dishes, fixed meal*) menu *m inv* **2.** COMPUT menu *m inv;* **context/pull-down ~** menu contestuale/a tendina
menu bar *n* barra *f* del menu
menu-driven *adj* COMPUT guidato, -a dal menu
mercenary ['mɜːr·sə·ne·ri] **I.** *n* <-ies> mercenario, -a *m, f* **II.** *adj* mercenario, -a
merchandise ['mɜːr·tʃən·daɪz] *n* merce *f*
merchant ['mɜːr·tʃənt] *n* commerciante *mf*
merchantman <-men> *n* mercantile *m*
merchant marine *n* marina *f* mercantile
merchant ship *n* nave *f* mercantile
merciful ['mɜːr·sɪ·fəl] *adj* misericordioso, -a
merciless ['mɜːr·sɪ·lɪs] *adj* spietato, -a
mercurial [mɜːr·'kjʊ·ri·əl] *adj* **1.** CHEM mercuriale **2.** (*changeable*) imprevedibile **3.** (*lively*) vivace, -a
mercury ['mɜːr·kjə·ri] *n* mercurio *m*
Mercury ['mɜːr·kjə·ri] *n* Mercurio *m*
mercy ['mɜːr·si] *n* **1.** (*compassion*) pietà *f;* **to have ~ on sb** avere pietà di qu **2.** (*forgiveness*) misericordia *f;* **to be at the ~ of sb** essere alla mercé di qu; **to throw oneself upon sb's ~** rimettersi alla clemenza di qu; **to plead for ~** chiedere clemenza
mere [mɪr] *adj* mero, -a, semplice; **a ~ formality** una mera formalità
merely ['mɪr·li] *adv* semplicemente
merge [mɜːrdʒ] **I.** *vi* unirsi; ECON, POL fondersi; **to ~ into sth** fondersi con qc **II.** *vt* unir; ECON, POL, COMPUT fondere
merger ['mɜːr·dʒɚ] *n* ECON fusione *f*
meridian [mə·'rɪ·diən] *n* meridiano *m*
meringue [mə·'ræŋ] *n* meringa *f*
merit ['me·rɪt] **I.** *n* **1.** (*virtue*) valore *m* **2.** (*advantage*) pregio *m* **3.** *pl* (*commendable quality or act*) merito *m;* **to achieve sth on one's own ~s** ottenere qc per merito proprio **II.** *vt* meritare; **this ~s another look** vale la pena di dargli un'altra occhiata
meritocracy [ˌme·rə·'tɑː·krə·si] <-ies> *n* meritocrazia *f*
mermaid ['mɜːr·meɪd] *n* sirena *f*
merriment ['me·rɪ·mənt] *n* **1.** (*laughter and joy*) allegria *f* **2.** (*amusement*) divertimento *m*
merry ['me·ri] <-ier, -iest> *adj* allegro; **Merry Christmas!** Buon Natale!
merry-go-round ['me·ri·goʊ·ˌraʊnd] *n* giostra *f*
mesh [meʃ] **I.** *n* rete *f;* (*of net*) maglia *f;* **wire ~** rete *f* metallica **II.** *vi* ingranare **III.** *vt* fare ingranare
mesmerism ['mez·mə·rɪ·zəm] *n* mesmerismo *m*
mesmerize ['mez·mə·raɪz] *vt* mesmerizzare, magnetizzare
mesmerizing [mez·'me·rɪk] *adj* magnetizzante
mess [mes] <-es> *n* **1.** (*confusion*) confusione *f;* (*disorganized state*) disordine *m;* **to be in a ~** essere sottosopra; **to make a**

M

~ **of sth** fare un pasticcio di qc; (*things*) scompigliare qc **2.** (*trouble*) guaio *m;* **this is a fine ~ you've gotten me into!** mi hai cacciato proprio in un bel guaio! **3.** (*disheveled person*) disastro *m;* **just look at him — he's a ~!** ma guarda com'è conciato! **4.** (*dining hall*) (sala *f*) mensa *f*

◆**mess around** *vi* **1.** (*joke*) scherzare; **to ~ with sb** fare lo stupido [*o* la stupida] con qu **2.** (*waste time*) gingillarsi **3.** *sl* (*have sex*) **to ~ with sb** farsela con qu

◆**mess up I.** *vt inf* **1.** (*make untidy*) incasinare **2.** (*dirty*) insozzare **3.** (*screw up*) scombinare **II.** *vi* rovinare tutto, far casino *inf*

◆**mess with** *vi inf* **to ~ sb** impegolarsi con qu; **to ~ sth** interferire con qc

message ['me·sɪdʒ] *n* messaggio *m;* **error ~** COMPUT messaggio *m* di errore; **a ~ in a bottle** un messaggio nella bottiglia

messenger ['me·sɪn·dʒɚ] *n* messaggero, -a *m, f*

messenger boy *n* fattorino *m*

messiah [mə·'sa·ɪə] *n* messia *m inv*

mess-up ['mes·ʌp] *n inf* casino *m*

messy ['me·si] <-ier, -iest> *adj* **1.** (*untidy*) disordinato, -a **2.** (*dirty*) sporco, -a **3.** (*unpleasant*) sgradevole; ~ **business** faccenda *f* complicata

Met *n* **1.** *s.* **Metropolitan Museum of Art (in New York)** Metropolitan *m* Museum of Art (a New York) **2.** *s.* **Metropolitan Opera House (in New York)** Metropolitan Opera House *f* (a New York)

met [met] *vi, vt pt of* **meet**

metabolic [ˌme·t̬ə·'bɑː·lɪk] *adj* metabolico, -a

metabolism [mɪ·'tæ·bə·lɪ·zəm] *n* metabolismo *m*

metal ['me·t̬l] **I.** *n* (*element*) metallo *m* **II.** *adj* metallico, -a

metal detector *n* cercametalli *m inv*

metallic [mə·'tæ·lɪk] *adj* metallico, -a

metallurgy ['mə·t̬ə·lɜːr·dʒi] *n* metallurgia *f*

metalwork ['me·t̬əl·wɜːrk] *n* lavorazione *f* dei metalli

metalworker *n* metallurgico, -a *m, f*

metamorphosis [ˌme·t̬ə·'mɔːr·fə·sɪs] <-es> *n* metamorfosi *f inv*

metaphor ['me·t̬ə·fɔːr] *n* metafora *f*

metaphorical [ˌme·t̬ə·'fɔː·rɪ·kl] *adj* metaforico, -a

metaphysical [ˌme·t̬ə·'fɪ·zɪ·kl] *adj* metafisico, -a

metaphysics [ˌme·t̬ə·'fɪ·zɪks] *n* metafisica *f*

metastasis [mə·'tæ·stə·sɪs] <-ses> *n* metastasi *f inv*

mete [miːt] *vt* **to ~ out** (*punishment*) infliggere

meteor ['miː·t̬iɚ] *n* meteora *f*

meteoric [ˌmiː·t̬i·'ɔː·rɪk] *adj a. fig* fulmineo, -a

meteorite ['miː·t̬i·ə·raɪt] *n* meteorite *m*

meteorological [ˌmiː·t̬iɚ·ə·'lɑː·dʒɪ·kəl] *adj* meteorologico, -a

meteorologist [ˌmiː·t̬iə·'rɑː·lə·dʒɪst] *n* meteorologo, -a *m, f*

meteorology [ˌmiː·tiə·'rɑː·lə·dʒi] *n* meteorologia *f*

meter¹ ['miː·t̬ɚ] *n* contatore *m;* (**parking**) ~ parchimetro *m;* (**taxi**) ~ tassametro *m*

meter² ['miː·t̬ɚ] *n* metro *m*

methane ['meθ·eɪn] *n* metano *m*

methanol *n* metanolo *m*

method ['me·θəd] *n* metodo *m;* **there's a ~ to his madness** non è così pazzo come sembra

methodical [mə·'θɑː·dɪ·kl] *adj* metodico, -a

Methodism ['me·θə·dɪ·zəm] *n* metodismo *m*

Methodist I. *n* metodista *mf* **II.** *adj* metodista

methodology [ˌme·θə·'dɑː·lə·dʒi] *n* metodologia *f*

Methuselah [mə·'θuː·zə·lə] *n* Matusalemme
▶ **as old as ~** vecchio come il cucco

meticulous [mɪ'tɪkjʊləs] *adj* meticoloso, -a

metric ['met·rɪk] *adj* metrico, -a

metrical ['met·rɪ·kl] *adj* metrico, -a

metro ['met·roʊ] *n* RAIL metro(politana) *f inv*

metronome ['met·rə·noʊm] *n* metronomo *m*

metropolis [mə·'trɑː·pə·lɪs] <-es> *n* metropoli *f*

metropolitan [ˌme·trə·'pɑː·lə·tən] *adj* metropolitano, -a

mettle ['me·t̬l] *n form* tempra *m;* **to show one's ~** dare buona prova di sé; **to be on one's ~** mettercela tutta

mew [mjuː] **I.** *n* miagolio *m* **II.** *vi* miagolare

Mexican ['mek·sɪ·kən] **I.** *n* messicano, -a *m, f* **II.** *adj* messicano, -a

Mexico ['mek·sɪ·koʊ] *n* Messico *m;* **New ~** New Mexico *m*

Mexico City *n* Città *f* del Messico

Mg *abbr of* **magnesium** Mg

mg *n abbr of* **milligram** mg

MH *abbr of* **Marshall Islands** MH, *sigla automobilistica internazionale delle isole Marshall*

Mhz *abbr of* **megahertz** MHz

MI *n abbr of* **Michigan** Michigan *m*

MIA *abbr of* **missing in action** *disperso in battaglia*

miaow [miː·'aʊ] **I.** *n* miao *m* **II.** *vi* miagolare

mic [maɪk] *n inf abbr of* **microphone** microfono *m*

mica ['maɪ·kə] *n* mica *f*

mice [maɪs] *n pl of* **mouse**

mickey ['mɪ·ki] *n sl: bevanda alcolica cui è stato aggiunto furtivamente un sedativo;* **to slip sb a ~** mettere furtivamente un forte sedativo nella bevanda di qu

Mickey Mouse [ˌmɪ·ki·'maʊs] *n* Topolino *m*

microbe ['maɪ·kroʊb] *n* microbo *m*

microbiology [ˌmaɪ·kroʊ·baɪ·'ɑː·lə·dʒi] *n* microbiologia *f*

microbrewery *n* piccola fabbrica *f* di birra

microchip ['maɪ·kroʊ·ˌtʃɪp] *n* microchip *m inv*

microclimate ['maɪ·kroʊ·ˌklaɪ·mɪt] *n* microclima *m*

microcomputer ['maɪ·kroʊ·kəm·ˌpjuː·t̬ɚ] *n* microcomputer *m inv*

M

microcosm ['maɪ·kroʊ·kɑː·zəm] *n* microcosmo *m*

microeconomics *n* microeconomia *f*

microelectronics [ˌmaɪ·kroʊ·ɪ·ˌlek·'trɑː·nɪks] *n* microelettronica *f*

microfiche ['maɪ·kroʊ·fiːʃ] *n* microfiche *f inv*

microfilm ['maɪ·kroʊ·fɪlm] *n* microfilm *m inv*

Micronesia [ˌmaɪ·kroʊ·'ni·ʒə] *n* Micronesia *f*

microorganism [ˌmaɪ·kroʊ·'ɔːr·gə·nɪ·zəm] *n* microorganismo *m*

microphone ['maɪ·krə·foʊn] *n* microfono *m;* **to speak into a ~** parlare al microfono

microprocessor [ˌmaɪ·kroʊ·ˌprɑː·se·sə·] *n* microprocessore *m*

microscope ['maɪ·krə·skoʊp] *n* microscopio *m*

microscopic [ˌmaɪ·krə·'skɑː·pɪk] *adj* microscopico, -a

microwave ['maɪ·kroʊ·weɪv] **I.** *n* **1.** (*wave*) microonda *f* **2.** (*oven*) microonde *m inv* **II.** *vt* cuocere nel microonde

microwave oven *n* forno *m* a microonde

mid [mɪd] *prep* nel mezzo di

midday [ˌmɪd·'deɪ] **I.** *n* mezzogiorno *m;* **at ~ a** mezzogiorno; **~ meal** pasto *m* di mezzogiorno **II.** *adj* di mezzogiorno

middle ['mɪ·dl] **I.** *n* **1.** (*center*) centro *m;* **in the ~ of sth** in mezzo a qc; **in the ~ of the night** nel cuore della notte; **to be in the ~ of doing sth** essere impegnato a fare qc; (**in**) **the ~ of nowhere** in capo al mondo **2.** *inf* (*waist*) vita *f* **II.** *adj* **1.** (*equidistant*) centrale **2.** (*medium*) medio, -a

middle age *n* mezza età *f*

middle-aged *adj* di mezza età

Middle Ages *npl* Medioevo *m*

middle class *n* ceto *m* medio

middle-class *adj* del ceto medio

Middle East *n* Medio Oriente *m*

middleman ['mɪ·dl·mæn] <-men> *n* intermediario *m*

middle name *n* secondo nome *m*

middle-of-the-road *adj* moderato, -a

middleweight ['mɪ·dl·weɪt] *n* SPORTS peso *m* medio

middling ['mɪd·lɪŋ] **I.** *adj inf* **1.** (*average*) discreto, -a **2.** (*not very good*) mediocre **II.** *adv* abbastanza

Mideast *n* Medio Oriente *m*

midget ['mɪ·dʒɪt] **I.** *n* nano, -a *m, f* **II.** *adj* minuscolo, -a

midlife crisis [ˌmɪd·'laɪf 'kraɪ·sɪs] *n* crisi *f inv* della mezza età

midnight ['mɪd·naɪt] **I.** *n* mezzanotte *f* **II.** *adj* di mezzanotte

midpoint ['mɪd·pɔɪnt] *n a.* MATH punto *m* medio

midriff ['mɪd·rɪf] *n* ANAT diaframma *m*

midshipman ['mɪd·ʃɪp·mən] <-men> *n* cadetto *m* (di marina)

midst [mɪdst] *n* **in the ~ of** nel mezzo di

midsummer [ˌmɪd·'sʌ·mə·] *n* piena estate *f*

Midsummer Day *n* giorno *m* di san Giovanni Battista

midterm [ˌmɪd·'tɜːrm] **I.** *n* UNIV esame *m* di metà trimestre **II.** *adj* di metà trimestre

midway [ˌmɪd·'weɪ] **I.** *adv* a metà strada **II.** *n* viale *m* centrale di un luna park

midweek [ˌmɪd·'wiːk] *adv* a metà settimana

midwife ['mɪd·waɪf] <-wives> *n* ostetrica *f*

miffed *adj* offeso, -a; **to be ~ at sb** essere offeso per qc

might¹ [maɪt] *pt of* **may** it ~ be that ... potrebbe essere che ... +*conj;* **how old ~ she be?** quanti anni avrà?

might² [maɪt] *n* **1.** (*power*) potere *m* **2.** (*strength*) forza *f;* **military ~** forza *f* militare; **with all one's ~** con tutte le proprie forze

mightily ['maɪ·ţɪ·li] *adv liter* fortemente

mighty ['maɪ·ţi] **I.** <-ier, -iest> *adj* **1.** (*powerful*) potente **2.** (*great*) imponente **II.** *adv inf* enormemente; **that's ~ fine, indeed** è davvero incredibilmente bello

migraine ['maɪ·ˌɡreɪn] <-(s)> *n* emicrania *f*

migrant ['maɪ·ɡrənt] **I.** *n* **1.** (*person*) emigrante *mf* **2.** ZOOL migratore, -trice *m, f* **II.** *adj* migratorio, -a

migrant worker *n* lavoratore , -trice *m, f* migratore

migrate ['maɪ·ɡreɪt] *vi* migrare

migration [maɪ·'ɡreɪ·ʃən] <-(s)> *n* migrazione *f*

migratory ['maɪ·ɡrə·tɔː·ri] *adj* migratorio, -a

mike [maɪk] *n inf abbr of* **mic**

mild [maɪld] <-er, -est> *adj* **1.** (*climate, nature*) mite; (*criticism*) moderato, -a; (*penalty*) lieve **2.** (*not strong tasting*) delicato, -a **3.** METEO temperato, -a **4.** MED (*not serious*) leggero, -a

mildew ['mɪl·duː] *n* muffa *f*

mildly ['maɪld·li] *adv* **1.** (*gently*) dolcemente; **to punish sb ~** punire qualcuno in modo non troppo severo **2.** (*slightly*) leggermente ▶ **to put it ~, that's putting it ~** a dir poco

mildness ['maɪld·nɪs] *n* **1.** (*placidity*) mitezza *f* **2.** (*softness*) dolcezza *f*

mile [maɪl] *n* miglio *m* (*1,6093 km*)*;* **to walk for ~s (and ~s)** camminare per chilometri e chilometri; **to be ~s away** *fig* essere distratto ▶ **to smell sth a ~ away** accorgersi di qc lontano un miglio

mileage ['maɪ·lɪdʒ] *n* AUTO chilometraggio *m*

milepost ['maɪl·poʊst] *n* pietra *f* miliare

milestone ['maɪl·stoʊn] *n* **1.** (*marker*) pietra *f* miliare **2.** *fig* pietra *f* miliare

militant ['mɪ·lɪ·tənt] **I.** *adj* militante **II.** *n* militante *mf*

militarism ['mɪ·lɪ·tə·ˌrɪ·zəm] *n* militarismo *m*

militarist ['mɪ·lɪ·tə·ɪst] *n* militarista *mf*

militaristic [ˌmɪ·lɪ·tə·'rɪs·tɪk] *adj* militarista, militaristico, -a

militarize ['mɪ·lɪ·tə·raɪz] *vt* militarizzare

military ['mɪ·lɪ·te·ri] **I.** *n* **the ~** le forze armate **II.** *adj* militare

M

military academy *n* accademia *f* militare
military police *n* polizia *f* militare
military service *n* servizio *m* militare
militia [mɪ·'lɪ·ʃə] *n* milizia *f*
milk [mɪlk] I. *n* latte *m* ▸ **there's no use cry-ing over spilt** ~ è inutile piangere sul latte ver-sato II. *vt* 1. ZOOL **to** ~ **a cow** mungere una mucca 2. *fig, inf* (*exploit*) **to** ~ **sb dry** dissan-guare qu
milk chocolate *n* cioccolato *m* al latte
milkmaid *n* lavoratrice *f* di un caseificio
milkman <-men> *n* lattaio *m*
milkshake *n* frullato *m*
milk tooth *n* dente *m* da latte
milky ['mɪl·ki] <-ier, -iest> *adj* 1. (*skin*) latteo, -a; (*color*) bianco latte 2. (*tea, coffee*) con molto latte
Milky Way *n* **the** ~ la Via Lattea
mill [mɪl] I. *n* 1. (*machine: for grain*) mulino *m;* (*for coffee*) macinino *m* 2. (*factory*) fabbrica *f* II. *vt* 1. (*grain, coffee*) macinare 2. (*metal*) fresare
◆ **mill about** *vi*, **mill around** *vi* muoversi con-fusamente
millennium [mɪ·'len·iəm] <-s *o* -ennia> *n* millennio *m*
miller ['mɪ·lə] *n* mugnaio, -a *m, f*
millet ['mɪ·lət] *n* miglio *m*
millibar ['mɪ·lɪ·bɑːr] *n* millibar *m*
milligram ['mɪ·lɪ·græm] *n* milligrammo *m*
milliliter ['mɪ·lɪ,li:·ʈə] *n* millilitro *m*
millimeter ['mɪ·lɪ,mi:·ʈə] *n* millimetro *m*
milliner ['mɪ·lɪ·nə] *n* modista *f*
millinery ['mɪ·lɪ·ne·ri] *n* modisteria *f*
million ['mɪl·jən] <-(s)> *n* milione *m;* **two** ~ **people** due milioni di persone; **a** ~ **times** *inf* un milione di volte; **to be one in a** ~ essere unico
millionaire [ˌmɪl·ɪə·'ner] *n* milionario, -a *m, f*
millipede ['mɪ·lɪ·piːd] *n* millepiedi *m inv*
mill wheel *n* ruota *f* del mulino
milt [mɪlt] *n* (*fish sperm*) latte *m* (di pèsce); (*spleen*) milza *f*
mime [maɪm] I. *n* THEAT pantomima *f* II. *vi* esprimersi a gesti III. *vt* mimare
mimic ['mɪ·mɪk] I. *vt* <-ck-> imitare II. *n* imi-tatore, -trice *m, f*
mimicry ['mɪ·mɪk·ri] *n* 1. (*art*) mimica *f;* (*imi-tation*) imitazione *f* 2. BIO mimetismo *m*
mimosa [mɪ·'mou·sə] *n* mimosa *f*
min. 1. *abbr of* **minute** min 2. *abbr of* **mini-mum** minimo
minaret [ˌmɪ·nə·'ret] *n* minareto *m*
mince [mɪns] I. *vt* 1. (*shred*) macinare, tritare 2. (*use tact*) **to not** ~ **words** non usare mezzi termini II. *vi* camminare in modo affettato III. *n* carne *f* tritata
mincemeat *n* 1. (*meat*) carne *f* macinata 2. (*fruit*) frutta secca macinata (per ripieno) *m* ▸ **to** make ~ **of sb/sth** *sl* fare a pezzi qu/qc
mince pie *n* pasticcino *m* con ripieno di frutta secca
mind [maɪnd] I. *n* 1. (*brain*) mente *f;* **to be in**

one's right ~ avere la testa a posto; **to be out of one's** ~ essere impazzito 2. (*thought*) mente *f;* **to bear sth in** ~ tenere presente qc; **to bring sth to** ~ richiamare qc alla mente 3. (*intention*) intenzione *f;* **to change one's** ~ cambiare idea; **to have sth in** ~ avere in mente qc; **to have half a** ~ **to ...** avere una mezza intenzione di ...; **to know one's own** ~ sapere quello che si vuole; **to make up one's** ~ decidersi; **to set one's** ~ **on doing sth** mettersi in testa di fare qc; **to set one's** ~ **on sth** dedicare tutto sé stesso a qc; **to set one's** ~ **at ease** tranquillizzarsi 4. (*consciousness*) coscienza *f;* **her mother is on her** ~ è preoccupata per sua madre; **this will take your** ~ **off** (**of**) **it** così distoglierai la mente da quello 5. (*opinion*) opinione *f;* **to be of the same** ~ essere d'accordo; **to give sb a piece of one's** ~ dirne quattro a qu; **to be in two** ~**s** essere indeciso ▸ **in my** ~**'s** eye nella mia immaginazione; **through** ~ **over** matter grazie alla forza di volontà; **to have a** ~ **like a** sewer pensare solo alle porcherie II. *vt* 1. (*be careful of*) fare attenzione a; ~ **what you're doing!** (stai) attento a quello che fai!; ~ **the step!** attenzione al gradino! 2. (*look after*) badare a; **don't** ~ **me** non preoccuparti per me 3. (*bother*) dare fastidio a; **I don't** ~ **the cold** il freddo non mi dà fastidio; **do you** ~ **my smoking?** ti dispiace se fumo?; **would you** ~ **opening the window?** le dispia-cerebbe aprire la finestra?; **I wouldn't** ~ **a beer** una birra non mi dispiacerebbe ▸ **to** ~ **one's Ps and Qs** sforzarsi di essere educato III. *vi* **never** ~! non fa niente!; **I don't** ~ sì, va bene; **if you don't** ~**, I prefer ...** se non ti dispiace, preferisco ...; **would you** ~ **if ...** ti dispia-cerebbe se ...?
mind-bending ['maɪnd·ben·dɪŋ] *adj* alluci-nante
mind-blowing *adj inf* stupefacente
mind-boggling *adj* allucinante
mindful ['maɪnd·fəl] *adj form* conscio, -a; **to be** ~ **of sth** essere conscio di qc
mind game *n* manovra *f* psicologica; **to play** ~**s** mettere in atto manovre psicologiche
mindless ['maɪnd·lɪs] *adj* 1. (*job*) meccanico, -a 2. (*violence*) gratuito, -a 3. (*heedless*) scrite-riato, -a
mind reader *n* chi legge nel pensiero
mine[1] [maɪn] *pron pos* (il) mio *m,* (la) mia *f,* (i) miei *mpl,* (le) mie *fpl;* **it's not his bag, it's** ~ non è la sua borsa, è la mia; **this glass is** ~ questo bicchiere è mio; **these are his shoes and those are** ~ queste sono le sue scarpe e queste sono le mie; **she is a friend of** ~ è una mia amica
mine[2] [maɪn] I. *n* 1. MIN miniera *f;* **a** ~ **of information** *fig* una miniera di notizie 2. MIL mina *f* II. *vt* 1. MIN estrarre 2. MIL minare III. *vi* MIN estrarre; **to** ~ **for silver/gold** estrarre l'ar-gento/l'oro
mine detector *n* cercamine *m inv*

minefield ['maɪn·fiːld] *n a. fig* campo *m* minato

miner ['maɪ·nɚ] *n* minatore, -trice *m, f*

mineral ['mɪ·nə·rəl] I. *n* minerale *m* II. *adj* minerale

mineralogical [ˌmɪ·nə·rə·'lɑː·dʒɪ·kl] *adj* mineralogico, -a

mineralogist [ˌmɪ·nə·'rɑː·lə·dʒɪst] *n* mineralogista *mf*

mineralogy [ˌmɪ·nə·'rɑː·lə·dʒi] *n* mineralogia *f*

mineral water *n* acqua *f* minerale

minestrone *n* minestrone *m*

minesweeper ['maɪn·ˌswiː·pɚ] *n inf* dragamine *m inv*

mingle ['mɪŋ·gl] I. *vi* mescolarsi; **to ~ with the crowd** mescolarsi tra la folla; **to ~ with the guests** socializzare con gli invitati II. *vt* mescolare

miniature ['mɪ·niə·tʃɚ] I. *adj* in miniatura II. *n* miniatura *f*

miniature golf *n* minigolf *m inv*

minibus ['mɪ·nɪ·bʌs] *n* minibus *m inv*

minimal ['mɪ·nɪ·ml] *adj* minimo, -a

minimize ['mɪ·nɪ·maɪz] *vt* minimizzare; *fig* sminuire

minimum ['mɪ·nɪ·məm] I. <-s *o* minima> *n* minimo *m;* **to reduce sth to a ~** ridurre qc al minimo II. *adj* minimo, -a; **~ requirements** requisiti indispensabili

mining ['maɪ·nɪŋ] *n* attività *f* mineraria; **copper ~** estrazione del rame

mining engineer *n* ingegnere *m* minerario

minion ['mɪn·jən] *n* tirapiedi *mf inv*

miniskirt ['mɪ·nɪ·skɜːrt] *n* minigonna *f*

minister ['mɪ·nɪ·stɚ] *n* POL, REL ministro, -a *m, f*

ministerial [ˌmɪ·nɪ·'stɪ·ri·əl] *adj* ministeriale

ministrations [ˌmɪ·nɪ·'streɪ·ʃən] *n pl, liter* attenzioni *fpl*

ministry ['mɪ·nɪs·tri] <-ies> *n* 1. REL sacerdozio *m;* **to enter the ~** (*Catholic*) diventare sacerdote; (*Protestant*) diventare ministro del culto 2. POL ministero *m*

minivan *n* monovolume *m o f inv*

mink [mɪŋk] *n* visone *m*

minor ['maɪ·nɚ] I. *adj* (*not great*) minore; (*role*) secondario, -a; (*detail*) di secondaria importanza; **~ offense** reato *m* minore; **B ~** MUS si *m* minore II. *n* 1. (*person*) minorenne *mf* 2. UNIV materia *f* complementare

Minorca [mɪ·'nɔːr·kə] *n* Minorca *f*

Minorcan I. *adj* minorchino, -a II. *n* minorchino, -ina *m, f*

minority [maɪ·'nɔː·rə·ti] I. <-ies> *n* minoranza *f;* **to be in the ~** essere in minoranza; **to be a ~ of one** essere l'unico a pensarla così II. *adj* minoritario, -a; **~ sport** sport minoritario

mint[1] [mɪnt] *n* 1. (*herb*) menta *f* 2. (*sweet*) (caramella *f* di) menta

mint[2] [mɪnt] I. *n* (*coin factory*) zecca *f* II. *vt* coniare III. *adj* (*coin*) fior di conio; (*stamp*) non usato; **in ~ condition** in perfette condizioni

mint julep *n* mint julep *m inv, cocktail a base di bourbon*

minuet [ˌmɪn·ju·'et] *n* minuetto *m*

minus ['maɪ·nəs] I. *prep* 1. *a.* MATH meno; **5 ~ 2 equals 3** 5 meno 2 fa 3; **~ ten degrees Celsius** dieci gradi sotto zero 2. *inf* (*without*) senza II. *adj* MATH negativo, -a; **~ figures** numeri negativi III. *n* 1. MATH segno *m* meno 2. (*negative amount*) quantità *f* negativa

minuscule ['mɪ·nɪs·kjuːl] *adj* minuscolo, -a

minute[1] ['mɪ·nɪt] *n* 1. (*sixty seconds*) minuto *m* 2. (*moment*) momento *m,* attimo *m;* **any ~** da un momento all'altro; **at the last ~** all'ultimo momento [*o* minuto]; **in a ~** tra un attimo; **this very ~** in questo istante; **to the ~** precisamente; **wait a ~** aspetta un attimo [*o* momento] 3. *pl* (*of meeting*) verbale *m*

minute[2] [maɪ·'nuːt] *adj* minuto, -a

minute hand *n* lancetta *f* dei minuti

minutely *adv* minuziosamente

minuteman *n* durante la rivoluzione americana, volontario pronto a prestare immediato servizio militare

minutiae [mɪ·'nuː·ʃi·i] *npl* minuzie *fpl*

miracle ['mɪ·rə·kl] *n* miracolo *m;* **by a ~** per miracolo

miracle drug *n* farmaco *m* miracolo

miraculous [mɪ·'ræk·jə·ləs] *adj* miracoloso, -a

mirage [mə·'rɑːʒ] *n* miraggio *m*

mire [maɪr] I. *vt* **to become ~d in sth** impantanarsi in qc II. *n* 1. (*swamp*) pantano *m* 2. *fig* pasticcio *m*

mirror ['mɪ·rɚ] I. *n* specchio *m* II. *vt* riflettere

mirror image *n* immagine *f* speculare

mirth [mɜːrθ] *n* ilarità *f*

mirthful ['mɜːrθ·fəl] *adj* giulivo, -a

mirthless ['mɜːrθ·ləs] *adj* 1. (*joyless*) triste 2. (*unhappy*) infelice

misadventure [ˌmɪs·əd·'vent·ʃɚ] *n* disavventura *f*

misalliance [ˌmɪs·ə·'la·ɪəns] *n* 1. (*alliance*) unione *f* sbagliata 2. (*marriage*) mésalliance *f inv*

misanthrope ['mɪ·sn·θroup] *n* misantropo, -a *m, f*

misanthropic [ˌmɪ·sən·'θrɑː·pɪk] *adj* misantropico, -a

misanthropy [mɪs·'æn·θrə·pi] *n* misantropia *f*

misapply [ˌmɪs·ə·'plaɪ] <-ie-> *vt* **to ~ sth** fare un uso improprio di qc

misapprehend [ˌmɪs·æ·prɪ·'hend] *vt* fraintendere

misapprehension [ˌmɪs·æprɪ·'hen·ʃən] *n* fraintendimento *m,* malinteso *m;* **to be under a ~** cadere in un equivoco

misappropriate [ˌmɪs·ə·'prou·pri·eɪt] *vt* FIN malversare

misappropriation [ˌmɪs·ə·ˌprou·prɪ·'eɪ·ʃən] *n* FIN malversazione *f*

misbehave [ˌmɪs·bɪ·'heɪv] *vi* comportarsi male

misbehavior [ˌmɪs·bɪ·'heɪv·jɚ] *n* cattiva condotta *f*

M

misc. *adj abbr of* **miscellaneous** miscellaneo, -a

miscalculate [ˌmɪsˈkæl·kjə·leɪt] *vt, vi* calcolare male

miscalculation [ˌmɪs·ˌkæl·kjə·ˈleɪ·ʃən] *n* errore *m* di calcolo

miscarriage [ˈmɪs·ˌke·rɪdʒ] *n* 1. MED aborto *m* spontaneo 2. *form* (*failure*) fallimento *m;* **a ~ of justice** un errore giudiziario

miscarry [ˈmɪs·ˌke·ri] <-ied, -ying> *vi* 1. MED abortire spontaneamente 2. *fig* fallire

miscellaneous [ˌmɪ·sə·ˈleɪ·ni·əs] *adj* miscellaneo, -a, di vario genere; **~ expenses** spese varie

miscellany [ˈmɪ·sə·leɪ·ni] <-ies> *n* miscellanea *f*

mischance [ˌmɪsˈtʃæns] *n* (*bad luck*) sfortuna *f;* (*unlucky event*) disavventura *f;* **by some ~** per sfortuna

mischief [ˈmɪs·tʃɪf] *n* 1. (*naughtiness*) birichinata *f;* **to keep sb out of ~** distogliere qu dal fare marachelle 2. **to get** (**oneself**) **into ~** cacciarsi nei guai; **to make ~ for sb** amareggiare l'esistenza a qu 3. (*wickedness*) malizia *f*

mischievous [ˈmɪs·tʃə·vəs] *adj* 1. (*naughty*) birichino, -a 2. (*malicious*) maligno, -a; **~ rumors** pettegolezzi *mpl* malevoli

misconceive [ˌmɪs·kən·ˈsi:v] *vt form* fraintendere

misconceived *adj* progettato, -a male

misconception [ˌmɪs·kən·ˈsep·ʃən] *n* idea *f* sbagliata; **a popular ~** un'errata credenza popolare

misconduct [ˌmɪs·ˈkɑ:n·dʌkt] I. *n* 1. (*misbehavior*) cattiva condotta *f* 2. (*mismanage*) cattiva gestione *f* II. *vt* 1. (*behave badly*) **to ~ oneself** comportarsi male 2. (*organize badly*) gestire male

misconstruction [ˌmɪs·kən·ˈstrʌk·ʃən] *n form* fraintendimento *m*

misconstrue [ˌmɪs·kən·ˈstru:] *vt* fraintendere

misdeed [ˌmɪs·ˈdi:d] *n form* misfatto *m*

misdemeanor [ˌmɪs·dɪ·ˈmi:·nɚ] *n* 1. LAW infrazione *f* 2. (*bad behavior*) cattiva condotta *f*

misdirect [ˌmɪs·də·ˈrekt] *vt* 1. (*letter*) indirizzare erroneamente; (*person*) dare indicazioni sbagliate a 2. LAW dare istruzioni sbagliate a

miser [ˈmaɪ·zɚ] *n* avaro, -a *m, f*

miserable [ˈmɪz·rə·bl] *adj* 1. (*unhappy*) infelice; **to make life ~ for sb** rendere la vita un inferno a qu 2. (*unpleasant*) deprimente 3. (*inadequate*) miserabile; **a ~ amount** una miseria

miserably *adv* 1. (*unhappily*) tristemente 2. (*completely*) **to fail ~** fallire miseramente

miserly *adj* taccagno, -a

misery [ˈmɪ·zə·ri] *n* 1. (*unhappiness*) infelicità *f* 2. (*suffering*) sofferenza *f;* **to make sb's life a ~** rendere la vita un inferno a qu 3. (*extreme poverty*) miseria *f;* **to be born into ~** essere nato poverissimo

misfire [ˌmɪs·ˈfa·ɪɚ] *vi* 1. (*weapon*) fare cilecca

2. *fig* (*joke*) andare a vuoto 3. (*engine*) perdere colpi

misfit [ˈmɪs·fɪt] *n* disadattato, -a *m, f*

misfortune [ˌmɪs·ˈfɔ:r·tʃən] *n* sventura *m;* **to suffer ~** subire una disgrazia

misgiving [ˌmɪs·ˈgɪ·vɪŋ] *n* preoccupazione *f,* timore *m;* **to have ~s about sth** avere dubbi su qc; **to be filled with ~s** essere pieno di dubbi

misgovern [mɪs·ˈgʌ·vɚn] *vt* (*country*) governare male; (*business*) gestire male

misgovernment *n* (*of country*) malgoverno *m;* (*of company*) cattiva gestione *f*

misguided [mɪs·ˈgaɪ·dɪd] *adj* incauto, -a; **~ idea** idea fuorviante

mishandle [ˌmɪs·ˈhæn·dl] *vt* 1. (*handle without care*) maneggiare sbadatamente 2. (*maltreat*) maltrattare 3. (*deal badly with*) trattare senza le dovute attenzioni

mishap [ˈmɪs·hæp] *n form* incidente *m;* **a series of ~s** una serie di incidenti

mishear [ˌmɪs·ˈhɪr] *vt irr* udire male

mishmash [ˈmɪʃ·mæʃ] *n* accozzaglia *f;* **a ~ of sth** un'accozzaglia di qc

misinform [ˌmɪs·ɪn·ˈfɔ:rm] *vt* informare male, disinformare

misinformation *n* disinformazione *f*

misinterpret [ˌmɪs·ɪn·ˈtɜ:r·prɪt] *vt* interpretare male

misinterpretation [ˌmɪs·ɪn·tɜ:r·prɪ·ˈteɪ·ʃən] *n* interpretazione *f* sbagliata

misjudge [ˌmɪs·ˈdʒʌdʒ] *vt* giudicare male

misjudgment [mɪs·ˈdʒʌdʒ·mənt] *n* giudizio *m* errato

mislay [ˌmɪs·ˈleɪ] *vt irr, form* fuorviare

mislead [ˌmɪs·ˈli:d] *vt irr* 1. (*deceive*) ingannare; **to ~ sb about sth** ingannare qu su qc; **to ~ sb into doing sth** indurre con l'inganno qu a fare qc 2. (*lead into error*) indurre in errore; **to let oneself be misled** farsi fuorviare 3. (*corrupt*) corrompere

misleading *adj* fuorviante

mismanage [ˌmɪs·ˈmæ·nɪdʒ] *vt* amministrare [*o* gestire] male; **to ~ a business** amministrare [*o* gestire] male un'azienda

mismanagement *n* cattiva amministrazione [*o* gestione] *f*

misname [ˌmɪs·ˈneɪm] *vt* **to ~ sth** chiamare qc con il nome sbagliato

misnomer [ˌmɪs·ˈnoʊ·mɚ] *n* nome *m* sbagliato

misogynist [mɪ·ˈsɑ:·dʒə·nɪst] I. *n* misogino *m* II. *adj* misogino, -a

misogynistic *adj* misogino, -a

misplace [ˌmɪs·ˈpleɪs] *vt* 1. (*lose*) mettere fuori posto 2. *fig* (*confidence*) riporre male

misprint [ˈmɪs·ˌprɪnt] *n* errore *m* di stampa

mispronounce [ˌmɪs·prə·ˈnaʊns] *vt* pronunciare male

mispronunciation [ˌmɪs·prə·ˌnʌn·sɪ·ˈeɪ·ʃən] *n* pronuncia *f* errata

misread [ˌmɪs·ˈri:d] *vt irr* 1. (*read badly*) leg-

gere male 2.(*interpret badly*) interpretare
male

misrepresent [ˌmɪsˈreˌprɪˈzent] *vt* falsare

misrepresentation [ˌmɪsˌreˌprɪˈzenˈteɪˈʃən]
n dichiarazione *f* falsa

miss¹ [mɪs] *n* (*form of adress*) signorina *f*;
Miss America miss America

miss² [mɪs] I.<-es> *n* colpo *m* mancato
II. *vi* fallire III. *vt* 1.(*not hit*) mancare 2.(*not
catch*) perdere; **to ~ the bus/train** perdere
il bus/il treno; **to ~ a deadline** non rispettare una scadenza 3.(*avoid*) evitare 4.(*not
notice*) non accorgersi di; **to ~ sb** non
incontrare qu; **you didn't ~ much** non hai
perso molto; **you can't ~ it** non puoi per-
derlo 5.(*not hear*) non sentire 6.(*overlook*)
saltare; **to ~ a meeting** saltare una riunione
7.(*not take advantage*) perdere; **to ~ an
opportunity** perdere un'occasione 8.(*regret
absence*) sentire la mancanza di; **we ~ you**
ci manchi 9.(*notice loss*) accorgersi della
mancanza di

◆**miss out** *vi* essere svantaggiato

◆**miss out on** *vt* **to ~ sth** lasciarsi sfuggire qc

misshapen [ˌmɪsˈʃeɪˈpən] *adj* (*malformed:
limb*) deforme

missile [ˈmɪsˈəl] *n* (*rocket*) missile *m*;
(*projectile*) proiettile *m*

missile base *n* base *f* missilistica

missile defense system *n* sistema *m* missilistico di difesa

missile launcher *n* lanciamissili *m inv*

missing [ˈmɪsˈɪŋ] *adj* 1.(*lost: person*) scomparso, -a; (*thing or object*) introvabile; **~ in
action** disperso, -a; **to report sth ~** denunciare la perdita di qc 2.(*absent*) assente

missing link *n* anello *m* mancante

missing person *n* scomparso, -a *m, f*

mission [ˈmɪˈʃən] *n* 1.*a.* REL (*task*) missione *f*; **peace ~** missione di pace; **rescue ~**
operazione *f* di salvataggio; **his ~ in life** la
sua missione (nella vita); **~ accomplished**
missione compiuta 2.(*space project*) missione *f* spaziale 3. POL missione *f* 4.(*building*)
missione

missionary [ˈmɪˈʃəˈneˈri] I.<-ies> *n* missionario, -a *m, f* II. *adj* missionario, -a

missionary position *n iron* posizione *f* del
missionario

mission control *n* sala *f* di controllo

missis [ˈmɪˈsɪz] *n inf s.* **missus**

Il **Mississipi River** o Mississippi in italiano,
è la terza via fluviale del mondo dopo il
Rio delle Amazzoni e il Congo. Dalla sua
sorgente, nel lago Itasca/Minnesota alla
sua foce, nel Golfo del Messico nei pressi di
New Orleans/Louisiana, percorre 2.320
miglia (3.733 km). Scorre su 1.245.000
miglia quadrate (3.225.000 km²) di terra,
attraversa 31 stati e due province canadesi.
Una goccia di pioggia caduta nel lago Itasca

---

impiegherà tre mesi per raggiungere il
Golfo del Messico.

---

misspell [ˌmɪsˈspel] *vt irr* scrivere scorretta-
mente

misspelling *n* errore *m* di ortografia

misspent [ˌmɪsˈspent] *adj* sprecato, -a; **a ~
youth** una gioventù dissipata

misstate [ˌmɪsˈsteɪt] *vt* esporre in modo inesatto

missus [ˈmɪˈsɪz] *n inf* (*wife*) moglie *f*

mist [mɪst] *n* 1.(*light fog*) foschia *f*; **to be
shrouded in ~** essere avvolto nella foschia
2.(*condensation*) condensa *f*

◆**mist up** *vi* appannarsi

mistakable [mɪˈsteɪˈkəˈbl] *adj* confondibile

mistake [mɪˈsteɪk] I. *n* errore *m*, sbaglio *m*;
typing ~ errore *m* di battitura; **to learn from
one's ~s** trarre esperienza dai propri errori; **to
make a ~** commettere [*o* fare] un errore;
make no ~ about it puoi scommetterci!; **to
repeat past ~s** rifare gli stessi errori [*o* sbagli];
there must be some ~ ci dev'essere un
errore [*o* sbaglio]; **by ~** per sbaglio [*o* errore]
II. *vt irr* confondere

mistaken [mɪˈsteɪˈkən] I. *pp of* **mistake**
II. *adj* (*belief*) errato, -a; **~ identity** errore di
persona; **to be** (**very much**) **~** sbagliarsi (di
grosso); **unless I'm very much ~ ...** a meno
che non mi sbagli di grosso ...

Mister [ˈmɪˈstə*] *n* signore *m*

mistime [ˌmɪsˈtaɪm] *vt* fare [*o* dire] nel
momento sbagliato

mistletoe [ˈmɪˈslˈtoʊ] *n* vischio *m*

mistook [mɪsˈtʊk] *pt of* **mistake**

mistranslate [ˌmɪsˈtrænzˈleɪt] *vt* tradurre in
modo errato

mistreat [ˌmɪsˈtriːt] *vt* maltrattare

mistress [ˈmɪsˈtrɪs] *n* 1.(*sexual partner*)
amante *f* 2.(*owner, woman in charge*) padrona *f*; **the ~ of the house** la padrona di casa

mistrial [ˈmɪsˌtraˈɪəl] *n* procedimento *m* giudiziario nullo

mistrust [ˌmɪsˈtrʌst] I. *n* sfiducia *f*, diffidenza *f*; **to have a ~ of sb** provare diffidenza
verso qu; **to have a ~ of sth** non avere fiducia
in qc II. *vt* **to ~ sb** diffidare di qu; **to ~ sth** non
fidarsi di qc

mistrustful [ˌmɪsˈtrʌstˈfəl] *adj* diffidente; **to
be ~ of sb/sth** essere diffidente di qu/qc

misty [ˈmɪsˈti] <-ier, -iest> *adj* 1.(*foggy*) bru-
moso, -a; (*window, glasses*) appannato, -a
2.*fig* indistinto, -a

misunderstand [ˌmɪsˌʌnˈdəˈstænd] *vt irr*
capire male

misunderstanding *n* 1.(*failure to understand*) equivoco *m*; **there must be some ~** ci
dev'essere un equivoco 2.(*disagreement*)
malinteso *m*

misuse¹ [ˌmɪsˈjuːs] *n* 1.(*wrong use*) cattivo
uso *m* 2.(*excessive consumption*) abuso *m*

misuse² [ˌmɪsˈjuːz] *vt* 1.(*handle wrongly*)

M

trattare male **2.**(*consume to excess*) abusare di

mite[1] [maɪt] *n* (*insect*) acaro *m*

mite[2] [maɪt] *n* (*small amount*) briciolo *m*

miter ['maɪ·t̬ə] *n* mitr(i)a *f*

mitigate ['mɪ·t̬ɪ·geɪt] *vt form* mitigare

mitigation [ˌmɪ·t̬ɪ·'geɪ·ʃən] *n* attenuazione *f;* **in ~** come attenuante

mitten ['mɪ·t̬n] *n* muffola *f,* manopola *f*

mix [mɪks] **I.** *n* misto *m,* mistura *f;* **a cake ~** un preparato per torte; **a ~ of people** un insieme di persone **II.** *vt* **1.** CULIN mischiare; (*ingredients*) mescolare; (*cocktails*) preparare **2.** (*combine*) unire; **to ~ business with pleasure** unire il lavoro al piacere; **religion and politics don't ~** religione e politica non vanno d'accordo **III.** *vi* **1.** (*combine*) unirsi **2.** (*socially*) **to ~ with sb** socializzare con qu; **to ~ well** legare bene con gli altri

◆**mix in I.** *vi* convivere **II.** *vt* **to mix sth in with sth** incorporare qc a qc

◆**mix up** *vt* **1.** (*confuse*) confondere **2.** (*put in wrong order*) mettere in disordine **3.** CULIN mescolare ▶**to mix it up with sb** *sl* attaccar briga con qu

◆**mix up in** *vt* **to be mixed up in sth** essere invischiato in qc

◆**mix up with** *vt* **to mix up sth with sth** incorporare qc a qc; **to be mixed up with sth** essere invischiato in qc

mixed *adj* **1.** (*containing various elements*) misto, -a; **~ marriage** matrimonio misto; **person of ~ race** meticcio, -a *m, f* **2.** (*contradictory*) contraddittorio, -a; **~ emotions** sentimenti contrastanti; **to be a ~ blessing** essere una benedizione ma anche una maledizione

mixed doubles *npl* SPORTS doppio *m sing* misto

mixed message *n* messaggio contraddittorio; **to send ~s** mandare messaggi poco chiari

mixer ['mɪk·sə] *n* **1.** (*machine*) CULIN frullatore **2.** (*drink*) bevanda analcolica per diluire o preparare cocktail alcolici

mixture ['mɪks·tʃə] *n* miscuglio *m*

mix-up ['mɪks·ʌp] *n* pasticcio *m*

ml *n abbr of* **milliliter** ml

mm *abbr of* **millimeter** mm

MN *n abbr of* **Minnesota** Minnesota *m*

mnemonic [nɪ·'mɑ·nɪk] *adj* mnemonico, -a

mo. [moʊ] *n abbr of* **month** mese *m*

MO *n* **1.** *abbr of* **modus operandi** modus operandi *m* **2.** *abbr of* **Missouri** Missouri *m* **3.** *abbr of* **money order** vaglia *m inv*

moan [moʊn] **I.** *n* **1.** (*sound*) gemito *m* **2.** (*complaint*) lamentela *f* **II.** *vi* **1.** (*make a sound*) gemere; **to ~ with pain** gemere per il dolore **2.** (*complain*) lamentarsi; **to ~ about sth** lamentarsi di qc; **to ~ that ...** lamentarsi che ...

moat [moʊt] *n* fossato *m*

mob [mɑːb] **I.** *n* + *sing/pl vb* **1.** (*crowd*) folla *f;* **angry ~** turba *f* inferocita **2.** *inf* **the Mob** la mafia **II.** <-bb-> *vt* accalcarsi intorno a; **he**

was **~bed by his fans** i suoi fan gli si sono affollati intorno

mobile ['moʊ·bəl] **I.** *n* **1.** (*work of art*) mobile *m inv* **2.** TEL cellulare *m,* telefonino *m* **II.** *adj* **1.** (*able to move*) in grado di muoversi; (*shop, canteen*) ambulante; **to be ~** *inf* disporre di un mezzo di trasporto **2.** (*movable*) mobile

mobile home *n* casa *f* mobile

mobility [moʊ·ʸbɪ·lə·t̬i] *n* mobilità *f;* **social ~** mobilità sociale

mobilization [ˌmoʊ·bə·lɪ·'zeɪ·ʃən] *n a.* MIL mobilizzazione *f*

mobilize ['moʊ·bə·laɪz] *vt* mobilizzare

mobster *n* gangster *mf inv*

moccasin ['mɑː·kə·sən] *n* mocassino *m*

mocha ['moʊ·kə] *n* (caffè) *m* moca; **~ ice cream** gelato *m* al caffè

mock [mɑːk] **I.** *adj* **1.** (*imitation*) finto, -a; **~ baroque** che imita lo stile barocco **2.** (*fake*) finto, -a; **~ battle** battaglia simulata; **~ approval/disapproval** falsa approvazione/disapprovazione *m* **II.** *vi* prendersi gioco; **to ~ at sb** prendersi gioco di qu **III.** *vt* **1.** (*ridicule*) canzonare **2.** (*imitate*) parodiare

mockery ['mɑː·kə·i] *n* **1.** (*ridicule*) derisione *f* **2.** (*subject of derision*) zimbello *m;* **to make a ~ of sb/sth** mettere in ridicolo qu/qc **3.** (*ridiculous imitation*) parodia *f*

mocking *n* burla *f*

mockingbird ['mɑː·kɪŋ·bɜːrd] *n* mimo *m*

mock-up ['mɑː·kʌp] *n* modello *m* in scala

modal ['moʊ·dəl] *adj* modale

modal verb *n* verbo *m* servile

mode [moʊd] *n* **1.** *a.* LING, PHILOS (*manner*) modo *m;* **~ of transportation** mezzo *m* di trasporto; **~ of travel** mezzo *m* di trasporto; **~ of operation** modo di funzionamento; **~ of expression** modo di esprimersi **2.** *form* (*fashion*) moda *f;* **to be all the ~** essere di gran moda; **in ~** di moda

model ['mɑː·dəl] **I.** *n* (*version, example*) *a.* ART modello *m;* (*of car*) modellino *f;* **to be the very ~ of sth** essere un autentico esempio di **II.** *adj* esemplare; **a ~ student** uno studente modello **III.** <-ll-> *vt* **1.** (*make figure, representation*) modellare; **to ~ sth in clay** modellare qc in creta **2.** (*show clothes*) sfilare **3.** **to ~ oneself on sb** prendere qu a modello **IV.** *vi* fare l'indossatore, -trice

modem ['moʊ·dəm] *n* COMPUT modem *m inv*

moderate[1] ['mɑː·də·ət] **I.** *adj* **1.** (*neither large nor small*) medio, -a **2.** *a.* POL (*not extreme: speed*) moderato, -a; (*increase, means*) modesto, -a; (*price*) modico, -a **II.** *n* POL moderato, -a *m, f*

moderate[2] ['mɑː·də·reɪt] **I.** *vt* moderare; **to ~ a debate** moderare un dibattito; **to ~ a meeting** presiedere una riunione **II.** *vi* **1.** (*act as moderator*) moderare **2.** (*become less extreme*) moderarsi

moderation [ˌmɑː·də·'reɪ·ʃən] *n* moderazione *f;* **to drink in ~** non eccedere nel bere

M

moderator ['mɑ:·də·ˌeɪ·ţə·] *n form* **1.** (*mediator*) mediatore, -trice *m, f* **2.** (*of discussion*) moderatore, -trice *m, f*

modern ['mɑ:·də·n] *adj* moderno, -a

modernization [ˌmɑ:·də·nɪ·'zeɪ·ʃən] *n* modernizzazione *f*

modernize ['mɑ:·də·naɪz] *vt* modernizzare

modest ['mɑ:·dɪst] *adj* **1.** (*not boastful*) modesto, -a; **to be ~ about sth** non vantarsi di qc **2.** (*moderate*) moderato, -a; **a ~ wage increase** un modesto aumento di stipendio

modesty ['mɑ:·dɪs·ti] *n* modestia *f*

modicum ['mɑ:·dɪ·kəm] *n* briciolo *m;* **a ~ of truth** un briciolo di verità

modifiable ['mɑ:·dɪ·fa·ɪə·bl] *adj* modificabile

modification [ˌmɑ:·dɪ·fɪ·'keɪ·ʃən] *n* modifica *f*

modifier ['mɑ:·dɪ·fa·ɪə·] *n* LING modificatore *m*

modify ['mɑ:·dɪ·faɪ] <-ie-> *vt a.* LING modificare

modular ['mɑ:d·ʒə·lə·] *adj* modulare

modulate ['mɑ:d·ʒə·leɪt] *vt a.* ELEC, RADIO, TV modulare

modulation [ˌmɑ:d·ʒə·'leɪ·ʃən] *n* modulazione *f*

module ['mɑ:d·ʒu:l] *n* modulo *m*

mohair ['moʊ·her] *n* mohair *m inv*

moist [mɔɪst] *adj* umido, -a

moisten ['mɔɪ·sn] I. *vt* inumidire II. *vi* inumidirsi

moisture ['mɔɪs·tʃə·] *n* umidità *f*

moisturize ['mɔɪs·tʃə·raɪz] *vt* idratare

moisturizer *n* idratante *m*

molar[1] ['moʊ·lə·] *n* molare *m*

molar[2] ['moʊ·lə·] *adj* CHEM molare

molasses [moʊ·'læ·sɪz] *n* melassa *f*

mold[1] [moʊld] I. *n* (*for metal, clay, jelly*) stampo *m* ► **to be cast in the same ~** essere dello stesso stampo II. *vt* modellare

mold[2] [moʊld] *n* BOT muffa *f*

Moldavia [mɑ:l·'deɪ·viə] *n s.* **Moldova**

Moldavian I. *adj* moldavo, -a II. *n* **1.** (*person*) moldavo, -a *m, f* **2.** LING moldavo *m*

molder ['moʊl·də·] *vi* sgretolarsi; *fig* disgregarsi

molding ['moʊl·dɪŋ] *n* ARCHIT modanatura *f*

Moldova [mɑ:l·'doʊ·və] *n* Moldavia *f*

Moldovan I. *adj* moldavo, -a II. *n* moldavo, -a *m, f*

moldy ['moʊl·di] <-ier, -iest> *adj a.* CULIN ammuffito, -a

mole[1] [moʊl] *n* ANAT neo *m*

mole[2] [moʊl] *n* **1.** ZOOL talpa *f* **2.** (*spy*) spia *mf*

mole[3] [moʊl] *n* CHEM, PHYS mole *f*

molecular [mə·'lek·jə·lə·] *adj* molecolare

molecule ['mɑ:·lɪ·kju:l] *n* molecola *f*

molehill ['moʊl·hɪl] *n* monticello *m* di terra accumulato da una talpa

molest [mə·'lest] *vt* **1.** (*pester*) importunare **2.** (*sexually*) abusare (sessualmente) di

moll [mɑ:l] *n inf* pupa *f* di un gangster

mollify ['mɑ:·lə·faɪ] <-ie-> *vt* **1.** (*pacify*) ammansire **2.** (*reduce effect*) placare

mollusc *n*, **mollusk** ['mɑ:·ləsk] *n* mollusco *m*

mollycoddle ['mɑ:·lɪ·kɑ:·dl] *vt inf* tenere nella bambagia

Molotov cocktail [ˌmɑ:·lə·tɔ:f 'kɑ:k·teɪl] *n* molotov *f inv*

molt [moʊlt] ZOOL I. *vi* (*lose feathers*) fare la muda; (*lose hair*) fare la muta II. *vt* (*lose feathers*) perdere le penne (durante la muda); (*lose hair*) perdere il pelo (durante la muta) III. *n* (*of feathers*) muda *f;* (*of hair*) muta *f*

molten ['moʊl·tən] *adj* fuso, -a

mom [mɑ:m] *n inf* mamma *f*

moment ['moʊ·mənt] *n* momento *m;* **at the ~** per il momento; **at any ~** da un momento all'altro, **at the last ~** all'ultimo momento, **in a ~** tra un momento, a momenti; **not to believe for a ~** non crederci affatto; **the ~ that ...** (non) appena ...; **the ~ of truth** il momento della verità; **at the** (**precise**) **~ when ...** nel (preciso) istante in cui ...; **to choose one's ~** scegliere il momento giusto; **to leave sth until the last ~** aspettare a fare qc all'ultimo momento

momentarily [ˌmoʊ·mən·'ter·li] *adv* **1.** (*very briefly*) momentaneamente **2.** (*very soon*) tra un momento

momentary ['moʊ·mən·te·ri] *adj* momentaneo, -a

momentous [moʊ·'men·ţəs] *adj* (*fact*) molto importante; (*day*) memorabile

momentum [moʊ·'men·ţəm] *n* PHYS momento *m; fig* impeto *m;* **to gather ~** acquistare velocità

momma ['mɑ:·mə] *n*, **mommy** ['mɑ:·mi] *n inf* mamma *f*

Monacan ['mɑ:·nə·kən] I. *adj* monegasco, -a II. *n* monegasco, -a *m, f*

Monaco ['mɑ:·nə·koʊ] *n* Monaco *m*

monarch ['mɑ:·nə·k] *n* monarca *mf*

monarchic(al) [mə·'nɑ:r·kɪ·k(l)] *adj* monarchico, -a

monarchism ['mɑ:·nə·kɪ·zəm] *n* monarchismo *m*

monarchist ['mɑ:·nə·kɪst] *n* monarchista *mf*

monarchy ['mɑ:·nə·ki] <-ies> *n* monarchia *f*

monastery ['mɑ:·nəs·te·ri] <-ies> *n* monastero *m*

monastic [mə·'næs·tɪk] *adj* **1.** REL monastico, -a **2.** (*ascetic*) monacale

Monday ['mʌn·di] *n* lunedì *m inv;* **Easter** [*o* **Whit**] **~** lunedì dell'Angelo, lunedì di Pasqua; *s.a.* **Friday**

Monegasque [mɑ:·ni·'gask] I. *adj* monegasco, -a II. *n* monegasco, -a *m, f*

monetary ['mɑ:·nə·te·ri] *adj* monetario, -a

monetary fund *n* fondo *m* monetario

monetary policy *n* politica *f* monetaria

Monetary Union *n* unione *f* monetaria

money ['mʌ·ni] *n* denaro *m*, soldi *mpl;* **to be short of ~** essere a corto di soldi; **to change ~** cambiare i soldi; **to make ~** fare soldi; **to raise ~** raccogliere fondi; **to throw ~ at sth** sperperare denaro in qc ► **~ is the root of all evil** *prov* il denaro è la radice di

M

tutti i mali; **put your ~ where your mouth is** dimostralo a fatti, non solo a parole; **~ doesn't grow on trees** *prov* i soldi non piovono dal cielo *prov;* **to be made of ~** nuotare nell'oro; **he has ~ to burn** ha soldi da buttar via; **she married into ~** si è sposata con uno ricco; **~ talks** *prov* il denaro apre tutte le porte *prov;* **to be in the ~** avere soldi a palate; **for my ~** secondo me

moneybags ['mʌ·ni·bægz] *npl inf* riccone, -ona *m, f*

moneychanger *n* cambiavalute *mf*

moneyed *adj form* benestante

moneymaker *n* miniera *f* d'oro *fig*

moneymaking I. *adj* lucrativo, -a **II.** *n* lucro *m*

money market *n* mercato *m* monetario

money market account *n* conto *f* a termine

money order *n* vaglia *m inv*

Mongol ['mɑː·ŋ·gəl] **I.** *adj* mongolo, -a **II.** *n* **1.** (*person*) mongolo, -a *m, f* **2.** LING mongolo *m*

Mongolia [mɑː·ŋ·'goʊ·liə] *n* Mongolia *f*

Mongolian [mɑː·ŋ·'goʊl·iən] **I.** *adj* mongolo, -a, mongolico, -a **II.** *n* **1.** (*person*) mongolo, -a *m, f* **2.** LING mongolo *m*

mongolism ['mɑː·ŋ·gə·lɪ·zəm] *n* mongolismo *m*

mongrel ['mɑː·ŋ·grəl] *n, n* bastardo, -a *m*

monitor ['mɑː·nɪ·tə·] **I.** *n* **1.** COMPUT monitor *m inv;* **15-inch ~** monitor da 15 pollici **2.** (*person*) osservatore, -trice *m, f* **II.** *vt* monitorare; **to ~ sb/sth closely** controllare da vicino qu/qc

monk [mʌŋk] *n* monaco *m*

monkey ['mʌŋ·ki] *n* scimmia *f* ▸ **to have a ~ on your back** (*desire for drugs*) avere la scimmia; (*a big problem*) avere un problema

♦ **monkey around** *vi inf* giocherellare

monkey bars *n pl* struttura *f* per arrampicarsi, *per bambini*

monkey business *n* **1.** (*improper conduct*) intrallazzi *mpl* **2.** (*mischief*) birichinate *fpl*

monkey wrench *n* <-es> chiave *f* inglese

mono¹ ['mɑː·noʊ] **I.** *n* mono(fonia) *f* **II.** *adj* mono(fonico, -a)

mono² ['mɑː·noʊ] *n inf* MED *abbr of* (**infectious**) **mononucleosis** mononucleosi *f* (infettiva) *inv*

monochrome ['mɑː·noʊ·kroʊm] *adj* monocromo, -a

monocle ['mɑː·nə·kl] *n* monocolo *m*

monogamous [mə·'nɑː·gə·məs] *adj* monogamo, -a

monogamy [mə·'nɑː·gə·mi] *n* monogamia *f*

monogram ['mɑː·nə·græm] *n* monogramma *m*

monolingual [ˌmɑː·nəʊ·'lɪŋ·gwəl] *adj* monolingue

monolith ['mɑː·nə·lɪθ] *n* monolito *m*

monolithic [ˌmɑː·nə·'lɪ·θɪk] *adj* monolitico, -a

monolog *n,* **monologue** ['mɑː·nə·lɑːg] *n* monologo *m*

monopolize [mə·'nɑː·pə·laɪz] *vt* monopolizzare

monopoly [mə·'nɑː·pə·li] <-ies> *n* monopolio *m*

monorail ['mɑː·noʊ·reɪl] *n* (ferrovia) *f* monorotaia *f*

monosyllabic [ˌmɑː·nə·sɪ·'læ·bɪk] *adj* monosillabico, -a

monotone ['mɑː·nə·toʊn] *n* tono *m* uniforme

monotonous [mə·'nɑː·tə·nəs] *adj* monotono, -a

monotony [mə·'nɑː·tə·ni] *n* monotonia *f*

monoxide [mə·'nɑːk·saɪd] *n* monossido *m*

monsoon [mɑːn·'suːn] *n* monsone *m;* **~s** piogge *fpl* monsoniche

monster ['mɑːn·stə·] **I.** *n* mostro *m* **II.** *adj inf* gigantesco, -a

monstrosity [mɑːn·'strɑː·sə·ti] <-ies> *n* mostruosità *f*

monstrous ['mɑːn·strəs] *adj* mostruoso, -a

montage ['mɑːn·tɑːʒ] *n* montaggio *m*

month [mʌnθ] *n* mese *m*

monthly ['mʌnθ·li] **I.** *adj* mensile **II.** *adv* mensilmente **III.** *n* mensile *m*

monument ['mɑː·njə·mənt] *n* monumento *m*

monumental [ˌmɑː·njə·'men·ţl] *adj* monumentale

moo [muː] **I.** <-s> *n* muggito *m* **II.** *vi* muggire

mood¹ [muːd] *n* umore *m;* **in a good/bad ~** di buonumore/malumore; **the public ~** l'umore generale; **to be in a talkative ~** essere in vena di parlare; **to not be in the ~ to do sth** non aver voglia di fare qc

mood² [muːd] *n* LING modo *m*

moodiness ['muː·dɪ·nəs] *n* malumore *m*

moody ['muː·di] <-ier, -iest> *adj* **1.** (*changeable*) lunatico, -a **2.** (*bad-tempered*) di cattivo umore

moon [muːn] **I.** *n* luna *f;* **full/new ~** luna piena/nuova ▸ **once in a blue ~** a ogni morte di papa; **to be over the ~** non stare in sé dalla gioia **II.** *vt inf* **to ~ sb** scoprire il sedere per esibirlo a qu

moonbeam ['muːn·biːm] *n* raggio *m* di luna

moonboots *npl* doposci *mpl*

moonlight I. *n* chiaro *m* di luna **II.** *vi inf* svolgere un secondo lavoro

moonlit *adj* illuminato, -a dalla luna

moonshine *n* **1.** *inf* (*alcoholic drink*) liquore *distillato illegalmente* **2.** (*moonlight*) chiaro *m* di luna

moonwalk I. *n* **1.** (*on moon*) passeggiata *f* lunare **2.** (*glide*) moonwalk *m inv* **II.** *vi* **1.** (*on moon*) camminare sulla luna **2.** (*glide*) fare il moonwalk

moor¹ [mʊr] *n* (*area*) brughiera *f*

moor² [mʊr] *vt* NAUT ormeggiare

moorhen ['mʊr·hen] *n* gallinella *f* d'acqua

mooring ['mʊ·rɪŋ] *n* ormeggio *m*

moose [muːs] *n* alce *m*

moot [muːt] **I.** *adj* discutibile; **the point is ~** il punto è discutibile **II.** *vt* **it has been ~ed that …** è stato proposto che …

mop [mɑːp] I. *n* 1. (*cleaning device*) mocio *m* 2. (*mass*) **a ~ of hair** una massa (incolta) di capelli II.<-pp-> *vt* 1. (*wash*) lavare (con il mocio); **to ~ the floor** passare lo straccio 2. (*dry*) asciugare

mope [moʊp] *vi* essere depresso
◆**mope about** *vi*, **mope around** *vi* gironzolare senza scopo

moped ['moʊ·ped] *n* motorino *m*

moral ['mɔː·rəl] I. *adj* morale; **to give sb ~ support** dare un sostegno morale a qu II. *n* 1. (*message*) morale *f;* **the ~ of the story** la morale della favola 2. *pl* (*standards*) principi *m* morali, *pl*

morale [mə·'ræl] *n* morale *f*

moralist ['mɔː·rə·lɪst] *n* moralista *mf*

morality [mɔː·'ræ·lə·ti] <-ies> *n* moralità *f*

moralize ['mɔː·rə·laɪz] *vi* moralizzare

morass [mə·'ræs] *n* 1. (*boggy area*) pantano *m* 2. *fig* (*complicated situation*) guazzabuglio *m*

moratorium [ˌmɔː·rə·'tɔː·ri·əm] <-s *o* -ria> *n* *form* moratoria *f*

morbid ['mɔːr·bɪd] *adj a.* MED morboso, -a

morbidity [mɔːr·'bɪ·də·ti] *n* morbosità *f*

more [mɔːr] *comp of* **much, many** I. *adj* più; **~ coins** più monete; **a few ~ coins** qualche moneta in più; **no ~ money at all** niente più soldi; **some ~ coffee** un po' più di caffè II. *adv* più; **~ beautiful than me** più bello di me; **to drink (a bit/much) ~** bere (un po'/molto) di più; **once ~** ancora una volta; **never ~** mai più; **to see ~ of sb** vedere più spesso qu; **~ than 10** più di 10 III. *pron* più; **~ and ~** sempre più; **to have ~ than sb** avere di più di qu; **to cost ~ than sth** costare di più di qc; **the ~ you try it, the ~ you'll like it** più lo provi e più ti piace; **what ~ does he want?** cosa vuole di più?; **many do it but ~ don't** lo fanno in tanti, ma la maggioranza non lo fa ▶**all the ~** tanto più

moreover [mɔːr·'oʊ·və] *adv form* inoltre

morgue [mɔːrg] *n* obitorio *m*

moribund ['mɔː·rɪ·bʌnd] *adj form* moribondo, -a

Mormon ['mɔːr·mən] I. *n* mormone *mf* II. *adj* mormone

morning ['mɔːr·nɪŋ] *n* mattina *f,* mattino *m;* **good ~!** buon giorno!; **in the ~** al mattino; **that ~** quella mattina; **the ~ after** la mattina dopo; **every ~** ogni mattina, tutte le mattine; **every Monday ~** il lunedì mattina; **to come in the ~** arrivare la mattina; **one July ~** una mattina di luglio; **early in the ~** la mattina presto; **6 o'clock in the ~** alle 6 del mattino; **from ~ until night** dal mattino/dalla mattina alla sera

morning-after pill [ˌmɔːr·nɪŋ·'æf·tə·ˌpɪl] *n* pillola *f* del giorno dopo

Morning Prayer *n* mattutino *m*

morning sickness *n* nausea *f* mattutina

morning star *n* stella *f* del mattino

Moroccan [mə·'rɑː·kən] I. *n* marocchino, -a *m, f* II. *adj* marocchino, -a

Morocco [mə·'rɑː·koʊ] *n* Marocco *m*

moron ['mɔː·rɑːn] *n inf* deficiente *mf*

moronic [mɔː·'rɑː·nɪk] *adj inf* da deficiente

morose [mə·'roʊs] *adj* (*person, mood*) scontroso, -a; (*expression*) immusonito, a

morpheme ['mɔːr·fiːm] *n* LING morfema *m*

morphia ['mɔːr·fiə] *n*, **morphine** ['mɔːr·fiːn] *n* morfina *f*

morphological [ˌmɔːr·fə·'lɑː·dʒɪ·kl] *adj* morfologico, -a

morphology [mɔːr·'fɑː·lə·dʒi] *n* morfologia *f*

Morse (code) [mɔːrs] *n* (alfabeto) *m* morse

morsel ['mɔːr·sl] *n* (*of food*) boccone *m;* (*of hope*) briciolo *f*

mortal ['mɔːr·tl] I. *adj* mortale; **~ danger** pericolo *m* di morte [*o* di vita]; **to be in ~ fear** avere una grande paura II. *n liter* mortale *mf*

mortality [mɔːr·'tæ·lə·ti] *n form* mortalità *f*

mortar ['mɔːr·tə] *n a.* MIL, TECH mortaio *m*

mortarboard ['mɔːr·tə·bɔːrd] *n* tocco *m*

mortgage ['mɔːr·gɪdʒ] I. *n* ipoteca *m* II. *vt* ipotecare

mortician [mɔːr·'tɪ·ʃən] *n* impresario , -a *m, f* di pompe funebri

mortification [ˌmɔːr·tə·fɪ·'keɪ·ʃən] *n a.* REL mortificazione *f*

mortify ['mɔːr·tə·faɪ] *vt* <-ie-> mortificare

mortuary ['mɔːr·tʃu·e·ri] *n* obitorio *m*

mosaic [moʊ·'zeɪ·ɪk] *n* mosaico *m*

Moscow ['mɑːs·kaʊ] *n* Mosca *m*

Moses ['moʊ·zɪz] *n* Mosè *m*

Moslem ['mɑːz·lem] I. *adj* mus(s)ulmano, -a II. *n* mus(s)ulmano, -a *m, f*

mosque [mɑːsk] *n* moschea *f*

mosquito [mə·'ski·toʊ] <-(e)s> *n* zanzara *f*

mosquito net *n* zanzariera *f*

moss [mɑːs] <-es> *n* muschio *m*

mossy ['mɑː·si] <-ier, -iest> *adj* muschioso, -a

most [moʊst] *superl of* **many, much** I. *adj* la maggior parte di; **~ people** la maggior parte della gente; **to have the ~ friends** avere il maggior numero di amici; **for the ~ part** per lo più [*o* la maggior parte] II. *adv pej*; **she's the ~ beautiful** è la più bella; **a ~ beautiful evening** una serata bellissima; **what I want ~** quello che desidero di più; **~ of all** soprattutto; **~ likely** molto probabilmente III. *pron* la maggior parte; **at the (very) ~** al massimo; **~ of them** la maggior parte di loro, quasi tutti loro; **~ of the time** la maggior parte del tempo, quasi tutto il tempo; **to make the ~ of sth/of oneself** ricavare il massimo da qc/da sé stesso; **the ~ you can have is …** il massimo che puoi avere è …

mostly ['moʊst·li] *adv* 1. (*mainly*) per lo più 2. (*usually*) di solito

motel [moʊ·'tel] *n* motel *m inv*

moth [mɑːθ] *n* 1. (*nocturnal*) falena *f* 2. (*of clothes*) tarma *f*

mothball ['mɑːθ·bɑːl] I. *n* pallina *f* di naftalina II. *vt* (*idea, plan*) mettere in naftalina

moth-eaten ['mɑːθ·ˌiː·tn] *adj* tarmato, -a

mother ['mʌ·ðə] I. *n* 1. (*woman*) madre *f*

2. (*biggest thing*) madre; **that was the ~ of all wars** quella fu la madre di tutte le guerre **3.** *sl* (*sth bad*) **that was a real ~ of a problem** è stato un vero casino **II.** *vt* coccolare
mother country *n* madrepatria *f*
motherhood *n* maternità *f*
mother-in-law *n* suocera *f*
motherly ['mʌ·ðɚ·li] *adj* materno, -a
mother-of-pearl *n* madreperla *f*
Mother's Day *n* giornata *m* della mamma
mother tongue *n* lingua *f* materna
motif [mou·'tiːf] *n* ART motivo *m*
motion ['mou·ʃən] **I.** *n* **1.** (*movement*) movimento *m*, moto *m*; **in slow ~** al rallentatore, al ralenti; **to put sth in ~** mettere in moto qc **2.** (*proposal*) mozione *f* ▸ **to go through the ~s of doing sth** fare qc senza interesse **II.** *vt* fare cenno a; **to ~ sb to do sth** fare cenno a qu di fare qc **III.** *vi* fare cenno
motionless *adj* immobile
motion picture *n* film *m inv*
motivate ['mou·t̬ə·veɪt] *vt* **1.** (*cause*) motivare **2.** (*arouse interest of*) stimolare
motivation [ˌmou·t̬ə·'veɪ·ʃən] *n* **1.** (*reason*) motivo *m* **2.** (*ambition, drive*) motivazione *f*
motive ['mou·t̬ɪv] **I.** *n* motivo *m* **II.** *adj* PHYS, TECH motore, -trice
motley ['mɑːt·li] <-ier, -iest> *adj pej* eterogeneo, -a
motor ['mou·t̬ɚ] **I.** *n a. fig* motore *m* **II.** *adj a.* PHYS motore, -trice **III.** *vi* **1.** *form* (*drive*) andare in auto **2.** *inf* (*run quickly*) andare forte
motorbike *n inf* moto *f inv*
motorboat *n* motoscafo *m*
motorcycle *n* motocicletta *f*
motorcycling *n* motociclismo *m*
motorcyclist *n* motociclista *mf*
motor home *n* motorhome *m inv*
motorist ['mou·t̬ɚ·ɪst] *n* automobilista *mf*
motorize ['mou·t̬ə·raɪz] *vt* motorizzare
motor racing *n* automobilismo *m*
motor scooter *n* scooter *m inv*
motor vehicle *n form* automobile *f*
mottled ['mɑː·t̬ld] *adj* (*leaf, marble*) variegato, -a; (*skin*) a chiazze
motto ['mɑː·t̬ou] <-(e)s> *n* motto *m*
mound [maund] *n* **1.** (*elevation*) monticello *m* **2.** (*heap*) mucchio *m* **3.** (*in baseball*) **the pitcher's ~** monte *m* di lancio
mount [maunt] **I.** *n* **1.** (*horse*) cavalcatura *f* **2.** (*frame*) montatura *f* **II.** *vt* **1.** (*get on: horse*) montare; **to ~ a ladder** salire su una scala; **to ~ the throne** *form* salire al trono **2.** (*organize*) organizzare; **to ~ an attack** lanciare un attacco; **to ~ a rescue** organizzare un salvataggio **3.** (*fix for display*) fissare; (*stamps*) sistemare **4.** ZOOL montare **III.** *vi* salire
mountain ['maun·t̬ən] *n* **1.** GEO montagna *f* **2.** *inf* (*amount*) mucchio *m* ▸ **to make a ~ out of a molehill** perdersi in un bicchier d'acqua; **to move ~s** muovere mari e monti
mountain bike *n* mountain bike *f inv*
mountain chain *n* GEO catena *f* montuosa

mountaineer [ˌmaun·tən·'ɪr] *n* alpinista *mf*
mountaineering *n* alpinismo *m*
mountainous ['maunt·nəs] *adj* **1.** GEO montuoso, -a **2.** (*large and high*) gigantesco, -a
mountain range *n* GEO catena *f* montuosa
mounted ['maun·t̬ɪd] *adj* a cavallo; **~ police** polizia *f* a cavallo
mounting *n* (*of machine*) base *f*; (*in frame*) montaggio *m*

Scolpite tra il 1927 e il 1941 nei massicci granitici del **Mount Rushmore** o Monte Rushmore/Dakota del Sud, i busti, alti 60 piedi (18 m), dei presidenti George Washington, Thomas Jefferson, Theodore Roosevelt e Abraham Lincoln rappresentano i primi 150 anni della storia americana e sono un omaggio alla nascita e allo sviluppo degli Stati Uniti d'America.

---

mourn [mɔːrn] **I.** *vi* lamentare; **to ~ for sb** piangere la morte di qu **II.** *vt* lamentare
mourner ['mɔːr·nɚ] *n* chi accompagna un funerale
mournful ['mɔːrn·fəl] *adj* **1.** (*grieving*) afflitto, -a **2.** (*gloomy*) triste
mourning ['mɔːr·nɪŋ] *n* lutto *m*; **to be in ~** essere in lutto
mouse [maus] <mice> *n* ZOOL topo *m*; COMPUT mouse *m inv* ▸ **to be as poor as a** church ~ essere povero in canna
mouse pad *n* COMPUT tappetino *m* del mouse
mousetrap *n* trappola *f* per topi
mousse [muːs] *n* mousse *f inv*
moustache ['mʌs·tæʃ] *n* baffi *mpl*
mousy ['mau·si] *adj* **1.** (*shy*) timido, -a; **she is very ~** è timida e insignificante **2.** (*brown*) **~ hair** capelli scialbi
mouth[1] [mauθ] *n* **1.** (*of person, animal*) bocca *f*; **to shut one's ~** *inf* stare zitto, tacere **2.** (*opening*) apertura *f*; (*of bottle, jar*) bocca *f*; (*of cave*) imboccatura *f*; (*of river*) foce *f* ▸ **to be born with a** silver spoon **in one's ~** essere nato con la camicia; **it made her ~** water le ha fatto venire l'acquolina in bocca; **to be** down **in the ~** essere depresso; **to** shoot off **one's ~ about sth** *inf* (*indiscreetly*) raccontarne delle belle; (*brag*) spararne delle grosse
mouth[2] [mauð] *vt* **1.** (*form words silently*) muovere le labbra senza articolare le parole **2.** (*say insincerely*) dire senza sincerità; **to ~ an excuse** tirare fuori la solita scusa
◆ **mouth off** *vi sl* **1.** (*rant*) sproloquiare **2.** (*talk back*) rispondere in modo villano
mouthful ['mauθ·fʊl] *n* **1.** (*of food*) boccone *m*; (*of drink*) sorso *m* **2.** (*word*) parolona *f* (difficile da pronunciare)
mouthpiece *n* **1.** TEL microfono *m* **2.** (*of pipe*) bocchino *m*; (*of instrument*) imboccatura *m* **3.** (*person*) portavoce *mf*

M

mouth-to-mouth resuscitation *n* rianimazione *f* bocca a bocca
mouthwash *n* collutorio *m*
mouthwatering *adj* appetitoso, -a
movable ['muː·və·bl] *adj* mobile
move [muːv] I. *n* 1. (*movement*) movimento *m;* **to be on the ~** (*traveling*) essere in viaggio; (*very busy*) essere in movimento; **to get a ~ on** spicciarsi 2. (*change of abode*) trasloco *m;* (*change of job*) trasferimento *m* 3. GAMES mossa *f;* **it's your ~** tocca a te 4. (*action*) mossa *f;* **to make the first ~** fare la prima mossa II. *vi* 1. (*change position*) muoversi, spostarsi; (*advance fast*) correre; (*make progress*) progredire 2. (*in games*) muovere 3. (*change abode*) traslocare; (*change job*) trasferirsi ▶ **~ it!** *inf* muoviti! III. *vt* 1. (*change position*) spostare; (*make sb change their mind*) fare cambiare idea; (*reschedule*) spostare la data 2. (*cause emotions*) commuovere; **to be ~d by sth** commuoversi per qc 3. (*propose*) proporre
◆**move along** I. *vt* spostare II. *vi* spostarsi
◆**move away** I. *vi* allontanarsi; (*move house*) traslocare II. *vt* allontanare
◆**move back** I. *vi* spostarsi all'indietro II. *vt* spostare all'indietro
◆**move down** I. *vi* scendere II. *vt* abbassare
◆**move forward** I. *vi* avanzare II. *vt* spostare in avanti; (*date*) posticipare
◆**move in** I. *vi* 1. (*move into abode*) andare ad abitare, traslocare 2. (*intervene*) intervenire 3. (*advance to attack*) attaccare; **to ~ on enemy territory** invadere il territorio nemico II. *vt* portare
◆**move on** *vi* 1. (*leave*) andarsene 2. (*continue to move*) circolare; **to ~ to another subject** passare a un altro argomento
◆**move out** *vi* 1. (*stop inhabiting*) andare via (da una casa), traslocare 2. (*depart*) andarsene
◆**move over** I. *vi* 1. (*make room*) spostarsi; (*on seat*) farsi da parte 2. (*switch*) **to ~ towards sth** passare a qc II. *vt* spostare da una parte
◆**move up** I. *vi* 1. (*make room*) fare posto; (*on seat*) farsi da parte 2. (*increase*) aumentare 3. (*advance*) avanzare; **he's slowly but surely moving up in the company** sta pian piano facendo carriera nell'azienda II. *vt* spostare in alto
movement ['muːv·mənt] *n* 1. *a.* MUS (*act*) movimento *m* 2. FIN, COM attività *f* 3. (*tendency*) tendenza *f*
movie ['muː·vi] *n* film *m inv;* **the ~s** il cinema
movie camera *n* cinepresa *f*
moviegoer *n* cinefilo, -a *m, f*
movie star *n* stella *f* del cinema
movie theater *n* cinema *m inv*
moving ['muː·vɪŋ] I. *adj* 1. (*that moves*) mobile; **~ stairs** scala mobile 2. (*motivating*) ispiratore, -trice; **the ~ force** l'ispirazione 3. (*causing emotion*) commovente, toccante II. *n* trasloco *m*

moving box *n* cassa *f* di imballaggio
mow [moʊ] <mowed, mown *o* mowed> *vt* (*grass*) tosare; (*hay*) tagliare
◆**mow down** *vt* 1. (*kill*) falciare 2. (*overwhelm*) sopraffare
mower ['moʊ·ʊə] *n* (*for lawn*) tosaerba *m inv*
mown [moʊn] *pp of* **mow**
moxie *n sl* grinta *f*
MP [ˌemˈpiː] *n abbr of* **Military Police** polizia *f* militare
mpg *n abbr of* **miles per gallon** miglia *fpl* con un gallone
mph [ˌemˈpiːˈeɪtʃ] *abbr of* **miles per hour** miglia all'ora
Mr. ['mɪs·tə] *n abbr of* **Mister** Signor
Mrs. ['mɪ·sɪz] *n* Signora
Ms. [mɪz] *n* titolo che evita la distinzione tra donna nubile e sposata
MS [ˌemˈes] *n* 1. *abbr of* **multiple sclerosis** sclerosi *f inv* multipla 2. *abbr of* **Mississippi** Mississippi *m* 3. *abbr of* **Master of Science** laurea *f* (*in discipline scientifiche*)*;* **Louie Sanders, MS, he has an ~ in geology** è laureato in geologia; **Louie Sanders, MS** Dott. Louie Sanders
MSG *abbr of* **monosodium glutamate** glutammato *m* monosodico
MT *n* 1. *abbr of* **Montana** Montana *m* 2. *abbr of* **Mountain Time** ora legale nella zona delle Montagne Rocciose
Mt. *abbr of* **Mount** monte
much [mʌtʃ] <more, most> I. *adj* molto, molta; **too ~ wine** troppo vino; **how ~ milk?** quanto latte?; **too/so ~ water** troppa/tanta acqua; **as ~ as** tanto quanto; **three times as ~** tre volte tanto II. *adv* molto; **~ better** molto meglio; **thank you very ~** molte grazie; **to be very ~ surprised** essere molto sorpreso; **~ to my astonishment** con mia grande sorpresa; **not him, ~ less her** non lui, e tanto meno lei III. *pron* molto; **~ of the day** gran parte della giornata; **I don't think ~ of it** non gli dò grande importanza; **to make ~ of sb/sth** dare importanza a qu/qc
muck [mʌk] *n inf* 1. (*dirt*) sporcizia *f* 2. (*manure*) letame *m* ▶ **to be stuck in the ~** essere nella merda *vulg*
◆**muck up** *vt inf* rovinare
muckheap *n* letamaio *m*
muckraker ['mʌk·reɪ·kə] *n* scandalista *mf*
mucky ['mʌ·ki] <-ier, -iest> *adj inf* sudicio, -a
mucous ['mjuː·kəs] *adj* MED muco *m*
mucous membrane *n* (membrana)*f* mucosa *f*
mucus ['mjuː·kəs] *n* MED muco *m*
mud [mʌd] *n* 1. (*wet earth*) fango *m;* **to wallow in ~** rivoltarsi nel fango 2. (*insult*) **to hurl ~ at sb** gettare fango su qu ▶ **here's ~ in your eye** *inf* beviamoci sopra!; **to drag sb's name through the ~** infangare il nome di qu
muddle ['mʌ·dl] I. *vt* 1. (*mix up*) mettere in disordine 2. (*confuse*) confondere II. *vi* **to ~ along** tirare avanti III. *n* disordine *m;* **to get into a ~** fare una gran confusione

M

muddle-headed ['mʌ·dl·ˌhe·dɪd] *adj* che ha le idee confuse

muddy ['mʌ·di] I.<-ier, -iest> *adj* (*dirty*) infangato, -a; (*water*) torbido, -a; (*ground*) fangoso, -a II. *vt* 1.(*make dirty*) infangare 2.(*confuse*) confondere ▶ **to ~ the** waters intorbidire

mud flap *n*, **mudguard** ['mʌd·gɑːrd] *n* parafango *m*

mudslide *n* (*flow*) colata *f* di fango

mudslinging *n inf* calunnia *f*

muff[1] [mʌf] I. *vt* 1.(*screw up: opportunity*) lasciarsi sfuggire; THEAT (*one's lines*) dire male 2.SPORTS mancare II. *n* SPORTS presa *f* mancata

muff[2] [mʌf] *n* FASHION manicotto *m*

muffin ['mʌ·fɪn] *n* tortina ai mirtilli o al cioccolato

muffle ['mʌ·fl] *vt* smorzare

muffler ['mʌf·lə˞] *n* AUTO marmitta *f*

mug[1] [mʌg] *n* (*for tea, coffee*) tazzone *m*; (*for beer*) boccale *m*

mug[2] [mʌg] I. *n inf* muso *m*, grugno *m* II.<-gg-> *vt* aggredire e rapinare III. *vi* **to ~ for the camera** fare le facce per essere fotografati

mugger ['mʌ·gə˞] *n* rapinatore, -trice *m, f*

mugging ['mʌ·gɪŋ] *n* aggressione e rapina *m*

muggy ['mʌ·gi] <-ier, -iest> *adj* afoso, -a

mulberry ['mʌl·be·ri] *n* 1.(*fruit*) mora *f* 2.(*tree*) gelso *m*

mule [mju:l] *n* (*animal*) mulo, -a *m, f* ▶ **as** stubborn **as a ~** testardo come un mulo

mull [mʌl] *vt* **to ~ sth over** pensarci su

mulled wine [mʌld waɪn] *n* vin *m* brulé

mullion ['mʌl·jən] *n* ARCHIT piantone *m*

multicolored [ˌmʌl·ti·'kʌ·lə˞d] *adj* variopinto, -a

multicultural [ˌmʌl·ti·'kʌl·tʃə·rəl] *adj* multiculturale

multifarious [ˌmʌl·tə·'fe·ri·əs] *adj form* molteplice

multifunctional [ˌmʌl·ti·'fʌnk·ʃə·nəl] *adj* multifunzionale

multilateral [ˌmʌl·ti·'læ·t̬ə·rəl] *adj* POL multilaterale

multilingual [ˌmʌl·ti·'lɪŋ·gwəl] *adj* multilingue

multimedia [ˌmʌl·ti·'mi:·diə] *adj* multimediale

multimillionaire [ˌmʌl·ti·mil·jə·'ner] *n* multimilionario, -a *m, f*

multinational [ˌmʌl·ti·'næʃ·nəl] I. *n* multinazionale *f* II. *adj* multinazionale

multiple ['mʌl·t̬ə·pl] *adj* multiplo

multiplex ['mʌl·t̬ə·pleks] *n* (cinema) *m* multisala *pl*

multiplication [ˌmʌl·tə·plɪ·'keɪ·ʃən] *n* moltiplicazione *f*

multiplicity [ˌmʌl·tə·'plɪ·sə·ti] *n form* molteplicità *f*

multiplier ['mʌl·tə·pla·ɪə˞] *n* MATH multiplo *m*

multiply ['mʌl·tə·plaɪ] <-ie-> I. *vt* moltiplicare II. *vi* moltiplicarsi

multipurpose [ˌmʌl·ti·'pɜ:r·pəs] *adj* multiuso

multiracial [ˌmʌl·ti·'reɪ·ʃl] *adj* multirazziale

multistage [ˌmʌl·ti·'steɪdʒ] *adj* multistadio

multistory [ˌmʌl·ti·'stɔː·ri] *adj* a più piani

multitasking [ˌmʌl·ti·'tɑːs·kɪŋ] *n* COMPUT multitasking *m inv*

multitude ['mʌl·tə·tuːd] *n* 1.(*of things, problems*) massa *f* 2.(*crowd*) folla *f;* **the ~s** *liter* le folle

multitudinous [ˌmʌl·tə·'tuːd·nəs] *adj* innumerevole

mum [mʌm] *adj* **to keep ~** *inf* restare in silenzio ▶ **~'s the** word acqua in bocca!

mumble ['mʌm·bl] *vi* borbottare

mumbo jumbo [ˌmʌm·boʊ·'dʒʌm·boʊ] *n inf* linguaggio *m* esoterico

mummify ['mʌ·mə·faɪ] <-ie-> *vt* mummificare

mummy ['mʌ·mi] <-ies> *n* mummia *f*

mumps [mʌmps] *n* MED orecchioni *mpl;* **he's got the ~** ha gli orecchioni

munch [mʌntʃ] *vi, vt* sgranocchiare

mundane [mʌn·'deɪn] *adj* banale

municipal [mju:·'nɪ·sə·pl] *adj* municipale

municipality [mju:·ˌnɪ·sə·'pæ·lə·ti] *n* <-ies> 1.(*city, town*) comune *m* 2.(*local government*) municipalità *f*

munitions [mju:·'nɪ·ʃənz] *npl* munizioni *fpl*

mural ['mju·rəl] *n* murale *m*

murder ['mɜ:r·də˞] I. *n* (*killing*) assassinio *m;* LAW omicidio (volontario/premeditato) *m;* **to commit ~** commettere un omicidio; **this job is ~** *fig* questo lavoro è infernale; **he gets away with ~** *fig* riesce a cavarsela sempre ▶ **to scream** bloody **~** fare il diavolo a quattro II. *vt* (*kill*) assassinare; *fig* (*music, play*) massacrare

murderer ['mɜ:r·də·ə˞] *n* (*killer*) assassino, -a *m, f;* LAW omicida *mf*

murderous ['mɜ:r·də·rəs] *adj* 1.(*capable of murder*) capace di uccidere; **~ dealer/gangster** trafficante/gangster assassino 2.(*capable of causing death: look*) assassino, -a; (*instinct*) omicida; (*plan*) criminale 3. *inf* (*difficult: heat*) bestiale; (*traffic*) infernale

murky ['mɜ:r·ki] <-ier, -iest> *adj* (*water*) torbido, -a; (*past*) losco, -a; (*night*) tenebroso, -a

murmur ['mɜ:r·mə˞] I. *vi, vt* mormorare II. *n* mormorio *m*

muscle ['mʌ·sl] *n* 1.ANAT muscolo *m* 2. *fig* forza *f*

◆ **muscle in** *vi* **to ~ (on sth)** intromettersi (in qc)

muscle-bound ['mʌ·sl·ˌbaʊnd] *adj* molto muscoloso, -a

muscle car *n* muscle car *f inv,* coupé supermotorizzata

muscleman ['mʌ·sl·mæn] <-men> *n* uomo *m* muscoloso

Muscovite I. *adj* moscovita II. *n* moscovita *mf*

muscular ['mʌs·kjə·lə˞] *adj* 1.(*pain, contraction*) muscolare 2.(*arms, legs*) muscoloso, -a

muse [mju:z] I. *vi* **to ~ (on sth)** meditare (su qc) II. *vt* **to ~ that …** dire tra sé e sé che … III. *n* musa *f*

museum [mjuː'ziː·əm] *n* museo *m;* ~ **piece** pezzo *f* da museo

mush[1] [mʌʃ] *n* **1.** *inf* (*food*) pappa *f* **2.** (*in a film, book*) sentimentalismo *m* sdolcinato

mush[2] [mʌʃ] **I.** *interj comando di incitamento dato ai cani da traino di una slitta* **II.** *vt* guidare una slitta trainata da cani **III.** *vi* viaggiare su una slitta trainata da cani **IV.** *n* viaggio *m* su slitta trainata da cani

mushroom ['mʌʃ·ruːm] **I.** *n* (*wild*) fungo *m;* (*button mushroom*) fungo *m* coltivato **II.** *vi* (*population, prices*) aumentare rapidamente; (*town*) spuntare all'improvviso [*o* come i funghi]

mushy ['mʌ·ʃi] *adj* <-ier, -iest> **1.** (*soft: food*) ridotto, -a a pappetta **2.** (*film, book*) sdolcinato, -a

music ['mjuː·zɪk] *n* **1.** (*art*) musica *f;* **it was ~ to her ears** era musica per le sue orecchie **2.** (*notes*) partitura *f,* spartito *m;* **to read ~** leggere la musica

musical ['mjuː·zɪ·kəl] **I.** *adj* musicale **II.** *n* musical *m inv*

music box *n* carillon *m inv*

music hall *n* teatro *m* di varietà, music hall *m inv*

musician [mjuː'zɪ·ʃən] *n* musicista *mf*

music stand *n* leggio *m*

musk [mʌsk] *n* muschio *m*

musket ['mʌs·kɪt] *n* moschetto *m*

musketeer [ˌmʌs·kə·'tɪr] *n* moschettiere *m*

muskrat ['mʌs·kræt] *n* ondatra *f,* topo *m* muschiato

Muslim ['mʌz·ləm] **I.** *adj* mus(s)ulmano, -a **II.** *n* mus(s)ulmano, -a *m, f*

muslin ['mʌz·lɪn] *n* mussola *f*

muss [mʌs] *vt* scompigliare

mussel ['mʌ·sl] *n* cozza *f,* muscolo *m*

must [mʌst] **I.** *aux* **1.** (*obligation*) dovere; **~ you leave so soon?** devi proprio andar via così presto?; **you ~n't do that** non devi fare questo **2.** (*probability*) dovere; **I ~ have lost it** devo averlo perso; **you ~ be hungry** (immagino che) avrai fame; **you ~ be joking!** vuoi scherzare! **II.** *n* must *m inv;* **this book is an absolute ~** leggere questo libro è un must

mustache ['mʌs·tæʃ] *n* baffi *mpl*

mustang ['mʌs·tæŋ] *n* mustang *m inv*

mustard ['mʌs·tərd] *n* senape *f*

muster ['mʌs·tər] **I.** *vt* **1.** (*gather*) radunare; **to ~ the courage to do sth** armarsi di coraggio per fare qc **2.** MIL adunare **II.** *vi* radunarsi **III.** *n* **to pass ~** superare l'esame

mustn't ['mʌ·snt] *must not* **must**

musty ['mʌs·ti] <-ier, -iest> *adj* (*room*) che ha odore di umido e di chiuso; (*book*) ammuffito, -a

mutant ['mjuː·tənt] **I.** *adj* mutante **II.** *n* mutante *mf*

mutation [mjuː·'teɪ·ʃən] *n* mutazione *f*

mute [mjuːt] **I.** *n* **1.** (*person*) muto, -a *m, f* **2.** MUS sordina *f* **II.** *vt* MUS mettere la sordina a

III. *adj* muto, -a; **to remain ~** restare in silenzio

muted *adj* smorzato, -a

mutilate ['mjuː·tə·leɪt] *vt* mutilare

mutilation [ˌmjuː·tl·'leɪ·ʃən] *n* mutilazione *f*

mutineer [ˌmjuː·t·'nɪr] *n* ammutinato, -a *m, f*

mutinous ['mjuː·t·nəs] *adj* ammutinato, -a

mutiny ['mjuː·tɪ·ni] **I.** *n* <-ies> ammutinamento *m* **II.** *vi* <-ie-> ammutinarsi

mutter ['mʌ·tər] **I.** *vi* **1.** (*talk*) sussurrare [*o* borbottare] **2.** (*complain*) brontolare; **to ~ about sth** brontolare per qc **II.** *vt* sussurrare [*o* borbottare] **III.** *n* mormorio *m,* brontolio *m*

mutton ['mʌ·tən] *n* carne *f* di montone

muttonchops *n pl,* **muttonchop whiskers** *n pl* scopettoni *mpl*

mutual ['mjuː·t·ʃu·əl] *adj* (*understanding*) mutuo, -a; (*friend, interest*) comune

mutual fund *n* fondo *m* comune di investimento a capitale variabile

mutually *adv* a vicenda; **it was ~ agreed** lo si è deciso di comune accordo

muzak® ['mjuː·zæk] *n* musica *f* di sottofondo

muzzle ['mʌ·zl] **I.** *n* **1.** (*of horse, dog*) muso *m* **2.** (*for dog*) museruola *f* **3.** (*of gun*) bocca *f* **II.** *vt* **1.** (*dog*) mettere la museruola a **2.** *fig* (*person, newspaper*) imbavagliare

MVP *n abbr of* **most valuable player** giocatore, -trice *m, f* di maggior valore

MW *abbr of* **megawatt** MW

my [maɪ] **I.** *adj pos* (il) mio *m,* (la) mia *f,* (i) miei *mpl,* (le) mie *fpl;* **~ dog/house** il mio cane/la mia casa; **~ father/sister** mio padre/mia sorella; **~ children** i miei figli; **this car is ~ own** quest'auto è mia; **I hurt ~ foot/head** mi sono fatto male a un piede/alla testa **II.** *interj* santo cielo!

myopia [maɪ·'oʊp·iə] *n* miopia *f*

myopic [maɪ·'ɑ·pɪk] *adj a. fig, form* miope

myriad ['mɪ·ri·əd] *n* miriade *f*

myrrh [mɜːr] *n* mirra *f*

myrtle ['mɜːr·tl] *n* mirto *m*

myself [maɪ·'self] *pron reflexive* **1.** (*direct, indirect object*) mi; **I hurt ~** mi sono fatto male; **I deceived ~** mi sono illuso; **when I express/exert ~** quando mi esprimo/sforzo; **I bought ~ a bag** mi sono comprato una borsa **2.** *emphatic* me (stesso, stessa), io (stesso, stessa); **my brother and ~** mio fratello e io; **I'll do it ~** lo farò io (stesso); **I did it (all) by ~** l'ho fatto da solo/da me **3.** *after prep* me (stesso/stessa); **I said to ~** mi sono detto; **I am ashamed of ~** mi vergogno di me stesso; **I live by ~** vivo da solo [*o* per conto mio]

mysterious [mɪ·'stɪ·ri·əs] *adj* misterioso, -a

mystery ['mɪs·tə·ri] <-ies> *n* mistero *m*

mystic ['mɪs·tɪk] **I.** *n* mistico, -a *m, f* **II.** *adj* mistico, -a

mystical ['mɪs·tɪ·kl] *adj* mistico, -a

mysticism ['mɪs·tɪ·sɪ·zəm] *n* misticismo *m*

mystification [ˌmɪs·tɪ·fɪ·'keɪ·ʃən] *n* **1.** (*mystery*) mistero *m* **2.** (*confusion*) perplessità *f*

mystify ['mɪs·tɪ·faɪ] *vt* <-ie-> disorientare

M

mystique [mɪs·'tiːk] *n* mistica *f*
myth [mɪθ] *n* mito *m*
mythical ['mɪ·θɪ·kl] *adj* **1.** (*legendary*) mitico, -a **2.** (*supposed*) ipotetico, -a

mythological [ˌmɪ·θə·'lɑː·dʒɪ·kl] *adj* mitologico, -a
mythology [mɪ·'θɑː·lə·dʒi] *n* <-ies> mitologia *f*

Nn

N, n [en] *n* N, n *f;* ~ **as in Nancy** N di Napoli
n *abbr of* **noun** s.
N *abbr of* **north** N
nab [næb] <-bb-> *vt inf* (*person*) beccare; (*thing*) sgraffignare
nadir ['neɪ·də] *n* nadir *m inv*
nag[1] [næg] *n* (*horse*) ronzino *m*
nag[2] [næg] **I.** <-gg-> *vi* rompere *inf;* **to ~ at sb** tormentare qu **II.** <-gg-> *vt* seccare **III.** *n inf* seccatore, -trice *m, f*
nagging ['næ·gɪŋ] **I.** *n* lamentele *fpl* **II.** *adj* **1.** (*criticizing*) assillante **2.** (*pain, ache*) fastidioso, -a
nail [neɪl] **I.** *n* **1.** (*tool*) chiodo *m* **2.** ANAT unghia *f* ▶ **to hit the ~ on the** head cogliere nel segno **II.** *vt* **1.** (*fasten*) inchiodare **2.** *inf* (*catch: police*) beccare; (*lie*) scoprire
nail-biting *adj fig* snervante
nail brush <-es> *n* spazzolino *m* per unghie
nail clippers *npl* tronchesina *f*
nail file *n* limetta *f* per le unghie
nail polish *n* smalto *m* per unghie
nail polish remover *n* acetone *m*
nail scissors *npl* forbicine *fpl* per unghie
naive, naïve [na·'iːv] *adj* ingenuo, -a
naivety [na·'iːv·'teɪ], **naïveté** [na·'iː·və·ti] *n* ingenuità *f*
naked ['neɪ·kɪd] *adj* **1.** (*unclothed*) nudo, -a **2.** (*uncovered: blade*) sguainato, -a; (*aggression*) manifesto, -a; (*ambition*) palese; **to the ~ eye** a occhio nudo
nakedness *n* nudità *f*
namby-pamby [ˌnæm·bɪ·'pæm·bi] *adj inf* (*person*) rammollito, -a; (*poem*) sdolcinato, -a
name [neɪm] **I.** *n* **1.** nome *m;* **by ~** di nome; **to know sb by ~** conoscere qu di nome; **to go by the ~ of ...** *form* essere noto con il nome di ...; **in ~ only** solo di nome; **under the ~ of ...** sotto lo pseudonimo di ...; **in God's ~** in nome di Dio; **in the ~ of freedom and justice** in nome della libertà e della giustizia; **to call sb ~s** coprire qu di insulti; **in all but ~** di fatto **2.** (*reputation*) fama *f;* **a good ~** una buona reputazione; **his ~ is mud** *fig* il suo nome non vale una cicca; **to make a ~ for oneself** farsi un nome ▶ **the ~ of the** game la cosa essenziale; **not to have a** penny **to one's ~** non avere il becco di un quattrino **II.** *vt* **1.** (*call*) chiamare **2.** (*list*) dire il nome di **3.** (*choose*) **to ~ the time and the place** fissare il posto e l'ora
name day *n* onomastico *m*
name-dropping ['neɪm·drɑː·pɪŋ] *n abitudine*

di vantarsi di conoscere persone importanti per impressionare l'interlocutore
nameless ['neɪm·lɪs] *adj* anonimo, -a
namely ['neɪm·li] *adv* vale a dire
nameplate ['neɪm·pleɪt] *n* targa *f* con il nome
namesake ['neɪm·seɪk] *n* omonimo, -a *m, f*
Namibia [nə·'mɪb·iə] *n* Namibia *f*
Namibian **I.** *adj* namibiano, -a **II.** *n* namibiano, -a *m, f*
nanny ['næ·ni] <-ies> *n* bambinaia *f*
nanny goat ['næ·nɪ·goʊt] *n* capra *f*
nanosecond ['nɑː·noʊ·se·kənd] *n* nanosecondo *m*
nap[1] [næp] (*sleep*) **I.** *n* pisolino *m;* (*after lunch*) pennichella *f;* **to take a ~** fare un pisolino [*o* una pennichella] **II.** <-pp-> *vi* schiacciare un pisolino
nap[2] [næp] *n* (*on fabric*) pelo *m*
napalm ['neɪ·pɑːm] *n* napalm *m*
nape [neɪp] *n* nuca *f*
napkin ['næp·kɪn] *n* tovagliolo *m*
narc [nɑːrk] *n sl abbr of* **narcotics agent** agente *mf* della narcotici
narcissism ['nɑːr·sə·sɪ·zəm] *n* narcisismo *m*
narcissus [nɑːr·'sɪ·səs] <-es *o* narcissi> *n* narciso *m*
narcosis [nɑːr·'koʊ·sɪs] *n* narcosi *f inv*
narcotic [nɑːr·'kɑː·t̬ɪk] **I.** *n* narcotico *m* **II.** *adj* narcotico, -a
narrate ['ne·reɪt] *vt* **1.** (*tale, story*) narrare **2.** TV commentare
narration [ner·'eɪ·ʃən] *n* (*tale*) narrazione *f;* TV commento *m* parlato
narrative ['ne·rə·t̬ɪv] *n* narrazione *f*
narrator ['ne·reɪ·t̬ə] *n* narratore, -trice *m, f;* TV voce *f* narrante
narrow ['ne·roʊ] **I.** <-er, -est> *adj* **1.** (*thin*) stretto, -a **2.** (*limited*) limitato, -a **3.** (*small: margin*) scarso, -a **II.** *vi* (*road, field*) restringersi; (*gap*) ridursi **III.** *vt* (*field*) restringere; (*gap*) ridurre
narrowly *adv* **1.** (*barely*) per poco **2.** (*meticulously*) attentamente
narrow-minded [ˌne·roʊ·'maɪn·dɪd] *adj* (*person*) di vedute ristrette; (*opinions, views*) ristretto, a
NASA ['næ·sə] *n abbr of* **National Aeronautics and Space Administration** NASA *f*

La *National Aeronautics and Space Administration*, di solito chiamata **NASA**, è un organismo governativo dedicato alle ricerche in ambito areonautico e spaziale. Creata il 29 luglio del 1958, ha organizzato la celebre *mission Apollo 11*, grazie alla quale Neil Armstrong fu il primo uomo a camminare sulla Luna, il 21 luglio 1969. Tra le missioni più recenti della NASA, si possono ricordare la missione *Mars Exploration Rovers*, lanciata nel 2003 con l'obiettivo di esplorare la superficie del pianeta Marte grazie all'aiuto di due robot, Spirit e Opportunity, e la missione *Deep Impact*, lanciata il 12 gennaio 2005 verso la cometa 9P/Tempel 1 per studiare, a partire dalla sonda, il cratere provocato da un "impattatore" e i materiali scagliati intorno dall'impatto prodottosi, come previsto, il 4 luglio 2005.

nasal ['neɪ·zl] *adj* nasale
nascent ['næ·sənt] *adj* nascente
nastiness ['næs·tɪ·nəs] *n* **1.** (*wickedness*) cattiveria *f* **2.** (*of accident*) gravità *f* **3.** (*of odor*) pestilenza *f* **4.** (*dirtiness*) sudiciume *f*
nasturtium [nə·'stɜːr·ʃəm] *n* BOT nasturzio *m*
nasty ['næs·ti] <-ier, -iest> *adj* **1.** (*bad*) cattivo, -a; (*surprise*) brutto, -a **2.** (*dangerous, serious*) brutto, -a
natal ['neɪ·ṭl] *adj* (*place, day*) di nascita
natality [nə·'tæ·lɪ·ti] *n* natalità *f*
nation ['neɪ·ʃən] *n* **1.** (*country, state*) nazione *f*, paese *m;* **to serve the ~** servire il proprio paese **2.** (*people living in a state*) nazione *f*; **the Jewish ~** la nazione ebraica
national ['næ·ʃə·nəl] **I.** *adj* nazionale; **at the ~ level** a livello nazionale **II.** *n* cittadino, -a *m, f*; **foreign ~** cittadino straniero
national anthem *n* inno *m* nazionale
national assembly <-ies> *n* assemblea *f* nazionale
national bank *n* banca *f* nazionale
national costume *n* costume *m* nazionale
national currency <-ies> *n* valuta *f* nazionale
national debt *n* debito *m* pubblico
national emblem *n* emblema *f* nazionale
National Guard *n* Guardia *f* Nazionale, *negli Stati Uniti, milizia di volontari che interviene in questioni di ordine pubblico o di protezione civile*
national holiday *n* festa *f* nazionale
national income *n* reddito *m* nazionale
nationalism ['næʃ·nə·lɪ·zəm] *n* nazionalismo *m*
nationalist ['næʃ·nə·lɪst] **I.** *adj* nazionalista **II.** *n* nazionalista *mf*
nationalistic [ˌnæʃ·nə·'lɪs·tɪk] *adj* nazionalistico, -a
nationality [ˌnæ·ʃə·'næ·lə·ti] <-ies> *n* nazionalità *f*; **to adopt American/Spanish ~** prendere la nazionalità americana/spagnola
nationalization [ˌnæ·ʃə·nə·laɪ·'zeɪ·ʃən] *n* nazionalizzazione *f*

nationalize ['næ·ʃə·nə·laɪz] *vt* nazionalizzare
national park *n* parco *m* nazionale
national product *n* prodotto *m* nazionale
national security *n* sicurezza *f* nazionale
national service *n* (*community service*) servizio volontario espletato in enti di pubblica utilità
national socialism *n* nazionalsocialismo *m*
national unity *n* unità *f* nazionale
nation state *n* stato *m* nazione
nationwide [ˌneɪ·ʃən·'waɪd] **I.** *adv* a livello nazionale **II.** *adj* su scala nazionale
native ['neɪ·ṭɪv] **I.** *adj* **1.** (*indigenous*) indigeno, -a; **to be ~ to the United States** (*plant, animal*) essere originario degli Stati Uniti **2.** (*of place of origin*) nativo, -a; **~ country** paese *m* nativo **3.** (*indigenous, aboriginal, primitive*) indigeno, -a **4.** (*original*) originario, -a; (*innate*) innato, -a; (*language*) materno, -a **II.** *n* (*indigenous inhabitant*) indigeno, -a *m, f*; **a ~ of Italy** un italiano di nascita; **to speak English like a ~** parlare inglese come un madrelingua
native American **I.** *n* indiano, -a *m, f* d'America **II.** *adj* amerindio, -a

La maggior parte degli specialisti concordano nel dire che i **Native Americans**, gli indiani del Nordamerica, sono emigrati dall'Asia attraversando lo stretto di Bering e si sono dispersi in direzione del Canada meridionale e degli USA ben prima della scoperta del Nuovo Mondo da parte degli esploratori europei. Si suddividono in sette aree culturali, che vanno dagli Esquimesi nel Grande Nord ai Seminoli delle Everglades in Florida e i loro stili di vita riflettono un legame molto stretto con l'ambiente in cui vivono.

native-born *adj* nativo, -a; **is he a ~ person or did he move there?** è nativo di lì o viene da fuori?; **~ citizen of New York** nativo di New York
native speaker *n* madrelingua *mf*
nativity [nə·'tɪ·və·ti] <-ies> *n* natività *f*; **the Nativity** la Natività
nativity play *n* rappresentazione *f* della natività
NATO ['neɪ·ṭoʊ] *n abbr of* **North Atlantic Treaty Organization** NATO *f*
natter ['næ·ṭə] *vi inf* **to ~** (**away**) chiacchierare
natural ['næt·ʃə·əl] **I.** *adj* **1.** (*not artificial, inherent*) naturale; **~ causes** cause *fpl* naturali; **to die of ~ causes** morire per cause naturali; **~ disaster** calamità *f* naturale; **to be a ~ blonde** essere bionda naturale; **~ father** padre *m* naturale **2.** (*usual, to be expected*) naturale; **a ~ explanation** una spiegazione naturale **II.** *n* **1.** *inf* **to be a ~ for sth** avere un talento naturale per qc **2.** MUS nota *f* naturale
natural childbirth *n* parto *m* naturale

natural gas *n* gas *m* naturale
natural history *n* storia *f* naturale; ~ **museum** museo *m* di Storia Naturale
naturalism ['næ·tʃə·ə·lɪ·zəm] *n* naturalismo *m*
naturalist ['næ·tʃə·ə·lɪst] **I.** *n* naturalista *mf* **II.** *adj* naturalista
naturalistic [ˌnæ·tʃə·ə·lɪ'rs·tɪk] *adj* naturalista
naturalization [ˌnæ·tʃə·ə·lɪ·'zeɪ·ʃən] *n* naturalizzazione *f*
naturalize ['næ·tʃə·ə·laɪz] *vt* naturalizzare
naturalized *adj* naturalizzato, -a; ~ **citizen** cittadino, -a *m*, *f* naturalizzato, -a
natural language *n* linguaggio *m* naturale
naturally *adv* naturalmente
natural resources *npl* risorse *fpl* naturali; **to be rich/poor in** ~ essere ricco/povero di risorse naturali
natural science *n*, **natural sciences** *npl* scienze *fpl* naturali
natural selection *n* selezione *f* naturale
nature ['neɪ·tʃə] *n* 1. (*the environment, natural forces*) natura *f*; **to get back to** ~ ritornare alla natura; **to let** ~ **take its course** lasciare che la natura faccia il suo corso 2. (*essential or innate qualities*) natura *f*; **things of this** ~ cose di questa natura; **in the** ~ **of things** nella natura delle cose; **to be in sb's** ~ essere nella natura di qn ▶ **second** ~ seconda natura
nature conservation *n* tutela *f* della natura
nature lover *n* amante *mf* della natura
nature reserve *n* riserva *f* naturale
nature study *n* storia *f* naturale
nature trail *n* percorso *m* naturalistico
nature worship *n* culto *m* della natura
naturism ['neɪ·tʃə·rɪ·zəm] *n* naturismo *m*
naturist ['neɪ·tʃə·rɪst] *n form* naturista *mf*
naught [nɑːt] *pron lit* niente *m;* **to be all for** ~ essere del tutto inutile
naughty ['nɑː·t̬i] <-ier, -iest> *adj* 1. (*badly behaved: children*) birichino, a 2. *iron* (*adults*) birbante 3. *iron, inf* (*sexually stimulating*) piccante
nausea ['nɑː·ziə] *n a. fig* nausea *f;* **feeling of** ~ senso *m* di nausea; **to suffer from** ~ avere la nausea
nauseate ['nɑː·zɪ·eit] *vt form* nauseare; **to be** ~**d by sth** essere nauseato da qc
nauseating ['nɑː·zɪ·eɪ·tɪŋ] *adj* nauseante
nauseous ['nɑː·ʃəs] *adj* nauseante; **she is** ~ ha la nausea
nautical ['nɑː·t̬ɪ·kəl] *adj* nautico, -a; ~ **chart** carta *f* nautica
nautical mile *n* miglio *m* marino
naval ['neɪ·vəl] *adj* (*battle, engagement, force*) navale; ~ **commander** ufficiale *m* di marina
naval academy <-ies> *n* accademia *f* navale
naval base *n* base *f* navale
naval power *n* potenza *f* navale
naval warfare *n* guerra *f* navale
nave [neɪv] *n* navata *f*
navel ['neɪ·vl] *n* 1. ombelico *m* 2. *fig* **to con-**

template one's ~ contemplare il proprio ombelico
navel orange *n* arancia *f* navel
navigable ['næ·vɪ·gə·bl] *adj* navigabile; ~ **waters** acque *fpl* navigabili
navigate ['næ·vɪ·geɪt] **I.** *vt* 1. (*steer*) governare; AVIAT pilotare; AUTO guidare 2. (*sail*) navigare; **to** ~ **the ocean/a river** navigare l'oceano/un fiume 3. (*cross*) attraversare 4. COMPUT **to** ~ **the Internet** navigare in Internet **II.** *vi* NAUT, AVIAT navigare; AUTO fare da navigatore
navigation [ˌnæ·vɪ·'geɪ·ʃən] *n* (*navigating*) navigazione *f;* ~ **system** sistema *m* di navigazione
navigational [ˌnæ·vɪ·'geɪʃ·nəl] *adj* di navigazione; ~ **error** errore *m* di navigazione
navigator ['næ·vɪ·geɪ·t̬ə] *n* AUTO navigatore, -trice *m*, *f*
navy ['neɪ·vi] **I.** <-ies> *n* (*country's military fleet and servicemen*) **the Navy** la Marina; **to be in the Navy** essere in Marina; **to serve in the** ~ servire in Marina **II.** *adj* (*dark blue*) blu marino
navy bean *n* fagiolo *m* bianco
nay [neɪ] **I.** *adv form* no **II.** *n* (*negative vote*) voto *m* contrario
Nazi ['nɑː·tsi] *n* nazista *mf*
Naziism *n*, **Nazism** ['nɑː·tsɪ·zəm] *n* nazismo *m*
NB [ˌen·'biː] 1. *abbr of* **nota bene** N.B. 2. *abbr of* **New Brunswick** New Brunswick
NBA [ˌen·biː·'eɪ] *n abbr of* **National Basketball Association** NBA *f*
NC *n abbr of* **North Carolina** NC
NCO [ˌen·siː·'oʊ] *n abbr of* **noncommissioned officer** sottufficiale *m*
ND *n abbr of* **North Dakota** ND
NE [ˌen·'iː] 1. *abbr of* **Nebraska** NB 2. *abbr of* **New England** NE 3. *abbr of* **northeast** NE
neap tide ['niːp·ˌtaɪd] *n* marea *f* delle quadrature
near [nɪr] **I.** *adj* 1. (*spatial*) vicino, -a 2. (*temporal*) vicino, -a; **in the** ~ **future** nel prossimo futuro 3. (*dear*) **a** ~ **and dear friend** un amico intimo 4. (*similar: portrait*) simile; **the** ~**est thing to sth** la cosa che più assomiglia a qc 5. (*almost true*) **to have a** ~ **accident** fare quasi un incidente; **that was a** ~ **miss** [*o thing*] c'è mancato poco **II.** *adv* 1. (*spatial or temporal*) vicino; **to be** ~ essere vicino; **to come** ~ avvicinarsi; **to live quite** ~ vivere abbastanza vicino; ~ **at hand** a portata di mano; **to come** ~**er to sb/sth** avvicinarsi di più a qu/qc 2. (*almost*) ~ **to tears** sul punto di piangere; **as** ~ **as I can guess** per quanto ne so **III.** *prep* 1. (*in proximity to*) ~ (**to**) vicino (a); ~ (**to**) **the house** vicino alla casa; ~ **the end of the film** verso la fine del film 2. (*almost*) **it's** ~ **midnight** è quasi mezzanotte; **it's nowhere** ~ **enough** non è neanche lontanamente sufficiente 3. (*about ready to*) **to be** ~ **to doing sth** essere sul punto di fare qc

4. (*like*) **the copy is ~ to the original** la copia è simile all'originale **IV.** *vt* avvicinarsi a; **it is ~ing completion** è quasi finito; **he is ~ing his goal** si sta avvicinando alla meta

nearby [ˌnɪr·'baɪ] **I.** *adj* vicino, -a **II.** *adv* vicino; **is it ~?** è vicino?

Near East *n* **the ~** il Vicino oriente *m*

nearly ['nɪr·li] *adv* quasi; **~ certain** quasi certo; **to be not ~ as bad** essere assai meno peggio; **to be ~ there** essere quasi arrivato; **I very ~ bought that car** per poco non compravo quella macchina; **to be ~ sth** essere quasi qc; **that wall is ~ ten feet high** quella parete è alta quasi tre metri; **she's ~ as tall as her father** è alta quasi come suo padre

near-sighted [ˌnɪr·'saɪ·ʈɪd] *adj a. fig* miope

nearsightedness [ˌnɪr·'saɪ·ʈɪd·nɪs] *n a. fig* miopia *f*

neat [niːt] *adj* **1.** (*orderly, well-ordered*) ordinato, -a; (*appearance, beard*) curato, -a; **to be ~ in one's habits** essere ordinato; **~ and tidy** ordinato **2.** (*deft*) buono, -a; **~ solution** buona soluzione *f* **3.** (*undiluted, pure*) puro, -a; **I'll have a ~ gin please** io prendo un gin liscio **4.** *inf* (*fine, good, excellent*) fantastico, -a *inf*; **a ~ guy** un tipo figo

neaten [niː·tən] *vt* (*dress*) sistemare; **to ~ one's hair** sistemarsi i capelli

neatly *adv* **1.** (*with care*) con cura **2.** (*in orderly fashion*) in modo ordinato **3.** (*deftly*) abilmente

neatness ['niːt·nəs] *n* ordine *m*

Nebraska [nə·'bræs·kə] *n* Nebraska *m*

nebula ['neb·jə·lə] <-lae *o* -las> *n* ASTR nebulosa *f*

nebulae *n pl of* **nebula**

nebular *adj* nebulare

nebulous ['neb·jʊ·ləs] *adj* nebuloso, -a; **~ promise** vaga promessa *f*

necessarily [ˌne·sə·'se·rə·li] *adv* necessariamente; **not ~** non necessariamente

necessary ['ne·sə·se·ri] *adj* necessario, -a; **to make the ~ arrangements** fare i preparativi necessari; **a ~ evil** un male necessario; **strictly ~** strettamente necessario; **to be ~** essere necessario; **that won't be ~** non sarà necessario; **was it really ~ for you to say that?** dovevi proprio dirlo?; **to do what is ~** fare ciò che è necessario; **if ~** se necessario

necessitate [nə·'se·sɪ·teɪt] *vt form* rendere necessario; **to ~ doing sth** richiedere che si faccia qc

necessity [nə·'se·sə·ti] <-ies> *n* (*need*) necessità *f*; **in case of ~** in caso di necessità; **when the ~ arises** quando se ne presenta la necessità; **~ of doing sth** necessità di fare qc; **~ for sb to do sth** bisogno che qu faccia qc; **there's no ~ to pay in advance** non c'è bisogno di pagare in anticipo; **by ~** per necessità; **the bare ~** lo stretto indispensabile ▶ **~ is the mother of invention** *prov* la necessità aguzza l'ingegno *prov*

neck [nek] **I.** *n* **1.** ANAT collo *m;* **to fling one's arms around sb's ~** gettare le braccia al collo di qu **2.** FASHION scollo *m;* **round ~ sweater** maglione (a) girocollo **3.** (*of bottle, violin*) collo *m* ▶ **to be up to one's ~ in sth** *inf* essere dentro fino al collo in qc; **to be breathing down sb's ~** stare alle costole di qu **II.** *vi inf* pomiciare

neckerchief ['ne·kə·tʃɪf] <neckerchieves> *n* fazzoletto *m* da collo

necklace ['nek·lɪs] *n* collana *f*

neckline ['nek·laɪn] *n* scollatura *f*

necktie *n* cravatta *f*

nectar ['nek·tə] *n* nettare *m*

nectarine [ˌnek·tə·'riːn] *n* nettarina *f*

née [neɪ] *adj* nata

need [niːd] **I.** *n* **1.** bisogno *m;* **in ~** bisognoso, -a; **~ for sb/sth** bisogno di qu/qc; **to be in ~ of sth** aver bisogno di qc; **to have no ~ of sth** non avere alcun bisogno di qc; **as the ~ arises** al bisogno; **if ~(s) be** se fosse necessario; **no ~ to be sth** nessun bisogno di essere qc; **there's no ~ to shout so loud** non c'è bisogno di gridare così forte; **in sb's hour of ~** (*emergency, crisis*) nel momento di maggior bisogno di qu **2.** *pl* **basic ~s** bisogni primari **II.** *vt* **1.** (*require*) avere bisogno di; **to ~ sb to do sth** aver bisogno che qu faccia qc **2.** (*ought to have*) necessitare di; **to not ~ sth** non esserci bisogno di qc; **to ~ sth** richiedere qc; **the house needs cleaning** la casa ha bisogno di una pulita; **I ~ it like (I ~) a hole in my head** *iron* non ne ho assolutamente bisogno **3.** (*must, have*) **to ~ to do sth** dover fare qc; **~ we/I/you?** dobbiamo/devo/devi proprio?; **there was no ~ to do sth** non c'era bisogno di fare qc

needed *adj* necessario, -a

needle ['niː·dl] **I.** *n* ago *m;* **hypodermic ~** siringa *f* (ipodermica); **knitting ~** ferro *m* da calza; **~ and thread** ago e filo; **to thread a ~** infilare l'ago ▶ **a ~ in a haystack** un ago in un pagliaio; **to look for a ~ in a haystack** cercare un ago in un pagliaio **II.** *vt* punzecchiare

needless ['niːd·lɪs] *adj* inutile; **~ to say ...** inutile dire...; **~ to say, I didn't reply** naturalmente non ho risposto

needlework ['niː·dl·wɜːrk] *n* (*sewing*) cucito *m;* (*embroidery*) ricamo *m*

needn't ['niː·dənt] = **need not** *s.* **need**

needy ['niː·di] **I.** <-ier, -iest> *adj* bisognoso, -a **II.** *npl* **the ~** i bisognosi

nefarious [nə·'fe·ri·əs] *adj pej, form* nefando, -a

negate [nɪ·'geɪt] *vt* annullare

negation [nɪ·'geɪ·ʃən] *n* negazione *f*

negative ['ne·gə·tɪv] **I.** *adj a.* LING, MED negativo, -a; **~ answer** risposta *f* negativa; **~ form** forma *f* negativa; **~ pole** polo *m* negativo; **~ number** numero *m* negativo; **to be ~ about sth/sb** avere un atteggiamento negativo nei confronti di qu/qc **II.** *n* **1.** (*rejection*) risposta *f* negativa **2.** (*making use of* *negation*) negazione *f* **3.** PHOT negativo *m* **III.** *vt* (*veto: application, plan*) respingere

negatively *adv* negativamente

negativity [ˌneˈgəˈtɪˈvəˈti] *n* negatività *f*

neglect [nɪˈglekt] **I.** *vt* trascurare; **to ~ one's duties** trascurare i propri doveri; **to ~ to do sth** dimenticarsi di fare qc; **I'd ~ed to write to him** mi ero dimenticato di scrivergli **II.** *n* (*poor state, unrepaired state*) abbandono *m*; **to be in a state of ~** essere in uno stato di abbandono; **to fall into a state of ~** andare in rovina

neglected *adj* (*person, thing*) trascurato, -a

neglectful [nɪˈglektˈfəl] *adj* negligente; **~ parents** genitori *mpl* negligenti; **to be ~ of sth/sb** venir meno ai propri doveri nei confronti di qc/qu

negligée *n*, **negligee** [ˌneˈgləˈʒeɪ] *n* négligé *m; inv*

negligence [ˈneˈglɪˈdʒənts] *n* **1.** (*lack of care, inattention, indifference*) negligenza *f* **2.** LAW **gross ~** colpa *f* grave

negligible [ˈneˈglɪˈdʒəˈbl] *adj* trascurabile

negotiable [nɪˈgouˈʃiəˈbl] *adj* negoziabile; **~ securities** FIN titoli *mpl* trasferibili; **non ~** non trasferibile

negotiate [nɪˈgouˈʃiˈeɪt] **I.** *vt* **1.** (*discuss*) negoziare; **to ~ a loan/treaty** negoziare un prestito/accordo **2.** (*check, securities*) negoziare **II.** *vi* negoziare; **to ~ on sth** negoziare qc; **to ~ with sb** negoziare con qu

negotiating committee *n* comitato *m* di negoziazione

negotiating table *n fig* tavolo *m* di negoziazione

negotiation [nɪˌgouˈʃiˈeɪˈʃən] *n* negoziato *m; ~* **for sth** negoziato per qc

negotiator [nɪˈgouˈʃiˈeɪˈtə] *n* negoziatore, -trice *m, f*

Negress [ˈniːˈgrɪs] *n pej* negra *f*

Negro [ˈniːˈgrou] <-es> *n pej* negro *m*

Negroid [niːˈgrɔˈɪd] *adj* negroide

neigh [neɪ] **I.** *n* nitrito *m* **II.** *vi* nitrire

neighbor [ˈneɪˈbə] **I.** *n* vicino, -a *m, f* ▶ **love your ~ as you love yourself** ama il prossimo tuo come te stesso **II.** *vi* **to ~ on sth** confinare con qc

neighborhood [ˈneɪˈbəˈhʊd] *n* **1.** (*smallish localized community*) quartiere *m;* (*people*) vicinato *m;* **a closed/friendly ~** vicini chiusi/socievoli; **the whole ~ is talking about it** ne parla tutto il vicinato **2.** (*vicinity*) vicinanze *fpl,* dintorni *mpl;* **in the ~** nei paraggi; **I wouldn't like to live in the ~ of the airport** non mi piacerebbe vivere vicino all'aeroporto **3. in the ~ of** intorno a; **we're hoping to get something in the ~ of $125,000 for the house** per la casa speriamo di riuscire a prendere intorno ai 125.000 dollari

neighborhood watch *n vigilanza organizzata dagli stessi abitanti di un quartiere per prevenire e combattere episodi di criminalità*

neighboring [ˈneɪˈbəˈrɪŋ] *adj* (*nearby, borde-*

ring) vicino, -a; **~ house** casa *f* vicina; **~ country** paese *m* vicino

neighborliness *n cordialità e disponibilità nei confronti dei vicini;* **an act of ~** un atto di buon vicinato; **good ~** buon vicinato *m*

neighborly [ˈneɪˈbəˈli] *adj* cordiale

neither [ˈniːˈðə] **I.** *pron* nessuno, -a; **which one?** — ~ (**of them**) quale? — nessuno dei due **II.** *adv* né; **~ ... nor ...** né... né...; **he is ~ wounded nor dead** non è né ferito né morto **III.** *conj* nemmeno; **if he won't eat, ~ will I** se lui non mangia, non mangio nemmeno io **IV.** *adj* nessuno, -a; **in ~ case** in nessun caso; **~ book is good** nessuno dei due libri va bene

nemesis [ˈneˈməˈsɪs] <-ses> *n a. fig* nemesi *f*

neoclassical [ˌniːˈouˈklæˈsɪˈkəl] *adj* neoclassico, -a

neocolonialist [ˌniːˈouˈkəˈlouˈniəˈlɪst] *adj* neocolonialista

Neolithic [ˌniːˈouˈlɪˈθɪk] *adj* neolitico, -a; **~ Period** periodo *m* neolitico

neologism [niːˈɑːˈləˈdʒɪˈzəm] *n form* neologismo *m*

neon [ˈniːˈɑːn] *n* neon *m*

neo-Nazi [ˌniːˈəʊˈnɑːˈtsi] **I.** *n* neonazista *mf* **II.** *adj* neonazista

neon lamp *n*, **neon light** *n* lampada *f* al neon

neon sign *n* insegna *f* al neon

nephew [ˈnefˈjuː] *n* nipote *m*

nephritis [nɪˈfraɪˈtəs] *n* MED nefrite *f*

nepotism [ˈneˈpəˈtɪˈzəm] *n* nepotismo *m*

Neptune [ˈnepˈtjuːn] *n* Nettuno *m*

nerd [nɜːrd] *n* sfigato, -a *m, f*

nerdy <-ier, -iest> *adj inf* sfigato, -a

nerve [nɜːrv] *n* **1.** ANAT nervo *m* **2.** (*high nervousness*) ~**s** nervi *mpl;* **to be in a state of ~s** essere nervoso; **to be a bundle of ~s** *fig* avere i nervi a fior di pelle; **to calm one's ~s** calmarsi; **to get on sb's ~s** *inf* dare sui nervi a qu **3.** (*courage, bravery*) coraggio *m;* **to lose one's ~** perdersi d'animo **4.** (*apprehension*) ~**s** nervosismo *m* **5.** (*temerity*) sfacciataggine *f;* **to have the ~ to do sth** *inf* avere la faccia tosta di fare qc; **of all the ~!** *inf* che faccia tosta ▶ **~s of steel** nervi *mpl* d'acciaio; **to expose** [*o* **to hit**] **a** (**raw**) **~** toccare un nervo scoperto

nerve cell *n* cellula *f* nervosa

nerve center *n* **1.** (*nerve cells*) centro *m* nervoso **2.** *fig* (*center of control*) centro *m* nevralgico

nerve gas <-es> *n* gas *m* nervino

nerveless [ˈnɜːrvˈlɪs] *adj* **1.** (*calm*) padrone di sé **2.** (*lacking courage*) senza nerbo

nerve-racking [ˈnɜːrvˈræˈkɪŋ] *adj* snervante

nervous [ˈnɜːrˈvəs] *adj* (*jumpy*) nervoso, -a; (*edgy*) teso, -a; **of a ~ disposition** facilmente impressionabile; **to be ~ in sb's presence** essere nervoso in presenza di qu; **you look like a ~ wreck!** devi avere i nervi a pezzi!; **to make sb ~** far innervosire qu; **to be ~ about sth** essere nervoso per qc

nervous breakdown *n* esaurimento *m* nervoso; **to have a** ~ avere un esaurimento nervoso

nervously *adv* nervosamente

nervousness *n* (*nervous condition or state, excitement*) nervosismo *m;* (*fearfulness*) paura *f;* ~ **about sth** paura per qc

nervous system *n* sistema *f* nervoso

nervy ['nɜːr·vi] <-ier, -iest> *adj* **1.** (*rude*) sfrontato, -a **2.** (*courageous*) coraggioso, -a

nest [nest] **I.** *n* **1.** (*of insects, birds and small animals*) nido *m* **2.** (*cozy domicile*) nido *m;* **to leave the** ~ lasciare il nido **3.** *pej* (*den*) covo *m* **4.** (*location that swarms with sth bad*) covo *m* **5.** (*set, cluster, assemblage*) set *m* **II.** *vi* fare il nido

nest egg *n* **1.** (*egg in a nest*) endice *m* **2.** (*money saved*) gruzzolo *mpl*

nesting *adj* **1.** (*of sets fitting together*) che si incastrano **2.** (*concerning nests*) ~ **time** nidificazione *f*

nestle ['ne·sl] **I.** *vt* appoggiare; **to** ~ **sth on sth** appoggiare qc contro qc **II.** *vi* **1.** (*snuggle up*) accoccolarsi; **to** ~ **up to sb** rannicchiarsi contro qc **2.** (*be in sheltered position*) essere annidato, -a

nestling ['nest·lɪŋ] *n* nidiace *m*

net[1] [net] **I.** *n* **1.** (*material with spaces*) rete *f;* (*fine netted fabric*) tulle *m inv;* **mosquito** ~ zanzariera *f* **2.** (*device for trapping fish*) rete *f;* **to haul in a** ~ ritirare una rete; **to fall** [*o* **slip**] **through the** ~ *fig* sfuggire alle maglie di qu/ qc **3.** SPORTS rete *f* **II.** <-tt-> *vt* (*catch: fish*) prendere (con la rete); (*criminals*) catturare

net[2] [net] **I.** *adj* **1.** ECON netto, -a; ~ **assets** patrimonio *m* netto; ~ **income** [*o* **earnings**] reddito *m* netto **2.** (*excluding package: weight*) netto, -a; ~ **tonnage** tonnellaggio *m* netto **II.** *vt* **to** ~ **10,000 dollar** guadagnare 10.000 dollari netti

Net [net] *n* COMPUT **the** ~ la rete; ~ **surfer** navigatore, -trice *m, f* della rete

nether ['ne·θəɾ] *adj iron, liter* inferiore; ~ **regions** *fig* (*hell*) inferi *mpl;* (*of building*) seminterrato *m*

Netherlands ['ne·ðəɾ·ləndz] *n* **the** ~ i Paesi *mpl* Bassi

netiquette ['ne·tɪ·ket] *n* COMPUT netiquette *f inv,* norme per il corretto comportamento nell'uso di Internet e della posta elettronica

Netspeak ['net·spiːk] *adj* COMPUT linguaggio *m* di Internet

nett [net] *adj, vt s.* **net**[1] **II.**, **net**[2]

netting ['ne·t̬ɪŋ] *n* **1.** (*net*) rete *f;* **you should get some** ~ **for those windows** dovresti comprare una zanzariera per quelle finestre **2.** SPORTS rete *f*

nettle ['ne·t̬l] **I.** *n* ortica *f* **II.** *vt* irritare; **to be** ~**d by sth** essere infastidito da qc

nettle rash <-es> *n* orticaria *f*

net weight *n* peso *m* netto

network ['net·wɜːrk] **I.** *n* **1.** COMPUT, TEL rete *f;* **cable** ~ rete *f* via cavo; **computer** ~ rete informatica; **telephone** ~ rete telefonica **2.** TV network *m inv* **3.** ECON rete *f* **4.** AUTO **rail[road]** ~ rete *f* ferroviaria **5.** INET rete *f,* network *m;* **social** ~ rete *f* sociale, social network *m* **II.** *vt* **1.** (*link together*) collegare in rete **2.** (*broadcast*) trasmettere a reti unificate **III.** *vi* crearsi una rete di contatti; **to** ~ **with sb** stabilire un contatto con qu

networking *n* COMPUT collegamento *m* in rete

neural ['nʊ·rəl] *adj* neurale

neuralgia [nʊ·ˈræl·dʒə] *n* nevralgia *f*

neuralgic [nʊ·ˈræl·dʒɪk] *adj* nevralgico, -a

neural network *n* COMPUT rete *f* neurale

neurasthenia [ˌnʊ·ræs·ˈθiː·niə] *n* nevrastenia *f*

neuritis [nʊ·ˈraɪ·t̬əs] *n* MED nevrite *f*

neurological [ˌnʊ·rə·ˈlɑ·dʒɪ·kəl] *adj* neurologico, -a; ~ **disorder** disturbo *m* neurologico

neurologist [nʊ·ˈrɑː·lə·dʒɪst] *n* neurologo, -a *m, f*

neurology [nʊ·ˈrɑː·lə·dʒi] *n* neurologia *f*

neuron ['nʊ·rɑːn] *n,* **neurone** ['nʊ·roʊn] *n* neurone *m*

neuroscience [ˌnʊ·roʊ·ˈsaɪ·ənts] *n* neuroscienza *f*

neurosis [nʊ·ˈroʊ·sɪs] <-es> *n* nevrosi *f inv*

neurosurgeon [ˌnʊ·roʊ·ˈsɜːr·dʒən] *n* neurochirurgo *m*

neurosurgery [ˌnʊ·roʊ·ˈsɜːr·dʒə·ri] *n* neurochirurgia *f*

neurotic [nʊ·ˈrɑː·t̬ɪk] **I.** *n* nevrotico, -a *m, f* **II.** *adj* nevrotico, -a

neurotransmitter [ˌnʊ·roʊ·ˈtræns·ˈmɪ·t̬əɾ] *n* MED neurotrasmettitore *m*

neuter ['nuː·t̬əɾ] **I.** *adj* neutro, -a; ~ **noun** LING sostantivo *m* neutro **II.** *vt* **1.** (*castrate: male*) castrare **2.** (*sterilize: female*) sterilizzare **3.** (*neutralize*) neutralizzare

neutral ['nuː·trəl] **I.** *adj* **1.** (*uninvolved, unemotional*) neutrale; ~ **country** POL paese *m* neutrale; **to remain** ~ rimanere neutrale **2.** *a.* CHEM, ELEC neutro, -a **II.** *n* **1.** (*non-combatant in war*) paese *m* neutrale **2.** (*part of gear system*) posizione *f* di folle; **in** ~ in folle

neutrality [nuː·ˈtræ·lə·ti] *n* neutralità *f*

neutralization [ˌnuː·trə·lɪ·ˈzeɪ·ʃən] *n* neutralizzazione *f*

neutralize ['nuː·trə·laɪz] *vt* neutralizzare; **the bomb was** ~**d by the specialists** la bomba fu disinnescata dagli specialisti

neutron ['nuː·trɑːn] *n* neutrone *m*

neutron bomb *n* bomba *f* al neutrone

Nevada [nə·ˈvɑː·də] *n* Nevada *m*

never ['ne·vəɾ] *adv* **1.** (*at no time, on no occasion*) non… mai; I ~ **forget a face** non dimentico mai un volto **2.** (*under no circumstances*) mai; ~ **again!** mai più!; ~ **fear!** niente paura!; **well I** ~ (**did**) chi l'avrebbe mai detto!; **it's** ~ **too late to do sth** non è mai troppo tardi per fare qc; ~ **before had I had so much money** non avevo mai avuto tanti soldi in vita mia; **as** ~ **before** come mai prima; ~ **ever** mai e poi mai; ~ **mind** non importa; ~ **say die** *fig* non gettare la spugna

N

never-ending ['ne·və·'en·dɪŋ] *adj* infinito, -a
never-failing *adj* infallibile
nevermore *adv* mai più
never-never land *n fig, inf* mondo *m* dei sogni
nevertheless [ˌne·və·ðə·'les] *adv* ciò nonostante, tuttavia
new [nu:] **I.** *adj* **1.** (*latest, recent*) nuovo, -a; (*word*) nuovo, -a; ~ **technology** nuova tecnologia *f;* **to be the ~est fad** [*o* **craze**] *inf* essere l'ultima moda **2.** (*changed*) nuovo, -a; ~ **boy** SCHOOL nuovo alunno; ~ **girl** SCHOOL nuova alunna; **the ~ kid on the block** l'ultimo arrivato **3.** (*inexperienced*) nuovo, -a; **to be a ~ one on sb** essere una novità per qu; **she's ~ to the job** è nuova del mestiere **4.** (*in new condition*) nuovo, -a; **brand ~** nuovo di zecca **5.** (*fresh*) fresco, -a; ~ **blood** *fig* forze *fpl* fresche; **to feel like a ~ man/woman** sentirsi rinato, -a **6.** (*freshly found or made public*) fresco, -a **II.** *n* **the ~** il nuovo
New Age *n* **1.** (*movement*) New Age *f* **2.** (*music*) new age *f*
New Ager *n* seguace *mf* della New Age
New-Agey *adj* new age
newbie *n* COMPUT newbie *mf inv*, nuovo arrivato in un blog, un forum, un newsgroup online
newborn **I.** *adj* appena nato, -a; ~ **democracy** democrazia *f* appena nata; ~ **science** scienza *f* recente; ~ **baby** neonato, -a *m, f* **II.** *n* **the ~** i neonati
New Brunswick *n* Nuovo Brunswick *m*
New Caledonia *n* Nuova Caledonia *f*
newcomer *n* **1.** (*person who has just arrived*) nuovo arrivato, -a *m, f* **2.** (*stranger*) nuovo, -a *m, f;* **I'm a ~ to Phoenix** sono nuovo di Phoenix **3.** (*beginner, recent starter*) novellino, -a *m, f*
newel ['nu:·əl] *n* **1.** (*of a circular staircase*) montante *m* centrale **2.** (*supporting banister*) montante *m*
New England *n* New England *m*
newfangled *adj* ultramoderno, -a
new-fashioned *adj* moderno, -a, all'ultima moda
new-found [ˌnu:·'faʊnd] *adj* nuovo; **a ~ friend** un nuovo amico
Newfoundland[1] ['nu:·fənd·lənd] *n* Terranova *f*
Newfoundland[2] ['nu:·fənd·lənd], **Newfoundland dog** *n* ZOOL terranova *m inv*
New Hampshire *n* New Hampshire *m*
newish ['nu:·ɪʃ] *adj inf* abbastanza nuovo, -a
New Jersey *n* New Jersey *m*
new-laid ['nu:·'leɪd] *adj* ~ **eggs** uova *fpl* fresche da giornata
newly ['nu:·li] *adv* **1.** (*recently*) di recente; ~ **married** appena sposati **2.** (*shaved, painted*) di fresco **3.** (*done differently than before*) in modo nuovo
newlywed ['nu:·lɪ·wed] **I.** *npl* sposini *mpl* **II.** *adj* appena sposato, -a
New Mexico *n* Nuovo Messico *m*
new moon *n* luna *f* nuova

New Orleans *n* New Orleans *f*
new potatoes *npl* patate *fpl* novelle
New Right *n* Nuova Destra *f*
news [nu:z] *n* + *sing vb* **1.** (*fresh information*) notizie *fpl;* **the ~ media** i mezzi di informazione; **bad/good ~** buone/cattive notizie; **he's bad ~ for the company** porterà solo grane alla società; **to break the ~ to sb** dare la notizia a qu; **when the ~ broke** quando la cosa si venne a sapere; **really! that's ~ to me** davvero? non ne sapevo niente **2.** TV telegiornale *m,* notiziario *m;* RADIO giornale *m* radio, notiziario *m;* **to be ~** fare notizia ▶ **no ~ is good ~** *prov* nessuna nuova, buona nuova *prov*
news agency <-ies> *n* agenzia *f* di stampa
newsboy *n* **1.** (*seller*) ragazzo che vende i giornali **2.** (*sb delivering papers*) ragazzo che consegna i giornali
newscast *n* notiziario *m*
newscaster *n* conduttore, -trice *m, f* (di telegiornale o giornale radio)
news conference *n* conferenza *f* stampa
news dealer *n* giornalaio, -a *m, f*
newsflash <-es> *n* notiziario *m* flash
newsgroup *n* COMPUT gruppo *m* di discussione
newshound *n fig, inf* cronista *mf* d'assalto
news item *n* notizia *f*
newsletter *n* bollettino *m* di informazione
newsmonger *n* (*sb given to gossiping*) pettegolo, -a *m, f*
newspaper *n* giornale *m;* ~ **clipping** ritaglio *m* di giornale
newspaper clipping *n* ritaglio *m* di stampa
newspaper report *n* servizio *m* giornalistico
newspeak *n pej* politichese *m*
newsprint *n* carta *f* da giornale
newsreel *n* cinegiornale *m*
news release *n* comunicato *m* stampa
news report *n* notizia *f*
newsroom *n* redazione *f*
newsstand *n* edicola *f*
newsvendor *n* giornalaio, -a *m, f*
newsworthy *adj* che fa notizia
newsy ['nu:·zi] <-ier, -iest> *adj* ricco, -a di notizie; **a ~ letter** una lettera piena di notizie
newt [nu:t] *n* tritone *m*
New Testament *n* REL Nuovo Testamento *m*
new town *n* centro urbano creato per ridistribuire la popolazione
new wave *n fig* **1.** (*music*) new wave *f inv* **2.** (*fresh outbreak*) nuova ondata *f;* **a ~ of lay-offs/violence** una nuova ondata di licenziamenti/violenza
new world order *n,* **New World Order** *n* nuovo ordine *m* mondiale
New Year *n* **1.** anno *m* nuovo; **Happy ~** felice anno nuovo; **to celebrate ~** festeggiare l'anno nuovo **2.** (*opening weeks of year*) inizio *m* dell'anno
New Year's *n inf* (*New Year's Day*) capodanno *m;* (*New Year's Eve*) ultimo *m* dell'anno

N

New Year's Day *n* capodanno *m*
New Year's Eve *n* ultimo *m* dell'anno
New York I. *n* New York *f* II. *adj* newyorkese
New Yorker *n* newyorkese *mf*
New Zealand I. *n* Nuova Zelanda *f* II. *adj* neozelandese
New Zealander *n* neozelandese *mf*
next [nekst] I. *adj* 1. (*nearest in location*) accanto, -a 2. (*following in time*) prossimo, -a; **the ~ day** il giorno seguente; **~ month** il mese prossimo; **the ~ thing** il passo successivo; (**the**) **~ time** la prossima volta 3. (*following in order*) successivo, a; **to be ~** venire dopo; **to be** (**the**) **~ to do sth** fare qc subito dopo; **~ to sth/sb** vicino a qc/qu II. *adv* 1. (*afterwards, subsequently*) dopo 2. (*almost as much*) **~ to** subito dopo; **cheese is my favorite food and ~ to cheese I like chocolate best** dopo il formaggio, la cioccolata è il mio cibo preferito 3. (*again, once more*) di nuovo; **when I saw him ~ he had transformed** quando lo rividi era molto cambiato; **when are you going to New York ~?** quando vai a New York la prossima volta ? 4. (*almost*) quasi; **~ to impossible** quasi impossibile; **~ to nothing** quasi niente 5. (*second*) **the ~ best thing** in alternativa, la cosa migliore III. *prep* 1. (*beside*) **~ to** accanto a; **~ to the skin** a contatto con la pelle; **my room is ~ to yours** la mia stanza è accanto alla tua 2. (*almost*) quasi; **to cost ~ to nothing** non costare quasi niente 3. (*second to*) **~ to last** penultimo; **~ to Bach, I like Mozart best** dopo Bach, Mozart è quello che mi piace di più
next door [ˌnekst·'dɔːr] *adv* accanto; **we live ~ to the airport** abitiamo vicino all'aeroporto
next-door neighbor *n* vicino, -a *m, f* di casa
next of kin *n* parente *mf* stretto, -a
nexus ['nek·səs] *n inv* nesso *m*
NF [ˌen·'ef] *n abbr of* **Newfoundland** Terranova
NFL [ˌen·ef·'el] *n abbr of* **National Football League** NFL *f*
NH *n abbr of* **New Hampshire** NH
NHL [ˌen·eɪtʃ·'el] *n abbr of* **National Hockey League** NHL *f*
Niagara Falls [naɪ·ˌæ·gə·rə·'fɔːlz] *n* (**the**) **~** le cascate *fpl* del Niagara
nib [nɪb] *n* (*of a pen*) punta *f*
nibble ['nɪ·bl] I. *n* (*a small bite/peck*) boccone *m;* **to take a ~** (**at sth**) dare un morso (a qc) II. *vt* 1. (*bite*) sgranocchiare; (*rat*) rosicchiare 2. (*pick at*) mangiucchiare III. *vi* 1. (*eat*) mangiucchiare; *fig* interessarsi 2. (*deplete slowly*) **to ~ away at sth** erodere qc
Nicaragua [ˌnɪ·kə·'rɑːg·wə] *n* Nicaragua *m*
Nicaraguan I. *n* nicaraguense *mf* II. *adj* nicaraguense
nice [naɪs] I. *adj* 1. (*pleasant, agreeable*) bello, -a; **~ one!**, **~ work!** *inf* ben fatto!; **~ weather** bel tempo *m;* **~ work** *inf* buon lavoro *m;* **far ~r** molto più bello; **it is ~ to do sth** è bello

fare qc 2. (*amiable*) simpatico, -a; (*kind*) gentile; **to be ~ to sb** essere gentile con qu; **it is/was ~ of sb to do sth** è/è stato gentile da parte di qu fare qc; **~ boys** bravi ragazzi 3. *iron, inf* (*unpleasant*) **that's a ~ thing to say to your brother** bel modo di rivolgerti a tuo fratello 4. (*subtle*) sottile; (*fine*) raffinato, -a II. *adv* bene
nice-looking *adj* attraente
nicely ['naɪs·li] *adv* 1. (*well, satisfactorily*) bene; **to do very ~** cavarsela bene 2. (*having success*) splendidamente 3. (*in healthy state*) **the princess and the baby were both doing ~** la principessa e il bambino erano entrambi in buona salute 4. (*pleasantly, politely*) gentilmente
nicety ['naɪ·sə·ti] <-ies> *n* 1. (*subtle distinction*) sottigliezza *f;* **~ of an argument** sottigliezze *fpl* di un ragionamento 2. (*precision*) precisione *f* 3. (*precise differentiations*) **niceties** sfumature *fpl;* (*in negative sense*) convenevoli *mpl*
niche [nɪtʃ] *n* 1. (*alcove*) nicchia *f* 2. (*desired job*) buon posto *m;* (*suitable position*) bella posizione *f* 3. (*place suiting a particular group*) **ecological ~** nicchia ecologica
niche market *n* ECON mercato *m* di nicchia
nick [nɪk] I. *n* (*chip in surface*) intaccatura *f* ►**in the ~ of time** appena in tempo II. *vt* 1. (*chip*) scheggiare; (*cut*) intaccare 2. *sl* (*trick*) fregare
nickel ['nɪ·kl] *n* 1. CHEM nichel *m* 2. (*coin*) moneta *f* da cinque centesimi (di dollaro)
nickel-plated *adj* nichelato, -a
nicknack ['nɪk·næk] *n s.* **knickknack**
nickname ['nɪk·neɪm] I. *n* soprannome *m* II. *vt* soprannominare
nicotine ['nɪ·kə·tiːn] *n* nicotina *f*
nicotine patch <-es> *n* cerotto *m* alla nicotina
niece [niːs] *n* nipote *f*
nifty ['nɪf·ti] <-ier, -iest> *adj inf* (*stylish, smart*) elegante; (*skilful*) abile
Niger ['naɪ·dʒɚ] *n* Niger *m*
Nigeria [naɪ·'dʒɪ·ri·ə] *n* Nigeria *f*
Nigerian I. *adj* nigeriano, -a II. *n* nigeriano, -a *m, f*
niggardly ['nɪ·gɚd·li] *adj* (*stingy*) taccagno, -a; (*meager*) misero, -a
nigger ['nɪ·gɚ] *n pej* negro, -a *m, f*
niggle ['nɪ·gl] I. *vi* spaccare i capelli in quattro II. *vt* (*nag pettily*) tormentare
niggling ['nɪg·lɪŋ] *adj* 1. (*doubt, worry*) assillante 2. (*needing very precise work*) di precisione
nigh [naɪ] *adj liter* vicino, -a
night [naɪt] *n* notte *f,* sera *f;* **good ~!** buona notte!; **last ~** la notte scorsa; **10** (**o'clock**) **at ~** le dieci di sera; **the ~ before** la sera prima; **open at ~** aperto di notte; **~ and day** giorno e notte; **during the ~** durante la notte; **during Tuesday ~** durante la notte di martedì; **far into the ~** a tarda notte; **in the dead of** (**the**) **~** nel cuore della notte; **wed-**

ding ~ prima notte di nozze; **the Arabian Nights** le mille e una notte; **Twelfth Night** notte dell'Epifania; **to work** ~**s** lavorare di notte

night bird [naɪt·bɜːrd] *n* uccello *m* notturno; *s.* **night owl**

night blindness *n* cecità *f* notturna

nightcap *n* 1.(*cap*) berretto *m* da notte 2.(*drink*) bicchierino che si beve prima di andare a dormire

nightclothes *npl* biancheria *f* da notte

nightclub *n* nightclub *m inv*

nightdress <-es> *n* camicia *f* da notte

nightfall *n* crepuscolo *m*

nightgown *n* camicia *f* da notte

nightie *n inf* camicia *f* da notte

nightingale *n* usignolo *m*

night life *n* vita *f* notturna

nightlight *n* lampada *f* da notte

nightlong *liter* I. *adv* per tutta la notte II. *adj* che dura tutta la notte

nightly ['naɪt·li] I. *adv* ogni sera II. *adj* 1.(*done or happening each night*) di tutte le sere 2.(*nocturnal*) notturno, -a

nightmare ['naɪt·mer] *n* incubo *m*

nightmarish ['naɪt·me·rɪʃ] *adj* (*like a horrible dream, very distressing*) da incubo

night-night ['naɪt·ˌnaɪt] *interj inf* notte

night-nurse *n* infermiere, -a *m, f* di notte

night owl *n* (*person*) nottambulo, -a *m, f*

night porter *n* portiere, -a di notte *m*

nights *adv* di notte ・

night school *n* scuola *f* serale

night shift *n* turno *m* di notte

nightshirt *n* camicia *f* da notte (da uomo)

nightspot *n inf* nightclub *m inv*

nightstand *n* comodino *m*

nightstick *n* manganello *m*

night table *n* comodino *m*

nighttime *n* notte *f;* **at** ~ di notte

night watch <-es> *n* vigilanza *f* notturna

night watchman *n* guardia *f* notturna

nightwear *n* biancheria *f* da notte

nihilism ['naɪ·ə·lɪ·zəm] *n* nichilismo *m*

nihilist ['naɪ·ə·lɪst] *n* nichilista *mf*

nihilistic [ˌnaɪ·ə·'lɪs·tɪk] *adj* nichilista

Nikkei ['niː·keɪ] *n,* **Nikkei Index** *n* FIN indice *m* Nikkei

nil [nɪl] *n* zero *m*

Nile [naɪl] *n* **the** ~ il Nilo

nimble ['nɪm·bl] *adj* (*feet, fingers*) agile; (*quick-thinking*) pronto, -a; ~ **mind** mente *f* sveglia

nimbus ['nɪm·bəs] *n* nembo *m*

NIMBY, nimby ['nɪm·bi] *n abbr of* **not in my backyard** persona pronta a mobilitarsi contro la realizzazione di grandi opere nei pressi della propria città o del proprio paese

nincompoop ['nɪn·kəm·puːp] *n inf* sciocco, -a *m, f*

nine [naɪn] I. *adj* nove *inv* ►**a** ~ **days' wonder** un fuoco di paglia; ~ **times out of ten** nove volte su dieci II. *n* nove *m* ►**to be**

dressed to the ~**s** *inf* mettersi in tiro; *s.a.* **eight**

nineteen [ˌnaɪn·'tiːn] I. *adj* diciannove II. *n* diciannove *m; s.a.* **eight**

nineteenth I. *adj* diciannovesimo, -a II. *n* 1.(*order*) diciannovesimo, -a *m, f* 2.(*date*) diciannove *m* 3.(*fraction, part*) diciannovesimo *m; s.a.* **eighth**

nineteenth hole *n inf* bar *m* (in un circolo di golf)

nineties *npl* **the** ~ gli anni *mpl* novanta

ninetieth ['naɪn·tɪ·əθ] I. *adj* novantesimo, -a II. *n* (*order*) novantesimo, -a *m, f;* (*fraction, part*) novantesimo *m; s.a.* **eighth**

nine-to-five I. *adv* dalle nove alle cinque II. *adj* dalle nove alle cinque; ~ **schedule** orario *m* d'ufficio

ninety ['naɪn·ti] I. *adj* novanta II.<-ies> *n* novanta *mpl; s.a.* **eighty**

ninja ['nɪn·dʒə] *n* ninja *mf*

ninjutsu *n* ninjutsu *m*

ninny ['nɪ·ni] <-ies> *n inf* babbeo, -a *m, f*

ninth [naɪnθ] I. *adj* nono, -a II. *n* 1.(*order*) nono, -a *m, f* 2.(*date*) nove *m* 3.(*fraction, part*) nono *m; s.a.* **eighth**

nip¹ [nɪp] I.<-pp-> *vt* 1.(*bite*) mordicchiare 2.(*pinch, squeeze: pliers*) pizzicare 3.(*remove: dead leaves*) strappare ►**to** ~ **sth in the bud** *fig* stroncare qc sul nascere II. *n* 1.(*of brandy*) goccio *m* 2.(*pinch, tight squeeze*) pizzicotto *m* 3.(*bite*) morso *m* 4.(*coldness*) gelo *m*

nip² [nɪp] *n inf* (*alcohol*) bicchierino *m*

nipple ['nɪ·pl] *n* ANAT capezzolo *m;* (*teat*) tettarella *f*

nippy ['nɪ·pi] <-ier, -iest> *adj inf* gelido, -a

nirvana [nɪr·'vɑ·nə] *n a. fig* nirvana *m*

Nissen hut ['nɪ·sn·hʌt] *n* baracca *f* Nissen, fatta di metallo e cemento

nit [nɪt] *n* ZOOL lendine *m*

niter ['naɪ·tə·] *n* nitrato *m* di potassio

nitpick ['nɪt·pɪk] *vi* cercare il pelo nell'uovo

nitpicker ['nɪt·pɪ·kə·] *n* (*quibbler*) sofista *mf;* (*petty fault-finder*) pignolo, -a *m, f*

nitpicking ['nɪt·pɪ·kɪŋ] I. *adj inf* pignolo, -a; ~ **criticism** critica *f* puntigliosa II. *n inf* pedanteria *f*

nitrate ['naɪ·treɪt] *n* nitrato *m*

nitric ['naɪ·trɪk] *adj* nitrico, -a

nitric acid *n* acido *m* nitrico

nitrite ['naɪ·traɪt] *n* nitrito *m*

nitrogen ['naɪ·trə·dʒən] *n* nitrogeno *m*

nitroglycerin(e) [ˌnaɪ·troʊ·'glɪ·sə·riːn] *n* nitroglicerina *f*

nitrous ['naɪ·trəs] *adj* nitroso, -a; ~ **acid** acido *m* nitroso

nitty-gritty [ˌnɪ·tɪ·'grɪ·ti] *n inf* **the** ~ il succo *m;* **to get down to the** ~ venire al sodo

nitwit ['nɪt·wɪt] *n inf* idiota *mf*

nix I. *vt sl* bocciare II. *adv inf* no III. *n sl* niente *m*

NJ *n abbr of* **New Jersey** NJ

NLP [ˌen·el·'piː] *n abbr of* **Neuro-Linguistic**

Programming programmazione *f* neurolinguistica

NM *n abbr of* **New Mexico** NM

NNE *abbr of* **north-northeast** NNE *m*

NNW *abbr of* **north-northwest** NNO *m*

no [noʊ] I. *adj* 1. (*not to any degree*) nessuno, -a; ~ **parking** divieto di sosta; ~ **way** in nessun modo; ~ **can do** *inf* non posso farlo; ~ **less than sth/sb** non meno di qc/qu 2. (*equivalent to a negative sentence*) no; (*emphasizes previous statement's falsity*) no, anzi II. *n* <-(e)s>, *n* (*denial, refusal*) no *m;* **to not take** ~ **for an answer** non accettare un no come risposta III. *interj* (*word used to deny*) no; (*emphasizes distress*) questa poi!

no., No. *abbr of* **number** no.

Noah's ark [ˌnoʊ·əzˈɑːrk] *n* arca *f* di Noè

Nobel prize [ˌnoʊ·belˈpraɪz] *n* premio *m* Nobel

Nobel prize winner *n* vincitore, - trice *m, f* del premio Nobel

nobility [noʊˈbɪ·lə·ti] *n* 1. + *sing/pl vb* (*aristocracy*) **the** ~ la nobiltà *f* 2. (*nobleness of character, selflessness*) nobiltà *f*

noble [ˈnoʊ·bl] I. *adj* 1. (*of aristocratic birth*) nobile 2. (*person, action, ideas*) nobile; ~ **act** gesto *m* nobile 3. (*splendid*) maestoso, -a 4. (*excellent*) magnifico, -a; (*horse*) nobile II. *n* nobile *mf*

nobleman [ˈnoʊ·bl·mən] <-men> *n* nobiluomo *m*

noble-minded *adj* magnanimo, -a

noblewoman <-women> *n* nobildonna *f*

nobly [ˈnoʊb·li] *adv* nobilmente

nobody [ˈnoʊ·bɑː·di] I. *pron indef, sing* nessuno; ~ **speaks** nessuno parla; **we saw** ~ (**else**) non abbiamo visto nessuno (altro); **he told** ~ non l'ha detto a nessuno II. *n inf* nessuno *m inv;* **those people are nobodies** quelle persone non valgono niente

nocturnal [nɑːkˈtɜːr·nəl] *adj form* notturno, -a

nocturnally *adv* di notte

nod [nɑːd] I. *n* cenno *m* (del capo) II. <-dd-> *vt* **to** ~ **one's head** far cenno di sì con la testa; **to** ~ **one's head to do sth** fare cenno con la testa di fare qc; **to** ~ **one's head at sth** indicare qc con un cenno della testa; **to** ~ **farewell to sb** congedarsi da qu con un cenno del capo III. <-dd-> *vi* 1. (*incline head in agreement*) assentire col capo; **to** ~ **to sb** salutare qu con un cenno del capo; **to** ~ **at sth** indicare qc con un cenno del capo 2. *inf* (*start sleeping, drift off*) addormentarsi

♦ **nod off** *vi* appisolarsi

nodding [ˈnɑː·dɪŋ] *adj* ~ **acquaintance** conoscenza *f* superficiale; **to have only a** ~ **acquaintance with sth** conoscer qu solo di vista

node [noʊd] *n* nodo *m*

nodule [ˈnɑː·djuːl] *n a.* ANAT, BOT nodulo *m*

no-fault [ˈnoʊ·fɔːlt] *adj* (*insurance*) con indennizzo diretto

noggin [ˈnɑː·gɪn] *n* 1. (*small measure*) bicchierino *m* 2. *inf* (*head, mind*) zucca *f*

no-go area [noʊ·goʊˈe·ri·ə] *n* MIL zona *f* off limits

nohow [ˈnoʊ·haʊ] *adv inf* in nessun modo

noise [nɔɪz] *n* 1. (*sound*) rumore *m;* **to make a** ~ fare rumore 2. (*loud, unpleasant sounds*) rumore *m* 3. ELEC interferenze *f pl* ▶ **to make** ~ **about sth** *inf* fare molto baccano per qc; **to make** (**the right**) ~**s** (*to go along with*) dire quello che va detto; (*be polite*) dire parole di circostanza

noise barrier *n* barriera *f* del suono

noiseless [ˈnɔɪz·ləs] *adj* silenzioso, -a

noise pollution *n* inquinamento *m* acustico

noise prevention *n* prevenzione *f* del rumore

noisome [ˈnɔɪ·səm] *adj form* (*sight, smell*) ripugnante, -a

noisy [ˈnɔɪ·zi] <-ier, -iest> *adj* 1. (*child*) chiassoso, -a; (*protest, street*) rumoroso, -a; **to be** ~ fare rumore 2. ELEC (*signal*) acustico, -a 3. *fig* (*clothes*) chiassoso, -a

no-jump [ˌnəʊˈdʒʌmp] *n* SPORTS salto *m* nullo

nomad [ˈnoʊ·mæd] *n* nomade *mf*

nomadic [noʊˈmæ·dɪk] *adj* nomade

no man's land [ˈnoʊ·mænz·lænd] *n* terra *f* di nessuno

nomenclature [ˈnoʊ·men·kleɪ·tʃɚ] *n* nomenclatura *f*

nominal [ˈnɑː·mə·nl] *adj* 1. (*in name*) nominale 2. (*small: sum*) simbolico, -a

nominally [ˈnɑː·mə·nə·li] *adv* nominalmente

nominate [ˈnɑː·mə·neɪt] *vt* 1. (*propose*) designare; (*for an award*) candidare 2. (*appoint*) nominare

nomination [ˌnɑː·mə·ˈneɪ·ʃən] *n* 1. (*proposal*) designazione *f* 2. (*appointment*) nomina *f;* (*for an award*) candidatura *f* 3. (*action of proposing*) designazione *f*

nominative [ˈnɑː·mə·nə·tɪv] I. *n* nominativo *m* II. *adj* nominativo, -a

nominee [ˌnɑː·mə·ˈniː] *n* (*person chosen*) persona *f* designata; (*person suggested: for an award*) candidato, -a *m, f*

nonacceptance [ˌnɑː·nək·ˈsep·təns] *n* 1. (*failure to accept*) non accettazione *f* 2. FIN mancata accettazione *f*

nonagenarian [ˌnɑː·nə·dʒə·ˈne·ri·ən] I. *n* nonagenario, -a *m, f* II. *adj* nonagenario, -a

nonaggression [ˌnɑː·nə·ˈgre·ʃən] *n* non aggressione *f*

nonaggression pact, nonaggression treaty <-ies> *n* patto *m* di non aggressione

nonalcoholic [ˌnɑː·næl·kə·ˈhɑː·lɪk] *adj* analcolico, -a

nonaligned [ˌnɑː·nə·ˈlaɪnd] *adj* non allineato, -a

nonalignment [ˌnɑː·nə·ˈlaɪn·mənt] *n* non-allineamento *m*

nonappearance [ˌnɑː·nə·ˈpɪ·rənts] *n* LAW contumacia *f*

nonattendance [ˌnɑː·nə·ˈten·dənts] *n* assenza *f*

N

nonbelligerent [ˌnɑːn·bə·ˈlɪ·dʒə·rənt] *adj* non belligerante

nonce word [ˈnɑːns·wɜːrd] *n parola coniata per un occasione speciale*

nonchalant [ˌnɑːn·ʃə·ˈlɑːnt] *adj* noncurante; **to appear ~** mostrarsi indifferente; **to be ~ about sth** non mostrare interesse verso qc

noncom [ˈnɑːn·kɑːm] *adj inf abbr of* **noncommissioned officer** sottufficiale *m*

noncombatant [ˌnɑːn·kəm·ˈbæ·tənt] *n* MIL non combattente *mf*

noncombustible [ˌnɑːn·kəm·ˈbʌs·tə·bl] *adj* incombustibile

noncommissioned officer [ˌnɑːn·kə·mɪˈʃənd·ˈɑː·fɪ·sɚ] *n* MIL sottufficiale *m*

noncommittal [ˌnɑːn·kə·ˈmɪ·ţəl] *adj* evasivo, -a

noncompliance [ˌnɑːn·kəm·ˈplaɪ·ənts] *n* inadempienza *f*

non compos mentis [ˌnɑːn·ˌkɑːm·pous·ˈmen·ţɪs] *adj* LAW incapace di intendere e di volere

nonconformist [ˌnɑːn·kən·ˈfɔːr·mɪst] **I.** *adj* nonconformista **II.** *n* nonconformista *mf*

nonconformity [ˌnɑːn·kən·ˈfɔːr·mə·ti] *n* nonconformismo *m*

noncontributory [ˌnɑːn·kən·ˈtrɪ·bju·tɔː·ri] *adj* non contributivo, -a; **~ pension plan** pensione *f* non contributiva

noncooperation [ˌnɑːn·kou·ˌɑː·pə·ˈreɪ·ʃən] *n* non cooperazione *f*

non-deposit bottle [nɒn·dɪ·ˈpɒ·zɪt·bɒ·tl] *n* bottiglia *f* con vuoto a perdere

nondescript [ˈnɑːn·dɪs·krɪpt] *adj (person)* insignificante; *(color)* indefinito, -a

nondurables [ˌnɒn·ˈdjʊə·rə·blz] *npl* prodotti *mpl* deperibili

none [nʌn] **I.** *pron* **1.** *(nobody)* nessuno, -a; **~ of them** nessuno di loro; **~ but he saw it** l'ha visto solo lui; **~ of you helped me** nessuno di voi mi ha aiutato **2.** *(not any)* nessuno, -a; **~ of my letters arrived** nessuna delle mie lettere è arrivata **3.** *(not any)* **nuts/wine? I've ~** (at all) frutta secca/vino? Non ne ho (neanche un po'); **~ of your speeches!** basta con i tuoi discorsi!; **~ of that!** smettila! **II.** *adv* **1.** *(not)* **~ the less** ciononostante; **to be ~ the wiser** non saperne più di prima **2.** *(not very)* **it's ~ too soon** non è mai troppo presto; **it's ~ too warm** fa tutt'altro che caldo

nonentity [nɑː·ˈnen·ţə·ti] <-ies> *n* **1.** *(person)* nullità *f* **2.** *(insignificance)* anonimato *m*

nonessential [ˌnɑː·nɪ·ˈsen·tʃəl] **I.** *adj* non essenziale **II.** *n* cosa *f* non essenziale

nonevent [ˌnɑː·nɪ·ˈvent] *n inf* fiasco *m*

nonexistence *n* inesistenza *f*

nonexistent [ˌnɑː·nɪɡ·ˈzɪs·tənt] *adj* inesistente

nonfiction [ˌnɑːn·ˈfɪk·ʃən] *n* non fiction *f*

nonflammable [ˌnɑːn·ˈflæ·mə·bl] *adj* non infiammabile

noninfectious [ˌnɑː·nɪn·fek·ʃəs] *adj* non infettivo, -a

non-iron [ˌnɑːn·ˈaɪ·ɚn] *adj* no stiro *inv*

nonmember country [ˌnɑːn·ˈmem·bɚ·ˈkʌn·tri] <-ies> *n* POL stato *m* non membro

nonnegotiable [ˌnɑː·nɪ·ˈɡoʊ·ʃə·bl] *adj* LAW, FIN non negoziabile

nonpareil [ˌnɑː·nɪ·pə·ˈrel] **I.** *adj liter* impareggiabile **II.** *n liter* persona [*o* cosa] *f* senza pari

nonplus [ˌnɑː·nˈplʌs] <-ss-> *vt* disorientare; **to be ~sed** restare disorientato

nonpolluting [ˌnɑːn·pə·ˈluː·tɪŋ] *adj* non inquinante

nonproductive [ˌnɑːn·prə·ˈdʌk·tɪv] *adj* improduttivo, -a

nonprofit, non-profit-making [ˌnɑːn·ˈprɑː·fɪt·ˌmeɪ·kɪŋ] *adj* non profit

nonproliferation [ˌnɑːn·prə·ˌlɪ·fə·ˈreɪ·ʃən] **I.** *n* POL non proliferazione *f* **II.** *adj* POL di non proliferazione

nonproliferation treaty <-ies> *n* POL trattato *m* di non proliferazione

nonrefundable [ˌnɑː·nˈrɪ·ˈfʌn·də·bl] *adj* non rimborsabile; **~ down payment** acconto *m* non rimborsabile

nonresident [ˌnɑː·nˈre·zɪ·dənt] **I.** *adj* non residente **II.** *n* non residente *mf*

nonreturnable [ˌnɑː·nˈrɪ·ˈtɜːr·nə·bl] *adj* non restituibile; *(bottle)* a perdere

nonscheduled [ˌnɑːn·ˈsked·ʒuːld] *adj* non programmato, -a

nonsense [ˈnɑːn·sents] **I.** *n* assurdità *fpl*; **to make ~ of sth** ridicolizzare qc; **to talk ~** *inf* dire sciocchezze **II.** *adj* **1.** LIT *(invented for amusement)* senza senso **2.** *(without meaning)* inventato, -a **III.** *interj* sciocchezze

nonsensical [ˌnɑːn·ˈsen·tsɪ·kl] *adj* assurdo, -a

nonshrink [ˌnɑːn·ˈʃrɪŋk] *adj* irrestringibile

nonskid [ˌnɑːn·ˈskɪd] *adj* antisdrucciolevole

nonsmoker [ˌnɑːn·ˈsmoʊ·kɚ] *n* non fumatore, -trice *m, f*

nonsmoking *adj* non fumatori

nonstarter [ˌnɑːn·ˈstɑːr·ţɚ] *n inf* **that proposal is a ~** quella proposta è destinata al fallimento

nonstick [ˌnɑːn·ˈstɪk] *adj* antiaderente

nonstop [ˌnɑːn·ˈstɑːp] **I.** *adj* **1.** *(without stopping, direct)* diretto, -a **2.** *(uninterrupted)* ininterrotto, -a **II.** *adv* ininterrottamente

nonswimmer [ˌnɑːn·ˈswɪ·mɚ] *n* non nuotatore, -trice *m, f*

nontaxable [ˌnɒn·ˈtæk·sə·bl] *adj* non tassabile

nontoxic [ˌnɒn·ˈtɒk·sɪk] *adj* non tossico, -a

nonverbal [ˌnɑːn·ˈvɜːr·bl] *adj* non verbale

nonviolent [ˌnɑːn·ˈvaɪ·ə·lənt] *adj* non violento, -a

nonvoting [ˌnɒn·ˈvəʊ·tɪŋ] *adj* senza diritto di voto

noob [nuːb] *n* COMPUT, INET newbie *m*

noodle¹ [ˈnuː·dl] **I.** *n* spaghetto *m*; *(with eggs)* tagliatella *m* **II.** *adj* con la pasta

noodle² [ˈnuː·dl] *n inf* **1.** *(head)* testa *f* **2.** *(person)* idiota *m*

noodle³ [ˈnuː·dl] *vi inf* MUS strimpellare

nook [nʊk] *n liter* angolo *m*; **~s and crannies** angolini

noon [nuːn] *n* mezzogiorno *m;* **at** ~ a mezzogiorno; **about** ~ intorno a mezzogiorno

no one ['noʊ·wʌn] *pron s.* **nobody**

noose [nuːs] *n* **1.** (*loop of rope*) cappio *m* **2.** (*for catching*) laccio *m* **3.** *fig* (*problem*) the ~ **of poverty** il fantasma della povertà; **a way to escape the** ~ **of poverty** un modo di spezzare le catene della povertà ►**to have a** ~ **around one's** <u>neck</u> avere l'acqua alla gola

nope [noʊp] *adv inf* no

nor [nɔːr] *conj* **1.** (*and also not*) nemmeno; ~ (**do**) **I** nemmeno io **2.** (*not either*) né

Nordic ['nɔːr·dɪk] *adj* nordico, -a

norm [nɔːrm] *n* norma *f*

normal ['nɔːr·ml] *adj* **1.** (*not out of the ordinary*) normale **2.** (*usual*) normale; **as** (**is**) ~ come al solito

normalcy ['nɔːr·məl·si], **normality** [nɔːr·'mæ·lə·ti] *n* normalità *f*

normalize ['nɔːr·mə·laɪz] *a.* COMPUT **I.** *vt* normalizzare **II.** *vi* normalizzarsi

normally ['nɔːr·mə·li] *adv* normalmente

Normandy ['nɔːr·mən·di] *n* Normandia *f*

north [nɔːrθ] **I.** *n* **1.** (*cardinal point*) nord *m;* **to lie 3 miles to the** ~ **of sth** trovarsi a 5 km a nord di qc; **to go/drive to the** ~ andare/viaggiare verso nord; **further** ~ più a nord **2.** GEO nord *m;* **in the** ~ **of France** nel nord della Francia; **the Far North** il Grande Nord **II.** *adj* del nord, settentrionale; ~ **wind** vento *m* del nord; ~ **coast** costa *f* nord; **the North Sea** il Mare del Nord; **North Star** stella *f* polare; **the North Pole** il Polo Nord

North Africa *n* Africa *f* del Nord

North African I. *n* nordafricano, -a *m, f* **II.** *adj* nordafricano, -a

North America *n* America *f* del Nord

North American I. *n* nordamericano, -a *m, f* **II.** *adj* nordamericano, -a

North Carolina *n* Carolina *f* del Nord

North Dakota *n* Nord Dakota *m*

northeast [ˌnɔːrθ·'iːst] **I.** *n* nordest *m* **II.** *adj* del nordest

northeastern [ˌnɔːrθ·'iːs·tən] *adj* nordorientale

northerly ['nɔːr·ðə·li] *adj* del nord; ~ **direction** direzione *f* nord

northern ['nɔːr·ðən] *adj* del nord, settentrionale; ~ **hemisphere** emisfero *m* boreale; **the** ~ **part of the country** la parte nord del paese; ~ **lights** aurora *f* boreale

northerner ['nɔːr·ðə·nə] *n* abitante *mf* del nord

Northern Marianas *n* Marianne *fpl* del Nord

northernmost *adj* più a nord

Northern Territory *n* Territorio *m* del Nord

North Pole ['nɔːrθ·poʊl] *n* **the** ~ il Polo *m* Nord

North Sea I. *n* Mare *m* del Nord **II.** *adj* del Mare del Nord

North-South divide *n* ECON divario *m* Nord-Sud

northward ['nɔːrθ·wəd] *adv* verso nord

northwest [ˌnɔːrθ·'west] **I.** *n* nordovest *m;* **to the** ~ (**of**) a nordovest(di) **II.** *adj* del nordovest; ~ **Texas** il Texas nordoccidentale **III.** *adv* in direzione nordest

northwesterly [ˌnɔːrθ·'wes·tə·li] *adj* nordoccidentale; (*from the northwest*) del nordovest; ~ **part** settore *m* nordoccidentale

Northwest Territories *n pl* Territori *mpl* del Nordovest

Norway ['nɔːr·weɪ] *n* Norvegia *f*

Norwegian [nɔːr·'wiː·dʒən] **I.** *adj* norvegese **II.** *n* **1.** (*person*) norvegese *mf* **2.** LING norvegese *m*

nose [noʊz] **I.** *n* **1.** ANAT naso *m;* **to blow one's** ~ soffiarsi il naso **2.** AVIAT (*front*) muso *m* **3.** (*smell of wine*) bouquet *m inv* ►**with one's** ~ **in the** <u>air</u> con aria di superiorità; **to put one's** ~ **to the** <u>grindstone</u> *inf* lavorare sodo; **to put sb's** ~ **out of** <u>joint</u> *inf* far storcere il naso a qu; **to keep one's** ~ <u>clean</u> *inf* tenersi fuori dai guai; **to** <u>follow</u> **one's** ~ *inf* (*trust instincts*) andare a naso; (*go straight ahead*) andare sempre dritto; **to** <u>have</u> **a** (**good**) ~ **for sth** avere (un buon) fiuto per qc; **to** <u>keep</u> **one's** ~ **out of sth** *inf* non immischiarsi in qc no; **to** <u>poke</u> **one's** ~ **into sth** *inf* ficcare il naso in qc; **to** <u>rub</u> **sb's** ~ **in it** rimestare il coltello nella piaga; **to** <u>thumb</u> **one's** ~ **at sb** fare marameo a qu; (**from**) <u>under</u> **sb's** (**very**) ~ *inf,* <u>right</u> **out from under sb's** ~ *inf* sotto il naso di qc **II.** *vi* ficcare il naso **III.** *vt* ►**to** ~ **one's way in**/**out**/**up** entrare/uscire/superare lentamente; **to** ~ (**its way**) **through sth** farsi strada attraverso qc

◆**nose about, nose around** *vi inf* curiosare

◆**nose out I.** *vt* scovare **II.** *vi* avanzare con cautela

nosebag ['noʊz·bæg] *n* musetta *f*

nosebleed *n* emorragia *f* nasale

nose cone *n* AVIAT ogiva *f*

nosedive I. *n* **1.** AVIAT picchiata *f* **2.** FIN crollo *m* **II.** *vi* **1.** AVIAT scendere in picchiata **2.** FIN crollare

nosegay *n* mazzolino *m* di fiori

nose job *n inf* **to have a** ≈ rifarsi il naso

nose wheel *n* carrello *m* anteriore

nosey ['noʊ·zi] <-ier, -iest> *adj s.* **nosy**

nosh [nɑːʃ] **I.** *n inf* (*snack*) spuntino *m* **II.** *vi* fare uno spuntino

nostalgia [nɑː·'stæl·dʒə] *n* nostalgia *f*

nostalgic [nɑː·'stæl·dʒɪk] *adj* nostalgico, -a

no-strike agreement [ˌnəʊ·straɪk·ə·'griː·mənt] *n* accordo per la regolamentazione del diritto di sciopero

nostril ['nɑːs·trəl] *n* narice *f*

nosy ['noʊ·zi] <-ier, -iest> *adj* ficcanaso, -a; **to be** ~ *pej* essere invadente

Nosy Parker ['noʊ·zi·'pɑːr·kə] *n inf* ficcanaso, -a *m, f*

not [nɑːt] *adv* non; **it's a woman,** ~ **a man** è una donna, non un uomo; **he's asked me** ~ **to do it** mi ha chiesto di non farlo; ~ **all the children like singing** non a tutti i bambini piace cantare; ~ **me!** io no!; **why ~?** perché no?; **he is ~ ugly** non è brutto; **or ~** o no; **~ at all** (*nothing*) affatto; (*no need to thank*) di niente; **~ only ... but also ...** non solo ... ma anche; **~ just** [*o* **simply**] non solo; **~ much** non tanto

notable ['nou·ţə·bl] I. *adj* 1.(*remarkable*) notevole 2.(*eminent*) eminente II. *n* notabile *mf*

notably ['nou·ţə·bli] *adv* particolarmente

notary ['nou·ţəˑi] <-ies> *n* ~ (**public**) notaio *m*

notation [nou·'teɪ·ʃən] *n* MATH, MUS notazione *f*

notch [nɑːtʃ] <-es> I. *vt* 1.(*cut*) intaccare 2. *inf* (*achieve*) ottenere II. *n* 1.(*cut*) tacca *f*; (*hole*) intaglio *m* 2.(*degree*) gradino *m* 3.(*narrow valley*) valle *m*

note [nout] I. *n* 1.(*annotation*) appunto *m;* **to take ~** prendere nota 2. LIT nota *f* 3. MUS nota *f;* **to strike the right ~** *fig* toccare la corda giusta 4.(*piece of paper money*) banconota *f* 5.(*importance*) **of ~** *form* degno di nota; **nothing of ~** nulla di importante II. *vt form* notare; **to ~** (**that**) ... (*mention*) far notare (che) ...

notebook ['nout·bʊk] *n* taccuino *m*

noted ['nou·ţɪd] *adj* celebre; **to be ~ for sth** essere noto, -a per qc

notepad ['nout·pæd] *n* blocchetto *m* per gli appunti

notepaper ['nout·ˌpeɪ·pə˞] *n* carta *f* da lettera

noteworthy ['nout·ˌwɜːr·ði] *adj form* notevole; **nothing/something ~** nulla/qualcosa di rilevante

nothing ['nʌ·θɪŋ] I. *pron indef, sing* 1.(*no objects*) niente; **~ happens** non succede niente; **we saw ~** (**else/more**) non abbiamo visto niente (altro); **~ new** niente di nuovo; **next to ~** quasi niente 2.(*not anything*) **~ came of it** non ha portato a niente; **~ doing!** *inf* niente da fare!; **fit for ~** buono a nulla; **to make ~ of it** non dargli importanza; **there is ~ to laugh at** non c'è niente da ridere 3.(*not important*) **that's ~!** non è niente!; **time is ~ to me** il tempo per me non conta 4.(*only*) **~ but** solo; **she is ~ if not patient** è a dir poco paziente; **~ much** niente di importante II. *adv* **~ less than** né più né meno che; **~ daunted,** I went on per nulla scoraggiato, andai avanti III. *n* 1.niente *m* 2. MATH, SPORTS zero *m;* **three to ~** tre a zero 3.(*person*) nessuno *m*

nothingness ['nʌ·θɪŋ·nɪs] *n* (*emptiness*) vuoto *m;* (*worthlessness*) nulla *m*

notice ['nou·ţɪs] I. *vt* 1.(*see*) vedere; (*perceive*) notare; **to ~** (**that**) ... accorgersi (che) ... 2.(*recognize*) notare II. *vi* accorgersi III. *n* 1.(*attention*) attenzione *f;* **to take ~ of sb/sth** prestare attenzione a qc/qc; **to come to sb's ~** (**that** ...) venire a sapere (che...); **to escape one's ~** sfuggire a qu; **to escape sb's ~ that ...** sfuggire a qu che ... 2.(*display*) cartello *m;* (*in a newspaper, magazine*) annuncio *m* 3.(*warning*) avviso *m;* **to give sb ~ (of**

sth) avvisare qu (di qc); **at short ~** con poco preavviso; **at a moment's ~** su due piedi; **until further ~** fino a nuovo avviso 4. LAW preavviso *m;* **to give (in) one's ~** dare le dimissioni; **to give sb their ~** licenziare qu

noticeable ['nou·ţɪ·sə·bl] *adj* evidente; (*difference*) notevole

notifiable ['nou·ţə·faɪ·ə·bl] *adj* (*disease*) da notificare alle autorità competenti

notification [ˌnou·ţə·fɪ·'keɪ·ʃən] *n* notificazione *f*

notify ['nou·ţə·faɪ] <-ie-> *vt* informare; **to ~ sb of sth** informare qu di qc

notion ['nou·ʃən] *n* 1.(*idea*) idea *f;* **to have some ~ of sth** avere una qualche idea di qc; **to have no ~ of sth** non avere la minima idea di qc 2.(*silly idea*) ghiribizzo *m;* **to have a ~ to do sth** avere voglia di fare qc

notional ['nou·ʃə·nl] *adj form* teorico, -a

notoriety [ˌnou·ţə·'raɪ·ə·ti] *n* notorietà *f* negativa

notorious [nou·'tɔː·ri·əs] *adj* notorio, -a; (*thief*) famigerato, -a; **she's a ~ liar** è famosa per le sue bugie; **to be ~ for sth** essere famoso, -a per qc

notwithstanding [ˌnɑːt·wɪθ·'stæn·dɪŋ] *form* I. *prep* nonostante II. *adv* ciononostante

nougat ['nuː·gət] *n* nougat *m inv*

nought [nɑːt] *pron s.* **naught**

noun [naʊn] I. *n* nome *m;* LING sostantivo *m* II. *adj* nominale

nourish ['nɜː·rɪʃ] *vt* 1.(*provide with food*) nutrire; **to ~ oneself on sth** nutrirsi di qc 2. *fig, form* (*cherish*) nutrire

nourishing ['nɜː·rɪ·ʃɪŋ] *adj* nutriente

nourishment *n* 1.(*food*) nutrimento *m* 2.(*providing with food*) nutrizione *f*

Nova Scotia [ˌnou·və·'skou·ʃə] *n* Nuova Scozia *f*

novel[1] ['nɑː·vl] *n* LIT romanzo *m*

novel[2] ['nɑː·vl] *adj* (*new*) nuovo, -a

novelette [ˌnɑː·və·'let] *n* romanzetto *m* rosa

novelist ['nɑː·və·lɪst] *n* romanziere, -a *m, f*

novelty ['nɑː·vl·ti] I. <-ies> *n* 1.(*newness, innovation*) novità *f* 2.(*cheap trinket*) giocattolino *m* II. *adj* 1.(*new*) novità 2.(*cheap*) economico, -a

November [nou·'vem·bə˞] *n* novembre *m; s.a.* **April**

novice ['nɑː·vɪs] *n a.* REL novizio, -a *m, f*

now [naʊ] I. *adv* 1.(*at the present time*) ora; **just ~** in questo momento 2.(*currently*) attualmente 3.(*then*) allora; **any time ~** da un momento all'altro; (**every**) **~ and then** di tanto in tanto 4.(*give emphasis*) **~, where did I put her book?** dunque, vediamo, dove ho messo 'il suo libro?; **~ we're talking!** questo sì che è parlare ...; **~ then** allora ▶ (**it's**) **~ or never** (è) ora o mai più II. *n* (*present*) now isn't a good time... questo non è il momento...; **before ~** prima d'ora; **by ~** ormai; **for ~** per ora; **as of ~** a partire da adesso III. *conj* ~ (**that**) ... ora che ...

nowadays ['naʊ·ə·deɪz] *adv* al giorno d'oggi
nowhere ['noʊ·wer] *adv* da nessuna parte; **to appear out of ~** spuntare fuori dal nulla; **to be going ~** *a. fig* non portare da nessuna parte
noxious ['nɑːk·ʃəs] *adj form* (*smoke, habit, influence*) nocivo, -a
nozzle ['nɑː·zl] *n* ugello *m;* (*of a gas pump*) erogatore *m;* (*of a gun*) bocca *f*
NT 1. *abbr of* **New Testament** Nuovo Testamento *m* **2.** *abbr of* **Northwest Territories** Territori *m* del Nord Ovest *pl*
nuance ['nuː·ɑːns] *n* sfumatura *f*
nub [nʌb] *n* **1.** (*point*) nòcciolo *m* **2.** (*piece*) pezzètto *m*
nubile ['nuː·bɪl] *adj* nubile
nuclear ['nuː·kliə] *adj* nucleare
nuclear medicine *n* medicina *f* nucleare
nuclear nonproliferation treaty <-ies> *n* POL, MIL trattato *m* di non proliferazione nucleare
nuclear power station *n* centrale *f* nucleare
nuclear reactor *n* reattore *m* nucleare
nucleic acid [nuː·'kliː·ɪk·'æ·sɪd] *n* acido *m* nucleico
nucleus ['nuː·kli·əs] <-ei *o* -es> *n* nucleo *m*
nude [nuːd] **I.** *adj* nudo, -a **II.** *n* **1.** ART, PHOT nudo *m* **2.** (*naked*) **in the ~** nudo, -a
nude beach *n* spiaggia *f* nudista
nudge [nʌdʒ] **I.** *vt* dare una gomitata a; *fig* spronare; **to ~ sb into doing sth** spronare qu a fare qc **II.** *vi* spingersi lentamente **III.** *n* **1.** (*push*) gomitata *f* **2.** (*encouragement*) spinta *f*
nudism ['nuː·dɪ·zəm] *n* nudismo *m*
nudist ['nuː·dɪst] **I.** *n* nudista *mf* **II.** *adj* nudista
nudist camp *n* campo *m* nudista
nudity ['nuː·də·ti] *n* nudità *f*
nugatory ['nuː·gə·tɔː·ri] *adj form* irrisorio, -a
nugget ['nʌ·gɪt] *n* MIN pepita *f*
nuisance ['nuː·sns] *n* **1.** (*thing*) seccatura *f;* (*person*) seccatore, -trice *m, f;* **to make a ~ of oneself** rompere le scatole **2.** LAW turbativa *f*
nuke [nuːk, njuːk] *vt inf* **1.** MIL bombardare con armi atomiche **2.** *inf* (*cook*) cucinare al microonde
null [nʌl] *adj* nullo, -a; **~ and void** nullo
nullification [ˌnʌ·lɪ·fɪ·'keɪ·ʃən] *n* annullamento *m*
nullify ['nʌ·lɪ·faɪ] <-ie-> *vt* annullare
nullity ['nʌ·lə·ti] *n* nullità *f*
numb [nʌm] **I.** *adj* intorpidito, -a; **to go ~** intorpidirsi **II.** *vt* (*fear, terror*) paralizzare; (*desensitize*) intorpidire
number ['nʌm·bə] **I.** *n* **1.** MATH numero *m;* **house ~** numero di casa; **telephone ~** numero di telefono **2.** (*amount*) numero *m;* (a) **small/large ~(s)** (**of children**) pochi/tanti (bambini); **for a ~ of reasons** per una serie di motivi; **to be 3 in ~** essere in 3; **to be few in ~** essere in pochi **3.** (*magazine, newspaper*) numero *m;* THEAT numero *m;* MUS pezzo *m* ▶ **~ one** se stesso -a; **to look**

after ~ one pensare prima a se stesso, -a; **to be** (**the**) **~ one** essere il numero uno; **to have sb's ~** inquadrare qu; **to be beyond ~** essere una quantità innumerevole **II.** *vt* **1.** (*assign a number to*) numerare; **to ~ sth from ... to ...** numerare qc da ... a ... **2.** (*count*) contare **3.** (*amount to*) contare; **each group ~s 10 members** ciascun gruppo conta 10 membri
numbering *n* numerazione *f*
numberless *adj* innumerevole
numbness ['nʌm·nɪs] *n* **1.** (*on part of body*) intorpidimento *m* **2.** (*lack of feeling*) torpore *f*
numeracy ['nuː·mə·rə·si] *n* capacità *f* di calcolo *pl*
numeral ['nuː·mə·rəl] *n* numero *m*
numerate ['nuː·mə·rət] *adj* MATH che sa fare di conto
numeration [ˌnuː·mə·'reɪ·ʃən] *n form* numerazione *f*
numerical [nuː·'me·rɪ·kl] *adj* numerico, -a; **in ~ order** in ordine numerico
numeric keypad [nuː·me·rɪk·'kiː·pæd] *n* COMPUT tastiera *f* numerica
numerous ['nuː·mə·rəs] *adj* numeroso, -a
numismatics [ˌnuː·mɪz·'mæ·t̬ɪks] *n + sing vb* numismatica *f*
numskull ['nʌms·kʌl] *n* idiota *mf*
nun [nʌn] *n* suora *f*
nuncio ['nʌn·sioʊ] *n* REL nunzio *m* apostolico
nunnery ['nʌ·nə·ri] <-ies> *n* convento *m* di suore
nuptial ['nʌp·ʃl] *adj* nuziale
nurse [nɜːrs] **I.** *n* **1.** MED infermiere, -a *m, f* **2.** (*nanny*) bambinaia *f;* (*wet nurse*) balia *f* **II.** *vt* **1.** (*care for*) curare **2.** (*nurture*) coltivare **3.** (*harbor*) nutrire **4.** (*drink*) sorseggiare **5.** (*hold a child*) cullare **6.** (*breastfeed*) allattare **III.** *vi* poppare
nursery ['nɜːr·sə·ri] **I.** <-ies> *n* **1.** (*school*) asilo *m* nido **2.** (*bedroom*) camera *f* dei bambini **3.** BOT vivaio *m* **II.** *adj* **~ education** istruzione *f* prescolare
nursery rhyme *n* filastrocca *f*
nursery school *n* scuola *f* materna, asilo *m* nido
nursing I. *n* professione *f* infermieristica **II.** *adj* infermieristico, -a
nursing home *n* casa *f* di riposo
nurture ['nɜːr·tʃə] **I.** *vt* (*children*) crescere; (*plant*) coltivare **II.** *n* allevamento *m*
nut [nʌt] *n* **1.** BOT noce *f* **2.** TECH dado *m* **3.** *inf* (*madman*) svitato, -a *m, f;* (*enthusiast*) fanatico, -a *m, f* **4.** *inf* (*person's head*) testa *f;* **to be off one's ~** essere fuori di testa ▶ **the ~s and bolts** of sth la pratica di qc; **a hard ~ to crack** (*situation*) una situazione difficile; (*person*) un osso duro
nutcracker ['nʌt·ˌkræ·kə] *n* schiaccianoci *m inv*
nuthatch <-es> *n* picchio *m* muraiolo
nuthouse <-s> *n inf* manicomio *m*
nutmeg *n* noce *f* moscata

nutrient ['nuː·tri·ənt] I. *n* sostanza *f* nutriente II. *adj* nutritivo, -a

nutrition [nuː·'tri·ʃən] I. *n* nutrizione *f* II. *adj* della nutrizione

nutritionist [nuː·'tri·ʃə·nist] *n* nutrizionista *mf*

nutritious [nuː·'tri·ʃəs] *adj*, **nutritive** ['nuː·trə·tiv] *adj* nutriente

nuts [nʌts] I. *npl vulg* coglioni *mpl* II. *adj* to be ~ essere fuori di testa; **to go** ~ diventare pazzo; **to be** ~ **about sb** essere pazzo di qn; **to be** ~ **about sth** andare matto per qc

nutshell ['nʌt·ʃel] *n* guscio *m* di noce ▶ **to put sth in a** ~ dire qc in due parole; **in a** ~ in poche parole

nutty ['nʌ·t̮i] <-ier, -iest> *adj*. **1.** (*cake*) alle noci; (*ice cream*) alla nocciola; (*taste*) di noc-

ciola **2.** *inf* (*crazy*) svitato, -a; **to be** (**as**) ~ **as a fruitcake** essere fuori come un balcone

nuzzle ['nʌ·zl] I. *vt* (*dog*) strofinare il muso contro; (*person*) strofinare il naso contro II. *vi* accoccolarsi; **to** ~ **closer** (**to sb**) stringersi forte (a qn); **to** ~ (**up**) **against sb/sth** accoccolarsi contro qu/qc

NV *abbr of* **Nevada** NV

NW [ˌen·'dʌbl·juː] *abbr of* **northwest** NO

NY [ˌen·'wai] *abbr of* **New York** NY

nylon ['nai·lɑːn] I. *n* nylon *m* II. *adj* di nylon

nymph [nimf] *n* ninfa *f*

nymphomania [ˌnim·foʊ·'mei·ni·ə] *n* ninfomania *f*

nymphomaniac [ˌnim·foʊ·'mei·ni·æk] *n* ninfomane *f*

NZ [ˌen·'ziː] *abbr of* **New Zealand** NZ

Oo

O **O, o** [əʊ] *n* **1.** (*letter*) O, o *f;* ~ **as in Oscar** O come Otranto **2.** (*zero*) zero *m*

oaf [oʊf] *n inf* (*uncultured*) zoticone, -a *m, f;* (*clumsy*) goffo, -a *m, f*

oafish ['oʊ·fiʃ] *adj inf* (*uncultured*) zotico, -a; (*clumsy*) goffo, -a

oak [oʊk] *n* (*tree, wood*) quercia *f* ▶ **mighty** ~**s from little** acorns **grow** *prov* i piccoli ruscelli fanno i grandi fiumi *prov*

oar [ɔːr] *n* remo *m*

oarsman ['ɔːrz·mən] <-men> *n* rematore *m*

oarswoman ['ɔːrz·wʊ·mən] <-women> *n* rematrice *f*

OAS [ˌoʊ·ei·'es] *n abbr of* **Organization of American States** OSA *f*

oasis [oʊ·'ei·sis] <-es> *n* oasi *f inv*

oatcake ['oʊt·keik] *n* biscotto *m* di avena

oath [oʊθ] *n* giuramento *m; to take an* ~ prestare giuramento; **under** ~ sotto giuramento; ~ **of allegiance** giuramento di fedeltà

oatmeal ['oʊt·miːl] *n* farina *f* di avena

oats [oʊts] *n pl* avena *f* ▶ **to sow one's** wild ~ correre la cavallina *inf;* **to** feel **one's** ~ sentirsi in piena forma

obduracy ['ɑːb·dʊ·rə·si] *n* ostinazione *f*

obdurate ['ɑːb·dʊ·rit] *adj form* ostinato, -a

obedience [oʊ·'biː·di·əns] *n* ubbidienza *f;* **in** ~ **to** secondo

obedient [oʊ·'biː·di·ənt] *adj* ubbidiente; **to be** ~ **to sb/sth** ubbidire a qu/qc

obelisk ['ɑː·bə·lisk] *n* obelisco *m*

obese [oʊ·'biːs] *adj* obeso, -a

obesity [oʊ·'biː·sə·ti] *n* obesità *f*

obey [oʊ·'bei] *vt* (*person, order*) ubbidire a; (*instincts, advice*) seguire; (*the law*) rispettare

obituary [oʊ·'bi·tʃu·e·ri] <-ies> *n*, **obituary notice** *n* necrologio *m*

object[1] ['ɑːb·dʒikt] *n* **1.** (*unspecified thing*) oggetto *m* **2.** (*purpose, goal*) scopo *m;* **the** ~

of the exercise is ... lo scopo dell'esercizio è... **3.** (*obstacle*) **money is no** ~ i soldi non sono un problema **4.** LING complemento *m*

object[2] [əb·'dʒekt] I. *vi* avere obiezioni II. *vt* obiettare; **to** ~ **that ...** obiettare che...

objection [əb·'dʒek·ʃən] *n* obiezione *f;* **to raise** ~**s** sollevare obiezioni; **to raise** ~**s to sth** opporsi a qc; **if there is no** ~ **...** se non c'è nulla in contrario

objectionable [əb·'dʒek·ʃən·əbl] *adj form* (*smell*) sgradevole; (*person*) insopportabile; (*conduct*) deplorevole

objective [əb·'dʒek·tiv] I. *n* obiettivo *m* II. *adj* obiettivo, -a

objectivity [ˌɑːb·dʒek·'ti·və·ti] *n* obiettività *f*

object lesson *n* dimostrazione *f*

objector *n* obiettore, -trice *m, f*

obligate ['ɑː·bli·geit] *vt* obbligare; **to** ~ **sb to do sth** obbligare qu a fare qc

obligation [ˌɑː·bli·'gei·ʃən] *n* obbligo *m; to be under an* ~ **to do sth** avere l'obbligo di fare qc; **to have an** ~ **to sb** doverlo a qu

obligatory [əb·'li·gə·tɔː·ri] *adj* obbligatorio, -a

oblige [əb·'laidʒ] I. *vt* **1.** (*force*) obbligare **2.** (*perform service for*) **to** ~ **sb** fare un favore a qu II. *vi* **to be happy to** ~ essere felice di poter essere d'aiuto

obliging [əb·'lai·dʒiŋ] *adj* servizievole

oblique [oʊb·'liːk] I. *adj* **1.** (*indirect*) indiretto, -a **2.** (*slanting*) obliquo, -a II. *n* **1.** (*thing*) barra *f* obliqua **2.** (*muscle*) muscolo *m* obliquo

obliterate [əb·'li·t̮ə·reit] *vt* cancellare; (*town*) rasare al suolo

obliteration [ə,b·li·t̮ə·'rei·ʃən] *n* cancellazione *f;* (*of town*) totale distruzione *f*

oblivion [əb·'li·vi·ən] *n* oblio *m; to fall into* ~ cadere nell'oblio

oblivious [əb·'li·vi·əs] *adj* ignaro, -a; ~ **of sth** ignaro di qc

oblong ['ɑ:b·lɑ:ŋ] I. *n* rettangolo *m* II. *adj* rettangolare

obnoxious [əb·'nɑ:k·ʃəs] *adj* insopportabile

OBO [‚oʊ·en'·əʊ] *adv abbr of* **or best offer** negoziabile

oboe ['oʊ·boʊ] *n* oboe *m*

oboist ['oʊ·boʊ·ɪst] *n* oboista *mf*

obscene [əb·'si:n] *adj* 1. (*indecent*) osceno, -a 2. (*scandalous*) scandaloso, -a

obscenity [əb·'se·nə·ti] <-ies> *n* oscenità *f*

obscure [əb·'skjʊr] I. *adj* oscuro, -a II. *vt* 1. (*make difficult to see*) oscurare 2. (*make difficult to understand, hide*) occultare

obscurity [əb·'skjʊ·rə·ti] *n* oscurità *f*

obsequious [əb·'si:·kwi·əs] *adj* servile

observable [əb·'zɜ:r·və·bl] *adj* evidente

observance [əb·'zɜ:r·vəns] *n* 1. (*of laws, rules*) osservanza *f,* rispetto *m* 2. REL (*practice*) pratica *f*

observant [əb·'zɜ:r·vənt] *adj* 1. (*quick to notice things*) dotato, -a di spirito d'osservazione 2. (*respectful: of rules, laws*) osservante

observation [‚ɑ:b·zə·'veɪ·ʃən] *n* 1. (*act of seeing*) osservazione *f;* **to keep sth/sb under ~** (*police*) sorvegliare qc/qu; **under ~** MED in osservazione; **to escape ~** passare inosservato 2. (*remark*) osservazione *f;* **to make an ~** (**about sb/sth**) fare un'osservazione (su qu/qc)

observation car *n* RAIL vagone *m* panoramico

observation post *n* MIL osservatorio *m*

observation tower *n* torre *f* d'avvistamento

observatory [əb·'zɜ:r·və·tɔ:·ri] *n* osservatorio *m*

observe [əb·'zɜ:rv] *vt* osservare; **to ~ sb doing sth** osservare qu fare qc; **to ~ a minute of silence** osservare un minuto di silenzio; **to ~ Passover** celebrare la Pasqua (ebraica)

observer [əb·'zɜ:r·və] *n* osservatore, -trice *m, f*

obsess [əb·'ses] *vt* ossessionare; **to be ~ed by sb/sth** essere ossessionato da qu/qc; **he is ~ed with being the best** si è fissato che deve essere il migliore

obsession [əb·'se·ʃən] *n* ossessione *f;* **to have an ~ with sb/sth** avere la fissazione di qu/qc

obsessive [əb·'se·sɪv] *adj* (*person, jealousy*) ossessivo, -a; (*memory*) ossessionante; **to be ~ about sth** avere l'ossessione di qc; **to become ~ about sth** fissarsi su qc

obsolescence [‚ɑ:b·sə·'le·sənts] *n* obsolescenza *f*

obsolescent [‚ɑ:b·sə·'le·snt] *adj* superato, -a

obsolete [‚ɑ:b·sə·li:t] *adj* obsoleto, -a

obstacle ['ɑ:b·stə·kl] *n* ostacolo *m;* **an insurmountable ~** un ostacolo insormontabile; **to overcome an ~** superare un ostacolo; **to put ~s in the way of sb/sth** ostacolare qu/qc; **to be an ~ to sth** essere d'ostacolo a qc

obstacle course *n* percorso *m* di guerra

obstetrician [ɑ:b·stə·'trɪ·ʃən] *n* MED (medico) ostetrico *m*

obstetrics [əb·'stet·rɪks] I. *npl* MED ostetricia *f* II. *adj* MED ostetrico, -a

obstinacy ['ɑ:b·stə·nə·si] *n* ostinazione *f*

obstinate ['ɑ:b·stə·nət] *adj* 1. (*person, attitude*) ostinato, -a; **an ~ refusal** un rifiuto ostinato 2. (*disease, problem*) persistente

obstreperous [əb·'stre·pə·rəs] *adj form* turbolento, -a

obstruct [əb·'strʌkt] *vt* 1. (*block*) ostruire; (*view*) impedire; **to ~ the traffic** bloccare il traffico 2. (*hinder: course of justice, progress*) ostacolare

obstruction [əb·'strʌk·ʃən] *n* 1. (*action*) a. MED, POL ostruzione *f* 2. (*impediment*) ostacolo *m;* **an ~ to sth** un ostacolo a qc; **to cause an ~** essere d'ostacolo; AUTO ostruire il passaggio

obstructive [əb·'strʌk·tɪv] *adj* (*tactic, attitude*) ostruzionista; (*person*) che crea difficoltà; **don't be so ~** non mettermi i bastoni tra le ruote

obtain [əb·'teɪn] I. *vt* ottenere; **to ~ sth from sb/sth** ottenere qc da qu/qc; **to ~ sth for sb** procurare qc a qu II. *vi form* esistere

obtainable [əb·'teɪ·nə·bl] *adj* disponibile; **it is not ~ in this country** non si trova in questo paese

obtrude [əb·'tru:d] I. *vt form* (*force*) imporre; **to ~ one's opinion(s) (up)on sb** imporre a qu la propria opinione II. *vi form* **to ~ upon sth** intromettersi in qc

obtrusive [əb·'tru:·sɪv] *adj form* (*question, presence*) invadente; (*noise*) molesto, -a; (*smell*) penetrante; (*color, design*) vistoso, -a

obtuse [ɑ:b·'tu:s] *adj* ottuso, -a

obviate ['ɑ:b·vi·eɪt] *vt* (*necessity, difficulty*) ovviare a; (*danger*) evitare

obvious ['ɑ:b·vi·əs] *adj* ovvio, -a, chiaro, -a; **a sign of ~ displeasure** un segno di chiaro disgusto; **for ~ reasons** per ovvi motivi; **it is ~ what/where ...** è chiaro cosa/dove ...; **it is ~ to me that ...** mi sembra ovvio che ...; **to make sth ~ to sb** chiarire qc a qu; **the ~ thing to do** la cosa più ovvia da fare

obviously *adv* ovviamente, chiaramente; **~, ...** ovviamente,...

occasion [ə·'keɪ·ʒən] I. *n* 1. (*particular time, event, opportunity*) occasione *f;* **on ~** talvolta; **on one ~** una volta; **on several ~s** in varie occasioni; **on the ~ of ...** in occasione di...; **to dress to suit the ~** vestirsi in modo adatto all'occasione; **to rise to the ~** dimostrarsi all'altezza della situazione; **should the ~ arise** se si presentasse l'occasione; **to have ~ to do sth** avere occasione di fare qc 2. (*reason*) motivo; **to give ~ to sth** dare luogo a qc II. *vt* creare

occasional [ə·'keɪ·ʒə·nəl] *adj* occasionale; **to pay sb an ~ visit** andare a trovare qu di tanto in tanto; **I smoke an ~ cigarette** fumo una sigaretta di tanto in tanto

occasionally *adv* occasionalmente, di tanto in tanto

Occident ['ɑ:k·sə·dənt] *n* **the ~** l'Occidente

occidental [‚ɑ:k·sə·'den·təl] *adj* occidentale

O

occult [ə·'kʌlt] I. *adj* occulto, -a II. *n* the ~ le scienze occulte

occultism [ə·'kʌl·tɪ·zəm] *n* occultismo *m*

occupancy ['ɑː·kjə·pən·tsi] *n* (*of building*) occupazione *f*

occupancy rate *n* indice *m* di occupazione

occupant ['ɑː·kjə·pənt] *n form* 1. (*of building, vehicle*) occupante *mf;* (*tenant*) inquilino, -a *m, f* 2. (*of post*) titolare *mf*

occupation ['ɑː·kjə·'peɪ·ʃən] *n* occupazione *f;* ~ forces forze *fpl* di occupazione; what's your favorite ~? cosa fai nel tempo libero?

occupational [,ɑː·kjə·'peɪ·ʃə·nəl] *adj* professionale

occupational disease *n* malattia *f* professionale

occupational hazard *n* rischio *m* sul lavoro

occupational therapy *n* ergoterapia *f*

occupier ['ɑː·kjə·paɪ·ɚ] *n* (*of territory, building*) occupante *mf;* (*tenant*) inquilino, -a *m, f*

occupy ['ɑː·kju:·paɪ] <-ie-> *vt* 1. occupare; to ~ space occupare spazio; the bathroom's occupied il bagno è occupato; ~ing forces forze *fpl* di occupazione; to be occupied with doing sth essere occupato a fare qc; to keep sb occupied tenere occupato qu; to keep one's mind occupied tenersi la mente occupata; to ~ a post ricoprire una carica; the house hasn't been occupied for a long time la casa è disabitata da molto tempo 2. (*employ*) dare lavoro a

occur [ə·'kɜːr] <-rr-> *vi* 1. (*happen*) avvenire; don't let it ~ again! che non succeda più!; consult your doctor if any of these symptoms ~ consultare il proprio medico se dovessero comparire alcuni di questi sintomi; to ~ once every two years verificarsi ogni due anni 2. (*exist*) esistere; the disease does not ~ in this area la malattia non si manifesta in questa zona 3. (*come into mind*) to ~ to sb venire in mente a qu; it ~d to me that ... mi è venuto in mente che...; did it ever ~ to you that ...? non hai mai pensato che...?

occurrence [ə·'kɜː·rəns] *n* 1. (*event*) avvenimento *m;* an unexpected ~ un avvenimento inatteso; to be an everyday ~ accadere tutti i giorni; to be of frequent/rare ~ essere/non essere frequente 2. (*case*) caso *m* 3. (*incidence: of disease*) insorgenza *f*

ocean ['oʊ·ʃən] *n* oceano *m* ▶~s of ... un sacco di ... *inf*

oceangoing ['oʊ·ʃn̩·ˌgoʊ·ɪŋ] *adj* transatlantico, -a

Oceania [,oʊ·ʃi·'aɪ·ni·ə] *n* Oceania *f*

oceanic [,oʊ·ʃi·'æ·nɪk] *adj* oceanico, -a

ocean liner *n* NAUT transatlantico *m*

oceanography [,oʊ·ʃə·'nɑː·grə·fi] *n* oceanografia *f*

ocelot ['ɑː·sə·lɑːt] *n* ocelot *m*

ocher, ochre ['oʊ·kɚ] I. *n* 1. (*color*) ocra *m* 2. (*mineral*) ocra *f* II. *adj* ocra *inv*

o'clock [ə·'klɑːk] *adv* it's one ~ è l'una; it's two/seven ~ sono le due/le sette

octagon ['ɑk·tə·gɑːn] *n* ottagono *m*

octagonal [ɑːk·'tæ·gə·nəl] *adj* ottagonale

octane ['ɑːk·teɪn] *n* ottano *m*

octave ['ɑːk·tɪv] *n* LIT, MUS ottava *f*

octet [ɑːk·'tet] *n* MUS ottetto *m*

October [ɑːk·'toʊ·bɚ] *n* ottobre *m; s.a.* April

octogenarian [,ɑːk·toʊ·dʒɪ·'ne·ri·ən] I. *adj* ottuagenario, -a II. *n* ottuagenario, -a *m, f*

octopus ['ɑːk·tə·pəs] <-es *o* -pi> *n* polpo *m*

oculist ['ɑːk·jə·lɪst] *n* oculista *mf*

OD [,oʊ·'di:] I. *n abbr of* overdose overdose *f inv* II. *vi* to ~ on sth (*sleeping pills*) prendere una dose eccessiva di qc; (*heroin*) fare overdose di qc; *fig* farsi un'overdose di qc

odd [ɑːd] *adj* 1. (*strange*) strano, -a; an ~ person/thing una persona/cosa strana; how (very) ~! che strano!; it is ~ that ... è strano che ... +*conj;* to look ~ avere un aspetto strano 2. (*not even: number*) dispari 3. (*approximately*) 30 ~ people poco più di 30 persone 4. (*occasional*) sporadico, -a; at ~ times alcune volte; she does the ~ teaching job occasionalmente insegna 5. (*unmatched: glove, sock*) spaiato, -a 6. (*left over*) rimanente; to feel the ~ one out sentirsi escluso

oddball ['ɑːd·bɔːl] I. *n inf* tipo *m* strano II. *adj inf* (*sense of humor*) strano, -a; (*idea*) stravagante

oddity ['ɑː·də·ti] <-ies> *n* (*person*) eccentrico, -a *m, f;* (*thing, characteristic*) stranezza *f*

odd-job man ['ɑːd·dʒɑːb·mæn] *n* tuttofare *m inv*

oddly *adv* stranamente; ~ enough per quanto strano sembri

odds [ɑːdz] *npl* (*probability*) probabilità *fpl;* the ~ against/in favor of sth le probabilità che qc non avvenga/avvenga; to shorten/lengthen the ~ diminuire/aumentare le probabilità; the ~ are against us tutto gioca a nostro sfavore; the ~ are in his favor tutto gioca a suo favore; the ~ are that ... è molto probabile che ... +*conj* ▶~ and ends *inf* (*bits*) cianfrusaglie *fpl;* against all (the) ~ contrariamente alle previsioni; to be at ~ with sb non essere d'accordo con qu

odds-on [,ɑːdz·'ɑːn] *adj* molto probabile; it's ~ that ... la cosa più probabile è che ... +*conj;* the ~ favorite to win the race il favorito della gara

ode [oʊd] *n* ode *f*

odious ['oʊ·di·əs] *adj* odioso, -a

odometer [oʊ·'dɑː·mə·tɚ] *n* contachilometri *m inv*

odor ['oʊ·dɚ] *n* (*smell*) odore *m;* (*fragrance*) profumo *m*

odorless *adj form* inodore

odyssey ['ɑː·dɪ·si] *n* odissea *f*

OECD [,oʊ·i:·si:·'di:] *n abbr of* Organization for Economic Cooperation and Development OCSE *f*

of [əv, *stressed:* ʌv] *prep* 1. di 2. (*belonging to*) di; the works ~ Twain le opere di Twain; a friend ~ mine/theirs un mio/loro amico

3. (*done by*) **it's kind ~ him** è gentile da parte sua **4.** (*representing*) di; **a drawing ~ Paul/ the sun** un disegno di Paul/del sole **5.** (*without*) **a tree bare ~ leaves** un albero spoglio; **free ~ charge** gratis; **free ~ tax** non soggetto a imposta; **to cure sb ~ a disease** guarire qu da una malattia **6.** (*with*) **a man ~ courage** un uomo coraggioso; **a man ~ no importance** un uomo senza importanza; **a city ~ wide avenues** una città dai grandi viali **7.** (*away from*) **to be north ~ Atlanta** essere a nord di Atlanta **8.** (*temporal*) **the 4th ~ May** il 4 (di) maggio; **in May ~ 2005** nel maggio del 2005 **9.** (*to*) **it is ten/a quarter ~ two** sono le due meno dieci/un quarto **10.** (*consisting of*) di; **a ring ~ gold** un anello d'oro; **to smell/to taste ~ cheese** sapere di formaggio; **to consist ~ six parts** essere composto di sei parti **11.** (*characteristic*) **with the patience ~ a saint** con la pazienza di un santo; **this idiot ~ a plumber** questo idiota di idraulico; **doctor ~ medicine** dottore in medicina **12.** (*concerning*) **his love ~ jazz** la sua passione per il jazz; **to know sth ~ sb's past** sapere qc del passato di qu; **to approve ~ sb's idea** essere d'accordo con l'idea di qu; **what has become ~ him?** che cosa ne è stato di lui?; **what do you think ~ him?** cosa pensi di lui? **13.** (*cause*) **because ~ sth/sb** a causa di qc/qu; **to die ~ grief** morire di dolore; **it happened ~ itself** è accaduto da sé **14.** (*a portion of*) **there's a lot ~ it** ce n'è molto; **one ~ the best** uno dei migliori; **the best ~ friends** grandi amici; **many ~ them came** molti di loro sono venuti; **there are five ~ them** ce ne sono cinque; **he knows the five ~ them** conosce tutti e cinque; **two ~ the five** due dei cinque; **he ~ all people knows that** lui dovrebbe saperlo meglio di tutti; **today ~ all days** proprio oggi **15.** (*to amount of*) **80 years ~ age** 80 anni **off** [ɑːf] **I.** *prep* **1.** (*near*) **to be just ~ the main road** essere vicinissimo alla strada principale **2.** (*away from*) **to take sth ~ the shelf** prendere qc dallo scaffale; **keep ~ the grass** non calpestare l'erba **3.** (*down from*) **to fall/ jump ~ a ladder** cadere/saltare da una scala; **to get ~ the train** scendere dal treno **4.** (*from*) **to eat ~ a plate** mangiare nel piatto; **to cut a piece ~ the cheese** tagliare un pezzetto di formaggio; **to take 10 dollars ~ the price** scontare di 10 dollari **5.** (*stop using*) **to be ~ caffeine** aver eliminato la caffeina; **to be ~ drugs** aver smesso di drogarsi **6.** (*as source of*) **to run ~ batteries** funzionare a batteria **II.** *adv* **1.** (*not on*) **to switch/turn sth ~** spegnere qc; (*tap, water*) chiudere qc; **it's ~ between them** *fig* tra loro è finita **2.** (*away*) **the town is 5 miles ~ to the east** la cittadina è a 5 miglia in direzione est; **not far ~** poco lontano; **a way's ~** parecchio lontano; **to drive/run ~** partire/correre via; **~ with you** vattene; **it's time I was ~** è ora che vada **3.** (*removed*) **the lid is ~** senza il tappo; **with**

one's coat ~ senza cappotto; **~ with that hat!** togliti il cappello! **4.** (*free from work*) **to get ~ at 4:00 p.m.** finire di lavorare alle 4 del pomeriggio; **to get a day ~** prendersi un giorno libero **5.** (*completely*) **to kill ~** sterminare; **to pay sth ~** finire di pagare **6.** COM **5% ~** 5% di sconto **7.** (*until gone*) **to walk ~ the dinner** fare una passeggiata per digerire (la cena); **to sleep ~ the wine** dormire per smaltire gli effetti del vino **8.** (*separating*) **to fence sth ~** recintare qc ▶ **straight** [*o* **right**] **~ the bat** subito; **~ and on, on and ~** a periodi; **it rained ~ and on** piovve intermittentemente **III.** *adj* **1.** (*not on: light*) spento, -a; (*faucet*) chiuso, -a; (*water supply*) tolto, -a **2.** (*canceled: engagement, wedding, deal*) annullato, -a **3.** (*free from work*) **to be ~ at 5:00 p.m.** finire di lavorare alle 5 del pomeriggio; **I'm ~ on Mondays** il lunedì è il mio giorno libero **4.** (*provided for*) **to be well ~** essere abbiente; **to be not well ~** non essere abbiente **5.** (*substandard*) **to be ~ one's game** SPORTS non essere in forma **6.** *inf* **I've gone ~ on him** non mi interessa più **IV.** *vt inf* **to ~ sb** far fuori qu

offal ['ɑːfəl] *n* (*of animal*) frattaglie *fpl*

offbeat [ˌɑːf·'biːt] *adj* poco convenzionale

off-center *adj* **1.** (*diverging from the center*) non centrale **2.** (*unconventional*) alternativo, -a

off-chance ['ɑːf·tʃænts] *n* **on the ~** sperando nella sorte

off-color [ˌɑːf·'kʌlɚ] *adj Brit* **1.** (*unwell*) **to feel ~** non sentirsi bene; **to look ~** avere una brutta cera **2.** (*somewhat obscene: joke*) sconcio, -a

off day *n* **to have an ~** avere una giornata no

off-duty *adj* fuori servizio

offend [əˈfend] **I.** *vi* **1.** (*cause displeasure*) offendere **2.** (*violate*) **to ~ against sth** andare contro a qc; **his remarks ~ against common sense** i suoi commenti fanno torto al buon senso **3.** LAW infrangere la legge; (*commit a crime*) commettere un reato **II.** *vt* **1.** (*upset sb's feelings*) offendere; **to be ~ed by sth** essere offeso da qc; **to be easily ~ed** essere molto suscettibile; **she was ~ed that she had not been invited** si è offesa perché non è stata invitata **2.** (*affect disagreeably*) **to ~ the eye** essere un pugno in un occhio; **to ~ good taste** essere un'offesa al buongusto

offender [əˈfen·dɚ] *n* trasgressore, -ditrice *m, f;* (*guilty of crime*) criminale *mf,* delinquente *mf;* **first ~** colpevole di reato senza precedenti penali; **previous** [*o* **repeat**] **~** recidivo; **young ~** delinquente minorile

offense [əˈfents] *n* **1.** (*crime*) reato *m;* **minor ~** reato *m* minore; **second ~** recidiva *f;* **traffic ~** infrazione *f* del codice stradale **2.** (*affront*) offesa *f;* **an ~ against sth** un'offesa a qc; **it is an ~ to the eye** *fig* essere un pugno in un occhio **3.** (*upset feeling*) offesa *f;* **to cause ~ (to sb)** offendere (qu); **to take ~ (at sth)** offendersi (di qc); **no ~ (intended)** *inf* senza offesa **4.** REL peccato *m* **5.** SPORTS attacco *m*

offensive [ə·ˈfen·sɪv] **I.** *adj* **1.** (*remark, language, tone*) offensivo, -a; **to be ~ to sb** insultare qu **2.** (*disagreeable: smell*) ripugnante **3.** MIL **~ weapon** arma *f* offensiva **II.** *n* MIL offensiva *f;* **to go on the ~** passare all'offensiva; **to launch an ~** (**against sth**) lanciare l'offensiva (contro qc); **to take the ~** attaccare per primi

offer [ˈɑː·fə] **I.** *vt* **1.** (*proffer: help, money*) offrire; (*chance, advice*) dare; **to ~ sb sth** offrire qc a qu; **to ~ an apology** chiedere scusa; **to ~ congratulations to sb** congratularsi con qu; **can I ~ you a drink?** le [*o* ti] va qualcosa da bere?; **to ~ a good price for sth** fare una buona offerta per (comprare) qc; **to ~ information** dare informazioni; **to ~ a reward** offrire una ricompensa; **to ~ an explanation** dare una spiegazione; **to ~ shelter** dare riparo; **to have much to ~** avere molto da offrire; **to ~ oneself for a position** presentarsi per un impiego **2.** (*give: gift*) dare **3.** (*volunteer*) **to ~ to do sth** offrirsi di fare qc **4.** (*propose: plan*) proporre; (*excuse*) presentare; (*opinion*) esprimere; **to ~ a suggestion** fare un suggerimento **5.** (*show*) **to ~ resistance** opporre resistenza **II.** *vi* (*present itself: opportunity*) presentarsi **III.** *n* (*proposal*) proposta *f;* (*of help, of a job*) offerta *f;* **an ~ of marriage** una proposta di matrimonio; **to make sb an ~ they can't refuse** fare a qu un'offerta molto allettante; **that's my last ~** è la mia ultima offerta; **to make** [*o* **put in**] **an ~ of $1000 for sth** offrire 1000 dollari per qc

offering [ˈɑː·fə·ɪŋ] *n* offerta *f;* **as an ~ of thanks** in segno di gratitudine

offhand [ˌɑːf·ˈhænd] **I.** *adj* **1.** (*without previous thought*) istintivo, -a **2.** (*uninterested*) brusco, -a **II.** *adv* su due piedi; **to judge sb/sth ~** giudicare qu/qc alla leggera; **Offhand, I'd say …** Così su due piedi direi …

office [ˈɑː·fɪs] *n* **1.** (*of a company*) ufficio *m;* (*room in house*) studio *m;* **they've got ~s in Los Angeles and Miami** hanno uffici a Los Angeles e Miami; **to stay at the ~** rimanere in ufficio; **architect's/lawyer's ~** studio di architetto/avvocato; **doctor's ~** ambulatorio *m* **2.** POL (*authoritative position*) carica *f;* **to hold ~ as** ricoprire la carica di; **to be in ~** (*person*) essere in carica; (*party*) essere al potere; **to be out of ~** aver lasciato la carica; **to take ~** assumere una carica **3.** *pl* (*assistance*) servigi *mpl;* **through the ~s of** grazie all'intervento di **4.** REL rito *m*

office building *n* palazzo *m* di uffici

office hours *npl* orario *f* d'ufficio; **to do sth after ~** fare qc fuori dall'orario d'ufficio

officer [ˈɑː·fɪ·sə] *n* **1.** MIL ufficiale *m;* **naval ~** ufficiale di marina **2.** (*policeman*) agente *mf;* **police ~** agente di polizia **3.** (*in organization*) funzionario *m;* (*in political party*) dirigente *mf*

office staff *n* personale *m* amministrativo

office supplies *npl* articoli *mpl* per l'ufficio

office worker *n* impiegato, -a *m, f*

official [ə·ˈfɪʃl] **I.** *n* **1.** POL dirigente *mf* **2.** (*civil servant*) funzionario, -a *m, f* **II.** *adj* ufficiale

officialdom [ə·ˈfɪ·ʃl·dəm] *n pej* burocrazia *f*

officialese [ə·ˌfɪ·ʃə·ˈliːz] *n* gergo *m* burocratico

officially [ə·ˈfɪ·ʃə·li] *adv* ufficialmente

officiate [ə·ˈfɪ·ʃi·eɪt] *vi form* officiare; **to ~ at a wedding/funeral** celebrare un matrimonio/funerale

officious [ə·ˈfɪ·ʃəs] *adj pej* petulante

offing [ˈɑː·fɪŋ] *n* **to be in the ~** *fig* esserci in vista; **good news is in the ~** ci saranno presto buone notizie

off-key MUS **I.** *adv* **to play/sing ~** stonare **II.** *adj* stonato, -a, fuori tono

off-limits *adj* con divieto di accesso

offline [ˌɑːf·ˈlaɪn] *adj* COMPUT non in linea

offload [ˈɑːf·loʊd] *vt* **1.** (*unload*) scaricare **2.** (*get rid of*) **to ~ sth** sbarazzarsi di qc; **to ~ sth onto sb** sbolognare qc a qu; **to ~ work onto sb** scaricare il lavoro a qu

off-peak [ˌɑːf·ˈpiːk] *adj* (*fare, rate*) fuori dalle ore di punta; (*phone call*) a tariffa ridotta

off-piste [ˌɑːf·ˈpiːst] *adj* SPORTS fuoripista; **~ skiing** sci fuoripista

off-putting [ˈɑːf·ˌpʊt·ɪŋ] *adj* **1.** (*smell, manner, appearance*) sgradevole; (*person*) antipatico, -a **2.** (*experience*) scoraggiante

off-ramp *n* rampa *f* di svincolo

off-road vehicle *n* fuoristrada *m inv*

off-season [ˈɑːf·si·zən] **I.** *n* bassa stagione *f* **II.** *adj* di bassa stagione

offset [ˈɑːf·set] **I.** *n* **1.** (*compensation*) compensazione *f* **2.** BOT germoglio *m* **3.** TYPO offset *m* **II.** <offset, offset> *vt* **1.** (*compensate*) compensare; **in order to ~ the cost/loss …** per compensare i costi/le perdite **2.** TYPO stampare offset

offset printing *n* stampa *f* offset

offshore [ˌɑːf·ˈʃɔːr] **I.** *adj* **1.** (*from the shore: breeze, wind*) di terra **2.** (*at sea*) vicino alla costa; **~ fishing** pesca *f* costiera; **~ oilfield** giacimento *m* petrolifero off-shore **3.** (*in foreign country*) off-shore *inv* **II.** *adv* vicino alla costa; **to anchor ~** ormeggiare a un certa distanza alla costa

offside [ˌɑːf·ˈsaɪd], **offsides** SPORTS **I.** *adv* in fuorigioco **II.** *adj* (*rule*) del fuorigioco **III.** *n* fuorigioco *m inv;* **he was called for an ~** gli è stato fischiato il fuorigioco

offspring [ˈɑːf·sprɪŋ] *n inv* **1.** (*animal young*) piccoli *mpl* **2.** *pl* (*children*) prole *f*

offstage [ˌɑːf·ˈsteɪdʒ] **I.** *adj* dietro le quinte **II.** *adv* dietro le quinte

off-street parking [ˌɑːf·striːt·ˈpɑːr·kɪŋ] *n* posto *m* auto

off-the-cuff [ˌɑːf·ðə·ˈkʌf] **I.** *adj* spontaneo, -a **II.** *adv* spontaneamente

off-the-rack [ˌɑːf·ðə·ˈræk] *adj* confezionato, -a

off-white [ˌɑːf·ˈhwaɪt] *adj* bianco sporco *inv*

often [ˈɑː·fən] *adv* spesso; **we ~ go there** ci andiamo spesso; **as ~ as not** il più delle volte;

every so ~ di tanto in tanto; **how** ~**?** ogni quanto?; **it's not** ~ **that …** non accade di frequente che … +*conj*; **more** ~ **than not** il più delle volte

ogle ['oʊ·gl] *vt* **to** ~ **sb** mangiarsi qu con gli occhi

ogre ['oʊ·gə] *n* orco *m*

ogress ['oʊg·res] *n* orchessa *f*

oh [oʊ] *interj* **1.** (*expressing surprise, disappointment, pleasure*) oh; ~ **dear!** oddio!; ~ **no!** oh no!; ~ **well** pazienza; ~ **yes?** ah sì? **2.** (*by the way*) ah

OH *n abbr of* **Ohio** Ohio *m*

Ohio *n* Ohio *m*

oil [ɔɪl] **I.** *n* **1.** (*lubricant*) olio *m;* **sunflower** ~ olio di girasole **2.** (*petroleum*) petrolio *m;* **to strike** ~ trovare il petrolio; *fig* trovare una miniera d'oro **3.** *pl* (*oil-based paint*) colori *mpl* a olio; **to paint in** ~**s** dipingere a olio ▸**to burn the** underline(midnight) ~ lavorare fino a tarda notte; **to pour** ~ **on troubled** waters placare le acque **II.** *vt* oliare

oilcan *n* oliera *f*

oilcloth *n* tela *f* cerata

oil consumption *n* consumo *m* petrolifero

oil crisis *n* crisi *f* petrolifera *inv*

oil-exporting *adj* esportatore, -trice *m, f* di petrolio

oilfield *n* giacimento *m* petrolifero

oil-fired *adj* a gasolio; ~ **heating system** riscaldamento *m* a gasolio

oiliness ['ɔɪ·li·nɪs] *n* **1.** (*greasiness: of food*) oleosità *f;* (*of material, skin*) untuosità *f* **2.** *fig* untuosità *f*

oil lamp *n* lampada *f* a olio

oil level *n* TECH livello *m* dell'olio

oil painting *n* **1.** (*picture*) dipinto *m* a olio **2.** (*art*) pittura *f* a olio ▸**to be** no ~ *Aus, Brit, iron* non essere una gran bellezza

oil pipeline *n* oleodotto *m*

oil-producing *adj* produttore, -trice *m, f* di petrolio

oil-producing country *n* paese *m* produttore di petrolio

oil production *n* produzione *f* di petrolio

oilrig *n* piattaforma *f* petrolifera

oil sheik *n* magnate *m* del petrolio

oilskin *n* **1.** (*cloth*) tela *f* cerata **2.** *pl* (*clothing*) cerata *fsing*

oil slick *n* marea *f* nera

oil tanker *n* NAUT petroliera *f*

oil well *n* pozzo *m* di petrolio

oily ['ɔɪ·li] <-ier, -iest> *adj* **1.** (*oil-like*) oleoso, -a **2.** (*greasy*) unto, -a **3.** (*manner*) untuoso, -a

ointment ['ɔɪnt·mənt] *n* MED pomata *f*

OK¹, okay [oʊ·'keɪ] *inf* **I.** *adj* **1.** (*acceptable*) is it ~ **with you if …?** ti va bene se …?; **it's** ~ **with me** per me va bene; **to be** ~ **for money/work** avere abbastanza soldi/lavoro **2.** (*not bad*) **to be** ~ non essere male; **her voice is** ~, **but it's nothing special** la sua voce non è male, ma niente di speciale **II.** *interj* ok *inf* **III.** <OKed, okayed> *vt* **to** ~ **sth**

dare l'ok a qc **IV.** *n* ok *m;* **to give** (**sb/sth**) **the** ~ dare l'ok (a qu/qc) **V.** *adv* abbastanza bene

OK² *n abbr of* **Oklahoma** Oklahoma, f

Oklahoma *n* Oklahoma *f*

okra ['oʊ·krə] *n* abelmosco *m*

old [oʊld] **I.** *adj* **1.** (*not young, not new*) vecchio, -a; ~ **people** i vecchi; **to be a bit** ~ **to be doing sth** (*adult*) essere troppo vecchio per fare qc; (*child*) essere ormai grande per fare qc; **to grow** ~**er** invecchiare **2.** (*wine*) invecchiato, -a; (*furniture, house*) antico, -a **3.** (*denoting an age*) **how** ~ **are you?** quanti anni hai?; **he's five years** ~ ha cinque anni; **she's three years** ~**er than me** ha tre anni più di me; **Ted is fifteen, she's** ~**er** Ted ha 15 anni, lei è più grande; **to be** ~ **enough to do sth** essere grande abbastanza per fare qc **4.** (*former*) ~ **boyfriend** ex fidanzato *m;* ~ **English** antico inglese *m* **5.** (*long known*) ~ **friend** vecchio amico; **the same** ~ **faces** le stesse facce di sempre **6.** *inf* (*expression of affection*) **I heard poor** ~ **Frank has lost his job** ho sentito che il povero Frank ha perso il lavoro **II.** *n* **1.** (*elderly people*) **the** ~ i vecchi; **young and** ~ grandi e piccini **2.** *liter* (*past*) **of** ~ anticamente; **to know sb of** ~ conoscere qu da molto tempo

old age *n* vecchiaia *f;* **to reach** ~ arrivare alla vecchiaia

old-fashioned [ˌoʊld·'fæ·ʃənd] *adj pej* **1.** (*not modern: clothes*) fuori moda *inv;* (*views*) antiquato, -a; **to be** ~ essere all'antica **2.** (*traditional*) tradizionale; **it has an** ~ **charm** ha un fascino antico

oldie *n* **1.** (*person*) vecchio, -a *m, f* **2.** (*song, film*) vecchio successo *m*

old lady *n inf* **my** ~ (*mother*) mia mamma; (*wife*) mia moglie

old man *n inf* **my** ~ (*father*) mio padre; (*husband*) mio marito

old master *n* ART **1.** (*artist*) grande maestro *m* **2.** (*painting*) opera *f* di un grande maestro

old school I. *adj* della vecchia scuola **II.** *n fig* vecchia scuola *f*

Old Testament *n* Antico Testamento *m*

old-timer ['oʊld·ˌtaɪ·mə] *n inf* **1.** (*old man*) vecchio, -a *m, f* **2.** (*longtime worker, resident*) veterano, -a *m, f*

old wives' tale [ˌoʊld·'waɪvz·ˌteɪl] *n* credenza *f* popolare

oleander [ˌoʊ·li·'æn·də] *n* oleandro *m*

olfactory [ɑːl·'fæk·tə·ri] *adj* olfattivo, -a

olive ['ɑː·lɪv] *n* **1.** (*fruit*) oliva *f* **2.** (*tree*) olivo *m* **3.** (*color*) verde *m* oliva

olive branch *n* ramo *m* d'olivo ▸**to hold out the** ~ **to sb** porgere a qu il ramo d'olivo

olive grove *n* oliveto *m*

olive oil *n* olio *m* d'oliva

Olympiad [oʊ·'lɪm·pi·æd] *n* SPORTS olimpiade *f*

Olympian [oʊ·'lɪm·pi·ən] *adj* olimpico, -a

Olympic [oʊ·'lɪm·pɪk] *adj* olimpico, -a; **the Olympic Games** SPORTS i Giochi Olimpici

O

Oman [oʊˈmɑːn] *n* Oman *m*

Omani [oʊˈmɑːˌni] I. *adj* omanita II. *n* omanita *mf*

ombudsman [ˈɑːmˌbədzˌmən] <-men> *n* POL difensore *m* civico

omelet(te) [ˈɑːmˌlət] *n* frittata *f*

omen [ˈoʊˌmen] *n* presagio *m;* **to be a good/bad ~ for sth** essere di buon/cattivo auspicio per qc

ominous [ˈɑːˌməˌnəs] *adj* (*news, silence*) inquietante; (*implications*) funesto, -a

omission [oʊˈmɪˌʃən] *n* omissione *f*

omit [oʊˈmɪt] <-tt-> *vt* (*information, paragraph*) omettere; (*person*) escludere; **to ~ any reference to sb/sth** evitare qualsiasi riferimento a qu/qc; **to ~ to do sth** (*neglect*) tralasciare di fare qc; (*forget*) dimenticarsi di fare qc

omnibus [ˈɑːmˌnɪˌbəs] I.<-es> *n* 1.(*bus*) autobus *m inv* 2.(*anthology*) antologia *f* II. *adj* **~ edition** antologia

omnipotence [ɑːmˈnɪˌpəˌtəns] *n* onnipotenza *f*

omnipotent [ɑːmˈᵛnɪpətənt] *adj* onnipotente

omnipresent [ˌɑːmˌnɪˈpreˌznt] *adj form* onnipresente

omniscient [ɑːmˈnɪˌʃnt] *adj form* onnisciente

omnivorous [ɑːmˈnɪˌvəˌrəs] *adj* onnivoro, -a; **to be an ~ reader** *fig* essere un avido lettore

on [ɑːn] I. *prep* 1.(*place*) su; **~ the table** sul tavolo; **to hang sth ~ the wall** appendere qc al muro; **to put sth ~ sb's shoulder/finger** mettere qc sulle spalle/al dito di qu; **to be ~ the plane** essere sull'aereo; **to have sth ~ one's mind** *fig* pensare a qc 2.(*by means of*) **to go ~ the train** andare in treno; **to go ~ foot** andare a piedi; **to keep a dog ~ a leash** tenere un cane al guinzaglio 3.(*source of*) **to run ~ gas** andare a benzina; **to live ~ $2,000 a month** vivere con 2.000 dollari al mese 4. MED **to be ~ drugs** (*legal*) assumere farmaci; (*illegal*) drogarsi 5.(*spatial*) **~ the right/left** a destra/sinistra; **~ the corner** all'angolo; **~ back of sth** nella parte posteriore di qc; **a house ~ the river** una casa sul fiume 6.(*temporal*) **~ Sunday** domenica; **~ Sundays** la domenica; **~ the evening of May the 4th** la sera del 4 maggio; **at 2:00 p.m. ~ the dot** alle due in punto 7.(*at time of*) **to leave ~ time** partire in orario; **~ her arrival** al suo arrivo; **~ arriving there** arrivando là; **to finish ~ schedule** finire per tempo 8.(*about*) su; **a lecture ~ Shakespeare** una conferenza su Shakespeare; **to compliment sb ~ sth** congratularsi con qu per qc; **to be there ~ business** essere là per lavoro 9.(*through medium of*) **~ TV** alla TV; **~ video/CD** su videocassetta/CD; **to speak ~ the radio/the phone** parlare alla radio/al telefono; **to work ~ a computer** lavorare al computer; **to play sth ~ the flute** suonare qc con il flauto 10.(*with basis in*) **~ the principle that** in base al principio che; **to do sth ~ purpose** fare qc di proposito 11.(*in state of*) **~ sale** in vendita; **to set**

sth ~ fire dare fuoco a qc; **to go ~ vacation/a trip** andare in vacanza/viaggio; **~ the whole** nel complesso 12.(*involved in*) **to be ~ the committee** far parte della commissione; **to work ~ a project** lavorare a un progetto; **to be ~ page 10** essere a pagina 10; **two ~ each side** due per parte 13.(*because of*) **~ account of sth/sb** a causa di qc/qu; **to depend ~ sb/sth** dipendere da qu/qc 14.(*against*) **to turn ~ sb** mettersi contro qu; **an attack ~ sb** un attacco a qu; **to cheat ~ sb** tradire qu 15.(*paid by*) **to buy sth ~ credit** comprare qc a credito; **this is ~ me** *inf* offro io II. *adv* 1.(*covering one's body*) **to put a hat ~** mettersi un cappello; **to have sth ~** avere qc addosso; **to try ~ sth** provarsi qc 2.(*connected to sth*) **make sure the top's ~ properly** assicurati che sia tappato bene 3.(*aboard*) **to get ~ a train** salire in treno; **to get ~ a horse** montare a cavallo 4.(*not stopping*) **to keep ~ doing sth** continuare a fare qc; **to get ~ with sth** continuare a fare qc 5.(*in forward direction*) avanti; **to move ~** andare avanti; **to urge sb ~** *fig* incoraggiare qu; **from that day ~** da quel giorno in poi; **later ~** più tardi; **and so ~** e così via 6.(*in operation*) **to turn ~** accendere; (*tap*) aprire 7.(*performing*) in scena; **to go ~** entrare in scena ▶ **~ and off** di quando in quando; **~ and ~** a lungo; **well ~ into the night** a notte inoltrata III. *adj* 1.(*functioning: light*) acceso, -a; (*faucet*) aperto, -a; (*brake*) inserito, -a; **to leave the light ~** lasciare la luce accesa 2.(*scheduled*) **what's ~ at the movies this week?** cosa danno al cinema questa settimana?; **the show will be ~ in Seattle very soon** lo spettacolo sarà in scena a Seattle molto presto; **have you got anything ~ for tomorrow?** hai programmi per domani? 3. THEAT (*performing*) **to be ~** essere di scena 4.(*job*) **to be ~ duty** essere di servizio; (*doctor*) essere di guardia 5.(*good: day*) buono, -a 6.(*acceptable*) **you're ~!** d'accordo!

once [wʌns] I. *adv* 1.(*one time*) una volta; **~ a week** una volta alla settimana; **~ in a lifetime** una volta nella vita; (**every**) **~ in a while** una volta ogni tanto; **~ again** ancora una volta; **~ and for all** una volta per tutte; **just for ~** per una volta tanto; **~ more** (*one more time*) un'altra volta; (*again, as before*) ancora una volta; **~ or twice** una volta o due; **at ~** (*simultaneously*) insieme; (*immediately*) subito 2. *liter* (*at one time past*) una volta; **~ upon a time there was ...** *liter* c'era una volta ... II. *conj* una volta che; **but ~ I'd arrived, ...** ma una volta arrivato ... ▶ **all** at **~** tutto insieme; **at ~** subito

once-over [ˈwʌntsˌoʊˌvəˈ] *n inf* occhiata *f;* **to give sb/sth a/the ~** dare un'occhiata a qu/qc

oncoming [ˈɑːnˌkʌmˌɪŋ] *adj* imminente; (*traffic, vehicle*) che arriva dalla direzione opposta

one [wʌn] I. *n* (*number*) uno *m* ▶ **to land sb ~** *inf* mollarne uno a qu; (**all**) **in ~** tutto in uno;

as ~ *form* tutti insieme; **in** ~ in un colpo solo **II.** *adj* **1.** *numeral* un, uno, -a; ~ **hundred** cento; **it's** ~ **o'clock** è l'una; ~ **man out of** [*o* **in**] **two** un uomo su due **2.** *indef* un, uno, -a; **we'll meet** ~ **day** un giorno ci incontreremo; ~ **winter night** una notte d'inverno **3.** (*sole, single*) unico, -a; **her** ~ **and only hope** la sua unica speranza; **all files on the** ~ **disk** tutti i file su un unico dischetto **III.** *pron pers* **1.** **what can** ~ **do?** uno cosa fa?; **to wash** ~**'s face** lavarsi la faccia **2.** (*person*) **no** ~ nessuno; **every** ~ tutti; **the little** ~**s** i piccoli; **the** ~ **who** ... quello che ...; **I for** ~ io per esempio **3.** (*particular thing or person*) **this** questo; **which** ~? quale?; **the** ~ **on the table** quello sul tavolo; **the thinner** ~ il più magro

one-armed [ˌwʌn·ˈɑː·rmd] *adj* con un braccio solo

one-armed bandit *n* slot machine *f inv*

one-eyed [ˌwʌn·ˈaɪd] *adj* con un occhio solo

one-handed **I.** *adv* con una sola mano **II.** *adj* con una mano sola

one-horse *adj* **1.** (*using one horse*) a un cavallo **2.** (*second-rate*) irrilevante; **a** ~ **town** un paese sconosciuto

one-legged *adj* con una gamba sola

one-liner [ˌwʌn·ˈlaɪ·nɚ] *n* battuta *f*

one-man [ˌwʌn·ˈmæn] *adj* **1.** (*consisting of one person*) di un solo uomo; **a** ~ **band** uomo *m* orchestra **2.** (*designed for one person*) singolo, -a

one-night stand [ˌwʌn·naɪt·ˈstænd] *n* **1.** *inf* (*relationship*) avventura *f* di una notte **2.** MUS, THEAT spettacolo *m* unico

one-piece (**swimsuit**) [ˈwʌn·piːs] *n* costume *m* intero

onerous [ˈɑː·nɚ·əs] *adj* oneroso, -a

oneself [wʌn·ˈself] *pron reflexive* **1.** si; **to deceive** ~ illudersi; **to express** ~ esprimersi **2.** *normal* se stesso, -a; **freedom to be** ~ la libertà di essere se stessi; **not to feel** ~ non sentirsi se stessi **3.** *emphatic* da sé; **to do sth** ~ fare qc da sé **4.** (*personally*) **to see for** ~ vedere qc con i propri occhi **5.** (*alone*) da solo; **living by** ~ **can be very difficult** vivere da soli può essere difficile; **to have sth to** ~ avere qc per sé; **to keep sth for** ~ tenere qc per sé; **to speak to** ~ parlare da solo

one-sided [ˌwʌn·ˈsaɪ·dɪd] *adj* (*contest*) impari; (*decision*) di parte; (*view, account*) parziale

one-time [ˈwʌn·taɪm] *adj* **1.** di un tempo; ~ **president** ex presidente *mf* **2.** (*happening only once*) unico, -a

one-track mind [ˌwʌn·træk·ˈmaɪnd] *n* **to have a** ~ pensare soltanto a una cosa

one-upmanship [ˌwʌn·ˈʌp·mən·ʃɪp] *n inf* arte *f* di primeggiare

one-way street [ˌwʌn·weɪ·ˈstriːt] *n* strada *f* a senso unico

one-way ticket *n* biglietto *m* di sola andata

ongoing [ˈɑːn·goʊ·ɪŋ] *adj* in corso; ~ **state of affairs** situazione che perdura

onion [ˈʌn·jən] *n* cipolla *f*

online, on-line COMPUT **I.** *adj* in linea; ~ **information service** servizio *m* di informazioni in linea; ~ **shopping** acquisti *mpl* via Internet **II.** *adv* su Internet

onlooker [ˈɑːn·lʊ·kɚ] *n* spettatore, -trice *m, f*; **there were many** ~**s at the accident site** c'erano molti curiosi sul luogo dell'incidente

only [ˈoʊn·li] **I.** *adj* unico, -a, solo, -a; **the** ~ **plate he had** l'unico piatto che aveva; **the** ~ **way of doing sth** l'unico modo di fare qc; **I'm not the** ~ **one** non sono l'unico; **the** ~ **thing is** ... l'unica cosa è ... **II.** *adv* soltanto; **not** ~ ... **but also** non soltanto ... ma anche; **I can say** ... posso soltanto dire ...; **he has** ~ **two** ne ha solo due; ~ **Paul can do it** può farlo solo Paul; **I've** ~ **just eaten** ho appena mangiato **III.** *conj inf* solo che

onrush [ˈɑːn·rʌʃ] <-es> *n* **1.** (*of water*) ondata *f* **2.** (*of people*) fiumana *f*

onset [ˈɑːn·set] *n* inizio *m*; (*of winter*) arrivo *m*; (*of illness*) comparsa *f*

onshore [ˈɑːn·ʃɔːr] **I.** *adj* (*wind*) di mare **II.** *adv* a terra

onside [ˌɒn·ˈsaɪt] SPORTS **I.** *adj* **to be** ~ (*player*) non essere in fuorigioco **II.** *adv* non in fuorigioco

onside kick *n* onside kick *m inv*

onslaught [ˈɑːn·slɑːt] *n* attacco *m* violento

on-the-job training *n* formazione *f* sul posto di lavoro

onto [ˈɑːn·tuː] *prep*, **on to** *prep* **1.** (*in direction of*) su; **to put sth** ~ **the chair** mettere qc sulla sedia; **to come** ~ **a subject** arrivare a un argomento **2.** (*connected to*) **to hold** ~ **sb's arm** tenersi al braccio di qu; **to be** ~ **sb** scoprire il gioco di qu

onus [ˈoʊ·nəs] *n* onere *m*

onward [ˈɑːn·wəd] **I.** *adj* in avanti; **the** ~ **march of time** l'inesorabile avanzare del tempo **II.** *adv* in avanti; **from today** ~ da oggi in poi

onyx [ˈɑː·nɪks] *n* GEO onice *f*

oodles [ˈuː·dlz] *npl* ~ **of money** un mucchio di soldi

oomph [ʊmf] *n inf* **1.** (*energy, vitality*) dinamismo *f* **2.** (*sex appeal*) attrattiva *f* sessuale

ooze [uːz] **I.** *vi* **1.** (*seep out*) stillare; **to** ~ **from sth** stillare da qc; **to** ~ **with sth** stillare qc; **to** ~ **away** esaurirsi **2.** *fig* (*be full of*) **to** ~ **with confidence** irradiare sicurezza **II.** *vt* stillare; **to** ~ **pus** emettere pus; **to** ~ **charisma** trasudare carisma **III.** *n* melma *f*

opacity [oʊ·ˈpæ·sə·ti] *n* **1.** (*non-transparency*) opacità *f* **2.** (*incomprehensibility*) oscurità *f*

opal [ˈoʊ·pl] *n* GEO opale *m*

opalescent [ˌoʊ·pə·ˈle·snt] *adj* opalescente

opaque [oʊ·ˈpeɪk] *adj* **1.** (*not transparent*) opaco, -a **2.** (*unintelligible*) oscuro, -a

OPEC [ˈoʊ·pek] *n abbr of* **Organization of Petroleum Exporting Countries** OPEC *f*

open [ˈoʊ·pən] **I.** *adj* **1.** aperto, -a; **wide** ~ spalancato; **to push sth** ~ aprire qc con una

O

spinta; **to keep one's options** ~ lasciarsi aperte varie strade; **to welcome sb with** ~ **arms** accogliere qu a braccia aperte; **to have an** ~ **mind** avere una mentalità aperta **2.**(*not secret, public: scandal*) pubblico, -a; (*hostility*) dichiarato, -a; **to be an** ~ **book** *fig* essere un libro aperto; **an** ~ **secret** una cosa risaputa **3.**(*unfolded: map*) spiegato, -a **4.**(*accessible to all*) aperto, -a; (*discussion*) aperto, -a al pubblico; (*session, trial*) a porte aperte **5.**(*still available: job*) disponibile **II.** *n* **1.**(*outdoors, outside*) (**out**) **in the** ~ all'aperto **2.**(*not secret*) **to get sth** (**out**) **in the** ~ portare qc alla luce **III.** *vi* **1.**(*door, window, box*) aprirsi **2.**(*shop*) aprire **3.**(*start*) iniziare **IV.** *vt* **1.**(*door, box, shop*) aprire; **to** ~ **the door to sth** *fig* aprire la strada a qu; **to** ~ **sb's eyes** (**to sb/sth**) *fig* aprire gli occhi a qu; **to** ~ **fire** (**on sb**) sparare (a qu) **2.**(*reveal feelings*) **to** ~ **one's heart to sb** aprirsi con qu **3.**(*inaugurate*) aprire

◆ **open onto** *vi* aprirsi su

◆ **open up** **I.** *vi* **1.**(*unfold, become wider*) aprirsi **2.**(*shop*) aprire **3.**(*shoot*) aprire il fuoco **II.** *vt* aprire; (*map*) spiegare

open-air [ˌoʊ·pən·'er] *adj* all'aperto

open-ended [ˌoʊ·pn·'en·dɪd] *adj* (*question*) aperto, -a; (*contract*) a tempo indeterminato

opener ['oʊ·pən·ɚ] *n* **bottle** ~ apribottiglie *m inv*; **can** ~ apriscatole *m inv*

open-heart surgery [ˌoʊ·pən·hɑːrt·'sɜːr·dʒə·ri] *n* chirurgia *f* a cuore aperto

opening ['oʊ·pn·ɪŋ] *n* **1.**(*gap, hole*) apertura *f*; (*in forest*) radura *f* **2.**(*job opportunity*) posto *m* vacante **3.**(*beginning*) apertura *f*; (*of book, film*) inizio *m* **4.**(*ceremony*) inaugurazione *f*; (*new play, film*) prima *f*

opening balance *n* FIN saldo *m* iniziale

opening bid *n* offerta *f* iniziale

opening night *n* THEAT prima *f*

openly ['oʊ·pən·li] *adv* (*frankly, publicly*) apertamente

open market *n* mercato *m* aperto

open-minded [ˌoʊ·pən·'maɪn·dɪd] *adj* di mentalità aperta

open-mouthed *adj* a bocca aperta

openness ['oʊ·pən·nəs] *n* franchezza *f*

open-source *adj* open-source *inv*

open ticket *n* biglietto *m* aperto

opera ['ɑː·prə] *n* opera *f*

operable ['ɑː·pə·rə·bl] *adj* **1.**(*workable: plan*) attuabile **2.** MED operabile

opera glasses *n* binocolo *m* da teatro

opera house *n* teatro *m* lirico

operate ['ɑː·pə·reɪt] **I.** *vi* **1.**(*work, run*) funzionare **2.**(*have or produce an effect*) agire **3.**(*perform surgery*) operare; **to** ~ **on sb** operare qu **4.**(*do or be in business*) operare **II.** *vt* **1.**(*work*) azionare **2.**(*run, manage*) dirigere

operating ['ɑː·pə·reɪt̬·ɪŋ] *adj* **1.** ECON (*profit, costs*) di gestione **2.** TECH (*speed*) operativo, -a **3.** MED operatorio, -a; ~ **room**, ~ **theater** sala *f* operatoria

operation [ˌɑː·pə·'reɪ·ʃən] *n* **1.**(*way of working*) utilizzo *m*; **to be in** ~ essere in funzione; **to come into** ~ (*machines*) entrare in funzione **2.** *a.* MED, MIL, MATH operazione *f*; **rescue** ~ operazione di soccorso **3.**(*financial transaction*) operazione *f* (finanziaria)

operational [ˌɑː·pə·'reɪ·ʃə·nl] *adj* operativo, -a

operative ['ɑː·pə·ə·t̬ɪv] **I.** *n* **1.**(*worker*) operaio, -a *m, f* **2.**(*detective*) agente *mf* **II.** *adj* **1.**(*rules*) operativo, -a **2.** MED chirurgico, -a

operator ['ɑː·pə·reɪ·t̬ɚ] *n* **1.**(*person*) operatore, -trice *m, f*; TEL centralino *m*; **machine** ~ macchinista *mf*; **he's a smooth** ~ *inf* è un bel furbo **2.**(*company*) impresa *f*; **a tour** ~ operatore turistico

operetta [ˌɑː·pə·'re·t̬ə] *n* operetta *f*

ophthalmic [ɑːf·'θæl·mɪk] *adj* (*clinic, surgeon, vein*) oftalmico, -a

ophthalmologist [ˌɑːf·θæl·'mɑː·lə·dʒɪst] *n* oculista *mf*, oftalmologo, -a *m, f*

opiate ['oʊ·pi·ɪt] *n* oppiaceo *m*

opinion [ə·'pɪn·jən] *n* opinione *f*

opinionated [ə·'pɪn·jə·neɪ·t̬ɪd] *adj pej* dogmatico, -a

opinion poll *n* sondaggio *m* d'opinione

opium ['oʊ·pi·əm] *n* oppio *m*

opossum [ə·'pɑː·səm] *n* opossum *m inv*

opponent [ə·'poʊ·nənt] *n* **1.**(*of proposal*) oppositore, -trice *m, f* **2.** POL, SPORTS avversario, -a *m, f*

opportune [ˌɑː·pə·'tuːn] *adj* opportuno, -a

opportunism [ˌɑː·pə·'tuː·nɪ·zəm] *n* opportunismo *m*

opportunist [ˌɑː·pə·'tuː·nɪst] **I.** *n* opportunista *mf* **II.** *adj* opportunista

opportunity [ˌɑː·pə·'tuː·nə·t̬i] <-ies> *n* opportunità *f*; ~ **to do** [*o* **of doing**] **sth** opportunità di fare qc; **at the earliest** (**possible**) ~ alla prima occasione

oppose [ə·'poʊz] *vt* **1.**(*be against, resist*) opporsi a **2.**(*be on other team, play against*) affrontare

opposed *adj* **to be** ~ **to sth** opporsi a qc

opposing *adj* (*opinion*) opposto, -a; (*team, forces*) avversario, -a

opposite ['ɑː·pə·zɪt] **I.** *n* opposto *m*, contrario *m*; **quite the** ~! tutto il contrario! ▶ ~ **s attract** gli opposti si attraggono **II.** *adj* **1.**(*absolutely different*) opposto, -a, contrario, -a; **the** ~ **sex** l'altro sesso **2.**(*facing*) di fronte; ~ **to/from sth** di fronte a qc; **his** ~ **number** il suo omologo **III.** *adv* (*facing*) di fronte; **they live** ~ abitano di fronte **IV.** *prep* di fronte a; ~ **to sth** di fronte a qc; ~ **me** di fronte a me; **to sit** ~ **one another** sedersi di fronte (l'uno all'altro)

opposition [ˌɑː·pə·'zɪ·ʃən] *n* **1.** POL opposizione *f* **2.**(*contrast*) contrapposizione *f*; **in** ~ **to sth** in contrapposizione a qc **3.**(*opponent*) avversario, -a *m, f* **4.** ECON concorrenza *f*

oppress [ə·'pres] *vt* opprimere

oppression [ə·'pre·ʃən] *n* (*submission, feeling*) oppressione *f*

oppressive [ə·'pre·sɪv] *adj* **1.**(*harsh: regime,*

measures) oppressivo, -a **2.**(*burdensome: heat*) soffocante

oppressor [ə·'pre·sə·] *n* oppressore *m*

opt [ɑːpt] *vi* optare; **to ~ to do sth** optare di fare qc; **to ~ for sth** optare per qc

◆ **opt in** *vi* **to ~** (**to sth**) scegliere di partecipare (a qc)

◆ **opt out** *vi* **to ~** (**of sth**) scegliere di non partecipare (a qc)

optic ['ɑ:p·tɪk] **I.** *n inf* occhio *m* **II.** *adj* ottico, -a

optical ['ɑ:p·tɪ·kl] *adj* ottico, -a

optician [ɑ:p·'tɪ·ʃən] *n* MED optometrista *mf*

optic nerve *n* nervo *m* ottico

optics ['ɑ:p·tɪks] *n* ottica *f*

optimal ['ɑ:p·tɪ·ml] *adj* ottimale

optimism ['ɑ:p·tə·mɪ·zəm] *n* ottimismo *m*

optimist ['ɑ:p·tə·mɪst] *n* ottimista *mf*

optimistic [ˌɑ:p·tə·'mɪs·tɪk] *adj* ottimista

optimize ['ɑ:p·tə·maɪz] *vt* ottimizzare

optimum ['ɑ:p·tə·məm] **I.** *n* <-ma> **the ~** l'ideale **II.** *adj* ottimale

option ['ɑ:p·ʃən] *n* (*choice, possibility*) *a.* ECON opzione *f*; **to have no ~ but to do sth** non aver scelta se non fare qc; **call ~** opzione di acquisto

optional ['ɑ:p·ʃə·nl] *adj* facoltativo, -a; **~ accessories** optional

opulence ['ɑ:p·jə·ləns] *n* opulenza *f*

opulent ['ɑ·p·jə·lənt] *adj* opulento, -a

or [ɔːr] *conj* o; **seven ~ eight** sette o otto; **either ... ~ ...** o... o...; **to ask whether ~ not sb is coming** chiedere se qu viene o no; **I can't read ~ write** non so né leggere né scrivere

OR *n* **1.** *abbr of* **operating room** sala *f* operatoria **2.** Oregon *m*

oracle ['ɔ:·rə·kl] *n* oracolo *m*

oracular [ɔ:·'ræk·ju:·lə·] *adj* (*mysteriuos*) sibillino, -a

oral ['ɔ:·rəl] *adj* **1.** (*tradition, exam, statement*) orale **2.** (*medication*) per via orale; (*contraceptive, sex*) orale

orange ['ɔ:·rɪndʒ] **I.** *n* **1.** (*fruit*) arancia *f*; **~ drink** aranciata *f* **2.** (*color*) arancio *m* **II.** *adj* arancione

orangeade [ˌɔ:·rɪndʒ·'eɪd] *n* aranciata *f*

orange grove *n* aranceto *m*

orange juice *n* succo *m* d'arancia

orange peel *n* buccia *f* d'arancia

orange tree *n* arancio *m*

orangutan *n*, **orangutang** [ɔ:·'ræŋ·ə·tæn] *n* orango *m*

oration [ɔ:·'reɪ·ʃən] *n* discorso *m;* **funeral ~** orazione *f* funebre

orator ['ɔ:·rə·tə·] *n* oratore, -trice *m, f*

oratorical [ˌɔ:·rə·'tɔ:·rɪ·kl] *adj* oratorio, -a

oratorio [ˌɔ:·rə·'tɔ:·ri·oʊ] *n* MUS oratorio *m*

orb [ɔ:rb] *n liter* sfera *f*

orbit ['ɔ:r·bɪt] **I.** *n* ASTR orbita *f;* **to go into ~** entrare in orbita **II.** *vi* orbitare **III.** *vt* orbitare intorno a

orbital ['ɔ:r·bɪ·tl] *adj* orbitale

orchard ['ɔ:r·tʃə·d] *n* frutteto *m*

orchestra ['ɔ:r·kɪs·trə] *n* orchestra *f*

orchestral [ɔ:r·'kes·trəl] *adj* orchestrale

orchestra pit *n* fossa *f* dell'orchestra

orchestrate ['ɔ:r·kɪs·treɪt] *vt* orchestrare

orchestration [ˌɔ:r·kɪs·'treɪ·ʃən] *n* orchestrazione *f*

orchid ['ɔ:r·kɪd] *n* orchidea *f*

ordain [ɔ:r·'deɪn] *vt* **1.** REL ordinare; **to ~ sb as** (**a**) **priest/minister** ordinare qu sacerdote **2.** (*decree, order*) **to ~ that ...** decretare che ... +*conj*

ordeal [ɔ:r·'di:l] *n* calvario *m*

order ['ɔ:r·də·] **I.** *n* **1.** (*sequence*) ordine *m*, **to put sth in ~** mettere qc in ordine; **to leave sth in ~** lasciare qc in ordine; **in alphabetical ~** in ordine alfabetico **2.** (*instruction*) *a.* LAW, REL ordine *f;* **to give/receive an ~** dare/ricevere un ordine; **by ~ of sb** per ordine di qu **3.** (*working condition, satisfactory arrangement*) **to keep ~** mantenere l'ordine; **a new world ~** un nuovo ordine mondiale; **the car is in perfect working ~** l'auto funziona alla perfezione; **to be out of ~** essere guasto; **are your immigration papers in ~?** ha documenti d'immigrazione in regola? **4.** (*appropriate behavior*) **out of ~** inopportuno, -a **5.** (*purpose*) **in ~** (**not**) **to do sth** allo scopo di (non) fare qc; **in ~ for, in ~ that** perché +*conj* **6.** (*social class, rank, kind*) classe *f* **7.** (*request to supply goods or service*) ordine *m;* **to put in an ~ for sth** ordinare qc; **made to ~** fatto su ordinazione **8.** (*architectural style*) ordine *m;* **Doric ~** ordine dorico **II.** *vi* ordinare; **are you ready to ~?** siete pronti a ordinare? **III.** *vt* **1.** (*command*) **to ~ sb to do sth** ordinare a qu di fare qc; **to ~ sb out** ordinare a qu di andarsene **2.** (*request goods or service*) ordinare **3.** (*arrange*) riordinare; **to ~ one's thoughts** chiarirsi le idee **4.** (*arrange according to procedure*) organizzare

order book *n* libro *m* delle ordinazioni

order form *n* modulo *m* delle ordinazioni

orderly ['ɔ:r·də·li] <-ies> **I.** *n* **1.** (*hospital attendant*) inserviente *mf* **2.** MIL piantone *m* **II.** *adj* **1.** (*tidy*) ordinato, -a **2.** (*well-behaved*) disciplinato, -a

ordinal ['ɔ:r·də·nəl] *n*, **ordinal number** *n* ordinale *m*

ordinance ['ɔ:r·də·nənts] *n* ordinanza *f*

ordinary ['ɔ:r·də·ne·ri] **I.** *n* **out of the ~** fuori dal comune; **nothing out of the ~** niente di eccezionale **II.** *adj* ordinario, -a; **in the ~ way ...** normalmente ...

ordinary share *n* azione *f* ordinaria

ordnance ['ɔ:rd·nənts] *n* artiglieria *f*

ordure ['ɔ:r·dʒə·] *n* lordura *f*

ore [ɔ:r] *n* **iron/copper ~** minerale *m* di ferro/rame

oregano [ɔ:·'re·gə·noʊ] *n* origano *m*

Oregon *n* Oregon *m*

organ ['ɔ:r·gən] *n* organo *m*

organ donor *n* donatore , -trice *m, f* di organi

O

organ grinder *n* suonatore , -trice *m, f* d'organetto

organic [ɔːrˈgæ·nɪk] *adj* 1.(*disease, substance, part, change*) organico, -a 2.(*produce, farming method*) biologico, -a; ~ **fruit** frutta *f* biologica; ~ **farming methods** agricoltura *f* biologica; ~ **label** logo *m* biologico; ~ **supermarket** supermercato *m* biologico

organism [ˈɔːr·gə·nɪ·zəm] *n* organismo *m*

organist [ˈɔːr·gə·nɪst] *n* organista *mf*

organization [ˌɔːr·gə·nɪˈzeɪ·ʃən] *n* organizzazione *f*

organizational [ˌɔːr·gə·nɪˈzeɪ·ʃə·nəl] *adj* organizzativo, -a

organization chart *n* ECON organigramma *m*

Organization for Economic Cooperation and Development *n* Organizzazione *f* per la Cooperazione e lo Sviluppo Economico

Organization of Petroleum Exporting Countries *n* Organizzazione *f* dei Paesi Esportatori di Petrolio

organize [ˈɔːr·gə·naɪz] I. *vt* organizzare II. *vi* organizzarsi; (*form trade union*) sindacalizzarsi

organized *adj* 1.(*systemized, arranged*) organizzato, -a 2.(*brought together in a trade union*) sindacalizzato, -a

organizer *n* 1.(*person*) organizzatore, -trice *m, f* 2.COMPUT agenda *f* elettronica

orgasm [ˈɔːr·gæ·zəm] I. *n* orgasmo *m* II. *vi* raggiungere l'orgasmo

orgasmic [ɔːrˈgæs·mɪk] *adj* orgasmico, -a

orgy [ˈɔːr·dʒi] <-ies> *n* orgia *f*

orient [ˈɔː·ri·ənt] *vt* to ~ **oneself** orientarsi

Orient [ˈɔː·ri·ənt] *n* the ~ l'Oriente

oriental [ˌɔː·riˈen·təl] *adj* orientale

orientate [ˈɔː·ri·en·teɪt] *vt* to ~ **oneself** orientarsi

orientation [ˌɔː·ri·enˈteɪ·ʃən] *n* orientamento *m*

orienteering [ˌɔː·ri·enˈtɪ·rɪŋ] *n* orientamento *m*

orifice [ˈɔː·rə·fɪs] *n form* orifizio *m*

origin [ˈɔː·rə·dʒɪn] *n* origine *f*

original [əˈrɪ·dʒɪ·nəl] I. *n* originale *m* II. *adj* originale

originality [əˌrɪ·dʒɪ·ˈnæ·lə·ti] *n* originalità *f*

originally [əˈrɪ·dʒɪ·nə·li] *adv* 1.(*initially*) originariamente 2.(*unusually*) originalmente

original sin *n* peccato *m* originale

originate [əˈrɪ·dʒɪ·neɪt] I. *vi* avere origine II. *vt* creare

ornament [ˈɔːr·nə·mənt] I. *n* ornamento *m* II. *vt* ornare

ornamental [ˌɔːr·nə·ˈmen·t̬l] *adj* ornamentale

ornamentation [ˌɔːr·nə·men·ˈteɪ·ʃən] *n form* ornamentazione *f*

ornate [ɔːrˈneɪt] *adj* 1.(*elaborately decorated*) ornato, -a 2.(*language, style*) elaborato, -a

ornithologist [ˌɔːr·nə·ˈθɑː·lə·dʒɪst] *n* ornitologo, -a *m, f*

ornithology [ˌɔːr·nə·ˈθɑː·lə·dʒi] *n* ornitologia *f*

orphan [ˈɔːr·fn] I. *n* orfano, -a *m, f* II. *vt* to be ~ **ed** rimanere orfano

orphanage [ˈɔːr·fn·ɪdʒ] *n* orfanotrofio *m*

orthodontist [ˌɔːr·θoʊ·ˈdɑːn·t̬ɪst] *n* ortodontista *mf*

orthodox [ˈɔːr·θə·dɑːks] *adj* ortodosso, -a

orthodoxy [ˈɔːr·θə·dɑː·ksi] <-ies> *n* ortodossia *f*

orthogonal [ɔːrˈθɑː·gə·nl] *adj* MATH ortogonale

orthographic(al) [ˌɔːr·θoʊ·ˈgræ·fɪ·k(l)] *adj* ortografico, -a

orthography [ɔːrˈθɑː·grə·fi] *n* ortografia *f*

orthopedic [ˌɔːr·θoʊ·ˈpiː·dɪk] *adj* ortopedico, -a; ~ **surgery** chirurgia *f* ortopedica

orthopedics [ˌɔːr·θoʊ·ˈpiː·dɪks] *npl* ortopedia *f*

orthopedist [ˌɔːr·θoʊ·ˈpiː·dɪst] *n* ortopedico *m*

OS [ˌoʊ·ˈes] COMPUT *abbr of* **operating system** SO

oscillate [ˈɑːs·leɪt] *vi a.* PHYS oscillare; **to ~ between hope and despair** oscillare tra speranza e disperazione

oscillation [ˌɑːs·ˈleɪ·ʃən] *n a.* PHYS oscillazione *f*

oscilloscope [əˈsɪ·lə·skoʊp] *n* oscilloscopio *m*

osmosis [ɑːz·ˈmoʊ·sɪs] *n* osmosi *f inv*

osprey [ˈɑːs·pri] *n* falco *m* pescatore

ossify [ˈɑː·sə·faɪ] <-ie-> I. *vi* 1.(*turn into bone*) ossificarsi 2.*fig* (*become rigid*) fossilizzarsi II. *vt* 1.(*turn into bone*) ossificare 2.*fig* (*cause to be rigid*) fossilizzare

ostensible [ɑː·ˈsten·sə·bl] *adj* apparente

ostentation [ˌɑː·stən·ˈteɪ·ʃən] *n pej* ostentazione *f*

ostentatious [ˌɑː·stən·ˈteɪ·ʃəs] *adj pej* esibizionista

osteoarthritis [ˌɑː·stɪoʊ·ɑːr·ˈθraɪ·t̬ɪs] *n* osteoartrite *f*

osteopath [ˈɑː·stɪoʊ·pæθ] *n* MED osteopata *mf*

osteoporosis [ˌɑː·stɪoʊ·pə·ˈroʊ·sɪs] *n* osteoporosi *f*

ostracism [ˈɑː·strə·sɪ·zəm] *n* ostracismo *m*

ostracize [ˈɑː·strə·saɪz] *vt* ostracizzare

ostrich [ˈɑː·strɪtʃ] *n* struzzo *m*

OT 1. *abbr of* **Old Testament** A.T. 2. *abbr of* **overtime** straordinario *m*

other [ˈʌ·ðər] I. *adj* 1.(*different*) altro, -a; **some ~ way of doing sth** un altro modo di fare qc 2.(*remaining*) **the ~ one** l'altro; **the ~ three** gli altri tre; **any ~ questions?** altre domande? 3.(*being vague*) **some ~ time** un'altra volta; **the ~ day** l'altro giorno; **every ~ day** un giorno sì e uno no II. *pron* 1.(*people*) **the ~s** gli altri; **no ~ than he** *form* nessuno eccetto lui 2.(*different ones*) **each ~** l'un l'altro; **some eat, ~s drink** alcuni mangiano, altri bevono; **there might be ~s** ce ne potrebbero essere altri 3. *sing* (*either/or*) **to choose one or the ~** scegliere l'uno o l'altro; **not to have one without the ~** non aver l'uno senza l'altro 4.(*being vague*) **someone**

or ~ qualcuno **III.** *adv* **somehow or** ~ in un modo o l'altro

otherwise ['ʌ·ðəˈwaɪz] **I.** *adj form* diverso, -a **II.** *adv* (*differently, in other ways: behave, act*) altrimenti; ~, … altrimenti, … **III.** *conj* altrimenti, se no

otter ['ɑːˈtə] *n* lontra *f*

ouch [aʊtʃ] *interj* ahi

ought [ɑːt] *aux* dovere; **you** ~ **to do it** dovresti farlo; **he** ~ **to be here** dovrebbe essere qui; **they** ~ **to win** si meriterebbero di vincere; **she** ~ **to have arrived by now** a quest'ora dovrebbe essere arrivata

ounce [aʊns] *n* **1.** (*weight*) oncia *f* (*28,4 g*) **2.** (*of decency, common sense*) briciolo *m*

our ['aʊ·ə] *adj pos* nostro, -a; ~ **house** la nostra casa; ~ **children** i nostri figli; ~ **uncle** nostro zio

ours ['aʊ·əz] *pron pos* il nostro, la nostra; **it's not their bag, it's** ~ non è la loro borsa, è la nostra; **this house is** ~ questa casa è nostra; **a book of** ~ un nostro libro; ~ **is bigger** il nostro è più grande

ourselves [aʊ·əˈselvz] *pron reflexive* **1.** ci; *emphatic* noi stessi, e; **we hurt** ~ ci siamo fatti male **2.** *after prep* noi, noi stessi, e

oust [aʊst] *vt* (*rival*) eliminare; (*president*) estromettere

out [aʊt] **I.** *vt* rivelare l'omosessualità di **II.** *adj* **1.** (*absent: person*) fuori **2.** (*released: book*) pubblicato, -a; (*news*) rilasciato, -a **3.** BOT (*flower*) in fiore **4.** (*visible*) **the sun/moon is** ~ c'è il sole/la luna **5.** (*finished*) **before the week is** ~ prima che la settimana finisca **6.** (*not functioning: fire, light*) spento, -a **7.** SPORTS (*out of bounds*) fuori (*campo*) **8.** (*unfashionable*) fuori moda **9.** (*not possible*) **to be** ~ fuori discussione **10.** (*in baseball*) out *inv* **III.** *adv* **1.** (*not inside*) fuori; **to go** ~ uscire; **get** ~! fuori!; **keep** ~! vietato entrare!; **to eat** ~ mangiar fuori **2.** (*remove*) **to cross** ~ **words** cancellare le parole con la penna; **to get a stain** ~ togliere una macchia; **to put** ~ **a fire** spegnere un incendio **3.** (*available*) **the best one** ~ **right now** il migliore sul mercato adesso **4.** (*away*) **to be** ~ (*person*) essere fuori; **to go** ~ **to the West Coast** trasferirsi sulla West Coast; **to be** ~ **at sea** essere in mare (aperto); **the tide is going** ~ la marea si sta abbassando **5.** (*unconscious*) **to pass** ~ perdere conoscenza; **to be** ~ **cold** essere privo di sensi ▶**to be** ~ **and** about (*on the road*) essere in giro; ~ with it! sputa il rospo! **IV.** *prep* **1.** (*towards outside*) ~ **of** fuori da; **to go** ~ **of the room** uscire dalla stanza; **to jump** ~ **of bed** alzarsi (dal letto) con un balzo; **to take sth** ~ **of a box** tirar fuori qc da una scatola; **to look/lean** ~ **of the window** guardare/sporgersi dalla finestra **2.** (*outside from*) ~ **of sight** non visto; ~ **of reach** non a portata di mano; **to drink** ~ **of a glass** bere da un bicchiere; **to be** ~ **of it** sentirsi escluso **3.** (*away from*) **to be** ~ **of town** essere fuori città; **to be** ~ **of the country** essere all'estero; **to get** ~ **of the rain** venir via dalla pioggia; ~ **of the way!** fate largo! **4.** (*without*) **to be** ~ **of money/work** essere senza soldi/lavoro; ~ **of breath** senza fiato; ~ **of order** guasto, -a **5.** (*not included in*) **to get** ~ **of the habit of doing sth** perdere l'abitudine di fare qc; **his dog is** ~ **of control** il suo cane è indisciplinato **6.** (*from*) **made** ~ **of wood/steel** fatto di legno/acciaio; **to copy sth** ~ **of a file** copiare qc da un file; **to get sth** ~ **of sb** ottenere qc da qu; **to read** ~ **of a novel** leggere da un romanzo; **in 3 cases** ~ **of 10** in 3 casi su 10 **7.** (*because of*) **to do sth** ~ **of politeness** fare qc per gentilezza

out-and-out [ˌaʊt·ənd·ˈaʊt] *adj* (*idiot, disaster*) vero, -a e proprio, -a; (*liar*) matricolato, -a

outback ['aʊt·bæk] *n* **the** ~ l'outback (*entroterra australiano*)

outbid [ˌaʊt·ˈbɪd] *vt irr* **to** ~ **sb** (**for sth**) offrire più di qu (per qc)

outboard ['aʊt·bɔːrd] *n*, **outboard motor** *n* fuoribordo *m inv*

outbreak ['aʊt·breɪk] *n* (*of the flu*) attacco *m*; (*of war, violence*) scoppio *m*

outburst ['aʊt·bɜːrst] *n* scoppio *m*

outcast ['aʊt·kæːst] **I.** *n* emarginato, -a *m, f*; **social** ~ persona che vive ai margini della società **II.** *adj* emarginato, -a

outclass [ˌaʊt·ˈklæs] *vt* superare

outcome ['aʊt·kʌm] *n* (*result, consequence*) risultato *m*

outcrop ['aʊt·krɑːp] **I.** *n* affioramento *m* **II.** *vi* affiorare

outcry ['aʊt·kraɪ] <-ies> *n* protesta *f*

outdated [aʊt·ˈdeɪ·t̬ɪd] *adj* sorpassato, -a

outdistance [aʊt·ˈdɪs·t̬əns] *vt* lasciare indietro

outdo [aʊt·ˈduː] *vt irr* superare; **to** ~ **sb in sth** superare qu in qc; **to** ~ **oneself** superare se stesso

outdoor [ˌaʊt·ˈdɔːr] *adj* all'aperto; (*clothing*) per attività all'aperto; (*plants*) da esterno

outdoors [ˌaʊt·ˈdɔːrz] *n* all'aperto; **the great** ~ i grandi spazi

outer ['aʊ·t̬ə] *adj* esterno, -a; ~ **suburbs** quartieri *mpl* più periferici

outermost ['aʊ·t̬ə·məst] *adj* più esterno, -a

outfield ['aʊt·fiːld] *n* (*in cricket, baseball*) parte *f* più esterna del campo

outfielder *n* outfielder *m inv*

outfit ['aʊt·fɪt] *n* **1.** (*set of clothes*) completo *m* **2.** (*team, organization*) squadra *f*

outfitter ['aʊt·fɪ·t̬ə] *n* **sports** ~**s** negozio *m* di articoli sportivi

outflow ['aʊt·floʊ] *n* (*of liquid*) deflusso *m*; (*of capital*) fuga *f*

outfox *vt* mostrarsi più furbo di

outgoing ['aʊt·goʊ·ɪŋ] *adj* **1.** (*sociable, extroverted*) estroverso, -a **2.** (*retiring: President*) uscente **3.** (*ship*) in partenza; ~ **call** chiamata *f* in uscita

outgrow [ˌaʊt·ˈgroʊ] *vt irr* **1.** (*become bigger*

O

than) cresciuta troppo per; **she's ~n her pants** i pantaloni le stanno ormai troppo piccoli **2.** (*habit*) diventare grande per

outgrowth ['aʊt·groʊθ] *n* **1.** BOT escrescenza *f* **2.** (*result*) risultato *m*

outhouse ['aʊt·haʊs] *n* gabinetto *m* fuori

outing ['aʊ·t̬ɪŋ] *n* escursione *f;* **to go on an ~** fare un'escursione

outlandish [aʊt·'læn·dɪʃ] *adj* (*clothes, idea*) stravagante

outlast [ˌaʊt·'læst] *vt* **to ~ sth** durare più a lungo di qc; **to ~ sb** sopravvivere a qu

outlaw ['aʊt·lɑː] I. *n* fuorilegge *mf* II. *vt* (*product, practice*) dichiarare illegale; (*person*) bandire

outlay ['aʊt·leɪ] *n* esborso *m*

outlet ['aʊt·let] *n* **1.** ECON punto *m* vendita; **retail ~** punto vendita al dettaglio **2.** (*means of expression*) valvola *f* di sfogo **3.** (*vent*) sbocco *m* **4.** ELEC presa *f* di corrente

outline ['aʊt·laɪn] I. *n* **1.** (*draft*) abbozzo *m* **2.** (*shape*) sagoma *f* **3.** (*general description*) schema *m* II. *vt* **1.** (*draw outer line of*) tracciare il contorno di **2.** (*describe, summarize*) esporre a linee generali

outlive [aʊt·'lɪv] *vt* sopravvivere a

outlook ['aʊt·lʊk] *n* **1.** (*prospects*) prospettive *fpl* **2.** (*attitude*) punto *m* di vista **3.** (*view*) vista *f*

outlying ['aʊt·ˌlaɪ·ɪŋ] *adj* remoto, -a

outmaneuver [ˌaʊt·mə·'nuː·və] *vt* (*person*) superare

outmanded [ˌaʊt·'moʊ·dɪd] *adj · pej* antiquato, -a

outmost ['aʊt·moʊst] *adj* più remoto, -a

outnumber [ˌaʊt·'nʌm·bə] *vt* superare numericamente

out-of-court settlement *n* accordo *m* extragiudiziale

out-of-date [ˌaʊt̬·əv·'deɪt] *adj* (*clothing*) fuori moda; (*directory*) non aggiornato, -a; (*passport*) scaduto, -a

out-of-the-way [ˌaʊt̬·əv·ðə·'weɪ] *adj* sperduto, -a

outpatient ['aʊt·ˌpeɪ·ʃənt] *n* paziente *mf* esterno, -a

outplay [ˌaʊt·'pleɪ] *vt* giocare meglio di

outpost ['aʊt·poʊst] *n fig* MIL avamposto *m*

outpouring ['aʊt·ˌpɔː·rɪŋ] *n* sfogo *m;* **an ~ of anger** un'ondata *f* di rabbia

output ['aʊt·pʊt] *n* ECON produzione *f;* (*of machine*) rendimento *m*

output device *n* COMPUT dispositivo *m* di uscita

outrage ['aʊt·reɪdʒ] I. *n* **1.** (*atrocity*) atrocità *f;* (*terrorist act*) attentato *m* **2.** (*scandal*) scandalo *m;* **to express ~** (**at sth**) mostrare indignazione (per qc); **to feel a strong sense of ~ at sth** sentirsi oltraggiato per qc II. *vt* (*offend*) oltraggiare

outrageous [aʊt·'reɪ·dʒəs] *adj* **1.** (*shocking: behavior*) scandaloso, -a; (*clothing, person*) stravagante **2.** (*cruel, violent*) atroce

outré [uː·'treɪ] *adj form* bizzarro, -a

outrigger ['aʊt·rɪ·gə] *n* **1.** (*stabilizer*) bilanciere *m* **2.** (*boat*) buttafuori *m inv*

outright ['aʊt·raɪt] I. *adj* (*disaster, defeat*) totale; (*winner*) assoluto, -a; (*hostility*) chiaro, -a II. *adv* **1.** (*defeat, ignore*) totalmente; (*win*) indiscutibilmente **2.** (*declare, ask*) apertamente

outrun [ˌaʊt·'rʌn] *vt irr* **to ~ sb** lasciare indietro qu

outset ['aʊt·set] *n* principio *m;* **from the ~** dall'inizio

outshine [ˌaʊt·'ʃaɪn] *vt irr* eclissare

outside [ˌaʊt·'saɪd] I. *adj* **1.** (*external*) esterno, -a **2.** (*not likely*) **an ~ chance that ...** una remota possibilità che ... +*conj* **3.** (*extreme*) massimo, -a II. *n* **1.** (*external part or side*) esterno *m;* **judging from the ~** a giudicare da fuori **2.** (*at most*) **at the ~** al massimo III. *prep* **1.** (*not within*) fuori da; **to wait ~ the door** aspettare fuori dalla porta; **~ business hours** fuori dall'orario d'ufficio **2.** (*besides*) oltre a IV. *adv* **1.** (*outdoors*) fuori; **to go ~** uscire; **to go ~ the house** uscire di casa; **to live an hour ~ Detroit** abitare a un'ora da Detroit **2.** (*beyond*) **to be ~ the perimeter** essere fuori dal perimetro

outsider [ˌaʊt·'saɪ·də] *n* **1.** (*person not from a group*) persona *f* di fuori **2.** (*in race, competition*) outsider *mf inv*

outsize [ˌaʊt·'saɪz] *adj* grande; **~ clothes** abbigliamento taglie forti

outskirts ['aʊt·skɜːrts] *npl* periferia *f;* **on the ~** in periferia

outsourcing ['aʊt·ˌsɔːr·sɪŋ] *n* outsourcing *m*

outspoken [ˌaʊt·'spoʊ·kən] *adj* diretto, -a; **to be ~** non aver peli sulla lingua

outstanding [ˌaʊt·'stæn·dɪŋ] *adj* **1.** (*excellent*) eccezionale **2.** FIN (*account*) da pagare; (*debt*) insoluto, -a **3.** (*unsolved*) in sospeso

outstay [ˌaʊt·'steɪ] *vt* **to ~ one's welcome** abusare dell'ospitalità

outstretched [ˌaʊt·'stretʃt] *adj* teso, -a

outstrip [ˌaʊt·'strɪp] *vt irr* superare

outtake *n* taglio *m*

outthink *irr vt* essere più intelligente di

outvote [ˌaʊt·'voʊt] *vt* prendere più voti di; **to be ~d** perdere le elezioni

outward ['aʊt·wəd] I. *adj* **1.** (*visible, exterior, apparent*) esteriore **2.** (*voyage*) di andata II. *adv* verso l'esterno III. *n lit* esterno *m*

outwardly ['aʊt·wəd·li] *adv* apparentemente

outwards ['aʊt·wədz] *adv* verso l'esterno

outweigh [ˌaʊt·'weɪ] *vt* **1.** (*weight*) pesare più di **2.** (*in importance or influence*) avere maggior peso di

outwit [ˌaʊt·'wɪt] <-tt-> *vt* prendersi gioco di

outwork ['aʊt·wɜːrk] *n* MIL struttura *f* difensiva (davanti alla fortificazione principale)

oval ['oʊ·vəl] I. *n* ovale *m* II. *adj* ovale

Oval Office *n* **the ~** la Stanza ovale, *della Casa Bianca*

ovary ['oʊ·və·ri] <-ies> *n* ovaia *f*

ovation [oʊ·'veɪ·ʃən] *n* ovazione *f;* **to get an ~**

essere applaudito; **a standing** ~ un applauso in piedi

oven ['ʌ·vən] *n* forno *m*

ovenproof ['ʌ·vən·pruːf] *adj* da forno

oven-ready [ˌʌ·vən·'reˑdi] *adj* pronto, -a per il forno

ovenware *n* pentole *f* da forno *pl*

over ['oʊ·vəʳ] **I.** *prep* **1.** (*above*) sopra (a), su; **the bridge** ~ **the freeway** il ponte sopra l'autostrada; **to fly** ~ **the sea** sorvolare il mare **2.** (*on*) **to hit sb** ~ **the head** colpire qu sulla testa; **to drive** ~ **sth** passare sopra qc; **to spread a cloth** ~ **the table** stendere un telo sul tavolo **3.** (*across*) **to go** ~ **the bridge** attraversare il ponte; **the house** ~ **the road** la casa dall'altra parte della strada; **it rained all** ~ **New England** ha piovuto su tutto il New England; **famous all** ~ **the world** famoso in tutto il mondo **4.** (*behind*) **to look** ~ **sb's shoulder** guardare da dietro le spalle di qu; *fig* stare addosso a qu; ~ **the dune** dietro la duna **5.** (*during*) durante; ~ **the winter** durante l'inverno; ~ **time** col tempo; ~ **a two-year period** nel corso di due anni; **to stay** ~ **the weekend** restare per il fine settimana **6.** (*more than*) **to speak for** ~ **an hour** parlare per oltre un'ora; ~ **150** oltre 150; **children** ~ **14** ragazzi oltre i 14 anni; ~ **and above that** oltre a questo **7.** (*through*) **I heard it** ~ **the radio** l'ho sentito alla radio; **to hear sth** ~ **the noise** sentire qc nonostante il rumore; **what came** ~ **him?** cosa gli è preso? *inf* **8.** (*in superiority to*) **to rule** ~ **the Romans** dominare i Romani; **to have command** ~ **sth** essere al comando di qc; **to have an advantage** ~ **sb** essere in vantaggio su qu **9.** (*about*) ~ **sth** riguardo a qc; **to puzzle** ~ **a problem** scervellarsi su un problema **10.** (*for checking*) **to go** ~ **a text** rivedere un testo; **to watch** ~ **a child** badare ai bambini **11.** (*past*) **to be** ~ **the worst** aver passato il peggio **12.** MATH **4** ~ **12 equals a third** il 4 nel 12 ci sta 3 volte **II.** *adv* **1.** (*moving above: go, jump*) sopra; **to fly** ~ **the city** sorvolare la città **2.** (*at a distance*) **to move sth** ~ spostare qc; ~ **here** qui; ~ **there** là; ~ **the road** dall'altra parte della strada **3.** (*moving across*) **to come** ~ **here** venire qui; **to go** ~ **there** andare là; **he has flown** ~ **to Europe** è andato in Europa (in aereo); **he swam** ~ **to me** è venuto verso di me (a nuoto); **he went** ~ **to the enemy** *fig* è passato al nemico **4.** (*on a visit*) **come** ~ **tonight** fate un salto qui stasera **5.** (*changing hands*) **to pass/hand sth** ~ passare/dare qc **6.** (*downwards*) **to fall** ~ cadere; **to knock sth** ~ far cadere qc **7.** (*another way up*) **to turn the page** ~ voltare pagina; **to turn the pancake** ~ girare la crêpe **8.** (*in exchange*) **to change** ~ cambiare; **to change** ~ (**from sth**) **to sth else** passare (da qc) a qualcos'altro **9.** (*completely*) **to look for sb all** ~ cercare qu dappertutto; **to turn sth** ~ **and** ~ **in one's mind** continuare a rimuginare

su qc; **to think sth** ~ riflettere su qc **10.** (*again*) **to count them** ~ **again** contarli un'altra volta; **I repeated it** ~ **and** ~ l'ho ripetuto un'infinità di volte; **to do sth all** ~ rifare qc da capo **11.** (*more*) **children 14 and** ~ ragazzi dai 14 anni in su **12.** RADIO, AVIAT ~ passo; ~ **and out** passo e chiudo **III.** *adj* **1.** (*finished*) finito, -a; **it's all** ~ è tutto passato; **the snow is** ~ ha smesso di nevicare **2.** (*remaining*) rimasto, -a; **there are three left** ~ ne sono rimasti tre

overabundance *n* sovrabbondanza *f*

overabundant [ˌoʊ·vəʳ·ə·'bʌn·dənt] *adj* sovrabbondante

overachiever *n persona che studia o lavora duramente e pretende sempre di più da se stessa*

overall ['oʊ·vəʳ·ɔːl] **I.** *adj* **1.** (*general*) complessivo, -a **2.** (*above all others*) ~ **winner** vincitore, -trice *m, f* assoluto, -a **II.** ['oʊ·vəʳ·rɑːl] *adv* nel complesso **III.** *n pl* tuta *f;* **a pair of** ~ **s** una salopette *f*

overanxious [ˌoʊ·vəʳ·'æŋ·kʃəs] *adj* molto ansioso, -a

overbearing [ˌoʊ·vəʳ·'beˑrɪŋ] *adj pej* prepotente

overblown [ˌoʊ·vəʳ·'bloʊn] *adj* pomposo, -a

overboard ['oʊ·vəʳ·bɔːrd] *adv* fuori bordo; **to fall** ~ cadere in mare; **man** ~! uomo in mare!; **to go** ~ *inf* esagerare; **to go** ~ **for sth** *inf* perdere la testa per qc

overbook [ˌoʊ·vəʳ·'bʊk] *vt* prendere troppe prenotazioni per; (*flight*) prenotare in overbooking

overbooking *n* prenotazioni *mpl* in eccesso, overbooking *m*

overburden [ˌoʊ·vəʳ·'bɜːr·dən] *vt* sovraccaricare

overcapacity <-ies> *n* capacità *f* eccedente

overcast ['oʊ·vəʳ·kæst] *adj* nuvoloso, -a

overcautious [ˌoʊ·vəʳ·'kɑː·ʃəs] *adj* fin troppo cauto, -a

overcharge [ˌoʊ·vəʳ·'tʃɑːrdʒ] **I.** *vt* **to** ~ **sb** fare pagare troppo a qu **II.** *vi* fare prezzi troppo cari

overcoat ['oʊ·vəʳ·koʊt] *n* soprabito *m*

overcome [ˌoʊ·vəʳ·'kʌm] *irr* **I.** *vt* **1.** (*defeat*) sconfiggere **2.** (*cope with*) superare; **to** ~ **temptation** resistere alla tentazione **II.** *vi irr* vincere

overconfident [ˌoʊ·vəʳ·'kɑːn·fə·dənt] *adj* troppo sicuro, -a di sé

overcooked [ˌoʊ·vəʳ·'kʊkt] *adj* troppo cotto, -a; (*pasta*) scotto, -a

overcrowded [ˌoʊ·vəʳ·'kraʊ·dɪd] *adj* sovraffollato, -a

overdeveloped [ˌoʊ·vəʳ·dɪ·'vel·əpt] *adj* eccessivamente sviluppato, -a; PHOT sovrasviluppato, -a

overdo [ˌoʊ·vəʳ·'duː] *vt* **1.** (*exaggerate*) esagerare; **to** ~ **things** esagerare; (*work too hard*) lavorare troppo **2.** (*cook too long*) cuocere troppo

overdone [ˌoʊ·vəʳ·'dʌn] *adj* **1.** (*overexagger-*

O

ated) esagerato, -a **2.** (*overcooked*) troppo cotto, -a

overdose ['oʊ·və·doʊs] **I.** *n* overdose *f inv* **II.** *vi* to ~ on sth (*sleeping pills*) prendere una dose eccessiva di qc; (*heroin*) andare in overdose di qc; *fig* farsi un'overdose di qc

overdraft ['oʊ·və·dræft] *n* FIN scoperto *m;* to have an ~ avere uno scoperto (in banca)

overdraft protection *n* FIN *automatica concessione di prestito per coprire un assegno scoperto*

overdraw [ˌoʊ·və·'drɑː] *irr* **I.** *vi* andare in scoperto **II.** *vt* to ~ one's account andare in scoperto

overdress [ˌoʊ·və·'dres] *vi* vestirsi troppo elegante

overdrive ['oʊ·və·draɪv] *n fig* to go into ~ prendere a lavorare a pieno ritmo

overdue [ˌoʊ·və·'duː] *adj* **1.** (*late*) in ritardo **2.** FIN (*payment*) arretrato, -a

overeat [ˌoʊ·və·'iːt] *irr vi* mangiare troppo

overemphasize [ˌoʊ·və·'em·fə·saɪz] *vt* enfatizzare eccessivamente

overestimate[1] [ˌoʊ·və·'es·tɪ·mɪt] *n* stima *f* eccessiva

overestimate[2] [ˌoʊ·və·'es·tə·meɪt] *vt* sopravvalutare

overexcited [ˌoʊ·və·ɪk·'saɪ·t̬ɪd] *adj* sovreccitato, -a

overexert [ˌoʊ·və·ɪg·'zɜːrt] *vt* to ~ oneself affaticarsi troppo

overexpose [ˌoʊ·və·ɪk·'spoʊz] *vt* PHOT sovraesporre

overexposure [ˌoʊ·və·ɪk·'spoʊ·ʒə·] *n fig* PHOT sovraesposizione *f*

overextend [ˌoʊ·və·ɪk·'stend] *vt* to ~ oneself assumersi troppi obblighi finanziari

overflow [ˌoʊ·və·'floʊ] **I.** *n* **1.** (*excess: of liquid*) eccesso *m* di liquido; (*of people*) eccesso *m* **2.** (*outlet*) troppopieno *m* **II.** *vi* riversarsi; (*river*) straripare

overfly [ˌoʊ·və·'flaɪ] <-ie-> *irr vt* sorvolare

overgrown [ˌoʊ·və·'groʊn] *adj* (*garden*) trascurato, -a; to be ~ with sth essere coperto di qc

overhang [ˌoʊ·və·'hæŋ] *irr* **I.** *n* (*cliff*) strapiombo *m;* ARCHIT aggetto *m* **II.** *vt* sovrastare

overhaul [ˌoʊ·və·'hɑːl] **I.** *n* revisione *f* **II.** *vt* **1.** (*machine,*) fare la revisione di; (*policy, system*) revisionare **2.** (*overtake*) superare

overhead [ˌoʊ·və·'hed] **I.** *n* spese *fpl* generali **II.** *adj* ~ cable cavo *m* aereo; ~ light luce *f* da soffitto **III.** *adv* in alto

overhear [ˌoʊ·və·'hɪr] *irr vt* sentire per caso

overheat [ˌoʊ·və·'hiːt] *vt, vi* surriscaldare

overindulge [ˌoʊ·və·ɪn·'dʌldʒ] **I.** *vt* viziare **II.** *vi* to ~ in sth abusare di qc

overjoyed [ˌoʊ·və·'dʒɔɪd] *adj* contentissimo, -a

overkill ['oʊ·və·kɪl] *n fig* eccesso *m*

overland ['oʊ·və·lænd] **I.** *adj* terrestre; by ~ mail per posta via terra **II.** *adv* via terra

overlap[1] ['oʊ·və·læp] *n* sovrapposizione *f*

overlap[2] [ˌoʊ·və·'læp] <-pp-> **I.** *vi* sovrapporsi **II.** *vt* sovrapporre

overleaf ['oʊ·və·liːf] *adv* sul retro

overload[1] ['oʊ·və·loʊd] *n* sovraccarico *m*

overload[2] [ˌoʊ·və·'loʊd] *vt* sovraccaricare; to be ~ed with sth *fig* essere sovraccarico di qc

overlook [ˌoʊ·və·'lʊk] **I.** *n* vista *f* **II.** *vt* **1.** (*look out onto*) dare su **2.** (*not notice*) non vedere; (*deliberately*) chiudere un occhio su **3.** (*forget*) dimenticare

overly ['oʊ·və·li] *adv* troppo

overmuch [ˌoʊ·və·'mʌtʃ] **I.** *adj* troppo, -a **II.** *adv* troppo

overnight [ˌoʊ·və·'naɪt] **I.** *adj* di notte; ~ bag borsa *f* con l'occorrente per una notte; ~ stay pernottamento *m;* ~ delivery consegna *f* per il mattino seguente **II.** *adv* (*travel*) di notte; to stay ~ rimanere a dormire

overpass [ˌoʊ·və·'pæs] *n* cavalcavia *m*

overpay [ˌoʊ·və·'peɪ] *irr vt* pagare troppo

overpopulated [ˌoʊ·və·'pɑː·p·jə·leɪ·t̬ɪd] *adj* sovrappopolato, -a

overpopulation [ˌoʊ·və·ˌpɑː·p·jə·'leɪ·ʃən] *n* sovrappopolazione *f*

overpower [ˌoʊ·və·'paʊ·ə·] *vt* sopraffare

overpowering [ˌoʊ·və·'pa·ʊə·rɪŋ] *adj* (*personality*) dominante; (*attack*) schiacciante; (*taste, smell*) molto forte

overproduce [ˌoʊ·və·prou·'duːs] *vi, vt* produrre in eccesso

overrate [ˌoʊ·və·'reɪt] *vt* sopravvalutare

overreach [ˌoʊ·və·'riːtʃ] *vt* to ~ oneself fare il passo più lungo della gamba

overreact [ˌoʊ·və·ri·'ækt] *vi* reagire in modo sproporzionato

overreaction [ˌoʊ·və·ri·'æk·ʃən] *n* reazione *f* esagerata

override [ˌoʊ·və·'raɪd] **I.** *n* override *m inv,* controllo *m* manuale **II.** *vt* **1.** (*not accept*) annullare **2.** (*interrupt*) cancellare

overriding [ˌoʊ·və·'raɪ·dɪŋ] *adj* principale

overrule [ˌoʊ·və·'ruːl] *irr vt* annullare; to ~ an objection LAW accogliere un'obiezione

overrun [ˌoʊ·və·'rʌn] **I.** *n* sforamento *m* **II.** *vt irr* **1.** (*invade*) invadere; to be ~ with sth essere invaso da qc **2.** (*budget*) superare **III.** *vi irr* sforare; to ~ on costs eccedere nei costi

overseas [ˌoʊ·və·'siːz] **I.** *adj* straniero, -a; (*trade*) estero, -a **II.** *adv* to go/travel ~ andare/viaggiare all'estero

oversee [ˌoʊ·və·'siː] *irr vt* supervisionare

overseer ['oʊ·və·ˌsiː·ə·] *n* supervisore *m*

oversell [ˌəʊ·və·'sel] *irr vt* dare troppa enfasi a

overshadow [ˌoʊ·və·'ʃæ·doʊ] *vt* **1.** (*cast shadow over*) fare ombra su **2.** (*make insignificant*) mettere in ombra

overshoe ['oʊ·və·ʃuː] *n* soprascarpa *f*

overshoot [ˌoʊ·və·'ʃuːt] *irr vt* oltrepassare; to ~ the runway AVIAT uscire di pista ▶ to ~ the mark passare il limite

oversight ['oʊ·və·saɪt] *n* **1.** (*omission*) svista *f;* by an ~ per distrazione **2.** (*supervision*) supervisione *f*

oversimplify [ˌoʊ·vɚ·ˈsɪm·plə·faɪ] <-ie-> vt semplificare troppo

oversize [ˌoʊ·vɚ·ˈsaɪz] adj, **oversized** adj **1.** (too big) troppo grande **2.** ~ **clothing** abbigliamento taglie forti

oversleep [ˌoʊ·vɚ·ˈsliːp] irr vi non svegliarsi per tempo

overspend [ˌoʊ·vɚ·ˈspend] **I.** vi spendere eccessivamente **II.** vt **to** ~ **one's allowance** spendere oltre il limite concesso

overstaffed [ˌoʊ·vɚ·ˈstæft] adj con eccesso di personale

overstate [ˌoʊ·vɚ·ˈsteɪt] vt esagerare

overstay [ˌoʊ·vɚ·ˈsteɪ] vt **to** ~ **one's welcome** abusare della ospitalità

overstep [ˌoʊ·vɚ·ˈstep] irr vt oltrepassare ▶ **to** ~ **the mark** passare il limite

oversupply [ˌoʊ·vɚ·sə·ˈplaɪ] n eccedenza f

overt [ˈoʊ·vɜːrt] adj aperto, -a

overtake [ˌoʊ·vɚ·ˈteɪk] irr **I.** vt **1.** AUTO sorpassare; **events have ~n us** gli eventi ci hanno sopraffatti **2.** (in contest) superare **II.** vi sorpassare

overtax [ˌoʊ·vɚ·ˈtæks] vt **1.** FIN tassare eccessivamente **2.** fig pretendere troppo da

over-the-counter [ˌoʊ·vɚ·ðɚ·ˈkaʊn·t̬ɚ] adj da banco

overthrow [ˌoʊ·vɚ·ˈθroʊ] **I.** n **1.** POL rovesciamento m **2.** (in baseball) lancio m troppo lungo **II.** vt irr **1.** POL rovesciare **2.** (in baseball) **to** ~ **a base** lanciare troppo oltre la base **III.** vi (in baseball) lanciare troppo forte

overtime [ˈoʊ·vɚ·taɪm] n **1.** (work) straordinario m **2.** SPORTS tempo m supplementare

overtone [ˈoʊ·vɚ·toʊn] n **1.** (implication) tono m **2.** MUS armonica f superiore

overture [ˈoʊ·vɚ·tʃɚ] n **1.** MUS ouverture f inv **2.** (show of friendliness) avvicinamento m; **to make ~s towards sb** tentare l'approccio con qu

overturn [ˌoʊ·vɚ·ˈtɜːrn] **I.** vi capovolgersi **II.** vt rovesciare

overvalue [ˌoʊ·vɚ·ˈvæl·juː] vt sopravvalutare

overview [ˈoʊ·vɚ·vjuː] n visione f generale

overweight [ˌoʊ·vɚ·ˈweɪt] adj sovrappeso, -a; **to be** ~ (suitcase, parcel) pesare troppo; **to be** ~ **by several pounds** (person) essere in sovrappeso di varie libbre

overwhelm [ˌoʊ·vɚ·ˈwelm] vt **1.** (overcome by force) sopraffare; **to be ~ed by sth** essere sopraffatto da qc **2.** (swamp) inondare

overwhelming [ˌoʊ·vɚ·ˈwel·mɪŋ] adj travolgente; ~ **grief** dolore inconsolabile; **to feel an** ~ **need to do sth** avere un irresistibile bisogno di fare qc

overwork [ˌoʊ·vɚ·ˈwɜːrk] **I.** n troppo lavoro m

II. vi lavorare troppo **III.** vt far lavorare troppo; **to be ~ed and underpaid** lavorare troppo ed essere pagato male

overwrought [ˌoʊ·vɚ·ˈrɑːt] adj (person) teso, -a

ovulate [ˈɑː·vju·leɪt] vi ovulare

ovulation [ˌɑː·vju·ˈleɪ·ʃən] n ovulazione f

ovum [ˈoʊ·vəm] <ova> n ovulo m

owe [oʊ] vt dovere; **to** ~ **sb sth** [o **to** ~ **sth to sb**] dovere qc a qu

owing [ˈoʊ·ɪŋ] adj da pagare

owing to prep dovuto a

owl [aʊl] n gufo m, civetta f

owlish [ˈaʊ·lɪʃ] adj da gufo

own [oʊn] **I.** adj proprio, -a; **to see sth with one's** ~ **eyes** vedere qc coi propri occhi ▶ **to be one's own man/person/woman** pensare con la propria testa; **in one's** ~ **right** di per sé; **to do one's** ~ **thing** fare qc a proprio modo; **in one's** ~ **time** nel proprio tempo libero; **to hold one's** ~ tenere duro **II.** vt possedere ▶ **as if one ~ed the place** come se fosse a casa propria **III.** vt **to** ~ **that ...** ammettere che ...
◆ **own up** vi **to** ~ **to doing sth** ammettere di aver fatto qc

owner [ˈoʊ·nɚ] n proprietario, -a m, f

owner-occupied adj occupato, -a dal proprietario

owner-occupier [ˌoʊ·nɚ·ˈɑː·kju·paɪ·ɚ] n proprietario, -a e occupante mf

ownership [ˈoʊ·nɚ·ʃɪp] n proprietà f, possesso m; **to claim** ~ rivendicare il possesso; **to be under private/public** ~ essere di proprietà privata/pubblica

own goal n autogol m inv

ox [ɑːks] <-en> n bue m

ox cart n carro m di buoi

oxidation [ˌɑːk·sɪ·ˈdeɪ·ʃən] n ossidazione f

oxide [ˈɑːk·saɪd] n ossido m

oxidize [ˈɑːk·sɪ·daɪz] **I.** vi ossidarsi **II.** vt ossidare

oxtail [ˈɑːks·teɪl] n coda f di bue

oxtail soup n minestra f di coda di bue

oxyacetylene [ˌɑːk·si·ə·ˈse·t̬ə·liːn] n ossiacetilene m

oxygen [ˈɑːk·sɪ·dʒən] n ossigeno m

oxygen mask n maschera f a ossigeno

oxygen tent n tenda f a ossigeno

oxymoron [ˌɑːk·sɪ·ˈmɔː·rɑːn] n ossimoro m

oyster [ˈɔɪs·tɚ] n ostrica f

oyster bank n, **oyster bed** n banco m di ostriche

oz n, **oz.** n abbr of **ounce** oncia f (28,4 g)

ozone [ˈoʊ·zoʊn] n ozono m

ozone layer n strato m di ozono

O

Pp

P, p [piː] <-'s> *n* P, p *f;* ~ **as in Peter** P come Palermo ▶**to mind one's ~s and Qs** fare attenzione a quello che si dice [*o* si fa]

p *abbr of* **page** p., pag., p., pag.

pa [pɑː] *n inf* papà *m inv*

PA [ˌpiː·'eɪ] *n* **1.** *abbr of* **public-address system** sistema *m* di altoparlanti **2.** *abbr of* **Pennsylvania** Pennsylvania *f*

p.a. [ˌpiː·'eɪ] *abbr of* **per annum** all'anno

pace [peɪs] **I.** *n* **1.** (*speed*) ritmo *m;* **to set the ~** SPORTS fare l'andatura; **to keep ~ with sb** procedere di pari passo con qu; **to keep ~ with sth** stare al passo con qc; **to keep up/stand the ~** tenere/mantenere il ritmo **2.** (*step*) passo *m;* **to quicken one's ~** allungare il passo ▶**a change of** ~ qc di diverso dal solito; **to put sb through his/her ~s** mettere qu alla prova **II.** <pacing> *vt* **1.** (*walk up and down*) camminare su e giù **2.** (*measure in strides*) misurare a passi **3.** SPORTS (*set a speed*) fare l'andatura per; **to ~ oneself** procedere a un ritmo regolare **III.** <pacing> *vi* **to ~ up and down** camminare avanti e indietro

pacemaker ['peɪs·ˌmeɪ·kɚ] *n* **1.** MED pacemaker *m inv* **2.** SPORTS lepre *f*

pacesetter ['peɪs·ˌse·ṭɚ] *n* SPORTS lepre *f*

pachyderm ['pæ·kə·dɜːrm] *n* pachiderma *m*

pacific [pə·'sɪ·fɪk] *adj* pacifico, -a

Pacific [pə·'sɪ·fɪk] **I.** *n* **the ~** il Pacifico; **the ~ Ocean** l'oceano Pacifico **II.** *adj* del Pacifico

pacification [ˌpæ·sə·fɪ·'keɪ·fən] *n* pacificazione *f*

pacifier ['pæ·sə·faɪɚ] *n* **1.** (*for baby*) ciuccio *m* **2.** (*person*) pacificatore, -trice *m, f*

pacifism ['pæ·sə·fɪ·zəm] *n* pacifismo *m*

pacifist ['pæ·sə·fɪst] **I.** *n* pacifista *mf* **II.** *adj* pacifista

pacify ['pæ·sə·faɪ] <-ie-> *vt* **1.** (*establish peace*) pacificare **2.** (*calm*) calmare

pack [pæk] **I.** *n* **1.** (*bundle*) fagotto *m;* (*backpack*) zaino *m;* (*packet*) pacchetto *m;* (*of cigarettes*) pacchetto *m;* **ice ~** borsa *f* del ghiaccio **2.** (*group*) gruppo *m;* (*of wolves*) branco *m;* (*of hounds*) muta *f;* *inf* (*of lies*) mucchio *m* **II.** *vi* (*prepare luggage*) fare le valigie **2.** *inf* **to send sb ~ing** mandare qu a farsi friggere *inf* **III.** *vt* **1.** (*fill: box, train*) riempire; **~ed with information** pieno di informazioni **2.** (*wrap*) avvolgere; (*put in packages*) impacchettare; **to ~ one's suitcase** fare la valigia **3.** (*compress*) stipare

◆**pack away** *vt* **1.** (*put back in place*) mettere via **2.** *inf* (*eat*) fare fuori

◆**pack in** **I.** *vt* **1.** (*put in*) mettere **2.** *inf* (*stop*) smettere; **pack it in!** smettila! **3.** (*attract audience*) richiamare **II.** *vi* entrare

◆**pack off** *vt inf* **to pack sb off** sbarazzarsi di qu

◆**pack up** **I.** *vt* **1.** (*put away*) mettere via

2. *inf* (*finish*) piantare tutto **II.** *vi inf* (*stop work*) staccare

package ['pæ·kɪdʒ] **I.** *n* pacco *m;* (*of cookies*) pacchetto *m;* **software ~** pacchetto di software **II.** *vt* **1.** (*pack*) confezionare **2.** *fig* presentare

package bomb *n* pacco *m* bomba

package deal *n* pacchetto *m* di proposte

package store *n* liquoreria *f*

packaging *n* **1.** (*wrapping*) materiale *m* di imballaggio **2.** (*action*) imballaggio *m*

packer ['pæ·kɚ] *n* imballatore, -trice *m, f*

packet ['pæ·kɪt] *n* **1.** (*parcel*) pacchetto *m;* (*of cigarettes*) pacchetto *m* di sigarette **2.** *inf* (*money*) sacco *m* di soldi **3.** COMPUT pacchetto *m*

packing *n* (*action, material*) imballaggio *m*

packing routine *n* COMPUT routine *f* di compressione

pact [pækt] *n* patto *m*

pad[1] [pæd] **I.** *n* **1.** (*cushion*) cuscinetto *m;* **knee ~** ginocchiera *f* imbottita; **mouse ~** COMPUT tappetino *m* del mouse; **shin ~** parastinchi *m inv;* **shoulder ~** spallina (imbottita) *f* **2.** (*of paper*) blocchetto *m* per appunti **3.** (*of animal's foot*) cuscinetto *m* (della zampa) **4.** AVIAT piattaforma *f* **5.** *sl* (*house, flat*) buco *m* **6.** (*water lily leaf*) foglia *f* di ninfea **II.** <-dd-> *vt* **1.** (*with wrapping material*) imbottire **2.** *inf* (*enflated: a bill, costs, the budget*) gonfiato

pad[2] [pæd] <-dd-> *vi* (*walk*) camminare con passo felpato

◆**pad out** *vt* rimpolpare; **to ~ a speech/text** rimpolpare un discorso/testo

padded *adj* imbottito, -a; **~ cell** cella *f* di contenzione

padding *n a. fig* riempitivi *m pl*

paddle ['pæ·dl] **I.** *n* **1.** (*type of oar*) pagaia *f* **2.** (*act of paddling*) sguazzata *f;* **to go for a ~** andare a sguazzare nell'acqua **3.** *inf* (*spank*) sculacciata *f* **II.** *vt* **1.** (*row*) mandare avanti a colpi di pagaia **2.** *inf* (*spank*) sculacciare **III.** *vi* **1.** (*row*) pagaiare **2.** (*walk, swim*) sguazzare

paddle boat *n* moscone *m* a pedali

paddle steamer *n* piroscafo *m* con ruota a pale

paddock ['pæ·dək] *n* recinto *m* per cavalli; (*at racecourse*) paddock *m inv*

paddy ['pæ·di] *n,* **paddy field** *n* risaia *f*

Paddy ['pæ·di] <-ies> *n pej, inf* irlandese *mf*

paddy wagon *n inf* vagone *m* cellulare

padlock ['pæd·lɑːk] **I.** *n* lucchetto *m* **II.** *vt* chiudere con il lucchetto

pagan ['peɪ·gən] **I.** *n* pagano, -a *m, f* **II.** *adj* pagano, -a

paganism ['peɪ·gə·nɪ·zəm] *n* paganesimo *m*

page[1] [peɪdʒ] *n a.* COMPUT (*in book, newspaper*) pagina *f;* (*sheet of paper*) foglio *m;* **front ~** prima pagina *f*

page[2] [peɪdʒ] **I.** *n* **1.** (*knight's attendant*) paggio *m* **2.** (*in hotel*) fattorino *m* **II.** *vt* (*over loud-speaker*) chiamare (con l'altoparlante); (*by pager*) chiamare con il cercapersone

pageant ['pæ·dʒənt] *n* (*show, ceremony*) parata *f* in costume; **beauty ~** concorso *m* di bellezza

pageantry ['pæ·dʒənt·ri] *n* spettacolo *m* sfarzoso

pageboy ['peɪdʒ·bɔɪ] *n* **1.** (*in hotel*) fattorino *m inv* **2.** (*hairstyle*) taglio *m* a caschetto

page layout *n* impaginazione *f*

page proof *n* bozza *f* impaginata

pager ['peɪ·dʒə] *n* cercapersone *m inv*

page-turner *n inf* libro *m* avvincente

pagination [ˌpæ·dʒə·'neɪ·ʃən] *n* COMPUT, TYPO paginazione *f*

pagoda [pə·'goʊ·də] *n* pagoda *f*

paid [peɪd] **I.** *pt, pp of* **pay II.** *adj* pagato, -a; **~ vacation** vacanze *fpl* pagate

paid-up *adj* (*member*) in regola con il pagamento della quota associativa

pail [peɪl] *n* secchio *m*

pain [peɪn] **I.** *n* **1.** (*physical suffering*) dolore *m;* **to be in ~** avere dolori/un dolore; **I have a ~ in my foot** mi fa male il piede **2.** *pl* (*great care*) tutto il possibile; **to be at ~s to do sth** fare tutto il possibile per fare qc; **to spare no ~s** non tralasciare niente pur di fare qc **3.** *inf* **to be a ~ in the** <u>backside</u> *vulg* essere una gran rottura di scatole *vulg;* **to be a ~ in the** <u>neck</u> *inf* essere una piaga; <u>on</u> [*o* <u>under</u>] **~ of sth** sotto pena di qc **II.** *vt* addolorare; **it ~s me ...** mi addolora ...

pain barrier *n* soglia *f* del dolore

pained *adj* afflitto, -a; **a ~ expression** un'espressione addolorata

painful ['peɪn·fəl] *adj* **1.** (*physically*) doloroso, -a **2.** (*emotionally*) penoso, -a **3.** (*embarrassing*) spiacevole

painfully *adv* **1.** (*with pain*) dolorosamente **2.** (*shy, obvious*) terribilmente

painkiller ['peɪn·ˌkɪ·lə] *n* analgesico *m*

painless ['peɪn·ləs] *adj* **1.** (*not painful*) indolore **2.** *fig* (*easy*) facile

painstaking ['peɪnz·ˌteɪ·kɪŋ] *adj* (*research*) minuzioso, -a; (*search*) scrupoloso, -a; (*effort*) grande

paint [peɪnt] **I.** *n* pittura *f* **II.** *vi* dipingere **III.** *vt* **1.** (*room, picture*) dipingere; **to ~ a picture of sth** *fig* descrivere qc **2.** (*apply makeup*) **to ~ oneself** truccarsi

paintball *n* paintball *m; inv*

paint box *n* scatola *f* di colori

paintbrush <-es> *n* (*for pictures, for walls*) pennello *m*

painted ['peɪn·tɪd] *adj* dipinto, -a

painter¹ ['peɪn·tə] *n* **1.** (*artist*) pittore, -trice *m, f* **2.** (*decorator*) imbianchino *m*

painter² ['peɪn·tə] *n* NAUT (*rope*) barbetta *f*

painting *n* **1.** (*painted picture*) dipinto *m* **2.** (*art*) pittura *f;* **19th century French ~** la pittura francese del secolo XIX

paint roller *n* rullo (per tinteggiare) *m*

paint stripper *n* sverniciatore *m*

pair [per] **I.** *n* **1.** (*two matching items*) paio *m;* **a ~ of gloves/socks** un paio di guanti/calzini; **a ~ of glasses** un paio di occhiali; **a ~ of scissors** un paio di forbici; **a ~ of pants** un paio di pantaloni; **a ~ of tweezers** un paio di pinzette **2.** (*group of two people, animals*) coppia *f;* **in ~s** a due a due **II.** *vi* accoppiarsi

◆**pair off I.** *vi* fare coppia **II.** *vt* **to pair sb off** (**with sb**) accoppiare qu (con qualcuno)

pairing *n* accoppiamento *m*

pajamas [pə·'dʒɑ:·məz] *npl* pigiama *m;* **in** (**one's**) **~** in pigiama; **a pair of ~** un pigiama

Pakistan ['pæ·kɪs·tæn] *n* Pakistan *m*

Pakistani I. *n* pakistano, -a *m, f* **II.** *adj* pakistano, -a

pal [pæl] *n inf* **1.** (*friend*) amico, -a *m, f* **2.** (*form of address*) bello, -a *m, f*

◆**pal around** *vi inf* vedersi spesso; **to ~ with sb** vedersi spesso con qu

palace ['pæ·ləs] *n* palazzo *m*

palatable ['pæ·lə·tə·bl] *adj* **1.** (*food*) gustoso, -a **2.** (*suggestion*) accettabile

palate ['pæ·lət] *n* palato *m*

palatial [pə·'leɪ·ʃl] *adj* sontuoso, -a

palaver [pə·'læ·və] *n inf* chiacchiere *fpl* inutili

pale¹ [peɪl] **I.** *adj* **1.** (*lacking color*) pallido, -a; **to look ~** essere pallido **2.** (*not dark*) chiaro, -a **II.** *vi* impallidire; **to ~ in comparison with sth** impallidire al confronto di qc; **to ~ into insignificance** diventare insignificante

pale² [peɪl] *n* (*fence post*) paletto *m* ▶ **to be beyond the ~** avere passato ogni limite

paleness ['peɪl·nɪs] *n* pallore *m*

paleography [ˌper·lɪ·'ɑ:·grə·fi] *n* paleografia *f*

paleolithic [ˌper·lɪ·oʊ·'lɪ·θɪk] **I.** *adj* paleolitico, -a **II.** *n* **the Paleolithic** il paleolitico

paleontologist [ˌper·lɪ·ɑ:n·'tɑ:·lə·dʒɪst] *n* paleontologo, -a *m, f*

paleontology [ˌper·lɪ·ɑ:n·'tɑ:·lə·dʒi] *n* paleontologia *f*

Palestine ['pæ·ləs·taɪn] *n* Palestina *f*

Palestinian I. *n* palestinese *mf* **II.** *adj* palestinese

palette ['pæ·lɪt] *n* ART tavolozza *f*

palisade [ˌpæ·lə·'seɪd] *n* **1.** (*fence*) palizzata *f* **2.** *pl* (*cliffs*) falesia *fsing*

pall¹ [pɔːl] *vi* perdere di interesse

pall² [pɔːl] *n* **1.** (*cloth*) drappo *m* funebre; **a ~ of smoke** una cappa di fumo **2.** (*coffin*) feretro *m*

pallbearer ['pɔːl·ˌbe·rə] *n* portatore, -trice della bara a un funerale *m*

pallet ['pæ·lɪt] *n* **1.** (*for transporting goods*) pallet *m inv* **2.** (*bed*) tavolaccio *m*

palliative ['pæ·lɪ·ə·ṭɪv] **I.** *n* palliativo *m* **II.** *adj* palliativo, -a

pallid ['pæ·lɪd] *adj* **1.** (*very pale*) pallido, -a **2.** (*lacking energy*) scialbo, -a

pallor ['pæ·lə] *n* pallore *m*

pally ['pæ·li] <-ier, -iest> *adj inf* amico, -a; **to be ~ with sb** essere molto amico di qu

palm¹ [pɑːm] **I.** *n* (*of hand*) palmo *m;* **to read**

P

sb's ~ leggere la mano a qu ▶ to have sb in the ~ of one's hand avere qu in pugno; to have sb eating out of the ~ of one's hand avere qu in pugno II. vt 1. (hide) nascondere nel cavo della mano 2. (bribe) corrompere

palm² [pɑːm] n (tree) palma f

◆ **palm off** vt **to palm sth off on sb** rifilare qc a qu; **to palm sb off with sth** liberarsi di qu con qc

palmist ['pɑː·mɪst] n chiromante mf

palm leaf <leaves> n foglia f di palma

Palm Sunday n Domenica delle Palme

palmtop n COMPUT palmare m

palpable ['pæl·pə·bl] adj palpabile

palpitate ['pæl·pə·teɪt] vi (heart) palpitare

palpitations [ˌpæl·pə·'teɪ·ʃnz] npl MED palpitazioni fpl; **to have ~** avere le palpitazioni

palsy ['pɔːl·zi] n MED paralisi f inv; **cerebral ~** paralisi cerebrale

paltry ['pɔːl·tri] <-ier, -iest> adj insignificante; (wage) miserabile

Pampas ['pæm·pəz] n + sing/pl vb pampa f; sing

pamper ['pæm·pər] vt viziare; **to ~ oneself** viziarsi

pamphlet ['pæm·flɪt] n (leaflet) opuscolo m; POL pamphlet m inv

pan¹ [pæn] I. n 1. (for cooking) tegame m; **frying ~** padella f; **to go down the ~** fig andare a monte 2. (of scales) piatto m II. vt (for gold) lavare alla batea (per cercare l'oro)

pan² [pæn] vi CINE fare una panoramica

pan³ [pæn] vt inf stroncare; **to ~ a book/a film** fare a pezzi un libro/un film

◆ **pan out** vi inf (develop) riuscire; **to ~ well** andare bene

panacea [ˌpæ·nə·'si·ə] n panacea f

panache [pə·'næʃ] n stile m

Panama ['pæ·nə·mɑː] n Panama m

Panama Canal n canale m di Panama

Panama City n Panama f

Panamanian [ˌpæ·nə·'meɪ·ni·ən] I. adj panamense II. n panamense mf

Pan-American ['pæn·ə·'me·rɪ·kən] adj panamericano, -a

pancake ['pæn·keɪk] n pancake m inv

pancreas ['pæŋ·kri·əs] n pancreas m inv

pancreatic [ˌpæn·kri·'æ·t̬ɪk] adj pancreatico, -a

panda ['pæn·də] n panda m; **red ~** panda minore

pandemonium [ˌpæn·də·'moʊ·ni·əm] n (confusion, noise) pandemonio m

pander to ['pæ·dər tə] vt assecondare

P and H [ˌpiː·ən·'eɪtʃ] n abbr of **postage and handling** spese f di spedizione pl

P and L [ˌpiː·ən·'el] n abbr of **profit and loss** profitti m e perdite pl

pane [peɪn] n vetro m; **window ~** vetro m della finestra

panel ['pæ·nəl] I. n 1. (wooden) pannello m; (metal) placca f 2. FASHION pannello m 3. (of cartoon strip) vignetta f

4. (team) panel m inv; (in exam) commissione f esaminatrice 5. (instrument board) pannello m della strumentazione; **control ~** pannello di controllo; **instrument ~** AUTO, AVIAT quadro m dei comandi II. vt rivestire di pannelli

panel discussion n tavola f rotonda

paneling n pannelli mpl (in legno)

panelist ['pæ·nə·lɪst] n (in discussion) ospite mf di una tavola rotonda; (in quiz game) membro mf di una squadra (che partecipa a un gioco)

pang [pæŋ] n fitta f; **~s of remorse** rimorsi mpl; **~s of guilt** sensi m di colpa pl

panhandle ['pæn·hæn·dl] I. n GEO stretta fascia di territorio di uno stato che si allunga in una direzione e ricorda la forma del manico di una padella II. vi inf mendicare III. vt inf **to ~ money** chiedere soldi

panhandler ['pæn·hænd·lər] n inf mendicante mf

panic ['pæ·nɪk] I. n panico m; **to get into a ~** farsi prendere dal panico; **to be in a ~** essere in preda al panico II. <-ck-> vi farsi prendere dal panico

panic attack n PSYCH attacco m di panico

panicky ['pæ·nɪ·ki] <-ier, iest> adj (person) agitato, -a; (feeling) di panico

panic-stricken adj in preda al panico

pannier ['pæn·jər] n 1. (for bicycle) borsa (laterale) f 2. (for horse) bisaccia f

panorama [ˌpæ·nə·'ræ·mə] n panorama m

panoramic [ˌpæ·nə·'ræ·mɪk] adj panoramico, -a; **~ view** vista f panoramica

panpipes ['pæn·paɪps] npl zampogna f

pansy ['pæn·zi] <-ies> n 1. (flower) viola f del pensiero 2. pej, sl (homosexual) frocio m

pant [pænt] I. vi (person, dog) ansimare; **to be ~ing for** [o **after**] **sth** morire dalla voglia di (fare) qc II. vt dire ansimando

pantheism ['pænt·θi·ɪ·zəm] n panteismo m

pantheistic [ˌpænt·θi·'ɪs·tɪk] adj panteistico, -a

pantheon ['pæt·θi·ɑːn] n pantheon m inv

panther ['pæn·θər] n 1. (black leopard) pantera f 2. (puma) puma m inv

panties ['pæn·t̬iz] npl mutandine fpl

pantomime ['pæn·tə·maɪm] n 1. (gestures) mimica f 2. (mime) pantomima f 3. (performer) mimo m

pantry ['pæn·tri] <-ies> n dispensa f

pants [pænts] npl 1. (trousers) pantaloni mpl 2. (underpants) mutande fpl ▶ to be caught with one's ~ down inf essere preso alla sprovvista

pantsuit n tailleur pantalone m inv

pantyhose npl collant m inv

panty liner n salvaslip m inv

pap [pæp] n 1. (food) pappa f 2. inf (worthless entertainment) scemenza f

papa ['pɑː·pə] n papà m

papacy ['peɪ·pə·si] <-ies> n 1. (office) pontificato m 2. (tenure of pope) papato m

papal ['peɪ·pl] adj papale

paparazzo [pa:·pa:·'ra:t·soʊ] <paparazzi> *n* paparazzo *m*

papaya [pə·'pa·ɪə] *n* papaia *f*

paper ['peɪ·pə·] I. *n* 1. (*for writing*) carta *f*; **a sheet of** ~ un foglio di carta; **to put sth down on** ~ mettere qc per iscritto; **on** ~ sulla carta 2. (*newspaper*) giornale *m* 3. (*wallpaper*) carta da parati 4. (*official document*) documentazione *f*; ~**s** documenti *mpl* 5. (*essay*) compito *m* d'esame 6. (*academic discourse*) relazione *f*; **to give a** ~ tenere una relazione II. *vt* **to** ~ **the walls** tappezzare le pareti
◆ **paper over** *vt fig* dissimulare

paperback ['peɪ·pə·bæk] *n* libro *m* in edizione economica; **in** ~ in brossura

paperback edition *n* edizione *f* economica

paper bag *n* sacchetto *m* di carta

paperboy *n* distributore *m* di giornali

paper chase *n* (*children's game*) finta *f* caccia alla volpe

paper clip *n* graffetta *f*, clip *f inv*

paper cup *n* bicchiere *m* di carta

paper cutter *n* taglierina *f*

paper doll *n* bambola *f* di carta

papergirl *n* distributrice *f* di giornali

paperknife <knives> *n* tagliacarte *m inv*

paper mill *n* cartiera *f*

paper money *n* carta *f* moneta

paper napkin *n* tovagliolo *m* di carta

paper profit *n* profitto *m* nominale

paper route *n* giro *m* del distributore di giornali

paper-thin *adj* sottilissimo, -a

paper tiger *n* he's only a ~ è una tigre di carta

paper towel *n* asciugamano *m* di carta

paper trail *n inf* serie *f* di documenti

paperweight *n* fermacarte *m inv*

paperwork *n* lavoro *m* amministrativo, scartoffie *fpl inf*

papery ['peɪ·pə·ri] *adj* sottile come la carta

papier-mâché [ˌpeɪ·pə·mə·'ʃeɪ] *n* cartapesta *f*

papist ['peɪ·pɪst] *pej* I. *n* papista *mf* II. *adj* papista

papoose [pæp·'uːs] *n* (*baby sling*) zaino *m* portabambini

pappy[1] ['pæ·pi] <-ier, -iest> *adj* 1. (*heavy*) molliccio, -a 2. *inf* (*of poor quality*) insulso, -a

pappy[2] ['pæ·pi] *n* papà *m*

paprika [pæp·'riː·kə] *n* paprica *f*

Pap smear *n* MED striscio *m* vaginale per il pap-test

Papua New Guinea [ˌpæp·ju·ə·nuː·'gɪ·ni] *n* Papua Nuova Guinea *f*

papyrus [pə·'paɪ·rəs] <-es *o* -ri> *n* papiro *m*

par [pɑːr] *n* 1. (*standard*) **to be on a** ~ **with sb** essere alla pari con qc; **below** ~ al disotto della media; **to feel below** ~ sentirsi sfasato; **to not be up to** ~ non essere all'altezza 2. (*in golf*) par *m* 3. FIN (*face value*) valore *m* nominale; **at/above/below** ~ alla/sopra/sotto la pari ▶ **to be** ~ **for the course** *inf* essere quello che ci si aspettava

par. *abbr of* **paragraph** paragrafo *m*

parable ['pæ·rə·bl] *n* parabola *f*

parabola [pə·'ræ·bə·lə] *n* parabola *f*

parabolic [ˌpæ·rə·'ba:·lɪk] *adj* parabolico, -a

paracetamol® [pæ·rə·'si:·tə·ma:l] *n* paracetamolo *m*

parachute ['pæ·rə·ʃuːt] I. *n* paracadute *m inv*; ~ **pack** sacco *m* del paracadute II. *vi* lanciarsi con il paracadute III. *vt* paracadutare

parachute jump *n* salto *m* con il paracadute

parachuting *n* paracadutismo *m*

parachutist ['pæ·rə·ʃuː·t̬ɪst] *n* paracadutista *mf*

parade [pə·'reɪd] .I. *n* 1. (*festive procession*) parata *f* 2. (*procession, inspection*) a. MIL parata *f* 3. *fig* (*series*) sfilza *f* II. *vi* 1. (*walk in procession*) a. MIL sfilare 2. (*show off*) **to** ~ **around** pavoneggiarsi III. *vt* 1. (*exhibit*) sfoggiare 2. *fig* (*show off*) ostentare; **to** ~ **one's knowledge/wealth/talents** fare sfoggio di cultura/ricchezze/talento

parade ground *n* MIL piazza *f* d'armi

paradigm ['pæ·rə·daɪm] *n* paradigma *m*

paradigmatic [ˌpæ·rə·dɪg·'mæ·t̬ɪk] *adj* paradigmatico, -a

paradigm shift *n* cambio *m* di paradigma

paradise ['pæ·rə·daɪs] *n* paradiso *m*

paradisiac(al) [ˌpæ·rə·'dɪ·sɪ·æ·k(l)] *adj* paradisiaco, -a

paradox ['pæ·rə·da:ks] <-es> *n* paradosso *m*

paradoxical [ˌpæ·rə·'da:k·sɪ·kəl] *adj* paradossale

paradoxically *adv* paradossalmente

paraffin ['pæ·rə·fɪn] *n*, **paraffin wax** *n* paraffina *f* liquida

paragliding ['pæ·rə·ˌglaɪ·dɪŋ] *n* parapendio *m*

paragon ['pæ·rə·ga:n] *n* archetipo *m*; **a** ~ **of democracy** un modello *m* di democrazia; **a** ~ **of virtue** iron un modello *m* di virtù

paragraph ['pæ·rə·græf] *n* 1. LING paragrafo *m* 2. PUBL (*short article*) trafiletto *m*

Paraguay ['pæ·rə·gwaɪ] *n* Paraguay *m*

Paraguayan [ˌpæ·rə·'gwa·ɪən] I. *adj* paraguaiano, -a II. *n* paraguaiano, -a *m*, *f*

parakeet ['pæ·rə·ki:t] *n* parrocchetto *m*

parallel ['pæ·rə·lel] I. *adj* 1. MATH parallelo, -a; **to run** ~ **to sth** correre parallelo a qc 2. (*similar*) simile II. *n* 1. MATH (*retta*) parallela *f* 2. GEO parallelo *m* 3. ELEC **in** ~ in parallelo 4. (*similarity*) parallelismo *f* 5. **to draw a** ~ (*make a comparison*) fare un parallelo; **to have no** ~ non avere confronto; **without** ~ senza uguali III. *vt* essere parallelo a

parallel bars *npl* SPORTS parallele *fpl*

parallel line *n* (*retta*) parallela *f*

paralysis [pə·'ræ·lə·sɪs] <-ses> *n* paralisi *f inv*

paralytic [ˌpæ·rə·'lɪ·t̬ɪk] I. *adj* MED paralitico, -a II. *n* paralitico, -a *m*, *f*

paralyze ['pæ·rə·laɪz] *vt* 1. *a. fig* paralizzare 2. (*stupefy*) inebetire; **to be** ~**d with fear** restare impietrito dalla paura

paralyzed *adj* 1. (*incapable of movement*) paralizzato, -a 2. *fig* paralizzato, -a

P

paramedic [ˌpæ·rə·ˈme·dɪk] *n* paramedico, -a *m, f*

parameter [pə·ˈræ·mə·tə̩] *n* parametro *m*

paramilitary [ˌpæ·rə·ˈmɪ·lə·te·ri] I. *adj* paramilitare II. *n* **paramilitaries** truppe *fpl* paramilitari

paramount [ˈpæ·rə·maʊnt] *adj form* supremo, -a; **of ~ importance** di primaria importanza; **to be ~ to sth** essere essenziale per qu

paranoia [ˌpæ·rə·ˈnɔ·ɪə] *n* paranoia *f*

paranoiac [ˌpæ·rə·ˈnɔ·ɪæk] I. *adj* paranoico, -a II. *n* paranoico, -a *m, f*

paranoid [ˈpæ·rə·nɔɪd] *adj* 1. PSYCH paranoico, -a 2. (*very worried*) **to be ~ about sth** essere ossessionato da qc

paranoid schizophrenia *n* schizofrenia *f* paranoide

paranormal [pæ·rə·ˈnɔːr·məl] I. *adj* paranormale; **~ powers** facoltà *fpl* paranormali II. *n* **the ~** il paranormale

parapet [ˈpæ·rə·pɪt] *n* parapetto *m*

paraphernalia [ˌpæ·rə·fə·ˈneɪl·jə] *npl* armamentario *m*

paraphrase [ˈpæ·rə·freɪz] I. *vt* parafrasare II. *n* (*reformulation*) parafrasi *f inv;* **she gave us a quick ~ of what had been said** ci fece un rapido riassunto di quanto era stato detto

paraplegia [ˌpæ·rə·ˈpliː·dʒə] *n* paraplegia *f*

paraplegic [ˌpæ·rə·ˈpliː·dʒɪk] I. *adj* paraplegico, -a II. *n* paraplegico, -a *m, f*

parapsychology [ˌpæ·rə·saɪ·ˈkɑ·lə·dʒi] *n* parapsicologia *f*

parasite [ˈpæ·rə·saɪt] *n a. fig* parassita *mf*

parasitic [ˌpæ·rə·ˈsɪ·ţɪk] *adj a. fig* parassitico, -a; **~ disease** malattia *f* parassitaria

parasol [ˈpæ·rə·sɔːl] *n* parasole *m inv*

parathyroid gland [ˌpæ·rə·ˈθa·ɪə·rɔɪd glænd] *n* paratiroide *f*

paratrooper [ˈpæ·rə·truː·pə̩] *n* parà *mf inv*

paratroops [ˈpæ·rə·truːps] *npl* reparti *mpl* paracadutisti

paratyphoid [ˌpæ·rə·ˈtaɪ·fɔ·ɪd] *n* MED paratifo *m*

parboil [ˈpɑːr·bɔɪl] *vt* sbollentare

parcel [ˈpɑːr·səl] I. *n* (*packet*) pacco *m;* (*of land*) lotto (di terreno) *m* II. <-l- *o* -ll-, -l- *o* -ll-> *vt* suddividere; (*land*) lottizzare

♦**parcel out** *vt* spartire; (*land*) distribuire

♦**parcel up** *vt* impacchettare

parcel bomb *n* pacco bomba *m*

parcel post *n* servizio *m* pacchi postali

parch [pɑːrtʃ] *vt* inaridire

parched *adj* 1. (*dried-out*) secco, -a; **to be ~ with heat** essere inaridito dal caldo 2. *fig, inf* (*very thirsty*) **to be ~** morire di sete

parchment [ˈpɑːrtʃ·mənt] *n* pergamena *f*

pardon [ˈpɑːr·dn] I. *vt* (*forgive*) perdonare; (*prisoner*) graziare; **to ~ (sb) sth** perdonare qc (a qu); **to ~ sb for sth** perdonare qu per qc; **~ me for interrupting** chiedo scusa per l'interruzione; **if you'll ~ the expression** mi si perdoni l'espressione; (**I beg your**) **~?** (*requesting repetition*) come (hai [*o* ha] ha detto)?; **~ me!** (*after interrupting, burping etc.*) chiedo scusa; (*requesting to pass*) (è) permesso?; (*expressing indignation*) scusa [*o* mi scusi] [*o* scusatemi tanto!]; **~ me for breathing!** oh, scusami tanto! [*o* mi scusi] II. *n* grazia *f*

pardonable [ˈpɑːrd·nə·bl] *adj* perdonabile

pare [per] *vt* 1. (*peel: fruit*) sbucciare 2. (*cut*) **to ~ one's nails** tagliarsi le unghie 3. *fig* (*costs*) ridurre

♦**pare down** *vt* ridurre; **to pare sth down to the minimum** ridurre qc al minimo

♦**pare off** *vt* mondare

parent [ˈpe·rənt] *n* (*father*) padre *m;* (*mother*) madre *f;* **~s** genitori *mpl*

parentage [ˈpe·rən·tɪdʒ] *n* famiglia *f;* **children of mixed ~** figli di coppia *f* mista

parental [pə·ˈren·təl] *adj* dei genitori

parental authority *n* patria *f* potestà

parental consent *n* consenso *m* dei genitori

parent company <-ies> *n* società *f* capogruppo

parenthesis [pə·ˈren·θə·sɪs] <-ses> *n* 1. TYPO parentesi *f inv;* **in parentheses** tra parentesi 2. (*remark*) inciso *m*

parenthetical [ˌpæ·rən·ˈθe·tɪ·kəl] *adj* parentetico, -a; **~ remark** nota *f* esplicativa

parenthetically *adv* per inciso

parenthood [ˈpe·rənt·hʊd] *n* (*of man*) paternità *f;* (*of woman*) maternità *f*

parenting [ˈpern·tɪŋ] *n* cura *m* dei figli; **~ skills** capacità *fpl* genitoriali

parentless [ˈpe·rənt·lɪs] *adj* orfano, -a

Parent Teacher Association *n*, **Parent Teacher Organization** *n* associazione *f* genitori · insegnanti

particulate filter *n* filtro *m* antiparticolato; **diesel ~** filtro *m* antiparticolato diesel

pariah [pə·ˈra·ɪə] *n* paria *mf*

paring [ˈpe·rɪŋ] *n* sbucciatura *f*

paring knife <knives> *n* coltello *m* sbucciatore

Paris [ˈpæ·rɪs] *n* Parigi *f*

parish [ˈpæ·rɪʃ] <-es> *n* 1. REL parrocchia *f* 2. (*in Louisiana*) distretto *m*

parish church <-es> *n* chiesa *f* parrocchiale

parish clerk *n* funzionario *m* di una chiesa parrocchiale

parishioner [pə·ˈrɪ·ʃə·nə̩] *n* parrocchiano, -a *m, f*

parish priest *n* parroco *m*

parish register *n* registro *m* parrocchiale

Parisian [pə·ˈrɪ·ʒən] I. *adj* parigino, -a II. *n* parigino, -a *m, f*

parity [ˈpæ·rɪ·ţi] <-ies> *n* 1. (*equality*) uguaglianza *f* 2. FIN parità *f*

park [pɑːrk] I. *n* 1. parco *m;* (*at country house*) giardini *mpl* 2. (*stadium*) **baseball ~** campo di baseball 3. AUTO parcheggio *m* II. *vt* 1. (*leave vehicle*) parcheggiare; **to ~ a satellite** AVIAT posizionare un satellite 2. *fig* **to ~ oneself somewhere** andarsi a mettere in qualche posto; **he ~ed himself in front of**

the **TV** piazzarsi davanti alla TV **III.** *vi* parcheggiare

parka ['pɑːrˌkə] *n* parka *m*

park bench *n* panchina *f* del parco

parked *adj* parcheggiato, -a

parking *n* parcheggio

parking attendant *n* custode *mf* del parcheggio

parking brake *n* freno *m* a mano

parking fine *n* multa *f* per sosta vietata

parking garage *n* posteggio *m*

parking lights *n* luci *fpl* di posizione

parking lot *n* parcheggio *m*

parking meter *n* parcometro *m*

parking offense *n* infrazione *f* al divieto di sosta

parking permit *n* permesso *m* di parcheggio

parking space *n*, **parking spot** *n* (posto di) parcheggio *m*

parking ticket *n* multa *f* per sosta vietata

Parkinson's (**disease**) ['pɑːrˌkɪn·sənz (dɪˌziːz)] *n* morbo *f* di Parkinson

Parkinson's Law *n* *hum* legge *f* di Parkinson

parkland ['pɑːrk·lænd] *n* parco *m*

parkway ['pɑːrk·weɪ] *n* viale *m* alberato, *spesso a doppia corsia e con ampio spartitraffico a verde*

Parl. *abbr of* **Parliament** parlamento *m*

parlance ['pɑːr·ləns] *n form* linguaggio *m;* **in common ~** nel linguaggio comune; **as it is known in common ~** come è noto nel linguaggio popolare; **in medical ~** nel gergo medico

parley ['pɑːr·li] **I.** *n* incontro *m* per parlamentare *iron* **II.** *vi* parlamentare

parliament ['pɑːr·lə·mənt] *n* parlamento *m*

parliamentarian [ˌpɑːr·lə·mən·'te·ri·ən] *n* (*member of parliament*) parlamentare *mf*

parliamentary [ˌpɑːr·lə·'men·tə·ri] *adj* parlamentare

parliamentary candidate *n* candidato, -a *m, f* al parlamento

parliamentary debate *n* dibattito *m* parlamentare

parliamentary democracy <-ies> *n* democrazia *f* parlamentare

parliamentary election *n* elezioni *fpl* parlamentari

parliamentary government *n* governo *m* parlamentare

parlor ['pɑːr·lə-] *n* **1.** (*store*) **beauty ~** salone *m* di bellezza; **ice-cream ~** gelateria *f;* **pizza ~** pizzeria *f* **2.** (*in house*) salotto *m*

parlor car *n* RAIL carrozza *f* salone

parlor game *n* gioco *m* di società

parlormaid *n* cameriera *f*

parlous ['pɑːr·ləs] *adj* precario, -a; **to be in a ~ state** essere in uno stato precario

Parmesan (**cheese**) ['pɑːr·mə·zaːn (tʃiːz)] *n* (formaggio *m*) parmigiano *m*

parochial [pə·'roʊ·ki·əl] *adj* **1.** REL parrocchiale **2.** (*narrow-minded*) di idee ristrette

parochialism *n* campanilismo *m*

parochial school *n* scuola *f* confessionale

parodist ['pæ·rə·dɪst] *n* parodista *mf*

parody ['pæ·rə·di] **I.** <-ies> *n* parodia *f* **II.** <-ie-> *vt* fare la parodia di

parole [pə·'roʊl] **I.** *n* LAW libertà *f* sulla parola; **to be out on ~** essere libero sulla parola **II.** *vt* **to be ~d** essere rilasciato sulla parola

paroxysm ['pæ·rək·sɪ·zəm] *n* parossismo *m; ~ **of joy** impeto *m* di gioia; *~ **of rage** accesso *m* d'ira

parquet [pɑːr·'keɪ] *n* parquet *m; ~ **floor** pavimento *m* a parquet

parricide [ˈpæ·rɪ·saɪd] *n form* **1.** (*murder*) parricidio *m* **2.** (*murderer*) parricida *mf*

parrot ['pæ·rət] **I.** *n* loro *m,* pappagallo *m* **II.** *vt pej* ripetere a pappagallo

parry ['pæ·ri] <-ie-> *vt* **1.** (*blow*) parare **2.** (*question*) eludere

parse [pɑːrs] *vt* **to ~ a sentence** analizzare sintatticamente una frase

parsimonious [ˌpɑːr·sə·'moʊ·ni·əs] *adj form* parsimonioso, -a; **to be ~ with the truth** dire mezze verità

parsimoniously *adv form* parsimoniosamente

parsimoniousness *n*, **parsimony** ['pɑːr·sə·moʊ·ni] *n form* tirchieria *f*

parsley ['pɑːrs·li] *n* prezzemolo *m*

parsnip ['pɑːrs·nɪp] *n* pastinaca *f*

parson ['pɑːr·sən] *n* parroco *m; (protestant)* pastore *m*

parsonage ['pɑːr·sə·nɪdʒ] *n* canonica *f*

part [pɑːrt] **I.** *n* **1.** (*not the whole*) parte *f;* **the movie was good in ~s** certe parti del film erano buone; *~ **of the body/family** parte del corpo/della famiglia; **the easy/hard ~** il facile/il difficile; **essential/important/integral ~** parte essenziale/importante/integrante; **in ~** in parte; **for the most ~** per lo più **2.** (*component*) parte *f;* **spare ~s** parti *fpl* di ricambio **3.** (*area, region*) parte *f;* **in these ~s** *inf* da queste parti **4.** (*in ratios, measure*) parte *f* **5.** (*role, involvement*) parte *m; **to want no ~ in sth** non volere avere niente a che fare con qc; **to do one's ~** fare la propria parte **6.** (*episode, chapter*) parte *f* **7.** (*character in movie*) parte *m; **to play the ~ of the King** interpretare la parte del re **8.** (*in hair*) riga *f; **a ~ in the middle/on the side** riga nel mezzo/su un lato **9.** MUS (*score of an instrument*) parte *f* ▶ **to be ~ and parcel of sth** essere parte integrante di qc; **for my ~** quanto a me; **to take sb's ~** prendere le parti di qu; **on sb's ~** da parte di qu; **it was a mistake on Julia's ~** è stato un errore da parte di Julia **II.** *adv* parzialmente; **to be ~ African** essere in parte africano **III.** *vt* **1.** (*detach, split*) separare; **to ~ sb from sb/sth** separare qu da qu/qc; **to ~ company** andare ciascuno per la propria strada **2.** (*divide*) dividere; **to ~ sth in two** dividere qc in due; **to ~ sb's hair** fare la riga a qu **IV.** *vi* **1.** (*separate*) separarsi; **to ~ from sb** separarsi da qu; **to ~ with one's cash** *fig, inf* tirar fuori i soldi **2.** (*say goodbye*) lasciarsi **3.** (*curtains*) aprire

partake [pɑːrˈteɪk] *vi irr* **1.** (*participate*) **to ~ in sth** prendere parte a qc **2. to ~ of sth** (*eat*) mangiare qc; (*drink*) bere qc

parted *adj* **1.** (*slightly opened*) **~ lips** labbra *fpl* semiaperte **2.** (*unwillingly separated*) **to be ~ from sb** essere separato qc

partial [ˈpɑːrˌʃəl] *adj* **1.** (*incomplete*) parziale; **~ recovery** recupero *m* parziale **2.** (*biased*) parziale **3.** (*fond*) **she is ~ to ...** lei ha un debole per ...

partial eclipse *n* eclissi *f* parziale *inv*

partiality [ˌpɑːrˌʃiˈæ·lə·t̬i] *n* **1.** (*bias*) parzialità *f* **2.** (*liking*) debole *m*

partially *adv* parzialmente, in parte; **~ cooked** parzialmente cotto

participant [pɑːrˈtɪ·sə·pənt] *n* partecipante *mf;* (*in contest*) concorrente *mf*

participate [pɑːrˈtɪ·sə·peɪt] *vi* partecipare; (*in contest*) concorrere

participation [pɑːrˌtɪ·sə·ˈpeɪ·ʃən] *n* partecipazione *f*

participator [pɑːrˈtɪ·sə·peɪ·t̬ɚ] *n* partecipante *mf*

participatory [pɑːrˈtɪ·sə·pə·ˌtɔː·ri] *adj* partecipativo, -a

participatory democracy <-ies> *n* democrazia *f* partecipativa

participle [ˈpɑːrˌtɪ·sɪ·pl̩] *n* participio *m*

particle [ˈpɑːrˌtɪ·kl̩] *n* PHYS, LING particella *f*

particle accelerator *n* acceleratore *m* di particelle

particleboard *n* pannello *m* truciolare

particle physics *n* fisica *f* delle particelle

particular [pɚˈtɪk·jə·lɚ] **I.** *adj* **1.** (*special*) particolare, speciale; (*specific*) specifico, -a; **to be ~ of ~ concern to sb** essere particolarmente importante per qu; **no ~ reason** nessuna ragione particolare; **in ~** in particolare; **nothing in ~** niente di speciale **2.** (*fussy, meticulous*) meticoloso, -a; (*demanding*) esigente; **he is very ~ about his appearance** cura la sua immagine nei minimi particolari **II.** *n* particolare *m;* **the ~** i particolari *pl;* **on the general, rather than the ~** in generale anziché nei particolari

particularity [pɚˌtɪk·jə·ˈlæ·rɪ·t̬i] *n* particolarità *f inv*

particularize [pɚˈtɪk·jʊ·lə·raɪz] *vt* specificare

particularly [pɚˈtɪk·jə·lɚ·li] *adv* specialmente, particolarmente; **I didn't ~ want to go but I had to** non ne avevo molta voglia, ma ho dovuto andar via

parting [ˈpɑːrˌtɪŋ] **I.** *n* **1.** (*separation*) separazione *f* **2.** (*saying goodbye*) addio **II.** *adj* di addio; **~ words** parole *fpl* di commiato

parting shot *n* stoccata *f* finale (prima di andarsene)

partisan [ˈpɑːrˌtɪ·zən] **I.** *adj* fazioso, -a, di parte; **~ spirit** spirito *m* partigiano **II.** *n* **1.** (*supporter*) sostenitore, -trice *m, f* **2.** MIL partigiano, -a *m, f*

partisanship *n* partigianeria *f*

partition [pɑːrˈtɪ·ʃən] **I.** *n* **1.** (*wall*) (parete) divisoria *f* **2.** (*of country*) smembramento *m* **3.** COMPUT segmentazione *f* **II.** *vt* **1.** (*room*) suddividere (con tramezzi); **to ~ sth off** dividere qc con un tramezzo **2.** (*country*) suddividere

partly [ˈpɑːrt·li] *adv* parzialmente, in parte

partner [ˈpɑːrt·nɚ] **I.** *n* **1.** COM socio, -a *m, f,* partner *mf inv* **2.** (*accomplice*) **~ in crime** complice *mf* **3.** (*in relationship, tennis, dancing*) compagno, -a *m, f* **II.** *vi* **to ~ with sb** mettersi in società con qu

partnership [ˈpɑːrt·nɚ·ʃɪp] *n* **1.** (*association*) associazione *f* **2.** COM società *f inv* (in accomandita); (*of lawyers*) studio *m;* **to go into ~ with sb** entrare in società con qu **3.** (*condition*) partenariato *m,* partnership *f* **4.** (*relationship*) **domestic ~** unione *f* civile

partnership agreement *n* contratto *m* di società

part of speech *n* LING parte *f* del discorso

part-owner *n* comproprietario, -a *m, f*

part ownership *n* comproprietà *f inv*

partridge [ˈpɑːrt·rɪdʒ] *n* pernice *f*

part song *n* canzone *f* a più voci

part-time [ˌpɑːrtˈtaɪm] **I.** *adj* part time *inv;* **~ worker** lavoratore, -trice *m, f* part time **II.** *adv* **to work ~** lavorare part time

part-time job *n* lavoro *m* part time

part-timer *n* (*worker*) (lavoratore), (-trice) *m, f* part time; (*student*) (studente) *mf* part time

part-time staff *n* personale *m* part time

part-time student *n* (studente) *mf* part time

party [ˈpɑːr·t̬i] **I.** *n* <-ies> **1.** (*social gathering*) festa *f,* party *m inv;* **to have** [*o* **throw**] **a ~** dare una festa **2.** + *sing/pl vb* POL partito *m;* **opposition/ruling ~** partito all'opposizione/al potere **3.** + *sing/pl vb* (*group*) gruppo *m;* **~ of students** gruppo di studenti; **a ~ of three/eight** un gruppo di tre/otto **4.** *a.* LAW parte *f;* **the guilty ~** la parte responsabile; **to be a ~ to sth** essere parte attiva in qc; **to be ~ to an arrangement** essere parte di un accordo; **to be a ~ to a crime** essere complice di un delitto **5.** *inf* (*person*) tizio *m* **II.** <-ie-> *vi* andare alle feste

party convention *n* congresso *m* del partito

party headquarters *n* sede *f* del partito

party leader *n* segretario *m* del partito

party line *n* **1.** TEL duplex *m inv* **2.** POL linea *f* politica del partito; **to follow the ~** seguire la linea politica del partito

party politics *npl* interessi di partito

party pooper *n sl* guastafeste *mf inv*

parvenu [ˈpɑːr·və·nuː] *n pej* parvenu *mf inv*

pass [pæs] **I.** <-es> *n* **1.** (*mountain road*) passo *m,* valico *m;* **mountain ~** passo *m* di montagna **2.** (*in football, soccer*) passaggio *m* **3.** (*sexual advances*) **to make a ~** (**at sb**) fare delle avance (a qu) **4.** (*in exam, class*) promozione *f;* **~ mark** sufficienza *f* **5.** (*authorization*) permesso *m;* (*for festival, concert*)

ingresso *m* **6.**(*for bus, train*) abbonamento *m* **7.** SCHOOL (*permit to leave class*) permesso *m* (per uscire di classe) ▶ **to come to a pretty** ~ giungere a un punto critico; **things have come to a pretty** ~! ecco dove siamo arrivati! **II.** *vt* **1.**(*go past*) passare (davanti a); (*cross*) incrociare **2.**(*exceed*) oltrepassare; **to** ~ **a limit** passare il limite; **to** ~ **all expectation** andare al di là di ogni aspettativa **3.**(*hand to*) **to** ~ **sth to sb** passare qc a qu **4.**(*in football, soccer*) passare **5.**(*exam, class*) passare **6.**(*avoid boredom*) **to** ~ **the time** passare il tempo **7.** POL (*officially approve*) approvare; **to** ~ **a bill/law** approvare un disegno di legge/una legge **8.**(*utter, pronounce*) dire; **to** ~ **a comment** fare un commento; **to** ~ **the news** passare le notizie; **to** ~ **judgment** sentenziare; **to** ~ **sentence** LAW emettere una sentenza **9.** MED espellere; **to** ~ **urine** orinare **III.** *vi* **1.**(*move by*) passare; **we often** ~**ed on the stairs** ci incrociavamo spesso sulle scale; **to** ~ **unnoticed** passare inosservato **2.**(*come to an end*) passare; **it'll soon** ~ passerà presto **3.**(*in football, soccer*) passare (la palla) **4.**(*in exam*) essere promosso **5.**(*elapse: time*) passare **6.**(*not know answer*) passare; ~! passo!
◆**pass away** *vi* (*die*) spirare
◆**pass by** **I.** *vi* **1.**(*elapse*) passare **2.**(*go past*) passare (davanti a) **II.** *vt* **life has passed him by** non ha veramente vissuto; **fashion just passes her by** la moda la lascia indifferente
◆**pass down** *vt* (*knowledge, beliefs*) trasmettere; (*clothes, possessions*) passare
◆**pass off** **I.** *vt* (*sell fake*) **to pass sth off as sth** spacciare qc per qc; **he tried to pass himself off as an expert** (*give appearance of*) ha cercato di farsi passare per esperto **II.** *vi* **1.**(*take place successfully*) andare bene **2.**(*fade away, wear off*) svanire
◆**pass on** **I.** *vi* **1.**(*continue moving*) andare avanti; **to** ~ **to a different topic** passare a un altro argomento **2.**(*die*) spirare **II.** *vt* **1.** BIO (*transmit*) trasmettere **2.**(*information, advice*) passare **3.**(*refer*) **to pass sb on to sb** mettere qu in contatto con qu
◆**pass out** **I.** *vi* (*faint*) svenire **II.** *vt* (*distribute*) distribuire
◆**pass over** *vt* non tenere conto di
◆**pass through** *vt* attraversare
◆**pass up** *vt* lasciarsi sfuggire
passable ['pæ·sə·bl] *adj* **1.**(*unobstructed*) transitabile **2.**(*average, fair*) passabile
passage ['pæ·sɪdʒ] *n* **1.**(*corridor*) corridoio *m*; (*path*) passaggio *m* **2.** LIT, MUS brano *m* **3.**(*onward journey*) viaggio *m* **4.**(*sea voyage*) traversata *f*; **bird of** ~ uccello *m* di passo **5. with the** ~ **of time** con il passare del tempo
passageway ['pæ·sɪdʒ·weɪ] *n* corridoio *m*
passbook ['pæs·bʊk] *n* libretto *m* di risparmio
passenger ['pæ·sən·dʒɚ] *n* passeggero, -a *m, f*
passenger list *n* elenco *m* dei passeggeri
passerby [ˌpæ·sɚ·'baɪ] <passersby> *n* passante *mf*

passing **I.** *adj* **1.**(*going past*) che passa **2.**(*brief: fad, infatuation*) passeggero, -a; (*glance*) di sfuggita; (*remark*) per inciso; ~ **fancy** capriccio *m* **II.** *n* (*death*) morte *f* ▶ **in** ~ casualmente
passing grade *n*, **passing mark** *n* sufficienza *f*
passion ['pæ·ʃən] *n* (*emotion*) passione *f*; (*anger*) ira *f*; **crime of** ~ delitto *m* passionale
passionate ['pæ·ʃə·nɪt] *adj* (*emotional*) appassionato, -a; (*angry*) irascibile
passionflower ['pæ·ʃən·ˌflaʊ·ɚ] *n* passiflora *f*
passion fruit *n* frutto *m* della passione
passionless ['pæ·ʃən·ləs] *adj* privo di passione
Passion play *n* (dramma *m* della) passione (di Gesù)
Passion Week *n* settimana *f* di passione
passive ['pæ·sɪv] **I.** *n* LING passivo *m* **II.** *adj* passivo, -a
passiveness *n*, **passivity** [pæs·'sɪ·vɪ· t̬i] *n* passività *f*
passkey ['pæs·ki:] *n* (*master-key*) (chiave *f*) passe-partout
Passover ['pæs·ˌoʊ·vɚ] *n* Pasqua *f* ebraica
passport ['pæs·pɔːrt] *n* passaporto *m*; **sb's** ~ **to success** *fig* la chiave *f* del successo per qu
passport control *n* controllo *m* passaporti
passport holder *n* titolare *mf* del passaporto
password ['pæs·wɜːrd] *n* COMPUT password *f* *inv*
past [pæst] **I.** *n* passato *m*; **to be a thing of the** ~ appartenere al passato; **sb with a** ~ qu che ha un passato (oscuro); **simple** ~ (tempo) passato *m* remoto; **to write in the** ~ scrivere al passato **II.** *adj* passato, -a; **the** ~ **week** la settimana scorsa; **in times** ~ in altri tempi; **that's** ~ **history** è acqua passata **III.** *prep* **1.**(*temporal*) dopo; **ten/quarter/half** ~ **two** le due e dieci/e un quarto/e mezzo; **it's** ~ **2** sono le 2 passate **2.**(*spatial*) oltre **3.**(*beyond*) **to be** ~ **thirty** aver passato la trentina; ~ **belief** incredibile; ~ **description** indescrivibile; **I'm** ~ **caring** non me ne importa più nulla; **I'm** ~ **that now** *iron* sono troppo vecchio per (fare) questo **IV.** *adv* oltre; **to go** ~ passare
pasta ['pɑːs·tə] *n* pasta *f*
past continuous *n* (tempo) passato *m* progressivo
paste [peɪst] **I.** *n* impasto *m*; **meat/fish** ~ pasta *f* di carne/pesce; **tomato** ~ concentrato *m* di pomodoro; **almond** ~ pasta *f* di mandorle; **anchovy** ~ pasta *f* di acciughe **II.** *vt* **1.** *a.* COMPUT (*stick*) incollare **2.** *inf* (*beat*) pestare
pasteboard ['peɪst·bɔːrd] *n* cartoncino *m*
pastel [pæs·'tel] **I.** *n* **1.** ART (*drawing material*) pastello *m*; (*type of drawing*) disegno *m* a pastello **2.**(*color*) colore *m* pastello **II.** *adj* pastello
paste-up ['peɪst·ʌp] *n* menabò *m* *inv*
pasteurization [ˌpæs·tʃɚ·ɪ·'zeɪ·ʃən] *n* pastorizzazione *f*

P

pasteurize ['pæs·tʃə·raɪz] *vt* pastorizzare
pastime ['pæs·taɪm] *n* passatempo *m*
pastor ['pæs·tə·] *n* pastore *m*
pastoral ['pæs·tə·rəl] *adj* **1.** REL pastorale **2.** LIT, ART pastorale; ~ **scene** scena *f* bucolica
past participle *n* participio *m* passato
past perfect *n* (tempo) trapassato *m* prossimo, (tempo) trapassato *m* remoto
pastry ['peɪs·tri] <-ies> *n* **1.** (*dough*) pasta *f;* ~ **brush** pennello *m* da cucina **2.** (*sweet bun*) pasta *f*
pastry chef *n,* **pastry cook** *n* pasticciere, -a *m, f*
past tense *n* (tempo) *m* passato
pasture ['pæs·tʃə·] **I.** *n* **1.** AGR pascolo *m* **2.** *fig* **new ~s** orizzonti *mpl* nuovi; **to put sb out to ~** *inf* lasciare a casa qu **II.** *vt* pascolare **III.** *vi* pascolare
pastureland *n* pascolo *m*
pasty[1] ['pæs·ti] <-ies> *n* Cornish ~ *pasticcio di carne e verdure*
pasty[2] ['peɪs·ti] <-ier, -iest> *adj* (*texture*) pastoso, -a; (*complexion*) pallido, -a
pat[1] [pæt] **I.** <-tt-> *vt* (*touch softly*) dare colpetti affettuosi a qu; **to ~ sb on the back** *fig* congratularsi con qu **II.** *n* **1.** (*tap*) colpetto; **to give sb a ~ on the back** *fig* congratularsi con qu **2.** (*of butter*) pezzetto *m*
pat[2] [pæt] **I.** *adj pej* (*answer*) preparato, -a **II.** *adv* **to have sth down ~** sapere qc a menadito
patch [pætʃ] **I.** *n* **1.** (*piece of cloth*) pezza *f;* (*for mending clothes*) toppa *f* **2.** (*of land*) pezzo *m* di terreno; (*of fog*) banco *m;* ~ **of ice** tratto *m* ghiacciato; (*of sky*) pezzetto *m;* (*of color, damp*) macchia *f;* **vegetable ~** orto *m;* **pumpkin ~** pezzo di terreno coltivato a zucche *m* **3.** *inf* (*phase*) fase *f* **4.** COMPUT patch *m inv* **5.** TEL collegamento *m* telefonico temporaneo **II.** *vt* (*hole, clothes*) rattoppare
◆**patch up** *vt* **1.** (*mend*) riparare alla meglio **2.** *fig* (*friendship*) salvare; **to patch things up** fare la pace
patchwork ['pætʃ·wɜːrk] **I.** *n* **1.** (*needlework*) patchwork *m* **2.** *fig* (*mix*) mosaico *m* **II.** *adj* patchwork *inv;* **a ~ quilt** una trapunta patchwork
patchy ['pæ·tʃi] <-ier, -iest> *adj* (*performance, novel*) disorganico, -a; (*weather*) variabile; (*results*) irregolare
pâté [pɑ·ˈteɪ] *n* pâté [*o* paté] *m inv*
patella [pə·ˈte·lə] <-e> *n* ANAT patella *f*
patent ['pæ·tənt] **I.** *n* LAW brevetto *m;* **to take out a ~ on sth** ottenere un brevetto su qc **II.** *adj* **1.** LAW brevettato, -a **2.** (*unconcealed*) evidente **III.** *vt* LAW brevettare
patented *adj* LAW brevettato, -a
patentee [ˌpæ·tən·ˈtiː] *n* titolare *mf* di un brevetto
patent leather **I.** *n* vernice *f* **II.** *adj* (*handbag, jacket*) di vernice
patent medicine *n* specialità *f inv* farmaceutica
patent office *n* ufficio *m* brevetti

P

paternal [pə·ˈtɜːr·nəl] *adj* paterno, -a; ~ **grandfather** nonno *m* paterno; ~ **grandmother** nonna *f* paterna
paternalism [pə·ˈtɜːr·nə·lɪ·zəm] *n* paternalismo *m*
paternalistic [pə·ˌtɜːr·nə·ˈlɪs·tɪk] *adj* paternalistico, -a
paternity [pə·ˈtɜːr·nə·ṭi] *n* paternità *f*
paternity leave *n* congedo *m* di paternità
paternity suit *n* LAW causa *f* di riconoscimento della paternità
path [pæθ] *n* **1.** (*footway, trail*) sentiero *m;* **bike ~** corsia *f* per ciclisti; **to clear a ~** aprire un sentiero; **to follow a ~** seguire un sentiero **2.** (*way*) percorso *m;* (*of bullet*) traiettoria *f;* **to cross sb's ~** incontrare qu per caso **3.** COMPUT path *m inv*
pathetic [pə·ˈθe·ṭɪk] *adj* **1.** (*arousing sympathy*) penoso, -a; **a ~ sight** uno spettacolo pietoso **2.** (*arousing scorn*) patetico, -a; **a ~ performance** un'esecuzione penosa
pathfinder ['pæθ·faɪn·də·] *n* esploratore, -trice *m, f;* **to be a ~** essere un pioniere
pathological [ˌpæ·θə·ˈlɑː·dʒɪ·kl] *adj inf* patologico, -a
pathologist [pə·ˈθɑː·lə·dʒɪst] *n* patologo, -a *m, f*
pathology [pə·ˈθɑː·lə·dʒi] *n* MED patologia *f*
pathos ['peɪ·θɑːs] *n* pathos *m inv*
pathway ['pæθ·weɪ] *n* sentiero *m,* percorso *m*
patience ['peɪ·ʃns] *n* pazienza *f;* **to have the ~ of a saint** avere la pazienza di un santo
patient ['peɪ·ʃnt] **I.** *adj* paziente; **to be ~ with sb** essere paziente con qu; **just be ~!** un po' di pazienza! **II.** *n* **1.** MED paziente *mf* **2.** LING paziente *m,* passivo *m*
patina ['pæ·tə·nə] *n* patina *f*
patio ['pæ·ṭiou] <-s> *n* **1.** (*paved area*) terrazza; ~ **door** porta *f* che dà sulla terrazza **2.** (*courtyard*) cortile *m*
patriarch ['peɪ·tri·ɑːrk] *n* patriarca *m*
patriarchal [ˌpeɪ·tri·ˈɑːr·kl] *adj* patriarcale
patriarchy ['peɪ·tri·ɑːr·ki] <-ies> *n* patriarcato *m*
patrician [pə·ˈtrɪ·ʃən] **I.** *n* patrizio *mf* **II.** *adj* patrizio, -a
patricide ['pæ·trə·saɪd] *n* (*murderer*) parricida *mf;* (*crime*) parricidio *m*
patriot ['peɪ·tri·ət] *n* patriota *mf*
patriotic [ˌpeɪ·tri·ɑː·ṭɪk] *adj* patriottico, -a
patriotism ['peɪ·tri·ə·ṭɪ·zəm] *n* patriottismo *m*
patrol [pə·ˈtroul] **I.** <-ll-> *vi* pattugliare **II.** <-ll-> *vt* pattugliare **III.** *n* pattuglia *f;* **to be on ~** essere di pattuglia
patrol car *n* auto *f* di pattuglia (della polizia)
patrol duty *n* servizio *m* di pattuglia
patrolman *n* poliziotto *m* (di pattuglia) in divisa
patrol wagon *n* (furgone) *m* cellulare
patron ['peɪ·trən] *n* **1.** (*benefactor*) patrono, -a *m, f;* (*arts*) mecenate *mf* **2.** (*customer*) cliente (abituale) *mf* **3.** REL patrono, -a *m, f*
patronage ['peɪ·trə·nɪdʒ] *n* **1.** (*support*) patro-

cinio *m;* ART mecenatismo *m* **2.** ECON clientela (abituale) *f*

patroness ['peɪ·trə·nɪs] *n* **1.** (*benefactor*) patronessa *f;* ART mecenate *f* **2.** REL (santa) patrona *f*

patronize ['peɪ·trə·naɪz] *vt* **1.** (*be customer*) essere cliente (abituale) di **2.** (*treat condescendingly*) trattare con condiscendenza

patronizing ['peɪ·trə·naɪ·zɪŋ] *adj* condiscendente

patter ['pæ·ṭɚ] I. *n* **1.** (*tapping: of rain*) picchiettio *m;* (*of feet*) scalpiccio *m* **2.** (*talk*) parlantina *f* II. *vi* **1.** (*make sound*) picchiettare **2.** (*walk lightly*) zampettare; **to ~ about** muoversi velocemente

pattern ['pæ·ṭən] I. *n* **1.** (*model*) modello *m* **2.** ART (*design, motif*) disegno *m;* **floral ~** motivo *m* floreale **3.** FASHION (*paper guide*) modello *m;* ECON (*sample*) campione *m* II. *vt* (*emulate, follow, imitate: person*) prendere a modello, *she patterns herself on her sister,* prende a modello sua sorella; (*program, scheme*) *the course is patterned closely after the previous one,* il corso è foggiato sul modello del precedente

pattern book *n* campionario *m*

patterned *adj* stampato, -a

paunch [pɔ:ntʃ] *n* pancia *f*

paunchy <-ier, -iest> *adj* panciuto, -a

pauper ['pɔ:·pɚ] *n* indigente *mf*

pause [pɔ:z] I. *n* pausa *f* ▶ **to give sb ~ for** <u>thought</u> *form* dare a qu di che pensare II. *vi* fare una pausa

pave [peɪv] *vt* pavimentare; **to ~ the way for sth** *fig* preparare la strada a qc

pavement ['peɪv·mənt] *n* marciapiede *m*

pavilion [pə·'vɪl·jən] *n* padiglione *m*

paving *n* **1.** (*space*) pavimentazione *f* **2.** (*material*) materiale *m* (per pavimentazione)

paw [pɔ:] I. *n* zampa *f; fig, inf* (*of person*) mano *f* II. *vt* toccare con la zampa; **to ~ sb** palpeggiare qu III. *vi* **to ~ at sth** dare dei colpetti con la zampa a qc

pawn¹ [pɔ:n] *n* GAMES pedina *f;* (*in chess*) pedone *m; fig* pedina *f*

pawn² [pɔ:n] I. *vt* impegnare II. *n* **to be in ~** essere impegnato
◆ **pawn off** *vt* **to ~ sth off on sb** sbolognare qc a qu; **to ~ sth off as sth** vendere qc spacciandolo per qc

pawnbroker ['pɔ:n·ˌbroʊ·kɚ] *n* titolare *mf* di agenzia di prestito su pegno

pawnbroking *n* attività *f* di prestito su pegno

pawn shop *n* agenzia *f* di prestito su pegno

pay [peɪ] I. *n* paga *f;* **to be in sb's ~** essere al soldo di qu; **to ~ through the nose** pagare un prezzo esorbitante II. <paid, paid> *vt* **1.** (*redeem with money*) pagare; **to ~ cash** pagare in contanti; **to ~ one's debts** estinguere i propri debiti **2.** (*be worthwhile*) convenire **3.** (*give, render*) **to ~ attention** (**to sth**) prestare attenzione (a qc); **to ~ a call** (**on sb**), **to ~ (sb) a call** fare una visita (a qu); **to ~ sb a**

compliment fare un complimento a qu; **to ~ homage to sb** rendere omaggio a qu; **to ~ respects to sb** porgere i propri omaggi a qu III. <paid, paid> *vi* **1.** (*settle, recompense*) pagare **2.** (*benefit*) essere conveniente
◆ **pay back** *vt* rimborsare; **I'll pay you back!** me la pagherai! [*o* pagherà!] [*o* pagherete!]; **to pay sb back in the same coin** ripagare qu con la stessa moneta
◆ **pay in** *vt* versare
◆ **pay off** I. *vt* **1.** (*debt*) estinguere **2.** *inf* (*bribe*) corrompere II. *vi fig* dare buoni risultati; **the waiting paid off** valeva la pena di aspettare
◆ **pay out** I. *vt* **1.** (*money*) sborsare **2.** **to ~ the rope** lasciare scorrere la corda II. *vi* pagare
◆ **pay up** *vi* pagare (quanto è dovuto)

payable ['peɪ·ə·bl] *adj* pagabile; **to make a check ~ to sb** emettere un assegno a favore di qu

pay agreement *n* accordo *m* salariale

pay-as-you-go *n* (*for cell phones*) servizio *m* prepagato

payback ['peɪ·bæk] *n* **1.** FIN (*equaling the sum invested*) recupero *m* dell'investimento; **we're expecting ~ within 5 years** ci aspettiamo di recuperare l'investimento entro 5 anni; **what's the ~ on this fund?** qual è il rendimento su questo investimento in titoli? **2.** (*benefit from action*) ricompensa *f;* **I've helped you out and now it's time for ~** ti ho aiutato e adesso è ora di essere ricompensato

payback period *n* periodo *m* di recupero

paycheck *n* paga *f*

payday *n* giorno *m* di paga

pay deal *n* accordo *m* salariale

pay desk *n* cassa *f*

pay differential *n* differenziale *f* salariale

payee [peɪ·'i:] *n* beneficiario, -a *m, f*

pay envelope *n* busta *f* paga

payer ['peɪ·ɚ] *n* pagatore, -trice *m, f;* **bad ~** pagatore, -trice moroso *m*

pay freeze *n* blocco *m* salariale

pay hike *n* aumento *m* di stipendio

paying *adj* redditizio, -a

payload ['peɪ·loʊd] *n* **1.** AVIAT carico *m* utile **2.** MIL carica *f* esplosiva

paymaster ['peɪ·mæs·tɚ] *n* pagatore, -trice *m, f*

payment ['peɪ·mənt] *n* **1.** (*sum of cash*) pagamento *m* **2.** (*installment*) rata *f;* (*reward*) ricompensa *f*

pay negotiations *npl* contrattazioni *fpl* salariali

payoff ['peɪ·ɑ:f] *n* **1.** (*payment*) pagamento *m;* (*debt payment*) saldo *m* **2.** *inf* (*bribe*) bustarella *f,* tangente; **to make a ~ to sb** pagare qu sottobanco **3.** *inf* (*positive result*) risultato *m* positivo; (*on bet*) pagamento *m* di una vincita **4.** *inf* (*climax of events*) momento *m* culminante

payout *n* FIN esborso *m*

P

pay-per-view *n* televisione *f* a pagamento
pay phone *n* telefono *m* pubblico
pay raise *n* aumento *m* di stipendio
payroll *n* ruolo *m* paga; ~ **tax** imposta *f* sui redditi da lavoro dipendente
payslip *n* cedolino *m*
pay-TV *n* televisione *f* a pagamento
PBS [,pi:·bi:·'es] *n abbr of* **Public Broadcasting System** *canale televisivo statunitense*
PC [,pi:·'si:] I. *n abbr of* **personal computer** PC *m* II. *adj abbr of* **politically correct** politicamente corretto, -a
p.c. *abbr of* **percent** per cento
PDT *n abbr of* **Pacific Daylight Time** ora legale della zona Pacifico
PE [,pi:·'i:] *abbr of* **physical education** educazione *f* fisica
pea [pi:] *n* pisello *m* ▶ **to be like two ~s in a pod** essere come due gocce d'acqua
peace [pi:s] *n* 1.(*absence of war*) pace *f* 2.(*social order*) ordine *m* pubblico; **to keep the ~** mantenere l'ordine; **to make ~** fare la pace; **to make one's ~ with sb** fare la pace con qu 3.(*tranquillity*) tranquillità *f;* **~ of mind** tranquillità; **to be at ~ with** [*o* about] **one's situation** essere contento della propria condizione; **~ and quiet** pace e tranquillità; **to be at ~** essere in pace; **to give sb no ~** non dare pace a qu; **to leave sb in ~** lasciare in pace qu 4. REL **~ be with you** la pace sia con te [*o* con voi]; **(may he) rest in ~** riposi in pace ▶ **to be at ~ with the world** essere in pace con il mondo; **to hold one's ~** stare zitto; **speak now or forever hold your ~** parla adesso o taci per sempre
peaceable ['pi:·sə·bl] *adj* pacifico, -a
peace activist *n* pacifista *mf*
peace agreement *n* accordo *m* di pace
peace conference *n* conferenza *f* di pace
Peace Corps *n organizzazione statunitense di volontari per il terzo mondo*
peaceful ['pi:s·fəl] *adj* 1.(*calm, quiet: animal*) mansueto, -a; (*place, person*) tranquillo, -a 2.(*non-violent*) pacifico, -a
peace initiative *n* iniziativa *f* di pace
peacekeeper *n* 1.(*in family*) paciere, -a *m, f* 2.(*soldier*) soldato *m* di un contingente di pace
peacekeeping ['pi:s·,ki:·pɪŋ] *n* mantenimento *m* della pace
peacekeeping forces *npl* forze *fpl* di pace
peace-loving *adj* amante della pace
peacemaker ['pi:s·,meɪ·kə·] *n* (*between countries*) mediatore , -trice *m, f* (di pace); (*between friends*) paciere, -a *m, f*
peacemaking ['pi:s·,meɪ·kɪŋ] I. *n* (*between countries*) pacificazione *f;* (*between friends*) riconciliazione *f* II. *adj* (*between countries*) pacificatore, -trice; (*between friends*) conciliatore, -trice
peace march <-es> *n* marcia *f* per la pace
peace movement *n* movimento *m* pacifista
peace negotiations *npl* negoziati *mpl* di pace

peace offer *n* offerta *f* di pace
peace offering *n* pegno *m* di pace
peace pipe *n* calumet *m* della pace *inv*
peace sign *n* segno *m* di pace, *formando una V con indice e medio rivolti verso l'esterno*
peacetime I. *n* tempo *m* di pace II. *adj* del tempo di pace
peace treaty <-ies> *n* trattato *m* di pace
peach [pi:tʃ] I.<-es> *n* 1.(*fruit*) pesca; ~ **orchard** pescheto *m* 2.(*tree*) pesco *m* 3.*fig, inf*(*nice person*) bellezza *f;* **a ~ of a day** una giornata incantevole II. *adj* color pesca
peach tree *n* pesco *m*
peachy ['pi:·tʃi] *adj* 1.(*like peaches: smell, taste*) di pesca 2.*inf* (*fine*) **to be** (**just**) **~** andare perfettamente
peacock ['pi:·kɑ:k] *n* 1. ZOOL pavone *m* 2.(*vain person*) vanitoso, -a *m, f* ▶ **to strut like a ~** pavoneggiarsi
pea green I. *n* verde *m* pisello II. *adj* verde pisello *inv*
peahen ['pi:·hen] *n* pavonessa *f*
peak [pi:k] I. *n* 1.(*mountain top*) cima *f,* vetta *f;* **beat the egg whites to stiff** [*o* **firm**] **~s** montare gli albumi a neve 2.(*highest point, summit*) sommità *f inv;* **to be at the ~ of one's career/power** essere all'apice della carriera/del potere II. *vi* (*career*) raggiungere il punto massimo; (*athlete*) raggiungere il massimo della forma; (*skill*) raggiungere il livello più alto; (*figures, rates, production*) segnare il picco III. *adj* massimo, -a
peak capacity <-ies> *n* capacità *f* massima
peak demand *n* picco *m* della domanda
peaked *adj* (*tired or sick*) malaticcio, -a; (*pale*) pallido, -a
peak hours *npl* ore *fpl* di punta
peak level *n* livello *m* massimo
peak load *n* 1.(*full capacity*) capacità *f* massima 2. ELEC carico *m* massimo
peak period *n* periodo *m* di massima attività
peak power *n* rendimento *m* massimo
peak season *n* alta stagione *f;* **at ~** in alta stagione
peak speed *n* velocità *f* massima
peal [pi:l] I. *n* 1.(*sound: of bell*) scampanio *m;* (*of thunder*) fragore *m;* **a ~ of laughter** uno scoppio *m* di risa 2.(*set*) **~ of bells** carillon *m inv,* concerto *m* di campane II. *vi* (*thunder, thunderstorm*) rumoreggiare; (*bell*) suonare a distesa
◆ **peal out** *vi* suonare a distesa; (*thunder*) echeggiare
peanut ['pi:·nʌt] *n* 1.(*nut*) nocciolina *f* americana, arachide *f* 2.*inf* (*little money*) **to pay ~s** pagare pochissimo
peanut butter *n* burro *m* di arachidi
pear [per] *n* 1.(*fruit*) pera *f* 2.(*tree*) pero *m*
pearl [pɜrl] *n* 1.perla *f;* **to wear ~s** portare una collana di perle; **a string of ~s** un filo di perle 2.*fig* (*a drop*) goccia *f;* **~ of dew** goccia di rugiada; **~s of sweat** goccia di sudore 3.*fig* (*a fine example*) perla *f;* **a ~ of a ...** una perla

di... ▶to cast one's ~s before the <u>swine</u> *prov* gettare le perle ai porci *prov*

pearl barley *n* orzo *m* perlato

pearl diver *n* pescatore, -trice *m, f* di perle

pearl diving I. *n* pesca *f* delle perle II. *adj* di pesca delle perle

pearl onion *n* cipollina *f*

pearly ['pɜːr·li] <-ier, -iest> *adj* perlaceo, -a; ~ **whites** *inf* (*teeth*) denti; ~ **whites** denti bianchissimi; **the** ~ **gates** *fig* (*heaven*) le porte del paradiso

pear tree *n* pero *m*

peasant ['pe·zənt] I. *n* 1. (*poor farmer*) contadino, -a *m, f* 2. *pej, inf* (*crude person*) cafone, -a *m, f* II. *adj* contadino, -a, rurale

peasantry ['pe·zənt·ri] *n* classe *f* contadina

pea-souper ['piː·ˌsuː·pəʳ] *n* Can, pej (French Canadian) canadese *mf* di lingua francese

peat [piːt] *n* torba *f*

peat bog *n* torbiera *f*

peat moss *n* sfagno *m*

pebble ['pe·bl] *n* ciottolo *m*

pebbly ['peb·li] <-ier- iest> *adj* ciottoloso, -a

pecan [pɪ·'kɑːn] *n* pecan *m inv*

peccadillo [ˌpe·kə·'dɪ·loʊ] <-(oe)s> *n* peccatuccio *m*

peck [pek] I. *n* 1. (*of bird*) beccata *f* 2. (*quick kiss*) bacetto *m* II. *vt* 1. (*bird*) beccare 2. (*kiss quickly*) dare un bacetto III. *vi* 1. beccare 2. (*nag*) **to ~ at sb** assillare qu

pecker ['pe·kəʳ] *n* vulg (*penis*) uccello *m*, cazzo *m*

pecking order *n inf* ordine *m* di beccata (dei polli); *fig* gerarchia *f*

peckish ['pe·kɪʃ] *adj* **to be ~** avere un (certo) languorino

pectin ['pek·tɪn] *n* pectina *f*

pectoral ['pek·tə·rəl] *adj* pettorale

peculiar [pɪ·'kjuː·l·jəʳ] *adj* 1. (*strange*) strano, -a, insolito, -a 2. (*belonging to*) caratteristico, -a; **to be ~ to sb/sth** essere tipico di qu/qc

peculiarity [pɪˌkjuː·li·'æ·rɪ·ti] <-ies> *n* 1. (*strangeness*) stranezza *f* 2. (*strange habit*) singolarità *f* 3. (*idiosyncrasy*) peculiarità *f*

peculiarly [pɪ·'kjuː·l·jə·li] *adv* 1. (*strangely*) stranamente 2. (*especially*) particolarmente 3. (*belonging to*) tipicamente

pecuniary [pɪ·'kjuː·nie·ri] *adj form* 1. (*motives*) pecuniario, -a 2. (*problems*) finanziario, -a

pedagogic [ˌpe·də·'gɑː·dʒɪk] *adj* pedagogico, -a

pedagogue ['pe·də·gɑːg] *n* pedagogo, -a *m, f*

pedagogy ['pe·də·gɑː·dʒi] *n* pedagogia *f*

pedal ['pe·dəl] I. *n* pedale *m* II. <-l- *o* -ll-, -l- *o* -ll-> *vt* **to ~ a bicycle** spingere una bicicletta pedalando III. <-l- *o* -ll-, -l- *o* -ll-> *vi* pedalare

pedal bin *n* pattumiera *f* a pedale

pedal boat *n* moscone *m* a pedali

pedant ['pe·dnt] *n pej* pedante *mf*

pedantic [pə·'dæn·tɪk] *adj pej* pedante

pedantry ['pe·dnt·ri] <-ies> *n* pedanteria *f*

peddle ['pe·dl] *vt* 1. (*sell*) vendere (da ambu-

lante); **to ~ drugs** spacciare droghe 2. *pej* (*idea, lies*) spargere

peddler ['ped·ləʳ] *n* venditore, -trice *m, f* ambulante

pederast ['pe·də·ræst] *n* pederasta *m*

pederasty ['pe·də·ræs·ti] *n* pederastia *f*

pedestal ['pe·dɪs·təl] *n* piedistallo *m* ▶to **knóck sb off their** ~ fare abbassare la cresta a qu; **to put sb on a** ~ mettere qu sul piedistallo

pedestrian [pə·'des·tri·ən] I. *n* pedone *m* II. *adj* 1. (*for walkers*) pedonale 2. *form* (*uninteresting*) pedestre

pedestrianize [pə·'des·tri·ə·naɪz] *vt* pedonalizzare

pedestrian mall *n*, **pedestrian zone** *n* zona *f* pedonale

pediatric [ˌpiː·di·'æ·trɪk] *adj* pediatrico, -a

pediatrician [ˌpiː·di·ə·'trɪ·ʃən] *n* MED pediatra *mf*

pediatrics [ˌpiː·dɪ·'æ·trɪks] *n* pediatria *f*

pedicure ['pe·dɪ·kjʊr] *n* pedicure *f*

pedicurist ['pe·dɪ·kjʊ·rɪst] *n* pedicure *mf inv*

pedigree ['pe·dɪ·griː] I. *n* 1. (*genealogy: of animal*) pedigree *m inv*; (*of person*) lignaggio *f* 2. (*background*) passato *m* II. *adj* (*animal*) di razza

pedometer [pɪ·'dɑː·mə·ţəʳ] *n* contapassi *m inv*, pedometro *m*

pedophile ['pe·də·faɪl] *n* pedofilo *m*

pee [piː] *sl* I. *n* pipì *f*; **to take a** ~ *childspeak* fare (la) pipì; **to go** ~ andare a fare la pipì II. *vi* fare pipì; **to ~ in one's pants** farsi la pipì addosso III. *vt* **to ~ oneself** farsi la pipì addosso

peek [piːk] I. *n* occhiata *f*; **to have a** ~ **at sth** dare un'occhiata a qc II. *vi* 1. (*look*) mirare furtivamente; **to ~ at sth** sbirciare qc 2. (*become visible*) spuntare

◆**peek out** *vi* spuntare (fuori); (*person*) fare capolino

peel [piːl] I. *n* pelle *f*; (*of fruit*) buccia *f*, pelle *f*; (*of lemon*) scorza *fpl* II. *vt* (*fruit, potato*) sbucciare, pelare; (*paper*) staccare; (*bark*) scortecciare III. *vi* (*person*) spellarsi; (*paint, layer of paper*) staccarsi; (*bark*) scortecciarsi

◆**peel off** I. *vt* (*paper*) staccare; (*paint*) scrostare; (*bark*) scortecciare; (*clothes*) togliersi II. *vi* 1. (*come off: paper*) staccarsi; (*paint*) scrostarsi; (*skin*) venire via 2. (*veer away: car, motorbike*) staccarsi (dal gruppo)

peeler ['piː·ləʳ] *n* pelapatate *m inv*

peelings ['piː·lɪŋz] *npl* (*of fruit*) bucce *fpl*

peep[1] [piːp] I. *n* (*sound: of bird*) pigolio *m*; **to not say a** ~ non aprire bocca II. *vi* pigolare

peep[2] [piːp] I. *n* (*furtive look*) sbirciata *f*; **to have a** ~ **at sth** dare una rapida occhiata a qc II. *vi* 1. (*look quickly*) sbirciare; **to ~ at sth** guardare qc di sfuggita; **to ~ through sth** spiare attraverso qc 2. (*become visible*) fare capolino III. *vt* affacciare

◆**peep out** *vi* affacciarsi

peephole ['piːp·hoʊl] *n* spioncino *m*

peeping Tom *n* guardone, -a *m, f*

P

peepshow ['pi:p·ʃoʊ] *n peep show inv*
peer[1] [pɪr] *vi* **to ~ at sth** scrutare qc; **to ~ into the distance** fissare lo sguardo in lontananza; **to ~ over one's glasses** osservare al disopra degli occhiali
peer[2] [pɪr] *n* 1.(*equal*) pari *mf inv;* **to have no ~s** non avere uguali; **to be tried by a jury of one's ~s** LAW essere giudicato dai propri pari 2.(*equal*) pari *mf inv;* (*of the same age*) coetaneo, -a *m, f* 3.(*lord*) nobile *mf*
peerage ['pɪ·rɪdʒ] *n* 1.(*title*) **to be given a ~** ricevere un titolo nobiliare 2.(*aristocracy*) nobiltà (britannica) *f* 3.(*book*) almanacco *f* nobiliare
peeress ['pɪ·rɪs] <-es> *n* nobildonna (britannica) *f*
peerless ['pɪr·lɪs] *adj* senza pari, incomparabile
peeve [pi:v] *vt inf* scocciare
peeved [pi:vd] *adj inf* scocciato, -a; **to be ~ at sb for sth** essere scocciato con qu per qc
peevish ['pi:·vɪʃ] *adj* stizzoso, -a
peg [peg] I. *n* 1.(*for coat*) gancio *m* dell'attaccapanni 2.(*in furniture*) piolo *m;* (*for tent*) picchetto *m;* (*for clothes*) molletta *f;* (*on guitar*) bischero *m,* pirolo *m* ▶ **to take sb down a ~ or two** ridimensionare qu; **to feel like a square ~ in a round hole** sentirsi come un pesce fuor d'acqua II. <-gg-> *vt* 1.(*hold down tent*) ancorare 2.ECON fissare; **to ~ prices** stabilizzare i prezzi 3.(*link*) **to ~ sth to sth** agganciare qc a qc 4.*inf* (*throw*) lanciare 5.*fig, inf* (*guess correctly*) **to ~ sb as sth** imbroccarla nel classificare qu come qc
◆ **peg away** *vi inf* darci sotto; **to ~ at sth** darci dentro a qc
◆ **peg out** *vt* picchettare
peg leg *n inf* gamba *f* di legno
pejorative [pɪ·'dʒɔ:·rə·tɪv] I. *adj* peggiorativo, -a, spregiativo, -a II. *n* peggiorativo *m,* spregiativo *m*
Pekinese [ˌpi:·kə·'ni:z] I. *n* 1.(*person*) pechinese *mf* 2.(*dog*) (cane) *m* pechinese II. *adj* pechinese
pelican ['pe·lɪ·kən] *n* pellicano *m*
pellet ['pe·lɪt] *n* 1.(*small ball*) pallina *f* 2.(*animal excrement*) sterco *m inf* 3.(*gunshot*) pallottola *f;* (*of shotgun*) pallino *m*
pellet gun *n* fucile *m* a piombini
pell-mell [ˌpel·'mel] *adv* (*hurriedly*) precipitosamente; (*confusedly*) disordinatamente
pelt[1] [pelt] *n* (*animal skin*) pelle *f;* (*fur*) pelliccia *f*
pelt[2] [pelt] I. *vt* (*throw*) tempestare; **to ~ sb with stones** prendere qu a sassate II. *vi* 1.(*rain*) scrosciare; **to ~ with rain** piovere a dirotto 2.(*run, hurry*) fiondarsi; **to ~ after sb** fiondarsi dietro qu III. *n* 1.(*smack*) colpo *m* 2.(*quick pace*) (gran) velocità *f;* **at full ~** di gran carriera
pelvic ['pel·vɪk] *adj* pelvico, -a
pelvis ['pel·vɪs] <-es> *n* pelvi *f inv*
pen[1] [pen] I. *n* (*fountain pen*) penna *f* stilo-

grafica; (*ballpoint pen*) biro *f inv,* penna *f* a sfera; **felt-tip ~** pennarello *m;* **to put ~ to paper** prendere la penna in mano ▶ **the ~ is mightier than the sword** *prov* ne uccide più la penna che la spada *prov* II. <-nn-> *vt* scrivere
pen[2] [pen] I. *n* 1.(*enclosure*) recinto *m;* **pig ~** porcile *m* 2. *inf* (*jail*) **the ~** la galera II. *vt* **to ~ sb/sth in** chiudere qu/qc in un recinto
penal ['pi:·nəl] *adj* penale
penal code *n* codice *m* penale
penal institution *n* (istituto) *m* penitenziario
penalize ['pi:·nə·laɪz] *vt* penalizzare
penal offense *n* illecito *m* penale
penalty ['pe·nəl·ti] <-ies> *n* 1.LAW pena *f;* **death ~** pena di morte; **to pay a ~ for sth** essere punito per qc 2.(*punishment*) punizione *f* 3.(*fine*) multa *f* 4.SPORTS (*in soccer*) punizione *f,* (calcio *m* di) rigore *m*
penalty area *n* SPORTS area *f* di rigore
penalty box <-es> *n* (*in ice hockey*) zona a fondo campo dove siedono i giocatori penalizzati
penalty clause *n* clausola *f* penale
penalty kick *n* SPORTS calcio *m* di rigore; **to award a ~** concedere un rigore
penance ['pe·nəns] *n* REL penitenza *f;* **to do ~ for sth** fare penitenza per qc
penchant ['pen·tʃənt] *n* propensione *f;* **to have a ~ for sth** avere una predilezione per qc
pencil ['pen·tsəl] I. *n* matita *f;* **colored ~** matita colorata; **a ~ of light** un fascio di luce II. <-l- *o* -ll-, -l- *o* -ll-> *vt* scrivere a matita, disegnare a matita
◆ **pencil in** *vt* annotare (provvisoriamente)
pencil beam *n* ELEC fascio *m* filiforme
pencil box <-es> *n* astuccio *m,* portamatite *m inv*
pencil case *n* astuccio *m,* portamatite *m inv*
pencil pusher *n sl* impiegatuccio, -a *m, f*
pencil sharpener *n* temperamatite *m inv*
pencil skirt *n* gonna *f* a tubo
pendant ['pen·dənt] I. *n* pendente *m* II. *adj* pendente
pendant lamp *n* lampadario *m*
pendent ['pen·dənt] *adj* LAW pendente
pending ['pen·dɪŋ] I. *adj* imminente; **~ deal** un accordo imminente; **~ law suit** una causa pendente; **patent ~** in attesa di brevetto II. *prep* fino a; **~ further instructions** fino a nuovo ordine
pendulous ['pen·dʒə·ləs] *adj form* pendulo, -a
pendulum ['pen·dʒə·ləm] *n* pendolo *m*
penetrate ['pe·nɪ·treɪt] *vt* 1.(*move into or through*) penetrare; **to ~ a market** penetrare (in) un mercato 2.(*spread through, permeate*) impregnare 3.*fig* (*see through*) capire
penetrating *adj* (*voice, gaze, insight*) penetrante, acuto, -a; (*rain*) che infradicia; (*heat*) intenso, -a; (*cold*) penetrante
penetration [ˌpe·nɪ·'treɪ·ʃən] *n a. fig* penetrazione *f*
penguin ['peŋ·gwɪn] *n* pinguino *m*

penholder ['pen·ˌhoʊl·də] *n* portapenne *m inv*

penicillin [ˌpe·nɪ·'sɪ·lɪn] *n* penicillina *f*

peninsula [pə·'nɪn·sə·lə] *n* penisola *f*

peninsular [pə·'nɪn·sə·lə] *adj* peninsulare

Peninsular War *n* the ~ la guerra (napoleonica) di Spagna

penis ['piː·nɪs] <-nises *o* -nes> *n* pene *m*

penitence ['pe·nɪ·təns] *n* REL penitenza *f*

penitent ['pe·nɪ·tənt] REL **I.** *n* penitente *mf* **II.** *adj* pentito, -a

penitential [ˌpe·nɪ·'ten·tʃəl] *adj* penitenziale

penitentiary [ˌpe·nɪ·'ten·tʃə·ri] *n* prigione *f,* penitenziario *m*

penknife ['pen·naɪf] <-knives> *n* temperino *m,* coltellino *m*

penmanship *n* scrittura *f,* calligrafia *f*

pen name *n* pseudonimo *m*

pennant ['pe·nənt] *n* NAUT bandierina *f* (da segnalazione) *m;* SPORTS gagliardetto *m*

penniless ['pe·nɪ·lɪs] *adj* squattrinato, -a; **to be** ~ essere senza un soldo; **to leave sb** ~ lasciare qu nella miseria

pennon ['pe·nən] *n* pennone *m; (on lance)* bandierina *f*

Pennsylvania [pen·sɪl·'veɪ·ni·ə] *n* Pennsylvania *f*

penny ['pe·ni] *n* centesimo *m* ▶ **a** ~ **for your thoughts** a cosa stai pensando?; **to earn/cost a** pretty ~ guadagnare/costare mica male

penny-pinching ['pe·ni·ˌpɪn·tʃɪŋ] **I.** *n* spilorceria *f,* tirchieria *f* **II.** *adj* tirchio, -a, spilorcio, -a

pennywhistle *n* zufolo *m*

penny-wise *adj* **to be** ~ **and pound-foolish** risparmiare sulle piccole spese e sperperare nelle grandi

pen pal *n* amico, -a *m, f* di penna

pension[1] ['pen·ʃən] **I.** *n* FIN pensione *f;* **to draw a** ~ percepire una pensione **II.** *vt* **to** ~ **sb off** mettere in pensione qu

pension[2] [pɑ̃n·'sjõʊŋ] *n (boarding house)* pensione *f*

pensionable ['pen·ʃə·nə·bl] *adj* pensionabile

pensioner ['pen·ʃə·nə] *n* pensionato, -a *m, f*

pension fund *n* fondo *m* pensioni

pension plan *n* piano *m* di pensionamento

pensive ['pent·sɪv] *adj* pensoso, -a, pensieroso, -a; **to be in a** ~ **mood** essere pensieroso

pentagon ['pen·tə·gɑːn] *n* pentagono *m*

Il **Pentagon** si trova a Arlington, in Virginia, nelle immediate vicinanze di Washington D.C. Viene così chiamato a causa della sua forma a cinque lati. Inaugurato il 15 gennaio 1943, ospita l' *United States Department of Defense* (Segretariato della difesa degli Stati Uniti). Quasi 30.000 persone, tra civili e militari, lavorano in questo edificio, che conta più di 28 km di corridoi.

pentameter [pen·'tæ·mə·tə] *n* LIT pentametro *m*

pentathlete [pen·'tæθ·liːt] *n* pentatleta *mf*

pentathlon [pen·'tæθ·lɑːn] *n* pentathlon *m*

Pentecost ['pen·tɪ·kɑːst] *n* REL Pentecoste *f*

penthouse ['pent·haʊs] *n (apartment)* appartamento *m* di lusso all'attico

pent-up [ˌpent·'ʌp] *adj* **1.** *(emotion)* represso, -a **2.** *(energy)* accumulato, -a

penultimate [pɪ·'nʌl·tə·mət] **I.** *n* the ~ il penultimo, la penultima **II.** *adj* penultimo, -a

penurious [pə·'nʊ·ri·əs] *adj form* indigente, miserabile

penury ['pen·jʊ·ri] *n form* miseria *f*

peony ['piː·ə·ni] <-ies> *n* peonia *f*

people ['piː·pl] **I.** *n* **1.** *pl (plural of person)* gente *f;* **city/country** ~ gente di città/di campagna; **the beautiful** ~ la bella gente **2.** *(nation, ethnic group)* popolo *m;* ~'s **democracy** democrazia *f* popolare; ~'s **republic** repubblica *f* popolare; **the chosen** ~ REL il popolo eletto **3.** *pl (ordinary citizens)* popolo *m;* **of/by/for the** ~ del/dal/per il popolo **II.** *vt* ~**d by** popolato di

people mover *n (rail vehicle)* navetta *f; (moving sidewalk)* tappeto *m* mobile

pep [pep] **I.** *n inf* energia *f;* **to be full of** ~ essere pieno di energia **II.** <-pp-> *vt* **to** ~ **sb up** tirare su qu

pepper ['pe·pə] **I.** *n* **1.** *(spice)* pepe *m;* **black/white** ~ pepe nero/bianco **2.** *(vegetable)* peperone *m* **II.** *vt* **1.** *(add pepper)* pepare **2.** *(pelt)* **to** ~ **sb with bullets** crivellare qu di colpi; **to** ~ **sb with questions** *fig* tempestare qu con [*o* di] domande **3.** *(contain)* **to be** ~**ed with sth** *(speech, comments)* essere cosparso di qc; **to be** ~**ed with mistakes** essere pieno di errori

peppercorn ['pe·pə·kɔːrn] *n* grano *m* di pepe

pepper mill *n* macinapepe *f inv*

peppermint ['pe·pə·mɪnt] *n* **1.** *(mint plant)* menta *f* (piperita) **2.** *(sweet)* caramella *m* alla menta

peppermint tea *n* tè *m* di menta

peppershaker *n* pepaiola *f*

peppery ['pe·pə·ri] *adj* **1.** FOOD pepato [*o* piccante] **2.** *fig (irritable person)* irritabile *inv; (irritable thing)* irritante *inv*

pep pill *n inf* pillola *f* eccitante

pep talk *n inf* **to give sb a** ~ fare un discorsetto di incoraggiamento a qu

peptic ['pep·tɪk] *adj* peptico, -a

peptic ulcer *n* ulcera *f* peptica

per [pɜːr] *prep* **1.** *(for a)* per; **$5** ~ **pound/hour** $5 (al)la libbra/(al)l'ora **2.100 miles** ~ **hour** 100 miglia all'ora **3.** *form (as stated in)* in base a; *(as)* ~ **account** come da conto; **as** ~ **usual** come al solito

per annum *adv* all'anno

per capita **I.** *adv* pro capite **II.** *adj* ~ **consumption** consumo *m* pro capite; ~ **income** reddito *m* pro capite

perceivable [pə·'siː·və·bl] *adj* percepibile

perceive [pəˈsiːv] *vt* **1.** (*see*) vedere; (*sense*) percepire, notare; **to ~ that ...** notare che ... **2.** (*view, regard*) considerare; **how do the Peruvians ~ the Nicaraguans?** i peruviani come vedono i nicaraguensi? **3.** (*understand*) capire

percent [pəˈsent] *n* percentuale *f;* **25 ~** 25 per cento; **what ~ ...** che percentuale ...?

percentage [pəˈsenˌtɪdʒ] *n* **1.** (*proportion*) proporzione *f;* **what ~ ...?** che percentuale ...?; **to get a ~ of sth** ricevere un tanto per cento di qc **2.** (*advantage*) vantaggio *m inf* ▸ **to play the ~s** valutare le possibilità

percentage point *n* punto *m* percentuale

perceptible [pəˈseptəbl] *adj* percettibile

perception [pəˈsepʃən] *n* **1.** percezione *f* **2.** (*idea*) idea *f* **3.** (*insight*) intuito *m*

perceptive [pəˈseptɪv] *adj* perspicace, acuto, -a

perch[1] [pɜːrtʃ] **I.** <-es> *n* **1.** (*for birds*) trespolo *m* **2.** (*high location or position*) posizione *f* privilegiata ▸ **to knock sb off his ~** fare abbassare le arie a qu **II.** *vi* (*person, bird*) appollaiarsi

perch[2] [pɜːrtʃ] *n* (*fish*) perca *f*

percolate [ˈpɜːrkəleɪt] **I.** *vt* filtrare; (*coffee*) preparare **II.** *vi* **1.** (*filter through*) filtrare **2.** *fig* (*spread*) diffondersi

percolator [ˈpɜːrkəˌləɪˌtə] *n* caffettiera *f* a filtro

percussion [pəˈkʌʃən] **I.** *n* MUS percussione *f;* **to play ~** essere percussionista **II.** *adj* MUS di percussione

percussionist *n* MUS percussionista *mf*

perdition [pəˈdɪʃən] *n* **1.** *liter* (*hell*) perdizione *f* **2.** *fig* (*state of ruin*) rovina *f*

peregrine [ˈperɪɡrɪn] *n* peregrino, -a *m, f*

peregrine falcon *n* falco *m* pellegrino

peremptorily *adv* in tono perentorio, perentoriamente

peremptory [pəˈremptəri] *adj* **1.** (*person*) autoritario, -a; (*order, tone*) perentorio, -a, imperioso, -a **2.** LAW perentorio, -a

perennial [pəˈreniəl] **I.** *n* pianta *f* perenne **II.** *adj* **1.** BOT perenne **2.** (*constant*) costante

perfect[1] [ˈpɜːrfɪkt] **I.** *adj* perfetto, -a; (*calm*) totale; (*opportunity*) ideale; (*silence*) assoluto, -a; **in ~ condition** in perfette condizioni; **the ~ crime** il delitto perfetto; **a ~ gentleman** un vero signore; **to be a ~ stranger** essere un perfetto estraneo; **to have the ~ right to do sth** avere tutto il diritto di fare qc; **to be far from ~** essere (molto) lontano dalla perfezione; **to be a ~ match for sth** stare benissimo con qc; **to be a ~ match for sb** essere l'anima gemella di [*o* essere fatto su misura per] **II.** *n* LING (*tempo*) *m* perfetto

perfect[2] [pɜːrˈfekt] *vt* perfezionare

perfectible [pəˈfektəbəl] *adj* perfettibile

perfection [pəˈfekʃən] *n* perfezione *f;* **to do sth to ~** fare qc alla perfezione

perfectionist *n* perfezionista *mf*

perfectly *adv* perfettamente; **~ clear** perfetta-

mente chiaro; **~ happy** contentissimo; **to be ~ honest, ...** per essere del tutto sincero, ...; **to be ~ right** avere perfettamente ragione

perfidious [pəˈfɪdiəs] *adj liter* perfido, -a; **~ attack** attacco *m* a tradimento

perforate [ˈpɜːrfəreɪt] *vt* perforare; (*ticket*) forare

perforated *adj* perforato, -a; **to have a ~ eardrum** avere un timpano perforato

perforation [ˌpɜːrfəˈreɪʃən] *n* perforazione *f*

perform [pəˈfɔːrm] **I.** *vt* **1.** THEAT, TV (*play*) rappresentare [*o* dare]; THEAT, TV (*part*) interpretare; MUS eseguire **2.** (*do, accomplish*) compiere; **to ~ one's duty/a function** svolgere un compito/una funzione; **to ~ miracles/wonders** fare miracoli/prodigi; **to ~ a task** eseguire un compito; **to ~ a trick** fare un trucco **3.** INFOR, MED eseguire **4.** SPORTS praticare **II.** *vi* **1.** THEAT recitare; MUS esibirsi **2.** (*operate*) funzionare

performance [pəˈfɔːrmənts] *n* **1.** (*of play*) rappresentazione *f;* (*by individual actor*) interpretazione *f;* **to give a ~** dare una rappresentazione; **to put on a ~ of a play** mettere in scena un'opera teatrale **2.** SPORTS prova *f;* **high/low ~** AUTO alto/basso rendimento *m*

performance art *n* performance *f* art

performance level *n* **1.** (*degree of success*) misura *m* di rendimento **2.** ECON (*output*) rendimento *m*

performance report *n* rapporto *m* di rendimento

performer [pəˈfɔːrmə] *n* **1.** THEAT artista *mf;* **star ~** stella *f* **2.** (*achiever*) **top ~** (*at work*) impiegato, -a *m, f* modello; **bad ~** (*at school*) studente , studentessa *m, f* scarso, -a; (*at work*) impiegato, -a *m, f* con scarso rendimento

perfume [ˈpɜːrfjuːm] **I.** *n* **1.** (*scented liquid*) profumo *m; ~* **maker** profumiere, -a *m, f;* **to put on ~** mettersi il profumo **2.** (*fragrance*) fragranza *f* **II.** *vt* profumare

perfunctory [pəˈfʌŋktəri] *adj* (*inspection*) superficiale; (*reading, mention*) frettoloso, -a; (*greeting, smile*) di circostanza; (*examination*) pro forma

pergola [ˈpɜːrɡələ] *n* pergola *f*

perhaps [pəˈhæps] *adv* forse

peril [ˈperəl] *n form* pericolo *m;* **to be in ~** essere in pericolo; **at one's ~** a suo rischio e pericolo; **at** [*o* **in**] **~ of sth** in pericolo di qc; **the ~s of sth** i pericoli di qc

perilous [ˈperələs] *adj form* pericoloso, -a

perimeter [pəˈrɪmətə] *n* perimetro *m*

perimeter fence *n* recinto *m*

period [ˈpɪriəd] **I.** *n* **1.** *a.* GEO periodo *m; in/over a ~ of sth* nel (corso di un) periodo di qc **2.** ECON scadenza *f;* **a fixed ~** una scadenza fissa; **~ of grace** [*o* **grace ~**] periodo *m* di grazia **3.** SCHOOL (*lesson*) (ora di) lezione *f* **4.** (*distinct stage*) epoca *f* **5.** (*menstruation*) mestruazione *f;* **to have one's ~** avere le mestruazioni **6.** LING punto *m* **II.** *interj* punto e basta *inf*

period furniture *n* mobili *mpl* d'epoca

periodic [ˌpɪ·ri·'aː·dɪk] *adj* periodico, -a

periodical [ˌpɪ·ri·'aː·dɪ·kl] **I.** *n* (*general*) periodico *m;* (*specific*) bollettino *m* **II.** *adj* periodico, -a

periodic table *n* tavola *f* periodica degli elementi

peripheral [pə·'rɪ·fə·rəl] **I.** *adj* **1.** (*importance, role*) secondario, -a **2.** *a.* ANAT, COMPUT periferico, -a **II.** *n* COMPUT periferica *f*

periphery [pə·'rɪ·fə·ri] <-ies> *n* periferia *f;* (*of society*) margine *m*

periscope ['pe·rɪs·koup] *n* periscopio *m*

perish ['pe·rɪʃ] *vi liter* (*die*) perire; (*disappear: motivation, hope*) svanire; ~ **the thought!** si spera proprio di no!

perishable ['pe·rɪ·ʃə·bl] *adj* deperibile

peritonitis [ˌpe·rɪ·tə·'naɪ·t̬ɪs] *n* MED peritonite *f inv*

perjure ['pɜːr·dʒə·] *vt* **to ~ oneself** giurare il falso

perjurer ['pɜːr·dʒə·ə·] *n* spergiuro, -a *m, f*

perjury ['pɜːr·dʒə·ri] *n* falsa testimonianza *f*

perk [pɜːrk] *n inf abbr of* **perquisite 1.** (*advantage*) vantaggio *m* **2.** extra *mpl*

♦**perk up I.** *vi* **1.** (*cheer up*) rallegrarsi; **to ~ at sth** rallegrarsi per qc **2.** (*improve*) riprendersi **II.** *vt* **1.** (*cheer up*) tirare su; (*make more lively*) rianimare **2.** (*raise*) **to ~ one's ears** drizzare le orecchie

perky ['pɜːr·ki] <-ier, -iest> *adj* vispo, -a

perm [pɜːrm] **I.** *n inf* (*permanent wave*) permanente *f* **II.** *vt* **to ~ one's hair**, **to have one's hair ~ed** farsi la permanente

permafrost ['pɜːr·mə·frɑːst] *n* permafrost *m*

permanence ['pɜːr·mə·nənts] *n*, **permanency** *n* permanenza *f,* continuità *f*

permanent ['pɜːr·mə·nənt] *adj* (*job*) fisso, -a; (*damage*) irreparabile; (*exhibition, state, position*) permanente; (*ink*) indelebile; (*relationship*) stabile; (*tooth*) permanente

permanent wave *n* permanente *f*

permanganate [pə·'mæŋ·gə·neɪt] *n* permanganato *m*

permeable ['pɜːr·mi·ə·bl] *adj* permeabile

permeate ['pɜːr·mi·eɪt] **I.** *vt* (*liquid, smoke, smell*) impregnare **II.** *vi* **to ~ into/through sth** penetrare in/attraverso qc

permissible [pə·'mɪ·sə·bl] *adj* (*permitted*) consentito; (*acceptable*) ammissibile

permission [pə·'mɪ·ʃən] *n* permesso *m*

permission slip *n* SCHOOL autorizzazione *f* dei genitori

permissive [pə·'mɪ·sɪv] *adj* permissivo, -a

permissiveness *n* permissivismo *m,* permissività *f*

permit[1] ['pɜːr·mɪt] *n* **work/parking ~** permesso *m* di lavoro/di parcheggio; **building/ fishing ~** licenza *f* edilizia/di pesca; **learner's ~** foglio *m* rosa; **to hold a ~** avere un permesso

permit[2] [pə·'mɪt] <-tt-> **I.** *vt* permettere; **I will not ~ you to go there** non ti permetto di andarci; **to ~ oneself sth** concedersi qc **II.** *vi* **weather ~ing** se fa bel tempo, tempo permettendo; **if time ~s** se c'è tempo; **the law ~s of no other interpretation** *form* la legge non ammette altre interpretazioni

permitted [pə·'mɪ·t̬ɪd] *adj* permesso, -a

permutation [ˌpɜːr·mjuː·'teɪ·ʃən] *n form* MATH permutazione *f*

pernicious [pə·'nɪ·ʃəs] *adj* **1.** *form* (*harmful*) pernicioso, -a **2.** MED pernicioso, -a

pernicious anemia *n* anemia *f* perniciosa

peroxide [pə·'rɑːk·saɪd] **I.** *n* perossido *m;* **hydrogen ~** acqua *f* ossigenata **II.** *vt* ossigenare

peroxide blonde *n* bionda *f* ossigenata

perp [pɜːrp] *n sl abbr of* **perpetrator** autore, -trice *m, f, di un delitto*

perpendicular [ˌpɜːr·pən·'dɪ·kjuː·lə·] **I.** *adj* perpendicolare **II.** *n* perpendicolare *f*

perpetrate ['pɜːr·pə·treɪt] *vt* (*crime*) perpetrare, commettere; (*error*) commettere

perpetration [ˌpɜːr·pə·'treɪ·ʃən] *n form* esecuzione *f*

perpetrator ['pɜːr·pə·treɪ·t̬ə·] *n* autore, -trice *m, f, di un delitto*

perpetual [pə·'pe·tʃu·əl] *adj* **1.** (*lasting forever*) perpetuo, -a **2.** (*repeated*) continuo, -a

perpetuate [pə·'pe·tʃu·eɪt] *vt* perpetuare

perpetuity [ˌpɜːr·pə·'tuː·ə·t̬i] *n form* perpetuità *f;* **in ~** *a.* LAW in perpetuo

perplex [pə·'pleks] *vt* sconcertare

perplexed [pə·'plekst] *adj* perplesso, -a

perplexity [pə·'plek·sə·t̬i] <-ies> *n* perplessità *f*

perquisite ['pɜːr·kwɪ·zɪt] *n* extra *m inv*

persecute ['pɜːr·sɪ·kjuːt] *vt* **1.** *a.* POL perseguitare **2.** (*harass*) molestare

persecution [ˌpɜːr·sɪ·'kjuː·ʃən] *n* persecuzione *f;* ~ **complex** mania *f* di persecuzione

persecutor *n* persecutore, -trice *m, f*

perseverance [ˌpɜːr·sə·'vɪ·rəns] *n* perseveranza *f*

persevere [ˌpɜːr·sə·'vɪr] *vi* perseverare

persevering *adj* perseverante

Persia ['pɜːr·ʒə] *n* Persia *f*

Persian I. *adj* persiano, -a **II.** *n* **1.** (*person*) persiano, -a *m, f* **2.** LING persiano *m*

Persian Gulf *n* Golfo *m* Persico

persist [pə·'sɪst] *vi* **1.** (*continue: cold, heat, rain*) continuare; (*habit, belief, doubts*) persistere **2.** (*person*) insistere

persistence [pə·'sɪs·təns] *n* **1.** (*of cold, belief*) persistenza *f* **2.** (*of person*) insistenza *f*

persistent [pə·'sɪs·tənt] *adj* **1.** (*cold, belief*) persistente **2.** (*person*) insistente

persnickety [pə·'snɪ·kə·t̬i] *adj pej* **1.** (*exacting*) pignolo, -a; **to be ~ about sth** essere pignolo in qc **2.** (*difficult*) intricato, -a

person ['pɜːr·sən] <people *o form* -s> *n* **1.** (*human*) persona *f;* **about** [*o* **on**] **one's ~** su di sé [*o* con sé]; **as a ~** come persona; **per ~**

per persona 2. LING persona *f;* **first/second ~**
prima/seconda persona
persona [pəˈsoʊ·nə] *n* 1. <-s *o* -nae> (*character*) personaggio *m* 2. <-s> PSYCH (*image*)
personalità *f* esteriore
personable [ˈpɜːr·sə·nə·bl] *adj* di bell'aspetto
personage [ˈpɜːr·sə·nɪdʒ] *n form* personaggio *m*
personal [ˈpɜːr·sə·nəl] *adj* 1. (*property*) privato, -a; (*data, belongings, account*) personale 2. (*direct, done in person*) personale
[*o* in persona] 3. (*private: letter*) riservato, -a;
(*question*) personale; (*matter*) privato, -a,
personale; (*life*) privato, -a 4. (*offensive: comment, remark*) offensivo, -a; **to get ~** mettere le cose sul piano personale; **it's nothing ~** non è niente di personale 5. (*bodily, physical: appearance*) personale; (*hygiene*)
personale 6. (*human*) **~ quality** qualità *f*
umana
personal assistant *n* assistente *mf* personale
personal computer *n* personal *m* (computer)
inv
personality [ˌpɜːr·sə·ˈnæ·lə·ţi] *n* <-ies>
1. (*character*) personalità *f* 2. (*famous person*)
personalità *f,* celebrità *f*
personally *adv* 1. (*in person*) personalmente
[*o* in persona] 2. (*as offensive*) **to take sth ~**
offendersi per qc [*o* prendere qc sul piano personale] 3. (*refering to oneself*) personalmente;
~, I don't think it matters per conto mio non
credo che abbia importanza 4. (*refering to sb's character*) personalmente; **I respect him but
don't like him ~** lo rispetto, ma come persona
non mi piace; **she's not involved with him ~**
lei non ha una relazione con lui
personal pronoun *n* pronome *m* personale
personalty [ˈpɜːr·sə·nəl·ti] <-ies> *n* beni *mpl*
mobili
personification [pərˌsɑː·nɪ·fɪ·ˈkeɪ·ʃən] *n* personificazione *f;* **he is the ~ of kindness** è la
gentilezza in persona
personify [pərˈsɑː·nɪ·faɪ] *vt* personificare
personnel [ˌpɜːr·sə·ˈnel] *n* 1. *pl* (*staff, employees*) personale *m* 2. (*department*) ufficio *m*
del personale
personnel department *n* ufficio *m* del personale
personnel director *n* direttore, -trice *m, f* del
personale
personnel manager *n* capo, -a *m, f* del personale
perspective [pərˈspek·tɪv] *n* prospettiva *f;*
you have to keep things in ~ non si deve
perdere il senso delle proporzioni; **to put a different ~ on things** vedere le cose da un altro
punto di vista
perspicacious [ˌpɜːrs·pɪ·ˈkeɪ·ʃəs] *adj form* perspicace
perspicacity [ˌpɜːrs·pɪ·ˈkæ·sə·ţi] *n form* perspicacia *f*
perspicuity [ˌpɜːrs·pɪ·ˈkjuː·ə·ţi] *n form* perspicuità *f*

perspicuous [pərsˈpɪ·kjʊ·əs] *adj form* perspicuo, -a
perspiration [ˌpɜːrs·pə·ˈreɪ·ʃən] *n* traspirazione *f* [*o* perspirazione] *f* [*o* sudorazione] *f;*
beads of ~ gocce *fpl* di sudore
perspire [pərsˈpa·ɪəʳ] *vi* sudare
persuade [pərˈsweɪd] *vt* convincere
persuasion [pərˈsweɪ·ʒən] *n* 1. (*act*) persuasione *f* 2. (*conviction*) convinzione *f*
persuasive [pərˈsweɪ·sɪv] *adj* (*person, manner*) persuasivo, -a; (*argument*) convincente
pert [pɜːrt] *adj* 1. (*nose*) all'insù; **~ breasts**
seni piccoli e sodi 2. (*reply*) impertinente
3. (*hat*) sbarazzino, -a
pertain [pərˈteɪn] *vi* **to ~ to sth** riguardare qc
pertinent [ˈpɜːrt·nənt] *adj* pertinente; **to be ~
to sth** riguardare qc
perturb [pərˈtɜːrb] *vt* perturbare
perturbation [ˌpɜːr·tər·ˈbeɪ·ʃən] *n form* perturbazione *f*
Peru [pəˈruː] *n* Perù *m*
perusal [pəˈruː·zl] *n form* lettura *f;* **he sent a
copy of the report for their ~** ha inviato
copia della relazione perché la esaminassero
peruse [pəˈruːz] *vt form* (*read*) leggere accuratamente; (*examine*) esaminare
Peruvian [pəˈruː·vi·ən] I. *adj* peruviano, -a
II. *n* peruviano, -a *m, f*
pervade [pərˈveɪd] *vt* (*attitude, idea*) pervadere; (*smell, smoke*) pervadere
pervasive [pərˈveɪ·sɪv] *adj* (*attitude, idea*)
pervasivo, -a; (*influence*) onnipresente;
(*smell*) penetrante
perverse [pərˈvɜːrs] *adj* 1. (*deviant, perverted*) perverso, -a 2. (*stubborn*) ostinato, -a
3. (*contrary*) avverso, -a
perverseness *n* 1. (*deviancy*) perversità *f*
2. (*stubbornness*) caparbietà *f* 3. (*contrariness*) contraddizione *f*
perversion [pərˈvɜːr·ʒən] *n* 1. (*sexual deviance*) perversione *f* 2. (*corruption*) **~ of justice** parodia *f* della giustizia; **~ of the truth**
distorsione *f* della verità
perversity [pərˈvɜːr·sə·ţi] <-ies> *n*
1. (*wickedness*) perversione *f* 2. (*stubbornness*) caparbietà *f*
pervert[1] [ˈpɜːr·vɜːrt] *n* (*sexual deviant*) pervertito, -a *m, f*
pervert[2] [pərˈvɜːrt] *vt* alterare; (*meaning*) svisare; **to ~ the truth** distorcere la verità
perverted *adj* (*person, practice*) perverso, -a
peseta [pəˈseɪ·ţə] *n* peseta *f*
peso [ˈpeɪ·soʊ] *n* peso *m*
pessary [ˈpe·sə·ri] <-ies> *n* 1. (*device*) pessario *m* 2. (*vaginal suppository*) suppositorio *m* vaginale
pessimism [ˈpe·sə·mɪ·zəm] *n* pessimismo *m*
pessimist *n* pessimista *mf*
pessimistic [ˌpe·sə·ˈmɪs·tɪk] *adj* pessimista; **to
be ~ about sth** essere pessimista su qc/
riguardo a qc
pest [pest] *n* 1. (*destructive insect, animal*)

animale *m* nocivo **2.** *inf* (*annoying person*)
peste *f*
pest control *n* (*of insects*) disinfestazione *f;*
(*of rats*) derattizzazione *f*
pester ['pes·tə] *vt* infastidire
pesticide ['pes·tə·saɪd] *n* pesticida *m*
pestiferous [pe·'stɪ·fə·rəs] *adj* pestifero
pestilent ['pes·tə·lənt] *adj,* **pestilential**
[ˌpes·tə·'len·tʃəl] *adj* **1.** (*deadly*) pestilenziale
2. (*troublesome*) pestifero, -a
pestle ['pe·sl] *n* pestello *m*
pet [pet] **I.** *n* **1.** (*house animal*) animale *m*
[*o* domestico] da compagnia **2.** *pej* (*favorite
person*) preferito, -a *m, f,* **he's the
teacher's ~** è il preferito dell'insegnante
II. *adj* **1.** (*cat, dog, snake*) domestico, -a
2. (*favorite: project, theory*) preferito, -a
III. <-tt-> *vi* sbaciucchiarsi **IV.** <-tt->
vt **1.** (*caress*) coccolare [*o* accarezzare]
2. (*pamper*) viziare
petal ['pe·tl] *n* BOT petalo *m*
petard [pɪ·'tɑːrd] *n* he was <u>hoisted</u> by his
own **~** *prov* è caduto nella sua stessa trappola
peter ['piː·tə] *vi* **to ~ away** [*o* out] (*trail, track,
path*) perdersi; (*conversation, flame*) languire;
(*interest*) andare calando
Peter ['piː·tə] **to rob ~ to pay** <u>Paul</u> *prov* fare
un debito per pagarne un altro *prov*
petite [pə·'tiːt] *adj* minuto, -a
petition [pə·'tɪ·ʃən] **I.** *n* **1.** POL petizione *f*
2. LAW istanza *f* **II.** *vi* **1.** POL **to ~ for sth**
una petizione per qc **2.** LAW **to ~ for divorce**
presentare istanza di divorzio **III.** *vt* POL fare
una petizione a
petitioner *n* **1.** POL richiedente *mf* **2.** LAW (*for
divorce*) attore, -trice *m, f*
petrel ['pet·rəl] *n* procellaria *f*
petri dish ['piː·tri·ˌdɪʃ] *n* capsula *f* di Petri
petrifaction [ˌpet·rɪ·'fæk·ʃən] *n,* **petrification**
[ˌpet·rɪ·fɪ·'keɪ·ʃən] *n* **1.** GEO pietrificazione *f*
2. (*terror*) terrore *m*
petrified *adj* **1.** GEO pietrificato, -a **2.** (*terrified*)
terrorizzato, -a
petrify ['pet·rɪ·faɪ] <-ies> **I.** *vi* GEO pietrificarsi
[*o* silicizzarsi] **II.** *vt* **1.** GEO pietrificare [*o* siliciz-
zare] **2.** (*terrify*) terrorizzare
petrochemical [ˌpet·roʊ·'ke·mɪ·kəl] **I.** *n* prodotto *m* petrolchimico **II.** *adj* petrolchimico, -a
petrodollar ['pet·roʊ·ˌdɑː·lə] *n* petrodollaro *m*
petroleum [pə·'troʊ·li·əm] *n* petrolio *m* (greggio), greggio *m*
pet shop *n* negozio *m* di animali domestici
petticoat ['pe·tɪ·koʊt] *n* sottoveste *f*
pettifogging ['pe·tɪ·fɑː·gɪŋ] *adj pej* (*person*)
cavilloso, -a; (*paperwork*) farraginoso, -a;
(*details*) insignificante
pettiness ['pe·tɪ·nəs] *n* **1.** (*small-minded-
ness*) meschinità *f* **2.** (*triviality, insignificance*)
piccolezza *f*
petting ['pe·tɪŋ] *n* (*stroking*) carezze *fpl;* (*sexual*) petting *m*
petting zoo *n* zoo in cui si possono toccare e
carezzare gli animali

petty ['pe·ti] <-ier, -iest> *adj* **1.** *pej* (*detail,
amount*) trascurabile, insignificante; (*person,
attitude*) meschino, -a **2.** LAW minore
petty cash *n* piccola *f* cassa
petty larceny *n* LAW furto *m* di cose di poco valore
petty officer *n* NAUT sottufficiale *mf* di marina
petulant ['pe·tʃə·lənt] *adj* stizzoso, -a
petunia [pə·'tuː·n·jə] *n* petunia *f*
pew [pjuː] *n* banco *m* (di chiesa)
pewit ['piː·wɪt] *n* pavoncella *f*
pewter ['pjuː·tə] *n* peltro *m*
PG *n abbr of* **parental guidance** *film per
minori accompagnati*
pg. *abbr of* **page** pag. [*o* p.]
pH [ˌpiː·'eɪtʃ] pH *m*
phalanx ['feɪ·læŋks] <-es *o* phalanges> *n*
form falange *f*
phallic ['fæ·lɪk] *adj* fallico, -a
phallus ['fæ·ləs] <-es *o* phalli> *n* fallo *m*
phantasmal [fæn·'tæz·məl] *adj liter* **1.** (*imaginary*) immaginario, -a **2.** (*ghost-like*) fantasmatico, -a
phantom ['fæn·təm] **I.** *n* fantasma *m* **II.** *adj*
1. (*ghostly*) fantasmatico, -a **2.** (*imaginary*)
immaginario, -a
Pharaoh ['fe·roʊ] *n* faraone *m*
pharisaic(al) [ˌfe·rɪ·'seɪ·ɪ·k(əl)] *adj* farisaico, -a
Pharisee ['fe·rɪ·siː] *n* fariseo, -a *m, f*
pharmaceutic [ˌfɑːr·mə·'suː·ṭɪk] *adj* farmaceutico, -a
pharmaceutical I. *adj* farmaceutico, -a **II.** *n pl*
farmaci *mpl*
pharmaceutics *n* farmacia *f*
pharmaceutics industry *n* industria *f* farmaceutica
pharmacist ['fɑːr·mə·sɪst] *n* farmacista *mf*
pharmacology [ˌfɑːr·mə·'kɑː·lə·dʒi] *n* farmacologia *f*
pharmacopoeia [ˌfɑːr·mə·'koʊ·'piː·ə] *n* farmacopea *f*
pharmacy ['fɑːr·mə·si] <-ies> *n* farmacia *f*
pharyngitis [ˌfæ·rɪn·'dʒaɪ·ṭɪs] *n* faringite *f*
pharynx ['fæ·rɪŋks] <pharynges> *n* faringe *f*
phase [feɪz] **I.** *n* (*stage*) fase *f;* **to go through
a ~** attraversare una fase; **to be in ~** essere in
fase; **to be out of ~** essere fuori fase **II.** *vt*
1. (*do in stages*) realizzare per stadi **2.** (*coordinate*) sincronizzare
◆**phase in** *vt* introdurre per gradi
◆**phase out** *vt* (*service*) abolire per gradi;
(*product*) cessare per gradi la produzione di
PhD [ˌpiː·eɪtʃ·'diː] *n abbr of* **Doctor of Philosophy** **1.** (*award*) dottorato *m* di ricerca
2. (*person*) Dott. *mf*
pheasant ['fe·zənt] <-(s)> *n* fagiano *m*
phenomena *n pl of* **phenomenon**
phenomenal *adj* (*success, achievement*)
fenomenale
phenomenon [fə·'nɑː·mə·nɑːn] <phenome-
na *o* -s> *n* fenomeno *m*
phew [fjuː] *interj inf* (*relief*) oh!; (*heat*) uffa!
pH factor *n* valore *m* del pH

P

philander [fɪ·'læn·dɚ] *vi* essere un donnaiolo
philanderer *n* donnaiolo *m*
philanthropic [ˌfɪ·læn·'θrɑː·pɪk] *adj* filantropico, -a
philanthropist [fə·'læn·θrə·pɪst] *n* filantropo, -a *m, f*
philanthropy [fə·'læn·θrə·pi] *n* filantropia *f*
philatelic [fɪ·lə·'te·lɪk] *adj* filatelico, -a
philatelist [fɪ·'læ·ṭə·lɪst] *n* filatelico, -a *m, f*
philately [fɪ·'læ·ṭə·li] *n* filatelia *f*
philharmonic [ˌfɪl·hɑːr·'mɑː·nɪk] *adj* filarmonico, -a
Philippines ['fɪ·lə·piːnz] *npl* **the ~** le Filippine
philistine ['fɪ·lɪs·tiːn] *pej* **I.** *n* filisteo, -a *m, f* **II.** *adj* beota
philological [ˌfɪ·lə·'lɑː·dʒɪ·kl] *adj* filologico, -a
philologist [fɪ·'lɑː·lə·dʒɪst] *n* filologo, -a *m, f*
philology [fɪ·'lɑː·lə·dʒi] *n* filologia *f*
philosopher [fɪ·'lɑː·sə·fɚ] *n* filosofo, -a *m, f*
philosophic(al) [ˌfɪ·lə·'sɑː·fɪ·k(əl)] *adj* filosofico, -a
philosophize [fɪ·'lɑː·sə·faɪz] *vi* filosofare
philosophy [fɪ·'lɑː·sə·fi] *n* filosofia *f*
philter *n*, **philtre** ['fɪl·tɚ] *n* filtro *m*
phish [fɪʃ] *vi* INET fare phishing
phlebitis [flɪ·'baɪ·ṭɪs] *n* MED flebite *f inv*
phlegm [flem] *n* (*substance*) muco *m;* (*calmness*) flemma *f*
phlegmatic [fleg·'mæ·ṭɪk] *adj* flemmatico, -a
phobia ['foʊ·bi·ə] *n* PSYCH fobia *f*
phoenix ['fiː·nɪks] *n* fenice *f*
phone [foʊn] **I.** *n* telefono *m;* **to hang up the ~** riattaccare; **to pick up the ~** alzare il ricevitore; **by ~** per telefono; **to be on the ~** essere al telefono **II.** *vt* telefonare a, chiamare (al telefono) **III.** *vi* telefonare, chiamare (al telefono)
  ◆**phone around** *vi* fare delle chiamate
  ◆**phone back** *vt* ritelefonare a, richiamare
  ◆**phone in I.** *vi* telefonare, chiamare (per telefono); **to ~ sick** telefonare per darsi malato **II.** *vt* telefonare a, chiamare al telefono
  ◆**phone up** *vt* telefonare, chiamare (al telefono)
phone book *n* elenco *m* telefonico
phone booth <-es> *n* cabina *f* telefonica
phone call *n* telefonata *f,* chiamata *f* (telefonica)
phone card *n* carta *f* telefonica, scheda *f* telefonica, tessera *f* telefonica
phone-in *n programma a cui radioascoltatori o telespettatori partecipano telefonicamente*
phoneme ['foʊ·niːm] *n* LING fonema *m*
phone number *n* numero *m* di telefono
phonetic [fə·'ne·ṭɪk] *adj* fonetico, -a; **the International Phonetic Alphabet** l'alfabeto fonetico internazionale; **~ transcription** trascrizione *f* fonetica
phonetician [ˌfoʊ·nə·'tɪ·ʃən] *n* fonetista *mf*
phonetics [fə·'ne·ṭɪks] *n* fonetica *f*
phoney ['foʊ·ni] *adj, n s.* phony
phonic ['fɑː·nɪk] *adj* LING fonico, -a
phonology [fə·'nɑː·lə·dʒi] *n* fonologia *f*

phony ['foʊ·ni] **I.**<-ier, -iest> *adj inf* (*person, address, documents*) falso, -a; (*smile*) finto, -a **II.** *n* (*person*) bugiardo, -a *m, f*
phooey ['fuː·i] *interj inf* col cavolo!
phosphate ['fɑːs·feɪt] *n* fosfato *m*
phosphorescence [ˌfɑːs·fə·'re·sns] *n* fosforescenza *f*
phosphorescent [ˌfɑːs·fə·'re·sənt] *adj* fosforescente
phosphoric [fɑːs·'fɔː·rɪk] *adj,* **phosphorous** ['fɑːs·fə·rəs] *adj* fosforico, -a
phosphorus ['fɑːs·fə·rəs] *n* fosforo *m*
photo ['foʊ·toʊ] <-s> *n inf abbr of* **photograph** foto *f inv*
photo album *n* album *m* di fotografie
photo call *n* opportunità *f* di essere fotografato
photocell ['foʊ·toʊ·sel] *n* cellula *f* fotoelettrica, fotocellula *f*
photocopier [ˌfoʊ·toʊ·'kɑː·piɚ] *n* fotocopiatrice *f*
photocopy ['foʊ·toʊ·ˌkɑː·pi] **I.**<-ies> *n* fotocopia *f;* **to make a ~ of sth** fare una fotocopia di qc **II.** *vt* fotocopiare
photocopying store *n* fotocopisteria *f*
photoelectric [ˌfoʊ·toʊ·ɪ·'lek·trɪk] *adj* fotoelettrico, -a; **~ cell** cellula *f* fotoelettrica, fotocellula *f*
photo finish *n* SPORTS fotofinish *m inv*
photoflash *n* flash *m inv*
photogenic [ˌfoʊ·toʊ·'dʒe·nɪk] *adj* fotogenico, -a
photograph ['foʊ·toʊ·græf] **I.** *n* fotografia *f;* **aerial ~** fotografia aerea; **color/black-and-white ~** fotografia a colori/in bianco e nero; **to take a ~ of sb** fare una fotografia a qu **II.** *vt* fotografare **III.** *vi* **to ~ well** essere fotogenico
photograph album *n* album *m* di fotografie *inv*
photographer [fə·'tɑː·grə·fɚ] *n* fotografo, -a *m, f;* **amateur ~** fotografo, -a dilettante; **~'s model** modello, -a *m, f*
photographic [ˌfoʊ·tə·'græ·fɪk] *adj* fotografico, -a
photography [fə·'tɑː·grə·fi] *n* fotografia *f*
photojournalism [ˌfoʊ·toʊ·'dʒɜː·rn·lɪ·zəm] *n* fotogiornalismo *m*
photojournalist *n* fotogiornalista *mf*
photometer [foʊ·'tɑː·mɪ·ṭɚ] *n* fotometro *m*
photomontage [ˌfoʊ·toʊ·mɑːn·'tɑːʒ] *n* fotomontaggio *m*
photon ['foʊ·tɑːn] *n* fotone *m*
photo opportunity *n* opportunità *f* di essere fotografato
photo reporter *n* fotocronista *mf,* fotoreporter *mf inv*
photosensitive [ˌfoʊ·toʊ·'sen·sə·ṭɪv] *adj* fotosensibile
photosetting ['foʊ·toʊ·ˌse·ṭɪŋ] *n* ART fotocomposizione *f*
Photostat ['foʊ·toʊ·stæt] <-tt-> **I.** *n* fotocopiatrice *f;* **~ copy** copia fotostatica **II.** *vt* fotocopiare
photosynthesis [ˌfoʊ·toʊ·'sɪn·θɪ·sɪs] *n* fotosintesi *f*

P

phrasal verb [ˌfreɪ·zəl·ˈvɜːrb] *n* LING verbo *m* frasale

phrase [freɪz] **I.** *n* frase *f*; (*idiomatic expression*) espressione *f*; **verb/noun phrase** sintagma verbale/nominale; **to have a good turn of ~** essere molto eloquente **II.** *vt* **to ~ sth well/badly** esprimere bene/male qc

phrase book *n* libro *m* delle locuzioni

phraseology [ˌfreɪ·zi·ˈɑː·lə·dʒi] *n* fraseologia *f*

phrenetic [frɪ·ˈne·t̬ɪk] *adj s.* **frenetic**

phys ed [ˌfɪz·ˈed] *n abbr of* **physical education** educazione *f* fisica

physical [ˈfɪ·zɪ·kəl] **I.** *adj* fisico, -a, **~ attraction** attrazione *f* fisica; **to be in poor ~ condition** essere in condizioni fisiche non molto buone; **to have a ~ disability** avere un'invalidità fisica; **~ exercise** esercizio *m* fisico **II.** *n* MED visita *f* medica

physical education *n* educazione *f* fisica

physically *adv* (*attractive*) fisicamente; (*dangerous*) dal punto di vista fisico

physical therapist *n* fisioterapista *mf*

physical therapy *n* fisioterapia *f*

physician [fɪ·ˈzɪ·ʃən] *n* medico, -a *m, f*

physicist [ˈfɪ·zɪ·sɪst] *n* fisico, -a *m, f*; (*student*) studente *mf* di fisica

physics [ˈfɪ·zɪks] **I.** *n* fisica *f* **II.** *adj* di fisica

physiognomy [ˌfɪ·zi·ˈɑː·nə·mi] *n* fisionomia *f*

physiological [ˌfɪ·ziə·ˈlɑː·dʒɪ·kəl] *adj* fisiologico, -a

physiologist *n* fisiologo, -a *m, f*; (*student*) studente *mf* de fisiologia

physiology [ˌfɪ·zi·ˈɑː·lə·dʒi] *n* fisiologia *f*

physique [fɪ·ˈziːk] *n* fisico *m*

pianist [ˈpiː·æ·nɪst] *n* pianista *mf*

piano [pi·ˈæ·noʊ] <-s> *n* piano(forte) *m;* **to play the ~** suonare il piano(forte)

piazza [pɪ·ˈɑːt·sə] *n* piazza *f*

picaresque [ˌpɪ·kə·ˈresk] *adj* LIT picaresco, -a

piccolo [ˈpɪ·kə·loʊ] <-s> *n* ottavino *m*

pick [pɪk] **I.** *vt* **1.** (*select*) scegliere; **to ~ sth at random** scegliere qc a caso; **to ~ a fine time to do sth** *iron* scegliere proprio il momento giusto per fare qc; **to ~ one's way** stare attento a dove si mettono i piedi **2.** (*harvest: fruit, vegetables*) cogliere **3.** (*remove*) togliere; **to ~ one's nose** mettersi le dita nel naso; **to ~ one's teeth** stuzzicarsi i denti; **to ~ holes in sth** *fig* trovare difetti in qc **4.** MUS (*guitar*) pizzicare [*o* suonare] **5.** (*steal*) **to ~ a lock** scassinare una serratura; **to ~ sb's pocket** borseggiare qu; **to ~ sb's brains** *fig* chiedere lumi a qu **6.** (*provoke*) **to ~ a fight (with sb)** attaccare briga (con qu) **II.** *vi* **to ~ and choose** essere selettivo **III.** *n* **1.** (*selection*) scelta *f;* **to take one's ~** scegliere; **to have one's ~** avere la scelta; **the ~ of the bunch** il migliore del gruppo **2.** (*pickax*) piccone *m;* **with ~s and shovels** con piccone e pala **3.** (*for teeth*) stuzzicadenti *m inv*

♦ **pick at** *vt insep* **1.** (*toy with: food*) spilluzzicare **2.** (*bone*) spolpare; (*sore, spot*) grattare

3. (*criticize*) **to ~ sb/sth** prendersela con qu/qc

♦ **pick off** *vt* **1.** (*shoot*) abbattere (uno dopo l'altro) **2.** *fig* (*take the best*) scegliersi il migliore **3.** (*pull off*) separare; **to pick an apple off the tree** staccare una mela dall'albero

♦ **pick on** *vt insep* **1.** (*victimize*) prendersela con **2.** (*select*) **to ~ sb for sth** scegliere qu per qc

♦ **pick out** *vt* **1.** (*choose*) selezionare **2.** (*recognize*) riconoscere

♦ **pick over** *vt* selezionare

♦ **pick up I.** *vt* **1.** (*lift*) tirare su, sollevare [*o* alzare]; **to ~ the phone** alzare il ricevitore [*o* prendere il telefono]; **to pick oneself up** rimettersi in piedi [*o* tirarsi su]; **to pick oneself up off the floor** risollevarsi; **to ~ the pieces** *fig* raccogliere i cocci **2.** (*get*) prendere; (*conversation*) attaccare discorso; **to ~ a bargain** trovare un buona occasione; **to ~ an illness** prendersi una malattia; **to ~ speed** acquistare velocità; **to ~ the bill** [*o* **tab**] *inf* pagare il conto **3.** (*collect: item*) ritirare; (*person*) (andare a) prendere; **to pick sb up** (*bus*) prendere qu **4.** (*buy*) acquistare (a poco prezzo) **5.** (*detect: noise*) individuare; (*signal*) captare **6.** (*learn*) apprendere **7.** *inf* (*sexually*) **to pick sb up** rimorchiare qu **8.** *inf* (*halt*) fermare; (*arrest*) fermare; **the police picked him up for speeding** la polizia lo ha fermato per eccesso di velocità **9.** *inf* (*earn*) guadagnare **II.** *vi* **1.** (*improve*) migliorare; MED riprendersi **2.** (*continue*) continuare; **to ~ where one left off** ricominciare da dove si è lasciato; **she picked up and left** ha preso su e se n'è andata

pickax *n*, **pickaxe** [ˈpɪ·kæks] *n* piccone *m*

picker *n* raccoglitore, -trice *m, f*

picket [ˈpɪ·kɪt] **I.** *n* **1.** (*stake*) picchetto *f* **2.** (*striker*) *a.* MIL picchetto *m* **II.** *vt* (*in strike*) picchettare

picket fence *n* steccato *m*

picket line *n* picchetto (di scioperanti) *m;* **to be on the ~** far parte di un picchetto; **to cross the ~** forzare un picchetto

picking *n* selezione *f*

pickings [ˈpɪ·kɪnz] *npl* guadagni *fpl*

pickle [ˈpɪ·kl] **I.** *n* **1.** (*pickled item*) sottaceto *m* **2.** (*pickled cucumber*) cetriolo *m* sottaceto ▶ **to be in a (pretty) ~** *inf* essere in un (bel) pasticcio **II.** *vt* (*in vinegar*) conservare sottaceto; (*fish*) conservare in salamoia

pickled *adj* **1.** (*in vinegar*) sottaceto; (*in brine*) in salamoia **2.** *fig, sl* (*drunk*) sbronzo, -a; **to get ~** sbronzarsi

picklock [ˈpɪk·lɑːk] *n* **1.** (*thief*) scassinatore, -trice *m, f* **2.** (*instrument*) grimaldello *m*

pick-me-up *n inf* tonico *m;* (*drink*) bevanda *f* stimolante

pickpocket [ˈpɪk·ˌpɑː·kɪt] *n* borsaiolo, -a *m, f*, borseggiatore, -trice *m, f*

pickup *n* **1.** *inf* (*collection*) raccolta *f*

2. (*increase*) ripresa; **a ~ in** sales/orders/ activity una ripresa nelle vendite/ordinazioni/attività **3.** (*pickup truck*) pick-up *m inv* **4.** (*part of record player*) pick-up *m inv* **5.** *sl* (*partner for sex*) conquista *f* facile

pickup point *n* punto *m* di raccolta

pickup truck *n* pick-up *m inv*

picky ['pɪ·ki] <-ier, -iest> *adj inf* difficile; **to be a ~ eater** essere schizzinoso nel mangiare

picnic ['pɪk·nɪk] **I.** *n* picnic *m inv;* **to take a ~** fare un picnic; **to go on a ~** andare a fare un picnic; **to be a ~** essere piacevole; **to be no ~** *fig* non essere una passeggiata [*o* una cosa da niente] **II.** <-ck-> *vi* fare un picnic

picnicker *n* partecipante *mf* a un picnic

picnic lunch *n* picnic *m*

picnic site *n* area *f* per picnic

pictogram ['pɪk·tə·græm] *n* pittogramma *m*

pictorial [pɪk·'tɔː·ri·əl] *adj* (*form, method*) pittorico, -a; (*book, brochure*) illustrato, -a

picture ['pɪk·tʃɚ] **I.** *n* **1.** (*image*) immagine *f;* (*painting*) dipinto *m;* (*in book*) illustrazione *f;* (*drawing*) disegno *m;* **to draw a ~** fare un disegno; **to paint a ~** dipingere un quadro; **as pretty as a ~** bello come una cartolina **2.** (*photo*) foto(grafia) *f;* **to take a ~** fare una foto(grafia); **satellite ~** fotografia [*o* immagine] dal satellite **3.** (*film*) film *m inv;* **to make a ~** fare un film; (*cinema*) cinema(tografo) *m inv;* **to go to the ~s** andare al cinema **4.** (*mental image*) immagine *f* mentale **5.** *fig* (*description*) rappresentazione *f;* **to paint a ~ of sth** fare una descrizione di qc; **to paint a very black ~** fare un quadro molto nero ▸**a ~ is worth a thousand words** *prov* un'immagine vale più di mille parole; **to be in the ~** essere al corrente; **to get the ~** capire; **to keep sb in the ~** tenere qu al corrente; **to put sb in the ~** mettere qu al corrente **II.** *vt* (*imagine*) immaginare, immaginarsi; (*depict*) ritrarre; **to ~ oneself ...** immaginare sé stesso ...

picture book *n* libro *m* illustrato

picture frame *n* cornice *f*

picture gallery *n* pinacoteca *f*

picture library *n* fototeca *f*

picture postcard *n* cartolina *f* (illustrata)

picture puzzle *n* puzzle *m inv*

picturesque [ˌpɪk·tʃə·'resk] *adj* **1.** (*scenic*) pittoresco, -a **2.** (*language*) pittoresco, -a, colorito, -a

picture tube *n* cinescopio *m*

picture window *n* finestra *f* panoramica

piddle ['pɪ·dl] *inf* **I.** *n* pipì *f* **II.** *interj* accidenti! **III.** *vi* **1.** (*urinate*) fare la pipì **2.** (*waste time*) **to ~ around** gingillarsi

piddling ['pɪd·lɪŋ] *adj inf* insignificante; **the ~ sum of $5** la misera somma di 5 dollari

pidgin ['pɪ·dʒɪn] *n* LING pidgin *m inv*

pie [paɪ] *n* (*vegetables, meat*) pasticcio *m* (in crosta); (*fruit*) crostata *f,* torta *f* ▸**it's in the sky** resterà una pia intenzione; (**as**) **easy as ~** un gioco da ragazzi; **to eat humble ~** andare a Canossa, cospargersi il capo di cenere

piebald ['paɪ·bɔːld] *adj* pezzato, -a

piece [piːs] *n* **1.** (*small unit: of wood, metal, bread*) pezzo *m;* (*smaller*) pezzetto *m;* **a ~ of land** un appezzamento di terreno; **a ~ of paper** (*scrap*) un pezzo di carta; (*sheet*) un foglio; **in one ~** (tutto)intero; **in ~s** a pezzi; **to break sth to/in ~s** fare a pezzi qc; **to tear sth into ~s** stracciare qc; (**all**) **in one ~** (*not damaged*) incolume; **~ by ~** pezzo per pezzo; **to go** (**all**) **to ~s** (*collapse, break*) crollare **2.** (*item, one of set*) unità *f;* **~ of luggage** collo *m;* **~ of clothing** indumento *m* **3.** (*in games*) pezzo *m* **4.** (*with mass nouns*) **a ~ of advice** un consiglio; **a ~ of evidence** una prova; **a ~ of information** un'informazione; **a ~ of news** una notizia **5.** ART, MUS pezzo *m,* brano *m;* PUBL annuncio *m;* **a ~ of writing** uno scritto **6.** (*coin*) moneta *f;* **a 50 cent ~** una moneta da 50 centesimi **7.** *sl* (*gun*) **to carry a ~** avere una pistola ▸**to get a ~ of the action** (*profits*) avere una fetta della torta; (*excitement*) passare bene; **to be a ~ of cake** *inf* essere facilissimo; **to want a ~ of the pie** volere un pezzo della torta; **to give sb a ~ of one's mind** *inf* dirne quattro a qu; **to say one's ~** dire la propria

◆**piece together** *vt* mettere insieme; (*reconstruct*) ricostruire; **to ~ evidence** ricostruire la verità in base alle prove

piecemeal ['piːs·miːl] **I.** *adv* a pezzi e bocconi **II.** *adj* frammentario, -a

piece number *n* numero *m* di pezzi

piece price *n* prezzo *m* per unità

piece rate *n* prezzo *m* per unità

piecework ['piːs·wɜːrk] *n* lavoro *m* a cottimo; **to do ~** lavorare a cottimo

pieceworker *n* cottimista *mf*

pied [paɪd] *adj* variopinto, -a

pie-eyed [ˌpaɪ·'aɪd] *adj inf* (*drunk*) **to be ~** essere ciucco tradito

pier [pɪr] *n* **1.** (*at the water*) molo *m,* banchina *f* **2.** ARCHIT (*pillar*) piedritto *m;* (*buttress*) contrafforte *m*

pierce [pɪrs] **I.** *vt* (*perforate*) perforare; (*skin*) trafiggere; **to ~ a hole in sth** fare un buco in qc; **to have one's ears ~d** farsi fare i buchi alle orecchie **II.** *vi* (*drill*) **to ~ into sth** penetrare in qc; **to ~ through sth** attraversare qc

piercing I. *adj* **1.** (*wind*) penetrante; (*cold*) pungente **2.** (*eyes, gaze, look*) penetrante; (*question, reply, wit*) pungente; (*sarcasm*) acuto, -a **3.** (*cry*) lacerante **II.** *n* piercing *m inv*

piety ['paɪ·ə·ti] *n* pietà *f*

piffle ['pɪ·fl] *n inf* stupidaggini *fpl*

piffling ['pɪf·lɪŋ] *adj inf* insignificante

pig [pɪg] *n* **1.** ZOOL maiale *m,* porco *m* **2.** *inf* (*person*) maiale, -a *m, f;* **to be a ~** essere un maiale; **to be a ~ to sb** comportarsi da cafone con qu **3.** *pej, sl* (*policeman*) sbirro *m;* **the ~s** la pula, la madama ▸**to buy/sell a ~ in a poke** comprare/vendere a scatola chiusa; **to make a ~ of oneself** mangiare come un porco

◆**pig out** <-gg-> *vi inf* mangiare come un porco; **to ~ out on sth** abbuffarsi di qc

pigeon ['pɪ·dʒən] *n* 1. (*bird*) piccione *m* 2. *fig* (*easy prey*) merlo *m*

pigeonhole ['pɪ·dʒən·hoʊl] I. *n* casella *f;* **to put sb in a ~** etichettare qu II. *vt* **to ~ sb/sth** classificare qu/qc; **to ~ sb as sth** etichettare qu come qc

pigeon-toed ['pɪ·dʒən·toʊd] *adj* **to be ~** avere il piede varo

piggery ['pɪ·gə·ri] <-ies> *n* 1. AGR porcile *m* 2. (*gluttony*) golosità *f*

piggish ['pɪ·gɪʃ] *adj* (*in manners*) grossolano, -a, (*greedy*) ingordo, -a

piggy ['pɪ·gi] <-ies> *n childspeak* porcellino, -a *m, f,* maialino, -a *m, f*

piggyback ['pɪ·gi·bæk] *n* **to carry sb/ride ~** portare qu/fare un giro a cavalluccio a qu; **to give a child a ~ ride** far fare un giro a cavalluccio a un bambino

piggy bank *n* salvadanaio *m, a forma di maialino*

pigheaded [ˌpɪg·'he·dɪd] *adj* testardo, -a

pig iron *n* ghisa *f* grezza

pig Latin *n gergo infantile ottenuto con l'inversione dell'ordine dei suoni di ogni parola e con l'aggiunta alla fine del suono 'ai'. Esempio: "he likes meat" = "i:hel alkslel i:tmel"*

piglet ['pɪg·lɪt] *n* maialino *m,* porcellino *m*

pigment ['pɪg·mənt] *n* pigmento *m*

pigmentation [ˌpɪg·men·'teɪ·ʃən] *n* pigmentazione *f*

pigmy ['pɪg·mi] I. <-ies> *n* 1. (*short person*) pigmeo, -a *m, f* 2. (*unimportant person*) pigmeo, -a *m, f* II. *adj* ZOOL nano, -a

pigskin ['pɪg·skɪn] *n* 1. (*leather*) pelle *f* di cinghiale 2. *inf* (*a football*) pallone *m* da football americano

pigsty ['pɪgs·taɪ] *n a. fig, pej* porcile *m*

pigswill ['pɪgs·wɪl] *n* imbratto *m; fig* schifezza *f*

pigtail ['pɪg·teɪl] *n* (*one of two braids*) treccina *f;* **to have one's hair in ~s** portare le treccine

pike[1] [paɪk] *n* (*fish*) luccio *m*

pike[2] [paɪk] *n* (*weapon*) picca *f*

pike[3] [paɪk] *n* (*highway*) autostrada *f*

pilaster [pɪ·'læs·tə·] *n* pilastro *m*

pilchard ['pɪl·tʃə·d] *n* sardina *f*

pile [paɪl] I. *n* 1. (*stack*) pila *f* 2. (*heap*) mucchio *m;* **to have ~s of sth** *inf* avere un mucchio di qc; **to make a ~** *fig, inf* fare un mucchio di soldi 3. ELEC pila *f* 4. ARCHIT pilastro *m* 5. (*of carpet*) pelo *m* II. *vt* (*to stack*) impilare; (*to heap*) ammucchiare; **to ~ sth high** ammucchiare una gran quantità di qc

◆**pile in** *vi* ~! tutti dentro!

◆**pile on** *vt* 1. (*enter*) accalcarsi per entrare 2. (*heap*) aggiungere; **to pile sth on sth** aggiungere qc sopra qc 3. *inf* (*exaggerate*) **to** (**really**) **pile it on** esagerare

◆**pile up** I. *vi* 1. (*accumulate*) accumularsi 2. (*form a pile*) accatastarsi II. *vt* accumulare

pile driver *n* battipalo *m*

piles *npl inf* emorroidi *fpl*

pileup ['paɪl·ʌp] *n* tamponamento *m*

pilfer ['pɪl·fə·] *vt* rubacchiare

pilfering *n* piccolo *m* furto

pilgrim ['pɪl·grɪm] *n* pellegrino, -a *m, f*

pilgrimage ['pɪl·grɪ·mɪdʒ] *n* pellegrinaggio *m*

pill [pɪl] *n* 1. pillola *f,* pastiglia *f,* compressa *f;* **the ~** (*contraception*) la pillola; **to be on the ~** prendere la pillola; **to pop ~s** impasticcarsi 2. *inf* (*pesky person*) rompiscatole *mf inv* ▸ **to be a bitter ~ to swallow** essere duro da mandar giù; **to sweeten** [*o* **sugar**] **the ~** indorare la pillola

pillage ['pɪ·lɪdʒ] I. *vt* saccheggiare II. *vi* compiere un saccheggio III. *n* saccheggio *m*

pillar ['pɪ·lə·] *n* 1. ARCHIT pilar *m,* pilastro *m,* colonna *f;* **a ~ of flame/smoke** una colonna di fiamme/fumo 2. *fig* (*of support*) sostegno *m;* **to be a ~ of strength** essere una roccia; **a ~ of society** un pilastro della società ▸ **to chase sb from ~ to post** mandare qu da Erode a Pilato

pillbox ['pɪl·bɑːks] *n* 1. (*for tablets*) portapillole *m inv* 2. MIL casamatta *f*

pillion ['pɪl·jən] I. *n* (*on motorcycle*) sellino *m* posteriore II. *adv* **to ride/sit ~** viaggiare/sedersi dietro

pillory ['pɪ·lə·ri] I. <-ie-> *vt* **to ~ sb/sth** mettere in ridicolo qu/qc II. *n* gogna *f*

pillow ['pɪ·loʊ] *n* 1. (*for bed*) cuscino *m,* guanciale *m* 2. (*cushion*) cuscino *m*

pillowcase *n,* **pillow cover** *n,* **pillowslip** *n* federa *f*

pilot ['paɪ·lət] I. *n* 1. AVIAT pilota *mf* 2. NAUT pilota *mf* 3. TV episodio *m* pilota 4. TECH (*flame*) fiammella *f* pilota II. *vt* 1. (*plane*) pilotare 2. (*boat*) pilotare 3. COM (*product*) sperimentare; **to ~ a bill** pilotare una legge

pilot boat *n* pilotina *f*

pilot burner *n* 1. (*on boiler*) fiammella *f* pilota 2. (*flame*) fiammella *f* pilota

pilot fish *n* pesce *m* pilota

pilothouse *n* NAUT timoniera *f*

pilotless *adj* senza pilota

pilot light *n* fiammella *f* pilota

pilot plant *n* impianto *m* pilota

pilot program *n* TV episodio *m* pilota

pilot's license *n* licenza *f* di volo

pilot study *n* studio *m* pilota

pilot survey *n* studio *m* sperimentale

pilot test *n* prova *f* pilota

pimento [pɪ·'men·toʊ] <-s> *n* peperone *m* rosso dolce

pimp [pɪmp] I. *n* protettore (di prostitute) *m,* magnaccia *m* II. *vi* fare il protettore [*o* magnaccia]

pimple ['pɪm·pl] *n* foruncolo *m*

pimply ['pɪmp·li] <-ier, -iest> *adj* pieno, -a di foruncoli

pin [pɪn] I. *n* 1. (*needle*) spillo *m; MIL* (*on grenade*) linguetta *f* di sicurezza; **tie ~** fermacravatta *m inv* 2. (*brooch*) spilla *f* 3. *pl, fig* (*legs*) gambe *fpl* ▶ **to have ~s and** <u>needles</u> avere un formicolio; **you could have heard a ~ drop** non si sentiva volare una mosca **II.** <-nn-> *vt* **1.** (*attach using pin*) **to ~ sth on** appuntare qc con uno spillo; **to ~ back one's ears** *fig* aprire bene le orecchie **2.** (*associate with: crime*) **to ~ sth on sb** addossare la responsabilità di qc a qu

♦**pin down** *vt* **1.** (*define*) definire con precisione **2.** (*locate*) localizzare **3.** (*pressure to decide*) **to ~ sb to a particular date** impegnare qu per una certa data **4.** (*restrict movement*) immobilizzare

♦**pin together** *vt* unire; **to pin papers together** spillare insieme dei fogli

♦**pin up** *vt* (*attach using pins*) appuntare; (*on the wall*) appendere; **to ~ one's hair** tirarsi su i capelli

PIN [pɪn] *n abbr of* **personal identification number** pin *m* (*codice numerico personale*)

pinafore ['pɪ·nə·fɔːr] *n* **1.** (*apron*) grembiule *m* **2.** (*dress*) scamiciato *m*

pinafore dress *n* scamiciato *m*

pinball ['pɪn·bɔːl] *n* **to play ~** giocare a flipper

pinball machine *n* flipper *m inv*

pincers ['pɪn·səz] *npl* **1.** ZOOL chele *fpl* **2.** (*tool*) tenaglie *fpl*

pinch [pɪntʃ] **I.** *vt* **1.** (*with fingers*) pizzicare; **to ~ oneself** *fig* darsi dei pizzicotti (per accertarsi che non si sta sognando) **2.** (*be too tight*) essere troppo stretto; **the shoes ~ my feet** le scarpe mi vanno strette **3.** *inf* (*steal*) fregare *inf* **II.** *vi* **1.** (*with fingers*) stringere **2.** (*boots, shoes, slippers*) essere stretto **III.** *n* **1.** (*nip*) pizzicotto *m*; **to give sb a ~** dare un pizzicotto a qu; **in a ~** se così ha da essere; **to feel the ~** sentire gli effetti negativi **2.** (*small quantity*) pizzico *m*

pinched [pɪntʃt] *adj* emaciato, -a

pincushion ['pɪn·ˌkʊ·ʃən] *n* puntaspilli *m inv*

pine[1] [paɪn] *n* (*tree, wood*) pino *m*

pine[2] [paɪn] *vi* **1.** (*waste away*) **to ~ (away)** deperire **2.** (*long for*) **to ~ for sb** sospirare per la mancanza di qu

pineal ['pɪ·ni·əl] *adj* pineale

pineal gland *n* ghiandola *f* pineale

pineapple ['paɪn·æ·pl] *n* ananas *m inv*

pinecone *n* pigna *f*

pine forest *n* foresta *f* di pini

pine grove *n* pineta *f*

pine needle *n* ago *m* di pino

pine nut *n* pinolo *m*

pine tree *n* pino *m*

pinfeather *n* spuntone *m* di penna

ping [pɪŋ] **I.** *n* (*sound: of bell*) din(din) *m*; (*of glass, metal*) tic *m* **II.** *vi* fare din; (*click*) fare tic

Ping-Pong® ['pɪŋ·ˌpɑːŋ] *n inf* ping-pong *m*

pinhead ['pɪn·hed] *n* **1.** (*part of pin*) capocchia *f* di spillo **2.** *inf* (*simpleton*) cervello *m* di gallina

pinhole *n* forellino *m* (di spillo)

pinion[1] ['pɪn·jən] *vt* **1.** (*bird*) tarpare le ali a

2. (*hold down*) immobilizzare; **she was ~ed against the wall** era inchiodata al muro

pinion[2] ['pɪn·jən] *n* TECH pignone *m*

pink [pɪŋk] **I.** *n* **1.** (*color*) rosa *m* **2.** BOT garofano *m* ▶ **to be in the ~** essere in perfetta forma **II.** *adj* (di colore) rosa

pinkie ['pɪŋ·ki] *n inf* mignolo *m*

pinking shears *npl* forbici *fpl* per dentellare

pinko ['pɪŋ·koʊ] <-s *o* -es> *n pej* POL sinistroide *mf*

pink slip *n* lettera *f* di licenziamento

pinnacle ['pɪ·nə·kl] *n* **1.** ARCHIT (*tower*) pinnacolo *m* **2.** (*of mountain*) vetta *f* **3.** *fig* apice *m*

pinpoint ['pɪn·pɔɪnt] **I.** *vt* (*location, reason*) individuare (con esattezza); **to ~ the cause of sth** determinare la causa di qc **II.** *adj* preciso, -a; **~ accuracy** precisione assoluta

pinprick ['pɪn·prɪk] *n pl* puntura *f* di spillo; *fig* seccatura *f*

pinstripe ['pɪn·straɪp] **I.** *adj* gessato, -a **II.** *n* (*stripe*) righina *f;* (*suit*) abito *m* (in tessuto) gessato

pint [paɪnt] *n* pinta *f* (0,47 l); **a ~ of beer/milk** una pinta di birra/latte

pintsize(d) ['paɪn·tsaɪz(d)] *adj inf* minuscolo, -a

pinup ['pɪn·ʌp] *n* **1.** (*poster*) poster *m* (di una celebrità) **2.** (*man*) bello *m* da calendario; (*girl*) pin-up(-girl) *f*

pioneer [ˌpaɪ·ə·'nɪr] **I.** *n* pioniere, -a *m, f; fig* pioniere, -a *m, f* **II.** *vt* essere il pioniere in qc

pioneering *adj* pionieristico, -a

pious ['pa·ɪəs] *adj* **1.** REL pio, -a **2.** *iron* pio, -a; **~ intentions** pie intenzioni; **~ fraud** bugia pietosa

pip[1] [pɪp] *n* BOT seme *m*

pip[2] [pɪp] **I.** *n* (*sound*) bip *m* **II.** <-pp-> *vi* (*hatch*) rompere il guscio (dell'uovo)

pipe [paɪp] **I.** *n* **1.** TECH (*tube*) tubo *m;* (*smaller*) canna *f;* (*for gas, water*) conduttura *f,* tubatura *f* **2.** (*for smoking*) pipa *f;* **to light one's ~** accendersi la pipa; **put that in your ~ and smoke it** *fig* beccati questa! **3.** MUS (*wind instrument*) zufolo *m,* piffero *m;* (*in organ*) canna *f;* **~s** cornamusa *f,* zampogna *f* **II.** *vt* **1.** (*transport*) trasportare mediante tubazioni; **to ~ music in** diffondere musica con altoparlanti in luoghi pubblici **2.** (*speak shrilly*) pronunciare con voce acuta **III.** *vi* cinguettare; (*very loudly*) parlare a voce alta

♦**pipe down** *vi inf* (*be quiet*) abbassare la voce; (*become quieter*) calmarsi

♦**pipe up** *vi* farsi sentire

pipe cleaner *n* scovolino *m inv*

pipe dream *n* idea *f* campata in aria

pipe fitter *n* tubista *mf;* (*plumber*) idraulico, -a *m, f*

pipeline ['paɪp·laɪn] *n* (*oil*) oleodotto *m;* (*natural gas*) gasdotto *m;* (*methane*) metanodotto *m;* **to be in the ~** *fig* essere in cantiere

piper ['paɪ·pə] *n* suonatore, -trice di corna-

P

musa *m* ▶ **he who pays the ~ calls the tune** *prov* chi paga comanda

piping ['paɪ·pɪŋ] *n* **1.** FASHION profilo *m* **2.** (*pipes*) tubazione *f*

piping hot *adv* bollente

pipsqueak ['pɪp·skwiːk] *n inf* nullità *f*

piquant ['piː·kənt] *adj* **1.** (*food*) saporito, -a **2.** (*intriguing*) intrigante

pique [piːk] **I.** *n* stizza *f* **II.** *vt* **1.** (*annoy*) offendere **2.** (*arouse*) **to ~ sb's curiosity/interest** stuzzicare la curiosità/l'interesse di qu

piracy ['paɪ·rə·si] *n* NAUT, COM pirateria *f*; **software ~** pirateria *f* di software

pirate ['paɪ·rət] **I.** *n* pirata *m* **II.** *adj* pirata; **~ copy** copia *f* pirata; **~ video** video *m* pirata **III.** *vt* pirateggiare

pirouette [ˌpɪ·ruˈet] **I.** *n* piroetta *f* **II.** *vi* fare piroette

Pisces ['paɪ·siːz] *n* Pesci *m*

piss [pɪs] *vulg* **I.** *n* piscio *m vulg*, piscia *f vulg*; **to take a ~** fare una pisciata *vulg*; **to have to take a ~** avere bisogno di pisciare *vulg* **II.** *vi* pisciare *vulg* **III.** *vt* **to ~ one's pants** pisciarsi addosso *vulg*

◆**piss off** *vulg sl* **I.** *vi* ~ **!** (*go away*) fuori dalle palle! **II.** *vt* **to piss sb off** (*make angry*) fare incazzare qu

pissed [pɪst] *adj vulg sl*, **pissed off** *adj sl* **to be ~** (*angry*) essere incazzato

pistachio [pɪ·ˈstæ·ʃiou] <-s> *n* pistacchio *m*

pistil ['pɪs·tɪl] *n* pistillo *m*

pistol ['pɪs·təl] *n* pistola *f*; **to hold a ~ to sb's head** *fig* mettere qu con le spalle al muro

pistol shot *n* colpo *m* di pistola

piston ['pɪs·tən] *n* TECH pistone *m*

piston engine *n* motore *m* a pistoni

piston ring *n* fascia *f* elastica

pit¹ [pɪt] **I.** *n* **1.** (*in ground*) fossa *f*; (*on metal*) scalfittura *f*; (*on face*) segno *m*; **in the ~ of one's stomach** alla bocca dello stomaco **2.** (*in a mine*) pozzo *m*; (*coal mine*) miniera *m* di carbone; (*chalk, gravel*) cava *f*; **to go down the ~** scendere in miniera; **to work in the ~s** lavorare in miniera; **the ~** *fig* REL l'inferno **3.** **the ~s** *pl, fig, inf* il peggio che ci sia **4.** *inf* (*messy place*) casino *m* **5.** THEAT (*seating area*) platea *f*; (*orchestral area*) golfo *m* mistico **6.** **the ~s** *pl* SPORTS i box **II.** <-tt-> *vt* **to be ~ted** (**with sth**) avere segni (causati da qc)

pit² [pɪt] <-tt-> **I.** *n* (*of fruit*) nocciolo *m* **II.** *vt* FOOD snocciolare

pita (**bread**) ['piː·t̬ə] *n* pane *m* arabo

pitapat ['pɪ·t̬ə·pæt] *adv, n* s. **pitterpatter**

pitch¹ [pɪtʃ] **I.** *n* **1.** (*in baseball: field*) campo *m*; (*in baseball: throw*) lancio *m*, tiro *m* **2.** (*in cricket*) terreno *m* (di gioco) **3.** (*movement of ship*) beccheggio *m* **4.** (*slope*) grado *m* di inclinazione; **low/ steep ~** inclinazione *f* lieve/pronunciata **5.** (*volume*) volume *m*; **to be at fever ~** essere molto eccitato **6.** MUS, LING tono *m* **7.** (*spiel*) imbonimento *m*; **sales ~** parlantina *f* da imbonitore; **to make a ~** fare un discorso per

convincere qu **II.** *vt* **1.** (*throw*) lanciare, tirare; **to ~ sb into a situation** scaraventare qu in una situazione; **to be ~ed** (**headlong**) **into despair** essere sprofondato nella disperazione **2.** SPORTS (*throw*) tirare **3.** (*fix level of sound*) **this tune is ~ed** (**too**) **high/low** questo motivo è in un tono (troppo) alto/basso **4.** (*direct at: speech, advertisement*) **to ~ sth at sb** rivolgere qc a qu **5.** (*set up*) **to ~ camp/ a tent** piantare il campo/la tenda **6.** (*sell forcefully: product*) promuovere energicamente **III.** *vi* **1.** (*fall headlong*) cadere in avanti; (*move back and forth: boat*) beccheggiare **2.** SPORTS (*throw baseball*) lanciare **3.** (*slope*) avere una certa pendenza

◆**pitch in** *vi inf* dare una mano

◆**pitch into** *vt* **1.** (*attack verbally*) saltare addosso **2.** (*begin enthusiastically*) darci sotto

◆**pitch out** *vt* buttare fuori

pitch² [pɪtʃ] *n* (*bitumen*) pece *f*

pitch-black [ˌpɪtʃ·ˈblæk] *adj* (*extremely dark*) di un buio assoluto; (*very black*) nero, -a come la pece

pitched battle *n* battaglia *f* campale

pitched roof *n* tetto *m* a due spioventi

pitcher¹ ['pɪ·tʃɚ] *n* (*large jug*) anfora *f*; (*smaller*) brocca *f*

pitcher² ['pɪ·tʃɚ] *n* SPORTS (*in baseball*) lanciatore, -trice *m, f*

pitchfork ['pɪtʃ·fɔːrk] *n* forcone *m*, forca *f*

pitch pine *n* pitch-pine *m inv*

piteous ['pɪ·t̬i·əs] *adj* pietoso, -a; **a ~ sight** una scena pietosa

pitfall ['pɪt·fɔːl] *n pl* insidia *f*

pith [pɪθ] *n* **1.** BOT (*of lemon, orange*) albedo; BOT midollo *m* **2.** *fig* (*main point*) nocciolo *m*; (*substance of speech*) essenza *f*

pithead ['pɪt·ˌhed] *n* ingresso *m* di miniera, bocca *f*

pith helmet *n* casco *m* coloniale

pithy ['pɪ·θi] <-ier, -iest> *adj* (*remark, summary, phrase*) conciso, -a

pitiable ['pɪ·t̬i·ə·bl] *adj s.* **pitiful**

pitiful ['pɪ·t̬i·fəl] *adj* **1.** (*terrible*) pietoso, -a; **~ conditions** condizioni *fpl* pietose; **a ~ sight** una scena pietosa **2.** (*unsatisfactory*) deplorevole; **a ~ excuse** una scusa patetica

pitiless ['pɪ·t̬i·ləs] *adj* spietato, -a

piton ['piː·tɑːn] *n* SPORTS chiodo *m* (da roccia)

pit stop *n* **1.** (*in racing*) pit stop *m inv* **2.** *fig* (*quick stop*) sosta *f* (durante un viaggio in auto)

pittance ['pɪ·t̬ənts] *n* miseria *f*; **to live on a ~** vivere con un reddito miserabile

pitterpatter ['pɪ·t̬ə·pæ·t̬ə] **I.** *adv* **to go ~** (*feet*) muoversi velocemente; (*heart*) battere forte; (*rain*) picchiettare **II.** *n* (*of feet*) passi *m* leggeri *pl*; (*of heart*) battito *m*; (*of rain*) picchiettio *m*

pituitary (**gland**) [pɪ·ˈtuː·ə·te·ri] *n* ghiandola *f* pituitaria

pity ['pɪ·t̬i] **I.** *n* **1.** (*compassion*) compassione *f*, pietà *f*; **in ~** per la compassione; **to**

P

feel ~ for sb provare pietà per qu; **to take ~ on sb** impietosirsi di qu; **for ~'s sake** per pietà! **2.** *(shame)* **to be a ~** essere un peccato; **(it's a) ~ that ...** (è un) peccato che ...; **what a ~!** che peccato! **II.** <-ies, -ied> *vt* commiserare qu

pitying *adj* compassionevole

pivot ['pɪ·vət] **I.** *n* **1.** TECH perno *m* **2.** *(focal point)* fulcro *m;* **to be the ~ of sth** essere il fulcro di qc; *(person)* essere il perno di qc **II.** *vi* **to ~ around** ruotare; **to ~ around sth** *a. fig* girare intorno a qc; **to ~ 90 degrees** ruotare di 90 gradi; **to ~ on sth** *(depend on)* imperniarsi su qc; **the entire plan pivots on his decision** tutto il progetto dipende dalla sua decisione

pivotal ['pɪ·və·təl] *adj (role)* cardinale; *(decision)* cruciale; *(idea, person)* fondamentale

pixel [pɪk·səl] *n* COMPUT pixel *m inv*

pixelate, pixellate ['pɪk·sə·leɪt] *vt* COMPUT pixellare, quadrettare

pixie *n*, **pixy** ['pɪk·si] <-ies> *n* LIT folletto *m*

pizza ['piːt·sə] *n* pizza *f*

placard ['plæ·kɑːrd] *n* cartello *m*

placate ['pleɪ·keɪt] *vt* **1.** *(soothe)* placare **2.** *(appease)* conciliare

placatory ['pleɪ·kə·tɔː·ri] *adj form* **1.** *(calming)* tranquillizzante **2.** *(appeasing, conciliatory)* conciliante

place [pleɪs] **I.** *n* **1.** *(location, area)* luogo *m;* **~ of birth** luogo di nascita; **~s of interest** luoghi di interesse; **~ of refuge** rifugio *m;* **people in high ~s** gente in alto loco; **to be in ~** essere a posto; *fig (organized)* essere sistemato; **if I were in your ~, ...** al tuo posto io ...; **in ~ of sb/sth** al posto di qu/qc; **to not be the ~ to do sth** non essere il luogo adatto per fare qu; **it is no ~ to bring up your children** non è un luogo adatto a crescere i tuoi figli; **it is not your ~ to say that** non sta [o spetta] a te dirlo **2.** *inf (house)* casa *f;* **at my ~** a casa mia **3.** *(building)* edificio *m* **4.** *(commercial location)* locale *m* **5.** *(position)* posizione *f;* **to lose one's ~** *(in book)* perdere il segno; **to take first/second ~** avere primaria/secondaria importanza; **in the first ~** in primo luogo; **in the second ~** in secondo luogo; **a ~ among the best directors** un posto tra i migliori direttori **6.** *(seat)* posto *m;* *(in theater)* posto *m;* **is this ~ taken?** è libero questo posto?; **to change ~s with sb** scambiare il posto con qu; **to save sb a ~** tenere il posto a/per qu; **to set a ~ at the table** mettere un posto a tavola **7.** *(in organization)* posto *f;* **she has got a ~ at the university** ha ottenuto un posto all'università **8.** MATH **decimal ~** decimale *m* **9.** *inf (in location)* **any ~** in qualsiasi posto; **every ~** in ogni posto; **some ~** in qualche posto; **no ~** in nessun posto ▶ **a ~ in the sun** un posto al sole; **to fall into ~** andare (perfettamente) a posto; **to go ~s** *inf (become successful)* fare strada; **to know one's ~** sapere qual è il proprio posto;

to put sb in his/her ~ mettere a posto qu; **all over the ~** dappertutto; **to feel out of ~** sentirsi fuori posto; **a ~ for everything and everything in its ~** un posto per ogni cosa e ogni cosa al suo posto **II.** *vt* **1.** *(position, put)* sistemare, collocare; **to ~ sth somewhere** sistemare qc da qualche parte; **to ~ an advertisement in the newspaper** fare un'inserzione sul giornale; **to ~ a comma/period** mettere una virgola/un punto; **to ~ sth on the agenda** mettere qc all'ordine del giorno; **we are well ~d to see the match** siamo in una buona posizione per vedere la partita **2.** *(impose)* porre; **to ~ an embargo on sth** imporre un embargo su qc; **to ~ a limit on sth** imporre un limite a qc; **to ~ sb under arrest** arrestare qu; **to ~ sb under surveillance** mettere qu sotto sorveglianza **3.** *(ascribe)* **to ~ the blame on sb** addossare la colpa a qu; **to ~ one's hopes on sb/sth** riporre le proprie speranze in qu/qc; **to ~ importance on sb/sth** dare importanza a qu/qc; **to ~ emphasis on sth** porre l'enfasi su qc; **to ~ one's faith in sb** confidare in qu **4.** *(arrange for)* piazzare; **to ~ an order for sth** piazzare un ordine per; **to ~ a bet** piazzare [o fare] una scommessa; **to ~ sth at sb's disposal** mettere qc a disposizione di qu **5.** *(appoint to a position)* **to ~ sb in charge (of sth)** mettere qu a capo (di qc); **to ~ sth under the control of sb** mettere qc sotto il controllo di qu; **to ~ sb in jeopardy** mettere qu in pericolo; **to ~ sb under pressure** mettere qu sotto pressione; **to ~ sb on (the) alert** mettere in guardia qu; **to ~ sth above sth** mettere qc sopra qc; **to be ~d first/second** SPORTS classificarsi al primo/secondo posto **6.** *(employ)* trovare un posto (di lavoro) **7.** *(identify)* riconoscere; **I can't ~ him** [o his face] il suo viso non mi è nuovo, ma non so dove l'ho visto **III.** *vi* SPORTS classificarsi

placebo [plə·'siː·boʊ] <-s> *n a. fig* contentino *m*

place card *n* segnaposto *m*

place kick *n* SPORTS calcio *m* piazzato

place mat *n* tovaglietta *f* all'americana

placement ['pleɪs·mənt] *n* collocamento *m*

place name *n* toponimo *m*

placenta [plə·'sen·tə] <-s *o* -ae> *n* MED placenta *f*

placid ['plæ·sɪd] *adj* placido, -a

plagiarism ['pleɪ·dʒɚ·ɪ·zəm] *n* plagio *m*

plagiarist ['pleɪ·dʒɚ·ɪst] *n* plagiario, -a *m, f*

plagiarize ['pleɪ·dʒɚ·raɪz] **I.** *vt* plagiare; **to ~ sth from sth** copiare qc da qc **II.** *vi* fare un plagio; **to ~ from sth** plagiare qc

plague [pleɪg] **I.** *n (epidemic)* epidemia *f;* *(infestation of insects)* invasione *f;* *(source of annoyance)* persecuzione *f;* **the ~** *(bubonic plague)* la peste; **to avoid sb like the ~** fuggire qu come la peste **II.** *vt* infastidire; **to ~ sb for sth** assillare qu per qc

plaice [pleɪs] *inv n* platessa *f*

plaid [plæd] **I.** *n* tessuto *m* (a disegno) scozzese

II. *adj* (a disegno) scozzese; **~ skirt** gonna *f* (a disegno) scozzese

plain [pleɪn] **I.** *adj* **1.** semplice; (*one color*) di un solo colore; (*without additions*) senza additivi; **~ yogurt** yogurt *m* naturale **2.** (*uncomplicated*) semplice; **the ~ folks** la gente semplice; **~ and simple** puro e semplice **3.** (*clear, obvious*) chiaro; **it is ~ that ...** è chiaro che ...; **to be ~ enough** essere abbastanza chiaro; **to make sth ~** mettere in chiaro qc; **to make oneself ~ (to sb)** spiegarsi (con qu); **to be ~ with sb** essere franco con qu; **to be as ~ as the nose on your face** essere chiaro come la luce del sole **4.** (*mere, pure*) puro, -a, **the ~ truth** la pura verità **5.** (*not pretty*) non attraente; **a ~ girl** una ragazza bruttina **II.** *adv inf* (*downright*) semplicemente; **~ awful** proprio orribile **III.** *n* **1.** GEO pianura *f*; **the ~s** *pl* le pianure; **the great Plains** le Grandi Pianure **2.** (*knitting stitch*) d(i)ritto *m*

plainclothes LAW **I.** *n* (*of policeman*) abiti *m* borghesi *pl* **II.** *adj* (*policeman*) in borghese

plainclothesman *n* poliziotto, -a in borghese *m*

plainly ['pleɪn·li] *adv* **1.** (*simply*) semplicemente **2.** (*clearly*) chiaramente; (*obviously*) evidentemente; **to be ~ visible** essere distintamente visibile **3.** (*undeniably*) senza dubbio

plainness ['pleɪn·nəs] *n* **1.** (*unattractiveness*) mancanza *f* di attrattiva **2.** (*simplicity*) semplicità *f* **3.** (*obviousness*) chiarezza *f*

plain sailing *n fig* **to be ~** essere una passeggiata

plainspoken [ˌpleɪn·'spoʊ·kən] *adj* franco, -a

plaintiff ['pleɪn·tɪf] *n* LAW attore, -trice *m, f*

plaintive ['pleɪn·tɪv] *adj* lamentoso, -a

plait [plæt] **I.** *n* treccia *f* **II.** *vt* intrecciare **III.** *vi* fare la treccia

plan [plæn] **I.** *n* **1.** (*scheme, program*) piano *m*, progetto *m;* **to draw up a ~** elaborare un progetto; **to go according to ~** procedere secondo i piani; **to change ~s** cambiare i programmi; **to have ~s** avere dei progetti; **to make ~s for sth** fare programmi per qc **2.** FIN, ECON (*policy*) piano *m;* **healthcare ~** programma *m* sanitario; **savings ~** programma *m* di risparmio **3.** (*diagram*) disegno *m;* **street ~** pianta *f* stradale **II.** <-nn-> *vt* **1.** (*work out in detail*) pianificare; (*prepare*) programmare; **~ned economy** economia *f* pianificata; **to ~ sth for sb** programmare qc per qu **2.** (*intend*) ripromettersi; **to ~ to do sth** ripromettersi di fare qc **III.** <-nn-> *vi* **1.** (*prepare*) fare progetti; **to ~ carefully** fare piani dettagliati **2.** (*recken with*) **to ~ on sth** avere in programma qc; **I'm planning on going** conto di andare

plane¹ [pleɪn] **I.** *n* **1.** (*level surface*) piano *m;* MATH piano *m* **2.** (*level of thought*) livello *m* [o piano] *m* **II.** *vi* planare **III.** *adj* piano, -a; MATH piano, -a; **~ angle** angolo *m* piatto

plane² [pleɪn] *n* (*airplane*) aereo *m;* **by ~** in aereo

plane³ [pleɪn] **I.** *n* (*tool*) pialla *f* **II.** *vt* piallare

plane⁴ [pleɪn] *n* (*tree*) platano *m*

plane crash *n* incidente *m* aereo

planet ['plæ·nɪt] *n* pianeta *m;* **~ Earth** il pianeta Terra; **~ Jupiter/Venus** il pianeta Giove/Venere; **to be on a different ~** *fig* essere su un altro pianeta

planetarium [ˌplæ·nɪ·'te·ri·əm] <-s *o* -ria> *n* planetario *m*

planetary ['plæ·nɪ·te·ri] *adj* planetario, -a; **~ motion** movimento *m* planetario

plane ticket *n* biglietto *m* aereo

plane tree *n* platano *m*

plank [plæŋk] *n* **1.** (*long board*) asse *m*, tavola *f*; NAUT tavola *m* di fasciame **2.** (*of policy, ideology*) principio *m*

planking *n* tavolato *m;* (*of ship*) fasciame

plankton ['plæŋk·tən] *n* plancton *m*

planner *n* pianificatore, -trice *m, f*; **city ~** urbanista *mf*

planning *n* pianificazione *f*; **city ~** urbanistica *f*; **environmental ~** progetti *mpl* ambientali; **at the ~ stage** in fase di programmazione

planning board *n* comitato *m* per la pianificazione

plant [plænt] **I.** *n* **1.** BOT pianta *f* **2.** (*factory*) stabilimento *m*, fabbrica *f* **3.** (*machinery*) macchinari *mpl* **4.** (*misleading evidence*) **he said that the drugs were a ~** disse che la droga era stata messa lì per incriminarlo; (*spy*) infiltrato, -a *m, f* **II.** *vt* **1.** AGR (*put in earth*) piantare; **to ~ the fields with wheat** seminare i campi a grano **2.** (*put*) piazzare; **to ~ oneself somewhere** *inf* piazzarsi da qualche parte; **to ~ one's feet on the ground** piantare i piedi per terra; **to ~ a bomb** mettere una bomba; **to ~ a secret agent** infiltrare un agente segreto **3.** *inf* (*incriminate*) **to ~ evidence on sb** nascondere prove false addosso a qu per incriminarlo **III.** *adj* vegetale; **the ~ kingdom** il regno vegetale; **~ life** vita *f* vegetale

plantain ['plæn·tɪn] *n* (*fruit, tree*) banano *m*

plantation [plæn·'teɪ·ʃən] *n* piantagione *f*; (*of trees*) albereto *m*

planter ['plæn·tɚ] *n* **1.** (*plantation owner*) proprietario, -a di piantagione *m* **2.** (*plant holder*) vaso *m*

plaque [plæk] *n* **1.** (*on building*) targa *f* **2.** MED placca *f*

plash [plæʃ] **I.** *n* (*splash*) sciaguattamento *f*; (*sound*) ciac *m* **II.** *vi* **to ~ about** (*play*) sguazzare

plasm ['plæ·zm] *n* plasma *m*

plasma ['plæz·mə] *n* MED, PHYS, ASTR plasma *m;* **~ screen** schermo *m* al plasma

plaster ['plæs·tɚ] **I.** *n a.* MED gesso *m;* (*for walls*) intonaco *m* **II.** *vt* **1.** (*wall, ceiling*) intonacare **2.** *fig, inf* (*put all over*) ricoprire

plasterboard ['plæs·tɚ·bɔːrd] *n* cartongesso *m*

plaster cast *n* **1.** MED ingessatura *f* **2.** ART calco *m* in gesso

plastered *adj inf* (*drunk*) ciucco, -a; **to get ~** inciuccarsi

plasterer *n* intonacatore, -trice *m, f*

Plaster of Paris *n* gesso *m* a presa rapida

plastic ['plæs·trk] I. *n* **1.** (*material*) plastica *m* **2.~s** *pl* (*manufacturing sector*) industria *f* della plastica **3.** *inf* (*credit cards*) carte *fpl* di credito II. *adj* **1.** (*made from plastic*) di plastica **2.** *pej* (*artifical*) falso, artificioso **3.** ART (*malleable*) ~ **arts** arti *fpl* plastiche **4.** *fig* (*impressionable*) influenzabile

plastic bag *n* sacchetto *m* di plastica

plastic bomb *n* bomba *f* al plastico

plastic bullet *n* pallottola *f* di plastica

plastic explosive *n* esplosivo *m* (al) plastico

plasticity [plæs·'tr·sə·ţi] *n* plasticità *f*

plastic money *n* moneta *f* di plastica

plastics industry *n* industria *f* della plastica

plastic surgery *n* chirurgia *f* plastica

plate [plert] I. *n* **1.** (*dinner plate*) piatto *m* **2.** (*panel, sheet*) lamiera *f;* **steel** ~ lamiera di acciaio **3.** AUTO **license** ~ targa *f* **4.** TYPO lastra *f* **5.** (*layer of metal*) placcatura *f;* **gold** ~ placcatura a foglia d'oro **6.** (*picture in book*) illustrazione *f* ▶ **to have a lot on one's** ~ avere molte cose da fare II. *vt* **to** ~ **sth with gold/silver** placcare qc in oro/in argento

plateau [plæ·'toʊ] <-x *o* -s> *n* altopiano *m*

plated *adj* (*coated in metal*) placcato, -a; (*jewelry*) placcato, -a

plateful ['plert·fʊl] *n* piatto *m*

plate glass *n* vetro *m* in lastre

platelet ['pler·lət] *n* piastrina *f*

plate rack *n* scolapiatti *m inv*

plate warmer *n* scaldapiatti *m inv*

platform ['plæt·fɔ:rm] *n* **1.** *a.* COMPUT piattaforma *f* **2.** RAIL marciapiede *m;* **railroad** ~ marciapiede di stazione ferroviaria **3.** (*stage*) palco *m* **4.** (*means for expressing view*) tribuna *f* **5.** POL (*policy*) programma *m* elettorale **6.** *pl* (*shoe*) zatterone *m*

platform shoes *npl* zatteroni *mpl*

plating *n* rivestimento *m* metallico; **gold/silver** ~ placcatura *f* in oro/in argento

platinum ['plæt·nəm] *n* platino *m*

platitude ['plæ·ţə·tu:d] *n* luogo *m* comune

platonic [plə·'tɑ:·nɪk] *adj* platonico, -a; ~ **love** amore *m* platonico

platoon [plə·'tu:n] *n* MIL plotone *m*

platter ['plæ·ţɚ] *n* **1.** (*large dish*) piatto *m* (di portata), vassoio *m* **2.** (*food*) piatto *m* ▶ **to give sth to sb on a** ~ servire qc a qu su un vassoio

platypus ['plæ·ţɪ·pəs] <-es> *n* ornitorinco *m*

plausibility [ˌplɔː·zə·'bɪ·lə·ţi] *n* plausibilità *f*

plausible ['plɔː·zə·bl] *adj* plausibile

play [pler] I. *n* **1.** (*recreation*) gioco *m;* **to be at** ~ giocare; **to do sth in** ~ fare qc per scherzo [*o* per gioco]; **it's only in** ~ è solo uno scherzo **2.** SPORTS gioco *m;* **to be in/out of** ~ essere in gioco/fuori gioco **3.** SPORTS (*move*) mossa *f;*

foul ~ (*crime*) delitto; SPORTS gioco falloso; **to make a bad/good** ~ fare una cattiva/buona mossa **4.** THEAT opera *f* teatrale; **a one-act** ~ una pièce in un atto; **radio** ~ sceneggiato *m* radiofonico **5.** (*free movement*) gioco *m;* **to allow** [*o* **give**] **sth full** ~ dare libero sfogo a qc **6.** (*interaction*) gioco *m;* **to bring sth into** ~ mettere qc in gioco; **to come into** ~ entrare in gioco; **the police suspect foul** ~ la polizia sospetta che si tratti di un delitto ▶ **to make a** ~ **for sth** cercare di ottenere qc II. *vi* **1.** *a.* SPORTS giocare; **to** ~ **for a team** giocare in una squadra; **to** ~ **fair/rough** fare un gioco pulito/sporco **2.** (*perform: of actor*) recitare; **to** ~ **to a full house** fare il tutto esaurito **3.** MUS suonare **4.** *inf* (*be received*) **to** ~/**not** ~ **well with sb** essere preso bene/male da qu III. *vt* **1.** (*participate in game, sport*) giocare; **to** ~ **bridge/soccer** giocare a bridge/a calcio; **to** ~ **a card** giocare una carta **2.** (*perform a role*) interpretare, fare la parte di; **to** ~ **the clown** [*o* **fool**] fare lo spiritoso **3.** MUS (*piano, guitar, saxophone*) suonare **4.** (*CD, tape, video, DVD*) mettere; **do you have to** ~ **the music so loud?** devi proprio suonare la musica così forte? **5.** (*perpetrate: joke*) fare ▶ **to** ~ **it safe** andare sul sicuro

◆ **play along** *vi* **to** ~ **with sb** stare al gioco di qu

◆ **play around** *vi* **1.** (*play*) gingillarsi **2.** (*commit adultery*) **to** ~ **with sb** avere una tresca con qu **3.** (*experiment*) **to** ~ **with ideas** prendere in considerazione varie idee **4.** (*tamper*) **to** ~ **with sth** giocherellare con qc

◆ **play at** *vt* **1.** (*pretend*) **to** ~ **(being) sth** giocare a (essere) qc **2.** (*do for amusement*) **to** ~ **(being) sth** giocare a (essere) qc; **she is playing at being a student** gioca a fare la studentessa **3.** *pej* (*do*) **what are you playing at?** cosa diavolo stai facendo?

◆ **play back** *vt* riascoltare

◆ **play down** *vt* minimizzare

◆ **play off** I. *vi* disputare lo spareggio II. *vt* **to play sb off against sb** aizzare qu contro qu

◆ **play on** I. *vt* **1.** (*exploit*) **to** ~ **sb's feelings/weakness** giocare sui sentimenti/sulla debolezza di qu **2.** (*words*) giocare su II. *vi* (*keep playing*) SPORTS, GAMES continuare a giocare; MUS continuare a suonare

◆ **play out** *vt* rappresentare; **to** ~ **one's fantasies** trasformare le proprie fantasie in realtà

◆ **play through** *vt* suonare

◆ **play up** I. *vt* (*exaggerate: problem, difficulty*) ingigantire II. *vi* **1.** *inf* **to** ~ **to sb** (*flatter*) lisciare qu **2.** (*hurt: knee, elbow, back*) fare male

◆ **play upon** *vt* **to** ~ **sb's feelings/weakness** giocare sui sentimenti/sulla debolezza di qu

◆ **play with** *vt a. fig* (*play*) giocare con

◆ **play with** *vt* **1.** (*toy, friends*) giocare con **2.** (*manipulate nervously*) giocherellare con; **to** ~ **one's food** giocherellare con il cibo

3.(*consider*) **to ~ an idea** prendere in considerazione un'idea

playable ['ple·ɪə·bl] *adj* (*pitch*) praticabile

play-act ['pleɪ·ækt] *vi* **1.**THEAT recitare **2.**fig fare la commedia

playback ['pleɪ·bæk] *n* (*of tape*) riproduzione *f*

playbill *n* THEAT **1.**(*poster*) locandina *f* **2.**(*program*) programma *m*

playboy ['pleɪ·bɔɪ] *n* playboy *m*

play date *n* (*for children*) giorno stabilito per riunirsi a giocare

Play-Doh® ['pleɪ·dɔː] *n* plastilina *f*

player ['ple·ɪə] *n* **1.**SPORTS giocatore, -trice *m, f,* **card ~** giocatore, -trice *m, f* di carte; **soccer ~** calciatore, -trice *m, f;* **tennis ~** tennista *mf* **2.**MUS suonatore, -trice *m, f;* **cello ~** violoncellista *mf;* **flute ~** flautista *mf;* **oboe ~** oboista *mf* **3.**THEAT attore, -trice *m, f* **4.**(*playback machine*) **cassette ~** registratore *m* a cassette; **CD ~** lettore *m* di CD; **record ~** giradischi *m inv* **5.** *sl*(*important person*) protagonista *mf*

playful ['pleɪ·fəl] *adj* **1.**(*full of fun*) giocherellone, -ona; **the children were in a ~ mood** i bambini avevano voglia di giocare **2.**(*comment, tone*) scherzoso; **he's only being ~** sta solo scherzando

playground ['pleɪ·graʊnd] *n* (*at school*) area *f* per la ricreazione; (*in park*) parco *m* giochi

playgroup ['pleɪ·gruːp] *n* asilo *m* nido

playhouse ['pleɪ·haʊs] *n* **1.**(*theater*) teatro *m* **2.**(*miniature house*) casetta *f* per giocare

playing card *n* carta *f* da gioco

playing field *n* campo *m* di gioco [*o* sportivo]

playmate ['pleɪ·meɪt] *n* compagno, -a *m, f* di gioco

playoff ['pleɪ·ɑːf] *n* spareggio *m;* **~ match** partita *m* di spareggio; **the ~s** (*championship games*) i turni eliminatori

playpen ['pleɪ·pen] *n* box *m inv*

playroom ['pleɪ·ruːm] *n* stanza *f* dei giochi

playsuit ['pleɪ·suːt] *n* (*for baby*) tutina *f*

plaything ['pleɪ·θɪŋ] *n a. fig* giocattolo *m*

playtime ['pleɪ·taɪm] *n* SCHOOL ricreazione *f*

playwright ['pleɪ·raɪt] *n* scrittore, -trice teatrale *m*

plaza ['plɑː·zə] *n* **1.**(*open square*) piazza *f* **2.**(*shopping center*) (**shopping**) **~** centro *m* commerciale

plea [pliː] *n* **1.**(*appeal*) appello *m,* supplica *f;* **to make a ~ for help/mercy** implorare aiuto/clemenza **2.**LAW dichiarazione *m;* **to enter a ~ of guilty/not guilty** dichiararsi colpevole/non colpevole **3.**form (*excuse*) scusante *f*

plea-bargaining *n* LAW patteggiamento *m*

plead [pliːd] <-ed *o* pled, -ed *o* pled> **I.** *vi* **1.**(*implore, beg*) implorare, invocare; **to ~ for forgiveness** implorare il perdono; **to ~ for justice** chiedere giustizia; **to ~ with sb** (**to do sth**) scongiurare qu (di fare qc) **2.**LAW **to ~ guilty/innocent** (**to a charge**) dichiararsi col-

pevole/innocente (rispetto a un'accusa) **II.** *vt* **1.**LAW **to ~ sb's case** patrocinare la causa di qu; **to ~ insanity** invocare l'infermità mentale **2.**(*claim as pretext*) addurre come scusante; **to ~ ignorance of sth** addurre come pretesto l'ignoranza **3.**(*argue for*) **to ~ sb's cause** difendere la causa di qu; **to ~ one's suit** *form* patrocinare la causa di qu

pleading ['pliː·dɪŋ] **I.** *n* **1.**(*entreaty, appeal*) suppliche *fpl* **2.**LAW patrocinio *m* **II.** *adj* (*look, tone*) implorante

pleasant ['ple·zənt] *adj* **1.**(*pleasing*) piacevole; **what a ~ surprise!** che bella sorpresa!; **have a ~ journey!** buon viaggio!, **~ weather** bel tempo **2.**(*friendly*) carino; **to be ~ (to sb)** essere cortese (con qu)

pleasantry ['ple·zən·tri] <-ies> *n* **1.**(*joke*) battuta (scherzosa) *f* **2.** *pl* (*remarks*) convenevoli *mpl;* **an exchange of pleasantries** uno scambio di convenevoli

please [pliːz] **I.** *vt* **1.**(*make happy*) fare contento; (*give pleasure to*) fare piacere a; **to be hard to ~** essere difficile da accontentare; **she's notoriously hard to ~** tutti sanno quanto sia difficile da accontentare **2.**inf (*do as one wishes*) **~ yourself** fai [*o* come ti pare] quello che vuoi **II.** *vi* **1.**(*be agreeable*) **eager to ~** sempre disponibile **2.**(*think fit, wish*) **to do as one ~s** fare quello che si vuole; **you can do as you ~** puoi fare come meglio credi; **to do whatever one ~s** fare tutto quello che si vuole **III.** *interj* per favore [*o* piacere], fare contento; **if you ~** *form* con il suo [*o* tuo] permesso [*o* vostro]; **more potatoes? — (yes) ~** altre patate? Sì, grazie; **oh, ~!** (*in annoyance*) ma fammi [*o* mi faccia] [*o* fatemi] il piacere!

pleased *adj* **1.**(*satisfied, contented*) contento, -a, soddisfatto, -a; **to be ~ about sth** essere contento di qc; **to be ~ that ...** essere contento che ... +*conj;* **to be ~ with oneself** essere compiaciuto di sé **2.**(*happy, glad*) contento, -a, lieto, -a; **I'm ~ to inform you/to report that ...** sono lieto di comunicarle/ informarla che ...; (**I'm very**) **~ to meet you** (sono molto) lieto di conoscerla, piacere! **3.**(*willing*) **to be ~ to do sth** essere felice di fare qc ▶ **to be as ~ as Punch** (**about sth**) essere contento come una Pasqua (per qc)

pleasing *adj* piacevole, gradevole; **~ news** buone notizie *fpl*

pleasurable ['ple·ʒə·rə·bl] *adj* piacevole, gradevole; **a ~ sensation** una piacevole sensazione

pleasure ['ple·ʒɚ] *n* **1.**(*feeling of enjoyment*) piacere *m;* **it was such a ~ to meet you** è stato un vero piacere conoscerla; **to take ~ in sth/in doing sth** divertirsi con qc/a fare qc; **with ~** con piacere **2.**(*source of enjoyment*) piacere *m;* **the ~s and pains of camping** le gioie e i dolori del campeggio; **are you here on business or ~?** è qui per lavoro o per svago? **3.**form (*will, desire*) **what is your ~, Madame?** in che cosa posso servirla, signora? *f*

P

pleasure principle *n* PSYCH principio *m* del piacere

pleasure trip *n* gita *m* di piacere

pleat [pli:t] *n* piega *f*

pleb [pleb] *n inf abbr of* **plebian** plebeo, -a *m, f*

plebeian [plɪ·'bi:·ən] I. *adj form* plebeo, -a II. *n* HIST plebeo, -a *m, f*

plebiscite ['ple·bə·saɪt] *n* plebiscito *m; to* **hold a ~ (on sth)** tenere un plebiscito (su qc)

pled [pled] *pt, pp of* **plead**

pledge [pledʒ] I. *n* **1.** (*solemn promise*) promessa *f* (solenne); **to fulfill a ~** onorare un impegno, mantenere una promessa; **to make a ~ that ...** promettere (solennemente) che ... **2.** (*symbolic sign of promise*) **as a ~ of sth** in pegno di qc; **a ~ of good faith** una garanzia di buona fede **3.** (*promised donation*) contributo *m* promesso **4.** (*pawned item*) pegno *m* **5.** (*in fraternity*) *studente che ha compiuto un periodo di prova prima di entrare in una confraternita* II. *vt* **1.** (*promise*) promettere; **to ~ loyalty** promettere fedeltà; **to ~ to do sth** promettere di fare qc; **to ~ that ...** promettere che ...; **we've ~d ourselves to fight for justice** ci siamo ripromessi di lottare per la giustizia; **I've been ~d to secrecy** mi sono impegnato a mantenere il segreto **2.** (*give as security*) **to ~ money** dare del denaro come garanzia

plenary ['pli:·nə·ri] *adj* plenario, -a

plenary meeting *n* assemblea *f* plenaria

plenary powers *npl* pieni poteri *mpl*

plenary session *n* sessione *f* plenaria

plenipotentiary [,ple·nə·pə·'ten·ʃie·ri] I. <-ries> *n* ADMIN, POL plenipotenziario, -a *m, f* II. *adj* ADMIN, POL plenipotenziario, -a; **~ power** pieni poteri *mpl*

plentiful ['plen·tɪ·fəl] *adj* abbondante; **strawberries are ~ in the summer** d'estate le fragole abbondano

plenty ['plen·ti] I. *n* **1.** (*abundance*) abbondanza *f;* **land of ~** paese *m* dell'abbondanza; **food in ~** cibo *m* in abbondanza **2.** (*a lot*) **~ of money/time** un mucchio di soldi/tempo II. *adv* a sufficienza; **there is ~ more** ce n'è ancora in quantità; **there's ~ more beer in the fridge** nel frigo c'è ancora birra in quantità

plenum ['pli:·nəm] *n* plenum *m*

plethora ['ple·θə·ə] *n* sovrabbondanza *f;* MED, BOT pletora *f*

pleurisy ['plʊ·rə·si] *n* MED pleurite *f*

plexus ['plek·səs] <-(es)> *n* plesso *m;* **solar ~** plesso solare

pliable ['pla·ɪə·bl] *adj* **1.** (*supple*) flessibile **2.** *fig* (*easily influenced*) arrendevole

pliers ['pla·ɪə·z] *npl* pinze *fpl;* **a pair of ~** una pinza

plight [plaɪt] I. *n* situazione *f* difficile; **a dreadful ~** una situazione disperata II. *vt form* **to ~ one's troth** scambiarsi una promessa di matrimonio

Plimsoll line *n*, **Plimsoll mark** *n* NAUT marca *f* di bordo libero

PLO [,pi:·el·'oʊ] *n abbr of* **Palestine Liberation Organization** OLP *f*

plod [plɑːd] I. *n* passo *m* lento II. <-dd-> *vi* **1.** (*walk heavily*) camminare con passo pesante; **to ~ through the mud** procedere a fatica attraverso il fango **2.** (*do without enthusiasm*) **to ~ through one's work** andare avanti a rilento con il proprio lavoro; **to ~ through a book** procedere faticosamente nella lettura di un libro

◆ **plod away** *vi* **to ~ at sth** fare lenti ma costanti progressi in qc

◆ **plod on** *vi* camminare con difficoltà

plonk [plɑŋk] *n, vt s.* **plunk**

plop [plɑːp] I. *n* pluf *m;* **to fall with a ~** cadere facendo pluf II. <-pp-> *vi* (*fall*) **to ~ into a chair/onto the bed** sprofondare su una sedia/sul letto

plot [plɑːt] I. *n* **1.** (*conspiracy, secret plan*) complotto *m;* **to foil a ~** sventare un complotto; **to hatch a ~** architettare un complotto; **the ~ thickens** *iron* la faccenda si complica **2.** (*story line*) intreccio *m*, trama *f* **3.** (*small piece of land*) terreno *m;* **a ~ of land** un appezzamento di terra; **building ~** terreno *m* edificabile II. <-tt-> *vt* **1.** (*conspire*) tramare **2.** (*create*) **to ~ a story line** ideare una trama; **to ~ a play/novel** abbozzare un testo teatrale/un racconto **3.** (*graph, line*) tracciare; (*mark on map*) riportare; **to ~ a course** tracciare una rotta III. <-tt-> *vi* **to ~ against sb** complottare contro qu; **to ~ to do sth** programmare (segretamente) di fare qc

◆ **plot out** *vt* tracciare

plotter ['plɑ:·t̬ə] *n* **1.** (*person*) cospiratore, -trice *m, f* **2.** COMPUT plotter *m*, plotter *m inv*

plough [plaʊ] *n, vt, vi s.* **plow**

plow [plaʊ] I. *n* aratro *m* ▶ **to put one's hand to the ~** mettersi all'opera II. *vt* **1.** AGR arare **2.** (*move through*) **to ~ one's way through sth** farsi strada attraverso qc; (*work through*) portare avanti a rilento **3.** (*invest*) **to ~ money into a project** investire molto denaro in un progetto III. *vi* **1.** AGR arare **2.** **to ~ through sth** (*move through*) farsi strada attraverso qc; (*work through*) portare avanti a rilento

◆ **plow back** *vt* **to plow sth back (into sth)** reinvestire qc (in qc); **to plow profits back** reinvestire gli utili

◆ **plow into** *vt insep* andare a sbattere contro

◆ **plow up** *vt* (*fields, land*) dissodare

Plow [plaʊ] *n* **the ~** ASTR l'Orsa Maggiore, il Gran Carro

ploy [plɔɪ] *n* **1.** (*activity*) attività *f* **2.** (*tactics*) espediente *m*

pluck [plʌk] I. *n* **1.** (*sharp pull*) strappo *m* **2.** *inf* (*courage*) fegato *m;* **to have a lot of ~** avere un bel fegato; **it takes a lot of ~** richiede un gran coraggio II. *vt* **1.** (*remove quickly*) strappare **2.** (*remove hair, feathers*) **to ~ a chicken** spennare un pollo; **to ~ one's eye-**

brows depilarsi le sopracciglia **3.** MUS pizzicare **III.** *vi* to ~ **at sb's sleeve** tirare qu per la manica
◆**pluck out** *vt* strappare
◆**pluck up** *vt* to ~ **one's courage** armarsi di coraggio; **to ~ the courage to do sth** trovare il coraggio di fare qc
plucky ['plʌ·ki] <-ier, -iest> *adj* di fegato
plug [plʌg] **I.** *n* **1.** ELEC (*connector*) spina *f*; (*socket*) presa *f* (di corrente) **2.** (*stopper*) tappo *m* **3.** *inf* (*publicity*) **to give sth a ~** reclamizzare qc **4.** (*spark plug*) candela *f* **5.** (*chunk*) ~ **of tobacco** tavoletta *f* di tabacco da masticare **II.** <-gg-> *vt* **1.** (*connect*) collegare; ELEC collegare (alla rete) **2.** (*stop up, close*) **to ~ a hole** tappare un buco; **to ~ a leak** tamponare una perdita **3.** (*publicize*) propagandare **4.** *sl* (*shoot*) imbottire di piombo
◆**plug away** *vi* to ~ (**at sth**) perseverare (in qc)
◆**plug in** **I.** *vt* collegare; ELEC collegare (alla rete) **II.** *vi* collegare; ELEC collegare (alla rete)
◆**plug up** *vt* tappare
plug-in *n* COMPUT plug-in *m*, plug-in *m*
plum [plʌm] **I.** *n* **1.** (*fruit*) prugna *f*, susina *f*; (*tree*) susino *m*, prugno *m* **2.** (*opportunity, reward*) premio *m* **3.** (*color*) color *m* prugna **II.** *adj* **1.** (*color*) color prugna **2.** (*exceptionally good*) insuperabile; **a ~ job** un lavoro fantastico
plumage ['plu:·mɪdʒ] *n* piumaggio *m*
plumb [plʌm] **I.** *vt* **1.** *a. fig* sondare; **to ~ the depth** sondare la profondità; **to ~ the depths** *fig* toccare il fondo (di); **to ~ the mystery of the universe** capire i misteri dell'universo **2.** (*straighten, make vertical: wall, frame, mast*) mettere a piombo **II.** *adv inf* **1.** (*exactly*) esattamente; **he hit me ~ on the nose** mi ha colpito in pieno sul naso **2.** (*completely*) **to be ~ wrong/right/tired/crazy** avere assolutamente torto/ragione; **to be ~ tired/crazy** essere proprio stanco/pazzo **III.** *n* piombo *f*; **to be out of** [*o* off] ~ non essere a piombo
plumber ['plʌ·mɚ] *n* idraulico, -a *m, f*
plumbing ['plʌ·mɪŋ] **I.** *n* idraulica *f* **II.** *adj* ~ **fixture** impianto *m* idraulico; ~ **work** impianto idraulico
plume [plu:m] **I.** *n* **1.** (*feather*) piuma *f* **2.** (*cloud: of smoke, gas*) nube *f* **II.** *vt* **to ~ oneself on sth** essere fiero di qc
plummet ['plʌ·mɪt] *vi* crollare
plummy ['plʌ·mi] <-ier, -iest> *adj* (*voice, tone*) snob
plump [plʌmp] *adj* (*person*) rotondetto, -a; (*animal*) grassoccio, -a
◆**plump down** *inf* **I.** *vt* mettere giù (pesantemente) **II.** *vi* lasciarsi cadere
◆**plump for** *vt inf* optare per
◆**plump up** *vt* **1.** (*pillow*) sprimacciare **2.** (*chicken*) ingrassare
plumpness ['plʌmp·nəs] *n* rotondità *f*
plum pudding *n* dolce natalizio tradizionale *del Regno Unito a base di farina, frutta secca e spezie*
plum tree *n* susino *m*, prugno *m*
plunder ['plʌn·dɚ] **I.** *n* **1.** (*stolen goods*) bottino *m* **2.** (*act of plundering*) saccheggio *m* **II.** *vt* **1.** (*village, city*) saccheggiare **2.** (*goods, gold, treasures*) rubare **III.** *vi* fare razzia
plunderer ['plʌn·dɚ·ɚ] *n* saccheggiatore, -trice *m, f*
plunge [plʌndʒ] **I.** *n* **1.** (*sharp decline*) crollo *m* **2.** (*dive*) tuffo *m* ▶ **to take** the ~ buttarsi; (*get married*) fare il passo e sposarsi **II.** *vi* **1.** (*fall suddenly*) precipitarsi; **to ~ to one's death** fare una caduta mortale **2.** (*leap, enter*) **we ~d into the sea** ci siamo tuffati in mare; **he ~d into the forest** si immerse nella foresta **3.** (*begin abruptly*) **to ~ into sth** gettarsi in qc **III.** *vt* immergere; **to ~ a knife into sth** affondare il coltello in qc; **we've ~d ourselves into debt** siamo sprofondati nei debiti
◆**plunge in** *vi* lanciarsi
plunger ['plʌn·dʒɚ] *n* (*of syringe*) stantuffo *m;* (*for drain*) sturalavandini *m inv*
plunk [plʌŋk] **I.** *n inf* (*sound*) rumore *m* sordo **II.** *vt inf* (*set down heavily*) lasciarsi andare pesantemente; **she ~ed the books onto the table** ha mollato i libri sul tavolo
◆**plunk down** *vt inf* mollare; **to plunk oneself down on a chair** lasciarsi cadere su una sedia
pluperfect ['plu:·ˌpɜːr·fɪkt] *n* LING piuccheperfetto *m*
plural ['plʊ·rəl] **I.** *n* plurale *m;* **in the ~** al plurale; **second person ~** seconda persona plurale **II.** *adj* **1.** *a.* LING plurale **2.** (*multiple*) multiplo, -a
pluralism ['plʊ·rə·lɪ·zəm] *n* PHILOS pluralismo *m*
pluralistic [ˌplʊ·rə·'lɪs·tɪk] *adj* pluralistico, -a
plurality [plʊ·'ræ·lə·t̬i] <-ies> *n* **1.** (*variety*) pluralità *f;* **a ~ of opinions** una molteplicità di opinioni **2.** (*share of votes*) maggioranza *f* relativa; **to have a ~** avere la maggioranza relativa
plus [plʌs] **I.** *prep* più; **5 ~ 2 equals 7** 5 più 2 fa 7 **II.** *conj* in più **III.** <-es> *n* **1.** (*mathematical symbol*) (segno) *m* più **2.** (*advantage*) punto *m* a favore **IV.** *adj* **1.** (*above zero*) positivo, -a; ~ **8** più 8; ~ **two degrees** due gradi sopra zero **2.** (*more than*) più di; **200 ~** più di 200 **3.** (*advantageous*) **the ~ side** (**of sth**) il lato positivo (di qc)
plus fours *npl* pantaloni *mpl* alla zuava
plush [plʌʃ] **I.** *adj* **1.** (*luxurious*) lussuoso, -a, di lusso **2.** (*fabric, carpet*) felpato, -a **II.** <-es> *n* felpa *f*
plus sign *n* segno *m* più
Pluto ['plu:·t̬oʊ] *n* Plutone *m*
plutocracy [plu:·'tɑː·krə·si] <-ies> *n* plutocrazia *f*
plutocrat ['plu:·t̬ə·kræt] *n* plutocrate *mf*
plutocratic [ˌplu:·t̬ə·'kræ·t̬ɪk] *adj* plutocratico, -a

P

plutonium [plu:·'toʊ·ni·əm] *n* plutonio *m*
ply¹ [plaɪ] *n* **1.**(*thickness: of cloth, wood*) capa *f* **2.**(*strand of rope, wool etc.*) **three-~ wool** lana a tre capi
ply² [plaɪ] <-ie-> **I.** *vt* **1.**(*utilize: needle, tool*) usare; **to ~ one's trade** svolgere la propria attività **2. to ~ sb with questions** assillare qu di domande; **to ~ sb with wine** offrire vino a qu in continuazione **3.**(*sell*) **to ~ drugs** spacciare droghe; **to ~ one's wares** vendere le proprie mercanzie **4.**(*travel: ship*) navigare su; **to ~ a route** fare una rotta **II.** *vi* **to ~ between Paris and Lyon** fare la spola tra Parigi e Lione
plywood ['plaɪ·wʊd] *n* (*legno*)*m* compensato
p.m. [ˌpi:·'em] *abbr of* **post meridian** dopo mezzogiorno; **one ~** l'una di notte; **four ~** le quattro del pomeriggio; **eight ~** le otto di sera
PM [ˌpi:·'em] *n* **1.** *abbr of* **postmortem** autopsia *f* **2.** *abbr of* **prime minister** primo ministro *m,* prima ministra *f*
PMS [ˌpi:·em·'es] *n abbr of* **premenstrual syndrome** sindrome *f* premestruale
pneumatic [nu:·'mæ·ţɪk] *adj* pneumatico, -a
pneumatic brakes *npl* freni *mpl* pneumatici
pneumatic tire *n* pneumatico *m*
pneumonia [nu:·'moʊn·jə] *n* polmonite *f*
PO [ˌpi:·'oʊ] *n abbr of* **Post Office** ufficio *m* postale
poach¹ [poʊtʃ] *vt* (*eggs*) cuocere in camicia; (*fish*) cuocere in bianco
poach² [poʊtʃ] **I.** *vt* **1.**(*hunt illegally*) cacciare di frodo; (*fish*) pescare di frodo **2.**(*take unfairly*) soffiare; **to ~ someone's ideas** rubare le idee a qu **II.** *vi* cacciare di frodo; (*fish*) pescare di frodo; **to ~ on sb's territory** *fig* sconfinare nel territorio di qu
poacher ['poʊ·tʃɚ] *n* (*hunter*) cacciatore, -trice di frodo *m;* (*fisherman*) pescatore, -trice di frodo *m*
poaching ['poʊ·tʃɪŋ] *n* (*hunting*) caccia *f* di frodo; (*fishing*) pesca *f* di frodo
POB *n abbr of* **post office box** casella *f* postale
PO Box [ˌpi:·'oʊ·bɑ:ks] <-es> *n abbr of* **post office box** casella *f* postale
pock [pɑ:k] *n* (*scar*) buttero *m;* (*pimple*) pustola *f*
pocket ['pɑ:·kɪt] **I.** *n* **1.**(*in pants, jacket*) tasca *f;* **back ~** tasca posteriore; **breast ~** taschino; **inside ~** tasca interna; **to be in ~/ out of ~** essere in attivo/in passivo; **to pay for sth out of one's own ~** pagare di tasca propria per qc **2.**(*isolated group, area*) **~ of green** [*o* **greenery**] angolo *m* verde; **a ~ of resistance** una sacca di resistenza; **~ of turbulence** AVIAT, METEO vuoto *m* d'aria **3.**(*in pool table*) buca *f* ▸ **to have sth in one's ~** avere qc in tasca; **to have sb in one's ~** tenere qu in pugno; **to line one's ~s** riempirsi le tasche di soldi **II.** *vt* **1.**(*put in pocket*) **to ~ sth** mettersi in tasca qc **2.**(*keep for oneself*) appropriarsi di **3.**(*in billiards*) **to ~ a ball** mandare una palla in buca ▸ **to ~ one's pride** mettersi l'orgoglio

sotto i piedi **III.** *adj* **~ dictionary** dizionario *m* tascabile; **~ edition** edizione *f* tascabile
pocketbook ['pɑ:·kɪt·bʊk] *n* **1.**(*woman's handbag*) borsa *f* **2.**(*billfold*) portafoglio *m;* **to vote with one's ~** votare pensando solo alle proprie tasche **3.**(*book*) (libro) *m* tascabile
pocket calculator *n* calcolatrice *f* tascabile
pocket camera *n* macchina *f* fotografica tascabile
pocketful ['pɑ:·kɪt·fʊl] *n* **a ~ of sth** una tascata di qc
pocket handkerchief *n* fazzoletto *m* da taschino
pocketknife <-knives> *n* temperino *m*
pocket money *n* **1.**(*for small expenses*) denaro *m* per piccole spese **2.**(*from one's parents*) paghetta *f*
pocket-sized *adj* tascabile
pockmarks *npl* butteri
pod [pɑ:d] *n* **1.** BOT baccello *m* **2.** AVIAT gondola *f* **3.**(*K-cup*) **coffee ~** cialda *f* di caffè
podiatrist [pə·'dɑ·ɪ·ɪ·trɪst] *n* pedicure *mf*
podium ['poʊ·diəm] <-s *o* -dia> *n* podio *m*
poem ['poʊ·əm] *n* poema *m.*
poet ['poʊ·ət] *n* poeta, poetessa *m, f*
poetic [poʊ·'e·ţɪk] *adj* poetico, -a
poetry ['poʊ·ɪ·tri] *n a. fig* poesia *f*
pogrom [pə·'grɑ:m] *n* pogrom *m inv*
poignant ['pɔɪn·jənt] *adj* toccante
poinsettia [pɔɪnt·'se·ţiə] *n* poinsettia *f,* stella *f* di Natale
point [pɔɪnt] **I.** *n* **1.**(*sharp end*) punta *f;* **knife ~** punta del coltello; **pencil ~** punta della matita **2.** GEO punta *f,* promontorio *m* **3.**(*particular place*) punto *m;* **boiling/freezing ~** punto *m* di ebollizione/congelamento; **starting ~** punto di partenza **4.**(*particular time*) punto *m;* **to do sth up to a ~** fare qc fino a un certo punto; **to get to the ~ that ...** arrivare al punto che ...; **at that ~** a quel punto; **at this ~ in time** al momento **5.**(*significant idea*) questione *f;* **that's just the ~!** è proprio così!; **to be to the ~** essere pertinente; **to be beside the ~** non avere niente a che vedere; **to get to the ~** venire al punto; **to get the ~ (of sth)** afferrare il concetto (di qc); **to make one's ~** esprimere il proprio punto di vista; **to miss the ~** non cogliere il concetto; **to see sb's ~** capire il concetto di qu; **to take sb's ~** essere d'accordo con qu; **~ taken!** hai ragione tu!; **~ by ~** punto per punto **6.**(*characteristic*) **sb's strong/weak ~s** il forte/il debole di qu **7.**(*in score, result*) punto *m;* **percentage ~** punto *m* percentuale; **to win (sth) on ~s** (*in boxing*) vincere (qc) ai punti **8.** MATH **decimal ~** virgola *f* (decimale) **9.** *a.* TYPO punto *m;* **join ~s A and B together** unire i punti A e B **10.** *pl* AUTO (*electrical contact*) puntina *f* ▸ **to make a ~ of doing sth** farsi un dovere di fare qc **II.** *vi* (*with finger*) additare; **to ~ to sth** (*indicate*) indicare qc; **to ~ to an icon** COMPUT portare il puntatore su un'icona **III.** *vt* **1.**(*aim*) puntare; **to ~ sth at sb** puntare

P

qc verso qu; **the man had ~ed a knife at him** l'uomo gli aveva puntato contro il coltello; **to ~ a finger at sb** *a. fig* puntare il dito contro qu **2.** (*direct, show position or direction*) guidar qc/qu; **to ~ sb toward sth** indicare a qu la strada verso qc

◆ **point out** *vt* **1.** (*show*) indicare; **if you see her, please point her out to me** se la vedi indicamela, per piacere **2.** (*inform of*) **to point sth out to sb** far notare qc a qu; **to ~ that ...** far notare che ...

point-blank [ˌpɔɪnt·'blæŋk] **I.** *adv* **1.** (*fire*) a bruciapelo **2.** (*ask*) a bruciapelo; **to refuse ~** rifiutare categoricamente **II.** *adj* **1.** (*very close, not far away*) **to shoot sb at ~ range** sparare a bruciapelo a qu **2.** (*blunt, direct*) diretto, -a

pointed ['pɔɪn·tɪd] *adj* **1.** (*implement, stick*) appuntito, -a **2.** *fig* (*criticism*) pungente; (*question*) diretto, -a; (*remark*) intenzionale

pointer ['pɔɪn·tɚ] *n* **1.** (*for blackboard*) bacchetta (per indicare) *f*; (*of clock*) lancetta *f*; (*of scale*) ago *m* **2.** COMPUT cursore *m*; **mouse ~** puntatore **3.** (*advice, tip*) indicazione *f* **4.** (*dog*) pointer *m inv*

pointless ['pɔɪnt·ləs] *adj* inutile; **it's ~ arguing with him** non serve a niente discutere con lui

point of view *n* punto *m* di vista; **from a purely practical ~** da un punto di vista puramente pratico

point of no return *n a.* AVIAT punto *m* di non ritorno *fig; inf* punto *m* di non ritorno

poise [pɔɪz] **I.** *n* **1.** (*composure*) padronanza *f* di sé; **to lose/regain one's ~** perdere/ritrovare la calma **2.** (*elegance*) eleganza *f* di portamento **II.** *vt* **to be ~d to do sth** essere sul punto di fare qc

poised *adj* **1.** (*suspended*) sospeso, -a (in aria) **2.** (*ready*) pronto, -a **3.** (*calm*) posato, -a

poison ['pɔɪ·zən] **I.** *n* veleno *m;* **rat ~** veleno *m* per topi; **to lace sth with ~** avvelenare qc; **to take ~** avvelenarsi ▶**what's your ~?** *fig* cosa bevi? **II.** *vt* **1.** (*give poison to*) avvelenare **2.** (*spoil, corrupt*) corrompere; **the long dispute has ~ed relations between the two countries** la lunga controversia ha avvelenato i rapporti tra i due paesi; **to ~ sb's mind** (**against sb**) instillare in qu odio (contro qc)

poison gas *n* gas *m* tossico

poisoning *n* avvelenamento *m*

poison ivy *n* BOT edera *f* velenosa

poisonous ['pɔɪ·zə·nəs] *adj* velenoso, -a; **~ atmosphere** *fig* atmosfera *f* avvelenata; **~ remark** osservazione *f* maligna

poke¹ [poʊk] *n dial* (*bag*) borsa *f,* sacca *f*

poke² [poʊk] **I.** *n* (*push*) spinta *m;* (*with elbow*) gomitata *f;* **to give sb a ~** dare una gomitata a qu **II.** *vt* **1.** (*with finger*) dare una ditata a; (*with elbow*) dare una gomitata a; **to ~ a hole in sth** fare un buco in qc; **to ~ holes in an argument** trovare difetti in un'argomentazione; **to ~ one's nose into sb's business**

ficcare il naso nelle faccende di qu **2.** (*emerge*) **to ~ one's arm through a sleeve** infilarsi una manica; **it poked its head out of the water** fece capolino dall'acqua **3.** **to ~ fun at sb/sth** mettere in ridicolo qu/qc **III.** *vi* **to ~ at sth/sb** percuotere qc/qu; **to ~ through** (**sth**) spuntare fuori (da qc)

◆ **poke around** *vi* frugare

◆ **poke out I.** *vi* **to ~** (**of sth**) sporgere fuori (da qc) **II.** *vt* **1.** (*stick out*) **to poke one's head out** sporgere la testa **2.** (*push out*) **to poke sth out** spingere fuori qc; **to poke sb's eye(s) out** strappare gli occhi a qu

◆ **poke up** *vi* spuntare

poker¹ ['poʊ·kɚ] *n* (*card game*) poker *m*

poker² ['poʊ·kɚ] *n* (*fireplace tool*) attizzatoio *m*

pokey ['poʊ·ki] **I.** *n inf* (*prison*) gattabuia *f;* **he'll get three years in the ~** gli daranno tre anni di galera **II.** *adj s.* **poky**

poky ['poʊ·ki] **I.** <-ier, -iest> *adj inf* **1.** (*slow*) lento, -a **2.** (*small*) angusto, -a; **a ~ little room** una stanzuccia **II.** *n s.* **pokey**

Poland ['poʊ·lənd] *n* Polonia *f*

polar ['poʊ·lə] *adj* GEO, MATH polare; **~ opposites** poli *mpl* opposti

polar bear *n* orso polare *m*

polar circle *n* circolo *m* polare

polar front *n* METEO fronte *m* polare

polar ice cap *n* calotta *f* polare

polarity [poʊ·'læ·rə·ţi] *n* polarità *f*

polarization [ˌpoʊ·lə·ɪ·'zeɪ·ʃən] *n* polarizzazione *f*

polarize ['poʊ·lə·raɪz] **I.** *vt* polarizzare; **to ~ sth into two groups** dividere qc in due **II.** *vi* polarizzarsi

polar lights *npl* aurora *f* boreale

polar region *n* regione *f* polare

polar zone *n* zona *f* polare

pole¹ [poʊl] *n* palo *m;* **electricity ~** palo *m* della luce; **flag ~** asta *f* della bandiera; **fishing ~** canna *f* da pesca; **telegraph ~** palo *m* del telegrafo ▶**to not touch sth with a 10-foot ~** tenersi alla larga di qc

pole² [poʊl] *n* **1.** GEO, ELEC polo *m;* **the magnetic ~s** GEO i poli magnetici; **the negative/ positive ~** il polo negativo/positivo **2.** *fig* **opposite ~s** poli opposti; **to be ~s apart** essere agli antipodi; **political ~s** poli *mpl* (politici)

Pole¹ [poʊl] *n* (*person*) polacco, -a *m, f*

Pole² [poʊl] *n* GEO **the North/South ~** il Polo Nord/Sud

poleax(e) ['poʊ·læks] **I.** *n* **1.** (*medieval weapon*) ascia *f* d'armi **2.** (*axe in naval warfare*) ascia *f* di abbordaggio **II.** *vt* (*strike powerfully*) atterrare, abbattere; **he was completely ~d when his wife left him** rimase come inebetito quando sua moglie lo lasciò

polemic [pə·'le·mɪk] **I.** *n* polemica *f* **II.** *adj* polemico, -a

polemical *adj* polemico, -a

P

pole position *n* pole *f* position *inv;* **to be in ~** essere in pole position

polestar *n* stella *f* polare

pole vault *n* salto *m* con l'asta

pole vaulter *n* saltatore, -trice *m, f* con l'asta

police [pə·'liːs] **I.** *n* polizia *f;* **the secret/military** ~ la polizia segreta/militare; **the riot** ~ la squadra antisommossa (*unità di polizia dedicate alla prevenzione dei comportamenti antisociali*)*;* **thought** ~ polizia del pensiero; **morality** ~ squadra del buon costume **II.** *vt* **to ~ an area** vigilare una zona

police car *n* auto *f* della polizia

police court *n tribunale competente per reati minori*

police department *n* reparto *m* di polizia

police dog *n* cane *m* poliziotto

police escort *n* scorta *f* della polizia; **under ~** sotto scorta (della polizia)

police force *n* forza *f* pubblica

police informer *n* informatore, -trice della polizia *m*

policeman [pə·'liːs·mən] <-men> *n* poliziotto *m,* agente *m* di polizia

police officer *n* poliziotto, -a *m, f,* agente *m* di polizia

police patrol *n* pattuglia *f* della polizia

police raid *n* irruzione *f* della polizia

police record *n* **1.** (*file*) fedina *f* penale sporca **2.** (*history of convictions*) precedenti *mpl* penali; **to have a long ~** avere molti precedenti penali

police reporter *n* cronista di fatti polizieschi

police state *n* stato *m* di polizia

police station *n* commissariato *m*

policewoman [pə·'liːs·ˌwʊ·mən] <-women> *n* donna *f* poliziotto

policy[1] ['pɑː·lə·si] <-ies> *n* **1.** POL, ECON politica *f;* **a change in ~** un cambiamento di politica; **domestic/economic ~** politica interna/economica; **company ~** politica aziendale; **to set ~** (**on sth**) stabilire una linea di condotta (riguardo a qc) **2.** (*principle*) principio *m;* **my ~ is to tell the truth whenever possible** la mia regola è di dire sempre la verità se appena possibile

policy[2] ['pɑː·lə·si] <-ies> *n* FIN polizza *f;* **insurance ~** polizza di assicurazione; **to take out a ~** fare un'assicurazione

policyholder ['pɑː·lə·si·ˌhoʊl·dəʳ] *n* assicurato, -a *m, f*

policy maker *n* responsabile *mf* delle politiche

policy-making *n* formulazione *f* delle politiche

policy number *n* numero *m* di polizza

policy owner *n* titolare *mf* di polizza

polio [ˌpoʊ·lioʊ] *n,* **poliomyelitis** [ˌpoʊ·lioʊ·ˌma·ɪə·'laɪ·təs] *n* MED polio *f,* poliomielite *f*

polio vaccine *n* vaccino *m* antipolio

polish ['pɑː·lɪʃ] **I.** *n* **1.** (*substance: for furniture*) cera *f;* (*for shoes, silver*) lucido *m;* (*for nails*) smalto *m* **2.** (*action*) lucidatura *f;* **to give sth a ~** dare una lucidata a qc **3.** (*sophisticated, refined style*) raffinatezza *f* **II.** *vt*

1. (*make shine*) far risplendere; (*shoes, silver*) lucidare **2.** *fig* (*refine*) raffinare

◆**polish off** *vt* (*food*) far fuori; (*work*) sbrigare; (*opponent*) liquidare

◆**polish up** *vt* **1.** (*polish to a shine*) lucidare **2.** (*improve, brush up*) perfezionare

Polish ['poʊ·lɪʃ] **I.** *adj* polacco, -a **II.** *n* LING polacco *m*

polished *adj* **1.** (*shiny*) lucido, -a **2.** *fig* (*sophisticated*) raffinato, -a; **~ manners** modi *mpl* distinti; **a ~ performance** un'esecuzione impeccabile

polite [pə·'laɪt] *adj* **1.** (*courteous*) cortese; **~ refusal** un cortese rifiuto **2.** (*cultured*) educato, -a; (*refined*) raffinato, -a; **~ society** buona società *f* **3.** (*superficially courteous*) beneducato, -a; **to keep a ~ conversation going** mantenere una conversazione garbata

politeness *n* **1.** (*good manners*) cortesia *f* **2.** (*consideration*) premura *f*

politic ['pɑː·lə·tɪk] *adj* **1.** (*judicious, prudent*) prudente **2.** POL **the body ~** la nazione

political [pə·'lɪ·tə·kəl] *adj* politico, -a; **~ pundit** esperto, -a *m, f* di politica; **to make ~ capital** (**out**) **of sth** trarre un vantaggio politico da qc

politically correct *adj* politically correct (*che non dà adito a discriminazioni razziste o sessiste*)

politician [ˌpɑː·lə·'tɪ·ʃən] *n* politico, -a *m, f*

politicize [pe·'lɪ·tə·saɪz] *vt* politicizzare

politics *n pl* **1.** (*activities of government*) politica *f;* **to go into ~** darsi alla politica; **to talk ~** parlare di politica **2.** (*political science*) scienze *fpl* politiche **3.** (*intrigue*) **company/office ~** rivalità interne dell'azienda/dell'ufficio; **party ~** manovre di partito; (*complex relationship*)

polka ['poʊl·kə] **I.** *n* polca *f* **II.** *vi* ballare la polca

poll [poʊl] **I.** *n* **1.** (*public survey*) sondaggio *m;* **opinion ~** sondaggio *m* d'opinione; **to conduct a ~** fare un sondaggio **2.** *pl* (*elections*) **to go to the ~s** andare alle urne **3.** (*results of a vote*) **to head the ~** ottenere la maggioranza dei voti **4.** (*number of votes cast*) voti *mpl;* **there was a heavy/light ~** c'è stata un'alta/una bassa affluenza alle urne **II.** *vt* **1.** (*record the opinion*) sondare; **half the people ~ed** la metà degli intervistati per il sondaggio **2.** (*receive*) **to ~ votes** ottenere voti

pollard ['pɑː·ləʳd] *vt* capitozzare

pollen ['pɑː·lən] *n* polline *m*

pollen count *n* indice *m* di concentrazione del polline

pollinate ['pɑː·lə·neɪt] *vt* impollinare

polling *n* votazione *f*

polling place *n* seggio *m* elettorale

pollster ['poʊls·təʳ] *n* intervistatore (in sondaggi), -trice *m, f*

pollutant [pə·'luː·tənt] *n* inquinante *m,* agente *m* inquinante

pollute [pə·'luːt] *vt* **1.** (*river, atmosphere, envi-*

ronment) inquinare **2.** *fig* (*corrupt*) corrompere; **to ~ sb's mind** contaminare la mente di qu

polluter [pə·'luː·ṭə·] *n* inquinatore, -trice *m, f*

pollution [pə·'luː·ʃən] *n* inquinamento *m*

polo ['poʊ·loʊ] *n* SPORTS polo *m*

polo shirt *n* polo *f*

polyamide ['pɑː·li·'æ·maɪd] *n* poliammide *f*

polychrome [ˌpɑː·lɪ·'kroʊm] *adj* policromo, -a

polyclinic ['pɑː·lɪ·klɪ·nɪk] *n* policlinico *m*

polyester [ˌpɑː·li·'es·tə·] *n* poliestere *m*

polyethylene ['pɑː·lɪ·ˌe·θə·li·n] *n* polietilene *m*, politene *m*

polygamist [pə·'lɪ·gə·mɪst] *n* poligamo *m*

polygamous [pə·'lɪ·gə·məs] *adj* poligamo, -a

polygamy [pə·'lɪ·gə·mi] *n* poligamia *f*

polyglot ['pɑː·lɪ·glɑːt] **I.** *adj* poliglotta **II.** *n* poliglotta *mf*

polygon ['pɑː·lɪ·gɑːn] *n* poligono *m*

polygonal [pə·'lɪ·gə·nəl] *adj* poligonale

polygraph ['pɑː·lɪ·græf] *n* poligrafo *m; (lie detector)* macchina *f* della verità

polymeric [ˌpɑː·lɪ·'me·rɪk] *adj* polimerico, -a

polymorphous [ˌpɑː·lɪ·'mɔːr·fəs] *adj* polimorfo, -a

Polynesia [ˌpɑː·lə·'niː·ʒə] *n* Polinesia *f*

Polynesian **I.** *adj* polinesiano, -a **II.** *n* polinesiano, -a *m, f*

polyp ['pɑː·lɪp] *n* MED, ZOOL polipo *m*

polyphonic [ˌpɑː·lɪ·'fɑː·nɪk] *adj* MUS polifonico, -a

polyphony [pə·'lɪ·fə·ni] *n* MUS polifonia *f*

polystyrene [ˌpɑː·lɪ·'sta·ɪə·riː·n] *n* polistirolo *m*

polysyllabic [ˌpɑː·lɪ·sɪ·'læ·bɪk] *adj* polisillabo, -a

polysyllable [ˌpɑː·lɪ·'sɪ·lə·bəl] *n* LING polisillabo *m*

polytechnic [ˌpɑː·lɪ·'tek·nɪk] *n* istituto *m* tecnico universitario

polytheism ['pɑː·lɪ·θiː·ɪ·zəm] *n* politeismo *m*

polytheistic [ˌpɑː·lɪ·θiː·'ɪs·tɪk] *adj* politeista

polyunsaturated [ˌpɑː·li·ʌn·'sæ·tʃə·reɪ·ṭɪd] *adj* polinsaturo, -a

polyunsaturated fats *npl*, **polyunsaturates** [ˌpɑ·lːi·ʌn·'sæ·tʃə·rəts] *npl* grassi *mpl* polinsaturi

polyurethane [ˌpɑː·lɪ·'jʊ·rə·θeɪn] *n* poliuretano *m*

polyvalent [ˌpɑː·lɪ·'veɪ·lənt] *adj* polivalente

pomade [poʊ·'meɪd] *n* pomata *f*

pomegranate ['pɑː·m·græ·nɪt] *n* **1.** (*fruit*) melagrana *f* **2.** (*tree*) melograno *m*

pomp [pɑːmp] *n* pompa *f;* **~ and circumstance** gran pompa

pomposity [pɑː·m·'pɑː·sə·ṭi] *n* pomposità *f*

pompous ['pɑː·m·pəs] *adj* **1.** pomposo, -a **2.** (*pretentious*) sfarzoso, -a; **~ language** linguaggio *m* ampolloso

poncho ['pɑː·n·tʃoʊ] *n* poncho *m*

pond [pɑːnd] *n* **1.** stagno *m,* laghetto *m;* **duck ~** laghetto delle anatre; **fish ~** laghetto

dei pesci *m* **2.** *fig* (*Atlantic ocean*) **the Pond** l'Oceano Atlantico

ponder ['pɑː·n·də·] **I.** *vt* ponderare, soppesare; **to ~ whether/why ...** riflettere se/sul perché ... **II.** *vi* riflettere; **to ~ on sth** riflettere su qc

ponderous ['pɑː·n·də·rəs] *adj* **1.** (*movement*) impacciato, -a **2.** (*style*) pesante

pone [poʊn] *n dial* **corn ~** pane *m* di farina di granturco

pontiff ['pɑː·n·ṭɪf] *n* REL **the ~** il pontefice

pontifical [pɑː·n·'ṭɪ·fɪ·kəl] *adj* pontificale

pontificate[1] [pɑː·n·'ṭɪ·fɪ·keɪt] *vi* pontificare

pontificate[2] [pɑː·n·'ṭɪ·fɪ·kət] *n* (*office of pontiff*) pontificato *m*

pontoon [pɑː·n·'tuː·n] *n* (*floating device*) pontone *m*

pontoon bridge *n* ponte *m* di barche

pony ['poʊ·ni] <-ies> *n* pony *m inv*

ponytail ['poʊ·ni·teɪl] *n* coda *f* di cavallo

pooch [puː·tʃ] *n inf* (*dog*) cane

poodle ['puː·dl] *n* (cane) barbone *m*, barboncino *m*

poof [puːf] *interj inf* tacchete!

pooh [puː] **I.** *n childspeak* pupù *f*, cacca *f*; **to do ~** fare la pupù **II.** *vi childspeak* fare la pupù **III.** *interj inf* (*indicating disgust*) **~!** **what a ghastly smell!** puah, che puzzo!

pooh-pooh [ˌpuː·'puː] *vt inf* **to ~ a plan/a proposal** ridicolizzare un progetto/una proposta

pool[1] [puːl] *n* **1.** (*of water, blood*) pozza *f*; **a ~ of oil** una sacca di petrolio; **a rock ~** una zona di mare tra gli scogli; **a ~ of light** una zona di luce **2.** (*pond*) laghetto *m;* **swimming ~** piscina *f*

pool[2] [puːl] **I.** *n* **1.** (*common fund*) fondo *m* comune **2.** (*common supply*) riserva *f*; **car ~** parco *m* macchine; **gene ~** pool *m* genico; **typing ~** centro *m* dattilografia **3.** SPORTS biliardo [*o* da pool] americano *m;* **to play** [*o inf* **shoot**] **(a game of) ~** giocare a biliardo; **to be dirty ~** essere un gioco sporco **II.** *vt* (*money, resources*) mettere in comune; (*information*) mettere insieme

pool hall *n*, **pool room** *n* sala *f* da biliardo

pool table *n* tavolo *f* da biliardo

poop[1] [puːp] *n* NAUT poppa *f*; **~ deck** ponte *m* del casseretto

poop[2] [puːp] *n inf* (*information*) **to get the ~ on sth/sb** mettersi al corrente su qc/qu

poop[3] [puːp] *inf* **I.** *n* cacca *f*; **dog ~** cacca di cane **II.** *vi* fare la cacca

◆**poop out** *vi inf* schiantare

pooper-scooper ['puː·pə·ˌskuː·pə·] *n* paletta *f* (per la raccolta di escrementi canini)

poop sheet *n sl* foglietto *m* informativo

poor [pʊr] **I.** *adj* **1.** (*lacking money*) povero, -a **2.** (*attendance, harvest*) scarso, -a; (*memory, performance*) cattivo, -a; **~ soil** terreno *m* povero; **~ visibility** visibilità *f* scarsa; **to be ~ at sth** non essere bravo in qc; **to be in ~ health** non stare bene di salute; **to be a ~ loser** non saper perdere; **to give a ~**

P

account of oneself dare cattiva prova di sé; **to cut a ~ figure (as sth)** fare una brutta figura (come qc); **to be a ~ excuse for sth** essere la brutta copia di qc; **to have ~ eyesight** avere la vista debole; **to have ~ hearing** non sentirci bene; **to do a ~ job of (doing) sth** fare male qc **3.**(*deserving of pity*) povero,-a; **you ~ thing!** poverino! **II.** *n* **the ~** i poveri

poor box <-es> *n* cassetta *f* delle elemosine
poorhouse *n* ospizio *m* dei poveri
poorly ['pʊr·li] **I.** *adv* **1.**(*resulting from poverty*) poveramente **2.**(*inadequately*) male; **~ dressed** malvestito; **to think ~ of sb** avere una cattiva opinione di qu **II.** *adj* **to feel ~** sentirsi poco bene
poorness ['pʊr·nɪs] *n* **1.**(*inadequacy*) scarsezza *f*; **the ~ of his judgment** la sua carenza di giudizio **2.**(*poverty*) povertà *f*
poor relative *n* parente *mf* povero
pop[1] [pɑːp] **I.** *adj* pop; **~ culture** cultura *f* pop **II.** *n* MUS pop *m*
pop[2] [pɑːp] *n inf* (*father*) papà *m*
pop[3] [pɑːp] **I.** *n* **1.**(*small explosive noise*) botto *m*; **the ~ of a champagne cork** il botto di una bottiglia di champagne **2.**(*soda pop*) gassosa *f*; **orange ~** aranciata *f* **II.**<-pp-> *vi* **1.**(*explode*) scoppiettare; (*burst*) scoppiare; **to let the cork ~** fare saltare il tappo **2.**(*come, go quickly*) **to ~ upstairs** fare un salto al piano di sopra; **to ~ out for sth** uscire un attimo per qc **III.**<-pp-> *vt* **1.**(*make burst*) fare scoppiare; **to ~ popcorn** fare scoppiare i chicchi di granturco **2.**(*put quickly*) mettersi; **to ~ sth on/off** mettersi/togliersi qc

◆**pop in** *vi* fare un salto; **we popped in at my brother's on our way home** tornando a casa siamo passati da mio fratello
◆**pop for** *vi sl* **1.**(*pay for*) pagare **2.**(*get caught at*) **to get popped for sth** essere beccato per qc
◆**pop out** *vi* saltar fuori; **to ~ from somewhere** schizzare fuori da non si sa dove; **to ~ for sth** fare un salto fuori a fare qc
◆**pop up** *vi* (*appear*) saltar fuori; **to ~ out of nowhere** spuntare all'improvviso
pop. *n abbr of* **population** popolazione *f*
pop art *n* pop art *f*
pop concert *n* concerto *m* pop
popcorn ['pɑːp·kɔːrn] *n* pop corn *m*, granoturco *m* soffiato
pope [poʊp] *n* REL **1.**(*Catholic*) papa *m* **2.**(*Orthodox patriarch*) pope *m*
pope's nose *n* boccone *m* del prete
pop-eyed ['pɑːp·ˌaɪd] *adj* dagli occhi sporgenti; **he looked at me ~** mi guardò con gli occhi fuori dalle orbite
pop group *n* gruppo *m* pop
pop gun *n* pistola *f* giocattolo
poplar ['pɑːp·lɚ] *n* pioppo *m*
poplin ['pɑːp·lɪn] *n* popelin *m*
pop music *n* musica *f* pop
popper ['pɑː·pɚ] *n* **1.**(*for making popcorn*)

recipiente *m* per fare il pop corn **2.** *inf* (*drug*) popper *m inv*
poppy ['pɑː·pi] <-ies> *n* papavero *m*
poppycock ['pɑː·pɪ·kɑːk] *n inf* stupidaggini *fpl*
poppy seeds *npl* semi *mpl* di papavero
pop singer *n* cantante *mf* pop
pop song *n* canzone *f* pop
pop star *n* pop star *mf inv*
populace ['pɑː·pjə·lɪs] *n* **the ~** la popolazione
popular ['pɑː·pjə·lɚ] *adj* **1.**(*liked*) benvoluto, -a; **she is very ~ among her co-workers** è molto apprezzata dai suoi colleghi; **he is ~ with girls** ha successo con le ragazze **2.**(*by the people*) popolare; **~ elections** elezioni *fpl* democratiche; **~ front** fronte *m* popolare; **~ support** l'appoggio del popolo; **by ~ request** a richiesta popolare **3.**(*widespread*) generale
popularity [ˌpɑː·pjə·ˈlæ·rə·t̬i] *n* popolarità *f*
popularize ['pɑː·pjə·lə·raɪz] *vt* **1.**(*make known or liked*) popolarizzare **2.**(*make understood*) divulgare
popularly ['pɑː·pjə·lɚ·li] *adv* comunemente; **to be ~ known as ...** essere volgarmente noto come ...
populate ['pɑː·pjə·leɪt] *vt* popolare
population [ˌpɑː·pjə·ˈleɪ·ʃən] *n* popolazione *f*; **the working ~** la popolazione attiva; **the dolphin ~** la popolazione dei delfini
population density *n* densità *f* della popolazione
population explosion *n* esplosione *f* demografica
populism ['pɑː·pjə·lɪ·zm] *n* populismo *m*
populist ['pɑː·pjə·lɪst] *n* populista *mf*
populous ['pɑː·pjʊ·ləs] *adj* popoloso, -a
pop-up ['pɑː·pˌʌp] *n* COMPUT pop up *m inv*
porcelain ['pɔːr·sə·lɪn] *n* porcellana *f*
porch [pɔːrtʃ] *n* **1.**(*over entrance*) portico *m*; (*church*) portico *m*, porticato *m* **2.**(*verandah*) veranda *f*
porcupine ['pɔːr·kjʊ·paɪn] *n* istrice *m*, porcospino *m*
pore [pɔːr] *n* poro *m*
◆**pore over** *vi* riflettere su; **to ~ a book/map** studiare attentamente un libro/una mappa
pork [pɔːrk] *n* (carne *f* di) maiale *m*
pork chop *n* braciola *f* di maiale
porker *n* maialino *m* (da ingrasso)
porky <-ier, -iest> *adj pej, inf* ciccione, -ona
porn [pɔːrn] *n abbr of* **pornography** porno *m*
pornographic [ˌpɔːr·nə·ˈgræ·fɪk] *adj* pornografico, -a
pornography [pɔːr·ˈnɑː·grə·fi] *n* pornografia *f*; **hard-core ~** pornografia hard
porous ['pɔː·rəs] *adj* poroso, -a
porpoise ['pɔːr·pəs] *n* focena *f*
porridge ['pɔː·rɪdʒ] *n* porridge *m*
port[1] [pɔːrt] *n* **1.** NAUT (*harbor*) porto *m*; **~ of call** porto di scalo; **~ of entry** porto di entrata; **fishing/trading ~** porto peschereccio/commerciale; **to come into ~** entrare in porto; **to**

leave ~ salpare da un porto **2.** COMPUT porta *f;* **parallel/serial/printer/game** ~ porta parallela/seriale/della stampante/dei giochi ▸ **any** ~ **in a storm** in caso di tempesta ogni approdo è buono

port² [pɔːrt] **I.** *n* AVIAT, NAUT (*left side*) sinistra *f;* **to** ~ a sinistra **II.** *adj* NAUT, AVIAT sinistro, -a; **on the** ~ **side** sul lato di sinistra

port³ [pɔːrt] *n* (*wine*) porto *m*

portable ['pɔːr·tə·bl] *adj* portatile

portage ['pɔːr·t̬ɪdʒ] *n* trasporto *m*

portal ['pɔːr·t̬əl] *n* a. COMPUT (*gateway*) portale *m;* **web** [o **Internet**] ~ portale *m* Internet

port authority *n* capitaneria *f* di porto

port charges *npl,* **port dues** *npl* spese *fpl* portuali

portcullis [ˌpɔːrt·'kʌ·lɪs] <-es> *n* saracinesca *f*

portentous [pɔːr·'ten·t̬əs] *adj* **1.** *form* (*signifying something to come*) profetico, -a; (*ominous*) di cattivo auguro **2.** (*too serious*) solenne

porter ['pɔːr·t̬ə] *n* **1.** (*person who carries luggage*) portabagagli *m inv;* (*on expedition*) portatore *m* **2.** (*attendant on a train*) conduttore di vagone letto *m*

portfolio [pɔːrt·'foʊl·ioʊ] *n* **1.** (*case*) cartella *f* (portadocumenti) **2.** (*of drawings, designs*) cartella *f* dei disegni **3.** FIN, POL portafoglio *m;* **minister without** ~ ministro, -a *m, f* senza portafoglio

porthole ['pɔːrt·hoʊl] *n* oblò *m inv*

portico ['pɔːr·t̬ɪ·koʊ] <-es *o* -s> *n* portico *m*

portion ['pɔːr·ʃən] **I.** *n* **1.** (*part*) parte *f;* **to accept one's** ~ **of the blame** accettare la propria parte di colpa **2.** (*serving*) porzione *f;* (*of cake, cheese*) pezzo *m* **II.** *vt* **to** ~ **out sth** ripartire qc

portly ['pɔːrt·li] <-ier, -iest> *adj* corpulento, -a

portrait ['pɔːr·trɪt] **I.** *n* ART, LIT ritratto *m;* **to paint a** ~ **of sb** descrivere qu **II.** *adj* TYPO di formato verticale

portraitist *n,* **portrait painter** *n* ritrattista *mf*

portraiture ['pɔːr·trɪ·tʃɚ] *n* ART, LIT ritrattistica *f*

portray [pɔːr·'treɪ] *vt* **1.** ART (*person*) ritrarre; (*object*) dipingere; (*scene, environment*) raffigurare **2.** *fig* descrivere **3.** THEAT rappresentare

portrayal [pɔːr·'treɪ·əl] *n* **1.** ART ritratto *m* **2.** *fig* descrizione *f* **3.** THEAT rappresentazione *f*

Portugal ['pɔːr·tʃə·gəl] *n* Portogallo *m*

Portuguese [ˌpɔːr·tʃə·'giːz] **I.** *adj* portoghese **II.** *n* **1.** (*person*) portoghese *mf* **2.** LING portoghese *m*

POS [ˌpiː·oʊ·'es] *abbr of* **point-of-sale** punto *m* vendita

pose¹ [poʊz] *vt* (*difficulty, problem*) creare; (*question*) sollevare; **to** ~ **a threat to sb** costituire una minaccia per qc

pose² [poʊz] **I.** *vi* **1.** ART, PHOT posare **2.** (*affected behavior*) assumere pose **3.** (*pretend to be*) **to** ~ **as sb/sth** spacciarsi per qu/qc **II.** *n* **1.** (*body position*) posa *f;* **to adopt a** ~ mettersi in posa **2.** (*pretence*) posa *f;* **it's all a** ~ è tutta una posa

poser ['poʊ·zɚ] *n* **1.** *inf* (*question*) domanda *f* difficile; (*problem*) dilemma *m* **2.** *s.* **poseur**

poseur ['poʊ·zɚ] *n pej* (*person*) **he's a** ~ è uno che posa

posh [pɑːʃ] *adj inf* (*stylish: area*) elegante; (*car, hotel, restaurant*) di lusso

posit ['pɑː·zɪt] *vt form* presupporre

position [pə·'zɪ·ʃən] **I.** *n* **1.** *a.* MIL, SPORTS posizione *f;* **from this** ~ **you can see the whole beach** da questa posizione si può vedere tutta la spiaggia; **the** ~ **of a house** l'ubicazione di una casa; **they took up their** ~s occuparono i propri posti; **to be in** ~ essere in posizione; **to be out of** ~ non essere in posizione; **yoga** posizione *f* yoga **2.** (*rank*) posizione *f,* posto *m;* (*social*) rango *m;* (*job*) posto; **the** ~ **of director** il posto di direttore; **a** ~ **of responsibility/trust** un posto di responsabilità/fiducia **3.** (*opinion*) posizione *f;* **to take a** ~ **on sth** adottare una posizione riguardo a qc **4.** (*situation*) situazione *f;* **financial** ~ condizione economica; **to be in the fortunate** ~ **of ...** avere la fortuna di ...; **to be in a** ~ **to do sth** essere in grado di fare qc; **to be in no** ~ **to do sth** non essere in grado di fare qc; **to put sb in a difficult** ~ mettere qu in una situazione difficile **II.** *vt* (*place*) sistemare; MIL schierare

positive ['pɑː·zə·t̬ɪv] *adj* **1.** *a.* ELEC, MATH positivo, -a; ~ **criticism** critica *f* costruttiva; **to think** ~ pensare in modo positivo **2.** MED **HIV** ~ sieropositivo, -a (al virus HIV) **3.** (*certain*) certo, -a, sicuro, -a; (*proof*) conclusivo, -a; **to be** ~ **about sth** essere certo di qc; (*absolutely*) ~! assolutamente! **4.** (*complete*) autentico, -a; **a** ~ **miracle** un vero miracolo

positively *adv* **1.** (*think*) positivamente; **to answer** ~ rispondere affermativamente **2.** (*completely*) assolutamente; **to** ~ **refuse to do sth** rifiutarsi decisamente di fare qc

poss. *abbr of* **possessive** possessivo *m*

posse ['pɑː·si] *n inf* banda *f;* **a whole** ~ **of reporters** una schiera di accaniti

possess [pə·'zes] *vt* **1.** (*own, have*) possedere **2. to** ~ **sb** (*anger, fear*) dominare qu; (*evil spirit*) possedere qu; **what** ~**ed you to do that?** cosa diavolo ti ha spinto a farlo?

possessed [pə·'zest] *adj* spiritato, -a; **to be** ~ **with sth** essere ossessionato da qc; **to behave like sb** ~ comportarsi come un indemoniato

possession [pə·'ze·ʃən] *n* **1.** (*having*) possesso *f;* **illegal** ~ **of arms** detenzione *f* illegale di armi; **to take** ~ **of sth** prendere possesso di qc; **to come into** ~ **of sth** venire in possesso di qc; **to gain** ~ **of sth** impossessarsi di qc; **to be in sb's** ~ essere in possesso di qu; **to have sth in one's** ~ *form* avere il possesso di qc **2.** (*item of property*) bene *m* **3.** POL possedimento *m* **4.** SPORTS **to be in** ~ **of the ball** essere in possesso della palla ▸ ~ **is nine tenths of the law** articolo quinto: chi ha in mano i soldi ha vinto

possessive [pə·'ze·sɪv] *adj* possessivo, -a; **to**

P

be ~ about sb avere un comportamento possessivo verso qu

possessor [pə·'ze·sə·] *n* possessore, -ditrice *m, f*

possibility [,pɑ:·sə·'bɪ·lə·ti] *n* <-ies> 1. (*sth feasible*) possibilità *f* 2. (*likelihood*) probabilità *f;* **within the bounds of ~** entro i limiti del possibile; **if by any ~ ...** se per caso ...; **is there any ~ (that)** ...? c'è qualche probabilità che +*conj* ...? 3. (*potential*) **to have possibilities** avere delle prospettive

possible ['pɑ:·sə·bl] *adj* possibile; **as clean/good as ~** il più pulito/il più buono possibile; **as far as ~** per quanto è possibile; **as soon as ~** il più presto possibile; **if ~** se possibile

possibly ['pɑ:·sə·bli] *adv* 1. (*perhaps*) forse; **could you ~ help me?** saresti così gentile da darmi una mano? 2. (*by any means*) **we did all that we ~ could** abbiamo fatto tutto il possibile; **I couldn't ~ do it** non potevo assolutamente farlo

possum ['pɑ:·səm] <-(s)> *n* opossum *m inv* ▶ **to play ~.** (*pretend to be asleep*) far finta di dormire; (*pretend to be ignorant*) fare il finto tonto

post¹ [poʊst] I. *n* posta *f* II. *vt* 1. (*letter*) impostare, imbucare; (*package*) spedire per posta; **to ~ sth to sb** inviare qc per posta a qu 2. (*inform*) **to keep sb ~ed on sth** tenere qu al corrente di/su qc 3. (*in bookkeeping*) riportare a mastro

post² [poʊst] I. *n* (*job*) posto *m;* **to apply for a teaching ~** fare domanda per un posto di insegnamento; **to take up a ~** entrare in carica; **to desert one's ~** MIL abbandonare il posto II. *vt* 1. (*send to work*) destinare 2. MIL (*position*) appostare

post³ [poʊst] I. *n* 1. *a.* SPORTS palo *m;* **starting/finishing ~** palo *f* di partenza/di arrivo 2. *inf* (*goalpost*) palo *m* (della porta) II. *vt* (*on Web site*) **to ~ sth (on sth)** postare qc (su qc); **to ~ sth on the bulletin board** affiggere qc sul tabellone degli avvisi; **~ no bills** vietata l'affissione

postage ['poʊs·tɪdʒ] *n* affrancatura *f;* **~ and handling** spese *fpl* di spedizione e trasporto

postage meter *n* (macchina *f*) affrancatrice *f*

postage paid *adj* porto affrancato

postage rate *n* tariffa *f* postale

postage stamp *n form* francobollo *m*

postal ['poʊs·təl] *adj* postale

postal worker *n* impiegato, -a *m, f* delle poste

postcard *n* cartolina *f* (postale)

postdate [,poʊst·'deɪt] *vt* 1. (*write a later date on*) postdatare 2. (*happen after*) essere posteriore a

postdoctoral [,poʊst·'dɑ:k·tə·rəl] *adj* postdottorale

poster ['poʊs·tə·] *n* 1. (*picture*) poster *m* 2. (*notice*) cartellone *m*

posterior [pɑ:s·'tɪ·rɪ·ə·] I. *adj form* posteriore II. *n fig* posteriore *m inf*

posterity [pɑ:s·'te·rə·ti] *n form* posterità *f;* **to preserve sth for ~** conservare qc per i posteri

postern ['poʊs·tən] *n* postierla *f;* MIL poterna *f*

postgraduate [,poʊst·'græ·dʒu·wɪt] I. *n* laureato, -a *m, f* che segue corsi di specializzazione II. *adj* postuniversitario, -a; **~ studies** studi *mpl* postuniversitari

posthaste [,poʊst·'heɪst] *adv form* in gran fretta

posthumous ['pɑ:s·tʃə·məs] *adj form* postumo, -a

posting ['poʊs·tɪŋ] *n* destinazione *f*

Post-It® *n* foglietti *mpl* adesivi

postman ['poʊst·mən] <-men> *n* postino *m*

postmark ['poʊst·mɑːrk] I. *n* timbro *m* postale II. *vt* timbrare; **the letter is ~ed Rome** la lettera ha il timbro postale di Roma

postmaster ['poʊst·,mæs·tə·] *n* capo *m* ufficio postale; **~ general** (*head of a national postal service*) direttore *m* generale delle poste

post meridiem *adv s.* **P.M.**

post-modern [,poʊst·'mɑː·dən] *adj* postmoderno, -a

post-modernism *n* postmodernismo *m*

postmortem [,poʊst·'mɔːr·təm] *n* autopsia *f;* **to carry out a ~** fare un'autopsia

postnatal [,poʊst·'neɪ·təl] *adj* post partum; **~ depression** depressione *f* post partum

Post Office *n* ufficio *m* postale; **to take sth to the ~** portare qc all'ufficio postale

post office box *n* casella *f* postale

post-op [,poʊst·'ɑːp] *adj inf* MED *abbr of* **post--operative** postoperatorio, -a

post-operative [,poʊst·'ɑː·pə·rə·tɪv] *adj* MED postoperatorio, -a

postpaid [,poʊst·'peɪd] *adj* (*letter*) franco di porto

postpone [poʊst·'poʊn] *vt* posporre

postponement *n* rinvio *m*

postscript ['poʊst·skrɪp] *n* 1. (*at end of letter*) poscritto *m* 2. *fig* epilogo *m;* **as a ~ to sth** a conclusione di qc

postulate¹ ['pɑːs·tʃə·leɪt] *vt form* 1. (*hypothesize*) postulare 2. (*assume*) presupporre

postulate² ['pɑːs·tʃə·lɪt] *n form* postulato *m*

posture ['pɑːs·tʃə·] I. *n* 1. (*position of body*) postura *f* 2. (*opinion*) atteggiamento *f* II. *vi* assumere una posa; **to ~ as sth** *pej* darsi delle arie da qc

postwar [,poʊst·'wɔːr] *adj* postbellico, -a; **the ~ years** gli anni del dopoguerra; **~ Europe** l'Europa del dopoguerra

posy ['poʊ·zi] <-ies> *n* mazzolino *m* di fiori

pot¹ [pɑːt] I. *n* 1. (*container*) recipiente *m* 2. (*for cooking*) pentola *f;* **~s and pans** batteria *f* da cucina 3. (*of food*) vasetto *m*, barattolo *m;* (*of drink*) brocca *f;* (*for coffee*) caffettiera *f;* (*for tea*) teiera *f* 4. (*for plants, flowers*) vaso *m* 5. *inf* GAMES **to win the ~** vincere il piatto 6. (*common fund*) cassa *f* comune 7. *inf* (*a lot*) mucchio *m;* **~s of money** un mucchio di soldi 8. *fig* (*beer belly*) trippa *f inf* ▶ **it's like the ~ calling the <u>kettle</u> black** da che pulpito viene la predica; **to go to** ~ *inf* andare in malora; (*business, plan*) andare a rotoli **II.** <-tt-> *vt* **1.** (*put in a pot: food*) mettere [*o* conservare] in vaso; **to** ~ (**up**) (*plants*) invasare **2.** (*shoot*) uccidere (un selvatico per mangiarlo) **3.** SPORTS (*ball*) mettere in buca

pot² [pɑːt] *n inf* (*marijuana*) erba *f;* **to smoke** ~ fumare erba

potash ['pɑːtæʃ] *n* potassa *f*

potassium [pə'tæ·si·əm] *n* potassio *m*

potassium chloride *n* cloruro *m* di potassio

potassium cyanide *n* cianuro *m* di potassio

potassium permanganate *n* permanganato *m* di potassio

potato [pə'teɪ·t̬oʊ] <-es> *n* patata *f;* **sweet** ~ patata *f* americana; **baked** ~ patata al forno; **mashed** ~**es** purè *m* di patate; **fried/roast(ed)** ~**s** patate fritte/arrosto

potato beetle *n*, **potato bug** *n* dorifora *f*

potato chips *npl* patatine *fpl*

potato masher *n* schiacciapatate *m inv*

potato peeler *n* pelapatate *m inv*

potbellied *adj* panciuto, -a

potbelly [pɑːt'be·li] <-ies> *n* pancione *m*

potbelly stove *n* stufetta *f* panciuta

potboiler ['pɑːt̬ˌbɔɪ·lɚ] *n pej:* opera commerciale

potency ['poʊ·tən·si] *n* potenza *f;* (*of drink, evil, temptation*) forza *f;* (*of spell*) potere *m*

potent ['poʊ·tnt] *adj* potente; (*drink, motive, symbol*) forte; (*remedy*) efficace; (*argument*) convincente

potentate ['poʊ·tn·teɪt] *n liter* potentato *m*

potential [pə'ten·ʃl] **I.** *adj* potenziale **II.** *n* potenziale *m;* **to have** (**a lot of**) ~ avere (grandi) potenzialità

potentiality [pə·ˌten·ʃiˈæ·lə·t̬i] *n form* potenzialità *f*

potentially [pə'ten·ʃə·li] *adv* potenzialmente

potholder ['pɑːt̬ˌhoʊl·dɚ] *n* sottopentola *m*

pothole ['pɑːt̬ˌhoʊl] *n* **1.** (*in road*) buca *f* **2.** (*underground hole*) pozzo *m*

potion ['poʊ·ʃən] *n* pozione *f*

potluck *n* **1.** (*sth left over*) **to take** ~ accontentarsi di quello che passa il convento **2.** (*potluck dinner*) pranzo in cui ogni partecipante porta un piatto da dividere con gli altri

Negli Stati Uniti, il **pot luck** è una festa in occasione della quale ogni invitato porta un'insalata, un piatto principale o un dolce. Lo scopo è quello di mettere insieme in tal modo un pasto completo di tutte le portate, ma può capitare che tutti gli invitati portino la stessa cosa, ad esempio dei dolci.

potluck dinner *n* pranzo in cui ogni partecipante porta un piatto da dividere con gli altri

potpourri [ˌpoʊ·puˈriː] *n* miscuglio di fiori e foglie secche per profumare ambienti

pot roast *n* arrosto *m* morto

potshot ['pɑːt̬ˈʃɑːt] *n* colpo *m* a casaccio; **to take a** ~ **at sb** sparare a casaccio contro qu; *fig* (*criticize*) lanciare critiche a caso

potted ['pɑː·t̬ɪd] *adj* **1.** (*plant*) in vaso **2.** (*food*) in vasetto, in barattolo; ~ **shrimps** pasta *f* di gamberetti

potter ['pɑː·t̬ɚ] *n* vasaio, -a *m, f;* ~**'s wheel** tornio *m* da vasaio

pottery ['pɑː·t̬ɚ·i] *n* **1.** (*art*) ceramica *f* **2.** <-ies> (*workshop*) fabbrica *f* di ceramiche

potty ['pɑː·t̬i] <-ies> *n* (*for baby*) vasino *m;* **to go** (**to the**) ~ *childspeak* farla nel vasino

pouch [paʊtʃ] *n* **1.** *a.* ANAT, ZOOL borsa *f* **2.** (*handbag*) borsetta *f;* (*for mail*) borsa *f;* **tobacco** ~ borsa *f* per il tabacco

pouf [puːf] *n* pouf *m inv*

pouffy ['puː·fi] *adj* (*hair*) cotonato, -a

poultice ['poʊl·t̬ɪs] *n* cataplasma *m*

poultry ['poʊl·tri] *n* **1.** (*birds*) pollame *m* **2.** (*meat*) carne *f* bianca

poultry farm *n* azienda *f* avicola, allevamento *m* di polli

poultry farming *n* avicoltura *f,* allevamento *m* di polli

pounce [paʊns] **I.** *n* (*spring*) balzo *m* **II.** *vi* **1.** (*jump*) saltare; **to** ~ **on sth** balzare addosso a qc; (*cat*) balzare su qc; (*bird of prey*) ghermire qc **2.** *fig* **to** ~ **on an opportunity** prendere l'occasione al volo

pound¹ [paʊnd] *n* **1.** (*weight*) libbra *f* (*454 g*); **by the** ~ alla libbra **2.** (*currency*) sterlina *f;* ~ **sterling** (*lira*) sterlina britannica

pound² [paʊnd] *n* (*for cars*) deposito *m* (auto rimosse per divieto di sosta); (*for dogs*) canile *m* municipale; (*for sheep*) recinto *m*

pound³ [paʊnd] **I.** *vt* **1.** (*hit repeatedly*) picchiare; (*beat*) battere; (*with a hammer*) martellare; **the waves** ~**ed the ship** la violenza delle onde squassava la nave **2.** (*walk heavily*) camminare con passo pesante su; **I could hear him** ~**ing the floor upstairs** potevo sentirlo camminare a passi pesanti al piano di sopra **3.** (*crush*) macinare; (*spices*) pestare (al mortaio); (*meat*) battere; MIL martellare; **to** ~ **sth to rubble** ridurre qc a un cumulo di macerie **II.** *vi* **1.** (*beat*) battere; (*on a door*) picchiare; (*on a table*) dare pugni su; (*heart, pulse*) battere forte; (*music*) rimbombare; **to** ~ **away on a piano** strimpellare il pianoforte; **the waves** ~**ed against the shore** le onde si abbattevano sul; **my head is** ~**ing!** ho la testa che mi scoppia! **2.** (*run*) **to** ~ **downstairs** scendere giù di corsa **3.** *fig* **to** ~ **away at sth** insistere su qc

pounding *n* **1.** (*noise*) rimbombo *m;* (*of heart*) battito (forte) *m;* (*of sea*) furia *f;* (*in head*) martello *m* **2.** (*crushing*) trituazione *f;* (*grinding*) macinatura *f* **3.** (*attack*) attacco *m; a. fig* (*beating*) legnata *f inf;* **to take a** ~ *a. fig* prendere una batosta; **the film took a heavy** ~ il film ha avuto molte critiche negative

pour [pɔːr] **I.** *vt* **1.** (*cause to flow*) versare; **to** ~ **coffee/wine** versare il caffè/il vino; **to** ~ **sb sth** servire qc a qu; **to** ~ **oneself a glass of**

wine versarsi un bicchiere di vino **2.** (*give in large amounts*) riversare; (*money, resources*) investire in gran quantità; **to ~ energy into sth** mettere moltissima energia in qc; **to ~ time into sth** dedicare un mucchio di tempo a qc; **to ~ thought into sth** riflettere molto su qc **II.** *vi* **1.** (*flow in large amounts: water*) fluire; (*letters, messages*) arrivare in gran quantità; **to ~ into sth** (*sunshine*) entrare a fiotti in qc; (*people*) affluire in qc; **refugees are ~ing into the country** i rifugiati continuano a riversarsi nel paese; **to be ~ing with sweat** essere sudato fradicio **2.** *impers* **it's ~ing** piove a dirotto

◆ **pour in** *vi* affluire

◆ **pour out I.** *vt* **1.** (*from container*) versare **2.** (*cause to flow quickly: smoke*) emettere; (*water*) riversare; **to ~ one's thanks** ringraziare calorosamente **3.** (*tell*) **to ~ sth to sb** rivelare qc a qu **II.** *vi* (*liquid*) fuoriuscire; (*people*) uscire a frotte

pout [paʊt] **I.** *vi* fare il broncio **II.** *vt* **to ~ one's lips** sporgere le labbra **III.** *n* broncio *m*

poverty ['pɑː·və·ti] *n* **1.** (*lack of money*) povertà *f;* **extreme ~** miseria *f* **2.** *fig* (*lack of ideas, imagination*) povertà *f*

poverty level *n* soglia *f* della povertà

poverty-stricken ['pɑː·və·ti·ˌstrɪ·kən] *adj* poverissimo, -a

POW [ˌpiː·oʊ·'dʌ·bl̩·juː] *n abbr of* **prisoner of war** prigioniero *m* di guerra

powder ['paʊ·dɚ] **I.** *n* **1.** (*dust*) polvere *f;* **to crush** [o **reduce**] **sth to a ~** ridurre qc in polvere **2.** (*snow*) neve *f* farinosa **II.** *vt* **1.** (*cover with powder*) spolverizzare; **to ~ one's face** incipriarsi; **to ~ one's nose** *fig* andare alla toilette **2.** (*sprinkle*) spolverizzare **3.** *sl* (*win easily*) polverizzare

powder blue *n* celeste

powdered *adj* in polvere; **~ sugar** zucchero *m* a velo

powder keg *n fig* polveriera *f*

powder puff *n* piumino *m* per la cipria

powder room *n* toilette *f* (per signore) *inv*

powdery ['paʊ·də·ri] *adj* **1.** (*snow*) farinoso, -a; (*stone*) friabile **2.** (*surface*) polveroso, -a

power ['pa·ʊɚ] **I.** *n* **1.** (*ability to control*) potere *m;* **to be within one's ~ to do sth** rientrare nei poteri di qu **2.** (*country, organization*) potenza *f;* (*person*) potere *m* **3.** (*right*) facoltà *f* **4.** (*ability*) capacità *f;* **sb's ~s of concentration/persuasion/observation** capacità di concentrazione/persuasione/osservazione **5.** (*strength*) forza *f* **6.** (*electricity*) corrente *f* **7.** (*energy*) PHYS energia *f* **8.** MATH potenza *f;* **two to the ~ of five** due elevato alla quinta ▶ **more ~ to you!** complimenti, e in bocca al lupo!; **to be the ~ behind** sb essere l'eminenza grigia di qu; **the ~s that be** chi è al potere **II.** *vi* **to ~ along the track** portarsi avanti con un'azione di forza **III.** *vt* azionare

powerboat *n* imbarcazione *f* a motore

power brakes *npl* AUTO freni *mpl* servoassistiti

power cable *n* cavo *m* elettrico

power-driven *adj* elettrico, -a

powerful ['pa·ʊɚ·fəl] *adj* **1.** (*influential, mighty*) potente **2.** (*physically strong*) possente, forte **3.** (*having a great effect*) convincente **4.** (*anger, jealousy*) intenso, -a; **~ emotions** emozioni *fpl* forti **5.** (*able to perform well*) potente

powerfully ['pa·ʊɚ·fə·li] *adv* **1.** (*using great force*) con forza **2.** (*argue, speak*) in modo autorevole

powerhouse ['pa·ʊɚ·ˌhaʊs] *n* centrale *f* elettrica; **to be a ~ of ideas** *fig* essere una fonte inesauribile di idee

powerless ['pa·ʊɚ·ləs] *adj* impotente; **to be ~ against sb** essere impotente contro qu

power line *n* linea *f* elettrica

power mower *n* tosaerba *m* a motore *inv*

power outage *n* interruzione *f* della corrente elettrica

power plant *n* centrale *f* elettrica; **nuclear ~** centrale *f* nucleare

power politics *n* politica *f* della forza

power station *n* centrale *f* elettrica

power steering *n* servosterzo *m*

power tool *n* utensile *f* a energia elettrica

powwow ['pau·waʊ] *n* **1.** riunione *f* (*di pellerossa*) **2.** *fig, inf* consiglio *m*

pox [pɑːks] *n* (*chickenpox*) varicella *f;* (*smallpox*) vaiolo *m;* (*syphilis*) sifilide *f*

pp. *abbr of* **pages** pp.

PR [piː·'ɑːr] *n* **1.** *abbr of* **public relations** pubbliche relazioni *fpl* **2.** POL *abbr of* **proportional representation** sistema *m* proporzionale

practicable ['præk·tɪ·kə·bl̩] *adj form* praticabile

practical ['præk·tɪ·kl̩] **I.** *adj* pratico, -a **II.** *n* prova *f* pratica

practicality [ˌpræk·tɪ·'kæ·lə·ti] *n* <-ies> **1.** (*feasibility*) attuabilità *f* **2.** (*practical detail*) **the practicalities of sth** gli aspetti pratici di qc

practical joke *n* scherzo *m*

practically ['præk·tɪk·li] *adv* **1.** (*almost*) praticamente **2.** (*of a practical nature*) **to be ~ based** basarsi sulla pratica; **to be ~ minded** avere senso pratico

practice ['præk·tɪs] **I.** *n* **1.** (*act of practicing*) pratica *f;* **to be out of ~** essere fuori esercizio; **~ makes perfect** si impara con la pratica **2.** (*custom, regular activity*) consuetudine *f;* **traditional religious ~s** pratiche *fpl* religiose; **standard ~** procedura *f* abituale; **to make a ~ of sth** avere qc come regola **3.** (*training session*) allenamento *m* **4.** (*of a profession*) esercizio *m* **5.** (*business, office*) studio *m* **II.** *vt* **1.** (*do, carry out*) praticare **2.** (*improve skill*) esercitarsi in/a; **to ~ the piano** fare esercizio al piano **3.** (*work in: medicine, law*) esercitare ▶ **to ~ what one preaches** mettere in pratica ciò che si predica **III.** *vi* **1.** (*improve skill*) eser-

P

citarsi; SPORTS allenarsi **2.** (*work in profession*) esercitare; **to ~ as a doctor** fare il medico

practiced ['præk·tɪst] *adj* (*experienced, skilled*) esperto, -a; **to be ~ in sth** essere competente in qc; **a ~ liar** un bugiardo patentato

practicing ['præk·tɪ·sɪŋ] *adj* (*doctor, lawyer*) praticante; (*Catholic, Jew*) praticante

practitioner [præk·'tɪ·ʃə·nəˌ] *n* (*of a skill*) professionista *mf;* (*doctor*) medico, -a *m, f;* **legal ~** avvocato (professionista), -a/-essa *m, f*

pragmatic [præg·'mæ·ţɪk] *adj* pragmatico, -a

pragmatism ['præg·mə·tɪ·zəm] *n* pragmatismo *m*

prairie ['prɛ·ri] *n* prateria *f*

praise [preɪz] **I.** *vt* **1.** (*express approval*) lodare; **to ~ sb to the skies** [*o* **to no end**] portare qu alle stelle **2.** (*worship*) lodare **II.** *n* **1.** (*expression of approval*) lode *f;* **to heap ~ on sb**, **to shower sb with ~** coprire qu di lodi **2.** (*worship*) lode *f;* **~ be** (**to God**)! Dio sia lodato!

praiseworthy ['preɪz·wɜːr·ði] *adj* lodevole

prance [præns] *vi* (*horse*) fare la rallegrata; (*person*) pavoneggiarsi

prank [præŋk] *n* scherzo *f;* **to play a ~ on sb** fare uno scherzo a qu

prate [preɪt] *vi form* cianciare

prattle ['præ·ţl] **I.** *vi* blaterare; (*child*) balbettare **II.** *n* ciance *fpl;* (*of child*) balbettio *m*

prawn [prɔːn] *n* gambero *m*, scampo *m*

prawn cocktail *n* cocktail di scampi *m*

pray [preɪ] **I.** *vi* **1.** REL pregare; **to ~ to sb** (**that**) pregare qu (che +*conj*) **2.** (*hope*) **to ~ for sth** sperare in qc **II.** *vt* supplicare; **and what, ~ tell, are you doing?** si può sapere, di grazia, cosa stai facendo?

prayer [prer] *n* **1.** REL preghiera *f;* **to say a ~** [*o* **one's ~s**] pregare **2.** (*action of praying*) preghiera *f* **3.** *pl* (*church service*) **morning/ evening ~s** preghiere del mattino/della sera **4.** *fig* (*hope*) speranza *f;* **to not have a ~ of doing sth** *inf* non avere la benché minima speranza di fare qc

prayer book *n* libro *m* di preghiere

prayer meeting *n* incontro *m* di preghiera

prayer rug *n* tappeto *m* di preghiera

praying mantis ['preɪ·ɪŋ·'mæn·tɪs] *n* mantide *f inv* religiosa

preach [priːtʃ] **I.** *vi* predicare; **to ~ at sb** *pej* fare la predica a qu **II.** *vt* **1.** REL (*a sermon*) tenere; (*the Gospel*) predicare **2.** (*advocate*) predicare ▶ **to practice what you ~** mettere in pratica ciò che si predica

preacher ['priː·tʃəˌ] *n* predicatore, -trice *m, f*

preamble [priː·'æm·bl] *n* preambolo *m*

prearrange [ˌpriː·ə·'reɪndʒ] *vt* prestabilire

precalculus [priː·'kælk·jə·ləs] *n corso di studi che precede gli studi di calcolo*

precarious [prɪ·'ke·ri·əs] *adj* precario, -a

precast ['priː·kæst] *adj* prefabbricato, -a

precaution [prɪ·'kɔː·ʃən] *n* precauzione *f*

precautionary [ˌprɪ·'kɔː·ʃə·ne·ri] *adj* precauzionale; **~ measure** misura *f* preventiva

precede [prɪ·'siːd] *vt* precedere; **to ~ the report with an introduction** iniziare il rapporto con un'introduzione

precedence ['pre·sə·dəns] *n* **1.** (*priority*) precedenza *f;* **to take ~ over sb** avere la precedenza su qu **2.** (*order of priority*) ordine *m* di precedenza

precedent ['pre·sə·dent] *n* precedente *m;* **to set a ~** (**for sth/doing sth**) stabilire un precedente (per qc/fare qc)

preceding [prɪ·'siː·dɪŋ] *adj* precedente; **the ~ day** il giorno precedente

precept ['priː·sept] *n form* **1.** (*rule*) norma *f* **2.** (*principle*) principio *m*

precinct ['priː·sɪŋkt] *n* **1.** (*police district*) distretto *m* di polizia; (*police station*) stazione *f* di polizia **2.** (*electoral district*) circoscrizione *f* **3.** *form* (*environs*) dintorni *mpl*

precious ['pre·ʃəs] **I.** *adj* **1.** (*of great value*) prezioso, -a; **you can keep your ~ ring!** *iron* tieniti il tuo maledetto anello! **2.** (*beloved: child, pet*) amato, -a **3.** (*affected*) affettato, -a; (*person*) manierato, -a **II.** *adv inv* **1.** (*very*) **~ few** proprio pochi; **to be ~ little help** essere di scarso aiuto **2.** (*valuable: stone, metal*) prezioso

precipice ['pre·sə·pɪs] *n* precipizio *m*

precipitate[1] [prɪ·'sɪ·pɪ·teɪt] **I.** *vt* **1.** *form* (*throw*) scaraventare **2.** *form* (*provoke*) accelerare **3.** CHEM precipitare **II.** *vi* METEO precipitare

precipitate[2] [prɪ·'sɪ·pɪ·tɪt] **I.** *adj form* precipitoso, -a **II.** *n* precipitato *m*

precipitation [prɪ·ˌsɪ·pɪ·'teɪ·ʃən] *n* precipitazione *f*

precipitous [prɪ·'sɪ·pɪ·ţəs] *adj* **1.** (*very steep*) ripido, -a **2.** (*having many precipices*) scosceso **3.** (*rapid*) drastico, -a **4.** *form* (*precipitate*) precipitoso, -a

précis [preɪ·'siː] **I.** *n* compendio *m* **II.** *vt form* compendiare

precise [prɪ·'saɪs] *adj* **1.** (*moment, measurement*) esatto, -a [*o* preciso, -a] **2.** (*person*) meticoloso, -a

precisely *adv* **1.** (*exactly*) precisamente; **~!** certo!; **to do ~ the opposite** fare esattamente l'opposto **2.** (*carefully*) con precisione

precision [prɪ·'sɪ·ʒən] **I.** *n* **1.** (*accuracy*) precisione *f* **2.** (*meticulous care*) esattezza *f* **II.** *adj* (*tool, equipment*) di precisione

preclude [prɪ·'kluːd] *vt form* precludere

precocious [prɪ·'koʊ·ʃəs] *adj* precoce

precociousness *n*, **precocity** [prɪ·'kɑː·sə·ţi] *n form* precocità *f*

preconceived [ˌpriː·kən·'siːvd] *adj* preconcetto, -a

preconception [ˌpriː·kən·'sep·ʃən] *n* preconcetto *m*

precondition [ˌpriː·kən·'dɪ·ʃən] *n* premessa *f* indispensabile

precook [priː·'kʊk] *vt* precuocere

precursor [prɪ·'kɜːr·səˌ] *n* precursore, -corritrice *m, f*

P

predate [priːˈdeɪt] *vt* risalire a un periodo precedente a

predator [ˈpre·də·ṭə] *n* predatore *m*

predatory [ˈpre·də·tɔː·ri] *adj* predatore, -trice

predecessor [ˈpre·də·se·sə] *n* predecessore *m;* (*ancestor*) antenato, -a *m, f*

predestination [ˌpriː·des·tɪ·ˈneɪ·ʃən] *n* predestinazione *f*

predestine [ˌpriː·ˈdes·tɪn] *vt* predestinare

predetermine [ˌpriː·dɪ·ˈtɜː·r·mən] *vt* predeterminare

predicament [prɪ·ˈdɪ·kə·mənt] *n* impiccio *m*

predicate¹ [ˈpre·dɪ·kɪt] *n* LING predicato *m*

predicate² [ˈpre·dɪ·keɪt] *vt form* **1.**(*be based on*) **to be ~d on sth** fondarsi su qc **2.**(*state, assert*) asserire

predicative [prɪ·ˈdɪ·kə·ṭɪv] *adj* LING predicativo, -a

predict [prɪ·ˈdɪkt] *vt* predire

predictable [prɪ·ˈdɪk·tə·bl] *adj* prevedibile

prediction [prɪ·ˈdɪk·ʃən] *n* **1.**(*forecast*) pronostico *m* **2.**(*act of predicting*) previsione *f*

predilection [ˌpre·də·ˈlek·ʃən] *n form* predilezione *f*

predispose [ˌpriː·dɪs·ˈpoʊz] *vt* predisporre

predisposition [ˌpriː·dɪs·pə·ˈzɪ·ʃən] *n* **1.***form* (*tendency*) propensione *f* **2.**MED predisposizione *f*

predominance [prɪ·ˈdɑː·mə·nəns] *n* predominanza *f*

predominant [prɪ·ˈdɑː·mə·nənt] *adj* predominante

predominate [prɪ·ˈdɑː·mə·neɪt] *vi* predominare

preemie [ˈpriː·miː] *n inf* (*premature baby*) (bambino, -a) prematuro *m*

preeminence [ˌpriː·ˈe·mɪ·nənts] *n form* preminenza *f*

preeminent [ˌpriː·ˈe·mɪ·nənt] *adj form* preminente

preempt [ˌpriː·ˈempt] *vt* prevenire

preemption [ˌpriː·ˈemp·ʃən] *n* prelazione *f*

preemptive [priː·ˈemp·ṭɪv] *adj* **1.~ right** diritto di opzione **2.**(*attack*) preventivo, -a

preen [priːn] **I.** *vi* **1.**(*bird*) lisciarsi (le penne) con il becco **2.***fig* (*congratulate oneself*) compiacersi **II.** *vt* **1.**(*cat, bird*) lisciarsi **2.**(*groom*) **to ~ oneself** agghindarsi; **to ~ oneself on sth** (*congratulate*) compiacersi di qc

preexisting [ˌpriː·ɪg·ˈzɪs·tɪŋ] *adj* preesistente

prefab [ˈpriː·fæb] *inf* **I.** *n abbr of* **prefabricated house** casa *f* prefabbricata **II.** *adj abbr of* **prefabricated** prefabbricato, -a

prefabricate [ˌpriː·ˈfæb·rɪ·keɪt] *vt* prefabbricare

prefabricated *adj* prefabbricato, -a

prefabricated house *n* casa *f* prefabbricata

preface [ˈpre·fɪs] **I.** *n* prefazione *f* **II.** *vt* premettere

prefatory [ˈpre·fə·tɔː·ri] *adj form* preliminare

prefect [ˈpriː·fekt] *n* prefetto *m*

prefer [priː·ˈfɜːr] <-rr-> *vt* preferire

preferable [ˈpre·frə·bl] *adj* preferibile

preferably [ˈpre·frəb·li] *adv* preferibilmente

preference [ˈpref·rəns] *n* **1.**(*liking better*) preferenza *f* **2.**(*priority*) precedenza *f*

preferential [ˌpre·fə·ˈren·ʃl] *adj* preferenziale; ECON preferenziale

preferred [priː·ˈfɜːrd] *adj* preferito, -a

prefigure [ˌpriː·ˈfɪg·jə] *vt form* prefigurare

prefix [ˈpriː·fɪks] <-es> *n* prefisso *m*

pregnancy [ˈpreg·nən·tsi] *n* **1.**(*condition: woman*) gravidanza *f;* ZOOL gestazione *f* **2.**(*period of time*) gravidanza

pregnancy test *n* test *m* di gravidanza *inv*

pregnant [ˈpreg·nənt] *adj* **1.**(*woman*) incinta; (*animal*) gravida; **to be ~ by sb** essere stata messa incinta da qu; **to become ~** (*woman*) rimanere incinta; (*animal*) rimanere gravida; **to get sb ~** mettere incinta qu **2.***fig* (*silence, pause*) carico, -a di significato; **to be ~ with possibilities for sth** essere ricco di possibilità per qc

prehensile [priː·ˈhen·sɪl] *adj* prensile

prehistoric [ˌpriː·hɪ·ˈstɔː·rɪk] *adj* preistorico, -a

prehistory [ˌpriː·ˈhɪs·tə·ri] *n* preistoria *f*

prejudge [ˌpriː·ˈdʒʌdʒ] *vt* pregiudicare

prejudice [ˈpre·dʒʊ·dɪs] **I.** *n* **1.**(*preconceived opinion*) pregiudizio *m* **2.**(*bias*) pregiudizio *m;* LAW pregiudizio *m;* **without ~** senza pregiudizio; **without ~ to sth** LAW senza pregiudizio per qc **II.** *vt* **1.**(*bias*) **to ~ sb against sth** influenzare qu contro qc **2.**(*damage: sb's case, a defendant, a candidate*) pregiudicare

prejudiced [ˈpre·dʒʊ·dɪst] *adj* (*person*) prevenuto, -a; (*attitude, judgment, opinion*) prevenuto; **to be ~ against sb** essere prevenuto nei confronti di qu

prejudicial [ˌpre·dʒə·ˈdɪ·ʃəl] *adj form* **to be ~ to** nuocere a

preliminary [prɪ·ˈlɪ·mə·ne·ri] **I.** *adj* preliminare **II.** <-ies> *n* **1.**(*introduction*) preliminari *mpl* **2.**SPORTS (*heat*) (gara) eliminatoria *f* **3.***form* (*preliminary exam*) esame *m* preliminare

prelims [ˈpriː·lɪms] *npl inf* **1.**(*exams*) *abbr of* **preliminary exams** esami *mpl* preliminari **2.**SPORTS (gara) eliminatoria *f* **3.** *abbr of* **preliminary pages** pagine *fpl* introduttive

prelude [ˈprel·juːd] *n* preludio *m*

premarital [ˌpriː·ˈmæ·rɪ·ṭl] *adj* prematrimoniale

premature [ˌpriː·mə·ˈtʃʊr] *adj* prematuro, -a

premature ejaculation *n* eiaculazione *f* precoce

premeditated [ˌpriː·ˈme·dɪ·teɪ·ṭɪd] *adj* premeditato, -a

premeditation [ˌpriː·me·dɪ·ˈteɪ·ʃən] *n* premeditazione *f*

premenstrual [ˌpriː·ˈment·strəl] *adj* premestruale

premenstrual syndrome *n* sindrome *f* premestruale

premier [prɪ·ˈmɪr] **I.** *n* POL primo ministro *m*, premier *mf inv* **II.** *adj* primo, -a

première [prɪ·'mɪr] I. *n* prima *f* II. *vt, vi* presentare per la prima volta

premise ['pre·mɪs] I. *n* 1. (*of argument*) premessa *f*; **on** [*o* **under**] **the ~ that ...** in considerazione del fatto che ... 2. *pl* (*land and building on it*) locali e area di proprietà; **we are relocating to new ~** ci stiamo trasferendo in nuovi locali; **these premises are protected with surveillance cameras** la proprietà è controllata con telecamere a circuito chiuso; **no smoking on school ~** è proibito fumare in tutta la scuola; **the ice-cream is made on the ~** il gelato è di produzione propria II. *vt form* 1. (*be based on*) fondare 2. (*preface*) premettere

premium ['pri:·mi·əm] I. *n* 1. (*insurance payment*) premio *m* 2. (*extra charge*) sovrapprezzo *m*; (*high price*) prezzo *m* elevato 3. (*bonus*) premio *m* 4. (*importance*) **to put a ~ on sth** dare molta importanza a qc; **to be at a ~** (*very valuable*) essere di primaria importanza 5. (*gasoline*) super *f* II. *adj* di prima qualità

premium price *n* prezzo *m* maggiorato

premium quality *n* prima qualità *f*

premonition [ˌpri:·mə·'nɪ·ʃən] *n* premonizione *f*; **to have a ~ that ...** avere il presentimento che ...

prenatal [ˌpri:·'neɪ·t̬l] *adj* prenatale

preoccupation [ˌpri:·ɑːk·jə·'peɪ·ʃən] *n* preoccupazione *f*

preoccupied [pri:·'ɑːk·ju:·paɪd] *adj* preoccupato, -a; **to be ~ with sth** essere assorto in qc

preoccupy [pri:·'ɑːk·ju:·paɪ] <-ie-> *vt* preoccupare

preordain [ˌpri:·ɔːr·'deɪn] *vt* predestinare

preowned [pri:·'oʊnd] *adj* (*vehicle*) usato, -a; (*electronics*) di seconda mano; (*home*) che ha avuto un precedente proprietario

prep [prep] I. *adj abbr of* **preparatory** preparatorio, -a; **prep course** corso *m* propedeutico; **prep school** scuola superiore (privata); **prep work** lavoro *m* preparatorio II. *n inf abbr of* **preparation** preparazione *f*

prepackage [ˌpri:·'pæ·kɪdʒ] *vt* preconfezionare

prepaid [ˌpri:·'peɪd] *adj* prepagato, -a; **~ phone** [*o* **calling**] **card** carta *f* (telefonica) prepagata

prepaid postcard *n* cartolina *f* preaffrancata

prepaid reply card *n* cartolina *f* di risposta preaffrancata

preparation [ˌpre·pə·'reɪ·ʃən] I. *n* 1. (*getting ready*) preparazione *f* 2. (*substance*) preparazione *m* 3. *pl* (*measures*) preparativi *mpl* II. *adj* preparatorio, -a

preparatory [prɪ·'pæ·rə·tɔː·ri] *adj* preparatorio, -a

preparatory course *n* corso *m* propedeutico

preparatory school *n* scuola *f* privata (*di insegnamento secondario*)

prepare [prɪ·'per] I. *vt* preparare; **to ~ sb for sth** preparare qu per qc II. *vi* prepararsi; **to ~ for action** prepararsi all'azione

prepared [prɪ·'perd] *adj* 1. (*ready*) pronto, -a 2. (*willing*) pronto, -a; **to be ~ to do sth** essere disposto a fare qc 3. (*food, speech*) preparato, -a (in anticipo)

preparedness [prɪ·'pe·rɪd·nɪs] *n* (*willingness*) disposizione *f*; MIL capacità *f* di reazione

prepay [ˌpri:·'peɪ] *vt irr* pagare in anticipo

prepayment [ˌpri:·'peɪ·mənt] *n* pagamento *m* anticipato

preponderance [prɪ·'pɑːn·də·rənts] *n form* preponderanza *f*

preponderant [prɪ·'pɑːn·də·rənt] *adj form* preponderante

preposition [ˌpre·pə·'zɪ·ʃən] *n* preposizione *f*

prepossessing [ˌpri:·pə·'ze·sɪŋ] *adj* avvenente

preposterous [prɪ·'pɑːs·tə·əs] *adj* ridicolo, -a

preppie, preppy ['pre·pi] I. <-ies> *n inf* ragazzo, -a *m, f* bene, preppy *mf inv* II. *adj* <preppier, preppiest> *inf* dei ragazzi bene, preppy

prepuce ['pri:·pju:s] *n* (*foreskin*) prepuzio *m*; (*clitoral foreskin*) prepuzio del(la) clitoride

prerequisite [ˌpri:·'rek·wɪ·zɪt] I. *adj* essenziale II. *n* requisito *m* indispensabile; **to be a ~ for sth** essere un requisito indispensabile per qc

prerogative [prɪ·'rɑː·gə·t̬ɪv] *n* (*right, privilege*) prerogativa *f*; **that's your ~** è una tua prerogativa; **skiing used to be the ~ of the rich** una volta lo sci era un privilegio dei ricchi

Pres. [prez] *n abbr of* **president** presidente *mf*

presage ['pre·sɪdʒ] I. *n liter* 1. (*sign, omen*) presagio *m* 2. (*intuition*) presentimento *m* II. *vt liter* (*warn*) preannunciare III. *vi liter* **to ~ well/ill** essere di buon/cattivo auspicio

Presbyterian [ˌprez·bɪ·'tɪ·ri·ən] I. *n* presbiteriano, -a *m, f* II. *adj* presbiteriano, -a

presbytery ['prez·bɪ·te·ri] *n* REL 1. ARCHIT (*part of church*) presbiterio *m* 2. (*priest's residence*) presbiterio, casa *f* parrocchiale

preschool ['pri:·sku:l] I. *n* giardino *m* d'infanzia II. *adj* prescolastico, -a; (*child*) in età prescolare

prescribe [prɪ·'skraɪb] I. *vt* 1. MED prescrivere; (*rest, diet*) raccomandare 2. *form* (*order*) prescrivere; **~d by law** stabilito per legge II. *vi* MED scrivere una ricetta

prescribed [prɪ·'skraɪbd] *adj* prescritto, -a; **in the ~ way** nel modo stabilito; **at the ~ time** al momento stabilito

prescription [prɪ·'skrɪp·ʃən] *n* 1. MED prescrizione (medica) *f*, ricetta (medica) *f*; (*medicine itself*) medicina *f*; **only available with a ~** solo dietro presentazione di ricetta medica; **to make out a ~** fare una ricetta; **to fill a ~** scrivere una ricetta 2. *form* (*act of prescribing*) prescrizione *f*

prescription charge *n* ticket (sui medicinali) *m inv*

prescriptive [prɪ·'skrɪp·tɪv] *adj* (*strict*) rigoroso, -a

P

prescriptive grammar *n* LING grammatica *f* normativa

presence ['pre·zənts] *n* **1.** (*attendance*) presenza *f*; **military/police** ~ presenza militare/della polizia; ~ **of mind** presenza/prontezza di spirito; **in sb's** ~ in presenza di qu; **in my** ~ in mia presenza; **in the** ~ **of two witnesses** davanti a due testimoni; **your** ~ **is requested** è richiesta la sua presenza; **to feel sb's** ~ avvertire la presenza di qu; **to make one's** ~ **felt** farsi notare **2.** (*personality*) presenza *f*

present[1] ['pre·zənt] **I.** *n* presente *m* ▶ **at** ~ al presente/momento; **for the** ~ per il presente/momento **II.** *adj.* **1.** (*current: address, generation*) attuale; **at the** ~ **moment** [*o* **time**] al momento, attualmente; **the** ~ **year** l'anno in corso; **in the** ~ **case** in questo caso; **up to the** ~ **time** fino a ora; **the** ~ **writer** chi scrive **2.** (*in attendance*) presente; **to be** ~ **at sth** assistere a qc; **all those** ~ tutti i presenti; ~ **company excepted** esclusi i presenti

present[2] ['pre·zənt] *n* (*gift*) regalo *m*; **to give sb a** ~ fare un regalo a qu; **I got it as a** ~ me lo hanno regalato; **to make sb a** ~ **of sth** regalare qc a qu

present[3] [prɪ·'zent] *vt* **1.** (*give*) presentare; **to** ~ **one's apologies to sb** *form* presentare le proprie scuse a qu; **to** ~ **one's credentials** presentare le proprie credenziali; **to** ~ **sth** (**to sb**) consegnare qc (a qu); **to** ~ **sb with sth** donare qc a qu **2.** (*introduce*) presentare; **to** ~ **sb to sb** presentare qu a qu; **may I** ~ **my wife?** le presento mia moglie; **to** ~ **a bill** presentare un progetto di legge **3.** (*to an audience: play, musical, concert*) presentare; ~**ing X as Julius Caesar** con X nel ruolo di Giulio Cesare; **to** ~ **a paper at a congress** presentare una relazione a un congresso **4.** (*confront*) **to** ~ **sb with sth** mettere qu davanti a qc; **to be** ~**ed with a complicated situation** trovarsi di fronte a una situazione complicata; **to** ~ **sb with a problem** creare un problema per qu **5.** (*constitute*) costituire; **to** ~ **a problem for sb** costituire un problema per qu; **to** ~ **difficulties for sb** creare difficoltà a qu **6.** (*offer*) presentare; (*view, atmosphere*) offrire **7.** (*exhibit: argument, plan, theory*) esporre; (*check, passport, ticket*) presentare; **to** ~ **a petition to sb** presentare una petizione a qu *form* **8.** MIL **to** ~ **arms** presentare le armi **9.** (*appear*) **to** ~ **oneself for sth** presentarsi per qc

presentable [prɪ·'zen·tə·bl] *adj* presentabile; **to make oneself** ~ rendersi presentabile

presentation [ˌpre·zən·'teɪ·ʃən] *n* **1.** (*act*) presentazione *f*; (*of theory, thesis*) esposizione *f*; (*of dissertation*) discussione *f*; **to make** [*o* **give**] **a** ~ fare una relazione; **on** ~ **of this voucher** dietro presentazione di questo buono **2.** (*of prize, award*) consegna *f*

presentation copy *n* copia *f* omaggio

present-day [ˌpre·zənt·deɪ] *adj* attuale; ~ **Boston** la Boston attuale

presenter [prɪ·'zen·t̬ə-] *n* presentatore, -trice *m, f*

presentiment [prɪ·'zen·tɪ·mənt] *n form* presentimento *m*; **to have a** ~ **of sth** avere il presentimento di qc; **to have the** ~ **that ...** presagire che ...

presently ['pre·zənt·li] *adv* **1.** (*soon*) tra poco; **I'll be there** ~ sarò lì tra poco **2.** (*now*) ora

present participle *n* LING participio *m* presente

present tense *n* LING tempo *m* presente

preservation [ˌpre·zə-'veɪ·ʃən] *n* **1.** (*of building*) conservazione *f*; **to be in a poor/good state of** ~ essere in cattivo/buono stato (di conservazione) **2.** (*of species, custom*) tutela *f*

preservative [prɪ·'zɜːr·və·t̬ɪv] **I.** *adj* preservante **II.** *n* conservante *m*; **without artificial** ~**s** senza conservanti artificiali

preserve [prɪ·'zɜːrv] **I.** *vt* **1.** (*maintain: customs, peace*) mantenere; (*dignity, sense of humor, building*) conservare; (*appearance, silence*) mantenere **2.** (*food*) conservare **3.** (*protect*) proteggere; **to** ~ **sb from sth** proteggere qu da qc; **heaven** ~ **us!** che Dio ci protegga! **II.** *n* **1.** *pl* (*jam*) confettura *f* **2.** (*reserve*) riserva *f*; **game** ~ riserva *f* di caccia; **wildlife** ~ riserva *f* naturale **3.** *fig* (*domain*) dominio *m*; **to be the** ~ **of the rich** essere dominio esclusivo dei ricchi; **to be a male** ~ essere riservato agli uomini

preserved *adj* **1.** (*maintained*) conservato, -a; **to be badly** ~ essere in cattivo stato **2.** (*food*) in conserva; ~ **food** conserve *fpl*

preshrunk [ˌpriː·'ʃrʌŋk] *adj* (*fabric, jeans*) irrestringibile

preside [prɪ·'zaɪd] *vi* presiedere; **to** ~ **at/over sth** presiedere qc; **to** ~ **at a table** sedere a capotavola

presidency ['pre·zɪ·dən·si] *n* **1.** (*office of president*) POL presidenza *f*; (*of company*) direzione *f*; (*of university*) rettorato *m* **2.** (*tenure as president*) mandato *m* (presidenziale)

president ['pre·zɪ·dənt] *n* POL presidente; (*of club, organization*) presidente, -essa *m, f*; (*of company*) presidente *mf*; (*of university*) rettore, -trice *m, f*

presidential [ˌpre·zɪ·'den·tʃəl] *adj* presidenziale

presidential address *n* discorso *m* presidenziale

presidential candidate *n* candidato, -a *m, f* alla presidenza

presidential election *n* elezioni *fpl* presidenziali

Presidents' Day *n* festa nazionale statunitense in onore dei presidenti Lincoln e Washington il terzo lunedì di febbraio

press [pres] **I.** *vt* **1.** (*push: button, switch*) premere; (*doorbell*) suonare; (*trigger*) premere; **to** ~ **down on the lever** abbassare la leva **2.** (*squeeze*) spingere; **the crowd** ~**ed us against the locked door** la folla ci spingeva contro la porta chiusa **3.** (*flatten: grapes*) pigiare; (*flowers*) pressare; (*olives*) torchiare

4. (*extract juice*) spremere **5.** (*iron: shirt, dress*) stirare **6.** MUS (*album, disk*) stampare **7.** (*try to force*) sollecitare; **to ~ sb to do sth** sollecitare qu a fare qc; **to ~ sb for sth** sollecitare qu per qc; **to ~ sb for payment** sollecitare qu al pagamento; **to ~ sth on sb** imporre qc a qu **8.** (*find difficult*) **to be** (**hard**) **~ed to do sth** avere (grosse) difficoltà a fare qc **9.** (*be short of*) **to be ~ed for money/time** essere a corto di soldi/di tempo **10.** (*pursue*) insistere; **to ~ a claim/one's case** insistere su un reclamo/sulla propria tesi; **to ~ a point** insistere su un punto **11.** LAW **to ~ charges** presentare delle accuse **II.** *vi* **1.** (*push*) premere; **to ~ hard** spingere forte; **to ~ on the brakes** spingere sui freni **2.** (*crowd*) accalcarsi; **to ~ through the crowd** aprirsi un varco tra la folla; **to ~ down** (**on sth**) premere forte (su qc) **3.** (*be urgent*) incalzare; **time is ~ing** il tempo stringe **4.** (*put under pressure*) fare pressione; **to ~ for sth** insistere per ottenere qc **III.** *n* **1.** (*push*) pressione *f;* (*with hand*) pressione *m;* **at the ~ of a button** premendo un pulsante **2.** (*ironing*) stiratura *f;* **to give sth a ~** dare una stirata a qc **3.** (*crush*) calca *f* **4.** (*machine*) pressa *f;* (*printing ~*) macchina *f* da stampa; **to be in ~** essere in (corso di) stampa; **to go to ~** (*newspaper, book*) andare in stampa; **hot off the ~** (*news*) fresco di stampa **5.** PUBL **the ~** la stampa; **to have bad/good ~** (*publicity*) avere recensioni negative/favorevoli **6.** (*for tennis racket*) tenditore *m* **7.** (*cupboard*) armadio *m*

◆**press ahead** *vi s.* press on
◆**press down on** *vt* **1.** (*force down*) schiacciare **2.** (*lean on*) appoggiarsi su
◆**press forward** *vi s.* press on
◆**press in** *vt* piantare
◆**press on** *vi* continuare imperterrito
◆**press upon** *vt* imporre

press agency *n* agenzia *f* di stampa
press box *n* tribuna *f* stampa
press card *n* tessera *f* di giornalista
press conference *n* conferenza *f* stampa; **to hold a ~** tenere una conferenza stampa
press coverage *n* copertura *f* (stampa)
press-gang ['pres·gæŋ] *vt* **to ~ sb into doing sth** costringere qu a fare qc
pressing I. *adj* (*issue, matter*) urgente; (*need*) impellente **II.** *n* (*of clothes*) stiratura *f;* (*of fruits*) pressatura *f;* (*of records*) stampa *f*
pressman ['pres·mən] *n* giornalista *mf*
press office *n* ufficio *m* stampa
press release *n* comunicato *m* stampa; **to issue a ~** rilasciare un comunicato stampa
pressure ['pre·ʃə˞] **I.** *n* **1.** *a.* PHYS pressione *f;* **high/low ~** pressione alta/bassa; **~ washer** pulitore *m* ad alta pressione; **to put ~ on sth** esercitare pressione su qc; **at full ~** a tutta pressione; **to be under ~** *a. fig* essere sotto pressione **2.** (*influence*) **to put ~ on sb** (**to do sth**) fare pressione su qu (perché faccia qc); **to do sth under ~ from sb** fare qc perché messo

alle strette da qu; **under the ~ of circumstances** sotto la pressione delle circostanze **3.** *pl* (*stressful circumstances*) **the ~ of life/work/childhood** le difficoltà della vita/del lavoro/dell'infanzia **4.** MED pressione *f;* **blood ~** pressione sanguigna **II.** *vt* **to ~ sb to do sth** fare pressione su qu perché faccia qc
pressure cabin *n* AVIAT cabina *f* pressurizzata
pressure cooker *n* pentola *f* a pressione
pressure gauge *n* manometro *m*
pressure group *n* POL gruppo *m* di interesse
pressurize ['pre·ʃə·raɪz] *vt* **1.** (*control air pressure*) pressurizzare **2.** *inf* (*person, government*) fare pressione (su); **to ~ sb into doing sth** fare pressione su qu perché faccia qc
prestige [pre·'stiːʒ] *n* prestigio *m*
prestigious [pre·'stɪ·dʒəs] *adj* prestigioso, -a
pre-stressed concrete [ˌpriː·'strest 'kɑːŋ·kriːt] *n* calcestruzzo *m* precompresso
presumably [prɪ·'zuː·məb·li] *adv* presumibilmente
presume [prɪ·'zuːm] **I.** *vt* **1.** (*suppose*) presumere, supporre; **to ~ that ...** immaginare che ...; **~d dead** si presume che sia morto; **to be ~d innocent** essere presunto innocente **2.** (*dare*) **to ~ to do sth** osare fare qc **II.** *vi* **1.** (*be presumptuous*) avere la presunzione di; **I don't wish to ~, but ...** non vorrei sembrare impertinente, ma ... **2.** (*assume*) **Dr Smith, I ~?** lei è il dottor Smith, immagino ... **3.** (*take advantage of*) **to ~ on sb** approfittare di qu
presumption [prɪ·'zʌmp·ʃən] *n* **1.** (*assumption*) supposizione *f;* **the ~ is that ...** si suppone che ...; **the ~ of innocence** LAW la presunzione di innocenza **2.** *form* (*arrogance*) presunzione *f* **3.** (*daring*) ardire *m*
presumptive [prɪ·'zʌmp·tɪv] *adj* presunto, -a
presumptuous [prɪ·'zʌmp·tʃuː·əs] *adj* **1.** (*arrogant*) presuntuoso, -a **2.** (*forward*) sfacciato, -a
presuppose [ˌpriː·sə·'pouz] *vt form* presupporre
presupposition [ˌpriː·sʌ·pə·'zɪ·ʃən] *n* presupposizione *f;* **to be based on false ~s** basarsi su supposizioni errate
pretax [ˌpriː·'tæks] *adj* al lordo di imposte
pretend [prɪ·'tend] **I.** *vt* **1.** (*make believe*) fingere; **to ~ to be interested** fingere di essere interessato; **to ~ to be dead** fare finta di essere morto; **to ~ to be sb** farsi passare per qu; **the children ~ed that they were dinosaurs** i bambini giocavano ai dinosauri **2.** (*claim*) pretender; **I don't ~ to know** non pretendo di sapere **II.** *vi* fingere; **he's just ~ing** sta solo facendo finta
pretended *adj* finto, -a
pretender *n* pretendente *mf;* **~ to the throne** pretendente al trono
pretense ['priː·tents] *n* **1.** (*simulation*) finta *f,* finzione *f;* **to make a ~ of sth** fare finta di qc; **to make no ~ of sth** non dissimulare qc **2.** (*pretext*) pretesto *m;* **under** (**the**) **~ of ...**

con il pretesto di …; **to do sth under false ~s** fare qc con l'inganno **3.** (*claim*) pretesa *f;* **to make no ~ to objectivity/innocence** non pretendere di essere obiettivo/innocente

pretension [prɪ·'ten·tʃən] *n* **1.** (*claim*) pretesa *f;* **to have ~s to** (**being/doing**) **sth** avere la pretesa di (essere/fare) qc **2.** *s.* **pretentiousness**

pretentious [prɪ·'ten·tʃəs] *adj* pretenzioso, -a; (*in bad taste*) pacchiano, -a

pretentiousness *n* pretenziosità *f;* (*in bad taste*) pacchianeria *f*

preterit(e) ['pre·t̬ə·ɪt] LING **I.** *n* preterito *m* **II.** *adj* preterito, -a *form*

preternatural [ˌpri:·t̬ə·'næ·tʃə·rəl] *adj form* (*exceptional*) preternaturale

pretext ['pri:·tekst] *n* pretesto *m;* **a ~ for doing sth** un pretesto per fare qc; **on the ~ that …** con il pretesto di …; **under the ~ of doing sth** con il pretesto di fare qc

prettify ['prɪ·t̬ɪ·faɪ] *vt inf* (*room, street*) rendere (più) bello; (*account, report*) abbellire

pretty ['prɪ·t̬i] **I.** *adj* <-ier, -iest> **1.** (*beautiful: thing*) bello, -a, piacevole; (*child, woman*) bello, -a, carino, -a; **not a ~ sight** non bello a vedersi **2.** *inf* (*considerable*) bello, -a; **a ~ mess** un bel casino *m* **II.** *adv* (*quite*) abbastanza **2.** **~ much** più o meno; **to be ~ much the same** essere praticamente lo stesso; **I'm ~ nearly finished** ho quasi finito; **~ well everything** quasi tutto

pretzel ['pret·sl] *n* biscotto *m* salato

prevail [prɪ·'veɪl] *vi* **1.** (*triumph*) prevalere; **to ~ over/against sth** avere il sopravvento su qc; **to ~ over/against sb** avere la meglio su/contro qu **2.** (*predominate*) predominare; (*conditions, situation*) imporsi **3.** (*convince*) **to ~** (**up**)**on sb** (**to do sth**) *form* convincere qu (a fare qc)

prevailing *adj* prevalente; (*atmosphere, feelings*) dominante; **under the ~ circumstances** nelle circostanze attuali

prevalence ['pre·və·ləns] *n* **1.** (*common occurrence*) diffusione *f;* **the ~ of drugs in some neighborhoods** la grande diffusione della droga in certi quartieri **2.** (*predominance*) prevalenza *m*

prevalent ['pre·və·lənt] *adj* **1.** (*common*) molto comune; (*disease, opinion*) molto diffuso, -a **2.** (*present-day*) attuale **3.** (*predominant*) prevalente

prevaricate [prɪ·'væ·rɪ·keɪt] *vi form* essere evasivo; **to ~ over sth** tergiversare su qc

prevarication [prɪˌvæ·rɪ·'keɪ·ʃən] *n form* evasività *f inv*

prevent [prɪ·'vent] *vt* **1.** (*hamper*) impedire; **to ~ sb from doing sth** impedire a qu di fare qc; **the news ~ed his coming** la notizia gli ha impedito di venire **2.** (*avoid: confusion, panic, crime*) prevenire

preventative [prɪ·'ven·t̬ə·t̬ɪv] *adj s.* **preventivo, -a**

prevention [prɪ·'ven·tʃən] *n* prevenzione *f;*

for the ~ of crime per la prevenzione del crimine ▶ **~ is better than** cure *prov,* **an ounce of ~ is worth a pound of** cure *prov* è meglio prevenire che curare *prov*

preventive [prɪ·'ven·t̬ɪv] *adj* preventivo, -a

preview ['pri:·vju:] **I.** *n* CINE, THEAT anteprima *f;* (*film extract*) trailer *m inv;* (*of TV program, exhibition*) anticipazione *f* **II.** *vt* CINE, THEAT presentare in anteprima

previous ['pri:·vi·əs] **I.** *adj* **1.** (*former*) precedente; **on the ~ day/week** il giorno/la settimana precedente; **no ~ experience required** non è richiesta nessuna esperienza **2.** (*prior*) previo, -a **II.** *adv* **~ to doing sth** prima di fare qc

previous convictions *npl* precedenti *mpl* penali

previously *adv* **1.** (*beforehand*) prima **2.** (*formerly*) precedentemente; **to have met sb ~** avere già incontrato qu

prewar [ˌpri:·'wɔ:r] *adj* prebellico, -a; **in the ~ years** nell'anteguerra

prey [preɪ] *n* **1.** (*animal*) preda *f;* **bird of ~** rapace *m* **2.** (*person*) preda *f,* vittima *f;* **to be easy ~ for sb** essere una preda [*o* vittima] facile per qu; **to fall ~ to** (*animal*) cadere preda di; (*person*) essere vittima di

◆ **prey on** *vt,* **prey upon** *vt* **1.** (*feed on*) nutrirsi di; **fear ~ed on me** *fig* ero in preda alla paura **2.** (*exploit*) sfruttare

price [praɪs] **I.** *n* **1.** COM prezzo *m;* **oil ~s, the ~ of oil** il prezzo del petrolio; **to ask a high/low ~** chiedere un prezzo alto/basso; **to be the same ~** avere lo stesso prezzo; **to go up/down in ~** aumentare/diminuire di prezzo; **to name a ~** chiedere un prezzo; **what ~ are apples?** quanto costano le mele? **2.** FIN (*of stocks*) corso *m,* prezzo *m* **3.** *fig* (*disadvantage*) prezzo *m;* **the ~ one has to pay for fame** [*o* **the ~ of fame**] il prezzo della notorietà; **beyond** [*o* **without**] **~** che non ha prezzo; **to set a high ~ on sth** attribuire a qc un valore molto alto **4.** (*bribe*) **everyone has their price** ognuno ha il suo prezzo ▶ **to set a ~ on sb's** head mettere una taglia su qu; **at** any **~** a qualunque costo; **not at** any **~** per niente al mondo; **to pay a** heavy **~** pagarla molto cara; **to** pay **the ~** pagarla cara; **at a ~** a caro prezzo **II.** *vt* **1.** (*mark with price tag*) prezzare **2.** (*fix price*) fissare il prezzo di; **to be reasonably ~d** avere un prezzo ragionevole ▶ **to be ~d out of the** market avere un prezzo troppo alto per poter competere sul mercato

price bracket *n* fascia *f* di prezzo

price control *n* controllo *m* dei prezzi

price cutting *n* riduzione *m* dei prezzi

price fixing *n* fissazione *f* dei prezzi

price freeze *n* blocco *m* dei prezzi

price index *n* indice *m* dei prezzi

priceless ['praɪs·lɪs] *adj* **1.** (*invaluable*) inestimabile, prezioso, -a; **to be ~** non avere prezzo

2. *fig* (*funny*) divertente; **that's ~!** è da crepare dal ridere! *inf*
price level *n* livello *m* dei prezzi
price list *n* listino *m* prezzi
price raise *n* aumento *m* dei prezzi
price range *n* gamma *f* di prezzi
price stability *n* stabilità *f* dei prezzi
price tag *n* **1.** (*label*) cartellino *m* del prezzo **2.** *inf* (*cost*) prezzo *m*
price war *n* guerra *f* dei prezzi
pricey ['praɪ·si] *adj* <pricier, priciest> *inf* (*object*) caro, -a, costoso, -a; (*shop*) caro, -a
pricing ['praɪ·sɪŋ] *n* determinazione *f* del prezzo, ~ **policy** politica *f* di determinazione dei prezzi
prick [prɪk] I. *vt* **1.** (*jab*) pungere, bucare; **to ~ one's finger with** [*o* on] **a needle** pungersi il dito con un ago; **to ~ sb's conscience** far rimordere la coscienza a qu **2.** (*mark with holes*) bucare **3.** (*listen: animal*) **to ~ one's ears** drizzare le orecchie; (*person*) aguzzare le orecchie II. *vi* **1.** (*pin*) pungere **2.** (*hurt: eyes, skin*) irritare III. *n* **1.** (*act, pain*) puntura *f;* **to feel the ~ of conscience** avere rimorsi di coscienza **2.** (*mark*) buco *m* **3.** *vulg* (*penis*) cazzo *m* **4.** *vulg* (*idiot*) coglione *m* *vulg*
◆**prick out** *vt* (*flowers*) trapiantare
◆**prick up** *vt* **to ~ one's ears** (*animal*) drizzare le orecchie; (*person*) aguzzare le orecchie
prickle ['prɪ·kl] I. *n* **1.** (*thorn: of plant*) spina *f;* (*of animal*) aculeo *m* **2.** (*tingle*) formicolio *m;* **to feel a ~ of excitement** provare un brivido di emozione II. *vi* **1.** (*cause prickling sensation*) pizzicare **2.** (*tingle*) formicolare **3.** (*prick*) pungere III. *vt* (*prick*) pungere, pizzicare
prickly ['prɪk·li] <-ier, -iest> *adj* **1.** (*thorny: plant*) spinoso, -a; (*animal*) con aculei **2.** (*tingling*) pungente; (*beard*) ispido, -a; ~ **sensation** formicolio *m* **3.** *inf* (*easily offended*) permaloso, -a
prickly heat *n* sudamina *f*
prickly pear *n* **1.** (*fruit*) fico *m* d'India **2.** (*plant*) fico *m* d'India, opunzia *f*
pride [praɪd] I. *n* **1.** (*proud feeling*) orgoglio *m;* **to feel great ~** essere molto orgoglioso; **to take ~ in sth** tenere molto a qc; **to be sb's ~ and joy** essere l'orgoglio di qu **2.** (*self-respect*) amor *m* proprio; **to hurt sb's ~** ferire l'orgoglio di qu; **to swallow one's ~** soffocare l'orgoglio; **false ~** vanità *f* **3.** (*arrogance*) superbia *f* **4.** (*group of lions*) branco *m* ►**~ comes** [*o* **goes**] **before a fall** *prov* la superbia andò a cavallo e tornò a piedi; **to have ~ of place** *prov* essere al posto d'onore II. *vt* **to ~ oneself that ...** andare fiero del fatto che ...
priest [priːst] *n* REL prete *m*, sacerdote *m*
priestess ['priː·s·tɪs] *n* REL sacerdotessa *f*
priesthood ['priːst·hʊd] *n* REL **1.** (*position, office*) sacerdozio *m;* **to enter the ~** essere ordinato sacerdote **2.** (*priests in general*) clero *m*

priestly ['priːst·li] *adj* sacerdotale
prig [prɪg] *n* *pej* moralista *mf*
priggish ['prɪ·gɪʃ] *adj* moralistico, -a
prim [prɪm] <-mmer, -mmest> *adj* **1.** *pej* perbenista; ~ **and proper** prude e ammodo **2.** (*appearance*) ordinato, -a
primacy ['praɪ·mə·si] *n* *form* supremazia *f*
prima donna [priː·mə·'dɑː·nə] *n* **1.** (*opera singer*) primadonna *f* **2.** (*arrogant person*) primadonna *f*
primal ['praɪ·məl] *adj* **1.** (*primitive*) originario, -a **2.** (*most important*) primario, -a
primarily [praɪ·'me·rə·li] *adv* principalmente, prima di tutto
primary ['praɪ·me·ri] I. *adj* **1.** (*principal*) primario, -a; (*aim*) principale; **to be of ~ importance** essere di primaria importanza **2.** (*basic*) fondamentale; (*industry*) primario, -a; ~ **meaning of a word** significato principale di una parola; ~ **stress** LING accento *m* primario II. <-ies> *n* POL (*elezioni fpl*) primarie *fpl*
primary color *n* colore *m* primario
primary education *n* istruzione *f* primaria
primary school *n* scuola *f* elementare
primate ['praɪ·meɪt] *n* **1.** ZOOL primate *m* **2.** REL primate *m*
prime [praɪm] I. *adj* **1.** (*main*) principale; (*objective*) primario, -a; **of ~ importance** di primaria importanza **2.** (*first-rate*) eccellente; (*beef*) di prima scelta; **of ~ quality** di prima qualità; **in ~ condition** in perfetto stato II. *n* **1.** (*best stage*) apogeo *m* *elev;* **to be in one's ~** [*o* **to be in the ~ of life**] essere nel fiore degli anni; **to be past one's ~** non essere più nel fiore della giovinezza; **to be cut off in one's ~** essere stroncato nel fiore degli anni **2.** (*prime number*) numero *m* primo III. *vt* **1.** (*apply undercoat: ferrous metals*) applicare la vernice antiruggine a; (*walls*) applicare la pittura di fondo a; (*canvas*) mesticare **2.** (*prepare*) preparare; (*gun for exploding*) inserire la carica, *in un'arma ad avancarica;* (*bomb*) innescare; (*pump*) adescare; (*motor*) iniettare combustibile in (per l'avviamento) **3.** (*brief*) istruire; **to ~ sb for doing sth** (*prepare*) preparare qu a fare qc; **to be well ~d for an interview** essere ben preparato per un colloquio **4.** (*make drunk*) ubriacare; **to be well ~d** avere bevuto troppo
prime cost *n* ECON costo *m* primo
prime interest rate *n* FIN tasso *m* (d'interesse) primario
prime meridian *n* GEO meridiano *m* fondamentale
prime minister *n* POL primo ministro *mf*
prime mover *n* forza *f* trainante; (*person*) promotore, -trice *m, f*
prime number *n* MATH numero *m* primo
primer ['praɪ·mɚ] *n* **1.** (*for ferrous metals*) vernice *f* antiruggine; (*for walls*) pittura *f* di fondo; (*for canvas*) mestica *f* **2.** (*explosive*) innesco *m* **3.** (*textbook*) manuale *m;* (*for learning to read*) sillabario *m*

P

prime rate *n* FIN tasso (di interesse) primario
prime ribs *n* FOOD costate *fpl* di prima scelta
prime time *n* RADIO, TV prima *f* serata
primeval [praɪˈmiːvəl] *adj* primevo, -a primordiale, primordiale; (*forest*) primordiale
primitive [ˈprɪmɪtɪv] I. *adj a.* ART, HIST, ZOOL primitivo, -a; (*method, weapon*) rudimentale II. *n* ART, HIST, SOCIOL primitivo, -a *m, f*
primogeniture [ˌpraɪmoʊˈdʒenɪtʃə] *n* primogenitura *f*
primordial [praɪˈmɔːrdiəl] *adj form* 1. (*from beginning*) primordiale 2. (*basic*) primario, -a
primrose [ˈprɪmroʊz] *n*, **primula** [ˈprɪmjələ] *n* BOT primula *f,* primavera *f*
prince [prɪns] *n* principe *m;* **crown** ~ principe ereditario; **Prince Charming** principe azzurro; **Prince of Wales** principe di Galles; **the Prince of Darkness** il principe delle tenebre
prince consort *n* principe *m* consorte
princely [ˈprɪnsli] *adj* principesco, -a; *fig* magnifico, -a; **the ~ sum** la favolosa somma
princess [ˈprɪntsɪs] *n* principessa *f*
principal [ˈprɪntsəpəl] I. *adj* principale II. *n* 1. (*head of a primary school*) direttore, -trice *m, f;* (*head of a secondary school*) preside *mf* 2. FIN capitale *m*
principality [ˌprɪntsəˈpæləti] *n* principato *m*
principally *adv* principalmente
principle [ˈprɪntsəpl] *n* principio *m;* **in** ~ in linea di principio; **on** ~ per principio
principle clause *n* clausola *f* principale
print [prɪnt] I. *n* 1. (*handwriting*) stampatello *m;* **bold** ~ (*type*) neretto *m,* grassetto *m* 2. (*printed form*) **to rush sth into** ~ pubblicare qc alla svelta; **to appear in** ~ essere pubblicato; **to go out of** ~ essere esaurito 3. (*of artwork*) stampa *f;* (*engraving*) incisione *m;* PHOT copia *f,* stampa *f* 4. (*printed pattern*) stampato *m* 5. *pl, inf* (*fingerprints*) impronta *f* digitale II. *vt* 1. (*publish*) pubblicare 2. (*put into printed form*) stampare 3. COMPUT (*make printout of*) stampare 4. PHOT stampare 5. (*mark fabric*) stampare 6. (*write in unjoined letters*) scrivere in stampatello III. *vi* 1. (*appear in printed form*) stamparsi 2. (*write in unjoined letters*) scrivere in stampatello
printable [ˈprɪntəbl] *adj* stampabile
printed circuit (board) *n* ELEC circuito *m* stampato
printed material *n*, **printed matter** *n* stampe *fpl*
printer [ˈprɪntə] *n* 1. COMPUT stampante *f;* **inkjet/laser** ~ stampante a inchiostro/laser 2. (*person*) tipografo, -a *m, f*
printer driver *n* driver *m* per stampante *inv*
printing *n* 1. (*art*) stampa *f* 2. (*action*) impressione *f*
printing ink *n* inchiostro *m* per stampante
printing office *npl* tipografia *f*
printing press *n* macchina *f* da stampa
printout [ˈprɪntaʊt] *n* COMPUT stampata *f*

print run *n* tiratura *f*
print shop *n* tipografia *f*
prior [ˈpraɪə] I. *adv form* (*before*) prima; ~ **to doing sth** prima di fare qc II. *adj form* 1. (*earlier*) previo, -a, precedente; **without ~ notice** senza preavviso 2. (*preferred*) più importante III. *n* REL priore *m*
prioritize [praɪˈɔːrətaɪz] *vt* dare priorità a
priority [praɪˈɔːrəti] I. <-ies> *n* 1. (*being most important*) priorità *f;* (*in time*) precedenza *f* 2. *pl* (*order of importance*) priorità *fpl;* **to get one's priorities right** stabilire quali sono i propri obiettivi prioritari; **to set priorities** stabilire le priorità II. *adj* 1. (*of utmost importance*) prioritario, -a 2. *a.* FIN (*claim, right*) prioritario, -a
priory [ˈpraɪəri] *n* priorato *m*
prism [ˈprɪzəm] *n* prisma *m*
prismatic [prɪzˈmætɪk] *adj* prismatico, -a
prison [ˈprɪzən] *n* prigione *f,* carcere *m;* **to go to** ~ andare in prigione; **to put sb in** ~ mettere qu in prigione
prison camp *n* campo *m* di prigionia
prison cell *n* cella *f*
prisoner [ˈprɪzənə] *n* detenuto, -a *m, f;* MIL prigioniero, -a *m, f;* **to hold sb** ~ tenere prigioniero qu; **to take sb** ~ fare prigioniero qu
prisoner of war *n* prigioniero, -a *m, f* di guerra
prison inmate *n* detenuto, -a *m, f*
prison riot *n* rivolta *f* dei detenuti
prison yard *n* cortile *m* del carcere
pristine [ˈprɪstiːn] *adj form* intatto, -a
privacy [ˈpraɪvəsi] *n* privacy *f;* **I'd like some** ~ vorrei rimanere un po' solo
private [ˈpraɪvət] I. *adj* 1. (*not public*) privato, -a 2. (*confidential*) riservato, -a; **sb's ~ opinion** l'opinione personale di qu; **he's a very private person** è una persona molto riservata 3. (*intimate*) intimo, -a; ~ **parts** parti *fpl* intime II. *n* 1. *pl, inf* (*genitals*) parti *fpl* intime 2. MIL soldato *m* semplice
privateer [ˌpraɪvəˈtɪr] *n* NAUT (*vessel*) nave *f* corsara; (*commander*) comandante *m* di nave corsara
private eye *n inf,* **private investigator** *n* investigatore, -trice *m, f* privato
privately [ˈpraɪvətli] *adv* 1. (*in private*) in privato; **to celebrate** ~ festeggiare in privato 2. (*secretly*) in segreto 3. (*personally*) personalmente
private property *n* proprietà *f* privata
privation [praɪˈveɪʃən] *n form* privazione *f;* **to live in** ~ vivere in miseria; **to suffer** ~ soffrire privazioni
privatization [ˌpraɪvətɪˈzeɪʃən] *n* privatizzazione *f*
privatize [ˈpraɪvətaɪz] *vt* privatizzare
privet [ˈprɪvɪt] *n* ligustro *m*
privilege [ˈprɪvəlɪdʒ] I. *n* 1. (*special right*) privilegio *m* 2. (*honor*) onore *m* II. *vt* **to be ~d to do sth** avere il privilegio di fare qu
privileged *adj* 1. (*special*) privilegiato, -a 2. (*confidential*) confidenziale

P

privy¹ ['prɪ·vi] *adj form* to be ~ to sth essere a parte di qc

privy² ['prɪ·vi] *n* (*toilet*) gabinetto *m*

prize¹ [praɪz] I. *n* 1. (*in competition*) premio *m;* to take home a ~ vincere un premio 2. (*reward*) ricompensa *f* II. *adj* 1. *inf* (*first-rate*) eccezionale 2. (*prizewinning*) premiato, -a III. *vt* apprezzare; to ~ sth highly tenere qc in gran conto

prize² [praɪz] *vt s.* **pry**²

prizefight ['praɪz·faɪt] *n* incontro *m* di boxe (con premio in denaro)

prizefighter *n* pugile *mf* professionista (che combatte per denaro)

prizefighting *n* pugilato *m* professionisti (con premi in denaro)

prize list *n* lista *f* dei premiati

prize money *n* SPORTS premio *m* in denaro

prizewinning ['praɪz·ˌwɪ·nɪŋ] *adj* premiato, -a

pro¹ [proʊ] *inf* I. *n abbr of* **professional** professionista *mf* II. *adj abbr of* **professional** professionistico, -a

pro² [proʊ] I. *adv* a favore II. *n inf* pro *m;* the ~s and cons of sth i pro e i contro di qc III. *prep* pro, a favore di IV. *adj* favorevole

proactive [ˌproʊ·ˈæk·tɪv] *adj* proattivo, -a

probability [ˌprɑː·bə·ˈbɪ·lə·t̬i] *n* probabilità *f;* in all ~ con ogni probabilità

probable ['prɑː·bə·bl] *adj* 1. (*likely*) probabile 2. (*credible*) verosimile 3. LAW ~ cause motivo fondato

probably *adv* probabilmente

probate ['proʊ·beɪt] *n* LAW omologazione *f* di testamento

probation [proʊ·ˈbeɪ·ʃən] *n* 1. (*at work*) periodo *m* di prova; to be on ~ essere in prova 2. LAW libertà *f* vigilata

probationary [proʊ·ˈbeɪ·ʃə·ne·ri] *adj* di prova; ~ period periodo *m* di prova

probationer [proʊ·ˈbeɪ·ʃə·nɚ] *n* 1. LAW persona *f* in libertà vigilata 2. (*at work*) lavoratore, -trice *m, f* in prova

probation officer *n* funzionario di polizia addetto alla sorveglianza di persone in libertà vigilata

probe [proʊb] I. *vi* (*examine*) investigare; to ~ into the possibilities esaminare le possibilità; to ~ into sb's private life indagare sulla vita privata di qu II. *vt* 1. (*examine*) esaminare 2. MED esplorare con una sonda III. *n* 1. (*examination, investigation*) indagine *f* 2. MED, AVIAT sonda *f*

probity ['proʊ·bə·t̬i] *n form* probità *f*

problem ['prɑː·bləm] *n* problema *m*

problematic(al) [ˌprɑː·blə·ˈmæ·t̬ɪ·k(əl)] *adj* 1. (*creating difficulty*) problematico, -a 2. (*questionable, disputable*) dubbio, -a

problem child *n* bambino, -a *m, f* difficile

proboscis [proʊ·ˈbɑː·sɪs] *n* 1. ZOOL proboscide *f* 2. *fig, hum* (*person's nose*) nasone *m*

procedural [prə·ˈsiː·dʒɚ·əl] *adj* procedurale; LAW processuale

procedure [prə·ˈsiː·dʒɚ] *n* procedura *f*

proceed [proʊ·ˈsiːd] *vi* 1. (*move along*) procedere; (*continue*) andare avanti; (*continue driving*) procedere; to ~ with sth procedere con qc; to ~ against sb procedere legalmente contro qu 2. (*come from*) to ~ from provenire da 3. (*start, begin*) to ~ with sth mettersi a fare qc; to ~ to do sth mettersi a fare qc

proceedings [proʊ·ˈsiː·dɪŋz] *npl* 1. LAW procedimento *m* 2. *form* (*events*) sviluppi *mpl* 3. *form* (*minutes of meeting*) atti *mpl*

proceeds ['proʊ·siːdz] *n* ricavo *msing*

process¹ ['prɑː·ses] I. *n* processo *m;* in the ~ allo stesso tempo, to be in the ~ of doing sth stare facendo qc II. *vt* 1. *a.* TECH, COMPUT elaborare; (*raw materials, waste*) trattare 2. PHOT sviluppare

process² [prə·ˈses] *vi form* sfilare in corteo

process chart *n* diagramma *m* del processo produttivo

process engineering *n* ingegneria *f* dei processi

processing ['prɑː·se·sɪŋ] *n* 1. *a.* TECH, COMPUT elaborazione *f;* (*of raw materials*) trasformazione *f;* (*of waste*) trattamento *m;* data ~ elaborazione dei dati; batch ~ lavorazione per lotti 2. PHOT sviluppo *m*

procession [prə·ˈse·ʃən] *n* 1. sfilata *m;* funeral ~ corteo *m* funebre; to go in ~ sfilare in corteo 2. REL processione *f* 3. *fig* fila *f*

processor [prɑː·ˈse·sɚ] *n* COMPUT processore *m*

pro-choice *adj* in favore dell'aborto

proclaim [proʊ·ˈkleɪm] *vt form* proclamare; to ~ war dichiarare guerra

proclamation [ˌprɑː·klə·ˈmeɪ·ʃən] *n form* proclamazione *f;* a ~ of war una dichiarazione di guerra

proclivity [proʊ·ˈklɪ·və·t̬i] *n form* propensione *f;* sexual ~ tendenza *f* sessuale; to have a ~ for sth avere una propensione per qc

procrastinate [proʊ·ˈkræs·tə·neɪt] *vi* procrastinare, rimandare

procrastination [proʊ·ˌkræs·tə·ˈneɪ·ʃən] *n* procrastinazione *f*

procreate ['proʊ·kri·eɪt] *vi form* procreare

procreation [ˌproʊ·kri·ˈeɪ·ʃən] *n form* procreazione *f*

proctor ['prɑː·k·tɚ] *n* UNIV sorvegliante *mf*

procurable [proʊ·ˈkjʊ·rə·bl] *adj* reperibile

procurator ['prɑː·kjə·reɪ·t̬ɚ] *n* LAW procuratore, -trice *m, f*

procure [proʊ·ˈkjʊr] *form* I. *vt* (*obtain*) ottenere; to ~ sth for sb, to ~ sb sth ottenere qc per qu II. *vi* LAW sfruttare la prostituzione

procurement [proʊ·ˈkjʊr·mənt] *n* approvvigionamento *m*

prod [prɑːd] I. *n* (*poke*) spintarella *f;* (*with elbow*) colpetto *m* con il gomito; (*with sharp object*) pungolo *m;* to give sb a ~ *fig* spronare qu II.<-dd-> *vt* 1. (*poke*) spingere; (*with elbow*) dare un colpetto di gomito a; (*with sharp object*) pungolare 2. (*encourage, urge*

P

on) **to ~ sb** (**into doing sth**) spronare qu (a fare qc)

prodigal ['prɑ:·dɪ·gl] *adj form* prodigo, -a

prodigious [prə·'dɪ·dʒəs] *adj form* (*size, height*) colossale; (*achievement, talent*) prodigioso, -a

prodigy ['prɑ:·də·dʒi] *n* prodigio *m;* **child ~** bambino, -a *m*, *f* prodigio

produce¹ [prə·'du:s] **I.** *vt* **1.** (*create*) produrre; (*manufacture*) produrre, fabbricare **2.** (*give birth to*) dare alla luce **3.** CINE, THEAT, TV produrre; (*music, recording*) produrre **4.** (*show*) mostrare; **to ~ a knife** estrarre un coltello; **to ~ one's passport** presentare il proprio passaporto; **to ~ an alibi** fornire un alibi **5.** (*cause*) causare; **to ~ results** produrre risultati **II.** *vi* (*bear fruit*) produrre [*o* dare] frutti

produce² ['prou·du:s] *n* AGR prodotti *mpl* agricoli

producer [prə·'du:·sə·] *n* produttore, -trice *m*, *f*

product ['prɑ:·dʌkt] *n* **1.** *a.* MATH prodotto *m* **2.** (*result*) risultato *m*

production [prə·'dʌk·ʃən] *n* **1.** (*of goods*) produzione *f;* (*output of factory*) produzione *f* **2.** CINE, THEAT, TV produzione *f* **3.** *form* (*presentazione: of ticket, passport*) presentazione *f*

production capacity *n* capacità *f* produttiva

production costs *npl* costi *mpl* di produzione

production director *n* direttore, -trice *m*, *f* di produzione

production line *n* catena *f* di montaggio

production manager *n* responsabile *mf* della produzione

production time *n* tempo *m* di produzione

production volume *n* volume *m* di produzione

productive [prə·'dʌk·tɪv] *adj* produttivo, -a; (*land, soil*) fertile; (*writer*) prolifico, -a

productivity [ˌprou·dək·'tɪ·və· t̬i] *n* produttività *f*

productivity bonus *n* premio *f* di produttività

prof [prɑ:f] *abbr of* **professor** prof *mf*

profane [prou·'feɪn] *adj* **1.** (*blasphemous*) blasfemo, -a **2.** *form* (*secular*) profano, -a

profanity [prou·'fæ·nə·t̬i] *n* **1.** (*blasphemy*) bestemmia *f* **2.** (*obscene language*) oscenità *f* **3.** (*obscene word*) volgarità *f;* **to utter a ~** dire una parolaccia

profess [prə·'fes] *vt* **1.** (*declare*) professare; **to ~ little enthusiasm** dimostrare scarso entusiasmo; **to ~ oneself satisfied** (**with sth**) dichiararsi soddisfatto (di qc) **2.** (*pretend*) **to ~ to be sth** fingere di essere qc **3.** (*religion*) professare

professed [prə·'fest] *adj* **1.** (*self-acknowledged*) dichiarato, -a **2.** (*alleged*) presunto, -a

profession [prə·'fe·ʃən] *n* **1.** (*occupation*) professione *f;* **the teaching ~** la categoria degli insegnanti **2.** (*declaration*) professione *f*

professional [prə·'fe·ʃə·nəl] **I.** *adj* **1.** (*related to profession*) professionale **2.** (*competent*)

competente, da esperto, -a **II.** *n* professionista *mf*

professionalism [prə·'fe·ʃə·nə·lɪ·zəm] *n* **1.** (*attitude*) professionalità *f* **2.** SPORTS professionismo *m*

professionally *adv* **1.** (*by a professional*) professionalmente **2.** (*in professional manner*) da professionista

professor [prə·'fe·sə·] *n* UNIV professore, -essa *m*, *f*

professorial [ˌprou·fə·'sɔ:·ri·əl] *adj* professorale

professorship [prə·'fe·sə·ʃɪp] *n* cattedra *f*

proffer ['prɑ:·fə·] *vt form* offrire

proficiency [prə·'fɪ·ʃn·si] *n* competenza *f*

proficient [prə·'fɪ·ʃnt] *adj* competente

profile ['prou·faɪl] **I.** *n* **1.** (*side view*) profilo *m;* **in ~** di profilo **2.** (*description*) profilo *m;* **user ~** COMPUT profilo *m* utente ▶**to keep a low ~** tenere un profilo basso **II.** *vt* **1.** (*describe*) descrivere **2.** (*police practice*) fermare (per controllo documenti)

profit ['prɑ:·fɪt] **I.** *n* **1.** FIN profitto *m* **2.** (*advantage*) profitto *m* **II.** *vi* **1.** (*benefit*) trarre profitto; **to ~ by sth** trarre profitto da qc **2.** (*make a profit*) guadagnare

profitability [ˌprɑ:·fɪ·t̬ə·'bɪ·lə·t̬i] *n* redditività *f*

profitable ['prɑ:·fɪ·t̬ə·bl] *adj* **1.** FIN redditizio, -a; **a ~ investment** un investimento lucrativo **2.** (*advantageous*) vantaggioso, -a

profit and loss *n* FIN conto profitti e perdite

profiteer [ˌprɑ:·fɪ·'tɪr] *n pej* speculatore, -trice *m*, *f*

profiteering *n pej* speculazione *f*

profit-making *adj* remunerativo, -a; **~ movie** film *m* di cassetta

profit margin *n* margine *m* di profitto

profit maximization *n* massimizzazione *f* dei profitti

profit-oriented *adj* orientato, -a a realizzare profitti

profit-related *adj* che dipende dai profitti

profit sharing *n* partecipazione *f* agli utili

profit taking *n* FIN presa *f* di beneficio

profligate ['prɑ:·flɪ·gɪt] *adj form* sregolato, -a

profound [prə·'faʊnd] *adj* profondo, -a

profundity [prə·'fʌn·dɪ·t̬i] *n form* profondità *f*

profuse [prə·'fju:s] *adj* profuso, -a; **to be ~ in one's praise of sth** profondersi in elogi per qc

profusion [prə·'fju:·ʒən] *n form* profusione *f;* **in ~** in abbondanza

prog. *n abbr of* **program** programma *m*

progenitor [prou·'dʒe·nə·t̬ə·] *n form* progenitore, -trice *m*, *f*

progeny ['prɑ:·dʒə·ni] *n pl, form* progenie *f*

prognosis [prɑ:g·'nou·sɪs] *n* previsione *f;* MED prognosi *f*

prognosticate [prɑ:g·'nɑ:s·tɪ·keɪt] *vt form* pronosticare

program ['prou·græm] **I.** *n* programma *m* **II.** <-mm-> *vt* programmare

programmable ['prou·græ·mə·bl] *adj* programmabile

programmer *n* programmatore, -trice *m, f*
programming *n* programmazione *f*
programming language *n* linguaggio *m* di programmazione
progress[1] ['prɑː·ɡres] *n* progresso *m;* **to make** ~ fare progressi; **to be in** ~ essere in corso
progress[2] [proʊ·'ɡres] *vi* **1.** (*improve*) progredire, migliorare **2.** (*continue onward*) procedere; **to** ~ **to sth** passare a qc altro
progression [prə·'ɡre·ʃən] *n* **1.** (*development*) sviluppo *m;* (*of disease*) evoluzione *f* **2.** MATH (*series*) progressione *f*
progressive [prə·'ɡre·sɪv] I. *adj* **1.** (*by successive stages*) progressivo, -a; (*disease*) degenerativo, -a **2.** POL progressista **3.** (*modern*) moderno, -a **4.** MUS d'avanguardia; (*jazz*) progressivo, -a **5.** LING progressivo, -a II. *n* **1.** POL progressista *mf* **2.** LING (*verb form*) forma *f* progressiva
prohibit [proʊ·'hɪ·bɪt] *vt* **1.** (*forbid*) proibire; **to be ~ed by law** essere vietato per legge **2.** (*prevent*) impedire
prohibition [ˌproʊ·ə·'bɪ·ʃən] *n* **1.** (*ban*) proibizione *f,* divieto *m* **2.** HIST **Prohibition** proibizionismo
prohibitive [proʊ·'hɪ·bə·t̬ɪv] *adj* proibitivo, -a
project[1] ['prɑː·dʒekt] *n* **1.** (*undertaking, plan*) progetto *m* **2.** SCHOOL, UNIV (*essay*) ricerca *f* **3.** (*social housing*) complesso *m* di case popolari
project[2] [prə·'dʒekt] I. *vt* **1.** (*forecast*) preventivare; **to be ~ed to do sth** essere previsto per fare qc **2.** (*propel*) lanciare **3.** PSYCH proiettare; **to** ~ **sth onto sb** proiettare qc su qu **4.** (*promote*) dare un'immagine di; **to** ~ **oneself** presentare un'immagine di sé II. *vi* **1.** (*extend out*) sporgere **2.** (*speak loudly and clearly*) parlare chiaro e forte
projectile [prə·'dʒek·təl] *n* proiettile *m*
projection [prə·'dʒek·ʃən] *n* **1.** (*forecast*) proiezione *f* **2.** (*protrusion*) sporgenza *f;* (*of rock*) prominenza *f* **3.** PSYCH proiezione *f*
projectionist *n* proiezionista *mf*
project management *n* project management *m inv*
project manager *n* project manager *mf inv*
projector [prə·'dʒek·tər] *n* proiettore *m*
prolapse ['proʊ·læps] *n* MED prolasso *m*
prole [proʊl] *adj, n pej, inf abbr of* **proletarian** proletario, -a *m, f;* **the ~s** il proletariato
proletarian [ˌproʊ·lə·'te·ri·ən] I. *adj* proletario, -a II. *n* proletario, -a *m, f*
proletariat [ˌproʊ·lə·'te·ri·ət] *n* proletariato *m*
proliferate [proʊ·'lɪ·fə·reɪt] *vi* proliferare
proliferation [proʊ·ˌlɪ·fə·'reɪ·ʃən] *n* proliferazione *f*
prolific [proʊ·'lɪ·fɪk] *adj* **1.** (*producing a lot*) prolifico, -a **2.** (*having many offspring*) prolifico, -a
prolix [proʊ·'lɪks] *adj pej, form* prolisso, -a
prolog(ue) ['proʊ·lɑːɡ] *n* **1.** (*introduction*) prologo *m;* (*in play*) prologo *f* **2.** *fig, inf* (*pre-*

liminary event) preludio *m;* **to be a** ~ **to sth** essere il preludio di qc
prolong [proʊ·'lɑːŋ] *vt* prolungare; (*agony*) prolungare
prolongation [ˌproʊ·lɑːŋ·'ɡeɪ·ʃən] *n* prolungamento *m*
prom [prɑːm] *n* (*school dance*) ballo *m* scolastico

> Un **prom** è un ballo organizzato presso una *high school*. Il *senior prom* è un ballo nel quale si ritrovano tutti i *seniors*. Ci si va di solito con un *date* (un accompagnatore/un'accompagnatrice) e una delle coppie partecipanti è eletta *prom queen and king*. Questa manifestazione costituisce uno dei momenti clou dell'anno scolastico. Un *junior prom* è spesso organizzato per i *juniors*.

promenade [ˌprɑː·mə·'neɪd] I. *n* **1.** (*seafront*) passeggiata *f* a mare **2.** *form* (*walk*) passeggiata *f* II. *vi* passeggiare
promenade deck *n* ponte *m* di passeggiata
prominence ['prɑː·mə·nəns] *n* **1.** (*conspicuousness*) rilievo *m;* **to give** ~ **to sth** dare risalto a qc **2.** (*importance*) importanza *f;* **to gain** ~ venire alla ribalta
prominent ['prɑː·mə·nənt] *adj* **1.** (*conspicuous*) prominente; **to put sth in a** ~ **position** mettere qc bene in vista **2.** (*teeth, chin*) sporgente **3.** (*distinguished, well-known*) importante; (*position*) di spicco; **to be** ~ **in sth** avere un ruolo di rilievo in qc
promiscuity [ˌprɑː·mɪ·'skjuː·ə·t̬i] *n* promiscuità *f*
promiscuous [prə·'mɪs·kju·əs] *adj* promiscuo, -a
promise ['prɑː·mɪs] I. *vt* (*pledge, have potential*) promettere; **to** ~ **to do sth** promettere di fare qc II. *vi* (*pledge*) promettere; **I ~!** prometto! III. *n* **1.** (*pledge*) promessa *f;* **to make a** ~ fare una promessa; **~s, ~s!** *iron* non ci credo neanche …! **2.** (*potential*) promessa *f;* **a young person of** ~ un(a) giovane promettente; **to show** ~ essere una promessa; **to fulfill one's** ~ tener fede a una promessa
promising *adj* promettente
promissory note ['prɑː·mɪ·sɔː·ri·ˌnoʊt] *n* pagherò *m inv*
promo ['proʊ·moʊ] *n inf s.* **promotion** promo *m inv*
promontory ['prɑː·mən·tɔː·ri] <-ies> *n* GEO promontorio *m*
promote [prə·'moʊt] *vt* promuovere
promoter *n* promotore, -trice *m, f*
promotion [prə·'moʊ·ʃən] *n* **1.** (*in army, company, organization*) promozione *f;* **to get a** ~ avere una promozione **2.** (*encouragement, advertising*) promozione *f;* **sales** ~ promozione delle vendite

P

promotional material *n* materiale *m* promozionale

prompt [prɑːmpt] I. *vt* 1. (*spur*) stimolare; **to ~ sb to do sth** spingere qu a fare qc 2. THEAT suggerire II. *adj* (*quick*) rapido, -a; (*action*) immediato, -a; (*delivery*) pronto, -a; **to be ~** sbrigarsi III. *adj* in punto IV. *n* 1. COMPUT prompt *m;* *inv* 2. THEAT (*prompter*) suggeritore, -trice *m, f;* **to give sb a ~** suggerire a qu

prompt box <-es> *n* THEAT buca *f* del suggeritore

prompter ['prɑːmp·tɚ] *n* THEAT suggeritore, -trice *m, f*

promptitude ['prɑːmp·tɪ·tuːd] *n* *form* prontezza *f*

promptly ['prɑːmpt·li] *adv* 1. (*quickly*) rapidamente 2. *inf* (*immediately afterward*) prontamente

promptness ['prɑːmpt·nɪs] *n* *s.* tempestività

promulgate ['prɑː·ml·geɪt] *vt* *form* 1. (*theory, belief*) divulgare 2. LAW promulgare

promulgation [ˌprɑː·ml·ˈgeɪ·ʃən] *n* *form* 1. (*of theory, belief*) divulgazione *f* 2. LAW promulgazione *f*

prone [proʊn] I. *adj* **to be ~ to doing sth** essere incline a fare qc II. *adv* bocconi *inv;* **to lie ~ on the floor/table** essere steso a faccia in giù sul pavimento/tavolo

prong [prɑːŋ] *n* (*of fork*) rebbio *m,* dente *m;* (*of antler*) punta *f*

pronominal [proʊ·ˈnɑː·mə·nl] *adj* LING pronominale

pronoun ['proʊ·naʊn] *n* LING pronome *m*

pronounce [prə·ˈnaʊnts] *vt* 1. (*speak*) pronunciare 2. (*declare*) dichiarare; (*judgment*) pronunciare; **to ~ that ...** dichiarare che ...

pronounceable *adj* pronunciabile

pronounced *adj* pronunciato, -a; (*accent*) marcato, -a

pronouncement [prə·ˈnaʊnts·mənt] *n* dichiarazione *f;* **to make a ~** fare una dichiarazione; (*pass judgment*) pronunciare una sentenza

pronto ['prɑː·n·toʊ] *adv* *inf* subito

pronunciation [prə·ˌnʌn·tsɪ·ˈeɪ·ʃən] *n* LING pronuncia *f*

proof [pruːf] I. *n* 1. *a.* LAW prova *f;* **~ of sth** prova di qc *f;* **the burden of ~** l'onere della prova 2. TYPO bozza *f* 3. MATH dimostrazione *f* 4. (*coin*) moneta *f* fior di conio ▶ **the ~ of the pudding is in the eating** *prov* per sapere bisogna provare II. *adj* (*alcoholic strength*) gradazione (alcolica) (*numero che esprime il tenore alcolico di una bevanda*) III. *vt* impermeabilizzare

proofread ['pruːf·ˌriːd] *irr* TYPO, PUBL I. *vt* correggere le bozze di II. *vi* correggere le bozze

proofreader *n* correttore, -trice *m, f* di bozze

proofreading *n* correzione *f* di bozze

prop[1] [prɑːp] I. *n* 1. (*support*) sostegno *m* 2. THEAT accessorio *m* di scena II. <-pp-> *vt* 1. (*support*) sostenere; **to ~ a shelf up with a broom** puntellare uno scaffale con la scopa 2. (*lean*) appoggiare; **she propped up her**

head with her hand (ap)poggiò la testa sulla mano 3. *fig* sostenere; **the world bank is propping up the global markets** la banca mondiale sta sostenendo i mercati globali

prop[2] [prɑːp] *n* *inf* AVIAT *abbr of* **propeller** elica *f*

prop. *n* ECON *abbr of* **proprietor** proprietario, -a *m, f*

propaganda [ˌprɑː·pə·ˈgæn·də] *n* propaganda *f*

propagandist [ˌprɑː·pə·ˈgæn·dɪst] I. *n* propagandista *mf* II. *adj* propagandistico, -a

propagate ['prɑː·pə·geɪt] I. *vt* 1. BOT propagare 2. (*make known: lie, rumor*) diffondere II. *vi* propagarsi

propagation [ˌprɑː·pə·ˈgeɪ·ʃən] *n* 1. BOT propagazione *f* 2. (*of lies, rumors*) diffusione *f*

propane ['proʊ·peɪn] *n* propano *m*

propel [prə·ˈpel] <-ll-> *vt* spingere

propellant [prə·ˈpe·lənt] *n* propellente *m*

propeller [prə·ˈpe·lɚ] *n* elica *f*

propeller shaft *n* TECH albero *m* di trasmissione

propensity [prə·ˈpen·sə·t̬i] *n* *form* propensione *f;* **to have a ~ for sth/to do sth** avere una tendenza per qc/a fare qc

proper ['prɑː·pɚ] *adj* 1. (*appropriate: place*) proprio, -a; (*time*) giusto, -a; (*use, method*) corretto, -a; **~ meaning** significato *m* esatto 2. (*socially respectable*) **to be ~ to do sth** essere decoroso fare qc 3. (*itself*) vero, -a; **it's not in Boston ~** non sta esattamente a Boston 4. (*real*) autentico, -a; **a ~ job** un vero lavoro

proper fraction *n* MATH frazione *f* propria

properly ['prɑː·pə·li] *adv* 1. (*correctly*) correttamente; **~ speaking** per essere esatti; **~ dressed** vestito in modo appropriato 2. (*behave*) come si deve 3. (*politely*) educatamente

proper name *n,* **proper noun** *n* nome *m* proprio

propertied *adj* ECON possidente

property ['prɑː·pə·t̬i] <-ies> *n* 1. (*possession*) proprietà *f;* LAW (*house, land*) bene *m* immobile; **a man of ~** un possidente 2. (*house*) immobile *m;* (*land*) terreno *m* 3. (*attribute*) proprietà *m*

property damage insurance *n* assicurazione *f* sui danni alla proprietà

property developer *n* ECON imprenditore, -trice *m, f* edile

property development *n* ECON sviluppo *m* edilizio

property market *n* mercato *m* immobiliare

property owner *n* proprietario, -a *m, f*

property tax *n* imposta *m* sugli immobili, imposta *f* sulla proprietà

prophecy ['prɑː·fə·si] <-ies> *pl* *n* profezia *f*

prophesy ['prɑː·fə·saɪ] <-ie-> I. *vt* (*predict*) predire; REL profetizzare II. *vi* profetizzare

prophet ['prɑː·fɪt] *n* profeta, -a *m, f;* REL profeta, -essa *m, f;* **~ of doom, doomsday ~** profeta *mf* di sventure

prophetess ['prɑː·fɪ·ṭəs] *n* profetessa *f*
prophetic [prə·'fe·ṭɪk] *adj* profetico, -a
prophylactic [‚proʊ·fə·'læk·tɪk] I. *adj* MED profilattico, -a II. *n* 1. MED (*preventive medicine*) (farmaco *m*) profilattico *m* 2. (*condom*) preservativo *m*
prophylaxis [‚proʊ·fə·'læk·sɪs] *n* MED profilassi *f*
propinquity [proʊ·'pɪŋk·wə·ṭi] *n form* 1. (*proximity*) prossimità *f* 2. (*kinship*) parentela *f*
propitious [prə·'pɪ·ʃəs] *adj form* propizio, -a
prop jet *n* turboelica *m inv*
prop man *n* THEAT attrezzista *m*
proponent [prə·'poʊ·nənt] *n* sostenitore, -trice *m, f*
proportion [prə·'pɔːr·ʃən] *n* 1. (*relationship*) rapporto *f;* **the ~ of A to B** il rapporto tra A e B; **to be out of ~ to sth** essere sproporzionato rispetto a qc; **to be in ~ to sth** essere in proporzione a qc; **to keep a sense of ~** mantenere un senso delle proporzioni; **to blow sth (all) out of ~** esagerare enormemente qc 2. (*part*) parte *f* 3. *pl* (*size*) dimensioni *fpl,* proporzioni *fpl;* **a building of gigantic ~s** un edificio di enormi proporzioni
proportional [prə·'pɔːr·ʃə·nəl] *adj* proporzionale; **inversely ~** inversamente proporzionale
proportionality [prə·‚pɔːr·ʃə·næ·lə·ṭi] *n* proporzionalità *f*
proportional representation *n* POL sistema *m* (elettorale) proporzionale
proportionate [prə·'pɔːr·ʃə·nɪt] *adj s.* **proporzionale**
proportioned *adj* **well ~** ben proporzionato; **to be generously ~** *fig* avere una discreta mole
proposal [prə·'poʊ·zəl] *n* 1. (*suggestion*) proposta *f;* **to put forward a ~** avanzare [*o* fare] una proposta; **peace ~** proposta *f* di pace 2. (*offer of marriage*) proposta *f* di matrimonio; **to make a marriage ~** fare una proposta di matrimonio
propose [prə·'poʊz] I. *vt* 1. (*put forward*) proporre; **to ~ a toast** proporre un brindisi 2. (*intend*) **to ~ to do sth** ripromettersi di fare qc 3. (*nominate*) candidare II. *vi* (*offer marriage*) **to ~** (**to sb**) fare una proposta di matrimonio (a qu) ▶ **man ~s, God disposes** *prov* l'uomo propone e Dio dispone *prov*
proposer [prə·'poʊ·zəʳ] *n* 1. (*suggestor*) presentatore, -trice *m, f* di una mozione 2. (*nominator*) proponente *mf*
proposition [‚prɑː·pə·'zɪ·ʃən] I. *n* 1. (*theory, argument*) affermazione *f* 2. (*business*) proposta *f* 3. (*suggestion*) suggerimento *m* II. *vt* fare proposte sessuali a
propound [prə·'paʊnd] *vt form* avanzare
proprietary [prə·'praɪ·ə·te·ri] *adj* 1. (*owning property*) proprietario, -a 2. ECON (*name, brand*) registrato, -a; (*article*) brevettato, -a
proprietor [prə·'praɪ·ə·ṭəʳ] *n* proprietario, -a *m, f*

proprietorship *n* proprietà *f*
proprietress [prə·'praɪ·ə·trɪs] *n* proprietaria *f*
propriety [prə·'praɪ·ə·ṭi] <-ies> *n* 1. (*correctness*) correttezza *f* 2. *pl* (*standard of conduct*) convenzioni *fpl* sociali; **to observe the proprieties** rispettare le convenzioni sociali
prop room *n* THEAT attrezzeria *f*
propulsion [prə·'pʌl·ʃən] *n* propulsione *f*
pro rata [‚proʊ·'reɪ·ṭə] I. *adj* proporzionale II. *adv* proporzionalmente
prorate *vt* ripartire proporzionalmente
prorogation [‚proʊ·roʊ·'geɪ·ʃən] *n* POL rinvio (alla prossima sessione) *m*
prorogue [proʊ·'roʊg] *vt* prorogare
prosaic [proʊ·'zeɪ·ɪk] *adj form* prosaico, -a
proscenium [proʊ·'siː·ni·əm] <-s *o* proscenia> *n* THEAT proscenio *m*
proscribe [proʊ·'skraɪb] *vt* proscrivere
proscription [proʊ·'skrɪp·ʃən] *n form* proscrizione *f*
prose [proʊz] *n* prosa *f*
prosecutable [‚prɑː·sɪ·'kjuː·ṭə·bl] *adj* LAW perseguibile
prosecute ['prɑː·sɪ·kjuːt] I. *vt* 1. LAW **to ~ sb (for sth)** procedere legalmente contro qu (per qc); **he was prosecuted for fraud** è stato denunciato per frode 2. *form* (*pursue, follow up*) proseguire II. *vi* sporgere denuncia
prosecuting attorney *n* avvocato, -a dell'accusa *m*
prosecution [‚prɑː·sɪ·'kjuː·ʃən] *n* 1. LAW (*proceedings*) procedimento *m* penale 2. LAW (*the prosecuting party*) **the ~** l'accusa; **witness for the ~** teste *mf* a carico 3. *form* (*of campaign, inquiry*) proseguimento *m*
prosecutor ['prɑː·sɪ·kjuː·ṭəʳ] *n* LAW pubblico ministero *m*
proselyte ['prɑː·sə·laɪt] *n* REL proselito, -a *m, f*
proselytize ['prɑː·sə·lɪ·taɪz] *vi* fare proseliti
prosody ['prɑː·sə·di] *n* prosodia *f*
prospect ['prɑːs·pekt] I. *n* 1. (*possibility*) probabilità *f;* **the ~ of sth** la probabilità di qc 2. *pl* (*chances*) prospettive *fpl* 3. ECON (*potential customer*) potenziale cliente *mf;* (*potential employee*) candidato, -a (al posto) *m* 4. *liter* (*view*) panorama *m;* **a ~ of/over sth** una vista di/su qc II. *vi* MIN fare prospezioni
prospective [prə·'spek·tɪv] *adj* possibile; (*candidate, student*) potenziale; **~ parent/son-in-law** futuro genitore/genero
prospector ['prɑːs·pek·ṭəʳ] *n* MIN prospettore, -trice *m, f;* (*of gold*) cercatore, -trice d'oro *m*
prospectus [prə·'spek·ṭəs] *n* prospetto *m;* UNIV opuscolo *m* informativo
prosper ['prɑːs·pəʳ] *vi* prosperare
prosperity [prɑː·'spe·rə·ṭi] *n* prosperità *f*
prosperous ['prɑːs·pəʳ·əs] *adj* prospero, -a; (*business*) fiorente
prostate (**gland**) ['prɑː·steɪt] *n* prostata *f*
prostitute ['prɑːs·tə·tuːt] I. *n* prostituta *f* II. *vt a. fig* **to ~ oneself** prostituirsi; **to ~ one's talents** prostituire il proprio ingegno

P

prostitution [ˌprɑːsˌtɪˈtuːʃən] *n* prostituzione *f*

prostrate [ˈprɑːsˌtreɪt] **I.** *adj a. fig* prostrato, -a; **to be ~ with grief** essere affranto dal dolore **II.** *vt* **to ~ oneself** prostrarsi

protagonist [prouˈtæɡəˌnɪst] *n* **1.**(*main character*) protagonista *mf* **2.**(*advocate*) paladino, -a *m, f;* **to be a ~ of sth** essere un sostenitore di qc

protect [prəˈtekt] *vt* proteggere; (*one's interests*) tutelare; **to ~ oneself** proteggersi

protection [prəˈtekʃən] *n* **1.**(*defense*) protezione *f;* **to be under sb's ~** essere sotto la protezione di qu **2.**(*blackmail*) pizzo *m*

protection factor *n* fattore *m* di protezione

protectionism [prəˈtekʃəˌnɪzəm] *n* protezionismo *m*

protectionist *adj* protezionista

protective [prəˈtektɪv] *adj* **1.**(*giving protection*) protettivo, -a; **~ custody** detenzione *f* protettiva (a tutela dell'interessato) **2.**(*wishing to protect: instinct*) di protezione

protector [prəˈtektəˈ] *n* **1.**(*person*) protettore, -trice *m, f* **2.**(*device*) dispositivo *m* protettivo

protectorate [prəˈtektəˌrɪt] *n* protettorato *m*

protégé(e) [ˈprouˌtəˌʒeɪ] *n m(f)* protetto, -a *m, f*

protein [ˈprouˌtiːn] *n* proteina *f;* **~ deficiency** carenza *f* di proteine

protest[1] [ˈprouˌtest] *n* **1.**(*complaint*) protesta *f;* **in ~** in segno di protesta; **to do sth under ~** fare qc malvolentieri **2.**(*demonstration*) manifestazione *f* di protesta

protest[2] [prouˈtest] **I.** *vi* protestare; **to ~ about/against sth** protestare per/contro qc **II.** *vt* **1.**(*solemnly affirm*) **to ~ that ...** attestare che ...; **to ~ one's innocence** protestarsi innocente **2.**(*show dissent*) contestare

Protestant [ˈprɑːˌtəsˌtənt] *n* protestante *mf*

Protestantism *n* protestantesimo *m*

protestation [ˌprɑːˌtəsˈteɪˌʃən] *n pl* **1.**(*strong objection*) protesta *f* **2.**(*strong affirmation*) attestazione *f*

protester *n* dimostrante *mf*

protest march *n* marcia *f* di protesta

protest vote *n* voto *m* di protesta

protocol [ˈprouˌtəˌkɔːl] *n* **1.**(*ceremonial form*) protocollo *m* **2.**(*minutes of meeting*) verbale *m* **3.**COMPUT (*method of communication*) protocollo *m* **4.**(*treaty*) protocollo *m*

proton [ˈprouˌtɑːn] *n* protone *m*

protoplasm [ˈprouˌtəˌplæˌzəm] *n* protoplasma *m*

prototype [ˈprouˌtəˌtaɪp] *n* prototipo *m*

protozoan [ˌprouˌtəˈzouˌən] <-s *o* -zoa> *n* protozoo *m*

protract [prouˈtrækt] *vt* protrarre

protracted [prouˈtrækˌtɪd] *adj* protratto, -a

protraction [prouˈtrækˌʃən] *n* **1.**(*prolonging*) prolungamento *m* **2.**ANAT (*muscle action*) estensione *f*

protractor [prouˈtrækˌtəˈ] *n* (*for measuring angles*) goniometro *m*

protrude [prouˈtruːd] *vi* sporgere

protruding *adj* prominente; (*ears*) a sventola

protrusion [prouˈtruːˌʒən] *n* MED protrusione *f*

protuberance [prouˈtuːˌbəˌrəns] *adj form* protuberanza *f*

protuberant [prouˈtuːˌbəˌrənt] *adj form* protuberante; (*eyes*) sporgente

proud [praud] *adj* **1.**(*pleased*) orgoglioso, -a; **to be ~ of sth/sb** essere orgoglioso di qc/qu; **to be ~ to do sth** essere orgoglioso di fare qc; **to be ~ that ...** essere orgoglioso del fatto che ... **2.**(*having self-respect*) orgoglioso, -a **3.**(*arrogant*) arrogante

proudly *adv* con orgoglio

provable [ˈpruːˌvəˌbl] *adj* dimostrabile

prove [pruːv] <proved, proved *o* proven> **I.** *vt* (*verify: theory*) dimostrare; (*innocence, loyalty*) dimostrare; **to ~ oneself (to be) sth** dimostrare (di essere) qc; **to ~ sb innocent** dimostrare l'innocenza di qu **II.** *vi* (*be established*) dimostrarsi; **to ~ to be sth** risultare essere qc

proven [ˈpruːˌvən] **I.** *vi, vt pp of* **prove II.** *adj* (*verified*) provato, -a

provenance [ˈprɑːˌvəˌnənts] *n form* provenienza *f*

provender [ˈprɑːˌvənˌdəˈ] *n* **1.**AGR foraggio *m* **2.***fig, inf* (*sustenance*) cibarie *fpl*

proverb [ˈprɑːˌvɜːrb] *n* proverbio *m;* **as the ~ goes ...** come dice il proverbio ...

proverbial [prəˈvɜːrˌbiˌəl] *adj* proverbiale

provide [prəˈvaɪd] **I.** *vt* **1.**fornire; **to ~ sb with sth** fornire qc a qu **2.***form* LAW stabilire **II.** *vi* **1.**(*prepare*) **to ~ for sth** prevedere qc **2.**(*support*) **to ~ for one's family/children** mantenere la famiglia/i figli **3.**(*mandate*) prevedere

provided *conj* **~ that ...** sempre che ..., purché ... +*conj*

providence [ˈprɑːˌvəˌdənts] *n* provvidenza *f;* **divine ~** REL la divina provvidenza

providential [ˌprɑːˌvəˈdenˌtʃəl] *adj form* provvidenziale

provider *n* **1.**(*person*) fornitore, -trice *m, f* **2.**COMPUT (*for Internet services*) provider *m inv;* **Internet [service] ~** Internet service provider *m,* fornitore *m* di servizi Internet

providing *conj* **~ (that)** ... sempre che ..., purché +*conj*

province [ˈprɑːˌvɪnts] *n* **1.**POL, ADMIN provincia *f* **2.**(*branch of a subject*) campo *m*

provincial [prəˈvɪnˌtʃəl] **I.** *adj* **1.**POL, ADMIN provinciale; **~ town** città di [*o* della] provincia **2.**(*unsophisticated*) provinciale **II.** *n* (*sb from provinces*) provinciale *mf*

proving ground *n* terreno *m* di prova

provision [prəˈvɪˌʒən] **I.** *n* **1.**(*act of providing*) fornitura *f* **2.**(*thing provided*) fornitura *f* **3.**(*preparation*) preparativi *mpl;* **to make ~s**

P

for sth provvedere a qc **4.** LAW (*in will, contract*) disposizione *f* **II.** *vt* approvvigionare

provisional [prə·'vɪ·ʒə·nəl] *adj* provvisorio, -a

proviso [prə·'vaɪ·zoʊ] <-s> *n* condizione *f;* **with the ~ that ...** a condizione che ... +*conj*

provocation [ˌprɑ:·və·'keɪ·ʃən] *n* provocazione *f*

provocative [prə·'vɑ:·kə·t̬ɪv] *adj* **1.** (*sexually*) provocante **2.** (*thought-provoking: idea, question*) stimolante **3.** (*causing anger*) provocatorio, -a

provoke [prə·'voʊk] *vt* **1.** (*make angry*) provocare; **to ~ sb into doing sth** spingere qu a fare qc **2.** (*discussion*) scatenare; (*interest*) suscitare; (*crisis*) provocare

provoking *adj* (*irritating*) irritante

provost ['proʊ·voʊst] *n* UNIV rettore, -trice *m, f*

prow [praʊ] *n* NAUT prua *f*

prowess ['praʊ·ɪs] *n form* abilità *f;* (*sexual*) virilità *f*

prowl [praʊl] **I.** *n inf* **to be on the ~** aggirarsi con circospezione **II.** *vt* aggirarsi per [*o* attorno a]; **to ~ the streets for victims** aggirarsi furtivamente per le strade in cerca di vittime **III.** *vi* **to ~ (around)** aggirarsi

prowl car *n* auto *f* di pattuglia (della polizia)

prowler *n* tipo, -a sospetto *m*

proximity [prɑːk·'sɪ·mə·t̬i] *n form* prossimità *f;* **to be in (close) ~ to sth** essere nelle (immediate) vicinanze di qc

proxy ['prɑːk·si] <-ies> *n* procura *f;* **to do sth by ~** fare qc per procura; **nominate sb as a ~ to do sth** delegare qu a fare qc per procura

prude [pruːd] *n* puritano, -a *m, f*

prudence ['pruː·dns] *n* prudenza *f*

prudent ['pruː·dnt] *adj* prudente

prudery ['pruː·də·ri] <-ies> *n* pruderie *f inv*

prudish ['pruː·dɪʃ] *adj* prude *inv*

prune[1] [pruːn] *vt* potare; **to ~ (back) costs** ridurre i costi

prune[2] [pruːn] *n* (*dried plum*) prugna *f* secca

pruning *n* potatura *f*

pruning hook *n* potatoio *m*

pruning saw *n* segaccio *m*

pruning shears *npl* BOT cesoie *fpl* da giardiniere

prurience ['prʊ·ri·əns] *n pej, form* licenziosità *f*

prurient ['prʊ·ri·ənt] *adj pej, form* prurignoso, -a

Prussia ['prʌ·ʃə] *n* HIST, POL, GEO Prussia *f*

Prussian ['prʌ·ʃən] **I.** *n* HIST prussiano, -a *m, f* **II.** *adj* prussiano, -a

pry[1] [praɪ] <pries, pried> *vi* (*be nosy*) ficcare il naso; **to ~ into sth** impicciarsi di qc; **to ~ around** ficcanasare

pry[2] [praɪ] *vt* **to ~ sth off** sollevare qc facendo leva; **to ~ sth open** aprire qc forzandolo

prying ~ eyes sguardi *mpl* indiscreti

PS [ˌpiː·'es] *abbr of* **postscript** P.S.

psalm [sɑːm] *n* REL salmo *m*

psephology [siː·'fɑ:·lə·dʒi] *n* psefologia *f*

pseudo ['suː·doʊ] *adj* finto, -a

pseudointellectual **I.** *n* intellettualoide *mf* **II.** *adj* intellettualoide

pseudonym ['suː·də·nɪm] *n* pseudonimo *m*

psittacosis [ˌsɪ·t̬ə·'koʊ·sɪs] *n* psittacosi *f inv*

PST *n abbr of* **Pacific Standard Time** fuso orario convenzionale Pacifico

psych(e) up *vt sl* **to psych(e) oneself up** caricarsi; **to psych(e) sb up** dare la carica a qu

psyche ['saɪ·ki] *n* psiche *f*

psychedelic [ˌsaɪ·kə·'de·lɪk] *adj* psichedelico, -a

psychiatric [ˌsaɪ·ki·'æt·rɪk] *adj* psichiatrico, -a

psychiatrist [saɪ·'kaɪ·ə·trɪst] *n* psichiatra *mf*

psychiatry [saɪ·'kaɪ·ə·tri] *n* psichiatria *f*

psychic ['saɪ·kɪk] **I.** *adj* **1.** (*with occult powers*) paranormale **2.** (*of the mind*) psichico, -a **II.** *n* sensitivo, -a *mf*

psycho ['saɪ·koʊ] *n sl* (*crazy person*) **to be a ~** essere fuori (di testa)

psychoanalysis [ˌsaɪ·koʊ·ə·'næ·lə·sɪs] *n* psicoanalisi *f inv*

psychoanalyst [ˌsaɪ·koʊ·'æ·nə·lɪst] *n* psicoanalista *mf*

psychoanalytic(al) [ˌsaɪ·koʊ·ˌæ·nə·'lɪv·t̬ɪ·k(əl)] *adj* psicoanalitico, -a

psychoanalyze [ˌsaɪ·koʊ·'æ·nə·laɪz] *vt* psicoanalizzare

psychological [ˌsaɪ·kə·'lɑ:·dʒɪ·kəl] *adj* psicologico, -a

psychologist [saɪ·'kɑ:·lə·dʒɪst] *n* psicologo, -a *m, f*

psychology <-ies> *n* (*science, mentality*) psicologia *f*

psychopath ['saɪ·kə·pæθ] *n* psicopatico, -a *m, f*

psychopathic [ˌsaɪ·kə·'pæ·θɪk] *adj* psicopatico, -a

psychosis [saɪ·'koʊ·sɪs] <-ses> *n* psicosi *f inv*

psychosomatic [ˌsaɪ·koʊ·soʊ·'mæ·t̬ɪk] *adj* psicosomatico, -a

psychotherapist [ˌsaɪ·koʊ·'θe·rə·pɪst] *n* psicoterapeuta *mf*

psychotherapy [ˌsaɪ·koʊ·'θe·rə·pi] *n* psicoterapia *f*

psychotic [saɪ·'kɑ:·t̬ɪk] **I.** *adj* psicotico, -a **II.** *n* psicotico, -a *m, f*

PT [ˌpiː·'tiː] **1.** *abbr of* **physical therapy** fisioterapia *f* **2.** *abbr of* **physical training** educazione *f* fisica **3.** *abbr of* **part-time** part time

pt. *n* **1.** *abbr of* **part** parte *f* **2.** *abbr of* **pint** pinta *f* (≈ *0,473 litri*) **3.** *abbr of* **point** punto *m*

PTA [ˌpiː·tiː·'eɪ] *n abbr of* **Parent Teacher Association** associazione *f* genitori – insegnanti

ptarmigan ['tɑːr·mɪ·gən] *n* pernice *f* bianca

p.t.o. *abbr of* **please turn over** vedi retro

PTO [ˌpiː·tiː·'oʊ] *n abbr of* **Parent Teacher Organisation** associazione *f* genitori – insegnanti

pub [pʌb] *n* pub *m*

pub crawl *n sl* **to go on a ~** fare il giro dei pub

puberty ['pjuː·bə·t̬i] *n* pubertà *f*

P

pubic ['pju:·bɪk] *adj* pubico, -a
pubis ['pju:·bɪs] <-es> *n* pube *m inv*
public ['pʌb·lɪk] I. *adj* 1. (*of/for the people, provided by state*) pubblico, -a 2. (*done openly*) pubblico, -a; **to go ~ with sth** rendere pubblico qc II. *n* 1. (*people collectively, audience*) pubblico *m;* **in ~** in pubblico 2. (*ordinary people*) gente *f*
public accountant *n* commercialista *mf*
public-address system *n* sistema *m* di altoparlanti
public affairs *npl* affari *mpl* pubblici
public appearance *n* apparizione *f* in pubblico
public appointment *n* incarico *m* statale
public assistance *n* assistenza *f* pubblica
publication [ˌpʌb·lɪ·'keɪ·ʃən] *n* pubblicazione *f*
public authority *n* 1. (*state authority*) ente *f* statale di controllo 2. (*department, authority*) ente *m* pubblico di controllo
public defender *n* LAW difensore, -a *m, f* d'ufficio
public domain *n* dominio *m* pubblico
public enemy *n* nemico pubblico *mf*
public expenditure *n*, **public expense** *n* ADMIN, POL, ECON spesa *f* pubblica
public funds *npl* POL, ADMIN, FIN, ECON fondi *mpl* pubblici
public health *n* MED, ADMIN salute *f* pubblica
public health service *n* servizio *m* sanitario nazionale
public holiday *n* festa *f* nazionale
public interest *n* interesse *m* pubblico
publicist ['pʌb·lɪ·sɪst] *n* pubblicista *mf*
publicity [pʌb·'lɪ·sə·ti] *n* 1. pubblicità *f* 2. (*attention*) **to attract ~** attrarre l'attenzione ▶ **any ~ is good ~** bene o male, l'importante è che se ne parli
publicity agent *n* agente *mf* pubblicitario
publicity campaign *n* ECON campagna *f* pubblicitaria
publicity department *n* reparto *m* pubblicità
publicity material *n* materiale *m* pubblicitario
publicize ['pʌb·lɪ·saɪz] *vt* pubblicizzare
public law *n* LAW diritto *m* pubblico
public library <-ies> *n* biblioteca *f* pubblica
publicly *adv* 1. (*openly*) pubblicamente 2. **~ owned** società ad azionariato diffuso
public nuisance *n* disturbo *m* della quiete pubblica
public opinion *n* opinione *f* pubblica
public property *n* proprietà *f* pubblica
public prosecutor *n* pubblico ministero *m*
public records *npl* archivio *m* di stato *sing*
public relations *npl* pubbliche relazioni *fpl*
public-relations officer *n* addetto, -a *m, f* alle pubbliche relazioni
public restroom *n* toilette *f inv*
public school *n* scuola *f* pubblica
public sector *n* settore *m* pubblico
public servant *n* funzionario, -a *m, f*
public service *n* servizio pubblico

public-spirited [ˌpʌb·lɪk·'spɪ·rɪ·tɪd] *adj* che dimostra senso civico
public transportation *n* trasporti *mpl* pubblici
public utility *n* impresa *f* che fornisce servizi pubblici
public works *npl* ADMIN, POL lavori *mpl* pubblici
publish ['pʌb·lɪʃ] *vt* (*book, author, result*) pubblicare; (*information*) divulgare
publisher *n* 1. (*company*) editore *m* 2. (*person*) editore, -trice *m, f*
publishing *n* editoria *f*
publishing house *n* casa *f* editrice
puck [pʌk] *n* SPORTS paleo *m*, disco *m*
pucker ['pʌ·kɚ] *vt* **to ~ one's lips** increspare le labbra
pudding ['pʊ·dɪŋ] *n* (*dessert*) dolce *m*
puddle ['pʌ·dl] *n* pozzanghera *f*
pudenda [pju:·'den·də] *npl form* pudende *fpl*
pudgy ['pʊ·dʒi] <-ier, -iest> *adj* tracagnotto, -a
puerile ['pju:·ə·rəl] *adj form* puerile
puerility [ˌpju:·ə·'rɪ·lə·ti] *n* puerilità *f*
Puerto Rican [ˌpwer·tə·'ri:·kən] I. *n* portoricano, -a *m, f* II. *adj* portoricano, -a
Puerto Rico [ˌpwer·tə·'ri:·koʊ] *n* Puerto Rico *m*
puff [pʌf] I. *vi* 1. (*blow*) soffiare 2. (*be out of breath*) avere il fiato corto 3. **to ~ on a pipe/ cigar/cigarette** tirare boccate di fumo dalla pipa/dal sigaro/dalla sigaretta II. *vt* 1. (*smoke*) sbuffare; (*cigarette smoke*) fumare 2. (*praise: product, book*) magnificare 3. (*say while panting*) dire ansimando III. *n* 1. *inf* (*breath*) fiato *m;* (*of wind*) folata *f;* (*of air*) soffio *m;* (*vapor*) sbuffo *m;* (*of dust, smoke*) nuvola *f* 2. (*quilt*) piumino *m* 3. (*drag, breathing-in*) tiro *m;* **to take ~s on a cigarette** dare un tiro a una sigaretta 4. *inf* (*speech, praise*) soffietto *m*
◆ **puff out** *vt* 1. (*expand*) gonfiare 2. (*exhaust*) spompare
◆ **puff up** I. *vt* gonfiarsi II. *vi* inorgoglirsi
puff adder *n* vipera *f* soffiante
puffin ['pʌ·fɪn] *n* pulcinella *m* di mare
puff pastry *n* pasta *f* sfoglia
puffy ['pʌ·fi] <-ier, -iest> *adj* gonfio, -a
pug [pʌg] *n* carlino *m*
pugilism ['pju:·dʒɪ·lɪ·zəm] *n* pugilato *m*
pugilist ['pju:·dʒɪ·lɪst] *n* pugile *m*
pugnacious [pʌg·'neɪ·ʃəs] *adj form* combattivo, -a
pugnacity [pʌg·'næ·sə·ti] *n form* combattività *f*
pug nose *n* naso *m* rincagnato
puke [pju:k] *sl* I. *vt* vomitare II. *vi* vomitare; **he makes me** (**want to**) **~!** mi fa venire da vomitare!
◆ **puke up** *sl* I. *vt* **to puke sth up** vomitare qc II. *vi* vomitare
pukka ['pʌ·kə] *adj* 1. (*genuine*) genuino, -a 2. (*of good quality*) di prim'ordine
pull [pʊl] I. *vt* 1. (*draw*) tirare; (*trigger*) premere 2. *inf* (*take out: gun, knife*) estrarre

P

3. MED (*extract*) estrarre; (*tooth*) estrarre, togliere **4.** SPORTS, MED (*strain: muscle*) stirarsi **5.** (*attract: business, customers*) attrarre ▶ to ~ a <u>fast</u> one (on sb) *inf* giocare un brutto tiro (a qu) **II.** *vi* **1.** (*exert force*) tirare **2.** to ~ on a cigarette fare una tirata dalla sigaretta; to ~ on a beer bere una sorsata di birra **3.** *inf* (*hope for success*) to be ~ing for sb/sth essere dalla parte di qu/qc **III.** *n* **1.** (*act of pulling*) tirata *f;* (*stronger*) strappo *m*, strattone *m* **2.** *inf* (*influence*) influenza *f* **3.** (*knob, handle*) maniglia *f;* (*of a curtain*) cordone *m* **4.** (*attraction*) attrazione *f;* (*power to attract*) attrattiva *m* **5.** (*of cigarette*) boccata *f;* (*of drink*) sorsata *f*

◆ **pull ahead** *vi* passare avanti

◆ **pull apart** *vt insep* **1.** (*break into pieces*) smontare **2.** (*separate using force*) fare a pezzi **3.** (*criticize*) demolire

◆ **pull around** *vt* maltrattare

◆ **pull away I.** *vi* (*vehicle*) allontanarsi **II.** *vt* strappare; to pull sth away from sth strappare via qc da qc

◆ **pull back I.** *vi* **1.** (*move out of the way*) ritirarsi **2.** (*not proceed, back out*) fare marcia indietro **II.** *vt* trattenere

◆ **pull down** *vt* **1.** (*move down*) tirare giù, abbassare **2.** (*demolish*) buttare giù, demolire **3.** (*drag down, hold back*) to pull sb down abbattere qu **4.** *inf* (*earn wages*) guadagnare

◆ **pull in I.** *vi* (*vehicle*) accostare/entrare e fermarsi **II.** *vt* **1.** (*attract*) attrarre **2.** (*arrest*) arrestare

◆ **pull off I.** *vt inf* (*succeed*) spuntarla; to pull it off farcela **II.** *vi* (*leave*) ripartire

pull out I. *vi* **1.** (*move out to pass*) uscire (per sorpassare); (*drive onto road*) immettersi **2.** (*leave*) partire **3.** (*withdraw*) ritirarsi **II.** *vt* (*take out*) tirare fuori

◆ **pull over I.** *vt* **1.** (*cause to fall*) rovesciare **2.** (*police*) fare accostare **II.** *vi* farsi da parte

◆ **pull through I.** *vi* cavarsela **II.** *vt* to pull sth through superare qc

◆ **pull together I.** *vt* **1.** (*regain composure*) to pull oneself together controllarsi **2.** (*organize, set up*) mettere su **II.** *vi* cooperare

◆ **pull up I.** *vt* **1.** (*raise*) sollevare; (*blinds*) tirare su **2.** (*plant*) sradicare **II.** *vi* accostare e fermarsi

pull-down menu *n* COMPUT menu *m* a tendina

pullet ['pʊ·lɪt] *n* pollastra *f*

pulley ['pʊ·li] <-s> *n* TECH puleggia *f*

Pullman (car) ['pʊl·mən] *n* RAIL vettura *f* salone

pullout I. *n* **1.** MIL ritirata *f* **2.** PUBL (*part of magazine*) inserto *m* staccabile **II.** *adj* estraibile

pullover ['pʊ·loʊ·vɚ] *n* pullover *m*

pull-up *n* (*exercise*) sollevamento *m* sulle braccia alla sbarra

pulmonary ['pʌl·mə·ne·ri] *adj* polmonare

pulp [pʌlp] **I.** *n* **1.** (*soft wet mass*) poltiglia *f;* (*for making paper*) pasta (per carta) *f;* ~ mill stabilimento *m* di produzione di pasta per

carta; to beat sb to a ~ *inf* fare polpette di qu **2.** (*of fruit*) polpa *f* **3.** (*literature*) pubblicazioni *fpl* dozzinali **II.** *vt* estrarre la polpa da

pulpit ['pʊl·pɪt] *n* REL pulpito *m*

pulsar ['pʌl·sɑːr] *n* pulsar *f inv*

pulsate ['pʌl·seɪt] *vi* pulsare

pulsation [pʌl·'seɪ·ʃən] *n* pulsazione *f*

pulse¹ [pʌls] **I.** *n* **1.** ANAT polso *m;* (*heartbeat*) battito *m;* to take sb's ~ tastare il polso a qu **2.** (*single vibration*) pulsazione *f* **II.** *vi* pulsare

pulse² [pʌls] *n* FOOD legume *m*

pulverize ['pʌl·və·raɪz] *vt* polverizzare

puma ['pu·mə] *n* puma *m inv*

pumice ['pʌ·mɪs] *n* ~ (stone) (pietra) *f* pomice

pummel ['pʌ·ml] <-l- *o* -ll-, -l- *o* -ll-> *vt* prendere a pugni

pump [pʌmp] **I.** *n* pompa *f;* (*for fuel*) pompa (di benzina) *f* **II.** *vt* pompare

pumpernickel ['pʌm·pɚ·nɪ·kl] *n* pane *m* integrale di segale

pumping *n* pompaggio *m*

pumpkin ['pʌmp·kɪn] *n* zucca *f;* ~ pie torta *f* di zucca

pun [pʌn] **I.** *n* gioco *m* di parole **II.** <-nn-> *vi* fare un gioco [*o* dei giochi] di parole

punch¹ [pʌntʃ] **I.** *vt* **1.** (*hit*) dare un pugno a; to ~ sb out *sl* riempire qu di botte **2.** (*push: button, key*) premere **3.** (*pierce*) forare; (*ticket*) forare; to ~ holes in sth fare/praticare fori in qc; to ~ the clock [*o* card] timbrare il cartellino **4.** AGR (*cattle*) pungolare **II.** *vi* **1.** (*hit*) colpire **2.** (*employee*) to ~ in/out timbrare (il cartellino) in entrata/in uscita **III.** <-es> *n* **1.** (*hit*) pugno *m;* (*in boxing*) pugno *m;* to give sb a ~ dare un pugno a qu **2.** (*tool for puncturing*) punzone *m;* (*for metal, leather*) punteruolo *m;* (*hole*) ~ perforatore *m* (da ufficio); (*ticket*) ~ punzone *m* per forare i biglietti **3.** *fig* (*strong effect*) forza *f;* with ~ con efficacia ▶ to <u>beat</u> sb to the ~ battere qu sul tempo; to <u>pull</u> one's ~es andarci leggero; to roll with the ~es incassare i colpi

punch² [pʌntʃ] *n* (*beverage*) punch *m*

punch bowl *n* (grande) coppa *f* per il punch

punch card *n* scheda *f* perforata

punch-drunk ['pʌntʃ·drʌŋk] *adj a. fig* suonato, a; to be ~ essere rintronato, -a *inf*

punching bag *n* sacco *m*

punch line *n* battuta *f* finale (di una barzelletta)

punctilious [pʌŋk·'tɪ·li·əs] *adj form* (*attentive to detail*) meticoloso, -a; (*with correct behavior*) scrupoloso, -a

punctual ['pʌŋk·tʃu·əl] *adj* puntuale

punctuality [ˌpʌŋk·tʃu·'æ·lə·ti] *n* puntualità *f*

punctuate ['pʌŋk·tʃu·eɪt] *vt* **1.** LING punteggiare **2.** (*appear intermittently*) ricorrere a intervalli *fig;* (*interrupt*) punteggiare

punctuation [ˌpʌŋk·tʃu·'eɪ·ʃən] *n* punteggiatura *f*, interpunzione *f*

punctuation mark *n* segno *m* di interpunzione

puncture ['pʌŋk·tʃɚ] **I.** *vt* **1.** (*pierce*) forare; (*lung*) perforare; to ~ a hole in sth fare un

P

buco in qc **2.** *fig* (*sb's confidence, self-esteem, ego*) ferire **II.** *vi* (*tire, ball*) forarsi; (*car*) forare **III.** *n* **1.** (*in tire, ball*) foratura *f;* **to have a ~** (*driver*) forare **2.** MED (*in skin*) puntura *f*

pundit ['pʌn·dɪt] *n* commentatore, -trice *m, f*

pungent ['pʌn·dʒənt] *adj* **1.** (*sharp*) pungente; (*smell*) pungente; (*taste*) forte **2.** (*criticism*) caustico, -a

punish ['pʌ·nɪʃ] *vt* punire; **to ~ oneself** punirsi

punishable *adj liter* punibile; **~ by death** punibile con la morte

punishing **I.** *adj* (*difficult*) duro, -a; (*trying*) estenuante **II.** *n* **to take a ~** prendere una batosta; **this car has taken a real ~** quest'auto è ridotta proprio male

punishment ['pʌ·nɪʃ·mənt] *n* **1.** (*for criminal act*) pena *f;* **capital ~** pena *f* capitale **2.** (*for child's misbehavior*) **castigo, to inflict a ~ on sb** punire qu **3.** (*rough use*) maltrattamento *m;* **to take a lot of ~** essere molto maltrattato

punitive ['pju:·nɪ·t̬ɪv] *adj form* punitivo, -a; **~ damages** LAW danni *mpl* punitivi; **~ expedition** MIL spedizione *f* punitiva; **~ sanctions** sanzioni *f* punitive *pl*

punk [pʌŋk] **I.** *n* **1.** (*punk rocker*) (musicista) punk *mf* **2.** (*troublemaker*) teppista *mf* **II.** *adj* **1.** (*music, style*) punk **2.** (*poor quality*) scadente

punt¹ [pʌnt] SPORTS **I.** *vt* (*in football*) calciare al volo **II.** *vi* (*in football*) calciare al volo **III.** *n* (*kick*) calcio *m* di rinvio

punt² [pʌnt] **I.** *vt* (*in boat*) **to ~ sb** trasportare qu in barchino **II.** *vi* (*in boat*) andare in barchino **III.** *n* (*boat*) barchino *m*

punt³ [pʌnt] *vi* GAMES puntare contro il banco

puny ['pju:·ni] <-ier, -iest> *adj* (*person*) mingherlino, -a; (*argument*) debole; (*attempt*) fiacco, -a

pup [pʌp] **I.** *n* **1.** (*baby dog*) cucciolo, -a *m, f* **2.** (*baby animal*) cucciolo, -a *m, f* **3.** (*young person*) pivello, -a **II.** <-pp-> *vi* figliare

pupa ['pju:·pə] <pupas *o* pupae> *n* BIO crisalide *f*, pupa *f*

pupate ['pju:·peɪt] *vi* BIO impuparsi, diventare pupa

pupil¹ ['pju:·pl] *n* SCHOOL alunno, -a *m, f*

pupil² ['pju:·pl] *n* ANAT pupilla *f*

puppet ['pʌ·pɪt] *n a. fig* marionetta *f*, burattino *m;* **hand ~** burattino *m*

puppeteer [pʌ·pə·'tɪr] *n* burattinaio, -a *m, f*

puppet government *n* governo *m* fantoccio

puppet show *n* THEAT spettacolo [*o* burattini] di marionette *m*

puppet theater *n* teatro [*o* dei burattini] delle marionette *m*

puppy ['pʌ·pi] <-ies> *n* cucciolo, -a *m, f*

purchase ['pɜːr·tʃəs] **I.** *vt* **1.** (*buy*) acquistare, comprare **2.** NAUT **to ~ the anchor** salpare l'ancora **II.** *n* **1.** (*act of buying*) acquisto *m;* **to make a ~** fare un acquisto **2.** (*hold*) presa *f;* **to get a ~ on sth** aggrapparsi a qc

purchase price *n* prezzo *m* di acquisto

purchaser *n* **1.** (*buyer*) acquirente *mf*, compratore, -trice *m, f* **2.** (*at auction*) aggiudicatario, -a *m, f*

purchasing *n* acquisti *mpl*

purchasing department *n* reparto *m* acquisti

purchasing manager *n* responsabile *mf* acquisti

purchasing power *n* potere *m* di acquisto

pure [pjʊr] *adj* puro, -a; **~ air** aria *f* pura; **~ gold** oro *m* puro; **~ mathematics** matematica *f* pura; **~ and simple** puro e semplice; **to be ~ in heart** essere puro di cuore

purebred ['pjʊr·bred] **I.** *n* purosangue *m* **II.** *adj* di razza pura; **a ~ horse** un purosangue

purée [pjʊ·'reɪ] **I.** *vt* passare **II.** *n* purè *m*

purely ['pjʊr·li] *adv* **1.** (*completely*) puramente; **~ by chance** per pura combinazione **2.** (*simply*) semplicemente; **~ and simply** puramente e semplicemente

purgative ['pɜːr·gə·t̬ɪv] **I.** *n* purga *f*, purgante *m* **II.** *adj* MED purgante, purgativo, -a

purgatory ['pɜːr·gə·tɔː·ri] *n* **1.** REL **Purgatory** purgatorio *m;* **to be in Purgatory** essere in purgatorio **2.** *fig* (*unpleasant experience*) calvario *m*

purge [pɜːrdʒ] **I.** *vt* **1.** MED, POL purgare; POL epurare; **to ~ a group of extremist elements** epurare un gruppo di elementi estremisti; **to ~ sb from a party** espellere qu da un partito **2.** *a.* REL (*crime, sin*) espiare **II.** *n* MED, POL purga *f*

purification [ˌpjʊ·rə·fɪ·'keɪ·ʃən] *n a.* REL purificazione *f;* (*of water*) depurazione *f*

purify ['pjʊ·rə·faɪ] *vt* (*cleanse*) purificare; (*water*) depurare; **~ a language** eliminare le parole straniere da una lingua; REL (*soul, body*) purificare; **to ~ oneself of sth** purificarsi da/ di qc

purist ['pjʊ·rɪst] *n* purista *mf*

puritan ['pjʊ·rɪ·tən] *n a. fig* puritano, -a *m, f*

puritanical [ˌpjʊ·rɪ·'tæ·nɪ·kəl] *adj* puritano, -a

Puritanism *n* puritanesimo *m*

purity ['pjʊ·rɪ·t̬i] *n* purezza *f*

purl [pɜːrl] **I.** *n* rovescio *m* **II.** *adj* **~ stitch** (punto) *m* (a) rovescio **III.** *vt* lavorare a rovescio; **knit one, ~ one** uno a diritto, uno a rovescio **IV.** *vi* lavorare a rovescio

purloin [pə·'lɔɪn] *vt form* sottrarre

purple ['pɜːr·pl] **I.** *adj* (*reddish*) paonazzo, -a, rosso violaceo; (*bluish*) viola, violetto; **to be ~ with rage** essere paonazzo per la rabbia **II.** *n* (*reddish*) rosso *m* violaceo; (*bluish*) viola *m*, violetto *m*

purport [pɜːr·'pɔːrt] **I.** *vt form* (*claim*) **to ~ to be sth** pretendere di essere qc **II.** *n* **1.** (*meaning*) significato *m* **2.** (*purpose*) scopo *m*

purpose ['pɜːr·pəs] *n* **1.** (*goal*) scopo *m;* **for the ~** allo scopo; **I did that for a ~** l'ho fatto per un preciso scopo; **for that very ~** proprio per questo; **for practical ~s** per motivi pratici; **for humanitarian ~s** a scopi umanitari; **for future ~s** per esigenze future; **the sole ~ of sth** l'unico scopo di qc; **not to the ~** non pertinente; **to have a ~ in life** avere un obiettivo nella vita **2.**(*motivation*) (**strength of**) ~ fermezza *f* di proposito **3.**(*use*) utilità *f;* **to no ~** inutilmente; **to serve a ~** servire allo scopo; **what's the ~ of ...?** qual è lo scopo di ...? ▶**on** ~ di proposito, apposta

purposeful ['pɜːr·pəs·fəl] *adj* **1.**(*determined*) deciso, -a, risoluto, -a **2.**(*meaningful*) significativo, -a **3.**(*intentional*) intenzionale

purposeless ['pɜːr·pəs·ləs] *adj* **1.**(*aimless*) senza scopo; (*utterance, violence*) gratuito, -a **2.**(*useless*) inutile **3.**(*character, person*) irresoluto, -a

purposely ['pɜːr·pəs·li] *adv* intenzionalmente, di proposito

purr [pɜːr] **I.** *vi* (*cat*) fare le fusa; (*engine*) ronzare **II.** *n* (*of cat*) fusa *fpl;* (*of engine*) ronzio *m*

purse [pɜːrs] **I.** *n* **1.**(*handbag*) borsa *f* **2.**(*wallet*) portamonete *m inv,* borsellino *m* **3.**(*funds*) **to be beyond one's ~** essere al di sopra dei mezzi [*o* delle possibilità] di qu **4.**(*prize*) borsa *f* **II.** *vt* (*lips*) protendere

purser ['pɜːr·sə] *n* NAUT commissario, -a di bordo *m*

purse strings *npl fig* **to hold the ~** tenere i cordoni della borsa; **to loosen the ~** allentare i cordoni della borsa

pursuance [pə·'suː·ənts] *n form* adempimento *m;* **in ~ of sth** (*in accordance with*) conformemente a; **in ~ of her duty** nell'adempimento dei suoi doveri

pursuant [pə·'suː·ənt] *adv* LAW **~ to** conformemente a

pursue [pə·'suː] *vt* **1.**(*chase*) inseguire **2.**(*seek to find: goals*) perseguire; (*dreams*) inseguire; (*rights, peace*) impegnarsi per **3.**(*follow: plan*) seguire; **to ~ a matter** portare avanti una questione **4.**(*work towards*) **to ~ a career** dedicarsi a una professione; **to ~ a degree in sth** studiare per laurearsi in qc

pursuer [pə·'suː·ə] *n* inseguitore, -trice *m, f*

pursuit [pə·'suːt] *n* **1.**(*chase*) inseguimento *m;* **police** ~ inseguimento da parte della polizia; **to be in ~ of sth** inseguire qc; (*knowledge, happiness*) essere alla ricerca di qc; (*hunt*) essere a caccia di qu; **to be in hot ~ of sb** stare alle calcagna di qu *fig* **2.**(*activity*) attività *f inv;* **outdoor ~s** attività del tempo libero

purulent ['pjʊ·rə·lənt] *adj* purulento, -a

purvey [pə·'veɪ] *vt* provvedere, fornire; **to ~ sth to sb** fornire qc a qu

purveyor [pə·'veɪ·ə] *n* ECON fornitore, -trice *m, f*

pus [pʌs] *n* MED pus *m*

push [pʊʃ] **I.** *vt* **1.**(*shove*) spingere; **to ~ one's way through sth** farsi largo (a spinte) attraverso qc; **to ~ sth to the back of one's mind** cercare di non pensare a qc; **to ~ the door open** aprire la porta spingendola **I.** **to ~ sb out of sth** spingere qu fuori da qc; **to ~ sb out of the way** togliere di mezzo qu a spintoni **2.**(*force*) **to ~ one's luck** sfidare la sorte;

to ~ sb too far far uscire dai gangheri qu **3.**(*coerce*) obbligare; **to ~ sb to do** [*o into doing*] **sth** costringere qu a fare qc; **to ~ oneself** chiedere troppo a sé stesso **4.**(*insist*) insistere con; **to ~ sb for sth** insistere con qu per qc **5.**(*press: button*) spingere, premere; (*the brakes, gas pedal*) premere; **to ~ the doorbell** suonare il campanello **6.** *inf* (*promote*) spingere; ECON promuovere **7.** **to be ~ing 30** andare per i trenta **II.** *vi* **1.**(*force movement*) spingere **2.**(*press*) premere **3.**(*insist*) pressare; **to ~ for sth** fare pressione per (ottenere) qc **III.** <-es> *n* **1.**(*shove*) spinta *f;* (*slight push*) spintarella *f;* **to give sb a ~** *fig* dare una spinta a qu **2.**(*press*) **at the ~ of a button** premendo un pulsante **3.**(*strong action*) impulso *m;* (*will to succeed*) grinta *f* **4.**(*strong effort*) sforzo *m;* **to make a ~ for sth** fare uno sforzo per qc; **at a ~ ...** in caso di necessità ... **5.** *inf* (*publicity*) pubblicità *f;* **to make a ~** fare una campagna pubblicitaria **6.** MIL (*military attack*) avanzata *f* ▶**if/when ~ comes to** shove nella peggiore delle ipotesi

◆**push along** *vi inf* andare via

◆**push around** *vt inf* tiranneggiare *inf*

◆**push away** *vt* spingere via

◆**push back** *vt* (*move backwards*) spingere indietro; (*person*) respingere; (*hair*) tirare indietro

◆**push down** *vt* **1.**(*knock down*) demolire **2.**(*press down*) premere **3.** ECON (*price, interest rate*) fare diminuire

◆**push forward I.** *vt* **1.**(*force forward*) spingere **2.**(*promote*) promuovere **II.** *vi* **1.**(*advance*) avanzare **2.**(*continue*) **to ~ (with sth)** procedere (con qc)

◆**push in I.** *vt* **1.**(*nail*) piantare **2.**(*force in*) **to push one's way in** passare avanti (senza rispettare la fila) **II.** *vi* (*force way in*) intromettersi

◆**push off I.** *vi inf* levarsi dai piedi **II.** *vt* NAUT (*boat*) spingere al largo

◆**push on I.** *vi* **1.**(*continue despite problems*) **to ~ (with sth)** andare avanti (con qc) **2.**(*continue travelling*) **we pushed on to Baltimore** proseguimmo per Baltimore **II.** *vt* **1.**(*activate*) accelerare **2.**(*urge on*) **to push sb on to do sth** spingere qu a fare qc

◆**push out** *vt* **1.**(*force out*) **to push sb out (of sth)** buttare qu fuori (da qc) **2.**(*get rid of*) buttare fuori; **to push competitors out of the market** sbarazzarsi dei concorrenti sul mercato **3.**(*produce: roots, blossoms*) buttare **4.** NAUT (*boat*) spingere al largo

◆**push over** *vt always sep* (*thing*) rovesciare; (*person*) fare cadere

◆**push through I.** *vi* farsi largo attraverso **II.** *vt* **1.**(*legislation, proposal*) fare accettare **2.**(*help to succeed*) aiutare a superare

◆**push up** *vt* **1.**(*move higher*) sollevare; *fig* (*help*) raccomandare **2.**(*price, interest rate*) fare aumentare

P

pushbutton ['pʊʃˌbʌ·tən] **I.** *adj* a tasti [*o* pulsanti] **II.** *n* pulsante *m*

push-button telephone *n* telefono [*o* a tastiera] a pulsanti *m*

pushcart ['pʊʃ·kɑːrt] *n* carretto *m* a mano

pusher *n inf* spacciatore, -trice *m*, *f*

pushover ['pʊʃ·oʊ·vɚ] *n* **1.** (*easy success*) **to be a ~** essere una cosa da niente **2.** (*easily influenced*) **to be a ~** cascarci facilmente

pushpin ['pʊʃ·pɪn] *n* puntina *f* da disegno

push start I. *vi* fare partire un'auto a spinta **II.** *n* **to give sb a ~** spingere l'auto di qc per farla partire

pushup ['pʊʃ·ʌp] *n* SPORTS flessione *f* sulle braccia; **to do ~s** fare le flessioni

pushy ['pʊ·ʃi] *adj* (*insistant*) insistente; (*aggressive*) troppo intraprendente

puss [pʊs] <-es> *n* (*cat*) mici(n)o *m*; **Puss in Boots** il gatto con gli stivali

pussy ['pʊ·si] <-ies> *n* **1.** (*cat*) ~ (**cat**) micio, -a *m*, *f*, gatto, -a *m*, *f* **2.** *vulg* figa *f*

pussyfoot ['pʊ·si·fʊt] *vi inf* **to ~ around an issue** barcamenarsi su una questione

pussy willow *n* salice *m* americano

pustule ['pʌs·tʃuːl] *n* pustola *f*

put [pʊt] <-tt-, put, put> **I.** *vt* **1.** (*place*) mettere; (*in box, hole*) mettere; **~ the spoons next to the knives** mettere i cucchiai vicino ai coltelli; **to ~ sth to one's lips** portare qc alle labbra; **~ it there!** (*shake hands*) qua la mano!; **to ~ sth in the oven** mettere qc nel forno **2.** (*add*) mettere; **to ~ sugar/salt in sth** mettere lo zucchero/il sale in qc; **to ~ the date on sth** scrivere la data su qc; **to ~ sth on a list** mettere in lista qc **3.** (*direct*) **to ~ pressure on sb** fare pressione su qu; **to ~ a spell on sb** fare un incantesimo a qu; **to ~ one's heart into sth** mettere tutta l'anima in qc; **to ~ one's mind to sth** dedicare tutto sé stesso a qc; **to ~ one's trust in sb** riporre la propria fiducia in qu; **to put one's faith in sb** avere piena fiducia in qu; **to put one's hope in sb** riporre le speranze in qu **4.** (*invest*) **to ~ sth into sth** impiegare qc in qc; **to ~ energy/time into sth** dedicare le energie/il tempo a qc **5.** (*bet*) scommettere; **to ~ money on sth** scommettere soldi su qc; **to ~ sth toward sth** contribuire con qc a qc **6.** (*cause to be*) **to ~ sb in a good mood** mettere qu di buonumore; **to ~ sb in danger** mettere qu in pericolo; **to ~ oneself in sb's place** [*o* **shoes**] mettersi nei panni di qu; **to ~ sb in prison** mettere qu in galera; **to ~ sth into practice** mettere in pratica qc; **to ~ sb on the train** mettere qu sul treno; **to ~ sth right** correggere qc; **to ~ sb straight** fare capire bene qc a qu; **to ~ sb to bed** mettere a letto qu; **to ~ sb to death** mettere a morte qu; **to ~ sth to good use** fare buon uso di qc; **to ~ sb to shame** fare vergognare qu; **to ~ sb under oath** fare prestare giuramento a qu; **to ~ sb to expense** procurare spese a qu; **to ~ to flight** mettere in fuga; **to ~ a stop to sth** porre fine a qc; **to ~ sb to**

work mettere qu al lavoro [*o* a lavorare] **7.** (*impose*) **to ~ an idea in sb's head** mettere in testa un'idea a qu; **to ~ a tax on sth** mettere una tassa su qc **8.** (*attribute*) **to ~ a high value on sth** dare molto valore a qc; **to ~ the blame on sb** dare [*o* attribuire] la colpa a qu; **to ~ emphasis on sth** dare [*o* attribuire] grande importanza a qc **9.** (*present*) **to ~ one's point of view** esporre il proprio punto di vista; **to ~ a question** fare [*o* porre] una domanda; **to ~ sth to discussion** presentare qc per la discussione; **to ~ sth to vote** mettere ai voti qc; **to ~ a proposal before a committee** presentare una proposta alla commissione; **I ~ it to you that ...** ti faccio notare che ... **10.** (*express*) dire; **as John ~ it** come ha detto John; **to ~ one's feelings into words** esprimere a parole i propri sentimenti; **to ~ sth into Italian** tradurre qc in italiano; **to ~ sth in writing** mettere qc per (i)scritto **11.** (*judge, estimate*) **I ~ the number of visitors at 2,000** calcolo che i visitatori siano stati 2.000; **I'd ~ her at about 35** secondo me ha circa 35 anni; **to ~ sb on a level with sb** mettere qu allo stesso livello di qu **12.** SPORTS (*throw*) **to ~ the shot** lanciare il peso **II.** *vi* NAUT **to ~ to sea** salpare

◆**put about** <-tt-> *irr* **I.** *vt* NAUT fare virare di bordo **II.** *vi* NAUT virare di bordo

◆**put across** <-tt-> *irr vt* (*make understood*) comunicare; **to put sth across to sb** fare capire qc a qu; **to put oneself across well** fare buona impressione

◆**put aside** <-tt-> *irr vt* **1.** (*place to one side*) mettere da (una) parte **2.** (*save*) mettere da parte; (*time*) riservare **3.** (*give up*) **to put sth aside** accantonare **4.** (*reject*) rifiutare **5.** (*ignore: fears, differences*) mettere da parte

◆**put away** <-tt-> *irr vt* **1.** (*save*) mettere via **2.** *inf* (*eat a lot*) far fuori **3.** (*remove*) mettere via **4.** *inf* (*imprison*) **to put sb away** mettere qu dentro **5.** *sl* (*kill*) fare fuori

◆**put back** <-tt-> *irr* **I.** *vt* **1.** (*replace*) rimettere **2.** (*postpone*) posticipare **3.** SCHOOL (*not be promoted*) **to put sb back a year** fare ripetere l'anno a qu **4.** (*set earlier: watch*) mettere indietro **II.** *vi* NAUT (*return*) rientrare

◆**put by** <-tt-> *irr vt* mettere da parte

◆**put down** <-tt-> *irr vt* **1.** (*set down*) mettere giù; **to not be able to put a book down** leggere un libro tutto d'un fiato **2.** (*lower*) abbassare; **to put one's arm/feet down** abbassare il braccio/i piedi; **to put sb/sth down somewhere** lasciare giù qu/qc da qualche parte **3.** (*attribute*) **to put sth down to sb** attribuire qc a qu **4.** (*write*) scrivere; **to put sth down on paper** annotare qc **5.** (*assess*) classificare; **I put her down as 30** le dò 30 anni **6.** (*register*) **to put sb down for sth** mettere qu in lista per qc **7.** FIN (*prices*) ridurre **8.** ECON (*leave as deposit*) lasciare come deposito **9.** (*stop: rebellion, opposition*) domare

10. *sl* (*humiliate*) umiliare 11. (*have killed: animal*) far abbattere

◆ **put forward** <-tt-> *irr vt* 1. (*offer for discussion: subject*) proporre; (*idea, plan*) esporre; (*suggestion*) avanzare; **to ~ a proposal** fare una proposta 2. (*advance: event*) anticipare; **to put the clock forward** mettere avanti l'orologio

◆ **put in** <-tt-> *irr* I. *vt* 1. (*place inside*) mettere dentro 2. (*add*) inserire; **to ~ a comma/a period** inserire una virgola/un punto 3. (*say*) dire; (*remark*) fare; **to put a word in** intervenire nella conversazione; **to ~ a good word for sb** mettere una buona parola per qu 4. AGR (*plant: vegetables, trees*) piantare; (*seeds*) seminare 5. TECH (*install*) installare; **to ~ a shower** installare una doccia 6. (*invest: money*) investire; (*time*) dedicare; **to ~ a lot of effort on sth** dedicare molto impegno a qc; **to ~ overtime** fare lo straordinario 7. (*submit: claim, request*) presentare; (*candidate*) presentarsi; **to put oneself in for sth** iscriversi per qc 8. (*make*) **to ~ an appearance** fare atto di presenza II. *vi* 1. (*apply*) **to ~ for sth** fare domanda per qc 2. NAUT (*dock*) fare scalo

◆ **put into** <-tt-> *irr vt* 1. (*place inside*) mettere dentro, inserire 2. **to put sth into sth** (*add*) aggiungere qc a qc; CULIN mettere qc in qc; (*include*) includere qc in qc 3. (*dress in*) **to put sb into sth** vestire qu con qc 4. TECH (*install*) installare 5. FIN (*deposit*) **to put money into a bank** versare denaro in banca 6. (*invest*) **to put sth into sth** (*money*) investire in qc; (*time, effort*) metterci 7. (*cause to be*) **to put a plan into operation** [*o inf* action] realizzare un piano 8. (*institutionalize*) **to put sb into sth** mettere qu in qc; **to put sb into prison** mettere qu in prigione

◆ **put off** <-tt-> *irr vt* 1. (*turn off: lights, TV*) spegnere; (*take off: sweater, jacket*) togliersi 2. (*delay*) rimandare; **to put sth off for a week** rinviare qc di una settimana 3. *inf* (*make wait*) annullare un incontro con; **to put sb off with excuses** dare buca a qu con delle scuse *inf* 4. (*repel*) disgustare; (*food, smell*) fare schifo a 5. (*disconcert*) sconcertare 6. (*distract*) distrarre; **to put sb off sth** distrarre qu da qc; **to put sb off the scent** depistare qu

◆ **put on** <-tt-> *irr vt* 1. (*place upon*) **to put sth on sth** mettere qc su [*o* sopra] qc 2. (*attach*) **to put sth on sth** attaccare qc a qc 3. (*wear: shirt, shoes*) mettersi; **to ~ make-up** truccarsi 4. (*turn on*) accendere; **to ~ Mozart** mettere una musica di Mozart 5. (*use*) **to ~ the brakes** frenare; **to put the handbrake on** tirare il freno a mano 6. (*perform: film*) dare; (*show*) presentare; (*play*) mettere in scena 7. (*provide: dish*) servire; **to ~ a party** dare una festa 8. (*begin boiling: water, soup, potatoes*) mettere a scaldare 9. (*assume: expression*) assumere; **to ~ a frown** fare una smorfia; **to ~ airs** darsi delle arie 10. (*pretend*) fare finta; **to ~ a silly voice** fare una voce ridicola

11. (*be joking with*) **to put sb on** prendere in giro qu 12. (*gain: weight*) mettere su; **to ~ 10 years** invecchiare di 10 anni 13. TEL **to put sb on the (tele)phone** passare il telefono a qu; **to put sb on to sb** passare qu a qu; **I'll put him on** te lo passo 14. (*comput*) **to put sb on to sth** mettere in contatto con qu; **to put sb on to sth** mettere qu sulla buona strada per

◆ **put out** <-tt-> *irr* I. *vt* 1. (*take outside*) **to put the dog out** mettere fuori il cane 2. (*extend*) estendere; **to ~ one's hand** tendere la mano 3. (*extinguish: fire*) estinguere; **to ~ a cigarette** spegnere una sigaretta 4. (*turn off: lights, TV*) spegnere 5. (*eject*) buttare fuori; (*dismiss*) mandare via 6. (*publish: newsletter, magazine*) pubblicare; (*announcement*) diramare 7. (*spread: rumor*) fare circolare; **to put it out that ...** mettere in giro la notizia che ... 8. (*produce industrially*) produrre 9. (*sprout: leaves*) mettere 10. (*contract out*) **to put sth out to subcontract** dare qc in subappalto a qu; **to put sth out to bid** dare qc in appalto 11. (*inconvenience*) disturbare; **to put oneself out for sb** scomodarsi per qu 12. (*offend*) **to be ~** seccarsi 13. (*dislocate*) slogare; **to ~ one's shoulder** slogarsi una spalla 14. NAUT varare II. *vi* NAUT salpare

◆ **put over** <-tt-> *irr vt* 1. (*place higher*) **to put sth over sth** mettere qc sopra qc 2. (*make understood: idea, plan*) comunicare 3. (*fool*) **to put sth over on sb** fregare qu

◆ **put through** <-tt-> *irr vt* 1. (*insert through*) **to put sth through sth** fare passare qc attraverso qc 2. (*complete, implement*) portare a termine; (*proposal*) fare accettare; (*bill*) fare approvare 3. (*send*) mandare; **to put sb through college** mantenere qu agli studi 4. TEL passare; **to ~ a telephone call to Paris** passare una chiamata telefonica a Parigi; **to put a call through** passare una chiamata; **to put sb through** (**to sb**) passare qu (a qu) 5. *inf* (*make endure*) **to put sb through sth** fare subire/fare qu a qc; **to put sb through it** fare passare un brutto quarto d'ora a qu

◆ **put together** <-tt-> *irr vt* 1. (*join*) unire; (*collection*) preparare; (*assemble*) mettere insieme; (*machine, model, radio*) montare; (*pieces*) assemblare 2. *fig* (*connect: facts, clues*) mettere insieme 3. (*create*) creare; (*list*) fare; (*team*) formare; (*meal*) preparare; (*dress*) fare 4. MATH sommare

◆ **put up** <-tt-> *irr* I. *vt* 1. (*hang up*) appendere; (*notice*) attaccare 2. (*raise*) alzare; (*one's collar*) tirarsi su; (*flag*) issare; (*umbrella*) aprire; **to put one's hair up** tirarsi su i capelli 3. (*build*) costruire; (*tent*) montare 4. (*increase: prices*) aumentare 5. (*make available*) **to put sth up for sale** mettere in vendita qc; **to put sth up for auction** mettere qc all'asta 6. (*give shelter*) sistemare; **I can put you up for a week** ti posso ospitare per una settimana 7. (*provide: funds*) fornire; **to ~ the money for sth** mettere i soldi per qc 8. (*show* *opposition*) **to ~ opposition** opporsi; **to ~ a struggle** [*o* fight] opporre resistenza **9.** (*submit: candidate, proposal*) presentare **II.** *vi* **1.** (*sleep at*) alloggiare; **to ~ at a hotel** alloggiare in un albergo; **to ~ at sb's place for the night** essere ospite di qu per la notte **2.** (*tolerate unwillingly*) **to ~ with sb/sth** sopportare qu/qc

putative ['pjuː·tə·tɪv] *adj form* (*reputed*) presunto, -a; (*father*) putativo, -a

putoff *n inf* rinvio *m;* **to give sb a ~** rinviare con un pretesto l'incontro con qu

put-on *n inf* finta *f;* (*joke*) scherzo *m*

put option *n* ECON put *m inv*

putrefaction [ˌpjuː·trə·ˈfæk·ʃən] *n* putrefazione *f*

putrefy ['pjuː·trə·faɪ] <-ie-> *vi* imputridire

putrid ['pjuː·trɪd] *adj* **1.** (*decayed*) putrido, -a, putrefatto, -a; (*smell*) schifoso, -a **2.** (*very bad*) disgustoso, -a

putsch [pʊtʃ] <-es> *n* putsch *m*

putt [pʌt] SPORTS **I.** *vi* eseguire un putt **II.** *n* putt *m inv*

puttee [pʌ·ˈtiː] *n* mollettiera *f*

putter[1] ['pʌ·tə] *n* (*golf club*) putter *m inv*

putter[2] ['pʌ·tə] *vi* prendersela calma; **to ~ around the house** trafficare in casa

putty ['pʌ·ti] *n* stucco *m* (per vetri) ▶**to be like ~ in sb's** hands lasciarsi facilmente manovrare da qu

putty knife <-knives> *n* spatola *f*

put-up *adj inf* **a ~ job** un imbroglio

put-upon *adj inf* sfruttato, -a

puzzle ['pʌ·zl] **I.** *vt* lasciare perplesso, -a **II.** *vi* **to ~ over sth** scervellarsi su qc **III.** *n* **1.** (*game*) puzzle *m inv,* rompicapo *m inv;* **jigsaw ~** puzzle *m inv;* **crossword ~** cruciverba *m inv* **2.** (*mystery*) mistero *m,* enigma *m;* **to be a ~ to sb** essere un mistero per qu; **to solve a ~** risolvere un enigma

puzzled *adj* perplesso, -a; **to be ~ about sth** essere perplesso riguardo a qc

puzzler ['pʌz·lə] *n* (*mystery*) enigma *m*

puzzling *adj* sconcertante

PVC [ˌpiː·viː·ˈsiː] *n abbr of* **polyvinyl chloride** PVC *m*

pygmy ['pɪg·mi] **I.** *n* <-ies> **1.** (*short person*) pigmeo, -a *m, f* **2.** *fig* nano, -a *m, f* **II.** *adj* ZOOL nano, -a

pyjamas [pə·ˈdʒɑː·məz] *npl s.* **pajamas**

pylon ['paɪ·lɑːn] *n* ELEC traliccio *m,* pilone *m*

pyramid ['pɪ·rə·mɪd] *n* piramide *f*

pyre ['pa·ɪə] *n* pira *f*

Pyrenees [pɪ·rə·ˈniːz] *npl* **the ~** i Pirenei

Pyrex® ['paɪ·reks] **I.** *n* pirex *m* **II.** *adj* di pirex

pyrites [ˌpaɪ·ˈraɪ·tiːz] <-tae> *n* pirite *f;* **iron ~** pirite di ferro

pyromania [ˌpaɪ·roʊ·ˈmeɪ·ni·ə] *n* piromania *f*

pyrotechnic [ˌpaɪ·roʊ·ˈtek·nɪk] *adj* **1.** pirotecnico, -a; **~ display** spettacolo pirotecnico **2.** *fig* (*brilliant*) brillante

python ['paɪ·θɑːn] <-(ons)> *n* pitone *m*

Qq

Q, q [kjuː] *n* Q, q *f;* **~ as in Queen** Q come Quarto

Q *abbr of* **Queen** regina *f*

Qatar ['kɑː·tɑːr] *n* Qatar *m*

QED [ˌkjuː·iː·ˈdiː] *abbr of* **quod erat demonstrandum** qed

QR code *n abbr of* **Quick Response** INET codice *m* QR

qtr. *abbr of* **quarter** quarto *m*

qty. *abbr of* **quantity** quantità *f*

quack[1] [kwæk] **I.** *n* (*duck's sound*) qua qua *m* **II.** *vi* fare qua qua, schiamazzare

quack[2] [kwæk] *pej* **I.** *n* **1.** *pej* (*doctor*) scalzacane *mf inv* **2.** (*charlatan*) ciarlatano, -a *m, f* **II.** *adj* fasullo, -a

quad[1] [kwɑːd] *n inf* (*quadriceps*) quadricipite *m*

quad[2] [kwɑːd] *n inf* (*quadrangle*) quadrangolo *m*

quad[3] [kwɑːd] *inf* **I.** *n* (*quadruple*) quadruplo *m* **II.** *adj* (*quadruple*) quadruplo, -a

quadrangle ['kwɑː·d·ræŋ·gl] *n form* quadrangolo *m*

quadrangular [kwɑː·ˈdræŋ·gjə·lə] *adj* quadrangolare

quadrant ['kwɑː·drənt] *n* quadrante *m*

quadraphonic [ˌkwɑː·drə·ˈfɑː·nɪk] *adj* MUS quadrifonico, -a

quadratic [kwɑː·ˈdræ·tɪk] *adj* quadratico, -a

quadrilateral [ˌkwɑː·drɪ·ˈlæ·tə·rəl] **I.** *n* quadrilatero *m* **II.** *adj* quadrilatero, -a

quadripartite ['kwɑ·drɪ·ˈpɑː·taɪt] *adj form* quadripartito, -a

quadruped ['kwɑː·drʊ·ped] *n* quadrupede *m*

quadruple ['kwɑː·dru·pl] **I.** *vt* quadruplicare **II.** *vi* quadruplicarsi **III.** *adj* quadruplo, -a

quadruplet [kwɑː·ˈdruːp·lɪt] *n* (ogni) gemello, -a di un parto quadrigemino *m*

quaff [kwɑːf] *vt liter* tracannare

quagmire ['kwæg·maɪ·ə] *n* **1.** (*area*) pantano *m* **2.** (*situation*) ginepraio *m*

quail[1] [kweɪl] <-(s)> *n* (*bird*) quaglia *f*

quail[2] [kweɪl] *vi* (*feel fear*) impaurirsi; **to ~ before sb/sth** sgomentarsi di fronte a qu/qc

quaint [kweɪnt] *adj* **1.** (*charming*) pittoresco, -a **2.** *pej* (*strange*) strano, -a **3.** (*pleasantly unusual*) bizzarro, -a

quaintness ['kweɪnt·nɪs] *n* carattere *m* pittoresco, aria *f* pittoresca; (*strangeness*) singolarità *f*

quake [kweɪk] **I.** *n* **1.** (*shaking*) tremore *m* **2.** *inf* (*earthquake*) terremoto *m* **II.** *vi* **1.** (*move*) sussultare **2.** (*shake*) tremare; **to ~ with fear** tremare di paura; **to ~ at the thought of sth** tremare all'idea di qc

Quaker ['kweɪ·kə·] **I.** *n* quacchero, -a *m, f;* **the ~s** i quaccheri **II.** *adj* quacchero, -a

qualification [ˌkwɑː·lɪ·fɪ·'keɪ·ʃən] *n* **1.** (*document*) titolo *m;* (*exam*) qualificazione *f;* **academic ~** titolo accademico; **what are your ~s?** che tipo di formazione hai ricevuto? **2.** (*limiting criterion*) restrizione *f;* (*condition*) riserva *f;* **without ~** senza riserve

qualified ['kwɑː·lɪ·faɪd] *adj* **1.** (*trained*) abilitato, -a; (*certified*) qualificato, -a; (*by the state*) autorizzato, -a **2.** (*competent*) competente **3.** (*limited*) limitato, -a; **to be a ~ success** avere un certo successo

qualify ['kwɑː·lɪ·faɪ] <-ie-> **I.** *vi* **1.** (*meet standards*) **to ~ for sth** essere idoneo a qc; (*be eligible*) avere i requisiti per qc; (*have qualifications*) essere qualificato per qc **2.** (*complete training*) conseguire una qualifica **3.** SPORTS qualificarsi **II.** *vt* **1.** (*give credentials*) accreditare **2.** (*make eligible*) abilitare; **to ~ sb to do sth** dare il diritto a qu di fare qc **3.** (*explain and limit*) limitare; **to ~ a remark** fare precisazioni su un punto **4.** LING (*modify*) qualificare

qualifying ['kwɑː·lɪ·faɪ·ɪŋ] *adj* **1.** (*limiting*) limitato, -a **2.** SPORTS (*testing standard*) di qualificazione; **~ round** eliminatoria *f* **3.** LING (*modifying*) qualificativo, -a

qualitative ['kwɑː·lɪ·ter·tɪv] *adj* qualitativo, -a; **~ difference** differenza qualitativa

quality ['kwɑː·lə·ti] **I.** <-ies> *n* **1.** (*degree of goodness*) qualità *f inv;* **~ of life** qualità della vita **2.** (*characteristic*) qualità *f;* **artistic ~** qualità artistiche **II.** *adj* di qualità

quality control *n* controllo *m* di qualità

quality time *n* tempo *m* trascorso bene insieme

qualm [kwɑːm] *n* scrupolo *m;* **to feel/have ~s** (**about sth**) avere degli scrupoli (riguardo a qc); **to have no ~s about doing sth** non farsi scrupolo di fare qc; **without the slightest ~** senza la minima perplessità

quandary ['kwɑːn·də·ri] <-ies> *n* dilemma *m;* **to be in a ~** trovarsi di fronte a un dilemma

quantifiable ['kwɑːn·tə·faɪ·ə·bl] *adj* quantificabile

quantification [ˌkwɑːn·tə·fɪ·'keɪ·ʃən] *n* quantificazione *f*

quantify ['kwɑːn·tə·faɪ] <-ie-> *vt* quantificare

quantitative ['kwɑːn·tə·ter·tɪv] *adj* quantitativo, -a

quantity ['kwɑːn·tə·ti] **I.** <-ies> *n* **1.** (*amount*) quantità *f;* **a large/small ~ of sth** una gran/piccola quantità di qc **2.** (*large amounts*) (grandi) quantità *fpl;* **to buy in ~** comprare in gran quantità **II.** *adj* in quantità

quantity discount *n* sconto *m* quantità

quantum ['kwɑːn·təm] <quanta> *n* **1.** *form* (*quantity*) quantità *f* (piccola) *inv* **2.** PHYS (*unit of radiant energy*) quanto *m*

quantum mechanics *n* + *sing vb* meccanica *f* quantistica

quarantine ['kwɔː·rən·tiːn] **I.** *n* quarantena *f;* **to be/place under ~** essere/mettere in quarantena **II.** *vt* **to ~ sb/an animal** mettere in quarantena qu/un animale

quark [kwɑːrk] *n* PHYS quark *m inv*

quarrel ['kwɔː·rəl] **I.** *n* lite *f* **II.** <-ll-> *vi* litigare; **to ~ about sth** litigare per qc

quarrelsome ['kwɔː·rəl·səm] *adj* **1.** (*belligerent*) litigioso, -a **2.** (*grumbly*) che ha sempre da ridire

quarry¹ ['kwɔː·ri] **I.** <-ies> *n* (*rock pit*) cava *f* **II.** < io > *vt* cavare

quarry² ['kwɔː·ri] <-ies> *n* preda *f*

quart [kwɔːrt] *n* quarto *m* di gallone

quarter ['kwɔːr·tə·] **I.** *n* **1.** (*one fourth*) quarto *m;* **three ~s** tre quarti; **a ~ of the Mexicans** un quarto dei messicani; **a ~ of a century/an hour** un quarto di secolo/d'ora; **(a) ~ to three** un quarto alle tre, le tre meno un quarto; **(a) ~ past three** le tre e un quarto **2.** (*25 cents*) 25 centesimi **3.** *a.* FIN, SCHOOL trimestre *m* **4.** (*neighborhood*) quartiere *m;* (*area*) zona *f;* **at close ~s** da vicino; **in all ~s of the earth** in tutte le parti della terra **5.** *pl* (*unspecified group or person*) ambienti *mpl;* **in certain ~s** in certi ambienti; **in high ~s** nelle alte sfere **6.** (*area of compass*) quadrante *m;* **from the north/west ~** dal primo/quarto quadrante **7.** SPORTS quarto *m* **8.** (*mercy*) quartiere *m,* clemenza *f;* **to give ~** dare quartiere; **to ask for ~** chiedere quartiere **II.** *vt* **1.** (*cut into four*) dividere in quattro (parti); **to ~ sb** squartare qu **2.** (*give housing*) alloggiare; **to be ~ed with sb** essere alloggiato a casa di qu; MIL acquartierare **III.** *adj* quarto; **~ hour** un quarto d'ora

quarterback ['kwɔːr·tə·bæk] *n* (*US football*) quarterback *mf inv*

quarterdeck *n* NAUT casseretto *m*

quarterfinal *n* SPORTS quarto *m* di finale

quartering *n* **1.** (*dividing into fourths*) divisione *f* in quattro parti (uguali) **2.** MIL (*housing*) acquartieramento *m* **3.** (*emblems on shield*) inquartatura *f*

quarterly ['kwɔːr·tə·li] **I.** *adv* trimestralmente **II.** *adj* trimestrale **III.** *n* trimestrale

quartermaster ['kwɔːr·tə·ˌmæs·tə·] *n* **1.** MIL quartiermastro *m* **2.** NAUT capoguardia *mf inv*

quartertone *n* MUS quarto *m* di tono

quartet *n,* **quartette** [kwɔːr·'tet] *n* MUS quartetto *m*

quartz [kwɔːrts] **I.** *n* quarzo *m* **II.** *adj* di quarzo; **~ crystal** cristallo di quarzo

quartz clock *n* orologio *m* al quarzo

quasar ['kweɪ·zɑːr] *n* quasar *m inv*

quash [kwɑːʃ] *vt* **1.** (*supress*) reprimere; (*rebellion*) soffocare; (*rumor*) mettere a tacere; **to ~ sb's dreams/plans** distruggere i sogni/progetti di qc **2.** LAW (*annul: conviction, verdict, sentence*) annullare; (*indictment, decision*) invalidare; (*law, bill, writ*) revocare

Q

quasi- ['kweɪ·saɪ] quasi-, quasi
quatrain ['kwɑː·treɪn] *n* LIT quartina *f*
quaver ['kweɪ·və] I. *vi* tremare II. *n* tremolio *m;* **with a ~ in one's voice** con un tremito nella voce
quay [kiː] *n* banchina *f*
queasy ['kwiː·zi] <-ier, -iest> *adj* 1.(*nauseous*) nauseato, -a; **to have a ~ feeling** avere la nausea 2. *fig* (*unsettled*) inquieto, -a; **with a ~ conscience** con la coscienza agitata; **to feel ~ about sth** sentirsi inquieto per qc
Quebec [kwiː·'bek] *n* Québec *m*
queen [kwiːn] I. *n* 1.(*monarch*) regina *f;* **~ of hearts/diamonds** (*cards*) regina di cuori/quadri 2. *pej* (*gay man*) checca *f;* **drag ~** travestito *m* II. *vt* 1.(*make queen*) **to ~ sb** incoronare qc regina 2.(*in chess*) promuovere a regina
queen bee *n* 1.ZOOL ape *f* regina 2. *pej* primadonna *f inv*
queen dowager *n* regina *f* vedova
queenly ['kwiːn·li] <-ier, iest> *adj* regia
queen-size *adj* da una piazza e mezza
queer [kwɪr] I.<-er, -est> *adj* 1.(*strange*) strano, -a; **to have ~ ideas** avere delle strane idee 2. *pej, sl* (*homosexual*) invertito, -a II. *n pej, sl* finocchio *m*
quell [kwel] *vt* (*unrest, rebellion, protest*) soffocare; (*doubts, fears, anxieties*) mettere a tacere; **to ~ sb's anger** sedare la rabbia di qc
quench [kwentʃ] *vt* 1.(*satisfy*) appagare; (*thirst*) fare passare, estinguere; **to ~ sb's thirst for knowledge** *fig* soddisfare la sete di sapere di qu 2.(*put out*) estinguere, spegnere; **to ~ a fire** spegnere un incendio 3.(*supress*) reprimere; **to ~ sb's desire** appagare il desiderio di qu; **to ~ sb's enthusiasm** frenare l'entusiasmo di qu
querulous ['kwer·jə·ləs] *adj* (*person*) querulo, -a; (*voice*) lamentoso, -a
query ['kwɪ·ri] I.<-ies> *n* domanda *f;* **a ~ about sth** una domanda su qc II.<-ie-> *vt* 1. *form* (*dispute*) mettere in discussione; (*doubt*) mettere in dubbio 2.(*ask*) chiedere; **to ~ whether ...** chiedere se ...
quesadilla *n* tortilla *f* al formaggio
quest [kwest] *n* ricerca *f;* **the ~ for the truth/ an answer** la ricerca della verità/di una risposta
question ['kwes·tʃən] I. *n* 1.(*inquiry*) domanda *f;* **frequently asked ~s** *a.* COMPUT domande più frequenti; **to put a ~ to sb** fare una domanda a qu; **to pop the ~ to sb** fare una proposta di matrimonio a qu 2.(*doubt*) dubbio *f;* **without ~** senza dubbio; **to be beyond ~** essere certo [*o* fuor di dubbio] 3.(*issue*) questione *f;* **it's a ~ of life or death** *a. fig* è una questione di vita o di morte; **to be a ~ of time/money** essere una questione di tempo/soldi; **to raise a ~** sollevare una questione; **to be out of the ~** essere fuori questione/discussione; **there's no ~ of sb doing sth** non è neanche da pensare che qu faccia qc

4.SCHOOL, UNIV (*test problem*) domanda *f;* **to do a ~** rispondere alla domanda II. *vt* 1.(*ask*) domandare 2.(*interrogate*) interrogare 3.(*doubt: facts, findings*) mettere in dubbio
questionable ['kwes·tʃə·nə·bl] *adj* discutibile
questioner *n* chi fa domande
questioning I. *n* interrogatorio *m;* **to be taken in for ~** essere convocato per essere interrogato II. *adj* inquisitore, -trice; **to have a ~ mind** avere una mente inquisitrice
question mark *n* punto *m* interrogativo; **a ~ hangs over sth** *fig* esserci un interrogativo su qu
questionnaire [ˌkwes·tʃə·'ner] *n* questionario *m*
queue [kjuː] *n* COMPUT coda *f*
quibble ['kwɪ·bl] I. *n* 1.(*petty argument*) cavillo *m;* **~ over sth** un cavillo su qc 2.(*criticism*) sottigliezza *f* II. *vi* cavillare; **to ~ over sth** sottilizzare su qc
quibbler ['kwɪb·lə] *n* sofista *mf*
quibbling ['kwɪb·lɪŋ] I. *n* sottigliezze *fpl* II. *adj* cavilloso, -a
quiche [kiːʃ] *n* quiche *f inv*
quick [kwɪk] I.<-er, -est> *adj* 1.(*fast*) rapido, -a, veloce; **~ as lightning** (veloce) come un fulmine; **in ~ succession** uno dopo l'altro; **to be ~ to do sth** fare qc velocemente; **to have a ~ one** farsi una bevuta veloce; **to have a ~ meal** fare un pasto veloce 2.(*short*) breve; **the ~est way** la strada più breve; **to give sb a ~ call** fare una telefonata a qu 3.(*hurried*) frettoloso, -a; **to say a ~ good-bye/hello** salutare velocemente 4.(*smart*) intelligente; **~ thinking** agilità mentale; **to have a ~ mind** avere una mente sveglia; **to have a ~ temper** arrabbiarsi facilmente II.<-er, -est> *adv* in fretta, alla svelta; **~!** presto!; **as ~ as possible** al più presto possibile; **to get rich ~** arricchirsi in fretta III. *n* carne *f* viva; **to bite/cut nails to the ~** mangiarsi/tagliarsi le unghie fino alla carne ▸ **to cut sb to the ~** pungere qualcuno sul vivo
quick-acting [ˌkwɪk·'æk·tɪŋ] *adj* a effetto rapido; **to be ~** agire rapidamente
quick-change artist *n* trasformista *mf*
quicken ['kwɪ·kən] I. *vt* 1.(*make faster*) accelerare; **to ~ the pace** affrettare il passo 2.(*stimulate*) stimolare II. *vi* 1.(*increase speed*) accelerare 2.(*become more active*) muoversi
quick-freeze ['kwɪk·friːz] *vt irr* surgelare
quickie ['kwɪ·ki] *n inf* 1.(*quick sex*) sveltina *f* 2.(*fast drink*) bevuta *f* veloce
quickly ['kwɪk·li] *adv* in fretta
quickness ['kwɪk·nɪs] *n* 1.(*speed*) rapidità *f;* **~ of temper** facilità ad arrabbiarsi *m* 2.(*liveliness*) vivacità *f;* **~ of mind** agilità *f* di mente
quicksand ['kwɪk·sænd] *n* sabbie *f* mobili
quicksilver *n s.* **mercury** mercurio *m*
quickstep *n* quickstep *m inv* (*musica e ballo di ritmo veloce*)
quick-tempered *adj* irascibile

Q

quick-witted *adj* intelligente; **a ~ reply** una risposta pronta

quid pro quo ['kwɪd·proʊ·'kwoʊ] *n form* ricompensa *f*

quiescent [kwaɪ·'e·snt] *adj form* inattivo, -a

quiet ['kwaɪ·ət] **I.** *n* **1.** (*silence*) silenzio *m* **2.** (*lack of activity*) quiete *f;* **peace and ~** pace e tranquillità **II.** <-er, -est> *adj* **1.** (*not loud*) silenzioso, -a; **to speak in a ~ voice** parlare a bassa voce **2.** (*not talkative*) silenzioso, -a; **to keep ~** restare in silenzio **3.** (*secret*) segreto, -a; **to have a ~ word with sb** parlare con qu in privato; **to keep ~ about sth** non dire niente su qc **4.** (*unostentatious*) sobrio, -a **5.** (*unexciting*) tranquillo, -a

◆**quiet down** **I.** *vi* **1.** (*quiet*) stare zitto **2.** (*calm*) calmarsi **II.** *vt* **1.** (*silence*) zittire **2.** (*calm* (*down*)) calmare

quietly ['kwaɪ·ət·li] *adv* **1.** (*not loudly*) silenziosamente; **to speak ~** parlare a bassa voce **2.** (*speaking*) a bassa voce **3.** (*peacefully*) tranquillamente

quietness ['kwaɪ·ət·nɪs] *n* tranquillità *f*

quietude ['kwaɪ·ə·tuːd] *n form* quiete *f*

quill [kwɪl] *n* **1.** (*feather*) penna *f; liter* (*pen*) penna *f* d'oca **2.** (*of porcupine*) aculeo *m*

quilt [kwɪlt] **I.** *n* trapunta *f* **II.** *vt* trapuntare

quince [kwɪns] *n* (*fruit*) (mela) *f* cotogna; (*tree*) cotogno *m*

quinine ['kwaɪ·naɪn] *n* chinino *m*

quintessence [kwɪn·'te·sns] *n* quintessenza *f*

quintessential [ˌkwɪn·te·'sen·ʃəl] *adj form* tipico, -a

quintet(te) [kwɪn·'tet] *n* quintetto *m*

quintuple [kwɪn·'tuː·pl] *form* **I.** *adj* quintuplo, -a **II.** *vt* quintuplicare **III.** *vi* quintuplicarsi

quintuplet [kwɪn·'tʌp·lɪt] *n* figlio, -a *m, f* da parto di cinque gemelli

quip [kwɪp] **I.** *n* battuta (di spirito) *f* **II.** *vi* dire scherzando

quirk [kwɜːrk] *n* **1.** (*habit*) eccentricità *f* **2.** (*oddity*) peculiarità *f* **3.** (*sudden twist or turn*) **a ~ of fate** un capriccio del destino

quirky ['kwɜːr·ki] <-ier, -iest> *adj* **1.** (*original*) peculiare **2.** (*odd*) eccentrico, -a

quit [kwɪt] <quit *o* quitted, quit *o* quitted> **I.** *vi*

smettere; (*resign*) dimettersi **II.** *vt* **1.** (*job*) dimettersi da **2.** (*stop*) smettere; (*smoking*) smettere di **3.** COMPUT uscire da

quite [kwaɪt] *adv* **1.** (*fairly*) abbastanza; **~ a bit** un bel po'; **~ a distance** una bella distanza; **~ something** una cosa notevole **2.** (*completely*) del tutto; **~ wrong** proprio sbagliato; **not ~** non esattamente; **not ~ as clever/rich as ...** non così intelligente/ricco come ...

quits [kwɪts] *adj inf* pari; **I am ~** (**with him**) (io e lui) siamo pari; **to call it ~** farla finita

quittance ['kwɪ·tns] *n form* quietanza *f*

quiver[1] ['kwɪ·vɚ] **I.** *n* (*shiver*) brivido *m* **II.** *vi* tremare

quiver[2] ['kwɪ·vɚ] *n* faretra *f*

quixotic [kwɪk·'sɑ:·t̬ɪk] *adj liter* donchisciottesco, -a

quiz [kwɪz] **I.** <-es> *n* quiz *m inv* **II.** *vt* interrogare

quizmaster ['kwɪz·ˌmæs·tɚ] *n* conduttore , -trice *m, f* di uno spettacolo di giochi a quiz

quiz show *n* spettacolo *m* di giochi a quiz

quizzical ['kwɪ·zɪ·kəl] *adj* interrogativo, -a

quorum ['kwɔː·rəm] *n form* quorum *m inv*

quota ['kwoʊ·t̬ə] *n* **1.** (*fixed amount allowed*) quota *f; export ~* contingente *m* di esportazione **2.** (*proportion*) parte *f*

quotable ['kwoʊ·t̬ə·bl] *adj* citabile

quotation [kwoʊ·'teɪ·ʃən] *n* **1.** (*repeated words*) citazione *f* **2.** FIN quotazione *f*

quotation marks *npl* virgolette *fpl*

quote [kwoʊt] **I.** *n* **1.** *inf* (*quotation*) citazione *f* **2.** *pl* (*quotation marks*) virgolette *fpl* **3.** (*estimate*) preventivo *m* **4.** FIN quotazione *f* **II.** *vt* **1.** citare **2.** (*name*) nominare **3.** FIN quotare; **a ~d company** un'azienda quotata in borsa **III.** *vi* (*repeat exact words*) citare; **to ~ from sb** citare qu; **to ~ from memory** citare a memoria

quotidian [kwoʊ·'tɪ·diən] *adj form* quotidiano, -a

quotient ['kwoʊ·ʃənt] *n* **1.** MATH quoziente *m* **2.** (*factor*) fattore *m; intelligence ~* quoziente d'intelligenza

QWERTY keyboard [ˌkwɜːr·t̬i·'kiː·bɔːrd] *n* tastiera *f* QWERTY

Q

Rr

r, R [ɑːr] r, R *fo m;* ~ **as in Roger** r come Roma
R 1. CINE *abbr of* **restricted** *vietato ai minori di
17 anni* 2. *abbr of* **Republican** repubblicano, -a
R. *abbr of* **River** f.
rabbi ['ræ·baɪ] *n* rabbino *m*
rabbit ['ræ·bɪt] I. *n* coniglio, -a *m, f* II. *vi* dar la
caccia ai conigli
rabbit hole *n* tana *f* di coniglio
rabble ['ræ·bl] *n* accozzaglia *f* di persone;
the ~ la plebaglia
rabble-rouser ['ræ·bl·ˌraʊ·zɚ] *n* agitatore,
-trice *m, f*
rabble-rousing *adj* demagogico, -a
rabid ['ræ·bɪd] *adj* 1. (*fanatical*) accanito, -a
2. (*suffering from rabies*) rabbioso, -a
rabies ['reɪ·biːz] *n* rabbia *f;* **to carry** ~ avere la
rabbia
raccoon [ræ·'kuːn] *n* procione *m*
race[1] [reɪs] I. *n* corsa *f;* **a** ~ **against time** una
corsa contro il tempo; **100-meter** ~ 100 metri
piani; **to run a** ~ partecipare ad una corsa
▶**slow and steady wins the** ~ *prov* chi va
piano va sano e va lontano *prov* II. *vi* 1. (*move
quickly*) correre; SPORTS gareggiare; **to** ~
through one's work fare il lavoro di corsa
2. (*engine*) girare a vuoto III. *vt* 1. (*compete
against*) gareggiare con; **to** ~ **sb home** fare
una corsa fino a casa con qn 2. (*enter for race:
horse*) far correre
race[2] [reɪs] *n* 1. (*ethnic grouping, species*)
razza *f* 2. (*lineage*) stirpe *f*
racecar *n* auto *f* da corsa
racecar driver *n* pilota *mf* di auto da corsa
race conflict *n* conflitto *m* razziale
racecourse ['reɪs·kɔːrs] *n* ippodromo *m*
race hatred *n* odio *m* razziale
racehorse ['reɪs·ˌhɔːrs] *n* cavallo *m* da corsa
race meet *n*, **race meeting** *n* concorso *m*
ippico
racer ['reɪ·sɚ] *n* 1. (*person*) corridore *m*
2. (*bicycle*) bicicletta *f* da corsa
race relations *npl* relazioni *fpl* interrazziali
race riot *n* disordini *mpl* razziali
racetrack ['reɪs·træk] *n* ippodromo *m*
racewalking *n* SPORTS marcia *f*
racial ['reɪ·ʃəl] *adj* razziale
racing I. *n* corse *fpl* II. *adj* da corsa
racing bicycle *n*, **racing bike** *n inf* bicicletta *f* da corsa
racing yacht *n* yacht *m inv* da regata
racism ['reɪ·sɪ·zəm] *n* razzismo *m*
racist ['reɪ·sɪst] I. *n* razzista *mf* II. *adj* razzista
rack [ræk] I. *n* 1. (*framework, shelf*) ripiano *m;*
dish ~ scolapiatti *m inv;* **luggage** ~ AUTO portapacchi *m inv* 2. (*bar for hanging things on*)
sbarra *f* attaccapanni; **towel** ~ portasciugamani *m inv* 3. FOOD ~ **of lamb** carré *m inv* di
agnello; ~ **of beef** lombata *f* di manzo 4. (*tor-*

ture instrument) ruota *f;* **to be on the** ~ *fig*
essere in difficoltà II. *vt* tormentare
racket ['ræ·kɪt] *n* 1. SPORTS racchetta *f* 2. *inf*
(*loud noise*) chiasso *m;* **to make a** ~ fare un
gran baccano 3. (*scheme*) racket *m inv*
racketeer [ˌræ·kə·'tɪr] *n* malvivente *mf*
racoon [ræ·'kuːn] *n s.* **raccoon**
racy ['reɪ·si] <-ier, -iest> *adj* (*film, novel*)
1. (*lively*) pieno, -a di ritmo 2. (*explicit*) piccante
radar ['reɪ·dɑːr] *n* radar *m inv*
radar screen *n* schermo *m* radar
radar trap *n* Autovelox® *m*
radial ['reɪ·di·əl] *adj* radiale; TECH a stella
radiant ['reɪ·di·ənt] *adj* raggiante
radiate ['reɪ·di·eɪt] I. *vi* irradiare II. *vt* (*emit,
display*) emanare
radiation [ˌreɪ·di·'eɪ·ʃən] *n* radiazioni *fpl*
radiation sickness *n* sindrome *f* da radiazioni
radiation therapy *n* radioterapia *f*
radiator ['reɪ·di·eɪ·tɚ] *n* radiatore *m*
radiator cap *n* tappo *m* del radiatore
radical ['ræ·dɪ·kəl] I. *n* 1. *a.* CHEM, MATH radicale *m* 2. POL (*person*) radicale *mf* 3. CHEM radicale *m;* **free** ~**s** radicali *mpl* liberi II. *adj*
(*change, idea*) radicale; (*measures*) drastico, -a
radicalism ['ræ·dɪ·kə·lɪ·zəm] *n* radicalismo *m*
radicchio *n* radicchio *m* rosso
radii ['reɪ·di·aɪ] *n pl of* **radius**
radio ['reɪ·di·oʊ] I. *n* radio *f* II. *vt* (*information*) trasmettere via radio; (*person*) chiamare
via radio
radioactive [ˌreɪ·di·oʊ·'æk·tɪv] *adj* radioattivo, -a
radioactivity [ˌreɪ·di·oʊ·æk·'tɪ·və·ti] *n* radioattività *f*
radio alarm (**clock**) *n* radiosveglia *f*
radio beacon *n* radiofaro *m*
radiocarbon dating [ˌreɪ·di·oʊ·kɑːr·bən·'deɪ·
tɪŋ] *n* datazione *f* mediante carbonio radioattivo
radio cassette (**recorder**) *n* radioregistratore *m* a cassette
radiogram ['reɪ·di·oʊ·græm] *n* radiogramma *m*
radiograph ['reɪ·di·oʊ·græf] *n* radiografia *f*
radiographer *n* radiologo, -a *m, f*
radiography [ˌreɪ·di·'ɑː·grə·fi] *n* radiografia *f*
radio ham *n* radioamatore, -trice *m, f*
radiologist [ˌreɪ·di·'ɑː·lə·dʒɪst] *n* radiologo, -a
m, f
radiology [ˌreɪ·di·'ɑː·lə·dʒi] *n* radiologia *f*
radio operator *n* radiotelegrafista *mf*
radio program *n* programma *m* radio
radioscopy [ˌreɪ·di·'ɒs·kə·pi] *n* MED radioscopia *f*
radio station *n* stazione *f* radio; **pirate** ~ emittente *f* pirata

radiotelephony [ˌreɪ·diəʊ·tɪ·ˈle·fə·ni] *n* radiotelefonia *f*

radio telescope *n* radiotelescopio *m*

radiotherapy [ˌreɪ·dioʊ·ˈθe·rə·pi] *n* radioterapia *f*

radio wave *n* onda *f* radio

radish [ˈræ·dɪʃ] <-es> *n* ravanello *m*

radium [ˈreɪ·diəm] *n* radio *m*

radium treatment *n* radioterapia *f*

radius [ˈreɪ·diəs] <-dii> *n* raggio *m*

raffle [ˈræ·fl] I. *n* lotteria *f* II. *vt* offrire come premio in una lotteria

raft¹ [ræft] I. *n* zattera *f* II. *vt* trasportare su una zattera III. *vi* andare su una zattera

raft² [ræft] *n inf* mucchio *m;* **a ~ of options** un mucchio di possibilità

rafter¹ [ˈræf·tə·] *n* ARCHIT travetto *m*

rafter² [ˈræf·tə·] *n (person)* persona che viaggia su una zattera

rafting *n* rafting *m*

rag [ræg] I. *n* **1.** *(old cloth)* straccio *m* **2.** *pl (worn-out clothes)* stracci *mpl* **3.** *pej, sl (newspaper)* giornalaccio *m* **4.** MUS ragtime *m* II. <-gg-> *vt inf* prendere in giro

ragamuffin [ˈræ·gə·mʌ·fɪn] *n* bambino, -a *m, f* cencioso, -a

ragbag [ˈræg·bæg] *n* miscuglio *m*

rage [reɪdʒ] I. *n* **1.** *(anger)* rabbia *f;* **to be in a ~** andare su tutte le furie **2.** *(fashion)* **to be all the ~** essere l'ultimo grido II. *vi* **1.** *(express fury)* infuriarsi; **to ~ at sb/sth** infuriarsi con qn/qc **2.** *(continue)* infuriare

ragged [ˈræ·gɪd] *adj* **1.** *(torn: clothes)* sbrindellato, -a **2.** *(wearing worn clothes)* vestito, -a di stracci **3.** *(rough)* rozzo, -a; *(hair)* ispido, -a **4.** *(irregular)* irregolare; *(wound)* lacero, -a; *(rocks, clouds)* frastagliato, -a; *(performance)* discontinuo, -a ▶ **to run sb ~** sfinire qualcuno

raging [ˈreɪ·dʒɪŋ] *adj (fire)* furioso, -a; *(blizzard, gale)* violento, -a; *(sea)* infuriato, -a

ragout [ræ·ˈguː] *n* ragù *m*

ragtag [ˈræg·tæg] *adj (unkempt: group, army)* raccogliticcio, -a

ragtime [ˈræg·taɪm] *n* ragtime *m*

rag trade *n inf* industria *f* dell'abbigliamento

ragweed *n* erba *f* di San Giacomo

raid [reɪd] I. *n* **1.** MIL incursione *f* **2.** *(attack)* assalto *m* **3.** *(robbery)* rapina *f* **4.** *(by police)* irruzione *f* II. *vt* **1.** MIL fare un'incursione su **2.** *(attack)* assaltare **3.** *(by police)* fare irruzione in

raider [reɪ·də·] *n* **1.** *(attacker)* assalitore, -trice *m, f* **2.** *(robber)* rapinatore, -trice *m, f* **3.** *pej (investor)* **corporate ~** raider *m*

rail [reɪl] I. *n* **1.** *(of fence)* sbarra *f; (of balcony, stairs)* ringhiera *f* **2.** *(railway system)* ferrovia *f;* **by ~** per ferrovia; **~ ticket** biglietto *m* ferroviario **3.** *(track)* rotaia *f* II. *vt* **to ~ sth in** [*o* **off**] recintare qualcosa con sbarre
  ◆ **rail against** *vt* scagliarsi contro

railhead [ˈreɪl·hed] *n* stazione *f* terminale

railing [ˈreɪ·lɪŋ] *n* **1.** *(post)* sbarra *f; iron ~*

inferriata *f;* **wooden ~** steccato *m* **2.** *(of stairs)* corrimano *m*

rail network *n* rete *f* ferroviaria

railroad [ˈreɪl·roʊd] I. *n* **1.** *(system)* ferrovia *f* **2.** *(track)* binario *m* II. *vt fig* **to ~ sb into doing sth** forzare qu a fare qc

railroad bridge *n* ponte *m* ferroviario

railroad crossing *n* passaggio *m* a livello

railroad engine *n* locomotore *m*

railroader *n* ferroviere, -a *m, f*

railroad line *n* linea *f* ferroviaria

railroad station *n* stazione *f* ferroviaria

railroad strike *n* sciopero *m* ferroviario

railway [ˈreɪl·weɪ] *n* ferrovia *f;* **commuter ~** ferrovia per pendolari

rain [reɪn] I. *n* pioggia *f; ~* **shower** acquazzone *m;* **the ~s** la stagione delle piogge ▶ **~ or shine** qualunque cosa accada; **to be as right as ~** *inf* essere in piena forma II. *vi* piovere III. *vt* riversare
  ◆ **rain out** *vt* **to be rained out** essere cancellato per la pioggia

rainbow *n* METEO arcobaleno *m*

rain cloud *n* nuvola *f* carica di pioggia

raincoat *n* impermeabile *m*

raindrop *n* goccia *f* di pioggia

rainfall *n* piovosità *f*

rain forest *n* foresta *f* tropicale

rain gauge *n* pluviometro *m*

rainproof I. *adj* impermeabile II. *vt* impermeabilizzare

rainstorm *n* temporale *m*

rainwater *n* acqua *f* piovana

rainy [ˈreɪ·ni] *adj* <-ier, -iest> piovoso, -a; **the ~ season** la stagione delle piogge

raise [reɪz] I. *n (of wages, prices)* aumento *m* II. *vt* **1.** *(lift)* alzare; *(periscope, window)* tirar su; *(arm, hand, leg)* sollevare; *(flag)* issare; *(anchor)* levare; *(ship)* mettere a mare **2.** *(stir up)* provocare; *(doubts)* suscitare **3.** *(increase: wages, bet)* aumentare; *(awareness)* accrescere; MATH elevare; *(standards)* migliorare **4.** *(promote)* promuovere **5.** *(introduce: subject, problem)* sollevare **6.** FIN raccogliere **7.** *(build)* costruire; *(monument)* erigere **8.** *(bring up)* tirar su; *(animals)* allevare; *(plants)* coltivare **9.** *(end: embargo)* togliere **10.** *(contact)* contattare; **to ~ the alarm** dare l'allarme ▶ **to ~ hell** [*o* **Cain**] scatenare un finimondo

raisin [ˈreɪ·zn] *n* uva *f* passa

rake¹ [reɪk] I. *n (tool)* rastrello *m* II. *vt* rastrellare

rake² [reɪk] *n (dissolute man)* libertino, -a *m, f*
  ◆ **rake in** *vt inf (money)* guadagnare; **to be raking it in** far soldi a palate
  ◆ **rake up** *vt* **1.** *(gather)* mettere insieme **2.** *fig (refer to)* rivangare; *(quarrel)* provocare

rake-off [ˈreɪk·ɑːf] *n inf* fetta *f*

rakish¹ [ˈreɪ·kɪʃ] *adj (jaunty)* disinvolto, -a; **worn at a ~ angle** indossato in modo disinvolto

rakish² [ˈreɪ·kɪʃ] *adj (dissolute)* dissoluto, -a

R

rally ['ræ·li] <-ies> I. *n* 1. (*race*) rally *m inv* 2. (*in tennis*) scambio *m* prolungato 3. POL raduno *m* II. *vi* 1. MED rimettersi; FIN essere in ripresa 2. MIL radunarsi; **to ~ behind sb** stringersi intorno a qn III. *vt* 1. MIL radunare 2. (*support*) raccogliere a sostegno

◆**rally around** I. *vt* sostenere II. *vi* raccogliersi

ram [ræm] I. *n* 1. (*male sheep*) ariete *m;* (*astrology*) Ariete *m* 2. (*implement*) mazza *f;* MIL ariete *m* II. *vt* <-mm-> 1. (*hit*) urtare 2. (*push*) **to ~ sth into sth** ficcare qc in qc

RAM [ræm] *n* COMPUT *abbr of* **Random Access Memory** RAM *f*

Ramadan [,ræ·mə·'dɑːn] *n* Ramadan *m*

ramble ['ræm·bl] I. *n* (*walk*) camminata *f;* **to go for a ~** fare una passeggiata II. *vi* 1. (*person*) passeggiare; (*river*) serpeggiare; (*plant*) crescere in modo incontrollato 2. (*in speech*) divagare

rambler ['ræm·blɚ] *n* 1. (*walker*) escursionista *mf* 2. BOT rosa *f* rampicante

rambling ['ræm·blɪŋ] I. *n* 1. (*wandering*) **to go ~** (andare a) fare una lunga passeggiata 2. *pl* (*speech*) divagazioni *fpl* II. *adj* 1. (*estate, house*) dalla struttura disordinata 2. (*speech*) sconnesso, -a 3. (*rose*) rampicante

ramification [,ræ·mɪ·fɪ·'keɪ·ʃən] *n* ramificazione *f*

ramify ['ræ·mɪ·faɪ] *vi* ramificarsi

ramp [ræmp] *n* 1. (*sloping way*) rampa *f;* AVIAT scaletta *f* 2. AUTO (*on-ramp*) bretella *f* d'accesso; (*off-ramp*) bretella *f* d'uscita

rampage ['ræm·peɪdʒ] I. *n* furia *f* distruttiva; **to be on the ~** essere scatenato II. *vi* scatenarsi

rampant ['ræm·pənt] *adj* (*disease*) dilagante; (*growth*) incontrollato, -a; (*inflation*) galoppante

rampart ['ræm·pɑːrt] *n* bastione *m*

ramrod ['ræm·rɑːd] *n* bacchetta *f* ► **as stiff as a ~** dritto come un fuso

ramshackle ['ræm·ʃæ·kl] *adj* 1. (*dilapidated*) malridotto, -a 2. (*disorganized*) improvvisato, -a

ran [ræn] *pt of* **run**

ranch [ræntʃ] I. <-es> *n* ranch *m inv* II. *adj* di un ranch III. *vi* (*run a ranch*) condurre un ranch

rancher ['ræn·tʃɚ] *n* 1. (*owner*) proprietario, -a *m, f* di un ranch 2. (*worker*) addetto, -a *m, f* ad un ranch

rancid ['ræn·sɪd] *adj* rancido, -a

rancor ['ræŋ·kɚ] *n* rancore *m*

rancorous ['ræŋ·kə·rəs] *adj* pieno, -a di rancore

R & B [,ɑr·ənd·'bi:] *abbr of* **rhythm and blues** rhythm and blues *m*

R & D [,ɑr·ənd·'di:] *abbr of* **Research and Development** R&S

random ['ræn·dəm] I. *n* **at ~** a caso II. *adj* casuale

rang [ræŋ] *pt of* **ring²**

range [reɪndʒ] I. *n* 1. (*variety*) varietà *f;* **a ~ of interests** una varietà di interessi 2. (*scale*) gamma *f;* **the full ~ of sth** la gamma completa di qc 3. (*extent*) fascia *f;* **price ~** categoria *f* di prezzo 4. (*maximum capability*) portata *f;* **out of ~** fuori della portata; **within ~** entro la portata 5. (*field*) campo *m;* **driving ~** (*in golf*) campo *m* pratica; **shooting ~** poligono *m* di tiro 6. (*pasture*) prateria *f;* **to feel at home on the ~** sentirsi a proprio agio 7. MUS estensione *f* 8. GEO catena *f;* **mountain ~** catena montuosa 9. (*for kitchen*) cucina *f* II. *vi* 1. (*vary*) variare 2. (*extend*) estendersi 3. (*rove*) vagare III. *vt* ordinare; **to ~ oneself** schierarsi

range finder *n* telemetro *m*

ranger ['reɪn·dʒɚ] *n* guardaboschi *mf inv*

rangy ['reɪn·dʒi] *adj* <-ier, -iest> allampanato, -a

rank¹ [ræŋk] I. *n* 1. (*status*) rango *m* 2. MIL grado *m;* **the ~s** la truppa; **to break ~s** rompere le righe II. *vi* classificarsi; **to ~ as sth** collocarsi come qc; **to ~ above sb** collocarsi al di sopra di qn III. *vt* 1. (*classify*) classificare 2. (*arrange*) sistemare

rank² [ræŋk] *adj* 1. (*smelling unpleasant*) maleodorante 2. (*absolute*) completo, -a; (*beginner*) assoluto, -a

◆**rank among** *vi* collocarsi tra

ranking ['ræŋ·kɪŋ] *n* posizione *f* in classifica

rankle ['ræŋ·kl] *vi* far male; **to ~ with sb** far soffrire qn; **it ~s that ...** addolora che ... +*conj*

ransack ['ræn·sæk] *vt* 1. (*search*) rovistare 2. (*plunder*) saccheggiare

ransom ['ræn·səm] I. *n* riscatto *m;* **to hold sb (for) ~** sequestrare qn a scopo di riscatto; *fig* ricattare qn II. *vt* riscattare

rant [rænt] I. *n* vuota invettiva *f* II. *vi* sbraitare; **to ~ and rave** fare fuoco e fiamme

rap [ræp] I. *n* 1. (*knock*) colpo *m* secco 2. MUS rap *m* II. *vt* colpire III. *vi* 1. (*talk*) chiacchierare 2. MUS fare del rap

rapacious [rə·'peɪ·ʃəs] *adj form* rapace; (*appetite*) vorace

rapacity [rə·'pæ·sə·ti] *n* rapacità *f*

rape¹ [reɪp] I. *n* 1. (*of person*) stupro *m* 2. (*of city*) saccheggio *m* II. *vt* 1. (*person*) violentare 2. (*city*) saccheggiare

rape² [reɪp] *n* BOT, AGR colza *f*

rapeseed oil *n* olio *m* di colza

rapid ['ræ·pɪd] *adj* (*quick*) rapido, -a

rapidity [rə·'pɪ·də·ti] *n* rapidità *f*

rapids ['ræ·pɪdz] *n* rapide *fpl*

rapid transit *n* ≈ trasporto *m* urbano su rotaie (*sistema urbano di ferrovie sotterranee o sopraelevate per il trasporto passeggeri*)

rapier ['reɪ·piɚ] *n* stocco *m*

rapist ['reɪ·pɪst] *n* violentatore, -trice *m, f*

rapport [ræ·'pɔːr] *n* rapporto *m*

rapprochement [,ræ·prɔː·ʃ'mɒŋ] *n* riavvicinamento *m*

rapt [ræpt] *adj* (*person, attention*) rapito, -a

rapture ['ræp·tʃɚ] *n* estasi *f inv*

R

rapturous ['ræp·tʃə·rəs] *adj* (*expression*) estasiato, -a; (*applause*) scrosciante; (*welcome*) caloroso, -a

rare[1] [rer] *adj* (*uncommon*) raro, -a; (*exceptional*) fuori del comune

rare[2] [rer] *adj* FOOD al sangue

rarebit ['rer·bɪt] *n* **Welsh** ~ pane *m* tostato con formaggio fuso

rarefy ['re·rə·faɪ] *vt* 1. PHYS rarefare 2. *fig* raffinare

rarely ['rer·li] *adv* raramente

raring ['re·rɪŋ] *adj inf* **to be** ~ **to do sth** non veder l'ora di fare qc

rarity ['re·rə·ti] <-ies> *n* rarità *f*

rascal ['ræs·kl] *n* briccone, -a *m, f*

rash[1] [ræʃ] *n* 1. MED eruzione *f* cutanea 2. (*outbreak: of burglaries, etc*) ondata *f*

rash[2] [ræʃ] *adj* (*decision*) affrettato, -a; (*move*) impulsivo, -a

rasher ['ræ·ʃər] *n* fetta *f* di pancetta (*o di prosciutto*)

rashness ['ræʃ·nɪs] *n* precipitazione *f*

rasp [ræsp] I. *n* 1. (*tool*) raspa *f* 2. (*sound*) suono *m* stridente II. *vt* 1. (*file*) raspare 2. (*rub roughly*) raschiare 3. (*say roughly*) dire con voce aspra III. *vi* (*make grating sound*) stridere

raspberry ['ræz·ˌbe·ri] <-ies> *n* 1. (*fruit*) lampone *m* 2. *inf* (*sound*) pernacchia *f;* **to blow a** ~ **at sb** fare una pernacchia a qn 3. *sl* SPORTS (*wound*) escoriazione *f*

rasping ['ræs·pɪŋ] *adj* aspro, -a

Rastafarian [ˌrɑːs·tə·ˈfe·ri·ən] I. *n* rastafariano, -a *m, f* II. *adj* rastafariano, -a

rat [ræt] I. *n* 1. (*animal*) ratto *m* 2. (*person*) infame *mf* ▸ I **smell a** ~ sentir puzza di bruciato II. *vi* (*betray*) fare la spia; **to** ~ **on sb** fare la spia su qn

ratable ['reɪ·tə·bl] *adj* stimabile

ratatouille *n* ratatouille *f inv*

ratchet ['ræt·ʃɪt] *n* TECH dente *m* d'arresto ◆**ratchet up** *vt* incrementare

rate [reɪt] I. *n* 1. (*speed*) velocità *f;* **at this** ~ a questo ritmo; **at one's own** ~ al proprio passo 2. (*proportion*) quota *f;* **birth** ~ indice *m* di natalità; **death** ~ indice *m* di mortalità; **unemployment** ~ tasso *m* di disoccupazione 3. (*price*) tariffa *f;* ~ **of exchange** tasso *m* di cambio; **interest** ~ tasso *m* di interesse ▸ **at any** ~ ad ogni modo II. *vt* stimare; **to** ~ **sb/sth as sth** considerare qn/qc come qc III. *vi* **to** ~ **as** essere considerato come

rateable ['reɪ·tə·bl] *adj s.* **ratable**

rather ['ræ·ðər] I. *adv* 1. (*somewhat*) alquanto; ~ **sleepy** mezzo addormentato, -a 2. (*more exactly*) meglio 3. (*on the contrary*) anzi 4. (*very*) piuttosto 5. (*in preference to*) I **would** ~ **stay here** preferirei rimanere qui; ~ **you than me!** non ti invidio! II. *interj* senz'altro

ratification [ˌræ·tə·fɪ·ˈkeɪ·ʃən] *n* ratifica *f*

ratify ['ræ·tə·faɪ] *vt* ratificare

rating ['reɪ·tɪŋ] *n* 1. (*estimation*) valutazione *f* 2. *pl* TV, RADIO indice *m* d'ascolto

ratio ['reɪ·ʃioʊ] *n* proporzione *f*

ration ['ræ·ʃən] I. *n* 1. (*fixed allowance*) razione *f* 2. *pl* (*total amount allowed*) razioni *fpl;* **food** ~**s** razioni di viveri II. *vt* razionare

rational ['ræ·ʃə·nəl] *adj* 1. (*able to reason*) razionale 2. (*sensible*) ragionevole

rationale [ˌræ·ʃə·ˈnæl] *n* ragione *f* di fondo

rationalism ['ræ·ʃə·nə·lɪ·zəm] *n* razionalismo *m*

rationalist ['ræ·ʃə·nə·lɪst] PHILOS I. *n* razionalista *mf* II. *adj* razionalista

rationalistic [ˌræ·ʃə·nə·ˈlɪs·trk] *adj* razionalistico, -a

rationality [ˌræ·ʃə·ˈnæ·lə·ti] *n* razionalità *f*

rationalization [ˌræ·ʃə·nə·lɪ·ˈzeɪ·ʃən] *n* razionalizzazione *f*

rationalize ['ræ·ʃə·nə·laɪz] *vt* razionalizzare

rationing *n* razionamento *m*

rat poison *n* veleno *m* per topi

rat race *n* **the** ~ la corsa frenetica per aver successo

rattle ['ræ·tl] I. *n* 1. (*noise*) rumore (*secco e ripetuto*)*;* (*of carriage*) sferragliamento *m* 2. (*for baby*) sonaglino *m* II. *vi* fare rumore; (*carriage*) sferragliare III. *vt* 1. (*making noise*) far risuonare 2. (*make nervous*) innervosire; (*shock*) sconcertare

rattlesnake ['ræ·tl·sneɪk] *n* serpente *m* a sonagli

rattling ['ræt·lɪŋ] *adj* 1. (*noisy*) rumoroso, -a 2. (*fast, brisk*) rapido, -a

ratty ['ræ·ti] *adj* <-ier, -iest> *inf* conciato, -a male

raucous ['rɑː·kəs] *adj* (*shout*) fragoroso, -a; (*crowd*) rumoroso, -a

raunchy ['rɑːn-] <-ier, -iest> *adj* sconcio, -a

ravage ['ræ·vɪdʒ] *vt* devastare

rave [reɪv] I. *n* 1. *inf* (*enthusiastic review*) recensione *f* entusiastica 2. (*dance party*) rave *m inv* II. *adj inf* (*review*) entusiastico, -a III. *vi* essere entusiasta; **to** ~ **about sth/sb** essere entusiasta di qc/qn; **to** ~ **against sb/sth** inveire contro qn/qc

ravel ['ræ·vl] <-ll-, -l-> *vt* aggrovigliare

raven ['reɪ·vn] I. *n* corvo *m* II. *adj liter* corvino, -a

ravenous ['ræ·və·nəs] *adj* (*person, animal*) affamato, -a; (*appetite*) insaziabile

ravine [rə·ˈviːn] *n* burrone *m*

raving ['reɪ·vɪŋ] I. *adj* (*success*) strepitoso, -a; **a** ~ **madman** un pazzo da legare II. *adv* **to be** ~ **mad** essere pazzo da legare III. *npl* vaneggiamenti *mpl*

ravioli [ræ·vi·ˈoʊ·li] *n* ravioli *mpl*

ravish ['ræ·vɪʃ] *vt liter* 1. (*please greatly*) estasiare 2. (*rape*) violentare

ravishing *adj* incantevole

raw [rɑː] *adj* 1. (*uncooked*) crudo, -a 2. (*unprocessed: sewage, data*) non trattato, -a; (*silk*) greggio, -a; ~ **material** materia prima; **to get a** ~ **deal** subire un trattamento ingiusto

R

3.(*sore*) escoriato, -a **4.**(*inexperienced*) novizio, a **5.**(*unrestrained*) allo stato puro **6.**(*weather*) brutto, -a

raw bar *n* FOOD *banco in un bar o ristorante dove si servono frutti di mare crudi*

rawhide ['rɑː·haɪd] *n* cuoio *m* greggio

rawness ['rɑː·nɪs] *n* **1.**(*harshness*) crudezza *f* **2.**(*inexperience*) inesperienza *f*

ray¹ [reɪ] *n* **1.**(*of light*) raggio *m* **2.**(*trace*) barlume *m*

ray² [reɪ] *n* (*fish*) razza *f*

rayon ['reɪ·ɑːn] *n* raion *m*

raze [reɪz] *vt* radere al suolo

razor ['reɪ·zɚ] **I.** *n* rasoio *m;* **electric ~** rasoio elettrico **II.** *vt* radere

razorbill *n* gazza *f* marina

razorblade *n* lametta *f* da barba

razor-sharp *adj* **1.**(*knife*) affilato, -a come un rasoio **2.**(*person*) acuto, -a

razor wire *n* filo *m* spinato

RC [ɑːr·'siː] **1.** *abbr of* **Red Cross** Croce *f* Rossa **2.** *abbr of* **Roman Catholic** cattolico, -a *m, f* romano, -a

Rd. *abbr of* **road** v.

re¹ [riː] *prep* con riferimento a

re² [reɪ] *n* MUS re *m*

reach [riːtʃ] **I.** *n* **1.**(*range*) portata *m;* **to be within** (**sb's**) **~** *a.* *fig* essere alla portata (di qn); **to be out of** (**sb's**) **~** *a.* *fig* essere fuori della portata (di qn); **to have a long ~** riuscire a distendersi molto con il braccio **2.**(*of river*) tratto *m;* **the upper/lower ~es of the Amazon** il tratto superiore/ inferiore del Rio delle Amazzoni **II.** *vt* **1.**(*stretch out*) allungare **2.**(*arrive at: city, country, finish line*) raggiungere; (*land*) toccare **3.**(*attain*) conseguire; (*agreement*) giungere a; **to ~ 80** compiere 80 anni **4.**(*extend to*) arrivare a **5.**(*communicate with*) contattare **III.** *vi* **to ~ for sth** allungare la mano per prendere qc

◆**reach down** *vi* **to ~ to** (*land*) estendersi fino a; (*clothes*) arrivare fino a

◆**reach out** *vi* allungare la mano; **to ~ for sth** allungare la mano verso qc

react [ri·'ækt] *vi* reagire; **to ~ to sth** *a.* MED reagire a qc; **to ~ against sth** avere una reazione contro qc; **to ~ on sth** reagire su qc

reaction [ri·'æk·ʃən] *n* **1.** *a.* CHEM reazione *f;* **chain ~** reazione a catena **2.** *pl* MED reazioni *fpl*

reactionary [ri·'æk·ʃə·ne·ri] **I.** *adj* reazionario, -a **II.**<-ies> *n* reazionario, -a *m, f*

reactivate [riː·'æk·tə·veɪt] **I.** *vt* riattivare **II.** *vi* riattivarsi

reactive [riː·'æk·tɪv] *adj* reattivo, -a

reactor [ri·'æk·tɚ] *n* reattore *m;* **nuclear ~** reattore *m* nucleare; **fusion ~** reattore *m* a fusione; **fission ~** reattore *m* a fissione

read¹ [riːd] **I.** *n* lettura *f* **II.** *vt* <read, read> **1.** leggere; **to ~ sth aloud** leggere qc ad alta voce; **to ~ sb a story** leggere una storia a qn **2.**(*decipher*) decifrare; **to ~ sb's mind** [*o* **thoughts**] leggere nei pensieri di qn; **to ~**

sb's palm leggere (il palmo del)la mano a qn; **to ~ sb like a book** leggere qn come un libro stampato; **~ my lips!** ascolta con la massima attenzione! **3.**(*interpret*) interpretare **4.**(*inspect*) ispezionare; (*meter*) leggere **5.**(*understand*) intendere; **I don't ~ you** non ti seguo **III.** *vi* <read, read> (*person*) leggere; (*book, magazine*) leggersi

◆**read off** *vt* leggere ad alta voce

◆**read on** *vi* continuare a leggere

◆**read out** *vt* **1.**(*read aloud*) leggere ad alta voce **2.** COMPUT (*data*) leggere

◆**read over** *vt* rileggere

◆**read through** *vt* leggere da cima a fondo

◆**read up on** *vt* raccogliere informazioni su

read² [red] *adj* letto, -a; **little/widely ~** poco/ molto letto

readability [ˌriː·də·'bɪ·lə·ti] *n* leggibilità *f*

readable ['riː·də·bl] *adj* **1.**(*legible*) leggibile **2.**(*easy to read*) scorrevole

reader ['riː·dɚ] *n* **1.**(*person*) lettore, -trice *m, f* **2.**(*book*) libro *m* di lettura **3.** TECH lettore *m* **4.** PUBL correttore, -trice *m, f*

readership ['riː·dɚ·ʃɪp] *n* lettori, -trici *m, f pl*

readily ['re·dɪ·li] *adv* **1.**(*promptly*) di buon grado **2.**(*easily*) agevolmente; **~ available** immediatamente disponibile

readiness ['re·dɪ·nɪs] *n* **1.**(*willingness*) disponibilità *f* **2.**(*preparedness*) preparazione *f*

reading ['riː·dɪŋ] **I.** *n* **1.** lettura *f* **2.**(*interpretation*) interpretazione *f* **3.** TECH rilevazione *f* **II.** *adj* di lettura; **to have a ~ age of seven** leggere come un bambino di sette anni

reading glasses *npl* occhiali *mpl* da lettura

reading list *n* lista *f* di libri da leggere

reading room *n* sala *f* di lettura

readjust [ˌriː·ə·'dʒʌst] **I.** *vt* *a.* TECH riaggiustare **II.** *vi* (*objects*) riaggiustarsi; (*people*) riadattarsi

readjustment [ˌriː·ə·'dʒʌst·mənt] *n* TECH riassestamento *m*

read only memory *n* COMPUT memoria *f* ROM

ready ['re·di] **I.** *adj* <-ier, -iest> **1.**(*prepared*) pronto, -a; **to be ~** essere pronto; **to get ~** (**for sth**) prepararsi (per qc); **to get sth ~** preparare qc **2.**(*willing*) disponibile **3.**(*available*) immediato, -a; **~ cash** contanti *mpl;* **to be a ~ source of sth** essere una facile fonte di qc; **~ at hand** a portata di mano **4.**(*quick, prompt*) pronto, -a; (*mind*) acuto, -a; (*tongue*) affilato, -a; **to find ~ acceptance** essere immediatamente accettato ►**~, set, go!** SPORTS pronti, via! **II.** *n* **at the ~** pronto, -a; (**with**) **his pencil at the ~** (con) la matita in mano **III.** *vt* preparare

ready-made [ˌre·di·'meɪd] *adj* già pronto, -a; (*meal*) pronto, -a; (*clothing*) confezionato, -a

ready-to-wear [ˌre·di·tə·'weɪ] **I.** *adj* confezionato, -a **II.** *n* prêt-à-porter *m*

reaffirm [ˌriː·ə·'fɜːrm] *vt* riaffermare

real [riːl] **I.** *adj* **1.**(*actual*) reale; (*threat, problem*) vero, -a; **for ~** sul serio **2.**(*genuine*) autentico, -a; **the ~ thing** [*o* **deal**] l'originale; **a**

~ **man** *iron* un vero uomo ▶ **the ~ McCoy** *inf* l'originale autentico **II.** *adv inf* proprio

real estate *n* beni *mpl* immobili

realignment [ˌriː·əˈlaɪn·mənt] *n* riassestamento *m;* AUTO convergenza *f*

realism [ˈriː·lɪ·zəm] *n* realismo *m*

realist [ˈriː·lɪst] *n* realista *mf*

realistic [ˌriː·əˈlɪs·tɪk] *adj* realistico, -a

reality [rɪˈæ·lə·ti] *n* realtà *f;* **to come back to** ~ ritornare alla realtà; **to face** ~ affrontare la realtà; **to become a** ~ diventare realtà; **in (all)** ~ in realtà

realizable [ˈriː·əˌlaɪ·zə·bl] *adj a.* FIN realizzabile

realization [ˌriː·əˌlɪˈzeɪ·ʃən] *n* **1.** (*awareness*) percezione *f* **2. a.** FIN realizzazione *f*

realize [ˈriː·əˌlaɪz] **I.** *vt* **1.** (*be aware of*) essere consapevole di; (*become aware of*) rendersi conto di **2.** (*achieve, fulfill*) realizzare **3.** FIN liquidare; (*acquire*) realizzare **II.** *vi* (*notice*) rendersi conto; (*be aware of*) essere cosciente

really [ˈriː·ə·li] **I.** *adv* **1.** (*genuinely*) veramente **2.** (*actually*) realmente **3.** (*very*) molto **II.** *interj* **1.** (*surprise and interest*) davvero? **2.** (*annoyance*) insomma **3.** (*disbelief*) sul serio?

realm [relm] *n* **1.** (*kingdom*) regno *m* **2.** (*area of interest*) campo *m*

realtor [ˈriː·əl·tər] *n* agente *mf* immobiliare

realty [ˈriː·əl·ti] *n* beni *mpl* immobili

reanimate [riːˈæ·nɪ·meɪt] *vt* rianimare

reap [riːp] **I.** *vt* raccogliere **II.** *vi* fare la raccolta

reaper [ˈriː·pər] *n* **1.** (*person*) mietitore, -trice *m, f* **2.** (*machine*) mietitrice *f*

reappear [ˌriː·əˈpɪr] *vi* riapparire

reapply [ˌriː·əˈplaɪ] **I.** *vi* **to** ~ **for sth** rifare domanda per qc **II.** *vt* (*paint*) dare un'altra mano di

reappoint [ˌriː·əˈpɔɪnt] *vt* rinominare

reappraisal [ˌriː·əˈpreɪ·zl] *n* FIN rivalutazione *f*

rear[1] [rɪr] **I.** *adj* posteriore **II.** *n* **1.** (*back part*) retro *m inv* **2.** *inf* (*buttocks*) posteriore *m* **3.** MIL retroguardia *f;* **to bring up the** ~ chiudere la fila

rear[2] [rɪr] **I.** *vt* **1.** (*bring up: child*) tirar su; (*animals*) allevare **2.** (*raise*) **to ~ one's head** alzare la testa **II.** *vi* (*horse*) impennarsi; **to ~ above sth** ergersi al di sopra di qc

rear admiral *n* MIL contrammiraglio *m*

rear guard [ˈrɪr·gɑːrd] *n* retroguardia *f;* **to fight a ~ action** combattere una battaglia di retroguardia

rearm [ˌriːˈɑːrm] **I.** *vi* riarmarsi **II.** *vt* riarmare

rearmament [riːˈɑːr·mə·mənt] *n* riarmo *m*

rearmost [ˈrɪr·moʊst] *adj* ultimo, -a

rearrange [ˌriː·əˈreɪndʒ] *vt* **1.** (*system*) riorganizzare **2.** (*furniture*) riordinare **3.** (*meeting*) spostare la data di

rearview mirror *n* specchietto *m* retrovisore

rear-wheel drive *n* trazione *f* posteriore

reason [ˈriː·zn] **I.** *n* **1.** (*motive*) motivo *m;* **the ~ why ...** il motivo per cui...; **for no particular ~** senza un particolare motivo; **for some ~** per qualche ragione **2.** (*common sense*) buon senso *m;* **within** ~ entro limiti ragionevoli; **to listen to** ~ dar retta al buon senso; **to be beyond all** ~ essere al di fuori di qualsiasi logica; **the Age of Reason** HIST il secolo dei lumi **3.** (*sanity*) ragione *f;* **to lose one's** ~ perdere la ragione **II.** *vt* sostenere **III.** *vi* ragionare; **to ~ from sth** ragionare a partire da qc

reasonable [ˈriː·z·nə·bl] *adj* **1.** (*sensible*) ragionevole **2.** (*fair*) discreto, -a **3.** (*inexpensive*) non troppo caro, -a

reasonably [ˈriː·z·nəb·li] *adv* **1.** (*fairly*) ragionevolmente **2.** (*acceptably*) abbastanza

reasoning [ˈriː·z·nɪŋ] *n* ragionamento *m*

reassemble [ˌriː·əˈsem·bl] **I.** *vt* (*machine*) rimontare; (*people*) riunire di nuovo **II.** *vi* tornare a riunirsi

reassess [ˌriː·əˈses] *vt* **1.** (*situation*) rivalutare **2.** FIN (*taxes*) ricalcolare; (*damages*) fare una nuova stima di

reassurance [ˌriː·əˈʃʊ·rəns] *n* **1.** (*comfort*) rassicurazione *f* **2.** FIN riassicurazione *f*

reassure [ˌriː·əˈʃʊr] *vt* rassicurare

reassuring [ˌriː·əˈʃʊ·rɪŋ] *adj* rassicurante

reawaken [ˌriː·əˈweɪ·kən] *vt* risvegliare

rebate [ˈriː·beɪt] *n* **1.** (*refund*) rimborso *m;* **tax ~** rimborso delle tasse **2.** (*discount*) ribasso *m*

rebel[1] [ˈre·bl] **I.** *n* ribelle *mf* **II.** *adj* ribelle

rebel[2] [rɪˈbel] <-ll-> *vi* ribellarsi

rebellion [rɪˈbel·jən] *n* ribellione *f*

rebellious [rɪˈbel·jəs] *adj* ribelle

rebirth [ˌriːˈbɜːrθ] *n* rinascita *f*

reboot [ˌriːˈbuːt] COMPUT **I.** *vt* riavviare **II.** *vi* riavviarsi

rebound [riːˈbaʊnd] **I.** *vi* **1.** (*bounce back: ball*) rimbalzare **2.** (*recover*) riprendersi; **to quickly ~ from an injury** riprendersi rapidamente da un incidente **3.** (*in basketball*) vincere un rimbalzo **II.** *vt* conquistare sul rimbalzo **III.** *n* **1.** (*basketball*) rimbalzo *m* **2.** contraccolpo *m;* **to marry on the** ~ sposarsi per rivalsa

rebounder *n* rimbalzista *mf*

rebuff [rɪˈbʌf] **I.** *vt* rifiutare con modi bruschi **II.** *n* brusco rifiuto *m;* **to meet with a** ~ dare un brusco rifiuto

rebuild [ˌriːˈbɪld] *vt irr* **1.** (*build again*) ricostruire; *fig* (*economy*) riorganizzare; (*one's life*) rifarsi **2.** (*restore*) rimettere in sesto **3.** (*replenish: stock*) ricostituire

rebuke [rɪˈbjuːk] **I.** *vt* riprendere **II.** *n* **1.** (*reproof*) rimprovero *m* **2.** (*censure*) nota *f* di biasimo

rebut [rɪˈbʌt] <-tt-> *vt* rigettare

rebuttal [rɪˈbʌ·tl] *n* rigetto *m*

recalcitrant [rɪˈkæl·sɪ·trənt] *adj* recalcitrante

recall [rɪˈkɔːl] **I.** *vt* **1.** (*remember*) ricordare **2.** (*call back: ambassador, troops*) richiamare **3.** ECON ritirare (dal mercato) **II.** *vi* ricordare **III.** *n* **1.** (*memory*) memoria *f* **2.** POL richiamo *m* **3.** ECON ritiro *m* (dal mercato) ▶ **to be lost beyond** ~ essere definitivamente perso

recant [rɪˈkænt] **I.** *vt* ritrattare; **to ~ one's**

R

faith/belief rinnegare la propria fede/le proprie convinzioni **II.** *vi* ritrattare
recap[1] ['riː·kæp] *abbr of* **recapitulate**
I. <-pp-> *vi, vt inf* ricapitolare **II.** *n inf* ricapitolazione *f*
recap[2] [ˌriː·'kæp] <-pp-> *vt* AUTO ricostruire
recapitulate [ˌriː·kə·'pɪ·tʃə·leɪt] *vi, vt* ricapitolare
recapitulation [ˌriː·kə·ˌpɪ·tʃə·'leɪ·ʃən] *n* **1.** (*summary*) ricapitolazione *m* **2.** MUS, THEAT, CINE sintesi *f*
recapture [ˌriː·'kæp·tʃɚ] **I.** *vt* **1.** (*town*) riconquistare; (*fugitive*) ricatturare **2.** (*reexperience*) ricatturare; (*beauty, feeling*) recuperare **II.** *n* (*of town*) riconquista *f*
recast [ˌriː·'kæst] *vt* **1.** THEAT, CINE cambiare i ruoli di **2.** TECH, LIT rifondere
recede [rɪ·'siːd] *vi* **1.** (*move backward: sea*) ritirarsi; (*tide*) abbassarsi; (*fog*) svanire; **to ~ into the distance** perdersi in lontananza **2.** (*diminish*) diminuire; (*prices*) calare
receding chin *n* mento *m* sfuggente
receding hairline *n* stempiatura *f*
receipt [rɪ·'siːt] **I.** *n* **1.** (*document*) ricevuta *f* **2.** *pl* COM entrate *fpl* **3.** (*act of receiving*) ricevimento *m;* **payment on ~** pagamento al ricevimento; **on ~ of ...** al ricevimento di ...; **to acknowledge ~ of** accusare ricevuta *f* di **II.** *vt* accusare ricevuta di
receipt book *n* registro *m* delle ricevute
receivable *adj* COM esigibile
receive [rɪ·'siːv] **I.** *vt* **1.** (*be given*) *a.* TEL, RADIO ricevere; (*pension, salary*) percepire **2.** (*react to: proposal, suggestion*) accogliere; **the book was well/badly ~d** il libro ebbe una buona/cattiva accoglienza **3.** (*injury*) ricevere **4. to ~ sb into the Church** accogliere qn in seno alla Chiesa **5.** LAW **to ~ stolen goods** ricettare beni rubati **II.** *vi* SPORTS ricevere (la battuta)
received [rɪ·'siːvd] *adj* accettato, -a; **~ wisdom** opinione *f* diffusa
receiver [rɪ·'siː·vɚ] *n* **1.** TEL, RADIO ricevitore *m* **2.** ECON **the official ~** il curatore fallimentare **3.** SPORTS ricevitore, -trice *m, f;* (*tennis*) giocatore, -trice *m, f* alla ribattuta
recent ['riː·sənt] *adj* recente; **in ~ times** in tempi recenti
recently *adv* recentemente
receptacle [rɪ·'sep·tə·kl] *n* contenitore *m*
reception [rɪ·'sep·ʃən] *n* **1.** (*welcome*) accoglienza *f* **2.** (*in hotel*) reception *f inv*
reception area *n* reception *f inv*
reception desk *n* banco *m* dell'accettazione
receptionist [rɪ·'sep·ʃə·nɪst] *n* receptionist *mf*
receptive [rɪ·'sep·tɪv] *adj* ricettivo, -a
receptiveness *n*, **receptivity** [riː·ˌsep·'tɪ·və·ti] *n* ricettività *f*
recess ['riː·ses] **I.** <-es> *n* **1.** POL sospensione *f* dell'attività **2.** SCHOOL intervallo *m* **3.** ARCHIT rientranza *f* **4.** *pl* (*place*) recessi *mpl* **II.** *vi* sospendere l'attività; (*meeting, session*) venire sospeso **III.** *vt* ARCHIT far rientrare

recession [rɪ·'se·ʃən] *n* **1.** (*retreat*) arretramento *m* **2.** ECON recessione *f*
recessive [rɪ·'se·sɪv] *adj* BIO recessivo, -a
recharge [ˌriː·'tʃɑːrdʒ] **I.** *vt* ricaricare **II.** *vi* ricaricarsi
rechargeable [ˌriː·'tʃɑːr·dʒə·bl] *adj* ricaricabile
recidivism [rɪ·'sɪ·də·vɪ·zəm] *n* recidività *f*
recidivist [rɪ·'sɪ·də·vɪst] *n* recidivo, -a *m, f*
recipe ['re·sə·pi] *n a. fig* ricetta *f*
recipient [rɪ·'sɪ·pi·ənt] *n* (*of letter*) destinatario, -a *m, f;* (*of transplant*) ricevente *mf;* (*of gift*) beneficiario, -a *m, f*
reciprocal [rɪ·'sɪ·prə·kl] **I.** *adj a.* LING, MATH reciproco, -a **II.** *n* MATH inverso *m*
reciprocate [rɪ·'sɪ·prə·keɪt] **I.** *vt* ricambiare **II.** *vi* **1.** ricambiare **2.** TECH alternarsi
reciprocity [ˌre·sɪ·'prɑː·sə·ti] *n* reciprocità *f*
recital [rɪ·'saɪ·tl] *n* **1.** MUS recital *m inv* **2.** (*description*) resoconto *m*
recitation [ˌre·sɪ·'teɪ·ʃən] *n* LIT recitazione *f*
recitative [ˌre·sɪ·tə·'tiːv] *n* MUS recitativo *m*
recite [rɪ·'saɪt] **I.** *vt* **1.** (*repeat*) recitare **2.** (*list*) enumerare **II.** *vi* recitare
reckless ['rek·ləs] *adj* sconsiderato, -a; LAW imprudente
recklessness *n* imprudenza *f*
reckon ['re·kən] **I.** *vt* **1.** (*calculate*) calcolare **2.** (*consider*) ritenere; **to ~ (that)** ... credere che ... +*conj;* **I ~ not** mi sembra di no; **what do you ~?** che ne pensi? **3.** (*judge*) stimare **II.** *vi inf* calcolare
◆**reckon with** *vt insep* far i conti con; **she is a force to be reckoned with** è una persona con cui bisogna fare i conti
◆**reckon without** *vt insep* non tenere conto di
reckoning ['re·kə·nɪŋ] *n* **1.** (*calculation*) calcolo *m;* **to be out in one's ~** calcolare male **2.** (*settlement*) resa *f* dei conti
reclaim [rɪ·'kleɪm] *vt* **1.** (*claim back: title, rights*) reclamare **2.** (*reuse: land*) bonificare; (*material*) riciclare **3.** (*reform*) recuperare
reclamation [ˌre·klə·'meɪ·ʃən] *n* **1.** (*of title, rights*) rivendicazione *f* **2.** (*of land*) bonifica *f;* (*of material*) riciclaggio *m* **3.** (*reformation*) recupero *m*
recline [rɪ·'klaɪn] **I.** *vi* adagiarsi; **to ~ on** adagiarsi su **II.** *vt* reclinare
recliner [rɪ·'klaɪ·nɚ] *n* poltrona *f* reclinabile
reclining seat *n*, **reclining chair** *n* sedile *m* reclinabile
recluse ['re·kluːs] *n* eremita *mf*
reclusive *adj* solitario, -a
recognition [ˌre·kəg·'nɪ·ʃən] *n a.* COMPUT riconoscimento *m;* **optical character ~** riconoscimento ottico dei caratteri; **voice ~** riconoscimento vocale; **in ~ of** in riconoscimento di
recognizable ['re·kəg·naɪ·zə·bl] *adj* riconoscibile
recognizance [rɪ·'kɑːg·nɪ·zns] *n* garanzia *f*
recognize ['re·kəg·naɪz] *vt* riconoscere
recognized ['re·kəg·naɪzd] *adj* riconosciuto, -a

recoil¹ [rɪ·ˈkɔɪl] *vi* **1.** (*draw back*) tirarsi indietro; **to ~ in horror** indietreggiare inorridito; **to ~ at sth** provare raccapriccio per qc; **to ~ from doing sth** rifuggire dal fare qc **2.** (*gun*) rinculare

recoil² [ˈriː·kɔɪl] *n* rinculo *m*

recollect [ˌre·kə·ˈlekt] *vi, vt* ricordare

recollection [ˌre·kə·ˈlek·ʃən] *n* ricordo *m;* **to have no ~ of sth** non aver memoria di qc

recommend [ˌre·kə·ˈmend] *vt* raccomandare; **it is not ~ed** non è consigliato

recommendable *adj* raccomandabile

recommendation [ˌre·kə·mən·ˈdeɪ·ʃən] *n* **1.** (*suggestion*) raccomandazione *f;* **on sb's ~** su raccomandazione di qn **2.** (*advice*) consiglio *m*

recompense [ˈre·kəm·pents] **I.** *n* **1.** (*reward*) ricompensa *f* **2.** (*compensation*) risarcimento *m* **II.** *vt* **1.** (*reward*) ricompensare **2.** (*make amends*) risarcire

reconcile [ˈre·kən·saɪl] *vt* **1.** (*person*) riconciliare; **to become ~d with sb** riconciliarsi con qn **2.** (*difference, fact*) conciliare; **to be ~d to sth** accettare qc; **to become ~d to sth** rassegnarsi a qc

reconciliation [ˌre·kən·ˌsɪ·li·ˈeɪ·ʃən] *n* **1.** (*restoration of good relations*) riconciliazione *f* **2.** (*making compatible*) conciliazione *f*

recondition [ˌriː·kən·ˈdɪ·ʃən] *vt* rimettere in sesto

reconnaissance [rɪ·ˈkɑː·nə·sənts] *n* ricognizione *f*

reconnaissance flight *n* volo *m* di ricognizione

reconnoiter, reconnoitre [ˌriː·kə·ˈnɔɪ·t̬ə] **I.** *vt* fare una ricognizione di **II.** *vi* fare una ricognizione

reconsider [ˌriː·kən·ˈsɪ·də] **I.** *vt* riconsiderare **II.** *vi* tornare a rifletterci su

reconstruct [ˌriː·kən·ˈstrʌkt] *vt* **1.** (*building*) ricostruire **2.** (*life*) rifarsi; (*crime, event*) ricostruire

reconstruction [ˌriː·kən·ˈstrʌk·ʃən] *n* **1.** (*of building*) ricostruzione *f* **2.** (*of crime, event*) ricostruzione *f*

record¹ [ˈre·kəd] **I.** *n* **1.** (*account*) resoconto *m;* (*document*) documento *m;* **medical ~** cartella *f* clinica; **to say sth off the ~** dire qc in maniera ufficiosa; **to put sth on the ~** mettere qc agli atti **2.** (*sb's past*) precedenti *mpl;* **to have a good ~** avere buoni precedenti; **to have a clean ~** non avere precedenti **3.** *pl* archivi *mpl* **4.** MUS disco *m;* **to make a ~** incidere un disco **5.** SPORTS record *m inv;* **to break a ~** battere un record **6.** LAW verbale *m* **7.** COMPUT record *m inv* **II.** *adj* record; **to do sth in ~ time** fare qc a tempo di record; **to reach a ~ high** raggiungere un massimo record

record² [rɪ·ˈkɔːrd] **I.** *vt* **1.** (*store*) prendere nota di **2.** *a.* COMPUT registrare; MUS incidere **3.** LAW mettere agli atti **II.** *vi* registrare

record-breaker [ˈre·kəd·ˌbreɪ·kə] *n* SPORTS primatista *mf*

record-breaking *adj* da record

recorded [rɪ·ˈkɔːr·dɪd] *adj* registrato, -a; (*history*) documentato, -a; (*music*) inciso, -a

recorder [rɪ·ˈkɔːr·də] *n* **1.** (*tape recorder*) registratore *m* a cassette **2.** MUS flauto *m* dolce

record holder *n* SPORTS primatista *mf*

recording *n* (*of sound*) registrazione *f*

recording session *n* sessione *f* di registrazione

recording studio *n* studio *m* di registrazione

record label *n* etichetta *f* discografica

record library *n* discoteca *f*

record player *n* giradischi *m inv*

recount¹ [rɪ·ˈkaʊnt] *vt* **1.** (*narrate*) raccontare **2.** (*count again*) contare di nuovo

recount² [ˈriː·kaʊnt] *n* POL nuovo conteggio *m*

recoup [rɪ·ˈkuːp] *vt* recuperare

recourse [ˈriː·kɔːrs] *n* ricorso *m;* **to have ~ to** fare ricorso a

recover [rɪ·ˈkʌ·və] **I.** *vt a.* COMPUT recuperare; **to ~ one's composure** ritrovare la calma **II.** *vi* **1.** (*regain health*) ristabilirsi **2.** (*return to normal*) riprendersi

re-cover [ˌriː·ˈkʌ·və] *vt* ricoprire

recoverable [rɪ·ˈkʌ·və·rə·bl] *adj a.* INFOR, FIN recuperabile

recovery [rɪ·ˈkʌv·ə·i] <-ies> *n* **1.** *a.* MED, ECON ripresa *f;* **to be beyond ~** non essere più recuperabile **2.** COMPUT recupero *m*

recovery room *n* MED sala *f* postoperatoria

recovery ship *n* nave *f* di recupero

recovery vehicle *n* carro *m* attrezzi

recreate [ˌriː·kri·ˈeɪt] *vt* ricreare

recreation¹ [ˌriː·kri·ˈeɪ·ʃən] *n* (*of conditions, situation*) riproduzione *f*

recreation² [ˌre·kri·ˈeɪ·ʃən] *n* **1.** *a.* SCHOOL ricreazione *f* **2.** (*pastime*) divertimento *m*

recreational [ˌre·kri·ˈeɪ·ʃə·nəl] *adj* ricreativo, -a

recreational vehicle *n* camper *m inv*

recreation center *n* centro *m* ricreativo

recreation room *n* sala *f* di ricreazione

recreative [ˈre·kri·ˌeɪ·t̬ɪv] *adj* ricreativo, -a

recriminate [rɪ·ˈkrɪ·mə·neɪt] *vi* recriminare

recrimination [rɪ·ˌkrɪ·mə·ˈneɪ·ʃən] *n pl* recriminazione *f*

recruit [rɪ·ˈkruːt] **I.** *vt* MIL reclutare; (*employee*) assumere **II.** *n* MIL recluta *f*

recruiting I. *n* MIL reclutamento *m;* ECON assunzione *f* **II.** *adj* MIL, ECON di reclutamento

recruiting office *n* MIL ufficio *m* assunzioni

recruitment I. *n* MIL reclutamento *m;* ECON assunzione *f;* (*of members*) reclutamento *m* **II.** *adj* di reclutamento

recruitment agency *n* agenzia *f* di collocamento

rectangle [ˈrek·tæŋ·gl] *n* rettangolo *m*

rectangular [rek·ˈtæŋ·gjə·lə] *adj* rettangolare

rectification [ˌrek·tə·fɪ·ˈkeɪ·ʃən] *n* rettificazione *f*

rectify [ˈrek·tə·faɪ] *vt* rettificare

R

rectilinear [ˌrek·təˈlɪ·ni·əe] *adj* rettilineo, -a

rectitude [ˈrek·təˈtuːd] *n* rettitudine *f*

rector [ˈrek·tə·] *n* **1.** REL ≈ parroco *m* **2.** SCHOOL direttore, -trice *m, f* **3.** UNIV rettore *m*

rectory [ˈrek·tə·ri] <-ies> *n* canonica *f*

rectum [ˈrek·təm] *n* ANAT retto *m*

recumbent [rɪˈkʌm·bənt] *adj liter* adagiato, -a

recuperate [rɪˈkuː·pə·reɪt] **I.** *vi* riprendersi **II.** *vt* recuperare

recuperation [rɪ·ˌkuː·pə·ˈreɪ·ʃən] *n* recupero *m*

recur [rɪˈkɜːr] *vi* ripetersi

recurrence [rɪˈkɜː·rəns] *n* ripetizione *f*

recurrent [rɪˈkɜː·rənt] *adj* ricorrente

recurring *adj* ricorrente

recycle [ˌriːˈsaɪ·kl] *vt* riciclare

recycling I. *n* riciclaggio *m* **II.** *adj* di riciclaggio

recycling plant *n* impianto *m* di riciclaggio

red [red] **I.** <-dd-> *adj* rosso, -a; **to be** [*o* go] **~** diventare rosso **II.** *n* rosso *m;* **to be in the ~** FIN essere in rosso ▸ **to make** sb **see ~** far infuriare qn; **to see ~** vedere rosso

Red Army *n* Armata *f* Rossa

red blood cell *n* globulo *m* rosso

red-blooded [ˌredˈblʌ·dɪd] *adj* focoso, -a

red cabbage *n* cavolo *m* rosso

redcap [ˈred·kæp] *n* (*railway porter*) portabagagli *mf inv*

Red Crescent *n* the **~** la Mezzaluna Rossa

Red Cross *n* the **~** la Croce Rossa

redcurrant *n* ribes *m*

red deer *n inv* cervo *m* rosso

redden [ˈre·dn] **I.** *vi* diventare rosso; (*person*) arrossire; **to ~ with embarrassment** arrossire d'imbarazzo **II.** *vt* far diventare rosso

reddish [ˈre·dɪʃ] *adj* rossiccio, -a

redecorate [ˌriːˈde·kə·reɪt] *vt* rifare; (*paint*) ridipingere; (*wallpaper*) ritappezzare

redecoration [ˌriː·de·kə·ˈreɪ·ʃən] *n* (*repainting*) rinnovo *m* della tinteggiatura; (*re-papering*) rinnovo *m* della carta da parati

redeem [rɪˈdiːm] *vt* **1.** *a.* REL (*person, soul*) redimere; (*situation*) salvare; **to ~ oneself** redimersi **2.** FIN (*policy, share*) incassare; (*pawned item*) riscattare; (*debt*) estinguere; **to ~ a mortgage** estinguere un mutuo **3.** (*fulfill: promise*) mantenere

redeemable *adj* FIN redimibile

Redeemer [rɪˈdiː·mə·] *n* REL the **~** il Redentore

redeeming [rɪˈdiː·mɪŋ] *adj* positivo, -a; **he has no ~ qualities** non c'è nulla che lo salvi

redefine [ˌriː·dɪˈfaɪn] *vt* ridefinire

redemption [rɪˈdemp·ʃən] *n* **1.** *a.* REL redenzione *f* **2.** FIN (*of policy, share*) liquidazione *f;* (*of mortgage*) estinzione *f*

redeploy [ˌriː·dɪˈplɔɪ] *vt* (*workers, staff*) ridistribuire; (*soldiers, troops*) cambiare la dislocazione di

redeployment *n* (*of workers, staff*) ridistribuzione *f;* (*of soldiers, troops*) nuova dislocazione *f*

redevelop [ˌriː·dɪˈve·ləp] *vt* dare nuovo sviluppo a

redevelopment [ˌriː·dɪˈve·ləp·mənt] *n* nuovo sviluppo *m*

redeye *n sl* volo *m* notturno

red-haired [ˌredˈhe·əed] *adj* dai capelli rossi

red-handed [ˌredˈhæn·dɪd] *adj* **to catch** sb **~** cogliere qn in flagrante

redhead [ˈred·hed] *n* rosso, -a *m, f*

red-headed *adj* dai capelli rossi

red herring *n fig* falsa pista *f*

red-hot [ˌredˈhɑːt] *adj* **1.** (*extremely hot*) incandescente; **to be ~** essere incandescente **2.** (*exciting*) sensazionale **3.** (*up-to-the-minute: information*) dell'ultim'ora

redirect [ˌriː·dɪˈrekt] *vt* rindirizzare; (*letter*) spedire al nuovo indirizzo; (*traffic*) deviare

redistribute [ˌriː·dɪˈstrɪb·juːt] *vt* ridistribuire

redistribution [ˌriː·dɪs·trɪˈbjuː·ʃən] *n* ridistribuzione *f*

red-letter day [ˌredˈle·t̬ə·ˌdeɪ] *n* giorno *m* memorabile

red light *n* semaforo *m* rosso

red-light district *n* quartiere *m* a luci rosse

red meat *n* carne *f* rossa

redneck [ˈred·nek] *n* abitante delle zone rurali del sud degli USA, di razza bianca e scarsa istruzione

redness [ˈred·nɪs] *n* rossore *m*

redo [ˌriːˈduː] *vt irr* rifare

redolent [ˈre·də·lənt] *adj form* **1.** (*smelling of*) **~ of** sth fragrante di qc **2.** (*suggestive of*) **to be ~ of** sth essere evocativo di qc

redouble [rɪˈdʌ·bl] *vt* raddoppiare; **to ~ one's efforts** raddoppiare gli sforzi

redoubtable [rɪˈdaʊ·t̬ə·bl] *adj* temibile

redound [rɪˈdaʊnd] *vi form* **to ~ to** sb's **advantage** andare a beneficio di qn; **to ~ to** sb's **credit** accrescere il prestigio di qn

red pepper *n* peperone *m* rosso

redraft[1] [ˌriːˈdræft] *vt* scrivere una nuova versione di

redraft[2] [ˈriːˈdræft] *n* nuova versione *f*

redress [rɪˈdres] **I.** *vt* (*grievance*) soddisfare; (*fault*) rimediare a; (*imbalance*) raddrizzare **II.** *n* (*of grievance*) soddisfazione *f;* (*imbalance*) rettifica; **to seek ~** cercare una riparazione

Red Sea *n* the **~** il Mar Rosso

redskin *n pej* pellerossa *mf inv*

red tape *n* lungaggini *fpl* burocratiche

reduce [rɪˈduːs] **I.** *vt* **1.** (*diminish*) ridurre **2.** MIL degradare **3. to ~** sb **to tears** ridurre qn in lacrime; **to ~** sth **to rubble/ashes** ridurre qc in rovine/cenere; **to be ~d to doing** sth essere ridotto a fare qc **4.** MATH (*fraction*) ridurre **II.** *vi* dimagrire

reduced [rɪˈduːst] *adj* **1.** (*lower*) ridotto, -a **2.** (*impoverished*) **to be in ~ circumstances** trovarsi in ristrettezze economiche

reduction [rɪˈdʌk·ʃən] *n* riduzione *f*

redundancy [rɪˈdʌn·dən·tsi] <-ies> *n* (*uselessness*) superfluità *f;* LING ridondanza *f*

R

redundant [rɪ·'dʌn·dənt] *adj* (*superfluous*) superfluo, -a; LING ridondante

reduplicate [rɪ·'duː·plə·keɪt] *vi* raddoppiarsi

reduplication [rɪ·ˌduː·plə·'keɪ·ʃən] *n* raddoppio *m*

red wine *n* vino *m* rosso

redwood ['red·wʊd] *n* sequoia *f*

re-echo [ˌriː·'e·koʊ] **I.** *vt* riecheggiare **II.** *vi* riecheggiare

reed [riːd] *n* 1.(*plant, straw*) canna *f* 2.MUS ancia *f*

reed instrument *n* strumento *m* provvisto di ancia

re-educate [ˌriː·'ed·ʒʊ·keɪt] *vt* rieducare

reedy ['riː·di] *adj* 1.(*full of reeds*) pieno, -a di canne 2.MUS (*voice*) stridulo, -a

reef [riːf] **I.** *n* 1.(*ridge*) scogliera *f* 2.(*part of sail*) terzarolo *m* **II.** *vt* NAUT terzarolare

reefer ['riː·fə] *n sl* spinello *m*

reek [riːk] **I.** *vi* puzzare; **to ~ of corruption** puzzare di corruzione **II.** *n* puzzo *m*

reel[1] [riːl] *n* (*storage or winding device*) rocchetto *m;* (*for film, rope, tape*) bobina *f*

reel[2] [riːl] **I.** *vi* 1.(*move unsteadily*) barcollare 2.(*recoil*) indietreggiare **II.** *n* reel *m* (*danza scozzese*)

re-elect [ˌriː·ɪ·'lekt] *vt* rieleggere

re-election [ˌriː·ɪ·'lek·ʃən] *n* rielezione *f*

re-employ [ˌriː·ɪm·'plɔɪ] *vt* reimpiegare

re-engage [ˌriː·ɪn·'geɪdʒ] *vt* impegnare di nuovo

re-enter [ˌriː·'en·t̬ə] **I.** *vt* 1.(*go in again*) rientrare in 2.COMPUT immettere di nuovo **II.** *vi* rientrare

re-entry [ˌriː·'en·tri] <-ies> *n* rientro *m*

ref [ref] *n* 1.*inf abbr of* **referee** arbitro *m* 2.*abbr of* **reference** referenza *f*

refectory [rɪ·'fek·tə·ri] <-ies> *n* mensa *f*

refer [rɪ·'fɜːr] <-rr-> *vt* **to refer sth to sb** (*article*) rimettere qc a qn; **to ~ a patient to a specialist** mandare un paziente da uno specialista; **to ~ a case to sb/sth** LAW sottoporre un caso a qn/qc

◆**refer back to** *vt* rinviare a; **please ~ your notes** per favore consultate i vostri appunti

◆**refer to** *vt* 1.(*mention, allude*) riferirsi a; **to never ~ sth** non fare mai riferimento a qc; **to ~ sb as sth** riferirsi a qn come qc; **referring to your letter/phone call, ...** con riferimento alla sua lettera/telefonata, ... 2.(*concern*) riguardare; **does this information ~ me?** quest'informazione mi riguarda? 3.(*consult, turn to*) consultare; **to ~ one's notes** consultare i propri appunti; **~ page 70** vedere pagina 70; **I ~ the facts** mi rimetto ai fatti

referee [ˌre·fə·'riː] **I.** *n* 1.SPORTS arbitro *m* 2.(*in dispute*) mediatore, -trice *m, f* **II.** *vi, vt* arbitrare

reference ['re·fə·rənts] *n* 1.(*consultation*) consultazione *f;* **to make ~ to sth** fare riferimento a qc 2.(*source*) fonte *f* 3.(*allusion*) riferimento *m;* **with ~ to what was said** con riferimento a quello che si è detto 4.ADMIN (*number*) numero *m* di riferimento 5.(*for job application*) referenza *f;* **to take up ~s** chiedere referenze

reference book *n* libro *m* di consultazione

reference library *n* biblioteca *f* di consultazione

reference number *n* 1.(*in document, on book*) numero *m* di riferimento 2.(*on product*) numero *m* di serie

referendum [ˌre·fə·'ren·dəm] <-s *o* -da> *n* referendum *m inv*

referral [rɪ·'fɜː·rəl] *n* rinvio *m*

refill[1] [ˌriː·'fɪl] *vt* (*fill again*) riempire di nuovo

refill[2] ['riː·fɪl] *n* (*replacement*) ricambio *m*

refine [rɪ·'faɪn] *vt* 1.(*oil, sugar*) raffinare 2.(*technique*) perfezionare

refined [rɪ·'faɪnd] *adj* 1.(*oil, sugar*) raffinato, -a 2.(*sophisticated*) sofisticato, -a 3.(*very polite*) fine

refinement [rɪ·'faɪn·mənt] *n* 1.(*improvement*) perfezionamento *m* 2.(*purification*) raffinazione *f* 3.(*good manners*) raffinatezza *f*

refinery [rɪ·'faɪ·nə·ri] <-ies> *n* raffineria *f*

refit[1] [ˌriː·'fɪt] <-tt-> **I.** *vi* essere rimesso a nuovo; NAUT essere raddobbato **II.** *vt* rimettere a nuovo; NAUT raddobbare

refit[2] ['riː·fɪt] *n* rimessa *f* a nuovo; NAUT raddobbo *m*

reflate [riː·'fleɪt] *vt* operare interventi reflazionistici su

reflation [ˌriː·'fleɪ·ʃən] *n* reflazione *f*

reflect [rɪ·'flekt] **I.** *vt* riflettere **II.** *vi* 1.(*cast back light*) riflettersi 2.(*contemplate*) riflettere 3.**to ~ badly on sth** gettare un'ombra su qc

reflecting *adj* riflettente

reflecting telescope *n* telescopio *m* riflettore

reflection [rɪ·'flek·ʃən] *n* 1.(*image*) riflesso *m* 2.(*thought*) riflessione *f;* **~ s on sth** riflessioni su qc; **on ~** a pensarci bene 3.*fig* **to be a fair ~ of sth** essere uno specchio fedele di qc; **to be a poor ~ on sth** offrire un quadro impietoso di qc

reflective [rɪ·'flek·tɪv] *adj* 1.(*surface*) riflettente 2.(*thoughtful*) riflessivo, -a

reflector [rɪ·'flek·tə] *n* (*mirror*) riflettore *m;* (*of bicycle, car*) catarifrangente *m*

reflex ['riː·fleks] <-es> **I.** *n* riflesso *m* **II.** *adj* istintivo, -a

reflex action *n* atto *m* istintivo

reflex camera *n* macchina *f* fotografica reflex

reflexive [rɪ·'flek·sɪv] **I.** *adj* 1.(*independent of will*) istintivo, -a 2.LING riflessivo, -a **II.** *n* LING riflessivo *m*

reflexology [ˌriː·flek·'sɑː·lə·dʒi] *n* riflessologia *f*

refloat [ˌriː·'floʊt] *vt* rimettere a galla

reflux [ˌriː·'flʌks] *n* riflusso *m*

reforest [ˌriː·'fɔː·rɪst] *vt* rimboscare

reform [rɪ·'fɔːrm] **I.** *vt* riformare **II.** *vi* ravvedersi **III.** *n* riforma *f*

re-form [ˌriː·'fɔːrm] **I.** *vt* formare di nuovo **II.** *vi* riformarsi

R

reformation [ˌre·fə·ˈmeɪ·ʃən] *n* riforma *f;* **the Reformation** la Riforma

reformatory [-ˈfɔːr·mə·tɔː·ri] <-ies> *n* riformatorio *m*

reformer *n* riformatore, -trice *m, f*

reform school *n* riformatorio *m*

refract [rɪ·ˈfrækt] *vt* PHYS rifrangere

refraction [rɪ·ˈfræk·ʃən] *n* rifrazione *f*

refractory [rɪ·ˈfræk·tə·ri] *adj* refrattario, -a

refrain[1] [rɪ·ˈfreɪn] *vi form* astenersi; **to ~ from doing sth** astenersi dal fare qc

refrain[2] [rɪ·ˈfreɪn] *n* MUS ritornello *m*

refresh [rɪ·ˈfreʃ] *vt* rinfrescare; **to ~ oneself** rinfrescarsi

refresher *n* aggiornamento *m* rapido; **~ course** corso *m* di aggiornamento

refreshing *adj* 1.(*drink*) rinfrescante 2.(*change, difference*) piacevole

refreshment [rɪ·ˈfreʃ·mənt] *n* rinfresco *m*

refrigerant [rɪ·ˈfrɪ·dʒə·rənt] *n* refrigerante *m*

refrigerate [rɪ·ˈfrɪ·dʒə·reɪt] *vt* refrigerare

refrigeration [rɪ·ˌfrɪ·dʒə·ˈreɪ·ʃən] *n* refrigerazione *f*

refrigerator [rɪ·ˈfrɪ·dʒə·reɪ·tə·] *n* frigorifero *m*

refuel [ˌriː·ˈfjuː·əl] <-ll-, -l-> I. *vi* fare rifornimento (di carburante) II. *vt* rifornire di carburante; *fig* riaccendere

refuge [ˈre·fjuː·dʒ] *n* rifugio *m;* **to take ~ in sth** rifugiarsi in qc

refugee [ˌre·fjuˈ·dʒiː] *n* rifugiato, -a *m, f*

refugee camp *n* campo *m* profughi

refund[1] [ˌriː·ˈfʌnd] *vt* rimborsare

refund[2] [ˈriː·fʌnd] *n* rimborso *m*

refurbish [ˌriː·ˈfɜːr·bɪʃ] *vt* rimettere a nuovo

refusal [rɪ·ˈfjuː·zl] *n* rifiuto *m*

refuse [rɪ·ˈfjuːz] I. *vi* rifiutar(si) II. *vt* (*request, gift*) rifiutare; (*permission, entry*) negare; **to ~ sb sth** negare qc a qn

refusenik [re·ˈfjuːz·nɪk] *n* POL refusenik *mf inv*

refutation [ˌre·fjuː·ˈteɪ·ʃən] *n* confutazione *f*

refute [rɪ·ˈfjuːt] *vt* confutare

regain [rɪ·ˈgeɪn] *vt* (*freedom, possession*) recuperare; (*consciousness*) riprendere; (*health*) riacquistare

regal [ˈriː·gl] *adj* regale

regale [rɪ·ˈgeɪl] *vt iron* intrattenere

regalia [rɪ·ˈgeɪl·iə] *n* 1.(*clothes*) abiti *mpl* da cerimonia 2.(*insignia*) insegne *fpl*

regard [rɪ·ˈgɑːrd] I. *vt* 1.(*consider*) considerare; **to ~ sb highly** tenere qn in grande stima 2.*form* (*watch*) osservare 3.(*concerning*) **as ~s ...** riguardo a ... II. *n form* 1.(*consideration*) considerazione *f;* **to pay no ~ to sth** non prestare attenzione a qc; **with ~ to ...** quanto a ... 2.(*respect*) stima *f;* **to hold sb/ sth in high ~** avere una grande stima di qn/qc 3.(*point*) **in this ~** a questo riguardo 4. *pl* (*in messages*) saluti *mpl;* **with kind ~s** cari saluti

regardful [rɪ·ˈgɑːrd·fəl] *adj* attento, -a

regarding *prep* quanto a

regardless [rɪ·ˈgɑːrd·ləs] I. *adv* nonostante tutto; **to press on ~** andare avanti senza

curarsi di nulla II. *adj* incurante; **~ of ...** senza badare a ...

regatta [rɪ·ˈgɑː·tə] *n* regata *f*

regency [ˈriː·dʒən·si] *n* reggenza *f*

regenerate [rɪ·ˈdʒe·nə·reɪt] I. *vt* rigenerare II. *vi* rigenerarsi

regeneration [rɪ·ˌdʒe·nə·ˈreɪ·ʃən] *n* rigenerazione *f*

reggae [ˈre·geɪ] *n* reggae *m*

regime [rə·ˈʒiːm] *n* regime *m*

regimen [ˈre·dʒə·men] *n form* regime *m*

regiment [ˈre·dʒə·mənt] I. *n* 1.MIL reggimento *m* 2.*fig* esercito *m* II. *vt* irreggimentare

regimentation [ˌre·dʒə·mən·ˈteɪ·ʃən] *n* irreggimentazione *f*

region [ˈriː·dʒən] *n* regione *f;* **in the ~ of 30** intorno a 30

regional [ˈriː·dʒə·nl] *adj* regionale

regionalism [ˈriː·dʒə·nə·ˌlɪ·zəm] *n* regionalismo *m*

register [ˈre·dʒɪs·tə·] I. *n* registro *m;* **class ~** registro di classe II. *vt* registrare; (*car*) immatricolare; (*voter*) iscrivere nelle liste elettorali; (*letter*) spedire per raccomandata; (*package*) assicurare III. *vi* 1. *a.* UNIV (*record*) iscriversi 2.(*be understood*) **the information didn't ~ with him** non fece caso a quelle notizie

registered [ˈre·dʒɪs·tə·d] *adj* registrato, -a; (*nurse*) diplomato, -a; (*student*) iscritto, -a; (*letter*) raccomandato, -a; (*package*) assicurato, -a

registrar [ˈre·dʒɪs·trɑːr] *n* 1.ADMIN ufficiale *m* di stato civile 2.UNIV responsabile *mf* della segreteria 3.MED medico *m* specializzando

registration [ˌre·dʒɪ·ˈstreɪ·ʃən] *n* 1.(*act*) registrazione *f;* **voter ~** iscrizione dei votanti nelle liste elettorali 2.AUTO libretto *m* di circolazione; **license and ~** patente e libretto di circolazione 3.UNIV iscrizione *f*

registration fee *n a.* UNIV quota *f* d'iscrizione

registration number *n* numero *m* di targa

registry [ˈre·dʒɪs·tri] *n* anagrafe *f;* **bridal ~** anagrafe matrimoniale

regress [rɪ·ˈgres] *vi* regredire

regression [rɪ·ˈgre·ʃən] *n* regressione *f*

regressive [rɪ·ˈgre·sɪv] *adj* regressivo, -a

regret [rɪ·ˈgret] I. <-tt-> *vt* rammaricarsi di; **to ~ doing sth** pentirsi di aver fatto qc; **we ~ any inconvenience to passengers** siamo spiacenti per i disagi ai passeggeri II. *n* rammarico *m;* **to have ~s** avere rimpianti; **to have no ~s about sth** non avere rimpianti per qc; **much to my ~** con mio grande rammarico; **to send one's ~s** inviare le proprie scuse

regretful [rɪ·ˈgret·fəl] *adj* dispiaciuto, -a

regretfully *adv* con rammarico

regrettable [rɪ·ˈgre·tə·bl] *adj* deplorevole

regroup [ˌriː·ˈgruːp] I. *vt* raggruppare di nuovo II. *vi* raggrupparsi di nuovo

regular [ˈreg·jə·lə·] I. *adj* 1.(*pattern*) regolare; (*appearance, customer*) abituale; (*procedure*) normale; **to have ~ meetings** fare riunioni periodiche 2.(*gas*) normale 3.LING regolare

4. *inf* (*real*) vero, -a **II.** *n* **1.** (*customer*) cliente *mf* abituale **2.** MIL militare *m* di carriera

regularity [ˌreg·juˈleˈrəˈti] *n* regolarità *f*

regularize [ˈreg·juˈləˈraɪz] *vt* **1.** (*standardize*) standardizzare **2.** (*normalize*) regolarizzare

regularly *adv* regolarmente

regulate [ˈreg·juˈleɪt] *vt* **1.** (*supervise*) regolamentare **2.** (*adjust*) regolare

regulation [ˌreg·juˈleɪˈʃən] **I.** *n* **1.** (*rule*) regola *f*; **safety ~s** norme *fpl* di sicurezza; **in accordance with** (**the**) **~s** in base al regolamento **2.** (*adjustment*) regolazione *f* **II.** *adj* regolamentare

regulator [ˈreg·juˈleɪˈtəˈ] *n* regolatore *m*

regulatory [ˈreg·jəˈleɪˈtɔːˈri] *adj* di controllo

regurgitate [riːˈgɜːrˈdʒəˈteɪt] *vt* **1.** (*food*) rigurgitare **2.** (*ideas, facts*) ripetere meccanicamente

rehab *n inf abbr of* **rehabilitation** riabilitazione *f*

rehabilitate [ˌriːhəˈbɪˈləˈteɪt] *vt* riabilitare

rehabilitation [ˌriːhəˌbɪˈləˈteɪˈʃən] *n* riabilitazione *f*

rehabilitation center *n* centro *m* di riabilitazione

rehash¹ [ˌriːˈhæʃ] *vt* rimasticare

rehash² [ˈriːˈhæʃ] *n* (*rediscussion*) rimasticatura *f*

rehearsal [rɪˈhɜːrsl] *n* prova *f*

rehearse [rɪˈhɜːrs] *vt, vi* provare

reign [reɪn] **I.** *vi* **1.** (*be monarch*) regnare **2.** *fig* (*be dominant*) dominare **II.** *n* **1.** (*sovereignty*) regno *m* **2.** (*rule*) dominio *m*

reimburse [ˌriːɪmˈbɜːrs] *vt* rimborsare

reimbursement *n* rimborso *m*

rein [reɪn] *n* redine *f* ▸ **to give** free **~ to sb** dare carta bianca a qn; **to keep sb on a** tight **~** tenere qn sotto stretto controllo; **to** hold **the ~s** tenere le redini

reincarnation [ˌriːɪnˈkɑːrˈneɪˈʃən] *n* reincarnazione *f*

reindeer [ˈreˈɪnˈdɪr] *n inv* renna *f*

reinforce [ˌriːɪnˈfɔːrs] *vt a.* MIL rinforzare; (*argument*) rafforzare

reinforcement *n* rafforzamento *m*

reinstate [ˌriːɪnˈsteɪt] *vt form* reintegrare

reinsure [ˌriːɪnˈʃʊr] *vt* assicurare di nuovo

reintegrate [ˌriːˈɪnˈtəˈgreɪt] *vt* reintegrare; (*criminal*) reinserire

reintegration [ˈriːˌɪnˈtəˈgreɪˈʃən] *n* reintegrazione *f*; (*of criminal*) reinserimento *m*

reintroduce [ˌriːɪnˈtrəˈduːs] *vt* reintrodurre

reissue [ˌriːˈɪʃˈjuː] **I.** *vt* fare una nuova edizione di **II.** *n* nuova edizione *f*

reiterate [riːˈɪˌtəˈreɪt] *vt* reiterare

reiteration [riːˌɪˌtəˈreɪˈʃən] *n* reiterazione *f*

reject¹ [rɪˈdʒekt] *vt a.* MED, TECH rigettare; (*application, request, accusation*) respingere; (*bill, motion*) impugnare; (*proposal*) scartare

reject² [ˈriːˈdʒekt] *n* **1.** (*cast-off*) articolo *m* di scarto **2.** (*person*) persona *f* scartata

rejection [rɪˈdʒekˈʃən] *n* rifiuto *m*

rejoice [rɪˈdʒɔɪs] *vi* rallegrarsi; **to ~ in doing**

sth essere felice di fare qc; **I ~d to see that …** mi rallegrai nel vedere che …

rejoicing *n* esultanza *f*

rejoin¹ [ˌriːˈdʒɔɪn] **I.** *vt* (*join again*) ricongiungersi a; (*political party*) rientrare in **II.** *vi* ricongiungersi

rejoin² [rɪˈdʒɔɪn] *vt* (*reply*) replicare

rejoinder [rɪˈdʒɔɪnˈdəˈ] *n* replica *f*

rejuvenate [riːˈdʒuːˈvəˈneɪt] *vt* ringiovanire

rekindle [riːˈkɪnˈdl] *vt a. fig* ravvivare

relapse [rɪˈlæps] **I.** *n* MED ricaduta *f* **II.** *vi* ricadere; MED avere una ricaduta

relate [rɪˈleɪt] **I.** *vt* **1.** (*establish connection*) mettere in relazione **2.** (*tell*) raccontare **II.** *vi* **1.** (*be connected with*) **to ~ to sb/sth** avere a che fare con qn/qc **2.** (*understand*) **to ~ to sth/sb** entrare in sintonia con qc/qn

related *adj* **1.** (*linked*) correlato, -a **2.** (*in same family*) imparentato, -a; **to be ~ to sb** essere imparentato con qn; **to be closely/distantly ~** essere parente stretto/lontano

relating to *prep* con riguardo a

relation [rɪˈleɪˈʃən] *n* **1.** (*link*) relazione *f*; **in ~ to** riguardo a; **to bear no ~ to sb/sth** non avere niente a che fare con qn/qc **2.** (*relative*) parente *mf* **3.** *pl* (*contact*) relazioni *fpl*

relationship [rɪˈleɪˈʃənˈʃɪp] *n* **1.** (*link*) relazione *f* **2.** (*family connection*) parentela *f* **3.** (*between two people*) rapporto *m*; **to be in a ~ with sb** avere una relazione *f* con qn; **business ~s** rapporti commerciali

relative [ˈreˈləˈtɪv] **I.** *adj* relativo, -a **II.** *n* parente *mf*

relative clause *n* proposizione *f* relativa

relatively *adv* relativamente

relativity [ˌreˈləˈtɪˈvəˈti] *n* relatività *f*

relaunch¹ [ˌriːˈlɔːntʃ] *vt* rilanciare

relaunch² [ˈriːˌlɔːntʃ] *n* rilancio *m*

relax [rɪˈlæks] **I.** *vi* rilassarsi; (*restrictions, security*) allentarsi; **relax!** rilassati! **II.** *vt* rilassare; (*restrictions, security*) allentare; **to ~ one's efforts** diminuire i propri sforzi; **to ~ one's hold on sth** *a. fig* allentare la propria presa su qc

relaxation [ˌriːˈlækˈseɪˈʃən] *n* rilassamento *m*

relaxed *adj* rilassato, -a

relay [ˈriːˈleɪ] **I.** *vt* (*information*) passare; TV ritrasmettere **II.** *n* **1.** (*group*) turno *m*; **to work in ~s** fare turni di lavoro **2.** SPORTS (*corsa f a*) staffetta *f* **3.** ELEC relè *m*

re-lay [ˌriːˈleɪ] *vt* metter giù di nuovo

release [rɪˈliːs] **I.** *vt* **1.** (*set free*) rilasciare **2.** (*cease to hold*) allentare; PHOT far scattare **3.** (*allow to escape: gas*) liberare; (*steam*) emettere **4.** (*weaken: pressure*) alleggerire **5.** (*make public: information*) rendere noto; (*book*) pubblicare; (*film*) fare uscire; (*CD*) mettere in circolazione **II.** *n* **1.** (*of prisoner*) rilascio *m*; (*of hostage*) liberazione *f* **2.** PHOT scatto *m* **3.** (*relaxation*) allentamento *m* **4.** (*escape*) fuga *f* **5.** (*publication*) pubblicazione *f*; (*of film*) uscita *f*; (*of CD*) messa *f* in

R

circolazione; **press** ~ comunicato *m* (di) stampa

relegate ['re·lə·geɪt] *vt* relegare

relent [rɪ·'lent] *vi* (*person*) cedere; (*wind, rain*) attenuarsi

relentless [rɪ·'lent·ləs] *adj* (*pursuit, opposition*) implacabile; (*pressure*) incessante; (*criticism*) spietato, -a

relevance ['re·lə·vənts] *n*, **relevancy** *n* pertinenza *f*

relevant ['re·lə·vənt] *adj* pertinente

reliability [rɪ·ˌla·ɪə·'bɪ·lə·ti] *n* 1. (*dependability*) affidabilità *f* 2. (*trustworthiness*) attendibilità *f*

reliable [rɪ·'la·ɪə·bl] *adj* 1. (*credible*) attendibile; (*authority*) serio, -a; (*evidence*) convincente 2. (*trustworthy*) degno, -a di fiducia

reliance [rɪ·'la·ɪəns] *n* 1. (*dependence*) dipendenza *f* 2. (*belief*) fiducia *f*

reliant [rɪ·'la·ɪənt] *adj* **to be** ~ **on sb/sth** fare affidamento su qn/qc

relic ['re·lɪk] *n a. fig* reliquia *f*

relief [rɪ·'li:f] I. *n* 1. (*relaxation*) sollievo *m; it's* **a** ~ **that** è un sollievo che +*conj;* **what a** ~! che sollievo! 2. (*aid*) soccorso *m* 3. (*replacement*) sostituzione *f* 4. MIL liberazione *f* 5. *a.* GEO rilievo *m;* **to throw sth into** ~ mettere in rilievo qc 6. **tax** ~ agevolazione *f* fiscale II. *adj* 1. di riserva; ~ **driver** secondo autista 2. GEO a rilievo

relief supplies *npl* aiuti *mpl* umanitari

relief worker *n* operatore, -trice *m, f* umanitario, -a

relieve [rɪ·'li:v] *vt* 1. (*assist*) soccorrere 2. (*alleviate: pain, suffering*) alleviare; (*feelings*) dare sfogo a; (*one's mind*) tranquillizzare 3. MIL liberare 4. (*urinate, defecate*) **to** ~ **oneself** liberarsi

relieved *adj* sollevato, -a

religion [rɪ·'lɪ·dʒən] *n* religione *f*

religious [rɪ·'lɪ·dʒəs] *adj* religioso, -a

relinquish [rɪ·'lɪŋ·kwɪʃ] *vt* (*claim, title*) rinunciare a; (*control*) cedere; **to** ~ **one's grip on sth** mollare la presa su qc

relish ['re·lɪʃ] I. *n* 1. (*enjoyment*) piacere *m;* **with** ~ con piacere 2. (*enthusiasm*) entusiasmo *m* 3. FOOD salsa *f* II. *vt* provar piacere per; **I don't** ~ ... non mi entusiasma ...

reload [ˌri:·'loʊd] I. *vt* ricaricare II. *vi* ricaricarsi

relocate [ˌri:·'loʊ·keɪt] I. *vi* trasferirsi II. *vt* trasferire

relocation [ˌri:·loʊ·'keɪ·ʃən] *n* trasferimento *m*

reluctance [rɪ·'lʌk·təns] *n* riluttanza *f;* **with** ~ con riluttanza

reluctant [rɪ·'lʌk·tənt] *adj* riluttante; **to be** ~ **to do sth** essere riluttante a fare qc

rely [rɪ·'laɪ] *vi* **to** ~ **on** [*o* **upon**] (*trust*) fare affidamento su; (*depend on*) dipendere da; **to** ~ **on** [*o* **upon**] **sb to do sth** contare su qn perché faccia qc

REM [ˌɑːr·iː·'em] *abbr of* **Rapid Eye Movement** REM

remain [rɪ·'meɪn] *vi* 1. (*stay*) restare 2. (*con-*

tinue) rimanere; **to** ~ **aloof** tenersi appartato; **to** ~ **seated** rimanere seduto; **to** ~ **unsolved** rimanere irrisolto; **to** ~ **to be done** rimanere da fare; **much** ~s **to be done** rimane molto da fare; **the fact** ~s **that** ... resta il fatto che ...; **it (only)** ~s **for me to** ... non mi rimane che ...; **it** ~s **to be seen** (who/what/how) resta da vedere (chi/che cosa/come)

remainder [rɪ·'meɪn·dɚ] I. *n a.* MATH resto *m;* **the** ~ **of sb's life** il resto della vita di qn II. *vt* svendere

remaining [rɪ·'meɪ·nɪŋ] *adj* restante

remains [rɪ·'meɪnz] *npl* resti *mpl*

remake¹ [ˌri:·'meɪk] <remade> *vt* fare di nuovo

remake² ['ri:·meɪk] *n* remake *m inv*

remand [rɪ·'mænd] I. *vt* **to** ~ **sb to prison** [*o* **in custody**] mettere qn in carcere preventivo; **to** ~ **sb on bail** mettere qn in libertà dietro cauzione II. *n* **to be on** ~ essere in carcere preventivo

remark [rɪ·'mɑːrk] I. *vi* **to** ~ **on sth** fare osservazioni su qc II. *n* osservazione *f;* **to make** ~s **about sb/sth** fare commenti su qn/qc

remarkable [rɪ·'mɑːr·kə·bl] *adj* notevole; (*coincidence*) straordinario, -a; **to be** ~ **for sth** essere degno di nota per qc

remarkably *adj* notevolmente

remarry [ˌri:·'me·ri] <-ie-> *vi* risposarsi

remedial [rɪ·'mi:·diəl] *adj* (*action*) di riparazione; SCHOOL di recupero; MED terapeutico, -a

remedy ['re·mə·di] I. <-ies> *n* 1. rimedio *m;* **to be beyond** ~ essere irreparabile 2. LAW (**legal**) ~ azione *f* giudiziaria II. *vt* rimediare a; (*mistake*) correggere

remember [rɪ·'mem·bɚ] I. *vt* 1. (*recall*) ricordare; **I can't** ~ **his name** non ricordo il suo nome 2. (*commemorate*) commemorare II. *vi* ricordarsi

remembrance [rɪ·'mem·brənts] *n* 1. (*act of remembering*) ricordo *m;* **in** ~ **of** in memoria di 2. *pl* (*greetings*) saluti *mpl*

remind [rɪ·'maɪnd] *vt* ricordare; **to** ~ **sb to do sth** ricordare a qn di fare qc; **he** ~s **me of you** mi ricorda te; **that** ~s **me,** ... ora che mi viene in mente...

reminder [rɪ·'maɪn·dɚ] *n* 1. (*note*) messaggio *m* (per ricordare) 2. (*warning*) avvertimento *m;* **to give sb a gentle** ~ dare a qn un avvertimento amichevole 3. (*memento*) ricordo *m*

reminisce [ˌre·mə·'nɪs] *vi* abbandonarsi alle reminiscenze

reminiscence [ˌre·mə·'nɪ·sns] *n* reminiscenza *f*

reminiscent [ˌre·mə·'nɪ·snt] *adj* **to be** ~ **of sb/sth** far pensare a qn/qc

remiss [rɪ·'mɪs] *adj* negligente

remission [rɪ·'mɪ·ʃən] *n* remissione *f*

remit¹ [rɪ·'mɪt] <-tt-> *vt form* 1. (*send*) rimettere; (*money*) inviare 2. LAW ridurre

remit² ['ri:·mɪt] *n* competenza *f*

remittance [rɪ·'mɪ·tns] *n* rimessa *f*

remix I. ['riː·miks] *n* <-es> MUS remix *m inv*
II. [riː·'miks] *vt* remixare
remnant ['rem·nənt] *n* resto *m*
remodel [‚riː·'mɑː·dəl] <-ll-, -l-> *vt* ristrutturare
remold ['riː·moʊld] I. *vt* ricostruire II. *n* pneumatico *m* ricostruito
remonstrance [rɪ·'mɑːnt·strənts] *n form*
rimostranza *f*
remonstrate [rɪ·'mɑːnt·streɪt] *vi* rimostrare
remorse [rɪ·'mɔːrs] *n* rimorso *m;* **without ~**
senza rimorsi
remorseful [rɪ·'mɔːrs·fəl] *adj* pentito, -a
remorseless [rɪ·'mɔːrs·ləs] *adj* (*merciless*)
spietato, -a; (*attack*) implacabile
remote [rɪ·'moʊt] *adj* <-er, -est> (*place, possibility*) remoto, -a
remote control *n* telecomando *m*
remote-controlled *adj* telecomandato, -a
remoteness *n* lontananza *f*
remount [‚riː·'maʊnt] I. *vt* risalire su II. *vi* risalire
removable [rɪ·'muː·və·bl] *adj* **1.** (*stain*) elimi-
nabile **2.** (*easy to take off*) rimovibile
removal [rɪ·'muː·vəl] *n* **1.** (*of stain, problem*)
rimozione *f* **2.** (*extraction*) estrazione *f*
remove [rɪ·'muːv] I. *vt* **1.** (*take away*) levare;
(*clothes*) levarsi **2.** (*get rid of*) eliminare;
(*cork, dent*) togliere; (*entry, name*) cancellare;
(*doubts, fears*) dissipare; (*problem*) risolvere;
to ~ one's hair depilarsi **3.** (*dismiss from job*)
licenziare II. *n form* **to be at one ~ from sth**
essere ad un passo da qc
remover [rɪ·'muː·və] *n* **1.** (titolare *mf* di
un')impresa *f* di traslochi **2. stain ~** smacchiatore *m*
remunerate [rɪ·'mjuː·nə·reɪt] *vt form* rimunerare
remuneration [rɪ·‚mjuː·nə·'reɪ·ʃən] *n form*
rimunerazione *f*
remunerative [rɪ·'mjuː·nə·reɪ·tɪv] *adj form*
rimunerativo, -a
Renaissance [‚re·nə·'sɑːns] *n* **the ~** il Rinascimento
renal ['riː·nl] *adj* renale
rename [‚riː·'neɪm] *vt* dare un nuovo nome a
rend [rend] <rent *o* rended> *vt liter* lacerare
render ['ren·də] *vt form* **1.** (*make*) rendere; **to
~ sb speechless** far restare qn senza parole
2. (*perform*) rappresentare; MUS interpretare
3. (*give: thanks*) rendere; (*aid, service*) prestare; (*judgment*) emettere **4.** (*translate*) tradurre **5.** ARCHIT intonacare
rendering ['ren·də·rɪŋ] *n* **1.** (*performance*)
rappresentazione *f;* MUS interpretazione *f*
2. (*translation*) traduzione *f*
rendezvous ['rɑːn·deɪ·vuː, 'rɒn·dɪ·vuːz] I. *n
inv* **1.** (*meeting*) appuntamento *m* **2.** (*place*)
luogo *m* d'incontro II. *vi* incontrarsi (a seguito
di un appuntamento)
rendition [ren·'dɪ·ʃən] *n* **1.** (*performance*)
interpretazione *f* **2.** (*translation*) versione *f*

renegade ['re·nə·ɡeɪd] I. *n* rinnegato, -a *m, f*
II. *adj* rinnegato, -a
renege [rɪ·'nɪɡ] *vi form* **to ~ on sth** far marcia
indietro su qc
renew [rɪ·'nuː] *vt* **1.** (*begin again: membership,
passport*) rinnovare; (*relationship*) rianno-
dare; **to ~ one's efforts to do sth** rinnovare
gli sforzi per fare qc **2.** (*mend*) rifare
renewable [rɪ·'nuː·ə·bl] *adj* rinnovabile
renewal [rɪ·'nuː·əl] *n* rinnovo *m*
renewed [rɪ·'nuːd] *adj* rinnovato, -a
rennet ['re·nɪt] *n* caglio *m*
renounce [rɪ·'naʊns] *vt* rinunciare a
renovate ['re·nə·veɪt] *vt* restaurare
renovation [‚re·nə·'veɪ·ʃən] *n* restauro *m*
renown [rɪ·'naʊn] *n* rinomanza *f*
renowned [rɪ·'naʊnd] *adj* rinomato, -a
rent[1] [rent] I. *n* (*rip*) strappo *m* II. *pt, pp of*
rend
rent[2] [rent] I. *vt* (*apartment, land*) affittare;
(*car, video*) noleggiare II. *vi* essere in affitto
III. *n* affitto *m;* **for ~** affittasi
rent-a-car *n* (*car*) macchina *f* a noleggio;
(*agency*) autonoleggio *m*
rental ['ren·təl] I. *n* affitto *m* II. *adj* d'affitto
rent control *n* controllo *m* degli affitti
rent-free *adj* concesso, -a senza pagamento di
un affitto
renunciation [rɪ·‚nʌn·sɪ·'eɪ·ʃən] *n* rinuncia *f*
reopen [riː·'oʊ·pən] I. *vt* riaprire II. *vi* riaprirsi
reorder [‚riː·'ɔː·dəɚ] I. *n* nuovo ordine *m* II. *vt*
1. (*reorganize*) riordinare **2.** COM ordinare di
nuovo
reorganize [riː·'ɔːr·gə·naɪz] I. *vt* riorganizzare
II. *vi* riorganizzarsi
rep [rep] *n inf* **1.** *abbr of* **representative** rappresentante *mf* **2.** THEAT *abbr of* **repertory**
repertorio *m*
Rep. 1. *abbr of* **Republic** Rep. **2.** *abbr of*
Republican repubblicano, -a
repaint [riː·'peɪnt] *vt* ridipingere
repair [riː·'per] I. *vt* **1.** (*machine*) riparare;
(*clothes*) aggiustare **2.** (*set right: damage*)
riparare; (*friendship*) ristabilire II. *n* **1.** (*mending*) riparazione *f;* **to be beyond ~** non poter
essere più riparato; **to be under ~** essere in
riparazione **2.** (*state*) **to be in good/bad ~**
essere in buono/cattivo stato
repairable [rɪ·'pe·rə·bl] *adj* riparabile
repair kit *n* kit *m inv* per le riparazioni
repairman <-men> *n* (*for cars*) meccanico *m;*
(*for television*) tecnico *m*
repairperson *n* riparatore, -trice *m, f*
repair shop *n* officina *f* di riparazioni
repaper [riː·'peɪ·pəɚ] *vt* mettere una nuova
carta da parati a
reparable ['re·pə·rə·bl] *adj* rimediabile
reparation [‚re·pə·'reɪ·ʃən] *n* **1.** (*setting right*)
riparazione *f* **2.** *pl* FIN indennizzo *m*
repartee [‚re·pɑːr·'tiː] *n* scambio *m* di battute
repatriate [riː·'peɪ·tri·eɪt] *vt* rimpatriare
repatriation [rɪ·‚peɪ·tri·'eɪ·ʃən] *n* rimpatrio *m*
repay [rɪ·'peɪ] <repaid> *vt* (*money*) restituire;

R

(*person*) rimborsare; **to ~ money to sb** rimborsare dei soldi a qn; **to ~ sb for sth** ripagare qn per qc; **to ~ a debt** ripagare un debito

repayable [ɾɪ·'pe·ɪə·bl] *adj* rimborsabile

repayment [ɾɪ·'peɪ·mənt] *n* rimborso *m*

repeal [ɾɪ·'piːl] I. *vt* abrogare II. *n* abrogazione *f*

repeat [ɾɪ·'piːt] I. *vt* 1. (*say or do again*) ripetere 2. (*recite*) recitare II. *vi* (*happen again*) ripetersi; (*taste*) tornar su III. *n* 1. ripetizione *f* 2. TV replica *f*

repeated *adj* ripetuto, -a

repeatedly *adv* ripetutamente

repeating decimal *n* decimale *m* periodico

repeat offender *n* pregiudicato, -a *m, f*

repeat performance *n* storia *f* analoga

repel [ɾɪ·'pel] <-ll-> *vt* 1. (*ward off*) *a.* MIL, PHYS respingere 2. (*disgust*) ripugnare a

repellent [ɾɪ·'pe·lənt] I. *n* repellente *m* II. *adj* ripugnante

repent [ɾɪ·'pent] I. *vi form* pentirsi II. *vt* pentirsi di

repentance [ɾɪ·'pen·tənts] *n* pentimento *m*

repentant [ɾə·'pen·tənt] *adj* pentito, -a

repercussion [ˌriː·pə·'kʌ·ʃən] *n* ripercussione *f*

repertoire ['re·pə·ˌtwɑːr] *n* repertorio *m*

repertory company *n* compagnia *f* di repertorio

repertory theater *n* teatro *m* di repertorio

repetition [ˌre·pə·'tɪ·ʃən] *n* ripetizione *f*

repetitious [ˌre·pə·'tɪ·ʃəs] *adj*, **repetitive** [ɾɪ·'pe·tə·tɪv] *adj* ripetitivo, -a

replace [ɾɪ·'pleɪs] *vt* 1. (*take the place of*) rimpiazzare; (*person*) sostituire 2. (*put back*) rimettere a posto

replaceable [ɾɪ·'pleɪ·sə·bl] *adj* sostituibile

replacement [ɾɪ·'pleɪs·mənt] I. *n* 1. (*person*) sostituto, -a *m, f*; (*part*) ricambio *m* 2. MIL rimpiazzo *m* 3. (*act of substituting*) sostituzione *f* II. *adj* di ricambio

replay¹ [ˌriː·'pleɪ] *vt* 1. SPORTS rigiocare 2. MUS suonare di nuovo 3. TV mostrare la replica di

replay² ['riː·pleɪ] *n* 1. SPORTS ripetizione *f*; TV replica *f*; **instant ~** replay *m inv* 2. MUS replay *m inv*

replenish [ɾɪ·'ple·nɪʃ] *vt* riempire di nuovo; (*supplies, stocks*) ricostituire

replete [ɾɪ·'pliːt] *adj* ricolmo, -a

replica ['re·plɪ·kə] *n* riproduzione *f*

replicate ['re·plɪ·keɪt] *vt* riprodurre

reply [ɾɪ·'plaɪ] I. <-ied> *vt* rispondere II. <-ied> *vi* 1. (*verbally*) rispondere 2. (*react*) reagire III. <-ies> *n* risposta *f*

report [ɾɪ·'pɔːrt] I. *n* 1. (*account*) resoconto *m;* PUBL articolo *m;* (*longer*) servizio *m;* **to give a ~** fare una relazione 2. (*unproven claim*) voce *f* 3. (*explosion*) esplosione *m* II. *vt* 1. (*recount*) riferire; (*discovery*) riportare; **nothing to ~** niente da riferire 2. (*denounce*) denunciare III. *vi* 1. (*make results public*) presentare un rapporto 2. (*arrive at work*) presentarsi; **to ~ sick** darsi malato

◆**report back** I. *vt* to report sth back to sb riferire qc a qn II. *vi* fare rapporto

report card *n* scheda *f* di valutazione

reporter [ɾɪ·'pɔːr·ţə] *n* reporter *mf*

repose [ɾɪ·'poʊz] I. *vi* 1. (*rest*) riposare 2. (*lie*) giacere II. *vt* 1. (*rest*) riposare 2. *fig* (*confidence*) riporre III. *n* riposo *m;* **in ~** in stato di riposo

repository [ɾɪ·'pɑː·zɪ·tɔː·ri] <-ies> *n* 1. (*store*) deposito *m* 2. (*person*) depositario, -a *m, f*

repossess [ˌriː·pə·'zes] *vt* riprendere possesso di

repossession [ˌriː·pə·'ze·ʃən] *n* riappropriazione *f*

reprehensible [ˌre·prɪ·'hen·sə·bl] *adj* deprecabile

represent [ˌre·prɪ·'zent] *vt* 1. (*act for, depict*) rappresentare 2. (*state*) presentare

representation [ˌre·prɪ·zen·'teɪ·ʃən] *n* 1. (*acting for*) rappresentanza *f* 2. (*depiction*) rappresentazione *f* 3. (*statement*) dichiarazione *f*

representative [ˌre·prɪ·'zen·tə·tɪv] I. *adj* 1. *a.* POL rappresentativo, -a 2. (*typical*) tipico, -a II. *n* 1. *a.* COM rappresentante *mf* 2. LAW delegato, -a *m, f* 3. POL deputato, -a *m, f*

repress [ɾɪ·'pres] *vt* reprimere

repressed [ɾɪ·'prest] *adj* represso, -a

repression [ɾɪ·'pre·ʃən] *n* repressione *f*

repressive [ɾɪ·'pre·sɪv] *adj* repressivo, -a

reprieve [ɾɪ·'priːv] I. *vt* sospendere l'esecuzione di II. *n* sospensione *f* dell'esecuzione

reprimand ['re·prə·mænd] I. *vt* redarguire II. *n* nota *f* di biasimo

reprint¹ [ˌriː·'prɪnt] *vt* ristampare

reprint² ['riː·prɪnt] *n* ristampa *f*

reprisal [ɾɪ·'praɪ·zl] *n* rappresaglia *f;* **to take ~s** fare delle rappresaglie

reproach [ɾɪ·'proʊtʃ] I. *vt* rimproverare II. *n* rimprovero *m;* **beyond ~** irreprensibile; **to be a ~ to sb** essere un'accusa a qn

reproachful [ɾɪ·'proʊtʃ·fəl] *adj* pieno, -a di rimprovero

reprobate ['re·prə·beɪt] I. *n a.* REL reprobo, -a *m, f* II. *adj* 1. (*wicked*) malvagio, -a 2. REL da reprobo, -a

reprocess [ˌriː·'prɑː·ses] *vt* ritrattare

reprocessing *n* ritrattamento *m*

reprocessing plant *n* ECOL, TECH impianto *m* di ritrattamento

reproduce [ˌriː·prə·'duːs] I. *vi* riprodursi II. *vt* riprodurre

reproduction [ˌriː·prə·'dʌk·ʃən] *n* riproduzione *f*

reproductive [ˌriː·prə·'dʌk·tɪv] *adj* di riproduzione

reproof [ɾɪ·'pruːf] I. *n* rimprovero *m* II. *vt* rimproverare

reprove [ɾɪ·'pruːv] *vt* riprendere

reproving [ɾɪ·'pruː·vɪŋ] *adj* critico, -a

reptile ['rep·taɪl] *n* rettile *m*

reptilian [rep·'tɪ·li·ən] *adj* dei rettili

republic [ɾɪ·'pʌb·lɪk] *n* repubblica *f*

R

republican [rɪ·ˈpʌb·lɪ·kən] **I.** *n* repubblicano, -a *m, f* **II.** *adj* repubblicano, -a

republication [ˌriː·ˌpʌb·lɪ·ˈkeɪ·ʃən] *n* riedizione *f*

repudiate [rɪ·ˈpjuː·di·eɪt] *vt* (*person*) ripudiare; (*accusation*) negare; (*suggestion*) rigettare

repugnance [rɪ·ˈpʌg·nəns] *n* ripugnanza *f*

repugnant [rɪ·ˈpʌg·nənt] *adj* ripugnante

repulse [rɪ·ˈpʌls] **I.** *vt* **1.** (*disgust*) ripugnare a **2.** (*ward off*) rigettare **3.** MIL respingere **II.** *n* resistenza (agli attacchi) *f*

repulsion [rɪ·ˈpʌl·ʃən] *n* repulsione *f*

repulsive [rɪ·ˈpʌl·sɪv] *adj* repulsivo, -a

repurchase [ˌrɪː·ˈpɜː·tʃəs] **I.** *vt* riacquistare **II.** *n* riacquisto *m*

reputable [ˈrep·jʊ·tə·bl] *adj* rispettabile

reputation [ˌrep·jʊ·ˈteɪ·ʃən] *n* reputazione *f*; **to have a good/bad ~** avere una buona/cattiva reputazione; **to know sb by ~** aver sentito parlare di qn

repute [rɪ·ˈpjuːt] *n* reputazione *f*

reputed [rɪ·ˈpjuː·tɪd] *adj* presunto, -a; **she is ~ to be rich** ha fama di essere ricca

request [rɪ·ˈkwest] **I.** *n* richiesta *f*; ADMIN domanda *f*; **on ~** su richiesta; **to make a ~ for sth** fare richiesta di qc **II.** *vt* richiedere

requiem [ˈre·kwi·əm] *n*, **requiem mass** *n* requiem *m inv*

require [rɪ·ˈkwa·ɪə·] *vt* **1.** (*need*) aver bisogno di **2.** (*demand*) richiedere; **to ~ sb to do sth** richiedere a qn che faccia qc

requirement [rɪ·ˈkwa·ɪə·mənt] *n* requisito *m*

requisite [ˈre·kwɪ·zɪt] **I.** *adj* necessario, -a **II.** *n* requisito *m*

requisition [ˌre·kwɪ·ˈzɪ·ʃən] **I.** *vt* requisire **II.** *n* **1.** (*act of requesting*) richiesta *f* formale **2.** MIL requisizione *f*

reroute [ˌriː·ˈruːt] *vt* deviare

rerun[1] [ˌrɪː·ˈrʌn] *vt irr* CINE, TV ridare; THEAT replicare

rerun[2] [ˈriː·rʌn] *n* CINE seconda visione *f*; THEAT, TV replica *f*

resale [ˈriː·seɪl] *n* rivendita *f*

reschedule [ˌriː·ˈsked·ʒuːl] *vt* riprogrammare

rescind [rɪ·ˈsɪnd] *vt* revocare

rescue [ˈres·kjuː] **I.** *vt* (*save*) salvare; (*attempt, helicopter*) di salvataggio; **~ company** ECON rescue company *f*; (*hostage*) liberare **II.** *n* salvataggio *m*; **to come to sb's ~** venir in soccorso di qn

rescue package *n* FIN, POL pacchetto *m* salva-Stati

rescue package *n* FIN, POL pacchetto *m* salva-Stati

ring tone *n* suoneria *f*

rescuer [ˈres·kjʊ·ə·] *n* soccorritore, -trice *m, f*

research [ˈriː·sɜːrtʃ] **I.** *n* ricerca *f* **II.** *vi* fare delle ricerche **III.** *vt* fare delle ricerche su

researcher *n* ricercatore, -trice *m, f*

research work *n* lavoro *m* di ricerca

research worker *n* ricercatore, -trice *m, f*

resemblance [rɪ·ˈzem·bləns] *n* rassomiglianza *f*

resemble [rɪ·ˈzem·bl] *vt* rassomigliare a

resent [rɪ·ˈzent] *vt* **to ~ sth** provare risentimento per qc

resentful [rɪ·ˈzent·fəl] *adj* (*person*) risentito, -a

resentment [rɪ·ˈzent·mənt] *n* risentimento *m*

reservation [ˌre·zə·ˈveɪ·ʃən] *n* (*doubt*) riserva *f*; (*booking*) prenotazione *f*; **to have ~s about sth** avere delle riserve su qc

reserve [rɪ·ˈzɜːrv] **I.** *n* **1.** *a.* SPORTS riserva *f*; **to have sth in ~** avere qc di riserva **2.** MIL **the ~** la riserva **II.** *vt* riservare

reserve currency *n* valuta *f* di riserva

reserved *adj* riservato, -a

reserve price *n* prezzo *m* minimo

reservist [rɪ·ˈzɜːr·vɪst] *n* MIL riservista *mf*

reservoir [ˈre·zə·vwɑːr] *n* **1.** (*tank*) serbatoio *m* **2.** (*lake*) bacino *m*

reset [ˌriː·ˈset] *vt irr* **1.** (*machine*) regolare; COMPUT resettare **2.** (*jewel*) incastonare di nuovo

reset button *n* INFOR, ELEC tasto *m* di reset

resettle [ˌriː·ˈse·tl] **I.** *vi* trasferirsi **II.** *vt* (*person*) trasferire; (*area*) ripopolare

reshuffle [ˌriː·ˈʃʌ·fl] **I.** *vt* riorganizzare **II.** *n* riorganizzazione *f*

reside [rɪ·ˈzaɪd] *vi form* risiedere

residence [ˈre·zɪ·dənts] *n* residenza *f*

residence permit *n* permesso *m* di residenza

resident [ˈre·zɪ·dənt] **I.** *n* residente *mf* **II.** *adj* residente

resident alien *n* straniero, -a *m, f* residente

residential [ˌre·zɪ·ˈden·ʃl] *adj* residenziale

residual [rɪ·ˈzɪ·dʒu·əl] *adj* residuo, -a

residue [ˈre·zə·duː] *n* residuo *m*

resign [rɪ·ˈzaɪn] **I.** *vi* **1.** (*leave job*) *a.* POL dimettersi **2.** GAMES abbandonare **II.** *vt* (*leave: job*) *a.* POL dimettersi da; **to ~ oneself to sth** rassegnarsi a qc

resignation [ˌre·zɪg·ˈneɪ·ʃən] *n* **1.** (*from job*) *a.* POL dimissioni *fpl* **2.** (*conformity*) rassegnazione *f*

resigned [rɪ·ˈzaɪnd] *adj* rassegnato, -a

resilience [rɪ·ˈzɪl·jəns] *n* (*of material*) elasticità *f*; (*of person*) resistenza *f*

resilient [rɪ·ˈzɪl·jənt] *adj* (*material*) elastico, -a; (*person*) resistente

resin [ˈre·zɪn] *n* resina *f*

resinous [ˈre·zɪ·nəs] *adj* resinoso, -a

resist [rɪ·ˈzɪst] **I.** *vt* resistere a; **to ~ doing sth** resistere a fare qc **II.** *vi* resistere

resistance [rɪ·ˈzɪs·tənts] *n* resistenza *f*

resistance fighter *n* combattente *mf* della resistenza

resistant [rɪ·ˈzɪs·tənt] *adj* resistente

resistor [rɪ·ˈzɪs·tə·] *n* resistore *m*

resolute [ˈre·zə·luːt] *adj* risoluto, -a

resolution [ˌre·zə·ˈluː·ʃən] *n a.* INFOR, PHOT, TV risoluzione *f*

resolvable [rɪ·ˈzɑːl·və·bl] *adj* risolvibile

resolve [rɪ·ˈzɑːlv] **I.** *vt* **1.** (*solve*) risolvere **2.** (*settle*) decidere; **to ~ that ...** decidere che ... **+conj II.** *n* determinazione *f*

resolved [rɪ·ˈzɑːlvd] *adj* deciso, -a

resonance [ˈre·zə·nəns] *n* risonanza *f*

R

resonant ['re·zə·nənt] *adj* risonante

resonate ['re·zə·neɪt] *vi* risuonare

resort [rɪ·'zɔːrt] *n* **1.** (*use*) ricorso *m;* **without ~ing to sth** senza ricorrere a qc; **as a last ~** come ultima risorsa **2.** (*for holidays*) località *f* turistica; **ski ~** stazione *f* sciistica

◆ **resort to** *vt* ricorrere a; **to ~ violence** ricorrere alla violenza

resound [rɪ·'zaʊnd] *vi* risuonare

resounding *adj* **1.** (*noise*) fragoroso, -a **2.** (*failure, success*) clamoroso, -a

resource ['riː·sɔːrs] **I.** *n* **1.** (*asset*) risorsa *f* **2.** *pl* **~s** risorse *fpl* naturali **3.** (*resourcefulness*) capacità *f* d'iniziativa ▶ **to be thrown back on one's own ~s** doversela cavare con le proprie forze **II.** *vt* finanziare

resourceful [rɪ·'sɔːrs·fəl] *adj* pieno, -a di risorse

respect [rɪ·'spekt] **I.** *n* **1.** (*relation, esteem*) rispetto *m;* **with all due ~** con tutto il rispetto **2.** (*point*) aspetto *m;* **in all/many/some ~s** sotto tutti gli/molti/alcuni aspetti; **in every ~** sotto ogni aspetto; **in ~ of** rispetto a; **in this ~** sotto questo aspetto; **with ~ to** riguardo a **3.** *pl* (*greetings*) rispetti *mpl* **II.** *vt* rispettare

respectable [rɪ·'spek·tə·bl] *adj* **1.** (*person, performance, result*) rispettabile **2.** (*behavior*) decente

respected [rɪ·'spek·təd] *adj* rispettato, -a

respectful [rɪ·'spekt·fəl] *adj* rispettoso, -a

respectfully [rɪ·'spekt·fə·li] *adv* rispettosamente

respecting [rɪ·'spek·tɪŋ] *prep* riguardo a

respective [rɪ·'spek·tɪv] *adj* rispettivo, -a

respectively *adv* rispettivamente

respiration [ˌre·spə·'reɪ·ʃən] *n* respirazione *f*

respirator ['re·spə·reɪ·tə] *n* respiratore *m*

respiratory ['re·spə·ə·tɔː·ri] *adj* respiratorio, -a

respiratory system *n* apparato *m* respiratorio

respite ['re·spɪt] *n* **1.** (*pause*) pausa *f* **2.** (*delay*) proroga *f*

resplendent [rɪ·'splen·dənt] *adj* splendente

respond [rɪ·'spaːnd] *vi* **1.** (*answer*) rispondere **2.** (*react*) reagire

respondent [rɪ·'spaːn·dənt] *n* **1.** (*to questionnaire*) intervistato, -a *m, f* **2.** LAW convenuto, -a *m, f*

response [rɪ·'spaːns] *n* **1.** (*answer*) risposta *f* **2.** (*reaction*) reazione *f* **3.** REL responsorio *m*

responsibility [rɪ·ˌspaːn·sə·'bɪ·lə·ti] *n* responsabilità *f*

responsible [rɪ·'spaːn·sə·bl] *adj* responsabile; **to be ~ for sth/to sb** essere responsabile di qc/davanti a qn

responsive [rɪ·ˣ'spaːn·sɪv] *adj* (*person*) reattivo, -a; (*mechanism*) sensibile; **to be ~ to sth** MED risponder bene a qc

rest[1] [rest] **I.** *vt* **1.** (*cause to repose*) far riposare **2.** (*support*) appoggiare **3.** LAW **to ~ one's case** concludere la propria arringa **II.** *vi* **1.** (*cease activity*) riposar(si) **2.** (*remain*) rimanere **3.** (*be supported*) appoggiarsi; **to ~ on sth** (*theory*) basarsi su qc **4.** LAW concludere

▶ **you can ~ assured that ...** puoi star sicuro che ... **III.** *n* **1.** (*period of repose*) riposo *m;* **to come to ~** fermarsi; **at ~** (*not moving*) in stato di riposo; (*dead*) in pace **2.** MUS pausa *f* **3.** (*support*) appoggio *m*

rest[2] [rest] *n* resto *m;* **the ~** (*the other people*) tutti gli altri; (*the other things*) il rimanente; **for the ~** quanto al resto

rest area *n* (*on highway*) area *f* di sosta

restate [ˌriː·'steɪt] *vt* ribadire

restaurant ['res·tə·raːnt] *n* ristorante *m*

restaurateur [ˌres·tə·ə·'tɜːr] *n* ristoratore, -trice *m, f*

rest cure *n* cura *f* del riposo

restful ['rest·fəl] *adj* riposante

rest home *n* casa *f* di riposo

resting place *n* luogo *m* di riposo

restitution [ˌres·tɪ·'tuː·ʃən] *n* **1.** (*return*) restituzione *f* **2.** LAW risarcimento *m*

restive ['res·tɪv] *adj* irrequieto, -a

restless ['rest·lɪs] *adj* **1.** (*agitated*) irrequieto, -a **2.** (*impatient*) impaziente **3.** (*wakeful: night*) agitato, -a

restock [ˌriː·'staːk] **I.** *vt* rifornire; (*with animals*) ripopolare **II.** *vi* ricostituire le scorte

restoration [ˌres·tə·'reɪ·ʃən] *n* **1.** (*act of restoring: of building, painting*) restauro *m;* (*of communication*) ripristino *m;* (*of peace*) ristabilimento *m* **2.** (*return to owner*) restituzione *f*

restorative [rɪ·'stɔː·rə·tɪv] *adj* ristoratore, -trice

restore [rɪ·'stɔːr] *vt* **1.** (*reestablish: building, painting*) restaurare; (*communication, peace*) ristabilire; **to ~ sb's sight** far recuperare la vista a qn; **to ~ sb's faith in sth** restituire la fede di qn in qc; **to ~ sb to health** far recuperare la salute a qn; **to ~ sb to power** riportare al potere qn **2.** *form* (*return to owner*) restituire

restorer [rɪ·'stɔː·rə] *n* restauratore, -trice *m, f*

restrain [rɪ·'streɪn] *vt* (*person, animal*) trattenere; (*temper, ambition*) controllare; (*trade*) ridurre; (*inflation*) frenare; **to ~ sb from doing sth** trattenere qn dal fare qc; **to ~ oneself** trattenersi

restrained [rɪ·'streɪnd] *adj* (*person*) controllato, -a; (*style*) sobrio, -a; (*criticism, policy*) moderato, -a

restraint [rɪ·'streɪnt] *n* **1.** (*self-control*) autocontrollo *m;* **to exercise ~** *form* esercitare autocontrollo **2.** (*restriction*) restrizione *f*

restrict [rɪ·'strɪkt] *vt* (*limit*) limitare; **to ~ oneself** limitarsi

restricted *adj* **1.** (*limited*) limitato, -a; (*document*) confidenziale; (*parking*) riservato, -a; **entry is ~ to ...** entrata riservata a ... **2.** (*small: space*) ristretto, -a; (*existence, horizon*) limitato, -a

restricted area *n* MIL zona *f* riservata

restriction [rɪ·'strɪk·ʃən] *n* restrizione *f;* **speed ~** limite *m* di velocità; **to impose ~s on sth** imporre restrizioni su qc

restrictive [rɪ·'strɪk·tɪv] *adj* restrittivo, -a

R

restring [ˌriː·ˈstrɪŋ] *irr vt* (*instrument, tennis racket*) incordare di nuovo; (*necklace*) infilare di nuovo

rest room *n* toilette *f inv*

restructure [ˌriː·ˈstrʌk·tʃə·] *vt* ristrutturare

restructuring *n* ristrutturazione *f*

rest stop *n* (*on highway*) area *f* di sosta

result [rɪ·ˈzʌlt] **I.** *n a.* MATH, SPORTS, POL risultato *m;* (*of exam*) esito *m;* **to get ~s** ottenere buoni risultati; **with no ~** senza risultato; **as a ~ of** come conseguenza di; **as a ~** come risultato **II.** *vi* **to ~ from** derivare da; **to ~ in** portare a

resultant [rɪ·ˈzʌl·tənt] *adj* risultante

resume [rɪ·ˈzuːm] **I.** *vt* **1.** (*start again: work, journey*) riprendere **2.** *form* (*reoccupy: place*) riprendere; (*duties*) tornare a svolgere **II.** *vi form* riprendere

résumé [ˈre·zu·meɪ] *n* **1.** (*summary*) riassunto *m* **2.** (*for jobs*) curricolo *m*

resumption [rɪ·ˈzʌmp·ʃən] *n* **1.** (*of journey, work*) ripresa *f* **2.** (*of power*) riassunzione *f;* (*of duties*) ripresa *f*

resurface [ˌriː·ˈsɜːr·fɪs] **I.** *vi* risalire alla superficie; *fig* riapparire **II.** *vt* ripavimentare

resurgence [rɪ·ˈsɜːr·dʒəns] *n form* ripresa *f*

resurgent [rɪ·ˈsɜːr·dʒənt] *adj form* risorgente

resurrect [ˌre·zə·ˈrekt] *vt a. fig* far risorgere

resurrection [ˌre·zə·ˈrek·ʃən] *n* risurrezione *f*

resuscitate [rɪ·ˈsʌ·sə·teɪt] *vt* risuscitare

retail [ˈriː·teɪl] COM **I.** *n* vendita *f* al dettaglio **II.** *vt* vendere al dettaglio **III.** *vi* venire venduto al dettaglio; **this product ~s at $5** questo prodotto viene venduto al pubblico a 5 dollari **IV.** *adv* al dettaglio

retail business *n* commercio *m* al dettaglio

retailer *n* rivenditore, -trice *m, f*

retailing *n* commercio *m* al dettaglio

retail outlet *n* COM punto *m* di vendita

retail price *n* COM prezzo *m* di vendita al pubblico

retail price index *n* ECON indice *m* dei prezzi al consumo

retail trade *n* ECON commercio *m* al dettaglio

retain [rɪ·ˈteɪn] *vt* **1.** *form* (*keep: power, property*) mantenere; (*right, title*) conservare **2.** (*not lose: dignity*) mantenere; (*color*) conservare **3.** (*hold in place: water*) contenere **4.** (*remember*) tenere a mente **5.** (*employ*) impiegare

retainer *n* **1.** ECON onorario *m* anticipato (*per garantirsi futuri servizi*) **2.** (*servant*) domestico, -a *m, f*

retaining wall *n* muro *m* di contenimento

retake¹ [ˌriː·ˈteɪk] *vt irr* **1.** (*recapture: town*) riconquistare; (*person*) riprendere; **to ~ the lead** tornare in vantaggio **2.** SCHOOL, UNIV (*exam*) rifare **3.** CINE rigirare; PHOT rifare

retake² [ˈriː·teɪk] *n* CINE nuovo ciak *m inv*

retaliate [rɪ·ˈtæ·li·eɪt] *vi* reagire

retaliation [rɪ·ˌtæ·li·ˈeɪ·ʃən] *n* ritorsione *f*

retaliatory [rɪ·ˈtæ·lɪə·tɔː·ri] *adj* di rappresaglia; **~ measures** misure *fpl* di ritorsione

retard [rɪ·ˈtɑːrd] *vt form* (*growth, development*) ritardare; **mentally ~ed person** persona *f* con sviluppo mentale ritardato

retardation [ˌriː·tɑːr·ˈdeɪ·ʃən] *n form* ritardo *m*

retarded *adj* **1.** *pej* (*mentally ill*) ritardato, -a **2.** *sl* (*very stupid*) ritardato, -a

retch [retʃ] *vi* aver voglia di vomitare

retention [rɪ·ˈten·ʃən] *n* **1.** *form* (*keeping: of properties, heat*) conservazione *f;* (*of rules, laws*) mantenimento *m* **2.** *form* (*memory*) memoria *f* **3.** (*of lawyer, consultant*) proseguimento *m* del rapporto

retentive [rɪ·ˈten·tɪv] *adj* capace di ricordare; **he's very ~** ha un'ottima memoria

rethink¹ [ˌriː·ˈθɪŋk] *vt irr* riconsiderare

rethink² [ˈriː·θɪŋk] *n* ripensamento *m*

reticent [ˈre·tə·snt] *adj* reticente

retina [ˈret·nə] <-s *o* -nae> *n* retina *f*

retinue [ˈret·nuː] *n inv* seguito *m*

retire [rɪ·ˈtaɪə·] **I.** *vi* **1.** (*stop working*) andare in pensione; (*soldier, athlete*) ritirarsi **2.** *form* (*withdraw*) ritirarsi; **to ~ to the drawing room** trasferirsi nel salotto **3.** MIL ripiegare **4.** SPORTS (*from a race*) ritirarsi **II.** *vt* **1.** (*stop working*) mandare in pensione **2.** MIL (*soldier*) far ripiegare **3.** FIN (*bond*) ritirare

retired *adj* in pensione; (*soldier, athlete*) a riposo

retirement [rɪ·ˈtaɪə··mənt] *n* **1.** (*act of retiring*) pensionamento *m;* (*from race*) ritiro *m* **2.** (*after working*) pensione *f;* (*of soldier, athlete*) ritiro *m;* **to be in ~** essere in pensione; **to come out of ~** fare il proprio rientro **3.** MIL ritirata *f*

retirement age *n* età *f* pensionabile

retirement pay *n*, **retirement pension** *n* pensione *f* (di anzianità)

retiring *adj* **1.** (*reserved*) riservato, -a **2.** (*worker, official*) uscente

retort [rɪ·ˈtɔːrt] **I.** *vt* replicare **II.** *vi* replicare **III.** *n* **1.** (*reply*) replica *f* **2.** CHEM storta *f*

retouch [ˌriː·ˈtʌtʃ] *vt a.* ART, PHOT ritoccare

retrace [riː·ˈtreɪs] *vt* ripercorrere; **to ~ one's steps** ritornare sui propri passi

retract [rɪ·ˈtrækt] **I.** *vt* **1.** (*statement*) ritrattare; (*offer*) ritirare **2.** (*claws*) ritrarre; (*wheels*) ritirare **II.** *vi* **1.** (*withdraw statement, offer*) fare marcia indietro **2.** (*be withdrawn: claws*) ritrarsi; (*wheels*) rientrare

retractable [rɪ·ˈtræk·tə·bl] *adj* retrattile

retraction [rɪ·ˈtræk·ʃən] *n* (*of statement*) ritrattazione *f;* (*offer*) ritiro *m*

retrain [riː·ˈtreɪn] **I.** *vt* riaddestrare **II.** *vi* fare un corso di riaddestramento

retread¹ [ˌriː·ˈtred] *vt* (*a tire*) ricostruire

retread² [ˈriː·tred] *n* pneumatico *m* ricostruito

retreat [rɪ·ˈtriːt] **I.** *vi a.* MIL ritirarsi **II.** *n* **1.** (*withdrawal, signal*) *a.* MIL ritirata *f;* **to sound the ~** suonare la ritirata **2.** (*safe place*) rifugio *m* **3.** (*seclusion*) ritiro *m;* **to go on a ~** andare in ritiro

retrench [rɪ·ˈtrentʃ] **I.** *vi* ridurre i costi **II.** *vt* (*reduce: personnel, expenses*) ridurre

R

retrenchment *n* 1.(*spending cut*) riduzione *f* delle spese 2.(*cutting down*) ridimensionamento *m*

retrial ['riː·traɪl] *n* nuovo processo *m*

retribution [ˌre·trə·'bjuː·ʃən] *n form* pena *f* severa; **divine** ~ castigo *m* divino

retributive [rɪ·'trɪb·jʊ·tɪv] *adj form* punitivo, -a

retrieval [rɪ·'triː·vl] *n* (*finding*) a. COMPUT recupero *m;* **on-line information** ~ recupero di informazioni on-line

retrieve [rɪ·'triːv] I. *vt* 1.(*get back*) a. COMPUT recuperare 2.(*make amends for: error*) riparare 3.(*repair: loss*) recuperare; (*situation*) salvare 4. SPORTS (*game*) salvare; (*in tennis*) ribattere II. *vi* SPORTS recuperare

retriever [rɪ·'triː·və] *n* cane *m* da riporto

retroactive [ˌre·trou·'æk·tɪv] *adj* retroattivo, -a

retrograde ['re·trə·greɪd] *adj* retrogrado, -a

retrospect ['re·trə·spekt] *n* **in** ~ in retrospettiva

retrospective [ˌre·trə·'spek·tɪv] I. *adj* 1.(*looking back*) retrospettivo, -a 2. LAW retroattivo, -a II. *n* ART retrospettiva *f*

return [rɪ·'tɜrn] I. *n* 1.(*going back*) ritorno *m;* (*home, to work, to school*) rientro *m;* **on his** ~ al suo ritorno 2.(*to previous situation*) ritorno *m;* **a** ~ **to sth** un ritorno a qc 3. MED (*of illness*) ricaduta *f* 4.(*giving back*) restituzione *f* 5.(*recompense*) ricompensa *f* 6. FIN (*proceeds*) proventi *mpl;* (*interest*) rendimento *m;* ~ **on capital** rendimento del capitale 7. *pl* POL risultati *mpl* elettorali 8. COMPUT (*tasto m di*) ritorno *m* 9.(*report*) rapporto *m* 10. FIN dichiarazione *f* ▶ **many happy** ~**s!** cento di questi giorni!; **by** ~ **mail** a giro di posta; **in** ~ **for sth** in cambio di qc II. *adj* 1.(*coming back: flight, journey*) di ritorno 2. THEAT ~ **performance** ritorno *m* in scena III. *vi* 1.(*come back*) ritornare; (*home*) rientrare 2.(*reappear*) ricomparire IV. *vt* 1.(*give back*) restituire 2.(*reciprocate*) ricambiare; (*compliment, favor, ball*) restituire; **to** ~ **sb's call** restituire la chiamata di qn; **to** ~ **good for evil** rispondere al male con il bene 3.(*send back*) rimandare; ~ **to sender** rispedire al mittente 4. FIN (*yield*) rendere; (*profit*) dare 5. LAW (*pronounce: verdict*) emettere; (*judgment*) pronunciare 6. POL (*elect*) eleggere; (*re-elect*) rieleggere 7. ECON (*income*) dichiarare

returnable [rɪ·'tɜr·nə·bl] *adj* (*fee*) rimborsabile; (*bottle*) a rendere

return flight *n* volo *m* di ritorno

return journey *n* viaggio *m* di ritorno

return key *n* COMPUT (tasto *m* di) ritorno *m*

return ticket *n* biglietto *m* di (andata e) ritorno

reunification [riː·ju·nə·fɪ·'keɪ·ʃən] *n* riunificazione *f*

reunion [ˌriː·'juːn·jən] *n* 1.(*meeting*) riunione *f* 2.(*after separation*) riunificazione *f*

reunite [ˌriː·juː·'naɪt] I. *vt* 1.(*bring together*) rimettere insieme 2.(*friends*) riconciliare II. *vi* tornare insieme

reusable [ˌriː·'juː·zə·bl] *adj* riutilizzabile

reuse [ˌriː·'juːz] *vt* riusare

Rev. *abbr of* **Reverend** Rev.

rev. [rev] *n* AUTO giro *m*

◆ **rev up** AUTO I. *vt* <-vv-> far andare su di giri II. *vi* imballarsi

revaluation [riː·ˌvæl·jʊ·'eɪ·ʃən] *n* rivalutazione *f*

revalue [riː·'væl·juː] *vt* rivalutare

revamp [ˌriː·'væmp] *vt inf* rendere più attuale

reveal [rɪ·'viːl] *vt* 1.(*divulge: secret, identity*) rivelare; **he** ~**d his identity** rivelò la sua identità; **to** ~ **how/why ...** rivelare come/perché ... 2.(*uncover*) svelare

revealing [rɪ·'viː·lɪŋ] *adj* rivelatore, -trice

reveille ['re·və·li] *n* MIL sveglia *f*

revel ['re·vl] <-ll-, -l-> *vi* far baldoria

◆ **revel in** <-ll-, -l-> *vi* **to** ~ **sth** trovar gusto in qc

revelation [ˌre·və·'leɪ·ʃən] *n* rivelazione *f;* **the Book of Revelations** il Libro dell'Apocalisse

reveler *n*, **reveller** *n* festeggiante *mf*

revelry ['re·vəl·ri] <-ies> *n* festeggiamenti *mpl*

revenge [rɪ·'vendʒ] I. *n* 1.(*retaliation*) vendetta *f;* **in** ~ (**for sth**) come vendetta per qc; **to take** ~ vendicarsi 2. SPORTS rivincita *f* II. *vt* vendicare; **to** ~ **oneself** vendicarsi

revenue ['re·və·nuː] *n* 1.(*income*) proventi *mpl* 2.(*of government*) entrate *fpl;* **tax** ~ entrate fiscali

reverberate [rɪ·'vɜr·bə·reɪt] *vi* 1.(*sound*) riecheggiare; (*light, heat*) riverberare 2. *fig* farsi sentire

reverberation [rɪ·ˌvɜr·bə·'reɪ·ʃən] *n* 1.(*of sound*) eco *f;* (*of heat, light*) riverbero *m* 2. *fig* ripercussione *f*

revere [rɪ·'vɪr] *vt* riverire

reverence ['re·və·rəns] *n* riverenza *f;* **to pay** ~ **to sth/sb** rendere omaggio a qc/qn

reverend ['re·və·rənd] *adj* venerando, -a

Reverend ['re·və·rənd] REL I. *adj* **the Very** ~ il Reverendo (Decano); **the Right** ~ il Reverendo (Vescovo); **the Most** ~ il Reverendo (Arcivescovo) II. *n* (*Protestant*) pastore *m;* (*Catholic*) sacerdote *m*

reverent ['re·və·rənt] *adj* riverente

reverential [ˌre·və·'ren·ʃl] *adj* reverenziale

reverie ['re·və·ri] *n liter* fantasticheria *f;* **to be** (**lost**) **in** ~ perdersi in fantasticherie

reversal [rɪ·'vɜr·sl] *n* 1.(*change: of order*) inversione *f;* (*of policy, opinion*) capovolgimento *m;* LAW (*of decision*) revoca *f* 2.(*setback*) insuccesso *m*

reverse [rɪ·'vɜrs] I. *vt* (*turn other way*) invertire; (*policy*) cambiare radicalmente; (*situation*) capovolgere; (*judgment*) revocare; **to** ~ **the charges** TEL telefonare a carico del destinatario II. *vi* (*order, situation*) invertirsi III. *n* 1.**the** ~ il contrario; **in** ~ al contrario 2. AUTO (*gear*) retromarcia *f;* **to go into** ~ mettere la retromarcia 3.(*setback*) insuccesso *m* 4.(*the back*) retro *m inv;* (*of cloth*) rovescio *m;* (*of document*) dorso *m* IV. *adj* 1.(*inverse*) inverso, -a 2.(*opposite: direction*) opposto, -a

reverse gear *n* AUTO retromarcia *f*
reversible [rɪ·'vɜːr·sə·bl] *adj* **1.**(*jacket*) double-face **2.**(*decision*) revocabile
reversion [rɪ·'vɜːr·ʒən] *n* ritorno *m*
revert [rɪ·'vɜːrt] *vi* ritornare; **to ~ to type** *fig* ritornare alla propria vera natura
review [rɪ·'vjuː] **I.** *vt* **1.**(*consider*) esaminare **2.**(*reconsider*) riesaminare; (*salary*) adeguare **3.**(*look over: notes*) rivedere **4.**(*criticize: book, play, film*) recensire **5.** MIL (*inspect*) passare in rivista **6.**(*study again*) ripassare **II.** *n* **1.**(*examination*) esame *m;* **to come under ~** venir sottoposto ad esame; **to hold a ~** MIL fare una rassegna **2.**(*reconsideration*) riesame *m;* **to come up for ~** venir riesaminato **3.**(*summary*) riassunto *m* **4.**(*criticism: of book, play, film*) recensione *f* **5.**(*magazine*) rivista *f* **6.** THEAT rivista *f*
reviewer [rɪ·'vjuː·ɚ] *n* critico, -a *m, f*
revise [rɪ·'vaɪz] *vt* (*alter: text, law*) rivedere; (*proofs*) correggere; (*opinion*) cambiare
revision [rɪ·'vɪ·ʒən] *n* **1.**(*of text, law*) revisione *f;* (*of proofs*) correzione *f;* (*of policy*) modifica *f* **2.**(*book*) edizione *f* riveduta
revisionist [rɪ·'vɪ·ʒə·nɪst] *n* revisionista *mf*
revitalize [riː·'vaɪ·t̬ə·laɪz] *vt* rivitalizzare
revival [rɪ·'vaɪ·vəl] *n* **1.** MED rianimazione *f* **2.**(*rebirth: of interest*) risveglio *m;* (*of idea, custom*) revival *m inv;* (*of economy*) ripresa *f;* (*of country*) rilancio *m* **3.** CINE, THEAT riedizione *f* **4.** REL risveglio *m*
revive [rɪ·'vaɪv] **I.** *vt* **1.** MED rianimare **2.**(*resurrect: interest*) risvegliare; (*idea, custom*) far tornare in voga; (*economy*) far riprendere; (*conversation*) rianimare **3.** CINE riportare sullo schermo; THEAT rimettere in scena **II.** *vi* **1.**(*be restored to life*) ritornare in sé **2.**(*be restored: country, interest*) rifiorire; (*tradition*) ritornare in voga; (*style*) ritornare di moda; (*trade, economy*) riprendersi
revocation [ˌre·və·'keɪ·ʃən] *n* **1.**(*of license*) ritiro *m* **2.**(*of law, decision*) revoca *f*
revoke [rɪ·'voʊk] **I.** *vt* **1.**(*cancel: decision, order*) revocare **2.**(*license*) ritirare **II.** *vi* GAMES rifiutare
revolt [rɪ·'voʊlt] POL **I.** *vi* ribellarsi; **to ~ against sb/sth** ribellarsi contro qn/qc **II.** *vt* disgustare; **it ~s me** mi disgusta **III.** *n* **1.**(*uprising*) rivolta *f;* **to rise in ~ against sb/sth** sollevarsi contro qn/qc **2.**(*rebelliousness*) rivolta *f*
revolting [rɪ·'voʊl·tɪŋ] *adj* (*disgusting*) disgustoso, -a; **to look ~** avere un aspetto ripugnante
revolution [ˌre·və·'luː·ʃən] *n a.* POL rivoluzione *f*
revolutionary [ˌre·və·'luː·ʃən·ri] **I.** <-ies> *n* rivoluzionario, -a *m, f* **II.** *adj* rivoluzionario, -a
revolutionize [ˌre·və·'luː·ʃ·naɪz] *vt* rivoluzionare
revolve [rɪ·'vɑːlv] *vi* girare; **to ~ on an axis** ruotare intorno ad un asse; **that problem was revolving in his mind** quel problema continuava a girargli in mente

◆**revolve around** *vi a. fig* ruotare intorno
revolver [rɪ·'vɑːl·vɚ] *n* revolver *m inv*
revolving *adj* girevole
revolving door *n* porta *f* girevole
revue [rɪ·'vjuː] *n* THEAT rivista *f*
revulsion [rɪ·'vʌl·ʃən] *n* repulsione *f*
reward [rɪ·'wɔːrd] **I.** *n* ricompensa *f* **II.** *vt* ricompensare
rewarding *adj* gratificante
rewind [ˌriː·'waɪnd] *irr* **I.** *vt* (*tape*) riavvolgere; (*clock, watch*) ricaricare **II.** *vi* riavvolgersi
rewire [ˌriː·'wa·ɪɚ] *vt* rinnovare l'impianto elettrico di
reword [ˌriː·'wɜːrd] *vt* **1.**(*rewrite*) riscrivere **2.**(*say again*) dire con altre parole
rework [ˌriː·'wɜːk] *vt* rivedere; (*theme*) riadattare
rewound *pt of* **rewind**
rewrite[1] [ˌriː·'raɪt] *irr vt* riscrivere
rewrite[2] ['riː·raɪt] *n* nuova stesura *f*
Rh *abbr of* **rhesus** Rh
rhapsody ['ræp·sə·di] <-ies> *n* **1.** MUS rapsodia *f* **2.**(*enthusiasm*) estasi *f inv*
rhesus factor ['riː·səs·ˌfæk·tɚ] *n* MED fattore *m* Rh
rhetoric ['re·t̬ə·rɪk] *n* retorica *f*
rhetorical [rɪ·'tɔː·rɪ·kl] *adj* retorico, -a
rhetorical question *n* domanda *f* retorica
rheumatic [ruː·'mæ·t̬ɪk] *adj* reumatico, -a
rheumatism ['ruː·mə·t̬ɪ·zəm] *n* reumatismo *m*
rheumatoid arthritis [ˌruː·mə·tɔɪd·ɑːr·'θraɪ·t̬ɪs] *n* MED artrite *f* reumatoide
rhinestone *n* strass *inv*
rhino ['raɪ·noʊ] *n inf abbr of* **rhinoceros** rinoceronte *m*
rhinoceros [raɪ·'nɑː·sɚəs] <-(es)> *n* rinoceronte *m*
rhinoplasty *n* rinoplastica *f*
rhododendron [ˌroʊ·də·'den·drən] *n* rododendro *m*
rhombus ['rɑːm·bəs] <-es *o* -i> *n* rombo *m*
rhubarb ['ruː·bɑːrb] *n* rabarbaro *m*
rhyme [raɪm] **I.** *n* **1.**(*similar sound*) rima *f;* **in ~** in rima **2.**(*poem*) poesia *f* ▶ **without ~ or reason** senza alcuna logica **II.** *vi* fare rima
rhyming couplet [ˌraɪ·mɪŋ·'kʌp·lɪt] *n* distico *m* rimato
rhythm ['rɪ·ðəm] *n* ritmo *m*
rhythmic ['rɪð·mɪk] *adj,* **rhythmical** *adj* ritmico, -a
RI [ˌɑr·'aɪ] *abbr of* **Rhode Island** Rhode Island
rib [rɪb] **I.** *n* **1.**(*bone*) costola *f;* **to dig sb in the ~s** dare una gomitata nelle costole a qn **2.** NAUT costa *f* **3.** FASHION costa *f* **II.** <-bb-> *vt inf* prendere in giro
ribald ['rɪ·bld] *adj* scurrile
ribbon ['rɪ·bən] *n* (*long strip*) nastro *m;* **to be cut to ~s** essere fatto a brandelli
rib cage *n* gabbia *f* toracica
ribonucleic acid [ˌraɪ·bəʊ·njuː·kleɪ·ɪk·'æ·sɪd] *n* acido *m* ribonucleico
rice [raɪs] **I.** *n* riso *m* **II.** *vt* (*potatoes*) passare (*con il passaverdura*)

R

rice field *n*, **rice paddy** *n* risaia *f*

rice growing *n* coltivazione *f* di riso

rice paper *n* carta *f* di riso

rice pudding *n* budino *m* di riso

rich [rɪtʃ] I.<-er, -est> *adj* **1.**(*person*) ricco, -a; (*soil*) fertile; (*furnishings*) riccamente lavorato, -a; ~ **pickings** facili guadagni *mpl;* **to become** ~ arricchirsi; **to be** ~ **in sth** abbondare di qc **2.**(*stimulating: life, history*) ricco, -a; (*experience*) stimolante **3.**(*food*) sostanzioso, -a **4.**(*intense: color*) vivido, -a; (*flavor*) intenso, -a; (*tone*) pieno, -a II. *n* **the** ~ i ricchi

richness *n* **1.**(*affluence*) ricchezza *f*; (*of soil*) fertilità *f* **2.**(*of food*) sostanziosità *f* **3.**(*intensity: of color*) vividezza *f*; (*of flavor*) intensità *f*

rickets ['rɪ·kɪts] *n* rachitismo *m*

rickety ['rɪ·kə·ti] *adj* (*car*) sgangherato, -a; (*steps*) traballante; (*person*) malfermo, -a sulle gambe

rickshaw ['rɪk·ʃɑː] *n* risciò *m*

ricochet ['rɪ·kə·ʃeɪ] I. *vi* rimbalzare II. *n* rimbalzo *m*

ricotta cheese *n* ricotta *f*

rid [rɪd] <rid *o* ridded, rid> *vt* **to** ~ **sth/sb of sth** liberare qc/qn da qc; **to** ~ **oneself of sth** sbarazzarsi di qc; **to be** ~ **of sth/sb** essere libero da qc/qn; **to get** ~ **of sb/sth** sbarazzarsi di qn/qc

riddance ['rɪ·dns] *n inf* **good** ~! è una liberazione!; **to bid sb good** ~ dare a qn un addio definitivo

ridden ['rɪ·dn] *pp of* **ride**

riddle[1] ['rɪ·dl] *n* **1.**(*conundrum*) indovinello *m* **2.** *fig* (*mystery*) enigma *m;* **to speak in** ~**s** parlare per enigmi

riddle[2] ['rɪ·dl] *vt* crivellare; **to be** ~**d with mistakes** essere pieno di errori

ride [raɪd] I. *n* (*on horse, motorcycle, car*) giro *m;* **to give sb a** ~ dare un passaggio a qn ►**to** take **sb for a** ~ *inf* ingannare qn II.<rode, ridden> *vt* **1.**(*sit on*) **to** ~ **a bike** andare in bicicletta; **to** ~ **a horse** montare a cavallo; **can you** ~ **a bike?** sai andare in bicicletta?; **to** ~ **the waves** solcare le onde **2.** *inf* (*tease*) prendere in giro; **to** ~ **sb about sth** prendere in giro qn per qc III.<rode, ridden> *vi* **1.**(*on horse, bicyle*) **to** ~ **on a horse** andare a cavallo; **to** ~ **by bicycle** andare in bicicletta **2.**(*do well*) **to** ~ **high** essere sulla cresta dell'onda **3.** *inf* (*take no action*) **to let sth** ~ lasciar passare qc

◆**ride down** *vt* agguantare

◆**ride out** *vt a. fig* uscire indenne da

◆**ride up** *vi* (*person*) avvicinarsi; (*dress*) salire

rider ['raɪ·də·] *n* **1.**(*on horse*) cavallerizzo, -a *m, f;* (*on bicycle*) ciclista *mf;* (*on motorcycle*) motociclista *mf* **2.** LAW clausola *f* aggiuntiva

ridge [rɪdʒ] *n* **1.** GEO cresta *f* **2.** METEO fronte *m* **3.**(*of roof*) colmo *m*

ridgepole ['rɪdʒ·poʊl] *n* trave *f* di colmo

ridgeway ['rɪdʒ·weɪ] *n* strada *f* lungo il crinale

ridicule ['rɪ·dɪ·kjuːl] I. *n* ridicolo *m;* **to be an** object of ~ essere oggetto di scherno; **to hold sb/sth up to** ~ ridicolizzare qn/qc II. *vt* ridicolizzare

ridiculous [rɪ·'dɪk·jʊ·ləs] *adj* ridicolo, -a

riding *n* equitazione *f*

riding breeches *n* calzoni *mpl* da equitazione

riding crop *n* frustino *m*

riding school *n* scuola *f* d'equitazione

riding whip *n s.* **riding crop**

rife [raɪf] *adj* diffuso, -a; **to be** ~ **with sth** essere pieno di qc

riffle ['rɪ·fl] *vt* (*cards*) mischiare; (*pages, book*) sfogliare

riff-raff ['rɪf·ræf] *n* gentaglia *f*

rifle[1] ['raɪ·fl] *n* fucile *m*

rifle[2] ['raɪ·fl] I. *vt* **1.**(*plunder*) saccheggiare **2.**(*steal*) sottrarre II. *vt* rigare III. *vi* **to** ~ **through sth** frugare dentro qc

rifle butt *n* calcio *m* di fucile

rifleman <-men> *n* tiratore *m* (con il fucile)

rifle range *n* poligono *m* di tiro

rifle shot *n* colpo *m* di fucile

rift [rɪft] *n* **1.**(*in earth*) fenditura *f* **2.** *fig* spaccatura *f*; **to heal the** ~ sanare il contrasto

rift zone *n* zona *f* accidentata

rig [rɪg] <-gg-> I. *vt* **1.**(*falsify*) truccare **2.** NAUT allestire II. *n* **1.** TECH (*oil*) ~ piattaforma *f* petrolifera **2.**(*truck*) autoarticolato *m* **3.** NAUT allestimento *m* **4.** *inf* (*clothing*) completo *m*

rigger ['rɪ·gə·] *n* NAUT addetto, -a *m, f* all'allestimento

rigging ['rɪ·gɪn] *n* **1.**(*of result*) manipolazione *f*; **ballot** ~ broglio *m* elettorale **2.** NAUT attrezzatura *f*

right [raɪt] I. *adj* **1.**(*correct*) corretto, -a; (*ethical*) giusto, -a; (*change*) adatto, -a; **it is** ~ **that …** è giusto che … +*conj;* **to be** ~ (*about sth*) aver ragione (riguardo a qc); **to do sth the** ~ **way** fare qc nel modo giusto; **to do the** ~ **thing** fare la cosa giusta; **to be in the** ~ **place at the** ~ **time** essere al posto giusto nel momento giusto; **to be on the** ~ **side of forty** non avere ancora quarant'anni **2.**(*direction*) destro, -a; **a** ~ **hook** SPORTS un gancio destro **3.** POL di destra **4.**(*well*) a posto; **to be not** (**quite**) ~ **in the head** *inf* non essere del tutto a posto con la testa II. *n* **1.**(*entitlement*) diritto *m;* **to have the** ~ **to do sth** avere il diritto di fare qc **2.**(*morality*) **to be in the** ~ essere nel giusto **3.**(*right side*) destra *f*; SPORTS lato *m* destro **4.** POL **the Right** la destra III. *adv* **1.**(*correctly*) in modo giusto; **to do** ~ agire bene **2.**(*straight*) direttamente; ~ **away** immediatamente **3.**(*to the right*) a destra **4.**(*precisely*) esattamente; ~ **here** proprio qui; **to be** ~ **behind sb** essere proprio dietro a qn IV. *vt* **1.**(*rectify*) sistemare; (*mistake*) riparare **2.**(*straighten*) raddrizzare V. *interj* bene

right angle *n* angolo *m* retto

right-angled ['raɪt·ˌæŋ·gld] *adj* ad angolo retto

righteous ['raɪ·tʃəs] I. *adj form* **1.**(*person*) giusto, -a **2.**(*indignation*) giustificabile; (*tone*) moraleggiante II. *n pl* **the** ~ i giusti

rightful ['raɪt·fəl] *adj* legittimo, -a

right-hand [ˌraɪt·'hænd] *adj* **on the ~ side** sulla destra

right-handed [ˌraɪt·'hæn·dɪd] *adj* che usa la (mano) destra

right-hander *n* **1.** (*person*) destrimano, -a *m, f* **2.** (*punch*) destro *m*

rightist ['raɪ·tɪst] POL **I.** *n* persona *f* di destra **II.** *adj* di destra

rightly *adv* **1.** (*correctly*) giustamente; **if I remember ~** se ricordo correttamente **2.** (*justifiably*) a ragione; (**whether**) **~ or wrongly** a ragione o a torto

right-minded [ˌraɪt·'maɪn·dɪd] *adj* dotato, -a di buon senso

right of way <-rights> *n* **1.** (*over private land*) diritto *m* di passaggio **2.** (*on road*) diritto *m* di precedenza

right-wing [ˌraɪt·'wɪŋ] *adj* POL di destra; **to be ~** essere di destra

right-winger *n* POL persona *f* di destra

rigid ['rɪ·dʒɪd] *adj* **1.** (*stiff*) rigido, -a; **to be ~ with fear/pain** essere paralizzato dalla paura/dal dolore **2.** (*inflexible*) rigoroso, -a; (*censorship*) rigido, -a **3.** (*intransigent*) intransigente

rigidity [rɪ·'dʒɪ·də·ti] *n* **1.** (*hardness*) rigidità *f* **2.** (*inflexibility*) rigore *m* **3.** (*intransigence*) intransigenza *f*

rigmarole ['rɪg·mə·roʊl] *n* storie *fpl* interminabili

rigor ['rɪ·gɚ] *n* (*severity*) rigore *m;* (*hardship*) rigori *mpl*

rigor mortis [ˌrɪ·gɚ·'mɔːr·tɪs] *n* MED rigor mortis *m*

rigorous ['rɪ·gə·rəs] *adj* rigoroso, -a

rile [raɪl] *vt inf* irritare

rim [rɪm] **I.** *n* **1.** (*of cup, bowl*) bordo *m* **2.** (*frame for eyeglasses*) montatura *f* **3.** GEO orlo *m;* **the Pacific ~** i paesi della costa del Pacifico **4.** (*dirty mark*) orlo *m* **II.** <-mm-> *vt* **1.** (*surround*) circondare **2.** (*frame*) fare la montatura di

rimless ['rɪm·lɪs] *adj* (*eyeglasses*) senza montatura

rind [raɪnd] *n* (*of fruit*) buccia *f;* (*of bacon*) cotenna *f;* (*of cheese*) crosta *f*

ring¹ [rɪŋ] **I.** *n* **1.** (*small circle*) anello *m;* (*of people*) cerchio *m;* (*around eyes*) occhiaia *f* **2.** (*jewelry*) anello *m* **3.** (*arena*) arena *f;* (*in boxing*) ring *m inv;* (*in circus*) pista *f* **II.** *vt* **1.** (*surround*) circondare; **to be ~ed by sth** essere circondato da qc **2.** (*bird*) inanellare

ring² [rɪŋ] **I.** *n* **1.** (*metallic sound*) squillo *m* **2.** (*telephone call*) colpo *m* di telefono; **to give sb a ~** fare uno squillo a qn **II.** <rang, rung> *vt* (*bell*) suonare; (*alarm*) far suonare **III.** <rang, rung> *vi* (*telephone, bell*) squillare; **to ~ false/true** suonare falso/vero

◆**ring in** *vt* **to ~ the New Year** festeggiare l'Anno Nuovo

◆**ring out** *vi* risuonare

◆**ring up** *vt* COM **to ~ sb up** [*o* **to ~ up sb**] battere il prezzo in cassa

ring binder *n* raccoglitore *m* ad anelli

ringer ['rɪŋ·ɚ] *n* **to be a dead ~** (**for sb**) *inf* essere il ritratto sputato (di qn)

ring finger *n* anulare *m*

ringing **I.** *n* suono *m* **II.** *adj* squillante

ringleader ['rɪŋ·liː·dɚ] *n* capobanda *mf*

ringlet ['rɪŋ·lɪt] *n* ricciolo *m*

ringside ['rɪŋ·saɪd] **I.** *n* **to be at the ~** essere a bordo ring **II.** *adj* (*seats*) di prima fila

ring tone *n* suoneria *f*

ringworm ['rɪŋ·wɜːrm] *n* tigna *f*

rink [rɪŋk] *n* pista *f* di pattinaggio

rinse [rɪns] **I.** *vt* (*dishes, clothes*) risciacquare; (*hands*) sciacquare **II.** *n* **1.** (*wash*) risciacquo *m;* **cold/hot ~** risciacquo freddo/caldo *m* **2.** (*hair coloring*) tintura *f*

riot ['ra·ɪət] **I.** *n* sommossa *f;* **a ~ of color** un tripudio *m* di colori; **to be a ~** *inf* essere la fine del mondo **II.** *vi* creare disordini **III.** *adv* **to run ~** *fig* scatenarsi; **to let one's imagination run ~** dar libero sfogo alla propria immaginazione

rioter *n* rivoltoso, -a *m, f*

riot gear *n* equipaggiamento *m* antisommossa

rioting *n* disordini *mpl*

riotous ['ra·ɪə·təs] *adj* **1.** (*rebellious*) tumultuoso, -a **2.** (*uproarious*) sfrenato, -a; (*party*) scatenato, -a

riot police *n* reparto *m* (di polizia) antisommossa

rip [rɪp] **I.** <-pp-> *vi* strapparsi **II.** <-pp-> *vt* strappare; **to ~ sth open** aprire qc (lacerando l'involucro) **III.** *n* strappo *m*

◆**rip down** *vt* strappar giù

◆**rip off** *vt* **1.** (*remove*) strappar via **2.** *inf* (*swindle*) fregare

◆**rip out** *vt* strappar via

◆**rip up** *vt* fare a pezzi

RIP [ˌɑː·r·aɪ·'piː] *abbr of* **rest in peace** RIP

ripcord ['rɪp·kɔːrd] *n* cavo *m* di spiegamento

ripe [raɪp] *adj* **1.** (*fruit*) maturo, -a; **at the ~ old age of 80** alla bell'età di 80 anni **2.** (*ready*) **the time is ~ for ...** è arrivato il momento di ... **3.** (*language*) scurrile

ripen ['raɪ·pən] **I.** *vt* far maturare **II.** *vi* maturare

ripeness ['raɪp·nɪs] *n* grado *m* di maturazione

rip-off ['rɪp·ɑːf] *n inf* furto *m*

ripple ['rɪ·pl] **I.** *n* increspatura *f;* **~ of applause** un'ondata *f* d'applausi **II.** *vt* increspare **III.** *vi* incresparsi

rip-roaring [ˌrɪp·'rɔː·rɪŋ] *adj inf* sfrenato, -a; **a ~ success** un successo clamoroso

riptide ['rɪp·taɪd] *n* corrente *f* (sott'acqua)

rise [raɪz] **I.** *n* **1.** (*increase*) aumento *m;* **to be on the ~** essere in aumento; **to give ~ to sth** dar luogo a qc; **to get** [*o* **take**] **a ~ out of sb** mandare in bestia qn **2.** (*incline*) salita *f* **II.** <rose, risen> *vi* **1.** (*arise*) alzarsi **2.** (*become higher: ground*) salire; (*temperature*) aumentare; (*river*) crescere **3.** (*go up: smoke*)

salire; (*moon, sun*) sorgere; (*building*) innalzarsi **4.**(*improve socially*) progredire; (*in the ranks*) salire; **to ~ to fame** raggiungere la fama **5.**(*be reborn*) resuscitare **6.**(*rebel*) insorgere ◆**rise above** *vt insep* **1.**(*be higher than*) levarsi al di sopra di **2.**(*problem, opposition*) superare
◆**rise up** *vi* **1.**(*arise*) alzarsi **2.**(*rebel*) sollevarsi

risen ['rɪ·zn] *pp of* **rise**

riser ['raɪ·zɚ] *n* **1.**(*person*) **early ~** mattiniero, -a *m, f;* **late ~** dormiglione, -a *m, f* **2.**(*part of step*) alzata *f*

risible ['rɪ·zə·bl] *adj* risibile

rising ['raɪ·zɪŋ] **I.** *n* sollevazione *f* **II.** *adj* (*in number*) in aumento; (*in status*) in ascesa; (*floodwaters*) in crescita; (*sun*) nascente

risk [rɪsk] **I.** *n* **1.**(*chance*) rischio *m;* **to run the ~ of sth** correre il rischio di qc **2.**(*danger*) pericolo *m;* **at one's own ~** a proprio rischio e pericolo; **to be at ~** essere in pericolo **II.** *vt* rischiare; **to ~ doing sth** arrischiarsi a fare qc; **to ~ one's life** rischiare la propria vita

risk capital *n* ECON capitale *m* di rischio

risk factor *n* fattore *m* di rischio

risk-free *adj,* **riskless** *adj* privo, -a di rischi

risk liability *n* responsabilità *f* sui rischi

risky ['rɪs·ki] <-ier, -iest> *adj* rischioso, -a

risqué [rɪ·'skeɪ] *adj* spinto, -a

rissole ['rɪ·soʊl] *n* crocchetta *f*

rite [raɪt] *n* rito *m;* **last ~s** estrema unzione *f;* **~s of passage** rito di passaggio

ritual ['rɪ·tʃu·əl] **I.** *n* rituale *m* **II.** *adj* rituale

ritzy ['rɪt·si] <-ier, -iest> *adj inf* molto chic

rival ['raɪ·vl] **I.** *n* rivale *mf* **II.** *adj* rivale; **a ~ brand** una marca rivale **III.** <-ll-, -l-> *vt* poter competere con

rivalry ['raɪ·vl·ri] *n* rivalità *f*

river ['rɪ·vɚ] *n* fiume *m*

river basin *n* bacino *m* fluviale

river bed *n* letto *m* del fiume

riverside ['rɪ·vɚ·saɪd] *n* riva *f* del fiume

rivet ['rɪ·vɪt] **I.** *n* rivetto *m* **II.** *vt* **1.**(*join*) rivettare **2.**(*interest*) **to be ~ed by sth** essere rapito da qc

riveting ['rɪ·vɪ·tɪŋ] *adj inf* affascinante

rivulet ['rɪv·ju·lɪt] *n* **1.** *liter* (*stream*) ruscello *m* **2.**(*of sweat, blood*) rivolo *m*

RN [ˌɑːr·'en] *n abbr of* **registered nurse** infermiere, -a *m, f* qualificato, -a

RNA [ˌɑːr·en·'eɪ] *n abbr of* **ribonucleic acid** RNA *m*

roach[1] [roʊtʃ] <**roach** *o* -es> *n* leucisco *m* (*pesce della famiglia della carpa*)

roach[2] [roʊtʃ] <-es> *n* **1.** *inf* (*cockroach*) scarafaggio *m* **2.** *sl* (*marijuana*) mozzicone *m* di spinello

road [roʊd] *n* **1.**(*between towns*) strada *f;* (*in town*) via *f;* (*route*) percorso *m;* **by ~** su strada; **to be on the ~** (*fit for driving*) essere in circolazione; (*traveling by road*) essere in viaggio (*su strada*); (*performing on tour*) fare un tour **2.** *fig* strada *f;* **to be on the ~ to**

recovery essere sulla strada della ripresa ▸ **all ~s lead to** <u>Rome</u> *prov* tutte le strade portano a Roma *prov;* **let's** <u>hit</u> **the ~!** *inf* mettiamoci in moto!; **to get sth** <u>on</u> **the ~** *inf* far partire qc

road accident *n* incidente *m* stradale

roadblock *n* posto *m* di blocco

road hog *n inf* pirata *m* della strada

roadhouse ['roʊd·haʊs] <-houses> *n* locale *m* lungo la strada

roadie ['roʊ·di] *n* roadie *mf inv* (*addetto al trasporto e installazione dell'attrezzatura di un gruppo musicale*)

roadkill *n* animale *m* rimasto vittima di un incidente stradale

road map *n* carta *f* stradale

road rage *n* furia *f* al volante

roadrunner *n* ZOOL corridore *m* della strada

road safety *n* sicurezza *f* stradale

roadshow ['roʊd·ʃoʊ] *n* tour *m inv*

roadside ['roʊd·saɪd] **I.** *n* bordo *m* della strada **II.** *adj* lungo la strada

road sign *n* cartello *m* stradale

road surface *n* pavimentazione *f* stradale

road-test *vt* **to ~ a car** testare una macchina su strada

road traffic *n* traffico *m* stradale

road transportation *n* trasporto *m* su strada

road warrior *n inf: persona continuamente in viaggio, specialmente per lavoro*

roadway ['roʊd·weɪ] *n* carreggiata *f*

roadwork ['roʊd·wɜːrk] *n* lavori *mpl* stradali

roam [roʊm] **I.** *vi* vagare **II.** *vt* vagare per

roan [roʊn] *n* roano *m*

roar [rɔːr] **I.** *vi* (*lion*) ruggire; (*person*) urlare; (*cannon*) rombare; **to ~ with laughter** scoppiare a ridere **II.** *vt* gridare **III.** *n* (*of lion*) ruggito *m;* (*of person*) urlo *m;* (*of engine*) rombo *m*

roaring I. *adj* ruggente; (*thunder*) fragoroso, -a; (*fire*) crepitante; (*success*) strepitoso, -a; (*trade*) (che va) a gonfie vele **II.** *adv* assolutamente

roast [roʊst] **I.** *vt* **1.**(*food*) arrostire; (*coffee*) tostare **2.**(*poke fun at*) prendere di mira qn **II.** *vi* (*food, person*) arrostirsi **III.** *n* **1.**(*meat*) arrosto *m* **2.**(*party*) festeggiamento *m* (*per un'occasione speciale nella vita di qn*) **IV.** *adj* (*meat*) arrosto *inv;* (*coffee*) tostato, -a

roaster ['roʊs·tɚ] *n* forno *m* per arrosti

roasting ['roʊs·tɪŋ] **I.** *n* **1.**(*baking*) cottura *f* al forno **2.** *inf* (*telling off*) **to give sb a ~** dare una strigliata a qn **II.** *adj* per l'arrosto **III.** *adv* **~ hot** rovente

rob [rɑːb] <-bb-> *vt* **1.**(*person*) derubare; (*bank, house*) svaligiare; **to ~ sb of sth** derubare qn di qc **2.**(*deprive*) **to ~ sb of sth** privare qn di qc

robber ['rɑː·bɚ] *n* rapinatore, -trice *m, f;* **bank ~** rapinatore, -trice *m, f* di banche

robbery ['rɑː·b·ɚ·i] <-ies> *n* rapina *f*

robe [roʊb] *n* (*formal*) toga *f;* (*dressing gown*) vestaglia *f*

robin ['rɑ:·bɪn] *n* ZOOL pettirosso *m;* (*songbird*) tordo *m* migratore

robot ['roʊ·bɑ:t] *n* (*machine*) robot *m inv;* (*person*) automa *m*

robotics [roʊ·'bɑ:·tɪks] *npl* robotica *f*

robust [roʊ·'bʌst] *adj* 1.(*person, health*) robusto, -a; (*currency*) solido, -a 2.(*statement*) fermo, -a

robustness *n* 1.(*vitality*) vigore *m;* (*long-term strength*) solidità *f* 2.(*frankness*) fermezza *f*

rock¹ [rɑ:k] *n* 1. GEO roccia *f;* (*in sea*) scoglio *m* 2.(*music*) rock *m* ▸ **to be stuck between a ~ and hard** place essere tra l'incudine e il martello; **as** solid **as a ~** saldo come una roccia; **to be** on **the ~s** andare a rotoli; **whiskey** on **the ~s** whisky con ghiaccio

rock² [rɑ:k] **I.** *vt* 1.(*swing*) dondolare 2.(*shock*) scuotere **II.** *vi* dondolare

rock-and-roll [ˌrɑ:k·ənd·'roʊl] *n* rock and roll *m*

rock band *n* gruppo *m* rock

rock bottom *n* fondo *m;* **to hit ~** toccare il fondo; **to be at ~** essere al livello più basso

rock climber *n* rocciatore, -trice *m, f*

rock climbing *n* alpinismo *m* su roccia

rocker ['rɑ:·kə] *n* 1.(*chair*) sedia *f* a dondolo 2. *inf* (*musician*) cantante *mf* rock; (*fan*) fan *mf inv* del rock ▸ **to be** off **one's ~** *inf* essere fuori di testa

rockery ['rɑ:·kə·i] <-ies> *n* giardino *m* roccioso

rocket ['rɑ:·kɪt] **I.** *n* 1.(*weapon*) missile *m* 2.(*vehicle for space travel, firework*) razzo *m* **II.** *vi* (*costs, prices*) salire alle stelle; **to ~ up** salire alle stelle

rocket launcher *n* lanciamissili *m inv*

rock face *n* parete *f* rocciosa

rock festival *n* festival *m inv* rock

rock garden *n* giardino *m* roccioso

Rockies ['rɑ:·kiz] *n* **the ~** le Montagne Rocciose

rocking chair ['rɑ:·kɪŋ] *n* sedia *f* a dondolo

rocking horse *n* cavallo *m* a dondolo

rock music *n* musica *f* rock

rock'n'roll *n* rock and roll *m*

rock salt *n* salgemma *m*

rock star *n* rockstar *f inv*

rocky¹ ['rɑ:·ki] <-ier, -iest> *adj* roccioso, -a; (*ground*) pietroso, -a

rocky² ['rɑ:·ki] <-ier, -iest> *adj* (*unstable*) traballante

Rocky Mountains *n* Montagne *fpl* Rocciose

rococo [rə·'koʊ·koʊ] **I.** *n* rococò *m* **II.** *adj* rococò

rod [rɑ:d] *n* (*stick*) asta *f;* (*fishing rod*) canna *f* da pesca

rode [roʊd] *pt of* **ride**

rodent ['roʊ·dnt] *n* roditore *m*

rodeo ['roʊ·dɪ·oʊ] <-s> *n* rodeo *m*

roe¹ [roʊ] *n* (*fish eggs*) uova *fpl* di pesce

roe² [roʊ] <-(s)> *n* (*deer*) capriolo *m*

roebuck ['roʊ·bʌk] *n* capriolo *m* maschio

roger ['rɑ:·dʒə] *interj* RADIO ricevuto

rogue [roʊg] **I.** *n* 1.(*rascal*) briccone, -a *m, f* 2.(*villain*) mascalzone, -a *m, f* **II.** *adj* (*animal*) solitario, -a; (*trader, company*) disonesto, -a

roguery ['roʊ·gə·ri] <-ies> *n* (*of child*) bricconata *f;* (*of adult*) mascalzonata *f*

roguish ['roʊ·gɪʃ] *adj* malizioso, -a

ROI [ˌɑ:r·oʊ·'aɪ] *n abbr of* **return on investment** rendimento *m* degli investimenti

role *n*, **rôle** [roʊl] *n a.* THEAT ruolo *m;* **to play a ~** THEAT interpretare un ruolo; *fig* svolgere un ruolo

role model *n* modello *m* da imitare

role play *n* gioco *m* di ruolo

role reversal *n* scambio *m* delle parti

roll [roʊl] **I.** *n* 1.(*turning over*) capriola *f* 2.(*swaying movement*) dondolio *m;* **to be on a ~** *fig* attraversare un periodo eccezionale 3.(*cylinder: of cloth, paper*) rotolo *m;* (*film*) rullino *m* 4.(*noise: of drum*) rullo *m;* (*of thunder*) rombo *m* 5.(*catalog of names*) ruolo *m;* (*for elections*) registro *m;* **to call the ~** fare l'appello 6.(*bread*) panino *m* (*rotondo*) **II.** *vt* 1.(*push: ball, barrel*) (*far*) rotolare; (*dice*) tirare; **to ~ one's eyes** alzare gli occhi al cielo 2.(*form into cylindrical shape*) **to ~ sth into sth** arrotolare qc fino a farne qc; **all ~ed into one** tutto in uno 3.(*make: cigarette*) arrotolare 4.(*flatten: grass*) spianare **III.** *vi* 1.(*move*) rotolare; (*with undulating motion*) ondeggiare 2.(*be in operation*) essere in funzione

◆**roll back** *vt* 1.(*cause to retreat*) far retrocedere 2. ECON ridurre 3.(*return to previous state*) cancellare

◆**roll by** *vi* (*vehicle, clouds*) avanzare; (*time, years*) passare

◆**roll down I.** *vt* (*sleeve*) srotolare; (*window*) abbassare **II.** *vi* rotolar giù

◆**roll in** *vi* 1. arrivare in gran quantità 2. **to be rolling in money** *inf* far soldi a palate

◆**roll off** *vi* rotolar giù

◆**roll on** *vi* continuare a rotolare; (*time*) scorrere

◆**roll out I.** *vt* 1.(*flatten*) spianare; (*pastry*) stendere 2.(*unroll*) srotolare 3. COM (*new product*) lanciare **II.** *vi* 1.(*wake up*) buttarsi giù (dal letto) 2. SPORTS allargarsi su un fianco

◆**roll over I.** *vi* 1.(*movement*) rigirarsi 2. TEL (*minutes*) accumularsi

◆**roll up I.** *vi inf* fare la propria comparsa **II.** *vt* arrotolare; (*sleeves*) rimboccarsi

roll bar *n* AUTO roll-bar *m inv*

roll call *n* appello *m*

roller ['roʊ·lə] *n* 1. TECH rullo *m* 2.(*wave*) onda *f* lunga 3.(*for hair*) bigodino *m*

roller bearing *n* TECH cuscinetto *m* a rulli

Rollerblade® **I.** *n* pattino *m* in linea **II.** *vi* andare sui pattini in linea

roller coaster *n* montagne *fpl* russe

rollerskate I. *n* pattino *m* a rotelle **II.** *vi* andare sui pattini a rotelle

rollicking ['rɑ:·lɪ·kɪŋ] *adj* (*amusing*) molto vivace; (*party*) scatenato, -a

R

rolling *adj* rotolante; (*hills*) ondulato, -a; (*program*) graduale

rolling mill *n* laminatoio *m*

rolling pin *n* matterello *m*

rolling stock *n* AUTO materiale *m* rotabile

roll-on ['roʊl·ɑːn] *adj* (*deodorant*) a sfera

roly-poly [ˌroʊ·li·'poʊ·li] *adj inf* paffuto, -a

ROM [rɑːm] *n* COMPUT *abbr of* **Read Only Memory** ROM *f*

Roman ['roʊ·mən] I. *adj* romano, -a; (*alphabet*) latino, -a; (*religion*) cattolico, -a romano, -a II. *n* romano, -a *m, f*

Roman Catholic I. *n* cattolico, -a *m, f* romano, -a II. *adj* cattolico, -a romano, -a; **the ~ Church** la Chiesa cattolica romana

romance [roʊ·'mænts] I. *n* **1.** (*love affair*) storia *f* d'amore **2.** (*novel*) romanzo *m* d'amore; (*film*) film *m inv* d'amore **3.** (*glamour*) fascino *m* II. *vi* fare racconti romanzati

Romanesque [ˌroʊ·mə·'nesk] *adj* romanico, -a

Roman numeral *n* numero *m* romano

Romania [roʊ·'meɪ·niə] *n* Romania *f*

Romanian [roʊ·'meɪ·ni·ən] I. *adj* rumeno, -a II. *n* **1.** (*person*) rumeno, -a *m, f* **2.** LING rumeno *m*

romantic [roʊ·'mæn·t̬ɪk] I. *adj a.* LIT, ART romantico, -a II. *n* romantico, -a *m, f*

romanticism [roʊ·'mæn·t̬ə·sɪ·zəm] *n* romanticismo *m*

Rome [roʊm] *n* Roma *f* ▶ **~ was not built in a day** *prov* Roma non fu fatta in un giorno *prov*; **when in ~ (do as the Romans)** *prov* paese che vai usanza che trovi *prov*

romp [rɑːmp] I. *vi* sfrenarsi; **to ~ home** sbaragliare il campo II. *n* divertimento *m* sfrenato

roof [ruːf] <-s> I. *n* (*of house, car*) tetto *m;* (*of tree*) cima *f;* (*of mouth*) palato *m* ▶ **to go through the ~** (*prices*) andare alle stelle; (*person*) andare su tutte le furie; **to hit the ~** andare su tutte le furie; **to raise the ~** *inf* fare un casino del diavolo II. *vt* mettere il tetto a

roofer ['ruː·fər] *n* operaio, -a *m, f* che lavora ai tetti

roof garden *n* giardino *m* pensile

roofing *n* materiale *m* da copertura per tetti

rooftop ['ruːf·tɑːp] *n* tetto *m*

rook [rʊk] I. *n* **1.** (*bird*) corvo *m* comune **2.** (*in chess*) torre *f* II. *vt inf* imbrogliare

rookery ['rʊ·kə·ri] *n* colonia *f* di corvi

rookie ['rʊ·ki] *n inf* novellino, -a *m, f*

room [ruːm] I. *n* **1.** (*in house*) stanza *f;* **~ and board** vitto e alloggio *m* **2.** (*space*) spazio *m;* **to make ~ for sb/sth** fare posto *m* a qn/per qc; **there's no more ~ for anything else** non c'è più posto *m* per nient'altro; **~ for improvement** possibilità *f* di miglioramento; **there is no ~ for doubt** non c'è possibilità *f* di dubbio II. *vi* **to ~ with sb** dividere la camera con qn

roomie *n inf* compagno, -a *m, f* d'alloggio

roommate ['ruːm·meɪt] *n* compagno, -a *m, f* d'alloggio

room service *n* servizio *m* in camera

room temperature *n* temperatura *f* ambiente

roomy ['ruː·mi] <-ier, -iest> *adj* spazioso, -a

roost [ruːst] I. *n* ramo o bastone dove si posano gli uccelli ▶ **to rule the ~** avere la bacchetta del comando II. *vi* (*bird*) fermarsi a riposare; *fig* trascorrere la notte

rooster ['ruː·stər] *n* gallo *m*

root [ruːt] *n* **1.** *a.* BOT, LING, MATH radice *f;* **to take ~** *a. fig* mettere radici **2.** (*source*) causa *f;* **the ~ of all evil** la fonte di tutti i mali; **the ~ of the problem is that ...** il nocciolo del problema è che ...

◆ **root about** *vi*, **root around** *vi* frugare; **to ~ for sth** frugare alla ricerca di qc

◆ **root out** *vt* sradicare

root beer *n* bevanda analcolica frizzante ricavata da varie radici

root canal *n* **1.** (*part of tooth*) canale *m* radicolare **2.** MED (*treatment*) devitalizzazione *f*

root cause *n* causa *f* primaria

rootless *adj* privo, -a di radici

root sign *n* MATH simbolo *m* della radice

root vegetable *n* ortaggio *m* dalla radice commestibile

rope [roʊp] I. *n* **1.** (*cord*) corda *f;* (*of garlic*) treccia *f;* (*of pearls*) filo *m* **2.** *pl* (*in boxing*) corde *fpl* **3.** (*for capital punishment*) corda *f* ▶ **to know the ~s** saper il fatto suo; **to learn the ~s** acquisire le basi; **to show sb the ~s** mostrare a qn come procedere; **to have sb on the ~s** mettere alle corde qn II. *vt* legare con una corda

◆ **rope in** *vt* **to rope sb in (to doing sth)** vincere le resistenze di qn (a fare qc)

◆ **rope off** *vt* delimitare con corde

◆ **rope up** *vi* legarsi in cordata

rope ladder *n* scala *f* di corda

rosary ['roʊ·zə·ri] <-ies> *n* rosario *m*

rose¹ [roʊz] I. *n* **1.** (*flower*) rosa *f;* (*color*) rosa *m* **2.** (*on watering can, shower*) cipolla *f* **3.** ARCHIT rosone *m* ▶ **to come up smelling of ~s** cavarsela trionfalmente; **coming up ~s** mettersi molto bene II. *adj* rosa *inv*

rose² [roʊz] *pt of* **rise**

rosebud ['roʊz·bʌd] *n* bocciolo *m* di rosa

rosebush *n* pianta *f* di rose

rose garden *n* roseto *m*

rosehip ['roʊz·hɪp] *n* rosa *f* canina

rosemary ['roʊz·me·ri] *n* rosmarino *m*

rosette [roʊ·'zet] *n* ARCHIT rosone *m;* (*badge*) coccarda *f*

rose water *n* acqua *f* di rose

rose window *n* ARCHIT rosone *m*

rosin ['rɑː·zən] *n* pece *f* greca

roster ['rɑː·stər] *n* elenco *m*

rostrum ['rɑː·strəm, 'rɑː·strə] <-s *o* rostra> *n* (*for conductor*) podio *m;* (*for public speaker*) palco *m*

rosy ['roʊ·zi] <-ier, -iest> *adj* **1.** (*rose-colored*) rosato, -a; (*cheek*) roseo, -a **2.** (*optimistic: viewpoint, future*) roseo, -a

R

rot [rɑːt] I. *n* marcio *m* II. <-tt-> *vi* marcire III. *vt* far marcire

◆ **rot away** I. *vt* far marcire II. *vi* marcire

rotary ['roʊṭ·ə·i] *adj* rotatorio, -a; (*pump*) a rotazione

rotate ['roʊ·teɪt] I. *vt* 1. (*turn around*) (far) ruotare 2. (*alternate*) alternare; (*duties*) fare una rotazione di; AGR fare la rotazione di II. *vi* ruotare; **to ~ around sth** ruotare intorno a qc

rotation [roʊ·'teɪ·ʃən] *n* 1. *a.* ASTR, AGR rotazione *f* 2. (*alternation*) alternanza *f;* **in ~ a** turno

rotatory ['roʊ·tə·tɔːˌri] *adj* rotatorio, -a

roto [roʊt] *n* by meccanicamente

rotor ['roʊ·ṭə] *n* rotore *m*

rotten ['rɑː·tn] *adj* 1. (*food*) marcio, -a; **to go ~** marcire 2. *inf* (*nasty: behavior*) brutto, -a 3. *inf* (*performance, book*) penoso, -a

rotund [roʊ·'tʌnd] *adj* tondo, -a e paffuto, -a

rotunda [roʊ·'tʌn·də] *n* ARCHIT rotonda *f*

rouble ['ruː·bl] *n s.* **ruble**

rouge [ruːʒ] *n* fard *m*

rough [rʌf] I. *adj* 1. (*uneven: road*) accidentato, -a; (*surface*) ruvido, -a 2. (*poorly made: work*) rudimentale 3. (*harsh: voice*) roco, -a 4. (*imprecise*) approssimativo, -a; **~ work** lavoro *m* approssimativo 5. (*unrefined: person, manner*) rude 6. (*stormy: sea*) agitato, -a; (*weather*) burrascoso, -a 7. (*difficult*) pesante; (*treatment*) senza tante cerimonie; **to be ~ on sb** *inf* andar giù pesante con qn II. *n* 1. (*sketch*) schizzo *m* 2. SPORTS **the ~** il rough ▶ **to take the ~ with the smooth** prendere le cose come vengono III. *vt* **to ~ it** *inf* arrangiarsi alla buona IV. *adv* **to play ~** giocar duro; **to live ~** vivere per strada

roughage ['rʌ·fɪdʒ] *n* fibra *f* (degli alimenti)

rough-and-ready [ˌrʌf·ənd·'re·di] *adj* (*primitive*) semplice ed efficace

rough-and-tumble *n* lotta *f* senza esclusione di colpi; *fig* gioco *m* scalmanato

roughen ['rʌ·fən] *vt* rendere ruvido

rough-hewn *adj* 1. (*wood*) appena sgrossato, -a 2. (*features*) grossolano, -a

roughhouse ['rʌf·haʊs] I. *vi* azzuffarsi II. *n inf* zuffa *f*

roughly *adv* 1. (*approximately*) approssimativamente; **~ speaking** per così dire 2. (*aggressively*) bruscamente

roughneck ['rʌf·nek] *n* 1. *inf* (*violent man*) teppista *m* 2. *sl* (*oil rig worker*) operaio *m* di una piattaforma petrolifera

roughness ['rʌf·nɪs] *n* 1. (*of surface*) ruvidezza *f;* (*of ground*) asperità *f* 2. (*unfairness*) iniquità *f*

roughshod ['rʌf·ʃɑːd] *adv* **to ride ~ over sb** mettersi sotto i piedi qn

rough-spoken [ˌrʌf·'spoʊ·kən] *adj* non raffinato, -a nel parlare

roulette [ruː·'let] *n* roulette *f*

round [raʊnd] I. <-er, -est> *adj* 1. (*circular: object*) rotondo, -a; (*number*) tondo, -a; (*arch*) a tutto sesto 2. (*not angular*) tondeggiante

3. (*sonorous*) pieno, -a II. *n* 1. (*circle*) cerchio *m* 2. (*series*) serie *f;* (*of applause*) scroscio *m;* (*of shots*) raffica *f* 3. *pl* (*route*) giro *m;* MIL ronda *f;* MED giro di visite 4. (*routine*) routine *f inv* 5. (*time period: of elections*) turno *m;* (*in card games*) mano *f;* SPORTS turno *m;* (*in boxing*) round *m inv* 6. (*of drinks*) giro *m;* **this ~ is on me** questo giro tocca a me 7. (*of ammunition*) colpo *m* 8. MUS canone *m* III. *vt* 1. (*movement*) girare intorno a; (*corner*) girare 2. MATH arrotondare; **to ~ an amount to the nearest dollar** arrotondare una somma al dollaro

◆ **round down** *vt* MATH arrotondare per difetto

◆ **round off** *vt* 1. (*finish*) chiudere 2. (*smooth*) smussare 3. MATH arrotondare

◆ **round out** *vt* completare; **to ~ a list** completare una lista

◆ **round up** *vt* 1. MATH arrotondare per eccesso 2. (*gather*) mettere insieme; (*cattle*) radunare

roundabout ['raʊnd·ə·baʊt] *adj* indiretto, -a; **to take a ~ route** fare un giro tortuoso

rounded *adj* arrotondato, -a

roundly *adv* (*assert, deny*) energicamente; **to defeat sb ~** sconfiggere qn sonoramente

round robin *n* 1. (*letter*) circolare *f* 2. (*competition*) torneo *m* all'italiana (*in cui ogni partecipante incontra a turno tutti gli altri*)

round-shouldered [ˌraʊnd·'ʃoʊl·də·d] *adj* incurvato, -a; **to be ~** avere le spalle curve

round-table discussion [ˌraʊnd·'teɪ·bl dɪs·'kʌ·ʃən] *n* tavola *f* rotonda

round-the-clock I. *adj* (*surveillance*) di ventiquattr'ore su ventiquattro II. *adv* ventiquattr'ore su ventiquattro; **to work ~** lavorare ventiquattr'ore su ventiquattro

round trip *n* viaggio *m* andata e ritorno; **~ ticket** biglietto di andata e ritorno

roundup ['raʊnd·ʌp] *n* 1. AGR raduno *m* 2. (*by police*) retata *f*

rouse [raʊz] *vt* 1. (*awaken*) svegliare 2. (*activate*) stimolare; **to ~ sb to do sth** stimolare qn a fare qc; **to ~ sb to action** stimolare qn all'azione

rousing ['raʊ·zɪŋ] *adj* (*welcome*) caloroso, -a; (*speech*) stimolante

roustabout ['raʊst·ə·baʊt] *n* (*laborer*) uomo *m* di fatica

rout [raʊt] I. *vt* 1. (*defeat*) sbaragliare 2. (*put to flight*) mettere in fuga II. *n* 1. (*defeat*) disfatta *f* 2. (*flight*) fuga *f* disordinata

◆ **rout out** *vt* 1. (*make come out*) tirar fuori 2. (*find*) scovare

route [raʊt] I. *n* 1. (*way*) via *f;* (*of parade, bus*) percorso *m;* NAUT rotta *f;* (*to success*) strada *f* 2. (*delivery path*) giro *m;* **to have a paper ~** fare la consegna dei giornali a domicilio 3. (*road*) strada *f* II. *vt* **to ~ sth via St. Louis** spedire qc via St.Louis

routine [ruː·'tiːn] I. *n* 1. *a.* COMPUT routine *f inv;* **he went into his usual ~** *inf* ha rifatto la solita storia 2. (*of dancer*) numero *m* II. *adj* 1. (*regular*) abituale; (*inspection*) di routine;

R

(*medical case*) molto comune 2.(*uninspiring*) monotono, -a

routinely *adv* regolarmente

roux [ruː] *n miscela di burro e farina usata per addensare la salsa*

rove [rouv] I. *vi* **to ~ over sth** vagare su qc II. *vt* vagare per

rover ['rouˑvəʳ] *n* girovago, -a *m, f*

roving ['rouˑvɪŋ] *adj* (*animal*) nomade; (*thieves*) in continuo movimento; (*ambassador, instructor*) itinerante

row¹ [rou] *n* 1.(*line*) fila *f;* **to stand in a ~** essere in fila 2.(*succession*) successione *f;* **three times in a ~** tre volte di seguito

row² [rou] I. *vi* remare II. *vt* (*boat*) portare (con i remi); **to ~ sb across the lake** portare qn in barca a remi dall'altra parte del lago III. *n* giro *m* in barca a remi; **to go for a ~** andare a fare un giro in barca a remi

rowboat ['rouˑbout] *n* barca *f* a remi

rowdy ['rauˑdi] <-ier, -iest> *adj* 1.(*noisy*) rumoroso, -a 2.(*quarrelsome*) dall'atteggiamento aggressivo

rower ['rouəʳ] *n* rematore, -trice *m, f*

rowing *n* SPORTS canottaggio *m*

rowing club *n* circolo *m* di canottaggio

royal ['rɔ·ɪəl] I. *adj* 1.(*of monarch*) reale; **the ~ we** il pluralis maiestatis 2.*fig* regale; (*welcome*) accoglienza regale 3.*inf* (*big*) immane; **a ~ pain in the ass** una rottura insopportabile II. *n inf* membro *m* della famiglia reale

royal flush *n* scala *f* reale

royal jelly *n* pappa *f* reale

royalty ['rɔ·ɪəl·ti] <-ies> *n* 1.(*sovereignty*) famiglia *f* reale; **to treat sb like ~** trattare qn come un principe 2. *pl* (*payment*) diritti *mpl* d'autore

rpm [ˌɑːr·piːˈem] *n abbr of* **revolutions per minute** giri/m

RR [ˌɑːr·ɑːr] *n abbr of* **Railroad** ferrovia *f*

R and R *abbr of* **rest and recreation/relaxation** *periodo di riposo dall'attività, specialmente in campo militare*

RSI [ˌɑːr·esˈaɪ] *n abbr of* **repetitive strain injury** lesioni *fpl* da sforzo ripetuto

RSVP [ˌɑːr·es·viːˈpiː] *vi abbr of* **répondez s'il vous plait** RSVP

rub [rʌb] I. *n* 1.(*act of rubbing*) strofinamento *m;* **to give sth a ~** strofinare qc 2. *liter* (*difficulty*) difficoltà *f;* **there's the ~** questo è il punto critico II. <-bb-> *vt* strofinare; (*one's eyes*) stropicciarsi; (*one's hands*) fregarsi; **to ~ sth clean** pulire qc, strofinandolo III. <-bb-> *vi* strofinare

♦**rub against** *vi* **to ~ sth** strusciare contro qc; (*cat*) strofinarsi contro qc

♦**rub down** *vt* 1.(*smooth*) levigare; (*horse*) strigliare 2.(*dry*) strofinare per asciugare)

♦**rub in** *vt* 1.(*spread on skin*) applicare con una frizione 2. *inf* (*keep reminding*) insistere a ricordare; *pej* fare una storia su

♦**rub off** I. *vi* 1.(*become clean: stain*) andar

via 2. **to ~ on sb** (*affect*) trasmettersi a qn II. *vt* (*dirt*) togliere, *sfregando*

♦**rub out** *vt* 1.(*remove: writing*) cancellare; (*dirt*) togliere 2. *inf* (*murder*) far fuori

rubber ['rʌ·bə] *n* 1.(*material*) gomma *f* 2. *inf* (*condom*) preservativo *m* 3.(*game*) serie di tre o cinque partite; (*in bridge*) rubber *m inv*

rubber band *n* elastico *m*

rubber boots *npl* stivali *mpl* di gomma

rubber check *n inf* assegno *m* a vuoto

rubber gloves *npl* guanti *mpl* di gomma

rubberneck ['rʌ·bə·nek] I. *n sl* (*tourist*) turista *mf, che si muove in gregge;* (*at accident*) curioso, -a *m, f* II. *vi sl* (*sightsee*) fare turismo; (*be nosy*) curiosare

rubbernecker *n sl* curioso, -a *m, f*

rubber plant *n* ficus *m inv*

rubber-stamp I. *vt* (*decision*) convalidare senza discussioni II. *n* (*device*) timbro *m*

rubber tree *n* albero *m* della gomma

rubbery <-ier, -iest> *adj* (*texture, food*) gommoso, -a

rubbing *n* sfregamento *m*

rubbing alcohol *n* alcol *m* denaturato

rubbish ['rʌ·bɪʃ] *n inf* stupidaggini *fpl*

rubble ['rʌ·bl] *n* macerie *fpl*

rubdown ['rʌb·daun] *n* frizione *f*

rubella [ruː·ˈbe·lə] *n* MED rosolia *f*

rubicund ['ruː·bə·kʌnd] *adj liter* rubicondo, -a

ruble ['ruː·bl] *n* rublo *m*

rubric ['ruː·brɪk] *n* 1.(*heading*) titolo *m* 2.(*instructions*) istruzioni *fpl* 3. REL rubrica *f*

ruby ['ruː·bi] I.<-ies> *n* rubino *m* II. *adj* (di) color rubino

ruck [rʌk] I. *n* 1.(*crowd*) folla *f* anonima 2.(*fold*) piega *f* II. *vt* **to ~ up** (*clothes*) sgualcire

ruckus ['rʌ·kəs] *n inf* pandemonio *m*

rudder ['rʌ·də] *n* AVIAT, NAUT timone *m*

rudderless *adj a. fig* senza timone

ruddy ['rʌ·di] <-ier, -iest> *adj* 1. *liter* (*cheeks*) roseo, -a 2.(*light*) rossastro, -a

rude [ruːd] *adj* 1.(*impolite*) sgarbato, -a 2.(*vulgar*) volgare; (*joke*) spinto, -a 3.(*sudden*) brusco, -a; (*surprise*) brutto, -a 4. *liter* (*unrefined*) rozzo, -a

rudimentary [ˌruː·də·ˈmen·tə·ri] *adj* rudimentale

rudiments ['ruː·də·mənt] *npl* rudimenti *mpl*

rue [ruː] *vt liter* rammaricarsi di

rueful ['ruː·fəl] *adj* 1.(*repentant*) contrito, -a 2.(*sad*) sconsolato, -a

ruff [rʌf] *n* (*collar*) gorgiera *f;* (*of an animal*) collare *m*

ruffian ['rʌ·fi·ən] *n iron* mascalzone, -a *m, f*

ruffle ['rʌ·fl] I. *vt* 1.(*agitate: hair, feathers*) arruffare; (*clothes*) scompigliare 2.(*upset*) turbare II. *n* volant *m inv*

rug [rʌg] *n* (*small carpet*) tappeto *m*

rugby ['rʌg·bi] *n* rugby *m*

rugged ['rʌ·gɪd] *adj* 1.(*uneven: cliff, mountains*) scosceso, -a; (*landscape, country*) aspro, -a; (*ground*) accidentato, -a 2.(*tough: face*) dai tratti marcati; (*construction, vehicle*) resistente

ruin ['ruː·ɪn] I. *vt* 1.(*bankrupt*) mandare in rovina 2.(*destroy: city, building*) distruggere 3.(*spoil: dress, surprise, child*) rovinare II. *n* 1.(*bankruptcy, downfall*) rovina *f*; **drugs will be his ~** la droga sarà la sua rovina 2. *pl* (*remains*) rovine *fpl*

ruination [ˌruː·ə·'neɪ·ʃən] *n* rovina *f*

ruinous ['ruː·ə·nəs] *adj* rovinoso, -a

rule [ruːl] I. *n* 1.(*law*) regola *f*; (*principle*) norma *f*; **~s and regulations** norme e regole; **~ of the road** codice *m* della strada; **to be the ~** essere la norma; **to break a ~** infrangere una regola; **to play (it) by the ~s** attenersi alle regole; **it is against the ~s** è contro le regole; **as a ~** di norma 2.(*control*) governo *m* 3.(*measuring device*) riga *f* ▶ **a ~ of thumb** una regola pratica; **~s are made to be broken** le regole sono fatte per non essere rispettate II. *vt* 1.(*govern: country*) governare; (*company*) dirigere 2.(*control*) dominare 3.(*draw*) tracciare una riga; (*paper*) fare le righe a 4.LAW (*decide*) decretare III. *vi* 1.(*control*) governare; (*monarch*) regnare 2.(*predominate*) dominare 3.LAW **to ~ for/against sb/sth** emettere un verdetto a favore/contro qn/qc

◆**rule out** *vt* escludere

rule book *n* regolamento *m*

ruler *n* 1.(*governor*) governante *mf*; (*sovereign*) sovrano, -a *m, f* 2.(*measuring device*) riga *f*

ruling ['ruː·lɪŋ] I. *adj* 1.(*governing*) al governo; (*class*) dirigente; (*monarch*) regnante 2.(*primary*) dominante II. *n* sentenza *f*; **the final ~** la sentenza definitiva

rum [rʌm] *n* rum *m*

Rumania [roʊ·'meɪ·niə] *n s.* **Romania**

Rumanian [roʊ·'meɪ·ni·ən] *s.* **Romanian**

rumba ['rʌm·bə] *n* rumba *f*

rumble ['rʌm·bl] I. *n* 1.(*sound*) rimbombo *m*; (*of thunder*) brontolio *m*; (*of stomach*) borbottio *m* 2. *inf* (*fight*) rissa *f* II. *vi* rimbombare; (*thunder*) rintronare; **my stomach is ~ing** il mio stomaco borbotta

rumbling I. *n* (*sound*) rombo *m*; (*of thunder*) brontolio *m*; **there were ~s of war** giravano voci di una possibile guerra II. *adj* rimbombante

ruminant ['ruː·mə·nənt] ZOOL I. *n* ruminante *mf* II. *adj* ruminante

ruminate ['ruː·mə·neɪt] *vi* ruminare

ruminative ['ruː·mə·ˌneɪ·ţɪv] *adj form* riflessivo, -a

rummage ['rʌ·mɪdʒ] I. *vi* rovistare II. *n* (*search*) **to have a ~ around for sth** rovistare in giro alla ricerca di qc

rummage sale *n* vendita di roba usata, generalmente per beneficenza

rummy ['rʌ·mi] *n* GAMES *gioco di carte sul genere del ramino*

rumor ['ruː·mɚ] I. *n* voce *f* II. *vt* **it is ~ed that ...** corre voce che ...

rump [rʌmp] *n* 1.(*back end: of horse, bird*) parte *f* posteriore 2.(*cut of beef*) quarto *m* posteriore 3. *iron* (*buttocks*) posteriore *m*

rumple ['rʌm·pl] *vt* spiegazzare; **to ~ sb's hair** scompigliare i capelli di qn

rump steak *n* bistecca *f* di scamone

run [rʌn] I. *n* 1.(*jog*) **to break into a ~** mettersi a correre; **to go for a ~** andare a fare una corsa 2.(*trip*) giro *m*; (*of train*) tragitto *m*; **to go for a ~ in the car** andare a fare un giro in macchina 3.(*series*) serie *f*; (*of books*) tiratura *f* 4.(*demand*) corsa *f*; **a sudden ~ on the dollar** un'improvvisa pressione sul dollaro; **a ~ on the banks** una pressione sulle banche 5.(*type*) categoria *f* 6.(*direction, tendency*) corso *m*; (*of opinion*) corrente *f*; **the ~ of events** il corso degli avvenimenti 7.(*enclosure for animals*) recinto *m* 8.(*hole in tights*) smagliatura *f* 9.SPORTS (*in baseball, cricket*) run *m inv*; (*ski slope*) pista *f* 10.CINE programmazione *f*; THEAT permanenza *f* in cartellone 11.MUS volata *f* 12.MIL **bombing ~** bombardamento *m* (aereo) ▶ **to give sb a ~ for their money** dar filo da torcere a qn; **to have a (good) ~ for one's money** non potersi lamentare; **in the long ~** alla lunga; **in the short ~** a breve termine; **on the ~** in fuga; **to be on the ~** essere latitante II. *vi* <ran, run> 1.(*move fast*) correre; **to ~ for the bus** fare una corsa per prendere l'autobus; **to ~ for help** correre a cercare aiuto; **~ for your lives!** scappate se volete salvarvi! 2.(*operate*) andare; **to ~ smoothly** funzionare senza il minimo intoppo 3.(*go, travel*) andare; **to ~ off the road** uscire di strada; **to ~ ashore/onto the rocks** NAUT incagliarsi/finire sulle rocce 4.(*extend*) estendersi; **the road ~s along the coast** la strada corre lungo la costa 5.(*last*) **to ~ for two hours** durare due ore; **to ~ and ~** durare a lungo 6.(*be*) esistere 7.(*flow: river*) scorrere; (*make-up*) sciogliersi; (*nose*) colare 8.(*enter election*) candidarsi; **to ~ for election/President** candidarsi alle elezioni/alla presidenza 9. + *adj* (*be*) **to ~ dry** (*river*) prosciugarsi; **to ~ short** (*water*) scarseggiare 10.(*say*) dire III. *vt* <ran, run> 1.(*move fast*) **to ~ a race** fare una corsa 2.(*enter in race: candidate*) presentare in competizione; (*horse*) far correre 3.(*drive*) portare; **to ~ sb home** accompagnare qn a casa; **to ~ a truck into a tree** andare a sbattere con un camion contro un albero; **to ~ a ship ashore** far incagliare una nave 4.(*pass*) passare 5.(*operate*) far funzionare; (*car*) mantenere; (*computer program*) eseguire; (*engine*) far andare; **to ~ a washing machine** far andare una lavatrice 6.(*manage, govern*) gestire; **to ~ a farm** condurre una fattoria; **to ~ a government** guidare un governo; **to ~ a household** portar avanti una casa 7.(*conduct*) fare; (*experiment, test*) condurre 8.(*provide: course*) tenere 9.(*let*

R

flow) far scrorrere; (*bath*) preparare **10.** (*show: article*) pubblicare; (*series*) trasmettere **11.** (*smuggle*) fare un traffico illegale di **12.** (*not heed: blockade*) forzare; (*red light*) passare con **13.** (*incur*) esporsi a; (*risk*) correre **14.** (*perform tasks*) **to ~ errands** fare commissioni

♦**run about** *vi* correre da una parte all'altra
♦**run across** I. *vi* attraversare di corsa II. *vt* imbattersi in
♦**run after** *vt* correr dietro a
♦**run against** *vt* POL essere in competizione con
♦**run along** *vi* andarsene
♦**run away** *vi* scappare; (*water*) scorrer via
♦**run away with** *vt* scappare con
♦**run back** *vi* tornare di corsa
♦**run down** I. *vi* (*clock*) fermarsi; (*battery*) scaricarsi II. *vt* **1.** (*run over*) investire **2.** (*disparage*) parlar male di **3.** (*capture*) catturare
♦**run in** I. *vi* entrare di corsa II. *vt* **1.** AUTO rodare **2.** *inf* (*capture*) portar dentro
♦**run into** *vt* imbattersi in; AUTO andare a sbattere contro
♦**run off** I. *vi* scappare; (*water*) scorrer via II. *vt* **1.** (*water*) fare scorrere **2.** TYPO stampare **3.** (*make quickly*) produrre velocemente; (*letter*) buttar giù
♦**run on** *vi* **1.** (*continue to run*) continuare a correre **2.** (*conversation*) continuare; (*words*) essere attaccato (senza intervalli)
♦**run out of** *vi* finire
♦**run over** I. *vi* (*person*) correr su; (*fluid*) traboccare II. *vt* AUTO investire
♦**run through** *vt* **1.** (*station*) passare in transito **2.** (*money*) scialacquare
♦**run up** I. *vi* **1.** salire di corsa **2. to ~ against difficulties** imbattersi in difficoltà II. *vt* **1.** (*flag*) alzare **2.** (*make quickly*) fare rapidamente **3.** (*debt*) accumulare; **to ~ debts** accumulare debiti

runaround ['rʌn·ə·'raʊnd] *n* **to give sb the ~** tirar fuori dei pretesti con qn
runaway ['rʌn·ə·weɪ] I. *adj* **1.** (*train, horse*) fuori controllo; (*person*) scappato, -a via **2.** (*enormous: success*) strepitoso, -a II. *n* fuggiasco, -a *m, f*
rundown [,rʌn·'daʊn] I. *n* **1.** (*report*) resoconto *m;* **to give sb the ~ on sth** fare a qn il resoconto di qc **2.** (*reduction*) ridimensionamento *m;* (*of staff*) riduzione *f* II. *adj* **1.** (*building, town*) in stato d'abbandono **2.** (*person*) esaurito, -a
rune [ruːn] *n* runa *f*
rung¹ [rʌŋ] *n* **1.** (*ladder*) piolo *m* **2.** (*level*) gradino *m*
rung² [rʌŋ] *pp of* **ring²**
run-in ['rʌn·ɪn] *n* **1.** *inf* (*argument*) scontro *m* **2.** (*prelude*) vigilia *f*
runner ['rʌ·nɚ] *n* **1.** SPORTS (*person*) corridore, -trice *m, f;* (*horse*) cavallo *m* partecipante ad una corsa **2.** (*messenger*) messo *m* **3.** (*smuggler*) contrabbandiere, -a *m, f;* **drug ~** traffi-

cante *mf* di droga **4.** (*rail*) guida *f;* (*on sledge*) pattino *m* **5.** (*stem*) stolone *m* **6.** (*long rug*) passatoia *f*
runner-up [,rʌ·nə·'ʌp] *n* classificato, -a *m, f* dopo il primo
running I. *n* **1.** (*action of a runner*) corsa *f* **2.** (*operation*) direzione *f;* (*of a machine*) funzionamento *m;* **the day-to-day ~ of the business** la conduzione giornaliera degli affari ▸ **to be in/out of the ~** avere/non avere possibilità di vincere II. *adj* **1.** (*consecutive*) di seguito **2.** (*ongoing*) in corso **3.** (*operating*) in funzione **4.** (*flowing*) che scorre
running back *n* SPORTS running back *m inv*
runny ['rʌ·ni] <-ier, -iest> *adj* (*sauce*) piuttosto liquido, -a
run-off ['rʌn·ɒf] *n* **1.** POL ballottaggio *m* **2.** SPORTS spareggio *m* **3.** (*rainfall*) deflusso *m*
run-of-the-mill [,rʌn·əv·ðə·'mɪl] *adj* senza niente di speciale
runt [rʌnt] *n* **1.** ZOOL animale *m* più piccolo, *di una figliata* **2.** *inf* (*weakling*) esserino *m* insignificante
run-through ['rʌn·θruː] *n* THEAT, MUS prova *f;* **to have a ~ of sth** provare qc
run-up ['rʌn·ʌp] *n* **1.** SPORTS rincorsa *f* **2.** (*prelude*) periodo *m* precedente; **the ~ to sth** il periodo immediatamente precedente (a) qc
runway ['rʌn·weɪ] *n* pista *f*
rupee ['ruː·piː] *n* rupia *f*
rupture ['rʌp·tʃɚ] I. *vi* rompersi II. *vt* rompere; **to ~ oneself** procurarsi un'ernia III. *n* **1.** (*act of bursting*) rottura *f* **2.** (*hernia*) ernia *f*
rural ['rʊ·rəl] *adj* rurale
ruse [ruːz] *n* espediente *m*
rush¹ [rʌʃ] *n* BOT giunco *m*
rush² [rʌʃ] I. *n* **1.** (*hurry*) fretta *f;* **to be in a ~** aver fretta; **to leave in a ~** andar via in tutta fretta **2.** (*charge*) corsa *f;* (*attack*) attacco *m;* (*surge*) flusso *m;* (*of air*) folata *f;* (*of customers*) ondata *f;* **there's been a ~ on oil** c'è stata una corsa al petrolio; **gold ~** febbre *f* dell'oro **3.** (*dizziness*) vampata *f* di calore (alla testa) II. *vi* andar di fretta III. *vt* **1.** (*do quickly*) fare in maniera affrettata **2.** (*hurry*) mettere fretta a **3.** (*attack*) attaccare
♦**rush about** *vi* correre di qua e di là
♦**rush at** *vt* avventarsi su
♦**rush into** *vt* **1. to ~ sth** buttarsi alla cieca in qc **2. to rush sb into doing sth** metter fretta a qn perché faccia qc
♦**rush out** I. *vi* (*leave*) uscire precipitosamente II. *vt* (*publish*) precipitarsi a pubblicare
♦**rush through** *vt* portare avanti in tutta fretta
rush hour *n* ora *f* di punta
rush order *n* ordinazione *f* urgente
rusk [rʌsk] *n* biscotto *m* (duro)
russet ['rʌ·sɪt] *liter* I. *adj* (di) color ruggine II. *n* color *m* ruggine
russet potato *n* patata *f* rossa
Russia ['rʌ·ʃə] *n* Russia *f*

Russian ['rʌ·ʃən] I. *adj* russo, -a II. *n* 1. (*person*) russo, -a *m, f* 2. (*language*) russo *m*

rust [rʌst] I. *n* 1. (*decay, substance*) ruggine *f* 2. (*color*) color *m* ruggine II. *vi* arrugginirsi III. *vt* arrugginire

rust-colored *adj* (di) color ruggine

rustic ['rʌs·tɪk] *adj* 1. (*rural*) rustico, -a 2. (*simple, plain*) senza nessuna pretesa

rustle ['rʌ·sl] I. *vi* (*leaves*) stormire; (*paper*) frusciare II. *vt* 1. (*leaves*) far stormire; (*paper*) far frusciare 2. (*steal: cattle*) rubare III. *n* (*of leaves*) (lo) stormire; (*of paper*) fruscio *m*

rustler ['rʌs·lə·] *n* ladro, -a *m, f* di bestiame

rustproof ['rʌst·pruːf] *adj* a prova di ruggine

rusty ['rʌs·ti] <-ier, -iest> *adj a. fig* arrugginito, -a; **my Spanish is a bit** ~ il mio spagnolo è un po' arrugginito

rut¹ [rʌt] *n* solco *m* ▶ **to be stuck in a** ~ essere preso dal solito tran-tran

rut² [rʌt] *n* ZOOL calore *m*

rutabaga [ˌruː·ṱə·ˈbeɪ·ɡə] *n* ravizzone *m*

ruthless ['ruː·θ·ləs] *adj* (*person*) spietato, -a; (*ambition*) sfrenato, -a; **to be** ~ **in doing sth** essere spietato nel fare qc; **to be** ~ **in enforcing the law** essere inflessibile nel far rispettare la legge

ruthlessness *n* spietatezza *f*

RV [ˌɑːr·ˈviː] *abbr of* **recreational vehicle** camper *m inv*

Rwanda [rʊ·ˈɑːn·də] *n* Ruanda *f*

Rwandan I. *adj* ruandese II. *n* ruandese *mf*

rye [raɪ] *n* segale *f*

Ss

S [es], **s** *n* S, s; ~ **as in Sam** S come Savona

s [es] *abbr of* **second** s

S [es] *n abbr of* **south** S *m*

SA 1. *abbr of* **South Africa** Sudafrica *m* 2. *abbr of* **South America** Sudamerica *m*

Sabbath ['sæ·bəθ] *n* sabato *m* ebraico

sabbatical [sə·ˈbæ·ṱɪ·kl] UNIV I. *n* anno *m* sabbatico II. *adj* sabbatico, -a

saber ['seɪ·bə·] *n* sciabola *f*

saber rattling ['sei·bə·ˌræt·lɪŋ] *n pej* minaccia *f* dell'uso della forza

sable ['seɪ·bl] *n* (*fur*) zibellino *m*

sabotage ['sæ·bə·tɑːʒ] I. *vt* sabotare II. *n* sabotaggio *m*

saboteur [ˌsæ·bə·ˈtɜːr] *n* sabotatore, ·trice *m, f*

sac [sæk] *n* BIO, ANAT sacco *m*

saccharin ['sæ·kə·rɪn] *n* saccarina *f*

saccharine ['sæ·kə·ɪn] *adj pej* sdolcinato, -a

sachet [sæ·ˈʃeɪ] *n* bustina *f*

sack¹ [sæk] I. *n* 1. (*large bag*) sacco *m;* (*paper or plastic bag*) busta *f* 2. (*amount in bag*) **a** ~ **of potatoes** un sacco di patate 3. *sl* (*bed*) **to hit the** ~ andarsene a letto *inf* 4. *inf* (*dismissal*) **to get the** ~ essere licenziato; **to give sb the** ~ licenziare qu II. *vt* licenziare

sack² [sæk] I. *n* (*plundering*) saccheggio *m* II. *vt* (*plunder*) saccheggiare

sackcloth ['sæk·klɑːθ] *n* iuta *f*

sackful ['sæk·fʊl] *n* sacco *m*

sacking¹ ['sæ·kɪŋ] *n* 1. (*sackcloth*) iuta *f* 2. *inf* (*dismissal*) licenziamento *m*

sacking² ['sæ·kɪŋ] *n* (*plundering*) saccheggio *m*

sacrament ['sæ·krə·mənt] *n* (*ceremony*) sacramento *m;* **the** ~ (*consecrated bread and wine*) il vino e l'ostia consacrati

sacramental [ˌsæ·krə·ˈmen·ṱl] *adj* sacramentale

sacred ['seɪ·krɪd] *adj* sacro, -a; **to be** ~ **to sb** essere sacro per qu; **is nothing** ~ **to you?** c'è qualcosa che rispetti?

sacrifice ['sæ·krə·faɪs] I. *vt a.* REL sacrificare; **to** ~ **one's free time** sacrificare il proprio tempo libero II. *vi* **to** ~ **to the gods** fare sacrifici agli dei III. *n* sacrificio *m;* **at the** ~ **of sth** a scapito di qc

sacrilege ['sæ·krə·lɪdʒ] *n* sacrilegio *m*

sacrilegious [ˌsæ·krə·ˈlɪ·dʒəs] *adj* sacrilego, -a

sacristan ['sæ·krɪs·tən] *n* sagrestano *m*

sacristy ['sæ·krɪs·ti] *n* REL sagrestia *f*

sacrosanct ['sæ·kroʊ·sæŋkt] *adj* sacrosanto, -a

sacrum ['seɪk·rəm] <-a> *n* osso *m* sacro

SAD [ˌes·eɪ·ˈdiː] *n abbr of* **seasonal affective disorder** Das *m,* disordine *m* affettivo stagionale

sad [sæd] <-dd-> *adj* 1. (*unhappy, deplorable, shameful*) triste; **it is** ~ **that ...** è un peccato che ... +*conj;* **to make sb** ~ rattristare qu; **to become** ~ rattristarsi; ~ **to say ...** triste a dirsi ... 2. (*pathetic*) patetico, -a

sadden ['sæ·dən] *vt* rattristare; **to be deeply** ~**ed** essere profondamente rattristato

saddle ['sæ·dl] I. *n* 1. (*seat*) sella *f;* (*on bycicle*) sellino *m* 2. CULIN sella *f* ▶ **to be in the** ~ tenere le redini II. *vt* 1. (*horse*) sellare 2. *inf* (*burden*) **to** ~ **sb with sth** accollare qc a qu

saddlebag ['sæ·dl·bæɡ] *n* bisaccia *f*

saddler ['sæd·lə·] *n* sellaio, -a *m, f*

saddle sore ['sæ·dl·sɔːr] *adj* con il posteriore indolenzito; **he's** ~ gli fa male il posteriore

sadism ['sæ·dɪ·zəm] *n* sadismo *m*

sadist ['sæ·dɪst] *n* sadico, -a *m, f*

sadistic [sə·ˈdɪs·tɪk] *adj* sadico, -a

sadly *adv* 1. (*unhappily*) tristemente 2. (*regrettably*) disgraziatamente; **to be** ~ **mistaken** sbagliarsi di grosso

S

sadness ['sæd·nəs] *n* tristezza *f*

safari [sə·'fɑ:·ri] *n* safari *m*; **to go on** ~ fare un safari

safari park *n* zoo *m* safari

safe [seɪf] I. *adj* 1. (*free of danger*) sicuro, -a; (*driver*) prudente; **at a ~ distance** a distanza di sicurezza; **it is not ~ to ...** è pericoloso ... +*infin*; **just to be ~** per precauzione; **have a ~ trip!** buon viaggio! 2. (*secure*) salvo, -a; **to feel ~** sentirsi al sicuro; **to keep sth in a ~ place** tener qc in un posto sicuro; **to put sth somewhere ~** mettere qc al sicuro; **to win by a ~ margin** vincere con un ampio margine 3. (*certain*) sicuro, -a; **a ~ bet** una scommessa sicura 4. (*trustworthy*) affidabile; **to be in ~ hands** essere in buone mani 5. (*not out in baseball*) salvo, -a ▶ **to be on the ~ side ...** per maggior sicurezza, ...; **it is better to be ~ than sorry** *prov* prevenire è meglio che curare *prov*; **~ and sound** sano e salvo II. *n* cassaforte *f*

safecracker *n* scassinatore, -trice *m, f*

safe-deposit box *n* cassetta *f* di sicurezza

safeguard ['seɪf·gɑ:rd] I. *vt* salvaguardare II. *vi* difendersi; **to ~ against sth** salvaguardarsi da qc III. *n* salvaguardia *f*; **as a ~ against sth** come tutela contro qc

safekeeping [ˌseɪf·'ki:·pɪŋ] *n* custodia *f*; **to be in sb's ~** essere sotto la custodia di qu

safely *adv* tranquillamente; **he arrived home ~** è arrivato a casa sano e salvo; **I can ~ say ...** posso dire in tutta certezza che ...

safe sex [seɪf·'seks] *n* sesso *m* sicuro

safety ['seɪf·ti] *n* 1. (*being safe*) sicurezza *f*; **a place of ~** un posto sicuro; **for sb's ~** per la sicurezza di qu 2. (*on gun*) sicura *f* 3. (*football player*) safety *m inv* (*difensore di secondaria nel football americano*) ▶ **there's ~ in numbers** *prov* l'unione fa la forza *prov*

safety belt *n* cintura *f* di sicurezza

safety curtain *n* THEAT sipario *m* tagliafuoco

safety glass *n* vetro *m* infrangibile

safety margin *n* margine *m* di sicurezza

safety measures *npl* misure *fpl* di sicurezza

safety net *n* 1. rete *f* di sicurezza 2. *fig* protezione *f*

safety pin *n* spilla *f* da balia

safety razor *n* rasoio *m* di sicurezza

safety regulations *npl* norme *fpl* di sicurezza

safety valve *n* valvola *f* di sicurezza

saffron ['sæf·rən] *n* zafferano *m*

sag [sæg] I. <-gg-> *vi* 1. (*droop*) curvarsi 2. (*sink*) infossarsi; (*spirit*) venir meno; (*interest*) calare II. *n* 1. (*drooping condition*) cedimento *m* 2. (*fall*) calo *m*

saga ['sɑ:·gə] *n* saga *f*

sagacious [sə·'geɪ·ʃəs] *adj form* sagace

sagacity [sə·'gæ·sə·ti] *n form* sagacità *f*

sage[1] [seɪdʒ] *liter* I. *adj* (*wise*) saggio, -a II. *n* (*wise man*) saggio *m*

sage[2] [seɪdʒ] *n* (*herb*) salvia *f*

Sagittarius [ˌsæ·dʒə·'te·ri·əs] *n* Sagittario *m*

Sahara [sə·'he·rə] *n* **the ~** (**Desert**) il (deserto del) Sahara

said [sed] I. *pp, pt of* **say** II. *adj* detto, -a

sail [seɪl] I. *n* 1. (*on boat*) vela *f* 2. (*windmill blade*) pala *f* ▶ **to set ~** (**for a place**) salpare (verso un luogo); **under full ~** a vele spiegate II. *vi* 1. (*travel*) navigare; **to ~ around the world** far il giro del mondo in barca (a vela) 2. (*start voyage*) salpare 3. (*move smoothly*) avanzare deciso 4. *fig* (*do easily*) **to ~ through sth** fare qc con facilità ▶ **to ~ against the wind** andare controcorrente; **to ~ close to the wind** camminare sul filo del rasoio III. *vt* 1. (*manage: boat, ship*) governare 2. (*navigate*) attraversare; **to ~ the seas** solcare i mari

sailboard ['seɪl·bɔ:rd] *n* tavola *f* da windsurf

sailboarding *n* windsurf *m*

sailboat ['seɪl·bout] *n* barca *f* a vela

sailing *n* 1. NAUT navigazione *f* 2. SPORTS vela *f* 3. (*departure*) partenza *f*

sailing ship *n*, **sailing vessel** *n* veliero *m*

sailor ['seɪ·lə] *n* 1. (*seaman*) marinaio, -a *m, f* 2. SPORTS velista *mf*

sailor suit *n* tenuta *f* alla marinara

saint [seɪnt, sənt] *n* santo, -a *m, f*

Il **Saint Patrick's Day**, il 17 marzo, non è un giorno festivo riconosciuto negli USA, ma sin dal 1737, la comunità irlandese degli Stati Uniti festeggia il suo santo patrono in tale data. Il 17 marzo si commemora la morte di San Patrizio, missionario irlandese, che consacrò la sua vita alla conversione dell'Irlanda alla religione cristiana. La tradizione vuole che per il **Saint Patrick's Day**, si portino il colore verde e un trifoglio, simboli della primavera e dell'Irlanda. Vengono organizzate feste e sfilate in tutto il paese, delle quali la sfilata più famosa è quella che ha luogo a New York.

sainted *adj* santo, -a; **my ~ aunt!** *fig* benedetta zia!

saintliness *n* santità *f*

saintly ['seɪnt·li] *adj* pio, -a; (*life*) esemplare

saint's day *n* onomastico *m*

sake[1] [seɪk] *n* 1. (*purpose*) **for the ~ of sth** per qc 2. (*benefit*) **for the ~ of sb** per qn ▶ **for Christ's ~!** *pej* per Dio!; **for goodness ~!** per l'amor di Dio!; **for old times' ~** in memoria dei vecchi tempi

sake[2] *n*, **saki** ['sɑ:·ki] *n* sakè *m*

salable ['seɪ·lə·bl] *adj* vendibile

salacious [sə·'leɪ·ʃəs] *adj pej* salace

salad ['sæ·ləd] *n* insalata *f*

salad bowl *n* insalatiera *f*

salad days *npl* anni *mpl* giovanili

salad dressing *n* condimento *m* per insalata

salami [sə·'lɑ:·mi] *n* salame *m*

sal ammoniac [ˌsæl·ə·ˈmoʊn·ɪæk] *n* sale *m* ammoniaco

salaried [ˈsæ·lə·rɪd] *adj* (*employee, staff*) stipendiato, -a

salary [ˈsæ·lə·ri] *n* stipendio *m*

salary cap *n* limite *m* massimo di ingaggio (*per un giocatore o una squadra*)

sale [seɪl] *n* **1.** (*act of selling*) vendita *f* **2.** (*reduced prices*) svendita *f;* **the ~s** i saldi; **benefit ~** vendita *f* di beneficienza; **end-of--season ~** saldi *f* di fine stagione **3.** (*auction*) asta *f* **4.** *pl* (*department that sells*) (ufficio *m*) vendite *fpl* ▶ **to put sth up for ~** mettere in vendita qc; **for ~** in vendita; **on ~** in vendita

saleable [ˈseɪ·lə·bl] *adj s.* **vendibile**

sales associate *n* assistente *mf* alla vendita

sales check *n* scontrino *m*

salesclerk *n* commesso, -a *m, f*

sales executive *n* direttore, -trice *m, f* vendite

sales force *n* personale *m* di vendita

salesman *n* (*in shop*) commesso *m;* (*for company*) rappresentante *m* (di commercio); **door-to-door ~** venditore, -trice a domicilio *m*

salesmanship *n* arte *f* di vendere

salesperson *n* venditore, -trice *m, f*

sales pitch *n* imbonimento *m*

sales rep *n inf,* **sales representative** *n* rappresentante *mf* di commercio

sales revenue *n* fatturato *m*

sales tax *n* FIN imposta *f* sulle vendite

saleswoman *n* (*in a shop*) commessa *f;* (*seller*) venditrice *f*

salient [ˈseɪ·jənt] *adj a. fig* saliente

saline [ˈseɪ·liːn] **I.** *adj* salino, -a; **~ drip** flebo *f* di soluzione salina **II.** *n* soluzione *f* salina

saliva [sə·ˈlaɪ·və] *n* saliva *f*

salivate [ˈsæ·lə·veɪt] *vi* salivare

sallow [ˈsæ·loʊ] *adj* <-er, -est> (*skin, complexion*) giallastro, -a

salmon [ˈsæ·mən] *n* salmone *m;* **smoked ~** salmone affumicato

salmonella [ˌsæl·mə·ˈne·lə] *n* **1.** (*bacteria*) salmonella *f* **2.** (*illness*) salmonellosi *f*

salmon farm *n* allevamento *m* di salmoni

salmon ladder *n* scala *m* di monta per la risalita dei salmoni

salmon trout *n* trota *f* salmonata

salon [se·ˈlɑːn] *n* **1.** (*beauty establishment*) **beauty ~** salone *m* di bellezza **2.** (*reception room*) salone *m*

saloon [sə·ˈluːn] *n* bar *m*

salsify [ˈsæl·sə·faɪ] *n* scorzonera *f*

salt [sɔːlt] **I.** *n* sale *m;* **bath ~s** sali da bagno; **smelling ~s** sali (per rinvenire) ▶ **~ of the earth** sale della terra; **to take sth with a grain of ~** prendere qc con le molle; **to rub ~ in a wound** rigirare il coltello nella piaga; **to be worth one's ~** essere degno di rispetto **II.** *vt* salare **III.** *adj* salato, -a

SALT [sɔːlt] *n abbr of* **Strategic Arms Limitation Talks** SALT *mpl,* negoziati *mpl* per la limitazione delle armi strategiche

salt-and-pepper *adj* (*hair*) sale e pepe

salt mine *n* miniera *f* di salgemma

saltpeter [ˈsɔːlt·ˌpiː·ṭəʳ] *n* salnitro *m*

saltshaker *n* saliera *f*

salt water *n* acqua *f* salata

saltwater [ˈsɔːlt·ˌwɑː·ṭəʳ] *adj* d'acqua salata

salty [ˈsɔːl·ti] *adj* (*taste*) salato, -a

salubrious [sə·ˈluː·bri·əs] *adj form* salubre

salutary [ˈsæl·jə·te·ri] *adj* salutare

salutation [ˌsæl·jə·ˈteɪ·ʃən] *n* saluto *m*

salute [sə·ˈluːt] **I.** *vt* **1.** *a.* MIL salutare **2.** *fig* (*honor*) rendere onore a **II.** *vi a.* MIL salutare **III.** *n* MIL **1.** (*hand gesture*) saluto *m* **2.** (*ceremonial firing of guns*) salva *f*

Salvadorian [ˌsæl·və·ˈdɔː·ri·ən] **I.** *adj* salvadoregno, -a **II.** *n* salvadoregno, -a *m, f*

salvage [ˈsæl·vɪdʒ] **I.** *vt* salvare **II.** *n* **1.** (*retrieval*) salvataggio *m* **2.** (*things saved*) oggetti *mpl* recuperati

salvage operation *n* operazione *f* di salvataggio

salvage vessel *n* imbarcazione *f* di salvataggio

salvation [sæl·ˈveɪ·ʃən] *n* salvezza *f*

Salvation Army *n* Esercito *m* della Salvezza

salve [sæv] **I.** *n* **1.** (*ointment*) unguento *m* **2.** *fig* balsamo *m* **II.** *vt* curare; *fig* (*conscience*) mettere a posto

salvo [ˈsæl·voʊ] <-(e)s> *n* salva *f;* **to fire a ~** sparare a salve; **~ of applause** scroscio *m* di applausi

sal volatile [ˌsæl·voʊ·ˈlæ·ṭə·li] *n* sale *m* ammoniaco

SAM [sæm] *n abbr of* **surface-to-air missile** missile *m* terra-aria

same [seɪm] **I.** *adj* **1.** (*identical*) stesso, -a; **the ~** (*as sb/sth*) uguale (a qu/qc); **to go the ~ way** (**as sb**) andare nella stessa direzione (di qu) **2.** (*not another*) stesso, -a; **the ~** lo stesso; **at the ~ time** allo stesso tempo, contemporaneamente **3.** (*unvarying*) stesso, -a, medesimo, -a ▶ **to be one and the ~** essere lo stesso; **by the ~ token** nello stesso modo **II.** *pron* **1.** (*nominal*) lo stesso, la stessa; **she's much the ~** è più o meno uguale; **it's always the ~** è sempre la stessa cosa **2.** (*adverbial*) **it's all the ~ to me** per me è lo stesso; **it's not the ~ as before** non è più la stessa cosa; **all the ~** in ogni caso; **~ to you** altrettanto **III.** *adv* uguale; **to spell two words the ~** scrivere due parole nello stesso modo

sameness *n* **1.** (*similarity*) uguaglianza *f* **2.** (*monotony*) ripetitività *f*

Samoa [sə·ˈmoʊ·ə] *n* Samoa *f*

Samoan I. *adj* samoano, -a **II.** *n* samoano, -a *m, f*

sample [ˈsæm·pl] **I.** *n* campione *m;* **free ~** campione gratuito; **urine ~** campione di urina **II.** *vt* **1.** (*try*) provare **2.** (*survey*) sondare

sampler [ˈsæmp·ləʳ] *n* **1.** (*person*) campionatore, -trice *m, f* **2.** (*device*) campionatore *m* **3.** (*embroidery*) imparaticcio *m* **4.** (*collection*) campione *m* **5.** MUS campionatore *m* (musicale)

S

sampling ['sæmp·lɪŋ] *n* campionamento *m*

sanatorium [ˌsæ·nə·'tɔː·ri·əm] <-s *o* -ria> *n* casa *f* di cura

sanctify ['sæŋk·tɪ·faɪ] <-ie-> *vt* **1.** REL santificare **2.** *fig (legitimize)* sancire

sanctimonious [ˌsæŋk·tɪ·'mou·ni·əs] *adj pej* bigotto, -a

sanction ['sæŋk·ʃən] **I.** *n* **1.** *(approval)* autorizzazione *f;* **to give one's ~ to sth** dare la propria approvazione a qc **2.** LAW, POL sanzione *f* **II.** *vt* **1.** *(authorize)* autorizzare **2.** *(approve)* sanzionare **3.** *(penalize)* sanzionare

sanctity ['sæŋk·tə·ti] *n* **1.** REL *(holiness)* santità *f* **2.** *(sacredness)* inviolabilità *f*

sanctuary ['sæŋk·tʃu·e·ri] *n* <-ies> **1.** REL *(holy place)* santuario *m* **2.** *(area around altar)* sagrato *m* **3.** *(place of refuge)* rifugio *m;* **to seek ~ in sth** rifugiarsi in qc **4.** *(area for animals)* riserva *f;* **wildlife ~** riserva naturale

sand [sænd] **I.** *n* sabbia *f;* **fine/coarse ~** sabbia fina/grossa; **grains of ~** granelli *mpl* di sabbia ►**the ~s of time are running out** il tempo vola **II.** *vt* **1.** *(make smooth)* carteggiare; *(floor)* levigare **2.** *(cover with sand)* spargere sabbia su

sandal ['sæn·dl] *n* sandalo *m*

sandalwood ['sæn·dl·wʊd] *n* sandalo *m*

sandbag ['sænd·bæg] **I.** *n* sacco *m* di sabbia **II.** <-gg-> *vt* proteggere con sacchi di sabbia

sandbank ['sænd·bæŋk] *n*, **sandbar** ['sænd·bɑːr] *n* banco *m* di sabbia

sandblast ['sænd·blæst] *vt* sabbiare

sandbox *n* recinto *m* con la sabbia *(dove giocano i bambini)*

sandcastle *n* castello *m* di sabbia

sand dune *n* duna *f*

sand flea *n* pulce *f* di mare

sandpaper ['sænd·peɪ·pə] **I.** *n* carta *f* vetrata **II.** *vt* carteggiare

sandpiper ['sænd·ˌpaɪ·pə] *n* piovanello *m*

sandstone *n* arenaria *f*

sandstorm *n* tempesta *f* di sabbia

sandwich ['sænd·wɪtʃ] **I.** <-es> *n* panino *m;* *(made with sliced bread)* tramezzino *m* **II.** *vt* **be -ed between** essere (schiacciato, -a) in mezzo a

sandwich board *n* cartellone pubblicitario portato da un uomo sandwich

sandwich man <- -men> *n* uomo *m* sandwich

sandy ['sæn·di] *adj* <-ier, -iest> sabbioso, -a; *(hair)* rossiccio, -a

sane [seɪn] *adj* **1.** *(of sound mind)* sano, -a di mente **2.** *(sensible)* sensato, -a

sang [sæŋ] *pt of* **sing**

sanguine ['sæŋ·gwɪn] *adj form* fiducioso, -a

sanitarium [ˌsæ·nɪ·'te·ri·əm] <-s *o* -ria> *n* sanatorio *m*

sanitary ['sæ·nɪ·te·ri] *adj* **1.** *(relating to hygiene)* sanitario, -a **2.** *(clean)* igienico, -a

sanitary napkin *n*, **sanitary pad** *n* assorbente *m* (igienico)

sanitation [ˌsæ·nɪ·'teɪ·ʃən] *n* impianti *mpl* igienici

sanity ['sæ·nə·ti] *n* **1.** *(of person)* sanità *f* mentale **2.** *(of decision)* buonsenso *m*

sank [sæŋk] *pt of* **sink**

Santa (Claus) ['sæn·tə·ˌklɑːz] *n* Babbo *m* Natale

sap¹ [sæp] *n* **1.** BOT linfa *f* **2.** *(vitality)* **to feel the ~ rising** sentirsi rinvigorito

sap² [sæp] <-pp-> *vt* **1.** *(weaken)* minare **2.** MIL scavare le fondamenta di

sap³ [sæp] *n inf (fool)* fesso, -a *m, f*

sapling ['sæp·lɪŋ] *n* albero *m* giovane

sapper ['sæ·pə] *n* soldato *m* del genio

sapphire ['sæ·faɪ·ə] **I.** *n* **1.** *(stone)* zaffiro *m* **2.** *(color)* blu *m* zaffiro **II.** *adj* **1.** *(necklace, ring)* di zaffiri **2.** *(color)* blu zaffiro *inv*

sarcasm ['sɑːr·kæ·zəm] *n* sarcasmo *m*

sarcastic [sɑːr·'kæs·tɪk] *adj* sarcastico, -a

sarcophagus [sɑːr·'kɑː·fə-] <-es *o* -gi> *n* sarcofago *m*

sardine [sɑːr·'diːn] *n* sardina *f* ►**to be packed (in) like ~s** essere come sardine in scatola

Sardinia [sɑːr·'dɪn·iə] *n* Sardegna *f*

Sardinian I. *n* sardo, -a *m, f* **II.** *adj* sardo, -a

sardonic [sɑːr·'dɑː·nɪk] *adj* sardonico, -a

sari ['sɑː·ri] *n* sari *m inv*

sartorial [sɑːr·'tɔː·ri·əl] *adj* **~ elegance** eleganza nel vestire

SASE [ˌes·eɪ·es·'iː] *n abbr of* **self-addressed stamped envelope** *busta affrancata con il proprio indirizzo*

sash¹ [sæʃ] <-es> *n* fascia *f*

sash² [sæʃ] <-es> *n* ARCHIT telaio *m* di finestra a ghigliottina

sash window *n* ARCHIT finestra *f* a ghigliottina

sat [sæt] *pt, pp of* **sit**

SAT *n abbr of* **scholastic aptitude test** esame *m* attitudinale al termine delle scuole superiori *(utilizzato dalle università come criterio di ammissione)*

Satan ['seɪ·tən] *n* Satana *m*

satanic [sə·'tæ·nɪk] *adj* satanico, -a

Satanism *n* satanismo *m*

satchel ['sæt·ʃəl] *n* cartella *f* (della scuola)

sate [seɪt] *vt form* saziare; **to ~ sb (with sth)** rimpinzare qc (di qc); **to be ~d (with sth)** essere sazio (di qc)

satellite ['sæ·tə·laɪt] **I.** *n* **1.** ASTR, TECH satellite *m* **2.** *(country)* satellite **II.** *adj* TECH via satellite

satellite broadcasting *n* trasmissione *f* via satellite

satellite dish *n* antenna *f* parabolica

satellite state *n* stato *m* satellite

satellite television *n* televisione *f* via satellite

satiate ['seɪ·ʃi·eɪt] *vt* saziare

satiety [sə·'taɪ·ə·ti] *n form* sazietà *f*

satin ['sæ·tn] **I.** *n* raso *m* **II.** *adj (finish, paper)* satinato, -a

satire ['sæ·taɪ·ə] *n* LIT satira *f*

satirical [sə·'tɪ·rɪ·kl] *adj* satirico, -a

satirist ['sæ·tə·ɪst] *n* scrittore, -trice *m, f* satirico, -a

satirize ['sæ·tə·raɪz] *vt* satireggiare
satisfaction [ˌsæ·tɪs·'fæk·ʃən] *n* 1. soddisfazione *f*; **to derive ~ from sth** trarre soddisfazione da qc; **to do sth to sb's ~** soddisfare qu facendo qc; **to be a ~ (to sb)** essere una soddisfazione (per qu) 2. (*compensation*) riparazione *f*
satisfactory [ˌsæ·tɪs·'fæk·tə·ri] *adj* soddisfacente; SCHOOL sufficiente
satisfy ['sæ·təs·faɪ] <-ie-> *vt* 1. (*person, desire*) soddisfare 2. (*condition*) soddisfare 3. (*convince*) convincere; **to ~ sb that ...** convincere qu che ... 4. (*debt*) saldare
satisfying *adj* soddisfacente
saturate ['sæ·tʃə·reɪt] *vt* 1. (*soak*) impregnare; **to be ~d in tradition** essere imbevuto di tradizione 2. (*fill to capacity*) saturare; **to ~ the market** saturare il mercato
saturation [ˌsæ·tʃə·'reɪ·ʃən] *n* saturazione *f*
saturation point *n* punto *m* di saturazione; **to reach ~** arrivare al punto di saturazione
Saturday ['sæ·tə·deɪ] *n* sabato *m*; *s.a.* **Friday**
Saturn ['sæ·tən] *n* Saturno *m*
satyr ['seɪ·tə] *n* satiro *m*
sauce [sɑːs] *n* 1. salsa *f*; **tomato ~** sugo di pomodoro 2. (*impertinence*) sfacciataggine *f*
sauceboat *n* salsiera *f*
saucepan ['sɑːs·pən] *n* casseruola *f*
saucer ['sɑː·sə] *n* piattino *m*
saucily ['sɑː·sɪ·li] *adv* sfacciatamente
sauciness ['sɑː·sɪ·nəs] *n* sfacciataggine *f*
saucy ['sɑː·si] *adj* <-ier, -iest> sfacciato, -a
Saudi Arabia [ˌsɑʊ·di ə·'reɪ·bi·ə] *n* Arabia *f* Saudita
Saudi Arabian [ˌsɑʊ·di ə·'reɪ·bi·ən] I. *n* saudita *mf* II. *adj* saudita
sauerkraut ['sɑʊ·ə·krɑʊt] *n* crauti *mpl*
sauna ['sɑʊ·nə] *n* sauna *f*
saunter ['sɑːn·tə] I. *vi* passeggiare II. *n* passeggiata *f*
sausage ['sɑː·sɪdʒ] *n* salsiccia *f*; (*cured*) salame *m*
sausage meat *n* carne *f* di salsiccia
sauté [soʊ·'teɪ] *vt* saltare
savage ['sæ·vɪdʒ] I. *adj* 1. (*fierce*) feroce 2. *inf* (*bad-tempered*) con un caratteraccio II. *n pej* selvaggio, -a *m*, *f* III. *vt* 1. (*attack*) attaccare selvaggiamente 2. (*criticize*) attaccare violentemente
savagely *adv* 1. (*attack*) selvaggiamente 2. (*criticize*) violentemente
savagery *n* ferocia *f*
savanna(h) [sə·'væ·nə] *n* savana *f*
save¹ [seɪv] I. *vt* 1. (*rescue*) salvare; **to ~ sb's life** salvare la vita a qu; **to ~ one's soul** salvarsi l'anima; **to ~ face** salvarsi la faccia; **to ~ one's own skin** salvarsi la pelle 2. (*keep for future use*) conservare 3. (*collect*) raccogliere 4. (*avoid wasting*) risparmiare 5. (*reserve: place*) tenere 6. (*prevent from doing*) **to save sb sth** risparmiare qc a qu; **to save sb doing sth** evitare a qu di fare qc 7. COMPUT salvare 8. SPORTS parare II. *vi* 1. (*keep for the future*)

risparmiare; **to ~ for sth** risparmiare per qc 2. (*conserve*) **to ~ on sth** risparmiare qc III. *n* SPORTS parata *f*
save² [seɪv] *prep* ~ (**for**) tranne; **all ~ the youngest** tutti tranne i più giovani
saver ['seɪ·və] *n* risparmiatore, -trice *m*, *f*
saving ['seɪ·vɪŋ] I. *n* 1. *pl* (*money*) risparmi *mpl* 2. (*economy*) risparmio *m* 3. (*rescue*) salvataggio *m* II. *adj* **his ~ grace** l'unica cosa che lo salva III. *prep* eccetto
savings account ['seɪ·vɪŋ·zə·ˌkɑʊnt] *n* conto *m* (di) deposito
savings bank *n* cassa *f* di risparmio
savior ['seɪ·vjə] *n* salvatore, -trice *m*, *f*
savor ['seɪ·və] I. *n* 1. (*taste*) gusto *m*, sapore *m* 2. (*pleasure*) gusto *m* II. *vt* gustare
savory ['seɪ·və·ri] *adj* 1. (*salty*) salato, -a 2. (*appetizing*) gustoso, -a; (*smell, taste*) appetitoso, -a 3. (*socially acceptable*) rispettabile
Savoy [sə·'vɔɪ] *n* Savoia *f*
savoy (**cabbage**) *n* verza *f*
savvy ['sæ·vi] *inf* I. *adj* <-ier, -iest> sensato, -a II. *n* buonsenso *m*
saw¹ [sɑː] *pt of* **see**
saw² [sɑː] I. *n* sega *f*; **power ~** sega elettrica II. <sawed, sawed *o* sawn> *vt* segare
saw³ [sɑː] *n* detto *m*
sawdust ['sɑː·dʌst] *n* segatura *f*
sawed-off shotgun *n* fucile *m* a canne mozze
sawmill ['sɑː·mɪl] *n* segheria *f*
sawn [sɑːn] *pp of* **saw**
Saxon [sæk·sən] I. *n* sassone *mf* II. *adj* sassone
Saxony ['sæk·sə·ni] *n* Sassonia *f*
saxophone ['sæk·sə·foʊn] *n* sassofono *m*
saxophonist ['sæk·sə·foʊ·nɪst] *n* sassofonista *mf*
say [seɪ] I. <said, said> *vt* 1. (*speak*) dire; **to ~ sth to sb's face** dire qc a qu in faccia; **~ no more!** non dire altro! 2. (*state information*) **to ~ (that)** ... dire che...; **to have something/ nothing to ~ (to sb)** avere qualcosa/non aver niente da dire (a qu); **to ~ goodbye to sb** salutare qu 3. (*express*) dire 4. (*think*) dire; **people ~ that ...** si dice che...; **to ~ to oneself** dirsi 5. (*recite*) dire 6. (*indicate*) dire; **to ~ sth about sb/sth** dire qc su qu/qc; **the clock says it's 6 o'clock** l'orologio fa le sei; **the said sb/sth ...** *form* detto qu/qc ... 7. (*convey meaning*) significare 8. *inf* (*suggest*) dire 9. (*tell*) dire; **to ~ where/when** dire dove/ quando; **it's not for me to ~ ...** non sta a me dire ... 10. (*for instance*) (**let's**) **~ ...** diciamo ... ▶**when all is said and done** in fin dei conti; **having said that, ...** detto ciò,...; **to ~ when** dire basta; **you don't ~ (so)!** sul serio?; **you said it!** *inf* a chi lo dici! II. <said, said> *vi* **I'll ~!** *inf* eccome!; **I must ~ ...** devo ammettere che ...; **not to ~ ...** per non dire ...; **that is to ~ ...** cioè ... III. *n* parere *m*; **to have one's ~** esprimere il proprio parere; **to have a ~ in sth** aver voce in capitolo in qc IV. *interj* (*positive reaction*) ottimo!; **~, that's a great idea!** benissimo, è un'ottima idea!

saying ['seɪ·ɪŋ] *n* **1.** (*proverb*) detto *m;* **as the ~ goes** come dice il detto **2. it goes without ~** è ovvio

say-so ['seɪ·soʊ] *n inf* **1.** (*authority*) **to have the final ~** avere l'ultima parola **2.** (*approval*) approvazione *m;* **to get the ~** ottenere l'approvazione **3.** (*assertion*) affermazione *f;* **don't just believe it on my ~** non devi crederci solo perché lo dico io

SC *n abbr of* **South Carolina** Carolina *f* del sud

scab [skæb] *n* **1.** (*over wound*) crosta *f* **2.** *pej, sl* (*strikebreaker*) crumiro, -a *m, f* **3.** BOT, ZOOL rogna *f*

scabbard ['skæ·bəd] *n* guaina *f*

scabby ['skæ·bi] *adj* <-ier, -iest> **1.** (*having scabs*) pieno, -a di croste **2.** ZOOL rognoso, -a **3.** *pej, sl* (*disgusting*) schifoso, -a

scabies ['skeɪ·biːz] *n* MED scabbia *f*

scabrous ['skæb·rəs] *adj* scabroso, -a

scaffold ['skæ·fld] *n* **1.** (*for execution*) forca *f* **2.** (*for building*) impalcatura *f*

scaffolding ['skæ·fəl·dɪŋ] *n* impalcatura *fpl*

scald [skɑːld] **I.** *vt* **1.** (*burn*) scottare **2.** (*clean*) sterilizzare (con acqua bollente) **3.** (*heat: milk*) scaldare **II.** *n* MED scottatura *f*

scalding ['skɑːl·dɪŋ] *adj* ~ (*hot*) bollente

scale¹ [skeɪl] **I.** *n* **1.** ZOOL squama *f* **2.** MED tartaro *m;* TECH calcare *m* **II.** *vt* **1.** (*remove scales*) squamare **2.** MED togliere il tartaro da; TECH togliere il calcare da

scale² [skeɪl] *n* (*weighing device*) piatto *m* (di bilancia); **~s** bilancia *f* ▶ **to tip the ~s** far pendere la bilancia

scale³ [skeɪl] **I.** *n* (*range, magnitude, proportion*) *a.* MUS scala *f;* **a sliding ~** ECON una scala mobile; **on a large/small ~** su larga/piccola scala; **to draw sth to ~** disegnare qc in scala **II.** *vt* **1.** (*climb*) scalare; **to ~ the heights (of sth)** scalare le vette (di qc) **2.** TECH, ARCHIT ridurre in scala

◆**scale down** *vt* (*demand, expectations*) ridurre

scale drawing *n* TECH, ARCHIT disegno *m* in scala

scale model *n* modello *m* in scala

scallop ['skɑː·ləp] *n* capasanta *f;* ~ (**shell**) conchiglia *f* di capasanta

scalp [skælp] **I.** *n* **1.** (*head skin*) cuoio *m* capelluto **2.** (*war trophy*) scalpo *m;* **to be out after sb's ~** voler la testa di qu **II.** *vt* **1.** *inf* (*resell*) rivendere a prezzo maggiorato **2.** (*in war*) **to ~ sb** scalpare qu; *iron* rapare a zero qu

scalpel ['skæl·pəl] *n* MED bisturi *m*

scalper *n* bagarino, -a *m, f*

scaly ['skeɪ·li] *adj* <-ier, -iest> **1.** ZOOL squamato, -a **2.** MED (*skin*) secco, -a

scam [skæm] *n inf* raggiro *m*

scamper ['skæm·pə] *vi* sgambettare

scampi ['skæm·pi] *npl* scampi *mpl* all'aglio

scan [skæn] **I.** <-nn-> *vt* **1.** (*scrutinize*) scrutare **2.** (*look through quickly*) dare una scorsa a **3.** MED fare un'ecografia di **4.** LIT scandire

5. COMPUT scannerizzare **II.** <-nn-> *vi* scandirsi **III.** *n* COMPUT scansione *f;* MED ecografia *f*

scandal ['skæn·dl] *n* **1.** (*public outrage*) scandalo *m;* **to uncover** [*o* **expose**] **a ~** far emergere uno scandalo; **to cover up a ~** soffocare uno scandalo **2.** (*sth bad*) **what a ~!** che scandalo! **3.** (*gossip*) notizie *fpl* scandalistiche; **to spread ~** divulgare notizie scandalistiche

scandalize ['skæn·də·laɪz] *vt* scandalizzare

scandalmonger ['skæn·dl·ˌmɑː·ŋ·gə] *n pej* malalingua *f*

scandalous ['skæn·də·ləs] *adj* **1.** (*spreading scandal*) scandaloso, -a **2.** (*disgraceful*) scandaloso, -a; **it is ~ that ...** è scandaloso che ... +*conj*

Scandinavia [ˌskæn·dɪ·'neɪ·vi·ə] *n* Scandinavia *f*

Scandinavian **I.** *adj* scandinavo, -a **II.** *n* scandinavo, -a *m, f*

scanner ['skæ·nə] *n* COMPUT scanner *m inv*

scanning *n* COMPUT, MED scansione *f*

scant [skænt] *adj* scarso, -a; **~ attention** poca attenzione

scantily *adv* scarsamente; **~ dressed** [*o* **clad**] in abiti succinti

scanty ['skæn·ti] *adj* **1.** (*very small*) scarso, -a; (*clothing*) succinto, -a **2.** (*insufficient*) insufficiente

scapegoat ['skeɪp·goʊt] *n* capro *m* espiatorio; **to be a ~ for sb/sth** essere il capro espiatorio di qu/qc

scapula ['skæp·jʊ·lə] <-s *o* -lae> *pl n* scapola *f*

scar [skɑːr] **I.** *n* **1.** MED (*on skin*) cicatrice *f;* **to leave a ~** lasciare una cicatrice **2.** (*mark of damage*) segno *m* **3.** PSYCH trauma *m* **4.** GEO dirupo *m* **II.** <-rr-> *vt* lasciare una cicatrice a; **to be ~red** (**by sth**) avere una cicatrice (causata da qc); **to be ~red for life** farsi una cicatrice permanente **III.** <-rr-> *vi* **to ~** (**over**) cicatrizzarsi

scarab ['ske·rəb] *n* scarabeo *m*

scarce [skers] *adj* scarso, -a; **to make oneself ~** *inf* filarsela

scarcely ['skers·li] *adv* **1.** (*barely*) appena **2.** (*certainly not*) per niente

scarcity ['sker·sə·ti] *n* scarsezza *f*

scare [sker] **I.** *vt* spaventare; **to ~ sb into/out of doing sth** spaventare qu perché faccia/non faccia qc; **to be ~d stiff** essere paralizzato dalla paura; **to ~ sb shitless** *vulg* far venire un colpo a qu **II.** *vi* spaventarsi; **to (not) ~ easily** (non) spaventarsi facilmente **III.** *n* **1.** (*fright*) spavento *m;* **to have a ~** prendersi uno spavento; **to give sb a ~** spaventare qu **2.** (*panic*) panico *m*

◆**scare away** *vt*, **scare off** *vt* far scappare

scarecrow ['sker·kroʊ] *n* spaventapasseri *m inv*

scaremonger ['sker·ˌmɑː·ŋ·gə] *n pej* allarmista *mf*

scarf [skɑːrf, *pl* skɑːrvz] <-ves *o* -s> *n* (*around neck*) sciarpa *f;* (*around head*) foulard *m inv*

◆**scarf down** *vt sl* buttar giù

scarlet ['skɑːr·lət] **I.** *n* scarlatto *m* **II.** *adj* scarlatto, -a; **to turn** ~ diventare rosso

scarlet fever *n* MED scarlattina *f*

scarp [skɑːrp] *n* scarpata *f*

scary ['ske·ri] *adj* <-ier, -iest> spaventoso, -a; ~ **movie** film *m* del terrore *inv*

scat [skæt] *interj inf* sciò

scathing ['skeɪ·ðɪŋ] *adj* mordace

scatological [ˌskæ·t̬ə·'lɑː·dʒɪ·kəl] *adj form* scatologico, -a

scatter ['skæ·t̬ɚ] **I.** *vt* sparpagliare; **to** ~ **sth with sth** disseminare qc di qc; **to** ~ **sth to the four winds** sparpagliare qc dappertutto **II.** *vi* sparpagliarsi; **to** ~ **in all directions** sparpagliarsi in tutte le direzioni

scatterbrain ['skæ·t̬ɚ·breɪn] *n pej* sbadato *m*

scatterbrained *adj* sbadato, -a

scattered *adj* sparso, -a

scavenge ['skæ·vɪndʒ] *vi* **1.** (*search*) rovistare nei rifiuti **2.** ZOOL cercare cibo

scavenger ['skæ·vɪn·dʒɚ] *n* **1.** ZOOL *animale che si nutre di carogne* **2.** (*person*) *persona che rovista nei rifiuti alla ricerca di oggetti, cibo*

scenario [sə·'ne·ri·oʊ] *n* **1.** (*situation*) ipotesi *f* **2.** THEAT, LIT sceneggiatura *f*

scene [siːn] *n* **1.** THEAT, CINE (*unit of drama*) scena *f*; (*setting*) scenario *m*; **nude** ~ scena *f* di nudo; **behind the** ~**s** *a. fig* dietro le quinte **2.** (*locality*) luogo *m*; **the** ~ **of the crime** la scena del delitto **3.** (*view*) vista *f* **4.** (*milieu*) ambiente *m*; **the art/drugs** ~ l'ambiente dell'arte/della droga; **this is/isn't my** ~ *inf* non fa per me; **to appear on the** ~ entrare in scena; **to depart from the political** ~ ritirarsi dalla scena politica; **to set the** ~ **for sth** creare i presupposti per qc **5.** (*embarrassing incident*) scena *f*; **to make a** ~ fare una scenata

scenery ['siː·nə·ri] *n* **1.** (*landscape*) paesaggio *m* **2.** THEAT, CINE scenario *m*; **to blend into the** ~ passare inosservato

scenic ['siː·nɪk] *adj* **1.** THEAT scenico, -a **2.** (*of beautiful scenery*) pittoresco, -a; ~ **road** strada *f* panoramica

scent [sent] **I.** *n* **1.** (*aroma*) profumo *m* **2.** (*in hunting*) scia *f*; **to be on the** ~ **of sth/sb** essere sulle tracce di qc/qn; **to put** [*o* **throw**] **sb off the** ~ depistare qu **3.** (*perfume*) profumo *m* **II.** *vt* **1.** (*smell*) sentire **2.** (*sense, detect*) subodorare; **to** ~ **that ...** sospettare che ... **3.** (*apply perfume*) profumare

scent bottle *n* bottiglietta *f* di profumo

scentless *adj* inodore

scepter ['sep·t̬ɚ] *n* scettro *m*

sceptic ['skep·tɪk] *n* scettico, -a *m, f*

sceptical *adj* scettico, -a

scepticism ['skep·tɪ·sɪ·zəm] *n* scetticismo *m*

schedule ['ske·dʒuːl] **I.** *n* **1.** (*timetable*) orario *m*; **bus** ~ orario degli autobus; **flight** ~ orario dei voli; **to stick to a** ~ attenersi a quanto previsto; **everything went according to** ~ tutto è andato come previsto **2.** (*plan of work*) programma *m* **3.** FIN listino *m* **II.** *vt* **1.** (*plan*) programmare **2.** (*list*) fare una lista di

scheduled *adj* programmato, -a; ~ **flight** volo *m* di linea

schematic [skiː·'mæ·t̬ɪk] *adj* schematico, -a

scheme [skiːm] **I.** *n* **1.** (*structure*) schema *m* **2.** (*plot*) intrigo *m* **II.** *vi pej* tramare; **to** ~ **to do sth** tramare per fare qc

schemer ['skiː·mɚ] *n* intrigante *mf*

scheming ['skiː·mɪŋ] *adj* intrigante

schism ['skɪ·zəm] *n* scisma *m*

schismatic [sɪz·'mæ·t̬ɪk] REL **I.** *adj* scismatico, -a **II.** *n* scismatico, -a *m, f*

schist [ʃɪst] *n* GEO scisto *m*

schizophrenia [ˌskɪ·tsə·'friː·niə] *n* schizofrenia *f*

schizophrenic [ˌskɪ·tsə·'fre·nɪk] **I.** *adj* schizofrenico, -a **II.** *n* schizofrenico, -a *m, f*

scholar ['skɑː·lɚ] *n* **1.** (*learned person*) erudito, -a *m, f* **2.** (*student*) studente *mf* **3.** (*scholarship holder*) borsista *mf*

scholarly *adj* erudito, -a

scholarship ['skɑː·lɚ·ʃɪp] *n* **1.** (*learning*) erudizione *f* **2.** (*grant*) borsa *f* (di studio)

scholastic [skə·'læs·tɪk] *adj* accademico, -a

school[1] [skuːl] **I.** *n* **1.** (*institution*) scuola *f*; **primary** ~ scuola elementare; **secondary** ~ scuola superiore; **public** ~ scuola pubblica; **dancing** ~ scuola di ballo; **driving** ~ scuola-guida *f*; **to be in** ~ andare a scuola; **to go to** ~ andare a scuola; **to start** ~ cominciare la scuola; **to leave** ~ finire la scuola **2.** (*buildings*) scuola *f* **3.** (*classes*) classi *fpl* **4.** (*university division*) facoltà *f* **5.** (*university*) università *f* **II.** *vt* formare **III.** *adj* scolastico, -a

---

Lo **school system** americano comincia con l'*elementary school*, che corrisponde alla scuola elementare italiana e al primo anno della scuola media. In alcune regioni, dopo il *sixth grade*, corrispondente alla prima media, gli alunni frequentano altri due anni di scuola, la *junior high school* (corrispondente agli ultimi due anni della scuola media inferiore). Gli alunni frequentano quindi la *high school* per tre anni. Nelle regioni nelle quali non esiste la *junior high school*, gli alunni, dopo otto anni di *elementary school*, passano direttamente alla *high school*, che inizia quindi dal *ninth grade*, l'equivalente del primo anno della scuola superiore italiana. La scuola termina dovunque con il *twelfth grade*, cioè, dopo dodici anni complessivi.

---

school[2] [skuːl] *n* ZOOL banco *m*

school board *n* ADMIN consiglio *m* scolastico

school bus *n* scuolabus *m inv*

school day *n* (*day*) giorno *m* di scuola

school district *n* distretto *m* scolastico

schooling *n* istruzione *f*

S

schoolmate *n* compagno, -a *m, f* di scuola

school nurse *n* infermiera *f* della scuola

schoolteacher *n* professore, -essa *m, f*

schoolwork *n* compiti (*da fare a scuola o a casa*)

schoolyard *n* cortile *m* della scuola

schooner ['sku:·nɚ] *n* 1. NAUT schooner *m inv* 2. (*tall glass*) bicchiere alto da birra

sciatic [saɪ·'æ·ṭɪk] *adj* sciatico, -a

sciatica [saɪ·'æ·ṭɪ·kə] *n* MED sciatica *f*

science ['saɪ·ənts] I. *n* scienza *f;* **pure/ applied** ~ scienze *fpl* pure/applicate; **the wonders of modern** ~ i prodigi della scienza moderna II. *adj* scientifico, -a

science fiction I. *n* fantascienza *f* II. *adj* fantascientifico

scientific [ˌsaɪ·ən·'tɪ·fɪk] *adj* scientifico, -a

scientist ['saɪ·ən·tɪst] *n* scienziato, -a *m, f*

sci-fi ['saɪ·ˌfaɪ] *n abbr of* **science fiction** fantascienza *f*

scintillating ['sɪn·ṭleɪ·ṭɪŋ] *adj* brillante

scion ['saɪ·ən] *n form* 1. (*descendant*) rampollo, -a *m, f* 2. BOT innesto *m*

scissors ['sɪ·zɚz] *npl* forbici *fpl;* **a pair of** ~ un paio di forbici; ~ **kick** SPORTS sforbiciata *f;* **a** ~ **and paste job** un lavoro meccanico

sclerosis [sklɪ·'rou·sɪs] *n* MED sclerosi *f inv*

scoff [skɑ:f] *vi* (*mock*) beffarsi; **to** ~ **at sth/sb** ridere di qc/qu

scold [skould] *vt* rimproverare

scolding ['skoul·dɪŋ] *n* rimprovero *m*

scone [skoun] *n* panino *m* dolce

scoop [sku:p] I. *n* 1. (*utensil*) mestolo *m;* **ice cream** ~ cucchiaio *m* da gelato; **measuring** ~ misurino *m* 2. (*amount*) cucchiaiata *f* 3. PUBL scoop *m inv* II. *vt* 1. (*shovel*) prendere (*con un cucchiaio, un misurino, ecc.*) 2. *inf* PUBL ottenere l'esclusiva di

◆**scoop up** *vt* raccogliere

scoot [sku:t] *vi inf* smammare; **to** ~ **over** scostarsi

scooter ['sku:·ṭɚ] *n* 1. (*toy*) monopattino *m* 2. (*vehicle*) (*motor*) ~ motorino *m*

scope [skoup] *n* 1. (*range*) ambito *m* 2. (*possibilities*) possibilità *fpl;* **limited/considerable** ~ campo *m* d'azione limitato/ampio

scorch [skɔ:rtʃ] I. *vt* bruciare II. *vi* bruciarsi III. *n* <-es> bruciatura *f*

scorcher *n inf* giornata *f* torrida

scorching *adj* torrido, -a; **it's** ~ **hot** c'è un caldo torrido

score [skɔ:r] I. *n* 1. SPORTS (*number of points*) punteggio *m;* **to keep (the)** ~ tenere i punti 2. SPORTS (*goal, point*) gol *m* 3. SCHOOL voto *m* 4. (*twenty*) ventina *f;* ~**s of people** moltissime persone 5. (*dispute*) conto *m* in sospeso; **to settle a** ~ regolare i conti 6. MUS partitura *f* 7. (*line*) graffio *m* II. *vt* 1. (*goal*) segnare; (*point*) fare; (*triumph, victory*) riportare 2. (*cut*) incidere 3. *sl* (*buy: drugs*) procurarsi 4. MUS (*arrange*) arrangiare III. *vi* 1. SPORTS (*make a point*) fare un punto 2. *inf* (*succeed*)

riuscire 3. *sl* (*make sexual conquest*) cuccare 4. *sl* (*buy drugs*) procurarsi la roba

scoreboard ['skɔ:r·bɔ:rd] *n* tabellone *m* segnapunti

scorecard *n* scheda *f* segnapunti

scorekeeper *n* segnapunti *mf inv*

scorer *n* 1. (*player: in soccer*) cannoniere, -a *m, f;* (*in basketball*) marcatore, -trice *m, f* 2. (*scorekeeper*) segnapunti *mf*

scoring *n* punteggio *m*

scorn [skɔ:rn] I. *n* disprezzo *m;* **to be the** ~ **of sb/sth** essere disprezzato da qu/qc; **to pour** ~ **on sb/sth** denigrare qu/qc II. *vt* 1. (*disdain*) disprezzare 2. (*refuse*) rifiutare con sdegno; **to** ~ **to do sth** sdegnare di fare qc

scornful ['skɔ:rn·fəl] *adj* sdegnoso, -a

Scorpio ['skɔ:r·pioʊ] *n* Scorpione *m*

scorpion ['skɔ:r·pi·ən] *n* scorpione *m*

Scot [skɑ:t] *n* scozzese *mf*

Scotch [skɑ:tʃ] I. *n* Scotch *m inv;* **a** ~ **on the rocks** un whisky con ghiaccio II. *adj* scozzese

Scotch tape® ['se·loʊ·teɪp] *n* Scotch® *m inv*

scot-free [ˌskɑ:t·'fri:] *adv* 1. (*without punishment*) impunemente; **to get away** [*o* **off**] ~ cavarsela impunemente 2. (*unharmed*) illeso, -a

Scotland ['skɑ:t·lənd] *n* la Scozia *f*

Scots [skɑ:ts] *adj s.* **Scottish**

Scotsman ['skɑ:ts·mən] <-men> *n* scozzese *m*

Scotswoman ['skɑ:ts·ˌwʊ·mən] <-women> *n* scozzese *f*

Scottish ['skɑ:·ṭɪʃ] *adj* scozzese

scoundrel ['skaʊn·drəl] *n pej* mascalzone, -a *m, f*

scour [skaʊɚ] I. *vt* 1. (*scrub*) strofinare 2. (*search*) rastrellare; **the police are** ~**ing the neighborhood** la polizia sta rastrellando le vicinanze II. *n* strofinata *f;* **to give sth a** ~ dare una strofinata a qc

scourer *n* paglietta *f*

scourge [skɜ:rdʒ] I. *n a. fig* flagello *m* II. *vt* 1. (*inflict suffering*) affliggere 2. (*whip*) flagellare

scouring pad *n* paglietta *f*

scout [skaʊt] I. *n* MIL esploratore, -trice *m, f;* **talent** ~ talent scout *mf inv* II. *vi* **to** ~ **ahead** fare una ricognizione; **to** ~ **around for sth** perlustrare una zona alla ricerca di qc

scoutmaster *n* capo *m* scout

scowl [skaʊl] I. *n* fronte *f* aggrottata II. *vi* aggrottare la fronte

scrabble ['skræ·bl] *vi* 1. (*grope*) tastare 2. (*claw for grip*) grattare

scraggly *adj* incolto, -a

scraggy ['skræ·gi] <-ier, -iest> *adj* ossuto, -a

scram [skræm] I. <-mm-> *vi inf* filare via II. *interj inf* via!

scramble ['skræm·bl] I. *vi* 1. (*move hastily*) affrettarsi 2. (*try to get first*) precipitarsi; **to** ~ **for sth** darsi da fare per qc 3. AVIAT (*take off quickly*) decollare velocemente II. *vt* 1. (*mix together*) mescolare; ~**d eggs** uova strapazzate **2.**(*encrypt*) criptare **3.** AVIAT (*launch quickly*) far decollare **III.** *n* **1.**(*rush*) premura *f;* (*chase*) corsa *f* **2.**(*struggle*) lotta *f* **3.**(*aircraft launch*) decollo *m* rapido

scrambler ['skræmb·lə*] *n* scrambler *m inv*

scrap¹ [skræp] **I.** *n* **1.**(*small piece*) pezzetto *m;* (*of fabric*) ritaglio *m* **2.**(*small amount: of information*) frammento *m;* **not a ~ of truth** neanche un briciolo di verità **3.** *pl* (*leftover food*) avanzi *mpl* **4.**(*old metal*) rottame *m* **II.**<-pp-> *vt* **1.**(*get rid of, abolish*) eliminare; (*abandon*) accantonare **2.**(*use for scrap metal*) rottamare

scrap² [skræp] **I.** *n inf* (*fight*) rissa *f* **II.**<-pp-> *vi* (*have a fight*) azzuffarsi; (*have an argument*) bisticciare

scrapbook ['skræp·bʊk] *n* album *m* (dei ricordi)

scrap dealer *n* rottamaio, -a *m, f*

scrape [skreɪp] **I.** *vt* **1.**(*remove layer, dirt*) raschiare **2.**(*graze*) sbucciare; (*scratch*) graffiare **3.**(*rub against*) strisciare contro **II.** *vi* **1.**(*rub against*) strisciare **2.**(*make unpleasant noise*) strisciare **3.**(*economize*) risparmiare **III.** *n* **1.**(*act of scraping*) raschiata *f* **2.**(*graze on skin*) sbucciatura *f* **3.**(*sound*) strisciamento *m* **4.** *inf* (*situation*) guaio *m;* **to get into a ~** mettersi nei guai

◆**scrape along** *vi s.* **scrape by**

◆**scrape away** *vt* raschiare

◆**scrape by** *vi* arrabattarsi

◆**scrape through** **I.** *vt* superare a stento **II.** *vi* cavarsela a malapena

scraper ['skreɪ·pə*] *n* (*tool*) raschietto *m*

scrapheap ['skræp·hi:p] *n* mucchio *m* di rottami; **to end up in** [*o* on] **the ~** finire nel dimenticatoio

scrapie ['skreɪ·pi] *n* scrapie *f*

scrapings *npl* **1.**(*leftovers*) avanzi *mpl* **2.** TECH scarti *mpl*

scrap iron *n* rottame *m*

scrappy¹ ['skræ·pi] <-ier, -iest> *adj* **1.**(*knowledge*) superficiale **2.**(*performance, game*) irregolare

scrappy² ['skræ·pi] <-ier, -iest> *adj* (*ready to fight*) litigioso, -a

scratch [skrætʃ] **I.** *n* **1.**(*cut on skin*) graffio *m* **2.**(*mark*) riga *f* **3.**(*act of scratching*) grattata *f* **4.**(*start*) inizio *m;* **from ~** da zero **II.** *vt* **1.**(*cut slightly*) graffiare **2.**(*mark*) rigare **3.**(*relieve itch*) grattare **4.**(*erase*) raschiare **5.**(*exclude*) ritirare **6.** *inf* (*cancel*) cancellare **7.**(*write*) incidere **III.** *vi* **1.**(*use claws: cat*) graffiare **2.**(*relieve itch*) grattarsi **IV.** *adj* improvvisato, -a

◆**scratch out** *vt* **1.**(*with claws*) strappare; **to scratch sb's eyes out** *fig* cavare gli occhi a qu **2.**(*line, word*) depennare

scratch card ['skrætʃ·kɑːrd] *n* gratta e vinci *m inv*

scratch paper *n* carta *f* da minuta

scratchy ['skræ·tʃi] <-ier, -iest> *adj* **1.**(*rec-*

ord) rigato, -a; (*voice*) roco, -a **2.**(*irritating*) ruvido, -a

scrawl [skrɑːl] **I.** *vt* scarabocchiare **II.** *n* scarabocchio *m*

scrawny ['skrɑː·ni] <-ier, -iest> *adj* scheletrico, -a

scream [skriːm] **I.** *n* **1.**(*cry*) grido *m;* (*shrill cry*) strillo *m;* (*shout*) urlo *m* **2.**(*of animal*) grido *m* ▶**to be a ~** *inf* essere forte **II.** *vi* (*shout*) gridare; (*cry shrilly*) strillare; **to ~ with laughter** ridere a più non posso **III.** *vt* (*shout*) gridare; **to ~ oneself hoarse** gridare fino a perdere la voce

screech [skriːtʃ] **I.** *n* stridio *m* **II.** *vi* strillare; **to ~ with pain** urlare dal dolore

screech owl *n* gufo *m*

screen [skriːn] **I.** *n* **1.** *a.* TV, CINE, COMPUT schermo *m;* **split/touch ~** schermo diviso/tattile **2.**(*framed panel*) paravento *m;* (*for protection*) schermo *m;* (*in front of fire*) grata *f;* **glass ~** vetrata *f* **3.**(*thing that conceals*) schermo *m* **II.** *vt* **1.**(*conceal*) coprire **2.**(*shield*) proteggere **3.**(*examine*) esaminare **4.** TV trasmettere; CINE proiettare **5.**(*put through a sieve*) setacciare

◆**screen off** *vt* separare con un paravento

screening *n* **1.**(*showing: in cinema*) proiezione *f;* (*on television*) trasmissione *f* **2.**(*testing*) prova *f* **3.** MED (*examination*) esame *m*

screenplay ['skriːn·pleɪ] *n* sceneggiatura *f*

screen saver *n* COMPUT salvaschermo *m inv*

screen shot *n* COMPUT cattura *f* schermo

screen test *n* prova *f*

screenwriter *n* sceneggiatore, -trice *m, f*

screw [skruː] **I.** *n* **1.**(*small metal fastener*) vite *f;* **to tighten** (**up**)/**loosen a ~** stringere/allentare una vite **2.**(*turn*) giro *m* **3.**(*propeller*) elica *f* **4.**(*spin*) effetto *m* **5.**(*twisted piece*) cartoccio *m* **6.** *vulg* (*sexual intercourse*) **I had a good ~ last night** mi sono fatto una bella scopata ieri notte **7.** *vulg* (*sexual partner*) **she's a great ~** scopa benissimo ▶**he's got a ~** [*o* **a few ~s**] **loose** *inf* gli manca qualche rotella; **to put the ~s on sb** *sl* forzare la mano a qu **II.** *vt* **1.**(*with a screw*) svitare **2.**(*by twisting*) svitare **3.** *sl* (*cheat*) fregare **4.** *vulg* (*have sex with*) scopare con **5.** *sl* **~ you!** vaffanculo! **III.** *vi* **1.**(*turn like a screw*) avvitarsi **2.**(*become attached*) avvitarsi **3.** *vulg* (*have sex*) scopare

◆**screw around** *vi* **1.** *sl* (*act stupidly*) cazzeggiare *vulg* **2.** *vulg* (*be sexually promiscuous*) scopare con chi capita

◆**screw up** **I.** *vt* **1.** *sl* (*make a mess of*) mandare all'aria **2.** *sl* (*injure*) distruggere **3.** *inf* (*make anxious*) rendere nevrotico **II.** *vi* rovinare tutto

screwball ['skruː·bɔːl] *n* **1.** *sl* (*odd person*) svitato, -a *m, f* **2.**(*in baseball*) tiro *m* con effetto

screwdriver ['skruː·ˌdraɪ·və*] *n* **1.**(*tool*) cacciavite *m* **2.**(*drink*) cocktail a base di vodka e succo d'arancia

screwed *adj inf* fregato, -a

S

screw top *n* tappo *m* a vite

screwy ['skru:·i] <-ier, iest> *adj inf* svitato, -a

scribble ['skrɪ·bl̩] I. *vt* scarabocchiare II. *vi* scarabocchiare III. *n* scarabocchi *mpl*

scrimmage ['skrɪ·mɪdʒ] *n* 1. SPORTS (*practice game*) partita *f* di allenamento 2. (*fight*) scaramuccia *f*

scrimp [skrɪmp] *vi* risparmiare il più possibile; **to ~ and save** tirare la cintura *fig*

script [skrɪpt] I. *n* 1. CINE, TV, THEAT copione *m*, sceneggiatura *f* 2. (*writing*) caratteri *mpl;* **Arabic ~** caratteri arabi II. *vt* scrivere la sceneggiatura di

scriptural ['skrɪp·tʃɚ·əl] *adj* biblico, -a

Scripture *n*, **scripture** ['skrɪp·tʃɚ] *n* Sacre Scritture *fpl*

scriptwriter ['skrɪpt·raɪ·t̬ɚ] *n* sceneggiatore, -trice *m, f*

scroll [skroʊl] I. *n* 1. (*roll*) rotolo *m* 2. ARCHIT voluta *f* II. *vi* COMPUT scorrere; **to ~ (to the) right/left** scorrere a destra/sinistra; **to ~ down/up** scorrere giù/su

scrooge [skru:dʒ] *n* taccagno, -a *m, f*

scrotum ['skroʊ·t̬əm] <-tums *o* -ta> *n* scroto *m*

scrounge [skraʊndʒ] I. *vt inf* scroccare; **to ~ sth off** [*o* **from**] **sb** scroccare qc a qu II. *vi inf* frugare in giro

scrounger ['skraʊn·dʒɚ] *n pej, inf* scroccone, -a *m, f*

scrub¹ [skrʌb] <-bb-> I. *vt* 1. (*clean*) fregare 2. (*cancel*) annullare II. *vi* fregare; **to ~ at sth** fregare qc III. *n* 1. (*act of scrubbing*) sfregata *f;* **to give sth a (good) ~** dare una (bella) sfregata a qc 2. *pl* (*clothing*) abiti *mpl* da sala operatoria 3. SPORTS (*reserve player*) riserva *f* inesperta

scrub² [skrʌb] *n* boscaglia *f*

scrubber ['skrʌ·bɚ] *n* uomo *m* delle pulizie, donna *f* delle pulizie

scruff [skrʌf] *n* collottola *f;* **to grab sb by the ~ of the neck** prendere qu per la collottola

scruffy ['skrʌ·fi] <-ier, -iest> *adj* trasandato, -a

scrum [skrʌm] *n* SPORTS mischia *f*

scrummage ['skrʌ·mɪdʒ] *n s.* scrum

scrumptious ['skrʌmp·ʃəs] *adj inf* squisito, -a

scrunch [skrʌntʃ] I. *vi* scricchiolare II. *vt* schiacciare III. *n* scricchiolio *m*

scruple ['skru:·pl̩] I. *n* scrupolo *m;* **to have no ~s** (**about doing sth**) non farsi scrupoli (a fare qc) II. *vi* farsi scrupoli

scrupulous ['skru:p·jʊ·ləs] *adj* scrupoloso, -a

scrutinize ['skru:·t̬ə·naɪz] *vt* (*examine*) scrutare; (*votes*) scrutinare; (*text*) passare al setaccio

scrutiny ['skru:·t̬ə·ni] *n* scrutinio *m*

scuba diving ['sku:·bə·ˌdaɪ·vɪŋ] *n* immersioni *fpl* (subacquee)

scuff [skʌf] I. *vt* 1. (*roughen surface*) levigare 2. (*drag along ground*) strascicare II. *n* (*mark*) segno *m* (di sfregamento)

scuffle ['skʌ·fl̩] I. *n* rissa *f* II. *vi* azzuffarsi

scull [skʌl] I. *vi* ramare II. *n* sandolino *m*

scullery ['skʌ·lə·ri] *n* retrocucina *m*

sculpt [skʌlpt] *vt* scolpire

sculptor ['skʌlp·tɚ] *n* scultore, -trice *m, f*

sculptural ['skʌlp·tʃə·rəl] *adj* scultorio, -a

sculpture ['skʌlp·tʃɚ] I. *n* scultura *f* II. *vt* scolpire

scum [skʌm] *n* 1. (*foam*) schiuma *f* 2. (*evil people*) gentaglia *f*

scumbag ['skʌm·bæg] *n pej* fetente *mf*

scupper ['skʌ·pɚ] *vt* 1. (*ship*) affondare (deliberatamente) 2. *inf* (*plan*) far naufragare

scurrilous ['skɜ:·rɪ·ləs] *adj pej* (*damaging*) diffamatorio, -a; (*insulting*) calunnioso, -a

scurry ['skɜ:·ri] <-ie-> *vi* correre

scurvy ['skɜ:r·vi] I. *n* scorbuto *m* II. *adj* meschino, -a; **a ~ trick** uno scherzo meschino

scuttle¹ ['skʌ·t̬l̩] *vi* (*run*) correre

scuttle² ['skʌ·t̬l̩] *vt* 1. (*sink*) affondare (*producendo una falla*) 2. (*plan*) far naufragare

scuttle³ ['skʌ·t̬l̩] *n* (*for coal*) cassa *f* di carbone

scuttle away *vi,,* **scuttle off** *vi* (*run*) correr via

scythe [saɪð] I. *n* falce *f* II. *vt* (*with a scythe*) falciare; (*with swinging blow*) fendere

SD *n abbr of* **South Dakota** Dakota *m* del Sud

SDI [ˌes·di:·'aɪ] *n abbr of* **Strategic Defense Initiative** Iniziativa *f* di Difesa Strategica

SE [ˌes·'i:] *n abbr of* **southeast** SE *m*

sea [si:] *n* 1. mare *m;* **at the bottom of the ~** in fondo al mare; **by ~** per mare; **by the ~** sul mare; **out at ~** in mare aperto; **to put (out) to ~** prendere il mare; **the open ~, the high ~s** il mare aperto 2. (*wide expanse*) **a ~ of people** una marea di gente ▶ **to sail the seven ~s** solcare i mari

sea anemone *n* anemone *f* di mare

seaboard ['si:·bɔ:rd] *n* litorale *m*

seaborne ['si:·bɔ:rn] *adj* trasportato, -a dal mare

sea change *n* cambiamento *m* radicale

sea dog *n* lupo *m* di mare

seafarer ['si:·ˌfe·rɚ] *n liter* marinaio, -a *m, f*

seafaring *adj liter* marinaro, -a

seafood ['si:·fu:d] *n* frutti *m* di mare *pl*

seafront ['si:·frʌnt] *n* 1. (*promenade*) lungomare *m* 2. (*beach*) spiaggia *f*

seagoing ['si:·ˌgoʊ·ɪŋ] *adj* d'altura

seagull ['si:·gʌl] *n* gabbiano *m*

sea horse *n* cavalluccio *m* marino

seal¹ [si:l] *n* ZOOL foca *f*

seal² [si:l] I. *n* 1. (*wax mark, stamp*) sigillo *m;* **given under my hand and ~** da me sottoscritto e sigillato 2. (*to prevent opening*) sigillo *m* ▶ **~ of approval** approvazione *f* II. *vt* 1. (*put a seal on*) sigillare 2. (*prevent opening*) sigillare 3. (*block access*) bloccare l'accesso a; (*border, port*) chiudere

◆ **seal up** *vt* sigillare

sealant ['si:·lənt] *n* vernice *f* isolante

sea legs *npl inf* piede *m* marino; **to get one's ~** acquisire il piede marino

sea level *n* livello *m* del mare

sealing wax *n* ceralacca *f*

sea lion *n* ZOOL leone *m* marino, otaria *f*

sealskin ['si:l·skɪn] *n* pelle *f* di foca

seam [si:m] **I.** *n* **1.** (*stitching*) cucitura *f;* **to come** [*o* **fall**] **apart at the ~s** scucirsi; *fig* fare acqua da tutte le parti **2.** (*junction*) giuntura *f* **3.** (*wrinkle*) ruga *f* **4.** MIN filone *m* **II.** *vt* (*sew*) cucire

seaman ['si:·mən] <-**men**> *n* (*sailor*) marinaio *m*

sea mile *n* miglio *m* marino

seamless *adj* **1.** (*without seam*) senza cuciture **2.** (*transition*) senza soluzione di continuità

seamstress ['si:ms·trɪs] *n* sarta *f*

seamy ['si:·mi] <-**ier**, **-iest**> *adj* sordido, -a

seance ['seɪ·ɑːnts] *n* seduta *f* spiritica

seaplane ['si:·pleɪn] *n* AVIAT idrovolante *m*

seaport *n* porto *m* di mare

sea power *n* **1.** (*naval strength*) forza *f* navale **2.** (*state*) potenza *f* navale

sear [sɪr] *vt* **1.** (*scorch*) bruciare; (*into memory*) imprimere **2.** (*wither*) seccare **3.** CULIN cuocere a fuoco vivo **4.** MED cauterizzare **5.** (*make numb*) rendere insensibile

search [sɜ:rtʃ] **I.** *n a.* COMPUT ricerca *f;* (*of building, person*) perquisizione *f;* **to go in ~ of sth** andare alla ricerca di qc **II.** *vi a.* COMPUT cercare; **to ~ for sth** cercare qc; **to ~ high and low (for sth)** cercare qc dovunque; **~ and replace** COMPUT trovare e sostituire **III.** *vt* **1.** *a.* COMPUT cercare in; (*building, baggage, person*) perquisire **2.** (*examine*) scrutare; **to ~ one's memory** frugare nei propri ricordi; **to ~ one's conscience** fare un esame di coscienza ▶**~ me!** *sl* che ne so!

◆**search out** *vt* (*people*) scovare; (*information*) scoprire

search engine *n* COMPUT motore *m* di ricerca

searcher *n* soccorritore *m*

search function *n* COMPUT funzione *f* di ricerca

searching *adj* **1.** (*penetrating*) inquisitorio, -a; (*look*) penetrante **2.** (*exhaustive*) minuzioso, -a

searchlight ['sɜ:rtʃ·laɪt] *n* riflettore *m*

search party <-**ies**> *n* squadra *f* di soccorso

search warrant *n* mandato *m* di perquisizione

searing *adj* **1.** (*heat*) scottante **2.** (*pain*) lancinante **3.** (*criticism*) virulento

sea salt *n* sale *m* marino

seascape ['si:·skeɪp] *n* **1.** (*picture*) marina *f* **2.** (*view*) veduta *f* sul mare

seashell ['si:·ʃel] *n* conchiglia *f* (marina)

seashore ['si:·ʃɔːr] *n* **1.** (*beach*) spiaggia *f* **2.** (*near sea*) costa *f*

seasick ['si:·sɪk] *adj* **to get ~** avere il mal di mare

seasickness ['si:·sɪk·nɪs] *n* mal *m* di mare

seaside ['si:·saɪd] **I.** *n* **1.** (*beach*) spiaggia *f* **2.** (*coast*) costa *f* **II.** *adj* costiero, -a; **a ~ resort** una stazione balneare

season ['si:·zən] **I.** *n* **1.** (*period of year*) stagione *f* **2.** (*epoch*) epoca *f;* **the Christmas ~** le feste natalizie; **Season's Greetings** Buone Feste; **the** (**fishing/hunting**) **~** la stagione (della pesca/caccia); **the strawberry/**

apple ~ la stagione delle fragole/mele; **to be in ~** essere di stagione; **to be out of ~** essere fuori stagione; **high/low ~** alta/bassa stagione; **the concert/ballet/opera ~** la stagione dei concerti/della danza/lirica **3.** SPORTS stagione *f* **4.** ZOOL **to be in ~** essere in calore; **the mating ~** la stagione degli amori **II.** *vt* **1.** CULIN condire; (*add salt and pepper*) aggiungere sale e pepe **2.** (*dry out*) seccare **III.** *vi* **1.** (*dry out*) stagionare **2.** *fig* **to become ~ed to sth** abituarsi a qc

seasonable ['si:·zə·nə·bl] *adj* **1.** (*expected*) di stagione **2.** *liter* (*appropriate*) opportuno, -a

seasonal ['si:·zə·nəl] *adj* **1.** (*connected with time of year*) stagionale **2.** (*temporary*) stagionale; **~ worker** stagionale *mf* **3.** (*grown in a season: fruits, vegetables*) di stagione

seasoned *adj* **1.** (*experienced*) sperimentato, -a **2.** (*dried: wood*) stagionato, -a **3.** (*spiced*) condito, -a

seasoning ['si:·zə·nɪŋ] *n* condimento *m*

season ticket *n* abbonamento *m*

season ticket holder *n* RAIL, SPORTS, THEAT abbonato, -a *m, f*

seat [si:t] **I.** *n* **1.** (*furniture*) sedia *f;* (*on a bicycle*) sellino *m;* (*in theater*) poltrona *f;* (*in a car, bus*) posto *m;* **back ~** sedile posteriore; **is this ~ free/taken?** questo posto è libero/occupato?; **to hold a ~ for sb** tenere il posto a qu; **to take one's ~** sedersi **2.** (*ticket*) ingresso *m;* **to book a ~** prenotare un ingresso **3.** (*part: of chair*) sedile *m;* (*of pants*) fondo *mpl* **4.** (*buttocks*) fondoschiena *m* **5.** POL seggio *m;* **to win/lose a ~** guadagnare/perdere un seggio **6.** (*center*) sede *f;* **~ of learning** *form* centro *m* universitario **7.** (*country residence*) casa *f* di campagna **8.** (*riding style*) **to have a good ~** montare bene ▶**to fly by the ~ of one's** pants lasciarsi guidare dal proprio istinto **II.** *vt* **1.** (*place on a seat*) sedersi; **to ~ oneself** *form* accomodarsi; (*offer a seat to*) far sedere **2.** (*have enough seats for*) accogliere; **the bus ~s 20** l'autobus ha 20 posti a sedere **3.** ARCHIT, TECH poggiare

seat belt *n* cintura *f* di sicurezza; **to fasten one's ~** allacciarsi la cintura (di sicurezza)

seating *n* **1.** (*seats*) posti *mpl* **2.** (*number*) numero *m* di posti; **~ capacity** numero di posti (a sedere); **~ for two thousand** duemila posti **3.** (*arrangement*) disposizione *f* dei posti

SEATO ['si:·too] *n abbr of* **Southeast Asia Treaty Organization** SEATO *f*

sea urchin *n* riccio *m* di mare

seaward ['si:·wəd] **I.** *adv* sul mare **II.** *adj* **1.** (*facing sea*) sul mare **2.** (*moving towards sea*) verso il mare

seawater ['si:·ˌwɑː·t̬ə·] *n* acqua *f* di mare

seaway ['si:·weɪ] *n* **1.** (*channel*) canale *m* (marittimo) **2.** (*route*) rotta *f* marittima

seaweed ['si:·wi:d] *n* alghe *fpl* (marine)

seaworthy ['si:·ˌwɜ:r·ði] *adj* in grado di navigare

S

sebaceous gland [sə·'beɪ·ʃəs·ˌglænd] *n* ghiandola *f* sebacea

sec [sek] *n s.* **second sec.** *m;* **hang on just a ~** aspetta un secondo

sec *adj* secco, -a

SEC *n abbr of* **Securities and Exchange Commission** SEC *f, ente che vigila sul funzionamento del mercato dei titoli quotati negli USA*

secede [sɪ·'siːd] *vi* separarsi

secession [sɪ·'se·ʃən] *n* secessione *f;* **War of Secession** Guerra *f* di secessione

seclude [sɪ·'kluːd] *vt liter* isolare

secluded [sɪ·'kluː·dɪd] *adj* (*place*) isolato, -a; (*life*) ritirato, -a

seclusion [sɪ·'kluː·ʒən] *n* isolamento *m;* **to live in ~** vivere ritirato

second[1] ['se·kənd] **I.** *adj* **1.** (*after first*) secondo, -a; **every ~ boy/girl** un ragazzo/una ragazza su due; **every ~ year** ogni due anni; **every ~ week** una settimana sì e una no; **to be ~** arrivare secondo; **the ~ biggest town** la seconda città più grande; **to be ~ only to sb/ sth** essere inferiore solo a qu/qc; **to be ~ to none** non essere secondo a nessuno **2.** (*another*) altro, -a; **to be a ~ Mozart** essere un nuovo Mozart; **to give sb a ~ chance** dare a qu un'altra possibilità; **to have ~ thoughts about sb/sth** avere dei ripensamenti su qu/ qc; **on ~ thought** dopo riflessione; **to do sth a ~ time** rifare qc un'altra volta; **to get one's ~ wind** riprendere fiato; **to have a ~ helping** servirsi di nuovo di qc **3. the ~ floor** il primo piano **II.** *n* **1.** (*second gear*) seconda *f* **2.** *pl* (*extra helping*) **may I have ~s?** posso servirmi di nuovo? **3.** COM (*imperfect item*) articolo *m* di seconda scelta **4.** (*in duel*) padrino *m* **5.** MUS seconda *f* **6.** (*seconder*) persona *f* che appoggia una mozione **III.** *adv* in secondo luogo **IV.** *vt* **1.** (*support in debate*) appoggiare **2.** *form* (*back up*) appoggiare

second[2] ['se·kənd] *n* (*unit of time*) secondo *m;* **per ~** al secondo; **at that very ~** in quel preciso istante; **just a ~!** un secondo!; **it won't take (but) a ~!** ci vuole un attimo!

secondary ['se·kən·de·ri] **I.** *adj* **1.** (*not main*) secondario, -a; **to be ~ to sth** essere secondario rispetto a qc **2.** (*school*) di scuola secondaria **3.** (*industry*) derivato, -a **II.** <-ies> *n* subalterno, -a *m, f*

secondary school *n* **1.** (*school*) scuola *f* secondaria **2.** (*education*) scuola *f* secondaria

second-best **I.** *adj* **to be ~** (*person*) venire subito dopo il migliore **II.** *n* secondo, -a *m, f* **III.** *adv* **to come off ~** (**to sb**) perdere (contro qu)

second class *n* seconda *f* (classe)

second-class **I.** *adj* **1.** (*in second class*) di seconda classe; **~ mail** posta *f* ordinaria **2.** *pej* (*inferior: hotel, service*) di seconda categoria; (*goods*) di seconda scelta **II.** *adv* **1.** RAIL (*in the second class*) in seconda (classe) **2.** (*by second-class mail*) tramite posta ordinaria

second cousin *n* cugino, -a *m, f* di secondo grado

second-degree burn *n* ustione *f* di secondo grado

second-guess [ˌse·kənd·'ges] *vt* prevedere le mosse di

secondhand [ˌse·kənd·'hænd] **I.** *adj* (*clothing, information*) di seconda mano; (*bookstore*) di libri usati **II.** *adv* **1.** (*used*) di seconda mano **2.** (*from third party*) tramite terzi

second hand *n* (*on watch*) lancetta *f* dei secondi

second lieutenant *n* MIL sottotenente *m*

secondly *adv* in secondo luogo

second-rate [ˌse·kənd·'reɪt] *adj* mediocre

secrecy ['siː·krə·si] *n* **1.** (*confidentiality*) segretezza *f;* **in ~** in segreto; **to swear sb to ~** far giurare a qu di mantenere il segreto **2.** (*secretiveness*) enigmaticità *f*

secret ['siː·krɪt] **I.** *n* **1.** (*information*) segreto *m;* **an open ~** un segreto di Pulcinella; **to let sb in on a ~** rivelare un segreto a qu **2.** (*knack*) trucco *m;* (*of success*) segreto *m* **3.** (*mystery*) mistero *m* **II.** *adj* (*known to few*) segreto, -a; **to keep sth ~ (from sb)** tenere qc nascosto (a qu)

secret agent *n* agente *m* segreto

secretarial [ˌse·krə·'te·ri·əl] *adj* (*work*) di segreteria; (*course*) per segretarie

secretary ['se·krə·te·ri] <-ies> *n* **1.** (*in office*) segretario, -a *m, f* **2.** POL ministro, -a *m, f;* **Secretary of the Treasury** ≈ ministro *m* dell'Economia e delle Finanze; **Secretary of State** segretario di Stato, ≈ ministro *m* degli Esteri

secretary-general [ˌse·krə·te·ri·'dʒe·nə·rəl] <secretaries-general> *n* segretario, -a *m, f* generale

Secretary of the Interior *n* ministro *m* dell'Interno

secrete[1] [sɪ·'kriːt] *vt* (*discharge*) secernere

secrete[2] [sɪ·'kriːt] *vt form* (*hide*) occultare

secretion [sɪ·'kriː·ʃən] *n* (*discharge*) secrezione *f*

secretive ['siː·krə·tɪv] *adj* riservato, -a

sect [sekt] *n* setta *f*

sectarian [sek·'te·ri·ən] **I.** *adj* **1.** (*ideology*) settario, -a **2.** (*schooling*) settario, -a **II.** *n* membro *m* di una setta

section ['sek·ʃən] **I.** *n* **1.** (*part*) *a.* MIL, MUS, PUBL sezione *f;* (*of object*) parte *f* **2.** (*group*) settore *m* **3.** (*of area*) zona *f;* (*of city*) quartiere *m* **4.** (*of document*) paragrafo *m;* LAW articolo *m* **5.** (*of road*) tronco *m* **6.** (*cut*) sezione *f* **II.** *vt* **1.** (*cut*) sezionare **2.** (*divide*) suddividere

◆**section off** *vt* separare

sectional ['sek·ʃə·nl] *adj* **1.** (*limited to a group: interests*) di settore; (*differences*) tra fazioni **2.** (*done in section: design, view*) in sezione **3.** (*made in sections: furniture, sofa*) modulare

sector ['sek·tə-] *n* settore *m;* **public/private ~** settore pubblico/privato

secular ['sek·jʊ·lə] *adj* **1.** (*non-religious*) secolare; (*education*) laico, -a; (*art*) profano, -a **2.** REL secolare **3.** (*centuries-old*) secolare

secularize ['sek·jʊ·lə·raɪz] *vt* secolarizzare

secure [sɪ·'kjʊr] **I.** *adj* <-rer, -est> **1.** (*safe*) sicuro, -a; **to be ~ from sth** essere protetto, -a da qc; **to make sth ~ against attack** proteggere qc da attacchi **2.** (*confident*) **to feel ~ about sth** sentirsi sicuro riguardo a qc; **to be ~ in the knowledge that ...** avere la certezza che ...; **to feel emotionally ~** essere emotivamente stabile **3.** (*guarantee*) **to be financially ~** avere la stabilità economica **4.** (*fixed*) firme; (*foundation*) solido, -a **II.** *vt* **1.** (*obtain*) ottenere **2.** (*make firm*) assicurare; *fig* assicurarsi; (*door*) chiudere saldamente; (*boat*) ormeggiare; (*position*) consolidare **3.** (*make safe*) proteggere **4.** (*put in safe place*) mettere al sicuro **5.** (*guarantee repayment*) garantire; **a ~d loan** un prestito con garanzia

securities market *n* mercato *m* dei valori

security [sɪ·'kjʊ·rə·ti] <-ies> *n* **1.** (*safety*) sicurezza *f*; **~ risk** rischio *m* per la sicurezza **2.** (*stability*) stabilità *f*; **~ of employment** stabilità lavorativa **3.** (*safeguard*) salvaguardia *f* **4.** (*payment guarantee*) garanzia *f*; **to stand ~ for sb** farsi garante per qu **5.** *pl* FIN titoli *mpl*

Security Council *n* Consiglio *m* di Sicurezza (dell'ONU)

security guard *n* guardia *f* giurata

sedan [sɪ·'dæn] *n* AUTO berlina *m*

sedan chair *n* portantina *f*

sedate [sɪ·'deɪt] **I.** *adj* (*lifestyle, person*) tranquillo, -a; (*color, style*) sobrio, -a **II.** *vt* MED sedare

sedation [sɪ·'deɪ·ʃən] *n* MED sedazione *f*; **under ~** sotto sedativi

sedative ['se·də·tɪv] **I.** *adj* sedativo, -a **II.** *n* sedativo *m*

sedentary ['se·dən·te·ri] *adj* sedentario, -a

sediment ['se·də·mənt] *n* sedimento *m*; (*in wine, coffee*) fondo *m*

sedimentary [ˌse·dɪ·'men·tri] *adj* sedimentario, -a

sedition [sɪ·'dɪ·ʃən] *n form* sedizione *f*

seditious [sɪ·'dɪ·ʃəs] *adj form* sedizioso, -a

seduce [sɪ·'duːs] *vt* sedurre; **to ~ sb into doing sth** indurre qu a fare qc allettandolo

seducer [sɪ·'duː·sə] *n* seduttore, -trice *m, f*

seduction [sɪ·'dʌk·ʃən] *n* **1.** (*act*) seduzione *f* **2.** *pl* (*seductive quality*) attrattiva *f*

seductive [sɪ·'dʌk·tɪv] *adj* **1.** (*sexy*) seducente **2.** (*attractive*) attraente; (*offer*) allettante

see¹ [siː] <saw, seen> **I.** *vt* **1.** (*perceive*) vedere; **to ~ that ...** vedere che...; **to ~ sth with one's own eyes** vedere qc con i propri occhi; **it is worth ~ing** vale la pena di vederlo **2.** (*watch*) vedere; **you were ~n entering the building** ti hanno visto entrare nell'edificio **3.** (*inspect*) vedere; **may I ~ your driver's license?** posso vedere la sua patente? **4.** (*visit*) trovare; **to ~ a little/a lot of sb** vedere qu raramente/spesso; **~ you around!** ci vediamo!;

~ you (*later*)! *inf* (*when meeting again later*) a più tardi! **5.** (*have relationship*) **to be ~ing sb** uscire con qu **6.** (*have meeting*) incontrare **7.** (*talk to*) **I would like to ~ you about that matter** vorrei parlare con te di questa faccenda; **Mr. Brown will ~ you now** il Signor Brown la riceve adesso **8.** (*accompany*) accompagnare **9.** (*perceive*) rendersi conto di; (*understand*) capire; **I don't ~ what you mean** non capisco cosa vuoi dire; **to make sb ~ reason** far intendere ragione a qu; **to ~ sth in a new light** vedere qc sotto una nuova luce **10.** (*envisage*) credere; **as I ~ it ...** da come la vedo io ...; **I don't ~ him doing that** non lo credo capace di farlo; **I could ~ it coming** me lo aspettavo **11.** (*investigate*) **to ~ how/what/if ...** cercare di capire come/cosa/se ... **12.** (*ensure*) **~ that you are ready when we come** fai in modo di essere pronto quando arriviamo **II.** *vi* **1.** (*use eyes*) vedere; **as far as the eye can ~** fin dove arriva la vista **2.** (*find out*) scoprire; **~ for yourself!** guarda tu stesso!; **let me ~** fammi vedere; **let's ~** vediamo; **we'll/I'll** (**have to**) **~** vedremo; **you'll ~** vedrai **3.** (*understand*) capire; **I ~** capisco; **you ~?** capisci?; **as far as I can ~** per quello che capisco ► **he can't ~ further than the end of his nose** non riesce a vedere al di là del suo naso

◆ **see about** *vt inf* occuparsi di; (*consider*) riflettere su ► **we'll soon ~ that!** *inf* è ancora da vedere!

◆ **see in** *vt* (*welcome*) fare accomodare; **to see the New Year in** festeggiare l'anno nuovo

◆ **see off** *vt* salutare

◆ **see out** *vt* **1.** (*escort to door*) accompagnare alla porta **2.** (*continue to end*) restare fino alla fine di; (*project*) portare a termine **3.** (*last until end*) durare fino alla fine di; **to see the winter out** superare l'inverno

◆ **see through** *vt* **1.** (*not be deceived by*) non farsi abbindolare da; **~ sb** capire che tipo è qu; (*mystery*) penetrare **2.** (*sustain*) **to see sb through** (**a difficult time**) essere d'aiuto a qu (in un momento difficile) **3.** (*continue to end*) portare a termine

◆ **see to** *vt* **1.** (*attend to*) occuparsi di **2.** (*ensure*) **to ~ it that ...** assicurarsi che ...

see² [siː] *n* REL sede *f*; **the Holy See** la Santa Sede

seed [siːd] **I.** *n* **1.** BOT (*source, of fruit*) seme *m* **2.** (*seeds*) semente *f* **3.** (*beginning*) germe *m*; **to sow the ~s of doubt** insinuare dei dubbi; **to sow the ~s of discord** gettare il seme della discordia **4.** ANAT seme *m* **II.** *vt* **1.** AGR seminare; **to ~ itself** (*a plant*) spargere i semi **2.** (*help start*) contribuire ad avviare; **to ~ a project with money** immettere capitale in un progetto **3.** (*remove seeds*) togliere i semi da **4.** SPORTS preselezionare **III.** *vi* far seme

seedbed *n* **1.** AGR semenzaio *m* **2.** *fig* focolaio *m*

seedless ['siːd·ləs] *adj* senza semi

seedling ['siːd·lɪŋ] *n* piantina *f*

seed money *n* capitale *m* iniziale (di un'impresa)

seedy ['siː·di] <-ier, -iest> *adj* **1.**(*dubious*) losco, -a; (*place*) squallido, -a; (*clothing*) trasandato, -a **2.**(*unwell*) **to feel** ~ stare poco bene

seeing I. *conj* ~ (**that**) visto che II. *n* vista *f*; ~ **is believing** vedere per credere

seek [siːk] <sought> I. *vt* **1.**(*look for*) cercare; **to** ~ **one's fortune** andare in cerca di fortuna **2.**(*try to obtain*) cercare; (*damages*) reclamare **3.**(*ask for: help, approval, job*) chiedere **4.**(*attempt*) cercare di II. *vi* (*search*) cercare
♦ **seek out** *vt* scovare

seeker *n* **job-~** persona *f* alla ricerca di un lavoro

seem [siːm] *vi* **1.**(*appear to be*) sembrare; **they** ~**ed to like the idea** sembrava che l'idea gli piacesse; **to** ~ **as if ...** sembrare che ... +*conj*; **it is not all that it** ~**s** non è esattamente come sembra; **things aren't always what they** ~ l'apparenza inganna **2.**(*appear*) **it** ~**s that ...** sembra che ... +*conj*; **so it** ~**s, so it would** ~ così sembra

seeming *adj form* apparente

seemingly *adv* apparentemente

seemly ['siːm·li] <-ier, -iest> *adj* opportuno, -a

seen [siːn] *pp of* **see**

seep [siːp] *vi* filtrare
♦ **seep away** *vi* colare via

seepage ['siː·pɪdʒ] *n* (*of water*) infiltrazione *f*; (*of gas*) fuga *f*

seer [sɪr] *n liter* indovino, -a *m, f*

seersucker ['sɪr·sʌ·kəʳ] *n* tessuto di cotone a strisce lisce e crespe alternate

seesaw ['siː·sɑː] I. *n* **1.**(*in playground*) altalena (*asse che oscilla*) **2.** *fig* oscillazioni *fpl* II. *vi* **1.**(*play*) dondolarsi **2.** *fig* oscillare III. *adj* ~ **motion** moto *m* oscillatorio

seethe [siːð] *vi* **1.** *fig* (*be angry*) essere furioso, -a; **to** ~ **with anger** bollire di rabbia **2.** *fig* (*be busy*) essere affollato, -a; **to** ~ **with tourists** brulicare di turisti

see-through ['siː·θruː] *adj* trasparente

segment[1] ['seg·mənt] *n* **1.** MATH, ZOOL segmento *m*; (*of orange*) spicchio *m* **2.**(*of society*) parte *f*

segment[2] [seg·'ment] I. *vt* segmentare; (*orange*) dividere a spicchi II. *vi* segmentarsi

segmentation [ˌseg·mən·'teɪ·ʃən] *n* segmentazione *f*

segregate ['se·grə·geɪt] *vt* (*races*) segregare; (*girls and boys*) separare

segregation [ˌse·grə·'geɪ·ʃən] *n* segregazione *f*

seismic ['saɪz·mɪk] *adj* GEO sismico, -a

seismograph ['saɪz·mə·græf] *n* sismografo *m*

seismologist [saɪz·'mɑː·lə·dʒɪst] *n* sismologo, -a *m, f*

seismology [saɪz·'mɑː·lə·dʒi] *n* sismologia *f*

seize [siːz] *vt* **1.**(*grasp*) afferrare; **to** ~ **sb by the arm/by the throat** afferrare qu per il braccio/alla gola **2.**(*take: opportunity*) cogliere; (*initiative, power*) prendere **3.**(*overcome*) **he was** ~**d by fear/desire** era in preda alla paura/al desiderio; **I was** ~**d with panic** ero in preda al panico **4.**(*capture: criminal*) catturare; (*fortress, town*) conquistare **5.**(*confiscate: property*) confiscare; (*drugs, weapons*) sequestrare **6.**(*understand*) capire **7.**(*kidnap*) sequestrare
♦ **seize on** *vt* cogliere al volo
♦ **seize up** *vi* (*stop*) bloccarsi; (*engine*) ingripparsi; COMPUT piantarsi *inf*

seizure ['siː·ʒəʳ] *n* **1.**(*seizing*) presa *f* **2.**(*taking possession: of town*) conquista *f*; (*of drugs*) sequestro *m*; (*of property, contraband*) confisca *f* **3.** MED (*stroke*) attacco *m* **4.**(*seizing up*) blocco *m*

seldom ['sel·dəm] *adv* raramente

select [sə·'lekt] I. *vt* (*candidate, player, information*) selezionare; (*gift, wine*) scegliere; ~**ed works** scelta *f* di opere II. *adj* **1.**(*high-class*) di classe privilegiata; (*club, restaurant, school, university*) esclusivo, -a; (*product*) di prima scelta **2.**(*exclusive*) **the** ~ **few** i pochi privilegiati

select committee *n* POL commissione *f* di inchiesta

selection [sə·'lek·ʃən] *n* **1.**(*act of choosing*) selezione *f* **2.**(*range*) scelta *f* **3.**(*thing chosen*) selezione *f*; **he was a last-minute** ~ **for the team** (*person chosen*) è stato selezionato per la squadra all'ultimo minuto

selective [sə·'lek·tɪv] *adj* selettivo, -a

selectivity [ˌsə·lek·'tɪ·və·ti] *n* selettività *f*

selector [sə·'lek·təʳ] *n* **1.**(*person*) selezionatore, -trice *m, f* **2.** TECH selettore *m*

selenium [sɪ·'liː·ni·əm] *n* selenio *m*

self [self] *n* <selves> se stesso, -a; **his true** ~ la sua vera natura; **his better** ~ la sua forma migliore; **one's other** ~ il proprio alter ego; **the** ~ PSYCH l'io

self-abasement *n* svilimento *m* di se stesso

self-absorbed *adj* egocentrico, -a

self-addressed *adj* ~ **envelope** busta *f* con il proprio indirizzo

self-adhesive *adj* autoadesivo, -a

self-analysis *n* autoanalisi *f inv*

self-appointed *adj pej* autonominato, -a

self-assurance *n* sicurezza *f* di sé; **to possess** ~ essere sicuro, -a di sé

self-assured *adj* sicuro, -a di sé

self-centered *adj* egocentrico, -a

self-colored *adj* **1.**(*natural*) della tinta naturale **2.**(*one color*) in tinta unita

self-complacent *adj pej* compiaciuto, -a di sé

self-composed *adj* composto, -a; **to remain** ~ non perdere la calma

self-confessed *adj* confesso, -a; **she's a** ~ **coward** è un vigliacco per sua stessa ammissione

self-confidence *n* sicurezza *f* di sé; **to have** ~ essere sicuro, -a di sé

self-conscious *adj* **1.**(*shy*) impacciato, -a; **to**

feel ~ sentirsi a disagio **2.** *pej* (*unnatural*) affettato, -a

self-contained *adj* **1.** (*self-sufficient: community, village*) autosufficiente; (*apartment*) indipendente **2.** *pej* (*reserved*) riservato, -a

self-control *n* autocontrollo *m*

self-critical *adj* autocritico, -a

self-criticism *n* autocritica *f*

self-deception *n* illusione *f*

self-defeating *adj* controproducente

self-defense *n* **1.** (*protection*) autodifesa *f* **2.** LAW legittima difesa *f*

self-denial *n* abnegazione *f*

self-destruct *vi* autodistruggersi

self-determination *n* POL autodeterminazione *f*

self-discipline *n* autodisciplina *f*

self-educated *adj* autodidatta

self-effacing *adj* schivo, -a

self-employed **I.** *adj* **to be** ~ lavorare in proprio **II.** *n* **the** ~ i lavoratori autonomi

self-esteem *n* autostima *f*

self-evident *adj* evidente

self-explanatory *adj* ovvio, -a

self-expression *n* espressione *f* della propria personalità

self-fulfilling *adj* (*prediction*) che si realizza

self-governing *adj* autonomo, -a

self-government *n* autonomia *f*

self-help *n* autoaiuto *m;* ~ **group** gruppo *m* di autoaiuto

selfie ['sel·fiː] *n* TEL, INET selfie *m*

self-importance *n pej* presunzione *f*

self-important *adj pej* presuntuoso, -a

self-imposed *adj* (*deadline*) autoimposto, -a; (*exile*) volontario, -a

self-indulgence *n* indulgenza *f* verso se stesso

self-indulgent *adj* indulgente verso se stesso

self-inflicted *adj* inflitto, -a a se stesso

self-interest *n* interesse *m* personale; **to be motivated by** ~ essere motivato da interesse personale

selfish ['sel·fɪʃ] *adj pej* egoista

selfishness *n pej* egoismo *m*

self-justification *n* autogiustificazione *f*

selfless ['self·ləs] *adj* altruista

self-made [‚self·'meɪd] *adj* che si è fatto da solo

self-opinionated *adj pej* presuntuoso, -a

self-pity *n* autocommiserazione *f*

self-portrait *n* ART autoritratto *m*

self-possessed *adj* padrone, -a di sé

self-preservation *n* istinto *m* di autoconservazione

self-reliance *n* indipendenza *f*

self-reliant *adj* indipendente

self-respect *n* amor *m* proprio; **to lose all** ~ perdere ogni dignità

self-respecting *adj* con amor proprio; **every** ~ **man** ... ogni uomo che si rispetti ...

self-righteous *adj pej* moralista; (*tone*) di superiorità morale

self-rising flour *n* farina *f* con lievito incorporato

self-sacrifice *n* abnegazione *f*

self-sacrificing *adj* altruista

self-satisfaction *n pej* soddisfazione *f* di sé

self-satisfied *adj pej* soddisfatto, -a di sé

self-seeking *adj form* egoista

self-service **I.** *n* self-service *m* **II.** *adj* ~ **store** self-service *m inv;* ~ **restaurant** self-service *m inv*

self-sufficiency *n* autosufficienza *f*

self-sufficient *adj* **1.** autosufficiente **2.** ECON autosufficiente; ~ **economy** autarchia *f*

self-taught *adj* autodidatta; **to be** ~ **in sth** essere un autodidatta in qc

self-willed *adj* ostinato, -a

self-winding watch *n* orologio *m* automatico

sell [sel] **I.** *vt* <sold, sold> **1.** (*exchange for money*) vendere; **to** ~ **sth for $100** vendere qc per 100 dollari; **to** ~ **sth at half price** vendere qc a metà prezzo; **to** ~ **sth at a loss** vendere qc rimettendoci **2.** *fig* (*make accepted*) far accettare; **I'm sold on your plan** il tuo piano mi ha convinto ▶ **to** ~ **oneself short** sminuirsi **II.** *vi* <sold, sold> **1.** (*vendere: product*) essere venduto; (*company, shop*) essere in vendita; **to** ~ **at** [*o* **for**] **$5** essere venduto a 5 dollari **2.** (*be accepted*) essere accettato **III.** *n* **1.** (*activity of selling*) vendita *f* **2.** *sl* (*deception*) fregatura *f*

◆ **sell off** *vt* svendere; (*shares, property*) cedere

◆ **sell out** **I.** *vi* **1.** COM, FIN cedere la propria attività [*o* quota] **2.** *fig* vendersi **II.** *vt* cedere

sellable *adj* vendibile

sell-by date ['sel·baɪ‚deɪt] *n* COM data *f* limite di vendita

seller *n* **1.** (*person*) venditore, -trice *m, f;* ~ **'s market** mercato *m* al rialzo **2.** (*product*) **good/poor** ~ articolo *m* che si vende bene/male

selling point *n* attrattiva *f* per il consumatore

sellout ['sel·aʊt] *n* **1.** THEAT, CINE **to be a** ~ registrare il tutto esaurito **2.** *inf* (*betrayal*) tradimento *m*

selves [selvz] *n pl of* **self**

semantic [sə·'mæn·t̬ɪk] *adj* LING semantico, -a

semantics [sə·'mæn·t̬ɪks] *npl* LING semantica *f*

semaphore ['se·mə·fɔːr] **I.** *n* sistema *m* di segnalazione con le bandiere **II.** *vt* trasmettere con le bandiere di segnalazione **III.** *vi* fare segnali con le bandiere di segnalazione

semblance ['semb·ləns] *n form* apparenza *f*

semen ['siː·mən] *n* sperma *m*

semester [sə·'mes·t̬ɚ] *n* UNIV semestre *m*

semi ['se·mi] *n* **1.** *inf* (*truck*) semirimorchio *m* **2.** *pl, inf* SPORTS semifinale *f;* **we lost in the** ~ **s** abbiamo perso alle semifinali

semiautomatic [‚se·mi·ɑː·t̬ə·'mæ·t̬ɪk] *adj* semiautomatico, -a

semicircle ['se·mɪ‚sɜːr·kl] *n* MATH semicerchio *m*

S

semicircular [ˌse·mɪ·'sɜːrk·jə·lə] *adj* semicircolare

semicolon ['se·mɪ·ˌkoʊ·lən] *n* punto *m* e virgola

semiconductor [ˌse·mɪ·kən·'dʌk·tə] *n* ELEC semiconduttore *m*

semiconscious [ˌse·mɪ·'kɑːn·tʃəs] *adj* semicosciente

semidetached [ˌse·mɪ·dɪ·'tætʃt] *adj* ~ **house** casa *f* bifamiliare

semifinal [ˌse·mɪ·'faɪ·nəl] *n* SPORTS semifinale *f*

semifinalist [ˌse·mɪ·'faɪ·nə·lɪst] *n* SPORTS semifinalista *mf*

seminal ['se·mə·nəl] *adj* (*important*) fondamentale

seminar ['se·mə·nɑːr] *n* UNIV seminario *m*

seminary ['se·mɪ·ne·ri] *n* REL seminario *m*

semiofficial *adj* semiufficiale

semiotics [ˌsiː·mi·'ɑː·tɪks] *n* semiotica *f*

semiprecious [ˌsemɪ'preʃəs] *adj* semiprezioso, -a

semiskilled [ˌse·mɪ·'skɪld] *adj* con una specializzazione di base; ~ **worker** operaio *m* specializzato

Semite ['se·maɪt] *n* semita *mf*

Semitic [sə·'mɪ·t̪ɪk] *adj* semitico, -a

semitone ['se·mɪ·toʊn] *n* MUS semitono *m*

semitrailer ['se·mɪ·ˌtreɪ·lə] *n* semirimorchio *m*

semitropical [ˌse·mɪ·'trɑː·pɪ·kəl] *adj* subtropicale

semi-vegetarian *n* semivegetariano

semivowel ['se·mɪ·ˌvaʊ·əl] *n* LING semivocale *f*

semiyearly I. *adj* semestrale II. *adv* semestralmente

semolina [ˌse·mə·'liː·nə] *n* semolino *m*

Sen. *n Am abbr of* **Senator** senatore, -trice *m, f*

senate ['se·nɪt] *n* 1. POL senato *m* 2. UNIV senato *m* accademico

senator ['se·nə·tə] *n* POL senatore, -trice *m, f*

senatorial [ˌse·nə·'tɔː·ri·əl] *adj* senatoriale

send [send] *vt* <sent, sent> 1. (*message, letter, flowers, telegram*) inviare, mandare; **to ~ sth by mail** spedire qc per posta; **to ~ sb to prison** mandare qu in prigione; **to ~ one's love to sb** mandare i propri saluti a qu; ~ **her my regards** falle i miei saluti; **Philip ~s his apologies** Philip si scusa; **to ~ word** (*to sb*) *form* informare (qu) 2. (*propel*) lanciare; **to ~ sth flying** far saltare qc in aria 3. RADIO trasmettere 4. *inf* (*cause*) **to ~ sb to sleep** far addormentare qu ▶**to ~ sb** **packing** *inf* mandare qu a quel paese

◆**send away** I. *vi* **to ~ for sth** richiedere (per posta) II. *vt* 1. (*dismiss*) mandare via 2. (*send to another place*) mandare

◆**send back** *vt* mandare indietro

◆**send for** *vt* (*person*) chiamare; (*assistance*) chiedere; (*goods*) ordinare

◆**send forth** *vt* 1. *liter* (*make go*) inviare 2. (*emit*) emettere; (*smell, heat*) emanare

◆**send in** *vt* 1. (*application, report*) inviare;

(*reinforcements*) mandare 2. (*let in*) fare entrare

◆**send off** I. *vt* (*cause to depart*) mandare; (*by mail*) spedire II. *vi* **to ~ for sth** richiedere qc (per posta)

◆**send on** *vt* 1. (*send in advance*) spedire 2. (*forward: mail*) inoltrare; (*order*) trasmettere

◆**send out** I. *vt* 1. (*ask to leave*) mandar fuori 2. (*send on errand*) mandare 3. (*dispatch*) mandare 4. (*emit: signal, rays*) emettere; (*smell, heat*) emanare II. *vi* **to ~ for sth** chiedere di portare qc

◆**send up** *vt* 1. (*drive up: prices, temperature*) fare alzare 2. *inf* (*mock*) fare la parodia di 3. *inf* (*put in prison*) mettere dentro

sender *n* mittente *mf;* **'return to ~'** 'rispedire al mittente'

sendoff ['send·ɑːf] *n* saluto *m;* **to give sb a good ~** fare una festa d'addio per qu

sendup *n,* **send-up** *n inf* parodia *f*

Senegal [ˌse·nɪ·'gɔːl] *n* il Senegal

Senegalese [ˌse·nɪ·gə·'liːz] I. *adj* senegalese II. *n* senegalese *mf*

senile ['siː·naɪl] *adj* arteriosclerotico, -a; **to go ~** diventare arteriosclerotico

senile dementia *n* demenza *f* senile

senility [sə·'nɪ·lə·ti] *n* arteriosclerosi *f inv*

senior ['siː·n·jə] I. *adj* 1. *form* (*older*) più vecchio, -a; **James Smith, Senior** James Smith, padre 2. (*higher in rank*) superiore; **to be ~ to sb** essere a un livello più alto di qu 3. (*of earlier appointment*) più anziano, -a 4. SCHOOL superiore; (*pupil*) dell'ultimo anno II. *n* 1. (*older person*) più vecchio, -a *m, f*; **she is two years my ~** ha due anni più di me 2. (*of higher rank*) superiore *mf* 3. SCHOOL studente *mf* dell'ultimo anno

senior citizen *n* anziano, -a *m, f*

senior high school *n* scuola *f* superiore

seniority [siː·'njɔː·rə·ti] *n* anzianità *f*

senior officer *n* alto, -a funzionario, -a *m, f*

senior partner *n* socio, -a *m, f* maggioritario, -a

sensation [sen·'seɪ·ʃən] *n* sensazione *f;* **to be a ~** essere sensazionale; **to cause a ~** fare sensazione

sensational [sen·'seɪ·ʃə·nəl] *adj* 1. (*fabulous*) sensazionale 2. *pej* (*newspaper, disclosure*) scandalistico, -a

sense [sents] I. *n* 1. (*faculty*) senso *m;* ~ **of hearing** udito *m;* ~ **of sight** vista *f;* ~ **of smell** olfatto *m;* ~ **of taste** gusto *m;* ~ **of touch** tatto *m* 2. (*ability*) senso *m;* **to lose all ~ of time** perdere la nozione del tempo 3. (*way*) senso *m;* **in every ~** in tutti i sensi; **in a ~** in un certo senso; **in no ~** in nessun modo 4. (*sensation*) sensazione *f* 5. *pl* (*clear mental faculties*) giudizi *m;* **to come to one's ~s** (*see reason*) recuperare la ragione; (*recover consciousness*) recuperare i sensi; **to bring sb to his/her ~s** riportare qu alla ragione; **to take leave of one's ~s** uscire di senno 6. (*good* *judgment*) (**common**) ~ buonsenso *m;* **to have enough** [*o* **the good**] ~ **to ...** avere il buon senso di ...; **to talk** ~ dire cose sensate **7.** (*feeling*) senso *m;* **to feel a** ~ **of belonging** provare un senso di appartenenza **8.** (*meaning*) senso *m;* **to make** ~ avere senso; **in the full** ~ **of the word** nel vero senso della parola; **there's no** ~ **in doing ...** non ha senso fare ...; **what's the** ~ **in doing ...?** che senso ha fare ...? **9.** (*opinion*) opinione *f* (comune) **II.** *vt* percepire; **to** ~ **that ...** rendersi conto che...

senseless ['sents·ləs] *adj* **1.** (*pointless*) senza senso **2.** MED incosciente; **to beat sb** ~ picchiare qu fino a fargli perdere i sensi

sense organ *n* organo *m* sensoriale

sensibility [,sen·tsə·'bɪ·lə·ti] *n* sensibilità *f;* **to offend sb's sensibilities** urtare la sensibilità di qu

sensible ['sen·tsə·bl] *adj* **1.** (*having good judgment: person, decision*) sensato, -a **2.** (*suitable: clothing, shoes*) pratico, -a **3.** (*noticeable*) sensibile **4.** *form* (*aware*) consapevole

sensibly *adv* **1.** (*wisely*) in modo sensato; (*behave*) con prudenza; (*decide*) con giudizio **2.** (*dress*) con abiti pratici

sensitive ['sen·tsə·tɪv] *adj* **1.** (*sympathetic*) sensibile; **to be** ~ **to sb's needs** essere sensibile alle necessità di qu **2.** (*touchy*) suscettibile; **to be** ~ **about sth** essere suscettibile riguardo a qc **3.** (*delicate: subject, moment, age*) delicato, -a **4.** (*classified: documents, work*) confidenziale

sensitiveness *n*, **sensitivity** [,sen·tsə·'tɪ·və·ti] *n* **1.** (*touchiness*) suscettibilità *f* **2.** (*understanding*) sensibilità *f* **3.** (*classified nature*) confidenzialità *f*

sensitize ['sen·tsə·taɪz] *vt* sensibilizzare; **to** ~ **sb to a problem** sensibilizzare qu a un problema

sensor ['sen·tsə·] *n* TECH, ELEC sensore *m*

sensory ['sen·tsə·ri] *adj* sensoriale

sensual ['sen·tʃu·əl] *adj* sensuale

sensuality [,sen·tʃu·'æ·lə·ti] *n* sensualità *f*

sensuous ['sen·tʃu·əs] *adj* sensuale

sent [sent] *pp, pt of* **send**

sentence ['sen·təns] **I.** *n* **1.** (*court decision*) sentenza *f;* (*punishment*) pena *f;* **jail** ~ pena detentiva; **life** ~ ergastolo *m;* **to receive a** ~ essere condannato; **to serve a** ~ scontare una pena **2.** LING frase *f* **II.** *vt* condannare

sententious [sen·'ten·ʃəs] *adj form* sentenzioso, -a

sentient ['sen·ʃnt] *adj form* senziente

sentiment ['sen·tə·mənt] *n form* **1.** (*opinion*) opinione *f;* **public/popular** ~ opinione pubblica/popolare; **to echo a** ~ farsi eco di un'opinione; **to share sb's** ~ condividere l'opinione di qu **2.** (*emotion*) sentimento *m*

sentimental [,sen·tə·'men·təl] *adj* **1.** (*emotional*) sentimentale; **to be** ~ **about sth** commuoversi per qc **2.** *pej* (*mawkish*) sentimentalista

sentimentality [,sen·tə·men·'tæ·lə·ti] *n pej* sentimentalismo *m*

sentimentalize [,sen·tə·'men·tə·laɪz] *vt pej* fare il sentimentalista su

sentry ['sent·ri] *n* sentinella *f;* **to be on** ~ **duty** essere di guardia

sentry box *n* garitta *f*

separable ['se·pə·rə·bl] *adj form* separabile

separate¹ ['sep·ə·ɪt] **I.** *adj* separato, -a; **to remain a** ~ **entity** essere un'entità indipendente; **a** ~ **piece of paper** un pezzo di carta separato; **to go one's** ~ **ways** andare ognuno per la sua strada; **to keep sth** ~ tenere qc separato **II.** *n pl* abiti *mpl* da coordinare

separate² ['se·pə·reɪt] **I.** *vt* separare; **to** ~ **two people** separare due persone; **to** ~ **egg whites from yolks** separare gli albumi dai tuorli **II.** *vi* separarsi

separated *adj* separato, -a

separation [,se·pə·'reɪ·ʃən] *n* separazione *f*

separatism ['se·pə·rə·tɪ·zm] *n* separatismo *m*

separatist ['se·pə·rə·tɪst] **I.** *n* separatista *mf* **II.** *adj* separatista

separator ['se·pə·reɪ·tə·] *n* separatore *m*

sepia ['siː·piə] **I.** *n* seppia *f* **II.** *adj* seppia *inv*

sepsis ['sep·sɪs] *n* sepsi *f inv*

September [sep·'tem·bə·] *n* settembre *m; s.a.* **April**

septic ['sep·tɪk] *adj* settico, -a; **to go** [*o* **turn**] ~ infettarsi

septicemia [,sep·tə·'siː·miə] *n* setticemia *f*

septic tank *n* fossa *f* settica

septuagenarian [,sep·tu·ə·dʒə·'ne·ri·ən] **I.** *n* settuagenario, -a *m, f* **II.** *adj* settuagenario, -a

sepulcher *n* sepolcro *m*

sepulchral [sə·'pʌl·krəl] *adj liter* **1.** (*silence*) sepolcrale **2.** (*gloomy*) lugubre

sequel ['siː·kwəl] *n* **1.** seguito *m;* **the** ~ **to an earlier success** il seguito di un successo precedente **2.** (*follow-up*) seguito *m*

sequence ['siː·kwəns] *n* **1.** (*order*) ordine *m;* (*of events*) serie *f* **2.** (*part of film*) sequenza *f*

sequential [sɪ·'kwen·ʃl] *adj form* sequenziale

sequester *vt* sequestrare

sequin ['siː·kwɪn] *n* paillette *f inv*

sequoia [sɪ·'kwɔ·ɪə] *n* sequoia *f*

Serb [sɜːrb] **I.** *adj* serbo, -a **II.** *n* serbo, -a *m, f*

Serbia ['sɜːr·biə] *n* la Serbia *f*

Serbian ['sɜːr·biən] *n s.* **Serb**

Serbo-Croat [,sɜːr·boʊ·'kroʊ·æt] *n* LING serbo-croato *m*

serenade [,se·rə·'neɪd] **I.** *vt* **1.** (*sing to*) fare una serenata a **2.** (*play music for*) fare una serenata a **II.** *n* serenata *f*

serene [sə·'riːn] *adj* **1.** (*calm*) sereno, -a; (*sea*) calmo, -a **2.** (*tranquil*) tranquillo, -a

serenity [sə·'re·nə·ti] *n* **1.** (*calmness*) serenità *f* **2.** (*tranquility*) tranquillità *f*

serf [sɜːrf] *n* HIST servo, -a (della gleba) *m*

serfdom *n* HIST servitù *f* (della gleba)

sergeant ['sɑːr·dʒənt] *n* sergente *m;* ~ **at arms** sergeant at arms (*funzionario incaricato* *del mantenimento dell'ordine durante le sessioni parlamentari)*

sergeant major *n* ≈ maresciallo *m* capo

serial ['sɪ·ri·əl] **I.** *n* seriale *m;* TV ~ sceneggiato *m* (televisivo), serial *m inv* **II.** *adj* **1.** (*in series*) consecutivo, -a **2.** (*shown in parts*) a puntate

serialize ['sɪ·ri·ə·laɪz] *vt* (*in newspaper, magazine*) pubblicare a puntate; TV, RADIO trasmettere a puntate

serial killer *n* serial killer *mf*

serial number *n* numero *m* di serie

serial port *n* COMPUT porta *f* seriale

series ['sɪ·riːz] *n inv* **1.** (*sequence*) serie *f* **2.** (*succession*) serie *f;* in ~ ELEC in serie **3.** (*set of broadcasts*) serie *f*

serious ['sɪ·ri·əs] *adj* **1.** (*earnest, solemn*) serio, -a **2.** (*problem, injury*) grave **3.** (*not slight*) serio, -a; (*argument*) importante; to do some ~ talking parlare di cose serie **4.** (*determined*) serio, -a; to be ~ about sb far sul serio con qu; to be ~ about doing sth voler fare qc sul serio **5.** *inf* (*significant*) significativo, -a; ~ money un sacco di soldi **6.** (*large: debt, amount*) considerevole

seriously *adv* **1.** (*in earnest*) seriamente, sul serio; to ~ expect sb to do sth sperare davvero che qu faccia qc; no, ~ ... no, davvero ...; it would be ~ wrong of him if ... sarebbe un grave errore da parte sua se ... **2.** (*ill, damaged*) gravemente **3.** *inf* (*very*) estremamente; she was ~ drunk era completamente ubriaco

seriousness *n* **1.** (*truthfulness*) serietà *f;* in all ~ in tutta onestà **2.** (*serious nature*) gravità *f*

sermon ['sɜːr·mən] *n a. fig* predica *f;* to deliver a ~ fare la predica

serpent ['sɜːr·pənt] *n* serpente *m*

serpentine ['sɜːr·pən·taɪn] *adj liter* **1.** (*snakelike*) serpentino, -a **2.** (*twisting*) tortuoso, -a **3.** (*complicated*) astruso, -a **4.** (*sly*) scaltro, -a; (*explanation*) artificioso, -a

serrated ['se·reɪ·tɪd] *adj* dentellato, -a; ~ knife coltello *m* seghettato

serum ['sɪ·rəm] <-s *o* sera> *n* siero *m*

servant ['sɜːr·vənt] *n* domestico, -a *m, f*

serve [sɜːrv] **I.** *n* SPORTS servizio *m* **II.** *vt* **1.** (*attend*) servire **2.** (*provide: food, drink*) servire; to ~ alcohol servire alcolici **3.** (*be enough for*) bastare per **4.** (*work for*) prestare servizio presso; to ~ sb's interests fare gli interessi di qu **5.** (*complete: sentence*) scontare; (*mandate*) portare a termine; to ~ time (for sth) *inf* scontare una pena (per qc) **6.** (*help achieve*) essere utile a; to ~ a purpose servire ad uno scopo; if my memory ~s me right se la memoria non mi inganna **7.** SPORTS servire **8.** (*deliver: writ, summon*) notificare; to ~ sb with papers notificare dei documenti a qu ▶ it ~s him/her right! gli/le sta bene! **III.** *vi* **1.** (*put food on plates*) servire **2.** (*be useful*) servire; to ~ as sth servire da qc **3.** (*work for*) prestare servizio; to ~ in the army servire nell'esercito **4.** SPORTS servire

◆**serve out** *vt* (*sentence*) scontare (fino alla fine); (*mandate*) portare a termine

◆**serve up** *vt* CULIN servire; *fig* offrire

server ['sɜːr·və'] *n* **1.** (*spoon*) cucchiaio *m* da portata; **salad** ~**s** posate *fpl* da insalata **2.** (*tray*) vassoio *m;* (*dish*) piatto *m* da portata **3.** (*waiter*) cameriere, -a *m, f* **4.** COMPUT server *m inv* **5.** SPORTS *giocatore che effettua il servizio*

service ['sɜːr·vɪs] **I.** *n* **1.** (*in shop, restaurant*) servizio *m* **2.** (*help, assistance*) servizio *m;* bus/train ~ servizio di autobus/ferroviario; to be of ~ (to sb) essere utile (a qu); to operate a ~ effettuare un servizio; to press sth into ~ ricorrere a qc **3.** (*department*) the Service MIL l'esercito; NAUT la marina; AVIAT l'aeronautica; to be fit/unfit for ~ essere idoneo/non idoneo al servizio militare **4.** SPORTS servizio *m* **5.** REL funzione *f;* morning ~ funzione del mattino; to hold a ~ celebrare una messa **6.** TECH, AUTO revisione *f* **7.** (*set*) servizio *m;* tea ~ servizio da tè ▶ to be at sb's ~ iron essere al servizio di qu; to be in ~ essere in uso **II.** *vt* **1.** (*car, TV*) revisionare **2.** FIN to ~ a loan pagare gli interessi di un prestito

serviceable ['sɜːr·vɪ·sə·bl] *adj* pratico, -a

service area *n* area *f* di servizio

service center *n* (*for repairs*) centro *m* riparazioni; (*garage*) officina *f*

service charge *n* costo *m* per il servizio

service industry *n* terziario *m*

servicemember *n* militare *m*

service road *n* strada *f* di accesso

service station *n* stazione *f* di servizio

servile ['sɜːr·vl] *adj pej* servile

servility [sɜːr·ˈvɪ·lə·ti] *n pej* servilismo *m*

serving ['sɜːr·vɪŋ] **I.** *n* (*portion*) razione *f* **II.** *adj* (*employed*) in servizio attivo

serving spoon *n* cucchiaio *f* da portata

servitude ['sɜːr·və·tuːd] *n form* servitù *f*

servo ['sɜːr·voʊ] *n* **1.** (*servomechanism*) servomeccanismo *m* **2.** (*servomotor*) servomotore *m* **3.** *Aus, inf* (*service station*) distributore *m*

sesame ['se·sə·mi] *n* sesamo *m* ▶ open ~! apriti sesamo!

session ['se·ʃən] *n* **1.** (*of Parliament*) sessione *f;* (*of a court*) seduta *f;* to be in ~ essere in seduta; a drinking ~ *inf* una sbevazzata **2.** SCHOOL morning/afternoon ~ lezioni del mattino/del pomeriggio; fall/winter/spring/summer ~ primo/secondo/terzo/quarto trimestre *m*

set [set] **I.** *adj* **1.** (*ready*) pronto, -a; to get ~ (to do sth) prepararsi (per fare qc) **2.** (*fixed*) fisso, -a; to be ~ in one's ways essere attaccato, -a alle proprie abitudini **3.** (*assigned: book, text*) nel programma **II.** *n* **1.** (*group: of people*) gruppo *m;* (*of cups, cutlery*) servizio *m;* (*of kitchen utensils*) batteria *f;* (*of stamps*) serie *f inv;* (*of chess*) gioco *m;* (*of* *tools*) set *m inv; ~* **of glasses** servizio di bicchieri; **~ of teeth** dentiera *f* **2.** (*collection*) raccolta *f;* **a complete ~** una raccolta completa **3.** CINE set *m inv* **4.** (*television*) televisore *m* **5.** (*in tennis*) set *m inv* **6.** (*musical performance*) parte *f* (di un concerto); **to play a long/short ~** suonare a lungo/per poco **III.** *vt* <set, set> **1.** (*place*) collocare; **a house that is ~ on a hill** una casa situata su una collina; **to ~ a broken bone** comporre una frattura (ossea) **2.** (*give: example*) dare; (*task*) assegnare; (*problem*) sottoporre **3.** (*start*) **to ~ a boat afloat** varare una barca; **to ~ sth on fire** dare fuoco a qc; **to ~ sth in motion** mettere in moto qc; **to ~ the country on the road to economic recovery** avviare la ripresa economica del paese; **to set a dog on sb** scagliare un cane contro qu **4.** (*adjust*) impostare; (*prepare*) preparare; **to ~ the table** apparecchiare la tavola **5.** (*fix*) fissare; (*record*) stabilire; (*date, price*) stabilire; **to ~ oneself a goal** fissarsi un obiettivo **6.** (*arrange*) regolare **7.** (*encrust*) ornare; (*insert*) inserire; **to ~ a watch with sapphires** incastonare degli zaffiri in un orologio **8.** (*provide*) mettere; **to ~ sth to music** mettere in musica qc **IV.** *vi* **1.** MED comporsi **2.** (*become firm: cement*) solidificarsi; (*Jell-O, cheese*) rapprendersi **3.** (*sun*) tramontare

◆**set about** *vt* cominciare; **to ~ doing sth** cominciare a fare qc

◆**set against** *vt* **1.** (*compare*) mettere a confronto; **to set the advantages against the disadvantages** valutare i vantaggi e gli svantaggi **2.** (*make oppose*) **to set sb against sb/sth** mettere qu contro qu/qc

◆**set apart** *vt* **1.** (*distinguish*) differenziare **2.** (*reserve*) riservare

◆**set aside** *vt* **1.** (*save: time*) riservare; (*money*) mettere da parte **2.** (*ignore*) lasciare da parte; **to set one's differences aside** lasciare da parte le proprie divergenze d'opinione **3.** (*overturn*) invalidare **4.** (*put to side*) lasciare da parte

◆**set back** *vt* **1.** (*delay*) rimandare **2.** (*place away from*) allontanare **3.** *inf* (*cost*) costare a

◆**set down** *vt* **1.** (*place on surface*) appoggiare **2.** (*land*) sbarcare; (*airplane*) far atterrare **3.** (*write*) scrivere; (*record*) registrare

◆**set forth I.** *vt form s.* **set out II.** *vi liter* partire

◆**set off I.** *vi* partire; **to ~ (for a place)** mettersi in viaggio (verso un luogo) **II.** *vt* **1.** (*detonate*) fare esplodere; (*alarm*) azionare **2.** (*make sb do sth*) **to set sb off laughing** far ridere qu **3.** (*start*) scatenare **4.** (*enhance*) mettere in risalto

◆**set on** *vt* **to set sb/sth on sb** scagliare qu/qc contro qu; **the man was set on by a tiger** l'uomo è stato attaccato da una tigre

◆**set out I.** *vi* **1.** *s.* **set off 2.** (*intend*) **to ~ to do sth** avere l'intenzione di fare qc **II.** *vt* **1.** (*display, arrange*) disporre **2.** (*explain*)

presentare; **to set it out for sb** presentare qc a qu

◆**set to** *vi* **1.** (*begin working*) mettersi al lavoro **2.** (*begin fighting*) venire alle mani

◆**set up** *vt* **1.** (*prepare*) predisporre **2.** (*establish*) stabilire; (*arrange*) disporre; (*cause*) causare; (*committee, corporation*) istituire; (*dictatorship*) instaurare **3.** (*claim*) **to set oneself up as sth** pretendere di essere qc **4.** (*make healthy*) rimettere in sesto **5.** (*provide*) equipaggiare **6.** *inf* (*deceive*) incastrare

setback ['set·bæk] *n* intoppo *m;* **to experience a ~** avere un contrattempo

cottoo [sǝ 'tiː] *n* divano *m*

setter ['se·tǝ·] *n* (*dog*) setter *m inv*

setting ['se·tɪŋ] *n* **1.** (*of sun*) tramonto *m* **2.** (*scenery*) scenario *m;* (*surroundings*) quadro *m;* (*landscape*) paesaggio *m* **3.** TECH regolazione *f* **4.** (*frame for jewel*) montatura *f* **5.** MUS messa *f* in musica

settle ['se·tl̩] **I.** *vi* **1.** (*take up residence*) stabilirsi **2.** (*get comfortable*) accomodarsi **3.** (*calm down*) calmarsi; (*weather*) diventare sereno; (*situation*) stabilizzarsi **4.** (*reach an agreement*) accordarsi **5.** *form* (*pay*) saldare il conto; **to ~ with sb** saldare i conti con qu **6.** (*accumulate*) accumularsi **7.** (*land*) assestarsi; (*bird*) posarsi **8.** (*sink*) assestarsi **9.** (*food*) essere digerito; **once your lunch has settled ...** una volta digerito il pranzo ... **II.** *vt* **1.** (*calm down: stomach*) mettere a posto **2.** (*decide*) stabilire; **it's been ~d that ...** è stato stabilito che ... **3.** (*conclude*) finalizzare; (*resolve*) risolvere; (*affairs*) sistemare; **to ~ a lawsuit** comporre una lite **4.** (*pay*) saldare **5.** (*colonize*) colonizzare ▸ **that ~s it!** questione risolta!

◆**settle down I.** *vi* **1.** (*calm down*) calmarsi **2.** (*take up residence*) stabilirsi **II.** *vt* **to settle oneself down to sth** disporsi a fare qc

◆**settle for** *vt* accontentarsi di

◆**settle in** *vi* abituarsi

◆**settle on** *vt* **1.** (*decide on*) decidere **2.** (*agree on*) accordarsi su

◆**settle up** *vi* sistemare i conti

◆**settle upon** *vt form s.* **settle on**

settled ['se·tl̩d] *adj* **1.** (*established*) stabilito, -a; **to be ~ in a regular way of life** condurre una vita stabile e regolare; **to feel ~** sentirsi a proprio agio **2.** (*calm*) calmo, -a **3.** (*fixed: life*) regolare; (*idea*) radicato, -a

settlement ['se·tl̩·mǝnt] *n* **1.** (*resolution*) soluzione *f;* (*of strike*) risoluzione *f* **2.** (*agreement*) accordo *m;* **to negotiate a ~ (with sb)** negoziare un accordo (con qu) **3.** FIN, ECON saldo *m;* **in ~ of sth** a saldo di qc **4.** (*village, town*) insediamento *m;* (*act of colonization*) colonizzazione *f* **5.** (*subsidence*) assestamento *m*

settler ['seţ·lǝ·] *n* colono, -a *m, f*

set-to ['set·tuː] *n inf* bisticcio *m;* **to have a ~ (with sb)** bisticciare (con qu)

setup ['seţ·ʌp] *n* **1.** (*way things are arranged*)

S

disposizione *f;* (*arrangement*) organizzazione *f* **2.** *inf* (*trick*) imbroglio *m*

seven ['se·vn] **I.** *adj* sette *inv* **II.** *n* sette *m; s.a.* **eight**

sevenfold ['se·vn·foʊld] **I.** *adj* settuplo, -a **II.** *adv* **to increase** ~ aumentare sette volte

seventeen [ˌse·vn·'tiːn] **I.** *adj* diciassette *inv* **II.** *n* diciassette *m; s.a.* **eight**

seventeenth [ˌse·vn·'tiːnθ] **I.** *adj* diciassettesimo, -a **II.** *n* **1.** (*order*) diciassettesimo, -a *m, f* **2.** (*date*) diciassette *m* **3.** (*fraction, part*) diciassettesimo *m; s.a.* **eighth**

seventh ['se·vənθ] **I.** *adj* settimo, -a **II.** *n* **1.** (*order*) settimo, -a *m, f* **2.** (*date*) sette *m* **3.** (*fraction, part*) settimo *m; s.a.* **eighth**

seventieth ['se·vən·tiθ] **I.** *adj* settantesimo, -a **II.** *n* (*order*) settantesimo, -a *m, f;* (*fraction, part*) settantesimo *m; s.a.* **eighth**

seventy ['se·vən·ti] **I.** *adj* settanta *inv* **II.** *n* <-ies> settanta *m; s.a.* **eighty**

sever ['se·və] *vt* (*limb, branch*) tagliare; (*relationship*) troncare

several ['se·və·rəl] **I.** *adj* **1.** (*some, distinct*) diversi, -e; ~ **times** diverse volte **2.** (*individual*) rispettivi, -e **II.** *pron* (*some*) alcuni, -e; (*different*) diversi, -e; ~ **of us** alcuni di noi; **we've got** ~ ne abbiamo diversi

severally *adv* **1.** (*individually*) rispettivamente **2.** (*separately*) distintamente

severance ['se·və·rənts] *n form* rottura *f*

severance pay *n* indennità *f* di fine rapporto

severe [sə·'vɪr] *adj* **1.** (*problem, illness*) grave; (*pain*) forte; **to be under** ~ **strain** attraversare un periodo di grande stress **2.** (*criticism, punishment, person*) severo, -a; (*rough*) duro, -a **3.** (*weather*) rigido, -a; ~ **frost** gelata *f* intensa **4.** (*austere*) austero, -a

severely *adv* **1.** (*harshly*) severamente **2.** (*damaged, ill*) gravemente

severity [sə·'ve·rə·ti] *n* **1.** (*of illness, problem*) gravità *f* **2.** (*of criticism, punishment, person*) severità *f* **3.** (*austerity*) austerità *f*

sew [soʊ] <sewed, sewn *o* sewed> **I.** *vt* cucire; **hand** ~**n** cucito a mano **II.** *vi* cucire
◆ **sew on** *vt* cucire
◆ **sew up** *vt* **1.** (*repair*) rammendare **2.** MED suturare **3.** *inf* (*arrange*) sistemare; **to** ~ **a deal** stringere un accordo

sewage ['suː·ɪdʒ] *n* acque *fpl* di scarico

sewage plant *n* ECOL impianto *f* di depurazione delle acque di scarico

sewer ['suː·ər] *n* fogna *f*

sewerage ['suː·ə·rɪdʒ] *n* fogna *f*

sewing ['soʊ·ɪŋ] **I.** *n* cucito *m* **II.** *adj* di cucito

sewing machine *n* macchina *f* da cucire

sewn [soʊn] *pp of* **sew**

sex [seks] **I.** <-es> *n* (*gender, intercourse*) sesso *m;* **to have** ~ avere rapporti sessuali **II.** *vt* individuare il sesso di

sex appeal *n* sex appeal *m*

sex discrimination *n* discriminazione *f* sessuale

sex education *n* educazione *f* sessuale

sexism ['sek·sɪ·zəm] *n* sessismo *m*

sexist I. *adj* sessista **II.** *n* sessista *mf*

sexless ['seks·ləs] *adj* asessuato, -a

sex life *n* vita *f* sessuale

sex symbol *n* sex symbol *m*

sextant ['seks·tənt] *n* sestante *m*

sextet [seks·'tet] *n* sestetto *m*

sexual ['sek·ʃu·əl] *adj* sessuale

sexual harassment *n* molestie *fpl* sessuali

sexual intercourse *n* rapporti *mpl* sessuali

sexuality [ˌsek·ʃu·'æ·lə·ti] *n* sessualità *f*

sexually *adv* sessualmente; **to be** ~ **abused** subire abusi sessuali

sexy ['sek·si] <-ier, -iest> *adj inf* **1.** (*physically appealing*) sexy *inv* **2.** (*exciting*) eccitante

SGML *n* COMPUT *abbr of* **Standard Generalized Markup Language** SGML *m*

Sgt. *n abbr of* **sergeant** sergente *m*

shabby ['ʃæ·bi] <-ier, -iest> *adj* **1.** (*badly maintained*) in cattivo stato **2.** (*poorly dressed*) trasandato, -a **3.** (*substandard*) scadente

shack [ʃæk] *n* baracca *f*
◆ **shack up** *vi* andare a convivere

shackle ['ʃæ·kl] **I.** *vt* incatenare **II.** *n pl* catene *fpl*

shade [ʃeɪd] **I.** *n* **1.** (*shadow*) ombra *f;* **in the** ~ **of** all'ombra di **2.** (*covering*) parasole *m* **3.** *pl* (*window blind*) tapparella *f* **4.** (*variation*) sfumatura *f;* (*of color*) tonalità *f;* **pastel** ~**s** tonalità pastello **5.** (*small amount*) pizzico *m* **6.** *pl, inf* (*sunglasses*) occhiali *mpl* da sole **7.** *pl, inf* (*reminder*) ~**s of David**/1989 questo mi fa pensare a David/al 1989 **II.** *vt* **1.** (*cast shadow on*) fare ombra a; (*protect*) riparare (dalla luce) **2.** ART ombreggiare **III.** *vi* (*colors*) fondersi

shading *n* ombreggiatura *f*

shadow ['ʃæ·doʊ] **I.** *n* **1.** *a. fig* (*shade*) ombra *f;* **the** ~**s** le tenebre **2.** (*smallest trace*) pizzico *m;* **without a** ~ **of a doubt** senz'ombra di dubbio ▸**to have** ~**s under one's eyes** avere le occhiaie; **to be a** ~ **of one's former self** essere l'ombra di se stesso; **to be afraid of one's own** ~ avere paura della propria ombra; **to cast a** ~ **over sth** proiettare un'ombra su qc; **to be under sb's** ~ vivere nell'ombra di qu **II.** *vt* **1.** ART ombreggiare **2.** (*darken*) adombrare **3.** (*follow*) pedinare

shadowboxing ['ʃæ·doʊ·ba:k·sɪŋ] *n* pugilato con un avversario immaginario

shadowy <-ier, -iest> *adj* **1.** (*place*) ombreggiato, -a; (*photograph*) scuro, -a **2.** (*vague*) confuso, -a **3.** (*suspicious*) enigmatico, -a

shady ['ʃeɪ·di] <-ier, -iest> *adj* **1.** (*protected from light*) ombreggiato, -a **2.** *inf* (*dubious*) losco, -a

shaft [ʃæft] **I.** *n* **1.** (*of tool*) manico *m;* (*of weapon, arrow*) asta *f* **2.** TECH albero *m* **3.** (*ray*) raggio *m* **4.** (*for elevator, of mine*) pozzo *m;* **well** ~ pozzo **5.** (*of penis*) asta *f* ▸**to give sb the** ~ *sl* prendere qu a pesci in faccia **II.** *vt sl* (*treat unfairly*) fregare

shag¹ [ʃæg] *n* **1.**(*rug*) tappetino *m* (a pelo lungo) **2.**(*haircut*) zazzera *f*

shag² [ʃæg] *vt* SPORTS **to ~ balls** (**in the outfield**) fare il raccattapalle (in una partita di baseball)

shag³ [ʃæg] **I.** *n* (*dance*) ballo degli anni '30 a passi saltellati **II.** *vi* (*dance*) ballare lo shag

shaggy ['ʃæ·gi] <-ier, -iest> *adj* arruffato, -a; (*coat*) a pelo lungo

shah [ʃɑː] *n* scià *m*

shake [ʃeɪk] **I.** *n* **1.**(*wobble*) scossa *f;* (*vibration*) scossa *f;* (*quiver*) tremito *m;* **to give sth a good ~** agitare bene qc **2.** *inf* (*milk shake*) frappè *m inv* **3.**(*handshake*) stretta *f* di mano **4.**(*chance*) possibilità *f;* **I don't think you've given him a fair ~** non credo che tu gli abbia veramente dato una possibilità **5.** *inf* (*earthquake*) scossa *f* **6.** *pl* (*sudden trembling*) tremito *m;* **to get the ~s** *inf* avere fifa **7.** *inf* **in two ~s of a** lamb's tail in un baleno **II.**<shook, shaken> *vt* **1.**(*joggle*) agitare; (*person*) scuotere; (*house*) far tremare; **to ~ one's fist** (**at sb**) agitare il pugno (contro qu); **to ~ hands** stringersi la mano; **to ~ sb by the hand** stringere la mano a qu; **to ~ one's head** scuotere la testa; **to ~ one's hips** agitare i fianchi **2.**(*unsettle*) agitare **3.**(*make worried*) **to be shaken** essere scosso ▶**~ a** leg *inf* darsi una mossa **III.**<shook, shaken> *vi* **1.**(*tremble*) tremare **2.**(*clasp hands*) **let's ~ on it** qua la mano!

♦**shake down** *vt sl* **1.**(*extort money from*) spillare soldi a **2.**(*search*) perquisire

♦**shake off** *vt* sbarazzarsi di

♦**shake out** *vt* scuotere

♦**shake up** *vt* **1.**(*reorganize*) ristrutturare **2.**(*upset*) scuotere **3.**(*jumble*) scuotere

shakedown ['ʃeɪk·daʊn] *n inf* **1.**(*extortion*) estorsione *f* (di soldi) **2.**(*search*) perquisizione *f*

shaken ['ʃeɪ·kn] *vi, vt pp of* **shake**

shaker ['ʃeɪ·kər] *n* (*for cocktails*) shaker *m inv;* **salt ~** saliera *f*

shakeup ['ʃeɪk·ʌp] *n* ristrutturazione *f*

shakily ['ʃeɪ·kɪ·li] *adv* **1.**(*physically weak*) con aria scossa **2.**(*in an uncertain manner*) in modo poco convincente

shaking ['ʃeɪ·kɪŋ] **I.** *n* tremito *m* **II.** *adj* tremante

shaky ['ʃeɪ·ki] <-ier, -iest> *adj* **1.**(*jerky*) tremante; **to be ~ on one's feet** avere un passo malfermo **2.**(*wavering*) incerto, -a **3.**(*unstable*) instabile

shale [ʃeɪl] *n* scisto *m*

shall [ʃæl] *aux* **1.**(*future*) **I ~ give back the money** restituirò i soldi; **we ~ win the match** vinceremo la partita **2.**(*ought to*) **he ~ call his mother** dovrebbe chiamare sua madre; **we ~ overcome!** ce la faremo! **3.**(*expresses what is mandatory*) **that ~ be unlawful** è illegale

shallot [ʃə·'lɑːt] *n* erba *f* cipollina

shallow ['ʃæ·loʊ] **I.** *adj* **1.**(*not deep*) poco pro-

fondo, -a **2.**(*only light*) debole **3.**(*superficial*) superficiale **II.** *npl* bassofondo *m*

shallowness *n* **1.**(*lack of depth*) scarsa profondità *f* **2.**(*superficiality*) superficialità *f*

sham [ʃæm] *pej* **I.** *n* **1.**(*fake*) finzione *f;* (*imposture*) impostura *f* **2.**(*impostor*) impostore, -a *m, f* **3.**(*cover*) **a pillow ~** federa *f* **II.** *adj* (*document, trial*) falso, -a; (*deal*) fraudolento, -a; (*sympathy*) fasullo, -a; (*marriage*) di facciata **III.**<-mm-> *vt* fingere **IV.** *vi* fingere

shambles ['ʃæm·blz] *n inf* (*place, situation*) casino *m;* **to leave sth in ~** lasciare un gran casino in qu

shame [ʃeɪm] **I.** *n* **1.**(*humiliation*) vergogna *f;* **to die of ~** morire di vergogna; **to feel no ~** non vergognarsi; **to put sb to ~** far vergognare qu; **~ on you!** *a. iron* vergogna! **2.**(*discredit*) disonore *m;* **to bring ~ on sb** disonorare qu **3.**(*pity*) peccato *m;* **what a ~!** peccato!; **what a ~ that ...** che peccato che ... +*conj;* **it's a ~ to have to ...** +*infin* è un peccato dovere ... +*infin;* **it's a ~ that ...** è un peccato che ... +*conj;* **it's a crying ~** è un vero peccato **II.** *vt* **1.**(*mortify*) far vergognare **2.**(*discredit*) disonorare

shamefaced ['ʃeɪm·'feɪst] *adj* con aria vergognosa

shameful ['ʃeɪm·fəl] *adj pej* **1.**(*causing disgrace*) vergognoso, -a **2.**(*outrageous*) vergognoso, -a; **it's ~ that ...** è una vergogna che ... +*conj*

shameless ['ʃeɪm·lɪs] *adj pej* spudorato, -a

shammy ['ʃæ·mi] <-ies> *n inf* panno *m* di camoscio

shampoo [ʃæm·'puː] **I.** *n* shampoo *m inv* **II.** *vt* fare uno shampoo a; **~ and set** lavare e pettinare

shamrock ['ʃæm·rɑːk] *n* trifoglio *m*

shank [ʃæŋk] *n* **1.**(*leg*) zampa *f* **2.** TECH gambo *m* ▶ **to go on ~'s** pony andare col cavallo di San Francesco

shanty ['ʃæn·ti] <-ies> *n* (*shack*) baracca *f*

shantytown *n* baraccopoli *f inv*

shape [ʃeɪp] **I.** *n* **1.**(*form*) forma *f;* **to get out of ~** sformarsi; **to take ~** prendere forma; **in the ~ of sth** a forma di qc; **the ~ of things to come** quello che ci aspetta **2.**(*condition*) stato *m;* **in bad/good ~** in cattivo/buono stato; **to get sth into ~** sistemare qc; **to get into ~** mettersi in forma; **to knock sth into ~** mettere a punto qc; **to knock sb into ~** portare qu a un buon livello **II.** *vt* **1.**(*form*) **to ~ sth into sth** dare a qc la forma di qc **2.**(*influence*) influenzare **3.**(*determine*) determinare

shapeless ['ʃeɪp·ləs] *adj* **1.**(*without definite shape*) informe **2.**(*not shapely*) deforme

shapely ['ʃeɪp·li] <-ier, -iest> *adj* benfatto, -a; **she has a rather ~ figure** è piuttosto benfatta

shard [ʃɑːrd] *n* frammento *m*

share [ʃer] **I.** *n* **1.**(*part*) parte *f;* **to take the lion's ~** fare la parte del leone **2.**(*portion*) parte *f;* **to do one's ~ of sth** fare la propria parte di qc **3.** FIN azione *f;* **stocks and ~s** titoli *mpl* **II.** *vi* **1.** (*divide*) dividere **2.** (*allow others to use*) condividere ▸ **to ~ and ~ alike** fare un po' per uno **III.** *vt* **1.** (*divide*) dividere **2.** (*allow others to use*) condividere **3.** (*have in common*) condividere; **to ~ sb's view** condividere le opinioni di qu; **to want to ~ one's life with sb** voler dividere la propria vita con qu

◆ **share out** *vt* dividere

sharecropper ['ʃer·ˌkrɑː·pɚ] *n* mezzadro, -a *m, f*

shareholder ['ʃer·ˌhoʊl·dɚ] *n* azionista *mf*

shareholding *n* partecipazione *f* azionaria

shareware ['ʃer·wer] *n* COMPUT shareware *m inv*

shark [ʃɑːrk] <-(s)> *n* **1.** (*fish*) squalo *m* **2.** *pej, inf* (*person*) squalo *m*

sharp [ʃɑːrp] **I.** *adj* **1.** (*cutting*) affilato, -a; (*pointed*) aguzzo, -a **2.** (*angular: nose*) appuntito, -a; (*corner, edge, angle*) acuto, -a; (*curve*) stretta, -a **3.** (*severe*) severo, -a; (*pain*) acuto, -a; (*look*) penetrante; (*reprimand*) aspro, -a; **to have a ~ tongue** avere la lingua tagliente; **to be ~ with sb** essere secco, -a con qu **4.** (*astute*) astuto, -a; (*perceptive*) acuto, -a **5.** (*pungent*) aspro, -a; (*wine*) acido, -a; (*cheese*) forte **6.** (*sudden*) improvviso, -a; (*abrupt*) brusco, -a; (*marked*) pronunciato, -a **7.** (*penetrating*) penetrante; (*cry*) acuto, -a **8.** (*distinct*) netto, -a **9.** MUS diesis; **C ~** do diesis **II.** *adv* **1.** (*exactly*) in punto; **at ten o'clock ~** alle dieci in punto **2.** (*suddenly*) di colpo; **to pull up ~** fermarsi di colpo **3.** MUS in una tonalità troppo alta **III.** *n* MUS diesis *m*

sharpen ['ʃɑːr·pən] *vt* **1.** (*blade*) affilare; (*pencil*) fare la punta a **2.** (*intensify*) rinforzare; (*mind*) aguzzare; (*appetite*) stuzzicare

sharpener ['ʃɑːr·pə·nɚ] *n* (*for knives*) affilatoio *m;* **pencil ~** temperamatite *m inv*

sharp-eyed [ˌʃɑːrp·'aɪd] *adj* dalla vista acuta

sharpness *n* **1.** (*of blade*) filo *m;* (*of pencil*) punta *f* **2.** (*of pain*) intensità *f* **3.** (*of comment*) asprezza *f* **4.** (*suddenness: of curve*) angolo *m* brusco **5.** (*intensity*) intensità *f;* (*of blow*) violenza *f* **6.** (*clarity*) nettezza *f* **7.** (*perceptiveness*) acutezza *f;* (*intelligence*) astuzia *f* **8.** (*chic*) eleganza *f*

sharpshooter ['ʃɑːrp·ˌʃuː·ţɚ] *n* tiratore, -trice *m, f* scelto, -a

sharp-sighted ['ʃɑːrp·ˌsaɪ·ţɪd] *adj* **1.** (*very observant*) dalla vista acuta **2.** (*alert*) attento, -a

sharp-tongued *adj* mordace

sharp-witted *adj* acuto, -a

shat [ʃæt] *pt, pp of* **shit**

shatter ['ʃæ·ţɚ] **I.** *vi* infrangersi **II.** *vt* **1.** (*smash*) infrangere; (*one's hopes, one's dreams*) mandare in fumo **2.** (*disturb*) disturbare; (*unity*) distruggere; **to ~ the peace** disturbare la quiete

shattering *adj* devastante

shatterproof ['ʃæ·ţɚ·pruːf] *adj* infrangibile

shave [ʃeɪv] **I.** *n* **to give oneself a ~** radersi

▸ **to have a close ~** cavarsela per un pelo **II.** *vi* radersi, farsi la barba **III.** *vt* **1.** (*remove body hair*) radere; (*head*) rasare **2.** (*decrease: budget*) ridurre; **he ~d three seconds off the world record** ha abbassato di tre secondi il record mondiale **3.** (*brush past*) rasentare

shaven ['ʃeɪ·vən] *adj* rasato, -a

shaver ['ʃeɪ·vɚ] *n* rasoio *m* elettrico

shaving cream *n* crema *f* da barba

shaving gel *n* gel *m* da barba *inv*

shawl [ʃɑːl] *n* scialle *m*

she [ʃiː] **I.** *pron pers* (*female person or animal*) lei; **~'s my mother** (lei) è mia madre; **~'s gone away, but ~'ll be back soon** è andata via, ma tornerà presto; **here ~ comes** eccola; **~ who ...** *form* colei che ... **II.** *n* (*person, animal*) femmina *f;* **it's a ~** (*baby*) è una femmina

sheaf [ʃiːf, ʃiːvz] <sheaves> *n* (*of wheat*) fascio *m;* (*of documents*) fascicolo *m*

shear [ʃɪr] <sheared, sheared *o* shorn> *vt* **1.** (*sheep*) tosare **2.** (*person*) rapare; **to be shorn of sth** *fig* essere privato di qc

◆ **shear off** *vi* cedere

shears [ʃɪrz] *npl* (*for sheep*) forbici *fpl* da tosatura; (*for metal*) tenaglie *fpl*

sheath [ʃiːθ] *n* **1.** (*covering*) guaina *f;* (*for knife*) fodero *m* **2.** (*dress*) tubino *m*

sheathe [ʃiːð] *vt* **1.** (*knife*) inguainare **2.** (*cover*) rivestire

shebang [ʃɪ·'bæn] *n sl* **the whole ~** tutto quanto

shed¹ [ʃed] *n* capanno *m*

shed² [ʃed] <shed, shed> **I.** *vt* **1.** (*cast off*) disfarsi di; (*clothes*) spogliarsi di; (*hair, weight*) perdere; **to ~ one's skin** mutare **2.** (*blood, tears*) spargere; (*light*) emettere **II.** *vi* (*snake*) fare la muta; (*cat*) mutare il pelo

sheen [ʃiːn] *n* lucentezza *f*

sheep [ʃiːp] *n* pecora *f;* (*ram*) montone *m* ▸ **to separate the ~ from the goats** distinguere il grano dal loglio; **black ~** pecora nera

sheepdip ['ʃiːp·dɪp] *n* AGR bagno *m* antiparassitario

sheepdog ['ʃiːp·dɑːg] *n* cane *m* pastore

sheepfold ['ʃiːp·foʊld] *n* recinto *m* delle pecore

sheepish ['ʃiː·pɪʃ] *adj* imbarazzato, -a

sheepskin ['ʃiːp·skɪn] *n* pelle *f* di montone

sheer¹ [ʃɪr] **I.** *adj* **1.** (*unmitigated*) puro, -a; (*boredom, bliss, agony*) totale; **~ coincidence** pura coincidenza **2.** (*vertical*) **~ drop** parete *f* a picco **3.** (*thin*) fino, -a; (*transparent*) trasparente **II.** *adv liter* assolutamente

sheer² [ʃɪr] *vi* NAUT virare

sheet [ʃiːt] *n* **1.** (*for bed*) lenzuolo *m* **2.** (*of paper*) foglio *m* **3.** (*plate of material*) lamina *f;* (*of glass*) lastra *f* **4.** (*perforated set of stamps*) foglio *m* di francobolli **5.** (*paper with information*) foglietto *m* **6.** (*layer*) strato *m* **7.** (*broad mass*) **~ of flame** muro *m* di fiamme; **the rain was coming down in ~s** pioveva a dirotto

sheet lightning *n* bagliore *m* di lampi

sheet metal *n* lamiera *f*
sheet music *n* partiture *fpl*
sheik(h) [ʃiːk] *n* sceicco *m*
shelf [ʃelf, *pl* ʃelvz] <shelves> *n* **1.** (*for storage*) ripiano *m;* **to buy sth off the ~** comprare qc di finito; **to put sth on the ~** *fig* accantonare qc **2.** GEO **continental ~** piattaforma *f* continentale
shelf life *n* data *f* limite di vendita
shell [ʃel] I. *n* **1.** (*of nut, egg, snail, tortoise*) guscio *m;* (*of shellfish*) conchiglia *f;* (*of crab*) corazza *f* **2.** TECH (*of vehicle*) scocca *f;* (*of house*) armatura *f;* (*of ship*) carcassa *f* **3.** (*projectile*) proiettile *m* ► **to come** [*o* **bust**] **out of one's ~** uscire dal proprio guscio; **to crawl into one's ~** chiudersi nel proprio guscio II. *vt* **1.** (*remove shell: nut*) togliere il guscio a; (*peas*) sgusciare **2.** MIL bombardare III. *vi* bombardare
　◆**shell out** *inf* I. *vt* sganciare II. *vi* sborsare un sacco di soldi; **to ~ for sth** sborsare un sacco di soldi per qc
shellac [ʃəˈlæk] *n* lacca *f*
shellfish [ˈʃel·fɪʃ] *n* **1.** CULIN frutto *m* di mare **2.** ZOOL (*crustacean*) crostaceo *m;* (*mollusc*) mollusco *m*
shelling *n* bombardamento *m*
shell shock *n* trauma *m* da bombardamento
shell-shocked *adj* affetto, -a da trauma da bombardamento; *fig* traumatizzato, -a
shelter [ˈʃel·tɚ] I. *n* rifugio *m;* **to take ~** rifugiarsi II. *vt* dare asilo a III. *vi* rifugiarsi
sheltered *adj* **1.** (*protected against weather*) riparato, -a **2.** *pej* (*overprotected*) superprotetto, -a; **to lead a ~ life** vivere nella bambagia **3.** (*tax-protected*) protetto, -a
shelve [ʃelv] I. *vt* **1.** (*delay, postpone*) accantonare **2.** (*erect shelves in*) mettere in scaffali II. *vi* degradare
shelving *n* ripiani *mpl*
shenanigans [ʃɪˈnæ·nɪ·gənz] *npl* intrighi *mpl*
shepherd [ˈʃe·pɚd] I. *n* pastore *m* II. *vt* (*sheep*) guidare; (*people*) dirigere
shepherd's pie *n* pasticcio di carne e patate
sherbet [ˈʃɜːr·bət] *n* sorbetto *m*
sheriff [ˈʃe·rɪf] *n* sceriffo *m*
sherry [ˈʃe·ri] <-ies> *n* sherry *m inv*
shield [ʃiːld] I. *n* **1.** (*armor*) scudo *m* **2.** (*protective layer*) schermo *m* (protettivo); *fig* scudo *m* **3.** (*logo*) scudetto *m* **4.** (*badge*) distintivo *m* (di polizia) II. *vt* proteggere
shift [ʃɪft] I. *vt* **1.** (*change, rearrange*) spostare; **to ~ the blame onto sb** far ricadere la colpa su qu; **to ~ one's ground** cambiare opinione **2.** (*in mechanics: gears, lanes*) cambiare II. *vi* (*change, rearrange position*) spostarsi; (*wind*) cambiare III. *n* **1.** (*alteration, change*) cambiamento *m;* (*of power*) trasferimento *m* **2.** (*period of work*) turno *m;* **to work in ~s** fare i turni **3.** (*linguistic change*) slittamento *m*
shifting *adj* (*values*) mutevole; **~ sands** sabbie mobili
shift key *n* tasto *m* delle maiuscole

shiftless [ˈʃɪft·ləs] *adj pej* (*idle*) indolente; (*lacking purpose*) inconcludente
shift work [ˈʃɪft·wɜːrk] *n* lavoro *m* a turni
shift worker *n* turnista *mf*
shifty [ˈʃɪf·ti] <-ier, -iest> *adj* losco, -a; (*eyes*) furtivo, -a
Shiite [ˈʃiː·aɪt] I. *adj* sciita II. *n* sciita *mf*
shilling [ˈʃɪ·lɪŋ] *n* HIST scellino *m*
shimmer [ˈʃɪ·mɚ] I. *vi* luccicare II. *n* luccichio *m*
shin [ʃɪn] *n* **1.** (*leg below knee*) stinco *m* **2.** (*lower leg of beef*) stinco *m*
shindig [ˈʃɪn·dɪg] *n inf* festa *f* chiassosa
shine [ʃaɪn] I. *n* lucentezza *f* ► **to take a ~ to sb** prendere qu in simpatia II. <shone *o* shined, shone *o* shined> *vi* **1.** (*moon, sun, stars*) splendere; (*gold, metal*) luccicare; **the light is shining in my eyes** ho la luce negli occhi **2.** (*be gifted*) essere brillante III. <shone *o* shined, shone *o* shined> *vt* **1.** (*point light*) **to ~ a light at sth/sb** puntare una luce su qc/qu; **to ~ a flashlight onto sth** puntare una lampadina tascabile su qc **2.** (*brighten by polishing*) far brillare
shiner [ˈʃaɪ·nɚ] *n inf* occhio *m* nero
shingle [ˈʃɪŋ·gl] *n* **1.** (*roof tile*) scandola *f* **2.** (*pebble mass alongside water*) ciottoli *mpl*
shining [ˈʃaɪ·nɪŋ] *adj* **1.** (*gleaming*) splendente; (*eyes*) brillante; **she looked at him with ~ eyes** lo ha guardato con gli occhi che le brillavano **2.** (*outstanding*) eccellente, -a; **a ~ example** un esempio perfetto
shin splints *npl, npl* dolori *mpl* agli stinchi
shiny [ˈʃaɪ·ni] <-ier, -iest> *adj* brillante
ship [ʃɪp] I. *n* nave *f;* **passenger ~** nave *f* passeggeri; **sailing ~** veliero *m;* **to board a ~** imbarcarsi su una nave II. *vt* <-pp-> **1.** (*send by boat*) mandare via nave; **to ~ freight** mandare della merce via nave **2.** (*transport*) trasportare
　◆**ship off** *vt* (*goods*) spedire; (*person*) mandare
　◆**ship out** *vi* imbarcarsi
shipboard [ˈʃɪp·bɔːrd] I. *adj* a bordo (della nave) II. *n* **on ~** a bordo
shipbuilder [ˈʃɪp·ˌbɪl·dɚ] *n* costruttore, -trice *m, f* navale
shipbuilding *n* costruzioni *f* navale
shipload [ˈʃɪp·loʊd] *n* carico *m*
shipmate *n* compagno, -a di bordo *m*
shipment [ˈʃɪp·mənt] *n* **1.** (*quantity*) carico *m* **2.** (*action*) spedizione *f*
shipowner *n* **1.** (*person*) armatore, -trice *m, f* **2.** (*company*) società *f* armatrice
shipper *n* spedizioniere, -a *m, f;* **wine ~** importatore *m* di vino
shipping [ˈʃɪ·pɪŋ] *n* **1.** (*ships*) imbarcazioni *fpl* **2.** (*freight dispatch*) spedizione *f*
shipping agent *n* agente marittimo
shipping lane *n* rotta *f* di navigazione
shipshape [ˈʃɪp·ʃeɪp] *adj inf* pulito, -a e ordinato, -a; **to get sth ~** tirare a lucido qc
shipway [ˈʃɪp·weɪ] *n* canale *m* (navigabile)

S

shipwreck I. *n* 1.(*accident*) naufragio *m* 2.(*remains of ship*) relitto *m* II. *vt* far naufragare; **to be ~ed** naufragare; *fig* rovinare

shipwright *n* maestro *m* d'ascia

shipyard *n* cantiere *m* navale

shire ['ʃa·ɪə] *n* contea *f*

shire horse *n* cavallo *m* da tiro

shirk [ʃɜːrk] *pej* I. *vt* sottrarsi a II. *vi* defilarsi; **to ~ (away) from sth** sottrarsi a qc

shirker ['ʃɜːr·kə] *n pej* scansafatiche *mf inv*

shirt [ʃɜːrt] *n* (*man's, woman's*) camicia *f* ▸ **to give sb the ~ off one's back** togliersi la camicia di dosso per qu; **to have the ~ off sb's back** lasciare qu in mutande; **to lose one's ~** *inf* rimanere in mutande; **keep your ~ on!** *inf* non scaldarti!

shirtsleeve ['ʃɜːrt·sliːv] *n* manica *f* di camicia; **to be in ~s** essere in maniche di camicia

shit [ʃɪt] *inf* I. *n* 1.(*feces*) merda *f* 2. *pej* (*nonsense*) stronzate *fpl* 3.(*nothing*) una mazza; **he doesn't know ~ about computers** non capisce una mazza di computer 4.(*as intensifier*) **I don't give a ~!** me ne sbatto! ▸ **to beat the ~ out of sb** menare qu a sangue; **to frighten the ~ out of sb** far cagare addosso qu (dalla paura); **to be in deep ~** essere nella merda; **when the ~ hits the fan** quando scoppia il casino; **no ~!** ma va! II. *interj* merda III.<shit, shit> *vi* cagare IV.<shit, shit> *vt* cagare; **to ~ oneself** [*o* **one's pants**] *a. fig* cagarsi addosso; **to ~ bricks** [*o* **a brick**] cagarsi addosso

shitty ['ʃɪ·t̬i] <-ier, -iest> *adj pej, inf* 1.(*unfair, unpleasant*) di merda 2.(*sick, ill*) di merda; **to feel ~** mi sento di merda

shiver ['ʃɪ·və] I. *vi* tremare; **to ~ with cold** tremare dal freddo II. *n* brivido *m;* **to feel a ~** rabbrividire; **to give sb the ~s** *inf* far rabbrividire qu

shoal[1] [ʃoʊl] *n* (*of fish*) banco *m*

shoal[2] [ʃoʊl] *n* 1.(*area of shallow water*) bassofondo *m* 2.(*sand bank*) banco *m* di sabbia

shock[1] [ʃɑːk] I. *n* 1.(*unpleasant surprise*) shock *m inv;* **the ~ of my life** *inf* il più grosso spavento della mia vita; **look of ~** espressione *f* scioccata; **to give sb a ~** scioccare qu 2. *inf* (*electric shock*) scarica *f* 3. MED shock *m inv;* **to die from ~** soccombere allo shock 4.(*impact: of explosion, earthquake*) scossa *f* II. *vt* 1.(*appall*) scioccare 2.(*scare*) spaventare III. *vi* scontrarsi

shock[2] [ʃɑːk] *n* (*of hair*) zazzera *f*

shock absorber ['ʃɑːk·əb·ˌsɔːr·bə] *n* ammortizzatore *m*

shocker ['ʃɑː·kə] *n inf* (*unpleasant news*) notizia *f* tremenda; (*surprising news*) notizia *f* scioccante

shocking ['ʃɑː·kɪŋ] *adj* 1.(*causing indignation, distress*) spaventoso, -a 2.(*surprising*) scioccante 3.(*offensive*) scandaloso, -a; (*crime*) orrendo, -a

shockproof ['ʃɑːk·pruːf] *adj* 1.(*mechanism*) a prova d'urto 2.(*person*) imperturbabile

S

shock therapy *n*, **shock treatment** *n* terapia *f* shock

shock troops *npl* truppe *fpl* d'assalto

shock wave *n* 1. PHYS onda *f* d'urto 2. *fig* **to send shock waves** provocare vivissime reazioni *fpl*

shod [ʃɒd] *pt, pp of* shoe

shoddy ['ʃɑː·di] <-ier, -iest> *adj pej* 1.(*goods*) scadente 2.(*treatment*) meschino, -a

shoe [ʃuː] I. *n* (*for person*) scarpa *f;* (*for horse*) ferro *m;* **high-heeled ~s** scarpe *fpl* col tacco (alto); **athletic ~s** scarpe *fpl* da ginnastica ▸ **to fill sb's ~s** prendere il posto di qu; **if I were in your ~s** *inf* se fossi in te II.<shod, shod *o* shodden> *vt* (*person*) calzare; (*horse*) ferrare

shoehorn ['ʃuː·hɔːrn] *n* calzascarpe *m inv*, calzante *m*

shoelace *n* laccio *m* (di scarpa); **to tie one's ~s** allacciarsi le scarpe

shoemaker *n* calzolaio, -a *m, f*

shoe polish *n* lucido *m* da scarpe

shoeshine ['ʃuː·ʃaɪn] *n* lucidatura *f* delle scarpe

shoestring ['ʃuː·strɪŋ] I. *adj* 1.(*long and narrow*) in listarelle sottili; **~ potatoes** patate tagliate a listarelle sottili e fritte 2.(*monetarily limited*) **to do sth on a ~ budget** fare qc con un budget ridottissimo II. *n* stringa *f* (delle scarpe) ▸ **to do sth on a ~** *inf* fare qc con pochissimi soldi; **to start on a ~** partire dal niente

shoetree *n* forma *f* (per scarpe)

shone [ʃoʊn] *pt, pp of* shine

shoo [ʃuː] I. *interj inf* sciò II. *vt inf* cacciare

shook [ʃʊk] *n pt of* shake

shoot [ʃuːt] I.<shot, shot> *vi* 1.(*fire weapon*) sparare; **to ~ to kill** sparare per uccidere; **to ~ at sth/sb** sparare a qc/qu 2.(*aim*) **to ~ for sth** mirare a qc 3. SPORTS tirare 4. CINE girare; PHOT scattare 5.(*move rapidly*) sfrecciare; **to ~ to fame** avere un successo fulmineo; **to ~ past** (*car*) sfrecciare ▸ **to ~ for the moon** [*o* **the stars**] puntare al massimo II.<shot, shot> *vt* 1.(*bullet*) sparare; (*missile, arrow*) lanciare 2.(*person*) sparare a; **to ~ sb dead** sparare a qu a morte 3. CINE (*film*) girare; (*a scene*) riprendere; PHOT scattare 4.(*direct*) **to ~ questions at sb** mitragliare qu di domande; **to ~ a glance at sb** lanciare un'occhiata a qu 5. *inf* **to ~ a goal/basket** fare un gol/canestro 6. *inf* (*drugs*) **to ~ heroin** farsi di eroina ▸ **to ~ the breeze** *sl* palare del più e del meno; **to ~ darts at sb** *inf* fulminare qu con un'occhiata; **to ~ the works** *inf* dar fondo a tutte le proprie risorse III. *n* 1.(*hunt*) partita *f* di caccia; **to go on a ~** andare a caccia 2. CINE ripresa *f;* PHOT serie *f inv* di scatti 3. BOT germoglio *m* IV. *interj* (*shit*) mannaggia

◆**shoot ahead** *vi* balzare in alto

◆**shoot down** *vt* (*aircraft*) abbattere; *inf* (*proposal*) fare a pezzi

◆**shoot off** I. *vt* **to shoot one's mouth off** *sl*

straparlare **II.** *vi* (*vehicle*) partire a tutta velocità

◆**shoot out** *vi* schizzare fuori

◆**shoot past** *vi* sfrecciare

◆**shoot up** *vi* **1.**(*expand, increase rapidly*) crescere molto; (*skyscraper*) spuntare dal nulla *inf* **2.** *inf* (*inject drugs*) farsi una pera

shooting ['ʃuː·t̬ɪŋ] **I.** *n* **1.**(*killing*) uccisione *f* **2.**(*firing of gun*) sparatoria *f* **3.**(*caccia*) **to go ~** andare a caccia **4.**SPORTS tiro *m* **II.** *adj* (*pain*) lancinante

shooting gallery *n* tiro *m* a segno, *locale*

shooting star *n* stella *f* cadente

shootout ['ʃuːt·aʊt] *n* sparatoria *f*

shop [ʃɑːp] **I.** *n* **1.**(*for sale of goods*) negozio *f*; **book ~** libreria *f* **2.**(*for manufacture*) officina *f* ▶**to set up ~** (**as sth**) mettersi in proprio (come qc); **to talk ~** parlare di lavoro **II.**<-pp-> *vi* comprare

shopaholic [ʃɑː·pə·'hɑ·lɪk] *n inf* maniaco, -a *m, f* dello shopping

shopkeeper *n* negoziante *mf*

shopkeeping *n* commercio *m* (al dettaglio)

shoplifter ['ʃɑː·p̬·ˌlɪf·t̬ə] *n* taccheggiatore, -trice *m, f*

shoplifting *n* taccheggio *m*

shopper *n* persona *f* che fa acquisti

shopping ['ʃɑː·pɪŋ] *n* **1.**(*activity*) shopping *m inv*; **to go ~** andare a fare shopping; (*food*) andare a fare la spesa **2.**(*purchases*) acquisti *mpl*; (*food*) spesa *f*

shopping bag *n* sacchetto *m* per acquisti; (*for food*) borsa *f* spesa

shopping basket *n* cestino *m* della spesa

shopping cart *n* carrello *m, di negozio, supermercato;* COMPUT carrello *m* (acquisti)

shopping center *n* centro *m* commerciale

shopping list *n* lista *f* della spesa

shopping mall *n* centro *m* commerciale

shop steward *n* rappresentante *mf* sindacale

shoptalk *n* discorsi *mpl* di lavoro

shopworn ['ʃɑː·p·wɔːn] *adj* **1.**(*goods*) deteriorato, -a **2.**(*cliché*) trito, -a

shore [ʃɔːr] *n* **1.**(*coast*) costa *f* **2.**(*beach*) spiaggia *f*; **on ~** a terra **3.** *pl, lit* (*a country*) **these ~s** questi lidi **4.**ARCHIT puntello *m*

◆**shore up** *vt a. fig* puntellare

shore leave *n* permesso *m* di sbarcare

shoreline *n* linea *f* di costa

shorn [ʃɔːrn] *pp of* **shear**

short [ʃɔːrt] **I.** *adj* **1.**(*not long*) corto, -a **2.**(*not tall*) basso, -a **3.**(*brief*) breve; (*memory*) corto, -a **4.**(*not enough*) scarso, -a; **to be short** [*o* **run**] **on time/money** aver poco tempo/pochi soldi; **to be ~ on brains** *inf* aver poco cervello; **to be ~ of breath** essere senza fiato; **to be in ~ supply** scarseggiare **5.** LING (*vowel*) breve **6.**(*brusque*) brusco, -a; **to be ~ with sb** essere brusco con qu **II.** *n* **1.**CINE cortometraggio *m* **2.** *inf* ELEC cortocircuito *m* **III.** *adv* **1.**(*abruptly*) **to cut ~** interrompere di colpo; **to stop sth/sb ~** fermare qc/qu di colpo **2.**(*below the standard*) **to fall ~** non essere

sufficiente; **to fall ~ of sth** essere al di sotto di qc

shortage ['ʃɔːr·t̬ɪdʒ] *n* carenza *f*

shortbread ['ʃɔːrt·bred] *n* biscotto *f* di pastafrolla

shortcake *n* torta alla crema e alla frutta; **strawberry ~** torta *f* alle fragole

shortchange [ʃɔːrt·'tʃeɪndʒ] *vt* dare il resto sbagliato a; *fig* truffare

short circuit *n* cortocircuito *m*

short-circuit [ʃɔːrt·'sɜːr·kɪt] **I.** *vi* andare in cortocircuito **II.** *vt* **1.**ELEC mandare in cortocircuito **2.**(*bypass*) bypassare

shortcoming ['ʃɔːrt·ˌkʌ·mɪŋ] *n* difetto *m*

shortcut *n a. fig* scorciatoia *f*; **keyboard ~** COMPUT combinazione *f* di tasti

shortcut key *n* COMPUT tasto *m* scorciatoia

shorten ['ʃɔːr·t̬ən] **I.** *vt* accorciare; (*name, title*) abbreviare **II.** *vi* accorciarsi

shortening ['ʃɔːrt·nɪŋ] *n* **1.**CULIN grasso *m* (da pasticceria) **2.**(*reduction*) riduzione *f*

shortfall ['ʃɔːrt·fɔːl] *n* differenza *f* (negativa); ECON deficit *m inv*

shorthand ['ʃɔːrt·hænd] *n* stenografia *f*

short-handed [ʃɔːrt·'hæn·dɪd] *adj* a corto di personale; **a ~ goal** un gol segnato con la squadra non al completo

short-haul ['ʃɔːrt·hɑːl] *adj* a breve raggio

short-list *vt* preselezionare

shortlist *n* lista *f* di candidati preselezionati

short-lived *adj* effimero, -a

shortly ['ʃɔːrt·li] *adv* entro breve; **~ after ...** poco dopo ...

shortness ['ʃɔːrt·nɪs] *n* **1.**(*condition of being short*) scarsa lunghezza *f* **2.**(*brevity*) brevità *f* **3.**(*insufficiency*) carenza *f*; **~ of breath** mancanza *f* di fiato **4.**(*brusqueness*) secchezza *f*

short order *n* pasto *m* rapido; (*order*) ordinazione *f* di pasto rapido

short-order *adj* **~ cook** *cuoco addetto alla preparazione di pasti rapidi*

short-range *adj* MIL a corto raggio

shorts [ʃɔːrts] *npl* **1.**(*short pants*) pantaloncini *mpl;* **a pair of ~** un paio di pantaloncini **2.**(*underpants*) mutande *fpl;* **boxer ~** boxer *mpl*

short shrift [ʃrɪft] *n* **to get ~ from sb** farsi liquidare in fretta da qu; **to give ~ to sb** liquidare in fretta qu; **to give ~ to sth** liquidare in fretta qc

short-sleeved *adj* a maniche corte

short-staffed *adj* a corto di personale

shortstop *n* **1.**(*position*) interbase *m* **2.**(*player*) interbase *m*

short story *n* racconto *m*

short-tempered *adj* irascibile

short-term *adj* a breve termine

shortwave **I.** *n* onda *f* corta **II.** *adj* (*radio*) a onde corte; (*broadcasting*) su onde corte

shot[1] [ʃɑːt] **I.** *n* **1.**(*act of firing weapon*) sparo *m;* **to fire a ~** sparare un colpo **2.**(*shotgun pellets*) pallini *mpl* **3.**(*person*) tiratore, -trice *m, f;* **to be a good/poor ~** essere un

S

buon/cattivo tiratore **4.**SPORTS (*soccer, basketball*) tiro *m;* (*tennis*) colpo *m* **5.**(*photograph*) foto *f;* CINE ripresa *f* **6.** *inf* (*injection*) puntura *f* **7.** *inf* (*try, stab*) tentativo *m;* **to have** [*o* **take**] **a ~ at sth** fare un tentativo con qc; **to give sth one's best ~** far del proprio meglio con qc **8.**(*small amount of alcohol*) bicchierino *m* ▶ **a ~ in the arm** un incoraggiamento; **it was a ~ in the dark** *inf* ho [*o* hai] [*o* ha] tirato a indovinare; **not by a long ~** neanche lontanamente; **to call** (**all**) **the ~s** dettar legge *fig* **II.** *pp, pt of* **shoot**

shot² [ʃɑːt] *adj* **1.** *inf* (*worn out*) distrutto, -a **2.**(*woven*) striato, -a

shotgun [ˈʃɑːt·gʌn] *n* fucile *m*

shot put *n* SPORTS lancio *m* del peso

shot-putter *n* lanciatore, -trice *m, f* del peso

should [ʃʊd] *aux* **1.**(*expression of advisability*) **to insist that sb ~ do sth** insistere perché qu faccia qc **2.**(*asking for advice*) **~ I/ we …?** devo/dobbiamo …? **3.**(*expression of expectation*) **I ~ be so lucky!** *inf* magari fossi così fortunato! **4.** *form* (*expressing a condition*) **I ~ like to see her** mi piacerebbe vederla **5.**(*rhetorical expression*) **why ~ I/ you …?** perché dovrei/dovresti …? **6.** *form* (*would*) **we ~ like to invite you** ci piacerebbe invitarla

shoulder [ˈʃoʊl·dɚ] **I.** *n* **1.** ANAT spalla *f;* **~ to ~** fianco a fianco; **to glance over one's ~** guardare al di sopra delle spalle di qu; **to sling sth over one's ~** mettersi qc sulle spalle; **to be sb's ~ to cry on** offrire a qu una spalla su cui piangere; **to lift a burden off one's ~s** *fig* togliersi un peso **2.**(*piece of meat*) spalla *f* **3.**(*side of road*) area *f* di sosta **4.**(*shoulder-like part of sth*) spalla *f* ▶ **to rub ~s with sb** frequentare qu; **to stand ~ to ~ with sb** spalleggiare qu **II.** *vt* **1.**spingere; **to ~ one's way** farsi largo a spinte; **to ~ sb aside** spingere qu da una parte con una spallata **2.**(*place on one's shoulders*) caricarsi in spalla **3.**(*accept: responsibility*) sobbarcarsi

shoulder bag *n* borsa *f* a tracolla

shoulder blade *n* scapola *f*

shoulder pad *n* spallina *f*

shoulder strap *n* bretella *f*

shout [ʃaʊt] **I.** *n* grido *m* ▶ **to give sb a ~** *inf* fare un fischio a qu **II.** *vi* gridare; **to ~ at sb** gridare a qu; **to ~ for help** gridare aiuto ▶ **to give sb sth to ~ about** dare a qu motivo di rallegrarsi **III.** *vt* gridare

◆**shout down** *vt* zittire a urla

◆**shout out** *vt* gridare

shouting *n* grida *fpl*

shouting distance *n* **within ~** a portata di voce

shouting match *n* serie *f* di grida *inv*

shove [ʃʌv] **I.** *n* spintone *m;* **to give sth a ~** dare uno spintone a qc **II.** *vt* **1.**(*push*) spingere; **to ~ one's way through** farsi largo spintonando; **to ~ sb about** [*o* **around**] *fig* mettere i piedi in testa a qu **2.** *vulg* **~ it** [**up your**

ass)! ficcatelo su per il culo! **III.** *vi* spingere; **to ~ along** *inf* spostarsi

◆**shove off** *vi* **1.** *inf* (*go away*) smammare **2.**(*launch by foot*) lasciare la riva, *spingendosi via con un piede*

shovel [ˈʃʌv·əl] **I.** *n* **1.**(*tool*) pala *f;* **a ~ of sth** una palata di qc **2.**(*machine*) escavatore *m* **II.** <-ll-, -l-> *vt* spalare; **to ~ food into one's mouth** abbuffarsi **III.** <-ll-, -l-> *vi* spalare

show [ʃoʊ] **I.** *n* **1.**(*expression*) dimostrazione *f;* **~ of solidarity** dimostrazione *f* di solidarietà **2.**(*exhibition*) mostra *f;* **dog ~** mostra canina; **fashion ~** sfilata *f* di moda; **slide ~** proiezione *f* di diapositive; **to be on ~** essere esposto **3.**(*play*) spettacolo *m;* TV programma *m;* THEAT rappresentazione *f;* **quiz ~** quiz *m inv* televisivo **4.** *inf* (*venture*) **who runs the ~?** chi manda avanti la baracca? ▶ **~ of hands** voto *m* palese; **let's get the ~ on the road** *inf* diamoci dentro; **to put on a good ~** fare una bella figura; **the ~ must go on** *prov* lo spettacolo deve andare avanti; **to run the ~** comandare **II.** <showed, shown> *vt* **1.**(*display*) mostrare; (*slides*) proiettare; ART esporre **2.**(*express*) manifestare **3.**(*expose*) esporre **4.**(*point out, record*) indicare **5.**(*prove*) dimostrare; **to ~ sb that …** dimostrare a qu che … **6.**(*escort*) accompagnare; **to ~ sb to the door** accompagnare qu alla porta **7.**(*project*) proiettare; (*on television*) trasmettere **III.** *vi* <showed, shown> **1.**(*be visible*) vedersi **2.**(*exhibit: art*) essere esposto; **now showing at a cinema near you!** (*film*) attualmente in programmazione nelle sale cinematografiche **3.** *inf* (*arrive*) farsi vivo

◆**show around** *vt* far da guida a

◆**show in** *vt* far passare

◆**show off I.** *vt* mettere in risalto **II.** *vi* mettersi in mostra

◆**show out** *vt* accompagnare alla porta

◆**show up I.** *vi* **1.** *inf* (*arrive*) arrivare **2.**(*be apparent*) vedersi **II.** *vt* **1.**(*expose*) mettere in luce; **to show sb up as** (**being**) **sth** dimostrare che qu è qc **2.**(*embarrass*) mettere in imbarazzo

show biz *n inf s.* **show business** show business *m,* mondo *m* dello spettacolo

showboat *n* **1.**(*boat*) showboat *m inv* **2.**(*person*) spaccone, -a *m, f*

show business *n* show business *m inv,* mondo *m* dello spettacolo

showcase I. *n* teca *f* **II.** *vt* esporre

showdown [ˈʃoʊ·daʊn] *n* resa *f* dei conti

shower [ˈʃɑ·ʊɚ] **I.** *n* **1.**(*for washing*) doccia *f* **2.**(*of rain*) acquazzone *m;* (*of sparks, insults*) pioggia *f* **3.**(*party*) **bridal ~** festa in onore della futura sposa; **baby ~** festa in onore del nascituro **II.** *vi* **1.**(*take a shower*) farsi la doccia **2.**(*spray*) piovere **III.** *vt* **1.**(*spray*) spruzzare; **to ~ sb with water** spruzzare qu d'acqua **2.**(*bestow*) coprire; **to ~ compliments on sb** coprire qu di complimenti; **to ~ sb with gifts** coprire qu di regali

S

shower curtain *n* tenda *f* della doccia

shower gel *n* gel *m inv* da doccia

showery ['ʃa·ʊə·i] *adj* con frequenti rovesci

showgirl *n* showgirl *f inv*

showground *n luogo dove si tiene una fiera all'aperto*

showing *n* **1.** (*exhibition*) mostra *f* **2.** (*broadcasting*) proiezione *f* **3.** (*performance*) prestazione *f*

show jumping ['ʃoʊ·ˌdʒʌm·pɪŋ] *n* concorso *m* ippico

showman ['ʃoʊ·mən] *n* showman *m inv*

showmanship ['ʃoʊ·mən·ʃɪp] *n* senso *m* dello spettacolo

shown [ʃoʊn] *pp of* **show**

showoff ['ʃoʊ·ˌɑːf] *n* spaccone, -a *m, f*

showpiece ['ʃoʊ·piːs] I. *n* fiore *m* all'occhiello II. *adj* modello

show room ['ʃoʊ·ruːm] *n* showroom *f inv*, show room *m inv*

showy ['ʃoʊ·i] <-ier, -iest> *adj* vistoso, -a

shrank [ʃræŋk] *vt, vi pt of* **shrink**

shrapnel ['ʃræp·n(ə)l] *n* palletta *f* (di granata)

shred [ʃred] I. <-dd-> *vt* (*cut into shreds*) tagliare a striscioline; (*document*) distruggere II. *n* **1.** (*strip*) strisciolina *f;* **to be in ~s** essere a brandelli; **to tear sth to ~s** ridurre a brandelli qc **2.** *fig* (*of hope, truth, evidence*) briciolo *m*

shredder ['ʃre·də·] *n* distruggidocumenti *m inv*

shrew [ʃruː] *n* **1.** (*animal*) toporagno *m* **2.** *pej* (*bad-tempered woman*) megera *f*

shrewd [ʃruːd] *adj* (*person*) astuto, -a; (*comment*) acuto, -a; (*decision*) felice; (*eye*) penetrante

shriek [ʃriːk] I. *n* urlo *m* II. *vi* urlare; **to ~ with laughter** ridere a più non posso III. *vt* urlare

shrill [ʃrɪl] *adj* stridulo, -a

shrimp [ʃrɪmp] *n* <-(s)> **1.** ZOOL gamberetto *m* **2.** *inf* (*person*) scricciolo *m*

shrimp cocktail *n* cocktail *m* di gamberetti *inv*

shrine [ʃraɪn] *n* **1.** (*tomb*) tomba *f* **2.** (*site of worship*) santuario *m;* **a ~ for sb** un santuario dedicato a

shrink [ʃrɪŋk] I. *n inf* strizzacervelli *m inv* II. <shrank *o* shrunk, shrunk *o* shrunken> *vt* **1.** (*make smaller*) restringere **2.** (*reduce: costs*) ridurre III. <shrank *o* shrunk, shrunk *o* shrunken> *vi* **1.** (*become smaller: clothes*) restringersi **2.** (*become reduced*) ridursi **3.** *liter* (*cower*) indietreggiare; **to ~ away from sb/sth** indietreggiare davanti a qu/qc **4.** (*be reluctant to*) **to ~ from sth** sottrarsi a qc; **to ~ from doing sth** essere restio a fare qc

shrinkage ['ʃrɪŋ·kɪdʒ] *n* **1.** (*of clothes*) restringimento *m* **2.** (*of costs*) riduzione *f*

shrink-wrap ['ʃrɪŋk·ræp] I. *n* pellicola *f* (termoretraibile) II. *vt* (*food*) avvolgere (nella pellicola)

shrivel ['ʃrɪ·vəl] <-ll-, -l-> I. *vi* (*fruit*) disidratare; (*plant*) appassire; (*skin, person*) raggrinzire II. *vt* (*fruit*) disidratare; (*skin*) raggrinzire

◆**shrivel up** *vi* (*fruit*) disidratarsi; (*plant*) appassire; (*person*) raggrinzire

shroud [ʃraʊd] I. *n* (*covering*) velo *m;* (*for burial*) lenzuolo *m* funebre; (*of dust, fog*) cappa *f* II. *vt* avvolgere; **to ~ sth in sth** avvolgere qc in qc; **~ed in mystery** avvolto nel mistero

Shrove Tuesday [ʃroʊv·'tuːz·deɪ] *n* martedì *m inv* grasso

shrub [ʃrʌb] *n* arbusto *m*

shrubbery ['ʃrʌ·bə·ri] *n* arbusti *mpl*

shrug [ʃrʌg] I. *n* alzata *f* di spalle II. <-gg-> *vt* **to ~ one's shoulders** alzare le spalle III. <-gg-> *vi* alzare le spalle

◆**shrug off** *vt* (*ignore*) prendere alla leggera

shrunk [ʃrʌŋk] *pp, pt of* **shrink**

shrunken ['ʃrʌŋ·kən] I. *pp of* **shrink** II. *adj* (*person*) rinsecchito, -a; (*profits*) ridotto, -a

shuck [ʃʌk] *vt* **1.** (*oysters*) aprire; (*corn*) scartocciare **2.** (*get rid of: clothes*) togliersi

shucks [ʃʌks] *interj inf* accidenti

shudder ['ʃʌ·də·] I. *vi* (*person*) rabbrividire; (*ground, machine*) vibrare; **to ~ at the memory of sth** rabbrividire al ricordo di qc II. *n* (*of person*) fremito *m;* (*of ground, machine*) vibrazione *f;* **it sent a ~ down my spine** ho sentito un brivido lungo la spina dorsale

shuffle ['ʃʌfl] I. *n* **1.** (*of cards*) **to give the cards a ~** mischiare le carte **2.** (*of cabinet, management*) ristrutturazione *f* **3.** (*dragging of feet*) strascichio *m* II. *vt* **1.** (*papers, cards*) mischiare **2.** (*cabinet, management*) ristrutturare **3.** (*feet*) strascicare III. *vi* **1.** (*mix cards*) mischiare le carte **2.** (*drag feet*) strascicare i piedi

◆**shuffle off** *vi* andarsene strascicando i piedi

shun [ʃʌn] <-nn-> *vt* scansare

shunt [ʃʌnt] I. *vt* **1.** RAIL smistare **2.** *fig* **to ~ sb/sth aside** relegare qu/qc in un angolo II. *n* RAIL smistamento *m*

shush [ʃʊʃ] I. *interj* ssh II. *vt inf* zittire III. *vi inf* zittire

shut [ʃʌt] I. <shut, shut> *vt* chiudere; **to ~ one's ears to sth** fare orecchie da mercante per non sentire qc; **to ~ one's finger in the door** chiudersi un dito nella porta II. <shut, shut> *vi* **1.** (*door, window*) chiudersi **2.** (*shop, factory*) chiudere III. *adj* chiuso, -a; **to slam a door ~** chiudere una porta con una spinta

◆**shut away** *vt* rinchiudere; **to shut oneself away** rinchiudersi

◆**shut down** I. *vt* **1.** (*shop, factory*) chiudere (*definitivamente*); (*airport*) paralizzare **2.** (*turn off*) sconnettere II. *vi* (*shop, factory*) chiudere; (*engine*) bloccarsi

◆**shut in** *vt* rinchiudere

◆**shut off** *vt* **1.** (*turn off*) spegnere **2.** (*isolate*) isolare

◆**shut out** *vt* **1.** (*block out*) non far passare; (*thoughts*) rimuovere **2.** (*exclude*) tagliare fuori; **to shut sb out** chiudere fuori qu **3.** SPORTS dare cappotto a

◆**shut up** I. *vt* **1.** (*confine*) rinchiudere **2.** *inf* (*cause to stop talking*) far tacere; **to**

S

shut sb up for good *fig* chiudere la bocca a qu per sempre **II.** *vi inf* (*stop talking*) stare zitto, -a

shutdown ['ʃʌt·daʊn] *n* chiusura *f* (*definitiva*)

shuteye ['ʃʌt̬·aɪ] *n inf* sonno *m;* **to get some** ~ farsi un sonnellino

shutoff **I.** *n* interruzione *f* **II.** *adj* (*valve*) di chiusura

shutout ['ʃʌt·aʊt] *n* cappotto *m* (*in partita*)

shutter ['ʃʌ·t̬ə*r*] *n* **1.** PHOT otturatore *m* **2.** (*of window*) persiana *f;* (*of shop*) saracinesca *f;* **to put up the ~s** aprire il negozio

shuttle ['ʃʌ·t̬l] **I.** *n* **1.** (*bus*) navetta; (*train*) treno *m* navetta; (*plane*) aereo *m* navetta; (*space*) navetta *f* spaziale **2.** (*sewing-machine bobbin*) spoletta *f* **II.** *vt* trasportare **III.** *vi* AVIAT effettuare il collegamento; (*travel regularly*) fare la spola

shuttlecock ['ʃʌ·t̬l·kɑːk] *n* volano *m*

shuttle flight *n* aereo *m* navetta

shuttle service *n* servizio *m* navetta

shy [ʃaɪ] **I.** <-er, -est> *adj* **1.** (*timid*) timido, -a **2.** (*lacking*) **we're still a few hundred dollars ~ of our goal** ci mancano ancora qualche centinaia di dollari per raggiungere il target **II.** <-ie-> *vi* (*horse*) fare uno scarto
♦**shy away from** *vi* **to ~ sth** sottrarsi a qc; **to ~ doing sth** evitare di fare qc

shyly *adv* timidamente

shyness *n* timidezza *f*

Siamese [ˌsa·ɪə·'miːz] **I.** *n inv* **1.** (*person*) siamese *mf* **2.** (*language*) siamese *m* **II.** *adj* **1.** GEO, HIST siamese **2.** (*conjoined*) **~ twins** fratelli *mpl* siamesi, sorelle *fpl* siamesi

Siberia [saɪ·'bɪ·ri·ə] *n* Siberia *f*

sibling ['sɪb·lɪŋ] *n form* fratello *m,* sorella *f*

Sicilian [sɪ·'sɪl·jən] **I.** *adj* siciliano, -a **II.** *n* (*person*) siciliano, -a *m, f*

Sicily ['sɪ·sɪ·li] *n* Sicilia *f*

sick [sɪk] **I.** <-er, -est> *adj* **1.** (*ill*) malato, -a; **to feel ~** sentirsi male; **to get ~** ammalarsi; **to be off ~** essere in malattia; **to be ~ at heart** *liter* essere affranto, -a **2.** (*about to vomit*) **to be ~** (*nauseated*) avere la nausea; (*vomit*) vomitare; **to get ~** vomitare; **to feel ~ to one's stomach** avere il voltastomaco; **too much alcohol makes me ~** se bevo troppo alcol, vomito **3.** *inf* (*disgusted*) disgustato, -a; **to be ~ about sth** essere disgustato da qc **4.** (*angry*) furioso, -a; **to be ~ and tired of sth** averne fin sopra i capelli di qc **5.** *inf* (*cruel*) malato, -a; (*joke*) di pessimo gusto **6.** *inf* (*car*) guasto, -a **II.** *n* **the ~** i malati

sickbag *n inf* sacchetto *m* per vomitare

sickbay *n* infermeria *f*

sickbed *n* letto *m* di malato

sicken ['sɪ·kən] **I.** *vi* (*become sick*) ammalarsi **II.** *vt* (*upset*) dare il voltastomaco a; **so much violence in films ~s me** tutta questa violenza nei film mi dà il voltastomaco

sickening ['sɪ·kə·nɪŋ] *adj* (*repulsive*) rivoltante, -a

sickle ['sɪ·kl] *n* falcetto *m*

sick leave ['sɪk·liːv] *n* congedo *m* per malattia; **to be on** ~ essere in malattia

sickly ['sɪk·li] <-ier, -iest> *adj* **1.** (*not healthy*) malaticcio, -a **2.** (*pale*) pallido, -a **3.** (*disgusting*) rivoltante

sickness ['sɪk·nəs] *n* **1.** (*illness*) malattia *f* **2.** (*nausea*) nausea *f*

sick pay *n* indennità *f* di malattia

sickroom ['sɪk·ruːm] *n* camera *f* di malato

side [saɪd] *n* **1.** (*vertical surface*) lato *m;* **at the ~ of sth** a lato di qc; **at sb's ~** al fianco di qu; **~ by ~** fianco a fianco **2.** (*flat surface*) lato *m;* (*of page*) facciata *f* **3.** (*edge*) lato *m;* (*of river*) riva *f;* (*of road*) argine *m;* **on all ~(s)** su tutti i lati **4.** (*half*) lato *m;* **I like to sleep on the right ~ of the bed** mi piace dormire sul lato destro del letto; **in Great Britain, cars drive on the left ~ of the road** in Gran Bretagna, le auto viaggiano sul lato destro della strada **5.** (*cut of meat*) mezzena *f* **6.** (*direction*) **from all ~(s)** da ogni parte; **from ~ to ~** da parte a parte **7.** (*party in dispute*) fazione *f;* (*team*) squadra *f;* **to take ~s** prendere posizione; **to take sb's ~** stare dalla parte di qu; **to be on the ~ of sb/sth** essere dalla parte di qu/qc; **to have sth on one's ~** avere qc dalla propria parte; **on my father's ~** per parte di padre **8.** (*aspect*) aspetto *m;* (*of story*) versione *f* **9.** (*aside*) **on the ~** da parte; **to leave sth on one ~** lasciar qc da parte
▶**the other ~ of the coin** il rovescio della medaglia; **to come down on one ~ of the fence or other** schierarsi da una parte o dall'altra; **to be on the right/wrong ~ of the law** essere nei limiti/fuori dei limiti della legalità; **to get on the right/wrong ~ of sb** ingraziarsi/mettersi contro qu; **to be on the right/wrong ~ of 40** dimostrare meno/più di quarant'anni; **to be on the safe ~ ...** per maggior sicurezza

side arm *n* arma *f* da fianco

sideboard ['saɪd·bɔːrd] *n* buffet *m inv*

sideburns ['saɪd·bɜːrnz] *npl* basette *fpl*

sidecar ['saɪd·kɑːr] *n* sidecar *m inv*

side dish *n* contorno *m*

side effect *n* effetto *m* collaterale

sidekick *n* aiutante *mf*

sideline ['saɪd·laɪn] **I.** *n* **1.** SPORTS (*line*) linea *f* laterale; (*area*) bordo *m* (del campo); **on the ~s** *fig* da parte; **from the ~s** da fuori **2.** (*secondary activity*) lavoro *m* extra **II.** *vt* SPORTS (*keep from playing*) lasciare fuori (dal campo di gioco)

sidelong ['saɪd·lɑːŋ] *adj* (*glance*) furtivo, -a

side road *n* strada *f* secondaria

sidesaddle ['saɪd·ˌsæ·dl] **I.** *n* sella *f* da amazzone **II.** *adv* **to ride** ~ cavalcare all'amazzone

sideshow *n* attrazione *f;* **to be a ~ of sth** *fig* essere secondario rispetto a qc

sideslip *n* AVIAT scivolata *f* d'ala

sidestep ['saɪd·step] <-pp-> **I.** *vt a. fig* schivare **II.** *vi* fare un passo a lato

side street *n* strada *f* laterale

sidetrack ['saɪd·træk] I. *vt* distogliere II. *n* binario *m* morto; *fig* diversivo *m*

side view *n* profilo *m*

sidewalk ['saɪd·wɑːk] *n* marciapiede *m*

sideward ['saɪd·wəd], **sideways** ['saɪd·weɪz] I. *adv* 1. (*to/from a side*) di lato; (*glance*) obliquamente; **to look** ~ **to the left and right** girare gli occhi a destra e a sinistra 2. (*facing a side*) su un lato II. *adj* laterale; (*glance*) obliquo, -a

sidewinder ['saɪd·waɪn·dɚ] *n* 1. ZOOL serpente *m* a sonagli 2. (*punch*) sventola *f*

siding ['saɪ·dɪŋ] *n* 1. (*wall*) rivestimento *m* isolante 2. RAIL binario *m* morto

sidle ['saɪ·dl] *vi* **to** ~ **up to sb** avvicinarsi furtivamente a qu

siege [siːdʒ] *n* MIL assedio *m;* **to lay** ~ **to sth** assediare qc; **to be under** ~ essere sotto assedio

Sierra Leone [sɪ·ˌe·rə·liˈoʊn] *n* Sierra Leone *f*

Sierra Leonean [sɪ·ˌe·rə·liˈoʊ·ni·ən] I. *adj* della Sierra Leone II. *n* abitante *mf* della Sierra Leone

sieve [sɪv] I. *n* (*for flour*) setaccio *m;* (*for liquid*) colino *m;* **to put sth through a** ~ passare qc al setaccio ▸ **to have a memory like a** ~ essere smemorato, -a II. *vt* (*flour*) setacciare; (*liquid*) colare

sift [sɪft] *vt* 1. (*pass through sieve*) setacciare 2. (*examine closely*) passare al setaccio

sigh [saɪ] I. *n* sospiro *m;* **to let out a** ~ fare un sospiro; **to let out a** ~ **of relief** tirare un sospiro di sollievo II. *vi* sospirare; **to** ~ **with relief** tirare un sospiro di sollievo; **to** ~ **for sb** *form* sospirare per qu

sight [saɪt] I. *n* 1. (*view, faculty*) vista *f;* **to be out of** (**one's**) ~ essere nascosto alla (propria) vista; **to come into** ~ apparire; **to catch** ~ **of sth** scorgere qc; **to hate the** ~ **of sth/sb** non poter vedere qc/qu; **to know sb by** ~ conoscere qu di vista; **to lose** ~ **of sth** *a. fig* perdere qc di vista; **at first** ~ a prima vista; **within** ~ **of sth** in un punto da cui si può vedere qc; **I can't bear the** ~ **of him!** non lo posso vedere!; **get out of my** ~! *inf* togliti dai piedi!; **at the** ~ **of ...** alla vista di ... 2. *pl* (*attractions*) luoghi *mpl* di interesse (turistico) 3. (*on gun*) mirino *m;* **to line up the** ~**s** prendere la mira; **to lower one's** ~**s** *fig* moderare le proprie ambizioni; **to set one's** ~**s on sth** *fig* mirare a qc ▸ **to be a** ~ **for sore eyes** *inf* essere un piacere per gli occhi; **out of** ~, **out of mind** *prov* lontano dagli occhi, lontano dal cuore *prov;* ~ **unseen** senza aver visto; **I never buy anything** ~ **unseen** non compro mai niente senza prima averlo visto; **out of** ~! *inf* fantastico! II. *vt* vedere

sighted *adj* vedente

sightless *adj* cieco, -a

sightly ['saɪt·li] *adj* bello, -a a vedersi

sight-read ['saɪt·riːd] MUS I. *vi* suonare a prima vista II. *vt* suonare a prima vista

sightseeing ['saɪt·ˌsiː·ɪŋ] *n* turismo *m;* **to go** ~ visitare luoghi di interesse

sightseeing tour *n* giro *m* turistico

sightseer ['saɪt·ˌsiː·ɚ] *n* turista *mf*

sign [saɪn] I. *n* 1. (*gesture*) segno *m;* **to make a** ~ (**to sb**) far segno (a qu); **to make the** ~ **of the cross** farsi il segno della croce; **as a** ~ **that ...** per segnalare che ... 2. (*signpost*) cartello *m;* (*signboard*) cartellone *m* 3. (*symbol*) simbolo *m* 4. *a.* MATH, ASTR, MUS segno *m;* **a** ~ **that ...** segno che ... 5. (*trace*) traccia *f;* **they could not find any** ~ **of them** non sono riusciti a trovare traccia di loro; **it's a** ~ **of the times** è un segno dei tempi II. *vt* 1. (*write signature on*) firmare; **he** ~**ed himself 'Mark Taylor'** ha firmato con il nome di 'Mark Taylor' 2. (*employ under contract*) ingaggiare 3. (*gesticulate*) far segno a; **to** ~ **to sb to do sth** far segno a qu di fare qc 4. (*say in sign language*) dire con il linguaggio dei segni III. *vi* 1. (*write signature*) firmare; ~ **here, please** firmi qui, per favore; **to** ~ **for sth** firmare la ricevuta di qc; **to** ~ **with a team** essere ingaggiato da una squadra 2. (*use sign language*) comunicare con il linguaggio dei segni 3. (*gesticulate*) fare dei segni; **to** ~ **to sb to do sth** fare dei segni a qu perché faccia qc; **to** ~ **to sb that ...** far segno a qu che ... +*conj*

◆**sign away** *vt* cedere; (*rights*) rinunciare a

◆**sign in** I. *vi* registrarsi all'arrivo II. *vt* **to sign sb in** firmare per qu

◆**sign off** I. *vi inf* 1. RADIO, TV chiudere 2. (*end*) chiudere; **I think I'll** ~ **early today** penso che oggi staccherò presto II. *vt* approvare

◆**sign on** I. *vi* firmare un contratto; **to sign on as a soldier** arruolarsi nell'esercito; **to** ~ **for sth** iscriversi a qc; **he has signed on for courses in Japanese** si è iscritto a un corso di giapponese II. *vt* assumere

◆**sign out** I. *vi* firmare il registro di uscita II. *vt* **to** ~ **sth** firmare per ritirare qc; **you must sign all books out** deve firmare per ogni libro da portare via; **she signed out a company car** ha firmato per prendere un'auto aziendale

◆**sign over** *vt* cedere la proprietà di; **to sign property over to sb** trasferire dei beni a qu

◆**sign up** I. *vi* iscriversi II. *vt* assumere

signal ['sɪg·nəl] I. *n* 1. (*particular gesture*) segnale *m;* **to give a** ~ dare un segnale; **to give sb a** ~ **to do sth** fare un segnale a qu perché faccia qc 2. (*indication*) segno *m;* **to be a** ~ **that ...** esser segno che ... 3. AUTO, RAIL, COMPUT segnale *m* 4. ELEC, RADIO segnale *m* II. <-ll-, -l-> *vt* 1. (*indicate*) segnalare; **to** ~ **that ...** segnalare che ... 2. (*gesticulate*) fare dei segni; **he** ~**ed them to be quiet** gli ha fatto segno di tacere III. <-ll-, -l-> *vi* dare il segnale; **the teacher** ~**ed for the examination to begin** l'insegnante ha dato il segnale per l'inizio dell'esame; **he** ~**ed to stop** AUTO ha fatto segno di fermarsi IV. *adj form* eclatante

signally *adv* in modo eclatante

S

signalman ['sɪg·nəl·mən] <-men> *n* RAIL deviatore, ·trice *m, f*

signatory ['sɪg·nə·tɔː·ri] *n* firmatario, -a *m, f*

signature ['sɪg·nət·ʃɚ] *n* firma *f*

signboard ['saɪn·bɔːrd] *n* cartellone *m* (pubblicitario)

signet ring ['sɪg·nɪt·ˌrɪŋ] *n* anello *m* con sigillo

significance [sɪg·'nɪ·fə·kəns] *n* 1.(*importance*) importanza *f* 2.(*meaning*) significato *m*

significant [sɪg·'nɪ·fə·kənt] *adj* 1.(*important*) importante; (*improvement, increase, difference*) significativo, -a 2.(*meaningful*) eloquente

signify ['sɪg·nə·faɪ] I.<-ie-> *vt* 1.*form* (*mean*) significare; **to ~ that** ... significare che ... 2.(*indicate*) indicare II.<-ie-> *vi form* (*matter*) avere importanza

sign language ['saɪn·ˌlæŋ·gwɪdʒ] *n* linguaggio *m* dei segni

signpost I. *n* cartello *m* (stradale); *fig* indicazione *f* II. *vt* indicare

Sikh [siːk] *n* sikh *mf inv*

silage ['saɪ·lɪdʒ] *n* AGR insilato *m*

silence ['saɪ·ləns] I. *n* silenzio *m* ▶ **~ is golden** *prov* il silenzio è d'oro II. *vt* (*machine, bells*) silenziare; (*person*) far tacere

silencer ['saɪ·lən·sɚ] *n* silenziatore *m*

silent ['saɪ·lənt] *adj* silenzioso, -a; LING muto, ·a; **~ film** film *m* muto *inv;* **the ~ majority** la maggioranza silenziosa; **~ partner** ECON socio *m* accomandante; **to be ~ on sth** mantenere il silenzio su qc; **to fall ~** tacere

silently *adv* silenziosamente, in silenzio

silhouette [ˌsɪ·lu·'et] I. *n* sagoma *f* II. *vt* **to be ~d against sth** stagliarsi contro qc

silica ['sɪ·lɪ·kə] *n* silice *f*

silicate ['sɪ·lɪ·keɪt] *n* silicato *m*

silicon ['sɪ·lɪ·kən] *n* silicio *m*

silicon chip *n* INFOR, ELEC microchip *m inv*

silicone ['sɪ·lɪ·koʊn] *n* silicone *m*

silk [sɪlk] *n* seta *f;* **~ dress** vestito *m* di seta; **~ scarf** foulard *m inv* di seta

silken ['sɪl·kən] *adj* (*clothing*) di seta; (*hair*) setoso, -a; (*voice*) dolce

silk-screen printing *n* serigrafia *f*

silkworm *n* baco *m* da seta

silky ['sɪl·ki] <-ier, -iest> *adj* setoso, -a; (*fur*) morbido, -a; (*voice*) dolce

sill [sɪl] *n* (*of door*) predellino *m;* (*of window*) davanzale *m*

silly ['sɪ·li] <-ier, -iest> *adj* (*person, idea*) sciocco, ·a; **~ season** periodo estivo in cui i giornali riportano soprattutto notizie frivole; **it was ~ of her to** ... è stato sciocco da parte sua ...; **to look ~** avere l'aria ridicola; **to laugh oneself ~** stordirsi dal ridere; **to knock sb ~** *inf* stordire qu

silo ['saɪ·loʊ] *n* silo *m*

silt [sɪlt] *n* detriti *mpl*

◆**silt up** *vi* essere bloccato dai detriti

silver ['sɪl·vɚ] I. *n* 1.(*metal*) argento *f* 2.(*coins*) monete *fpl* d'argento 3.(*cutlery*) argenteria *f*, posate *fpl* d'argento 4.(*dishes, trays*) argenteria *f*, vasellame *m* d'argento II. *adj* 1.(*made of silver*) d'argento 2.(*silver-colored*) argentato, -a

silver anniversary *n* nozze *fpl* d'argento

silver bullet *n* formula *f* magica (*soluzione a un problema*)

silver dollar *n* dollaro *m* d'argento

silverfish ['sɪl·vɚ·ˌfɪʃ] *n* 1.(*fish*) varietà argentata del pesce rosso 2.(*insect*) pesciolino *m* d'argento, lepisma *m*

silver lining *n fig* lato *m* positivo

silver plate *n* 1.(*dishes, trays*) argenteria *f* 2.(*coating*) bagno *m* d'argento

silver-plate *vt* placcare d'argento

silver screen *n* CINE **the ~** lo schermo cinematografico

silversmith ['sɪl·vɚ·smɪθ] *n* argentiere, -a *m, f*

silverware ['sɪl·vɚ·wer] *n* 1.(*cutlery*) posate *fpl* 2.(*dishes, trays*) argenteria *f*

silvery <-ier, -iest> *adj* argentato, -a

simian ['sɪ·mi·ən] I. *n* scimmia *f* II. *adj* (*of monkeys, apes*) delle scimmie; (*like monkey, ape*) scimmiesco, -a

similar ['sɪ·mə·lɚ] *adj* simile

similarity [ˌsɪ·mə·'le·rə·ti] *n* somiglianza *m*

simile ['sɪ·mə·li] *n* LIT, LING similitudine *f*

similitude [sə·'mɪ·lə·tuːd] *n* (*quality of being similar*) somiglianza *f*

simmer ['sɪ·mɚ] I. *vi* 1. CULIN cuocere a fuoco lento 2. *fig* ribollire II. *vt* cuocere a fuoco lento III. *n* lenta ebollizione *f;* **to bring sth to a ~** portare qc a ebollizione; **to keep sth at a ~** far sobbollire qc

◆**simmer down** *vi inf* calmarsi

simple ['sɪm·pl] *adj* 1.(*not difficult*) semplice 2.(*not elaborate*) semplice 3.(*honest*) sincero, -a 4.(*ordinary*) semplice 5.(*foolish*) sempliciotto, -a

simple-minded [ˌsɪm·pl·'maɪn·dɪd] *adj inf* 1.(*dumb*) tonto, -a 2.(*naive*) ingenuo, -a

simpleton ['sɪm·pl·tən] *n inf* sempliciotto, -a *m, f*

simplicity [sɪm·'plɪ·sə·ti] *n* 1.(*plainness*) semplicità *f* 2.(*ease*) semplicità *f*

simplification [ˌsɪm·plə·fɪ·'keɪ·ʃən] *n* semplificazione *f*

simplify ['sɪm·plə·faɪ] *vt* semplificare

simplistic [sɪm·'plɪs·tɪk] *adj pej* semplicistico, -a

simply ['sɪm·pli] *adv* 1.(*not elaborately*) semplicemente 2.(*just*) semplicemente 3.(*absolutely*) semplicemente 4.(*naturally*) con semplicità

simulate ['sɪm·ju·leɪt] *vt* 1.(*resemble*) simulare 2.(*feign*) simulare

simulation [ˌsɪm·ju·'leɪ·ʃən] *n* (*imitation*) simulazione *f;* (*of feeling*) simulazione *f*

simulator ['sɪm·ju·leɪ· tʃɚ] *n* INFOR, TECH simulatore *m*

simultaneous [ˌsaɪ·ml·'teɪn·jəs] *adj* simultaneo, -a; **~ broadcast** trasmissione *f* in diretta

sin [sɪn] I. *n* peccato *m;* **to confess a ~** confes-

S

sare un peccato ▶ **to be as ugly as** ~ essere brutto come il peccato **II.** *vi* <-nn-> peccare

since [sɪns] **I.** *adv* **1.** (*from then on*) da allora; **ever** ~ da allora **2.** (*ago*) **long** ~ molto tempo fa; **not long** ~ non molto tempo fa **II.** *prep* da, da quando; **how long has it been** ~ **the crime took place?** quanto tempo è passato da quando è avvenuto il crimine? **III.** *conj* **1.** (*because*) siccome **2.** (*from the time that*) da quando; **it's been a week now** ~ **I came back** è ormai passata una settimana da quando sono tornato

sincere [sɪn·'sɪr] *adj* sincero, -a

sincerely *adv* sinceramente

sincerity [sɪn·'se·rə·ti] *n* sincerità *f;* **in all** ~ in tutta franchezza

sine [saɪn] *n* MATH seno *m*

sine qua non ['sɪ·neɪ·kwɑː·'noʊn] *n form* condicio *f inv* sine qua non

sinew ['sɪn·juː] *n* tendine *m*

sinewy *adj* **1.** (*muscular*) nerboruto, -a **2.** (*meat*) con nervi

sinful ['sɪn·fəl] *adj* (*person*) peccatore, -a; (*thought, act*) peccaminoso, -a; (*waste*) vergognoso, -a

sing [sɪŋ] <sang, sung> **I.** *vi* cantare; **to** ~ **to sb** cantare per qu **II.** *vt* cantare; **to** ~ **sb to sleep** cantare per far addormentare qu

◆**sing out I.** *vi* (*sing*) cantare forte **II.** *vt inf* (*call*) **to** ~ **sb's name** chiamare qu a voce alta

sing-along ['sɪŋ·ə·lɑːŋ] *n* incontro *m* per cantare insieme

Singapore ['sɪŋ·ə·pɔːr] *n* Singapore *f*

Singaporean ['sɪŋ·ə·pɔː·riː·ən] **I.** *adj* di Singapore **II.** *n* abitante *mf* di Singapore

singe [sɪndʒ] **I.** *vt* bruciacchiare; (*hair*) bruciare le punte di **II.** *n* piccola bruciatura *f*

singer ['sɪŋ·ɚ] *n* cantante *mf*

singer-songwriter *n* cantautore, -trice *m, f*

singing *n* canto *m*

singing telegram *n* telegramma *m* cantato

single ['sɪŋ·gl] **I.** *adj* **1.** (*one only*) unico, -a; (*blow*) solo, -a; **not a** ~ **person/thing** nessuno/niente; **there wasn't a** ~ **soul** non c'era anima viva; **every** ~ **thing** ogni cosa; **in** ~ **figures** ad una cifra **2.** (*unmarried*) single *inv* **3.** (*bed, room*) singolo, -a **4.** (*with one part*) semplice **II.** *n* **1.** (*one-dollar bill*) banconota *f* da un dollaro **2.** (*record*) single *m inv* **3.** (*in baseball*) conquista della prima base in un'unica battuta **4.** (*single room*) camera *f* singola

◆**single out** *vt* segnalare; **to single sb out for criticism** prendere di mira qu con delle critiche

single-breasted *adj* (*suit*) con una sola fila di bottoni

single-handedly *adv* senza l'aiuto di nessuno

single-lens reflex *n* reflex *f* monobiettivo *inv*

single-minded *adj* risoluto, -a

single-mindedness *n* risolutezza *f*

single mother *n* madre *f* single

single parent *n* genitore *m* single

single-parent family <-ies> *n* famiglia *f* monoparentale

singles bar *n* bar *m inv* per single

single-seater *n* monoposto *f inv*

singly ['sɪŋ·gli] *adv* uno ad uno

singsong ['sɪŋ·sɑːŋ] **I.** *n* coro *m* **II.** *adj* **to speak in a** ~ **voice** parlare con voce cantilenante

singular ['sɪŋ·gjə·lɚ] **I.** *adj* **1.** LING singolare; ~ **form** forma *f* singolare; **the third person** ~ la terza persona singolare **2.** (*notable*) singolare; **of** ~ **beauty** di bellezza eccezionale; **a** ~ **lack of tact** un'incredibile mancanza di tatto **II.** *n* LING singolare *m;* **in the** ~ al singolare

singularity [ˌsɪŋ·gjə·'le·rə·ti] *n form* singolarità *f*

singularly *adv form* singolarmente

Sinhalese [ˌsɪn·hə·'liːz] **I.** *n* **1.** (*person*) singalese *mf* **2.** (*language*) singalese *m* **II.** *adj* singalese

sinister ['sɪ·nɪs·tɚ] *adj* sinistro, -a

sink [sɪŋk] <sank *o* sunk, sunk> **I.** *n* (*in kitchen*) lavello *m;* (*in bathroom*) lavabo *m,* lavandino *m* **II.** *vi* **1.** (*in water*) affondare; **to** ~ **to the bottom** sprofondare sul fondo **2.** (*price, level*) calare **3.** (*drop down*) cadere; **to** ~ **to the ground** cadere al suolo; **to** ~ **to one's knees** cadere in ginocchio **4.** (*decline*) scendere; **to** ~ **in sb's estimation** scendere nella stima di qu; **to** ~ **into depression** sprofondare nella depressione; **to** ~ **into oblivion** finire nel dimenticatoio; **to be** ~**ing** (*fast*) (*in health*) deperire rapidamente ▶**to** ~ **or swim** cavarsela da solo **III.** *vt* **1.** (*cause to submerge*) affondare **2.** (*ruin*) rovinare **3.** MIN scavare **4.** (*invest*) investire; **to** ~ **money into a project** investire molti soldi in un progetto **5.** (*plant, bury: teeth*) affondare; **to** ~ **one's teeth into sth** affondare i denti in qc **6.** SPORTS (*in golf, snooker*) mettere in buca; (*in basketball*) mettere nel canestro; **to** ~ **the winning basket** segnare il punto decisivo

◆**sink back** *vi* (*lean back*) appoggiarsi

◆**sink in** *vi* **1.** (*go into surface*) penetrare **2.** (*be absorbed: liquid*) penetrare **3.** (*be understood*) essere recepito, -a

sinker ['sɪŋ·kɚ] *n* piombino *m*

sinkhole *n* foiba *f*

sinking ['sɪŋ·kɪŋ] **I.** *n* affondamento *m* **II.** *adj* a ~ **feeling** un brutto presentimento; **with a** ~ **heart** con il cuore in tumulto

sinner ['sɪ·nɚ] *n* peccatore, -trice *m, f*

sinuous ['sɪn·ju·əs] *adj* sinuoso, -a

sinus ['saɪ·nəs] *n* seno *m*

sinusitis [ˌsaɪ·nə·'saɪ·tɪs] *n* MED sinusite *f*

Sioux [suː] **I.** *adj* sioux **II.** *n* **1.** (*person*) sioux *mf* **2.** (*language*) sioux *m*

sip [sɪp] **I.** <-pp-> *vt* sorseggiare, bere a piccoli sorsi **II.** <-pp-> *vi* **to** ~ **at sth** sorseggiare qc **III.** *n* sorso *m;* **to have a** ~ bere un sorso

siphon ['saɪ·fən] **I.** *n* sifone *m* **II.** *vt* togliere con un sifone

◆**siphon off** *vt* **1.** (*liquid*) togliere con un

sifone **2.**(*money*) appropriarsi indebitamente di

sir [sɜːr] *n* signore *m*

siren ['saɪ·rən] *n* sirena *f*

sirloin ['sɜːr·lɔɪn] *n* lombo *m* di manzo

sirocco [sə·'rɑː·koʊ] *n* METEO scirocco *m*

sis [sɪs] *n inf abbr of* **sister** sorella *f*

sisal ['saɪ·səl] *n* **1.**(*plant*) sisal *f* **2.**(*fiber*) sisal *f*

sissy ['sɪ·si] **I.**<-ies> *n inf* femminuccia *f* **II.**<-ier, -iest> *adj inf* da femminuccia

sister ['sɪs·tə] *n a.* REL sorella *f;* **Sister Catherine** Suor Caterine; ~ **company** consociata *f;* ~ **ship** nave *f* gemella

sisterhood ['sɪs·tə·hʊd] *n* solidarietà *f* tra sorelle

sister-in-law ['sɪs·tə·ɪn·lɑː] <sisters-in-law> *n* cognata *f*

sisterly *adj* (*affection*) da sorella; **to feel ~ towards sb** considerarsi come una sorella per qu

sit [sɪt] <sat, sat> **I.** *vi* **1.**sedere; (*be in seated position*) essere seduto, -a; ~! (*to dog*) cuccia! **2.**ART posare; **to ~ for one's portrait** posare per un ritratto **3.** *inf* (*babysit*) **to ~ for sb** fare la baby-sitter da qu **4.**(*perch*) posarsi; (*incubate eggs*) covare **5.**(*be placed*) essere, stare; (*rest unmoved*) stare fermo; **to ~ on the shelf** essere sul ripiano **6.**(*be in session*) riunirsi **7.**POL (*be in office*) **to ~ in Congress** sedere in Congresso **8.**(*fit*) **to ~ well/badly** cadere bene/male **9.**(*be agreeable*) **the idea doesn't ~ well with any of them** l'idea non va a genio a nessuno di loro ▸ **to be ~ting pretty** esser messo bene; **to ~ tight** (*not move*) non muoversi; (*not change opinion*) tenere duro **II.** *vt* mettere a sedere

sit around *vi* non far niente; **to ~ the house** starsene in casa a non far niente

◆**sit back** *vi* **1.**(*in chair*) mettersi comodo, -a **2.**(*do nothing*) starsene con le mani in mano

◆**sit down** *vi* **1.**(*take a seat*) sedersi; **to sit oneself down** sedersi **2.**(*be sitting*) essere seduto, -a

◆**sit in** *vi* **1.**(*attend*) assistere **2.**(*represent*) **to ~ for sb** sostituire qu **3.**(*hold sit-in*) fare un sit-in

◆**sit on** *vt inf* **1.**(*withold: information*) non divulgare; (*secret*) non rivelare **2.**(*suppress: idea, plan*) ostacolare

◆**sit out** *vt* **1.**(*not take part in*) non partecipare a; **to ~ a dance** non ballare **2.**(*remain until the end of*) assistere fino alla fine a

◆**sit through** *vt* assistere fino alla fine a

◆**sit up I.** *vi* **1.**(*sit erect*) star seduto con la schiena dritta; ~! stai seduto composto! **2.** *inf* (*pay attention*) rizzare le orecchie **II.** *vt* mettere seduto, -a

sitcom ['sɪt·kɑːm] *n inf* TV *abbr of* **situation comedy** sitcom *f inv*

site [saɪt] **I.** *n* **1.**(*place*) sito *m;* (*of battle, accident*) luogo *m* **2.**(*vacant land for building*) terreno *m;* **building ~** cantiere *m* **3.**GEO ter-

reno *m;* HIST sito *m* **4.**COMPUT sito *m;* **Web ~** sito Internet **II.** *vt* situare

sit-in ['sɪt·ɪn] *n* sit-in *m inv;* **to hold a ~** fare un sit-in

siting *n* ubicazione *f*

sitter *n* **1.**(*babysitter*) baby-sitter *mf inv* **2.**ART modello, -a *m, f*

sitting *n* (*session*) seduta *f;* (*for meal*) ciascuno degli orari in cui è ripartito il servizio di un pasto in un albergo quando non c'è posto per tutti i commensali

sitting duck *n inf* preda *f* facile

sitting room *n* soggiorno *m*

situate ['sɪt·ʃu·eɪt] *vt form* **1.**(*locate*) situare **2.**(*in context*) situare

situated ['sɪt·ʃu·eɪ·t̬ɪd] *adj* **1.**(*located*) situato, -a; **to be ~ near the train station** essere situato vicino alla stazione (ferroviaria) **2.**(*in a state*) **to be well/badly ~** essere in una posizione favorevole/sfavorevole; **to be well ~ to do sth** essere in una posizione favorevole per fare qc

situation [ˌsɪt·ʃu·'eɪ·ʃən] *n* **1.** *a.* ECON, POL (*circumstances*) situazione *f;* **according to the ~** date le circostanze **2.**(*location*) posizione *f*

sit-up ['sɪt·ʌp] *n* **to do ~s** fare degli addominali

six [sɪks] **I.** *n* sei *m;* **in ~ figures** di sei cifre ▸ **~ of one and half a dozen of the other** la stessa identica cosa **II.** *adj* sei *inv*

six-footer [ˌsɪks·'fʊ·t̬əe] *n inf:* persona alta almeno 1,83 m

six-pack ['sɪks·pæk] *n* **1.**(*of beer, soda*) confezione *f* da sei **2.**ANAT pettorali *mpl* scultorei

sixteen [ˌsɪks·'tiːn] **I.** *adj* sedici *inv* **II.** *n* sedici *m; s.a.* **eight**

sixteenth [ˌsɪks·'tiːnθ] **I.** *adj* sedicesimo, -a **II.** *n* **1.**(*order*) sedicesimo, -a *m, f* **2.**(*date*) sedici *m* **3.**(*fraction, part*) sedicesimo *m; s.a.* **eighth**

sixth [sɪkstθ] **I.** *adj* sesto, -a **II.** *n* **1.**(*order*) sesto, -a *m, f* **2.**(*date*) sei *m* **3.**(*fraction, part*) sesto *m; s.a.* **eighth**

sixtieth ['sɪks·ti·əθ] **I.** *adj* sessantesimo, -a **II.** *n* (*order*) sessantesimo, -a *m, f;* (*fraction, part*) sessantesimo *m; s.a.* **eighth**

sixty ['sɪks·ti] **I.** *adj* sessanta *inv* **II.** *n* <-ies> sessanta *m*

sizable ['saɪ·zə·bl] *adj* piuttosto grande; (*sum*) considerevole

size[1] [saɪz] **I.** *n* **1.**(*of person, thing, space*) grandezza *f;* (*of problem, operation*) ampiezza *f;* **a company of that ~** un'azienda di quelle dimensioni; **to be the same ~ as ...** essere grande quanto ...; **to increase/decrease in ~** aumentare/diminuire di grandezza; **to double in ~** raddoppiare di volume; **of any ~** di qualsiasi grandezza; **the ~ of a thumbnail** grande quanto l'unghia del pollice **2.**(*of clothes*) taglia *f;* (*of shoes*) numero *m;* **collar ~** misura *f* di collo **3.**(*of bill, report*) proporzioni *fpl* **II.** *vt* **1.**(*sort*) classificare in base alla grandezza **2.**(*make*) fare su misura; (*clothes*) mettere in ordine di taglia

◆**size up** *vt* valutare

size[2] [saɪz] *n* colla *f*; (*for cloth*) appretto *m*

sizzle ['sɪ·zl] I. *vi* sfrigolare II. *n* sfrigolio *m*

sizzler ['sɪz·lə] *n inf* (*day*) giornata *f* torrida

skate[1] [skeɪt] I. *n* pattino *m* II. *vi* pattinare; **to ~ over an issue** glissare su una questione

skate[2] [skeɪt] *n* (*fish*) razza *f*

skateboard ['skeɪt·bɔːrd] *n* skateboard *m inv*

skateboarder *n* skater *mf inv*

skater *n* pattinatore, -trice *m, f*; **figure ~** pattinatore, -trice *m, f* artistico, -a

skating *n* pattinaggio *m*

skating rink *n* pista *f* di pattinaggio

skedaddle [skɪ·dæ·dl] *vi inf* svignarsela

skein [skeɪn] *n* 1. (*of wool*) matassa *f* 2. (*of geese, swans*) stormo *f*

skeleton ['ske·lə·tən] *n* 1. ANAT scheletro *m* 2. (*of boat, plane*) scheletro *m*; (*of building*) ossatura *f* 3. (*outline: of book, report*) ossatura *f* ▶ **to have ~s in one's closet** avere degli scheletri nell'armadio

skeleton key *n* passe-partout *m inv*

skeptic ['skep·tɪk] *n s.* **sceptic**

skeptical *adj s.* **sceptical**

skepticism ['skep·tɪ·sɪ·zəm] *n s.* **scepticism**

sketch [sketʃ] I. *n* 1. ART schizzo *m*; **to make a ~ of sb/sth** fare uno schizzo di qu/qc 2. (*rough draft*) abbozzo *m* 3. (*outline*) descrizione *f* sommaria 4. THEAT, TV sketch *m inv* II. *vt* 1. ART fare uno schizzo di 2. (*write draft of*) fare un abbozzo di III. *vi* ART fare degli schizzi

◆**sketch in** *vt* (*details*) aggiungere

◆**sketch out** *vt* 1. ART abbozzare 2. (*describe*) descrivere a grandi linee

sketchbook ['sketʃ·bʊk] *n* album *m* per schizzi *inv*

sketchy ['sket·ʃi] <-ier, -iest> *adj* (*vague*) impreciso, -a; (*incomplete*) incompleto, -a

skew [skjuː] *vt* (*distort*) falsare

skewbald ['skjuː·bɑːld] I. *n* cavallo *m* pezzato II. *adj* pezzato, -a

skewed [skjuːd] *adj* distorto, -a

skewer ['skjuː·ə] I. *n* spiedo *m* II. *vt* infilzare

ski [skiː] I. *n* sci *m inv*; **on ~s** sugli sci II. *vi* sciare; **to ~ down a slope** scendere da un pendio sciando

ski boot *n* scarpone *m* da sci

skid [skɪd] I. <-dd-> *vi* 1. (*on ice*) slittare; **to ~ to a halt** slittare fino a fermarsi; **to ~ off the road** slittare e finire fuori strada 2. (*slide over*) **to ~ along** [*o* across] **sth** scivolare su qc II. *n* 1. (*while driving*) slittata *f*; **to go into a ~** fare una slittata 2. AVIAT carrello *m* di atterraggio ▶ **to be on the ~s** *inf* andare di male in peggio

skidmark *n* AUTO segno *m* di sgommata

skid row *n sl* zona *f* malfamata; **to be on ~** essere un barbone

skier ['skiː·ə] *n* sciatore, -trice *m, f*

skiff [skɪf] *n* skiff *m inv*

skiing *n* sci *m*; **~ equipment** attrezzatura *f* da sci; **~ lesson** lezione *f* di sci

ski instructor *n* maestro, -a *m, f* di sci

ski jump *n* 1. (*jump*) salto *m* dal trampolino, con gli sci 2. (*runway*) pista *f* per salto dal trampolino

ski lift *n* ski-lift *m inv*

skill [skɪl] *n* 1. (*ability*) abilità *f*; **to involve some ~** richiedere una certa abilità 2. (*technique*) dote *f*; **communication ~s** doti *fpl* di comunicazione; **to have language ~s** essere portato per le lingue *f*; **negotiating ~s** arte *f* di negoziare

skilled *adj* 1. (*trained*) esperto, -a; (*skillful*) abile 2. (*requiring skill*) qualificato, -a; **~ labor** manodopera *f* qualificata

skillet ['skɪ·lɪt] *n* padella *f*

skillful ['skɪl·fəl] *adj* dotato, -a

skillfully *adv* abilmente

skim [skɪm] <-mm-> I. *vt* 1. CULIN asportare; (*milk*) scremare 2. (*move above*) rasentare II. *vi* **to ~ over sth** passare rasente qc; **to ~ through sth** *fig* dare una scorsa a

ski mask *n* passamontagna *m inv*

skim milk *n* latte *m* scremato

skimp [skɪmp] *vi* **to ~ (on sth)** lesinare (su qc)

skimpy ['skɪm·pi] <-ier, -iest> *adj* 1. (*clothing*) succinto, -a 2. (*meal*) scarso, -a; (*knowledge*) superficiale

skin [skɪn] I. *n* 1. (*of person, animal*) pelle *f*; **to be soaked to the ~** essere zuppo (d'acqua) 2. (*of apple, potato, tomato*) buccia *f*; (*of melon*) scorza *f* 3. TECH rivestimento *m* 4. (*on milk*) panna *f* ▶ **to be all ~ and bone(s)** essere pelle e ossa; **it's no ~ off his/her back** *inf* non gli/le fa né caldo né freddo; **by the ~ of one's teeth** *inf* per un pelo; **to have a thick ~** avere la pelle dura; **to jump out of one's ~** *inf* prendersi un colpo; **to get under sb's ~** (*annoy*) dare sui nervi a qu II. <-nn-> *vt* 1. (*remove skin from: animal*) spellare; **to ~ sb alive** *iron* scorticare qu vivo 2. (*graze*) sbucciarsi

skin cancer *n* tumore *m* della pelle

skin-colored *adj* color carne

skin-deep *adj* superficiale

skin diver *n* persona che fa immersioni in apnea

skin diving *n* immersione *f* in apnea

skin flick *n sl* film *m* porno *inv*

skinflint ['skɪn·flɪnt] *n* taccagno, -a *m, f*

skin graft *n* MED 1. (*transplant*) innesto *m* cutaneo 2. (*section*) frammento *m* di pelle

skinhead ['skɪn·hed] *n sl* skinhead *mf inv*

skinny ['skɪ·ni] I. <-ier, -iest> *adj* ossuto, -a II. *n sl* dettagli *mpl* piccanti; **to give sb the ~ on sth** raccontare a qu i dettagli piccanti di qc

skinny-dip ['skɪ·ni·dɪp] <-pp-> *vi inf* fare il bagno nudo

skintight [skɪn·'taɪt] *adj* attillato, -a

skip [skɪp] I. <-pp-> *vi* 1. (*take light steps*) trotterellare; **to ~ from one subject to another** saltare di palo in frasca 2. (*with rope*) saltare la corda 3. MUS (*not play properly*) saltare II. <-pp-> *vt* 1. (*leave out*) saltare 2. *inf* (*not participate in*) saltare; **to ~ class** saltare

S

le lezioni **3.** *inf* (*leave*) **to ~ town** lasciare di nascosto la città **4.** (*hop with rope*) **to ~ rope** saltare con la corda **5.** SCHOOL **to ~ a grade** saltare una classe **III.** *n* saltello *m*

ski pants *npl* pantaloni *mpl* da sci

ski pass *n* ski-pass *m inv*

ski plane *n*, **skiplane** *n* velivolo *m* con i pattini

ski pole *n* racchetta *f* da sci

skipper ['skɪ·pə-] **I.** *n* NAUT padrone, -a *m, f;* (*captain*) capitano, -a *m, f; inf* (*form of address*) capo *m* **II.** *vt* (*ship, aircraft*) comandare su; (*team*) capitaneggiare

ski rack *n* portasci *m inv*

ski resort *n* stazione *f* sciistica

skirmish ['skɜ:r·mɪʃ] **I.** *n* **1.** MIL scaramuccia *f* **2.** (*argument*) scaramuccia *f* **II.** *vi* **1.** MIL avere una scaramuccia **2.** (*argue*) avere una scaramuccia

skirt [skɜ:rt] **I.** *n* (*garment*) gonna *f;* (*lower part of coat*) falda *f* **II.** *vt* **1.** (*path, road*) circondare **2.** (*avoid*) aggirare

ski slope *n* pista *f* da sci

skit [skɪt] *n* parodia *f;* **a ~ about sb/sth** una parodia di qu/qc

skittish ['skɪt·ɪʃ] *adj* **1.** (*nervous: horse, person*) nervoso, -a **2.** (*fickle*) capriccioso, -a

skivvy ['skɪ·vi] <-ies> *n pl, inf* biancheria *f* intima da uomo

skulduggery [skʌl·'dʌ·gə·ri] *n s.* **skullduggery**

skulk [skʌlk] *vi* **1.** (*hide*) nascondersi **2.** (*move furtively*) aggirarsi furtivamente

skull [skʌl] *n a.* ANAT cranio *m* ▶ **to be bored out of one's ~** *inf* essere annoiato a morte

skull and crossbones *npl* bandiera *f* con il teschio

skullcap ['skʌl·kæp] *n* (*small cap*) papalina *f;* REL zucchetto *m inv*

skullduggery [skʌl·'dʌ·gə·ri] *n* intrallazzi *mpl*

skunk [skʌŋk] *n* **1.** (*animal*) moffetta *f* **2.** *inf* (*person*) canaglia *f*

sky [skaɪ] <-ies> *n* cielo *m;* **the sunny skies of California** il cielo assolato della California; **under blue skies** sotto il cielo azzurro ▶ **the ~'s the limit** tutto è possibile; **to praise sb to the skies** portare qu alle stelle

sky-blue [ˌskaɪ·blu:] *adj* azzurro, -a

sky blue *n* azzurro *m*

skybox [ˌskaɪ·bɑːks] *n* tribuna *f* dei vip

skydiving ['skaɪ·ˌdaɪ·vɪŋ] *n* caduta libera (*in paracadute*)

sky-high [ˌskaɪ·'haɪ] **I.** *adv a. fig* per aria; **to go ~** (*prices*) salire alle stelle **II.** *adj* (*prices*) astronomico, -a

skyjack ['skaɪ·dʒæk] *vt* (*plane*) dirottare

skylark ['skaɪ·lɑːrk] **I.** *n* allodola *f* **II.** *vi* fare baldoria

skylight ['skaɪ·laɪt] *n* lucernario *m*

skyline ['skaɪ·laɪn] *n* **1.** (*city rooftops*) profilo *m* dei tetti **2.** (*horizon*) orizzonte *m*

skype [skaɪp] TEL, INET **I.** *vi* skypare **II.** *vt* chiamare su Skype

skyrocket ['skaɪ·ˌrɑː·kɪt] *vi* salire alle stelle

skyscraper ['skaɪ·skreɪ·pə-] *n* grattacielo *m*

slab [slæb] *n* **1.** (*flat piece: of stone*) lastra *f;* (*of concrete*) blocco *m;* (*of wood*) tavola *f* **2.** (*slice: of cake, of cheese*) pezzo *m;* (*of chocolate*) tavoletta *f* **3.** (*in mortuary*) tavolo *m* di obitorio

slack [slæk] **I.** *adj* **1.** (*loose: rope*) lento, -a; (*muscle*) flaccido, -a **2.** *pej* (*lazy: student*) svogliato, -a; (*piece of work, writing style*) poco curato, -a; (*discipline*) lassista; (*in paying*) negligente **3.** (*not busy*) fiacco, -a; **~ period** periodo fiacco **II.** *n* **1.** (*looseness*) allentamento *m;* **to take up the ~** (*of rope*) tendere la corda **2.** COM periodo *m* fiacco ▶ **to cut sb some ~** *sl* non andarci giù troppo duro **III.** *vi* darsi meno da fare

slacken ['slæ·kən] **I.** *vt* **1.** (*loosen*) allentare **2.** (*reduce: speed, vigilance*) ridurre; (*pace*) rallentare **II.** *vi* **1.** (*loosen*) allentarsi **2.** (*diminish: demand, intensity*) diminuire

◆ **slack off** *vi*, **slacken off I.** *vi* **1.** (*make less effort*) darsi meno da fare **2.** (*go more slowly*) rallentare il passo **3.** (*diminish: demand, intensity*) diminuire **II.** *vt* ridurre

slackening ['slæ·kə·nɪŋ] *n* **1.** (*loosening*) allentamento *m* **2.** (*of speed, intensity*) diminuzione *f*

slacker ['slæ·kə-] *n inf* scansafatiche *mf inv*

slackness ['slæk·nɪs] *n* **1.** (*looseness*) assenza *f* di tensione **2.** (*of discipline*) allentamento *m;* (*negligence*) negligenza *f* **3.** COM inattività *f* **4.** (*laziness*) svogliatezza *f*

slacks [slæks] *npl* pantaloni *mpl* (sportivi)

slain [sleɪn] **I.** *pp of* **slay II.** *n* **the ~** i caduti

slake [sleɪk] *vt liter* placare; **to ~ one's thirst** placare la sete

slalom ['slɑː·ləm] *n* slalom *m inv*

slam [slæm] **I.**<-mm-> *vt* **1.** (*strike*) colpire; **to ~ the door** sbattere la porta; **to ~ a window shut** chiudere una finestra con un colpo; **to ~ the ball into the net** sparare il pallone in rete; **to ~ the phone down on sb** sbattere il telefono in faccia a qu **2.** *inf* (*criticize*) fare a pezzi **II.**<-mm-> *vi* **1.** (*close noisily*) sbattere **2.** (*hit hard*) **to ~ against sth** sbattere contro qc; **to ~ into sth** sbattere contro qc **III.** *n* (*of door*) sbattimento *m;* **to close a book with a ~** chiudere un libro con un gesto brusco

slammer ['ʃlæ·mə-] *n inf* galera *f*

slander ['slæn·də-] **I.** *n* LAW diffamazione *f* **II.** *vt* diffamare

slanderer ['slæn·də·-ə-] *n* diffamatore, -trice *m, f*

slanderous ['slæn·də·-rəs] *adj* diffamatorio, -a

slang [slæŋ] **I.** *n* gergo *m* **II.** *adj* gergale

slangy <-ier, -iest> *adj inf* gergale, -a

slant [slænt] **I.** *vi* essere inclinato, -a **II.** *vt* **1.** (*make diagonal*) inclinare **2.** (*give bias to*) distorcere **III.** *n* **1.** (*slope*) inclinazione *f;* **to be built on a ~** essere costruito su una pendenza **2.** (*perspective*) taglio *m;* **to put a favorable ~ on sth** presentare qc in una luce favorevole

slanting *adj* (*roof*) inclinato, -a; (*eyes*) a mandorla

slap [slæp] **I.** *n* schiaffo *m;* **a ~ in the face** *fig* uno schiaffo morale; **the ~ of the waves** il fragore delle onde che si infrangono **II.** <-pp-> *vt* **1.** (*hit*) schiaffeggiare **2.** (*put*) **to ~ the book onto the table** sbattere il libro sul tavolo **3.** (*put on quickly*) **to ~ paint onto the wall** dare una spennellata al muro **4.** LAW **to ~ sb with a lawsuit** fare causa a qu **III.** *adv inf* in pieno; **to drive ~ into sth** sbattere in pieno contro qc; **to leave ~ in the middle of a meeting** andarsene nel bel mezzo di una riunione

◆**slap down** *vt* **1.** (*put down with slap*) sbattere **2.** (*silence rudely*) mettere a tacere

slapdash ['slæp·dæʃ] *adj pej, inf* raffazzonato, -a

slapjack ['slæp·ˌdʒæk] *n* crêpe *f inv*

slapstick ['slæp·stɪk] *n* slapstick *m inv* (*effetto comico con torte in faccia, cadute clamorose, ecc.*)

slash [slæʃ] **I.** *vt* **1.** (*cut deeply*) sfregiare; **to ~ one's wrists** tagliarsi le vene **2.** (*reduce: spending, budget*) tagliare drasticamente; (*prices*) abbattere **II.** *n* **1.** (*cut*) sfregio *m* **2.** (*swinging blow*) ampio movimento *m* **3.** FASHION spacco *m* **4.** TYPO barra *f*

slat [slæt] *n* (*of wood, plastic*) stecca *f*

slate [sleɪt] **I.** *n* **1.** (*for roof, writing*) tegola *f* **2.** POL lista *f* dei candidati ▸**to have a clean ~** *inf* ripartire da zero; **to wipe the ~ clean** *inf* metterci una pietra sopra **II.** *vt* **1.** (*cover with slates*) mettere le tegole su **2.** (*schedule*) programmare; POL mettere nella lista dei candidati

slather I. *vt inf* spalmare abbondantemente **II.** *n sl* un casino di

slaughter ['slɑː·t̬ɚ] **I.** *vt* **1.** (*kill: animal*) macellare; (*person*) massacrare **2.** *inf* (*defeat*) stracciare **II.** *n* **1.** (*killing: of animal*) macello *m;* (*of person*) massacro *m* **2.** *inf* (*defeat*) sconfitta *f* clamorosa

slaughterhouse ['slɑː·t̬ɚ·haʊs] *n* macello *m*

Slav [slɑːv] **I.** *n* slavo, -a *m, f* **II.** *adj* slavo, -a

slave [sleɪv] **I.** *n* schiavo, -a *m, f* ▸**to be a ~ to fashion** essere schiavo della moda **II.** *vi* lavorare come un negro

slave driver *n iron, inf* negriero, -a *m, f*

slaver ['sleɪ·vɚ] *n* HIST **1.** (*ship*) nave *f* negriera **2.** (*slave trader*) negriero, -a *m, f*

slavery ['sleɪ·və·ri] *n* schiavitù *f*

slave trade *n* HIST tratta *f* degli schiavi

Slavic ['slɑ·vɪk] **I.** *n* slavo, -a *m, f* **II.** *adj* slavo, -a

slavish ['sleɪ·vɪʃ] *adj* **1.** (*servile*) servile **2.** (*unoriginal*) pedissequo, -a

Slavonic [slə·'vɑː·nɪk] **I.** *n* slavo, -a *m, f* **II.** *adj* slavo, -a

slay [sleɪ] <slew, slain> *vt* LIT uccidere

sleaze [sliːz] *n* squallore *m;* POL corruzione *f*

sleazy ['sliː·zi] <-ier, -iest> *adj* (*area, bar, affair*) squallido, -a; (*person*) depravato, -a; POL corrotto, -a

sled [sled] **I.** *n* slitta *f* **II.** <-dd-> *vi* andare in slitta

sledge [sledʒ] *n s.* **sledgehammer**

sledgehammer ['sledʒ·ˌhæ·mɚ] *n* mazza *f*

sleek [sliːk] *adj* (*fur, hair*) liscio, -a e lucido, -a; (*car, person*) elegante

◆**sleek down** *vt* lisciare

sleep [sliːp] **I.** *n* **1.** (*resting state*) sonno *m;* **to go** [*o* **get**] **to ~** addormentarsi; **to fall into a deep ~** cadere in un sonno profondo; **to not lose ~ over sth** non perdere il sonno per qc; **to put sb to ~** far dormire qu; **to put an animal to ~** (*kill*) far sopprimere; **go back to ~ !** *iron* continua a dormire! **2.** *inf* (*substance*) cispa *f;* **to rub the ~ from one's eyes** sfregarsi gli occhi, *per il sonno* **II.** <slept, slept> *vi* dormire; **to ~ sound(ly)** dormire profondamente; **~ tight!** sogni d'oro! ▸**to ~ on it** dormirci sopra **III.** *vt* **it ~s four** ci sono quattro posti letto

◆**sleep around** *vi pej, inf* andare a letto un po' con tutti

◆**sleep in** *vi* dormire fino a tardi

◆**sleep off** *vt* **to sleep it off** farsi una dormita per smaltire la sbornia

◆**sleep out** *vi* dormire all'addiaccio

◆**sleep through** *vt* **to ~ noise** non svegliarsi per il rumore; **to ~ the entire trip** dormire (per) tutto il viaggio

◆**sleep together** *vi* **1.** (*have sex*) andare a letto insieme **2.** (*share bed*) dormire insieme

◆**sleep with** *vt* **1.** (*have sex with*) andare a letto con **2.** (*share bed with*) dormire con

sleeper ['sliː·pɚ] *n* **1.** (*person*) persona *f* addormentata; **to be a heavy/light ~** avere il sonno pesante/leggero **2.** RAIL (*carriage*) cuccetta *f*

sleepiness *n* sonnolenza *f*

sleeping bag *n* sacco *m* a pelo

Sleeping Beauty *n* la Bella Addormentata

sleeping car *n* vagone *m* letto

sleeping pill *n* sonnifero *m*

sleeping sickness *n* malattia *f* del sonno

sleepless ['sliːp·ləs] *adj* insonne

sleepwalk ['sliːp·wɑːk] *vi* essere sonnambulo *m;* **he ~s** è sonnambulo

sleepwalker ['sliːp·ˌwɑː·kɚ] *n* sonnambulo, -a *m, f*

sleepy ['sliː·pi] <-ier, -iest> *adj* **1.** (*drowsy*) sonnolento, -a **2.** (*quiet: village*) sonnolento, -a

sleepyhead ['sliː·pi·hed] *n inf* dormiglione, -a *m, f*

sleet [sliːt] **I.** *n* neve *f* mista a pioggia **II.** *vi* **it is ~ing** cade neve mista a pioggia

sleeve [sliːv] *n* **1.** (*of shirt*) manica *f;* **to roll up one's ~s** rimboccarsi le maniche **2.** (*cover*) custodia *f* **3.** (*for record*) copertina *f* ▸**to have sth up one's ~** avere qc in serbo

sleeveless ['sliːv·lɪs] *adj* senza maniche

sleigh [sleɪ] *n* slitta *f*

sleight of hand [ˌslaɪt·ɑːf·'hænd] *n* gioco *m* di prestigio

slender ['slen·dɚ] *adj* **1.** (*person*) snello,

S

-a; (*rod, branch*) sottile, -a **2.**(*majority, resources*) scarso, -a; (*chance*) remoto, -a
slenderize ['slen·də·raɪz] *vi, vt inf* snellire
slept [slept] *pt, pp of* **sleep**
slew [slu:] *pt of* **slay**
slice [slaɪs] **I.** *n* **1.**CULIN (*of bread, ham, meat, cake*) fetta *f;* (*of pizza*) pezzo *m;* (*of cucumber, lemon*) fettina *f* **2.**(*share: of credit, profits*) parte *f* **3.**(*tennis, golf*) slice *m inv* ▶ **to get a ~ of the** pie avere una fetta della torta; **~ of** life scorcio *m* di vita **II.** *vt* **1.**(*bread, cake*) tagliare a fette; (*ham, meat*) affettare; (*cucumber, lemon*) tagliare a fettine **2.**SPORTS **to ~ the ball** (*in tennis, golf*) dare effetto alla palla ▶ **any** way **you ~ it** girala come vuoi **III.** *vi* **to ~ easily** tagliarsi facilmente
◆**slice off** *vt* **1.**(*bread, cake*) tagliare (a fette); (*ham, meat*) affettare; (*cucumber, lemon*) tagliare (a fettine) **2.**(*reduce by*) ridurre di
◆**slice up** *vt* (*bread, cake*) tagliare a fette; (*ham, meat*) affettare; (*cucumber*) tagliare a fettine
sliced *adj* (*bread, meat, cake*) a fette; (*ham*) affettato, -a; (*cucumber, lemon*) a fettine
sliced bread *n* pane *m* a cassetta ▶ **it's the best** thing **since** ~ non c'è niente di meglio
slicer *n* (*for bread*) macchina *f* per tagliare il pane a fette; (*for meat*) affettatrice *f*
slick [slɪk] **I.**<-er, -est> *adj* **1.**(*performance*) pulito, -a **2.**(*person*) abile; *pej* astuto, -a **II.** *n* **1.**(*oil*) onda *f* nera **2.**(*racing tire*) gomma *f* slick
◆**slick back** *vt*, **slick down** *vt* (*hair*) lisciare (all'indietro)
slide [slaɪd] **I.**<slid, slid> *vi* **1.**(*glide smoothly*) scorrere; **the door ~s open/shut** la porta si apre/chiude facendola scorrere; **to ~ back into one's old habits** ricadere nelle vecchie abitudini **2.**(*slip*) scivolare **II.**<slid, slid> *vt* far scorrere; (*cause to slip*) far scivolare; **to ~ the door open/shut** aprire/chiudere la porta facendola scorrere; **to ~ sth across the floor** far scivolare qc sul pavimento **III.** *n* **1.**(*act of sliding*) scorrimento *m* **2.**(*incline*) scivolo *m;* **a water ~** un acquascivolo *m* **3.**(*playground structure*) scivolo *m* **4.**PHOT diapositiva *f* **5.**(*for microscope*) vetrino *m* **6.**GEO smottamento *m* **7.**FIN ribasso *m* **8.**MUS coulisse *f inv*
slide projector *n* proiettore *m* di diapositive
slide rule *n* regolo *m* calcolatore
sliding *adj* (*sunroof, door*) scorrevole
sliding scale *n* scala *f* mobile
slight [slaɪt] **I.**<-er, -est> *adj* **1.**(*small: chance, error*) piccolo, -a; (*change, headache*) leggero, -a; **not in the ~est** assolutamente no; **not to have the ~est** (**idea**) non aver la minima idea **2.**(*slim: person*) minuto, -a **II.** *n* commento *m* sprezzante **III.** *vt* disprezzare
slightly *adv* leggermente; **to be ~ familiar with sth** conoscere un po' qc
slim [slɪm] **I.**<slimmer, slimmest> *adj* **1.**(*slender: person*) snello, -a **2.**(*not as wide*

as tall: cigarette, book) sottile **3.**(*slight: chance*) piccolo, -a **II.**<-mm-> *vi* (*become slim*) dimagrire; (*try to get thinner*) essere a dieta
◆**slim down** *vi* dimagrire
slime [slaɪm] *n* **1.**(*mud*) melma *f* **2.**(*of fish, slug*) bava *f*
slimebag *n*, **slimeball** *n sl* persona *f* viscida
slimy ['slaɪ·mi] <-ier, -iest> *adj* **1.**(*covered in slime*) viscido, -a **2.** *pej* (*person*) viscido, -a
sling [slɪŋ] <slung, slung> **I.** *n* **1.**(*bandage*) fascia *f* **2.**(*for carrying baby*) marsupio *m;* (*for carrying rifle*) bretella *f* **3.**(*for lifting*) imbracatura *f* **4.**(*weapon*) fionda *f* **II.** *vt* **1.**(*fling*) lanciare **2.**(*hang*) appendere
slingshot ['slɪŋ·ʃɑːt] *n* fionda *f*
slink [slɪŋk] <slunk> *vi* **to ~ away** [*o* **off**] svignarsela
slinky ['slɪŋ·ki] <-ier, iest> *adj* (*gait*) sinuoso, -a; (*outfit*) attillato, -a
slip [slɪp] <-pp-> **I.** *n* **1.**(*slipping*) scivolata *f* **2.**(*mistake*) errore *m;* **~ of the pen** lapsus *m inv* calami; **~ of the tongue** lapsus *m inv* (linguae) **3.**COM ricevuta *f;* **a ~ of paper** un foglietto **4.**(*women's underwear*) sottoveste *f* **5.**BOT innesto *m* **6.**NAUT (*place to dock*) posto *m* barca; (*slipway*) scalo di alaggio ▶ **to give sb the ~** sfuggire a qu **II.** *vi* **1.**(*slide*) scivolare **2.**(*move quietly*) **to ~ into a pub** infilarsi in un pub; **to ~ into/out of one's pajamas** infilarsi/togliersi il pigiama **3.**(*decline*) cadere; **to ~ into a depression** cadere in depressione **III.** *vt* **1.**(*put smoothly*) far scivolare; **to ~ sb a note** far scivolare una banconota in mano a qu; **to ~ in a comment** fare un commento; **to ~ some money to sb** dare dei soldi a qu discretamente **2.**(*escape from*) sfuggire a; **to ~ sb's attention** passare inosservato a qu; **it ~ped my mind** mi è sfuggito di mente **3.**NAUT (*anchor*) buttare
◆**slip away** *vi* **1.**(*leave unnoticed*) svignarsela; **to ~** (**from sb/sth**) scappare (da qu/qc) **2.**(*pass swiftly*) passare velocemente **3.**(*be dying*) spegnersi
◆**slip by** *vi* **1.**(*pass quickly: time*) volare **2.**(*pass unnoticed*) passare inosservato, -a
◆**slip down** *vi* lasciarsi scivolare
◆**slip in** *vi* infilarsi
◆**slip off I.** *vi* **1.**(*leave unnoticed*) svignarsela **2.**(*fall off*) cadere **II.** *vt* (*clothes*) togliersi
◆**slip on** *vt* (*clothes*) infilarsi
◆**slip out** *vi* **1.**(*leave unobtrusively*) svignarsela **2.**(*be spoken accidentally*) sfuggire; **the name slipped out** mi è sfuggito il nome
◆**slip up** *vi* sbagliarsi
slipcase ['slɪp·keɪs] *n* cofanetto *m*
slipknot ['slɪp·nɑːt] *n* nodo *m* scorsoio
slip-on ['slɪp·ɑːn] **I.** *adj* (*shoes*) senza lacci **II.** *n pl* mocassini *mpl*
slippage ['slɪ·pɪdʒ] *n* (*in value, standards*) calo *m*
slipper ['slɪ·pɚ] *n* pantofola *f*
slippery ['slɪ·pə·ri] <-ier, -iest> *adj* **1.**(*not giv-*

S

ing firm hold) scivoloso, -a **2.** (*untrustworthy: character*) ambiguo, -a ▶ **to be a ~ customer** essere un individuo subdolo; **to be as ~ as an eel** essere sfuggente come la sabbia tra le dita; (**to be on**) **the ~ slope** essere sulla cattiva strada

slipshod ['slɪp·ʃɑːd] *adj* raffazzonato, -a

slipstream ['slɪp·striːm] *n* scia *f*

slip-up ['slɪp·ʌp] *n* disguido *m*

slipway ['slɪp·weɪ] *n* NAUT scalo *m* di alaggio

slit [slɪt] **I.** <slit, slit> *vt* tagliare; **to ~ sb's throat** tagliare la gola a qu; **to ~ one's wrists** tagliarsi le vene **II.** *n* **1.** (*narrow opening*) fenditura *f* **2.** (*tear*) strappo *m*

slither ['slɪ·ðɚ] *vi* strisciare; **to ~ down the slope** scivolare su una discesa; **to ~ on the ice** pattinare sul ghiaccio

sliver ['slɪ·vɚ] *n* (*of lemon*) pezzetto *m* di scorza; (*of cake*) fettina *f*; (*of glass, wood*) scheggia *f*

slob [slɑːb] *n inf* zoticone, -a *m, f*

slobber ['slɑː·bɚ] *vi* sbavare

slog [slɑːg] *inf* **I.** <-gg-> *vi* (*walk*) avanzare a fatica **II.** <-gg-> *vt* **1.** (*move*) **to ~ one's way** farsi strada a fatica **2.** (*hit*) colpire con forza **III.** *n* sfacchinata *f*

slogan ['sloʊ·gən] *n* slogan *m inv*

sloop [sluːp] *n* sloop *m inv*

slop [slɑːp] <-pp-> **I.** *n* **1.** *inf* (*watery food*) brodaglia *f* **2.** *pl* (*waste liquid*) acqua *f* sporca **II.** *vi inf* rovesciarsi; **to ~ about** [*o* around] ciondolare **III.** *vt inf* rovesciare

slope [sloʊp] **I.** *n* pendio *m;* (*up*) salita *f;* (*down*) discesa *f;* (*for skiing*) pista *f* **II.** *vi* essere in pendenza; **to ~ down** scendere; **to ~ up** salire **III.** *vt* inclinare

sloping *adj* (*roof*) pendente; (*shoulders*) cadente

sloppiness *n* trascuratezza *f*

sloppy ['slɑː·pi] <-ier, -iest> *adj* **1.** (*messy*) trasandato, -a **2.** (*slipshod: language*) poco curato, -a **3.** (*too wet: kiss*) bavoso, -a

slosh [slɑːʃ] **I.** *vi* **1.** (*splash*) rovesciarsi **2.** (*water*) sciabordare **II.** *vt inf* (*liquid*) rovesciare

♦**slosh about** *vi*, **slosh around** *vi* sciabordare

sloshed *adj inf* sbronzo, -a; **to get ~** prendersi una sbronza

slot [slɑːt] **I.** *n* **1.** (*narrow opening*) fessura *f* **2.** TV spazio *m* **3.** AVIAT slot *m inv* **II.** <-tt-> *vt* **to ~ sb/sth in** infilare qc/qu

sloth [slɑːθ] *n* **1.** ZOOL bradipo *m* **2.** (*laziness*) pigrizia *f*

slothful ['slɑː·θ·fəl] *adj* pigro, -a

slot machine ['slɑːt·mə·ʃiːn] *n* slot machine *f inv*

slouch [slaʊtʃ] **I.** *vi* **1.** (*have shoulders bent*) avere le spalle curve **2.** (*walk*) camminare ciondolando **II.** *n* posizione *f* con le spalle curve ▶ **to be no ~** essere bravo, -a

slough[1] [slʌf] *n* **1.** (*bog*) palude *f* **2.** *liter* (*depressed state*) abisso *m*

slough[2] [sluː] *vt* ZOOL (*skin*) mutare

Slovak ['sloʊ·vɑːk] **I.** *adj* slovacco, -a **II.** *n* **1.** (*person*) slovacco, -a *m, f* **2.** LING slovacco *m*

Slovakia [sloʊ·'vɑː·kiə] *n* la Slovacchia

Slovakian *n s.* **Slovak**

sloven ['slʌ·vən] *n* sudicione, -a *m, f*

Slovene ['sloʊ·viːn] **I.** *adj* sloveno, -a **II.** *n* **1.** (*person*) sloveno, -a *m, f* **2.** LING sloveno *m*

Slovenia [sloʊ·'viː·niə] *n* la Slovenia

Slovenian *n s.* **Slovene**

slovenly ['slʌ·vən·li] *adj* trasandato, -a

slow [sloʊ] **I.** *adj* **1.** (*not fast*) lento, -a; (*poison*) a effetto ritardato; **to be ~ to do sth** tardare a fare qc; **to be (10 minutes) ~** essere indietro (di 10 minuti) **2.** (*stupid*) ottuso, -a **II.** *vi* rallentare; **to ~ to a halt** fermarsi progressivamente **III.** *vt* frenare

♦**slow down I.** *vi* **1.** (*reduce speed*) rallentare **2.** (*be less active*) rallentare il ritmo **II.** *vt* rallentare

slowdown ['sloʊ·daʊn] *n* ECON rallentamento *m;* **economic ~** rallentamento *m* economico

slowly *adv* lentamente; **~ but surely** piano ma con fermezza

slow motion I. *n* rallentatore *m;* **in ~** al rallentatore **II.** *adj* al rallentatore

slowness *n* **1.** (*lack of speed*) lentezza *f* **2.** (*stupidity*) ottusità *f*

slowpoke ['sloʊ·poʊk] *n inf* posapiano *mf inv*

slow-witted *adj* duro, -a di comprendonio

SLR *n abbr of* **single-lens reflex** reflex *f* monobiettivo *inv*

sludge [slʌdʒ] *n* melma *f*

slug[1] [slʌg] *n* ZOOL lumaca *f*

slug[2] [slʌg] **I.** *n inf* **1.** (*bullet*) pallottola *f* **2.** (*coin*) gettone *f* contraffatto **3.** *inf* (*swig*) bicchierino *m* **II.** *vi* <-gg-> *inf* (*hit*) dare un cazzotto a; **to ~ it out** darsele di brutto

sluggish ['slʌ·gɪʃ] *adj* fiacco, -a

sluice [sluːs] **I.** *n* (*gate*) chiusa *f* **II.** *vt* annaffiare; **to ~ sth down** lavare qc con abbondante acqua

sluicegate *n* chiusa *f*

sluiceway *n* canale *m* con chiusa

slum [slʌm] *n* (*area*) bassifondi *mpl;* **to live in ~ conditions** vivere nella miseria

slumber ['slʌm·bɚ] **I.** *vi liter* **1.** (*sleep*) dormire **2.** (*be dormant*) essere inattivo, -a **II.** *n liter* **1.** (*sleep*) sonno *m* **2.** (*inactive state*) inattività *f*

slump [slʌmp] **I.** *n* ECON **1.** (*decline*) flessione *f;* **~ in prices** crollo *m* dei prezzi **2.** (*recession*) recessione *f* **II.** *vi* crollare

slung [slʌŋ] *pt, pp of* **sling**

slunk [slʌŋk] *pt, pp of* **slink**

slur [slɜːr] <-rr-> **I.** *vt* pronunciare a fatica; **to ~ one's words** mangiarsi le parole **II.** *n* **1.** (*insult*) calunnia *f* **2.** (*in speech*) pronuncia *f* incomprensibile

slurp [slɜːrp] *inf* **I.** *vt, vi* bere rumorosamente **II.** *n* sorso *m* (rumoroso)

S

slush [slʌʃ] *n* 1. (*snow*) neve *f* sciolta 2. (*sentimentality*) sentimentalismo *m*

slush fund *n pej* fondi *mpl* neri

slushy *adj* <-ier, -iest> 1. (*snow*) sciolto, -a 2. (*sentimental*) sdolcinato, -a

slut [slʌt] *n pej* sgualdrina *f*

sly [slaɪ] *adj* 1. sornione, -a; **on the ~** di nascosto 2. (*crafty*) scaltro, -a

slyly *adv* 1. (*secretively*) in modo sornione 2. (*craftily*) in modo scaltro

smack [smæk] I. *vt* 1. (*slap*) dare un ceffone a 2. (*hit noisily*) battere; **to ~ one's lips** far schioccare le labbra per il disappunto II. *n* 1. *inf* (*slap*) ceffone *m;* (*soft blow*) pacca *f* 2. *inf* (*kiss*) bacio *m* 3. (*loud noise*) fragore *m* III. *adv* 1. (*with a loud noise*) fragorosamente 2. (*directly*) in pieno
◆**smack of** *vi* puzzare di

smacker ['smæ·kə̆] *n inf* bacio *m* sonoro

small [smɔːl] I. *adj* 1. (*not large*) piccolo, -a; (*person*) basso, -a 2. (*young*) piccolo, -a 3. (*insignificant*) piccolo, -a; **on a ~ scale** su scala ridotta; **in his/her own ~ way** nel suo piccolo 4. TYPO (*letter*) minuscola; **with a ~ 'c'** con la 'c' minuscola ▶**it's a ~ world** *prov* il mondo è piccolo *prov* II. *n* **the ~ of the back** le reni

small arms *npl* armi *fpl* leggere

small change *n* spiccioli *mpl*

small-claims court *n* tribunale con competenza ristretta a cause civili di piccola entità

small fry *n inf* **to be a ~** essere di poco conto

small intestine *n* intestino *m* tenue

smallish ['smɔːlɪʃ] *adj* piuttosto piccolo, -a

small-minded [ˌsmɔːlˈmaɪn·dɪd] *adj pej* di idee ristrette

smallness ['smɔːl·nɪs] *n* piccolezza *f*

smallpox ['smɔːl·pɑːks] *n* vaiolo *m*

small-scale *adj* in scala ridotta

small talk *n* conversazione *f* leggera; **to make ~** scambiare due chiacchiere

smalltime *adj* da strapazzo

smart [smɑːrt] I. *adj* 1. (*clever*) intelligente; **to make a ~ move** fare una mossa intelligente; **to be too ~ for sb** essere troppo intelligente per qu 2. (*elegant*) elegante 3. (*quick*) rapido, -a; **to do sth at a ~ pace** fare qc a ritmo sostenuto II. *vi* bruciare; **my eyes ~** mi bruciano gli occhi III. *n* bruciore *m*

smart-alec(k) [ˌsmɑːrt·ˈæ·lɪk] *n pej, inf* saccente *mf*

smart-ass ['smɑːrt·ɑːs] *n pej, inf* saccente *mf*

smart bomb *n* bomba *f* intelligente

smart card *n* COMPUT tessera *f* elettronica

smarten ['smɑːr·tn] I. *vt* **to ~ sth up** dare una sistemata a II. *vi* **to ~ up** darsi una sistemata

smartness ['smɑːrt·nɪs] *n* 1. (*elegance*) eleganza *f* 2. (*intelligence*) intelligenza *f*

smartphone, smart phone ['smɑːrt·foʊn] *n* smartphone *m*

smash [smæʃ] I. *vt* 1. (*break*) rompere, fare a pezzi; (*glass*) mandare in pezzi 2. (*crush*) schiacciare; **to ~ a rebellion** soffocare una rivolta 3. SPORTS (*record*) battere II. *vi* 1. (*break into pieces*) rompersi, andare in pezzi 2. (*strike against*) sbattere; **to ~ into sth** sbattere contro qc III. *n* 1. (*sound*) schianto *m* 2. (*accident*) scontro *m* 3. SPORTS schiacciata *f*
◆**smash in** *vt* sfondare; **to smash sb's face in** *inf* spaccare la faccia a qu
◆**smash up** *vt* distruggere

smashed *adj inf* sbronzo, -a; (*on drugs*) completamente fatto, -a; **to get ~** prendersi una sbronza

smash (hit) *n* successone *m*

smashup *n* scontro *m* violento

smattering ['smæ·t̬ə·rɪŋ] *n* nozioni *fpl*

smear [smɪr] I. *vt* 1. (*spread*) imbrattare; **to ~ sth over sth** imbrattare qc di qc; **to smear sth with sth** imbrattare qc di qc 2. (*attack*) diffamare; **to ~ sb's good name** macchiare il nome di qu II. *n* 1. (*blotch*) macchia *f* 2. (*accusation*) diffamazione *f* 3. MED **a pap ~** un pap test

smear campaign *n* campagna *f* diffamatoria

smear tactics *n* strategia *f* diffamatoria

smell [smel] <smelled *o* smelt, smelled *o* smelt> I. *vi* 1. (*use sense of smell*) sentire gli odori 2. (*give off odor*) odorare; **to ~ good** avere un buon odore 3. (*have unpleasant smell*) puzzare II. *vt* (*person*) sentire odore di; (*animal*) annusare III. *n* 1. (*sense of smelling*) odorato *m*, olfatto *m* 2. (*odor*) odore *m;* (*stink*) puzzo *m* 3. (*sniff*) **to have a ~ of sth** odorare qc 4. (*trace*) odore *m*

smelling salts ['sme·lɪŋ·sɔːlts] *npl* MED sali *fpl* (ammoniacali)

smelly ['sme·li] *adj* <-ier, -iest> puzzolente

smelt[1] [smelt] *vt* MIN fondere

smelt[2] [smelt] <-(s)> *n* (*fish*) sperlano *m*

smelt[3] [smelt] *pt, pp of* **smell**

smidgen ['smɪ·dʒən] *n inf* pizzico *m*

smile [smaɪl] I. *n* sorriso *m;* **to be all ~s** essere tutto sorrisi; **to give sb a ~** sorridere a qu II. *vi* sorridere; **to ~ at** [*o* **about**] **sth** sorridere per qc; **to ~ on sb/sth** sorridere a qu/qc

smiley ['smaɪ·li] *n* COMPUT smiley *m inv,* faccina *f*

smiling *adj* sorridente

smirch [smɜːrtʃ] *vt liter* insozzare

smirk [smɜːrk] I. *vi* sogghignare II. *n* sogghigno *m*

smite [smaɪt] <smote, smitten> *vt liter* colpire (con forza)

smith [smɪθ] *n* fabbro, -a *m, f*

smithereens [ˌsmɪ·ðə·ˈriːnz] *npl* frammenti, frantumi, pezzetti *mpl;* **to smash sth to ~** mandare qc in mille pezzi

smithy ['smɪ·θi] <-ies> *n* officina *f* del fabbro

smitten ['smɪ·tən] *adj* **to be ~ with sb/sth** essere pazzo, -a di qu/qc; **to be ~ by sb** essere innamorato, -a pazzo, -a di qu; **she was ~ by remorse** essere in preda al rimorso

smock [smɑːk] *n* camiciotto *m*

smocking *n* punto *m* smock

smog [smɑːg] *n* smog *m inv*

smoke [smoʊk] **I.** *n* **1.** (*from fire*) fumo *m* **2.** *inf* (*cigarette*) fumo *m* ► **where there's ~, there's fire** *prov* non c'è fumo senza arrosto *prov;* **to go up in ~** andare in fumo **II.** *vt* **1.** (*cigarette, tobacco*) fumare; **to ~ a pipe** fumare la pipa **2.** CULIN fumare ► **to ~ the peace pipe** fumare il calumet della pace; **put that in your pipe and ~ it!** prendi e porta a casa! **III.** *vi* **1.** (*produce smoke*) fumare **2.** (*smoke tobacco*) fumare
◆ **smoke out** *vt* (*rats, insects*) stanare col fumo; (*a scandal*) portare allo scoperto
smoke bomb *n* bomba *f* fumogena
smoked *adj* affumicato, -a; **~ salmon** salmone *m* affumicato
smoke detector *n* rivelatore *m* di fumo
smokeless ['smoʊk·ləs] *adj* senza fumo; **~ tobacco** tabacco *m* da masticare
smoker *n* fumatore, -trice *m, f;* **to be a heavy ~** essere un fumatore accanito
smoke screen *n a. fig* cortina *f* di fumo
smoke signal *n* segnale *f* di fumo
smokestack ['smoʊk·stæk] *n* ciminiera *f*
smoking *n* fumo *m;* **to give up ~** smettere di fumare; **~ ban** divieto *m* di fumare
smoky ['smoʊ·ki] *adj* <-ier, -iest> **1.** (*filled with smoke*) fumoso, -a **2.** (*producing smoke*) fumoso, -a; (*fire*) che fa fumo **3.** (*tasting of smoke*) affumicato, -a
smolder ['smoʊl·dɚ] *vi* **1.** (*burn slowly*) bruciare senza fiamma; (*cigarette*) consumarsi lentamente **2.** *fig* covare
smooch [smuːtʃ] **I.** *vi* (*kiss*) baciarsi **II.** *n* (*kiss*) **to have a ~** baciarsi
smooth [smuːð] **I.** *adj* **1.** (*not rough*) liscio, -a; (*surface*) regolare; (*sauce*) ben amalgamato, -a; (*sea*) calmo, -a; **as ~ as silk** liscio come la seta **2.** (*uninterrupted*) senza difficoltà; (*flight*) regolare; (*landing*) non brusco, -a **3.** (*mild: wine, whiskey*) amabile **4.** (*suave*) untuoso, -a; **to be a ~ talker** avere una bella parlantina **II.** *vt* lisciare
◆ **smooth down** *vt* lisciare
◆ **smooth over** *vt* (*difficulty*) appianare
smoothie *n,* **smoothy** ['smuː·ði] *n inf* tipo, -a *m, f* untuoso, -a
smoothly *adv* **to go ~** andare bene
smoothness *n* **1.** (*evenness*) levigatezza *f* **2.** (*lack of difficulty*) assenza *f* di problemi **3.** (*mild taste or texture*) amabilità *f*
smooth-shaven *adj* ben rasato, -a
smote [smoʊt] *pt of* **smite**
smother ['smʌ·ðɚ] *vt* **1.** (*suffocate*) soffocare **2.** (*suppress*) reprimere **3.** (*cover*) **to be ~ed in sth** essere ricoperto di qc
SMS [ˌes·em·'es] TEL, INET **I.** *n abbr of* **short message service 1.** (*service*) SMS *m* **2.** (*message*) SMS *m* **II.** *vt inf* **to ~ sb** mandare un sms a qu, messaggiare qu
space tourism *n* turismo *m* spaziale
smudge [smʌdʒ] **I.** *vt* **1.** (*smear*) far sbavare **2.** (*make dirty*) imbrattare; (*reputation*) macchiare **II.** *vi* sbavare **III.** *n* macchia *f*

smudgy ['smʌ·dʒi] *adj* <-ier, -iest> macchiato, -a
smug [smʌg] *adj* <-gg-> compiaciuto, -a; **to be ~ about sth** compiacersi di qc
smuggle ['smʌ·gl] *vt* LAW contrabbandare; **to ~ sth into** introdurre qc illegalmente in
smuggler ['smʌg·lɚ] *n* contrabbandiere, -a *m, f*
smuggling ['smʌg·lɪŋ] *n* contrabbando *m*
smut [smʌt] *n* **1.** (*obscenity*) sconcezze *fpl* **2.** (*soot*) fuliggine *f*
smutty ['smʌ·t̬i] *adj* <-ier, -iest> sconcio, -a; (*joke*) sporco, -a
snack [snæk] **I.** *n* spuntino *m;* **to have a ~** fare uno spuntino **II.** *vi* mangiucchiare
snack bar *n* snack bar *m inv*
snag [snæg] **I.** *n* **1.** (*problem*) inconveniente *m;* **to hit a ~** incontrare un ostacolo **2.** (*in clothing*) squarcio *m* **II.** <-gg-> *vt* **1.** (*catch and pull*) agganciare **2.** (*cause problems*) ostacolare **III.** <-gg-> *vi* **to ~ on sth** arenarsi su qc
snail [sneɪl] *n* chiocciola *m* ► **at a ~'s pace** a passo di lumaca
snail mail *n* COMPUT posta-lumaca *f* (*riferito alla posta tradizionale in opposizione all'e-mail*)
snake [sneɪk] **I.** *n* serpente *f* **II.** *vi* snodarsi
snake charmer *n* incantatore, -trice *m, f* di serpenti
snakeskin *n* pelle *f* di serpente
snap [snæp] <-pp-> **I.** *n* **1.** (*sound*) botto *m;* (*of fingers*) schiocco *m* **2.** (*fastener*) (bottone *m*) automatico *m* **3.** METEO **a cold ~** un'ondata di freddo **4.** FOOD **a ginger ~** un biscotto allo zenzero **5.** (*photograph*) foto *f inv* **6.** (*in football*) snap *m inv* **II.** *adj* improvviso, -a; **~ decision** decisione *f* improvvisa **III.** *vi* **1.** (*break*) spezzarsi **2.** (*move*) **to ~ back** ritornare; **to ~ shut** chiudersi di botto **3.** (*make snapping sound*) fare un botto **4.** (*bite*) **to ~ at sb** cercare di mordere qu **5.** (*speak sharply*) dire con tono brusco; **to ~ at sb** rispondere male a qu **IV.** *vt* **1.** (*break*) spezzare; **to ~ sth shut** chiudere qc di botto **2.** (*make snapping sound*) schioccare; **to ~ a whip** schioccare una frusta; **to ~ one's fingers** schioccare le dita **3.** PHOT fare una foto a **4.** (*in football*) **to ~ the ball** snappare la palla
◆ **snap out** *vi* **to ~ of sth** uscire da qc; **~ of it!** tirati su!
◆ **snap up** *vt* accaparrarsi
snapdragon ['snæp·ˌdræ·gən] *n* bocca *f* di leone
snappy ['snæ·pi] *adj* <-ier, -iest> **1.** *inf* FASHION alla moda; **to be a ~ dresser** vestirsi alla moda **2.** (*quick*) rapido, -a; **make it ~!** datti una mossa!
snapshot ['snæp·ʃɑːt] *n* foto *f inv*
snare [sner] **I.** *n* laccio *m* (*trappola*) **II.** *vt* (*catch: animal, person*) prendere al laccio
snare drum *n* tamburo *m*
snarl¹ [snɑːrl] **I.** *vi* ringhiare **II.** *n* ringhio *m*

S

snarl² [snɑːrl] *n* **1.** (*tangle*) groviglio *m* **2.** (*traffic jam*) ingorgo *m*
♦ **snarl up** *vi* intasarsi
snarl-up ['snɑːrl·ʌp] *n* ingorgo *m* (stradale)
snatch [snætʃ] **I.** *vt* **1.** (*grab*) strappare; **to ~ sth** (**away**) **from sb** strappare qc a qu **2.** *a. fig* (*steal*) portare via; **to ~ victory** strappare la vittoria **3.** (*kidnap*) rapire **II.** *vi* **to ~ at sth** cercare di afferrare qc **III.** <-es> *n* **1.** (*sudden grab*) strattone *m*; **to make a ~ at sth** cercare di afferrare qc **2.** (*kidnapping*) rapimento *m* **3.** *vulg* (*female genitals*) figa *f*
♦ **snatch up** *vt* afferrare
snazzy ['snæ·zi] *adj* <-ier, -iest> *inf* alla moda
sneak [sniːk] **I.** *vi* passare furtivamente; **to ~ in**/**out** sgattaiolare dentro/fuori; **to ~ away** [*o* **off**] svignarsela **II.** *vt* **to ~ a look at sth**/**sb** guardare qc/qu sottecchi; **to ~ sb**/**sth in**/**out** fare entrare/uscire di nascosto qu/qc **III.** *n* tipo , -a *m, f* subdolo, -a
sneaker ['sniː·kə˞] *n pl* scarpe *fpl* da ginnastica
sneaking *adj* **1.** (*slight*) **a ~ suspicion** un vago sospetto **2.** (*secret*) segreto, -a
sneak preview *n* CINE anteprima *f*
sneaky ['sniː·ki] *adj* <-ier, -iest> *inf* furtivo, -a
sneer [snɪr] **I.** *vi* assumere un'aria sprezzante; **to ~ at sth**/**sb** (*mock*) prendersi gioco di qc/qu **II.** *n* aria *f* sprezzante
sneering ['snɪ·rɪŋ] *adj* sprezzante
sneeze [sniːz] **I.** *vi* starnutire ▶ **that's not something to be ~d at** non è da buttar via **II.** *n* starnuto *m*
snicker I. *vi* ridacchiare (maliziosamente); **to ~ at sth** ridacchiare di qc **II.** *n* risolino *m*
snide [snaɪd] *adj pej* maligno, -a
sniff [snɪf] **I.** *vi* **1.** (*inhale*) tirare su col naso; **to ~ at sth** annusare qc **2.** (*show disdain*) **to ~ at sth** storcere il naso di fronte a qc **3.** (*snoop*) **to go ~ing around for sth** mostrare interesse per qc ▶ **it's not to be ~ed at** non ci sputerei sopra **II.** *vt* annusare; (*cocaine, glue*) sniffare **III.** *n* **1.** (*smell*) odore *m*; **to have a ~** annusare; **to catch a ~ of sth** sentire odore di qc **2.** (*expression of disdain*) aria *f* sprezzante
♦ **sniff out** *vt* (*locate by smelling*) fiutare; (*discover*) scoprire
sniffer dog ['snɪ·fə˞,dɑːg] *n* cane *m* antidroga
sniffle ['snɪ·fl] **I.** *vi* **1.** (*sniff*) tirare su col naso; (*breath*) respirare rumorosamente **2.** (*cry*) piagnucolare **II.** *npl* **to have the ~s** avere il naso che cola
snifter ['snɪf·tə˞] *n* **1.** (*glass*) **a brandy ~** bicchiere *m* da brandy **2.** *inf* (*small drink*) bicchierino *m*
snip [snɪp] **I.** *vt* tagliare (con le forbici) **II.** *n* **1.** (*cut*) colpo *m* di forbici **2.** (*piece of cloth*) ritaglio *m* (di stoffa)
snipe [snaɪp] *vi* **1.** MIL sparare (da una postazione nascosta) **2.** *fig* **to ~ at sb** sparare a zero su qu
sniper ['snaɪ·pə˞] *n* cecchino, -a *m, f*
snippet ['snɪ·pɪt] *n* (*small piece: of information, conversation, text*) frammento *m*; (*of*

cloth) ritaglio *m* (di stoffa); (*of paper, cardboard*) pezzetto *m*
snitch [snɪtʃ] *inf* **I.** *vi pej* fare la spia; **to ~ on sb** fare la spia a qu **II.** *vt* (*steal*) fregare **III.** <-es> *n* **1.** (*thief*) ladruncolo, -a *m, f* **2.** (*tattletale*) spione, -a *m, f*
snivel ['snɪ·vəl] **I.** <-ll-, -l-> *vi* (*cry*) piagnucolare **II.** *n* piagnucolio *m*
snivel(l)ing I. *n* piagnucolio *m* **II.** *adj* piagnucolone, -a
snob [snɑːb] *n* (e)snob *mf*, snob *mf inv*
snobbery ['snɑː·bə˞·i] *n* snobismo *m*
snobbish ['snɑː·bɪʃ] <more, most> *adj* snob *inv*
snooker ['snʊ·kə˞] **I.** *vt* **1.** *inf* (*trick*) abbindolare **2.** GAMES (*block*) impallare; **to be ~ed** *fig, inf* essere bloccato **II.** *n* snooker *m inv*
snoop [snuːp] *pej, inf* **I.** *n* ficcanaso *mf* **II.** *vi* ficcanasare; **to ~ around** ficcare il naso dappertutto
snooty ['snuː·ṭi] <-ier, -iest> *adj* con la puzza sotto il naso
snooze [snuːz] *inf* **I.** *vi* (*nap*) fare una dormitina; (*nap lightly*) sonnecchiare **II.** *n* dormitina *f*
snooze button *n* pulsante *di una sveglia che riattiva la suoneria dopo qualche minuto*
snore [snɔːr] MED **I.** *vi* russare **II.** *n* il russare
snorkel ['snɔːr·kəl] SPORTS **I.** *n* boccaglio *m* **II.** <-ll-, -l-> *vi* fare snorkeling
snorkeling *n* SPORTS **to go ~** fare snorkeling
snort [snɔːrt] **I.** *vi* sbuffare **II.** *vt* **1.** *inf* (*inhale*) inalare; (*cocaine*) sniffare **2.** (*say with disapproval*) grugnire **III.** *n* sbuffo *m*
snot [snɑːt] *n inf* moccio *m*
snotrag ['snɑːt·ræg] *n inf* fazzoletto *m*
snotty ['snɑː·ṭi] <-ier, -iest> *adj inf* **1.** (*full of mucus*) moccioso, -a **2.** (*rude*) presuntuoso, -a
snout [snaʊt] *n* **1.** ZOOL muso *m*; (*of pig*) grugno *m* **2.** *inf* (*of person*) proboscide *f*
snow [snoʊ] **I.** *n* **1.** METEO neve *f*; **a blanket of ~** un mantello di neve **2.** *inf* (*cocaine*) coca *f* **II.** *vi* nevicare
♦ **snow in** *vt* **to be snowed in** essere bloccato, -a dalla neve
♦ **snow under** *vt* **to be snowed under** (**with sth**) essere sommerso, -a (di qc)
snowball ['snoʊ·bɔːl] **I.** *n* palla *f* di neve ▶ **to not have a ~'s chance in hell** (**of doing sth**) non avere la benché minima possibilità (di fare qc) **II.** *vi fig* aumentare progressivamente
snowball effect *n* effetto *m* valanga
snowbank *n* cumulo *m* di neve
snowboard *n* snowboard *m inv*
snowboarding *n* **to go ~** fare snowboard
snowbound ['snoʊ·baʊnd] *adj* bloccato, -a dalla neve
snowcapped ['snoʊ·kæpt] *adj* coperto, -a di neve
snow chain *n* AUTO catena *f* da neve
snow cone *n* cartoccio *m* di granita
snowfall *n* METEO **1.** (*amount snowed*) nevicata *f* **2.** (*snowstorm*) nevicata *f*

snowflake *n* fiocco *m* di neve

snowman *n* pupazzo *m* di neve

snowmobile *n* motoslitta *f*

snowplow *n* **1.** (*snow mover*) spazzaneve *m inv* **2.** SPORTS (*stop*) spazzaneve *m inv*

snowshoe *n* racchetta *f* (da neve)

snowstorm *n* tempesta *f* di neve

snowsuit *n* tuta *m* imbottita (per bambini)

snow tire *n* AUTO gomma *f* da neve

snow-white *adj* candido, -a

Snow White *n* ~ **and the Seven Dwarfs** LIT Biancaneve e i sette nani

snowy ['snoʊ·i] *adj* **1.** METEO (*region, season*) nevoso, -a; (*street, field*) innevato, -a **2.** (*clouds*) da neve; (*pure white: hair, flowers*) candido, -a

snub [snʌb] I. <-bb-> *vt* **to** ~ **sb** snobbare qu II. *n* affronto *m*

snub nose *n* naso *m* all'insù

snub-nosed *adj* **1.** (*pliers*) con la punta arrotondata; (*gun*) a canna mozza **2.** (*person*) con il naso all'insù

snuff [snʌf] I. *vt* **1.** (*put out*) spegnere **2.** *inf* (*end*) soffocare II. *n* tabacco *m* da fiuto

◆**snuff out** *vt* **1.** (*candle*) spegnere **2.** *sl* (*opposition*) soffocare; (*person*) far fuori

snuffbox *n* tabacchiera *f*

snug [snʌg] *adj* **1.** (*cozy*) accogliente; (*warm*) bello, -a caldo, -a **2.** (*tight: dress*) attillato, -a

snuggle ['snʌ·gl] *vi* raggomitolarsi; **to** ~ **up to sb** raggomitolarsi contro qu

so [soʊ] I. *adv* **1.** (*in the same way*) così, tanto; ~ **did/do** I anch'io; ~ **to speak** per così dire **2.** (*like that*) così; ~ **they say** così si dice; **is that** ~**?** davvero?; **I hope/think** ~ spero/ penso di sì **3.** (*to such a degree*) così (tanto); **I** ~ **love him** gli voglio così bene; ~ **late** così tardi; ~ **many books** così tanti libri; **not** ~ **ugly as that** non così brutto; **would you be** ~ **kind as to …?** sarebbe così gentile da …? **4.** (*in order that*) perché; **I bought the book** ~ **that he would read it** ho comprato il libro perché lo leggesse **5.** (*as a result*) quindi, così; **and** ~ **she won** quindi, ha vinto ▶ **and** ~ **on** [*o* **forth**] e così via; **or** ~ più o meno II. *conj* **1.** (*therefore*) perciò **2.** *inf* (*and afterwards*) ~ (**then**) **he told me …** quindi, mi ha detto … **3.** (*summing up*) allora; ~ **what?** e allora?; ~ **now, …** allora …; ~, **as I was saying …** allora, come stavo dicendo … III. *interj* ~ **that's why!** ah, è per questo!

soak [soʊk] I. *vt* mettere a bagno; **to** ~ **sth in liquid** mettere qc a bagno II. *vi* (*lie in liquid*) essere a bagno III. *n* ammollo *m*

◆**soak in** *vi* penetrare

◆**soak up** *vt* **1.** (*absorb*) assorbire; (*money, resources*) mangiarsi **2.** (*take in: people*) assimilare **3.** (*bask in: sun*) fare un bagno di; (*atmosphere*) impregnarsi di

soaked *adj* zuppo, -a

soaking I. *n* ammollo *m;* **to get a good** ~ inzupparsi II. *adj* ~ (**wet**) bagnato, -a fradicio, -a

so-and-so ['soʊ·ən·soʊ] *n inf* (*person*) il tale, la tale; (*thing*) la tal cosa

soap [soʊp] I. *n* **1.** (*for washing*) sapone *m* **2.** TV (*soap opera*) soap opera *f inv* ▶ **soft** ~ insaponata *f* II. *vt* insaponare

soapbox ['soʊp·bɑːks] *n* **1.** (*container*) portasapone *f* **2.** (*pedestal*) podio *m* ▶ **to get on one's** ~ lanciarsi in una filippica

soapbox derby *n* corsa di go-kart per bambini alla quale partecipano concorrenti provenienti da tutti gli Stati Uniti

soap bubble *n* bolla *f* di sapone

soap opera *n* soap opera *f inv*

soapsuds *npl* schiuma *f* di sapone

soapy ['soʊ·pi] <-ier, -iest> *adj* **1.** (*full of lather*) insaponato, -a **2.** (*like soap*) saponoso, -a; **to taste** ~ sapere di sapone **3.** (*flattering*) mellifluo, -a

soar [sɔːr] *vi* **1.** (*rise*) salire; (*house*) torreggiare **2.** (*increase: temperature*) aumentare di colpo; (*prices*) salire alle stelle; (*awareness, hope*) crescere rapidamente **3.** (*bird, plane*) alzarsi in volo; (*glide*) planare

soaring *adj* (*increasing*) in vertiginoso aumento; (*very high*) altissimo, -a

sob [sɑːb] I. <-bb-> *vi* singhiozzare II. <-bb-> *vt* dire tra i singhiozzi III. *n* singhiozzo *m*

sober ['soʊ·bɚ] *adj* **1.** (*not drunk*) sobrio, -a **2.** (*serious: mood, atmosphere, expression*) serio, -a **3.** (*plain: attire, colors*) sobrio, -a **4.** (*straightforward: assessment*) sensato, -a

◆**sober up** I. *vi* **1.** (*become less drunk*) smaltire la sbornia **2.** (*become serious*) farsi serio, -a II. *vt* **to sober sb up** (*make less drunk*) far smaltire la sbornia a qu; (*make serious*) far diventare serio, -a qu

sobering *adj* che fa riflettere

soberness *n* **1.** (*not drunkenness*) sobrietà *f* **2.** (*seriousness*) serietà *f* **3.** (*plainness*) sobrietà *f*

sobriety [sə·'braɪ·ə·ti] *n form* **1.** (*not drunkenness*) sobrietà *f* **2.** (*seriousness*) serietà *f*

sobriety checkpoint *n* posto di controllo con alcoltest *m*

sobriquet ['soʊ·brɪ·keɪ] *n* epiteto *m*

sob story *n pej* storia *f* strappalacrime

so-called [‚soʊ·'kɑːld] *adj* cosiddetto, -a

soccer ['sɑː·kɚ] *n* calcio *m*

soccer player *n* calciatore, -trice *m, f*

sociability [‚soʊ·ʃə·'bɪ·lə·ti] *n* socievolezza *f*

sociable ['soʊ·ʃə·bl] *adj* socievole

social ['soʊ·ʃəl] *adj* sociale; ~ **drinker** persona che beve solo in compagnia; **to climb up the** ~ **ladder** progredire socialmente

socialism ['soʊ·ʃə·lɪ·zəm] *n* socialismo *m*

socialist *n* socialista *mf*

socialite ['soʊ·ʃə·laɪt] *n* persona *f* con un'intensa vita sociale

socialize ['soʊ·ʃə·laɪz] I. *vi* socializzare II. *vt* **1.** PSYCH rendere socievole **2.** POL, ECON nazionalizzare

socially *adv* socialmente

social science *n* scienze *fpl* sociali

S

social security *n* sussidi *mpl* di previdenza sociale

social service *n* 1.(*community help*) servizio *m* sociale 2. *pl* (*welfare*) servizi *mpl* sociali

social studies *n* SCHOOL studi *mpl* sociali

social work *n* assistenza *f* sociale

social worker *n* assistente *mf* sociale

societal [sə·'sa·ɪə·tl] *adj* societario, -a

society [sə·'sa·ɪə·ti] *n* 1.(*all people*) società *f;* (**high**) ~ alta società *f;* **to be a menace to** ~ essere una minaccia per la società 2.(*organization*) associazione *f*

sociocultural [ˌsoʊ·sioʊ·'kʌl·tʃə·rəl] *adj* socioculturale

socioeconomic [ˌsoʊ·sioʊ·ˌe·kə·'nɑ:·mɪk] *adj* socioeconomico, -a

sociolinguistics [ˌsoʊ·sioʊ·lɪŋ·'gwɪs·tɪks] *n* sociolinguistica *f*

sociological [ˌsoʊ·siə·'lɑ:·dʒɪ·kəl] *adj* sociologico, -a

sociologist [ˌsoʊ·si·'ɑ:·lə·dʒɪst] *n* sociologo, -a *m, f*

sociology [ˌsoʊ·si·'ɑ:·lə·dʒi] *n* sociologia *f*

sociopolitical [ˌsoʊ·sioʊ·pə·'lɪ·tɪ·kəl] *adj* sociopolitico, -a

sock¹ [sɑ:k] *n* calza *m;* **knee-high** ~ calza *f,* calzino *m* ▶**to knock sb's** ~**s off** *inf* far rimanere a bocca aperta

sock² [sɑ:k] I. *vt inf* (*hit*) dare un cazzotto a; **to** ~ **sb in the eye** dare un cazzotto in un occhio a qu ▶~ **it to 'em!** fagliela vedere! II. *n inf* cazzotto *m*

socket ['sɑ:·kɪt] *n* 1.ELEC presa *f* (della corrente); **double/triple** ~ presa doppia/tripla 2.(*of eye*) orbita *f;* (*of tooth*) alveolo *m;* (*of shoulder, hip*) cavità *f*

sod [sɑ:d] *n* stronzo *m vulg*

soda ['soʊ·də] *n* 1.(*drink*) bibita *f* gasata 2. CHEM soda *f* 3.(*water*) soda *f*

soda fountain *n* (*pouring device*) distributore *m* di bibite

soda water *n* soda *f*

sodden ['sɑ:·dn] *adj* fradicio, -a

sodium ['soʊ·diəm] *n* sodio *m*

sodium bicarbonate *n* bicarbonato *m* di sodio

sodium carbonate *n* carbonato *m* di sodio

sodium chloride *n* cloruro *m* di sodio

sodomize ['sɑ:·də·maɪz] *vt* sodomizzare

sodomy ['sɑ:·də·mi] *n form* sodomia *f*

sofa ['soʊ·fə] *n* divano *m*

sofa bed *n* divano *m* letto

soft [sɑft] *adj* 1.(*not hard: ground*) molle; (*sand, contact lenses, metal*) morbido, -a; (*pillow, sofa*) soffice; ~ **tissue** MED tessuti *mpl* molli 2.(*smooth: cheeks, skin, landing*) morbido, -a; (*hair*) soffice; ~ **as silk** morbido come la seta 3.(*mild*) leggero, -a 4.(*not bright*) tenue 5.(*quiet: voice*) soave, -a; (*music*) di sottofondo 6.(*lenient*) indulgente; **to go** ~ **on sb** essere troppo indulgente con qu 7.(*easy*) facile; **a** ~ **target** un bersaglio facile 8. FIN (*currency*) deble

softball ['sɑ:ft·bɔ:l] *n* softball *m inv* (*gioco si-*

mile al baseball che si gioca su un campo più piccolo)

soft-boiled [ˌsɑ:ft·'bɔɪld] *adj* alla coque

soften ['sɑ:·fən] I. *vi* 1.(*get soft: butter*) ammorbidirsi; (*ground*) diventare molle 2.(*become lenient*) ammorbidirsi II. *vt* 1.(*make soft: butter, skin*) ammorbidire 2.(*voice*) addolcire 3.(*make easier to bear: effect, blow*) attenuare; (*opinion, words*) ammorbidire

◆**soften up** *vt* ammorbidire; MIL indebolire

softener ['sɑ:·fə·nə] *n* 1.(*for clothes*) ammorbidente *m* 2.(*for water*) addolcitore *m*

softening I. *n* 1.(*reduction of hardness*) ammorbidimento *m;* (*of voice*) addolcimento *m* 2.(*of light*) smorzamento *m* II. *adj* mitigatore, -trice; (*agent*) ammorbidente

soft goods *npl* tessili *mpl* (per la casa)

soft-headed *adj pej* tonto, -a

soft-hearted ['sɑ:ft·ˌhɑːr·tɪd] *adj* dal cuore tenero

softie ['sɑ:·fti] *n inf* bonaccione, -a *m, f*

softly *adv* 1.(*not roughly*) dolcemente 2.(*quietly*) silenziosamente 3.(*to shine*) in modo tenue

softness ['sɑ:ft·nɪs] *n* 1.(*not hardness*) mollezza *f* 2.(*smoothness*) morbidezza *f* 3.(*of light*) delicatezza *f*

soft-spoken *adj* dalla voce soave

software ['sɑ:ft·wer] *n* software *m inv,* programma *m;* **accounting** ~ programma *m* di contabilità

software engineer *n* programmatore, -trice *m, f*

software piracy *n* pirateria *f* informatica

softy ['sɑ:·fti] *n inf* tenerone, -a *m, f; pej* smidollato, -a *m, f*

soggy ['sɑ:·gi] <-ier, -iest> *adj* zuppo, -a

soil¹ [sɔɪl] *n* AGR suolo *m;* **fertile** ~ terreno *m* fertile; **foreign** ~ terra *f* straniera

soil² [sɔɪl] I. *vt form* (*make dirty*) sporcare; **to** ~ **sb's reputation** macchiare la reputazione di qu II. *vi* sporcare

soirée *n,* **soiree** [swɑː·'reɪ] *n form* soirée *f inv*

sojourn ['soʊ·dʒɜːrn] *n* breve soggiorno *m*

sol *n* MUS sol *m*

solace ['sɑː·lɪs] I. *n* conforto *m* II. *vt* confortare

solar ['soʊ·lə] *adj* solare

solar battery *n* batteria *f* solare

solar cell *n* cella [*o* cellula] *f* solare

solar eclipse *n* eclissi *f inv* di sole

solar energy *n* energia *f* solare

solarium [soʊ·'le·ri·əm] <-s *o* solaria> *n* (*place*) centro *m* abbronzatura; (*tanning bed*) lettino *m* solare, solarium *m inv*

solar panel *n* pannello *m* solare

solar plexus *n* plesso *m* solare

solar power *n* energia *f* solare

solar radiation *n* radiazione *f* solare

solar system *n* sistema *m* solare

sold [soʊld] *pt, pp of* **sell**

solder ['sɑ:·də] I. *vt* saldare II. *n* saldatura *f*

S

soldering iron ['sɑː·də·rɪŋ‚a·ɪə·n] *n* saldatore *m*

soldier ['soʊl·dʒə·] I. *n* 1. MIL (*military person*) soldato *m;* **old ~** veterano *m* 2.(*non officer*) soldato *m* II. *vi* fare il soldato
  ◆ **soldier on** *vi* perseverare

sold-out [‚soʊld·'aʊt] *adj* esaurito, -a

sole¹ [soʊl] *adj* (*unique*) unico, -a; (*exclusive*) esclusivo, -a; **~ right** diritto *m* esclusivo

sole² [soʊl] *n* (*of foot*) pianta *f;* (*of shoe*) suola *f*

sole³ [soʊl] <-(s)> *n* (*fish*) sogliola *f;* **filet of ~** filetto *m* di sogliola

solecism ['sɑː·lə·sɪ·zəm] *n form* 1. LING solecismo *m* 2.(*breach of good manners*) atto *f* di maleducazione

solely ['soʊ·li] *adv* unicamente

solemn ['sɑː·ləm] *adj* (*occasion, promise*) solenne; (*person, appearance*) serio, -a

solemnity [sə·'lem·nə·ti] *n* solennità *f*

solemnize ['sɑː·ləm·naɪz] *vt form* celebrare solennemente

solenoid ['soʊ·lə·nɔɪd] *n* ELEC solenoide *m*

solicit [sə·'lɪ·sɪt] I. *vt* 1.(*ask for*) sollecitare 2.(*offer sex*) adescare II. *vi* (*offer sex*) adescare clienti

solicitation *n* LAW istigazione *f* a delinquere

solicitous [sə·'lɪ·sɪ·təs] *adj* sollecito, -a

solicitude [sə·'lɪ·sɪ·tuːd] *n form* sollecitudine *f*

solid ['sɑː·lɪd] I. *adj* 1.(*hard*) solido, -a; (*table, door, wall*) robusto, -a; (*meal*) sostanzioso, -a; **to be (as) ~ as a rock** (*person*) essere una roccia; (*relationship*) essere indistruttibile 2.(*not hollow*) massiccio, -a 3.(*true*) fondato, -a; (*evidence, facts*) certo, -a; (*argument*) solido, -a; (*conviction*) fermo, -a; (*agreement*) concreto, -a 4.(*uninterrupted: wall, line*) continuo, -a; (*hour, day, week*) intero, -a 5.(*three-dimensional*) solido, -a 6.(*good: work, picture*) eccellente II. *adv* **to be packed ~** essere pieno zeppo; **to be frozen ~** essere completamente gelato III. *n* 1.(*shape*) solido *m* 2. *pl* CULIN cibi *mpl* solidi

solidarity [‚sɑː·lə·'de·rə·ti] *n* solidarietà *f*

solid fuel *n* combustibile *m* solido

solidify [sə·'lɪ·də·faɪ] <-ie-, -ying> I. *vi* solidificarsi; (*plans, project, idea*) concretizzarsi II. *vt* 1.(*make hard*) solidificare 2.(*reinforce*) rinforzare

solidity [sə·'lɪ·də·ti] *n* solidità *f*

solidly *adv* 1.(*robustly*) solidamente 2.(*without interruption*) ininterrottamente 3.(*in strong manner*) al cento per cento 4.(*unanimously*) unanimemente

solid-state [‚sɑː·lɪd·'steɪt] *adj* allo stato solido

soliloquy [sə·'lɪ·lə·kwi] *n* soliloquio *m*

solitaire ['sɑː·lə·ter] *n* solitario *m*

solitary ['sɑː·lə·te·ri] I. *adj* 1.(*alone*) solitario, -a 2.(*isolated*) isolato, -a; (*unvisited*) appartato, -a; **to go for a ~ walk** andare a fare una passeggiata da solo II. *n inf* (*isolation*) isolamento *m*

solitary confinement *n* isolamento *m*

solitude ['sɑː·lə·tuːd] *n* 1.(*loneliness*) solitudine *f* 2.(*isolation*) isolamento *m*

solo ['soʊ·loʊ] I. *adj* solo, -a; **~ flight** volo *m* in solitario II. *adv* da solo; MUS da solo; **to go ~** diventare solista; **to fly ~** AVIAT volare in solitario III. *n* MUS assolo *m*

soloist ['soʊ·loʊ·ɪst] *n* solista *mf*

Solomon Islands ['sɑː·lə·mən‚aɪ·ləndz] *n* isole *fpl* Salomone

solstice ['sɑː·l·stɪs] *n* solstizio *m*

soluble ['sɑː·l·jə·bl] *adj* (*substance, problem*) solubile

solution [sə·'luː·ʃən] *n* soluzione *f*

solve [sɑː·lv] *vt* risolvere

solvency ['sɑː·l·vən·si] *n* solvenza *f*

solvent ['sɑː·l·vənt] I. *n* solvente *m* II. *adj* solvente

Somali [soʊ·'mɑː·li] I. <-(s)> *n* 1.(*person*) somalo, -a *m, f* 2.(*language*) somalo *m* II. *adj* somalo, -a

Somalia [soʊ·'mɑː·liə] *n* la Somalia

somber ['sɑː·m·bə·] *adj* (*mood*) cupo, -a; (*color*) scuro, -a

some [sʌm] I. *adj indef* 1. *pl* (*several*) alcuni, -e; **~ apples** alcune mele; **~ people think ...** alcuni pensano che ... 2.(*imprecise*) qualche; **(at) ~ place** in qualche posto; **~ day** un giorno o l'altro; **(at) ~ time** una volta o l'altra; **for ~ time** per qualche tempo; **~ other time** un'altra volta; **~ time ago** qualche tempo fa; **in ~ way or another** in un modo o nell'altro; **to have ~ idea of sth** avere una qualche idea di qc 3.(*amount*) un po' di; **~ more tea** ancora un po' di tè; **to have ~ money** avere un po' di soldi; **to ~ extent** fino a un certo punto II. *pron indef* 1. *pl* (*several*) alcuni, -e; I would like **~** ne vorrei alcuni; **~ like it, others don't** ad alcuni piace, ad altri no 2.(*part of it*) un po'; I would like **~** ne vorrei un po' III. *adv* qualche; **~ more apples** qualche altra mela; **~ more wine** ancora un po' di vino

somebody ['sʌm‚bɑː·di] *pron indef* qualcuno; **~ else** qualcun altro; **~ or other** qualcuno; **there is ~ Italian on the phone** c'è un italiano al telefono

somehow ['sʌm·haʊ] *adv* 1.(*through unknown methods*) in qualche modo 2.(*for an unclear reason*) per qualche ragione 3.(*come what may*) in un modo o nell'altro

someone ['sʌm·wʌn] *pron s.* **somebody**

someplace ['sʌm·pleɪs] *adv* in qualche posto

somersault ['sʌ·mə·sɑːlt] I. *n* salto *m* mortale; **to do a ~** fare un salto mortale II. *vi* (*person*) fare un salto mortale; (*vehicle*) cappottare

something ['sʌm·θɪŋ] I. *pron indef, sing* 1.(*some object or concept*) qualcosa; **~ else** qualcos'altro; **~ nice** qualcosa di bello; **~ or other** qualcosa; **one can't have ~ for nothing** non si ha niente per niente 2.(*about*) ... **or ~ inf ...** o qualcosa del genere; **six-foot ~** un metro e ottanta e qualcosa; **his name is David ~** si chiama David qualcosa II. *n* **a lit-**

S

tle ~ una cosetta; **a certain** ~ un certo non so che ▶**that is** <u>really</u> ~! mica male! **III.** *adv* ~ **around $10** intorno ai 10 dollari; ~ **over/under $100** poco più/meno di 100 dollari

sometime ['sʌm·taɪm] **I.** *adv* qualche volta; ~ **before June** prima di giugno; ~ **soon** presto; ~ **tomorrow** domani in giornata; **I'll tell him** ~ prima o poi glielo dirò **II.** *adj form* ex

sometimes ['sʌm·taɪmz] *adv* a volte

somewhat ['sʌm·wɑːt] *adv* leggermente; **to feel** ~ **better** sentirsi leggermente meglio

somewhere ['sʌm·wer] *adv* **1.** da qualche parte; **to be/go** ~ **else** essere/andare da un'altra parte; **to get** ~ *fig* fare progressi; **the treatment is getting** ~ *fig* la cura sta facendo effetto; **or** ~ *inf* o in un posto simile; **he lives in Salt Lake City or** ~ vive a Salt Lake City o lì vicino **2.** (*roughly*) intorno a; **she is** ~ **around 40** lei è sulla quarantina; **he earns** ~ **around $40,000** guadagna intorno ai 40.000 dollari

somnambulism [sɑːmˈnæm·bjʊ·lɪ·zəm] *n* sonnambulismo *m*

somnolent ['sɑːm·nə·lənt] *adj* (*sleepy*) sonnolento, -a

son [sʌn] *n* figlio *m*

sonar ['soʊ·nɑːr] *n* sonar *m inv*

sonata [sə'nɑː·t̬ə] *n* sonata *f*; **piano** ~ sonata per pianoforte

song [sɑːŋ] *n* **1.** MUS (*piece of music*) canzone *f* **2.** (*action of singing*) canto *m* ▶ ~ **and** <u>dance</u> *inf* (*untrue justification*) serie *f* di scuse; (**to go**) <u>for</u> **a** ~ essere regalato

songbird ['sɑːŋ·bɜːrd] *n* uccello *m* canterino

songbook *n* canzoniere *m*

songwriter *n* autore, -trice di canzoni *m*

sonic ['sɑː·nɪk] *adj* **1.** (*relating to sound*) sonoro, -a **2.** (*at the speed of sound*) sonico, -a

sonic boom *n* AVIAT bang *m* sonico *inv*

son-in-law ['sʌn·ɪn·lɑː] <sons-in-law> *n* genero *m*

sonnet ['sɑː·nɪt] *n* sonetto *m*

sonny (**boy**) ['sʌ·ni] *n inf* figliolo *m*

son of a bitch I. <sons of bitches> *n* **1.** *vulg* (*jerk*) figlio *m* di puttana **2.** (*person*) **he's a real lucky** ~ ha una fortuna sfacciata **II.** *interj vulg* porca puttana!

son of a gun I. <sons of guns> *n* canaglia *f* **II.** *interj* porca miseria!

sonorous [sə'nɔː·rəs] *adj* sonoro, -a

soon [suːn] *adv* presto; ~ **after** ... poco dopo ...; **how** ~ ...? quando ...?; **as** ~ **as possible** il più presto possibile; **I would just as** ~ ... preferirei ...

sooner ['suː·nɚ] *adv comp of* **soon** prima; ~ **or later** prima o poi; **no** ~ **had I put the phone down than it rang again** avevo appena messo giù il telefono quando è squillato di nuovo; **no** ~ **said than done** detto fatto; **the** ~ **the better** prima è meglio è

soot [sʊt] *n* fuliggine *f*

soothe [suːð] *vt* **1.** (*make calm*) calmare **2.** (*reduce: pain*) alleviare

soothing *adj* **1.** (*calming*) calmante **2.** (*pain-relieving*) calmante

soothsayer ['suː·θ·seɪə·] *n* indovino *m*

sooty ['sʊ·t̬i] <-ier, -iest> *adj* fuligginoso, -a

sophisticated [sə·'fɪs·tə·keɪ·t̬ɪd] *adj* **1.** (*refined*) sofisticato, -a **2.** (*cultured*) colto, -a **3.** (*highly developed*) raffinato, -a; (*method*) sofisticato, -a

sophistication [sə·ˌfɪs·tə·'keɪ·ʃən] *n* **1.** (*refinement*) sofisticatezza *f* **2.** (*complexity: of systems, computers*) sofisticazione *f*

sophistry ['sɑː·fɪs·tri] *n* **piece of** ~ sofisma *m*

sophomore ['sɑː·fə·mɔːr] *n* studente, -essa *m*, *f* del secondo anno (di università)

soporific [ˌsɑː·pə·'rɪ·fɪk] *adj* soporifero, -a

sopping ['sɑː·pɪŋ] *inf* **I.** *adj* zuppo, -a **II.** *adv* ~ **wet** bagnato fradicio

soppy ['sɑː·pi] <-ier, -iest> *adj inf* smielato, -a

soprano [sə·'præ·noʊ] *n* **1.** (*vocal range*) soprano *m* **2.** (*singer*) soprano *mf*

sorbet ['sɔːr·beɪ] *n* sorbetto *m*

sorcerer ['sɔːr·sə·rɚ] *n liter* stregone *m*

sorceress ['sɔːr·sə·rɪs] *n liter* strega *f*

sorcery ['sɔːr·sə·ri] *n liter* stregoneria *f*

sordid ['sɔːr·dɪd] *adj* **1.** (*unclean*) sordido, -a **2.** *pej* (*base*) squallido, -a; **all the** ~ **details** tutti i dettagli più scabrosi

sore [sɔːr] **I.** *adj* **1.** (*aching*) dolorante; **to be in** ~ **need of sth** avere un bisogno disperato di qc; **a** ~ **point** *fig* un tasto delicato **2.** *inf* (*offended*) risentito, -a; (*aggrieved*) afflitto, -a; ~ **loser** cattivo perdente **II.** *n* MED piaga *f*; *fig* ferita *f*; **to open an old** ~ aprire una vecchia ferita

sorely ['sɔːr·li] *adv form* estremamente; **he will be** ~ **missed** ci mancherà terribilmente; **to be** ~ **tempted to do sth** essere molto tentato di fare qc

sorority [-'rɔː·rə·ti] *n* UNIV associazione *f* universitaria femminile

sorrow ['sɑː·roʊ] *n* dolore *m*; **to feel** ~ **over sth** essere addolorato per qc; **to my** ~ *form* con mio grande dispiacere

sorrowful ['sɑː·rə·fəl] *adj* addolorato, -a; **with a** ~ **sigh** con un sospiro di dolore

sorry ['sɑː·ri] **I.** <-ier, -iest> *adj* **1.** triste, dispiaciuto, -a; **I'm sorry** (**that**) mi dispiace (che) +*conj*; **to feel** ~ **for oneself** autocommiserarsi; **to feel** ~ **for sb** provare pena per qu **2.** (*regretful*) dispiaciuto, -a; **to be** ~ **about sth** essere dispiaciuto per qc; **to say** ~ chiedere scusa **3.** (*said before refusing*) **I'm** ~, **but I don't agree** mi dispiace, ma non sono d'accordo **4.** (*wretched, pitiful*) penoso, -a; (*choice*) infelice; (*figure*) misero, -a **II.** *interj* **1.** (*expressing apology*) ~! scusa! (*o* scusi!) **2.** (*requesting repetition*) ~? prego?; ~, **but before continuing** ... chiedo scusa, ma prima di continuare ...

sort [sɔːrt] **I.** *n* **1.** (*type*) genere *m*; (*kind*) specie *f*; (*variety*) classe *f*; **flowers of all** ~s fiori di ogni genere; **something/nothing of the ~** qualcosa/niente del genere **2.** COMPUT sort *m inv*, ordinamento *m* **3.** (*expressing uncertainty*) **he was a friend of ~s** era una sorta di amico **4.** *inf* (*to some extent*) **~ of** in un certo senso; **I ~ of feel that …** in un certo senso, ho la sensazione che …; **that's ~ of difficult to explain** è un po' difficile da spiegare **5.** (*not exactly*) **~ of** più o meno **6.** (*person*) **to not be the ~ to do sth** non essere tipo da fare qc; **I know your ~!** so di che pasta sei fatto! ▶**to be/feel out of ~s** essere giù di forma **II.** *vt* **1.** (*arrange*) mettere in ordine; (*separate*) separare **2.** COMPUT ordinare; **to ~ in ascending/descending order** ordinare in ordine crescente/decrescente **III.** *vi* **to ~ through sth** passare in rassegna qc

◆**sort out** *vt* **1.** (*resolve*) sistemare; (*details*) definire **2.** (*choose*) separare **3.** (*tidy up*) sistemare

sorter *n* **1.** (*postal employee sorting mail*) smistatore, -trice *m, f* **2.** (*machine*) smistatrice *f*

sortie ['sɔːrˌtiː] *n* MIL incursione *f*

SOS [ˌesˈoʊˈes] *n* SOS *m inv*

so-so ['soʊˈsoʊ] *inf* **I.** *adj* così così **II.** *adv* così così

soufflè [suːˈfleɪ] *n* soufflé *m inv*, sformato *m*

sought [sɑːt] *pt, pp of* **seek**

sought-after ['sɑːtˌæfˈtəˈ] *adj* ricercato, -a

soul [soʊl] *n* **1.** (*spirit*) anima *f*; **to pray for sb's ~** pregare per l'anima di qu; **bless his/her ~** riposi in pace **2.** (*person*) anima *f*; **there wasn't a ~ there** non c'era anima viva **3.** MUS soul *m inv* **4.** (*essence*) **to be the ~ of discretion** essere la discrezione personificata

soul food *n* piatti tradizionali afroamericani del sud degli Stati Uniti

soulful ['soʊlˈfəl] *adj* commovente

soulless ['soʊlˈləs] *adj pej* (*person*) senz'anima; (*building*) impersonale; (*work*) meccanico, -a

soul mate *n* anima *f* gemella

soul music *n* musica *f* soul

soul-searching *n* esame *m* di coscienza; **after much ~** dopo un'approfondita riflessione

sound¹ [saʊnd] **I.** *n* **1.** (*noise*) rumore *m*; **there wasn't a ~ to be heard** non si sentiva volare una mosca **2.** LING, PHYS suono *m* **3.** (*radio, TV*) volume *m*; **to turn the ~ down/up** abbassare/alzare il volume **4.** (*idea expressed in words*) **by the ~ of it** a quanto pare; **I don't like the ~ of that** non mi convince **II.** *vi* **1.** (*make noise*) suonare **2.** (*seem*) sembrare **III.** *vt* (*alarm*) far suonare; (*bell, car horn*) suonare; **to ~ the retreat** MIL suonare la ritirata

sound² [saʊnd] **I.** *adj* **1.** (*healthy*) sano, -a; (*robust*) robusto, -a; **to be of ~ mind** essere in possesso di tutte le facoltà mentali; **to be safe and ~** essere sano e salvo **2.** (*good: character, health*) buono, -a; (*basis*) solido, -a **3.** (*trustworthy*) sicuro, -a; (*competent*) competente

4. (*thorough*) approfondito, -a **5.** (*undisturbed: sleep*) profondo, -a; **to be a ~ sleeper** avere il sonno profondo **II.** *adv* **to be ~ asleep** dormire profondamente

sound³ [saʊnd] *vt* **1.** NAUT sondare **2.** MED auscultare

sound⁴ [saʊnd] *n* (*channel*) stretto *m;* (*inlet*) braccio *m* di mare

◆**sound off** *vi inf* **to ~ about sb/sth** pontificare su qc/qu

◆**sound out** *vt* tastare il polso a

sound barrier *n* barriera *f* del suono

sound bite *n* battuta *f* ad effetto

soundboard *n* MUS *s.* **sounding board**

sound card *n* scheda *f* audio

sound effects *n* effetti *mpl* sonori

sound engineer *n* tecnico *m* del suono

sounding board *n* MUS tavola *f* armonica

soundless ['saʊndˈləs] *adj* silenzioso, -a

soundly *adv* **1.** (*completely*) **to sleep ~** dormire profondamente **2.** (*strongly*) **to thrash sb ~** dare una bella batosta a qu

soundness *n* **1.** (*firmness*) fermezza *f* **2.** (*good sense*) buonsenso *f*

soundproof ['saʊndˈpruːf] **I.** *vt* insonorizzare **II.** *adj* insonorizzato, -a

sound system *n* stereo *m inv*

soundtrack *n* CINE colonna *f* sonora

sound wave *n* onda *f* acustica

soup [suːp] *n* minestra *f;* (*clear*) brodo *m;* **home-made ~** minestra fatta in casa; **instant ~** minestra solubile

soup bowl *n* tazza *f* da consommé

souped-up *adj* AUTO truccato, -a

soup kitchen *n* mensa *f* dei poveri

soupspoon *n* cucchiaio *m* da minestra

sour ['saʊˈəˈ] **I.** *adj* **1.** (*fruit, wine*) aspro, -a; (*milk*) cagliato, -a; **to go ~** inacidire; (*milk*) cagliarsi **2.** (*character, person*) acido, -a **II.** *n* **whiskey ~** cocktail di whisky, succo di limone e zucchero **III.** *vt* inacidire; *fig* guastare **IV.** *vi* inacidirsi; (*milk*) cagliare; *fig* (*person*) inacidirsi

source [sɔːrs] **I.** *n* **1.** *a. fig* (*information giver*) fonte *f*; **according to government ~s** secondo fonti governative; **from a reliable ~** da fonte attendibile; **to list one's ~s** fare la bibliografia **2.** (*origin*) fonte *f*; **a ~ of inspiration** una fonte di ispirazione; **~ text** testo *m* originale **II.** *vt* selezionare; **it isn't sourced** non se ne conosce la provenienza

sourpuss ['saʊˈəˈpʊs] *n inf* piaga *f*

souse [saʊs] *vt* (*food*) marinare

south [saʊθ] **I.** *n* sud *m;* **to lie 5 miles to the ~ of sth** essere 8 km a sud di qc; **to go/drive to the ~** andare verso sud; **further ~** più a sud; **in the ~ of France** nel sud della Francia **II.** *adj* del sud, meridionale; **~ wind** vento *m* da sud; **~ coast** costa *f* meridionale

South Africa *n* il Sudafrica

South African I. *adj* sudafricano, -a **II.** *n* sudafricano, -a *m, f*

South America *n* il Sudamerica

S

South American I. *adj* sudamericano, -a II. *n* sudamericano, -a *m, f*

southbound ['saʊθ·baʊnd] *adj* in direzione sud

South Carolina *n* la Carolina del Sud

South Dakota *n* il Dakota del Sud

southeast [,saʊθ·'iːst] I. *n* sudest *m* II. *adj* sudorientale; **Southeast Asia** il Sudest asiatico III. *adv* a sudest

southeasterly I. *adj* in a ~ direction verso sudest II. *n* (*wind*) vento *m* da sudest

southeastern *adj* sudorientale

southeastward(s) *adv* verso sudest

southerly ['sʌ·ðə·li] I. *adj* (*location*) meridionale; in a ~ direction in direzione sud; ~ wind vento *m* da sud II. *n* vento *m* da sud

southern ['sʌ·ðən] *adj* meridionale; the ~ part of the country il sud del paese

southerner ['sʌ·ðə·nə˞] *n* meridionale *mf*

southern hemisphere *n* emisfero *m* australe

southern lights *npl* aurora *f* australe

southernmost *adj* più a sud

south-facing *adj* orientato, -a a sud

South Korea *n* Corea *f* del Sud

South Korean I. *adj* sudcoreano, -a II. *n* sudcoreano, -a *m, f*

southpaw ['saʊθ·pɑː] *n* mancino, -a *m, f*

South Pole *n* Polo *m* Sud

southward(s) ['saʊθ·wə˞d(z)] *adv* verso sud

southwest [,saʊθ·'west] I. *n* sudovest *m* II. *adj* sudoccidentale III. *adv* a sudovest

southwesterly I. *adj* in a ~ direction verso sudovest II. *n* (*wind*) vento *m* da sudovest

southwestern *adj* sudoccidentale

southwestward(s) *adv* verso sudovest

souvenir [,suː·və·'nɪr] *n* souvenir *m inv*, ricordino *m*

sou'wester [,saʊ·'wes·tə˞] *n* (*hat*) cappello di tela cerata con larga tesa che va a coprire il collo

sovereign ['sɑː·v·rən] I. *n* sovrano, -a *m, f* II. *adj* (*self-governing*) sovrano, -a; ~ state stato *m* sovrano

sovereignty ['sɑː·v·rən·ti] *n* sovranità *f*

soviet ['soʊ·viet] I. *n* soviet *m inv* II. *adj* sovietico, -a

Soviet Union *n* HIST Unione *f* Sovietica

sow[1] [soʊ] <sowed, sowed *o* sowed> I. *vt* seminare II. *vi* seminare ▶ as you ~, so shall you <u>reap</u> si raccoglie quello che si semina

sow[2] [saʊ] *n* (*pig*) scrofa *f* ▶ you can't make a silk <u>purse</u> out of a ~'s ear *prov* è come voler cavare il sangue da una rapa

sown [soʊn] *pp of* **sow**

sox [sɑːks] *npl* calze *fpl*

soy [sɔɪ] *n* soia *f*

soybean *n* seme *m* di soia

soymilk *n* latte *m* di soia

soy sauce *n* salsa *f* di soia

spa [spɑː] *n* 1. (*mineral spring*) fonte *f* termale 2. (*town*) città *f* termale 3. (*health center*) centro *m* (di) benessere

space [speɪs] I. *n* spazio *m*; **parking** ~ posto *f*

macchina; in a short ~ of time in un breve lasso di tempo; leave some ~ for dessert lascia un po' di posto per il dolce II. *vt* spaziare
♦**space out** I. *vt* distanziare II. *vi sl* to look **spaced out** avere l'aria stralunata

space age *n* era *f* spaziale

space bar *n* barra *f* spaziatrice

space cadet *n sl* tipo *m* fuso, tipa *f* fusa

space heater *n* stufa *f* elettrica

space probe *n* sonda *f* spaziale

spacer *n* distanziatore *m*

space-saving *adj* poco ingombrante

spaceship ['speɪs·ʃɪp] *n* astronave *f*

space shuttle *n* navetta *f* spaziale

space station *n* stazione *f* spaziale

spacing ['speɪ·sɪŋ] *n* 1. (*arrangement*) distanziamento *m* 2. TYPO spaziatura *f*; **double** ~ spaziatura doppia

spacious ['speɪ·ʃəs] *adj* spazioso, -a

spade [speɪd] *n* 1. (*tool*) pala *f* 2. (*playing card*) ~s picche *fpl*; **two of** ~s due di picche ▶ to <u>call</u> a ~ a ~ dire pane al pane e vino al vino

spaghetti [spə·'ge·ṭi] *n* spaghetti *mpl*

spaghetti Western *n* CINE western *m inv* all'italiana

Spain [speɪn] *n* la Spagna

spam [spæm] I. *n* COMPUT spam *m inv*; ~ filter filtro *m* antispam II. *vt* COMPUT mandare spam

Spam® [spæm] *n* carne *di maiale in scatola*

span[1] [spæn] *pt of* **spin**

span[2] [spæn] I. *n* 1. (*of time*) lasso *m* (di tempo); (*of project*) durata *f* 2. ARCHIT (*of bridge, arch*) luce *f* 3. AVIAT, NAUT (*of wing, sail*) apertura *f* alare II. <-nn-> *vt* 1. (*cross*) attraversare 2. (*include*) abbracciare

spangle ['spæŋ·gl] *n* paillette *f inv*

spangled *adj* decorato con paillette; to be ~ with sth *fig* luccicare di qc

Spaniard ['spæn·jə˞d] *n* spagnolo(a) *m(f)*

spaniel ['spæn·jəl] *n* spaniel *m inv*

Spanish ['spæ·nɪʃ] I. *adj* spagnolo, -a; ~ **speaker** ispanofono, -a II. *n* 1. (*people*) spagnolo, -a *m, f*; **the** ~ gli spagnoli 2. LING spagnolo *m*

spank [spæŋk] *vt* sculacciare

spanking ['spæŋ·kɪŋ] I. *n* sculacciata *f*; to give sb a ~ dare una sculacciata a qu II. *adj inf* (*brand*) ~ new nuovo fiammante

spar[1] [spɑːr] *vi* <-rr-> 1. (*in boxing*) allenarsi 2. (*argue*) stuzzicarsi

spar[2] [spɑːr] *n* NAUT ~s alberi *mpl*, boma e tangoni

spar[3] [spɑːr] *n* MIN spato *m*

spare [sper] I. *vt* 1. (*save*) risparmiare; to ~ sb sth risparmiare qc a qu; to ~ no effort non risparmiarsi; to ~ sb's feelings non ferire i sentimenti di qu 2. (*do without*) fare a meno di; (*time*) avere II. *adj* 1. (*additional: key*) di ricambio; (*room, minute*) libero, -a 2. (*remaining*) in più 3. *liter* (*gaunt: build*) esile; (*meal*) frugale III. *n* 1. (*part*) ricambio *m* 2. AUTO ruota *f* di scorta 3. (*in bowling*) spare *m inv*

spare part *n* pezzo *m* di ricambio
spareribs *n pl* costata *f* (di maiale)
spare time *n* tempo *m* libero
spare tire *n* **1.** AUTO ruota *f* di scorta **2.** *iron* pancetta *f*
sparing ['spe·rɪŋ] *adj* parco, -a; **to be ~ with one's praise** essere avaro di elogi
sparingly *adv* con moderazione
spark [spɑːrk] **I.** *n* **1.** (*from fire, electrical*) scintilla *f* **2.** (*small amount*) briciolo *m;* **not even a ~ of interest/intelligence** nemmeno un briciolo di interesse/intelligenza **II.** *vt* (*debate, protest, problems, riot*) scatenare; (*interest*) suscitare; **to ~ sb into action** incitare qu all'azione
sparkle ['spɑːr·kl] **I.** *n* luccichio *m* **II.** *vi* (*eyes, sea*) luccicare; (*fire*) scintillare
sparkler ['spɑːrk·lə·] *n* **1.** (*firework*) bengala *m inv* **2.** *inf* (*diamond*) diamante *m*
sparkling ['spɑːrk·lɪŋ] *adj* **1.** (*light, diamond*) scintillante **2.** (*conversation, wit*) brillante
spark plug ['spɑːrk·plʌg] *n* candela *f*
sparring match ['spɑː·rɪŋ] *n* combattimento *m* di allenamento
sparring partner *n* **1.** SPORTS sparring partner *m inv* **2.** *fig* antagonista *mf*
sparrow ['spe·roʊ] *n* passero *m*
sparrow hawk ['spe·roʊ·hɑːk] *n* sparviero *m*
sparse [spɑːrs] *adj* (*population, information*) scarso, -a; (*vegetation, beard*) rado, -a
sparsely *adv* scarsamente
Spartan *adj*, **spartan** ['spɑː·r·tən] *adj* spartano, -a
spasm ['spæ·zəm] *n* MED spasmo *m;* (*of coughing, pain, anger*) accesso *m;* **to have ~s** contrarsi con spasmi
spasmodic [spæz·'mɑː·dɪk] *adj* **1.** (*interest*) incostante; (*activity*) irregolare **2.** MED spasmodico, -a
spastic ['spæs·tɪk] *n pej* spastico, -a *m, f*
spat¹ [spæt] *pt, pp of* **spit**
spat² [spæt] **I.** *n inf* (*quarrel*) piccolo diverbio *m* **II.** <-tt-> *vi* (*quarrel*) avere un piccolo diverbio
spate [speɪt] *n* (*of burglaries*) serie *f;* (*of letters, inquiries*) valanga *f*
spatial ['speɪ·ʃəl] *adj* spaziale
spatter ['spæ·tə·] **I.** *vt* schizzare; **to ~ sb with mud/water** schizzare qu di fango/d'acqua **II.** *vi* schizzare **III.** *n* schizzo *f;* **~ of rain** due gocce *fpl* di pioggia
spatula ['spæt·ʃə] *n* spatola *f*
spawn [spɑːn] **I.** *n* **1.** ZOOL uova *fpl* **2.** *pej* (*offspring*) creatura *f* **II.** *vt* generare, produrre **III.** *vi* moltiplicarsi
spay [speɪ] *vt* (*animal*) sterilizzare (*asportando le ovaie*)
speak [spiːk] <spoke, spoken> **I.** *vi* **1.** parlare; **to ~ to sb** parlare con qu; **to ~ in riddles** parlare per enigmi; **to ~ on behalf of sb** parlare a nome di qu; **so to ~** per così dire; **~ when you're spoken to** rispondi quando sei interpellato **2.** *+ adv* **generally ~ing** in generale;

scientifically **~ing** dal punto di vista scientifico; **strictly ~ing** per essere precisi **II.** *vt* parlare; **to ~ dialect/a foreign language** parlare un dialetto/una lingua straniera; **to ~ one's mind** parlare con franchezza; **to ~ the truth** dire la verità; **to not ~ a word** non dire una parola
◆**speak for** *vi* **1.** (*represent*) parlare a nome di; **speaking for myself ...** a mio parere, ...; **it speaks for itself** si commenta da solo; **to be old enough to ~ oneself** essere abbastanza grande per difendersi da solo **2.** (*advocate, support*) dichiararsi a favore di
◆**speak out** *vi* esprimersi apertamente; **to ~ against sth** denunciare qc
◆**speak up** *vi* **1.** (*state views*) parlare chiaramente; **to ~ for sth** dichiararsi a favore di qc **2.** (*talk more loudly*) parlare più forte
speaker *n* **1.** (*person speaking*) parlante *mf* **2.** (*orator*) oratore, -trice *m, f* **3.** (*loudspeaker*) altoparlante *m*
speaking I. *n* **1.** (*action*) parola *f* **2.** (*public speaking*) oratoria *f* **II.** *adj* (*tour*) commentato, -a; **English ~** anglofono; **to be on ~ terms with sb** conoscere qu abbastanza bene; **to not be on ~ terms** non parlarsi
speaking part *n* THEAT, CINE copione *m*
spear [spɪr] **I.** *n* lancia *f;* (*for throwing*) giavellotto *f;* (*for fishing*) fiocina *f* **II.** *vt* trafiggere (con la lancia); (*with fork*) inforcare
spearhead ['spɪr·hed] **I.** *vt* capeggiare **II.** *n fig* uomo [*o* gruppo] *m* di punta
spearmint ['spɪr·mɪnt] *n* menta *f* verde
special ['spe·ʃəl] **I.** *adj* (*attention, case, diet*) speciale; (*aptitude, character*) particolare; **nothing ~** *inf* niente di speciale **II.** *n* **1.** TV special *m inv* **2.** CULIN piatto *m* del giorno **3.** *pl* COM offerte *fpl* speciali
special delivery *n* servizio *m* espresso
special edition *n* edizione *f* straordinaria
special effects *n* effetti *mpl* speciali
specialist ['spe·ʃə·lɪst] *n* specialista *mf*
specialization [ˌspe·ʃə·lɪ·'zeɪ·ʃən] *n* specializzazione *f*
specialize ['spe·ʃə·laɪz] **I.** *vi* specializzarsi; **to ~ in sth** specializzarsi in qc; **a lawyer specializing in divorce law** un avvocato specializzato in divorzi **II.** *vt* specializzare
specialized *adj* specializzato, -a
specially *adv* apposta; **a ~ good wine** un vino particolarmente buono
special offer *n* offerta *f* speciale
specialty ['spe·ʃəl·ti] *n* <-ies> specialità *f*
species ['spiː·ʃiːz] *n inv* specie *f inv*
specific [spə·'sɪ·fɪk] **I.** *adj* specifico, -a; **to be ~** essere specifico; **to be ~ to sth** essere proprio di qc **II.** *npl* particolari *mpl*
specifically *adv* **1.** (*expressly*) specificamente; (*ask, mention*) espressamente **2.** (*particularly*) precisamente
specification [ˌspe·sə·fɪ·'keɪ·ʃən] *n* specifica *f*
specify ['spe·sə·faɪ] <-ie-> *vt* specificare
specimen ['spe·sə·mən] *n* **1.** (*of blood, urine*)

S

campione *m;* (*example*) esemplare *m;* **a ~ copy** uno specimen **2.** *inf* (*person*) soggetto *m*

specious ['spiː·ʃəs] *adj form* ingannevole

speck [spek] *n* puntino *m;* (*of paint*) macchiolina *f;* (*of dust*) granello *m;* **not a ~ of sth** non un pizzico di qc

speckle ['spe·kl] *n* macchiolina *f*

speckled *adj* con delle macchioline

specs [speks] *npl* **1.** *inf abbr of* **spectacles** occhiali *mpl* **2.** *inf abbr of* **specifications** specifiche *fpl*

spectacle ['spek·tə·kl] *n* **1.** spettacolo *m;* **to make a real ~ of oneself** dare spettacolo di sé **2.** *pl* (*glasses*) occhiali *mpl;* **a pair of ~** un paio di occhiali

spectacled *adj* con gli occhiali

spectacular [spek·'tæk·jʊ·lə] **I.** *adj* spettacolare **II.** *n* spettacolo *m* eccezionale

spectator [spek·'teɪ·t̬ə] *n* spettatore, -trice *m, f*

specter ['spek·tə] *n* spettro *m*

spectral ['spek·trəl] *adj* spettrale

spectroscope ['spek·trəʊ·skoʊp] *n* PHYS spettroscopio *m*

spectrum ['spek·trəm] <-ra *o* -s> *n* **1.** PHYS spettro *m* **2.** (*range*) gamma *f;* **the whole political ~** tutti i partiti politici

speculate ['spek·jʊ·leɪt] *vi* **1.** **to ~ about sth** (*hypothesize, conjecture*) speculare su qc **2.** (*buy and sell*) speculare

speculation [ˌspek·jʊ·'leɪ·ʃən] *n* speculazione *f,* congettura *f;* **stock-market ~** speculazione in borsa

speculative ['spek·jʊ·leɪ·t̬ɪv] *adj* speculativo, -a

speculator ['spek·jʊ·leɪ·t̬ə] *n* speculatore, -trice *m, f;* **property ~** speculatore in ambito immobiliare

sped [sped] *pt, pp of* **speed**

speech [spiːtʃ] <-es> *n* **1.** (*capacity to speak*) parola *f;* **to lose/regain the power of ~** perdere/ritrovare la facoltà della parola **2.** (*words*) parole *fpl* **3.** (*public talk*) discorso *m;* **to make** [*o* give] **a ~** fare un discorso

speech defect *n* difetto *m* di pronuncia

speechify ['spiː·tʃə·faɪ] *vi* sproloquiare

speech impediment *n* difetto *m* di pronuncia

speechless ['spiːtʃ·ləs] *adj* senza parole; **to leave sb ~** lasciare qu senza parole

speech recognition *n* COMPUT, LING riconoscimento *m* vocale

speech therapist *n* logopedista *mf,* ortofonista *mf*

speech therapy *n* logopedia *f,* ortofonia *f*

speechwriter *n* autore, -trice di discorsi *m* (*per politici*)

speed [spiːd] **I.** *n* **1.** (*velocity, quickness*) velocità *f;* **at a ~ of ...** ad una velocità di .. **2.** (*gear*) marcia *f* **3.** PHOT sensibilità *f* **4.** *inf* (*amphetamine*) anfetamine *fpl* **II.** *vi* <sped *o* speeded, sped *o* speeded> **1.** (*go fast*) andare veloce; **to ~ by** passare a tutta velocità **2.** (*hasten*) accelerare **3.** (*exceed speed restrictions*) superare i limiti di velocità, fare un eccesso di velocità **III.** *vt* <sped *o* speeded, sped *o* speeded> accelerare; **to ~ sb on their way** augurare buon viaggio a qu

◆ **speed off** <sped *o* speeded, sped *o* speeded> *vi* uscire a tutta velocità

◆ **speed up** <sped *o* speeded, sped *o* speeded> **I.** *vi* accelerare **II.** *vt* (*process*) accelerare; (*person*) mettere fretta a

speedboat ['spiːd·boʊt] *n* motoscafo *m*

speed bump *n* dosso *m* limitatore di velocità

speed dating *n* speed dating *m inv*

speed demon *n* pirata *mf* della strada

speed dial *n* tasto *m* rapido (*di un telefono*); **on ~** memorizzato, -a

speeding *n* eccesso *m* di velocità

speed limit *n* limite *m* di velocità

speedometer [spiː·'dɑː·mə·t̬ə] *n* tachimetro *m*

speed skater *n* pattinatore, -trice *m, f* di velocità

speed skating *n* pattinaggio *m* di velocità

speed trap *n* controllo *m* di velocità

speedway ['spiːd·weɪ] *n* **1.** (*racetrack*) pista *f* di speedway **2.** (*expressway*) superstrada *f*

speedy ['spiː·di] <-ier, -iest> *adj* veloce

speleologist [ˌspiː·lɪ·'ɑː·lə·dʒɪst] *n* speleologo, -a *m, f*

speleology [ˌspiː·lɪ·'ɑː·lə·dʒi] *n* speleologia *f*

spell¹ [spel] <spelled *o* spelt, spelled *o* spelt> **I.** *vt* **1.** (*form using letters*) scrivere; **how do you ~ it?** come si scrive? **2.** (*signify*) significare; **this ~s trouble** questo vuol dire problemi **II.** *vi* scrivere; **to ~ well** scrivere correttamente

spell² [spel] *n a. fig* incantesimo *m;* **to be under a ~** essere vittima di un incantesimo

spell³ [spel] **I.** *n* **1.** (*period*) breve periodo *m* **2.** (*turn*) turno *m* **II.** *vt* dare il cambio a

◆ **spell out** *vt* scandire (lettera per lettera); **to spell sth out for sb** *fig* spiegare qc chiaramente a qu

spellbinding ['spel·baɪn·dɪŋ] *adj* avvincente

spellbound ['spel·baʊnd] *adj a. fig* stregato, -a

spellchecker *n,* **spell checker** *n* COMPUT correttore *m* ortografico

speller *n* **to be a good/poor ~** scrivere correttamente/scorrettamente

spelling *n* ortografia *f;* **~ mistake** errore *m* di ortografia

spelling bee *n* concorso *m* di ortografia

spelt [spelt] *pp, pt of* **spell**

spend [spend] <spent, spent> **I.** *vt* **1.** (*money*) spendere **2.** (*time*) trascorrere; **to ~ time** (**doing sth**) passare del tempo (a fare qc) **3.** (*use up*) finire **II.** *vi* spendere

spending *n* spese *fpl;* **public ~** la spesa pubblica

spending cut *n* FIN taglio *m* alle spese

spending money *n* soldi *m* per le spese personali *pl*

spending power *n* ECON potere *m* di acquisto

spending spree *n* to go on a ~ darsi alle spese folli

spendthrift ['spend·θrɪft] *inf* I. *adj* spendaccione, -a II. *n* spendaccione, -a *m, f*

spent [spent] I. *pp, pt of* **spend** II. *adj* 1. (*used*) speso, -a; **to be a ~ force** aver perso vigore 2. *liter* (*very tired*) spossato, -a

sperm [spɜːrm] <-(s)> *n* sperma *m*

sperm count *n* numero *m* di spermatozoi

sperm donor *n* donatore *m* di sperma

spermicide ['spɜːr·mə·saɪd] *n* spermicida *m*

sperm whale ['spɜːrm·weɪl] *n* capodoglio *m*

spew [spjuː] *vi, vt* vomitare

SPF *n abbr of* sun protection factor fattore. *m* di protezione solare

sphere [sfɪr] *n* sfera *f;* ~ **of influence** sfera di influenza

spherical ['sfɪ·rɪ·kl] *adj* sferico, -a

spice [spaɪs] I. *n* 1. CULIN spezia *f* 2. (*excitement*) piccante *m;* **the ~ of life** il sale della vita II. *vt* speziare

spic(k)-and-span [ˌspɪk·ən·'spæn] *adj inf* tirato, -a a lucido

spicy ['spaɪ·si] <-ier, -iest> *adj* 1. (*seasoned*) piccante 2. (*sensational*) piccante

spider ['spaɪ·dɚ] *n* ragno *f*

spiderweb ['spaɪ·dɚ·web] *n* ragnatela *f*

spidery *adj* filiforme; ~ **handwriting** scrittura *f* a tratti lunghi e disordinati

spiel [ʃpiːl] *n inf* imbonimento *m*

spiffy ['spɪfi] *adj inf* fichissimo, -a

spigot ['spɪ·gət] *n* 1. (*stopper*) zaffo *m* 2. (*tap*) rubinetto *m*

spike [spaɪk] I. *n* 1. (*pointed object*) punta *f* 2. (*on shoes*) chiodo *m* 3. *pl* (*running shoes*) scarpe *fpl* chiodate (*da corsa*) 4. (*increase*) picco *m* 5. SPORTS (*in volleyball*) schiacciata *f;* (*in football*) spike *m inv* II. *vt* 1. *inf* **to ~ a drink** correggere una bibita 2. (*injure*) ferire con i chiodi delle scarpe 3. (*secure*) inchiodare 4. **to ~ a ball** (*in volleyball*) schiacciare (la palla); (*in football*) fare uno spike III. *vi* avere un picco

spiky ['spaɪ·ki] <-ier, -iest> *adj* 1. (*sharp*) spinoso, -a; (*hair*) dritto, -a 2. *inf* (*irritable*) permaloso, -a

spill [spɪl] I. *n* 1. (*act of spilling*) fuoriuscita *f;* **oil** ~ fuoriuscita *f* di petrolio 2. *inf* (*fall*) caduta *f;* **to take a** ~ fare una caduta II. *vt* <spilled *o* spilt, spilled *o* spilt> versare III. *vi* versarsi

◆**spill over** *vi* propagarsi

spillage ['spɪ·lɪdʒ] *n* fuoriuscita *f*

spilt [spɪlt] *pp, pt of* spill

spin [spɪn] I. *n* 1. (*rotation*) giro *m* 2. (*drive*) **to go** [*o* **take the car**] **for a** ~ andare a fare un giro (in macchina) 3. (*in washing machine*) centrifugata *f* II. *vt* <spun, spun> 1. (*rotate*) girare; (*clothes*) centrifugare; **to ~ a ball** dare un effetto a una palla 2. (*make thread out of*) filare 3. (*tell: story, tale*) raccontare III. *vi* <spun, spun> 1. (*rotate*) girare 2. (*make thread*) filare

◆**spin around** *vi* girare

◆**spin out** I. *vi* perdere il controllo (di un veicolo) II. *vt* perdere il controllo di

spina bifida [ˌspaɪ·nə·'bɪ·fɪ·də] *n* MED spina *f* bifida

spinach ['spɪ·nɪtʃ] *n* BOT spinacio *m;* CULIN spinaci *mpl*

spinal ['spaɪ·nəl] *adj* spinale

spinal column *n* spina *f* dorsale, colonna *f* vertebrale

spinal cord *n* midollo *f* spinale

spinal tap *n* puntura *f* lombare

spindle ['spɪn·dl] *n* fuso *m*

spindly <-ier, -iest> *adj* esile

spin doctor *n* POL portavoce *mf* (tendenzioso, -a)

spin-drier *n s.* **spin-dryer**

spin-dry ['spɪn·draɪ] *vt* centrifugare

spin-dryer *n* centrifuga *f* (*della lavatrice*)

spine [spaɪn] *n* 1. (*spinal column*) colonna *f* vertebrale 2. (*spike*) punta *f* 3. (*of book*) dorso *m* 4. BOT spina *f*

spine-chilling ['spaɪn·ˌtʃɪ·lɪŋ] *adj* agghiacciante

spineless ['spaɪn·ləs] *adj* (*weak*) smidollato, -a

spinner *n* 1. (*person*) filatore, -trice *m, f* 2. (*machine*) macchina *f* per filare

spinning *n* rotazione *f*

spinning top *n* trottola *f*

spinning wheel *n* filatoio *m*

spinoff *n,* **spin-off** ['spɪn·ɑːf] *n* 1. (*by-product*) prodotto *m* secondario 2. (*consequence*) effetto *m* indiretto

spinster ['spɪn·stɚ] *n* donna *f* nubile; *pej* zitella *f*

spiny ['spaɪ·ni] <-ier, -iest> *adj a. fig* spinoso, -a

spiny lobster *n* aragosta *f*

spiral ['spaɪ·rəl] I. *n* spirale *f* II. *adj* a spirale; ~ **staircase** scala *f* a chiocciola III. *vi* <-ll-, -l-> 1. (*travel in a spiral*) fare delle spirali; **to ~ downwards** cadere a spirale 2. (*increase*) essere in progressione costante; (*decrease*) essere in calo costante; **to ~ out of control** aumentare in modo incontrollato

spire ['spa·ɪɚ] *n* ARCHIT guglia *f*

spirit ['spɪ·rɪt] *n* 1. (*soul*) spirito *m* 2. (*ghost*) spirito *m* 3. *pl* (*mood*) morale *m;* **to be in high/low ~s** essere su/giù di morale 4. (*character*) carattere *m* 5. *pl* (*alcoholic drink*) superalcolici *mpl* 6. (*attitude or principle*) **the ~ of the age** lo spirito dell'epoca; **that's the ~!** questo è spirito giusto!

◆**spirit away** *vt* far sparire

spirited *adj* (*energetic*) energico, -a; (*discussion*) animato, -a; (*person*) coraggioso, -a

spiritless ['spɪ·rɪt·ləs] *adj pej* 1. (*downhearted*) abbattuto, -a 2. (*irresolute*) indeciso, -a

spiritual ['spɪ·rɪ·tʃu·əl] I. *adj* spirituale II. *n* MUS spiritual *m inv*

S

spiritualism ['spɪ·rɪ·tʃu·ə·lɪ·zəm] *n* spiritismo *m*

spit[1] [spɪt] **I.** *n inf* saliva *f* **II.** *vi* <spat, spat> **1.** (*expel saliva*) sputare **2.** (*crackle*) scoppiettare **III.** *vt* sputare
♦**spit out** *vt* **1.** (*expel from mouth*) sputare **2.** (*say angrily*) ringhiare; **spit it out!** *inf* sputa il rospo!

spit[2] [spɪt] *n* **1.** CULIN spiedo *m* **2.** (*sandbar*) banco *m* di sabbia

spite [spaɪt] **I.** *n* rancore *m;* **to do sth out of ~** fare qc per dispetto; **in ~ of** a dispetto di; **in ~ of everyone/everything** a dispetto di tutti e tutto; **in ~ of the fact that he is rich** nonostante (il fatto che) sia ricco **II.** *vt* fare un dispetto a

spiteful ['spaɪt·fəl] *adj pej* vendicativo, -a

spitting image *n* she's the ~ of her mother è sua madre sputata

spittle ['spɪ·tḷ] *n* sputo *m*

spittoon [spɪ·'tuːn] *n* sputacchiera *f*

splash [splæʃ] **I.** *n* **1.** (*sound*) tonfo *m* **2.** (*small drops*) schizzo *m;* **a ~ of color** una macchia colorata ▸**to make a (big) ~** fare (molto) scalpore **II.** *vt* spruzzare; **to ~ across the front page** mettere in prima pagina **III.** *vi* spruzzare
♦**splash down** *vi* ammarare

splashboard ['splæʃ·bɔːrd] *n* (*on vehicle*) parafango *m inv;* (*on boat, in kitchen*) paraspruzzi *m inv*

splashdown ['splæʃ·daʊn] *n* ammaraggio *m*

splat [splæt] *n inf* spash *m inv*

splatter ['splæ·t̬ɚ] *vi, vt* schizzare

splay [spleɪ] **I.** *vt* divaricare **II.** *vi* divaricarsi

spleen [spliːn] *n* **1.** ANAT milza *f* **2.** (*anger*) malumore *m;* **to vent one's ~** sfogare il proprio malumore

splendid ['splen·dɪd] *adj* splendido, -a

splendiferous [splen·'dɪ·fə·rəs] *adj inf* splendido, -a

splendor ['splen·dɚ] *n* **1.** (*grandness*) splendore *m* **2.** *pl* (*beautiful things*) meraviglie *fpl*

splice [splaɪs] *vt* (*join*) giuntare; **to get ~d** *inf* sposarsi

splint [splɪnt] **I.** *n* stecca *f* **II.** *vt* steccare

splinter ['splɪn·t̬ɚ] **I.** *n* scheggia *f* **II.** *vi* scheggiarsi

splinter group *n* POL gruppo *m* di dissidenti

split [splɪt] **I.** *n* **1.** (*crack*) fessura *f* **2.** (*in clothes*) spacco *m* **3.** (*division*) spaccatura *f* **II.** *vt* <split, split> **1.** (*divide*) dividere; (*atom*) disintegrare; **to ~ sth between two people** dividere qc tra due persone **2.** (*crack*) fendere; **to ~ one's head open** spaccarsi la testa ▸**to ~ one's sides laughing** sbellicarsi dalle risa; **to ~ hairs** spaccare il capello in quattro **III.** *vi* <split, split> **1.** (*divide*) dividersi•**2.** (*form cracks*) fendersi **3.** *inf* (*leave*) filarsela
♦**split off I.** *vt* separare **II.** *vi* separarsi
♦**split up I.** *vt* dividere **II.** *vi* **to ~ with sb** separarsi da qu

split infinitive *n* LING *infinito con un avverbio tra 'to' e il verbo*

split-level *adj* su più livelli

split pea *n* pisello *m* secco spezzato

split personality *n* PSYCH sdoppiamento *m* della personalità

split screen *n* schermo *m* suddiviso

split second *n* frazione *f* di secondo

splitting headache *n inf* mal *m* di testa atroce

split-up ['splɪt·ʌp] *n* rottura *f*

splodge [splɑːdʒ] *n*, **splotch** [splɑːtʃ] *n* macchia *f*

splurge [splɜːrdʒ] *inf* **I.** *vi* scialacquare **II.** *vt* scialacquare **III.** *n* spesa *f* folle

splutter ['splʌ·t̬ɚ] **I.** *vi* (*person*) farfugliare; (*candle, engine*) scoppiettare **II.** *n* (*of person*) balbettio *m;* (*of candle, engine*) scoppiettio *m*

spoil [spɔɪl] **I.** *vt* <spoiled *o* spoilt, spoiled *o* spoilt> **1.** (*ruin*) rovinare **2.** (*child*) viziare **II.** *vi* <spoiled *o* spoilt, spoiled *o* spoilt> andare a male **III.** *n* **1.** *pl* (*profits*) bottino *m* **2.** (*debris*) macerie *fpl*

spoiler *n* alettone *m*

spoilsport ['spɔɪl·spɔːrt] *n inf* guastafeste *mf inv*

spoilt I. *pp, pt of* **spoil II.** *adj* viziato, -a

spoke[1] [spoʊk] *pt of* **speak**

spoke[2] [spoʊk] *n* (*of wheel*) raggio *m;* **to put a ~ in sb's wheel** *fig* mettere i bastoni tra le ruote a qu

spoken *pp of* **speak**

spokesman ['spoʊks·mən] *n* portavoce *m inv*

spokesperson ['spoʊks·ˌpɜːr·sən] *n* portavoce *mf inv*

spokeswoman ['spoʊks·ˌwʊ·mən] *n* portavoce *f inv*

sponge [spʌndʒ] **I.** *n* **1.** (*animal*) spugna *f* **2.** (*absorbent*) spugna *f* **3.** (*person*) parassita *mf* **II.** *vt* passare una spugna su **III.** *vi inf* essere un parassita
♦**sponge down** *vt* passare una spugna su
♦**sponge off** *vt* **1.** (*clean*) togliere con una spugna **2.** *inf* vivere alle spalle di
♦**sponge up** *vt* pulire con una spugna

sponge bath *n* lavaggio *m* con una spugna

sponge cake *n* pandispagna *m inv*

sponger *n pej* parassita *mf*

spongy ['spʌn·dʒi] <-ier, -iest> *adj* spugnoso, -a

sponsor ['spɑːn·tsɚ] **I.** *vt* sponsorizzare **II.** *n* sponsor *m inv*

sponsorship *n* patrocinio *m*

spontaneity [ˌspɑːn·tə·'ne·ɪə·ti] *n* spontaneità *f*

spontaneous [spɑːn·'teɪ·ni·əs] *adj* spontaneo, -a

spoof [spuːf] *n* parodia *f;* **to do a ~ on sth** fare una parodia di qc

spook [spuːk] **I.** *n* **1.** *inf* (*ghost*) fantasma *m* **2.** *sl* (*spy*) spia *mf* **II.** *vt* spaventare

spooky ['spuː·ki] <-ier, -iest> *adj inf* spettrale

spool [spuːl] *n* (*of thread*) rocchetto *m;* (*of film*) bobina *f*

S

spoon [spu:n] **I.** *n* **1.** (*utensil*) cucchiaio *m* **2.** (*amount*) cucchiaio *m* **II.** *vt* servire (con un cucchiaio)

spoonbill ['spu:n·bɪl] *n* spatola *f*

spoon-feed ['spu:n·fi:d] *vt* **1.** (*feed*) dare da mangiare con un cucchiaio a **2.** *pej* to ~ sb scodellare la pappa a qu

spoonful ['spu:n·fʊl] <-s *o* spoonsful> *n* cucchiaiata *f*

sporadic [spə·'ræ·dɪk] *adj* sporadico, -a

spore [spɔːr] *n* spora *f*

sport [spɔːrt] **I.** *n* **1.** (*activity*) sport *m inv* **2.** *inf* (*person*) to be a good/poor ~ non prendersela/prendersela **II.** *vt* sfoggiare

sport coat *n* giacca *f* sportiva (da uomo)

sporting *adj* sportivo, -a

sports car *n* auto *f inv* sportiva

sportscast ['spɔːrts·kæst] *n* programma *m* sportivo

sportscaster *n* giornalista *mf* sportivo, -a

sportsman ['spɔːrts·mən] *n* sportivo, -a *m, f*

sportsmanlike ['spɔːrts·mən·laɪk] *adj* sportivo, -a

sportsmanship *n* sportività *f*

sports page *n* pagina *f* sportiva

sportswear *n* abbigliamento *m* sportivo

sportswoman ['spɔːrts·ˌwʊ·mən] *n* sportiva *f*

sportswriter *n* cronista *mf* sportivo, -a

sporty ['spɔːr·ţi] <-ier, -iest> *adj* sportivo, -a

spot [spɑt] **I.** *n* **1.** (*mark*) macchia *f* **2.** (*pattern*) pois *m inv* **3.** (*on skin*) neo *m* **4.** (*place*) posto *m;* on the ~ (*at the very place*) sul posto; (*at once*) subito **5.** (*part of TV, radio show*) spot *m inv* **6.** *inf* faretto *m* ▶ to really <u>hit</u> the ~ essere quello che ci vuole; to have a <u>soft</u> ~ for sb avere un debole per qu; to <u>put</u> sb on the ~ mettere qu con le spalle al muro **II.** <-tt-> *vt* **1.** (*see*) scorgere **2.** (*speckle*) macchiare

spot check *n* controllo *m* casuale

spotless ['spɑt·ləs] *adj* **1.** (*very clean*) immacolato, -a **2.** (*unblemished*) impeccabile

spotlight ['spɑt·laɪt] **I.** *n* riflettore *m* ▶ to <u>be</u> in the ~ essere sotto i riflettori **II.** <spotlighted *o* spotlit, spotlighted *o* spotlit> *vt* illuminare

spot market *n* FIN mercato *m* a pronti

spot price *n* prezzo *m* in contanti

spotted *adj* macchiato, -a; a ~ dress un vestito a pois

spotter *n* SPORTS, AVIAT osservatore, -trice *m, f*

spotty ['spɑ·ţi] <-ier, -iest> *adj* **1.** (*having blemished skin*) brufoloso, -a **2.** (*inconsistent*) irregolare

spouse [spaʊs] *n form* coniuge *mf*

spout [spaʊt] **I.** *n* **1.** (*of kettle, jar*) beccuccio *m;* (*tube*) orificio *m* **2.** (*jet*) zampillo *m* **II.** *vt* **1.** (*send out: flames*) sputare; (*water*) sprizzare **2.** *pej* to ~ sth declamare qc; to ~ facts and figures sciorinare fatti e cifre **III.** *vi* **1.** (*gush*) zampillare **2.** *pej* (*speechify*) sproloquiare

sprain [spreɪn] **I.** *vt* distorcersi **II.** *n* storta *f*

sprang [spræŋ] *vi, vt pt of* **spring**

sprat [spræt] *n* spratto *m*

sprawl [sprɑ:l] *pej* **I.** *vi* **1.** (*spread out*) stravaccarsi; to send sb ~ing mandare qu a gambe all'aria **2.** (*town*) espandersi (in modo incontrollato) **II.** *n* (*of town*) espansione *f;* urban ~ agglomerato *m* urbano

sprawling *adj pej* **1.** (*town*) tentacolare **2.** (*handwriting*) disordinato, -a

spray¹ [spreɪ] **I.** *n* **1.** (*mist*) spruzzi *mpl* **2.** (*device*) nebulizzatore *m,* spray *m inv* **II.** *vt* (*cover in a spray*) spruzzare **III.** *vi* (*gush*) spruzzare

spray² [spreɪ] *n* ramoscello *m;* a ~ of flowers un mazzo di fiori

spray gun *n* pistola *f* a spruzzo

spread [spred] **I.** *n* **1.** (*act of spreading*) diffusione *f* **2.** (*range*) gamma *f* **3.** (*article*) a full-page ~ articolo *m* su doppia pagina **4.** CULIN crema *f,* pasta *f* **5.** (*ranch*) ranch *m inv* **6.** *inf* (*meal*) banchetto *m* **7.** SPORTS (*number of points*) point ~ punteggio *m* **II.** <spread, spread> *vt* **1.** (*news*) diffondere; (*disease*) trasmettere **2.** (*butter*) spalmare **3.** (*payments, work*) dilazionare **4.** (*unfold: map, blanket*) spiegare **III.** <spread, spread> *vi* (*news*) diffondersi; (*disease*) trasmettersi; (*liquid*) espandersi

spread-eagled ['spred·'i:·gld] *adj* con le braccia e le gambe divaricate

spreadsheet ['spred·ʃi:t] *n* COMPUT foglio *m* elettronico

spree [spri:] *n* to go (out) on a drinking ~ farsi una bella bevuta; to go on a shopping ~ darsi alle spese folli

sprig [sprɪg] *n* rametto *m*

sprightly ['spraɪt·li] <-ier, -iest> *adj* vivace

spring [sprɪŋ] **I.** *n* **1.** (*season*) primavera *f* **2.** (*jump*) balzo *m* **3.** (*metal coil*) molla *f* **4.** (*elasticity*) elasticità *f* **5.** (*source of water*) sorgente *f* **II.** <sprang, sprung> *vi* balzare; to ~ to one's feet balzare in piedi; to ~ shut/ open chiudersi/aprirsi di colpo **III.** <sprang, sprung> *vt* to ~ sth on sb tirar fuori qc a qu all'improvviso

◆**spring back** *vi* balzare indietro

springboard ['sprɪŋ·bɔːrd] *n* trampolino *m*

spring break *n* vacanze (scolastiche) *f* di primavera *pl*

spring chicken *n* he's no spring chicken non è più un ragazzino

spring-clean [ˌsprɪŋ·'kli:n] *vt* pulire a fondo

spring-cleaning *n* pulizie *f* di Pasqua *pl*

spring roll *n* involtino *m* primavera

springtime ['sprɪŋ·taɪm] *n* primavera *f*

springy ['sprɪŋ·i] <-ier, -iest> *adj* elastico, -a

sprinkle ['sprɪŋ·kl] **I.** *vt* spargere **II.** *n* pizzico *f*

sprinkler ['sprɪŋ·klɚ] *n* sprinkler *m*

sprinkling ['sprɪŋ·klɪŋ] *n* a ~ of sth una spruzzata di qc

sprint [sprɪnt] SPORTS **I.** *vi* fare uno sprint **II.** *n* **1.** (*race*) corsa *f* **2.** (*burst of speed*) corsa *f* veloce

sprinter ['sprɪn·ţɚ] *n* velocista *mf*

S

sprite [spraɪt] *n liter* folletto *m*

sprocket ['sprɑː·kɪt] *n*, **sprocket wheel** *n* ruota *f* dentata

sprout [spraʊt] **I.** *n* **1.** (*of plant*) germoglio *m* **2.** *pl* (*Brussels sprouts*) cavoletti *mpl* di Bruxelles **II.** *vi* (*begin to grow*) spuntare **III.** *vt* (*grow: leaves*) mettere
   ◆**sprout up** *vi* (*plant, child*) crescere rapidamente; (*buildings*) spuntare dal nulla

spruce¹ [spruːs] *n* BOT picea *f*

spruce² [spruːs] *adj* tirato, -a a lucido
   ◆**spruce up** *vt* **to spruce oneself up** darsi una sistemata

sprung [sprʌŋ] *pp, Am: pt of* **spring**

spry [spraɪ] *adj* arzillo, -a

spud [spʌd] *n inf* patata *f*

spun [spʌn] *pp, pt of* **spin**

spunk [spʌŋk] *n inf* fegato *m*

spunky [spʌŋkɪ] *adj* energico, -a

spur [spɜːr] **I.**<-rr-> *vt a. fig* spronare **II.** *n* **1.** (*device*) sperone *m* **2.** GEO sperone *m* **3.** (*encouragement*) sprone *m* ▶ **on the ~ of the moment** *inf* d'impulso

spurious ['spjʊ·ri·əs] *adj* falso, -a

spurn [spɜːn] *vt form* respingere

spurt [spɜːrt] **I.** *n* **1.** (*jet*) fiotto *m* **2.** (*burst*) slancio *m;* **a growth ~** un'impennata **II.** *vi* **1.** (*gush*) uscire a fiotti **2.** (*accelerate*) scattare **III.** *vt* (*liquid*) mandare a fiotti

sputter ['spʌ·t̬ə] **I.** *vi* (*person*) farfugliare; (*candle, engine*) scoppiettare **II.** *n* (*of person*) balbettio *m;* (*of candle, engine*) scoppiettio *m*

sputum ['spjuː·t̬əm] *n* espettorato *m*

spy [spaɪ] **I.** *n* spia *f* **II.** *vi* spiare; **to ~ on sb** spiare qu **III.** *vt* scorgere

spyglass ['spaɪ·glæs] *n* cannocchiale *m*

spyhole ['spaɪ·hoʊl] *n* spioncino *m*

spy satellite *n* satellite *m* spia

spyware *n* spyware *m*

Sq. *abbr of* **square** P.za

squabble ['skwɑː·bl] **I.** *n* bisticcio *m* **II.** *vi* bisticciare

squad [skwɑːd] *n* **1.** (*group*) squadra *f;* (*of police*) squadra *f;* **anti-terrorist ~** squadra antiterrorista **2.** (*sports team*) squadra *f*

squad car *n* volante *f*

squadron ['skwɑː·drən] *n* squadrone *m*

squalid ['skwɑː·lɪd] *adj* **1.** *pej* (*dirty*) squallido, -a **2.** (*sordid*) squallido, -a

squall [skwɔːl] **I.** *n* temporale *m* **II.** *vi* strillare

squally ['skwɔː·li] *adj* burrascoso, -a

squalor ['skwɑː·lə] *n* miseria *f*

squander ['skwɑːn·də] *vt* sprecare; (*money*) scialacquare; **to ~ an opportunity** sprecare un'opportunità; **to ~ the lead** perdere il primo posto

square [skwer] **I.** *n* **1.** (*shape*) quadrato *m* **2.** (*in town*) piazza *f* **3.** (*on chessboard*) casella *f* **4.** (*tool*) squadra *f* **5.** MATH quadrato *m* ▶ **to go back to ~** ritrovarsi al punto di partenza **II.** *adj* **1.** (*square-shaped*) quadrato, -a; **forty-three ~ feet** quattro metri quadrati **2.** (*fair*) **a ~ deal** un affare corretto; **to give sb**

a ~ deal trattare qn correttamente **3.** (*not owing anything*) pari **III.** *vt* **1.** (*make square*) quadrare **2.** (*settle*) far quadrare; **to ~ one's accounts** far quadrare i conti **3.** MATH elevare al quadrato **IV.** *vi* **to ~ with the facts** quadrare con i fatti **V.** *adv* direttamente; **to run** [*o* **drive**] **~ into sth** andare a sbattere in pieno contro qc
   ◆**square up** *vi* **to ~ with sb** sistemare i conti con qn

square bracket *n* parentesi *f* quadra

square dance *n ballo popolare di società americana*

> Square dance è il nome attribuito a un ballo folcloristico americano. Gruppi composti da quattro coppie ballano formando un quadrato, un cerchio o due file e eseguono i movimenti annunciati da un *caller*. Il *caller* può dare le istruzioni cantando o parlando. Lo **square dancing** è spesso accompagnato da musicisti country che suonano il violino, il banjo e la chitarra.

squarely *adv* direttamente

square root *n* radice *f* quadrata

squash¹ [skwɑːʃ] *n* (*vegetable*) zucca *f*

squash² [skwɑːʃ] **I.** *n* **1.** SPORTS squash *m* **2.** (*dense pack*) **it's a ~** si sta ammassati **II.** *vt* schiacciare

squash court *n* campo *m* da squash

squash racket *n*, **squash racquet** *n* racchetta *f* da squash

squashy ['skwɑː·ʃi] <-ier, -iest> *adj* molle

squat [skwɑːt] **I.** <-tt-> *vi* **1.** (*crouch down*) accovacciarsi **2.** (*in property*) occupare una proprietà abusivamente **II.** *n* **1.** (*exercise*) fare piegamenti sulle gambe **2.** *sl* (*nothing*) **to not know ~** non sapere un tubo **III.** <-tt-> *adj* (*person*) tracagnotto, -a

squatter ['skwɑː·t̬ə] *n* occupante *mf* abusivo, -a

squaw [skwɑː] *n* squaw *f inv, donna indiana del Nord America*

squawk [skwɑːk] **I.** *vi* gracchiare **II.** *n* gracchio *m*

squeak [skwiːk] **I.** *n* gridolino *m;* (*of mouse*) squittio *m;* (*of door*) cigolio *m* **II.** *vi* strillare; (*mouse*) squittire; (*door*) cigolare

squeaky ['skwiː·ki] <-ier, -iest> *adj* (*voice*) stridulo,-a; (*door*) cigolante

squeaky-clean [ˌskwiː·ki·'kliːn] *adj* immacolato, -a

squeal [skwiːl] **I.** *n* stridio *m* **II.** *vi* **1.** (*person, animal*) strillare; (*brakes, car*) stridere **2.** *sl* (*inform on sb*) spifferare
   ◆**squeal on** *vt sl* **to ~ sb** spifferare sul conto di qu

squeamish ['skwiː·mɪʃ] *adj* impressionabile; **to feel ~** avere la nausea

squeegee ['skwiː·dʒiː] *n* spatola *f* di gomma

squeeze [skwiːz] **I.** *n* **1.** (*pressing action*) stretta *f;* **a ~ of orange** una spruzzata d'arancio **2.** ECON (*limit*) restrizione *f* **3.** (*pressure*) **to put the ~ on sb** fare pressione su qu **II.** *vt* **1.** (*press together: lemon, orange*) spremere; (*hand*) stringere; (*cloth*) strizzare; **freshly ~d orange juice** spremuta *f* d'arancia **2.** (*force*) **to ~ sth out of sb** tirar fuori qc a qu

squeezer ['skwi:·zə·] *n* spremiagrumi *m inv*

squelch [skweltʃ] **I.** *vi* avanzare sguazzando **II.** *vt* mettere a tacere **III.** *n* ciac *m*

squid [skwɪd] <-(s)> *n* calamaro *m*

squiggle ['skwɪ·ɡl] **I.** *n* scarabocchio *m* **II.** *vi* scarabocchiare

squint [skwɪnt] **I.** *vi* **1.** (*be cross-eyed*) essere strabico, a **2.** (*look from corner of eye*) sbirciare **II.** *n* **1.** (*eye condition*) strabismo *m* **2.** (*quick look*) sbirciata *f*

squire ['skwa·ɪə·] *n* HIST scudiero *m*

squirm [skwɜ:rm] *vi* dimenarsi; **to ~ with embarrassment** sentirsi imbarazzato

squirrel ['skwɜ:·rəl] *n* scoiattolo *m*

squirt [skwɜ:rt] **I.** *vt* (*liquid*) spruzzare; **to ~ sb with sth** spruzzare qu di qc **II.** *vi* sprizzare **III.** *n* **1.** (*small quantity*) spruzzata *f* **2.** *pej* (*person*) mezzatacca *f*

Sr. *n abbr of* **senior** padre; **George Bush, Sr.** George Bush, padre

Sri Lanka [ˌsri:·'lɑ:ŋ·kə] *n* Sri Lanka *m*

Sri Lankan [ˌsri:·'lɑ:ŋ·kən] **I.** *adj* dello Sri Lanka **II.** *n* abitante *mf* dello Sri Lanka

SRO *abbr of* **standing room only** solo posti in piedi

SSE [ˌes·es·'dʌ·bl·ju:] *abbr of* **south-south-east** SSE

SSgt. *n abbr of* **staff sergeant** Serg. Magg.

SSW [ˌes·es·'dʌ·bl·ju:] *abbr of* **south-south-west** SSO

St. *n* **1.** *abbr of* **saint** S.; **~ Thomas** S. Tommaso **2.** *abbr of* **street** via

stab [stæb] **I.** <-bb-> *vt* pugnalare; **to ~ sb to death** pugnalare qu a morte; **to ~ sb in the back** *fig* pugnalare qu alle spalle **II.** <-bb-> *vi* dare dei colpetti **III.** *n* **1.** (*blow*) pugnalata *f* **2.** (*sudden pain*) fitta *f* **3.** (*attempt*) **to take a ~ at** (**doing**) **sth** provare (a fare) qc

stabbing **I.** *n* accoltellamento *m* **II.** *adj* lancinante

stability [stə·'bɪ·lə·ti] *n* stabilità *f*

stabilization [ˌstei·blɪ·'zei·ʃən] *n* stabilizzazione *f*

stabilize ['stei·bə·laɪz] **I.** *vt* stabilizzare **II.** *vi* stabilizzarsi

stabilizer ['stei·bə·laɪ·zə·] *n* **1.** (*on ship, bicycle*) stabilizzatore *m* **2.** CHEM stabilizzante *m*

stable[1] ['stei·bl] *adj* **1.** *a.* ECON stabile **2.** (*structure*) stabile **3.** MED stazionario, -a

stable[2] ['stei·bl] **I.** *n* stalla *f* **II.** *vt* tenere in una stalla

stack [stæk] **I.** *vt* **1.** (*arrange in a pile*) impilare **2.** (*fill: shelves*) riempire ▶ **the** cards **are ~ed against us** la sorte ci è avversa **II.** *n* **1.** (*pile*) pila *f* **2.** *inf* (*large amount*) mucchio *m* **3.** *pl* (*bookcase*) scaffali *mpl*

stadium ['stei·di·əm] <-s *o* -dia> *n* stadio *m*

staff [stæf] **I.** *n* **1.** (*employees*) personale *m;* **the editorial ~** la redazione; **the teaching ~** il corpo insegnante **2.** MIL Stato *m* Maggiore **3.** (*stick*) bastone *m;* **~ of office** bastone di comando **4.** (*flagpole*) asta *f* **5.** <staves> MUS pentagramma *m* **II.** *vt* dotare di personale

staff seargeant *n* sergente *m* maggiore

stag [stæɡ] *n* **1.** ZOOL cervo *m* **2.** (*unaccompanied male*) scapolo *m*

stag beetle *n* cervo *m* volante

stage [steidʒ] **I.** *n* **1.** (*period*) stadio *m;* **at this ~ in my life** a questo punto della mia vita; **to do sth in ~s** fare qc per gradi **2.** THEAT palcoscenico *m;* **the ~** il teatro; **to be on the ~** recitare (in teatro); **to go on the ~** darsi al teatro; **to hold the ~** catturare l'attenzione del pubblico **II.** *vt* **1.** (*produce on stage*) mettere in scena **2.** (*organize*) organizzare

stagecoach ['steidʒ·koutʃ] *n* diligenza *f*

stage door *n* ingresso *m* degli artisti

stage fright *n* panico *m* da palcoscenico

stagehand ['steidʒ·hænd] *n* THEAT macchinista *mf* (teatrale)

stage-manage ['steidʒ·ˌmæ·nidʒ] *vt* **1.** THEAT dirigere la messa in scena di **2.** *fig* orchestrare

stage manager *n* THEAT direttore, -trice *m, f* di scena; CINE direttore, -trice *m, f* di produzione

stage name *n* nome *m* d'arte

stage whisper *n* THEAT battuta *f* sussurrata (*destinata al pubblico*)

stagflation [ˌstæɡ·'flei·ʃən] *n* ECON stagflazione *f*

stagger ['stæ·ɡə·] **I.** *vi* barcollare **II.** *vt* **1.** (*amaze*) sconcertare **2.** (*work, payments*) scaglionare **III.** *n* passo *m* barcollante

staggering *adj* (*amazing*) sconcertante

staging ['stei·dʒɪŋ] *n* THEAT messa *f* in scena

stagnant ['stæɡ·nənt] *adj a. fig* stagnante

stagnate ['stæɡ·neit] *vi* (ri)stagnare

stagnation [stæɡ·'nei·ʃən] *n* ristagno *m*

stag party *n* addio *m* al celibato

stagy ['stei·dʒi] *adj pej* teatrale

staid [steid] *adj* serioso, -a

stain [stein] **I.** *vt* **1.** (*mark*) macchiare **2.** (*dye*) dare il mordente a **II.** *vi* (*become marked*) macchiarsi **III.** *n* **1.** (*mark*) macchia *f*; **blood/grease/red wine ~** macchia *f* di sangue/grasso/vino rosso **2.** (*dye*) colorante *m*

stained *adj* (*marked*) macchiato, -a

stained glass *n* vetro *m* colorato

stained-glass window *n* vetrata *f* (decorata)

stainless ['stein·ləs] **I.** *adj* (*immaculate*) immacolato, -a; (*that cannot be stained*) antimacchia *inv* **II.** *n* acciaio *m* inossidabile

stainless steel *n* acciaio *m* inossidabile

stain remover *n* smacchiatore *m*

stair [ster] *n* **1.** (*rung*) gradino *m* **2.** *pl* (*set of steps*) scala *f*

staircase ['ster·keis] *n*, **stairway** ['ster·wei] *n* scala *f*

stairwell ['ster·wel] *n* vano *m* scale

stake [steik] **I.** *n* **1.** (*stick*) paletto *m;* **to be**

S

burnt at the ~ HIST bruciare sul rogo **2.** (*share*) partecipazione *f;* **to have a ~ in sth** avere una partecipazione in qc **3.** (*bet*) posta *f;* **to play for high ~s** giocare forte; **to be at ~** essere in gioco **II.** *vt* **1.** (*mark with stakes*) segnare con paletti **2.** (*bet*) puntare; **to ~ one's life on sth** mettere la mano sul fuoco per qc; **to ~ a claim to sth** rivendicare qc
◆ **stake out** *vt inf* piantonare

stakeholder ['steɪk‧ˌhoʊl‧dəʳ] *n* FIN soggetto *m* portatore di interesse

stakeout *n* piantonamento *m*

stalactite [stə‧'læk‧taɪt] *n* stalattite *f*

stalagmite ['stæ‧ləg‧maɪt] *n* stalagmite *f*

stale [steɪl] *adj* **1.** (*not fresh*) stantio, -a; (*bread*) raffermo, -a; (*air*) viziato, -a; (*joke*) trito, -a e ritrito, -a **2.** (*tired*) stanco, -a

stalemate ['steɪl‧meɪt] *n* **1.** (*deadlock*) fase *f* di stallo **2.** GAMES stallo *m*

stalk¹ [stɔːk] *n* (*of plant*) gambo *m;* **her eyes were out on ~s** aveva gli occhi fuori dalle orbite

stalk² [stɔːk] **I.** *vt* (*follow*) seguire ossessivamente **II.** *vi* **to ~ off** allontanarsi offeso, -a

stalker ['stɔː‧kəʳ] *n* **1.** (*hunter*) cacciatore, -trice *m, f* **2.** (*of people*) stalker *mf, persona che ne segue ossessivamente un'altra*

stalking-horse *n* POL candidato, -a *m, f* civetta

stall [stɔːl] **I.** *n* **1.** (*for animal*) posta *f* **2.** (*in market*) bancarella *f,* banco *m* **3.** (*compartment*) **shower ~** vano *m* doccia; **toilet ~** vano *m* gabinetto **II.** *vi* **1.** (*stop running: engine, vehicle*) bloccarsi **2.** *fig, inf* (*delay*) **to ~ for time** guadagnare tempo **III.** *vt* **1.** (*engine*) fare spegnere; (*vehicle*) fare spegnere il motore di **2.** *fig, inf* (*keep waiting*) tenere a bada

stallion ['stæl‧jən] *n* stallone *m*

stalwart ['stɔːl‧wəʳt] *form* **I.** *adj* **1.** (*strong*) robusto, -a **2.** (*loyal*) fedele **II.** *n* sostenitore, -trice *m, f* fedele

stamen ['steɪ‧men] <-s *o* -mina> *n* stame *m*

stamina ['stæ‧mə‧nə] *n* resistenza *f*

stammer ['stæ‧məʳ] **I.** *vi* balbettare **II.** *vt* balbettare **III.** *n* balbettamento *m*

stammerer ['stæ‧mə‧əʳ] *n* balbuziente *mf*

stamp [stæmp] **I.** *n* **1.** (*postage stamp*) francobollo *m;* (*device*) timbro *m;* (*mark*) bollo *m* **2.** (*characteristic quality*) impronta *f* **3.** (*with foot*) impronta *f* di piede **II.** *vt* **1.** (*place postage stamp on*) affrancare **2.** (*impress a mark on*) timbrare **3. to ~ one's foot** pestare il piede per terra **III.** *vi* pestare i piedi
◆ **stamp out** *vt* sradicare

stamp album *n* album *m* di francobolli *inv*

stamp collector *n* collezionista *mf* di francobolli

stampede [stæm‧'piːd] **I.** *n* (*of animals*) fuga *f* disordinata; (*of people*) ressa *f* **II.** *vi* fuggire disordinatamente **III.** *vt* **1.** (*cause to stampede*) seminare il panico tra **2.** (*force*) forzare; **to ~ sb into** (*doing*) **sth** forzare qn a (fare) qc

stamping ground *n s.* **stomping ground**

stance [stænts] *n* posizione *f*

stanch¹ *adj s.* **staunch**

stanch² *vt* arginare

stand [stænd] **I.** *n* **1.** (*position*) posizione *f;* **to take a ~ on** (**doing**) **sth** prendere una posizione in qc/nel fare qc; **to make a ~ against sth** opporre resistenza a qc **2.** *pl* (*in stadium*) tribuna *f* **3.** (*support, frame*) supporto *m;* **music ~** leggio *m* **4.** (*market stall*) banco *m* del mercato **5.** (*for vehicles*) posteggio *m;* **taxi ~** posteggio *m* dei taxi **6.** (*witness box*) banco *m* dei testimoni; **to take the ~** salire sul banco dei testimoni **7.** (*group*) **a ~ of trees** una serie di alberi **II.** <stood, stood> *vi* **1.** (*be upright*) stare in piedi; **to ~ 6 feet tall** essere alto, -a un metro e ottanta; **to ~ still** stare fermo, -a **2.** (*be located*) trovarsi **3.** (*remain unchanged: decision*) rimanere valido, -a; (*law*) rimanere in vigore **III.** <stood, stood> *vt* **1.** (*place*) mettere dritto, -a **2.** (*bear*) sopportare; **I can't ~ her** non la sopporto **3.** LAW **to ~ trial** subire un processo
◆ **stand about** *vi,* **stand around** *vi* starsene
◆ **stand aside** *vi* **1.** (*move*) farsi da parte **2.** (*stay*) stare in disparte
◆ **stand back** *vi* **1.** (*move backwards*) indietreggiare **2.** (*be objective*) prendere le distanze
◆ **stand by I.** *vi* **1.** (*observe*) stare a guardare **2.** (*be ready to take action*) essere pronto, -a **II.** *vt* (*support*) appoggiare
◆ **stand down** *vi* rinunciare
◆ **stand for** *vt* **1.** (*represent*) rappresentare; (*mean*) stare per **2.** (*believe in*) sostenere **3.** (*tolerate*) tollerare
◆ **stand in** *vi* **to ~ for sb** sostituire qu
◆ **stand out** *vi* risaltare
◆ **stand over** *vt* stare addosso a
◆ **stand up I.** *vi* **1.** (*be upright*) alzarsi (in piedi) **2.** (*evidence, argument*) reggere; **to ~ in court** reggere in tribunale ▶ **to ~ and be counted** dichiarare apertamente le proprie opinioni **II.** *vt* **to stand sb up** tirare un bidone a qu

standalone *n,* **stand-alone** ['stæn‧də‧ˌloʊn] *adj* COMPUT **~ computer network** rete (telematica) *f* autonoma

standard ['stæn‧dəʳd] **I.** *n* **1.** (*level*) livello *m;* (*quality*) livello *m* qualitativo **2.** (*norm*) norma *f* **3.** (*flag*) stendardo *m* **4.** MUS classico *m* **II.** *adj* **1.** (*normal*) normale; (*procedure*) usuale **2.** LING standard *m inv*

standard-bearer ['stæn‧dəʳd‧ˌbe‧rəʳ] *n* portabandiera *mf inv*

standardization [ˌstæn‧də‧dɪ‧'zeɪ‧ʃən] *n* standardizzazione *f;* TECH normalizzare

standardize ['stæn‧dəʳ‧daɪz] *vt* standardizzare; TECH normalizzare

standard size *n* taglia *f* normale

standby ['stænd‧baɪ] **I.** *n* **1.** (*of money, food*) riserva *f* **2.** AVIAT lista *f* d'attesa; **to be on ~** essere in lista d'attesa; **they put me on ~** mi hanno messo in lista d'attesa; **to be on 24-hour ~** essere nella lista d'attesa con partenza entro 24 ore **3.** ELEC in standby; **~ mode** modalità *f* standby, modalità *f* d'attesa **4.** (*backup*) riserva *f* **5.** (*plane ticket*) biglietto *m* standby **6.** (*traveler*) viaggiatore, -trice *m, f* con il biglietto standby **II.** *adj attr* **1.** (*player*) di riserva **2.** (*flight*) standby **III.** *adv* AVIAT, TOURIST **to fly ~** volare standby

stand-in ['stænd·ɪn] *n* sostituto, -a *m, f;* CINE controfigura *f*

standing ['stæn·dɪŋ] **I.** *n* **1.** (*status*) posizione *f* **2.** (*duration*) durata *f;* **of long ~** di vecchia data **II.** *adj* **1.** (*upright*) verticale **2.** (*permanent*) permanente **3.** (*water*) stagnante

standing order *n* prelievo *m* automatico

standing ovation *n* standing ovation *f inv,* lungo applauso *m* in piedi

standing room *n* posti *mpl* in piedi

standing start *n* **to do sth from a ~** fare qc partendo da zero

standoffish [ˌstænd·ˈɑː·fɪʃ] *adj pej, inf* scostante

standpipe ['stænd·paɪp] *n* idrante *m*

standpoint ['stænd·pɔɪnt] *n* punto *m* di vista

standstill ['stænd·stɪl] *n* fase *f* di stallo; **to be at a ~** essere in fase di stallo

standup ['stænd·ˌʌp] *adj* **1.** (*cabaret*) **~ comedy** monologo *m* comico; **~ comedian** *comico che si esibisce in un monologo* **2.** (*upright*) **~ buffet** buffet *m* in piedi *inv* **3.** FASHION **a ~ collar** un colletto rigido **4.** *sl* (*honest*) fidato, -a

stank [stæŋk] *pt of* **stink**

stanza ['stæn·zə] *n* LIT strofa *f*

staple¹ ['steɪ·pl] **I.** *n* **1.** (*product, article*) prodotto *m* principale **2.** (*basic food*) alimento *m* base **3.** (*important component*) elemento *m* essenziale **II.** *adj* **1.** (*principal*) principale **2.** (*standard*) tipico, -a

staple² ['steɪ·pl] **I.** *n* (*fastener*) punto *m* (di pinzatrice) **II.** *vt* pinzare

staple gun *n* pinzatrice *f* industriale

stapler ['steɪp·lə] *n* pinzatrice *f*

star [stɑːr] **I.** *n* **1.** (*heavenly body*) stella *f* **2.** (*asterisk*) asterisco *m* **3.** (*popular person*) stella *f;* **a movie ~** una star del cinema ▶ **to** thank one's lucky ~s ringraziare la propria buona stella; **to be** written **in the ~s** essere scritto; **to** reach for the **~s** puntare in alto; **to** see **~s** vedere le stelle **II.** *vt* <-rr-> **1.** THEAT, CINE essere interpretato, -a da **2.** (*mark with asterisk*) segnalare con un asterisco

star billing [ˌstɑːr·ˈbɪ·lɪŋ] *n* **to get ~** avere il primo posto in cartellone

starboard ['stɑːr·bəd] **I.** *n* NAUT dritta *f* **II.** *adj* a dritta

starch [stɑːrtʃ] **I.** *n* **1.** (*stiffening agent*) amido *m* **2.** CULIN amido *m* **II.** *vt* inamidare

starchy ['stɑːr·tʃi] <-ier, -iest> *adj* **1.** (*food*) ricco, -a di amido **2.** *pej, inf* (*person*) impettito, -a

stardom ['stɑːr·dəm] *n* celebrità *f*

stare [ster] **I.** *vi* fissare **II.** *vt* fissare; **the**

answer was staring us in the face avevamo la risposta sotto gli occhi **III.** *n* sguardo *m* fisso
◆ **stare down** *vt* fissare fino a mettere in imbarazzo

starfish ['stɑːr·fɪʃ] <-(es)> *n* stella *f* di mare

stargazer ['stɑːr·ˌgeɪ·zə] *n* (*astronomer*) astronomo, -a *m, f;* (*astrologer*) astrologo, -a *m, f*

staring ['ste·rɪŋ] *adj* fisso, -a; **~ eyes** sguardo *m* fisso

stark [stɑːrk] **I.** *adj* **1.** (*desolate*) desolato, -a; **a ~ landscape** un paesaggio desolato **2.** (*austere*) austero, -a **3.** (*complete*) totale; **a ~ contrast** un netto contrasto **II.** *adv* **~ naked** completamente nudo, -a; **~ raving mad** matto, -a da legare

starless ['stɑːr·lɪs] *adj* senza stelle

starlet ['stɑːr·lɪt] *n* stellina *f*

starlight ['stɑːr·laɪt] *n* luce *f* delle stelle

starling ['stɑːr·lɪŋ] *n* storno *m*

starlit ['stɑːr·ˌlɪt] *adj* illuminato, -a dalle stelle

starry ['stɑː·ri] <-ier, -iest> *adj* stellato, -a

starry-eyed ['stɑː·ri·ˌaɪd] *adj* sognatore, -trice

Stars and Stripes *n* **the ~** la bandiera a stelle e strisce

star sign *n* segno *m* zodiacale

Star-Spangled Banner *n* (*flag*) bandiera *f* a stelle e strisce; (*anthem*) inno *m* nazionale americano

La **U.S. flag** porta diversi nomi, tra i quali quello di **The Stars and Stripes**. Il numero delle stelle corrisponde ai 50 stati che fanno parte attualmente degli Stati Uniti e le 13 righe rappresentano i 13 stati fondatori. L'espressione patriottica *Old Glory* è stata coniata dal capitano di vascello William Driver. Anche il titolo dell'inno nazionale americano, lo *Star-spangled Banner*, fa riferimento alla bandiera nazionale.

star-studded *adj* **1.** (*sky*) stellato, -a **2.** (*film*) pieno, -a di star; **a ~ cast** un cast pieno di star

start [stɑːrt] **I.** *vi* **1.** (*begin*) iniziare; **to ~ to do sth** iniziare a fare qc **2.** (*begin journey*) partire; **the bus ~s from the main square** l'autobus parte dalla piazza principale **3.** (*begin to operate: vehicle, motor*) mettersi in moto **4.** SPORTS (*play at beginning*) essere nella formazione iniziale **5.** (*begin at level*) partire; **ticket prices ~ as low as $10** il prezzo dei biglietti parte addirittura da 10 dollari **6.** (*make sudden movement*) sobbalzare; **to ~ at sth** sobbalzare per qc **II.** *vt* **1.** (*begin*) iniziare, cominciare; **we ~ work at 6:30 every morning** iniziamo a lavorare alle 6:30 ogni mattina **2.** (*set in operation*) mettere in moto **3.** COM mettere su **4.** SPORTS (*let play at beginning*) mettere nella formazione iniziale ▶ **to ~ something** *inf* creare un casino **III.** *n* **1.** (*beginning*) principio *m;* **to make an early/a late ~** cominciare presto/tardi; **to make a fresh** ~ ricominciare da capo; **to have a good** ~ **in life** avere un'infanzia felice **2.** SPORTS (*beginning place*) linea *f* di partenza; (*beginning time*) via *m;* **false** ~ falsa partenza *f* **3.** (*sudden movement*) sobbalzo *m;* **to give a** ~ sobbalzare; **to give sb a** ~ far sobbalzare qu **4.** SPORTS (*action of playing at beginning*) presenza nella formazione iniziale; **he will be making his third** ~ **of the year** è la terza volta quest'anno che lo fanno giocare dall'inizio della partita

◆**start back** *vi* **1.** (*jump back suddenly*) retrocedere **2.** (*begin return journey*) cominciare il viaggio di ritorno

◆**start in on** *vt* cominciare a fare la predica a

◆**start off** I. *vi* **1.** (*begin*) iniziare **2.** (*begin journey*) partire II. *vt* iniziare; **to start sb off** (**on sth**) aiutare qu (a iniziare qc)

◆**start out** *vi* **1.** (*begin*) cominciare; **to** ~ **to do sth** mettersi a fare qc **2.** (*begin journey*) partire

◆**start up** I. *vt* **1.** (*organization, business*) mettere su **2.** (*vehicle, motor*) mettere in moto II. *vi* **1.** (*begin running: vehicle, motor*) mettersi in moto **2.** (*open*) mettere su un'attività **3.** (*jump up*) balzare in piedi

START [stɑːrt] *abbr of* **Strategic Arms Reduction Talks** START

starter *n* **1.** AUTO motorino *m* di avviamento **2.** *inf* CULIN antipasto *m* **3.** SPORTS (*player at beginning*) giocatore, -trice *m, f* della formazione iniziale ▶**for** ~**s** *inf* per cominciare

starting line *n* linea *f* di partenza

starting point *n* punto *m* di partenza

startle ['stɑːr·ţl] *vt* cogliere di sorpresa

startling *adj* (*surprising*) sorprendente; (*alarming*) allarmante

startup *n,* **start-up** ['stɑːrt·ʌp] *n* avviamento *m*

start-up capital *n* capitale *m* iniziale

start-up costs *n* costi *mpl* di avviamento

starvation [stɑːr·'veɪ·ʃən] *n* fame *f;* **to die of** ~ morire di fame

starvation diet *n* dieta *m* drastica

starve [stɑːrv] I. *vi* **1.** soffrire di fame; (*die of hunger*) morire di fame; **to** ~ **to death** morire di fame **2.** *inf* (*be very hungry*) essere affamato, -a II. *vt* **1.** (*deprive: of food*) far soffrire di fame; **to** ~ **sb to death** far morire di fame **2.** (*deprive: of love, support*) privare

starving *adj* affamato, -a

stash [stæʃ] I. *vt* nascondere II. *n* <-es> *inf* **1.** (*hiding place*) nascondiglio *m* **2.** (*cache*) scorta *f*

state [steɪt] I. *n* **1.** (*condition*) stato *m;* ~ **of siege/war** stato di assedio/guerra; **solid/liquid** ~ stato solido/liquido; ~ **of mind** stato d'animo **2.** (*nation*) stato *m* **3.** *pl, inf* (*USA*) **the States** gli Stati Uniti **4.** (*pomp*) **to lie in** ~ essere nella camera ardente II. *adj* (*pertaining to a nation*) statale; ~ **secret** segreto *m* di Stato III. *vt* **1.** (*express*) dichiarare **2.** LAW (*specify*) stabilire

state-controlled *adj* controllato, -a dallo Stato; (*business*) statale

stated *adj* (*specified*) stabilito, -a

State Department *n* Dipartimento *m* di Stato, ≈ ministero *m* degli Affari Esteri

stateless ['steɪt·ləs] *adj* apolide

stately ['steɪt·li] *adj* solenne; ~ **home** dimora *f* sontuosa

statement ['steɪt·mənt] *n* **1.** (*declaration*) dichiarazione *f;* **to make a** ~ LAW fare una dichiarazione **2.** (*from bank*) estratto *m* conto

state of the art [ˌsteɪt·əv·ðiˈɑːrt] *adj* d'avanguardia; ~ **technology** tecnologia d'avanguardia

state-owned *adj* statale

state prison *n* prigione *f* di Stato

stateroom ['steɪt·ruːm] *n* **1.** (*in palace, hotel*) sala *f* di rappresentanza **2.** NAUT cabina *f* di lusso

stateside ['steɪt·saɪd] *adv inf* negli Stati Uniti

statesman ['steɪts·mən] <-men> *n* statista *m*

statesmanship *n* arte *m* di governare

stateswoman ['steɪts·ˌwʊ·mən] <-men> *n* statista *f*

state visit *n* visita *f* ufficiale

static ['stæ·ţɪk] I. *adj* statico, -a; **to remain** ~ rimanere invariato II. *n* PHYS elettricità *f* statica

static electricity *n* elettricità *f* statica

station ['steɪ·ʃən] I. *n* **1.** RAIL stazione *f* **2.** (*place*) stazione *f;* **police** ~ commissariato *m;* **gas** ~ stazione *f* di servizio; **research** ~ centro *m* di ricerca **3.** RADIO stazione *f;* TV canale *m* **4.** (*position*) postazione *m;* **action** ~**s!** MIL ai vostri posti! II. *vt* **1.** (*place*) collocare **2.** MIL appostare; **he's** ~ **ed in Washington** è di stanza a Washington

stationary ['steɪ·ʃə·ne·ri] *adj* (*not moving*) fermo, -a

stationery ['steɪ·ʃə·ne·ri] *n* articoli *mpl* di cancelleria

station house *n* commissariato *m*

stationmaster *n* capostazione *mf*

station wagon *n* station wagon *f inv,* familiare *f*

statistical [stə·'tɪs·tɪ·kl] *adj* statistico, -a

statistician [ˌstæ·tɪ·'stɪ·ʃən] *n* esperto, -a *m, f* di statistica

statistics [stə·'tɪs·tɪks] *n* **1.** (*science*) statistica *f* **2.** *pl* (*data*) statistiche *fpl*

statuary ['stæ·tʃu·e·ri] *n form* (*statues*) statue *fpl*

statue ['stæ·tʃuː] *n* statua *f*

Statue of Liberty *n* **the** ~ la Statua della Libertà

La *Statue of Liberty* fu realizzata a Parigi dallo scultore Frédéric-Auguste Bartholdi e dall'architetto Gustave Eiffel per la struttura metallica. Misura 46,50 m di altezza, 92,99 m con il piedistallo. La Francia fece dono della **Statue of Liberty** agli Stati Uniti in occasione del centenario

S

dell'indipendenza. Trasportata smontanta dalla fregata Isère da Parigi a New York, fu inaugurata il 28 ottobre 1886 sulla piccola isola di *Liberty Island*, nel porto di New York. Questa statua, raffigurante la libertà che illumina il mondo, è oggi l'emblema nazionale degli Stati Uniti e il simbolo internazionale della libertà e della democrazia.

statuesque [ˌstæ·tʃu·'esk] *adj form* statuario, -a

statuette [ˌstæ·tʃu·'et] *n* statuetta *f*

stature ['stæ·tʃɚ] *n* **1.**(*height*) statura *f* **2.**(*reputation*) levatura *f*

status ['ster·təs] *n* **1.**(*official position*) statuto *m* **2.**(*prestige*) prestigio *m*

status bar *n*, **status line** *n* COMPUT barra *f* di stato

status quo *n* status quo *m*

status report *n* COMPUT rapporto *m* sulla situazione

status symbol *n* status symbol *m inv*

statute ['stæ·tʃu:t] *n* LAW legge *f;* **by ~** conformemente alla legge

statute law *n* diritto *m* scritto

statute of limitations *n* legge *f* sulla prescrizione

statutory ['stæ·tʃə·tɔ:·ri] *adj* legale; **~ rape** abuso *m* sessuale di minore

staunch[1] [stɔ:ntʃ] *adj* incondizionato; **a ~ supporter** un fervido sostenitore

staunch[2] [stɔ:ntʃ] *vt s.* **stanch**

stave [sterv] *n* **1.**MUS pentagramma *m* **2.**(*piece of wood*) doga *f*
◆**stave off** <staved off, staved off> *vt* (*postpone*) rimandare; (*prevent*) evitare

staves *n* **1.** *pl of* **staff I.6. 2.** *pl of* **stave**

stay [ster] **I.** *vi* **1.**(*remain present*) rimanere; **to ~ in bed** rimanere a letto **2.**(*reside temporarily*) alloggiare **3.**(*remain*) rimanere; **to ~ friends** rimanere amici **II.** *vt* **1.**(*endure*) resistere; **to ~ the course** [*o* **distance**] resistere fino alla fine **2.**(*assuage: hunger, thirst*) placare **3.**LAW (*suspend*) **to ~ an execution** sospendere un'esecuzione **III.** *n* soggiorno *m*
◆**stay away** *vi* stare lontano; **to ~ from sb/sth** tenersi alla larga da qu/qc
◆**stay behind** *vi* fermarsi
◆**stay in** *vi* rimanere in casa
◆**stay out** *vi* stare fuori; **to ~ all night** stare fuori tutta la notte
◆**stay up** *vi* rimanere alzato, -a; **to ~ late** rimanere alzato fino a tardi

stay-at-home ['ster·ət·hoʊm] **I.** *n* pantofolaio, -a *m, f* **II.** *adj* pantofolaio, -a

staying power *n* resistenza *f*

STD [ˌes·ti:·'di:] *n* MED *abbr of* **sexually transmitted disease** MST *f*

Ste. *n abbr of* **saint** S.ta

stead [sted] *n* posto *m;* **in his/her ~** al suo posto ▶**to stand sb in good ~ (for sth)** tornare utile a qu (per qc)

steadfast ['sted·fæst] *adj* fedele; **a ~ denial** un rifiuto categorico

steady ['ste·di] <-ier, -iest> *adj* **1.**(*stable*) stabile; (*job, employment*) fisso, -a; (*temperature*) costante **2.**(*regular*) costante **3.**(*not wavering: hand*) saldo, -a **4.**(*calm*) calmo, -a **5.**(*regular: boyfriend*) fisso, -a **II.** *vt* **1.**(*stabilize*) stabilizzare **2.**(*make calm*) calmare **III.** *adv* **to be going ~** avere una relazione duratura **IV.** *interj* piano!

steak [sterk] *n* **1.**(*for frying, grilling*) bistecca *f;* (*ground beef*) carne *f* tritata, *per hamburger* **2.**(*of fish*) trancio *m*

steal [sti:l] **I.** <stole, stolen> *vt* rubare; **to ~ sb's heart** rubare il cuore a qu; **to ~ a glance (at sb/sth)** dare un'occhiata furtiva (a qu/qc) ▶**to ~ the show** monopolizzare l'attenzione; **to ~ someone's thunder** rovinare a qu l'effetto sorpresa **II.** <stole, stolen> *vi* **1.**(*take things illegally*) rubare **2.**(*move surreptitiously*) **to ~ in** entrare di soppiatto; **to ~ away** sgattaiolare via **III.** *n inf* affarone *m;* **to be a ~** essere un affarone

stealth [stelθ] *n* furtività *f;* **by ~** di nascosto

stealthy ['stel·θi] *adj* furtivo, -a

steam [sti:m] **I.** *n* (*water vapor*) vapore *m;* **full ~ ahead!** a tutto vapore!; **to run out of ~** *fig* perdere vigore ▶**to let off ~** scaricarsi **II.** *adj* a vapore **III.** *vi* (*produce steam*) emettere vapore **IV.** *vt* cuocere al vapore
◆**steam up** *vi* **1.**(*become steamy*) appannarsi **2.** *inf* **to get steamed up (about sth)** accalorarsi (per qc)

steam bath *n* bagno *m* turco

steamboat *n* battello *m* a vapore

steam engine *n* motore *m* a vapore

steamer ['sti:·mɚ] *n* **1.**(*boat*) battello *m* a vapore **2.**CULIN pentola *f* a pressione

steam iron *n* ferro *m* (da stiro) a vapore

steamroll *vt*, *vi s.* **steamroller**

steamroller[1] *n* rullo *m* compressore

steamroller[2] **I.** *vt* spianare; *fig* portare avanti a forza **II.** *vi* andare avanti a forza

steamship I. *n* nave *f* a vapore **II.** *adj* **~ line** compagnia *f* navale

steamy ['sti:·mi] <-ier, -iest> *adj* **1.**(*full of steam*) pieno, -a di vapore **2.**(*very humid*) umido, -a **3.** *inf* (*sexy*) spinto, -a

steed [sti:d] *n liter* destriero *m*

steel [sti:l] **I.** *n* (*metal*) acciaio *m;* **nerves of ~** nervi *mpl* d'acciaio **II.** *adj* d'acciaio **III.** *vt* **to ~ oneself for sth** armarsi di coraggio per qc

steel band *n complesso di percussionisti tipico dei Caraibi*

steel industry *n* industria *f* siderurgica

steel mill *n* stabilimento *m* per la laminazione dell'acciaio

steel wool *n* lana *f* d'acciaio

steelworker ['sti:l·ˌwɜ:r·kɚ] *n* operaio, -a *m, f* siderurgico, -a

steelworks ['sti:l·wɜ:rks] *n inv* acciaieria *f*

steely ['sti:·li] <-ier, -iest> *adj* (*determination*) ferreo, -a; (*gaze*) d'acciaio

S

steep[1] [sti:p] *adj* **1.** (*sharply sloping*) ripido, -a **2.** (*dramatic: increase, fall*) notevole; ~! è un'esagerazione! **3.** (*expensive*) esorbitante

steep[2] [sti:p] **I.** *vt* **1.** (*soak*) mettere a bagno; **to ~ tea** lasciare il tè in infusione **2.** *fig* **to be ~ed in tradition/history** essere immerso nella tradizione/storia **II.** *vi* **to leave sth to ~** lasciare qc in ammollo

steepen ['sti:·pən] *vi* **1.** (*become steeper*) diventare ripido **2.** *inf* (*become more expensive*) salire vertiginosamente

steeple ['sti:·pl] *n* ARCHIT torre *f;* **church ~** campanile di una chiesa

steeplechase ['sti:·pl·tʃeɪs] *n* corsa *f* a ostacoli

steeplejack ['sti:·pl·dʒæk] *n persona che effettua riparazioni su torri, campanili, camini, ecc.*

steer[1] [stɪr] **I.** *vt* **1.** (*direct*) dirigere; (*car*) guidare **2.** (*guide*) portare **II.** *vi* (*person*) guidare; (*car*) guidarsi; **it steers well** non si guida bene; **to ~ clear of sth/sb** stare alla larga da qc/qu; **to ~ for sth** NAUT fare rotta su qc

steer[2] [stɪr] *n* (*young bull*) manzo *m;* (*castrated bull*) bue *m*

steering committee *n inv* comitato *m* direttivo

steering wheel *n* (*of car*) volante *m;* (*of ship*) timone *m*

stellar ['ste·lə] *adj* stellare; **a ~ performance** un'esecuzione brillante

stem [stem] **I.** *n* **1.** (*of plant*) stelo *m;* (*of leaf*) picciolo *m* **2.** (*part of glass*) gambo *m* **3.** LING radice *f* **II.** <-mm-> *vt* (*stop*) contenere **III.** <-mm-> *vi* **to ~ from** trarre origine da

stench [stentʃ] *n* puzzo *m*

stencil ['sten·sl] **I.** *n* **1.** (*cut-out pattern*) stencil *m inv* **2.** (*picture drawn*) stencil *m inv* **II.** *vt* decorare con stencil

stenographer [stə·'nɑː·grə·fə·] *n* stenografo, -a *m, f*

stenography [stə·'nɑː·grə·fi] *n* stenografia *f*

step [step] **I.** *n* **1.** (*foot movement*) passo *m;* (*footprint*) impronta *f;* **to take a ~** fare un passo; **~ by ~** passo a passo; **to take a ~ towards sth** *fig* compiere un passo verso qc; **to be in/out of ~** andare/non andare al passo; *fig* essere/non essere in sintonia; **to watch one's ~** fare attenzione a dove si mettono i piedi **2.** (*of stair, ladder*) gradino *m* **3.** (*measure*) provvedimento *m;* **to take ~s (to do sth)** prendere provvedimenti (per fare qc) **4.** MUS **whole ~** tono *m;* **half ~** semitono *m* **II.** <-pp-> *vi* **1.** (*tread*) **~ in** [*o* on] **sth** calpestare qc **2.** (*walk*) camminare

◆ **step aside** *vi* scansarsi

◆ **step back** *vi* **1.** (*move back*) indietreggiare **2.** (*gain new perspective*) prendere le distanze

◆ **step down I.** *vi* (*resign*) dimettersi; **to ~ from sth** rinunciare a qc **II.** *vt* (*reduce*) ridurre

◆ **step in** *vi* intervenire

◆ **step up I.** *vt* aumentare **II.** *vi* accollarsi il compito

stepbrother *n* fratellastro *m*

stepchild *n* figliastro, -a *m, f*

stepdaughter *n* figliastra *f*

stepfamily *n* + *sing/pl vb* famiglia *f* patchwork

stepfather *n* padrigno *m*

stepladder ['step·ˌlæ·də·] *n* scala *f* (a libretto)

stepmother ['step·ˌmʌ·ðə·] *n* matrigna *f*

steppe [step] *n* steppa *f*

stepping stone ['ste·pɪŋ·stoʊn] *n* **1.** (*stone*) passatoio *m* **2.** *fig* trampolino *m*

stepsister ['step·ˌsɪs·tə·] *n* sorellastra *f*

stepson ['step·sʌn] *n* figliastro *m*

stereo ['ste·ri·oʊ] **I.** *n* **1.** (*hi-fi system*) stereo *inv* **2. in ~** in stereo **II.** *adj* stereo *inv*

stereophonic [ˌste·ri·ə·'fɑː·nɪk] *adj* MUS stereofonico, -a

stereoscopic [ˌste·ri·ə·'skɑː·pɪk] *adj* stereoscopico, -a

stereotype ['ste·ri·ə·taɪp] **I.** *n pej* stereotipo *m* **II.** *vt pej* rendere stereotipato, -a

sterile ['ste·rəl] *adj* sterile

sterility [stə·'rɪ·lə·ti] *n* sterilità *f*

sterilization [ˌste·rə·lɪ·'zeɪ·ʃən] *n* sterilizzazione *f*

sterilize ['ste·rə·laɪz] *vt* sterilizzare

sterling ['stɜ·r·lɪŋ] **I.** *n* **1.** (*metal*) argento [*o* 925] sterling *m* **2.** FIN lira *f* sterlina **II.** *adj* **1.** FIN **pound ~** lira sterlina **2.** (*of high standard*) eccellente

stern[1] [stɜːrn] *adj* **1.** (*severe*) severo, -a; (*warning*) duro, -a **2.** (*strict*) severo, -a

stern[2] [stɜːrn] *n* NAUT poppa *f*

sternness ['stɜːrn·nɪs] *n* severità *f*

sternum ['stɜːr·nəm] <-s *o* -na> *n* sterno *m*

steroid ['ste·rɔɪd] *n* steroide *m*

stethoscope ['ste·θəs·koʊp] *n* MED stetoscopio *m*

stevedore ['sti:·və·dɔːr] *n* scaricatore *m* di porto

stew [stu:] **I.** *n* stufato *m* ► **to be in a ~** *inf* essere in ansia **II.** *vt* (*meat*) stufare; (*fruit*) cuocere **III.** *vi* cuocere

steward ['stu:·ə·d] *n* **1.** AVIAT steward *m inv* **2.** (*at concert, demonstration*) addetto, -a *m, f* al servizio d'ordine **3.** (*estate administrator*) amministratore, -trice *m, f* **4.** (*representative*) **shop ~** rappresentante *mf* sindacale

stewardess ['stu:·ə·dɪs] <-es> *n* hostess *f inv*

STI *n* MED *abbr of* **sexually transmitted infection** MST *m*

stick[1] [stɪk] *n* **1.** (*of wood*) bastone *m;* (*of celery, rhubarb*) gambo *m;* (*of dynamite*) candelotto *m;* (*of deodorant, glue*) stick *m inv;* **a ~ of chalk** un gessetto **2.** *a.* SPORTS (*for hockey*) mazza *f;* **walking ~** bastone *m* (da passeggio) **3.** MUS bacchetta *f* **4.** *inf* (*remote area*) **in the ~s** in un posto sperduto ► **to get the wrong end of the ~** prendere fischi per fiaschi; **~s and** stones **may break my bones, but words can never hurt me** *prov* le parole non hanno mai fatto male a nessuno

stick[2] [stɪk] <stuck, stuck> **I.** *vi* **1.** (*adhere*) attaccarsi **2.** (*be unmovable: person, mechanism*) bloccarsi; (*door, window*) incastrarsi

3. (*endure*) **to ~ in sb's mind** rimanere impresso a qu **II.** *vt* **1.** (*affix*) attaccare **2.** *inf* (*put*) mettere; **to ~ one's head out the window** sporgere la testa dalla finestra

◆**stick around** *vi inf* rimanere (nei paraggi)

◆**stick at** *vt* perseverare in

◆**stick by** *vt* **1.** (*continue to support: friend*) restare al fianco di **2.** (*not change: opinion*) rimanere fedele a **3.** (*comply with: rules*) attenersi a

◆**stick in** *vt* **1.** (*knife, needle*) conficcare **2.** (*put*) mettere

◆**stick on** *vt* **1.** (*affix: stamp, label*) attaccare **2.** *inf* **to be stuck on sb** essere pazzo di qu

◆**stick out I.** *vt* allungare; **to stick one's tongue out at sb** fare la linguaccia a qu ▶ **to stick one's neck out** allungare il collo **II.** *vi* **1.** (*protrude: nail, ears*) sporgere **2.** (*be obvious*) essere evidente; **to ~ a mile** vedersi lontano un miglio; **to ~ like a sore thumb** dare nell'occhio **3.** (*endure*) **to stick it out** tener duro

◆**stick to** *vt* **1.** (*adhere to: rules*) attenersi a; (*plan, idea*) portare avanti; (*promise*) mantenere; (*principles, beliefs*) rimanere fedele a **2.** (*restrict oneself to*) limitarsi a

◆**stick together I.** *vi* **1.** (*remain loyal*) rimanere solidali **2.** (*not separate*) rimanere insieme **3.** (*adhere*) attaccarsi **II.** *vt* attaccare

◆**stick up I.** *vt inf* **1.** (*rob*) assalire **2.** (*raise*) **stick 'em up!** mani in alto! **II.** *vi* spuntare; (*hair*) stare dritto, -a

◆**stick up for** *vt* prendere le difese di

◆**stick with** *vt* **1.** (*not give up on*) non lasciare; (*thought, idea*) portare avanti; (*memory*) rimanere fedele a **2.** (*persevere in*) andare avanti con **3.** (*stay near*) stare vicino a

stickball *n* baseball *m* giocato per strada

sticker ['stɪ·kɚ] *n* (auto)adesivo *m*

sticker price *n* prezzo *m* di listino

sticker shock *n inf* shock *m* causato dal prezzo *inv*

stick figure *n* omino *m* stilizzato

stick-in-the-mud *n inf* tipo, -a *m, f* serioso, -a

stickler ['stɪk·lɚ] *n* **to be a ~ for sth** essere fissato con qc

stick-on ['stɪk·ɑːn] *adj* adesivo, -a

stickpin *n*, **stick pin** ['stɪk·ˌpɪn] *n* spilla *f* da cravatta

stick shift *n* leva *f* del cambio

stickup ['stɪk·ʌp] *n sl* assalto *m*

sticky ['stɪ·ki] <-ier, -iest> *adj* **1.** (*label*) adesivo, -a; (*surface, hands*) appiccicoso, -a **2.** (*weather*) afoso, -a

stiff [stɪf] **I.** *n inf* (*corpse*) cadavere *m* **II.** *adj* **1.** (*rigid: paper*) rigido, -a; (*brush*) duro, -a; (*shirt*) inamidato, -a; (*paste, dough*) consistente; **to be (as) ~ as a board** essere rigido come una statua **2.** (*not supple: joints*) duro, -a **3.** (*difficult to move: muscles*) indolenzito, -a; **to have a ~ neck** avere il torcicollo **4.** (*very formal: manner*) impettito, -a **5.** (*strong: competition*) duro, -a; (*opposition, drink, breeze*) forte; (*resistance*) tenace; (*punishment, criticism*) severo, -a **6.** (*strenuous: climb, hike*) duro, -a **7.** (*very expensive: price*) esorbitante **III.** *adv* **to be bored ~** annoiarsi a morte; **to be scared ~** essere paralizzato dalla paura

stiffen ['stɪ·fn] **I.** *vt* **1.** (*become tense: person*) diventare teso, -a; (*muscles*) irrigidirsi **2.** (*become dense*) ispessirsi **3.** (*become stronger: competition*) farsi più duro, -a **II.** *vt* **1.** (*make more difficult, severe: penalties*) inasprire; (*competition*) rendere più duro, -a **2.** (*make rigid: collar, cuff*) inamidare **3.** (*strengthen: morals*) rafforzare

stiff-necked ['stɪf·nekt] *adj* **1.** (*stubborn*) ostinato, -a **2.** (*proud*) altezzoso, -a

stifle ['staɪ·fl] **I.** *vt* **1.** (*suffocate*) soffocare **2.** (*suppress*) reprimere **II.** *vi* **1.** (*suffocate*) soffocare **2.** (*suffer lack of air*) asfissiare

stifling ['staɪf·lɪŋ] *adj* soffocante

stigma ['stɪg·mə] *n* stigma *m*

stigmatize ['stɪg·mə·taɪz] *vt* stigmatizzare

stiletto [stɪ·'le·tou] <-s> *n* **1.** (*dagger*) stiletto *m* **2.** *pl* (*shoes*) tacchi *mpl* a spillo

stiletto heel *n* tacco *m* a spillo

still¹ [stɪl] **I.** *adj* **1.** (*calm*) tranquillo, -a **2.** (*peaceful*) fermo, -a; (*waters*) calmo, -a; **to keep ~** stare fermo **3.** PHOT **~ photography** fotografia *f* di scena **II.** *n* **1.** *lit* (*peace*) quiete *f*; **the ~ of the night** la quiete notturna **2.** CINE, PHOT fotogramma *m* **III.** *vt* **1.** (*calm*) calmare **2.** *liter* (*quieten*) quietare

still² [stɪl] *adv* **1.** ancora; **to be ~ alive** essere ancora vivo; **to want ~ more** volere ancora di più; **better ~** ancora meglio **2.** (*nevertheless*) tuttavia

still³ [stɪl] *n* (*distillery*) distilleria *f*

stillbirth ['stɪl·bɜːrθ] *n* nascita *f* di un bambino morto

stillborn ['stɪl·bɔːrn] *adj* **1.** (*born dead*) nato, -a morto, -a **2.** (*unsuccessful*) fallito, -a sul nascere

still life *n* ART natura *f* morta

stillness *n* **1.** (*tranquility*) tranquillità *f* **2.** (*lack of movement*) immobilità *f* **3.** (*calm*) calma *f*

stilt [stɪlt] *n pl* trampolo *m*

stilted ['stɪl·tɪd] *adj* (*manner, style*) affettato, -a

stimulant ['stɪm·jə·lənt] *n* **1.** (*boost*) stimolo *m* **2.** MED stimolante *m*

stimulate ['stɪm·jə·leɪt] *vt* **1.** stimolare; (*economy*) incentivare **2.** MED stimolare

stimulating *adj* stimolante

stimulation [ˌstɪm·jə·'leɪ·ʃən] *n* **1.** (*boost*) stimolazione *f* **2.** (*thought, reaction*) stimolo *m*

stimulus ['stɪm·jə·ləs] <-li> *n* stimolo *m*

sting [stɪŋ] **I.** *vt* **1.** (*inject with poison*) pungere **2.** (*cause pain: eyes*) far bruciare; (*criticism*) pungere sul vivo **3.** (*goad*) incitare **II.** <stung, stung> *vi* **1.** (*injure with poison: insect*) pungere **2.** (*be painful: cut, eyes*) bruciare; (*criticism*) pungere sul vivo **III.** *n* **1.** (*injury*) puntura *f* **2.** (*pain*) bruciore *m*; **~ of remorse** rimorso *m* di coscienza **3.** BOT pelo *m* urticante **4.** (*of animal*) pungiglione *m* **5.** *sl*

S

police operation operazione *f* di infiltrazione; **to conduct a ~** organizzare un'operazione di infiltrazione

stinginess ['stɪn·dʒɪ·nɪs] *n* tirchieria *f*

stingray ['stɪŋ·reɪ] *n* ZOOL pastinaca *f*

stingy ['stɪn·dʒi] <-ier, -iest> *adj inf* (*person*) tirchio, -a; (*amount*) misero, -a

stink [stɪŋk] **I.** *n* **1.** (*smell*) puzzo *m* **2.** *fig* scandalo *m;* **to create a ~** creare uno scandalo **II.** <stank *o* stunk, stunk> *vi* **1.** (*smell*) puzzare; **to ~ of money** *inf* essere pieno di soldi **2.** *inf* (*be very bad*) fare schifo **3.** *inf* (*be suspicious: business, situation*) puzzare

stink bomb *n* bomba *f* puzzolente

stinker ['stɪŋ·kə˞] *n inf* **1.** (*bad person*) fetente *mf* **2.** (*unpleasant thing*) rottura *f*

stint [stɪnt] *n* periodo *m*

stipulate ['stɪp·jə·leɪt] *vt* stipulare

stipulation [ˌstɪp·jə·'leɪ·ʃən] *n* condizione *f;* **with the ~ that** a condizione che +*conj*

stir [stɜːr] **I.** <-ring, -red> *vt* **1.** (*mescolare: fire*) attizzare **2.** (*move*) agitare **3.** (*stimulate: imagination*) stimolare; **to ~ sb into action** spingere qu all'azione; **to ~ trouble** creare problemi **II.** *vi* **1.** (*be able to to be agitated*) mescolarsi; **these ingredients really ~ well** questi ingredienti si mescolano molto bene **2.** (*move*) muoversi, agitarsi **3.** (*rouse*) risvegliarsi **III.** *n* **1.** (*agitation*) **to give sth a ~** dare una mescolata a qc **2.** (*excitement*) agitazione *f;* **to cause a ~** creare scompiglio

stir-fry ['stɜːr·fraɪ] <-ied, -ies> *vt* saltare

stirring I. *adj* commovente **II.** *n* (*of envy*) principio *m;* (*of interest*) primi segnali *mpl*

stirrup ['stɜːr·əp] *n* staffa *f*

stitch [stɪtʃ] **I.** <-es> *n* **1.** (*in knitting*) maglia *f;* (*in sewing*) punto *m;* **cross ~** punto (a) croce **2.** MED punto *m* (di sutura) ▶ **to leave sb in ~es** *inf* far sbellicare qu dalle risa; **a ~ in time saves nine** *prov* è meglio prevenire che curare *prov* **II.** *vi* cucire **III.** *vt* cucire

stock [stɑːk] **I.** *n* **1.** (*reserves*) scorta *f* **2.** COM, ECON scorta *f* (di magazzino); **to have sth in ~** avere qc a magazzino; **to be out of ~** essere esaurito, -a; **to take ~** fare l'inventario; *fig* fare un bilancio **3.** (*share*) FIN azione *f* **4.** AGR, ZOOL bestiame *m* **5.** (*line of descent*) origine *f;* ZOOL, BIO razza *f* **6.** (*popularity*) popolarità *f;* **her ~ had fallen/risen** ha perso/guadagnato popolarità **7.** (*belief*) **to put (no) ~ in sth** (non) dare peso a qc **8.** FOOD (*broth*) brodo *m* **II.** *adj* (*model*) standard *inv;* (*response*) scontato, -a **III.** *vt* **1.** (*keep in supply: goods*) avere disponibile **2.** (*supply goods to: shop*) rifornire **3.** (*fill: shelves*) rifornire

stock dividend *n* assegnazione *f* di azioni gratuite; **~ share** azione *f* gratuita

stockade [stɑː·'keɪd] *n* **1.** (*wooden fence*) palizzata *f* **2.** (*prison*) prigione *f* militare

stockbroker ['stɑː·k·ˌbroʊ·kə˞] *n* operatore, -trice *m, f* di borsa

stockbroking *n* compravendita *f* di titoli azionari in borsa

stock car *n* **1.** AUTO stock-car *f inv* **2.** RAIL vagone *m* bestiame

stock exchange *n* borsa *f*

stockholder ['stɑː·k·ˌhoʊl·də˞] *n* azionista *mf*

stocking ['stɑː·kɪŋ] *n* calza *f*

stock market *n* mercato *m* azionario

stockpile ['stɑː·k·paɪl] **I.** *n* riserve *fpl;* (*of weapons, ammunition*) arsenale *m* **II.** *vt* accumulare

stockroom ['stɑː·k·ruːm] *n* magazzino *m*

stocktaking ['stɑː·k·teɪ·kɪŋ] *n* inventario *m*

stocky ['stɑː·ki] <-ier, -iest> *adj* tarchiato, -a

stockyard ['stɒk·jɑːd] *n* recinto *m* (del bestiame)

stodgy ['stɑː·dʒi] <-ier, -iest> *adj* **1.** (*food*) pesante **2.** (*person, book*) noioso, -a

stoic ['stoʊ·ɪk] *n* stoico, -a *m, f*

stoical ['stoʊ·ɪ·k(l)] *adj* stoico, -a

stoicism ['stoʊ·ɪ·sɪ·zəm] *n* stoicismo *m*

stoke [stoʊk] *vt* (*fire*) attizzare; (*furnace*) alimentare; *fig* attizzare

stoker ['stoʊ·kə˞] *n* RAIL, NAUT fuochista *mf*

stole¹ [stoʊl] *pt of* **steal**

stole² [stoʊl] *n* stola *f*

stolid ['stɑː·lɪd] *adj* impassibile

stomach ['stʌ·mək] **I.** *n* **1.** (*internal organ*) stomaco *m;* **to have an upset ~** avere lo stomaco sottosopra; **to have a strong ~** non essere delicato di stomaco **2.** (*belly*) pancia *f* **II.** *vt inf* (*drink, food*) digerire; **to be hard to ~** (*person, insult*) essere difficile da digerire

stomachache *n* mal *m* di pancia

stomp [stɑːmp] *vi* camminare con passo pesante

stomping ground *n* posto *m* preferito

stone [stoʊn] **I.** *n* **1.** GEO pietra *f;* **to be a ~'s throw (away)** essere a un tiro di schioppo **2.** MED calcolo *m* **3.** (*jewel*) pietra *f* (preziosa) **4.** (*of fruit*) nocciolo *m* ▶ **a rolling ~ gathers no moss** *prov* sasso che rotola non fa muschio *prov;* **to cast the first ~** scagliare la prima pietra; **to leave no ~ unturned** non lasciare niente di intentato; **to be carved** [*o* set] **in ~** essere indiscutibile **II.** *adv* **1.** (*like a stone*) **~ hard** duro, -a come la pietra **2.** *inf* (*completely*) **~ crazy** matto da legare **III.** *vt* **1.** (*throw stones at*) tirare sassi contro **2.** (*fruit, olives*) snocciolare

Stone Age *n* Età *f* della pietra

stone-broke *adj inf* al verde

stone-cold I. *adj* gelato, -a **II.** *adv inf* **to knock sb out ~** far perdere i sensi a qu (colpendolo); **to be ~ sober** essere perfettamente sobrio

stoned *adj inf* fatto, -a

stone-deaf [ˌstoʊn·'def] *adj* sordo, -a come una campana

stonemason ['stoʊn·ˌmeɪ·sən] *n* scalpellino, -a *m, f*

stonewall ['stoʊn·'wɔːl] *fig* **I.** *vi* essere evasivo, -a **II.** *vt* eludere le domande di

stonewashed *adj* scolorire; **~ jeans** jeans *mpl* scoloriti

stony ['stoʊ·ni] <-ier, -iest> *adj* **1.** (*beach,*

ground) pietroso, -a **2.** (*expression*) glaciale; (*attitude*) duro, -a

stood [stʊd] *pt, pp of* **stand**

stooge [stuːdʒ] *n* **1.** THEAT spalla *f* **2.** *fig* (*puppet*) tirapiedi *m* **3.** *inf* (*informer*) spia *f*

stool [stuːl] *n* **1.** (*seat*) sgabello *m* **2.** *pl* MED feci *fpl*

stool pigeon *n inf* informatore, -trice *m, f*

stoop¹ [stuːp] *vi* chinarsi; **to ~ to sth** *pej* abbassarsi a qc; **to ~ low** chinarsi

stoop² [stuːp] *n* veranda *f*

stop [staːp] **I.** *n* **1.** (*break in activity*) pausa *f;* **to come to a ~** fermarsi; **to put a ~ to sth** mettere fine a qc **2.** (*halting place*) tappa *f;* (*bus stop*) fermata *f* **3.** MUS registro *m* ▶ **to pull out (all) the ~s** far tutti gli sforzi possibili e immaginabili **II.** <- ping, -ped> *vt* **1.** (*cause to cease*) fermare **2.** (*refuse payment: payment*) sospendere; **to ~ payment on a check** bloccare un assegno **3.** (*switch off*) spegnere **4.** (*block*) tappare **III.** <- ping, -ped> *vi* **1.** (*cease moving*) fermarsi **2.** (*cease an activity*) **to ~ doing sth** smettere di fare qc **3.** (*pause*) **to ~ and think about sth** fare una pausa per riflettere su qc

◆ **stop by** *vi* passare
◆ **stop in** *vi* starsene a casa
◆ **stop off** *vi* fare un salto
◆ **stop over** *vi* fermarsi
◆ **stop up** *vt* (*block*) tappare

stopcock ['staːp·kaːk] *n* rubinetto *m* (di arresto)

stopgap ['staːp·gæp] **I.** *n* tappabuchi *mf* **II.** *adj* di emergenza

stoplight ['staːp·laɪt] *n* semaforo *m*

stopover ['staːp·oʊ·vɚ] *n* (*on journey*) tappa *f;* AVIAT scalo *m*

stoppage ['staː·pɪdʒ] *n* **1.** (*cessation of work*) interruzione *f* **2.** FIN, ECON trattenuta *f* **3.** MED occlusione *f*

stopper ['staː·pɚ] **I.** *n* **1.** (*plug*) tappo *m* **2.** (*in baseball*) stopper *m inv* **II.** *vt* tappare

stop sign *n* AUTO, LAW stop *m inv*

stopwatch *n* cronometro *m*

storage ['stɔː·rɪdʒ] *n* **1.** (*of goods, possessions*) immagazzinamento *m;* **to put sth in ~** immagazzinare qc **2.** COMPUT memoria *f*

storage battery *n* accumulatore *m*

storage device *n* dispositivo *m* di memorizzazione

store [stɔːr] **I.** *n* **1.** (*shop*) negozio *m;* **department ~** grande magazzino *m* **2.** (*supply: of food*) scorta *f;* (*of wine*) riserva *f* **3.** (*place for keeping supplies*) magazzino *m;* (*for weapons*) arsenale *m* **4. what is in ~ for us?** cosa ci riserva il futuro? **II.** *vt* **1.** (*put into storage*) immagazzinare **2.** (*keep for future use*) mettere da parte **3.** COMPUT (*file*) salvare; (*data*) memorizzare

store card *n* carta *f* (di) fedeltà

store detective *n* sorvegliante *mf* (di un negozio)

storefront ['stɔːr·frʌnt] *n* vetrina *f*

storehouse ['stɔːr·haʊs] *n* magazzino *m; fig* miniera *f*

storekeeper ['stɔːr·kiː·pɚ] *n* negoziante *mf*

storeroom ['stɔːr·ruːm] *n* magazzino *m;* (*for food*) dispensa *f*

storied *adj* **two/three-~** di tue/tre piani

stork [stɔːrk] *n* cicogna *f*

storm [stɔːrm] **I.** *n* **1.** METEO tempesta *f* **2.** *fig* (*of protest*) ondata *f;* (*of criticism*) pioggia *f;* (*of applause*) scroscio *m;* **political ~** bufera *f* politica **3. to take sth by ~** prendere qc d'assalto; **to take sb by ~** spopolare presso qu ▶ **to ride out** [*o* **weather**] **the ~** uscire indenne dalla bufera **II.** *vi* **1.** METEO esserci tempesta; (*winds*) infuriare **2.** (*speak angrily*) tuonare **III.** *vt* (*town, castle*) prendere d'assalto; (*house*) fare irruzione in

◆ **storm into** *vi* fare irruzione in
◆ **storm out** *vi* precipitarsi fuori

storm cloud *n* nube *f* temporalesca

storm door *n* controporta *f*

storm-tossed *adj* (*boat*) sballottato, -a dalla tempesta

stormy ['stɔːr·mi] <-ier, -iest> *adj* (*weather*) tempestoso, -a; (*sea, relationship*) burrascoso, -a; (*argument*) violento, -a

story¹ ['stɔː·ri] <-ies> *n* **1.** (*account*) storia *f;* (*fictional*) racconto *m;* **to tell a ~** raccontare una storia; **to tell stories** (*lie*) raccontare delle storie; **so the ~ goes** così si dice **2.** (*news report*) articolo *m* ▶ **that's another ~** questa è (tutta) un'altra storia; **it's the same old ~** è sempre la stessa storia; **a tall ~** una storia inverosimile

story² ['stɔː·ri] *n* piano *m*

storybook ['stɔː·ri·bʊk] **I.** *n* libro *m* di racconti **II.** *adj* **a ~ romance** una storia d'amore da fiaba

story line *n* (*plot*) trama *f*

storyteller *n* narratore, -trice *m, f*

stout [staʊt] **I.** *adj* (*person*) robusto, -a; (*shoes, boots*) resistente; (*defender*) accanito, -a; (*resistance*) tenace **II.** *n* (*beer*) birra *f* scura

stouthearted [ˌstaʊt·ˈhaːr·tɪd] *adj* (*support*) incondizionato, -a; (*defender*) accanito, -a; (*resistance*) tenace

stoutly ['staʊt·li] *adv* **1.** (*strongly*) solidamente **2.** (*firmly*) energicamente

stove [stoʊv] *n* **1.** (*range*) fornello *m* **2.** (*heater*) stufa *f* **3.** (*for cooking*) fornello *m;* **induction ~** fornello *m* a induzione

stovepipe ['stoʊv·paɪp] *n* tubo *m* di stufa

stow [stoʊ] *vt* mettere via

◆ **stow away I.** *vt* mettere via **II.** *vi* viaggiare come clandestino, -a

stowage ['stoʊ·ɪdʒ] *n* NAUT stiva *f*

stowaway ['stoʊ·ə·weɪ] *n* clandestino, -a *m, f*

straddle ['stræ·dl] *vt* (*horse*) cavalcare

straggle ['stræ·gl] *vi* **1.** (*lag behind*) essere indietro **2.** (*come in small numbers*) arrivare poco a poco; (*move in a disorganized group*) avanzare disordinatamente **3.** (*hang untidily: hair*) cadere in disordine

S

straggler ['stræg·lə] n ritardatario, -a m, f
straggly ['stræg·li] <-ier, -iest> adj (hair) in disordine
straight [streɪt] I. adj 1. (not bent) dritto, -a 2. (honest) franco, -a; **to be ~ with sb** essere franco con qu 3. (plain) semplice; (undiluted: gin, vodka) liscio, -a 4. (consecutive) di fila; **she won in ~ sets** ha vinto tutti i set 5. THEAT (not comic) serio, -a 6. (traditional) convenzionale 7. inf (heterosexual) eterosessuale II. adv 1. (in a direct line) dritto; **to go ~ ahead** andare dritto; **to come ~ at sb** andare dritto verso qu; **to head ~ for sth** andare direttamente verso qc 2. (at once) **to get ~ to the point** andare dritto al punto 3. inf (honestly) chiaramente; **to give it to sb ~** parlare chiaramente a qu 4. (clearly: see, think) con chiarezza III. n (straight line) rettilineo m; **the finishing ~** il rettilineo finale
straightaway [ˌstreɪt̬·ə·'weɪ] I. adv subito II. n SPORTS rettilineo m
straighten ['streɪ·tn] vt 1. (make straight) raddrizzare; (hair) lisciare; (wires) tendere 2. (unbend: arm, body, leg) tendere 3. (make level: hem) uguagliare
◆**straighten out** I. vt 1. (make straight) stirare 2. (make level) uguagliare 3. (solve: situation, problem) sistemare 4. (clarify) chiarificare; **to straighten sb out** far rigare dritto II. vi (road) diventare dritto, -a
◆**straighten up** I. vi (stand upright) raddrizzarsi II. vt 1. (make tidy) sistemare 2. (make level) uguagliare
straightforward [ˌstreɪt·'fɔːr·wəd] adj 1. (honest) schietto, -a 2. (easy) semplice
straight-laced ['streɪt·leɪst] adj s. strait-laced
straight-out [ˌstreɪt·'aʊt] adj inf (answer) diretto, -a; (refusal) netto, -a
strain¹ [streɪn] I. n 1. (pressure) pressione f; **to be under ~** essere sotto pressione; **to put a ~ on a relationship** mettere a dura prova una relazione 2. PHYS sollecitazione f 3. MED stiramento m II. vi (try hard) sforzarsi; **to ~ for effect** cercare l'effetto ad ogni costo III. vt 1. (sforzare) **to ~ one's eyes** sforzare la vista; **to ~ one's ears** sforzarsi di sentire 2. (put stress on: relationship) mettere a dura prova; (credulity) mettere alla prova 3. CULIN (coffee) filtrare; (vegetables) scolare
strain² [streɪn] n 1. (variety: of virus) ceppo m; (of species) razza f 2. (tendency or trait) **~ of eccentricity** vena f eccentrica; **~ of puritanism** inclinazione f al puritanesimo 3. MUS tono m
strained [streɪnd] adj (relations) teso, -a; (smile) forzato, -a
strainer n colino m
strait [streɪt] n 1. GEO stretto m; **the Bering Strait** lo stretto di Bering 2. (bad situation) **to be in dire ~s** avere serie difficoltà
straitjacket ['streɪt·ˌdʒæ·kɪt] n PSYCH, MED camicia f di forza
strait-laced ['streɪt·leɪst] adj benpensante

strand¹ [strænd] n 1. (thread: of wool, rope, string) filo m; **a ~ of hair** una ciocca di capelli 2. (string: of pearls, plot) filo m
strand² [strænd] I. n liter (shore) lido m II. vt **to be ~ed** rimanere bloccato
strange [streɪndʒ] adj 1. (peculiar) strano, -a; **I felt ~** mi sentivo strano; **it's ~ that** è strano che +conj; **~r things have happened** sono successe cose anche più strane; **~ to say** strano a dirsi 2. (unfamiliar: face) sconosciuto, -a; (bed) diverso, -a dal proprio
strangely adv (behave, dress) in modo strano; **~ enough ...** per quanto (possa sembrare) strano, ...
stranger ['streɪn·dʒə] n sconosciuto, -a m, f; **he is no ~ to controversy** non è estraneo alla polemica
strangle ['stræŋ·gl] vt (person) strangolare; **a ~d cry** un grido strozzato
stranglehold ['stræŋ·gl·hoʊld] n (control) controllo m totale; (on market) monopolio m; **to have sb in a ~** dominare totalmente qu
strangulation [ˌstræŋ·gjʊ·'leɪ·ʃən] n strangolamento m
strap [stræp] I. n (of bag) cinghia f; (of dress) spallina f II. <-pp-> vt legare
strapless ['stræp·lɪs] adj senza spalline
strapping ['stræ·pɪŋ] I. adj inf grande e grosso, -a II. n (bandage) benda f
stratagem ['stræ·t̬ə·dʒəm] n stratagemma m
strategic [strə·'tiː·dʒɪk] adj strategico, -a
strategist ['stræ·t̬ə·dʒɪst] n stratega mf
strategy ['stræ·t̬ə·dʒi] <-ies> n strategia f
stratify ['stræ·t̬ə·faɪ] vt stratificare
stratosphere ['stræ·t̬əs·fɪr] n stratosfera f; **to go into the ~** (prices) diventare astronomici
stratum ['streɪ·t̬əm] <strata> n strato m
straw [strɑː] n 1. (dry stems) paglia f 2. (for drinking) cannuccia f ▶**to be the last ~** essere la goccia che fa traboccare il vaso; **you've drawn the short ~** ti è andata male; **to clutch at ~s** aggrapparsi a un'illusione
strawberry ['strɑː·ˌbe·ri] <-ies> n (fruit) fragola f
straw-colored ['strɔː·ˌkʌ·ləd] adj rosso fragola inv
straw man n uomo m di paglia
straw poll n sondaggio m d'opinione
stray [streɪ] I. adj 1. (homeless: dog, cat) randagio, -a 2. (loose: hair) sciolto, -a; (bullet) vagante II. vi (wander) vagare; (become lost) perdersi; **to ~ from** allontanarsi da; **to ~ off course** uscire dalla rotta; **they were warned not to stray beyond the border** erano stati avvertiti di non avventurarsi oltre il confine; **to ~ from the point** divagare III. n (dog) cane m randagio; (cat) gatto m randagio
streak [striːk] I. n 1. (stripe) riga f; (of light) raggio m; **a ~ of lightning** un fulmine m 2. (tendency) vena f; **an aggressive ~** una vena aggressiva; **to have a ~ of cowardice** avere una punta di vigliaccheria 3. (spell) periodo f; **to be on a winning ~** attraversare un

periodo fortunato; **a 20-game hitting ~** una serie di 20 vittorie ▶ **like a ~ of** <u>lightning</u> come un fulmine; **to** <u>talk</u> **a blue ~** *inf* parlare come una macchinetta **II.** *vt* rigare; **to be ~ed** essere rigato; **to be ~ed with sth** essere chiazzato di qc **III.** *vi* **1.** (*move very fast*) sfrecciare **2.** (*run naked in public*) correre nudo, -a (in un luogo pubblico)

streaker *n persona che corre nuda in un luogo pubblico*

streaky ['stri:·ki] <-ier, -iest> *adj* non uniforme

stream [stri:m] **I.** *n* **1.** (*small river*) ruscello *m* **2.** (*current*) corrente *f;* **to go against the ~** *fig* andare controcorrente **3.** (*flow: of oil, water, people*) flusso *m;* (*of insults*) sequela *f* **II.** *vi* **1.** (*flow*) scorrere; **tears ~ed down her face** le lacrime le scorrevano sul viso **2.** (*move in numbers*) riversarsi **3.** (*shine: sunlight*) splendere **4.** (*run: nose*) colare; (*eyes*) lacrimare

streamer ['stri:·mɚ] *n* festone *m*

streaming ['stri:·mɪŋ] *n* INET streaming *m*

stress test *n* stress test *m;* MED test *m* da sforzo

streamline ['stri:m·laɪn] *vt* (*vehicle*) rendere aerodinamico, -a; (*method*) ottimizzare

streamlined *adj* (*vehicle*) aerodinamico, -a; (*method*) efficiente

street [stri:t] *n* (*road*) strada *f;* **in** [*o* **on**] **the ~** per strada ▶ **to** <u>be</u> **out on the ~** essere sulla strada; **to** <u>walk</u> **the ~s** (*wander*) girare per le strade; (*be a prostitute*) battere il marciapiede

streetcar *n* tram *m inv*

street hockey *n* hockey *m* giocato per strada

streetlamp *n*, **streetlight** *n* lampione *m*

street lighting *n* illuminazione *f* stradale

street value *n* valore *m* commerciale

streetwalker *n* prostituta *f* (*che batte il marciapiede*)

streetwise ['stri:t·waɪz] *adj* (*person*) scafato, -a; (*politician*) scaltro, -a

strength [streŋθ] *n* **1.** (*power*) forza *f;* (*of feeling, light*) intensità *f;* (*of alcohol*) gradazione *f;* (*of economy*) solidità *f;* (*mental firmness*) forza *f* **2.** (*number of members*) numero di effettivi *m;* **to be at full ~** essere al completo; **to be below ~** (*office*) essere sotto organico **3.** (*strong point*) punto *m* di forza; **one's ~s and weaknesses** i suoi pregi e i suoi difetti

strengthen ['streŋ·θn] **I.** *vt* **1.** (*make stronger: muscles, wall*) rinforzare; (*financial position*) consolidare **2.** (*increase: chances*) aumentare **3.** (*intensify: relations*) intensificare; (*links*) rafforzare **II.** *vi* rinforzarsi

strenuous ['stren·ju·əs] *adj* (*activity, exercise, sport*) faticoso, -a; (*supporter*) strenuo, -a; (*denial*) netto, -a

streptococcus [ˌstrep·tə·'kɑː·kəs] <-ci> *n* streptococco *m*

stress [stres] **I.** *n* **1.** (*mental strain*) stress *m inv* **2.** (*emphasis*) rilievo *m* **3.** LING accento *m* **4.** PHYS sollecitazione *f* **II.** *vt* **1.** (*emphasize*) sottolineare **2.** LING accentare

stressed *adj*, **stressed out** *adj inf* stressato, -a

stress fracture *n* frattura [*o* fatica] da stress *f*

stress-free *adj* antistress *inv*

stressful ['stres·fʊl] *adj* stressante

stress mark *n* LING accento *m*

stretch [stretʃ] **I.** <-es> *n* **1.** SPORTS allungamento *m* (muscolare) **2.** (*elasticity*) elasticità *f* **3.** GEO tratto *m* **4.** (*piece*) pezzo *m;* (*of road*) tratto *m;* (*of time*) periodo *m* **5.** (*stage of a race*) rettilineo *m;* **the home ~** la dirittura d'arrivo **6.** (*exertion*) **at full ~** a pieno regime; **to work at full ~** lavorare al massimo della propria capacità; **not by any ~ of the imagination** neanche per sogno **II.** *vi* **1.** (*become bigger*) stirarsi; (*clothes*) allargarsi **2.** (*extend muscles*) stirarsi **3.** (*in time*) **to ~** (**all the way**) **back to ...** risalire (fino) a ... **4.** (*cover an area: sea, influence*) estendersi **III.** *vt* **1.** (*extend: muscles*) fare esercizi di allungamento per; **to ~ one's legs** distendere le gambe **2.** (*make go further*) **to ~ the limit** spingere oltre il limite **3.** (*demand a lot of*) **to ~ sb's patience** mettere alla prova la pazienza di qu; **my present job doesn't ~ me** il mio lavoro attuale non mi stimola; **his nerves are ~ed to the breaking point** le stanno per saltare i nervi **4.** (*go beyond*) **to ~ a point** fare un'eccezione; **now you're really ~ing it** ora stai proprio esagerando **5.** LAW oltrepassare i limiti di **IV.** *adj* elastico, -a

stretcher ['stret·ʃɚ] *n* barella *f*

stretcher bearer *n* barelliere, -a *m, f*

strew [stru:] <strewed, strewn *o* strewed> *vt* disseminare

stricken ['strɪ·kən] *adj* **1.** (*distressed*) afflitto, -a **2.** (*wounded*) ferito, -a **3.** (*afflicted*) **to be stricken with illness** essere colpito dalla malattia; **she was stricken with remorse** era attanagliata dal rimorso **4.** (*damaged: tanker*) naufragato, -a

strict [strɪkt] *adj* (*person*) severo, -a; (*control, orders*) rigoroso, -a; (*sense*) stretto, -a; (*deadline*) improrogabile; (*neutrality*) totale; (*secrecy*) massimo, -a; (*confidence*) assoluto, -a; **to be ~ with sb** essere severo con qu

strictly ['strɪkt·li] *adv* **1.** (*exactly*) proprio; **not ~ comparable** non proprio paragonabile; **~ speaking** per essere precisi **2.** (*harshly*) rigorosamente; **~ forbidden** rigorosamente vietato

stride [straɪd] **I.** <strode> *vi* camminare a grandi passi; **to ~ ahead** avanzare a grandi passi; **to ~ across sth** attraversare qc a grandi passi **II.** *n* **1.** (*long step*) falcata *f* **2.** (*progress*) progresso *m;* **to make** (**positive**) **~s forward** fare progressi; **to make ~s towards sth** fare progressi verso qc ▶ **to** <u>get</u> **into** [*o* <u>hit</u>] **one's ~** trovare il giusto ritmo; **to** <u>take</u> **sth in ~** fare qc con comodo

strident ['straɪ·dnt] *adj* stridente

strife [straɪf] *n* conflitto *m;* (*verbal*) controversia *f;* **domestic ~** liti *fpl* domestiche

S

strike [straɪk] I. *n* 1. (*military attack*) attacco *m*
2. (*withdrawal of labor*) sciopero *m* 3. (*discovery*) scoperta *f* 4. (*in baseball*) strike *m inv*
5. LAW reato *m* II. <struck, struck *o* stricken>
vt 1. (*collide with*) colpire; **to ~ a match**
accendere un fiammifero; **to be struck by**
lightning essere colpito da un fulmine; **to ~ a**
blow against sb assestare un colpo a qu
2. (*achieve*) trovare; **to ~ a balance** trovare
un equilibrio; **to ~ a bargain with sb** concludere un accordo con qu 3. (*seem*) sembrare; **it**
~s me that ... mi sembra che ... 4. (*impress*)
colpire; **to be struck by sth** essere colpito da
qc 5. (*engender*) **to ~ fear into sb** mettere
paura a qu 6. (*discover*) scoprire; (*find*) trovare; **to ~ gold** (*have financial fortune*) fare
fortuna; (*win gold medal*) vincere l'oro
7. (*adopt*) **to ~ an attitude** assumere un atteggiamento 8. (*sound the time: clock*) battere;
the clock struck three l'orologio ha battuto le tre 9. (*manufacture: coin*) coniare
10. (*delete*) depennare ▶ **to ~ a chord with**
sb toccare il tasto giusto con qu; **to ~ the right**
note trovare la formula giusta; **to ~ sb dumb**
lasciare qu a bocca aperta; **to ~ it rich** *inf* fare
fortuna III. <struck, struck *o* stricken> *vi*
1. (*hit hard*) colpire; (*attack*) attaccare; **to ~ at**
sth colpire qc; **to ~ at the heart of sth** colpire
qc al cuore; **to ~ home** centrare il bersaglio
2. (*withdraw labor*) scioperare; **the right to ~**
il diritto allo sciopero; **to ~ for sth** scioperare
per qc
◆ **strike back** *vi* reagire; **to ~ at sb** reagire agli
attacchi di qu
◆ **strike down** *vt* 1. **she was struck down**
by cancer è stata stroncata dal cancro 2. LAW
invalidare
◆ **strike off** *vt* **to strike sb/sth off a list**
depennare qu/qc da una lista
◆ **strike out** I. *vt* 1. (*in baseball*) eliminare
2. (*delete*) depennare II. *vi* 1. (*in baseball*)
essere eliminato; *fig* fare fiasco 2. (*move off*)
andare in modo deciso; **to ~ on one's own**
mettersi in proprio 3. (*hit out*) colpire (a destra
e a manca)
◆ **strike up** *vt* (*conversation*) intavolare;
(*friendship*) stringere; (*relationship*) iniziare
strikebreaker ['straɪk·ˌbreɪ·kɚ] *n* crumiro, -a
m, f
strikeout *n* strikeout *m inv*
striker ['straɪ·kɚ] *n* 1. (*strike participant*)
scioperante *mf* 2. SPORTS attaccante *mf*
strike zone *n* zona *f* di strike
striking ['straɪ·kɪŋ] *adj* notevole; (*result,
beauty, resemblance*) straordinario, -a; (*resemblance*) impressionante; **visually ~** che attira
l'attenzione
string [strɪŋ] I. *n* 1. (*twine*) a. MUS corda *f;* (*on
puppet*) filo *m;* **to pull ~s** *fig* tenere le fila;
with no ~s attached senza condizioni 2. *pl*
MUS (*section, players*) (strumenti *mpl* ad)
arco *m* 3. (*chain*) catena *f;* (*of pearls*) filo *m*
4. (*sequence: of scandals*) serie *f;* (*of lies,*

oaths) sfilza *f;* (*of people*) fila *f* 5. COMPUT
stringa *f* II. <strung, strung> *vt* appendere;
(*beads*) infilare; (*instrument, tennis racket*)
mettere le corde a
◆ **string along** *inf* I. *vi* **I'll ~ with you** ti
accompagno II. *vt* **to string sb along** menare
qc per il naso
◆ **string out** *vt* 1. (*protract: activity*) tirare per
le lunghe 2. (*extend*) disporre
◆ **string together** *vt* mettere insieme
◆ **string up** *vt inf* impiccare
string band *n* gruppo *m* di archi
string bean *n* fagiolino *m*
stringed instrument *n* strumento *m* ad arco
stringency ['strɪn·dʒən·si] *n* 1. (*of measure*)
severità *f;* (*of test*) rigore *m* 2. FIN ristrettezze
fpl
stringent ['strɪn·dʒənt] *adj* 1. (*measure*) severo, -a; (*rigorous: test*) rigoroso, -a; (*law,
requirement*) rigido, -a 2. FIN restrittivo, -a
stringy ['strɪŋ·i] *adj* (*meat*) fibroso, -a; (*person*) sottile ma robusto, -a
strip [strɪp] I. *vt* 1. (*lay bare*) togliere; **to ~ sb**
of sth togliere qc a qu 2. (*unclothe*) spogliare
3. (*dismantle*) smontare II. *vi* spogliarsi III. *n*
1. striscia *f* 2. (*striptease*) striptease *m inv,* spogliarello *m* 3. (*landing area*) **landing ~** pista *f*
(*d'atterraggio*)
stripe [straɪp] *n* 1. (*colored band*) riga *f*
2. (*type*) **of every ~** di ogni sorta; **govern-**
ments of every ~ governi di ogni tendenza
3. MIL gallone *m*
striped *adj* a righe
strip mall *n* piccolo centro *m* commerciale
(*disposti su una fila*)
strip mining *n* miniera *f* a cielo aperto
stripper ['strɪ·pɚ] *n* spogliarellista *mf*
strip-search ['strɪp·sɜːrtʃ] *vt* **to ~ sb** sottoporre qu a perquisizione corporale
strip search *n* perquisizione *f* corporale
striptease ['strɪp·ti:z] *n* striptease *m inv,* spogliarello *m*
stripy *adj* a righe
strive [straɪv] <strove, striven *o* strived> *vi*
sforzarsi; **to ~ to do sth** sforzarsi di fare qc; **to**
~ after sth sforzarsi di ottenere qc; **to ~ for**
sth sforzarsi di ottenere qc
strobe [stroʊb] *n inf* luce *f* psichedelica
strobe light *n* luce *f* psichedelica
stroboscope ['stroʊ·bəs·koʊp] *n* strobosco-
pio *m*
strode [stroʊd] *pt of* **stride**
stroke [stroʊk] I. *vt* 1. (*caress*) carezzare
2. SPORTS (*hit smoothly*) colpire II. *n* 1. (*caress*)
carezza *f* 2. MED ictus *m inv;* **to suffer a ~**
avere un ictus 3. (*of pencil*) tratto *m;* (*of
brush*) pennellata *f* 4. (*style of hitting ball*)
colpo *m;* (*billiards*) tiro *m* 5. form (*lash with
whip*) frustata *f* 6. (*in swimming: style*)
stile *m;* (*single movement*) bracciata *f* 7. (*bit*)
by a ~ of fate per un colpo del destino; **a ~ of**
genius un colpo di genio; **a ~ of luck** un colpo
di fortuna 8. (*of clock*) rintocco *m*

S

stroll [stroʊl] I. *n* passeggiata *f;* **to go for a ~** fare una passeggiata II. *vi* passeggiare; **to ~ along the riverbank** passeggiare in riva al fiume ·

stroller ['stroʊ·lə˞] *n* **1.** (*pushchair*) passeggino *m* **2.** (*person*) persona *f* a passeggio

strong [strɑːŋ] I. *adj* **1.** (*powerful*) forte; (*competition*) duro, -a; (*condemnation, measure*) severo, -a; (*protest*) energico, -a; (*reason*) valido, -a; **to produce ~ memories** suscitare vivi ricordi **2.** (*capable*) bravo, -a **3.** (*physically powerful*) forte; **to be as ~ as an ox** essere forte come un toro **4.** (*fit*) sano, -a; (*constitution*) robusto, a **5.** (*durable: will*) forte, (*conviction*) profondo, -a; (*nerves*) saldo, -a **6.** (*staunch: antipathy*) forte; (*believer*) fervente, -a; (*bond, character, emotion*) forte; (*friendship*) grande; (*objection, opponent*) duro, -a; (*supporter*) accanito, -a **7.** (*tough*) resistente **8.** (*very likely*) buono, -a; **~ chance of success** buone probabilità di riuscita **9.** (*marked*) forte; (*language*) volgare **10.** (*bright*) brillante **11.** (*having high value*) forte II. *adv inf* **to come on ~ to sb** (*show sexual interest in*) fare delle avances a qu; **to be still going ~** continuare ad andare bene

strong-arm ['strɑː·ŋ·ɑːrm] I. *adj* (*methods*) forte II. *vt* usare le maniere forti con

strongbox ['strɑː·ŋ·bɑːks] *n* cassaforte *f*

stronghold ['strɑː·ŋ·hoʊld] *n* (*fortified place*) fortezza *f; fig* baluardo *m*

strongly *adv* **1.** (*powerfully*) vigorosamente; (*advise*) vivamente; (*condemn*) fermamente; (*criticize, force*) duramente; **to smell ~ of sth** avere un forte odore di qc; **to be ~ opposed to sb/sth** essere fermamente contrario a qn/qc; **to be ~ biased against sb/sth** essere estremamente prevenuto nei confronti di qn/qc **2.** (*sturdily*) solidamente

strong-minded [ˌstrɑː·ŋ·ˈmaɪn·dɪd] *adj* determinato, -a

strong room ['strɑː·ŋ·ruːm] *n* camera *f* blindata

strong-willed [ˌstrɑː·ŋ·ˈwɪld] *adj* determinato, -a

strove [stroʊv] *pt of* **strive**

struck [strʌk] *pt, pp of* **strike**

structural ['strʌk·tʃə·rəl] *adj* strutturale

structure ['strʌk·tʃə˞] I. *n* struttura *f* II. *vt* strutturare

struggle ['strʌ·gl] I. *n* **1.** (*effort*) sforzo *m;* **to be a real ~** richiedere un grande sforzo; **to give up the ~ to do sth** smettere di lottare per fare qc **2.** (*skirmish*) lotta *f;* **to put up a ~** battersi II. *vi* **1.** (*make an effort*) sforzarsi **2.** (*fight*) lottare

strum [strʌm] <-mm-> *vt* MUS suonare (*pizzicando le corde tutte insieme*)

strung [strʌŋ] *pt, pp of* **string**

strut[1] [strʌt] I. <-tt-> *vi* **to ~ about** girare impettito II. *vt inf* **to ~ one's stuff** *iron* (*dance*) mettersi in mostra

strut[2] [strʌt] *n* (*in building, plane*) puntello *m*

strychnine ['strɪk·naɪn] *n* stricnina *f*

stub [stʌb] I. *n* (*of check*) matrice *f;* (*of cigarette, pencil*) mozzicone *m* II. <-bb-> *vt* **to ~ one's toe against sth** sbattere il piede contro qc

stubble ['stʌ·bl] *n* **1.** (*beard growth*) barba *f* di tre giorni **2.** AGR stoppia *f*

stubbly ['stʌb·li] *adj* (*bristly*) con la barba non fatta

stubborn ['stʌ·bə˞n] *adj* (*person, animal*) testardo, -a; **as ~ as a mule** testardo come un mulo; (*insistence*) tenace; (*problem*) persistente; (*refusal, resistence*) ostinato, -a

stubby ['stʌb·i] *adj* (*fingers*) grassoccio, -a; (*person*) tarchiato, -a

stucco ['stʌ·koʊ] *n* stucco *m*

stuck [stʌk] I. *pt, pp of* **stick** II. *adj* **1.** (*jammed*) incastrato, -a **2.** *inf* (*crazy about*) **to be ~ on sb** essere pazzo di qu

stuck-up [ˌstʌk·ˈʌp] *adj inf* pieno di sé

stud[1] [stʌd] *n* **1.** (*horse*) stallone *m* **2.** *inf* (*good-looking guy*) figaccione *m*

stud[2] [stʌd] *n* **1.** (*small metal item*) tacchetto *m;* (*decorative nail*) borchia *f* **2.** (*on shirt*) **collar ~** bottoncino *m* **3.** (*on tire*) chiodo *m* **4.** (*earring*) orecchino *m* (*a forma di chiodino con vite*)

student ['stuː·dənt] *n* studente, -essa *m, f;* **the ~ body** il corpo studentesco

student teacher *n* professore, -essa *m, f* tirocinante

student union *n* (*organization*) associazione *f* studentesca; (*meeting place*) club *m* studentesco *inv*

studhorse *n,* **stud horse** *n* stallone *m*

studied ['stʌ·dɪd] *adj* studiato, -a; (*answer*) studiato, -a a tavolino; (*insult*) premeditato, -a

studio ['stuː·di·oʊ] <-s> *n* **1.** (*of artist*) atelier *m inv* **2.** CINE studio *m* **3.** (*apartment*) monolocale *m*

studio apartment *n* monolocale *m*

studio audience *n* pubblico *m* in studio

studious ['stuː·di·əs] *adj* studioso, -a

study ['stʌ·di] I. *vt* (*subject*) studiare; (*evidence*) esaminare II. *vi* studiare III. <-ies> *n* **1.** (*of subject*) studio *m;* (*of evidence*) esame *m* **2.** (*room*) studio *m*

study group *n* gruppo *m* di studio

stuff [stʌf] I. *n* **1.** *inf* (*things*) cose *fpl;* **to know one's ~** sapere il fatto proprio **2.** (*belongings*) cose *fpl* **3.** (*material*) roba *f;* (*cloth*) stoffa *f;* **to be the ~ of which heroes are made** avere la stoffa dell'eroe; **the** (**very**) **~ of sth** l'essenza di qc II. *vt* **1.** (*fill*) riempire; **to ~ sth into sth** mettere qc dentro a qc; **to ~ sb's head with sth** riempire la testa a qu di qc; **to ~ oneself** *inf* strafogarsi **2.** (*preserve: animal*) impagliare

stuffed shirt *n inf* manichino *m*

stuffing ['stʌ·fɪŋ] *n* ripieno *m* ▶ **to knock the ~ out of sb** *inf* riempire di botte

stuffy ['stʌ·fi] *adj pej* **1.** (*room, atmosphere*)

S

soffocante **2.** (*blocked: nose*) tappato, -a **3.** (*person*) compassato, -a

stumble ['stʌm·bl] *vi* **1.** (*trip*) inciampare; **to ~ on sth** inciampare su qc **2.** (*while talking*) impappinarsi; **to ~ over sth** impappinarsi nel dire qc

stumbling block *n* ostacolo *m*

stump [stʌmp] **I.** *n* (*of plant*) ceppo *m*; (*of arm*) moncone *m*; (*of tooth*) radice *f* **II.** *vt inf* mettere in difficoltà **III.** *vi* **to ~ about** camminare con passo pesante

stumpy ['stʌm·pi] *adj inf* tozzo, -a; (*tail*) corto, -a

stun [stʌn] <-nn-> *vt* **1.** (*stupefy*) lasciare esterrefatto, -a **2.** (*render unconscious*) stordire

stung [stʌŋ] *pp, pt of* **sting**

stun grenade *n* MIL granata *f* stordente

stunk [stʌŋk] *pt, pp of* **stink**

stunned *adj* esterrefatto, -a

stunner ['stʌ·nɚ] *n inf* **1.** (*surprise*) sorpresa *f* **2.** (*person*) **she's a ~** è una bellezza

stunning ['stʌ·nɪŋ] *adj* **1.** (*surprising*) sbalorditivo, -a **2.** (*impressive*) stupendo, -a

stunt¹ [stʌnt] *n* **1.** (*acrobatics*) acrobazia *f* **2.** (*feat*) bravata *f*; **to pull a ~** *inf* fare una bravata **3.** (*publicity action*) trucco *m* pubblicitario; **advertising ~** trovata *f* pubblicitaria **4.** CINE scena *f* pericolosa

stunt² [stʌnt] *vt* (*plant*) arrestare lo sviluppo di; (*growth*) arrestare

stunted *adj* rachitico, -a; **emotionally ~** ritardato, -a

stuntman ['stʌnt·mæn] *n* stuntman *m inv*, cascatore *m*

stupefaction [ˌstu:·pə·'fæk·ʃən] *n form* stupore *m*

stupefy ['stu:·pə·faɪ] <-ie-> *vt* stordire; *fig* lasciare stupefatto, -a

stupendous [stu:·'pen·dəs] *adj* stupendo, -a

stupid ['stu:·pɪd] *adj* stupido, -a

stupidity [stu:·'pɪ·də·ti] *n* stupidità *f*

stupor ['stu:·pɚ] *n* stupore *m*

sturdy ['stɜ:r·di] *adj* **1.** robusto, -a **2.** (*resolute*) accanito, -a; **a ~ defender of sth** un accanito difensore di qc

sturgeon ['stɜ:r·dʒən] *n* storione *m*

stutter ['stʌ·t̬ɚ] **I.** *vi* (*stammer*) balbettare **II.** *vt* balbettare **III.** *n* **to have a ~** balbettare

stutterer ['stʌ·t̬ə·ɚ] *n* balbuziente *mf*

sty [staɪ] *n* (*pigsty*) porcile *m*

style [staɪl] **I.** *n* **1. a.** ART, ARCHIT stile *m* **2.** (*elegance*) classe *f*; **to have no ~** non avere classe; **with ~** con classe; **to do things with ~** fare le cose con classe; **to live in** (**grand**) **~** vivere in grande stile; **to travel in ~** viaggiare in grande stile **3.** (*fashion*) moda *f*; **in ~** alla moda **4.** (*type*) stile *m* **II.** *vt* **1.** (*design*) disegnare; (*hair*) pettinare **2.** (*label*) **to ~ oneself as ...** farsi chiamare ...

styling *n* acconciatura *f*

stylish ['staɪ·lɪʃ] *adj* **1.** (*fashionable*) alla moda; (*chic*) chic; (*smart*) stilé **2.** (*elegant*) con stile **3.** (*polished*) fine

stylishly ['staɪ·lɪʃ·li] *adv approv* (*chic*) in modo elegante; (*smartly*) con stile; (*fashionably*) alla moda

stylist ['staɪ·lɪst] *n* stilista *mf*

stylistic [staɪ·'lɪs·tɪk] *adj* stilistico, -a

stylize ['staɪ·laɪz] *vt* stilizzare

stylus ['staɪ·ləs] <-es *o* -li> *n* puntina *f*

stymie ['staɪ·mi] <-(y)ing> *vt inf* ostacolare

Styrofoam® *n* polistirolo *m*

suave [swɑ:v] *adj* gentile; *pej* manieroso, -a

sub¹ [sʌb] *n* **1.** *inf abbr of* **substitute** sostituto, -a *m, f* **2.** *inf abbr of* **submarine** sottomarino *m* **3.** *inf abbr of* **sandwich** panino *m* imbottito

sub² [sʌb] <-bb-> *vi abbr of* **substitute** sostituire

subatomic [ˌsʌb·ə·'tɑ:·mɪk] *adj* PHYS subatomico, -a

subclass ['sʌb·klæs] *n* BIO sottoclasse *f*

subcommittee [ˌsʌb·kə·'mɪ·ti] *n* sottocomitato *m*

subconscious [ˌsʌb·'kɑ:n·ʃəs] **I.** *n* subconscio *m* **II.** *adj* subcosciente

subcontinent ['sʌb·ˌkɑ:nt·nənt] *n* GEO subcontinente *m*; **the ~** il subcontinente indiano

subcontract ['sʌb·ˌkɑ:n·trækt] *vt* subappaltare

subcontractor [ˌsʌb·kən·'træk·t̬ɚ] *n* subappaltatore, -trice *m, f*

subculture ['sʌb·ˌkʌlt·ʃɚ] *n* sottocultura *f*

subcutaneous [ˌsʌb·kju:·'teɪn·iəs] *adj* sottocutaneo, -a

subdivide [ˌsʌb·dɪ·'vaɪd] *vt* suddividere

subdivision [ˌsʌb·dɪ·'vɪ·ʒən] *n* **1.** (*division*) suddivisione *f* **2.** (*housing estate*) complesso *m* residenziale

subdue [səb·'du:] *vt* (*tame*) sottomettere; (*repress*) reprimere

subdued *adj* (*color*) tenue; (*person*) sottomesso, -a

subgroup ['sʌb·gru:p] *n* sottogruppo *m*

subheading ['sʌb·ˌhe·dɪŋ] *n* sottotitolo *m*

subject¹ ['sʌb·dʒɪkt] **I.** *n* **1.** (*theme*) argomento *m*; **to change the ~** cambiare argomento; **to wander off the ~** uscire dal tema; **on the ~ of sb/sth** a proposito di qu/qc **2.** SCHOOL, UNIV materia *f*; (*research area*) ambito *m* **3.** POL suddito, -a *m, f*; (*citizen*) cittadino, -a *m, f* **4.** LING soggetto *m* **5.** (*in experiment*) soggetto *m* **II.** *adj* **1.** POL (*nation*) sottomesso, -a **2.** (*exposed to*) **to be ~ to sth** essere soggetto a qc; **to be ~ to colds** essere soggetto ai raffreddori; **to be ~ to many dangers** essere esposto a molti pericoli; **to be ~ to high taxes** essere soggetto ad imposte elevate; **~ to prosecution** perseguibile **3.** (*contingent on*) **~ to approval** soggetto ad approvazione

subject² [səb·'dʒekt] *vt* sottomettere

subjection [səb·'dʒek·ʃən] *n* POL sottomissione *m*

subjective [səb·'dʒek·tɪv] *adj* soggettivo, -a

S

subject matter *n* (*of meeting, book*) tema *m;* (*of letter*) soggetto *m*

sub judice [ˌsʌbˈdʒuː·dəˌsi] *adj* LAW sub iudice

subjugate [ˈsʌb·dʒə·ɡeɪt] *vt form* **1.** (*control*) soggiogare **2.** (*make submissive*) subordinare; **to ~ sth to sth** subordinare qc a qc; **to ~ sb to sb** subordinare gli interessi di qu agli interessi di qu

subjugation [ˌsʌb·dʒəˈɡeɪ·ʃən] *n form* assoggettamento *m*

subjunctive [səbˈdʒʌŋk·tɪv] *n* LING congiuntivo *m*

sublease [ˌsʌbˈliːs] *vt* subaffittare

sublet [sʌbˈlet] <sublet, sublet> *vt* subaffittare

sublimate [ˈsʌb·lɪ·meɪt] *vt* PSYCH sublimare

sublime [səˈblaɪm] *adj* **1.** (*glorious*) sublime **2.** *iron* (*absolute*) estremo, -a; **~ ignorance** estrema ignoranza *f*

subliminal [ˌsʌbˈlɪ·mə·nl] *adj* PSYCH subliminale

submachine gun [ˌsʌb·məˈʃiːnˌɡʌn] *n* mitra *m*

submarine [ˈsʌb·məˌriːn] **I.** *n* **1.** NAUT, MIL sottomarino *m* **2.** *inf* (*sandwich*) panino *m* imbottito **II.** *adj* sottomarino, -a

submenu [ˌsʌbˈmenˌjuː] *n* COMPUT sottomenu *m*

submerge [səbˈmɜːrdʒ] **I.** *vt* sommergere; **to ~ oneself in sth** *fig* immergersi in qc **II.** *vi* immergersi

submersible [səbˈmɜːr·sə·bl] *n* sommergibile

submersion [səbˈmɜːr·ʒən] *n* immersione *f*

submission [səbˈmɪ·ʃən] *n* **1.** (*acquiescence*) sottomissione *f* **2.** (*of proposal*) presentazione *f;* (*of document*) consegna *f*

submissive [səbˈmɪ·sɪv] *adj* sottomesso, -a

submit [səbˈmɪt] <-tt-> **I.** *vt* **1.** (*hand in: proposal*) presentare; (*document*) consegnare **2.** *form* (*propose*) proporre **II.** *vi* (*yield*) sottomettersi

subordinate[1] [səˈbɔːr·də·nɪt] **I.** *n* subordinato, -a *m, f* **II.** *adj* (*secondary*) secondario, -a; (*lower in rank*) subordinato, -a

subordinate[2] [səˈbɔːr·dəˌneɪt] *vt* subordinare

subordinate clause *n* LING proposizione *m* subordinata

subordination [səˌbɔːr·dəˈneɪ·ʃən] *n* subordinazione *f*

subplot [ˈsʌb·plɑːt] *n* intreccio *m* secondario

subpoena [səˈpiː·nə] LAW **I.** *vt* citare; **to ~ sb to testify** citare qu a deporre **II.** *n* citazione *f*

subscribe [səbˈskraɪb] **I.** *vi* **1.** (*order*) abbonarsi **2.** (*agree with*) **to ~ to sth** sottoscrivere qc **II.** *vt* **1.** (*contribute*) sottoscrivere **2.** *form* (*sign*) sottoscrivere

subscriber [səbˈskraɪ·bər] *n* abbonato, -a *m, f*

subscript [ˈsʌb·skrɪpt] *n* TYPO pedice *m*, deponente *m*

subscription [səbˈskrɪp·ʃən] *n* abbonamento *m;* **to order a ~ to sth** abbonarsi a qc

subsection [ˈsʌb·ˌsek·ʃən] *n* **1.** (*part*) paragrafo *f* **2.** LAW sottosezione *f*

subsequent [ˈsʌb·sɪk·wənt] *adj* successivo; **~ to ...** in seguito a ...

subsequently *adv* successivamente; **~ to ...** in seguito a..

subservient [səbˈsɜːr·vi·ənt] *adj* **1.** *pej* (*servile*) servile **2.** (*secondary*) subordinato, -a

subset [ˈsʌb·set] *n* MATH sottoinsieme *m*

subside [səbˈsaɪd] *vi* **1.** (*lessen*) diminuire **2.** (*sink: water*) ritirarsi; (*ground*) sprofondare

subsidiary [səbˈsɪ·diə·ri] **I.** *adj* secondario, -a; ECON controllato, -a **II.** <-ies> *n* ECON società *f* controllata

subsidize [ˈsʌb·sə·daɪz] *vt* sovvenzionare

subsidy [ˈsʌb·sə·di] <-ioo> *n* sovvenzione *f*, sussidio *m;* **unemployment ~** sussidio di disoccupazione

subsist [səbˈsɪst] *vi form* sostentarsi; **to ~ on sth** sostentarsi con qc

subsistence [səbˈsɪs·təns] *n* sussistenza *f;* **means of ~** mezzi *mpl* di sussistenza; **enough for a bare ~** appena sufficiente per vivere

substance [ˈsʌb·stəns] *n* **1.** (*matter*) sostanza *f* **2.** (*essence*) sostanza *f* **3.** (*significance*) rilevanza *f;* **a film of real ~** un film denso di contenuti *f* **4.** (*main point*) sostanza *f;* **the ~ of the conversation** la sostanza della conversazione; **in ~** in sostanza **5.** (*possessions*) ricchezza *f;* **a man of ~** un uomo ricco

substandard [ˌsʌb·ˈstæn·dərd] *adj* scadente

substantial [səbˈstæn·ʃl] *adj* **1.** (*important*) sostanziale; **to be in ~ agreement** essere sostanzialmente d'accordo **2.** (*large*) sostanzioso, -a; (*sum, damage*) ingente **3.** (*sturdy*) solido, -a

substantially [səbˈstæn·ʃə·li] *adv* **1.** (*significantly*) notevolmente **2.** (*in the main*) sostanzialmente

substantiate [səbˈstæn·ʃi·eɪt] *vt* corroborare

substantive [ˈsʌb·stən·tɪv] **I.** *n* sostantivo *m* **II.** *adj form* rilevante

substation [ˈsʌb·steɪ·ʃən] *n* **1.** ELEC sottostazione *f* **2.** ADMIN ufficio *f* secondario; **police ~** commissariato *f* di polizia (*che dipende da un altro*)

substitute [ˈsʌb·stə·tuːt] **I.** *vt* sostituire; **to ~ sb for sb** *inf* sostituire qu con qu; **to ~ butter with margarine** sostituire il burro con la margarina **II.** *vi* **to ~ for sb** sostituire qu **III.** *n* **1.** (*equivalent*) sostituto *m;* (*alternative: for milk, coffee*) alternativa *f;* **there's no ~ for him** non c'è nessuno come lui **2.** *a.* SPORTS riserva *f;* **to come on as a ~** entrare in campo (*riferito a una riserva*) **3.** SCHOOL (*teacher*) supplente *mf*

substitute teacher *n* supplente *mf*

substitution [ˌsʌb·stəˈtuː·ʃən] *n* sostituzione *f*

substratum [ˈsʌb·streɪ·ṭəm] <-ta> *n* sostrato *m*

subsume [səbˈsuːm] *vt form* integrare; **to ~ sth under a category** inserire qc in una categoria

S

subtenant ['sʌb-ˌte·nənt] *n* subaffittuario, -a *m, f*

subterfuge ['sʌb·tə·ˌfjuːdʒ] *n* sotterfugio *m;* **by** ~ con dei sotterfugi

subterranean [ˌsʌb·tə·ˈreɪ·ni·ən] *adj* sotterraneo, -a

subtext ['sʌb·tekst] *n* messaggio *m* (implicito)

subtitle ['sʌb·ˌtaɪ·ṭl] I. *vt* sottotitolare II. *n* sottotitolo *m*

subtle ['sʌ·ṭl] *adj* 1.(*delicate*) delicato, -a 2.(*slight: difference*) sottile 3.(*astute: person*) perspicace; (*question, suggestion, humor*) sottile

subtlety ['sʌ·ṭl·ti] <-ies> *n* 1.(*delicacy: of flavor, smell*) delicatezza *f* 2.(*of person*) perspicacia *f;* (*of argument*) sottigliezza *f*

subtotal ['sʌb·ˌtoʊ·ṭl] *n* subtotale *m*, totale *m* parziale

subtract [səb·ˈtrækt] *vt* sottrarre; **to ~ 3 from 5** sottrarre 3 da 5

subtraction [səb·ˈtræk·ʃən] *n* sottrazione *f*

subtropical [ˌsʌb·ˈtrɑː·pɪ·kl] *adj* subtropicale

suburb ['sʌ·bɜːrb] *n* quartiere *m* fuori città; **the ~s** la periferia; **to live in the ~s** vivere fuori città

suburban [sə·ˈbɜːr·bən] *adj* 1.(*area*) periferico, -a; (*train*) che collega la periferia 2.(*lifestyle*) di provincia

suburbia [sə·ˈbɜːr·biə] *n* periferia *f*

subvention [səb·ˈven·ʃən] *n form* sovvenzione *f*

subversion [səb·ˈvɜːr·ʒən] *n form* sovversione *f*

subversive [səb·ˈvɜːr·sɪv] *form* I. *adj* sovversiva, -a II. *n* sovversivo, -a *m, f*

subvert [sʌb·ˈvɜːrt] *vt* (*authority*) sovvertire; (*principle*) minare

subway ['sʌb·weɪ] *n* metropolitana *f*

sub-zero [ˌsʌb·ˈzɪ·roʊ] *adj* sotto zero

succeed [sək·ˈsiːd] I. *vi* 1.(*be successful*) riuscire; **to ~ in doing sth** riuscire a fare qc; **the plan ~ed** il piano è riuscito 2.(*follow*) succedere ▸ **if at first you don't ~**, **try, try again** *prov* se non riesci la prima volta, continua a provare II. *vt* (*follow*) succedere a

succeeding *adj* 1.(*next in line*) successivo, -a 2.(*following*) successivo, -a; **in the ~ weeks** nelle settimane successive

success [sək·ˈses] *n* (*outcome*) successo *m;* **to meet with ~** avere successo, riuscire; **to be a big ~ with sb/sth** avere molto successo con qu/qc; **he was a ~ with my children** ha avuto molto successo con i miei figli; **to have ~ in doing sth** riuscire a fare qc; **to wish sb ~ with sth** augurare a qu di riuscire qc; **to be a great ~** riuscire benissimo, essere un successone; **to enjoy ~** avere successo; **~ story** esempio *m* di successo, storia *f* di successo

successful [sək·ˈses·fəl] *adj* riuscito, -a; (*business*) florido, -a; (*person, book*) di successo; (*candidate*) vincente; (*solution*) efficace; **to be ~** (*person*) avere successo; (*business*) essere florido; **commercially ~** con un buon successo commerciale

succession [sək·ˈse·ʃən] *n* successione *f;* **~ rights** diritti *mpl* di successione; **in ~** in successione; **a ~ of** una serie di; **an endless ~ of** una serie infinita di

successive [sək·ˈse·sɪv] *adj* consecutivo, -a; **on ~ occasions** in occasioni consecutive

successor [sək·ˈse·sə] *n* successore *m*

succinct [sək·ˈsɪŋkt] *adj* succinto, -a

succor ['sʌ·kə] I. *n* soccorso *m;* **to give ~ to sb** prestare soccorso a qu II. *vt* soccorrere

succulent ['sʌk·ju·lənt] I. *adj* (*steak, fruit*) succulento, -a; (*plant*) grasso, -a II. *n* pianta *f* grassa

succumb [sə·ˈkʌm] *vi form* 1.(*surrender*) soccombere; **to ~ to pressure/temptation** soccombere alla pressione/tentazione 2.(*die*) soccombere; **to ~ to one's injuries** soccombere alle ferite

such [sʌtʃ] I. *adj* tale; **~ great weather/a good book** tempo/un libro così bello; **~ an honor** tale onore; **to earn ~ a lot of money** guadagnare tanti di quei soldi; **or some ~ remark** o un'osservazione del genere; **to buy some fruit ~ as apples** comprare della frutta, ad esempio delle mele II. *pron* **~ is life** così va la vita; **people ~ as him** la gente come lui; **~ as it is** tale quale; **as ~** propriamente detto

such and such ['sʌtʃ·ən·sʌtʃ] *adj inf* tale; **to arrive at ~ a time** arrivare a tale ora; **to meet sb in ~ a place** incontrare qu in tale posto

suck [sʌk] I. *vt* succhiare; (*with straw*) sorbire; (*air*) aspirare; **to ~ one's thumb** succhiarsi il dito II. *vi* 1.(*with mouth*) succhiare 2. *inf* **this ~s!** questo fa schifo! III. *n* succhiata *f;* (*with straw*) sorsata *m*

◆ **suck up to** *vt* leccare i piedi a

sucker ['sʌ·kə] I. *n* 1. *pej* (*stupid person*) credulone, -a *m, f* 2. *sl* (*thing*) rottura *f* di palle 3.(*device*) a. ZOOL ventosa *f* II. *vt inf* fregare; **to ~ sb into** [*o* out of] **doing sth** fregare qu per fargli fare qc

suckle ['sʌ·kl] I. *vt* allattare II. *vi* succhiare il latte

suckling pig ['sʌk·lɪŋ·ˌpɪg] *n* maialino *m* da latte

sucrose ['suːk·roʊs] *n* saccarosio *m*

suction ['sʌk·ʃən] *n* aspirazione *f*

suction pump *n* pompa *f* aspirante

Sudan [suː·ˈdæn] *n* il Sudan

Sudanese [ˌsuː·də·ˈniːz] I. *n* sudanese *mf* II. *adj* sudanese

sudden ['sʌ·dən] *adj* (*immediate: death*) improvviso, -a; **to put a ~ stop to sth** dare un taglio a qc; **all of a ~** *inf* all'improvviso

suddenly *adv* improvvisamente

suds [sʌdz] *npl* 1.schiuma *f* 2.birra *f*

sue [suː] <suing> I. *vt* fare causa a; **to ~ sb for damages** fare causa a qu per danni; **to ~ sb for divorce** fare domanda di divorzio da qu II. *vi* **to ~ for peace** chiedere la pace

suede [sweɪd] *n* camoscio *m*

suet ['suː·ɪt] *n* grasso *m* (animale)

suffer ['sʌ·fə·] I. *vi* 1. (*be in distress*) soffrire; **to ~ from sth** MED soffrire di qc; **the economy is ~ing from ...** l'economia sta soffrendo di ...; **to ~ for sth** essere punito per qc 2. (*seem worse*) **to ~ in** [*o* by] **comparison** non reggere il confronto II. *vt* 1. (*undergo: defeat, setback*) subire; **to ~ the consequences** subire le conseguenze; **to ~ the misfortune of ...** avere la sfortuna di ... 2. MED subire

sufferance ['sʌ·fə·rəns] *n* **I feel I'm here on ~** ho l'impressione di essere appena tollerato qui

sufferer ['sʌ·fə·ə·] *n* malato, -a *m, f;* **AIDS ~** malato di AIDS

suffering ['sʌ·fə·rɪŋ] *n* sofferenza *f;* **years of ~** anni *mpl* di sofferenza

suffice [sə·'faɪs] *vi* bastare; **~ (it) to say that ...** basti dire che ...

sufficiency [sə·'fɪ·ʃn·si] *n* quantità *f* sufficiente

sufficient [sə·'fɪ·ʃnt] *adj* sufficiente; **to have had ~** essere sazio; **to be ~ for sth** bastare per qc

suffix ['sʌ·fɪks] *n* LING suffisso *m*

suffocate ['sʌ·fə·keɪt] I. *vi* asfissiare II. *vt* 1. (*asphixiate*) asfissiare 2. *fig* soffocare

suffocating *adj* 1. (*heat*) soffocante; (*fumes*) asfissiante 2. *fig* opprimente

suffrage ['sʌf·rɪdʒ] *n* suffragio *m;* **universal ~** suffragio universale

suffragette [ˌsʌf·rə·'dʒet] *n* POL, HIST suffragista *f*

sugar ['ʃʊ·gə·] I. *n* 1. CULIN zucchero *m* 2. *inf* (*term of affection*) tesoro *m* II. *vt* zuccherare

sugar beet *n* barbabietola *f* da zucchero

sugar cane *n* canna *f* da zucchero

sugarcoated [ˌsʊ·gə·'kəʊ·tɪd] *adj* ricoperto, -a di zucchero

sugar cube *n* zolletta *f* di zucchero

sugar daddy *n vecchio ricco che cerca di ottenere i favori di una donna giovane con regali*

sugarless *adj* senza zucchero

sugary ['ʃʊ·gə·ri] *adj* 1. (*sweet*) zuccherato, -a 2. *fig, pej* (*insincere*) mellifluo, -a

suggest [səg·'dʒest] *vt* 1. (*propose*) proporre, suggerire; **to ~ (to sb) that ...** proporre a qu che ... +*conj;* **to ~ doing sth** proporre di fare qc; **an idea ~ed itself to (him)** gli venne in mente un'idea 2. (*indicate*) far credere 3. (*hint*) insinuare; **what are you trying to ~?** che cosa vuoi insinuare?

suggestible [səg·'dʒes·tə·bl] *adj pej, form* suggestionabile; **highly ~** facilmente suggestionabile

suggestion [səg·'dʒest·ʃən] *n* 1. (*proposed idea*) proposta *f,* suggerimento *m;* **to make the ~ that ...** suggerire che ... +*conj;* **to be open to new ~s** essere aperto a nuove proposte; **at Ann's ~** su proposta di Ann 2. (*very small amount*) accenno *m;* **there was a ~ of a smile on his face** aveva in viso un abbozzo di sorriso 3. (*insinuation*) insinuazione *f*

suggestion box *n* cassetta *m* dei suggerimenti

suggestive [səg·'dʒes·tɪv] *adj* 1. (*lewd*) allusivo, -a 2. (*evocative*) suggestivo, -a

suicidal [ˌsuː·ə·'saɪ·dl] *adj* suicida; **to feel ~** avere impulsi suicidi; *fig* essere molto depresso

suicide ['suː·ə·saɪd] *n* 1. (*act*) suicidio *m;* **to commit ~** suicidarsi 2. *form* (*person*) suicida *mf*

suit [suːt] I. *vt* 1. (*be convenient*) andare bene a; **to ~ sb** andare bene a qu; **that ~s me fine** mi va benissimo 2. (*be right*) addirsi; **they are well ~ed** (**to** [*o* for] **each other**) stanno bene insieme; **this lifestyle seems to ~ her** sembra che questo stile di vita le si addica 3. (*look attractive with*) stare bene; **this dress ~s you** questo vestito ti sta bene 4. (*choose at will*) **to ~ oneself** fare come si vuole; **~ yourself!** fai pure come vuoi! II. *n* 1. (*jacket and pants*) completo *m;* (*jacket and skirt*) tailleur *m* (gonna); **bathing ~ (o swim)** costume *m* (da bagno) 2. LAW azione *f* legale; **to bring** [*o* file] **a ~** intentare un'azione legale 3. GAMES seme *m;* **to follow ~** giocare lo stesso seme; *fig* seguire l'esempio

suitable ['suː·tə·bl] *adj* adatto, -a; **to be ~ for sb** essere adatto a qu; **not ~ for chidren under 14** sconsigliato ai minori di 14 anni

suitcase ['suːt·keɪs] *n* valigia *f*

suite [swiːt] *n* 1. (*set of rooms*) suite *f inv;* **bridal ~** suite nuziale 2. (*set of furniture for living room*) salotto *m* 3. MUS suite *f inv*

suitor ['suː·tə·] *n* 1. *a. iron* (*potential husband*) pretendente *m* 2. LAW attore *m*

sulfate ['sʌl·feɪt] *n* solfato *m*

sulfide ['sʌl·faɪd] *n* solfuro *m*

sulfur ['sʌl·fə·] *n* zolfo *m*

sulfur dioxide ['sʌl·fə·daɪ·'ɑːk·saɪd] *n* anidride *f* solforosa

sulfuric [sʌl·'fjʊ·rɪk] *adj* solforico, -a

sulfuric acid *n* acido *m* solforico

sulfurous ['sʌl·fə·əs] *adj* (*solution*) solforoso, -a; (*smell*) di zolfo

sulk [sʌlk] I. *vi* fare il broncio II. *n* malumore *m;* **to be in a ~** fare il broncio, -a

sulky ['sʌl·ki] <-ier, -iest> *adj* imbronciato, -a

sullen ['sʌ·lən] *adj* 1. *pej* (*person*) imbronciato, -a 2. *liter* (*sky*) cupo, -a

sully ['sʌ·li] <-ied, -ied> *vt* sporcare

sultan ['sʌl·tən] *n* sultano *m*

sultana [sʌl·'tæ·nə] *n* uva *f* sultanina

sultry ['sʌl·tri] <-ier, -iest> *adj* 1. (*weather*) afoso, -a 2. (*sensual*) conturbante

sum [sʌm] *n* 1. (*amount of money*) somma *f* 2. (*total*) totale *m;* **in ~** in breve 3. (*calculation*) calcolo *m*

summarize ['sʌ·mə·raɪz] *vt* riassumere

summary ['sʌ·mə·ri] I. *n* riassunto *m* II. *adj* (*dismissal, execution*) sommario, -a

summation [sə·'meɪ·ʃən] *n* 1. MATH somma *f* 2. LAW arringa *f* conclusiva

summer ['sʌ·mə·] I. *n* estate *f;* **a ~'s day** un giorno d'estate II. *adj* estivo, -a III. *vi* passare l'estate

S

summer camp *n* campeggio *m* estivo
summertime ['sʌ·mə·taɪm] *n* (*season*) estate *m;* **in the ~** d'estate
summer vacation *n* vacanze *fpl* estive

Le **summer vacation** (vacanze estive) durano tre mesi negli Stati Uniti, da metà giugno a metà settembre. In origine, le vacanze avevano una durata tale da permettere ai ragazzi di lavorare in una fattoria o in un ranch. Intorno al '900, con l'incremento dell'immigrazione verso le città, hanno iniziato a svilupparsi i *summer camps* (centri estivi). Vi si mandavano i ragazzi cresciuti in città perché scoprissero la natura. Oggi, i ragazzi possono andarci per suonare, fare equitazione, giocare a baseball, ecc.

summery ['sʌ·mə·ri] *adj* estivo, -a
summing-up [ˌsʌ·mɪŋ·'ʌp] <summings-up> *n* LAW ricapitolazione *f*
summit ['sʌ·mɪt] *n* **1.**(*top of mountain*) vetta *f* **2.** *fig* (*of career, power*) apice *m* **3.** POL vertice *m,* summit *m;* **to hold a ~** organizzare un vertice; **~ conference** (conferenza *f* al) vertice *m*
summon ['sʌ·mən] *vt* (*people, meeting*) convocare; LAW citare (a comparire)
♦**summon up** *vt* (*fare appello a*) **to ~ the courage/strength to do sth** fare appello al proprio coraggio/alla propria forza per fare qc
summons ['sʌ·mənz] *npl* LAW mandato *m* di comparizione; **to issue a ~** emettere un mandato di comparizione; **to serve sb with a ~** notificare a qu mandato di comparizione
sump [sʌmp] *n* **1.**(*cesspit*) pozzo *m* nero **2.** MIN pozzo *m* di drenaggio
sumptuous ['sʌmp·tʃʊ·əs] *adj* sontuoso, -a
sun [sʌn] **I.** *n* sole *m;* **the ~'s rays** i raggi del sole; **the rising ~** il sole nascente; **the setting ~** il sole che tramonta; **to sit in the ~** star seduto al sole ▶ **to call sb every name under the ~** dirne di tutti i colori a qu; **to do/try everything under the ~** fare/provare tutto il possibile **II.** <-nn-> *vt* **to ~ oneself** prendere il sole
sunbaked ['sʌn·beɪkt] *adj* arso, -a dal sole
sunbath *n* bagno *m* di sole
sunbathe ['sʌn·beɪð] *vi* prendere il sole
sunbeam ['sʌn·biːm] *n* raggio *m* di sole
sunblock ['sʌn·blɑːk] *n* crema *f* solare a schermo totale
sunburn ['sʌn·bɜːrn] *n* scottatura *f* solare
sunburned *adj*, **sunburnt** *adj* scottato, -a; (*tanned*) abbronzato, -a
sundae ['sʌn·di] *n* coppa gelato con frutta, nocciole, panna, etc.
Sunday ['sʌn·deɪ] *n* domenica *f;* **Palm/Easter ~** domenica delle Palme; *s.a.* **Friday**
Sunday best *n*, **Sunday clothes** *npl* vestito *m* della domenica

Sunday school *n* REL ≈ catechismo *m*
sundial *n* meridiana *f*
sundown *n s.* sunset
sun-dried *adj* seccato, -a al sole
sundry ['sʌn·dri] *adj* vari, -e; **~ items** oggetti *m* vari *pl*
sunflower ['sʌn·ˌflaː·ʊə·] *n* girasole *m*
sunflower oil *n* olio *m* di semi di girasole
sunflower seed *n* seme *m* di girasole
sung [sʌŋ] *pp of* sing
sunglasses ['sʌn·ˌglæ·sɪs] *npl* occhiali *mpl* da sole
sunhat *n* cappello *m* da sole
sunk [sʌŋk] *pp of* sink
sunken ['sʌŋ·kən] *adj* **1.**(*ship, treasure*) sommerso, -a **2.**(*cheeks, eyes*) infossato, -a
sunlight ['sʌn·laɪt] *n* luce *f* del sole
sunlit ['sʌn·lɪt] *adj* soleggiato, -a
sunny ['sʌ·ni] <-ier, -iest> *adj* **1.**(*day*) di sole; **it's ~** c'è sole **2.**(*personality*) solare
sunny-side up *adj* all'occhio di bue
sun protection factor *n* fattore *m* di protezione solare
sunrise ['sʌn·raɪz] *n* alba *f;* **at ~** all'alba
sunrise industry *n* industria *f* in crescita
sunroof ['sʌn·ruːf] *n* tettuccio *m* apribile
sunroom *n* giardino *m* d'inverno, veranda *f* chiusa
sunscreen *n* crema *f* con filtro solare
sunset ['sʌn·set] *n* tramonto *m;* **at ~** al tramonto
sunshade ['sʌn·ʃeɪd] *n* **1.**(*umbrella*) parasole *m inv* **2.**(*awning*) tenda *f* (parasole)
sunshine ['sʌn·ʃaɪn] *n* sole *m;* **in the ~** al sole
sunspot ['sʌn·spɑːt] *n* macchia *f* solare
sunstroke *n* insolazione *f,* colpo *m* di sole; **to have ~** aver preso un'insolazione
suntan ['sʌn·tæn] *n* abbronzatura *f;* **to get a ~** abbronzarsi
suntan lotion *n* crema *f* solare
suntanned *adj* abbronzato, -a
suntan oil *n* olio *m* solare
sunup ['sʌn·ʌp] *n s.* sunrise
sun visor *n* AUTO aletta *f* parasole
super ['suː·pə·] **I.** *adj inf* fantastico, -a **II.** *adv inf* super **III.** *n* **1.** *inf s.* **supervisor** supervisore, -a *m, f* **2.** AUTO (benzina *f*) super *f*
superabundant [ˌsuː·pər·ə·'bʌn·dənt] *adj* sovrabbondante
superb [sə·'pɜːrb] *adj* magnifico, -a
Super Bowl *n finale tra le due squadre vincitrici dei due campionati di football americano*

Nel football americano professionistico, il **Super Bowl** è la finale disputata ogni anno i cui vincitori diventano i campioni della *U.S. National Football League* (il campionato nazionale di football – la NFL). Dal 1967, la finale è giocata dalle due migliori squadre della NFL la domenica del Super Bowl, il *Super Bowl Sunday,* al termine della stagione del football ed è oggi uno degli avvenimenti più seguiti sulla televisione americana.

---

supercharged ['suː·pə·tʃɑːrdʒd] *adj* **1.** (*engine*) (super)compresso, -a **2.** (*atmosphere*) carico, -a di tensione

supercharger ['suː·pə·ˌtʃɑːr·dʒə·] *n* TECH compressore *m*

supercilious [ˌsuː·pə·'sɪ·li·əs] *adj pej* altezzoso, -a

superego [ˌsuː·pə·'iː·goʊ] *n* PSYCH Super Io *m*

superficial [ˌsuː·pə·'fɪ·ʃl] *adj* superficiale

superficiality [ˌsuː·pə·ˌfɪ·ʃɪ·'æ·lə·ti] *n* superficialità *f*

superfluous [suː·'pɜːr·flʊ·əs] *adj* superfluo, -a

superglue® ['suː·pə·gluː] *n* attaccatutto *m*

superhero ['suː·pə·ˌhɪ·ə·rəʊ] <-heroes> *n inf* supereroe *m*

superhighway ['suː·pə·'haɪ·weɪ] *n* autostrada *f* (a varie corsie); **information** ~ superstrada *f* dell'informazione

superhuman [ˌsuː·pə·'hjuː·mən] *adj* sovrumano, -a

superimpose [ˌsuː·pə·ɪm·'poʊz] *vt* PHOT sovrapporre

superintend [ˌsuː·pə·ɪn·'tend] *vt* soprintendere a

superintendent [ˌsuː·pə·ɪn·'ten·dənt] *n* **1.** (*person in charge: of department, school district*) direttore, -trice *m, f;* (*of building*) custode *mf* **2.** LAW (*police officer*) soprintendente *mf*

superior [sə·'pɪ·ri·ə·] **I.** *adj* **1.** (*better, senior*) superiore; **to be** ~ (**to sb/sth**) essere meglio (di qu/qc) **2.** (*greater in amount*) **a** ~ **number of sth** un numero superiore di qc **II.** *n* superiore *mf*

superiority [sə·ˌpɪ·ri·'ɔː·rə·ti] *n* superiorità *f*

superiority complex *n inf* complesso *m* di superiorità

superlative [sə·'pɜːr·lə·tɪv] **I.** *adj* **1.** (*best*) eccezionale **2.** LING superlativo, -a **II.** *n* LING superlativo *m*

superman ['suː·pə·mæn] *n* superuomo *m;* CINE Superman *m*

supermarket ['suː·pə·ˌmɑːr·kɪt] *n* supermercato *m*

supermodel ['suː·pə·ˌmɑː·dəl] *n* top model *f inv*

supernatural [ˌsuː·pə·'næt·ʃə·əl] **I.** *adj* soprannaturale **II.** *n* the ~ il soprannaturale

supernumerary [ˌsuː·pə·'nuː·mə·re·ri] **I.** *adj form* soprannumerario, -a **II.** <-ies> *n form* impiegato, -a soprannumerario *m;* THEAT comparsa *f*

superpower ['suː·pə·ˌpa·ʊə·] *n* POL superpotenza *f*

superscript ['suː·pə·skrɪpt] *n* TYPO apice *m*

supersede [ˌsuː·pə·'siːd] *vt* sostituire

supersonic [ˌsuː·pə·'sɑː·nɪk] *adj* AVIAT supersonico, -a

superstar ['suː·pər·stɑːr] *n* superstar *f inv*

superstition [ˌsuː·pə·'stɪ·ʃən] *n* superstizione *f*

superstitious [ˌsuː·pə·'stɪ·ʃəs] *adj* superstizioso, -a

superstore ['suː·pə·stɔːr] *n* ipermercato *m*

superstructure ['suː·pə·ˌstrʌk·tʃə·] *n* sovrastruttura *f*

supertanker ['suː·pə·ˌtæŋ·kə·] *n* superpetroliera *f*

supervise ['suː·pə·vaɪz] *vt* (*watch over*) supervisionare; (*thesis*) fare da relatore a

supervision [ˌsuː·pə·'vɪ·ʒən] *n* supervisione *f;* **under the** ~ **of sb** sotto la supervisione di qu

supervisor ['suː·pə·vaɪ·zə·] *n* **1.** (*person in charge*) supervisore, -a *m, f* **2.** POL *rappresentante del governo nell'amministrazione locale*

supervisory [ˌsuː·pə·'vaɪ·zə·i] *adj* di supervisore

supine [suː·'paɪn] **I.** *adj* supino, -a **II.** *adv* **to lie** ~ stare supino

supper ['sʌ·pə·] *n* cena *f;* **to have** ~ cenare

suppertime *n* ora *f* di cena

supplant [sə·'plænt] *vt* rimpiazzare

supple ['sʌ·pl] *adj* (*leather, skin*) elastico, -a; (*person*) agile

supplement ['sʌ·plə·mənt] **I.** *n* **1.** (*something extra*) supplemento *m* **2.** (*part of newspaper*) supplemento *m* **3.** (*of book*) supplemento *m* **II.** *vt* (*income*) arrotondare; (*diet*) integrare

supplementary [ˌsʌ·plə·'men·tə·i] *adj* supplementare

suppleness ['sʌ·pl·nɪs] *n* (*of leather, skin*) elasticità *f;* (*of person*) agilità *f*

supplicant ['sʌ·plə·kənt] *n* supplicante *mf*

supplication [ˌsʌ·plə·'keɪ·ʃən] *n* supplica *f*

supplier [sə·'plaɪ·ə·] *n* fornitore, -trice *m, f*

supply [sə·'plaɪ] **I.** <-ie-> *vt* **1.** (*fornire: electricity, food, money*) distribuire; **to be accused of ~ing drugs** essere accusato di spacciare droga **2.** COM fornire **II.** *n* **1.** (*act of providing: of electricity, water*) erogazione *f* **2.** ECON offerta *f;* ~ **and demand** offerta e domanda; **to be in short** ~ scarseggiare **3.** (*stock*) scorta *f,* provvista *f* **4.** (*action*) fornitura *f;* **oil/gas[oline]** ~ fornitura *f* di olio/benzina; **energy** ~ fornitura *f* di energia

supply-side economics [sə·'plaɪ·saɪd ˌiː·kə·'nɑː·mɪks] *npl* economia *f* dell'offerta

support [sə·'pɔːrt] **I.** *vt* **1.** (*hold up: roof, weight*) sostenere; **to** ~ °**oneself on sth** (*weight*) appoggiarsi a qc **2.** (*provide for*) mantenere; **to** ~ **four children** mantenere quattro figli; **to** ~ **oneself** mantenersi **3.** (*provide with money*) finanziare **4.** (*encourage*) appoggiare **5.** (*show to be true*) avvalorare **II.** *n* **1.** (*backing, help*) appoggio *m;* **to give sb moral** ~ dare appoggio morale a qu **2.** (*structure*) supporto *m; fig* (*person*) sostegno *m* **3.** FIN finanziamento *m* **4.** (*confirmation*) avvaloramento *f;* **to lend** ~ **to sth** avvalorare qc; **in** ~ **of sth** a sostegno di qc

supporter *n* **1.** (*of cause, candidate*) sostenitore, -trice *m, f* **2.** SPORTS (*fan*) tifoso, -a *m, f* **3.** SPORTS (*protector for genitals*) conchiglia *f*

S

supporting *adj* (*film, role, actor*) secondario, -a

supportive [sə·'pɔ:r·tɪv] *adj* comprensivo, -a; **to be ~ of** sth/sb appoggiare qc/qu

suppose [sə·'poʊz] *vt* **1.** **to ~** (**that**) ... supporre che ...; **I don't ~ so** suppongo di no; **let's ~ that** supponiamo che *+conj* **2.** (*believe, think*) ritenere **3.** (*obligation*) **to be ~d to do** sth dover fare qc; **he was ~d to collect the money** doveva raccogliere i soldi; **you are not ~d to know that** non lo dovresti sapere **4.** (*opinion*) **the book is ~d to be very good** pare che sia un libro molto bello; **she is ~d to be intelligent** dicono che sia intelligente

supposed *adj* (*killer*) presunto, -a; (*date*) supposto, -a

supposedly [sə·'poʊ·zɪd·li] *adv* a quanto pare

supposing *conj* **~ that** ... supponendo che ...

supposition [ˌsʌ·pə·'zɪ·ʃən] *n* supposizione *f*

suppository [sə·'pɑ:·zə·tɔ:·ri] <-ies> *n* supposta *f*

suppress [sə·'pres] *vt* **1.** (*criticism, revolt, terrorism*) reprimere **2.** (*sneeze, yawn, emotion*) reprimere; (*evidence, information*) occultare **3.** MED inibire

suppression [sə·'pre·ʃən] *n* **1.** (*of criticism, revolt*) repressione *f* **2.** (*of anger, emotion*) repressione *f*; (*of evidence*) occultazione *f* **3.** MED inibizione *f* **4.** PSYCH (*of memories*) rimozione *f*

supremacy [sə·'pre·mə·si] *n* supremazia *f*

supreme [sə·'pri:m] **I.** *adj* **1.** (*authority*) supremo, -a; (*commander*) in capo; **Supreme Court** Corte *f* Suprema **2.** (*achievement, sacrifice*) estremo, -a; **to show ~ courage** mostrare estremo coraggio **II.** *adv* **to reign ~** regnare incontestato

surcharge ['sɜ:r·tʃɑ:rdʒ] **I.** *n* supplemento *m* **II.** *vt* far pagare un supplemento a

sure [ʃʊr] **I.** *adj* **1.** (*certain*) sicuro, -a; **to be ~ of** sth essere sicuro di qc; **to be ~** (**that**) ... essere sicuro che ... *+conj;* **to make ~** (**that**) ... assicurarsi che.. *+conj;* **to not be ~ if** ... non essere sicuro che ... *+conj;* **she is ~ to come** verrà di sicuro; **are you ~ you won't come?** sei sicuro di non venire?; **I'm not ~ why/how** non so bene perché/come; **~ thing!** certo!; **for ~** con certezza **2.** (*confident*) **to be ~ of oneself** essere sicuro di sé **II.** *adv* certo!; **~ I will!** *inf* certo (che sì); **~ enough** come volevasi dimostrare ▶ **as ~ as I'm standing here** come è vero che mi chiamo ...

sure-footed [ˌʃʊr·fʊ:·tɪd] *adj* **1.** (*when walking, climbing*) dal passo sicuro **2.** (*confident*) sicuro, -a di sé

surely ['ʃʊr·li] *adv* **1.** (*certainly*) indubbiamente **2.** (*to show astonishment*) davvero; **~ you don't expect me to believe that?** non ti aspetti davvero che io ci creda **3.** (*yes, certainly*) certo!

surety ['ʃʊ·rə·ti] <-ies> *n* LAW **1.** (*person*) garante *mf;* **to stand ~** (**for** sb) farsi garante (di qu) **2.** (*guarantee*) garanzia *f*

surf [sɜ:rf] **I.** *n* onde *fpl* **II.** *vi* SPORTS fare surf **III.** *vt* COMPUT **to ~ the Internet** navigare su Internet

surface ['sɜ:r·fɪs] **I.** *n* superficie *f;* **on the ~** *fig* in apparenza; **to scratch the ~ of** sth trattare qc superficialmente **II.** *vi* venire a galla **III.** *vt* (*road, wall*) rivestire; (*with asphalt*) asfaltare

surface mail *n* **by ~** (*land*) per via terrestre; (*sea*) per via marittima

surface tension *n* PHYS tensione *f* superficiale

surface-to-air missile *n* MIL missile *m* terra-aria

surfboard ['sɜ:rf·bɔ:rd] *n* tavola *f* da surf

surfeit ['sɜ:r·fɪt] *n* form eccesso *m*

surfer ['sɜ:r·fə·] *n* **1.** surfista *mf* **2.** COMPUT internauta *mf*

surfing ['sɜ:r·fɪŋ] *n* surf *m inv*

surge [sɜ:rdʒ] **I.** *vi* **1.** (*move forward*) riversarsi; (*waves*) sollevarsi **2.** (*increase*) avere un picco **II.** *n* (*of waves*) ondata *f;* (*of anger*) accesso *m;* (*of indignation*) ondata *f;* (*of prices, support*) impennata *f;* **power ~** sovratensione *f*

surgeon ['sɜ:r·dʒən] *n* chirurgo *m*

surgery ['sɜ:r·dʒə·ri] *n* chirurgia *f;* **to perform ~** praticare un intervento (chirurgico); **to undergo ~** subire un intervento (chirurgico)

surgical ['sɜ:r·dʒɪ·kl] *adj* (*procedure*) chirurgico, -a; (*collar, gloves*) da chirurgo

Surinam(e) [ˌsʊ·rɪ'nɑ:m] *n* il Suriname *m*

Surinamese [ˌsʊ·rə·næ·'mi:z] **I.** *adj* del Suriname **II.** *n* abitante *mf* del Suriname

surly ['sɜ:r·li] <-ier, -iest> *adj* scontroso, -a

surmise [sə·'maɪz] *vt form* supporre

surmount [sə·'maʊnt] *vt* **1.** (*overcome*) sormontare **2.** *form* (*be on top of*) sormontare

surname ['sɜ:r·neɪm] *n* cognome *m*

surpass [sə·'pæs] *vt* sorpassare; **to ~ oneself** superare se stesso

surplus ['sɜ:r·pləs] **I.** *n a.* FIN (*of product*) eccedenza *f* **II.** *adj* in eccedenza

surprise [sə·'praɪz] **I.** *n* sorpresa *f;* **in a ~** con sorpresa; **to sb's ~** con sorpresa di qu **II.** *vt* sorprendere; **it ~d her that** ... l'ha sorpresa (il fatto) che ... *+conj;* **to ~ sb doing** sth sorprendere qu nell'atto di fare qc

surprised *adj* sorpreso, -a

surprising *adj* sorprendente

surprisingly *adv* sorprendentemente

surreal [sə·'ri:·əl] *adj* surreale

surrealism [sə·'ri:·ə·lɪ·zəm] *n* ART surrealismo *m*

surrealist [sə·'ri:·ə·lɪst] ART **I.** *n* surrealista *mf* **II.** *adj* surrealista

surrender [sə·'ren·də·] **I.** *vi* arrendersi; **to ~ to** sb arrendersi a qu **II.** *vt form* consegnare **III.** *n* **1.** (*giving up*) resa *f* **2.** *form* (*of document*) consegna *f*

surreptitious [ˌsɜ:·rəp·'tɪ·ʃəs] *adj* furtivo, -a

surrogacy ['sʌ·rə·gə·si] *n* maternità *f* sostitutiva

S

surrogate ['sɜː·rə·gɪt] **I.** *adj* (*substitute*) sostitutivo, -a **II.** *n* sostituto, -a *m, f*

surrogate mother *n* madre *f* surrogata

surround [sə·'raʊnd] **I.** *vt* circondare **II.** *n* (*frame*) bordo *m*

surrounding *adj* circostante

surroundings *npl* dintorni *mpl*

surtax ['sɜːr·tæks] *n* FIN, POL sovrattassa *f*

surveillance [sə·'veɪ·ləns] *n* sorveglianza *f;* **to be under ~** essere sotto sorveglianza

survey[1] [sə·'veɪ] *vt* **1.** (*poll*) fare un sondaggio su **2.** GEO fare dei rilevamenti di **3.** (*research*) indagare **4.** (*look at carefully*) ispezionare

survey[2] ['sɜr·veɪ] *n* **1.** (*poll*) sondaggio *m* **2.** GEO rilevamento *m* **3.** (*report*) indagine *f* **4.** (*examination*) perizia *f*

surveyor [sə·'ve·ɪə] *n* GEO topografo, -a *m, f*

survival [sə·'vaɪ·vl] *n* **1.** sopravvivenza *f* **2.** (*relic*) vestigio *m* ▶ **the ~ of the fittest** la legge del più forte

survive [sə·'vaɪv] **I.** *vi* (*stay alive: person*) sopravvivere; (*book*) conservarsi; **to ~ on sth** *inf* vivere di qc **II.** *vt* sopravvivere a; **to ~ an accident** sopravvivere a un incidente

surviving *adj* sopravvivente

survivor [sə·'vaɪ·və] *n* sopravvivente *mf*

susceptible [sə·'sep·tə·bl] *adj* sensibile; MED propenso, -a

suspect[1] [sə·'spekt] *vt* **1.** (*think likely*) sospettare; **to ~ sth** sospettare qc **2.** (*consider guilty*) sospettare di; **to ~ sb's motives** avere dei dubbi sulle motivazioni di qu

suspect[2] ['sʌ·spekt] **I.** *n* sospetto, -a *m, f* **II.** *adj* sospetto, -a

suspend [sə·'spend] *vt* **1.** (*stop temporarily*) sospendere; **to ~ one's judgement** riservarsi di giudicare; **a 6 month sentence ~ed for two years** una condanna a 6 mesi con condizionale di due anni **2.** SCHOOL, UNIV sospendere **3.** (*hang*) sospendere

suspender [sə·'spen·də] *n pl* reggicalze *m inv*

suspense [sə·'spens] *n* **1.** (*uncertainty*) incertezza *f;* **to keep sb in ~** tenere qu in sospeso **2.** CINE suspense *m*

suspension [sə·'spen·tʃən] *n* **1.** (*stop*) sospensione *f* **2.** SCHOOL, UNIV sospensione *f*

suspension bridge *n* ponte *m* sospeso

suspicion [sə·'spɪ·ʃən] *n* **1.** (*belief*) sospetto *m;* **to arrest sb on ~ of sth** arrestare qu come sospetto per qc; **to be above ~** essere al di sopra di ogni sospetto **2.** (*mistrust*) sospetto *m* **3.** (*small amount*) accenno *m*

suspicious [sə·'spɪ·ʃəs] *adj* **1.** (*arousing suspicion*) sospetto, -a **2.** (*lacking trust*) sospettoso, -a

sustain [sə·'steɪn] *vt* **1.** (*maintain*) mantenere **2.** (*withstand*) sopportare **3.** (*uphold: conviction*) avvalorare; (*objection*) accogliere

sustainable [sə·'steɪ·nə·bl] *adj* **1.** (*maintainable*) sostenibile **2.** ECOL sostenibile; (*development*) sostenibile

swine flu, swine influenza *n* influenza *f* suina

sustained [sə·'steɪnd] *adj* sostenuto, -a; (*applause*) prolungato, -a

sustenance ['sʌst·nəns] *n* sostentamento *m;* **to give sb ~** nutrire qu

suture ['suː·tʃə] MED **I.** *n* (*stitch*) sutura *f;* (*thread*) filo *m* per suture **II.** *vt* suturare

svelte [svelt] *adj* snello, -a

SW [ˌes·'dʌ·bl·juː] *abbr of* **southwest** SO

swab [swɑːb] **I.** *n* **1.** MED (*pad*) tampone *m;* (*for examination*) tampone *m* **2.** NAUT redazza *f* **II.** <-bb-> *vt* **1.** MED pulire (con un tampone) **2.** (*wash*) lavare (con una redazza)

swagger ['swæ·gə] **I.** *n* arroganza *f* **II.** *vi* pavoneggiarsi

swallow[1] ['swɑː·loʊ] **I.** *vt* ingoiare *inf* **II.** *vi* deglutire **III.** *n* sorso *m*

◆ **swallow down** *vt* tranguiare

◆ **swallow up** *vt* (*absorb*) mangiare

swallow[2] ['swɑː·loʊ] *n* ZOOL rondine *f* ▶ **one ~ doesn't make a summer** *prov* una rondine non fa primavera *prov*

swam [swæm] *vi pt of* **swim**

swamp [swɑːmp] **I.** *n* acquitrino *m* **II.** *vt* (*flood*) inondare; **to ~ sb** (**with sth**) inondare qu di qc; **to be ~ed with sth** essere inondato di qc

swamp fever *n* MED malaria *f*

swampland ['swɑːmp·lænd] *n* terreno *m* acquitrinoso

swampy ['swɑːm·pi] <-ier, -iest> *adj* acquitrinoso, -a

swan [swɑːn] *n* cigno *m*

swan dive *n* tuffo *m* ad angelo

swank [swæŋk] **I.** *adj* **1.** (*grand*) sciccoso, -a **2.** (*pretentious*) pretenzioso, -a **II.** *n* sccicheria *f*

swanky ['swæn·ki] *adj* sciccoso, -a

swan song *n* canto *m* del cigno

swap [swɑːp] **I.** <-pp-> *vt* scambiare; **to ~ sth** (**for sth**) scambiare qc (con qc); **to ~ sth with sb** scambiare qc con qu **II.** <-pp-> *vi* scambiare **III.** *n* scambio *m*

swarm [swɔːrm] **I.** *vi* **1.** ZOOL, BIO (*bees*) sciamare **2.** (*move in large group*) accalcarsi **3.** (*be full*) **to be ~ing with sth** brulicare di qc **II.** *n* **1.** (*of bees*) sciame *m* **2.** *fig* (*of people*) sciame *m*

swarthy ['swɔːr·ði] <-ier, -iest> *adj* scuro, -a

swashbuckling ['swɑːʃˌbʌk·lɪŋ] *adj* di cappa e spada

swastika ['swɑːs·tɪ·kə] *n* svastica *f*

swat [swɑːt] <-tt-> *vt* (*insect*) schiacciare

swatch [swɑːtʃ] *n* (*sample*) campione *m;* (*sample book*) campionario *m*

swath *n* **1.** (*long strip*) striscia *f* **2.** (*space*) andana *f* ▶ **to cut a ~ across** [*o* **through**] **sth** aprirsi un varco in mezzo a qc

swathe [sweɪð] **I.** *vt* (*wrap around*) avvolgere; (*with bandages*) bendare **II.** *n* benda *f*

sway [sweɪ] **I.** *vi* oscillare **II.** *vt* **1.** (*move from side to side*) far oscillare **2.** (*persuade*) persuadere **III.** *n* **1.** (*influence*) influenza *f;* **under the ~ of sb/sth** sotto l'influsso di qu/

S

qc **2.** *form* (*control*) controllo *m;* **to hold ~ over sth/sb** esercitare un controllo su qc/qu

Swazi ['swɑ:·zi] I. *adj* swazi *inv* II. *n* swazi *mf*

Swaziland ['swɑ:·zi·lænd] *n* Swaziland *m*

swear [swer] <swore, sworn> I. *vi* **1.** (*take oath*) giurare; **to ~ on the Bible** giurare sulla Bibbia; **I couldn't ~ to it** *inf* non ci giurerei **2.** (*curse*) imprecare II. *vt* giurare; **to ~ blind allegiance to sb/sth** giurare fedeltà incondizionata a qu/qc; **to ~ sb to secrecy** far giurare a qu di mantenere il silenzio

◆**swear by** *vt* **to ~ sth** avere una fiducia cieca in qc

◆**swear in** *vt* LAW **to ~ sb** far prestare giuramento a qu

◆**swear off** *vt* **to ~ sth** giurare di smettere con qc

swearing *n* parolacce *mpl*

swearword ['swer·wɜːrd] *n* parolaccia *f*

sweat [swet] I. *n* **1.** (*perspiration*) sudore *m;* **to break into a ~** cominciare a sudare **2.** (*effort*) faticaccia *f;* **no ~** *inf* non c'è problema **3.** *pl inf* (*sweatsuit*) tuta *f* (da ginnastica) II. *vi* (*perspire*) sudare; **to ~ with sth** sudare per qc III. *vt* sudare; **to ~ bullets** *inf* sudare freddo

◆**sweat out** *vt* **1.** *inf* (*endure*) **to sweat it out** tener duro **2.** *sl* (*await*) **to sweat it out** stare col fiato sospeso

sweatband *n* (*for head*) fascia *f* tergisudore; (*for wrists*) polsino *m*

sweater ['swe·t̬ɚ] *n* golf *m inv*

sweatshirt ['swet·ʃɜːrt] *n* felpa *f*

sweatshop ['swet·ʃɑːp] *n pej: fabbrica che sfrutta la manodopera*

sweatsuit *n*, **sweat suit** *n* tuta (da ginnastica)

sweaty ['swe·t̬i] <-ier, -iest> *adj* sudato, -a

Swede [swiːd] *n* svedese *mf*

Sweden ['swiː·dn] *n* GEO la Svezia *f*

Swedish ['swiː·dɪʃ] I. *adj* svedese, -a II. *n* **1.** (*person*) svedese *mf* **2.** LING svedese *m*

sweep [swiːp] <swept, swept> I. *n* **1.** (*cleaning action*) spazzata *f;* **to give sth a ~** dare una spazzata a qc **2.** (*movement*) **with a ~ of her arm** con un movimento ampio del braccio **3.** (*search*) **to make a ~ of an area** rastrellare una zona **4.** SPORTS (*series of wins*) **a three-game ~** tre vittorie consecutive **5.** (*chimney cleaner*) **chimney ~** spazzacamino *m* ▶**to make a clean ~** fare piazza pulita II. *vt* **1.** (*clean with broom: floor*) spazzare; (*chimney*) pulire **2.** (*remove*) spazzare (via) **3.** (*search*) rastrellare **4.** (*win*) riportare una vittoria schiacciante in; **to ~ a series** riportare una serie di vittorie schiaccianti ▶**to ~ sb off his/her feet** fare innamorare perdutamente qu III. *vi* **1.** (*clean with broom*) spazzare **2.** (*move*) **to ~ into power** riportare una vittoria schiacciante alle elezioni; **to ~ into a room** piombare in una stanza **3.** (*follow path*) **the road ~s around the lake** la strada si snoda intorno al lago **4.** (*extend*) espandersi

◆**sweep aside** *vt* **1.** (*cause to move*) spostare **2.** (*dismiss*) ignorare

◆**sweep away** *vt* (*remove*) spazzare via

◆**sweep out** *vt* portare via

◆**sweep up** *vt* **1.** spazzare **2.** (*gather*) tirare su

sweeper *n* **1.** (*device*) scopa *f* **2.** (*person*) spazzino, -a *m, f*

sweeping I. *adj* **1.** (*broad: gesture*) ampio, -a **2.** (*overwhelming: victory*) schiacciante II. *npl* spazzatura *f;* **the ~s of society** i rifiuti della società

sweepstakes ['swiːp·steɪk] *n scommessa in cui tutte le puntate vanno al vincitore*

sweet [swiːt] I. <-er, -est> *adj* **1.** (*like sugar*) dolce **2.** (*pleasant*) dolce; **to go one's own ~ way** andare dritto per la propria strada **3.** (*cute*) adorabile **4.** (*kind: gentile*) dolce; **to be ~ on sb** essere innamorato di qu II. *n pl* (*candy*) dolci *mpl*

sweet-and-sour [ˌswiːt·ən·ˌsa·ʊɚ] *adj* in agrodolce

sweetbread ['swiːt·bred] *n pl* CULIN animella *f*

sweet corn ['swiːt·kɔːrn] *n* mais *m* dolce *inv*

sweeten ['swiː·tən] *vt* addolcire; **to ~ sb up** conciliarsi qu

sweetener *n* **1.** CULIN dolcificante *m* **2.** *inf* (*incentive*) incentivo *m*

sweetheart ['swiːt·hɑːrt] *n* **1.** (*kind person*) tesoro *m* **2.** (*term of endearment*) tesoro *m* **3.** (*boyfriend, girlfriend*) moroso, -a *m, f*

sweetie *n inf* tesoro *m*

sweetness *n* dolcezza *m;* **to be all ~ and light** *fig* essere tutto zucchero e miele

sweet pea *n* pisello *m* odoroso

sweet potato *n* patata *f* dolce [*o* americana]

sweet-talk *vt* imbonire

sweet tooth *n* **to have a ~** essere goloso, -a (di dolci)

swell [swel] <swelled, swelled *o* swollen> I. *vi* **1.** (*get bigger*) gonfiarsi **2.** (*get louder: sound*) aumentare di volume **3.** (*increase*) aumentare II. *vt* **1.** (*in size*) accrescere **2.** (*in number*) ingrossare III. *n* (*of sea*) ondata *f;* **a heavy ~** una grossa ondata IV. <-er, -est> *adj inf* fantastico, -a

swelling *n* gonfiore *m*

swelter ['swel·t̬ɚ] *vi* morire di caldo

sweltering *adj* (*heat, temperatures*) torrido, -a

swept [swept] *vt, vi pt of* **sweep**

swerve [swɜːrv] I. *vi* **1.** (*car*) fare uno scarto; (*person*) sterzare bruscamente **2.** (*not uphold*) **to ~ from sth** deviare da qc II. *n* (*of car*) scarto *m;* (*of person*) sterzata *f* (brusca)

swift[1] [swɪft] *adj* rapido, -a

swift[2] [swɪft] *n* ZOOL rondone *m*

swiftly *adv* rapidamente

swiftness *n* rapidità *f*

swig [swɪg] I. <-gg-> *vt inf* tracannare II. *n inf* sorsata *m;* **to take a ~** bere un sorso

swill [swɪl] I. *n* **1.** (*pig feed*) pastone *m* per maiali; *fig, iron* bevuta *f* **2.** (*garbage*) resti *mpl*

II. *vt* **1.**(*swirl: liquid*) mulinare **2.**(*drink*) tracannare **3.**(*rinse*) sciacquare
◆**swill down** *vt inf* **to swill sth down** tracannare qc
swim [swɪm] **I.**<swam, swum> *vi* **1.** a. *fig*(*in water*) nuotare; **the french fries were ~ming in grease** le patatine erano grassissime **2.**(*whirl*) **her head was ~ming** le girava la testa **3.**(*be full of water*) essere inondato, -a; **to ~ with tears** essere in un mare di lacrime **II.**<swam, swum> *vt* **1.**(*cross*) attraversare a nuoto **2.**(*do*) **to ~ a few strokes** fare qualche bracciata **III.** *n* nuotata *f;* **I'm going to take a ~** vado a farmi una nuotata
swimmer ['swɪ·mə] *n* nuotatore, -trice *m, f*
swimming *n* nuoto *m*
swimmingly *adv inf* **to go ~** filare liscio come l'olio
swimming pool *n* piscina *f*
swimming trunks *npl* calzoncini *m* da bagno *pl*
swimsuit ['swɪm·suːt] *n* costume *m* da bagno
swindle ['swɪn·dl] **I.** *vt* portare via (con la truffa) **II.** *n* truffa *f*
swindler ['swɪnd·lə] *n* *pej* truffatore, -trice *m, f*
swine [swaɪn] *n* **1.** *liter* (*pig*) porco *m* **2.**<-(s)> *pej, inf*(*mean person*) porco, -a *m, f*
swing [swɪŋ] **I.** *n* **1.**(*movement*) oscillazione *f* **2.**(*punch*) pugno *m;* **to take a ~ at sb** (cercare di) dare un pugno a qu **3.**(*hanging seat*) altalena *f* **4.**(*sharp change*) cambiamento *m* brusco; **a mood ~** uno sbalzo di umore; POL mutamento *m* di tendenza **5.**(*quick trip*) viaggio *m* **6.** MUS swing *m* ▶**to get** (**back**) **into the ~ of things** *inf* riprendere la mano **II.**<swung, swung> *vi* **1.**(*move back and forth*) oscillare, dondolare; (*move circularly*) ruotare **2.**(*hit*) **to ~ at sb** (cercare di) dare un pugno a qu **3.**(*on hanging seat*) dondolarsi **4.**(*alter*) cambiare; **to ~ between two things** oscillare tra due cose **5.**(*be exciting*) essere movimentato, -a **III.**<swung, swung> *vt* **1.**(*move back and forth*) far dondolare **2.** *inf* (*influence*) influenzare
◆**swing around** *vi* girarsi di scatto
swing bridge *n* ponte *m* girevole
swing shift *n* turno *m* serale
swipe [swaɪp] **I.** *vt* **1.** *inf* (*steal*) fregare **2.**(*pass: card*) passare **3.**(*graze: car*) strusciare contro **II.** *n* (*blow*) colpo *m;* *fig* (*criticism*) critica *f;* **to take a ~ at sb** (*hit*) (cercare di) colpire qu; (*criticize*) criticare qu
swirl [swɜːrl] **I.** *vi* volteggiare **II.** *vt* far volteggiare **III.** *n* turbine *m*
swish [swɪʃ] **I.** *vi* (*cane*) sibilare; (*dress*) frusciare; (*water*) gorgogliare **II.** *vt* (*cane*) fare sibilare **III.** *n* (*of cane*) sibilo *m;* (*of dress*) fruscio *m*
Swiss [swɪs] **I.** *adj* svizzero, -a; **~ German/French** svizzero tedesco/francese **II.** *n* svizzero, -a *m, f*
Swiss ball *n* palla *f* da ginnastica

switch [swɪtʃ] **I.**<-es> *n* **1.** ELEC interruttore *m* **2.**(*substitution*) sostituzione *f* **3.**(*change*) cambio *m* **4.** RAIL (*device*) scambio *m* **II.** *vi* cambiare; **to ~ with sb** fare cambio con qu; **to ~ from sth to sth** passare da qc a qc **III.** *vt* scambiare; **to ~ sth for sth** scambiare qc con qc
◆**switch off** **I.** *vt* (*machine, engine*) spegnere; (*water, electricity*) chiudere **II.** *vi* **1.**(*machine, engine*) spegnersi **2.**(*lose attention*) sconnettersi
◆**switch on** **I.** *vt* (*machine, engine*) accendere; **to ~ the charm** diventare tutto, -a sorrisi **II.** *vi* accendersi
◆**switch over** *vi* migrare; **to ~ to another channel** cambiare canale
◆**switch around** *vt* scambiare
switchback ['swɪtʃ·bæk] *n* strada *f* a zigzag
switchblade ['swɪtʃ·bleɪd] *n* coltello *m* a serramanico
switchboard ['swɪtʃ·bɔːrd] *n* **1.** ELEC commutatore *m* **2.** TEL centralino *m*
switchboard operator *n* centralinista *mf*
switchman <-men> *n* deviatore *m*
switchyard *n* stazione *f* di smistamento
Switzerland ['swɪt·sə·lənd] *n* la Svizzera *f*
swivel ['swɪ·vəl] **I.** *n* piattaforma *f* girevole **II.**<-ll-, -l-> *vt* girare
swivel chair *n* sedia *f* girevole
swizzle stick *n* bastoncino *m* (per mescolare i cocktail)
swollen ['swoʊ·lən] **I.** *pp of* **swell II.** *adj* gonfio, -a
swoon [swuːn] **I.** *vi* **1.**(*be in state of ecstasy*) andare in delirio; **to ~ over sb** andare in delirio per qu **2.** *liter* (*faint*) svenire **II.** *n* *liter* svenimento *m*
swoop [swuːp] **I.** *n* **1.**(*dive*) discesa *f* in picchiata **2.** *inf* (*surprise attack*) irruzione *f* ▶**in one fell ~** in una volta **II.** *vi* **1.**(*dive*) piombare; *fig* tuffarsi **2.** *inf* (*make sudden attack*) tuffarsi; (*police*) fare irruzione
sword [sɔːrd] *n* spada *f;* **to draw a ~** sguainare una spada ▶**to cross ~s with sb** incrociare le spade con qu
swordfish <-(es)> *n* pesce *m* spada
swordplay *n* arte *f* della scherma; **verbal ~** abilità *m* dialettica
swordsman ['sɔːrdz·mən] <-men> *n* **1.** HIST spadaccino *m* **2.**(*fencer*) schermidore *m*
swordsmanship *n* abilità *f* nel maneggiare la spada
swore [swɔːr] *pt of* **swear**
sworn [swɔːrn] **I.** *pp of* **swear II.** *adj* giurato, -a
swum [swʌm] *pp of* **swim**
swung [swʌŋ] *pt, pp of* **swing**
sycamore ['sɪ·kə·mɔːr] *n* platano *m* (americano)
sycophant ['sɪ·kə·fənt] *n* *pej* ruffiano, -a *m, f*
syllable ['sɪ·lə·bl] *n* sillaba *f;* **stressed/unstressed ~** sillaba tonica/atona; **not a ~** *fig* nemmeno una sillaba

S

syllabus ['sɪ·lə·bəs] <-es, *form:* syllabi> *n* (*in general*) piano *m* di studi; (*for specific subject*) programma *m*

symbiosis [ˌsɪm·bɪ·ˈoʊ·sɪs] *n* simbiosi *f*

symbiotic [ˌsɪm·bɪ·ˈɑː·ṭɪk] *adj* BIO simbiotico, -a

symbol ['sɪm·bl] *n* simbolo *m*

symbolic(al) [sɪm·ˈbɑː·lɪ·k(l)] *adj* simbolico, -a

symbolism ['sɪm·bə·lɪ·zəm] *n* simbolismo *m*

symbolize ['sɪm·bə·laɪz] *vt* simboleggiare

symmetrical [sɪ·ˈme·trɪ·kl] *adj* simmetrico, -a

symmetry ['sɪ·mə·tri] *n* simmetria *f*

sympathetic [ˌsɪm·pə·ˈθe·ṭɪk] *adj* 1.(*understanding*) comprensivo, -a; (*sympathizing*) compassionevole; **to lend a ~ ear to sb** essere disposto ad ascoltare qu 2. POL favorevole; **to be ~ towards sb/sth** appoggiare qu/qc

sympathize ['sɪm·pə·θaɪz] *vi* 1.(*understand*) capire; (*feel compassion for*) provare compassione 2.(*agree*) essere d'accordo; **to ~ with sth** simpatizzare per qc

sympathizer *n* simpatizzante *mf*

sympathy ['sɪm·pə·θi] *n* 1.(*compassion*) compassione *f;* (*understanding*) comprensione *f;* **you have my deepest ~** le faccio le mie più sincere condoglianze 2.(*solidarity*) solidarietà *f*

symphonic [sɪm·ˈfɑː·nɪk] *adj* sinfonico, -a

symphony ['sɪm·fə·ni] *n* 1.(*piece of music*) sinfonia *f* 2.(*orchestra*) orchestra *f* sinfonica

symphony orchestra *n* orchestra *f* sinfonica

symposium [sɪm·ˈpoʊ·zi·əm] <-s *o* -sia> *n form* simposio *m*

symptom ['sɪmp·təm] *n* sintomo *m*

symptomatic [ˌsɪmp·tə·ˈmæ·ṭɪk] *adj* sintomatico, -a

synagogue ['sɪ·nə·gɑːg] *n* sinagoga *f*

synchronize ['sɪŋ·krə·naɪz] I. *vt* sincronizzare II. *vi* sincronizzarsi

synchronous ['sɪŋ·krə·nəs] *adj* sincrono, -a

syndicate[1] ['sɪn·də·kɪt] *n* 1. ECON consorzio *m* 2. PUBL agenzia *f* di stampa

syndicate[2] ['sɪn·də·keɪt] *vt* 1. ECON raggruppare in un consorzio 2. PUBL vendere

syndication [ˌsɪn·də·ˈkeɪ·ʃən] *n* 1. ECON raggruppamento *f* in un consorzio 2. PUBL vendita *f*

syndrome ['sɪn·droʊm] *n* sindrome *m;* **acquired immune deficiency ~** sindrome da immunodeficienza acquisita

synergy ['sɪ·nə·dʒi] *n* sinergia *f*

synod ['sɪ·nəd] *n* sinodo *m*

synonym ['sɪ·nə·nɪm] *n* sinonimo *m*

synonymous [sɪ·ˈnɒ·nɪ·məs] *adj* sinonimo, -a

synopsis [sɪ·ˈnæp·sɪs] <-es> *n* sinopsi *f inv*

syntactic(al) [sɪn·ˈtæk·tɪ·k(əl)] *adj* sintattico, -a

syntax ['sɪn·tæks] *n* sintassi *f inv*

synthesis ['sɪnt·θə·sɪs] <-es> *n* sintesi *f inv*

synthesize ['sɪn·θə·saɪz] *vt* sintetizzare

synthesizer *n* sintetizzatore *m*

synthetic [sɪn·ˈθe·ṭɪk] *adj* 1.(*man-made*) sintetico, -a 2. *pej* (*fake*) artificiale

syphilis ['sɪf·lɪs] *n* sifilide *f*

syphon ['saɪ·fn] *n* sifone *m*

Syria ['sɪ·ri·ə] *n* la Siria *f*

Syrian ['sɪ·ri·ən] I. *adj* siriano, -a II. *n* siriano, -a *m, f*

syringe [sə·ˈrɪndʒ] I. *n* siringa *f* II. *vt* **to ~ sb's ears** rimuovere il cerume dalle orecchie di qu iniettando acqua calda con una siringa

syrup ['sɪ·rəp] *n* 1. CULIN sciroppo *m* 2. MED sciroppo *m;* **cough ~** sciroppo per la tosse

syrupy ['sɪ·rə·pi] *adj pej* sciropposo, -a

system ['sɪs·təm] *n* 1.(*set*) sistema *m;* **music ~** impianto *m* musicale 2.(*method of organization*) *a.* POL sistema *m* 3.(*order*) metodo *m* (di classificazione) ▸ **to get something out of one's ~** *inf* scaricarsi

systematic [ˌsɪs·tə·ˈmæ·ṭɪk] *adj* sistematico, -a

systematize ['sɪs·tə·mə·taɪz] *vt* sistematizzare

system check *n* verifica *f* del sistema

system crash <-es> *n* blocco *m* del sistema

system disk *n* disco *m* (di) sistema

system error *n* errore *m* di sistema

system registry *n* registro *m* di sistema

systems analysis *n* analisi *m* dei sistemi

systems analyst *n* analista *mf* di sistemi

system software *n* software *m inv* di sistema

S

Tt

T, t [tiː] *n* T, t *f o m;* **~ for Tommy** T come To-rino

t *abbr of* **tonne** t

TA *n abbr of* **teaching assistant** ≈ assistente universitario

tab [tæb] *n* **1.** (*flap*) linguetta *f;* (*on file*) linguetta *f;* **write-protect** ~ COMPUT linguetta di protezione **2.** (*label*) etichetta *f* **3.** *inf* (*bill*) conto *m;* **to put sth on the ~** mettere qc sul conto **4.** (*ringpull*) linguetta *f* metallica **5.** MED **a ~ of acid** una pasticca di LSD ► **to keep ~s on sth/sb** tenere d'occhio qc/qn

tabby ['tæ·bi] **I.** *adj* tigrato, -a **II.** *n* gatto *m* tigrato

tab key *n* tabulatore *m*

table ['teɪ·bl] **I.** *n* **1.** tavolo *m;* (*for meals*) tavola *f;* **to clear/set the ~** sparecchiare/apparecchiare (la tavola) **2.** MATH tabellina *f;* **multiplication ~** tavola *f* pitagorica **3.** (*list*) lista *f;* **~ of contents** indice *m* ► **the ~s have turned** son cambiate le carte in tavola **II.** *vt* (*postpone discussion of*) posporre

tablecloth ['teɪ·bl·klɑːθ] *n* tovaglia *f*

tableland *n* altopiano *m*

table linen *n* biancheria *f* da tavola

table manners *npl* buone maniere *fpl* a tavola

table mat *n* sottopentola *m inv*

tablespoon *n* **1.** (*spoon*) cucchiaio *m* **2.** (*amount*) cucchiaiata *f*

tablet ['tæb·lɪt] *n* **1.** (*pill*) compressa *f* **2.** (*of stone*) lapide *f* **3.** (*writing pad*) tablet *m* **4.** (*computer*) tablet *m*

table tennis *n* ping-pong® *m inv*

tableware *n form* servizio *m* da tavola

table wine *n* vino *m* da tavola

tabloid ['tæb·lɔɪd] *n* tabloid *m inv;* **the ~ press** la stampa scandalistica

taboo, tabu [tə·'buː] **I.** *n* tabù *m inv* **II.** *adj* tabù *inv*

tabular ['tæb·jʊ·lə] *adj form* tabulare

tabulate ['tæb·jʊ·leɪt] *vt* disporre in tabella; COMPUT tabulare

tabulator ['tæb·jʊ·leɪ·ţə] *n form* tabulatore *m*

tacit ['tæ·sɪt] *adj* tacito, -a

taciturn ['tæ·sə·tɜːrn] *adj* taciturno, -a

tack [tæk] **I.** *n* **1.** (*short nail*) bulletta *f* **2.** (*riding gear*) finimenti *mpl* **3.** NAUT rotta *f* **4.** (*approach*) approccio *m;* **to try a different ~** tentare un approccio diverso **II.** *vt* **1.** (*nail down*) imbullettare **2.** (*sew loosely*) imbastire **III.** *vi* NAUT virare

tackle ['tæ·kl] **I.** *vt* **1.** (*in soccer*) contrastare; (*in rugby, US football*) placcare **2.** (*deal with: issue, problem*) affrontare; (*job*) intraprendere **II.** *n* **1.** (*in soccer*) contrasto *m;* (*in rugby, US football*) placcaggio *m* **2.** (*equipment*) attrezzatura *f* **3.** NAUT paranco *m*

tacky ['tæ·ki] <-ier, -iest> *adj* **1.** (*sticky*) appic-cicoso, -a **2.** *inf* (*showy*) pacchiano, -a; (*shoddy*) scadente

tact [tækt] *n* tatto *m*

tactful ['tækt·fəl] *adj* discreto, -a

tactic ['tæk·tɪk] *n* ~(**s**) tattica *f*

tactical ['tæk·tɪ·kl] *adj* tattico, -a

tactician [tæk·'tɪ·ʃən] *n* stratega *mf*

tactile ['tæk·tl] *adj form* tattile

tactless ['tæk·ləs] *adj* privo, -a di tatto

tactlessness *n* mancanza *f* di tatto

tad [tæd] *n* **a ~** un pochino

tadpole ['tæd·poʊl] *n* girino *m*

taffeta ['tæ·fɪ·ţə] *n* taffettà *m*

tag [tæg] **I.** *n* **1.** *a.* COMPUT (*label*) etichetta *f;* (*metal*) targhetta *f* **2.** (*game*) **to play ~** giocare ad acchiapparella **3.** LING **question ~** breve domanda in fondo a una frase **II.** <-gg-> *vt* (*label*) etichettare; **to ~ sth onto sth** aggiungere qc a qc

◆**tag along** *vi inf* seguire; **to ~ with sb** aggregarsi a qn

tail [teɪl] **I.** *n* **1.** ANAT, AVIAT coda *f* **2.** *pl, inf* (*tail coat*) frac *m inv* **3.** *pl* (*side of coin*) croce *f* **4.** *inf* (*person*) pedinatore, -trice *m, f* **5.** *inf* (*bottom*) didietro *m inv* ► **to chase one's ~** girare a vuoto *fig;* **to turn ~ and run** darsela a gambe **II.** *vt* pedinare

◆**tail away** *vi* andar diminuendo; (*get worse*) andar peggiorando

◆**tail off** *vi* diminuire; (*sound*) smorzarsi

tail end *n* finale *m*

tailgate **I.** *n* (*of car*) portellone *m* posteriore; (*of truck*) sponda *f* ribaltabile **II.** *vt* tallonare

tailless *adj* senza coda

taillight *n* AUTO fanalino *m* di coda

tailor ['teɪ·lə] **I.** *n* sarto *m* **II.** *vt* **1.** (*clothes*) confezionare **2.** (*adapt*) adattare

tailor-made [ˌteɪ·lə·'meɪd] *adj* **1.** (*custom-made*) su misura **2.** (*perfect*) perfetto, -a

tailpiece ['teɪl·piːs] *n* **1.** (*part added*) estensione *f* **2.** AVIAT coda *f* **3.** TYPO vignetta *f*

tailpipe *n* tubo *m* di scappamento

tailspin *n* avvitamento *m;* **to go into a ~** scendere in avvitamento

tail wind *n* vento *m* di coda

taint [teɪnt] **I.** *vt* (*food*) guastare; (*reputation*) macchiare **II.** *n* macchia *f*

Taiwan [ˌtaɪ·'wɑːn] *n* Taiwan *m*

Taiwanese [ˌtaɪ·wə·'niːz] **I.** *adj* taiwanese **II.** *n* taiwanese *mf*

Tajikistan [tɑ·ˈdʒiː·kɪ·ˌstɑːn] *n* Tagikistan *m*

take [teɪk] **I.** *n* **1.** (*receipts*) incassi *mpl* **2.** PHOT, CINE ripresa *f* ► **to be on the ~** *inf* prendere tangenti **II.** <took, taken> *vt* **1.** (*accept*) accettare; (*advice*) seguire; (*criticism*) accettare; (*responsibility*) assumere; **to ~ sth seriously** prendere qc sul serio; **to ~ one's time** prendersela comoda; **to ~ sth as it comes** prendere qc come viene **2.** (*hold*) prendere **3.** (*eat:*

medicine, drugs) prendere; **I'll ~ some soup** prendo un po' di minestra **4.**(*use*) richiedere **5.**(*receive*) ricevere **6.**(*capture: prisoners*) prendere; (*city*) conquistare; (*power*) assumere **7.**(*assume*) **to ~ office** assumere una carica **8.**(*bring*) portare **9.**(*require*) volerci; **this shirt ~s a lot of ironing** ci vuole molto per stirare questa camicia **10.**(*do*) REL celebrare; UNIV fare **11.**(*have: decision*) prendere; (*bath, walk, holiday*) fare; (*ticket*) comprare; (*census*) censire; **to ~ a rest** riposarsi **12.**(*feel, assume*) **to ~ (an) interest in sb/sth** interessarsi a qn/qc; **to ~ offence** offendersi; **to ~ pity on sb/sth** aver pietà di qn/qc; **to ~ the view that ...** essere del parere che ... **13.**(*make money*) incassare **14.**(*photograph*) fotografare **15.**(*use for travel: bus, train*) prendere **16.**(*regard as*) **to ~ sb for sth** prendere qn per qc ▶ **~ it or leave it** prendere o lasciare; **what do you ~ me for?** per chi mi prendi?; **~ it from me** credimi; **I ~ it that ...** suppongo che ...; **~ that!** beccati questa! III.<took, taken> *vi* fare effetto; (*plant, dye*) prendere
◆**take aback** *vt* (*suprise*) sorprendere; (*shock*) sconcertare
◆**take after** *vt* prendere da
◆**take along** *vt* (*take*) prendere (con sé); (*bring*) portare (con sé)
◆**take apart** I.*vt* **1.**(*disassemble*) smontare **2.**(*analyze*) analizzare **3.**(*destroy*) demolire II.*vi* smontarsi
◆**take away** I.*vt* **1.**(*remove*) togliere **2.**(*go away with*) portar via **3.**(*lessen*) sminuire **4.**(*subtract from*) sottrarre II.*vi* **to ~ from the importance/worth of sth** diminuire l'importanza/il valore di qc
◆**take back** *vt* **1.**(*return*) riportare **2.**(*accept back*) riprendere; (*employee*) riassumere; (*spouse*) riconciliarsi con **3.**(*repossess*) riprendere **4.**(*retract*) ritirare **5.**(*carry to past time*) evocare **6.**(*remind*) ricordare
◆**take down** *vt* **1.**(*remove*) togliere; (*from high place*) abbassare **2.**(*disassemble*) smontare **3.**(*write down*) prendere nota di **4.** *inf* (*diminish the pride of*) **to take sb down** fare abbassare la cresta a qn; (*humble*) umiliare qn
◆**take in** *vt* **1.**(*bring inside*) fare entrare; (*admit*) ammettere **2.**(*hold*) **to take sb in one's arms** prendere qn in braccio; **to take sth in hand** *fig* prendere in mano qc **3.**(*accommodate*) accogliere; (*for rent*) ospitare **4.**(*bring to police*) arrestare **5.**(*deceive*) ingannare; **to be taken in (by sb/sth)** essere imbrogliato (da qn/qc) **6.**(*go to see*) andare a vedere **7.**(*understand*) comprendere; **to take sth in at a glance** capire qc in un batter d'occhio **8.**(*include*) includere **9.**FASHION restringere
◆**take off** I.*vt* **1.**(*remove from*) togliere; **to take sb off a list** cancellare qn da una lista **2.**(*clothes*) togliersi **3.**(*bring away*) portare via **4.**(*subtract*) scontare **5.**(*stop showing*) ritirare II.*vi* **1.**AVIAT decollare **2.** *inf* (*leave*)

filar via; *inf* (*flee*) darsela a gambe **3.**(*have success*) decollare
◆**take on** I.*vt* **1.**(*agree to try*) accettare **2.**(*acquire*) adottare **3.**(*hire*) assumere **4.**(*fight*) battersi contro **5.**(*stop for loading: passengers*) prendere a bordo; (*fuel*) rifornirsi di; (*goods*) caricare II.*vi* prendersela
◆**take out** *vt* **1.**(*remove*) togliere; (*extract*) estrarre; (*withdraw*) ritirare **2.**(*bring outside*) portar via; (*garbage*) buttare **3.**(*for walk*) portar fuori **4.** *inf* (*kill*) far fuori; (*destroy*) distruggere **5.**(*arrange to get: licence*) ottenere **6.**(*borrow*) prendere in prestito **7.**(*vent anger*) **to take sth out on sb** sfogare qc su qn **8.** *inf* (*tire*) **to take it out of sb** sfinire qn *fig*
◆**take over** I.*vt* **1.**(*buy out*) rilevare **2.**(*seize control*) assumere il controllo di **3.**(*assume*) assumere **4.**(*possess*) prendere possesso di; **to be taken over by one's work** essere schiavo del lavoro **5.**(*start using*) cominciare a usare II.*vi* prendere possesso
◆**take to** *vt* **1.**(*start to like*) prendere in simpatia **2.**(*begin as a habit*) **to ~ doing sth** cominciare a fare qc; **to ~ drink/drugs** cominciare a bere/drogarsi **3.**(*go to*) dirigersi verso; **to ~ the streets (in protest)** scendere in piazza (per protestare); **to ~ one's bed** mettersi a letto
◆**take up** I.*vt* **1.**(*bring up*) sollevare **2.to ~ arms (against sth)** prendere le armi (contro qn) **3.**(*start doing*) cominciare; (*piano*) cominciare a studiare; (*fishing*) darsi a **4.**(*discuss*) trattare **5.**(*accept*) accettare **6.**(*adopt*) adottare **7.**(*continue doing*) proseguire **8.**(*join in*) partecipare a **9.**(*occupy*) occupare **10.**(*pull up*) alzare **11.**(*shorten*) accorciare **12.**(*patronize*) patrocinare **13.**(*absorb*) assorbire II.*vi* **to ~ with sb** fare amicizia con qn; **to ~ with sth** familiarizzarsi con qc
take-home pay ['teɪk·hoʊm·ˌpeɪ] *n* retribuzione *f* netta
taken *vi, vt pp of* **take**
take-off ['teɪk·ɑːf] *n* AVIAT decollo *m*
takeout ['teɪk·aʊt] *n* cibo *m* da asporto
takeover ['teɪk·ˌoʊ·vɚ] *n* POL presa *f* di potere; ECON acquisizione *f* di controllo
takeover bid *n* offerta *f* pubblica di acquisto
taker ['teɪ·kɚ] *n* **the suggestion had no ~s** la proposta non è stata accettata
take-up ['teɪk·ʌp] *n* (*of scheme, suggestion*) accettazione *f*
taking ['teɪ·kɪŋ] I. *n* **1.**(*capture*) presa *f*; **it's yours for the ~** puoi prenderlo, se vuoi **2.** *pl* (*receipts*) incassi *mpl* II. *adj* attraente
talc [tælk] *n*, **talcum (powder)** ['tæl·kəm·ˌpaʊ·dəʳ] *n* **1.**CHEM talco *m* **2.**MED borotalco® *m*
tale [teɪl] *n* **1.**(*story*) storia *f*; LIT racconto *m* **2.**(*lie*) frottola *f*; **dead men tell no ~s** i morti non parlano ▶ **to tell ~s** fare la spia
talent ['tæ·lənt] *n* (*ability*) talento *m*
talented *adj* dotato, -a di talento
talisman ['tæ·lɪz·mən] *n* talismano *m*

talk [tɔːk] I. *n* 1. (*conversation*) conversazione *f* 2. (*lecture*) conferenza *f* 3. (*things said*) chiacchiere *fpl;* **big ~** spacconata *f* 4. *pl* (*formal discussions*) trattative *fpl* ▶ **to be the ~ of the** <u>town</u> essere sulla bocca di tutti; **to be** <u>all</u> **~ (and no action)** parlare tanto (e non passare mai ai fatti) II. *vi* (*speak*) parlare; **to ~ about sb behind their back** parlar male di qn alle sue spalle; **to give sb something to ~ about** dare a qn di che parlare ▶ **to ~** <u>dirty</u> dire oscenità; <u>look</u> **who's ~ing** *inf* senti chi parla!; **you're a fine** <u>one</u> **to ~** *inf* parli proprio tu! III. *vt* 1. (*utter*) dire 2. (*discuss*) parlare di
♦ **talk around** I. *vt* **to talk sb around** convincere qn II. *vi* (*avoid*) **to ~ sth** girare intorno a qc
♦ **talk back** *vi* replicare
♦ **talk down** I. *vt* (*speak louder than*) sovrastare con la voce II. *vi pej* **to ~ to sb** parlare a qn con condiscendenza
♦ **talk out** *vt* 1. (*discuss*) discutere 2. (*convince not to*) **to talk sb out of doing sth** dissuadere qn dal fare qc
♦ **talk over** *vt* **to talk sth over (with sb)** parlare di qc (con qn)
♦ **talk through** *vt* 1. (*discuss*) discutere 2. (*explain*) spiegare
talkative ['tɔːkə·tɪv] *adj* loquace
talker *n* parlatore, -trice *m, f*
talking I. *adj* parlante II. *n* **you do the ~** parla tu; **"no ~"** "silenzio"
talking-to ['tɔːkɪŋ·tuː] *n* ramanzina *f;* **to give sb a ~** fare la ramanzina a qn
talk show *n* talk-show *m inv*
tall [tɔːl] *adj* alto, -a; **to grow ~(er)** crescere
tallow ['tæ·loʊ] *n* sego *m*
tally¹ ['tæ·li] <-ie-> *vi* concordare; **to ~ with sth** coincidere con qc
tally² ['tæ·li] <-ies> I. *n* conto *m;* **to keep a ~ (of sth)** tenere il conto (di qc) II. *vt* tenere il conto di
♦ **tally up** *vt* calcolare
talon ['tæ·lən] *n* artiglio *m*
tamarind ['tæ·mə·rɪnd] *n* tamarindo *m*
tamarisk ['tæ·mə·rɪsk] *n* tamerice *f*
tambour ['tæm·bʊr] *n* tamburo *m*
tambourine [ˌtæm·bə·'riːn] *n* tamburello *m*
tame [teɪm] I. *adj* 1. (*domesticated*) addomesticato, -a; (*not savage*) mansueto, -a 2. (*unexciting*) noioso, -a II. *vt* (*feelings*) dominare; (*animal*) addomesticare
tamer ['teɪ·mə] *n* domatore, -trice *m, f*
tamper ['tæm·pə] *vi* intromettersi
♦ **tamper with** *vt* manomettere; (*document*) falsificare; (*witness*) corrompere; (*lock*) forzare
tamper-proof ['tæm·pə·pruːf] *adj,* **tamper-resistant** *adj* a prova di scasso
tampon ['tæm·pɑːn] *n* MED tampone *m;* (*for absorbing menstrual blood*) assorbente *m* interno
tan¹ [tæn] I. <-nn-> *vi* abbronzarsi II. <-nn-> *vt* 1. (*make brown*) abbronzare; **to be ~ned**

essere abbronzato 2. (*leather*) conciare ▶ **to ~ sb's** <u>hide</u> *inf* conciare qn per le feste III. *n* abbronzatura *f;* **to get a ~** abbronzarsi IV. *adj* marrone chiaro *inv*
tan² MATH *abbr of* **tangent** tan
tandem ['tæn·dəm] I. *n* tandem *m inv;* **to work in ~** lavorare in tandem II. *adv* in tandem
tang [tæŋ] *n* odore *m* penetrante
tangent ['tæn·dʒənt] *n* tangente *f;* **to go off on a ~** partire per la tangente
tangential [tæn·'dʒen·ʃl] *adj* tangenziale
tangerine [ˌtæn·dʒə·'riːn] *n* tangerino *m*
tangible ['tæn·dʒə·bl] *adj* tangibile; **~ asset** bene *m* materiale
Tangier [tæn·'dʒɪr] *n* Tangeri *f*
tangle ['tæŋ·gl] I. *n* 1. (*in hair*) nodo *m;* (*string*) groviglio *m* 2. *fig* (*confusion*) confusione *f* II. *vt* ingarbugliare III. *vi* ingarbugliarsi
♦ **tangle with** *vi* (*quarrel*) azzuffarsi con qn
tango ['tæŋ·goʊ] I. *n* tango *m* ▶ **it takes** <u>two</u> **to ~** *prov* la responsabilità sta da entrambe le parti II. *vi* ballare il tango
tangy ['tæ·ŋi] <-ier, -iest> *adj* forte
tank [tæŋk] *n* 1. (*container*) serbatoio *m* 2. (*aquarium*) acquario *m* 3. MIL carro *m* armato
tankard ['tæŋ·kəd] *n* boccale *m*
tanked up *adj* **to be ~** essere sbronzo
tanker ['tæŋ·kə] *n* 1. (*truck*) autocisterna *f* 2. (*ship*) nave *f* cisterna; **oil ~** petroliera *f* 3. (*aircraft*) aereo *m* cisterna
tanned [tænd] *adj* abbronzato, -a
tanner ['tæ·nə] *n* conciatore, -trice *m, f*
tannery ['tæ·nə·ri] *n* conceria *f*
tannic acid [ˌtæ·nɪk·'æ·sɪd] *n* acido *m* tannico
tannin ['tæ·nɪn] *n* tannino *m*
tanning ['tæ·nɪŋ] *n* 1. (*of leather*) conciatura *f* 2. *inf* (*beating*) legnata *f*
tantalize ['tæn·tə·laɪz] *vt* 1. (*torment*) stuzzicare 2. (*tempt*) tentare
tantalizing *adj* stuzzicante; (*smile*) seducente
tantamount ['tæn·tə·maʊnt] *adj* equivalente; **to be ~ to sth** equivalere a qc
tantrum ['tæn·trəm] *n* capriccio *m;* **to have** [*o* throw] **a ~** fare i capricci
Tanzania [ˌtæn·zə·'niː·ə] *n* Tanzania *f*
Tanzanian [ˌtæn·zə·'niː·ən] I. *adj* tanzaniano, -a II. *n* tanzaniano, -a *m, f*
tap¹ [tæp] I. *n* 1. (*for water*) rubinetto *m;* **beer on ~** birra *f* alla spina; **to turn the ~ on/off** aprire/chiudere il rubinetto; **on ~** *fig* a portata di mano 2. TEL microspia *f* telefonica II. <-pp-> *vt* 1. TEL (*conversation*) intercettare 2. (*phone*) mettere sotto controllo 2. (*make use of*) utilizzare; (*sources*) sfruttare 3. (*let out*) spillare
tap² [tæp] I. *n* 1. (*light knock*) colpetto *m* 2. (*tap dancing*) tip tap *m inv* II. <-pp-> *vt* dare un colpetto a; **to ~ one's fingers on the table** tamburellare con le dita sul tavolo III. <-pp-> *vi* dare un colpetto
tap dance ['tæp·ˌdænts] *n* tip tap *m inv*

T

tape [teɪp] I. n 1.(*adhesive strip*) nastro m adesivo; MED cerotto m; **masking** ~ nastro adesivo di carta; **Scotch** ~® scotch® m inv 2.(*measure*) metro m a nastro 3. SPORTS nastro m d'arrivo 4.(*cassette*) cassetta f; **to get sth on** ~ registrare qc II. vt 1.(*fasten with tape*) sigillare con nastro adesivo 2.(*record*) registrare

tape cassette n audiocassetta f

tape deck n piastra f di registrazione

tape measure n metro m a nastro

taper ['teɪ·pə] I. n (*slim candle*) candela f II. vt assottigliare III. vi assottigliarsi
◆ **taper off** vi diminuire

tape-record vt registrare

tape recorder n registratore m

tape recording n registrazione f

tapestry ['tæ·pəs·tri] n 1.(*art form*) tappezzeria f 2.(*object*) arazzo m 3.*fig* mosaico m

tapeworm ['teɪp·wɜːrm] n tenia f, verme m solitario

tapioca [ˌtæ·pɪ·'oʊ·kə] n tapioca f

tapir ['teɪ·pə] n tapiro m

tappet ['tæ·pət] n punteria f

taproom ['tæp·ruːm] n bar m inv

tap water n acqua f del rubinetto

tar [tɑːr] I. n catrame m II. <-rr-> vt incatramare; **to** ~ **and feather sb** coprire qn di pece e piume

tarantula [tə·'ræn·tʃə·lə] n tarantola f

tardy ['tɑːr·di] <-ier, -iest> adj liter tardivo, -a; pej (*sluggish*) lento, -a

tare [ter] n ECON tara f

target ['tɑːr·ɡɪt] I. n 1.(*mark aimed at*) bersaglio m; **to hit the** ~ colpire il bersaglio 2. ECON obiettivo m; **to be on** ~ essere in linea con gli obiettivi II. vt mirare a; **to** ~ **sth on sth** (*missile*) puntare qc su qc; (*campaign*) rivolgere qc a qc

target date n termine m ultimo

targeted ['tɑːr·ɡɪ·tɪd] adj scelto, -a come obiettivo

target language n LING lingua f d'arrivo; COMPUT linguaggio m macchina

target practice n esercitazioni fpl di tiro al bersaglio

target price n prezzo m indicativo

tariff ['te·rɪf] n (*customs duty*) tariffa f doganale

tariff barrier n ECON barriera f doganale

tarmac® ['tɑːr·mæk], **tarmacadam**® n 1.(*paving material*) macadam m all'asfalto inv 2. AVIAT pista f

tarn [tɑːrn] n laghetto m di montagna

tarnish ['tɑːr·nɪʃ] I. vi ossidarsi II. vt ossidare; (*reputation*) macchiare III. n macchia f

tarpaulin [tɑːr·'pɑː·lɪn] n telo m impermeabile

tarragon ['te·rə·ɡɑːn] n dragoncello m

tarsus ['tɑːr·səs] n ANAT tarso m

tart[1] [tɑːrt] adj 1.(*sharp*) aspro, -a; (*acid*) acido, -a 2.(*caustic*) caustico, -a

tart[2] [tɑːrt] n FOOD torta f

tartan ['tɑːr·tn] n 1.(*cloth*) tessuto f scozzese 2.(*design*) scozzese m

Tartar ['tɑːr·tə] n (*bad-tempered person*) persona f intrattabile

tartar ['tɑːr·tə] n MED, CHEM tartaro m

tartar(e) sauce n salsa f tartara

tartaric [tɑːr·'tæ·rɪk] n acido m tartarico

task [tæsk] I. n compito m; **to take sb to** ~ richiamare qn all'ordine II. vt assegnare un compito a; **to be** ~**ed with sth** essere incaricato di qc

taskforce n MIL task force f inv; (*team*) equipe f inv

taskmaster n aguzzino, -a m, f; **to be a hard** ~ essere un vero tiranno

Tasmania [tæz·'meɪ·niə] n Tasmania f

Tasmanian [tæz·'meɪ·ni·ən] I. adj tasmaniano, -a II. n tasmaniano, -a m, f

tassel ['tæ·sl] n nappa f

taste [teɪst] I. n 1.sapore m; **sense of** ~ senso m del gusto 2.(*small portion*) assaggio m; **to have a** ~ **of sth** assaggiare qc 3.(*liking*) gusto m; **to lose the** ~ **for sth** perdere il gusto di qc; **to have different** ~ **s** avere gusti diversi; **to get a** ~ **for sth** prendere gusto a qc 4.(*experience*) assaggio m ▶ **to leave a bad** ~ (**in one's mouth**) lasciare l'amaro in bocca II. vt 1.(*food, drink*) assaggiare 2.(*experience*) assaporare; (*luxury*) provare III. vi sapere di; **to** ~ **bitter/sweet** avere un sapore amaro/dolce; **to** ~ **of** [o **like**] **sth** sapere di qc

tastebud ['teɪst·bʌd] n papilla f gustativa

tasteful ['teɪst·fəl] adj di buon gusto

tasteless ['teɪs·tləs] adj 1.(*without flavor*) insapore 2.(*clothes, remark*) di cattivo gusto

taster ['teɪs·tə] n (*person*) assaggiatore, -trice m, f

tasty ['teɪs·ti] adj (*tasting good*) saporito, -a

tattered ['tæ·təd] adj (*clothes*) a brandelli; (*person*) malridotto, -a; (*reputation*) distrutto, -a

tatters ['tæ·təz] npl brandelli mpl; **to be in** ~ esser ridotto a brandelli

tattle ['tæ·tl] n pettegolezzo m

tattler ['tæt·lə] n pettegolo, -a m, f

tattoo [tæ·'tuː] I. n 1. MIL parata f militare 2.(*marking on skin*) tatuaggio m II. vt tatuare

tatty ['tæ·ti] <-ier, -iest> adj pej malridotto, -a

taught [tɑːt] pt, pp of **teach**

taunt [tɑːnt] I. vt beffarsi di II. n scherno m

Taurus ['tɔː·rəs] n Toro m

taut [tɑːt] adj teso, -a

tautological [ˌtɑː·tə·'lɑː·dʒɪ·kəl] adj, **tautologous** [tɑː·'tɑː·lə·ɡəs] adj tautologico, -a

tautology [tɑː·'tɑː·lə·dʒi] <-ies> n tautologia f

tavern ['tæ·vən] n taverna f

tawdry ['tɑː·dri] <-ier, -iest> adj pej (*vulgar*) volgare; (*pompous*) pacchiano, -a

tawny ['tɑː·ni] <-ier, -iest> adj fulvo, -a

tawny owl n allocco m

tax [tæks] I. <-es> n 1. FIN imposta f, tassa f; **hidden** ~**es** tasse nascoste; **to collect** ~**es** riscuotere le imposte; **to increase** ~**es** aumentare le imposte; **to put a ~ on sth** mettere una tassa su qc; **free of ~** esentasse **2.** *fig* (*burden*) carico *m*; **to be a ~ on sb** essere un onere per qn **II.** *vt* **1.** FIN tassare **2.** (*accuse*) accusare **3.** *fig* (*need effort*) mettere a dura prova

taxable ['tæk·sə·bl] *adj* imponibile

tax allowance *n* detrazione *f* fiscale

taxation [tæk·'seɪ·ʃən] *n* (*taxes*) imposte *fpl*; (*system*) tassazione *f*

tax avoidance *n* elusione *f* fiscale

tax base *n* base *f* imponibile

tax bracket *n* scaglione *f* d'imposta

tax collector *n* esattore, -trice delle imposte *m*

tax consultant *n* consulente *mf* fiscale

tax-deductible *adj* deducibile

tax dodger *n*, **tax evader** *n* evasore *m* fiscale

tax evasion *n* evasione *f* fiscale

tax exemption *n* esenzione *f* fiscale

tax-free *adj* esente da imposte

tax haven *n* paradiso *m* fiscale

taxi ['tæk·si] **I.** *n* taxi *m inv* **II.** *vi* andare in taxi; AVIAT rullare

taxidermist ['tæk·sɪ·ˌdɜːr·mɪst] *n* tassidermista *mf*

taxidermy ['tæk·sɪ·ˌdɜːr·mi] *n* tassidermia *f*

taxi driver *n* taxista *mf*, tassista *mf*

taximeter ['tæk·sɪ·miː·ţɚ] *n* tassametro *m*

taxing *adj* difficile

taxiplane *n* aerotaxi *m inv*

taxi stand *n* posteggio *m* di taxi

taxman ['tæks·mæn] *n* esattore, -trice delle imposte *m;* **the ~** il fisco

taxonomy [tæk·'sɑ·nə·mi] *n* tassonomia *f*

taxpayer ['tæks·ˌpeɪ·ɚ] *n* contribuente *mf*

tax rebate *n* rimborso *m* fiscale

tax relief *n* detrazione *f* fiscale

tax return *n* dichiarazione *f* dei redditi

tax revenues *n* entrate *fpl* fiscali

tax system *n* sistema *m* tributario

tax year *n* anno *m* fiscale

TB [ˌti:·'bi:] *n abbr of* **tuberculosis** tbc *f inv*

T-bar ['ti:·bɑ:r] *n*, **T-bar lift** *n* ≈ skilift

tbs(p) *abbr of* **tablespoonful**

tea [ti:] *n* (*plant, drink*) tè *m inv*; **a cup of ~** una tazza di tè; **strong/weak ~** tè forte/leggero; **camomile ~** camomilla *f* ▶ **not for all the ~ in** China per niente al mondo

tea bag *n* bustina *f* di tè

tea break *n* pausa *f* per il tè

tea caddy *n* barattolo *m* per il tè

teacake ['ti:·keɪk] *n* pasticcino *m* da tè

teach [ti:tʃ] <taught, taught> **I.** *vt* insegnare; **to ~ oneself sth** imparare qc per proprio conto; **to ~ sb a lesson** *fig* dare una lezione a qn **II.** *vi* insegnare

teacher ['ti:·tʃɚ] *n* insegnante *mf*

teacher training *n* formazione *f* degli insegnanti

tea chest *n* cassa *f* da tè

teaching **I.** *n* **1.** (*profession*) insegnamento *m* **2.** *pl* (*doctrine*) insegnamenti *mpl* **II.** *adj* didattico, -a

teaching staff *n* corpo *m* docente

teacup *n* tazza *f* da tè

tea house *n* sala *f* da tè

teak [ti:k] *n* tek *m*

tea leaves *npl* foglie *fpl* di tè

team [ti:m] **I.** *n* (*group*) equipe *f inv*; (*of oxen, horses*) tiro *m*; (*of dogs*) muta *f* **II.** *adj* d'equipe **III.** *vt* mettere insieme; (*match*) combinare

◆**team up** *vi* raggrupparsi; **to ~ with** fare squadra con

team captain *n* capitano *m* della squadra

team effort *n* sforzo *m* congiunto

teammate *n* compagno, -a *m, f* di squadra

team play *n* gioco *m* di squadra

team spirit *n* spirito *m* di squadra

teamwork *n* lavoro *m* d'equipe

teapot ['ti:·pɑ:t] *n* teiera *f*

tear[1] ['tɪr] *n* lacrima *f;* **to bring ~s to sb's eyes** far venire le lacrime agli occhi a qn; **to burst into ~s** scoppiare a piangere; **to have ~ in one's eyes** avere le lacrime agli occhi; **to not shed (any) ~s** non versare una (sola) lacrima **II.** *vi* lacrimare

tear[2] ['ter] **I.** *n* strappo *m* **II.**<tore, torn> *vt* **1.** (*rip*) strappare; (*ruin*) rompere; **to ~ a hole in sth** fare un buco in qc; **to be torn between two possibilities** essere combattuto tra due possibilità **2.** (*strain: muscle*) strappare **III.**<tore, torn> *vi* **1.** (*rip*) strapparsi **2.** (*rush wildly*) lanciarsi; **to ~ down the stairs** precipitarsi giù per le scale

◆**tear apart** *vt* distruggere; *fig* dividere

◆**tear at** *vt* tirare violentemente

◆**tear away** **I.** *vi* andar via di corsa **II.** *vt* **1.** (*make depart*) **to tear sb away** (from sth/sb) strappare qn (da qc); **to tear oneself away** (from sth/sb) staccarsi (da qc/qn) **2.** (*pull*) strappare

◆**tear down** *vt* demolire

◆**tear into** *vt* (*verbally*) criticare duramente; (*physically*) scagliarsi su

◆**tear off** **I.** *vt* (*remove*) strappare; **to ~ one's clothes** strapparsi i vestiti di dosso **II.** *vi* (*leave quickly*) scappar via

◆**tear out** *vt* strappare; **to tear one's hair out over sth** *fig* strapparsi i capelli per qc

◆**tear up** *vt* strappare; *fig* (*agreement*) annullare

teardrop ['tɪr·drɑ:p] *n* lacrima *f*

tearful ['tɪr·fəl] *adj* lacrimevole

tear gas *n* gas *minv* lacrimogeno

tear jerker *n inf* (*film*) film *minv* strappalacrime; (*song*) canzone *f* strappalacrime

tea room *n* sala *f* da tè

tease [ti:z] **I.** *vt* **1.** (*make fun of*) prendere in giro; **to ~ sb about sth** prendere in giro qn per qc **2.** (*provoke*) stuzzicare; (*sexually*) provocare (*senza intenzione di soddisfare il desiderio suscitato*) **3.** TECH cardare **II.** *n* burlone, -a *m, f;* (*sexually*) provocatore, -trice *m, f*

teaser ['ti:·zɚ] *n* rompicapo *m*

tea service *n*, **tea set** *n* servizio *m* da tè

teashop *n* sala *f* da tè

T

teaspoon *n* **1.**(*spoon*) cucchiaino *m* **2.**(*amount*) cucchiaino *m*

teaspoonful ['tiː·spuːn·fʊl] *n* cucchiaino *m*

tea strainer ['tiː·ˌstreɪ·nə·] *n* colino *m* per il tè

teat [tiːt] *n* (*nipple: of animal*) capezzolo *m;* (*of bottle*) tettarella *f*

teatime ['tiː·taɪm] *n* ora *f* del tè

tea towel *n* strofinaccio *m*

tea tray *n* vassoio *m* da tè

tea wagon *n s.* **tea trolley**

technical ['tek·nɪ·kəl] *adj* tecnico, -a; **~ term** termine *m* tecnico

technical college *n* HIST istituto *m* tecnico

technicality [ˌtek·nə·'kæ·lə·ti] <-ies> *n* **1.**(*detail*) dettaglio *m* tecnico; **to be acquitted on a ~** essere assolto grazie a un cavillo legale **2.**(*technical matter*) aspetto *m* tecnico

technical school *n* scuola *f* tecnica

technician [tek·'nɪ·ʃən] *n* tecnico, -a *m, f*

technique [tek·'niːk] *n* tecnica *f*

technological [ˌtek·nə·'lɑː·dʒɪ·kl] *adj* tecnologico, -a

technology [tek·'nɑː·lə·dʒi] *n* tecnologia *f*

technophile [ˌtek·nəʊ·'faɪl] *n* tecnofilo, -a *m, f*

technophobe [ˌtek·nə·'foʊb] *n* tecnofobo, -a *m, f*

tectonics [tek·'tɑː·nɪks] *n* tettonica *f*

teddy[1] ['te·di] *n* (*underwear*) pagliaccetto *m*

teddy[2] ['te·di] <-ies> *n*, **teddy bear** *n*·orsacchiotto *m* (di peluche)

tedious ['tiː·di·əs] *adj* noioso, -a

tediousness *n* noia *f*

tedium ['tiː·di·əm] *n* tedio *m*

tee [tiː] *n* SPORTS tee *m inv*

◆**tee off I.** *vi* **1.**SPORTS dare il colpo di inizio **2.** *inf* (*start*) iniziare *fig* **II.** *vt inf* **to tee sb off** fare imbestialire qn

teem [tiːm] *vi* pullulare; **to ~ with sth** brulicare di qc; **the city was ~ing with tourists** la città brulicava di turisti

teeming *adj* brulicante

teen [tiːn] *n* adolescente *mf*

teenage(d) ['tiːn·eɪdʒ(d)] *adj* adolescente

teenager ['tiː·neɪ·dʒə·] *n* adolescente *mf*

teens [tiːnz] *npl* adolescenza *f;* **to be in one's ~** essere adolescente

teensy ['tiːn·zi] *adj*, **teensy-weensy** *adj*, **teeny** ['tiː·ni] *adj* piccolissimo, -a

teenybopper ['tiː·ni·ˌbɑː·pə·] *n inf: ragazzina adolescente fanatica delle ultime tendenze della musica pop, del cinema, della moda*

teeny weeny [ˌtiː·ni·'wiː·ni] *adj inf s.* **teensy**

tee shirt ['tiː·ʃɜːrt] *n* maglietta *f*

teeter ['tiː·tə·] *vi* **to ~ (around)** barcollare; **to ~ on the brink of sth** essere sull'orlo di qc

teeth [tiːθ] *pl of* **tooth**

teethe [tiːð] *vi* mettere i denti

teething troubles *n fig* difficoltà *fpl* iniziali

teetotal [ˌtiː·'toʊ·ṭəl] *adj* astemio, -a

teetotaler [ˌtiː·'toʊ·ṭə·lə·] *n* astemio, -a *m, f*

tel. *abbr of* **telephone** tel.

telecast ['te·lɪ·kæst] *n* trasmissione *f* televisiva

telecommunications ['te·lɪ·kə·ˌmjuː·nɪ·'keɪ·ʃnz] *npl* telecomunicazioni *fpl*

telecommuting ['te·lɪ·kə·ˌmjuː·tɪŋ] *n* COMPUT telelavoro *m*

teleconference ['te·lɪ·ˌkɑːn·fə·rəns] *n* teleconferenza *f*

telecopier® ['te·lɪ·kɒ·pɪə] *n* fotocopiatrice *f*

telecopy ['te·lɪ·kɑ·pi] *n* fotocopia *f*

telefax® ['te·lɪ·fæks] *n* (tele)fax *m inv*

telegenic [ˌte·lə·'dʒe·nɪk] *adj* telegenico, -a

telegram ['te·lɪ·græm] *n* telegramma *m*

telegraph ['te·lɪ·græf] **I.** *n* telegrafo *m* **II.** *vt* telegrafare; **to ~ sb** mandare un telegramma a qn **III.** *adj* telegrafico, -a

telegraphese [ˌte·lɪ·græ·'fiːz] *n* stile *m* telegrafico

telegraphic [ˌte·lə·'græ·fɪk] *adj* telegrafico, -a

telegraph pole *n* palo *m* del telegrafo

telegraphy [tə·'le·grə·fi] *n* telegrafia *f*

telepathic [ˌte·lə·'pæ·θɪk] *adj* telepatico, -a; **to be ~** esser telepatico

telepathy [tə·'le·pə·θi] *n* telepatia *f*

telephone ['te·lə·foʊn] **I.** *n* telefono *m;* **mobile ~** (telefono *m*) cellulare *m* **II.** *vt* telefonare a **III.** *vi* telefonare; **to ~ long-distance** fare una chiamata interurbana **IV.** *adj* telefonico, -a; (*booking*) per telefono

telephone book *n* elenco *m* telefonico

telephone booth *n* cabina *f* telefonica

telephone call *n* telefonata *f;* **to make a ~** fare una telefonata

telephone connection *n* collegamento *m* telefonico

telephone conversation *n* conversazione *f* telefonica

telephone directory *n* elenco *m* telefonico

telephone exchange *n* centralino *m* telefonico

telephone information service *n form* servizio *m* informazioni telefoniche

telephone message *n form* messaggio *m* telefonico

telephone number *n* numero *m* di telefono

telephone operator *n* operatore, -trice *m, f* telefonico, -a

telephone rates *n* tariffa *f* telefonica

telephony [tə·'le·fə·ni] *n* telefonia *f;* **digital mobile ~** telefonia mobile digitale

telephoto lens ['te·lə·foʊ·ṭoʊ·'lens] *n* teleobiettivo *m*

teleprinter ['te·lə·ˌprɪn·ṭə·] *n* telescrivente *f*

teleprocessing ['te·lɪ·prəʊ·ˌse·sɪŋ] *n* COMPUT elaborazione *f* dati a distanza

TelePrompter® ['te·lə·ˌprɑːmp·ṭə·] *n* teleprompter *m inv*

telesales ['te·lɪ·seɪls] *n* vendita *f* per telefono

telescope ['te·ləs·koʊp] **I.** *n* telescopio *m* **II.** *vi* ripiegarsi

telescopic [ˌte·lə·'skɑː·pɪk] *adj* **1.**(*vision, sight*) telescopico, -a **2.**(*folding*) pieghevole

teleshopping ['te·lə·ˌʃɑː·pɪŋ] *n* televendita *f*

teletype® *n*, **Teletype**® ['te·lə·taɪp] *n* telescrivente *f*

teletypewriter [ˌteˈlɪˈtaɪpˌraɪˈtəe] *n* telescrivente *f*

televangelist [ˌteˈlɪˈvænˈdʒəˈlɪst] *n* telepredicatore, -trice *m, f*

televiewer ['teˈləˌvjuːˈəˈ] *n* telespettatore, -trice *m, f*

televise ['teˈləˈvaɪz] *vt* trasmettere per televisione; **to ~ sth live** trasmettere qc in diretta

television ['teˈləˈvɪˈʒən] *n* televisione *f;* (*television set*) televisore *m;* **to watch ~** guardare la televisione; **to turn the ~ on/off** accendere/spegnere il televisore

television announcer *n* annunciatore, -trice *m, f* televisivo

television camera *n* telecamera *f*

television program *n* programma *m* televisivo

television set *n* televisore *m*

television studio *n* studio *m* televisivo

teleworking ['teˈlɪˌwɜːrˈkɪŋ] *n* telelavoro *m*

telex ['teˈleks] I. *n* <-es> telex *m inv* II. *adj* via telex III. *vt* mandare via telex; **to ~ sb sth** comunicare qc via telex a qn

tell [tel] I.<told, told> *vt* 1.(*say*) dire; **to ~ sb of sth** informare qn di qc; **to ~ sb whether ...** dire a qn se ...; **I told you so** te l'avevo detto, io 2.(*narrate*) raccontare; **~ me another** (**one**) *inf* sparane un'altra 3.(*command*) ordinare; **to ~ sb to do sth** dire a qn di fare qc; **do as you're told** *inf* fa come ti si dice 4.(*make out*) riconoscere 5.(*distinguish*) distinguere; **to ~ sth from sth** distinguere qc da qc 6.(*know*) sapere; **there is no ~ing** non si sa 7.(*count*) contare; (*add up*) sommare; **all told** in tutto ▶ **to ~ it** like **it is** *inf* parlare chiaro; **that** would **be ~ing** non posso dirtelo; **you're ~ing** me! *inf* lo dici a me! II.<told, told> *vi* 1.parlare; **to ~ of sth/sb** parlare di qc/qn 2.(*know*) sapere; **you never can ~** non si sa mai; **how can I ~?** come faccio a saperlo?; **who can ~?** chi può dirlo? 3.(*have an effect*) farsi sentire

◆**tell apart** *vt* distinguere

◆**tell off** *vt* rimproverare; **to tell sb off for sth** rimproverare [*o* sgridare] qn per qc

◆**tell on** *vt* **to ~ sb** denunciare qn

teller ['teˈləˈ] *n* 1.(*bank employee*) cassiere, -a *m, f* 2.(*vote counter*) scrutatore, -trice *m, f*

telling ['teˈlɪŋ] I. *adj* 1.(*revealing*) rivelatore, -trice 2.(*significant*) efficace II. *n* racconto *m*

telling-off [ˌteˈlɪŋˈ'ɑːf] <tellings-off> *n* ramanzina *f;* **to give sb a ~ for** (**doing**) **sth** fare una ramanzina a qn per (aver fatto) qc

telltale ['telˈteɪl] I. *n pej* spione, -a *m, f* II. *adj* rivelatore, -trice

temerity [təˈ'meˈrəˈti] *n form* temerarietà *f;* **to have the ~ to do sth** avere l'audacia di fare qc

temp [temp] I. *vi* fare un lavoro temporaneo II. *n* lavoratore, -trice *m, f* temporaneo, -a

temp. *abbr of* **temperature** temperatura

temper ['temˈpəˈ] I. *n* (*temperament*) temperamento *m;* (*mood*) umore *m;* (*tendency to become angry*) caratteraccio *m;* **good ~** buon umore *m;* **bad ~** cattivo umore; **to keep one's ~**

mantenere la calma; **to lose one's ~** perdere le staffe; **~s were getting short** l'atmosfera si stava surriscaldando II. *vt* 1.(*mitigate*) mitigare; **to ~ one's criticism** attenuare le critiche 2.(*make hard*) temprare

temperament ['temˈprəˈmənt] *n* (*character*) temperamento *m;* (*moodiness*) umore *m* variabile; **a fit of ~** un accesso d'ira

temperamental [ˌtemˈprəˈ'menˈtl] *adj* 1.(*relating to mood*) caratteriale 2.(*unpredictable*) capriccioso, -a

temperance ['temˈpəˈrəns] *n form* (*moderation*) moderazione *f;* (*abstinence*) astinenza *f*

temperate ['temˈpəˈrət] *adj* (*moderate*) moderato, -a; (*climate*) temperato, -a

temperature ['temˈpəˈəˈtʃəˈ] *n* temperatura *f;* MED febbre *f;* **to run a ~** avere la febbre

tempest ['temˈpɪst] *n liter* tempesta *f*

tempestuous [temˈ'pesˈtʃuˈəs] *adj* tempestoso, -a

template ['temˈplɪt] *n* modello *m*

temple[1] ['temˈpl] *n* REL tempio *m*

temple[2] ['temˈpl] *n* ANAT tempia *f*

tempo ['temˈpoʊ] <-s *o* -pi> *n* 1.MUS tempo *m* 2.(*pace*) ritmo *m*

temporal ['temˈpəˈrəl] *adj form* temporale

temporarily ['temˈpəˈreˈrəˈli] *adv* temporaneamente

temporary ['temˈpəˈreˈri] *adj* (*improvement, relief*) temporaneo, -a; (*staff, accommodation*) provvisorio, -a; (*relief*) temporaneo, -a

temporize ['temˈpəˈraɪz] *vi* temporeggiare

tempt [tempt] *vt* 1.tentare; **to ~ sb into doing sth** invogliare qn a fare qc 2.(*persuade*) convincere; **to ~ sb into doing sth** incitare qn a fare qc

temptation [tempˈ'teɪˈʃən] *n* 1.(*attraction*) tentazione *f;* **to resist ~** (**to do sth**) resistere alla tentazione (di fare qc); **to succumb to ~** cedere alla tentazione 2.(*tempting thing*) tentazione *f*

tempting ['tempˈtɪŋ] *adj* attraente; (*offer*) allettante

temptress ['tempˈtrɪs] <-es> *n* tentatrice *f*

ten [ten] I. *adj* dieci II. *n* dieci *m;* **~ to one he comes** dieci a uno che viene; **~s of thousands** decine *fpl* di migliaia; *s.a.* **eight**

tenable ['teˈnəˈbl] *adj* sostenibile

tenacious [təˈ'neɪˈəs] *adj* (*belief*) fermo, -a; (*person*) tenace

tenacity [təˈ'næˈsəˈti] *n* tenacia *f*

tenancy ['teˈnənˈsi] <-ies> *n* 1.(*status*) condizione *f* di affittuario 2.(*right*) affitto *m*

tenant ['teˈnənt] *n* (*of land*) affittuario, -a *m, f;* (*of house*) inquilino, -a *m, f*

tenant farmer *n* (*of land*) mezzadro, -a *m, f*

tench [ten(t)ʃ] *n* tinca *f*

tend[1] [tend] *vi* 1.(*have tendency*) **to ~ to do sth** tendere a fare qc; **I ~ to disagree** non sono del tutto d'accordo 2.(*usually do*) tendere a

tend[2] [tend] *vt* (*look after*) occuparsi di; (*a person*) badare a

◆**tend to** vt (look after) occuparsi di

tendency ['ten·dən·si] <-ies> n tendenza f

tendentious [ten·'den·ʃəs] adj tendenzioso, -a

tender¹ ['ten·dɚ] adj 1. (not tough) tenero, -a 2. (easily damaged) delicato, -a 3. liter (youthful: age) tenero, -a 4. (painful) dolorante; (part of the body) sensibile; (subject) delicato, -a 5. (affectionate) tenero, -a; **to have a ~ heart** avere il cuore tenero

tender² ['ten·dɚ] I. n COM offerta f; **to put in a ~** fare un'offerta; **to put sth out for ~** dare qc in appalto II. vt (offer) offrire; (apology) presentare III. vi **to ~ for sth** fare un'offerta per qc

tender³ ['ten·dɚ] n RAIL tender m inv; NAUT nave f appoggio

tenderfoot ['ten·dɚ·fʊt] <-s o -feet> n principiante mf

tender-hearted ['ten·dɚ·hɑːr·ʈɪd] adj sensibile; **to be ~** essere di buon cuore

tenderize ['ten·dɚ·raɪz] vt intenerire

tenderizer n batticarne m inv

tenderloin ['ten·dɚ·lɔɪn] n filetto m

tenderly adv teneramente

tenderness ['ten·dɚ·nɪs] n 1. (softness) tenerezza f 2. (affection) tenerezza f 3. (sensitivity) sensibilità f

tendon ['ten·dən] n tendine m

tendril ['ten·drəl] n viticcio m

tenement ['te·nə·mənt] n casa f popolare

Tenerife [ˌte·nə·'riːf] n Tenerife f

tenet ['te·nɪt] n principio m

tenfold ['ten·foʊld] I. adj decuplo, -a II. adv dieci volte

tennis ['te·nɪs] n tennis m inv

tennis ball n palla f da tennis

tennis court n campo m da tennis

tennis elbow n gomito m del tennista

tennis player n tennista mf

tennis racket n racchetta f da tennis

tenon ['te·nən] n tenone m

tenor ['te·nɚ] I. n 1. a. MUS tenore m 2. (character) tono m; (of events) corso m II. adj MUS (voice) tenorile; (instrument) tenore

tenpin bowling [ˌten·pɪn·'boʊ·lɪŋ] n bowling m inv

tense¹ [tents] n LING tempo m

tense² [tents] I. adj (wire, person, atmosphere) teso, -a II. vt tendere III. vi entrare in tensione

◆**tense up** vi entrare in tensione

tension ['ten·tʃən] n tensione f

tent [tent] n (for camping) tenda f; (in circus) tendone m

tentacle ['ten·ʈə·kl] n tentacolo m

tentative ['ten·ʈə·ʈɪv] adj 1. (person) esitante 2. (decision) provvisorio, -a

tentatively adv 1. (suggest) con esitazione 2. (decide) provvisoriamente

tenterhooks ['ten·ʈə·hʊks] npl **to be on ~** stare sulle spine; **to keep sb on ~** tenere qn sulle spine

tenth [tenθ] I. adj decimo, -a II. n 1. (order) decimo, -a m, f 2. (date) dieci m 3. (fraction) decimo m; (part) decima parte f; s.a. **eighth**

tent peg n picchetto m (da tenda)

tent pole n paletto m (da tenda)

tenuous ['ten·ju·əs] adj tenue; (connection) sottile; (argument) debole

tenure ['ten·jɚ] n 1. (possession) possesso m 2. (period of holding sth) periodo m di titolarità

tepee ['tiː·piː] n tepee m inv

tepid ['te·pɪd] adj tiepido, -a

term [tɜːrm] I. n 1. (label, word) termine m; **~ of abuse** insulto m; **~ of endearment** termine m affettuoso; **in glowing ~s** con grande ammirazione; **in no uncertain ~s** senza mezzi termini; **in simple ~s** in parole semplici 2. pl (conditions) condizioni fpl; **to offer easy ~s** offrire facilitazioni di pagamento 3. (limit) limite m; COM termine m; **~ of delivery** termine di consegna; **~ of notice** termine di preavviso 4. (period) periodo m; (duration) durata f; (of contract) validità f; (of office) mandato m; **prison ~** periodo m di detenzione; **in the short/long ~** a breve/lunga scadenza 5. (category) termini mpl; **to think in ~s of sth** pensare in termini di qc 6. UNIV, SCHOOL trimestre m 7. pl rapporti mpl; **to be on good/bad ~s with sb** essere in buoni/cattivi rapporti con qn II. vt definire

terminal ['tɜːr·mɪ·nl] I. adj terminale; (extreme) estremo, -a; (boredom) mortale II. n 1. RAIL, AVIAT terminal m inv 2. COMPUT terminale m 3. ELEC terminale m

terminate ['tɜːr·mɪ·neɪt] form I. vt (finish) porre fine a; (contract) rescindere; (pregnancy) interrompere II. vi terminare

termination [ˌtɜːr·mɪ·'neɪ·ʃən] n (ending) fine f; (of contract) rescissione f; (of pregnancy) interruzione f

terminological [ˌtɜːr·mɪ·nə·'lɑː·dʒɪ·kl] adj terminologico, -a

terminology [ˌtɜːr·mɪ·'nɑː·lə·dʒi] n terminologia f

terminus ['tɜːr·mɪ·nəs] <-es o -i> n (station) terminal m inv; (bus stop) capolinea m inv

termite ['tɜːr·maɪt] n termite f

tern [tɜːrn] n sterna f

terrace ['te·rəs] I. n 1. a. AGR terrazza f 2. SPORTS gradinata f 3. (houses) case fpl a schiera II. vt terrazzare III. adj a terrazze

terraced house n casa f a schiera

terrain [te·'reɪn] n terreno m

terrapin ['te·rə·pɪn] <-(s)> n tartaruga f d'acqua dolce

terrestrial [tə·'res·tri·əl] adj form terrestre

terrible ['te·rə·bl] adj 1. (shocking) terribile 2. (very bad) pessimo, -a 3. inf (as intensifier) terribile

terribly ['te·rəb·li] adv 1. (very badly) malissimo 2. (very) terribilmente

terrier ['te·riɚ] n terrier m inv

terrific [tə·'rɪ·fɪk] adj 1. (terrifying) spaventoso,

-a **2.**(*excellent*) fantastico, -a **3.** *as intensifier* (*very great*) enorme

terrified *adj* terrorizzato, -a

terrify ['te·rə·faɪ] <-ie-> *vt* terrorizzare

terrifying *adj* terrificante

territorial [,te·rə·'tɔː·ri·əl] **I.** *n* MIL territoriale *m* **II.** *adj* territoriale

territory ['te·rə·tɔː·ri] <-ies> *n* **1.**(*area of land*) territorio *m;* **forbidden ~** zona *f* proibita **2.**(*activity*) terreno *m*

terror ['te·rəʳ] *n* terrore *m;* **to have a ~ of sth** aver il terrore di qc; **to strike ~** incutere il terrore; **to be in ~ of one's life** temere per la propria vita; **a ~ of a child** *inf* una peste

terrorism ['te·rə·rɪ·zəm] *n* terrorismo *m*

terrorist ['te·rə·rɪst] **I.** *n* terrorista *mf* **II.** *adj* terroristico, -a

terrorize ['te·rə·raɪz] *vt* terrorizzare

terror-stricken ['te·rəʳ,strɪ·kən] *adj*, **terror- -struck** ['te·rəʳ·strʌk] *adj* terrorizzato, -a

terry cloth [,te·ri·'klɑ:θ] *n* tessuto *m* in spugna

terse [tɜːrs] *adj* laconico, -a

tertiary ['tɜːr·ʃie·ri] **I.** *adj form* terziario, -a **II.** <-ies> *n* **the Tertiary** GEO il Terziario

tessellated ['te·sə·leɪ·t̪ɪd] *adj* tessellato, -a

test [test] **I.** *n* **1.** SCHOOL, UNIV esame *m;* **to pass a ~** superare un esame; **to fail a ~** essere bocciato a un esame; **driving ~** esame di guida **2.** MED esame *m;* **blood ~** analisi *fpl* del sangue; **pregnancy ~** test *minv* di gravidanza **3.**(*trial*) **to be a ~ of endurance** essere una prova di resistenza; **to put sth to the ~** mettere qn alla prova **II.** *vt* **1.**(*examine*) esaminare **2.** MED analizzare; (*hearing, sight*) fare un esame di; **to ~ sb for sth** fare delle analisi a qn per qc **3.**(*measure*) provare **4.**(*try to prove*) mettere alla prova **5.**(*try with senses*) provare

testament ['tes·tə·mənt] *n* **1.** *form*(*will*) testamento *m;* **last will and ~** ultime volontà *fpl* **2.** *form*(*evidence*) testimonianza *f* **3.** REL **the Old/New Testament** il Vecchio/Nuovo Testamento

test ban *n* bando *m* dei test nucleari

test bench *n* banco *m* di prova

test card *n* immagine *f* di prova

test case *n* caso *m* giuridico che costituisce un precedente

test drive *n* giro *m* di prova

tester ['tes·təʳ] *n* **1.**(*person*) collaudatore, -trice *m, f* **2.**(*sample*) campione *m* di prova

test flight *n* volo *m* di prova

testicle ['tes·tɪ·kl] *n* testicolo *m*

testify ['tes·tɪ·faɪ] <-ie-> **I.** *vi* **1.**(*give evidence*) testimoniare **2.** *form*(*prove*) **to ~ to sth** dimostrare qc **II.** *vt* **1.**(*bear witness to*) dimostrare **2.**(*declare under oath*) testimoniare; **to ~ that ...** dichiarare che ...

testimonial [,tes·tɪ·'moʊn·iəl] *n form* **1.**(*character reference*) referenze *fpl* **2.**(*tribute*) tributo *m*

testimony ['tes·tɪ·moʊ·ni] <-ies> *n* testimonianza *f;* **to give ~** testimoniare

testing **I.** *n* sperimentazione *f* **II.** *adj* difficile; **~ times** tempi *mpl* duri

testing ground *n* terreno *m* di prova

test piece *n* MUS pezzo *m* di prova

test pilot *n* pilota *m* collaudatore

test stage *n* stadio *m* di prova

test tube *n* provetta *f*

test-tube baby *n* bambino *m* in provetta

testy ['tes·ti] <-ier, -iest> *adj* irritabile

tetanus ['te·tə·nəs] *n* tetano *m;* **~ injection** antitetanica *f*

tetchy ['te·tʃi] <-ier, -iest> *adj* irritabile

tether ['te·ðəʳ] **I.** *n* pastoia *f* ▶ **to be at the end of one's ~** essere al limite **II.** *vt* legare, to be **~ed to sth** *fig* essere bloccato a qc

Teutonic [tu:·'tɑ:·nɪk] *adj* teutonico, -a

Texan ['tek·sən] **I.** *n* texano, -a *m, f* **II.** *adj* texano, -a

Texas ['tek·səs] *n* Texas *m*

text [tekst] *n* testo *m*

textbook ['tekst·bʊk] **I.** *n* libro *m* di testo **II.** *adj* da manuale

text editor *n* COMPUT text-editor *m inv*

textile ['teks·taɪl] **I.** *n pl* tessili *mpl* **II.** *adj* tessile

textile mill *n* stabilimento *m* tessile

text processing *n* COMPUT elaborazione *f* di testi

textual ['teks·tʃu·əl] *adj* testuale

texture ['teks·tʃəʳ] *n* consistenza *f*

Thai [taɪ] **I.** *adj* tailandese **II.** *n* **1.**(*person*) tailandese *mf* **2.** LING tailandese *m*

Thailand ['taɪ·lənd] *n* Tailandia *m*

thalidomide [θə·'lɪ·də·maɪd] *n* talidomide *m*

than [ðən, ðæn] *conj* di; **you are taller ~ she (is)** sei più alto di lei; **more ~ 60** più di 60; **more ~ once** più di una volta; **nothing else ~ ...** nient'altro che ...; **no other ~ you** nessun altro che te; **no sooner had she told him, ~ ...** non aveva ancora finito di dirglielo che ...

thank [θæŋk] *vt* ringraziare; **to ~ sb (for sth)** ringraziare qn (per qc); **~ you** grazie; **~ you very much!** grazie mille!; **no, ~ you** no, grazie

thankful ['θæŋk·fəl] *adj* **1.**(*pleased*) contento, -a; **to be ~ that ...** esser lieto che ... +*conj* **2.**(*grateful*) grato, -a

thankfully *adv* fortunatamente

thankless ['θæŋk·ləs] *adj* ingrato, -a

thanks [θæŋks] *npl* ringraziamenti *mpl;* **~ very much** grazie mille; **~ to** grazie a; **in ~ for ...** come ringraziamento per ...; **no ~ to him** certo non per merito suo

thanksgiving [,θæŋks·'gɪ·vɪŋ] *n* ringraziamento *m*

Thanksgiving Day *n* giorno *m* del Ringraziamento

that [ðæt, ðət] **I.** *adj dem* <those> quel, quello, -a; **~ table** quel tavolo; **~ book** quel libro **II.** *pron* **1.** *rel* che; **the woman ~ told me ...** la donna che me l'ha raccontato ...; **all ~ I have** tutto quello che ho **2.** *dem* quel,

T

quello, -a; **what is ~?** che cos'è?; **who is ~?** chi è? .; **like ~** così; **after ~** dopo quello; **~ 's it!** è tutto! **III.** *adv* così; **it was ~ hot** faceva molto caldo **IV.** *conj* **1.** che; **I told you ~ I couldn't come** te l'avevo detto che non potevo venire; **~ I should live to see this!** se solo potessi vederlo! **2.** (*in order that*) affinché +*conj*

thatch [θætʃ] **I.** *n* **1.** (*roof*) tetto *m* di paglia **2.** (*hair*) zazzera *f* **II.** *vt* coprire con un tetto di paglia

thatched roof *n* tetto *m* di paglia

thaw [θɑ:] **I.** *n* **1.** (*weather*) disgelo *m* **2.** (*in relations*) distensione *f* **II.** *vi* **1.** (*weather*) sgelare; (*food*) scongelarsi **2.** (*relations*) distendersi **III.** *vt* sciogliere

the [ðə, *stressed, before vowel* ði:] **I.** *def art* il, lo, l' *m*, la, l' *f*, i, gli *mpl*, le *fpl*; **from ~ garden** dal giardino; **at ~ hotel** in albergo; **at ~ door** alla porta; **to ~ garden** in giardino; **in ~ winter** in inverno **II.** *adv* (*in comparison*) **~ more one tries, ~ less one succeeds** quanto più ci si prova, tanto meno ci si riesce; **~ sooner ~ better** prima è, meglio è

theater ['θi:·ə·t̬ɚ] *n* **1.** THEAT (*place, art*) teatro *m* **2.** CINE cinema *m inv* **3.** UNIV auditorium *m inv* **4.** *fig* (*scene*) teatro *m*

theater company *n* compagnia *f* teatrale

theater critic *n* critico *m* teatrale

theatergoer *n* habitué *mfinv* del teatro

theatrical [θɪ·'æ·trɪ·kl] *adj* teatrale; **don't be so ~ about it** non essere così melodrammatico a riguardo

thee [ði:] *pron pers* HIST te; **with ~** con te

theft [θeft] *n* furto *m*; **petty ~** piccoli furti

their [ðer] *adj pos* il loro *m*, la loro *f*, i loro *mpl*, le loro *fpl*; **~ house** la loro casa; **~ children** i loro figli

theirs [ðerz] *pron pos* il loro *m*, la loro *f*, i loro *mpl*, le loro *fpl*; **this house is ~** questa casa è loro; **they aren't our bags, they are ~** non sono le nostre borse, sono le loro; **a book of ~** uno dei loro libri

theism ['θi:·ɪ·zəm] *n* teismo *m*

them [ðem, ðəm] *pron pers pl* **1.** (*they*) loro; **older than ~** più vecchio di loro; **if I were ~** se fossi in loro **2.** *direct object* li, le; *indirect object* loro, gli; **look at ~** *fam* guardali; **I saw ~** li ho visti; **he gave ~ the pencil** ha dato loro la matita; *fam* gli ha dato la matita **3.** *after prep* loro; **it's for/from ~** è per/da parte loro

thematic [θi:·'mæ·t̬ɪk] *adj* tematico, -a

theme [θi:m] *n a.* MUS tema *m*; **on the ~ of** sul tema di

theme music *n* tema *m* musicale

theme park *n* parco *m* tematico

theme song *n*, **theme tune** *n* tema *m* musicale

themselves [ðəm·'selvz] *pron* **1.** *subject* essi stessi, esse stesse **2.** *object, reflexive* si; **the children behaved ~** i bambini si sono com-

portati bene **3.** *after prep* se stessi, se stesse; **by ~** da soli

then [ðen] **I.** *adj form* d'allora; **the ~ chairman** l'allora presidente **II.** *adv* **1.** (*at aforementioned time*) allora; **before ~** prima di allora; **from ~ on**(**ward**) da allora in poi; **since ~** da allora; **until ~** fino ad allora; (*every*) **now and ~** ogni tanto **2.** (*after that*) poi; **what ~?** e poi? **3.** (*additionally*) inoltre; **but ~** (**again**) ma d'altronde **4.** (*as a result*) dunque; **~ he must be there** allora dev'essere lì **5.** (*that being the case*) allora **6.** (*agreement*) **all right ~** allora va bene

thence [ðens] *adv form* da lì

thenceforth [ˌðens·'fɔ:rθ] *adv form*, **thenceforward** [ˌðens·'fɔ:r·wəd] *adv form* da allora

theocracy [θɪ·'ɑ:·krə·si] <-ies> *n* teocrazia *f*

theodolite [θɪ·'ɑ:·də·laɪt] *n* teodolite *m*

theologian [ˌθi:·ə·'lou·dʒən] *n* teologo, -a *m, f*

theological [ˌθi:·ə·'lɑ:·dʒɪ·kl] *adj* teologico, -a

theology [θɪ·'ɑ:·lə·dʒi] <-ies> *n* teologia *f*

theorem ['θi:·ə·əm] *n* MATH teorema *m*; **Pythagoras's ~** il teorema di Pitagora

theoretical [ˌθi:·ə·'re·t̬ɪ·kəl] *adj* teorico, -a

theoretically *adv* teoricamente

theorist ['θi:·ə·ɪst] *n* teorico, -a *m, f*

theorize ['θi:·ə·raɪz] *vi* teorizzare

theory ['θi:·ə·ri] <-ies> *n* teoria *f*; **in ~** in teoria

therapeutic(**al**) [ˌθe·rə·'pju:·t̬ɪ·k(əl)] *adj* terapeutico, -a

therapeutics [ˌθe·rə·'pju:·t̬ɪks] *n* terapeutica *f*

therapist ['θe·rə·pɪst] *n* terapeuta *mf*

therapy ['θe·rə·pi] <-ies> *n* terapia *f*

there [ðer] **I.** *adv* lì [*o* là]; **here and ~** qua e là; **~ is/are** c'è/ci sono; **~ will be** ci sarà/saranno; **~ you are!** eccoti qua!; **~'s the train** ecco il treno; **~ is no one** non c'è nessuno; **~ and then** subito **II.** *interj* ecco!; **~, take this** prendi questo; **~, that's enough!** insomma, basta adesso!

thereabouts ['ðer·ə·baʊts] *adv* (*approximately*) all'incirca; (*near*) nei dintorni

thereafter [ðer·'æf·tə] *adv* successivamente

thereby [ðer·'baɪ] *adv form* pertanto

▶ **~ hangs a** *tale* *iron* è una storia lunga

therefore ['ðer·fɔ:r] *adv* perciò; **to decide ~ to do sth** decidere, di conseguenza, di fare qc

therein [ðer·'ɪn] *adv form* ivi; *fig* in ciò

thereof [ðer·'ɑ:v] *adv form* di ciò

thereupon [ˌðer·ə·'pɑ:n] *adv* a quel punto

therm [θɜ:rm] *n* termia *f*

thermal ['θɜ:r·məl] **I.** *n* **1.** (*air current*) corrente *f* ascensionale **2.** *pl* (*underwear*) biancheria *f* termica **II.** *adj* PHYS, COMPUT termico, -a; (*water*) termale

thermal underwear *n* biancheria *f* termica

thermodynamic [ˌθɜ:r·mou·daɪ·'næ·mɪk] *adj* termodinamico, -a

thermoelectric [ˌθɜ:r·mou·ɪ·'lek·trɪk] *adj* termoelettrico, -a

thermometer [θɚ·'mɑ:·mə·t̬ɚ] *n* termometro *m*

thermonuclear [ˌθɜːr·mou·'nuːk·lɪə⁻] *adj* termonucleare

Thermos® (**bottle**) ['θɜːr·məs·(ˌbɑː·t̬l)] *n*, **Thermos® flask** *n* thermos® *m inv*

thermostat ['θɜːr·məs·tæt] *n* termostato *m*

thermostatic [ˌθɜːr·mə·'stæt] *adj* termostatico, -a

thesaurus [θɪ·'sɔː·rəs] <-es *o* -ri> *n* dizionario *m* dei sinonimi

these [ðiːz] *pl of* this

thesis ['θiː·sɪs] <-ses> *n* tesi *f inv*

they [ðeɪ] *pron pers* 1. (*3rd person pl*) loro; ~ **are my parents/sisters** (loro) sono i miei genitori/le mie sorelle 2. (*people in general*) ~ **say that** ... dicono che ...

they'll [ðeɪl] = they will *s.* will

they're [ðer] = they are *s.* be

they've [ðeɪv] = they have *s.* have

thick [θɪk] I. *adj* 1. (*not thin: wall*) spesso, -a; (*coat*) pesante 2. (*dense: hair*) folto, -a; (*forest*) fitto, -a; (*liquid*) denso, -a 3. (*extreme: darkness*) fitto, -a; (*accent*) marcato, -a 4. (*stupid*) tonto, -a; **to be a bit** ~ essere un po' tonto; **to be as** ~ **as two short planks** *inf* essere duro di comprendonio 5. (*very friendly*) **to be** ~ **with sb** esser molto amico di qn ▸ **through** ~ **and** thin nella buona e nella cattiva sorte II. *n inf* **to be in the** ~ **of sth** esser nel pieno di qc

thicken ['θɪ·kən] I. *vt* ispessire II. *vi* ispessirsi

thickener *n*, **thickening** *n* addensante *m*

thicket ['θɪ·kɪt] *n* boscaglia *f*

thickheaded ['θɪk·ˌhe·dɪd] *adj* ottuso, -a

thickness ['θɪk·nɪs] *n* 1. (*size*) spessore *m* 2. (*of hair*) foltezza *f*; (*of sauce*) consistenza *f*

thickset ['θɪk·set] *adj* tozzo, -a

thick-skinned ['θɪk·skɪnd] *adj* insensibile; **he is** ~ tutto gli scivola addosso

thief [θiːf, s 'θiːvz] <thieves> *n* ladro, -a *m, f*

thieve [θiːv] *vi, vt liter* rubare

thieving ['θiː·vɪŋ] I. *n liter* furto *m* II. *adj* ladro, -a

thigh [θaɪ] *n* coscia *f*

thighbone *n* femore *m*

thimble ['θɪm·bl] *n* ditale *m*

thin [θɪn] <-nn-> I. *adj* 1. (*not thick: clothes*) leggero, -a; (*person*) delicato, -a; (*very slim*) magro, -a 2. (*soup, sauce*) liquido, -a; (*wine*) annacquato, -a 3. (*sparse: hair*) rado, -a; **to be** ~ **on top** esser un po' pelato 4. (*voice*) sottile; (*excuse*) debole II. <-nn-> *vt* (*dilute*) diluire ◆ **thin down** I. *vi* assottigliarsi II. *vt* diluire ◆ **thin out** I. *vt* diradare; (*plants*) sfoltire II. *vi* ridursi

thine [ðaɪn] *pron pos* HIST (il) tuo *m*, (la) tua *f*, (i) tuoi *mpl*, (le) tue *fpl*

thing [θɪŋ] *n* 1. (*object, action*) cosa *f*; **the good/best/main** ~ la cosa buona/migliore/principale; **one** ~ **after another** una cosa dopo l'altra; **to be a** ~ **of the past** esser una cosa passata; **the last** ~ **she wants to do is** ... l'ultima cosa che vuol fare è ... 2. (*matter*) **to know a** ~ **or two** saperla

lunga; **above all** ~s più di tutto; **another** ~ un'altra cosa; **and another** ~, ... e inoltre, ...; **if it's not one** ~, **it's another** se non è una cosa è l'altra 3. (*social behavior*) **it's the done** ~ è la cosa da farsi 4. (*fashion*) **the latest** ~ **in shoes** l'ultima moda in fatto di scarpe 5. *fam* (*the important point*) **the real** ~ la cosa autentica; **the very** ~ quello che ci vuole 6. *pl* (*possessions*) cose *fpl*; **all his** ~s tutta la sua roba 7. *pl* (*the situation*) **as** ~**s stand, the way** ~**s are** così come stanno le cose 8. *inf* (*term of affection*) **the poor** ~! povero!; (*children, animals*) poverino!; **you lucky** ~! fortunato mortale!; **lazy** ~! pigrone!; **stupid** ~! imbecille! ▸ **to be all** ~**s to all men** cercare di accontentare tutti; **it's just one of those** ~**s** son cose che capitano; **he won but it was a** close ~ ha vinto per un pelo; **all** ~**s being** equal a parità di condizioni; first ~**s first** prima le cose più importanti; **to not know the** first ~ **about sth** non intendersi minimamente di qc; **to be onto a** good ~ *inf* aver trovato la pacchia; **to do one's** own ~ far quello che si vuole; **to** have **a** ~ **about sth** *inf* avere un debole per qc; **to be** hearing ~**s** sentire voci immaginarie; **to** make **a** (big) ~ **out of sth** fare un putiferio per qc

thingamabob ['θɪŋ·ə·mə·ˌbɑːb] *n*, **thingamajig** ['θɪŋ·ə·mə·ˌdʒɪg] *n*, **thingy** ['θɪ·ŋi] *n* (*object*) cosa *f*; (*person*) coso, -a *m, f*

think [θɪŋk] <thought, thought> I. *n* **to have a** ~ **about sth** pensarci su II. *vt* 1. (*believe*) pensare, credere; **who would have thought it!** chi l'avrebbe pensato! 2. (*consider*) considerare; **to** ~ **sb** (**to be**) **sth** considerare qn (come) qc; **to** ~ **nothing of sb** non avere una grande opinione di qn; ~ **nothing of it!** non dirlo neppure! III. *vi* pensare; **to** ~ **aloud** pensare ad alta voce; **to** ~ **for oneself** pensare con la propria testa; **to** ~ **to oneself** pensare tra sé e sé; **to** ~ **of doing sth** pensare di fare qc; **to** ~ **about/of sb/sth** pensare a qn/qc

◆ **think ahead** *vi* pensare con anticipo

◆ **think back** *vi* **to** ~ **to sth** ripensare a qc; **to** ~ **over sth** ritornare con la memoria a qc

◆ **think of** *vi* pensare di

◆ **think out** *vt* 1. (*consider*) considerare bene 2. (*plan*) escogitare

◆ **think over** *vt* riflettere su

◆ **think through** *vt* riflettere attentamente su

◆ **think up** *vt* inventare

thinker *n* pensatore, -trice *m, f*

thinking I. *n* 1. (*thought process*) pensiero *m* 2. (*reasoning*) riflessione *f* 3. (*opinion*) opinione *f* II. *adj* intelligente

think tank *n* gruppo *m* di esperti

thinner *n* diluente *m*

thinness *n* magrezza *f*

thin-skinned ['θɪn·skɪnd] *adj* sensibile

third [θɜːrd] I. *adj* terzo, -a II. *n* 1. (*order*) terzo, -a *m, f* 2. (*date*) tre *m* 3. (*fraction*) terzo *m* 4. MUS, AUTO terza *f*; *s.a.* eighth

third degree *n* **to give sb the ~** fare il terzo grado a qn
third-degree burns *npl* ustioni *fpl* di terzo grado
thirdly *adv* in terzo luogo
third party *n* terzo *m*
third-party insurance *n*, **third-party liability** *n* assicurazione *f* contro terzi
third person *n* LING terza persona *f*
third-rate *adj* scadente
Third World *n* **the ~** il Terzo Mondo
thirst [θɜːrst] *n* sete *f;* **to die of ~** morire di sete; **to quench one's ~** dissetarsi; **~ for power** sete di potere
thirsty ['θɜːrs·ti] <-ier, -iest> *adj* assetato, -a; **to be ~** aver sete; **to be ~ for sth** *fig* aver sete di qc
thirteen [θɜːr·'tiːn] I. *adj* tredici II. *n* tredici *m; s.a.* **eight**
thirteenth [θɜːr·'tiːnθ] I. *adj* tredicesimo, -a II. *n* **1.** (*order*) tredicesimo, -a *m, f* **2.** (*date*) tredici *m* **3.** (*fraction*) tredicesimo *m;* (*part*) tredicesima parte *f; s.a.* **eighth**
thirtieth ['θɜːr·ţɪ·əθ] I. *adj* trentesimo, -a II. *n* **1.** (*order*) trentesimo, -a *m, f* **2.** (*date*) trenta *m* **3.** (*fraction*) trentesimo *m;* (*part*) trentesima parte *f; s.a.* **eighth**
thirty ['θɜːr·ţi] <-ies> I. *adj* trenta II. *n* trenta *m; s.a.* **eighty**
this [ðɪs] I. <these> *adj det* questo, -a; **~ car** quest'automobile; **~ house** questa casa; **~ one** questo; **~ day** oggi; **~ morning/evening** stamattina/stasera; **~ time** questa volta; **~ time last month** esattamente un mese fa; **these days** di questi tempi II. <these> *pron dem* questo *m,* questa *f;* **what is ~?** che cos'è?; **who is ~?** chi è?; **~ and that** questo e quello; **~ is Anna** (*speaking*) (*on the phone*) sono Anna III. *adv* così; **~ late** così tardi; **~ much** tanto così; **~ big** così grande
thistle ['θɪ·sl] *n* cardo *m*
tho [ðoʊ] *conj s.* **though**
thong [θɑːŋ] *n* **1.** (*strip of leather*) correggia *f* **2.** (*G-string*) perizoma *m* **3.** *pl* (*sandal*) infradito *m inv*
thorax ['θɔː·ræks] <-es *o* -aces> *n* torace *m*
thorn [θɔːrn] *n* spina *f* ▶ **that's a ~ in my flesh** è la mia spina nel fianco
thorny ['θɔːr·ni] <-ier, -iest> *adj* spinoso, -a
thorough ['θɜː·roʊ] *adj* **1.** (*complete*) assoluto, -a **2.** (*detailed*) esauriente **3.** (*careful*) minuzioso, -a
thoroughbred ['θɜː·roʊ·bred] I. *n* purosangue *mf inv* II. *adj* purosangue *inv*
thoroughfare ['θɜː·roʊ·fer] *n form* via *f* principale
thoroughgoing [ˌθɜː·roʊ·'goʊ·ɪŋ] *adj form* **1.** (*conscientious: analysis*) rigoroso, -a **2.** (*complete: reform*) radicale
thoroughly *adv* **1.** (*in detail*) a fondo **2.** (*completely*) completamente
thoroughness *n* meticolosità *f*
those [ðoʊz] *pl of* **that**

thou¹ [ðaʊ] *pron pers, liter* tu
thou² [θaʊ] *abbr of* **thousand** mille *m*
though [ðoʊ] I. *conj* nonostante +*conj;* **as ~** come se +*conj;* **even ~** anche se; **even ~ it's cold** nonostante faccia freddo II. *adv* comunque; **he did do it, ~** comunque, lui l'ha fatto
thought [θɑːt] *n* **1.** (*process*) pensiero *m;* **on second ~** ripensandoci bene; **without ~** senza pensare; **after much ~** dopo aver riflettuto a lungo; **to be deep in ~** esser immerso nei propri pensieri; **lost in ~** assorto nei propri pensieri **2.** (*idea, opinion*) idea *f;* **that's a ~** è una buona idea ▶ **a penny for your ~s** *prov* a cosa pensi?
thoughtful ['θɑːt·fəl] *adj* **1.** (*pensive*) pensieroso, -a **2.** (*careful*) ponderato, -a **3.** (*considerate*) premuroso, -a
thoughtless ['θɔːt·ləs] *adj* (*not thinking enough*) irriflessivo, -a; (*tactless*) poco delicato, -a; (*careless*) avventato, -a
thought-out [ˌθɑːţ·'aʊt] *adj* pianificato, -a
thought-provoking *adj* che fa pensare
thousand ['θaʊ·znd] I. *adj* mille II. *n* mille *m*
thousandth ['θaʊ·zntθ] I. *n* millesimo *m* II. *adj* **1.** (*being one of a thousand*) millesimo, -a **2.** (*in a series*) **the ~** il numero mille
thrash [θræʃ] *vt* **1.** (*beat*) picchiare **2.** *inf* (*defeat*) battere
◆**thrash out** *vt inf* (*problem*) risolvere; (*agreement*) arrivare a
thrashing *n* botte *fpl*
thread [θred] I. *n* **1.** (*for sewing*) filo *m* **2.** (*of screw*) filettatura *f* ▶ **to hang by a ~** essere appeso a un filo II. *vt* (*needle*) infilare; **to ~ sth through sth** passare qc attraverso qc; **to ~ sth onto sth** infilare qc in qc
threadbare ['θred·ber] *adj* **1.** (*worn*) logoro, -a **2.** (*argument, excuse*) trito, -a
threat [θret] *n* minaccia *f*
threaten ['θre·tən] I. *vt* minacciare; **to ~ to do sth** minacciare di fare qc II. *vi* fare minacce
threatening *adj* minaccioso, -a
three [θriː] I. *adj* tre II. *n* tre *m; s.a.* **eight**
three-cornered [ˌθriː·'kɔːr·nəd] *adj* triangolare; **~ hat** tricorno *m*
three-D *adj*, **3-D** *adj inf abbr of* **three-dimensional** tridimensionale; **~ printer** stampante 3 D
three-dimensional *adj* tridimensionale
threefold ['θriː·foʊld] I. *adj* triplice II. *adv* tre volte tanto
three-part *adj* di tre parti
three-piece [ˌθriː·'piːs] *adj* in tre pezzi
three-piece suit *n* abito *m* in tre pezzi
three-ply ['θriː·plaɪ] *adj* (*wood*) a tre strati; (*wool*) a tre capi
three-quarter (**length**) *adj* tre quarti
threesome ['θriː·səm] *n* trio *m*
three-wheeler [θrɪ·'wiː·lə] *n* veicolo *m* a tre ruote
thresh [θreʃ] *vt* trebbiare

threshing machine [ˈθreʃ·ɪŋ məˈʃiːn] *n* trebbiatrice *f*

threshold [ˈθreʃ·hoʊld] *n a. fig* soglia *f*; **pain ~** soglia del dolore; **tax ~** minimo *m* imponibile

threw [θruː] *pt of* **throw**

thrice [θraɪs] *adv* tre volte

thrift [θrɪft] *n* parsimonia *f*

thrifty [ˈθrɪf·ti] <-ier, -iest> *adj* parsimonioso, -a

thrill [θrɪl] **I.** *n* brivido *m* **II.** *vt* entusiasmare **III.** *vi* entusiasmarsi

thriller [ˈθrɪ·lə·] *n* thriller *m inv*

thrilling [ˈθrɪ·lɪŋ] *adj* entusiasmante

thrive [θraɪv] <thrived *o* throve, thrived *o* thriven> *vi* (*person, plant*) crescere molto; (*business*) prosperare

thriving *adj* prospero, -a

throat [θroʊt] *n* ANAT gola *f*; **sore ~** mal *m* di gola; **to grab sb by the ~** prendere qn per la gola ► **to stick in sb's ~** (*proposal*) non andare giù a qn; (*words*) fermarsi in gola a qn; **to be at each other's ~s** esser come cani e gatti

throaty [ˈθroʊ·ti] <-ier, -iest> *adj* (*voice*) roco, -a; (*laugh*) gutturale

throb [θrɑːb] **I.** *n* (*of engine*) vibrazione *f*; (*of heart*) palpitazione *f* **II.** <-bb-> *vi* (*engine*) vibrare; (*heart*) palpitare

throes [θroʊz] *npl* angustia *f*; (*of death*) agonia *f*; **to be in the ~ of sth** essere nel bel mezzo di qc

thrombosis [θrɑːmˈboʊ·sɪs] <-es> *n* trombosi *f inv*

throne [θroʊn] *n* trono *m*

throng [θrɑːŋ] **I.** *n* moltitudine *f* **II.** *vt* affollare; **to be ~ed** essere affollato **III.** *vi* affollarsi; **to ~ to do sth** accorrere in massa a fare qc

throttle [ˈθrɑː·t̬l] **I.** *n* acceleratore *m*; **to open the ~** accelerare; **at full ~** a manetta *inf* **II.** <-ll-> *vt* strangolare

♦**throttle back** *vi* rallentare

through [θruː] **I.** *prep* **1.** (*spatial*) attraverso, per; **to go right ~ sth** attraversare qc; **to go ~ the door** entrare dalla porta; **to walk ~ a room** attraversare una stanza; **to walk ~ a village** camminare per un paese **2.** (*temporal*) durante; **all ~ my life** per tutta la mia vita; **to be ~ sth** aver terminato qc **3.** (*until*) da; **open Monday ~ Friday** aperto da lunedì a venerdì **4.** (*by means of*) per mezzo di **II.** *adv* **1.** (*of place*) da parte a parte; **I read the book ~** ho letto il libro da cima a fondo; **to go ~ to sth** andar dritto a qc **2.** (*of time*) **all day ~** per tutto il giorno; **halfway ~** a metà **3.** TEL **to put sb ~ to sb** passare qn a qn **4.** (*completely*) completamente; **to think sth ~** riflettere bene su qc ► **~ and ~** da capo a piedi **III.** *adj* **1.** (*finished*) finito, -a; **we are ~** abbiamo finito **2.** (*direct*) diretto, -a **3.** SCHOOL **to get ~** passare

through flight *n* volo *m* diretto

throughout [θruːˈaʊt] **I.** *prep* **1.** (*spatial*) in tutto, -a; **~ the town** per tutta la città **2.** (*temporal*) durante tutto, -a; **~ his stay** per tutta la sua permanenza **II.** *adv* **1.** (*spatial*) dappertutto **2.** (*temporal*) tutto il tempo

throughput [ˈθruː·pʊt] *n* volume *m* di produzione; COMPUT volume *m* di trasferimento dati

through traffic *n* traffico *m* di transito

through train *n* treno *m* diretto

throughway [ˈθruː·weɪ] *n* autostrada *f* a pagamento

throve [θroʊv] *pt of* **thrive**

throw [θroʊ] **I.** *n* **1.** (*act of throwing*) lancio *m* **2.** SPORTS lancio *m*, tiro *m* **3.** *inf* (*chance*) chance *f inv*; **his last ~** la sua ultima chance **II.** <threw, thrown> *vi* lanciare **III.** <threw, thrown> *vt* **1.** (*propel*) tirare; (*ball, javelin*) lanciare; **to ~ oneself into sb's arms** buttarsi tra le braccia di qn; **to ~ oneself at sb** gettarsi su qn **2.** (*cause to fall: rider*) disarcionare; (*opponent*) atterrare **3.** (*dedicate*) **to ~ oneself into sth** buttarsi in qc **4.** (*direct: glance*) lanciare; (*remark*) fare; (*kiss*) mandare **5.** *inf* (*confuse*) sconcertare **6.** TECH tornire **7.** (*turn on*) accendere; **to ~ the switch** schiacciare l'interruttore **8.** (*have*) **to ~ a tantrum** fare una scenata **9.** (*give*) **to ~ a party** dare una festa

♦**throw away** *vt* **1.** (*discard*) buttare **2.** (*waste*) buttar via; **to throw money away on sth** buttar via i soldi in qc; **to throw oneself away** buttarsi via **3.** (*speak casually*) buttare là

♦**throw back** *vt* **1.** (*return*) rilanciare **2.** (*open: curtains*) tirare; (*blanket*) buttare indietro **3.** (*remind unkindly*) rinfacciare; **to throw sth back in sb's face** rinfacciare qc a qn; (*retort angrily*) replicare

♦**throw down** *vt* **1.** (*throw from above*) buttare giù **2.** (*deposit forcefully*) deporre; (*weapons*) gettare **3.** (*drink quickly*) tranguggiare

♦**throw in I.** *vt* **1.** (*put into*) buttar dentro **2.** (*include*) aggiungere; (*comment*) buttare lì **II.** *vi* (*propel*) lanciare

♦**throw off** *vt* **1.** (*remove*) togliere **2.** (*escape from*) depistare **3.** (*rid oneself of*) disfarsi di **4.** (*write quickly*) improvvisare

♦**throw on** *vt* **1.** (*clothes*) infilare **2.** (*pounce upon*) **to throw oneself on sb** gettarsi su qn

♦**throw out** *vt* **1.** (*eject: person*) buttar fuori; (*thing*) buttar via; (*case*) respingere; (*suggestion*) rifiutare **2.** (*emit: heat, light*) emettere

♦**throw over** *vt* (*lover*) piantare

♦**throw together** *vt* **1.** *inf* (*make quickly*) mettere insieme qc **2.** (*cause to meet*) fare incontrare

♦**throw up I.** *vt* **1.** (*project upwards*) lanciare in aria **2.** (*bring to light*) rivelare **3.** (*build quickly*) tirar su alla svelta **4.** *inf* (*give up*) mollare **5.** *inf* (*vomit*) vomitare **II.** *vi inf* vomitare

throwaway [ˈθroʊ·ə·weɪ] *adj* usa e getta *inv*; **~ razor** rasoio *m* usa e getta; **~ remark** commento *m* buttato là

throwback [ˈθroʊ·bæk] *n* ritorno *m*; BIO atavismo *m*

thrower *n* lanciatore, -trice *m, f*

throw-in ['θroʊ·ɪn] *n* (*in soccer*) rimessa *m* in gioco; (*in baseball*) lancio *m*

throwing *n* lancio *m*

thrown *pp of* **throw**

thru [θruː] *prep, adj s.* **through**

thrum [θrʌm] I. <-mm-> *vt* (*guitar*) strimpellare II. *vi* (*engine*) vibrare III. *n* (*of engine*) vibrazione *f*

thrush¹ [θrʌʃ] *n* tordo *m*

thrush² [θrʌʃ] *n* MED mughetto *m*

thrust [θrʌst] I. <-, -> *vi* 1. (*shove*) spingere; **to ~ at sb with sth** assestare un colpo a qn con qc 2. (*force one's way*) farsi largo II. <-, -> *vt* (*push*) spingere; (*insert*) ficcare; **to ~ one's hands into one's pockets** ficcarsi le mani in tasca III. *n* 1. (*shove*) spinta *f;* **sword ~** stoccata *f* 2. (*impetus*) spinta *f;* **the main ~ of an argument** l'idea centrale di una discussione 3. TECH (*propulsion*) spinta *f*

thrusting ['θrʌs·tɪŋ] *adj* arrivista

thruway ['θruː·weɪ] *n* autostrada *f*

thud [θʌd] I. <-dd-> *vi* colpire con un tonfo; **to ~ on the table with one's fist** colpire il tavolo con un pugno II. *n* tonfo *m*

thug [θʌg] *n* teppista *mf*

thumb [θʌm] I. *n* pollice *m* ▶ **to be all fingers and ~s,** **to be all ~s** essere impacciato, *nei movimenti delle dita;* **to stand out like a sore ~** esser un pugno in un occhio; **to be under sb's ~** esser dominato da qn II. *vt* 1. (*hitchhike*) **to ~ a lift** fare l'autostop 2. (*soil with the thumbs*) sciupare 3. (*glance through: book*) sfogliare

thumb index *n* indice *m* a rubrica

thumbnail ['θʌm·neɪl] *n* unghia *f* del pollice

thumbnail sketch *n* breve descrizione *f*

thumbscrew ['θʌms·kruː] *n* serrapollici *m inv*

thumbtack *n* puntina *f* da disegno

thump [θʌmp] I. *vt* colpire; **to ~ sth down** abbattere qc II. *vi* 1. (*heart*) battere forte 2. (*beat*) **to ~ on sth** battere su qc III. *n* 1. (*blow*) colpo *m;* **to give sb a ~** dare un pugno a qn 2. (*noise*) tonfo *m*

thumping *adj inf* tremendo; **I've got a ~ headache** ho un mal di testa pazzesco

thunder ['θʌn·dɚ] I. *n* 1. METEO tuono *m;* **a clap of ~** un tuono 2. (*sound*) rombo *m* ▶ **to steal sb's ~** battere qn sul tempo II. *vi* tuonare; (*shout*) urlare III. *vt* tuonare

thunderbolt ['θʌn·dɚ·boʊlt] *n* 1. METEO fulmine *m* 2. *fig* fulmine a ciel sereno ▶ **to drop a ~ on sb** lasciare qn di stucco

thunderclap *n* tuono *m*

thundercloud *n pl* nuvolone *m*

thundering ['θʌn·dɚ·rɪŋ] I. *n* rombo *m* II. *adj inf* (*very noisy*) assordante; *fig* (*very great*) tremendo

thunderous ['θʌn·dɚ·rəs] *adj* fragoroso, -a

thunderstorm ['θʌn·dɚ·stɔːrm] *n* temporale *m*

thunderstruck ['θʌn·dɚ·strʌk] *adj form* stupefatto, -a

thundery ['θʌn·dɚ·ri] *adj* <-ier, -iest> temporalesco, -a

Thursday ['θɜːrz·deɪ] *n* giovedì *m inv;* **Maundy ~** giovedì santo; *s.a.* **Friday**

thus [ðʌs] *adv form* 1. (*therefore*) pertanto 2. (*like this*) così; **~ far** fino ad ora

thwart [θwɔːrt] *vt* frustrare; (*plan*) ostacolare

thy [ðaɪ] *pron pos, liter* il tuo, la tua, i tuoi, le tue

thyme [taɪm] *n* timo *m*

thyroid ['θaɪ·rɔɪd] *adj* tiroide *f*

tiara [tɪ·'e·rə] *n* diadema *f*

tibia ['tɪ·biə] <-iae> *n* tibia *f*

tic [tɪk] *n* tic *m inv*

tick¹ [tɪk] *n* zecca *f*

tick² [tɪk] I. *n* 1. (*sound*) tic-tac *m inv* 2. (*mark*) segno *m* di spunta II. *vi* fare tic-tac; **I don't know what makes her ~** non capisco il suo modo di ragionare III. *vt* spuntare

◆**tick off** *vt* 1. (*mark off*) spuntare 2. *inf* (*exasperate*) esasperare

◆**tick over** *vi* 1. TECH andare al minimo 2. *fig* tirare avanti

ticker ['tɪ·kɚ] *n* 1. TEL telescrivente *f* 2. (*watch*) orologio *m* 3. *inf* (*heart*) cuore *m*

ticker tape *n* nastro *m* di telescrivente

ticker-tape parade *n* sfilata *f* trionfale

ticket ['tɪ·kɪt] *n* 1. biglietto *m;* (*for library*) tessera *f;* **return ~** biglietto *m* di andata e ritorno 2. (*price, information tag*) etichetta *f* 3. AUTO multa *f* 4. POL rosa *f* di candidati ▶ **just the ~** proprio quello che ci vuole

ticket agency *n* agenzia *f* per la vendita di biglietti

ticket collector *n* bigliettaio, -a *m, f*

ticket counter *n* sportello *m* di vendita di biglietti

ticket holder *n* persona *f* munita di biglietto

ticket machine *n* biglietteria *f* automatica

ticket office *n* biglietteria *f*

ticking¹ ['tɪ·kɪŋ] *n* (*sound*) ticchettio *m*

ticking² ['tɪ·kɪŋ] *n* (*textile*) tela *m* da materassi

tickle ['tɪ·kl] I. *vi* fare il solletico; (*clothes*) pizzicare II. *vt* 1. fare il solletico a 2. (*amuse*) divertire ▶ **to be ~d pink** *inf* esser incantato III. *n* solletico *m;* (*tingling*) pizzicore *m*

ticklish ['tɪk·lɪʃ] *adj* che soffre il solletico; (*delicate*) delicato, -a

tidal ['taɪ·dəl] *adj* della marea

tidal wave *n* tsunami *m inv*

tidbit ['tɪd·bɪt] *n s.* **titbit**

tiddly ['tɪd·li] *adj* <-ier, -iest> *inf* (*slightly drunk*) alticcio, -a

tiddlywink ['tɪd·li·wɪŋk] *n* pulci *fpl;* **~s** gioco *m* delle pulci

tide [taɪd] *n* 1. (*of sea*) marea *f;* **high ~** alta marea; **low ~** bassa marea 2. (*of opinion*) corrente *f;* **to go against the ~** andare controcorrente; **to swim with the ~** seguire la corrente

◆**tide over** *vt always sep* **to tide sb over** aiutare qn a tirare avanti

tideland ['taɪd·lænd] *n* bassofondo *m*

tidemark *n* (*mark left by high tide*) linea *f* di marea

tidiness ['taɪ·dɪ·nɪs] *n* ordine *m*

tidy ['taɪ·di] **I.** *adj* <-ier, -iest> **1.** (*orderly*) ordinato, -a; **to have a ~ mind** essere metodico **2.** *inf* (*considerable*) considerevole **II.** *vt* mettere in ordine

tie [taɪ] **I.** *n* **1.** (*necktie*) cravatta *f* **2.** (*cord*) laccio *m* **3.** *pl* (*bond*) legame *m; (diplomatic*) relazioni *fpl* **4.** (*equal ranking*) pareggio *m* **II.** *vi* **1.** (*fasten*) legare **2.** SPORTS pareggiare **III.** *vt* **1.** (*fasten*) legare; (*knot*) fare **2.** (*restrict*) limitare; **to be ~d by/to sth** essere costretto da/a qc

◆**tie back** *vt* fissare

◆**tie down** *vt* legare; **to tie sb down to sth** *inf* vincolare qn a qc

◆**tie in I.** *vt* collegare **II.** *vi* coincidere

◆**tie up** *vt* **1.** (*bind*) legare; (*hair*) raccogliere; **to ~ some loose ends** *fig* ultimare i dettagli **2.** (*delay*) bloccare **3.** (*be busy*) **to be tied up** essere occupato **4.** FIN, ECON (*capital*) immobilizzare; **to be tied up in sth** essere impegnato in qc

tie-break ['taɪ·breɪk] *n*, **tie-breaker** *n* tie--break *m inv*

tie clip *n* fermacravatta *m*

tie-in ['taɪ·ɪn] *n* **1.** (*agreement*) accordo *m* **2.** (*connection*) legame *m*

tie-on *adj* che si lega

tiepin ['taɪ·pɪn] *n* spilla *f* da cravatta

tier [tɪr] *n* (*row*) fila *f;* (*level*) gradinata *f;* (*in a hierarchy*) livello *m*

tie-up ['taɪ·ʌp] *n* legame *m*

tiff [tɪf] *n inf* scaramuccia *f;* **to have a ~** avere un battibecco

tiger ['taɪ·ɡɚ] *n* tigre *f* ▶ **to have a ~ by the** tail prendere il toro per le corna

tight [taɪt] **I.** *adj* **1.** (*screw, knot*) stretto, -a; (*clothing*) aderente **2.** (*rope*) teso, -a; (*skin*) tirato, -a **3.** (*condition, discipline*) rigoroso, -a; (*budget*) limitato, -a; (*situation*) difficile; (*schedule*) rigido, -a; **to keep a ~ hold on sth** tenere qc sotto stretto controllo; **to be ~ for money/time** essere a corto di soldi/tempo **4.** (*bend*) stretto, -a **5.** (*hard-fought*) combattuto, -a **6.** *inf* (*drunk*) sbronzo, -a **II.** *adv* forte; **to close sth ~** chiudere bene qc; **sleep ~!** dormi bene!

tighten ['taɪ·ten] **I.** *vt* **1.** (*make tight*) stringere; (*rope*) tendere **2.** (*restrictions*) intensificare **II.** *vi* stringersi; (*restrictions*) intensificarsi

tight-fisted [ˌtaɪt·ˈfɪs·tɪd] *adj inf* tirchio, -a

tight-fitting *adj* attillato, -a

tight-lipped [ˌtaɪt·ˈlɪpt] *adj* riservato, -a; **to be ~ about sth** tener la bocca chiusa a proposito di qc

tightness *n* **1.** (*of clothing*) strettezza *f* **2.** (*of discipline*) rigore *m;* (*of budget*) limitatezza *f;* (*of schedule*) rigidità *f* **3.** PSYCH tensione *f*

tightrope ['taɪ·troʊp] *n* fune *f;* **to walk a ~** *a. fig* stare sul filo del rasoio

tightrope walker *n* funambolo, -a *m, f*

tights [taɪts] *npl* **1.** (*leggings*) collant *m inv* **2.** (*for dancing*) calzamaglia *f*

tightwad ['taɪt·wɑːd] *n inf* taccagno, -a *m, f*

tigress ['taɪ·ɡrɪs] *n* tigre *f*(femmina)

tike [taɪk] *n s.* **tyke**

tile [taɪl] **I.** *n* (*for roof*) tegola *f;* (*for walls, floors*) piastrella *f* **II.** *vt* (*roof*) rivestire di tegole; (*wall, floor*) piastrellare

tiler ['taɪ·lɚ] *n* piastrellista *mf*

till¹ [tɪl] **I.** *prep* fino a **II.** *conj* finché

till² [tɪl] *n* cassa *f* ▶ **he was caught with his** hand **in the ~** l'han colto con le mani nel sacco

till³ [tɪl] *vt* coltivare

tiller ['tɪ·lɚ] *n* barra *f* del timone; **at the ~** al timone

tilt [tɪlt] **I.** *n* inclinazione *f* ▶ (**at**) full **~** a tutta velocità **II.** *vt* inclinare; **to ~ sth back** inclinare qc indietro **III.** *vi* inclinarsi; **to ~ back** inclinarsi indietro; **to ~ over** rovesciarsi

timber ['tɪm·bɚ] *n* **1.** (*wood*) legname *m* **2.** (*beam*) trave *f* **3.** (*trees*) alberi *mpl* da legname; **~!** attenzione, cade!

timbered *adj* in legno

timberline ['tɪm·bɚ·laɪn] *n* limite *m* forestale

time [taɪm] **I.** *n* **1.** tempo *m;* **to kill ~** ammazzare il tempo; **to make ~** trovare il tempo; **to spend ~** passare il tempo; (**how**) **~ flies** il tempo vola; **~ passes** il tempo stringe; **as ~ goes by** col passare del tempo; **in the course of ~** nel corso del tempo; **to be a matter of ~** essere questione di tempo; (**only**) **~ can tell** solo il tempo lo dirà; **of all ~** di tutti i tempi; **in ~** col tempo; **over ~** col tempo **2.** (*period*) tempo *m;* **access ~** COMPUT tempo di accesso; **extra ~** SPORTS tempo supplementare; **free ~** tempo libero; **after a ~** dopo un certo tempo; **all the ~** continuamente; **a long ~ ago** molto tempo fa; **some ~ ago** un po' di tempo fa; **for the ~ being** per il momento; **given ~** col tempo; **to have a good ~** divertirsi; **to have all the ~ in the world** avere tutto il tempo che si vuole; **to run out of ~, to be** (**all**) **out of ~** *inf* essere fuori tempo; **to save ~** guadagnare tempo; **to waste ~** perdere tempo; **most of the ~** la maggior parte del tempo; **in one week's ~** in una settimana; **for a short/long period of ~** per un breve/lungo periodo di tempo; **there's no ~ to lose** non c'è tempo da perdere; **can I have ~ off to go to the dentist?** posso prendere un permesso per andare dal dentista?; **to take one's ~ in doing sth** prendersela comoda a fare qc; **it takes a long/ short ~** ci vuole molto/poco tempo; **to give sb a hard ~** *inf* rendere la vita difficile a qn; **I don't have a lot of ~ for him** non mi sta molto a genio **3.** (*clock*) ora *f;* **arrival/depar- ture ~** ora di arrivo/partenza; **bus/train ~s** orario *m* degli autobus/dei treni; **to have the ~** sapere [*o* avere] l'ora **4.** (*moment*) momento *m;* **the best ~ of day** il momento migliore della giornata; **this ~ tomorrow** domani a quest'ora; **at all ~s** sempre; **at a dif-**

T

ferent ~ in un altro momento; **each** ~ ogni volta; **the right** ~ il momento giusto **5.** (*specific point in time*) ora *f;* **at any** ~ a qualsiasi ora; **at any given** ~, **at (any) one** ~ in un dato momento; **the last/next** ~ l'ultima/la prossima volta; **at other** ~**s** in altri momenti; **at the present** ~ attualmente; **it is about** ~ **that ...** è ora che ... +*conj;* ~ **and** (~) **again** molto spesso; **ahead of** ~ in anticipo; **to know at the** ~ sapere al momento; **to remember the** ~ ... ricordare quando ... **6.** (*occasion*) volta *f;* **three** ~ **champion** tre volte campione; **lots of** ~**s** molte. volte; **for the hundredth** ~ per la centesima volta; **from** ~ **to** ~ di quando in quando **7.** (*right moment*) ora *f;* **breakfast** ~ ora di colazione; **it's high** ~ **that ...** è ora che ... +*conj;* **ahead of** ~ in anticipo; **to do sth dead on** ~ far qc esattamente a tempo; **the** ~ **comes** viene il momento **8.** (*epoch*) epoca *f;* **at one** ~ un tempo; **from** [*o* **since**] ~ **immemorial** da tempo immemorabile; **to be behind the** ~**s** non essere al passo coi tempi; **in** ~**s gone by** in epoche passate; **to keep up with the** ~**s** tenersi al passo coi tempi **9.** SPORTS tempo *m;* **record** ~ tempo da record **10.** MUS tempo **11.** ECON ore *fpl* di lavoro; **to work full/part** ~ lavorare a tempo pieno/parziale; **to be on short** ~ avere un orario ridotto ▶ ~ **is of the essence** non c'è tempo da perdere; **to have** ~ **on one's** hands aver tempo libero; ~ **is a great** healer *prov* il tempo guarisce le ferite; ~ **is** money *prov* il tempo è denaro; **there's a** ~ **and a** place (**for everything**) *prov* ogni cosa a suo tempo; **a week is a long** ~ **in** politics *prov* tutto può succedere in politica; **there's no** ~ **like the** present *prov* non rimandare a domani quel che puoi fare oggi *prov;* ~ **and** tide **wait for no man** *prov* chi ha tempo non aspetti tempo; ~ **heals all** wounds *prov* il tempo guarisce le ferite; **in** less **than no** ~ in men che non si dica; **to** buy ~ prender tempo; ~**s are** changing i tempi cambiano; **to** do ~ *inf* essere in prigione; ~ moves **on** la vita continua **II.** *vt* **1.** SPORTS cronometrare **2.** (*choose best moment for*) scegliere il momento adatto per **III.** *adj* SPORTS ~ **trial** prova *f* a cronometro

time and motion study *n* COM studio *m* dei tempi e dei movimenti

time bomb *n* bomba *f* ad orologeria

time card *n* cartellino *m* (di presenza)

time clock *n* orologio *m* marcatempo

time-consuming ['taɪm·kən·ˌsuː·mɪŋ] *adj* che richiede molto tempo

time difference *n* differenza *f* oraria

timekeeper *n* **1.** (*device*) cronometro *m* **2.** (*person*) cronometrista *mf;* **to be a poor** ~ non essere una persona puntuale

time lag *n* lasso *m* di tempo

time-lapse photography *n* ripresa *f* temporizzata

timeless ['taɪm·ləs] *adj* senza tempo

time limit *n* limite *m* di tempo

time lock *n* serratura *f* a tempo

timely ['taɪm·li] *adj* <-ier, -iest> opportuno, -a; **in a** ~ **fashion** tempestivamente

time-out [ˌtaɪm·'aʊt] *n* **1.** SPORTS time out *m inv* **2.** (*rest*) pausa *f*

timer ['taɪ·mə·] *n* timer *m inv;* FOOD contaminuti *m inv*

timesaving ['taɪm·ˌseɪ·vɪŋ] *adj* salvatempo *inv*

timescale ['taɪm·skeɪl] *n* lasso *m* di tempo

timeshare *n* multiproprietà *f inv*

time-sharing *n* **1.** (*on holiday*) multiproprietà *f inv* **2.** COMPUT time-sharing *m inv*

time sheet *n* cartellino *m* (di presenza)

timetable **I.** *n* (*for bus, train*) orario *m;* (*for project, events*) programma *m* **II.** *vt* programmare

timeworn ['taɪm·wɔːrn] *adj* logoro, -a; (*trite*) trito, -a; (*excuse*) banale

time zone *n* fuso *m* orario

timid ['tɪ·mɪd] *adj* <-er, -est> timido, -a

timidity [tɪ·'mɪ·də· t̪i] *n* timidezza *f*

timing ['taɪ·mɪŋ] *n* **1.** cronometraggio *m;* **that was perfect** ~ ha scelto il momento opportuno **2.** (*rhythm*) tempismo *m*

timpani ['tɪm·pə·ni] *npl* MUS timpani *mpl*

tin [tɪn] **I.** *n* **1.** (*metal*) stagno *m;* (*tinplate*) latta *f* **2.** (*container*) barattolo *m* **3.** (*for baking*) teglia *f* **II.** *vt* inscatolare

tin can *n* lattina *f*

tincture ['tɪŋk·tʃə·] *n* tintura *f*

tinder ['tɪn·də·] *n* esca *f*

tin foil *n* stagnola *f*

ting [tɪŋ] *n* tintinnio *m*

tinge [tɪndʒ] **I.** *n* **1.** (*of color*) sfumatura *f* **2.** (*of emotion*) nota *f* **II.** *vt* **1.** (*dye*) tingere **2.** *fig* sfumare

tingle ['tɪŋ·gl] **I.** *vi* formicolare **II.** *n* formicolio *m*

tin god *n pej, inf* eroe *m* di cartone

tin hat *n* elmetto *m* di protezione

tinhorn *n inf* presuntuoso, -a *m, f*

tinker ['tɪŋ·kə·] **I.** *n* **1.** HIST stagnino, -a ambulante *m* **2.** zingaro, -a *m, f* **II.** *vi* **to** ~ **with sth** cercare di riparare qc

tinkle ['tɪŋ·kl] **I.** *vi* tintinnare **II.** *vt* far tintinnare **III.** *n* tintinnio *m;* **to give sb a** ~ *inf* dare un colpo di telefono a qn

tinny ['tɪ·ni] *adj* <-ier, -iest> (*sound, taste*) metallico, -a

tinpot ['tɪn·pɑːt] *adj pej, inf* da poco

tinsel ['tɪn·sl] *n* decorazioni *f* natalizie *pl*

tint [tɪnt] **I.** *n* (*color*) sfumatura *f;* (*for hair*) tinta *f* **II.** *vt* tingere

tiny ['taɪ·ni] *adj* <-ier, -iest> minuscolo, -a

tip¹ [tɪp] **I.** <-pp-> *vt* rovesciare **II.** *n* punta *f;* **from** ~ **to toe** dalla testa ai piedi; **the southern** ~ **of Florida** la punta estrema a sud della Florida; **it's on the** ~ **of my tongue** ce l'ho sulla punta della lingua

tip² [tɪp] **I.** <-pp-> *vt* (*incline*) inclinare; **to** ~ **the balance against/in favor of sb** far pendere la bilancia contro/a favore di qn **II.** *vi* inclinarsi

tip³ [tɪp] **I.** *n* **1.** (*for service*) mancia *f;* **10 per cent** ~ una mancia del 10 per cento **2.** (*hint*) suggerimento *m;* **to give sb a** ~ dare una dritta a qn; **to take a** ~ **from sb** seguire il consiglio di qn **II.**<-pp-> *vt* (*give money*) dare una mancia a **III.**<-pp-> *vi* lasciare la mancia
  ◆**tip off** *vt* informare
  ◆**tip over I.** *vt* capovolgere **II.** *vi* capovolgersi
  ◆**tip up I.** *vt* ribaltare **II.** *vi* ribaltarsi
tip-off ['tɪp·ɑːf] *n inf* soffiata *f*
tipple ['tɪ·pl̩] **I.** *vi* (*drink*) bere **II.** *vt* bere **III.** *n inf* bicchierino *m;* **favorite** ~ drink *minv* preferito
tipster ['tɪp·stɚ] *n* SPORTS *chi fornisce pronostici alle corse di cavalli*
tipsy ['tɪp·si] *adj* <-ier, -iest> alticcio, -a
tiptoe ['tɪp·toʊ] **I.** *n* **on** ~(**s**) in punta di piedi **II.** *vi* camminare in punta di piedi
tiptop ['tɪp·tɑːp] *adj inf* eccellente
tip-up seat ['tɪp·ʌp·'siːt] *n* sedile *m* reclinabile
tirade ['taɪ·reɪd] *n* filippica *f*
tire¹ ['ta·ɪɚ] *n* pneumatico *m;* **spare** ~ ruota *f* di scorta
tire² ['ta·ɪɚ] **I.** *vt* stancare **II.** *vi* stancarsi
tired ['ta·ɪɚd] *adj* <-er, -est> (*person*) stanco, -a; (*excuse*) debole; **to be sick and** ~ **of sth** esser stufo di qc; **the same** ~ **old faces** le solite facce
tiredness *n* stanchezza *f*
tire gauge *n* manometro *m* per pneumatici
tireless ['ta·ɪɚ·ləs] *adj* instancabile
tire pressure *n* pressione *f* delle gomme
tiresome ['ta·ɪɚ·səm] *adj* fastidioso, -a; (*person*) noioso, -a
tiring ['taɪ·rɪŋ] *adj* stancante
'tis [tɪz] = **it is** *s.* **be**
tissue ['tɪ·ʃu:] *n* **1.** (*paper*) carta *f* velina **2.** (*handkerchief*) fazzoletto *m* di carta **3.** ANAT, BIO tessuto *m*
tit¹ [tɪt] *n* cincia *f;* **blue** ~ cinciarella *f;* **coal** ~ cincia *f* mora
tit² [tɪt] *n vulg* tetta *f*
titanic [taɪ·'tæ·nɪk] *adj* titanico, -a
titanium [taɪ·'teɪ·ni·əm] *n* titanio *m*
titbit ['tɪt·bɪt] *n* **1.** (*delicacy*) bocconcino *m* **2.** (*piece: of information*) notizia *f* ghiotta; (*of gossip*) pettegolezzo *m*
titillate ['tɪ·tə·leɪt] *vt* titillare
titillation [ˌtɪ·tə·'leɪ·ʃən] *n* titillamento *m*
titivate ['tɪ·tə·veɪt] *vt* agghindare; **to** ~ **oneself** agghindarsi
title ['taɪ·tl̩] **I.** *n* **1.** (*name*) titolo *m* **2.** (*championship*) titolo *m* **3.** LAW diritto *m* **II.** *vt* intitolare
title deed *n* titolo *m* di proprietà
titleholder *n* detentore, -trice *m, f* del titolo
title page *n* frontespizio *m*
title role *n* ruolo *m* principale
title track *n* brano *m* che dà nome all'album
titter ['tɪ·tɚ] **I.** *vi* ridacchiare nervosamente **II.** *n* risatina *f* nervosa

tittle-tattle ['tɪ·tl̩·ˌtæ·tl̩] *n inf* pettegolezzi *mpl*
tizz [tɪz] *n,* **tizzy** ['tɪ·zi] *n inf* agitazione *f;* **to be in a** ~ essere molto agitato
TNT [ˌtiː·en·'tiː] *n abbr of* **trinitrotoluene** TNT *m*
to [tuː] **I.** *prep* **1.** (*in direction of*) a; **to go** ~ **Mexico/Brasil** andare in Messico/Brasile; **to go** ~ **Los Angeles/New York** andare a Los Angeles/New York; **to go** ~ **town** andare in città; **to go** ~ **the dentist('s)** andare dal dentista; **to go** ~ **the cinema/theater** andare al cinema/a teatro; **to go** ~ **bed** andare a letto; **to go** ~ **the south** andare al sud; ~ **the left/right** a sinistra/destra; **to fall** ~ **the ground** cadere a terra; **the path** ~ **the lake** il sentiero che porta al lago **2.** (*before*) **a quarter** ~ **five** le cinque meno un quarto **3.** (*until*) fino a; **to count up** ~ **10** contare fino a 10; ~ **this day** fino ad oggi; **frightened** ~ **death** spaventato a morte; **done** ~ **perfection** fatto alla perfezione; ~ **some extent** fino ad un certo punto **4.** *with indirect object* **to talk** ~ **sb** parlare con qn; **to show sth** ~ **sb** mostrare qc a qn; **I said** ~ **myself ...** mi sono detto ...; **this belongs** ~ **me** questo appartiene a me **5.** (*towards*) con; **to be kind/rude** ~ **sb** essere gentile/sgarbato con qn **6.** (*against*) contro; **elbow** ~ **elbow** gomito a gomito; **close** ~ **sth** vicino a qc; **to clasp sb** ~ **one's bosom** stringersi qn al petto; **to fix sth** ~ **the wall** fissare qc al muro; **5 added** ~ **10 equals 15** 5 più 10 fa 15 **7.** (*in comparison*) a; **3** (**goals**) ~ **1** 3 (gol) a 1; **superior** ~ **sth/sb** superiore a qc/qn **8.** (*from opinion of*) **to sound strange** ~ **sb** suonar strano a qn; **it doesn't make any sense** ~ **me** non ha senso per me; **what's it** ~ **them?** *inf* che cosa gliene importa a loro?; ~ **all appearances** all'apparenza **9.** (*proportion*) **one liter** ~ **one person** un litro a persona; **by a majority of 5** ~ **1** con una maggioranza di 5 a 1; **the odds are 3** ~ **1** le probabilità sono 3 a 1 **10.** (*causing*) **much** ~ **my surprise** con mia grande sorpresa **11.** (*by*) da; **known** ~ **sb** conosciuto da qn **12.** (*matching*) di; **the top** ~ **this jar** il coperchio di questo barattolo **13.** (*of*) di; **the secretary** ~ **the boss** la segretaria del capo **14.** (*for purpose of*) per ▶ **that's** <u>all</u> **there is** ~ **it** questo è tutto **II.** *infinitive particle* **1.** (*infinitive: not translated*) ~ **do/walk/put** fare/camminare/mettere **2.** (*in command*) **I told him** ~ **eat** gli ho detto di mangiare **3.** (*after interrogative words*) **I know what** ~ **do** so cosa fare; **she didn't know how** ~ **say it** non sapeva come dirlo **4.** (*wishes*) **he wants** ~ **listen** vuole ascoltare; **she wants** ~ **go** vuole andarsene **5.** (*purpose*) **he comes** ~ **see me** viene a trovarmi; **to phone** ~ **ask sth** telefonare per chiedere qc **6.** (*attitude*) **she seems** ~ **enjoy it** sembra che si diverta; ~ **be honest ...** sinceramente... **7.** (*future intention*) **the work** ~ **be done** il lavoro da fare; **sth** ~ **buy** qc da comprare **8.** (*in consecutive acts*) per; **I came back** ~ **find she had left Madrid**

T

quando son tornato ho scoperto che lei se n'era andata via da Madrid **9.**(*introducing a complement*) **he wants me ~ tell him a story** vuole che gli racconti una storia; **to be too tired ~ do sth** esser troppo stanco per fare qc **10.**(*in general statements*) **it is easy ~ do it** è facile farlo **11.**(*in ellipsis*) **he doesn't want ~ eat, but I want ~** lui non vuole mangiare, ma io sì **III.** *adv* **to push the door ~** chiudere la porta

toad [tood] *n* **1.**(*animal*) rospo *m* **2.**(*person*) rospo, -a *m, f*

toadstool ['tood·stu:l] *n* fungo *m* velenoso

toady ['too·di] **I.**<-ies> *n* leccapiedi *mf* **II.** *vi* leccare i piedi

to and fro *adv* avanti e indietro

toast [toost] **I.** *n* **1.**(*bread*) pane *m* tostato; **a piece of ~** una fetta di pane tostato **2.**(*drink*) brindisi *m* **inv II.** *vt* **1.**(*cook*) tostare **2.**(*drink*) brindare a **III.** *vi* tostarsi

toaster *n* tostapane *m*

toastmaster ['toost·ˌmæs·tə] *n* maestro di cerimonie

tobacco [tə·'bæ·kou] *n* tabacco *m*

tobacconist [tə·'bæ·kə·nɪst] *n* tabaccaio, -a *m, f*

to-be [tə·'bi:] *adj* futuro, -a

toboggan [tə·'bɑ:·gən] **I.** *n* toboga *m* **inv II.** *vi* andare in toboga

toboggan run *n*, **toboggan slide** *n* pista *f* di toboga

toby (jug) ['too·bi·(dʒʌg)] *n* caraffa *f* (*a forma di uomo*)

today [tə·'deɪ] **I.** *adv* **1.**(*this day*) oggi **2.**(*nowadays*) al giorno d'oggi **II.** *n* **1.**(*this day*) oggi *m* **2.**(*nowadays*) oggi *m*

toddle ['tɑ:·dl] *vi* **1.**(*walk*) camminare senza fretta; (*child*) fare i primi passi **2.** *inf* (*go*) **to ~ (off)** incamminarsi senza fretta

toddler ['tɑ:d·lə] *n* bambino, -a ai primi passi *m*

toddy ['tɑ:·di] <-ies> *n* (*hot*) **~ grog** *m* **inv**

to-do [tə·'du:] *n* *inf* putiferio *m*

toe [too] **I.** *n* **1.** ANAT dito *m* del piede; **on one's ~s** sulle punte **2.**(*of sock, shoe*) punta *f* ▶ **to keep sb on their ~s** tenere qn in stato di allerta; **to step on sb's ~s** pestare i piedi a qn *fig* **II.** *vt* **to ~ the line** mettersi in linea

toecap *n* rinforzo *m*

toehold *n* **1.**(*when climbing*) appiglio *m* **2.** *fig* punto *m* d'appoggio

toenail *n* unghia *f* del piede

toffee ['tɑ:·fi] *n* caramella *f* mou

together [tə·'ge·ðə] **I.** *adv* **1.**(*jointly*) insieme; **all ~** tutti insieme; **~ with sb/sth** insieme a qn/qc; **to live ~** vivere insieme; **to get ~** riunirsi; **to get it ~** *inf* organizzarsi **2.**(*at the same time*) insieme, allo stesso tempo **II.** *adj* *inf* equilibrato, -a

togetherness *n* senso *m* di intimità

toggle ['tɑ:·gl] **I.** *n* **1.** COMPUT tasto *m* bistabile **2.** TECH cavicchio *m* **II.** *vt* premere

toggle switch *n* interruttore *m* a levetta

Togo ['too·gou] *n* Togo *m*

Togolese [ˌtoo·gou·'li:s] **I.** *adj* togolese **II.** *n* togolese *mf*

toil [tɔɪl] **I.** *n* lavoro *m* faticoso **II.** *vi* **1.**(*work hard*) faticare **2.**(*move*) muoversi con difficoltà

toilet ['tɔɪ·lɪt] *n* **1.**(*room*) gabinetto *m* **2.**(*appliance*) gabinetto *m* **3.** *form* (*process*) toilette *f* **inv**

toilet paper *n* carta *f* igienica

toiletries ['tɔɪ·lɪ·triz] *npl* articoli *mpl* da toilette

toiletries bag *n* pochette *f* **inv**

toilet roll *n* rotolo *m* di carta igienica

toilet seat *n* ciambella *f* del water

toilet soap *n* saponetta *f*

toilet water *n* acqua *f* di colonia

token ['too·kən] **I.** *n* **1.**(*sign*) segno *m*; **by the same ~** per la stessa ragione; **in ~ of** *form* in segno di **2.**(*for machines*) gettone *m* **II.** *adj* (*symbolic*) simbolico, -a

told [toold] *pt, pp of* **tell**

tolerable ['tɑ:·lə·ə·bl] *adj* tollerabile

tolerably ['tɑ:·l·əəb·li] *adv* *form* abbastanza

tolerance ['tɑ:·lə·əns] *n* tolleranza *f*

tolerant ['tɑ:·lə·ənt] *adj* tollerante

tolerate ['tɑ:·lə·reɪt] *vt* **1.**(*accept*) *a.* MED sopportare **2.**(*endure*) tollerare

toleration [ˌtɑ:·lə·'reɪ·ʃən] *n* tolleranza *f*

toll[1] [tool] *n* **1.** AUTO pedaggio *m*; **truck ~** pedaggio *m* per autocarri **2.** TEL tariffa *m* **3.**(*damage*) numero *m* delle vittime

toll[2] [tool] **I.** *vt* suonare a morto; **to ~ the knell** *fig* suonare la campana a morto **II.** *vi* suonare

toll bridge *n* ponte *m* a pedaggio

toll call *n* interurbana *f*

toll-free *adv* gratis

tollhouse *n* HIST casello *m* per il pagamento del pedaggio

toll road *n* strada *f* a pedaggio

tom [tɑm] *n* (*cat*) gatto *m* (maschio)

tomato [tə·'meɪ·too] <-es> *n* pomodoro *m*

tomato ketchup *n* ketchup *m* **inv**

tomb [tu:m] *n* tomba *f*

tomboy ['tɑm·bɔɪ] *n* maschiaccio *m*

tombstone ['tu:m·stoon] *n* pietra *f* tombale

tomcat ['tɑm·kæt] *n* gatto *m* (maschio)

tome [toom] *n* tomo *m*

tomfoolery [ˌtɑm·'fu:·lə·i] *n* stupidaggini *fpl*

tommy gun *n* mitra *m* **inv**

tomograph ['tɒ·mə·grɑ:f] *n* MED tomografo *m*

tomography [too·'mɑ:·grə·fi] *n* MED tomografia *f*

tomorrow [tə·'mɑ:·roo] **I.** *adv* domani; **the day after ~** dopodomani; **all (day) ~** tutto il giorno di domani; **a week from ~** una settimana a partire da domani; **~ morning/evening** domani mattina/sera; **see you ~!** a domani! **II.** *n* domani *m* ▶ **~ is another day** *prov* domani è un altro giorno; **never put off until ~ what you can do today** *prov* non rimandare a domani quel che puoi fare oggi

T

tom-tom ['tɑːm·tɑːm] *n* tam-tam *m inv*
ton [tʌn] *n* tonnellata *f;* ~**s of** *inf* un sacco di
tone [toʊn] **I.** *n* **1.** (*sound*) tono *m;* (*of instrument*) tonalità *f;* (*of voice*) timbro *m* **2.** (*style*) tono *m* **3.** (*of color*) tonalità *f* **4.** (*condition*) tono *m* **II.** *vt* (*muscles, skin*) tonificare
◆**tone down** *vt* moderare
◆**tone in** *vi* armonizzare
◆**tone up** *vt* tonificare
tone control *n* tasto *m* regolatore del suono
tone-deaf ['toʊn·'def] *adj* che non ha orecchio musicale
toneless ['toʊn·ləs] *adj* monotono, -a
tone poem *n* poema *m* sinfonico
toner ['toʊ·nɚ] *n* **1.** (*for skin*) tonico *m* **2.** (*for printer*) toner *m*
Tonga ['tɑː·ŋə] *n* Tonga *m*
Tongan **I.** *adj* tonganese **II.** *n* **1.** (*person*) tonganese *mf* **2.** LING tonganese *m*
tongs [tɑːŋz] *npl* molle *fpl*
tongue [tʌŋ] **I.** *n* **1.** ANAT lingua *f;* **to bite one's ~** mordersi la lingua; **to find one's ~** ritrovare la parola; **to hold one's ~** tenere a freno la lingua; **to stick one's ~ out (at sb)** fare la linguaccia (a qn); **to get one's ~ around a word** riuscire a pronunciare una parola **2.** (*language*) lingua *f* **3.** (*expressive style*) espressione *f;* **to have a sharp ~** aver una lingua tagliente ▶ **to say sth ~ in cheek** dir qc in tono ironico; **to give sb the rough side of one's ~** *inf*, **to speak with a forked ~** aver la lingua biforcuta; **have you lost your ~?** hai perso la lingua?; **to set ~s wagging** dare di che parlare **II.** *vt* MUS staccare
tongue-tied ['tʌŋ·taɪd] *adj fig* **to be ~** ammutolire
tongue twister *n* scioglilingua *m inv*
tonic¹ ['tɑː·nɪk] *n* (*stimulant*) tonico *m*
tonic² ['tɑː·nɪk] *n* MUS tonica *f*
tonic³ ['tɑː·nɪk] *n*, **tonic water** *n* acqua *f* tonica
tonight [tə·'naɪt] *adv* (*evening*) stasera; (*night*) stanotte
tonnage ['tʌ·nɪdʒ] *n* tonnellaggio *m*
tonne [tʌn] *n* tonnellata *f*
tonsil ['tɑːn·sl] *n* MED tonsilla *f*
tonsillitis [ˌtɑːn·sə·'laɪ·tɪs] *n* tonsillite *f*
too [tuː] *adv* **1.** (*overly*) troppo; **that's ~ much!** questo è troppo! **2.** (*very*) molto **3.** (*also*) anche; **me ~!** *inf* anch'io! **4.** (*moveover*) troppo **5.** *inf* (*for emphasis*) pure
took [tʊk] *vt, vi pt of* **take**
tool [tuːl] **I.** *n* **1.** (*implement*) attrezzo *m* **2.** (*instrument*) strumento *m* **II.** *vt* (*shape with a tool*) lavorare con attrezzi
tool bag *n* borsa *f* degli attrezzi
toolbar *n* COMPUT barra *f* degli strumenti
toolbox *n*, **tool chest** *n* cassetta *f* porta attrezzi
toolkit *n* kit *minv* degli attrezzi
toolmaker *n* fabbricante *mf* di attrezzi

tool shed *n* capanno *m* degli attrezzi
toot [tuːt] **I.** *n* colpo *m* di clacson; **to give a ~** suonare il clacson **II.** *vt* (*sound*) suonare **III.** *vi* suonare il clacson
tooth [tuːθ] <teeth> *n* **1.** ANAT (*of person, animal*) dente *m;* **to bare one's teeth** mostrare i denti; **he's cutting a ~** sta mettendo un dente **2.** (*of comb, saw*) dente *m* ▶ **to set sb's teeth on edge** far venire i brividi a qn; **to fight ~ and nail** (**to do sth**) lottare con le unghie e con i denti (per fare qc); **to be long in the ~** essere avanti con gli anni; **to have a sweet ~** esser goloso; **to cut one's teeth on sth** farsi le ossa con qc; **to get one's teeth into sth** buttarsi in qc; **to give sth teeth** dar forza a qc; **to grit one's teeth** stringere i denti; **to lie through one's teeth** mentire spudoratamente; **in the ~ of sth** (*straight into*) contro; (*despite*) a dispetto di qc
toothache ['tuː·eɪk] *n* mal *m* di denti
toothbrush ['tuːθ·brʌʃ] *n* spazzolino *m* da denti
toothed *adj* dentato, -a
toothpaste ['tuːθ·peɪst] *n* dentifricio *m*
toothpick *n* stuzzicadenti *m inv*
toothsome ['tuːθ·səm] *adj* saporito, -a
toothy ['tuː·θi] <-ier, -iest> *adj* **to give a ~ smile** sorridere mostrando tutti i denti
tootle ['tuː·tl̩] *vi inf* **to ~ along** andare senza fretta
toots [tʊts] *n inf* dolcezza *f*
top¹ [tɑːp] *n* (*spinning top*) trottola *f*
top² [tɑːp] **I.** *n* **1.** (*highest part*) cima *f;* **to get on ~ of sth** *a. fig* avere qc sotto controllo; **from ~ to bottom** da cima a fondo; **from ~ to toe** dalla testa ai piedi; **to feel on ~ of the world** sentirsi al settimo cielo **2.** (*surface*) superficie *f;* **on ~ of** sopra a **3.** (*highest rank*) apice *m;* **to be at the ~** essere al vertice; **to be at the ~ of the class** essere il primo della classe; **to go to the ~** arrivare in cima **4.** (*clothing*) top *m inv* **5.** (*end: of street*) fine *f;* (*of list*) cima *f;* **at the ~ of the table** a capotavola **6.** (*lid: of bottle*) tappo *m* ▶ **at the ~ of one's voice** a squarciagola; **to go over the ~** esagerare **II.** *adj* **1.** (*highest, upper*) più alto, -a; (*floor*) ultimo, -a; (*layer*) superiore; (*drawer, bottom*) primo, -a **2.** (*best*) di prim'ordine **3.** (*most successful*) migliore **4.** (*most important*) principale **5.** (*maximum*) massimo, -a **III.** <-pp-> *vt* **1.** (*be at top of*) essere in testa a **2.** (*provide topping*) ricoprire **3.** (*surpass*) superare
◆**top off** *vt* **1.** FOOD ricoprire **2.** (*conclude*) coronare
◆**top up** *vt* **1.** (*fill up again*) rabboccare; **can I top you up?** *inf* posso riempirti il bicchiere? **2.** (*add to*) integrare
topaz ['toʊ·pæz] *n* topazio *m*
topcoat ['tɑː·p·koʊt] *n* soprabito *m*
top copy *n* originale *m*
top dog *n inf* **1.** (*boss*) capo, -a *m, f* **2.** (*victor*) vincitore, -trice *m, f*

T

top drawer *adj* d'alta classe
top executive *n* alto dirigente *m*
topflight *adj* di prim'ordine
top hat *n* cappello *m* a cilindro
top-heavy *adj* instabile
topic ['tɑː·pɪk] *n* tema *m*
topical ['tɑː·pɪ·kl] *adj* attuale
topicality [ˌtɑː·pɪ·ˈkæ·lə·t̬i] *n* attualità *f*
topless ['tɑː·p·lɪs] **I.** *adj* (*person*) in topless; (*clothes*) senza parte di sopra **II.** *adv* **to go ~** mettersi in topless
top-level ['tɑː·p·ˌle·vəl] *adj* **1.** (*of highest rank*) d'alto livello **2.** (*of highest importance*) di prima categoria
top loader *n* lavatrice *f* con carico dall'alto
top management *n* top management *m*
topmost ['tɑː·p·məʊst] *adj* più alto, -a
top-notch [ˌtɑː·p·ˈnɑːtʃ] *adj inf* di prim'ordine
topographer [tə·ˈpɑː·grə·fər] *n* topografo, -a *m, f*
topographical [ˌtɑː·pə·ˈgræ·fɪ·kl] *adj* topografico, -a
topography [tə·ˈpɑː·grə·fi] *n* topografia *f*
topping ['tɑː·pɪŋ] *n* FOOD guarnizione *f*
topple ['tɑː·pl] **I.** *vt a.* POL rovesciare **II.** *vi* **to ~ (down)** cadere
 ◆**topple over** *vi* cadere
top price *n* prezzo *m* massimo
top priority *n* priorità *f* assoluta
top quality *n* prima qualità *f*
top-ranking *adj* d'alto rango; (*university*) di prim'ordine
topsail *n* vela *f* di gabbia
top salary *n* salario *m* massimo
top secret *adj* top secret *inv*
top-selling *adj* in testa alle vendite
topsoil *n* strato *m* superiore del terreno
top speed *n* massima velocità *f*
topspin *n* SPORTS effetto *m* topspin
topsy-turvy [ˌtɑː·p·sɪ·ˈtɜːr·vi] *inf* **I.** *adj* disordinato, -a **II.** *adv* sottosopra
torch [tɔːrtʃ] <-es> *n* **1.** (*burning stick*) fiaccola *f;* **to carry a ~ for sb** essere segretamente innamorato di qn; **to put sth to the ~** dar fuoco a qc **2.** (*blowlamp*) lampada *f* per saldare
torchlight ['tɔːrtʃ·laɪt] *n* (*electric*) luce *f* di torcia elettrica; (*burning*) luce di fiaccola
torchlight procession *n* fiaccolata *f*
tore [tɔːr] *vi, vt pt of* **tear**
torment ['tɔːr·ment] **I.** *n* **1.** (*suffering*) tormento *m;* **to be in ~** soffrire molto; **to go through ~s** patire le pene dell'inferno **2.** (*physical pain*) supplizio *m* **3.** (*torture*) tortura *f* **4.** (*annoying thing*) supplizio *m* **II.** *vt* tormentare
tormentor [tɔːr·ˈmen·t̬ər] *n* tormentatore, -trice *m, f*
torn [tɔːrn] *vi, vt pp of* **tear**
tornado [tɔːr·ˈneɪ·doʊ] *n* <-(e)s> tornado *m inv*
torpedo [tɔːr·ˈpiː·doʊ] MIL, NAUT **I.** <-es> *n* siluro *m* **II.** *vt* silurare
torpid ['tɔːr·pɪd] *adj form* apatico, -a

torpor ['tɔːr·pər] *n form* apatia *f*
torque [tɔːrk] *n* PHYS forza *f* di torsione
torrent ['tɔː·rənt] *n* **1.** (*large amount of water*) torrente *m;* **to rain in ~s** piovere a dirotto **2.** (*of complaints, abuse*) valanga *f*
torrential [tɔː·ˈren·ʃl] *adj* torrenziale
torsion ['tɔːr·ʃən] *n* TECH, MED torsione *f*
torso ['tɔːr·soʊ] *n* torso *m*
tortoise ['tɔːr·t̬əs] *n* tartaruga *f*
tortoiseshell ['tɔːr·t̬əs·ʃel] *n* guscio *m* di tartaruga
tortuous ['tɔːr·tʃu·əs] *adj* (*complicated, indirect*) tortuoso, -a; (*reasoning*) contorto, -a
torture ['tɔːr·tʃər] **I.** *n* **1.** (*cruelty*) tortura *f* **2.** (*suffering*) supplizio *m* **II.** *vt* **1.** (*cause suffering to*) torturare **2.** (*disturb*) tormentare; **to ~ oneself with sth** torturarsi con qc
torturer ['tɔːr·tʃə·rər] *n* torturatore, -trice *m, f*
toss [tɑːs] **I.** *n* **1.** (*throw*) lancio *m;* (*of head*) scrollata *f* **2.** (*throwing of a coin*) lancio *m;* **to win/lose the ~** vincere/perdere a testa o croce **II.** *vt* **1.** (*throw*) lanciare; (*pancake*) rigirare; **to ~ a coin** fare a testa o croce **2.** (*shake: head*) scrollare **III.** *vi* **to ~ for sth** giocarsi qc a testa o croce ▸ **to ~ and turn** girarsi e rigirarsi nel letto
 ◆**toss about** *vt,* **toss around** *vt* **1.** (*move roughly*) sballottare; (*head, hair*) scuotere **2.** (*consider*) considerare
 ◆**toss away** *vt* gettar via
 ◆**toss off** *vt* **1.** *inf* (*do quickly*) fare rapidamente *sl;* (*write*) scrivere rapidamente **2.** (*drink quickly*) bere d'un fiato
 ◆**toss out** *vt* gettar via
 ◆**toss up** *vi* **to ~ for sth** giocarsi qc a testa o croce
toss-up ['tɑːs·ʌp] *n* **it's a ~ between ...** è una scelta tra ...
tot [tɑːt] *n* **1.** *inf* (*child*) bimbo, -a *m, f* **2.** (*alcohol*) dito *m*
 ◆**tot up** **I.** *vt inf* sommare **II.** *vi* **to ~ to** (**an amount**) ammontare a (una quantità)
total ['toʊ·tl] **I.** *n* (*sum, cost*) totale *m* **II.** *adj* **1.** (*entire: sum, cost*) totale **2.** (*absolute*) totale, assoluto, -a; **a ~ failure** un fallimento totale **III.** *vt* **1.** (*count*) sommare **2.** (*amount to*) ammontare a
totalitarian [toʊ·ˌtæ·lə·ˈte·ri·ən] *adj* POL totalitario, -a
totalitarianism *n* POL totalitarismo *m*
totality [toʊ·ˈtæ·lət̬i] *n* totalità *f;* **in its ~** in totale
totally ['toʊ·t̬ə·li] *adv* totalmente
tote[1] [toʊt] *n* SPORTS totalizzatore *m*
tote[2] [toʊt] *vt inf* trascinare
tote bag *n* sporta *f*
totem (pole) ['toʊ·t̬əm (ˌpoʊl)] *n* totem *m inv*
totter ['tɑː·t̬ər] *vi* barcollare
tottery ['tɑː·t̬ə·ri] *adj* barcollante
toucan ['tuː·kæn] *n* tucano *m*
touch [tʌtʃ] <-es> **I.** *n* **1.** (*sensation*) tatto *m* **2.** (*act of touching*) tocco *m* **3.** (*communication*) **to be/get/keep in ~ (with sb/sth)**

essere/mettersi/restare in contatto (con qn/qc); **to be out of ~ with sb** non essere più in contatto con qn; **to lose ~ with sb** perdere i contatti con qn **4.**(*skill*) tocco *m;* **to lose one's ~** perdere la mano **5.**(*small amount*) pizzico *m;* (*of bitterness, irony*) punta *f;* **a ~ of genius** una punta di genialità **6.**(*detail*) tocco; **the human ~** il calore umano ▸ **to be a soft ~** *inf* essere un credulone **II.** *vt* **1.**(*feel*) toccare; **to ~ the brake** frenare **2.**(*brush against*) sfiorare **3.**(*reach*) raggiungere **4.**(*eat, drink*) toccare; **he didn't ~ any food** non ha toccato cibo **5.**(*move emotionally*) commuovere **6.**(*equal*) **there's no painter to ~ him** non c'è pittore che lo possa uguagliare **III.** *vi* toccarsi; **for a moment our hands ~ed** per un attimo le nostre mani si sono toccate

◆ **touch at** *vi* NAUT fare scalo a

◆ **touch down** *vi* AVIAT atterrare

◆ **touch in** *vt* ART ritoccare

◆ **touch off** *vt* provocare; (*protest*) scatenare

◆ **touch on** *vt* toccare

◆ **touch up** *vt* (*improve*) rifinire; PHOT ritoccare

◆ **touch upon** *vt* toccare

touch and go *adj* **to be ~ whether ...** essere incerto se ...

touchdown ['tʌtʃ·daʊn] *n* **1.**AVIAT atterraggio *m* **2.**SPORTS (*American football*) touchdown *m inv;* (*rugby*) meta *f*

touched [tʌtʃt] *adj* **1.**(*moved*) commosso, -a **2.** *inf* (*crazy*) toccato, -a

touchiness ['tʌ·tʃɪ·nəs] *n inf* **1.**(*of person*) suscettibilità *f* **2.**(*of issue*) delicatezza *f*

touching ['tʌt·ʃɪŋ] *adj* commovente

touch-sensitive *adj* COMPUT sensibile al tatto

touchstone ['tʌtʃ·stoʊn] *n* pietra *f* di paragone

touch-type ['tʌtʃ·taɪp] *vi* scrivere a macchina senza guardare i tasti

touchy ['tʌt·ʃi] <-ier, -iest> *adj* **1.**(*person*) suscettibile; **she's very ~ about her work** è molto suscettibile quando si tratta del suo lavoro **2.**(*issue*) delicato, -a

tough [tʌf] **I.** *adj* **1.**(*fabric, substance*) resistente; (*meat, skin*) duro, -a; **to be ~ as old boots** (*meat*) essere duro come una suola di scarpa **2.**(*hardy: person*) forte **3.**(*strict*) severo, -a; (*negotiator*) inflessibile; **to be ~ on sb** essere severo con qn **4.**(*difficult*) arduo, -a; (*exam, question*) difficile **5.**(*violent*) violento, -a **6.** *inf* (*unlucky*) **~ luck** sfortuna nera **II.** *n inf* teppista *mf*

◆ **tough out** *vt* **to tough it out** (*endure*) sopportare; (*face up to*) affrontare

toughen ['tʌ·fən] **I.** *vt* temprare **II.** *vi* temprarsi

toughness *n* **1.**(*strength*) resistenza *f* **2.**(*hardness: of meat*) durezza *f* **3.**(*difficulty*) difficoltà *f*

toupée [tuː·'peɪ] *n* parrucchino *m*

tour [tʊr] **I.** *n* **1.**(*journey*) giro *m;* **guided ~** visita *f* guidata; **sightseeing ~** visita *f* dei luoghi di maggiore interesse **2.**(*of factory*) visita *f* **3.**MUS tournée *f inv;* **to be/go on ~**

essere/andare in tournée **II.** *vt* **1.**(*travel around*) girare **2.**(*visit professionally*) visitare **3.**(*perform*) fare una tournée in **III.** *vi* viaggiare

touring company *n* compagnia *f* teatrale itinerante

tourism ['tʊ·rɪ·zəm] *n* turismo *m*

tourist ['tʊ·rɪst] *n* (*traveler*) turista *mf*

tourist agency *n* agenzia *f* turistica

tourist bureau *n* ufficio *f* turistico

tourist class *n* classe *f* turistica

tourist guide *n* **1.**(*book*) guida *f* turistica **2.**(*person*) guida *f*

tourist industry *n* turismo *m*

tourist information office *n* ufficio *m* informazioni turistiche

tourist season *n* stagione *f* turistica

tourist ticket *n* biglietto *m* turistico

tourist visa *n* visto *m* turistico

tournament ['tɜːr·nə·mənt] *n* SPORTS torneo *m*

tour operator *n* operatore , -trice *m, f* turistico

tousle ['taʊ·zl] *vt* spettinare

tousled ['taʊ·zlt] *adj* spettinato, -a

tout [taʊt] **I.** *n* bagarino, -a *m, f* **II.** *vt* (*try to sell*) cercare di vendere **III.** *vi* **to ~ for customers** procacciare clienti

tow [toʊ] **I.** *n* rimorchio *m;* **to give sth/sb a ~** rimorchiare qc/qn; **to have sb in ~** *fig* avere qn al seguito **II.** *vt* rimorchiare; **to ~ a vehicle** trainare un veicolo

toward(s) [tɔː·rd(z)] *prep* **1.**(*in direction of*) verso; (*of time*) verso **2.**(*for*) per **3.**(*in respect of*) nei confronti di; **to feel sth ~ sb** provare qc per qn

tow bar *n* barra *f* di rimorchio

towboat *n* NAUT rimorchiatore *m*

towel ['ta·wəl] **I.** *n* asciugamano *m* ▸ **to throw in the ~** gettare la spugna **II.** *vt* <-ll-> **to ~ sth dry** asciugare qc (*con un asciugamano*)

towel(l)ing *n* (tessuto *m* di) spugna *f*

towel rack *n* portasciugamani *m inv*

tower ['ta·ʊə] *n* torre *f* ▸ **a ~ of strength** un pilastro

◆ **tower above** *vi*, **tower over** *vi* **to ~ sth/sb** torreggiare su qn/qc

towering *adj* **1.**(*very high*) torreggiante **2.**(*very large*) immenso, -a; (*temper*) violento, -a

town [taʊn] *n* (*large*) città *f;* (*small*) cittadina *f;* **the ~** il centro ▸ **to go out on the ~** uscire a far baldoria; **to paint the ~ red** far baldoria

town center *n* centro *m*

town clerk *n* segretario, -a comunale *m*

town council *n* consiglio *m* comunale

town councillor *n* consigliere *m* comunale

town hall *n* POL municipio *m*

townhouse *n* **1.**(*residence in town*) casa *f* di città **2.**(*part of terrace*) casa *f* a schiera

town planning *n* urbanistica *f*

townscape ['taʊn·skeɪp] *n* paesaggio *m* urbano

townsfolk ['taʊnz·foʊk] *npl* cittadinanza *f*

township ['taʊn·ʃɪp] *n* **1.** municipio *m* **2.** (*in South Africa*) township, *area abitata da gente di colore inv*

townspeople ['taʊnz·ˌpiː·pl] *npl* cittadini *mpl*

tow truck *n* carro *m* attrezzi

toxaemia *n*, **toxemia** [tɑː·kˈsiː·miə] *n* tossiemia *f*

toxic ['tɑː·kˌsɪk] *adj* tossico, -a

toxicology [ˌtɑː·kˌsɪˈkɑː·lə·dʒi] *n* tossicologia *f*

toxic waste *n* residui *mpl* tossici

toxin ['tɑː·kˌsɪn] *n* tossina *f*

toy [tɔɪ] *n* giocattolo *m;* **cuddly** ~ peluche *m inv*
  ◆ **toy with** *vt* giocherellare con; **to** ~ **an idea** accarezzare l'idea; **to** ~ **sb's affections** giocare con i sentimenti di qn

toy car *n* automobilina *f*

toy dog *n* cane *m* di piccola taglia

toyshop *n* negozio *m* di giocattoli

trace[1] [treɪs] *n* (*for horse*) tirella *f;* **to kick over the** ~**s** ribellarsi

trace[2] [treɪs] **I.** *n* **1.** (*sign*) traccia *f;* **to leave a** ~ **of sth** lasciar traccia di qc; **to disappear without a** ~ sparire senza lasciar traccia **2.** (*slight amount*) pizzico *m;* ~**s of a drug/ poison** tracce di droga/veleno; **without any** ~ **of sarcasm/humor** senza una punta di sarcasmo/umorismo **II.** *vt* **1.** (*locate*) rintracciare; **to** ~ **sb to somewhere** rintracciare qn in qualche posto; **it can be** ~**d back to the Middle Ages** risale al Medioevo **2.** (*draw outline of*) tracciare; (*with tracing paper*) ricalcare

traceable ['treɪ·sə·bl] *adj* rintracciabile; **an easily** ~ **reference** una fonte facilmente reperibile

trace element *n* oligoelemento *m*

tracer ['treɪ·sɚ] *n* MIL proiettile *m* tracciante

tracery ['treɪ·sə·ri] *n* traforo *m*

trachea ['treɪ·kiə] <-s *o* -chae> *n* trachea *f*

tracing *n* ricalco *m*

tracing paper *n* carta *f* da lucido

track [træk] **I.** *n* **1.** (*path*) sentiero *m* **2.** (*rails*) binari *mpl* **3.** (*in station*) binario *m* **4.** (*mark*) traccia *f;* (*of animal*) orma *f;* (*of bullet*) traiettoria *f;* **to cover one's** ~**s** nascondere le proprie tracce; **to leave** ~**s** lasciare tracce; **to be on the** ~ **of sb** essere sulle tracce di qn **5.** (*path*) pista *f;* **to be on the right/wrong** ~ *a. fig* essere sulla strada giusta/sbagliata **6.** (*logical course*) corso *m;* **the** ~ **of an argument** il filo di un discorso; **to get off the** ~ uscire dal tema; **to be on** ~ (**to do sth**) essere sulla buona strada (per fare qc) **7.** (*career path*) indirizzo *m;* **to change** ~ cambiare strada **8.** SPORTS pista *f* **9.** (*song*) brano *m* ▶ **to live on the wrong** side **of the** ~**s** *inf* vivere nei quartieri poveri; **to keep** ~ (**of sth/sb**) tenersi informato su qc/qn; **to lose** ~ (**of sth/sb**) perdere di vista (qc/qn); **to make** ~**s** *inf* levare le tende; **to stop sb** (**dead**) **in his** ~**s** fermarsi di colpo; **to throw sb off the** ~ mettere qn fuori strada **II.** *vt* **1.** (*pursue*) seguire le tracce di; **to**

~ **sth/sb** seguire qc/qn **2.** (*trace*) seguire la traiettoria di **III.** *vi* CINE fare una carrellata
  ◆ **track down** *vt* rintracciare

track-and-field *n* atletica *f* leggera

trackball *n* COMPUT trackball *f inv*

track event *n* SPORTS gara *f* di atletica leggera

tracking station ['træ·kɪŋ·'steɪ·ʃən] *n* AVIAT, TECH osservatorio *m* spaziale

track record *n* curriculum *m*

track shoe *n* scarpetta *f* chiodata

tracksuit *n* tuta *f* (da ginnastica)

tract[1] [trækt] *n* (*leaflet*) opuscolo *m*

tract[2] [trækt] *n* **1.** (*of land*) estensione *f* **2.** ANAT, MED apparato *m;* **digestive/respiratory** ~ apparato digestivo/respiratorio

tractable ['træk·tə·bl] *adj* (*person, animal*) docile; (*problem*) risolvibile

traction ['træk·ʃən] *n* **1.** (*grip*) aderenza *f* **2.** MED trazione *f*

traction engine *n* trattrice *f*

tractor ['træk·tɚ] *n* trattore *m*

tractor trailer *n* autoarticolato *m*

trade [treɪd] **I.** *n* **1.** (*buying and selling*) commercio *m;* ~ **in sth** commercio di qc **2.** (*business activity*) attività *f* economica **3.** (*type of business*) industria *f;* **building** ~ (settore *m* dell') edilizia *f;* **fur** ~ industria delle pellicce **4.** (*profession*) mestiere *m;* **to learn a** ~ imparare un mestiere; **to be a baker by** ~ essere panettiere di professione **5.** (*swap*) scambio *m* **II.** *vi* commerciare; **to** ~ **with sb** intrattenere scambi commerciali con qn; **to** ~ **in sth** commerciare in qc **III.** *vt* **1.** (*swap, exchange*) scambiare; **to** ~ **sth for sth** scambiare qc per qc **2.** (*sell*) vendere
  ◆ **trade in** *vt* dare in permuta
  ◆ **trade on** *vt* approfittare di

trade agreement *n* accordo *m* commerciale

trade association *n* associazione *f* commerciale

trade balance *n* bilancia *f* commerciale

trade barrier *n* barriera *f* commerciale

trade cycle *n* ciclo *m* economico

trade directory *n* guida *f* commerciale

trade discount *n* sconto *m* commerciale

trade fair *n* COM fiera *f* commerciale

trade gap *n* deficit *minv* della bilancia commerciale

trade-in ['treɪd·ɪn] *n* COM permuta *f*

trade-in value *n* valore *m* di permuta

trade journal *n* rivista *f* commerciale

trademark *n* **1.** COM marchio *m* di fabbrica; **registered** ~ marchio registrato **2.** *fig* marchio *m* distintivo

trade name *n* (*of a firm*) nome *m* commerciale; (*trademark*) marchio *m*

trade-off ['treɪd·ɑːf] *n* **1.** (*exchange*) intercambio *m;* **to make a** ~ **between things** fare uno scambio tra cose **2.** *fig* (*inconvenience*) compromesso *m*

trade policy *n* politica *f* commerciale

trade press *n* stampa *f* specializzata, *nel settore commerciale*

T

trader ['treɪ·də] *n* commerciante *mf*
trade register *n* registro *m* commerciale
trade route *n* rotta *f* commerciale
trade secret *n* segreto *m* professionale
tradesman ['treɪdz·mən] <-men> *n* negoziante *mf*
tradespeople ['treɪdz·ˌpiː·pl] *npl* commercianti *mpl*
trade surplus *n* avanzo *m* commerciale
trade union *n* sindacato *m*
trade unionism *n* sindacalismo *m*
trade unionist *n* sindacalista *mf*
trade war *n* guerra *f* commerciale
trade wind *n* aliseo *m*
trading ['treɪ·dɪŋ] *n* commercio *m;* **insider ~** uso *m* di informazioni riservate
trading area *n* area *f* commerciale
trading license *n* licenza *f* commerciale
trading volume *n* volume *m* degli scambi
tradition [trə·'dɪ·ʃən] *n* tradizione *f;* **by ~** per tradizione; **to be in the ~ of sb/sth** essere nella tradizione di qn/qc
traditional [trə·'dɪ·ʃə·nəl] *adj* tradizionale
traditionalism [trə·'dɪ·ʃə·nə·lɪ·zəm] *n* tradizionalismo *m*
traditionalist [trə·'dɪ·ʃə·nə·lɪst] *n* tradizionalista *mf*
traffic ['træ·fɪk] I. *n* 1.(*vehicles*) traffico *m;* **heavy ~** traffico intenso; **air/rail ~** traffico aereo/ferroviario; **commercial ~** traffico commerciale; **passenger ~** traffico di passeggeri; **to get stuck in ~** rimanere bloccato nel traffico 2.(*movement: of goods, passengers*) trasporto *m;* **drug ~** traffico di droga 3.*form* (*dealings*) **to have ~ with sb** intrattenere scambi commerciali con qn II.<trafficked, trafficked> *vi pej* **to ~ in sth** trafficare in qc
traffic accident *n* incidente *m* di traffico
traffic circle *n* rotatoria *f*
traffic island *n* isola *f* spartitraffico *inv*
traffic jam *n* ingorgo *m*
trafficker ['træ·fɪ·kə] *n pej* trafficante *mf;* **drug/arms ~** trafficante di armi/droga
traffic light *n* semaforo *m*
traffic regulation *n* norme *fpl* di circolazione
traffic sign *n* cartello *m* stradale
tragedy ['træ·dʒə·di] <-ies> *n* tragedia *f*
tragic ['træ·dʒɪk] *adj* tragico, -a
tragicomedy [ˌtræ·dʒɪ·'kɑː·mə·di] <-ies> *n* tragicommedia *f*
trail [treɪl] I. *n* 1.(*path*) sentiero *m* 2.(*track*) traccia *f;* (*of airplane*) scia *f;* **a ~ of destruction** una scia di distruzione; **to be on the ~ of sth/sb** essere sulle tracce di qc/qn; **to be hot on the ~ of sb** essere alle calcagna di qn; **to follow a ~** (*in hunting*) seguire una traccia II. *vt* 1.(*follow*) seguire le tracce di; **to ~ an animal** seguire le orme di un animale 2.(*drag*) trascinare 3.(*be losing to*) **to ~ sb/sth** essere in svantaggio rispetto a qn/qc III. *vi* 1.(*drag*) **to ~** (**somewhere**) trascinarsi (in qualche posto) 2.SPORTS essere in svantaggio; **to ~ by 6**

points essere in svantaggio di 6 punti; **to ~ behind sth/sb** trascinarsi dietro qc/qn
◆**trail along** I. *vi* trascinarsi II. *vt* trascinare
◆**trail away** *vi* andare sfumando
◆**trail behind** *vi* trascinarsi dietro
◆**trail off** *vi* andare sfumando
trailblazer ['treɪl·ˌbleɪ·zə] *n* pioniere, -a *m, f*
trailer *n* 1.(*wheeled container*) rimorchio *m* 2.(*mobile home*) roulotte *f inv* 3.CINE trailer *m inv*
trailer park *n* campeggio *m* per roulotte
train [treɪn] I. *n* 1.(*railway*) treno *m;* **to travel by ~** viaggiare in treno 2.(*series*) serie *f;* **~ of thought** filo *m* dei pensieri; **to put sth in motion** mettere qc in moto 3.(*retinue*) seguito *m* 4.(*procession: of animals, things*) fila *f* 5.(*of dress*) strascico *m* II. *vi* allenarsi; **to ~ to be sth** studiare per diventare qc III. *vt* formare; (*animal*) ammaestrare; SPORTS allenare; **to ~ sb in the use of sth** addestrare qn nell'uso di qc; **to ~ sb for sth** preparare qn per qc
train accident *n* incidente *m* ferroviario
train connection *n* coincidenza *f*
train driver *n* macchinista *mf*
trained ['treɪnd] *adj* 1.(*educated*) preparato, -a; (*animal*) ammaestrato, -a; **to be ~ in sth** essere preparato in qc 2.(*expert*) qualificato, -a
trainee [treɪ·'niː] *n* apprendista *mf*
trainer *n* (*person*) allenatore, -trice *m, f*
training *n* 1.(*education*) formazione *f;* **~ on-the-job** formazione *f* sul posto di lavoro 2.SPORTS allenamento *m;* **to be in ~ for sth** allenarsi per qc; **to be good ~ for sth** essere un buon allenamento per qc
training camp *n* SPORTS campo *m* di allenamento
training course *n* corso *m* di formazione
training program *n* programma *m* di allenamento
train schedule *n* orario *m* dei treni
train service *n* servizio *m* ferroviario
traipse [treɪps] *vi pej* gironzolare; **to ~ around the shops** girare per negozi
trait [treɪt] *n* tratto *m*
traitor ['treɪ·tə] *n* traditore, -trice *m, f;* **to turn ~** tradire
traitorous ['treɪ·tə·əs] *adj pej, form* traditore, -trice
trajectory [trə·'dʒek·tə·i] *n* 1.PHYS traiettoria *f* 2.*fig* (*path*) direzione *f;* **to be on a downward/an upward ~** essere in discesa/ascesa
tram [træm] *n* tram *m inv;* **to go by ~** andare in tram
tramline ['træm·laɪn] *n* 1.(*track*) rotaia *f* del tram; (*route*) linea *f* tranviaria 2. *pl* (*in tennis*) linee *fpl* laterali
trammel ['træ·ml] *liter* I. *n pl* restrizioni *fpl* II. *vt* <-ll-> ostacolare
tramp [træmp] I. *vi* 1.(*walk heavily*) camminare con passo pesante 2.(*go on foot*) girovagare II. *vt* calpestare; (*town, miles*) percorrere *inf* III. *n* 1.(*sound*) rumore *m* di passi 2.(*walk*) camminata *f;* **to go for a ~** andare a

T

fare una camminata **3.**(*down-and-out*) vagabondo, -a *m, f* **4.** *pej* (*woman*) sgualdrina *f*

trample ['træm·pl] **I.** *vt* pestare; **to ~ sb's foot** pestare un piede a qn; **to be ~d to death** morire calpestato; **to ~ sth underfoot** calpestare qc **II.** *vi* **to ~ on sth** calpestare qc

trampoline ['træm·pə·li:n] *n* trampolino *m*

tramway ['træm·weɪ] *n* **1.**(*rails*) rotaie *fpl* del tram **2.**(*system*) tranvia *f*

trance [træns] *n* trance *f inv;* **to be in a ~** essere in trance

tranquil ['træŋ·kwɪl] *adj* tranquillo, -a

tranquility [træŋ·ˈkwɪ·lə·t̬i] *n* tranquillità *f*

tranquilize ['træŋ·kwɪ·laɪz] *vt* MED calmare con tranquillante

tranquilizer *n* tranquillante *m;* **to be on ~s** prendere tranquillanti

transact [træn·ˈzækt] *vt* trattare; **to ~ business** trattare affari

transaction [træn·ˈzæk·ʃən] *n* COM transazione *f;* **business ~** operazione *f* commerciale

transalpine [træn·ˈzæl·paɪn] *adj* transalpino, -a

transatlantic *adj*, **trans-Atlantic** [ˌtrænts·æt·ˈlæn·t̬ɪk] *adj* transatlantico, -a

transceiver [træn·ˈsi:·vəe] *n* ricetrasmittente *f*

transcend [træn·ˈsend] *vt* **1.**(*go beyond*) trascendere; **to ~ barriers/limitations** superare barriere/limiti **2.**(*surpass*) superare

transcendent [træn·ˈsen·dənt] *adj* trascendente; (*superior*) supremo, -a

transcendental [ˌtrænt·sen·ˈden·t̬əl] *adj* trascendentale

transcontinental [ˌtrænts·ˌkɑ:n·tə·ˈnen·təl] *adj* transcontinentale

transcribe [træn·ˈskraɪb] *vt* trascrivere

transcript ['trænts·krɪpt] *n* trascrizione *f*

transcription [træn·ˈskrɪp·ʃən] *n* trascrizione *f*

transducer [trænts·ˈdu:·səe] *n* ELEC trasduttore *m*

transept ['trænt·sept] *n* ARCHIT transetto *m*

transfer[1] [trænts·ˈfɜ:r] **I.**<-rr-> *vt* **1.**(*move*) trasferire **2.**(*reassign: power*) passare **3.** COM (*shop*) cedere **4.** SPORTS (*sell*) cedere **II.**<-rr-> *vi* **1.**(*move*) trasferirsi **2.**(*change train, plane*) cambiare

transfer[2] ['trænts·fɜ:r] *n* **1.**(*process of moving*) trasferimento *m;* **~ of information** trasmissione *f* di informazioni **2.**(*reassignment*) passaggio *m* **3.** COM (*of a shop*) cessione *f* **4.** SPORTS cessione *f* **5.**(*ticket*) biglietto *m* cumulativo **6.**(*picture*) decalcomania *f*

transferable [trænts·ˈfɜ:·rə·bl] *adj* trasferibile

transference ['trænts·fɜ:·rəns] *n form* **1.**(*process of moving*) trasferimento *m* **2.** PSYCH transfert *m inv*

transfigure [trænts·ˈfɪɡ·jəe] *vt* trasfigurare

transfix [trænts·ˈfɪks] *vt form* trafiggere; **to be ~ed by sb/sth** essere completamente paralizzato da qn/qc

transform [trænts·ˈfɔːrm] *vt* trasformare

transformation [ˌtrænts·fəe·ˈmeɪ·ʃən] *n* trasformazione *f*

transformer *n* ELEC trasformatore *m*

transfuse [trænts·ˈfju:z] *vt* MED fare una trasfusione di

transfusion [trænts·ˈfju:·ʒən] *n* trasfusione *f;* **blood ~** trasfusione di sangue; **to give sb a ~** fare una trasfusione di sangue a qn

transgress [trænts·ˈgres] *form* **I.** *vt* trasgredire; **to ~ a law** violare una legge **II.** *vi* commettere una violazione

transgression [trænts·ˈgre·ʃən] *n form* trasgressione *f*

transgressor *n* trasgressore, -ditrice *m, f;* REL peccatore, -trice *m, f*

transient ['trænt·ʃənt] *form* **I.** *adj* (*fashion, joy*) passeggero, -a; (*population*) di passaggio **II.** *n* persona *f* di passaggio

transistor [træn·ˈzɪs·təe] *n* ELEC transistor *m inv*

transistorize [træn·ˈzɪs·tə·raɪz] *vt* transistorizzare

transit ['træn·sɪt] *n* transito *m;* **in ~** in viaggio

transit business *n* commercio *m* di transito

transition [træn·ˈzɪ·ʃən] *n* transizione *f*

transitional [træn·ˈzɪ·ʃə·nəl] *adj* (*period*) transitorio, -a; (*government*) di transizione

transitive [træn·tsə·t̬ɪv] *adj* LING transitivo, -a

transit lounge *n* sala *f* transiti

transitory ['træn·tsə·tɔ:·ri] *adj* passeggero, -a

transit passenger *n* passeggero, -a *m, f* in transito

transit visa *n* visto *m* di transito

translatable *adj* traducibile

translate [trænts·ˈleɪt] **I.** *vt* **1.** LING tradurre; **to ~ sth from English into Spanish** tradurre qc dall'inglese allo spagnolo **2.**(*adapt*) adattare; **to ~ a play for the cinema** adattare un'opera teatrale per il cinema **3.**(*transform*) **to ~ a plan into action** mettere in atto un piano **II.** *vi* LING tradurre; **to ~ from English into Spanish** tradurre dall'inglese allo spagnolo

translation [trænts·ˈleɪ·ʃən] *n* traduzione *f*

translator *n* traduttore, -trice *m, f*

transliterate [trænts·ˈlɪ·t̬ə·reɪt] *vt* traslitterare

transliteration [trænts·ˌlɪ·t̬ə·ˈreɪ·ʃən] *n* LING traslitterazione *f*

translucent [trænts·ˈlu:·sənt] *adj*, **translucid** *adj* traslucido, -a

transmigration [ˌtrænts·maɪ·ˈɡreɪ·ʃən] *n* trasmigrazione *f*

transmissible [trænts·ˈmɪ·sə·bl] *adj* trasmissibile

transmission [trænts·ˈmɪ·ʃən] *n* trasmissione *f;* **data ~** COMPUT trasmissione di dati

transmission speed *n* COMPUT velocità *f* di trasmissione

transmit [trænts·ˈmɪt] <-tt-> *vt* trasmettere

transmitter *n* **1.**(*apparatus*) trasmettitore *m* **2.**(*station*) emittente *f*

transmitting station *n* emittente *f*

transmogrify [trænts·ˈmɑː·ɡrə·faɪ] *vt* trasformare completamente

transmutation [ˌtrænts·mju:·ˈteɪ·ʃən] *n form* tramutazione *f*

transmute [ˌtrænts·ˈmju:t] *form* **I.** *vt* tramu-

T

tare; **to ~ sth into sth** tramutare qc in qc **II.** *vi* **to ~ into sth** tramutarsi in qc

transoceanic [ˌtrænts·oʊ·ʃi·ˈæ·nɪk] *adj* transoceanico, -a

transom ['træn·tsəm] *n* **1.**(*horizontal bar*) traversa *f* **2.**(*window*) lunetta *f*

transparency [træns·'pe·rən·tsi] *n* <-ies> trasparenza *f*

transparent [træns·'pe·rənt] *adj* trasparente

transpiration [ˌtrænts·pɪ·ˈreɪ·ʃən] *n* traspirazione *f*

transpire [træn·'spa·ɪɚ] *vi* **1.**(*happen*) succedere; **it ~d that ...** è successo che ... **2.**(*come to be known*) trapelare **3.**(*emit water vapor*) traspirare

transplant[1] [træns·'plænt] *vt* **1.** MED, BOT trapiantare **2.**(*relocate*) trasferire

transplant[2] ['trænts·plænt] *n* trapianto *m*

transplantation [ˌtrænts·plæn·ˈteɪ·ʃən] *n* trapianto *m*

transport[1] [træns·'pɔːrt] *vt* **1.**(*people, goods*) trasportare **2.** *liter* (*fill with emotion*) **to be ~ed with joy/grief** essere sopraffatto dalla gioia/dal dolore

transport[2] ['trænts·pɔːrt] *n* **1.**(*means of conveyance*) trasporto *m;* **public ~** mezzi *mpl* pubblici; **~ costs** spese *fpl* di trasporto **2.**(*plane*) aereo *m* da trasporto; (*ship*) nave *f* da trasporto **3.** *form* (*strong emotion*) slancio *m;* **to be in ~s of joy** essere sopraffatto dalla gioia

transportable *adj* trasportabile

transportation [ˌtrænts·pɚ·ˈteɪ·ʃən] *n* **1.**(*of people, goods*) trasporto *m* **2.**(*of a convict*) deportazione *f*

transporter [træns·'pɔːr·tɚ] *n* (*small van*) furgone *m;* (*truck*) autocarro *m*

transpose [træns·'poʊz] *vt* **1.**(*reverse position of*) trasporre **2.**(*change location*) spostare **3.** MUS, MATH trasportare

transsexual [træn·'sek·ʃu·əl] **I.** *n* transessuale *mf* **II.** *adj* transessuale

transverse ['trænts·vɜːs] *adj* trasversale

transvestite ['trænts·'ves·taɪt] *n* travestito, -a *m, f*

trap [træp] **I.** *n* **1.**(*device*) trappola *f;* **to set a ~** tendere una trappola **2.**(*dangerous situation*) tranello *m;* (*ambush*) imboscata *f;* **to fall into a ~** cadere in un'imboscata **3.** *inf* (*mouth*) becco *m;* **to shut one's ~** chiudere il becco; **to keep one's ~ shut** tenere il becco chiuso **4.**(*curve in pipe*) sifone *m* **5.** HIST (*carriage*) calesse *m* **6.**(*for clay pigeons*) lanciapiattello *m inv* **II.** *vt* <-pp-> intrappolare; **to feel ~ped** sentirsi in trappola

trapdoor ['træp·dɔːr] *n* botola *f*

trapeze [træ·'piːz] *n* trapezio *m*

trapezoid ['træ·pɪ·zɔɪd] *n* MATH trapezio *m*

trapper ['træ·pɚ] *n* persona *f* che piazza le trappole; **fur ~** cacciatore, -trice *m, f* di pelli

trappings ['træ·pɪŋz] *npl* simboli *mpl;* **the ~ of power** i simboli del potere

Trappist ['træ·pɪst] **I.** *adj* trappista **II.** *n* trappista *m*

trap shooting *n* tiro *m* al piattello

trash [træʃ] **I.** *n* **1.**(*rubbish*) spazzatura *f;* **to take the ~ out** buttare la spazzatura **2.** *inf* (*people*) gentaglia *f;* (*book, film*) schifezza *f* **3.** *inf* (*nonsense*) stupidaggini *fpl;* **to talk ~** dire stupidaggini **II.** *vt inf* **1.**(*wreck*) distruggere **2.**(*criticize*) stroncare

trashcan ['træʃ·kæn] *n* bidone *m* della spazzatura

trashy ['træ·ʃi] *adj inf* di pessima qualità

trauma ['trɑː·mə] *n* PSYCH, MED trauma *m*

traumatic [trɑ·'mæ·ṭɪk] *adj* traumatico, -a

traumatize ['trɔː·mə·taɪz] *vt* traumatizzare; **to be ~d by sth** essere traumatizzato da qc

travel ['træ·vəl] **I.** *vi* **1.**(*make journey*) viaggiare; **to ~ by air/car/train** viaggiare in aereo/macchina/treno; **to ~ first-class** viaggiare in prima classe; **to ~ light** viaggiare leggero **2.**(*light, sound*) propagarsi **3.**(*be away*) essere in viaggio **4.** *inf* (*go fast*) andare a manetta **II.** *vt* viaggiare per; **to ~ a country/ the world** viaggiare per un paese/per il mondo; **to ~ the length and breadth of a country** viaggiare in lungo e in largo per un paese **III.** *npl* viaggi *mpl*

travel agency *n* agenzia *f* di viaggi

travel agent *n* agente *mf* di viaggi

travel bureau *n* agenzia *f* di viaggi

travel card *n* abbonamento *m*

traveled *adj* che ha viaggiato

traveler ['træ·və·lɚ] *n* viaggiatore, -trice *m, f;* **commercial ~** commesso *m* viaggiatore

traveler's cheque *n* traveller's cheque *m inv*

travel expenses *n* spese *fpl* di viaggio

travel guide *n* (*person*) guida *f* turistica; (*book*) guida *f* turistica

traveling *n* (il) viaggiare *m*

traveling allowance *n* indennità *f* di viaggio

traveling circus *n* circo *m* itinerante

traveling exhibition *n* mostra *f* itinerante

traveling salesman *n* commesso *m* viaggiatore

travel insurance *n* assicurazione *f* di viaggio

travelog ['træ·və·lɑːg] *n* TV documentario *m* di interesse turistico; CINE film *m* su un viaggio *inv*

travel sickness *n* (*in car*) mal *m* d'auto; (*in plane*) mal *m* d'aria; (*in boat*) mal *m* di mare

traverse ['træ·vɚs] *vt* (*cross*) attraversare

travesty ['træ·vɪs·ti] <-ies> *n pej* farsa *f*

trawl [trɑːl] **I.** *vi* **1.**(*fish*) pescare con rete a strascico **2.**(*search*) **to ~ through sth** setacciare qc **II.** *vt* (*fish: sea*) setacciare con rete a strascico **III.** *n* **1.**(*net*) rete *f* a strascico **2.**(*search*) ricerca *f* accurata

trawler ['trɑː·lɚ] *n* peschereccio *m, per pesca a strascico*

tray [treɪ] *n* vassoio *m*

treacherous ['tre·tʃə·rəs] *adj* **1.**(*disloyal*) infido, -a **2.**(*dangerous: road, weather*) peloso, -a

treachery ['tre·tʃə·ri] *n* tradimento *m*

T

treacly ['triːk·li] *adj* **1.** (*thick and sticky*) appiccicoso, -a **2.** (*sentimental*) mellifluo, -a

tread [tred] **I.** <trod, trodden or trod> *vi* procedere; **to ~ on** [*o* **in**] **sth** pestare qc **II.** *vt* calpestare; **to ~ one's weary way** andare coi piedi di piombo **III.** *n* **1.** (*manner of walking*) passo *m;* **a heavy ~** un passo pesante **2.** (*step*) gradino *m* **3.** AUTO battistrada *m inv*

treadle ['tre·dl] *n* pedale *m*

treadmill ['tred·mɪl] *n* **1.** (*exercise machine*) tapis roulant *m inv* **2.** *fig* routine *f inv*

treason ['triː·zn] *n* tradimento *m;* **high ~ form** alto tradimento

treasonable ['triː·zə·nə·bl] *adj*, **treasonous** ['triː·zə·nəs] *adj* proditorio, -a

treasure ['tre·ʒɚ] **I.** *n* **1.** (*precious items*) tesoro *m* **2.** (*highly valued thing, person*) tesoro *m;* **my assistant is a ~** la mia assistente è un tesoro **II.** *vt* tenere molto a; **to ~ the memories of sb** custodire come un tesoro il ricordo di qn

treasure house *n* stanza *f* del tesoro

treasure hunt *n* caccia *f* al tesoro

treasurer ['tre·ʒə·rə] *n* tesoriere, -a *m, f*

treasure trove *n* tesoro *m* trovato

treasury ['tre·ʒə·ri] <-ies> *n* tesoreria *f;* **the Treasury** il Tesoro

treasury bill *n* buono *m* ordinario del Tesoro

treasury bond *n* buono *m* del Tesoro a lungo termine

treasury note *n* buono *m* del Tesoro a medio termine

Treasury Secretary *n* ≈ Ministro *m* del Tesoro

treat [triːt] **I.** *vt* **1.** (*deal with, handle*) trattare; MED curare; **to ~ sth/sb badly** trattar male qc/qn; **to ~ sth/sb as if …** trattare qc/qn come se … +*conj* **2.** (*process*) trattare; **to ~ a substance with acid** trattare una sostanza con acido **3.** (*discuss*) trattare **4.** (*pay for*) offrire; **to ~ sb to an ice cream** offrire un gelato a qn **II.** *vi* **to ~ with sb** trattare con qn **III.** *n* **1.** (*pleasurable event*) piacevole sorpresa *f;* (*present*) regalo *m;* **it's my ~** offro io **2.** (*pleasure*) piacere *m;* **it was a real ~** è stato un vero piacere

treatise ['triː·tɪs] *n* trattato *m*

treatment ['triːt·mənt] *n* **1.** trattamento *m;* **to get rough ~ from sb** essere maltrattato da qn; **special ~** trattamento speciale **2.** MED cura *f;* **to respond to ~** rispondere al trattamento

treaty ['triː·ti] <-ies> *n* trattato *m;* **peace ~** trattato di pace

treble ['tre·bl] **I.** *adj* **1.** (*three times greater*) triplo, -a **2.** MUS di soprano **II.** *n* MUS soprano *m* **III.** *vt* triplicare **IV.** *vi* triplicarsi

treble clef *n* chiave *f* di sol

tree [triː] *n* albero *m;* **to climb a ~** salire su un albero; **the Tree of Knowledge** l'albero della conoscenza ▶ **you can't see the forest for the ~s** non cogliere il quadro d'insieme, *sperdendosi nei dettagli;* **to bark up the wrong ~** *inf* prendere lucciole per lanterne; **to grow on**

~s piovere giù dal cielo; **money doesn't grow on ~s** i soldi non piovon giù dal cielo

tree frog *n* raganella *f*

tree house *n* capanna *f* sull'albero

treeless *adj* brullo, -a

treeline *n* limite *m* della vegetazione

tree-lined ['triː·laɪnd] *adj* alberato, -a; **a ~ street** una strada alberata

tree surgeon *n* addetto, -a alla potatura delle piante *m*

treetop *n* cima *f* dell'albero; **in the ~s** in cima agli alberi

tree trunk *n* tronco *m* dell'albero

trefoil ['triː·fɔɪl] *n* trifoglio *m*

trek [trek] **I.** <-kk-> *vi* camminare **II.** *n* **1.** (*walk*) (lunga) camminata *f* **2.** (*migration*) migrazione *f*

trekking ['tre·kɪŋ] *n* trekking *m inv;* **to go ~** fare trekking

trellis ['tre·lɪs] <-es> *n* (*for plants*) graticcio *m*

tremble ['trem·bl] *vi* tremare; **to ~ with cold** tremare di freddo; **to ~ like a leaf** tremare come una foglia

tremendous [trɪˈmen·dəs] *adj* **1.** (*enormous*) enorme, tremendo, -a; (*crowd, scope*) immenso, -a; (*help*) inestimabile; (*success*) strepitoso, -a **2.** *inf* (*extremely good*) straordinario, -a

tremolo ['tre·mə·loʊ] *n* MUS tremolo *m*

tremor ['tre·mɚ] *n* **1.** (*shake*) tremito *m;* (*earthquake*) scossa *f* **2.** (*of fear, excitement*) brivido *m*

tremulous ['trem·jʊ·ləs] *adj* tremulo, -a

trench [trentʃ] <-es> *n* fosso *m;* MIL trincea *f*

trenchant ['tren·tʃənt] *adj* pungente

trench coat *n* FASHION trench *m inv*

trench warfare *n* guerra *f* di trincea

trend [trend] **I.** *n* **1.** (*tendency*) tendenza *f;* **downward/upward ~** tendenza al ribasso/al rialzo; **a ~ toward(s) …** una tendenza verso … **2.** (*fashion*) moda *f;* **the latest ~** l'ultima moda; **to set a new ~** lanciare una nuova moda **II.** *vi* tendere; **to ~ to sth** tendere a qc

trendsetter ['trend·se·ţɚ] *n* persona *f* che fa tendenza

trendy ['tren·di] **I.** <-ier, -iest> *adj* trendy *inv* **II.** <-ies> *n* persona *f* alla moda

trepidation [ˌtre·pɪˈdeɪ·ʃən] *n* trepidazione *f;* **to do sth with ~** far qc con apprensione

trespass ['tres·pəs] *vi* **1.** LAW sconfinare **2.** REL peccare

trespasser ['tres·pæ·sɚ] *n* intruso, -a *m, f*

trestle ['tre·sl] *n* cavalletto *m*

trestle table *n* tavolo *m* su cavalletti

triad ['tra·iæd] *n* triade *f*

trial ['tra·ɪəl] *n* **1.** LAW processo *m;* **~ by jury** processo *m* con giuria; **to stand ~** esser processato; **to be on ~ for one's life** essere sotto processo per reato capitale **2.** (*test*) prova *f;* **clinical ~s** test clinici; **~ of strength** prova di forza; **to give sb a ~** concedere un periodo di prova; **to have sth on ~** avere qc in prova **3.** (*source of problems*) difficoltà *f;* **~s**

and tribulations tribolazioni *fpl* **4.** (*competition*) selezione *f*

trial flight *n* volo *m* di prova

trial period *n* periodo *m* di prova

trial separation *n* separazione *f* di prova

triangle ['traɪ·æŋ·gl] *n* triangolo *m*

triangular [traɪ·'æŋ·gjʊ·lə·] *adj* triangolare

tribal ['traɪ·bl] *adj* tribale

tribalism ['traɪ·blɪ·zəm] *n* tribalismo *m*

tribe [traɪb] *n* tribù *f inv*; **the twelve ~s of Israel** HIST le dodici tribù di Israele

tribesman ['traɪbz·mən] <-men> *n* membro *m* di una tribù

tribulation [ˌtrɪb·jə·'leɪ·ʃən] *n form* tribolazione *f*

tribunal [traɪ·'bjuː·nl] *n* tribunale *m*; (*investigative body*) commissione *f* di inchiesta

tribune¹ ['trɪb·juːn] *n* HIST tribuno *m*

tribune² ['trɪb·juːn] *n* ARCHIT tribuna *f*

tributary ['trɪb·jə·te·ri] I.<-ies> *n* **1.** (*river*) affluente *m* **2.** HIST (*person*) persona *f* che versa un tributo; (*state*) stato *m* tributario II. *adj form* **1.** (*river*) affluente **2.** HIST (*state*) tributario, -a

tribute ['trɪb·juːt] *n* **1.** (*token of respect*) omaggio *m*; **to pay ~ to sb/sth** rendere omaggio a qn/qc; **floral ~** *form* omaggio floreale **2.** (*sign of sth positive*) **to be a ~ to sth/sb** fare onore a qc/qn **3.** HIST (*money paid to a superior power*) tributo *m*

trice [traɪs] *n inf* **in a ~** in un battibaleno

trick [trɪk] I. *n* **1.** (*ruse*) scherzo *m*; **a dirty ~** *inf* un brutto scherzo; **to play a ~ on sb** fare uno scherzo a qn; **to be up to one's** (**old**) **~s again** essere tornato alle vecchie abitudini **2.** (*of magician*) trucco *m* **3.** (*technique*) trucco *m* **4.** (*illusion*) illusione *f*; **a ~ of the light** un'illusione ottica; **his eyes are playing ~s on him** gli occhi gli stanno giocando brutti scherzi ▶ **to try every ~ in the book** tentarle tutte; **the ~s of the trade** i trucchi del mestiere; **that'll do the ~** questo funzionerà di sicuro; **to not miss a ~** non sbagliare un colpo II. *adj* **1.** (*deceptive*) **a ~ question** una domanda a tranello **2.** *inf* (*weak*) sifolino, -a III. *vt* (*deceive*) ingannare; (*swindle*) imbrogliare

trickery ['trɪ·kə·ri] *n* frode *f*; **to resort to ~** ricorrere all'inganno

trickle ['trɪ·kl] I. *vi* **1.** (*flow slowly*) scorrere lentamente; (*in drops*) gocciolare **2.** *fig* (*people*) **to ~ in/out** entrare/uscire alla spicciolata; **to ~ out** (*information*) trapelare II. *n* **1.** (*of liquid*) rivolo *m*; (*drops*) goccia *f* **2.** (*of people, information*) flusso *m*

◆**trickle away** *vi* consumarsi poco a poco

trickster ['trɪk·stə·] *n pej* imbroglione, -a *m, f*

tricksy ['trɪk·si] *adj* (*playful*) scherzoso, -a

tricky ['trɪ·ki] <-ier, -iest> *adj* **1.** (*crafty*) astuto, -a **2.** (*difficult*) complicato, -a; (*situation*) delicato, -a; **to be ~ to do** essere difficile da fare

tricycle ['traɪ·sɪ·kl] *n* triciclo *m*

trident ['traɪ·dnt] *n* tridente *m*

tried [traɪd] I. *vi, vt pt, pp of* **try** II. *adj* provato, -a; **~ and tested** sperimentato

triennial [traɪ·'en·iəl] *adj* triennale

trier ['tra·ɪə·] *n inf* persona *f* che si sforza molto

trifle ['traɪ·fəl] *n* **1.** (*insignificant thing*) bazzecola *f* **2.** (*small amount*) inezia *f*; **a ~** leggermente **3.** (*dessert*) ≈ zuppa *f* inglese

◆**trifle away** *vt* sprecare; **to trifle one's time away** perdere tempo

◆**trifle with** *vt* scherzare con; **to ~ sb's affections** giocare con i sentimenti di qn

trifling *adj* insignificante

trig. *abbr of* **trigonometry** trigonometria *f*

trigger ['trɪ·gə·] I. *n* **1.** (*of gun*) grilletto *m*; **to pull the ~** premere il grilletto **2.** *fig* avvio *m* II. *vt* **1.** (*reaction*) provocare; (*revolt*) scatenare **2.** (*start*) innescare; **to ~ an alarm** far scattare un allarme

trigger-happy ['trɪ·gə·ˌhæpi] *adj* dal grilletto facile

trigonometry [ˌtrɪ·gə·'nɑː·mə·tri] *n* MATH trigonometria *f*

trike [traɪk] *n inf abbr of* **tricycle** triciclo *m*

trilateral [traɪ·'læ·t̬ə·əl] *adj* **1.** (*involving three parties*) trilaterale **2.** MATH trilatero, -a

trilingual [ˌtraɪ·'lɪŋ·gwəl] *adj* trilingue

trill [trɪl] I. *n* **1.** (*birdsong*) trillo *m* **2.** (*quavering note*) trillo *m* II. *vi* **1.** (*bird*) trillare **2.** (*speak*) parlare in modo affettato III. *vt* **to ~ one's r's** arrotare la r

trillion ['trɪl·jən] *n* trilione *m*

trilogy ['trɪ·lə·dʒi] <-ies> *n* trilogia *f*

trim [trɪm] I. *n* **1.** (*state*) (buono) stato *m*; **to be in ~** (**for sth**) essere in forma (per qc); **to be in fighting ~** essere in assetto di guerra **2.** (*hair*) spuntatina *f*; **to give sb a ~** spuntare i capelli a qn; **to give sth a ~** dare una spuntatina a qc **3.** (*decorative edge*) bordo *m* II. *adj* **1.** (*attractively thin, compact*) snello, -a **2.** (*neat*) ordinato, -a; (*lawn*) curato, -a III.<-mm-> *vt* **1.** (*cut*) spuntare; **to ~ one's beard** regolare la barba **2.** (*reduce*) ridurre

◆**trim down** *vt* tagliare

◆**trim off** *vt* tagliare via

trimming *n* **1.** (*decoration*) decorazione *f* **2.** *pl* FOOD guarnizioni *fpl*

Trinidad ['trɪ·nɪ·dæd] *n* Trinidad *f*; **~ and Tobago** Trinidad e Tobago

Trinidadian ['trɪ·nɪ·dæ·diən] I. *adj* di Trinidad II. *n* abitante *mf* di Trinidad

Trinity ['trɪ·nə·t̬i] *n* Trinità *f*; **the** (**Holy**) **~** la (Santissima) Trinità

trinket ['trɪŋ·kɪt] *n* ninnolo *m*

trio ['triː·oʊ] *n a.* MUS trio *m*; **string ~** trio di archi

trip [trɪp] I. *n* **1.** (*journey*) viaggio *m*; (*shorter*) gita *f*; **business ~** viaggio d'affari; **to go on a ~** fare un viaggio **2.** *inf* (*effect of drugs*) trip *m inv* **3.** (*fall*) inciampata *f* II.<-pp-> *vi* **1.** (*stumble*) inciampare; **to ~ on sth** inciampare in qc **2.** (*move lightly*) camminare con passo leggero III. <-pp-> *vt* **1.** (*cause to stum-*

ble) **to** ~ **sb** (**up**) far inciampare qn **2.** (*switch on*) accendere

◆**trip over** *vi* inciampare

◆**trip up** I. *vi* **1.** (*stumble*) inciampare **2.** (*verbally*) impappinarsi II. *vt* **1.** (*cause to stumble*) far inciampare **2.** (*cause to fail*) far impappinare

tripartite [ˌtraɪ·ˈpɑːr·taɪt] *adj* tripartitico, -a

tripe [traɪp] *n* **1.** FOOD trippa *f* **2.** *pej, inf* (*nonsense, rubbish*) fesseria *f;* **to talk** ~ dire fesserie

triple [ˈtrɪ·pl] I. *adj* triplo, -a II. *vt* triplicare III. *vi* triplicarsi

triple jump *n* triplo salto *m*

triplet [ˈtrɪp·lɪt] *n* **1.** (*baby*) **to have** ~**s** avere tre gemelli **2.** MUS terzina *f*

triplicate [ˈtrɪp·lɪ·kɪt] *adj* **in** ~ in triplice copia

tripod [ˈtraɪ·pɑːd] *n* tripode *m*

tripping [ˈtrɪ·pɪŋ] *adj* leggero, -a

trisect [traɪ·ˈsekt] *vt* tripartire

trite [traɪt] *adj* trito, -a

triumph [ˈtra·ɪʌmf] I. *n* **1.** (*success*) trionfo *m;* **a** ~ **over sth/sb** un trionfo su qn/qc; **to do sth in** ~ far qc trionfalmente; **to hail sth as a** ~ accogliere qc trionfalmente **2.** (*supreme example*) trionfo *m;* **a** ~ **of engineering/ medicine** un trionfo dell'ingegneria/della medicina II. *vi* **1.** (*achieve success*) trionfare; **to** ~ **over sth/sb** trionfare su qc/qn **2.** (*exult excessively*) mostrarsi trionfante

triumphal [traɪ·ˈʌm·fəl] *adj* trionfale

triumphant [traɪ·ˈʌm·fnt] *adj* **1.** (*victorious*) trionfante; (*return*) trionfale; **to emerge** ~ **from sth** uscire vittorioso da qc **2.** (*successful*) vittorioso, -a

trivia [ˈtrɪ·viə] *npl* banalità *fpl*

trivial [ˈtrɪ·viəl] *adj* **1.** (*unimportant*) irrilevante; (*dispute, matter*) futile **2.** (*insignificant*) insignificante

triviality [ˌtrɪ·vi·ˈæ·lə·t̮i] *n* <-ies> **1.** (*unimportance*) irrilevanza *f* **2.** (*unimportant thing*) futilità *f*

trivialize [ˈtrɪ·vɪ·ə·laɪz] *vt* sminuire

trod [trɑːd] *pt, pp of* **tread**

trodden [ˈtrɑː·dn] *pp of* **tread**

troglodyte [ˈtrɑː·glə·daɪt] *n* troglodita *mf*

Trojan [ˈtroʊ·dʒən] I. *n* troiano, -a *m, f* ►**to work** like a ~ lavorare come un mulo II. *adj* troiano, -a; **the** ~ **Horse/War** il cavallo/la guerra di Troia

trolley [ˈtrɑː·li] *n* (*trolley car*) tram *m inv*

trolleybus [ˈtrɑː·li·bʌs] *n* filobus *m inv*

trolley car *n* tram *m inv*

trollop [ˈtrɑː·ləp] *n pej, inf* sgualdrina *f*

trombone [trɑːm·ˈboʊn] *n* trombone *m*

trombonist [trɑːm·ˈboʊ·nɪst] *n* trombonista *mf*

troop [truːp] I. *n* **1.** *pl* MIL truppe *fpl;* **cavalry** ~ squadrone *m* di cavalleria **2.** (*of people*) frotta *f* II. *vi* **to** ~ **in/out** entrare/uscire a frotte

troop carrier *n* mezzo *m* corazzato per il trasporto delle truppe

trooper [ˈtruː·pɚ] *n* **1.** MIL soldato *m* di cavalleria **2.** (*state police officer*) poliziotto, -a *m, f;* **state** ~ poliziotto di uno stato ►**to swear** like a ~ bestemmiare come uno scaricatore di porto

trophy [ˈtroʊ·fi] *n* <-ies> trofeo *m*

tropic [ˈtrɑː·pɪk] *n* (*latitude*) tropico *m;* **the** ~**s** i tropici; **tropic of Cancer/Capricorn** tropico del Cancro/Capricorno

tropical [ˈtrɑː·pɪ·kl] *adj* tropicale

troposphere [ˈtroʊ·pəs·fɪ·əɚ] *n* troposfera *f*

trot [trɑːt] I. *n* **1.** (*of horse*) trotto *m* **2.** *pl, inf* (*diarrhea*) **to have the** ~**s** aver la cagarella ►**on the** ~ di fila II. *vi* **1.** (*horse*) trottare; (*person*) trotterellare **2.** (*run at moderate pace*) camminare a passo veloce **3.** (*go busily*) trottare III. <-tt-> *vt* (*horse*) mettere al trotto

◆**trot along** *vi*, **trot off** *vi* affrettarsi

◆**trot out** *vt* (*excuse, explanation*) ritirar fuori; **to** ~ **arguments** ritirare in ballo gli stessi argomenti

trotter [ˈtrɑː·t̮ɚ] *n* **1.** CULIN zampetto *m* di maiale **2.** SPORTS cavallo *m* da trotto

trouble [ˈtrʌ·bl] I. *n* **1.** (*difficulty*) difficoltà *f*, guaio *m;* **to have** ~ avere difficoltà; **to ask for** ~ cercare guai; **to spell** ~ *inf* significare guai; **to store up** ~ peggiorare il problema; **to be in/get into** ~ essere/mettersi nei guai; **to be in serious** ~ essere in un bel guaio; **to be in** ~ **with sb** avere delle grane con qn; **to land sb in** ~ mettere qn nei guai; **to stay out of** ~ tenersi fuori dai guai **2.** *pl* (*series of difficulties*) problemi *mpl;* **to be the least of sb's** ~**s** essere il minore dei mali di qn **3.** (*inconvenience*) disturbo *m;* **to go to the** ~ **of doing sth** prendersi il disturbo di fare qc; **to go to a lot of** ~ **for sb** darsi molta pena per qn; **to put sb to the** ~ **of doing sth** dare a qn il disturbo di fare qc; **to be (not) worth the** ~ (**of doing sth**) (non) valere la pena (di fare qc) **4.** (*physical ailment*) disturbo *m;* **stomach** ~ disturbi gastrici **5.** (*malfunction*) guasto *m;* **engine** ~ guasto al motore **6.** (*strife*) scontri *mpl;* **to stir up** ~ creare dei conflitti II. *vt* **1.** *form* (*cause inconvenience*) disturbare; **to** ~ **sb for sth** disturbare qn per qc; **to** ~ **sb to do sth** dare a qn il disturbo di fare qc **2.** (*make an effort*) **to** ~ **oneself about sth** darsi pena per qc **3.** (*cause worry*) preoccupare; (*cause pain*) affliggere; **to be** ~**d by sth** essere preoccupato per qc III. *vi* incomodarsi; **to** ~ **to do sth** darsi pena per fare qc

troubled *adj* **1.** (*period*) turbolento, -a; (*water*) agitato, -a **2.** (*worried*) preoccupato, -a

trouble-free [ˌtrʌ·bl·ˈfriː] *adj* senza problemi

troublemaker [ˈtrʌ·bl·ˌmeɪ·kɚ] *n* agitatore, -trice *m, f*

troubleshooting [ˈtrʌ·bl·ˌʃuː·t̮ɪŋ] *n* individuazione *f* e riparazione di un guasto

troublesome [ˈtrʌ·bl·səm] *adj* problematico, -a

trouble spot *n* zona *f* calda

trough [trɑːf] *n* **1.** (*for drinking*) abbeveratoio *m;* (*for feeding*) mangiatoia *f;* **to feed at**

the public ~ *fig* appropriarsi indebitamente dei fondi pubblici **2.**(*low point*) valore *m* minimo **3.** METEO saccatura *f*

troupe [tru:p] *n* THEAT troupe *f inv*

trouper ['tru:·pə·] *n* artista *mf* veterano, -a

trouser clip *n* molletta *f* per pantaloni, *per andare in bicicletta*

trouser leg *n* gamba *f* (dei pantaloni)

trousers ['traʊ·zə·z] *n pl* pantaloni *mpl;* **a pair of ~** un paio di pantaloni ▶ **to wear the ~** portare i pantaloni

trousseau ['tru:·soʊ] *n* corredo *m* da sposa

trout [traʊt] *n* <-(s)> (*fish*) trota *f*

trowel ['traʊ·əl] *n* (*for building*) cazzuola *f;* (*for gardening*) paletta *f*

Troy [trɔɪ] *n* HIST Troia *f*

troy ounce *n* oncia *f* troy

truancy ['tru:·ən·si] *n* assenze *f* ingiustificate (da scuola) *pl*

truant ['tru:·ənt] **I.** *n* persona *f* che marina la scuola; **to play ~** marinare la scuola **II.** *vi* marinare la scuola

truce [tru:s] *n* tregua *f;* **to call a ~** dichiarare una tregua

truck[1] [trʌk] **I.** *n* (*lorry*) camion *m;* **pickup ~** pickup *m inv* **II.** *vt* trasportare (su camion)

truck[2] [trʌk] *n inf* (*dealings*) **to have no ~ with sb/sth** non aver niente a che vedere con qn/qc

truck driver *n* camionista *mf*

trucker *n* camionista *mf*

truck farming *n* ortofrutticoltura *f*

trucking *n* autotrasporto *m*

trucking company *n* impresa *f* di trasporti

truculence ['trʌk·jʊ·ləns] *n* truculenza *f*

truculent ['trʌk·jʊ·lənt] *adj* truculento, -a

trudge [trʌdʒ] **I.** *vi* trascinarsi a fatica **II.** *vt* percorrere faticosamente **III.** *n* camminata *f* faticosa

true [tru:] **I.** *adj* **1.**(*not false*) vero, -a; **to be ~ (that ...)** esser vero (che ...); **to hold sth to be ~** ritenere che qc sia vero; **to ring ~** suonare vero **2.**(*genuine, real*) vero, -a; **~ love** vero amore *m;* **the ~ faith** la vera fede; **sb's ~ self** la vera personalità di qn; **to come ~** avverarsi; **in the ~ sense of the word** nel vero senso della parola **3.**(*faithful, loyal*) fedele; **to be/remain ~ to sth/sb** essere/restare fedele a qc/qn; **to be ~ to one's word** tener fede alla parola data; **to be ~ to oneself** rimanere fedele a se stesso **4.**(*accurate*) esatto, -a **II.** *adv* **1.**(*truly*) sinceramente **2.**(*accurately*) esattamente; **to aim ~** mirare bene **III.** *n* **to be out of ~** essere fuori centro

◆**true-up** *vt* centrare

true-blue [ˌtru:·'blu:] *adj inf* leale

trueborn ['tru:·bɔ:rn] *adj form* autentico, -a

true-hearted ['tru:·ˌhɑ:r·tɪd] *adj form* fedele

true-life [ˌtru:·'laɪf] *adj* realistico, -a; (*story*) basato, -a su fatti realmente accaduti

truelove ['tru:·lʌv] *n liter* amato, -a *m, f*

truffle ['trʌ·fl] *n* tartufo *m*

truism ['tru:·ɪ·zəm] *n* (*obviously true*) verità *f* ovvia; (*cliché*) luogo *m* comune

truly ['tru:·li] *adv* **1.**(*accurately*) veramente **2.**(*sincerely*) sinceramente **3.**(*as intensifier*) realmente ▶ **yours ~** (*at end of letter*) distinti saluti; (*the speaker*) il sottoscritto *form*

trump [trʌmp] **I.** *n* (*in cards*) atout *m inv* **II.** *vt* **1.**(*in cards*) tagliare **2.**(*surpass*) battere

◆**trump up** *vt* inventare; **to ~ an accusation** montare un'accusa

trumpet ['trʌm·pət] **I.** *n* tromba *f* ▶ **to blow one's own ~** *inf* tessere le proprie lodi **II.** *vi* (*elephant*) barrire **III.** *vt* (*news, success*) strombazzare

trumpeter ['trʌm·pə·tə·] *n* trombettista *mf*

truncate [trʌn·'keɪt] *vt* troncare

truncheon ['trʌn·tʃən] *n* manganello *m*

trundle ['trʌn·dl] **I.** *vi* rotolare **II.** *vt* far rotolare

trunk [trʌŋk] *n* **1.** ANAT, BOT tronco *m* **2.**(*of elephant*) proboscide *f* **3.**(*for storage*) baule *m* **4.**(*of car*) portabagagli *m inv* **5.** *pl* costume *m* da bagno (da uomo); **a pair of swimming ~s** un costume da bagno (da uomo)

trunk road *n* strada *f* principale

truss [trʌs] **I.** *n* **1.**(*bundle*) fascio *m* **2.** MED cinto *m* erniario **II.** *vt* legare

◆**truss up** *vt* legare

trust [trʌst] **I.** *n* **1.**(*belief*) fiducia *f;* **to gain sb's ~** guadagnarsi la fiducia di qn; **to place one's ~ in sb/sth** riporre la propria fiducia in qn/qc; **to take sth on ~** accettare qc sulla fiducia; **to betray sb's ~** tradire la fiducia di qn **2.**(*responsibility*) responsabilità *f;* **a position of ~** un incarico di fiducia **3.** FIN, COM trust *m inv;* **investment ~** fondo *m* comune di investimento **4.** LAW **to hold sth in ~** tenere qc in fedecommesso **5.**(*association*) associazione *f* **II.** *vt* **1.**(*place trust in*) fidarsi di; **to ~ sb to do sth** fidarsi che qn farà qc **2.**(*rely on*) fare affidamento su; **to ~ sb with sth** affidare qc a qn **3.**(*hope*) **to ~ that ...** sperare che ... +*conj* **III.** *vi* fidarsi; **to ~ in sth/sb** fidarsi di qc/qn

trusted ['trʌs·tɪd] *adj* (*friend, servant*) fidato, -a; (*method, remedy*) affidabile

trustee [trʌs·'ti:] *n* amministratore , -trice *m, f* fiduciario, -a; **board of ~s** consiglio *m* d'amministrazione

trustful ['trʌst·fəl] *adj* fiducioso, -a

trust fund *n* FIN fondo *m* fiduciario

trusting *adj* fiducioso, -a

trustworthiness ['trʌst·ˌwɜ:r·ðɪr·nɪs] *n* (*of person*) affidabilità *f;* (*of data*) attendibilità *f*

trustworthy ['trʌst·ˌwɜ:r·ði] *adj* (*person*) affidabile; (*data*) attendibile

trusty ['trʌs·ti] <-ier, -iest> *adj* fedele

truth [tru:θ] *n* verità *f;* **a grain of ~** un pizzico di verità; **in ~** in verità; **the ~ about sth/sb** la verità su qc/qn; **to tell the ~** dire la verità; **to tell the ~, ...** a dire la verità ...

truthful ['tru:θ·fəl] *adj* **1.**(*honest*) sincero, -a; **to be ~ with sb** esser sincero con qn **2.**(*accurate*) veritiero, -a

T

truthfulness *n* 1.(*sincerity*) sincerità *f* 2.(*accuracy*) veridicità *f*

try [traɪ] I. *n* 1.(*attempt*) tentativo *m;* **to give sth a ~** tentare qc 2.(*in rugby*) meta *f* II.<-ie-> *vi* provare; **to ~ and do sth** *inf* cercare di fare qc III.<-ie-> *vt* 1.(*attempt*) provare; **to ~ one's best** mettercela tutta; **to ~ one's luck** tentare la sorte 2.(*test*) provare 3.(*sample*) assaggiare 4.(*annoy*) stancare; **his demands would ~ the patience of a saint** le sue richieste metterebbero alla prova anche la pazienza di un santo 5.LAW processare

◆**try for** *vt insep* mirare a ottenere

◆**try on** *vt* (*put on*) provare; **to try sth on for size** misurarsi qc

◆**try out** *vt* provare; **to try sth out on sb** far provare qc a qn

trying *adj* (*exasperating*) esasperante; (*difficult*) difficile

tryout ['traɪ‧aʊt] *n* prova *f*

tsar [zɑːr] *n* zar *m inv*

tsarina [zɑː‧'riː‧nə] *n* zarina *f*

tsarist ['zɑː‧rɪst] I. *adj* zarista II. *n* zarista *mf*

tsetse fly ['tse‧tsi‧flaɪ] *n* mosca *f* tse-tse

T-shirt ['tiː‧ʃɜːrt] *n* maglietta *f*

tsp *abbr of* **teaspoon** (*amount*) cucchiaino *m*

T-square ['tiː‧skwer] *n* TECH squadra *f* a T

tub [tʌb] *n* 1.(*container*) tinozza *f* 2.(*bathtub*) vasca *f* 3.(*carton*) vaschetta *f;* **a ~ of ice cream** una vaschetta di gelato

tuba ['tjuː‧bə] *n* tuba *f*

tubby ['tʌ‧bi] <-ier, -iest> *adj inf* tracagnotto, -a

tube [tuːb] *n* 1.(*hollow cylinder*) tubo *m* 2.ANAT tuba *f;* **Fallopian ~** tube di Falloppio 3.*inf* TV tele *f* ▶ **to go** down **the ~s** andare in malora

tuber ['tuː‧bər] *n* tubero *m*

tubercular [tuː‧'bɜːr‧kjə‧lər] *adj* MED tubercolare

tuberculosis [tuː‧ˌbɜːr‧kjə‧'loʊ] *n* tubercolosi *f inv*

tuberculous [tuː‧'bɜːr‧kjʊ‧ləs] *adj* tubercolare

tub-thumper ['tʌb‧ˌθʌm‧pər] *n pej, inf* oratore da quattro soldi, -trice *m, f*

tuck [tʌk] I. *n* (*fold*) piega *f* II. *vt* (*fold*) piegare

◆**tuck away** I. *vt* (*hide*) mettere al sicuro; **to be tucked away** essere in un posto al sicuro II. *vi* mangiare voracemente

◆**tuck in** *vt* 1.(*push into position*) infilare; **to tuck one's shirt in** infilarsi la camicia nei pantaloni 2.(*settle in bed*) rimboccare le coperte a

tucker ['tʌ‧kər] *vt inf* consumare

Tuesday ['tuːz‧dəɪ] *n* martedì *m inv;* **Shrove ~** martedì grasso; *s.a.* **Friday**

tuft [tʌft] *n* ciuffo *m*

tug [tʌg] I. *n* 1.(*pull*) strattone *m;* **to give sth a ~** dare uno strattone a qc 2.NAUT rimorchiatore *m* II.<-gg-> *vt* 1.(*pull*) tirare 2.NAUT rimorchiare

tuition [tju‧'ɪ‧ʃən] *n* 1.(*fee*) tasse *fpl* scolastiche 2.(*teaching*) lezioni *fpl*

tuition fees *n* tasse *f* scolastiche *pl*

tulip ['tuː‧lɪp] *n* tulipano *m*

tumble ['tʌm‧bl] I. *n* caduta *f;* **to take a ~** cadere II. *vi* 1.(*fall*) cadere 2.*fig* (*decline*) crollare

◆**tumble down** *vi* crollare

◆**tumble over** *vi* ruzzolare

tumbledown ['tʌm‧bl‧ˌdaʊn] *adj* in rovina

tumble drier *n*, **tumble dryer** *n* asciugabiancheria *f inv*

tumbler ['tʌmb‧lər] *n* bicchiere *m* (da bibita)

tumbleweed ['tʌ‧bl‧wiːd] *n* pianta che cresce in zone aride e rotola quando trasportata dal vento

tumescent [tuː‧'me‧snt] *adj* tumescente

tummy ['tʌ‧mi] <-ies> *n childspeak* pancia *f*

tummy ache *n childspeak* mal *m* di pancia

tumor ['tuː‧mər] *n* tumore *m;* **brain/malignant ~** tumore cerebrale/maligno

tumult ['tuː‧mʌlt] *n* tumulto *m*

tumultuous [tuː‧'mʌl‧tʃuː‧əs] *adj* (*uproariously noisy*) tumultuoso, -a

tun [tʌn] *n* (*large vat*) botte *f;* (*in brewery*) barile *m*

tuna ['tuː‧nə] *n* <-(s)> tonno *m*

tundra ['tʌn‧drə] *n* tundra *f*

tune [tuːn] I. *n* 1.MUS melodia *f;* **a catchy ~** una melodia orecchiabile 2.**to be in/out of ~** (*person*) essere intonato/stonato; (*instrument*) essere accordato/scordato; **to be in/out of ~ with sth** *fig* essere in/fuori sintonia con qc ▶ **to** change **one's ~** cambiare parere; **to sing another ~** cambiare musica; **to the ~ of** $100 per la bellezza di 100 dollari II. *vt* 1.MUS accordare 2.AUTO mettere a punto

◆**tune in** I. *vi* 1.RADIO, TV sintonizzarsi su 2.*fig, inf* entrare in sintonia II. *vt* RADIO, TV sintonizzare

◆**tune up** *vt* AUTO mettere a punto

tuneful ['tjuːn‧fəl] *adj* MUS armonioso, -a

tuneless ['tjuːn‧ləs] *adj* MUS disarmonico, -a

tuner *n* 1.MUS (*person*) accordatore, -trice *m, f* 2.(*radio*) sintonizzatore *m*

tune-up ['tjuːn‧ʌp] *n* 1.MUS accordatura *f* 2.AUTO messa *f* a punto

tungsten ['tʌŋs‧tən] *n* tungsteno *m*

tunic ['tuː‧nɪk] *n* FASHION casacca *f;* HIST tunica *f*

tuning *n* 1.MUS accordatura *f* 2.RADIO sintonizzazione *f* 3.AUTO messa *f* a punto

tuning fork *n* MUS diapason *m inv*

Tunisia [tuː‧'niː‧ʒə] *n* Tunisia *f*

Tunisian [tuː‧'niː‧ʒən] I. *n* tunisino, -a *m, f* II. *adj* tunisino, -a

tunnel ['tʌ‧nl] I. *n* 1.ARCHIT tunnel *m inv* 2.MIN galleria *f* II. *vi* scavare una galleria III. *vt* scavare una galleria in; **to ~ one's way out** scappare scavandosi una galleria

turban ['tɜːr‧bən] *n* turbante *m*

turbid ['tɜːr‧bɪd] *adj* (*water*) torbido, -a

turbine ['tɜːr‧bɪn] *n* turbina *f*

turbocharged ['tɜːr‧boʊ‧tʃɑːrdʒd] *adj* ELEC, TECH turbocompresso, -a

turbocharger ['tɜːr‧boʊ‧tʃɑːr‧dʒər] *n* ELEC, TECH turbocompressore *m*

T

turbo engine *n* motore *m* turbo *inv*
turbojet *n* turboreattore *m*
turbot ['tɜːr·bət] *n* <-(s)> rombo *m*
turbulence ['tɜːr·bjʊ·ləns] *n* turbolenza *f*
turbulent ['tɜːr·bjʊ·lənt] *adj* turbolento, -a
turd [tɜːrd] *n vulg* 1.(*excrement*) stronzo *m* 2.(*person*) stronzo, -a *m, f*
tureen [tʊ·'riːn] *n* zuppiera *f*
turf [tɜːrf] <-s *o* -ves> *n* 1.BOT tappeto *m* erboso; **a (piece of)** ~ una zolla erbosa; **the** ~ (*horse racing*) corse *fpl* ippiche 2.(*territory*) territorio *m*
turgid ['tɜːr·dʒɪd] *adj form* 1. *pej* (*style*) ampolloso, -a 2.(*swollen*) turgido, -a
Turk [tɜːrk] *n* turco, -a *m, f*
turkey ['tɜːr·ki] *n* 1.ZOOL tacchino *m* 2. *inf* THEAT fiasco *m* 3. *inf* (*stupid person*) sciocco, -a *m, f* ▸ **to talk** ~ *inf* parlare chiaro
Turkey ['tɜːr·ki] *n* Turchia *f*
Turkish ['tɜːr·kɪʃ] I. *adj* turco, -a II. *n* 1.(*person*) turco, -a *m, f* 2. LING turco *m*
turmoil ['tɜːr·mɔɪl] *n* 1.(*state of chaos*) scompiglio *m inv;* **to be thrown into** ~ esser gettato nello scompiglio 2.(*of mind*) subbuglio *m;* **to be in a** ~ essere in subbuglio
turn [tɜːrn] I. *vi* 1.(*rotate*) girare; **to** ~ **on sth** girare su qc 2.(*switch direction*) voltare; (*tide*) cambiare; (*car*) svoltare; **to** ~ **around** voltarsi; **to** ~ **right/left** girare a destra/sinistra 3.(*change*) trasformarsi in; (*for worse*) diventare; **to** ~ **traitor** rivelarsi un traditore; **he** ~**ed gray (overnight)** gli son venuti i capelli bianchi (da un giorno all'altro) 4.(*change color: leaves*) cambiare colore 5.(*feel nauseous: stomach*) rivoltarsi 6.(*spoil: cream, milk*) inacidire II. *vt* 1.(*rotate*) (far) girare; (*key*) girare; (*screw on*) avvitare; (*unscrew*) svitare 2.(*switch direction*) voltare; **to** ~ **one's head** voltare la testa; **to** ~ **a page** voltare pagina; **to** ~ **the coat inside out** rivoltare il cappotto 3.(*attain a particular age*) compiere 4.(*pass a particular hour*) **it has** ~**ed three o'clock** sono le tre 5.(*cause to feel nauseated*) **it** ~**ed my stomach** mi ha fatto rivoltare lo stomaco ▸ **to** ~ **sth upside down** capovolgere qc III. *n* 1.(*change in direction*) svolta *f;* **to make a** ~ **to the right** svoltare a destra; **to take a** ~ **for the worse/better** cambiare in peggio/meglio 2.(*changing point*) svolta *f;* **the** ~ **of the century** l'inizio del secolo 3.(*period of duty*) turno *m;* **to be sb's** ~ **to do sth** toccare a qn fare qc; **it's your** ~ tocca a te; **to do sth in** ~ fare qc a turno; **to miss a** ~ saltare un turno; **to speak out of** ~ parlare a sproposito 4.(*rotation, twist*) giro *m* 5.(*service*) favore *m;* **to do sb a good** ~ fare un favore a qn; **one good** ~ **deserves another** *prov* ogni favore va contraccambiato *prov*

◆**turn against** *vt* mettersi contro
◆**turn away** I. *vi* allontanare; **to** ~ **from sb/sth** allontanarsi da qn/qc II. *vt* 1.(*refuse entry*) non fare entrare 2.(*deny help*) mandar via

◆**turn back** I. *vi* (*return to starting point*) tornare indietro II. *vt* 1.(*send back*) far ritornare 2.(*fold towards itself: bedcover, corner of paper*) ripiegare
◆**turn down** *vt* 1.(*reject*) respingere 2.(*reduce volume*) abbassare 3.(*fold*) ripiegare
◆**turn in** I. *vt* (*hand over*) consegnare II. *vi inf* (*go to bed*) andare a letto
◆**turn into** *vt* trasformarsi in
◆**turn off** I. *vt* 1.ELEC, TECH spegnere; (*gas, faucet*) chiudere 2. *inf* (*be unappealing*) disgustare II. *vi* (*leave path*) svoltare
◆**turn on** *vt* 1.ELEC, TECH accendere; (*gas, faucet*) aprire 2.(*excite*) eccitare; (*attract*) attirare 3.(*show, demonstrate*) mettere in mostra; **to** ~ **the charm** sfoderare tutto il proprio fascino 4.(*attack*) aggredire
◆**turn out** I. *vi* 1.(*end up, work out*) finire 2.(*be revealed*) rivelarsi; **it turned out to be true** si è rivelato essere vero II. *vt* 1.(*light*) spegnere 2.(*kick out*) cacciare; **to turn sb out on the street** buttare qn in mezzo alla strada 3.(*empty*) vuotare
◆**turn over** I. *vi* (*start, operate: engine*) accendere II. *vt* 1.(*change the side*) girare 2.(*criminal*) consegnare 3.(*control*) affidare; (*possession*) cedere 4.(*facts*) meditare; **to** ~ **an idea** riflettere a lungo su un'idea 5.COM, FIN fatturare 6. *inf* (*search*) mettere sottosopra frugando
◆**turn around** I. *vi* girarsi II. *vt* 1.(*move*) girare 2.(*change*) cambiare; (*reform*) riformare
◆**turn to** *vt* 1.(*face*) dedicarsi a 2.(*request aid*) **to** ~ **sb (for sth)** rivolgersi a qn (per qc)
◆**turn up** I. *vi* 1.(*arrive*) arrivare 2.(*become available*) saltar fuori 3.(*point upwards*) girare insù II. *vt* 1.(*volume*) alzare 2.(*shorten*) accorciare 3.(*point upwards*) girare insù 4.(*find*) trovare
turnabout ['tɜːrn·ə·ˌbaʊt] *n*, **turnaround** ['tɜːrn·ə·ˌaʊnd] *n* 1.(*change*) cambiamento *m* radicale 2.(*improvement*) svolta *f* positiva
turnaround time *n* AVIAT, NAUT tempo *m* di rotazione; (*of project*) tempo di sviluppo
turncoat ['tɜːrn·koʊt] *n* voltagabbana *mf inv*
turner ['tɜːr·nɚ] *n inf* tornitore, -trice *m, f*
turning ['tɜːr·nɪŋ] *n* 1.(*road*) traversa *f* 2.(*act of changing direction*) svolta *f*
turning point *n* svolta *m* decisiva; **a** ~ **in one's career** una svolta decisiva nella sua carriera
turnip ['tɜːr·nɪp] *n* rapa *f*
turnkey operation [ˌtɜːrn·ki: ˌɑː·pə·'reɪ·ʃən] *n* operazione *f* chiavi in mano
turn-off ['tɜːrn·ɑːf] *n* 1.AUTO uscita *f* 2. *inf* (*something unappealing*) **to be a real** ~ far passare ogni voglia
turnout ['tɜːrn·aʊt] *n* 1.(*attendance*) numero *m* di partecipanti 2.POL affluenza *f* 3. ECON produzione *f*
turnover ['tɜːrn·oʊ·vɚ] *n* 1.COM, FIN vo-

lume *m* d'affari; (*sales*) fatturato *m* **2.** (*in staff*) rotazione *f* **3.** FOOD *focaccina ripiena di frutta*

turnpike ['tɜːrn·paɪk] *n* AUTO autostrada *f* a pagamento

turnstile ['tɜːrn·staɪl] *n* SPORTS cancelletto *m* girevole

turntable ['tɜːrn·ˌteɪ·bl] *n* **1.** MUS (*record player*) giradischi *m inv* **2.** RAIL piattaforma *f* girevole

turpentine ['tɜːr·pən·taɪn] *n* trementina *f*

turpitude ['tɜːr·pɪ·tuːd] *n form* turpitudine *f;* **moral** ~ depravazione *f*

turquoise ['tɜːrk·wɔɪz] *n* **1.** (*stone*) turchese *m* **2.** (*color*) turchese *m*

turret ['tɜːr·ɪt] *n* **1.** (*tower*) torretta *f* **2.** (*of tank, ship*) torretta *f*

turtle ['tɜːr·tl] <-(s)> *n* tartaruga *f* d'acqua

turtledove ['tɜːr·tl·dʌv] *n* tortora *f*

turtleneck ['tɜːr·tl·nek] *n* dolcevita *m inv*

tusk [tʌsk] *n* zanna *f*

tussle ['tʌ·sl] **I.** *vi* azzuffarsi **II.** *n* (*physical struggle*) zuffa *f;* (*quarrel*) lite *f*

tussock ['tʌ·sək] *n* ciuffo *m* d'erba

tut [tʌt] *interj* ~ ~! no, no, così non si fa!

tutelage ['tuː·t̬·lɪdʒ] *n* tutela *f*

tutor ['tuː·t̬ɚ] **I.** *n* SCHOOL, UNIV (*private teacher*) tutor *m inv, professore di riferimento per uno o più studenti;* (*at home*) insegnante *mf* privato, -a **II.** *vt* SCHOOL, UNIV **to** ~ **sb** (**in sth**) dare lezioni individuali a qn (di qc)

tutorial [tuːˈtɔː·ri·əl] *n* COMPUT tutorial *m inv*

tuxedo [tʌkˈsiː·doʊ] *n* smoking *m inv*

TV [ˌtiːˈviː] *n abbr of* **television** TV *f inv*

twaddle ['twɑ·dl] *n inf* fesserie *fpl;* **to talk** ~ dire fesserie

twang [twæŋ] **I.** *n* **1.** MUS suono *m* vibrante **2.** LING accento *m* nasale **II.** *vt* far vibrare; (*strings*) pizzicare; **to** ~ **someone's nerves** urtare i nervi di qn **III.** *vi* vibrare

tweak [twiːk] **I.** *vt* pizzicare **II.** *n* pizzicotto *m*

tweed [twiːd] *n* **1.** (*textile*) tweed *m inv* **2.** *pl* (*suit*) completo *m* in tweed

tweedy ['twiː·di] *adj* <-ier, -iest> *fig* da gentiluomo di campagna

tweet [twiːt] **I.** *n* cinguettio *m* **II.** *vi* cinguettare

tweeter ['twiː·t̬ɚ] *n* tweeter *m inv*

tweezers ['twiː·zɚz] *npl* (**a pair of**) ~ (un paio di) pinzette *fpl*

twelfth [twelfθ] **I.** *adj* dodicesimo, -a **II.** *n* **1.** (*order*) dodicesimo, -a *m, f* **2.** (*date*) dodici *m* **3.** (*fraction*) dodicesimo *m;* (*part*) dodicesima parte *f; s.a.* **eighth**

twelve [twelv] **I.** *adj* dodici **II.** *n* dodici *m; s.a.* **eight**

twentieth ['twen·t̬i·əθ] **I.** *adj* ventesimo, -a **II.** *n* **1.** (*order*) ventesimo, -a *m, f* **2.** (*date*) venti *m* **3.** (*fraction*) ventesimo *m;* (*part*) ventesima parte *f; s.a.* **eighth**

twenty ['twen·t̬i] <-ies> **I.** *adj* venti **II.** *n* venti *m; s.a.* **eighty**

twerp [twɜːrp] *n inf* idiota *mf*

twice [twaɪs] *adv* due volte

twiddle ['twɪ·dl] **I.** *vt a.* TECH, ELEC (far) girare

▶ **to** ~ **one's thumbs** girare i pollici **II.** *vi* **to** ~ **with sth** giocherellare con qc **III.** *n* giro *m*

twig [twɪg] **I.** *n* ramoscello *m* **II.** *vi inf* rendersi conto

twilight ['twaɪ·laɪt] *n* crepuscolo *m*

twin [twɪn] **I.** *n* gemello, -a *m, f;* **identical ~s** gemelli identici **II.** *adj* gemello, -a **III.** *vt* <-nn-> gemellare **IV.** *vi* <-nn-> gemellarsi

twin beds *npl* letti *m* gemelli *pl*

twin brother *n* fratello *m* gemello

twine [twaɪn] **I.** *vt* **1.** (*wind up*) attorcigliare **2.** (*encircle*) cingere **II.** *n* spago *m*

twinge [twɪndʒ] *n* **1.** MED fitta *f* **2.** *fig* punta *f;* **a ~ of conscience** un rimorso di coscienza

twinkle ['twɪn·kl] **I.** *vi* (*eyes*) brillare; (*star, diamond*) scintillare **II.** *n* (*of stars, jewels, light*) scintillio *m;* (*of eyes*) luccichio *m* ▶ **to be just a ~ in sb's father's eye** non essere ancora nato; **to do sth in a ~** far qc in un batter d'occhio

twinkling ['twɪŋk·lɪŋ] **I.** *adj* (*eyes*) brillante; (*star, diamond*) scintillante **II.** *n* **in the ~ of an eye** in un batter d'occhio

twinning ['twɪ·nɪŋ] *n* gemellaggio *m*

twin room *n* camera *f* a due letti

twin sister *n* sorella *f* gemella

twirl [twɜːrl] **I.** *vi* girare; **to** ~ **around sth** girare intorno a qc **II.** *vt* (*whirl*) far girare; (*moustache*) arricciare **III.** *n* piroetta *f*

twist [twɪst] **I.** *vt* **1.** (*turn*) girare **2.** (*wind around*) attorcigliare; **to** ~ **sth around sth** avvolgere qc intorno a qc **3.** MED slogarsi **4.** (*distort: truth*) distorcere ▶ **to** ~ **sb's arm** forzare la mano a qn; **to** ~ **sb round one's little finger** far fare a qn ciò che si vuole **II.** *vi* **1.** (*squirm around*) (ri)girarsi **2.** (*curve: path, road*) curvare; **to** ~ **and turn** serpeggiare **3.** (*dance*) ballare il twist **III.** *n* **1.** (*turn*) torsione *f;* **to give sth a** ~ far girare qc **2.** (*unexpected change*) svolta *f* **3.** (*curl: of hair*) ciocca *f;* (*of lemon*) fettina *f;* (*of paper*) cartoccio *m;* (*of coil*) giro *m* **4.** (*dance*) twist *m*

◆**twist off** *vt* svitare

twisted ['twɪs·tɪd] *adj* **1.** (*cable*) attorcigliato, -a; (*metal*) contorto, -a; (*ankle*) slogato, -a **2.** (*perverted*) perverso, -a; (*logic, humor*) contorto, -a

twister ['twɪs·tɚ] *n* **1.** METEO tornado *m inv* **2.** *inf* (*swindler*) truffatore, -trice *m, f*

twisty ['twɪs·ti] *adj* <-ier, -iest> *inf* (*road*) serpeggiante

twit [twɪt] *n inf* sciocco, -a *m, f*

twitch [twɪtʃ] **I.** *vi* ANAT, MED muoversi a scatti; (*face*) contrarsi **II.** *vt* **1.** ANAT, MED contrarre **2.** (*pull*) tirare **III.** *n* <-es> **1.** ANAT, MED contrazione *f* muscolare *inv;* **to have a** (**nervous**) ~ avere un tic *inv* (nervoso) **2.** (*pull*) tiratina *f*

twitter ['twɪ·t̬ɚ] **I.** *vi* **1.** ZOOL cinguettare **2.** (*talk*) parlottare; **to** ~ **away** (*talk rapidly*) ciarlare **2.** TEL, INET twittare **II.** *n* cinguettio *m*

two [tuː] **I.** *adj* due **II.** *n* due *m* ▶ **that makes ~ of us** *inf* così siamo in due; **to put ~ and ~ together** *inf* fare due più due; *s.a.* **eight**

two-bit [tu:·'bɪt] *adj inf* da due soldi
two-dimensional [‚tu:·dɪ·'men·tʃə·nəl] *adj* **1.** bidimensionale **2.** *fig* superficiale
two-door *adj* AUTO a due porte
two-edged *adj* a doppio taglio
two-faced *adj pej* falso, -a
twofold ['tu:·foʊld] **I.** *adv* doppiamente **II.** *adj* doppio, -a
two-part *adj* in due parti
two-party system *n* sistema *m* bipartitico
two-phase *adj* ELEC bifase
two-piece *n* **1.** (*suit*) completo *m* a due pezzi **2.** (*bikini*) bikini *m inv*
two-seater AUTO **I.** *n* biposto *m inv* **II.** *adj* biposto *inv*
twosome ['tu:·səm] *n* (*duo*) duo *m inv;* (*couple*) coppia *f*
two-stroke AUTO **I.** *n* motore *m* a due tempi **II.** *adj* a due tempi
two-tiered *adj* a due livelli
two-time *vt inf* mettere le corna a
two-way ['tu:·'weɪ] *adj* (*tunnel, bridge*) a doppio senso; (*process*) reciproco, -a; (*conversation*) bilaterale; (*switch*) bipolare
two-way radio *n* radio *finv* ricetrasmittente
tycoon [taɪ·'ku:n] *n* FIN magnate *mf*
tyke [taɪk] *n* **1.** (*child*) monello, -a *m, f* **2.** (*dog*) cane *m* randagio
tympanum ['tɪm·pə·nəm] *n* timpano *m*
type [taɪp] **I.** *n* **1.** (*sort, kind: style, print, language*) genere *m;* (*of machine*) modello *m* **2.** (*class: animal, person*) genere *m;* (*skin*) tipo **3.** *inf* (*person*) tipo, -a *m, f;* **he's not her ~** non è il suo tipo **4.** TYPO carattere *m* **II.** *vt* **1.** (*write with machine*) scrivere a macchina; (*on computer*) scrivere al computer **2.** (*categorize*) classificare **III.** *vi* scrivere a macchina; (*on computer*) scrivere al computer

◆**type out** *vt* scrivere a macchina; (*on computer*) scrivere al computer
◆**type up** *vt* riscrivere a macchina; (*on computer*) riscrivere al computer
typecast ['taɪp·kæst] <typecast, typecast> *vt* incasellare
typeface ['taɪp·feɪs] *n* carattere *m* (di stampa)
typescript ['taɪp·skrɪpt] *n* dattiloscritto *m*
typesetter *n* **1.** (*machine*) compositrice *f* **2.** (*person*) compositore, -trice *m, f*
typesetting ['taɪp·se·ṭɪŋ] *n* composizione *f*
typewrite ['taɪp·raɪt] *irr vt* scrivere a macchina
typewriter ['taɪp·ˌraɪ·ṭəˑ] *n* macchina *f* da scrivere
typewriter ribbon *n* nastro *m* dattilografico
typewritten *adj* dattilografato, -a
typhoid ['taɪ·fɔɪd] *n*, **typhoid fever** *n* febbre *f* tifoidea
typhoon [taɪ·'fu:n] *n* METEO tifone *m*
typhus ['taɪ·fəs] *n* tifo *m*
typical ['tɪ·pɪ·kəl] *adj* tipico, -a; (*symptom*) caratteristico, -a; **to be ~ of sb to do sth** esser tipico di qn (il) fare qc
typically *adv* tipicamente
typify ['tɪ·pɪ·faɪ] <-ie-> *vt* simboleggiare
typing ['taɪ·pɪŋ] *n* dattilografia *f*
typist ['taɪ·pɪst] *n* dattilografo, -a *m, f*
typographer [taɪ·'pɑː·grə·fəˑ] *n* tipografo, -a *m, f*
typographic(al) [‚taɪ·pə·'græ·fɪ·k(əl)] *adj* tipografico, -a
typographic(al) error *n* errore *m* di battitura
typography [taɪ·'pɑː·grə·fi] *n* tipografia *f*
tyrannical [tɪ·'ræ·nɪ·kəl] *adj pej* tirannico, -a
tyrannize ['tɪ·rə·naɪz] *vt* tiranneggiare
tyranny ['tɪ·rə·ni] *n* tirannia *f*
tyrant ['taɪ·rənt] *n* tiranno, -a *m, f*
tzar [zɑːr] *n* zar *m inv*
tzetze fly ['tet·si·ˌflaɪ] *n* mosca *f* tse-tse

T

Uu

U, u [juː] *n* U, u *f;* ~ **as in Unicorn** U come Udine

U¹ *abbr of* **uranium** U

U² *inf abbr of* **university** U

UAE [ˌjuːˈeɪˈliː] *npl abbr of* **United Arab Emirates** EAU *mpl*

ubiquitous [juːˈbɪkˈwəˈtəs] *adj* onnipresente

ubiquity [juːˈbɪkˈwəˈti] *n* ubiquità *f,* onnipresenza *f*

U-boat [ˈjuːˈboʊt] *n* sommergibile *m*

udder [ˈʌˈdə] *n* mammella *f*

UFO [ˌjuːˈefˈoʊ] *n abbr of* **unidentified flying object** UFO *m inv*

Uganda [juːˈgænˈdə] *n* Uganda *m*

Ugandan I. *adj* ugandese II. *n* ugandese *mf*

ugh [ɜːh] *interj inf* puah

ugliness [ˈʌgˈlɪˈnɪs] *n* bruttezza *f*

ugly [ˈʌgˈli] <-ier, iest> *adj* **1.** (*not attractive*) brutto, -a; **to be ~ as sin** essere brutto come la fame **2.** (*threatening*) minaccioso, -a; **to turn ~** degenerare **3.** (*morally repulsive*) infame; **~ rumors** (vili) calunnie *fpl*

ugly duckling brutto anatroccolo *m*

UHF [ˌjuːˈeɪtʃˈef] *n abbr of* **ultrahigh frequency** UHF *fpl*

UK [ˌjuːˈkeɪ] *n abbr of* **United Kingdom** RU *m,* UK *f*

ukelele [ˌjuːkəlˈeɪˈli] *n* ukulele *m inv*

Ukraine [juːˈkreɪn] *n* Ucraina *f*

Ukrainian I. *adj* ucraino, -a II. *n* **1.** (*person*) ucraino, -a *m, f* **2.** LING ucraino *m*

ulcer [ˈʌlˈsə] *n* **1.** MED ulcera *f* **2.** *fig* piaga *f*

ulcerate [ˈʌlˈsəˈreɪt] *vi* ulcerarsi

ulcerous [ˈʌlˈsəˈrəs] *adj* ulceroso, -a

ulna [ˈʌlˈnə] <ulnae *o* s> *n* ulna *f*

ulterior [ʌlˈtɪˈriˈə] *adj* **~ motive** secondo fine

ultimate [ˈʌlˈtəˈmɪt] I. *adj* **1.** (*highest degree of*) massimo, -a; (*honor, sacrifice, accolade*) supremo, -a **2.** (*final*) finale; (*cost, consequences, effect*) definitivo, -a **3.** (*fundamental*) fondamentale II. *n* (*the best*) **the ~ in** il non plus ultra (di)

ultimately [ˈʌlˈtəˈmɪtˈli] *adv* in definitiva

ultimatum [ˌʌlˈtəˈmeɪˈtəm] <ultimata *o* -tums> *n* ultimatum *m inv*

ultimo [ˈʌlˈtɪˈmoʊ] *adv* ECON, COM ultimo scorso

ultrahigh frequency [ˌʌlˈtrəˈhaɪˈfriːˈkwənˈtsi] *n* frequenza *f* ultraelevata

ultramarine [ˌʌlˈtrəˈməˈriːn] I. *adj* ultramarino II. *n* blu *m* oltremare *inv*

ultramodern [ˌʌltˈrəˈmɑːˈdən] *adj* ultramoderno, -a

ultrashort wave [ˌʌlˈtrəˈʃɔːrtˈweɪv] *n* onda *f* ultracorta

ultrasonic [ˌʌlˈtrəˈsɑːˈnɪk] *adj* ultrasonico, -a

ultrasound [ˈʌlˈtrəˈsaʊnd] *n* ultrasuono *m*

ultraviolet [ˌʌlˈtrəˈvaɪˈəˈlɪt] *adj* ultravioletto, -a

Ulysses [juːˈlɪˈsiːz] *n* Ulisse *m*

umber [ˈʌmˈbə] I. *adj* terra d'ombra II. *n* terra d'ombra *m*

umbilical [ʌmˈbɪˈlɪˈkl] *adj* ombelicale

umbilical cord *n* cordone *m* ombelicale

umbrage [ˈʌmˈbrɪdʒ] *n form* **to take ~ at sth** adombrarsi per qc

umbrella [ʌmˈbreˈlə] *n* **1.** ombrello *m;* **beach ~** ombrellone *m* **2.** MIL ombrello *m* aereo; **under the ~ of sth** sotto la protezione di qc

umbrella organization *n* POL, ADMIN organizzazione *f* ombrello

umpire [ˈʌmˈpaɪˈə] SPORTS I. *n* arbitro *mf* II. *vt* arbitrare III. *vi* arbitrare

umpteen [ˈʌmpˈtiːn] *adj inf* innumerevole; **to do sth ~ times** fare qc milioni di volte

umpteenth [ˈʌmpˈtiːnθ] *adj* ennesimo, -a

UN [ˌjuːˈen] *n abbr of* **United Nations** ONU *f*

unabashed [ˌʌnˈəˈbæʃt] *adj* (*romantic*) incorreggibile; (*communist*) incallito; **~ by sth** per nulla impressionato da qc

unabated [ˌʌnˈəˈbeɪˈtɪd] *adj* (*winds, storm*) incessante; (*fighting, rioting*) costante; (*energy, enthusiasm*) inesauribile

unable [ʌnˈeɪˈbl] *adj* incapace; **to be ~ to do sth** non poter fare qc

unabridged [ˌʌnˈəˈbrɪdʒd] *adj* LIT, PUBL integrale

unacceptable [ˌʌnˈəkˈsepˈtəˈbl] *adj* **1.** (*not good enough*) inaccettabile **2.** (*intolerable*) inammissibile

unaccompanied [ˌʌnˈəˈkʌmˈpəˈnid] *adj* **1.** (*without companion*) non accompagnato, -a **2.** MUS senza accompagnamento

unaccountable [ˌʌnˈəˈkaʊnˈtəˈbl] *adj* **1.** (*not responsible*) irresponsabile **2.** (*inexplicable*) inspiegabile

unaccounted-for [ˌʌnˈəˈkaʊnˈtɪdˌfɔːr] *adj* **to be ~** mancare

unaccustomed [ˌʌnˈəˈkʌsˈtəmd] *adj* insolito, -a; **to be ~ to doing sth** non essere abituato, -a a fare qc

unacknowledged [ˌʌnˈəkˈnɑːˈlɪdʒd] *adj* (*greeting*) ignorato, -a; (*author, scientist*) non riconosciuto, -a

unaddressed [ˌʌnˈəˈdrest] *adj* senza indirizzo

unadorned [ˌʌnˈəˈdɔːrnd] *adj* disadorno -a; **the ~ truth** la verità nuda e cruda

unadulterated [ˌʌnˈəˈdʌlˈtəˈreɪˌtɪd] *adj* puro, -a; (*alcohol, wine*) non sofisticato, -a; **~ nonsense** sciocchezze *f* belle e buone *pl*

unadventurous [ˌʌnˈədˈvenˈtʃəˈrəs] *adj* poco avventuroso, -a

unaffected [ˌʌnˈəˈfekˈtɪd] *adj* **1.** (*not changed*) **to be ~ by sth** non essere toccato, -a da qc **2.** (*not influenced*) spontaneo, -a **3.** (*down to earth*) non affettato, -a; (*manner, speech*) naturale

U

unafraid [ˌʌn·ə·ˈfreɪd] *adj* senza paura; **to be ~ of sb/sth** non aver paura di qu/qc

unaided [ʌn·ˈəɪ·dɪd] *adj* senza aiuto; **to do sth ~** fare qc senza l'aiuto di nessuno

unalloyed [ˌʌn·ə·ˈlɔɪd] *adj liter* puro, -a

unaltered [ʌn·ˈɔːl·tərd] *adj* inalterato, -a

unambiguous [ˌʌn·æm·ˈbɪg·juˑəs] *adj* inequivocabile

un-American [ˌʌn·ə·ˈmeˑrɪ·kən] *adj* antiamericano, -a

unanimity [ˌjuː·ne·ˈnɪ·mə·ti] *n form* unanimità *f*

unanimous [juː·ˈnæ·nə·məs] *adj* unanime

unannounced [ˌʌn·ə·ˈnaʊnst] I. *adj* inatteso, -a II. *adv* senza preavviso

unanswerable [ʌn·ˈæn·sə·rə·bl] *adj* 1.(*without an answer*) a cui è impossibile rispondere 2. *form* (*irrefutable*) irrefutabile

unanswered [ʌn·ˈæn·sərd] *adj* senza risposta

unappealing *adj* poco attraente

unappetizing [ʌn·ˈæ·pə·taɪ·zɪŋ] *adj* poco appetitoso, -a

unapproachable [ˌʌn·ə·ˈprouˑtʃə·bl] *adj* 1.(*person*) inavvicinabile 2.(*building*) inaccessibile

unarmed [ˌʌn·ˈɑːrmd] *adj* disarmato, -a

unashamed [ˌʌn·ə·ˈʃeɪmd] *adj* sfrontato, -a; **to be ~ of sth** non vergognarsi di qc

unasked [ˌʌn·ˈæskt] *adj* 1.(*not questioned*) non richiesto, -a 2.(*spontaneous*) spontaneo, -a

unassignable [ˌʌn·ə·ˈsaɪ·nə·bl] *adj* LAW non trasferibile

unassuming [ˌʌn·ə·ˈsuː·mɪŋ] *adj* modesto, -a

unattached [ˌʌn·ə·ˈtætʃt] *adj* 1.(*not connected*) staccato, -a 2.(*independent*) indipendente 3.(*unmarried*) single

unattainable [ˌʌn·ə·ˈteɪ·nə·bl] *adj* irrealizzabile

unattended [ˌʌn·ə·ˈten·dɪd] *adj* 1.(*alone*) senza sorveglianza 2.(*unmanned*) incustodito, -a 3.(*not taken care of*) ignorato, -a

unattractive [ˌʌn·ə·ˈtræk·tɪv] *adj* poco attraente

unauthorized [ʌn·ˈɑː·θə·raɪzd] *adj* non autorizzato, -a

unavailable [ˌʌn·ə·ˈveɪ·lə·bl] *adj* non disponibile

unavailing [ˌʌn·ə·ˈveɪ·lɪŋ] *adj form* (*denial*) inutile; (*effort, attempt*) vano, -a

unavoidable [ˌʌn·ə·ˈvɔɪ·də·bl] *adj* inevitabile

unaware [ˌʌn·ə·ˈwer] *adj* **to be ~ of sth** essere ignaro, -a di qc

unawares [ˌʌn·ə·ˈwerz] *adv* **to catch sb ~** cogliere qu alla sprovvista

unbalanced [ˌʌn·ˈbæ·lənst] *adj* 1.(*uneven: report*) di parte 2.(*mental state*) precario, -a; **a mentally unbalanced individual,** uno squilibrato

unbearable [ˌʌn·ˈbe·rə·bl] *adj* insopportabile

unbeatable [ˌʌn·ˈbiː·tə·bl] *adj* (*record, team*) imbattibile; (*army*) invincibile; (*value, quality*) insuperabile

unbeaten [ˌʌn·ˈbiː·tn] *adj* imbattuto, -a

unbecoming [ˌʌn·bɪ·ˈkʌ·mɪŋ] *adj* 1.(*dress, suit*) che non dona 2.(*attitude, manner*) indecoroso, -a

unbeknown(st) [ˌʌn·bɪ·ˈnoʊn] *adv form* **~ to her** a sua insaputa

unbelievable [ˌʌn·bɪ·ˈliːˑvə·bl] *adj* incredibile

unbeliever [ˌʌn·bɪ·ˈliːˑvər] *n* REL non credente *mf*

unbelieving [ˌʌn·bɪ·ˈliːˑvɪŋ] *adj* incredulo, -a

unbend [ʌn·ˈbend] I. *vt* raddrizzare II. *vi irr* 1.(*straighten out*) raddrizzarsi 2.(*relax*) distendersi

unbending *adj* inflessibile

unbiased [ʌn·ˈbaɪ·əst] *adj* imparziale

unbidden [ʌn·ˈbɪ·dən] *liter* I. *adv* spontaneamente II. *adj* spontaneo, -a

unbind [ʌn·ˈbaɪnd] *irr vt* slegare

unbleached [ʌn·ˈbliːtʃt] *adj* non sbiancato, -a; **~ flour** farina *f* non sbiancata

unblinking [ʌn·ˈblɪn·kɪŋ] *adj* 1.(*without blinking*) impassibile 2.(*without doubt*) risoluto, -a

unblushing [ʌn·ˈblʌ·ʃɪŋ] *adj* sfrontato, -a

unbolt [ʌn·ˈboʊlt] *vt* togliere il chiavistello a

unborn [ʌn·ˈbɔːrn] *adj* 1.(*not yet born*) non ancora nato, -a 2. *lit* (*future*) futuro, -a

unbosom [ʌn·ˈbʊ·zəm] *vt form* 1.(*reveal*) confidare 2.(*confide in*) **to ~ oneself to sb** confidarsi con qu

unbounded [ʌn·ˈbaʊn·dɪd] *adj* immenso, -a

unbowed [ʌn·ˈbaʊd] *adj* 1.(*erect*) non chino, -a 2.(*not submitting*) non sottomesso, -a

unbreakable [ʌn·ˈbreɪ·kə·bl] *adj* infrangibile

unbribable [ʌn·ˈbraɪ·bə·bl] *adj* incorruttibile

unbridled [ʌn·ˈbraɪ·dld] *adj* sfrenato, -a

unbroken [ʌn·ˈbrou·kən] *adj* 1.(*not broken*) **an ~ promise** una promessa mantenuta 2.(*uncrushed*) intatto, -a 3.(*continuous, without a break*) ininterrotto, -a 4.(*unsurpassed*) imbattuto, -a 5.(*not tamed*) non addomesticato, -a

unbuckle [ʌn·ˈbʌ·kl] *vt* slacciare (la fibbia di); **to ~ a seatbelt** slacciare la cintura di sicurezza

unburden [ʌn·ˈbɜːr·dən] *vt* **to ~ oneself (of sth)** sfogarsi (di qc); **to ~ oneself (to sb)** sfogarsi (con qu); **to ~ one's sorrows** confidare le proprie pene

unbusinesslike [ʌn·ˈbɪz·nɪs·laɪk] *adj* poco professionale

unbutton [ʌn·ˈbʌ·tən] I. *vt* sbottonare II. *vi* sbottonarsi

uncalled-for [ʌn·ˈkɔːld·fɔːr] *adj* fuori luogo; **an ~ remark** un commento fuori luogo

uncanny [ʌn·ˈkæ·ni] *adj* <-ier, -iest> sorprendente

uncared-for [ʌn·ˈkerd·fɔːr] *adj* trascurato, -a

unceasing [ʌn·ˈsiːˑsɪŋ] *adj form* incessante

unceremonious [ˌʌn·se·rɪ·ˈmouˑni·əs] *adj* 1.(*abrupt*) precipitoso, -a 2.(*informal*) senza cerimonie

unceremoniously *adv* 1.(*abruptly*) precipitosamente 2.(*informally*) senza cerimonie

U

uncertain [ʌn·'sɜːr·tən] *adj* **1.**(*unsure*) insicuro, -a; **to be ~ about sth** non essere sicuro di qc; **it's ~ whether/when ...** non si sa se/quando...; **in no ~ terms** chiaramente **2.**(*unpredictable, chancy*) incerto, -a; **an ~ future** un futuro incerto **3.**(*volatile*) instabile

uncertainty [ʌn·'sɜːr·tən·ti] <-ies> *n* incertezza *f*

unchallenged [ʌn·'tʃæ·lɪndʒd] *adj* incontestato, -a; **to go ~** non essere contestato

unchanged [ʌn·'tʃeɪndʒd] *adj* (*prices, rates*) invariato, -a; (*tradition*) immutato, -a

uncharacteristic [ʌn·ˌke·rɪk·tə·'rɪs·tɪk] *adj* poco caratteristico, -a; **to be ~ of sb** essere insolito, -a per qu

uncharitable [ˌʌn·'tʃe·rə·tə·bl] *adj* **1.**(*unkind*) crudele; **to be ~ (of sb) to do sth** essere crudele (da parte di qu) fare qc **2.**(*ungenerous*) poco caritatevole

unchecked [ˌʌn·'tʃekt] *adj* **1.**(*unrestrained*) incontrollato, -a **2.**(*not examined or verified*) non accertato, -a

unchristian [ʌn·'krɪs·tʃən] *adj* poco cristiano, -a

uncivil [ˌʌn·'sɪ·vl] *adj form* incivile; **to be ~ to sb** essere scortese con qu

unclad [ˌʌn·'klæd] *adj form* nudo, -a

unclaimed [ʌn·'kleɪmd] *adj* non reclamato, -a

unclassified [ʌn·'klæ·sɪ·faɪd] *adj* non classificato, -a

uncle ['ʌŋ·kl] *n* zio *m* ▶ **to say** ~ *childspeak* arrendersi

unclean [ˌʌn·'kliːn] *adj* **1.**(*unhygienic*) sporco, -a **2.**(*impure*) impuro, -a

unclear [ˌʌn·'klɪr] *adj* **1.**(*not obvious*) poco chiaro, -a; **it's ~ what/whether ...** non è chiaro che cosa/se... **2.**(*not certain*) **to be ~ about sth** non essere sicuro, -a di qc

uncluttered [ˌʌn·'klʌ·t̬ərd] *adj* sgombro, -a

uncollected [ʌn·kə·'lek·tɪd] *adj* **1.**(*garbage*) non ritirato, -a **2.**(*taxes*) non riscosso, -a **3.**(*thoughts*) non raccolto, -a

uncolored [ʌn·'kʌ·lərd] *adj* incolore

uncomfortable [ʌn·'kʌmp·fɚ·tə·bl] *adj* **1.**(*not comfortable*) scomodo, -a **2.**(*embarrased*) a disagio; **an ~ silence** un silenzio imbarazzato

uncommitted [ˌʌn·kə·'mɪ·t̬ɪd] *adj* non schierato, -a

uncommon [ʌn·'kɑː·mən] *adj* **1.**(*rare*) raro, -a; **to be not ~ for sb** capitare non di rado a qu; **it is not ~ for this to happen** una cosa che capita non di rado **2.***form* (*exceptional*) eccezionale

uncommonly *adv* **1.**(*unusually*) raramente **2.***form* (*extremely*) estremamente

uncommunicative [ʌn·kə·'mju:·nɪ·kə·tɪv] *adj* poco comunicativo, -a; **to be ~ about sth/sb** essere riservato su qc/qu

uncompromising [ʌn·'kɑːm·prə·maɪ·zɪŋ] *adj* intransigente; **to take an ~ stand** assumere una posizione intransigente

unconcerned [ʌn·kən·'sɜːrnd] *adj* **1.**(*not worried*) noncurante; **to be ~ about sth/sb** non curarsi di qc/qu **2.**(*indifferent*) indifferente; **to be ~ with sth** essere indifferente a qc

unconditional [ʌn·kən·'dɪ·ʃə·nl] *adj* senza condizioni; ~ **love** amore *m* senza condizioni

unconfirmed [ʌn·kən·'fɜːrmd] *adj* non confermato, -a

uncongenial [ʌn·kən·'dʒi:·ni·əl] *adj* **1.**(*unfriendly*) antipatico, -a **2.**(*not pleasant*) sfavorevole; ~ **conditions** condizioni *fpl* sfavorevoli

unconnected [ʌn·kə·'nek·tɪd] *adj* scollegato, -a; **to be ~ to sth** non essere collegato a qc

unconscionable [ʌn·'kɑːn·tʃə·nə·bl] *adj form* eccessivo, -a

unconscious [ʌn·'kɑːn·tʃəs] **I.** *adj* **1.**(*not conscious*) svenuto, -a; **to knock sb ~** far perdere i sensi a qu; ~ **state** stato *m* d'incoscienza **2.**PSYCH inconscio, -a **3.**(*unaware*) non intenzionale; **to be ~ of sth** *form* non essere cosciente di qc **II.** *n* PSYCH **the ~** l'inconscio *m*

unconsciously *adv* inconsciamente

unconsciousness *n* **1.**(*loss of consciousness*) incoscienza *f* **2.***form* (*unawareness*) inconsapolezza *f*

unconsidered [ʌn·kən·'sɪ·dəd] *adj form* sconsiderato, -a

unconstitutional [ʌn·ˌkɑːnt·stə·'tu:·ʃə·nəl] *adj* incostituzionale

unconsummated [ʌn·'kɑːnt·sə·meɪ·t̬ɪd] *adj* non consumato, -a

uncontested [ʌn·kən·'tes·tɪd] *adj* **1.**(*unquestioned*) incontestato, -a **2.**LAW non conteso, -a; **an ~ divorce** divorzio *m* consensuale

uncontrollable [ʌn·kən·'trou·lə·bl] *adj* **1.**(*irresistible*) incontrollabile **2.**(*frenzied*) sfrenato, -a; **an ~ child** un bambino indisciplinato

uncontrolled [ʌn·kən·'trould] *adj* incontrollato, -a

uncontroversial [ʌn·kɒn·trə·'vɜː·ʃl] *adj* indiscutibile

unconvinced [ʌn·kən·'vɪnst] *adj* **to be ~ of sth** non essere convinto, -a di qc

unconvincing [ʌn·kən·'vɪn·sɪŋ] *adj* **1.**(*not persuasive*) poco convincente **2.**(*not credible*) poco credibile

uncooked [ʌn·'kukt] *adj* crudo, -a

uncooperative [ʌn·kou·'ɑ:p·ə·ə·tɪv] *adj* poco collaborativo, -a

uncork [ʌn·'kɔːrk] *vt* **1.**(*extract cork from bottle*) stappare **2.***inf* (*let out sth repressed*) **to ~ one's anger** sfogare la propria rabbia

uncorroborated [ʌn·kə·'rɑː·bə·reɪ·t̬ɪd] *adj* non corroborato, -a

uncountable noun [ʌn·'kaʊn·t̬ə·bl naʊn] *n* LING sostantivo *m* non numerabile

uncouple [ʌn·'kʌ·pl] *vt* **to ~ sth (from sth)** sganciare qc (da qc)

uncouth [ʌn·'ku:θ] *adj* rozzo, -a

uncover [ʌn·'kʌ·vɚ] *vt* **1.**(*expose: wound*) scoprire **2.**(*discover*) svelare; **to ~ a secret**

scoprire un segreto; **to ~ the truth** far venire a galla la verità

uncritical [ˌʌn·ˈkrɪ·ʈɪ·kl] *adj* poco critico, -a; **to be ~ of sth/sb** non essere critico nei confronti di qc/qu

uncrowned [ʌn·ˈkraʊnd] *adj* (*champion*) non ufficiale

uncut [ʌn·ˈkʌt] *adj* **1.** (*diamond*) non tagliato, -a **2.** (*film*) in versione integrale

undated [ʌn·ˈdeɪ·ʈɪd] *adj* senza data

undaunted [ʌn·ˈdɑːn·ʈɪd] *adj* imperterrito, -a; **to be ~ by sth** non farsi scoraggiare da qc

undeceive [ˌʌn·dɪ·ˈsiːv] *vt liter* **to ~ sb** (**of sth**) disilludere qu (su qc)

undecided [ˌʌn·dɪ·ˈsaɪ·dɪd] *adj* indeciso, -a; **an ~ voter** un elettore indeciso; **to be ~ about sth** essere indeciso su qc; **to be ~ as to what to do** essere indeciso sul da farsi

undeclared [ˌʌn·dɪ·ˈklerd] *adj* non dichiarato, -a

undefined [ˌʌn·dɪ·ˈfaɪnd] *adj* **1.** (*not defined*) indefinito, -a **2.** (*lacking clarity*) vago, -a

undeliverable [ˌʌn·dɪ·ˈlɪv·rə·bl] *adj* non recapitabile

undelivered [ˌʌn·dɪ·ˈlɪ·vɚd] *adj* non recapitato, -a

undemanding [ˌʌn·dɪ·ˈmɑːn·dɪŋ] *adj* **1.** (*requiring little effort*) poco faticoso, -a **2.** (*easygoing: person*) poco esigente

undemocratic [ˌʌn·de·mə·ˈkræ·tɪk] *adj* antidemocratico, -a

undemonstrative [ˌʌn·dɪ·ˈmɑːns·trə·tɪv] *adj form* riservato, -a

undeniable [ˌʌn·dɪ·ˈnaɪ·ə·bl] *adj* innegabile; **~ evidence** prova *f* irrefutabile

undeniably *adv* innegabilmente

under [ˈʌn·dɚ] **I.** *prep* **1.** (*below*) sotto; **~ the bed** sotto il letto; **~ there** là sotto **2.** (*supporting*) sotto; **to break ~ the weight of sth** rompersi sotto il peso di qc **3.** (*less than*) **to cost ~ 10 dollars** costare meno di 10 dollari; **those ~ the age of 30** quelli sotto i 30 anni **4.** (*governed by*) **~ Napoleon** sotto Napoleone; **those born ~ the star sign Pisces** i nati sotto il segno dei Pesci **5.** (*in state of*) **~ the circumstances** date le circostanze; **~ repair** in riparazione **6.** (*in category of*) **listed ~ fiction** catalogato come narrativa **7.** (*according to*) **~ the treaty** in base al trattato **II.** *adv* **1.** (*fewer*) meno **2.** (*below*) **to crawl/go ~** strisciare/andare sotto **3.** *inf* (*unconscious*) **to go ~** svenire

underachiever [ˌʌn·dɚ·ə·ˈtʃiː·vər] *n chi non rende come dovrebbe*

underage [ˌʌn·dɚ·ˈeɪdʒ] *adj* minorenne

underbid [ˌʌn·dɚ·ˈbɪd] *irr vt* **to ~ sb/sth** fare un'offerta più bassa di qu/qc

undercapitalized [ˌʌn·dɚ·ˈkæ·pɪ·tə·laɪzd] *adj* sottocapitalizzato, -a

undercarriage [ˈʌn·dɚ·ˌke·rɪdʒ] *n* AVIAT carrello *m* d'atterraggio

undercharge [ˌʌn·dɚ·ˈtʃɑːrdʒ] **I.** *vt* **to ~ sb** far pagare meno del dovuto a qu **II.** *vi* far pagare

meno del dovuto; **to ~ for sth** far pagare qc meno del dovuto

underclothes [ˈʌn·dɚ·kloʊðz] *npl*, **underclothing** [ˈʌn·dɚ·ˌkloʊ·ðɪŋ] *n* biancheria *f* intima

undercoat [ˈʌn·dɚ·koʊt] *n* mano *f* di fondo

undercover [ˌʌn·dɚ·ˈkʌ·vɚ] **I.** *adj* segreto, -a; **~ agent** agente *mf* sotto copertura **II.** *adv* sotto copertura, in incognito

undercurrent [ˈʌn·dɚ·kɜː·rənt] *n* **1.** (*undertow*) corrente *f* sottomarina **2.** (*underlying influence*) vena *f* nascosta

undercut [ˌʌn·dɚ·ˈkʌt] *irr vt* **1.** (*charge less than competitors*) vendere a un prezzo inferiore rispetto a **2.** (*undermine*) indebolire

underdeveloped [ˌʌn·dɚ·dɪ·ˈve·ləpt] *adj* **1.** (*below its economic potential*) sottosviluppato, -a; **an ~ country** un Paese sottosviluppato **2.** PHOT sviluppato, -a insufficientemente **3.** (*insufficiently mature*) immaturo, -a

underdog [ˈʌn·dɚ·dɑːg] *n* debole *mf;* **to side with the ~** stare dalla parte dei perdenti

underdone [ˌʌn·dɚ·ˈdʌn] *adj* (*cooked less than necessary*) poco cotto, -a

underemployed [ˌʌn·dɚ·ɪm·ˈplɔɪd] *adj* **1.** (*having too little work*) sottoccupato, -a **2.** (*insufficiently used*) sottoutilizzato, -a

underequipped [ˌʌn·dər·ɪ·ˈkwɪpt] *adj* mal equipaggiato, -a

underestimate [ˌʌn·dɚ·ˈes·tə·meɪt] **I.** *vt* **to ~ sth/sb** sottovalutare qc/qu **II.** *n* sottovalutazione *f*

underexpose [ˌʌn·dɚ·ɪk·ˈspoʊz] *vt* PHOT sottoesporre

underexposure [ˌʌn·dɚ·ɪk·ˈspoʊ·ʒɚ] *n* PHOT sottoesposizione *f*

underfed [ˌʌn·dɚ·ˈfed] *n* malnutrito, -a *m, f*

underfloor heating [ˌʌn·dɚ·flɔːr·ˈhiː·ʈɪŋ] *n* riscaldamento *f* a pavimento

underfoot [ˌʌn·dɚ·ˈfʊt] *adv* (*below one's feet*) sotto i piedi; **to trample sb/sth ~** *a. fig* calpestare qu/qc

underfund [ˌʌn·dɚ·ˈfʌnd] *vt* sottofinanziare

underfunding [ˌʌn·dɚ·ˈfʌn·dɪŋ] *n* sottofinanziamento *m*

undergarment [ˈʌn·dɚ·gɑːr·mənt] *n form* indumento *m* intimo

undergo [ˌʌn·dɚ·ˈgoʊ] *irr vt* subire; **to ~ a change** subire modifiche; **to ~ surgery** subire un intervento chirurgico

undergraduate [ˌʌn·dɚ·ˈgræ·dʒu·ət] *n* universitario, -a *m, f*

underground [ˈʌn·dɚ·graʊnd] **I.** *adj* **1.** (*below earth surface*) sotterraneo, -a **2.** (*clandestinely anti-government*) clandestino, -a; **~ movement** organizzazione *f* clandestina **II.** *adv* **1.** (*below earth surface*) sottoterra **2. to go ~** entrare in clandestinità; **to drive sb ~** spingere qu alla clandestinità **III.** *n* **the ~** POL la resistenza

undergrowth [ˈʌn·dɚ·groʊθ] *n* sottobosco *m*

underhand [ˌʌn·dɚ·ˈhænd], **underhanded** **I.** *adj* **1.** (*secret*) subdolo, -a **2.** SPORTS (*with arm*

U

below shoulder) basso, -a **II.** *adv* **1.** (*secretly*) subdolamente **2.** SPORTS (*below shoulder*) basso
underinsure [ˌʌn·dɚ·ɪn·ˈʃʊr] *vt* sottoassicurare
underlay [ˌʌn·dɚ·ˈleɪ] *vt pt of* **underlie**
underlie [ˌʌn·dɚ·ˈlaɪ] *irr vt* **to ~ sth** stare alla base di qc
underline [ˌʌn·dɚ·ˈlaɪn] *vt a. fig* sottolineare
underling [ˈʌn·dɚ·lɪŋ] *n pej* subalterno, -a *m, f*
underlying [ˌʌn·dɚ·ˈlaɪ·ɪŋ] *adj* di fondo; **the ~ reason for sth** il motivo di fondo di qc
undermanned [ˌʌn·dɚ·ˈmænd] *adj* sotto organico
undermanning [ˌʌn·dɚ·ˈmæ·nɪŋ] *n* mancanza *f* di organico
undermine [ˌʌn·dɚ·ˈmaɪn] *vt* **1.** (*damage, sap, weaken*) minare; **to ~ a currency** indebolire una moneta **2.** (*tunnel under*) scavare
undermost [ˈʌn·dɚ·moʊst] *adj* **the ~ ...** il più basso...
underneath [ˌʌn·dɚ·ˈniːθ] **I.** *prep* sotto **II.** *adv* sotto **III.** *n* **the ~** la parte inferiore **IV.** *adj* di sotto
undernourished [ˌʌn·dɚ·ˈnɜː·rɪʃt] *adj* denutrito, -a
underpaid [ˌʌn·dɚ·ˈpeɪd] *adj* sottopagato, -a
underpants [ˈʌn·dɚ·pænts] *npl* mutande *fpl*
underpass [ˈʌn·dɚ·pæs] <-es> *n* sottopassaggio *m*
underpay [ˌʌn·dɚ·ˈpeɪ] *irr vt* sottopagare
underperform [ˌʌn·dɚ·pər·ˈfɔːrm] *vi* rendere meno del previsto
underplay [ˌʌn·dɚ·ˈpleɪ] *vt* **1.** (*play down*) minimizzare; **to ~ the importance of sth** minimizzare l'importanza di qc **2.** (*act with restraint: role*) recitare sotto le righe
underpopulated [ˌʌn·dɚ·ˈpɑːp·jə·leɪ·tɪd] *adj* scarsamente popolato, -a
underprivileged [ˌʌn·dɚ·ˈprɪ·və·lɪdʒd] **I.** *adj* svantaggiato, -a **II.** *n* **the ~** *pl* i meno fortunati
underrate [ˌʌn·dɚ·ˈreɪt] *vt* sottovalutare
underrepresented [ˌʌn·dɚ·re·prɪ·ˈzen·t̬ɪd] *adj* insufficientemente rappresentato, -a
underscore [ˌʌn·dɚ·ˈskɔːr] *vt* sottolineare
undersea *adj* sottomarino, -a
undersecretary *n* sottosegretario *m*
undersell [ˌʌn·dɚ·ˈsel] *irr vt* **1.** (*offer goods cheaper*) vendere a prezzi inferiori; **to ~ the competition** vendere a prezzi inferiori alla concorrenza **2.** (*undervalue*) non valorizzare a sufficienza; **to ~ oneself** non sapersi valorizzare
undershirt [ˈʌn·dɚ·ʃɜːrt] *n* (*with short sleeves*) maglietta *f* intima; (*without sleeves*) canottiera *f*
underside [ˈʌn·dɚ·saɪd] *n* parte *f* inferiore
undersigned [ˈʌn·dɚ·saɪnd] *n form* sottoscritto, -a *m, f*
undersize *adj*, **undersized** [ˈʌn·dɚ·saɪzd] *adj* troppo piccolo, -a
underskirt [ˈʌn·dɚ·skɜːrt] *n* sottogonna *f*
understaffed [ˌʌn·dɚ·ˈstæft] *adj* sotto organico
understand [ˌʌn·dɚ·ˈstænd] *irr* **I.** *vt* **1.** (*perceive meaning, sympathize with*) capire; **to make oneself understood** farsi capire; **to not ~ a word** non capire una parola; **to ~ that/why/how ...** capire che/perché/come...; **to ~ sb's doing sth** capire che qu faccia qc; **she doesn't ~ me** non mi capisce **2.** *form* (*be informed*) **to ~ that ...** sapere che...; **to ~ from sb that ...** sapere da qu che... **3.** (*believe*) credere; **as I ~ it** se ho capito bene; **it is understood that ...** è inteso che... **II.** *vi* capire; **to ~ about sth** capirne di qc
understandable [ˌʌn·dɚ·ˈstæn·də·bl] *adj* comprensibile; **to be ~ that ...** essere comprensibile che...
understanding **I.** *n* **1.** (*comprehension, rapport*) comprensione *f*; **to not have any ~ of sth** non capire niente di qc; **his ~ of the agreement** la sua interpretazione dell'accordo **2.** (*entente, agreement*) intesa *f*; **to come to an ~** venire ad un'intesa; **a tacit ~** una tacita intesa **3.** (*condition*) condizione *f*; **to do sth on the ~ that ...** fare qc a condizione che... **II.** *adj* comprensivo, -a
understate [ˌʌn·dɚ·ˈsteɪt] *vt* minimizzare
understated *adj* di un'eleganza discreta
understatement [ˌʌn·dɚ·ˈsteɪt·mənt] *n* understatement *m inv*
understocked [ˌʌn·dɚ·ˈstɑːkt] *adj* poco fornito, -a
understood [ˌʌn·dɚ·ˈstʊd] *vt, vi pt, pp of* **understand**
understudy [ˈʌn·dɚ·ˌstʌ·di] THEAT **I.** <-ies> *n* sostituto, -a *m, f*; **to be the ~ for sb** sostituire qu **II.** <-ie-> *vt* studiare la parte di
undertake [ˌʌn·dɚ·ˈteɪk] *irr vt* **1.** (*set about, take on*) intraprendere; **to ~ a journey** intraprendere un viaggio **2.** *form* (*commit oneself to*) **to ~ to do sth** impegnarsi a fare qc; **to ~ (that)** ... garantire (che)...
undertaker [ˈʌn·dɚ·ˌteɪ·kɚ] *n* impresario, -a *m, f* di pompe funebri
undertaking [ˌʌn·dɚ·ˈteɪ·kɪŋ] *n* **1.** (*professional project*) impresa *f*; **noble ~** nobile impresa **2.** *form* (*pledge*) promessa *f*; **an ~ to do sth** la promessa di fare qc
under-the-counter [ˌʌn·dɚ·ðə·ˈkaʊn·t̬ɚ] **I.** *adj* illegale **II.** *adv* illegalmente
undertone [ˈʌn·dɚ·toʊn] *n* **1.** (*low voice*) voce *f* sommessa; **to say sth in an ~** dire qc con voce sommessa **2.** (*undercurrent*) sfumatura *f*
underused [ˌʌn·dɚ·ˈjuːzd] *adj*, **underutilized** [ˌʌn·dɚ·ˈjuː·t̬ə·laɪzd] *adj* sottoutilizzato, -a
undervalue [ˌʌn·dɚ·ˈvæl·juː] *vt* sottovalutare
underwater [ˌʌn·dɚ·ˈwɑː·t̬ɚ] **I.** *adj* subacqueo, -a **II.** *adv* sott'acqua
underwear [ˈʌn·dɚ·wer] *n* biancheria *f* intima
underweight [ˌʌn·dɚ·ˈweɪt] *adj* sottopeso *inv*
underworked *adj* poco usato, -a
underworld [ˈʌn·dɚ·wɜːrld] *n* **1.** (*criminal milieu*) malavita *f* **2.** ART, LIT (*afterworld*) **the Underworld** gli Inferi

underwrite [ˈʌn·dəˌraɪt] *irr vt* **1.** (*sign*) firmare; **to ~ a contract** firmare un contratto **2.** FIN, ECON (*guarantee share issues*) sottoscrivere **3.** (*provide insurance for*) assicurare

underwriter [ˈʌn·dəˌraɪ·tər] *n* **1.** FIN, ECON sottoscrittore, -trice *m, f* **2.** (*in insurance*) assicuratore, -trice *m, f*

undesirable [ˌʌn·dɪ·ˈzaɪ·rə·bl] **I.** *adj* indesiderato, -a; **an ~ character** un tipo poco raccomandabile **II.** *n* persona *f* indesiderata

undetected [ˌʌn·dɪ·ˈtek·tɪd] *adj* non scoperto, -a; **to go ~** passare inosservato, -a

undeveloped [ˌʌn·dɪ·ˈve·ləpt] *adj* non sfruttato, -a

undid [ʌn·ˈdɪd] *vt, vi pt of* **undo**

undies [ˈʌn·dɪz] *npl inf* mutandine *fpl*

undisclosed [ˌʌn·dɪs·ˈkloʊzd] *adj* **an ~ amount** una cifra non precisata; **an ~ location** una località segreta; **an ~ source** una fonte anonima

undiscovered [ˌʌn·dɪs·ˈkʌ·vəd] *adj* inesplorato, -a; **to go ~** non essere scoperto, -a

undisputed [ˌʌn·dɪs·ˈpjuː·tɪd] *adj* incontestato, -a

undistinguished [ˌʌn·dɪs·ˈtɪŋ·gwɪʃt] *adj* mediocre

undisturbed [ˌʌn·dɪs·ˈtɜːrbd] *adj* indisturbato, -a

undivided [ˌʌn·dɪ·ˈvaɪ·dɪd] *adj* **1.** (*not split*) unito, -a **2.** (*intense*) intenso, -a; **sb's ~ attention** tutta l'attenzione di qu

undo [ʌn·ˈduː] *irr vt* **1.** (*unfasten*) slacciare; **to ~ a zipper** aprire una cerniera **2.** (*cancel*) disfare; **to ~ the damage** riparare il danno **3.** (*cause ruin*) rovinare; **to ~ sb's good name** rovinare la reputazione a qu ▸ **what's done cannot be undone** *prov* cosa fatta capo ha *prov*

undoing *n form* rovina *f*

undone [ʌn·ˈdʌn] **I.** *vt pp of* **undo** **II.** *adj* **1.** (*not fastened*) slacciato, -a; **to come ~** slacciarsi **2.** (*uncompleted*) da fare; **to leave sth ~** non fare qc

undoubted [ʌn·ˈdaʊ·tɪd] *adj* indubbio, -a

undoubtedly *adv* indubbiamente

undreamed-of [ʌn·ˈdriːmdˌɑːv] *adj*, **undreamt-of** [ʌn·ˈdremtˌɑːv] *adj* inimmaginabile

undress [ʌn·ˈdres] **I.** *vt* spogliare; **to ~ sb with one's eyes** *fig* spogliare qu con gli occhi **II.** *vi* spogliarsi **III.** *n* **to be in a state of ~** essere in déshabillé

undressed *adj* svestito, -a; **to get ~** spogliarsi

undue [ˌʌn·ˈduː] *adj form* eccessivo, -a

undulate [ˈʌn·dʒə·leɪt] *vi form* ondeggiare

undulating *adj form* **1.** (*moving like a wave*) ondeggiante **2.** (*shaped like waves*) ondulato, -a

unduly [ʌn·ˈduː·li] *adv* eccessivamente

undying [ʌn·ˈdaɪ·ɪŋ] *adj liter* imperituro, -a; **~ love** amore *m* eterno

unearned [ʌn·ˈɜːrnd] *adj* **1.** (*undeserved*) immeritato, -a **2.** (*not worked for*) **~ income** reddito *m* non derivante da lavoro

unearth [ʌn·ˈɜːrθ] *vt* **1.** (*dig up*) dissotterrare **2.** (*discover*) scoprire; **to ~ the truth** far venire a galla la verità

unearthly [ʌn·ˈɜːrθ·li] *adj* **1.** (*unsettling*) sinistro, -a **2.** *inf* (*inconvenient*) inopportuno, -a; **at an ~ hour** a un'ora inopportuna

unease [ʌn·ˈiːz] *n* disagio *m;* **with growing ~** con crescente inquietudine

uneasiness *n* inquietudine *f*

uneasy [ʌn·ˈiː·zi] *adj* <-ier, -iest> **1.** (*anxious*) preoccupato, -a; **to be/feel ~ about sth/sb** essere preoccupato per qc/qu **2.** (*awkward: person*) a disagio; **an ~ relationship** un rapporto difficile; **an ~ silence** un silenzio imbarazzato **3.** (*restless: sleep*) agitato, -a

uneconomic [ʌnˌe·kə·ˈnɑː·mɪk] *adj* antieconomico, -a

uneducated [ʌn·ˈed·ʒʊ·keɪ·tɪd] **I.** *adj* illetterato, -a **II.** *n* **the ~** gli analfabeti

unemotional [ˌʌn·ɪ·ˈmoʊ·ʃə·nəl] *adj* **1.** (*not feeling emotions*) distaccato, -a **2.** (*not revealing emotions*) razionale

unemployable [ˌʌn·ɪm·ˈplɔ·ɪə·bl] *adj* incapace di conservare un lavoro

unemployed [ˌʌn·ɪm·ˈplɔɪd] **I.** *n pl* **the ~** i disoccupati **II.** *adj* disoccupato, -a

unemployment [ˌʌn·ɪm·ˈplɔɪ·mənt] *n* disoccupazione *f*

unemployment benefit *n* indennità *f* di disoccupazione

unending [ʌn·ˈen·dɪŋ] *adj* interminabile

unenlightened [ˌʌn·ɪn·ˈlaɪ·tənd] *adj* **1.** (*ignorant*) ignorante **2.** *a. iron* (*not informed*) disinformato, -a

unenviable [ʌn·ˈen·vi·ə·bl] *adj* non invidiabile

unequal [ʌn·ˈiːk·wəl] *adj* **1.** *form* (*different*) disuguale; **a triangle with ~ sides** un triangolo *m* con i lati disuguali **2.** (*ill-matched*) non equilibrato, -a **3.** (*unable*) **to be ~ to sth** non essere all'altezza di qc; **to be ~ to a task** non essere all'altezza di un compito

unequaled *adj*, **unequalled** *adj* senza pari

unequivocal [ˌʌn·ɪ·ˈkwɪ·və·kəl] *adj* inequivocabile; **an ~ success** un successo inequivocabile; **to be ~ in sth** essere esplicito su qc

unerring [ʌn·ˈɜː·rɪŋ] *adj* infallibile

UNESCO *n*, **Unesco** [juː·ˈnes·koʊ] *n abbr of* **United Nations Educational, Scientific, and Cultural Organization** UNESCO *f*

unethical [ʌn·ˈe·θɪ·kəl] *adj* poco etico, -a

uneven [ˌʌn·ˈiː·vən] *adj* **1.** (*surface, margins*) irregolare **2.** (*color*) poco uniforme **3.** (*contest*) impari **4.** (*performance*) discontinuo, -a **5.** (*in gymnastics*) **~ bars** parallele *f* asimmetriche *pl*

uneventful [ˌʌn·ɪ·ˈvent·fəl] *adj* tranquillo, -a; **an ~ week** una settimana senza scossoni

unexceptionable [ˌʌn·ɪk·ˈsep·ʃə·nə·bl] *adj form* ineccepibile

unexceptional [ˌʌn·ɪk·ˈsep·ʃə·nəl] *adj* ordinario, -a

U

unexciting *adj* **1.**(*novel*) poco emozionante **2.**(*life*) monotono, -a

unexpected [ˌʌn·ɪks·ˈpek·tɪd] I. *adj* inaspettato, -a II. *n* **the ~** gli imprevisti *mpl*

unexplained [ˌʌn·ɪks·ˈpleɪnd] *adj* inspiegato, -a

unexploded [ˌʌn·ɪks·ˈpləʊ·dɪd] *adj* inesploso, -a; **~ ordinance** ordigni *m* inesplosi *pl*

unexploited *adj* poco sfruttato, -a

unexpressed *adj* inespresso, -a

unexpressive [ˌʌn·ɪks·ˈpre·sɪv] *adj* inespressivo, -a

unfailing [ʌn·ˈfeɪ·lɪŋ] *adj* **1.**(*always present when needed*) costante **2.**(*not running out*) inesauribile

unfair [ˌʌn·ˈfer] *adj* ingiusto, -a; **~ competition** concorrenza *f* sleale; **~ dismissal** licenziamento *m* senza giusta causa

unfaithful [ʌn·ˈfeɪθ·fʊl] *adj* **1.**(*adulterous*) infedele **2.**(*disloyal*) sleale **3.** *form* (*not accurate*) poco fedele

unfaltering [ʌn·ˈfɑːl·tə·rɪŋ] *adj* **1.**(*without hesitation*) risoluto, -a; **with ~ steps** con passo fermo **2.**(*unshakeable*) incrollabile

unfamiliar [ʌn·fə·ˈmɪl·jə] *adj* sconosciuto, -a; **to be ~ with sth** avere poca dimestichezza con qc

unfashionable [ʌn·ˈfæ·ʃə·nə·bl] *adj* fuori moda

unfasten [ʌn·ˈfæ·sn] I. *vt* slacciare II. *vi* slacciarsi

unfathomable [ʌn·ˈfæ·ðə·mə·bl] *adj* **1.** *a.* fig (*too deep to measure*) insondabile **2.**(*inexplicable*) impenetrabile

unfavorable [ˌʌn·ˈfeɪ·və·rə·bl] *adj* sfavorevole

unfeeling [ʌn·ˈfiː·lɪŋ] *adj* insensibile

unfeigned [ʌn·ˈfeɪnd] *adj* sincero, -a

unfettered [ʌn·ˈfe·tərd] *adj* senza restrizioni

unfilled *adj* vuoto, -a

unfinished [ʌn·ˈfɪ·nɪʃt] *adj* **1.**(*furniture*) al grezzo **2.**(*symphony*) incompiuto, -a **3.**(*business*) in sospeso

unfit [ʌn·ˈfɪt] I. *adj* **1.**(*unhealthy*) fuori forma **2.**(*unsuitable*) inadatto, -a; **to be ~ for sth** essere inadatto a qc; **to be ~ for human habitation** essere inabitabile; **to be ~ for work/ military duty** essere inabile al lavoro/al servizio militare **3.**(*incompetent*) incapace; **to be ~ to do sth** essere incapace di fare qc; **to be ~ to run the country** essere incapace di governare II. *vt* <-tt-> *form* rendere inadatto, -a

unflagging [ʌn·ˈflæ·gɪŋ] *adj* instancabile

unflappable [ʌn·ˈflæ·pə·bl] *adj inf* imperturbabile

unflinching [ʌn·ˈflɪn·tʃɪŋ] *adj* (*person*) intrepido, -a; (*support, honesty*) che non viene a mancare

unfold [ʌn·ˈfoʊld] I. *vt* **1.**(*open out sth folded*) aprire, spiegare; **to ~ one's arms** aprire le braccia **2.** *form* (*make known*) **to ~ one's ideas/plans** esporre le proprie idee/i propri progetti II. *vi* **1.**(*develop, evolve*) svolgersi **2.**(*become unfolded*) schiudersi

unforeseeable [ˌʌn·fɔːr·ˈsiː·ə·bl] *adj* imprevedibile

unforeseen [ˌʌn·fɔːr·ˈsiːn] *adj* imprevisto, -a

unforgettable [ˌʌn·fə·ˈge·tə·bl] *adj* indimenticabile

unforgivable [ˌʌn·fə·ˈgɪ·və·bl] *adj* imperdonabile

unfortunate [ʌn·ˈfɔːrtʃ·nət] I. *adj* **1.**(*luckless*) sfortunato, -a; **it's ~ that ...** purtroppo... +*conj* **2.** *form* (*regrettable*) deplorevole **3.**(*inopportune*) infelice II. *n* sventurato, -a *m, f*

unfortunately *adv* sfortunatamente, purtroppo

unfounded [ʌn·ˈfaʊn·dɪd] *adj* infondato, -a

unfrequented [ʌn·ˈfriː·kwen·tɪd] *adj* poco frequentato, -a

unfriendly [ʌn·ˈfrend·li] *adj* <-ier, -iest> **1.**(*unsociable*) antipatico, -a **2.** *fig* (*hard to use*) complicato, -a **3.**(*inhospitable*) ostile

unfulfilled [ʌn·fʊl·ˈfild] *adj* **1.**(*not carried out*) non realizzato, -a **2.**(*unsatisfied*) insoddisfatto, -a **3.**(*frustrated*) frustrato, -a

unfurl [ʌn·ˈfɜːrl] I. *vt* spiegare; **to ~ an umbrella** aprire un ombrello; **to ~ a sail** spiegare una vela; **to ~ a flag** srotolare una bandiera II. *vi* spiegarsi

unfurnished [ˌʌn·ˈfɜːr·nɪʃt] *adj* non ammobiliato, -a

ungainly [ʌn·ˈgeɪn·li] *adj* <-ier, -iest> goffo, -a

ungodly [ʌn·ˈgɑːd·li] *adj* <-ier, -iest> **1.** *inf* (*unreasonable*) **at an ~ hour** a un'ora impossibile **2.**(*impious*) empio, -a

ungovernable [ʌn·ˈgʌ·və·nə·bl] *adj* ingovernabile

ungraceful [ʌn·ˈgreɪs·fəl] *adj* sgraziato, -a

ungracious [ˌʌn·ˈgreɪ·ʃəs] *adj form* sgarbato, -a

ungrateful [ʌn·ˈgreɪt·fəl] *adj* ingrato, -a

ungrudging [ʌn·ˈgrʌ·dʒɪŋ] *adj* generoso, -a

ungrudgingly *adv* volentieri

unguarded [ʌn·ˈgɑːr·dɪd] *adj* **1.**(*not defended or watched*) indifeso, -a **2.**(*careless*) imprudente; **in an ~ moment** in un momento di distrazione

unhallowed [ʌn·ˈhæ·loʊd] *adj* **1.**(*not consecrated*) profano, -a **2.**(*unholy*) sacrilego, -a

unhappy [ʌn·ˈhæ·pi] *adj* <-ier, -iest> **1.**(*sad*) infelice **2.**(*displeased*) scontento, -a **3.**(*inappropriate*) sfortunato, -a

unharmed [ʌn·ˈhɑrmd] *adj* illeso, -a

UNHCR [juː·en·eɪtʃ·siː·ˈɑːr] *n abbr of* United Nations High Commission for Refugees ACNUR *m*

unhealthy [ʌn·ˈhel·θi] *adj* <-ier, -iest> **1.**(*sick*) malaticcio, -a **2.**(*unwholesome*) dannoso, -a; **an ~ diet** un'alimentazione scorretta **3.** *inf* (*dangerous*) pericoloso, -a **4.** PSYCH (*morbid*) morboso, -a

unheard [ʌn·ˈhɜːrd] *adj* inascoltato, -a

unheard-of [ʌn·ˈhɜːrd·ˌɑːv] *adj* **1.**(*unknown*) sconosciuto, -a **2.**(*unparalleled*) inaudito, -a

unhelpful [ʌn·ˈhelp·fʊl] *adj* di scarso aiuto

unhinge [ʌn·ˈhɪndʒ] *vt* **1.**(*take off hinges*) scardinare **2.**(*make crazy*) sconvolgere

unholy [ʌnˈhoʊ·li] <-ier, -iest> *adj*
1. (*wicked*) malvagio, -a 2. REL (*profane*) profano, -a 3. (*outrageous*) tremendo, -a; **to get
up at some ~ hour** alzarsi a un'ora assurda
unhook [ʌnˈhʊk] *vt* 1. (*remove hooks*) sganciare 2. (*unfasten*) slacciare
unhoped-for [ʌnˈhoʊpt·ˌfɔːr] *adj* insperato, -a
unhurt [ʌnˈhɜːrt] *adj* incolume
UNICEF *n*, **Unicef** [ˈjuː·nɪ·sef] *n abbr of*
**United Nations International Children's
Emergency Fund** UNICEF *m o f*
unicorn [ˈjuː·nɪ·kɔːrn] *n* unicorno *m*
unidentified [ˌʌn·aɪˈden·tə·faɪd] *n* non iden-
tificato, -a
unification [ˌjuː·nɪ·fɪˈkeɪ·ʃən] *n* unificazione *f*
uniform [ˈjuː·nə·fɔːrm] I. *n* uniforme *f,* divisa *f*
II. *adj* uniforme
uniformity [ˌjuː·nəˈfɔːr·mə·ti] *n* uniformità *f*
unify [ˈjuː·nə·faɪ] *vt* unificare
unilateral [ˌjuː·nəˈlæ·ṭrəl] *adj* unilaterale
unimaginable [ˌʌn·ɪˈmædʒ·nə·bl] *adj* inimmaginabile
unimpeachable [ˌʌn·ɪmˈpiː·tʃə·bl] *adj form*
irreprensibile; **an ~ source** una fonte attendibile
unimportant [ˌʌn·ɪmˈpɔːr·tənt] *adj* senza
importanza
uninformed [ˌʌn·ɪnˈfɔːrmd] *adj* disinformato, -a
uninhabitable [ˌʌn·ɪnˈhæ·bɪ·tə·bl] *adj* inabitabile
uninhabited [ˌʌn·ɪnˈhæ·bɪ·tɪd] *adj* 1. (*not
lived in*) disabitato, -a 2. (*deserted*) deserto, -a
uninhibited [ˌʌn·ɪnˈhɪ·bɪ·tɪd] *adj* disinibito, -a
uninjured [ˌʌnˈɪn·dʒəd] *adj* illeso, -a
uninsured [ˌʌn·ɪnˈʃʊrd] *adj* non assicurato, -a
unintelligent [ˌʌn·ɪnˈte·lɪ·dʒənt] *adj* poco
intelligente
unintelligible [ˌʌn·ɪnˈte·lɪ·dʒə·bl] *adj* 1. (*not
comprehensible*) incomprensibile 2. (*unreadable*) inintelligibile
unintentional [ˌʌn·ɪnˈten·tʃə·nəl] *adj* involontario, -a
unintentionally *adv* involontariamente
uninterested [ʌnˈɪn·trəs·tɪd] *adj* indifferente;
to be ~ in sth non essere interessato a qc
uninteresting *adj* poco interessante
uninterrupted [ˌʌn·ɪn·tərˈʌp·tɪd] *adj* ininterrotto, -a
union [ˈjuːn·jən] *n* 1. (*act of becoming united*)
unione *f* 2. (*instance of becoming united*)
associazione *f* 3. + *sing/pl vb* (*organization
representing employees*) sindacato *m;* **the ~
demands** le rivendicazioni sindacali 4. *form*
(*marriage*) unione *f*
unionist [ˈjuːn·jə·nɪst] *n* sindacalista *mf*
unionize [ˈjuːn·jə·naɪz] I. *vt* sindacalizzare
II. *vi* sindacalizzarsi
Union Jack *n* (*British national flag*) bandiera
del Regno Unito
unique [juːˈniːk] *adj* unico, -a; **a ~ characteristic** una caratteristica esclusiva
uniqueness *n* unicità *f*

unisex [ˈjuː·nə·seks] *adj* unisex *inv*
unison [ˈjuː·nə·sən] *n* **in ~** all'unisono
unit [ˈjuː·nɪt] *n* 1. *a.* COMPUT, COM unità *f;* **central processing ~** unità centrale di elaborazione, processore *m; ~* **of currency** unità
monetaria 2. + *sing/pl vb* (*organized group of
people*) reparto *m* 3. (*element of furniture*)
elemento *m* (componibile)
unit cost *n* COM costo *m* unitario
unite [juːˈnaɪt] I. *vt* (*join together*) unire;
(*bring together*) unificare II. *vi* unirsi
united *adj* unito, -a
United Arab Emirates *npl* **the ~** gli Emirati
Arabi Uniti
United Kingdom *n* **the ~** il Regno Unito
United Nations *n* **the ~** le Nazioni Unite
United States *n* + *sing vb* Stati *mpl* Uniti; **the
~ of America** gli Stati Uniti d'America

La **U.S. flag** porta diversi nomi, tra i quali
quello di **The Stars and Stripes**. Il numero
delle stelle corrisponde ai 50 stati che
fanno parte attualmente degli Stati Uniti e
le 13 righe rappresentano i 13 stati fondatori. L'espressione patriottica *Old Glory* è
stata coniata dal capitano di vascello William Driver. Anche il titolo dell'inno nazionale americano, lo *Star-spangled Banner,*
fa riferimento alla bandiera nazionale.

---

unit price *n* COM prezzo *m* unitario
unity [ˈjuː·nə·ti] *n* 1. (*oneness*) unità *f* 2. (*harmony, consensus*) armonia *f*
Univ. *abbr of* **university** Univ.
universal [ˌjuː·nəˈvɜːr·səl] I. *adj* universale
II. *n* universale *m*
universe [ˈjuː·nə·vɜːrs] *n* **the ~** l'universo
university [ˌjuː·nəˈvɜːr·sə·ti] <-ies> *n* università *f;* **a ~ campus** un campus universitario
unjust [ʌnˈdʒʌst] *adj* ingiusto, -a
unjustifiable [ʌnˌdʒʌs·tɪˈfaɪ·ə·bl] *adj* ingiustificabile
unjustified [ʌnˈdʒʌs·tɪ·faɪd] *adj* ingiustificato, -a
unjustly *adv* 1. (*in an unjust manner*) immeri-
tatamente 2. (*wrongfully*) ingiustamente
unkempt [ʌnˈkempt] *adj* (*garden*) trascurato,
-a; (*appearance*) trasandato, -a; (*hair*) spettinato, -a
unkind [ʌnˈkaɪnd] *adj* 1. (*not kind*) scortese;
to be ~ to sb trattare male qu 2. (*not gentle*)
to be ~ to hair/skin danneggiare i capelli/la
pelle
unkindly *adv* male; **to take sth ~** prendere
male qc
unknowing [ʌnˈnoʊ·ɪŋ] *adj* inconsapevole
unknown [ʌnˈnoʊn] I. *adj* sconosciuto, -a;
~ to me ... a mia insaputa... II. *n* 1. (*thing*)
the ~ l'ignoto; MATH l'incognita 2. (*person*)
sconosciuto, -a *m, f*
unlawful [ʌnˈlɑ·fəl] *adj* illegale; (*possession,
association*) illecito, -a

U

,**unleaded** [ʌn·'le·dɪd] *adj* senza piombo

unleash [ʌn·'liːʃ] *vt* (*dog*) sguinzagliare; *fig* (*passions*) scatenare

unleavened [ʌn·'le·vənd] *adj* (*bread*) non lievitato, -a

unless [ən·'les] *conj* se non, a meno che +*conj*; **I'll have it ~ you want it** lo prendo io, a meno che lo voglia tu; **don't stop taking the medicine ~ your doctor says so** non interrompere la cura se non te lo ordina il medico; **~ I'm mistaken** se non sbaglio

unlike [ʌn·'laɪk] **I.** *adj* diverso, -a **II.** *prep* **1.** (*in contrast to*) a differenza di; **~ you, I'm not a great dancer** a differenza di te, io non sono un grande ballerino **2.** (*different from*) diverso, -a da; **he's so ~ his father** è così diverso dal padre **3.** (*not characteristic of*) **it's ~ him** (**to be so quiet**) non è da lui (essere così silenzioso)

unlikely [ʌn·'laɪk·li] <-ier, -iest> *adj* **1.** (*improbable*) poco probabile; **it's ~ that ...** è difficile che... **2.** (*unconvincing*) inverosimile

unlimited [ʌn·'lɪ·mɪ·tɪd] *adj* **1.** (*not limited*) illimitato, -a **2.** (*very great*) sconfinato, -a

unlisted [ʌn·'lɪs·tɪd] *adj* **1.** (*not in the phone book*) fuori elenco **2.** FIN (*stock market*) non quotato, -a

unload [ʌn·'loʊd] **I.** *vt* **1.** (*remove*) scaricare **2.** (*express*) sfogare; **to ~ one's worries on sb** sfogare le proprie preoccupazioni su qu **II.** *vi* scaricare

unlock [ʌn·'lɑːk] *vt* **1.** (*release a lock*) aprire **2.** (*solve*) risolvere

unlocked *adj* non chiuso, -a a chiave

unlucky [ʌn·'lʌ·ki] *adj* **1.** (*unfortunate*) sfortunato, -a; **to be ~ enough to get a cold** avere la sfortuna di prendersi un raffreddore **2.** *form* (*bringing bad luck*) **to be ~** portare sfortuna

unmanageable [ʌn·'mæ·nɪ·dʒə·bəl] *adj* **1.** (*unwieldy*) poco maneggevole **2.** (*incontrollable*) difficile da gestire

unmanned *adj* AVIAT, TECH senza equipaggio

unmarked [ʌn·'mɑːrkt] *adj* (*grave*) anonimo, -a; (*cards, bills*) non segnato, -a; **an ~ police car** un'auto civetta

unmarried [ʌn·'me·rɪd] *adj* non sposato, -a; **~ mother** ragazza *f* madre

unmask [ʌn·'mæsk] *vt a. fig* smascherare

unmatched [ʌn·'mætʃt] *adj* **1.** (*unequaled*) ineguagliato, -a **2.** (*extremely great*) senza pari

unmentionable [ʌn·'men·tʃə·nə·bl] *adj* innominabile

unmentioned [ʌn·'men·tʃənd] *adj* **to go ~** passare sotto silenzio

unmindful [ʌn·'maɪnd·fəl] *adj* **to be ~ of sth** essere incurante di qc

unmistakable [ʌn·mɪs·'teɪ·kə·bl] *adj* inconfondibile

unmitigated [ʌn·'mɪ·ţə·geɪ·ţɪd] *adj* assoluto, -a

unmoved [ʌn·'muːvd] *adj* impassibile

unnamed [ʌn·'neɪmd] *adj* anonimo, -a

unnatural [ʌn·'næ·tʃə·əl] *adj* **1.** (*contrary to nature*) innaturale; (*affected*) affettato, -a **2.** (*not normal*) anormale

unnecessarily [ˌʌn·ne·sə·'se·rə·li] *adv* inutilmente

unnecessary [ʌn·'ne·sə·se·ri] *adj* **1.** (*not necessary*) non necessario, -a **2.** (*uncalled for*) inutile

unnerve [ʌn·'nɜːrv] *vt* mettere a disagio

unnerving *adj* inquietante

unnoticed [ʌn·'noʊ·ţɪst] *adj* **to go ~** passare inosservato, -a

unnumbered [ʌn·'nʌm·bəd] *adj* **1.** (*not marked with a number*) senza numero **2.** *form* (*too many to be counted*) innumerevole

UNO ['juː·noʊ] *n abbr of* **United Nations Organization** ONU *f*

unobtainable [ˌʌn·əb·'teɪ·nə·bl] *adj* introvabile

unobtrusive [ˌʌn·əb·'truː·sɪv] *adj* discreto, -a

unoccupied [ˌʌn·'ɑːk·jə·paɪd] *adj* **1.** (*uninhabited*) disabitato, -a **2.** MIL non occupato, -a **3.** (*not being used*) libero, -a

unofficial [ˌʌn·ə·'fɪ·ʃəl] *adj* ufficioso, -a

unorganized [ˌʌn·'ɔːr·gə·naɪzd] *adj* disorganizzato, -a

unorthodox [ʌn·'ɔːr·θə·dɑːks] *adj* poco ortodosso, -a

unpack [ʌn·'pæk] **I.** *vt* (*bag, suitcase*) disfare; (*car*) scaricare **II.** *vi* disfare i bagagli

unpaid [ʌn·'peɪd] *adj* **1.** (*not remunerated*) non remunerato, -a **2.** (*not paid*) non pagato, -a

unpalatable [ʌn·'pæ·lə·ţə·bl] *adj a. fig* sgradevole

unparalleled [ʌn·'pe·rə·leld] *adj form* senza precedenti

unperturbed [ˌʌn·pə·'tɜːrbd] *adj* imperterrito, -a; **to be ~ by sth** restare imperturbabile davanti a qc

unplanned [ʌn·'plænd] *adj* imprevisto, -a

unpleasant [ʌn·'ple·zənt] *adj* **1.** (*not pleasing*) sgradevole **2.** (*unfriendly*) antipatico, -a

unpleasantness *n* **1.** (*quality of being unpleasant*) sgradevolezza *f* **2.** (*unfriendly feelings*) antipatia *f*

unplug [ʌn·'plʊg] <-gg-> *vt* **1.** (*electric plug, appliance*) staccare (la spina di) **2.** (*sink*) sturare

unpolished [ʌn·'pɑː·lɪʃt] *adj* (*shoes*) non lucidato, -a; (*gemstones*) grezzo, -a

unpolluted [ˌʌnpə·'luː·ţɪd] *adj* non inquinato, -a

unpopular [ʌn·'pɑːp·jə·lə·] *adj* impopolare

unpopularity [ʌn·ˌpɑːp·jə·'le·rə·ti] *n* impopolarità *f*

unpractical [ʌn·'præk·tɪ·kəl] *adj* poco pratico, -a

unpracticed [ʌn·'præk·tɪst] *adj form* inesperto, -a; **to be ~ in sth** non aver pratica di qc

unprecedented [ʌn·'pre·sə·den·tɪd] *adj* senza precedenti

unpredictable [ˌʌn·prɪ·'dɪk·tə·bl] *adj* imprevedibile

unprejudiced [ʌn·'pre·dʒə·dɪst] *adj* imparziale

unpremeditated [ˌʌn·pri:·'me·dɪ·teɪ·ţɪd] *adj* non premeditato, -a

unpretentious [ˌʌn·prɪ·'ten·tʃəs] *adj* senza pretese

unprincipled [ʌn·'prɪn·tsə·pld] *adj* senza scrupoli

unproductive [ˌʌn·prə·'dʌk·tɪv] *adj* improduttivo, -a

unprofessional [ˌʌn·prə·'fe·ʃə·nəl] *adj* poco professionale

unprofitable [ʌn·'prɑ:·fɪ·tə·bl] *adj* 1.(*not making a profit*) non redditizio, -a 2.(*unproductive*) infruttuoso, -a

unprompted [ʌn·'prɑ:mp·tɪd] *adj* spontaneo, -a

unprovided for [ˌʌn·prə·'vaɪ·dɪd·ˌfɔ:r] *adj* senza mezzi di sussistenza

unprovoked [ˌʌn·prə·'voʊkt] *adj* non provocato, -a

unpublished [ˌʌn·'pʌb·lɪʃt] *adj* inedito, -a

unqualified [ʌn·'kwɑ:·lə·faɪd] *adj* 1.(*without qualifications*) non qualificato, -a 2.(*unlimited, unreserved*) senza riserve

unquestionable [ʌn·'kwes·tʃə·nə·bl] *adj* incontestabile

unquestionably *adv* indubitabilmente

unquestioning [ʌn·'kwes·tʃə·nɪŋ] *adj* cieco, -a

unquoted *adj* FIN non quotato, -a

unravel [ʌn·'ræ·vəl] <-ll-, -l-> I. *vt* 1.(*unknit, undo*) disfare 2.(*solve*) risolvere II. *vi* disfarsi

unreadable [ʌn·'ri:·də·bl] *adj* illeggibile

unreal [ʌn·'ri:l] *adj* 1.(*not real*) irreale 2. inf (*astonishingly good*) incredibile

unrealistic [ʌn·ˌri·ə·'lɪs·tɪk] *adj* 1.(*not realistic*) non realistico, -a 2.(*not convincingly real*) inverosimile

unrealized *adj* irrealizzato, -a

unreasonable [ʌn·'ri:·zə·nə·bl] *adj* 1.(*not showing reason*) irragionevole 2.(*unfair*) eccessivo, -a

unrecognized [ʌn·'re·kəg·naɪzd] *adj* non riconosciuto, -a

unredeemed [ˌʌn·rɪ·'di:md] *adj* (*property, deposits*) non reclamato, -a; REL irredento, -a

unrefined [ˌʌn·rɪ·'faɪnd] *adj* 1.(*not refined*) non raffinato, -a 2.(*not socially polished*) grossolano, -a

unregistered [ʌn·'re·dʒɪs·tə·d] *adj* non registrato, -a

unrelated [ˌʌn·rɪ·'leɪ·ţɪd] *adj* 1.(*not connected*) senza nesso 2.(*by kinship*) non imparentato, -a

unrelenting [ˌʌn·rɪ·'len·ţɪŋ] *adj* 1.(*not yielding*) implacabile 2.(*incessant, not easing: pain, pressure, rain*) incessante 3. form (*unmerciful*) spietato, -a

unreliable [ˌʌn·rɪ·'laɪ·ə·bl] *adj* inaffidabile

unrelieved [ˌʌn·rɪ·'li:vd] *adj* totale

unremarkable [ˌʌn·rɪ·'mɑ:r·kə·bl] *adj* mediocre

unremitting [ˌʌn·rɪ·'mɪ·ţɪŋ] *adj* form incessante; **to be ~ in sth** essere infaticabile in qc

unrepeatable [ˌʌn·rɪ·'pi:·tə·bl] *adj* irripetibile

unrepentant [ˌʌn·rɪ·'pen·tənt] *adj* impenitente

unrequited [ˌʌn·rɪ·'kwaɪ·ţɪd] *adj* non corrisposto, -a

unreserved [ˌʌn·rɪ·'zɜ:rvd] *adj* 1.(*not having been reserved*) non riservato, -a 2.(*absolute*) senza riserve 3.(*not aloof*) franco, -a

unresolved [ˌʌn·rɪ·'zɑ:lvd] *adj* irrisolto, -a

unrest [ʌn·'rest] *n* disordini *mpl*

unrestrained [ˌʌn·rɪ·'streɪnd] *adj* sfrenato, -a

unrestricted [ˌʌn·rɪ·'strɪk·tɪd] *adj* illimitato, -a

unripe [ʌn·'raɪp] *adj* non maturo

unrivaled *adj*, **unrivalled** [ʌn·'raɪ·vəld] *adj* senza pari

unroll [ʌn·'roʊl] I. *vt* srotolare II. *vi* srotolarsi

unruffled [ʌn·'rʌ·fld] *adj* 1.(*not nervous*) imperturbato, -a 2.(*not ruffled up*) non increspato, -a

unruly [ʌn·'ru:·li] <-ier, -iest> *adj* 1.(*disorderly: crowd, children*) turbolento, -a 2.(*difficult to control: hair*) ribelle

unsaddle [ʌn·'sæ·dl] *vt* 1.(*remove a saddle*) dissellare 2.(*unseat*) disarcionare

unsafe [ʌn·'seɪf] *adj* pericoloso, -a

unsaid [ʌn·'sed] I. *vt pt, pp of* **unsay** II. *adj form* taciuto, -a; **to leave sth ~** passare qc sotto silenzio; **some things are better left ~** certe cose è meglio non dirle

unsatisfactory [ʌn·ˌsæ·ţɪs·'fæk·tə·ri] *adj* 1.(*not satisfactory*) poco soddisfacente 2. SCHOOL insufficiente

unsatisfied [ʌn·'sæ·ţɪs·faɪd] *adj* 1.(*not content*) insoddisfatto, -a 2.(*not convinced*) poco convinto, -a; **sth leaves sb ~** qc non convince qu 3.(*not sated*) non appagato, -a

unsavory [ʌn·'seɪ·və·ri] *adj* 1.(*unpleasant to the taste, smell*) sgradevole 2.(*disgusting*) ripugnante 3.(*socially offensive*) scandaloso, -a

unsay [ʌn·'seɪ] *irr vt* ritrattare ▶ **what's said cannot be unsaid** *prov* quel che è detto è detto *prov*

unscathed [ʌn·'skeɪðd] *adj* illeso, -a

unscheduled [ʌn·'sked·ʒʊld] *adj* non previsto, -a

unscientific *adj* poco scientifico, -a

unscramble *vt* ricomporre

unscrew [ʌn·'skru:] I. *vt* svitare II. *vi* svitarsi

unscripted [ʌn·'skrɪp·tɪd] *adj* improvvisato, -a

unscrupulous [ʌn·'skru:p·jə·ləs] *adj* senza scrupoli

unseal [ʌn·'si:l] *vt* aprire

unseat [ʌn·'si:t] *vt* 1.(*remove from power*) spodestare 2.(*throw*) disarcionare

unsecured [ˌʌn·sɪ·'kjʊrd] *adj* 1. FIN non garantito, -a 2.(*unfastened*) non assicurato, -a

unseemly [ʌn·'si:m·li] *adj form* indecoroso, -a

U

unseen [ʌnˈsiːn] *adj* non visto, -a; **sight** ~ a scatola chiusa

unselfish [ʌnˈselfɪʃ] *adj* generoso, -a

unserviceable [ʌnˈsɜːrvɪsəbl] *adj* inservibile

unsettle [ʌnˈsetl] *vt* **1.**(*make nervous*) scombussolare **2.**(*make unstable*) destabilizzare

unsettled [ʌnˈsetld] *adj* **1.**(*changeable*) instabile **2.**(*troubled*) inquieto, -a **3.**(*unresolved*) non risolto, -a

unsettling *adj* inquietante

unshakable [ʌnˈʃeɪkəbl] *adj* irremovibile

unshaved *adj*, **unshaven** [ʌnˈʃeɪvən] *adj* non rasato, -a

unshrinkable [ʌnˈʃrɪŋkəbl] *adj* irrestringibile

unshrinking [ʌnˈʃrɪŋkɪŋ] *adj fig* impavido, -a

unsightly [ʌnˈsaɪtli] <-ier, -iest> *adj* brutto, -a

unsigned [ʌnˈsaɪnd] *adj* non firmato, -a

unskilled [ʌnˈskɪld] *adj* non specializzato, -a

unsociable [ʌnˈsoʊʃəbl] *adj* poco socievole

unsocial [ʌnˈsoʊʃəl] *adj* asociale

unsold [ʌnˈsoʊld] *adj* invenduto, -a

unsolicited [ʌnsəˈlɪsɪtɪd] *adj* non richiesto, -a

unsolved [ʌnˈsɑːlvd] *adj* irrisolto, -a

unsophisticated [ʌnsəˈfɪstəkeɪtɪd] *adj* **1.**(*person*) semplice **2.**(*machine*) rudimentale

unsound [ʌnˈsaʊnd] *adj* **1.**(*weak, unstable*) insicuro, -a **2.**(*unreliable*) inaffidabile **3.**(*not financially stable*) poco sicuro, -a **4.**(*not valid*) infondato, -a *f* **5.**(*unhealthy*) **of** ~ **mind** infermo di mente

unsparing [ʌnˈspeɪrɪŋ] *adj* **1.**(*merciless*) spietato, -a **2.***form* (*lavish*) prodigo, -a; **to be** ~ **in one's efforts** non risparmiare gli sforzi

unspeakable [ʌnˈspiːkəbl] *adj* indicibile; ~ **atrocities** atrocità *fpl* inqualificabili

unspecified [ʌnˈspesɪfaɪd] *adj* imprecisato, -a

unspoiled [ʌnˈspɔɪld] *adj* incontaminato, -a

unspoken [ʌnˈspoʊkən] *adj* tacito, -a

unstable [ʌnˈsteɪbl] *adj* instabile

unsteady [ʌnˈstedi] *adj* (*chair, market*) instabile; (*hand, voice*) tremante

unstressed [ʌnˈstrest] *adj* LING atono, -a

unstuck [ʌnˈstʌk] *adj* **to come** [*o* **become**] ~ (*be no longer stuck*) staccarsi; *inf* (*fail*) fallire

unsubscribe *vi* disdire l'iscrizione [*o* l'abbonamento]

unsubstantial [ʌnsəbˈstæntʃəl] *adj* insignificante

unsubstantiated [ʌnsəbˈstæntʃieɪtɪd] *adj* infondato, -a

unsuccessful [ʌnsəkˈsesfəl] *adj* (*attempt*) non riuscito, -a; (*candidate, applicant*) non selezionato, -a; **to be** ~ **in sth** non riuscire in qc; **to be** ~ **in doing sth** non riuscire a fare qc

unsuitable [ʌnˈsuːtəbl] *adj* inadatto, -a; ~ **moment** momento *m* inopportuno; **to be** ~ **for sth** non essere adatto, -a a qc

unsuited [ʌnˈsuːtɪd] *adj* **to be** ~ **to** [*o* **for**] **sth** non essere fatto per qc; **to be** ~ **to each other** non essere fatti l'uno per l'altro

unsullied [ʌnˈsʌlɪd] *adj form* intatto, -a

unsung [ʌnˈsʌŋ] *adj* **the** ~ **hero** l'eroe misconosciuto

unsure [ʌnˈʃʊr] *adj* incerto, -a; **to be** ~ **about sth** essere incerto su qc; **to be** ~ **of oneself** essere insicuro, -a

unsuspecting [ʌnsəsˈpektɪŋ] *adj* ignaro, -a

unsustainable [ʌnsəsˈteɪnəbl] *adj* insostenibile

unswerving [ʌnˈswɜːrvɪŋ] *adj* incrollabile

unsympathetic [ʌnsɪmpəˈθetɪk] *adj* poco comprensivo, -a

untangle [ʌnˈtæŋgl] *vt* sbrogliare

untapped [ʌnˈtæpt] *adj* non sfruttato, -a

untaxed [ʌnˈtækst] *adj* (*goods*) esente da imposta; (*income, revenue*) non imponibile

untenable [ʌnˈtenəbl] *adj* insostenibile

untested [ʌnˈtestɪd] *adj* non testato, -a

unthinkable [ʌnˈθɪŋkəbl] **I.** *adj* impensabile **II.** *n* the ~ l'inconcepibile *m*

unthinking [ʌnˈθɪŋkɪŋ] *adj* sconsiderato, -a

unthought-of [ʌnˈθɔːtɑːv] *adj* inimmaginabile

untidy [ʌnˈtaɪdi] <-ier, -iest> *adj* disordinato, -a

untie [ʌnˈtaɪ] <-y-> *vt* (*knot*) sciogliere; (*boat, hands, shoelaces*) slegare

until [ənˈtɪl] **I.** *prep* fino a; ~ **now** finora; ~ **then** fino ad allora; **we danced** ~ **dawn** abbiamo ballato fino all'alba; **she won't be able to leave** ~ **Friday** non potrà partire prima di venerdì **II.** *conj* finché non; ~ **he comes** finché non arriva lui; **he can't leave** ~ **his work is finished** non può andare via finché non ha finito il lavoro

untimely [ʌnˈtaɪmli] *adj* **1.**(*premature*) prematuro, -a; **sb's** ~ **death** la scomparsa prematura di qu **2.**(*inopportune*) inopportuno, -a

unto [ˈʌntuː] *prep* HIST *s.* **to**

untold [ʌnˈtoʊld] *adj* **1.**(*beyond enumeration*) incalcolabile; ~ **damage** danni *mpl* incalcolabili **2.**(*beyond description*) indicibile; ~ **suffering** sofferenze *fpl* indicibili **3.**(*not told*) mai rivelato, -a

untouched [ʌnˈtʌtʃt] *adj* **1.**(*not affected*) non toccato, -a; **to leave sth** ~ lasciare qc intatto; ~ **by tourism** non contaminato dal turismo **2.**(*not eaten*) **I left my meal** ~ non ho toccato cibo **3.**(*not emotionally moved*) insensibile

untoward [ʌnˈtɔːrd] *adj form* **1.**(*unpropitious*) imprevisto, -a **2.**(*adverse*) deplorevole; **an** ~ **incident** un episodio increscioso **3.**(*improper*) disdicevole

untrained [ʌnˈtreɪnd] *adj* (*troops*) non addestrato, -a; (*voice*) non esercitato, -a; **to the** ~ **eye** ad un occhio inesperto

untransferable [ʌntrænsˈfɜːrəbl] *adj* LAW non trasferibile

untreated [ʌn·'triː·t̬ɪd] *adj* **1.** (*sewage, wood*) non trattato, -a **2.** (*illness*) non curato, -a

untried [ʌn·'traɪd] *adj* **1.** (*not tested*) non testato, -a **2.** LAW non processato, -a

untroubled [ʌn·'trʌ·bld] *adj* tranquillo, -a; **they seemed ~ about her decision** non sembravano turbati dalla sua decisione

untrue [ʌn·'truː] *adj* **1.** (*not true*) falso, -a **2.** (*not faithful*) **to be ~ to sb** tradire qn; **I'll never be ~** non ti tradirò mai

untrustworthy [ʌn·'trʌst·ˌwɜːr·ði] *adj* inaffidabile

untruth [ʌn·'truːθ] *n* falsità

untruthful [ʌn·'truː·θ·fəl] *adj* **1.** (*not truthful*) falso, -a **2.** (*mendacious*) menzognero, -a

unturned [ˌʌn·'tɜːrnd] *adj* (*soil*) non rivoltato, -a

untutored [ˌʌn·'tuː·t̬ɚd] *adj form* non istruito, -a

unused [ʌn·'juːzd] *adj* **1.** (*not in use*) non usato, -a **2.** (*never having been used*) nuovo, -a

unused to [ʌn·'juːst tʊ] *adj* **to be ~ sth** non essere abituato, -a a qc

unusual [ʌn·'juː·ʒu·əl] *adj* insolito, -a; **to be ~ for sb** essere insolito per qu; **it's ~ for her to complain** non è da lei lamentarsi

unutterable [ʌn·'ʌ·t̬ə·rə·bl] *adj form* indicibile

unvarnished [ʌn·'vɑːr·nɪʃt] *adj* non verniciato, -a; **the ~ truth** *fig* la verità nuda e cruda

unveil [ʌn·'veɪl] I. *vt fig* **1.** (*expose*) **~ oneself** togliersi il velo **2.** (*memorial, plans*) rivelare II. *vi* togliersi il velo

unversed [ˌʌn·'vɜːrst] *adj* **to be ~ in sth** essere poco versato, -a in qc

unwanted [ʌn·'wɑːn·t̬ɪd] *adj* indesiderato, -a

unwarranted [ʌn·'wɔː·rən·t̬ɪd] *adj* ingiustificato, -a

unwavering [ʌn·'weɪ·və·rɪŋ] *adj* incrollabile; **to be ~ in one's support for sb** appoggiare incondizionatamente qu

unwed [ʌn·'wed] *adj form* non sposato, -a

unwelcome [ʌn·'wel·kəm] *adj* non gradito, -a

unwell [ʌn·'wel] *adj* indisposto, -a; **to feel ~** non sentirsi bene

unwieldy [ʌn·'wiːl·di] *adj* **1.** (*cumbersome*) ingombrante **2.** (*difficult to manage*) poco maneggevole

unwilling [ʌn·'wɪ·lɪŋ] *adj* riluttante

unwillingly *adv* malvolentieri

unwind [ʌn·'waɪnd] *irr* I. *vt* srotolare II. *vi* **1.** (*unroll*) srotolarsi **2.** *fig* (*relax*) rilassarsi

unwise [ʌn·'waɪz] *adj* imprudente

unwitting [ʌn·'wɪ·t̬ɪŋ] *adj* **1.** (*unaware*) inconsapevole **2.** (*unintentional*) non intenzionale

unwittingly *adv* **1.** (*without realizing*) inconsapevolmente **2.** (*unintentionally*) senza volere

unwonted [ʌn·'wɔːn·t̬ɪd] *adj form* inconsueto, -a

unworkable [ʌn·'wɜːr·kə·bl] *adj* inattuabile

unworldly [ʌn·'wɜːrld·li] *adj* **1.** (*spiritual*) ultraterreno, -a **2.** (*naive*) ingenuo, -a **3.** (*unearthly*) non mondano, -a

unworthy [ʌn·'wɜːr·ði] <-ier, -iest> *adj* **1.** (*not worthy*) non degno, -a; **to be ~ of interest** non essere degno di interesse **2.** (*discreditable, contemptible*) indegno, -a

unwrap [ʌn·'ræp] <-pp-> *vt* **1.** (*remove wrapping*) scartare, aprire **2.** *fig* (*open, reveal*) portare alla luce

unwritten [ʌn·'rɪ·tən] *adj* **1.** (*not official*) tacito, -a **2.** (*not written down*) non scritto, -a

unyielding [ʌn·'jiːl·dɪŋ] *adj* **1.** (*stubborn, obstinate*) inflessibile **2.** (*physically hard, firm*) rigido, -a

unzip [ʌn·'zɪp] <-pp-> *vt* **1.** (*suitcase*) aprire (la cerniera di) **2.** COMPUT (*file*) decomprimere

up [ʌp] I. *adv* **1.** (*movement*) su, in alto; **~ here/there** quassù/lassù; **to look ~** guardare in alto; **to stand/get ~** stare in piedi/alzarsi; **to go ~** salire; **to throw sth ~** gettare qc in aria; **to jump ~** saltare in piedi; (**stand**) **~!** in piedi!; **on the way ~** in salita **2.** (*to another point*) **~ in Seattle** su a Seattle; **to go ~ to Maine** andare su nel Maine **3.** (*position*) **to be ~ all night** stare alzato, -a tutta la notte; **to jump ~ on sth** saltare sopra qc; **with one's head ~** a testa alta **4.** (*limit*) **time's ~** il tempo è scaduto; **when 5 hours were ~** allo scadere delle 5 ore; **from the age of 18 ~** a partire dai 18 anni; **to have it ~ to one's ears** (with sb/sth) *fig* averne fin sopra i capelli (di qu/qc) **5.** SPORTS (*ahead*) **to be 7 points ~** essere in vantaggio di 7 punti **6.** COMPUT, TECH in funzione ▸ **~ and down** su e giù; **to walk ~ and down** camminare su e giù; **what's ~?** come va?; **what's ~ with him?** cos'ha? II. *prep* **1.** (*at top of*) in cima a; **to climb ~ a tree** arrampicarsi in cima a un albero **2.** (*higher*) **to go ~ the stairs** salire le scale; **to row ~ the river** risalire il fiume; **to go ~ and down sth** andare su e giù per qc **3.** (*along*) **to go ~ the street** percorrere la strada III. *n* **~s and downs** alti e bassi *mpl;* **to be on the ~ and ~** *inf* andare di bene in meglio IV. <-pp-> *vi inf* **to ~ and do sth** +*infin* prendere e fare qc +*infin* V. <-pp-> *vt* alzare VI. *adj* **1.** (*position: tent*) montato, -a; (*flag*) issato, -a; (*curtains, picture*) appeso, -a; (*hand, blinds*) alzato, -a; (*person*) in piedi **2.** (*healthy*) **to be ~ and about** [*o around*] essere di nuovo in piedi **3.** (*ready*) **to be ~ for doing sth** starci a fare qc; **~ for sale/discussion/trial** in vendita/in discussione/in giudizio

◆ **up against** *vt* **to be ~ sth/sb** trovarsi di fronte qc/qu

◆ **up to** *vt* **1.** (*capable of*) **to feel ~ sth** sentirsi di fare qc **2.** (*limit*) fino a; **~ here** fino a qui; **~ now** fino ad ora; **~ $100** fino a 100 dollari **3.** (*responsibility of*) **it's ~ you** sta a te decidere; **it's ~ me to decide** sta a me decidere

up-and-coming ['ʌp·ən·'kʌ·mɪŋ] *adj* promettente

upbeat ['ʌp·biːt] I. *n* MUS tempo *m* in levare II. *adj inf* ottimistico, -a; **to be ~ about sth** essere ottimista riguardo a qc

upbringing ['ʌp·brɪŋ·ɪŋ] *n* educazione *f;* **to**

have a good ~ avere avuto una buona educazione

upcoming ['ʌp·kʌ·mɪŋ] *adj* imminente

upcountry ['ʌp·kʌn·tri] I. *adv* verso l'interno II. *adj* dell'interno III. *n* interno *m*

update¹ [ʌp·'deɪt] *vt* (*bring up to date*) mettere al corrente; COMPUT aggiornare

update² ['ʌp·deɪt] *n* aggiornamento *m;* **to give sb an ~** (**on sth**) aggiornare qu (su qc)

updating *n* aggiornamento *m*

updraft ['ʌp·drɑːft] *n* corrente *f* ascendente

upend [ʌp·'end] *vt* capovolgere

up front, up-front ['ʌp·frʌnt] *adj inf* **1.** (*open, frank*) franco, -a, essere franco riguardo a qc **2.** (*advance*) **~ payment** pagamento *m* immediato

upgradable *adj* COMPUT espandibile

upgrade ['ʌp·greɪd] I. *vt* **1.** (*improve*) migliorare; (*hardware*) sostituire con un modello più potente; (*software*) sostituire con una versione superiore **2.** AVIAT (*move to better class*) **they ~ed him to first class** gli hanno dato un upgrade in prima classe II. *vi* **1.** COMPUT, TECH, COM (*improve quality*) passare a un modello [*o* una versione] superiore **2.** AVIAT (*move to better class*) fare un upgrade alla classe superiore III. *n* upgrade *m inv*

upgrading *n* upgrade *m inv*

upheaval [ʌp·'hiː·vəl] *n* **1.** (*condition of violent change*) sconvolgimento *m* **2.** (*instance of violent change*) cataclisma *m* **3.** GEO (*violent upward push*) sollevamento *m;* **~ of the earth's crust** sollevamento *m* della crosta terrestre

uphill [ʌp·'hɪl] I. *adv* (*in an ascending direction*) in salita; **to run/walk ~** correre/camminare in salita II. *adj* **1.** (*sloping upward*) in salita **2.** (*difficult*) arduo, -a; **an ~ struggle** un'ardua battaglia

uphold [ʌp·'hoʊld] *irr vt* **1.** (*support, maintain*) difendere; **to ~ the law** difendere la legge **2.** LAW (*confermare*) **to ~ a verdict** confermare un verdetto

upholster [ʌp·'hoʊls·tɚ] *vt* **to ~ sth** (**in sth**) tappezzare qc (di qc)

upholsterer *n* tappezziere, -a *m, f*

upholstery *n* (*covering for furniture*) tappezzeria *m;* **leather ~** rivestimento *m* in pelle

UPI *n abbr of* **United Press International** UPI *f*

upkeep ['ʌp·kiːp] *n* **1.** (*maintenance*) manutenzione *m* **2.** (*cost*) costi *mpl* di manutenzione

upland ['ʌp·lənd] I. *adj* montuoso, -a II. *n* **the ~s** gli altipiani

uplift¹ ['ʌp·lɪft] *vt* **1.** (*raise up*) elevare **2.** (*inspire*) risollevare; **to ~ sb's heart** risollevare il morale di qu

uplift² ['ʌp·lɪft] *n* **1.** GEO sollevamento *m* **2.** (*spiritual/mental*) **to provide moral ~** risollevare il morale

uplifting [ʌp·'lɪf·tɪŋ] *adj* positivo, -a t

upload ['ʌp·loʊd] INET I. *vt, vi* caricare; COMPUT caricare sul server II. *n* upload *m*

upmarket ['ʌp·mɑːr·kɪt] I. *adj* esclusivo, -a II. *adv* **to go ~** orientarsi a una clientela più esclusiva

upon [ə·'pɑːn] *prep form* **1.** (*on top of*) su **2.** (*at time of*) **~ her arrival** al suo arrivo **3.** (*long ago*) **once ~ a time** c'era una volta

upper ['ʌ·pɚ] I. *adj* **1.** (*further up*) superiore; **~ management** i dirigenti **2.** GEO (*northern*) **the ~ Northeast** le estreme regioni nordorientali II. *n* **1.** (*of shoe*) tomaia *f* **2.** *inf* (*drug*) stimolante *m*

uppercase *n* TYPO maiuscolo *m*

upper class <-es> *n* alta società *f*

upper-class *adj* dell'alta società; **in ~ circles** nell'alta società

uppercut *n* SPORTS uppercut *m inv*

upper deck *n* (*of ship*) ponte *m* superiore; (*of bus*) piano *m* superiore; (*of stadium*) gradinata *f* superiore

uppermost *adj* più alto, -a; **to be ~ in one's mind** essere al primo posto nei pensieri di qu

uppish ['ʌ·pɪʃ] *adj*, **uppity** ['ʌ·pə·ti] *adj inf* presuntuoso, -a

upright ['ʌp·raɪt] I. *adj* **1.** (*post, rod*) verticale **2.** (*upstanding*) retto, -a; (*citizen*) onesto, -a II. *adv* verticalmente; **to stand ~** stare in posizione eretta; **to sit bolt ~** rizzarsi a sedere III. *n* **1.** (*upright piano*) pianoforte *m* verticale **2.** TECH montante *m* **3.** SPORTS palo *m*

uprising ['ʌp·raɪ·zɪŋ] *n* sommossa *f;* **to crush an ~** reprimere una sommossa

uproar ['ʌp·rɔːr] *n* scalpore *m;* **to cause an ~** provocare scalpore

uproarious [ʌp·'rɔː·riəs] *adj* **1.** (*noisy: debate*) tumultuoso, -a **2.** (*amusing: joke*) spassosissimo, -a

uproot [ˌʌp·'ruːt] *vt a. fig* sradicare

upset¹ [ʌp·'set] I. *vt irr* **1.** (*unsettle*) turbare; (*distress*) sconvolgere; **to ~ oneself** prendersela **2.** (*throw into disorder*) disturbare **3.** (*boat*) capovolgere; (*table*) rovesciare **4.** (*cause pain*) **onions ~ him/his stomach** le cipolle gli scombussolano lo stomaco II. *adj* **1.** (*disquieted*) turbato, -a; (*distressed*) sconvolto, -a; **to get ~ about sth** prendersela per qc; **to be ~** (**that**) … essere offeso, -a (perché)…; **don't be ~** non ti offendere **2.** (*nauseated*) **to have an ~ stomach** avere lo stomaco sottosopra **3.** (*overturned*) capovolto, -a

upset² ['ʌp·set] *n* **1.** (*great surprise*) sorpresa *f* **2.** (*illness*) **stomach ~** disturbi *mpl* di stomaco **3.** (*confusion, problems*) scompiglio *m*

upset price *n* COM prezzo *m* minimo

upsetting *adj* sconvolgente

upshot ['ʌp·ʃɑːt] *n* risultato *m;* **the ~** (**of it all**) **is that** … il risultato è che…

upside down [ˌʌp·saɪd 'daʊn] I. *adj* **1.** (*reversed in vertical axis*) sottosopra; **to be ~** (*pictures*) essere alla rovescia **2.** (*confused*) sottosopra; **the house was ~** la casa era sottosopra II. *adv* alla rovescia; **to turn sth** ~ capovolgere qc

upstage[1] [ˈʌp·steɪdʒ] I. *adj* THEAT del fondo del palco II. *adv* sul fondo del palco; **to go** ~ andare verso il fondo del palco

upstage[2] [ʌp·ˈsteɪdʒ] *vt* rubare la scena a

upstairs [ʌp·ˈsterz] I. *adj* **the** ~ **rooms** le stanze al piano di sopra; **the** ~ **windows** le finestre del piano di sopra II. *adv* di sopra; **to go** ~ andare di sopra; **the people who live** ~ i vicini del piano di sopra III. *n* (**the**) ~ il piano di sopra

upstanding [ˌʌp·ˈstæn·dɪŋ] *adj form* retto, -a

upstart [ˈʌp·stɑːrt] *n* parvenu *m inv*

upstate [ˈʌp·steɪt] I. *adj* **in** ~ **New York** nel nord dello Stato di New York II. *adv* al nord

upstream [ʌp·ˈstriːm] I. *adj* della parte alta di un corso d'acqua; ~ **pollution** contaminazione *f* della parte alta di un corso d'acqua II. *adv* controcorrente; **to swim** ~ nuotare controcorrente

upsurge [ˈʌp·sɜːrdʒ] *n* impennata *f;* **an** ~ **in sth** un'impennata di qc

upswing [ˈʌp·swɪŋ] *n* ripresa *m;* **an** ~ **in sth** una ripresa di qc; **to be on the** ~ essere in ripresa

uptake [ˈʌp·teɪk] *n* **1.** (*level of absorption*) assorbimento *m* **2.** (*vent*) condotto *m* di aerazione ▶ **to be quick on the** ~ *inf* capire al volo; **to be slow on the** ~ *inf* essere duro di comprendonio

uptight [ʌp·ˈtaɪt] *adj inf* teso, -a

up-to-date [ʌp·tə·ˈdeɪt] *adj* (*technology*) moderno, -a; (*fashion*) attuale; (*timetable*) aggiornato, -a; **to bring sb** ~ aggiornare qu

up-to-the-minute [ˈʌp·tə·ðə·ˈmɪ·nɪt] *adj* (*fashion*) del momento; (*news*) dell'ultimo minuto

uptown [ˈʌp·taʊn] I. *adj* **in** ~ **Manhattan** i quartieri alti di Manhattan; **an** ~ **shop** un negozio dei quartieri alti II. *adv* verso i quartieri alti

uptrend [ˈʌp·trend] *n* tendenza *f* al rialzo; **an** ~ **in sth** una tendenza al rialzo in qc

upturn [ˈʌp·tɜːrn] *n* ripresa *f;* **an** ~ **in the economy** una ripresa dell'economia

upturned [ˌʌp·ˈtɜːrnd] *adj* capovolto, -a; ~ **nose** naso *m* all'insù

upward [ˈʌp·wəd] I. *adj* verso l'alto; ~ **movement** movimento *m* verso l'alto; ~ **trend** tendenza *f* al rialzo II. *adv* **1.** (*toward higher level*) verso l'alto **2.** (*toward a later age*) in su; **from adolescence** ~ dall'adolescenza in poi **3.** (*going higher in number*) in rialzo

upwards *adv* in su; **and** ~ e più

uranium [jʊə·ˈreɪ·ni·əm] *n* uranio *m*

Uranus [ˈjʊ·rə·nəs] *n* Urano *m*

urban [ˈɜːr·bən] *adj* urbano, -a; ~ **sprawl** sviluppo *m* urbanistico incontrollato; ~ **decay** degrado *m* urbano

urbane [ɜːr·ˈbeɪn] *adj* civile

urbanity [ɜːr·ˈbæ·nə·ti] *n* cortesia *f*

urbanization [ˌɜːr·bə·nɪ·ˈzeɪ·ʃən] *n* urbanizzazione *f*

urbanize [ˈɜːr·bə·naɪz] *vt* urbanizzare

urchin [ˈɜːr·tʃɪn] *n iron* monello, -a *m, f;* **street** ~ monello di strada

urethra [jʊ·ˈriː·θrə] <-s *o* -e> *n* uretra *f*

urge [ɜːrdʒ] I. *n* impulso *m;* **an** ~ **to do sth** l'impulso di fare qc; **to feel an irresistible** ~ **to do sth** sentire il desiderio irresistibile di fare qc; **sexual** ~ desiderio *m* sessuale II. *vt* **1.** (*strongly encourage*) esortare; **to** ~ **sb to do sth** esortare qu a fare qc **2.** (*recommend*) raccomandare; **to** ~ **caution upon sb** raccomandare prudenza a qu

♦ **urge on** *vt* **to urge sb on** (**to do sth**) incitare qu (a fare qc)

♦ **urge upon** *vt form* **to** ~ **sb to do sth** spronare qu a fare qc

urgency [ˈɜːr·dʒən·si] *n* **1.** (*top priority, imperativeness*) urgenza *f;* **to be a matter of great** ~ essere una questione della massima urgenza **2.** (*insistence, clamorousness*) insistenza *f*

urgent [ˈɜːr·dʒənt] *adj* **1.** (*imperative, crucial*) urgente; **to be in** ~ **need of sth** avere un bisogno urgente di qc **2.** *form* (*insistent, pleading*) insistente

urgently *adv* **1.** (*immediately*) urgentemente **2.** (*earnestly*) insistentemente

urinal [ˈjʊ·rə·nəl] *n* orinale *m*

urinary [ˈjʊ·rə·ne·ri] *adj* urinario, -a; ~ **diseases** malattie *fpl* (delle vie) urinarie; ~ **incontinence** incontinenza *f* (urinaria)

urinate [ˈjʊ·rə·neɪt] *vi* urinare

urine [ˈjʊ·rɪn] *n* urina *f*

URL *n* COMPUT *abbr of* **universal resource locator** URL *m*

urn [ɜːrn] *n* **1.** urna *f* **2.** (*for tea*) dispenser *m inv*

Uruguay [ˈjʊ·rəg·weɪ] *n* Uruguay *m*

Uruguayan [ˌjʊ·rə·ˈgweɪ·ən] I. *adj* uruguaiano, -a II. *n* uruguaiano, -a *m, f*

us [əs, *stressed:* ʌs] *pron pers* ci; *after prep* noi; **it's** ~ siamo noi; **older than** ~ più vecchi di noi; **look at** ~ guardaci; **he saw** ~ ci ha visto; **he gave the pencil to** ~ ha dato la matita a noi; **it's for** ~ è per noi; **it's from** ~ è da parte nostra

US *n*, **U.S.** *n abbr of* **United States** USA *mpl*

USA [ˌjuː·es·ˈeɪ] *n* **1.** *abbr of* **United States of America** USA *mpl* **2.** *abbr of* **United States Army** esercito statunitense

USAF [ˌjuː·es·eɪ·ˈef] *n abbr of* **United States Air Force** aeronautica militare statunitense

usage [ˈjuː·zɪdʒ] *n* **1.** (*how sth is used*) impiego *m;* **in common/general** ~ d'uso comune **2.** (*amount used*) consumo *m* **3.** LING uso *m;* **in common/general** ~ d'uso comune

USB [ˌjuː·es·ˈbiː] *n abbr of* **Universal Serial Bus** COMPUT USB; ~ |**flash**| **drive** chiavetta *f* USB, penna *f* USB

use[1] [juːs] *n* **1.** (*practical application*) uso *m* **2.** (*possibility of applying*) impiego *m;* **in** ~ in uso; **to be of ~ to sb** essere utile a qu; **a ban on the ~ of sth** il divieto di usare qc; **to make ~ of sth** utilizzare qc; **to put sth to good ~** fare buon uso qc; **to be out of ~** essere fuori servizio [*o* uso]; **to come into ~** entrare in uso; **to go out of ~** cadere in disuso **3.** (*purpose*) **to be no ~** non servire a niente; **there's no ~ doing sth** non serve a niente fare qc; **it's no ~** è inutile; **what's the ~ of doing sth?** a che serve fare qc? **4.** (*consumption*) consumo *m*

use² [juːz] **I.** *vt* **1.** (*make use of*) usare; **to ~ sth to do sth** usare qc per fare qc; **to ~ drugs** fare uso di droghe; **I could ~ some help** *inf* mi servirebbe una mano; **~ discretion** sii discreto; **~ your head** usa il cervello **2.** (*consume*) consumare; **to ~ energy** consumare energia **3.** (*manipulate*) usare; (*exploit*) sfruttare **4.** *form* (*treat in stated way*) **to ~ sb badly/well** trattare male/bene qu **II.** *vi* he **~d to be/do ...** era/faceva...; **she ~d not to enjoy horror films** i film dell'orrore non le piacevano; **didn't you ~ to work in banking?** non lavoravi in banca?

♦ **use up** *vt* consumare

used [juːzd] *adj* usato, -a

used to [juːst tʊ] *adj* (*familiar with*) abituato, -a; **to be ~ sth** essere abituato a qc; **to become ~ sth** abituarsi a qc; **to be ~ the cold/heat** essere abituato al freddo/al caldo; **to be ~ doing sth** avere l'abitudine di fare qc

useful [ˈjuːsˌfəl] *adj* **1.** (*convenient*) utile; **to be ~** (*for sth*) essere utile (per qc); **a ~ experience** un'esperienza utile; **to do sth ~** fare qc di utile **2.** (*competent*) **to be ~ with sth** *inf* saperci fare in qc

usefulness *n* utilità *f*

useless [ˈjuːsˌləs] *adj* **1.** (*in vain*) inutile; **it's ~ doing sth** è inutile fare qc; **to be ~ to do sth** non servire a niente fare qc **2.** (*unusable*) inutilizzabile **3.** *inf* (*incompetent*) incapace

user *n* utente *mf;* **drug ~** tossicodipendente *mf*

user-friendly *adj* COMPUT facile da usare

user interface *n* COMPUT interfaccia *f* utente

username *n* COMPUT nome *m* utente

usher [ˈʌˌʃə·] **I.** *n* (*in a courtroom*) usciere *m;* (*in a theater*) maschera *f* **II.** *vt* **to ~ sb into the office** far accomodare qu in ufficio; **to ~ sb out** accompagnare qu alla porta

USMA *n abbr of* **United States Military Academy** *accademia militare statunitense*

USMC *n abbr of* **United States Marine Corps** *corpo dei marines statunitensi*

USN *n abbr of* **United States Navy** *marina militare statunitense*

USNA *n abbr of* **United States Naval Academy** *accademia navale statunitense*

USO *n abbr of* **United Service Organizations** *fondazione di sostegno alle truppe statunitensi*

USPS [ˌjuːˌesˈpiːˌes] *n abbr of* **United States Postal Service** *poste statunitensi*

USS [ˌjuːˌesˈes] *n* **1.** *abbr of* **United States Ship** *nave da guerra statunitense* **2.** *abbr of* **United States Senate** *senato degli Stati Uniti*

usual [ˈjuːˌʒuˌəl] **I.** *adj* solito, -a; **(the) ~ problems** i soliti problemi; **in its ~ place** al solito posto; **as ~** come al solito; **to be ~ for sb** essere d'abitudine per qu **II.** *n* **the ~** *inf* (*regular drink/food*) il solito

usually *adv* normalmente

usufruct [ˈjuːsˌzʊˌfrʌkt] *n form* LAW usufrutto *m*

usurer [ˈjuːˌʒəˌrə·] *n* LAW usuraio, -a *m, f*

usurious [juːˈʒʊˌriˌəs] *adj form* LAW usuraio, -a

usurp [juːˈsɜːrp] *vt* usurpare

usurper [juːˈsɜːrˌpə·] *n* usurpatore, -trice *m, f*

usury [ˈjuːˌʒə·i] *n* LAW usura *f*

UT *n abbr of* **Utah** UT

Utah *n* Utah *m*

utensil [juːˈtenˌsl] *n* utensile *m;* **kitchen ~s** utensili *mpl* di cucina

uterine [ˈjuːˌtə·ˌɪn] *adj* uterino, -a

uterus [ˈjuːˌtə·ˌəs] <-ri *o* -es> *n* utero *m*

utilitarian [juːˌtɪˌləˈte·riˌən] *adj* utilitario, -a

utility [juːˈtɪˌləˌti] <-ies> *n* **1.** *form* (*usefulness*) utilità *f* **2.** (*public service*) impresa *f* di servizi pubblici **3.** COMPUT utility *f inv*

utilization [juːˌtəˌlɪˈzerˌʃən] *n* utilizzazione *f*

utilize [ˈjuːˌtəˌlaɪz] *vt* utilizzare

utmost [ˈʌtˌmoʊst] **I.** *adj* massimo, -a; **of the ~ brilliance** intelligentissimo, -a; **with the ~ caution** con la massima cautela; **a matter of ~ importance** una faccenda della massima importanza **II.** *n* **to try one's ~** fare tutto il possibile; **to the ~** al massimo; **to live life to the ~** vivere la vita al massimo

utopia [juːˈtoʊˌpiə] *n* utopia *f*

utopian *adj* utopico, -a

utter¹ [ˈʌˌtə·] *adj* completo, -a; **in ~ despair** nella più totale disperazione; **~ nonsense** tutte sciocchezze; **an ~ fool** un perfetto idiota

utter² [ˈʌˌtə·] *vt* proferire; **without ~ing a word** senza proferire parola

utterance [ˈʌˌtəˌrənts] *n* **1.** (*speech act*) enunciato *m* **2.** (*style of delivery*) espressione *f;* **to give ~ to sth** esprimere qc

utterly *adv* completamente; **to be ~ convinced that ...** essere completamente convinto che...; **~ irresistible** assolutamente irresistibile

uttermost [ˈʌˌtə·ˌmoʊst] *adj, n s.* utmost

U-turn [ˈjuːˌtɜːrn] *n* (*on road*) inversione *f* a U; (*in policy*) dietrofront *m inv*

UV [ˌjuːˈviː] *abbr of* **ultraviolet** UV

uvula [ˈjuːˌvjəˌlə] *n* ugola *f*

Uzbek [ˈʊzˌbək] **I.** *adj* uzbeko, -a **II.** *n* uzbeko, -a *m, f*

Uzbekistan [ʌzˌbeˌkɪˈstæn] *n* Uzbekistan *m*

U

Vv

V, v [viː] *n* V, v *f;* **~ as in Victor** V come Venezia

V 1. *abbr of* **volt** V **2.** *abbr of* **volume** vol.

VA *n abbr of* **Virginia** VA

vac [væk] **I.** *n inf* **1.** *abbr of* **vacuum cleaner** aspirapolvere *m;* **to give sth a quick ~** dare una passata di aspirapolvere a qc **2.** *abbr of* **vacuum** vuoto *m* **II.**<-cc-> *vi abbr of* **vacuum clean** passare l'aspirapolvere

vacancy ['veɪ·kən·tsi] <-ies> *n* **1.** (*room*) camera *f* libera; **'~'** 'camere *fpl* libere'; **'no ~'** 'completo' **2.** (*employment opportunity*) posto *m* (di lavoro) vacante; **to fill a ~** coprire un posto (di lavoro) vacante; **to have a ~** offrire un posto di lavoro **3.** (*lack of expression*) vacuità *f*

vacant ['veɪ·kənt] *adj* **1.** (*empty*) libero, -a; **~ lot** terreno *m* libero; **to leave sth ~** (*building, apartment*) lasciare qc libero; **'~'** 'libero' **2.** (*position*) vacante; **to become ~** diventare disponibile; **to fill a ~ position** coprire un posto vacante **3.** (*expressionless*) assente

vacate ['veɪ·keɪt] *vt form* (*house, seat*) lasciare libero, -a; (*position, post*) lasciare vacante

vacation [veɪ·'keɪ·ʃən] **I.** *n* vacanza *f,* ferie *fpl;* **to take a ~** prendersi una vacanza; **on ~** in ferie; **paid ~** ferie pagate **II.** *vi* andare in vacanza

vacationer *n* vacanziere, -a *m, f*

vacation house *n* casa *f* delle vacanze

vaccinate ['væ·ksə·neɪt] *vt* MED vaccinare; **to be ~d against measles** essere vaccinato contro il morbillo

vaccination [ˌvæ·ksə·'neɪ·ʃən] *n* MED vaccinazione *f;* **a ~ against measles** la vaccinazione contro il morbillo; **oral ~** vaccinazione orale

vaccine [væk·'siːn] *n* MED vaccino *m*

vacillate ['væ·sə·leɪt] *vi* tentennare; **to ~ between ... and ...** oscillare tra ... e ...; **to ~ between hope and despair** oscillare tra speranza e disperazione

vacillation [ˌvæ·səl·'eɪ·ʃən] *n* tentennamento *m*

vacuous ['væk·juəs] *adj* vacuo, -a; **a ~ remark** un'osservazione insulsa

vacuum ['væk·juːm] **I.** *n* **1.** PHYS (*area without gas, air*) vuoto *m* **2.** (*absence of direction*) **to fill/leave a ~** colmare/lasciare un vuoto **3.** (*isolated from influences, people*) **in a ~** in isolamento **4.** (*vacuum cleaner*) aspirapolvere *m* **II.** *vt* passare l'aspirapolvere in; **to ~ sth up** pulire qc con l'aspirapolvere

vacuum cleaner *n* aspirapolvere *m*

vacuum-packaged *adj,* **vacuum-packed** [ˌvæk·ju·əm·'pækt] *adj* sottovuoto

vagabond ['væ·gə·bɑːnd] **I.** *n* vagabondo, -a *m, f* **II.** *adj* vagabondo, -a

vagary ['veɪ·gə·ri] <-ies> *n* capriccio *m;* **the**

vagaries of fashion/of the weather i capricci della moda/del tempo

vagina [və·'dʒaɪ·nə] *n* vagina *f*

vagrancy ['veɪ·grən·si] *n* vagabondaggio *m*

vagrant ['veɪ·grənt] **I.** *n* vagabondo, -a *m, f* **II.** *adj* vagabondo, -a

vague [veɪg] *adj* **1.** (*imprecise*) vago, -a; **I haven't the ~st idea** non ho la minima idea **2.** (*absent-minded*) distratto, -a

vagueness *n* **1.** (*imprecision*) vaghezza *f* **2.** (*absent-mindedness*) distrazione *f*

vain [veɪn] *adj* **1.** (*conceited, self-admiring*) vanitoso, -a **2.** (*fruitless*) vano, -a; **it is ~ to ...** +*infin* è inutile... +*infin* **3. in ~** invano; **it was all in ~** è stato inutile

vainglorious [ˌveɪn·'glɔː·ri·əs] *adj form* vanaglorioso, -a

vale *n,* **Vale** [veɪl] *n liter* (*valley*) valle *m;* **this ~ of tears** *fig* questa valle di lacrime

valediction [ˌvæ·lə·'dɪk·ʃən] *n form* **1.** (*farewell*) addio *m* **2.** (*speech given when taking leave*) discorso *m* di commiato

valedictorian *n studente che pronuncia il discorso di commiato ai diplomandi*

valedictory [ˌvæ·lə·'dɪk·tə·ri] *adj* di commiato; **~ address** discorso *m* di commiato

valence ['veɪ·lənts], **valency** ['veɪləntsi] <-ies> *n* valenza *f*

valentine ['væ·lən·taɪn] *n* **1.** (*card*) biglietto che ci si scambia per la festa degli innamorati **2.** (*sweetheart*) innamorato, -a *m, f*

Valentine's Day *n* festa *f* degli innamorati, San Valentino *m*

valerian [və·'lɪ·ri·ən] *n* valeriana *f*

valet ['væ·lɪt] *n* **1.** (*professional car parker*) parcheggiatore *m* **2.** (*in a hotel*) boy *m inv* **3.** HIST valletto *m*

valet parking *n* servizio *m* parcheggiatore

valiant ['væl·jənt] *adj* coraggioso, -a

valid ['væ·lɪd] *adj* **1.** (*worthwhile, weighty*) valido, -a; **no longer ~** scaduto, -a **2.** (*well-founded*) legittimo, -a

validate ['væ·lə·deɪt] *vt* convalidare

validity [və·'lɪ·də·ti] *n* (*legal force*) validità *f*

valley ['væ·li] *n* valle *f*

valor ['væ·lə] *n form* valore *m,* coraggio *m*

valuable ['væl·ju·ə·bl] **I.** *adj* prezioso, -a; **this ring is very ~** quest'anello è preziosissimo **II.** *n pl* oggetti *mpl* di valore

valuation [ˌvæl·ju·'eɪ·ʃən] *n* **1.** (*estimation of financial value*) valutazione *f* **2.** (*estimated value*) valore *m*

valuator *n* FIN valutatore, -trice *m, f*

value ['væl·juː] **I.** *n* **1.** *a.* MATH, MUS (*worth, significance*) valore *m;* **~ judgment** giudizio *m* di valore; **to be of ~ to sb** essere importante per qu; **to be of little ~** essere di scarso valore; **to place a high ~ on sth** dare molta importanza a qc; **to be good ~ (for one's money)**

avere un buon prezzo; **to be of great** ~ avere molta importanza; **to increase** (**in**) ~ aumentare di valore; **to lose** (**in**) ~ perdere valore; **market** ~ valore di mercato **2.** *pl* (*moral ethics, standards*) valori *mpl;* **set of ~s** scala *f* di valori **II.** *vt* **1.** (*think to be significant*) apprezzare; **to** ~ **sb as a friend** tenere all'amicizia di qu **2.** (*estimate financial worth*) valutare; **to** ~ **sth at sth** valutare qc a qc

valued *adj form* stimato, -a; ~ **customer** stimato cliente

valueless ['væl·ju·ləs] *adj* privo, -a di valore

valve [vælv] *n* valvola *f*

vamp[1] [væmp] **I.** *n* **1.** (*of a shoe*) tomaia *f* **2.** MUS accompagnamento *m* improvvisato **II.** *vt* **1.** (*shoe*) mettere la tomaia a **2.** MUS improvvisare un accompagnamento per **III.** *vi* MUS improvvisare un accompagnamento

vamp[2] [væmp] *n* vamp *f inv*

vampire ['væm·paɪ·ə·] *n* vampiro *m*

vampire bat *n* pipistrello *m* vampiro

van[1] [væn] *n* furgone *m;* **delivery** ~ furgone delle consegne; **moving** ~ furgone per traslochi

van[2] [væn] *n inf abbr of* **vanguard** avanguardia *f*

vandal ['væn·dəl] *n* vandalo *m*

vandalism ['væn·də·lɪ·zəm] *n* vandalismo *m*

vandalize ['væn·də·laɪz] *vt* vandalizzare

vane [veɪn] *n* **1.** (*weathercock*) segnavento *m* **2.** (*of windmill*) pala *f* **3.** (*of propeller*) paletta *f*

vanguard ['væn·gɑːrd] *n* avanguardia *f*

vanilla [və·'nɪ·lə] *n* vaniglia *f*

vanish ['væ·nɪʃ] *vi* **to** ~ (**from sth**) scomparire (da qc); **to** ~ **into thin air** *fig* svanire

vanishing point *n* punto *m* di fuga

vanity ['væ·nə·ti] <-ies> *n* **1.** (*self-satisfaction*) vanità *f* **2.** (*dressing table*) tavolo *m* da toeletta **3.** (*bathroom cabinet*) mobile *m* portalavabo

vanity bag *n*, **vanity case** *n* necessaire *m inv,* beauty case *m inv*

vanity plate *n* targa *f* personalizzata

vanquish ['væŋ·kwɪʃ] *vt* sconfiggere

vantage ['væn·ţɪdʒ] *n* vantaggio *m*

vantage point *n* posizione *f* vantaggiosa

Vanuatu [væn·'wɑː·tuː] *n* Vanuatu *m*

vapid ['væ·pɪd] *adj* insulso, -a

vapor ['veɪ·pə·] *n* vapore *m;* **water** ~ vapore acqueo

vaporization [ˌveɪ·pə·rɪ·'zeɪ·ʃən] *n* vaporizzazione *f*

vaporize ['veɪ·pə·raɪz] **I.** *vt* vaporizzare **II.** *vi* vaporizzarsi

vaporizer *n* vaporizzatore *m*

vapor pressure *n* pressione *f* del vapore

vapor trail *n* AVIAT scia *f*

variability [ˌve·ri·ə·'bɪ·lə·ti] *n* variabilità *f*

variable ['ve·riə·bl] **I.** *n* MATH variabile *f* **II.** *adj* variabile

variance ['ve·ri·ənts] *n* **1.** (*disagreement, difference*) divergenza *f;* **at** ~ in contraddizione;

to be at ~ **with sth** divergere da qc **2.** (*variation*) variazione *f* **3.** (*in statistics*) varianza *f*

variant ['ve·riənt] **I.** *n* variante *f* **II.** *adj* **1.** (*different*) diverso, -a; ~ **spelling** variante *f* ortografica **2.** (*tending to change*) variabile

variation [ˌve·ri·'eɪ·ʃən] *n* **1.** *a.* BIO, MUS variazione *f;* **a** ~ **on sth** una variazione di qc; **variations on a theme** variazioni sul tema **2.** (*difference*) differenza *f;* **wide ~s in sth** grandi differenze in qc

varicose ['ve·rə·koʊs] *adj* MED varicoso, -a; ~ **veins** varici *fpl*

varied ['ve·rɪd] *adj* **1.** (*altered, diverse*) vario, -a **2.** (*having different colors*) variegato, -a

variegated ['ve·ri·ə·ɡeɪ·ţɪd] *adj* variegato, -a

variety [və·'raɪ·ə·ti] <-ies> *n* **1.** (*diversity*) varietà *f;* **to lend** ~ **to sth** variare qc **2.** (*assortment*) assortimento *m;* **for a** ~ **of reasons** per vari motivi; **a** ~ **of snacks** un vasto assortimento di stuzzichini **3.** (*sort, category*) varietà *f;* **a new** ~ **of tulip** una nuova varietà di tulipano **4.** THEAT varietà *m* ▶ ~ **is the spice of life** *prov* il mondo è bello perché è vario *prov*

variety show *n* spettacolo *m* di varietà

various ['ve·riəs] *adj* **1.** (*numerous*) vari, -e; **for** ~ **reasons** per vari motivi **2.** (*diverse*) diversi, -e

varmint ['vɑːr·mɪnt] *n* **1.** ZOOL animali *m* nocivi *pl* **2.** (*person*) peste *f*

varnish ['vɑːr·nɪʃ] **I.** *n* vernice *f* **II.** *vt* verniciare

varsity ['vɑːr·sə·ti] <-ies> *n* squadra *f* del college

vary ['ve·ri] <-ie-> **I.** *vi* **1.** (*change, be different*) variare; **opinions** ~ ci sono opinioni diverse; **entry requirements** ~ **between schools** i criteri di ammissione variano da una scuola all'altra **2.** (*diverge*) differire; **to** ~ **from sth** differire da qc **II.** *vt* (*change, diversify*) variare

varying *adj* vario, -a

vascular ['væs·kjə·lə·] *adj* vascolare

vase [veɪs] *n* vaso *m*

vassal ['væ·səl] *n* HIST vassallo *m*

vast [væst] *adj* **1.** (*great in area*) vasto, -a; **a** ~ **country** un Paese vasto **2.** (*great in number*) enorme; **the** ~ **majority** la stragrande maggioranza **3.** (*great in degree*) considerevole; **his** ~ **knowledge of ...** la sua vasta conoscenza di ...; **a** ~ **amount of money** un'ingente somma di denaro

vastly *adv* (*very*) enormemente; ~ **superior** infinitamente superiore

vastness *n* immensità *f*

vat [væt] *n* tino *m*

Vatican ['væ·ţɪ·kən] **I.** *n* **the** ~ il Vaticano **II.** *adj* vaticano, -a

Vatican City *n* Città *f* del Vaticano

vaudeville ['vɑːd·vɪl] *n* vaudeville *m inv*

vault[1] [vɑːlt] *n* **1.** ARCHIT (*arched structure*) volta *f;* (*under churches*) cripta *f;* (*at cemeteries*) tomba *f;* **family** ~ tomba di famiglia **2.** (*in a bank*) caveau *m inv*

vault² [vɑːlt] I. *n* salto *m* II. *vi, vt* saltare
vaulted *adj* ARCHIT a volta
vaulting I. *n* ARCHIT costruzione *f* a volta II. *adj* (*exaggerated*) sfrenato, -a
vaulting horse *n* (*in gymnastics*) cavallo (con maniglie) *m*
vaunt [vɑːnt] *vt* vantare
VC [ˌviːˈsiː] *n abbr of* **Vietcong** Vietcong *mf inv*
VCR [ˌviːsiːˈaːr] *n abbr of* **videocassette recorder** VCR *m*
VD [ˌviːˈdiː] *n* MED *abbr of* **venereal disease** malattia *f* venerea
V-E Day [ˌviːˈiː] *abbr of* **Victory in Europe Day** V-E Day (*8 maggio, giorno della vittoria in Europa, la resa della Germania agli Alleati segna la fine della II guerra mondiale*)
veal [viːl] *n* (carne *f* di) vitello *m*
veal cutlet *n* fettina *f* di vitello
vector [ˈvek·tə·] I. *n* MATH, BIO, MED vettore *m* II. *adj* MATH vettoriale
veer [vɪr] I. *vi* **1.** (*alter course: airplane*) virare; (*wind, road*) cambiare direzione; **the truck veered off the road** il camion è uscito di strada **2.** (*alter attitude, goal*) cambiare; **to ~ from/towards sth** deviare da/verso qc II. *n* deviazione *f*
veg [vedʒ] *vi inf* rilassarsi
vegan [ˈviː·gən] *n* vegano, -a *m, f*
vegetable [ˈvedʒ·tə·bl] *n* **1.** (*plant*) vegetale *m* **2.** (*edible plant*) verdura *f;* (**green**) ~ verdura *f* a foglia; ~ **soup** minestra *f* di verdura; **root** ~ tubero *m;* **seasonal** ~ verdura di stagione
vegetable butter *n*, **vegetable fat** *n* margarina *f*
vegetable garden *n* orto *m*
vegetable kingdom *n* regno *m* vegetale
vegetable oil *n* olio *m* vegetale
vegetarian [ˌve·dʒə·ˈte·riən] I. *n* vegetariano, -a *m, f* II. *adj* vegetariano, -a
vegetate [ˈve·dʒə·teɪt] *vi a. fig* vegetare
vegetation [ˌve·dʒə·ˈteɪ·ʃən] *n* vegetazione *f*
veggie *n*, **vegie** *n inf* vegetariano, -a *m, f*
veggieburger *n* hamburger *m inv* vegetariano
vehemence [ˈviː·ə·mənts] *n* veemenza *f*
vehement [ˈviː·ə·mənt] *adj* veemente
vehicle [ˈviː·ə·kl] *n* **1.** (*for transporting*) veicolo *m;* **motor** ~ veicolo a motore, automezzo *m* **2.** (*channel, means of expression*) mezzo *m;* **to be a ~ for sth** essere un mezzo di qc
vehicular [viː·ˈhɪk·jə·lə·] *adj form* stradale; ~ **traffic** circolazione *f* stradale; ~ **manslaughter** omicidio *m* colposo stradale
veil [veɪl] I. *n* velo *m;* **bridal** ~ velo da sposa; **a ~ of secrecy** un alone di mistero; **under the ~ of sth** *fig* con il pretesto di qc; **to draw a ~ over sth** *fig* stendere un velo pietoso su qc II. *vt* velare; (*disguise*) dissimulare; **to ~ one's face** velarsi il viso; **to be ~ed in secrecy** essere avvolto dal mistero; **the mist ~ed the mountains** *fig, liter* la nebbia avvolgeva i monti

veiled *adj* **1.** (*wearing a veil*) velato, -a **2.** (*indirect, concealed*) velato, -a; **thinly** ~ a malapena dissimulato
vein [veɪn] *n* **1.** ANAT, GEO vena *f;* BOT nervatura *f;* **a quartz** ~ una vena di quarzo; **a ~ of madness** *fig* una vena di pazzia **2.** (*style*) tono *m;* **to talk in a more serious** ~ parlare in tono più serio; **in** (**a**) **similar** ~ sullo stesso filone; **in the** ~ **of sth** sul filone di qc
veined *adj* **1.** (*stone*) venato, -a **2.** (*leaf*) nervato, -a
velar [ˈviː·lə·] I. *adj* LING velare II. *n* LING velare *f*
Velcro® [ˈvel·krou] *n* Velcro® *m*
veld *n*, **veldt** [velt] *n* veld *m inv* (*savana tipica del Sudafrica*)
velocity [və·ˈlɑː·sə·ti] <-ies> *n form* velocità *f;* **at the ~ of** a una velocità di; **sound/light** ~ velocità del suono/della luce
velvet [ˈvel·vɪt] I. *n* velluto *m* II. *adj* **1.** (*made of velvet*) di velluto **2.** *fig* (*smooth*) vellutato, -a
velveteen [ˌvel·vɪ·ˈtiːn] *n* vellutino *m*
velvety [ˈvel·və·ti] *adj fig* vellutato, -a
venal [ˈviː·nəl] *adj* **1.** (*corrupt*) corrotto, -a **2.** (*that can be purchased*) venale
venality [vɪ·ˈnæ·lə·ti] *n* **1.** (*corruptibility*) venalità *f* **2.** (*corruption*) corruzione *f*
vend [vend] *vt* vendere
vendetta [ven·ˈde·tə] *n* vendetta *f*
vending machine *n* distributore *m* automatico
vendor [ˈven·də·] *n* venditore, -trice *m, f*
veneer [və·ˈnɪr] I. *n* **1.** impiallacciatura *f* **2.** *fig* parvenza *f* II. *vt* impiallacciare
venerable [ˈve·nə·rə·bl] *adj* (*person, tradition*) venerabile; ~ **ruins** rovine *fpl* millenarie
venerate [ˈve·nə·reɪt] *vt* venerare
veneration [ˌve·nə·ˈreɪ·ʃen] *n* venerazione *f;* **to hold sb in** ~ venerare qu
venereal [və·ˈnɪ·ri·əl] *adj* MED venereo, -a; ~ **disease** malattia *f* venerea
venetian blind [və·ˌniː·ʃən·ˈblaɪnd] *n* veneziana *f*
Venezuela [ˌve·nə·ˈzwei·lə] *n* Venezuela *m*
Venezuelan I. *adj* venezuelano, -a II. *n* venezuelano, -a *m, f*
vengeance [ˈven·dʒənts] *n* vendetta *f;* **to take** ~ (**up**)**on sb** vendicarsi di qu; **with a** ~ a più non posso
venial [ˈviː·ni·əl] *adj form* veniale
venial sin *n* peccato *m* veniale
venison [ˈve·nɪ·sən] *n* (carne *f* di) cervo *m*
venom [ˈve·nəm] *n* veleno *m;* *fig* cattiveria *f*
venomous [ˈve·nə·məs] *adj* velenoso, -a; (*malicious*) cattivo, -a
venous [ˈviː·nəs] *adj* venoso, -a
vent¹ [vent] I. *n* **1.** (*outlet for gas*) sfiato *m;* **air** ~ presa *f* d'aria **2.** GEO camino *m* **3.** (*release of feelings*) **to give** ~ **to sth** sfogare qc; **to give** ~ **to one's feelings** sfogarsi II. *vt* sfogare; **to ~ one's anger on sb** sfogare la propria rabbia su qu
vent² [vent] *n* FASHION spacco *m*

V

ventilate ['ven·tə·leɪt] *vt* **1.**(*oxygenate a space*) arieggiare; **artificially ~d** MED in respirazione assistita **2.**(*give utterance to, verbalize*) esprimere

ventilation [ˌven·tə·'leɪ·ʃən] *n* aerazione *f*

ventilation duct *n* condotto *m* di aerazione

ventilator ['ven·tə·leɪ·tə'] *n* **1.**(*device*) ventilatore *m* **2.** MED respiratore *m*

ventricle ['ven·trɪ·kl] *n* ventricolo *m*

ventriloquist [ven·'trɪ·lək·wɪst] *n* ventriloquo, -a *m, f*

venture ['ven·tʃə'] **I.** *n* **1.**(*endeavor*) impresa *f* **2.** COM iniziativa *f* imprenditoriale; **joint ~** joint venture *f inv* **II.** *vt* **1.**(*dare*) **to ~ to do sth** azzardarsi a fare qc; **may I ~ a suggestion?** posso azzardare un suggerimento? **2.**(*dare to express: an opinion*) azzardare **3.**(*put at risk, endanger*) rischiare; **to ~ sth** (**on sth**) mettere a rischio qc (per qc) ▶**nothing ~d, nothing gained** *prov* chi non risica non rosica *prov* **III.** *vi* avventurarsi

◆**venture out** *vi* avventurarsi fuori

venture capital *n* FIN capitale *m* di rischio

venturesome ['ven·tʃə'·səm] *adj form* **1.**(*adventurous*) avventuroso, -a **2.**(*risky, not safe*) rischioso, -a

venue ['ven·ju:] *n* sede *f* (dell'evento)

Venus ['vi:·nəs] *n* **1.** ASTR Venere *m* **2.**(*in mythology*) Venere *f*

veracious [və·'reɪ·ʃəs] *adj form* **1.**(*honest*) sincero, -a **2.**(*accurate and precise*) veridico, -a

veracity [və·'ræ·sə·ti] *n* **1.**(*truthfulness*) sincerità *f* **2.**(*accuracy*) veridicità *f*

veranda *n*, **verandah** [və·'ræn·də] *n* veranda *f*

verb [vɜːrb] *n* verbo *m*; **intransitive/transitive ~** verbo intransitivo/transitivo

verbal ['vɜːr·bəl] *adj* **1.**(*oral, unwritten*) verbale; **~ agreement** accordo *m* verbale **2.**(*word for word: translation*) letterale

verbalize ['vɜːr·bə·laɪz] *vt* verbalizzare

verbally *adv* verbalmente

verbatim [və·'beɪ·tɪm] **I.** *adj* letterale **II.** *adv* letteralmente

verbiage ['vɜːr·biɪdʒ] *n* verbalismo *m*

verbose [və·'boʊs] *adj* verboso, -a; (*speech*) prolisso, -a

verbosity [və·'bɑ:·sə·ti] *n* verbosità *f*

verdant ['vɜːr·dənt] *adj liter* verdeggiante

verdict ['vɜːr·dɪkt] *n* **1.** LAW verdetto *m*; **~ of guilty/not guilty** verdetto di colpevolezza/innocenza; **to bring in** [*o* **to return**] **a ~** emettere il verdetto **2.**(*opinion*) parere *m*; **to give a ~ on sth/sb** dire la propria su qc/qu; **what is your ~?** che cosa ne pensi?

verdigris ['vɜːr·dɪ·gri:s] *n* verderame *m*

verge [vɜːrdʒ] *n* **1.**(*physical edge, margin*) margine *m* **2.** *fig* (*brink*) orlo *m*; **to be on the ~ of ...** essere sull'orlo di ...; **to be on the ~ of despair** essere sull'orlo della disperazione; **to be on the ~ of doing sth** essere sul punto

di fare qc; **to be on the ~ of tears** essere sul punto di piangere

◆**verge on** *vt* rasentare; **to ~ the ridiculous** rasentare il ridicolo; **she is verging on fifty** è sulla cinquantina

verger ['vɜːr·dʒə'] *n* sagrestano *m*

verifiable ['ve·rə·faɪ·ə·bl] *adj* verificabile

verification [ˌve·rə·fɪ·'keɪ·ʃən] *n* **1.**(*checking*) verifica *f* **2.**(*confirmation*) riscontro *m*

verify ['ve·rə·faɪ] <-ie-> *vt* **1.**(*corroborate*) corroborare **2.**(*authenticate*) verificare

verisimilitude [ˌve·rə·sə·'mɪ·lə·tu:d] *n* verosimiglianza *f*

veritable ['ve·rə·tə·bl] *adj* autentico, -a

vermicelli [ˌvɜːr·mə·'tʃe·li] *n* vermicelli *mpl*

vermicide ['vɜːr·mə·saɪd] *n* vermicida *m*

vermiform ['vɜːr·mə·fɔːrm] *adj* vermiforme

vermilion [və·'mɪl·jən], **vermillion I.** *n* vermiglio *m* **II.** *adj* vermiglio *inv*

vermin ['vɜːr·mɪn] *n* **1.** *pl* (*animals*) animali *mpl* nocivi **2.** *pej* (*people*) parassiti *mpl*

verminous *adj* (*disease*) causato, -a da animali nocivi

Vermont *n* Vermont *m*

vermouth [və·'mu:θ] *n* vermut *m inv*

vernacular [və·'næk·jə·lə'] *n* vernacolo *m*

vernal equinox [ˌvɜːr·nəl·'i:k·wɪ·nɑːks] <-es> *n* equinozio *m* di primavera

versatile ['vɜːr·sə·təl] *adj* versatile

versatility [ˌvɜːr·sə·'tɪ·lə·ti] *n* versatilità *f*

verse [vɜːrs] *n* **1.** LIT verso *m* **2.** MUS strofa *f* **3.** REL versetto *m*

versed *adj* **to be** (**well**) **~ in sth** essere (molto) versato, -a in qc

versify ['vɜːr·sə·faɪ] <-ie-> **I.** *vi* verseggiare **II.** *vt* mettere in versi

version ['vɜːr·ʒən] *n* versione *f*

verso ['vɜːr·soʊ] *n form* verso *m*

versus ['vɜːr·səs] *prep* **1.**(*in comparison*) in contrapposizione a **2.** SPORTS, LAW contro

vertebra ['vɜːr·tə·brə] <-ae> *n* vertebra *f*

vertebral ['vɜːr·tə·brəl] *adj* vertebrale

vertebrate ['vɜːr·tə·brɪt] **I.** *n* vertebrato *m* **II.** *adj* vertebrato, -a

vertex ['vɜːr·teks] <-es *o* -tices> *n* vertice *m*

vertical ['vɜːr·tə·kəl] *adj* verticale; **~ drop** parete *f* verticale

vertiginous [və·'tɪ·dʒə·nəs] *adj form* vertiginoso, -a

vertigo ['vɜːr·tə·goʊ] *n* vertigini *fpl*

verve [vɜːrv] *n* verve *f inv*; **with ~** con verve

very ['ve·ri] **I.** *adv* **1.**(*extremely*) molto; **~ much** moltissimo; **not ~ much** non molto; **to feel ~ much at home** sentirsi come a casa; **I am ~, ~ sorry** sono dispiaciutissimo **2.**(*expression of emphasis*) **the ~ best** il migliore; **the ~ first** il primissimo; **at the ~ most** al massimo; **at the ~ least** come minimo; **the ~ next day** proprio il giorno dopo; **the ~ same** proprio lo stesso ▶ **~ well** molto bene; **it's all ~ fine ...**, **but ...** va benissimo ..., però ... **II.** *adj* **at the ~ bottom**

proprio in fondo; **the ~ fact** il fatto stesso; **the ~ man we need** proprio l'uomo che fa per noi

Very light *n* bengala *m inv*

Very pistol *n* pistola *f* lanciarazzi

vespers ['ves·pə·z] *npl* REL (*evensong*) vespro *m*

vessel ['ve·səl] *n* 1.(*any kind of boat*) imbarcazione *f* 2.(*container*) recipiente *m* 3. ANAT, BOT vaso *m*

vest[1] [vest] *n* panciotto *m;* **bullet-proof ~** giubbotto *m* antiproiettile

vest[2] [vest] *vt* **to ~ sb with sth** investire qu di qc; **to ~ sth in sb** conferire qc a qu; **to ~ one's hopes in sb/sth** riporre le proprie speranze in qu/qc; **~ed interests** interessi *mpl* acquisiti

vestibule ['ves·tə·bju:l] *n* vestibolo *m*

vestige ['ves·tɪdʒ] *n form* vestigio *m;* **a ~ of hope** un barlume *m* di speranza; **the last ~s of sth** le ultime vestigia di qc

vestments ['vest·mənts] *npl* paramenti *m* sacri *pl*

vestry ['ves·tri] <-ies> *n* sagrestia *f*

vet[1] [vet] *inf* I. *n* (*animal doctor*) veterinario, -a *m, f* II. *vt* <-tt-> 1.(*examine carefully*) esaminare 2.(*screen*) passare al vaglio

vet[2] [vet] *n a. fig, inf* MIL veterano, -a *m, f*

vetch [vetʃ] <-es> *n* veccia *f*

veteran ['ve·tə·ən] I. *n* 1. MIL reduce *mf* 2. *fig* veterano, -a *m, f* II. *adj* 1. MIL dei reduci 2. *fig* veterano, -a

Veterans Day *n* giornata *f* dei reduci e dei caduti

Il **Veterans Day**, l'11 novembre, fu originariamente istituito in memoria dell'armistizio del 1918 tra la Germania e gli Stati Uniti d'America. Oggi, con questo giorno festivo si vuole rendere onore a tutti i veterani delle guerre americane.

veterinarian [ˌve·tə·rɪ·'ne·ri·ən] *n* veterinario, -a *m, f*

veterinary ['ve·tə·rɪ·ne·ri] *adj* veterinario, -a; **~ surgeon** medico *m* veterinario

veto ['vi:·t̬oʊ] I. *n* <-es> veto *m;* **to have a ~ over sth** avere il diritto di veto su qc II. *vt* <vetoed> 1.(*exercise a veto against*) opporre il veto a 2.(*forbid*) proibire

vex [veks] *vt* 1.(*cause trouble for*) irritare 2.(*upset*) affliggere

vexation [vek·'seɪ·ʃən] *n* irritazione *f;* **to be a ~ to sb** essere un cruccio per qu

vexatious [vek·'seɪ·ʃəs] *adj* irritante

VHF [ˌvi:·eɪtʃ·'ef] *abbr of* **very high frequency** VHF

VI *n abbr of* **Virgin Islands** Isole *fpl* Vergini

via ['vaɪ·ə] *prep* per; **~ Denver** passando per Denver; **~ airmail** (per) via aerea

viability [ˌvaɪ·ə·'bɪ·lə·ti] *n* attuabilità *f*

viable ['vaɪ·ə·bl] *adj* attuabile

viaduct ['vaɪ·ə·dʌkt] *n* viadotto *m*

vial ['va·ɪəl] *n* fiala *f*

vibe [vaɪb] *n sl* atmosfera *f;* **good/bad ~s** buone/cattive vibrazioni

vibrant ['vaɪ·brənt] *adj* 1.(*lively*) vivace 2.(*resonant*) vibrante

vibrate ['vaɪ·breɪt] I. *vi* 1.(*shake*) vibrare; **to ~ with anger** fremere per l'ira 2.(*resonate*) risuonare II. *vt* fare vibrare

vibration [vaɪ·'breɪ·ʃən] *n* vibrazione *f*

vibrator ['vaɪ·breɪ·t̬ə] *n* TECH vibromassaggiatore *m;* (*for sexual stimulation*) vibratore *m*

vicar ['vɪ·kə] *n* REL pastore *m*

vicarage ['vɪ·kə·rɪdʒ] *n* canonica *f*

vicarious [vɪ·'ke·ri·əs] *adj* (*thrill*) indiretto, -a; (*authority*) delegato, -a

vice [vaɪs] *n* vizio *m;* **the ~ squad** la buoncostume *f inv*

vice chairman [ˌvaɪs·'tʃer·mən] <-men> *n* vicepresidente *m*

vice chancellor *n* UNIV vicerettore *m*

vice president *n* vicepresidente *m*

vice versa [ˌvaɪ·sə·'vɜ:r·sə] *adv* viceversa

vicinity [və·'sɪ·nə·ti] <-ies> *n* vicinanze *fpl;* **in the ~ of ...** nelle vicinanze di ...

vicious ['vɪ·ʃəs] *adj* 1.(*malicious*) malvagio, -a; (*gossip*) maligno, -a 2.(*cruel, violent: attack*) brutale 3.(*able to cause pain: dog*) cattivo, -a 4.(*extremely powerful: wind*) violento, -a

vicious circle *n* circolo *m* vizioso

vicissitudes [vɪ·'sɪ·sə·tu:dz] *n form pl* vicissitudini *fpl;* **the ~s of life** le alterne vicende della vita

victim ['vɪk·tɪm] *n* vittima *f;* **to be the ~ of sth** essere vittima di qc ► **to fall ~ to sb/sth** cadere vittima di qu/qc

victimize ['vɪk·tə·maɪz] *vt* perseguitare; **to be ~d by the media** essere perseguitato dalla stampa

victor ['vɪk·tə] *n* vincitore, -trice *m, f*

Victorian [vɪk·'tɔ:·ri·ən] I. *adj* vittoriano, -a II. *n* vittoriano, -a *m, f*

victorious [vɪk·'tɔ:·ri·əs] *adj* vittorioso, -a; **~ team** squadra *f* vincitrice; **to emerge ~** risultare vittorioso

victory ['vɪk·tə·ri] <-ies> *n* vittoria *f;* **to clinch a ~** (**over sb**) riportare una victoria (su qu); **to win a ~** (**in sth**) conseguire una vittoria (in qc)

victuals ['vɪ·t̬əlz] *n pl, a. iron* vettovaglie *fpl*

videlicet [vɪ·'de·lə·sɪt] *adv form* vale a dire

video ['vɪ·di·oʊ] I. *n* 1. video *m inv;* **to come out on ~** uscire in video 2.(*tape*) videocassetta *f;* **blank ~** videocassetta vergine II. *vt* registrare

video camera *n* videocamera *f*

videocassette *n* videocassetta *f*

videoconference *n* videoconferenza *f*

video game *n* videogioco *m*

videophone *n* videotelefono *m*

video recorder *n* videoregistratore *m*

video surveillance *n* videosorveglianza *f*

videotape I. *n* videocassetta *f* II. *vt* registrare

vie [vaɪ] <vying> *vi* **to ~** (**with sb**) **for sth** competere (con qu) per qc

Vienna [vi·'e·nə] *n* Vienna *f*

V

Viennese [ˌviː·ə·ˈniːz] **I.** *n inv* viennese *mf*
II. *adj* viennese
Vietcong [ˌviː·et·ˈkaːŋ] *n inv* Vietcong *m inv*
Vietnam [ˌviː·et·ˈnɑːm] *n* Vietnam *m*
Vietnamese [vi·ˌet·nə·ˈmiːz] **I.** *adj* vietnamita
II. *n* **1.** (*person*) vietnamita *mf* **2.** LING vietnamita *m*
view [vjuː] **I.** *n* **1.** (*opinion*) parere *m,* opinione *f;* **point of ~** punto *m* di vista;
exchange of ~s scambio *m* di opinioni; **conflicting ~s** pareri *mpl* contrastanti; **to
express a ~** esprimere un parere; **to hold
strong ~s about sth** credere fermamente in
qc; **to share a ~** condividere un'opinione; **in
her ~ ...** a suo modo di vedere ... **2.** (*sight*)
vista *f;* **panoramic ~** vista panoramica; **to
block sb's ~** impedire la visuale a qu; **to
come into ~** apparire; **to disappear from ~**
sparire; **to keep sb/sth in ~** non perdere di
vista qu/qc **3.** (*picture*) veduta *f* ▸ **to take a
dim ~ of sth** non vedere di buon occhio qc; **to
have sth in ~** avere in mente qc; **in ~ of sth**
considerato qc; **in ~ of what you've said ...**
considerato quello che hai detto ...; **to be
on ~** essere in mostra; **to be on ~ to the public** essere esposto al pubblico; **with a ~ to
doing sth** con l'intenzione di fare qc; **with
this in ~** a questo scopo **II.** *vt* **1.** (*consider*)
considerare; **to ~ sth from a different angle**
considerare qc da un altro punto di vista; **to ~
sth with suspicion** guardare qc con sospetto
2. (*watch*) guardare **3.** (*take a look at*) vedere
viewer *n* **1.** (*person*) spettatore, -trice *m, f*
2. (*device*) visore *m* **3.** COMPUT visualizzatore *m*
viewfinder [ˈvjuː·ˌfaɪn·dɚ] *n* mirino *m*
viewing *n* **private ~** (*of exhibition*) vernissage *m inv;* (*of film*) proiezione *f* privata
viewpoint [ˈvjuː·pɔɪnt] *n* **1.** (*point of view*)
punto *m* di vista **2.** (*vista point*) belvedere *m
inv*
vigil [ˈvɪ·dʒəl] *n* veglia *f;* **to keep ~** vegliare; **to
hold a ~** organizzare una veglia (di protesta)
vigilance [ˈvɪ·dʒɪ·ləns] *n* vigilanza *f;* **to
relax ~** abbassare la guardia
vigilant [ˈvɪ·dʒɪ·lənt] *adj* vigile
vignette [vɪ·ˈnjet] *n* vignetta *f*
vigor [ˈvɪ·ɡɚ] *n* vigore *m*
vigorous [ˈvɪ·ɡə·rəs] *adj* **1.** (*energetic*) energico, -a **2.** (*healthy*) vigoroso, -a
vile [vaɪl] *adj* **1.** (*disgusting, shameful*) ignobile **2.** *inf* (*very bad*) schifoso, -a; **~ mood** pessimo umore; **to be ~ to sb** comportarsi malissimo nei confronti di qu; **to smell ~** puzzare
vilify [ˈvɪ·lə·faɪ] <-ie-> *vt form* diffamare
village [ˈvɪ·lɪdʒ] **I.** *n* **1.** (*small settlement*)
paese *m* **2.** + *pl/sing vb* (*populace*) paese *m*
II. *adj* del paese
village idiot *n* scemo *m* del villaggio
villager [ˈvɪ·lə·dʒɚ] *n* paesano, -a *m, f*
villain [ˈvɪ·lən] *n* **1.** (*evil person*) mascalzone *m;* **small-time ~** delinquente *mf* di
mezza tacca **2.** (*in book, film*) cattivo *m;* **to**

cast sb as a ~ affidare a qu il ruolo del cattivo
▸ **the ~ of the piece** *inf* il cattivo della situazione
villainous [ˈvɪ·lə·nəs] *adj* infame
villainy [ˈvɪ·lə·ni] *n* scelleratezza *f*
vim [vɪm] *n* energia *f*
VIN *n abbr of* **vehicle identification number**
numero *m* (identificativo) di telaio
vinaigrette [ˌvɪ·nə·ˈɡret] *n* vinaigrette *f inv*
vindicate [ˈvɪn·də·keɪt] *vt* **1.** (*justify*) giustificare **2.** (*support*) dare ragione a **3.** (*clear of
blame, suspicion*) scagionare
vindication [ˌvɪn·də·ˈkeɪ·ʃən] *n* **1.** (*justification*) giustificazione *f* **2.** (*act of clearing
blame*) scagionamento *m*
vindictive [vɪn·ˈdɪk·tɪv] *adj* vendicativo, -a
vine [vaɪn] *n* **1.** (*grape plant*) vite *f* **2.** (*climbing type*) rampicante *m*
vinegar [ˈvɪ·nə·ɡɚ] *n* aceto *m*
vineyard [ˈvɪn·jɚd] *n* vigneto *m,* vigna *f*
vintage [ˈvɪn·tɪdʒ] **I.** *n* (*harvest*) vendemmia *f;*
(*year*) annata *f* **II.** *adj* **1.** COMPUT d'annata
2. (*classic*) classico, -a; **~ music of the sixties**
classici *mpl* della musica anni Sessanta **3.** AUTO
d'epoca
vintner [ˈvɪnt·nɚ] *n* vinaio, -a *m, f*
vinyl [ˈvaɪ·nəl] **I.** *n* vinile *m* **II.** *adj* di vinile
viola[1] [vi·ˈoʊ·lə] *n* MUS viola *f*
viola[2] [ˈviː·ə·lə] *n* BOT viola *f*
violate [ˈvaɪ·ə·leɪt] *vt* **1.** (*law*) violare; **to ~ a
cease-fire agreement** violare un cessate il
fuoco **2.** (*tomb*) profanare; **to ~ sb's privacy**
violare la privacy di qu
violation [ˌvaɪ·ə·ˈleɪ·ʃən] *n* violazione *f;* **traffic ~** violazione del codice stradale
violence [ˈvaɪ·ə·lənts] *n* violenza *f*
violent [ˈvaɪ·ə·lənt] *adj* violento, -a
violet [ˈvaɪ·ə·lɪt] **I.** *n* **1.** BOT violetta *f* **2.** (*color*)
violetto *m* **II.** *adj* violetto, -a
violin [ˌvaɪ·ə·ˈlɪn] *n* MUS violino *m*
violinist [vaɪ·ə·ˈlɪ·nɪst] *n* MUS violinista *mf*
violoncellist [ˌviː·ə·lɑːn·ˈtʃe·lɪst] *n* MUS violoncellista *mf*
violoncello [ˌviː·ə·lɑːn·ˈtʃe·loʊ] *n* violoncello *m*
VIP [ˌviː·aɪ·ˈpiː] *s.* **very important person** VIP
viper [ˈvaɪ·pɚ] *n a. fig* vipera *f*
virgin [ˈvɜːr·dʒɪn] *n* vergine *f;* **the Blessed
Virgin** la Beata Vergine
virginal [ˈvɜːr·dʒɪ·nəl] *n* verginale
virgin forest *n* foresta *f* vergine
Virginia [vɚ·ˈdʒɪ·njə] *n* Virginia *f*
Virgin Islands *n* Isole *fpl* Vergini
virginity [vɚ·ˈdʒɪ·nə·ti] *n* verginità *f;* **to lose
one's ~** perdere la verginità
Virgo [ˈvɜːr·ɡoʊ] *n* Vergine *f*
virile [ˈvɪ·rəl] *adj* virile
virility [və·ˈrɪ·lə·ti] *n* **1.** (*sexual vigor*) virilità *f*
2. (*forcefulness*) forza *f*
virology [vaɪ·ˈrɑː·lə·dʒi] *n* virologia *f*
virtual [ˈvɜːr·tʃu·əl] *adj* virtuale; **to be a ~
unknown** essere praticamente sconosciuto; **a
~ certainty** praticamente una certezza

V

virtually *adv* praticamente
virtual reality *n* realtà *f* virtuale
virtue ['vɜːr·tʃuː] *n* **1.** (*good moral quality*) virtù *f* **2.** (*advantage, benefit*) vantaggio *m* ▶ **to make a ~ of necessity** fare di necessità virtù; **by ~ of** *form* in virtù di
virtuosity [ˌvɜːr·tʃu·'ɑː·sə·ti] *n form* virtuosismo *m*
virtuoso [ˌvɜːr·tʃu·'ou·sou] <-s *o* -osi> I. *n* virtuoso, -a *m, f* II. *adj* virtuosistico, -a
virtuous ['vɜːr·tʃu·əs] *adj* virtuoso, -a
virulence ['vɪr·jə·ləns] *n* virulenza *f*
virulent ['vɪr·jə·lənt] *adj* **1.** MED virulento, -a **2.** *form* (*hateful and fierce*) violento, -a
virus ['vaɪ·ə·rəs] <-es> *n* COMPUT, MED virus *m inv*
visa ['viː·zə] I. *n* visto *m* II. *adj* del visto
vis-à-vis [ˌviː·zə·'viː] *prep* riguardo a; (*compared to*) in confronto a
viscera ['vɪ·sə·rə] *npl* viscere *fpl*
viscose ['vɪs·kous] *n* viscosa *f*
viscosity [vɪ·'skɑː·sə·ti] *n* viscosità *f*
viscount ['vaɪ·kaunt] *n* visconte *m*
viscountess ['vaɪ·kaun·t̬ɪs] *n* viscontessa *f*
viscous ['vɪs·kəs] *adj* viscoso, -a
vise [vaɪs] *n* morsa *f*
visibility [ˌvɪ·zə·'bɪ·lə·ti] *n* visibilità *f*; **poor ~** scarsa visibilità
visible ['vɪ·zə·bl] *adj* visibile; **to be barely ~** essere appena visibile
vision ['vɪ·ʒən] *n* **1.** (*sight*) vista *f*; **blurred ~** vista offuscata **2.** *a.* REL (*mental image*) visione *f* **3.** *fig* (*beautiful sight*) apparizione *f*
visionary ['vɪ·ʒə·ne·ri] I. *n* visionario, -a *m, f* II. *adj* visionario, -a
visit ['vɪ·zɪt] I. *n* visita *f*; **to have a ~ from sb** ricevere una visita da qu; **to pay a ~ to sb** andare a trovare qu II. *vt* visitare III. *vi* fare una visita
visitation [ˌvɪ·zə·'teɪ·ʃən] *n* **1.** (*act of visiting*) visita *f* **2.** *iron* (*official visit*) visita *f* ufficiale **3.** (*parent's right*) diritto *m* di visita **4.** REL apparizione *f*
visiting hours *npl* orario *m* delle visite
visiting professor *n* visiting professor *m inv*, professore , professoressa *m, f* ospite *inv*
visitor ['vɪ·zɪ·t̬ə] *n* visitatore, -trice *m, f*; **we've got ~s** abbiamo visite; **~s' book** registro *m* dei visitatori
visor ['vaɪ·zə] *n* visiera *f*
vista ['vɪs·tə] *n* **1.** (*splendid view*) vista *f* **2.** *fig* prospettiva *f*; **to open up a ~** aprire una prospettiva
visual ['vɪ·ʒuəl] *adj* visivo, -a; **~ memory** memoria *f* visiva; **~ aid** supporto *m* visivo
visualize ['vɪ·ʒu·ə·laɪz] *vt* immaginare
vital ['vaɪ·t̬əl] *adj* vitale; **~ ingredient** ingrediente *m* essenziale; **~ organs** organi *mpl* vitali; **~ part** parte *f* cruciale; **~ statistics** statistiche *fpl* demografiche; **it is ~ to do ...** è essenziale fare ...
vitality [vaɪ·'tæ·lə·ti] *n* vitalità *f*
vitalize ['vaɪ·t̬ə·laɪz] *vt* rivitalizzare

vitamin ['vaɪ·t̬ə·mɪn] *n* vitamina *f*
vitamin deficiency *n* avitaminosi *f inv*
vitreous ['vɪ·tri·əs] *adj* **1.** (*china, enamel*) vetrificato, -a; (*rock*) vetroso, -a **2.** ANAT vitreo, -a
vitrify ['vɪ·trə·faɪ] <-ie-> I. *vt* vetrificare II. *vi* vetrificarsi
vitriol ['vɪ·tri·əl] *n* vetriolo *m*
vitriolic [ˌvɪ·tri·'ɑː·lɪk] *adj* al vetriolo
vituperate [vaɪ·'tuː·pə·reɪt] *form* I. *vt* ingiuriare II. *vi* ingiuriare
vituperation [vaɪ·ˌtuː·pə·reɪ·ʃən] *n form* vituperio *m*
vivacious [vɪ·'veɪ·ʃəs] *adj* vivace
vivacity [vɪ·'væ·sə·ti] *n* vivacità *f*
vivarium [vaɪ·'ve·ri·əm] <-s *o* vivaria> *n* vivaio *m*
viva voce [ˌvaɪ·və·'vou·si] I. *n* esame *m* orale II. *adj* orale III. *adv* a voce
vivid ['vɪ·vɪd] *adj* vivido, -a; **~ imagination** fervida immaginazione
viviparous [vaɪ·'vɪ·pə·rəs] *adj* viviparo, -a
vivisect ['vɪ·və·sekt] *vt* vivisezionare
vivisection [ˌvɪ·və·'sek·ʃən] *n* vivisezione *f*
vixen ['vɪk·sən] *n* **1.** ZOOL volpe *f* femmina **2.** *pej* (*woman*) arpia *f*
viz. [vɪz] *adv abbr of* **videlicet** (**namely**) vale a dire
V-J Day *abbr of* **Victory over Japan Day** V-J Day (*15 agosto, giorno della vittoria in Giappone; la resa del Giappone durante la II guerra mondiale*)
vocabulary [vou·'kæb·jə·le·ri] *n* vocabolario *m*; **limited ~** vocabolario limitato; **to widen one's ~** ampliare il proprio vocabolario; **the word 'politeness' isn't in his ~** *iron* la parola 'cortesia' non fa parte del suo vocabolario
vocal ['vou·kəl] I. *adj* **1.** (*of the voice*) vocale; **~ music** musica *f* vocale **2.** (*outspoken*) veemente; **a ~ minority** una minoranza che si fa sentire; **to be ~** (**about sth**) non aver peli sulla lingua (a proposito di qc) II. *n* voce *f*; **lead ~** voce solista; **to be on ~s** cantare
vocal cords *n pl* corde *fpl* vocali
vocalist ['vou·kə·lɪst] *n* cantante *mf*
vocalize ['vou·kə·laɪz] I. *vi* fare vocalizzi II. *vt* vocalizzare
vocation [vou·'keɪ·ʃən] *n* vocazione *f*; **to miss one's ~** sbagliare mestiere
vocational [vou·'keɪ·ʃə·nəl] *adj* professionale; **~ counseling** orientamento *m* professionale; **~ training** formazione *f* professionale
vociferate [vou·'sɪ·fə·reɪt] I. *vi* urlare II. *vt* urlare
vociferation [vou·ˌsɪ·fə·'reɪ·ʃən] *n form* clamore *m*
vociferous [vou·'sɪ·fə·rəs] *adj* veemente
vogue [voug] *n* voga *f* ▶ **in ~** in voga; **to be back in ~** essere di nuovo in voga; **no longer in ~** non più in voga
voice [vɔɪs] I. *n* voce *f*; **in a loud ~** a voce alta; **to raise/lower one's ~** alzare/abbassare la

V

voce; **to lose one's** ~ perdere la voce; **to listen to the** ~ **of reason** ascoltare la voce della ragione; **to make one's** ~ **heard** farsi sentire; **with one** ~ all'unisono; **to give** ~ **to sth** esprimere qc; **the** ~ **within sb** la voce della coscienza (di qu) **II.** *vt* esprimere

voice box <-es> *n inf* laringe *f*

voiced *adj* sonoro, -a

voiceless ['vɔɪs·ləs] *adj* **1.** LING sordo, -a **2.** *liter* muto, -a

voice-over *n* TV, CINE voce *f* fuoricampo

void [vɔɪd] **I.** *n a. fig* vuoto *m;* **to fill the** ~ colmare il vuoto **II.** *adj* nullo, -a; ~ **contract** contratto nullo; **to be** ~ **of sth** mancare di qc **III.** *vt* annullare

voIP [vɔɪp] INET *abbr of* **Voice over Internet Protocol I.** *vi* parlare con VoIP **II.** *vt* chiamare via VoIP

vol. *abbr of* **volume** vol.

volatile ['vɑː·lə·təl] *adj* **1.** CHEM, COMPUT volatile **2.** *(situation)* instabile; *(person)* volubile

volcanic [vɑːl·ˈkæ·nɪk] *adj* vulcanico, -a

volcano [vɑːl·ˈkeɪ·noʊ] <-(e)s> *n* vulcano *m*

vole [voʊl] *n* arvicola *f* dei campi

volition [voʊ·ˈlɪ·ʃən] *n form* volontà *f;* **to do sth** **(out) of one's own** ~ fare qc di spontanea volontà

volley ['vɑː·li] **I.** *n* **1.** *(salvo)* salva *f* **2.** *(onslaught)* raffica *f;* **a** ~ **of enquiries/ insults** una raffica di domande/insulti **3.** SPORTS volée *f inv* **II.** *vi* fare una volée **III.** *vt* **to** ~ **a ball** colpire la palla

volleyball ['vɑː·li·bɔːl] *n* pallavolo *f*

volt [voʊlt] *n* volt *m inv*

voltage ['voʊl·tɪdʒ] *n* tensione *f,* voltaggio *m*

voltage detector *n* ELEC rivelatore *m* di tensione

voltage drop *n* ELEC caduta *f* di tensione

volte-face [ˌvɑːlt·ˈfɑːs] *n* voltafaccia *m inv*

voluble ['vɑː·lə·bl] *adj form* loquace

volume ['vɑː·lju:m] *n* *(all senses)* volume *m;* ~ **of sales** COM volume delle vendite; **to turn the** ~ **up/down** alzare/abbassare il volume ▶ **to** <u>speak</u> ~**s for sth** dirla lunga su qc

volume control, volume regulator *n* (controllo *m* del) volume

volume discount *n* sconto *m* a volume

voluminous [və·ˈlu:·mə·nəs] *adj form* **1.** *(extensive)* dettagliato, -a **2.** *(very large)* voluminoso, -a

voluntary ['vɑː·lən·te·ri] *adj* volontario, -a

volunteer [ˌvɑː·lən·ˈtɪr] **I.** *n* volontario, -a *m, f* **II.** *vt* **to** ~ **oneself for sth** offrirsi volontario per qc; **to** ~ **information** dare informazioni spontaneamente **III.** *vi* offrirsi volontario **IV.** *adj* volontario, -a

voluptuous [və·ˈlʌp·tʃu·əs] *adj* **1.** *(sexually appealing)* sensuale **2.** *(epicurean)* voluttuoso, -a

volute [və·ˈlu:t] *n* ARCHIT voluta *f*

vomit ['vɑː·mɪt] **I.** *vi* vomitare; **it makes me**

want to ~ *a. fig* mi fa vomitare **II.** *vt* vomitare **III.** *n* vomito *m*

voodoo ['vu:·du:] *n* vudù *m inv*

voracious [vɔː·ˈreɪ·ʃəs] *adj* vorace

voracity [vɔː·ˈræ·sə·ti] *n* voracità *f*

vortex ['vɔːr·teks] <-es *o* vortices> *n* vortice *m;* ~ **of emotion** turbine *m* di emozioni

vote [voʊt] **I.** *vi* **1.** *(elect)* votare; **to** ~ **for/ against sb/sth** votare per/contro qu/qc **2.** *(formally decide)* **to** ~ **on sth** mettere qc ai voti **II.** *vt* **1.** *(elect)* eleggere (per votazione) **2.** *(propose)* **to** ~ **that** ... proporre che ... +*conj* **3.** *(declare)* considerare **III.** *n* **1.** *(formally made choice)* voto *m* **2.** *(election)* votazione *f;* **to put sth to the** ~ mettere qc ai voti **3.** *(right to elect)* **to have the** ~ avere diritto di voto

◆ **vote down** *vt* respingere (per votazione)

◆ **vote in** *vt* eleggere (per votazione)

◆ **vote on** *vt* approvare (per votazione)

◆ **vote out** *vt* **to vote sb out (of sth)** non rieleggere qu (a qc)

voter *n* votante *mf*

voter's registration (card) *n* certificato *m* elettorale

voting I. *adj* di voto **II.** *n* votazione *f,* voto *m*

voting booth <-es> *n* cabina *f* elettorale

voting day *n* giorno *m* delle votazioni

voting machine *n* macchina *f* contavoti

vouch [vaʊtʃ] **I.** *vi* **to** ~ **for sth/sb** rispondere di qc/qu **II.** *vt* **to** ~ **that** ... garantire che ...

voucher ['vaʊ·tʃə] *n* **1.** *(coupon)* buono *m,* coupon *m inv* **2.** *(receipt)* tagliando *m*

vouchsafe [ˌvaʊtʃ·ˈseɪf] *vt form* **to** ~ **(sb) sth** concedere qc (a qu); **to** ~ **to do sth** assicurare di fare qc

vow [vaʊ] **I.** *vt* giurare; **to** ~ **chastity** fare voto di castità **II.** *n* **to take the** ~**s** prendere i voti

vowel ['vaʊ·əl] *n* vocale *f*

voyage ['vɔɪ·ɪdʒ] **I.** *n* viaggio (per mare) *m* **II.** *vi* viaggiare; **to** ~ **to distant lands** viaggiare verso terre lontane

voyager ['vɔɪ·ɪd·ʒə] *n* viaggiatore, -trice *m, f*

voyeur [vɔɪ·ˈjɜːr] *n* guardone, -a *m, f,* voyeur *mf inv*

VT *n abbr of* **Vermont** VT

VTOL ['vi:·tɑːl] AVIAT *abbr of* **vertical take-off and landing** VTOL

vulcanite ['vʌl·kə·naɪt] *n* gomma *f* vulcanizzata

vulcanization [ˌvʌl·kə·naɪ·ˈzeɪ·ʃən] *n* vulcanizzazione *f*

vulcanize ['vʌl·kə·naɪz] *vt* vulcanizzare

vulgar ['vʌl·gə] *adj* volgare

vulgarity [vʌl·ˈge·rə·ti] *n* volgarità *f*

vulgarize ['vʌl·gə·raɪz] *vt* volgarizzare

vulnerable ['vʌl·nə·ə·bl] *adj* vulnerabile

vulture ['vʌl·tʃə] *n a. fig* avvoltoio *m*

vulva ['vʌl·və] <-s *o* -e> *n* vulva *f*

vying ['vaɪ·ɪŋ] *pres p of* **vie**

Ww

W, w ['dʌbl·juː] *n* W, w *f;* **~ as in William** W come Washington
W *n* **1.** *abbr of* **watt** W **2.** *abbr of* **west** O
WA *n abbr of* **Washington** Washington *f*
wack *adj sl* penoso, -a
wacko ['wæ·koʊ] *n sl* tipo *m* strambo
wacky ['wæ·ki] <-ier, -iest> *adj sl* strambo, -a
wad [wɑːd] *n* (*of banknotes*) mazzetta *f;* (*of cotton*) batuffolo *m;* (*of chewing tobacco*) cicca *f;* (*of forms*) plico *m*
wadding ['wɑː·dɪŋ] *n* materiale *m* per imbottitura
waddle ['wɑː·dl] I. *vi* camminare dondolando II. *n* andatura *f* dondolante
wade [weɪd] I. *vi* avanzare a fatica nell'acqua; **to ~ across** guadare; **to ~ into sth** addentrarsi in qc; **to ~ into sb** prendersela con qu; **to ~ through a book** leggere un libro con difficoltà II. *vt* guadare
wader ['weɪ·dɚ] *n* **1.** (*bird*) trampoliere *m* **2.** *pl* (*boots*) stivali *mpl* da pescatore
wafer ['weɪ·fɚ] *n* **1.** (*biscuit*) cialda *f* **2.** REL ostia *f*
wafer-thin [ˌweɪ·fɚ·'θɪn] *adj* sottile come un'ostia
waffle[1] ['wɑː·fl] *n* FOOD cialda *f*
waffle[2] ['wɑː·fl] *inf* I. *vi* (*to talk*) **to ~ (on)** blaterare II. *n* sproloquio *m*
waffle iron *n* stampo *m* per cialde
waft [wɑːft] *liter* I. *vi* (*scent, sound*) diffondersi; **a delicious smell ~ed in from the kitchen** un bel profumino arrivò dalla cucina II. *vt* portare
wag[1] [wæg] I. <-gg-> *vt* agitare; **the dog ~ged its tail** il cane scodinzolò; **to ~ one's finger at sb/sth** minacciare qu con il dito II. <-gg-> *vi* agitarsi III. *n* scodinzolamento *m*
wag[2] [wæg] *n inf* burlone, -a *m, f*
wage [weɪdʒ] I. *vt* (*war*) fare; **to ~ war against sth/sb** fare la guerra contro qc/qu; **to ~ a campaign for/against sth** intraprendere una campagna a favore di/contro qc II. *n* salario *m;* **living ~** salario sufficiente per vivere; **minimum ~** minimo *m* salariale; **real ~s** salario effettivo; **to earn a ~** percepire un salario; **to get a good ~** essere pagato bene
wage dumping *n* dumping *m* salariale
wage earner *n* salariato, -a *m, f*
wage freeze *n* blocco *m* dei salari
wage increase *n* aumento *m* salariale
wager ['weɪ·dʒɚ] I. *n* scommessa *f;* **to place a ~** fare una scommessa II. *vt* scommettere; **to ~ one's reputation/life** giocarsi la reputazione/vita
wage scale *n* scala *f* dei salari
wageworker *n* salariato, -a *m, f*
waggish ['wæ·ɡɪʃ] *adj inf* burlone, -a
waggle ['wæ·ɡl] I. *vt* muovere II. *vi* muoversi
waggly ['wæɡ·li] <-ier, -iest> *adj* traballante

wagon ['wæ·ɡən] *n* **1.** (*horse-drawn*) carro *m* **2.** (*truck*) camion *m inv* ▸ **to be on the ~** *inf* non bere alcol; **to fall off the ~** *inf* riprendere a bere; **to go on the ~** *inf* smettere di bere
waif [weɪf] *n liter* **1.** (*child*) trovatello, -a *m, f* **2.** (*animal*) animale *m* abbandonato
wail [weɪl] I. *vi* gemere; (*wind, siren*) ululare II. *vt* gemere III. *n* gemito *m*
wailing *n* gemiti *mpl*
Wailing Wall *n* Muro *m* del Pianto
waist [weɪst] *n* vita *f*
waistband ['weɪst·bænd] *n* cintura *f*
waist-deep [ˌweɪst·'diːp] *adj* fino alla cintura
waistline ['weɪst·laɪn] *n* giro di vita *m inv;* **to watch one's ~** stare attento alla linea
wait [weɪt] I. *vi* aspettare; **to ~ for sth/sb** aspettare qc/qu; **to keep sb ~ing** far aspettare qu; **he cannot ~ to see her** non vede l'ora di vederla; **~ and see** aspetta e vedrai; (**just**) **you ~!** stai a vedere! II. *vt* aspettare; **to ~ one's turn** aspettare il proprio turno III. *n* attesa *f;* **to lie in ~** essere in agguato
◆ **wait about** *vi*, **wait around** *vi* **to ~ for sth** stare in attesa di qc
◆ **wait behind** *vi* trattenersi
◆ **wait on** *vt* **1.** (*serve*) servire **2.** *form* (*expect*) **to ~ sth** aspettare qc
◆ **wait up** *vi* **to ~ for sb** aspettare qu alzato
waiter ['weɪ·ţɚ] *n* cameriere *m*
waiting *n* **the ~** l'attesa
waiting game *n* **to play the ~** temporeggiare
waiting list *n* lista *f* d'attesa
waiting room *n* sala *f* d'attesa
waitress ['weɪ·trɪs] *n* cameriera *f*
waive [weɪv] *vt form* (*right*) rinunciare a; (*rule*) non applicare; (*charge*) eliminare
waiver ['weɪ·vɚ] *n* deroga *f*
wake[1] [weɪk] *n* NAUT scia *f;* **in the ~ of sth** in seguito a qc
wake[2] [weɪk] *n* veglia *f* funebre
wake[3] [weɪk] <woke *o* waked, woken *o* waked> I. *vi* svegliarsi II. *vt* svegliare
◆ **wake up** I. *vi* svegliarsi II. *vt* svegliare
wakeful ['weɪk·fəl] *adj form* **1.** (*sleepless*) sveglio, -a; **~ night** notte *f* in bianco **2.** (*vigilant, alert*) attento, -a; **to feel ~** sentirsi lucido
waken ['weɪ·kən] *vt form* svegliare
Wales ['weɪlz] *n* Galles *m;* **North/South ~** Galles del Nord/Sud; **New South ~** Nuovo Galles del Sud
walk [wɑːk] I. *n* **1.** (*stroll*) passeggiata *f;* **to take a ~** fare una passeggiata; **to take sb out for a ~** portare qu a fare una passeggiata; **it's a five minute ~** sono cinque minuti a piedi; **to do sth in a ~** fare qc; **they won in a ~** hanno vinto senza problemi **2.** (*gait*) andatura *f* **3.** (*walking pace*) passo *m* ▸ **~ of life people from all** (**different**) **~s of life** gente di ogni tipo II. *vt* **1.** (*go on foot*) camminare per; (*dis-*

W

tance) percorrere a piedi **2.** (*accompany*) **to ~ sb home** accompagnare qu a casa **3.** (*take for a walk*) **to ~ the dog** portare a spasso il cane **III.** *vi* (*go on foot*) andare a piedi, camminare; (*stroll*) passeggiare ▶ **to ~ on air** camminare a un metro da terra

> È a Hollywood, la capitale mondiale del cinema, che si trova il celebre **Walk of Fame**, marciapiede sul quale numerose celebrità del mondo dello spettacolo sono immortalate con una stella.

◆ **walk àbout** *vi*, **walk around** *vi* andare a spasso
◆ **walk away** *vi form* andarsene; **to ~ from sb** lasciare qu; **to ~ from sth** abbandonare qc; **to ~ from an accident without a scratch** uscire illeso da un incidente
◆ **walk back** *vi* tornare a piedi
◆ **walk in** *vi* entrare
◆ **walk in on** *vt* **to ~ sb** (**doing sth**) entrare e sorprendere qu (a fare qc)
◆ **walk off** **I.** *vt* **to ~ the meal** smaltire un pasto facendo una passeggiata **II.** *vi* andarsene
◆ **walk on** *vi* continuare a camminare
◆ **walk out** *vi* **1.** (*leave*) andarsene **2.** (*go on strike*) scioperare
◆ **walk out on** *vt inf* **to ~ sb** piantare qu
◆ **walk over** *vt* (*rights*) calpestare; **to walk (all) over sb** mettere i piedi in testa a qu
◆ **walk through** *vt insep* (*part*) aiutare con
◆ **walk up** **I.** *vi* **1.** (*go up*) salire **2.** (*approach*) **to ~ to sb** avvicinarsi a qu **II.** *vt* **to ~ sth** salire qc

walkaway ['wɑːk·ə·weɪ] *n* passeggiata *f;* **to win in a ~** vincere senza problemi
walker ['wɑː·kə˞] *n* **1.** (*stroller*) persona *f* che ama passeggiare **2.** SPORTS podista *mf* **3.** (*sb whose hobby is walking*) escursionista *mf*
walkie-talkie [ˌwɑː·ki·'tɑː·ki] *n* walkie-talkie *m inv*
walk-in ['wɑːk·ɪn] *adj* **1.** (*big*) **~ closet** cabina *f* armadio **2.** (*on street*) **~ apartment** con ingresso sulla strada
walking **I.** *n* passeggio *m;* SPORTS marcia *f;* **to do a lot of ~** camminare molto **II.** *adj* **1.** **it is within ~ distance** ci si può andare a piedi **2.** (*human*) ambulante; **to be a ~ encyclopedia** essere una enciclopedia ambulante
walking papers *npl inf* **to give sb his/her ~** dare a qu il benservito
walking stick *n* bastone *m* (da passeggio)
walking wounded *npl* feriti *mpl* in grado di camminare
Walkman® ['wɑːk·mən] <-s> *n* walkman® *m inv*
walk-on ['wɑː·kɑːn] **I.** *adj* **~ part** THEAT, CINE ruolo *m* di figurante **II.** *n* THEAT, CINE figurante *m*
walkout ['wɑːk·aʊt] *n* abbandono *m;* (*strike*)

sciopero *m;* **to stage a ~** andarsene in segno di protesta
walkover ['wɑːk·ˌoʊ·və˞] *n inf* **it was a ~** è stata una passeggiata
walkthrough ['wɑːk·ˌθruː] *n* collaudo *m*
walkway ['wɑːk·weɪ] *n* passerella *f*
wall [wɔːl] **I.** *n* muro *m;* (*in the interior*) *a.* ANAT parete *f;* (*enclosing town*) muraglia *f;* **the city ~s** le mura della città; **the Great Wall of China** la Grande Muraglia cinese; **artery ~** parete arteriosa; **a ~ of silence** un muro di silenzio; **a ~ of water** un muro d'acqua ▶ **to have one's** back **to** [*o* up against] **the ~** trovarsi con le spalle al muro; **to** drive **sb up the ~** *inf* far infuriare qu; **to** hit **a brick ~** trovarsi davanti un muro; **to be off the wall** *sl* essere strambo; **the** writing [*o* handwriting] **is on the ~** ci sono segnali d'allarme **II.** *vt* (*garden*) recintare con un muro; (*town*) cintare di mura
◆ **wall in** *vt* **1.** (*garden*) recintare con un muro; (*town*) cintare di mura **2.** *fig* circondare
◆ **wall off** *vt* separare con un muro; **to wall oneself off** *fig* chiudersi in se stesso
◆ **wall up** *vt* murare
wall chart *n* cartellone *m*
wallet ['wɑː·lɪt] *n* portafoglio *m*
wallflower ['wɔːl·ˌflɑ·ʊə˞] *n* **1.** BOT violacciocca *f* **2.** *fig* **to be a ~** fare da tappezzeria
wall hanging *n* arazzo *m*
Walloon [wɑː·'luːn] **I.** *adj* vallone, -a **II.** *n* **1.** (*person*) vallone, -a *m, f* **2.** LING vallone *m*
wallop ['wɑː·ləp] **I.** *vt inf* **1.** (*hit hard*) dare un colpo a **2.** (*defeat*) stracciare **II.** *n inf* (*hit*) colpo *m;* **to give sb a ~** menare qu
walloping **I.** *adj inf* **1.** (*very big*) enorme **2.** (*very good*) stupendo, -a **II.** *n inf* **to give sb a ~** menare qu
wallow ['wɑː·loʊ] **I.** *n* rotolamento *m* **II.** *vi* **1.** (*lie in earth*) rotolarsi **2.** (*remain in negative state*) **to ~ in self-pity** autocommiserarsi **3.** (*revel*) crogiolarsi; **to ~ in wealth** nuotare nell'oro
wallpaper ['wɔːl·ˌpeɪ·pə˞] **I.** *n* carta *f* da parati; **a roll of ~** un rotolo di carta da parati; **to hang ~** mettere la carta da parati **II.** *vt* mettere la carta da parati in/su
Wall Street *n* **1.** (*street*) Wall Street *f* **2.** *fig* mondo *m* della Borsa (americana)
wall-to-wall ['wɔːl·tə·'wɔːl] *adj* **~ carpeting** moquette *f*
walnut ['wɔːl·nʌt] *n* **1.** (*nut*) noce *f* **2.** (*tree*) noce *m*
walrus ['wɔːl·rəs] <walruses *o* walrus> *n* tricheco *m*
waltz [wɔːlts] <-es> **I.** *n* valzer *m inv* **II.** *vi* **1.** (*dance*) ballare il valzer **2.** *inf* (*walk confidently*) camminare disinvoltamente **III.** *vt* **to ~ sb** far ballare il valzer a qu
◆ **waltz about** *vi*, **waltz around** *vi* fare un giro di valzer
◆ **waltz in** *vi inf* entrare come se niente fosse
◆ **waltz off** *vi inf* **to ~ with sth** fregare qc

W

◆**waltz out** *vi inf* uscire come se niente fosse

wan [wɑːn] <-nn> *adj liter* smunto, -a

wand [wɑːnd] *n* (*conjuror's stick*) bacchetta *f* magica; **to wave one's magic** ~ agitare la bacchetta magica

wander ['wɑːn·dəʳ] I. *vt* vagare per; **to** ~ **the streets** vagare per le strade II. *vi* (*roam*) vagare; (*stroll*) gironzolare; **to let one's thoughts** ~ lasciare libera l'immaginazione III. *n inf* giro *m;* **to go for a** ~ **around the city** fare un giro per la città

wanderer ['wɑːn·dəʳ·əʳ] *n* girovago, -a *m, f; pej* vagabondo, -a *m, f*

wandering ['wɑːn·dəʳ·rɪŋ] *adj* 1. (*nomadic*) errante; (*salesman*) ambulante; ~ **tribe** tribù nomade 2. (*not concentrating*) distratto, -a

wanderings ['wɑːn·dəʳ·rɪŋz] *n* giri *mpl; pej* vagabondaggi *mpl*

wane [weɪn] I. *vi* calare; **to wax and** ~ avere alti e bassi II. *n* calo *m;* **to be on the** ~ essere in calo

wangle ['wæŋ·gl] *vt inf* rimediare; **to** ~ **one's way into sth** riuscire a farsi strada in qc

want [wɑːnt] I. *vt* 1. (*wish*) volere; **to** ~ **to do sth** voler fare qc; **to** ~ **sb to do sth** volere che qu faccia qc; **to** ~ **sth done** volere che qc sia fatto; **you're** ~**ed on the phone** ti vogliono al telefono; **I was** ~**ing to leave** volevo andarmene 2. (*need*) aver bisogno di; **he is** ~**ed by the police** è ricercato dalla polizia; '~**ed**' 'cercasi' II. *n* 1. (*need*) bisogno *m;* **to be in** ~ **of sth** aver bisogno di qc 2. (*lack*) mancanza *f;* **for** ~ **of sth** per mancanza di qc; **to live in** ~ *form* vivere nel bisogno

◆**want in** *vi* 1. (*want to take part*) **do you** ~? vuoi partecipare? 2. (*want to enter*) voler entrare

◆**want out** *vi* 1. (*not want to take part*) **to** ~ (**of sth**) non voler partecipare (a qc) 2. (*want to exit*) voler uscire

wanting *adj* **to be** ~ **in sth** mancare di qc; **there is sth** ~ manca qc

wanton ['wɑːn·tən] *adj* 1. (*extreme*) sfrenato, -a 2. (*mindless*) gratuito, -a; ~ **destruction** distruzione senza senso; ~ **disregard** totale sconsideratezza; ~ **waste** spreco vano 3. (*licentious*) lascivo, -a 4. (*capricious*) capriccioso, -a; (*playful*) burlesco, -a

WAP TEL, COMPUT *abbr of* **wireless application protocol** WAP

wapiti ['wɑː·pə·ti] *n inv* wapiti *m*

war [wɔːʳ] *n* guerra *f;* **civil** ~ guerra civile; **the Great War** la Prima Guerra Mondiale; **the Second World War** la Seconda Guerra Mondiale; **a holy** ~ una guerra santa; **the horrors of** ~ gli orrori della guerra; **in time of** ~ in tempo di guerra; **to be at** ~ essere in guerra; **to declare** ~ **on sb** *a. fig* dichiarare guerra a qu; **to go to** ~ entrare in guerra; **to make** ~ **on sb** fare la guerra a qu

war baby *n* bambino, -a *m, f* della guerra

warble ['wɔːʳ·bl] *vi* (*bird*) cinguettare; (*lark*) gorgheggiare; *iron* (*person*) fare gorgheggi

warbler ['wɔːʳb·ləʳ] *n* silvia *f*

war bond *n* obbligazione *f* di guerra

war correspondent *n* inviato, -a *m, f* di guerra

war crime *n* crimine *m* di guerra

war criminal *n* criminale *mf* di guerra

war cry *n* grido *m* di guerra

ward [wɔːrd] *n* 1. (*wardship*) tutela *f;* **in** ~ sotto tutela 2. (*person*) pupillo, -a *m, f* 3. (*in a hospital*) reparto *m;* (*room*) corsia *f;* **geriatric/psychiatric** ~ reparto di geriatria/psichiatria; **maternity** ~ reparto maternità

◆**ward off** *vt* evitare

warden ['wɔːr·dn] *n* guardiano, -a *m, f;* (*of a prison*) direttore *m;* **game** ~ guardacaccia *m inv*

wardrobe ['wɔːrd·roʊb] *n* 1. (*closet*) armadio *m* 2. (*clothes*) guardaroba *m*

wardrobe trunk *n* baule *m*

wardship ['wɔːrd·ʃɪp] *n* tutela *f*

warehouse ['we·rə·haʊs] *n* deposito *m*

wares [werz] *npl inf* merci *fpl*

warfare ['wɔːr·fer] *n* guerra *f*

war game *n* war game *m inv*

warhead ['wɔːr·hed] *n* (*of rocket*) testata *f*

warily ['we·rɪ·li] *adv* in maniera guardinga

warlike ['wɔːr·laɪk] *adj* 1. (*of war*) bellico, -a 2. (*belligerent*) bellicoso, -a

warlord ['wɔːr·lɔːrd] *n* capo *m* militare

warm [wɔːrm] I. *adj* 1. caldo, -a; (*not too hot*) tiepido, -a; **nice and** ~ bello caldo; **to be** ~ (*person*) avere caldo; (*thing*) essere caldo; (*weather*) fare caldo 2. (*affectionate*) affettuoso, -a; ~ **welcome** accoglienza calorosa; **to be** ~ essere affettuoso 3. (*fresh*) fresco, -a; ~ **tracks** tracce fresche ▶ **you're getting** ~ fuochino! II. *n* the ~ il calore III. *vt* riscaldare; **to** ~ **one's feet** riscaldarsi i piedi; **to** ~ **the soup** riscaldare la minestra; **to** ~ **sb's heart** confortare qu

◆**warm up** I. *vi* riscaldarsi II. *vt* riscaldare

warm-blooded [ˌwɔːrm·'blʌ·dɪd] *adj* a sangue caldo

warm front *n* fronte *m* caldo

warm-hearted [ˌwɔːrm·'hɑːr·tɪd] *adj* premuroso, -a; (*affectionate*) affettuoso, -a

warmly *adv* 1. (*of heat*) **wrap yourself up** ~! copriti bene! 2. (*enthusiasm*) calorosamente; **she shook my hand** ~ mi ha stretto calorosamente la mano

warmth [wɔːrmθ] *n* (*heat, affection*) calore *m*

warm-up, warmup ['wɔːrm·ʌp] *n* SPORTS riscaldamento *m*

warn [wɔːrn] *vt* 1. (*make aware*) avvisare, avvertire; **to** ~ **sb not to do sth** avvertire qu di non fare qc; **to** ~ **sb of sth** (*danger*) mettere in guardia qu da qc 2. LAW dare la diffida a

◆**warn off** *vt* **to warn sb off doing sth** sconsigliare a qu di fare qc

warning ['wɔːr·nɪŋ] I. *n* avviso *m,* avvertimento *m;* **a word of** ~ un avvertimento; **to give sb a** ~ avvertire qu; **to issue a** ~ (**about sth**) emettere un avviso (per qc); **without** ~

W

senza preavviso; ~! attenzione! **II.** *adj* di avvertimento

warning shot *n* colpo *m* d'avvertimento; **to fire a ~** sparare un colpo d'avvertimento

warp ['wɔːrp] **I.** *vi* distorcersi; (*wood*) imbarcarsi **II.** *vt* **1.** (*wood*) fare imbarcare, deformare **2.** (*mind*) distorcere; **to ~ sb's judgment** distorcere il giudizio di qu **III.** *n* deformazione *f*

war paint ['wɔːr·peɪnt] *n* pittura *f* di guerra

warpath ['wɔːr·pæθ] *n* **to be on the ~** *a. fig, inf* essere sul sentiero di guerra

warped *adj* deformato, -a; (*mind*) perverso, -a; **to have a ~ way of looking at things** vedere le cose in modo contorto

warrant ['wɔː·rənt] **I.** *n* **1.** LAW mandato *m;* **arrest ~** mandato d'arresto; **search ~** mandato di perquisizione; **to execute a ~** eseguire un mandato **2.** (*justification*) giustificazione *f* **3.** COM garanzia *f* **II.** *vt* **1.** (*promise*) garantire **2.** (*justify*) giustificare

warrantee [ˌwɔː·rən·'tiː] *n* beneficiario, -a *m, f* di una garanzia

warrant officer *n* maresciallo *m*

warrantor ['wɔː·rən·tɔːr] *n* garante *mf*

warranty ['wɔː·rən·ti] <-ies> *n* garanzia *f*

warren ['wɔː·rən] *n* **1.** ZOOL tane *fpl* **2.** *fig* labirinto *m*

warring *adj* in guerra; **~ factions** fazioni belligeranti

warrior ['wɔːr·jɚ] *n* guerriero, -a *m, f*

Warsaw ['wɔːr·sɑː] *n* Varsavia *f*

Warsaw Pact *n*, **Warsaw Treaty** *n* HIST Patto *m* di Varsavia

warship ['wɔːr·ʃɪp] *n* nave *f* da guerra

wart [wɔːrt] *n* verruca *f;* **~s and all** *inf* (*description, portrait*) con pregi e difetti

wart hog ['wɔːrt·hɑːg] *n* facocero *m*

wartime ['wɔːr·taɪm] *n* tempo *m* di guerra; **in ~** in tempo di guerra

war-torn ['wɔːr·tɔːn] *adj* martoriato, -a dalla guerra

war-weary ['wɔːr·ˌwɪ·ri] *adj* stanco, -a della guerra

wary ['we·ri] <-ier, -iest> *adj* (*not trusting*) diffidente; (*watchful*) guardingo, -a; **to be ~ of sth/sb** diffidare di qc/qu

war zone ['wɔːr·zoʊn] *n* zona *f* di guerra

was [wɑːz] *pt of* **be**

wash [wɑːʃ] **I.** *vt* **1.** (*clean*) lavare; **to ~ one's hair/hands** lavarsi i capelli/le mani **2.** (*waves*) bagnare **3.** (*river, sea*) trascinare; **to ~ sb overboard** gettare qu a mare **II.** *vi* **1.** (*person, cloth*) lavarsi; **that excuse won't ~ with me** *inf* questa scusa con me non attacca **2.** (*do the laundry*) fare il bucato **3.** (*sea*) sciabordare **III.** *n* **1.** (*cleaning with water*) lavata *m;* **to have a ~** lavarsi **2.** (*clothes for cleaning*) **the ~** i panni da lavare; **to be in the ~** essere a lavare **3.** *liter* (*sound of water*) sciabordio *m* **4.** NAUT scia *f;* AVIAT turbolenza *f* **5.** (*painting*) mano *f* **6.** (*even situation*) bilanciamento *m* ▶**to come out in the ~** *prov* venire a galla

◆**wash away** *vt* **1.** (*clean*) lavare via **2.** (*carry elsewhere*) portare via

◆**wash down** *vt* **1.** (*clean*) lavare **2.** (*carry elsewhere*) portare via **3.** *fig* (*drink*) **to ~ sth with sth** mandare giù qc con qc

◆**wash out I.** *vi* andare via **II.** *vt* **1.** (*clean*) lavare via; (*remove*) togliere **2.** *fig* **our party was washed out** la festa fu annullata a causa della pioggia

◆**wash over** *vt* **1.** (*flow over*) spazzare **2.** (*have no effect on*) non intaccare

◆**wash up I.** *vt* **1.** (*bring via water*) **the sea washed it up** trasportare **2.** (*clean*) lavare **II.** *vi* (*wash*) lavarsi (le mani e il viso)

washable *adj* lavabile

wash-and-wear *adj* lava e metti

washbasin *n* (*basin*) lavandino *m;* (*bowl*) bacinella *f*

washboard *n* asse *f* da lavare

washbowl *n s.* **washbasin**

washcloth *n* panno *m* per lavarsi la faccia

washed-out [ˌwɑːʃt·'aʊt] *adj* **1.** (*faded*) scolorito, -a; **~ jeans** jeans scoloriti; (*pale*) smunto, -a **2.** (*tired*) esausto, -a

washer ['wɑː·ʃɚ] *n* **1.** (*washing machine*) lavatrice *f* **2.** (*plastic ring*) guarnizione *f*

washing ['wɑː·ʃɪŋ] *n* **1.** (*clothes for cleaning*) panni *mpl* da lavare **2.** (*act*) lavaggio *m;* **to do the ~** fare il bucato

washing machine *n* lavatrice *f*

Washington [ˌwɑː·ʃɪŋ·tən] *n* Washington *f*

Washington D.C. *n* Washington D.C.

Washington's Birthday *inf* fiasco *m;* **a complete ~** un totale fiasco

Washington's Birthday è un giorno festivo riconosciuto negli USA. Nonostante George Washington sia in realtà nato il 22 febbraio 1732, da qualche anno a questa parte è consuetudine festeggiare il suo compleanno il terzo lunedì di febbraio, così da prolungare il fine settimana.

wasn't [·wɑː·znt] = **was not** *s.* **be**

wasp [wɑːsp] *n* vespa *f*

WASP [wɑːsp] *n pej, inf abbr of* **White Anglo-Saxon Protestant** cittadino americano bianco, di origine anglosassone e protestante

waste [weɪst] **I.** *n* **1.** (*misuse*) spreco *m;* **it's a ~ of energy/money** è energia sprecata/denaro sprecato; **it's a ~ of time** è una perdita di tempo; **to lay ~ to the land** devastare la terra; **to go to ~** andare sprecato; **what a ~!** che spreco! **2.** (*unwanted matter*) rifiuti *mpl;* **household/industrial ~** rifiuti domestici/industriali; **nuclear/toxic ~** scorie *fpl* radioattive/tossiche; **electronic ~** rifiuti *mpl* elettronici; **to recycle ~** riciclare i rifiuti **II.** *vt* sprecare; (*time*) perdere; **to ~ one's breath** *fig* sprecare il fiato; **to ~ no time in doing sth** non perdere tempo a fare qc; **to not ~ words** non fare tanti giri di parole **III.** *vi* consumarsi

▶ ~ **not, want** not *prov* il risparmio è il miglior guadagno *prov* **IV.** *adj* (*bin*) dei rifiuti; (*material*) di scarto; (*land*) incolto, -a
◆ **waste away** *vi* consumarsi
wastebasket ['weɪst·ˌbæs·kət] *n* cestino *m* per la carta straccia
wasteful ['weɪst·fəl] *adj* (*method*) dispendioso, -a; **to be ~ with electricity** sprecare corrente
waste heat *n* energia *f* residuale
wasteland *n* terreno *m* abbandonato
waste management *n* trattamento *m* dei rifiuti
wastepaper *n* carta *f* straccia; (*recyclable*) carta *f* riciclabile
wastepaper basket *n* cestino *m* della carta straccia
waste pipe *n* tubatura *f* di scarico
waste product *n* materiale *m* di scarto
waster *n* **1.** (*person*) sprecone, -a *m, f;* **a money ~** uno spendaccione **2.** (*good-for-nothing*) fannullone, -a *m, f*
wastewater *n* acque *fpl* di scolo
wasting ['weɪs·tɪŋ] *adj* (*disease*) debilitante
wastrel ['weɪs·trəl] *n* **1.** (*wasteful person*) sprecone, -a *m, f* **2.** (*good-for-nothing*) fannullone, -a *m, f*
watch [wɑːtʃ] **I.** *n* **1.** (*clock*) orologio *m* **2.** (*act of observation*) sorveglianza *f;* **to keep a close ~ on sb/sth** sorvegliare bene qu/qc; **to be on the ~ for sb/sth** stare in guardia da qc/qu; **to put a ~ on sb/sth** mettere qu sotto sorveglianza; **to be under ~** essere sotto sorveglianza **3.** (*group of guards*) guardia *f;* HIST ronda *f* **4.** (*period of duty*) guardia *f;* **to keep** [*o* **be on**] **~** essere di guardia **5.** (*alert*) METEO **a tornado/hurricane ~** una veglia del tornado/dell'uragano **II.** *vt* **1.** (*observe*) guardare; **to ~ the clock** guardare l'orologio; **to ~ a film** vedere un film; **to ~ TV** guardare la televisione; **to ~ the world go by** guardare la gente che passa; **to ~ sb/sth do sth** guardare qu/qc fare qc; **to ~ how sb does sth** guardare come qu fa qc **2.** (*keep vigil*) sorvegliare; **to ~ the kids** tenere d'occhio i bambini **3.** (*mind*) stare attento a; **to ~ every penny** (**one spends**) spendere oculatamente; **to ~ one's weight** tenere la linea sotto controllo; **~ it!** attento!; **to ~ it** (**with sb**) stare attento (con qu); **~ yourself** stare attento **III.** *vi* guardare; **to ~ as sb/sth does sth** guardare mentre qu/qc fa qc
◆ **watch out** *vi* stare attento; **~!** attento!
watchband ['wɑːtʃ·bænd] *n* cinturino *m* da orologio
watchdog ['wɑːtʃ·dɑːg] *n* **1.** (*dog*) cane *m* da guardia **2.** (*keeper of standards*) supervisore *m;* (*official organization*) organismo *m* di controllo
watcher ['wɑːt·ʃər] *n* osservatore, -trice *m, f*
watchful ['wɑːtʃ·fəl] *adj* vigile; **to keep a ~ eye on sb/sth** tenere d'occhio qu/qc; **under the ~ eye of sb** sotto lo sguardo vigile di qu

watchmaker ['wɑːtʃ·meɪ·kər] *n* orologiaio, -a *m, f*
watchman ['wɑːtʃ·mən] <-men> *n* guardiano *m;* **night ~** guardiano *m* notturno
watchtower ['wɑːtʃ·ta·ʊər] *n* torre *f* di vedetta
watchword ['wɑːtʃ·wɜːrd] *n* **1.** (*symbol*) motto *m* **2.** (*password*) parola *f* d'ordine
water ['wɑː·tər] **I.** *n* **1.** (*liquid*) acqua *f;* **bottled ~** acqua in bottiglia; **a bottle of ~** una bottiglia d'acqua; **a drink/a glass of ~** un po'/un bicchier d'acqua; **hot and cold running ~** acqua corrente calda e fredda **2.** (*area of water*) **the ~s of the Mississippi** le acque del Mississippi; **coastal ~s** acque costiere; **territorial ~s** acque territoriali; **unchartered ~s** *fig* territorio *m* sconosciuto; **by ~** via mare **3.** MED **~ on the brain** idrocefalia *f;* **~ on the knee** versamento *m* al ginocchio ▶ **to be ~ under the bridge** essere acqua passata; **it's like ~ off a duck's back** è fiato sprecato; **to spend money like ~** avere le mani bucate; **to pour cold ~ on sth** scoraggiare qc; **to be in deep ~** essere nei guai; **still ~s run deep** *prov* essere più profondo di quel che sembri; **to get into hot ~** finir in cattive acque; **to hold ~** (*explanation*) filare; **to muddy the ~s** intorpidire le acque **II.** *vt* (*plants*) annaffiare; (*livestock*) abbeverare **III.** *vi* **1.** (*produce tears*) lacrimare **2.** (*salivate*) secernere saliva; **it makes my mouth ~** mi fa venire l'acquolina in bocca
waterborne ['wɑː·tər·bɔːrn] *adj* via mare; **a ~ disease** una malattia trasmessa attraverso l'acqua; **~ attack** attacco dal mare
water bottle *n* borsa *f* dell'acqua calda; (*for soldiers, travelers*) borraccia *f*
water cannon *n inv* cannone *m* ad acqua
watercolor **I.** *n* acquarello *m* **II.** *adj* ad acquarello
water-cooled ['wɑː·tər·kuːld] *adj* raffreddato, -a a acqua
watercraft *n liter* imbarcazione *f*
watercress *n* crescione *m*
waterfall *n* cascata *f*
waterfowl *n inv* uccello *m* acquatico
waterfront *n* (*harbor*) porto *m*
water heater *n* scaldaacqua *m inv*
water hose *n* tubo *m* (di gomma) dell'acqua
watering can ['wɑː·tər·ɪŋ·kæn] *n* annaffiatoio *m*
watering hole *n* pozza *f* (d'acqua)
watering place *n* abbeveratoio *m*
waterless ['wɑː·tər·ləs] *adj* arido, -a
water level *n* livello *m* dell'acqua
water lily <-ies> *n* ninfea *f*
water line *n* linea *f* di galleggiamento
waterlogged ['wɑː·tər·lɑːgd] *adj* (*pitch*) fradicio, -a
Waterloo ['wɑː·tər·luː] *n* **to meet one's ~** subire una pesante sconfitta dopo una serie di vittorie
water main *n* tubatura *m* principale dell'acqua
waterman <-men> *n* barcaiolo *m*

W

watermark *n* **1.**(*river or tide level*) livello *f* della marea **2.**(*on paper*) filigrana *f*

watermelon *n* anguria *f*

water meter *n* contatore *m* dell'acqua

water pipe *n* **1.**(*for transporting water*) tubo *m* dell'acqua **2.**(*hookah*) pipa *f* ad acqua

water pistol *n* pistola *f* ad acqua

water pollution *n* inquinamento *m* delle acque

water polo *n* waterpolo *m*, pallanuoto *f*

water pressure *n* pressione *f* dell'acqua

waterproof ['wɑː·tə·pruːf] I. *adj* impermeabile II. *vt* impermeabilizzare

water-repellent *adj* idrorepellente

water-resistant *adj* resistente all'acqua

watershed ['wɑː·tə·ʃed] *n* **1.**(*high ground*) spartiacque *m* **2.** *fig* (*great change*) punto *m* di svolta; **to mark a ~** segnare una svolta

waterside *n* riva *f*

water-ski ['wɑː·tə·skiː] I. *vi* fare sci d'acqua; **to go ~ing** fare sci d'acqua II.<-s> *n* sci *m* d'acqua

water-skiing *n* sci *m* d'acqua

water softener *n* (*substance*) dolcificante *m* per acqua; (*device*) dolcificatore *m*

water-soluble *adj* idrosolubile

waterspout *n* METEO tromba *f* marina

water supply *n* fornitura *f* d'acqua

water table *n* falda *f* freatica

water tank *n* cisterna *f* (dell'acqua)

watertight ['wɑː·tə·taɪt] *adj* **1.**(*not allowing water in/out*) ermetico, -a **2.** *fig* (*not allowing doubt*) incontestabile; **a ~ alibi** un alibi di ferro

water tower *n* cisterna *f* (dell'acqua) sopraelevata

water vapor *n* vapore *m* acqueo

waterway *n* canale *m*

water wings *npl* braccioli *mpl;* **to wear ~** avere i braccioli

waterworks *n* *pl* (*where public water is stored*) riserva *f* idrica ▶**to turn on the ~** mettersi a piangere

watery ['wɑː·tə·ri] <-ier, -iest> *adj* **1.**(*bland*) acquoso, -a; **a ~ soup** una minestra troppo liquida **2.**(*weak in color*) slavato, -a; (*weak in strength*) debole; **a ~ sun** un sole pallido

watt [wɑːt] *n* ELEC watt *m inv*

wattage ['wɑː·tɪdʒ] *n* ELEC wattaggio *m*

wave [weɪv] I. *n* **1.**(*of water*) onda *f;* (*on surface, of hair*) ondulazione *f;* **to be on the crest of the ~** *fig* essere sulla cresta dell'onda **2.** PHYS onda *f* **3.**(*hand movement*) **to give sb a ~** salutare qu con la mano ▶**to make ~s** creare problemi II. *vi* **1.**(*make hand movement*) **to ~ at** [*o* **to**] **sb** salutare qu con la mano **2.**(*move from side to side*) ondeggiare III. *vt* **1.**(*signal*) **to ~ goodbye** fare ciao con la mano; **to ~ sb away** salutare qu con la mano **2.**(*move from side to side*) agitare **3.**(*hair*) arricciare; **to ~ one's hair** arricciarsi i capelli

◆**wave down** *vt* **to wave sb/sth down** fare cenno a qu/qc di fermarsi

◆**wave on** *vt* **to wave sb/sth on** fare cenno a qu/qc di proseguire

◆**wave through** *vt* fare cenno di passare

waveband *n* RADIO banda *f* di frequenza

wavelength *n* lunghezza *f* d'onda; **to be on the same ~** *fig* essere sulla stessa lunghezza d'onda

waver ['weɪ·və·] *vi* **1.**(*lose determination*) vacillare **2.**(*be unable to decide*) esitare; **to ~ between ... and ...** essere indeciso tra ... e ...; **to ~ over sth** essere titubante riguardo a qc **3.**(*lose strength*) indebolirsi

waverer ['weɪ·və·ə·] *n* indeciso, -a *m, f*

wavering *adj* vacillante; (*between two options*) indeciso, -a

wavy ['weɪ·vi] <-ier, -iest> *adj* ondulato, -a

wax¹ [wæks] I. *n* **1.** cera *f;* **candle ~** cera *f* di candela **2.**(*inside ear*) cerume *m* II. *vt* **1.**(*polish: floor*) passare la cera su; (*shoes, furniture*) lucidare **2.**(*remove hair from*) fare la ceretta a

wax² [wæks] *vi liter* **1.**(*moon*) crescere; **to ~ and wane** crescere e decrescere; *fig* avere alti e bassi **2.**(*become*) **to ~ poetic/lyrical** diventare poetico

wax paper *n* carta *f* cerata

waxy ['wæk·si] <-ier, -iest> *adj* **1.**(*oily, shiny*) lucido, -a **2.**(*apparently of wax*) ceroso, -a

way [weɪ] I. *n* **1.**(*route*) strada *f,* via *f;* **to be (well) on the ~ to doing sth** *fig* essere sulla via di fare qc; **to be on the ~** essere sulla strada; **to be out of the ~** essere in un posto remoto; **to be under ~** essere in corso; **on the ~ to sth** sulla strada di qc; **to elbow one's ~ somewhere** farsi strada a gomitate verso qualche posto; **to find one's ~ around sth** orientarsi in qc; *fig* trovare il modo di evitare qc; **to find one's ~ into/out of sth** trovare il modo di entrare in/uscire da qc; **to find one's ~ through sth** trovare la strada attraverso qc; **to go out of one's ~ to do sth** *fig* darsi veramente da fare per fare qc; **to go one's own ~** *fig* andarsene per la propria strada; **(to go) by ~ of sth** (andare) via qc; **to know one's ~ around sth** orientarsi bene in qc; **to lead the ~** fare strada; **to lose one's ~** perdersi; **to make one's ~** farsi strada; **to make one's ~ through the crowd** farsi strada nella folla; **to pay one's ~** *fig* pagare tutto da sé; **to see the error of one's ~s** rendersi conto dei propri errori; **to work one's ~ up the ladder** *fig* farsi strada da sé **2.**(*road*) strada *f;* (*small one*) sentiero *m; ;* **Way** (*name of road*) Via *f* **3.**(*facing direction*) direzione *f;* **the right/wrong ~ around** perbene/al rovescio; **to show the ~ forward** indicare la strada **4.**(*distance*) **all the ~** (*the whole distance*) tutta la strada; (*completely*) completamente; **to be a long ~ off** essere molto lontano; **to have a (long) ~ to go** avere molta strada da fare; **to have come a long ~** *fig* aver fatto molta strada; **to go a long ~** *fig* andare lontano **5.**(*fashion*) maniera *f;* **in many ~s** per molti versi; **in some ~s** in un certo verso; **there are no two ~s about it** non ci sono alternative; **the ~ to do sth** il modo per fare qc; **by ~ of** a mo' di **6.**(*manner*) modo *m;* (*customs*) usanze *fpl;* **sb's ~ of life** lo stile di vita di qu; **to my ~ of thinking** a mio modo di vedere; **she wouldn't have it any other ~** non le andrebbe bene in nessun altro modo; **in a big ~** alla grande; **either ~** in entrambi i casi; **no ~!** *inf* (*definitely no!*) neanche per sogno!; **to get one's own ~** ottenere quello che uno vuole; **in a ~** in un certo senso **7.**(*free space*) passaggio *m;* **to be in sb's ~** bloccare il passaggio a qu; **to stand in sb's ~** essere d'ostacolo a qu; **in the ~** nel mezzo; **to get out of sb's/sth's ~** lasciare passare qu/qc; **to give ~** dare la precedenza; *fig* cedere il passo; **to give ~ to sth** cedere il passo a qc; **to make ~ (for sb/sth)** fare posto (a qu/qc) **8.**(*condition*) stato *m;* **to be in a bad ~** essere messo male; **to be in a terrible ~** essere in pessime condizioni; **to be in the family ~** *inf* essere incinta ▶ **to go the ~ of all flesh** soccombere all'inevitabilità della morte; **the ~ to a man's heart is through his stomach** *prov* prendere qu per la gola *prov;* **to want things both ~s** volere la botte piena e la moglie ubriaca *prov;* **to rub sb the wrong ~** prendere qu per il verso sbagliato; **by the ~** a proposito **II.** *adv* **1.** *inf* decisamente; **to be ~ past sb's bed-time** è ben passata l'ora di andare a letto **2.** *sl* (*very*) veramente; **that's ~ cool!** grande!

waybill ['weɪ·bɪl] *n* bolla *f* di accompagnamento

waylay ['weɪ·leɪ] <waylaid, waylaid> *vt* tendere un agguato a

way-out [ˌweɪ·'aʊt] *adj sl* (*very modern*) ultramoderno, -a; (*unusual or amazing*) straordinario, -a

ways and means *npl* **the ~ of doing/to do sth** i modi per fare qc

wayside ['weɪ·saɪd] **I.** *n* ciglio *m* della strada; **to fall by the ~** *fig* non arrivare in fondo **II.** *adj* lungo la strada; **~ inn** motel *m inv*

wayward ['weɪ·wəd] *adj* difficile

we [wiː] *pron pers* noi; **~'re on our way to Philadelphia, but ~'ll be back tomorrow** stiamo andando a Filadelfia ma torniamo domani; **as ~ say** come diciamo noi

weak [wiːk] *adj* debole; (*coffee, tea*) leggero, -a; **to be ~ with hunger/thirst** essere debilitato dalla fame/la sete; **she went ~ at the knees** le tremavano le ginocchia; **the ~ link/spot** *fig* il punto debole; **to be ~ (at sth)** essere debole (in qc)

weaken ['wiː·kən] **I.** *vi* (*become less strong*) indebolirsi; (*diminish*) diminuire **II.** *vt* (*make less strong*) indebolire; (*diminish*) diminuire

weakling ['wiːk·lɪŋ] *n* persona *f* gracile

weakly ['wiːk·li] *adv* **1.**(*without strength*) debolmente **2.**(*unconvincingly*) senza convinzione

weak-minded [ˌwiːk·'maɪn·dɪd] *adj* **1.**(*lack-*

ing determination) indeciso, -a; (*weak-willed*) poco determinato, -a **2.** *pej* (*stupid*) tonto, -a

weakness ['wiːk·nɪs] <-es> *n* **1.**(*lack of strength*) debolezza *f* **2.**(*area of vulnerability*) punto *m* debole; (*flaw*) difetto *m* **3.**(*fondness*) **to have a ~ for sth** avere un debole per qc

weal [wiːl] *n* segno *m* di frustata

wealth [welθ] *n* **1.**(*money*) ricchezza *f;* (*fortune*) fortuna *f* **2.**(*large amount*) abbondanza *f*

wealthy ['wel·θi] **I.**<-ier, -iest> *adj* ricco, -a **II.** *n* **the ~** i ricchi

wean [wiːn] *vt* (*animal, baby*) svezzare; **to ~ sb (off sth)** *fig* far perdere a qu l'abitudine (di qc)

weapon ['we·pən] *n* arma *f*

weaponry ['we·pən·ri] *n* armamento *m*

wear [wer] <wore, worn> **I.** *vt* **1.**(*have on body: clothes, jewelry*) portare, indossare; **to ~ one's hair loose/tied back** portare i capelli sciolti/raccolti **2.**(*deteriorate*) logorare **II.** *vi* (*spoil: clothes, machine parts*) logorarsi; **to ~ thin** *fig* cominciare a essere un po' vecchio **III.** *n* **1.**(*clothing*) abbigliamento *f;* **casual/sports ~** abbigliamento casual/sportivo **2.**(*amount of use*) consumo *m;* **to be the worse for ~** (*person*) essere ubriaco; (*thing*) essere rovinato

◆**wear away I.** *vt* consumare **II.** *vi* consumarsi

◆**wear down** *vt* **1.**(*reduce*) diminuire; *fig* (*tire*) sfinire **2.**(*make weak and useless*) logorare

◆**wear off** *vi* sparire

◆**wear on** *vi* (*time*) passare lentamente

◆**wear out I.** *vi* logorarsi **II.** *vt* logorare; (*patience*) far perdere

wearable ['we·rə·bl] *adj* portabile

wear and tear *n* logoramento *m;* **to take some/a lot of ~** essere parecchio/molto resistente

wearing ['we·rɪŋ] *adj* stancante

wearisome ['wɪ·rɪ·səm] *adj form* (*causing boredom*) noioso, -a; (*causing tiredness*) stancante

weary ['wɪ·ri] **I.**<-ier, -iest> *adj* **1.**(*very tired*) sfinito, -a **2.**(*tiring*) stancante **3.**(*bored*) annoiato, -a; (*unenthusiastic*) poco entusiasta; **to be ~ of sth** essere stufo di qc; **a ~ joke** una barzelletta trita e ritrita **II.** *vt* (*make tired*) **to ~ sb with sth** stancare qu con qc; (*make bored*) annoiare qu con qc **III.** *vi* (*become tired*) stancarsi; (*become bored*) annoiarsi

weasel ['wiː·zl] *n* donnola *f*

weather ['we·ðə] **I.** *n* tempo *m;* (*climate*) clima *m;* **~ permitting** tempo permettendo ▶ **to make heavy ~ of sth** complicare qc; **to be under the ~** non sentirsi bene **II.** *vi* trasformarsi **III.** *vt* **1.**(*wear*) consumare **2.**(*endure*) superare; **to ~ the storm** *fig* superare la crisi

weather-beaten ['we·ðə·ˌbiː·tən] *adj* consu-

W

mato, -a dalle intemperie; **~ face** volto *m* segnato dalle intemperie

weather-bound *adj* bloccato, -a dal maltempo

weather bureau <-s *o* -x> *n* servizio *m* meteorologico

weather chart *n* carta *f* meteorologica

weather forecast *n* previsioni *fpl* del tempo

weathering ['we·ðə·rɪŋ] *n* azione *f* degli agenti atmosferici

weatherman ['we·ðə·mæn] *n* persona *f* che presenta le previsioni del tempo

weatherproof ['we·ðə·pru:f] *adj* resistente alle intemperie

weathervane *n* banderuola *f*

weave [wi:v] **I.**<wove *o* weaved, woven *o* weaved> *vt* **1.** (*produce cloth*) tessere; **to ~ wool into fabric** confezionare un tessuto di lana **2.** (*intertwine things*) intrecciare; *fig* intessere **3.** (*move back and forth*) **to ~ one's way through sth** infiltrarsi in qc **II.**<wove *o* weaved, woven *o* weaved> *vi* **1.** (*produce cloth*) tessere **2.** (*move by twisting and turning*) zigzagare **III.** *n* trama *f*; **striped ~** tessitura *f* a righe; **loose/tight ~** trama rada/fitta

weaver ['wi:·və] *n* tessitore, -trice *m*, *f*; **basket ~** canestraio *m*

web[1] [web] *n* **1.** (*woven net*) tela *f*; **spider('s) ~** tela *f* del ragno; **to spin a ~** tessere una tela **2.** *fig* (*complex network*) groviglio *m*; **a ~ of intrigue/lies** un groviglio di intrighi/menzogne **3.** *fig* (*trap*) trappola *f* **4.** (*connective tissue*) membrana *f*

web[2] [web] **I.** *n* COMPUT web *m*; **on the ~** in rete **II.** *adj inv* COMPUT Internet

web browser *n* COMPUT browser *m inv*

webcam *n* webcam *f inv*

web-footed ['web·fʊ·tɪd] *adj* palmipede

weblog *n* weblog *m inv*

webmaster *n* COMPUT webmaster *m inv*

web page *n* COMPUT pagina *f* Internet, pagina *f* web

web portal *n* INET portale *m* Internet

web server *n* COMPUT server web *m inv*

website *n* COMPUT sito *m* Internet [*o* sito *m* web]; **to visit a ~** visitare un sito web

webzine *n* COMPUT rivista *f* web

wed [wed] <wedded *o* wed, wedded *o* wed> *form* **I.** *vt* **1.** (*marry*) **to ~ sb** sposare qu, sposarsi con qu **2.** *fig* (*join closely*) unire; **to ~ sth and sth** unire qc a qc **II.** *vi* sposarsi

we'd [wi:d] **1.** = we had *s.* have **2.** = we would *s.* would

wedded ['we·dɪd] *adj* **1.** (*married*) sposato, -a; **lawfully ~ wife** *form* legittima sposa **2.** (*united*) **to be ~ to sth** essere unito a qc; **to be ~ to a habit** avere un'abitudine; **to be ~ to an opinion** essere ancorato a un'idea

wedding ['we·dɪŋ] *n* matrimonio *m*

wedding anniversary <-ies> *n* anniversario *m* di matrimonio

wedding cake *n* torta *f* nuziale

wedding day *n* giorno *m* del matrimonio

wedding dress *n* vestito *m* da sposa

wedding night *n* prima notte *f* di nozze

wedding present *n* regalo *m* di nozze

wedding ring *n* fede *f* nuziale

wedge [wedʒ] **I.** *n* **1.** (*tapered block*) cuneo *m*; (*for door*) zeppa *f* **2.** *fig* (*triangular piece*) fetta *f*; **a ~ of cake/pie** una fetta di torta **II.** *vt* **to ~ the door open** tenere aperta la porta con una zeppa; **to be ~d between sth** essere incastrato tra qc

wedlock ['wed·lɑ:k] *n* matrimonio *m*; **out of ~** fuori dal matrimonio; **sex out of ~** rapporti *mpl* sessuali extraconiugali; **to be born in/out of ~** essere figlio legittimo/illegittimo

Wednesday ['wenz·deɪ] *n* mercoledì *m inv*; **Ash ~** mercoledì delle Ceneri; *s.a.* **Friday**

wee [wi:] *adj* **1.** (*tiny*) piccolino, -a; **a ~ bit** un pochino **2.** (*early*) **in the ~ hours of Sunday morning** nelle prime ore di domenica

weed [wi:d] **I.** *n* **1.** (*plant*) erbaccia *f* **2.** *inf* (*marijuana*) erba *f* **II.** *vt* diserbare **III.** *vi* togliere le erbacce

◆ **weed out** *vt* eliminare

weedkiller ['wi:d·kɪ·lə] *n* diserbante *m*

weedy ['wi:·di] *adj* <-ier, iest> **1.** (*full of weeds*) pieno, -a di erbacce **2.** *pej* (*very thin*) gracile; (*underdeveloped*) scarno, -a

week [wi:k] *n* **1.** (*seven days*) settimana *f*; **it'll be ~s before ...** passeranno settimane prima che... +*conj*; **a few ~s ago** qualche settimana fa; **last ~** la settimana scorsa; **once a ~** una volta alla settimana; **during the ~** durante la settimana; **~ after ~** settimana dopo settimana; **~ by ~** di settimana in settimana **2.** (*work period, working days*) settimana *f* lavorativa; **a forty hour ~** una settimana lavorativa di quaranta ore

weekday ['wi:k·deɪ] *n* giorno *m* infrasettimanale; **on ~s** nei giorni feriali

weekend ['wi:k·end] *n* fine settimana *m inv*; **on the ~** nel/il fine settimana; **over the ~** nel/per il fine settimana

weekender ['wi:k·en·də] *n persona che viene solo nel fine settimana*

weekly ['wi:k·li] **I.** *adj* settimanale; **~ magazine** (rivista *f*) settimanale *m* **II.** *adv* settimanalmente; **to meet/publish ~** ritrovarsi/pubblicare una volta alla settimana **III.** *n* <-ies> settimanale *m*

weenie *n* **1.** *inf* (*a hot dog*) hotdog *m inv* **2.** *sl* (*penis*) pisello *m*

weeny ['wi:·ni] *adj*, **weensy** *adj* <-ier, -iest> *inf* piccolino, -a; **a ~ bit** un pochino

weep [wi:p] **I.** *vi* <wept, wept> **1.** (*cry*) piangere; **to ~ like a baby** piangere come un bambino; **to ~ with joy/rage** piangere di gioia/rabbia; **to ~ inconsolably** piangere inconsolabilmente **2.** (*secrete liquid*) suppurare **II.** *vt* <wept, wept> (*tears*) piangere; **to ~ tears of joy/rage (over sb/sth)** piangere di gioia/rabbia (per qu/qc) **III.** *n* pianto *m*; **to have a (good) ~** farsi un bel pianto

weeping I. *adj* piangente **II.** *n* pianto *m*

weeping willow *n* salice *m* piangente

wee-wee I. *n childspeak, inf* pipì *f;* **to have to go** ~ dover fare la pipì **II.** *vi childspeak, inf* fare la pipì

weigh [weɪ] **I.** *vi* pesare **II.** *vt* **1.** (*measure weight*) pesare; **to** ~ **oneself** pesarsi **2.** (*consider carefully*) soppesare; **to** ~ **one's words** misurare le parole; **to** ~ **sth against sth** mettere sulla bilancia qc e qc; **to** ~ **one's options** considerare le proprie opzioni **3.** NAUT (*pull up*) **to** ~ **anchor** levare l'ancora

◆**weigh down** *vt* **1.** (*cause to bend*) piegare sotto il peso **2.** *fig* (*depress*) opprimere; **to weigh sb down with sth** opprimere qu con qc

◆**weigh in** *vi* **1.** (*be weighed*) pesarsi; **to** ~ **at 176 pounds** pesare 80 chili **2.** *inf* (*enter into, take part*) intervenire; **to** ~ (**to sth**) **with sth** intervenire (in qc) con qc; **to** ~ **to a discussion with one's opinion** intervenire in una discussione dicendo la propria opinione

weigh-in ['weɪ·ɪn] *n* pesatura *f*

weight [weɪt] **I.** *n* **1.** (*amount weighed*) peso *m;* **a decrease/an increase in** ~ un calo/aumento di peso; **to lift a heavy** ~ sollevare qualcosa di molto pesante; **to put on** ~ ingrassare **2.** (*metal specific weight*) peso *m;* **to lift** ~**s** sollevare pesi **3.** (*value, importance*) peso *m;* **to attach** ~ **to sth** dare peso a qc; **to carry** ~ avere peso ▸ **to take the** ~ **off one's feet** mettersi a sedere; **to be a** ~ **off sb's mind** essere un sollievo per qu; **it's a great** ~ **off my mind** mi sono tolto un gran peso; **to pull one's** (**own**) ~ *inf* fare la propria parte **II.** *vt* tenere fermo; **to** ~ **sth with stones** tenere fermo qc con delle pietre

◆**weight down** *vt* **1.** (*overload*) sovraccaricare **2.** *a. fig* (*make heavy*) appesantire

weightless ['weɪt·ləs] *adj* (*conditions*) in assenza di gravità

weightlessness *n* assenza *f* di gravità

weightlifter *n* pesista *mf*

weightlifting ['weɪt·ˌlɪf·tɪŋ] *n* sollevamento *m* pesi; **to do** ~ fare il sollevamento pesi

weighty ['weɪ·t̬i] *adj* <-ier, -iest> **1.** (*heavy*) pesante **2.** (*important*) importante; ~ **matters** questioni *fpl* importanti

weir [wɪr] *n* diga *f*

weird [wɪrd] *adj* strano, -a; **how** ~ che strano!; ~ **and wonderful** straordinario

weirdie ['wɪr·di] *n*, **weirdo** ['wɪr·doʊ] *n inf* tipo *m* strano

welcome ['wel·kəm] **I.** *vt* **1.** (*greet kindly*) dare il benvenuto a; **to** ~ **sb warmly** accogliere calorosamente qu **2.** (*support*) accogliere in modo favorevole **II.** *n* **1.** (*friendly reception*) benvenuto *m;* **to give sb a warm** ~ accogliere calorosamente qu **2.** (*period of being wanted*) **to wear out one's** ~ abusare dell'ospitalità **3.** (*expression of approval*) approvazione *f;* **to give sth a cautious** ~ accogliere qc con qualche riserva **III.** *adj* gradito, -a; **a** ~ **guest** un ospite gradito; **to be** ~ essere benvenuto; **a** ~ **break** una pausa gradita ▸ **you are** ~ prego; **to**

be ~ **to do sth** *inf* poter fare qc; **you are** ~ **to use it** è a sua disposizione **IV.** *interj* benvenuto!; ~ **aboard** NAUT benvenuti a bordo

welcoming *adj* accogliente; ~ **arms** braccia aperte; **a** ~ **smile** un sorriso cordiale

weld [weld] **I.** *vt* **1.** (*join metal*) saldare; **to** ~ **sth** (**together**) saldare qc **2.** (*unite*) unire; **to** ~ **players into a team** unire i giocatori di una squadra **II.** *n* saldatura *f*

welder *n* saldatore, -trice *m, f*

welding *n* saldatura *f*

welfare ['wel·fer] *n* **1.** (*health, happiness*) benessere *m* **2.** (*state aid*) previdenza *f* sociale; **social** ~ assistenza *f* sociale; **to be on** ~ vivere grazie a sussidi statali

welfare state *n* stato *m* assistenziale

welfare work *n* servizio *m* di assistenza sociale

welfare worker *n* assistente *mf* sociale

we'll [wiːl] = **we will** *s.* **will**

well¹ [wel] **I.** *adj* <better, best> bene; **to feel** ~ sentirsi bene; **to get** ~ rimettersi; **to look** ~ avere un bell'aspetto **II.** <better, best> *adv* **1.** (*in a satisfactory manner*) bene; ~ **enough** abbastanza bene; ~ **done!** bravo!; **to do sth as** ~ **as ...** fare qc bene quanto ...; ~ **put** ben detto; (**time/money**) ~ **spent** (tempo/denaro) ben speso **2.** (*thoroughly, fully, extensively*) bene; ~ **enough** abbastanza bene; **pretty** ~ parecchio bene; **to know sb pretty** ~ conoscere qu bene; ~ **and truly** completamente; **it costs** ~ **over...** costa ben più di... **3.** (*very, completely*) molto; **to be** ~ **pleased with sth** essere molto soddisfatto di qc **4.** (*fairly, reasonably*) **he couldn't very** ~ **refuse their kind offer** non poteva rifiutare la loro generosa offerta; **you may** ~ **think it was his fault** si potrebbe anche pensare che sia stata colpa sua; **he might** ~ **be the best person to ask** potrebbe essere la persona più adatta a cui chiedere; **you might** (**just**) **as** ~ **tell her the truth** tanto varrebbe che tu le dicessi la verità ▸ **all** ~ **and good** molto bene; **that's all very** ~**, but ...** va benissimo, ma...; **as** ~ (*also*) anche; **as** ~ **as** così come; **just as** ~ meglio così; **to be in** ~ **with sb** *inf* trovarsi bene con qu **III.** *interj* (*exclamation*) bene; ~**,** ~ bene, bene!; **very** ~**!** benissimo!

well² [wel] **I.** *n* (*hole for water etc.*) pozzo *m;* **water** ~ sorgente *f* d'acqua; **to drill a** ~ scavare un pozzo **II.** *vi* (*flow*) sgorgare; **to** ~ **up in sth** affiorare in qc; **to** ~ (**up**) **out of sth** (*water*) sgorgare da qc

◆**well up** *vi a. fig* (*rise*) affiorare

well-advised [ˌwel·əd·'vaɪzd] *adj form* **he would be** ~ **to stay at home** farebbe bene a rimanere a casa

well-appointed [ˌwel·ə·'pɔɪn·t̬ɪd] *adj form* ben arredato, -a

well-balanced [ˌwel·'bæ·ləntst] *adj* equilibrato, -a; ~ **diet** dieta bilanciata

well-behaved [ˌwel·bɪ·'heɪvd] *adj* (*child*) beneducato, -a; (*dog*) ben addestrato, -a

W

well-being ['wel·bi:·ɪŋ] *n* benessere *m;* **a feeling of** ~ una sensazione di benessere

well-bred [ˌwel·'bred] *adj* (*well brought up*) beneducato, -a; (*classy, refined*) raffinato, -a

well-chosen [ˌwel·'tʃoʊ·zən] *adj* scelto, -a con cura

well-connected [ˌwel·kə·'nek·tɪd] *adj* **to be** ~ avere molti contatti; **a** ~ **family** una famiglia influente

well-deserved [ˌwel·dɪ·'sɜːvd] *adj* meritato, -a

well-developed [ˌwel·dɪ·'ve·ləpt] *adj* sviluppato, -a; **a** ~ **sense of humor** un acuto senso dell'umorismo

well-disposed [ˌwel·dɪs·'poʊzd] *adj* bendisposto, -a; **to be** ~ **towards sth** essere favorevole a qc; **to feel** ~ **towards sb** essere bendisposto verso qu

well-done [ˌwel·'dʌn] *adj* **1.** (*task*) benfatto, -a **2.** (*meat*) ben cotto, -a

well-dressed [ˌwel·'drest] *adj* benvestito, -a

well-educated [ˌwel·'ed·ʒʊ·keɪ·ṭɪd] *adj* colto, -a

well-fed [ˌwel·'fed] *adj* (*full of food*) ben nutrito, -a

well-founded [ˌwel·'faʊn·dɪd] *adj* fondato, -a; ~ **suspicions** sospetti fondati

well-heeled [ˌwel·'hi:ld] **I.** *adj inf* ricco, -a **II.** *npl* **the** ~ i ricchi

well-informed [ˌwel·ɪn·'fɔːrmd] *adj* beninformato, -a; **to be** ~ **about sb/sth** essere ben informato su qu/qc; **to be** ~ **on a particular topic** conoscere a fondo un tema specifico

well-intentioned [ˌwel·ɪn·'ten·tʃənd] *adj* benintenzionato, -a

well-kept [ˌwel·'kept] *adj* curato, -a; (*secret*) ben mantenuto, -a

well-knit [ˌwel·'nɪt] *adj* (*body*) robusto, -a; *fig* (*scheme, idea*) logico, -a; (*family*) molto affiatato, -a; **a** ~ **plot/story** una trama/storia ben costruita

well-known [ˌwel·'noʊn] *adj* noto, -a; **to be** ~ **for sth** essere noto per qc; **it is** ~ **that ...** è risaputo che...

well-mannered [ˌwel·'mæ·nəd] *adj* educato, -a; **a** ~ **child** un bambino educato

well-meaning [ˌwel·'mi:·nɪŋ] *adj* benintenzionato, -a; ~ **comments** commenti *mpl* fatti in buona fede

well-meant [ˌwel·'ment] *adj* benintenzionato, -a

well-nigh ['wel·naɪ] *adv* quasi; **to be** ~ **impossible** essere pressoché impossibile

well-off [ˌwel·'ɑːf] **I.** *adj* **1.** (*wealthy*) benestante **2.** (*having a lot*) **to be** ~ **for sth** essere ricco, -a di qc; **the city is** ~ **for parks** la città è ricca di parchi; **to not know when one is** ~ non saper quanto si è fortunati **II.** *npl* **the** ~ i ricchi

well-oiled [ˌwel·'ɔɪld] *adj* **1.** (*functioning smoothly*) efficiente **2.** *inf* (*inebriated, drunk*) sbronzo, -a

well-organized [ˌwel·'ɔːr·gə·naɪzd] *adj* ben organizzato, -a

well-paid [ˌwel·'peɪd] *adj* ben retribuito, -a

well-placed [ˌwel·'pleɪst] *adj* situato, -a bene

well-proportioned [ˌwel·prə·'pɔːr·ʃənd] *adj* ben proporzionato, -a

well-read [ˌwel·'red] *adj* **1.** (*knowledgeable*) colto, -a **2.** (*read frequently*) molto letto, -a

well-spoken [ˌwel·'spoʊ·kən] *adj* cortese e istruito, -a

well-thought-of [ˌwel·'θɑː·ṭ·ə·v] *adj* (*person*) stimato, -a; (*school*) prestigioso, -a

well-timed [ˌwel·'taɪmd] *adj* opportuno, -a

well-to-do [ˌwel·tə·'du:] *inf* **I.** *adj* agiato, -a **II.** *n* **the** ~ le persone agiate

well-turned [ˌwel·'tɜːrnd] *adj* **1.** (*gracefully shaped*) elegante **2.** (*cleverly expressed: phrase*) ben costruito, -a

well-wisher ['wel·wɪ·ʃə] *n* simpatizzante *mf*

well-worn [ˌwel·'wɔːrn] *adj* **1.** (*damaged by wear*) consumato, -a **2.** *fig* (*over-used*) trito, -a e ritrito, -a

Welsh [welʃ] **I.** *adj* gallese **II.** *n* **1.** (*person*) gallese *mf* **2.** LING gallese *m*

Welshman ['welʃ·mən] <-men> *n* gallese *m*

Welshwoman ['welʃ·wʊ·mən] <-women> *n* gallese *f*

welt [welt] *n* **1.** (*from blow*) rosso, -a **2.** (*in shoe*) tramezza *f*

welterweight ['wel·tə·weɪt] *n* welter *m inv*

went [went] *pt of* **go**

wept [wept] *pt, pp of* **weep**

were [wɜːr] *pt of* **be**

we're [wɪr] = **we are** *s.* **be**

weren't [wɜːrnt] = **were not** *s.* **be**

west [west] **I.** *n* **1.** (*cardinal point*) ovest *m;* **in the** ~ **of Mexico** nel Messico occidentale; **to lie 5 miles to the** ~ **of ...** trovarsi 8 km a ovest di...; **to go/drive to the** ~ dirigersi a ovest **2.** (*part of the world*) **the West** l'Occidente **3.** (*part of the US*) **the Far West** il Far West; **the Wild West** il selvaggio west **II.** *adj* occidentale; ~ **wind** vento *m* da ovest; ~ **coast** costa *f* occidentale; **West African** dell'Africa occidentale; **West Berlin** Berlino ovest; **West Indies** Antille *fpl* **III.** *adv* a ovest; **further** ~ più a ovest ▶**to go** ~ (*thing*) perdersi; (*person*) finire all'altro mondo

westbound ['west·baʊnd] *adj* in direzione ovest

West End I. *n* **the** ~ il West End di Londra **II.** *adj* **the** ~ **theaters** i teatri del West End

westerly ['wes·tə·li] *adj* occidentale; ~ **winds** venti *mpl* da ovest

western ['wes·tən] **I.** *adj* occidentale; **the** ~ **part of the country** la parte occidentale del paese **II.** *n* CINE western *m inv*

westerner *n* **1.** (*person from the west*) occidentale *mf* **2.** (*person from the western US*) nordamericano, -a *m, f* dell'ovest

westernize ['wes·tə·naɪz] *vt* occidentalizzare

Western Samoa *n* Samoa *f* Occidentale

West Germany *n* HIST Germania *f* Ovest

Westminster Abbey [ˌwest·mɪnts·tə·'æ·bi] *n* Abbazia *f* di Westminster

W

West Virginia *n* Virginia *f* Occidentale
westward(s) ['west·wə·d(z)] *adj* (verso) ovest
wet [wet] **I.** *adj* <-tt-> **1.** (*soaked*) bagnato, -a; **to get ~** bagnarsi; **to get sth ~** bagnare qc; **~ through** bagnato fradicio **2.** (*not yet dried*) umido, -a; **~ paint** pittura fresca **3.** (*rainy*) piovoso, -a; **~ weather** tempo piovoso ▸ **to be ~ behind the ears** avere la bocca che sa ancora di latte; **to be all ~** *sl* sbagliarsi di grosso **II.** <wet, wet> *vt* **1.** (*make damp*) inumidire **2.** (*urinate on*) **to ~ oneself/one's pants** farsi la pipì addosso; **to ~ the bed** fare la pipì a letto **III.** *n* **1. the ~** (*rain*) la pioggia **2.** *inf* POL antiproibizionista *mf*
wet nurse I. *n* HIST balia *f* **II.** *vt* fare da balia a
wetsuit *n* muta *f* da sub
we've [wiːv] = **we have** s. **have**
whack [hwæk] **I.** *vt* colpire **II.** *n* (*blow*) colpo *m;* **to give sth (a good) ~** colpire qc ▸ **to be out of ~** essere sfasciato; **to have a ~ at sth** *inf* tentare qc
whacking *n* botte *fpl;* **to give sb a (real) ~** dare a qu un sacco di botte; **to take a (real) ~** prendere un sacco di botte
whale [hweɪl] *n* balena *f;* **a beached ~** una balena spiaggiata ▸ **to have a ~ of a time** divertirsi un mondo; **a ~ of a ...** un(a) enorme...; **a ~ of a difference** una bella differenza
whaling *n* caccia *f* alle balene
wham [hwæm] *interj inf* **1.** (*sound-effect for blow*) bang **2.** (*describes action*) zac
wharf [hwɔːrf] <-ves> *n* molo *m;* **price ex ~** prezzo *m* franco molo
what [hwʌt] **I.** *adj interrog* che, quale; **~ kind of book?** che tipo di libro?; **~ time is it?** che ore sono?; **~ men is he talking about?** di quale uomo parla?; **~ an idiot!** che idiota!; **~ a fool I am!** che stupido che sono! **II.** *pron* **1.** *interrog* (che) cosa; **~ can I do?** cosa posso fare?; **~ does it matter?** cosa importa?; **~ 's on for tonight?** cosa c'è in programma stasera?; **~ 's up?** cosa c'è?; **~ for?** a che scopo?; **~ is he like?** com'è?; **~ 's his name?** come si chiama?; **~ 's it called?** come si chiama?; **~ about Paul?** e Paul?; **~ about a walk?** vi va una passeggiata?; **~ if it snows?** *inf* e se nevica? **2.** *rel* ciò/quello che; **~ I like is ~ he says/is talking about** quello che mi piace è quello che dice/ciò di cui parla; **~ is more** per di più **III.** *interj* **~ !?** cosa!?; **so ~ ?** e allora?; **is he coming, or ~ ?** viene o no?
whatever [hwʌt·'e·və] **I.** *pron* **1.** (*anything*) qualunque cosa; **~ happens, happens** succeda quel che succeda **2.** (*any of them*) qualunque; **~ you pick is fine** qualunque tu scelga va bene **II.** *adj* **1.** (*being what it may be*) qualunque; **~ the reason** qualunque sia il motivo **2.** (*of any kind*) **there is no doubt ~** non c'è alcun dubbio
whatnot ['hwʌt·nɑːt] *n* **and ~** *inf* e roba del genere
whatsoever [ˌhwʌt·soʊ·'e·və] *adv* **to have no**

interest ~ in sth non avere interesse alcuno in qc; **nothing ~** niente di niente
wheat [hwiːt] *n* grano *m* ▸ **to separate the ~ from the chaff** separare il grano dal loglio
wheat belt *n* zona *f* coltivata a grano
wheat germ *n* germe *m* di grano
wheel [hwiːl] **I.** *n* **1.** (*of vehicle*) ruota *f;* **front/rear ~** ruota anteriore/posteriore; **big ~** ruota *f;* **to be on ~s** avere le ruote **2.** TECH tornio *m;* **spinning ~** filatoio *m* a mano **3.** AUTO volante *m;* **to be at the ~** essere al volante; **to take the ~** mettersi al volante; **to get behind the ~** mettersi al volante **4.** *pl, inf* (*vehicle, car*) mezzo *m* **5.** NAUT timone *m* ▸ **to be hell on ~s** *inf* essere un pericolo al volante **II.** *vt* spingere **III.** *vi* volteggiare ▸ **to ~ and deal** *inf* intrallazzare
♦ **wheel around** *vi* voltarsi di scatto
wheelbarrow ['hwiːl·ˌbe·roʊ] *n* carriola *f*
wheelchair *n* sedia *f* a rotelle
wheeler-dealer [ˌhwiː·lə·'diː·lə] *n pej, inf* intrallazzone, -a *m, f*
wheelhouse ['hwiːl·haʊs] *n* timoniera *f*
wheeze [hwiːz] **I.** <-zing> *vi* sibilare (respirando) **II.** *n* (*of breath*) sibilo *m*
wheezy *adj* <-ier, -iest> ansante
whelp [hwelp] **I.** *n* cucciolo *m* **II.** *vt* partorire
when [hwen] **I.** *adv* quando; **since ~ ?** da quando?; **I'll tell him ~ to go** gli dirò io quando andare **II.** *conj* **1.** (*at which time*) quando; **at the moment ~ he arrived** nel momento in cui è arrivato **2.** (*during the time that*) **~ singing that song** quando cantava quella canzone **3.** (*every time that*) **~ it snows** quando nevica **4.** (*although*) **he buys it ~ he could (just as easily) borrow it** lo compra quando potrebbe prenderlo in prestito **5.** (*considering that*) se; **how can I listen ~ I can't hear?** come faccio ad ascoltare se non riesco a sentire?
whence [hwents] *adv form* dove; (*interrogative*) da dove?
whenever [hwen·'e·və] **I.** *conj* **1.** (*every time that*) quando; **~ I can** ogni volta che posso **2.** (*at any time that*) **he can come ~ he likes** può venire quando vuole **II.** *adv* **~ did I say that?** quando mai l'ho detto?; **I can do it tomorrow or ~** posso farlo domani o un giorno di questi
where [hweə] *adv* **1.** *interrog* dove; **~ does he come from?** da dove viene?; **~ does he live?** dove abita?; **~ is he going (to)?** dove va? **2.** *rel* dove; **I'll tell him ~ to go** gli dirò io dove andare; **the box ~ he puts his things** la scatola dove mette le sue cose; **this is ~ my horse was found** qui è dove hanno trovato il mio cavallo; **Minnesota, ~ Paul comes from, is ...** il Minnesota, da dove viene Paul, è...
whereabouts ['hwer·ə·baʊts] **I.** *n* + *sing/pl vb* posizione *f;* **do you know the ~ of my book?** *form* sa dov'è il mio libro? **II.** *adv inf*

W

dove; **~ in San Francisco do you live?** in che zona di San Francisco abiti?

whereas [hwer·'æz] *conj* **1.** (*while*) mentre **2.** LAW considerato che

whereby [hwer·'baɪ] *conj form* tramite cui

wherein [hwer·'ɪn] *conj form* dove

wheresoever [ˌhwer·soʊ·e·və·] *adv, conj form s.* **wherever**

whereupon ['hwer·ə·ˌpɑːn] *conj form* al che

wherever [ˌhwer·'e·və·] **I.** *conj* dovunque; **~ I am/I go** dovunque sia/vada; **~ there is sth** dovunque ci sia qc; **~ he likes** dovunque voglia **II.** *adv* **~ did she find that?** dove mai l'ha trovato?; **... or ~** ...o da qualche altro posto

wherewithal ['hwer·wɪð·ˌɔːl] *n liter* mezzi *mpl;* **to lack the ~** (**to do sth**) non avere i mezzi (per fare qc)

whet [hwet] <-tt-> *vt* **1.** (*sharpen*) affilare **2.** *fig* (*increase, stimulate*) stimolare; **to ~ sb's appetite (for sth)** stuzzicare il desiderio di qu (di qc)

whether ['hwe·ðə·] *conj* **1.** (*if*) se; **to tell/ask ~ it's true** (**or not**) dire/chiedere se è vero (o no); **she doesn't know ~ to buy it or not** non sa se comprarlo o no; **I doubt ~ he'll come** dubito che venga **2.** (*all the same*) **~ rich or poor...** che siano ricchi o poveri...; **~ I go by bus or bike ...** che vada in autobus o in bicicletta...

whetstone ['hwet·stoʊn] *n* cote *f*

whew [fjuː] *interj inf* fiu

whey [hweɪ] *n* siero *m*

which [hwɪtʃ] **I.** *adj interrog* quale; **~ one/ ones?** quale/quali? **II.** *pron* **1.** *interrog* quale; **~ is his?** qual è il suo? **2.** *rel* che; **the book ~ I read/of ~ I'm speaking** il libro che ho letto/ di cui sto parlando; **he said he was there, ~ I believed** ha detto che c'era, cosa che credo

whichever [hwɪtʃ·'e·və·] **I.** *pron* qualunque; **you can choose ~ you like** scegli quello che ti pare **II.** *adj* qualunque; **you can take ~ book you like** puoi prendere qualunque libro tu voglia

whiff [hwɪf] *n* **1.** (*quick smell*) ondata *f;* **to catch a ~ of sth** sentire odore di qc **2.** *fig* (*slight trace*) pizzico *m; a* **~ of corruption** un minimo sospetto di corruzione

while [hwaɪl] **I.** *n* **a short ~** un pochino; **quite a ~** un bel po'; **after a ~** dopo un po'; **for a ~** per un po'; **once in a ~** una volta (ogni) tanto **II.** *conj* **1.** (*during which time*) mentre; **I did it ~ he was sleeping** l'ho fatto mentre dormiva; **~ I'm alive** finché sono vivo **2.** (*although*) benché; **~ I like it, I won't buy it** nonostante mi piaccia, non lo compro; **~ I know it's true ...** benché pensi sia vero...

◆**while away** *vt* passare; **to ~ the time** far passare il tempo

whim [hwɪm] *n* capriccio *m;* **to do sth on a ~** fare qc per capriccio; **as the ~ takes him** quando gli gira

whimper ['hwɪm·pə·] **I.** *vi* gemere; (*child*)

piagnucolare; (*dog*) guaire **II.** *n* gemito *m;* (*of dog*) guaito *m;* **to give a ~** emettere un gemito

whimsical ['hwɪm·zɪ·kəl] *adj* **1.** (*odd*) bizzarro, -a **2.** (*capricious*) capriccioso, -a

whimsicality [ˌhwɪm·zɪ·'kæ·lə·ti] *n* **1.** (*odd character*) stravaganza *f* **2.** (*caprice*) capriccio *m*

whimsy ['hwɪm·zi] <-ies> *n pej* **1.** (*odd fancifulness*) stravaganza *f* **2.** (*odd, fanciful thing or work*) fantasia *f* **3.** (*whim*) capriccio *m*

whine [hwaɪn] **I.** <-ning> *vi* **1.** (*complaining noise, cry*) gemere **2.** (*engine*) fischiare **II.** *n* (*of a person*) gemito *m;* (*of an animal*) guaito *m;* (*of an engine*) fischio *m*

whinny ['hwɪ·ni] **I.** <-ied, -ing> *vi* nitrire **II.** *n* <-ies> nitrito *m*

whip [hwɪp] **I.** *n* **1.** (*lash*) frusta *f;* **to crack a ~** far schioccare la frusta **2.** (*person*) persona *responsabile della disciplina di partito;* **chief ~** capogruppo *mf* **II.** <-pp-> *vt* **1.** (*strike with whip*) frustare **2.** (*strike*) sferzare **3.** *fig, inf* (*battere*) **to ~ sb at** [o **in**] **sth** battere qu a/ in qc **4.** FOOD montare **III.** <-pp-> *vi* **1.** (*strike*) sbattere **2.** (*move fast*) sfrecciare; **to ~ around the corner** (*car*) svoltare a tutta velocità

◆**whip back** *vi* (*bounce back*) tornare indietro di scatto

◆**whip off** *vt* (*one's clothes*) togliersi in fretta; (*tablecloth*) togliere di scatto

◆**whip on** *vt* **1.** (*urge on*) incitare **2.** (*put on quickly*) mettersi in fretta

◆**whip out** *vt* tirare fuori

◆**whip up** *vt* **1.** (*encourage*) stimolare **2.** *inf* (*prepare quickly*) preparare rapidamente **3.** FOOD **to ~ eggs** sbattere le uova

whipcord ['hwɪp·kɔːrd] *n* sverzino *m*

whip hand *n* **to hold the ~** avere una posizione di forza

whiplash *n* <-es> **1.** (*whip part*) sverzino *m* **2.** (*blow from whip*) frustata *m* **3.** (*injury*) colpo *m* di frusta

whipped cream *n* panna *f* montata

whippersnapper ['hwɪ·pə·ˌsnæ·pə·] *n iron* sbruffoncello, -a *m, f*

whippet ['hwɪ·pɪt] *n cane simile al levriero*

whipping I. *n* **1.** (*punishment, physical beating*) fustigazione *f;* **to be given a (good) ~** essere preso a frustate **2.** (*gusting*) **the ~ of the wind** lo sferzare del vento **II.** *adj* (*gusty*) sferzante; **a ~ wind** un vento sferzante

whipping boy ['hwɪ·pɪŋ·bɔɪ] *n* capro *m* espiatorio

whipping cream *n* panna *f* da montare

whirl [hwɜːrl] **I.** *vi* turbinare; **my head ~s** *fig* mi gira la testa **II.** *vt* far girare; **to ~ sb around** far volteggiare qu **III.** *n* turbinio *m; a* **~ of dust** un turbine di polvere ▸**to give sth a ~** provare qc

whirligig ['hwɜːr·lɪ·gɪg] *n* **1.** (*toy*) trottola *f* **2.** *fig* turbine *m*

whirlpool ['hwɜːrl·puːl] *n* mulinello *m*

whirlwind *n* turbine *m; a* **~ romance** una turbinosa storia d'amore

whirlybird [ˈhwɜːr·lɪ·ˌbɜːrd] *n inf* (*helicopter*) elicottero *m*

whirr [hwɜːr] **I.** *vi* ronzare **II.** *n* ronzio *m;* (*of bird's wings*) frullio *m*

whisk [whɪsk] **I.** *vt* **1.** FOOD battere **2.** (*take quickly*) portare rapidamente; **to ~ sb off somewhere** portare rapidamente qu da qualche parte **3.** (*with sweeping movement: tail*) agitare **II.** *n* **1.** (*kitchen tool*) frusta *f;* **electric ~** frullino *m* elettrico **2.** (*sweeping motion*) colpo *m*

whisker [ˈhwɪs·kɚ] *n* **1.** ~**s** (*facial hair*) pelo *m* della barba **2.** *pl* (*of animal*) baffi *mpl* ▸ **by a ~** per un pelo; **within a ~ of sth/doing sth** a un passo da qc/dal fare qc

whiskey *n,* **whisky** [ˈhwɪs·ki] *n* <-ies> whisky *m inv*

whisper [ˈhwɪs·pɚ] **I.** *vi* sussurrare **II.** *vt* **1.** (*speak softly*) sussurrare; **to ~ sth in sb's ear** sussurrare qc all'orecchio di qu **2.** *fig* (*gossip, speak privately*) mormorare; **it is ~ed that ...** si mormora che... **III.** *n* **1.** (*soft sound or speech*) mormorio *m;* **to lower one's voice to a ~** abbassare la voce e parlare sussurrando; **to speak in a ~** sussurrare **2.** *fig* (*rumor*) voce *f* **3.** *fig, liter* (*soft rustle*) sussurrio *m;* **the ~ of the leaves** il fruscio delle foglie

whispering *n* **1.** (*talking very softly*) sussurro *m* **2.** *fig* (*gossiping*) voci *fpl*

whispering campaign *n* campagna *f* diffamatoria

whist [hwɪst] *n* whist *m;* **a game of ~** una partita a whist

whistle [ˈhwɪ·sl] **I.** <-ling> *vi* fischiare; **to ~ at sb/sth** fischiare a qu/qc; **to ~ in admiration** fare fischi di approvazione **II.** <-ling> *vt* fischiettare **III.** *n* **1.** (*blowing sound*) fischio *m;* **the ~ of the wind** il fischiare del vento **2.** (*musical device*) fischio *m;* **referee's ~** fischio *m* dell'arbitro; **to blow a ~** fischiare ▸ **to blow the ~ on sb** denunciare qu; **to wet one's ~** bagnarsi la bocca

white [hwaɪt] **I.** *adj* bianco, -a; **~ sauce** besciamella *f;* **~ wedding** matrimonio *m* tradizionale; **to turn** [*o* **go**] **~ with fear** sbiancare dalla paura ▸ **to fly into a ~ rage** andare su tutte le furie **II.** *n* **1.** (*color*) bianco *m;* **the ~ of an egg** il bianco dell'uovo; **the ~ of sb's eyes** il bianco degli occhi di qu **2.** (*person*) bianco, -a *m, f*

white-collar [ˌhwaɪt·ˈkɑː·lɚ] *adj* **~ worker** impiegato, -a *m, f*

white elephant *n* cattedrale *f* nel deserto

white flag *n* bandiera *f* bianca; **to fly** [*o* **raise**] **a ~** alzare una bandiera bianca

white goods *npl* **1.** (*major household appliances*) elettrodomestici *mpl* **2.** (*household linen*) biancheria *f* per la casa

Whitehall [ˈhwaɪt·hɔːl] *n* **1.** (*offices of Britain's government*) strada londinese in cui hanno sede vari ministeri **2.** *fig* (*government of Britain*) governo britannico

white heat *n* **1.** (*of metal*) calor *m* bianco **2.** *fig* (*passion*) fervore *m*

White House *n* **the ~** la Casa Bianca

La **White House**, o Casa Bianca, situata al numero 1600 della *Pennsylvania Avenue* a Washington, D.C., è la residenza ufficiale del presidente degli Stati Uniti e l'*Oval Office* (la stanza ovale) il suo principale luogo di lavoro. Il sito fu scelto da George Washington, primo presidente degli Stati Uniti, e il progetto fu realizzato dall'architetto James Hoban. La forma dell'*Oval Office* (stanza ovale) fu tuttavia voluta da George Washington. John Adams fu il primo presidente a prendervi dimora nel 1800. La **White House**, ha una superficie di 55.000 piedi quadrati (5.100 m^2), ripartiti su 6 piani e 132 stanze, e deriva il nome dalla pietra bianca di Brac con la quale fu edificata.

white lie *n* piccola bugia *f*

white man <-men> *n* uomo *m* bianco

white meat *n* carne *f* bianca

whiten [ˈhwaɪ·tən] **I.** *vt* (*wall*) imbiancare; (*teeth*) sbiancare **II.** *vi* diventare bianco, -a

whitener [ˈhwaɪt·nɚ] *n* sbiancante *m*

whiteness *n* bianchezza *f*

whiteout *n* **1.** (*dense blizzard*) bufera *f* di neve **2.** TYPO bianchetto *m*

white sale *n* fiera *f* del bianco

white-tie **I.** *adj* **~ dinner** cena *f* di gala **II.** *n* papillon *m inv* bianco

whitewash [ˈhwaɪt·wɑːʃ] **I.** <-es> *n* **1.** (*for whitening walls*) calce *m* **2.** (*coverup*) copertura *f* **3.** *inf* (*overwhelming victory*) vittoria *f* schiacciante **II.** *vt* **1.** (*cover in white solution*) imbiancare **2.** (*conceal negative side of*) coprire **3.** *inf* SPORTS (*defeat completely*) schiacciare

white-water rafting [ˌhwaɪt·wɑː·t̬ɚ·ˈræf·tɪŋ] *n* rafting *m* in acque bianche

white wine *n* vino *m* bianco

whither [ˈhwɪ·ðɚ] *adv form* dove

whiting[1] [ˈhwaɪ·t̬ɪŋ] *n* (*fish*) merlano *m*

whiting[2] [ˈhwaɪ·t̬ɪŋ] *n* (*white substance*) sbiancante *m*

Whitmonday [ˌhwɪt·ˈmʌn·deɪ] *n* Lunedì *m inv* di Pentecoste

Whitsun [ˈhwɪt·sən] **I.** *n* Pentecoste *f;* **at ~** per la Pentecoste **II.** *adj* di Pentecoste

Whitsunday [ˌhwɪt·ˈsʌn·deɪ] *n* Pentecoste *f*

Whitsuntide [ˈhwɪt·sən·taɪd] *n s.* **Whitsun**

whittle [ˈhwɪ·t̬l] <-ling> *vt* tagliuzzare

◆ **whittle away at** *vt* **1.** (*take little bits off*) tagliuzzare **2.** *fig* (*decrease*) ridurre gradualmente

◆ **whittle down** *vt* ridurre gradualmente

whiz [hwɪz] **I.** *n* **1.** *inf* (*brilliant person*) genio *m* **2.** (*noise*) ronzio *m* **3.** *sl* (*act of urinat-*

ing) **to take a** ~ pisciare **II.** *vi* **1.** (*move fast*) sfrecciare; **to** ~ **along** *inf* sfrecciare; **to** ~ **by** *inf* passare sfrecciando **2.** *sl* (*urinate*) pisciare

whiz kid *n inf* genietto *m*

whizz [hwɪz] *n, vi s.* **whiz**

who [hu:] *pron* **1.** *interrog* chi; ~ **broke the window?** chi ha rotto la finestra?; ~ **were they?** chi erano? **2.** *rel* che; **they have a daughter** ~ **works in Alaska** hanno una figlia che lavora in Alaska; **the people** ~ **work here** la gente che lavora qui; **all those** ~ **know her** tutti quelli che la conoscono; **it was your sister** ~ **did it** l'ha fatto tua sorella

WHO [ˌdʌ·bl·ju:·ˌeɪtʃ·'oʊ] *n abbr of* **World Health Organization** OMS *f*

whoa [hwoʊ] *interj* **1.** (*command to stop a horse*) ferma **2.** *fig, inf* (*to stop something*) calma

whodunit *n*, **whodunnit** [ˌhu:·'dʌ·nɪt] *n inf* giallo *m*

whoever [hu:·'e·vɚ] *pron* **1.** *rel* (*who*) chiunque; ~ **said that doesn't know me** chiunque l'abbia detto non mi conosce **2.** *interrog, inf* (*angry*) chi (diavolo); ~ **said that?** chi diavolo l'ha detto?

whole [hoʊl] **I.** *adj* **1.** (*entire*) tutto, -a; **the** ~ **world** tutto il mondo **2.** (*in one piece, intact*) intero, -a **3.** *inf* (*big*) **a** ~ **lot of people** un sacco di gente; **to be a** ~ **lot faster** essere molto più veloce **II.** *n* **1.** (*a complete thing*) tutto *m*; **as a** ~ (*concept*) nella sua interezza; **on the** ~ nel complesso **2.** (*entirety*) totalità *f;* **the** ~ **of Los Angeles** tutta Los Angeles; **the** ~ **of next week** tutta la settimana prossima **III.** *adv* completamente; ~ **new** completamente nuovo

whole food *n* **1.** (*unprocessed food*) alimenti *mpl* integrali **2.** *pl* (*unprocessed food products*) alimenti *mpl* integrali

wholegrain ['hoʊl·greɪn] *adj* integrale; ~ **bread** pane *m* integrale; ~ **food products** alimenti *mpl* integrali

wholehearted [ˌhoʊl·'hɑːr·t̬ɪd] *adj* entusiasta; (*completely sincere*) profondamente sincero, -a; ~ **thanks** ringraziamenti *m* sinceri *pl*

wholesale ['hoʊl·seɪl] **I.** *n* vendita *f* all'ingrosso **II.** *adj* **1.** all'ingrosso; ~ **business** magazzino *m* all'ingrosso; ~ **prices** prezzi *mpl* all'ingrosso; ~ **supplier** grossista *mf* **2.** (*on a large scale*) su grande scala; ~ **reform** riforma *f* su grande scala **III.** *adv* **1.** COM all'ingrosso **2.** (*in bulk*) in massa

wholesaler ['hoʊl·seɪ·lɚ] *n* grossista *mf;* **furniture** ~ grossista di mobili

wholesome ['hoʊl·səm] *adj* sano, -a; **the** ~ **outdoor life** la vita sana all'aria aperta; (*good*) ~ **fun** sano divertimento *f;* (*good*) ~ **food** alimenti *mpl* sani (e genuini)

whole-wheat *adj* di grano integrale

who'll [hu:l] = **who will** *s.* **will**

wholly ['hoʊ·li] *adv* totalmente; **to be** ~ **aware of sth** essere del tutto consapevole di qc; ~ **different** completamente differente

whom [hu:m] *pron* **1.** *interrog* chi; ~ **did he see?** chi ha visto?; **to** ~ **did he talk?** con chi ha parlato? **2.** *rel* che; *after prep* il/la quale, i/le quali; **those** ~ **I love** coloro che amo; **I met a man with** ~ **I used to work** ho incontrato un signore con il quale lavoravo

whoop [hu:p] **I.** *vi* gridare **II.** *vt* **to** ~ **it up** fare baldoria **III.** *n* grido *m; a* ~ **of triumph** grido *m* di vittoria; **to give a loud** ~ gridare forte

whoopee ['hwu:·pi] **I.** *interj* urrà **II.** *n* giubilo *m;* **to make** ~ *sl* (*have sex*) fare sesso; (*celebrate*) fare baldoria

whooping cough ['hu:·pɪŋ·kɑːf] *n* pertosse *f*

whoops [hwʊps] *interj inf* oplà

whop [hwɑːp] *inf* **I.** <-pp-> *vt* **1.** (*strike*) colpire **2.** (*in competition*) battere **II.** *n* botta *f*

whopper ['hwɑː·pɚ] *n iron* **1.** (*huge thing*) cosa *f* gigante; **a** ~ **of a fish** un pescione *m* **2.** (*lie*) balla *f;* **to tell a** ~ raccontare una balla

whopping ['hwɑː·pɪŋ] *adj inf* enorme; **a** ~ **lie** una balla enorme

whore [hɔːr] *n pej* puttana *f*

whorl [hwɜːrl] *n liter* spirale *f*

who's [hu:z] **1.** = **who is** *s.* **is 2.** = **who has** *s.* **has**

whose [hu:z] **I.** *adj* **1.** *interrog* di chi; ~ **book is this?** di chi è questo libro?; ~ **son is he?** di chi è figlio? **2.** *rel* il/la cui; **the girl** ~ **brother I saw** la ragazza di cui ho visto il fratello **II.** *pron pos* di chi; ~ **is this pen?** di chi è questa penna?; **I know** ~ **this is** questo so di chi è

why [hwaɪ] **I.** *adv* perché; ~ **didn't you tell me about that?** perché non me ne hai parlato?; **that's** ~ **I didn't tell you** ecco perché non ti ho detto niente; **I want to know** ~ **you came late** voglio sapere perché sei arrivato tardi; ~ **not?** perché no?; ~**'s that?** perché? **II.** *n* perché *m inv;* **the** ~**s and** wherefores **of sth** il perché e il percome di qc **III.** *interj* come mai?

WI *n abbr of* **Wisconsin** Wisconsin

wick [wɪk] *n* stoppino *m*

wicked ['wɪ·kɪd] **I.** *adj* **1.** (*evil*) malvagio, -a **2.** (*playfully malicious*) malizioso, -a; **a** ~ **grin** un sorriso malandrino **3.** (*likely to cause pain*) temibile **4.** *inf* (*great fun*) grande **II.** *n* **the** ~ i malvagi

wicker ['wɪ·kɚ] *n* vimine *m*

wickerwork *n* **1.** (*material*) vimine *m* **2.** (*art*) articolo *m* in vimine

wicket ['wɪ·kɪt] *n* **1.** (*cricket target*) wicket *m inv* **2.** (*ground*) campo *m;* **to be in a sticky** ~ essere nei casini

wicketkeeper ['wɪ·kɪt̬ˌki:·pɚ] *n* difensore *m* del wicket

wide [waɪd] **I.** *adj* **1.** (*broad*) ampio, -a; (*as a measurement*) largo, -a; **it is 3 feet** ~ largo 1 m; **the** (**great**) ~ **world** il mondo (intero); **to search** (**for sb/sth**) **the** ~ **world over** cercare (qu/qc) in tutto il mondo **2.** (*very open*) spalancato, -a; **eyes** ~ **with fear/surprise** occhi *mpl* sbarrati per la paura/sorpresa

W

3. (*varied*) vasto, -a; **a ~ range** una vasta gamma; **to have ~ experience in sth** avere vasta esperienza in qc **4.** (*extensive*) ampio, -a; **~ support** grosso appoggio *m* ▶ **to be ~ of the mark** mancare il bersaglio **II.** *adv* **to be ~ apart** essere lontanissimi (l'uno dall'altro); **to open ~** aprire bene; **~ open** spalancato

wide-angle [ˌwaɪdˈæŋ·gl] *adj* (*lente*) grandangolare

wide-awake [ˌwaɪd·ə·ˈweɪk] *adj* completamente sveglio, -a

wide-eyed [ˈwaɪd·aɪd] *adj fig* innocente

widely *adv* **1.** (*broadly, extensively*) ampiamente; **to gesture ~** fare grandi gesti; **to smile ~ at sb** fare un gran sorriso a qu; **~ accepted** comunemente accettato; **~ admired** molto ammirato **2.** (*to a large degree*) notevolmente; **~ differing aims** obiettivi *mpl* notevolmente diversi

widen [ˈwaɪ·dən] **I.** *vt* ampliare **II.** *vi* allargarsi

wide-open [ˈwaɪd·ˌoʊ·pən] *adj* **1.** (*undecided*) aperto, -a **2.** (*vulnerable, exposed*) esposto, -a; **to be ~ to comments** essere esposto ai commenti

widespread [ˈwaɪd·spred] *adj a. fig* diffuso, -a; **there is ~ speculation that ...** gira voce che...

widow [ˈwɪ·doʊ] **I.** *n* vedova *f;* **to be left a ~** rimanere vedova **II.** *vt* **to ~ sb** lasciare vedovo qu [*o* lasciare vedova qu]; **to be ~ed** rimanere vedovo [*o* rimanere vedova]

widowed *adj* vedovo, -a

widower [ˈwɪ·do·ʊɚ] *n* vedovo *m;* **to be left a ~** rimanere vedovo

widowhood [ˈwɪ·doʊ·hʊd] *n* vedovanza *f*

widow's peak *n* attaccatura *f* dei capelli a forma di V

width [wɪdθ] *n* **1.** ampiezza *f,* larghezza *f;* (*of wallpaper, cloth*) altezza *f;* **to be 4 inches in ~** essere largo 10 cm; (*wallpaper, cloth*) essere alto 10 cm **2.** (*of pool*) vasca *f;* **to swim two ~s** fare due vasche (a nuoto)

wield [wiːld] *vt* **1.** (*weapon, tool*) impugnare **2.** (*power*) esercitare

wife [waɪf] <wives> *n* moglie *f;* **my ~** mia moglie

wifely [ˈwaɪf·li] *adj* di moglie

Wi-Fi® [ˈwaɪ·faɪ] *n abbr of* **Wireless Fidelity** INET Wi-Fi *m*

wig [wɪg] *n* parrucca *f*

wiggle [ˈwɪ·gl] **I.** *vt* muovere **II.** *vi* agitarsi **III.** *n* movimento *m*

wigwam [ˈwɪg·wɑːm] *n* wigwam *m*

wild [waɪld] **I.** *adj* **1.** (*animal, man, landscape*) selvaggio, -a; (*flower, cat*) selvatico, -a **2.** (*undisciplined*) scatenato, -a **3.** (*not sensible, extreme*) assurdo, -a **4.** (*not accurate*) azzardato, -a **5.** (*stormy*) burrascoso, -a; (*wind*) furioso, -a **6.** *inf* (*angry*) furioso, -a; **to drive sb ~** mandare qu su tutte le furie; **to go ~** andare su tutte le furie **7.** *inf* (*very enthusiastic*) entusiasta **8.** (*untidy: hair*) arruffato, -a **9.** GAMES, COMPUT (*substitutable*) jolly **10.** *inf*

(*wonderful*) fantastico, -a **II.** *adv* allo stato selvatico ▶ **to run ~** (*child*) crescere come un selvaggio; (*horse*) vivere allo stato brado; **to let one's imagination run ~** lasciare libera la fantasia **III.** *n* **1. the ~** (*natural environment*), **in the ~** allo stato libero **2.** *pl* **the ~s** le terre vergini; (**out**) **in the ~s** in capo al mondo *inf*

wild card *n* **1.** *a.* COMPUT carattere *m* jolly **2.** SPORTS wild card *f inv*

wildcat **I.** *n* **1.** ZOOL (*wild cat*) gatto *m* selvatico **2.** *fig* (*fierce woman*) tigre *f* **II.** *adj* **1.** (*very risky*) azzardato, -a **2.** (*unofficial: strike*) selvaggio, -a **3.** (*exploratory: drilling, well*) esplorativo, -a

wilderness [ˈwɪl·dɚ·nəs] *n* **1.** (*desert tract*) distesa *f* desolata **2.** (*unspoiled land*) terra *f* vergine **3.** *fig* (*uncultivated garden*) giungla *f* iron

wildfire [ˈwaɪld·ˌfaɪɚ] *n* incendio *m* in zona campestre ▶ **to spread like ~** diffondersi rapidamente

wildfowl [ˈwaɪld·faʊl] *inv n* uccelli *mpl* selvatici

wild goose <- geese> *n* oca *f* selvatica

wild-goose chase *n* impresa *f* vana; (*hopeless search*) ricerca *f* vana

wildlife *n* fauna *f* e flora

wildly *adv* **1.** (*in an uncontrolled way*) sfrenatamente; **to gesticulate ~** fare un sacco di gesti; **to behave ~** comportarsi come un selvaggio; **to beat ~** battere all'impazzata **2.** (*haphazardly*) a casaccio **3.** *inf* (*very*) molto; **~ exaggerated** ingigantito; **~ expensive** carissimo; **~ improbabile** veramente improbabile

wildness *n* **1.** (*natural state*) stato *m* selvaggio **2.** (*uncontrolled behavior*) sfrenatezza *f* **3.** (*haphazardness*) insensatezza *f*

wiles [waɪlz] *npl* astuzie *fpl;* **to use all one's ~** ricorrere a ogni astuzia

wilful [ˈwɪl·fəl] *adj s.* **willful**

wiliness [ˈwaɪ·lɪ·nəs] *n* astuzia *f*

will¹ [wɪl] <would, would> **I.** *aux* **1.** (*to form future tense*) **they'll be delighted** saranno felicissimi; **I'll be with you in a minute** dammi solo un momento; **I expect they'll come by car** suppongo che vengano in auto; **I'll answer the telephone** rispondo io al telefono; **she ~ have received the letter by now** avrà già ricevuto la lettera **2.** (*with tag question*) **you won't forget to tell him, ~ you?** non dimenticarti di dirglielo!; **they ~ accept this credit card in the pizzeria, won't they?** questa carta di credito l'accetteranno in pizzeria, no? **3.** (*to express immediate future*) **we'll be off now** ora ce ne andiamo; **I'll be going then** allora me ne vado; **there's someone at the door — I'll go** hanno suonato il campanello — vado io **4.** (*to express an intention*) **sb ~ do that** qu lo farà; **I'll not be spoken to like that!** non permetto che mi si parli così! **5.** (*in requests and instructions*) **~ you let me speak!?** mi fai parlare!; **just pass me that knife, ~ you?** mi passi il

W

coltello?; **give me a hand,** ~ **you?** mi dai una mano? **6.**(*in polite requests*) ~ **you sit down?** prego, si sieda; ~ **you be having a slice of cake?** vuole un pezzo di torta? **7.**(*used to express willingness*) **who'll mail this letter for me?** — I ~ chi m'imbuca questa lettera? — lo faccio io; ~ **you do that for me?** — **of course I** ~ puoi farmelo? — certamente **8.**(*used to express a fact*) **eat it now, it won't keep** mangialo ora, se no va a male; **the car won't run without gasoline** la macchina non funziona senza benzina **9.**(*to express persistence*) **he** ~ **keep doing that** continuerà a farlo; **they** ~ **keep sending me those brochures** non smetteranno di mandarmi quei dépliant; **the door won't open** la porta non si apre **10.**(*to express likelihood*) **they'll be tired** saranno stanchi; **as you** ~ **all probably know already...** come tutti probabilmente sapranno... **II.** *vi form* volere; **as you** ~ come vuole

will² [wɪl] **I.** *n* **1.**(*faculty*) volontà *f;* (*desire*) voglia *f;* **the** ~ **of the people** la volontà del popolo; **to have the** ~ **to do sth** voler fare qc; **to lose the** ~ **to live** perdere la volontà di vivere; **at** ~ a volontà/piacere **2.**(*testament*) testamento *m* ▸ **where there's a** ~, **there's a way** *prov* volere è potere *prov;* **with the best** ~ **in the world** con tutta la buona volontà del mondo; **to have a** ~ **of one's own** essere caparbio **II.** *vt* **1.**(*try to cause by will-power*) volere; **to** ~ **sb to do sth** esortare qu a fare qc **2.** *form* (*ordain*) volere; **God** ~**ed it and it was so** Dio lo ha voluto e così è stato **3.**(*bequeath*) lasciare per testamento

willful ['wɪl·fəl] *adj* **1.**(*deliberate*) deliberato, -a; (*murder*) premeditato, -a **2.**(*self-willed*) volitivo, -a; (*obstinate*) ostinato, -a

willies ['wɪ·liz] *npl sl* **to have the** ~ avere i brividi; **to give sb the** ~ far venire i brividi a qu

willing ['wɪ·lɪŋ] *adj* **1.**(*not opposed*) (ben) disposto, -a; **to be** ~ **to do sth** essere disposto a fare qc; **to lend a** ~ **hand** dare una mano; **God** ~ se Dio vuole **2.**(*compliant*) volenteroso, -a

willingness *n* disponibilità *f;* **to show a** ~ **to do sth** mostrarsi disposto a fare qc; **lack of** ~ mancanza *f* di entusiasmo

will-o'-the-wisp [ˌwɪl·ə·də·'wɪsp] *n* **1.**(*ghostly light*) fuoco *m* fatuo **2.** *fig* (*elusive thing*) chimera *f*

willow ['wɪ·loʊ] *n* salice *m*

willowy ['wɪ·loʊ·i] *adj* slanciato, -a

willpower ['wɪl·ˌpɑ·ʊə] *n* forza *f* di volontà

willy-nilly [ˌwɪ·li·'nɪ·li] *adv* **1.**(*like it or not*) volente o nolente **2.**(*in disorder*) a casaccio

wilt [wɪlt] *vi* **1.**(*droop: plants*) appassire **2.**(*feel weak: person*) indebolirsi; (*lose confidence*) scoraggiarsi

wily ['waɪ·li] <-ier, -iest> *adj* astuto, -a

wimp [wɪmp] *n inf* imbranato, -a *m, f*

win [wɪn] **I.** *n* vittoria *f* **II.**<won, won> *vt*

1.(*be victorious in*) vincere; **to** ~ **first prize** vincere il primo premio **2.**(*obtain*) ottenere; (*recognition, popularity*) guadagnarsi; **to** ~ **a reputation as a writer** affermarsi come scrittore; **to** ~ **sb's heart** conquistare la simpatia di qu ▸ **to** ~ **the day** averla vinta; **you can't** ~ **them all** non si può vincere sempre; **you** ~ **some, you lose some** a volte si vince, a volte si perde **III.**<won, won> *vi* vincere; **to** ~ **easily** vincere con facilità ▸ **to** ~ **hands down** vincere con facilità; **you (just) can't** ~ **with him/her** per lui/lei non è mai abbastanza; **you** ~! come vuoi!

◆**win back** *vt* riconquistare

◆**win over** *vt* **to win sb over to sth** (*persuade to change mind*) convincere qu di qc; (*persuade to transfer allegiance*) guadagnarsi l'appoggio di qu per qc

wince [wɪns] **I.** *vi* trasalire **II.** *n* smorfia *f* (di dolore); **to give a** ~ fare una smorfia

winch [wɪntʃ] **I.**<-es> *n* argano *m* **II.** *vt* tirare su con l'argano

wind¹ [wɪnd] **I.** *n* **1.**(*current of air*) vento *m;* **a breath of** ~ un po' di vento; **gust of** ~ raffica *f* di vento **2.**(*breath*) fiato *m;* **to get** [o **catch**] **one's** ~ riprendere fiato; **to have the** ~ **knocked out of sb** far rimanere qu senza fiato **3.** MED aria *f;* **to break** ~ passare aria ▸ **to take the** ~ **out of sb's sails** scoraggiare qu; **he who sows the** ~ **shall reap the whirlwind** *prov* chi semina vento raccoglie tempesta *prov;* **to sail close to the** ~ navigare di bolina; **to get** ~ **of sth** fiutare qc; **to go** [o **run**] **like the** ~ andare come il vento; **there's sth in the** ~ c'è qc nell'aria **II.** *vt* mozzare il fiato a

wind² [waɪnd] <wound, wound> **I.** *vt* **1.**(*coil*) arrotolare, aggomitolare; **to** ~ **sth around sth** (*wool*) arrotolare qc intorno a qc **2.**(*wrap*) avvolgere **3.**(*turn: handle*) girare; (*clock, watch*) caricare **4.**(*film*) far avvolgere **II.** *vi* serpeggiare

◆**wind down** **I.** *vt* **1.**(*gradually reduce*) ridurre progressivamente; (*business*) cessare progressivamente **2.**(*relax*) rilassare **II.** *vi* **1.**(*become less active*) rallentare; (*business*) cessare progressivamente **2.**(*relax after stress*) rilassarsi

◆**wind up** **I.** *vt* **1.**(*finish*) finire; (*debate, meeting, speech*) concludere **2.** *inf* (*make tense*) innervosire **II.** *vi inf* (*end up*) **to** ~ **in prison** finire in carcere

windbag ['wɪnd·bæg] *n inf* ciarlatano, -a *m, f*

windbreaker ['wɪnd·breɪk] *n* giacca *f* a vento

winder ['waɪn·də] *n* **1.**(*on watch*) corona *f inv* **2.**(*on toy*) manovella *f*

windfall ['wɪnd·fɔːl] *n* **1.** *fig* (*money*) guadagno *m* imprevisto **2.**(*fruit*) frutta *f* caduta

wind farm *n* ECOL centrale *f* eolica

winding ['waɪn·dɪŋ] *adj* sinuoso, -a

wind instrument *n* strumento *m* a fiato

windjammer *n* NAUT veliero *m*

windlass *n* argano *m*

W

windmill *n* **1.** (*wind-powered mill*) mulino *m* a vento **2.** (*toy*) girandola *f*

window ['wɪn·doʊ] *n* **1.** (*in building, in envelope*) *a.* COMPUT finestra *f;* ~ **ledge** davanzale *m;* **a ~ on the world** *fig* una finestra sul mondo, finestra *f;* **pop-up** ~ finestra popup **2.** (*of shop*) vetrina *f* **3.** (*of vehicle*) finestrino *m;* **rear** ~ finestrino di dietro **4.** *fig* (*time period*) buco *m;* **a ~ of opportunity** una opportunità ▶ **to go out (of) the ~** *inf* (*plan*) sfumare

window box <-es> *n* vaso *m* da davanzale

window-dressing *n* **1.** (*in shop*) allestimento *m* vetrine **2.** *fig* facciata *f*

window envelope *n* busta *f* con finestra

window-shopping *n* **to go ~** guardare le vetrine

windowsill *n* davanzale *m*

windpipe ['wɪnd·paɪp] *n* trachea *f*

windshield ['wɪnd·ʃiːld] *n* parabrezza *m inv*

windshield wiper *n* tergicristalli *m inv*

windsock *n* manica *f* a vento

windsurfer ['wɪnd·sɜːr·fɚ] *n* surfista *mf*

windsurfing ['wɪnd·sɜːr·fɪŋ] *n* windsurf *m*

windswept ['wɪnd·swept] *adj* **1.** (*exposed to wind*) spazzato, -a da vento **2.** (*looking windblown*) spettinato, -a

wind tunnel *n* TECH tunnel *m* aerodinamico

windward ['wɪnd·wɚd] NAUT **I.** *adj* sopravvento **II.** *n* sopravvento *m;* (**to**) ~ sopravvento

windy[1] ['waɪn·di] <-ier, -iest> *adj* ventoso, -a

windy[2] ['wɪn·di] <-ier, -iest> *adj* sinuoso, -a

wine [waɪn] **I.** *n* vino *m* **II.** *vt* **to ~ and dine sb** far bere e mangiare qu molto bene

wine cooler *n* **1.** (*drink*) bevanda a base di vino e succo di frutta **2.** (*container*) refrigeratore *m* da tavolo

wineglass <-es> *n* bicchiere *m* da vino

wine grower *n*, **winegrower** *n* viticoltore, -trice *m, f*

wine list *n* carta *f* dei vini

wine merchant *n* **1.** (*seller of wines*) commerciante *mf* di vini, vinaio *m* **2.** (*shop*) enoteca *f,* vinaio *m*

winepress ['waɪn·pres] <-es> *n* pigiatrice *f*

winery ['waɪ·nə·ri] <-ies> *n* azienda *f* vinicola

winetasting *n* degustazione *f* del vino

wing [wɪŋ] **I.** *n* **1.** ZOOL, AVIAT, ARCHIT, POL ala *f;* **to take ~** *liter* prendere il volo; **the west ~ of the house** l'ala ovest della casa; **left/right ~** ala sinistra/destra **2.** SPORTS (*side of field*) fascia *f;* (*player*) ala *f* **3.** *pl* THEAT quinte *fpl;* **to be waiting in the ~s** *fig* aspettare il momento opportuno **4.** *pl* MIL (*pilot's badge*) gradi *mpl* ▶ **to spread one's ~s** prendere il volo; **to stretch** one's **~s** spiegare le ali; **to take sb under one's ~** prendere qu sotto le proprie ali **II.** *vt* **1.** (*wound: bird*) ferire all'ala; (*person*) ferire superficialmente **2.** (*fly*) volare ▶ **~ it** *inf* improvvisare **III.** *vi* volare

wing chair *n* poltrona *f* con ampio poggiatesta

wing commander *n* tenente *m* colonnello

winged [wɪŋd] *adj* alato, -a

winger ['wɪŋ·ɚ] *n* SPORTS ala *f;* **left/right ~** ala sinistra/destra

wing nut *n* TECH galletto *m*

wingspan ['wɪŋ·spæn] *n*, **wingspread** ['wɪŋ·spred] *n* apertura *f* alare

wink [wɪŋk] **I.** *n* occhiolino *m;* **to give sb a ~** fare l'occhiolino a qu ▶ **to have forty ~s** *inf* fare un sonnellino; **to not sleep a ~** non chiudere occhio; **in a ~** in un batter d'occhio **II.** *vi* **1.** (*close one eye*) fare l'occhiolino; **to ~ at sb** fare l'occhiolino a qu **2.** (*flash: a light*) lampeggiare

winner ['wɪ·nɚ] *n* **1.** (*person*) vincitore, -trice *m, f* **2.** *inf* SPORTS **the game ·** punto *m* vincente (della partita) **3.** *inf* (*success*) successone *m;* **they are on to a ~ with this latest product** con quest'ultimo prodotto faranno un successone

winning ['wɪ·nɪŋ] **I.** *adj* **1.** (*that wins*) vincente **2.** (*charming*) accattivante **II.** *n* **1.** (*act of achieving victory*) vincita *f* **2.** *pl* (*money*) vincite *fpl*

winnow ['wɪ·noʊ] *vt* **1.** (*grain*) ventilare **2.** (*select*) distinguere; **to ~ the list down to 8** ridurre la lista a 8

winsome ['wɪn·səm] *adj liter* accattivante

winter ['wɪn·tɚ] **I.** *n* inverno *m* **II.** *vi* svernare

winter coat *n* cappotto *m* pesante; (*of animal*) pelliccia *f*

winter solstice *n* solstizio *m* d'inverno

winter sports *npl* sport *mpl* invernali

wintertime *n* inverno *m;* **in** (**the**) ~ d'inverno

wint(e)ry ['wɪnt·ri] *adj* **1.** (*typical of winter*) invernale **2.** *fig* (*cold, unfriendly*) freddo, -a

wipe [waɪp] **I.** *n* **1.** (*act of wiping*) pulita *f;* **to give sth a ~** dare una pulita a qc, pulire qc **2.** (*tissue*) salvietta *f* **II.** *vt* **1.** (*remove dirt*) pulire; (*one's nose*) asciugarsi; **to ~ sth dry** asciugare qc con un panno **2.** (*erase material from: disk, a tape*) cancellare **III.** *vi* pulire

◆ **wipe down** *vt* passare uno straccio su

◆ **wipe off** *vt* **1.** (*remove by wiping*) eliminare (con uno straccio) **2.** (*erase: data, program*) cancellare **3.** ECON azzerare ▶ **to wipe the smile off sb's face** far passare a qu la voglia di ridere

◆ **wipe out I.** *vt* **1.** (*destroy: population*) sterminare; (*village*) distruggere completamente; (*sb's profits*) annientare **2.** (*cancel: debt*) estinguere **3.** *inf* (*tire out*) sfinire **4.** *inf* (*economically*) rovinare **5.** *sl* (*murder*) eliminare **II.** *vi inf* (*driving, skiing*) perdere il controllo

◆ **wipe up I.** *vt* pulire **II.** *vi* asciugare

wire ['waɪ·ɚ] **I.** *n* **1.** (*metal thread*) filo *m* di ferro **2.** ELEC cavo *m* **3.** (*telegram*) telegramma *m* **4.** (*hidden microphone*) microspia *f* **5.** (*prison camp fence*) filo *m* spinato ▶ **to get one's ~s crossed** *inf* fraintendere; **to get in under the ~** *inf* arrivare all'ultimo minuto; **the elections will go** (**down**) **to the ~** *inf* si vedrà solo all'ultimo come andranno le elezioni **II.** *vt* **1.** (*fasten with wire*) attaccare col filo di ferro; **to ~ sth to the door**

W

attaccare qc alla porta col filo di ferro **2.** ELEC collegare; **to be ~d for cable TV** avere l'attacco per la televisione via cavo **3.** (*fit with concealed microphone*) mettere una microspia a/in; **to be ~d** (*person*) avere indosso una microspia **4.** (*send telegram to*) **to ~ sb** inviare un telegramma a qu; **to ~ sb money** inviare denaro a qu con trasferimento telegrafico/telematico

wirehaired terrier [ˌwa·ɪə·herd·'te·ri·ə·] *n* terrier *minv* a pelo ruvido

wireless ['wa·ɪə·ləs] *adj* wireless

wireless communication *n* comunicazione *f* wireless

wiretapping ['wa·ɪə·ˌtæ·pɪŋ] *n* intercettazione *f* telefonica

wire transfer *n* trasferimento *f* telegrafico/telematico

wiring ['wa·ɪə·ɪŋ] *n* ELEC impianto *m* elettrico

wiry ['wa·ɪə·i] <-ier, -iest> *adj* **1.** (*course: hair*) ispido, -a **2.** (*lean and strong: build, person*) asciutto, -a

Wisconsin *n* Wisconsin *m*

wisdom ['wɪz·dəm] *n* **1.** (*state of being wise*) saggezza *f;* **with the ~ of hindsight** con il senno di poi **2.** (*sensibleness*) buon senso *m*

wisdom tooth <- teeth> *n* dente *m* del giudizio

wise [waɪz] *adj* **1.** (*having knowledge and sagacity, showing sagacity*) saggio, -a; **the Three Wise Men** i Re Magi; **it's easy to be ~ after the fact** è facile dirlo a posteriori **2.** (*sensible*) sensato, -a **3.** *inf* (*aware*) **to be ~ to sb** capire che tipo è qu; **to be ~ to sth** sapere come qc funziona; **to get ~ to sth** capire come qc funziona; **to get ~ to sb's game** capire il gioco di qu; **to be none the ~r** saperne quanto prima **4.** *inf* (*cheeky*) sfrontato, -a; **to get ~ with sb** essere sfrontato con qu

◆**wise up** I. *vi* **to ~ to sth** svegliarsi e capire qc II. *vt* **to wise sb up about sth** far capire qc a qu

wiseacre ['waɪ·ˌzeɪ·kə·] *n* saccente *mf*

wisecrack ['waɪz·kræk] I. *n* battuta *f;* **to make a ~ about sth** fare una battuta su qc II. *vi* fare battute

wise guy *n inf* saputello, -a *m, f*

wish [wɪʃ] I. <-es> *n* **1.** (*desire*) desiderio *m;* **against my ~es** contro la mia volontà; **to have no ~ to do sth** non aver alcuna voglia di fare qc; **to make a ~** esprimere un desiderio **2.** *pl* (*friendly greetings*) auguri *mpl;* **give him my best ~es** fagli gli auguri da parte mia; **(with) best ~es** (*at end of letter*) cordiali saluti II. *vt* **1.** (*feel a desire*) desiderare, volere; **I ~ he hadn't come** vorrei che non fosse venuto; **I ~ you'd told me** (*expressing annoyance*) me lo potevi dire **2.** *form* (*want*) **to ~ to do sth** voler fare qc; **I ~ to be alone** desidero stare da solo **3.** (*hope*) **to ~ sb luck** augurare buona fortuna a qu; **to ~ sb happy birthday** fare a qu gli auguri di compleanno; **to ~ sb good night** dare la buonanotte a qu III. *vi*

1. (*want*) desiderare, volere; **as you ~** come vuoi; **if you ~** come vuoi; **to ~ for sth** desiderare qc **2.** (*make a wish*) **to ~ for sth** chiedere qc; **everything one could ~ for** tutto ciò che si potrebbe desiderare

wishbone ['wɪʃ·boʊn] *n* forcella *f*

wishful thinking *n* illusione *f*

wishy-washy ['wɪ·ʃi·ˌwɑː·ʃi] *adj pej* **1.** (*indeterminate and insipid*) insulso, -a **2.** (*weak and watery: coffee, drink, soup*) acquoso, -a; (*food*) insipido, -a

wisp [wɪsp] *n* (*of hair*) ciocca *f;* (*of straw*) filo *m;* (*of smoke*) voluta *f;* (*of clouds*) bioccolo *m;* **a little ~ of a boy** un ragazzino minuto

wispy ['wɪs·pi] <-ier, -iest> *adj* (*hair*) a ciuffetti; (*person*) minuto, -a; (*clouds*) a bioccoli

wisteria [wɪ·'sti·ri·ə] *n* glicine *m*

wistful ['wɪst·fəl] *adj* (*melancholy,*) malinconico, -a; (*nostalgic*) nostalgico, -a

wit [wɪt] I. *n* **1.** (*clever humor*) arguzia *f;* **to have a dry ~** essere pungente **2.** (*practical intelligence*) intelligenza *f;* **to be at one's ~s' end** stare per uscire di cervello; **to gather one's ~s** chiarirsi le idee; **to frighten sb out of his/her ~s** spaventare a morte qu; **to have/keep one's ~s about one** mantenersi calmo/mantenere la calma **3.** (*witty person*) persona *f* arguta II. *vi form* **to ~** vale a dire

witch [wɪtʃ] <-es> *n* **1.** (*woman with magic powers*) strega *f* **2.** *pej, inf* (*ugly or unpleasant woman*) arpia *f*

witchcraft ['wɪtʃ·kræft] *n* stregoneria *f*

witch doctor *n* stregone *m*

witch-hunt *n*, **witch hunt** ['wɪtʃ·hʌnt] *n pej* caccia *f* alle streghe

witching hour ['wɪt·ʃɪŋ·ˌaʊr] *n liter* mezzanotte *f*

with [wɪð, wɪθ] *prep* **1.** (*accompanied by*) con; **together ~ sb** insieme a qu **2.** (*by means of*) con; **to take sth ~ one's fingers/both hands** prendere qc con le dita/con ambo le mani; **to replace sth ~ something else** sostituire qc con qualcos'altro **3.** (*having*) **the man ~ the umbrella** l'uomo con l'ombrello; **~ no hesitation at all** senza alcuna esitazione **4.** (*on one's person*) **he took it ~ him** lo prese con sé **5.** (*manner*) **~ all speed** a gran velocità; **~ one's whole heart** di tutto cuore **6.** (*in addition to*) **and ~ that he went out** e così dicendo se ne andò **7.** (*despite*) **~ all his faults** con tutti i suoi torti **8.** (*caused by*) **to cry ~ rage** piangere di rabbia; **to turn red ~ anger** diventare rosso di rabbia **9.** (*full of*) **black ~ flies** nero di mosche; **to fill up ~ fuel** fare il pieno di benzina **10.** (*opposing*) **a war ~ Italy** una guerra con l'Italia; **to be angry ~ sb** essere arrabbiato con qu **11.** (*supporting*) **to be ~ sb/sth** essere dalla parte di qu/qc; **popular ~ young people** popolare tra i giovani **12.** (*concerning*) **to be pleased ~ sth** essere soddisfatto di qc; **what's up** [*o* **what's the matter**] **~ him?** cosa gli è successo?

W

13. (*understanding*) **I'm not ~ you** *inf* non ti seguo; **to be ~ it** *inf* essere in gamba; **to get ~ it** darsi una mossa ▶ **away ~ him!** basta con lui!

withdraw [wɪð·'drɑː] *irr* **I.** *vt* **1.** (*take out, take back*) ritirare; (*money*) prelevare **2.** (*cancel*) cancellare; (*motion, action*) annullare; (*charge*) revocare **II.** *vi* **1.** *form a.* MIL, SPORTS (*leave*) ritirarsi; **to ~ from public life** allontanarsi dalla scena pubblica **2.** *fig* (*become quiet and unsociable*) chiudersi in se stesso; (*into silence*) chiudersi

withdrawal [wɪð·'drɑː·əl] *n* **1.** *a.* MIL ritiro *m;* **to make a ~** FIN effettuare un prelievo **2.** LAW ritrattazione *f;* (*of consent, support*) revoca *f* **3.** (*sports*) abbandono *m* **4.** (*distancing from others*) estraniamento *m* **5.** MED astinenza *f;* **~ symptoms** crisi *finv* d'astinenza

wither ['wɪ·ðɚ] **I.** *vi* **1.** (*plants*) appassire **2.** *fig* (*lose vitality*) perdere vitalità ▶ **to ~ on the vine** sparire poco a poco **II.** *vt* **1.** (*plant*) far appassire **2.** *fig* (*strength*) ridurre

withering ['wɪ·ðɚ·ɪŋ] *adj* **1.** (*fierce and destructive*) distruttivo, -a **2.** (*contemptuous: criticism*) caustico, -a

withhold [wɪð·'hould] *irr vt* **1.** (*not give name*) non rendere noto, -a; (*one's support*) negare; (*evidence*) occultare; **to ~ sth from sb** nascondere qc a qu **2.** (*not pay: benefits, rent*) non pagare

within [wɪð·'ɪn] **I.** *prep* **1.** *form* (*inside of*) all'interno di, in; **~ the country/town** nel paese/nella città **2.** (*in limit of*) **to be ~ sight/ hearing** essere visibile/udibile; **~ easy reach** a portata di mano **3.** (*in less than*) entro; **~ one hour** entro un'ora; **~ 3 days** nello spazio di tre giorni; **~ 5 miles of the town** a meno di 8 km dalla città **4.** (*in accordance to*) in conformità con; **~ the law** nei termini di legge **II.** *adv* dentro; **from ~** da dentro

without [wɪð·'aut] **I.** *prep* senza; **~ warning** senza preavviso; **to be ~ relatives** non avere parenti; **to do ~ sth** fare a meno di qc **II.** *adv liter* fuori; **from ~** da fuori

withstand [wɪð·'stænd] *irr vt* resistere; (*heat, pressure*) sopportare

witness ['wɪt·nəs] **I.** *n* **1.** *a.* LAW testimone *mf;* **~ for the defense** testimone a discarico; **according to ~es** a quanto dicono i testimoni; **to be (a) ~ to sth** essere testimone di/a qc **2.** *form* (*testimony*) testimonianza *f;* **to bear ~ to sth** deporre su qc **II.** *vt* **1.** (*see, be there during*) essere testimone di; **to ~ sb doing sth** vedere qu che fa qc **2.** (*attest authenticity of*) sottoscrivere

witness stand *n* banco *m* dei testimoni

witty ['wɪ·ṭi] <-ier, -iest> *adj* arguto, -a

wizard ['wɪ·zɚd] *n* **1.** (*magician*) mago, -a *m, f* **2.** (*expert*) genio *m;* **to be a ~ at sth** essere un genio di/in qc

wizardry ['wɪ·zɚ·dri] *n* magia *f*

wizened ['wɪ·znd] *adj* avvizzito, -a

wk. *n abbr of* **week** sett.

WNBA *n abbr of* **Women's National Basketball Association** Associazione *f* Nazionale Femminile di Pallacanestro

WNW *abbr of* **west-northwest** ONO

w/o *prep abbr of* **without** senza

wobble ['wɑː·bl] **I.** *vi* **1.** (*move unsteadily*) traballare; (*jelly, fat*) tremolare **2.** (*tremble: voice*) tremolare **3.** *fig* (*fluctuate: prices, shares*) fluttuare **II.** *vt* far traballare; (*camera*) muovere **III.** *n* **1.** (*wobbling movement*) traballio *m* **2.** (*quavering sound*) tremolio *m* **3.** ECON fluttuazione *f*

wobbly ['wɑː·b·li] <-ier, -iest> *adj* **1.** (*unsteady*) traballante; (*line*) a zigzag **2.** (*wavering: a note, a voice*) tremolante

woe [wou] *n* **1.** *liter* (*unhappiness*) pena *f;* **a tale of ~** tragedia *f* **2.** *pl, form* (*misfortunes*) disgrazie *fpl;* **to pour out one's ~s** raccontare le proprie disgrazie ▶ **~ betide you!** peste ti colga!; **woe is me!** ahimè!

woebegone ['wou·bɪ·gɑːn] *adj liter* angustiato, -a

woeful ['wou·fəl] *adj* **1.** (*deplorable*) penoso, -a **2.** *liter* (*sad*) afflitto, -a

wok [wɑːk] *n* wok *m inv*

woke [wouk] *vt, vi pt of* **wake**

woken ['wou·kən] *vt, vi pp of* **wake**

wolf [wulf] **I.** <wolves> *n* **1.** (*animal*) lupo *m* **2.** *inf* (*seducer*) dongiovanni *m inv* ▶ **to keep the ~ from the door** sbarcare il lunario; **a ~ in sheep's clothing** un lupo in veste d'agnello; **to cry ~** gridare al lupo; **to throw sb to the wolves** dare qu in pasto ai leoni **II.** *vt inf* ingollare

wolfhound *n* cane *m* lupo

wolf whistle *n* fischio *m* di ammirazione

woman ['wu·mən] <women> *n* **1.** (*female human*) donna *f;* **the other ~** l'altra; **~ candidate** candidata *f;* **~ president** presidente *m* donna; **women's libber** femminista *f* **2.** *inf* (*man's female partner*) donna *f*

womanhood ['wu·mən·hud] *n* **1.** (*female adulthood*) l'essere *m* donna; **to reach ~** diventare donna **2.** (*women as a group*) donne *fpl*

womanish ['wu·mə·nɪʃ] *adj pej* effeminato, -a

womanize ['wu·mə·naɪz] *vi inf* andare a donne

womanizer *n* donnaiolo *m*

womankind ['wu·mən·kaɪnd] *n form* sesso *m* femminile; **all ~** tutte le donne

womanly ['wu·mən·li] *adj* **1.** (*not manly*) femminile **2.** (*not girlish*) di donna

womb [wuːm] *n* utero *m;* **in the ~** nel grembo materno

women's center *n* consultorio *m*

women's lib *n inf abbr of* **women's liberation** liberazione *f* della donna

women's shelter *n* casa *f* di accoglienza e ospitalità per donne

won [wʌn] *vt, vi pt, pp of* **win**

wonder ['wʌn·dɚ] **I.** *vt* (*ask oneself, feel surprise*) chiedersi; **it makes you ~** ti fa pensare;

W

I ~ **why he said that** mi chiedo perché l'abbia detto II. *vi* **1.** (*ask oneself*) **to ~ about sth** chiedersi qc; **to ~ about doing sth** chiedersi se fare qc **2.** (*feel surprise*) meravigliarsi; **to ~ at sth/sb** meravigliarsi di qc/qu; **I don't ~** non mi meraviglio III. *n* **1.** (*marvel*) meraviglia *f;* **to do** [*o* **work**] **~s** fare miracoli; **the ~s of modern technology** i miracoli della tecnologia moderna; **it's a ~ (that)** … è un miracolo (che)…; **~s (will) never cease!** *iron* non si finisce mai di meravigliarsi! **2.** (*feeling*) meraviglia *f,* stupore *m;* **in ~** con meraviglia; **to listen in ~** ascoltare stupefatto

wonder boy *n iron, inf* ragazzo *m* prodigio

wonder drug *n* rimedio *m* miracoloso

wonderful ['wʌn·də·fəl] *adj* meraviglioso, -a

wonderland ['wʌn·də·lænd] *n* paese *m* delle meraviglie

wonderment *n* meraviglia *f*

wont [wɔ:nt] I. *adj form* abituato, -a; **to be ~ to do sth** essere abituato a fare qc II. *n form* abitudine *f;* **as is her ~** come sua abitudine

won't [woʊnt] = **will not** *s.* **will**

woo [wu:] *vt* **1.** (*try to attract*) attirare **2.** (*court*) corteggiare

wood [wʊd] *n* **1.** (*material*) legno *m;* (*for a fire*) legna *f* **2.** *pl* (*group of trees*) bosco *m* **3.** SPORTS (*golf*) legno *m* ▶ (to) **touch** [*o* **knock on**] **~** toccare ferro; **to be out of the ~s** *inf* essere salvo

wood alcohol *n* metanolo *m*

woodcraft *n* **1.** (*outdoor skills*) conoscenza *f* dei boschi **2.** (*artistic skill*) arte *f* del lavorare il legno

woodcut *n* ART xilografia *f*

woodcutter *n* boscaiolo *m*

wooded ['wʊ·dɪd] *adj* boscoso, -a

wooden ['wʊ·dn] *adj* **1.** (*made of wood*) di legno; **~ leg** gamba *f* di legno **2.** (*awkward*) legnoso, -a; (*smile*) inespressivo, -a

woodland ['wʊd·lənd] I. *n* bosco *m* II. *adj* boschivo, -a

woodpecker *n* picchio *m*

woodpile *n* catasta *f* di legna

wood pulp *n* TECH pasta *f* di legno

woodshed ['wʊd·ʃed] I. *n* legnaia *f* II. <-dd-> *vi sl* suonare uno strumento musicale

woodwind ['wʊd·wɪnd] MUS I. *n* legni *mpl* II. *adj* a fiato

woodwork ['wʊd·wɜ:rk] *n* (*wooden parts of building*) strutture *fpl* in legno di un edificio ▶ **to come out of the ~** *sl* uscire allo scoperto

woodworking *n* lavorazione *f* del legno

woodworm *n inv* **1.** (*larva that attacks wood*) tarlo *m* **2.** (*damage*) tarlatura *f*

woody ['wʊ·di] I. <-ier, -iest> *adj* **1.** (*tough like wood: plant, stem, tissue*) legnoso, -a **2.** (*like wood: flavor*) di legno **3.** (*wooded*) boscoso, -a II. *n vulg* erezione *f*

woof [wu:f] I. *n* (*dog*) latrato *m;* **to give a loud ~** latrare II. *vi* latrare; **to ~ at sb** urlare a qu

woofer ['wu:·fə] *n* woofer *m inv*

wool [wʊl] *n* lana *f*

woolen *adj,* **woollen** ['wʊ·lən] *adj* di lana

woolly *n,* **wooly** ['wʊ·li] <-ier, -iest> *adj* **1.** (*made of wool*) di lana **2.** (*wool-like*) lanoso, -a **3.** (*vague*) confuso, -a

woozy ['wu:·zi] <-ier, -iest> *adj inf* rintontito, -a

word [wɜ:rd] I. *n* **1.** (*unit of language*) parola *f;* **a ~ of Hebrew origin** una parola di origine ebraica; **to be a man/woman of few ~s** essere un uomo/una donna di poche parole; **to not breathe a ~ of sth** non dire una parola di qc; **to be too ridiculous for ~s** essere veramente ridicolo; **in other ~s** in altre parole; **~ for ~** parola per parola **2.** (*news*) notizie *fpl;* (*message*) messaggio *m;* **to get ~ of sth** sentire di qc; **to have ~ from sb** avere notizie da qu; **to have ~ that …** sapere che… **3.** (*order*) ordine *m;* **a ~ of advice** un consiglio; **a ~ of warning/caution** un avvertimento; **to say the ~** dare l'ordine; **just say the ~** devi soltanto chiederlo **4.** (*promise*) parola *f* (d'onore); **to be a man/woman of one's ~** essere un uomo/una donna di parola; **to keep one's ~** mantenere la parola; **take my ~ for it!** credimi! **5.** (*statement of facts*) spiegazione *f* **6.** *pl* MUS (*lyrics*) parole *fpl,* testo *m* **7.** REL **the Word of God** la parola di Dio ▶ **to have a quick ~ with sb** parlare in privato con qu; **by ~ of mouth** a voce; **to put ~s in(to) sb's mouth** attribuire a qu qc che non ha detto; **to take the ~s (right) out of sb's mouth** togliere la parola di bocca a qu; **to not have a good ~ to say about sb/sth** non aver niente di buono da dire su qu/qc; **to put in a good ~ for sb** mettere una buona parola per qu; **~s fail me!** non ho parole!; **from the ~ go** fin dall'inizio; **mark my ~s!** ricordati di quanto ho detto!; **to mince one's ~s** misurare le parole; **to not mince one's ~s** non avere peli sulla lingua; **my ~!** per bacco! II. *vt* esprimere

wording *n* **1.** (*words used*) parole *fpl* **2.** (*style*) stile *m*

wordless ['wɜ:rd·ləs] *adj* muto, -a

word order *n* LING ordine *m* delle parole

wordplay ['wɜ:rd·pleɪ] *n* gioco *m* di parole

word processing *n* COMPUT videoscrittura *f*

word processor *n* COMPUT programma *m* di videoscrittura

word wrap *n* COMPUT a capo *m* automatico

wordy ['wɜ:r·di] <-ier, iest> *adj pej* prolisso, -a

wore [wɔ:r] *vt, vi pt of* **wear**

work [wɜ:rk] I. *n* **1.** (*useful activity, employment, place of employment*) PHYS lavoro *m;* **to be hard ~ (doing sth)** essere dura (fare qc); **to set sb to ~** mettere a lavorare qu; **good ~!** bravo!; **to be out of ~** essere disoccupato **2.** (*product*) *a.* ART, MUS opera *f;* **reference ~** opera *f* di consultazione **3.** *pl* + *sing/pl vb* (*factory*) fabbrica *f;* **steel ~s** acciaieria *f* **4.** *pl* TECH (*of a clock*) meccanismo *m* ▶ **to have one's ~ cut out to do sth** non essere facile per qu fare qc; **to make <u>short</u> ~ of sb** sbrigarsela in fretta con qu; **to make <u>short</u> ~ of sth** fare fuori qc rapidamente; **to <u>get</u> to ~ on sb/sth** *inf* lavorarci qu/qc; **the ~s** *inf* tutto quanto; **give me a pizza with the ~s** voglio una pizza con tutto; **to <u>give</u> sb the ~s** *sl* pestare qu **II.** *vi* **1.** (*do job,*) lavorare; **to ~ abroad** lavorare all'estero; **to ~ as a teacher** fare l'insegnante **2.** (*be busy*) essere occupato; **to get ~ing** mettersi al lavoro; **to ~ hard** lavorare sodo; **to ~ to do sth** impegnarsi a fare qc **3.** TECH (*be successful*) funzionare; **to get sth to ~** far funzionare qc **4.** MED fare effetto **5.** (*have an effect*) **to ~ against sb/sth** agire contro qu/qc; **to ~ against/for a candidate** risultare a sfavore/a favore di un candidato; **to ~ both ways** essere un'arma a doppio taglio **6.** (*move*) **to ~** (*somewhere*) spostarsi (da qualche parte) **7.** + *adj* (*become*) **to ~ free** liberarsi; **to ~ loose** allentarsi **8.** *liter* (*change expression: sb's face*) contrarsi ▶**to ~ like a <u>charm</u>** funzionare a meraviglia; **to ~ like a <u>dog</u>, to ~ like a <u>slave</u>** lavorare come un mulo; **to ~ around to sth** prepararsi a poco a poco per qc **III.** *vt* **1.** (*make sb work*) **to ~ sb hard** far lavorare molto qu; **to ~ oneself to death** ammazzarsi di lavoro; **to ~ a forty-hour week** avere una settimana lavorativa di quaranta ore **2.** TECH (*operate*) far funzionare; **to be ~ed by sth** essere azionato da qc **3.** (*move back and forward*) muovere; **to ~ sth free** liberare qc; **to ~ sth loose** allentare qc; **to ~ one's way along sth** farsi strada lungo qc **4.** (*bring about*) produrre; (*a miracle*) fare; **to ~ it** [*o* **things**] **so that ...** fare in modo che... +*conj* **5.** (*shape*) modellare; (*bronze, iron*) lavorare **6.** FASHION (*embroider*) ricamare **7.** MIN sfruttare; AGR lavorare **8.** (*pay for by working*) **to ~ one's way through college** mantenersi all'università lavorando

♦**work away** *vi* lavorare senza sosta

♦**work in** *vt* **1.** (*mix in*) amalgamare; (*on one's skin*) far penetrare **2.** (*include*) inserire; (*fit in*) trovare posto a

♦**work off I.** *vt* **1.** (*counter effects of: one's anger, frustration*) sfogare; (*stress*) alleviare **2.** (*pay by working*) pagare lavorando **II.** *vi* TECH separarsi

♦**work on** *vt* (*a car, project*) lavorare a; (*accent, fitness, skills*) lavorare per migliorare; (*assumption, hypothesis*) esaminare; (*person*) lavorarsi

♦**work out I.** *vt* **1.** (*solve*) risolvere; **to work things out** sistemare le cose **2.** (*calculate*) calcolare **3.** (*develop*) elaborare; (*a settlement, solution*) trovare; (*decide*) decidere **4.** (*understand*) capire **5.** (*complete*) completare; (*one's contract*) lavorare fino alla fine del **6. to be worked out** (*lode, mine, quarry*) essere sfruttato **II.** *vi* **1.** (*give a result: a calculation, sum*) ammontare a; (*cheaper, more expensive*) risultare **2.** (*be resolved*) risolversi **3.** (*be success-*

ful) funzionare; **to ~ for the best** finire bene **4.** (*do exercise*) allenarsi

♦**work over** *vt inf* pestare

♦**work up** *vt* **1.** (*generate: courage, energy, enthusiasm*) trovare **2.** (*arouse strong feelings*) stimolare; **to work oneself up** agitarsi; **to ~ into a frenzy** mettersi in grande agitazione; **to work sb up into a rage** far arrabbiare qu **3.** (*develop*) sviluppare; (*idea, plan, sketch*) elaborare; **to work one's way up through the company** fare carriera all'interno dell'azienda

workable ['wɜːr·kə·bl] *adj* **1.** (*feasible*) fattibile; (*compromise, plan*) realizzabile **2.** (*able to be manipulated: land, metal*) lavorabile

workaday ['wɜːr·kə·deɪ] *adj* di tutti i giorni

workbench <-es> *n* banco *m* (di lavoro)

workbook *n* quaderno *m* degli esercizi

workday *n* (*weekday*) giorno *m* lavorativo; (*time*) giornata *f* di lavoro

worker ['wɜːr·kər] *n* lavoratore, -trice *m, f*; (*in factory*) operaio, -a *m, f*

work force *n* + *sing/pl vb* popolazione *f* attiva

workhorse *n* cavallo *m* da lavoro

working I. *adj* **1.** (*employed*) che lavora; (*population*) attivo, -a **2.** (*pertaining to work*) lavorativo, -a; (*clothes*) da lavoro **3.** (*functioning*) funzionante **4.** (*used as basis: theory, hypothesis*) di base; **to have a ~ knowledge of sth** avere conoscenze di base di qc **II.** *n* **1.** (*activity*) funzionamento *m* **2.** (*employment*) lavoro *m*

working class ['wɜːr·kɪŋ·ˌklæs] <-es> *n* **the ~** la classe operaia

working-class *adj* operaio, -a; (*background*) umile

workload ['wɜːrk·loʊd] *n* (carico *m* di) lavoro *m;* **to have a heavy/light/unbearable ~** avere molto/poco/troppo lavoro

workman ['wɜːrk·mən] <-men> *n* operaio *m*

workmanlike ['wɜːrk·mən·laɪk] *adj* **1.** (*showing skill: performance, job*) qualificato, -a **2.** (*technically sufficient: performance*) accurato, -a

workmanship ['wɜːrk·mən·ʃɪp] *n* **1.** (*skill in working*) destrezza *f* **2.** (*work executed*) lavoro *m* **3.** (*quality of work*) esecuzione *f;* **shoddy ~** lavoro malfatto; **of fine ~** di eccellente fattura

work of art *n* opera *f* d'arte

workout ['wɜːrk·aʊt] *n* SPORTS allenamento *m*

work permit *n* permesso *m* di lavoro

workplace *n* COM posto *m* di lavoro; **safety in the ~** sicurezza *f* sul lavoro

work-sharing ['wɜːrk·ʃe·rɪŋ] *n* ripartizione *f* del lavoro

worksheet ['wɜːrk·ʃiːt] *n* foglio *m* di lavorazione

workshop ['wɜːrk·ʃɑːp] *n* **1.** (*repair place*) laboratorio *m* **2.** (*meeting for learning*) seminario *m;* **drama ~** laboratorio teatrale

workspace ['wɜːrk·speɪs] *n* COMPUT spazio *f* di lavoro

W

workstation n COMPUT stazione f di lavoro

work-study program n SCHOOL, UNIV, COM programma m di lavoro-studio

worktable ['wɜːrk·ˌteɪ·bl] n tavolo m di lavoro

workweek ['wɜːrk·wiːk] n settimana f lavorativa

world [wɜːrld] n 1. GEO mondo m; **the ~'s population** la popolazione mondiale; **a ~ authority** una autorità mondiale; **the ~ champion** il campione del mondo; **the best/ worst in the ~** il migliore/peggiore del mondo; **the tallest man in the ~** l'uomo più alto del mondo; **the (whole) ~ over** in tutto il mondo; **to see the ~** girare il mondo; **to travel all over the ~** viaggiare in tutto il mondo 2. (defined group) **the ~ of dogs/ horses** il mondo dei cani/cavalli; **the animal ~** il mondo animale; **the Christian/ Muslim ~** il mondo cristiano/musulmano; **the New/Old/Third ~** il Nuovo/Vecchio/ Terzo Mondo ▸ **there's a ~ of difference between ...** c'è un'enorme differenza tra...; **to have the ~ at one's feet** avere il mondo ai propri piedi; **the ~ is at large** un po' tutto il mondo; **the ~ is his/her oyster** ha il mondo ai suoi piedi; **to feel on top of the ~** essere al settimo cielo; **that's the way of the ~** c'est la vie!; **to be for all the ~ like ...** essere tale e quale a...; **to be ~s apart** essere come la notte e il giorno; **to have the best of both ~s** avere il meglio di ambedue le cose; **to be dead to the ~** dormire profondamente; **to be out of this ~** inf essere fantastico; **it's a small ~!** il mondo è piccolo!; **I wouldn't do that for (all) the (money in the) ~** non lo farei per tutto l'oro del mondo; **to move up in the ~** inf prosperare; **to move down in the ~** inf decadere; **to live in a ~ of one's own** vivere in un mondo tutto suo; **to mean (all) the ~ to sb** essere tutto per qu; **to think the ~ of sb/sth** avere grande ammirazione per qu/qc; **what/ who/how in the ~ ...?** cosa/chi/come diavolo...?

World Bank n **the ~** la Banca Mondiale

world-class adj a livello mondiale

World Cup n SPORTS **the ~** i Mondiali; **the ~ Finals** la finale di Coppa del Mondo

world-famous ['wɜːrld·ˌfeɪ·məs] adj di fama mondiale

world language n lingua f universale

worldly ['wɜːrld·li] adj 1. (of physical, practical matters) materiale; **~ goods** beni materiali 2. (having experience) mondano, -a; (manner) sofisticato, -a; **~ wise** (person) esperto, -a

world power n potenza f mondiale

world record n SPORTS record m inv mondiale

World Series n World Series f inv

vincitrice dell'American League (campionato americano) e la vincitrice della National League (campionato nazionale). I vincitori diventano World Champions, cioè campioni del mondo, in quanto campioni della Major League Baseball negli Stati Uniti e in Canada, che è il campionato di più alto livello mondiale. Queste finalissime hanno luogo ogni anno dal 1903 nel mese di ottobre e sono seguite da un altissimo numero di appassionati di baseball negli Stati Uniti e in Canada.

World's Fair n fiera f mondiale

world-shaking adj, **world-shattering** adj **a ~ piece of news** una notizia sconvolgente

world war n HIST guerra f mondiale

world-weary ['wɜːrld·ˌwɪ·ri] adj stanco, -a; **to be [o feel] ~** essere stanco della vita

worldwide ['wɜːrld·ˌwaɪd] I. adj mondiale II. adv in tutto il mondo

World Wide Web n COMPUT Rete f

worm [wɜːrm] I. n 1. verme m; (insect larva) bruco m; **earth ~** lombrico m 2. (computer virus) virus m inv II. vt 1. (treat for worms) dare un vermifugo a 2. (squeeze slowly through) **to ~ one's way through people** farsi strada tra la gente; **to ~ oneself under sth** infilarsi sotto qc 3. (gain trust dishonestly) **to ~ oneself into someone's trust** conquistarsi astutamente la fiducia di qu 4. (obtain dishonestly) **to ~ a secret out of sb** estorcere un secreto a qu III. vi **to ~ through the crowd** farsi strada tra la folla

worm-eaten ['wɜːrm·ˌiː·tən] adj (beam, table, wood) tarlato, -a; (fruit) bacato, -a; (cloth) tarmato, -a

wormhole ['wɜːrm·hoʊl] n buco m (di verme/ tarlo); **the cupboard was full of ~s** l'armadio era tutto tarlato

wormy ['wɜːr·mi] <-ier, -iest> adj (full of worms: fruit) bacato, -a; (wood) tarlato, -a

worn [wɔːrn] I. vt, vi pp of **wear** II. adj 1. (shabby, deteriorated) logoro, -a 2. (exhausted: person) sfinito, -a 3. (overused: expression, news, story) vecchio, -a

worn-out [ˌwɔːrn·'aʊt] adj 1. (exhausted: person, animal) sfinito, -a 2. (used up: clothing) logoro, -a; (wheel bearings) consumato, -a

worried adj preoccupato, -a; **to be ~ about [o by] sth** essere preoccupato per qc; **I am ~ that he may be angry** ho paura che sia arrabbiato; **to be ~ sick about sb/sth** essere preoccupatissimo per qu/qc; **with a ~ expression** con aria preoccupata

worrisome ['wɜːr·i·səm] adj form preoccupante

worry ['wɜːr·i] I. <-ies> n 1. (anxiety, concern) preoccupazione f; **to be a cause of ~ to sb** preoccupare qu; **to have a ~ (about sth)** preoccuparsi (per/di qc); **do you really have no ~s about the future?** il futuro non ti preoc-

W

cupa affatto? **2.**(*trouble*) problema *m;* **financial worries** problemi *mpl* economici; **it is a great ~ to me** mi preoccupa molto **II.** *vt* <-ie-, -ing> **1.**(*preoccupy, concern*) preoccupare; **she is worried that she might not be able to find another job** ha paura di non riuscire a trovare un altro impiego **2.**(*bother*) seccare **3.**(*pursue and scare*) **to ~ an animal** correre dietro a un animale **4.**(*shake around*) **to ~ sth** scuotere qc; **the dog worries the bone** il cane gioca con l'osso **III.**<-ie-, -ing> *vi* (*be preoccupied, concerned*) **to ~** (**about sth**) preoccuparsi (di/per qc); **don't ~!** stai tranquillo!; **not to ~!** *inf* non fa niente!

worrying *adj* preoccupante

worse [wɜːrs] **I.** *adj comp of* **bad** peggiore; **to be ~ than ...** essere peggiore di...; **to be even/much ~** essere anche/molto peggiore; **he was none the ~ for it** non gli è successo niente; **from bad to ~** di male in peggio; **to get ~ and ~** andare sempre peggio; **it could have been ~** poteva andare peggio; **to make matters ~ ...** a peggiorare le cose...; **so much the ~ for her!** tanto peggio per lei!; **~ luck** *inf* sfortunatamente; **to get ~** peggiorare; **if he gets any ~ ...** se peggiora ancora... **II.** *n* **the ~** il peggio; **to change for the ~** peggiorare; **to have seen ~** aver visto di peggio; **I don't think any the ~ of her** la mia opinione su di lei non è peggiorata; **~ was to follow** il peggio doveva ancora venire **III.** *adv comp of* **badly** peggio; **to do sth ~ than ...** fare qc peggio di/che...; **he did ~ than he was expecting in the exams** gli esami gli sono andati peggio di quanto si aspettasse; **to be ~** (**off**) stare peggio

worsen ['wɜːr·sən] *vi, vt* peggiorare

worship ['wɜːr·ʃɪp] **I.** *vt* <-pp-, -p-> **1.** *a.* REL adorare; **to ~ money/sex** essere ossessionato dai soldi/dal sesso **2.**(*feel great admiration for*) idolatrare ▶**to ~ the ground sb walks on** baciare la terra su cui qu cammina **II.** *vi* <-pp-, -p-> REL pregare **III.** *n* **1.**(*adoration*) adorazione *f,* venerazione *f* **2.** *a.* REL culto *m;* (*religious service*) funzione *f*

worshipper *n* REL fedele *mf;* **hundreds of ~s attended the ceremony** centinaia di fedeli hanno assistito alla cerimonia; **devil ~** seguace *mf* di setta satanica

worst [wɜːrst] **I.** *adj superl of* **bad the ~** il/la peggiore; **the ~ soup I've ever eaten** la peggior minestra che abbia mai mangiato; **the ~ mistake** l'errore più grave **II.** *adv superl of* **badly** peggio; **to be ~ hit/affected by sth** essere il più gravemente colpito da qc **III.** *n* (*most terrible one, time, thing*) **the ~** il peggio; **the ~ of it is that ...** il peggio è che...; **the ~ is over now** il peggio ora è passato; **at ~** nel peggiore dei casi; **she's at her ~ in the morning** la mattina non è al meglio; **this problem has shown him at his ~** questo problema ha tirato fuori il suo lato peggiore; **to fear the ~** temere il peggio; **~ of all** il peggio

▶**if** (**the**) **~ comes to** (**the**) **~** alla peggio; **to get the ~ of it** (*suffer the worst*) soffrire di più

worsted ['wʊs·trd] *n* (*fabric*) pettinato *m* di lana

worth [wɜːrθ] **I.** *n* **1.**(*excellence, importance, monetary value: of a person*) valore *m;* **to prove one's ~** dimostrare quanto si vale; **to be of great/little ~ to sb** avere grande/poco valore per qu; **4 thousand dollars ~ of gift items** regali per un valore di quattromila dollari; **to get one's money's ~ from sth** sfruttare al meglio qc; **a month's/three hour's ~ of work** un mese/tre ore di lavoro **2.**(*wealth*) fortuna *f* **II.** *adj* **1.** *a.* COM, FIN, ECON **to be ~ ...** valere...; **it is ~ about $200 000** è stato valutato circa 200 000 dollari; **it's ~ a lot to me** ha un grande valore per me; **to be ~ millions** *inf* essere milionario **2.**(*significant enough, useful*) **to be ~ ...** meritare...; **to be ~ a mention** meritare di essere ricordato; **it's not ~ arguing about!** non vale la pena discuterne!; **it is ~ seeing** va visto; **it's ~ remembering that ...** si ricorda che...; **it is** (**well**) **~ a visit/listen** merita una visita/di essere ascoltato; **it's ~ a try** vale la pena provare ▶**to be ~ sb's while** (**doing sth**) valere la pena (che qu faccia qc); **to make sth ~ sb's while** ricompensare qu per qc; **if a thing is ~ doing, it's ~ doing well** *prov* se vale la pena fare qualcosa tanto vale farla bene; **to do sth for all one's ~** fare qc con tutte le proprie forze; **for what it's ~** *inf* se serve a qc; **to be** (**well**) **~ it** valerne la pena

worthless ['wɜːrθ·ləs] *adj* **1.**(*of no monetary value*) di nessun valore **2.**(*of no significance, use*) inutile

worthwhile [ˌwɜːrθ·'hwaɪl] *adj* **1.**(*profitable, beneficial*) che vale la pena; **it's not ~ making such an effort** non vale la pena impegnarsi tanto; **it isn't financially ~ for me** non vale economicamente la pena per me **2.**(*useful*) utile

worthy ['wɜːr·ði] **I.**<-ier, -iest> *adj* **1.** *form* (*admirable*) encomiabile; (*principle, cause*) nobile **2.**(*appropriate for, to*) degno, -a; **to be ~ of sth** meritare qc; **to be ~ of attention** meritare attenzione **II.**<-ies> *n iron* (*important person*) personalità *f inv;* **the local worthies** le personalità del posto

would [wʊd] *aux pt of* **will 1.**(*future in the past*) **he said he ~ do it later on** disse che lo avrebbe fatto dopo **2.**(*future seeing past in the past*) **we thought they ~ have done it before** pensammo che lo avrebbero fatto prima **3.**(*intention in the past*) **he said he ~ always love her** disse che l'avrebbe sempre amata **4.**(*shows possibility*) **I'd go myself, but I'm too busy** ci andrei io, ma sono troppo impegnato; **it ~ have been very boring to do that** sarebbe stato molto noioso farlo **5.**(*conditional*) **what ~ you do if you lost your job?** cosa faresti se tu rimanessi senza lavoro?; **I ~ have done it if you had asked** lo avrei fatto

W

se tu l'avessi chiesto **6.** (*polite request*) **if you ~ just wait a moment, I'll see if I can find her** se aspetta un attimo, vado a cercarla; **~ you phone him, please?** mi farebbe la cortesia di chiamarlo?; **~ you mind saying that again?** le dispiacerebbe ripetere?; **~ you like ...?** vuole...?; **~ you like me to come with you?** vuoi che ti accompagni? **7.** (*regularity in past*) **they ~ help each other with their homework** si aiutavano a fare i compiti **8.** (*stresses as being typical*) **of course the bus ~ be late when I'm in a hurry** come sempre l'autobus è in ritardo quando ho fretta; **he ~ say that, wouldn't he?** c'era da aspettarselo che lo dicesse, no? **9.** (*courteous opinion*) **I ~ imagine that ...** suppongo che...; **I ~n't have thought that ...** non avrei mai pensato che... **10.** (*probably*) **the guy on the phone had an Australian accent — that ~ be Tom, I expect** il ragazzo al telefono aveva l'accento australiano — doveva essere Tom **11.** (*shows preference*) **I ~ rather have water** preferisco l'acqua; **I ~ rather die than do that** preferirei morire piuttosto di fare una cosa simile **12.** (*offering polite advice*) **I ~n't worry, if I were you** al tuo posto non mi starei a preoccupare **13.** (*asking motives*) **why ~ anyone want to do something like that?** per quale motivo uno farebbe una cosa del genere? **14.** (*shows a wish*) **ah, ~ I were richer and younger!** ah, se fossi più ricco e più giovane!; **~ that he were here!** ah se solo fosse qui lui!

would-be ['wʊd·biː] *adj* **1.** (*wishing to be*) aspirante; **a ~ politician** un aspirante politico **2.** (*pretending to be*) sedicente

wouldn't ['wʊ·dənt] = **would not** *s.* **would**

wound¹ [waʊnd] *vi, vt pt, pp of* **wind²**

wound² [wuːnd] **I.** *n* ferita *f;* **a gunshot/war ~** una ferita da arma da fuoco/di guerra; **a leg ~** una ferita alla gamba **II.** *vt a. fig* ferire

wounded I. *adj a. fig* ferito, -a **II.** *npl* **the ~** i feriti

wove [woʊv] *vt, vi pt of* **weave**

woven ['woʊ·vən] **I.** *vt, vi pp of* **weave II.** *adj* (*made by weaving*) tessuto, -a

wow [waʊ] *inf* **I.** *interj* (*demonstrates surprise, excitement*) caspita! **II.** *n* (*hit, popular item*) successone *m;* **to be a ~ with the public** incontrare il favore del pubblico; **I had a ~ of a time** mi sono divertito un mondo **III.** *vt* (*delight*) **to ~ sb** far impazzire qu

wpm, w.p.m. *abbr of* **words per minute** ppm

wraith [reɪθ] *n liter* spettro *m*

wrangle ['ræŋ·gl] **I.** <-ling> *vi* **1.** (*argue, debate angrily*) accapigliarsi; **to ~ (with sb) about sth** discutere (con qu) per qc **2.** (*round up cattle*) radunare il bestiame **II.** *vt* (*round up: horses, cattle*) radunare **III.** *n* (*intricate argument*) lite *f;* **a ~ about sth** una lite per qc

wrap [ræp] **I.** *n* **1.** (*robe-like covering*) accappatoio *m* **2.** (*shawl*) scialle *m* **3.** (*protective covering material*) involucro *m;* **foil ~** carta *f* d'alluminio ▶ **to keep sth under ~s** tenere qc segreto; **to take the ~s off (of) sth** svelare qc **II.** *vt* <-pp-> **to ~ sth (up) (in a blanket)** avvolgere qc (con una coperta); **~ the glasses in plenty of paper** avvolgi bene i bicchieri con la carta; **to ~ sth around sth/sb** avvolgere qc/qu con qc; **he ~ped a scarf around his neck** si avvolse una sciarpa al collo; **to ~ one's fingers around sth** stringere qc tra le dita; **to ~ one's arms around sb** abbracciare qu; **a matter ~ped in secrecy** una questione avvolta nel mistero

◆ **wrap up I.** *vt* <-pp-> **1.** (*completely cover*) avvolgere; **to wrap oneself/sb up (against the cold)** (*dress warmly*) coprirsi (per proteggersi dal freddo) **2.** *inf* (*finish well*) portare a buon fine; (*deal*) concludere; (*problem*) mettere fine a; **that wraps it up for today** questo è tutto per oggi **II.** *vi* **1.** (*dress warmly*) coprirsi; **to ~ well/warm** coprirsi bene **2.** (*be absorbed in*) **to be wrapped up in sth** essere assorto in qc; **to be wrapped up in one's work** essere completamente preso dal proprio lavoro **3.** (*finish*) terminare

wraparound ['ræp·ə·ˌraʊnd] *adj* (*skirt, dress*) a portafoglio; (*sunglasses*) avvolgente

wrapper ['ræ·pɚ] *n* **1.** (*packaging*) involucro *m;* (*for a book*) sovraccoperta *f* **2.** (*robe-like covering*) accappatoio *m*

wrapping paper *n* (*plain*) carta *f* da pacchi; (*for presents*) carta *f* da regalo

wrath [ræθ] *n liter* (*fury, anger*) ira *f*

wrathful ['ræθ·fəl] *adj liter* irato, -a

wreak [riːk] <-ed, -ed *o* wrought, wrought> *vt form* **1.** (*forcefully cause*) causare; **to ~ damage/havoc (on sth)** devastare (qc) **2.** (*anger*) **to ~ vengeance on sb** vendicarsi di qu

wreath [riːθ] <wreaths> *pl n* (*of flowers, greenery*) ghirlanda *f;* (*of smoke*) spirale *f*

wreathe [riːð] *vt liter* **1.** (*gather around*) **to be ~d in sth** essere avvolto di qc; **~d in clouds** avvolto dalle nuvole; **to be ~d in melancholy** essere molto malinconico; **to be ~d in smiles** essere tutto un sorriso **2.** (*crown as with a wreath*) coronare **3.** (*intertwine*) intrecciare

wreck [rek] **I.** *vt* **1.** (*damage, demolish*) distruggere; (*ship*) far naufragare **2.** (*hopes, plan*) rovinare; **to ~ sb's life** distruggere la vita di qu **II.** *n* **1.** NAUT naufragio *m;* AUTO distruzione *f* **2.** (*ship*) relitto *m;* **~ of a car/a plane** una carcassa d'auto/d'aereo; **an old ~** un rottame **3.** *inf* (*any derelict thing*) resti *mpl;* (*mess*) caos *m;* **to feel like a complete ~** sentirsi a pezzi; **to be a nervous ~** avere i nervi a pezzi

wreckage ['re·kɪdʒ] *n* (*of ship, car, plane*) resti *mpl;* (*of building*) rovine *fpl,* macerie *fpl*

wrecker ['re·kɚ] *n* **1.** (*tow truck*) carro *m* attrezzi **2.** (*worker who demolishes houses*) demolitore *m;* (*worker who demolishes cars*) sfasciacarrozze *m inv* **3.** (*person who causes shipwrecks*) persona che provoca di proposito

W

il naufragio di una nave per poi saccheggiarla **4.** (*hooligan*) teppista *f*

wren [ren] *n* scricciolo *m*

wrench [rentʃ] **I.** *vt* **1.** *a.* fig (*jerk and twist out*) strappare; **to ~ sth from sb** strappare qc a qu; **to ~ oneself away** liberarsi con uno strattone; **to ~ sb/sth from sb/sth** strappare qu/qc a qu/qc **2.** (*injure*) **to ~ one's ankle** slogarsi una caviglia; **to ~ one's shoulder** lussarsi una spalla **II.** *n* **1.** TECH (*spanner*) chiave *f* **2.** (*twisting jerk*) strattone *m;* **to give sb a ~** dare uno strattone a qu **3.** (*injury*) distorsione *f;* **to give one's ankle a ~** slogarsi una caviglia **4.** (*pain caused by a departure*) strazio *m* (*causato da una separazione*)*;* **what a ~, seeing you board the plane!** che strazio, vederti salire sull'aereo!

wrestle ['re·sl] SPORTS **I.** <-ling> *vt a.* fig a. SPORTS lottare con; **to ~ sb** lottare con [*o* contro] qu; **to ~ sb to the ground** atterrare qu **II.** <-ling> *vi* lottare; **to ~ professionally** lottare a livello agonistico **III.** *n* lotta *f*

wrestler *n* lottatore, -trice *m, f*

wrestling *n* SPORTS lotta *f;* **freestyle ~** lotta libera

wrestling bout *n*, **wrestling match** *n* SPORTS combattimento *m* di lotta

wretch [retʃ] <-es> *n* **1.** (*unfortunate person*) disgraziato, -a *m, f;* **a poor ~** un povero diavolo **2.** (*mean person*) spilorcio, -a *m, f;* (*mischievous person*) mascalzone, -a *m, f*

wretched ['ret·ʃɪd] *adj* **1.** (*miserable, pitiable: life, person*) disgraziato, -a; **to be in a ~ state** essere in condizioni pietose; (*house*) squallido, -a **2.** (*despicable*) spregevole **3.** (*very bad, awful: weather*) da cani; **to feel ~** stare da cani **4.** (*expressing annoyance*) **my ~ car's broken down again!** questa macchina del cavolo si è guastata un'altra volta!

wriggle ['rɪ·gl] **I.** <-ling> *vi* **1.** (*squirm around*) contorcersi **2.** (*move forward by twisting*) serpeggiare; **to ~ through sth** attraversare qc serpeggiando; **to ~ out of sth** fig, inf tirarsi fuori da qc **II.** <-ling> *vt* (*jiggle back and forth*) dimenare; (*body, hand, toes*) muovere; **to ~ one's way along** avanzare serpeggiando; **to ~ oneself into sth** infilarsi in qc (dimenandosi); **to ~** (**one's way**) **out of sth** sgusciare fuori da qc **III.** *n* dimenamento *m;* **with a ~, she managed to crawl through the gap** dimenandosi, riuscì a passare attraverso il buco

wring [rɪŋ] <wrung, wrung> *vt* **1.** (*twist forcibly, twist to squeeze out*) torcere; **to ~ one's hands** torcersi le mani; **to ~ sb's neck** inf torcere il collo a qu; **to ~ water out of a shirt** strizzare una camicia **2.** (*extract forcibly*) **to ~ the truth out of sb** tirar fuori la verità a qu **3.** (*cause pain to*) **to ~ sb's heart** stringere il cuore a qu

wringer ['rɪŋ·ɚ] *n* strizzatoio *m* ►**to put sb through the ~** inf mettere qu sotto torchio

wrinkle ['rɪŋ·kl] **I.** *n* (*fold, crease*) ruga *f* ►**to iron the ~s out** appianare le difficoltà **II.** <-ling> *vi* (*form folds, creases*) sgualcirsi; (*apple, fruit*) avvizzire **III.** <-ling> *vt* (*make have folds, creases*) sgualcire ►**to ~ one's brow** corrugare la fronte

wrinkled *adj*, **wrinkly** ['rɪŋk·li] *adj* (*clothes*) sgualcito, -a; (*face, skin*) rugoso, -a; (*apple, fruit*) avvizzito, -a

wrist [rɪst] *n* **1.** ANAT polso *m;* **to slash one's ~s** tagliarsi le vene **2.** (*of a garment*) polsino *m*

wristband ['rɪst·bænd] *n* **1.** (*end of sleeve, sweatband*) polsino *m* **2.** (*strap*) cinturino *m*

wristlet *n* polsino *m*

wristwatch <-es> *n* orologio *m* da polso

writ [rɪt] *n* mandato *m;* **~ of summons** mandato *m* di comparizione; **to issue a ~ against sb** emanare un mandato contro qu; **to serve a ~ on sb** presentare un mandato a qu

write [raɪt] <wrote, written, writing> **I.** *vt* **1.** scrivere; **to ~ sth in capital letters** scrivere qc in stampatello; **to ~ a book/a thesis** scrivere un libro/una tesi; **he wrote me a poem** mi ha scritto una poesia; **to ~ sb** scrivere a qu; **to ~ sb a check** fare un assegno a qu **2.** MUS comporre; **to ~ a song** scrivere una canzone **3.** COMPUT (*save*) salvare; **to ~ sth to a disk** salvare qc su un dischetto ►**to be nothing to ~ home about** non essere niente di straordinario **II.** *vi* **1.** scrivere; **to ~ clearly/legibly** scrivere in modo chiaro/leggibile; **to ~ to sb** scrivere a qu; **to ~ about sth** scrivere di/su qc; **to ~ for a newspaper** scrivere per un giornale **2.** COMPUT (*save*) **to ~ to sth** salvare su qc

◆**write away** *vi* **to ~ for sth** (*brochures, information*) scrivere per chiedere qc

◆**write back I.** *vt* **to write** (**sb/sth**) **back** rispondere a (qu/qc) **II.** *vi* rispondere

◆**write down** *vt* scrivere, appuntare

◆**write in I.** *vi* (*send a letter to*) scrivere **II.** *vt* **1.** (*insert*) scrivere; **to write sth in a space** scrivere qc in uno spazio; **just write your name in — you can fill the rest of the form in later** scriva solo il suo nome — potrà riempire il resto del modulo dopo **2.** LAW (*put in: clause*) inserire **3.** TV, CINE (*character*) inserire

◆**write off I.** *vi* (*send away to ask for*) **to ~ for** (*brochures, information*) mandare a chiedere per iscritto **II.** *vt* **1.** (*give up doing*) abbandonare **2.** (*abandon as no good*) **to write sth/sb off as useless** scartare qc/qu in quanto inutile **3.** FIN (*debt*) cancellare

◆**write out** *vt* **1.** (*put into writing*) scrivere **2.** (*copy*) ricopiare **3.** (*fill in*) riempire; **to write a check out to sb** fare un assegno a qu **4.** (*remove from*) eliminare; **to write sb out of a will** diseredare qu

◆**write up** *vt* mettere per iscritto; (*article, report, thesis*) redigere; **to ~ a concert** recensire un concerto

write-in ['raɪt·ɪn] *adj* POL **a ~ candidate** un candidato fuori lista

write-off ['raɪt·ɑf] *n* **1.** FIN (*cancellation*) cancellazione *f* di un debito **2.** (*sth reduced in value*) **the camera was a complete ~** la

W

macchina fotografica ha subito una notevole svalutazione

write-protected ['raɪt·prə·'tek·təd] *adj* COMPUT protetto, -a da sovrascrittura

writer ['raɪ·ʈɚ] *n* **1.**(*person*) scrittore, -trice *m, f; ~* **of children's books** autore, -trice *m, f* di libri per bambini **2.** COMPUT **CD-ROM/DVD ~** masterizzatore *m* CD-ROM/DVD

write-up ['raɪt·ʌp] *n* ART, THEAT, MUS recensione *f*

writhe [raɪð] <writhing> *vi* **1.**(*squirm and twist around*) contorcersi; **to ~** (**around**) **in pain** contorcersi dal dolore **2.**(*be uncomfortable: with embarrassment*) sentirsi a disagio; **to make sb ~** mettere a disagio qu

writing ['raɪ·ʈɪŋ] *n* **1.**(*handwriting*) calligrafia *f;* **in ~** per iscritto; **to put sth in ~** mettere qc per iscritto; **there was some ~ in the margin of the page** c'era qualcosa scritto nel margine della pagina **2.** *a.* LIT la scrittura; **she likes ~** le piace scrivere **3.** LIT, THEAT (*process*) redazione *f;* **creative ~** scrittura *f* creativa **4.** LIT, THEAT (*written work*) opera *f;* **women's ~** letteratura *f* femminile **5.** LIT (*style*) stile *m* ▸**the ~ is on the** wall ci sono chiari segnali

writing desk *n* scrivania *f*

writing pad *n* blocco *m*

writing paper *n* carta *f* da lettere

written I. *vt, vi pp of* **write** II. *adj* (*recorded in writing*) scritto, -a ▸**to have guilt ~ all over one's face** avere scritto in faccia che si è colpevoli; **the ~** word la lingua scritta

wrong [rɑːŋ] I. *adj* **1.**(*not right: answer*) sbagliato, -a, errato, -a; **to be ~ about sth/sb** sbagliarsi su qc/qu; **he is ~ in thinking that ...** si sbaglia se pensa che...; **to be in the ~ place** essere nel posto sbagliato; **to be plainly ~** sbagliarsi di grosso; **to get the ~ number** sbagliare numero; **sorry, you've got the ~ number!** guardi, ha sbagliato numero; **to go the ~ direction** sbagliare direzione; **to prove sb ~** dimostrare che qu si sbaglia **2.**(*not appropriate*) inopportuno, -a; **to do/say the ~ thing** fare una gaffe; **she's the ~ person for the job** non è la persona adatta per questo lavoro; **this is the ~ time to ...** non è il momento opportuno per...; **the ~ side of town** una zona malfamata della città; **she got in with the ~ crowd** cominciò a frequentare cattive compagnie **3.**(*bad*) **is there anything ~?** cosa c'è che non va?; **what's ~ with you today?** cosa ti succede oggi?; **there's nothing ~ with your stomach** non ha niente allo stomaco; **something's ~ with the television** la televisione non funziona bene **4.** LAW, REL **it is ~ to do that** non si deve farlo; **it was ~ of him** (**to do that**) ha fatto male (a farlo); **what's ~ with that?** cosa c'è di sbagliato in questo? ▸**to fall into the ~** hands cadere in cattive mani; **to go down the ~** way (*food, drink*) andare di traverso II. *adv* **1.**(*incor-*

rectly) erroneamente; **to do sth ~** far male qc; **to get sth ~** sbagliare qc; **to get it ~** capire male; **you got it ~ — it's Maria who's coming, not Marina** hai capito male — viene Maria, non Marina; **don't get me ~** non mi fraintendere; **to go ~** sbagliarsi; (*stop working*) guastarsi; (*fail*) andare male; **after 300 feet turn to the left, you can't go ~** dopo 100 m giri a sinistra, non si può sbagliare **2.**(*in a morally reprehensible way*) **to do sth ~** fare qc di male III. *n* **1.** *a.* LAW, REL male *m;* (**to know**) **right from ~** saper distinguere il bene dal male; **to put sb in the ~** dare torto a qu; **to do sb no ~** non fare niente di male a qu **2.**(*unjust action*) ingiustizia *f;* **to do sb** (**a**) ~ (**in doing sth**) commettere un'ingiustizia verso qu (facendo qc); **to right a ~** rimediare a un'ingiustizia; **to suffer a ~** subire un'ingiustizia ▸**to** do ~ agire male; **he can** do **no ~** non fa mai niente di male; **to be** in **the ~** (*not right, mistaken*) avere torto; (*do something bad*) agire male IV. *vt form* **to ~ sb** (*treat unjustly*) fare un torto a qu; (*judge unjustly*) giudicare male qu

wrongdoer ['rɑːŋ·du:·ɚ] *n* malfattore, -trice *m, f*

wrongdoing *n* disonestà *f;* **to accuse sb of ~** accusare qu di azioni illecite

wrongful *adj* **1.**(*unfair*) ingiusto, -a **2.** LAW (*unlawful: arrest*) illegale; (*dismissal*) senza giusta causa

wrong-headed *adj pej* (*person*) irragionevole; (*concept, idea, plan*) insensato, -a

wrongly *adv* mal; (*spell*) incorrettamente; (*believe, state*) erroneamente; (*accuse, convict*) ingiustamente

wrote [roʊt] *vi, vt pt of* **write**

wrought [rɑːt] I. *vt pt, pp of* **work** III. 4., 5., **wreak** II. *adj form* (*crafted*) lavorato, -a; (*metal*) battuto, -a

wrought iron *n* ferro *m* battuto

wrought-up [rɔːt·'ʌp] *adj* nervoso, -a; **to be/ get ~** (**about sth**) essere nervoso/innervosirsi (per qc)

wrung [rʌŋ] *vt pt, pp of* **wring**

wry [raɪ] <wrier, wriest *o* wryer, wryest> *adj* **1.**(*dry and ironic: comments, humor*) caustico, -a; **a ~ smile** un sorriso beffardo **2.**(*showing dislike*) **to make a ~ face** arricciare il naso

WSW *abbr of* **west-southwest** OSO

wt. *n abbr of* **weight** peso *m*

WV *n abbr of* **West Virginia** Virginia *f* Ovest

WWI *n abbr of* **World War I** Prima Guerra *f* Mondiale

WWII *n abbr of* **World War II** Seconda Guerra *f* Mondiale

WWW *n abbr of* **World Wide Web** COMPUT WWW *m*

WY *n abbr of* **Wyoming** Wyoming *m*

Wyoming *n* Wyoming *m*

W

X, x [eks] I. *n* 1. X, x *f;* ~ **as in X-ray** X come
Xeres 2. MATH (*unknown number*) x *f* 3. (*used
in place of name*) Mr./Mrs./Ms. ~ il Sig./la
Sig.ra. X 4. (*symbol for kiss*) un bacio; **all my
love, Katy ~~~** baci, Katy 5. (*cross symbol*)
croce *f;* ~ **marks the spot** il punto è contras-
segnato da una croce II. *vt* (*delete*) **to** ~ (**out**)
sth cancellare qc
X-chromosome ['eks‧krəʊ‧mə‧səʊm] *n* cromosoma *m* X
xenophobia [ˌze‧nə‧'fou‧biə] *n* xenofobia *f*
xenophobic [ˌze‧nə‧'fou‧bɪk] *adj* xenofobo, -a
Xerox®, **xerox** ['zɪ‧rɑːks] I. *n* (*photocopy*)

fotocopia *f* II. *vt* (*photocopy*) fotocopiare; **a
~ed copy of the document** una fotocopia del
documento
XL *adj abbr of* **extra large** XL
Xmas ['krɪs‧məs] *n abbr of* **Christmas**
Natale *m*
X-rated ['eks‧reɪ‧tɪd] *adj* **an ~ film** un film
vietato ai minori
X-ray ['eks‧reɪ] I. *n* 1. (*photo*) radiografia *f;* ~**s**
raggi *mpl* X 2. (*hospital department*) radiolo-
gia *f* II. *vt* radiografare, fare una radiografia di
qc/a qu
xylophone ['zaɪ‧lə‧foʊn] *n* MUS xilofono *m*

Y, y [waɪ] *n* 1. Y, y *f;* ~ **as in Yankee** Y come
yacht 2. MATH (*unknown quantity*) y *f*
yacht [jɑːt] I. *n* (*for pleasure, racing*) yacht *m
inv;* ~ **club** yacht club *m inv;* ~ **race** regata *f*
II. *vi* 1. (*sail in a yacht*) navigare su uno yacht
2. (*race in a yacht*) partecipare a una regata
yachting *n* 1. (*sailing in yachts*) navigazione *f*
da diporto 2. (*racing in yachts*) vela *f;* **to go ~**
fare vela
yachtsman ['jɑːts‧mən] <-men> *n* (*yacht
owner*) padrone *m* di uno yacht; (*yacht sailor*)
velista *m*
yack, yak [jæk] I. *n sl* chiacchiere *fpl* II. *vi sl*
chiacchierare
yam [jæm] *n* 1. (*plant, vegetable*) igname *m*
2. (*sweet potato*) patata *f* dolce
yank [jæŋk] I. *vt inf* **to ~ sth** tirare qc II. *vi inf*
to ~ (**on sth**) tirare (qc); **she ~ed at his hair**
gli tirò i capelli III. *n inf* **to give sth a** (**good**) ~
tirare (forte) qc
♦**yank out** *vt* (*remove forcefully*) staccare; **to
~ a tooth** strappare un dente
Yank [jæŋk] *n,* **Yankee** ['jæŋ‧ki] *n pej, inf* yan-
quee *mf inv*
yap [jæp] I. <-pp-> *vi* 1. (*bark*) abbaiare 2. *inf*
(*talk continuously*) blaterare II. *n* 1. (*bark*)
latrato *m* 2. *pej, inf* (*foolish talk*) ciarle *fpl*
yard¹ [jɑːrd] *n* 1. (*3 feet*) iarda *f* (*0'91 m*);
square ~ iarda quadra; **it's about a hundred
~s down the road** è a un centinaio di metri
da qui 2. NAUT pennone *m*
yard² [jɑːrd] *n* 1. (*enclosed paved area: of a
house, school, prison*) cortile *m* 2. (*land next
to house*) pratino *m* 3. (*work area*) cantiere *m;* **shipbuilding ~** cantiere *m* navale
4. (*outside area used for storage*) deposito *m;*
wood ~ deposito *m* di legna 5. (*enclosure for
livestock*) recinto *m*
yardstick ['jɑːrd‧stɪk] *n* 1. (*measuring tool*)

stecca *f* lunga una iarda 2. (*standard*) criterio *m*
yarn [jɑːrn] I. *n* 1. (*thread*) filato *m* 2. *inf*
(*story*) storia *f;* **to spin a ~** raccontare una frottola II. *vi inf* raccontare frottole
yaw [jɑː] AVIAT, NAUT, TECH I. *vi* (*move sideways:
car*) sbandare II. *n* (*sideways movement: of a
car*) sbandamento *m;* (*of a boat*)
yawl [jɑːl] *n* iolla *f*
yawn [jɑːn] I. *vi* 1. (*show tiredness*) sbadigliare 2. *fig, liter* (*open wide*) aprirsi II. *n*
1. (*sign of tiredness*) sbadiglio *m* 2. *inf* (*boring
thing*) barba *f;* **it was a ~** è stata una barba
yawning *adj* 1. (*bored: audience*) annoiato, -a
2. (*wide and deep: chasm, crater*) enorme;
there's a ~ gap between ... and ... c'è un
abisso tra... e...
Y-chromosome ['waɪ‧krəʊ‧mə‧səʊm] *n* cromosoma *m* Y
yd. *abbr of* **yard**(**s**) iarda *f*
yea [jeɪ] I. *adv* HIST (*yes*) sì II. *n* sì *m inv,* voto *m*
a favore; **the ~s and the nays** i voti a favore e
quelli contrari
yeah [jeə] *adv inf* (*yes*) sì; **oh ~!** *iron* (*indicating disbelief*) eh sì!; ~, ~, **we've heard that
one before** sì, sì, questa l'ho già sentita!
year [jɪr] *n* 1. (*twelve months*) anno *m;* ~ **of
birth** anno di nascita; ~ **in,** ~ **out** per anni; **fiscal ~** FIN anno contabile; **leap ~** anno bisestile;
all (**the**) ~ **round** (durante) tutto l'anno;
every other ~ ogni due anni; **happy new ~!**
buon anno!; **last/next ~** l'anno scorso/pros-
simo; **$5000 a ~** 5000 dollari all'anno; **the ~
when ...** l'anno in cui...; **this ~** quest'anno;
I'm eight ~s old ho otto anni; ~ **s ago** anni fa;
I haven't seen her for ~s è tantissimo che
non la vedo; **it's taken me ~s to ...** mi ci sono
voluti anni a...; **it's been ~s since we had a
summer as good as this one** erano anni che

non faceva un'estate così bella; **it'll be** ~**s before...** passeranno anni prima che/di...; **over the** ~**s** nel corso degli anni **2.** SCHOOL, UNIV anno *m;* **the academic** ~ l'anno accademico; **she was in my** ~ **at college** faceva il mio stesso anno all'università ▸ **to put** ~**s on sb** invecchiare qu; **to take** ~**s off** (**of**) **sb** ringiovanire qu

yearbook ['jɪr·bʊk] *n* annuario *m*

yearling ['jɪr·lɪŋ] **I.** *adj* (*colt, calf, goat*) di un anno **II.** *n* (*colt*) puledrino *m* di un anno; (*year-old calf, goat, sheep*) bestia *f* di un anno

yearlong ['jɪr·lɑːŋ] *adj* di un anno

yearly I. *adj* (*happening every year*) annuale **II.** *adv* (*every year*) annualmente; **to take place** ~ aver luogo annualmente; **twice** ~ due volte l'anno

yearn [jɜːrn] *vi* (*long*) **to** ~ **to do sth** desiderare fare qc; **to** ~ **after sth** anelare a qc; **to** ~ **for sth/sb** desiderare ardentemente qc/qu

yearning *n* desiderio *m;* ~ **for sth** desiderio di qc; **to have a** ~ **to do sth** avere una gran voglia di fare qc

yeast [jiːst] *n* lievito *m*

yeasty <-ier, -iest> *adj* di lievito

yell [jel] **I.** *n* **1.** (*loud shout*) urlo *m;* **to give a** ~ cacciare un urlo; **a** ~ **of laughter** una risata sonora **2.** (*chant*) grido d'incitamento **II.** *vi* (*shout loudly*) urlare; **to** ~ **at sb** (**to do sth**) urlare a qu (di fare qc); **to** ~ **for sb** chiamare qu a gran voce; **to** ~ **for help** gridare aiuto **III.** *vt* (*shout loudly*) urlare

yellow ['je·loʊ] **I.** *adj* **1.** (*color*) giallo, -a; **golden** ~ giallo dorato; **to turn** [*o* **go**] ~ ingiallire **2.** *pej, inf* (*cowardly*) vigliacco, -a **II.** *n* giallo *m;* ~ **of an egg** tuorlo *m* d'uovo **III.** *vi, vt* ingiallire

yellow-belly ['je·loʊ·be·li] <-ies> *n pej, inf* coniglio *m*

yellow fever *n* MED febbre *f* gialla

yellowish ['je·loʊ·ɪʃ] *adj* giallognolo, -a

yellowness ['je·loʊ·nəs] *n* giallezza *f*

Yellow Pages® *npl* **the** ~ le Pagine Gialle®

yellowy *adj* giallognolo, -a

yelp [jelp] **I.** *vi* (*cry: a dog*) guaire; (*a person*) gemere; **to** ~ **with pain** gemere di dolore **II.** *n* (*cry: of animal*) guaito *m;* (*of person*) gemito *m*

Yemen ['je·mən] *n* Yemen *m*

Yemeni ['je·mə·ni] **I.** *adj* yemenita **II.** *n* yemenita *mf*

yen¹ [jen] *inv n* FIN yen *m inv*

yen² [jen] *n inf* (*strong desire*) voglia *f;* (**to have**) **a** ~ **for sth/sb** (avere) voglia di qc/qu; (**to have**) **a** ~ **to do sth** (aver) voglia di fare qc

yeoman ['joʊ·mən] <-men> *n* **1.** (*sailor in the Navy*) sottoufficiale di marina con mansioni amministrative **2.** (*freeholder*) contadino che lavora un piccolo appezzamento di sua proprietà ▸ **to do** ~(**'s**) **service** prestare onorato servizio

yep [jep] *adv inf* (*yes*) sì

yes [jes] **I.** *adv* **1.** (*affirmative answer*) sì;

~, **sir/ma'am** sì, signore/signora; ~, **please** sì, grazie; **to answer** ~ **to sth** rispondere (di) sì a qc; **I'm not a very good cook** — ~ **you are** non sono un bravo cuoco — sì che lo sei; ~ **indeed** certo che sì; ~, **of course!** sì, certo! **2.** (*as question*) ~? TEL sì?; **Johnny?** — **yes?** — **can I have a word?** Johnny — sì? — posso parlarti? **3.** (*indicating doubt*) **oh** ~? davvero? **II.** <yeses> *n* (*statement in favor*) sì *m inv*

yes man ['jes·mæn] <-men> *n pej* persona servile

yesterday ['jes·tə·deɪ] **I.** *adv* ieri; ~ **morning** ieri mattina; **the day before** ~ l'altrieri **II.** *n* ieri *m*

yet [jet] **I.** *adv* **1.** (*up to a particular time*) ancora; **it's too early** ~ **to ...** è ancora troppo presto per...; **not** ~ non ancora; **she hasn't told him** ~ non glielo ha ancora detto; **as** ~ finora; **the issue is as** ~ **undecided** la questione resta ancora da definire; **her best/worst film** ~ il suo migliore/peggiore film fino ad ora; **have you finished** ~? hai finito?; **isn't supper ready** ~? non è ancora pronta la cena?; **can you see the lighthouse** ~? si vede già il faro?; **the best is** ~ **to come** il meglio deve ancora venire; **there's a great deal of work** ~ **to be done** c'è ancora molto lavoro da fare **2.** (*in addition*) ~ **again** un'altra volta; ~ **more food** ancora più roba da mangiare **3.** + *comp* (*even*) ~ **bigger/more beautiful** ancora più grande/bello **4.** (*despite that*) eppure **5.** (*in spite of everything*) nonostante tutto; **you'll do it** ~ lo finirai; **we're not giving up, we'll get there** ~ non ci arrendiamo, prima o poi ce la faremo **II.** *conj* tuttavia

yew [juː] *n* (*tree and wood*) tasso *m*

YHA *n abbr of* **Youth Hostel Association** Associazione *f* Alberghi della Gioventù

Yiddish ['jɪ·dɪʃ] **I.** *adj* yiddish *5nv* **II.** *n* yiddish *m*

yield [jiːld] **I.** *n* **1.** (*amount produced*) produzione *f;* AGR raccolto *m* **2.** COM, FIN (*profits*) rendimento *m;* (*interest*) interesse *m;* **fixed/variable** ~ rendita *f* fissa/variabile **II.** *vt* **1.** (*provide: results, information*) dare **2.** AGR (*produce*) produrre **3.** COM, FIN (*profit, interest*) fruttare; **to** ~ **8% interest** dare un interesse dell'8% **4.** (*give up*) **to** ~ **ground** cedere terreno; **to** ~ **responsibility** delegare responsabilità; **to** ~ **sth to the enemy** cedere qc al nemico **III.** *vi* **1.** AGR, COM, FIN essere produttivo **2.** (*give way*) **to** ~ **to sth/sb** cedere davanti a qc/qu; **to** ~ **to temptation** cedere alla tentazione **3.** (*surrender*) arrendersi **4.** (*give priority*) **to** ~ **to sth/sb** dare la precedenza a qc/qu **5.** AUTO dare la precedenza

yielding *adj* **1.** (*pliable: a material, a substance*) flessibile; (*soft*) molle **2.** *fig* (*compliant*) accomodante

yippee ['jɪ·piː] *interj inf* urrà

YMCA [ˌwaɪ·em·siː·'eɪ] *abbr of* **Young Men's Christian Association** *Associazione Cristiana dei Giovani*

Y

yodel, yodle ['joʊ·dəl] MUS **I.** <-ll-, -l-> vi (sing) cantare alla tirolese **II.** vt (sing) cantare alla tirolese **III.** n (yodeled song) canzone f tirolese

yoga ['joʊ·gə] n yoga m

yoghourt n, **yoghurt** ['joʊ·gət] n s. **yogurt**

yogi ['joʊ·gi] n yogi mf inv

yogurt ['joʊ·gət] n yogurt m inv

yoke [joʊk] **I.** n **1.** a. fig AGR giogo m; **to throw off the** ~ liberarsi dal giogo **2.** FASHION sprone m **II.** vt **1.** AGR (fit with yoke) aggiogare; **to** ~ **an animal** (**to sth**) aggiogare un animale (a qc) **2.** fig (combine) **to** ~ **two things together** legare due cose insieme

yokel ['joʊ·kl] n iron, pej (country person) zoticone, -a m, f

yolk [joʊk] n tuorlo m

Yom Kippur [ˌjɑːm·kɪ·'puˑəɾ] n Yom Kippur m

yonder ['jɑːn·dɚ] dial **I.** adv (over there) là **II.** adj (situated over there) quello, -a; pl: quelli, -e

yore [jɔːr] n liter **in (the) days of** ~ un tempo

you [juː] pron pers **1.** 2nd pers sing tu; pl: voi; **I see** ~ ti/vi vedo; **do** ~ **see me?** mi vedi/ vedete?; **I love** ~ ti/vi amo; **it is for** ~ è per te/voi; **older than** ~ più grande di te/voi; **if I were** ~ se fossi in te/voi; ~'**re my brother** sei mio fratello **2.** (2nd person sing, polite form) lei; ~ **have a car** ha una macchina; ~'**re going to Toronto** va a Toronto

you'd [juːd] = you would s. would

you'll [juːl] = you will s. will

young [jʌŋ] **I.** adj **1.** a. GEO (not old) giovane; ~ **children** bambini mpl piccoli; **a** ~ **man** un ragazzo; ~ **people/persons** i giovani; sb's ~**er brother/son** il fratello/figlio minore di qu; **the** ~**er generation** la nuova generazione; **the night is still** ~ la notte è giovane **2.** (junior) **old Mr. Brown and** ~ **Mr. Brown** il Sig. Brown padre e il Sig. Brown figlio **3.** (young-seeming: appearance, clothes) giovanile; **to be** ~ **at heart** essere giovane di spirito; **she is** ~ **for her age** porta bene i suoi anni; **to be** ~ **looking** avere un aspetto giovanile **4.** (pertaining to youth: love) giovanile; **in my** ~(**er**) **days** quando ero giovane ▶ **you're only** ~ **once!** si vive una volta sola! **II.** n pl **1.** (young people) **the** ~ i giovani **2.** ZOOL (offspring) piccoli mpl; **with** ~ gravida

youngster ['jʌŋks·tɚ] n giovane mf

your [jʊr] adj pos **1.** 2nd pers sing tuo, -a; pl: vostro, -a **2.** (2nd pers sing: polite form) suo, -a

you're [jʊr] = you are s. be

yours [jʊrz] pron pos **1.** sing: (il) tuo, (la) tua, (i) tuoi, (le) tue; pl: (il) vostro, (la) vostra, (i) vostri, (le) vostre; **this glass is** ~ questo bicchiere è il tuo/vostro **2.** polite form (il) suo, (la) sua, (i) suoi, (le) sue; ~ **truly** cordiali saluti

yourself [jʊr·'self] pron reflexive **1.** sing: ti; emphatic: tu (stesso, a); after prep: te (stesso, a) **2.** polite form: si; emphatic: lei (stesso, a); after prep: sé, lei stesso, a

yourselves pron reflexive vi; emphatic, after prep: voi (stessi, -e)

youth [juːθ] n **1.** (period when young) gioventù f, giovinezza f; **during her** (**early**) ~ quando era (molto) giovane; **he is a friend from my** ~ è un amico di gioventù **2.** (young man) giovane m **3.** (young people) giovani mpl; **the** ~ i giovani; ~ **culture** cultura f giovanile

youth center n, **youth club** n centro m giovanile

youthful ['juːθ·fəl] adj **1.** (young-looking) giovanile; ~ **appearance** aspetto m giovanile **2.** (typical of the young) dei giovani **3.** (young) giovane

youth hostel n albergo m della gioventù

you've [juːv] = you have s. have

yowl [jaʊl] **I.** vi (howl: dog) guaire; (cat) miagolare; (person) gemere **II.** n (howl: of a dog) guaito m; (of a cat) miagolio m; (of a person) gemito m

yo-yo ['joʊ·joʊ] n (toy) yo-yo m inv

yr. abbr of **year** a.

yuan [juː·'æn] n FIN yuan m inv

yucky ['jʌ·ki] adj inf schifoso, -a

Yugoslav ['juː·goʊs·lɑːv] adj, n s. **Yugoslavian**

Yugoslavia ['juː·goʊ·'slɑː·viə] n HIST Jugoslavia f

Yugoslavian I. adj jugoslavo, -a **II.** n jugoslavo, -a m, f

yukky ['jʌ·ki] <-ier, -iest> adj s. **yucky**

Yukon Territory ['juː·kɑːn 'te·rə·tɔː·ri] n (Territorio m dello) Yukon, m

yule log ['juːl·ˌlɑːg] n **1.** (log) ceppo che si brucia nel camino per Natale **2.** a. FOOD tronchetto m di Natale

Yuletide ['juːl·taɪd] n liter Natale m

yummy ['jʌ·mi] adj buonissimo, -a

yuppie ['jʌ·pi] n yuppy mf inv

YWCA abbr of **Young Women's Christian Association** Associazione Cristiana delle Giovani

Y

Zz

Z, z [ziː] *n* Z, z *f;* ~ **as in Zebra** Z come Zara ► **to** catch **some** ~**'s** *inf* dormire un po'

Zaire [zaɪ·ˈɪr] *n* Zaire *m*

Zairean [zaɪ·ˈɪə·riən] **I.** *adj* zairese **II.** *n* zairese *mf*

Zambia [ˈzæm·biə] *n* Zambia *f*

Zambian [ˈzæm·biən] **I.** *adj* zambiano, -a **II.** *n* zambiano, -a *m, f*

zany [ˈzeɪ·ni] <-ier, -iest> *adj inf* bislacco, -a

zap [zæp] **I.**<-pp-> *vt* **1.** *inf* (*destroy*) distruggere **2.** *inf* (*send fast*) inviare rapidamente **3.** *inf* FOOD (*microwave*) sbattere nel microonde **II.**<-pp-> *vi inf* **1.** TV **to** ~ **through the channels** fare zapping **2.** (*move fast*) **to** ~ **somewhere** fiondarsi in un posto **III.** *interj inf* zac

zapping [zæ·pɪŋ] *n inf* zapping *m*

zeal [ziːl] *n* zelo *m;* **religious** ~ fervore *m* religioso

zealot [ˈze·lət] *n* fanatico, -a *m, f*

zealous [ˈze·ləs] *adj* fervente; **to be** ~ **in sth/ in doing sth** essere zelante in qc/nel fare qc

zebra [ˈziː·brə] *n* zebra *f*

zenith [ˈziː·nɪθ] <-es> *n* **1.** ASTR (*highest point*) zenit *m* **2.** (*most successful point*) apice *m;* **to be at the** ~ **of sth** essere all'apice di qc

zero [ˈzɪ·roʊ] **I.**<-s *o* -es> *n* zero *m;* **below** ~ METEO sottozero; **to be a** ~ non valere una cicca **II.** *adj* zero *inv;* ~ **growth** natalità *f* zero; ~ **hour** ora *f* zero; ~ **visibility** visibilità *f* nulla; **my chances are** ~ ho zero possibilità **III.** *vt* (*return to zero: device*) azzerare

◆**zero in on** *vi* **1.** (*aim precisely*) mirare a **2.** (*focus on*) **to** ~ **sth** concentrarsi su qc

zero-energy *adj* a consumo energetico zero; ~ **building** edificio *m* a energia quasi zero

zero tolerance *n* policy of ~ tolleranza *f* zero

zest [zest] *n* **1.** (*enthusiastic energy*) entusiasmo *m;* **to do sth with** ~ fare qc con entusiasmo; ~ **for life** gioia *f* di vivere **2.** (*charm, interest*) sapore *m;* **the story lacks** ~ la storia non ha pepe **3.** (*rind*) scorza *f;* **lemon/ orange** ~ scorza di limone/arancia; **grated lemon** ~ scorza di limone grattugiata

zigzag [ˈzɪg·zæg] **I.** *n* (*crooked line*) zigzag *m inv* **II.** *adj* (*crooked*) a zigzag **III.** <-gg-> *vi* zigzagare

Zimbabwe [zɪm·ˈbɑːb·weɪ] *n* Zimbabwe *m*

Zimbabwean [zɪm·ˈbɑːb·wi·ən] **I.** *adj* zimbabwiano, -a **II.** *n* zimbabwiano, -a *m, f*

zinc [zɪŋk] *n* zinco *m*

zip [zɪp] **I.** *n* **1.** (*ZIP code*) CAP *m inv* **2.** (*whistle*) sibilo *m* **3.** *inf* (*vigor*) brio *m* **4.** *sl* (*nothing*) zero *m;* **I know** ~ **about that** ne so zero **II.**<-pp-> *vt* **to** ~ **a bag/a dress** chiudere la lampo di una borsa/un vestito; **to** ~ **sth open** aprire la lampo di qc; **to** ~ **sth shut** chiudere la lampo di qc; **to** ~ **sth up** chiudere la lampo di qc; **will you** ~ **me up?** mi chiudi la lampo? **III.**<-pp-> *vi* **to** ~ **in/past** entrare/passare di corsa; **the days** ~ **ped by** i giorni sono volati

ZIP code *n* codice *m* di avviamento postale

zipper [ˈzɪ·pər] *n* lampo *f*, cerniera *f*

zippy [ˈzɪ·pi] <-ier, -iest> *adj inf* (*fast: car*) veloce; (*energetic*) vivace

zither [ˈzɪ·ðə] *n* zither *m inv*, cetra *f*

zloty [ˈzlɔː·ti] *n* zloty *m inv*

zodiac [ˈzoʊ·di·æk] *n* zodiaco *m*

zombie [ˈzɑːm·bi] *n* zombi *mf inv*

zonal [ˈzoʊ·nəl] *adj* di zona; **a** ~ **division** una divisione in zone

zone [zoʊn] **I.** *n* zona *f;* **nuclear-free** ~ zona denuclearizzata; **time** ~ fuso *m* orario; **frigid/ temperate/torrid** ~ METEO zona polare/temperata/torrida **II.** *vt* **1.** (*divide*) suddividere in zone **2.** ADMIN, LAW (*designate*) **to** ~ **an area for residential use** designare una zona residenziale

zoning *n* ADMIN, LAW zonizzazione *f*

zoo [zuː] *n* zoo *m inv*

zoological [ˌzoʊ·ə·ˈlɑː·dʒɪ·kəl] *adj* zoologico, -a; ~ **garden** giardino *m* zoologico

zoologist [zoʊ·ˈɑː·lə·dʒɪst] *n* zoologo, -a *m, f*

zoology [zoʊ·ˈɑː·lə·dʒi] *n* zoologia *f*

zoom [zuːm] **I.** *n* **1.** PHOT zoom *m inv* **2.** AVIAT impennata *f* **3.** (*buzz*) frastuono *m* **II.** *vt* **1.** AVIAT (*plane*) impennare **2.** PHOT zumare **III.** *vi* **1.** *inf* (*move very fast*) sfrecciare; **to** ~ **away** sfrecciare via; **to** ~ **past** passare sfrecciando **2.** (*plane*) impennarsi; (*costs, sales*) subire un'impennata

◆**zoom in** *vi* PHOT fare uno zoom; **to** ~ **on sth/sb** fare uno zoom di qc/qu

◆**zoom out** *vi* PHOT fare uno zoom all'indietro

zoom lens *n* zoom *m inv*

zucchini [zuː·ˈkiː·ni] <-(s)> *n inv* zucchino *m*

Z

Appendice

Appendix

Concise Italian grammar
Minigrammatica della lingua italiana

Articles

In Italian nouns and adjectives are accompanied
by the article. The gender of the article and
whether it is singular or plural is dependent on
the noun.

1.   Definite Article

masculine	sing	pl
before a *consonant*	**il** treno	**i** treni
before *s + consonant, gn, ps, x, z, i* or *y + vowel*	**lo** sciopero	**gli** scioperi
	lo zio	**gli** zii
	lo yoghurt	**gli** yoghurt
before a *vowel*	**l'**anno	**gli** anni
feminine		
before a *consonant*	**la** strada	**le** strade
before a *vowel*	**l'**ora	**le** ore

- Before an adjective the article varies according to the first letter of the adjective: l'ultimo treno – gli ultimi treni

2.   Combination of prepositions and the definite article

	il	lo	l'	la	i	gli	le
a	al	allo	all'	alla	ai	agli	alle
da	dal	dallo	dall'	dalla	dai	dagli	dalle
di	del	dello	dell'	della	dei	degli	delle
in	nel	nello	nell'	nella	nei	negli	nelle
su	sul	sullo	sull'	sulla	sui	sugli	sulle

- In Italian when the above prepositions
precede a definite article they are *always*
combined.

3.   Indefinite article and the partitive

masculine	sing		pl
	countable	uncountable	countable
before a *consonant*	un treno a train	del sale (some) salt	dei treni (some) trains
before *s + consonant, gn, ps, x, z, i* or *j + vowel*	uno sciopero a strike	dello zucchero (some) sugar	degli scioperi (some) strikes
before a *vowel*	un anno a year	dell'aceto (some) vinegar	degli anni (some) years
feminine			
before a *consonant*	una casa a house	della frutta (some) fruit	delle case (some) houses
before a *vowel*	un'ora an hour	dell'acqua (some) water	delle ore (some) hours

- The indefinite article (un, una, un') is used only in the **singular** with **countable nouns**. **Uncountable nouns** in the **singular** and **countable nouns** in the **plural** take the partitive (di + definite article). The singular and plural partitive forms indicate an unspecified quantity of something.

Compro del pane.	I buy (some) bread.
Ho incontrato degli amici in centro.	I met (some) friends in town.
Vuoi del vino?	Do you want (some) wine?

- In the plural the partitive can sometimes be deleted.

Ho ancora dubbi.	I still have some doubts.
Non ci sono treni per Milano.	There are no trains going to Milan.

- **Nessun, nessuno** (no, none, nobody) follow the same formation as un, uno, una, etc.

Nouns

Gender of nouns

Italian nouns have two genders (masculine and feminine):

masculine *m*	il treno	the train
	lo studente	the student
feminine *f*	la strada	the street
	la lezione	the lesson

- Nouns ending in -o are mostly masculine:

il libro, l'albero, il castello, lo zaino

Nouns ending in -a are feminine:

la banca, la panchina, la luna

- Nouns ending in -e may be either masculine or feminine:

il giornale, la regione

Plurals of nouns

The plural (pl) of a noun differs from the singular (sing) according to the following rules:

1.   General rule for the plural of nouns:

	sing	*pl*
m	il treno	i treni
m, f	il mare	i mari
	la torre	le torri
f	la strada	le strade

- Nouns ending in -o and -e have a plural form ending in -i.
  Nouns ending in -a have a plural form ending in -e.

There are some exceptions:

2.   Nouns ending in *-co, -ca, -go, -ga*

sing	pl
il buco	i buchi
la bocca	le bocche
il lago	i laghi
il collega	i colleghi
la bottega	le botteghe

- As a rule, when the stress falls on the penultimate syllable, the plural of these nouns is formed by adding an *h* after the final *-c* or *-g* and then adding the usual plural ending.

Exception:

l'amico – gli amici	

- When the stress falls on the second syllable of the word the plural is *-ci* or *-gi*.

sing	pl
il medico	i medici
l'asparago	gli asparagi

Exceptions:

lo stomaco – gli stomachi	
l'obbligo – gli obblighi	

- Nouns ending in *-logo* generally change to *-logi* if they refer to people and to *-loghi* if they refer to objects.

sing	pl
il biologo	i biologi
il catalogo	i cataloghi

3. Nouns ending in *-io*

sing	pl
il pendio	i pendii
lo zio	gli zii

- When the stress is on the final -i in the plural this becomes -ii.

sing	pl
l'inizio	gli inizi
l'esempio	gli esempi

- When the stress is **not** on the final -i the plural is simply -i:

4. Nouns ending in *-cio, -gio* and *-glio*

sing	pl
il negozio	i negozi
il bacio	i baci
il figlio	i figli

- When the stress is **not** on the final -i in nouns ending in -cio, -gio and -glio then the plural is simply -i.

5. Feminine nouns ending in *-cia, -gia*

sing	pl
l'arancia	le arance
la goccia	le gocce
la spiaggia	le spiagge
la camicia	le camicie
la valigia	le valigie
la figlia	le figlie

- When a feminine noun ending in -cia or -gia
  has a consonant before the -c or the -g, the
  plural is -ce or -ge. When the -c or -g is pre-
  ceded by a vowel the plural is normally -cie or
  -gie.

6. Masculine nouns ending in -a

sing	pl
il problema	i problemi
il geometra	i geometri

- Masculine nouns ending in -a form the plural
  with -i

7. Nouns which do not change in the plural

sing	pl
la città	le città
il film	i film
il cinema	i cinema
la foto	le foto
la crisi	le crisi
la serie	le serie
il re	i re

- Nouns do not change in the plural when:

  - they end in an accented vowel:

    il caffè – i caffè

  - they end in a consonant:
    These are often words adopted from other
    languages.

    lo sport – gli sport

  - they are generally used in an abbreviated
    form in Italian:

    la fotografia – la foto – le foto

  - they consist of only one syllable and end in
    a vowel:

    il re – i re

  - they end in -i or -ie:

    il brindisi – i brindisi, la specie – le specie

    (*Exception:* la moglie – le mogli)

8. Nouns with more than one form in the plural

sing	pl	
il braccio	i bracci	the arms (of a river) ...
	le braccia	the arms (of a human being) ...
il labbro	i labbri	the lips (of a wound) ...
	le labbra	the lips (of a human being) ...
il muro	i muri	the walls (of a house) ...
	le mura	the walls (of a city) ...

9. Compound nouns

sing	pl
l'arcobaleno	gli arcobaleni
il francobollo	i francobolli
il grattacielo	i grattacieli
il capostazione	i capistazione
la cassaforte	le casseforti

- In general compound nouns form their plural like ordinary nouns. However, in some cases the plural occurs at the end of the first part of the noun (*capistazione*) or at the end of both parts of the word (*casseforti*).

10. Irregular plurals of nouns

sing		pl
la mano	the hand	le mani
l'uovo *m*	the egg	le uova *f*
l'uomo	the man	gli uomini

→ You will find all irregular plural forms in the relevant entry of the dictionary.

Example:

uomo <uomini>

Adjectives

Gender and declension of adjectives

sing		pl	
m	f	m	f
caldo	calda	caldi	calde
mite	miti		

- Adjectives vary in gender and number dependent on the noun which accompanies them.
- Adjectives ending in -**co**, -**go**, -**io** follow the same rules in the plural as nouns with the same endings.

Position of the Adjective

In Italian the adjective normally comes after the noun. The following adjectives may go before nouns:

bello, bravo, buono, caro, cattivo, giovane, grande, piccolo, santo, strano, vecchio

- **Bello, buono, grande** and **santo** have special forms when they occur before a noun:

  - **bello** before nouns follows the declension of the definite article:

  bel, bell', bello, bella, bei, begli, belle

  - **buono** in the singular before masculine nouns follows the declension of the indefinite article: **buon.** Before *s + consonant, gn, ps, x, z*: it becomes **buono**.

  - **santo** shortens to **san** before masculine singular nouns beginning with a consonant

  - before masculine and feminine singular nouns beginning with a vowel **santo** often becomes **sant'**.

Comparison of Adjectives

positive	una macchina veloce	a fast car
comparative	una macchina più veloce	a faster car
relative superlative	la macchina più veloce del mondo	the fastest car in the world
absolute superlative	una macchina velocissima	a very fast car

- The comparative is formed by adding **più** before the adjective:

più piccolo – smaller

- The relative superlative is formed by adding the definite article to the comparative form:

il più piccolo – the smaller

- The absolute superlative is formed by adding the ending **–issimo/a** etc. to the adjective:

una casa piccolissima: a very small house.

- Some adjectives have special forms of the absolute superlative:

celebre	celeberrimo
integro	integerrimo
misero	miserrimo

Generally the absolute superlative of these adjectives is not used. Instead a combination with adverbs is favored:

celebre	molto celebre
integro	perfettamente integro

- **buono, cattivo, grande** and **piccolo** – in addition to their regular forms (*più buono – il più buono – buonissimo*) – irregular comparative forms also exist and are frequently used:

buono	migliore	il migliore	ottimo
cattivo	peggiore	il peggiore	pessimo
grande	maggiore	il maggiore	massimo
piccolo	minore	il minore	minimo

- Note that in Italian the relative superlative is often followed by the preposition **di**:

è più alta **di** me	she's taller than me

Demonstrative adjectives

questo	m	sing	pl
this, this one	before a *consonant*	questo treno	questi treni
	before a *vowel*	quest'anno	questi anni
	f		
	before a *consonant*	questa casa	queste case
	before a *vowel*	quest'ora	queste ore

- **questo** designates things, people or situations close to the speaker.

quello	m	sing	pl
that, that one	before a *consonant*	quel treno	quei treni
	before s + *consonant*, gn, ps, x, z, i or y + *vowel*	quello zio	quegli zii
	before a *vowel*	quell'anno	quegli anni
	f		
	before a *consonant*	quella casa	quelle case
	before a *vowel*	quell'ora	quelle ore

- **quello** designates things, people or situations distant from the speaker.

Possessive adjectives

These are formed by the relevant definite article (reflecting the gender and number of the thing owned) and the relevant possessive adjective:

Person/owner		Gender and number of the noun possessed				
		m			f	
		sing		pl	sing	pl
sing	1.pers	il mio	my	i miei	la mia	le mie
	2.pers	il tuo	your	i tuoi	la tua	le tue
	3.pers	il suo	his, her, your (polite)	i suoi	la sua	le sue
pl	1.pers	il nostro	our	i nostri	la nostra	le nostre
	2.pers	il vostro	your (also polite)	i vostri	la vostra	le vostre
	3.pers	il loro	their	i loro	la loro	le loro

Examples:

il mio libro: my book
la sua casa: his/her house
il nostro cane: our dog
i vostri gatti: your cats
i loro giornali: their newspapers

- In the singular polite form (lei) the third person singular possessive adjective is used (il suo, la sua, etc).

Questo è il suo libro?	*Is this your book?*

In the plural the second person plural is most commonly used:

Dove sono i vostri ospiti?	*Where are your guests?*

Before terms for relations such as

- *madre, padre, sorella, fratello, nonna, nonno, zia, zio, nipote, etc.* there is no definite article in the singular: *mia madre (not la mia madre), nostro zio (not il nostro zio)*. However the definite article is required for relations in the plural (*i suoi fratelli*), with a more precise description (*la tua nonna di Torino*) and with *loro* (*la loro sorella: their sister*).

- the possessive adjective normally comes before the noun, but in some fixed expressions it comes after the noun (and there is no article):

a casa mia (at, to my house),
per colpa sua (because of him/her).

- the possessive adjective is left out

  - before terms for parts of the body and

  - in general before nouns if it is completely clear to whom they belong:

Alice ha perso il figlio in guerra.	*Alice lost her son in the war.*
Mi sono lavato il viso.	*I washed my face.*
Pietro si è spazzolato i cappelli.	*Peter brushed his hair.*

Pronouns

1. Personal pronouns

As in English, personal pronouns in Italian can be emphatic or nonemphatic:

Gli ho dato il libro.	(nonemphatic)	I gave him the book.
Ho dato il libro **a lui**.	(emphatic)	I gave the book to him.

Nonemphatic personal pronouns

	sing					Pl				
	1st pers	2nd pers	3rd pers			1st pers	2nd pers	3rd pers		
			m	f	rfl			m	f	rfl
Direct object (who?)	mi	ti	lo	la	si	ci	Vi	li	le	si
Indirect object (whom?)			gli	le				loro/gli		

Emphatic personal pronouns

	sing					pl				
	1st pers	2nd pers	3rd pers			1st pers	2nd pers	3rd pers		
			m	f	rfl			m	f	rfl
Subject (who?)	io	tu	lui esso	lei essa		noi	voi	loro essi	loro esse	
Direct object (who?)	me	te	lui	lei	sé	noi	voi	loro	loro	sé
Indirect object (whom?)	a me	a te	a lui a esso	a lei a essa	a sé	a noi	a voi	a loro a essi	a loro a esse	a sé

- the pronoun for the singular **polite** you form is the third person feminine: **la, le, lei, a lei**; in the plural **vi, voi, a voi** are used.

- Generally speaking **subject pronouns** are not obligatory in Italian. They are used when you wish to emphasize a point:

Amo la musica.	I love music.
Io amo la musica e lui il teatro.	I love music and he loves the theater.

- Object pronouns generally occur in the nonemphatic form. An emphatic personal pronoun is used to emphasize the person concerned:

Ti è piaciuta la festa?	Did you like the party?
A me no, e **a te**?	I didn't like it – did you?
Neanche **a me**.	I didn't like it either.

- the nonemphatic personal pronoun comes before the verb:

Ti vedo.	I see you.
Mi dai il libro?	Can you give me the book?

- but **follows** the
  - infinitive,
    gerund,
    participle
    and certain forms of the imperative.

Bisogna farlo.	One has to do it.
Fatemi un piacere!	Do me a favor!
Leggiamolo adesso!	Let's read it now!
Mangiandolo adesso ...	By eating it now ....

Loro always comes **after** the verb:

Scrive loro tutti i giorni	He writes to them every day.

- the emphatic object forms of personal pronouns come after the verb:

Amo solo te.	I love only you.

- the emphatic forms **lui, lei, loro** are used for persons and animals, **esso, essa, essi** for animals, things or situations.

- **lo** can be used both for persons and for animals, things and situations.

Lo so.	I know (that).

- **lo** and **la** before vowels can be substituted by **l'**:

L'avete visto?	Did you see him?
L'ho salutata.	I said hello to her.

The pronouns *ci* and *ne*

ci	Ci puoi contare.	You can count on it.
	Ci andiamo ogni domenica.	We go there every Sunday.
ne	Abbiamo visto i tuoi risultati e ne siamo fieri.	We've seen your results and we're proud of them.
	Vuole delle patate? Sì, ne prendo un chilo.	Would you like some potatoes? Yes, I'll take a kilo.
	La nave si allontana dalla costa. → La nave se ne allontana.	The ship moves away from the coast. → The ship moves away from it.

- **ci** can have the function of an adverb of place (*ci vado domani = vado lì domani*) or of a demonstrative pronouns (*ci penserò domani = penserò a questo domani*)

- **ne** can have the function of an adverb of place (*me ne vado = vado via da lì*), of a demonstrative pronoun (*ne voglio un po' = voglio un po' di questo*) or of a personal pronoun (*Roberta? Ne ho sentito parlare = Ho sentito parlare di lei*).

Combined forms of the nonemphatic personal pronouns

	Lo	la	li	le	ne
mi	me lo	me la	me li	me le	me ne
ti	te lo	te la	te li	te le	te ne
gli le	Glielo	gliela	glieli	gliele	gliene
ci	ce lo	ce la	ce li	ce le	ce ne
vi	ve lo	ve la	ve li	ve le	ve ne
si	se lo	se la	se li	se le	se ne

- If there are two nonemphatic pronouns the indirect object pronoun goes before the direct.

Te lo presto volentieri.	I'll lend it (to) you willingly.

- **loro** comes after the verb and thus does not combine as above.

2. Indefinite pronouns

Indefinite pronouns can relate to persons or things:

	person		thing	
	m	f	m	f
one	uno	una	uno	una
somebody/someone	qualcuno	qualcuna		
something			qualche cosa/qualcosa	
no/nobody	nessuno	nessuna		
nothing			niente/nulla	

- Examples:

Qualcuno di voi parla inglese?	Do any of you speak English?
Nessuno è perfetto.	Nobody is perfect.
Non prendo niente, grazie.	Thank you, I don't want anything.

3. Demonstrative pronouns

	sing			pl	
	m	f	neutral	m	f
this (one)	questo	questa	questo/ciò	questi	queste
that (one)	quello	quella	quello/ciò	quelli	quelle

- In comparisons **questo** is used first, then **quello**:

Questa (camicia) è bella, ma quella è più elegante.	This (shirt) is nice, but that that (one) is more elegant.

- **Quello** can also be used as a substitute for a noun mentioned earlier:

I miei genitori e quelli del mio ragazzo non si conoscono ancora.	My parents and those of my boyfriend haven't met yet.

- **Questo** and **quello** are also used to describe situations or things in general:

Non volevo dire questo.	I did not mean that.
Pensi sempre e solo a quello.	You always think of one thing only.

4. Relative pronouns

	sing		pl	
	m	f	m	f
as a subject/direct object	che			
after prepositions	cui			
in every position	il quale	la quale	i quali	le quali

- Examples:

Le donne che vengono ...	The women who come ...
Le donne che vedo ...	The women I see ...
La donna di cui parliamo ...	The woman we are talking about ...
Le donne le quali si sono presentate ...	The women who turned up ...

- the relative pronoun **cui** may occur after the definite article **il/la cui, i/le cui.**

Pietro, il cui ristorante è qui vicino...	Peter, whose restaurant is nearby...

5. Possessive pronouns

- the possessive pronoun **il mio, la mia,** etc. has the same form as the possessive adjective **il mio, la mia, etc.** throughout.

| Adjective: | **La tua** casa è molto grande, | Your house is very big. |
| Pronoun: | **La nostra** è più piccola. | Ours is smaller. |

- however, unlike the possessive adjectives, the article is always used with nouns denoting members of the family:

| Adjective: | È quello **tuo** fratello? | Is that your brother? |
| Pronoun: | No, **il mio** è quel ragazzo lì in fondo. | No, my brother is that boy over there. |

- When *essere* + possessive pronouns are used to denote possession, then the article can be deleted: **mio, tuo, suo,** etc.

| Di chi sono questi libri? – Sono **miei**. | Who do these books belong to? They are mine. |

6. Interrogative pronouns

The interrogative pronoun can refer to a person, a thing, a situation or a quantity.

Person	Thing/situation	Quantity			
		sing		pl	
		m	f	m	f
chi?	(che) cosa?	quanto?	quanta?	quanti?	quante?

Examples:

Chi è venuto?	Who has come?
(Che) cosa vuoi?	What do you want?
Quante persone sono?	How many people are there?
A chi scrivi?	Who are you writing to?
A (che) cosa pensi?	What are you thinking of?
Quanto costa?	How much does it cost?

	sing	pl
	mf	mf
which?	che	
	quale	quali

- the interrogative pronouns **quale** and **che** are used to ask about a specific person, thing or situation:

| Che libri leggi? | Which books do you read? |
| Quali intenzioni hai? | What are your intentions? |

Verbs

1. Regular verbs

- In Italian there are three types of regular verbs: verbs ending in -**are** (amare), in -**ere** (vendere) and in -**ire** (partire and capire).

Indicative

Present tense

Present tense		-are	-ere	-ire	
		amare	vendere	partire	capire
		to love	to sell	to leave	to understand
sing	1st pers	amo	vendo	parto	capisco
	2nd pers	ami	vendi	parti	capisci
	3rd pers	ama	vende	parte	capisce
pl	1st pers	amiamo	vendiamo	partiamo	capiamo
	2nd pers	amate	vendete	partite	capite
	3rd pers	amano	vendono	partono	capiscono

- the **polite** form is the third person singular (**ama, vende, parte, capisce**) if only one person is addressed and the second person plural if more than one person is addressed (**amate, vendete, partite, capite**).

- Some verbs ending in -**ire** in the present tense have special forms with -**isc** (see **capire** above). For example, *preferire* (to prefer) and *finire* (to finish) are conjugated like *capire*.

→ Verbs ending in -ire which take an -isc in the present tense are clearly marked in the dictionary where the first person present tense is always given: preferire <preferisco>.

- With verbs ending in -**care** and -**gare** an **h** is added before the letter -**i** (-**ch**- and -**gh**-)

mancare	manco, manchi, manca, manchiamo ...
pagare	pago, paghi, paga, paghiamo ...

This is to ensure that the pronunciation remains the same throughout the conjugation of the verb.

- With verbs ending in -**cere** and -**gere** the pronunciation of -**c**- and -**g** varies according to the final vowel of the ending.

vincere [-tʃ-] vinco [-k-], vinci [-tʃ-], ...
conoscere [-ʃ-] conosco [-sk-], conosci [-ʃ-]
leggere [-dʒ-] leggo [-g-], leggi [-dʒ-]

- Verbs ending in -**iare** with an accented **i** in the first person of the present (io invío) keep the **i** even if it is followed by another **i** for the second person singular (tu invii).

If the **i** of the first singular person of the present is not accented (studio) there is no second **i** for the second person singular (tu studi).

- Verbs ending in -**ciare** and -**giare** do **not** require the addition of a second **i** before the second person singular -**i** ending.

cominciare	comincio, cominci, comincia
mangiare	mangio, mangi, mangia

Indicative

Other tenses

Imperfect				
sing	1st pers	amavo	vendevo	partivo
	2nd pers	amavi	vendevi	partivi
	3rd pers	amava	vendeva	partiva
pl	1st pers	amavamo	vendevamo	partivamo
	2nd pers	amavate	vendevate	partivate
	3rd pers	amavano	vendevano	partivano

Past Historic				
sing	1st pers	amai	vendei/vendetti	partii
	2nd pers	amasti	vendesti	partisti
	3rd pers	amò	vendé/vendette	partì
pl	1st pers	amammo	vendemmo	partimmo
	2nd pers	amaste	vendeste	partiste
	3rd pers	amarono	venderono	partirono

Future				
sing	1st pers	amerò	venderò	partirò
	2nd pers	amerai	venderai	partirai
	3rd pers	amerà	venderà	partirà
pl	1st pers	ameremo	venderemo	partiremo
	2nd pers	amerete	venderete	partirete
	3rd pers	ameranno	venderanno	partiranno

- Verbs such as cominciare and mangiare, whose infinitive ends in -**ciare** and -**giare**, form the future by deleting the -*i*:

  comincerò, mangerò, etc.

- Verbs such as mancare and pagare, whose infinitive ends in -**care** and -**gare** form the future by adding an -*h*:

  pagherò, mancherai, etc.

Present perfect tense				
sing	1st pers	Ho	sono	
	2nd pers	Hai	sei	partito/partita
	3rd pers	Ha	è	
		amato/venduto/capito		
pl	1st pers	abbiamo	siamo	
	2nd pers	avete	siete	partiti/partite
	3rd pers	hanno	sono	

Past perfect			
sing	1st pers	avevo amato/venduto/capito	ero partito/partita

Future perfect			
sing	1st pers	avrò amato/venduto/capito	sarò partito/partita
	...	...	...

- The present perfect, the past perfect and the future perfect are formed:

  - for transitive verbs (those which take an object):
    by the auxiliary *avere* + *the past participle of the verb.*

    ho amato Giovanni, ha venduto la casa ...

  - for intransitive verbs (those which don't take an object), verbs of motion or verbs which denote the change of a state/condition, reflexive verbs and the verb *essere* itself:
    by the auxiliary *essere* + *the past participle of the verb*

    sono partita; la situazione è cambiata; si sono avati; sono stata al cinema

Subjunctive

Present tense

sing	1st pers	che io	ami	venda	parta	capisca
	2nd pers	che tu	ami	venda	parta	capisca
	3rd pers	che lui	ami	venda	parta	capisca
pl	1st pers	che noi	amiamo	vendiamo	partiamo	capiamo
	2nd pers	che voi	amiate	vendiate	partiate	capiate
	3rd pers	che loro	amino	vendano	partano	capiscano

Imperfect subjunctive

sing	1st pers	che io	amassi	vendessi	partissi
	2nd pers	che tu	amassi	vendessi	partissi
	3rd pers	che lui	amasse	vendesse	partisse
pl	1st pers	che noi	amassimo	vendessimo	partissimo
	2nd pers	che voi	amaste	vendeste	partiste
	3rd pers	che loro	amassero	vendessero	partissero

Present perfect subjunctive

sing	1st pers	abbia	sia	
	2nd pers	abbia	sia	partito/partita
	3rd pers	abbia	sia	
		amato/venduto/capito		
pl	1st pers	abbiamo	siamo	
	2nd pers	abbiate	siate	partiti/partite
	3rd pers	abbiano	siano	

Past perfect subjunctive

sing	1st pers	avessi amato/venduto/capito	fossi partito/partita
	...	...	...

Conditional

Present

sing	1st pers	amerei	venderei	partirei
	2nd pers	ameresti	venderesti	partiresti
	3rd pers	amerebbe	venderebbe	partirebbe
pl	1st pers	ameremmo	venderemmo	partiremmo
	2nd pers	amereste	vendereste	partireste
	3rd pers	amerebbero	venderebbero	partirebbero

Past Conditional					
sing	1st pers	avrei		sarei	
	2nd pers	avresti		saresti	partito/partita
	3rd pers	avrebbe		sarebbe	
		amato/venduto/capito			
pl	1st pers	avremmo		saremmo	
	2nd pers	avreste		sareste	partiti/partite
	3rd pers	avrebbero		sarebbero	

Imperative of regular verbs

sing	2nd pers	ama!	vendi!	parti!	capisci!
	3rd pers	ami!	venda!	parta!	capisca!
pl	1st pers	amiamo!	vendiamo!	partiamo!	capiamo!
	2nd pers	amate!	vendete!	partite!	capite!
	3rd pers	amino!	vendano!	partano!	capiscano!

- The **negative** of the imperative is formed by adding **non** in front of the imperative form, **except** for the second person singular, when **non** is added to the infinitive form:

non vendere! non venda! non vendiamo! non vendete! non vendano!

- Pronouns follow the affirmative imperative except for the third persons singular and plural:

vendila! la venda! vendiamola! vendetela! la vendano!

- In the negative imperative the pronoun can go before or after the verb:

non venderla! or *non la vendere!*

But in the third persons singular and plural the pronoun always comes before the verb:

non la venda! non la vendano!

Passive

The passive voice is formed with the required tense of *essere* and the past participle of the main verb:

È venduto/venduto	it is sold
era venduto/venduta	it was sold
...	

Sometimes *venire* can be used instead of *essere*:

sono/vengo informato	I am informed
sono/vengo aiutato	I am helped

but only the forms *sono stato aiutato, sono stato informato* are possible.

Infinitive, participle and gerund

Infinitive		amare	vendere	partire
Participle	Present	amante	vendente	partente
	Past	amato	venduto	partito
Gerund		amando	vendendo	partendo

2. Irregular verbs

→ In the dictionary irregular verbs are clearly marked. The *first person singular* of the *present tense* and the *past historic* are given, and these are followed by the past participle.

Example:

fare <faccio, feci, fatto>

Note that in the *past historic* irregular verbs are often only irregular in the **first and third person singular** and the **third person plural**:

vedere	**vidi**, vedesti, **vide**, vedemmo, vedeste, **videro**

There is an appendix of irregular Italian verbs in the dictionary which should be consulted in all cases.

3. Auxiliaries

avere

Indicative					
		Present	Imperfect	Past Historic	Future
sing	1st pers	ho	avevo	ebbi	avrò
	2nd pers	hai	avevi	avesti	avrai
	3rd pers	ha	aveva	ebbe	avrà
pl	1st pers	abbiamo	avevamo	avemmo	avremo
	2nd pers	avete	avevate	aveste	avrete
	3rd pers	hanno	avevano	ebbero	avranno
		Present Perfect	Past Perfect		Future Perfect
sing	1st pers	ho avuto	avevo avuto		avrò avuto
	...	...	...		...

		Subjunctive		Conditional	Imperative
		Present	Imperfect		
sing	1st pers	abbia	avessi	avrei	
	2nd pers	abbia	avessi	avresti	abbi!
	3rd pers	abbia	avesse	avrebbe	abbia!
pl	1st pers	abbiamo	avessimo	avremmo	abbiamo!
	2nd pers	abbiate	aveste	avreste	abbiate!
	3rd pers	abbiano	avessero	avrebbero	abbiano!

Infinitive	Participle		Gerund
	Present	Past	
avere	avente	avuto	avendo

essere

Indicative					
		Present	Imperfect	Past Historic	Future
sing	1st pers	sono	ero	fui	sarò
	2nd pers	sei	eri	fosti	sarai
	3rd pers	è	era	fu	sarà
pl	1st pers	siamo	eravamo	fummo	saremo
	2nd pers	siete	eravate	foste	sarete
	3rd pers	sono	erano	furono	saranno
		Present Perfect	Past Perfect		Future Perfect
sing	1st pers	sono stato/stata	ero stato/stata		sarò stato/stata
	...	....	...		...

		Subjunctive		Conditional	Imperative
		Present	Imperfect		
sing	1st pers	sia	fossi	sarei	
	2nd pers	sia	fossi	saresti	sii!
	3rd pers	sia	fosse	sarebbe	sia!
pl	1st pers	siamo	fossimo	saremmo	siamo!
	2nd pers	siate	foste	sareste	siate!
	3rd pers	siano	fossero	sarebbero	siano!

Infinitive	Past Participle	Gerund
essere	stato	essendo

Adverbs

Adverbs do not change according to gender or number. They can refer to a verb, another adverb or an adjective.

Examples:

Verb:	Va' **piano**.	*Drive slowly.*
	Arrivo **subito**.	*I'll be with you in a second.*
Adverb:	Ci vediamo molto **spesso**.	*We see each other very often.*
Adjective:	Il libro è **abbastanza** interessante.	*The book is quite interesting.*

- In Italian there are adverbs of time, adverbs of place, adverbs of manner and adverbs of quantity.

Adverbs of time:	Vengo **domani**.	*I'll come tomorrow.*
	Ieri ho visto la partita.	*I watched the football game yesterday.*
Adverbs of place:	L'ufficio postale è lì **in fondo a destra**.	*The post office is over there on the right.*
Adverbs of manner:	Sto **male**.	*I don't feel well.*
	Aggiungere **lentamente** il latte caldo.	*Add the hot milk slowly.*
Adverbs of quantity:	Non bere **molto**, devi guidare!	*Don't drink much, you have to drive!*

- In Italian some adverbs have their own unique form (*oggi* today, *qui* here, *forse* perhaps) but most can be derived from an adjective by adding the ending -**mente**:

Adjective	ending in -o/-a	ending in -e	ending in -le, -re
	perfetto/-a	Veloce	facile
Adverb	perfettamente	velocemente	facilmente

- Exceptions:

leggermente, violentemente (from *leggero/-a, violento/-a*)
bene (from *buono/-a*).

- Like adjectives, many adverbs have a comparative and superlative form:

Positive	facilmente	Tardi
Comparative	più facilmente	più tardi
Superlative	facilissimamente	tardissimo

- The comparative is formed by placing **più** in front of the adverb.

- The superlative is formed by adding -**issimamente** to the end of the original adjective.

  Exceptions:

bene	meglio	benissimo	ottimamente
male	peggio	malissimo	pessimamente
molto	più	moltissimo	
poco	meno	pochissimo	

Verbi italiani
Italian verbs

Qui sotto sono riportate le coniugazioni dei principali tempi di alcuni verbi, che servono come modello nella coniugazione degli altri verbi regolari.

Listed below are the conjugations of the main tenses of selected verbs which illustrate how other regular verbs are conjugated.

cantare

1ᵃ coniugazione (verbi in -are)

presente	imperfetto	futuro semplice	passato remoto
(io) canto	(io) cantavo	(io) canterò	(io) cantai
(tu) canti	(tu) cantavi	(tu) canterai	(tu) cantasti
(lui/lei) canta	(lui/lei) cantava	(lui/lei) canterà	(lui/lei) cantò
(noi) cantiamo	(noi) cantavamo	(noi) canteremo	(noi) cantammo
(voi) cantate	(voi) cantavate	(voi) canterete	(voi) cantaste
(loro) cantano	(loro) cantavano	(loro) canteranno	(loro) cantarono

condizionale presente	congiuntivo presente	congiuntivo imperfetto
(io) canterei	che (io) canti	che (io) cantassi
(tu) canteresti	che (tu) canti	che (tu) cantassi
(lui/lei) canterebbe	che (lui/lei) canti	che (lui/lei) cantasse
(noi) canteremmo	che (noi) cantiamo	che (noi) cantassimo
(voi) cantereste	che (voi) cantiate	che (voi) cantaste
(loro) canterebbero	che (loro) cantino	che (loro) cantassero

participio passato	imperativo	gerundio
cantato(a/i/e)	canta (tu)	cantando
	canti (lei)	
	cantiamo (noi)	
	cantate (voi)	
	cantino (loro)	

mancare

1ᵃ coniugazione (verbi in -care e -gare)

presente	imperfetto	futuro semplice	passato remoto
(io) manco	(io) mancavo	(io) mancherò	(io) mancai
(tu) manchi	(tu) mancavi	(tu) mancherai	(tu) mancasti
(lui/lei) manca	(lui/lei) mancava	(lui/lei) mancherà	(lui/lei) mancò
(noi) manchiamo	(noi) mancavamo	(noi) mancheremo	(noi) mancammo
(voi) mancate	(voi) mancavate	(voi) mancherete	(voi) mancaste
(loro) mancano	(loro) mancavano	(loro) mancheranno	(loro) mancarono

condizionale presente	congiuntivo presente	congiuntivo imperfetto
(io) mancherei	che (io) manchi	che (io) mancassi
(tu) mancheresti	che (tu) manchi	che (tu) mancassi
(lui/lei) mancherebbe	che (lui/lei) manchi	che (lui/lei) mancasse
(noi) mancheremmo	che (noi) manchiamo	che (noi) mancassimo
(voi) manchereste	che (voi) manchiate	che (voi) mancaste
(loro) mancherebbero	che (loro) manchino	che (loro) mancassero

participio passato	imperativo	gerundio
mancato(a/i/e)	manca (tu)	mancando
	manchi (lei)	
	manchiamo (noi)	
	mancate (voi)	
	manchino (loro)	

bagnare

1ª coniugazione (verbi in -gnare)

presente	imperfetto	futuro semplice	passato remoto
(io) bagno	(io) bagnavo	(io) bagnerò	(io) bagnai
(tu) bagni	(tu) bagnavi	(tu) bagnerai	(tu) bagnasti
(lui/lei) bagna	(lui/lei) bagnava	(lui/lei) bagnerà	(lui/lei) bagnò
(noi) bagniamo	(noi) bagnavamo	(noi) bagneremo	(noi) bagnammo
(voi) bagnate	(voi) bagnavate	(voi) bagnerete	(voi) bagnaste
(loro) bagnano	(loro) bagnavano	(loro) bagneranno	(loro) bagnarono

condizionale presente	congiuntivo presente	congiuntivo imperfetto
(io) bagnerei	che (io) bagni	che (io) bagnassi
(tu) bagneresti	che (tu) bagni	che (tu) bagnassi
(lui/lei) bagnerebbe	che (lui/lei) bagni	che (lui/lei) bagnasse
(noi) bagneremmo	che (noi) bagniamo	che (noi) bagnassimo
(voi) bagnereste	che (voi) bagniate	che (voi) bagnaste
(loro) bagnerebbero	che (loro) bagnino	che (loro) bagnassero

participio passato	imperativo	gerundio
bagnato(a/i/e)	bagna (tu)	bagnando
	bagni (lei)	
	bagniamo (noi)	
	bagnate (voi)	
	bagnino (loro)	

mangiare

1ª coniugazione (verbi in -ciare e -giare)

presente	imperfetto	futuro semplice	passato remoto
(io) mangio	(io) mangiavo	(io) mangerò	(io) mangiai
(tu) mangi	(tu) mangiavi	(tu) mangerai	(tu) mangiasti
(lui/lei) mangia	(lui/lei) mangiava	(lui/lei) mangerà	(lui/lei) mangiò
(noi) mangiamo	(noi) mangiavamo	(noi) mangeremo	(noi) mangiammo
(voi) mangiate	(voi) mangiavate	(voi) mangerete	(voi) mangiaste
(loro) mangiano	(loro) mangiavano	(loro) mangeranno	(loro) mangiarono

condizionale presente	congiuntivo presente	congiuntivo imperfetto
(io) mangerei	che (io) mangi	che (io) mangiassi
(tu) mangeresti	che (tu) mangi	che (tu) mangiassi
(lui/lei) mangerebbe	che (lui/lei) mangi	che (lui/lei) mangiasse
(noi) mangeremmo	che (noi) mangiamo	che (noi) mangiassimo
(voi) mangereste	che (voi) mangiate	che (voi) mangiaste
(loro) mangerebbero	che (loro) mangino	che (loro) mangiassero

participio passato	imperativo	gerundio
mangiato(a/i/e)	mangia (tu)	mangiando
	mangi (lei)	
	mangiamo (noi)	
	mangiate (voi)	
	mangino (loro)	

inviare

1ª coniugazione (verbi in -iare con -i- tonica al presente indicativo)

presente	imperfetto	futuro semplice	passato remoto
(io) invio	(io) inviavo	(io) invierò	(io) inviai
(tu) invii	(tu) inviavi	(tu) invierai	(tu) inviasti
(lui/lei) invia	(lui/lei) inviava	(lui/lei) invierà	(lui/lei) inviò
(noi) inviamo	(noi) inviavamo	(noi) invieremo	(noi) inviammo
(voi) inviate	(voi) inviavate	(voi) invierete	(voi) inviaste
(loro) inviano	(loro) inviavano	(loro) invieranno	(loro) inviarono

condizionale presente	congiuntivo presente	congiuntivo imperfetto
(io) invierei	che (io) invii	che (io) inviassi
(tu) invieresti	che (tu) invii	che (tu) inviassi
(lui/lei) invierebbe	che (lui/lei) invii	che (lui/lei) inviasse
(noi) invieremmo	che (noi) inviamo	che (noi) inviassimo
(voi) inviereste	che (voi) inviate	che (voi) inviaste
(loro) invierebbero	che (loro) inviino	che (loro) inviassero

participio passato	imperativo presente	gerundio
inviato(a/i/e)	invia (tu)	inviando
	invii (lei)	
	inviamo (noi)	
	inviate (voi)	
	iniino (loro)	

studiare

1ª coniugazione (altri verbi in -iare)

presente	imperfetto	futuro semplice	passato remoto
(io) studio	(io) studiavo	(io) studierò	(io) studiai
(tu) studi	(tu) studiavi	(tu) studierai	(tu) studiasti
(lui/lei) studia	(lui/lei) studiava	(lui/lei) studierà	(lui/lei) studiò
(noi) studiamo	(noi) studiavamo	(noi) studieremo	(noi) studiammo
(voi) studiate	(voi) studiavate	(voi) studierete	(voi) studiaste
(loro) studiano	(loro) studiavano	(loro) studieranno	(loro) studiarono

condizionale presente	congiuntivo presente	congiuntivo imperfetto
(io) studierei	che (io) studi	che (io) studiassi
(tu) studieresti	che (tu) studi	che (tu) studiassi
(lui/lei) studierebbe	che (lui/lei) studi	che (lui/lei) studiasse
(noi) studieremmo	che (noi) studiamo	che (noi) studiassimo
(voi) studiereste	che (voi) studiate	che (voi) studiaste
(loro) studierebbero	che (loro) studino	che (loro) studiassero

participio passato	imperativo presente	gerundio
studiato(a/i/e)	studia (tu)	studiando
	studi (lei)	
	studiamo (noi)	
	studiate (voi)	
	studino (loro)	

temere

2ª coniugazione (verbi in -ere)

presente	imperfetto	futuro semplice	passato remoto
(io) temo	(io) temevo	(io) temerò	(io) temei o temetti
(tu) temi	(tu) temevi	(tu) temerai	(tu) temesti
(lui/lei) teme	(lui/lei) temeva	(lui/lei) temerà	(lui/lei) temé o temette
(noi) temiamo	(noi) temevamo	(noi) temeremo	(noi) tememmo
(voi) temete	(voi) temevate	(voi) temerete	(voi) temeste
(loro) temono	(loro) temevano	(loro) temeranno	(loro) temerono o temettero

condizionale presente	congiuntivo presente	congiuntivo imperfetto
(io) temerei	che (io) tema	che (io) temessi
(tu) temeresti	che (tu) tema	che (tu) temessi
(lui/lei) temerebbe	che (lui/lei) tema	che (lui/lei) temesse
(noi) temeremmo	che (noi) temiamo	che (noi) temessimo
(voi) temereste	che (voi) temiate	che (voi) temeste
(loro) temerebbero	che (loro) temano	che (loro) temessero

participio passato	imperativo	gerundio
temuto(a/i/e)	temi (tu)	temendo
	tema (lei)	
	temiamo (noi)	
	temete (voi)	
	temano (loro)	

vincere

2ª coniugazione (verbi in -cere e -gere)

presente	imperfetto	futuro semplice	passato remoto
(io) vinco	(io) vincevo	(io) vincerò	(io) vinsi
(tu) vinci	(tu) vincevi	(tu) vincerai	(tu) vincesti
(lui/lei) vince	(lui/lei) vinceva	(lui/lei) vincerà	(lui/lei) vinse
(noi) vinciamo	(noi) vincevamo	(noi) vinceremo	(noi) vincemmo
(voi) vincete	(voi) vincevate	(voi) vincerete	(voi) vinceste
(loro) vincono	(loro) vincevano	(loro) vinceranno	(loro) vinsero

condizionale presente	congiuntivo presente	congiuntivo imperfetto
(io) vincerei	che (io) vinca	che (io) vincessi
(tu) vinceresti	che (tu) vinca	che (tu) vincessi
(lui/lei) vincerebbe	che (lui/lei) vinca	che (lui/lei) vincesse
(noi) vinceremmo	che (noi) vinciamo	che (noi) vincessimo
(voi) vincereste	che (voi) vinciate	che (voi) vinceste
(loro) vincerebbero	che (loro) vincano	che (loro) vincessero

participio passato	imperativo	gerundio
vinto(a/i/e)	vinci (tu)	vincendo
	vinca (lei)	
	vinciamo (noi)	
	vincete (voi)	
	vincano (loro)	

muovere

2ª coniugazione (verbi in -ere con dittongo mobile)

presente	imperfetto	futuro semplice	passato remoto
(io) muovo	(io) muovevo	(io) muoverò	(io) mossi
(tu) muovi	(tu) muovevi	(tu) muoverai	(tu) muovesti
(lui/lei) muove	(lui/lei) muoveva	(lui/lei) muoverà	(lui/lei) mosse
(noi) muoviamo	(noi) muovevamo	(noi) muoveremo	(noi) muovemmo
(voi) muovete	(voi) muovevate	(voi) muoverete	(voi) muoveste
(loro) muovono	(loro) muovevano	(loro) muoveranno	(loro) mossero

condizionale presente	congiuntivo presente	congiuntivo imperfetto
(io) muoverei	che (io) muova	che (io) muovessi
(tu) muoveresti	che (tu) muova	che (tu) muovessi
(lui/lei) muoverebbe	che (lui/lei) muova	che (lui/lei) muovesse
(noi) muoveremmo	che (noi) muoviamo	che (noi) muovessimo
(voi) muovereste	che (voi) muoviate	che (voi) muoveste
(loro) muoverebbero	che (loro) muovano	che (loro) muovessero

participio passato	imperativo	gerundio
mosso(a/i/e)	muovi (tu)	muovendo
	muova (lei)	
	muoviamo (noi)	
	muovete (voi)	
	muovano (loro)	

spegnere

2ª coniugazione (verbi in -gnere)

presente	imperfetto	futuro semplice	passato remoto
(io) spengo	(io) spegnevo	(io) spegnerò	(io) spensi
(tu) spegni	(tu) spegnevi	(tu) spegnerai	(tu) spegnesti
(lui/lei) spegne	(lui/lei) spegneva	(lui/lei) spegnerà	(lui/lei) spense
(noi) spegniamo	(noi) spegnevamo	(noi) spegneremo	(noi) spegnemmo
(voi) spegnete	(voi) spegnevate	(voi) spegnerete	(voi) spegneste
(loro) spengono	(loro) spegnevano	(loro) spegneranno	(loro) spensero

condizionale presente	congiuntivo presente	congiuntivo imperfetto
(io) spegnerei	che (io) spenga	che (io) spegnessi
(tu) spegneresti	che (tu) spenga	che (tu) spegnessi
(lui/lei) spegnerebbe	che (lui/lei) spenga	che (lui/lei) spegnesse
(noi) spegneremmo	che (noi) spegniamo	che (noi) spegnessimo
(voi) spegnereste	che (voi) spegniate	che (voi) spegneste
(loro) spegnerebbero	che (loro) spengano	che (loro) spegnessero

participio passato	imperativo	gerundio
spento(a/i/e)	spegni (tu)	spegnendo
	spenga (lei)	
	spegniamo (noi)	
	spegnete (voi)	
	spengano (loro)	

sedere

2ª coniugazione (verbi in -ere con alternanza di -ie- ed -e- nella radice)

presente	imperfetto	futuro semplice	passato remoto
(io) siedo	(io) sedevo	(io) sederò o siederò	(io) sedei o sedetti
(tu) siedi	(tu) sedevi	(tu) sederai o siederai	(tu) sedesti
(lui/lei) siede	(lui/lei) sedeva	(lui/lei) sederà o siederà	(lui/lei) sedé o sedette
(noi) sediamo	(noi) sedevamo	(noi) sederemo o siederemo	(noi) sedemmo
(voi) sedete	(voi) sedevate	(voi) sederete o siederete	(voi) sedeste
(loro) siedono	(loro) sedevano	(loro) sederanno o siederanno	(loro) sederono o sedettero

condizionale presente	congiuntivo presente	congiuntivo imperfetto
(io) sederei o siederei	che (io) sieda	che (io) sedessi
(tu) sederesti o siederesti	che (tu) sieda	che (tu) sedessi
(lui/lei) sederebbe o siederebbe	che (lui/lei) sieda	che (lui/lei) sedesse
(noi) sederemmo o siederemmo	che (noi) sediamo	che (noi) sedessimo
(voi) sedereste o siedereste	che (voi) sediate	che (voi) sedeste
(loro) sederebbero o siederebbero	che (loro) siedano	che (loro) sedessero

participio passato	imperativo	gerundio
seduto(a/i/e)	siedi (tu)	sedendo
	sieda (lei)	
	sediamo (noi)	
	sedete (voi)	
	siedano (loro)	

partire

3ª coniugazione (verbi in -ire)

presente	imperfetto	futuro semplice	passato remoto
(io) parto	(io) partivo	(io) partirò	(io) partii
(tu) parti	(tu) partivi	(tu) partirai	(tu) partisti
(lui/lei) parte	(lui/lei) partiva	(lui/lei) partirà	(lui/lei) partì
(noi) partiamo	(noi) partivamo	(noi) partiremo	(noi) partimmo
(voi) partite	(voi) partivate	(voi) partirete	(voi) partiste
(loro) partono	(loro) partivano	(loro) partiranno	(loro) partirono

condizionale presente	congiuntivo presente	congiuntivo imperfetto
(io) partirei	che (io) parta	che (io) partissi
(tu) partiresti	che (tu) parta	che (tu) partissi
(lui/lei) partirebbe	che (lui/lei) parta	che (lui/lei) partisse
(noi) partiremmo	che (noi) partiamo	che (noi) partissimo
(voi) partireste	che (voi) partiate	che (voi) partiste
(loro) partirebbero	che (loro) partano	che (loro) partissero

participio passato	imperativo	gerundio
partito(a/i/e)	parti (tu)	partendo
	parta (lei)	
	partiamo (noi)	
	partite (voi)	
	partano (loro)	

finire

3ª coniugazione (verbi in -ire con l'aggiunta del suffisso -isc- per alcuni tempi)

presente	imperfetto	futuro semplice	passato remoto
(io) finisco	(io) finivo	(io) finirò	(io) finii
(tu) finisci	(tu) finivi	(tu) finirai	(tu) finisti
(lui/lei) finisce	(lui/lei) finiva	(lui/lei) finirà	(lui/lei) finì
(noi) finiamo	(noi) finivamo	(noi) finiremo	(noi) finimmo
(voi) finite	(voi) finivate	(voi) finirete	(voi) finiste
(loro) finiscono	(loro) finivano	(loro) finiranno	(loro) finirono

condizionale presente	congiuntivo presente	congiuntivo imperfetto
(io) finirei	che (io) finisca	che (io) finissi
(tu) finiresti	che (tu) finisca	che (tu) finissi
(lui/lei) finirebbe	che (lui/lei) finisca	che (lui/lei) finisse
(noi) finiremmo	che (noi) finiamo	che (noi) finissimo
(voi) finireste	che (voi) finiate	che (voi) finiste
(loro) finirebbero	che (loro) finiscano	che (loro) finissero

participio passato	imperativo	gerundio
finito(a/i/e)	finisci (tu)	finendo
	finisca (lei)	
	finiamo (noi)	
	finite (voi)	
	finiscano (loro)	

Verbi irregolari italiani
Italian irregular verbs

Infinito	Presente	Imperfetto	Futuro	Passato remoto	Cong. presente	Cong. imperfetto	Gerundio	Part. passato	Imperativo
accendere	(io) accendo	(io) accendevo	(io) accenderò	(io) accesi	che (io) accenda	che (io) accendessi	accendendo	acceso(a/i/e)	
	...	...	...	(tu) accendesti	...	...			accendi
				(lui/lei) accese					...
				(noi) accendemmo					
				(voi) accendeste					
				(loro) accesero					
accludere	(io) accludo	(io) accludevo	(io) accluderò	(io) acclusi	che (io) accluda	che (io) accludessi	accludendo	accluso(a/i/e)	
	...	...	...	(tu) accludesti	...	...			accludi
				(lui/lei) accluse					...
				(noi) accludemmo					
				(voi) accludeste					
				(loro) acclusero					
accorgersi	(io) mi accorgo	(io) mi accorgevo	(io) mi accorgerò	(io) mi accorsi	che (io) mi accorga	che (io) mi accorgessi	accorgendosi	accortosi(a/i/e)	
	...	...	...	(tu) ti accorgesti	...	...			accorgiti
				(lui/lei) si accorse					...
				(noi) ci accorgemmo					
				(voi) vi accorgeste					
				(loro) si accorsero					

addurre – *vedi* **condurre**

Infinito	Presente	Imperfetto	Futuro	Passato remoto	Cong. presente	Cong. imperfetto	Gerundio	Part. passato	Imperativo
affliggere	(io) affliggo	(io) affliggevo	(io) affliggerò	(io) afflissi	che (io) affligga	che (io) affliggessi	affliggendo	afflitto(a/i/e)	
	...	...	...	(tu) affliggesti	...	...			affliggi
				(lui/lei) afflisse					...
				(noi) affliggemmo					
				(voi) affliggeste					
				(loro) afflissero					
alludere	(io) alludo	(io) alludevo	(io) alluderò	(io) allusi	che (io) alluda	che (io) alludessi	alludendo	alluso(a/i/e)	
	...	...	...	(tu) alludesti	...	...			alludi
				(lui/lei) alluse					...
				(noi) alludemmo					
				(voi) alludeste					
				(loro) allusero					
andare	(io) vado	(io) andavo	(io) andrò	(io) andai	che (io) vada	che (io) andassi	andando	andato(a/i/e)	
	(tu) vai	(tu) andavi	(tu) andrai	(tu) andasti	che (tu) vada	che (tu) andassi			vai
	(lui/lei) va	(lui/lei) andava	(lui/lei) andrà	(lui/lei) andò	che (lui/lei) vada	che (lui/lei) andasse			vada
	(noi) andiamo	(noi) andavamo	(noi) andremo	(noi) andammo	che (noi) andiamo	che (noi) andassimo			andiamo
	(voi) andate	(voi) andavate	(voi) andrete	(voi) andaste	che (voi) andiate	che (voi) andaste			andate
	(loro) vanno	(loro) andavano	(loro) andranno	(loro) andarono	che (loro) vadano	che (loro) andassero			vadano
annettere	(io) annetto	(io) annettevo	(io) annetterò	(io) annettei o annessi	che (io) annetta	che (io) annettessi	annettendo	annesso(a/i/e)	
	...	...	...	(tu) annettesti	...	...			annetti
				(lui/lei) annetté o annesse					...
				(noi) annettemmo					
				(voi) annetteste					
				(loro) annetterono o annessero					

Infinito	Presente	Imperfetto	Futuro	Passato remoto	Cong. presente	Cong. imperfetto	Gerundio	Part. passato	Imperativo
apparire	(io) appaio	(io) apparivo	(io) apparirò	(io) apparvi	che (io) appaia	che (io) apparissi	apparendo	apparso(a/i/e)	
	(tu) appari	...	...	(tu) apparisti	che (tu) appaia	...			appari
	(lui/lei) appare			(lui/lei) apparve	che (lui/lei) appaia				appaia
	(noi) appariamo			(noi) apparimmo	che (noi) appaiamo				appaiamo
	(voi) apparite			(voi) appariste	che (voi) appaiate				apparite
	(loro) appaiono			(loro) apparvero	che (loro) appaiano				appaiano
appendere	(io) appendo	(io) appendevo	(io) appenderò	(io) appesi	che (io) appenda	che (io) appendessi	appendendo	appeso(a/i/e)	
	...	...	...	(tu) appendesti	...	...			appendi
				(lui/lei) appese					...
				(noi) appendemmo					
				(voi) appendeste					
				(loro) appesero					
aprire	(io) apro	(io) aprivo	(io) aprirò	(io) aprii	che (io) apra	che (io) aprissi	aprendo	aperto(a/i/e)	
	...	...	...	(tu) apristi	...	...			apri
				(lui/lei) aprì					...
				(noi) aprimmo					
				(voi) apriste					
				(loro) aprirono					
ardere	(io) ardo	(io) ardevo	(io) arderò	(io) arsi	che (io) arda	che (io) ardessi	ardendo	arso(a/i/e)	
	...	...	...	(tu) ardesti	...	...			ardi
				(lui/lei) arse					...
				(noi) ardemmo					
				(voi) ardeste					
				(loro) arsero					

assistere – *participio passato* assistito(a/i/e)

Infinito	Presente	Imperfetto	Futuro	Passato remoto	Cong. presente	Cong. imperfetto	Gerundio	Part. passato	Imperativo
assolvere	(io) assolvo	(io) assolvevo	(io) assolverò	(io) assolsi	che (io) assolva	che (io) assolvessi	assolvendo	assolto(a/i/e)	
	...	...	...	(tu) assolvesti	...	...			assolvi
				(lui/lei) assolse					...
				(noi) assolvemmo					
				(voi) assolveste					
				(loro) assolsero					
assumere	(io) assumo	(io) assumevo	(io) assumerò	(io) assunsi	che (io) assuma	che (io) assumessi	assumendo	assunto(a/i/e)	
	...	...	...	(tu) assumesti	...	...			assumi
				(lui/lei) assunse					...
				(noi) assumemmo					
				(voi) assumeste					
				(loro) assunsero					
avere	(io) ho	(io) avevo	(io) avrò	(io) ebbi	che (io) abbia	che (io) avessi	avendo	avuto(a/i/e)	
	(tu) hai	(tu) avevi	(tu) avrai	(tu) avesti	che (tu) abbia	che (tu) avessi			abbi
	(lui/lei) ha	(lui/lei) aveva	(lui/lei) avrà	(lui/lei) ebbe	che (lui/lei) abbia	che (lui/lei) avesse			abbia
	(noi) abbiamo	(noi) avevamo	(noi) avremo	(noi) avemmo	che (noi) abbiamo	che (noi) avessimo			abbiamo
	(voi) avete	(voi) avevate	(voi) avrete	(voi) aveste	che (voi) abbiate	che (voi) aveste			abbiate
	(loro) hanno	(loro) avevano	(loro) avranno	(loro) ebbero	che (loro) abbiano	che (loro) avessero			abbiano
bere	(io) bevo	(io) bevevo	(io) berrò	(io) bevvi o bevetti	che (io) beva	che (io) bevessi	bevendo	bevuto(a/i/e)	
	(tu) bevi	(tu) bevevi	(tu) berrai	(tu) bevesti	che (tu) beva	che (tu) bevessi			bevi
	(lui/lei) beve	(lui/lei) beveva	(lui/lei) berrà	(lui/lei) bevve o bevette	che (lui/lei) beva	che (lui/lei) bevesse			beva
	(noi) beviamo	(noi) bevevamo	(noi) berremo	(noi) bevemmo	che (noi) beviamo	che (noi) bevessimo			beviamo
	(voi) bevete	(voi) bevevate	(voi) berrete	(voi) beveste	che (voi) beviate	che (voi) beveste			bevete
	(loro) bevono	(loro) bevevano	(loro) berranno	(loro) bevvero o bevettero	che (loro) bevano	che (loro) bevessero			bavano

Infinito	Presente	Imperfetto	Futuro	Passato remoto	Cong. presente	Cong. imperfetto	Gerundio	Part. passato	Imperativo
cadere	(io) cado	(io) cadevo	(io) cadrò	(io) caddi	che (io) cada	che (io) cadessi	cadendo	caduto(a/i/e)	
	...	...	...	(tu) cadesti	...	...			cadi
				(lui/lei) cadde					...
				(noi) cademmo					
				(voi) cadeste					
				(loro) caddero					
chiedere	(io) chiedo	(io) chiedevo	(io) chiederò	(io) chiesi	che (io) chieda	che (io) chiedessi	chiedendo	chiesto(a/i/e)	
	...	...	...	(tu) chiedesti	...	...			chiedi
				(lui/lei) chiese					...
				(noi) chiedemmo					
				(voi) chiedeste					
				(loro) chiesero					
chiudere	(io) chiudo	(io) chiudevo	(io) chiuderò	(io) chiusi	che (io) chiuda	che (io) chiudessi	chiudendo	chiuso(a/i/e)	
	...	...	...	(tu) chiudesti	...	...			chiudi
				(lui/lei) chiuse					...
				(noi) chiudemmo					
				(voi) chiudeste					
				(loro) chiusero					
cingere	(io) cingo	(io) cingevo	(io) cingerò	(io) cinsi	che (io) cinga	che (io) cingessi	cingendo	cinto(a/i/e)	
	...	...	...	(tu) cingesti	...	...			cingi
				(lui/lei) cinse					...
				(noi) cingemmo					
				(voi) cingeste					
				(loro) cinsero					

Infinito	Presente	Imperfetto	Futuro	Passato remoto	Cong. presente	Cong. imperfetto	Gerundio	Part. passato	Imperativo
cogliere	(io) colgo	(io) coglievo	(io) coglierò	(io) colsi	che (io) colga	che (io) cogliessi	cogliendo	colto(a/i/e)	
	(tu) cogli	...	...	(tu) cogliesti	che (tu) colga	...			cogli
	(lui/lei) coglie			(lui/lei) colse	che (lui/lei) colga				colga
	(noi) cogliamo			(noi) cogliemmo	che (noi) cogliamo				cogliamo
	(voi) cogliete			(voi) coglieste	che (voi) cogliate				cogliete
	(loro) colgono			(loro) colsero	che (loro) colgano				colgano

comparire – *vedi* apparire

Infinito	Presente	Imperfetto	Futuro	Passato remoto	Cong. presente	Cong. imperfetto	Gerundio	Part. passato	Imperativo
comprimere	(io) comprimo	(io) comprimevo	(io) comprimerò	(io) compressi	che (io) comprima	che (io) comprimessi	comprimendo	compresso(a/i/e)	
	...	...	...	(tu) comprimesti	...	...			comprimi
				(lui/lei) compresse					
				(noi) comprimemmo					
				(voi) comprimeste					...
				(loro) compressero					

Infinito	Presente	Imperfetto	Futuro	Passato remoto	Cong. presente	Cong. imperfetto	Gerundio	Part. passato	Imperativo
concedere	(io) concedo	(io) concedevo	(io) concederò	(io) concessi	che (io) conceda	che (io) concedessi	concedendo	concesso(a/i/e)	
	...	...	...	(tu) concedesti	...	...			concedi
				(lui/lei) concesse					
				(noi) concedemmo					
				(voi) concedeste					...
				(loro) concessero					

concludere – *vedi* accludere

Infinito	Presente	Imperfetto	Futuro	Passato remoto	Cong. presente	Cong. imperfetto	Gerundio	Part. passato	Imperativo
condurre	(io) conduco	(io) conducevo	(io) condurrò	(io) condussi	che (io) conduca	che (io) conducessi	conducendo	condotto(a/i/e)	
	(tu) conduci	...	...	(tu) conducesti	che (tu) conduca	...			conduci
	(lui/lei) conduce			(lui/lei) condusse	che (lui/lei) conduca				conduca
	(noi) conduciamo			(noi) conducemmo	che (noi) conduciamo				conduciamo
	(voi) conducete			(voi) conduceste	che (voi) conduciate				conducete
	(loro) conducono			(loro) condussero	che (loro) conducano				conducano

connettere – *participio passato connesso(a/i/e)*

	Presente	Imperfetto	Futuro	Passato remoto	Cong. presente	Cong. imperfetto	Gerundio	Part. passato	Imperativo
conoscere	(io) conosco	(io) conoscevo	(io) conoscerò	(io) conobbi	che (io) conosca	che (io) conoscessi	conoscendo	conosciuto(a/i/e)	
	...	...	...	(tu) conoscesti	...	...			conosci
				(lui/lei) conobbe					...
				(noi) conoscemmo					
				(voi) conosceste					
				(loro) conobbero					

consistere – *participio passato consistito(a/i/e)*

coprire – *vedi aprire*

correggere – *vedi leggere*

	Presente	Imperfetto	Futuro	Passato remoto	Cong. presente	Cong. imperfetto	Gerundio	Part. passato	Imperativo
correre	(io) corro	(io) correvo	(io) correrò	(io) corsi	che (io) corra	che (io) corressi	correndo	corso(a/i/e)	
	...	...	...	(tu) corresti	...	...			corri
				(lui/lei) corse					...
				(noi) corremmo					
				(voi) correste					
				(loro) corsero					

Infinito	Presente	Imperfetto	Futuro	Passato remoto	Cong. presente	Cong. imperfetto	Gerundio	Part. passato	Imperativo
crescere	(io) cresco	(io) crescevo	(io) crescerò	(io) crebbi	che (io) cresca	che (io) crescessi	crescendo	cresciuto(a/i/e)	
	...	...	...	(tu) crescesti	...	...			cresci
				(lui/lei) crebbe					...
				(noi) crescemmo					
				(voi) cresceste					
				(loro) crebbero					
cuocere	(io) cuocio	(io) c(u)ocevo	(io) cuocerò	(io) cossi	che (io) cuocia	che (io) c(u)ocessi	c(u)o-cendo	cotto(a/i/e)	
	(tu) cuoci	(tu) c(u)ocevi	(tu) cuocerai	(tu) c(u)ocesti	che (tu) cuocia	che (tu) c(u)ocessi			cuoci
	(lui/lei) cuoce	(lui/lei) c(u)oceva	(lui/lei) cuocerà	(lui/lei) cosse	che (lui/lei) cuocia	che (lui/lei) c(u)ocesse			cuocia
	(noi) c(u)ociamo	(noi) c(u)ocevamo	(noi) cuoceremo	(noi) c(u)ocemmo	che (noi) cuociamo	che (noi) c(u)ocessimo			c(u)ociamo
	(voi) c(u)ocete	(voi) c(u)ocevate	(voi) cuocerete	(voi) c(u)oceste	che (voi) cuociate	che (voi) c(u)oceste			c(u)ocete
	(loro) cuociono	(loro) c(u)ocevano	(loro) cuoceranno	(loro) cossero	che (loro) cuociano	che (loro) c(u)ocessero			cuociano
dare	(io) do	(io) davo	(io) darò	(io) diedi o detti	che (io) dia	che (io) dessi	dando	dato(a/i/e)	
	(tu) dai	...	...	(tu) desti	che (tu) dia	...			da' o dai
	(lui/lei) dà			(lui/lei) diede o dette	che (lui/lei) dia				dia
	(noi) diamo			(noi) demmo	che (noi) diamo				diamo
	(voi) date			(voi) deste	che (voi) diate				date
	(loro) danno			(loro) diedero o dettero	che (loro) diano				diano
decidere	(io) decido	(io) decidevo	(io) deciderò	(io) decisi	che (io) decida	che (io) decidessi	decidendo	deciso(a/i/e)	
	...	...	...	(tu) decidesti	...	...			decidi
				(lui/lei) decise					...
				(noi) decidemmo					
				(voi) decideste					
				(loro) decisero					

dedurre – *vedi* condurre   **deludere** – *vedi* alludere   **deprimere** – *vedi* comprimere

Infinito	Presente	Imperfetto	Futuro	Passato remoto	Cong. presente	Cong. imperfetto	Gerundio	Part. passato	Imperativo
devolvere – *participio passato* devoluto(a/i/e)									
difendere	(io) difendo	(io) difendevo	(io) difenderò	(io) difesi	che (io) difenda	che (io) difendessi	difendendo	difeso(a/i/e)	
	...	...	...	(tu) difendesti	...				difendi
				(lui/lei) difese					...
				(noi) difendemmo					
				(voi) difendeste					
				(loro) difesero					
dipendere – *vedi* **appendere**									
dipingere	(io) dipingo	(io) dipingevo	(io) dipingerò	(io) dipinsi	che (io) dipinga	che (io) dipingessi	dipingendo	dipinto(a/i/e)	
	...	...	...	(tu) dipingesti	...	...			dipingi
				(lui/lei) dipinse					...
				(noi) dipingemmo					
				(voi) dipingeste					
				(loro) dipinsero					
dire	(io) dico	(io) dicevo	(io) dirò	(io) dissi	che (io) dica	che (io) dicessi	dicendo	detto(a/i/e)	
	(tu) dici	(tu) dicevi	(tu) dirai	(tu) dicesti	che (tu) dica	che (tu) dicessi			di' o dici
	(lui/lei) dice	(lui/lei) diceva	(lui/lei) dirà	(lui/lei) disse	che (lui/lei) dica	che (lui/lei) dicesse			dica
	(noi) diciamo	(noi) dicevamo	(noi) diremo	(noi) dicemmo	che (noi) diciamo	che (noi) dicessimo			diciamo
	(voi) dite	(voi) dicevate	(voi) direte	(voi) diceste	che (voi) diciate	che (voi) diceste			dite
	(loro) dicono	(loro) dicevano	(loro) diranno	(loro) dissero	che (loro) dicano	che (loro) dicessero			dicano
dirigere	(io) dirigo	(io) dirigevo	(io) dirigerò	(io) diressi	che (io) diriga	che (io) dirigessi	dirigendo	diretto(a/i/e)	
	...	...	...	(tu) dirigesti	...	...			dirigi
				(lui/lei) diresse					...
				(noi) dirigemmo					
				(voi) dirigeste					
				(loro) diressero					

Infinito	Presente	Imperfetto	Futuro	Passato remoto	Cong. presente	Cong. imperfetto	Gerundio	Part. passato	Imperativo
discutere	(io) discuto; ...	(io) discutevo; ...	(io) discuterò; ...	(io) discussi; (tu) discutesti; (lui/lei) discusse; (noi) discutemmo; (voi) discuteste; (loro) discussero	che (io) discuta; ...	che (io) discutessi; ...	discutendo	discusso(a/i/e)	discuti; ...
dissolvere – *vedi* **assolvere**									
dissuadere – *vedi* **persuadere**									
distinguere	(io) distinguo; ...	(io) distinguevo; ...	(io) distinguerò; ...	(io) distinsi; (tu) distinguesti; (lui/lei) distinse; (noi) distinguemmo; (voi) distingueste; (loro) distinsero	che (io) distingua; ...	che (io) distinguessi; ...	distinguendo	distinto(a/i/e)	distingui; ...
dividere	(io) divido; ...	(io) dividevo; ...	(io) dividerò; ...	(io) divisi; (tu) dividesti; (lui/lei) divise; (noi) dividemmo; (voi) divideste; (loro) divisero	che (io) divida; ...	che (io) dividessi; ...	dividendo	diviso(a/i/e)	dividi; ...
dolere	(io) dolgo; (tu) duoli; (lui/lei) duole; (noi) do(g)liamo; (voi) delete; (loro) dolgono	(io) dolevo; ...	(io) dorrò; (tu) dorrai; (lui/lei) dorrà; (noi) dorremo; (voi) dorrete; (loro) dorranno	(io) dolsi; (tu) dolesti; (lui/lei) dolse; (noi) dolemmo; (voi) doleste; (loro) dolsero	che (io) dolga; che (tu) dolga; che (lui/lei) dolga; che (noi) doliamo; che (voi) do(g)liate; che (loro) dolgano	che (io) dolessi; ...	dolendo	doluto(a/i/e)	duoli; dolga; do(g)liamo; dolete

Infinito	Presente	Imperfetto	Futuro	Passato remoto	Cong. presente	Cong. imperfetto	Gerundio	Part. passato	Imperativo
dovere	(io) devo o debbo (tu) devi (lui/lei) deve (noi) dobbiamo (voi) dovete (loro) devono o debbono	(io) dovevo ...	(io) dovrò (tu) dovrai (lui/lei) dovrà (noi) dovremo (voi) dovrete (loro) dovranno	(io) dovei o dovetti (tu) dovesti (lui/lei) dovette (noi) dovemmo (voi) doveste (loro) doverono o dovettero	che (io) deva o debba che (io) dovessi che (tu) debba che (lui/lei) debba che (noi) dobbiamo che (voi) dobbiate	che (io) dovessi ...	dovendo	dovuto(a/i/e)	(manca)
eccellere	(io) eccello ...	(io) eccellevo ...	(io) eccellerò ...	(io) eccelsi (tu) eccellesti (lui/lei) eccelse (noi) eccellemmo (voi) eccelleste (loro) eccelsero	che (io) eccella ...	che (io) eccellessi ...	eccellendo	eccelso(a/i/e)	eccelli ...
elidere	(io) elido ...	(io) elidevo ...	(io) eliderò ...	(io) elisi (tu) elidesti (lui/lei) elise (noi) elidemmo (voi) elideste (loro) elisero	che (io) elida ...	che (io) elidessi ...	elidendo	eliso(a/i/e)	elidi ...
emergere	(io) emergo ...	(io) emergevo ...	(io) emergerò ...	(io) emersi (tu) emergesti (lui/lei) emerse (noi) emergemmo (voi) emergeste (loro) emersero	che (io) emerga ...	che (io) emergessi ...	emergendo	emerso(a/i/e)	emergi ...

erigere – *vedi* dirigere

escludere – *vedi* accludere

Infinito	Presente	Imperfetto	Futuro	Passato remoto	Cong. presente	Cong. imperfetto	Gerundio	Part. passato	Imperativo
esistere – *participio passato esistito(a/i/e)*									
espellere	(io) espello	(io) espellevo	(io) espellerò	(io) espulsi	che (io) espella	che (io) espellessi	espellendo	espulso(a/i/e)	
	...	...	...	(tu) espellesti	...	...			espelli
				(lui/lei) espulse					espella
				(noi) espellemmo					...
				(voi) espelleste					
				(loro) espulsero					
esplodere	(io) esplodo	(io) esplodevo	(io) esploderò	(io) esplosi	che (io) esploda	che (io) esplodessi	esplodendo	esploso(a/i/e)	
	...	...	...	(tu) esplodesti	...	...			esplodi
				(lui/lei) esplose					esploda
				(noi) esplodemmo					...
	.			(voi) esplodeste					
				(loro) esplosero					
esprimere – *vedi* **comprimere**									
essere	(io) sono	(io) ero	(io) sarò	(io) fui	che (io) sia	che (tu) fossi	essendo	stato(a/i/e)	
	(tu) sei	(tu) eri	(tu) sarai	(tu) fosti	che (tu) sia	che (tu) fossi			sii
	(lui/lei) è	(lui/lei) era	(lui/lei) sarà	(lui/lei) fu	che (lui/lei) sia	che (lui/lei) fosse			sia
	(noi) siamo	(noi) eravamo	(noi) saremo	(noi) fummo	che (noi) siamo	che (noi) fossimo			siamo
	(voi) siete	(voi) eravate	(voi) sarete	(voi) foste	che (voi) siate	che (voi) foste			siate
	(loro) sono	(loro) erano	(loro) saranno	(loro) furono	che (loro) siano	che (loro) fossero			siano
estinguere – *vedi* **distinguere**									
evadere	(io) evado	(io) evadevo	(io) evaderò	(io) evasi	che (io) evada	che (io) evadessi	evadendo	evaso(a/i/e)	
	...	...	...	(tu) evadesti	...	...			evadi
				(lui/lei) evase					evada
				(noi) evademmo					...
				(voi) evadeste					
				(loro) evasero					

Infinito	Presente	Imperfetto	Futuro	Passato remoto	Cong. presente	Cong. imperfetto	Gerundio	Part. passato	Imperativo
evolvere – *participio passato* evoluto(a/i/e)									
fare	(io) faccio	(io) facevo	(io) farò	(io) feci	che (io) faccia	che (io) facessi	facendo	fatto(a/i/e)	
	(tu) fai	(tu) facevi	(tu) farai	(tu) facesti	che (tu) faccia	che (tu) facessi			fa' o fai
	(lui/lei) fa	(lui/lei) faceva	(lui/lei) farà	(lui/lei) fece	che (lui/lei) faccia	che (lui/lei) facesse			faccia
	(noi) facciamo	(noi) facevamo	(noi) faremo	(noi) facemmo	che (noi) facciamo	che (noi) facessimo			facciamo
	(voi) fate	(voi) facevate	(voi) farete	(voi) faceste	che (voi) facciate	che (voi) faceste			fate
	(loro) fanno	(loro) facevano	(loro) faranno	(loro) fecero	che (loro) facciano	che (loro) facessero			facciano
fingere	(io) fingo	(io) fingevo	(io) fingerò	(io) finsi	che (io) finga	che (io) fingessi	fingendo	finto(a/i/e)	
	...	...	...	(tu) fingesti	...	...			fingi
				(lui/lei) finse					...
				(noi) fingemmo					
				(voi) fingeste					
				(loro) finsero					
flettere – *participio passato* flesso(a/i/e)									
fondere	(io) fondo	(io) fondevo	(io) fonderò	(io) fusi	che (io) fonda	che (io) fondessi	fondendo	fuso(a/i/e)	
	...	...	...	(tu) fondesti	...	...			fondi
				(lui/lei) fuse					...
				(noi) fondemmo					
				(voi) fondeste					
				(loro) fusero					
frangere	(io) frango	(io) frangevo	(io) frangerò	(io) fransi	che (io) franga	che (io) frangessi	frangendo	franto(a/i/e)	
	...	...	...	(tu) frangesti	...	...			frangi
				(lui/lei) franse					...
				(noi) frangemmo					
				(voi) frangeste					
				(loro) fransero					

Infinito	Presente	Imperfetto	Futuro	Passato remoto	Cong. presente	Cong. imperfetto	Geruncio	Part. passato	Imperativo
friggere	(io) friggo	(io) friggevo	(io) friggerò	(io) frissi	che (io) frigga	che (io) friggessi	friggendo	fritto(a/i/e)	
	...	...	...	(tu) friggesti	...	...			friggi
				(lui/lei) frisse					...
				(noi) friggemmo					
				(voi) friggeste					
				(loro) frissero					

fungere – *vedi* fingere

godere	(io) godo	(io) godevo	(io) godrò	(io) godei o godetti	che (io) goda	che (io) godessi	godendo	goduto(a/i/e)	
	...	...	(tu) godrai	(tu) godesti	...	...			godi
			(lui/lei) godrà	(lui/lei) godette					...
			(noi) godremo	(noi) godemmo					
			(voi) godrete	(voi) godeste					
			(loro) godranno	(loro) godettero					

giacere – *vedi* piacere

giungere – *vedi* fingere

immergere – *vedi* emergere

incidere – *vedi* decidere

includere – *vedi* accludere

incutere – *vedi* discutere

infliggere – *vedi* affliggere

insistere – *participio passato* insistito(a/i/e)

imprimere – *vedi* comprimere

indurre – *vedi* condurre

introdurre – *vedi* condurre

invadere – *vedi* evadere

ledere	(io) ledo	(io) ledevo	(io) lederò	(io) lesi	che (io) leda	che (io) ledessi	ledendo	leso(a/i/e)	
	...	...	...	(tu) ledesti	...	...			ledi
				(lui/lei) lese					...
				(noi) ledemmo					
				(voi) ledeste					
				(loro) lesero					

Infinito	Presente	Imperfetto	Futuro	Passato remoto	Cong. presente	Cong. imperfetto	Gerundio	Part. passato	Imperativo
leggere	(io) leggo	(io) leggevo	(io) leggerò	(io) lessi	che (io) legga	che (io) leggessi	leggendo	letto(a/i/e)	
	...	...	...	(tu) leggesti	...	...			leggi
				(lui/lei) lesse					...
				(noi) leggemmo					
				(voi) leggeste					
				(loro) lessero					
mettere	(io) metto	(io) mettevo	(io) metterò	(io) misi	che (io) metta	che (io) mettessi	mettendo	messo(a/i/e)	
	...	...	...	(tu) mettesti	...				metti
				(lui/lei) mise					...
				(noi) mettemmo					
				(voi) metteste					
				(loro) misero					
mordere	(io) mordo	(io) mordevo	(io) morderò	(io) morsi	che (io) morda	che (io) mordessi	mordendo	morso(a/i/e)	
	...		...	(tu) mordesti	...	...			mordi
				(lui/lei) morse					...
				(noi) mordemmo					
				(voi) mordeste					
				(loro) morsero					
morire	(io) muoio	(io) morivo	(io) mor(i)rò	(io) morii	che (io) muoia	che (io) morissi	morendo	morto(a/i/e)	
	(tu) muori	(tu) morivi	(tu) mor(i)rai	(tu) moristi	che (tu) muoia	che (tu) morissi			muori
	(lui/lei) muore	(lui/lei) moriva	(lui/lei) mor(i)rà	(lui/lei) morì	che (lui/lei) muoia	che (lui/lei) morisse			muoia
	(noi) moriamo	(noi) morivamo	(noi) mor(i)remo	(noi) morimmo	che (noi) moriamo	che (noi) morissimo			moriamo
	(voi) morite	(voi) morivate	(voi) mor(i)rete	(voi) moriste	che (voi) moriate	che (voi) moriste			morite
	(loro) muoiono	(loro) morivano	(loro) mor(i)ranno	(loro) morirono	che (loro) muoiano	che (loro) morissero			muoiano

mungere – *vedi* **fingere**

Infinito	Presente	Imperfetto	Futuro	Passato remoto	Cong. presente	Cong. imperfetto	Gerundio	Part. passato	Imperativo
nascere	(io) nasco	(io) nascevo	(io) nascerò	(io) nacqui	che (io) nasca	che (io) nascessi	nascendo	nato(a/i/e)	
	...	...	...	(tu) nascesti	...	...			nasci
				(lui/lei) nacque					...
				(noi) nascemmo					
				(voi) nasceste					
				(loro) nacquero					
nascondere	(io) nascondo	(io) nascondevo	(io) nasconderò	(io) nascosi	che (io) nasconda	che (io) nascondessi	nascondendo	nascosto(a/i/e)	
	...	...	...	(tu) nascondesti	...	...			nascondi
				(lui/lei) nascose					...
				(noi) nascondemmo					
				(voi) nascondeste					
				(loro) nascosero					
nuocere	(io) n(u)occio	(io) n(u)ocevo	(io) n(u)ocerò	(io) nocqui	che (io) n(u)occia	che (io) n(u)ocessi	n(u)ocendo	n(u)ociuto(a/i/e)	
	(tu) nuoci	(tu) n(u)ocevi	(tu) n(u)ocerai	(tu) n(u)ocesti	che (tu) n(u)occia	che (tu) n(u)ocessi			nuoci
	(lui/lei) nuoce	(lui/lei) n(u)oceva	(lui/lei) n(u)ocerà	(lui/lei) nocque	che (lui/lei) n(u)occia che (lui/lei) n(u)ocesse				n(u)occia
	(noi) n(u)ociamo	(noi) n(u)ocevamo	(noi) n(u)oceremo	(noi) n(u)ocemmo	che (noi) n(u)ociamo	che (noi) n(u)ocessimo			n(u)ociamo
	(voi) n(u)ocete	(voi) n(u)ocevate	(voi) n(u)ocerete	(voi) n(u)oceste	che (voi) n(u)ociate	che (voi) n(u)oceste			n(u)ocete
	(loro) n(u)occiono	(loro) n(u)ocevano	(loro) n(u)oce-ranno (loro) nocquero	(loro) n(u)occiano (loro) n(u)ocessero				n(u)occiano	

offendere – *vedi* **difendere**

Infinito	Presente	Imperfetto	Futuro	Passato remoto	Cong. presente	Cong. imperfetto	Gerundio	Part. passato	Imperativo
offrire	(io) offro ...	(io) offrivo ...	(io) offrirò ...	(io) offrii (tu) offristi (lui/lei) offrì (noi) offrimmo (voi) offriste (loro) offrirono	che (io) offra ...	che (io) offrissi ...	offrendo	offerto(a/i/e)	offri ...

opprimere – *vedi* **comprimere**

Infinito	Presente	Imperfetto	Futuro	Passato remoto	Cong. presente	Cong. imperfetto	Gerundio	Part. passato	Imperativo
parere	(io) paio (tu) pari (lui/lei) pare (noi) pariamo (voi) parete (loro) paiono	(io) parevo ...	(io) parrò (tu) parrai (lui/lei) parrà (noi) parremo (voi) parrete (loro) parranno	(io) parvi (tu) paresti (lui/lei) parve (noi) paremmo (voi) pareste (loro) parvero	che (io) paia che (tu) paia che (lui/lei) paia che (noi) paiamo che (voi) paiate che (loro) paiano	che (io) paressi che (tu) paressi che (lui/lei) paresse che (noi) paressimo che (voi) pareste che (loro) paressero	parendo	parso(a/i/e)	(manca)

percuotere – *vedi* **scuotere**

Infinito	Presente	Imperfetto	Futuro	Passato remoto	Cong. presente	Cong. imperfetto	Gerundio	Part. passato	Imperativo
perdere	(io) perdo ...	(io) perdevo ...	(io) perderò ...	(io) persi o perdetti (tu) perdesti (lui/lei) perse o perdette (noi) perdemmo (voi) perdeste (loro) persero o perdettero	che (io) perda ...	che (io) perdessi ...	perdendo	perso(a/i/e) o perduto(a/i/e)	perdi ...
persuadere	(io) persuado ...	(io) persuadevo ...	(io) persuaderò ...	(io) persuasi (tu) persuadesti (lui/lei) persuase (noi) persuademmo (voi) persuadeste (loro) persuasero	che (io) persuada ...	che (io) persuadessi ...	persuadendo	persuaso(a/i/e)	persuadi ...

Infinito	Presente	Imperfetto	Futuro	Passato remoto	Cong. presente	Cong. imperfetto	Gerundio	Part. passato	Imperativo
piacere	(io) piaccio	(io) piacevo	(io) piacerò	(io) piacqui	che (io) piaccia	che (io) piacessi	piacendo	piaciuto(a/i/e)	
	(tu) piaci	...	...	(tu) piacesti	che (tu) piaccia	...			piaci
	(lui/lei) piace			(lui/lei) piacque	che (lui/lei) piaccia				piaccia
	(noi) pia(c)ciamo			(noi) piacemmo	che (noi) piacciamo				piacciamo
	(voi) piacete			(voi) piaceste	che (voi) piacciate				piacete
	(loro) piacciono			(loro) piacquero	che (loro) piacciano				piacciano
piangere	(io) piango	(io) piangevo	(io) piangerò	(io) piansi	che (io) pianga	che (io) piangessi	piangendo	pianto(a/i/e)	
	...	...	...	(tu) piangesti	...	...			piangi
				(lui/lei) pianse					...
				(noi) piangemmo					
				(voi) piangeste					
				(loro) piansero					

piovere – *passato remoto piovve*

Infinito	Presente	Imperfetto	Futuro	Passato remoto	Cong. presente	Cong. imperfetto	Gerundio	Part. passato	Imperativo
porgere	(io) porgo	(io) porgevo	(io) porgerò	(io) porsi	che (io) porga	che (io) porgessi	porgendo	porto(a/i/e)	
	...	...	...	(tu) porgesti	...	...			porgi
				(lui/lei) porse					...
				(noi) porgemmo					
				(voi) porgeste					
				(loro) porsero					
porre	(io) pongo	(io) ponevo	(io) porrò	(io) posi	che (io) ponga	che (io) ponessi	ponendo	posto(a/i/e)	
	(tu) poni	(tu) ponevi	(tu) porrai	(tu) ponesti	che (tu) ponga	che (tu) ponessi			poni
	(lui/lei) pone	(lui/lei) poneva	(lui/lei) porrà	(lui/lei) pose	che (lui/lei) ponga	che (lui/lei) ponesse			ponga
	(noi) poniamo	(noi) ponevamo	(noi) porremo	(noi) ponemmo	che (noi) poniamo	che (noi) ponessimo			poniamo
	(voi) ponete	(voi) ponevate	(voi) porrete	(voi) poneste	che (voi) poniate	che (voi) poneste			ponete
	(loro) pongono	(loro) ponevano	(loro) porranno	(loro) posero	che (loro) pongano	che (loro) ponessero			pongano

possedere – *vedi* **sedere** (*verbi modello*)

Infinito	Presente	Imperfetto	Futuro	Passato remoto	Cong. presente	Cong. imperfetto	Gerundio	Part. passato	Imperativo
potere	(io) posso	(io) potevo	(io) potrò	(io) potei	che (io) possa	che (io) potessi	potendo	potuto(a/i/e)	(manca)
	(tu) puoi	…	(tu) potrai	(tu) potesti	che (tu) possa				
	(lui/lei) può		(lui/lei) potrà	(lui/lei) poté	che (lui/lei) possa				
	(noi) pos-siamo		(noi) potremo	(noi) potemmo	che (noi) possiamo				
	(voi) potete		(voi) potrete	(voi) poteste	che (voi) possiate				
	(loro) pos-sono		(loro) potranno	(loro) poterono	che (loro) possano				
prendere	(io) prendo	(io) prendevo	(io) prenderò	(io) presi	che (io) prenda	che (io) prendessi	prendendo	preso(a/i/e)	prendi
	…	…	…	(tu) prendesti	…	…			…
				(lui/lei) prese					
				(noi) prendemmo					
				(voi) prendeste					
				(loro) presero					

presumere – *vedi* **assumere**

Infinito	Presente	Imperfetto	Futuro	Passato remoto	Cong. presente	Cong. imperfetto	Gerundio	Part. passato	Imperativo
radere	(io) rado	(io) radevo	(io) raderò	(io) rasi	che (io) rada	che (io) radessi	radendo	raso(a/i/e)	radi
	…	…	…	(tu) radesti	…	…			…
				(lui/lei) rase					
				(noi) rademmo					
				(voi) radeste					
				(loro) rasero					

produrre – *vedi* **condurre**

proteggere – *vedi* **leggere**

pungere – *vedi* **fingere**

recidere – *vedi* **decidere**

Infinito	Presente	Imperfetto	Futuro	Passato remoto	Cong. presente	Cong. imperfetto	Gerundio	Part. passato	Imperativo
redigere	(io) redigo	(io) redigevo	(io) redigerò	(io) redassi	che (io) rediga	che (io) redigessi	redigendo	redatto(a/i/e)	redigi
	…	…	…	(tu) redigesti	…	…			…
				(lui/lei) redasse					
				(noi) redigemmo					
				(voi) redigeste					
				(loro) redassero					

Infinito	Presente	Imperfetto	Futuro	Passato remoto	Cong. presente	Cong. imperfetto	Gerundio	Part. passato	Imperativo
redimere	(io) redimo	(io) redimevo	(io) redimerò	(io) redensi	che (io) redima	che (io) redimessi	redimendo	redento(a/i/e)	
	...	...	...	(tu) redimesti	...	...			redimi
				(lui/lei) redense					
				(noi) redimemmo					...
				(voi) redimeste					
				(loro) redensero					

reggere – *vedi* **leggere**

resistere – *participio passato* resistito(a/i/e)

reprimere – *vedi* **comprimere**

rendere – *vedi* **prendere**

Infinito	Presente	Imperfetto	Futuro	Passato remoto	Cong. presente	Cong. imperfetto	Gerundio	Part. passato	Imperativo
ridere	(io) rido	(io) ridevo	(io) riderò	(io) risi	che (io) rida	che (io) ridessi	ridendo	riso(a/i/e)	
	...	...	...	(tu) ridesti	...	...			ridi
				(lui/lei) rise					
				(noi) ridemmo					...
				(voi) rideste					
				(loro) risero					

ridurre – *vedi* **condurre**

riflettere – *participio passato* riflesso(a/i/e) o riflettuto(a/i/e)

Infinito	Presente	Imperfetto	Futuro	Passato remoto	Cong. presente	Cong. imperfetto	Gerundio	Part. passato	Imperativo
rimanere	(io) rimango	(io) rimanevo	(io) rimarrò	(io) rimasi	che (io) rimanga	che (io) rimanessi	rimanendo	rimasto(a/i/e)	
	(tu) rimani	...	(tu) rimarrai	(tu) rimanesti	che (tu) rimanga	...			rimani
	(lui/lei) rimane		(lui/lei) rimarrà	(lui/lei) rimase	che (lui/lei) rimanga				rimanga
	(noi) rimaniamo		(noi) rimarremo	(noi) rimanemmo	che (noi) rimaniamo				rimaniamo
	(voi) rimanete		(voi) rimarrete	(voi) rimaneste	che (voi) rimaniate				rimanete
	(loro) rimangono		(loro) rimarranno	(loro) rimasero	che (loro) rimangano				rimangano

risolvere – *vedi* **assolvere**

Infinito	Presente	Imperfetto	Futuro	Passato remoto	Cong. presente	Cong. imperfetto	Gerundio	Part. passato	Imperativo
rispondere	(io) rispondo	(io) rispondevo	(io) risponderò	(io) risposi	che (io) risponda	che (io) rispondessi	rispondendo	risposto(a/i/e)	
	...	...	...	(tu) rispondesti	...				rispondi
				(lui/lei) rispose					...
				(noi) rispondemmo					
				(voi) rispondeste					
				(loro) risposero					
rodere	(io) rodo	(io) rodevo	(io) roderò	(io) rosi	che (io) roda	che (io) rodessi	rodendo	roso(a/i/e)	
	...	...	...	(tu) rodesti	...	...			rodi
				(lui/lei) rose					...
				(noi) rodemmo					
				(voi) rodeste					
				(loro) rosero					
rompere	(io) rompo	(io) rompevo	(io) romperò	(io) ruppi	che (io) rompa	che (io) rompessi	rompendo	rotto(a/i/e)	
	...	...	...	(tu) rompesti	...	...			rompi
				(lui/lei) ruppe					
				(noi) rompemmo					
				(voi) rompeste					
				(loro) ruppero					
salire	(io) salgo	(io) salivo	(io) salirò	(io) salii	che (io) salga	che (io) salissi	salendo	salito(a/i/e)	
	(tu) sali	...	...	(tu) salisti	che (tu) salga	...			
	(lui/lei) sale			(lui/lei) salì	che (lui/lei) salga				
	(noi) saliamo			(noi) salimmo	che (noi) saliamo				
	(voi) salite			(voi) saliste	che (voi) saliate				
	(loro) salgono			(loro) salirono	che (loro) salgano				

Infinito	Presente	Imperfetto	Futuro	Passato remoto	Cong. presente	Cong. imperfetto	Gerundio	Part. passato	Imperativo
sapere	(io) so	(io) sapevo	(io) saprò	(io) seppi	che (io) sappia	che (io) sapessi	sapendo	saputo(a/i/e)	
	(tu) sai	...	(tu) saprai	(tu) sapesti	che (tu) sappia	...			
	(lui/lei) sa		(lui/lei) saprà	(lui/lei) seppe	che (lui/lei) sappia				
	(noi) sappiamo		(noi) sapremo	(noi) sapemmo	che (noi) sappiamo				
	(voi) sapete		(voi) saprete	(voi) sapeste	che (voi) sappiate				
	(loro) sanno		(loro) sapranno	(loro) seppero	che (loro) sappiano				
scegliere	(io) scelgo	(io) sceglievo	(io) sceglierò	(io) scelsi	che (io) scelga	che (io) scegliessi	scegliendo	scelto(a/i/e)	
	(tu) scegli	...	...	(tu) scegliesti	che (tu) scelga	...			scegli
	(lui/lei) sceglie			(lui/lei) scelse	che (lui/lei) scelga				scelga
	(noi) scegliamo			(noi) scegliemmo	che (noi) scegliamo				scegliamo
	(voi) scegliete			(voi) sceglieste	che (voi) scegliate				scegliete
	(loro) scelgono			(loro) scelsero	che (loro) scelgano				scelgano
scendere	(io) scendo	(io) scendevo	(io) scenderò	(io) scesi	che (io) scenda	che (io) scendessi	scendendo	sceso(a/i/e)	
	...	...	...	(tu) scendesti	...	...			scendi
				(lui/lei) scese					...
				(noi) scendemmo					
				(voi) scendeste					
				(loro) scesero					
scindere	(io) scindo	(io) scindevo	(io) scinderò	(io) scissi	che (io) scinda	che (io) scindessi	scindendo	scisso(a/i/e)	
	...	...	...	(tu) scindesti	...	...			scindi
				(lui/lei) scisse					...
				(noi) scindemmo					
				(voi) scindeste					
				(loro) scissero					

sciogliere – *vedi* cogliere

scorgere – *vedi* sorgere

Infinito	Presente	Imperfetto	Futuro	Passato remoto	Cong. presente	Cong. imperfetto	Gerundio	Part. passato	Imperativo
scrivere	(io) scrivo ...	(io) scrivevo ...	(io) scriverò ...	(io) scrissi (tu) scrivesti (lui/lei) scrisse (noi) scrivemmo (voi) scriveste (loro) scrissero	che (io) scriva ...	che (io) scrivessi ...	scrivendo	scritto(a/i/e)	' scrivi ...
scuotere	(io) scuoto ...	(io) scuotevo ...	(io) scuoterò ...	(io) scossi (tu) sc(u)otesti (lui/lei) scosse (noi) sc(u)otemmo (voi) sc(u)oteste (loro) scossero	che (io) scuota ...	che (io) scuotessi ...	scuotendo	scosso(a/i/e) '	scuoti ...

sedurre – *vedi* **condurre**

soffrire – *vedi* **offrire**

Infinito	Presente	Imperfetto	Futuro	Passato remoto	Cong. presente	Cong. imperfetto	Gerundio	Part. passato	Imperativo
solere	(io) soglio (tu) suoli (lui/lei) suole (noi) sogliamo (voi) solete (loro) sogliono	(io) solevo ...	(manca)	(manca)	che (io) soglia che (tu) soglia che (lui/lei) soglia che (noi) sogliamo che (voi) sogliate che (loro) sogliano	che (io) solessi ...	solendo	solito(a/i/e)	(manca)

sommergere – *vedi* **emergere**

sopprimere – *vedi* **comprimere**

Infinito	Presente	Imperfetto	Futuro	Passato remoto	Cong. presente	Cong. imperfetto	Gerundio	Part. passato	Imperativo
sorgere	(io) sorgo ...	(io) sorgevo ...	(io) sorgerò ...	(io) sorsi (tu) sorgesti (lui/lei) sorse (noi) sorgemmo (voi) sorgeste (loro) sorsero	che (io) sorga ...	che (io) sorgessi ...	sorgendo	sorto(a/i/e)	sorgi ...

Infinito	Presente	Imperfetto	Futuro	Passato remoto	Cong. presente	Cong. imperfetto	Gerundio	Part. passato	Imperativo
sospendere – *vedi* **appendere**									
spargere	(io) spargo ...	(io) spargevo ...	(io) spargerò ...	(io) sparsi (tu) spargesti (lui/lei) sparse (noi) spargemmo (voi) spargeste (loro) sparsero	che (io) sparga ...	che (io) spargessi ...	spargendo	sparso(a/i/e)	spargi ...
spendere – *vedi* **appendere**									
spingere – *vedi* **fingere**									
stare	(io) sto (tu) stai (lui/lei) sta (noi) stiamo (voi) state (loro) stanno	(io) stavo ...	(io) starò ...	(io) stetti (tu) stesti (lui/lei) stette (noi) stemmo (voi) steste (loro) stettero	che (io) stia che (tu) stia che (lui/lei) stia che (noi) stiamo che (voi) stiate che (loro) stiano	che (io) stessi che (tu) stessi che (lui/lei) stesse che (noi) stessimo che (voi) steste che (loro) stessero	stando	stato(a/i/e)	stai o sta' stia stiamo state stiano
stringere	(io) stringo ...	(io) stringevo ...	(io) stringerò ...	(io) strinsi (tu) stringesti (lui/lei) strinse (noi) stringemmo (voi) stringeste (loro) strinsero	che (io) stringa ...	che (io) stringessi ...	stringendo	stretto(a/i/e)	stringi ...
struggere – *vedi* **leggere**									
succedere – *vedi* **concedere**									
tacere	(io) taccio ...	(io) tacevo ...	(io) tacerò ...	(io) tacqui (tu) tacesti (lui/lei) tacque (noi) tacemmo (voi) taceste (loro) tacquero	che (io) taccia ...	che (io) tacessi ...	tacendo	taciuto(a/i/e)	taci ...

tendere – *vedi* **prendere**

Infinito	Presente	Imperfetto	Futuro	Passato remoto	Cong. presente	Cong. imperfetto	Gerundio	Part. passato	Imperativo
tenere	(io) tengo	(io) tenevo	(io) terrò	(io) tenni	che (io) tenga	che (io) tenessi	tenendo	tenuto(a/i/e)	
	(tu) tieni	(tu) tenevi	(tu) terrai	(tu) tenesti	che (tu) tenga	che (tu) tenessi			tieni
	(lui/lei) tiene	(lui/lei) teneva	(lui/lei) terrà	(lui/lei) tenne	che (lui/lei) tenga	che (lui/lei) tenesse			tenga
	(noi) teniamo	(noi) tenevamo	(noi) terremo	(noi) tenemmo	che (noi) teniamo	che (noi) tenessimo			teniamo
	(voi) tenete	(voi) tenevate	(voi) terrete	(voi) teneste	che (voi) teniate	che (voi) teneste			tenete
	(loro) tengono	(loro) tenevano	(loro) terranno	(loro) tennero	che (loro) tengano	che (loro) tenessero			tengano

tingere – *vedi* **fingere**

togliere – *vedi* **cogliere**

Infinito	Presente	Imperfetto	Futuro	Passato remoto	Cong. presente	Cong. imperfetto	Gerundio	Part. passato	Imperativo
torcere	(io) torco	(io) torcevo	(io) torcerò	(io) torsi	che (io) torca	che (io) torcessi	torcendo	torto(a/i/e)	
	...	...	...	(tu) torcesti	...	...			torci
				(lui/lei) torse					...
				(noi) torcemmo					
				(voi) torceste					
				(loro) torsero					

tradurre – *vedi* **condurre**

Infinito	Presente	Imperfetto	Futuro	Passato remoto	Cong. presente	Cong. imperfetto	Gerundio	Part. passato	Imperativo
trarre	(io) traggo	(io) traevo	(io) trarrò	(io) trassi	che (io) tragga	che (io) traessi	traendo	tratto(a/i/e)	
	(tu) trai	(tu) traevi	(tu) trarrai	(tu) traesti	che (tu) tragga	che (tu) traessi			trai
	(lui/lei) trae	(lui/lei) traeva	(lui/lei) trarrà	(lui/lei) trasse	che (lui/lei) tragga	che (lui/lei) traesse			tragga
	(noi) traiamo	(noi) traevamo	(noi) trarremo	(noi) traemmo	che (noi) traiamo	che (noi) traessimo			traiamo
	(voi) traete	(voi) traevate	(voi) trarrete	(voi) traeste	che (voi) traiate	che (voi) traeste			traete
	(loro) traggono	(loro) traevano	(loro) trarranno	(loro) trassero	che (loro) traggano	che (loro) traessero			traggano

uccidere – *vedi* **decidere**

Infinito	Presente	Imperfetto	Futuro	Passato remoto	Cong. presente	Cong. imperfetto	Gerundio	Part. passato	Imperativo
udire	(io) odo	(io) udivo	(io) ud(i)rò	(io) udii	che (io) oda	che (io) udissi	udendo	udito(a/i/e)	
	(tu) odi	...	(tu) ud(i)rai	(tu) udisti	che (tu) oda	...			odi
	(lui/lei) ode		(lui/lei) ud(i)rà	(lui/lei) udì	che (lui/lei) oda				oda
	(noi) udiamo		(noi) ud()remo	(noi) udimmo	che (noi) udiamo				udiamo
	(voi) udite		(voi) ud()rete	(voi) udiste	che (voi) udiate				udite
	(loro) odono		(loro) ud(i)ranno	(loro) udirono	che (loro) odano				odano

ungere - *vedi* **fingere**

Infinito	Presente	Imperfetto	Futuro	Passato remoto	Cong. presente	Cong. imperfetto	Gerundio	Part. passato	Imperativo
uscire	(io) esco	(io) uscivo	(io) uscirò	(io) uscii	che (io) esca	che (io) uscissi	uscendo	uscito(a/i/e)	
	(tu) esci	...	...	...	che (tu) esca	che (tu) uscissi			esci
	(lui/lei) esce				che (lui/lei) esca	che (lui/lei) uscisse			esca
	(noi) usciamo				che (noi) usciamo	che (noi) uscissimo			usciamo
	(voi) uscite				che (voi) usciate	che (voi) usciste			uscite
	(loro) escono				che (loro) escano	che (loro) uscissero			escano
valere	(io) valgo	(io) valevi	(io) varrò	(io) valsi	che (io) valga	che (io) valessi	valendo	valso(a/i/e)	
	(tu) vali	(tu) valevi	(tu) varrai	(tu) valesti	che (tu) valga	...			vali
	(lui/lei) vale	(lui/lei) valeva	(lui/lei) varrà	(lui/lei) valse	che (lui/lei) valga				valga
	(noi) valiamo	(noi) valevamo	(noi) varremo	(noi) valemmo	che (noi) valiamo				valiamo
	(voi) valete	(voi) valevate	(voi) varrete	(voi) valeste	che (voi) valiate				valete
	(loro) valgono	(loro) valevano	(loro) varranno	(loro) valsero	che (loro) valgano				valgano
vedere	(io) vedo	(io) vedevo	(io) vedrò	(io) vidi	che (io) veda	che (io) vedessi	vederdo	visto(a/i/e) o	
	...	...	(tu) vedrai	(tu) vedesti	...	...		veduto(a/i/e)	vedi
			(lui/lei) vedrà	(lui/lei) vide					...
			(noi) vedremo	(noi) vedemmo					
			(voi) vedrete	(voi) vedeste					
			(loro) vedranno	(loro) videro					

Infinito	Presente	Imperfetto	Futuro	Passato remoto	Cong. presente	Cong. imperfetto	Gerundio	Part. passato	Imperativo
venire	(io) vengo	(io) venivo	(io) verrò	(io) venni	che (io) venga	che (io) venissi	venendo	venuto(a/i/e)	
	(tu) vieni	...	(tu) verrai	(tu) venisti	che (tu) venga	...			vieni
	(lui/lei) viene		(lui/lei) verrà	(lui/lei) venne	che (lui/lei) venga				venga
	(noi) veniamo		(noi) verremo	(noi) venimmo	che (noi) veniamo				veniamo
	(voi) venite		(voi) verrete	(voi) veniste	che (voi) veniate				venite
	(loro) vengono		(loro) verranno	(loro) vennero	che (loro) vengano				vengano
vivere	(io) vivo	(io) vivevo	(io) vivrò	(io) vissi	che (io) viva	che (io) vivessi	vivendo	vissuto(a/i/e)	
	...	...	...	(tu) vivesti	...	...			vivi
				(lui/lei) visse					...
				(noi) vivemmo					
				(voi) viveste					
				(loro) vissero					
volere	(io) voglio	(io) volevo	(io) vorrò	(io) volli	che (io) voglia	che (io) volessi	volendo	voluto(a/i/e)	
	(tu) vuoi	(tu) volevi	(tu) vorrai	(tu) volesti	che (tu) voglia	che (tu) volessi			(manca)
	(lui/lei) vuole	(lui/lei) voleva	(lui/lei) vorrà	(lui/lei) volle	che (lui/lei) voglia	che (lui/lei) volesse			
	(noi) vogliamo	(noi) volevamo	(noi) vorremo	(noi) volemmo	che (noi) vogliamo	che (noi) volessimo			
	(voi) volete	(voi) volevate	(voi) vorrete	(voi) voleste	che (voi) vogliate	che (voi) voleste			
	(loro) vogliono	(loro) volevano	(loro) vorranno	(loro) vollero	che (loro) vogliano	che (loro) volessero			
volgere	(io) volgo	(io) volgevo	(io) volgerò	(io) volsi	che (io) volga	che (io) volgessi	volgendo	volto(a/i/e)	
	...	...	...	(tu) volgesti	...	...			volgi
				(lui/lei) volse					...
				(noi) volgemmo					
				(voi) volgeste					
				(loro) volsero					

Minigrammatica della lingua inglese
Concise English grammar

Il sostantivo

In inglese si può riconoscere il **genere** di un sostantivo non tramite il suo articolo, che è invariabile, ma tramite il pronome che può sostituirlo:

a/the boy	he	lui
a/the girl	she	lei
a/the book	it	esso

I nomi delle imbarcazioni sono in genere femminili.

Spesso anche paesi e aeroplani possono essere personificati utilizzando un pronome femminile.

Per parlare di bambini piccoli e di animali si usa normalmente **it**, a meno che non se ne conosca il sesso:

A **dog** came into the garden and I chased it out.	È entrato un cane in giardino e io l'ho cacciato fuori.
I called my **dog, Rex,** and he came running.	Ho chiamato il mio cane, Rex, e lui è arrivato di corsa.
I made a funny face at **the baby** and **it** smiled at me.	Ho fatto una faccia buffa al bambino e lui mi ha sorriso.
We have **a new baby** – **she**'s called Karen.	Abbiamo un'altra bambina: si chiama Karen.

A volte i nomi di animali hanno la stessa forma al singolare e al plurale:

a bison – two **bison**	un bisonte – due bisonti
a sheep – two **sheep**	una pecora – due pecore

Per formare il **plurale** in genere si aggiunge una -**s** alle fine della parola:

days	giorni
dogs	cani
boys	ragazzi
books	libri
hats	cappelli

Anche le parole che finiscono per -**ce**, -**ge**, -**se**, e -**ze**, formano il plurale con una -**s** finale:

pie**ces**	pezzi
si**zes**	taglie

Le parole che finiscono con le consonanti -**s**, -**ss**, -**sh**, -**ch**, -**x**, -**z**, al plurale prendono la desinenza -**es**:

boxes	scatole
bosses	capi

La **y** in fine di parola preceduta da una consonante si trasforma in -**ies** al plurale:

lady	lad**ies**	signore
body	bod**ies**	corpi

I sostantivi che finiscono in -**o** preceduta da una consonante prendono molto spesso la desinenza -**es** al plurale:

toma**toes**	pomodori
her**oes**	eroi

Alcune parole che finiscono in -**f** o in -**fe** al plurale prendono la desinenza -**ves**:

Singolare	Plurale	
half	hal**ves**	metà *pl*
kni**fe**	kni**ves**	coltelli
leaf	lea**ves**	foglie
wi**fe**	wi**ves**	mogli

Altre parole subiscono una modifica della vocale o delle vocali:

Singolare	Plurale	
foot	feet	piedi
man	men	uomini
woman	women	donne

Nella parte inglese-italiano del dizionario sono indicate le forme irregolari del plurale diverse da quelle in -**ves**, -**oes** o -**os**.

Il complemento di specificazione

Il complemento di specificazione che esprime un'idea di appartenenza o di possesso può essere espresso con *of* (usato di norma per le cose) o con **'s** (usato in genere per le persone e per gli oggetti personificati). Questa costruzione si chiama genitivo sassone.

- Con *of*:

the name **of** the hotel	il nome dell'albergo
the leg **of** the table	la gamba del tavolo

- Per la costruzione con il genitivo sassone, il possessore va posto prima della cosa posseduta e, se il sostantivo è al **singolare,** alla cosa posseduta vanno aggiunti un **apostrofo** e una **s**:

my sister**'s** room	la camera di mia sorella

se il sostantivo è al **plurale** va aggiunto solamente un **apostrofo:**

my sisters**'** room	la camera delle mie sorelle

Alcune parole come **shop**, **church**, **cathedral** in genere non compaiono dopo il genitivo sassone:

at the butcher**'s**	*invece di*: at the butcher's shop	in macelleria
St. Paul**'s**	*invece di*: St. Paul's Cathedral	la cattedrale di St. Paul

L'aggettivo

L'aggettivo fornisce informazioni sul sostantivo a cui si riferisce, qualificandolo o determinandolo (per esempio: a *sunny* day, *financial* problems), dando informazioni sul colore (a *blue* shirt) o sottolineandone una qualità (an *utter* flop).

La forma dell'aggettivo non varia di genere e numero:

a **nice** postman	un postino simpatico
three **nice** postmen	tre postini simpatici
a **good** song	una bella canzone
two **good** songs	due belle canzoni

L'aggettivo dimostrativo precede il sostantivo.
Per i sostantivi indicanti qualcosa di vicino nello
spazio o nel tempo, in inglese si utilizzano *this* e
these.

this hat	**this** pen	questo cappello	questa penna
these pants	**these** girls	questi pantaloni	queste ragazze

Per i sostantivi indicanti qualcosa di più lontano
nel tempo o nello spazio, in inglese si utilizzano
that e *those*.

that man	**that** party	quell'uomo	quella festa
those children	**those** windows	quei bambini	quelle finestre

L'aggettivo possessivo indica il possesso o la
relazione tra il sostantivo e la persona cui si
riferisce.

my	friend	il mio amico
your	friend	il tuo amico
his, her	friend	il suo amico
its	attractions	le sue attrattive
our	friend	il nostro amico
your	friend	il vostro amico
their	friend	il loro amico

La comparazione (forme regolari)

Per formare il comparativo e il supersativo regolari degli aggettivi monosillabici, basta aggiungere -**er** al comparativo e -**est** al superlativo:

great	great**er** (than)	the great**est**
grande	più grande (di)	il più grande

- Gli aggettivi che finiscono in -**e** perdono la **e** finale:

fine, fin**er**, fin**est**

- La -**y** in fine di parola degli aggettivi bisillabici
si trasforma in -**ier** e -**iest**:

happy, happ**ier**, happ**iest**

- Le consonanti **d**, **g** e **t** in fine di parola vengono
raddoppiate nella costruzione del comparati-
vo e del superlativo con -**er** e -**est** quando se-
guono **a**, **e**, **i** od **o** breve e accentata:

big, bi**gg**er, bi**gg**est.

La comparazione degli altri aggettivi con due o
più sillabe si forma usando *more* (più) al comparativo e *most* (il più) al superlativo.

difficult	**more** difficult (than)	the **most** difficult
difficile	più difficile (di)	il più difficile

La comparazione (forme irregolari)

good	**better**	**the best**
buono	migliore	il migliore

bad	**worse**	**the worst**
cattivo	peggiore	il peggiore

much/many	**more**	**the most**
molto	più	il più

Nella parte inglese-italiano del dizionario sono indicate le forme irregolari degli aggettivi.

L'avverbio

In genere gli avverbi si formano aggiungendo -ly agli aggettivi.

slow	slow**ly**	He speaks slowly.	Parla lentamente.
quick	quick**ly**	He runs quickly.	Corre veloce.

- **well** rappresenta un caso particolare. È l'avverbio che corrisponde all'aggettivo **good** (buono):

He speaks English **well**.	Parla bene l'inglese.

- alcuni avverbi non finiscono in **-ly**:

You're doing **fine**.	Stai andando bene.
You've arrived too **late**.	Sei arrivato troppo tardi.
See you **soon**!	A presto!
She ran **fast**.	Correva veloce.

La comparazione degli avverbi che finiscono in **-ly** si forma usando *more* e *most*:

more slowly	**most** slowly
più lentamente	il più lentamente

Agli avverbi che non finiscono in **-ly** vanno aggiunti **-er** ed **-est**:

fast	fast**er**	fast**est**
rapida-mente	più rapida-mente	il più rapidamente

Il verbo

Il presente

Infinito:		to knock	to call	to go	to wash	to study
		Colpire	chiamare	andare	lavare	studiare
I	(io)	knock	call	go	wash	study
you	(tu)	knock	call	go	wash	study
he she it	(lui) (lei) (esso, essa)	knock**s**	call**s**	go**es**	wash**es**	stud**ies**
we	(noi)	knock	call	go	wash	study
you	(voi)	knock	call	go	wash	study
they	(loro)	knock	call	go	wash	study

Solo la forma della terza persona singolare cambia. In genere la terza persona singolare del presente si forma aggiungendo una **-s** all'infinito del verbo (*to stop – he stops*). I verbi che finiscono con le consonanti **-ss**, **-sh**, **-ch**, o **-x** alla terza persona prendono la desinenza **-es** (*to pass – he passes*), mentre quelli che finiscono in **-y** preceduta da una consonante prendono la desinenza **-ies** (*to carry – he carries*).

Il presente si usa per esprimere:
- fatti:

The earth **goes** around the sun.	La terra gira attorno al sole.

- abitudini:

I **brush** my teeth after breakfast.	Mi lavo denti dopo colazione.

- intenzioni in un futuro prossimo:

We **leave** for London next Friday.	Partiamo per Londra venerdì prossimo.

Il passato e il participio passato

Per costruire le forme del passato si aggiunge -**ed** all'infinito del verbo senza il **to**.

Infinito:	to open aprire	to arrive arrivare	to stop fermare	to carry portare
I, you, he, she, it, we, you, they	opened	arrived	stopped	carried

- I verbi che finiscono in -**e** perdono la **e** finale:

agreed, arrived

- La -**y** in fine di parola si trasforma in -**ied**:

try, tried

- Le consonanti **b, d, g, m, n, p, s, t** in fine di parola raddoppiano se sono precedute da una vocale breve accentata.

- Nell'inglese britannico in genere tutte le consonanti dei verbi plurisillabici raddoppiano:

travel, travelled

- Il participio passato ha la stessa forma del passato:

open**ed**	arrived	stopp**ed**	carried
aperto	arrivato	fermato	portato

Le forme dei **verbi irregolari** sono state raccolte in un elenco separato.

Il passato si usa:

- per descrivere azioni finite passate, avvenute in un momento o in un periodo preciso:

They **arrived** yesterday.	Sono arrivati ieri.
We **moved** last year.	Abbiamo cambiato casa l'anno scorso.
Who **invented** the telephone?	Chi ha inventato il telefono?

- nei racconti:

Then he **planted** the magic beans.	Poi piantò i fagioli magici.

I verbi ausiliari

Il presente e il participio presente

Infinito:	to be essere	to have avere	to do fare
I	am	have	do
you	are	have	do
he, she, it	is	has	does
we	are	have	do
you	are	have	do
they	are	have	do
Participio presente:	being	having	doing

Il verbo **be** è usato come ausiliare per formare i tempi continui, come il "present continuous":

I am reading; are you listening?

Il verbo **have** è usato come ausiliare per formare i tempi perfetti, come il "present perfect":

she has already gone; have you read the paper?

Il verbo **do** è usato come ausiliare per la forma negativa e interrogativa del presente e del passato:

I don't speak Chinese; did you watch TV yesterday?

Nell'inglese parlato si utilizzano spesso delle **forme contratte**:

am	→	'm	I'm
are	→	're	you're
is	→	's	he's
have	→	've	I've
has	→	's	he's

Negazione		Forma contratta
are not	→	aren't
is not	→	isn't
have not	→	haven't
has not	→	hasn't
do not	→	don't
does not	→	doesn't

Il passato e il participio passato

Infinito:	to be essere	to have avere	to do fare
I	was	had	did
you	were	had	did
he, she, it	was	had	did
we	were	had	did
you	were	had	did
they	were	had	did
Participio presente:	been	had	done
Forma contratta:		'd	
Negazione:	wasn't	hadn't	didn't
	weren't		

Il "present perfect"

A differenza del passato prossimo italiano per cui si possono usare avere o essere, a seconda del verbo, il "present perfect" si forma sempre con *have* (avere) + participio passato.

I **have** had	ho avuto
I **have** been	sono stato
I **have** done	ho fatto
I **have** called	ho chiamato
I **have** arrived	sono arrivato
I **have** gone	sono andato

Questo tempo verbale è usato:

- per dare spiegazioni:

I can't pay – I**'ve lost** my wallet.	Non posso pagare: ho perso il portafoglio.

- per esprimere una conseguenza:

Jack **has arrived**, so we can begin.	Jack è arrivato, si può cominciare.

- con alcuni avverbi come **already**, **just**, **never**:

I**'ve already** collected the mail.	Ho già ritirato la posta.

- per fatti iniziati nel passato che continuano ancora nel presente:

I**'ve known** him since Christmas.	Lo conosco da Natale.

Il "past perfect"

Il piuccheperfetto si costruisce sempre con *had* (avere) + participio passato.

I **had** had	avevo avuto
I **had** been	ero stato
I **had** done	avevo fatto
I **had** called	avevo chiamato
I **had** arrived	ero arrivato
I **had** gone	ero partito

Questo tempo verbale è usato per descrivere fatti che si sono svolti prima di un momento preciso nel passato:

When I arrived at the bus stop the bus **had** already **gone**.	Quando sono arrivato alla fermata, l'autobus era già partito.
I hurt myself in the accident because I **hadn't fastened** my seat belt.	Mi sono fatta male nell'incidente perché non avevo allacciato la cintura di sicurezza.

Gli ausiliari modali

I verbi ausiliari modali inglesi non possono essere usati da soli, e sono sempre accompagnati da un altro verbo (all'infinito e senza il **to**).

I, you, he, she, it, we, you, they	can	may	shall	will	must
Negazione:	cannot	must not	shall not	will not	must not
Forma contratta:	can't	mustn't	shan't	won't	mustn't

Questi verbi hanno la stessa forma per tutte le persone: non prendono la -s alla terza persona singolare.

Passato	Parafrasi	
could	to be able (to)	potere, essere in grado (di)
might	to be allowed (to)	potere, avere il diritto (di), avere il permesso (di)
would	to want, to wish (to)	volere, suggerire
should	to be obliged (to)	essere obbligato (a)

Negazione:	could not	might not	would not	should not
Forma contratta:	couldn't	mightn't	wouldn't	shouldn't

- Le forme passate di questi verbi, che si traducono spesso con il condizionale in italiano, sono spesso usate per fare una richiesta:

Could you give me ...?	Potresti darmi ...?
Would you ..., please.	Potreste per favore...
Would you like ...?	Vi piacerebbe/ Vorreste ...?

Uso dei verbi ausiliari modali:

- *can* si usa:

  - per esprimere capacità

Can you **ride** a horse? – No, I can't.	Sai cavalcare? – No.

  - per chiedere un favore o un'autorizzazione

Can you **help** me, please?	Potresti aiutarmi per favore?
Can I **borrow** your bike? – Yes, of course you can.	Puoi prestarmi la bici? – Certo.

  - per i suggerimenti

Can you **ask** your mother for the money?	Non potresti chiedere i soldi a tua madre?
Can't you **find out** on the Internet?	Non potresti cercare in Internet?

- *could* si usa:

  - per formare il passato di *can*

I asked if he **could ride** a horse, but he said he **couldn't**.	Gli ho chiesto se sapesse andare a cavallo ma lui mi ha detto di no.
I **couldn't believe** it.	Non riuscivo a crederci.

  - per le proposte

We **could go** for a swim this afternoon.	Potremmo andare a fare una nuotata questo pomeriggio.

  - per le richieste

Please **could I open** a window?	Potrei aprire una finestra?
Could we **take** a break?	Potremmo fare una pausa?

  - per esprimere condizioni

We **could fly** if we had wings.	Potremmo volare se avessimo le ali.

- *would* si usa

  - per formare il passato di *will*:

He promised he **would come** early.	Ha promesso che sarebbe arrivato presto.
I asked him to lend me his bike, but he **wouldn't**.	Gli ho chiesto di prestarmi la bici, ma mi ha detto di no.

  - per chiedere gentilmente qualcosa

Please **would** you **move** your car?	Potrebbe per favore spostare la macchina?

  - assieme a *like*, per esprimere suggerimenti o fare proposte

Would you **like** something to eat?	Vuoi qualcosa da mangiare?
I bet you **would like** to see the movie.	Sono sicuro che ti piacerebbe vedere il film.

  - per esprimere condizioni

I **would buy** a new car if I had any money.	Comprerei una macchina nuova se avessi soldi.

- *should* si usa per esprimere:

  - un comportamento da tenersi

You **shouldn't tell** lies, **should** you?	Non dovresti dire bugie, lo sai vero?

  - idea del dovere

Kids **should have** supportive teachers and parents.	I bambini dovrebbero avere insegnanti e genitori che li sostengano.

  - proposte e consigli

Shouldn't we **book** tickets?	Non pensi che dovremmo prenotare i biglietti?
You really **should check out** this new CD.	Dovresti veramente ascoltare questo nuovo CD.

  - probabilità

The program **should work** OK.	Il programma dovrebbe funzionare bene.

- *may* si usa per esprimere:

  - possibilità, eventualità

Bring a swimsuit – we **may go** swimming.	Porta un costume da bagno, che potremmo andare a nuotare.

  - richiesta di favori o autorizzazioni

May I **use** your cell phone? – Yes, of course you **may**.	Potrei usare il tuo cellulare? – Sì, certo.
You **may not take** calculators into the exam.	Non si può usare calcolatrici durante l'esame.

- *might* si usa:

  - per esprimere possibilità, eventualità

Take an umbrella – it **might** rain.	Prendi l'ombrello: potrebbe piovere.

  - per formare il passato di *may*

We thought we **might go** swimming.	Pensammo che avremmo pututo andare a nuotare.

- *must* si usa per esprimere:

  - proibizioni o ordini

You **mustn't move forward** till the light goes green.	Non devi partire finché il semaforo è verde.
The doctor told her that she **must lose** weight.	Il medico le ha detto che deve dimagrire.

  - decisioni sgradevoli

I **must** get up early tomorrow.	Devo alzarmi presto domani mattina.

  - necessità

We **must try** to be fair.	Dobbiamo cercare di essere giusti.

  - proposte e inviti

You **must** read this book!	Devi assolutamente leggere questo libro!
You **must** come round one evening.	Devi passare da me una di queste sere.

  - supposizioni o certezze

They **must have arrived** by now.	Ormai dovrebbero essere arrivati.
It **must be** nice to live in the country.	Dev'essere bello vivere in campagna.

- *need not* si usa per sottolineare che non è necessario fare qualcosa:

We **needn't get up** yet – it's only 6 o'clock.	Non dobbiamo ancora alzarci: sono appena le 6.

Il futuro e il condizionale

Il futuro si forma in genere con *will*, e il condizionale con *would* per tutte le persone. *Shall* è usato per la prima persona solo quando si vuole esprimere la forte volontà di chi parla, mentre **should** esprime sempre l'idea di qualcosa che si deve fare. Nell'inglese parlato si adopera quasi sempre la forma contratta.

Futuro		Condizionale	
I **will** go	andrò	I **would** go	andrei
you **will** go	andrai	you **would** go	andresti
he, she, it **will** go	andrà	he, she, it **would** go	andrebbe
we **will** go	andremo	we **would** go	andremmo
you **will** go	andrete	you **would** go	andreste
they **will** go	andranno	they **would** go	andrebbero
Forma contratta:	I'll go, you'll go, he'll go, etc.		
	I'd go, you'd go, he'd go, etc.		

shall e *will* sono usati per esprimere:

- intenzioni

Ok, we **shall** (or we'll) see you tomorrow.	Ok, ci vediamo domani.

- promesse

I **will remember** to buy milk.	Mi ricorderò di comprare il latte.

- suggerimenti, proposte

Shall we **tell** him or **shan't** we?	Dobbiamo dirglelo o no?

- conseguenze

You'**ll be** late if you don't hurry.	Se non ti affretti farai tardi.

- decisioni

No, I **won't go** mountain climbing.	No, non andrò a fare scalate in montagna.

- previsioni

You'**ll love** Scotland.	Ti piacerà moltissimo la Scozia.

- rifiuto

He **won't** eat his dinner.	Non vuole mangiare la cena.
The car **won't** start.	La macchina non parte.

- per sottolineare qualcosa

You will water the flowers, **won't** you?	Bagnerai i fiori, vero?

La forma interrogativa e negativa con do

Per formare la forma interrogativa e negativa dei verbi si usa il verbo ausiliare *do*, e per la forma negativa anche l'avverbio *not*.

Do you speak German?	Parli tedesco?
Does he know?	Lo sa?
Did you call her?	L'hai chiamata?
I **do not** (**don't**) speak German.	Non parlo tedesco.
He **does not** (**doesn't**) know.	Non lo sa.
I **did not** (**didn't**) call her.	Non l'ho chiamata.
Didn't she call you?	Non ti ha chiamato?

- *do* non va usato nelle frasi interrogative il cui soggetto è un pronome interrogativo:

Who wrote the letter?	Chi ha scritto la lettera?
Which of these trains goes to London?	Quale di questi treni va a Londra?

- e non va usato con gli ausiliari:

am, are, is, was, were, can, could, may, might, must, shall, should, will, would

La forma progressiva

La forma progressiva si forma con l'ausiliare *be* e il participio presente (in -ing). Serve a descrivere, al presente, al passato o al futuro, azioni durante il loro svolgimento, e azioni che durano ancora nel tempo o non sono ancora concluse.

I **am** work**ing**.	Lavoro./Sto lavorando.
I **was** work**ing**.	Lavoravo./Stavo lavorando.
I **will** be work**ing**.	Lavorerò./Starò lavorando.
It **is** rain**ing**.	Piove./Sta piovendo.

- I verbi che finiscono in **-e** perdono la *e* finale:

arrive, arriv**ing**.	

- La terminazione dei verbi in **-ie** si trasforma in **y**:

lie, l**ying**.	

- Anche in questo caso, come avviene per la formazione del passato, la consonante finale di molti verbi raddoppia:

stop, sto**pping**; travel, trave**lling**.	

- La forma *be going to* è utilizzata per esprimere un'azione che si svolgerà in un futuro prossimo o che si prevede certa al momento in cui si parla.

I **am going to** go to London next week.	Andrò a Londra la prossima settimana.
I **am going to** buy a new dress.	Mi comprerò un vestito nuovo.

Il gerundio

Il gerundio (verbo + **-ing**) è la forma sostantivata dell'infinito.

Smoking is dangerous.	Fumare è pericoloso.

Il passivo

La forma passiva si forma con l'ausiliare *be* e il participio passato.

The doctor examines Peter.	Peter **is examined** (by the doctor).
Il dottore visita Peter.	Peter è visitato (dal dottore).
Somebody stole my bike.	My bike **was stolen**.
Qualcuno mi ha rubato la bici.	La bici mi è stata rubata.

I pronomi personali

Soggetto		Oggetto	
I	io	me	me, mi
you	tu	you	te, ti
he	lui	him	lui, lo, gli
she	lei	her	lei, la, le
it	esso/essa	it	esso/essa, lo/la
we	noi	us	noi
you	voi	you	voi
they	loro	them	loro, li/le

- I pronomi personali soggetto sono <u>sempre</u> espressi in inglese:

She's very tall.	È molto alta.
I'm tired.	Sono stanco.
They're on holiday.	Sono in vacanza.

- A differenza dell'italiano, in inglese i pronomi oggetto diretti e indiretti hanno la stessa forma. Ecco alcuni esempi:

You should give it to **me**.	Devi darlo a me.
Could you give **me** your pen?	Mi daresti la tua penna?
Come with **me**.	Vieni con me.
I'll see **her** tomorrow.	La vedrò domani.
I gave **her** a pencil.	Le ho dato una matita.
I can't live without **her**.	Non posso vivere senza di lei.
He loves **them** very much.	Li ama molto.
I told **them** I wouldn't come.	Ho detto loro che non sarei venuto.

- Quando si vuole enfatizzare il pronome, va usato *to* (oggetto indiretto):

I gave the book **to him**.	Ho dato a lui il libro.
invece di: I gave him the book.	Gli ho dato il libro.

Aggettivi e pronomi possessivi

La forma degli aggettivi e pronomi possessivi è la stessa al singolare e al plurale. In inglese pronomi e aggettivi possessivi non sono mai preceduti dall'articolo.

L'aggettivo possessivo (accompagna un sostantivo)

my	book	il mio libro	**my**	books	i miei libri
your	book	il tuo libro	**your**	books	i tuoi libri
his	book	il suo libro	**his**	books	i suoi libri
her	book	il suo libro	**her**	books	i suoi libri
its	book	il suo libro	**its**	books	i suoi libri
our	car	la nostra macchina	**our**	cars	le nostre macchine
your	car	la vostra macchina	**your**	cars	le vostre macchine
their	car	la loro macchina	**their**	cars	le loro macchine

Il pronome possessivo (usato da solo)

mine	il mio, la mia, i miei, le mie
yours	il tuo, la tua, i tuoi, le tue
his	il suo, la sua, i suoi, le sue
hers	il suo, la sua, i suoi, le sue
ours	il nostro, la nostra, i nostri, le nostre
yours	il vostro, la vostra, i vostri, le vostre
theirs	il loro, la loro, i loro, le loro

It's not my book. It's **yours**.	Non è il mio libro. È il tuo.

Gli aggettivi e i pronomi dimostrativi

La forma degli aggettivi e pronomi dimostrativi varia in funzione del numero. Questi aggettivi e pronomi esprimono la vicinanza o la lontananza (nello spazio o nel tempo).

L'aggettivo dimostrativo (accompagna un sostantivo)

Singolare:	this	questo, questa	Plurale:	these	questi, queste
	that	quello, quella		those	quelli, quelle

Do you prefer **this** book or **that** book?

Preferisci questo libro o quello?

These pictures are nicer than **those** pictures.

Questi quadri sono più belli di quei quadri.

Il pronome dimostrativo (usato da solo)

Singolare:	this	questo, questa	Plurale:	these	questi, queste
	that	quello, quella		those	quelli, quelle

This is an English book and **that** is a German book.

Questo è un libro in inglese e quello un libro in tedesco.

These are wild flowers and **those** are garden flowers.

Questi sono fiori di campo e quelli sono fiori coltivati.

I pronomi riflessivi

myself	mi		ourselves	ci
yourself	ti		yourselves	vi
himself	si		themselves	si
herself	si			
itself	si			

I enjoy **myself**.	Mi diverto.
You enjoy **yourself**.	Ti diverti.
He enjoys **himself**.	Si diverte.
She enjoys **herself**.	Si diverte.
We enjoy **ourselves**.	Ci divertiamo.
You enjoy **yourselves**.	Vi divertite.
They enjoy **themselves**.	Si divertono.

I pronomi relativi

	Persone	Cose	Persone e cose
Soggetto (Chi? Cosa?)	who	which	that
Complemento di specificazione (Di chi? Di che cosa?)	whose	of which	
Oggetto indiretto (A chi? A che cosa?)	to whom	to which	
Oggetto diretto (Chi? Che cosa?)	whom/who	which	that

Il pronome relativo ha la stessa forma al singolare e al plurale.

- Quando *that* è complemento oggetto, può essere omesso:

This is the strangest book (**that**) I've ever read.	Questo è il libro più strano che abbia mai letto.

I pronomi e gli aggettivi interrogativi

Il pronome interrogativo (usato da solo)

who?	chi?	**Who** are you?	Chi sei?
whose?	di chi?	**Whose** car is this?	Di chi è questa macchina?
whom?/who?	chi?	**Who(m)** did you see?	Chi hai visto?
what?	che cosa?, cosa?	**What** is that?	Cos'è quello?
which?	che?, quale?, quali?	**Which** is the quickest way?	Quale è la strada più breve?

who/whose/whom servono a porre domande in relazione a persone, *what* in relazione a cose e *which* in relazione a persone e cose (all'interno di un insieme).

- Nelle frasi interrogative le preposizioni vanno poste alla fine della frase.

Where do you come from?	Da dove?
What are you looking for?	Cosa?
What do you want this for?	Per che motivo?
What are you laughing at?	Di cosa?
Who are you speaking to?	Con chi?

- Oggi, sia all'orale che allo scritto, si utilizza quasi esclusivamente *who* piuttosto di *whom* per il complemento oggetto diretto e indiretto. *Who* non va mai posto subito dopo una preposizione. In questi casi la preposizione si mette spesso alla fine della frase:

The man (**who**) he sold his car to...	L'uomo a cui ha venduto la macchina...
invece di: The man <u>to</u> **whom** he sold his car...	
Who did you buy the flowers for?	Per chi hai comprato i fiori?
invece di: <u>For</u> **whom** did you buy the flowers?	

L'aggettivo interrogativo (accompagna un sostantivo)

What book?	Quale libro?
What English songs?	Quali canzoni inglesi?
Which book?	Quale libro? *(tra più libri)*

I pronomi indefiniti: some e any

1. some/somebody/someone/something

some e i suoi composti sono usati:

- nelle frasi affermative

I'd like **some** straw-berry jam.	Vorrei della marmel-lata di fragole.
Give me **some** stamps, please.	Mi dia qualche franco-bollo, per favore.
Somebody/Someone has stolen my wallet.	Qualcuno mi ha rubato il portafoglio.
I'd like **something** to drink.	Vorrei bere qualcosa.

- nelle frasi interrogative per le quali ci si aspetta una risposta positiva.

May I have **some** more tea, please? – Yes, of course.	Potrei avere ancora un po' di tè, per favore? – Certo.

2. any/anybody/anyone/anything

any e i suoi composti sono usati:

- nelle frasi negative

I haven't **any** friends in London.	Non ho amici a Londra.

- nelle frasi interrogative per le quali la risposta è incerta

Is there **anybody/anyone** who speaks Italian?	C'è nessuno che parla italiano qui?
Do you have **any** stamps?	Avete francobolli di qualche tipo?
Can I do **anything** for you?	Posso fare niente per te?

- nelle frasi che esprimono una condizione

If I had **any** stamps I would mail the letter.	Se avessi francobolli spedirei la lettera.

I pronomi indefiniti **somebody/someone, anybody/anyone, nobody/no one** e **everybody/everyone** sono singolari, ma si possono usare anche per il plurale.

Phone **everybody** and tell **them** about the change of the plan	Telefona a tutti e dì loro che c'è stato un cambiamento di pro-gramma.

Verbi irregolari inglesi
English Irregular Verbs

Infinitive	Past	Past Participle
abide	abided	abided
arise	arose	arisen
awake	awaked, awoke	awaked, awoken
be	was (I/he/she/it), were (you/we/they)	been
bear	bore	borne
beat	beat	beaten
become	became	become
beget	begot	begotten
begin	began	begun
behold	beheld	beheld
bend	bent	bent
beseech	besought, beseeched	besought, beseeched
beset	beset	beset
bet	bet	bet
bid	bid, bad, *say* bade	bid, *say* bidden
bind	bound	bound
bite	bit	bitten
bleed	bled	bled
blow	blew	blown
break	broke	broken
breed	bred	bred
bring	brought	brought
build	built	built
burn	burned, burnt	burned, burnt
burst	burst	burst
buy	bought	bought
can	could	–
cast	cast	cast
catch	caught	caught
choose	chose	chosen
cleave *(cut)*	cleft, cleaved, clove	cleft, cleaved, cloven
cling	clung	clung
come	came	come
cost	cost, *vt* costed	cost, *vt* costed
creep	crept	crept
cut	cut	cut
deal	dealt	dealt
dig	dug	dug
dive	dived, dove	dived
do	did	done

Infinitive	Past	Past Participle
draw	drew	drawn
dream	dreamed, dreamt	dreamed, dreamt
drink	drank	drunk
drive	drove	driven
dwell	dwelt, dwelled	dwelt, dwelled
eat	ate	eaten
fall	fell	fallen
feed	fed	fed
feel	felt	felt
fight	fought	fought
find	found	found
flee	fled	fled
fling	flung	flung
fly	flew	flown
forbid	forbade, forbad	forbidden
forget	forgot	forgotten
forsake	forsook	forsaken
freeze	froze	frozen
get	got	gotten, got
gild	gilded, gilt	gilded, gilt
gird	girded, girt	girded, girt
give	gave	given
go	went	gone
grind	ground	ground
grow	grew	grown
hang	hung, LAW hanged	hung, LAW hanged
have	had	had
hear	heard	heard
heave	heaved, NAUT hove	heaved, NAUT hove
hew	hewed	hewn, hewed
hide	hid	hidden
hit	hit	hit
hold	held	held
hurt	hurt	hurt
keep	kept	kept
kneel	knelt, kneeled	knelt, kneeled
know	knew	known
lade	laded	laden
lay	laid	laid
lead	led	led
leap	leaped, leapt	leaped, leapt
learn	learned, learnt	learned, learnt

Infinitive	Past	Past Participle
leave	left	left
lend	lent	lent
let	let	let
lie	lay	lain
light	lighted, lit	lighted, lit
lose	lost	lost
make	made	made
may	might	-
mean	meant	meant
meet	met	met
mistake	mistook	mistaken
mow	mowed	mown, mowed
pay	paid	paid
put	put	put
quit	quit, quitted	quit, quitted
read [riːd]	read [red]	read [red]
rend	rent, rended	rent, rended
rid	rid	rid
ride	rode	ridden
ring	rang	rung
rise	rose	risen
run	ran	run
saw	sawed	sawed, sawn
say	said	said
see	saw	seen
seek	sought	sought
sell	sold	sold
send	sent	sent
set	set	set
sew	sewed	sewn, sewed
shake	shook	shaken
shave	shaved	shaved, shaven
shear	sheared	sheared, shorn
shed	shed	shed
shine	shone	shone
shit	shit, shitted	shat
shoe	shod	shod
shoot	shot	shot
show	showed	shown, showed
shrink	shrank	shrunk
shut	shut	shut
sing	sang	sung
sink	sank	sunk
sit	sat	sat
sleep	slept	slept
slide	slid	slid
sling	slung	slung
slink	slunk	slunk

Infinitive	Past	Past Participle
smite	smote	smitten
sow	sowed	sown, sowed
speak	spoke	spoken
speed	sped, speeded	sped, speeded
spell	spelled, spelt	spelled, spelt
spend	spent	spent
spill	spilled, spilt	spilled, spilt
spin	spun	spun
spit	spat	spat
split	split	split
spoil	spoiled, spoilt	spoiled, spoilt
spread	spread	spread
spring	sprang, sprung	sprung
stand	stood	stood
steal	stole	stolen
stick	stuck	stuck
sting	stung	stung
stink	stank, stunk	stunk
strew	strewed	strewn, strewed
stride	strode	stridden
strike	struck	struck
string	strung	strung
strive	strove	striven, strived
swear	swore	sworn
sweep	swept	swept
swell	swelled	swollen, swelled
swim	swam	swum
swing	swung	swung
take	took	taken
teach	taught	taught
tear	tore	torn
tell	told	told
think	thought	thought
thrive	thrived, throve	thrived, thriven
throw	threw	thrown
thrust	thrust	thrust
tread	trod	trodden, trod
wake	waked, woke	waked, woken
wear	wore	worn
weave	wove	woven
weep	wept	wept
win	won	won
wind	wound	wound
wring	wrung	wrung
write	wrote	written

Prefixes and suffixes: Italian-English
Prefissi e suffissi: italiano-inglese

Italian Prefixes

Prefissi italiani

Prefix	English Equivalents	Meanings and Uses	Examples	English Equivalents
a-¹	a-	lack of, absence	apolitico	apolitical
a-²	a-	1. towards direction 2. formation of verbs from nouns	accorrere accasare	run up to marry off
acro-	acro-	high, height	Acropoli	Acropolis
ad-	ad-	variant of a-	adattare	adapt
aero-	aero-, air-	relating to air, air travel	aeroporto	airport
afro-	Afro-	African	Afro-caribico	Afro-Caribbean
agora-	agora-	relating to crowded or open spaces	agorafobia	agoraphobia
agri-	agri-	relating to fields	agricoltura	agriculture
agro-	c	variant of agri-	agronomia	agronomy
allo-	allo-	different from	allopatia	allopathy
ambi-	ambi-	both	ambivalente	ambivalent
an-	an-	variant of a-	anarchia	anarchy
ana-¹	ana-	lack of, absence	anabattista	Anabaptist
ana-²	ana-	back	anagramma	anagram
andro-	andro-	man	androgino	androgynous
anfi-	amphi-	around	anfiteatro	amphitheater
anglo-	Anglo-	English	angloamericano	Anglo-American
ant(i)-	ant(i)-	1. opposition in location 2. opposition in action	antartico antigelo	Antarctic antifreeze
anti-, ante-	ante-, pre-	preceding something else	antidiluviano anticamera antecedente	antediluvian antechamber previous
antropo-	anthropo-	relating to human beings	antropologia	anthropology
acqua-	aqua-	water	acquarello	watercolor
archeo-	arch(a)e-	old; ancient	archeologia	archeology
arci-, archi-	arch-	superior; chief	arcivescovo archimandrita	archbishop archimandrite
arci-		very, much	arcinoto	very well known
astro-	astro-	relating to stars or outer space	astronauta	astronaut
audio-	audio-	relating to sounds or hearing	audiovisivo	audiovisual
auri-	auri-	gold	aurifero	auriferous
austro-	Austro-	Austrian	austrungarico	Austro-Hungarian
auto-¹	auto-, self	oneself	autodifesa autobiografia	self-defense autobiography
auto-²	auto-	vehicle	autobus	bus
avan-	fore-, avant-	ahead, before	avambraccio avanguardia	forearm avant-garde
avi-	avi-	1. birds 2. planes	avicoltore aviazione	bird breeder aviation
avio-	avi-	relating to planes	aviotrasporto	air transport

Prefix	English Equivalents	Meanings and Uses	Examples	English Equivalents
baro-	baro-	pressure	barometro	barometer
bi-	bi-	two or twice	bicentenario	bicentennial
biblio-	biblio-	book	biblioteca	library
bio-	bio-	relating to life	biografia biologia	biography biology
bis-	great-	used with relatives	bisavolo	great-grandfather
caco-	caco-	bad	cacofonia	cacophony
capo-		head	capostazione	station master
cardio-	cardio-	heart	cardiologo	cardiologist
cento-	centi-	hundred	centopiedi centometrista	centipede hundred meters runner
chiro-	chiro-	hand	chiropratico	chiropractor
ciber-	cyber-	computer-controlled	ciberspazio	cyberspace
ciclo-	cyclo-	1. circle 2. cycle	ciclone cicloturismo	cyclone cycling holidays
circon-, circum-	circum-	around	circonferenza circumnavigare	circumference circumnavigate
cis-	cis-	on this side of	cispadano	cispadane
co-	co-	variant of con-	coautore coabitare	co-author cohabit
con-	con-	with; together	connazionale congresso	compatriot congress
contra-	contra-	see contro-	contraddizione	contradiction
contro-	counter-	1. opposite 2. verification 3. reciprocity	controtendenza controanalisi controbilanciare	countertrend further test counterbalance
cosmo-	cosmo-	world, universe	cosmonauta	cosmonaut
crio-	cryo-	cold	crioterapia	cryotherapy
cripto-	crypto-	hidden	criptare	encrypt
critto-	crypto-	variant of cripto-	crittografia	cryptography
crom(o)-	chrom(o)-	color	cromatico	chromatic
cron(o)-	chron(o)-	time	cronologia	chronology
de-	de-	1. distance, separation 2. removal 3. lower 4. intensifier	deviare decalcificare degradare designare	deviate decalcify debase designate
deca-	deca-	multiplied by ten	decametro	decameter
deci-	deci-	divided by ten	decimetro	decimeter
demo-[1]	demo-	people	democrazia	democracy
demo-[2]	demo-	democracy	democristiano	Christian Democrat
derma-	derma-	skin	dermatologo	dermatologist
di-[1]	di-	two	disillabico	disyllabic
di-[2]	de-	downwards	discendere	descend
dia-	dia-	across	diapositiva diacronico	slide (film) diachronic
dis-[1]	dis-	1. not 2. separation	disattento disabile disgiungere	inattentive disabled separate
dis-[2]	dys-	alteration, anomaly	disfunzione	dysfunction
dopo-	after-	after	doposole dopolavoro	aftersun recreational activities

Prefix	English Equivalents	Meanings and Uses	Examples	English Equivalents
e-[1]	e-	outside; toward the outside	emettere	emit
e-[2]	e-	transformation	edulcorare	sweeten
eco-	eco-	environment	ecologia	ecology
ego-	ego-	I	egocentrico	egocentric
elettro-	electro-	electrical	elettrostatico	electrostatic
eli-	heli-	helicopter	eliporto	heliport
emato-	hemo-	blood; variant of emo-	ematopatia	hemopathy
emi-	hemi-	half	emisfero	hemisphere
emo-	hemo-	blood	emofilia	hemophilia
endo-	endo-	into; toward the inside	endocrinologia	endocrinology
eno-	(o)eno-	wine	enologo	(o)enologist
entomo-	entomo-	insect	entomologia	entomology
epi-	epi-	on; in	epigrafe	epigraph
equi-	equi-	1. equality 2. horse	equivalente equitazione	equivalent (horse) riding
es-	ex-	1. outside; toward the outside 2. removal	esportare esfoliare esautorare	export exfoliate deprive of power
esa-	hexa-	six	esagono	hexagon
eso-	ex-	outside	esodo	exodus
etero-	hetero-	different	eterosessuale	heterosexual
etno-	ethno-	people, race	etnologia	ethnology
etto-	hecto-	hundred	ettogrammo	hectogram
eu-	eu-	well	eucalipto	eucalyptus
euro-	Euro-	European	europarlamento	European Parliament
ex-	ex-	former	ex-ministro	ex-minister
extra-	extra-	1. outside 2. more than; better than	extraparlamentare extravergine	extra-parliamentary extra virgin
fanta-		fantasy	fantascienza	science fiction
fil(o)-[1]	phil(o)-, pro-	liking	filocinese filantropia	pro-Chinese philanthropy
fil(o)-[2]		cable	filodiffusione	cable radio
fisio-	physio-	body	fisionomia	physiognomy
fleb(o)-	phleb(o)-	vein	flebite	phlebitis
fono-	phono-	relating to voice or sound	fonologia	phonology
foto-	photo-	photography	fotocopia	photocopy
franco-	Franco-	French	francofono	Francophone
gastr(o)-	gastr(o)-	relating to the stomach or abdomen	gastrico	gastric
giga-	giga-	billion	gigawatt	gigawatt
gineco-	gyneco-	relating to the female anatomy	ginecologo	gynecologist
giro-	gyro-	circle	giroscopio	gyroscope
geo-	geo-	relating to the Earth	geografia	geography
glotto-	glotto-	language	glottologia	glottology
graf(o)-	graph(o)-	writing	grafologia	graphology
guard(i)a-		keeper	guardalinee guardiacaccia	linesman gamekeeper
idro-	hydro-	water	idrofobo	hydrophobic

Prefix	English Equivalents	Meanings and Uses	Examples	English Equivalents
il-	il-	1. negation 2. formation of verbs; variant of in- before l	illeggibile illuminare	illegible illuminate
im-	im-	1. negation 2. variant of in- before b, m, p	impreciso impaccare	imprecise pack
in-[1]	in-	negation	infedele	unfaithful
in-[2]	in-	1. start of a condition 2. in; into	infiammare insaccare	inflame put into a sack
indo-	Indo-	Indian	indoeuropeo	Indo-European
infra-	infra-	1. below 2. between	infrarosso infradito	infrared thong
inter-	inter-	between	interazione	interaction
intra-	intra-	in; inside	intramuscolare	intramuscular
intro-	intro-	in; into	introdurre	introduce
ir-	ir-, in-	negation; variant of in- before r	irresistibile	irresistible
iper-	hyper-	above normal; excessive	ipermercato ipersensibile	hypermarket hypersensitive
ipno-	hypno-	sleep	ipnotizzare	hypnotize
ipo-	hypo-	below normal; insufficient	ipocalorico ipotensione	low-calorie hypotension
ippo-		horse	ippodromo	racecourse
iso-	iso-	equivalence	isoscele	isosceles
ispano-	Hispano-; Spanish-	Spanish	ispanoamericano	Hispano-American
istero-	hystero-	uterus	isterectomia	hysterectomy
isto-	histo-	relating to organic tissues	istologia	histology
italo-	Italo-	Italian	italoamericano	Italo-American
kilo-	kilo-	one thousand	kilogrammo	kilogram
kinesi-	kine(si)-	movement	kinesiterapia	physical therapy
latto-	lacto-	milk	lattosio	lactose
lipo-	lipo-	fat	liposuzione	liposuction
lito-	litho-	stone	litografia	lithograph
logo-		language	logopedista	speech therapist
ludo-		play	ludoteca	toy library
macro-	macro-	big	macroeconomico	macroeconomic
mal-	mal-, mis-, ill-	bad; badly	malavoglia maleducato	ill-will ill-mannered
mani-	mani-	hand	manicure	manicure
maxi-	maxi-	very large; very long	maxischermo	maxiscreen
mega-	mega-	1. very large; huge 2. one million	megalite megahertz	megalith megahertz
megalo-	megalo-	very large; huge	megalopoli	megalopolis
meta-	meta-	1. change, transformation 2. after 3. beyond	metamorfosi metatarso metalinguaggio	metamorphosis metatarsal metalanguage
metr(o)-	metr(o)-	1. measurement 2. mother	metronomo metropoli	metronome metropolis
micro-	micro-	small	microrganismo	micro-organism
milli-	milli-	one thousandth	milligrammo	milligram
mini-	mini-	small	minibus	minibus

Prefix	English Equivalents	Meanings and Uses	Examples	English Equivalents
mis-	mis-	1. negation 2. pejorative	misconoscere misfatto	disregard misdeed
mono-	mon(o)-	single; only	monogamia	monogamy
morfo-	morph(o)-	relating to shape or form	morfologia	morphology
moto-	moto(r)-	relating to an engine or motor	motoscafo	motorboat
multi-	multi-	several; many	multiculturale	multicultural
narco-[1]	narco-	sleep	narcosi	narcosis
narco-[2]	narco-	drug	narcotraffico	drug trafficking
necro-	necro-	relating to death	necropoli	necropolis
nefr(o)-	nephr(o)-	kidney	nefrite	nephritis
neo-	neo-	new	neocolonialismo	neocolonialism
neuro-	neur(o)-	relating to nerves	neurologia	neurology
nevr-	neur(o)-	variant of neuro-	nevralgico	neuralgic
non-	non-	negation	non-aggressione	nonaggression
olo-	holo-	whole	olocausto	holocaust
omeo-	homeo-	similar	omeopatia	homeopathy
omo-	homo-	similar; same	omogeneo	homogenous
onni-	omni-	all	onnivoro	omnivorous
ornito-	ornitho-	bird	ornitologia	ornithology
oro-	or(e)o-	mountain	orografia	orography
orto-	ortho-	1. correct 2. straight	ortografia ortodonzia	orthography orthodontics
osteo-	osteo-	bone	osteoporosi	osteoporosis
ott(o)-	oct(o)-	eight	ottagono	octagon
ov(i)-	ov-	egg	ovaio	ovary
paleo-	paleo-	old; ancient	paleontologia	paleontology
pan-	pan-	all	panteismo	pantheism
para-	para-	1. similar 2. beside 3. protecting against	paramilitare paramedico paracadute	paramilitary paramedical parachute
pato-	patho-	illness	patologia	pathology
ped(i)-	ped(i)-	relating to feet	pedicure	podiatrist
pedo-	ped(o)-	child	pedofilia	pedophilia
penta-	penta-	five	pentagono	pentagon
per-	per-	across	permeabile	permeable
peri-	peri-	around	perimetro	perimeter
piro-	pyro-	fire	piromane	pyromaniac
pluri-	multi-, poly-	more than one	pluricellulare	multicellular
pneum(o)-	pneum(o)-	lung	pneumologo	lung specialist
podo-	pod(o)-	relating to feet; see ped-	podologo	podiatrist
poli-	poly-	many; much	poliedro	polyhedron
porno-	porn-	pornographic	pornostar	porn star
pos(t)-	post-	after	poscritto postdatare	postscript postdate
pre-	pre-, fore-	before	precedere prevedere	precede foresee
pro-	pro-	1. instead of 2. used with relatives 3. forward	prorettore prozia prologo	pro-rector great-aunt prologue
proto-	prot(o)-	first	prototipo	prototype

Prefix	English Equivalents	Meanings and Uses	Examples	English Equivalents
pseudo-	pseudo-	false	pseudonimo	pseudonym
psico-	psycho-	mind	psicoterapeuta	psychotherapist
quadr-	quadr-	four	quadrangolare	quadrangular
quint-	quint-	five	quintuplo	quintuplets
radi(o)-[1]	rad(io)-	rays	radiatore	radiator
radi(o)-[2]	rad(io)-	radium	radioattivo	radioactive
radi(o)-[3]	rad(io)-	radio	radiofonico	radio
re-	re-	1. again 2. change of direction	reiterare respingere	reiterate reject
retro-	retro-	back; backward	retroattivo	retroactive
rett(o)-	rect(i)-	straight	rettificare	rectify
ri-	re-	1. again 2. change of direction 3. used with verbs to add emphasis	riformulare rigettare ricercare	reformulate reject refined
rin(o)-	rhin(o)-	nose	rinite	rhinitis
s-	dis-	1. negation 2. movement away from 3. formation of verbs from other verbs	sfiorire svantaggio sfuggire sbiancare	wither disadvantage flee whiten
sclero-	sclero-	hardening	sclerosi	sclerosis
semi-	semi-	half	semiconduttore	semiconductor
seri-	seri-	silk	serigrafia	serigraphy
servo-	servo-	help	servosterzo servofreno	power steering servo brake
sidero-		iron	siderurgico	iron and steel
si(n)-	sy(n)-, syl-, sym-	together	sincronizzare	synchronize
sino-	Sino-	China	sinologo	Sinologist
sism(o)-	seism(o)-	earthquake	sismografo	seismograph
socio-	socio-	society	sociologia	sociology
sol(i)-	sol(i)-, solo-	alone	solitario	solitary
sopra-	over-	1. on; over 2. in addition 3. too much	sopracciglia soprascarpe soprannome sopravvalutare	eyebrow overshoe nickname overestimate
sor-		over; variant of sopra-	sorvolare	fly over
sotto-	sub-	1. below 2. lack of 3. with verbs	sottosuolo sottoalimentare sottointendere	subsoil undernourished imply
sovra-	over-	variant of sopra-	sovrascrivere sovrapproduzione	overwrite overproduction
speleo-	speleo-	cave	speleologia	speleology
stereo-	stereo-	solid	stereofonico	stereophonic
stra-	over-	1. too much 2. beyond normal	strafare straordinario	overdo extraordinary
strato-	strato-	layer	stratosfera	stratosphere
sub-	sub-	1. below; to a lower level 2. dependence	suburbano subordinare	suburban subordinate
super-	super-	1. above 2. the highest level	supervisione supersonico	supervision supersonic

Prefix	English Equivalents	Meanings and Uses	Examples	English Equivalents
sur-	sur-, over-, out-	1. higher; above 2. a higher degree or extent	surriscaldato sur-reale surclassare	overheated surreal outclass
tachi-	tach(e)-, tach(y)-	speed	tachimetro	speedometer
tecn(o)-	techn(o)	technical	tecnologia	technology
tele-[1]	tel(e)-	far	telecomando	remote control
tele-[2]	tel(e)-	TV	telefilm	TV movie
teo-	theo-	God	teocrazia	theocracy
term(o)-	therm(o)-	heat	termocoperta	electric blanket
tetr(a)-	tetr(a)-	four	tetraplegico	tetraplegic
tipo-	typo-	imprint, character	tipografia	typography
topo-	topo-	place	toponimo	place name
tra-	trans-	1. change, trans-formation 2. beyond; across	tradurre transitare trasparire	translate pass through show through
trans-	trans-	beyond; across; variant of tra-	transalpino transizione	transalpine transition
tre-	tri-	variant of tri-	treppiede	tripod
tri-	tri-	three	triangolo	triangle
tropo-	trop(o)-	turning	troposfera	troposphere
ultra-	ultra-	extreme or excessive	ultramoderno	ultramodern
uni-	uni-	alone; one	uniforme	uniform
vice-	vice-	in place of	vicepresidente	vice-president
video-	video-	TV	videocassetta	videocassette
xeno-	xeno-	foreign	xenofobia	xenophobia
xilo-	xylo-	wood	xilofono	xylophone
zoo-	zoo-	relating to animals	zoologia	zoology

Italian Suffixes
Suffissi italiani

Suffix	English Equivalents	Resulting gramm. category	Meanings and Uses	Examples	English Equivalents
-a		n. – adj.	regular formation of feminine of nouns and adjectives	bambina	girl
-abile	-able	adj.	formation of adjectives with meaning of possibility/ability from verbs	affidabile	reliable
-abilità	-ability	n.	formation of nouns from adjectives in –abile	affidabilità	reliability
-acchione		n. – adj.	augmentative, diminutive, pejorative	furbacchione	crafty (fellow)
-acchiotto/ -acchiotta		n. – adj.	diminutive	orsacchiotto	teddy bear
-accio/ -accia		n.	1. pejorative; augmentative 2. formation of nouns from verbs	odoraccio coltellaccio strofinaccio	nasty smell big knife cloth

Suffix	English Equiva-lents	Resulting gramm. category	Meanings and Uses	Examples	English Equivalents
-accione/ -acciona		n. - adj.	augmentative, pejorative	pasticcione	bungler *n.*, bungling *adj.*
-aceo/-acea	-aceous	adj.	similar in quality or form	rosaceo	rosaceous
-aggine		n.	negative condition or quality	infingardag-gine	laziness
-aggio	-ing	n.	action, result of an action	canottaggio lavaggio	canoeing washing
-aglio/ -aglia		n.	instrument derogatory	ventaglio tenaglia ferraglia mar-maglia	fan pliers scrap (iron) (bunch of) kids
-aio/-aia[1]	-ery, -ary	n.	1. place with plants/ crops 2. place for particular purpose	granaio colombaia	granary dovecote
-aio/-aia[2]	-or	n.	profession	marinaio	sailor
-aiolo/-aiola		n.	profession	pizzaiolo	pizza chef
-ale	-al, -y	adj.	1. relating to something 2. belonging to some-thing	invernale aggettivale	winter, wintry adjectival
-algia	-algia	n.	pain	nevralgia	neuralgia
-ame		n.	collective noun	legname	timber
-ando[1]		n.	relating to something which is to happen	cresimando	confirmand
-ando[2]		v.	formation of gerund	mangiando	eating
-andro		n.	man	scafandro	diving suit
-aneo/-anea	-aneous	adj.	relating to something	cutaneo	cutaneous
-ano/-ana	-an	adj. - n.	origin, language	cubano romano isolano	Cuban Roman islander
-ante	-ant, -er	adj. - n.	present participle	commerci-ante amante	trader lover
-anza	-ance, -ence	n.	1. state 2. action, result of an action 3. quality	lontananza concordanza arroganza	distance concordance arrogance
-arca	-arch	n.	governing person	monarca	monarch
-archia	-archy	n.	government	monarchia	monarchy
-ardo/-arda		adj. - n.	pejorative	beffardo bugiardo	mocking lying *adj.*, liar *n.*
-are[1]		v.	infinitive, 1st conjugation	amare	love
-are[2]		adj.	1. relating to something 2. quality	polmonare salutare	pulmonary healthy
-ariato	-ariat	n.	Function	segretariato	secretariat
-ario/-aria		adj. - n.	1. containing or enclos-ing something 2. relating to something	questionario universitario	questionnaire university
-astro/ -astra	-ish	adj. - n.	1. pejorative 2. approximate	giovinastro bluastro	hoodlum bluish
-atario/ -ataria		adj. - n.	performer of an action	Locatario	tenant
-ata		n.	formation of nouns from nouns or verbs; see also -ato/-ata	nevicata	snowfall
-ate		adj. - n.	origin	ravennate	from Ravenna

Suffix	English Equivalents	Resulting gramm. category	Meanings and Uses	Examples	English Equivalents
-ato		n.	1. condition, profession 2. function 3. office	artigianato volontariato papato	artisans voluntary service papacy
-ato/-ata	-ed	adj.	past participle of verbs in -are	amato	loved
-azzo		n.	pejorative	andazzo	latest trend
-cardia	-cardia	n.	heart	tachicardia	tachycardia
-cefalo/-cefala	-cephalus	n. – adj.	head	idrocefalo	hydrocephalus
-centrico/-centrica	-centric	adj.	having its center in	egocentrico	egocentric
-cida	-cide, -cidal	n. – adj.	killer	omicida fratricida	murderer n, homicidal adj. fratricide n., fratricidal adj.
-cidio	-cide	n.	act of killing	omicidio fratricidio	murder fratricide
-cinesi	-cinesia, -kinesia	n.	movement	ipercinesi	hyperkinesis
-cita	-cyte	n.	cell	leucocita	leukocyte
-colo/-cola	-culum	adj.- n.	1. relating to something 2. small	agricolo cubicolo	agricultural cubiculum
-coltore/-coltrice		n.	who cultivates	agricoltore	farmer
-coltura	-culture	n.	cultivation	viticoltura	viticulture
-comio		n.	hospital	manicomio	mental hospital
-cosmo	-cosm	n.	universe	microcosmo	microcosm
-crate	-crat	n.	person who has power	burocrate	bureaucrat
-crazia	-cracy	n.	1. power 2. governing class	partitocrazia aristocrazia	party power aristocracy
-cromia	-chromy	n.	color	policromia	polychromy
-cromo/-croma	-chrome	adj	color	policromo	polychrome
-crono/-crona	-cronous	adj.	time	sincrono	synchronous
-derma	-derm, -dermis	n.	skin	pachiderma epidermico	pachyderm epi- dermic
-dimensionale	-dimensional	adj.	bidimensional	bidimensionale	two-dimensional
-dino/-dina	-dyne	adj.	force, intensity	anodino	anodyne
-dipendente	-aholic	adj.- n.	dependence on something	videodipendente lavorodipendente	video addict(ed) workaholic
-dotto		n.	course	viadotto	viaduct
-dromo	-drome	n.	place for races	ippodromo	racecourse
-efico/-efica	-ficial	adj.	which does, creates	benefico	beneficial
-ellare		v.	diminutive and repetitive movement	saltellare	skip
-ellino/-ellina		n.	small	sorellina ombrellino	little sister parasol
-ello/-ella		n.	small	campanello	bell
-emia	-emia	n.	relating to blood	setticemia	septicemia
-endo[1]		n.	relating to something which is to happen	addendo	addend

Suffix	English Equivalents	Resulting gramm. category	Meanings and Uses	Examples	English Equivalents
-endo[2]		v.	formation of gerund	credendo	believing
-enne	year(s)-old	n. – adj.	years of age	quindicenne	fifteen-year-old adj., fifteen year old n.
-ennio		n.	period	decennio	decade
-ente	-ent	n. – adj.	1. performing an action 2. quality	presidente fluorescente	president fluorescent
-enza	-ance, -ence	n.	1. action, result of an action 2. quality	presidenza esigenza	presidency need
-eo/-ea		adj.	similar in quality or form	vitreo	glass
-ere		v.	infinitive, 2nd conjugation	vedere credere	see believe
-eria	-ing, -er's	n.	1. quality 2. action, result of an action 3. shop	tirchieria pirateria gioielleria	stinginess piracy jeweler's shop
-esco/-esca	-ish, -ean	adj.	1. having appearance of 2. relating to	moresco dantesco	Moorish Dantean
-ese[1]		adj. – n.	1. origin 2. language	genovese francese	Genoese French
-ese[2]		n.	pejorative	burocratese	officialese
-esimo/ -esima	-th	adj. – n.	in numerals	millesimo	thousandth
-essa	-ess	n.	female	principessa leonessa	princess lioness
-eta, -eto		n.	cultivated place	pineta frutteto	pine forest orchard
-ettare		v.	diminutive and repetitive	zampettare	trot
-ettino/ -ettina		n.	diminutive	berrettino	small beret
-etto/-etta		n. – adj.	1. formation of nouns and adjectives from verbs 2. diminutive	fischietto giardinetto piccoletto	whistle small garden tiny
-evole		adj.	formation of adjectives from nouns and verbs	consapevole	aware
-ezza	-ness	n.	abstract nouns	amarezza	bitterness
-fagia	-phagia	n.	eating	aerofagia	aerophagia
-fago/-faga	-phageous	adj. n.	eating	antropofago	anthropophagous
-fare	-fy	v.	action	liquefare	liquefy
-fero/-fera	-ferous	n.- adj	1. containing 2. producing	conifera frigorifero	coniferous refrigerating adj., refrigerator n.
-ficare	-fy	v.	action	amplificare prolificare	amplify proliferate
-ficio		n.	place of production	panificio	bakery
-fico/-fica	-fic	adj.	doing	malefico calorifico	evil calorific
-filia	-philia	n.	love of	pedofilia	pedophilia
-filo/-fila	-phile	adj. – n.	who loves	cinefilo	cinema buff
-fobia	-phobia	n.	aversion to	claustrofobia	claustrophobia

Suffix	English Equivalents	Resulting gramm. category	Meanings and Uses	Examples	English Equivalents
-fobo/-foba	-phobic, -phobe	adj. – n.	with aversion to	idrofobo	hydrophobic *adj.*, hydrophobe *n.*
-fonia	-phony	n.	sound	stereofonia	stereophony
-fonico/ -fonica	-phonic	adj.	relating to sound	sinfonico	symphonic
-fono/-fona	-phone	adj. – n.	speaking	anglofono	Anglophone
-forico/ -forica	-phoric(al)	adj.	formation of adjectives from nouns	metaforico	metaphoric(al)
-forme	-form, shaped	adj.	having the shape of	cruciforme	cross-shaped
-foro	-phore	n.	bearing	semaforo	semaphore
-frenia	-phrenia	n.	mind	schizofrenia	schizophrenia
-frenico/ -frenica	-phrenic	adj. – n.	relating to the mind	schizofrenico	schizophrenic
-fugo/-fuga	-repellant	adj. – n.	repellant	insettifugo	insect-repellant
-gamia	-gamy	n.	marriage	poligamia	polygamy
-gamo/ -gama	-gamous	adj. – n.	relating to marriage	poligamo	polygamous
-genico/ -genica	-genic	adj.	which can be reproduced	fotogenico, transgenico	photogenic genetically modified
-geno/ -gena	-genic	adj. – n.	giving origin to	patogeno	pathogenic
-gino/-gina	-gynous, -gyne	adj. – n.	woman	androgino	androgynous *adj.*, androgyne *n.*
-gione		n.	action, result of an action	impiccagione	hanging
-gnosi	-gnosis	n.	knowledge	prognosi	prognosis
-gnostico/ -gnostica	-gnostic	adj. n.	formation of nouns and adjectives	agnostico	agnostic
-gono	-gon	n.	angle	pentagono	pentagon
-grado/ -grada		adj. – n.	walking	plantigrado	plantigrade
-grafia	-graphy	n.	1. writing 2. science or art of	ortografia oceanografia	orthography oceanography
-grafico/ -grafica	-graphic(al)	adj.	formation of adjectives from nouns in -grafia and -grafo	ortografico	orthographic(al)
-grafo/ -grafa	-grapher	n.	who writes	biografo	biographer
-grafo	-graph	n.	instrument which writes	sismografo	seismograph
-gramma	-gram	n.	writing	telegramma	telegram
-grammo	-gram	n.	weight	chilogrammo	kilogram
-ia[1]		n	quality	cortesia astuzia	courtesy astuteness
-ia[2]		n	1. abstract nouns 2. place	fobia birreria	phobia pub
-iale	-ial	adj.	see -ale	industriale	industrial
-iano/ -iana	-ial	adj. – n.	formation of adjectives and nouns from proper nouns	parmigiano	Parmesan
-iasi	-iasis	n.	illness, condition	elefantiasi	elephantiasis
-iatra	-trist, -trician	n.	doctor	pediatra	pediatrician

Suffix	English Equiva-lents	Resulting gramm. category	Meanings and Uses	Examples	English Equivalents
-iatria	-iatrics, -iatry	n.	treatment	geriatria	geriatrics
-iatrico/ -iatrica	-iatrico	adj.	formation of adjectives from nouns in -iatria	psichiatrico	psychiatric
-ibile	-able, -ible	adj.	possibility, ability	prevedibile	foreseeable
-icare		v.	formation of verbs from adjectives and nouns	nevicare	snow
-iccio/-iccia		adj.	approximate	bianchiccio	whiteish
-icello/ -icella	-icle	n.	diminutive	orticello par-ticella	little orchard particle
-iciattolo/ -iciattola		n.	diminutive, pejorative	fiumiciattolo	little river
-icino/-icina		n.	diminutive	posticino	tiny place
-ico/-ica	-ic, -ical	adj.	relating to something	poetico matematico	poetic(al) math-ematical
-ide	-id	n.	member of a zoological family	aracnide	arachnid
-iere/-iera		n.	1. profession 2. formation of nouns from nouns	giardiniere pattumiera candeliere	gardener trash can candle-stick
-ificare	-ify	v.	see -ficare	codificare semplificare	codify simplify
-ile		adj.	formation of adjectives from verbs and nouns	febbrile	feverish
-ina		n.	1. formation of feminine 2. diminutive 3. place 4. numeral	gallina manina cantina dozzina	hen tiny hand cellar dozen
-ino		n. – adj.	1. family of animals 2. diminutive 3. tool 4. profession 5. formation of adjec-tives and nouns from nouns 6. origin	suino codino accendino arrotino marino triestino	pig ponytail, small tail lighter knife-grinder sailor from Trieste
-io		n.	intensity, repetition	vocio	clamor
-ire		v.	infinitive, 3rd conjugation	finire	finish
-ismo	-ism	n.	1. state; the fact of being 2. doctrine 3. linguistic expression	snobismo capitalismo anglicismo	snobbery capitalism Anglicism
-issimo/ -issima		adj.	very high degree or great extent, superlative	rarissimo	extremely rare
-ista	-ist, -er	n. – adj.	1. profession, activity 2. formation of nouns and adjectives from nouns in -ismo	linguista dentista comunista	linguist dentist Communist
-istico/ -tica	-istic	adj.	formation of adjectives from nouns in -ismo	autistico	Autistic
-ita	-ite, -itis	adj. – n.	origin	moscovita	Muscovite
-ità	-ity, -acy	n.	1. quality, state 2. collective quality	intimità maturità natalità	intimacy maturity birthrate
-ite	-ite, -itis	n.	illness of	bronchite	bronchitis
-ito[1]		n.	cry of animals	barrito	trumpeting

Suffix	English Equiva-lents	Resulting gramm. category	Meanings and Uses	Examples	English Equivalents
-ito[2]	-ed	v.	past participle of verbs in -ire	stupito	amazed
-itudine	-itude, -ness	n.	quality, state	abitudine	habit
-ivo	-ive	adj. – n.	1. doing something 2. quality	esplosivo sportivo	explosive sports
-izia	-ness	n.	characteristic, condition	sporcizia	dirt(iness)
-izzare		v.	transformation	privatizzare	privatize
-latra	-latrous, -later/ress	adj. – n.	formation of adjectives and nouns from nouns in -latria	idolatra	idolatrous adj., idolater/ress n
-latria	-latry	n.	cult	idolatria	idolatry
-logia	-logy	n.	science	antropologia	anthropology
-logo/-loga	-logist	adj. – n.	scientist, doctor	dermatologo	dermatologist
-mane	-addict(e-d)	adj. – n.	obsessed	eroinomane	heroin addict
-mania	-mania	n.	obsession	megalomania	megalomania
-mante		n.	diviner	cartomante	card reader
-mente	-ly	adv	formation of adverbs of manner	lentamente	slowly
-mento	-ment	n.	action, result of an action	allineamento	alignment
-metria	-metry	n.	formation of nouns from nouns in -metro	geometria	geometry
-metrico/ -metrica	-metric(al)	adj.	formation of adjectives from nouns in -metro	chilometrico	kilometric
-metro	-meter	n.	measure	cronometro	chronometer
-morfo/ -morfa	-mor-phous	adj.	shape, aspect	polimorfo	polymorphous
-nomia	-nomy	n.	science	astronomia	astronomy
-nomo	-nomer	n.	expert in	astronomo	astronomer
-occio/ -occia		adj	diminutive	grassoccio	plump
-oide	-oid	adj. – n.	1. similar to 2. relating to something 3. pejorative	asteroide reumatoide anarcoide	asteroid rheumatoid anarchic, anarchist
-olo/-ola		adj. – n.	1. diminutive 2. origin	porticciolo spagnolo	little harbor Spanish
-oma	-oma	n.	1. tumor 2. illness	melanoma ematoma	melanoma hematoma
-one/-ona		adj. – n.	1. formation of adjec-tives and nouns from verbs 2. augmentative	chiacchierone pancione pigrona	talkative adj., chatterbox n. paunch very lazy (woman)
-onimia	-onymy	n.	formation of nouns from adjectives in -omico	sinonimia	synonymy
-onimico/ -onimica	-oni mic(al)	adj.	formation of adjectives from nouns in -onimo	sinonimico	synonimic
-onimo/ -onima	-onym	n.	relating to a noun	sinonimo	synonym
-opia	-opia	n.	relative to the eye	miopia	myopia
-osi	-osis	n.	1. state, condition 2. illness	ipnosi tubercolosi	hypnosis tuberculosis

Suffix	English Equiva-lents	Resulting gramm. category	Meanings and Uses	Examples	English Equivalents
-oso/-osa	-ous	adj	full of; having	misterioso voluminoso	mysterious voluminous
-otto/-otta		adj. – n.	diminutive	grassotto isolotto	a bit fat small island
-paro/-para	-para	n.	giving origin	primipara	primipara
-pata	-path	n.	doctor	omeopata	homeopath
-patia	-pathy	n.	illness	epatopatia	hepatopathy
-patico/-patica	-pathic	adj	formation of adjectives from nouns in -patia	omeopatico	homeopathic
-pede	-ped	adj. – n.	foot	bipede	biped
-poli	-polis	n.	1. city 2. corruption, scandal	metropoli tangentopoli	metropolis bribes scandal
-ragia	-rrhage	n.	abnormal flux	emorragia	hemorrhage
-scopia	-scopy	n.	examination, observa-tion	gastroscopia	gastroscopy
-scopico/-scopica	-scopic(al)	adj.	formation of adjectives from nouns in -scopio and -scopia	microscopico	microscopic(al)
-scopio	-scope	n.	instrument for observa-tion	microscopio stetoscopio	microscope stethoscope
-sore		n.	see -tore	professore	professor
-statico/-statica	-static	adj.	without movement	elettrostatico	electrostatic
-stato	-stat	n.	instrument which main-tains constant state	termostato	thermostat
-teca		n.	collection, custody	biblioteca	library
-terapia	-therapy	n.	therapy	massoterapia	massage therapy
-tipo	-type	n.	model	prototipo	prototype
-tomia	-tomy	n.	cut	isterectomia	hysterectomy
-tore/-trice	-ator	adj. – n.	1. performer of an action 2. device, machine	creatore ventilatore perforatrice	creator fan card punch
-tura	-ing	n.	formation of nouns from verbs	abbotton-atura	buttoning
-uccio		n.	diminutive	tettuccio	canopy
-ucolo		n.	pejorative	avvocatucolo	hack lawyer
-uto/-uta[1]		adj.	full of	barbuto	bearded
-uto/-uta[2]		v.	past participle of verbs in -ere	cresciuto	grown
-ubile	-able, -ible	adj.	1. possibility, ability 2. variant of -abile	volubile	changeable
-voro/-vora	-vore -vorous	n. adj.	eating	carnivoro	carnivore *n.*, carnivorous *adj.*
-zione	-ation	n.	1. action 2. effect, result	creazione combina-zione	creation combination

Prefissi e suffissi: inglese-italiano
Prefixes and suffixes: English-Italian

Prefissi inglesi
English Prefixes

Prefisso	Equivalenti italiani	Significati e usi	Esempi	Equivalenti italiani
a-[1]		di	anew	di nuovo
a-[2]		a	ashore	a riva, verso riva
a-[3]	a-	variante di ab-	aversion	avversione
a-[4]	a-	variante di ad-	aspect	aspetto
a-[5]	a-	variante di an-	asexual	asessuato
ab-	ab-	allontanamento	abdicate	abdicare
ac-	ac-	variante di ad-	acquire	acquisire
acro-	acro-	altezza	acrobat	acrobata
ad-	ad-	verso, in direzione di	adsorb	assorbire
af-	af-	variante di ad-	affable	affabile
Afro-	afro-	dell'Africa	Afro-Caribbean	afro-caraibico
after-	dopo-	in seguito	aftermath	conseguenze
ag-	ag-	variante di ad-	aggravate	aggravare
agora-	agora-	folla o grande spazio	agoraphobia	agorafobia
agri-	agri-, agro-	agricoltura	agribusiness agricultural	agroalimentare agricolo
all-		1. intero 2. completamente	all-night all-around	tutta la notte tutto; completo
alti-	alti-	alto, altezza	altimeter	altimetro
ambi-	ambi-	1. entrambi 2. attorno	ambidextrous ambient	ambidestro ambientale
amphi-	anfi-	1. due lati 2. attorno	amphibian amphitheater	anfibio anfiteatro
an-[1]	an-	variante di ad-	annotate	annotare
an-[2]	an-	senza	anarchy	anarchia
andro-	andro-	maschile	androgynous	androgino
Anglo-	anglo-	inglese	Anglophile	anglofilo
ante-	ante-, anti-	prima	antecedent	antecedente
anthropo-	antropo-	essere umano	anthropology	antropologia
anti-	anti-	1. contrario a 2. negazione 3. opposizione 4. che contrasta	antiabortion antisocial antithesis antifreeze	contro l'aborto antisociale antitesi antigelo
ap-	ap-	variante di ad-	appear	apparire
aqua-	acqua-	acqua	aquaplaning	aquaplaning
aqui-	acqui-	variante di aqua-	aquifer	acquifero
ar-	ar-	variante di ad-	arrogant	arrogante
arch-	archi-	1. autorità superiore 2. grado estremo	archbishop archenemy	arcivescovo principale nemico
as-	as-	variante di ad-	assail	assalire
astro-	astro-	relativo agli astri, allo spazio	astronaut astronomy	astronauta astronomia
at-	at-	variante di ad-	attorney	avvocato

Prefisso	Equivalenti italiani	Significati e usi	Esempi	Equivalenti italiani
audio-	audio-	relativo al suono, all'ascolto	audiology	audiologia
auto-	auto-	(di) se stesso	autobiography	autobiografia
avi-	avi-	1. relativo agli uccelli 2. relativo agli aerei	aviary aviation	voliera aviazione
be-		1. far diventare 2. togliere	befriend behead	farsi amico decapitare
bene-	bene-	bene	beneficial	benefico
bi-	bi-	1. due volte 2. due	bimonthly bilingual	bimensile bilingue
biblio-	biblio-	relativo ai libri	bibliophile	bibliofilo
bin-	bin-	per due	binary	binario
bio-	bio-	vita	biography	biografia
brevi-	brevi-	corto	brevity	brevità
cardio-	cardio-	cuore	cardiogram	cardiogramma
centi-	cento- centi-	1. cento 2. centesimo	centipede centimeter	centopiedi centimetro
chiro-	chiro-	mano	chiropractor	chiropratico
chrom(o)-	crom(o)-	colore	chromatic	cromatico
chron(o)-	cron(o)-	tempo	chronology	cronologia
circum-	circon-, circum-	attorno	circumference circumnavigate	circonferenza circumnavigare
co-	co-	con, insieme	coalesce	coalizzarsi
col-	col-	variante di co-	collaborate	collaborare
com-	com-	variante di co-	combat	combattere
con-	con-	variante di co-	concave	concavo
contra-	contra-	contro	contradict contraception	contraddire contraccezione
cor-	cor-	variante di co-	correct	corretto
cosmo-	cosmo-	1. relativo allo spazio 2. relativo al mondo	cosmonaut cosmopolitan	cosmonauta cosmopolita
counter-	contro-	1. opposizione 2. parallelo 3. duplicato	counteract counterbalance counterfeit	contrastare compensare contraffare
cross-	cruci-	croce	crossfire	fuoco incrociato
crypto-	critto-	nascosto	cryptic cryptographer	criptico crittografo
custom-		speciale, particolare	custom-built	fatto su ordinazione
cyber-	ciber-	informatico	cyberspace	ciberspazio
de-	de-	1. separazione 2. negazione 3. degrado	deforest decriminalize decrepit	deforestare depenalizzare decrepito
deca-	deca-	dieci	decade	decennio
deci-	deci-	decimo	decibel	decibel
demi-	semi-	metà	demigod	semidio
derma-	derma-	pelle	dermatology	dermatologia
di(a)-	di(a)-	1. attraverso 2. completamente	diagonal diatribe	diagonale diatriba
di-[1]	di-	doppio, due	dilemma	dilemma
di-[2]	di-	variante di dis-	digress	fare una digressione
dif-	dis-	variante di dis-	differentiate	differenziare

Prefisso	Equivalenti italiani	Significati e usi	Esempi	Equivalenti italiani
dis-	dis-, s-	1. negazione 2. separazione, allontanamento 3. completamente	disadvantage disappear disgruntle	inconveniente sparire scontentare
down-		giù, basso	downhill	in discesa
duo-	duo-	due	duodenum	duodeno
dyna-	dina-	forza	dynamic	dinamico
dys-	dis-	male	dysfunctional	che funziona male
e-[1]	e-	elettronico	e-mail e-commerce	e-mail commercio elettronico
e-[2]	e-	variante di ex-[1]	eviscerate	sviscerare
eco-	eco-	ambiente, natura	ecology	ecologia
ef-	e-	variante di ex-[2]	effusion	effusione
electro-	elettro-	elettricità	electromagnet	elettromagnete
em-[1]		variante di en-[1]	emboss	goffrare
em-[2]	em-	variante di en-[2]	embryo	embrione
en-[1]	in-	1. mettere dentro 2. passaggio da uno stato ad un altro	encode enact	codificare mettere in atto
en-[2]	en-	in, all'interno di	energy	energia
entomo-	entomo-	insetto	entomology	entomologia
ep-	ep-	variante di epi-	epoch	epoca
eph-	ef-	variante di epi-	ephemeral	effimero
epi-	epi-	1. su, sopra 2. accanto 3. prima 4. dopo	epicenter epidemic epidermis epilogue	epicentro epidemia epidermide epilogo
equi-	equi-	uguaglianza	equinox	equinozio
eso-	eso-	nascosto, segreto	esoteric	esoterico
ethno-	etno-	popolo, razza	ethnology	etnologia
eu-	eu-	bene, buono	eulogy	eulogia
Euro	euro-	europeo	eurocrat	eurocrate
ever-	sempre-	sempre	evergreen	sempreverde
ex-[1]	ex-	precedente	ex-girlfriend	ex-ragazza
ex-[2]	s-	fuori da	excavate	scavare
exo-	eso-	fuori, all'esterno	exodus	esodo
extra-	extra-, stra-	fuori da	extraordinary	straordinario
extro-	estro-	variante di extra-	extrovert	estroverso
fore-	pre- avan-	1. prima 2. davanti	forecast forearm	previsione avambraccio
Franco-	franco-	francese	francophone	francofono
fresh-		nuovo, recente	freshman	matricola
gastr(o)-	gastr(o)-	relativo all'addome	gastroscopy	gastroscopia
gen-	gene-	nascita	genealogy gender	genealogia genere
geno-	geno-	popolo, razza	genocide	genocidio
geo-	geo-	relativo alla terra	geography	geografia
giga-	giga-	miliardo	gigabyte	gigabyte
grand-		della generazione precedente	grandmother grandfather	nonna nonno
graph(o)-	graf(o)-	scrittura	graphology	grafologia

Prefisso	Equivalenti italiani	Significati e usi	Esempi	Equivalenti italiani
great-	pro-	della generazione precedente	great-nephew	pronipote (di zii)
gyneco-	gineco-	femminile	gynecologist	ginecologo
gyr-	giro-	cerchio, giro	gyroscope	giroscopio
hecto-	etto-	cento	hectare	ettaro
heli-	eli-	relativo ad elicotteri	heliport	eliporto
hema-	emo-	sangue	hemophilia	emofilia
hemi-	emi-	metà	hemisphere	emisfero
hepta-	etta-	sette	heptagon	ettagono
hetero-	etero-	diverso	heterosexual	eterosessuale
hexa-	esa-	sei	hexagon	esagono
histo-	isto-	relativo a tessuti organici	histology	istologia
holo-	olo-	intero, completo	holocaust	olocausto
homeo-	omeo-	simile	homeopathy	omeopatia
homo-	omo-	simile, uguale	homograph	omografo
hydro-	idro-	acqua	hydrophobia	idrofobia
hyper-	iper-	molto grande; eccessivo	hyperbole	iperbole
hypno-	ipno-	sonno	hypnotherapy hypnosis	terapia del sonno ipnosi
hypo-	ipo-	1. sotto 2. sotto la norma	hypodermic hypothermia	ipodermico ipotermia
hyster(o)-	ister(o)-	utero	hysterectomy	isterectomia
il-[1]	il-	variante di in-[1]	illuminate	illuminare
il-[2]	il-	variante di in-[2]	illiterate	illetterato
im-[1]	im-	variante di in-[1]	impregnate	impregnare
im-[2]	im-	variante di in-[2]	immobile	immobile
in-[1]	in-	dentro	introduce	introdurre
in-[2]	in-	negazione	inapt	inadatto
Indo-	indo-	indiano	Indonesia	Indonesia
infra-	infra-	sotto	infrastructure	infrastruttura
inter-	inter-	tra	international	internazionale
intra-	intra-	dentro, all'interno	intravenous	intravenoso
intro-	intro-	verso l'interno	introvert	introverso
ir-[1]	ir-	variante di in-[1]	irrupt	irrompere
ir-[2]	in-	variante di in-[2]	irregular	irregolare
iso-	iso-	uguaglianza	isotope	isotopo
kilo-	chilo-	mille	kilometer	chilometro
lacto-	latto-	latte	lactose	lattosio
litho-	lito-	pietra	lithography	litografia
macro-	macro-	grande	macroeconomic	macroeconomico
magn(i)-	magni-	grande, eccessivo	magnificent	magnifico
mal-	mal(e)-	male	malice	malizia
mani-	mani-	mano	manicure	manicure
mega-	mega-	molto grande	megaphone	megafono
meta-	meta-	1. cambiamento 2. dopo 3. relativo a un ordine superiore in astratto	metamorphosis metacarpal metaphysics metaphor	metamorfosi metacarpo metafisica metafora
metro-	metro-	misura	metronome	metronomo
micro-	micro-	molto piccolo	microorganism	microrganismo

Prefisso	Equivalenti italiani	Significati e usi	Esempi	Equivalenti italiani
mid-	mezza-, mezzo-	metà, mezzo	midnight midday	mezzanotte mezzogiorno
milli-	milli-	1. mille 2. millesimo	millipede millibar	millepiedi millibar
mini-	mini-	piccolo	miniskirt	minigonna
mis-	mis-	errore; male	miscalculate	calcolare male
mono-	mono-	unico	monopoly	monopolio
morph(o)-	morf(o)-	forma	morphology	morfologia
multi-	multi-	molteplice	multilingual	multilingue
must-		obbligatorietà	must-see	da non perdere
near		prossimità	nearsighted	miope
neo-	neo-	nuovo	neoconservative	neoconservatore
nephr(o)-	nefr(o)-	rene	nephritis	nefrite
neur(o)-	neur(o)- nevr(o)-	nervo	neurophychiatrist neurosis	neuropsichiatra nevrosi
new-		nuovo, recente	new-found	nuovo, appena scoperto
non-	non-	negazione	nonaggression	non-aggressione
octa-	ott(a)-	otto	octagon octave	ottagono ottavo
octo-	ott-	otto	octogenarian octopus	ottuagenario polipo
omni-	onni-	tutto	omnipotent	onnipotente
ornitho-	ornito-	uccello	ornithology	ornitologia
ortho-	orto-	1. corretto 2. diritto	orthography orthodontist	ortografia ortodontista
osteo-	osteo-	osso	osteoporosis	osteoporosi
out-	fuori-	al di fuori	outlaw	fuorilegge
ov-	ov(i)-	uovo	ovary	ovaia
over-	sovra-	1. troppo; eccessivo 2. sopra	overact overwrite	esagerare sovrascrivere
pale(o)-	pale(o)-	antico	paleontology	paleontologia
pan-	pan-	tutto	pantheon	pantheon
para-	para-	1. accanto a 2. simile, analogo a	paragraph paramilitary	paragrafo paramilitare
patho-	pato-	malattia	pathology	patologia
patri-	patri-	1. padre 2. paese natale	patriarchy patriotism	patriarcato patriottismo
ped(i)-	ped(i)-	piede	pedicure	pedicure
ped(o)-	ped(o)-	bambino	pediatrics	pediatria
penta-	penta-	cinque	pentagon pentathlon	pentagono pentathlon
per-	per-	1. attraverso 2. molto; completamente	perennial perfect	perenne perfetto
peri-	peri-	attorno	periphery	periferia
phil(o)-	fil(o)-	amore per; affinità con	philanthropy philharmonic	filantropia filarmonico
phleb(o)-	fleb(o)-	vena	phlebitis	flebite
phon(o)-	fon(o)-	suono	phonology	fonologia
photo-	foto-	luce	photosensitive	fotosensibile
physio-	fisio-	corpo	physiognomy	fisionomia
plur-	plur(i)-	molteplice	pluralistic	pluralista

Prefisso	Equivalenti italiani	Significati e usi	Esempi	Equivalenti italiani
pneum-	pneuma-	aria	pneumatic	pneumatico
pneumo-	pneumo-	respirazione; polmoni	pneumonia	polmonite
poly-	poli-	molteplice	polytheism	politeismo
post-	dopo-	dopo	postwar	del dopoguerra
pre-	pre-	prima	prewar	prima della guerra
preter-	preter-	al di là di	preternatural	preternaturale
pro-	pro-	per, a favore di	proactive	proattivo
prot(o)-	prot(o)-	primo	prototype	prototipo
pseud(o)-	pseud(o)-	falso	pseudonym	pseudonimo
psych(o)-	psic(o)-	psiche	psychosis	psicosi
pyro-	piro-	fuoco	pyrotechnic	pirotecnico
quadri-, quadru-	quadr(i)-	quattro	quadrilateral quadruped	quadrilatero quadrupede
quasi-	para-	quasi	quasi-governmental	paragovernativo
radio-	radio-	1. tramite onde radio 2. radioattivo	radiotelegraphy radiotherapy	radiotelegrafia radioterapia
re-	re-, ri-	ripetizione	rearrange	risistemare
rect(i)-	rett(i)-	diritto	rectify	rettificare
rent-a-		locazione	rent-a-car	noleggio autovetture
retro-	retro-	in dietro	retroactive	retroattivo
rhino-	rino-	naso	rhinoplasty	rinoplastica
sclero-	sclero-	duro	sclerosis	sclerosi
seism(o)-	sism(o)-	terremoto	seismograph	sismografo
self-	auto-	autonomo, solo	self-help	autoaiuto
semi-	semi-	a metà, mezzo	semifinal	semifinale
septi-	sett-	sette	septimole	settima
sex-	sest-	sei	sextet	sestetto
short-		breve, corto; mancante	shortfall	deficit
soli-	soli-	solo	soliloquy solitaire	soliloquio solitario
step-		relativo a legame familiare in seguito a nuovo matrimonio	stepmother	matrigna
stereo-	stereo-	solido	stereophonic	stereofonico
strato-	strato-	strato	stratosphere	stratosfera
sub-	sub-, sotto-	sotto	submarine subtropical	sottomarino subtropicale
suc-	soc-	variante di sub-	succumb	soccombere
suf-	suf-	variante di sub-	suffix	suffisso
sup-	sop-	variante di sub-	suppress	sopprimere
super-	sovra-, sopra-	sopra	superimpose supervision	sovrapporre supervisione
sur-		variante di sub-	surreptitious	furtivo
sus-		variante di sub-	susceptible	suscettibile
syl-		variante di syn-	syllable	sillaba
sym-		variante di syn-	symbiosis	simbiosi
syn-	sin-	contemporaneità	synergy	sinergia
tele-	tele-	a distanza	television	televisione
tetra-	tetra-	quattro	tetrahedron	tetraedro
theo-	teo-	relativo alla divinità	theology	teologia

Prefisso	Equivalenti italiani	Significati e usi	Esempi	Equivalenti italiani
therm(o)-	term(o)-	calore, caldo	thermostat	termostato
top(o)-	top(o)-	luogo	topical	topico
trans-	trans-	al di là di, attraverso	transaction	transazione
tri-	tri-	tra	triangle	triangolo
tropo-	tropo-	cambio di senso	troposphere	troposfera
typo-	tipo-	impronta, carattere	typography	tipografia
ultra-	ultra-	oltre; di grado estremo	ultrasound	ultrasuono
un-	dis-, de-	1. negazione 2. inversione	unlike unzip undo	differente dezippare disfare
under	sott(o)-	sotto	underscore	sottolineare
uni-	uni-	uno (solo)	unilateral	unilaterale
up-		verso l'alto	uptown upgrade	in centro aggiornamento
vermi-	vermi-	relativo ai vermi	vermicide	vermicida
vice-	vice-	che sostituisce	vice-chairman	vicepresidente
with-		1. contro 2. indietro	withstand withdraw	resistere ritirare
xeno-	xeno-	straniero	xenophobia	xenofobia
xylo-	xilo-	legno	xylophone	xilofono
zoo-	zoo-	animale	zoology	zoologia

Suffissi inglesi
English Suffixes

Suffisso	Equivalenti italiani	Significati e usi	Esempi	Equivalenti italiani
-a	-a	1. formazione del femminile di sostantivi greci e latini 2. formazione del femminile	curricula Roberta	programmi Roberta
-ability	-abilità	formazione di sostantivi da aggettivi in -able o -ible	reliability, stability	affidabilità, stabilità
-able, -ble, -ible	-abile, -ibile	formazione aggettivi indicanti possibilità	reliable, acceptable, edible	affidabile, accettabile, commestibile
-ably	-mente	formazione di avverbi indicanti modo, maniera	reliably, remarkably	affidabilmente, considerevolmente
-ac	-aco/-aca	avente le caratteristiche di; variante di -ic	maniac, cardiac, aphrodisiac	maniaco, cardiaco, afrodisiaco
-aceous	-aceo/-acea	formazione di aggettivi con il senso di avente le caratteristiche di	sebaceous, herbaceous	sebaceo, erboso
-acious	-ace	variante di -aceous	efficacious, loquacious	efficace, loquace
-acity	-cità	formazione di sostantivi indicanti qualità, caratteristica	capacity, sagacity	capacità, sagacia
-acy	-ezza, -zia	formazione di sostantivi indicanti qualità	accuracy, intimacy	esattezza, intimità

Suffisso	Equivalenti italiani	Significati e usi	Esempi	Equivalenti italiani
-ade	-ata	formazione di sostantivi	lemonade, barricade, crusade	limonata, barricata, crociata
-age	-aggio, -tura, -io	formazione di sostantivi indicanti: 1. azione, risultato di un'azione 2. stato 3. luogo	blockage, coverage, dosage, drainage, espionage marriage, shortage orphanage	ostruzione, copertura, dosaggio, drenaggio, spionaggio matrimonio, mancanza orfanotrofio
-agog, -agogue	-agogo/ -agoga	leader	pedagogue, demagogue	pedagogo, demagogo
-aholic, -oholic	-olico/-olica -dipendente	dipendente da	alcoholic, workaholic, chocoholic	alcolista, lavoro-dipendente, cioccolato-dipendente
-aire	-ario/-aria	persona o cosa avente una certa qualità	millionaire, questionnaire	milionario, questionario
-al	-ale	formazione di aggettivi astratti nel senso di relativo a	causal, functional, cultural, national, racial	causale, funzionale, culturale, nazionale, razziale
-algia, -algy	-algia	dolore	nostalgia, neuralgia	nostalgia, nevralgia
-ally	-mente	formazione di avverbi	theoretically, occasionally, officially	teoricamente, occasionalmente, ufficialmente
-an, -ian	-ano/-ana, -ese -co/-ca	1. nativo di 2. che si occupa di, relativo a	American, Canadian optician, politician, geriatrician	americano, canadese ottico, politico, geriatra
-ana		raccolta	Americana	cultura e storia americana
-ance, -ancy, -ence, -ency	-anza, -enza	formazione di aggettivi e sostantivi con il senso di: 1. azione 2. processo	intolerance, ignorance, importance, infancy, assistance, resistance	intolleranza, ignoranza, importanza infanzia, assistenza, resistenza
-ant	-ante	agente	informant, inhabitant, accountant, disinfectant	informatore, abitante, contabile, disinfettante
-ar	-are	1. variante di -al 2. agente	jocular, linear beggar, liar	giocoso, lineare, mendicante, bugiardo
-arch	-arca	dirigente	monarch	monarca
-archy	-archia	governo	monarchy	monarchia
-arian	-ario/-aria	formazione di aggettivi riferiti a persone per indicare: 1. età 2. dottrina, credo 3. segno zodiacale	octogenarian totalitarian, vegetarian Aquarian	ottuagenario totalitario, vegetariano dell'Acquario
-armed		che ha un certo numero di braccia	one-armed	con un braccio
-arium	-ario	luogo in cui si può osservare	aquarium, planetarium	acquario, planetario
-ary, -ery		1. azione 2. luogo di un'azione 3. qualità	burglary bakery bravery	furto con scasso panetteria coraggio
-ast	-asta	persona con determinate caratteristiche	enthusiast, gymnast	entusiasta, ginnasta

Suffisso	Equivalenti italiani	Significati e usi	Esempi	Equivalenti italiani
-ate		formazione di verbi nel senso di provocare, fare	habituate, hallucinate, humiliate	abituare, avere allucinazioni, umiliare
-athon		1. gara simile a maratona 2. attività che dura molto tempo	walkathon talkathon	marcia discussione fiume
-atic	-ico/-ica, -atico/-atica	stato, relazione	problematic, rheumatic, schematic, symptomatic	problematico, reumatico, schematico, sintomatico
-ation	-zione	variante di –ion	celebration	celebrazione
-atious		formazione di aggettivi dai sostantivi in -ation	flirtatious, ostentatious	galante, ostentato
-backed		appoggiato da	US-backed	appoggiato dagli Stati Uniti
-based		1. la cui sede si trova a 2. a base di	community-based, US-based wine-based punch	a livello comunitario, con sede negli Stati Uniti punch a base di vino
-bedroom		che ha un certo numero di stanze	a three-bedroom house	una casa con tre camere da letto
-behaved		descrive comportamento	well-/badly-behaved	che si comporta bene/male
-bodied		relativo al fisico	strong-bodied, weak-bodied	dal fisico forte, dal fisico fragile
-born		relativo a nascita	newborn, American-born	appena nato, nato in America
-borne		portato da	airborne	portato dall'aria
-bound		1. formazione di avverbi indicanti moto verso una direzione 2. costretto 3. formazione di aggettivi indicanti il materiale di rilegatura	westbound, inbound, outbound housebound, wheelchair-bound leather-bound	diretto ad ovest, in entrata, in uscita chiuso in casa costretto su una sedia a rotelle rilegato in pelle
-brained		indica le capacità intellettuali di una persona	bird-brained, scatterbrained	che ha un cervello di gallina, sbadato
-burger		indica panino simile ad hamburger	veggieburger	hamburger vegetariano
-centric	-centrico/-centrica	che ha il suo centro in	geocentric, egocentric	geocentrico, egocentrico
-chrome	-cromo/-croma	colore	monochrome	monocromo
-cian		indica persona che ha delle competenze	electrician, magician, mathematician	elettricista, mago, matematico
-cidal	-cida	formazione di aggettivi dai sostantivi in -cide	homicidal	omicida
-cide	-cidio -cida	1. atto di uccidere 2. chi uccide	homicide, fratricide fratricide	omicidio, fratricidio fratricida
-cle	-colo/-cola	variante di -cule	particle, cuticle	particella, cuticola
-conscious		che fa attenzione a	fashion-conscious, health-conscious	che segue la moda, attento alla propria salute
-corn		corno	unicorn	unicorno
-cosm	-cosmo	relativo al cosmo, allo spazio	microcosm	microcosmo

Suffisso	Equivalenti italiani	Significati e usi	Esempi	Equivalenti italiani
-cracy	-crazia	1. governo, autorità 2. classe dirigente	democracy, meritocracy aristocracy	democrazia, meritocrazia aristocrazia
-crat	-crate	membro di entità politica	democrat, aristo-crat, bureaucrat	democratico, aristo-cratico, burocrate
-cule, -cle	-colo/-cola	molto piccolo	miniscule, mol-ecule, particle	minuscolo, molecola, particella
-cy	-anza, -enza	1. stato 2. funzione 3. qualità	pregnancy presidency proficiency, secrecy	gravidanza presidenza competenze, segretezza
-cyte	-cita	cellula	leukocyte	leucocita
-derm, -dermis	-derma	pelle	pachyderm, epidermis	pachiderma, epidermide
-dimensio-nal	-dimensionale	riferito al numero di dimensioni	two-dimensional, three-dimensional	bidimensionale, tridimensionale
-dom		1. stato 2. dominio	boredom kingdom	noia regno
-driven		1. che funziona con 2. stimolato, spinto da	menu-driven export-driven	attivabile tramite menu basato sulle esporta-zioni
-drome	-dromo	luogo dove si svolgono corse	velodrome	velodromo
-dyne	-dino	forza, intensità	anodyne	anodino
-ean	-ano/-ana, -ino/-ina	nativo di, relativo a	Belizean, Andean	belizano, andino
-ectomy	-ectomia	operazione, taglio	appendectomy	appendicectomia
-ed	-to	1. formazione del partici-pio passato dei verbi 2. formazione di agget-tivi indicanti qualità 3. possesso	talked midpriced moneyed, bearded	parlato, detto di prezzo medio agiato, barbuto
-ee		1. destinatario di un'azione 2. condizione	devotee, employee refugee	appassionato, impiegato profugo
-eer		1. agente 2. formazione di verbi	auctioneer electioneer	banditore fare propaganda elettorale
-ella		malattia	rubella, salmonella	rosolia, salmonellosi
-eme	-ema	unità	morpheme, lexeme, phoneme	morfema, lessema, fonema
-emia	-emia	relativo al sangue	leukemia, anemia	leucemia, anemia
-en		1. che è fatto di 2. formazione di verbi nel senso di rendere	woolen toughen, soften	di lana indurire, ammorbidire
-enabled		1. avente una certa tecnologia 2. funzionante grazie a	WAP-enabled voice-enabled	WAP con riconoscimento vocale
-ence, -ency	-enza	formazione di sostantivi da aggettivi in -ent	turbulence, vehe-mence, clemency	turbolenza, veemenza, clemenza
-enne		formazione del femminile	comedienne	attrice comica

Suffisso	Equivalenti italiani	Significati e usi	Esempi	Equivalenti italiani
-ent	-ento -ente	1. sostantivi astratti 2. sostantivi indicanti un agente 3. aggettivi indicanti un'azione o uno stato	alignment, agreement, nourishment opponent absorbent, obedient	allineamento, accordo, nutrimento avversario assorbente, obbediente
-eous	-oso/-osa	formazione di aggettivi da sostantivi	courageous, courteous, advantageous	coraggioso, cortese, vantaggioso
-er	-iere/-iera	1. agente: professioni e azioni 2. origine 3. comparativo di aggettivi monosillabici	baker, teacher, driver foreigner, New Yorker clearer	panettiere, professore, autista straniero, newyorkese più chiaro
-ern			northern, southern	del nord, del sud
-ery, -ry	-ria	1. gruppo di cose 2. attività 3. luogo dove si fa qualcosa 4. stato, condizione	jewelry, pottery chemistry, industry, cookery bakery slavery	gioielli, ceramiche chimica, industria, cucina panetteria schiavitù
-es		1. formazione del plurale di sostantivi 2. formazione della 3ª persona singolare dei verbi	churches goes	chiese (lui) va
-escence	-escenza	formazione di sostantivi dai verbi in -esce	convalescence	convalescenza
-escent	-escente	formazione di sostantivi ed aggettivi dai verbi in -esce	convalescent	convalescente
-ese	-ese	origine, lingua	Japanese, officialese	giapponese, burocratese
-esque	-esco/-esca	relativo ad aspetto, stile	picturesque, picaresque	pittoresco, picaresco
-ess	-essa	formazione del femminile di alcuni sostantivi	princess	principessa
-est		formazione del superlativo di aggettivi monosillabici	softest	il più morbido
-et	-etto/-etta	formazione di alcuni diminutivi	wristlet, cutlet, anklet	braccialetto, cotoletta, calzino
-eth		formazione dei numerali ordinali	thirtieth	trentesimo
-etic	-ico/-ica	formazione di aggettivi da verbi e altri sostantivi	sympathetic, apathetic, apologetic	compassionevole, apatico, di scusa
-ette	-etta	1. formazione di diminutivi 2. imitazione 3. formazione del femminile	kitchenette, launderette, statuette leatherette usherette	angolo cottura, lavanderia, statuetta similpelle maschera
-eur	-tore	professione	masseur, restaurateur, entrepreneur	massaggiatore, restauratore, imprenditore
-euse	-trice	femminile di -eur	masseuse	massaggiatrice
-ey		variante di -y	New-Agey	che segue la new-age
-ferous	-fero/-fera	che contiene; che produce	coniferous, pestiferous	conifera, pestifero
-fest		occasione speciale	music fest	festa della musica

Suffisso	Equivalenti italiani	Significati e usi	Esempi	Equivalenti italiani
-fic	-fico/-fica	che provoca una reazione	soporific	soporifero
-fication	-ficazione	formazione di sostantivi da verbi in -fy	specification	specificazione
-filled		pieno di	fun-filled, smoke-filled	molto divertente, pieno di fumo
-flavored		avente gusto di	lemon-flavored	al gusto di limone
-fold		un certo numero di volte	threefold, fourfold	triplice, quadruplice
-footed		relativo a piede, piedi	bare-footed, four-footed	a piedi nudi, quadrupede
-footer		relativo alla lunghezza in piedi	a fifty-footer	che misura 50 piedi
-form	-forme	avente la forma di	cruciform	cruciforme
-free		privo di, senza	interest-free, lead-free, trouble-free	senza interessi, senza piombo, senza problemi
-friendly		1. che non danneggia 2. adatto a	environmentally-friendly family-friendly	ecologico per famiglie
-fugal	-fugo/-fuga	formazione di aggettivi da sostantivi in -fuge	centrifugal	centrifugo
-fuge	-fugo/-fuga	verso l'esterno	subterfuge, centrifuge	sotterfugio, centrifuga
-ful		1. pieno di 2. caratteristica 3. quantità contenuta in un determinato oggetto	doubtful, spiteful watchful cupful, spoonful, mouthful	dubbioso, maligno attento tazza, cucchiaio, boccone
-fy	-ficare	fare	fortify, intensify	fortificare, intensificare
-gamous	-gamo/-gama	formazione di aggettivi indicanti unione	monogamous	monogamo
-gamy	-gamia	formazione di sostantivi indicanti unione	monogamy	monogamia
-genic	-genico/-genica -geno/-gena	1. che conviene a 2. che provoca, genera	photogenic, telegenic hallucinogenic, allergenic	fotogenico, telegenico allucinogeno, allergico
-gnosis	-gnosi	conoscenza	prognosis, diagnosis	prognosi, diagnosi
-gnostic	-gnostico/-gnostica	formazione di aggettivi da sostantivi in -gnosis	diagnostic	diagnostico
-goer		che frequenta un certo luogo	movie-goer	chi va spesso al cinema
-gon	-gono	angolo	hexagon	esagono
-grade	-grado/-grada	che cambia	retrograde	retrogrado
-grader		indica persona di un certo livello scolastico	second-grader	scolaro di seconda
-gram	-gramma -grammo	1. scrittura 2. pesi	diagram kilogram	diagramma chilogrammo
-graph	-grafo	relativo a scrittura	autograph, cardiograph	autografo, cardiografo
-graphy	-grafia	1. scienza, arte di 2. scrittura	oceanography, lexicography stenography, orthography	oceanografia lessicografia stenografia, ortografia
-gynous	-gino	relativo a una donna	androgynous	androgino

Suffisso	Equivalenti italiani	Significati e usi	Esempi	Equivalenti italiani
-haired		relativo ai capelli	long-haired, dark-haired	dai capelli lunghi, dai capelli scuri
-hater		chi odia	woman-hater	chi odia le donne
-head		1. relativo alla testa 2. indica stupidità 3. parte alta di	redhead knucklehead hammerhead, letterhead	rosso cretino testa del martello, intestazione
-hearted		formazione di aggettivi indicanti caratteristiche	wholehearted, broken-hearted	completo, che ha il cuore infranto
-hood		stato o condizione gruppo di persone	falsehood, fatherhood, childhood brotherhood	falsità, paternità, infanzia confraternita
-hungry		che desidera fortemente qualcosa	power-hungry	avido di potere
-hunter		chi cerca qualcosa	job-hunter, house-hunter	chi cerca attivamente un lavoro, chi cerca una casa
-ia		1. paesi e regioni 2. formazione del plurale di parole di origine latina	Australia, Andalusia bacteria	Australia, Andalusia batteri
-oholic		variante di -aholic	alcoholic	alcolista
-ial	-iale	formazione di aggettivi nel senso di relativo a	ministerial, industrial, managerial	ministeriale, industriale, manageriale
-ian	-iano/-iana	variante di -an	Canadian, Italian	canadese, italiano
-iana		variante di -ana	Canadiana	cultura e storia del Canada
-iasis	-iasi	malattia	elephantiasis, amebiasis	elefantiasi, amebiasi
-iatrics, -iatry	-iatria	specializzazione medica	geriatrics, psychiatry	geriatria, psichiatria
-ibility	-ibilità	variante di -ability	compatibility	compatibilità
-ible	-ibile	variante di -able	edible	commestibile
-ibly	-mente	variante di -ably	audibly	rumorosamente
-ic, -ical	-ico/-ica	1. che assomiglia a 2. relativo a	acidic, heroic poetic, mathematic	acido, eroico poetico, matematico
-ically	-camente	formazione di avverbi dagli aggettivi in -ic, -ical	alphabetically, heroically	alfabeticamente, eroicamente
-ice	-izia	stato, condizione	cowardice, service, justice	codardia, servizio, giustizia
-ics	-ica	formazione di sostantivi indicanti un settore di attività	ceramics, classics, cybernetics, economics	ceramica, classici, cibernetica, economia
-id	-ide	membro di una famiglia zoologica	arachnid	aracnide
-ie		variante colloquiale di -y (diminutivo)	birdie	uccellino
-ier	-iere/-iera	1. formazione di sostantivi indicanti professione 2. formazione del comparativo degli aggettivi in -y	cashier happier	cassiere più felice
-ify	-ficare	formazione di verbi indicanti attività da aggettivi	clarify, glorify	chiarire, celebrare

Suffisso	Equivalenti italiani	Significati e usi	Esempi	Equivalenti italiani
-ile	-ile	1. relativo a 2. indica qualità	infantile mobile	infantile mobile
-ility	-ilità	formazione di aggettivi indicanti capacità di essere o fare qualcosa	versatility, visibility	versatilità, visibilità
-in	-ina	sostanze chimiche	vitamin, gelatin, lanolin, toxin	vitamina, gelatina, lanolina, tossina
-ina	-ina	formazione del femminile	tsarina, ballerina	zarina, ballerina
-induced		causato, indotto	self-induced, work-induced	autoinflitto, dovuto al lavoro
-ine	-ino/-ina	1. di particolare natura 2. formazione di sostantivi astratti 3. originario di, relativo a 4. sostanze chimiche	crystalline medicine Argentine caffeine	cristallino medicina argentino caffeina
-ing	-ando, -endo -ante, -ente	1. formazione del gerundio 2. formazione del participio presente	playing playing children	giocando bambini che giocano
-ious	-oso/-osa	formazione di aggettivi indicanti una caratteristica	capricious, cautious	capriccioso, prudente
-ish		1. natura 2. origine, lingua 3. che assomiglia a 4. abbastanza	childish British, English piggish, nightmarish newish	infantile britannico, inglese goloso, da incubo abbastanza nuovo
-ism	-ismo	1. formazione di sostantivi indicanti un sistema, una dottrina 2. qualità, caratteristica 3. fenomeno, condizione	totalitarianism cynicism tourism	totalitarismo cinismo turismo
-ist	-ista	1. professione 2. chi fa qualcosa	artist, dentist plagiarist, tourist	artista, dentista plagiatore, turista
-istic	-istico/-istica	formazione di aggettivi dai sostantivi in –ist	realistic	realistico
-istics	-istica	scienza, disciplina	linguistics, statistics, logistics	linguistica, statistica, logistica
-ite	-ita	1. nativo di 2. che crede in	Israelite Shiite, socialite	israelita sciita, socialista
-itis	-ite	infezione	conjunctivitis, cystitis	congiuntivite, cistite
-itive	-ivo/-iva	che ha tendenza a, che causa	inquisitive, repetitive	inquisitorio, ripetitivo
-ity	-ità	stato, qualità	absurdity, captivity, clarity, complexity	assurdità, cattività, chiarezza, complessità
-ive	-ivo/-iva	che ha tendenza a, che causa	appreciative, digestive	riconoscente, digestivo
-ization	-izzazione	formazione di sostantivi dai verbi in –ize	familiarization, centralization	familiarizzazione, centralizzazione
-ize	-izzare	compiere un'azione	familiarize, centralize, categorize, computerize	familiarizzare, centralizzare, classificare, informatizzare
-ject		gettare	eject, inject, reject	espellere, iniettare, rigettare

Suffisso	Equivalenti italiani	Significati e usi	Esempi	Equivalenti italiani
-kin		diminutivo	bumpkin, manikin, napkin	zoticone, manichino, tovagliolo
-land		formazione di nomi di paesi, regioni, zone	Switzerland, Newfoundland, swampland	Svizzera, Terranova, palude
-legged		indica numero di gambe	eight-legged	che ha otto zampe
-length		indica lunghezza	knee-length, shoulder-length	che arriva al ginocchio, che arriva alle spalle
-lepsy	-lessia	attacco	epilepsy, narcolepsy	epilessia, narcolessia
-less		senza	effortless, careless, homeless	facile, negligente, senzatetto
-let	-etto/-etta	diminutivo	leaflet, piglet, rivulet	foglietto, maialino, ruscelletto
-like		che è come, che assomiglia a	sportsmanlike, businesslike, childlike	sportivo, serio, infantile
-ling		1. diminutivo 2. esprime sdegno	duckling, fledgling underling	anatroccolo, uccellino subordinato
-lite	-lite	1. indica un minerale 2. variante di -it, indicante condizione	cryolite cellulite	criolite cellulite
-lith	-lito	pietra	monolith	monolito
-lithic	-litico/-litica	periodo dell'archeologia	Paleolithic	paleolitico
-load		indica il carico di un mezzo di trasporto	busload, truckload	(carico di) autobus, camionata
-log, -logue	-logo	relativo a parole	monologue, epilogue	monologo, epilogo
-logic, -logy	-logia	studio di	anthropology, dermatology	antropologia, dermatologia
-ly	-mente	1. formazione di avverbi di modo 2. formazione di aggettivi e avverbi indicanti intervalli di tempo	madly, carelessly weekly, monthly	follemente, negligentemente settimanale, mensile
-maker		persona o macchina che fa qualcosa	dressmaker, watchmaker, coffeemaker	sarto, orologiaio, caffettiera
-man		1. indica un uomo che ha certe caratteristiche, che esercita un'attività o una professione particolare 2. indica il numero di persone di un gruppo	linesman, madman, mailman a four-man team	giudice di linea, pazzo, postino una squadra di quattro persone
-mania	-mania	indica ossessione	pyromania, megalomania, kleptomania	piromania, megalomania, cleptomania
-mannered		indica comportamento	ill-mannered, mild-mannered	maleducato, gentile
-manship		indica competenze	swordsmanship, workmanship	abilità con la spada, abilità (tecnica)

Suffisso	Equivalenti italiani	Significati e usi	Esempi	Equivalenti italiani
-ment	-mento	formazione di sostantivi indicanti: 1. stato 2. risultato	contentment, excitement alignment	soddisfazione, eccitazione allineamento
-meter	-metro	misura	chronometer, speedometer	cronometro, tachimetro
-minded		indica stato d'animo	narrow-minded, strong-minded	di mentalità ristretta, deciso
-morphous	-morfo/ -morfa	indica forma, aspetto	amorphous, polymorphous	amorfo, polimorfo
-most		formazione del superlativo	outermost, rearmost, southernmost	il più esterno, il più arretrato, il più meridionale
-motive		movimento, propulsione	automotive, loco-motive	veicolo a motore, locomotiva
-mouthed		indica modo di parlare	loud-mouthed, foul-mouthed	che parla ad alta voce, sboccato
-natured		indica l'indole	good-natured	di buon carattere
-ness, -iness		stato o qualità	hopelessness, carelessness, bitterness, sleepiness	disperazione, disattenzione, amarezza, sonnolenza
-nik		indica persona associata a credenza, qualità	beatnik, peacenik	beatnik, pacifista
-nomy	-nomia	1. norma, struttura di 2. studio di	taxonomy, economy astronomy	tassonomia, economia astronomia
-o		formazione di parole indicanti persone con certe abitudini o caratteristiche	wino, weirdo, dumbo	beone, strambo, tonto
-ock		diminutivo	bullock, hillock	torello, collinetta
-oholic	-olico/-olica	dipendente da	alcoholic	alcolista
-oid	-oide	che assomiglia a	spheroid	sferoide
-ology	-logia	studio di	biology, geology	biologia, geologia
-oma	-oma	tumore	carcinoma, melanoma	carcinoma, melanoma
-onym	-onimo	relativo a un nome	synonym, pseudonym	sinonimo, pseudonimo
-onymous	-onimico/ -onimica	formazione di aggettivi dai sostantivi in -onym	synonymous	sinonimico
-onymy	-onimia	formazione di sostantivi dagli aggettivi in -ony-mous	synonymy	sinonimia
-opia	-opia	relativo all'occhio	myopia	miopia
-or	-tore/-trice	agente	actor, exhibitor, agitator, processor	attore, espositore, agitatore, processore
-orial	-oriale	formazione di aggettivi dai sostantivi in -or, -ory	senatorial, dictatorial	senatoriale, dittatoriale
-oriented		indica scopo	profit-oriented	orientato al profitto
-orium	-orio	luogo	crematorium, emporium, sanatorium	crematorio, emporio, sanatorio
-ory	-orio/-oria	relativo a, avente una certa natura	circulatory, transitory, contradictory	circolatorio, transitorio, contraddittorio
-ose	-oso/-osa	pieno di, caratterizzato da	verbose	verboso

Suffisso	Equivalenti italiani	Significati e usi	Esempi	Equivalenti italiani
-osis	-osi	1. malattia 2. processo	psychosis, neurosis hypnosis, narcosis	psicosi, nevrosi ipnosi, narcosi
-ous	-oso/-osa	1. pieno di 2. che ha una certa caratteristica	mysterious, nervous, voluminous, cancerous	misterioso, nervoso, voluminoso, canceroso
-owned		indica possesso	family-owned, state-owned	di famiglia, dello stato
-packed		pieno di	action-packed	animato
-path	-pata -patico/ -patica	1. indica persona che pratica un tipo di cura 2. indica persona con una malattia particolare	homeopath, naturopath psychopath	omeopata, naturopata psicopatico
-pathic	patico/ -patica	formazione di aggettivi dai sostantivi in -pathy	homeopathic, telepathic	omeopatico, telepatico
-pathy	-patia	1. sentimento 2. relativo a cura medica	empathy, tele-pathy, sympathy homeopathy	empatia, telepatia, compassione omeopatia
-ped	-pede	che ha un certo numero di piedi, zampe	biped, quadruped	bipede, quadrupede
-pepsia	-pepsia	relativo alla digestione	dyspepsia	dispepsia
-person		formazione di parole che indicano una persona avente una professione, una carica, senza specificare il genere	spokesperson, chairperson	portavoce, presidente
-phile	-filo/-fila	che ama qualcosa	technophile, bibliophile, anglophile	che ama la tecnica, bibliofilo, anglofilo
-phobe	-fobo/-foba	indica persona che odia	technophobe, Anglophobe	che detesta la tecnica, anglofobo
-phobia	-fobia	odio per	claustrophobia, xenophobia, hydrophobia,	claustrofobia, xenofobia, idrofobia
-phobic	-fobico/ -fobica	formazione di aggettivi dai sostantivi in -phobia	xenophobic, claustrophobic	xenofobo, claustrofobico
-phone	-fono	1. strumento, apparecchio che produce o si serve del suono 2. parlante una lingua	saxophone, mega-phone, micro-phone, telephone Anglophone, Francophone	sassofono, megafono, microfono, telefono anglofono, francofono
-phony	-fonia	suono	cacophony, euphony	cacofonia, eufonia
-plane	-plano	aeroplano	seaplane, biplane	idrovolante, biplano
-plex	-plex	composto da un certo numero di unità	duplex, multiplex	duplex, multiplex
-pod		piede	tripod	treppiede
-polis		città	metropolis	metropoli
-powered		relativo all'alimentazione di una macchina	battery-powered, nuclear-powered	a batterie, (alimentato con energia) nucleare
-proof		che resiste a	ovenproof, rust-proof, shatter-proof, soundproof, bombproof, bullet-proof	che può andare in forno, antiruggine, infrangibile, insono-rizzato, a prova di bomba, antiproiettile
-prone		che è soggetto a	accident-prone	soggetto a incidenti
-red		condizione	hatred, sacred	odio, sacro

Suffisso	Equivalenti italiani	Significati e usi	Esempi	Equivalenti italiani
-ria	-ria	1. nomi di malattie e nomi scientifici 2. nomi di luoghi, paesi	diphtheria, malaria, wisteria Bulgaria	difterite, malaria, glicine Bulgaria
-rrhage	-ragia	flusso anormale di	hemorrhage	emorragia
-ridden		1. pieno di 2. confinato a	guilt-ridden bedridden	pieno di sensi di colpa costretto a letto
-ry		variante di -ery	chemistry	chimica
-scape		indica un certo tipo di paesaggio	landscape, seascape, townscape,	paesaggio, paesaggio marino, paesaggio urbano
-scope	-scopio	strumento che consente di vedere, esaminare	microscope, stethoscope, stroboscope, hygroscope	microscopio, stetoscopio, stroboscopio, igroscopio
-scopy	-scopia	esame con uno strumento	gastroscopy	gastroscopia
-sect		taglio	dissect	sezionare
-ship		1. stato 2. funzione 3. competenze	friendship championship, dictatorship horsemanship, marksmanship	amicizia campionato, dittatura equitazione, abilità nel tiro
-sion	-sione	1. azione 2. risultato 3. condizione	emission, inclusion emulsion, explosion tension	emissione, inclusione emulsione, esplosione tensione
-some		1. incline a 2. gruppo di (usato assieme ad un numero)	quarrelsome, tiresome twosome, foursome	litigioso, faticoso un paio, un gruppo di quattro
-speak		indica la lingua, il gergo di un gruppo di persone	doublespeak, netspeak	linguaggio doppio, linguaggio di Internet
-sphere	-sfero	sfera	hemisphere	emisfero
-ster		persona con determinate caratteristiche o che agisce in un determinato modo	youngster, mobster, pollster, trickster	giovane, gangster, sondaggista, imbroglione
-stress		formazione del femminile	seamstress	sarta
-sy		formazione di aggettivi e sostantivi con connotazione negativa	tipsy, whimsy, artsy	brillo, capriccioso, che ostenta interessi culturali
-teen		1. formazione di numeri da 13 a 19 2. somigliante a	nineteen velveteen	diciannove simile a velluto
-th		1. stato, azione 2. numerali ordinali	youth, death, growth, thirteenth	gioventù, morte, crescita, tredicesimo
-tion	-zione	1. risultato 2. stato	inflation, reflection, infection, inhibition	inflazione, riflesso, infezione, inibizione
-tious	-oso/-osa	formazione di aggettivi dai sostantivi in -tion	ambitious, cautious	ambizioso, prudente
-tomy	-tomia	operazione, taglio	appendectomy	appendicectomia
-tor	-tore/ -trice	agente	arbitrator, collaborator, calculator	arbitro, collaboratore, calcolatrice
-tory	-torio/-toria	formazione di aggettivi indicanti stato o qualità	anticipatory, accusatory	anticipatore, accusatorio

Suffisso	Equivalenti italiani	Significati e usi	Esempi	Equivalenti italiani
-tude	-itudine	stato	gratitude, solitude	gratitudine, solitudine
-ty		1. qualità, stato 2. formazione delle decine dei numeri	royalty, safety, seventy	regalità, sicurezza, settanta
-ule	-ulo	diminutivo	granule	granulo
-ulent	-lento	che ha molto	fraudulent	fraudolento
-ulous	-oso/-osa	adatto a, che tende ad essere	miraculous, nebulous	miracoloso, nebuloso
-ure		1. risultato 2. condizione	mixture, exposure moisture, pleasure	misto, esposizione umidità, piacere
-ville		1. luogo 2. luogo, cosa o condizione avente determinate qualità	Jacksonville hicksville	Jacksonville luogo dimenticato da Dio
-vore	-voro/-vora	che mangia qualcosa	carnivore, herbivore	carnivoro, erbivoro
-vorous	-voro/-vora	formazione di aggettivi dai sostantivi in -vore	carnivorous, herbivorous, omnivorous	carnivoro, erbivoro, onnivoro
-ward(s)		in direzione di	backward(s), inwards, outwards, upwards	indietro, verso l'interno, verso l'esterno, verso l'alto
-ways		direzione	lengthways	per lungo
-wide		indica totalità	worldwide, nationwide	in tutto il mondo, in tutto il paese
-wise		formazione di avverbi indicanti direzione	clockwise	in senso orario
-woman		equivalente femminile di -man	chairwoman	presidentessa
-worthy		1. che merita qualcosa 2. appropriato a	trustworthy, newsworthy roadworthy	degno di fiducia, interessante in grado di viaggiare
-y, -ey	-tà	1. formazione di sostantivi indicanti stato o azione 2. diminutivo 3. formazione di aggettivi nel significato di pieno di, che ha la tendenza a essere	captivity puppy bumpy, faulty, bubbly, creamy, clingy	cattività cucciolo accidentato, difettoso, frizzante, cremoso, aderente
-yer		variante di -er	lawyer	avvocato

Falsi amici
False friends

Ecco un elenco dei principali significati che possono essere confusi per la somiglianza dei termini nelle due lingue. Per informazioni più complete sulle traduzioni si consiglia al lettore di cercare le parole nel dizionario. I falsi amici sono elencati in ordine alfabetico in base all'ortografia italiana.

This list gives the main meanings of the words which are most likely to cause confusion in Italian and English. Readers should consult the main section of the dictionary for more complete translations. False friends are arranged in alphabetical order by the Italian words.

Meaning of the Italian word:	Falsi amici False friends		Significato del termine inglese:
	italiano Italian	English inglese	
1. mishap 2. stroke, fit	accidente	accident	1. incidente (d'auto) 2. puro caso
1. repair 2. settlement	accomodamento	accommodation	sistemazione, alloggio
1. to repair 2. to arrange 3. to settle	accomodare	to accommodate	1. ospitare 2. contenere 3. soddisfare 4. adattarsi a
addition	addizione	addiction	dipendenza
1. food 2. JUR (pl) alimony	alimento	ailment	disturbo
1. old 2. senior	anziano	ancient	antico
bee	ape	ape	scimmia
1. subject, matter 2. argument (reasoning)	argomento	argument	1. lite, litigio 2. discussione, dibattito 3. argomentazione, argomento
teetotal	astemio	abstemious	morigerato, moderato
1. present 2. topical	attuale	actual	reale, effettivo
presently	attualmente	actually	1. veramente 2. in realtà
1. remainder 2. (pl) leftovers 3. ECON surplus	avanzo	advance	1. avanzata 2. progresso, sviluppo 3. anticipo (di denaro)
1. shack 2. hovel	baracca	barracks	caserma
bartender	barista	barrister	avvocato
sanctimonious	bigotto	bigot	fazioso, fanatico
1. baby 2. little boy, child	bimbo	bimbo	bambolona, pollastra
1. (lock-up) garage 2. pit	box	box	1. scatola 2. cassa 3. casella 4. SPORT area di rigore 5. THEATRE palco
1. good 2. clever, skilful 3. honest	bravo	brave	coraggioso
1. bully 2. tough guy	bullo	bull	toro

Meaning of the Italian word:	Falsi amici False friends		Significato del termine inglese:
	italiano Italian	English inglese	
1. warm 2. hot	caldo	cold	freddo
1. room 2. chamber	camera	camera	macchina fotografica
cellar	cantina	canteen	1. mensa 2. borraccia 3. servizio (di posate)
1. randomness 2. chance happening	casualità	casualty	1. vittima 2. pronto soccorso
1. comfort 2. convenience	comodità	commodity	merce
extortion	concussione	concussion	commozione cerebrale
sugared almonds	confetti	confetti	coriandoli
to conspire	congiurare	to conjure	far comparire
1. solid 2. substantial	consistente	consistent	coerente
context	contesto	contest	1. SPORT gara 2. lotta
1. horn 2. antler	corno	corn	1. grano 2. granturco, mais 3. callo
to give	dare	to dare	1. osare 2. sfidare
to disappoint	deludere	to delude	illudere
disappointment	delusione	delusion	illusione
tooth	dente	dent	ammaccatura
mistrustful	diffidente	diffident	timido, riservato
to ask	domandare	to demand	1. esigere, pretendere 2. richiedere
well-mannered	educato	educated	istruito
1. real 2. permanent	effettivo	effective	1. efficace 2. in vigore 3. effettivo, reale
emergency	emergenza	emergence	il verificarsi
summer	estate	estate	1. proprietà 2. patrimonio, beni
possible	eventuale	eventual	finale, ultimo
1. in case 2. if possible	eventualmente	eventually	1. alla fine 2. finalmente
1. factory 2. manufacture	fabbrica	fabric	1. tessuto 2. struttura
annoying	fastidioso	fastidious	1. pignolo 2. schizzinoso
TV series	fiction	fiction	1. narrativa 2. finzione
1. signature 2. famous name	firma	firm	ditta, impresa
1. thick 2. heavy 3. dense	fitto	fit	1. in forma 2. adatto, giusto
1. supplying 2. supply	fornitura	furniture	mobili

Meaning of the Italian word:	Falsi amici False friends		Significato del termine inglese:
	italiano Italian	English inglese	
1. fresh 2. recent 3. wet	fresco	fresco	affresco
1. brilliant, ingenious 2. talented	geniale	genial	gioviale, cordiale
1. kind 2. gentle	gentile	genteel	1. distinto 2. affettato
gratuitousness	gratuità	gratuity	mancia
1. taste 2. liking 3. flavor 4. pleasure	gusto	gust	1. folata 2. scoppio
1. accident, crash 2. (diplomatic) incident	incidente	incident	1. avvenimento, fatto 2. incidente (diplomatico)
1. flimsy 2. groundless	inconsistente	inconsistent	1. incoerente 2. discontinuo
1. flimsiness 2. groundlessness	inconsistenza	inconsistency	1. incoerenza 2. discontinuità
insult	ingiuria	injury	ferita
to insult	ingiuriare	to injure	ferire
1. to order 2. to summon	intimare	to intimate	lasciar intendere
envious	invidioso	invidious	1. antipatico, poco invidiabile 2. ingiusto
reading	lettura	lecture	1. lezione 2. conferenza 3. predica, ramanzina
1. bookstore 2. bookcase	libreria	library	biblioteca
moody	lunatico	lunatic	matto, pazzo
1. filthy 2. corrupt	lurido	lurid	1. sconvolgente, spaventoso 2. scandaloso 3. sgargiante
lustful	lussurioso	luxurious	lussuoso
1. warehouse 2. department store	magazzino	magazine	1. rivista 2. caricatore
1. task 2. office	mansione	mansion	casa signorile
sea	mare	mare	cavalla
1. soft 2. smooth	morbido	morbid	morboso
ship	nave	nave	navata centrale
boring	noioso	noisy	rumoroso
1. piece of new 2. piece of information	notizia	notice	1. avviso 2. preavviso 3. annuncio 4. attenzione
short story	novella	novel	romanzo
1. eventuality 2. need	occorrenza	occurrence	1. evento, avvenimento 2. il verificarsi

Meaning of the Italian word:	Falsi amici False friends		Significato del termine inglese:
	italiano Italian	English inglese	
1. to need 2. to take (time)	occorrere	to occur	1. avvenire 2. verificarsi 3. venire in mente
oyster	ostrica	ostrich	struzzo
1. spade 2. signal paddle 3. slice	paletta	palette	tavolozza
1. comparison 2. example	paragone	paragon	modello
relative	parente	parent	genitore
driving license	patente	patent	brevetto
floor	pavimento	pavement	marciapiedi
condom	preservativo	preservative	conservante
1. sting 2. injection 3. MED puncture	puntura	puncture	foratura
1. ray 2. MATH radius	raggio	rage	1. rabbia, collera 2. scatto d'ira 3. mania, moda
to slow down	rallentare	to relent	cedere
1. to stay 2. to be left over 3. to become 4. MATH to leave	restare	to rest	1. riposare 2. stare 3. appoggiare
to take (in)	ricoverare	to recover	1. recuperare 2. riottenere, avere indietro 3. riprendersi 4. ristabilirsi
1. admission (to hospital) 2. shelter 3. home	ricovero	recovery	1. recupero 2. guarigione 3. ripresa 4. rimborso, risarcimento
important	rilevante	relevant	1. pertinente 2. corrispondente, in questione
1. to pour 2. to pour again	riversare	to reverse	1. invertire 2. rivoltare, rovesciare 3. fare marcia indietro
1. stuff 2. cloth 3. goods pl 4. thing	roba	robe	accappatoio
to break	rompere	to romp	1. giocare rumorosamente 2. fare senza difficoltà
1. broken 2. torn 3. tired	rotto	rotten	1. marcio 2. andato a male 3. brutto, pessimo 4. corrotto
noise	rumore	rumor	pettegolezzo
salt	sale	sale	vendita saldi, svendita
pupil	scolaro	scholar	studioso

Meaning of the Italian word:	Falsi amici False friends		Significato del termine inglese:
	italiano Italian	English inglese	
purpose	**scopo**	scope	1. possibilità 2. ambito 3. portata
1. liking 2. likeableness	**simpatia**	sympathy	1. compassione 2. comprensione 3. appoggio; condivisione
nice	**simpatico**	sympathetic	1. compassionevole 2. comprensivo 3. favorevole
internship	**stage**	stage	1. stadio, fase 2. palcoscenico 3. teatro 4. scena
1. to stay 2. to be 3. to go 4. to live	**stare**	to stare	fissare
heel	**tallone**	talon	artiglio
1. stage 2. stop 3. stopping place 4. SPORT lap	**tappa**	tap	rubinetto
1. key 2. button 3. touch	**tasto**	taste	gusto
terrifying	**terrificante**	terrific	1. fantastico, stupendo 2. enorme, grande
vulgar	**triviale**	trivial	insignificante, di poco conto
unofficial	**ufficioso**	officious	invadente
recently	**ultimamente**	ultimately	in fin dei conti, in definitiva
1. to knock 2. to bump into 3. to crash 4. to irritate 5. to conflict	**urtare**	to hurt	1. ferire 2. far male
vacation	**vacanza**	vacancy	1. posto (di lavoro) vacante 2. stanza libera
to avenge	**vendicare**	to vindicate	confermare (la fondatezza di)
1. fickle 2. changeable	**volubile**	voluble	loquace

I numeri

Numerals

I numerali cardinali
Cardinal numbers

zero	0	zero
uno, una	1	one
due	2	two
tre	3	three
quattro	4	four
cinque	5	five
sei	6	six
sette	7	seven
otto	8	eight
nove	9	nine
dieci	10	ten
undici	11	eleven
dodici	12	twelve
tredici	13	thirteen
quattordici	14	fourteen
quindici	15	fifteen
sedici	16	sixteen
diciassette	17	seventeen
diciotto	18	eighteen
diciannove	19	nineteen
venti	20	twenty
ventuno	21	twenty-one
ventidue	22	twenty-two
ventitré	23	twenty-three
ventiquattro	24	twenty-four
venticinque	25	twenty-five
trenta	30	thirty
trentuno	31	thirty-one
trentadue	32	thirty-two
trentatré	33	thirty-three
quaranta	40	forty
quarantuno	41	forty-one
quarantadue	42	forty-two
cinquanta	50	fifty
cinquantuno	51	fifty-one
cinquantadue	52	fifty-two
sessanta	60	sixty
sessantuno	61	sixty-one
sessantadue	62	sixty-two
settanta	70	seventy
settantuno	71	seventy-one
settantadue	72	seventy-two
settantacinque	75	seventy-five
settantanove	79	seventy-nine
ottanta	80	eighty
ottantuno	81	eighty-one
ottantadue	82	eighty-two
ottantacinque	85	eighty-five
novanta	90	ninety

novantuno	91	ninety-one
novantadue	92	ninety-two
novantanove	99	ninety-nine
cento	100	one hundred
centouno	101	one hundred and one
centodue	102	one hundred and two
centodieci	110	one hundred and ten
centoventi	120	one hundred and twenty
centonovantanove	199	one hundred and ninety-nine
duecento	200	two hundred
duecentouno	201	two hundred and one
duecentoventidue	222	two hundred and twenty-two
trecento	300	three hundred
quattrocento	400	four hundred
cinquecento	500	five hundred
seicento	600	six hundred
settecento	700	seven hundred
ottocento	800	eight hundred
novecento	900	nine hundred
mille	1000	one thousand
milleuno	1001	one thousand and one
milledue	1010	one thousand and ten
millecento	1100	one thousand one hundred
duemila	2000	two thousand
diecimila	10 000	ten thousand
centomila	100 000	one hundred thousand
un milione	1 000 000	one million
due milioni	2 000 000	two million
due milioni e cinquecentomila	2 500 000	two million, five hundred thousand
un miliardo	1 000 000 000	one billion
mille miliardi	1 000 000 000 000	one thousand billion

A differenza dell'italiano in inglese in genere si usa una virgola per indicate le migliaia: 1,000, 2,500,00 ecc.

Unlike in English, in Italian the fullstop is used when writing numbers from a thousand upwards – 1.000, 2.500.000 etc.

I numerali ordinali
Ordinal numbers

primo, a	1°, 1ª	1st	first
secondo, a	2°, 2ª	2nd	second
terzo	3°	3rd	third
quarto	4°	4th	fourth
quinto	5°	5th	fifth
sesto	6°	6th	sixth
settimo	7°	7th	seventh
ottavo	8°	8th	eighth
nono	9°	9th	ninth
decimo	10°	10th	tenth
undicesimo	11°	11th	eleventh
dodicesimo	12°	12th	twelfth
tredicesimo	13°	13th	thirteenth
quattordicesimo	14°	14th	fourteenth
quindicesimo	15°	15th	fifteenth
sedicesimo	16°	16th	sixteenth
diciassettesimo	17°	17th	seventeenth
diciottesimo	18°	18th	eighteenth

diciannovesimo	19º	19th	nineteenth
ventesimo	20º	20th	twentieth
ventunesimo	21º	21st	twenty-first
ventiduesimo	22º	22nd	twenty-second
ventitreesimo	23º	23rd	twenty-third
trentesimo	30º	30th	thirtieth
trentunesimo	31º	31st	thirty-first
trentaduesimo	32º	32nd	thirty-second
quarantesimo	40º	40th	fortieth
cinquantesimo	50º	50th	fiftieth
sessantesimo	60º	60th	sixtieth
settantesimo	70º	70th	seventieth
settantunesimo	71º	71st	seventy-first
settantaduesimo	72º	72nd	seventy-second
settantanovesimo	79º	79th	seventy-ninth
ottantesimo	80º	80th	eightieth
ottantunesimo	81º	81st	eighty-first
ottantaduesimo	82º	82nd	eighty-second
novantesimo	90º	90th	ninetieth
novantunesimo	91º	91st	ninety-first
novantanovesimo	99º	99th	ninety-ninth
centesimo	100º	100th	(one) hundredth
centunesimo	101º	101st	(one) hundred and first
centodecimo	110º	110th	(one) hundred and tenth
centonovantacinquesimo	195º	195th	(one) hundred and ninety-ninth
duecentesimo	200º	200th	two hundredth
trecentesimo	300º	300th	three hundredth
cinquecentesimo	500º	500th	five hundredth
millesimo	1000º	1000th	one thousandth
duemillesimo	2000º	2 000th	two thousandth
milionesimo	1000000º	1 000 000th	one millionth
diecimilionesimo	10000000º	10 000 000th	ten millionth

Le frazioni
Fractional numbers

un mezzo	$^1/_2$	a half
un terzo	$^1/_3$	a third
un quarto	$^1/_4$	a quarter
un quinto	$^1/_5$	a fifth
un decimo	$^1/_{10}$	a tenth
un centesimo	$^1/_{100}$	a hundredth
un millesimo	$^1/_{1000}$	a thousandth
un milionesimo	$^1/_{1000000}$	a millionth
due terzi	$^2/_3$	two thirds
tre quarti	$^3/_4$	three quarters
due quinti	$^2/_5$	two fifths
tre decimi	$3/_{10}$	three tenths
uno e mezzo	$1^1/_2$	one and a half
due e mezzo	$2^1/_2$	two and a half
cinque e tre ottavi	$5^3/_8$	five and three eighths
uno virgola uno	1,1	one point one

In inglese per i numeri decimali viene usato il punto invece della virgola.

In Italian the comma is used instead of the full stop in decimal numbers.

Pesi, misure e temperature
Weights, measures and temperatures

Sistema decimale
Decimal system

giga-	1000000000	G	giga-
mega-	1000000	M	mega-
miria-	10000	ma	myria-
chilo, kilo-	1000	k	kilo-
etto-	100	h	hecto-
deca-	10	da	deca-
deci-	0,1	d	deci-
centi-	0,01	c	centi-
milli-	0,001	m	milli-
decimilli-	0,0001	dm	decimilli-
centomilli-	0,00001	cm	centimilli-
micro-	0,000001	µ	micro-

Tavola di conversione
Conversion tables

Negli Stati Uniti viene ancora utilizzato il sistema imperiale di misura, e in Gran Bretagna il vecchio sistema rimane ancora un punto di riferimento per molte persone anche se è stato ufficialmente adottato il sistema metrico decimale. Lo stesso vale per la scala Fahrenheit delle temperature. Nella tabella sono state elencate solamente le misure imperiali oggi ancora in uso. Moltiplicando una misura metrica per il fattore di conversione indicato in **grassetto** si ottiene la misura imperiale corrispondente; per ottenere la misura metrica basterà invece dividere la misura imperiale per il fattore di conversione.

Only U. S. Customary units still in common use are given here. To convert a metric measurement to U. S. Customary measures, multiply by the conversion factor in **bold**. Likewise dividing a U. S. Customary measurement by the same factor will give the metric equivalent. Note that the decimal comma is used throughout rather than the decimal point.

Unità metriche
Metric measurement

Unità imperiali
U.S. Customary Measures

Medidas de longitud
Length measure

miglio marino	1852 m	–	nautical mile			
chilometro	1000 m	km	kilometer	0,62	mile (=1760 yards)	m, mi
ettometro	100 m	hm	hectometer			
decametro	10 m	dam	decameter			
metro	1 m	m	meter	1,09	yard (= 3 feet)	yd
				3,28	foot (= 12 inches)	ft
decimetro	0,1 m	dm	decimeter			
centimetro	0,01 m	cm	centimeter	0,39	inch	in

millimetro	0,001 m	mm	millimeter			
micron	0,000 001 m	μ	micron			
millimicron	0,000 000 001 m	mμ	millimicron			
Angstrœm	0,000 000 0001 m	Å	angstrom			

Superfici
Surface measure

chilometro quadrato	1 000 000 m²	km²	square kilometer	**0,386**	square mile (= 640 acres)	sq. m., sq. mi.
ettometro quadrato	10 000 m²	hm²	square hecto-meter	**2,47**	acre (= 4840 square yards)	a.
ettaro		ha	hectare			
decametro quadrato	100 m²	dam²	square decameter			
ara		a	are			
metro quadrato	1 m²	m²	square meter	**1.196**	square yard (9 square feet)	sq. yd
				10,76	square feet (= 144 square inches)	sq. ft
decimetro quadrato	0,01 m²	dm²	square decimeter			
centimetro quadrato	0,000 1 m²	cm²	square centimeter	**0,155**	square inch	sq. in.
millimetro quadrato	0,000 001 m²	mm²	square millimeter			

Volumi e capacità
Volume and capacity

chilometro cubo	1 000 000 000 m³	km³	cubic kilometer			
metro cubo	1 m³	m³	cubic meter	**1,308**	cubic yard (= 27 cubic feet)	cu. yd
stero		st	stere	**35,32**	cubic foot (= 1728 cubic inches)	cu. ft
ettolitro	0,1 m³	hl	hectoliter			
decalitro	0,01 m³	dal	decaliter			
decimetro cubo	0,001 m³	dm³	cubic decimeter	**0,26**	gallon	gal.
litro		l	liter	**2,1**	pint	Pt
decilitro	0,0001 m³	dl	deciliter			
centilitro	0,000 01 m³	cl	centiliter	**0,352**	fluid ounce	fl. Oz
				0,338		
centimetro cubo	0,000 001 m³	cm³	cubic centimeter	**0,061**	cubic inch	cu. in.
millilitro	0,000 001 m³	ml	milliliter			
millimetro cubo	0,000 000 001 m³	mm³	cubic millimeter			

Pesi
Weight

tonnellata	1000 kg	t	tonne	1,1	[short] ton (= 2000 pounds)	t.
quintale	100 kg	q	quintal			
chilogrammo	1000 g	kg	kilogram	2,2	pound (= 16 ounces)	lb
ettogrammo	100 g	hg	hectogram			
decegrammo	10 g	dag	decagram			
grammo	1 g	g	gram	0,035	ounce	oz
carato	0,2 g	–	carat			
decigrammo	0,1 g	dg	decigram			
centigrammo	0,01 g	cg	centigram			
milligrammo	0,001 g	mg	milligram			
microgrammo	0,000 001 g	µg, γ	microgram			

Temperature
Temperatures

Per convertire una temperatura espressa in gradi Fahrenheit in una temperatura in gradi Celsius bisogna detrarre 32 e moltiplicare per 1,8.
Per convertire invece una temperatura da gradi Celsius a gradi Fahrenheit, bisogna moltiplicare per 1,8 e aggiungere 32.

To convert a temperature in degrees Fahrenheit to Celsius, deduct 32 and divide by 1.8.
To convert Celsius to Fahrenheit, multiply by 1.8 and add 32.

Geographical names: English–Italian
Nomi geografici: inglese–italiano

Countries, Derivatives, Capitals, Currencies
Paesi, Derivati, Capitali, Unità monetarie

Countries are arranged in alphabetical order by their English names.

I paesi sono elencati in ordine alfabetico in base all'ortografia inglese.

Country Paese	Derivate Derivato	Capital Capitale	Currency Unità monetaria
Afghanistan *L'Afghanistan m*	Afghan *afg(h)ano(a)*	Kabul *Kabul*	afghani *afgani*
Albania *L'Albania f*	Albanian *albanese*	Tiranë *Tirana*	lek *lek*
Algeria *L'Algeria f*	Algerian *algerino(a)*	Algiers *Algeri*	Algerian dinar *dinaro algerino*
Andorra *Andorra f*	Andorran *andorrano(a)*	Andorra la Vella *Andorra la Vella*	euro (formerly French franc and peseta) *euro (in passato: franco francese e peseta spagnola)*
Angola *L'Angola m*	Angolan *angolano(a)*	Luanda *Luanda*	new kwanza *nuovo kwanza*
Antigua and Barbuda *Antigua e Barbuda f*	Antiguan, Barbudan	St. John's *St John's*	East Caribbean dollar *dollaro dei Caraibi dell'Est*
Argentina *L'Argentina f*	Argentine, argentinian *argetino(a)*	Buenos Aires *Buenos Aires*	Argentine peso *peso argentino*
Armenia *L'Armenia f*	Armenian *armeno(a)*	Yerevan *Jerevan*	dram *dram*
Australia *L'Australia f*	Australian *australiano(a)*	Canberra *Canberra*	Australian dollar *dollaro australiano*
Austria *L'Austria f*	Austrian *austriaco(a)*	Vienna *Vienna*	euro (formerly schilling) *euro (in passato: scellino)*
Azerbaijan *L'Azerbaijan m*	Azerbaijani *azerbaigiano(a)*	Baku *Baku*	manat *manat*
Bahamas *Le Bahamas*	Bahamian	Nassau *Nassau*	Bahamian dollar *dollaro delle Bahamas*
Bahrain *Il Bahrain*	Bahraini	Al Manama *Manama*	Bahrainian dinar *dinaro del Bahrain*
Bangladesh *Il Bangladesh*	Bangladeshi *bangladese*	Dhaka *Dhaka*	taka *taka*
Barbados *Le Barbados*	Barbadian	Bridgetown *Bridgetown*	Barbadian dollar *dollaro delle Barbados*
Belarus *La Bielorussia*	Belarusian *bielorusso(a)*	Minsk *Minsk*	Belarusian ruble *rublo bielorusso*
Belgium *Il Belgio*	Belgian *belga*	Brussels *Bruxelles*	euro (formerly Belgian franc) *euro (in passato: franco belga)*

Country Paese	Derivate Derivato	Capital Capitale	Currency Unità monetaria
Belize *Il Belize*	Belizean	Belmopan *Belmopan*	Belizean dollar *dollaro del Belize*
Benin *Il Benin*	Beninese	Porto Novo *Porto-Novo*	CFA franc *franco CFA*
Bhutan *Il Bhutan*	Bhutanese *bhutanese*	Thimphu *Thimphu*	ngultrum *ngultrum*
Bolivia *La Bolivia*	Bolivian *boliviano(a)*	Sucre *Sucre*	Boliviano *boliviano*
Bosnia-Herzegovina *La Bosnia-Erzegovina*	Bosnian *bosniaco(a)*	Sarajevo *Sarajevo*	Convertible Mark *marco convertibile*
Botswana *Il Botswana*	Botswanan	Gaborone *Gaborone*	pula *pula*
Brazil *Il Brasile*	Brazilian *brasiliano(a)*	Brasilia *Brasilia*	real *real*
Brunei *Il Brunei*	Bruneian	Bandar Seri Begawan *Bandar Seri Begawan*	Brunei dollar *dollaro del Brunei*
Bulgaria *La Bulgaria*	Bulgarian *bulgaro(a)*	Sofia *Sofia*	lev *lev bulgaro*
Burkina Faso *Il Burkina Faso*	Burkinese	Ouagadougou *Ouagadougou*	CFA franc *franco CFA*
Burma/Myanmar *La Birmania/Myanmar*	Burmese *birmano(a)*	Rangoon/Yangon *Rangoon*	kyat *kyat*
Burundi *Il Burundi*	Burundian *burundese*	Bujumbura *Bujumbura*	Burundi franc *franco di Burundi*
Cambodia *La Cambogia*	Cambodian *cambogiano(a)*	Phnom Penh *Phnom Penh*	riel *riel*
Cameroon *Il Camerun*	Cameroonian *camerunese*	Yaoundé *Yaoundé*	CFA franc *franco CFA*
Canada *Il Canada*	Canadian *canadese*	Ottawa *Ottawa*	Canadian dollar *dollaro canadese*
Cape Verde *Capo Verde m*	Cape Verdean *capoverdiano(a)*	Praia *Praia*	Cape Verde escudo *scudo di Capo Verde*
Central African Republic *La Repubblica centafricana*	Central African *centrafricano(a)*	Bangui *Bangui*	CFA franc *franco CFA*
Chad *Il Ciad*	Chadian	N'Djamena *N'Djamena*	CFA franc *franco CFA*
Chile *Il Cile*	Chilean *cileno(a)*	Santiago de Chile *Santiago*	Chilean peso *peso cileno*
China *La Cina*	Chinese *cinese*	Beijing/Peking *Pechino*	yuan *yuan*
Colombia *La Colombia*	Colombian *colombiano(a)*	Bogota *Bogotá*	Colombian peso *peso colombiano*
Comoros *Le Comore*	Comoran	Moroni *Moroni*	Comoran franc *franco delle Comore*
Congo (Democratic Republic of the Congo) *(La Repubblica Democratica del) Congo*	Congolese *congolese*	Kinshasa *Kinshasa*	Congolese franc *franco congolese*

Country Paese	Derivate Derivato	Capital Capitale	Currency Unità monetaria
Congo (Republic of the Congo) (La Repubblica del) Congo	Congolese congolese	Brazzaville Brazzaville	CFA franc franco CFA
Cook Islands Le isole Cook	Cook Islander	Avarua Avarua	New Zealand dollar dollaro neozelandese
Costa Rica La Costa Rica	Costa Rican costaricano(a)	San José San José	Costa Rican colón colón costaricano
Croatia La Croazia	Croatian croato(a)	Zagreb Zagrabia	kuna kuna
Cuba Cuba f	Cuban cubano(a)	Havana L'Avana	Cuban peso peso cubano
Cyprus Cipro f	Cypriot cipriota	Nicosia Nicosia	euro (formerly Cypriot pound) euro (in passato: sterlina cipriota)
Czech Republic La Repubblica ceca	Czech ceco(a)	Prague Praga	Czech koruna corona slovacca
Denmark La Danimarca	Danish danese	Copenhagen Copenhagen	Danish krone corona danese
Djibouti Il Gibuti	Djiboutian	Djibouti Gibuti	Djiboutian franc franco del Gibuti
Dominica La Dominica	Dominican dominicano(a)	Roseau Roseau	East Caribbean dollar dollaro dei Caraibi dell'Est
Dominican Republic La Repubblica dominicana	Dominican dominicano(a)	Santo Domingo Santo Domingo	Dominican peso peso dominicano
Ecuador L'Ecuador m	Ecuadorian ecuadoregno(a), equadoriano(a)	Quito Quito	US dollar dollaro americano
Egypt L'Egitto m	Egyptian egiziano(a)	Cairo Il Cairo	Egyptian pound sterlina egiziana
El Salvador Il Salvador	Salvadoran salvadoregno(a)	San Salvador San Salvador	US dollar dollaro americano
England (UK) L'Inghilterra f	English inglese	London Londra	pound sterling lira sterlina
Equatorial Guinea La Guinea Equatoriale	Equatorial Guinean	Malab Malabo	CFA franc franco CFA
Eritrea L'Eritrea f	Eritrean eritreo(a)	Asmara Asmara	nafka nakfa
Estonia L'Estonia f	Estonian estone	Tallinn Tallinn	euro (formerly Estonian kroon) euro (in passato: corona estone)
Ethiopia L'Etiopia f	Ethiopian etiope	Addis Abeba Addis Abeba	birr birr
Fiji Le Figi	Fijian	Suva Suva	Fijian dollar dollaro delle Figi

Country Paese	Derivate Derivato	Capital Capitale	Currency Unità monetaria
Finland La Finlandia	Finnish finlandese	Helsinki Helsinki	euro (formerly Finnish markka) euro (in passato: marco finlandese)
France La Francia	French francese	Paris Parigi	euro (formerly French franc) euro (in passato: franco francese)
Gabon Il Gabon	Gabonese gabonese	Libreville Libreville	CFA franc franco CFA
Gambia Il Gambia	Gambian	Banjul Banjul	dalasi dalasi
Georgia La Georgia	Georgian georgiano(a)	Tbilisi/Tiflis Tbilisi	lari lari
Germany La Germania	German tedesco(a)	Berlin Berlino	euro (formerly deutsch-mark) euro (in passato: marco tedesco)
Ghana Il Ghana	Ghanaian ghanese	Accra Accra	cedi cedi
Great Britain La Gran Bretagna	British britannico(a)	London Londra	pound sterling lira sterlina
Greece La Grecia	Greek greco(a)	Athens Atene	euro (formerly drachma) euro (in passato: dracma)
Grenada Grenada f	Grenadian	St. George's St George's	East Caribbean dollar dollaro dei Caraibi dell'Est
Guatemala Il Guatemala	Guatemalan guatemalteco(a), guatemaltegno(a)	Guatemala Città del Guatemala	quetzal quetzal
Guinea La Guinea	Guinean guineano(a)	Conakry Conakry	Guinean franc franco guineano
Guinea-Bissau La Guinea-Bissau		Bissau Bissau	CFA franc franco CFA
Guyana La Guyana	Guyanese	Georgetown Georgetown	Guyanese dollar dollaro della Guyana
Haiti Haiti f	Haitian haitiano(a)	Port-au-Prince Port-au-Prince	gourde gourde
Honduras L'Honduras m	Honduran honduregno(a), honduriano(a)	Tegucigalpa Tegucigalpa	lempira lempira
Hungary L'Ungheria f	Hungarian ungherese	Budapest Budapest	forint fiorino ungherese
Iceland L'Islanda f	Icelandic islandese	Reykjavik Reykjavík	Icelandic krona corona islandese
India L'India f	Indian indiano(a)	New Delhi Nuova Delhi	rupee rupia indiana
Indonesia L'Indonesia f	Indonesian indonesiano(a)	Jakarta Giacarta	rupiah rupia indonesiana

Country / Paese	Derivate / Derivato	Capital / Capitale	Currency / Unità monetaria
Iran / *L'Iran m*	Iranian / *iraniano(a)*	Tehran / *Teheran*	rial / *rial iraniano*
Iraq / *L'Irak m*	Iraqi / *iracheno(a)*	Baghdad / *Baghdad*	Iraqi dinar / *dinaro iracheno*
Ireland / *L'Irlanda f*	Irish / *irlandese*	Dublin / *Dublino*	euro (formerly Irish pound) / *euro (in passato: sterlina irlandese)*
Israel / *Israele f*	Israeli / *israeliano(a)*	Jerusalem / *Gerusalemme*	new shekel / *nuovo shekel*
Italy / *L'Italia f*	Italian / *italiano(u)*	Rome / *Roma*	euro (formerly lira) / *euro (in passato: lira italiana)*
Ivory Coast/Côte d'Ivoire / *La Costa d'Avorio*	Ivoirian / *ivoriano(a)*	Yamoussoukro / *Yamoussoukro*	CFA franc / *franco CFA*
Jamaica / *La Giamaica*	Jamaican / *giamaicano(a)*	Kingston / *Kingston*	Jamaican dollar / *dollaro giamaicano*
Japan / *Il Giappone*	Japanese / *giapponese*	Tokyo / *Tokyo*	yen / *yen*
Jordan / *La Giordania*	Jordanian / *giordano(a)*	Amman / *Amman*	Jordanian dinar / *dinaro giordano*
Kazakhstan / *Il Kazakistan*	Kazakh / *kazako(a)*	Astana / *Astana*	tenge / *tenge*
Kenya / *Il Kenia*	Kenyan / *keniano(a), keniota*	Nairobi / *Nairobi*	Kenyan shilling / *scellino keniano*
Kiribati / *Il Kiribati*		South Tawara / *Tarawa-Sud*	Australian dollar / *dollaro australiano*
Kuwait / *Il Kuwait*	Kuwaiti / *kuwaitiano(a)*	Kuwait City / *Madinat-al-Kuwait*	Kuwaiti dinar / *dinaro kuwaitano*
Kyrgyzstan / *Il Kirghizstan*	Kyrgyz / *chirghiso(a), kirghiso(a)*	Bishkek / *Bishkek*	Kyrgystani som / *som chirghiso*
Laos / *Il Laos*	Laotian / *laotiano(a)*	Vientiane / *Vientiane*	kip / *kip*
Latvia / *La Lettonia*	Latvian / *lettone*	Riga / *Riga*	euro (formerly Lats) / *euro (in passato: lat lettone)*
Lebanon / *Il Libano*	Lebanese / *libanese*	Beirut / *Beirut*	Lebanese pound / *sterlina libanese*
Lesotho / *Il Lesoto*	Sotho	Maseru / *Maseru*	loti / *loti*
Liberia / *La Liberia*	Liberian / *liberiano(a)*	Monrovia / *Monrovia*	Liberian dollar / *dollaro liberiano*
Libya / *La Libia*	Libyan / *libico(a)*	Tripoli / *Tripoli*	Libyan dinar / *dinaro libico*
Liechtenstein / *Il Liechtenstein*	Liechtensteiner	Vaduz / *Vaduz*	Swiss franc / *franco svizzero*
Lithuania / *La Lituania*	Lithuanian / *lituano(a)*	Vilnius / *Vilnius*	euro (formerly litas) / *euro (in passato: lita lituana)*

Country Paese	Derivate Derivato	Capital Capitale	Currency Unità monetaria
Luxemburg	Luxemburg	Luxemburg	euro (formerly Luxemburg franc)
Il Lussemburgo	lussemburghese	Lussemburgo	euro (in passato: franco lussemburghese)
Macedonia (Former Yugoslav Republic of Macedonia)	Macedonian	Skopje	Macedonian denar
La Macedonia	macedone	Skopje	dinaro macedone
Madagascar	Madagascan	Antananarivo	Madagascan franc
Il Madagascar	malgascio(a)	Antananarivo	franco malgascio
Malawi	Malawian	Lilongwe	Malawian kwacha
Il Malawi		Lilongwe	kwacha
Malaysia	Malaysian	Kuala Lumpur	Malaysian ringgit
La Malaysia	malese	Kuala Lumpur	ringgit malese
Maldives	Maldivian	Malé	rufiyaa
Le Maldive		Malé	rufiyaa
Mali	Malian	Bamako	CFA franc
Il Mali		Bamako	franco CFA
Malta	Maltese	Valletta	euro (formerly Maltese lira)
Malta f	maltese	Valetta	euro (in passato: lira maltese)
Marshall Islands	Marshall Islander	Majuro	US dollar
Le isole Marshall		Majuro	dollaro americano
Mauritania	Mauritanian	Nouakchott	ouguiya
La Mauritania	mauritano(a)	Nouakchott	ouguiya
Mauritius	Mauritian	Port Louis	Mauritian rupee
Mauritius f		Port Louis	rupia di Mauritius
Mexico	Mexican	Mexico City	Mexican peso
Il Messico	messicano(a)	Città del Messico	peso messicano
Micronesia (Federated States of Micronesia)	Micronesian	Palikir	US dollar
La Micronesia	micronesiano	Palikir	dollaro americano
Moldavia	Moldavian	Chişinău	Moldavian leu
La Moldavia	moldavo(a)	Chisinau	leu moldavo
Monaco	Monegasque	Monaco-Ville	euro (formerly French franc)
Il Principato di Monaco	monegasco(a)	Monaco	euro (in passato: franco francese)
Mongolia	Mongolian	Ulaanbaatar	tugrik
La Mongolia	mongolo(a)	Ulan-Bator	tugrik
Montenegro	Montenegran	Podgorica	euro
Il Montenegro	montenegrino(a)	Podgorica	euro
Morocco	Moroccan	Rabat	dirham
Il Marocco	marocchino(a)	Rabat	dirham marocchino
Mozambique	Mozambican	Maputo	metical
Il Mozambico	mozambicano(a)	Maputo	metical
Myanmar/Burma	Burmese	Rangoon/Yangon	kyat
Il Myanmar/ La Birmania	birmano(a)	Rangoon	kyat

Country	Derivate	Capital	Currency
Paese	Derivato	Capitale	Unità monetaria
Namibia	Namibian	Windhoek	Namibian dollar
La Namibia	*namibiano(a)*	*Windhoek*	*dollaro namibiano*
Nauru	Nauruan	Yaren	Australian dollar
Il Nauru		*Yaren*	*dollaro australiano*
Il Nepal	Nepalese	Kathmandu	Nepalese rupee
Nepal	*nepalese*	*Kathmandu*	*rupia nepalese*
Netherlands	Dutch	Amsterdam	euro (formerly gulden)
L'Olanda f	*olandese*	*Amsterdam*	*euro (in passato: fiorino olandese)*
New Zealand	New Zealander	Wellington	New Zealand dollar
La Nuova Zelanda	*neozelandese*	*Wellington*	*dollaro neozelandese*
Nicaragua	Nicaraguan	Managua	córdoba
Il Nicaragua	*nicaraguense, nicaraguegno(a)*	*Managua*	*córdoba*
Niger	Nigerois	Niamey	CFA franc
Il Niger	*nigerino(a)*	*Niamey*	*franco CFA*
Nigeria	Nigerian	Abuja	naira
La Nigeria	*nigeriano(a)*	*Abuja*	*naira*
North Korea	North Korean	Pyongyang	won
La Corea del Nord	*nordcoreano(a)*	*Pyongyang*	*won*
Northern Ireland (UK)	Northern Irish	Belfast	pound sterling
L'Irlanda f del Nord	*nordirlandese*	*Belfast*	*lira sterlina*
Norway	Norwegian	Oslo	Norwegian krone
La Norvegia	*norvegese*	*Oslo*	*corona norvegese*
Oman	Omani	Muscat	Omani rial
L'Oman m		*Muscat*	*rial dell'Oman*
Pakistan	Pakistani	Islamabad	Pakistani rupee
Il Pakistan	*pachistano(a)*	*Islamabad*	*rupia pachistana*
Palau	Palauan	Koror	US dollar
Le Palau		*Koror*	*dollaro americano*
Panama	Panamanian	Panama City	balboa
Panama m	*panamense*	*Panamá*	*balboa*
Papua New Guinea	Papuan	Port Moresby	kina
La Papua-Nuova-Guinea		*Port Moresby*	*kina*
Paraguay	Paraguayan	Asunción	guaraní
Il Paraguay	*paraguaiano(a)*	*Asunción*	*guarani*
Peru	Peruvian	Lima	nuevo sol
Il Perù	*peruviano(a)*	*Lima*	*nuovo sol*
Philippines	Philippine, Filipino	Manila	Philippines peso
Le Filippine	*filippino(a)*	*Manila*	*peso filippino*
Poland	Polish	Warsaw	zloty
La Polonia	*polacco(a)*	*Varsavia*	*zloty*
Portugal	Portuguese	Lisbon	euro (formerly escudo)
Il Portogallo	*portoghese*	*Lisbona*	*euro (in passato: scudo)*
Puerto Rico (USA)	Puerto Rican	San Juan	US dollar
Il Porto Rico (USA)	*portoricano(a)*	*San Juan*	*dollaro americano*
Qatar	Qatari	Doha	Qatari riyal
Il Qatar		*Doha*	*riyal del Qatar*

Country	Derivate	Capital	Currency
Paese	Derivato	Capitale	Unità monetaria
Romania	Romanian	Bucharest	leu
La Romania	*romeno(a), rumeno(a)*	*Bucarest*	*leu rumeno*
Russia (Russian Federation)	Russian	Moscow	ruble
La Russia	*russo(a)*	*Mosca*	*rublo russo*
Rwanda	Rwandan	Kigali	Rwandan franc
Il Ruanda	*ruandese*	*Kigali*	*franco ruandese*
Samoa	Samoan	Apia	tala
Samoa f		*Apia*	*tala*
San Marino	San Marinese	San Marino	euro (formerly lira)
San Marino m		*San Marino*	*euro (in passato: lira italiana)*
Sao Tomé and Príncipe	Soa Tomean	São Tomé	dobra
São Tomé e Principe f		*São Tomé*	*dobra*
Saudi Arabia	Saudi Arabian	Riyadh	Saudi riyal
L'Arabia Saudita f	*saudita*	*Riyād*	*riyal saudita*
Scotland (GB)	Scottish	Edinburgh	pound sterling
La Scozia (GB)	*scozzese*	*Edimburgo*	*lira sterlina*
Senegal	Senegalese	Dakar	CFA franc
Il Senegal	*senegalese*	*Dakar*	*franco CFA*
Serbia	Serbian	Belgrade	Serbian dinar
La Serbia	*serbo(a)*	*Belgrado*	*dinaro serbo*
Seychelles	Seychellois	Victoria	Seychelles rupee
Le Seychelles		*Victoria*	*rupia delle Seychelles*
Sierra Leone	Sierra Leonean	Freetown	leone
La Sierra Leone		*Freetown*	*leone*
Singapore	Singaporean	Singapore	Singapore dollar
Singapore f	*singaporiano(a)*	*Singapore*	*dollaro singaporiano*
Slovakia/Slovak Republic	Slovak	Bratislava	euro (formerly Slovak koruna)
La Repubblica Slovacca/La Slovacchia	*slovacco(a)*	*Bratislava*	*euro (in passato: corona slovacca)*
Slovenia	Slovene, Slovenian	Ljubljana	euro (formerly tolar)
La Slovenia	*sloveno(a)*	*Lubiana*	*euro (in passato: tallero)*
Solomon Islands	Solomon Islander	Honiara	Salomon dollar
Le Isole Salomone		*Honiara*	*dollaro delle Salomone*
Somalia	Somali	Mogadishu	Somalian shilling
La Somalia	*somalo(a)*	*Mogadiscio*	*scellino somalo*
South Africa	South African	Pretoria	rand
Il Sudafrica	*sudafricano(a)*	*Pretoria*	*rand*
South Korea	South Korean	Seoul	won
La Corea del Sud	*sudcoreano(a)*	*Seul*	*won sudcoreano*
Spain	Spanish	Madrid	euro (formerly peseta)
La Spagna	*spagnolo(a)*	*Madrid*	*euro (in passato: peseta)*
Sri Lanka	Sri Lankan	Colombo	Sri Lankan rupee
Lo Sri Lanka	*singalese*	*Colombo*	*rupia dello Sri Lanka*
St. Kitts and Nevis		Basseterre	East Caribbean dollar
Saint Kitts e Nevis m		*Basseterre*	*dollaro dei Caraibi dell'Est*

Country Paese	Derivate Derivato	Capital Capitale	Currency Unità monetaria
St. Lucia *Santa Lucia f*	St. Lucian	Castries *Castries*	East Caribbean dollar *dollaro dei Caraibi dell'Est*
St. Vincent and the Grenadines *Saint Vincent e Grenadine m*	Saint Vincentian	Kingstown *Kingstown*	East Caribbean dollar *dollaro dei Caraibi dell'Est*
Sudan *Il Sudan*	Sudanese *sudanese*	Khartoum *al-Khartūm*	Sudanese pound *sterlina sudanese*
Suriname *Il Suriname*	Surinamese	Paramaribo *Paramaribo*	Surinamese gulden *fiorino del Suriname*
Swaziland *Lo Swaziland m*	Swazi	Mbabane *Mbabane*	lilangeni *lilangeni*
Sweden *La Svezia*	Swedish *svedese*	Stockholm *Stoccolma*	Swedish krone *corona svedese*
Switzerland *La Svizzera*	Swiss *svizzero(a)*	Berne *Berna*	Swiss franc *franco svizzero*
Syria *La Siria*	Syrian *siriano(a)*	Damaskus *Damasco*	Syrian pound *sterlina siriana*
Taiwan *Taiwan m*	Taiwanese	Taipei *Taipei*	Taiwanese dollar *dollaro di Taiwan*
Tajikistan *Il Tagikistan*	Tajik *tagicco(a)*	Dushanbe *Dushanbe*	ruble *rublo tagicco*
Tanzania *La Tanzania*	Tanzanian *tanzaniano(a)*	Dodoma *Dodoma*	Tanzanian shilling *scellino tanzaniano*
Thailand *La Tailandia*	Thai *thailandese, tailandese*	Bangkok *Bangkok*	baht *baht*
Togo *Togo m*	Togolese *togolese*	Lomé *Lomé*	CFA franc *franco CFA*
Tonga *Tonga m*	Tongan	Nuku'alofa *Nuku'alofa*	pa'anga *pa'anga*
Trinidad and Tobago *Trinidad e Tobago m*	Trinidadian, Tobagan	Port of Spain *Port of Spain*	Trinidad and Tobago dollar *dollaro di Trinidad e Tobago*
Tunisia *La Tunisia*	Tunesian *tunisino(a)*	Tunis *Tunisi*	Tunesian dinar *dinaro tunisino*
Turkey *La Turchia*	Turkish *turco(a)*	Ankara *Ankara*	Turkish lira *nuova lira turca*
Turkmenistan *Il Turkmenistan*	Turkmen *turkmeno(a)*	Ashgabat *Ashgabat*	manat *manat*
Tuvalu *Il Tuvalu*	Tuvaluan	Funafuti *Funafuti*	Australian dollar *dollaro australiano*
Uganda *L'Uganda f*	Ugandan *ugandese*	Kampala *Kampala*	Ugandan shilling *scellino ugandese*
Ukraine *L'Ucraina f*	Ukrainian *ucraino(a)*	Kiev *Kiev*	hryvnia *hrivna*
United Arab Emirates *Gli Emirati Arabi Uniti*		Abu Dhabi *Abu Dhabi*	dirham *dirham*

| Country | Derivate | Capital | Currency |
Paese	Derivato	Capitale	Unità monetaria
United Kingdom	UK/British	London	pound sterling
Il Regno Unito	*britannico(a)*	*Londra*	*lira sterlina*
United States of America	American	Washington D. C.	US dollar
Gli Stati Uniti d'America	*americano(a)*	*Washington*	*dollaro americano*
Uruguay	Uruguayan	Montevideo	Uruguayan peso
L'Uruguay m	*uruguaiano(a)*	*Montevideo*	*peso uruguaiano*
USA	American	Washington D. C.	US dollar
Gli USA	*americano(a)*	*Washington*	*dollaro americano*
Uzbekistan	Uzbek	Tashkent	Uzbek sum
L'Uzbekistan m	*usbeco(a)*	*Tachkent*	*soum*
Vanuatu		Port Vila	vatu
Il Vanuatu		*Port Vila*	*vatu*
Vatican City	Vatican		euro (formerly lira)
Il Vaticano m	*vaticano(a)*		*euro (in passato: lira italiana)*
Venezuela	Venezuelan	Caracas	bolivar
Il Venezuela	*venezuelano(a)*	*Caracas*	*bolívar*
Vietnam	Vietnamese	Hanoi	dong
Il Vietnam	*vietnamita*	*Hanoi*	*dong*
Wales (GB)	Welsh	Cardiff	pound sterling
Il Galles	*gallese*	*Cardiff*	*lira sterlina*
Yemen	Yemeni	Sanaa	Yemeni rial
Lo Yemen	*yemenita*	*San'a'*	*rial yemenita*
Yugoslavia *see* Serbia and Montenegro	Yugoslavian	Belgrade	Yugoslavian dinar
La Iugoslavia	*iugoslavo(a)*	*Belgrado*	*dinaro iugoslavo*
Zambia	Zambian	Lusaka	kwacha
Lo Zambia	*zambiano(a)*	*Lusaka*	*kwacha*
Zimbabwe	Zimbabwean	Harare	Zimbabwean dollar
Lo Zimbabwe		*Harare*	*dollaro dello Zimbabwe*

* CFA franc = Franco della Comunità Finanziaria Africana

Continents, Islands, Oceans, Seas, Lakes, Rivers, Gulfs, and Mountains
Continenti, Isole, Oceani, Mari, Laghi, Fiumi, Golfi e Monti

Continents
Continenti

Africa *L'Africa f*	Eurasia *L'Eurasia f*
America *L'America f*	Europe *L'Europa f*
Antarctica *L'Antartide m*	Oceania *L'Oceania*
Asia *L'Asia f*	South America *L'America f del Sud*
Central America *L'America f centrale*	

Islands
Isole

Aleutian Islands *Le (isole) Aleutine*	Channel Islands *Le isole del Canale*
Antigua *Antigua f*	Comoros *Le Comore*
Antilles *Le Antille*	Corfu *Corfù f*
Aruba *Aruba f*	Corsica *La Corsica*
Australia *L'Australia f*	Crete *Creta f*
Azores *Le Azzorre*	Curaçao *Curaçao f*
Baffin Island *Baffin f*	Easter Island *L'isola di Pasqua*
Balearic Islands *Le (isole) Baleari*	Falkland Islands *Le (isole) Falkland*
Bali *Bali f*	Faroe Islands *Le (isole) Faroe*
Bermuda *Le Bermude*	Galapagos Islands *Le Galapagos*
Borneo *Il Borneo*	Greater Antilles *Le Antille Maggiori*
Burano *Burano f*	Greenland *La Groenlandia*
Canary Islands *Le (isole) Canarie*	Guadalcanal *Guadalcanal f*
Cape Verde Islands *Le isole di Capo Verde*	Guadeloupe *La Guadalupa*
Capri *Capri f*	Guam *Guam f*
Caroline Islands *Le (isole) Caroline*	Hebrides *Le Ebridi*
Celebes *Le Celebes*	Hispaniola *Hispaniola f*

English	Italian
Hokkaido	Hokkaido f
Honshu	Honshu f
Iceland	L'Islanda f
Isle of Elba	L'(isola d')Elba f
Isle of Ischia	Ischia f
Isle of Man	L'isola di Man
Iwo Jima	Iwo Jima f
Java	Giava f
Kyushu	Kyushu f
Leeward Islands	Le isole Sottovento
Lesser Antilles	Le Antille Minori
Leyte	Leyte f
Long Island	Long Island f
Luzon	Luzon f
Madagascar	Il Madagascar
Madeira Islands	Madera f
Majorca	Maiorca f
Maldive Islands	Le Maldive
Mariana Islands	Le isole Mariana
Marquesas Islands	Le (isole) Marchesi
Marshall Islands	Le (isole) Marshall
Martinique	La Martinica
Mindanao	Mindanao f
Minorca	Minorca f
Murano	Murano f
Okinawa	Okinawa f
Orkney Islands	Le (isole) Orcadi
Prince Edward Island	L'isola del Principe Edoardo
Réunion	L'isola Riunione f
Rhodes	Rodi f
Ryukyu Islands	Le isole Ryukyu
Sakhalin	Sakhalin f
Sardinia	La Sardegna
Shetland Islands	Le (isole) Shetland
Shikoku	Shikoku f
Sicily	La Sicilia
Solomon Islands	Le (isole) Salomone
Sumatra	Sumatra f
Tahiti	Tahiti f
Tasmania	La Tasmania
Tierra del Fuego	La Terra del Fuoco
Timor	Timor f
Vancouver Island	L'isola di Vancouver
Victoria Island	L'isola Victoria
Virgin Islands	Le isole Vergini
Windward Islands	Le isole Sopravvento
Zanzibar	Zanzibar f

Oceans
Oceani

Antarctic Ocean *Il Mar Glaciale Antartico*	Indian Ocean *L'Oceano m Indiano*
Arctic Ocean *Il Mar Glaciale Artico*	Pacific Ocean *L'Oceano m Pacifico*
Atlantic Ocean *L'Oceano m Atlantico*	

Seas
Mari

Adriatic Sea *Il Mare Adriatico*	Ligurian Sea *Il Mar Ligure*
Aegean Sea *Il Mare Egeo*	Mediterranean Sea *Il Mar Mediterraneo*
Aral Sea *Il Mar di Aral*	North Sea *Il Mare del Nord*
Baltic Sea *Il Mar Baltico*	Red Sea *Il Mar Rosso*
Bering Sea *Il Mare di Bering*	Sargasso Sea *Il Mar dei Sargassi*
Black Sea *Il Mar Nero*	Sea of Azov *Il Mar di Azov*
Caribbean Sea *Il Mar dei Caraibi*	Sea of Japan *Il Mare del Giappone*
Caspian Sea *Il Mar Caspio*	Sea of Okhotsk *Il Mare d'Okhotsk*
Dead Sea *Il Mar Morto*	South China Sea *Il Mare della Cina meridionale*
East China Sea *Il Mare della Cina orientale*	Tyrrhenian Sea *Il Mar Tirreno*
Ionian Sea *Il Mar Ionio*	White Sea *Il Mare Bianco*
Irish Sea *Il Mar d'Irlanda*	Yellow Sea *Il Mare Giallo*

Lakes
Laghi

Albert (Nyanza) *Il lago Alberto*	Great Bear *Il Grande Lago degli Orsi*
Baikal *Il lago Bajkal*	Great Lakes *I Grandi Laghi*
Chad *Il lago Ciad*	Great Slave *Il Grande Lago degli Schiavi*
Como Lake *Il lago di Como*	Huron *Il lago Huron*
Erie *Il lago Erie*	Ladoga *Il lago Ladoga*
Garda Lake *Il lago di Garda*	Lago Maggiore *Il Lago Maggiore*

Lake Nyasa/Lake Malawi *Il lago Niassa/Il lago Malawi*	Superior *Il lago Superiore*
Michigan *Il lago Michigan*	Tanganyika *Il lago Tanganica*
Onega *Il lago Onega*	Titicaca *Il lago Titicaca*
Ontario *Il lago Ontario*	Victoria *Il lago Vittoria*

Rivers
Fiumi

Amazon *Il Rio delle Amazzoni*	Mekong *Il Mekong*
Amur *L'Amur m*	Mississippi *Il Mississippi*
Columbia *Il Colombia*	Missouri *Il Missouri*
Congo *Il Congo*	Niger *Il Niger*
Danube *Il Danubio*	Nile *Il Nilo*
Delaware *Il Delaware*	Ob *L'Ob m*
Dnieper *La Dniepr*	Oder *L'Oder m*
Don *Il Don*	Ohio *L'Ohio m*
Elbe *L'Elba f*	Orinoco *L'Orinoco m*
Euphrates *L'Eufrate m*	Paraná *Il Paraná*
Ganges *Il Gange*	Po *Il Po*
Huang Ho/Yellow River *Lo Huang He/Il Fiume Giallo*	Potomac *Il Potomac*
Hudson *L'Hudson m*	Rhine *Il Reno*
Indus *L'Indo m*	Rhône *Il Rodano*
Irrawaddy *L'Irrawaddy m*	Rio Grande *Il Rio Grande*
Irtysh *L'Irtys m*	Seine *La Senna*
Jordan *Il Giordano*	St. Lawrence *Il San Lorenzo*
Lena *La Lena*	Susquehanna *Il Susquehanna*
Loire *La Loira*	Thames *Il Tamigi*
Mackenzie *Il Mackenzie*	Tiber *Il Tevere*

Tigris	Yangtze
Il Tigri	*Lo Yangtze*
Ural	Yellow
L'Ural m	*Il Fiume Giallo*
Vistula	Yukon
La Vistola	*Lo Yukon*
Volga	Zambezi
Il Volga	*Lo Zambesi*
Volta	
Il Volta	

Gulfs, Bays, Straits, Canals
Golfi, Baie, Stretti, Canali

Gulf of Aden	Hudson Bay
Il golfo di Aden	*La baia di Hudson*
Bay of Bengal	Strait of Magellan
Il golfo del Bengala	*Lo stretto di Magellano*
Bering Strait	Strait of Messina
Lo stretto di Bering	*Lo Stretto di Messina*
Bay of Biscay	Gulf of Mexico
Il golfo di Biscaglia	*Il golfo del Messico*
Bosporus	Panama Canal
Il Bosforo	*Il Canale di Panama*
Gulf of California	Persian Gulf
Il golfo della California	*Il golfo Persico*
English Channel	Gulf of St. Lawrence
La Manica, il Canale della Manica	*Il golfo di San Lorenzo*
Straits of Florida	Suez Canal
Lo stretto di Florida	*Il canale di Suez*
Strait of Gibraltar	
Lo stretto di Gibilterra	

Mountain Ranges
Catene Montuose

Adirondack Mountains	Caucasus
I monti Adirondack	*Il Caucaso*
Allegheny Mountains	Dolomites
I monti Allegheny	*Le Dolomiti*
Alps	Himalayas/Himalaya Mountains
Le Alpi	*L'Himalaya m/La catena dell'Himalaya*
Andes	Pyrenees
Le Ande	*I Pirenei*
Appalachian Mountains	Rocky Mountains
Gli Appalachi	*Le Montagne Rocciose*
Appenines	Sierra Nevada
Gli Appenini	*La Sierra Nevada*
Balkans	Ural Mountains
I Balcani	*Gli Urali*
Catskill Mountains	
I monti Catskill	

Mountain Peaks

Cime

Aconcagua (Andes)	Matterhorn
L'Aconcagua m (Ande)	*Il Cervino*
Elbrus	McKinley
L'Elbrus m	*Il Monte McKinley*
Etna	Mont Blanc
L'Etna m	*Il Monte Bianco*
Everest	Monte Rosa
L'Everest m	*Il Monte Rosa*
Fujiyama	Orizaba
Il Fujiyama	*Il Picco di Orizaba*
Kilimanjaro	Vesuvius
Il Kilimangiaro	*Il Vesuvio*
Logan	
Il Monte Logan	

Nomi Geografici: italiano-inglese
Geographical Names: Italian-English

Paesi, Derivati, Capitali, Unità monetarie
Countries, Derivatives, Capitals, Currencies

I paesi sono elencati in ordine alfabetico in base all'ortografia italiana.

Countries are arranged in alphabetical order by their Italian names.

Paese Country	Derivato Derivato	Capitale Capital	Unità monetaria Currency
L'Afghanistan *m*	afg(h)ano(a)	Kabul	atghani
Afghanistan	*Afghan*	*Kabul*	*afghani*
L'Albania *f*	albanese	Tirana	lek
Albania	*Albanian*	*Tiranë*	*lek*
L'Algeria *f*	algerino(a)	Algeri	dinaro algerino
Algeria	*Algerian*	*Algiers*	*Algerian dinar*
L'Andorra *f*	andorrano(a)	Andorra la Vella	euro (in passato: franco francese e peseta spagnola)
Andorra	*Andorran*	*Andorra la Vella*	*euro (formerly French franc and peseta)*
L'Angola *m*	angolano(a)	Luanda	nuovo kwanza
Angola	*Angolan*	*Luanda*	*new kwanza*
L'Antigua e Barbuda *f*	Antiguan, Barbudan	St John's	dollaro dei Caraibi dell'Est
Antigua and Barbuda		*St. John's*	*East Caribbean dollar*
L'Arabia Saudita *f*	saudita	Riyad	riyal saudita
Saudi Arabia	*Saudi Arabian*	*Riyadh*	*Saudi riyal*
L'Argentina *f*	argentino(a)	Buenos Aires	peso argentino
Argentina	*Argentine, Argentinian*	*Buenos Aires*	*Argentine peso*
L'Armenia *f*	armeno(a)	Jerevan	dram
Armenia	*Armenian*	*Yerevan*	*dram*
L'Australia *f*	australiano(a)	Canberra	dollaro australiano
Australia	*Australian*	*Canberra*	*Australian dollar*
L'Austria *f*	austriaco(a)	Vienna	euro (in passato: scellino)
Austria	*Austrian*	*Vienna*	*euro (formerly schilling)*
L'Azerbaijan *m*	azerbaigiano(a)	Baku	manat
Azerbaijan	*Azerbaijani*	*Baku*	*manat*
Le Bahamas	Bahamian	Nassau	dollaro delle Bahamas
Bahamas		*Nassau*	*Bahamian dollar*
Il Bahrain	Bahraini	Manama	dinaro di Bahrain
Bahrain		*Al Manama*	*Bahrainian dinar*
Il Bangladesh	bangladese	Dhaka	taka
Bangladesh	*Bangladeshi*	*Dhaka*	*taka*
Le Barbados	Barbadian	Bridgetown	dollaro delle Barbados
Barbados		*Bridgetown*	*Barbadian dollar*
Il Belgio	belga	Bruxelles	euro (in passato: franco belga)
Belgium	*Belgian*	*Brussels*	*euro (formerly Belgian franc)*

Paese Country	Derivato Derivato	Capitale Capital	Unità monetaria Currency
Il Belize *Belize*	Belizean	Belmopan *Belmopan*	dollaro di Belize *Belizean dollar*
Il Benin *Benin*	Beninese	Porto Novo *Porto Novo*	franco CFA *CFA franc*
Il Bhutan *Bhutan*	bhutanese *Bhutanese*	Thimphu *Thimphu*	ngultrum *ngultrum*
La Bielorussia *Belarus*	bielorusso(a) *Belarusian*	Minsk *Minsk*	rublo bielorusso *Belarusian ruble*
La Birmania/Myanmar *Burma/Myanmar*	birmano(a) *Burmese*	Rangoon *Rangoon/Yangon*	kyat *kyat*
La Bolivia *Bolivia*	boliviano(a) *Bolivian*	Sucre *Sucre*	boliviano *Boliviano*
La Bosnia-Erzegovina *Bosnia-Herzegovina*	bosniaco(a) *Bosnian*	Sarajevo *Sarajevo*	marco convertibile *Convertible Mark*
Il Botswana *Botswana*	Botswanan	Gaborone *Gaborone*	pula *pula*
Il Brasile *Brazil*	brasiliano(a) *Brazilian*	Brasilia *Brasilia*	real *real*
Il Brunei *Brunei*	Bruneian	Bandar Seri Begawan *Bandar Seri Begawan*	dollaro del Brunei *Brunei dollar*
La Bulgaria *Bulgaria*	bulgaro(a) *Bulgarian*	Sofia *Sofia*	lev bulgaro *lev*
Il Burkina Faso *Burkina Faso*	Burkinese	Ouagadougou *Ouagadougou*	franco CFA *CFA franc*
Il Burundi *Burundi*	burundese *Burundian*	Bujumbura *Bujumbura*	franco di Burundi *Burundi franc*
La Cambogia *Cambodia*	cambogiano(a) *Cambodian*	Phnom Penh *Phnom Penh*	riel *riel*
Il Camerun *Cameroon*	camerunese *Cameroonian*	Yaoundé *Yaoundé*	franco CFA *CFA franc*
Il Canada *Canada*	canadese *Canadian*	Ottawa *Ottawa*	dollaro canadese *Canadian dollar*
Capo Verde *m* *Cape Verde*	capoverdiano(a) *Cape Verdean*	Praia *Praia*	scudo di Capo Verde *Cape Verde escudo*
Il Ciad *Chad*	Chadian	N'Djamena *N'Djamena*	franco CFA *CFA franc*
Il Cile *Chile*	cileno(a) *Chilean*	Santiago *Santiago de Chile*	peso cileno *Chilean peso*
La Cina *China*	cinese *Chinese*	Pechino *Beijing/Peking*	yuan *yuan*
Cipro *f* *Cyprus*	cipriota *Cypriot*	Nicosia *Nicosia*	euro (in passato: sterlina cipriota) *euro (formerly Cypriot pound)*
La Colombia *Colombia*	colombiano(a) *Colombian*	Bogota *Bogotá*	peso colombiano *Colombian peso*
Le Comore *Comoros*	Comoran	Moroni *Moroni*	franco delle Comore *Comoran franc*

Paese Country	Derivato Derivato	Capitale Capital	Unità monetaria Currency
Il Congo (La Repubblica del Congo) *Congo (Republic of the Congo)*	congolese *Congolese*	Brazzaville *Brazzaville*	franco CFA *CFA franc*
Il Congo (La Repubblica Democratica del Congo) *Congo (Democratic Republic of the Congo)*	congolese *Congolese*	Kinshasa *Kinshasa*	franco congolese *Congolese franc*
Le (isole) Cook *Cook Islands*	Cook Islander	Avarua *Avarua*	dollaro neozelandese *New Zealand dollar*
La Corea del Nord *North Korea*	nordcoreano(a) *North Korean*	Pyongyang *Pyongyang*	won *won*
La Corea del Sud *South Korea*	sudcoreano(a) *South Korean*	Seoul *Seoul*	won *won*
La Costa d'Avorio *Ivory Coast/Côte d'Ivoire*	ivoriano(a) *Ivoirian*	Yamoussoukro *Yamoussoukro*	franco CFA *CFA franc*
La Costa Rica *Costa Rica*	costaricano(a) *Costa Rican*	San José *San José*	colón costaricano *Costa Rican colón*
La Croazia *Croatia*	croato(a) *Croatian*	Zagrabia *Zagreb*	kuna *kuna*
Cuba f *Cuba*	cubano(a) *Cuban*	L'Avana *Havana*	peso cubano *Cuban peso*
La Danimarca *Denmark*	danese *Danish*	Copenhagen *Copenhagen*	corona danese *Danish krone*
La Dominica *Dominica*	dominicano(a) *Dominican*	Roseau *Roseau*	dollaro dei Caraibi dell'Est *East Caribbean dollar*
L'Ecuador m *Ecuador*	ecuadoregno(a), equadoriano(a) *Ecuadorian*	Quito *Quito*	dollaro americano *US dollar*
L'Egitto m *Egypt*	egiziano(a) *Egyptian*	Il Cairo *Cairo*	sterlina egiziana *Egyptian pound*
Gli Emirati Arabi Uniti *United Arab Emirates*		Abu Dhabi *Abu Dhabi*	dirham *dirham*
L'Eritrea f *Eritrea*	eritreo(a) *Eritrean*	Asmara *Asmara*	nakfa *nafka*
L'Estonia f *Estonia*	estone *Estonian*	Tallinn *Tallinn*	euro (in passato: corona estone) *euro (formerly Estonian kroon)*
L'Etiopia f *Ethiopia*	etiope *Ethiopian*	Addis Abeba *Addis Abeba*	birr etiope *birr*
Le Figi *Fiji*	Fijian	Suva *Suva*	dollaro delle Figi *Fijian dollar*
Le Filipine *Philippines*	filippino(a) *Philippine, Filipino*	Manila *Manila*	peso filippino *Philippines peso*
La Finlandia *Finland*	finlandese *Finnish*	Helsinki *Helsinki*	euro (in passato: marco finlandese) *euro (formerly Finnish markka)*

Paese Country	Derivato Derivato	Capitale Capital	Unità monetaria Currency
La Francia France	francese French	Parigi Paris	euro (in passato: franco francese) euro (formerly French franc)
Il Gabon Gabon	gabonese Gabonese	Libreville Libreville	franco CFA CFA franc
Il Galles Wales (GB)	gallese Welsh	Cardiff Cardiff	lira sterlina pound sterling
Il Gambia Gambia	Gambian	Banjul Banjul	dalasi dalasi
La Georgia Georgia	georgiano(a) Georgian	Tbilissi Tbilisi/Tiflis	lari lari
La Germania Germany	tedesco(a) German	Berlino Berlin	euro (in passato: marco tedesco) euro (formerly deutsch-mark)
Il Ghana Ghana	ghanese Ghanaian	Accra Accra	cedi cedi
La Giamaica Jamaica	giamaicano(a) Jamaican	Kingston Kingston	dollaro giamaicano Jamaican dollar
Il Giappone Japan	giapponese Japanese	Tokyo Tokyo	yen yen
Gibuti Djibouti	Djiboutian	Gibuti Djibouti	franco di Gibuti Djiboutian franc
La Giordania Jordan	giordano(a) Jordanian	Amman Amman	dinaro giordano Jordanian dinar
La Gran Bretagna Great Britain	britannico(a) British	Londra London	lira sterlina pound sterling
La Grecia Greece	greco(a) Greek	Atene Athens	euro (in passato: dracma) euro (formerly drachma)
Grenada f Grenada	Grenadian	St George's St. George's	dollaro dei Caraibi dell'Est East Caribbean dollar
Il Guatemala Guatemala	guatemalteco(a), guatemaltegno(a) Guatemalan	Città del Guatemala Guatemala	quetzal quetzal
La Guinea Guinea	guineano(a) Guinean	Conakry Conakry	franco guineano Guinean franc
La Guinea-Bissau Guinea-Bissau		Bissau Bissau	franco CFA CFA franc
La Guinea Equatoriale Equatorial Guinea	Equatorial Guinean	Malabo Malab	franco CFA CFA franc
La Guyana Guyana	Guyanese	Georgetown Georgetown	dollaro della Guyana Guyanese dollar
Haiti f Haiti	haitiano(a) Haitian	Port-au-Prince Port-au-Prince	gourde gourde
L'Honduras m Honduras	honduregno(a), honduriano(a) Honduran	Tegucigalpa Tegucigalpa	lempira lempira

Paese Country	Derivato Derivato	Capitale Capital	Unità monetaria Currency
India *L'India f*	indiano(a) *Indian*	Nuova Delhi *New Delhi*	rupia indiana *rupee*
L'Indonesia *f* *Indonesia*	indonesiano(a) *Indonesian*	Jakarta *Jakarta*	rupia indonesiana *rupiah*
L'Inghilterra *f* *England (UK)*	inglese *English*	Londra *London*	lira sterlina *pound sterling*
L'Irak *m* *Iraq*	iracheno(a) *Iraqi*	Baghdad *Baghdad*	dinaro iracheno *Iraqi dinar*
L'Iran *m* *Iran*	iraniano(a) *Iranian*	Teheran *Tehran*	rial iraniano *rial*
L'Irlanda *f* *Ireland*	irlandese *Irish*	Dublino *Dublin*	euro (in passato: sterlina irlandese) *euro (formerly Irish pound)*
L'Irlanda *f* del Nord *Northern Ireland (UK)*	nordirlandese *Northern Irish*	Belfast *Belfast*	lira sterlina *pound sterling*
L'Islanda *f* *Iceland*	islandese *Icelandic*	Reykjavík *Reykjavik*	coronna islandese *Icelandic krona*
Israele *f* *Israel*	israeliano(a) *Israeli*	Gerusalemme *Jerusalem*	shekel *new shekel*
L'Italia *f* *Italy*	italiano(a) *Italian*	Roma *Rome*	euro (in passato: lira italiana) *euro (formerly lira)*
La Iugoslavia (*vedi* La Serbia e il Montenegro) *Yugoslavia*	iugoslavo(a) *Yugoslavian*	Belgrado *Belgrade*	dinaro iugoslavo *Yugoslavian dinar*
Il Kazakistan *Kazakhstan*	kazako(a) *Kazakh*	Astana *Astana*	tenge *tenge*
Il Kenia *Kenya*	keniano(a), keniota *Kenyan*	Nairobi *Nairobi*	scellino keniano *Kenyan shilling*
Il Kirghizstan *Kyrgyzstan*	chirghiso(a), kirghiso(a) *Kyrgyz*	Bichkek *Bishkek*	som chirghiso *Kyrgystani som*
Kiribati *m* *Kiribati*		Tarawa-Sud *South Tawara*	dollaro australiano *Australian dollar*
Il Kuwait *Kuwait*	kuwaitiano(a) *Kuwaiti*	Madinat-al-Kuwait *Kuwait City*	dinaro kuwaitiano *Kuwaiti dinar*
Il Laos *Laos*	laotiano(a) *Laotian*	Vientiane *Vientiane*	kip *kip*
Il Lesotho *Lesotho*	Sotho	Maseru *Maseru*	loti *loti*
La Lettonia *Latvia*	lettone *Latvian*	Riga *Riga*	euro (in passato: lats) *euro (formerly lats)*
Il Libano *Lebanon*	libanese *Lebanese*	Beirut *Beirut*	sterlina libanese *Lebanese pound*
La Liberia *Liberia*	liberiano(a) *Liberian*	Monrovia *Monrovia*	dollaro liberiano *Liberian dollar*
La Libia *Libya*	libico(a) *Libyan*	Tripoli *Tripoli*	dinaro libico *Libyan dinar*

Paese / Country	Derivato / Derivato	Capitale / Capital	Unità monetaria / Currency
Il Liechtenstein / *Liechtenstein*	Liechtensteiner	Vaduz / *Vaduz*	franco svizzero / *Swiss franc*
La Lituania / *Lithuania*	lituano(a) / *Lithuanian*	Vilnius / *Vilnius*	euro (in passato: lita lituana) / *euro (formerly litas)*
Il Lussemburgo / *Luxemburg*	lussemburghese / *Luxembourg*	Lussemburgo / *Luxemburg*	euro (in passato: franco lussemburghese) / *euro (formerly Luxembourg franc)*
La Macedonia / *Macedonia (Former Yugoslav Republic of Macedonia)*	macedone / *Macedonian*	Skopje / *Skopje*	dinaro macedone / *Macedonian denar*
Il Madagascar / *Madagascar*	malgascio(a) / *Madagascan*	Antananarivo / *Antananarivo*	franco malgascio / *Madagascan franc*
La Malaysia / *Malaysia*	malaysiano(a), malese / *Malaysian*	Kuala Lumpur / *Kuala Lumpur*	ringgit malese / *Malaysian ringgit*
Il Malawi / *Malawi*	/ *Malawian*	Lilongwe / *Lilongwe*	kwacha / *Malawian kwacha*
Le Maldive / *Maldives*	Maldivian	Malé / *Malé*	rufiyaa / *rufiyaa*
Il Mali / *Mali*	Malian	Bamako / *Bamako*	franco CFA / *CFA franc*
Malta *f* / *Malta*	maltese / *Maltese*	Valetta / *Valletta*	euro (in passato: lira maltese) / *euro (formerly Maltese lira)*
Il Marocco / *Morocco*	marocchino(a) / *Moroccan*	Rabat / *Rabat*	dirham marocchino / *dirham*
Le isole Marshall / *Marshall Islands*	Marshall Islander	Majuro / *Majuro*	dollaro americano / *US dollar*
Mauritius *f* / *Mauritius*	mauritiano(a) / *Mauritian*	Port Louis / *Port Louis*	rupia di Mauritius / *Mauritian rupee*
La Mauritania / *Mauritania*	mauritano(a) / *Mauritanian*	Nouakchott / *Nouakchott*	ouguiya / *ouguiya*
Il Messico / *Mexico*	messicano(a) / *Mexican*	Mexico / *Mexico City*	peso messicano / *Mexican peso*
La Micronesia / *Micronesia (Federated States of Micronesia)*	micronesiano / *Micronesian*	Palikir / *Palikir*	dollaro americano / *US dollar*
La Moldavia / *Moldavia*	moldavo(a) / *Moldavian*	Chisinau / *Chişinău*	leu moldavo / *Moldavian leu*
La Mongolia / *Mongolia*	mongolo(a) / *Mongolian*	Ulan-Bator / *Ulaanbaatar*	tugrik / *tugrik*
Il Montenegro / *Montenegro*	montenegrino(a) / *Montenegran*	Podgorica / *Podgorica*	euro / *euro*
Il Mozambico / *Mozambique*	mozambicano(a) / *Mozambican*	Maputo / *Maputo*	metical / *metical*
Myanmar/La Birmania / *Myanmar/Burma*	birmano(a) / *Burmese*	Rangoon / *Rangoon/Yangon*	kyat / *kyat*

Paese Country	Derivato Derivato	Capitale Capital	Unità monetaria Currency
La Namibia *Namibia*	namibiano(a) *Namibian*	Windhoek *Windhoek*	dollaro namibiano *Namibian dollar*
Nauru *m* *Nauru*	Nauruan	Yaren *Yaren*	dollaro australiano *Australian dollar*
Il Nepal *Nepal*	nepalese *Nepalese*	Kathmandu *Kathmandu*	rupia nepalese *Nepalese rupee*
Il Nicaragua *Nicaragua*	nicaraguense, nicaraguegno(a) *Nicaraguan*	Managua *Managua*	córdoba *córdoba*
Il Niger *Niger*	nigerino(a) *Nigerois*	Niamey *Niamey*	franco CFA *CFA franc*
La Nigeria *Nigeria*	nigeriano(a) *Nigerian*	Abuja *Abuja*	naira *naira*
La Norvegia *Norway*	norvegese *Norwegian*	Oslo *Oslo*	corona norvegese *Norwegian krone*
La Nuova Zelanda *New Zealand*	neozelandese *New Zealander*	Wellington *Wellington*	dollaro neozelandese *New Zealand dollar*
L'Olanda *f* *Netherlands*	olandese *Dutch*	Amsterdam *Amsterdam*	euro (in passato: fiorino olandese) *euro (formerly gulden)*
L'Oman *m* *Oman*	Omani	Muscat *Muscat*	rial dell'Oman *Omani rial*
Il Pakistan *Pakistan*	pachistano(a) *Pakistani*	Islamabad *Islamabad*	rupia pachistana *Pakistani rupee*
Le Palau *Palau*	Palauan	Koror *Koror*	dollaro americano *US dollar*
Panama *m* *Panama*	Panamanian	Panamá *Panama City*	balboa *balboa*
La Papua-Nuova-Guinea *Papua New Guinea*	Papuan	Port Moresby *Port Moresby*	kina *kina*
Il Paraguay *Paraguay*	paraguaiano(a) *Paraguayan*	Asunción *Asunción*	guarani *guaraní*
Il Perù *Peru*	peruviano(a) *Peruvian*	Lima *Lima*	nuovo sol *nuevo sol*
La Polonia *Poland*	polacco(a) *Polish*	Varsavia *Warsaw*	zloty *zloty*
Il Porto Rico (USA) *Puerto Rico (USA)*	portoricano(a) *Puerto Rican*	San Juan *San Juan*	dollaro americano *US dollar*
Il Portogallo *Portugal*	portoghese *Portuguese*	Lisbona *Lisbon*	euro (in passato: scudo) *euro (formerly escudo)*
Il Principato di Monaco *Monaco*	monegasco(a) *Monegasque*	Monaco *Monaco-Ville*	euro (in passato franco francese) *euro (formerly French franc)*
Il Qatar *Qatar*	Qatari	Doha *Doha*	riyal del Qatar *Qatari riyal*
Il Regno Unito *United Kingdom*	britannico *UK/British*	Londra *London*	lira sterlina *pound sterling*

Paese / Country	Derivato / Derivato	Capitale / Capital	Unità monetaria / Currency
La Repubblica ceca / Czech Republic	ceco(a) / Czech	Praga / Prague	corona slovacca / Czech koruna
La Repubblica centrafricana / Central African Republic	centrafricano(a) / Central African	Bangui / Bangui	franco CFA / CFA franc
La Repubblica Dominicana / Dominican Republic	dominicano(a) / Dominican	Santo Domingo / Santo Domingo	peso dominicano / Dominican peso
La Romania / Romania	romeno(a), rumeno(a) / Romanian	Bucarest / Bucharest	leu rumeno / leu
Il Ruanda / Rwanda	ruandese / Rwandan	Kigali / Kigali	franco ruandese / Rwandan franc
La Russia / Russia (Russian Federation)	russo(a) / Russian	Mosca / Moscow	rublo russo / ruble
Saint Kitts e Nevis m / St. Kitts and Nevis		Basseterre / Basseterre	dollaro dei Caraibi dell'Est / East Caribbean dollar
Saint Vincent e Grenadine m / St. Vincent and the Grenadines	Saint Vincentian	Kingstown / Kingstown	dollaro dei Caraibi dell'Est / East Caribbean dollar
Le (isole) Salomone / Solomon Islands	Solomon Islander	Honiara / Honiara	dollaro delle Salomone / Salomon dollar
Il Salvador / El Salvador	salvadoregno(a) / Salvadoran	San Salvador / San Salvador	dollaro americano / US dollar
Samoa f / Samoa	Samoan	Apia / Apia	tala / tala
San Marino m / San Marino	San Marinese	San Marino / San Marino	euro (in passato: lira italiana) / euro (formerly lira)
Santa Lucia f / St. Lucia	St. Lucian	Castries / Castries	dollaro dei Caraibi dell'Est / East Caribbean dollar
Sao Tomé e Principe f / Sao Tomé and Príncipe	Sao Tomean	Sao Tomé / Sao Tomé	dobra / dobra
Il Senegal / Senegal	senegalese / Senegalese	Dakar / Dakar	franco CFA / CFA franc
La Serbia / Serbia	serbo(a) / Serbian	Belgrado / Belgrade	dinaro serbo / Serbian dinar
Le Seychelles / Seychelles	Seychellois	Victoria / Victoria	rupia delle Seychelles / Seychelles rupee
La Sierra Leone / Sierra Leone	Sierra Leonean	Freetown / Freetown	leone / leone
Singapore f / Singapore	singaporiano(a) / Singaporean	Singapore / Singapore	dollaro singaporiano / Singapore dollar
La Siria / Syria	siriano(a) / Syrian	Damasco / Damaskus	sterlina siriana / Syrian pound

Paese Country	Derivato Derivato	Capitale Capital	Unità monetaria Currency
La Slovacchia/La Repubblica Slovacca	slovacco(a)	Bratislava	euro (in passato: corona slovacca)
Slovakia/Slovak Republic	*Slovak*	*Bratislava*	*euro (formerly Slovak koruna)*
La Slovenia	sloveno(a)	Lubiana	euro (in passato: tallero)
Slovenia	*Slovene, Slovenian*	*Ljubljana*	*euro (formerly tolar)*
La Somalia	somalo(a)	Mogadiscio	scellino somalo
Somalia	*Somali*	*Mogadishu*	*Somalian shilling*
La Spagna	spagnolo(a)	Madrid	euro (in passato: peseta)
Spain	*Spanish*	*Madrid*	*euro (formerly peseta)*
Lo Sri Lanka	singalese	Colombo	rupia dello Sri Lanka
Sri Lanka	*Sri Lankan*	*Colombo*	*Sri Lankan rupee*
Gli Stati Uniti d'America	americano(a)	Washington	dollaro americano
United States of America	*American*	*Washington D. C.*	*US dollar*
Il Sudafrica	sudafricano(a)	Pretoria	rand
South Africa	*South African*	*Pretoria*	*rand*
Il Sudan	sudanese	al-Khartūm	sterlina sudanese
Sudan	*Sudanese*	*Khartoum*	*Sudanese pound*
Il Suriname	Surinamese	Paramaribo	fiorino del Suriname
Suriname		*Paramaribo*	*Surinamese gulden*
La Svezia	svedese	Stoccolma	corona svedese
Sweden	*Swedish*	*Stockholm*	*Swedish krone*
La Svizzera	svizzero(a)	Berna	franco svizzero
Switzerland	*Swiss*	*Berne*	*Swiss franc*
Lo Swaziland	Swazi	Mbabane	lilangeni
Swaziland		*Mbabane*	*lilangeni*
Il Tagikistan	tagicco(a)	Dushanbe	rublo tagicco
Tajikistan	*Tajik*	*Dushanbe*	*ruble*
La Tailandia	thailandese, tailandese	Bangkok	baht
Thailand	*Thai*	*Bangkok*	*baht*
Taiwan *m*	Taiwanese	Taipei	dollaro del Taiwan
Taiwan		*Taipei*	*Taiwanese dollar*
La Tanzania	tanzaniano(a)	Dodoma	scellino tanzaniano
Tanzania	*Tanzanian*	*Dar es-Salam*	*Tanzanian shilling*
Il Togo	togolese	Lomé	franco CFA
Togo	*Togolese*	*Lomé*	*CFA franc*
Tonga *m*	Tongan	Nuku'alofa	pa'anga
Tonga		*Nuku'alofa*	*pa'anga*
Trinidad e Tobago *m*	Trinidadian, Tobagan	Port of Spain	dollaro di Trinidad e Tobago
Trinidad and Tobago		*Port of Spain*	*Trinidad and Tobago dollar*
La Tunisia	tunisino(a)	Tunisi	dinaro tunisino
Tunisia	*Tunesian*	*Tunis*	*Tunesian dinar*
La Turchia	turco(a)	Ankara	nuova lira turca
Turkey	*Turkish*	*Ankara*	*Turkish lira*
Il Turkmenistan	turkmeno(a)	Ashgabat	manat
Turkmenistan	*Turkmen*	*Ashgabat*	*manat*

| Paese | Derivato | Capitale | Unità monetaria |
Country	Derivato	Capital	Currency
Il Tuvalu	Tuvaluan	Funafuti	dollaro australiano
Tuvalu		*Funafuti*	*Australian dollar*
L'Ucraina *f*	ucraino(a)	Kiev	hrivna
Ukraine	*Ukrainian*	*Kiev*	*hryvnia*
L'Uganda *f*	ugandese	Kampala	scellino ugandese
Uganda	*Ugandan*	*Kampala*	*Ugandan shilling*
L'Ungheria *f*	ungherese	Budapest	fiorino ungherese
Hungary	*Hungarian*	*Budapest*	*forint*
L'Uruguay *m*	uruguaiano(a)	Montevideo	peso uruguaiano
Uruguay	*Uruguayan*	*Montevideo*	*Uruguayan peso*
Gli USA	americano(a)	Washington	dollaro americano
USA	*American*	*Washington D. C.*	*US dollar*
L'Uzbekistan *m*	usbeco	Tachkent	soum .
Uzbekistan	*Uzbek*	*Tashkent*	*Uzbek sum*
Il Vanuatu		Port Vila	vatu
Vanuatu		*Port Vila*	*vatu*
Il Vaticano	vaticano(a)		euro (in passato: lira italiana)
Vatican City	*Vatican*		*euro (formerly lira)*
Il Venezuela	venezuelano(a)	Caracas	bolívar
Venezuela	*Venezuelan*	*Caracas*	*bolívar*
Il Vietnam	vietnamita	Hanoi	dong
Vietnam	*Vietnamese*	*Hanoi*	*dong*
Lo Yemen	yemenita	San'a'	rial yemenita
Yemen	*Yemeni*	*Sanaa*	*Yemeni rial*
Lo Zambia	zambiano(a)	Lusaka	kwacha
Zambia	*Zambian*	*Lusaka*	*kwacha*
Lo Zimbabwe	Zimbabwean	Harare	dollaro dello Zimbabwe
Zimbabwe		*Harare*	*Zimbabwean dollar*

* CFA franc = Franco della Comunità Finanziaria
  Africana

Continenti, Isole, Oceani, Mari, Laghi, Fiumi, Golfi e Monti
Continents, Islands, Oceans, Seas, Lakes, Rivers, Gulfs, and Mountains

Continenti
Continents

L'Africa f *Africa*	L'Antartide m *Antarctica*
L'America f *America*	L'Asia f *Asia*
L'America f centrale *Central America*	L'Eurasia f *Eurasia*
L'America f del Nord *North America*	L'Europa f *Europe*
L'America f del Sud *South America*	L'Oceania *Oceania*

Isole
Islands

Le (isole) Aleutine *Aleutian Islands*	Le isole Caroline *Caroline Islands*
Antigua f *Antigua*	Le Celebes *Celebes*
Le Antille *Antilles*	Le Comore *Comoros*
Le Antille Maggiori *Greater Antilles*	Corfù f *Corfu*
Le Antille Minori *Lesser Antilles*	La Cosica *Corsica*
Aruba f *Aruba*	Creta f *Crete*
L'Australia f *Australia*	Curaçao f *Curaçao*
Le (isole) Azzorre *Azores*	Le (isole) Ebridi *Hebrides*
Baffin f *Baffin Island*	L'(isola d')Elba f *Isle of Elba*
Le (isole) Baleari *Balearic Islands*	Le (isole) Falkland *Falkland Islands*
Bali f *Bali*	Le (isole) Faroe *Faroe Islands*
Le Bermude *Bermuda*	Le (isole) Galapagos *Galapagos Islands*
Il Borneo *Borneo*	La Groenlandia *Greenland*
Burano f *Burano*	Guadalcanal f *Guadalcanal*
Le (isole) Canarie *Canary Islands*	La Guadalupa *Guadeloupe*
Le isole di Capo Verde *Cape Verde Islands*	Guam f *Guam*
Capri f *Capri*	Ischia f *Isle of Ischia*

Hispaniola *f*	Murano *f*
Hispaniola	*Murano*
Hokkaido *f*	Okinawa *f*
Hokkaido	*Okinawa*
Honshu *f*	Le (isole) Orcadi
Honshu	*Orkney Islands*
Le Indie occidentali	L'isola di Pasqua
West Indies	*Easter Island*
Le Indie orientali	L'isola del Principe Edoardo
East Indies	*Prince Edward Island*
L'Islanda *f*	L'isola Riunione
Iceland	*Réunion*
Le Isole del Canale	Rodi *f*
Channel Islands	*Rhodes*
Iwo Jima *f*	Le (isole) Salomone
Iwo Jima	*Solomon Islands*
Java *f*	La Sardegna
Java	*Sardina*
Kyushu *f*	Le (isole) Shetland
Kyushu	*Shetland Islands*
Leyte *f*	Shikoku *f*
Leyte	*Shikoku*
Long Island *f*	La Sicilia
Long Island	*Sicily*
Luzon *f*	Le isole Sopravvento
Luzon	*Windward Islands*
Il Madagascar	Le isole Sottovento
Madagascar	*Leeward Islands*
Madera *f*	Sumatra *f*
Madeira Islands	*Sumatra*
Maiorca *f*	Tahiti *f*
Majorca	*Tahiti*
Le (isole) Maldive	La Tasmania
Maldive Islands	*Tasmania*
L'isola di Man	La Terra del Fuoco
Isle of Man	*Tierra del Fuego*
Le isole Mariana	Timor *f*
Mariana Islands	*Timor*
Le (isole) Marchesi	L'isola di Vancouver
Marquesas Islands	*Vancouver Island*
Le (isole) Marshall	Le (isole) Vergini
Marshall Islands	*Virgin Islands*
La Martinica	L'isola Victoria
Martinique	*Victoria Island*
Mindanao *f*	Zanzibar *f*
Mindanao	*Zanzibar*
Minorca *f*	
Minorca	

Oceani
Oceans

L'Oceano Atlantico *Atlantic Ocean*	L'Oceano Indiano *Indian Ocean*
Il Mar Glaciale Antartico *Antarctic Ocean*	L'Oceano Pacifico *Pacific Ocean*
Il Mar Glaciale Artico *Arctic Ocean*	

Seas
Mari

Il Mare Adriatico *Adriatic Sea*	Il Mare d'Irlanda *Irish Sea*
Il Mar d'Aral *Aral Sea*	Il Mare Giallo *Yellow Sea*
Il Mare di Azov *Sea of Azov*	Il Mare del Giappone *Sea of Japan*
Il Mar Baltico *Baltic Sea*	Il Mar Ligure *Ligurian Sea*
Il Mare di Bering *Bering Sea*	Il Mar Meditteraneo *Mediterranean Sea*
Il Mare Bianco *White Sea*	Il Mar Morto *Dead Sea*
Il Mar dei Caraibi *Caribbean Sea*	Il Mar Nero *Black Sea*
Il mar Caspio *Caspian Sea*	Il Mare del Nord *North Sea*
Il Mare della Cina meridionale *South China Sea*	Il Mare d'Okhotsk *Sea of Okhotsk*
Il Mare del Cina orientale *East China Sea*	Il Mar Rosso *Red Sea*
Il Mare Egeo *Aegean Sea*	Il Mar dei Sargassi *Sargasso Sea*
Il Mar Ionio *Ionio Sea*	Il Mar Tirreno *Tyrrhenian Sea*

Laghi
Lakes

Il lago Alberto *Albert (Nyanza)*	Il Grande Lago degli Orsi *Great Bear*
Il lago Bajkal *Baikal*	I Grandi Laghi *Great Lakes*
Il lago Ciad *Chad*	Il lago Huron *Huron*
Il lago di Como *Como Lake*	Il lago Ladoga *Ladoga*
Il lago Erie *Erie*	Il lago Maggiore *Maggiore Lake*
Il lago di Garda *Garda Lake*	Il lago Michigan *Michigan*
Il Grande Lago degli Schiavi *Great Slave*	Il lago Onega *Onega*

Il lago Ontario *Ontario*	Il lago Titicaca *Titicaca*
Il lago Superiore *Superior*	Il lago Vittoria *Victoria*
Il lago Tanganica *Tanganyika*	

Fiumi
Rivers

L'Amur *m* *Amur*	Il Mackenzie *Mackenzie*
La Colombia *Columbia*	Il Mekong *Mekong*
Il Congo *Congo*	Il Mississippi *Mississippi*
Il Danubio *Danube*	Il Missouri *Missouri*
Il Delaware *Delaware*	Il Niger *Niger*
La Dniepr *Dnieper*	Il Nilo *Nile*
La Dniestr *Dniester*	L'Ob *m* *Ob*
Il Don *Don*	L'Oder *m* *Oder*
L'Elba *f* *Elbe*	L'Ohio *m* *Ohio*
L'Eufrate *m* *Euphrates*	L'Orinoco *m* *Orinoco*
Il Gange *Ganges*	Il Paraná *Paraná*
Lo Huang He/Il Fiume Giallo *Huang Ho/Yellow River*	Il Po *Po*
L'Hudson *m* *Hudson*	Il Potomac *Potomac*
Lo Yenisei *Yenisei*	Il Reno *Rhine*
L'Indo *m* *Indus*	Il Rio delle Amazzoni *Amazon*
L'Irrawaddy *m* *Irrawaddy*	Il Rio Grande *Rio Grande*
L'Irtys *m* *Irtysh*	Il Rodano *Rhône*
Il Fiume Giallo *Yellow*	Il San Lorenzo *St. Lawrence*
Il Giordano *Jordan*	La Senna *Seine*
La Lena *Lena*	Il Susquehanna *Susquehanna*
La Loira *Loire*	Il Tamigi *Thames*

Il Tigri *Tigris*	Il Tevere *Tiber*
L'Ural *m* *Ural*	Lo Yangtze *Yangtze*
La Vistola *Vistula*	Lo Yukon *Yukon*
Il Volga *Volga*	Lo Zambesi *Zambezi*
Il Volta *Volta*	

Golfi, Baie, Stretti, Canali
Gulfs, Bays, Straits, Canals

Il golfo di Aden *Gulf of Aden*	Lo stretto di Magellano *Strait of Magellan*
Il golfo del Bengala *Bay of Bengal*	La Manica, il Canale della Manica *English Channel*
Lo stretto di Bering *Bering Strait*	Il golfo del Messico *Gulf of Mexico*
Il golfo di Biscaglia *Bay of Biscay*	Lo Stretto di Messina *Stretto di Messina*
Il Bosforo *Bosporus*	Il canale di Panama *Panama Canal*
Il golfo della California *Gulf of California*	Il golfo Persico *Persian Gulf*
Lo stretto di Florida *Straits of Florida*	Il golfo di San Lorenzo *Gulf of St. Lawrence*
Lo stretto di Gibilterra *Strait of Gibraltar*	Il canale di Suez *Suez Canal*
La baia di Hudson *Hudson Bay*	

Catene Montuose
Mountain Ranges

I monti Adirondack *Adirondack Mountains*	I monti Catskill *Catskill Mountains*
I monti Allegheny *Allegheny Mountains*	Il Caucaso *Caucasus*
Le Alpi *Alps*	Le Dolomiti *Dolomites*
Le Ande *Andes*	l'Himalaya *m*/La catena dell'Himalaya *Himalayas/Himalaya Mountains*
Gli Appalachi *Appalachian Mountains*	I Pirenei *Pyrenees*
Gli Appennini *Appenines*	Le Montagne Rocciose *Rocky Mountains*
I Balcani *Balkans*	La Sierra Nevada *Sierra Nevada*
I Carpazi *Carpathian Mountains*	Gli Urali *Ural Mountains*

Cime
Mountain Peaks

L'Aconcagua *m* (Ande) *Aconcagua (Andes)*	Il Kilimangiaro *Kilimanjaro*
Il Monte Bianco *Mont Blanc*	Il Monte Logan *Logan*
Il Cervino *Matterhorn*	Il Monte McKinley *McKinley*
L'Elbrus *m* *Elbrus*	Il Pico de Orizaba *Orizaba*
L'Etna *m* *Etna*	Il Popocatepetl *Popocatepetl*
L'Everest *m* *Everest*	Il Monte Rosa *Monte Rosa*
Il Fujiyama *Fujiyama*	Il Vesuvio *Vesuvius*

Circoscrizioni amministrative
Administrative districts

L'Italia
Italy

Regione Region	Capoluogo di regione Regional capital
L'Abruzzo *Abruzzo*	L'Aquila *Aquila*
La Basilicata *Basilicata*	Potenza
La Calabria *Calabria*	Catanzaro
La Campania *Campania*	Napoli *Naples*
L'Emilia-Romagna *Emilia-Romagna*	Bologna
Il Friuli-Venezia Giulia *Friuli-Venezia Giulia*	Trieste
La Liguria *Liguria*	Genova *Genoa*
La Lombardia *Lombardy*	Milano *Milan*
Le Marche *The Marche*	Ancona
Il Molise *Molise*	Campobasso
Il Piemonte *Piedmont*	Torino *Turin*
La Puglia *Puglia*	Bari
Il Lazio *Lazio*	**Roma** **Rome**
La Sardegna *Sardinia*	Cagliari
La Sicilia *Sicily*	Palermo
La Toscana *Tuscany*	Firenze *Florence*
Il Trentino-Alto Adige *Trentino-Alto Adige*	Trento
L'Umbria *Umbria*	Perugia
La Valle d'Aosta *Valle d'Aosta*	Aosta
Il Veneto *Veneto*	Venezia *Venice*

Canada
Il Canada

Capital: Ottawa
Capitale: Ottawa

Province Provincia	Abbreviation Abbreviazione	Capital Capitale
Alberta	Alta., AB	Edmonton
British Columbia La Columbia britannica	B.C., BC	Victoria
Manitoba Il Manitoba	Man., MB	Winnipeg
New Brunswick Il New Brunswick	N.B., NB	Fredericton
Newfoundland Terranova (m)	Nfld., NF	Saint John's
Nova Scotia La Nuova Scozia	N.S:, NS	Halifax
Ontario L'Ontario (m)	Ont., ON	Toronto
Prince Edward Island L'isola del principe Edoardo	P.E.I., PE	Charlottetown
Quebec Il Quebec	Que. or PQ, QC	Quebec
Saskatchewan Il Saskatchewan	Sask, SK	Regina

Territory Territorio	Abbreviation Abbreviazione	Capital Capitale
Northwest Territories I Territori del Nordovest	N.W.T., NT	Yellowknife
Nunavut Territory (since 1st April 1999)	NU	Iqaluit
Yukon Territory Il Territorio dello Yukon	Y.T., YT	Whitehorse

The United States of America – federal states, abbreviations, nicknames, inhabitants, and capital cities

Gli Stati Uniti d'America – Stati federali, abbreviazioni, soprannomi, nomi degli abitanti e capitali

Capital: Washington, D.C.
Capitale: Washington, D.C.

Federal state / Stato federale	Abbreviation / Abbreviazione	Nickname / Soprannome	Inhabitant / Abitante	Capital / Capitale
Alabama *L'Alabama (m)*	Ala., AL	Yellow Hammer State Heart of Dixie	Alabamian	Montgomery
Alaska *L'Alaska (f)*	Alas., AK	The Last Frontier	Alaskan	Juneau
Arizona *L'Arizona (f)*	Ariz., AZ	Grand Canyon State	Arizonan	Phoenix
Arkansas *L'Arkansas (m)*	Ark., AR	Land of Opportunity	Arkansan	Little Rock
California *La California*	Calif., CA	Golden State	Californian *californiano(a)*	Sacramento
Colorado *Il Colorado*	Colo., CO	Centennial State	Colorad(o)an	Denver
Connecticut *Il Connecticut*	Conn., CT	Constitution State Nutmeg State	Nutmegger; (Connecticut) Yankee	Hartford
Delaware *Il Delaware*	Del., DE	First State Diamond State	Delawarean	Dover
Florida *La Florida*	Fla., FL	Sunshine State	Floridian	Tallahassee
Georgia *La Georgia*	Ga., GA	Empire State of the South Peach State	Georgian *georgiano(a)*	Atlanta
Hawaii *Le Hawaii*	HI	Aloha State Paradise of the Pacific	Hawaiian *hawaiano(a)*	Honolulu
Idaho *L'Idaho (m)*	Id., ID	Gem State	Idahoan	Boise
Illinois *L'Illinois (m)*	Ill., IL	Prairie State	Illinoisan	Springfield
Indiana *L'Indiana (f)*	Ind., IN	Hoosier State	Indianan, Hoosier	Indianapolis
Iowa *L'Iowa (m)*	Ia., IA	Hawkeye State	Iowan	Des Moines
Kansas *Il Kansas*	Kans., KS	Sunflower State	Kansan	Topeka
Kentucky *Il Kentucky*	Ky., KY	Bluegrass State	Kentuckian	Frankfort *Francfort*
Louisiana *La Louisiana*	La., LA	Pelican State	Louisianan	Baton Rouge

Federal state Stato federale	Abbreviation Abbreviazione	Nickname Soprannome	Inhabitant Abitante	Capital Capitale
Maine *Il Maine*	Me., ME	Pine Tree State	Mainer	Augusta
Maryland *Il Maryland*	Md., MD	Old Line State	Marylander	Annapolis
Massachusetts *Il Massachusetts*	Mass., MA	Bay State	New Englander, Bay Stater	Boston
Michigan *Il Michigan*	Mich., MI	Wolverine State Lake State	Michiganian	Lansing
Minnesota *Il Minnesota*	Minn., MN	Gopher State North Star State	Minnesotan	Saint Paul
Mississippi *Il Mississippi*	Miss., MS	Magnolia State	Mississippian	Jackson
Missouri *Il Missouri*	Mo., MO	Show Me State	Missourian	Jefferson City
Montana *Il Montana*	Mont., MT	Treasure State Big Sky Country	Montanan	Helena
Nebraska *Il Nebraska*	Nebr., NE	Corn Husker State	Nebraskan	Lincoln
Nevada *Il Nevada*	Nev., NV	Sagebrush State Silver State	Nevadan	Carson City
New Hampshire *Il New Hampshire*	N.H., NH	Granite State	New Hampshirite	Concord
New Jersey *Il New Jersey*	N.J., NJ	Garden State	New Jerseyite, New Jersian	Trenton
New Mexico *Il Nuovo Messico*	N.M., NM	Land of Enchantment	New Mexican	Santa Fe
New York *Lo stato dl New York*	N.Y., NY	Empire State	New Yorker *newyorkese*	Albany
North Carolina *La Carolina del Nord*	N.C., NC	Tarheel State Old North State	North Carolinian	Raleigh
North Dakota *Il Nord Dakota*	N.D., ND	Sioux State Peace Garden State Flickertail State	North Dakotan	Bismarck
Ohio *L'Ohio (m)*	O., OH	Buckeye State	Ohioan	Columbus
Oklahoma *L'Oklahoma (m)*	Okla., OK	Sooner State	Oklahoman	Oklahoma City
Oregon *L'Oregon (m)*	Ore., OR	Beaver State	Oregonian	Salem
Pennsylvania *La Pennsylvania*	Pa., PA	Keystone State	Pennsylvanian	Harrisburg
Rhode Island *Rhode Island (f)*	R.I., RI	Ocean State Little Rhody	Rhode Islander	Providence
South Carolina *La Carolina del Sud*	S.C., SC	Palmetto State	South Carolinian	Columbia
South Dakota *Il Sud Dakota*	S.D., SD	Coyote State Sunshine State	South Dakotan	Pierre
Tennessee *Il Tennessee*	Tenn., TN	Volunteer State	Tennessean	Nashville

Federal state / Stato federale	Abbreviation / Abbreviazione	Nickname / Soprannome	Inhabitant / Abitante	Capital / Capitale
Texas / Il Texas	Tex., TX	Lone Star State	Texan / texano(a)	Austin
Utah / L'Utah (m)	Ut., UT	Beehive State Mormon State	Utahan	Salt Lake City
Vermont / Il Vermont	Vt., VT	Green Mountain State	Vermonter	Montpelier
Virginia / La Virginia	Va., VA	Old Dominion Mother of Presidents Mother of States	Virginian	Richmond
Washington / Lo stato di Washington	Wash., WA	Evergreen State	Washingtonian	Olympia
West Virginia / La Virginia Occidentale	W.V., WV	Mountain State	West Virginian	Charleston
Wisconsin / Il Wisconsin	Wis., WI	Badger State	Wisconsinite	Madison
Wyoming / Il Wyoming	Wyo., WY	Equality State	Wyomingite	Cheyenne

Territories and Districts
Territori e distretti

Territory or District / Territorio o distretto	Abbreviation / Abbreviazione
American Samoa / Samoa americane	AS
District of Columbia / Distretto della Colombia	DC
Guam / Guam	GU
Northern Mariana Islands / Isole Mariane del Nord	MP
Puerto Rico / Portorico	PR
United States Virgin Islands / Isole Vergini americane	VI

Nicknames of some of the cities in the US
Soprannomi di alcune città americane

City / Città	Nickname / Soprannome
Chicago, Ill	The Windy City
Denver	The Mile-High City
Detroit	Motor City
New York	The Big Apple, Gotham
Los Angeles	The City of the Angels, The Big Orange
Minneapolis and St. Paul, Wis.	Twin Cities
New Orleans	The Big Easy
Philadelphia	The City of Brotherly Love